中国现代文学作者笔名大辞典

钦 鸿 徐迺翔 闻 彬 编

南开大学出版社

天 津

图书在版编目(CIP)数据

中国现代文学作者笔名大辞典 / 钦鸿，徐迺翔，闻彬编. —天津 ：南开大学出版社，2022.9
　ISBN 978-7-310-06280-5

Ⅰ. ①中… Ⅱ. ①钦… ②徐… ③闻… Ⅲ. ①作家－笔名－中国－现代－词典 Ⅳ. ①K825.6－61

中国版本图书馆 CIP 数据核字(2022)第 054251 号

中国现代文学作者笔名大辞典
ZHONGGUO XIANDAI WENXUE ZUOZHE BIMING DA CIDIAN

南开大学出版社出版发行
出版人：陈　敬
地址：天津市南开区卫津路 94 号　　邮政编码：300071
营销部电话：(022)23508339　营销部传真：(022)23508542
https://nkup.nankai.edu.cn

天津创先河普业印刷有限公司印刷　全国各地新华书店经销
2022 年 9 月第 1 版　　2022 年 9 月第 1 次印刷
260×185 毫米　16 开本　76.75 印张　4 插页　2877 千字
定价：798.00 元(精)

如遇图书印装质量问题,请与本社营销部联系调换,电话：(022)23508339

出版说明

　　本辞典是迄今规模最大、收录最为全面的中国现代文学史料型工具书，由编纂者历经 30 余载资料积累，前后接续编写而成。三位主要作者是中国社科院文学研究所研究员、中华文学史料学学会常务副会长徐迺翔（1931－2018）先生，中国现代文学研究会会员、中华文学史料学学会会员钦鸿（1947－2015）先生以及钦鸿的夫人、南通市政协文史委员会副主任、副编审闻彬。他们长期从事中国现代文学研究和世界华文文学研究并在上述领域颇有建树，多次担任大型辞书的编委，在中国文学和华人文学史料工具书的编撰上具备丰富的经验。

　　本书是 1988 年出版的《中国现代文学作者笔名录》的新世纪增订版。早在 20 世纪 60 年代初，徐迺翔就开始注意搜集和积累有关资料。钦鸿和闻彬则因教学之需，从 1981 年起着手笔名的辑录。他们在充分搜集并研究前人有关成果的基础上，向辞典所涉作者本人或其家属、亲友、研究者、知情者等发送了数千封调查信函，部分辅以走访核实，不断取得信息可靠的第一手资料。其间王瑶先生和贾植芳先生都曾对本书的编纂方针发表过重要的指导性意见。

　　《中国现代文学作者笔名录》出版后，钦鸿仍执着于笔名研究，他发现了许多新资料，也查检出书中不少错漏，立志要编著一本收录更为详尽的增补本。

　　进入 21 世纪以来，中国现代文学研究出现了大量新的研究成果，计算机及互联网技术的发展，民国书刊数据库的建设，这些都为笔名研究及增补工作创造了良好的条件。因此，钦鸿念兹在兹，孜孜矻矻，二十多年如一日，对中国现代文学作者的笔名做了大量的补充、修改和校正工作。对台港澳地区及其他海外作者的笔名资料同样进行了深入的挖掘、收集和整理，积累了丰富的资料，并把这些资料纳入本辞典之中。

　　2015 年 8 月，辞典初稿主体即将完工时，主要作者钦鸿先生不幸病故，加之徐迺翔先生一直因健康缘由无法参与修订工作，作者团队因此进行了人员调整，全书的终稿编纂工作由钦鸿夫人闻彬及两位长期致力于中国现代文学史籍整理和辞书编纂的学者倪怡中、徐铁生继续耕耘。编纂团队对本书的全部条目做了深入梳理，对部分条目进行了修改和补充；重新编排了目录、索引，适当调整了凡例，同时进一步规范与统一了全稿体例。2018 年 5 月，初稿杀青；2019 年元月，本书入选国家出版基金资助项目；随后书稿经过出版社项目组 3 年多的运作完成审校、即将付梓，终使一部逾 280 万字的未竟遗作得以完成、见诸世人。

　　著名作家、翻译家、文化学者、比较文学学科奠基人之一贾植芳（1915－2008）先生，在为本书首版欣然作序时，曾赞誉其为"用笔名形式勾画出来的一部中国现代文学全史"；

　　上海文艺出版社前社长兼总编辑，曾任中国出版工作者协会第一、二届副主席的丁景唐（1920－2017）先生，亦在为本书新版作序时对编著者此举给予高度评价，他深信这部新著"必将成为研究中国现代文学作家、作品和文学史的重要工具书"。

　　本书保留了两位大师为这部史料工具书先后所作之序言（详见序一及序二），既为缅怀、感恩前辈学者对现代文学史料发掘工作的热情鼓励与慷慨支持，也为纪念钦鸿先生、徐迺翔先生以及后继者筚路蓝缕、呕心沥血，为读者留下弥足珍贵的史料研究宝库。

　　相信这部世纪总结性的史料集成，既可告慰前人在天之灵，亦将对我国优秀文化的挖掘、整理、保护和传承产生深远的影响！

2022 年 8 月

目　录

目 录

序 一[*]

贾植芳

　　笔名的来历，说来话长，我国古人称之为"别号"，据说始于周秦之际。但称为"笔名"，据我的推测，大约是来源于西文的 Pen Name 的译名，那就应该是清末海禁洞开之后，西风东渐的结果，因为随着新式印刷出版事业的出现，杂志报章的兴起，科举制度的废除，中国产生了真正以卖文为生的职业文人。因此，它应该既是我国传统的"别号"的一种新式继承，又是一定历史时代的新产物。

　　我国传统的文学观念，以"经世致用"为目的，因此，凡俗谣俳文、戏剧小说一类文学作品，都被目为不登大雅之堂的小道，受到冷遇和歧视，为官绅社会所不齿，这就是这类作品的作者，大都署用笔名别号的根本原因。但从历史上考察起来，中国文人使用别名别号，大抵又有两种情况，其一是：中国传统文人，往往以风雅自况，以不求闻达为高尚，因此，别号就成为一种自我标榜的旗号；其二是，因其不容于时世，郁郁不得志，因此假言托喻，藉以明志见性的。但这种文化现象，对于后世的研究者来说，却是一个必须解开才成的难题。因为要了解其文必须知道其人。所以我们古人也编有《别号录》《异号类编》一类的书，为解决这个亘古以来就有的难题，而提供资料或线索。

　　现代中国是一个在激变中前进的国家，政治思想斗争特别剧烈，而旧中国的各代统治者，神经又特别衰弱。因此，作者用笔名发表作品，情况就特别复杂。除了传统的风雅自况或顾影自怜的旧式文人，以及在作品本质上成为商品的社会环境下，有些如马克思所讽喻的"三个辨士式的文人"，为了招徕顾客，也用争奇斗妍的笔名招摇上市，以取悦于读者；从现代中国作者使用笔名的主流情况来看，大体可以分为两类，其一是那些革命的进步的忧国忧民的作者，为了逃避当权者的迫害，作为一种斗争方式，常常使用笔名，并且名目多变，换易频繁，鲁迅先生便是一个突出的例子。其次是混迹于文场的敌探文特，以及那些才子加流氓式的文人，我们通称之为"文痞"的，他们为了行凶作恶，或挟嫌诬陷之便，又要掩人耳目，混淆视听，也常以花样百出的笔名出现。总之，作者用笔名写作，情况虽然有千差万别，各有其需要或苦衷，但都是为了隐蔽自己，所以才化装上场，这个使用目的却是一致的。

　　因之，为了现代文学研究的深入开展，给读者和研究家提供方便，必须揭开这些斯芬克司式的谜语。早在三十年代，当时在北平图书馆工作的袁涌进先生，便对这个课题作了开创性的努力，编出了一部《现代中国作家笔名录》。但它收录的范围一般限于知名的作家，而且成书于 1936 年初间，就是说，它收录的下限时间，只及于中国现代文学史的中期。建国以后，中国现代文学作为一门独立的学科，在我国高等院校建立了起来，开设了专业课程，有了教研室；在全国范围内，相应的研究机构和学会，也纷纷成立。从四十年代后期开始，它又逐渐形成一门世界性的学科，东西方汉学家中出现了一批又一批的中国现代文学翻译家和研究家。各国不少大学，从六十年代起，也纷纷成立了中文系(或包括中国语言文学在内的东方语言文学系科)，建立专门的研究机关，

---

* 这是作者为本书 1988 年版写的序言。

以至建立各种学会，发刊大小型专门杂志，等等。面对这一新的历史形势，对漫长的三十多年来出现在中国现代文学史上的广大作者群的笔名，作一次系统而精确的历史统计和查核工作，编纂一部收罗完备、材料翔实的《中国现代文学作者笔名录》，便成为现时深入开展中国现代文学史研究工作的一个重要而迫切的历史课题。

徐迺翔和钦鸿两位同志编纂的这部百万字左右的《中国现代文学作者笔名录》，正是完成这个历史任务的专书。全书收录了近七千个作者的三万余个笔名，可以说是一部集其大成的中国现代文学作者笔名大全。

徐迺翔同志早在六十年代初间，就开始注意搜集和积累这方面的资料，他当时已到文学研究所工作，这就为他的搜集工作提供了方便的环境和条件。钦鸿同志从 1981 年起，与闻彬同志一起，在边远的黑龙江克山地区，由于从事专业教学之需，开始了他们的收录查访工作，获得了大量的宝贵的第一手资料。他们从文学资料的搜集、发掘到利用函询和走访方式，进行调查核实，经过几年持续不断的努力，终于完成了这部覆盖面广、收录齐全、内容比较精确可靠而又检索方便的专著。尤其可贵的是，他们在工作中坚持唯物主义的历史观点，面对历史，对于过去由于复杂的历史原因，久已湮没无闻或受到不公正待遇，在这些年出版的现代文学史论著中消失的那些作家群，也广为搜求和发掘。因此，眼下这部《中国现代文学作者笔名录》，可以说是用笔名形式勾画出来的一部中国现代文学全史，它对于开阔我们的文学视野，开掘研究工作的广度和深度，都是一个值得称道的重大贡献。

我国自进入新的历史时期以后，现代文学研究工作出现了全新的局面。如果说，资料建设是研究工作赖以发展和前进的基础，那么，徐迺翔和钦鸿同志编纂的这部《中国现代文学作者笔名录》就是构成这个基础的一块重要基石。

我作为一个侧身于这个专业研究系列内的成员，深深地为这部书的编纂工作的竣工感到由衷的喜悦。现在能执笔写这篇称为序的小文，有机会把该书推荐给中外广大读者，更是感到格外的兴奋。

1987 年 6 月上旬于复旦大学

序　二

丁景唐

任何文学作品，都是一定社会的产物。中国现代文学诞生于"五四"新文学运动，成长、发展于其后的反抗北洋军阀政府、国民党反动政府和帝国主义侵略，尤其是反抗日本帝国主义侵略的严酷斗争中。中外反动派统治者为了巩固自己的反动统治，无一例外地实行严酷的书报检查制度，撒下森严的文网，企图扼杀革命的、进步的作家的言论自由。在反动统治者箝制言论自由、文网严密的年代，革命的、进步的作家一方面在写作时使用隐晦的、曲折的语言，另一方面又不得不署用各式各样的笔名，巧妙地躲过反动派鹰犬的眼目，从而达到发表、出版的目的。这样，使用笔名成了革命和进步作家与反动派进行斗争的重要策略。

以鲁迅来说，他一生运用了一百四十多个笔名。尤其是 1927 年到 1936 年，他在文化战线上，英勇地冲破国民党反动派的文化围剿，其间使用了一百多个笔名，每一个笔名都生动地体现了他不屈不挠的斗争精神和机智的斗争策略。例如 1933 年初，他应友人之约，向《申报》副刊《自由谈》投稿，用笔名"何家干"和"干"，连续发表了二十多篇杂文，以犀利的笔锋抨击国民党政府"攘外必先安内"的反动政策。鲁迅预料到反动当局定会追查这些文章是谁写的（"这是谁干（干）的？"），于是笔名"何家干"自然成了对反动派当局的嘲弄和揶揄，而"干"也就体现了他不获全胜、决不收兵的韧性战斗精神。到了 1934 年，国民党当局变本加厉地压制言论自由，当年 6 月 6 日，在上海设立了"国民党中央宣传委员会图书杂志审查委员会"。鲁迅为了冲破敌人的文网，更是不断地变换笔名。这一年，他就使用了四十一个笔名。这里试举一例。当年 8 月他所写的杂文《门外文谈》（后收入《且介亭杂文》），在《申报·自由谈》发表时，署用笔名"华圉"。"圉"者，被困而未得舒展之意。"华圉"者，被困于中华也。这一笔名便是对国民党黑暗统治的有力揭露和抨击。可见，掌握鲁迅的笔名，并弄懂其含意，有助于深入理解鲁迅作品，学习他的战斗精神。

除了与复杂的社会环境与政治斗争等方面的因素之外，许多作家、作者之所以取用笔名，还出于各种不同的考虑。有些作家在编辑报纸副刊或文艺杂志时，常常需要自己动手写些长短文章，为了不突出自己，也为了显示作者众多的局面，就会用各种笔名，例如夏衍在桂林《救亡日报·文化岗位》用过"衍""宁""丰"等笔名，谢六逸在上海《立报·言林》用过"大牛""中牛""牛""无堂""头陀""一丁""宏毅"等笔名。有的作家嫌自己的原名太俗，发表作品时便想到要用笔名，如许觉民之用笔名"洁泯"。有的则想抒发自己的思想抱负，如高士其原名高仕鍈，他改用笔名高士其，旨在"扔掉人旁不做官，扔掉金旁不要钱"。有的则为了自谦自励，如翻译家草婴，用此笔名便意在表示自己"很平凡，很渺小，但我的个性很坚强，在任何压力之下，我都不会低头屈服"。还有的为了引人注目，如小说家李君维之用怪僻的笔名"东方蝃蝀"。如此等等，不一而足。这些林林总总，令人眼花瞭乱、莫衷一是的笔名，成为中国现代报刊和现代文坛的一大特点，也给后来的读者和研究者留下了许多颇费猜测的难题。

由此可见，搜集、整理、研究中国现代作家的笔名，是研究中国现代文学的一项十分重要的基础工作。离开这种最为基础的工作，有时会严重影响中国现代文学的研究。事实上，学术界经常有人由于缺乏对作家笔名深入、细致、全面的研究，因而对民国时期报刊上那些复杂纷纭的笔名现象茫然无措，张冠李戴、鲁鱼亥豕的现象时有发生。

在几十年的现代文学工作中，就我个人来说，我一向重视现代文学史料的搜集、整理和研究工作，尤其重视对作家笔名的搜集、整理和研究。例如在研究瞿秋白方面，我几十年来研究瞿秋白，即从收集整理研究瞿秋白的笔名、别名入手，1957 年在《学术月刊》7 月号和 8 月号上发表《瞿秋白笔名、别名集录》，1959 年又与方行合作出版《瞿秋白著译系年目录》一书（上海人民出版社 1959 年 1 月初版，10 月再版）。由于该书是在深入、细致地搜集、整理和研究了瞿秋白的全部笔名的基础上编著的，因而就相当全面。因此我觉得，搜集、整理、研究作家的笔名，有助于作家、作品的研究。

中国现代文学史料研究专家钦鸿先生很早就开始中国现代作家笔名的搜集、整理和研究工作，早在 1981 年，他和夫人闻彬在十分艰苦的条件下，就着手现代作家笔名的调查工作，到 1983 年 9 月，他们已收到三百多位作家的大量笔名，并开始笔名的研究工作。从 1983 年 10 月起，钦鸿与中国社会科学院文学研究所徐迺翔合作，进一步开展更大范围的笔名搜集和研究工作。1988 年 12 月，他们合作编著的洋洋一百一十三万字的《中国现代文学作者笔名录》作为"中国现代文学史资料汇编（丙种）"丛书之一，由湖南文艺出版社出版。该书被著名学者贾植芳誉为"是用笔名形式勾画出来的一部中国现代文学全史，它对于开阔我们的文学视野，开掘研究工作的广度和深度，都是一个值得称道的重大贡献"。该书出版后受到广大中国现代文学研究者的热烈欢迎，成为海内外众多中国现代文学研究学者的案头必备之书，推动和促进了我国现代文学研究事业的发展。

此后的二十多年以来，我国现代文学研究有了很大的发展，中国现代文学史料，包括现代文学社团、流派、书籍、报刊乃至作家笔名的史料，都有了相当深入的开掘，也有大量新的发现。钦鸿先生则始终坚持不懈地致力于他的这一项研究工作，二十多年来，他在原来的基础上继续广泛的调查现代文学作者的笔名，同时留意采集修订海内外各种报刊书籍中关于现代作家笔名的史料，日积月累，在原书的基础上，最近终于完成了《中国现代文学作者笔名录》修订工程。较诸原书，这部修订版的新著内容更加丰富，在视野上大为拓宽，收入了大量原书比较薄弱的台港澳和东南亚、日本、美国等地的中国现代文学作家、作者的笔名资料，以及跨时期（1919 年五四新文学运动前后、1949 年中华人民共和国成立前后）、跨领域（从事其他文化社会研究活动，却也发表过诗词散文）的现代文学作家、作者的笔名资料。这便比原书的收录量有相当大的扩充，所收作者从原书的六千余名达到如今的六千五百余名，所收笔名（包括作者原名、曾用名、字号等）也从原书的三万余个达到四万余个之多。不但如此，修订版新在笔名的注解说明方面也较原书更为详细，努力对每一个笔名的具体使用情况作尽可能的介绍。同时，对原书一些缺漏、差错和不足之处，也都做了修改和补充。这便使该书的质量水准和使用价值大大提高，基本上达到了作者所追求的"搜罗较全、准确可靠、检索方便"的目标，呈现出一种全新的面貌。

我乐观其成，深信钦鸿先生这部皇皇两百余万字的新著，必将成为研究中国现代文学作家、作品和文学史的重要工具书而广受欢迎，也必定会进一步推动和促进我国现代文学研究事业向纵深发展，为繁荣和发展社会主义文化事业作出自己的贡献。

是为序。

2014 年 12 月 13 日一稿

2015 年 1 月 15 日二稿

于上海华东医院

凡 例

本书是查找中国现代文学作者笔名使用情况的工具书。全书共收中国现代文学作者近 7000 人，笔名（包括原名、曾用名、字、号等其他名号）46000 余个。

1 立目原则

1.1 凡在 1917 年至 1949 年 10 月 1 日中华人民共和国成立这段历史时期内，从事各种体裁文学作品的创作、翻译、评论、研究，在各种文学作品和文学史料的收集、整理、研究等方面有一定成绩或影响的作者，均在收录之列。

1.2 写作活动主要在 1917 年以前，但此后仍然健在或继续写作者，鉴于他们的有关资料现已难收集齐备，本书从宽收录。

1.3 写作活动主要在 1949 年 10 月以后，但在此前已开始发表文学作品的作者，酌情收录。

1.4 港澳台地区和海外华人作家，凡 1949 年 10 月前在国内或国外已开始华文文学创作者，本书均予从宽收录。1930 年以前出生的文学作者，除确知 1949 年 10 月前未有作品发表者，其何时开始文学创作无从稽考的，本书酌情收录。

1.5 凡习惯以本名署名写作而无其他笔名或其他名号的文学作者，原则上不予收录。

1.6 习惯以笔名署名写作而其本名或其他名号无从稽考者，原则上不予收录。

1.7 虽本名及笔名、名号等可考而署名作品无从稽考者，原则上不予收录；无作品但有刊物品的，酌情收录。

2 条目安排

2.1 正文以文学作者的通用名立目。通用名，指作者在文学活动中最为人们熟知的通行之名。

2.2 条目按照首字汉语拼音音序排列。首字同音的，按笔画多少排列，笔画相同的，按起笔笔形横（一）、竖（丨）、撇（丿）、点（丶）、折（乛）的次序排列。首字相同的，按第 2 字的拼音音序排列。第 2 字相同或笔画相同，参照上述首字相同或笔画相同的排列方法排列。首字与第 2 字相同的，再按第 3 字的音序和笔画排列。

2.3 条目人名有相同者，于其右上角加标数字 1、2、3 等以区别，如：丁宁[1]、丁宁[2]。

2.4 正文前附有"词条首字音序检索表"，按汉语拼音音序排列，每个条目后都列有该条目的页码。除音序排列的条目索引外，另附"词条首字笔画检索表"，按笔画也可以查到所需条目。

3 字形和注音

3.1 本书文学作者人名或笔名、字号等用字，原则上以 2013 年 6 月由国务院正式发布的《通用规范汉字表》为标准。

3.2 一部分繁体字或异体字人名、笔名及其他名号用字，视惯例酌改或保留。

3.3 繁体字或异体字的字形参照文化部与原中国文字改革委员会 1955 年联合发布的《新旧字形对照表》确定。

3.4 凡文学作者人名、笔名及其他名号中的多音字、特殊读音字和《新华字典》未收录的生僻字，其后括注汉语拼音读音（仅供参考）。部分字无法确定其确切读音者，暂付阙如。

4　词条释文

4.1　词条释文内容主要包括文学作者的生卒日期、籍贯、性别、民族、原名、字、号、曾用名（包括乳名、化名、外文名）、笔名及其署用情况。宗教人士则根据其信仰，分别列出法名和法号、道号、教名等。

4.2　文学作者的生卒年，一律换算成公历标示；出生或去世年份不详者，以符号"？"标示，如："？－1975""1901－？"。生卒日期只知大致年份者，在年份后加"？"标示，如："1900？－1863""1921－1980？"。生卒年只知大概时期者，采用模糊表示法，如："民国初－1958""1900－1948年在世"等。生或卒年大概时期都不清楚的，述为"生卒年不详"。本书出版前确知仍然健在或未能确定已故者，去世年份空缺，如："1922－"。

4.3　籍贯一般指作者的父辈长期生活的地区。情况复杂者，或依作者本人的说法，或依公认的说法。籍贯不详者，述为"籍贯不详"。出生地异于籍贯者，尽原始材料所示给予说明。1949年10月前的地名原则上以历史的实际地名为准，历史地名与现地名不同者，均加注现地名（市级）。

4.4　本书词条不设性别项；民族项内，只标明少数民族文学作者。

4.5　本书除收录文学作者发表作品时的笔名外，鉴于其他名号（学名、谱名、乳名、字号、化名、外文名等）亦可能用作笔名使用，故对后者尽力予以收录，以供参考。

4.6　笔名原则上以使用时间的先后排列，并以①②③④等序号标示。

4.7　本书尽量提供每个笔名首次署用或具体署用的情况。文章发表于报刊者，提供署用时间、文章篇名、刊载文章报刊名称及期号；如以图书形式出版者，除提供书名外，同时提供出版社名称及出版年月。出版年月原则上以初版年月为依据，有修订本者同时注明修订本出版年月。出版社名称和出版年月不明者，暂付阙如。笔名署用情况未详者，注以"署用情况未详"。

4.8　鉴于笔名的署用情况极其复杂，凡未能确定系某作者的笔名和某笔名的署用情况者，一般不予收录。但为了保留进一步查考、研究的线索，对某些可能性较大的笔名，以及某笔名的署用情况，仍予收录，笔名后括注符号"？"。

4.9　词条释义中涉及出版机构不详或名称需酌改、酌删情况的，原则上只保留出版地名，或出版地名加出版机构主体名称。

4.10　词条释义中涉及以外文表示的外国人名，且相关中译文无从查索的，保留外文写法。

4.11　词条释义中涉及的外国作者，原则上均标注国籍；国籍不明且无从查考的，国籍从略。

4.12　词条中同一笔名在不同历史时期有繁体和简体两种署用形式的，合并注释。

4.13　词条中涉及的出版社，新中国成立以前既已存在的，社名前或中间加地名或地区名，如：上海商务印书馆，新华书店晋察冀分店，等等。

5　笔名和其他名号索引

5.1　笔名索引作用在于根据文学作者的笔名查找使用该笔名作者的通用名，并根据其后的页码查阅正文，从而检索作者使用该笔名乃至其他笔名或名号的情况。根据索引，还可了解有哪些文学作者使用同一笔名。

5.2　鉴于文学作者的通用名、原名、曾用名、字、号等其他名号都可能被用作笔名署用，故索引内容既包括正文所涉笔名，也包括笔名之外的其他名号。

5.3　正文中文学作者的字与号，除以字行或以号行者外，均不列姓氏。索引中亦按照不加姓氏的首字音序排列。如张謇，字季直，号啬庵，即按照"季直""啬庵"收录。

5.4 本索引原则上按正文写法列入索引，传统写法不再列入。例如"臺静农"仅收"台静农"，"揭馀生"仅收"揭余生"，等等。

5.5 索引采用笔名或名号首字汉语拼音音序排列。同音字参照本凡例 2.2 规定的原则按笔画排列。

5.6 文学作者的笔名及其他名号用字，有一字多音或特殊读音者，本索引采用的读音只作参考，不作读音标准。

6 附 录

6.1 本书是编者在众多作者及其家属、亲友和研究者的大力支持下编成，也是编者在前人研究成果的基础上进一步研究、查核和汇编的产物。为了实事求是地向读者说明这些情况，也为了感谢曾为本书提供过材料的人士和有关书刊的编著者，另编附录三则：

（1）为本书提供过材料或做过审核补正的作者名单。

（2）为本书提供过材料或做过审核补正的其他人名单。

（3）为本书提供过材料或做过审核补正的单位名单。

7 参考文献

7.1 本书编纂和增补修订时参考过许多文献，限于篇幅，只能列出比较主要的一部分。一般工具书不包括在内。

7.2 本书参阅的网络文献，除少数外，大多未予列入。

词条首字音序检索表

何溶	（204）	洪灵菲	（210）	胡国亭	（217）	胡苏	（225）
何如	（204-205）	洪流	（210）	胡憨珠	（217）	胡梯维	（225）
何水涂	（205）	洪炉	（210）	胡奂	（217）	胡天风	（225）
何思敬	（205）	洪履和	（210）	胡焕光	（217）	胡天月	（225）
何思源	（205）	洪铭声	（210）	胡惠生	（217）	胡汀鹭	（225）
何索	（205）	洪弃生	（210）	胡寄尘	（217）	胡拓	（225）
何天言	（205）	洪桥	（210-211）	胡寄南	（217）	胡危舟	（225）
何为	（205-206）	洪道	（211）	胡絜青	（217）	胡文玉	（225）
何雯	（206）	洪深	（211）	胡今虚	（217）	胡希明	（225-226）
何湘	（206）	洪丝丝	（211）	胡景瑊	（217-218）	胡锡年	（226）
何小石	（206）	洪滔	（211-212）	胡俊	（218）	胡先骕	（226）
何心	（206）	洪为法	（212）	胡开瑜	（218）	胡显中	（226）
何心冷	（206）	洪为藩	（212）	胡康新	（218）	胡小石	（226）
何欣	（206）	洪秀笙	（212）	胡考	（218）	胡晓风	（226）
何絮	（206）	洪炫	（212）	胡珂雪	（218）	胡杏芬	（226）
何药樵	（206）	洪迅涛	（212）	胡可	（218）	胡熊锷	（226）
何一鸿	（206）	洪炎秋	（212-213）	胡旷	（218）	胡戍女	（226）
何挹彭	（206）	洪业	（213）	胡兰畦	（218）	胡雪抱	（226）
何运芬	（207）	洪以南	（213）	胡浪曼	（218）	胡徇道	（226）
何泽沛	（207）	洪禹平	（213）	胡琳	（218）	胡也频	（226-227）
何昭	（207）	洪允祥	（213）	胡零	（218）	胡一声	（227）
何真民	（207）	洪钟	（213）	胡洛	（218）	胡依凡	（227）
何之硕	（207）	【hou】		胡蛮	（218-219）	胡颖之	（227）
何芷	（207）	侯秉熙	（213）	胡梦华	（219）	胡愈之	（227-228）
何钟辛	（207）	侯甸	（213）	胡民大	（219）	胡元倓	（228）
何仲英	（207）	侯枫	（213）	胡明树	（219-220）	胡云翼	（228）
和谷岩	（207）	侯鸿鉴	（213）	胡牧	（220）	胡昭	（228）
和正华	（207）	侯健	（213-214）	胡耐安	（220）	胡昭衡	（228-229）
贺昌群	（207）	侯金镜	（214）	胡念贻	（220）	胡征	（229）
贺家瑞	（207-208）	侯敏泽	（214）	胡璞	（220）	胡正	（229）
贺敬之	（208）	侯唯动	（214）	胡朴安	（220）	胡正兴	（229）
贺觉非	（208）	侯小古	（214）	胡奇	（220）	胡政之	（229）
贺凯	（208）	侯学愈	（214）	胡启东	（220）	胡仲持	（229-230）
贺麟	（208）	侯曜	（214）	胡乔木	（220-221）	胡子婴	（230）
贺绿汀	（208）	后希铠	（214）	胡青	（221）	胡紫岩	（230）
贺孟斧	（208）	【hu】		胡青坡	（221）	胡宗楙	（230）
贺抒玉	（208）	呼啸	（214-215）	胡秋原	（221）	胡祖德	（230）
贺扬灵	（208-209）	胡哀梅	（215）	胡曲园	（221）	胡祖舜	（230）
贺宜	（209）	胡炳华	（215）	胡仁源	（221）	【hua】	
贺玉波	（209）	胡伯恩	（215）	胡沙	（222）	花新人	（230）
贺照	（209）	胡伯岳	（215）	胡山源	（222-223）	化铁	（230）
贺肇弗	（209）	胡采	（215）	胡尚炜	（223）	华忱之	（230）
【hei】		胡成才	（215）	胡绍轩	（223）	华粹深	（230）
黑风	（209）	胡春冰	（215）	胡绳	（223-224）	华岗	（230-231）
黑尼	（209）	胡大生	（215）	胡石庵	（224）	华嘉	（231）
黑炎	（209）	胡道静	（215）	胡石言	（224）	华骏	（231）
黑婴	（209-210）	胡德华	（215-216）	胡石予	（224）	华林	（231）
【heng】		胡底	（216）	胡士莹	（224）	华铃	（231-232）
蘅果	（210）	胡鄂公	（216）	胡士璋	（224）	华龙	（232）
【hong】		胡风	（216）	胡适	（224-225）	华山	（232）
洪棟园	（210）	胡蜂	（216）	胡思敬	（225）	华田	（232）
洪林	（210）	胡冠中	（216）	胡思永	（225）	华应申	（232）

李霁野	（314-315）	李眉盦	（323）	李世昌	（331）	李辛白	（337）
李夹人	（315）	李梅子	（323）	李寿铨	（331）	李行	（337）
李家斌	（315）	李妹	（323）	李叔鹏	（331）	李省三	（337）
李家驷	（315）	李门	（323-324）	李叔同	（331-332）	李岫石	（337）
李葭荣	（315）	李萌	（324）	李曙光	（332）	李旭	（337）
李嘉	（315）	李孟岩	（324）	李述尧	（332）	李玄伯	（337）
李嘉芬	（315）	李梦莲	（324）	李树柏	（332）	李学诗	（337）
李嘉言	（315-316）	李密林	（324）	李澍恩	（332）	李学亭	（337）
李建庆	（316）	李渺世	（324）	李崧圃	（332）	李熏风	（337）
李建彤	（316）	李民	（324）	李苏	（332）	李薰风	（337-338）
李健吾	（316-317）	李默映	（324）	李苏鹰	（332）	李薰熹	（338）
李健章	（317）	李牧华	（324-325）	李素	（332）	李亚如	（338）
李鉴尧	（317）	李慕白	（325）	李素伯	（332-333）	李焰生	（338）
李江	（317-318）	李慕逸	（325）	李索开	（333）	李业道	（338）
李绛云	（318）	李穆女	（325）	李腾岳	（333）	李一痕	（338-339）
李劼人	（318）	李纳	（325）	李天济	（333）	李一氓	（339）
李今艺	（318）	李逎赓	（325）	李天梦	（333）	李一萍	（339）
李金波	（318）	李耐冬	（325）	李天民	（333）	李一息	（339）
李金发	（318-319）	李南力	（325）	李铁民	（333）	李漪	（339）
李金秀	（319）	李南山	（325）	李铁声	（333）	李宜燮	（339）
李进	（319）	李南桌	（325）	李拓之	（333-334）	李逸民	（339）
李晋泽	（319）	李平心	（325-326）	李望如	（334）	李逸涛	（339）
李景慈	（319-320）	李朴园	（326）	李威深	（334）	李英敏	（339-340）
李君猛	（320）	李洽	（326）	李葳	（334）	李英儒	（340）
李君维	（320）	李乾麟	（326）	李唯建	（334）	李英时	（340）
李君毅	（320）	李乔¹	（326-327）	李维翰	（334）	李瑛	（340）
李均实	（320）	李乔²	（327）	李伟	（334）	李涌	（340）
李俊民	（320）	李青鸟	（327）	李伟康	（334-335）	李尤白	（340）
李俊贤	（320）	李青崖	（327）	李伟孙	（335）	李猷	（340）
李峻平	（320）	李清泉	（327-328）	李未青	（335）	李友欣	（340）
李潜之	（320）	李晴	（328）	李蔚初	（335）	李又华	（340）
李开先	（320）	李求实	（328）	李蔚华	（335）	李又然	（340-341）
李恺良	（320-321）	李全基	（328）	李文光	（335）	李玉莹	（341）
李克	（321）	李燃犀	（328）	李文钦	（335）	李育仁	（341）
李克非	（321）	李汝琳	（328）	李文珊	（335）	李育中	（341）
李克明	（321）	李蕤	（329）	李我	（335）	李遇安	（341）
李克异	（321）	李锐	（329）	李无隅	（335）	李元鼎	（341）
李克因	（321）	李瑞清	（329）	李西浪	（335）	李沅荻	（341）
李克筹	（321）	李润湖	（329）	李西溟	（335）	李曰垓	（341）
李雷	（321）	李若冰	（329-330）	李仙根	（335）	李月轩	（341-342）
李累	（321）	李若豪	（330）	李乡浏	（335）	李岳南	（342）
李冷路	（321-322）	李桑牧	（330）	李香冷	（335）	李悦之	（342）
李笠	（322）	李莎	（330）	李详	（335-336）	李云夔	（342）
李连庆	（322）	李少芳	（330）	李祥麟	（336）	李云龙	（342）
李廉凤	（322）	李少华	（330）	李象文	（336）	李孕育	（342）
李很民	（322）	李神义	（330）	李小峰	（336）	李蕴朗	（342）
李林	（322）	李升如	（330）	李筱峰	（336）	李赞华	（342）
李纶	（322）	李生庄	（330）	李效厂	（336）	李增援	（342）
李麦宁	（322-323）	李石锋	（330）	李啸庵	（336）	李张弓	（342）
李满红	（323）	李石曾	（330）	李啸仓	（336-337）	李张瑞	（342）
李满天	（323）	李士俊	（331）	李啸峰	（337）	李章伯	（342）
李曼瑰	（323）	李士钊	（331）	李心洛	（337）	李振汉	（342）

吕叔湘	（429）	罗念生	（436-437）	马光	（442）	马荫良	（449）
吕思勉	（429）	罗普	（437）	马国昌	（442）	马映光	（449）
吕霞先	（429）	罗泅	（437）	马国亮	（442-443）	马仲明	（449）
吕翼仁	（429）	罗沙	（437）	马寒冰	（443）	马仲殊	（449）
吕荧	（429）	罗绳武	（437）	马汉声	（443）	马子华	（449-450）
吕远	（429-430）	罗师扬	（437）	马吉风	（443）	马宗融	（450）
吕云章	（430）	罗石君	（437）	马吉林	（443）	马祖毅	（450）
吕蕴儒	（430）	罗时烽	（437）	马加	（443）	马作楫	（450）
吕志伊	（430）	罗书肆	（437-438）	马家郎	（443）	玛戈	（450）
侣伦	（430）	罗淑	（438）	马坚	（443）	玛金	（450）
侣朋	（430）	罗树人	（438）	马健翎	（443）	【mai】	
绿蒂	（430）	罗铁鹰	（438）	马驹誉	（444）	麦穗	（450）
绿蕾	（430）	罗廷	（438）	马君豪	（444）	麦辛	（450-451）
绿原	（430-431）	罗香林	（438）	马君玠	（444）	麦紫	（451）
【luan】		罗信耀	（438）	马君武	（444）	【man】	
栾少山	（431）	罗秀惠	（438）	马骏[1]	（444）	满涛	（451）
栾星	（431）	罗依夫	（438-439）	马骏[2]	（444）	曼青	（451）
【luo】		罗吟圃	（439）	马骏声	（444）	曼晴	（451）
罗皑岚	（431）	罗英	（439）	马朗	（444）	【mao】	
罗炳坤	（431）	罗瘿公	（439）	马骊	（444）	毛昌杰	（451）
罗常培	（431）	罗庸	（439）	马廉	（444-445）	毛承志	（451）
罗大冈	（432）	罗玉君	（439）	马茅塞	（445）	毛达志	（451）
罗大伦	（432）	罗元贞	（439）	马茂元	（445）	毛圣翰	（451-452）
罗丹	（432）	罗竹风	（439-440）	马鸣尘	（445）	毛星	（452）
罗德湛	（432）	罗矗	（440）	马牧边	（445）	毛尧堃	（452）
罗迪先	（432）	罗紫	（440）	马宁	（445）	毛一波	（452）
罗定中	（432）	洛夫	（440）	马鹏椿	（445-446）	毛羽	（452）
罗惇爰	（432）	洛汀[1]	（440）	马其昶	（446）	毛泽东	（452）
罗飞	（432）	洛汀[2]	（440）	马奇	（446）	毛子水	（452）
罗焚	（432-433）	洛雨	（440）	马壬寅	（446）	茅敌	（452）
罗烽	（433）	骆宾基	（440）	马瑞麟	（446）	茅盾	（452-457）
罗孚	（433）	骆基	（441）	马少波	（446）	茅蔚然	（457）
罗根泽	（433）	骆鹏	（441）	马识途	（446-447）	冒广生	（457）
罗灏白	（433-434）	骆荣基	（441）	马寿华	（447）	冒舒諲	（457）
罗黑芷	（434）	骆文	（441）	马舜元	（447）	冒效鲁	（457）
罗洪	（434）	骆无涯	（441）	马甦夫	（447）	冒炘	（457）
罗稷南	（434）	骆子珊	（441）	马汤榙	（447）	【mei】	
罗迦	（434-435）			马天揆	（447）	梅白	（457-458）
罗家伦	（435）	**M**		马希良	（447）	梅朵	（458）
罗焌	（435）	【ma】		马萧萧	（447）	梅公任	（458）
罗兰	（435）	马碧波	（441）	马孝安	（447）	梅光迪	（458）
罗黎牧	（435）	马冰山	（441）	马星驰	（447）	梅际郇	（458）
罗澧铭	（435）	马灿虹	（441）	马星野	（447）	梅寄鹤	（458）
罗列	（435）	马长风	（441）	马叙伦	（447-448）	梅兰芳	（458）
罗鲁风	（435）	马长荣	（441）	马学良	（448）	梅林	（458）
罗洛	（435-436）	马超群	（441-442）	马寻	（448）	梅娘	（458-459）
罗麦	（436）	马达	（442）	马琰	（448）	梅阡	（459）
罗曼	（436）	马丁	（442）	马彦祥	（448）	梅绍农	（459）
罗门	（436）	马恩成	（442）	马仰禹	（448）	梅秀	（459）
罗梦册	（436）	马尔俄	（442）	马曜	（448-449）	梅逊	（459）
罗明哲	（436）	马烽	（442）	马一浮	（449）	梅益	（459）
罗牧	（436）	马各	（442）	马乙亚	（449）	梅英	（459-460）

裴学海　　　　（489）

【peng】

彭柏山　　　　（489）
彭拜　　　　　（489）
彭楚珩　　（489-490）
彭传玺　　　　（490）
彭定安　　　　（490）
彭铎　　　　　（490）
彭芳草　　　　（490）
彭阜民　　　　（490）
彭歌　　　　　（490）
彭桂萼　　（490-491）
彭桂蕊　　　　（491）
彭鹤濂　　　　（491）
彭鸿　　　　　（491）
彭慧　　　　　（491）
彭基相　　　　（491）
彭家煌　　（491-492）
彭康　　　　　（492）
彭玲　　　　　（492）
彭芮生　　　　（492）
彭师勤　　　　（492）
彭新琪　　（492-493）
彭行才　　　　（493）
彭雪枫　　　　（493）
彭燕郊　　　　（493）
彭俞　　　　　（493）
彭展　　　　　（493）
彭震球　　　　（493）
彭竹予　　　　（493）
彭子冈　　　　（493）
彭作雨　　（493-494）
彭作桢　　　　（494）
澎湃　　　　　（494）

【pi】

皮作玖　　　　（494）

【piao】

漂青　　　　　（494）

【ping】

平江不肖生　（494-495）
平襟亚　　　　（495）
平可　　　　　（495）

【pu】

蒲伯英　　　　（495）
蒲风　　　（495-496）
蒲耀琼　　　　（496）
濮舜卿　　　　（496）
浦武　　　　　（496）
浦熙修　　　　（496）
普梅夫　　　　（496）
溥心畬　　　　（496）

Q

【qi】

戚饭牛　　　　（496）
戚学毅　　　　（496）
祁崇孝　　（496-497）
齐白石　　　　（497）
齐鸣　　　　　（497）
齐如山　　　　（497）
齐速　　　　　（497）
齐燕铭　　　　（497）
齐语　　　　　（497）
琦君　　　（497-498）
启功　　　　　（498）

【qian】

钱伯城　　　　（498）
钱昌照　　　　（498）
钱丹辉　　　　（498）
钱稻孙　　　　（498）
钱锋　　　　　（498）
钱歌川　　（498-499）
钱公来　　　　（499）
钱公侠　　　　（499）
钱谷融　　　　（499）
钱红冰　　　　（499）
钱基博　　　　（499）
钱基厚　　　　（499）
钱剑英　　　　（499）
钱健吾　　（499-500）
钱江春　　　　（500）
钱芥尘　　　　（500）
钱今昔　　　　（500）
钱静人　　　　（500）
钱君匋　　（500-501）
钱来苏　　　　（501）
钱穆　　　　　（501）
钱南扬　　　　（501）
钱仁康　　　　（501）
钱润瑗　　　　（501）
钱诗桢　　　　（501）
钱素凡　　（501-502）
钱文选　　　　（502）
钱小柏　　　　（502）
钱小惠　　　　（502）
钱玄同　　（502-503）
钱毅　　　　　（503）
钱锺书　　　　（503）
钱仲联　　　　（503）
钱祝华　　　　（503）
钱祖宪　　　　（503）
茜濛　　　　　（503）
茜子　　　　　（503）

【qiao】

乔大庄　　　　（503）
乔浮沉　　　　（503）
乔景楼　　　　（503）
乔林　　　（503-504）
乔尚谦　　　　（504）
乔穗青　　　　（504）
乔天华　　　　（504）
乔羽　　　　　（504）

【qin】

秦冰　　　　　（504）
秦敢　　　　　（504）
秦绿枝　　　　（504）
秦墨哂　　　　（504）
秦牧　　　（504-505）
秦能华　　　　（505）
秦泥　　　　　（505）
秦戎　　　　　（505）
秦瘦鸥　　　　（505）
秦似　　　（505-506）
秦同　　　　　（506）
秦锡圭　　　　（506）
秦毓鎏　　　　（506）
秦占雅　　　　（506）
秦兆阳　　　　（506）

【qing】

青勃　　　　　（506）
青苗　　　（506-507）
轻轮　　　　　（507）

【qiu】

丘斌存　　　　（507）
丘才豪　　　　（507）
丘东平　　　　（507）
丘复　　　　　（507）
丘瑾璋　　　　（507）
丘琴　　　（507-508）
丘士珍　　　　（508）
丘行　　　　　（508）
丘絮絮　　　　（508）
丘翙华　　　　（508）
邱艾军　　　　（508）
邱风人　　　　（508）
邱汉生　　　　（508）
邱及　　　　　（508）
邱九如　　　　（508）
邱楠　　　（508-509）
邱七七　　　　（509）
邱仁美　　　　（509）
邱望湘　　　　（509）
邱炜蒉　　　　（509）
邱晓松　　　　（509）
邱映溪　　　　（509）

邱永和　　　　（509）
邱遇　　　　　（509）
邱韵铎　　（509-510）
邱子材　　　　（510）
秋枫　　　　　（510）
仇亮　　　　　（510）
仇智杰　　　　（510）
裘廷梁　　　　（510）
裘振纲　　　　（510）
裘柱常　　（510-511）

【qu】

曲狂夫　　　　（511）
曲舒　　　　　（511）
屈楚　　　　　（511）
屈曲夫　　　　（511）
屈守元　　　　（511）
屈万里　　　　（511）
瞿白音　　　　（511）
瞿碧君　　　　（511）
瞿方书　　　　（511）
瞿钢　　　　　（511）
瞿光熙　　（511-512）
瞿汉超　　　　（512）
瞿秋白　　（512-514）
瞿世英　　　　（514）
瞿蜕园　　　　（514）

【quan】

全增嘏　　（514-515）

R

【ran】

冉于飞　　　　（515）
冉欲达　　　　（515）

【rao】

饶百迎　　　　（515）
饶超华　　　　（515）
饶楚瑜　　　　（515）
饶锷　　　　　（515）
饶孟侃　　　　（515）
饶纮平　　（515-516）
饶友瑚　　　　（516）
饶彰风　　　　（516）
饶真　　　　　（516）
饶芝祥　　　　（516）
饶子鹃　　　　（516）
饶宗颐　　　　（516）

【ren】

任白戈　　　　（516）
任白涛　　（516-517）
任大霖　　　　（517）
任大心　　　　（517）
任鼎生　　　　（517）

施畸	（547）	石醉六	（555）	司徒宗	（562-563）	苏琳辉	（570）
施济美	（547）	时玑	（555）	思果	（563）	苏庐	（570）
施济群	（547）	时萌	（555）	思基	（563）	苏曼殊	（570）
施景琛	（547）	时有恒	（555）	思谦	（563）	苏眇公	（570）
施菊轩	（547-548）	时佑平	（555）	斯民	（563）	苏民生	（570）
施南池	（548）	史白	（555）	斯群	（563）	苏谦益	（570）
施若霖	（548）	史超	（555）	【song】		苏青	（570）
施骚	（548）	史东山	（555-556）	宋安业	（563）	苏庆云	（571）
施淑仪	（548）	史济行	（556）	宋伯鲁	（563）	苏水木	（571）
施文杞	（548）	史轮	（556）	宋成志	（563）	苏宿莽	（571）
施雁冰	（548）	史枚	（556）	宋承书	（563）	苏同炳	（571）
施燕平	（548-549）	史美钧	（556）	宋痴萍	（563-564）	苏维霖	（571）
施瑛	（549）	史人范	（556-557）	宋春舫	（564）	苏汶	（571）
施章	（549）	史若虚	（557）	宋大雷	（564）	苏雪林	（571-572）
施蛰存	（549-550）	史松北	（557）	宋桂煌	（564）	苏燕翩	（572）
施子阳	（550）	史行	（557）	宋寒衣	（564）	苏一平	（572）
施作师	（550）	史泽之	（557）	宋衡心	（564）	苏怡	（572-573）
石辟澜	（551）	史紫忱	（557）	宋琳	（564）	苏兆龙	（573）
石方禹	（551）	释永光	（557）	宋谋瑒	（564-565）	苏兆骥	（573）
石光	（551）	【shou】		宋淇	（565）	苏中	（573）
石果	（551）	首凤竹	（557）	宋琴心	（565）	苏仲翔	（573）
石鸿	（551）	寿石工	（557）	宋清如	（565）	苏子元	（573）
石怀池	（551）	寿洙邻	（557）	宋瑞	（565）	【sui】	
石挥	（551）	【shu】		宋文	（565）	隋树森	（573）
石经文	（551）	舒畅	（557）	宋献璋	（565-566）	【sun】	
石军	（551）	舒兰	（557）	宋协周	（566）	孙百刚	（573-574）
石冷	（551）	舒模	（557-558）	宋学芬	（566）	孙百急	（574）
石灵	（551-552）	舒强	（558）	宋映雪	（566）	孙柏绿	（574）
石凌鹤	（552）	舒群	（558）	宋泳苏	（566）	孙帮达	（574）
石鲁	（552）	舒塞	（558）	宋玉	（566）	孙卜菁	（574）
石曼	（552）	舒适	（558）	宋育仁	（566）	孙昌熙	（574）
石煤	（552-553）	舒蔚青	（558）	宋元	（566）	孙春霆	（574）
石民	（553）	舒芜	（558-559）	宋元模	（566）	孙大雨	（574-575）
石评梅	（553）	舒巷城	（559）	宋越	（566）	孙道临	（575）
石璞	（553）	舒新城	（559-560）	宋云彬	（566-567）	孙德谦	（575）
石琪	（553）	束沛德	（560）	宋泽夫	（567）	孙钿	（575）
石樵	（553）	束纫秋	（560）	宋振庭	（567）	孙殿起	（575）
石素真	（553）	束为	（560）	宋之的	（567-568）	孙方山	（575）
石天	（553）	【shui】		宋志立	（568）	孙伏园	（575-576）
石天河	（553-554）	水夫	（560）	宋祝平	（568）	孙福熙	（576）
石天行	（554）	水建馥	（560）	【su】		孙观汉	（576）
石西民	（554）	水天同	（560-561）	苏步青	（568）	孙海波	（576）
石玺	（554）	【si】		苏策	（568）	孙涵冰	（576）
石啸冲	（554）	司丁	（561）	苏晨	（568）	孙寒冰	（576）
石瑛	（554）	司空明	（561）	苏凡	（568）	孙鹤生	（576）
石羽	（554）	司马长风	（561）	苏汎	（568-569）	孙寰镜	（576-577）
石玉淦	（554）	司马军城	（561）	苏菲[1]	（569）	孙佳讯	（577）
石毓符	（554）	司马璐	（561）	苏菲[2]	（569）	孙剑冰	（577）
石云子	（555）	司马桑敦	（561）	苏杭	（569）	孙剑秋	（577）
石蕴真	（555）	司马文森	（561-562）	苏鸿禹	（569）	孙景贤	（577）
石在	（555）	司徒乔	（562）	苏金伞	（569）	孙举璜	（577）
石重光	（555）	司徒卫	（562）	苏隽	（569-570）	孙楷第	（577）

田涛	（605）	万村夫	（610）	汪原放	（616）	王钝根	（622）
田滕蛟	（605）	万籁天	（610）	汪远涵	（616）	王尔碑	（622）
田桐	（605）	万骊	（610）	汪曾祺	（616-617）	王方仁	（622）
田芜	（605）	万里云	（610）	汪兆铺	（617）	王汾	（622）
田孝武	（605）	万力	（610）	汪蓁子	（617）	王焚	（622-623）
田兴奎	（605）	万曼	（610）	汪震	（617）	王逢吉	（623）
田秀峰	（605-606）	万枚子	（610）	汪仲贤	（617）	王凤	（623）
田野[1]	（606）	万木	（610）	汪作民	（617）	王凤云	（623）
田野[2]	（606）	万湜思	（610）	王白渊	（617）	王福时	（623）
田野[3]	（606）	万斯年	（610）	王葆心	（617）	王福义	（623）
田一文	（606）	万一	（610）	王葆桢	（618）	王斧	（623）
田原	（606）	万以增	（610-611）	王北雁	（618）	王哥空	（623）
田仲济	（606）	万云骏	（611）	王彪	（618）	王歌行	（623）
田仲严	（607）	万正	（611）	王滨	（618）	王拱璧	（623）
【tie】		万紫	（611）	王冰洋	（618）	王古鲁	（623-624）
铁戈	（607）			王秉忱	（618）	王毅君	（624）
铁抗	（607）	【wang】		王秉成	（618）	王光闿	（624）
铁衣甫江	（607）	尢半狂	（611）	王伯沆	（618）	王光祈	（624）
【tong】		汪辟疆	（611）	王伯祥	（618）	王国维	（624）
佟赋敏	（607）	汪炳麟	（611）	王伯英	（618-619）	王国忠	（624）
佟绍弼	（607）	汪池树	（611）	王伯庸	（619）	王果	（624）
佟希文	（607）	汪大漠	（611）	王采	（619）	王汉章	（624）
佟醒愚	（607）	汪大燮	（611）	王灿	（619）	王昊	（624）
童爱楼	（607-608）	汪德耀	（611）	王昌定	（619）	王和	（624-625）
童春	（608）	汪东	（611-612）	王昶雄	（619）	王横	（625）
童国琂	（608）	汪馥泉	（612）	王朝闻	（619）	王鸿鹄	（625）
童寯	（608）	汪海如	（612）	王潮清	（619）	王化民	（625）
童梅径	（608）	汪剑鸣	（612-613）	王尘无	（619-620）	王槐秋	（625）
童启智	（608）	汪金丁	（613）	王晨牧	（620）	王焕镳	（625）
童晴岚	（608）	汪金涛	（613）	王成秋	（620）	王荒草	（625）
童世璋	（608）	汪精卫	（613）	王承琰	（620）	王火	（625）
童书业	（608-609）	汪敬熙	（613）	王程之	（620）	王集丛	（625）
童行白	（609）	汪静之	（613-614）	王楚良	（620）	王楫	（625-626）
童愚	（609）	汪李如月	（614）	王传洪	（620）	王季烈	（626）
童仲赓	（609）	汪立康	（614）	王春翠	（620）	王季思	（626）
【tu】		汪榴轩	（614）	王聪	（620）	王季愚	（626）
涂同轨	（609）	汪仑	（614）	王大海	（620）	王济	（626）
涂翔宇	（609）	汪漫铎	（614）	王大化	（620）	王继尧	（626）
涂元渠	（609）	汪懋祖	（614）	王大苏	（620）	王家鸿	（626）
涂元涛	（609）	汪铭竹	（614）	王大学	（620-621）	王家怡	（626）
涂元唏	（609）	汪普庆	（614）	王黛英	（621）	王家莹	（626）
屠守拙	（609）	汪荣宝	（614-615）	王道	（621）	王家棫	（626-627）
屠义方	（609）	汪叔明	（615）	王德林	（621）	王洁心	（627）
【tuo】		汪偶然	（615）	王德锜	（621）	王进珊	（627）
拓哥	（609）	汪霆	（615）	王德薇	（621）	王劲秋	（627）
		汪文凤	（615）	王德钟	（621）	王景任	（627）
W		汪文溥	（615）	王鼎	（621）	王景山	（627-628）
【wai】		汪锡鹏	（615）	王鼎成	（621）	王警涛	（628）
外文	（609）	汪习麟	（615-616）	王鼎钧	（621）	王竞	（628）
【wan】		汪笑侬	（616）	王东培	（621）	王靖	（628）
宛敏灏	（609）	汪洋[1]	（616）	王独清	（622）	王静海	（628）
婉君	（609-610）	汪洋[2]	（616）	王度庐	（622）	王静芝	（628）
		汪洋萍	（616）				

王觉	（628）	王琪	（635）	王韦	（642）	王沂暖	（650）
王君纲	（628）	王启霖	（635）	王维克	（642）	王怡庵	（650）
王君实	（628）	王绮	（635）	王文耕	（642）	王怡之	（650-651）
王均卿	（628-629）	王乔南	（635）	王文起	（642）	王以仁[1]	（651）
王俊伯	（629）	王秋湄	（635）	王文秋	（642）	王以仁[2]	（651）
王濬清	（629）	王秋田	（635）	王文显	（642）	王义臣	（651）
王恺	（629）	王秋莹	（635）	王文漪	（642-643）	王易	（651）
王科一	（629）	王蘧常	（635-636）	王文忠	（643）	王易风	（651）
王可秋	（629）	王仁济	（636）	王汶	（643）	王逸岑	（651）
王克范	（629）	王戎	（636）	王汶石	（643）	王阴知	（651）
王克浪	（629）	王容海	（636）	王夕澄	（643）	王莹	（651）
王肯	（629）	王如善	（636）	王西神	（643）	王瀛洲	（651）
王昆仑	（629）	王瑞丰	（636）	王西彦	（643-644）	王映霞	（651）
王兰儿	（630）	王瑞麟	（636）	王西徵	（644）	王永兴	（651）
王兰馨	（630）	王瑞鹏	（636）	王希坚	（644-645）	王余	（651-652）
王蓝	（630）	王若望	（636）	王侠	（645）	王余杞	（652）
王老九	（630）	王森然	（636）	王向辰	（645）	王语今	（652）
王蕾嘉	（630）	王沙艾	（636-637）	王小逸	（645）	王玉胡	（652）
王礼锡	（630）	王沙坪	（637）	王小隐	（645）	王玉清	（652）
王力[1]	（630-631）	王韶生	（637）	王孝慈	（645）	王聿均	（652）
王力[2]	（631）	王绍清	（637）	王啸平	（645-646）	王育和	（652）
王利器	（631）	王绍猷	（637）	王辛笛	（646）	王郁天	（652）
王廉	（631）	王绍曾	（637）	王辛恳	（646）	王毓岱	（652）
王燎荧	（631）	王生善	（637）	王新命	（646）	王元亨	（652）
王林	（631-632）	王诗琅	（637）	王学通	（646）	王元化	（652-653）
王林谷	（632）	王十仪	（637-638）	王雪波	（646）	王远甫	（653）
王临泰	（632）	王石城	（638）	王逊	（647）	王云沧	（653）
王琳[1]	（632）	王时杰	（638）	王亚凡	（647）	王云和	（653）
王琳[2]	（632）	王实味	（638）	王亚蘅	（647）	王云缦	（653）
王鲁彦	（632）	王士菁	（638）	王亚明	（647）	王云五	（653）
王洛宾	（632）	王世瑛	（638）	王亚平	（647）	王芸生	（653-654）
王曼	（632）	王世颖	（638）	王延龄	（647）	王运熙	（654）
王茂毓	（633）	王世昭	（638）	王炎	（647-648）	王造时	（654）
王梅定	（633）	王式通	（638-639）	王炎之	（648）	王则	（654）
王门	（633）	王寿昌	（639）	王研石	（648）	王照	（654）
王孟素	（633）	王书川	（639）	王衍康	（648）	王真光	（654）
王梦古	（633）	王书天	（639）	王琰如	（648）	王振汉	（654）
王梦鸥	（633）	王殊	（639）	王彦远	（648）	王正[1]	（654）
王勉思	（633）	王淑明	（639）	王晏	（648）	王正[2]	（654）
王敏	（633）	王树枬	（639）	王央乐	（648）	王之却	（654）
王明	（633）	王漱芳	（639）	王仰晨	（648）	王知伊	（654-655）
王命夫	（633）	王思玷	（639）	王尧民	（648）	王植波	（655）
王木河	（634）	王嗣曾	（639）	王尧山	（648-649）	王芷章	（655）
王牧群	（634）	王松	（639-640）	王瑶	（649）	王志圣	（655）
王楠	（634）	王素珍	（640）	王冶秋	（649）	王志之	（655）
王念祖	（634）	王探	（640）	王冶新	（649）	王质夫	（655）
王芃生	（634）	王天恨	（640）	王业伟	（649）	王质玉	（655）
王丕祥	（634）	王田	（640）	王一地	（649）	王中青	（655）
王品青	（634）	王铁臣	（640）	王一榴	（649-650）	王钟琴	（655-656）
王平陵	（634-635）	王统照	（640-642）	王一心	（650）	王仲仁	（656）
王屏侯	（635）	王薇伯	（642）	王一叶	（650）	王仲园	（656）
王琦	（635）	王巍山	（642）	王揖唐	（650）	王重民	（656）

王朱	（656）	魏向炎	（663）	【wu】		吴景鸿	（674）
王庄	（656）	魏学文	（663）	乌·白辛	（668）	吴景箕	（674）
王卓武	（656）	魏怡人	（663）	乌铁库尔	（668）	吴景崧	（674-675）
王子昌	（656）	魏易	（663）	乌一蝶	（668）	吴敬模	（675）
王子近	（656）	魏应麒	（663）	巫怀毅	（668）	吴康	（675）
王子恕	（656-657）	魏毓庆	（663）	巫宁坤	（668）	吴克勤	（675）
王子野	（657）	魏元旷	（663）	巫永福	（668）	吴坤煌	（675）
王紫萍	（657）	魏泽民	（663）	无名氏	（668）	吴郎	（675）
王自新	（657）	魏兆淇	（663）	吴灞陵	（668）	吴朗	（675）
王宗元	（657）	魏照风	（663）	吴白匋	（668）	吴朗西	（675-676）
王祖勋	（657）	魏中天	（663）	吴宝炬	（668）	吴冷西	（676）
王尊三	（657）	魏子云	（663-664）	吴奔星	（668-669）	吴力中	（676）
王佐良	（657）	【wen】		吴边箫	（669）	吴立崇	（676）
王作民	（657）	温德玄	（664）	吴伯箫[1]	（669）	吴立模	（676）
【wei】		温见	（664）	吴伯箫[2]	（669）	吴联栋	（676）
韦丛芜	（657-658）	温健公	（664）	吴琛	（669）	吴林鹰	（676）
韦君宜	（658）	温晋城	（664）	吴晨箫	（669-670）	吴鲁芹	（676）
韦兰史	（658）	温流	（664）	吴承仕	（670）	吴漫沙	（676）
韦丘	（658）	温佩筠	（664）	吴诚之	（670）	吴眉孙	（676-677）
韦悫	（658）	温沙	（664）	吴痴	（670）	吴梅[1]	（677）
韦素园	（658）	温世霖	（664）	吴炽昌	（670）	吴梅[2]	（677）
韦陀	（658）	温田丰	（664）	吴崇兰	（670）	吴梦起	（677）
韦嫈	（658）	温志新	（664-665）	吴崇文	（670）	吴宓	（677）
韦雨平	（658-659）	温梓川	（665）	吴楚	（670-671）	吴敏熊	（677）
韦晕	（659）	文彪	（665）	吴村	（671）	吴南生	（678）
卫嘉荣	（659）	文公直	（665）	吴大琨	（671）	吴农花	（678）
卫聚贤	（659）	文怀朗	（665）	吴丹一	（671）	吴侬	（678）
未央	（659）	文怀沙	（665-666）	吴道镕	（671）	吴秋	（678）
尉克水	（659）	文灰	（666）	吴调公	（671）	吴沛霖	（678）
尉素秋	（659）	文静	（666）	吴鼎昌	（671-672）	吴品今	（678）
魏艾寒	（659）	文莽彦	（666）	吴东权	（672）	吴其昌	（678）
魏弼	（659）	文牧	（666）	吴端仪	（672）	吴其敏	（678）
魏伯	（659-660）	文启矗	（666）	吴恩裕	（672）	吴其英	（678）
魏传统	（660）	文心	（666）	吴芳吉	（672）	吴淇	（678）
魏登	（660）	文彦	（666）	吴福熙	（672）	吴绮缘	（678-679）
魏东明	（660）	文振庭	（666）	吴恭亨	（672）	吴强	（679）
魏风江	（660）	文琢之	（666）	吴观蠡	（672）	吴青霞	（679）
魏荒弩	（660）	闻国新	（666）	吴贯因	（672）	吴清富	（679）
魏际昌	（660）	闻家驷	（666）	吴广川	（672-673）	吴清友	（679）
魏建功	（660-661）	闻见思	（666）	吴海山	（673）	吴庆坻	（679）
魏金枝	（661）	闻捷	（667）	吴晗	（673）	吴秋尘	（679）
魏晋	（661）	闻汝贤	（667）	吴湖帆	（673）	吴秋山	（679-680）
魏敬群	（661）	闻一多	（667）	吴化学	（673-674）	吴人长	（680）
魏兰	（661）	【weng】		吴淮生	（674）	吴仞之	（680）
魏猛克	（661-662）	翁国梁	（667）	吴继岳	（674）	吴锐	（680）
魏敏	（662）	翁寒光	（667）	吴继志	（674）	吴若	（680）
魏蟠	（662）	翁偶虹	（667）	吴剑岚	（674）	吴弱男	（680）
魏清德	（662）	翁文灏	（667）	吴健	（674）	吴三才	（680）
魏绍昌	（662）	翁永德	（667）	吴江枫	（674）	吴三连	（680）
魏绍征	（662）	翁泽生	（667）	吴江冷	（674）	吴山	（680）
魏巍	（662）	翁照垣	（667）	吴峤	（674）	吴尚鹰	（680）
魏惟仪	（662-663）			吴金土	（674）	吴士果	（680-681）

谢觉哉	（712）	欣秋	（719）	徐调孚	（725）	徐琼二	（732）
谢康	（712）	【xing】		徐东滨	（725）	徐蘧轩	（732）
谢良	（712）	星里	（719）	徐帆	（725）	徐仁甫	（732）
谢良牧	（712-713）	邢光祖	（719）	徐梵澄	（725-726）	徐忍茹	（732）
谢六逸	（713）	邢禾丽	（719）	徐芳	（726）	徐绍棨	（732）
谢梦熊	（713）	邢鹏举	（719）	徐放	（726）	徐绍桢	（732）
谢冕	（713-714）	邢启周	（719）	徐甘棠	（726）	徐声涛	（732）
谢敏	（714）	邢桐华	（720）	徐干生	（726）	徐师梁	（732）
谢明霄	（714）	邢野	（720）	徐刚	（726）	徐士豪	（732）
谢然之	（714）	邢院生	（720）	徐高阮	（726）	徐世昌	（732）
谢人堡	（714）	邢钟翰	（720）	徐公美	（726-727）	徐世阶	（732）
谢人吾	（714）	杏影	（720）	徐光玞	（727）	徐守中	（732）
谢汝铨	（714）	【xiong】		徐光霄	（727）	徐舒	（732）
谢石钦	（714）	熊伯鹏	（720）	徐光耀	（727）	徐朔方	（732-733）
谢树	（714）	熊德基	（720）	徐规	（727）	徐思瀛	（733）
谢树琼	（714）	熊佛西	（720-721）	徐和邻	（727）	徐苏灵	（733）
谢颂羔	（714）	熊复	（721）	徐弘士	（727）	徐夙吾	（733）
谢韬	（714）	熊公哲	（721）	徐虎	（727）	徐速	（733）
谢啼红	（715）	熊光	（721）	徐慧棠	（727）	徐太行	（733）
谢添	（715）	熊国模	（721）	徐嘉瑞	（727-728）	徐天从	（733）
谢挺宇	（715）	熊寒江	（721）	徐鉴泉	（728）	徐天复	（733）
谢位鼎	（715）	熊荒陵	（721）	徐杰	（728）	徐天荣	（733）
谢蔚明	（715）	熊恢	（721）	徐惊百	（728）	徐天啸	（733）
谢文炳	（715）	熊克浩	（721）	徐琚清	（728）	徐微	（733）
谢文清	（715）	熊理	（721）	徐君藩	（728）	徐蔚南	（733-734）
谢文耀	（715）	熊梦	（721）	徐君慧	（728）	徐文珊	（734）
谢无量	（715）	熊梦飞	（721-722）	徐君梅	（728-729）	徐文仪	（734）
谢希平	（715）	熊清澜	（722）	徐君勋	（729）	徐吾行	（734）
谢兴尧	（715-716）	熊塞声	（722）	徐开垒	（729）	徐霞村	（734-735）
谢星楼	（716）	熊式一	（722）	徐珂	（729）	徐先兆	（735）
谢雪畴	（716）	熊纬书	（722）	徐克	（729）	徐筱汀	（735）
谢诒微	（716）	熊应祚	（722）	徐坤泉	（729）	徐燮	（735）
谢逸	（716）	熊子蕾	（722）	徐朗	（729）	徐心芹	（735）
谢幼青	（716）	【xiu】		徐朗西	（729）	徐辛雷	（735）
谢宇衡	（716）	修孟千	（722）	徐麟	（729）	徐新杰	（735）
谢狱	（716-717）	【xu】		徐凌霄	（729-730）	徐行	（735）
谢云	（717）	胥树人	（722）	徐仑	（730）	徐熊	（735）
谢云声	（717）	徐昂	（722）	徐懋庸	（730-731）	徐讦	（735-736）
谢振东	（717）	徐百灵	（722-723）	徐蒙	（731）	徐学文	（736）
谢直君	（717-718）	徐柏容	（723）	徐梦	（731）	徐迅雷	（736）
谢稚柳	（718）	徐悲鸿	（723）	徐梦秋	（731）	徐一士	（736）
谢尊五	（718）	徐碧波	（723）	徐名鸿	（731）	徐夷	（736）
谢佐舜	（718）	徐冰	（723）	徐名模	（731）	徐蕙蓝	（736）
【xin】		徐炳昶	（723）	徐慕邢	（731）	徐盈	（736）
心笛	（718）	徐昌霖	（723-724）	徐乃昌	（731）	徐映璞	（736）
芯心	（718）	徐承谋	（724）	徐迺翔	（731）	徐咏平	（736）
辛笛	（718）	徐迟	（724-725）	徐培仁	（731）	徐有守	（736）
辛丰年	（718）	徐耻痕	（725）	徐平羽	（731）	徐玉诺	（736-737）
辛谷	（718）	徐达	（725）	徐契萌	（731）	徐玉书	（737）
辛嘉	（718）	徐大纯	（725）	徐谦	（732）	徐怨宇	（737）
辛劳	（718-719）	徐大风	（725）	徐谦夫	（732）	徐鋆	（737）
辛未艾	（719）	徐道政	（725）	徐清和	（732）	徐韫知	（737）

杨季生 （766）	杨世恩 （772）	杨振声 （779）	姚以壮 （786）
杨济 （766）	杨世骥 （772）	杨镇华 （779-780）	姚倚云 （786）
杨济震 （766）	杨守愚 （772）	杨之华¹ （779）	姚易非 （786）
杨霁云 （766）	杨述 （772-773）	杨之华² （779）	姚颖 （786）
杨家文 （766）	杨树达 （773）	杨植霖 （780）	姚永概 （786）
杨嘉 （766）	杨树庸 （773）	杨志诚 （780）	姚永朴 （786-787）
杨嘉祈 （766）	杨朔 （773）	杨志一 （780）	姚勇来 （787）
杨绛 （766）	杨思谌 （773）	杨钟健 （780-781）	姚雨平 （787）
杨晋豪 （766-767）	杨甦 （773）	杨钟羲 （781）	姚鹓雏 （787）
杨敬慈 （767）	杨天骥 （773）	杨仲德 （781）	姚远 （787）
杨敬年 （767）	杨田农 （773）	杨仲揆 （781）	姚远方 （787）
杨静远 （767）	杨铁夫 （774）	杨仲明 （781）	姚璋 （787）
杨孔娴 （767）	杨廷福 （774）	杨仲佐 （781）	姚仲明 （787）
杨奎章 （767）	杨同芳 （774）	杨周翰 （781）	姚紫 （787）
杨逵 （767-768）	杨芃械 （774）	杨子 （781-782）	姚宗伟 （787）
杨历樵 （768）	杨味云 （774）	杨子固 （782）	【ye】
杨烈¹ （768）	杨蔚青 （774）	杨子戒 （782）	耶菲 （787-788）
杨烈² （768）	杨文林 （774）	杨子敏 （782）	耶林 （788）
杨令德 （768）	杨无恙 （774）	杨紫麟 （782）	也丽 （788）
杨令茀 （768）	杨希尧 （774）	【yao】	野谷 （788）
杨六郎 （768）	杨锡章 （774）	姚奔 （782）	野曼 （788）
杨履方 （768）	杨熙龄 （774）	姚大慈 （782）	叶兵 （788）
杨麦 （768-769）	杨纤如 （774-775）	姚大荣 （782）	叶伯和 （788）
杨没累 （769）	杨贤江 （775）	姚道培 （782）	叶步月 （788）
杨美清 （769）	杨宪益 （775）	姚奠中 （782）	叶蝉贞 （788）
杨梦周 （769）	杨萧 （775）	姚非厂 （782）	叶楚伧 （788-789）
杨明¹ （769）	杨小仲 （775-776）	姚凤惠 （782）	叶德辉 （789）
杨明² （769）	杨杏佛 （776）	姚光 （782）	叶德均 （789）
杨明照 （769）	杨幸之 （776）	姚吉生 （782-783）	叶德浴 （789）
杨沫 （769）	杨絮 （776）	姚见 （783）	叶鼎洛 （789-790）
杨乃藩 （769-770）	杨亚宁 （776）	姚江滨 （783）	叶冬心 （790）
杨乃康 （770）	杨扬 （776）	姚锦 （783）	叶帆风 （790）
杨南生 （770）	杨野 （776-777）	姚可昆 （783）	叶菲洛 （790）
杨品纯 （770）	杨依芙 （777）	姚克 （783）	叶枫 （790）
杨平 （770）	杨贻谋 （777）	姚冷 （783）	叶刚 （790）
杨萍 （770）	杨苡 （777）	姚茫父 （783）	叶公超 （790）
杨琦 （770）	杨荫杭 （777）	姚民哀 （783-784）	叶恭绰 （790）
杨岂深 （770）	杨荫深 （777）	姚名达 （784）	叶国庆 （790-791）
杨千鹤 （770）	杨应彬 （777）	姚明辉 （784）	叶家怡 （791）
杨虔洲 （770）	杨友德 （777-778）	姚楠 （784）	叶嘉莹 （791）
杨秋实 （770）	杨幼生 （778）	姚蓬子 （784）	叶劲风 （791）
杨却俗 （771）	杨雨稜 （778）	姚鹏图 （784）	叶景范 （791）
杨群奋 （771）	杨玉如 （778）	姚溱 （784-785）	叶君健 （791-792）
杨人楩 （771）	杨御龙 （778）	姚三友 （785）	叶康参 （792）
杨日基 （771）	杨樾 （778）	姚时晓 （785）	叶克 （792）
杨荣国 （771）	杨云萍 （778-779）	姚思慕 （785）	叶籁士 （792）
杨骚 （771-772）	杨云史 （779）	姚苏凤 （785）	叶灵凤 （792-793）
杨山 （772）	杨昀谷 （779）	姚葳 （785）	叶曼 （793）
杨绍萱 （772）	杨曾蔚 （779）	姚文蔚 （785）	叶梦友 （793）
杨生华 （772）	杨昭 （779）	姚雪垠 （785-786）	叶明 （793）
杨实夫 （772）	杨昭忠 （779）	姚一苇 （786）	叶明勋 （793）
杨实君 （772）	杨兆钧 （779）	姚依林 （786）	叶楠 （793）

张冥飞	（851-852）	张叔耐	（859）	张向天	（866）	张元松	（875）
张漠青	（852）	张叔通	（859）	张小怿	（867）	张垣	（875）
张默池	（852）	张叔夜	（859）	张晓天	（867）	张蕴和	（875）
张默君	（852）	张殊明	（859）	张效愚	（867）	张泽厚	（875-876）
张默生	（852）	张淑英	（859）	张心漪	（867）	张璋	（876）
张目寒	（852）	张舒阳	（859）	张辛实	（867）	张兆和	（876）
张难先	（852）	张曙生	（859）	张新民	（867）	张肇桐	（876）
张农	（852-853）	张树模	（859）	张星烺	（867）	张真	（876）
张湃舟	（853）	张漱菡	（859）	张省疚	（867）	张枕绿	（876）
张沛	（853）	张舜徽	（860）	张修文	（867）	张振亚	（876）
张佩秋	（853）	张思恺	（860）	张秀亚	（867-868）	张振镛	（876）
张彭春	（853）	张思维	（860）	张秀中	（868）	张政烺	（876）
张蓬	（853）	张素	（860）	张宣	（868）	张执一	（876）
张篷舟	（853）	张天白	（860）	张学新	（868）	张祉浩	（876-877）
张朴	（853）	张天鲁	（860）	张雪蕾	（868）	张志	（877）
张其春	（853）	张天幕	（860）	张雪伦	（868）	张志民	（877）
张企程	（853-854）	张天授	（860）	张雪茵	（868-869）	张志谦	（877）
张启汉	（854）	张天虚	（860-861）	张恂子	（869）	张治中	（877）
张契渠	（854）	张天翼	（861）	张亚非	（869）	张致祥	（877）
张千帆	（854）	张铁夫	（861-862）	张彦	（869）	张稚庐	（877）
张亲令	（854）	张铁弦	（862）	张彦超	（869）	张中晓	（877）
张青榆	（854）	张廷灏	（862）	张彦平	（869）	张中行	（877-878）
张庆吉	（854）	张廷华	（862）	张燕庭	（869）	张仲实	（878）
张庆琏	（854）	张同	（862）	张央	（869-870）	张周	（878）
张庆霖	（854-855）	张拓	（862）	张扬	（870）	张竹君	（878）
张庆田	（855）	张拓芜	（862）	张旸	（870）	张拙之	（878）
张庆云	（855）	张宛青	（862）	张养吾	（870）	张资平	（878）
张秋虫	（855）	张万里	（862-863）	张叶舟	（870）	张子斋	（878-879）
张秋人	（855）	张万一	（863）	张一林	（871）	张梓生	（879-880）
张裘丽	（855）	张威廉	（863）	张一麐	（871）	张紫薇	（880）
张权	（855）	张维	（863）	张一鸣	（871）	张宗祥	（880）
张荃	（855）	张维祺	（863）	张一鹏	（871）	章楚	（880）
张任政	（855）	张维贤	（863）	张一倩	（871-872）	章道衡	（880）
张荣甫	（855）	张维周	（863）	张一苇	（872）	章铎声	（880）
张荣苏	（855）	张文渤	（863）	张易	（872）	章圭璩	（880）
张瑞麟	（855-856）	张文环	（863）	张因凡	（872）	章汉夫	（880）
张瑞亭	（856）	张文澜	（863）	张荫麟	（872）	章华	（880）
张若谷	（856）	张文松	（864）	张饮辛	（872）	章际翔	（881）
张若名	（856）	张文勋	（864）	张瀛洲	（872）	章君谷	（881）
张善	（856）	张文郁	（864）	张颖	（872）	章克标	（881）
张少峰	（856）	张文治	（864）	张永枚	（872-873）	章妙英	（881）
张舍我	（856）	张闻天	（864-865）	张咏絮	（873）	章泯	（881-882）
张申府	（856-857）	张吻冰	（865）	张友济	（873）	章明	（882）
张深切	（857）	张问强	（865）	张友鸾	（873）	章乃器	（882）
张圣时	（857）	张我军	（865）	张友松	（873-874）	章品镇	（882）
张十方	（857-858）	张我权	（865）	张友渔	（874）	章其	（882）
张石川	（858）	张西曼	（865-866）	张羽	（874）	章楶	（882）
张实中	（858）	张锡俦	（866）	张禹	（874）	章士钊	（882-883）
张世禄	（858）	张锡佩	（866）	张禹九	（875）	章太炎	（883）
张世珠	（858）	张相文	（866）	张棫	（875）	章铁民	（883-884）
张守常	（858）	张香还	（866）	张裕基	（875）	章廷华	（884）
张寿镛	（858-859）	张香山	（866）	张元济	（875）	章廷骥	（884）

章微颖	（884）	赵荣声	（891）	**【zheng】**		郑文[2]	（902）
章西崖	（884）	赵瑞蕻	（891）	征军	（897）	郑文光	（902-903）
章锡琛	（884）	赵少侯	（891）	征骊	（897）	郑文通	（903）
章星园	（884）	赵少伟	（891）	郑秉谦	（897）	郑文蔚	（903）
章秀珊	（884）	赵慎应	（891）	郑伯奇	（897-898）	郑文治	（903）
章叶频	（884-885）	赵石宾	（891）	郑伯永	（898）	郑晓沧	（903）
章一华	（885）	赵式铭	（891）	郑超麟	（898）	郑孝柽	（903）
章衣萍	（885）	赵树理	（891-893）	郑朝宗	（898）	郑孝观	（903）
章益	（885）	赵宋庆	（893）	郑成武	（898）	郑孝胥	（903）
章钰	（885）	赵太侔	（893）	郑愁予	（898）	郑效洵	（903-904）
章振乾	（885）	赵茗狂	（893）	郑楚材	（898-899）	郑笑枫	（904）
章自	（885）	赵万里	（893）	郑达	（899）	郑新如	（904）
【zhao】		赵炜如	（893）	郑大海	（899）	郑修元	（904）
赵超构	（885-886）	赵蔚青	（893-894）	郑道传	（899）	郑秀章	（904）
赵赤坪	（886）	赵文甫	（894）	郑奠	（899）	郑学稼	（904）
赵赤羽	（886）	赵惜梦	（894）	郑定文	（899）	郑雪来	（904）
赵聪	（886）	赵锡	（894）	郑笃	（899）	郑逸梅	（904-905）
赵大民	（886）	赵锡嘉	（894）	郑公盾	（899-900）	郑瑛	（905）
赵丹	（886）	赵熙	（894）	郑观应	（900）	郑永慧	（905）
赵德尊	（886）	赵先	（894）	郑官哲	（900）	郑雨	（905）
赵戈	（886）	赵鲜文	（894）	郑浩铭	（900）	郑玉华	（905）
赵光荣	（886）	赵寻	（894）	郑鹤声	（900）	郑育之	（905）
赵光远	（886）	赵洵	（894）	郑焕	（900）	郑岳	（905）
赵广湘	（886）	赵恂九	（894-895）	郑江萍	（900）	郑造	（905）
赵国宾	（886）	赵循伯	（895）	郑金水	（900）	郑泽	（905）
赵鹤清	（886）	赵逊	（895）	郑金柱	（900）	郑振铎	（905-906）
赵寰	（886）	赵雅博	（895）	郑锦先	（900）	郑正秋	（906）
赵焕亭	（886）	赵燕翼	（895）	郑君里	（900）	郑证因	（906-907）
赵纪彬	（886-887）	赵扬	（895）	郑康伯	（900）	郑之蕃	（907）
赵家璧	（887）	赵亦吾	（895）	郑丽生	（900）	郑之纲	（907）
赵家欣	（887）	赵易林	（895）	郑良雄	（900）	郑之章	（907）
赵谨三	（887）	赵逸贤	（895）	郑烈	（900）	郑芝晨	（907）
赵景深	（887-888）	赵荫棠	（895）	郑马	（900-901）	郑注岩	（907）
赵景沄	（888）	赵银棠	（895）	郑曼如	（901）	郑子褒	（907）
赵君豪	（888）	赵玉明	（895）	郑民权	（901）	**【zhi】**	
赵坤	（888）	赵元任	（895-896）	郑南风	（901）	支离	（907）
赵澧	（888）	赵正平	（896）	郑普洛	（901）	支羊	（907）
赵立生	（888）	赵之诚	（896）	郑骞	（901）	支援	（907）
赵俪生	（888）	赵忠	（896）	郑秋苇	（901）	**【zhong】**	
赵隆勤	（888）	赵仲邑	（896）	郑权	（901）	中流	（908）
赵橹	（888）	赵滋蕃	（896）	郑拾风	（901）	衷若霞	（908）
赵眠云	（888）	赵自	（896）	郑寿岩	（901）	钟惦棐	（908）
赵明	（888-889）	赵宗瀚	（896）	郑淑梅	（901）	钟鼎文	（908）
赵铭彝	（889）	赵宗濂	（896）	郑树荣	（901-902）	钟动	（908）
赵乃心	（889）	赵祖抃	（896）	郑思	（902）	钟丰玉	（908）
赵农民	（889）	赵祖康	（896-897）	郑体仁	（902）	钟吉宇	（908）
赵品三	（889）	**【zhen】**		郑天保	（902）	钟敬文	（908-909）
赵朴初	（889）	真树华	（897）	郑天挺	（902）	钟雷	（909）
赵其文	（889）	甄崇德	（897）	郑天翔	（902）	钟理和	（909）
赵清阁	（889-890）	甄一怒	（897）	郑天宇	（902）	钟灵	（909）
赵秋鸿	（890）	震钧	（897）	郑铁马	（902）	钟梅音	（909）
赵戎	（890-891）			郑文[1]	（902）	钟山心	（909）

朱苇	（942）	朱云彬	（948）	【zhuang】		邹恩元	（954）
朱渭深	（942）	朱寨	（948）	庄乘黄	（951）	邹枋	（954）
朱文尧	（942）	朱肇洛	（948）	庄馥冲	（951）	邹绎	（954）
朱雯	（942-943）	朱贞木	（948）	庄劲	（951-952）	邹琳	（954-955）
朱沃	（943）	朱枕薪	（948）	庄克昌	（952）	邹鲁	（955）
朱西甯	（943）	朱震华	（948）	庄启东	（952）	邹绿芷	（955）
朱希祖	（943）	朱正明	（948-949）	庄庆祥	（952）	邹谦	（955）
朱洗	（943）	朱之凌	（949）	庄瑞声	（952）	邹弢	（955）
朱霞天	（943）	朱执信	（949）	庄瑞源	（952）	邹韬奋	（955-956）
朱湘	（943-944）	朱仲波	（949）	庄山	（952）	邹霆	（956）
朱啸秋	（944）	朱子南	（949）	庄上峰	（952）	邹问轩	（956）
朱偰	（944）	朱子奇	（949）	庄寿慈	（952）	邹幼臣	（956）
朱星	（944）	朱自清	（949-950）	庄先识	（952）	邹狱	（956）
朱惺公	（944）	朱宗良	（950）	庄一拂	（952-953）	邹遇	（956）
朱虚白	（944）	朱祖谋	（950）	庄禹梅	（953）	邹治鄂	（956）
朱旭华	（944）	诸文蕴	（950）	【zhui】		邹子彬	（956）
朱绪	（944）	诸宗元	（950）	追风	（953）	邹子孟	（956）
朱讯	（944）	诸祖耿	（950）	【zhuo】		【zuo】	
朱迅鸠	（944-945）	祝方明	（950）	卓梦庵	（953）	左秉隆	（956）
朱颜	（945）	祝见山	（950-951）	【zi】		左干臣	（956-957）
朱野蕲	（945）	祝宽	（951）	子敏	（953）	左林	（957）
朱宜初	（945）	祝实明	（951）	【zong】		左明	（957）
朱挹清	（945）	祝世康	（951）	宗白华	（953）	左琴岚	（957）
朱应鹏	（945）	祝修麒	（951）	宗璞	（953）	左曙萍	（957）
朱英	（945）	祝秀侠	（951）	宗舜年	（953）	左舜生	（957-958）
朱英诞	（945-948）	祝炎生	（951）	【zou】		左笑鸿	（958）
朱鸳雏	（948）			邹荻帆	（953-954）	佐丁	（958）

词条首字笔画检索表

A

【a】

阿甲（1907－1994），祖籍武进（今常州市）人，出生于宜兴。原名符律衡。曾用名符正。笔名阿甲，原为其艺名，后成为通用名。见于评论《关于平剧的接受遗产与服务政治问题》，载 1943 年 4 月 18 日延安《解放日报》；评论《谈谈我国戏曲表演艺术里的现实主义》，载 1952 年 11 月 23 日《人民周报》第 47 期。嗣后出版京剧剧本《凤凰二乔》（与翁偶虹合作。北京出版社，1962 年）、《红灯记》（与翁偶虹合作。中国戏剧出版社，1965 年）、《平原游击队》（与翁偶虹等合作。中国戏剧出版社，1999 年）。论著《部队文艺新的里程》（上海中华书局，1952 年）、《生活的真实和戏曲表演艺术的真实》（上海文化出版社，1957 年）、《戏曲表演论集》（上海文艺出版社，1962 年）、《戏曲表演规律再探》（中国戏剧出版社，1990 年）、《阿甲戏剧论集》（中国戏剧出版社，2005 年），散文集《抒情小品》（香港晨风出版社，1955 年）等亦署。

阿垅（1907－1967），浙江杭州人。原名陈守梅。曾用名陈文祥、陈亦门、陈师穆、陈君龙。笔名：①陈守梅，见于随笔《几个朋友底素描》，载 1932 年 4 月 16 日上海《南华文艺》第 1 卷第 7、8 期合刊。同时期在该刊及《当代诗刊》《文艺茶话》《南华评论》《艺风》等刊发表诗《僵蚕》《汽车夫胡阿毛》、散文《我祇是跑》《国旗》《太阳要什么时候才会出来》、评论《关于诗》《怎样制止内战》等亦署。②S. M.，见于诗《茄色的云》，载 1934 年 8 月 15 日上海《新垒》第 4 卷第 2 期；诗《夜行军》《我穿着军衣回来》，载 1935 年上海《文学》月刊第 5 卷第 4 期。嗣后在《文学》月刊及《七月》《烽火》《涛声》《自由中国》《抗战文艺》《现代文艺》《野草》《诗创作》《文艺生活》《青年文艺》《人世间》《天下文章》等报刊发表小说《咳嗽》《一个汉奸底死》《三等射手》、散文《不朽的心和力》《雾·土·星·花》、诗《低吟五章》《五个鲜血淋漓的红字》《黄帝陵下》、随笔《旧体诗新读》《血肉二章》，出版散文集《闸北七十三天》（香港海燕书店，1940 年）亦署。③师穆，见于诗《末日》，载 1942 年 3 月 1 日重庆《诗垦地社丛刊》之《剑与枷锁》。嗣后在该刊发表诗《冲锋》《雀云》《金铃子》亦署。④思猛，见于随笔《今天，我们需要政治内容，不是技巧》，载 1942 年 4 月重庆《诗垦地社丛刊》第 3 期《春的跃动》。⑤圣木，见于诗《凿沉》，载 1943 年桂林《文学报》新 1 卷第 1 期；组诗《排》，载 1944 年 9 月重庆《抗战文艺》第 9 卷第 3、4 期合刊。⑥亦门，见于诗集《无弦琴》（上海南风出版社，1941 年）。又见于诗《六歌》，载 1945 年 9 月重庆《文艺杂志》新 1 卷第 3 期；诗《读了几首叶赛宁的译诗》，载 1946 年 1 月 20 日重庆《中原·文艺杂志·希望·文哨联合特刊》第 1 卷第 2 期。嗣后在《呼吸》《蚂蚁小集》《评论报》等报刊发表诗《珠》《贴在杭州的》《青年党党费问题》等，出版报告文学集《第一击》（香港海燕书店，1947 年），论著《诗与现实》（北京五十年代出版社，1951 年）、《作家底性格和人民的创造》（新文艺出版社，1953 年）、《诗是什么》（新文艺出版社，1954 年）等亦署。⑦阿垅，见于《箭头指向》，载 1945 年 12 月重庆《希望》第 1 集第 1 期；评论《论诗》，载 1946 年天津《鲁迅文艺》第 1 卷第 3 期。嗣后在《希望》《人世间》《呼吸》《中国作家》《蚂蚁小集》等报刊发表评论《诗论二则》《语言片论》《技巧否定论》《泰戈尔片论》《略论"吵架"与"求爱"》等文，1949 年后出版诗集《无题》（周良沛编。湖南文艺出版社，1986 年），长篇小说《南京血祭》（人民文学出版社，1987 年；宁夏人民出版社，2005 年），散文集《垂柳巷文辑》（陆莘整理。武汉出版社，2006 年），论著《人和诗》（上海书报杂志联合发行所，1949 年）、《人·诗·现实》（罗洛编。生活·读书·新知三联书店，1986 年），文集《阿垅诗文集》（人民文学出版社，2007 年）等亦署。⑧圣门，见于杂文《说话之难》，载 1942 年 5 月 15 日桂林《野草》第 4 卷第 1、2 期；诗《宝贵》，载 1946 年上海《希望》第 2 集第 1 期。嗣后在《中原》《蚂蚁小集》等报刊发表诗《没有文化》《十月之歌》等亦署。⑨人仆，见于长诗《读罗兰〈悲多汶传〉》，载 1945 年 12 月重庆《希望》第 1 集第 1 期。⑩方信、魏本仁，分别见于长诗《给诅咒者》、诗《祭天》，载 1946 年 3 月重庆《希望》第 1 集第 3 期。⑪曾心良，见于诗《象征的成都市刺杀》，载 1946 年 11 月 1 日成都《呼吸》（方然编）创刊号。1947 年 3 月在该刊发表诗《请看两青年双簧搭档演出》《青年党党费问题》亦署。⑫怀潮，见于论文《略论提高与普及》，载 1948 年 8 月《蚂蚁小集》第 3 辑《歌唱》。嗣后在该刊发表论文《论艺术与政治》《略论形式和内容》亦署。⑬斯穆、斯蒙、史目，20 世纪 40 年代在《荒鸡小集》《大公报》《文汇报》等报刊发表文章署用。⑭张怀瑞，见于论文《略论正面人物和反面人物》，载 1950 年上海《起点》第 2 期。⑮方木、狮穆、东山、紫薇花藕，署用情况未详。

阿英（1900－1977），安徽芜湖人。原名钱德富。曾用名钱德赋、钱杏邨、张凤吾。笔名：①若英，见于小说《静默》，载 1926 年上海《黎明》第 3 卷第 52 期；评论《罗曼诺夫与两性描写》，载 1930 年 1 月 10 日上海《拓荒者》月刊第 1 卷第 1 期。嗣后在《拓荒者》及《电影戏剧》发表随笔《关于李别金斯基》《鲁迅与电影》、评论《〈赛金花〉公演小评》等，出版论著《现代文艺研究》（又名《力的文艺》。上海泰东图书局，

1930 年）等亦署。②钱杏邨，见于小说《在机器房里》，载 1926 年 12 月 1 日上海《洪水·周年增刊》（刊目录署名"杏邨"）；评论《俄罗斯文学漫评》，载 1928 年 1 月 10 日上海《小说月报》第 19 卷第 1 期。前后在《文学周报》《洪水》《小说月报》《泰东月刊》《我们月刊》《太阳月刊》《现代小说》《大众文艺》《白华》《拓荒者》《北斗》《现代》《南国周刊》《海风周报》《新流月报》《畸形》《沙仑》等报刊发表小说《外套》《那个罗索的女人》、诗《写给一个朋友》、评论《死去了的阿 Q 时代》《三位典型作家的批判》《茅盾与现实——读了他的"野蔷薇"以后》《花之寺——关于凌叔华创作的考察》《"在黑暗中"——关于丁玲创作的考察》《中国新兴文学论》《英国文学漫评》《德国文学漫评》《俄罗斯文学漫评》《一九三一年文坛之回顾》《关于〈现代中国文学〉通信》《野祭》《动摇》《幻灭》、随笔《现代日本文艺印象记》《关于顾仲起先生》等，出版长诗《暴风雨的前夜》（上海泰东图书局，1928 年），诗集《饿人与饥鹰》（上海现代书局，1928 年）、《荒土》（上海泰东图书局，1929 年），散文集《儿童书信》（新民图书馆，1928 年）、《麦穗集》（上海落叶书店，1928 年），中篇小说《一条鞭痕》（上海泰东图书局，1928 年），短篇小说集《革命的故事》（上海春野书店，1928 年）、《义冢》（上海亚东图书馆，1928 年）、《玛露莎》（上海现代书局，1930 年）、《白烟》（上海现代书局，1930 年）、小说戏剧集《欢乐的舞蹈》（上海现代书局，1928 年），论文集《创作与生活》（上海良友图书印刷公司，1932 年）、《现代中国文学论》（上海合众书店，1933 年），评论集《现代中国文学作家（三卷）》（上海泰东图书局，1928－1930 年）、《作品论》（上海沪淀书店，1929 年）、《文艺批评集》（上海神州国光社，1930 年）、《文艺与社会倾向》（上海泰东图书局，1930 年）、《批评六大文学作家》（上海亚东图书馆，1932 年）、《安特列夫评传》（上海文艺书局，1933 年），以及《白话书信》（上海泰东图书局，1928 年）等亦署。③杏邨，见于小说《在机器房里》，载 1926 年 12 月 1 日上海《洪水·周年增刊》（刊内正文署名"钱杏邨"）。④岛田，见于书评《"流亡"》，载 1928 年上海《我们月刊》第 3 期；小说《雕塑》，载 1928 年上海《泰东月刊》第 1 卷第 11 期。⑤年殊，见于小说《末日》，载 1928 年上海《白华》第 1 卷第 1 期。⑥寒星，出版散文集《流离》（上海亚东图书馆，1928 年）署用。⑦亚鲁、鲁亚，见于通讯《国内文坛消息》，载 1929 年 1 月 6 日上海《海风周报》第 2 期（该刊目录署名"亚鲁"，刊内正文署名"鲁亚"）。⑧若虚，见于随笔《编给少年读者的故事》，载 1930 年上海《拓荒者》月刊第 1 卷第 1 期。⑨张若英，出版《现代文学读本》（上海现代书局，1930 年）、《中国新文学运动史资料》（上海光明书局，1934 年）署用。⑩方英，见于随笔《在发展的浪潮中生长，在发展的浪潮中死亡》，载 1931 年 9 月 15 日上海《文艺新闻》追悼号；评论《〈大上海的毁灭〉》，载 1932 年 10 月 15 日上海《文学月报》第 1 卷第 3 期。

⑪戴叔清，出版辞典《文学术语辞典》（上海文艺书局，1932 年），编选《模范日记文选》（上海光明书局，1932 年）、《模范书信文选》（上海光明书局，1933 年）等署用。⑫黄英，见于随笔《奥尼尔的戏剧》，载 1932 年上海《青年界》第 2 卷第 1 期。嗣后在该刊发表《艺术家的受难》《跋佐夫的小说》《屠格涅夫的散文诗》《杜思退益夫斯基的日记》等文，出版论著《现代中国女作家》（上海北新书局，1931 年）亦署。⑬黄锦涛，编译出版《高尔基印象记》（上海南强书局，1932 年）、《托尔斯泰印象记》（上海南强书局，1932 年）署用。⑭钱谦吾，出版翻译小说《劳动的音乐》（苏联高尔基原作。上海合众书店，1932 年）、《母亲的结婚》（苏联高尔基原作。上海龙虎书店，1935 年）、《伏尔加河上》（苏联高尔基原作。上海香海书店，1941 年）、《高尔基名著精选》（上海新陆书局，1947 年）、《我的教育》（苏联高尔基原作。上海新陆书局，1948 年），论著《怎样研究新兴文学》（上海南强书局，1930 年）、《语体日记文作法》（上海南强书局，1931 年）、《白话书信文作法及文范》（上海南强书局，1932 年）、《语体写景文作法》（上海南强书局，1934 年），辞典《新文艺描写辞典》（上海南强书局，1930 年）、《新文艺描写辞典续编》（上海南强书局，1931 年）、《青年创作辞典》（上海光明书局，1933 年），以及《青年文学自修读本》（上海湖风书店，1931 年）等署用。⑮徐衍存，出版散文集《灰色之家》（上海良友图书印刷公司，1933 年）署用。⑯凤吾，见于随笔《水灾》，载 1933 年 6 月 21 日上海《申报·自由谈》。嗣后在该刊发表随笔《关于古物》《旧书新话》《偶想》等亦署。⑰阮无名，出版散文集《中国新文坛秘录》（上海南强书局，1933 年），编选《日记文学丛选》（上海南强书局，1933 年）、《现代名家随笔丛选》（上海南强书局，1933 年）署用。⑱黄人影，出版《郭沫若论》（上海光华书局，1931 年）、《当代中国女作家论》（上海光华书局，1933 年）署用。⑲张凤吾，1933 年后在上海某刊发表文章署用。⑳阿英，见于《关于黄仲则》，载 1933 年 8 月 6 日上海《申报·自由谈》。嗣后创作或改编电影剧本《盐潮》（与郑伯奇等合作）、《时代的儿女》（与夏衍、郑伯奇合作）、《丰年》《三姊妹》《女儿经》（与郑正秋、洪深、郑伯奇、沈西苓合作），出版话剧剧本《春风秋雨》（上海一般书店，1937 年）、《群莺乱飞》（上海现代戏剧社，1939 年）、《李闯王》（佳木斯东北书店，1948 年）、《阿英剧作选》（中国戏剧出版社，1980 年），长篇小说《敌后日记》（江苏人民出版社，1982 年），杂文集《夜航集》（上海良友图书印刷公司，1936 年），散文集《剧艺日札》（上海晨光出版公司，1951 年）、《阿英散文选》（百花文艺出版社，1981 年），论文集《海市集》（上海北新书局，1936 年）、《抗战期间的文学》（广州战时出版社，1938 年）、《工厂文娱工作的理论与实践》（生活·读书·新知三联书店香港分店，1950 年）、《工厂与创作》（上海晨光出版公司，1950 年），专著《小说闲谈》（上海良友图书印刷公司，1936 年；上海古籍出版社，1985

年改订版）、《小说二谈》《小说三谈》（上海古籍出版社，1979 年）、《小说四谈》（上海古籍出版社，1981年）、《小说闲谈四种》（上海古籍出版社，1985 年）、《中国俗文学研究》（上海中国联合出版公司，1944年）、《弹词小说评考》（上海中华书局，1937 年）、《晚清小说史》（上海商务印书馆，1937 年）、《雷峰塔传奇叙录及其他》（上海杂志公司，1953 年。后改名《雷峰塔传奇叙录》，1960 年由中华书局出版）、《中国年画发展史略》（北京朝花美术出版社，1954 年）、《中国连环图画史画》（北京古典艺术出版社，1957 年）、《晚清文艺期刊述略》（上海古典文学出版社，1958 年），编选《现代小品文钞》（上海光明书局，1935 年。1940 年增订版更名《现代十六家小品》）、《中国新文学大系第十集·史料索引》（上海良友图书印刷公司，1936 年）、《抗战独幕剧选（第一集）》（汉口戏剧时代出版社，1938年），编辑《近代国难史丛钞》（上海潮锋出版社，1940年）、《中法战争文学集》（上海北新书局，1948 年；中华书局，1957 年）、《中日战争文学集》（上海北新书局，1948 年；后改名为《甲午中日战争文学集》，中华书局，1958 年）、《鸦片战争文学集》（北京古籍出版社，1957年）、《庚子事变文学集》（中华书局，1959 年）、《晚清文学丛钞（五卷）》（中华书局，1960－1962 年）、《反美华工禁约文学集》（中华书局，1960 年）、《晚清戏曲小说目》（上海文艺联合出版社，1957 年）、《红楼梦戏曲集》（中华书局，1978 年）、《红楼梦版画集》（上海出版公司，1955 年）、《杨柳青红楼梦年画集》（天津美术出版社，1963 年）、《西行漫画》（人民美术出版社，1958 年），编校《庚子国变弹词》（清代李伯元著。上海良友图书印刷公司，1955 年）、《晚明小品文库》（上海大江书店，1936 年），校点《白石樵真稿》（明代陈继儒。上海杂志公司，1935 年）、《买愁集》（清代钱尚濠辑。上海杂志公司，1936 年）、《媚幽阁文娱》（明代郑元勋选。上海杂志公司，1936 年）、《李氏焚书》（明代李卓吾著。上海杂志公司，1936 年）、《王季重十种》（明代王思任著。上海杂志公司，1936 年）、《吴骚集》（明代王登辑著。上海杂志公司，1936 年）、《钟伯敬文集》（明代钟惺著。上海杂志公司，1936 年）、《叶天寥四种》（明代叶绍袁著。上海杂志公司，1936 年）、《珂雪斋集》（明代袁中道著。上海杂志公司，1936 年），出版《阿英文集》（生活·读书·新知三联书店香港分店，1979 年）、《阿英美术论文集》（人民美术出版社，1982 年）、《阿英全集》（安徽教育出版社，2003 年）等亦署。㉑魏育，1934 年在上海《大晚报》发表文章署用。㉒峰，见于《人与书》，载 1935 年 2 月 14 日上海《申报·自由谈》。嗣后在《离骚》创刊号发表文章亦署。㉓王英，见于《明人日记随笔选》（上海南强书局，1935 年）。㉔丁君吾，见于电影剧本《时代的女儿》，1936 年与夏衍、郑伯奇合作改编。㉕残夫，编校《痛史》（我佛山人作。上海风雨书屋，1938 年）署用。㉖鹰隼，出版剧本《桃花源》（上海风雨书屋，1938 年。1940年上海亚星书店再版署名"魏如晦"）署用。嗣后在上

海《文献》《文汇报·世纪风》《译报·大家谈》等报刊发表文章亦署。㉗寒峰居士，见于《建国儿女英雄传》，连载于 1938 年上海《每日译报·大家谈》。㉘刘西渭，借用李健吾的笔名。见于 1938 年在上海主编之《离骚》杂志。㉙啸坳，出版《抗战独幕剧选（第二集）》（汉口大众出版社，1938 年）署用。㉚魏如晦，出版历史剧《碧血花》（又名《明末遗恨》。上海国民书店，1939 年）署用。嗣后在上海《宇宙风乙刊》《万象》等刊发表话剧《牛郎织女传》等，出版剧作《五姊妹》（上海亚星书店，1940 年）、《桃花源》（1938 年上海风雨书屋初版署名"鹰隼"，1940 年上海亚星书店再版署名"魏如晦"）、《海国英雄》（又名《郑成功》。上海国民书店，1941 年）、《不夜城》（上海剧艺出版社，1941年）、《洪宣娇》（上海国民书店，1941 年）、《杨娥传》（上海晨光出版公司，1950 年）、《复活》（1941 年），创作电影剧本《明末遗恨》（根据历史剧《碧血花》改编。与周贻白等合作）、《红线盗盒》（与华成合作），编选《现代名剧辑选》（上海剧艺出版社，1941 年）、《现代名剧精华》（上海潮锋出版社，1947 年）等亦署。㉛如晦，见于《〈碧血花〉公演前记》，载 1940 年上海国民书店版之《碧血花》。㉜张于英，见于《辛亥革命书征》，载 1941 年《学林》第 6 辑。㉝沈宥，创作剧本《日出之前》署用。㉞魏谋，20 世纪 40 年代在上海《万象》杂志发表文章署用。㉟婴、青农、黄华、梅隐、克兴、傅克兴、王益岑、普鲁士、戴渭清，署用情况未详。

阿湛（1925－1960），浙江绍兴人。原名王湛贤。笔名阿湛，见于《螺蛳》，载 1943 年上海《万象》第 3 卷第 2 期。

【ai】

艾烽（? －1948），广东兴宁人。原名李搏仁。笔名艾烽，见于诗《江岸》，载 1941 年 6 月重庆《七月》第 6 集第 4 期。嗣后在《诗创作》发表诗作，出版诗集《祖国进行曲》（诗歌出版社，1940 年）、《活在人民心里》（长沙葛田，1949 年）亦署此名。

艾寒松（1905－1975），江西高安人。原名艾涤尘。曾用名艾逊生、艾逸尘、何敬之。笔名：①寒松，1931年 4 月后在上海《新生》周刊发表《死于错误的思想》《投机》《青年烦闷之所由来》等文署用。嗣后在《大众生活》《读书月报》《新文化半月刊》《民主》等刊发表文章亦署。②何敬之，见于书信《写给本刊编者》，载 1931 年上海《生活》周刊第 6 卷第 5 期。③艾逊生，见于随笔《青年的打算》，载 1934 年上海《中学生》第 46 号。④易水，见于随笔《闲话皇帝》，载 1935 年《新生》第 2 卷第 15 期。嗣后在《读书生活》《中学生》等刊发表《怎样读译本书》《春夜演习》等文亦署。⑤艾寒松，见于评论《珍贵巩固和扩大中苏的友谊》，载 1938 年 11 月 7 日《中苏文化》"苏联十月革命二十一

周年纪念特刊"。嗣后在《文学》《青年界》《青年生活》《中国建设月刊》《新文化半月刊》等刊发表《青年的学习问题》《论中国的文化建设》《谈人的认识和怎样做人》等文,出版《青年修养与意识锻炼》(上海杂志公司,1948年)、《大众革命知识》(上海华夏书店,1949年)、《怎样做一个共产党员》(汉口中南人民出版社,1952年)等亦署。⑥阿平,见于书评《介绍〈小癞痢〉》,载1939年《上海妇女》第2卷第11期。嗣后在《上海周报》《新文化半月刊》《新闻杂志》等刊发表《我们需要怎样的民主政治》《怎样认识宪法》《论政党》等文亦署。

艾珑,生卒年及籍贯不详,原名余茜蒂。笔名:①茜蒂,见于散文《终南山之一夜》,载1935年上海《星火》第1卷第1期。嗣后在《新影坛》《大侦探》《人物杂志》等刊发表《访秋海棠》《地下工作》《谁杀死了筱丹桂》《神经怪物系教授》等文亦署。②余茜蒂,见于报告文学《升平街大破盗窟记》,载1946年上海《大侦探》第2期。同年出版长篇小说《交际花》(上海广益书局,1946年)亦署。③艾珑,见于报告文学《上海投机市场大血案》,载1946年上海《大侦探》第3期。嗣后在《大侦探》发表报告文学《一千万元杀人血案》《军火库爆炸案内幕》等,出版长篇小说《恋爱网》(上海广益书局,1940年)、《爱与恨》(上海二酉出版社,1942年)、《女僵尸》(上海广益书局,1945年)、《春水情波》(上海万象书屋,1947年)、《风流奇女子》(上海广益书局,1947年),中篇小说《箱尸案》(上海广益书局,1940年)、《船家女》(上海广益书局,1946年),编译《国际大秘密》(勒白朗原作。上海广益书局,1946年)等亦署。④孟德兰,出版长篇小说《海上大观园》(春风出版社,1949年)署用。

艾明之(1925-2017),广东英德人,生于上海。原名黄志塑。曾用名黄尘。笔名:①黄琦,见于散文《人生的驿站——星加坡》,载1941年上海《万象》月刊第1卷第8期。②艾明之,见于散文《给一个爱做梦的孩子》,载1944年重庆《时事新报》副刊。散文《上海之忆》,载1945年重庆《文哨》第1卷第3期。嗣后在《文联》《文艺复兴》《文坛月报》《中国建设月刊》《创世纪》《小说月刊》及重庆《时事新报》副刊等报刊发表小说《幼芽》《春旱》、通讯《荒芜了的沃土》等,出版短篇小说集《饥饿的时候》(上海耕耘出版社,1947年)、《竞赛》(华东人民出版社,1951年)、《年轻的心》(通俗文艺出版社,1955年)、《汽车在交换》(作家出版社,1956年)、《阳光下》(上海文艺出版社,1963年),中篇小说《上海廿四小时》(重庆自强出版社,1945年)、《工人的儿子》(少年儿童出版社,1956年),长篇小说《雾城秋》(上海新群出版社,1947年)、《狼窟》(上海文化工作社,1950年)、《不疲倦的斗争》(人民文学出版社,1953年)、《浮沉》(新文艺出版社,1957年)、《火种》(作家出版社,1963年)、《燃烧吧,上海》(上海文艺出版社,1988年),电影文学剧本《伟大的起点》(艺术出版社,1954年)、《护士日记》(中

国电影出版社,1957年)、《幸福》(中国电影出版社,1958年)、《巨浪》(中国电影出版社,1958年)、《常青树》(中国电影出版社,1959年)、《黄浦江的故事》(上海文艺出版社,1959年)、《数风流人物看今朝》(与费礼文合作。上海文艺出版社,1960年)、《小金鱼》(中国电影出版社,1982年)、《海上生明月》(中国电影出版社,1983年),话剧剧本《炉边风波》(上海文化工作社,1950年)、《钢铁的力量》(上海劳动出版社,1951年)、《幸福》(作家出版社,1956年),传记《列宁》(生活·读书·新知三联书店,1949年)、《马克思》(生活·读书·新知三联书店,1949年),创作舞剧《幸福》《侧影》等亦署。③周哲,出版传记《孙中山》(香港生活书店,1948年)署用。④司空见,1957年与石方禹、唐振常在《文汇报》发表杂文合署。⑤黄骏、黄尘,发表理论文章署用。⑥浮沉,署用情况未详。

艾青(1910-1996),浙江金华人。原名蒋正涵,学名蒋海澄。曾用名蒋莪伽。笔名:①OKA,1931年在巴黎"独立沙龙"展出一油画时署用。1932年在上海《文艺新闻》发表文章亦署。②莪伽,见于《乌脱里育》,载1932年6月6日上海《文艺新闻》美术版。又见于诗《当黎明穿上了白衣》《那边》,载1932年9月1日上海《现代》第1卷第5期。嗣后1934年在该刊及上海《新诗》《新语林》《北斗》刊发诗作《海员烟斗》《东方部的会合》等亦署。③伽,见于论文《十二个诗人》,载1932年6月6日上海《文艺新闻》诗歌版。④艾青,见于诗《芦笛》,载1933年上海《现代》月刊第3卷第1期;诗《监房的夜》《叫喊》,载1934年上海《春光》第1卷第1期。嗣后在《新诗歌》《诗歌月报》《当代文学》《新诗》《新语林》《国风》《中流》《文艺月刊·战时特刊》《热风》《七月》《女子月刊》《中学生》《文艺阵地》《抗战文艺》《广西日报·南方》《文学月报》《全民抗战》《文艺新闻》《新文学》《春光》《中学时代》《国民公论》《文艺》《中国文化》《文艺报》《现代文艺》《诗创作》《顶点》《十日文萃》《诗文学》《青年文艺》《天下文章》《文艺春秋》《谷雨》《解放日报·文艺》《草叶》《新华日报·新华副刊》《文艺生活》《文哨》《新音乐》《江西地方教育》《天地间》《江西公路》《文化杂志》《申报月刊》《新建设》《北方文化》《长城》《华北文艺》《图片展望》《新华月报》《群众》等报刊发表诗、评论、散文,出版诗集《大堰河》《他死在第二次》《向太阳》《旷野》《火把》《北方》《北风》《欢呼集》《宝石的红星》《春天》《归来的歌》《黎明的通知》《吴满有》,评论集《诗论》,以及《艾青全集》等均署。⑤克阿,见于诗《九百个》,载1937年《热风》第1卷第2期。⑥鹿文,见于杂文《谈"批评"》,载1939年3月6日《广西日报·南方》。嗣后在该刊发表诗《秋晨》亦署。⑦纳雍,见于组诗《河边诗草》,载1942年延安《谷雨》月刊第1卷第2、3期合刊。嗣后出版报告文学集《苏长福的故事》(新疆人民出版社,1961年)亦署。⑧立春,见于论文《坪上散步》,载1942年2月12日延安《解放日报·文艺》。

⑨林壁，见于诗《从南泥湾到莫索湾》，载1964年前后新疆农八师《大跃进报》。

艾思奇（1910－1966），云南腾冲人，蒙古族。原名李生萱。曾用名李崇基。笔名：①萱、生萱、SH，1928年冬天开始在云南《民众日报·象牙塔里》翻译发表海涅、济慈的诗署用。②小呦、店小二、孝腰，1928年在云南《民众日报·杂货店》发表作品署名。③李东明，1933年在上海《中华月报》发表哲学文章署用。④思奇，见于杂文《"肯思想"论》，载1934年9月11日上海《中华日报·动向》，又在《申报·自由谈》《读书生活》《生活学校》《自修大学》等报刊撰文署用。⑤艾思奇，见于论文《文艺的永久性与政治性》，载1933年10月16日上海《文化界》第3册。嗣后在《正路》《春光》《读书生活》《青年界》《文学》《太白》《文学丛报》《文学界》《中华日报·动向》《光明》《战地》《自由中国》《文艺》《文化月刊》《社会月报》《申报月刊》《新中华》《通俗文化》《长城》《现世界》《国防周刊》《文化战线》《文艺战线》《读书半月刊》《杂志》《文化食粮》《中国农村》《生活学校》《认识月刊》《文摘》《周报》《知识》《中国文化》《文艺突击》《谷雨》《大众文艺》《中华民报》等众多报刊发表著译诗文，出版翻译长诗《德国：一个冬天的童话》、论著《大众哲学》《论读书》《从头学起》《胡适实用主义批判》《辩证唯物主义纲要》等均署。⑥李崇基，见于科普文章《谈死光》，载1934年上海《读书生活》创刊号。嗣后在该刊发表《火星中的生物》《怎样研究哲学》等文亦署。⑦崇基，见于科普文章《谈毒瓦斯》，载1934年上海《读书生活》第1卷第2期目录（正文署名"李崇基"）。嗣后在该刊发表《怎样研究哲学》《中风症与黄河》等文，在上海《生活学校》《认识月刊》、延安《中国文化》《解放日报》等报刊发表文章亦署。⑧崇，见于科普文章《人——机械》，载1935年上海《读书生活》第1卷第6期。

艾文会（1923－1984），河北河间人。原名李更生。1944年开始发表作品，著有话剧剧本《雪恨》《战士与护士》等。

艾雯（1923－2009），江苏吴县（今苏州市）人。原名熊昆珍。笔名艾雯，见于小说《意外》，载1941年《江西妇女》。嗣后在江西《正气日报》等报刊发表作品，1946年在厦门《大地月刊》第1卷第2期发表童话《小草子》，1949年后在台湾出版长篇小说《小楼春迟》（台北帕米尔书店，1954年）、《魔鬼的契约》（台北人文出版社，1955年），短篇小说集《生死盟》（高雄大众书局，1953年）、《夫妇们》（台北复兴书局，1957年）、《雾之谷》（台北正中书局，1958年）、《一家春》（台北正中书局，1959年）、《与君同在》（台北复兴书局，1962年）、《池莲》（台北正中书局，1966年）、《弟弟的婚礼》（台北立志出版社，1968年），散文集《青春篇》（高雄启文书店，1951年）、《鱼港书简》（高雄大业书店，1955年）、《生活小品》（台北国华出版社，

1955年）、《艾雯散文选》（台北远东图书公司，1956年）、《昙花开的晚上》（台中光启出版社，1962年）、《浮生散记》（台北水芙蓉出版社，1975年）、《不沉的小舟》（台北水芙蓉出版社，1975年）、《倚风楼书简》（台北水芙蓉出版社，1983年）、《缀网集》（台北大地出版社，1986年），小说散文集《艾雯自选集》（台北黎明文化事业股份有限公司，1980年），童话集《森林里的秘密》（台北儿童书局，1962年）等均著。

艾汶（1916－？），湖南人。原名彭昌运，字葆德。笔名：①阿文，见于快板《改组国民政府和统帅部》，载抗战时期一二〇师《战斗报》。②艾汶，见于长诗《荒火》，载1946年辽源《草原》第1卷第2期。③葆德，见于通讯《天罗地网》，载1947年辽北《胜利报》。④彭昌运，1960年前后在《北京晚报》发表影评署用。

艾芜（1904－1992），四川成都人。原名汤道耕，字爱吾。曾用名唐仁、汤爱吾、汤艾芜。笔名：①汤耘，见于《〈繁星〉发刊词》，载1924年成都师范学校《繁星》杂志创刊号。②汤爱吾，1925年在《成都周刊》发表一书信署用。③艾芜，1927年在缅甸《仰光日报》《觉民日报》《缅甸新报》等报副刊发表文章开始署用。1931年6月起在《读书月刊》《青年界》《新时代》《正路》《现代》《文学杂志》《文学月报》《艺术新闻》《小说》《文学》《文艺》《春光》《社会月报》《文学季刊》《清华周刊》《芒种》《新语林》《当代文学》《国闻周报》《文学界》《太白》《水星》《漫画漫话》《创作》《光明》《中流》《小说家》《文丛》《文学杂志》《烽火》《自由中国》《文艺阵地》《抗战文艺》《文艺新闻》《文学批评》《现代文艺》《野草》《文学新报》《天下文章》《时代文学》《文艺生活》《文艺杂志》《文学创作》《青年文艺》《人世间》《时与潮文艺》《中原》《新文学》《当代文艺》《文艺春秋》《文艺复兴》《文哨》《中原·文艺杂志·希望·文哨联合特刊》《文艺大众》《文联》《文章》《文坛月报》《萌芽》《人民文艺》《通俗文化》《关声》《月报》《战线》《新少年》《文艺战线》《改进》《中学生》《中国诗坛》《文学集林》《文化杂志》《文摘月报》《天行杂志》《宇宙》《进修月刊》《民众杂志》《文章》《书报精华》《生活文摘》《新路》《文潮月刊》《申报·自由谈》《星岛日报·文艺》等报刊发表小说、散文等，出版短篇小说集《山中牧歌》（上海天马书店，1934年）、《南国之夜》（上海良友图书印刷公司，1935年）、《南行记》（上海文化生活出版社，1935年）、《夜景》（上海文化生活出版社，1936年）、《芭蕉谷》（上海商务印书馆，1937年）、《海岛上》（上海文化生活出版社，1939年）、《逃荒》（上海文化生活出版社，1939年）、《萌芽》（重庆烽火社，1939年）、《荒地》（桂林文化供应社，1942年）、《黄昏》（桂林文献出版社，1942年）、《爱》（桂林大地图书公司，1943年）、《冬夜》（桂林三户图书社，1943年。后改名《艾芜创作集》，上海新新出版社，1947年）、《秋收》（桂林新光书店，1943年）、《童年的故事》（重庆建国书店，1945年）、《锻炼》（重庆华美书局，1945年）、《我的旅伴》（上海华夏书

店，1946年）、《烟雾》（上海环星书店，1948年）、《新的家》（人民文学出版社，1958年）、《夜归》（作家出版社，1958年）、《南行记续篇》（作家出版社，1964年）、《南行记新篇》（云南人民出版社，1983年）、《艾芜短篇小说集》（人民文学出版社，1953年）、《艾芜短篇小说选》（人民文学出版社，1983年），中篇小说《丰饶的原野（第一部：春天）》（上海良友复兴图书公司，1937年）、《江上行》（重庆新群出版社，1945年）、《我的青年时代》（上海开明书店，1948年）、《乡愁》（上海中兴出版社，1948年）、《一个女人的悲剧》（香港新中国书局，1949年）、《我的幼年时代》（四川人民出版社，1984年）、《艾芜中篇小说集》（天津人民出版社，1958年），长篇小说《丰饶的原野》（第一部《春天》、第二部《落花时节》。重庆自强出版社，1946年）、《故乡》（上海自强出版社，1947年）、《山野》（上海文化生活出版社，1948年）、《百炼成钢》（作家出版社，1958年）、《春天的雾》（人民文学出版社，1985年）、《风波》（上海文艺出版社，1987年），散文集《漂泊杂记》（上海生活书店，1935年）、《杂草集》（永安改进出版社，1940年）、《缅甸小景》（文学书店，1943年）、《欧行记》（百花文艺出版社，1959年），散文特写集《初春时节》（百花文艺出版社，1958年），报告文学集《幸福的矿工们》（辽宁人民出版社，1955年），文艺理论集《文学手册》（桂林文化供应社，1981年）、《谈小说创作》（湖南人民出版社，1984年），文学评论集《浪花集》（北京出版社，1959年），评论、散文集《艾芜近作》（四川人民出版社，1981年），以及《艾芜儿童文学作品选》（四川少年儿童出版社，1983年）、《翻译小说选》（选注。香港文化供应社，1942年）、《艾芜文集》（四川人民出版社，1981－1984年）等亦署。④汤道耕，见于《墓上夜啼》，载1927年11月《仰光日报·波光》。⑤荷裳，1927年在缅甸报刊署用。1934年在国内《时事新报·青光》发表《缅甸漫画》亦署。⑥无艾、爱吾、芜艾、艾艾，1927年前后在缅甸报刊发表文章署用。⑦Y－FT，1931年11月29日与沙汀致鲁迅函署。又见于《关于小说题材的通信·来信》（与Ts－C．Y．合作），载1932年上海《十字街头》旬刊第3期。⑧汤艾芜，1931年参加上海《现代文学评论》小说征文创作作品署用。1933年在《中国著作家为中苏复交致苏联电》亦署此名。⑨沙漠，见于诗《示威进行曲》，载1932年上海《文艺新闻》第52号。嗣后在该刊第58号发表诗《扛夫的歌》亦署。⑩刘明，见于散文《滇东旅迹》，载1934年1月16日上海《申报·自由谈》。嗣后在该刊及上海《新语林》等刊发表《缅甸人给我的印象》《滇曲掇拾》《过槟榔屿》《川行回忆记》《上缅甸车中》《缅变纪略》等文亦署。⑪吴岩，见于散文《我诅咒你那么一笑》，载1934年2月18日上海《申报·自由谈》。嗣后在该刊发表《边地夜记》《瘴气的谷》等文亦署。1945年又用过一次。⑫岳萌，见于散文《南国的小屿》，载1934年3月5日上海《申报·自由谈》。嗣后在该刊发表《怀大金塔》《马

来旅感》等文亦署。⑬明，见于随笔《记五卅一烈士——何秉彝》，载1934年5月30日上海《申报·自由谈》。⑭乔诚，见于小说《太原船上》，载1934年上海《文学新地》创刊号。⑮杜泉，20世纪40年代在重庆编《大公报·半月文艺》署用。见于随笔《论足踢》，载1946年11月30日《大公报·半月文艺》。⑯魏良，见于随笔《〈中国文学史〉讲话》，载1947年5月11日《大公晚报·半月文艺》。

艾霞（1912－1934），福建厦门人。原名严以南。笔名艾霞，见于中篇小说《现代一女性》，连载于1933年5月22日至6月27日上海《时报·电影时报》；电影故事《现代一女性》，载1933年上海《明星月报》第1卷第2期。去世后小说遗作《好年头》于1934年在上海《春光》第1卷第1期、第2期连载，1935年由上海春光书店出版亦署。

艾煊（1922－2001），安徽舒城人。原名艾光道。曾用名艾萱、艾炎。笔名：①岩荃、荃岩，1942－1943年在抗大八分校校报、新四军二师《抗敌报》以及《淮南日报》发表诗歌、散文、通讯等署用。②艾煊，1949年后发表作品、出版报告文学《朝鲜五十天》，长篇小说《战斗在长江三角洲》（华东人民出版社，1951年）、《秋收之后》（新文艺出版社，1955年）、《大江风雷》（人民文学出版社，1965年）、《山雨欲来》（上海文艺出版社，1978年）、《乡关何处》（上海文艺出版社，1983年），散文集《碧螺春汛》（江苏人民出版社，1963年）、《太湖游记》（少年儿童出版社，1963年初版。1978年再版更名《太湖漫游》）、《雨花棋》（江苏人民出版社，1983年）、《艾煊散文选》（中国文联出版公司，1986年），电影文学剧本《风雨下钟山》（八一电影制片厂，1982年）等署用。

艾循（1920－1948），山东昌邑人。原名温成筠。笔名：①艾循，见于评论《关于检讨修辞的意见》，载1938年5月29日哈尔滨《滨江日报》。嗣后在哈尔滨《国际协报》副刊《夕刊》《国际公园》、《滨江日报》副刊《粟末微澜》《创作与批评》《暖流》《驼铃》《大荒》《大北新报》副刊《大北文学》《大北风》《松江》等刊发表小说《偷绊子的孩子们》《海船上》、散文《春日江游》《朋友，给你一根火柴》《关于丁宁》、评论《关于批评——致伊威》《关于长篇小说〈似有缘〉报告两个喜的消息原来是醒氓先生作的》、诗《送别》《忆想——为丁宁逝去一周年写》等署用。②郑文、郑平、微微，1939年前后在哈尔滨《大北新报》发表小说《偷绊子的孩子们》《海船上》等署用。

艾扬（1922－1994），山东平邑人。原名续宗先。1945年开始发表作品。笔名艾扬，著有话剧《一坛血》《新仇旧账》《春汛前夕》、散文报道剧《安业民》、歌剧《同志，你错了》《天堂地狱》、电影文学剧本《上尉的童年》《怒海轻骑》《万山海战》等。

艾以（1927－2014），浙江龙游人。原名傅永龄。笔

名艾以，1948 年前后在主编《民声日报》副刊、上海《新浦东·野草》时发表作品开始署用。1949 年后出版《艺海一勺》（四川文艺出版社，1986 年）、《文坛·艺坛·人间世》（浙江人民出版社，1999 年）、《海上文谭》（生活·读书·新知三联书店，2012 年）等著作均署。

艾治平（1925—2013），河北乐亭人。原名艾家政。笔名：①艾治平，1943 年 9 月始用。嗣后发表文章、出版《今日之北大》（北平，1947 年）、《谈通讯写作》（中南人民文学艺术出版社，1953 年）、《古典诗词艺术探幽》（湖南人民出版社，1981 年）、《现代散文选读》（广东人民出版社，1983 年）、《诗词抉微》（湖南人民出版社，1984 年）、《唐诗选析》（花城出版社，1984 年）、《宋词的花朵》（北京出版社，1985 年）、《诗美思辨》（学林出版社，1994 年）等均署。②楚天碧，见于散文《幽情寂寂的中南海》，载 1944 年春北平《华北日报》；小说《师生之间》，连载于 1944 年秋北平《三六九画报》。其间在《经世日报·经世副刊》《北平时报》《平明日报》《纪事报·文学》《世界日报》《纪事报·文学》《影剧午报》等报刊发表散文、小说、随笔等署用。③慕容丹，1945 至起在北平《经世日报·经世副刊》《北平时报》《纪事报·文学》等报撰文署用。又见于报告《七五前后》（许德珩题字），北京大学 1948 年 8 月初版。④芷苹、黄眉、黄梅、易水愁，20 世纪 40 年代在北平《经世日报·经世副刊》《纪事报·文学》发表文章署用。⑤若男，1945 年在北平《纪事报·文学》发表文章署用。又见于报告《山东十载沧桑录》，载 1948 年冬托名于九龙出版之《新中国在前进》一书。⑥艾子，1945 年在北平《纪事报·文学》发表文章署用。1949 年后在香港《文汇报》、广州《语文月刊》等报刊发表文章亦署。⑦方未艾，1947—1948 年在《经世日报》《北平时报》《纪事报》等报刊发表文章署用；1949 年后亦曾署用。⑧方歌今、明湖，1949 年后在香港《文汇报》、广州《羊城晚报》《语文月刊》、上海《文汇报》等报刊发表文章署用。

【an】

安波（1915—1965），山东牟平人。原名刘清禄。笔名：①安波，见于评论《〈一周间〉——洪深、张常人主编》，载 1934 年上海《现代出版界》第 25 期；歌词《铁匠谣》（姚以让作曲），载 1941 年《乐风》第 1 卷第 4 期。嗣后在山东《山东日报》《鲁风》《新亚日报》、延安《解放日报》《群众文艺》、哈尔滨《文学战线》、香港《文艺生活·海外版》等报刊发表作品，创作歌曲《七月里序曲》（安波作词，刘炽作曲）、《七月里在边区》（安波作词，马可作曲）、《纪念碑》（安波作词，马可作曲）、《朱德投弹手》（安波作词、作曲）、《打倒蒋介石，解放全中国》（安波作词、作曲），鼓词《老来红做寿》，花鼓戏《拥军花鼓》（根据民歌《打黄羊》曲调填词），秧歌剧《兄妹开荒》（王大化、安波、路由编剧，安波作曲），随笔《帮助蒙古同学创造民族艺

术》，评论《论文艺上的发动群众与改造民间艺人》等，出版歌剧《军民进行曲》（天蓝、安波、韩寒编剧，王震之作词，冼星海作曲）、《纪念碑》（安波、严正、海默编剧，安波作曲）、《草原烽火》（根据乌兰巴干同名小说改编，安波编剧，安波、张颂、刘守义作曲），话剧《春风吹到诺敏河》（作家出版社，1954 年）、《十字路口》，长诗《雷锋颂》（春风文艺出版社，1962 年）等均署。②显谛、年声，署用情况未详。

安娥（1905—1976），河北石家庄人。原名张式沅。曾用名何平、张菊生、左平、张瑛、张红惠。艺名丁娜。笔名：①苏尼亚，见于短篇小说《莫斯科》，载 1930 年上海《南国月刊》第 2 卷第 2 期、第 3 期；《苏俄的童子军》，载 1930 年上海《大众文艺》第 2 卷第 5、6 期合刊。②安城女士，见于剧本《兵差》，载 1933 年上海《文艺》月刊第 1 卷第 2 期。③安城，见于小说《打胎》，载 1933 年上海《文学》月刊第 1 卷第 6 期；小说《围》，载 1934 年上海《现代》月刊第 5 卷第 5 期。嗣后在《文艺》《东方文艺》《光明》《女神》《女青年》《文艺月刊》《妇女生活》《时代论坛》《新演剧》《抗到底》《抗战文艺》《中华月报》《戏剧新闻》《现世界》《民报·影谭》《全民抗战》《妇女共鸣》《戏剧岗位》《弹花》《时事类编》《战地知识》《野草》《戏剧春秋》《诗创作》《文艺生活》《战时文艺》《反侵略》《民意周刊》《青年音乐》《幸福生活》《文学创作》《艺丛》《唯民周刊》《书报精华》《茶话》《文艺春秋》《学风》《水准》《大学月刊》《鲁迅文艺》《广西日报·漓水》《大公报·战地》《扫荡报》《清明》《正义报·影剧专叶》《评论报》《新民报》《新闻报·新园林》《新闻报·艺月》《创世》《剧影春秋》《妇女》《春秋》《中国作家》《翻身乐》《中苏友好》等报刊发表诗、戏剧、散文、评论，创作歌词《女性的呐喊》《渔光曲》《卖报歌》《路是我们开》《我们不怕流血》《抗敌歌》《战士哀歌》《山茶花》《抗战中的三八》《六十年军歌》等，出版诗集《燕赵儿女》（生活书店，1938 年），诗剧《高粱红了》（汉口上海杂志公司，1938 年），话剧《海石花》（少年儿童出版社，1958 年），歌剧《战地之春》（陕西力行月刊社，1941 年）、《洪波曲》（桂林育文出版社，1942 年），短篇小说集《苏联分厂长塔拉霍夫》（新华书店，1950 年），报告文学《苏联大嫂》（劳动出版社，1951 年）、《从朝鲜归来》（劳动出版社，1951 年）、《一个劳动英雄的成长》（劳动出版社，1951 年），翻译戏剧《在某一国家里》（苏联魏尔塔原作。北平天下图书公司，1949 年）、《特别任务》（苏联米哈尔考夫原作。人民出版社，1951 年），翻译歌剧《青年近卫军》（苏联玛里什柯编剧。北京出版社，1959 年）等亦署。④前发，见于歌词《打回老家去》（任光作曲），载 1936 年《大众歌声》。⑤君秋，见于通讯《衡阳突围的周庆祥将军》，载 1944 年 11 月贵阳《扫荡报》。⑥左平、左平女士，署用情况未详。

安怀音，生卒年不详，辽宁抚顺人。笔名：①淮阴，见于评论《文学与时势》，载 1923 年 8 月 1 日哈尔滨

《大北新报》。②安怀音，见于评论《文学家与革命家》，载1923年10月1日《大北新报》。1925年在沈阳主编《东三省民报》，1942年在《东北前锋》月刊发表评论《如何收复东北四省——敬告东北同胞之在陪都者》等亦署。③北斗、南枝、手民氏，20世纪20年代开始在哈尔滨等地报刊发表文章署用。

安旗（1925—2019），满族，四川成都人。原名安琦。曾用名安裕英、傅英。笔名：①安安，见于诗《月明之夜》，载1940年成都《笔阵》新2卷第2期。嗣后在四川《拓荒文艺》《成都快报·挥戈副刊》等报刊发表诗文亦署。②安旗，1957年在西安开始署用。见于评论《从现实出发而又高于现实（以毛主席诗词为例）》，载1958年《文艺报》第13期。嗣后出版论著《论抒人民之情》（新文艺出版社，1958年）、《论诗与民歌》（作家出版社，1959年）、《论叙事诗》（作家出版社，1962年）、《探海集》（陕西人民出版社，1978年）、《李白纵横谈》（陕西人民出版社，1981年），传记《李白传》（文化艺术出版社，1984年）、《李太白别传》（人民文学出版社，2004年），编著《李白年谱》（齐鲁书社，1982年）、《李白诗新笺》（中州书画社，1983年）、《李白全集编年注释》（巴蜀书社，1990年）等均署。

安危（1916—1985），湖北孝感人。原名王寄玄。曾用名王庆墀，字心岑。笔名：①寄玄，见于短篇小说《游击队的孩子们》，载1939年《西线文艺》创刊号。②安危，见于诗《寄母亲》，载1939年12月10日《西线文艺》第1卷第5期；杂文《奴才像与奴才性》，载1945年11月24日延安《解放日报》；《荣归与捕杀》，载1946年6月4日延安《解放日报》。1946年在延安《解放日本》发表《一席血泪话》《别延安》等文，1948年在哈尔滨《文学战线》第1卷第3期发表随笔《我们要有明确的是非》，1949年后出版中篇小说《土地底儿女们》、杂文集《感触与联想》、诗集《回声》、小说集《黎明》、长篇小说《我爱松花江》等均署。③于恋

一，20世纪50年代初在《辽宁日报》发表杂文署用。④于一飞，20世纪50年代初在《东北文艺》发表文章署用。

安西（1916—1972），辽宁沈阳人。原名安凤麟。笔名：①安犀，见于话剧剧本《朱买臣》，载1939年4月23日沈阳《盛京时报》；话剧剧本《姜家老店》，载1939年12月沈阳《文选》第1辑。此外在上海《上海影坛》第2卷第2期发表评论《李丽华论》、在日本大阪《华文大阪每日》第10卷第3期发表评论《一年来的满洲话剧界》均署。出版散文集《并欣集》（与也丽、小松等合集。长春兴亚杂志社，1944年），独幕剧集《猎人之家》（长春兴亚杂志社，1944年）等亦署。②行文、安行文、孙长有、柳敬亭，20世纪40年代在沈阳《盛京时报》、长春《兴亚》《学艺丛刊》《青年文化》《新潮》《电影画报》等报刊发表剧作《三代》《野店恩仇记》《清明时节》、长篇小说《山城》等署。③曹达、柳稔河，1946年冬在长春报刊发表评论署用。④安西，1949年后发表作品多署。

安友石（1905—1927），江苏无锡人。乳名小敏，号钟云。笔名安友石，见于诗《魔鬼的势利》，1924年发表于无锡《锡报》；诗《男儿》，1925年发表于无锡锡社《血泪潮》。

【ao】

敖学祺（1922—1990），籍贯不详。笔名：①教学祺，见于散文《梦海》，载1940年《挥戈文艺》创刊号；短篇小说《一个人的故事》，载1940年成都《祖国文艺》创刊号。嗣后在上述两刊及《西部文艺》《自贡新报》副刊、《国民日报》副刊、《西方日报〈西苑〉》、《新民日报》副刊、《川西说唱报》《四川日报》副刊、灌县《萤》诗刊等报刊发表小说、散文、诗、民间故事亦署。②巴英，1940年后在成都《成都快报·挥戈副刊》发表诗文署用。

B

【ba】

巴波（1916—1996），四川巴县（今重庆市）人。原名曾祥祺。笔名：①曾乙波，见于诗《决不含糊》，载1937年12月16日重庆《诗报》试刊号。②巴波，见于《新旗袍》，载1943年7月27、28日成都《华西晚报·文艺》。嗣后在香港《文艺生活·光复版》《群众·香港版》、上海《人世间》《文艺春秋》等报刊发表小说《王议员》《奸细》《中央派来的》《王洪顺进城》《视察》《五十一号》《为了礼貌的缘故》《未完成的帮助》《林姐》《你是在为人类服务吗？》《送别》、散文《药猫》《人民公社纪事》《想起五十年代几件小事》、诗《信

使》《人类在十月革命道路上》《我的故乡有一条小溪》、通讯《大巴山以内》等作品，出版儿童文学《土地改革的故事》、小说集《林姐》《巴波短篇小说选》、中篇小说《小城风情》《河灯》《一个强劳犯的自白》、散文集《风雨兼程》等亦署。③田丁，1944年起在成都《华西日报》《华西晚报》《光明晚报》《胜利报》等报副刊发表诗文署用。1949年后编辑《光明日报》副刊亦署。④卡青卡，1944年在成都《华西晚报》副刊发表诗歌、杂文署用。⑤老曾，1948年在香港《大公报》《文汇报》发表小小说署用。⑥陈华、诗征、安之、下俚巴、下里巴、老曾，署用情况未详。

巴尔（1915－？），广东普宁人。原名颜壁。笔名巴尔、欧阳军、枫叶，20 世纪 30 年代末起在暹罗曼谷《热风》《光明周刊》等华文报刊发表中篇小说《禁区》等作品署用。其中"巴尔"一名最为通用，出版小说集《陋巷》《就医》《绘制钞票的人——巴尔短篇小说集》（中国友谊出版公司，1983 年），长篇小说《湄河之滨》（鹭江出版社，1990 年），主编《泰国华人短篇小说选》（中国友谊出版公司，1986 年）等均署。

巴金（1904－2005），四川成都人，祖籍浙江嘉兴。原名李尧棠，字芾甘。曾用名黎德瑞。笔名：①芾甘，见于短论《怎样建设真正自由平等的社会》，载 1921 年成都《半月》第 17 期。嗣后在该刊以及重庆《人声》、成都《警群》《平民之声》、广州《春雷》《惊蛰》、北京《国风日报·学汇》《晨报副镌》、上海《民钟》《洪水》《宇宙风》《自由月刊》、天津《国闻周报》等报刊发表评论《托尔斯泰的生平和学说》《世界语之特点》、编译《大杉荣著作年表》、译作《俄罗斯的悲剧》（美国柏克曼原作）等，出版史话《五一运动史》（上海民众社，1926 年）、《支加歌的惨剧》（托名美国旧金山平社出版部出版，1926 年。1936 年福州自由书店出版更名《自由血》），传记《革命的先驱》（上海自由书店，1928 年）、《断头台上》（上海自由书店，1929 年），理论著作《资本主义到安那其主义》（托名美国旧金山平社出版部出版，1930 年）；翻译戏剧《前夜》（波兰廖抗夫原作。上海启智书局，1930 年）、《丹东之死》（苏联阿·托尔斯泰原作，从世界语译出。上海开明书店，1930 年）、《过客之花》（意大利阿美契斯原作，从世界语译出。上海开明书店，1933 年）、《夜未央》（波兰廖抗夫原作，从世界语译出。上海文化生活出版社，1937 年），翻译小说集《为了知识与自由的缘故》（俄国普利洛克原作。上海新宇宙书店，1929 年），翻译小说、戏剧合集《薇娜》（波兰廖抗夫原作，与石曾译作合编。上海开明书店，1928 年），翻译回忆录《狱中与逃狱》（俄国克鲁泡特金原作，与李石曾合译。广州革新书局，1927 年），翻译传记《一个卖鱼者的生涯》（意大利凡宰特原作。上海自由书店，1929 年）、《地下的俄罗斯》（俄国司特普尼亚原作。上海启智书局，1929 年）、《一个革命者的回忆》（俄国克鲁泡特金原作，与君泽合译。1930 年出版。后改名《自传》，由上海新民书店出版。1939 年上海开明书店出版该书改名《我底自传》）、《狱中记》（美国柏克曼原作。上海文化生活出版社，1935 年），翻译史话《俄国虚无运动史话》（俄国司特普尼亚克原作。上海文化生活出版社，1936 年）、《法国大革命》（俄国克鲁泡特金原作），翻译理论著作《科学的社会主义》（阿里斯原作。民钟社，1927 年）、《面包略取》（俄国克鲁泡特金原作。上海自由书店，1927 年；后改名《面包与自由》，上海平明出版社，1940 年）、《人生哲学：其起源及其发展（上编、下编）》（俄国克鲁泡特金原作。上海自由书店，1928、1929 年）、《蒲鲁东底人生哲学》（俄国克鲁泡特金原作。上海自由书店，1929 年）、《告青年》（俄国克鲁泡特金原作。托名美国旧金山平社出版部出版，1937 年），以及《万人的安乐》（俄国克鲁泡特金原作。上海平明出版社，1938 年）等亦署。②佩竿，见于诗《被虐待者底哭声》，载 1922 年 7 月 21 日上海《时事新报·文学旬刊》第 44 期。嗣后在该刊以及成都《孤吟》《草堂》、上海《妇女杂志》、美国旧金山《平等》月刊等发表散文《可爱的人》、诗《路上所见》、随笔《无政府主义党并不同情于国民党的护党运动》等亦署。③李芾甘，见于书信《致〈文学旬刊〉编者信》，载 1922 年 9 月 11 日上海《时事新报·文学旬刊》第 49 期。嗣后在上海《时事新报·学灯》《新女性》《一般》等报刊发表评论《评陈启修教授之〈劳农俄国之实地考察〉》《列宁论》、书信《洗一洗不白之冤》等亦署。出版翻译回忆录《狱中与逃狱》（俄国克鲁泡特金原作，与李石曾合译。广州革新书局，1927 年），翻译传记《地底下的俄罗斯》（俄国司特普尼亚克原作。上海启智书店，1929 年）、《俄罗斯十大女杰》（上海太平洋书店，1930 年）等亦署。④甘芾，见于诗《伟大的殉者——呈同志大杉荣君之灵》，载 1924 年广州《春雷》第 3 期。⑤极乐，见于传记《柏克曼传记》，载 1925 年 2 月 18 日北京《国风日报·学汇》。同年 3 月在该刊发表《日本劳动运动同志的来信》亦署。又见于随笔《理想是杀得死的吗》，载 1927 年 8 月 1 日美国旧金山《平等》月刊第 1 卷第 2 期。⑥甘、芾，分别见于杂文《无政府主义岛的发现》、随笔《〈无政府主义与工团主义〉附识》，载 1926 年上海《民众》第 14、15 期合刊。"芾"一名嗣后在上海《自由月刊》发表随笔《郭沫若的堕落》《现代文坛上最有力的批评家之真面目》等文亦署。⑦黑浪，见于杂文《空前绝后的妙文》，载 1927 年美国旧金山《平等》月刊第 1 卷第 2 期。嗣后在该刊发表《反共与反动》《俄国革命的十周年》等文亦署。⑧Li Fei－kan，见于"FROM A CHINESE COMRADE"（《一个中国同志的来信》），载 1928 年美国 *THE ROAD TO FREEDOM*（《到自由之路》）第 4 卷第 6 期。⑨鸣希，见于杂文《工人的实力》，载 1928 年美国旧金山《平等》月刊第 1 卷第 9 期。嗣后在该刊发表杂文《工人，组织起来》亦署。⑩李冷，见于杂文《法律，〈穷人的话〉之二》，载 1928 年旧金山《平等》月刊第 1 卷第 9 期。⑪壬平，见于短论《巴黎公社与克龙士脱暴动纪念日》，载 1928 年美国旧金山《平等》月刊第 1 卷第 11 期。⑫巴金，见于译文《脱落斯基的托尔斯泰论》（苏联托洛斯基原作），载 1928 年上海《东方杂志》第 25 卷第 19 期。嗣后在该刊及《小说月报》《新月》《开明》《一般》《现代文学》《文艺月刊》《现代文学》《青年界》《创作》《现代》《文学季刊》《新时代》《文学》《译文》《宇宙风》《宇宙风乙刊》《水星》《文学月报》《文季月刊》《作家》《中流》《烽火》《自由中国》《文丛》《抗战文艺》《文艺春秋》《鲁迅风》《文艺新潮》《笔阵》《战时文艺》《文艺杂志》《现代文艺》《人世间》《当代文艺》《时与潮文艺》《文艺复兴》《文艺知识连丛》《文讯》《中学生》《大陆》《申报月刊》《良友画报》

《现代出版界》《国闻周报》《抗战半月刊》《周报》《集美周刊》《月报》《新少年》《少年读物》《国民公论》《改进》《文摘战时旬刊》《民族公论》《艺风》《现实》《中国与世界》《西南文艺》《西洋文学》《文学修养》《春秋》《中韩文化》《文选》《艺虹杂志》《世界月刊》《学风》《自由文摘》《现实文摘》《人生杂志》《新书月刊》《萧萧》《大公报·文艺》《申报》《漫画生活》《国民公报》《新蜀报·蜀道》《贵州日报·新垒》《星岛日报·文艺》《文汇报·文艺》等报刊发表小说、散文等，出版长篇小说《家》(上海开明书店，1933年)、《爱情三部曲(雾·雨·电)》(上海良友图书印刷公司，1936年)、《春》(《激流》之二，上海开明书店，1938年)、《秋》(《激流》之三，上海开明书店，1940年)、《火(第一部)》(上海开明书店，1940年)、《火(第二部)》(又名《冯文淑》。重庆开明书店，1942年)、《火(第三部)》(又名《田惠世》。重庆开明书店，1945年)、《寒夜》(上海晨光出版公司，1947年)、《心底忏悔》(上海艺光出版社)，小说散文集《老年》(上海万国书店，1946年)、《巴金近作精选》(上海正气书局，1947年)，中篇小说《灭亡》(上海开明书店，1929年)、《死去的太阳》(上海开明书店，1931年)、《雾》(上海新中国书局，1931年)、《雨》(上海良友图书印刷公司，1933年)、《电》(上海良友图书印刷公司，1935年)、《海底梦》(上海新中国书局，1932年)、《春天里的秋天》(上海开明书店，1932年)、《砂丁》(上海开明书店，1933年)、《萌芽》(上海现代书局，1933年。又名《雪》，美国旧金山平社出版部，1935年)、《新生》(上海开明书店，1933年)、《利娜》(上海文化生活出版社，1940年)、《星》(英汉对照。香港齿轮编辑社，1941年)、《憩园》(重庆文化生活出版社，1944年)、《第四病室》(上海良友复兴图书印刷公司，1946年)，短篇小说集《复仇》(上海新中国书局，1931年)、《光明》(上海新中国书局，1932年)、《电椅》(上海新中国书局，1933年)、《抹布》(北平星云堂书店，1933年)、《沉默》(上海生活书店，1934年)、《神·鬼·人》(上海文化生活出版社，1935年)、《沉落》(上海商务印书馆，1936年)、《发的故事》(上海文化生活出版社，1936年)、《雷》(上海文化生活出版社，1937年)、《父子》(上海新光书店，1940年)、《春雨》(上海艺流书店，1941年)、《还魂草》(重庆文化生活出版社，1942年)、《小人小事》(上海文化生活出版社，1945年)、《明珠和玉姬》(少年儿童出版社，1957年)、《猪与鸡》(作家出版社，1959年)、《李大海》(作家出版社，1961年)、《巴金短篇小说集(第一集)》(上海开明书店，1936年)、《巴金短篇小说集(第二集)》(上海开明书店，1936年)、《巴金短篇小说集(第三集)》(桂林开明书店，1942年)、《巴金文选》(上海仿古书店，1936年)、《巴金选集》(上海中央书店，1936年)、《巴金杰作选》(上海新象书店，1946年)、《巴金杰作集》(上海大中华书局，1946年)、《巴金短篇小说选集》(人民文学出版社，1955年)，中短篇小说合集《海的梦》(人民文学出版社，1979年)、《巴金中短篇小说选》(四川人民出版社，1980年)，散文集《海行》(上海新中国书局，1932年；后改题《海行杂记》，上海开明书店，1935年)、《旅途随笔》(上海生活书店，1934年)、《点滴》(上海开明书店，1935年)、《生之忏悔》(上海商务印书馆，1936年)、《短简》(上海良友复兴图书印刷公司，1937年)、《控诉》(上海烽火社，1937年)、《梦与醉》(上海开明书店，1938年)、《旅途通讯(上)》(上海文化生活出版社，1939年)、《旅途通讯(下)》(上海文化生活出版社，1939年)、《感想》(重庆烽火社，1939年)、《黑土》(上海文化生活出版社，1939年)、《无题》(桂林烽火社，1941年)、《龙·虎·狗》(上海文化生活出版社，1941年)、《废园外》(重庆烽火社，1942年)、《旅途杂记》(上海万叶书店，1946年)、《怀念》(上海开明书店，1947年)、《我的幼年》(上海新生书店，1947年)、《静夜的悲剧》(上海文化生活出版社，1948年)、《纳粹杀人工厂——奥斯威辛》(上海平明出版社，1951年)、《华沙城的节日——波兰杂记》(上海平明出版社，1951年)、《慰问信及其他》(上海平明出版社，1951年)、《大欢乐的日子》(作家出版社，1957年)、《坚强的战士》(少年儿童出版社，1957年)、《友谊集》(作家出版社，1959年)、《赞歌集》(上海文艺出版社，1960年)、《倾吐不尽的感情》(百花文艺出版社，1963年)、《贤良桥畔》(作家出版社，1964年)、《大寨行》(山西人民出版社，1965年)、《巴金近作(第1、2集)》(四川人民出版社，1978、1980年)、《焰火集》(人民文学出版社，1979年)、《随想录》(生活·读书·新知三联书店香港分店，1979年)、《探索集》(生活·读书·新知三联书店香港分店，1979年)、《真话集》(生活·读书·新知三联书店香港分店，1982年)、《病中集》(生活·读书·新知三联书店香港分店，1984年)、《无题集》(生活·读书·新知三联书店香港分店，1986年)、《创作回忆录》(生活·读书·新知三联书店香港分店，1981年；人民文学出版社，1982年)、《探索与回忆》(四川人民出版社，1982年)、《序跋集》(花城出版社，1982年)、《怀念集》(宁夏人民出版社，1982年)、《愿化泥土》(百花文艺出版社，1984年)、《控诉集》(海峡文艺出版社，1985年)、《心里话》(四川文艺出版社，1986年)、《十年一梦》(人民日报出版社，1986年)、《巴金代表作》(上海三通书局，1940年)、《巴金文集》(上海春明书店，1948年)、《巴金散文选》(上海艺光出版社，1944年)、《巴金散文集》(人民文学出版社，1955年)、《巴金散文选》(浙江人民出版社，1982年)、《巴金六十年文选》(上海文艺出版社，1986年)，小说与散文合集《英雄的故事》(上海平明出版社，1953年)、《新声集》(人民文学出版社，1959年)、《巴金选集》(上海开明书店，1951年)、《巴金选集》(人民文学出版社，1959年)、《巴金选集》(香港昭明出版社，1981年)、《巴金》(生活·读书·新知三联书店香港分店，1986年)，报告文学《我们会见了彭德怀司令员》(人民文学出版社，1963年)、《一场挽救生命的战斗》(中国青年出版社，1958年)，通讯报道集《旅途通讯》(上海文化生活出版社，1940年)，散文与通讯合集《生活在英雄们中间》（人民文学出版社，1953年）、《保卫和平的人们》（中国青年出版社，1954年），杂文集《当代杂文选粹·巴金之卷》（湖南文艺出版社，1986年），童话集《长生塔》（上海文化生活出版社，1937年），书信集《寻找理想的少年朋友》（少年儿童出版社，1987年）、《雪泥集》（生活·读书·新知三联书店，1987年）、《巴金书简·新编》（四川文艺出版社，1987年），回忆录《忆》（上海文化生活出版社，1936年）、《童年的回忆》（四川少年儿童出版社，1984年）、《文学回忆录》（与老舍等合集。四川人民出版社，1983年），自传《巴金自传》（上海中华书局，1934年），文艺理论集《谈契诃夫》（上海平明出版社，1955年），文集《巴金文集（14卷）》（人民文学出版社，1958－1962年）、《巴金选集》（1980年）、《巴金选集（第10卷）》（四川人民出版社，1982年）、《巴金全集（26卷）》（人民文学出版社，1986－1994年）；译作，长篇小说《秋天里的春天》（匈牙利尤利·巴基原作，由世界语译出。上海开明书店，1932年）、《父与子》（俄国屠格涅夫原作。上海文化生活出版社，1943年）、《处女地》（俄国屠格涅夫原作。上海文化生活出版社，1946年）、《前夜·父与子》（俄国屠格涅夫原作，与他人合译。上海文化生活出版社，1929年），中篇小说《蒲宁与巴布》（俄国屠格涅夫原作。上海平明出版社，1949年），短篇小说集《草原故事》（苏联高尔基原作。上海马来亚书店，1931年。后改名《草原的故事》，1935年由上海文化生活出版社出版）、《门槛》（俄国屠格涅夫等原作。上海文化生活出版社，1936年）、《迟开的蔷薇》（德国斯托姆原作。上海文化生活出版社，1943年）、《笑》（保加利亚 D. 奈米洛夫等原作。上海文化生活出版社，1948年·）、《哭》（保加利亚 D. 奈米洛夫等原作。上海文化生活出版社，1948年）、《六人》（德国鲁多夫洛克尔原作。上海文化生活出版社，1949年）、《草原集》（上海平明出版社，1950年）、《红花》（俄国迦尔洵原作。上海出版公司，1950年）、《一件意外事》（俄国迦尔洵原作。上海出版公司，1950年）、《癞哈蟆和玫瑰花》（俄国迦尔洵原作。上海出版公司，1952年）、《木木》（俄国屠格涅夫原作。上海平明出版社，1952年）、《单恋》（苏联高尔基原作，与谭得伶合译。人民文学出版社，1986年）、《爱的故事》（苏联高尔基原作。人民文学出版社，1988年）、《域外小说集》（任国庆编。岳麓社，1986年）、《巴金小说集》，中短篇小说集《屠格涅夫中短篇小说集》（与夫人萧珊合译。人民文学出版社，1959年），戏剧《高尔基杰作选》（苏联高尔基原作。上海文化编译社，1937年），诗集《叛逆者之歌》（俄国普希金等原作。美国旧金山平社出版部，1938年；上海文化生活出版社，1940年），散文诗集《散文诗》（俄国屠格涅夫原作。上海文化生活出版社，1945年）、《屠格涅夫散文诗》（人民文学出版社，1987年），童话集《名作家写的童话故事》（人民文学出版社，1988年），童话、散文诗合集《快乐的王子集》（英国王尔德原作。上海文化生活出版社，1948年），通讯集《西班牙》（德国 A. 苏席原作。上海平明出版社，1939年）、

《巴塞洛那的五月事变》（德国 A. 苏席原作。上海平明出版社，1939年），传记《一个家庭的戏剧》（俄国赫尔岑原作。上海文化生活出版社，1940年）、《我的生活故事》（意大利凡宰特原作。上海文化生活出版社，1940年），回忆录《狱中二十年》（俄国妃格念尔原作。上海文化生活出版社，1949年）、《回忆契诃夫》（苏联高尔基原作。上海平明出版社，1950年）、《回忆托尔斯泰》（苏联高尔基原作。上海平明出版社，1950年）、《回忆布罗克》（苏联高尔基原作。上海平明出版社，1950年）、《回忆屠格涅夫》（俄国巴甫洛夫斯基原作。上海平明出版社，1950年）、《文学写照》（苏联高尔基原作。人民文学出版社，1978年）、《往事与随想》（俄国赫尔岑原作。译文出版社，1979年）、《回忆录选》（苏联高尔基原作，与曹葆华合译。人民文学出版社，1959年），编译画册《西班牙的血》（西班牙加斯特劳绘。上海平明出版社，1938年）、《西班牙的黎明》（西班牙幸门绘。上海平明出版社，1939年。1949年再版改名《西班牙的曙光》）、《西班牙的苦难》（西班牙加斯特劳绘。上海平明出版社，1940年），以及《西班牙的斗争》（德国若克尔原作。上海平明出版社，1937年）、《战士普鲁底》（俄国高德曼原作。上海平明出版社，1938年）、《一个国际志愿兵的日记》（瑞士 A. 米宁原作。上海平明出版社，1939年）、《西班牙的日记》（西班牙 C. 罗塞利原作。上海平明出版社，1939年）、《一个反抗者的话》（俄国克鲁泡特金原作。上海平明出版社，1941年）等亦署。⑬Bakin，见于世界语对话"EN LA MALLUMA NOKTO"（《暗夜中》），载1928年上海《绿光》月刊第5卷第10－12期合刊。⑭春风，见于杂文《栽赃》《无的放矢》，载1929年美国旧金山《平等》月刊第2卷第1期。嗣后在该刊发表评论《分治合作与无政府主义》《革命的性质》等文亦署。又见于书信《替巴枯宁洗一洗不白之冤》，载1929年《革命周报》第79、80号合刊。⑮马拉，见于随笔《说几句开场白》，载1929年上海《自由月刊》第1卷第1期。嗣后在该刊发表《编者的话》《失去的万尼亚》等著译文章亦署。⑯一切，见于书评《读〈木偶奇遇记〉》，载1929年上海《开明》第1卷第8期。嗣后在该刊发表译作《爱情》《老客秋的梦》《我的女人》等，1931年在《时代前》发表评论《批评与介绍·〈法国革命史〉》、译文《赫尔岑论》《巧尔里雪夫斯基论》等，出版翻译剧作《骷髅的跳舞》（日本秋田雨雀原作，从世界语译出。上海开明书店，1930年）亦署。⑰PK，见于译文《母亲的死》（俄国赫尔岑原作），载1929年上海《自由月刊》第1卷第2期；散文《我的心》，载1929年美国旧金山《平等》月刊第2卷第3期。⑱BB，见于随笔《读者的交通》《两个质问》，载1929年《开明》第2卷第3期。⑲金，见于论文《虚无主义论》，载1931年1月、6月《时代前》第1卷第1期、第1卷第5－6期合刊。⑳李一切，1931年1月编《时代前》杂志署用。㉑余一，见于小说《将军》，载1934年北平《文学季刊》第1卷第1期。嗣后在该刊及《文学》《太白》

《水星》《呐喊》《漫画生活》等刊发表《一个车夫》《生命》《知识阶级》《春雨》《繁星》等小说、随笔，出版小说集《将军》（上海生活书店，1934年）亦署。㉒余七，见于随笔《批评家》《一个自白》，载1934年北平《文学季刊》第1卷第1期。嗣后在该刊第2卷第4期发表随笔《一阵春风》亦署。㉓比金，见于随笔《新年试笔》，载1934年上海《文学》月刊第2卷第1期。㉔马琴，见于随笔《龚自珍的最后》，载1934年北平《文学季刊》第1卷第2期。嗣后在该刊发表随笔《两个女人》亦署。㉕欧阳镜蓉，见于中篇小说《龙眼花开的时候——一九二五年南国的春天》，载1934年北平《文学季刊》第1卷第2期。嗣后在该刊及《水星》发表小说《利娜》亦署。㉖竞容、余三、余五，分别见于散文《倘使龙眼花再开放时》《再说批评家》《点戏》，载1934年北平《文学季刊》第1卷第2期。㉗王文慧，见于小说《罗伯斯庇尔的秘密》，载1934年上海《文学》第2卷第4期。嗣后在该刊发表小说《一个人的死》《丹东的悲哀》、译作《鲁特米娜》（俄国薇拉·妃格念尔原作）亦署。㉘黄树辉，见于小说《电话》，载1934年上海《文学》第3卷第1期。

巴牧（1923－1968），四川芦县人。原名屈声。笔名：①巴牧，见于《远行草》，载1943年9月26日成都《华西晚报·文艺》。嗣后发表诗《民谣三首》（载1946年6月23日重庆《新华日报·新华副刊》）、歌谣《假民主》（载1946年7月9日延安《解放日报》），出版诗集《细细茅草开白花》（与沙鸥等合集，1947年）、《女共产党员赵桂兰》（上海通俗文化出版社，1951年）、《南行集》（新文艺出版社，1958年）、《三门峡的黎明》（百花文艺出版社，1958年）、《沸腾的农村》（上海文化出版社，1958年）、《笛声》（春风文艺出版社，1959年）、《北行集》（春风文艺出版社，1962年）等均署。②白苇、牧子、巴山、屈子、屈牧、屈仲慈，1946年开始在重庆《民主报》《新华日报》等报刊发表诗歌署用。

巴人（1901－1972），浙江奉化人。原名王运镗，字任叔，号愚庵。曾用名朝伦（乳名）、王士侠、王子虔。笔名：①王任叔，见于小说《酥碎之岩》，载1924年《小说月报》第14卷第1期。嗣后在《文学周报》《北新》《中华月报》《东方杂志》《白露》《幻洲》《现代小说》《山雨》《生路》《贡献》《新语林》《灯塔》《青年界》《拓荒者》《文学》《春光》《人间世》《宇宙风》《东方文艺》《文学丛报》《光明》《中流》《小说家》《文艺新潮》《一般》《大萍》《文学季刊》《新小说》《文艺创作》《夜莺》《文学界》《武汉文艺》《申报月刊》《通俗文化》《时事类编》《大众话》《绸缪月刊》《人间十日》《中华公论》《自修大学》《国民》《读书月刊》《文摘》《抗战半月刊》《周报》《自学旬刊》《文艺阵地》《文艺春秋》及上海《立报·言林》《世界文化》《救亡日报》等报刊发表诗文，出版长篇小说《死线上》（上海金屋书店，1928年）、《证章》（上海文学出版社，1936年）、《某夫人》（汉口武汉日报社，1935年），中篇小说《阿贵流浪记》（上海光华书局，1928年）、《证章》（上海文学出版社，1936年），短篇小说集《监狱》（又名《凄情》。上海光华书局，1927年）、《破屋》（上海生路社，1928年）、《殉》（上海泰东图书局，1928年）、《捉鬼篇》（上海复兴书局，1936年）、《乡长先生》（上海良友图书印刷公司，1936年）、《佳讯》（重庆商务印书馆，1940年），小说、散文合集《在没落中》（上海乐华图书公司，1930年），散文诗集《情诗》（宁波春风学社，1923年），杂文集《横眉集》（与孔另境等人合集。上海文汇有限公司，1939年）、《学习与战斗》（上海杂志公司，1946年），小说、杂文合集《流沙》（上海商务印书馆，1937年），文学论文集《常识以下》（上海多样社，1936年）等亦署。②任叔，见于评论《雨后的天体（介绍陶潜的诗）》，载1923年11月20日上海《时事新报·学灯》。嗣后在《四明日报·文学》《小说月报》《幻洲》《生路》《山雨》《东方杂志》《大江》《热风》《大众话》《中华公论》等刊发表文章亦署。③净沙，见于译文《弥儿赛之幻想》（安迭生原作），载1924年11月11日《四明日报·文学》。嗣后在该报发表文章亦署。④仑，见于文艺杂感两篇，载1924年11月18日《四明日报·文学》。⑤乔仑，见于诗《梦颂》，载1924年11月25日《四明日报·文学》。嗣后在该报发表文章亦署。⑥任，见于小说《不速之客》，载1925年《宁波旬刊》第1期。嗣后发表短评《文学的上还原论》，载1935年上海《创作月刊》第1卷第3期。⑦碧珊女士，见于小说《三封信》，载1928年《生路》第1卷第1—3期。嗣后在该刊发表译文《妇人底愤怒》亦署。⑧赵冷，见于论文《革命文学的我见》，载1928年4月15日上海《生路》第1卷第4期。嗣后在该刊发表小说《齿冷》亦署。⑨白石，见于杂文《严肃与微笑——日俄二民族的政争与中国问题》，载1928年5月15日《生路》第1卷第5期。嗣后在《山雨》《妇女生活》等刊发表文章亦署。⑩碧三，出版译作《苏维埃女教师日记》（苏联克理各雷衣夫原作。上海生路社，1929年）署用。⑪王洛华，见于杂文《贡献给今日的青年》，载1932年1月上海《中学生》第21期。⑫华，见于杂文《多事的五月》，载1932年5月3日上海《时事新报·青光》。⑬逸，见于杂文《怎样消夏》，载1932年7月12日《时事新报·青光》。嗣后在《华美周报》《国民周刊》等刊发表文章亦署。⑭巴人，1926－1929年主编《白露》并在该刊发表文章署用。嗣后在《新诗歌》《文汇报·世纪风》《译报·大家谈》《华美周刊》《文艺阵地》《文艺新潮》《鲁迅风》《新中国文艺丛刊》《文艺生活》《文艺月刊·战时特刊》《译报周刊》《战时中学生》《大众生活》《上海周报》《青年知识》《半月文艺》《译林》《野草》《文艺春秋》以及新加坡《风下周刊》《南洋商报·狮声》、中国香港《华商报·热风》《文艺生活》《小说》等众多报刊发表小说、杂文、随笔、译作等，出版短篇小说集《皮包与烟斗》(上海光明书局，1940 年)、《灵魂受伤者》(与他人合集。上海三通书局，1941 年)、《雾》(与茅盾、巴金、郭沫若等合集。上海地球出版社，1943 年)、《龙厄》(文化艺术出版社，1984 年)，中篇小说《一个东家的故事》(广西未明社，1942 年)、《任生及其周围的一群》(上海海燕书店，1950 年)、《冲突》(黑龙江人民出版社，1983 年)，长篇小说《葬秀才造反记》(又名《土地》。人民文学出版社，1984 年)、《女工秋菊》(北方文艺出版社，1986 年)、《明日》(人民文学出版社，2011 年)，小说、散文合集《印尼散记》(湖南人民出版社，1984 年)，剧作《前夜》(又名《费娜小姐》。香港海燕书店，1940 年)、《两代的爱》(又名《杨达这个人》。上海海燕书店，1941 年)，小说、剧本合集《五祖庙》(花城出版社，1986 年)，回忆录《旅广手记》(人民文学出版社，1981 年)，杂文集《文艺短论》(上海珠林书店，1939 年)、《生活、思索与学习》(香港高山出版社，1940 年)、《边风录》(重庆读书出版社，1943 年)、《邻人们》(生活·读书·新知三联书店，1950 年)、《遵命集》(北京出版社，1957 年)、《点滴集》(浙江人民出版社，1982 年)，论文集《扪虱谈》(上海世界书局，1939 年)、《巴人文艺论文集》(人民文学出版社，1984 年)，文学评论集《窄门集》(上海海燕书店，1941 年)，翻译小说《铁》(日本岩滕雪夫原作。上海人民书店，1939 年)，以及《论鲁迅的杂文》(上海远东书店，1940 年)、《文学读本》(上海珠林书店，1940 年。1950 年上海海燕书店出版改名《文学初步》，1954 年新文艺出版社出版改名《文学论稿》)、《文学读本续本》(上海三通书店，1941 年)、《当代名文选》(巴人编，北方出版社，1943 年)、《从苏联作品中看苏维埃人》(中国青年出版社，1951 年)、《鲁迅的小说》(新文艺出版社，1956 年)、《谈〈青年近卫军〉》(上海文艺出版社，1959 年) 等均署。⑮一鸣，见于杂文《爱神的箭》，载 1934 年 6 月 6 日《时事新报·青光》。同时期在上海《上海周报》、上海《立报·言林》等报刊发表文章亦署。⑯一平，见于杂文《商船客行为之统计》，载 1934 年《老实话》第 41 期。同时期在《鲁迅风》《职工生活》等报刊发表文章亦署。⑰屈轶，见于杂文《关于大众语文学的建设》，载 1934 年 7 月 3 日上海《申报·自由谈》。嗣后在上海《立报·言林》《申报周刊》《文学丛报》《今代文艺》《夜莺》《世界文化》《光明》等刊发表文章，出版翻译小说《和平与面包》(德国格莱赛原作。上海世界书局，1937 年)、杂文集《边鼓集》(与文载道[金性尧]、周木斋、周黎庵、柯灵、风子[唐弢]合集。上海文汇有限公司，1938 年) 亦署。⑱唯士，见于杂文《杂写》，载 1936 年 1 月 8 日上海《立报·言林》。⑲大远，见于杂文《沙漠的和平》，载 1936 年 1 月 13 日上海《立报·言林》。嗣后在《人间十日》《文学》等发表文章亦署。⑳拓人，见于杂文《希望自己》，载 1936 年 3 月 3 日上海《立报·言林》。㉑屈米平，见于杂文《从人力车夫说起》，载 1936 年

5 月 1 日上海《立报·言林》。㉒若木，见于杂文《马场财政与大陆政策》，载 1936 年 7 月 4 日《生活日报·前进》。嗣后在上海《立报·言林》《译报周刊》《上海周报》等报刊发表文章亦署。㉓ZS，见于杂文《伟大的作品》，载 1936 年 9 月 27 日上海《立报·言林》。㉔拓堂，见于杂文《"天窗"考》，载 1936 年 11 月 28 日上海《立报·言林》。㉕王宁，见于杂文《谈〈论雷峰塔的倒掉〉》，载 1936 年 12 月 19 日上海《立报·言林》。㉖洛华，见于杂文《保全抗战力量》，载 1936 年 12 月 21 日上海《立报·言林》。㉗公辅，见于杂文《希特勒要求殖民地》，载 1937 年 1 月 1 日《一般话》创刊号。嗣后在《人间十日》等刊发表文章亦署。㉘若沙，见于杂文《军人"干政"》，载 1937 年 2 月 4 日上海《立报·言林》。嗣后在《中华月报》《人间十日》等刊发表文章亦署。㉙性纯，见于杂文《学习西班牙》，载 1937 年《一般话》创刊号。嗣后在《人间十日》等刊发表文章亦署。㉚罗化，见于杂文《礼物》，载 1937 年 1 月 9 日上海《立报·言林》。㉛壬生，见于杂文《掩眼法》，载 1937 年 1 月 11 日上海《立报·言林》。㉜西林，见于杂文《关于民族文艺》，载 1937 年 1 月 12 日上海《立报·言林》。㉝沙兔，见于杂文《"败叶"习作指导》，载 1937 年《一般话》第 1 卷第 2 期。㉞新吾，见于杂文《鲍尔温式的和平》，载 1937 年《一般话》第 1 卷第 2 期。嗣后在《人世十日》等刊发表文章署用。㉟村士，见于杂文《一个解释》，载 1937 年 2 月 11 日上海《立报·言林》。㊱非鲁门，见于杂文《文章与笔名》，载 1937 年 2 月 13 日上海《立报·言林》。嗣后在《译报·大家谈》发表文章亦署。㊲克宁，见于杂文《迁坟与迁居》，载 1937 年 3 月 3 日上海《立报·言林》。嗣后在《译报·大家谈》发表文章亦署。㊳若水，见于杂文《庸人自扰》，载 1937 年 3 月 4 日上海《立报·言林》。嗣后在上海《文汇报·世纪风》等报刊发表文章亦署。㊴杨明、健锋、文风、动风、若，分别见于散文《在接见室里》、杂文《又撕破了一个协定》《日本对华政策的文明化》《今年财神在中国》《思想自由与自由思想》，载 1937 年 3 月 20 日《一般话》。㊵尚文，见于杂文《反差不多的杰作》，载 1937 年 3 月 27 日上海《文汇报·世纪风》等报刊发表文章亦署。㊶某生者，见于杂文《所谓"思想统一"》，载 1937 年《人间十日》第 8 期。㊷知屋，见于杂文《不要损失抗战的力量》，载 1937 年 6 月 10 日上海《立报·言林》。㊸静堂，见于杂文《略审曲见》，载 1937 年 6 月 19 日上海《立报·言林》。㊹唐明，见于杂文《论"国难与文化"》，载 1937 年 6 月 28 日上海《立报·言林》。嗣后在《译报·熠火》等报刊发表文章亦署。㊺逸士，见于散文《想起了章乃器先生》，载 1937 年《国闻周报》第 1 卷第 9 期。嗣后在《国民》等刊发表文章亦署。㊻拙堂，见于杂文《名流与国事》，载 1937 年 7 月 3 日上海《立

报·言林》。㊼若夫，见于杂文《关于妇女制宪》，载1937年7月5日上海《立报·言林》。嗣后在上海《学习》《上海周报》等发表文章亦署。㊽一志，见于杂文《勖二十九军》，载1937年7月15日上海《立报·言林》。㊾小民，见于杂文《要对得起民众》，载1937年7月18日上海《立报·言林》。㊿古士，见于杂文《为建设近代国家抗战》，载1937年7月20日上海《立报·言林》。51木石，见于杂文《怎样回答敌人的恫吓》，载1937年10月1日上海《立报·言林》。52若因，见于杂文《最低的期望》，载1937年10月12日上海《立报·言林》。53宁人，见于杂文《闻东京火药厂爆炸》，载1937年10月23日上海《立报·言林》。54若华，见于杂文《为你们祝祷》，载1937年11月2日上海《立报·言林》。55矢羿，见于杂文《迅速加强政治机构》，载1937年11月18日上海《立报·言林》。56鸣鞭，见于杂文《从速停止谈判》，载1937年7月19日上海《立报·言林》。57丹金，见于杂文《再谈现实主义》，载1937年上海《立报·言林》。58一萍，见于杂文《看脸色》，载1937年7月26日上海《立报·言林》。59马卒，见于杂文《应战与增援》，载1937年7月31日上海《立报·言林》。60非厂（ān），见于杂文《怎样应战》，载1937年7月22日上海《立报·言林》。61鸵鸟，见于杂文《不在被"坑"之列》，载1937年7月9日上海《立报·言林》。62公度，见于杂文《赋得佛说》，载1937年6月29日上海《立报·言林》；杂文《五卅惨案与英国、德国》，载1938年上海《华美周报》第1卷第6期。63科列夫，见于杂文《黑头的正义感》，载1937年7月2日上海《立报·言林》。64燕堂，见于杂文《道德的协助》，载1937年3月16日上海《立报·言林》。65克士，见于杂文《抗战与牺牲》，载1937年上海《立报·言林》。66史一，见于杂文《论的笃戏及其他》，载1937年3月23日上海《立报·言林》。67克林，见于杂文《奇怪的想头》，载1937年1月7日上海《立报·言林》。68长弓，见于杂文《抹杀与赞扬》，载1937年2月19日上海《立报·言林》。69陈乌，见于杂文《赋得和平》，载1937年上海《立报·言林》。70丁史，见于杂文《联合战线》，载1937年上海《立报·言林》。71坚石，见于杂文《转机》，载1937年6月19日上海《立报·言林》。72实斋，见于杂文《苏联的建设》，载1937年3月18日上海《立报·言林》。73忆三，见于杂文《地图的改色》，载1937年3月22日上海《立报·言林》。74闻斗，见于杂文《自救》，载1937年7月28日上海《立报·言林》。75伍芸伯，见于杂文《杜威博士的关怀》，载1937年3月19日上海《立报·言林》。76子英，见于杂文《自杀政策》，载1937年3月17日上海《立报·言林》。77汉郎，见于杂文《要做个像样的中国人》，载1937年7月13日上海《立报·言林》。78爱吾，见于杂文《生命与污血》，载1937年3月5日上海《立报·言林》。79流云，见于杂文《博士的买卖》，载1937年4月2日上海《立报·言林》。80易女士，见于杂文《从三八节想到娜拉》，载1937年3月8日上海《立报·言林》。81石非，见于杂文《讽刺诗》，载1937年3月20日上海《立报·言林》。82诸毅，见于杂文《新精神》，载1937年3月21日上海《立报·言林》。83芳彦，见于杂文《我们需要战士》，载1937年4月1日上海《立报·言林》。84常雨，见于杂文《庐山》，载1937年7月10日上海《立报·言林》。85胡茄，见于杂文《论广告术》，载1937年7月12日上海《立报·言林》。86白木，见于杂文《生活第一》，载1937年1月16日上海《立报·言林》。87克基，见于杂文《日记文学》，载1937年1月10日上海《立报·言林》。88鸣三，见于杂文《文章以外》，载1937年4月24日上海《立报·言林》。89岐山，见于杂文《私心自用》，载1937年7月25日上海《立报·言林》。90茹辛，见于杂文《虚无的心境》，载1937年5月4日上海《立报·言林》。91谋生，见于杂文《缓战》，载1937年上海《立报·言林》。92苏西坡，见于杂文《我的建议》，载1937年4月14日上海《立报·言林》。93悟非，见于杂文《求人不如求己》，载1937年4月15日上海《立报·言林》。94成吾，见于杂文《读〈打破迷洋梦〉有感》，载1937年4月16日上海《立报·言林》。95唯特，见于杂文《援助关员》，载1937年4月27日上海《立报·言林》。96通盛，见于杂文《傅将军的话》，载1937年4月27日上海《立报·言林》。97志超，见于杂文《文学的力量》，载1937年5月13日上海《立报·言林》。98知正，见于杂文《平凡的工作》，载1937年6月17日上海《立报·言林》。99孤愤，见于杂文《关于自杀》，载1937年5月20日上海《立报·言林》。100斧铖，见于杂文《自然的怀念》，载1937年5月27日上海《立报·言林》。101木公，见于杂文《旧路新走》，载1937年6月16日上海《立报·言林》。102轶民，见于杂文《论私交之类》，载1938年2月28日《文汇报·世纪风》。103落雁，见于杂文《错用了一条法律》，载1938年3月9日《文汇报·世纪风》。104落石，见于杂文《两段旧文》，载1938年3月16日《文汇报·世纪风》。105朝，见于杂文《肤浅的乐观》，载1938年4月23日上海《华美周报》。106独木，见于杂文《要培养我们的朝气》，载1938年3月21日《文汇报·世纪风》。嗣后在《译报·大家谈》等报刊发表文章亦署。107白屋，见于杂文《所谓军法》，载1938年4月18日《文汇报·世纪风》。嗣后在《申报·自由谈》等报刊发表文章亦署。108晦庵和尚、直逸，分别见于杂文《晦庵随笔》《大可注意的海关问题》，载1938年上海《华美周报》第1卷第2期。109行者，见于杂文《却说》，载1938年5月1日上海《译报·爝火》。110只眼，见于杂文《匕首》，载上海《译报·爝火》。嗣后在该刊发表《理想与实际》《"五四"》等文亦署。⑪文逸、方度、芦声、破晓，分别见于杂文《关于国民党与社会党合作问题》《今年的“五七”与“五九”》《巩固统一的条件》《日本的困难》，载1938年5月7日《华美周报》第1卷第3期。⑫八戒，见于杂文《说变》，载1938年5月12日《译报·爝火》。嗣后在该刊以及《译报·大家谈》发表《自省运动》《奇文共赏篇》《“文章作法”》等文亦署。⑬直夫、子逸，分别见于杂文《关于上海员工之失业问题》《从海关问题说到英国的新闻政策》，载1938年《华美周报》第1卷第4期。⑭敏书、方直、子明，分别见于杂文《反对日本掠夺特一法院》《不可忽视之渔业问题》《中原大会战瞭望》，载上海《华美周报》。⑮古柏，见于杂文《刽子手》，载1938年5月23日《译报·爝火》；书评《在文化阵线上》，载1940年《上海周报》第2卷第24期。⑯后羿、轶夫，分别见于杂文《陷落后的浦东》《德国召回在华军事顾问》，载1938年上海《华美周报》第1卷第6期。“后羿”一名嗣后在该刊发表评论《对于抗战现阶段的认识》亦署。⑰唐僧，见于杂文《注意职工生活》，载1938年6月4日《译报·爝火》。⑱任士、思敏、方明、但丁、伊登，分别见于杂文《日机四袭广州》《孔祥熙论中德关系》《日本的托儿所与内阁改组》《在虹口》《典型的中国人民》，载1938年上海《华美周报》第7期。⑲羽公，见于杂文《六六感言》，载1938年6月7日《译报·爝火》。⑳屈逸、路人、司空见怪，分别见于杂文《时论四题》《壮烈之外及其他》《狐狸的尾巴》，载1938年《华美周报》第1卷第8期。㉑赤空，见于杂文《有梦的夜》，载1938年6月15日《译报·爝火》。㉒思远、岛民，分别见于杂文《学习高尔基的斗争精神》《关于轰炸》，载1938年6月18日《译报·爝火》。㉓国忠，见于杂文《关于第三期抗战问题的意见》，载1938年《华美周报》第1卷第11期。㉔阿三，见于杂文《民族文学家不民族》，载1938年7月6日《译报·大家谈》。嗣后在《译报周刊》等报刊发表文章亦署。㉕包菲的，见于杂文《战斗的一周年》，载1938年7月9日《译报·大家谈》。㉖枫，见于杂文《苏政革新与民治》，载1938年《华美周报》第1卷第14期。㉗田馨，见于杂文《要不歌续篇》，载1938年7月25日《译报·大家谈》。㉘刘宁，见于杂文《谨防扒手》，载1938年7月27日《译报·大家谈》。㉙一如、逸生、苏文、思陆，分别见于杂文《节约与刻苦》《港粤合作与贷款援华》《饶神父之谜》《九江陷落以后》，载1938年7月30日上海《华美周报》。㉚羿矢，见于杂文《如此英雄》，载1938年8月1日《译报·大家谈》。嗣后在《译报周刊》《鲁迅风》等报刊发表文章亦署用。㉛思华，见于杂文《抗战无懈》，载1938年《华美周报》第1卷第16期。㉜斯文，见于杂文《妖孽之类》，载1938年8月21日《译报·大家谈》。嗣后在《译报周刊》发表文章亦署。㉝下里人，见于杂文《“无涉”与“无关”》，载1938年8月24日《译报·大家谈》。㉞天地，见于杂文《告不能升学的同学》，载1938年8月29日《译报·大家谈》。㉟疾去，见于杂文《疯子》，载1938年9月3日《译报·大家谈》。嗣后在该刊发表杂文《疯子》亦署。㊱下里巴人，见于杂文《讨厌的“巴人”》，载1938年9月7日《译报·大家谈》；随笔《读什么？怎样去读？》，载1939年《战时中学生》第1卷第2期。㊲思汉，见于杂文《怎样保障私产》，载1938年《华美周报》第1卷第24期。㊳美思，见于杂文《日本反英运动的强化》，载1938年10月8日《华美周报》第1卷第25期。㊴一夫，见于《世界大战与中国抗战·编后记》，载1938年10月10日《公论丛书》第2辑。㊵文群，见于杂文《“人咬狗案”有感》，载1938年10月14日《申报·自由谈》。㊶黄裔，见于杂文《调停工作之门早关上了》，载1938年《华美周报》第1卷第26期。㊷W，见于《〈鲁迅全集〉里的一个错误》，载1938年《文艺阵地》第2卷第1期。嗣后在《公论丛书》第3期《思想家的鲁迅》中撰写《编后记》亦署。㊸杨管己，见于杂文《曲的效颦》，载1938年10月30日《文汇报·世纪风》。㊹九戒，见于杂文《“无关”而“有关”》，载1938年12月2日《文汇报·世纪风》。㊺毁堂，见于杂文《历史与现实》，载1938年上海《上海周报》第1卷第1期。嗣后在《文艺新闻》《学习》《职工生活》《文艺新潮》等报刊发表杂文亦署。㊻燕市歌者，见于杂文《长沙大火以后》，载1938年《华美周报》第1卷第32期。㊼洛、文，分别见于杂文《日本又玩老枪花　近卫忽然生毛病》《一片整顿吏治声　全面抗战展开中》，载1938年上海《华美周刊》第1卷第35期。㊽巴、方光明，分别见于杂文《赴河内佯称养病　飞香港谣传议和》《杂感三题》，载1938年上海《华美周刊》第1卷第37期。㊾巴洛，见于杂文《整机构政府大员有调动　吃夹饼日本内阁总辞职》，载1939年上海《华美周刊》第1卷第38期。㊿仁莉，见于杂文《蒋委员指示抗战新方针　汪精卫改扮商人又潜逃》，载1939年上海《华美周刊》第1卷第39期。(151)未迅，见于小说《杨妈》，载1939年上海《鲁迅风》第3期。(152)疾首，见于杂文《胜利前奏曲》，载1939年2月1日《译报·大家谈》。(153)野夫，见于杂文《活跃的农村》，载1939年上海《华美周刊》第1卷第42期。(154)仁、莉、南木，分别见于杂文《该杀的汪精卫出国》《华北民众大迎寇尔》《感情应该服从理智》，载1939年上海《华美周刊》第1卷第43期。(155)十戒，见于杂文《俱乐部开幕布告》，载1939年《华美周刊》第2卷第1期。(156)哲人，见于杂文《怎样展开文化界的精神总动员》，载1939年《公论丛书》第9辑《社会思想论》。(157)逸凡，见于杂文《五卅不悬旗》，载1939年《华美周刊》第2卷第6期。嗣后在《上海周报》等报刊发表文章亦署。⑱钟乔，见于杂文《论争与批评》，载 1939 年《译报周刊》第 2 卷第 8 期。⑲劳人，见于译文《结论》（苏联高尔基原作），载 1939 年《鲁迅风》第 16 期。嗣后在上海《职工生活》等报刊发表文章亦署。⑳黄伯昂，见于杂文《两年来汪精卫的脸谱》，载 1939 年《译报周刊》第 2 卷第 10、11 期合刊。嗣后在《文学集林》第 1 辑《山程》刊载文章亦署。㉑晓角，见于杂文《七月》，载 1939 年《鲁迅风》第 17 期；杂文《限制》，载 1945 年《万象》第 4 卷第 7 期。㉒无疾、门外汉、章钺、阿 Q、小 D、孔乙己，分别见于杂文《剪贴之余》《无法无天的论调》《谋略及其他》《广播之类》《"生意之道"》《"机械性"》，载 1937 年《鲁迅风》第 17 期。㉓肖庄，见于杂文《怎样解决教育界的两大问题》，载 1939 年《上海周报》第 1 卷第 1 期。㉔无咎，见于杂文《宗派主义杂话》，载 1939 年《上海周报》第 1 卷第 1 期。嗣后该刊及其他报刊发表文章多次署名。20 世纪 50 年代在《人民文学》发表《今日的恐龙》等文亦署。㉕简文，见于杂文《日军在钦洲湾登陆》，载 1939 年《职工生活》第 2 卷第 5 期。㉖平一，见于杂文《改善小学教师的待遇》，载 1940 年《职工生活》第 2 卷第 14 期。㉗伊人，见于杂文《如何抑止投机与操纵》，载 1940 年《上海周报》第 1 卷第 18 期。㉘荔菁，见于杂文《暑假中青年之任务》，载 1940 年《上海周报》第 2 卷第 7 期。㉙方舟、章师宗，分别见于杂文《钱里乾坤》《也谈关于章太炎》，载 1940 年上海《求知文丛》第 1 辑。㉚方生，见于小说《超然先生列传》，1940 年《求知文丛》第 1 辑开始连载。㉛季乔，见于杂文《上海文化部门的第五纵队》，载 1940 年《求知文丛》第 3 辑。㉜郑川野客，见于杂文《诸葛亮论》，载 1940 年上海《大陆》月刊第 1 卷第 1 期。㉝未名，在上海《立报·言林》发表文章署用。1940 年在《上海周报》第 2 卷第 15 期发表杂文《论目前的抗战形势》亦署。㉞思弥，见于杂文《谁是远东的稳定力量》，载 1940 年《上海周报》第 2 卷第 15 期。㉟损郎，见于杂文《上海局势》，载 1940 年《上海周报》第 2 卷第 17 期。㊱大成、霖霖、若赛，分别见于杂文《双重的课题》《推行建国储金运动》《以事实为证》，载 1940 年《上海周报》第 2 卷第 18 期。㊲一士，1941 年在上海《杂文丛刊》发表文章署用。㊳华沙，见于杂文《不能忘却的记忆》，载 1941 年《上海周报》第 4 卷第 1 期。㊴无邪，见于论文《鲁迅思想与新民主主义文化》，载 1941 年《上海周报》第 4 卷第 2 期。㊵夷畀，见于杂文《漫谈人权》，载 1940 年上海《知识与生活》第 1 卷第 11 期。㊶火山舞客，见于小说《乱世家庭》，载 1941 年上海《万人小说》创刊号。㊷马前卒，见于杂文《"我"的摆法》，载 1953 年 12 月 11 日北京《人民日报》。嗣后在该报及《光明日报》《世界知识》《人民文学》发表文章亦署。㊸克约，见于杂文《"脱胎换骨"》，载 1956 年 6 月 2 日《人民日报》。嗣后在该报发表杂文亦署。按：巴人还出版有译作《从社会见地看艺术》（法国居龙原作。上海大江书铺，1933 年），署名情况未详。

【bai】

白艾（1926—2003），安徽和县人。原名蒋志侠。笔名白艾，见于通讯《一百二十九处伤》，载 1948 年 9 月香港《大众文艺丛刊》第 4 辑《鲁迅的道路》。嗣后出版报告文学集《英勇的保卫者》《渡江作战保卫者》《长空怒风》（与魏巍合作），话剧剧本《胜利渡长江》（与他人合作），电影剧本《年青的鹰》（与谢力鸣合作）等著作均署。按：白艾在抗日战争后期和解放战争时期任新四军《建军报》杂志记者、前线分社记者，中国人民解放军华东野战军《拂晓报》记者、七兵团新华分社记者、第三野战军政治部新华总分社记者、《解放军报》记者，先后在《建军报》《拂晓报》《拂晓杂志》、华中和淮南的《新华日报》副刊发表报告文学《江淮骑士》《真情实录》等，署名情况未详。

白采（1894—1926），江西高安人。原名童汉章，字国华、爱智、瘦吟，号吐凤、受之。曾用名童昭海、白吐凤。笔名：①白采，见于小说《作诗的儿子》，载 1923 年 11 月 11 日、13 日上海《民国日报·觉悟》；诗《被摒弃者》，载 1923 年《创造周报》第 28 号。嗣后在上海《时事新报·文学》《小说月报》《一般》《民国日报·妇女周报》等报刊发表诗文，出版小说集《白采的小说》（上海中华书局，1924 年）、散文集《绝俗楼我辈语》（上海开明书店，1927 年）等亦署。②白吐凤，见于《发上海江湾至厦门集美日记》，载 1926 年《集美周刊》第 132 期。嗣后出版长诗《白采的诗——赢疾者的爱》（上海中华书局，1925 年）亦署。③吐凤、受之、爱智、瘦吟，署用情况未详。

白得易（1919—？），江苏南通人。原名严志道。笔名：①严志道，见于散文《自诉》，载 1937 年《写作与阅读》第 2 卷第 2 期；诗《新邮票》，载 1946 年《民间》杂志。②江风，见于散文《夏天的黄昏》，载 1937 年 7 月《壕上》。嗣后在《新通报》《南通沦陷一周年纪念特刊》《文综》等报刊发表诗歌、散文署用。1947 年出版章回体中篇报导《山东大战记》亦署。③江峰，1947—1948 年在《大家唱》《大众文化》等刊发表文章署用。④白得易，1947 年开始署用，见于诗《翻身感谢毛主席》，载 1948 年 2 月 10 日南通《江海报》。嗣后出版诗集《唱大反攻》（华中新华书店九分店）、《徐可琴翻身当县长》（华中新华书店九分店，1947 年）、《翻身歌谣》（华中新华书店九分店，1948 年）、《白得易诗歌选》（苏北新华书店南通支店，1949 年）、《解放战争诗钞》（新华书店华东总分店，1950 年）、《钢水沸腾》（新文艺出版社，1954 年）、《苏北民谣》（上海文化出版社，1955 年）、《苏北江南总是春》（江苏人民出版社，1960）等均署。⑤天明，1949 年后发表文章曾署用。

白堤（1920－1976），四川宜宾人，生于广西南宁。原名周志宁，字林森。笔名：①白堤，1937－1939年在成都《华西文艺》《华日日报》《国民公报》，20世纪40年代在重庆《诗垦地社丛刊》《国民公报·文群》《文学》、成都《涉滩》《华西晚报·艺坛》《成都晚报·文林》、桂林《诗》《半月新诗》《诗创作》等报刊发表诗歌署用。②白玲，1937年以后在成都《华西文艺》发表诗歌署用。③杨华，1949年后发表诗《晨歌》、歌词《三杯美酒敬亲人》等署用。④杨谷、阿谷、小淑，1957年前在《西安音乐》发表歌词署用。

白荻[1]（1915－1961），广东揭阳人。原名黄科梅。笔名：①黄莺、瓢儿、白琳、萧琴、楼雨桐、胡图、田家瑾，1932年起在马来亚新加坡《星洲日报·晨星》《星洲日报·文艺周刊》《南洋商报·狮声》《总汇新报·世纪风》《新国民日报·新流》《新国民日报·新路》等刊发表散文、诗、小说署用。②白荻，见于散文《热》，载1936年7月20日马来亚新加坡《星洲日报·晨星》；诗《祭之辞》，载1939年10月21日马来亚新加坡《南洋商报·狮声》。

白荻[2]（1917－1985），江西南昌人。原名袁学博。笔名：①袁学博，1936－1939年在江西《市光报》《江西民国日报》《民族文艺》及《新闻日报》副刊发表小说《沸腾的古井》等署用。②白荻，见于散文《鸭子的故事》，载1944年江西《大众日报》。嗣后至1949年5月在江西《力行日报·人间闲话》等发表杂文亦署。

白帆（1927－？），新加坡华人，原籍广东揭西，生于印度尼西亚。原名蔡青平。笔名：①白帆，1948年前后在马来亚新加坡《星洲日报·学生园地》《南洋商报》《南侨日报》《中学生》等报刊发表文章署用。②雷达，见于杂文《如此美人》《香港风袭击新加坡》，载1951年新加坡《南洋商报·商余》。

白夫，生卒年不详，江西南昌人。原名章荣圭。笔名白夫，出版诗集《白夫诗册》（上海沪江书屋，1947年）署用。

白寒（1919－2011），福建惠安人。原名谢耀辉。曾用名谢白寒。笔名：白寒、田家、李青、林之风、莫干山、李子惠、杜若英、麦苗田，20世纪40年代在马来亚新加坡《新国民日报·南风》《星洲日报·文艺》《南洋商报》《文艺行列》《文艺报》等报刊发表剧本、小说、散文署用。"白寒"一名出版诗集《寄给思恋的人》，小说集《新加坡河畔》（新文艺出版社，1950年）、《新加坡河边岸》（新马文化事业公司，1964年），五幕剧《头家哲学》（新文艺出版社，1950年），杂文集《雕虫集》（乐华印务公司，1949年），通讯集《在北京》等亦署。

白航（1926－2021），河北高阳人。原名刘新民。笔名：①白航，1948年在华北联大文学系《草叶》发表诗歌署用。同年在华北军区《战友》月刊、《华北人民日报》等报刊发表诗《我是炊事员》等亦署。1949年后，出版《当代四川山水诗》（编选，与张大成合作。四川人民出版社，1985年）、《白航诗选》（现代出版社，1993年）等亦署。②老野，见于诗《小揽活的》，载1949年11月西安《群众日报》副刊。③谢燕白，1950年在《川北日报》发表作品，1957年前创作歌词《列车在轻轻摇荡》等署用。④文过，见于散文《流沙河访问记》，载1980年《诗刊》。⑤燕白，出版论著《简论李白和杜甫》（四川人民出版社，1981年）署用。⑥辛心，1982年1月起在成都《星星》诗刊发表《话说今日诗坛》《新诗五议》《什么是诗》《〈星星〉诗刊史话》等文署用。

白鹤（1913－1969），福建诏安人。原名吴鹤琴。笔名：①吴鹤琴，见于论文《晏几道与莲鸿蘋云》，载1935年上海复旦大学《文学期刊》第2期。嗣后在《复旦学报》《复旦大学校刊》等发表《周邦彦及其词》《初大告先生讲人生哲学》等文亦署。②白鹤，见于诗《苦难篇》，载1938年长沙《中国诗艺》第1卷第1期。同时期在《抗战诗歌》等刊发表诗作，在马来亚出版诗集《苦难篇》（槟城良友图书公司，1959年）、散文集《牛溲斋随笔》（槟城康华出版社，1954年）、《文史小品集》（槟城钟灵中学，1960年）等均署。③一尘、白翁、吴牛、吴逸牛、牛溲斋主，20世纪40年代后期起在马来亚报刊发表诗文署用。

白珩（1928－　），山东德州人。原名吴埙。笔名：①涌泉，1945年在德县（今德州市）石印小报上发表诗、剧作、短文署用。②白珩，1951－1952年在《广西部队文艺》发表剧作开始署用。嗣后一直署用。③小戈、戈戈，1951－1952年在《广西部队文艺》发表剧本、文艺论文署用。④小云、李云，1958－1959年在天津人民出版社出版小册子、在天津美术出版社出版连环画署用。⑤老丢，1979年后在天津创作多幕戏曲《倦绣阁》署用。

白桦（1930－2019），河南信阳人。原名陈佑华。笔名：①白桦，14岁时发表诗作署用。1946年创作独幕剧《喜事》（载山东解放区《歌与剧》），1947年在河南《豫南民报》《中州日报》副刊发表诗、散文，1948年出版多幕剧《大榆林》等署用。1949年后，出版长篇小说《远方有个女儿国》《妈妈呀，妈妈》，中篇小说《啊，古老的航道》《白桦小说选》，短篇小说集《边疆的声音》，诗集《卡瓦山和金沙江的歌》（与公刘、周良沛合作）、《金沙江的怀念》《鹰群》《孔雀》《悲歌与欢歌》《情思》《我在爱和被爱的时候》，发表话剧剧本《吴王金戈越王剑》，电影文学剧本《苦恋》《山间铃响马帮来》《西楚霸王》《霓裳羽衣歌》《今夜星光灿烂》等亦署。②叶英、葛藤，1947年开始在河南《豫南民报》《中州日报》副刊发表诗歌、散文署用。③叶曼莉，1947年春在河南潢川《人民》（地下油印小报）署用。④黑桦，1949年在《赣南日报》发表作品署用。⑤汲沐、雷火，署用情况未详。

白蕉（1907－1969），江苏金山（今上海市）人。原名何馥，字远香，号旭初、旭如。后以白蕉之名行，改字献之，号云间、治法、济庐，别号云间下士、云间居士、云间白蕉、海曲居士、江水词人、北山公、济庐复生，晚号复老、复翁、不出不入翁。曾用名何复生、何治法。小名橘馨。笔名：①白蕉，见于《诗词杂钞》，载1934年上海《文艺春秋》第1卷第8期；随笔《词与新诗》，载1937年上海《新时代》第7卷第3期。20世纪40年代在上海《白露》《小说月报》等刊发表诗作亦署。出版诗集《白蕉》（上海励群书店，1929年），论著《袁世凯与中华民国》（上海人文月刊社，1936年）等亦署。②白人、白线、白兰、兰王、嬾王、大云、散犯、庆之、复翁、复生、云间、云间生、云间下士、北山公、东海山、线上人、法天者、窗下客、虚室生、无闻子、瞎尊者、禾矢女士、江左白蕉、夹鼻先生、不出不入翁、天下第一妄人、天下第一嬾人，多署用于书画与篆刻作品。

白朗（1912－1994），辽宁沈阳人。原名刘东兰。笔名：①刘莉，见于小说《只是一条路》，载1933年长春《大同报·夜哨》第2期。嗣后在该刊发表小说《叛逆的儿子》、诗《陨星落了》，在哈尔滨《国际协报》副刊《国际公园》《文艺周刊》等发表小说亦署。②弋白，见于小说《四年间》，载1934年5月17日至8月23日哈尔滨《国际协报·文艺周刊》。同时期在该刊及《国际协报·国际公园》连载小说《惊栗的光圈》《逃亡日记》亦署。③杜徽，1933－1934年在哈尔滨《国际协报·国际公园》发表文章署用。④白朗，见于小说《伊瓦鲁河畔》，载1936年上海《文学界》第1卷第3期；小说《女人的刑罚》，载1936年上海《中流》第1卷第8期。嗣后在上述两刊及《光明》《论语》《战地》《自由中国》《文艺月刊·战时特刊》《抗战文艺》《好文章》《文艺月报》《文学月刊》《谷雨》《解放日报》《东北文艺》《文学战线》等报刊发表小说《生与死》《轮下》《一个奇怪的吻》、散文《我踟蹰在黑暗的僻巷里》《抗日联军的母亲》《故乡的梦》《燃起我们的火把》等均署；出版散文集《西行散记》（重庆商务印书馆，1941年）、《我们十四个》（重庆上海杂志公司，1940年）、《一面光荣的旗帜》（上海光华书店，1947年）、《月夜到黎明》，长篇小说《老夫妻》（重庆中国文化服务社，1940年）、《在轨道上前进》，短篇小说集《伊瓦鲁河畔》（上海文化生活出版社，1948年）、《牛四的故事》（大连光华书店，1949年）、《火并》（与他人合作。昆明新流书店，1940年）、《牺牲》《北斗》，翻译散文《希特勒遇刺记》（重庆大时代书局，1941年），以及《斯大林——世界的光明》《何香凝传》《锻炼》《白朗文集》等亦署。

白凌，生卒年及籍贯不详。笔名南笑、白凌，1932年至1935年在大连《泰东日报》副刊发表《蚕》《人海里底怅》等作品署用。

白明新（？－1964），福建厦门人。笔名：①方迪，见于散文《会议》，载1933年12月15日厦门《鹭华》月刊创刊号。嗣后在该刊发表诗《前卫》《打石匠的毕业生》《厦门歌》等署用。②白克，1940年在厦门《文艺月刊·战时特刊》发表诗《老乡呃问题》署用。

白鸥（1908－1958），广东澄海人。原名许心影，号白鸥居士。曾用名许兰荪。笔名：①白鸥女士，见于小说《十三》，载1933年上海《新垒》创刊号；小说《绢子姑娘（续）》，载1933年上海《微音月刊》第2卷第10期（刊内正文署名"白鸥"）。②白鸥，20世纪30－40年代在上海《青青电影》《微音月刊》《生活与知识》等刊发表文章署用。见于小说《狂舞后》，载1931年上海《微音月刊》第1卷第7期；小说《校长太太剥削我们》，载1941年上海《生活与知识》第1卷第7期。出版长篇小说《脱了牢狱的新囚》（上海湖风书局，1931年），中篇小说《恋爱日记》（上海大方书局，1948年），翻译小说《富美子的脚》（日本谷崎润一郎原作。上海寻乐轩，1929年），以及《苏青与张爱玲》（北平沙漠书店，1945年）等亦署。

白平阶（1915－1995），云南腾冲人，回族。原名白文治，字平阶。笔名白平阶，见于小说《跨过横断山脉》，载1938年7月7日香港出版之《大公报·我们抗战这一年纪念专刊》。嗣后在昆明《今日评论》、重庆《大公报》《平明》《世界文艺季刊》等报刊发表小说《金坛子》《风箱》《驿动》《神女》《古树繁花》、散文《腾冲骊驹行》等，出版小说集《驿运》（重庆文化生活出版社，1942年）等亦署。

白刃（1918－2016），福建石狮人。原名王年送。乳名天送。学名王馈生。曾用名王寄生、Antonio（安东尼奥）。笔名：①王寄生，1936年在菲律宾马尼拉《华侨商报》《新中国报》发表短篇小说、诗歌和散文署用。②王爽，见于小说《赤色》，载1936年马尼拉《救亡月刊》。抗战时期在汉口《全民周刊》发表通讯《国难严重下的泉州军政》，在香港《港报》及山东报刊发表通讯等亦署。③白刃，见于通讯《在观察所》，载1940年春《时事通讯》；诗《海滨夜哨》，载1946年辽宁安东《白山》创刊号。嗣后在上述两刊及《文学战线》《翻身乐》《小说月刊》等发表随笔《闲话正统》《中国工农红军二万五千里长征》、通讯《以心换心》、小说《抢救》等均署；出版中篇小说《三秃的冤仇》（佳木斯东北书店，1948年）、《小周也要当英雄》（上海光华书店，1948年）及《大时代的插曲》，诗集《杨清法》（与遇明等合作）、《敬礼，亲爱的勇士》（哈尔滨兆麟书店，1948年），译作《钢铁是怎样炼成的》（苏联奥斯特洛夫斯基原作，缩写本，华中新华书店，1949年），短篇小说集《十八勇士》（与他人合作。哈尔滨东北书店，1948年）、《红旗及其他》（与他人合作。上海世界书局，1949年），1949年后出版诗集《铁脚团长》《前进的回声》《野草集》，小说集《生死一条心》《激流》《平常人的故事》，长篇小说《战斗到明天》《南洋飘流记》，话剧剧本《糖衣炮弹》《白鹭》《香港之梦》《白刃剧作选》，电影文学剧本《兵临城下》（与洛汀合作）等亦署。④屯冷，抗战后期在山东报刊发表文章署用（其中两篇通讯分别收入《血战敌后的一一五师》《滨海八年》二书）。⑤蓝默，署情情况未详。

白汝瑗（1915－1987），天津人。笔名玲君，20 世纪 30 年代在《诗》《诗刊》《现代》《水星》《新蜀报文种》等报刊发表诗作署用。出版诗集《绿》（1937 年）等亦署。

白莎（1919－2006），山东菏泽人。原名晁若冰。曾用名刘清溪、曹林。笔名：①风涛，见于散文《春暖花开的时候》，载 1940 年四五月间《大公报·战线》。嗣后在重庆《新华日报》发表诗《黄河夜歌》等亦署。②白沙，见于诗《冬天》，载 1941 年重庆《七月》第 6 集第 3 期。③白莎，见于诗《冬天》，载 1941 年重庆《七月》第 6 集第 3 期；诗《路》，载 1941 年桂林《诗创作》第 6 期。嗣后在重庆《新蜀报·蜀道》《文艺新军》《诗垦地社丛刊》以及《文艺月刊·战时特刊》等报刊发表诗作曾署。1979 年后发表诗文，1996 年 12 月出版诗集《白莎微型诗选》亦署。④若冰，见于诗《自由在哪里》，载 1946 年 6 月冀鲁豫文联《文化生活》杂志。20 世纪 50 年代初在《天津日报》《青岛时报》发表诗亦署。

白石[1]（1922－？），吉林梨树人。原名白光正。笔名：①微灵，1939－1940 年在哈尔滨《大北新报·大北文学》发表《漂流者》《故园消息》等诗文署用。嗣后发表《春之感》（载 1941 年 5 月 19 日哈尔滨《滨江日报·大荒》第 1 期）等亦署。②白石，1934 年起在哈尔滨《大北新报·大北文学》《国际协报·国际公园》《国际协报·游艺》《国际协报·珊瑚纲》等刊发表《音乐的话》《音乐漫写》《弦之楼杂记》《美丽的松花江》等诗、散文署用。嗣后发表诗文多署。③英弟，1940 年前后在沈阳《新青年》、长春《大同报》《地平线》《今日东北》，1946－1947 年在沈阳《东北民报》《沈阳日报》《前进报》《星火》《九月》等报刊发表诗、散文等署用。④白鸥，见于散文《长春"留置场"铁窗生活纪实》，载 1944 年《今日东北》第 1 卷第 1 期至第 3 期。嗣后在该刊发表随笔《从一二三〇事件想起来的》等亦署。⑤杜宇、呢喃燕、任白鸥，1943－1946 年在《东北文化》《大公报》《大公晚报》《益世报》《商务日报》《新蜀报》《世界日报》等报刊发表诗文署用。

白石[2]（1927－　），河北乐亭人。原名周德恒。笔名白石，著有长篇小说《从囚徒到省委书记》，长篇报告文学《金钱与诱惑》，特写集《做一个有文化的新式农民》，电视剧本《噩梦醒来迟》（与人合作）等。

白寿彝（1909－2000），河南开封市人，回族史学家，字肇伦。伊斯兰教名哲玛鲁丁。笔名白寿彝，见于《朱子语录诸家汇辑》，载 1935 年《国立北平研究院院务汇报》第 6 卷第 4 期；《周易本义考》，载 1936 年《史学集刊》第 1 期。嗣后出版《朱熹辨伪书语》（北京朴

社，1933 年）及史学著作等亦署。

白塔（1928－　），新加坡华人。原籍中国福建福州。原名赵蔚文。笔名白塔、李绿、素心、祝兰、新猷、蔚文，1947 年前后在马来亚新加坡《星洲日报》《南侨日报》《民声报》《新妇女》等报刊发表《海上散记》《咖啡花》等散文、小说署用。

白拓方（1917－1988），黑龙江通河人，原籍山东文登。原名于明仁。曾用名白桦、于德光。笔名：①努力、于逸秋，1933－1936 年在齐齐哈尔《黑龙江日报》、哈尔滨《国际协报》，以及辽宁大连等地报刊发表小说、散文、诗歌、剧本署用。②田琅，见于散文《山茶花》，载 1939 年 8 月 1 日日本大阪《华文大阪每日》第 3 卷第 3 期。嗣后在该刊发表散文《狗和笛音》《感伤的散步者》、诗《沙漠的旅伴》《在隅田川上》《微吟——献给我的爱人》、小说《夏夜》等，1940 年在沈阳《文选》发表小说《黄昏》和随笔《我与文学》、1943 年在上海《文友》发表散文《故乡》、1943 在长春《青年文化》发表散文《北方的诗》、1944 年在《心潮》发表散文《生活与思索——献给茜》和小说《漂泊春》等亦署。③白桦，见于小说《饮血者》，载 1939 年沈阳《文选》第 1 辑；评论《民主的城与反民主的城——新张家口与北平》，载 1946 年张家口《北方文化》第 2 卷第 2 期。其间在《晋察冀日报》《冀中导报》及东北和北平等地报刊发表作品亦署。后发现有重名者，即弃而改用"白拓方"之名。④沙利清，1947－1948 年在《东北日报》《哈尔滨日报》发表文学评论署用。⑤白拓方，见于诗《解放哪里，我们的歌声就在哪里高扬！》，载 1947 年 2 月 11 日《东北日报》。嗣后在《光明日报》《人民日报》《长春日报》《吉林日报》《经济研究》《经济学周报》《经济学管理》《南开大学学报》《诗刊》《江海学刊》等报刊发表诗歌、小说、散文以及经济论文署用。⑥罗芜，1939 年前后在日本大阪《华文大阪每日》发表文章署用。

白危（1911－1984），广东兴宁人。原名吴钦宏。学名吴渤。化名吴皋原、吴兼问、吴德明。笔名：①渥波格，1934 年前后在兴宁《庸言日报》副刊发表散文、杂感署用。②越危，1936－1937 年在上海报刊发表文章署用。③白危，1936 年在《生活星期刊》发表纪念鲁迅文章署用。嗣后在上海《申报》《鲁迅风》《小说月刊》、重庆《七月》、成都《蚂蚁小集》、广州《文艺阵地》等发表文章、出版《木刻创作法》（上海读书生活出版社，1937 年），1949 年后发表作品、出版小说集《夏征》（新文艺出版社，1951 年）、《渡荒》（新文艺出版社，1951 年），中篇小说《青年拖拉机手》（中国青年出版社，1956 年）、《过关》（作家出版社，1957 年），长篇小说《垦荒曲》（作家出版社，1963 年）、《沙河坝风情》（人民文学出版社，1987 年）等均署。④吴皋原，1937 年后与谢觉哉等在兰州编《战号》周刊署用。

白薇（1894－1987），湖南资兴人。原名黄彰，字素

如。乳名碧珠。曾用名黄维、黄鹂。笔名：①素如女士，见于话剧《苏斐》，载 1926 年《小说月报》第 17 卷第 1 期。抗战时在重庆等地报刊发表文章亦或署用。②白薇女士，见于话剧《访雯》，载 1926 年《小说月报》第 17 卷第 7 期。③白薇，见于《革命神的受难》，载 1928 年上海《语丝》第 4 卷第 12 期。嗣后主编《奔流》并在该刊及《语丝》《北新》《现代小说》《真美善》《现代》《文学生活》《当代文学》《青年界》《北斗》《文学月报》《妇女生活》《太白》《文艺画报》《申报月刊》《文学》《光明》《玲珑》《中流》《文学丛报》《上海妇女》《青年习作》《战地》《弹花》《文艺新潮》《新华日报》《新蜀报》《国民日报》《文艺春秋》《黄河》等报刊发表诗、散文、剧作等，出版长篇小说《炸弹与征鸟》（上海北新书局，1929 年），三幕诗剧《琳丽》（上海商务印书馆，1925 年），话剧集《打出幽灵塔（外三篇）》（上海春光书店，1931 年）、《街灯下》（与周剑尘等合集），书信集《昨夜》（与杨骚合集），自传体长篇小说《悲剧生涯》（上海生活书店，1936 年），诗文集《白薇作品选》等亦署。按：白薇 1947 年曾在《想焦狂》一文中声明："和风斯出版剧本《街灯》的白薇，不是我；在香港汉奸报纸写文章骂郭沫若先生的白薇，不是我；在《新文学》里写文章的白薇，不是我；由桂林《扫荡报》转来许多信，有个十六岁的初中学生拼命把白薇作为追求恋爱求婚的对象，那个白薇，更不是我。今年春天，报载由昆明到贵阳的剧团，有位女演员也是白薇。另外，还有好几个白薇。"④黄白薇，见于散文《地之弃子》，载 1943 年《妇女月刊》第 2 卷第 6 期、第 3 卷第 1 期。⑤楚洪，出版长篇小说《爱网》（上海北新书局，1930 年）署用。⑥素如，见于诗《抗战诗歌》，载 1942 年《世界学生》第 1 卷第 7 期。⑦旦尼，见于民歌《广西女》，载 1943 年重庆《新华日报·妇女之路》第 42 期；长诗《战士们，快回来哟》，载 1947 年 2 月 11 日上海《文汇报》。⑧苏斐，见于小说《无父的孩子》，载 1946 年南京《广播周报》复刊第 8 期。⑨方晴、老考、白苓，抗战时期在重庆、桂林等地报刊发表文章署用。⑩慕容蕾，见于诗《女代表，去吧!》，载 1947 年前后上海某报。⑪黄鹂、黄莺、赫克麦、黄榆发、尹斯烈、紫红、楚红、楚波、Zero，署用情况未详。

白文（1923－1990），江苏常州人，生于北京。原名刘骏仁，字云程。曾用名白文。笔名：①白文，见于诗《式微》《有谁》，载 1943 年上海《万象》月刊第 8 卷第 4 期。嗣后在该刊及上海《春秋》杂志发表诗《港》《方士》等，1949 年后发表话剧剧本《喜事》《阵地》《大榆树》《东海前线》《我是一个兵》《埃德加·斯诺》，电影文学剧本《哥俩好》（与人合作）等亦署。②叶弦，见于小说《永生的青春》，载 1944 年 1 月《万象》月刊第 3 卷第 7 期。嗣后在该刊及上海《春秋》杂志发表小说《绅士淑女》《窗》等亦署。③李筧，见于小说《剧作者他们》，载 1944 年《万象》月刊第 4 卷第 2 期。

白峡（1921－2004），山东巨野人。原名刘方盛，字叶隆。曾用名毋文进、孙慕雷。笔名：①方盛，见于散文《夜记》，载 1941 年 7 月成都《华西日报》。同年在该报发表作品亦署。②默名，见于诗《送》，载 1945 年 4 月万县《民主报·晨曦》。同年 12 月在重庆《大公晚报》发表杂文亦署。③叶隆，见于诗《小诗三唱》，载 1945 年 5 月万县《民主报》。翌年在汉口《大刚报·大江》发表诗《小诗二首》亦署。④万钧，1945 年 9 月在重庆《民主报》发表三篇散文署用。⑤力军，见于散文《万县拾零》，载 1946 年重庆《新华日报·新华副刊》。⑥白峡，见于诗《白鹤》《风雨电》，载 1943 年成都《新中国日报》副刊。嗣后在汉口《新湖北日报》、重庆《大公报·半月文艺》《新民报》、成都《工商导报》《国民公报·文学新页》及万县《川东日报》副刊《小朋友》《太阳》《中学生》发表诗、文均署。1949 年后在《康巴文艺》《星星》等刊发表谈诗、论诗、关于美学的文章及诗作，出版诗集《春天的蓓蕾》《两地情》（四川玉垒诗社，1993 年），编选出版《四川歌谣选》（与罗泅等合作）等亦署。

白炎（1918－2005），河北宛平（今北京市）人。原名卢镇华，字卧羲，号中垒。曾用名卢向晨、夏川。笔名白炎，见于旧体诗《游仙十首》《看花双清别业匪石赋诗属和次韵酬之》《长江舟中作并怀寄翁子纬》《秋夜与匪石联句》《兰娘曲与匪石楚伧联句》《后游仙十首》《登迎江寺》《题亚子分湖旧隐图》《甲寅》《翰怡》《梦坡》《新宫词》《题屯艮》、散文《阿娜恨史序》《柳溪竹枝词序》，载《南社丛刻》。

白燕（1919－1969），福建龙岩人。原名邱振惠。曾用名邱啸夫。笔名白燕，1939 年开始在福建《青星》发表散文、木刻等作品署用。嗣后发表诗《旧瓷瓶及其他》（载 1943 年上杭《幸福报》）亦署。

白夜（1919－1988），江苏沭阳人。原名费启。曾用名费白夜。笔名：①素清、秋水，1932 年在江苏《淮报》发表诗歌和散文《题石记》署用。②绿荇，1935 年在江苏《沭报》发表散文署用。③钱绣文，见于小说《刺与悟》，载 1941 年江苏《淮海报》。④艾北，见于诗《工程》，载 1941 年秋江苏《淮海报》。⑤白夜，见于诗《王梅香——记苏北里仁集文娱大会》，载 1946 年 6 月 7 日重庆《新华日报·新华副刊》；诗《不饶他》，载 1948 年《新文艺丛刊》第 5 期。1949 年后发表作品、出版诗集《十里风光》（新华书店华东总分店，1950 年）、短篇小说《黑牡丹》（新文艺出版社，1952 年）、中篇小说《四季青》（新文艺出版社，1956 年），散文特写集《剪影》（新华出版社，1981 年）、《侧影》（花城出版社，1983 年）、《留影》（新华出版社，1984 年）、《掠影》（花山文艺出版社，1985 年）等均署。⑥孙宝邃，见于诗《奇事》，载 1946 年 6 月 10 日淮阴《生活》。⑦金戈，见于诗《提防"国军"来抢粮》，载 1946 年 7 月 1 日重庆《新华日报》。⑧路，见于小说《黑牡丹》，载1946年华中版《新华日报》。⑨南，见于散文《牛牵来了》，载1948年10月10日《新华日报》。

白逾桓（1875—1935），湖北天门人，字楚湘、楚香，号楚卿。曾用名吴操，号友石。笔名：①吴友石，1911年创办《国风日报》署用。②楚香、楚卿、白楚香，署用情况未详。

白原（1914—2001），广西合浦人。原名钟逢美。笔名：①逢美，见于诗《完了这一场》，载1935年上海《中学生文艺季刊》第1卷第2期；诗《寄南方的友人》，载1939年陕西宜川《西线文艺》第1卷第4期。此前后在桂林《救亡日报》《诗创作》、重庆《文艺阵地》、延安《新诗歌》等报刊发表诗《路》《牛车队》《古老的山城》等亦署。②白原，见于诗《一幅古老的图画》，载1942年延安《草叶》第2期；诗《初夏的歌》，载1942年桂林《诗创作》第14期。1949年后在《小说》等报刊发表作品，出版诗集《十月》（上海五十年代出版社，1951年）、《白原诗选》（中国文联出版社，1999年）、通讯散文报告文学集《人间的春天》（作家出版社，1954年）、《河山纪事》（新华出版社，1985年）等均署。③周容，见于影评《民主进行曲》，载1951年3月18日北京《人民日报》。④李申，见于影评《介绍〈上饶集中营〉》，载1951年3月29日北京《人民日报》。⑤李村，见于诗《晚归》（苗地配画），载1959年12月26日《人民日报》副刊。同月28日和1961年7月14日在该刊分别发表诗《灾情调查》和《延河饮马图》亦署。⑥陈华，见于随笔《想起了基层干部》，载1960年3月26日《人民日报》副刊。嗣后在该刊发表随笔亦署。

柏鸿鹄（1921— ），云南通海人。原名柏玉莲，字松竹。笔名：①松竹，1940年开始署用。1947年在《正义报》《观察报》《朝报》等发表散文《孤独》《文思》等亦署。②鸿鹄，见于译文《自然界的异象》，载1935年《人世间》第25期；《不要气》，载1941年昆明《战歌》第2卷第2期。③柏松竹，1947年9月在《正义报》《观察报》发表散文《醉》《灯》等署用。④柏鸿鹄，1947年八九月间在《正义报》《平民日报》《观察报》等报发表散文《雪山的土地》等，出版散文集《无灯夜》，长篇传记文学《女政委传奇》，长篇纪实文学《跨越高黎贡山》（与他人合作），长篇小说《风雨红颜》，中篇小说集《金子的梦》，短篇小说集《神秘果》《浇透春雨的缅桂》（与他人合作）、《白蔷薇》（与他人合作），儿童文学集《燃烧的河流》《在遥远的山角落》等亦署。⑤柏梅，1947年八九月间在《平民日报》《正义报》《观察报》等报刊发表散文《十二月的歌》等署用。

柏李（1917—2007），福建福州人。原名周尔贤。曾用名周宗晖。笔名：①梅朗珂，见于剧本《玛琳》，载1940年上海《戏剧与文学》第1卷第3期；剧本《圣母像前》，载1941年上海《奔流文艺丛刊》第5辑《沸》。②柏李，见于散文《会见丁西林先生》，载1940年上海《剧场艺术》月刊第2卷第8、9期合刊；散文《演剧琐记》《我踏上了戏剧的路》，分别载1940年上海《大陆》创刊号、1940年《妇女界》第2卷第3期。

【ban】

班书阁（1897—1973），河南杞县人，字晓三。笔名班书阁，著有《中国近古诗讲义》《中国史学概论》《五代史纂误释例》等。

班志洲（1913—2003），安徽人。笔名：①志洲，见于小说《烟草公司》，载1933年安徽《百灵》杂志第3期。②白莎，署用情况未详。

【bao】

包白痕（1917—？），浙江三门人。原名包崇章。笔名：①苦丁，1935年开始在西安《西京日报》、南京《新民报》发表诗文署用。②白痕，见于诗《挖坟》，载1941年1月昆明《战歌》第2卷第2期。嗣后在《长风文艺》《诗播种》《怒江文艺》《火星文艺》《诗星》《战时文艺》《新文艺月刊》《云南日报》《正义报》《中央日报》《真理周报》《民意报》《金碧旬刊》《民国日报》《新赣南日报》《贵州日报》《西南文艺》《枫林文艺》《诗与散文》《创作月刊》《诗与木刻》等报刊发表诗作署用（其中有的刊物目录、正文分别署名"白痕"和"包白痕"）。③包白痕，1937—1949年在《青年园地》《火之源文艺丛刊》《诗与散文》《这时代》《诗创造》《火之源》《文艺创作》及沈阳《前进报·前哨》等报刊发表诗歌、出版著作署用。见于诗《这时代》，载1940年昆明《诗与散文》第1卷第2期；诗《马车》，载1947年2月14日沈阳《前进报·前哨》第1期。此外，出版诗集《无花果》（昆明百合出版社，1944年）、《布谷鸟》（诗方向社，1948年）、《惨痛的世界》（诗播种社，1948年）、《火山的爆炸》（怒江文艺社，1949年）等亦署。④辛茄，1943年开始在《枫林文学》月刊署用。又见于诗《扫路的人》，载1943年前后《诗焦点》旬刊。⑤包谷，1946年起在《火星文艺》等报刊发表诗文署用。见于《无灯夜抄》，载1947年7月8日昆明《正义报》。又见于《天灾兵祸哭河南》，载1947年7月11日昆明《民意日报》。⑥子呆、白谷、玉麦，署用情况未详。

包尔汉（1894—1989），祖籍新疆温宿县，维吾尔族。先世移居俄罗斯喀山省特铁什县，拥有苏联籍。1912年回到中国，恢复中国国籍。原名Burhan al—Shahidi（包尔汉·沙希迪；或译包尔汉·谢依德）。汉名鲍尔汉，后改用包尔汉。1938年编成《维汉俄辞典》。他还创作了反映1913年吐鲁番维汉人民联合反抗军阀统治武装起义的剧本《战斗中的血的友谊》（后改名《火焰山的怒吼》）。

包干（gǎn）夫（1920－2008），山东蓬莱人。原名包如谦。笔名：①扬帆，1941年后在胶东《大众报》《胶东大众》《胶东青年》发表短篇小说和短诗署用。1946年由新华书店出版诗集《初航集》亦署。②干夫，1941年前后在胶东《大众报》《胶东大众》等发表短篇小说和诗歌署用。③戈振缨，见于小说《移坟》，载1944年《胶东大众》；诗《夫妻双夺旗》《要想日子永远过得好》，载1949年《文学战线》第2卷第2期。1949年后发表诗文作品，出版诗集《田野的歌》（新文艺出版社，1956年）、《歌唱红旗》（山东人民出版社，1959年），中篇小说《团圆》（新文艺出版社，1957年），短篇小说集《小徐和老曲》（山东人民出版社，1956年）等均署。④沥青，1946－1947年在《烟台日报·文艺短兵》发表短诗署用。⑤包干夫，见于《思想与艺术》，载1961年9月24日《大众日报》。按：包干夫还著有长篇小说《春宵谜》、改编吕剧剧本《桃花扇》等，署名情况未详。

包惠僧（1894－1979），湖北团风人。原名包道亨，号栖梧，晚号栖梧老人。曾用名包一宇、包一亦、包（鲍）一德、包晦生、包生、包（鲍）怀琛、鲍怀深、鲍慧僧、杨一如、牟有德。笔名：①包惠僧，见于随笔《我对于武汉劳动者的调查和感想》，载1921年4月8日上海《民国日报·觉悟》；论文《新生活运动中的节约运动》，载1936年南京《新运月刊》总36期。此前后在上述刊及《中央周刊》《户政导报》等刊发表文章，出版《户籍行政须知》（与陈振荣等合作。重庆商务印书馆，1944年）、《户籍行政讲义》（中央训练团地政人员训练班，1949年）、《包惠僧回忆录》（人民出版社，1983年）等均署。②惠僧，1921年在广州《光明》杂志发表文章署用。③僧，1923年撰写关于"二七"工潮的小册子署用。④亦愚，1928年在上海《现代中国》发表文章署用。⑤栖梧老人，见于回忆《中国共产党成立前后的见闻》，载1957年《新观察》；随笔《回忆李大钊同志》，载1957年《中国工人》。

包蕾（1918－1989），浙江镇海（今宁波市）人。原名倪庆秩。笔名：①包蕾，见于剧本《释放》，载1936年上海《读书生活》第4卷第10期；独幕剧《汤饼之喜》，载1938年12月5日至1939年2月5日上海《上海妇女》第2卷第4－8期。嗣后在《少年文艺》《正言文艺》《新流文丛》《文艺月刊》等报刊发表剧作《星期六的晚上》《淘金记》《鞭》等亦署。出版戏剧《雪夜梦》（上海少年出版社，1941年）、《巨人的花园》（上海华华书店，1947年）、《火烛小心》（上海华华书店，1947年）、《胡子和驼子》（上海立达图书服务社，1947年）、《玻璃门》（上海立化出版社，1948年）、《求仙记》（上海立化出版社，1948年）、《瓶里的魔鬼》（上海立化出版社，1948年）及《祖国的女儿》《包蕾童话剧作选》，创作美术片剧本《金色的海螺》《三毛流浪记》《天书奇谭》《三个和尚》，电影文学剧本《三人行》《乱点鸳鸯》《同是天涯沦落人》等亦署。②金如墨，见于

《"我补鬼恋"》，载1941年10月30日上海《申报·自由谈》。③华芎，见于独幕剧《潮湿的爆竹》，载1939年上海《绿洲》第1卷第2期；随笔《苍颉造字闻鬼哭，编剧于今步履艰——因〈假凤虚凰〉事件说起》，载1947年上海《艺声》第2期。④卞洛，见于散文《福生叔》，载1939年上海《上海评论》第4期；随笔《天堂与雪茄》，载1939年11月14日上海《申报·自由谈》；散文《褪色的记忆》，载1940年上海《文艺世界》创刊号。⑤叶超，1939年前后在上海报刊发表文章署用。⑥柯衍、慎之、穆道、焦贯龄，1946年在《联合晚报》副刊发表文章署用。⑦余持平，1957年在上海《解放日报》发表杂感署用。

包天笑（1876－1973），江苏苏州人。乳名德宝。原名包清柱，后改名包公毅，字朗孙、朗生、阆笙，号天笑、包山、包山子；别号钏影楼主、秋星阁主人。笔名：①天笑生，见于翻译长篇小说《铁窗红泪记》，连载于1906－1907年《月月小说》。嗣后在《教育杂志》发表《馨儿就学记》《孤雏感遇记》，在《中华小说界》发表《病菌大会议》等小说，出版长篇小说《甲子絮谈》（上海大东书局，1926年）和翻译小说《无名之英雄》（法国迦尔威尼原作。上海小说林社，1904－1905年）、《铁窗红泪记》（法国雨果原作。群学社，1910年）、《琼岛仙葩》（上海进步书局，1921年）等均署。②吴门天笑生，见于翻译小说《古王宫》，连载于1907年《月月小说》。③笑，1907年在《月月小说》发表《空中战争未来记》《诸神大会议》等小说署用。嗣后发表长篇侦探小说《八一三》（载1914年上海《中华小说界》创刊号）亦署。④冷笑，与陈景韩（冷血）合作在《时报》发表短评、社论合署。嗣后发表随笔《茶余闲话》（载1915年《小说丛报》第13期）亦署。⑤小生，在《时报·小时报》发表文章署用。⑥包公毅，出版翻译小说《苦儿流浪记》（法国爱克脱麦罗原作。上海商务印书馆，1915年）署用。嗣后发表《上海竹枝词》《味莼园》（载《南社丛刻》第19集）等亦署。⑦包天笑，1910年与徐卓呆合译法国三大悲剧之一《怨》（载1910年《小说时报》增刊第一号）署用。嗣后主编《小说大观》《苏州白话报》《小说时报》《星期》并在上述刊物及《新中国》《消闲月刊》《游戏世界》《民权素》《红玫瑰》《新上海》《紫罗兰》《太平洋画报》《民众生活》《珊瑚》《汗血周刊》《小说世界》《小说画报》《抗战半月刊》《旅行杂志》《万象》《中华小说界》《小说月刊》《小说月报》《大陆》《大众》《风雨谈》《永安月刊》《茶话》《杂志》《六艺》《一般》《时报》《月月小说》《教育杂志》《半月》《上海生活》《申报》《南京晚报》《大上海》《大众月刊》《茶刊》等报刊发表诗文，出版长篇小说《恩与仇》（一名《多情的女伶》。上海自由杂志社，1926年）、《上海春秋》（上海大东书局，1927年）、《大时代的夫妇》（桂林中国旅行社，1943年）、短篇小说集《包天笑小说集》（上海大东书局，1926年），翻译小说《销金窟》（上海有正书局，1908年）、《云想花因记》（上海中华书局，1915年）、《拿破

仑之情网》（上海中华书局，1915 年）、《童子侦探队》（上海商务印书馆，1920 年）等，晚年出版《且楼随笔》《衣食住行的百年变迁》《钏影楼回忆录》《钏影楼回忆录续编》等亦署。⑧拈花，见于随笔《社会百问题·夫妻反目问题》，载 1922 年《星期》第 1 期。嗣后在该刊以及《游戏世界》《晶报》等报刊发表诗《蝴蝶》、随笔《记张謇与余沈寿事》等署用。⑨爱娇，见于随笔《交易所之识》，载 1922 年《星期》第 9 期。嗣后在该刊发表《近世新文苑》等文亦署。⑩钏影，见于随笔《向恺然家之猴》，载 1922 年《星期》第 46 期。嗣后在上海《晶报》《小说世界》《小说月刊》《读者文摘》《茶话》等报刊撰文亦署用。⑪天笑，晚清时出版《铁世界》（法国迦尔威尼原作。上海文明书局，1903 年）、《馨儿就学记》（上海商务印书馆，1910 年）、《碧海情波记》（秋星社，1910 年）、《儿童修身之感情》（上海文明书局，1905 年）等译作署用。嗣后在《小说世界》《月月小说》《万象》《文艺先锋》《教育杂志》《小说时报》《小说月报》《星期》《游戏世界》《新上海》《民众生活》《中华小说界》《新都周刊》《语林》《文史》《杂志》《茶话》等报刊发表诗文，出版通俗小说《玉笑珠香》《上海春秋》《人间地狱》（与娑婆生合作）、《留芳记》《换巢鸾凤》等亦署。⑫吴门包天笑，1922 年 3 月 5 日在上海编辑《星期》周刊时署用。⑬秋心，见其长篇小说《梅仙外传》（载《民权素》杂志）。⑭曼妙，1929 年 4 月 3 日，上海《晶报》误传不肖生（向恺然）去世消息后，化名"曼妙"在该报发表《追忆不肖生》文章署用。⑮微妙、微笑、余翁、老生、老兵、老丑、春云、怡红、迦叶、且楼、包山、德宝、清柱、秋星、秋星阁、秋星阁主人、染指翁、我先百花十日生，先后在《励学译编》《苏州白话报》《江苏》《女报》《妇女时报》《歌场新月》《论衡》《文学丛报》《娱闲录》《民权素》《教育研究》《中华小说界》《小说时报》《小说月报》《小说大观》《学生会会报》《晶报》《大众》《风雨谈》等报刊发表文章署用。按：包天笑一生著译有 100 多种，除上文提及的外，尚有小说《海上蜃楼》《人间地狱续集》《风流少奶奶》《复古村》《碧血幕》《爱神之模型》《沧州道中》《布衣会》《活动的家》《一捻红》（与冷血合作）、《富人之女》《埋石弃石记》《大时代的夫妇》《一缕麻》《纪克麦再生案》《空想花园记》《波兰遗恨录》《六号室》《镜名写影》等，译有《空谷兰》《梅花落》《埋石弃石记》《千里寻亲记》《迦因小传》（英国哈葛德原作，与杨紫麟合译）、《无名之英雄》（法国迦尔威尼原作）、《秘密使者》（法国迦尔威尼原作）、《千年后之世界》（日本押川春浪原作）、《新法螺先生谈》（日本岩谷小波君原作）、《侠奴血》（法国雨果原作）、《血手痕》（英国布拉克原作）、《身毒叛乱记》（英国麦度克原作，与杨紫麟合译）、《六号室》（俄国契诃夫原作）、《大侠锦披客传》（英国哈葛德原作，与杨紫麟合译）、《福尔摩斯探案全集》（英国柯南·道尔原作，与严独鹤、程小青等合译）、《红女忏恨记》（与听鹂合译）、《天方夜谈》（与屺瞻生合

译）、《亚森罗苹案全集》（与孙了红、周瘦鹃等合译）等，出版与署名情况未详。

包柚斧，生卒年不详，江苏丹徒（今镇江市）人。原名包安保，号穷塞主。笔名：①包柚斧，见于小说《蝴蝶相思记》《雌雄侠》，载 1914 年 6 月上海《礼拜六》周刊第 1 期。按：李涵秋 1921 年曾借用此名在上海《时报》连载长篇小说《雌蝶影》。②柚斧，见于寓言小说《新鼠史》，载 1907 年上海《月月小说》第 10 期。同时期在该刊及其《周年纪典》（大增刊）发表《善良烟鼠》《毒药案》《鸡卵世界》等，嗣后由月月小说社铅印出版《鸡卵世界》亦署。

包玉珂（1906－1977），浙江吴兴（今湖州市）人，字珂雪。笔名：①阿雪，见于随笔《科学与哲学》，载 1933 年 10 月 10 日上海《光华大学》半月刊第 2 卷第 1 期。嗣后在该刊及《外交评论》《知识与趣味》等刊发表论文《教育之哲学意义》、译文《科学往哪里去》，出版翻译散文集《上海——冒险家的乐园》（苏联爱狄密斯勒原作。上海生活书店，1937 年）亦署。②珂雪，见于随笔《没落中的小学教育》，载 1934 年上海《社会周刊》第 1 卷第 13 期。③包玉珂，1949 年后，出版译作《繁荣与饥馑的年代》（美国明顿、司徒尔特合作。生活·读书·新知三联书店，1957 年）、《乌有乡消息》（英国威廉·莫里斯原作，与黄嘉德合译。商务印书馆，1981 年）等署用。

鲍昌（1930－1989），辽宁凤城人，生于沈阳，字得人。笔名：①鲍昌，见于诗《狭雾中的镇魂祭》，载 1945 年《华北日报》；《武训到底是为谁服务的？》，载 1951 年《人民周报》第 25 期。嗣后在各报刊发表诗文亦署。出版独幕剧集《为了祖国》（上海晨光出版公司，1951 年），长篇小说《庚子风云》（第一、二部）（百花文艺出版社，1980 年、1984 年）、《盲流》（上海文艺出版社，1986 年），中短篇小说集《动人的沉思》《祝福你，费尔马》，文学论著《一粟集》（花城出版社，1983 年）、《1949－1987 年中国当代文学作品选评》（浙江大学出版社，1988 年），编著《鲁迅年谱》（与邱文治合作。天津人民出版社，1979 年）等亦署。②白桦树，见于诗《家》，载 1950 年 11 月 3 日《天津日报》。③艾方，见于歌词《在祖国的岗位上》，载 1951 年 3 月 5 日《进步日报》。④李兰陵，见于散文《我们在朝鲜前线》，载 1954 年 1 月 20 日《天津日报》。⑤穀梁春，见于诗《勘测队杂诗》，载 1955 年 2 月 3 日《天津日报》。⑥言无忌，见于杂文《从"满城十五贯"想起的》，载 1956 年 6 月 27 日《天津日报》。⑦纪凤城，见于诗《离别》，载 1956 年 8 月 16 日《天津日报》。⑧余爱亚，见于杂文《新秋小集》，载 1956 年 8 月 23 日《天津日报》。⑨鲍得人，见于杂文《"见""望"之间》，载 1962 年 10 月 16 日《天津晚报》。⑩司马长缨，见于评论《更丰富了，还是更单调了？》，载 1964 年 6 月 20 日《光明日报》。⑪廖垾，见于评论《永远保持战斗的青春》，载 1964 年 7 月 3 日《天津日报》。

鲍明路（1927－1977），江苏无锡人。曾用名鲍行健。笔名鲍明路，20 世纪 40 年代开始写诗署用。嗣后出版诗集《重渡松花江》（中国青年出版社，1956 年）、《夜渡大凌河》（江苏文艺出版社，1959 年）、《浪花集》（江苏人民出版社，1961 年），创作锡剧《金红梅》、话剧《雨花台下》等亦署。

鲍少游（1892－1985），广东中山人。原名鲍绍显，字丕文、尧常、少游。曾用名石涛（艺名）。笔名鲍少游，见于论文《不即不离论》，载 1940 年广州国民大学《民风》革新号第 1 期。嗣后出版《长恨歌诗意——鲍少游作品》（广东省立中山图书馆）、《鲍少游画论集》（台湾商务印书馆，1978 年）、《鲍少游画集》（台北历史博物馆，1980 年）等亦署。

鲍文蔚（1902－1991），江苏宜兴人。笔名：①甘人，见于随笔《猜谜批评家》，载 1924 年 12 月 22 日《晨报副镌》。嗣后在《京报副刊》《文友》《幻洲》《北新》等刊发表《〈阿 Q 正传〉的英译本》《拉杂一篇答李初梨君》等文亦署。②鲍文蔚，见于译作《向海去的骑者》（爱尔兰新裕原作），载 1925 年《京报副刊》；译作《美的追求》（法国法朗士原作），载 1933 年《文艺月刊》第 4 卷第 2 期。嗣后在《创化》《艺文杂志》等刊发表著译作品，出版译作《法国名家小说杰作集》（法国大仲马等原作。上海北新书局，1927 年）、《美的性生活》（法国比埃尔·路易原作。上海北新书局，1930 年）、《矿工之歌》（捷克玛耶洛娃原作。作家出版社，1954 年）、《巨人传》（法国拉伯雷原作。人民文学出版社，1956 年）、《雨果夫人见证录》（新文艺出版社，1958 年）等均署。

鲍士用，生卒年及籍贯不详。笔名席明，见于随笔《恋爱种种》《一个新女性的归宿》，载 1943 年上海《女声》第 2 卷第 6 期。

鲍秀兰，生卒年及籍贯不详。笔名萧萧，出版中篇小说《张生与崔莺莺》（上海大方书局，1949 年）署用。1949 年后出版翻译小说《静静的群山》（日本德永直原作。上海文化生活出版社，1953 年）、《箱根风云录》（日本高仓辉原作。上海文化生活出版社，1953 年）、《猪的歌》（日本野间宏原作。人民文学出版社，1955 年）、《真空地带》（日本野间宏原作。作家出版社，1956 年）、《宫本百合子选集》（人民文学出版社，1958 年），报告文学《樋口一叶选集》（人民文学出版社，1962 年）等亦署。

鲍雨（1913－1983），江苏宜兴人。原名钦国贤。曾用名钦国祥。笔名：①吻鹃，1933 年前在宜兴报刊发表文章署用。②钦吻鹃，见于小说《火》，载 1934 年 4 月 13 日上海《中华日报·动向》。③鲍雨，见于小说《卖香烟的老太婆》，载 1934 年 8 月 4 日《中华日报·动向》；小说《盐》，载 1934 年上海《新中华》第 2 卷第 15 期。嗣后在《新语林》《时事新报》《水星》《玲珑》《当代诗刊》《文学导报》《妇女共鸣》《中华月报》《文艺半月刊》《新演剧》《抗战文艺》《文艺新潮》《文艺先锋》等报刊发表小说、散文、剧本等，出版长篇小说《活跃在敌人后方》（重庆正中书局，1943 年），戏剧集《蔡金花》（上海潮锋出版社，1939 年）、《克复》（上海潮锋出版社，1945 年）、《五姊妹》（上海青城书店，1948 年）、《水乡的春天》（通俗读物出版社，1956 年）、《欢乐之歌》（通俗读物出版社，1956 年），电影剧本《一帆风顺》（国泰影片公司，1948 年摄制）、《水乡的春天》（上海电影制片厂，1955 年摄制）等亦署。④鹃，见于小说《分床以后》，载 1934 年 10 月 30 日《中华日报·动向》。⑤钦鲍雨，见于歌词《沦陷区的打夯歌》（话剧《不给敌人当兵》插曲，谭寄荷作曲），载 1940 年重庆《抗战艺术》第 5 期。

鲍运昌（1927－　），山东莱阳人。笔名笑燕，1946－1949 年在青岛《新血轮》《青岛平民报·重光》等刊发表诗、散文署用。

【bei】

北复钦，生卒年及籍贯不详。笔名鹤矜，1929 年 12 月后在厦门《鹭华》副刊（先后借版于《思明日报》《民国日报》）发表文章署用。

【ben】

奔江（1921－？），江西人。原名钟诗林。笔名奔江，20 世纪 40 年代发表诗与散文署用。1993 年 8 月由广西民族出版社出版小说《通天岩》亦署。

【bi】

毕殿元，生卒年及籍贯不详。笔名：①滴岩，20 世纪 30 年代前期在大连《泰东日报·文艺周刊》和《满洲报》副刊《北风》《晓潮》《北国文艺》等刊发表文章署用。②毕殿元，见于译文《近五十年来日本人对于中国历史之研究》（日本青木富太郎原作），载 1941 年北平《北华月刊》第 1 卷第 4 期至第 2 卷第 2 期。

毕革飞（1919－1962），山西高平人。原名毕其文。曾用名毕鸽飞。笔名：①毕革飞，1949 年后出版快板诗集《"运输队长"蒋介石》（生活·读书·新知三联书店，1951 年）、《快板唱胜利》（解放军文艺社，1962 年）、《毕革飞快板诗选》（人民文学出版社，1964 年）等署用。②其文，署用情况未详。按：毕革飞 1943 年开始创作《焦五保战教结合》《人民军队大会餐》等快板诗，署名情况未详。

毕奂午（1909－2000），河北井陉人。曾用名毕桓武、毕焕午、毕奂武、毕笙、毕箓。笔名：①毕蔚生，20 世纪 20 年代在北平《晨报副镌》发表论文署用。②毕桓武，20 世纪 20 年代起在《晨报副镌》《民国日报》副刊、《小说月报》《春潮》《世界论坛》等报刊发表创作和翻译诗歌署用。见于诗《田家妇》《春力》《冬之夜》，载 1929 年上海《春潮》第 1 卷第 9 期；诗《北风》《旧都之春》，载 1931 年上海《小说月报》第 22 卷第 1 期。③毕奂午，见于散文《下班后》，载 1934 年 12 月 16 日北平《文学季刊》第 1 卷第 4 期。又见于散文《清晨》，载 1935 年 5 月 10 日北平《水星》第 2 卷第 2 期。同时期起在北平《世界日报·彗星》《文艺时代》、上海《文季月刊》及《大公报·文艺》之天津和上海版等报刊发表诗《灭亡》、小说《村中》、散文《巫山的云》等作品署用。出版诗文集《掘金记》（上海文化生活出版社，1936 年）、《雨夕》（上海文化生活出版社，1939 年）等作均署。④毕焕午，见于诗《火线的城》，载 1941 年重庆《中国诗艺》复刊第 4 期。⑤毕奂武，1949 年前在《世界日报·彗星》《文学季刊》《文季月刊》《水星》及天津《大公报·文艺》等报刊发表文章，出版诗文集《掘金记》《金雨集》及散文集《雨夕》等均署。⑥李福、李庆、鲁牛，署用情况未详。

毕磊（1902—1927），湖南衡阳人，生于长沙。谱名毕椿萱。学名毕磊，号安石。乳名澧儿、小澧。笔名：①三石，见于随笔《教职员欠薪问题》，载 1925 年广州《广大学生周刊》第 3 期。嗣后在该刊及《做什么》（旬刊）发表《往事近谈》《近东风云中之摩苏尔问题》《欺骗的关税自主案》等文亦署。②毕磊，见于《奋斗》，载 1926 年 8 月 6 日广州大学纪念孙中山逝世周年筹备会出版之《纪念总理》一书。嗣后在广州《做什么》（旬刊）、《广州评论》发表《"最挂心的是中国国民党"——为纪念廖先生作》《本党最高党部联席会议之召集》《新努力的方向》等文亦署。③坚如，见于随笔《欢迎了鲁迅以后——广州青年的同学（尤其是中大的）负起文艺的使命来》，载 1927 年广州《做什么》（旬刊）第 1 期。嗣后在该刊第 2 期发表随笔《读罢〈扬鞭集〉》亦署。

毕璞（1922—2016），广东中山人。原名周素珊。笔名：①周素珊，1943 年发表作品开始署用，见于散文《八步缅怀录》，载 1945 年上海《旅行杂志》第 19 卷第 7 期。②毕璞，见于随笔《利用你的旧衣服》，载 1946 年上海《家》创刊号。1948 年在该刊第 28 期发表散文《金兰之交——忆怡姊》，1949 年后在台湾出版短篇小说集《故国梦重归》（台北文友书局，1956 年）、《风雨故人来》（台北皇冠出版社，1961 年）、《心灵深处》（台中光启出版社，1964 年）、《寂寞黄昏后》（台湾商务印书馆，1967 年）、《秋夜宴》（台北水牛出版社，1968 年）、《陌生人来的晚上》（台北皇冠出版社，1969 年）、《绿萍姊姊》（台北东方出版社，1969 年）、《再见秋水》（台北三民书局，1970 年）、《桥头的陌生人》（台北立志出版社，1971 年）、《黑水仙》（台北水芙蓉出版社，1977 年）、《溪头月》（台中学人文化公司，1978 年）、《出岫云》（台北《中央日报》社，1979 年）、《清音》（台北水芙蓉出版社，1981 年）、《明日又天涯》（台北采风出版社，1987 年），中篇小说《十六岁》（高雄大业书店，1962 年）、《春风野草》（台北博爱图书公司，

1968 年），长篇小说《风雨故人来》（台北皇冠出版社，1961 年），儿童文学《一个真的娃娃》（台湾省教育厅，1966 年）、《难忘的假期》（台湾省教育厅，1967 年）、《化悲哀为力量》（台北近代中国出版社，1983 年），散文集《心灯集》（台北立志出版社，1968 年）、《心底微痕》（台北惊声文物供应公司，1969 年）、《心灵漫步》（台北彩虹出版社，1971 年）、《无言歌》（台北水芙蓉出版社，1975 年）、《毕璞散文集》（台北道声出版社，1978 年）、《冷眼看人生》（台北水芙蓉出版社，1979 年）、《心在水之湄》（台北道声出版社，1979 年）、《午后的冥想》（台北尧舜出版公司，1982 年）、《春花与青树》（台北大地出版社，1984 年）、《第一次真好》（台北文经出版社，1986 年），传记《秋瑾传》（台北近代中国出版社，1979 年）、《革命笔雄章太炎》（台北近代中国出版社，1982 年），以及《毕璞自选集》（台北黎明文化事业股份有限公司，1987 年）等均署。③舟山、蕴慧，署用情况未详。

毕树棠（1900—1983），山东文登人。曾用名毕庶滋。笔名：①毕树棠，见于译文《犹太戏院》（美国马德生原作），载 1923 年 3 月 16—28 日北京《晨报副镌》；译文《论译俄国小说》，载 1929 年《新月》月刊第 2 卷第 3 期。此前后在《学生杂志》《妇女杂志》《京报副刊》《清华周刊》《清华文艺》《北新》《文艺月刊》《现代》《论语》《文学》《文学季刊》《文饭小品》《人间世》《宇宙风》《宇宙风乙刊》《逸经》《艺文杂志》《独立评论》《人生与文学》《世界文学》《西书精华》《中德学志》《文学集刊》《文艺世纪》《和平钟》《上智编译馆馆刊》《益世报·语林》《新生报·语言与文学》《民国日报》《世经日报·读书周刊》等报刊发表著译戏剧、散文、评论等，出版翻译小说《一夜之爱》（法国查拉原作。上海北新书局，1927 年）、《不测》（法国查拉原作。上海北新书局，1929 年）、《贼及其他》（克利福源原作。北平新民印书馆，1944 年）、《君子之风》（上海大众出版社，1949 年）、《密西西比河上》（上海晨光出版公司，1949 年），散文集《昼梦集》（上海宇宙风社，1940 年）等均署。②碧君，见于随笔《芍药枕上的梦》，载 1924 年 7 月 20 日北京《晨报副镌》；翻译小说《早迟天晓得》（俄国列夫·托尔斯泰原作），载 1932 年成都《尚志学刊》第 2 卷第 6、7 期合刊。嗣后在《西书精华》《宇宙风乙刊》《宇宙风》《天地》等刊发表著译文亦署。③民犹，见于随笔《美国之读书界》，载 1931 年天津《国闻周报》第 8 卷第 29 期；评论《评张恨水〈啼笑因缘〉》，载 1932 年 1 月 4 日天津《大公报·文学副刊》。同时期在上海《十日》第 2 卷第 22 期发表随笔《欧美文坛短讯》亦署。④螺君，见于散文《日记抄》，载 1944 年北平《艺文杂志》第 2 卷第 1 期。嗣后在该刊第 2 卷第 5 期和第 11 期发表《日记摘录》亦署。

毕朔望（1918—1999），江苏仪征人，生于浙江杭州。原名毕庆杭。曾用名毕德。笔名：①朔望，1939 年起在重庆《新华日报》副刊发表《"当历史的火车头急转

的时候"》《关于手杖》等文署用。见于译文《献给知识分子》，载1939年5月15日《群众》周刊第2卷第24、25期合刊。又见于译文《解剖张伯伦外交》（R. P. 库特原作），载1939年8月16日重庆《时事类编》特刊第39期。1942年1月在重庆《读书月报》第2卷第1期发表《恩格斯的一生》一文亦署。出版《列宁传》（苏联凯尔任采夫原作，与程绦合译。读书出版社，1949年）、诗集《少年心事——朵花集》（广东人民出版社，1980年）等均署。②燕如，见于散文《月夜寄书》，载1940年9月16日重庆《新华日报·新华副刊》。③思默，1939年后在重庆《新华日报》发表文章署用。④司徒斯丽，1941年在缅甸华文报刊发表文章署用。⑤毕朔望，1949年后编选《台湾小说新选》（福建人民出版社，1983年），出版译作《美国梦寻——100个美国人的100个美国梦》（美国特克尔原作，与董乐山合译。海南出版社，2000年）等署用。⑥粟旺，1949年后出版译作《美国梦寻》（美国特克尔原作。中国对外翻译出版公司，1984年）、《预测与前提——托夫勒未来对话录》（美国托夫勒原作。国际文化出版公司，1984年）、《美国俚语大全》（美国查普曼原作，与徐存尧合译。中国对外翻译出版公司，1989年）、《天下风云一报人——索尔兹伯里采访回忆录》（美国索尔兹伯里原作。中国对外翻译出版公司，1990年）、《美国作家访谈录》（美国鲁亚斯原作。中国对外翻译出版公司，1995年）等署用。⑦齐沛合，出版译作《基辛格》（美国卡尔布兄弟原作）署用。

毕修勺（1902－1992），浙江临海人。曾用名郑绍文。笔名：①修勺，见于翻译小说《群众》（法国米尔博原作），载1927年上海《小说月报》第18卷第4期。嗣后在《一般》《新女性》《革命周报》《译文》等刊发表著译作品亦署。②碧波，见于随笔《革命中的革命思想》，载1927年上海《革命周报》第11期。嗣后至1929年在该刊发表《提倡道德》《巴枯宁的三演讲》等著译文章亦署。③修平，见于随笔《愿你们快醒》，载1927年《革命周报》第11期。嗣后至1929年发表《于右任辈的居心》《读胡适之先生的人权与约法》等文亦署。④王洛，见于随笔《解决当前的民生问题》，载1927年《革命周报》第11期。嗣后在该刊发表《悲观——乐观》等文亦署。⑤震天，见于随笔《理想的尊崇》，载1927年《革命周报》第11期。嗣后在该刊及《民钟》杂志发表《人格的宣传》《保障人权》等文亦署。⑥郑绍文，出版翻译小说《权力与自由》（俄国列夫·托尔斯泰原作。上海文化生活出版社，1936年）署用。嗣后出版翻译地理著作《人与地》（法国E. 邵可侣原作。上海文化生活出版社，1937年），在《进化》杂志创刊号发表译文《何谓宗教》亦署。⑦毕修勺，见于翻译小说《八旬老妪》（O. 米尔博原作），载1935年上海《译文》第2卷第4期。嗣后在《进化》《世界月刊》《少年读物》《世界农村》《新中华》《自由世界论文集》《文艺先锋》等刊发表著译作品，出版翻译小说《磨坊之

役》（法国左拉原作。上海文化生活出版社，1948年）、《玛德兰·弗拉》（法国左拉原作。上海世界书局，1948年）、《蒲尔上尉》（法国左拉原作。上海世界书局，1948年）、《给妮农的新故事》（法国左拉原作。上海世界书局，1948年）、《娜薏·咪枯伦》（法国左拉原作。上海世界书局，1948年）、《黛蕾斯·赖根》（法国左拉原作。上海世界书局，1948年）等亦署。⑧华素，出版翻译小说《崩溃》（法国左拉原作。人民文学出版社，1969年）署用。⑨郑铁，署用情况未详。

毕倚虹（1892－1926），江苏仪征人。原名毕振达，字倚虹，号几庵；别号清波。别署春明逐客、倚虹楼主。笔名：①毕振达，1914年在《夏星杂志》发表文章署用。②倚虹，见于长篇小说《筮声鲽影记》，1914年上海《上海滩》第1期开始连载。同时期在该刊发表笔记《呜呼新剧之内幕》《学堂公司》等文，嗣后在《星期》《小说大观》《新上海》《社会之花》《上海画报》等刊发表文章署用。③杨芬若女士，1914－1915年间在《妇女时报》发表诗作，借用其妻之名署用。④几庵，1915年在《小说大观》发表《几庵随笔》署用。⑤虹，1916年在上海《妇女时报》发表文章署用。⑥春明逐客，见于长篇小说《十年回首》，载1916年以后《小说画报》。⑦毕倚虹，1916年后在上海《小说时报》《妇女时报》《小时报》《小说大观》《小说画报》等报刊发表小说署用。见于小说《贫儿院长》，载1922年上海《星期》第18期；小说《道德破产》，载1923年上海《小说世界》第2卷第8期。此前后在上述两刊及《戏杂志》《社会之花》《上海画报》《紫罗兰》等刊发表小说、随笔、信函等，出版小说集《社会镜》（与包天笑等合集。上海大东书局，1924年）、《倚虹说集》（上海大东书局，1926年）等亦署。⑧天贶，见于笔记《冷玉庵未是草》，载1917年上海《新国民》第3期。嗣后在该刊及上海《东方杂志》发表《人生之真意义与真价值》《生物寿命之研究》等文亦署。⑨闲云，见于报道《狼祸始末记》，载1917年上海《中华小说界》第2卷第7期；笔记《小智囊》，载1922年上海《星期》第12期。⑩天狼，见于评论《教育界应当彻底澄清》，载1919年上海《时事新报·学灯》；词《银灯词》，载1925年《上海画报》第1期。此前后在上海《晶报》《上海画报》、天津《国闻周报》等报刊发表《江南甲子谣》《沪潮竹枝词》《少奶奶的国庆》《评〈上海一妇人〉》等诗文亦署。⑪清波，见于笔记《巴黎之女擦背》，载1922年上海《星期》第4期。嗣后在该刊发表笔记《五十八年前的西瓜价格》《周玉山的最后一首诗》《婚后的弟兄》等，同时期在上海《晶报》发表文章亦署。⑫莼波，见于笔记《蓴波榭丛话》，载1922年上海《星期》第4期。嗣后在该刊发表笔记《惜露庵剳记》《说苑拾零》等亦署。⑬婆婆，见于笔记《婆婆小记》，载1922年上海《最小报》。⑭毕倚虬，系"毕倚虹"之误排。见于散文《狱吏生涯》，载1923年上海《小说世界》第1卷第2期（该刊第1卷第4期有编者《勘误》

云"毕倚虹之虹字误为虬字")。⑮小可，见于短评《评余叔岩之骂曹》，载1923年上海《心声》第1卷第4期；笔记《记捷京百艺展览会》，载1924年上海《东方杂志》第21卷第20期。⑯娑婆生，见于长篇小说《人间地狱》（与包天笑合作），载1922年1月5日至1924年5月10日上海《申报·自由谈》。又见于长篇小说《新人间地狱》，1925年上海《上海画报》第41期起连载。同时期在《上海晚报》连载长篇小说《春江花月夜》等亦署。⑰天觃生，见于笔记《谭延闿的新诗》，载1925年9月30日《上海晚报》。⑱降龙伏虎打狗养猫室主人，1926年在上海《新申报》副刊发表文章署用。⑲淞鹰，1929年后在上海《晶报》发表诗文署用。按：毕倚虹的主要作品尚有《新年之回顾》《儿时》《十月姻缘记》等，署名与出版情况未详。

碧野（1916—2008），广东大埔人。原名黄潮洋。曾用名黄碧野、黄芝明。笔名：①碧影，见于小说《窑工》，载1935年7月13日北平《觉今日报·文艺地带》；小说《残兵》，载1936年北平《浪花》第1卷第1期。②碧野，见于小说《窑工》，载1935年12月北平《泡沫》月刊第4期；小说《奔流》，载1936年9月15日北平《今日文学》第3期；小说《出奔》，载1937年上海《文学》月刊第9卷第1期。此前后在《浪花》《文学》《光明》《诗歌杂志》《艺风》《创作月刊》《文学修养》《希望》《文丛》《烽火》《战地》《自由中国》《文艺阵地》《抗战文艺》《笔阵》《文学月报》《天下文章》《黄河》《书报精华》《文讯》《文坛》《现代文艺》《奔流文艺丛刊》《文艺生活》《战时文艺》《文学创作》《人世间》《时与潮文艺》《微波》《文艺春秋》《文艺丛刊》《文哨》《人民文艺》《中国作家》《作家杂志》等众多报刊发表小说、散文、报告文学等，出版报告文学集《北方的原野》（上海杂志公司，1938年）、《太行山边》（大众书店，1938年）、《在北线》（海燕书店，1938年）、《滹沱河夜战》（新流书店，1940年），短篇小说集《远行集》（烽火社，1942年）、《血泪》（1942年）、《三次遗嘱》（桂林文学编译社，1942年）、《流落》（1945年）、《山野的故事》（新丰书店，1947年），中篇小说集《奴隶的花果》（福建文艺社，1943年）、《远方》（建国书店，1943年）、《风暴的日子》（建国书店，1945年），长篇小说《肥沃的土地》（桂林三户出版社，1943）、《风砂之恋》（群益书店，1944年）、《没有花的春天》（建国书店，1945年）、《湛蓝的海》（新新出版社，1947年）；1949年后出版长篇小说《我们的力量是无敌的》（新华书店，1950年）、《钢铁动脉》（新文艺出版社，1955年）、《阳光灿烂照天山》（中国青年出版社，1959年）、《丹凤朝阳》（百花文艺出版社，1979年）、《死亡之岛》（花城出版社，1987年），中篇小说《夜航》（1950年）、《小共产党员》（读者书店，1950年）、《乌兰不浪的夜祭》（四川人民出版社，1980年）、《红豆之思》（长江文艺出版社，1982年），短篇小说集《春天的故事》（1950年），散文集《我们的农场好风光》（少年儿童出版社，1957年）、《在哈萨克牧场》（作家出版社，1957年）、《天山脚下的人民战士》（新疆人民出版社，1957年）、《遥远的问候》（北京，1958年）、《通向幸福的金桥》（1960年）、《边疆风貌》（作家出版社，1961年）、《情满青山》（中国青年出版社，1963年）、《月亮湖》（百花文艺出版社，1964年）、《蓝色的航程》（上海文艺出版社，1980年）、《碧野近作》（四川人民出版社，1981年）、《长江风光录》（1981年）、《碧野散文选》（人民文学出版社，1982年）、《竹溪》（上海文艺出版社，1985年）、《北京的早春》（湖南文艺出版社，1986年）、《在珠江金三角洲》（重庆出版社，1990年）、《寂寞湖》（广西民族出版社，1996年）、《富春江畔》（1999年）、《晴光集》（2004年），小说与散文合集《幸福的人》（新文艺出版社，1954年）、《墙头骑士》（花城出版社，1985年），游记《天山南北好地方》（少年儿童出版社，1959年），回忆录《跋涉者的脚印》（四川人民出版社，1983年），创作经验谈《愿与青春结伴》（湖南文艺出版社，1986年），以及《碧野文集》（4卷）（1993年）等均署。③里予，见于随笔《创作与灵感》，载1944年上海《文友》第2卷第8期。1946年在上海《文讯》发表评臧克家《挂红》的文章署用。④黄碧野，见于《文化界对时局进言》，载1945年2月22日《重庆日报》。

【bian】

卞楚樵，生卒年及籍贯不详。笔名：①葆莲，20世纪30年代在哈尔滨报刊发表文章署用。②夏鷟，出版翻译小说《文件》（苏联班台莱耶夫原作。汉口生活书店，1938年）署用。

卞和之（1923—？），辽宁复县（今瓦房店市）人。原名石岱宗。笔名：①力菲，1937年在海城《星火》杂志发表作品署用。②石基，见于小说《夜里的消息》，载1940年《营口新报·星火》。③方文，见于《我们是美丽的机械》，载1940年《营商日报·星火》。④力节，见于译作《住家》，载1942年沈阳《盛京时报》副刊。⑤营原贞夫，见于《半岛诗译丛》，载1942年《盛京时报》副刊。⑥石岱宗，1945、1946年在中原解放区《七七日报》发表文章署用。⑦卞和之，见于诗《垅头诗草》，载1948年《辽南日报》。嗣后成为通用，发表诗文、编选出版《东北革命作家——田贲》（与王建中合编。辽宁民族出版社，1993年）等亦署。⑧艾春华，1950年在《辽宁文艺》发表文章署用。⑨何芷，1979年开始在《辽宁省戏校学报》《辽宁戏剧》等刊发表文章署用。⑩力飞，见于《田贲生平事略》，载1981年辽宁《东北现代文学史料》第3辑。

卞之琳（1910—2000），江苏海门人。笔名：①林之，见于译作《冬天》，载1930年11月5日《华北日报》副刊。②林子，见于诗《夜心里的街心》，载1931年北平《华北日报·副刊》。③么（yāo）哥，见于译诗《魏家仑诗二首》，载1931年《华北日报·副刊》。④

人也，见于诗《家信》，载 1931 年 2 月 26 日《华北日报·副刊》。嗣后在该刊发表诗《静夜》亦署。⑤卞之琳，1931 年主编上海《新诗》并在该刊第 2 期发表诗《群鸦》《噩梦》《寒夜》署用。又见于诗《黄昏念志摩先生》，载 1934 年 2 月 6 日北平《华北日报·每日文艺》第 9 期。此前后在《华北日报·副刊》《清华周刊》《东方杂志》《新月》《文艺月刊》《创作》《学文》《绿洲》《新时代》《文学》《文学季刊》《时事类编》《人间世》《文学评论》《译文》《西洋文学》《水星》《文学丛报》《文学月刊》《明日文艺》《观察报》《世界文艺季刊》《东方与西方》《新诗》《大公报·文艺》《国闻周报》《工作》《群众》《文学杂志》《文艺突击》《文艺战线》《文艺生活》《图书月刊》《风雨谈》《月刊》《新文学》《文哨》《中国新诗》《文艺复兴》《星岛日报·星座》《小说》《平原》等报刊发表诗、散文、译作，出版诗集《三秋草》《鱼目集》《音尘集》《慰劳信集》《十年诗草》《雕虫纪历》，纪实文学《第七七二团在太行山一带》，论文集《莎士比亚悲剧论痕》《沧桑集》，翻译诗集《西窗集》（波德莱尔等原作）、《英国诗选》，翻译小说集《阿左林小集》（西班牙阿左林原作）、《紫罗兰姑娘》（英国克里斯托弗·伊斯伍德原作），以及《莎士比亚悲剧四种》等均署。⑥老卞，见于译作《青草》，载 1931 年 9 月 9 日北平《华北日报·副刊》。⑦季陵，见于小说《夜正深》，1931 年 9 月 9 日北平《华北日报·副刊》。又见于译文《秋天的哀怨》（法国马拉美原作），载 1933 年《牧野》第 12 期。嗣后在《大公报·文艺》发表诗作亦署。⑧林达，见于译作《信》，载 1934 年 7 月 25 日天津《大公报·文艺》。⑨林迟，1934 年在天津《大公报·文艺》发表译文署用。⑩王林，见于译诗集《浪子回家集》（法国纪德原作。上海文化生活出版社，1936 年）。⑪薛林，见于小说《红裤子》，载 1939 年昆明《今日评论》第 1 卷第 17 期。⑫薛邻，见于诗《休息》，载 1936 年 4 月 19 日天津《大公报·文艺》；故事《西北小故事》，载 1939 年 2 月 12 日昆明《今日评论》。⑬大雪，见于小说《雁字：人》，载 1943 年 11 月重庆《文阵新辑》之一《去国》。又见于小说《海与泡沫：一个象征》，载 1943 年桂林《明日文艺》第 2 期。⑭薛理安，见于小说《桃林：几何画》，载 1946 年上海《文艺复兴》第 2 卷第 2 期。嗣后在上海《观察》创刊号和第 1 卷第 7 期发表小说《山水、人物、艺术》《山野行记》亦署。

【bing】

冰壶，生卒年不详，辽宁人。原名朱湘云。笔名冰壶，见于长篇翻译小说《病院船》（日本大岳康子原作），载 20 世纪 40 年代长春《斯民》杂志；小说《遭遇》，载 1943 年文化出版之《女作家创作选》（左蒂编）。

冰季（1910－1984），福建长乐人，生于山东烟台。原名谢为楫。笔名：①冰季，见于诗《我们的姊姊》，载 1922 年 1 月 27 日北平《晨报副镌》。1934 年在《清华周刊》发表《无题四首》等诗文亦署。②谢冰季，见于诗《吴淞江边》，载 1929 年北平《清华周刊》第 32 卷第 8 期。嗣后在《小说月报》《新月》《红黑》《文艺月刊》《燕大月刊》等刊发表小说，出版小说集《温柔》（上海光华书局，1929 年）、《幻醉及其他》（上海中华书局，1930 年）亦署。

冰叔（1908－1986），福建长乐人，生于山东烟台。原名谢为杰。笔名冰叔，见于诗《不忘》，载 1922 年 5 月 14 日北平《晨报副镌》。1924 年 3 月 16 日在《晨报副镌·儿童世界》发表组诗《杂诗》四首亦署。

冰心（1900－1999），福建长乐人，生于福州。原名谢婉莹。曾用名谢珠瑛。乳名星朗。笔名：①谢婉莹，见于随笔《二十一日听审的感想》，载 1919 年 8 月 25 日北京《晨报》；小说《世界上有的是快乐……光明》，载 1920 年北京《燕大季刊》第 1 卷第 1 期。同时期起在上述报刊及《燕大青年会赈灾专刊》《北京燕京大学一九二三级同级录》《燕京学报》《真美善》《万象》等刊发表随笔《译书的我见》《旱灾纪念日募捐纪事》，小说《一个忧郁的青年》，诗《影响》《天籁》，论文《元代的戏曲》，题字《孤鸿》等均署。②冰心，见于小说《两个家庭》，载 1919 年 9 月 18－22 日北京《晨报第 7 版》。嗣后在该报及《小说月报》《晨报副镌》《晨报·儿童世界》《语丝》《时事新报·学灯》《北新》《真美善》《燕大月刊》《文艺新闻》《新月》《青年界》《文学》《北斗》《京沪周刊》《妇女文化》《妇女》《文学季刊》《水星》《宇宙风》《文季月刊》《万象》《文坛》《风雨谈》《文艺春秋》《妇女新运》《半月文粹》《世纪评论》《世界月刊》《东南半月刊》《建国青年》《中央日报》等报刊发表诗、散文、小说、译作等，出版诗集《繁星》（上海商务印书馆，1923 年）、《春水》（北京新潮社，1923 年）、《冰心诗集》（上海北新书局，1932 年）、《冰心诗集》（上海开明书店，1943 年），诗、散文合集《闲情》（上海北新书局，1922 年），散文集《寄小读者》（上海北新书局，1926 年）、《南归》（上海北新书局，1931 年）、《冰心散文集》（上海北新书局，1932 年）、《冰心散文集》（上海开明书店，1940 年）、《冰心文选》（上海仿古书店，1936 年）、《冰心选集》（上海万象书屋，1936 年），小说集《姑姑》（上海北新书局，1932 年）、《去国》（上海北新书局，1933 年）、《冬儿姑娘》（上海北新书局，1935 年）、《冰心女士小说集》（上海新文学社，1929 年）、《冰心创作小说选》（上海时代出版社，1937 年）、《冰心佳作选》（上海新象书店，1947 年），小说散文集《超人》（上海商务印书馆，1920 年），通信集《往事》（上海开明书店，1930 年），翻译诗集《飞鸟集》（印度泰戈尔原作。1929 年）、散文诗集《先知》（美籍黎巴嫩诗人纪伯伦原作。上海新月书店，1931 年）等亦署。1949 年后发表作品、出版散文集《我们把春天吵醒了》（百花文艺出版社，1960 年）、《冰心散文选》（人民文学出版社，1960 年）、《樱花赞》（百花文艺出版社，1962 年》、《拾穗小札》（作家出版社，1964 年），小说散文集《冰心小说散文选集》（中国国际人文出版社，1954 年）、《晚晴集》（百花文艺出版社，1980 年），通信集《三寄小读者》（少年儿童出版社，1981 年），创作谈《记事珠》（人民文学出版社，1982 年），论文集《冰心论创作》（上海文艺出版社，1982 年），选集、文集《冰心作品选》（少年儿童出版社，1982 年）、《冰心选集》（四川人民出版社，1983 年）、《冰心文集》（上海文艺出版社，1983 年）、《冰心全集》（海峡文艺出版社，1994 年）亦署。③婉莹，见于随笔《解放以后责任就来了》，载 1920 年北平《燕大季刊》第 1 卷第 3 期。嗣后在该刊发表随笔《圈儿》《五月一日》《法律以外的自由》《提笔以前怎样安放你自己》等文亦署。④冰心女士，见于小说《最后的使者》《离家的一年》，载 1921 年 11 月 10 日上海《小说月报》第 12 卷第 11 期。嗣后在该刊及《晨报副镌》发表散文《文艺丛谈》《山中杂记》《寄儿童世界的小读者》、小说《烦闷》《寂寞》等，1929 年在上海《新月》第 2 卷第 6、7 号合刊发表小说《第一次宴会》（刊内正文署名"冰心"）亦署。⑤谢冰心，见于随笔《冰心更正——记事无根而失实》，载 1931 年上海《文艺新闻》第 40 号。嗣后在《紫晶》《铁路杂志》《妇女新运》《妇女文化》等刊发表《平绥沿线旅行记》《评阅述感》《写作经验》《对妇女参政的意见》《日本观感》等文，出版散文集《平绥沿线旅行记》（平绥铁路管理局，1935 年）、《冰心游记》（上海北新书局，1935 年）、《冰心文选》（上海仿古书店，1936 年），小说集《冰心代表作选》（上海全球书店，1946 年）等；1949 年后在《译文》《读书月报》《文艺报》《新华半月刊》《诗刊》等报刊发表诗、散文、译作，出版散文集《冰心散文选集》（人民文学出版社，1954 年）、《陶奇的暑期日记》（少年儿童出版社，1956 年），小说、散文、诗歌合集《小橘灯》（北京出版社，1957 年），翻译诗集《泰戈尔诗选》（印度泰戈尔原作，与他人合译。人民文学出版社，1958 年）、《马亨德拉诗抄》（尼泊尔马亨德拉原作，与他人合译。作家出版社，1965 年）、《燃灯者》（马耳他安东·布蒂吉格原作。人民文学出版社，1981 年），翻译戏剧集《泰戈尔剧作集》（印度泰戈尔原作。中国戏剧出版社，1959 年），翻译童话集《印度童话集》（印度穆·拉·安纳德原作。中国青年出版社，1955 年）、《石榴女王》（印度穆·拉·安纳德原作。少年儿童出版社，1955 年），翻译民间故事集《印度民间故事》（印度穆·拉·安纳德原作。少年儿童出版社，1955 年）等亦署。⑥男士，见于散文《我最尊敬体贴她们》，载 1941 年重庆《星期评论》第 8 期。嗣后在该刊发表散文《我的择偶条件》《我的母亲》《叫我老头子的弟妇》《我的奶娘》等文，出版特写散文集《关于女人》（天地出版社，1943 年）亦署。⑦王世英，署用情况未详。

冰仲（1906－1944），福建长乐人，生于山东烟台。原名谢为涵。笔名冰仲，见于诗《玫瑰的荫下》，载 1922 年 5 月 26 日北平《晨报副镌》。

【bo】

勃浪，生卒年及籍贯不详。笔名白浪，见于随笔《民众运动与领袖》，载 1928 年《再造》第 23 期；随笔《裸风趋向罗马》，载 1931 年《十日》第 3 卷第 39 期。此前在上海《民报·影谭》及《新生活》《中学生文艺》《文摘战时旬刊》《青年界》《科学知识》等刊发表文章亦署。

【bu】

卜少夫（1909－2000），江苏江都（今扬州市）人。原名卜宝源。笔名：①卜少夫，见于长篇小说《两种典型下的青年》，载 1931 年《开展》第 6、7 号合刊。嗣后在《文讯》《流露月刊》《汗血周刊》《读书青年》《明星》《文摘》《国际周报》《星岛周报》《经纬月刊》《中央周刊》《新中华》《旅行杂志》等刊发表小说、随笔、散文、译作等亦署。出版散文集《日本面孔》（上海书局，1938 年）、《被包围的日本》（上海大江书局，1940 年）、《战地记者讲话》（贵阳文通书局，1941 年）、《无梯楼杂笔》（上海新闻天地社，1947 年）、《人在江湖》（香港新闻天地社，1963 年）、《我见我思》（香港新闻天地社，1963 年）、《空手天涯》（香港新闻天地社，1972 年）、《受想行识》（香港新闻天地社，1973 年）、《经过阵痛》（台北远景出版社，1976 年）、《龙蛇走笔》（香港新闻天地社，1978 年）、《龙蛇走笔》（台北远景出版社，1978 年）、《风雨香港故人》（香港新闻天地社，1985 年），论著《日本史——一部军阀专政史》（上海商务印书馆，1939 年），传记《周榆瑞在人间》（台北远景出版事业公司，1982 年）、《蒋经国浮雕》（台北风云论坛社，1986 年），译作《被包围的日本》（日本石丸滕太原作。上海光明书局，1938 年）等亦署。②夏莱，1935 年 2 月在南京《朝报》副刊发表文章署用。③邵芙、庞舞阳、小芙、O.K.，署用情况未详。

卜世藩，生卒年不详，湖南醴陵人，字芸庵，号韵荃。笔名卜世藩，在《南社丛刻》发表诗文署用。

卜英梵（1908－？），浙江杭州人。原名卜远帆。笔名：①卜英梵，见于诗《致》《失去》，载 1929 年 7 月 1 日上海《北新》半月刊第 3 卷第 12 期。同时期在上海《奔流》《青年界》等报刊发表作品亦署。②马风，1931－1937 年在杭州《东南日报》副刊发表诗作署用。

布赫（1926－2017），内蒙古土默特左旗人，蒙古族。原名云曙光。20 世纪 40 年代开始发表作品，笔名布赫。著有剧本《慰问袋》《王文焕》《乌力吉的生日》《海棠》、诗集《布赫诗集》、论文集《布赫文艺论文集》等。

C

【cai】

蔡北华（1916－1996），广东中山人。原名蔡冷枫，字璞文。曾用名刘芳华。笔名：①蔡冷枫，见于杂文《迅速建立妇女统一机构》，载 1938 年《妇女知识》第 3 卷第 1 期；《邓颖超先生的印象》，载 1938 年《妇女知识》第 3 卷第 2 期；《小组的指导艺术》，载 1940 年《干部生活》第 2 卷第 1 期。②冷枫，见于《杨瑞符将军访问记》，载 1940 年《玫瑰》第 2 卷第 2 期；散文《偷渡之夜——战地来鸿之一》，载 1940 年上海《宇宙风》第 99 期。③柳岸，见于《东京诗坛的情况》，载 1935 年东京《诗歌》。在《聂耳纪念特刊》发表文章亦署。

蔡愁洞（1900－1984），台湾云林人。原名蔡秋桐。笔名：①秋洞、秋涧、愁洞、蔡落叶，20 世纪 30 年代初起在台湾《新民报》发表小说《保正伯》《夺锦标》《新兴的悲哀》《放屎伯》，1934－1935 年在《台湾文艺》发表小说《兴兄》《理想乡》《媒婆》，1936 年在《台湾新文学》发表小说《四两仔土》署用。具体署用情况未详。②匡人也，20 世纪 30 年代发表小说《王爷猪》署用。③元寮，日据时代在《晓钟杂志》发表小说署用。④蔡秋桐，出版小说集《杨云萍张我军蔡秋桐合集》（台北前卫出版社，1991 年）署用。按：蔡愁洞出版有诗集《牛车夫》，出版与署名情况未详。

蔡楚生（1906－1968），广东潮阳人。笔名：①蔡楚生，见于随笔《无独有偶之汉伦影片公司》，载 1929 年《世界画报》第 169 期；随笔《潮州人》，载 1934 年上海《社会月报》第 1 卷第 6 期。嗣后在《电影戏剧》《影迷周报》《戏剧春秋》《明星》《时代论坛》《艺文线》《青年音乐》《文艺杂志》《周报》《救亡日报》《文章月刊》《启示》《艺声》《艺海画报》《现代新闻》等报刊发表文章，出版五幕剧《自由港》（重庆文风书局，1943 年），散文集《两封无法投递的信》（上海金屋书店，1947 年），长篇小说《一江春水向东流》（上海作家书屋，1949 年），论著《论电影剧本创作的特征》（中国电影出版社，1956 年），电影剧本《南海潮》（中国电影出版社，1960 年）等亦署。②重华，1941－1946 年在重庆《新华日报》、香港《华商报》等发表文章署用。③小云、刘琅、高菲、鲁山，署用情况未详。

蔡代石，生卒年及籍贯不详。笔名：①大石，见于短讯《罗曼·罗兰在苏联》《皮兰得娄在美国》，载 1935 年 9 月 20 日东京《杂文》第 3 期。②代石，见于译文《自谦是可嘉的》（M. 柯尔曹夫原作），载 1936 年日本东京《质文》第 5、6 号合刊。嗣后在该刊发表《高尔基——乌达尔尼克第一号》《悼鲁迅先生》等文，1936 年在上海《文学大众》发表译文《〈苏联防卫〉序文》（法国罗曼·罗兰原作）、在上海《东方文艺》发表译文《艺术本质的地是战斗》（苏联高尔基原作）等亦署。

蔡丹冶（1923－？），广东澄海人。原名蔡伟濂，字寄天。笔名：①蔡丹冶，出版长篇小说《被洗劫的日子》（文光出版社，1945 年），论著《文艺论评（第一集）》（台北瞻望出版社，1967 年）、《文艺论评（第二集）》（台中普天出版社，1968 年）、《新文艺论集》（台北黎明文化事业股份有限公司，1973 年），散文集《西方文学家素描》（台北哲志出版社，1970 年）、《淡淡集》（与周伯乃、古丁合作。台湾商务印书馆，1971 年）等署用。②蔡寄天，出版评论集《文艺评论集》（台北，1962 年）署用。③丁力、丹冶、舒玄、舒弦、凌羽扬、龙田夫、艾浦、凌羽阳、欧阳舒丹、读月楼主人，署用情况未详。

蔡钧徒（1904－1938），江苏川沙（今上海市）人。原名蔡安福，字履之。笔名：①蔡钧徒，出版长篇小说《花落瀛洲》（上海大东书局，1936 年）署用。②海上钓徒，署用情况未详。

蔡东藩（1877－1945），浙江萧山（今杭州市）人。原名蔡郕，号东藩、东帆、东骤。曾用名椿寿（幼名）。笔名：①蔡东藩，出版长篇小说《前汉通俗演义》《后汉通俗演义》《两晋通俗演义》《南北史通俗演义》《五代史通俗演义》《唐史通俗演义》《宋史通俗演义》《元史通俗演义》《明史通俗演义》《清史通俗演义》《民国通俗演义》（与许廑父合作）（以上均上海会文堂新记书局，1935 年改版本 2 版）等署。②蔡东帆，出版长篇小说《历朝史演义》（8 册）（蔡东帆增订。大东书局，1926 年第 4 版）署用。③东帆，出版《客中消遣录》（上海会文堂书局，1918 年）署用。按：蔡东藩尚著有《留青别集》《留青新集》《楹联大全》及诗集《风月吟稿》《写忧草》等，出版情况未详。

蔡斗垣（1889－1967），台湾彰化人，祖籍福建晋江。原名蔡玑，字友璇。曾用名蔡实魁。笔名蔡斗垣，著有《微波簃咏史诗》《微波簃系年要录》。

蔡高岗，生卒年及籍贯不详，原名蔡馥生。笔名高岗，1941 年起在新加坡《民潮》《风下周刊》发表散文署用。

蔡观明（1894－1970），江苏如东人。原名蔡达官，后改名蔡达，字处晦，号尔文；别号观明识博室主人。自称孤桐先生。笔名：①孤桐，见于言情小说《绿波传》，连载于《东方杂志》第 9 卷第 10－12 期（1913 年 4－6 月）；《筠娘遗恨记》（上海中国图书公司和记，1915 年）；《游侠外史》（上海文明书局，1921 年）以及《吴笺》《清波向往记》《花月新痕》《误吻》《玉无瑕》《青衫》《红粉》等小说。②蔡观明，初见于诗《奉呈吴缶老》，载 1925 年《南通报·文艺附刊》。嗣后所著《孤桐馆文甲编》《孤桐馆诗》《知非录》《孤桐馆余韵》《文学通义》《中国文学史》《经学指津》《中国文字学》《孤桐馆语言学论丛初集》《吴嘉纪年谱》《金沧江年谱》《谈谈桐城文派》《国医蠡测》等亦署。

蔡惠如（1881－1929），台湾台中人，字铁生。笔名蔡惠如。日本占领台湾时期著名反日爱国诗人。其作品辑为《铁生诗抄》出版。代表作《狱中词》三首，载 1925 年《台湾民报》第 3 卷第 17 期。

蔡寄鸥（1889－1954），湖北红安人。原名蔡天宪。曾用名蔡乙青，号乌台。笔名：①蔡寄鸥，1910 年起在武汉《汉口中西报》《公论报》《民心报》《中华民国公报》《震旦民报》《崇德公报》《汉口日报》《大汉报》等报发表小说、政论等署用。1928 年起在武汉《湖北日报》《民乐报》《光明报》《水晶宫报》《大楚报》《武汉报》《正义报》《民风报》《正风报》《汉口导报》等报发表作品，出版论著《鄂州血史》（上海龙门联合书局，1958 年）亦署。②秋虫，见于《武汉新闻史》，载 1943 年武汉《两仪》月刊。

蔡健（1915－1995），湖南攸县人。原名蔡华冠。曾用名蔡斐君。笔名：①蔡斐君，见于叙事长诗《进行曲》，载 1935 年东京《诗歌》创刊号。②易斐君，见于诗《我从炮火中再生》，载 1938 年广州《中国诗坛》第 2 卷第 4 期"五月·诗歌日特辑"；诗《雀子的悲哀》，载 1947 年江西赣州《东南评论》新 1 卷第 2 期。③蔡健，见于论文《从祥林嫂悲剧的一生看鲁迅现实主义的深刻性》，载 1961 年《湖南文学》第 10 期。嗣后出版论著《鲁迅道路试探》（陕西人民出版社，1988 年）亦署。

蔡焦桐，生卒年不详，江苏武进（今常州市）人。原名蔡铖，字有虔，号焦桐。笔名：①焦桐，见于诗《我底创伤》，载 1934 年镇江《江苏学生》第 4 卷第 6 期。②蔡焦桐，见于《美国大发明家艾迪逊 Thomas A. Edison》，载 1924 年《半月》第 3 卷第 12 期。嗣后出版《桑海撷闻》（上海联华出版社，1937 年），发表论文《宪法草案之商榷》（载 1939 年上海《社会科学月刊》创刊号）等亦署。

蔡力行（1917－1999），广东澄海人。原名蔡侠兰。曾用名蔡敬昭、蔡水泽、蔡大丰、蔡立信、蔡求生。笔名：①蔡力行，见于评论《从广田内阁到林铣内阁》，载 1937 年南京《时论》第 47 号。嗣后在南京《中央时事周报》《时论》《前途》、上海《人民世纪》《中学生》、广州《救亡日报》、香港《东方杂志》《大公报》、武汉《反侵略》、上饶《前线日报》、桂林《力报》、柳州《柳州日报》、桂林《扫荡报》、南平《东南日报》、永安《联合周报》，以及《读书通讯》《改进》《贸易月刊》《青年时代》《现代新闻》等报刊发表文章，出版《日德军备的检讨》（与蔡振扬合作。南京文茶书屋，

1937 年）、《侦查汉奸的方法》（汉口黑白丛刊社，1938 年）、《未来的苏日战争》（与蔡振扬合作。永安自然出版社，1941 年）、《日本法西斯运动简史》（与蔡振扬合作。永安自然出版社，1941 年）、《未来的苏日战争》（与蔡振扬合作。永安自然出版社，1942 年）等亦署。②康健，见于随笔《老成持重的董幹文》，载 1947 年上海《现代经济文摘》创刊号；评论《中美双边协议的透视》，载 1948 年上海《群言周刊》第 2 期。同年在上海《中美周报》发表《老君庙油矿巡礼》《差谥之城——定西》等文亦署。③大江，见于随笔《进出口业的权威张焕章》，载 1947 年《现代经济文摘》第 3 期。④曾烈家，见于评述《黄泛区会战以后》，载 1948 年上海《群言周刊》第 3 期。嗣后在该刊发表《彭德怀明修栈道》《秋风秋雨催战鼙》等文亦署。⑤江子扬，见于随笔《民社党立委运毒案内幕》，载 1948 年《群言周刊》第 10 期。⑥陈利加，见于评述《徐州会战的检讨》，载 1948 年《群言周刊》第 18 期。该刊同期发表《以战求和》《战云低迷的华北》等文亦署。⑦蔡求生、立信、张光鲁，署用情况未详。

蔡梦慰（1924－1949），四川遂宁人，生于四川潼南。曾用名蔡懋慰、蔡梦明、蔡琨。笔名蔡梦慰、泳虹、蔡琨，作有《献给母亲》《祭》《悼屈原》等诗。另有长诗《黑牢诗篇》，1949 年 11 月写于重庆渣滓洞监狱，收入 1959 年中国青年出版社出版之《革命烈士诗抄》（萧三编）。

蔡慕晖（1901－1964），浙江东阳人。原名蔡希真。笔名：①慕晖，见于随笔《男女同学》，载 1934 年上海《太白》第 1 卷第 4 期；随笔《妇女的新生》，载 1934 年上海《新生周刊》第 4 期。②蔡慕晖，见于随笔《我的恋爱观》，载 1932 年上海《中学生》第 22 期；论文《独幕剧研究》，载 1934 年 10 月上海《文艺讲座》。此前后在《东方杂志》《太白》《微音月刊》《生活周刊》《女声》《妇女生活》等刊发表文章，出版论著《独幕剧 ABC》（上海 ABC 丛书社，1929 年）、《新道德标准及其实践》，译作《世界文化史》（英国韦尔斯原作，与蔡希陶合译。上海大江书铺，1932 年）、《艺术的起源》（德国格罗塞原作。上海商务印书馆，1937 年）等亦署。

蔡培（1884－1962），江苏无锡人，字子平，号石顽。笔名石顽，1914 年在《民权素》发表文章署用。

蔡壬侯（1917－1995），浙江杭州人。笔名：①蔡壬侯，1933 年开始在南京《新民报》副刊（金满成编）发表散文署用。又见于随笔《病中偶记》，载 1940 年 1 月 1 日上海《宇宙风》第 87 期。此前后在贵州《中央日报》《贵州日报》副刊、《遵义日报》副刊、重庆《大公报》副刊及《新蜀报》副刊、杭州《东南日报》，以及《文学》《世纪评论》《宇宙风乙刊》《野草》《观察》《文艺春秋》《中央日报周刊》《科学画报》等报刊发表散文、杂文、小说等，出版散文集《苗歌》（春草文艺社，1946 年），诗集《四心集》（与雪舒、荒沙、

子殷合集，1945年）等亦署。②阿侯，1947－1948年间在南京《和平日报》副刊发表散文《蟋蟀的引诱》《勤务兵》《水》等署用。③任侯，见于小说《钱先生过中秋》，载1947－1948年间南京《和平日报》副刊。④任华，1948年在《南京日报》副刊发表散文署用。⑤蔡罗丁，出版译作《植物的生长》（英国 G. E. 福格原作。科学出版社，1970年）署用。

蔡三恩

（1880－1944），台湾台北人，字痴云，号流星。笔名痴云、蔡痴云、蔡三恩，1920－1944年在台北《台湾日日新报》《风月》《南瀛新报》《昭和新报》《兴南新闻》等报刊发表旧体诗《题江山楼》《重阳后一日登圆山限鱼韵》等署用。

蔡尚思

（1905－2008），福建德化人，号中睿。笔名：①蔡尚思，见于论文《公毅二传之讲学方式》，载1929年12月上海《大夏季刊》第2期；随笔《"文学"根本不能成立》《梁启超误解韩非子》，载1931年5月15日上海《中南杂志》第1期。嗣后在《天籁》《认识月刊》《中建》《民主》《图书季刊》《上海评论》《学术》《新文化》《中国建设》《求真杂志》《消息半周刊》《湖北教育月刊》《周报》《中国杂志》《现代文摘》《时与文》《新中华》《世纪评论》《中学生》《春秋》等报刊发表文章，出版论著《孔子哲学之真面目》（上海启智书局，1930年）、《一般大学生之人生观》（上海启智书局，1930年）、《伦理革命》（原名《新伦理观》。上海泰东图书局，1930年）、《老墨哲学之人生观》（上海启智书局，1934年）、《民主教育与科学教育》（上海华华书店，1949年）、《民主教育与科学教育》（上海华华书店，1949年），1949年后在《学术月刊》《复旦学报（社会科学版）》《历史教学》《社会科学战线》《北京师范大学学报（社会科学版）》《文史哲》《哲学研究》《编辑之友》《船山学刊》《晋阳学刊》《孔子研究》《江西教育学院学报》《宁波大学学报·教育科学版》《探索与争鸣》《近代史研究》《广东社会科学》《汕头大学学报·人文社会科学版》《青海社会科学》《中国哲学史》《中国文化》《首都师范大学学报·社科版》《江海学刊》《瞭望》《河北学刊》《学术界》等刊发表论文，出版《中国传统思想总批判》（上海棠棣出版社，1951年）、《中国文化史要论》（湖南人民出版社，1980年）、《中国思想研究法》（湖南人民出版社，1988年）、《蔡尚思自传》（巴蜀书社，1993年）、《蔡尚思自选集》（重庆出版社，1999年）、《蔡尚思全集（全八册）》（上海古籍出版社，2005年），以及《中国文化的优良传统》《孔子思想体系》《王船山思想体系》《中国近现代学术思想史论》《中国古代学术思想史论》《中国礼教思想史》《周易思想要论》《墨子思想要论》《论语导读》《蔡元培》等亦署。②尚思，见于论文《两年来之中国思想界》，载1937年上海《天籁》第26卷第1期（刊内正文作者署名"蔡尚思"）。③郭生，见于评论《民主统一与两派看法》，载1946年上海《民主》第13期；评论《论自杀政策》，载1946年上海《周报》第47期。

蔡绳格

（1856－1933），北京人，满族，字省（xǐng）吾，号闲田；别号闲园鞠农、无闷山人、待晓庐。晚号养石叟。笔名：①闲园鞠农，出版笔记小说《北京岁时志》《一岁货声》《燕市商标荟录》等署用。②蔡绳格，出版笔记小说《北京礼俗小记》《燕城胜迹志》《燕城花木志》《燕市货声》《金台杂俎》等署用。

蔡嵩云

（1891－1944），江西上犹人。原名蔡桢，字嵩云，号柯亭词人。笔名：①蔡桢，出版《词源疏证》（南京金陵大学中国文化研究所，1932年）署用。②蔡嵩云，见于词话《柯亭词论》，载唐圭璋辑《词话丛编》第五册；《乐府指迷笺释引言》，载1936年《词学季刊》第3卷第4期。嗣后在《中国文学》《集成》《学原》等刊发表文章，出版《乐府指迷笺释》（上海中华书局，1948年）、《柯亭长短句（附〈词论〉）》（上海中华书局，1948年）等亦署。

蔡天心

（1915－1983），辽宁沈阳人。原名蔡国政。曾用名蔡捷。笔名：①君谋，见于散文《回家》、诗《北国姑娘》，载1933年《满洲报》。②蔡哲，见于短篇小说《饥饿》，载1934年大连《泰东日报·文艺周刊》。③蔡天心，见于中篇小说《东北之谷》，载1937年上海《文丛》月刊第1卷第5期；诗《仇恨的火焰》，载1946年哈尔滨《东北日报》。此前后在成都《笔阵》、延安《解放日报》、沈阳《文学战线》等报刊发表小说《东北之谷》《大营村的喜事》、诗《紧急的号召》、评论《培养文艺新军，鼓励文艺创作》《对目前文艺工作诸问题的意见》等，出版小说集《长白山下》（新文艺出版社，1954年）、《初春的日子》（新文艺出版社，1956年），中篇小说《蠢动》（作家出版社，1958年），长篇小说《大地的青春》（春风文艺出版社，1963年）、《浑河的风暴》，诗词集《晴雪集》，论著《文艺论集》（春风文艺出版社，1959年）等亦署。④天心，与蔡天心一名间用。⑤白石，1950－1952年在东北文联主编《东北文艺》并发表杂文等署用。

蔡铁丸

生卒年不详，福建人。原名蔡华仁。笔名：①蔡铁丸，见于方言小说《阿狗做志愿兵》《五妹的死》、方言诗《十三姝呼天地》，载1949年福建涵江《晨光报·剑芒》。②蔡华仁，出版连环画《龙女》（湖北人民出版社，1955年）署用。1955年在《民间文学》发表民间故事《嘴会传》，1995年在《涵江文史资料》第4辑发表论文《莆仙俚歌初探》亦署。

蔡廷干

（1861－1935），广东中山（今珠海市）人，字耀堂。笔名：①Ts'ai T'ing Kan，出版用英语译注老子道德经的《老解老》、用英文韵脚翻译的中国诗选集《唐诗英韵》（Chines Poems in English Rhyme。芝加哥大学出版社，1932年）署用。②蔡廷干，著有《古君子》及《大东诗选》等。

蔡苇丝

（1910－1991），泰国华人，原籍中国广东潮阳。原名蔡鸿基。曾用名蔡奕础。笔名：①洪枝，1929年在暹罗曼谷《中华民报》副刊发表文章署用。②若絮，1929 年后在暹罗曼谷《中华民报》发表散文小品署用。1932 年在暹罗曼谷《民国日报》发表小说《上前线去》亦署。③苇丝，1933 年开始在暹罗曼谷《民国日报》《华侨日报》副刊发表诗、小说、散文《正业》《渡夫》等署用。④蔡天培，见于小说《重逢》，载 1939 年暹罗曼谷《华侨日报》副刊。⑤且夫（囚夫？），见于《一个游击教师的自述》，载 1946 年暹罗华侨教育协会主办之教育刊。⑥化石、抱残，20 世纪三四十年代在曼谷报刊发表诗文署用。

蔡文铺，生卒年不详，浙江嘉善人，字韶声。笔名蔡文铺，在《南社丛刻》发表诗文署用。

蔡五石，生卒年及籍贯不详。笔名五石，见于随笔《冯梦龙的生平》，载 1948 年 1 月 23 日北平《华北日报·俗文学》。嗣后在该刊发表《刘凤叔批〈钦定曲谱〉录要》《〈六十种曲〉纂刻人质疑》《沈鸟儿画眉记》等文亦署。

蔡燮垣，生卒年不详，广东南海（今佛山市）人，字焕伯。笔名蔡燮垣，在《南社丛刻》发表诗文署用。

蔡燕荞（1920—？），四川岳池人。原名蔡瑞武。笔名：①岳军，见于散文《寄北国的友人》，载 1938 年下半年成都《新中国日报·动力》。嗣后在成都《华西文艺》《拓荒》《燕风》《新民报》《成都快报》《华西日报》《中央日报》《党军日报·血花》等报刊发表诗文亦署。②蔡月牧，1939 年上半年在成都《华西日报·华西副刊》发表散文诗《灵岩》《骑兵》《忆江南》等开始署用。见于诗《惊蛰》，载 1942 年成都《笔阵》新 6 期。嗣后在成都《战时文艺》《涉滩》《华西日报·华西副刊》《飞报》、乐山《诗月报》、桂林《诗创作》《诗》、万县《诗前哨》、重庆《新蜀报·蜀道》《国民公报·诗垦地》、昆明《扫荡报·断崖》报刊发表诗文署用。③罗阳天、罗照滨，1940—1942 年在《华西日报》《新中国日报》副刊发表诗文署用。④北麓，见于诗辑《理论的彗星》，载 1945 年重庆《文艺杂志》新 1 卷第 3 期。1949 年上半年在重庆《国民公报》副刊发表诗作亦署。⑤洛裔，见于诗《夏夜》，载 1937 年 7、8 月间《华西日报·华西副刊》。

蔡一木（1915？—？），河南南阳人。笔名：①蔡一木，见于诗《西湖一瞥》，载 1935 年 5 月 30 日其主编之开封《河南民报·诗刊》；诗《堕落》《西湖速写》，载 1935 年其主编之开封《黄流月刊》第 1 卷第 1 期。此前后在上述两刊及开封《河南民报·平平》《河南民报·青年文艺》《文艺月报》等报刊发表诗《夜游西湖》《茶馆的老人》《黄河水讯》《湖畔》、随笔《什么是小品文》、散文《烦闷的夏天》《阿四》、论文《欧洲小说演进略谈》《由文学发展的历史谈到民族文艺》等亦署。②大厦，见于消息《文学新闻》，载 1935 年开封《黄流月刊》第 1 卷第 1 期。嗣后在该刊逐期发表《文学新闻》亦署。③一木，见于诗《寄》，载 1936 年开封《文艺月报》第 4 卷第 3 期；消息《文坛消息（三十则）》，

载 1937 年开封《黄流月刊》第 3 卷第 3 期。

蔡仪（1906—1992），湖南攸县人。原名蔡南冠。笔名：①南冠，见于随感《我对于"一封公开的信"之进一步的解释》，载 1924 年 9 月 4 日上海《民国日报·觉悟》；小说《可怜的哥哥》，载 1926 年北京《莽原》第 1 卷第 20 期；小说《夜渔》，载 1926 年《沉钟》第 7 期。②蔡仪，见于小说《先知》，载 1931 年上海《东方杂志》第 28 卷第 2 期；随笔《是谁》，载 1933 年北京《沉钟》半月刊第 19 期；《绿翅之死》，载 1933 年《沉钟》半月刊。嗣后在《文学修养》《黎明》《新文化》《中国学术》《中华论丛》《大学月刊》《历史社会季刊》《书报精华》《文艺知识连丛》《文讯》《中国建设》《文艺新辑》《中原》《青年知识》等报刊发表评论等，出版论著《文学论初步》（上海生活书店，1946 年）、《新艺术论》（上海群益出版社，1946 年；上海商务印书馆，1947 年）、《新艺术论》（上海群益出版社，1946 年；上海商务印书馆，1947 年）等，1949 年后发表论文，出版《文学浅说》（生活·读书·新知三联书店，1950 年）、《中国新文学史讲话》（新文艺出版社，1953 年）、《阿 Q 是一个农民的典型吗？》（人民教育出版社，1953 年）、《吕荧对〈新美学〉美是典型之说是怎样批评的？》（人民文学出版社，1958 年）、《批判吕荧的美是观念之说的反马克思主义本质——论美学上的唯物主义与唯心主义的根本分歧》（人民文学出版社，1958 年）、《歪曲决不是批判——写在〈李泽厚的美学特点〉前面》（人民文学出版社，1958 年）、《李泽厚的美学特点》（人民文学出版社，1958 年）、《再谈李泽厚的美学特点》（人民文学出版社，1958 年）、《论现实主义问题——现实主义的基本原则》（作家出版社，1961 年）、《再论现实主义问题——现实主义艺术创作的主客观的关系》（作家出版社，1961 年）、《三论现实主义问题——现实主义艺术与典型形象的创造》（作家出版社，1961 年）、《四论现实主义问题》（作家出版社，1961 年）、《鲁迅论艺术的典型与美感教育作用》（作家出版社，1961 年）、《马克思究竟怎样论美？》（中国社会科学出版社，1979 年）、《诗的比兴和形象思维的逻辑特性》（人民文学出版社，1981 年）、《文学艺术中的典型人物》（人民文学出版社，1981 年）、《论刘三姐》（人民文学出版社，1981 年）、《批判胡风的资产阶级唯心论文艺思想》（人民文学出版社，1981 年）、《胡适思想的反动本质和它在文艺界的流毒》（人民文学出版社，1981 年）、《论朱光潜美学的"实践观点"》（上海文艺出版社，1982 年）、《再谈朱光潜先生旧货的新装》（上海文艺出版社，1982 年）、《〈经济学—哲学手稿〉初探》（湖南人民出版社，1982 年）、《论车尔尼雪夫斯基的美学思想》（上海文艺出版社，1982 年）、《马克思思想的发展及其成熟的主要标志——〈经济学—哲学手稿〉再探（上篇）》（湖南人民出版社，1982 年）、《论人本主义、人道主义和"自然人化"说——〈经济学—哲学手稿〉再探（下篇）》（湖南人民出版社，1982 年）、《马克思哲学美学思想研究》（湖南人民出版社，1983 年）、《〈经济学—哲学手

稿〉三探》（湖南人民出版社，1984 年）、《形象思维问题》（长江文艺出版社，1985 年）、《美的本质或美的规律问题》（长江文艺出版社，1985 年）、《艺术美的根源在哪里？》（长江文艺出版社，1985 年）、《美感是什么？》（长江文艺出版社，1985 年）、《客观事物为什么有美的呢？》（长江文艺出版社，1985 年）、《为什么美在于客观事物本身？》（长江文艺出版社，1985 年）、《美学是研究什么的？》（长江文艺出版社，1985 年）、《当前两个主要美学问题的述评》（长江文艺出版社，1985 年）、《再谈〈经济学—哲学手稿〉有关的几点意见》（长江文艺出版社，1985 年）、《关于〈经济学—哲学手稿〉和美学研究中的几个问题》（长江文艺出版社，1985 年）、《关于美学方法论的几点感想》（长江文艺出版社，1985 年）、《美学要为建设社会主义精神文明作出贡献》（长江文艺出版社，1985 年）、《美感简说》（长江文艺出版社，1985 年）、《认识的两重性和两种认识问题》（长江文艺出版社，1985 年）、《美学的理论基础是认识论首先是反映论问题》（长江文艺出版社，1985 年）、《新美学（改写本）》（中国社会科学出版社，1985 年）、《客观真理问题》（长江文艺出版社，1985 年）、《关于文学艺术是社会的上层建筑问题——兼驳意识形态不是上层建筑的说法》（长江文艺出版社，1985 年）、《客观真理论——美学理论基础认识论的重要问题》（长江文艺出版社，1986 年）、《评一种"新的马克思主义哲学"》（文化艺术出版社，1987 年）、《〈美学原理〉讨论会开幕致词》（广西人民出版社，1988 年）、《新美学（改写本）第二卷》（中国社会科学出版社，1991 年）、《列夫·托尔斯泰在中国读者心里》（中国文联出版社，2002 年）、《我们为什么需要美？》（中国文联出版社，2002 年）、《关于毛主席谈美的讲话——美学笔记之一》（中国文联出版社，2002 年）、《实践也是检验艺术美的唯一标准》（中国文联出版社，2002 年）、《马克思恩格斯关于〈西金根〉的批判》（中国文联出版社，2002 年）、《艺术分类》（中国文联出版社，2002 年）、《发扬亚运精神，努力推动社会科学的进一步发展》（中国文联出版社，2002 年）、《首先必须更好地学习列宁》（中国文联出版社，2002 年）、《论马克思主义哲学的反映论问题》（中国文联出版社，2002 年）、《一个社会科学工作者的愿望》（中国文联出版社，2002 年）、《"价值真理论"质疑》（中国文联出版社，2002 年）、《艺术社会学》（中国文联出版社，2002 年）、《文艺与社会生活的关系》（中国文联出版社，2002 年）、《艺术理论讲授提纲》（中国文联出版社，2002 年）、《马克思主义的出发点究竟是什么？》（中国文联出版社，2002 年）、《蔡仪文集（10 卷）》（中国文联出版社，2002 年），主编《文学概论》（人民文学出版社，1981 年）、《美学原理》（湖南人民出版社，1985 年）等亦署。③蔡南冠，见于《旅人芭蕉》，载 1933 年《沉钟》第 30 期。嗣后在该刊第 33 期发表《混合物的写生》一文亦署。

蔡夷白（1904－1977），江苏如东人。原名蔡清述，字晦渔。笔名：①蔡晦渔，1925 年在如皋《海日》发表文章署用。②蔡夷白，见于小说《叛逆》，载 1944 年上海《万象》第 3 卷第 9 期；小说《狭路》，载 1944 上海《紫罗兰》第 12 期。20 世纪 40 年代在上海《紫罗兰》《人文》《宇宙》《纵横天下》《公平报》等报刊发表《论作官修衙门》《县长论》《官场古今鉴》《请禁刊贪污新闻》《无官不贪》《正什么中》《染衣记》《每日食单》《胜利后的门锁》《谈粟》《我们的国旗》《小汉奸不懂"渝方"》《汤婆子》《草台戏》《武财神》等杂文，出版《夷白杂文》（上海中央书店，1948 年）等，1949 年后发表《心太平斋日记》（蔡叔健编，载《苏州杂志》）亦署。

蔡义忠（1926－？），安徽人。笔名：①蔡义忠，出版《从施耐庵到徐志摩》（台北清流出版社，1972 年）、《从荷马到海明威》（曾文出版社，1974 年）、《中国八大词人》（台北清流出版社，1976 年）、《名诗新解：欣赏批评》（台北兰溪图书出版有限公司，1976 年）、《从陈独秀到李金发象征派新诗》（台北清流出版社，1977 年）、《中国八大散文家》（台北南京出版公司，1978 年）、《中国的辞赋家》（台北南京出版公司，1979 年）、《历代名诗赏析：名家名诗精华选辑》（台北武陵出版社，1984 年）等署用。②金虹、音白，署用情况未详。

蔡寅（1874－1934），江苏吴县（今苏州市）人，字清任，号冶民、青纯、壮怀、怀庐、平江遗民。笔名：①汉种之中一汉种，见于评论《驳〈革命驳议〉》（与章太炎、邹容、柳亚子合作），载 1903 年前后《苏报》。②冶民，1911 年前在《江苏》《复报》《女子世界》等报刊发表文章署用。③蔡寅，在《南社丛刻》发表诗文署用。其作品集为《怀庐诗》，未刊。

蔡莹（1895－1952），浙江湖州人，字正华、振华，号小安乐窝主人。笔名蔡莹，见于《图书馆简说》，载 1936 年《中央军校图书馆月报》第 26－32 期，1937 年在圣约翰大学校刊《约翰声》发表《元曲方言考》《先母行述》亦署。1947 年 1 月在《雄风》第 2 卷第 1 期发表《读疆邨语业》、1947 年 11 月 24 日在上海《大晚报·通俗文学》发表论文《杂剧折数论》等，出版戏剧《南桥二种（连理枝／当票）》（1933 年），论著《图书馆简说》（上海中华书局，1922 年）、《元剧联套述例》（上海商务印书馆，1933 年）、《中国文艺思潮》（上海世界书局，1935 年），编选《古今名诗选》（与瞿兑之、刘麟生合作。上海商务印书馆，1936 年），遗著《味逸遗稿》（1955 年油印线装）等亦署。

蔡咏裳（1901－1940），广东南海（今佛山市）人，字步虚，号竹空。曾用名蔡咏霓。笔名：①咏裳，1926 年在广州《倾盖周刊》发表文章署用。②蔡咏裳，出版翻译小说《士敏土》（苏联革拉特珂夫原作，董绍明、蔡咏裳夫妇合译。上海启智书局，1929 年），翻译论著《苏维埃式的现代农场》（美国安娜·路易斯·斯特朗原作，董绍明、蔡咏裳夫妇合译。上海良友图书印刷公司，1932 年），翻译小说《黑暗与黎明》（苏联阿·托尔斯泰原作，香港尼罗社，1940年）等署用。③蔡咏裳女士，出版译作《结婚的幸福》（美国玛格丽特·桑格原作。上海开明书店，1929年）署用。④蔡永言，与丈夫董绍明（董秋斯）合署。署用情况未详。

蔡友梅（1872－1921），北京人，满族。原名蔡松龄，号友梅；别号松友梅、梅蒐、老梅、遒生。自号损、损公。笔名：①松友梅，见于京味小说《小额》，连载于1907年北京《进化报》（1908年由和记排印书局结集出版单行本）。②蔡友梅，在北京《京话日报》连载《鬼吹灯》《理学周》《方园头》《麻花刘》《董新心》《赵三黑》《非慈论》《苦哥哥》《库缎眼》《刘军门》《苦鸳鸯》《张二奎》《一壶醋》《铁王三》《花甲姻缘》《张文斌》《搜救孤》《小蝎子》《曹二更》《贞魂义魄》《回头岸》《酒之害》《五人义》，在《白话国强报》连载《瞎松子》《连环套》《二家败》《人人乐》《忠孝全》《韩二刁》《郭孝妇》《驴肉红》《新侠女》《郑秀子》《大樱桃》《白公鸡》《胶皮车》《鞭子常》《山东马》《路三宝》《黑锅底》《五百万》等小说署用。③损，见于小说《梦中赴会》，载民国初北京《顺天时报》。④损公，见于小说《姑作婆》《王遇世》《鬼社会》，连载于民国初《京话日报》。⑤梅蒐、老梅、亦我，民国初在北京《益世报》发表小说《高明远》《张和尚》《怪现状》《过新年》《回头岸》《土匪学生》《八戒常》《王有道》《大车杨》《苦家庭》《恶社会》《贾万能》《刘阿英》《中国魂》《山蔓屈太守》《大兴王》《和尚寻亲》《谢大娘》《双料义务》《势利鬼》《店中美人》《以德报怨》《刘三怕》《王翻译》《美人首》等署用。⑥今睿，民国初在《天津晚报》发表小说《钱如海》《小姑毒》《义友记》《奸淫报》等署用。⑦退、退化，署用情况未详。按：蔡友梅以笔名"损""损公""退化"发表的小说尚有《二十世纪新现象》《新侦探》《孝子寻亲记》《感应篇》《将军门》《家庭魔鬼》《潘老丈》《海公子》《汪大头》《大劈棺》《大小骗》《姚三楞》《苦儿女》《刘瘸子》《贺新春》《金永年》《两捆钱》《奉教张》《苏造肉》《王善人》《王小六》《粉罗成》《钱串子》《小世界》《自由女》等，署用及出版情况未详。

蔡元培（1868－1940），浙江绍兴人，字鹤卿、仲申、民友。号孑民；别号孑农、竞平、鹤青、崔顾、锷青、会稽山人。曾用名阿培（乳名）、蔡振、周子余。笔名：①蔡孑民，见于论文《世界观与人生观》，载1913年上海《东方杂志》第9卷第10期；论文《以美育代宗教说》，载1917年《新青年》第3卷第6期。此前后在《一般》《国语月刊》《北京女子高等师范周刊》《新女性》《中央日报特刊》《社会学刊》《民生》《人世间》等刊发表文章亦署。②蔡元培，见于《商务印书馆新字典序》，载1912年《教育杂志》第4卷第6期。嗣后在《新青年》《小说月报》《东方杂志》《寸心》《太平洋》《每周评论》《新潮》《国民》《少年中国》《努力周报》《语丝》《甲寅》《法政学报》《新教育》《北京大

学日刊》《民铎杂志》《晨报副镌》《京报副刊》《教育杂志》《林学杂志》《青年界》《哲学》《现代学生》《新亚细亚》《南华文艺》《国立中央研究院院务月报》《国立中央研究院历史语言研究所集刊》《论语》《人间世》《申报月刊》《中华教育界》《宇宙风》《新医药刊》《中山文化教育馆季刊》《文学丛报》《读书生活》《新社会科学》《女子月刊》《美术生活》《文化建设》《独立评论》《科学画报》《教育与国防》《江苏教育》《工作月刊》《越风》《国立北京大学国学季刊》《中国公论》《教育通讯》《万岁》等报刊发表文章，出版《自传之一章》（与他人合作。上海宇宙风社，1938年初版）、《石头记索隐》（上海商务印书馆，1921年），以及哲学、伦理学论著、译作亦署。③孑民，见于随笔《我的新生活观》，载1920年《新生活》第20期。

蔡云万（1870－？），江苏盐城人，字选卿、选青，号蛰存斋主。笔名：①蔡选青，1915－1916年在上海《礼拜六》《小说海》等刊发表诗文署用。嗣后出版随笔《蛰存斋笔记》（1936年）亦署。②蔡云万，再版《蛰存斋笔记》（上海书店出版社，1997年）署用。

蔡哲夫（1879－1941），广东顺德（今佛山市）人。原名蔡珣，后更名蔡守一，字守、哲夫，号成城、寒琼；别号寒碧、寒庐、髡寒、折芙、奇壁。晚号寒翁、茶丘居士。别署水窗、思琅、哀夫、成城子、离骚子、茶上人、茶丘生、寒道人、茶丘残客、检泪词人。曾用名蔡有守。笔名：①有守，1907年在《国粹学报》发表文章署用。②哲夫，民国初年在《公论》《民权素》等发表文章署用。③守一，1918年在《戊午周报》发表文章署用。④寒琼，在《国学丛选》发表文章曾署。⑤蔡守，在《南社丛刊》发表诗文署用。又见于论文《广东古代木刻文字录存》，载1932年广州《考古学杂志》创刊号；旧体诗《丙子六月广州危城中与月色读松海吟片即题卷尾并寄李阁揆印泉》，载1936年苏州《文艺捃华》第3卷第3册。1941年7月在重庆《民族诗坛》第4卷第4辑发表七律《和霞公太史生朝原匀并示叶遐庵香江》亦署。按：蔡哲夫著有诗集《寒琼遗稿》（谈月色编，1943年），以及《说文古籀补》《缪篆分韵》《寒琼金石跋续》《寒琼碑目》《印雅》《画玺录》《宋锦》《宋纸考补》《漆人传》《瓷人传》等，出版与署名情况未详。

蔡振扬（1917－2011），广东澄海人，生于暹罗（今泰国）。原名蔡喜声。曾用名蔡华振。笔名：①瘦子、绵长，青少年时发表文章署用。②蔡金声，见于随笔《漫谈选择题材》，载1936年上海《中学生文艺季刊》第2卷第4期；人物传记《复辟的安南王——保大》，载1948年上海《亚洲世纪》月刊第3卷第1期。20世纪40年代在上海《亚洲世纪月刊》《新中华》《经济周报》《科学大众》《工商新闻》等刊发表著译文章，出版译作《苏维埃社会主义民族》（上海振先书屋，1950年）、《苏维埃社会主义国家》（与沈宝群合译。上海振

先书屋,1951年)、《论社会主义社会》(与裘振刚合译。上海振先书屋,1951年)等亦署。③斐斋,1936年在上海《立报·言林》发表文章署用。④蔡振扬,见于评论《英美合作的观望》,载1937年2月15日上海《绸缪月刊》第3卷第6期;论文《西班牙的前途》,载1943年8月1日南平《现代青年》第1卷第2期。此前后在《国际评论》《东方杂志》《改进》《贸易月刊》《新建设》《日本评论》《新福建》《新中华》《大路半月刊》《公余生活》《亚洲世纪》《时事评论》《舆论》《文汇周报》《南洋研究》等刊发表文章,出版《日德军备的检讨》(与蔡力行合作。南京文茶书屋,1937年)、《未来的苏日战争》(与蔡力行合作。永安自然出版社,1941年)、《日本法西斯运动简史》(与蔡力行合作。永安自然出版社,1941年)、《未来的苏日战争》(与蔡力行合作。永安自然出版社,1942年)等亦署。⑤岂然,1938年在汕头《星华日报》副刊发表文章署用。⑥忆凤,1940年在上饶《前线日报》发表文章署用。⑦柳望月,1947年在上海《东南日报》发表文章署用。⑧金声,1949—1950年在上海《新中华》发表文章署用。⑨华五,出版译作《所谓美国生活方式》(苏联夫隆斯基原作。世界知识出版社,1950年)、《论基础与上层建筑》(苏联康斯坦丁诺夫原作。五十年代出版社,1952年)、《论社会主义社会发展的动力》(苏联康斯坦丁诺夫原作。五十年代出版社,1953年)等亦署。⑩君勉,出版论著《论〈钢铁是怎样炼成的〉》(上海上杂出版社,1953年)署用。⑪蔡华五,出版译作《费尔巴哈的唯物主义哲学》(苏联伊·马·叶辛原作。上海人民出版社,1955年)、《论保卫社会主义祖国》(苏联拉里科夫原作。时代出版社,1955年)、《宇宙是无穷尽的》(苏联阿利斯托夫原作。上海科学技术出版社,1957年)、《康德的哲学》(德国康德原作。上海人民出版社,1959年)等署用。

蔡竹屏(1904—1982),浙江宁波人。笔名疾风,1936年在南京创办《春风》半月刊署用。1946年在宁波复刊《春风》半月刊、《宁波晨报》等报刊发表诗文,出版《陆放翁诗词选》(浙江人民出版社,1958年),回忆录《流亡三年记》(团结出版社,1993年)等亦署。

【cang】

仓夷(1921—1946),福建福清人。生于新加坡。原名郑贻进。笔名仓夷,1939年在《晋察冀日报》发表通讯、报告署用。1939年在香港《文艺阵地》第3卷第4期发表通讯《晋西高原上的文化巡礼》,在国际出版社出版之《文艺通讯》发表通讯《枪,我们的生命》,以及收入1948年东北书店出版之小说集《幸福》之小说《"无住地带"》等亦署。

【cao】

曹白(1914—2007),江苏武进(今常州市)人,生于江阴。原名刘平若。曾用名焦明、冯二郎。笔名:①曹白,见于论文《关于版画家凯绥·珂勒惠支》,载1936年上海《生活知识》第2卷第7期。嗣后在《中流》《读书生活》《七月》《读书生活》《半月文艺》等刊发表散文、报告文学、通讯等,出版散文报告集《呼吸》(上海海燕书店,1941年)、《南京的虐杀——抗战以来报告文学选集》(与东平等合集。上海作家书屋,1946年)等亦署。②夏侯未胤,见于散文《二十一天》,载1939年上海《鲁迅风》第14期;报告《铁和火,贫穷和困苦》,载1939年上海《文艺新潮》第1卷第12期。③人凡、冯二郎,署用情况未详。

曹葆华(1906—1978),四川乐山人。原名曹宝华。笔名:①葆华,见于诗《寂寞》,载1929年北平《清华周刊》第32卷第3期。嗣后在该刊发表《诗人——呈念生兄》《寄诗魂》等亦署。又见于诗《有一晚》,载1930年上海《新月》月刊第3卷第8期。②曹保华,见于诗《死诀》,载1930年上海《新月》第3卷第10期。③曹葆华,见于诗《幻灭》,载1931年上海《诗刊》第2期。嗣后在《新月》《清华周刊》《文艺月刊》《文学杂志》《文艺杂志》《学文》《文学季刊》《水星》《文季月刊》《新诗》《文丛》《七月》《人生与文学》《文艺阵地》《抗战文艺》《笔阵》《西线文艺》《绿洲》《中国文化》《大众文艺》《戏剧春秋》《文艺月报》《中国文艺》《诗创作》《谷雨》《小说》《创作月刊》《中国公论》等刊发表诗、散文、译作等,出版诗集《寄诗魂》(北平震东印书馆,1930年)、《落日颂》(上海新月书店,1932年)、《灵焰》(上海新月书店,1932年)、《无题草》(上海文化生活出版社,1937年),翻译诗歌《抒情诗歌集序言》(英国华兹华斯原作。上海生活书店,1936年),翻译小说《新时代的曙光》(苏联左琴科原作。佳木斯东北书店,1946年),翻译论著《科学与诗》(英国瑞恰慈原作。上海商务印书馆,1937年)、《俄国文学研究提纲》(苏联斯维特拉耶夫原作。上海解放社,1949年)、《俄国天才的学者和批评家——车尔尼雪夫斯基》(苏联普罗特金原作。上海新华书店,1950年)、《党的组织和党的文学》(苏联列宁原作。人民出版社,1954年)等亦署。④伊人,署用情况未详。

曹伯韩(1987—1959),湖南长沙人。原名曹典琦。笔名:①伯韩,见于杂文《名实问题》,载1934年上海《文学》第3卷第5期;随笔《平江的"山歌"》,载1936年上海《大晚报·火炬通俗文学》第13期。此前后在《青年界》《太白》《读书生活》《社会月报》《野草》《湘声》《生活知识》《自修大学》《战时联合旬刊》《读书半月刊》《生活学校》《国民》《中学生》《战时中学生》《学习生活》《民主周刊》《新建设》等刊发表文章亦署。②蔷薇园主,出版长篇章回小说《五四历史演义》(1936年)署用。③童振华,出版论著《中国文字的演变》(上海生活书店,1937年)、《怎样清除汉奸》(汉口黑白丛书社,1937年)署用。④曹伯韩,见于杂文《总理诞辰纪念感言》,载1937年《新学识》

第 2 卷第 3 期。嗣后在《自修大学》《学习生活》《国文月刊》《中学生》《野草》等刊发表文章，出版论著《街头壁报》（汉口黑白丛书社，1937 年）、《日本侵华简史》（上海杂志公司，1937 年）、《精神文化讲话》（上海开明书店，1945 年）、《通俗文化与语文》（重庆读书出版社，1946 年）、《中国文字的演变》（上海生活书店，1947 年）、《中国近百年史讲话》（上海致用书店，1948 年）、《通俗社会科学二十讲》（苏北新华书店，1949 年），1949 年后出版《论新语文运动》（上海文光书店，1950 年）、《生活的逻辑》（与他人合作）等亦署。⑤柏寒，见于杂文《略谈官样文学》，载 1941 年桂林《野草》第 2 卷第 1、2 期合刊。此外在《新道理》《新建设》《中学生》《青年生活》《新中华》《人物》《民主周刊增刊》《国文杂志》、香港《华商报·灯塔》等报刊发表文章亦署。

曹从坡（1922－1998），江苏南通人。原名曹九章。曾用名柳若亭。笔名：①徐平，见于随笔《谈个性》，载 1943 年南通《北极》半月刊第 1 卷第 1 期。1949 年后在南通报刊发表文章亦曾署用。②柳若亭，见于散文《纪念死难的朋友》，载 1946 年如皋各界南通惨案后援会编《南通惨案》。③若亭、意圆、林原、从坡、忆原、徐平方、林志远、以柔、觉方、方言、毕求直，20 世纪 50－80 年代在南通《南通市报》《江海》《南通日报》《紫琅》《三角洲》发表随笔等署用。④曹从坡，见于随笔《向桑妮亚学习什么？》，载 1954 年 2 月 25 日《南通市报》。⑤江平，见于随笔《话剧〈团团转〉耐人寻味》，载 1983 年 1 月 23 日《南通市报》。

曹凤笙，生卒年不详，江苏高邮人，字伯镛。笔名曹文笙，在《南社丛刻》发表诗文署用。

曹凤仪，生卒年不详，江苏高邮人，字翔廷。笔名曹凤仪，在《南社丛刻》发表诗文署用。

曹孚（1911－1968），上海人，字允怀。笔名：①曹孚，中学时代在《民国日报》《申报》副刊发表作品开始署用。嗣后发表作品、译文，出版《生活艺术》（光亭出版社，1943 年；开明书店，1945 年）、《丰富的人生》（开明书店，1946 年），1949 年后出版《小学教育讲座》（人民教育出版社，1953 年；1953 年增订出版更名《教育学通俗讲座》），主编《外国教育史》（人民教育出版社，1979 年）等署用。②曹元恺，出版《法国失败史》署用。

曹贵新（1894－？），江苏常熟人，字之竞。笔名曹贵新，见于小说《残痕》，连载于 1923 年 3 月至 5 月上海《弥洒》月刊第 1－3 期。嗣后在该刊发表《冲突》《灵感》等文亦署。

曹健，生卒年及籍贯不详，原名何希愚。笔名曹健，见于诗《远行》，载 1948 年北平《诗号角》第 1 期。嗣后在该刊发表《决斗》《今夜，我不能入睡》等诗亦署。

曹靖华（1897－1987），河南卢氏人。原名曹联亚，字靖华。曾用名联亚、曹丹、汝珍、郑汝珍、安得华、

K. H. 。笔名：①靖华，1918 年在开封办《青年》半月刊发表文章开始署用。见于翻译小说《白茶》，载 1924 年 12 月 1－10 日北京《晨报副镌》。嗣后在《文学》《论语》《文艺生活》《文艺杂志》《文艺月刊》《译文》《文艺阵地》《文学月报》等刊发表著译作品亦署。②曹靖华，见于随笔《男子去长衫，女子去裙》，载 1920 年 4 月 1 日上海《民国日报·觉悟》；翻译独幕剧《狗熊》（俄国契诃夫原作），载 1923 年《新青年》季刊第 2 期。此前后在《曙光》《晨报副镌》《东方杂志》《小说月报》《北平新报》《文学周报》《莽原》《未名》《萌芽》《文化月报》《文学》《译文》《读书生活》《作家》《现实文学》《时代生活》《实报半月刊》《七月》《抗战文艺》《鲁迅风》《时代文化》《文学月报》《时代文学》《文讯》《青年文艺》《时与潮文艺》《文学新报》《平原》《新华月报》《中苏友好》等报刊发表著译作品，出版翻译戏剧《三姐妹》（俄国契诃夫原作。上海商务印书馆，1925 年）、《白茶》（苏联班珂等原作。上海北新书局，1927 年）、《恐惧》（苏联亚菲诺甘诺夫原作。上海文化生活出版社，1940 年）、《蠢货》（俄国屠格涅夫、契诃夫原作。上海中兴出版社，1929 年）、《醉鬼》（俄国亚穆伯原作。北平中华平民教育促进会，1935 年）、《光荣》（苏联古舍夫原作。桂林文林出版社，1942 年）、《侵略》（苏联李昂诺夫原作。重庆东南出版社，1944 年）、《望穿秋水》（苏联西蒙诺夫原作。临江新地出版社，1944 年），翻译小说《烟袋》（苏联爱伦堡等原作。上海未名社，1928 年）、《第四十一》（苏联拉甫列涅夫原作。上海未名社，1929 年）、《铁流》（苏联绥拉菲莫维奇原作。上海三闲书屋，1931 年）、《不走正路的安得伦》（苏联聂维洛夫原作。上海野草书屋，1933 年）、《苏联作家七人集》（苏联拉甫列涅夫等原作。上海良友图书印刷公司，1936 年）、《列宁的传说及其他》（上海文化生活出版社，1940 年）、《我是劳动人民的儿子》（苏联卡达耶夫原作。上海生活书店，1940 年）、《油船"德宾特号"》（苏联克雷莫夫原作。上海读书出版社，1941 年）、《哑爱》（苏联左祝梨等原作。桂林三户图书社，1942 年）、《虹》（苏联瓦西列夫斯卡娅原作。上海新生书店，1944 年）、《梦》（苏联卡达夫等原作。重庆文林出版社，1942 年）、《死敌》（苏联肖洛霍夫等原作。重庆文光书店，1945 年）、《孤村情劫》（苏联卡达耶夫原作。辽宁中苏友协，1946 年）、《保卫察里津》（苏联阿·托尔斯泰原作。昆明北门出版社，1946 年）、《城与年》（苏联斐定原作。上海骆驼书店，1947 年）、《天方夜谭》（苏联瓦西列夫斯卡娅等原作，与他人合译。重庆文林出版社，1942 年）、《星花》（苏联拉甫列涅夫等原作，与尚佩秋合译。重庆东方书社，1943 年）、《党证》（苏联瓦西列夫斯卡娅等原作，与他人合译。华北新华书店，1943 年）、《三昼夜》（苏联瓦西列夫斯卡娅等原作，与他人合译，出版年份不详），翻译散文《剥去的面具》（曹靖华编。重庆文林出版社，1942 年）、《鲜红的花》（苏联民间故事选集。曹靖华编译，重庆文林出版社，1942 年）、《魔戒指——鲜红的花》（重庆生活书店，1946 年）、《致青年作家及其他》（苏联

阿·托尔斯泰等原作。重庆上海杂志公司，1945 年），翻译童话《远方》（苏联即达尔原作，与他人合译。上海文化生活出版社，1938 年）等亦署。③亚丹，见于小说《女工话》，载 1920 年 4 月 11 日《民国日报·觉悟》。1922 年在南京高等师范学校校刊发表文章亦署。嗣后在《晨光》《申报月刊》《文化动向》《新中华》《中苏文化》等刊发表著译作品亦署。④丹、汝珍、郑汝珍，署用于书信。⑤古安华、张敬斋，署用情况未详。

曹靖陶（1904－1974），安徽歙县人。原名曹熙宇，字惘生，号看云楼主、看云楼主人。曾用名曹三。笔名：①靖陶，见于七律《将赴宜城访缫藕赋此留别疑庵丹父》，载 1932 年 10 月 3 日天津《国闻周报》第 9 卷第 39 期；七律《郊游即景寄张大千》，载 1937 年苏州《卫星》第 1 卷第 4 期。②曹熙宇，见于《许疑庵丈命题樊榭写诗图》，载 1937 年杭州《文澜学报》第 3 卷第 1 期。③曹靖陶，见于七律《独夜客怀》，载 1936 年南京《民主》第 20 期；旧体诗《看云楼诗》，载 1948 年上海《永安月刊》第 110 期。嗣后出版《音乐戏曲舞蹈人名辞典》（商务印书馆，1959 年）、《小戏考》《看云楼诗集》等亦署。

曹聚仁（1900－1972），浙江浦江人，字挺岫，号听涛。曾用名福厅、听寿（均乳名）。笔名：①聚仁，见于诗《重访上海医院》，载 1921 年 11 月 20 日上海《民国日报·觉悟》。嗣后在上海《民国日报·妇女评论》《秋野》《骆驼草》《涛声》《申报·自由谈》《人间世》《芒种》等刊发表文章亦署。②曹聚仁，见于游记《失望的游行》，载 1921 年 12 月 16－23 日上海《民国日报·觉悟》。嗣后在《文学周报》《语丝》《东方杂志》《南洋研究》《申报·自由谈》《社会日报》《文艺月刊》《青年界》《涛声》《现代》《论语》《文学》《太白》《新小说》《艺术新闻》《人间世》《芒种》《创作》《文史丛刊》《社会月报》《文学期刊》《新语林》《十日谈》《绸缪月刊》《读书生活》《文化建设》《通俗文化》《中学生》《申报周刊》《好文章》《福建民报·纸弹》《生活学校》《国民》《新学识》《认识月刊》《抗战半月刊》《战时记者》《中国文艺》《益世周报》《财政评论》《公余》《野草》《风雨谈》《星岛周报》《新赣南月刊》《学生月刊》《战地文化》《杂志》《文摘月报》《读书通讯》《天行杂志》《时代中国》《天下文章》《青年时代》《文艺春秋》《新学生》《力行月刊》《周报》《西北实业》《上海文化》《茶话》《华声》《粤秀文垒》《联合画报》《再造旬刊》《中美周报》《广播周报》等报刊发表散文、杂文、评论等，出版散文集《笔端》（上海天马书店，1935 年）、《文笔散策》（上海商务印书馆，1936 年）、《文思》（上海北新书局，1937 年）、《大江南线》（上饶战地图书出版社，1941 年）、《轰炸下的南中国》（与他人合作。西安战时出版社，1938 年）、《东线血战记》（与他人合作。西安战时出版社，1938 年），论著《文心雕龙》（上海新华书局，1929 年）、《中国史学 ABC》（上海 ABC 丛书社，1930 年）、《中国平民文学概论》（上海新文化出版社，1935 年），1949 年后出版《万里行

记》（福建人民出版社，1983 年）、《鲁迅评传》（东方出版中心，1999 年）、《中国文学概要》（生活·读书·新知三联书店，2007 年）、《蒋百里评传》（东方出版社，2010 年）等亦署。③听涛，见于杂文《后路》，载 1927 年上海《语丝》第 119 期。④挺岫，见于随笔《叫卖》，载 1929 年上海《小说月报》第 20 卷第 11 期。嗣后在《涛声》发表《〈小桥日记〉题记》《何必读书》等文亦署。⑤陈思，见于杂文《孔门》，载 1931 年上海《涛声》周刊创刊号。嗣后在该刊发表《鲁迅不及胡适》《非孝的故事》等文均署。1935 年在上海《芒种》发表《怎样写作》《修辞百话》等文、1969 年 9 月 23 日在新加坡《南洋商报》发表《知堂回想录·缘起》亦署。⑥思，见于杂文《孔门（二）》，载 1931 年《涛声》第 1 卷第 2 期。嗣后在该刊第 1 卷第 21 期发表杂文《主席》亦署。⑦挺、仁，见于杂文《南无观自在菩萨》，载 1931 年《涛声》第 1 卷第 16 期。⑧挺公，见于杂文《陈德恒启事》，载 1932 年《涛声》第 1 卷第 22 期。嗣后在该刊发表随笔《空城计》《蒋介石再起东山？》亦署。⑨沁园，见于评论《英法德的战争经济力》，载 1939 年上海《正气旬刊》第 1 卷第 6 期。⑩尾生，见于散文《赌场老板——弄堂小景之一》，载 1940 年上海《大陆》月刊第 1 卷第 3 期。嗣后在该刊第 1 卷第 4 期发表《一个吸毒的妇人》一文亦署。⑪袁大郎，见于随笔《刘建绪走后的福建》，载 1948 年上海《再造旬刊》第 2 卷第 3 期。⑫郭宗义，1957 年 8 月 23 日在新加坡《南洋商报》发表通讯署用。⑬邹人，见于随笔《关于〈知堂回想录〉》，载 1968 年 9 月 21 日新加坡《南洋商报》。⑭丁舟，见于随笔《知堂老人的晚年》，载 1969 年 6 月 26 日、27 日新加坡《南洋商报》。⑮丁秀、天龙、姬旦、韩泽、阿挺、诸家、涛声、橄生、土老儿、刘率真、赵天一、彭观清、鲍耀明、云亭山人、T，署用情况未详。

曹钧石，生卒年及籍贯不详。笔名：①钧石，见于杂文《恋爱问题的讨论并答恨音女士》，载 1925 年 9 月 27 日上海《民国日报·觉悟》。嗣后在《幻洲》《洪水》《中国新书月报》等刊发表文章亦署。②曹钧石，见于散文《烟雨楼头》，载 1925 年上海《洪水》半月刊第 1 卷第 7 期。此前后在该刊及《民国日报·觉悟》《学艺》《东方杂志》等报刊发表《群星之鼓噪》《最近数年得诺贝尔化学奖金者》等著译文章亦署。

曹冷泉（1901－1980），安徽颍上人。原名曹赞卿，字向辰、襄忱。曾用名曹一民。笔名：①冷，见于诗《上帝死了》，载 1929 年 10 月 10 日西安《中山日报》。嗣后在该报及《西北文化日报》《西安画报》《革命军人朝报》等报刊发表诗《光明的诞生》、论文《文学的产生和社会意义》等亦署。②冷泉，见于诗《致词》，载 1929 年《唤起》月刊创刊号。嗣后在该刊及陕西《渭潮月刊》《中山日报》《西安画报》《西北文化日报》《革命军人朝报朔方月刊》《朝报副刊》等报刊发表新旧体诗、影评、论文、散文、译诗等，出版诗集《落英》

（西安日报印刷所，1932 年）亦署。③秋萍，见于话剧《灵魂的埋葬》，载 1929 年《唤起》月刊第 2 期。④萍，见于译诗《曾没有美丽的姑娘》（英国拜伦原作），载 1930 年 1 月某日西安《中山日报》。嗣后在该报发表诗《雪》、译诗《鹰之歌》（苏联高尔基原作）等亦署。⑤青青，见于诗《夏之焰》，载 1931 年《新陕西》月刊第 1 卷第 5 期。⑥青，见于诗《忆江南》，载 1932 年《西安画报》第 30 期。⑦曹冷泉，1928 年起署用。见于散文《沙漠上惨痛的回忆》，载 1934 年 8 月 31 日上海《申报·自由谈》。嗣后在《西北文化日报》《西安画报》《经世月刊》等报刊发表论文《康有为思想之评述》《刘古愚的哲学思想体系》等，出版《新少年文学拔萃读本选》（上海现实出版社，1936 年）、《陕西近代人物小志》（西安樊川出版社，1945 年）等亦署。⑧秋平，见于散文《秋之描写》，载 1934 年《西北画报》第 3 期。嗣后在该刊及《西北文化日报》发表评论《五典坡下女诗人杭温如诗评》《新生活与新生命》等亦署。⑨平凡，1934 年前后在《西北文化日报》发表文章署用。⑩冷翁，见于评论《杜诗谈》，载 1935 年《西北画报》第 19 期。⑪冷公羽，见于系列杂文《破古董》，1935 年 4 月 17 日起连载于《西北文化日报》；诗《哀痛的呼喊（上）》，载 1935 年 6 月 29 日《西北文化日报》。⑫公羽，见于诗《哀痛的呼喊（下）》，载 1935 年 6 月 30 日《西北文化日报》。⑬一民，见于论文《怎样研究农村经济》，载 1935 年 7 月 6 日《西北文化日报》。

曹明（1920— ？），江苏淮安人，原名项寿康。笔名：①西蒙，1936－1937 年、1946－1948 年在南京《大刚报》《南京日报》、上海《剧影春秋》等发表电影评论署用。见于评论《漫谈英国电影》，载 1948 年上海《剧影春秋》创刊号。②高扬，1950－1955 年在《北京日报》《光明日报》《文汇报》等发表电影评论署用。③曹明，1950－1955 年、1980 年以后在北京、南京等地报刊发表影剧评论及文学研究文章署用。

曹珮声（1902－1973），安徽绩溪人。原名曹诚英，字佩声。笔名：①曹诚英，见于信函《关于〈努力〉本身的一个问题——致胡适》，载 1922 年《努力周报》第 15 期；《词二首（少年游／满庭芳）》，载 1932 年《文艺茶话》第 1 卷第 2 期；论文《根据遗传原理论女子与民族复兴》，载 1941 年重庆《妇女月刊》创刊号。②珮声，见于旧体诗《喜雨》，载 1941 年重庆《妇女月刊》创刊号。③曹珮声，见于旧体诗词《归依集》，载 1942 年重庆《妇女月刊》第 1 卷第 6 期至 1945 年该刊第 4 卷第 6 期。

曹岂凡，生卒年及籍贯不详。笔名岂凡，1936 年在福州《瑰珢诗刊》创刊号发表诗歌署用。

曹弃疾（1917— ？），河南郑州人。原名曹华堂。笔名：①曹弃疾，1935 在郑州主编《华北日报·红叶》署用。见于诗《婉姑墓前》，载 1936 年郑州《大华晨报·沙漠诗风》第 10 期；散文《文玲》，载 1936 年《新

人周刊》第 3 卷第 2 期。嗣后在郑州《大华晨报·沙漠诗风》及《内外什志》《国防周报》等报刊发表诗《卖煤的孩子》《春日》《无题》《招魂》、通讯《豫皖战场》《郑州血泪》《中原纪实》等亦署。②古怪，见于诗《生之歌》，载 1936 年 2 月 2 日郑州《大华晨报·新垦》。③弃疾，20 世纪 30 年代在河南报刊发表诗作署用。见于散文《结束了剪刀浆糊的生活》，载 1936 年《新人周刊》第 2 卷第 42 期。

曹清（1918－1960），辽宁辽阳人。原名曹大光。曾用名曹景龙。笔名：①曹熹、朝熹、新焰、金人，20 世纪 40 年代在《蒙疆文学》《利民半月刊》《蒙疆新报》等报刊发表小说《孩子，我想他们》及诗作等署用。②田秧，见于诗《我访问了江上人》，载 1947 年沈阳《前进报·诗哨》第 5 期。③鲁沙，见于诗《还乡的队伍》，载 1947 年 1 月 23 日沈阳《沈阳日报·诗战线》第 8 期。同时期在沈阳《前进报·诗哨》等报发表诗文亦署。

曹容（1894－1993），台湾台北人。原名曹阿澹，字秋圃，号老嫌。笔名菊痴、秋圃、曹秋圃，1921－1940 年在台北《台湾日日新报》《风月报》发表旧体诗《送振荣君归故乡》《春雨感怀》等署用。

曹天风（1903－1992），浙江天台人。原名曹祖建，号国材。曾用名曹天疯。笔名：①曹天风，见于散文《游栖霞山》，载 1933 年上海《中华月报》第 1 卷第 4 期。诗《南归引》，载 1933 年 7 月某日《东南日报》；诗《悼鲁迅先生》，载 1939 年上海《鲁迅风》周刊第 2 期。嗣后出版诗集《水平集》（1949 年自费出版）亦署。②天疯，见于诗《哀歌》，载 1934 年杭州《艺风》月刊第 2 卷第 4 期；诗《女儿书》，载《艺风》月刊第 2 卷第 10 期。

曹未风（1911－1963），浙江嘉兴人。原名曹崇德。笔名曹未风，见于随笔《诗的又一个前途》，载 1932 年北平《探讨与批判》第 3 期；《风琴与教师》，载 1934 年北平《水星》第 1 卷第 1 期。此前后在《上海青年》《文汇周报》《新中华》《世界月刊》《文艺复兴》等刊发表散文、诗、评论、翻译小说等，翻译出版英国莎士比亚剧作《凯撒大将》（上海商务印书馆，1935 年）、《暴风雨》（贵阳文通书局，1942 年）、《威尼斯商人》（贵阳文通书局，1942 年）、《仲夏夜之梦》（贵阳文通书局，1942 年）、《错中错》（贵阳文通书局，1944 年）、《汉姆莱特》（贵阳文通书局，1944 年）、《马克白斯》（贵阳文通书局，1944 年）、《罗米欧及朱丽叶》（上海文化合作公司，1946 年）、《如愿》（上海文化合作公司，1946 年）、《凡隆纳的二绅士》（上海文化合作公司，1946 年）、《安东尼及枯娄葩》（上海文化合作公司，1946 年）等亦署。

曹文麟（1879－1951），江苏南通人，字勋阁，号君觉。笔名：①曹文麟，出版《觉庵联语乙编》（1940 年）、《张啬庵先生文概注》（南通翰墨林书局，1947 年）、《张啬庵先生实业文钞》（曹文麟编，南通翰墨林书局，1948

年）等，1949 年后出版《觉未寮文汇——曹文麟诗文集》（南通市文学艺术界联合会，2004 年）署用。②曹勋阆，出版诗集《风波侣祖东诗草》（抗战时期油印本）署用。

曹汶（1926－2022），山东安丘人。原名曹尔序。曾用名曹序。笔名：①白荻、草原，1944 年前后在西安《工商秦风报》发表散文、艺术短论、翻译小说等署用。②叶明，1946 年前后在《雍华》等西安、重庆报刊发表艺术评论署用。1953 年在南京《新华日报》发表漫画评论亦署。③尔序，1946 年在重庆报刊发表文章署用。④晁闻，1946－1947 年在重庆、西安报刊发表艺术评论署用。1956 年前后在南京《文化新闻》发表关于京剧表演艺术的评论文亦署。⑤曹汶，出版《曹汶山水画选》《太华朝霞》《满月青山夕照明》《山河啸》等署用。

曹今（1912－？），新加坡华人，原籍中国江苏南京。笔名：①曹今，1945 年后在马来亚新加坡《星洲日报·晨星》《南洋商报·商余》《和平》等发表小说、散文，出版历史剧《虞姬》（新加坡骨干出版社，1947 年），中篇小说《野菊花》（新加坡世界书局，1950 年）、《绿波恨》（新加坡世界书局，1952 年），小说集《夫妻梦》（新加坡世界书局，1952 年），长篇小说《风雨湄公河》（新加坡友联书局，1982 年），以及独幕剧《鲜花·水果·笑》等亦署。②葛今、潮沙、蓝草、葛国胜，20 世纪 40 年代后期起在马来亚新加坡《南洋商报》副刊《和平》《商余》等发表小说、散文等署用。

曹锡珍（1898－1978），籍贯不详。笔名：①曹路阳，见于随笔《一年来的上海文坛》，载 1943 年《文化先锋》第 1 卷第 18 期。②曹锡珍，见于评论《论战时宣传》，载 1944 年上海《东方杂志》第 40 卷第 19 期；翻译小说《大山》（美国斯坦贝克原作）载 1946 年重庆《文艺先锋》第 9 卷第 2 期。20 世纪 40 年代在《中学生》《东方杂志》等刊发表翻译小说《一群穷光蛋》（索洛延原作）《与死搏斗！》等亦署。③路阳，署用情况未详。

曹湘渠，生卒年不详，浙江黄岩（今台州市）人。笔名：①湘渠，抗战时在《东南日报》副刊发表作品署用。评论《解放了社会，也就解放了自己——读鲁迅的〈伤逝〉》，载 1956 年 10 月 5 日《浙江日报》。②曹湘渠，见于评论《安娜·卡列尼娜》，载 1946 年上海《新学生月刊》第 1 卷第 5 期。嗣后在该刊及上海《文潮月刊》等刊发表评论《论安娜·卡列尼娜的死》《高老头》《读〈何为〉》等文亦署。

曹辛之（1917－1995），江苏宜兴人。原名曹新民。曾用名曹吾、黑凌。别署柴父（fù）、曲公（"文化大革命"期间写字、刻印时署用）。笔名：①曹吾，学生时代在宜兴、上海报纸副刊发表诗歌、散文署用。1942 年为桂林《戏剧春秋》第 2 卷第 1 期封面装帧，出版诗集《春之露》（一名《撷星草》。草叶诗舍，1945 年）

亦署。②辛之、辛白宇，20 世纪 40 年代前期在报刊发表诗作署用。③曹辛，出版翻译诗集《恋歌》（俄国普希金原作。桂林现实出版社，1942 年）、《高加索的俘房》（俄国普希金原作。桂林中流书店，1943 年）署用。④孔休，见于诗《鹞子》，载 1943 年昆明《诗与散文》第 3 卷第 1 期；评论《臧克家论》，载 1944 年重庆《时与潮文艺》第 3 卷第 1 期。抗战后期在重庆《新华日报》发表杂文、论文等亦署。⑤杭约赫，见于诗《还乡记》，载 1946 年上海《文艺春秋》第 3 卷第 5 期；诗《世界上有多少人在呼唤我的名字》，载 1946 年上海《文艺复兴》第 2 卷第 5 期。嗣后在上海《诗创造》《中国新诗》等刊发表诗作，出版诗集《噩梦录》《火烧的城》《九叶集》（与辛笛、陈敬容、郑敏、唐祈、唐湜、杜运燮、穆旦、袁可嘉合集），长诗《复活的土地》（上海森林出版社，1949 年）等亦署。⑥江天漠，见于诗《带路的人》，载 1947 年上海《诗创造》第 1 辑《带路的人》。嗣后在该刊第 9 辑发表诗《无题》亦署。⑦胡双城，与方平合署。见于诗《丑角的世界》，载 1947 年《诗创造》第 2 辑《丑角的世界》。⑧林棘丝，与方平合署。见于诗《岁暮的祝福》，载 1947 年《诗创造》第 6 辑《岁暮的祝福》。⑨曹辛之，1949 年后从事书籍的封面装帧，在报刊发表文章，出版诗选《黎明的呼唤》（与圣野、鲁兵合编。四川人民出版社，1982 年）和《韬奋画传》（生活·读书·新知三联书店，1982 年）等亦署。

曹玄衣（1929－2003），浙江鄞县（今宁波市）人。原名曹予庭。笔名：①曹玄衣，见于方言诗《菖蒲人孩活剥田鸡》，载 1946 年《文艺学习》第 3 期；诗《自己的睡眠》，载 1947 年上海《诗创造》第 6 辑《岁暮的祝福》。此前后在上海《联合晚报·夕拾》《大晚报·剪影》《华美晚报·夜谈》《铁兵营》（油印诗刊）、苏州《大江南报》、北平《新生报·诗堡垒》、宁波《时事公报·生地》《春风文丛》、奉化《白水月刊》、龙游《民声日报·诗艺术》等报刊发表诗、散文、散文诗亦署。②玄衣，见于长诗《一个少女冲喜的故事》，载 1946 年上海《妇女》第 8 期。嗣后在河南安阳《文苑》、浙江龙游《立言报·诗艺术》、上海《申报·春秋》《华美晚报·夜谈》等报刊发表诗文亦署。③玄燕，见于诗《向风雨》，载 1947 年北平某报副刊《诗阵地》第 7 期。④白香芷，见于诗《检拾》，载 1947 年上海《家庭》月刊。⑤予以，见于诗《问路》《家》，载 1947 年 8 月 9 日上海《华美晚报·夜谈》。嗣后在龙游《立言报·诗艺术》发表诗文亦署。⑥余怡，见于诗《小河》，载 1947 年 9 月 23 日《华美晚报·夜谈》。嗣后在上海《新民报晚刊·文艺茶话》、宁波《时事公报》副刊发表诗文亦署。⑦沙谷铃，见于书评《读〈星雨集〉》，载 1947 年 9 月上海《新民报晚刊·夜光杯》。⑧沈露，见于书评《读师陀的〈结婚〉》，载 1947 年 12 月 11 日《申报·出版界》。⑨曹玄怡，见于书评《被损害了的人群》，载 1948 年 3 月 1 日《华美晚报·夜谈》。⑩YE，见于诗

《露》《雨》，载 1949 年 6 月 29 日宁波《东南新闻报》。⑪曹予庭，1949 年后编著《绘图学生成语词典》（上海辞书出版社，2002 年）、参与编写《中国出版简史》（吉少甫主编。学林出版社，1991 年）亦署。

曹雪松（1907－1984），江苏宜兴人。原名曹锡松。笔名：①曹雪松，见于散文《读项羽本纪书后》，载 1924 年上海《学生文艺丛刊》第 1 卷第 4 期；随笔《什么是自由恋爱》，载 1925 年 10 月 24 日上海《民国日报·觉悟》。此前后在《学生文艺丛刊》《泰东月刊》《絮茜》《女神》《女子月刊》《新时代月刊》等报刊发表诗、小说、散文、评论等，出版诗集《爱的花园》（上海群众图书公司，1927 年），散文集《溪畔黄昏》（群众图书公司，1928 年）、《红桥集》（上海南星书店，1928 年）、《雪茵情书》（与吴克茵合作。上海现代书局，1929 年），中篇小说《火榴》（上海尚志书屋，1928 年）、《心之惨泣》（上海大东书局，1929 年）、《诗人的情书》（上海现代书局，1931 年），论著《私生子问题》（上海群众图书公司，1928 年）、《国民革命的两大使命》（上海大东书局，1928 年）、《苏联的电影》（上海商务印书馆，1950 年），改编话剧《少年维特的烦恼》（上海泰东图书局，1927 年）等均署。②雪松，见于诗《漂泊者的挽歌》，载 1925 年 12 月 31 日《民国日报·觉悟》；小说《醒后》，载 1927 年上海《泰东月刊》第 1 卷第 2－4 期。③凤凰，见于随笔《未来红星》，载 1942 年上海《新影坛》第 2 期。嗣后在该刊发表《我的日常生活》《南京之行》等文亦署。④江峰，见于散文《迁居散记》，载 1946 年上海《中建》第 1 卷第 2、3 期。

曹艺（1907－2000），浙江浦江人。原名曹聚义，字树艺。笔名：①李鲦，见于杂文《神仙·老虎·狗（一）》，载 1931 年上海《涛声》第 1 卷第 2 期。嗣后在该刊及南京《文艺月刊》、上海《申报·自由谈》《社会日报》《论语》《人间世》《芒种》《宇宙风》等报刊发表文章亦署。②齐光，见于杂文《毛边书与杂志》，载 1931 年《涛声》第 1 卷第 4 期。③李由、陈卓卓，署用情况未详。

曹庸（1917－？），广东汕头人。原名胡汉亮。笔名：①沈流、茗茵、萧伍，1934 年春夏间开始在上海《申报》《大晚报》《中华日报》《大美晚报》《华美晚报》《译报》《新中华》《立报》《联合晚报》《时代》《苏联文艺》《前线日报》等报刊发表译作署用（有时亦用"曹庸""陈骊"等名）。②陈骊，见于译作《克留波娃（苏联女参议员之一）》，载 1938 年《上海妇女》第 2 卷第 2 期；中篇小说《在烽火中斗争》（苏联伊凡·奥夫查杨科原作），载 1939 年《青年大众》。③曹庸，见于译作《流动刑场》（匈牙利沙利·乔其利原作），连载于 1946 年《时代》第 16－22 期；译作《怎样解决中国内战》（M. S. 斯迪华脱原作），载 1947 年《现代新闻》第 1－7 期。同时期及嗣后在上述两刊及《世界知识》等报刊发表译作，出版译作《苏联科学院和俄国科学史》（苏联瓦维洛夫原作。中华书局，1950 年）、《车尔尼雪夫斯基和他的小说〈怎么办〉》（苏联谢尔宾纳原作，与他人合译。新文艺出版社，1953 年）、《俄国革命民主主义者的美学观》（苏联斯米尔诺娃等原作。新文艺出版社，1958 年）等亦署。

曹禺（1910－1996），湖北潜江人，生于天津。原名万家宝，字小石。乳名添甲。笔名曹禺，见于翻译小说《一个独身者的零零碎碎》（法国莫泊桑原作），载 1928 年《国闻周报》第 5 卷第 7 期；剧本《雷雨》，载 1934 年北平《文学季刊》第 1 卷第 3 期。嗣前后在《杂文》《文季刊》《大公报》《文丛》《国民公报·星期增刊》《扫荡报》《新华日报》《文艺月刊》《半月文萃》《戏剧时代》《上海文化》《文艺复兴》《文学修养》等报刊发表剧本、散文等，出版剧本《雷雨》（上海文化生活出版社，1936 年）、《日出》（上海文化生活出版社，1936 年）、《原野》（上海文化生活出版社，1937 年）、《黑字二十八》（与宋之的合作。重庆正中书局，1940 年）、《蜕变》（长沙商务印书馆，1940 年）、《正在想》（上海文化生活出版社，1940 年）、《北京人》（重庆文化生活出版社，1941 年）、《家》（重庆文化生活出版社，1942 年）、《明朗的天》（人民文学出版社，1956 年）、《胆剑篇》（与梅阡、于是之合作。戏剧出版社，1962 年）、《王昭君》（四川人民出版社，1979 年）、《曹禺剧本选》（上海文化生活出版社，1949 年），电影剧本《艳阳天》（上海文化生活出版社，1948 年），散文集《迎春集》（北京出版社，1958 年），理论集《编剧术》（重庆正中书局，1940 年）、《论戏剧》（四川文艺出版社，1985 年）、《曹禺论创作》（上海文艺出版社，1986 年），翻译戏剧《柔蜜欧与幽丽叶》（英国莎士比亚原作。重庆文化生活出版社，1944 年）等亦署。

曹元弼（1867－1953），江苏吴县（今苏州市）人，字叔彦、彦叔、谷孙、师郑、懿斋（号叙彦。晚号复礼老人、新罗仙史。笔名曹元弼，出版《易学源流辨》（1927 年）、《大学通义》（1932 年）、《孝经校释》（1935 年）、《孝经郑氏注笺释》（1935 年）、《复礼堂述学诗》（1936 年）、《周易学》《周易集解补释》《周易郑氏注笺释》等署用。

曹元忠（1865－1923），江苏吴县（今苏州市）人，字夔一、揆一，号君直、甗云、凌波、凌波居士。笔名：①曹元忠，出版《乐府补亡》（1901 年太仓陈夔刻印）、《沙洲石室文字记》（诵芬室，1909 年）、《礼仪》（南林刘氏求恕斋，1912 年）、《荆州记》（江陵田桢移山堂，1901 年）等署用。②甗云，署用情况未详。

曹原，生卒年不详，山东历城人。原名张鸿仪。笔名曹原，见于小说《十年》，载 1940 年北平《中国文艺》第 1 卷第 4 期；《孔方兄》，载 1940 年北平《艺术与生活》第 14 期。此前后在上海《太平洋周报》《文潮》、北平《民众报副刊》《新民报半月刊》《民声报三日刊》《新进》《辅仁文苑》《中国公论》《国民杂志》《中国文学》《华北作家月报》《长城画刊》《新少年》《妇女杂志》《新轮》、昌黎《教育月刊》、济南《中国青年》、青岛《民民民》等报刊发表小说《线上》《老医生外传》《马先生的家》《伴侣》《当北风吹起的时候》、散文《看云小辑》《握紧每一个清晨》《莫名草》、诗《蒙雨中》《友谊》、译作《这是一个梦吗》（法国莫泊桑原作）等，出版中篇小说《线上》（北平艺术与生活社，1943年）、小说集《风砂》（北平艺术与生活社，1944年）等亦署。

曹云鹏，生卒年及籍贯不详。笔名：①曹云鹏，见于随笔《女子与养蜂》，载1933年上海《女子月刊》创刊号。嗣后在该刊发表《雪》《游月宫》等文，1939年起在上海《胜利》杂志发表《浙江战时青工团的新姿态》《日本南侵与美国》等亦署。②国辉女士，见于《微言》第1卷第11期。

曹志功，生卒年不详，安徽人。笔名：①曹痴公，20世纪30年代在上海《大世界报》署用。又见于《病榻的悲哀》，载1935年上海《社会月报》第1卷第10期。②曹志功，1931年在上海《微音月刊》发表文章署用。

草明（1913—2002），广东顺德（今佛山市）人。原名吴绚文。笔名：①草明女士，见于小说《倾跌》，载1933年上海《文艺》月刊第1卷第2期。嗣后在上海《申报·自由谈》《现实文学》等报刊发表随笔《晚上》《我们底教师》等亦署。②草明，见于散文《年龄的比赛》，载1934年上海《作品》第1期；速写《离开狮子岗之前》，载1936年3月26日、27日上海《申报·自由谈》。嗣后在上述两刊及《中华日报·动向》《文学》《青年界》《太白》《作家》《文季月刊》《光明》《好文章》《光荣》《七月》《小说家》《文艺阵地》《抗到底》《文学月报》《群众》《全民抗战》《抗战文艺》《文艺生活》《新蜀报》《解放日报》《新战线》《妇女生活》《青年文艺》《中原·文艺杂志·希望·文哨联合特刊》《战地工合》《晋察冀日报》《东北日报》《北方文化》《东北文艺》《小说》《文学战线》《华北文艺》《小说月刊》等报刊发表小说《大涌围的农妇》《梁五的烦恼》《单纯的姑娘》《遗失的笑》《诚实的小俘虏》《无名女英雄》《新夫妇》《婚事》《新问题、旧做法》、报告《英雄底故事》《遭难者的葬礼》《受了残酷洗礼的市民》、随笔《戏看完了以后》《清算》《鲁迅忌辰在北平》、评论《论人物和歌颂——评〈夏红秋〉》等，出版长篇小说《原动力》《火车头》《乘风破浪》《神州儿女》、短篇小说集《女人的故事》《今天》、中篇小说《绝地》《缫丝女工失身记》《爱情》《女人的故事》、散文集《解放区散记》，以及《草明选集》《草明小说集》《草明文集》等亦署。③褚鸦鸣，见于小说《进城日记》，载1935年上海《文学》月刊第4卷第5期。1935年8月、9月在上海《申报·自由谈》发表小说《等待》《阿胜》等亦署。④褚雅明，署用情况未详。

草沙（1921— ？），宁夏中宁人。原名胡连江，字子渊，曾用名胡草沙。笔名：①草沙，见于小说《到区上以后》，载1942年10月4日延安《解放日报》。②

古月，见于杂文《近代化的野兽》，载1947年1月哈尔滨《东北日报》。嗣后在牡丹江《牡丹江日报》发表文章亦署。

草婴（1923—2015），浙江镇海（今宁波市）人，生于宁波。原名盛峻峰。笔名草婴，见于翻译小说《老人》（苏联普拉多诺夫原作），载1941年上海《苏联文艺》。1949年后出版译作《拖拉机站站长和总农艺师》（苏联尼古拉耶娃原作。中国青年出版社，1955年），《托尔斯泰小说全集》（上海文艺出版社，2003年）、《安娜·卡列尼娜》（俄国列夫·托尔斯泰原作）、《复活》（俄国列夫·托尔斯泰原作）、《战争与和平》（俄国列夫·托尔斯泰原作）、《高加索故事》（俄国列夫·托尔斯泰原作）、《一个地主的早晨》（俄国列夫·托尔斯泰原作）、《托尔斯泰中短篇小说选》（俄国列夫·托尔斯泰原作）、《当代英雄》（俄国莱蒙托夫原作）、《顿河故事》（苏联肖洛霍夫原作）、《一个人的遭遇》（苏联肖洛霍夫原作）、《新垦地》（一名《被开垦的处女地》。苏联肖洛霍夫原作）、《幸福》（苏联巴甫连科原作）、《顿巴斯》（苏联戈尔巴朵夫原作）、《试用期》（苏联尼林原作）、《团的儿子》（苏联卡达耶夫原作）、《翘尾巴的火鸡》（苏联班台莱耶夫原作）、《加里宁论文学和艺术》，以及专著《我与俄罗斯文学——翻译生涯六十年》（文汇出版社，2003年）等亦署。

【cen】

岑琦（1929—2007），浙江泰顺人。原名周岑琦。笔名：①岑冀，1945年开始在《浙江日报》《温州日报》《阵中日报》副刊发表抒情短诗署用。②岑琦，1949年后发表诗歌，出版诗集《向导》（新文艺出版社，1957年）、《闻一多之歌》（花城出版社，1986年）、《少女与天使》（新华出版社，1994年）、《三星草——汉式十四行诗三百首》（与唐湜、骆寒超合集。浙江文艺出版社，1997年）、《岑琦诗集》（浙江文艺出版社，2003年），主编《蔚蓝色视角——东海诗群诗选》（与王彪合编。浙江文艺出版社，1992年）等署用。

岑桑（1926—2022），广东顺德（今佛山市）人。原名岑汝养。曾用名岑汝仰。笔名：①筱君，见于小说《停膳》，载1942年韶关《学园》杂志。②岑桑，见于散文《春讯》，载1945年初贵阳《大刚报》副刊。嗣后发表作品，出版散文、杂文集《当你还是一朵花》《巨人和狼》《幽灵在徘徊》《在大海那边》《岑桑散选》《岑桑作品选》《当代杂文选粹·岑桑之卷》《风雨情踪：岑桑自选集》、中篇小说《巧环》、中短篇小说集《躲藏着的春天》、长篇报告文学《向秀丽》（与他人合作）、儿童文学集《野孩子阿亭》、诗集《眼睛和橄榄》、评论集《美的追求》等亦署。③端木桥，见于杂文《圣USA的诱惑》，载1946年广州《建国日报》副刊。④谷夫，见于散文《当你还是一朵花》，载1959年广州《羊城晚报》副刊。

【chai】

柴德赓（1908－1970），浙江诸暨人，字青峰。笔名柴德赓，发表《王鸣盛和他的〈十七史商榷〉》《章实斋与汪容甫》《试论章学诚的学术思想》《从白居易诗文中论证唐代苏州的繁荣》《明末苏州灵岩山爱国和尚弘储》等论文，出版《青峰诗词选》及史学著作均署。

【chang】

常白（1908－1982），江苏镇江人，回族。原名完恩霖，字常白。曾用名完三（小名）。笔名：①常白，见于诗《夜记巷》，载1936年北平《小雅》第4期。嗣后在路易士编的《菜花诗刊》《诗志》、戴望舒编的《新诗》及上海《文艺世纪》等报刊发表诗作亦署。②石夫，见于诗《栖霞纪游》，载1934年《骨鲠》第47期；诗《被锁着的普洛密修士》，载1935年上海《诗歌月报》第1卷第6期；诗《致被盗者》《致明神者》，载1944年《诗领土》第1期。嗣后在《东方杂志》《异端》《现代中国》《科学知识》等杂志发表诗文亦署。

常风（1910－2002），山西榆次（今晋中市）人。原名常凤瑑，字镂青。笔名：①常风，于诗《那朦朦胧胧的一团》，载1933年上海《新月》第4卷第6期；评论《论茅盾的创作》，载1937年上海《书人》第1卷第1期。此前后在《国闻周报》《大公报·文艺》《武汉日报·现代文艺》《文学杂志》《月报》《文艺时代》《山大学报》《艺文杂志》《开明》等报刊发表评论、散文等，出版评论集《弃余集》（北平新民印书馆，1944年）、《窥天集》（上海正中书局，1948年）、《逝水集》（辽宁教育出版社，1995年），长篇小说《寂寞》（文化社，1945年）等亦署。②苏波，见于随笔《利威斯的三本书》，载1933年上海《新月》第4卷第6期；随笔《歌德之生平及其作品》，载1933年上海《新月》第4卷第7期。③常苏波，见于译文《德国的戏剧文学》（德国施雷格原作），载1943年《中德学志》第5卷第3期。同时期在该刊发表评论《尼采的悲剧学说》、译文《论古人"死"之表现法》（德国莱辛原作）等亦署。

常枫（1919－？），北京人。原名陈常枫。笔名常枫，见于诗《阵中的绿衣》，载1940年《黄埔》第5卷第14期；小说《遥远的悲哀》，载1945年《女青年》第1卷第12期；《女孩子（二章）》，载1947年重庆《文艺先锋》第11卷第6期。此前后在《旅行杂志》《作家杂志》《呼吸》《诗创造》等报刊发表诗文，出版诗集《激情的弦》（诗播种社，1948年）、《红楼新诗》（天津昆仑诗社，1994年）、《晚霞集》等亦署。

常夫（1923－？），福建邵武人。原名范经。曾用名范提摩。笔名常夫，1947年后在新加坡、马来西亚报刊发表文章署用。按：常夫1943年即开始在福建《闽北日报》发表诗文，署名未详。

常惠（1894－1985），北京人，字维钧。笔名常惠，见于诗《游丝》，载1918年北京《新青年》第5卷第2期；《谈北京的歌谣》，载1922年《努力周报》第27期。嗣后在《歌谣》《莽原》《国立北平研究院院务汇刊》等刊发表文章，出版《儿童的智慧》（俄国列夫·托尔斯泰原作。北京北新书局，1926年）亦署。

常君实（1920－2016），河南原阳人。笔名：①君实，1942年开始在重庆《新民报》《益世报》等报刊发表文章署用。见于随笔《愿望·意志·意志力》，载1944年桂林《自学》第2卷第1期。②常君实，1942年起在重庆《新民报》《益世报》、桂林《自学》等报刊发表文章署用。见于随笔《论喝茶》，载1945年《中美周报》第155期；随笔《慧境——为〈宇宙风〉创刊十周年纪念作》，载1946年上海《宇宙风》第141期。嗣后出版评论集《中国新文学大系续编·导言集》，翻译童话《马和狼》（苏联乌辛斯基原作，与方斐章合译。北京文化供应社，1951年）、《兔子和刺猬》（苏联乌辛斯基原作。上海光芒出版社，1951年）、《驴子和狮子》（苏联法伦可原作，与方斐章合译。上海光芒出版社，1951年），编辑出版《张恨水全集》《唐弢文集》《西谛书话》《郁达夫自选文集》《邓拓全集》《吴晗全集》《廖沫沙全集》《臧克家回忆录》《萧乾回忆录》《一辈子——吴祖光回忆录》《萧军回忆录》《台湾文学名著大系》《台湾散文名家名品丛论》，主编《新儿童丛书》《中国古典文学丛书》《中国古典诗词丛书》《作家与作品丛书》《中国现代文学名著丛书》《台湾现代文学丛书》《台湾当代长篇小说精品书系》等亦署。③石桥、尚今、南海、黄河、嵩山、罗洪、豫夫，20世纪50年代末期开始在中国港澳地区及海外报刊署用。

常任侠（1904－1996），安徽颍上人。原名常家选，字季青。曾用名复生（乳名）。笔名：①常任侠，1922年开始在北平《世界日报》发表作品署用，1923年6月在南京美术专门学校出版的《南美杂志》发表诗文亦署。见于散文《紫牵牛花》，载1933年9月11日《中央日报》；论文《中国原始之舞乐》，载1936年12月1日东京《留东学报》第2卷第6期。此前后在《文艺月刊·战时特刊》《广播周报》《戏剧时代》《抗战戏剧》《抗战军人》《抗战文艺》《戏剧新闻》《中国诗艺》《青年中国》《海潮音》《说文月刊》《文化先锋》《文艺先锋》《文摘月报》《乐风》《文学修养》《戏剧春秋》《学术杂志》《文学青年》《艺风》《新中华》《南洋学报》等报刊发表诗文，出版诗集《毋忘草》（南京土星笔会，1935年）、《收获期》（重庆独立出版社，1939年），戏剧《木兰从军》（重庆国民图书出版社，1942年），编选《现代中国诗选》（与孙望合作。重庆南方印书馆，1943年），论著《民俗艺术考古论集》（南京正中书局，1947年）、《中国古典艺术》（上海出版公司，1954年）、《东方艺术丛谈》（新文艺出版社，1956年）、《中国舞蹈史话》（上海文艺出版社，1983年），译作《日本绘画史》（日本秋山光和原作。人民美术出版社，1978年）等亦署。②怀英，见于《通讯》，载1925年9月18日北京《猛进》第29期；短论《发扬边疆文艺》，载1941

年南京《文艺月刊·战时特刊》第 11 卷 5 月号。③沈默，1931 年发表文章署用。④任侠，见于评论《南京戏剧运动的回顾与展望》，载 1933 年 8 月 30 日南京《新京日报·现代戏剧》。同年 9 月 15 日、16 日在南京《新民报》发表随笔《车中》亦署。⑤剧孟，见于剧评《萧伯纳的戏》，载 1934 年 5 月 31 日南京《中央日报·中央公园》。⑥颖上常任侠，出版《祝梁怨剧曲》（南京永祥印书馆，1935 年）署用。⑦常征，1935－1936 年在日本时为南京《新民报·新园地》发表文章署用。见于《日本的狗》，载 1936 年 9 月 22 日《新民报》。⑧长征，1935 年在日本为南京《新民报》撰稿时署用。⑨牧原，见于诗《北征——赠给文范励奎年轻的兄弟们》，载 1940 年 7 月重庆《大公报》；诗《玛耶可夫斯基礼赞》，载 1941 年 4 月 14 日《新华日报》。⑩醒元，见于短论《石鼓文研究（上）》《重庆附近的汉代墓葬（上）》，载 1943 年重庆《学术杂志》第 1 卷第 1 期。⑪常醒元，出版诗集《蒙古调》（昆明百合出版社，1944 年）署用。⑫翟端，1946 年在印度加尔各答主编《中国周报》署用。

常榕，生卒年及籍贯不详，原名常柏华。笔名常榕，20 世纪 30 年代在北平编《时言报》署用。

常书鸿（1904－1994），浙江杭州人，满族。曾用名常廷芳。笔名：①常书鸿，见于散文《花谢以后》，载 1927 年上海《北新》周刊第 1 卷第 32 期。嗣后在《文艺月刊》《文艺茶话》《艺风》《教育通讯》《文化先锋》《史学杂志》等刊发表文章，出版《敦煌石窟艺术》《敦煌艺术》《敦煌图案》《敦煌彩塑》《常书鸿画集》《敦煌艺术的源流与内容》（兰州大学出版社，1989 年）、《阿旃陀和敦煌》（兰州大学出版社，1989 年）、《九十春秋——敦煌五十年》（浙江大学出版社，1994 年），以及译作《从希腊到中国》（法国格鲁塞原作。浙江人民美术出版社，1985 年）等亦署。②鸿鸟，署用情况未详。

常燕生（1898－1947），山西榆次（今晋中市）人。原名常乃英，字燕生，号仲安。曾用名常乃瑛、常乃惪、常乃德。笔名：①常乃德，见于随笔《对于全国教育会联合会的希望》，载 1919 年《平民教育》第 1 期；《教授小识》，载 1920 年《北京市高师教育丛刊》第 4 期。嗣后在《新青年》《国民》《努力周报》《学生杂志》《新民德》《工学》《时事新报·学灯》《民铎杂志》《中华教育界》《青年生活》《北京市高师教育丛刊》《教育杂志》《北京师大周刊》《东方杂志》《社会学界》《大中国》等报刊发表文章，出版《教育上之理想国》（上海商务印书馆，1925 年）、《社会学之要旨》（上海中华书局，1930 年）、《法兰西大革命史》（上海中华书局，1931 年）、《德国发达简史》（上海中华书局，1934 年）、《文艺复兴小史》（上海中华书局，1934 年）、《蛮人之出现》（上海中华书局，1937 年）、《清宁集》（上海中流出版社，1947 年）等亦署。②德，见于诗《新光》，载 1919 年《平民教育》第 2 期。③燕生，见于《胡景翼先生的遗念（一）》，载 1925 年《莽原》第 2 期。嗣后在《语丝》《狂飙》《教育杂志》《京报副刊》《国论周刊》《青年生活》等刊发表诗文，与柳下编《中国青年党史及政纲》亦署。④常燕生，见于随笔《我反对苏俄的一个最大的理由》，载 1925 年 12 月 1 日北京《晨报副镌》；随笔《越过了阿 Q 的时代以后》，载 1928 年上海《长夜》半月刊第 3 期。嗣后在《现代评论》《民铎杂志》《中华教育界》《独立评论》《论语》《山西民众教育》《国论周刊》《文摘》《月报》《华文月刊》《青年生活》《大中国》等刊发表文章，出版短篇小说集《人生三部曲》（成都大文书局，1944 年），论著《国家主义运动史》（与陈启天合集。上海中华书局，1929 年）、《三民主义批判》（上海新中国书局，1929 年）、《生物史观与社会》（上海大陆书局，1933 年）、《十九世纪初年德意志的国难与复兴》（重庆国论社，1939 年）、《生物史观浅说》（中国人文研究所，1947 年）、《常燕生先生遗集》（台北文海出版社，1956 年）等亦署。⑤平子、平之、平生、凡民、柳下、萍之、惠之、痴隐、新光、张直君，署用情况未详。按：常燕生早年以发表诗《山西少年歌》（1925 年）、《故都赋》（1933 年）、《翁将军歌》（1933 年）而闻名，并出版有《岭上白云斋诗存》《常燕生诗词集》及与妻赵娴清的唱和诗集《影鸾剩草》、与继室萧碧梧的唱和诗集《泪眼看云集》。

【chao】

晁文玲（1912－1936），河南南阳人。原名晁凤芝。笔名晁文玲，1932 年秋在开封《河南民国日报》主编副刊《朝芒》署用。见于诗《我是怎样的难堪啊！》，载 1932 年 11 月 30 日开封《河南民国日报·丁香诗刊》。1935 年在《河南民国日报》发表论文《美的文学与力的文学》亦署。

【che】

车辐（1914－2013），四川成都人。原名车寿周。笔名：①车寿周，1930 年开始在四川报纸发表文章署用。嗣后发表随笔《峨眉山上一和尚》（载 1937 年上海《谈风》第 18 期）亦署。②囊萤，见于随笔《萤火》，载 1937 年成都《四川风景》第 1 卷第 2 期；随笔《朱自清》，载 1983 年 1 月 23 日《成都晚报》。③波打夫，抗战初在《四川风景》发表评论署用。④车辐，1938 年在成都《星芒报》发表通俗文艺作品和抗战漫画署用。嗣后在《人物杂志》《旅行杂志》等报刊发表《天才木刻家胥叔平》《米盖朗琪罗》《迷途的羔羊谭华贵》《大巴山行脚》《一个被侮辱与被损害的女人》等文，出版长篇小说《锦城旧事》（四川文艺出版社，2003 年）、散文集《采访人生》（中国文联出版公司，1995 年）、《川菜龙门阵》（四川大学出版社，2004 年）、《车辐叙旧》（四川科学技术出版社，2006 年）等著作均署。⑤车瘦舟，见于速写《地狱》，载 1939 年成都《笔阵》

第 3 期。嗣后在该刊以及《通俗文艺》《中国与世界》等刊发表随笔《何仙姑之死》《关于希特勒的性格》、戏剧《赵桂英功夫》《送子从军》、诗《鲁迅颂》等作品亦署。⑥杨槐，1940 年前开始在成都各报副刊、重庆《大公报》《天下文章》等刊报发表杂文署用。见于杂文《一半与一半》，载 1943 年 4 月 16 日成都《华西晚报·文艺》。此前后在该刊及成都《通俗文艺》、重庆《大公报》《天下文章》《中央周刊》《人物杂志》等报刊发表《最会感伤的人道主义》《隔靴搔痒》《记消防队长沈兆》《为募寒衣唱两板》《从幽默到油滑》《流氓·土匪·小偷》等文亦署。⑦皮仲麕，见于《怪杰谷畸润一郎》，载 1940 年《笔阵》新 1 期。1942 年在该刊新 2 期发表报告《"大队长"》亦署。⑧黄话，1942 年至 1949 年 10 月前在成都《华西晚报》副刊发表杂文署。⑨瘦舟，见于杂文《几乎无事的悲剧》，载 1943 年 3 月 10 日成都《华西晚报·文艺》。⑩槐堂，见于杂文《傻气》，载 1943 年 4 月 19 日成都《华西晚报·文艺》。嗣后在该刊发表《过时的陈货》等文亦署。⑪半之，1943－1946 年在《华西晚报·艺坛》发表杂文《臭虫、人和狗》等署用。⑫殷周，见于随笔《关于周作人》，载 1945 年重庆《青年园地》第 1 卷第 10 期。⑬田九郎，抗战期间发表杂文、随笔署用。⑭苏东皮，1983 年起在成都《成都晚报》发表随笔署用。⑮老车，1984 年在上海《新民晚报》发表文章署用。

车虹（1920－？），河南荥阳人。原名车作汉。笔名车虹，见于诗《狂飙》，载 1944 年重庆《文艺先锋》第 5 卷第 1、2 期合刊；诗《街巷（外一章）》，载 1945 年重庆《火之源》第 4 期。1946 年春出版诗集《山茶花》，1947 年 9 月在上海《文艺复兴》第 4 卷第 1 期发表《那个梳双辫的女人》亦署。

车铭深，生卒年及籍贯不详。笔名：①铭深，见于歌词《四季村歌》，载 1933 年上海《新诗歌》旬刊创刊号。②车铭深，见于《寄大力》《死友》，载 1934 年《民鸣》第 1 卷第 29 期；评论《论新儒家的理和欲》，载 1937 年上海《东方杂志》第 34 卷第 1 期。

【chen】

沉思（1928－　），江苏江宁（今南京市）人。原名沈允锡。笔名沉思，1949 年赴台湾后发表诗作，出版诗集《月光的塑像》（台中光启出版社，1967 年）、《海湾》（台中光启出版社，1971 年）等署用。按：沉思于 1943 年 8 月即在湖南衡阳《中央日报》发表文章，其时是否署用笔名"沉思"抑或其他笔名，未详。

沉樱（1907－1988），美籍华人。原籍中国山东潍县（今潍坊市）。原名陈瑛，字尘英。乳名娟。曾用名陈樱。笔名：①陈因，见于小说《回家》，载 1928 年上海《大江月刊》第 2 期。②沉樱，见于小说《欲》，载 1929 年上海《北新》半月刊第 3 卷第 15 期；小说《主仆》，载 1931 年上海《小说月报》第 22 卷第 4 期。嗣

后在《创作》《文学》《文学季刊》《宇宙风》《文艺先锋》《风雨谈》《文艺春秋》《微音月刊》《现代》《弹花》《黎明》《文潮月刊》等报刊发表散文《我们的海》《乡居日记抄》《秋天》《蹉跎》《给朋友》《杜鹃》、小说《老李》《生涯》《旧雨》等，出版小说集《喜筵之后》（上海北新书局，1929 年）、《夜阑》（上海光华书局，1929 年）、《女性》（上海生活书店，1934 年）、《一个女作家》（上海北新书局，1936 年），长篇小说《某少女》（上海北新书局，1929 年），散文集《沉樱散文集》（台湾自刊本，1972 年），翻译小说《同情的罪》（奥地利茨威格原作。山东文艺出版社，1984 年）、《毛姆小说选》（英国毛姆原作。大地出版社，1981 年）以及奥地利茨威格的《一位陌生女子的来信》《同情的罪》、德国赫尔曼·黑塞的《悠游之歌》《车轮下》《拉丁学生》等亦署。③小铃，见于小说《妻》，载 1929 年上海《小说月报》第 20 卷第 9 期；小说《迷茫中》，载 1930 年广州《万人小说》第 1 卷第 1 期。④沉樱女士，见于小说《月下》，载 1929 年上海《白露》第 1 卷第 1 期；小说《枝珂》，载 1930 年上海《现代文学》第 1 卷第 1 期（本篇刊内正文署名"沉樱"）。⑤陈沉樱、陈沉樱女士，见于小说《刚做了母亲》，载 1930 年广州《新声》第 3、4 期合刊（刊目录署名"陈沉樱女士"，刊内正文署名"陈沉樱"）。⑥非兆，见于小说《张顺的犯罪》，载 1934 年上海《文学》月刊第 2 卷第 4 期；小说《新生》，载 1934 年北平《文学季刊》第 1 卷第 2 期（本篇目录署名"秀岩"）。⑦秀岩，见于小说《新生》，载 1934 年北平《文学季刊》第 1 卷第 2 期（刊内正文署名"非兆"）。⑧陈瑛，见于评论《漫谈流行于潮州的民间杂剧——聊供热心于改良民间戏剧者作一参考》，载 1941 年重庆《青年戏剧通讯》第 14、15 期合刊。⑨尚友、陈尘英，署用情况未详。

陈安仁（1890－1964），广东东莞人，字任甫。笔名陈安仁，见于杂文《释宗教》，载 1917 年《青年进步》第 6 期。嗣后在《革命华侨汇刊》《朝晖》《现代史学》《文明之路》《新粤周刊》《文讯》《统一战线》《东方杂志》《天风》《图书季刊》《青年中国》《读书知音》《行健月刊》《民族文化》《满地红》《新建设》《民族青年》《大同》《妇女新运》《中山学报》《世界月刊》《新时代》《教育杂志》《华侨先锋》《文化先锋》《学生杂志》《说文月刊》等刊报发表文章，出版论著《六朝时代学者之人生哲学》（上海民智书局，1926 年）、《中国近世文化史》（上海商务印书馆，1936 年）、《宋代的抗战文学》（长沙商务印书馆，1939 年）、《中国文化演进史观》（贵阳文通书局，1942 年）、《中国文化建设问题》（重庆国民图书出版社，1943 年）、《中国文化史》（上海商务印书馆，1947 年）等亦署。

陈白尘（1908－1994），江苏淮阴（今淮安市）人。原名陈增鸿。曾用名陈征鸿、陈士林、陈斐。笔名：①陈增鸿，见于散文《郊外夕游记》，载 1923 年 8 月 11 日上海《小说月报》；小说《另一世界》，载 1925 年

上海《小说世界》第 11 卷第 2 期。②陈斐，用于编选《元曲十种》，上海大东书局 1930 年收稿，未见出版。③陈白尘，见于小说《重逢之夜》，载 1931 年上海《小说月报》第 22 卷第 3 期；论文《中国民众戏剧运动之前路》，载 1933 年《山东民众教育月刊》第 4 卷第 8 期。嗣后在《小说月报》《青年界》《矛盾月刊》《现代》《小说家》《新演剧》《文学季刊》《文学》《中流》《文学大众》《好文章》《抗战半月刊》《时事类编》《世界知识·妇女生活·中华公论·国民周刊战时联合旬刊》《小剧场》《文艺阵地》《华西日报》《青年界》《抗战文艺》《戏剧岗位》《戏剧春秋》《文讯》《文学创作》《文艺先锋》《青年文艺》《天下文章》《新文学》《戏剧时代》《文艺春秋》《清明》《文联》《中原·文艺杂志·希望·文哨联合特刊》《青年园地》《周报》《艺声》《联合周报》《文艺丛刊》《中国作家》《同代人文艺丛刊》《文艺新地》等报刊发表剧作《汾河湾》《芦沟桥之战》《扫射》《乱世男女》《魔窟》，评论《中国民众戏剧运动之前路》《从武训到"武训传"及其他》《关于新爱国主义》，电影故事《幸福狂想曲》，散文《岁暮怀朱凡》《寄向沙锅窑——贺孟斧周年祭》，随笔《听人物自己说话罢》《"五·四"谈电影》《"色情"与"开心"》等，出版散文集《习剧随笔》（重庆当今出版社，1944 年），短篇小说集《风雨之夜》（上海大东书局，1929 年）、《曼陀罗集》（上海文化生活出版社，1936 年）、《茶叶棒子》（上海开明书店，1937 年）、《小魏的江山》（上海文化生活出版社，1937 年），中篇小说《歧路》（上海芳草书店，1929 年），长篇小说《漩涡》（上海金屋书店，1928 年）、《一个狂浪的女子》（上海芳草书店，1929 年）、《罪恶的花》（上海芳草书店，1929 年）、《归来》（上海泰东图书局，1929 年），戏剧《石达开的末路》（上海文学出版社，1936 年）、《太平天国第一部·金田村》（上海生活书店，1937 年）、《一个孩子的梦》（上海读书生活出版社，1937 年）、《汉奸》（汉口华中图书公司，1938 年）、《魔窟》（又名《群魔乱舞》。重庆生活书店，1938 年）、《乱世男女》（重庆上海杂志公司，1939 年）、《汪精卫现形记》（重庆中国戏曲编刊社，1940 年）、《秋收》（又名《大地金黄》，根据艾芜同名小说改编。桂林上海杂志公司，1941 年）、《大地回春》（桂林文化供应社，1941 年）、《后方小喜剧》（香港光厦书店，1941 年）、《结婚进行曲》（重庆作家书屋，1942 年）、《岁寒图》（重庆群益出版社，1945 年）、《大渡河》（上海群益出版社，1946 年）、《升官图》（重庆群益出版社，1946 年）、《新官上任》（上海生活书店，1946 年）、《悬崖之恋》（又名《卖油郎》。根据俄国亚·尼·奥斯特洛夫斯基原作《没有陪嫁的女人》改编。上海群益出版社，1947 年）、《第二个回合》《大风歌》，讽刺剧集《美国奇遇》，电影文学剧本《乌鸦与麻雀》《幸福狂想曲》（与他人合作）；1949 年后出版电影文学剧本《宋景诗》（与贾霁合作。艺术出版社，1954 年）、《云梦断忆》（读书·生活·新知三联书店，1984 年）等亦署。④墨沙，见于小说《马棚湾》，载 1934 年上海《文学》第 2 卷第 2 期。嗣后在该刊及天津《当代文学》发表小说《夜》《幕》《小风波》等亦署。⑤白尘，见于独幕剧《大风雨之夜》，载 1934 年 2 月 1 日上海《文学》第 2 卷第 2 期；小说《父子俩》，载 1934 年北平《文学季刊》第 1 卷第 4 期。嗣后发表速写《肉》、剧作《恭喜发财》《中秋月》《金田村》、小说《蠢动》《母子》《小魏的江山》、散文《乡居散记》、随笔《读书随笔——文学的衰亡》《一个时代的开始》等。⑥江浩，见于随笔《朝花夕拾》，载 1943 年 12 月 4 日成都《华西晚报》。⑦姜皓，见于随笔《朝花夕拾》，载 1945 年 8 月 1 日成都《华西晚报》。⑧马不陀，见于诗《我是校场口的土地》，载 1946 年 2 月 13 日《新民报晚刊》。⑨皓，20 世纪 40 年代在成都《华西晚报·艺坛》发表文章署用。⑩ OS，20 世纪 40 年代在重庆《新华日报》连载独幕剧《新群魔乱舞》。

陈白澄，生卒年及籍贯不详。笔名：①陈白澄，见于译文《罗曼·罗兰序高尔基〈在哨岗〉》，载 1942 年重庆《中苏文化》第 11 卷第 3、4 期合刊。②白澄，见于翻译小说《牧场》（苏联 M. 克尔夫原作），载 1936 年北平《北大周刊》第 1 卷第 1 期：翻译小说《书》（苏联高尔基原作），载 1936 年《今日文学》第 3 期。同时期起在《抗战文艺》《文艺突击》《中国青年》《文学月报》《西线文艺》《中行杂志》《读书月报》《新音乐》《文化杂志》《野草》《中苏文化》《诗与散文》《集体创作》《中国诗坛》《文联》《文艺复兴》《作家杂志》《光明报》等报刊发表翻译散文《耻辱》（苏联爱伦堡原作），翻译小说《一本书的故事》（苏联高尔基原作），翻译诗歌《不许干涉中国》（苏联马雅可夫斯基原作）、《夜夜梦见你》（德国海涅原作），译文《论文学及其他》（苏联高尔基原作）、《卡拉玛助夫型与奥古洛夫型》（苏联叶尔密洛夫原作）、《悲多芬怎样作曲的？》《人民诗人——马雅可夫斯基》等亦署。

陈白曙（1912—1986），广东台山人。原名陈作梅。曾用名陈子桢、龚素兰。笔名：①白曙，见于诗《小宝宝的歌》，载 1933 年上海《新诗歌》旬刊第 1 卷第 4 期；诗《没归宿的人》，载 1934 年上海《新诗歌》半月刊第 5 期；诗《她的悒郁》，载 1936 年上海《夜莺》第 1 卷第 1 期。嗣后在上海《文学丛报》《现实文学》《文丛》《烽火》《文艺新潮》《文艺新闻》《戏剧与文学》《奔流文艺丛刊》《救亡日报》《鲁迅风》《大美报·浅草》等报刊发表诗文，1939 年 7 月与石灵、宗珏、柯灵等人出版诗文合集《松涛集》《火线下之歌》《草珠集》《雪天里》，长诗《夜的交响》等亦署。②龚素兰女士，见于 1934 年上海《新诗歌》半月刊第 2 卷第 3 期通讯处联系人之名。③陈白曙，出版文集《陈白曙作品选》（漓江出版社，1997 年）署用。④方未艾，署用情况未详。

陈白影（1916—？）广东汕头人。原名陈华生。笔名陈白影，1934 年起在马来亚新加坡《星洲日报·文艺周刊》《星洲日报·晨星》等发表小说、散文、诗作署用。嗣后出版《陈白影诗集》（香港激流书局，1959

年）亦署。

陈邦道，生卒年及籍贯不详。笔名少虬，1939 年与古丁、小松在长春创办《艺文志》季刊署用。见于随笔《郑海藏先生的诗》，载 1939 年 6 月长春《艺文志》第 1 辑。嗣后在该刊发表旧体诗《牡丹园雅集分咏得花字》《旧京杂感》亦署。又见于随笔《一年来的故都杂志出版界》，载 1944 年南京《新东方》第 9 卷第 1 期。1944—1945 年在《中华周报》发表《秋园访溥记》《读论争杂感后质问域宁几句话》《谈谈国画中的题跋》等文亦署。

陈宝琛（1848—1935），福建闽县（今福州市）人，字伯潜、伯泉、敬嘉，号弢庵（弢盦）、陶庵、听水、沧趣、橘隐、橘叟。别名听水老人、听水斋老人、听水斋主人、沧趣楼主、铁石道人。笔名：①陈宝琛，见于七律《梅阳归养图送江侍郎》，载 1910 年《国风报》第 1 卷第 11 期；七律《中秋对月》，载 1913 年日本东京《庸言》第 1 卷第 4 期。嗣后在《文艺杂志》《东方杂志》《侨学杂志》《宗圣学报》《国学专刊》等刊发表旧体诗《题伯岩诗卷》《夏日小雄山斋作》《听水第二斋落成》《题林文忠公京师伊犁两日记》《题邓铁香鸿胪遗墨》《次韵逊敏斋落花诗四首》《税中忆爪哇之游杂述八首》《南游草》等，出版《沧趣楼诗集》《沧趣楼文存》《沧趣楼律赋》《沧趣楼联语》等亦署。②弢庵，见于旧体诗《江亭吟集赋似太仓社主》，载 1914 年上海《小说月报》第 5 卷第 8 期。1927 年后在《坦途》《国闻周报》等刊发表旧体诗《握兰簃裁曲图为释戡题》《同赞虞颂垣朗溪游石经山云居寺次日有上方之游而余先归》《壬申上巳十刹海禊集分韵得栖字》等亦署。

陈宝书[1]，生卒年不详，湖北江夏（今武汉市）人，字豪生。笔名陈宝书，在《南社丛刻》发表诗文署用。

陈宝书[2]（1926—1988），湖北浠水人。笔名阿真。1948 年发表处女作诗歌《坟》。著有短篇小说《爸爸和妈妈》《她的爱和恨》等。

陈豹变，生卒年及籍贯不详。笔名豹变，见于诗《受伤归来的战士》，载 1938 年昆明《战歌》第 1 卷第 4 期；诗《警岗》，载 1939 年 5 月 1 日《中国诗坛》复刊号。

陈北鸥（1912—1981），福建闽侯（今福州市）人，生于北京。原名陈伯欧。笔名：①陈北鸥，1933 年在北平编《文艺月报》并发表诗《清道夫》《瓦匠》《欢迎反帝非战联盟》《悼丁玲》、译文《马克詹姆·高尔基》（斯塔斯基原作）等署用。嗣后在《杂文》《东方杂志》《师大月刊》《文艺之家》《十日文萃》《人民文艺》等刊发表诗《贫穷之歌》《移动的脚步》、报道《武装了的大武汉》、评论《高尔基的写作技巧》《关于剧本〈安娜·卡列尼娜〉》《日本诗运动之史的开展》等，出版诗集《心曲》（北平著者书店，1933 年）、论著《新文学概论》（北平立达书局，1932 年）、报告文学《保卫华北的游击战》（与刘清扬合作。汉口生活书店，1938

年），编著《人民学习辞典》（上海广益书局，1953 年），翻译《作家论》（德国恩格斯原作。东京质文社，1937 年）和剧作《蔷薇何处开》（日本真山美保原作。中国戏剧出版社，1958 年）、《夕鹤》（日本木下顺二原作。中国戏剧出版社，1961 年）等亦署。②北鸥，见于译诗《我要在一年里得到胜利》（安塔尔·希达德原作），载 1933 年北平《文艺月报》第 1 卷第 3 期。嗣后在《东流》《杂文》《文艺月报》《光明》《文化动向》《诗歌生活》《艺文线》《自由中国》《文艺月刊·战时特刊》《抗战文艺》《文艺》《黄河》《战地通信》《文摘战时旬刊》《半月文摘》《战时日本》《战地知识》《东南青年》《难童教育》等报刊发表报道《世界文坛的动向》《在敌人后方》《西线上的血肉长城》《敌人在加紧统治华北》、评论《保卫武汉与今后的文艺工作》《保卫祖国的文化》《创作技术和通俗化》《战地文化的再认识》等文亦署。③伯欧、北、欧，分别见于随笔《流线型和文学》、消息《巴比塞逝世》、消息《德国文化的衰败》，载 1935 年日本东京《杂文》月刊第 3 期。④伯鸥，见于诗《船夫》，载上海《青年界》第 9 卷第 1 期。⑤陈北欧，见于随笔《演剧的展望》，载 1943 年上海《东方杂志》第 39 卷第 1 期。按：陈北鸥另著有长篇小说《前线恋》、剧本《万年青》《红楼梦》《保卫工厂》、电影文学剧本《甦风记》，署名与出版情况未详。

陈碧岑（1893—1982），安徽泗县人。原名陈荫，字碧岑。笔名陈碧岑，见于七绝二首《寄怀达夫弟》，载 1916 年 2 月 9 日杭州《全浙公报·杂货店·诗选》。

陈碧茵（1915—？）湖北武汉人。原名陈月英。笔名：①陈碧茵，见于散文《鸿泥》，载 1935 年武汉《文艺》第 1 卷第 5、6 期合刊。②碧茵，见于散文《折子》，载 1936 年武汉《文艺》第 2 卷第 4 期；散文《苏醒的春光》，载 1935 年《暨中学生》第 4 期。嗣后在上述两刊及《女声》《东方杂志》《华年》《女青年》《七月》等刊发表《雨窗春话》《末运》《静寂》《黄昏》《徐州农村妇女的生活素描》《娼妓问题之检讨》《豫西行》等文，1948 年在武汉《新戏剧报》发表《碧茵自传》亦署。

陈宾（1922—1997），泰国华人，原籍中国广东文昌（今海南文昌市）。原名陈嘉仲。笔名：①麦子，20 世纪 30 年代后期在暹罗曼谷《中原报·少年版》投稿署用。②陈宾，20 世纪 40 年代前后在曼谷《正言日报》《知行导报》《中原报》《中原周报·时事版》《泰华商报·大时代》等报刊发表文章署用。

陈彬龢（1897—1945），江苏吴县（今苏州市）人，字乐素，号松轩。笔名：①陈乐素，见于随笔《相老人八十年之经过谈》，载 1930 年上海《人文月刊》第 1 卷第 2 期；论文《魏志倭人传研究》，载 1930 年上海《日本研究》创刊号。嗣后在《日本研究》《辅仁学志》《思想与时代》《图书季刊》《浙江学报》等刊发表论文《日本古代之中国流寓人及其苗裔》《日本民族与中国文化》《中国文字之流传日本与日本文字之形成》《后汉刘宋间之倭史》《日本之遣隋唐使与留学生》《古代日本及其新文化》《第七世纪中叶的中日战争》、随笔《读宋史魏杞传》《南宋定都临安的原因》等亦署。②陈彬龢，见于评论《东北问题与日本》，载 1931 年上海《国立劳动大学劳动周刊》第 1 卷第 16 期。嗣后在《新创造》《北京大学国研究所国学门周刊》《战地通信》《文友》等刊发表评论《为争取言论自由致汪精卫先生书》《苏联之轮廓画》《对日全面抗战答客问》《日本研究吾国的各种定期刊》《对上海文化界的期望》、译文《读陈垣氏之元西域人华化考》（日本桑原隲藏原作）等，出版论著《日本研究》（上海基督徒济案后援会，1928 年）、《中国文学论略》（上海商务印书馆，1931 年）、《中国书史》（与查猛济合作。上海商务印书馆，1931 年）、《申报评论选》（上海美华书馆，1932 年）、《陈彬龢论文选》（上海美华书馆，1934 年）、《中国文字与书法》（上海商务印书馆，1934 年），译作《中国文学概论》（日本盐谷温原作。北京朴社，1926 年）等亦署。③乐素，见于论文《世界经济的现势》，载 1934 年南京《国民外交杂志》第 4 卷第 5、6 期合刊。④昌蔚、陈昌蔚，1934－1936 年在上海《出版周刊》连载长文《印刷术》署用。

陈冰夷（1916－2008），上海人。原名陈秉彝。笔名：

①于健、白艾、白寒、华骨、萧瑟、梁香，1938 年开始在上海《时代》《苏联文艺》等报刊发表影剧评论和译作署用。②冰夷，见于译文《剧艺手记》，载 1941 年上海《剧场艺术》月刊第 3 卷第 3、4 期合刊；编译《论文艺复兴时代西班牙的戏剧》，载 1946 年上海《求真杂志》第 1 卷第 3 期。同年在该刊发表编译《论文艺复兴时代意大利戏剧》《论古典主义戏剧》《论中世纪戏剧》《论英国伊丽莎白时代的戏剧》等，1949 年 10 月《小说》月刊在上海复刊时发表书话《各民族友谊》等，出版译作《论文艺中的世界主义》（时代出版社，1950 年）、《谈文学》（苏联法捷耶夫原作。作家出版社，1956 年）、《论文学》（苏联高尔基原作。人民文学出版社，1979 年）、《奥维奇特尔集》（与君强合译。作家出版社，1955 年）等亦署。③陈冰夷，见于译文《〈太阳照在桑干河上〉俄译本序》（苏联波兹德聂耶娃原作），载 1950 年北京《人民文学》第 1 卷第 6 期。

陈炳岑（1925－？），福建福州人。笔名灿抒，见于散文《无花的希望》，载 1945 年 2 月 7 日福建永安《民主报·新语》。同时期在该刊参加关于文言文论战而发表杂文《给“苍蝇们”》等亦署。

陈炳煌（1903－2000），台湾基隆人。笔名鸡笼生，1935 年出版《鸡笼生漫画集》《百货店》《海外见闻录》署用。嗣后出版《大上海》（1942 年）、《傻瓜集》（台北东方出版社，1962 年）等亦署。

陈波儿（1907－1951），广东潮安人。原名陈舜华，字棠秋。曾用名陈佐芬、陈莲凤。艺名陈波儿。笔名：①陈波儿，见于散文《雪夜中》，载 1934 年上海《社会月报》第 1 卷第 3 期；诗《悼毕业歌作曲者》，载 1935

年 8 月 25 日上海《青春电影》第 2 卷第 5 期。嗣后在《玲珑》《新学识》《月报》《读书月报》《妇女生活》《欧亚文化》《创作月刊》《清明》《新文学半月刊》等刊发表随笔《从〈升官图〉中学习》《女性中心的电影与男性中心的社会》《电影艺人与读书》《在国防前线演国防剧》《前线慰劳归来》《三个小脚代表印象记》、报告《从上海到抗战最前线》《黑爪下的华北“文化”》、电影剧本《伤兵曲》等，出版话剧《同志，你走错了路》《边区劳动英雄》《劳动的光辉》、论著《中国电影评论集》等亦署。②陈波儿女士，见于演讲《北上劳军的经过与感想》，载 1937 年《关声》第 5 卷第 9 期。

陈伯吹（1906－1997），上海人。原名陈汝埙。曾用名雷宝（乳名）、陈伯顺。笔名：①陈伯吹，见于文学故事《学校生活记》（上海商务印书馆，1927 年）；诗《出卖青春》，载 1929 年上海《北新》第 3 卷第 8 期；诗《随便什么时候都是我可以死的时辰》，载 1930 年上海《小说月报》第 21 卷第 4 期。嗣后在《北新》《小说月报》《儿童世界》《妇女》《今代妇女》《萤光》《中学生活》《青年界》《大众》《文化先锋》《东方杂志》《现代》《宇宙风》《新中华》《旅行杂志》《儿童福利》《文艺春秋》《新学生》《茶话》《启示》《教育杂志》《新教育杂志》《中华教育界》《大公报·现代儿童》《学风》《小朋友》等报刊发表故事《懒惰者必会受罚》《小鼠的旅行》，诗《不是我爱你呀》《我与你并肩同行》，翻译小说《象童》（英国吉卜村原作）、《小夏蒂》（瑞士约翰娜·斯比丽著），散文《马路英雄》《冬天里的春天》，随笔《儿童的文学与教育》《新赣南印象记》《普希金与儿童文学》《梦与儿童文学》《大作家与小孩子》等，出版诗集《誓言》（上海芳草书店，1930 年）、《游戏的诗歌》（上海儿童书店，1933 年），长篇小说《永久的情书》（上海北新书局，1934 年），翻译小说《小山上的风波》（上海北新书局，1931 年）、《出卖心的人》（英国尼司蓓蒂原作。上海中华书局，1933 年）、《神童伏象记》（英国吉卜林原作。上海中华书局，1944 年）、《一家人都飞去了》（英国特里斯原作。重庆中华书局，1944 年）、《兰花园》（英国柏特涅原作。重庆中华书局，1944 年）、《三儿奇遇记》（英国布顿·杰克勃逊原作。重庆中华书局，1944 年），翻译童话《一文奇怪的钱》（苏联斯蒂普涅克原作。上海山城书局，1941 年）、《兽医历险记》（瑞士休·罗芙汀原作。上海中华书局，1949 年），戏剧《小朋友欢剧》（与徐学文合作。上海北新书局，1930 年），1949 年后出版论文集《儿童文学简论》（长江文艺出版社，1957 年）、《他山漫步——陈伯吹序文集》（广东人民出版社，1984 年），儿童文学《一只想飞的猫》（少年儿童出版社，1980 年）、《阿丽思小姐》（湖南人民出版社，1981 年）、《好骆驼寻宝记》（北京出版社，1983 年）、《陈伯吹作品选》（四川少年儿童出版社，1983 年）、《陈伯吹文集》（少年儿童出版社，1989 年）等亦署。②伯吹，见于故事《一课书》，载 1929 年 4 月 13 日上海《儿童世界》第 23 卷第 15 期（刊内正文署名陈伯吹）；随笔《科学方法与读书》，载 1946

年上海《茶话》第 1 期；随笔《拾垃圾的》，载 1948 年上海《小朋友》第 609 期；随笔《山城、江水、老屋》，载 1949 年《新中华》半月刊第 12 卷第 5 期。③大孩子，1931 年在上海《小学生》发表文章署用。④夏雷，见于《国难时期中小学之自然》，载 1936 年上海《生活教育》第 3 卷第 1 期；随笔《组织文化战线》，载 1937 年 8 月前后上海《立报·言林》。同时期起在《中学生活》《小说月报》《立报》《译报》《文汇报》《华美晚报》《小朋友》等报刊发表小说《一枚钻戒》、翻译小说《翼的故事》《一文钱》《出卖心的人》、随笔《要学些什么》《几部关于日本问题的新著》《漫谈英德海战——无言的战争》、童诗《朋友，你好》等亦署。出版小说《魔鬼吞下了炸弹》（桂林北新书局，1943 年）亦署。⑤春雷、柏舟、柏翠、百川、天风、雷霆，1937 年至 1949 年在上海《立报》《文汇报》《译报》《华美晚报》等报刊署用。⑥翡翠，见于《蓝花国》，载 1942 年上海《小说月报》第 2 卷第 4 期。⑦冷翡翠，见于小说《杜立德医生的故事》，载 1942 年上海《小说月报》第 2 卷第 6—10 期。⑧白翠，见于小说《大时代中的小插曲》，连载于 1948 年上海《新中华》半月刊复刊第 6 卷第 5—7 期。⑨红孩子，"文化大革命"期间向《人民日报》投稿署用。

陈伯达（1904—1989），福建惠安人。原名陈建相，字仲顺。曾用名陈尚友、陈志梅、陈志美、陈万里、王文殊、王通、周金、史达、梅庄、曲突。笔名：①陈尚友，见于诗《晚眺》，载 1922 年 9 月 13 日上海《民国日报·妇女评论》；小说《寒天》，载 1925 年北京《现代评论》第 1 卷第 9 期。此前后在北京《晨报副镌·艺林旬刊》、上海《洪水》半月刊等报刊发表小说《在电车里》（收录于 1928 年上海亚细亚书局版小说合集《海鸥集》）、旧体诗《绝句四首》、评论《努力国民革命中的重要工作》《中国言论界》等作品亦署。②梅庄，见于随笔《关于朱湘及其他》，载 1935 年上海《太白》第 1 卷第 10 期；随笔《"关于命运"》，载 1935 年上海《芒种》半月刊第 6 期。③陈伯达，见于论文《中国古史上的神话传说源流考》，载 1935 年 3 月 20 日上海《太白》半月刊第 2 卷第 1 期；论文《论抗日的文化统一战线》，载 1938 年汉口《自由中国》第 2 期。嗣后在上述两刊及《鲁迅风》《文史》《新世纪》《时代论坛》《读书生活》《自修大学》《认识月刊》《月报》《读书月报》《民族公论》《公论丛书·论自由》《文学月报》《文艺战线》《中国文化》《中国青年》《正报》《民众杂志》《广雅学生》《群众·香港版》《经济通讯》《中苏友好》《田家》等报刊发表论文《墨子哲学思想》《孔子的哲学思想》《老子的哲学思想》《春秋战国社会略考》《论新启蒙运动》《论五四新文化运动》《五四运动与知识分子的路》，出版论著《评〈中国之命运〉》（香港新中国文献出版社，1946 年）、《土皇帝阎锡山》（新中国出版公司，1946 年）、《中国四大家族》（香港长江出版社，1946 年）、《人民公敌蒋介石》（华东新华书店，1949 年）、《社会科学概论》（大连新华书店，1949 年）、《关

于十年内战》（人民出版社，1953 年），传记《窃国大盗袁世凯》（香港正风出版社，1946 年）等亦署。③伯达，见于评论《由民族主义至三民主义》，载 1932 年上海《絮茜》月刊创刊号；评论《关于文艺民族形式的论争》，载 1941 年重庆《文学月报》第 2 卷第 6 期。④周金、史达、曲突，署用情况未详。

陈布雷（1890—1948），浙江慈溪人。原名陈训恩，字彦及，号布雷、畏垒。笔名：①布雷，1911 年在上海《天铎报》发表评论开始署用。嗣后在《民权素》《申报》等报刊发表文章亦署。1926 年在《国闻周报》各期发表《北伐发展与孙传芳》《溥仪复宫问题》《国民军与北京》《中国今后之外交》等文亦署。②曰彦，1912 年前后开始在《申报》《天铎报》《四明日报》发表随感、短评署用。③训恩，1914 年在杭州《教育周报》发表文章署用。④陈训恩，在《南社丛刻》发表诗文署用。⑤垒、彦，早年在《天铎报》发表文章署用。后者还曾为上海《申报》撰写介绍西洋国政民情的文章署用。⑥畏垒，20 世纪 20 年代初在上海《商报》《申报》等报发表评论、社评等署用。⑦陈布雷，见于评论《教育的理论与实际》，载 1929 年《中央党务月刊》第 17 期。嗣后在《河南教育》《民众教育季刊》《浙江省建设月刊》《心声月刊》《中央周刊》《吴兴教育行政周刊》《文澜学报》《思想与时代》《国防周报》《读书通讯》《浙江图书馆通讯》等刊发表评论、随笔及旧体诗等亦署。⑧陈彦及、徐道邻，署用情况未详。

陈宷（1918—？），福建福安人。笔名：①长青、田秀，1940—1942 年在福建连城《大成日报·高原》、福州《福建民报·纸弹》等报刊发表散文、科学小品等署用。②庭彩，见于散文《鄞江》，载 1940 年 3 月 5 日连城《大成日报·高原》。

陈残云（1914—2002），广东广州人。原名陈福才。曾用名陈残云。笔名：①陈残云，见于诗《马来亚之忆》，载 1935 年上海《当代诗刊》第 1 卷第 3—4 期合刊；诗《黄昏短曲》，载 1939 年广州《文艺阵地》第 3 卷第 3 期。嗣后在《十日谈》《内外杂志》《中国诗坛》《中学生》《笔阵》《青年知识周刊》《文艺生活》《诗创作》《月刊》《戏剧与文学》《文艺丛刊》《民主·南方版》《青年知识》《创作经验》等刊发表诗《向远处》《战事小诗三篇》《清晨小曲（三章）》《海滨散曲十章》，散文《晨曦之街》《走大路的人》《悼念征军》，随笔《伟大的纪念》《抒情的时代性》《民盟琐忆》《我为"天子"们的哲学悲哀》，小说《激荡》《县督学》等，出版诗集《铁蹄下的歌手》（广州诗场社，1937 年），长篇小说《风砂的城》（香港文生出版社，1946 年），中篇小说《南洋伯还乡》（香港南侨编译社，1947 年）、《新生群》（香港学生社，1948 年），短篇小说集《小团圆》（广州南方书店，1949 年）；1949 年后创作电影文学剧本《羊城暗哨》《珠江泪》《椰林曲》（与李英敏合编）、《南海潮》（与蔡楚生、王为一合编）、《南国红豆集》，粤剧剧本《珠江泪》《粤海忠魂》（与黄宁婴、望江南

合编），出版《喜讯》（广州华南人民出版社，1954 年）、《山村的早晨》（武汉中南出版社，1954 年）、《珠江岸边》（作家出版社，1962 年）、《香飘四季》（作家出版社，1963 年）、《山谷风烟》（广东人民出版社，1978 年）、《异国乡情》（花山出版社，1982 年）、《热带惊涛录》（花城出版社，1983 年）、《陈残云自选集》（花城出版社，1983 年）等亦署。②方远，见于随笔《怎样看马凡陀》，载 1947 年《文艺生活》光复版第 16 期。嗣后在该刊和该刊海外版发表随笔《感谢和慰问》《扫荡黄色文化》等亦署。③准风月客，见于随笔《农工的"领袖"》，载 1946 年昆明《正风周刊》第 2 卷第 6 期。按：陈残云尚出版有长篇小说《羊城暗哨》、中篇小说《深圳河畔》、散文集《南大门风光》、诗集《粤海新诗》等，出版情况未详。

陈昌标（1901－1941），浙江诸暨人。原名陈范予，字昌标。笔名：①陈昌标，见于诗《一映》，载 1922 年上海《诗》第 1 卷第 5 期。②昌标，见于诗《母子之死》《鹧鸪使她》，载 1929 年上海《朝花周刊》第 13 期、15 期；随笔《法国是在日本的后面吗》，载 1932 年上海《大陆》第 1 卷第 1 期。③陈范予，见于随笔《痛苦的启示》，载 1942 年 5 月 1 日汉口《自由中国》新 2 卷第 1、2 期合刊；见于散文《梅》，载 1942 年上海《宇宙风》第 129 期。

陈昌浩（1906－1967），湖北汉阳（今武汉市）人。曾用名陈海泉，号子凡。笔名：①苍木，翻译小说《日日夜夜》（苏联西蒙诺夫原作，与继纯合译。莫斯科外国文书籍出版局，1945 年）。②陈昌浩，见于论著《近代世界革命史》（中国出版社，1940 年）。嗣后出版《共产党和共产主义》，主编《俄华辞典》，翻译小说《日日夜夜》（苏联西蒙诺夫原作，与张锡俦合译。莫斯科外国文书籍出版局，1949 年）、《宁死不屈：塔拉斯一家》（苏联郭尔也托夫原作。莫斯科外国文书籍出版局，1951 年）、《旅顺口》（苏联斯捷潘诺夫原作。作家出版社，1954 年）等亦署。

陈昌谦（1921－？），江苏海门人。原名陈秉俭。笔名：①丙且、微尘，1936 年间在南通《新江北日报·浪花》发表诗文署用。②刘杰，见于散文《文坛巨星的殒落》，载 1936 年 10 月下旬南通《新江北日报·浪花》。③陈丙且，1938 年主编《南通各报联合刊·救亡三日刊》署用。④陈昌谦，1946 年改用为通用名，发表文章或署。⑤樊昌，见于《南通血案前后》，载 1946 年上海《文萃》第 26 期。⑥通人，见于报道《惨极！新闻记者被"扎粽子"投江》，载 1946 年上海《消息半周刊》第 2 期。⑦理，见于通讯《记南通惨案》，载 1946 年上海《周报》第 32 期。⑧魏明，见于《读者之声》，载 1947 年上海《野火》诗刊第 2 期。

陈超琼，生卒年及籍贯不详。笔名陈岛，抗战期间在安徽立煌编《中原》杂志署用。

陈绯，生卒年及籍贯不详。笔名罗沉，见于小说《鸽

子》，载 1944 年上海《女声》第 3 卷第 1 期；翻译小说《罪衍》（俄国契诃夫原作），载 1944 年上海《大众》8 月号。嗣后在该刊及上海《茶话》《杂志》发表小说《失业》、随笔《应该彼此谅解》《乘飞机到香港》等作品亦署。

陈澄之（1912－？），江苏江都（今扬州市）人。笔名：①陈广湘，见于《世界女童子军史略》，载 1932 年天津《体育周报》第 14－18 期；译文《苏俄与德国之贸易》（卡尔·冯·盖尔德兰德原作），载 1938 年重庆《政论旬刊》第 1 卷第 25 期。②陈澄之，见于译文《苏联在远东的坚强地位》，载 1938 年 11 月 16 日重庆《时与潮》第 2 卷第 2 期。嗣后在《黄河》《高原》《天下文章》《世界政治》《中国的空军》《抗战与文化》《新中华》《旅行杂志》《京沪周刊》《银行周报》《瀚海潮》《华美国际》等刊发表论文《新疆人地浅识（新疆人地渊源考释）》《鄯善、乾德、阜康略识（新疆人地渊源考释）》《木垒河、托克逊略识（新疆人地渊源考释）》《昌吉、奇台、呼图壁略识（新疆人地渊源考释）》《孚远略识（新疆人地渊源考释）》《绥来、吐鲁番略识（新疆人地渊源考释）》《迪化识略（新疆人地渊源考释）》《亚洲腹地上的蒙古国》、小说《兰娜》《一叶随风忽报秋》《库尔勒的三姊妹》、随笔《西北边地拾异》《沙漠里的金山——阿尔泰》《西行到迪化》《邱吉尔的〈狂风暴雨〉》、译文《远东的国际局势》《日美间之渔争》《美国空军在中国》《地理政治学概论》《暹罗宫闱生活祕录》、通讯《西北近闻撷萃》等，出版长篇小说《山雨欲来风满楼——慈禧西幸记之一》（上海百新书店，1948 年）、《日暮乡关何处是——慈禧西幸记之二》（上海百新书店，1948 年），翻译散文《今日之重庆》（美国高尔德原作。新中国出版社，1941 年），翻译小说《尼黛姑娘的故事》（美国杰弗里·特雷斯原作。南京正中书局，1943 年）、《深闺里》（美国赛珍珠原作。上海百新书店，1948 年）等亦署。③方丁平，署用情况未详。

陈迟（1924－2015），江西九江人。原名陈晓梅。笔名：①陈迟，1943 年开始在江西泰和《大众日报》副刊发表诗歌、散文署用。嗣后在江西南昌《中国新报》《江西民国日报》《青年报》《力行日报》《新闻日报》、九江《型报》、遂川《大众日报》、赣州《正气日报》、上饶《前线日报》，浙江杭州《东南日报》、金华《东南日报》和上海《文汇报》《大公报》《申报》《东南日报》、天津《益世报》、南京《文艺先锋》，以及《世纪评论》《中国新诗》《诗阵地》等报刊发表诗《平凡的呼唤》、随笔《马思聪的道路》等，出版散文集《少年子弟江湖老》（黄河出版社，1996 年）等亦署。②辛肃、萧桑、陈辞、城池、怀涛、胡不欢，20 世纪 40 年代在上海报刊发表文章署用。1949 年后发表文章亦署。

陈樗（？－1923），浙江诸暨人，字药义，号越流、一字协之，号颐庵、颐园、秋山、松斋。晚号颐园老人。笔名：①陈越流，在《南社丛刻》发表诗文署用。②陈融，见于传记《李文甫烈士传》，载 1938 年广州

《时代动向》半月刊第 3 卷第 6 期。③颐园老人，出版诗词集《越秀集》（1936 年冬印行）署用。按：陈樗另有《读岭南人诗绝句》《颐园诗话》《读岭南人诗绝句及拾遗》《竹长春馆诗》《黄梅华屋诗稿》等著作，署名与出版情况不详。

陈楚淮（1908－1997），浙江瑞安人。笔名：①陈楚淮，见于话剧《金丝笼》，载 1928 年上海《新月》月刊第 1 卷第 5 期。嗣后在《新月》发表剧作《浦口之悲剧》《韦菲君》等，1945 年前在《战时中学生》《浙江潮》等刊发表剧作《铁罗汉》《黑旋风》《血泪地狱》、随笔《新陋室铭》《风雨龙吟楼》《陈楚淮何其多也》等，出版剧作集《金丝笼》（上海中华书局，1930 年）、文集《陈楚淮文集》（浙江大学出版社，2008 年）等亦署。②蘅子，见于《秋蘅室日记一叶》，载 1940 年《温中校刊》第 4 期。嗣后在该刊发表《秋蘅室小诗三章》亦署。

陈垂映（1916－2001），台湾台中人。原名陈瑞荣。曾用名陈荣。笔名陈雪峰、陈狼石、陈垂映，1933 年起在《台湾文艺》《台湾新文艺》等刊发表小说《凤凰花》《败北》、诗《蔷薇》《双曲线》等署用；在东京台湾文艺联盟支部出版长篇小说《暖流寒流》（1936 年）等日文作品亦署。1945 年台湾光复后停笔。

陈春陆（1930－　），广东丰顺人，生于暹罗北柳。原名许春惜。笔名：①春陆，1945 年至 1947 年在泰国曼谷《光华报·新生》及《正言日报》《天河》等发表小说、散文署用。嗣后在《汕头日报》等报刊发表文章亦署。②秃岗、蓝原、冬青，1946 年在暹罗曼谷《光华报·新生》《社会日报》《正气旬刊》《天河》等报刊发表散文、译作等署用。③陈春陆，出版翻译小说《断臂村》（泰国克立·巴莫原作，与陈小民合译。中国友谊出版公司，1986 年）、编著《泰国华文文学初探》（与陈小民合作。新世纪出版社，1990 年）署用。

陈椿年（1931－　），江苏宜兴人。笔名陈列、陈白、陈椿年。1946 年开始发表作品，著有多幕剧剧本《敌我之间》《浪潮》、短篇小说《她的家屋临街》《铁疙瘩》、长篇小说《断头台》、报告文学《桃色案件与研究所》，以及《古代幽默小品选译》等。

陈纯仁，生卒年及籍贯不详。笔名：①陈纯仁，见于通讯《轰炸下的贵阳文化》，载 1939 年重庆《战时文化》第 2 卷第 3 期。1945 年起在《旅行杂志》《人物杂志》发表随笔《台湾风物杂记》《台湾番人种类及其习俗》《台湾地理一瞥》《台湾经济资源》《武夷茶的制法》、评论《郑成功论》等亦署。②陈才，见于小说《王奶奶的裹脚》，载 1940 年桂林《中学生战时半月刊》第 24 期；随笔《怎样写通讯》，载 1940 年重庆《战时青年》第 3 卷第 4、5 期合刊。嗣后在《野草》《文讯》《青年音乐》《今文月刊》《风土什志》《现代读物》《新中华》《旅行杂志》《先锋先锋》等刊发表小说《杂色花》《两夫妇》《光荣的勋章》《一家人》《亲善与仇恨》、随笔《读报碎语》《文学创作上的二三问题》《追忆滇

南芒市的摆夷》等亦署。

陈此生（1900－1981），广西贵县（今贵港市）人。原名陈勉勤。笔名：①陈此生，自 20 世纪 20 年代起先后在《教育论坛》《东方杂志》《国民公论》《笔谈》《大众生活》《论语》《中学生》《文化杂志》《野草》《自由世界》《现代半月刊》《光明报》《愿望周刊》《文猎》《达德青年》《建设研究》《大千》等刊发表随笔《关于"学习鲁迅先生"》《文艺与科学》《殷鉴不远》《中大风潮与近年的大学教育》《治学的态度》《马歇尔卷土重来》《如何扩大协商的成果》《五四·民主与科学》《广西的地方自治》、译文《劳动阶级教育论》（霍拉宾原作）、旧体诗《读史》《诗三律》等署用；出版论著《杨朱》（上海商务印书馆，1930 年）、《西洋近五十年史》（上海北新书局，1931 年），诗集《火流》（广州星星社，1931 年），译作《苏联经济地理》（日本平竹传三原作。上海商务印书馆，1936 年）等亦署。②此生，见于杂文《皇帝之心》，载 1941 年香港《笔谈》第 3 期。

陈次园（1917－1990），江苏昆山人。原名陈中孚。后改名陈中辅，字次园。笔名：①单戈，见于评论《十月革命与中国抗战》，载 1939 年上海《新知》半月刊第 3 卷第 1 期。②方兴，见于书评《历史哲学与历史哲学教程》，载 1939 年《新知》第 3 卷第 4 期。嗣后在上海《知识与生活》《上海周刊》等刊发表文章亦署。③陈垦，见于杂文《论社论》，载 1939 年上海《新知》第 4 卷第 1 期。嗣后在上海《哲学》《知识与生活》《上海周刊》等刊发表文章亦署。④程墨，见于译文《西乌克兰国会对于西乌克兰政权的宣言》，载 1940 年上海《译刊》第 1 期。⑤金不换，见于杂文《"烛虚"与"虚烛"》《"讽刺"与"自我讽刺"》，载 1941 年上海《杂文丛刊》第 2 辑《干将》。⑥田用、宋无，20 世纪 40 年代在上海报刊发表文章署用。⑦陈次园，1949 年后出版译作和有关诗词和书法艺术的著作多署此名。

陈从周（1918－2000），浙江杭州人。原名陈郁文，字从周，号梓翁。笔名：①莎翁，早期发表诗文曾署。见于随笔《世界点滴》，载 1945 年 9 月 27 日上海《迅雷》第 8 期（署用情况录以备考）。②陈从周，见于所辑之《徐志摩家书（书札）》，载 1941 年上海《永安月刊》第 118 期；随笔《志摩杂记》，载 1948 年上海《永安月刊》第 109 期。嗣后在该刊发表随笔《陆丹林与郑逸梅》《徐志摩家书》，1948 年 12 月 31 日在上海《子曰丛刊》第 5 辑发表随笔《徐志摩家书之发见》，出版《徐志摩年谱》（自印本，1949 年）、《漏窗》（同济大学建筑系印，1953 年）、《园林谈丛》（上海文化出版社，1980 年）、《书带集》（花城出版社，1982 年）、《春苔集》（花城出版社，1985 年）、《帘青集》（同济大学出版社，1987 年）、《上海近代建筑史稿》（与章明联合主编。上海三联书店，1988 年）、《随宜集》（同济大学出版社，1990 年）、《书边人语》（商务印书馆，1992 年）、《梓室余墨——陈从周随笔》（读书·生活·新知三联书店，1999 年）、《陈从周散文》（花城出版社，1999 年）、

《园韵》（上海文化出版社，1999 年），以及《山湖处处》《中国名园》《说园》《苏州园林》《扬州园林》《绍兴石桥》《苏州旧住宅》《窗修集录》《江浙砖刻选集》《中国建筑史图集》等亦署。③梓室、梓翁，1972 年后作画时署用。④从舟、陈从舟，1972 年后发表文章署用。

陈萃芬（1918－？），江苏南京人。

笔名：①陈萃莱，见于诗《正在想》，载 1941 年北平《中国文艺》第 4 卷第 5 期。嗣后在《中国文艺》发表新诗《无言》《雨中度黄昏（外一章）》等亦署。②陈萃芬，见于诗《牵牛花之颂》，载 1941 年《中国文艺》第 4 卷第 6 期。③传彩，20 世纪 40 年代初在北平报刊发表诗作署用。

陈存仁（1908－1990），上海人。原名陈承沅。

笔名：①华生，1926 年起在上海《福尔摩斯》报发表文章署用。②陈存仁，见于随笔《红楼梦人名表》，载 1926 年上海《紫罗兰》第 1 卷第 15 期；散文《华南旅行记》，载 1934 年。嗣后在《中医药情报》《现代医药杂志》等刊发表文章，出版随笔集《津津有味谭》（香港上海印书馆，1983 年）、《银元时代生活史》（上海人民出版社，2000 年）、《抗战时代生活史》（上海人民出版社，2001 年）、《红楼梦人物医事考》（广西师范大学出版社，2006 年）、《业外杂谈录：袁枚食色及其他》（广西师范大学出版社，2008 年）、《阅世品人录：章太炎家书及其他》（广西师范大学出版社，2008 年）等亦署。

陈大悲（1887－1944），浙江杭县（今杭州市）人。

原名陈悲煦，字大悲，号踊云。曾用名陈聪彝、陈听彝、陈听奕。笔名：①大悲，见于《剖腹换心记》，载 1912 年《共和言论报》第 1 期；剧作《浪子回头》，载 1914 年上海《新剧杂志》第 1 卷第 1 期。嗣后在《小说月报》《戏剧》《晨报副镌》等报刊发表小说、剧作、评论等署用；出版剧作《北京学生联合会新剧团剧本》（北京学生联合会，1920 年）亦署。②大悲氏，见于 1914 年《新剧杂志》。③陈大悲，见于剧作《美人剑新剧》，载 1917 年上海《小说月报》第 8 卷第 3 期；小说《谁是主人？》，载 1919 年 11 月 20 日北京《晨报》第 7 版。嗣后在《浙江第一师范学校学生自治会会刊》《民国医学杂志》《国闻周报》《曙光》《文学周报》《白话报》《戏剧》《小说世界》《东方杂志》《艺风》《青年界》《新垒》《文学》《新人周刊》《社会评论》《中外文化》《教育建设》《中央导报》《人间》《太平洋周报》《中华日报·华风》《大楚报·楚风》等报刊发表小说、散文、剧作、评论、译作，出版长篇小说《红花瓶》（上海四社出版部，1933 年）、《人之初》（上海四社出版部，1934 年）、《幽兰女士》（上海现代书局，1928 年）、《张四太太》（上海现代书局，1929 年）、《香港牡丹》（汉口大楚报社，1942 年），论著《爱美的戏剧》（北京晨报社，1922 年）、《戏剧 ABC》（上海 ABC 丛书社，1932 年），编译剧作《红鸳艳蝶》（上海商务印书馆，1920 年）等亦署。④陈听彝，见于《广告学》，载 1920 年《新中国》第 2 卷第 1、2 期。⑤踊公，见于长篇小说《红花瓶》，1931 年 1 月起连载于上海《时

事新报》；《可敬的江北人》，连载于 1932 年苏州《珊瑚》第 1 卷第 4－8 号。

陈大慈（1904－1939），广东东莞人。原名陈慈煦，字大慈。

笔名：①陈大慈，见于诗《风冈我的故乡》，载 1927 年上海《良友画报》第 21 期；随笔《从闹说到静》，载 1934 年《浙江青年》第 1 卷第 2 期。此前后在《越风》《黄钟》《艺风》《东南日报·笔垒》《民国日报·沙发》等报刊发表《忆罗浮》《玉门关》《莫干山游记》《"努力"不必"加殪"》《宁远之守》等文，出版散文集《古玩》（上海良友图书印刷公司，1929 年）、《花椒》（上海黎明书局，1933 年），中篇小说《疯了》（上海黎明书局，1930 年），短篇小说集《新亭》（上海大众出版社，1935 年）等亦署。②小可，署用情况未详。

陈大戈，生卒年不详，浙江富阳人。曾用名陈天霓。

笔名：①大戈，见于《我们对于文化运动的意见》，载 1935 年上海《文学》月刊第 5 卷第 1 期，又载 1935 年上海《青年界》第 8 卷第 2 期。②大戈女士，见于小说《大锅饭》，载 1936 年 6 月 1 日上海《文学丛报》第 3 期（该刊目录署名"大戈"）。

陈大光（1916－1979），辽宁旅顺（今大连市）人。原名陈守荣。

笔名：①夷夫，1934 年 1 月在大连编辑《泰东日报·开拓》《泰东日报·响涛》发表文章署用。嗣后发表评论《满洲文坛的几个问题》（载 1936 年 9 月 18 日《满洲报》）、译文《我底文学修养》（苏联高尔基原作。载 1938 年 3 月抚顺《明明》第 3 卷第 1 期），在《满洲报·文艺专刊》发表评论《石军及其作品》、在《明明》第 4 卷第 1 期发表评论《评〈花月集〉》、1941 年 6 月 21 日在《泰东日报》发表评论《读〈作家日记钞〉》、1950 年在《人民文学》第 2 卷第 6 期发表小说《好娘儿》等亦署。②陈夷夫，见于译作《山狗》（张赫宇原作），载 1937 年抚顺《明明》第 2 卷第 3 期；评论《谈阿 Q 型人物》，载 1939 年北平《中国文艺》月刊第 1 卷第 8 期。③陈大光，1941 年在长春《文最》发表理论文章署用。④鲁哨，20 世纪 30－40 年代在长春《电影画报》、大连《泰东日报》副刊、抚顺《抚顺民报·文艺》等报刊发表文章署用。

陈大远（1916－1994），河北唐山人。原名李树人，字伯英。曾用名陈晓村。

笔名：①大风，1942 年在冀东《救国报》通俗版《老百姓》发表诗文开始署用。②陈非，见于散文《风雪》，载 1943 年五六月间《铁骑》（油印刊）。嗣后曾多所署用。③胡青，见于小说《妇女生活三重奏》，载 1943 年五六月间冀东《铁骑》杂志。嗣后于 1943 年在冀东《新长城》发表小说《微波》《巨流》、1946 年在《冀东日报》发表小说《小鸡的故事》、1947 年在《冀东日报增刊》发表小说《一架八页机》等作品亦署。④谷虹、红缨，1944 年在冀东通俗读物编刊社出版小册子署用。⑤漱仁，见于散文《我的母亲》，载 1947 年 2 月《冀东日报》增刊。⑥陈大远，见于散文《纪念鲁迅先生》，载 1951 年《唐山

青年》第 63 期。嗣后出版长篇小说《蟠龙山》（河北人民出版社，1979 年），散文集《北欧行诗话》（百花文艺出版社，1962 年）、《域外抒情集》（北京出版社，1979 年）、《风雨苍黄》（百花文艺出版社，1981 年）、《人间悲喜》（湖南人民出版社，1982 年）、《碎石集》（湖南人民出版社，1983 年）、《龙乡夜话》（中国文联出版社，2001 年），诗集《大风集》（百花文艺出版社，1963 年）、《陈大远诗词选》（中国青年出版社，1994 年）等亦署。

陈道谟（1921－2017），四川灌县（今都江堰市）人，生于成都。笔名：①陈道谟，出版诗集《诚实的歌唱》（成都挥戈文艺出版社，1941 年）署用。②芄鸣，见于诗《窗》，载 1944 年 9 月《抗战文艺》第 9 卷第 3、4 期合刊。嗣后在《人物杂志》《挥戈文艺月刊》等刊发表随笔《中医高习之》《关于鲁迅传记剧问题》《耕耘了也收获了》等，出版诗集《露珠集》（政协四川都江堰文史委员会、玉垒诗社，1989 年）亦署。③叶茜莎、晴空、健夫，20 世纪 40 年代在四川《新蜀报》《华西晚报》《新新新晚报》《四川时报》《成都快报》《祖国文艺》《新新新闻旬刊》等报刊发表文章署用。

陈德徵（1893－？），浙江浦江人，字待秋。笔名：①德徵，见于论文《论中国女子生活之状况》，载 1915 年上海《女子杂志》第 1 卷第 1 期；杂文《这就是文明底表现呀》，载 1921 年 2 月 18 日上海《民国日报·觉悟》。同时期在上海《民国日报·妇女评论》《弥洒》等发表《心瓣》《饥饿者》等亦署。②陈德徵，见于《生命底微痕》，载 1923 年上海《弥洒》第 1 期；随笔《弢谞谵语》，载 1938 年重庆《大侠魂周刊》第 7 卷第 26 期至第 8 卷第 1 期。1942 年在重庆《中央周刊》发表散文《北泉散记》、随笔《一枝竹杠和两条绳子》《梁任公的伟人论》等，出版《日本研究提要》（上海世界书局，1928 年）、《学生分组法》（上海商务印书馆，1930 年）、《人生底开端》（上海民智书局，1927 年）等亦署。

陈登科（1919－1998），江苏涟水人。笔名：①小科，1945 年任《盐阜大众》报记者发表新闻稿署用。②陈登科，见于散文《孩子们》，载 1946 年华中《新华日报》副刊；报告文学《铁骨头》，载 1947 年《苏北日报》副刊。嗣后出版中、长篇小说《杜大嫂》（苏南新华书店，1949 年）、《活人塘》（人民文学出版社，1951 年）、《黑姑娘》（中国青年出版社，1955 年）、《移山记》（中国青年出版社，1958 年）、《风雷》（中国青年出版社，1964 年）、《雄鹰》（中国青年出版社，1965 年）、《赤龙与丹凤》（上海文艺出版社，1979 年）、《淮河边上的儿女》（江苏人民出版社，1979 年）、《顾祝同外传》（群众出版社，1987 年）、《破壁记》（与肖马刺合作。人民文学出版社，1980 年）、《三舍本传》（安徽文艺出版社，1992 年），散文集《俯仰集》（花城出版社，1984 年）、《坎坷集》，电影文学剧本《卧龙湖》（与鲁彦周合作）、《柳暗花明》（与鲁彦周、肖马合作）、《柳湖新

颂》《风雪大别山》（与他人合作）、《徐悲鸿》（与他人合作）等亦署。

陈登恪（1897－1974），江西修水人，字彦上。笔名：①陈春随，出版长篇小说《留西外史第一集》（上海新月书店，1927 年）署用。②春随，见于《说别》，载 1935 年 5 月 10 日《武汉日报·现代文艺》。③陈登恪，见于《江西同乡会发行南昌陷落纪念册题词》，载 1941 年重庆《星期评论》第 12 期。嗣后在该刊第 16 期、第 22 期发表五律《结茅水上感赋》、七绝《戏题方芦浪新居》《暮冬草木未尽黄落晚于人家庭院见梅树影纵横满地赋此》亦署。

陈隄（1915－？），辽宁辽阳人。原名刘国兴。笔名：①刘国兴，见于短篇小说《忆》，载 1931 年秋哈尔滨《国民公报·曙光》。②刘殊莹，见于评论《我对"孝"的看法——驳佛鞻说》，载 1933 年哈尔滨《国际协报·国际公园》。③殊莹，见于短篇小说《两兄弟》，载 1933 年哈尔滨《五日画报》；诗《春天的哀歌——致天涯漂泊的伟君》，载 1934 年哈尔滨《国际协报·国际公园》；中篇小说《棉袍》，载 1935 年《北师校刊》"新年特大号"。④巴力，见于长诗《狂人之歌》，载 1934 年哈尔滨《商报晚刊·桃花源》。⑤果行，1934 年春在哈尔滨报刊发表短文署用。⑥衣尼，见于长篇小说《追寻》，连载于 1934 年秋哈尔滨《商报晚刊·桃花源》。⑦陈隄，见于短篇小说《窗外的春天》，载 1935 年《北师校刊》；长篇小说《卖歌者》，1935 年在哈尔滨《国际协报·夕刊》连载。嗣后在奉天（今沈阳）《民报》《晶画报》、哈尔滨《国际协报》副刊、《国际公园》《新年增刊》《夕刊·江流》《滨江日报》副刊、《暖流》《粟末微澜》《创作与批评》《大荒》《驼铃》《大北新报》副刊、《杂俎》《满洲文艺界》《大北文学》，以及哈尔滨《大北新画刊》《哈尔滨公报·公田》《滨江时报》《五日画报》等发表散文《结婚》《结婚外一篇》《家》、小说《生之风景线》、诗《梦的恋——怀 LP 兼致东流兄》《十月》《吊古城堡》、评论《还我们文学来》《写和不写和印》等，出版长篇小说《追寻》（1934 年）、《卖歌者》（1935 年）、《铁窗回想记》，中篇小说《棉袍》《飞絮》，散文《灵魂之献》《无泪的祭文》，短篇小说《三月的哀愁》《江恋》《继母》《妻去之后》《云子姑娘》《离婚》《蒋介石的悲哀》，广播剧《夜景》《出家记》《夜与黎明》《生活风景线》，评论《荒火》《满洲文在坛一年记》等亦署。1949 年后发表《纪念鲁迅，学习鲁迅》（载 1953 年 9 月 25 日《沈阳日报》），出版散文集《未名集》（哈尔滨文学院，1999 年）、京剧剧本《还我台湾》、专著《黑龙江现代文学史》等亦署。⑧姜醒民，见于连续性杂文《杂感偶缀》，载 1940 年 4 月 22 日、5 月 6 日、5 月 8 日哈尔滨《滨江日报·暖流》。⑨余去明、余去名、醒民，1940 年在哈尔滨《滨江日报·暖流》发表杂文署用。⑩曼娣，见于诗《吊古城堡》，载 1940 年 5 月 2 日《滨江日报·暖流》。⑪刘慰，见于散文《家》，载 1940 年 4 月 26－29 日哈尔滨《滨

江日报・暖流》。同年 6 月在该刊发表散文《雾中行》《鬼》等亦署。⑫曼弟、江侨、何为、杜明、金或同、力今、粟金、冰如、陈陵、吴也非、雪瑛、娣，20 世纪 30—40 年代在东北地区报刊发表诗文署用。

陈荻帆（1909—1999），福建福州人。原名陈涤凡，字白芦。笔名：①荻帆，1927 年夏在福州编《市民日报》副刊署用。②一苇、一帆、白芦、芦魂、秋云、梦苇、静山，1929 年冬至 1931 年夏在厦门编《江声报》副刊时发表中篇小说《梵亚林的节奏》、论文《李白杜甫的研究》、译剧《锡泰曼德的市尹》（梅德林原作）等署用。

陈蝶衣（1907—2007），江苏武进（今常州市）人。原名陈哲勋，号龙城逋客、玉鸳生。曾用名陈积勋、陈元栋、陈涤夷。笔名：①蝶衣，见于小说《鹦鹉晚香》，载民国初《小说新报》。又见于辑集之《新闻卡通》，载 1941 年上海《万象》第 1 卷第 3 期；《编辑室谈话》，载 1943 年《万象》第 2 卷第 8 期。②陈蝶衣，见于小说《四月的蔷薇》，载 1940 年 10 月 1 日上海《小说月报》创刊号。嗣后在该刊及上海《万象》《春秋》《宇宙》《幸福世界》等刊发表《打桨》《画》《远足》《风雨中的行列》《编辑室谈话》《通俗文学运动》《艺人百态图》等文亦署。③但萍，见于随笔《崔万秋》，载 1945 年 10 月上海春秋杂志社版《作家笔会》。④陈涤夷，1947 年 6 月在上海与文宗山编《生活月刊》署用。⑤陈式，见于歌词《春之晨》（黎锦光作曲），载 1948 年上海《宇宙》复刊第 1 期。⑥玉鸳生、狄慧、文流、方忏、方胜、方达、叶绿、叶凡、叶芳、辛夷、明瑶、郎波来、梁佩琼、佩琼、夏威、鲍华、积雪，20 世纪 30 年代起在上海主编《明星日报》《社会日报》《东方日报》《小说日报》《平报》《西点》《万象》《春秋》《宇宙》《铁报》《大报》、汉口《壮报》《抗战晚报》、香港《香港邮报・邮亭》《香港时报・笔阵》等报刊时发表诗文署用。

陈仃（1925—1974），广东揭阳人，生于暹罗曼谷。原名林维新。曾用名林青。笔名：①陈仃，1945 年起在泰国曼谷《全民报》《青年公报》《真话报》等报发表小说、散文、杂文、评论等署用。又见于长篇小说《三聘姑娘》，1954 年 6 月起连载于曼谷《半岛文艺》第 25—32 期。②郭城，在暹罗（泰国）华文报刊发表文章署用。

陈定，生卒年不详，江苏金山（今上海市）人。原名陈小道，字若木，号端白。笔名陈定，见于评论《学校招考期之专榷》，载 1923 年 6 月 27 日、29 日上海《时事新报・学灯》。

陈独秀（1879—1942），安徽怀宁人。原名陈乾生。谱名陈庆同，初字重甫，后改字仲子、仲甫、重辅、号实、实庵；别号由己、仲山、陈己、独秀山人、独秀山民、熙州仲子。曾用名陈由己、陈铎生、陈冲、陈冲子。化名王坦甫、方桓甫、高坦甫、高坦辅、季

丹、明宜。英文名 T. S. Chen。笔名：①陈由己，见于翻译小说《悲惨世界》（法国雨果原作，与苏子谷［苏曼殊］合译），连载于清末《国民日日新闻》，1904 年由上海镜今书局出版。②由己，见于小说《惨社会》，1902 年发表；《哭江希颜》，载 1903 年《国民日日报》。③重辅，1904 年在《安徽白话报》发表文章署用。④三爱，见于《开办安徽俗话报的缘故》，载 1904 年《安徽俗话报》第 2 期。⑤陈仲，见于诗《杭州酷暑寄怀刘三沈二》，载 1914 年日本东京《甲寅》第 1 卷第 3 期。嗣后在该刊发表旧体诗《述哀》《远游》亦署。同时期在《国粹学报》发表文章亦署。⑥独秀山民，见于随笔《为烂柯山人著〈双枰记〉一文作叙》，载 1914 年东京《甲寅》第 1 卷第 4 期。⑦独秀，见于通信《复汪叔潜》，载 1916 年北京《新青年》第 2 卷第 1 期。嗣后在该刊及《新人周刊》《民意周刊》《政论旬刊》等刊发表随笔《革命与作乱》《虚无的个人主义及任自然主义》、评论《文化运动与社会运动》《学生运动的三大原则》《从国际形势观察中国抗战前途》等，出版《独秀文存》（上海亚东图书馆，1934 年）、《实庵自传》（上海亚东图书馆，1947 年）等亦署。⑧陈独秀，见于评论《敬告青年》，载 1915 年《新青年》第 1 卷第 1 期。嗣后在该刊及《努力周报》《曙光》《时事类编》《东方杂志》《滇黔月刊》《文汇旬刊》《宇宙风》《宇宙风乙刊》《抗战半月刊》《文化批判》《政论旬刊》《抗战文摘》等报刊发表评论《文学革命论》《再论孔教问题》《对于现在中国政治问题的我见》《世界革命与中国民族解放运动》《告日本社会主义者》、论文《荀子韵表及考释》《实庵字说》《老子考略》《中国古史表》等亦署。⑨实、实庵，在《向导》周报发表短文署用。⑩只眼，见于随笔《〈每周评论〉发刊词》、随笔《两团政治》《义和拳征服了洋人》，载 1918 年 12 月 22 日北京《每周评论》第 1 期。嗣后在该刊发表《欧战后东洋民族之觉悟及要求》《鸦片与纸票》《公理战胜强权》《亡国与卖国》等大量文章亦署。⑪撒翁，1927 年后在《布尔塞维克》发表《不进则退》《汪精卫的出路在那里》等文署用。⑫顽石，见于评论《中国民众应该怎样救国即自救》，载 1931 年《热潮》第 6 期。⑬仲、实同、众甫、巨缘、春水、诚斋、虳（yǐ）儿、陈仲子、陈实庵、熙州仲子，署用情况未详。

陈镦厚（1904—?），台湾台北人，字硬璜，号毓痴、逸民、礼堂、壁角生。笔名：①毓痴，1933—1942 年在台北《南瀛新报》《昭和新报》《兴南新闻》《台湾艺术》发表旧体诗《女车掌》《戏零天籁吟社诸词友》等署用。②陈镦厚，出版《观潮斋诗集》（台北，1930 年）署用。

陈尔康（1910—1932），福建福州人。笔名：①陈酒，见于散文《捞珠者》，载 20 世纪 30 年代厦门《摆轮周刊》第 1 卷第 1 期。②陈尔康，见于诗《长城》，载 1933 年 7 月 23 日福州《国光日报・纵横》。③一髟，20 世纪 30 年代起在福建报刊发表诗、散文署用。

陈迩冬（1913—1990），广西桂林人，生于澳门。原

名陈钟瑶，字蕴庵。笔名：①陈迳冬，见于独幕剧《鬼》，载1940年广西《抗战时代》月刊第2卷第5期；长诗《黑旗》，载1942年桂林《诗创作》第11期。嗣后在《诗创作》《野草》《文艺杂志》《人世间》《前锋》等刊发表小说《浔阳小景》、诗《望春草五题》《归国谣》、随笔《旧体诗新话》、人物传《李秀成传》等，出版诗集《最初的失败》（上海生活书店，1940年），小说集《九纹龙》（南京独立出版社，1947年），历史剧《战台湾》，论著《闲话三分》（浙江人民出版社，1986年）、《宋词纵谈》（人民文学出版社，1987年），编选《苏轼诗选》（人民文学出版社，1957年）、《苏轼词选》（人民文学出版社，1959年）、《东坡小品》（江西人民出版社，1981年）、《韩愈诗选》（人民文学出版社，1984年）等亦署。②迳冬，见于小说《九纹龙》，载1941年广西《抗战时代》月刊第4卷第1期；评论《〈孔雀胆〉》，载1944年桂林《新文学》月刊第1卷第4期。③皇甫鼎，见于随笔《遐秋室闻见小志》，载1943年桂林《大千》杂志创刊号；随笔《黄花》，载1947年《宇宙文摘》第1卷第7、8期合刊。④冬郎，20世纪40年代在桂林出版《大千》杂志署用。⑤沈冬、蕴庵，署用情况未详。

陈凡（1915－1997），广东佛山市三水区人，字百庸、众一。笔名：①周为，见于诗《收获的季节》，载1941年《现代文艺》第4卷第1期。此前后在《中学生》《野草》《文艺月刊》《新闻学季刊》《中国诗坛》《抗战时代》《抗战周刊》《行政干部》《创作周刊》《时代生活》《诗创作》等刊发表诗文署用；出版散文集《无华草》（桂林立体出版社，1943年）亦署。②陈凡，见于散文《桂粤之间》，载1943年上海《旅行杂志》第17卷第9期；通讯《悲愤写广州》，载1946年桂林《半月文萃》复刊第2期。同时期在该刊及《大公报》《中国农村半月刊》《新合作》等报刊发表文章署用；出版散文集《革命者的乡土》（广州时代社，1947年）、《广西见闻录》（香港大公报社，1950年）、《抒情小品》（香港晨风出版社，1955年），报告文学《幸福的颂歌》（香港自学出版社，1956年），小说《泪是这样流的》（香港南国书店，1948年）、《浮沉》（香港上海书局，1961年），诗集《往日集》（香港宏业书局，1961年）等亦署。③百剑堂主，见于武侠小说《风虎云龙传》，载1956年9月9日至1957年7月29日香港《新晚报·天方夜谭》。④张恨奴，见于评论《明报的妖言和妖术》，载20世纪50年代末香港《大公报》。⑤皮以存，出版报告文学《转徙西南天地间》（香港七十年代杂志社，1973年）署用。⑥南鄙人，出版《诗记》署用。⑦冯异、阿甲、钱忏、陈更鱼、钱万缨、池上羽、陈能豫、杨远略、夏初临、徐克弱、陈少校，署用情况未详。

陈方（1897－1962），籍贯不详。字芷町、芷汀，号大荒、荒斋、大荒斋主。笔名陈方，见于随笔《"学生政治"与文化运动》，载1920年上海《新人》第1卷第5—6号。

陈芳草，生卒年及籍贯不详。笔名老尖，20世纪20、30年代在暹罗《启南日报》发表文章署用。

陈匪石（1884－1959），江苏江宁（今南京市）人。原名陈世宜，字小树，号倦鹤、匪石、白下老鹤。笔名：①陈世宜，在《南社丛刻》发表诗文署用。②陈匪石，见于信函《与圭璋书》，载1933年4月上海《词学季刊》创刊号。嗣后在该刊及《民族诗坛》《中国文学》发表旧体诗《挽胡翔冬》、随笔《宋词引自叙》、词《蹋莎行》《蓦山溪》《寒翁吟》《霜叶飞·游岳麓山爱晚亭和梦窗》《念奴娇》《卜算子·慢》等亦署。③匪石，见于传记《中国爱国者郑成功传》，载1903年日本东京《浙江潮》第6期。同时期在该刊发表系列随笔《野获一夕话》亦署。按：陈匪石早年曾在《南社丛刻》上发表过旧体诗《得孟硕狱中诗依韵奉怀》《饯可生并柬胎石》《游双清别墅即事一首索中垒和》《春暮集朴学斋》《依韵酬亚子》《海舟中寄沪上诸友》和词《贺新凉·吊史阁部墓》《摸鱼儿·重九》《蝶恋花·和中垒均即以为赠》《甘州·送重由二弟之京师》等，署名未详。

陈斐琴（1911－？），广东人。笔名：①斐琴，见于小说《黑眼睛姑娘》，载1934年日本东京《东流》创刊号；译文《契诃夫致高尔基论创作的信》、散文《忆》，载1936年广州《努力月刊》创刊号。嗣后在《东流》《广州诗坛》《新战线》《南针》《抗战导报》《东方文艺》《十日文萃》《狂潮旬刊》《救亡日报·文化岗位》等报刊发表小说《甲板风景线》《天明》，散文《与朱德将军对谈》，诗《打起民主自由的旗》《七个巡逻兵》《在民族抗战旗帜下归队》，译文《卡拉马佐夫兄弟》（俄国陀思妥耶夫斯基原作）、《〈巡按〉上演的意义》（梅林格原作）、《纪德日记》（法国纪德原作）等作品亦署。②陈斐琴，1938年出版论著《世界青年运动与中国抗战》（汉口大众出版社，1938年）署用。嗣后发表译文《一个日本补充兵的自述》（载1940年1月17日《救亡日报·文化岗位》）、评论《半年来的锻炼及其在文艺上的反映》（载1947年山东平原县《平原文艺》第1卷第2期），出版回忆录《巍巍太行》（云南人民出版社，1984年）、论著《刘伯承军事理论探索》（与杨远富合作。四川人民出版社，1991年），主编《刘邓大军征战记》（多卷本。军事译文出版社，1986－1990年）等亦署。

陈锋（1911－？），辽宁开原人。原名陈治宇。笔名：①征丘、征秋，1930－1933年在《北平新报》《北平进报》《北平晨报》，1934－1943年在东北《满洲报》《大同报》《吉林日报》《国际协报》《新青年》等报刊发表诗歌、散文署用。②治宇，见于诗《世故》，载1936年5月6日大连《泰东日报》；诗《春宵》，载1936年《兴满文化月报》第2卷第7期。嗣后在《泰东日报》发表诗《辙印》《桐叶落了》《灵的散步》等亦署。③陈锋，见于诗《牧歌》，载1936年6月14日哈尔滨《国际协报》。1949年后发表文章、出版编著之《中国古典文学作品选》（黑龙江人民出版社，1957年）、《诗词曲格律》（黑龙江人民出版社，1981年）、《元明散曲选读》（黑龙江人民出版社，1983年）等亦署。④陈治宇，见于《八月里的秋》，载1936年11月16日大连《泰东日报》。

陈逢源，生卒年不详，台湾台南人。笔名南都、芳园、陈逢源，1914—1944年在台北《台湾日日新报》《台湾新民报》《台湾艺术》《南方》等发表旧体诗《赠小野词兄》《闻笛二首》等署用。

陈凤兮（1905—2002），广东潮安人。原名陈幻侬。笔名：①凤兮，见于评论《对于此次川战之感想与希望》，载1925年上海《蜀评》第7期；随笔《介绍一本救亡的刊》，载1938年重庆《春云》第3卷第1期。此前后在《红玫瑰》《流火月刊》《苏俄评论》《女声》《妇女共鸣》《妇女生活》《现代妇女》《新妇女》等刊发表文章亦署。②枫溪、凤西、若耶，1929年前后开始在上海、南京、重庆《新蜀报》等报刊署用。③陈幻侬女士，见于通信《没有草的坟头》，载1929年上海《南国月刊》第1卷第2期。④幻侬，见于评论《特殊阶级的妇女运动》，载1932年上海《女声》第1卷第4期。

陈福彬（1922— ），贵州遵义人。笔名：①荒沙，见于诗《守在哨岗上》，载1940年4月20日桂林《中学生战时半月刊》第21期；评论《读骞先艾〈乡谈集〉》，载1942年贵州《黔声日报》副刊。嗣后在贵州《黔声日报·轻骑队》《遵义青年·文艺之页》《实验简报·启明星》《民锋日报·䣈䣕》《民锋日报·山蕾》《贵州日报·新垒》《大刚报·阵地》《力报·文艺新地》等发表诗、散文，出版诗合集《四心集》（与蔡壬侯、雪舒、子殷合集，1945年）亦署。1949年后在贵州报刊发表文章亦署。②兰石、紫石、彭桂贞，20世纪40年代在贵州报刊发表文章署用。③陈福彬，见于诗《园丁之歌》《心曲——1980年8月参加全国优秀教师代表青岛暑期活动归来》，载1981年8月27日民盟《贵州盟讯》。

陈福桐，生卒年不详，贵州遵义人。笔名梧山，20世纪40年代在遵义《黔声日报·轻骑兵》《遵义青年·文艺之页》《实验简报·启明星》及《民锋日报》副刊《䣈䣕》《山蕾》等报刊发表文章署用。

陈瀚一（1892—1953），江西新城人，字甘簃、藻青，号颖川生、旁观客、睇响斋主人。笔名：①陈瀚一，见于随笔《睇响斋秘录》，载1921年上海《礼拜六》周刊第112—124期；随笔《宦海写真记》，载1922年上海《红杂志》第14—16期。嗣后在《社会日报》《珊瑚》《万岁》《青鹤》《同声》等刊发表随笔《燕蓟鳞爪录》《三四五合编》、传记《杨云史先生家传》等，出版《甘簃诗文集》《睇响斋秘录》等亦署。②甘簃，见于随笔《青鹤又一年》，载1933年上海《青鹤》第2卷第1期；七律《丙子已释堪褉集秦淮水榭未赴分韵得

临字》，载1936年南京《民生》第22期。嗣后在《民生》发表随笔《睇向斋逞臆谈》、史料《影印四库全目录》亦署。③瀚一，见于随笔《余之小说日报观》，载1923年1月11日上海《社会日报》；随笔《北京最近一百名人表》，载1926年上海《上海画报》第135期。1933年在上海《青鹤》第2卷第1期为封面题字亦署。④听天由命生，见于随笔《三四五合编》，载1932年上海《万岁》第1卷第4—10期。

陈刚，生卒年不详，湖北武汉人。笔名陈吟秋、陈缘承，1934年前后在武汉《时代日报》副刊《时代前》《朋友船》《诗与散文》、《大同日报·少年之友》等发表诗文署用。

陈歌辛（1914—1961），上海人。原名陈昌寿。笔名陈歌辛，见于诗《鞭痕》，载1938年9月8日上海《文汇报·世纪风》；诗《道歉》，载1939年上海《南风月刊》创刊号。嗣后在上海《新人周刊》《音乐教育》发表歌曲等亦署。

陈根泉（1901—？），台湾台北人，字江树，号雪清。笔名根泉、陈根泉，1938—1943年在台北《风月报》《南方》发表旧体诗《绿湖揽胜》《蓝星》等署用。

陈庚（1920—2013），河北高阳人。原名郭翊东。曾用名郭一、郭一东。笔名：①羽仙，1946年在《晋察冀日报》发表诗歌署用。嗣后在部队创作歌词亦署。②陈庚，出版五幕话剧《敌后武工队》（与曹惠合作。河北人民出版社，1964年）署用。

陈赓雅（1905—1995），云南巍山人，壮族。笔名：①陈赓雅，1932—1939年在上海《申报》《通俗文化》《杂志》发表长篇通讯《西北视察记》及小品文、论文等署用。见于散文《边疆旅行回忆录》，载1935年《通俗文化》第2卷第1—7期；散文《天险潼关》，载1939年上海《杂志》半月刊第5卷第2期。1950年在昆明《正义报》发表文章，出版通讯报告集《赣皖湘鄂视察记》（上海申报月刊社，1934年）、《西北视察记》（上海申报馆，1936年）等亦署。②南云，见于散文《在海滨》，载1935年10月14日上海《申报·自由谈》。1936年在《文化生活》周刊发表文章亦署。③石瑛，1936年在上海《申报》发表通讯署用。④任安，见于通讯《赣皖湘鄂视察记》，载1939年上海《申报》。

陈冠商（1919—？），浙江宁波人。原名陈兆卿。笔名：①梓江，20世纪40年代起在《云南日报》等报刊发表译文署用。②陈冠商，出版翻译小说《樱桃园》（俄国契诃夫原作。昆明小民出版社，1946年）、《霍桑短篇小说集》（山东人民出版社，1980年）、《庄园》（美国辛格原作。山东人民出版社，1981年），翻译电影剧本《寂寞的心》（美国奥第茨原作。中国电影出版社，1964年）等亦署。

陈光尧（1906—1972），陕西城固人。笔名：①陈光尧，见于《儿歌》，载1925年北京《儿童》第25期；随笔《几种不常见的谜语》，载1927年7月23日《语

丝》第 141 期。嗣后在《北新》《论语》《新女性》《上海漫画》《民众周刊》《语文》等刊发表随笔《不知所云》《浪漫室随笔》《李调元的故事》《语文信箱》等，出版《谜语研究》（上海商务印书馆，1933 年）、《简化汉字》（通俗读物出版社，1955 年）、《绕口令》（北京宝文堂书店，1955 年）等亦署。②陈光垚，见于随笔《简字举例》，载 1927 年《语丝》第 140 期。嗣后在该刊及《中华图书馆协会会报》《良友画报》《剧学月刊》《艺风》《艺文印刷月刊》《正气月刊》《三民主义半月刊》等刊发表《裹脚与包脚》《略论识字运动》《简字运动的概况》《文艺杂话》《最近西安之戏剧》《结婚和美丽的女人》《抗战第八年献词》《今日之重庆》等文，出版散文集《灯蛾集》（上海启明书社，1933 年）、《放言集》（上海启明书社，1933 年）、《独行集》（上海启明书社，1933 年），论著《中国民众文艺论》（上海商务印书馆，1933 年）、《民众文艺论集》（上海启明书社，1933 年）、《简字论集》（上海商务印书馆，1931 年）等亦署。

陈光誉，生卒年不详，福建长乐人。原名陈天荡，字稚兰。笔名陈光誉，在《南社丛刻》发表诗文署用。

陈广惠，生卒年及籍贯不详。笔名易黄，1931 在武汉《在前》《江天》杂志发表诗作署用。1933 年在武汉《大同日报》副刊发表诗歌专页亦署。

陈国新（1912—？），福建莆田人。笔名山狼，见于诗《不眯》，载 1935 年 11 月 2 日福州《福建民报·回声》。同时期在福州《磐石》《小民报·新村》等报刊发表诗、散文等亦署。

陈国柱（1898—1969），福建莆田人，字继周。曾用名廖华。笔名陈国柱，出版有诗集《碧血丹心集》《继周诗集》。

陈果夫（1892—1951），浙江吴兴（今湖州市）人。原名陈祖焘，字果夫。笔名陈果夫，见于小说《不生利的人》，载 1920 年 6 月 12 日上海《民国日报·觉悟》。嗣后发表小说《新人物》（载 1930 年上海《新生命》月刊第 3 卷第 1 期）、《骨肉重逢》（载 1943 年上海《东方杂志》第 39 卷第 10 期），在《新生命》《中央党务月刊》《国闻周报》《中央周刊》《合作月刊》《东方杂志》《山东教育》《行政周报》《军事杂志》《政治评论》《河南教育》《新时代》《科学的中国》《时事月报》《民智月报》《民众教育通讯》《华侨半月刊》《江苏教育》《江苏建设》《江苏月报》《新生活周刊》《中央民众训练部公报》《江苏合作》《国民经济建设》《教与学月刊》《中西医学》《青年月刊》《文摘》《晨光周刊》《教与学》《文化批判》《大夏周报》《合作月刊战时版》《服务月刊》《医育》《今日青年》《特教通讯》《安徽政治》《中国新闻学会年刊》《学生之友》《药报》《乐风》《人与地》《社会卫生》《华侨先锋》《社会教育辅导》《华侨评论》《新合作》《社会工作通讯》《广东合作通讯》《中华医药报》《国立政治大学校刊》等刊发表文章，出版小说集《窗帘》（上海黎明书局，1931

年）等亦署。

陈含光（1875—1957），江苏江都（今扬州市）人。原名陈延靼。著有《俪体文稿》等。

陈汉章（1864—1938），浙江象山人。谱名陈得闻，又名陈倬，字云丛，号倬云。晚号伯弢。笔名陈汉章，出版有《尔雅学讲义》《孔贾经疏考异同评》《礼书通故识语》《周书后案》《论语征知录》《缀学堂丛稿》《中国通史》《史通补释》《象山县志》等及《陈汉章全集》（浙江古籍出版社，2014 年）。

陈翰伯（1914—1988），江苏苏州人，生于天津。曾用名王少峰、王孝风、蒋孝风。笔名：①王孝风、梅碧华，1946 年开始在上海《联合晚报》发表评论、随笔署用。②吴长天，见于译文《论英苏关系》，载 1945 年上海《文汇周报》第 4 卷第 13、14 期合刊；评论《日本又爬起来了！》，载 1948 年上海《中学时代》第 16 期。③陈翰伯，见于评论《鱼和油的苏日交涉》，载 1942 年上海《文汇周报》第 2 卷第 25 期。嗣后在该刊及《中国建设》《上海文化》《时代文摘》《中苏友好》《人民周报》等报刊发表论文《刘永福史事考》、评论《太平洋上的凯歌》《雅典屋檐下的市街战》《论日寇无条件投降》《眺望海洋展视大陆》《中苏友好与远东和平》、译文《亨利华莱士》《东欧新局势》（美国斯诺原作）等，出版传记《华莱士》（重庆双江书屋，1944 年），论著《朝鲜战争的新发展》（世界知识出版社，1950 年）、《学习斯大林的学说》（中国青年出版社，1953 年），译作《逃出巴尔干》（保加利亚巴介甫原作，与朱葆光合译。重庆中外出版社，1944 年）、《缅北行：缅战是怎样打胜的》（美国斐克原作，与金端苓合译。重庆美国新闻处，1945 年）等亦署。

陈翰华（1900—1965），广东湛江人，字个庵。笔名陈翰华，著有《张浚功罪评论》《偶寄诗稿》等。

陈翰笙（1897—2004），江苏无锡人。原名陈枢。英文名：Chen Han-sheng、Geoffrey Chu Chen、Raymond D. Brooke、CH-s、C.H-s、C.H.S.、CHs。笔名：①陈翰笙，见于杂文《临时抱佛脚》，载 1925 年北京《现代评论》第 3 卷第 54 期。嗣后在《社会科学季刊》《晨报副镌》《京报副刊》《国立武汉大学社会科学季刊》《申报月刊》《东方杂志》《周报》《中国农村》《中国经济》《中山文化教育馆馆刊》《时事类编》《图书季刊》《上海周报》《翻译杂志》《半月文萃》《中国工业》《经济周报》《建设研究》等报刊发表文章，出版《封建社会的农村生产关系》（国立中央研究院社会科学研究所，1930 年），译作《战争与农村》（瓦尔加原作。重庆农学书店，1942 年）、《四个时代的我》（中国文史出版社，1988 年）、《殊死的抗争：外国人民大起义》（商务印书馆，1991 年）等亦署。②翰，见于杂文《一笔亏本账》，载 1925 年《现代评论》第 3 卷第 55 期。嗣后在该刊发表《苏联的共产党大会》《军阀的违法杀人》等文亦署。

陈浩渺，生卒年不详，福建福州人。原名陈浩，字伯于。笔名陈浩渺，见于论文《福州文坛的总批评》，连载于1928年福州《第一燕》旬刊第1—4期。

陈衡哲（1893—1976），江苏武进（今常州市）人，原籍湖南衡山。原名陈燕，字乙睇，号莎（suō）菲。英文名Sophia。笔名：①陈衡哲女士，见于《来因女士小传》，载1915年《科学》第1卷第9期；《说行星轨道》，载1917年《科学》第3卷第7期。②陈衡哲，见于诗《"人家说我发了痴"》，载1918年《新青年》第5卷第3期。嗣后在《小说月报》《努力周报》《现代评论》《史地学报》《东方杂志》《文学旬刊》《晨报副镌》《新文学》《独立评论》《中华教育界》《长城》《青年月刊》《妇女新生活》《北斗》《文学月报》《宇宙风》《天下文章》《风雨谈》《抗战》《奔涛》《浙江青年》《图书季刊》《书报精华》《平论》《时兆月报》《妇女新动》《新纪元周报》《妇女文化》《世界月刊》等报刊发表小说《运河与扬子江》《西风》《波儿》《小雨点》、随笔《基督教在欧洲历史上的位置》《介绍英国诗人格布生》《鸡鸣寺看日出》《历史教学与人类前途》《心理健康与民族的活力》《两种的活法》《新生活与妇女解放》《一百五十年来欧洲的国际战争》《妇女在战时的责任》《现代女作家书简》《成都的春》《创造欲与占有欲》《美国文化在中国》等，出版散文集《衡哲散文》（上海开明书店，1938年）、小说集《小雨点》（上海新月书店，1928年）、《西风》（与茅盾、巴金合集。上海商务印书馆，1933年），论著《文艺复兴小史》（上海商务印书馆，1926年）、《西洋史》（上海商务印书馆，1926年）、《新生活与妇女解放》（南京正中书局，1934年）、《欧洲文艺复兴小史》（上海商务印书馆，1939年）等亦署。③哲，见于小说《孟哥哥》、杂文《"完全不是那么一回事"》，分别载1922年北京《努力周报》第24期、第52期。④莎非，见于译诗《我的心》（蒂斯代尔原作，与叔永合译），载1923年北京《努力周报》第43期。⑤衡哲，见于杂文《四川为什么糟到这个地步》，载1922年7月23日北京《努力周报》第12期；诗《哥德与贝多文——读过罗曼罗兰的〈哥德与贝多文〉之后》，载1935年《武汉日报·现代文艺》第15期。嗣后在《独立评论》《读书杂志》《现代评论》等报刊发表书评、杂文、随笔等亦署。⑥莎菲，见于小说《一支扣针的故事》，载1926年北京《现代评论》第5卷第106期。嗣后在该刊及《晨报副镌》发表诗《赠E. G.》、散文《北戴河一周游记》等亦署。⑦莎菲女士，见于诗《给——》，1931年北平《清华周刊》第35卷第3期。

陈洪涛（1889—1920），江苏吴县（今苏州市）人，字淮海、天梅，号厔厂（ān）、雄魄。笔名：①陈洪涛，在《南社丛刻》发表诗文署用。嗣后出版诗集《淮海游草》亦署。②又梅，署用情况未详。

陈华[1]，生卒年不详，辽宁沈阳人。原名陈受全。笔名：①权，见于散文《生命的"力"——写在夜哨的前面》，载1933年8月6日长春《大同报·夜哨》。嗣后在该刊发表随笔《文学杂话》《夜哨的绝响》等亦署。②受全，20世纪30年代在长春《大同报·大同俱乐部》发表诗、散文、评论等署用。

陈华[2]（1914—？），福建上杭人。原名邓亮，曾用名温宗、温宗万、温鹏九、丁瑛、邓勤。笔名：①鲸、鹏九，1922—1923年在暹罗华侨报纸发表诗歌、小品署用。②太阳、杨明，1934—1938年在《中国诗坛》《抗战大学》等杂志发表文章署用。③阳光，见于评论《民主政治是决定胜利的主要因素》，载1936年《游击队》第6期。④勤、丁瑛、小邓、白丁、汀茵，1939—1944年在广州《老百姓》、高州《民国日报》等发表诗文署用。⑤杨明扬，1948—1949年在香港《华商报》发表散文、随笔署用。⑥阳太阳，曾短期署用，后发现有同名者，即停用。

陈荒煤（1913—1996），湖北襄阳人，生于上海。原名陈光美，曾用名沪生（乳名）。笔名：①游之、游萍，1932年前后在武汉《新民报》《时代日报》等报副刊发表诗歌署用。②梅白，1933年在汉口编《时代日报》副刊并发表诗文署用。③荒煤，1933年在汉口《时代日报》副刊发表诗、散文、评论等开始署用。嗣后在《文学季刊》《小说半月刊》《水星》《漫画生活》《作家》《文学》《海燕》《大公报》《申报·自由谈》《文季月刊》《国闻周报》《文学界》《小说家》《上海业余剧人协会第三次公演特刊》《光明》《文丛》《抗战戏剧》《抗战文艺》《文艺阵地》《新学识》《新华日报》《国民公报·文群》《文艺突击》《文艺战线》《中国文化》《大众文艺》《文艺月报》《中国文艺》《文艺生活》《草叶》《抗敌》《解放日报》《文坛月报》《北方杂志》等报刊发表小说《灾难中的人群》《长江上》、剧本《黎明》《打鬼子去!》《粮食》（合作），以及《我们失去了什么》《国防文学是不是创作口号》《活在记忆中的》《父子书记》《只是一个人》等文，出版短篇小说集《刘麻木》（上海天马书店，1935年）、《忧郁的歌》（上海文化生活出版社，1936年）、《长江上》（上海文化生活出版社，1937年）、《在教堂唱歌的人》（桂林雅典书屋，1943年），中篇小说《突变》（桂林未明书店，1942年），独幕剧《打鬼子去!》（武昌国民政府军事委员会政治部，1938年），报告文学《新的一代》（上海海燕书店，1951年），论著《农村新文艺运动的开展》（上海杂志公司，1951年）等亦署。④梅丁，见于小说《人们底爱》，载1934年《小说半月刊》第14期。⑤沪生，见于散文《记十二月二十四日南京路》，载1936年上海《海燕》第1期；杂文《先生，天亮了没有？》，载1946年河北邯郸《北方杂志》第1卷第1期。⑥陈荒煤，见于评论《关于文艺工作若干问题的商榷》，载1946年邯郸《北方杂志》第1卷第1期；杂文《起来，踏着闻氏血迹前进》（与杨秀峰、范文澜等人合作），载1946年7月21日《人民日报》。嗣后出版《论工人文艺》（上海杂志公司，1949年）、《荒煤短篇小说选》（人民文学出版社，1980

年)、《回顾与探索》(中国社会科学出版社，1982 年)、《荒煤文学评论选》(湖南人民出版社，1983 年)、《荒煤散文选》(湖南人民出版社，1983 年)、《当代中国电影》(中国社会科学出版社，1989 年)、《难忘的梦幻曲》(中国文联出版公司，1994 年)等亦署。⑦荒梅，署用情况未详。

陈黄光（1904－1935），浙江平阳（今苍南市）人。原名陈锡光，字再华。曾用名白明。笔名：①再华，见于诗《快苏醒哟》，载 1928 年 5 月上海《太阳月刊》第 5 期；译作《旧的人与新的人》(苏联高尔基原作)，载 1933 年 1 月 1 日《新文艺评论》创刊号。同时期在《新兴文艺》《培正学生》发表评论《反对帝国主义战争》、译文《以战争反对战争——世界反对帝国主义战争大会演讲词》(法国罗曼·罗兰原作)、《我大声疾呼：援助呀！——为日本帝国主义侵略中国而作》(法国罗曼·罗兰原作)等亦署。②陈黄光，见于评论《高尔基论欧美智识阶级》，载 1933 年 1 月 1 日《新文艺评论》创刊号；译文《怎样作诗》(苏联马雅可夫斯基原作)，载 1934 年广州《前茅》创刊号。同时期在《文艺季刊》《文艺展览》等刊发表《苏俄文学家的生活——查米耶丁答英国曼彻斯特卫报驻巴黎的通讯记者问》《黑种诗人与种族的山》等文亦署。③锡光，见于译文《苏联作家革拉特考夫自传》，载 1934 年 6 月 3 日《南华日报》。④陈再华，见于译文《〈米开兰基罗传〉序》(法国罗曼·罗兰原作)，载《培正青年》第 3 卷第 1 期。⑤白明，见于翻译小说《两个少年先锋队队员》(苏联伊文原作)，载《绿天》第 5 卷第 1 期。⑥黄光，20 世纪 30 年代前期发表文章署用。⑦曹勖华，借夫人之名发表文章署用。

陈辉（1920－1945），安徽休宁人，生于湖南常德。原名吴盛辉。笔名陈辉，见于诗《平原手记》，载 1942 年重庆《诗垦地社丛刊》第 3 期；诗《卖糕》，载 1946 年天津《鲁迅文艺》创刊号。嗣后出版诗集《十月的歌》(作家出版社，1958 年)亦署。

陈晦，生卒年及籍贯不详。笔名每日，1922 年在上海《星光报》发表文章署用。

陈惠彤（1929－？），江苏涟水人。原名陈会同。笔名陈惠彤，20 世纪 40 年代开始发表作品，1949 年后出版长篇小说《江海儿女》(人民文学出版社，1978 年)、《横刀立马》(与琳蕙合作。山西人民出版社，1984 年)，短篇小说集《高长脖子》《端木老》《哒哒哒的脚步声》《一天等于几》，以及长篇回忆录《艰苦的历程》(与他人合作)等署用。

陈火泉（1908－1999），台湾彰化人。笔名：①耿沛、耿湄、安岵林，日据时期在台湾《文艺台湾》等报刊发表小说等署用。②陈火泉，出版小说集《愤怒的淡江》(台湾商务印书馆，1968 年)，散文集《悠悠人生路》(台北九歌出版社，1980 年)、《青春之泉》(台北九歌出版社，1981 年)、《人生长短调》(台北九歌出版

社，1983 年)、《人生点线面》(台北九歌出版社，1986 年)、《人生天地间》(台北林白出版社，1987 年)、《人生智慧·智慧人生》(台北健行文化出版公司，1990 年)等署用。按：陈火泉著作尚有中篇小说《道》、散文集《个性的发挥》《活在快乐中》等，署名及出版情况未详。

陈纪滢（1908－1997），河北安国人。原名陈寄瀛。笔名：①滢、丑大哥，1923 年开始在北平《晨报》《京报》发表小诗，1927 年后在哈尔滨《晨光报》《哈尔滨公报》《国际邮报》《国际协报·蓓蕾周刊》、天津《大公报》、武汉《大光报·别墅》等报发表文章署用。②羁瀛，1927 年起在哈尔滨《晨报》《国际协报》《哈尔滨公报》发表诗文署用。③影影，20 世纪 30 年代初在哈尔滨《国际协报·国际公园》连载长篇小说《红毹氍的迷惑》署用。④生人，见于报告《沦陷二年之东北踏查记》，载 1933 年天津《国闻周报》第 10 卷第 38 期。嗣后在该刊发表《日俄在我东北对峙之实况》《所谓日满经济集团结合强化之事实》《日本对我东北经济侵略之事实》《日人操纵下之伪国邮政海关》等文亦署。同时期在天津《大公报》发表采访通讯亦署。⑤陈纪滢，出版报告文学《东北勘察记》(天津大公报馆，1933 年)署用。嗣后在福建永安《公余》及《弹花》《战时经济》《中华邮工》《文艺习作》《创作月刊》《东北前锋》《经纬月刊》《文艺先锋》《中央周刊》《微波》《时与潮副刊》《女青年》《骆驼文丛》《现代知识》等刊发表散文《边城一夜》《沙漠之宫》、通讯《从重庆寄回城固》、随笔《散观世局》《盛世才的生活》《山居芜笔》《孩子与狗》、散文《新疆行》、小说《大鸽主》《一个青年人的小传》《黄金潮》、评论《一个新文化运动》《收复东北及重建东北泛论》《在东北作战的两个意义》《建立我们的"士兵文学"》等，出版报告文学《新疆鸟瞰》(香港商务印书馆，1939 年)，散文集《寄海外宁儿》(台北重光文艺出版社，1952 年)、《梦真记》(台北文物供应社，1954 年)、《欧游剪影》(台北《中央日报》社，1960 年)，传记《报人张季鸾》(台北文友出版社，1957 年)，小说《新中国幼苗的成长》(重庆建中出版社，1945 年)、《春芽》(上海建中出版社，1947 年)、《荻村传》(台北重光文艺出版社，1951 年)、《有一家》(台北文坛社，1954 年)、《赤地》(台北文坛社，1957 年)、《贾云儿前传》(台北文坛社，1957 年)，话剧剧本《音容劫》(台北文坛社，1955 年)、《华夏八年》(台北文物供应社，1961 年)，论著《文艺新里程》(台北文物供应社，1956 年)、《读者文摘是怎样办起来的》(台北重光文艺出版社，1964 年)等亦署。⑥纪滢，见于通讯《踏进伤兵医院》，载 1938 年《战时医政旬刊》第 11 期。

陈继修（1864－1938），河南睢县人，字月樵，号古遇。笔名陈继修，著有《古愚堂文集》。

陈寂（1900－1976），广西怀集人，生于广东广州，字午堂、寂园，号枕秋生。笔名：①陈寂，见于词《南

乡子》，载1923年南京《学衡》第17期。嗣后在《学术》《觉音》《弥洒》《群言》《红茶》《综合评论》等刊发表诗词，在1924年和1925年上海商务印书馆出版之《弥洒社创作集》第1辑和第2辑刊载《芳名》《蔷薇之泪》等诗，1935年自刊诗文集《鱼尾集》等亦署。②陈寂先生，见于诗词《吊曼殊》《柳枝词》，载1935年广州《知用学生》月刊第1卷第6期。

陈家鼎（1876－1928），湖南宁乡人，字半僧、可毅，号汉元。曾用名陈曾。笔名：①汉叔，见于传记《烈士姚洪业小传》，载1907年1月25日本东京《汉帜》第2期。②铁郎，见于评论《二十一世纪之湖南》《论各省宜速响应湘赣革命军》，载1907年东京《汉帜》。③陈曾，1907年与章炳麟、胡汉民等创办《民报》时署用。④汉元，1912年在《亚东丛报》发表文章署用。⑤汉援，1913年2月与宋教仁通信并诗词唱和时署用。⑥汉囡，见于《鳞鳞爪爪》《仇满横议》，载《新世纪》杂志。⑦陈家鼎，1920年11月在广州发表《关于西南大计的通电》署用；在《南社丛刻》发表诗文亦署。⑧毅君、可毅、半僧、汉辕，署用情况未详。

陈家杰（？－1929？），湖南宁乡人。原名陈家雄，字治元。笔名家杰，1911年在日本《留日女学会杂志》发表文章署用。1912年在《神州女报》发表文章亦署。

陈家康（1913－1970），湖北广济人。原名陈宽，号有容。笔名陈家康，见于评论《论剧作家对历史的态度——观〈清宫外史〉所感》，载1943年7月6日重庆《新华日报》；论文《人民化》，载1946年上海《希望》第2集第4期。嗣后在重庆《时事类编》、陕北《中国青年》、上海《民主》等刊发表评论《论新经济建设底性质》《世界民主青年联合会进行曲》《陶行知思想路线》《恢复国民经济与旧翻新办法》、随笔《忆罗马》等亦署。

陈家庆（？－1969），湖南宁乡人，字秀元、秀园、绣原，号丽湘。笔名：①陈家庆，见于旧体诗《送天梅先生南旋并柬亚希社姊》，载《南社丛刻》；随笔《白门集》，载1927年上海《紫罗兰》第2卷第11期；词《齐天乐·胡宛春君霜红簝填词图》《石州慢·秋感》，载1930年南京《江苏革命博物馆月刊》第6期。嗣后在《紫罗兰》《词学季刊》《安徽大学月刊》《安大季刊》《民族诗坛》《女青年》《国立政治大学校刊》等刊发表旧体诗《为汪君题水仙卷子》《送徽姊北征》《咏牡丹》《九巇》、词《贺圣朝·送春》《碧湘阁词》《台城路》《游黄山词》《浪淘沙》《虞美人·菱湖绕行》等亦署。②陈家庆女士，见于随笔《吟边絮语》，载1929年上海《紫罗兰》第4卷第7期。

陈家英，生卒年不详，湖南宁乡人，字定元、定原。笔名：①定原，见于评论《女子复权论》，载1911年日本《留日女学生杂志》。②陈家英，见于旧体诗《有怀秀元三妹北泮女师范即次其韵》，载《南社丛刻》；旧体诗《闻笛次廖女士吟秋阁韵》，载1929年《交通

丛报》第91期。

陈嘉（1907－1986），浙江杭州人，字子嘉。笔名陈嘉，著有《英国文学史》。

陈嘉会（1875－1945），湖南湘阴人，字风光、宏斋。晚号仙峰山人。笔名陈嘉会，著有《宏斋日记》《燕庵诗集》。

陈剑雄（1915－？），广东梅县（今梅州市）人。笔名雄子，见于诗《大家来，结成一条国防线》，载1937年《广州诗坛》第1卷第3期。1938年在《中国诗坛》发表诗《你这老糊涂》《五月》《我在这儿》，出版诗集《总动员》（诗歌出版社，1938年）亦署。

陈健吾（1917－？），浙江青田人。曾用名陈瑞。笔名瓯江。著有杂文集《栽刺集》。

陈锦祥，生卒年不详，江苏吴县（今苏州市）人，字馨丽、亨利，号希虑。笔名陈锦祥，有诗集《秋梦斋焚余诗草》存世。

陈荆鸿（1903－？），广东顺德（今佛山市）人。曾用名陈蕴庐。笔名陈荆鸿，出版《岭南艺林散叶》（广东人民出版社，2009年）、《独漉诗笺》（广东人民出版社，2009年）等署用。按：陈荆鸿另著有《蕴庐诗草》《蕴庐文草》《独漉堂诗笺释》《诗学论丛》等著作，出版与署名情况未详。

陈景新，生卒年不详，浙江人，号警心。笔名：①警心，1922年在上海《戏杂志》第4期、第6期发表随笔《新剧家当具之资格》《陈无我轶事》署用。②陈警心，见于随笔《亦舞台观剧记》，载1923年上海《小说日报》第63期。嗣后在该刊及上海《商旅友报》发表随笔《社会上经济底改革》《人画桃花剧本底商榷》、哀情小说《良因恶果》、寓言《雀牌游历到美国》、旧体诗《新年杂志》等亦署。③陈景新，出版论著《小说学》（与江亢虎合作。上海明星社，1924年）署用。

陈敬容（1917－1989），四川乐山人。原名陈懿范。曾用名陈彬范、陈在琼。笔名：①芳素，1931年在乐山县女子中学壁报上发表短小的诗文署用。②陈敬容，见于诗《幻灭》，载1932年北平《清华周刊》第38卷第4期。嗣后在《北平晨报·学园》《大公报·文艺》《文季月刊》《文学季刊》《绿洲》《职业妇女》《文讯》《笔阵》《工作》《文艺生活》《人世间》《水准》《文艺春秋》《文丛月刊》《文艺复兴》《诗创造》《中国作家》《中国新诗》《开明少年》《现实文摘》《文汇报·笔会》《时代日报》《世界晨报》《侨声报》《联合晚报》等报刊发表诗歌、散文，出版诗集《交响集》《盈盈集》《九叶集》（与杭约赫、辛笛、郑敏、唐祈、唐湜、杜运燮、穆旦、袁可嘉合集）、《八叶集》（与辛笛、郑敏、唐祈、唐湜、杜运燮、穆旦、袁可嘉合集）、《老去的是时间》，散文集《星雨集》，散文诗集《远帆集》，翻译小说《巴黎圣母院》（法国雨果原作）、《绞刑架下的报告》（捷克伏契克原作），翻译童话《安徒生童话》《太阳的宝库》（俄国普里希文原作）、《雪女王》（丹麦安徒生原

作)、《沼泽王的女儿》(丹麦安徒生原作)等亦署。③敬客,见于诗《几回》,载1935年5月9日《北平晨报·学园》"诗与批评"栏。嗣后在该刊发表《长夏不眠夜》《暮烟》等诗文亦署。④蓝冰,见于小说《被遗忘的桥》,载1946年重庆《文讯》第6卷第1期。1946年在上海《苏联文艺》发表翻译苏联音乐家和舞蹈家的小传、1948年在《中国新诗》第1期发表诗译文《诗七章》(希腊梭罗摩斯原作)亦署。20世纪50年代在《世界文学》《诗刊》发表文章亦署。⑤成辉,见于评论《和唐祈论诗》,载1947年上海《诗创造》第6期《岁暮的祝福》;评论《新诗的突破与创新》,载1980年北京《光明日报》。⑥默弓,见于诗《真诚的声音》,载1948年上海《诗创造》第12期《严肃的星辰们》;书评《〈一间自己的屋子〉》,载1948年上海《人世间》复刊第11、12期合刊。⑦文谷,1949年后在北京《译文》《世界文学》发表译作署用。

陈敬之(1910－1982),湖南衡山人,字伯诚。笔名:①陈敬之,见于《苏联和平政策之现阶段》,载1934年上海《申报月刊》第3卷第4期;评论《日苏战争之预测》,载1934年上海《东方杂志》第31卷第9期。嗣后出版论著《文苑风云二十年》(台北畅流半月刊社,1964年)、《首创民族主义文艺的"南社"》(台北成文出版社,1980年)、《三十年代文坛与左翼作家联盟》(台北成文出版社,1980年)、《现代文学早期的女作家》(台北成文出版社,1980年)、《文学研究会与创造社》(台北成文出版社,1980年)、《新月及其重要作家》(台北成文出版社,1980年)、《中国文学的由旧到新》(台北成文出版社,1980年)等亦署。②陈三、胖僧、敬园、太憨生、司徒伯秋,署用情况未详。

陈靖[1](1919－2003),贵州瓮安人,苗族。原名陈桥生。曾用名陈光裕。笔名:①萍帆,见于《清风店——石家庄》,载王寒编内部刊物。②小苗,发表组诗《山歌唱长征》署用。③陈靖,1949年后出版长篇小说《红军不怕远征难》(与黎白合作。中国青年出版社,1957年)、《金沙江畔》(北京出版社,1959年),诗集《长征路上》(人民文学出版社,1978年),散文集《重走长征路》(长征出版社,1990年),话剧《贺龙前传》(与谢万和合作。云南人民出版社,1981年)等署。④立青、小青、乔生、光玉,署用情况未详。

陈靖[2](1922－?),福建莆田人。笔名:①立青,20世纪40年代在福建报刊发表诗、小说等作品署用。②陈靖,出版诗集《碧溪诗集》(作家出版社,2007年)署用。

陈涓(1917－?),浙江宁波人,生于上海。原名陈丽娟。笔名:①小猫,见于小说《姑娘与先生》,载1934年12月哈尔滨《大北新报画刊》;小说《小老太婆》,载1935年5月10日、15日哈尔滨《五日画报》第6卷第12、13期。嗣后至1937年前后在哈尔滨《五日画报》《国际协报·国际公园》发表小说《小毛驴和她的爸爸》《小玲的悲剧》、散文《自己人的几句话(关

于第二次口琴音乐会)》《可爱的三月》《友情——致亚民》《看你笑也不笑》、诗《无题》、译文《有钱同志》等亦署。②一狷,见于散文《萧红死后——致某作家》,载1944年6月上海《千秋》杂志创刊号。③女客,1946年在上海《大晚报》发表评论舞剧《孟姜女》文章署用。④狷,见于散文《妇人之仁》《上坟》等,载1947年春夏间上海《时代日报》。⑤陈涓,1949年后翻译电影作品、发表电影评介文章署用。1954－1955年间在上海《新民晚报》发表介绍《牛虻》《玛莉娜的命运》等影片的文章,翻译电影剧本《列宁在一九一八》《伟大的公民》《乡村女教师》《第四十一》《米邱林》《音乐家艾柯尔》等亦署。

陈君涵(1910－1937?),江苏扬州人。笔名:①陈君涵,见于翻译小说《中国花瓶》(A.雅各武莱夫原作),载1933年上海《文艺》月刊创刊号。嗣后在《申报·自由谈》《春光》《现代》《文艺》《当代文学》《芒种》《杂文》《东方文艺》《光明》《文学月报》《妇女杂志》《写作与阅读》《江苏学生》等报刊发表随笔《怎样写信》,翻译小说《在烟火旁》(莱奥诺夫原作)、《未锁之门》(意大利戴丽黛女士原作)、《科夫雅金手记》(苏联里昂诺夫原作)、《鬼池》(法国乔治·桑原作)与诗作《冬天的道路》(俄国普希金原作)、《一个威尔斯的女郎》(卡本德原作)等亦署。②君涵,见于译诗《男子闲在家里了》(德国培海尔原作),载1934年上海《新语林》半月刊第2期;译作《顿河之歌》(苏联肖洛霍夫原作),载1934年11月26日上海《申报·自由谈》;随笔《关于诗歌》,载1934年12月27日《申报·自由谈》。

陈君实(1916－1980),江苏武进(今常州市)人。原名陈德宣。笔名:①君实,见于翻译剧本《阿埃尔王子》(法国罗曼·罗兰原作,与子怡合译),载1934年1月1日南京《文艺月刊》第5卷第1期。1935年在上海《现代》月刊发表域外通讯《藏书家巴尔都》《科学情报》等文亦署。②史源、村野、思立、史吉邦,1945年开始在上海《时代日报·时代》发表诗歌署用。③梦海,翻译苏联童话《狼》《杀龙记》(见1949年上海北新书局出版之《新民主主义的少年文选》)署用。1949年后出版翻译小说《红色陆战队》(苏联富尔曼诺夫原作。新文艺出版社,1953年)、《华西里·焦尔金》(新文艺出版社,1956年),翻译童话《普希金童话诗》(与冯春合译。新文艺出版社,1954年),翻译诗集《爱情诗》(苏联施企巴乔夫原作。安徽人民出版社,1984年)等亦署。按:陈君实尚出版有翻译小说《盖达尔中篇小说》《列宁》、寓言《克雷洛夫寓言》、童话《渔夫和金鸟的故事》、儿童剧剧本《雾海孤帆》《动物园》等,出版与署名情况未详。

陈君玉,生卒年不详,台湾台北人。笔名:①君玉,见于《写意》,载1933年10月14日台北《台湾新民报》。嗣后在台北《先发部队》《第一线》、台中《台湾文艺》等刊发表诗文亦署。②陈君玉,见于评论《台

湾歌谣的展望》，载 1934 年台北《先发部队》第 1 期。嗣后在台中《台湾文艺》《台湾新文学》等刊发表诗文亦署。

陈俊人（1918？－1989），广东番禺（今广州市）人。原名陈子隽。曾用名陈隽人、陈子家、陈俊麟。笔名：①俊人，见于诗《狱中杂感——囚粮》，载 1937 年 5 月 8 日厦门《华侨日报·鹭风》。嗣后在该刊发表诗《鼓浪屿》《横龙岗，我的故乡哟》、评论《读〈摇篮曲〉》，1946 年 10 月在该刊连载小说《情场战场》，在香港多种报刊发表小说，出版小说《旧欢新宠》（香港俊人书店，1951 年）、《关山明月》（香港俊人书店，1951 年）、《群莺乱飞》（香港创基出版社，1952 年）、《娜拉妹妹》（香港俊人书店，1953 年）、《重见情天》（香港俊人书店，1953 年）等亦署。②万人杰，见于随笔《为沉默喝倒采》，载 1968 年香港《当代文艺》第 33 期；随笔《我还活生生的》，载 1986 年 4 月 1 日香港《争鸣》杂志。

陈开鸣（1929－ ），贵州水城（今六盘水市）人。笔名：①克蒙，见于小说《丰收》，载 1947 年 12 月《贵州日报·新垒》。1948 年 1 月在该刊发表诗《没有两样》，嗣后在贵阳《民报》发表小说、散文亦署。②陈开鸣，见于随笔《这就是我的志愿》，载 1952 年《西南青年》第 4 卷第 15 期。出版论著《认识茅盾，走近茅盾》（作家出版社，1997 年）、《现当代文学探微》（光明日报出版社，2008 年）等亦署。

陈克[1]（1915－？），辽宁西丰人。原名陈作师，字树人。曾用名陈书润、陈思。笔名：①沉思，见于中篇小说《人间的男女》，载 1938 年长春《兴满文化月报》。嗣后在该刊发表小说《报复》《促曹》等亦署。同时期在哈尔滨《大北报·晓日》及《经济杂志》等报刊发表诗亦署。②华田，见于中篇小说《逃出伪满》，载 1945 年 11 月至 1946 年 8 月北京、长春《今日东北》第 1—4 期。③田心、陈思，分别见于小说《悼》与《还乡记》，载 1945、1946 年间《今日东北》。④陈克，1946 年 9 月开始在《嫩江日报》《东北日报》《军政大学刊》等报刊发表文章署用。

陈克[2]（1921－1970），湖北天门人。笔名蒙丝、东方闻，20 世纪 40 年代发表小说《苦难中的一群》、随笔《一部伟大的史诗——〈铁流〉读后感》《战斗着的孩子》等署用。

陈克高，生卒年不详，福建连江人。原名陈必登。笔名陈克高，1928 年在福州《第一燕》旬刊发表文章署用。

陈克寒（1917－1980），浙江慈溪人。原名成鹤令。曾用名李肖。笔名：①李肖，见于随笔《人与环境》，载 1934 年 9 月 21 日上海《中华日报·动向》；随笔《奇妙的玄想》，载 1935 年 4 月 20 日上海《太白》第 2 卷第 3 期。②肖，见于杂文《谈"老套头"》，载 1934 年 10 月 20 日《中华日报·动向》。③克寒，见于评论《怎样开展沦陷区域的工作》，载 1938 年武汉《国民公论》第 1 卷第 2 期。同时期起在《战地通信》《公余生活》《正报》《八路军军政杂志》《群众》等报刊发表评论《克鲁泡特金自传》《用改造工作来迎接大反攻》、随笔《从西安到延安》等文，出版《模范抗日根据地的晋察冀边区》（黑蚁出版社，1938 年）亦署。④陈克寒，见于随笔《新区如何办报纸》，载 1938 年《正报》第 3 卷第 9 期；散文集《八路军学兵队》（汉口上海杂志公司，1938 年）。1949 年后发表评论《什么是爱国主义，为什么要爱祖国》（载 1951 年《西北教育通讯》第 6 卷第 2 期）等亦署。

陈宽，生卒年不详，四川酉阳人，字子叔。笔名陈宽，著有诗集《堤篁前后集》。

陈逴（1902－1990），湖南攸县人。曾用名陈弼猷。笔名陈逴，出版《陆逴诗集》《陆逴中英文诗选》与译作《亨利·艾斯芒德的历史》（英国萨克雷原作，王培德合译。人民文学出版社，1958 年）署用。

陈夔龙（1857－1948），贵州贵筑（今贵阳市）人，字筱石、小石、韶石，号庸庵、庸庵居士、花近楼主、两度月宫游客。晚号庸叟、庸庵老人。曾用名陈夔鳞。笔名陈夔龙，见于旧体诗《八三诞辰感怀》，载 1940 年鄂湘川黔边区《边声月刊》第 1 卷第 5 期；旧体诗《蔚芝仁兄重赋鹿鸣，当年报帖犹存，诗以志羡》，载 1943 年上海《大众》第 2 卷第 8 期；评论《对当前大学自由的看法》，载 1948 年上海《时事评论》第 1 卷第 16 期。1949 年后台湾出版其遗著《庸庵尚书奏议》（台北成文出版社，1969 年）、《梦蕉亭杂记》（与吴汝纶合作。台北文海出版社，1971 年影印版）、《松寿堂诗钞》（台北文听阁图书公司，2009 年）等亦署。

陈冷僧，生卒年及籍贯不详。笔名：①陈冷僧，见于评论《离婚》，载 1929 年上海《社会月刊》创刊号。嗣后在该刊发表评论《上海的游民问题》《上海乞丐问题的探讨》《我国古代婚礼与"集团结婚"》《处理救济事件感言》等文亦署。又见于通信《女子职业和社会心理的一斑》，载 1930 年上海《生活周刊》第 5 卷第 26 期。②冷僧，见于随笔《守礼之邦》，载 1934 年上海《社会》半月刊创刊号。

陈冷血（1879－1965），上海人，字景韩、景寒。曾用名陈冷。笔名：①陈景韩，1904 年 9 月在上海主编《新新小说》月刊署用。②冷血，见于译文《世界奇谈》（杜痕原作），载 1904 年上海《新新小说》第 1 卷第 1 期。嗣后在上海《小说时报》《中华小说界》《小说月报》《月月小说》《江苏》《广益丛报》《大中华》《小说大观》等刊发表小说、译文《世界奇谈》《巴黎之秘密》《义勇军》《侠客谈》等，出版小说《侠客谈》（上海秋星社，1910 年）、《引火机》（上海文明书局，1916 年）、《俄国之红狐》（上海文明书局，1916 年）、《乔装之半夜》（与绿衣女士合作。上海文明书局，1916 年），翻译小说《侦探谈》（上海时中书局，1903 年）、戏剧《祖国》（法国柴尔时原作。上海有正书局，1917 年）等亦署。③陈冷血，1909 年与李涵秋等人编《小说时报》时署用。④新中国之废物，清末著《刺客谈》《商界鬼域》《新中国之豪杰》等署用。⑤景寒，1918 年在《戊午周报》发表文章署用。⑥景，1920 年前在上海《申报·自由谈》发表文章署用。⑦冷，在《妇女时报》《繁华报》《中华小说界》等刊发表文章署用。⑧不冷，在上海《申报·自由谈》发表文章署用。⑨冷笑，与包天笑合署。在《小说时报》《时报·余兴》发表小说、短评、社论署用。⑩无名、华生，署用情况未详。

陈梨梦，生卒年不详，浙江诸暨人，号亚子。笔名陈光誉，在《南社丛刻》发表诗文署用。

陈礼士（1917？－？），广东潮州人。笔名亮夫，1938 年起在暹罗曼谷《华侨日报》副刊《华侨文坛》《文艺战线》发表文章署用。1945 年抗战胜利后在曼谷主编《光华报·新生》亦署。

陈鲤庭（1910－2013），上海人。曾用名陈思白。笔名：①陈鲤庭，见于译剧《月亮上升》，载 1930 年 9 月 15 日南京《文艺月刊》第 1 卷第 2 期。嗣后在《黄河》《戏剧岗位》《文艺先锋》《天下文章》《戏剧时代》《清明》《中国作家》等报刊发表随笔《演剧·形象·思想》《杂感》，论文《表演的舞台技术》，译文《有声电影艺术原理论粹》（苏联普特符金原作）、《论电影排演》（苏联普特符金原作）等，出版街头剧《放下你的鞭子》（陈鲤庭原作，王为一改编。武昌战争丛刊社，1938 年）、论著《电影轨范》（重庆中国电影制片厂，1941 年）、翻译剧作《月亮上升》（爱尔兰格雷高利夫人原作，陈鲤庭编译，陈治策改编。北平中华平民教育促进会，1935 年）、翻译论著《电影演员论》（苏联普特符金原作。上海时代出版社，1951 年）等亦署。②王原、云雀、丽君、苔立、黎然、玉君、思白、犁者、麒麟，1934 年开始在上海《民报·影谭》发表关于影剧的理论和评论文章署用。③巫君，1934 年 12 月后在上海《晨报·每日电影》发表文章署用。④鲤庭，见于译文《普特符金论戏剧与电影》，载 1941 年重庆《中国电影》创刊号。嗣后在该刊第 1 卷第 2 期发表译文《史丹尼表演方法及其在电影上的适用》亦署。⑤C.L.T.，见于评论《演技试论——献给剧友白苎山人》，载 1942 年 6 月 25 日、26 日重庆《新华日报》。⑥黎然、陈思白，署用情况未详。

陈莲痕（？－1937），江苏昆山人。原名陈定扬，字燕方、俺舫，号莲痕。曾用名陈侃。笔名：①莲痕，见于随笔《这是什么教育》，载 1921 年上海《礼拜六》周刊第 134 期。②陈莲痕，见于随笔《菊林嚼旧录》，载 1922 年上海《戏杂志》第 3—4 期；随笔《歇后别史》，载 1925 年上海《新月》第 1 卷第 4 期。嗣后在《新月》《珊瑚》等刊发表随笔《星友语录》《伪国残影》、小说《压榨机的爆裂》等，出版长篇小说《顺治出家》《康熙演义》《乾隆休妻》《雍正夺嫡》《同治嫖院》《董小宛演义》《京华春梦录》《顺治演义》（与李龙公合作）

等亦署。③旧燕，见于小说《一个深秋的晚上》，载 1932 年苏州《珊瑚》第 1 卷第 7 期；随笔《风絮小志》，载 1932 年上海《万岁》第 1 卷第 6—10 号。同时期起在《珊瑚》《时代动向》《文化先锋》《文艺先锋》《茶话》《小日报》等刊发表随笔《废历新年说废话》《记钱玄同》、诗《山村夜雨有咏》、通讯《文化列车》《文艺圈内》等亦署。④陈侃，见于小说《严守秘密》，载 1948 年上海《伉俪月刊》第 2 卷第 9 期。

陈炼青（1907－1940），广东潮安人。曾用名陈秉铣。笔名：①半阆、未见、炼、青、孟晋、老五、无聊、子陈子，1929 年 6 月至 1931 年 2 月在马来亚新加坡主编《叻报·椰林》时发表诗、剧本、散文、评论署用。此前后在新加坡《晓天周刊》《星洲日报·晨星》《星中日报·星火》《南洋商报·狮声》《文化丛报》、槟城《现代日报·前驱》等刊报发表文章亦署。②未兆，1929 年 7 月 29 日起主编《叻报·闲暇》署用。见于诗《我彷徨于孤岛上》，载 1929 年 8 月 24 日《叻报·椰林》。③炼青，见于随笔《文艺与地方色彩》，载 1929 年 9 月 23 日新加坡《叻报·椰林改革号》；随笔《我们批评家》，载 1935 年 5 月 21—22 日新加坡《星洲日报·晨星》。④陈炼青，见于随笔《论个人笔调的小品文》，载 1935 年上海《人间世》第 20 期。嗣后在该刊发表随笔《谈读旧书》《论无名的作家》等亦署。

陈亮（1911－1989），江苏丹阳人。笔名：①田舍郎，见于随笔《写在〈读云浮教育视察记后〉的读后感》，载 1937 年广东云浮《云浮月刊》第 1 卷第 3 期；长篇小说《女病人》，1944 年 1 月 5 日《大方》杂志创刊号开始连载。1949 年在《七日谈》发表《逃难》《明年这时候》等文，出版长篇小说《花落谁家》（上海新艺书店，1941 年）、《三姑娘》（上海百新书店，1946 年）、《小裁缝》（1946 年）、《田家风月》（上海华光书报社，1947 年）、《绿杨飞絮》（上海文立书局，1949 年）、《孽债》（上海世界书报社）等亦署。②陈亮，见于散文《湖北面店小景》，载 1941 年上海《乐观》第 3 期。同时期在该刊及上海《小说月报》等刊发表小说、散文《色的事》《贤妻》《失望》《财神日》等亦署。③田池、司徒娃，署用情况未详。

陈辽（1931－2015），江苏海门人。原名陈拯阳。笔名：①陈拯阳，1946 年 1 月在《江海导报》发表文艺通讯署用。②陈辽，见于通讯《三红运动在六队》，载 1947 年 8 月《渤海日报》。嗣后在《徐州日报》《蚌埠日报》《军卫报》《战勤报》等报刊发表文艺通讯、报告文学等作品，1949 年后在全国各地报刊发表文艺评论、随笔等，出版评论集《露华集》（长江文艺出版社，1985 年）、《陈辽文学评论选》（湖南人民出版社，1985 年）、《叶圣陶评传》（江苏教育出版社，1986 年）、《马克思主义文艺思想史稿》（四川文艺出版社，1986 年）、《文艺信息学》（人民文学出版社，1986 年）、《中国革命军事文学史略》（与方全林合作。昆仑出版社，1987 年），主编《台港澳与海外华文文学辞典》（山西教育出版社，1990 年)、《江苏新文学史》(南京出版社，1990 年)等亦署。③曾亚，20 世纪 40 年代后期起在《徐州日报》《蚌埠日报》《军卫报》《战勤报》发表随笔、评论等署用。④曾阳，1951 年在《战勤报》发表通讯署用。⑤吉体来、苏作三，1960 年在南京《雨花》杂志发表《胆大艺才高》等文署用。⑥沈萱、苏萱，1977 年开始在《新华日报》《人民日报》等报刊发表文章署用。⑦何祖文，见于评论《严肃地科学地对待作品的社会效果问题》，载 1980 年《雨花》第 5 期。

陈麟瑞（1905－1969），浙江新昌人，号瑞成。曾用名林率(shuài)。笔名：①林率，见于《黄太太的钻戒》，载 1927 年北京《清华文艺》第 1 期；《断了线的风筝》，载 1931 美国纽约《文艺杂志》第 1 卷第 1 期。嗣后在《世界文化》《东方杂志》《新诗》《西洋文学》等刊发表小说《产妇的猫》《下山》、评论《海国英雄》观后感）、译文《华滋华斯论》(英国马修·阿诺德原作)等亦署。②百合，见于译剧《十二镜容貌》(英国詹姆斯·巴利原作)，载 1932 年纽约《文艺杂志》第 1 卷第 4 期。③陈麟瑞，见于随笔《学英文用什么字典》，载 1939 年《自学旬刊》第 2 卷第 2－4 期；翻译剧本《晚宴》(美国开甫曼等原作)，载 1942－1943 年桂林《文艺杂志》第 2 卷第 1－3 期。嗣后在《学林》《时与潮文艺》《导报》等刊发表论文《叶芝的诗》《卜强生的癖性喜剧的理论与应用》、随笔《写给日本人》等，出版译作《美帝侵略下的拉丁美洲》(与柳无非合译。世界知识出版社，1950 年)、剧本《永远不死的人——美国劳工运动者裘希尔的遇害》(美国戴维斯原作。中国戏剧出版社，1957 年)、《京剧》(外文出版社，1959 年)亦署。④石华父（fù），见于翻译剧本《鲸鱼油》(美国尤金·奥尼尔原作。与石灵合译)，载 1941 年《学生月刊》第 2 卷第 1－2 期；话剧《抛锚》，载 1946 年上海《文艺复兴》第 2 卷第 1－2 期。嗣后出版话剧《孔雀屏》《晚宴》(上海世界书局，1944 年)、《雁来红》(上海世界书局，1944 年)，翻译戏剧《传记》(美国勃尔曼原作。上海晨光出版公司，1949 年)等亦署。

陈灵谷（1909－1990），广东人。原名陈振枢。笔名陈灵谷，1932 年在上海十九路军与丘东平合作出版油印刊《血潮》并发表文章署用。

陈灵犀（1902－1983），广东潮阳人，生于上海。原名陈听潮。号听潮生、猫双栖室主。笔名：①听潮生，见于随笔《不能说话的议员》，载 1923 年上海《心声》第 2 卷第 5 期。嗣后在上海《小说日报》《良友画报》《最小报》等报刊发表随笔《自然底小说》《雪窗戏墨》《未来的公馆》《精神……原质》、旧体诗《松波集》《无题》《有感》《二十感怀》等作品亦署。②杜仲、羌公、紫苏，1927 年后在上海《福尔摩斯》报、《社会日报》《文汇报·海上行》《前线日报·磁铁》等报发表文章署用。"紫苏"一名又见于随笔《杨小姐的人生观》《德国的声片与舞台剧》，分别载于 1934 年 11 月 15 日上海《社会月报》第 1 卷第 6 期和 1936 年上海《半月剧刊》第 1 卷第 5 期。③陈灵犀，见于随笔《从踏进小报界说起》，载 1931 年上海《社会日报纪念专刊》；随笔《如是想》，载 1936 年上海《青年界》第 10 卷第 1 期。嗣后在《青年界》《永安月刊》《万象》《小说月报》《乐观》等刊发表随笔《老板》《夜半私语》《辟尘小语》《轧米记》《昙花宴》《追念短命诗人王尘无》等文，出版评弹《抗美援朝保家邦》(华东人民出版社，1951 年)、《倒拔垂杨柳》(华东人民出版社，1951 年)、《罗汉钱》(上海文化出版社，1956 年)、《刘胡兰》(上海文化出版社，1957 年)、《评弹选集》(上海文化出版社，1958 年)、《秦香莲》(上海文艺出版社，1987 年)等亦署。④陈听潮，见于随笔《不断的奋斗》，载 1933 年 2 月 1 日上海《珊瑚》半月刊(范烟桥编)第 2 卷第 3 期。⑤灵犀，见于随笔《催眠曲》，载 1934 年上海《社会月报》创刊号。嗣后在该刊及上海《社会周刊》《芒种》《论语》《明星》《北洋画报》《永生》《绿茶》《女光半月刊》《万象》《茶话》《中国出版》等刊发表随笔《关于文话的论战》《简女讼案》《狗气煞》《全武行的大学生》《日本人的宗教思想》等亦署。

陈凌霄（1915－？），广东东莞人。曾用名黎莹。笔名：①俯拾，见于诗《书记》，载 1936 年 5 月 1 日上海《文学丛刊》第 2 期；歌词《前进》(冼星海作曲)，载 1936 年《永生》第 1 卷第 15 期。2009 年出版诗集《俯拾诗歌集》(人民文学出版社)亦署。②黎莹，见于论文《救济华侨失业之方策》，载 1935 年南京《大道月刊》第 3 卷第 4 期。按：陈凌霄另有歌词《战歌》《我们要抵抗》《国防军歌》、诗《欢秋》《琴声》《恐血症》《五杯酒》《六教授翻筋斗》、长诗《金英兰》(第一部《少女行》)等，署名与发表情况未详。

陈流沙（1921－2015），湖北蒲圻(今赤壁市)人，生于北京。原名陈瑞淇。曾用名古都子。笔名：①流沙，见于随笔《诗谈》，载 1942 年 7 月 1 日成都《战时文艺》第 1 卷第 6 期。嗣后在昆明《新文学》、成都《西部文学》、重庆《文学》《新文学》《自由报》《文艺先锋》、上海《文艺春秋》《诗创造》《文艺工作》《侨声报》、南京《益世报》、杭州《天行报》《戏剧与文学》、广东曲江《新华南》等报刊发表诗《青色的焰花》《山村底黄昏》《保卫领空的红武士》《衡阳，你等候着》《暑季诗抄》《山城小唱》《向太阳》《旅人》《氓——〈国风〉试译》《高原之歌》《康行小唱》等，出版诗集《山城散曲》(重庆文学社，1945 年)、《青色的焰花》(重庆时代出版社，1948 年)亦署。1949 年以后出版《吕蒙传今译》(群众出版社，1959 年)、《李贺诗歌选注》(百花文艺出版社，1982 年)、《历代咏武诗词选》(黄山书社，1986 年)，以及《风尘列传》《云房太极拳》等亦署。②沙陀、楚戈、蒲旗、楚天孤、蒲柳风，20 世纪 40 年代发表诗文署用。③闻艺，1949 年后出版故事《石匠伍大爷》(湖北人民出版社，1965 年)、连环画《吴井水》(黄炜等绘画。云南人民出版社，1979 年)、《蝴蝶泉》(陈之川绘画。云南人民出版社，1980 年)

等署用。④柳莎，出版连环画《淝水之战》（黄河清绘画。湖北人民出版社，1981年）署用。⑤古都子，20世纪80年代在《中华武术》《武当》《随笔》《当代农民》等刊发表随笔《半角楼武话》《半角楼农话》等署用。⑥蒲圻，出版选译《中国武术故事》（花城出版社，1984年）、注译《古小说选》（长江文艺出版社，1984年）署用。⑦陈流沙，出版译注《风尘列传》（长江文艺出版社，2003年）署用。⑧贺太平、闻一足、未了生、半角楼主，署用情况未详。

陈陇（1917—1978），河南汝阳人。笔名：①陈陇，见于叙事诗《第二颗子弹》，载1941年晋东《华北文艺》第1卷第4期；评论《生活与创作》，载1946年辽宁安东《白山》月刊第4期；诗《赞美太阳，赞美你——斯大林》，载1949年在旅大《友谊》第5卷第12期。出版诗集《黎明之歌》（大连中苏友好协会，1946年）、《路》（关东友谊书店，1949年）、《地球在大翻身》（上海文化工作社，1951年）及《苏联电影介绍》（生活·读书·新知三联书店，1950年）等亦署。②白杨林，署用情况未详。

陈鲁风，生卒年不详，东北人。笔名：①鲁风，见于随笔《我们的自省与自勉》，载1943年北平《中国公论》第10卷第1期；译作《青色的门》（美国欧·亨利原作），载1941年北平《中国文艺》第4卷第2期。同时期在《申报月刊》《文友》《女声》发表《文化人的苦心孤诣》《我的偶感》《文学与教育》等文亦署。②陈鲁风，1944年1月在北平与柳龙光、梁山丁、张铁笙编《中国文学》并撰写《编辑后记》署用。1944年在《中国文学》第1卷第5期发表评论《铲除"国民文学"前进途上的障碍》亦署。

陈鲁直（1925—2014），江苏江浦人。笔名谢庸，见于诗《诗人，坚强起来》，载1947年上海《野火》诗刊第2期。

陈陆留（1914—1987），泰国华人，原籍中国广东澄海，生于暹罗曼谷。原名陈德。笔名：①澄江白水、陈南江、李黑、太琅生、陈四、刘六、陈修、陈临、陈余，20世纪30年代后期在暹罗曼谷《华侨日报》副刊《文艺战线》《华侨文坛》发表散文诗，抗战后在曼谷《京华晚报》《东南日报》《泰华日报》《新中原报》副刊及《天河》《京华周刊》《展望周报》《曼谷风周刊》发表散文诗、小说、散文等署用；出版散文集《家在椰林》、长篇小说《李白之恋》《玫瑰路》《湄江春》等亦署。②绿流，20世纪30年代在曼谷《华侨日报》副刊《华侨文坛》《文艺战线》发表诗、散文，出版散文诗集《椰夜集》（暹罗曼谷印行，20世纪30年代）署用。③陆留，1946—1947年在曼谷《光华报·新生》发表文章署用。④蓝白，见于长篇小说《风雨京华》，连载于抗战胜利后暹罗曼谷《光华报·综合版》。

陈侣白（1925— ），福建福州人。原名陈葆煊。笔名：①子艾，见于旧体诗《劫后西湖》五首，载1942年下半年南平《东南旧报》副刊。嗣后在南平《南方日报》、福州《中央日报》副刊发表诗歌、散文、译作等亦署。1949年后亦署用。②陈侣白，见于诗《夜风雨·呜咽冰》，载1946年3月21日福州《中央日报·中央副刊》。嗣后在上海《诗创造》《东南日报》《华美晚报》及福州《星闽日报·星瀚》等报刊发表诗《琴声》《暴雨怒啸的晚上》《岁晚（外二首）》《灯市》《马和老兵》《末一次歌唱》等，出版诗集《滴血的玫瑰》（海峡文艺出版社，1987年）、《被遗忘的南国梦》（中国文联出版公司，1988年）、《梦幻树》（广西民族出版社，1993年）、《陈侣白短诗选》（香港银河出版社，2010年），歌词《寻找林则徐的足迹》（骆季超作曲。中国青年出版社，1997年），电影文学剧本《闽江橘子红》（与他人合作）等亦署。③侣白，20世纪40年代在福州、上海等地发表文章偶署。④陈莒、晨歌，1949年后发表歌词、评论署用。

陈落（1913— ？），江苏无锡人。原名陈国良。笔名：①陈落，1935年开始在北平报刊署用。见于随笔《积极性与其他》，载1935年北平《清华周刊》第43卷第5期。嗣后在该刊及《女子月刊》《清华副刊》《战时青年》《西线文艺》《现代文艺》《经济周报》《中苏文化》等刊发表随笔《读了中国的一日》、散文《博施夫人》、通讯《沦亡后之北平文化》《果戈理一百三十年生辰纪念在苏联》，翻译小说《意外之惊》（苏联普里波依原作）、《红萝葡》（苏联瓦·卡塔耶夫原作），翻译报告文学《赴撒马尔罕途中》（捷克基希原作）等亦署。②橘木，1936年开始在北平报刊署用。嗣后发表《烽火中的呐喊》（载1941年6月15日上海《正言文艺》月刊第1卷第4期）、《无话可说，无路可走》（载1946年上海《启示》第1期）等文亦署。

陈曼引，生卒年不详，湖北武汉人。笔名：①曼引，见于诗《走》，载1930年上海《道路月刊》第30卷第2期；小说《激变》，载1932年汉口《大道周刊》第12—14期；小说《变乱》，载1932年汉口《武汉文艺》第1卷第2期。②满盈，20世纪30年代在武汉《新民报》《武汉日报》等报刊发表小说、文艺评论署用。

陈梦家（1911—1966），浙江上虞（今绍兴市）人，生于江苏南京。笔名：①陈梦家，见于诗《那一晚》，载1929年《新月》月刊第2卷第8期；小说《某夕》，载1931年上海《东方杂志》第28卷第7期。嗣后在《歌谣》《新月》《清华周刊》《清华学报》《人间月刊》《文艺月刊》《东方文艺》《学文》《紫晶》《诗刊》《文化通讯》《创作》《燕京学报》《禹贡》《考古》《新时代》《小说月刊》《图书季刊》《今日评论》《金陵学报》《中国文学》《诗歌月报》《新诗》《国文月刊》《责善半月刊》《思想与时代》《说文月刊》《学原》《文讯》《观察》《周论》《中国考古学报》等报刊发表诗、译诗《雁子》《摇船夜歌》《城上的星》《圣诞歌》《一个杀死的人》《往日》《诗选——黄河谣》《白雷客诗一章》、小说《七封重印的信》《某夕》、散文《青的一段》《纪念志摩》

《记志摩先生》、随笔《论诗小札》、论文《商代的神话与巫术》《令彝新释》《释底渔》《佳夷考》《古文字中之商周祭祀》《禺邗王壶考释》《周公旦父子考》《商王名号考》《六国纪年表考证》《甲骨断代学》《白话文与新文学》等，出版诗集《梦家诗集》（上海新月书店，1931年）、《在前线》（北平晨报社，1932年）、《铁鸟集》（上海开明书店，1934年）、《梦家存诗》（上海时代图书公司，1936年），散文集《不开花的春天》（桂林良友复兴图书印刷公司，1944年），译诗《歌中之歌》（上海良友图书印刷公司，1932年），论著《西周年代考》（重庆商务印书馆，1945年）、《尚书通论》（商务印书馆，1957年）、《殷虚卜辞综述》（中华书局，1988年），主编《新月诗选》（上海新月书店，1931年）等亦署。②梦家，见于译诗《白雷客诗选译》（与萝蕤合译），载1933年10月1日南京《文艺月刊》第4卷第4期；评论《怎样发动抗日战争》，载1936年1月《民族战线》创刊号。③陈漫哉，见于诗《一朵野花》《为了你》《你尽管》《迟疑》，载1920年上海《新月》月刊第2卷第9期。④梦甲，见于评论《民族学研究集刊》（第一期）》，载1936年北平《燕京学报》第20期。嗣后在《清华学报》《图书季刊》《大公报》等刊发表文章亦署。

陈梦韶

陈梦韶（1903－1984），福建同安人。原名陈敦仁，号梦韶。笔名：①梦韶，见于《闽南谚语考》载1929年厦门《炉炭》月刊第21期。②陈梦韶，见于评论《读郭沫若的〈卷耳集〉以后》，载1928年7月1日上海《泰东月刊》第1卷第11期；随笔《说文告诉我们甚么？》，载1935年厦门《炉炭》第33期。嗣后在《厦大校刊》《国民杂志》《生活指导制专刊》等刊发表《大伯与唐补》《孔子的教育主张》《三民主义与国民革命》《男女训育方法区别的研究》《民权主义六讲大意》等文，出版剧本《绛洞花主》（上海北新书局，1928年）、《阿Q剧本》（上海华通书局，1931年），著译诗集《理想的爱人》（上海新文艺社，1929年），散文《鲁迅在厦门》（作家出版社，1954年）等亦署。③林夕音，署用情况未详。

陈绵

陈绵（1901－1966），福建闽侯（今福州市）人，字伯早。笔名：①陈绵，见于剧本《人力车夫》，载1920年《新青年》第7卷第5期；论文《法国的中国学》，载1930年北平《中法教育界》第35期。嗣后在《中法大学月刊》《论语》《光明》《电影戏剧》《艺文杂志》《实报》《中国公论》《朔风》《新民报半月刊》《国民杂志》《中国文艺》《中国文学》《中华周报》《新蒙》等刊发表随笔《推荐〈结婚交响曲〉》《我写到春字了》、三幕剧《候光》、论文《话剧廿五年之回顾与廿六年之展望》等，出版剧本《候光》（北平中国公论社，1943年）、《半夜》（北平华北作家协会，1944年），翻译剧本《昂朵马格》（法国拉辛原作。上海商务印书馆，1936年）、《熙德》（法国高乃依原作。上海商务印书馆，1936年）、《复活》（法国巴大叶原作。上海商务印书馆，1937年）、《缓期还债》（英国戴耳原作。上海商务印书馆，

1937年）等亦署。②齐放，署用情况未详。

陈淼

陈淼（1927－1981），山东蓬莱人，生于辽宁。原名陈治渭。笔名陈淼，出版话剧《红旗歌》（与鲁煤、刘沧浪等合作。上海新华书店，1949年），中篇小说《劳动姻缘》（北京天下出版社，1949年），小说集《炼钢工作》（新文艺出版社，1954年）、《红榜的故事》（新文艺出版社，1958年），散文集《早晨集》（春风文艺出版社，1958年）、《春雨集》（百花文艺出版社，1963年）等署用。

陈明

陈明（1917－2019），江西鄱阳人。原名陈芝祥。笔名陈明，见于评书《平妖记》（节录），载1945年9月3日延安《解放日报》；剧作《望乡台畔》（与丁玲、逯斐合作），载1946年张家口《北方文化》第1卷第3－4期；鼓词《夜战大凤庄》，载1949年4月哈尔滨《文学战线》第2卷第2期；出版评书《平妖记》《夜战大凤庄》，话剧剧本《生死仇》《老少心》《窑工》（与丁玲、逯斐合作），电影剧本《六号门》，书信集《书语：丁玲陈明爱情书简》，专集《我说丁玲》《我与丁玲五十年》等亦署。

陈明中

陈明中（1903－？），四川岳池人，字德暄，号遥光。曾用名陈新。笔名：①陈明中，见于随笔《读了〈纪念我们的友爱〉——寄玉轩姊》，载1926年上海《北新》第15期；独幕剧《星火》，载1934年天津《当代文学》第1卷第5期。同时期在上海《文学界》、汉口《抗战戏剧》等刊发表在《赛金花》座谈会发言及二幕剧《血债》等文，出版小说集《苦酒》（上海真美善书店，1929年）、《秦淮河畔》（上海大东书局，1929年），长篇小说《爱与生命》（上海光华书局，1930年），中篇小说《痴人日记》（上海金马书堂），独幕剧集《生活线上》（四川圣灯书店，1932年），随笔集《炉边闲话》（上海芳草书店，1929年），论著《戏剧与教育》（上海商务印书馆，1936年）等亦署。②非非、素非、忠郎，1927年以后在上海、南京等地报纸副刊发表小说、随笔等署用。③陈欣、陈新，1949年后发表作品署用。

陈鸣树

陈鸣树（1931－2014），江苏苏州人。曾用名陈松寿。笔名：①陈迹、志堂、澡雪，1948年在苏州《大华报》发表散文、散文诗等署用。②陈鸣树，1949年后发表论文，出版论著《保卫鲁迅的战斗传统》（百花文艺出版社，1959年）、《鲁迅小说论稿》（上海文艺出版社，1981年）、《鲁迅杂文札记》（江苏人民出版社，1982年）、《鲁迅的思想和艺术》（陕西人民出版社，1984年）、《胡风论鲁迅》（黄河出版社，1985年）、《文艺学方法概论》（上海文艺出版社，1991年）等署用。

陈模

陈模（1922－2015），江苏泰兴人。原名傅承谟。曾用名程模、陈震平。笔名：①大可，抗战时期在武汉、重庆等地报刊发表文章署用。②陈震平，1945年以后在哈尔滨、沈阳等地报刊发表文章署用。③陈模，见于散文《新的国家，新的青年——北朝鲜印象记》，载

1949 年沈阳《知识》第 9 卷第 6 期。同年在《中国青年》《冀中教育》等报刊发表文章亦署。1949 年后发表文章、出版《陈模儿童文学选》《陈模童话故事选》《记住毛主席的话》《失去祖国的孩子》《奇花》《凤凰山女儿》《爱的火焰》《铁哥传奇》《小主人的故事》《心灵的火光》《把阳光留给他》《儿童寓言故事》《少年英雄王二小》《啊，高老师》《徐秋影案件沉冤大白记》等亦署。④尔东、耳东、迺人、乃人、晓程，1949 年后在《中国青年报》等报刊发表文章署用。

陈墨香（1884—1943），湖北安陆人。原名陈铭，字敬余，号观剧道人。笔名：①陈墨香，见于随笔《墨香剧话》，载 1932 年北平《剧学月刊》第 1 卷第 6 期—1933 年第 2 卷第 6 期。同时期在该刊发表《汉魏乐府综论》《观剧生活素描》《二郎神考》《白虎堂传奇》《美人计》《柴桑口》《京剧提要》《元朱士凯醉走黄鹤楼杂剧残本笺证》《梨园应行角色及抱演各脚略述》等文，在其他报刊发表《墨香剧话》《活人大戏》《梨园岁时记》《陈氏野乘》《慈禧后记》等文，出版长篇小说《梨园外史》（与潘镜芙合作。天津百城书局，1930 年）等亦署。②墨香，见于随笔《说花旦觔斗》，载 1933 年北平《剧学月刊》第 2 卷第 4 期。

陈牧（1927—　），江苏宜兴人。原名毛泉生。曾用名毛国斌。笔名：①歌兵，见于诗《臭水河的黄昏》，载 1948 年北平《诗号角》第 2 期。②陈牧，见于诗《囚徒之歌》，载 1948 年北平《诗号角》第 4 期。嗣后在该刊发表《我们都笑着》，出版诗集《木匠王小山》（北大印刷厂，1948 年）、《红灯》（新华书店中南总分店，1950 年），报告文学集《南方老根据地访问记》（武汉通俗出版社，1952 年），书信集《在荆江分洪工地》（与肖彦合作。湖北人民出版社，1953 年）等亦署。③毛歌兵，见于诗《永远也不能忘记的》，载 1948 年平津诗歌作者联合会《诗联丛刊》。④戈平、陈平、夏浩，1961 年在《武汉晚报》《湖北日报》发表剧评、诗歌等署用。⑤阳美客，署用情况未详。

陈乃文，生卒年及籍贯不详，字蕙漪。笔名：①陈乃文，见于译文《未来大战之世界五强的海军竞争》（佛兰伍原作），载 1933 年杭州《晨光》第 1 卷第 36 期；论文《新旧文学》，载 1934 年上海《光华大学》半月刊第 2 卷第 10 期。20 世纪 40 年代在《公余生活》《永安月刊》《万象》等刊发表随笔《漫谈哲学与人生》《新旧文学》《读逸梅先生斗茗清谈》、旧体诗《胜利吟》《答翠姊绝句》《和朴安师》等亦署。②陈乃文女士，见于绝句《读逸梅先生斗茗清谈率成四绝》，载 1944 年上海《永安月刊》第 63 期。③蕙漪、蕙漪女士，署用情况未详。

陈凝远，生卒年及籍贯不详。笔名：①凝远，见于翻译小说《电车里》（F. 拉尔生原作），载 1947 年 7 月 25 日福州《星闽日报·星瀚》；杂文《文言文》，载 1944 年 12 月 24 日福建南平《东南日报·笔垒》。②陈凝远，见于翻译童话《两条腿》（丹麦爱华尔特原作），连载于 1947 年 10 月 21 日至 11 月 29 日福州《星闽日报·星瀚》。

陈七（1917—？），湖北枝江人。原名陈杰。曾用名陈其谁。笔名：①阿谁、陈杰、林朋、麦克加、陈其谁、陈寄涛，1934—1936 年在武汉《时代日报》副刊《时代前》《四月》《诗刊》、《华中日报》副刊《鸵鸟》《漠井》、《武汉日报·鹦鹉洲》《新民报·空谷》《市民日报·副刊》《我们的诗》等报刊发表诗、小说、散文署用。②梦文，1945—1948 年在武汉《大同日报·文艺》《武汉时报》《社会周报》等报刊发表诗、小说、散文署用。③陈七，1951 年开始署用。

陈其春（1875—？），台湾台北人，字伯渔。笔名其春、陈其春，1937—1942 年在台北《风月报》《南方》《兴南新闻》等报刊发表旧体诗《饯社友林清敦氏东渡》等署用。

陈其槎，生卒年不详，福建长乐人，字安澜。笔名陈其槎，在《南社丛刻》发表诗文署用。

陈其通（1916—2001），四川巴中人。笔名：①陈贯之，在土地革命和长征时期写作诗歌、剧本署用。②浩然，1936 年前创作诗歌、剧本油印发表或供内部演出署用。③丘山，见于翻译小说《破冰船》（苏联高尔基原作），载 1945 年重庆《文艺杂志》新 1 卷第 3 期。④陈其通，见于戏剧剧本《黄巢》（大连大众书店，1948 年）。其后出版秧歌剧剧本《两兄弟》、话剧剧本《炮弹》《黄河岸上》《万水千山》《同志间》《井冈山》《青梅》、歌剧剧本《马老汉》《绣花荷包》《董存瑞》《柯山红日》、歌舞剧剧本《两个女红军》、剧作集《陈其通作品选》、歌词《长征大合唱》等亦署。⑤陈然、陈凯、邱山，署用情况未详。

陈其五（1914—1984），安徽巢县人，蒙古族。原名刘毓珩。笔名陈其五，见于评论《开展部队文艺运动中的几个问题》，载 1946 年《江淮文化》创刊号。嗣后出版论著《论文化革命和思想革命》（上海人民出版社，1958 年）、《彻底抛弃资产阶级个人主义》（上海人民出版社，1958 年）等亦署。

陈琪，生卒年及籍贯不详。笔名：①琪，见于评论《读了一二期〈思想〉以后》，载 1928 年上海《思想月刊》第 3 期。②陈琪，见于随笔《〈使日回忆录〉与〈日本人〉》，载 1943 年《读书通讯》第 71 期。

陈企霞（1913—1988），浙江鄞县（今宁波市）人。原名陈廷桂。曾用名陈华。笔名：①陈企霞，见于评论《评〈她是一个弱女子〉》，载 1933 年上海《无名文艺》月刊创刊号；随笔《谈连环图画》，载 1933 年上海《涛声》第 2 卷第 37 期附刊。嗣后在《无名文艺旬刊》《微音月刊》《文学》《文学季刊》《夜莺》《文季月刊》《文艺月报》《解放日报·文艺》《谷雨》《东北文化》等报刊发表随笔《自修的经验》《介绍伊林和他的作品》、散文《梦里的挣扎》《梦的破碎》《山野的梦魇》《血的旗子》、速写《第一个碾米厂的毁灭》《"理发员"

和他的工作》等，出版评论集《光荣的任务》（人民文学出版社，1951年）、文集《企霞文存》（作家出版社，2008年）等亦署。②企霞，见于小说《狮嘴谷》，载1934年北平《文学季刊》第1卷第4期（刊内正文署名"陈企霞"）。③江华，见于评论《创作上的一种倾向》，载1942年2月11日延安《解放日报》。同年在该报发表随笔《寄——向正在和正在准备出发的作家们致意》《"含混"和"明确"》亦署。④万里，1949年后发表文章曾署用。⑤霞、劲草、易劲草、陈述，署用情况未详。

陈启龙，生卒年及籍贯不详。笔名：梅之，见于《落日》，载1938年12月在昆明《战时市教》第1期。按：同期所载《抗战漫话》一文的作者梅之系杨光洁之笔名。

陈启肃（1911—1975），福建福州人。笔名：①陈启肃，见于诗《波》，载1933年3月福州《国光日报·纵横》。嗣后在福州《福建民报·回声》等报刊发表文章，出版剧本《风雨金门》（福建正中书局，1938年）、《第二号汉奸》（福建省政府教育厅战时国民教育巡回教学团，1939年）、《生死线》（重庆正中书局，1942年），剧作集《徘徊着的女人》（福建省政府教育厅戏剧教育委员会，1941年）等亦署。②启肃，见于随笔《记〈我也去〉的公演》，载1936年12月福州《小民报·新村》。③曾聿、意珊，20世纪30年代在福建报刊发表诗、散文等署用。

陈启天（1893—1984），湖北黄陂（今武汉市）人。原名陈声翊。曾用名翊林（乳名）、陈国权、陈春森、陈霜，字修平，号寄园、无生、止轮。笔名：①陈启天，见于论文《中国古代名学论略》，载1922年上海《东方杂志》第19卷第4期。此前后在该刊及《教育杂志》《中华教育界》《民声周报》《申报月刊》《国论》《汗血月刊》《教育通讯》《杂志半月刊》《新中华》《读书通讯》《民宪》《中法汉学研究所图书馆刊》《青年生活》《纺织建设》《新运导报》《工商管理》《纺织周刊》《国防月刊》《台湾银行季刊》等刊发表评论《我们对于上海战事应有的认识》《新国家主义与国民教育的改造》《国防与政治》《留别十九路军》《从江西到湖北》《近代中国政治家张居正》、译文《应用教育社会学》（美国史密斯原作）等，出版论著《国家主义运动史》（上海中国书局，1929年）、《胡曾左平乱要旨》（上海大陆书局，1932年）、《商鞅评传》（上海商务印书馆，1935年）、《韩非子校释》（昆明中华书局，1940年）、《韩非及其政治学》（重庆独立出版社，1940年）等亦署。②陈明志，出版译作《近代西洋教育发达史》（美国莱斯勒尔原作，与唐珏合译。上海商务印书馆，1934年）署用。③致远、勉之、李致远、吴竹清、吴森，署用情况未详。

陈启修（1886—1960），四川中江人，字惺农，苹农。笔名：①陈启修，见于评论《文化运动底新生命》，载1910年上海《学艺》第2卷第2期；《给学林杂志记者的信讨论太平洋会议与中国问题》，载1911年《学林》第1卷第2期。嗣后在《新青年》《北京大学日刊》《国立北京大学社会科学季刊》《国闻周报》《现代评论》《评论之评论》《京报副刊》《猛进》《北京大学研究所国学门周刊》《晨报副镌》《中央日报》等报刊发表《庶民政治与外交秘密》《国宪论衡》《庶民主义之研究》《国家之本质及其存在之理由》《中国的劳工状况与各国的劳动组织之比较观》《苏联事情与苏联政策》《关税自主与中国民族解放运动》等文，出版论著《财政学总论》（上海商务印书馆，1925年）、译作《资本论》（德国马克思原作。上海昆仑书店，1930年）等亦署。②启修，见于诗《有感近事寄慰士远》，载1921年9月9日北平《晨报》第7版。③陈勺水，见于评论《新的历史戏曲集序》，载1928年上海《乐群半月刊》第3期；译文《给无产作家》（苏联高尔基原作），载1929年上海《乐群月刊》第1卷第1期。嗣后在该刊发表译文《现代世界诗坛》《高尔基的回忆琐记》《近代象征诗的源流》《论无产诗》（日本上野壮夫原作）、评论《俄国最近文学的批判》《捷克国的新兴文学》等，出版小说集《酱色的心》（上海乐群书店，1929年），翻译出版戏剧集《新的历史戏曲集》（日本前田河广一郎原作。上海乐群书店，1928年）、小说集《日本新写实派代表杰作集》（日本平林泰子等原作。上海乐群书店，1929年）、散文集《高尔基的回忆琐记》（苏联高尔基原作。上海乐群书店，1929年）等亦署。④勺水，见于评论《有律现代诗》，载1928年《乐群半月刊》第4期。嗣后在《乐群月刊》发表翻译小说《殴打》（日本平林泰子原作）、翻译诗作《缝机女》（布利学勤原作）等亦署。⑤豹隐，见于随笔《不要让人加重不平等条约的束缚》，载1928年《乐群半月刊》第4期。⑥陈豹隐，见于讲演《最近日本大学生生活》，载1930年《北京大学日刊》第2505—2508期。嗣后在《法学专刊》《文摘》《改进》《时代精神》《广播周报》《西南实业通讯》《闽政月刊》《安徽政治》《贸易月刊》《读书通讯》《四川经济》等刊发表文章，出版论著《经济现象体系》（上海乐群书店，1929年）、《新经济学》（上海乐群书店，1929年）、《现代国际政治讲话》（北平好望书店，1935年）、《战时财政新论》（上饶战地图书出版社，1941年），译作《科学的宇宙观》（英国爱里渥德原作。上海乐群书店，1929年）、《经济学大纲》（日本河上肇原作。上海乐群书店，1929年）等亦署。⑦阿Q，见于随笔《从列宁到鲁迅》，载1930年6月1日上海《洛浦月刊》创刊号。

陈千武（1922—2012），台湾台中人，生于南投。原名陈武雄。笔名：①陈千武，出版论著《现代诗浅说》（台中学人文化公司，1979年）、《台湾新诗论集》（高雄春晖出版社，1997年）、《诗的启示论集》（南投县文化中心，1997年）、《诗文学散步》（台中市立文化中心，1997年），小说集《富春的丰原》（台湾书局，1982年）、《猎女犯》（台中热点文化出版公司，1984年）、《台湾民间的故事》（台中台湾儿童文学协会，1991年）、《陈千武集》(台北前卫出版社,1991 年)、《槟榔大王迁徙记》(台北台原出版社,1993 年),诗集《写书有什么用?》(台北笠诗社,1990 年)、《陈千武作品选集》(台中县文化中心,1990 年)、《月出的风景》(人民文学出版社,1993 年)、《祷告·诗与族谱》(台北笠诗社,1993 年)、《陈千武精选诗集》(台北桂冠图书股份有限公司,2001 年),编选《台中县日据时期作家文集》(台中县文化中心,1991 年)等署用。②桓夫,出版诗集《密林诗抄》(台北现代文学杂志社,1963 年)、《不眠的眼》(台北笠诗社,1965 年)、《野鹿》(台北田园出版社,1969 年)、《剖伊诗稿/伊影集》(与杜国清合集。台北笠诗社,1974 年)、《妈祖的缠足》(台北笠诗社,1974 年)、《安全岛》(台北笠诗社,1986 年)、《爱的书签》(台北笠诗社,1988 年)、《东方的彩虹》(台北笠诗社,1989 年)等署用。按:陈千武 1939 年起即以日文在《台湾新民报》文艺栏发表诗《夏夜的一刻》,早年署名情况未详。其著作除以上所列者外,尚有诗集《彷徨的草苗》《花的诗集》以及翻译诗集《日本现代诗选》、翻译专著《现代诗的探求》等,署名和出版情况未详。

陈钦源(1921－1987),广东中山人。笔名:①柳枝,见于随笔《两脚羊》,载 1944 年上海《万象》第 3 卷第 11 期;随笔《鲁迅杂文拾遗》,载 1945 年上海《文艺春秋》第 2 卷第 1 期。嗣后在《万象》发表随笔《猥亵的作家》《作文与做人》《天堂之路》《鲁迅杂文拾遗》等亦署。②杨枝,1946 年在上海《文汇报·笔会》发表随笔署用。③寒斋,见于随笔《鲁迅书简三十一通》,载 1945 年上海《文艺春秋》第 2 卷第 1 期。

陈清华(1910－1982),福建金门人,字(号)硕儒。笔名:①陈清华,见于小说《两乞丐》,载 1933 年上海《新时代月刊》第 3 卷第 5、6 期合刊;杂文《处女与老婆》,载 1934 上海《矛盾月刊》第 3 卷第 2 期。同时期在《现代月刊》《新垒》、南京《文艺月刊》《橄榄月刊》、广州《东方文艺》等刊发表小说《齿轮下》、随笔《再说"创作与模仿"》、散文《雾》等亦署;抗战初期在新加坡《总汇报·曝谷场》《南洋商报·商余》等报刊发表小说、散文亦署。②硕儒,署用情况未详。

陈清泉(?－1941?),浙江人,号味菊、味菊轩主。笔名:①味菊轩主,见于为《轩亭冤传奇》题词,载 1909 年《女报》临时增刊《越恨》。②陈清泉,出版译作《辽金糺军及金代兵制考》(日本箭内亘原作,与陈捷合译。上海商务印书馆,1932 年)、《兀良哈及鞑靼考》(日本箭内亘原作,与陈捷合译。上海商务印书馆,1932 年)、《元朝制度考》(日本箭内亘原作,与陈捷合译。上海商务印书馆,1934 年)、《朝鲜通史》(日本林泰辅原作。上海商务印书馆,1934 年)、《中国音乐史》(日本田边尚雄原作。上海商务印书馆,1937 年)、《渤海史考》(日本津田左右吉原作。上海商务印书馆,1939 年)等署用。

陈秋帆(1909－1984),广西柳州人。笔名:①秋帆,见于《国文教师的稳健论调》,载 1927 年广州《少年先锋》第 2 卷第 16 期。嗣后在《青年生活》《野草》《文艺生活》《时与潮》等刊发表文章亦署。②陈秋子女士,见于散文《湖畔小品》,载 1931 年上海《新学生》第 1 卷第 2 期。③秋子,见于翻译之朝鲜民间传说《女山神和龙王》,载 1935 年杭州《艺风》第 3 卷第 3 期。嗣后在该刊及《良友画报》《诗创作》等刊发表诗文亦署。④秋子女士,见于散文《广西民俗拾零》,载 1931 年上海《新学生》第 3 期;散文《在海船上》,载 1934 年 4 月 1 日杭州《艺风》第 2 卷第 4 期。同时期在《妇女与儿童》《民众教育季刊》等刊发表著译文章等亦署。⑤小秋,见于译文《先史时代底艺术》,载 1934 年《艺风》第 2 卷第 12 期;《忆鲁迅先生》,载 1941 年桂林《野草》第 3 卷第 2 期。⑥陈秋帆,见于译文《论堂·吉诃德》(日本片上伸原作),载 1941 年桂林《文艺生活》第 1 卷第 3 期。嗣后在《新建设》《艺文线》等刊发表《热海之旅》《朝鲜解放后的新文学运动》等文,出版翻译小说《无家儿》(法国爱克德曼罗原作。上海商务印书馆,1938 年)亦署。⑦陈秋子,见于译文《杜斯妥夫斯基论》(日本升曙梦原作),载 1942 年桂林《文学批评》创刊号;译文《苏联农民文学的原理》(日本冈泽秀虎原作),载 1949 年《新中华》第 12 卷第 21 期。嗣后翻译散文集《拜伦传》(日本鹤见佑辅原作。桂林远东书店,1943 年)、论著《苏联农民文学的原理》(日本冈泽秀虎原作。载 1949 年《新中华》第 12 卷第 21 期)亦署。⑧阿启、秋积、阿奇,分别在《青年文化》《学生知识》《朝月刊》署用。⑨秋、秦阿奇,署用情况未详。

陈秋舫(1926－),广东梅县(今梅州市)人。笔名:①史汀、艾伦、艾野、俞萍、莫彬、董舒、辛未文、高朗岱、江上枫、端木朔、端木星火,1946－1949 年在马来亚槟城《现代日报》《现代周刊》、吉隆坡《民声报》、新加坡《星洲日报·晨星》《南侨日报》等发表小说、散文署用。②舒辛屏,20 世纪 40 年代发表小说署用。见于小说《卫生院》,载 1951 年 5 月学文书店版小说集《为儿女求婚》。③欧阳辛,20 世纪 40 年代发表小说署用。嗣后发表小说《行脚僧》(载 1951 年学文书店版小说集《为儿女求婚》亦署。④丘帆,出版《搬运工人郭建朝身记》(广州南方通俗读物联合出版社,1952 年)、《时光隧道踪影》(香港日月星制作公司,2000 年)、《不落的星辰》(香港世界华文文学家协会,2007 年)等署用。在广州《南方日报》等报刊发表文章亦署。⑤陈辛,1950－1957 年在广州《南方日报》《作品》《广东文艺》等报刊发表散文、小说署用。⑥史辛,出版故事《毛泽东时代的孩子》(广州南方通俗读物联合出版社,1952 年)署用。⑦陈秋舫,1979 年以后在广州报刊发表散文、报告文学,主编《回音壁丛书》(广州出版社,2000 年)署用。

陈秋霖(1893－1925),广东东莞人。原名陈沛霖,字独尊,号秋霜。笔名秋霖,20 世纪 20 年代在广州主持《民国日报》时发表文章署用。

陈渠珍（1882－1952），湖南凤凰人，号玉鍪。笔名陈渠珍，见于长篇回忆录《艽野尘梦》，1941 年至 1942 年连载于《康导月刊》。

陈去病（1874－1933），江苏吴江（今苏州市）人。原名陈庆麟，字病倩、伯儒、柏儒，号巢南、佩忍；别号百如、汲楼、拜汲、俍倩、俍瘘、汲清、巢南子、弃疾子、垂虹亭长。晚号勤补老人。曾用名陈庆林。笔名：①陈去病，见于传记《明遗民录》，载 1907 年上海《国粹学报》第 3 卷第 9 期；传记《鉴湖女侠秋瑾传》，载 1915 年上海《女子杂志》第 1 卷第 1 期。此后在上述两刊及《文哲学报》《中华农学会报》《国学丛刊》《江苏革命博物馆月刊》《珊瑚》《党史史料丛刊》等刊发表传记《徐自华传》、旧体诗集《浩歌堂诗钞》《绿杨村小憩》《和忏慧瘦西湖作》、随笔《浩歌堂近谭》《浩歌堂雅谭》《百尺楼胜录》《明清最初交涉史》《履勘天平山采石记》等，在《南社丛刻》发表诗文亦署。②南史氏，见于传记《陈锡麟传》，载 1907 年 12 月 25 日日本东京《民报》。③有妫血胤，见于随笔《明清最初之交涉》《南关北关考》《明清递嬗之往迹》，载 1908 年 2 月 24 日东京《民报》。嗣后在该报发表《永明皇帝殉国实纪》《虎伥遗恨》等文，同时期在《复报》刊发表文章亦署。④佩忍，曾在《二十世纪大舞台》《复报》《江苏》《竞业旬报》《公论》等刊发表文章署用。⑤去病，曾在《复报》《竞业旬报》《民权素》等刊发表文章署用。⑥垂虹亭长，在《警钟日报》《二十世纪大舞台》《江苏》等刊发表文章署用。⑦季子，在《复报》《震旦》《霜钟杂志》《国粹学报》《新剧杂志》《民权素》等刊发表文章署用。⑧醒狮，在《二十世纪大舞台》《江苏》等刊发表文章署用。⑨巢南，见于随笔《发刊词一》，载 1929 年 8 月南京《江苏革命博物馆月刊》创刊号。⑩勤补老人，见于随笔《浩歌堂近谭》，载 1932 年 7 月 1 日至 1933 年苏州《珊瑚》1932 年第 1 卷第 1 期—1933 年第 2 卷第 12 期（刊目录署名"陈佩忍"）。⑪陈佩忍，见于旧体诗《巢南轶诗》，载 1933 年苏州《珊瑚》第 2 卷第 12 期。嗣后在该刊发表旧体诗《六十述怀》亦署。⑫无名、汲楼、拜汲、百如、法忍、天放、无名、老衲、老纳、伯雷、病倩、病禅、垂虹、大哀、巢南子、陈季子、东阳令史子孙，署用情况未详。按：陈去病尚著（编）有《陆沉丛书》《清秘史》《妫清秘史》《五石脂》《明遗民录》《正气集》《拜汲楼诗集》《挥戈录》《垂虹雅奏》《迁史札记》《江城日札》《彤史》《红板桥边琐记》《故宫琐记》《尘风录》《松柏》《南唐伶工杨花飞别传》《陈氏家谱》《孙中山先生世系表》《莽男儿》《巢南杂著》《诗学纲要》《辞赋学纲要》《吴长兴伯遗集》《吴赤溟先生遗集》以及《南社粤集》（与刘成禺、马君武、陆丹林合作）等著作，出版与署名情况未详。

陈铨（1903－1969），四川富顺人，字涛西，号选卿。曾用名陈大铨。笔名：①陈铨，见于随笔《清华生活》，载 1922 年北京《清华周刊》"纪念号"；译诗《薛雷云吟》，载 1925 年南京《学衡》第 48 期。嗣后在上述两刊及《国立武汉大学文哲季刊》《京报副刊》《新月》《珞伽月刊》《论语》《文艺》《学文月刊》《政治评论》《战国策》《文艺先锋》《文化先锋》《民族文学》《独立评论》《文哲月刊》《外交月报》《东方杂志》《人生评论》《中外月刊》《新动向》《学生杂志》《军事与政治》《文史杂志》《中国青年》《当代评论》《智慧》《亚洲世纪》《申论》《北平晨报》《大公报》《中央日报》《云南日报》《益世报》《文潮》《青年》等多种报刊发表论文《中国纯文学对于德国文学的影响》《经验与小说》《论英雄崇拜》《文学运动与民族运动》《叔本华的贡献》、随笔《梦兰的家》《德国老教授谈鬼》《尼采和红楼梦》《尼采的道德观念》、小说《玛丽与露茜》《旅伴》、译剧《父亲的誓言》（德国赫伯尔原作）等，出版长篇小说《天问》（上海新月书店，1928 年）、《革命的前一幕》（上海良友图书印刷公司，1934 年）、《彷徨中的冷静》（上海商务印书馆，1935 年）、《死灰》（天津大公报社出版部，1935 年）、《再见，冷荇》（重庆大东书局，1945 年），小说集《蓝蝴蝶》（重庆商务印书馆，1940 年），诗集《哀梦影》（重庆在创出版社，1944 年），编译《西洋独幕笑剧改编》（长沙商务印书馆，1940 年），剧作《黄鹤楼》（长沙商务印书馆，1940 年）、《野玫瑰》（重庆商务印书馆，1942 年）、《蓝蝴蝶》（桂林文化供应社，1942 年）、《金指环》（重庆天地出版社，1943 年）、《无情女》（重庆青年出版社，1943 年），论著《中德文学研究》（上海商务印书馆，1936 年）、《文学批评的新动向》（重庆正中书局，1943 年）、《从叔本华到尼采》（重庆在创出版社，1944 年）、《戏剧与人生：编剧概论》（重庆在创出版社，1944 年）等亦署。②涛西，1925 年 9 月在北京主编清华校刊《清华文艺》时发表《秋声》《第一次的祈祷》《读王国维先生〈红楼梦评论〉之后》等多篇诗文署用。1926 年 5 月起任《弘毅》总编辑时在该刊发表翻译诗文，1928 年在天津《国闻周报》第 5 卷第 8－20 期发表长篇翻译小说《可可糖》（塔尔索夫·罗迪奥诺夫原作）亦署。③大铨，见于《萦扰》，载 1925 年《清华文艺》第 1 卷第 2 期。④铨，见于短评《五七》，载 1926 年《弘毅》月刊第 1 卷第 1 期。嗣后在该刊发表文章多次署用。⑤唐密，见于论文《寂寞的易卜生》，载 1940 年 5 月 15 日《战国策》第 4 期。嗣后在 1943 年《民族文学》杂志发表《中国文学的世界性》、1947 年上海《新闻周报》发表《〈好逑传〉流行欧洲考》等论文亦署。⑥吴瑞麟，见于随笔《叔本华轶事》，载 1947 年上海《新闻周报》第 2 期。⑦陈正心，1956 年由新文艺出版社出版翻译长篇小说《儿子们归来》（德国沃尔夫原作）、《西班牙婚礼》（德国魏森波尔恩原作）、《约翰娜煤井》（波兰莫尔森尼克原作）等署用。

陈仁鉴（1913－1995），福建仙游人。笔名：①竞凡、苇白，早年发表小说、散文等署用。②陈仁鉴，出版莆仙戏剧本《新春大吉》（通俗文艺出版社，1956 年）、《嵩口司》（上海文艺出版社，1962 年）、《春草闯堂》

（中国戏剧出版社，1963 年），歌剧《大牛与小牛》（福建人民出版社，1956 年），剧作集《春草集》（中国戏剧出版社，1981 年）、《陈仁鉴戏曲选》（中国戏剧出版社，1985 年）、《陈仁鉴戏剧精品集》（中国文联出版公司，1999 年）等署用。

陈任遐（1929－?），陕西耀县（今铜川市）人。原名陈任侠。曾用名陈开。笔名：①紫虹，见于散文《幽怨的沮河》，载 1946 年 11 月山西运城《民声报》。同时期在山西临汾《汾东导报》发表文章亦署。②陈任侠，见于散文《童年的花朵》，载 1947 年 2 月 13 日西安《国风日报·笔阵》。同时期在河南陕州《民声日报》、山西运城《新文艺月刊》、宝鸡《通俗日报》、西安《益世报》《西京日报》等报刊发表文章亦署。③荒野，见于散文《北风》，载 1947 年陕西宝鸡《通俗日报》。同时期在西安《益世报》发表文章亦署。④聂品，见于散文《慈母的心》，载 1948 年 11 月 23 日西安《益世报》。同时期在西安《雍华》月刊第 1 卷第 9 期发表散文《回家》亦署。⑤陈开，见于散文《毯子是送给你的!》，载 1949 年 6 月 25 日西安《群众日报》。

陈荣旺（?－1941），福建龙岩人。笔名陈抚，20 世纪 30 年代在香港《生活日报》发表文章署用。

陈荣枝（1902－?），台湾人，字伯华、半慧。笔名伯华、陈伯华，1932－1934 年在台北《南瀛新报》发表旧体诗《出师表》《采莲吟》等署用。

陈如旧（1911－1983），浙江平阳人。原名陈寿南。笔名：①陈子遗、金玉奴，1936 年前后在马来亚新加坡《南洋商报·狮声》《星洲日报·晨星》、吉隆坡《马华日报·前哨》等发表诗、评论、小说、散文等署用。②东方丙丁、耳东，1937－1941 年在新加坡《南洋商报·狮声》发表诗文署用。③陈南，见于小说《老将军报国记》，载 1938 年 11 月 14－15 日马来亚新加坡《南洋商报·狮声》。嗣后在该刊发表小说《金叶琼思君》等亦署。④陈如旧，见于记录《怎样写新形式作品座谈会》（与饶箭合作），载 1938 年 4 月 15 日马来亚新加坡《南洋商报·狮声》；《在新加坡的监狱里》，载 1946 年香港《文艺生活》光复版第 6 期。1937－1941 年在马来亚新加坡《南洋商报·狮声》发表诗文亦或署此名。

陈汝衡（1900－1989），江苏镇江人。原名陈钧，字汝衡。笔名：①陈钧，见于论文《小说通义》，载 1923 年 3 月上海《文哲学报》第 3 期；小说《离婚的好机会》，载 1922 年 10 月 10 日上海《小说月报》第 13 卷第 10 期。同时期在《文哲学报》及南京《学衡》发表论文《质考据莎士比亚者》，翻译小说《坦白少年》（法国伏尔泰原作）、《查德熙传》（法国伏尔泰原作）等亦署。②陈汝衡，见于译文《凯撒的再来》（德国斯宾格勒原作），载 1934 年上海《国际译报》第 6 卷第 2 期；随笔《〈听月楼〉与〈石点头〉》，载 1946 年 11 月 21 日上海《中央日报·俗文学》第 6 期。嗣后在上述两刊

及《国立中央大学半月刊》《大晚报·通俗文学》《文化通讯》《文史杂志》等报刊发表《〈聊斋〉偷桃故事最早记载》《〈儒林外史〉研究的新资料》《关于〈三国演义〉》《说苑珍闻》《谈扬州》《关于柳敬亭的几件事》及论文《小说通义》等，出版论著《说书小史》（上海中华书局，1936 年）、《宋代说书史》（上海文艺出版社，1979 年）、《说苑珍闻》（上海古籍出版社，1981 年），传记《大说书家柳敬亭》（与杨廷福合作。上海四联出版社，1954 年）、《说书艺人柳敬亭》（上海文艺出版社，1979 年）、《吴敬梓传》（上海文艺出版社，1981 年），曲艺集《陈汝衡曲艺文选》（中国曲艺出版社，1985 年），以及翻译小说《福禄特尔小说集》（法国伏尔泰原作。上海商务印书馆，1935 年），论著《教育政策原理》（英国汉斯原作。上海商务印书馆，1934 年）、《君》（意大利马基雅维利原作，与张左企合译。中国文化学会，1934 年）等亦署。

陈汝惠（1916－1998），上海人。笔名：①陈汝惠，见于散文《我的打算》，载 1937 年上海《青年界》第 11 卷第 1 期。嗣后在《申报·自由谈》《中华教育界》《共信》《新时代》《大夏半月刊》《说文月刊》《小说月报》《读者文摘》《文潮月刊》《启示》《茶话》《幸福世界》《新中华》《上海教育》等报刊发表小说《共死生之》《女难》《自由的翅膀》《沉船》《海上生明月》《女曼殊》、长篇小说《风尘》、散文《梅花滩》、随笔《勋章与阉羊》、评论《中学国文教学的研究》《孔子的政治学说》等，出版散文集《断章取义集》（上海新流书店，1938 年）、《长短集》（上海启示出版社，1948 年）、《父母与子女》（上海商务印书馆，1947 年），小说集《三人行》（上海启示出版社，1946 年），文集《陈汝惠文集》（上海社会科学院出版社，2005 年）等亦署。②白榆，见于中篇小说《游猎十日记》，载 1946 年上海《启示》第 3－7 期。1947 年在上海《幸福世界》发表《伯大尼孤儿乐园的访问》《神秘世界温特尔》《一代乐圣卡罗稷》等文亦署。

陈锐（1862－1922），湖南武陵（今常德市）人。原名陈盛松，字纯方、伯弢、伯涛，号袠碧、抱碧、袠碧斋主。笔名陈锐，见于随笔《抱碧斋词话》，载 1909 年上海《国粹学报》第 5 卷第 6 期；词《阳台路》，载 1917 年上海《东方杂志》第 14 卷第 11 期。嗣后在上述两刊及《华国月刊》《国学丛编》《青鹤》《词学季刊》等刊发表词《高阳台》《安公子》《过秦楼》《秋霁》《词八首》、旧体诗《世乱五首》《重游岳麓云麓宫作》、遗作《袠碧斋杂记》《袠碧斋诗钟话》等亦署。

陈三立（1852－1937），江西义宁（今九江市）人，字伯严，号散原；别号闲园、蜕园、靖（zhēng）庐、衍君、神州袖手人。晚号散原老人。笔名：①陈三立，见于旧体诗《中秋园亭看月》《秉三过话园亭》，载 1908 年上海《国粹学报》第 4 卷第 12 期；随笔《夏君继室左淑人墓志铭》、旧体诗《游雨花台作》，载 1914 年天津《庸言》第 2 卷第 3 期。嗣后在该刊及《东方杂志》

《小说时报》《广益杂志》《华国月刊》《青鹤》《小说月报》《甲寅》《学衡》《词学季刊》《学术世界》《新民月刊》《佛学半月刊》《同声月刊》《安徽文献》等刊发表旧体诗《雪夜倚楼看月上》《复成桥晚眺》《散步溪园》《独游后湖啜茗园子上》、随笔《刘镐仲文集序》《菱溪精舍记》《刘母张太夫人墓志铭》等亦署。②伯严，见于旧体诗《为小鲁题湘江访旧图》《和酬小鲁见寄》，载1910年上海《国风报》第18期；旧体诗《题璎公所藏唐道士写经》，载1913年上海《大同报》第19卷第31期。此前后在《清议报》《神州丛报》《小说月报》《大中华》《春柳》《佛心丛刊》《国闻周报》等报刊发表旧体诗《寄怀星洲寓公》《题曾伯厚同年西山永慕图》《立春日超社十九集燕涛园宅》《喜敬安上人自天童至》《晚眺》等亦署。③散原，见于旧体诗《上元恪士溪上宅观梅》《小孤》《九江湖海楼春望》，载1911年上海《国风报》第2卷第5期；旧体诗《雨窗漫赋》《枕上听蟋蟀》《仓园酒集喜子申自天津至夷叔自上海至》，载1916年上海《大中华》第2卷第10期。1932—1935年在《国闻周报》发表旧体诗《登五老峰绝顶》《题王启之霜茶阁图》《李苦李画像》《许贞女莲芳事略潭秋属题》等亦署。④陈伯严，见于旧体诗《古树寺古槐》，载1916年上海《大中华》第2卷第2期。⑤陈散原，见于七绝《夜起庵图》，载1929年《军事杂志》第18期；旧体诗《红树室时贤书画集题咏·修水陈散原题句》，载1935年杭州《艺风》第3卷第4期。1936年在北平《实报半月刊》发表旧体诗《正月三日倚楼看飞雪》《余病后止酒一夕梦与客传觞醇醒觉而失笑》《雨望》等亦署。

陈山（1917—1997），浙江新昌人，生于宁波。原名杨时俊，字予真。曾用名杨予真、杨吕城、陈力平、杨扬子。笔名：①黄寄萍，1936年前后在《申报·自由谈》《东南日报》发表散文《礼拜七》《母亲的蚕》等署用。②薄采、向东流，1936年前后在浙江《嵊新民报》《剡声日报》发表诗《雁阵》、散文《川岩十九峰》等署用。③杨予真，见于剧评《评〈凤凰城〉》，载1939年《战旗》杂志。④扬子、夕拾、柳原、柳夷、李芳原，1941年5—12月在永康《浙江日报·江风》、丽水《东南日报·笔垒》发表诗《春潮》《朝北的窗子》《日耳曼的母亲》《号外》等署用。⑤平原，1941年至1945年在永康《浙江日报·江风》、丽水《东南日报·笔垒》发表诗作署用。嗣后出版越剧剧本《红灯记》（山东新华书店，1946年）亦署。⑥柳夷，1941年至1945年在《浙江日报·江风》《东南日报·笔垒》发表诗作署用。嗣后出版组诗《浙江潮》（连载于山东第三师《战斗报》，后由战斗报社油印出版）亦署。⑦俯冲，见于朗诵诗《胜利晚会》，载1944年《新浙东报》。⑧雷朵，出版越剧剧本《北撤余音》（又名《真金传》。山东新华书店，1947年）署用。⑨杨扬子，见于诗集《渡江战》，连载于1949年7月北京《光明日报》（1950年由新华书店华东总分店出版）。嗣后出版诗集《开国集》

（新华书店华东总分店，1950年）亦署。⑩陈山，1949年后出版诗集《报国集》（新文艺出版社，1957年）、《星际时代的开始》（新文艺出版社，1958年）、《擂鼓集》（上海文艺出版社，1962年）署用。

陈善文（1921—1986），广东潮安人。原名陈贳。笔名：①陈善文，见于诗《苦撑着拼》，载1939年香港《大公报·文艺》第882期；诗《代邮》，载1941年6月2日桂林《大公报·文艺》。嗣后在该刊发表诗《怒龙吟》等亦署。20世纪50年代起在《长江日报》《人民日报》《南方日报》《作品》《广州日报》《羊城晚报》等报刊发表诗文，出版诗集《没有唱完的歌》（花城出版社，1986年）、论著《古代军旅诗纵横谈》（上海古籍出版社，1988年）、报告文学《东棚岭》等亦署。②陈贳，见于随笔《谈诗》，载1946年《山东文化》第3卷第6期。

陈嬗忱，生卒年及籍贯不详。笔名凯勒，见于译文《奥国的法西斯蒂政策》，载1933年《时事类编》第1卷第6期。1945年前后在上海《女声》杂志发表文章亦署。

陈绍枚，生卒年不详，广东信宜人，字铁生，号精武老铁。笔名：①铁生，见于随笔《医学与国家》，载1912年上海《中西医学报》第20期；小说《血泪之痕》，载1924年12月20日、21日北京《晨报副镌》。②陈铁生，见于随笔《笑死李涵秋》《无法无天》，载1923年上海《中央杂志》第24期。嗣后在该刊发表《我的红学》《痛快文章》《精神制造厂》等文亦署。

陈慎言（1887—1958），福建福州人。原名陈尔简。笔名：①陈慎言，1925年起在北京《北平晨报》、天津《庸报》发表通俗小说署用。20世纪30年代后期起在《实报半月刊》《中和月刊》《晨报》《新民报晚刊》《立言画报》《三六九画报》《首都画报》《国民杂志》《华光》《庸报》《华文大阪每日》《麒麟》等报刊发表小说、随笔亦署。见于长篇小说《慈善家的面具》，连载于1938—1939年日本大阪《华文大阪每日》创刊号至第2卷第9期；小说《聋的代价》，载1940年北平《中和月刊》第1卷第2期；小说《菩提心》，载长春《麒麟》月刊1942年第2卷第9期—1943年第3卷第4期。20世纪30—40年代出版通俗长篇小说《断送京华记》（京报馆出版部，1930年）、《故都秘录》（上海四社出版部，1933年）、《情海断魂》（天津书局，1939年）、《幕中人语》（北平华龙印书馆，1940年）、《花生大王》（北平华龙印书馆，1940年）、《名士与美人》（北平义文书局，1940年）、《海上情葩》（北平义文书局，1940年）、《恨海难填》（北平华龙印书馆，1941年）、《贵族女儿》（北平华龙印书馆）、《薄命女儿》（北平义文书局）及《猪仔小史》《如此家庭》《云烟缥缈录》《说不得》《浑不似》《赛金花》《翠帏花影》《流水落花》《满山红》《人海狂澜》《戚继光》等，20世纪50年代出版剧本《小杂院》（北京自强书局，1953年）、小说《叶含嫣》（北京出版社，1958年）等亦署。②慎言，见于小说《难兄难妹》，载 1935 年《宇宙旬刊》第 8—10 期；《天和阁联话》，载 1937 年《中和月刊》第 2 卷第 3 期。

陈师曾（1876—1923），江西修水人。原名陈衡恪，字师曾，号槐堂；别号朽者、朽道人、槐堂主人、槐堂朽者。曾用名师曾（乳名）、陈衡窓、陈解庵。印名冰川旧客、丹青不知老将至。笔名：①陈衡恪，见于旧体诗《七律·结城蓄堂自日本来游衡山小住京华相与把酒话旧并赠此诗》，载 1919 年上海《东方杂志》第 14 卷第 9 号；旧体诗《九日与植支寻山寺》，载 1923 年 2 月南京《学衡》第 14 期。嗣后在上述两刊及《华国月刊》《学术》等刊发表旧体诗《谢方伦丈惠徽墨云雾茶并诗》《画竹篱》《题姚叔节西山精舍图》《读海藏楼诗》《南通祝外姑姚太夫人六十寿而外姑先日之杭遂追陪于杭者两日赋呈五章》、词《一尊红·题背面士女画》《南浦·春帆次碧山春水韵》《庆清朝·公湛用梅溪韵赋此解倚声和寄》等亦署。②陈师曾，见于旧体诗《七律·返金陵寓庐作》《七绝·偶题》，载 1935 年 5 月广州《新民月刊》创刊号。嗣后出版《陈师曾诗集》《中国绘画史》《中国文人画之研究》（译日本大村西崖所作与本人专论合辑）等亦署。

陈诗（1864—1943），安徽庐江人，字子言、桂题，号鹤柴、鹤柴山人；别号尊孤、萑隐。笔名陈诗、鹤柴，出版《庐江诗隽》，编辑《庐州诗苑》署用。

陈石安（1920—？），福建福州人。笔名：①苓凭，见于小说《阿Q新编》，载 1939 年 6 月 1 日福州《福建民报·纸弹》。②江南秀，20 世纪 30 年代至 40 年代在福建参加战线诗歌社并在报刊发表诗文署。③陈石安，出版论著《报学概论》（台北壬寅出版社，1968 年）、话剧《晴雯》（台北壬寅出版社，1968 年）、论著《新闻编辑学》（台北三民书局，1981 年）等署用。

陈时，生卒年及籍贯不详，原名陈良时。笔名陈时，见于随笔《反侵略与打不平》，载 1939 年重庆《反侵略》第 1 卷第 10 期；散文诗《悲剧的金座》《地球仪》，载 1942 年 2 月 16 日昆明《文聚》第 1 卷第 1 期。嗣后在汉口《中国的空军》、香港《大公报·文艺》《星岛日报·星座》《顶点》等报刊发表诗、散文等亦署。

陈世椿，生卒年及籍贯不详。笔名些蠢，见于长篇小说《三狮眼底》，连载于 1933 年后福州《福建民报·星期文艺》。

陈世庆，生卒年不详，台湾台北人。笔名：①陈世庆，见于小说《水晶处女》，载 1939 年 9 月—1940 年 7 月 15 日台北《风月报》第 94 期至第 113 期。②世庆，见于小说《蓬莱少女行》，载 1939 年 10 月《风月报》第 96 期。

陈适怀，生卒年及籍贯不详。笔名：①适怀，见于散文《初冬》，载 1939 年山西《西线文艺》第 1 卷第 5 期；随笔《关于"民族革命出版社"》，载 1940 年陕西宜川《西线》第 3 卷第 1 期。②陈适怀，见于译文《马也可夫斯基与叶赛宁》（葛莱卜·斯特鲁威原作），

载 1938 年广州《中国诗坛》第 2 卷第 4 期；随笔《香港来的消息》，载 1938 年《十日文萃》第 1 期。同时期起在上述两刊及《西线》《西线文艺》《半月文艺》《诗创作》《文艺阵地》《文艺生活》《新文学》《文艺丛刊》等刊发表诗《泾水之滨》、随笔《我们是在胜利的途中》《让我们向印度医药队敬礼》、论文《对于目前经济建设应有的认识》及译诗《歌列宁》（苏联姜布耳原作）、《诗二章》（美国惠特曼原作）、《致失败者》（美国惠特曼原作）等亦署。

陈守治，生卒年不详，福建福州人。笔名瘦愚，1945 年后在福建南平《东南日报·笔垒》发表文章署用。

陈寿民（1915—？），福建闽侯（今福州市）人。笔名天马，见于散文《旅程小景——战火中从敌国归来》，载 1940 年 2 月 21 日福建连城《大成日报·高原》。嗣后在该刊发表散文《伤了一只脚的皇军》《饥饿》等亦署。

陈寿楠（1929—？），浙江温州人。笔名：①乐峰，见于随笔《魏鹤龄的从影生活》，载 1948 年 9 月 17 日温州《大风晚报·夜公园》；影评《〈公主与海盗〉的两主角》，载 1948 年 9 月 25 日温州《大风晚报·夜公园》。②寿楠，见于《明星琐事》《明星的诞辰与原名》《影星什事》等文，载 1948 年 10 月 18—29 日浙江温州《大风晚报·夜公园》；影评《群魔》人物志》，载 1948 年 8 月 10 日温州《进步报·人间》。③陈寿楠，1948 年 11 月 11 日—1949 年 1 月 23 日在温州《大风晚报·夜公园》发表《影人塑像》系列文章署。嗣后在该刊发表影评《观〈居里夫人〉后感》《〈居里夫人〉女主角葛丽亚嘉逊的二三事》《〈玉女神驹〉导演和主角》等文，1949 年后发表文章亦署；编选《"五四"以来电影歌曲选》（与韩渊合作。中国电影出版社，1957 年）、《温州进步戏剧史料集》（温州市文化局，1995 年）、《董每戡文集（三卷）》（与黄天骥合作。广东高等教育出版社，1999 年）、《董每戡集（五卷）》（与董苗合作。岳麓书社，2011 年）、《温州老剧本》（黄山书社，2013 年）等亦署。

陈瘦石（1908—1976），江苏无锡人。原名陈望绅。笔名：①陈望绅，见于小说《惠生叔》，载 1928 年上海《北新》半月刊第 2 卷第 11 期。②陈瘦石，见于小说《火葬》，载 1928 年上海《山雨》半月刊第 1 卷第 1 期；小说《秋收》，载 1928 年上海《生路》第 1 卷第 5—6 期。20 世纪 30 年代在《江苏学生》《文艺月刊》《建国月刊》《新文学》等刊发表小说《守夜的人》，翻译小说《玫瑰》（希斯原作），译文《小说中之写实与现实》（贝茨原作）、《从战略上观察第二次日俄战争》（费尔普斯原作）等，出版小说集《秋收》（上海生路社，1928 年），译作《房龙世界地理》（与章淀咸合译。上海世界出版合作社，1933 年）、《自由与组织》（英国罗素原作，与其弟陈瘦竹合译。上海商务印书馆，1936 年）、《比较经济制度》（美国洛克斯、霍德原作。重庆商务印书馆，1943 年）、《共产党宣言》（德国马克思、

恩格斯原作。重庆商务印书馆，1943 年）、《美国资本主义之胜利》（美国哈克原作。重庆商务印书馆，1946 年）、《怎样学习》（英国毕尔原作，与浦漪人合译。上海开明书店，1947 年）、《迦尔洵》（苏联别亚列依原作。新文艺出版社，1958 年）等亦署。③瘦石，见于小说《利斧》，载 1928 年上海《山雨》第 1 卷第 5—7 期。

陈瘦竹（1909—1990），江苏无锡人。原名陈定节。曾用名陈泰来。笔名：①陈宀（mián）竹，见于小说《母鸡》，载 1927 年上海《新女性》第 2 卷第 6 期；小说《红豆》，载 1927 年上海《泰东月刊》第 1 卷第 3 期。同时期在《泰东月刊》《真美善》《春潮》等刊发表独幕剧《忆的幻灭》、小说《孤儿》《十年》《色的梦》、翻译小说《秋夜》（苏联高尔基原作）等，出版长篇小说《灿烂的火花》（上海励群书店，1928 年）、中篇小说《梦里的朋友》（上海真美善书店，1929 年）、小说集《胜利的微笑》（上海泰东图书局，1930 年）等亦署。②陈眠竹，见于小说《酒后》，载 1928 年上海《泰东月刊》第 1 卷第 6 期（该刊目录署名"宀竹"）。③宀竹，见于小说《深谷》，载 1928 年上海《泰东月刊》第 1 卷第 7、8 期；小说《强盗》，载《泰东月刊》第 2 卷第 1 期。④陈瘦竹，见于译文《托尔斯泰的情书》，载 1931 年上海《读书月刊》第 2 卷第 4—5 期合刊和第 2 卷第 6 期；《菱》，载 1935 年 11 月 1 日《武汉日报·现代文艺》。嗣后在《创作》《文学》《人间世》《艺术旬刊》《国闻周报》《申报月刊》《文讯》《文艺先锋》《文学创作》《时与潮文艺》《新文学》《当代文艺》《文艺月刊》《文艺月刊·战时特刊》《武汉文艺》《时代日报·时代前》《图书评论》《东方杂志》《图书展望》《新西北》《抗战文艺》《民意周刊》《文史杂志》《文潮月刊》《文莽》《智慧》《妇女文化》等报刊发表小说《巨石》《一个农妇底悲剧》《丰年》《剥夺》《奈何天》《遗憾》、剧作《复仇》《醒来吧，农人》《康蒂妲》、论文《莎士比亚及其"马克白"》《易卜生傀儡家庭技巧分析》《悲剧与喜剧》《席勒论悲剧艺术》《戏剧普遍律》《亚里士多德论悲剧》，以及翻译散文《人物素描》（忒奥克里托斯原作）、《初次观剧记》（英国兰姆原作），翻译论文《文艺鉴赏论》（英国阿诺德·贝内特原作）、《导演与演员》（爱德华·路易斯原作）、《戏剧批评史纲》（英国聂考尔原作）等，出版小说集《奈何天》（长沙商务印书馆，1939 年）、《水沫集》（重庆华中图书公司，1942 年）、《奇女行》（重庆商务印书馆，1945 年）、长篇小说《春雷》（重庆华中图书公司，1941 年）、中篇小说《声价》（重庆国民图书出版社，1944 年）、翻译剧作《康蒂妲》（爱尔兰萧伯纳原作。成都中西书局，1943 年）、《欧那尼》（法国雨果原作。上海群益出版社，1947 年）、翻译论著《易卜生〈玩偶之家〉研究》（新文艺出版社，1958 年）、《论田汉的话剧创作》（上海文艺出版社，1961 年）、《现代剧作家散论》（江苏人民出版社，1979 年）、《论悲剧与喜剧》（上海文艺出版社，1983 年）等亦署。⑤瘦竹，见于小说《上帝底孩子》，载 1932 年汉口《武汉文艺》第 1 卷第 3 期；小说《庭

训》，载 1939 年重庆《文艺月刊·战时特刊》第 3 卷第 3—4 期合刊。1936 年在上海《半月剧刊》发表随笔《小生脞谈》《洒家洒出血头来》《武生谭荟》等文亦署。⑥石佛，见于小说《送烧饼的女孩》，载 1938 年上海《东方杂志》第 35 卷第 5 期；译文《鲍威尔·狱中记》《纳粹"仁慈杀害"的真相》，载 1942 年重庆《时与潮副刊》。⑦若苇，署用情况未详。

陈叔通（1876—1966），浙江杭州人。原名陈汉第，后改名陈敬第，字仲恕、叔通，号云糜、伏庐、誦（hè）者、饭颗山樵客。笔名：①誦者，清末在《杭州白话报》第 16—29 期发表《变俗篇·禁烧香、禁谣言、戒行会、戒吃烟》等文署用。②饭颗山樵客，清末在《杭州白话报》第 30 期发表《戒饮酒》署用。③陈敬第，见于论文《满汉问题之解决》，载 1907 年《中国新报》第 1 卷第 8 期；随笔《清史后妃传序》，载 1926 年南京《学衡》第 49 期。1948 年 1 月在上海《人文月刊》复刊第 1 卷第 4 期发表《陈君陶遗家传》一文亦署。③陈叔通，见于随笔《从戊戌政变至云南起义之政治轶闻》，载 1949 年《新建设》第 1 卷第 3 期。嗣后出版《关于资本主义工商业的社会主义改造的报告》（人民出版社，1956 年）、《百梅书屋诗存》（中华书局，1959 年）、《宣古愚、杨无恙、汤定之、姚茫父画选》（中国古典艺术出版社，1959 年）等亦署。

陈树南，生卒年不详，广东大埔人。曾用名陈天放。笔名：①旧燕，见于随笔《〈南洋的文艺〉发刊的说明》，载 1929 年 12 月 9 日马来亚槟城《南洋时报·南洋的文艺》；小说《残缺的或人日记》，载 1929 年 12 月 9 日—1930 年 2 月 11 日马来亚槟榔屿《南洋时报·南洋的文艺》。②树、呢呢、喃喃、墨鸥，1927 年至 1930 年间在马来亚槟榔屿《南洋时报·南洋的文艺》《槟城新报·关仔角》《槟城新报·椰风》及《民国日报·新航路》《民国日报·公共园地》《华侨周报》《南洋商报·压觉》《吼报·吼报俱乐部》《新国民日报·新国民杂志》等报刊发表文章署用。③飞鸟，见于评论《关于"革命伟大的太太"之排演》，载 1929 年 10 月 15 日马来亚槟城《南洋时报·流连》。

陈树人（1883—1948），广东番禺（今广州市）人。原名陈政，字树人，号二山山樵、葭外渔子、猛迈、猛进。晚号安定老人。曾用名陈韶、陈哲。笔名：①陈树人，见于七绝《咏春》，载 1926 年《楞严特刊》第 2 期；旧体诗《桂游杂诗》，载 1932 年 12 月 1 日上海《珊瑚》第 1 卷第 11 期。嗣后在《良友画报》《文华》《艺风》《文社月刊》《西北问题》《大夏》《七日谈》《中央周刊》《侨务月报》《中华月报》《新生路月刊》《大侠魂周刊》《民族诗坛》《华侨先锋》《华侨战线》《华侨动员》《民意周刊》《杂志半月刊》《反侵略》《西南实业通讯》《现代华侨》《旅行杂志》《侨民教育》《永安月刊》《文史季刊》《华侨评论》《交通建设》《华侨月刊》《新运导报》等刊发表旧体诗《书案》《还乡吟赠若文》《山居乐示若文一百韵》《双周花甲赋呈若

文一百五十韵》《旅川杂诗》《还乡吟五十首》《重阳前二日与葛民游陵园》《挽经颐渊》、随笔《西北与华侨》《十年来之中国侨务》《南洋华侨与中国革命》《在中国学画应如何用功》《二期抗战与吾侨任务》《侨胞当如何善处目前之经济环境》《四年来的华侨爱国运动》《抗战期中的侨务工作》《从新运说到侨胞》等，出版旧体诗集《自然美讴歌集》《战尘集》《专爱集》《汗绿吟草》等亦署。②切生、陈哲、陈韶、澍人、菼外、菼外渔夫、美魂女士，署用情况未详。

陈斯庸（1919－2013），湖北沙市人。原名陈诗永。笔名：①斯庸，见于译作《高尔基在美国》（布雷宁原作），载1943年《中苏文化》第13卷第11－12期合刊。嗣后在《野草》《艺丛》《文学译报》《开明少年》《中苏文艺》等刊发表翻译小说《成长》（苏联瓦西列夫斯卡娅原作），译诗《A.柴芮泰里诗钞》（柴芮泰里原作）、《西乌克兰旧民歌》，译文《〈静静的顿河〉与悲剧》（苏联V.耶夫洛夫原作），随笔《帽子与脑袋》《臭虫国的故事》等均署。出版《杨柳树与人行道》（苏联瓦西列夫斯卡娅原作。开明书店，1951年）、《海鸥》（苏联尼·比留科夫原作。中国青年出版社，1954年）、《波谢洪尼耶遗风》（俄国谢德林原作。上海译文出版社，1981年）、《彼得大帝传》（苏联尼·伊·帕甫连科原作。东方出版社，1987年）、《陪嫁：一千名农奴》（俄国皮谢姆斯基原作。外国文学出版社，1989年）、《冰屋奇婚》（俄国拉热奇尼科夫原作。外国文学出版社，1993年）等亦署。②陈斯庸，见于译文《苏维埃文学发展的几个问题》，载1952年北京《人民文学》第8期。嗣后出版译作《别林斯基论教育》（苏联波兹南斯基原作。人民教育出版社，1953年）、《他们没有童年》（苏联鲁江诺夫等原作。中国青年出版社，1953年）等亦署。③马琪，署用情况未详。按：陈斯庸还译有《别林斯基论教育》（苏联波兹南斯基原作）、《团的儿子》（苏联卡达耶夫原作）、《谢德林》（苏联戈利雅奇金娜原作），并负责编辑《高尔基文集》（20卷）及长篇小说《盗火》（苏联谢列布里雅柯娃原作）等，署名情况未详。

陈嘶马，生卒年不详，广东中山人。原名陈天戈。曾用名陈官木。笔名：①宿女，见于小说《昨夜》《不会站的人》，载1931年初马来亚槟城《光华日报·蜕变》第5期和第6期。嗣后在马来亚新加坡《民国日报·公共园地》发表文章亦署。②王信，见于评论《答郑文通评青年励志社公演的〈芳娘〉〈绿林中〉〈一侍女〉》，载1933年2月5日马来亚新加坡《星洲日报·文艺周刊》。嗣后在该刊发表评论《答郑文通的〈态度总检讨及其他〉》亦署。

陈素风（1915－1938），江苏扬州人。原名陈德铭。笔名：①陈素，见于译文《卢那却尔斯基：论文艺批评之史的发展》，载1936年《文学丛报》第1－5期；评论《科学文艺》，载1937年《写作与阅读》第1卷第6期。嗣后在《写作与阅读》第2卷第4期发表随笔《日本儿童文学的新动向》亦署。②素风，见于译诗《给天使》（勃罗斯原作），载1940年金华《新青年》第4卷第2期。

陈棠花（1908－1983），泰国华人，原籍中国广东梅县（今梅州市）。笔名：①陈棠花，20世纪30年代在暹罗曼谷《华侨日报·暹罗研究》《中原报·泰国研究》等报刊发表文章署用。嗣后出版编著《暹罗地理》《暹罗国志》等亦署。②亚当，1947年后在曼谷《光华报》发表暹罗研究之译文署用。

陈陶遗（1881－1946），江苏金山（今上海市）人。原名陈瑶，字止斋、剑虹，号陶遗；别号陶怡、道公、道遗、道一。曾用名陈水、陈公瑶。笔名：①陈陶怡，在《南社丛刻》发表诗文署用。②陈陶遗，见于通讯《害马》，载1925年北京《甲寅》第1卷第12期；散文《吾心坎中之孟朴》，载1935年上海《宇宙风》第2期。1937年在上海《论语》第116期发表与金山同乡80余人为陈慎庵重游泖水征文亦署。③公瑶、观体、卧子、陶水、淘夷、道公、天真道人、赤松旧子，署用情况未详。

陈天钟，生卒年及籍贯不详。笔名铁人，抗战胜利后在暹罗曼谷主编《华侨日报·华侨文坛》时发表小说、诗作署用。

陈廷赞，生卒年不详，陕西人。笔名：①秦女，见于散文《一个穷苦青年的经历》，载1932年3月20日上海《青年界》第2卷第1期；论文《白蛇传考证》（与凌云合作），载1933年1月1日北平《中法大学月刊》第2卷第3－4期合刊。②陈廷赞，见于评论《评叶著初中本国历史课本》，载1952年北京《历史研究》第3卷第2期。

陈同生（1906－1968），四川营山人，生于湖南零陵。原名张翰君。曾用名陈农非、陈农菲、陈侬非、陈蓬、张汉均、江中一。笔名：①农菲、洪菲、陈蓬，20世纪20年代后期起在成都《新蜀报》《日邮新闻》《成都快报》、上海《金陵日报》《导报》、武汉《全民抗战》等报刊发表文章署用。②南昆，在上述报刊发表文章曾署。1929年1月起在南京《军事杂志》发表《军用照相》《意国之国防力》《法英协约的内容》等文亦署。③侬非，见于小说《从狱里归来》，载1928－1929年间上海济难会刊《白华》。1938年在《新闻记者》《全民周刊》发表随笔《敌禁港报入沪》《上海的"恐怖"》等亦署。④农非，1937年后在《金陵日报》发表文章署用。

陈万里（1891－1969），江苏吴县（今苏州市）人。原名陈鹏，字剑魂、万里，号优优。笔名：①陈万里，见于随笔《西行日记》，载1925年《北京大学研究所国学门月刊》第3期。此前后在《小说月报》《国立第一中山大学语言历史研究所周刊》《浙江民政》《良友画报》《医药学》《旅行杂志》《人间世》《艺风》《越风》《中华医学杂志》《美术生活》《飞鹰》《抗战半月刊》

《新运导报》《新中华》《社会卫生》《说文月刊》《健与力》《图书季刊》《中学生》等刊发表散文《田盘纪游》《黄海之游》《山阴道上访古续记》《豫西访古纪行》、随笔《谈半农的摄影》《瓷器与浙江》《越器图录自叙》《唐代越器专集引言》《漫谈敦煌千佛洞》、摄影《寒翠》《甘肃新出土之古物》等，出版散文集《西行日记》（北京朴社，1926年）、《闽南游记》（上海开明书店，1930年）、《川湘纪行》（重庆商务印书馆，1944年），论著《民十三之故宫》（上海开明书店，1928年）、《瓷器与浙江》（上海中华书局，1946年）等亦署。②梅筠，见于影评《人道的批判》（与前烈、鲁思合作），载1932年7月23日上海《民报·电影与戏剧》。

陈望道（1891—1977），浙江义乌人。原名陈融，字参一、任重。曾用名陈晓凡。笔名：①南山，见于随笔《我很望天气早些冷》，载1919年8月27日上海《民国日报·觉悟》。②佛突，见于《妇女的组织》，载1920年4月8日上海《民国日报·觉悟》。③陈佛突，出版译作《共产党宣言》（20世纪20年代初版）。④望道，见于论文《女子性第三身"身次代名词"》，载1920年5月3日上海《民国日报·觉悟》；译文《社会主义底意义及其类别》（日本高畠素之原作），载1921年上海《东方杂志》第18卷第11期。同时期起在上述两刊及《黎明》《文学周报》《涛声》等刊发表随笔《死狗文论》《毒火》《谈内症》等亦署。⑤V. D.，见于随笔《妻的教育》，载1920年7月29日《民国日报·觉悟》。⑥陈望道，见于译文《现代思潮》（与张维棋合译），载1920年9月7日上海《民国日报·觉悟》；《修辞学在中国的使命》，载1924年7月28日上海《时事新报·文学周刊》第132期。嗣后在《新青年》《小说月报》《民国日报·觉悟》《东方杂志》《复旦实中季刊》《新女性》《北新》《微音月刊》《新学生》《中学生》《大江》《当代文艺》《青年界》《文艺新闻》《北斗》《现代》《文化茶话》《译文》《文学》《太白》《读书生活》《新生周刊》《香港华商总会月刊》《抗战半月刊》《杂志半月刊》《中外春秋》《月刊》《大众》《旅行杂志》《群策月刊》《复旦同学会会刊》《国文月刊》《文艺新潮》《中原》《中建》《大公报》等报刊发表语法学、修辞学论文及《文学及艺术之技术的革命》《自然主义文学的理论的体系》《近代社会中艺术样式底变迁》《机械美》等译文，出版美学、修辞学论著及译作《苏俄文学理论》（日本冈泽秀虎原作。上海开明书店，1940年）等亦署。⑦晓风，见于随笔《不能以常理论了！》，载1921年1月17日上海《民国日报·觉悟》；报道《日本文坛的最近状况》，载1921年上海《小说月报》第12卷第11期。同时期在上述两刊及《北新周刊》发表译文《艺术上的自然主义》（日本岛村抱月原作）等亦署。⑧一个义乌人，见于随笔《国语上一个可以注意的问题》，载1921年2月28日上海《民国日报·觉悟》。⑨春华女士，见于随笔《东方文坛因青年女作家而起的漩涡》，载1921年6月15日上海《民国日报·觉悟》。⑩春华，见于《东方文坛两种珍异的诗集》，载1921年7月7日《民国日报·觉悟》。⑪晓，见于《阶级思想底表现》，载1921年9月22日《民国日报·觉悟》。⑫陈晓风，见于译作《共产党宣言》，上海书店出版社1922年再版。⑬春葊（chuí），见于诗《西泠路上所见》，载1922年6月4日《民国日报·觉悟》。⑭一介，见于《错了》，载1922年6月30日《民国日报·觉悟》。⑮道，见于随笔《骂人的不骂人党》，载1923年3月27日《民国日报·觉悟》。⑯邻道，见于《对于白话文的论讨（一）》，载1923年3月9日《民国日报·觉悟》。⑰平沙，见于《认识女性的路》，载1924年8月12日《民国日报·妇女周报》。⑱任重，见于小品文《望海亭》，载1924年9月8日《民国日报·妇女周报》。⑲陈雪帆，见于译文《苏俄十年间的文学论研究》（日本冈泽季虎原作），载1930年《小说月报》第20卷第8期。⑳仁子，见于译作《共产党宣言》，上海春江书店1933年再版。㉑南，见于随笔《名实问题》，载1934年11月1日上海《文学》月刊第3卷第5期。㉒焦风，见于随笔《语文问题杂记》，载1934年12月5日上海《太白》第1卷第6期；随笔《重提大众语运动》，载1937年1月1日上海《语文》创刊号。于此前后在上海《中华日报·动向》《青年界》《文学》等刊发表《中国语书法拉丁化问题》《我们对于文化运动的意见》（与多人共同签名）等文亦署。㉓南一，见于《名实问题》，载1934年上海《文学》月刊第3卷第6期。㉔不齐，1935年在上海《太白》半月刊发表文章署用。㉕齐明，见于随笔《因〈花溅泪〉的演出说到新女性》，载1939年上海《鲁迅风》第8期。出版译作《实证美学的基础》（苏联卢那察尔斯基原作，与虞人合译。上海世界书局，1939年）亦署。㉖南、东阜、张华、薛凡、毕铭、雪帆、焦风、瑰琦、龙贡公、欧阳山、南齐明、顾阳山、晓仁子，署用情况未详。

陈炜谟（1903—1955），四川泸县（今泸州市）人，字叔华。笔名：①陈炜谟，见于评论《读〈小说汇刊〉》，载1922年上海《小说月报》第13卷第2期；小说《轻雾》，载1923年上海《浅草》季刊第1卷第1期。嗣后在该刊及《沉钟》《谈锋》《光杂志》等刊发表小说《甜水》《烽火嘹喉》、随笔《关于曾国藩》、散文《债》、诗《甜水歌》等，出版小说集《炉边》（上海北新书局，1927年）、论著《论文选集》（作家出版社，1957年）、文集《陈炜谟文集》（成都出版社，1993），以及翻译小说《老屋》（俄国梭罗古勃原作。上海商务印书馆，1936年）、译作《日本的威胁》（鄂康乐原作。重庆正中书局，1940年）等亦署。②有熊，见于译作《大城》（安得列夫原作），载1926年北京《沉钟》半月刊第1期。嗣后在该刊发表评论《〈兰生弟日记〉》《高尔该自叙的三部作》、译作《预兆》（S.扎福丹原作）等文亦署。③陈叔华，见于随笔《娓语体小品文释例》，载1935年上海《人间世》半月刊第28—29期；随笔《幽默辨》，载1936年上海《论语》半月刊第79期。同时期在上述两刊及上海《宇宙风》、成都《成都日报·大地》发表随笔《男女同学》、散文《龙马潭游记》《忆郁达夫》等文亦署。④陈佛读，1936 年 10 月在重庆市追悼鲁迅大会上献挽联署用。⑤叔华、容舟、熊昕、楚荩、契阔、斯华士，1939－1945 年在上海报刊发表文章署用。

陈文和（1927－2007），福建云霄人。笔名：①雷枫，见于诗《这里，我是初来的》，载 1947 年秋厦门《江声报》。嗣后在该刊发表诗《悼于子三》《我们这间学校》《在大学里》《我们一齐来唱歌》等亦署。1948 年夏在厦门《星光日报》发表诗《就这样，我写下了卖身契》《乡长陛下》等亦署。②一清、艻人，署用情况未详。

陈无闷，生卒年及籍贯不详。笔名：①陈无闷，出版长篇小说《宿草》（上海亚细亚书局，1929 年）署用。嗣后发表随笔《离心力的消失》（载 1934 年 4 月 9 日《汗血周刊》第 2 卷第 14 期）、校补《兵经》（上海文化学会，1934 年）亦署。②无闷，见于随笔《惩罚与训练——对改进吏治的一点意见》，载 1935 年 2 月 4 日《汗血周刊》第 4 卷第 5、6 期合刊。③白丁、无梦，署用情况未详。

陈无私，生卒年不详，浙江诸暨人。原名陈弃，字子弁，号无私、澹园。笔名陈无私，在《南社丛刻》发表诗文署用。

陈无我（1884－1967），浙江杭县（今杭州市）人。原名陈辅相，字无我。笔名：①陈无我，见于翻译小说《新再生缘》（英国海立福原作，与张勉旃合译），载 1906 年上海《月月小说》第 1 卷第 4－5 号；译文《社会救济法》（俄国列夫·托尔斯泰原作），载 1919 年 8 月 15 日《新中国》第 1 卷第 4 期。同时期起在《东方杂志》《时事新报·文学旬刊》《小说月报》《艺风》等刊发表小说《伤痕》、随笔《观方人定画展后》、评论《新城市与新国家》《欧洲同盟之悲观记》等亦署；出版遗著《老上海三十年见闻录》（上海书店，1997 年）亦署。②无我，见于翻译小说《侠骨忠魂》（法国大仲马原作），载 1914 年上海《正谊杂志》第 1 卷第 1－8 号；武侠小说《古刹中之少年》，载 1915 年上海《礼拜六》第 3 期。③老上海，见于随笔《近十年的上海》，载 1932 年上海《万岁》第 1 卷第 3－7 期。嗣后出版小说《满丽女郎》，与他人合译《死？》等亦署。

陈无用，生卒年不详，浙江诸暨人，字子韶，号虑尊。笔名无用，1911 年在《妇女时报》发表诗文署用。按：1926 年在上海《太平导报》发表《日本组社会民主党感言》《中国不如土耳其》等多文亦有署无用者，是否其笔名未详。

陈芜[1]（1917－1943），辽宁大连人。原名郑毓钧。笔名：①郑毓钧、毓钧，1935 年开始在大连《泰东日报》等报发表杂文、散文署用。②陈芜，见于诗《亚波罗之歌》，载 1940 年日本大阪《华文大阪每日》第 4 卷第 1 期；诗《石膏塑像》《俘囚记》，载 1940 年 8 月 28 日哈尔滨《滨江日报·暖流》。此前后在上述报刊及沈阳《新青年》《新诗歌》《作风》《文选丛编》、长春《文晁》《斯民》《新青年》《文丛丛刊》《学艺》《健康满洲》、哈尔滨《大北新报》等报刊发表诗《世纪的小景》《为一个人》《没有年月的历史》《血的故事》、童话《梦游奇境记》《卜者欺朦人的骗子》、散文《冬天到春天》《风雨抄》《寻梦记》等亦署。③邓东遮，1940 年在哈尔滨《大北新报》发表诗歌署用。又见于诗《已经是离不掉的》，载 1940 年日本大阪《华文大阪每日》第 5 卷第 4 期。1942 年在山西《新民报》发表诗文亦署。按：陈芜曾于 1941 年在《兴满文化月报》连载长篇小说《秦政一代记》，署用情况未详。

陈芜[2]（1923－2007），湖南南县人。原名陈剑吟。笔名：①剑吟，见于小说《夜的悲歌》，载 1944 年《中兴日报》。②剑羽，1948 年发表诗《饥饿群》署用。③陈芜，见于歌剧《桑树怪》，载 1949 年《民主报》。嗣后出版花鼓戏剧本《补背褡》（与李筱凤合作。湖南人民出版社，1956 年）、《天涯芳草》（湖南人民出版社，1979 年）、《牛多喜坐轿》（中国戏剧出版社，1982 年），巴陵戏剧本《九子鞭》（与李筱凤合作。湖南人民出版社，1956 年），小说集《旺公夫妇》（湖北人民出版社，1954 年）等亦署。④村芜，1950 年发表小说《弯垅》署用。

陈西禾（1912－1983），福建闽侯（今福州市）人。原名陈宪邓。笔名：①隐霞，见于随笔《了解灵魂的工作》，载 1939 年上海《剧场艺术》第 1 卷第 3 期。嗣后在该刊发表译文《写剧经验谈》（爱尔兰萧伯纳原作）、《告青年演员》（英国戈登·克雷原作）等亦署。又见于译文《我如何研究角色》（英国爱伦·特蕊原作），载 1940 年上海《小剧场》第 2 期。②林柯，见于剧作《沉渊》，载 1939 年上海《文学集林》第 2 辑；翻译电影剧本《玛婷》（法国拜尔纳原作），载 1945 年重庆《时与潮文艺》第 5 卷第 2 期；翻译剧本《祷钟》（西班牙皮奥·巴罗哈原作），载 1947 年上海《人世间》复刊第 6 期。出版剧本《沉渊》（上海文化生活出版社，1940 年）、《春》（上海文化生活出版社，1947 年）及翻译剧本《玛婷》（法国拜尔纳原作。上海文化生活出版社，1945 年）等亦署。③万岳，见于论文《舞台对话的交响化》，载 1943 年上海《万象》第 3 卷第 4 期。④麟阁，1945 年 11 月 1 日在致戈宝权信署用。⑤怀玖，见于散文《忆陆蠡》，载 1946 年上海《文艺复兴》第 1 卷第 6 期。1949 年 8 月在该刊《中国文学研究专号》（下）发表论文《论词的特殊性和诗词分界》亦署。⑥陈西禾，出版论著《翻译问题》（上海珠林书店，1939 年）署用。嗣后改编导演电影《家》、编导《姊姊妹妹站起来》《妇女代表》，发表随笔《关于〈姊姊妹妹站起来〉》（载 1951 年《文艺新地》第 3 期），出版《电影的画面与声音》（中国电影出版社，1982 年）、电影剧本《黄浦江故事》（与艾明之合作。上海文艺出版社，1959 年）及译作《演员的甘苦》（上海中国影剧丛刊社，

1949 年）、《斯坦尼斯拉夫斯基体系解说》（英国戴维·马加尔沙克原作。平明出版社，1954 年）等亦署。

陈西滢

（1896－1970），江苏无锡人。原名陈源，字通伯。笔名：①西滢，见于翻译小说《山匪大王》（法国亚伯原作），载 1923 年上海《太平洋》第 4 卷第 2—6 号；评论《民众的戏剧》，载 1924 年北京《现代评论》第 1 卷第 2 期。嗣后在上述两刊及《晨报副镌》《京报副刊》《中央日报特刊》《新月》《长城》《文学杂志》等报刊发表随笔《闲话》《新剧与观众》《做学问的工具》《梦想的万能》《恳亲会式之演剧》，论文《论翻译》《易卜生的戏剧艺术》，翻译小说《拿龙先生的外遇》（英国梅立克原作）、《元旦日的晚餐》（英国梅立克原作）、《削发》（英国凯瑟琳·曼斯菲尔德原作）、《一个懂得女子心理的人》（英国梅立克原作）等，出版翻译小说《少年哥德之创造》（法国莫洛亚原作。上海新月书店，1927 年）亦署。②陈源，见于《剑桥大学图书馆——致太平洋杂志记者》（与李寅恭、皮宗石、杨冕合作），载 1917 年上海《太平洋》第 1 卷第 7 期；《闲话的闲话之闲话引出来的几封信》，载 1926 年 1 月 30 日北平《晨报副镌》；《"整理国故"与"打鬼"·附言》，载 1927 年北京《现代评论》第 5 卷第 119 期。③西莹，见于随笔《过年》，载 1935 年《武汉日报·现代文艺》第 1 期。④莹，见于《添在后面的蛇足》，载 1935 年《武汉日报·现代文艺》第 9 期。⑤陈西滢，见于论文《易卜生的戏剧艺术》，载 1930 年 4 月《国立武汉大学文哲季刊》第 1 卷第 1 期；评论《〈明天〉解说的商榷》，载 1941 年 1 月 16 日桂林《国文月刊》第 1 卷第 5 期。于此前后在《东方杂志》《日本评论》《世界政治》《中央周刊》《时与潮文艺》等刊发表随笔《英国人的幽默》、论文《德意日同盟与中国》《印度问题平议》《第二次世界大战的战略与外交》《东方西方两个战争的分析和预测》、评论《春雷》（陈瘦竹著）、翻译小说《一杯茶》（英国凯瑟琳·曼斯菲尔德原作）等，出版散文集《西滢闲话》（上海新月书店，1928 年）、翻译小说《父与子》（俄国屠格涅夫原作。上海商务印书馆，1931 年）、《梅立克小说集》（英国梅立克原作。上海商务印书馆，1933 年）等亦署。

陈犀

（1930－1997），河北宁河（今天津市）人，生于浙江杭州。原名任萧丁。曾用名任昇生。笔名：①任旭东，1945 年下半年在福建安溪《安溪报》发表散文署用。②柳佩芬，1946 年在泉州《泉州日报》发表散文署用。③沈灵、孟娃、任火为，1947 年下半年在南京《大刚报》《江南晚报》《新民晚报》发表影评、散文等署用。④萧丁，1950 年 11 月前后在四川《川南日报》发表散文署用。⑤陈犀，见于诗《生命》，载 1957 年成都《星星》2 月号。嗣后出版连环画《韩梅梅》（四川人民出版社，1953 年）、诗集《绿叶集》（与唐大同、贲常彬合集。四川人民出版社，1959 年）、《山村》（四川人民出版社，1964 年）、《凉山瓦几瓦》（四川人民出版社，1980 年）、《田园抒情诗》（重庆出版社，1984

年）、《和弦》（漓江出版社，1987 年）等亦署。

陈锡襄

，生卒年及籍贯不详。笔名：①陈息响，见于旧体诗《烟祸书感》，载 1933 年杭州《越国春秋》第 49 期。②息响，1934 年在《东南日报·沙发》第 2077 期发表诗文署用。

陈香

（1906－1986），福建厦门人。笔名：①萝莎，见于诗《墓碑》，载 1931 年上海《当代文艺》第 2 卷第 1 期。②陈香，见于诗《壮丁队员》，载 1936 年上海《文学丛报》第 5 期。嗣后出版诗集《长夜灯》（高雄东南诗丛社，1947 年）、《金沙溪的故事》（高雄东南诗丛社，1947 年）、《石榴花的图案》（高雄国声文化公司，1947 年）、《大地之歌》（台南世界文艺社，1948 年）、《洄澜集》（花莲华光书局，1974 年），散文集《米的故事》（台北，1959 年）、《孔子行谊》（花莲力行书店，1960 年）、《花莲的阿美族》（花莲华光书局，1961 年）、《读诗劄记》（台湾商务印书馆，1973 年）、《男女关系纵横谈》（台南凤凰城图书公司，1979 年）、《逸人与轶事》（台北国家出版社，1984 年），剧作《活火山》（花莲立人出版社，1969 年）、《大将军》（台南绿杨印刷厂，1970 年）、《血泪图》（台南世界文艺社，1980 年），传记《晚唐诗人韩偓》（台北国家出版社）、论著《李白与杜甫》（台南凤凰城图书公司，1980 年）等亦署。③沉吟，见于译文《黑人血泪》（莫里森·科拉迪原作），载 1939 年上海《西风副刊》第 12 期；书评《关于杜威的三本书》，载 1940 年夏上海《西书精华》第 2 期。同时期起在上述两刊及《文摘日报》《西洋文学》《科学画报》发表译文亦署。

陈翔鹤

（1901－1969），四川巴县（今重庆市）人。曾用名陈祥和、陈定波。笔名：①翔鹤，见于小说《考试》，载 1922 年前后上海复旦大学《平民》第 126 期。嗣后在该刊发表小说《遗书》《钟声》《病前七日记》《帐中》《新生命的发端》、剧作《孤鸿》等，在上海《民国日报·文艺周刊》第 38 期发表小说《一件怪事（续）》亦署。②陈翔鹤，见于《独白的讨论》，载 1921 年上海《戏剧》第 1 卷第 2 期；小说《茫然》《狂奔》、剧作《圣诞节夜》，载 1923 年上海《浅草》季刊第 1 卷第 1 期。嗣后在《浅草》《平民》《民国日报·文艺周刊》《沉钟》《青年界》《现代》《世界文艺季刊》《文艺阵地》《笔阵》《大学月刊》《文艺生活》《文艺杂志》《中原》《文艺春秋》《文艺春秋副刊》《萌芽》等刊发表剧作《沾泥飞絮》《落花》《圣诞之夜》《狂飙之夜》《雪宵》、散文《郁达夫回忆琐记》、小说《丢弃》《春》《漆黑》《饥饿——一个知识分子在米荒时期中的一段经历》、诗《行程》《吴淞江口望海》、随笔《文艺工作者与"政治"》《关于"沉钟社"的过去现在及将来》、译文《木斧考瓦斯基》（波兰 A. 什孟干原作）等，出版小说集《不安定的灵魂》（上海北新书局，1927 年）、《独身者》（上海中华书局，1937 年）、《鹰爪李三及其他》（桂林丝文出版社，1942 年）、《喜诞》（作家出版社，1954 年），文集《陈翔鹤选集》（四川人民出版社，1980 年），校订《老残游记》（人民文学出版社，1957

年）等亦署。③怀霜，见于小说《空袭的故事》，载1939年成都《笔阵》第3期；评论《艺术是生活的觉悟》，载成都《中兴日报》。④陈怀霜，见于诗《病中吟》，载1948年9月成都某刊。⑤白芷、仲子、定波、冉霜、雨山，署用情况未详。

陈向平（1909－1974），上海人。原名陈增善。笔名：①向平，抗战时期在浙江编《东南日报·笔垒》并发表大量杂文署用。②双溪一士，见于总题为《南迁杂记》的长篇系列散文，连载于1943年8月21日至10月21日福建南平《东南日报·笔垒》。③叶灵鸡，抗战时在《东南日报》副刊发表杂文署用。④杜若，见于杂文《今年可能发生的几件大事》，载1945年1月1日南平《东南日报·笔垒》。⑤拾荒者，与钱谷风合署。见于短文《备忘录》，载1945年1月2日《东南日报·笔垒》。嗣后在该刊发表多篇《备忘录》亦署。⑥拾，与钱谷风合署。见于杂文《半小时的进兵会议》，载1945年2月15日《东南日报·笔垒》。嗣后在该刊发表《瑞典记者描写柏林前线的印象》等文亦署。⑦荒，与钱谷风合署。见于杂文《菲岛之恋》，载1945年2月21日《东南日报·笔垒》。嗣后在该刊发表《增加读书的速度》等文亦署。⑧拾荒，与钱谷风合署，在《东南日报》副刊发表读书随摘短文署用。⑨刺史、石上流、文不孚、曾善、羊叔子、杜平，抗战时期在南平《东南日报·笔垒》发表杂文署用。⑩文孚、余望霖，1946年7月后在上海《东南日报·长春》发表杂文署用。⑪陈向平，出版遗著散文集《春天在雪里》（上海古籍出版社，2001年）署用。

陈小蝶（1897－1989），浙江杭州人。原名陈蘧，字小蝶（小蜨）、蝶野。后更名陈定山，号定公；别号山居、萧斋、定山居士、醉灵生、醉灵轩主人。曾用名陈祖光、陈琪。笔名：①醉灵，见于小说《鲁格塞》（与其父陈蝶仙合作），载1914年上海《礼拜六》第1415期；《活佛三疑》，载1925年5月1日《上海画报》第5期。②小蝶，1914年起在上海《礼拜六》周刊发表小说《香草美人》《塔语斜阳》、翻译小说《恐怖窟》（科南达里原作，与常觉合译）等署用。又见于剧作《故琴心杂剧》，载1922年上海《半月》第2卷第1期。此前后在《小说月报》《游戏世界》《中华小说界》《小说俱乐部》《小说大观》《社会之花》《上海画报》《万岁》《文华》等刊发表小说、随笔等亦署。③陈小蝶，见于旧体诗《观剧作》，载1921年上海《礼拜六》第101期；剧作《群仙宴杂剧》，载1923年上海《半月》第2卷第19期；随笔《林畏庐先生遗事》，载1925年《上海画报》第466期。又先后在《红杂志》《礼拜六》《紫罗兰》《上海画报》《新家庭》《万岁》《画学月刊》《旅行杂志》《国画月刊》《绸缪月刊》《越风半月刊》《周报》《银钱界》等刊发表《尘尘微鬼》《清游小识》《留清诗记》《清代无画论》《湖上散记》《定山脞语》《匡庐杂记》《黄山诗记》等诗文，与其父陈蝶仙（天虚我生）合作创作长篇小说《弃儿》《二城风雨录》《嫣

红劫》《柳暗花明》等，独自创作小说《塔语斜阳》《香草美人》《兰因记》，出版散文集《武林思旧录》等亦署。④定公，1930年在上海《奋报》第399－473期连载《孤人散记》署用。⑤陈蝶野，见于诗《八月九日季娣寄诗感和原韵》，载1934年上海《国画月刊》第1卷第11、12期合刊。嗣后在《社会月报》《越风半月刊》《万象》《乐观》等刊发表《三国索隐》《东游诗草》《狼虎会的回忆》《湖上回梦录》等诗文亦署。⑥蝶野，见于《明清五百年画派概论》，载1935年上海《美术生活》创刊号。⑦陈蘧小蝶，见于《手工黄纸版之设计》，载1940年10月10日上海《中国纸业》征求号。⑧定山，见于随笔《五霸与五强》，载1947年重庆《宇宙文摘》第1卷第9期。⑨陈定山，见于随笔《近百年画展序（附凡例）》，载1947年《上海教育周刊》第4卷第1期。1949年后在台湾出版长篇小说《骆马湖》《龙争虎斗》《一代人豪》《黄金世界》《蝶梦花酣》《隋唐闲话》《春申旧闻》等亦署。⑩陈蘧，出版《醉灵轩诗集》（台中文听阁图书有限公司，2009年）署用。

陈小民（1926？－？），暹罗（泰国）华人，祖籍广东普宁，生于暹罗巴蜀。原名陈觉民。笔名：①小民、洁明、觉明、陈小燕，1947年开始在暹罗曼谷《光华报·新生》发表小说、散文等署用。②陈小民，出版翻译小说《断臂村》（泰国克立·巴莫原作，与陈春陆合译。中国友谊出版公司，1986年）、编著《泰国华文文学初探》（与陈春陆合作。新世纪出版社，1990年）署用。

陈小云，生卒年及籍贯不详。笔名：①陈小云，见于散文《孤女》，载1937年5月1日厦门《华侨日报·鹭风》。②小云，见于小说《送军》，载1937年5月15日厦门《华侨日报·鹭风》。嗣后在该刊发表诗《飞影，你哭了吗》亦署。③飞雁，见于诗《残生》，载1937年5月22日《华侨日报·鹭风》。

陈孝威（1894－1974），福建福州人。原名陈增荣。曾用名陈向元。笔名陈孝威，见于报道《白崇禧三重突围》，载1938年福建永安《公余》复刊第4期；评论《晋南日军攻势前途之观察》，载1941年重庆《时论月刊》第1卷第2期。嗣后在《改进》《新运导报》《旅行杂志》《中央周刊》《天文台》《粤汉半月刊》等刊发表评论《开辟第七战场》《最后胜利属于民主——就中国历史设想第三次世界大战》《中国亡乎？中国不亡？》《我在国大中提出的重要主张》、旧体诗《奉怀树棠朴园》《书赠谭锋兄》等，出版随笔集《若定庐随笔（第一集）》《若定庐随笔（第二集）》（香港天文台半周评论社，1939年）等亦署。

陈笑雨（1917－1966），江苏靖江人。原名陈荫恩。笔名：①陈笑雨，20世纪30年代中期读师范时发表小说开始署用。1938年改为正式名字，嗣后出版随笔集《新闻杂谈》（武汉通俗图书出版社，1950年）、论著《必须明白革命的实际》（与郭小川合作。上海杂志公司，

1950 年）亦署。②司马龙，见于评论《烂葡萄与硬核桃》，载 20 世纪 30—40 年代山东《大众日报》副刊；随笔《我们也有美械师了》，载 1946 年《群众》第 12 卷第 8 期。嗣后发表随笔《阵地杂感》、杂文《踏平难关，奋勇前进》《向日葵》《爱国主义者的光辉形象》《火柴颂》等，出版《思想杂谈选》亦署。③马铁丁，1950—1952 年与郭小川、张铁夫合署此名在武汉《长江日报》发表杂文。1956 年以后自署此名发表文章，后结集出版《思想杂谈》（武汉通俗图书出版社，1951 年）、《思想杂谈·集外集》（武汉通俗图书出版社，1952 年）、《马铁丁杂文集（第一本）》（华北人民出版社，1954 年）、《复青年读者》（中国青年出版社，1954 年）、《杂文集（第二本）》（北京通俗读物出版社，1955 年）、《杂文集（第三本）》（北京通俗读物出版社，1955 年）、《杂文集（第四本）》（北京通俗读物出版社，1956 年）、《共产主义道德是最高尚的道德》（北京通俗读物出版社，1955 年）、《思想杂谈选集》（作家出版社，1956 年）、《杂文杂诗集》（北京通俗读物出版社，1956 年）、《说东道西集》（作家出版社，1958 年）、《革命风格集》（敦煌文艺出版社，1958 年）、《张驰集》（作家出版社，1959 年）、《不登堂集》（上海文艺出版社，1962 年）、《残照集》（作家出版社，1962）。④樵渔，1960 年以后发表文章署用。

陈撷芬（1883—1923），湖南衡山人，后随父迁江苏阳湖（今常州市）。曾用名陈吉芬、撷芬女郎。笔名陈撷芬、楚南女子，1900 年前后在上海《女报》《女学报》《苏报》发表《元旦问答》《独立篇》《论女子宜讲体育》等文署用。

陈心纯，生卒年及籍贯不详。笔名：①陈心纯，见于翻译散文《意大利记行》（日本鹤田祐辅原作），载 1933 年上海《旅行杂志》第 7 卷第 11、12 号；翻译散文《巴黎半月记》（日本鹤见佑辅原作），载 1934 年上海《文化月刊》第 7 期。同时期起在《旅行杂志》《前途》《民族文艺》《黄钟》《文艺月刊》《近代杂志》《风云》等刊发表人物记《明末大英雄郑成功》，散文《西班牙一瞥》《瑞士一瞥》《巴黎的横剖面》《默特赫斯喀岛》《波斯行脚记》《故都杂写》《杂写华南》，译文《京都散步》（日本北尾镣子助原作）、《京都风景线》（日本北尾镣子助原作）、《巴黎半月记》《俄罗斯风物记》（与升曙梦合译）、《空之英雄巴尔玻》（日本下位春吉原作）等亦署。②小可，1934 年 12 月在《东南日报·沙发》发表文章署用。见于译文《日本南进政策的现状》（涂琳原作），载 1937 年上海《周报》第 1 卷第 3 期。③陈小可，见于评论《三民主义的文学引论》，载 1937 年南京《青年月刊》第 3 卷第 6 期；随笔《救国的途径》，载 1937 年南京《学生生活》新 2 卷第 25 期。

陈心南（1885—1963），台湾新竹人。原名陈槐泽，字心南，号翕庵。笔名翕庵、秋星、陈心南、陈翕庵、翕庵生，1907—1943 年在台北《台湾日日新报》《台湾新民报》《风月报》《兴南新闻》等报刊发表旧体诗《自

题画竹赠清德君》《夜别李开章》等署用。

陈辛人（1915—2005），广东普宁人。原名陈辛仁。笔名：①左辛人、陈克桢、林稚英，1933 年在北平左联《理论与创作》及《大公报》等报刊发表文章署用。②辛人，见于随笔《艺术的形式和遗产》，载 1934 年 10 月 13 日上海《申报·自由谈》；论文《论浪漫主义》，载 1935 年 4 月 5 日上海《芒种》第 3 期。同时期起在上海《救亡日报》《青年界》《文学》《太白》《夜莺》《东方文艺》《光明》《现实文学》、东京《东流》《杂文》、香港《民族战线》、武汉《群众》《七月》《新华日报》《新学识》等报刊发表随笔《但丁的语言观》《谈公式化》《旧事重提》《〈典型与现实〉余谭》《重庆的防空洞》《测字趣谈》《从再建苏联文学的介绍工作说起》、散文《弱者的强处》、评论《论当前文学运动底诸问题》《论浪漫主义》《论王国维的美学》、通讯《神经病的女人》、译文《现实主义与艺术形式的问题》（日本高冲阳造原作）等，出版《现实主义论》（苏联吉尔波丁原作。东京质文社，1936 年），出版译作《批评论》（倍斯巴洛夫原作。上海光明书局，1937 年）等亦署。③史芳，1949 年后发表关于罗炳辉将军的回忆录（载《红旗飘飘》）署用。④陈辛仁，20 世纪 80 年代后在《新文学史料》《新文化史料》《外交学院学报》等刊发表文章署用。出版传记《罗炳辉将军》（中国青年出版社，1986 年）、论著《沧海一粟》（中国文联出版公司，1992 年），主编《现代中外文化交流史略》（中国书籍出版社，1997 年）等亦署。

陈新华，生卒年及籍贯不详。笔名陈联，20 世纪 40 年代在上海《女声》杂志发表小说《羊的哀鸣》等署用。见于小说《两失》，载 1944 年上海《锻炼》第 5 期；中篇小说《马燕珍》，载 1945 年上海《莘莘月刊》第 1 卷第 1—2 期。

陈新乾，生卒年及籍贯不详。笔名心泉，1932 年与杜彦桐在武汉编《雪里鸿》杂志署用。

陈星野，生卒年及籍贯不详。笔名江篱，见于散文《海岸上》，载 1941 年成都《战时文艺》第 1 卷第 2 期；随笔《检诗随笔》，载 1948 年上海《京沪周刊》第 2 卷第 36 期。

陈虚谷（1896—1965），台湾彰化人。原名陈满盈。笔名：①一村、虚谷，1926 年前后在台湾报刊发表诗、小说署用。②陈虚谷，见于旧体诗《和石safe先生大雪道阻并次其韵》，载 1933 年南京《法治周报》第 1 卷第 7 期；旧体诗《病中口占》《病稍闲而秋深矣》《次韵答和钧表弟即寄其宁夏官厅》，载 1934 年南京《国民外交杂志》第 3 卷第 5 期。1949 年后在台湾出版文集《陈虚谷选集》（台北鸿蒙文学出版公司，1985 年）、《陈虚谷·张庆堂·林越峰合集》（台北前卫出版社，1991 年）以及《虚谷诗集》等亦署。按：陈虚谷的代表作有短篇小说《他发财了》《荣归》《无处申冤》《放炮》、诗歌《秋晓》《落叶》《美人》《草山四首》《敌人》《流水和青山》，署名和发表/出版情况未详。

陈叙一（1918－1992），浙江定海（今舟山市）人，生于湖南长沙。笔名幽素，见于译文《蛮陬猎首记》（美国米勒原作），载1943年上海《万象》第3卷第1期。嗣后在该刊发表《古代的病菌和毒气战》《森林王国探险记》《克理夫兰的科学侦探》《短小的伟大人物》《世界名人幽默集》《现代海战的奇迹》等文亦署。同时期在上海《春秋》《锻炼》等刊发表《野蛮人的无线电》《最安全的飞机》《离兽的自疗》等文亦署。

陈璇珍（1909－？），籍贯不详。笔名：①陈璇珍，见于随笔《写作之天才——对于写战地通讯的一点意见》，载1938年8月5日长沙二十集团军《抗战导报》创刊号。②微尘，署用情况未详。

陈学英（1912－1950），福建福州人。笔名：①陈学英，见于诗《路毙者》，载1935年福州《诗之叶》第1卷第1期；小说《尸乡驿》，载1936年5月福州《小民报·新村》。嗣后在《诗之叶》发表诗《小沙弥》《夜街的月色》《夜的游牧者（外二章）》等，同时期在福州《福建民报·回声》《文座》等报刊发表诗文亦署。②沙琳，见于小说《牛头神》《半斗薯米》，载1936年4月《小民报·新村》。③一零，见于评论《最近苏联文学的动向》，载1936年12月福州《小民报·新村》。同时期与张立等合编《福建民报·回声》并发表文章亦署。

陈学昭（1906－1991），河南潢川人，生于浙江海宁。原名陈淑英。曾用名陈淑章、陈惠、陈玖。笔名：①学昭，见于评论《读〈浅草〉后》，载1923年《文艺周刊》第6期；散文《雪泥鸿爪》，载1925年北京《晨报副镌》第97期。同时期起在《京报副刊》《北新周刊》《黎明》《文学周报》《文艺周刊》《语丝》《新女性》《真美善》《生活周刊》《国闻周报》《山西教育公报》《东方杂志》等报刊发表散文《纪念我们的友爱》《烟霞伴侣》《北京的音乐》《秋的描写》《别绪》《记邓颖超女士》《李延禄将军》《圣诞节的回忆》《忆北京》《旅法通信》、小说《生命如流水》《他给她》、通讯《法国女子是不是比中国女子幸福》等亦署。②陈学昭，见于《我所理想的新妇女》，载1924年1月上海《时报》；散文《谁的母亲》，载1925年北京《晨报副镌》第119期。同时期起在《晨报副镌》《文学周报》《新女性》《民国日报·觉悟》《民国日报·妇女周报》《东方杂志》《申报月刊》《长城》《中国青年》《文艺突击》《文艺战线》《妇女生活》《全民抗战》《东北日报》等报刊发表散文《法行杂简》《故国》《旅法通信》《一个铁路员工的家里》《关于"工作着是美丽的"》、小说《他给她》，诗《延安的秋》《呵，我有仇恨！——并赠云裳》等，出版散文集《倦旅》（上海梁溪书局，1925年）、《寸草心》（上海新月书店，1927年）、《烟霞伴侣》（上海北新书局，1927年）、《如梦》（上海真美善书店，1929年）、《时代妇女》（上海生活书店，1932年）、《败絮集》（上海大东书局，1933年），长篇小说《南风的梦》（上海真美善书店，1929年）、《工作着是美丽的》（大连新

中国书局，1949年），中篇小说《海上》（上海中庸书店，1933年）、《幸福》（上海生活书店，1933年），短篇小说集《待婚者》（上海生活书店，1933年）、《新柜中缘》（哈尔滨光华书店，1948年），译作《阿细雅》（俄国屠格涅夫原作。上海商务印书馆，1936年）、《列宁与文学及其他》（苏联舍宾那等原作。沈阳东北书店，1949年）等，1949年后出版《土地》（人民文学出版社，1953年）、《纪念的日子》（文化生活出版社，1954年）、《鲶鱼奥斯加历险记》（中国少年儿童出版社，1956年）、《〈噼一啪〉及其他故事》（法国拉布莱依原作。浙江人民出版社，1979年）、《春茶》（浙江人民出版社，1979年）、《天涯归客》（浙江人民出版社，1980年）、《浮沉杂忆》（花城出版社，1981年）、《海天寸心》（浙江人民出版社，1981年）、《野花与蔓草》（浙江人民出版社，1983年）、《如水年华》（花城出版社，1986年）等亦署。③玖女士，见于散文《我的母亲》，载1925年《妇女杂志》第11卷第2期。④绿藻女士，见于小品《我与你……》，载1925年4月13日上海《时事新报·文学周报》。⑤绿藻，见于随笔《请勿生气》、散文《归思》，分别载1925年北京《京报副刊》第143期、第309期。⑥重余，见于随笔《似曾相识的〈晨报副镌〉篇首图案》，载1925年10月8日北京《京报副刊》。⑦竹影，见于诗《赠答》，载1925年10月30日《京报副刊》。⑧夏葵，见于诗《湖中》，载1926年1月《新女性》创刊号。⑨学昭女士，见于散文《病鸟》，载1926年上海《黎明》第45期。⑩野葵，见于《见居里夫人后杂感》，载1928年《新女性》第3卷第2期；散文《白湖之一夜》，载1928年天津《国闻周报》第6卷第1期。同时期起在《国闻周报》《语丝》《读书月刊》《文艺阵地》《中国文化》等刊发表散文《忆巴黎》《东归小志》、通讯《伤兵未到以前的一个后方医院》、随笔《男性的占有与女性的占有》等，出版散文集《忆巴黎》（上海北新书局，1929年）亦署。⑪式微，见于《野花与蔓草》，载1929年《朝花周刊》第17期；通讯《最近刊布的乔治桑遗札》，载1930年上海《小说月报》第21卷第7期。同时期起在上述两刊及《语丝》《朝花旬刊》《大公报》《北新周刊》《解放日报》《文综》等刊发表散文《搬家》《七月的回忆》《新年旧想——从毛厕里拾起来的，当然不是博士的论文》《五月的梦》《事务人员的文艺活动》等亦署。⑫陈芳尘，见于《西行日记》，载1929年《旅行杂志》第3卷第6期。⑬陈学昭女士，见于随笔《记者的道德》，载1930年上海《记者周报》第4期。⑭陈柏冬，见于《被扣记》，载1941年初《中国青年》。⑮惠、玖，署用情况未详。按：陈学昭尚出版有长篇小说《西鸦图》《忆里昂》，回忆录《回忆集》、散文集《忆巴黎》《延安访问集》《海天寸心》《野花与蔓草》《难忘的岁月》，小品文集《忆尔》、论文集《时代妇女》等，出版与署名情况未详。

陈雪光，生卒年及籍贯不详。笔名雪光，见于诗《活力》，载1933年2月11日上海《新诗歌》旬刊创刊号。

陈薰南，生卒年不详，台湾新竹人，字觉斋。笔名觉斋、陈薰南、陈觉斋，1916—1944 年在台北《台湾日日新报》《台湾新民报》《风月报》《兴南新闻》《南方诗集》等报刊发表《中秋夜雨》《游灵泉寺有作》等旧体诗署用。

陈洵（1871—1942），广东新会（今江门市）人，字述叔，号海绡、思蛤蜊室主。晚号海绡翁。笔名：①陈洵，见于词《海绡词》，载 1933 年 4 月上海《词学季刊》创刊号；词《海绡词》，载 1934 年 9 月 30 日广州《新大声杂志》第 1 卷第 5 期。1941 至 1942 年在南京《同声月刊》发表《海绡词十首》《海绡词卷三》《海绡词四首》《海绡说词》等，出版《海绡词》（1923 年）、《海绡说词》（1933 年）、《海绡词笺注》（刘斯瀚笺注。上海古籍出版社，2002 年）等亦署。②仍度堂、思蛤蜊室主，署用情况未详。

陈训正（1872—1943），浙江慈溪人，字无邪、屺怀、杞怀、艺怀，号天婴；别号东阜、玄公、玄林、玄婴、樱宁、婴宁、屺上人、天婴子、天婴词人、句（gōu）阳伯子。晚号玄叟、晚山人、婴宁老人、樱宁老人。笔名：①天婴，1915 年在《民权素》发表文章署用。②樱宁，1915 年在《中国白话报》发表文章署用。③婴宁，1919 年在杭州《教育周报》发表文章署用。④陈训正，见于编著《定海县志例目》，载 1925 年上海东南大学《史地学报》第 3 卷第 6 期；随笔《回风堂诗文集叙》、旧体诗《过宋诗人孙花翁墓有怀木公》，载 1932 年 11 月 1 日南京《国风》半月刊第 7 期。嗣后在《浙江图书馆馆刊》《文澜学报》发表《定海县志序目》《慈溪冯先生述》等文亦署。⑤婴宁老人，见于旧体诗《后湖感十首》，载 1935 年杭州《越风》半月刊第 4 期。⑥玄林、玄婴、屺上人、句阳伯子，署用情况未详。

陈迅之（1923— ），广东揭阳人。曾用名陈德健。笔名：①艾风，1940 年初在广西《力报·桂林版》发表散文、散文署用。1946 年在福建汕头《汕报》等报刊发表杂文、时评等亦署。②徐文，1945—1947 年在汕头《汕报》《光明日报》《星华日报》、暹罗曼谷《全民报》《真话报》发表杂文、时评等署用。③迅之、史特，1945—1946 年间在汕头《汕报》《光明日报》《星华日报》发表杂文署用。④舜之，1958 年开始在广州《羊城晚报》《南方日报》、北京《人民日报》《光明日报》、香港《大公报》等报发表杂文、文艺评论署用。

陈亚丁（1920— ），黑龙江哈尔滨人。笔名：①亚丁，见于速写《真诚的敬礼》，载 1936 年上海《文学大众》第 1 卷第 1 期；诗《再没有工夫流泪》《纪念鲁迅先生》，载 1937 年 10 月 20 日上海《救亡日报》。同时期起在《救亡日报》《文学界》《新教育杂志》等报刊发表长诗《满洲进行曲》、诗《战火颂》《游击队》《战斗颂》《煤之使女——献给一个青年学习者》《创造四工夫》等亦署。②陈亚丁，创作歌词《并肩前进》

（越南阮辉瑜作曲。音乐出版社，1965 年）、电影剧本《长缨在手》（与赵清学、史超等合作，1961 年油印）等署用。

陈烟桥（1912—1970），广东宝安（今深圳市）人，生于广东东莞。曾用名陈炳奎。笔名：①陈烟桥，20 世纪 30 年代起在《文学》《东方文艺》《光明》《小说家》《热风》《烽火》《七月》《文艺阵地》《文学月报》《野草》《文艺生活》《文艺杂志》《文艺复兴》《文章》《春秋》《文艺春秋》等报刊发表木刻和文艺论文《用鲜血争取民族生存》《被蹂躏的乡土》《艺术的使命与艺术家的任务》《鲁迅与木刻》《论战斗的画家与绘画的战斗性》《美术和它的技术修养》《论艺术与物质基础》《论艺术家与社会》《鲁迅先生与中国新兴木刻艺术》《鲁迅怎样搜集木刻》《鲁迅——革命美术的组织者与领导者》等署用。嗣后出版《鲁迅与木刻》（开明书店，1949 年）、《新中国木刻》（商务印书馆，1951 年）、《上海美术运动》（大东书局，1951 年）、《陈烟桥木刻选集》（上海人民美术出版社，1988 年）等亦署。②李雾城，见于木刻《武装》，载 1937 年上海《文学》第 9 卷第 1 期。嗣后在上海《小说》《文艺》等刊发表木刻作品亦署。1934 年给鲁迅写信时亦署。③米启郎、UC，分别见于钢笔画《向新的山崩海塌的大波冲进去》《伟大的路碑》，载 1949 年上海《春秋》第 6 卷第 1 期。

陈衍（1856—1937），福建闽侯（今福州市）人。原名陈尹昌，字叔伊，号石遗。晚号石遗老人。曾用名陈侠。笔名：①陈衍，见于随笔《石遗室诗话》，1912 年天津《庸言》第 1 卷第 1 期开始连载；《石遗室诗话续编卷二》，载 1915 年上海《东方杂志》第 12 卷第 8 期。嗣后在上述两刊及《庸言报》《大中华》《小说月报》《国专月刊》《青鹤》《学术世界》《艺文》《文艺捃华》《国风半月刊》《同声月刊》等刊发表旧体诗《连日读杜诗有题》《哭李文石》《刘翰怡乞题其尊人小照》《题蓴农十年说梦图》、论文《史汉研究法》《周礼辨证》《钟嵘诗品平议》及《国魂集序》《宋滕忠节公遗诗跋》《海日楼诗叙》等，出版《周礼疑义辨证》（无锡国学专修学校）、《史汉文学研究法》（无锡国学专修学校，1934 年）、《元诗纪事》（上海商务印书馆，1936 年）、《石遗室论文》（无锡国学专修学校，1936 年）等亦署。②匹园、迟园、拾遗、醉石，署用情况未详。

陈野骚，生卒年及籍贯不详。笔名野骚，见于诗《初蹂躏的野花》，载 1935 年 10 月 25 日大连《泰东日报》副刊。嗣后在该报发表诗《渺茫的梦》《死的回忆》《无我的刹那》《有罪的人》等亦署。

陈夜（1928— ），江西萍乡人。原名张自旗。笔名：①白苇，见于诗《海燕》，载 1940 年 10 月宜春《赣西民国日报》副刊。②司马长江，1941 年后在江西报刊发表诗文署用。③陈夜，1942—1944 年在宜春《赣西民国日报》、吉安《前方日报》发表诗歌《河边恋歌》等署用。④白草青，见于评论《关于唯物论与唯心论论争的总结》，载 1948 年 9、10 月间南昌《中国新报·文林》。⑤秦梦，1948年开始在南昌《中国新报》发表文章署用。

陈一中，生卒年及籍贯不详，原名陈予展，字白仑。笔名：①戈多、白仑、尔亚、尔雅、陈亦平、陈漫生，20世纪30年代起在福建报刊发表诗文署用。②中，见于诗《和平之神》，载1935年12月17日福州《福建民报·小园林》。

陈揖旗（1911－?），福建福州人。原名陈洪。笔名：①陈揖旗，见于诗《死蛹》《钟楼下》，载1928年福州《第一燕》旬刊。嗣后在厦门《国光日报·纵横》、福州《诗之叶》《小民报·新村》等报刊发表诗、散文等亦署。②陈洪，见于杂文《什么是"绿衣的欢喜"》，载1933年6月福州《国光日报·纵横》。③黑子，见于诗《南乡所见》，载1933年9月8日《国光日报·纵横》。④小生，见于评论《强迫养老》，载1933年《国光日报·纵横》。⑤阿难、吹素、何玄通、十香词人、南边词客，1928年开始在福建《民国日报·革命之花》、福州《新潮日报》《南方日报》《福建民报》、厦门《江声日报》等报刊发表文章署用。⑥兰，见于小说《莉子小姐》，载1936年7月1—2日《小民报·新村》。嗣后在该刊发表诗《临行》、散文《快到上海结婚去的女人》等亦署。

陈沂（1912－2002），贵州遵义人。原名余万能，字孟秋。曾用名余立平、余余、陈毅。笔名：①陈毅，见于通讯《化苗的人们》，载1936年上海《中流》半月刊第1卷第3期。嗣后在该刊及上海《文学大众》《大晚报》等报刊发表《九一八在北平》《让悲哀永留在心中》等文亦署。又见于诗《闻韩紫翁陷敌不屈而死诗以赞之》，载1943年4月26日《盐阜报》。②杜渐，见于评论《戏剧运动的危机》，载1937年《中流》半月刊第2卷第6期。嗣后在该刊第2卷第9期发表评论《论〈武则天〉》亦署。③陈沂，见于《鲁迅不能替萧军打仗——关于萧军和他的〈文化报〉》，载1948年10月1日哈尔滨《生活报》。嗣后出版《把人民解放军的文艺工作提高一步》（人民文学出版社，1953年）、《我们从朝鲜回来》（中国青年出版社，1953年）、《停战后的朝鲜》（新文艺出版社，1954年）、《在国际主义大家庭中》（与马楠合作。中国青年出版社，1955年）、《五十年一瞬间》（浙江人民出版社，1982年）、《文艺杂谈》（上海文艺出版社，1984年）、《辽沈战役三部曲》（吉林人民出版社，1989年）、《一切为了战胜敌人——陈沂评论集》（山东人民出版社，1996年）、《陈沂家书》（与马楠合作。复旦大学出版社，1998年），以及《严峻的考验》《归来集》《十年历程》《脚印》《白山黑水》等，主编《志愿军一日》《星火燎原》《辽沈决战》《当代中国的上海》《第四野战军征战纪实》等亦署。④光文、仲韬、陈恽，署用情况未详。

陈彝荪（1911－1992），四川合川人。原名陈正道。笔名：①陈正道，见于评论《〈拓荒者〉第二期创作批判》，载1930年上海《拓荒者》第1卷第4、5期合刊；评论《五一与文艺》，载1930年上海《巴尔底山》第1卷第2—3号合刊；散文诗《铁臂》，载1930年上海《萌芽月刊》第1卷第2期。②陈彝荪，见于评论《作家与社会》，载1931年《读书月刊》第2卷第1期。嗣后在该刊及上海《新学生》等刊发表评论《作家与社会论》《文艺创作论》《文艺研究入门》《现代文艺与现代生活》等文，出版论著《文艺方法论》（上海光华书局，1931年）亦署。③麦士丹，1936年10月在重庆《商务日报》发表悼念鲁迅先生的文章署用。

陈逸云（1908－1969），广东东莞人，字山椒。笔名：①陈逸云，见于旧体诗《有感》、词《满江红·国耻纪念》，载1929年上海《妇女共鸣》半月刊第5期。嗣后在该刊及《内外什志》《民族诗坛》《妇女新运》《女公民》《客观》等刊发表评论《三民主义青年团与中国女青年》《我希望于华侨妇女者》《今后妇女努力竞选之根本问题》《泛论抗战中的妇女问题》《国民会议与妇女》《妇女应该参加政治》《国际反侵略宣传周后妇女应有之努力》、词《踏莎行·夏夜游玄武湖》《浪淘沙·临潼关防线有感》《摊破浣溪沙·夜渡黄河》、散文《塞外劳军记》等亦署。②逸云，见于词《探春令·无锡梅园观梅》《柳梢青·游太湖》，载1929年上海《妇女共鸣》半月刊第2期。嗣后在该刊发表词《渔家傲·秋感》《西江月·寄姊》《天仙子·诞生日有感》、旧体诗《夜月操琴》《春夜》等亦署。③山椒，见于评论《全国代表大会给予妇女们的失望》，载1938年汉口《妇女共鸣》第7卷第6期。嗣后在该刊发表评论《如何开展国民外交》《妇女可以从军吗》、翻译小说《红雪》等亦署。④云鹤，署用情况未详。

陈毅（1901－1972），四川乐至人。原名陈世俊，字仲宏、仲弘，号横槊、横槊客、横槊主人。曾用名陈允明、陈秋江、田章、老刘、鲍东。笔名：①陈毅，见于诗《赠勤工俭学同人》，载1921年12月26日上海《民国日报·觉悟》；歌词《十年》，载1939年6月《抗战》杂志。抗战中创作歌词《新四军军歌》（何士德曲）等作品亦署；逝世后由其夫人张茜整理、编辑出版的《陈毅诗词选》（人民文学出版社，1977年）、《陈毅诗稿》（南京图书馆，1977年），以及收集其在20世纪20年代《晨报副镌》《小说月报》发表的小说结集出版的《归来的儿子》（四川人民出版社，1983年）亦署。②陈毅曲秋，见于随笔《答徐志摩先生》，载1926年北京《京报副刊》第405期。③曲秋，见于诗《游云》，载1925年北京《晨报副镌》第1278期；小说《归来的儿子》，载1926年6月10日上海《小说月报》第17卷第6期；小说《十年升沉》，载1925年《晨报副镌》第94—95期；小说《西山埋葬》、评论《文学家你走那一条路》，载《晨报副镌》第44期第97号。同时期在《晨报副镌》发表评论《论劳动文艺》、译作《德国的民间传说》《失掉了孩子》等亦署。④纤夫，抗战时期在皖南军部《抗敌杂志》发表报告等署用。⑤仲子、世俊、仲宏、横槊、束立、横槊客，署用情况未详。

陈因（1913－1945），辽宁抚顺人，满族。原名佟长青，字子松，号有钱专斋主人。笔名：①碎碟，1933年与秋萤在《抚顺民报》编《飘零周刊》署用。同时期在《满洲报·星期副刊》发表诗文亦署。②石卒，1933－1940年前后在《抚顺民报·飘零周刊》《满洲报》《盛京时报》等发表杂文、短评署用。见于评论《满洲文学别论》，载1939年12月奉天（今沈阳）《文选》第1辑；《杂文三题》，载1941年2月沈阳《文选小丛书之二》。③陈因，见于评论《山风》《无花的蔷薇》、随笔《漫笔》，载1940年8月沈阳《文选》第2辑。嗣后发表随笔《我们的"文坛"与"作品"》（载1943年《艺术与生活》第35、36期合刊），在《文选》《文选每月丛编》《野草》《文颖》《文最》《盛京时报》等发表文艺评论《王乾哥》《青色诗抄》《季季草》等亦署；主编《满洲作家论集》（大连实业印书馆，1943年）亦署。④岑刃、童子嵩，署用情况未详。

陈寅恪（1890－1969），江西义宁（今九江市）人，号青园、青园翁。笔名陈寅恪，见于《与妹书》，载1923年南京《学衡》第20期。嗣后在该刊及《学术》《国学论丛》《国立第一中山大学语言历史学研究所周刊》《北京图书馆月刊》《国立中央研究院历史语言研究所集刊》《清华周刊》《图书馆学季刊》《清华学报》《读书通讯》《图书季刊》《燕京学报》《岭南学报》发表《挽王静庵先生》《王观堂先生挽词并序》《大乘稻芊经随听疏跋》《元代汉人译名考》《蒙古源流作者世系考》《敦煌劫余录序》《吐蕃彝泰赞普名号年代考》《禅宗六祖传法偈之分析》《李太白氏族之疑问》《桃花源记旁证》《陶渊明之思想与清谈之关系》《元微之悼亡诗及艳诗笺证》《谈〈青楼集〉作者的姓名》等诗文，出版论著《论再生缘》（香港友联出版社，1959年）、《陈寅恪先生文史论集》（香港文文出版社，1972年）、《元白诗笺证稿》（上海古籍出版社，1978年）、《唐代政治史述论稿》（上海古籍出版社，1982年）、《隋唐制度渊源略论稿》（上海古籍出版社，1982年）、《陈寅恪史学论文选集》（上海古籍出版社，1992年）、《陈寅恪魏晋南北朝史讲演录》（台北昭明出版社，1999年），传记《柳如是别传》（上海古籍出版社，1980年年），诗集《陈寅恪诗集》（清华大学出版社，1993年）等亦署。

陈膺浩（1925－1994），江苏如皋人。原名陈培，号膺浩。曾用名陈全。笔名：①冷永安，1943－1944年在《如皋日报》副刊发表散文《无聊》《番芋饼》《雨天》及诗词等作品署用。②陈培，见于杂文《瞎子点灯笼》，载1946年重庆《新民晚报》。1947年在《南通日报》发表小说《船上的故事》、在如皋《皋声报》发表抒情散文等亦署。③陈膺浩。1948年开始在上海《小朋友》发表文章署用。嗣后在该刊及《新闻报》《文汇报》《大公报》《儿童时代》《新儿童》《新少年报》《新儿童画报》《雨花》等报刊发表儿童文学，出版故事《英勇的朝鲜人民》（上海新儿童书店，1950年）、《张阿根的控诉》（上海启明书店，1951年）、《滑滑梯》（少年儿童出版社，1954年），小说集《慰劳袋》（上海新儿童书店，1950年）、《十一匹马拉的车子》（上海新儿童书店，1955年），中篇小说《中国铁木儿》（上海启明书局，1951年），论著《谈谈儿童文学的创作》（江苏人民出版社，1958年），主编《龙游河》（中国民间文艺出版社，1986年）等亦署。④沈放，1951年在《新儿童画报》《新儿童》发表文章署用。嗣后在少年儿童出版社出版童话《猴子和鹿》《小松鼠》、小说《我要做一个航空员》《捉刺猬》《田田的事情》、故事《参观炼钢厂》等亦署。⑤冷永，1951年在《儿童画报》发表文章署用。⑥方苇，出版童话《猫头鹰过冬》（上海新儿童书店，1951年）、故事《我是毛主席的好学生》（上海启明书店，1951年）、《英勇的小骑兵》（少年儿童出版社，1953年）等署用。⑦膺浩，出版图画故事《好朋友》（少年儿童出版社，1953年）署用。⑧宏冶，出版图画故事《猫姐姐和猫弟弟》（少年儿童出版社，1955年）署用。

陈涌（1919－2015），广东南海（今佛山市）人，生于广州。原名杨焘中。曾用名杨思仲。笔名：①杨思仲，见于随笔《关于果戈里》，载1941年11月20－21日延安《解放日报》。②涌，见于评论《关于民间文艺》，载1945年10月25日延安《解放日报》。③陈涌，见于评论《佃户话和我们的诗歌创作》，载1947年8月21日延安《解放日报》。1949年起在《人民文学》《新华月报》等报刊发表评论《孔厥创作的道路》《刘白羽近年的小说》《丁玲的〈太阳照在桑干河上〉》《一个伟大的知识分子的道路》《论鲁迅小说的现实主义》《为文学艺术的现实主义而斗争的鲁迅》《鲁迅与五四文学运动的现实主义问题》《关于现代中国文学》《论艺术与生活》、出版论文集《文学评论集》《文学评论二集》《鲁迅论》《鲁迅著作及其研究目录》《在新时期面前》《陈涌文学论集》等亦署。

陈友琴（1902－1996），安徽南陵人。原名陈楚材，字琴庐。笔名：①楚材，见于《环境》，载1925年9月17日上海《时事新报·学灯》。②陈楚材，见于随笔《古人悼亡的作品》，载1925年9月27日《时事新报·学灯》。③夏静岩，在浙江衢州中学任教时发表文章署用。④陈友琴，见于随笔《中西诗人的公墓地》，载1933年10月1日上海《青年界》第4卷第3期；杂文《"人海"杂拾》，载1934年5月15日上海《申报·自由谈》；游记《帝乡》，载1934年上海《青年界》第6卷第5期。嗣后在《人间世》《芒种》《宇宙风》《宇宙风乙刊》《逸经》《文学丛报》《社会科学》《广大学报》《大风》《战时中学生》《现代青年》《广大知识》《正言文艺》《小说月报》《文艺月刊》《协力》《国文月刊》《新中华》《新学生》《图书展望》等报刊发表小说《朱公，历史小品《阮圆海》《两书生》，随笔《欧阳修读书的目的》《杜甫不爱巫峡说》《文艺阁云起轩词与吴趼人小说》《杜工部及其草堂》，评论《论文章的开头》《怎样做国文科笔记？》等，出版散文集《川游漫记》（南京正中书局，1934年）等，1949年后出版《温故集》（中华书局，1959年）、《长短集》（浙江人民出版社，1980年）、《晚清轩文集》（巴蜀书社，1985年）、《萍踪偶记》（中国青年出版社，2012年），编著《中国古典文学基本知识丛书·白居易》（上海古籍出版社，1978年），编选《元明清诗一百首》（上海古籍出版社，1982年）等亦署。⑤陈友琹，见于《过剩谷》，载1936年杭州《越风》第18期；随笔《水浒中"吃"字的用法》，载1937年上海《读书青年》第2卷第10期。⑥友琴，见于散文《郴江恨》，载1945年3月19日福建《东南日报·笔垒》。⑦珏人，见于随笔《何民威——故乡人物志之一》，载1940年浙江丽水《战时中学生》第2卷第10期。同时期在该刊发表《新陈代谢在战时》等文亦署。⑧陈珏人，见于随笔《"一片石"与"第二碑"》，载1948年上海《京沪周刊》第2卷第27期。嗣后在该刊发表《四弦秋》《高则诚及其〈琵琶记〉》等文亦署。⑨静岩，见于随笔《水利专家死于阴沟》，载1948年上海《中美周报》第291期。⑩友今、郭君曼，署用情况未详。

陈有恓（hóu）（1916—？），广东南海（今佛山市）人，字有后。笔名陈尘、助樵，抗战时期在广州出版话剧《团结一致》《珍珠》《山本杉三》等署用。

陈玙（1924—？），黑龙江巴彦人。笔名：①陈玙，出版歌剧剧本《阴谋》（与张风等合作。哈尔滨光华书店，1948年），话剧剧本《友与敌》（山东人民出版社，1951年）、《血肉相关》（东北文学艺术界联合会，1951年）、《在建设行列里》（辽宁人民出版社，1954年）、《朋友和敌人》（辽宁人民出版社，1955年）、《自作聪明》（辽宁人民出版社，1956年）、《啼笑皆非》（辽宁人民出版社，1957年）、《白卷先生》（辽宁人民出版社，1978年）及《陈玙剧作选》（春风文艺出版社，1984年），报告文学《真人谱》（春风文艺出版社，1991年），长篇小说《夜幕下的哈尔滨》（春风文艺出版社，2002年）等署用。②彦人，署用情况未详。

陈瑜清（1907—1992），浙江桐乡人。曾用名陈璠。笔名诸侯，见于译诗《法国象征诗选》，载1934年上海《文学》月刊第2卷第3期；译文《诗和艺术的将来》（法国G.居友原作），载1935年上海《译文》第1卷第1—6期。嗣后在《时与潮文艺》《西洋文学》《小说月刊》等刊发表译作亦署。

陈虞孙（1904—1994），江苏江阴人。曾用名陈椿年。笔名：①陈虞孙，见于小说《汉光》，载1928年上海《良友画报》第29期；译文《沉寂中的马德里》，载1938年汉口《时事类编特刊》第10期。嗣后在《战时中学生》《浙江潮》《东南战线》《浙江青年》《新中华》《周报》等刊发表评论《论敌人进攻海南岛》《国际形势与我国抗战前途》《再论欧战》《激变中的太平洋形势》《发扬五四的精神》《英吉利论》《论小型报》等，出版编选《梧叶儿》（南京海角社，1928年）、杂文集《卑

官散记及其他》（青年读书通讯社，1941年）、编选《大张旗鼓镇压反革命》（与刘思慕等合编。劳动出版社，1951年）、《孙虞孙杂文随笔选》（上海文汇出版社，1990年）等亦署。②张绍贤、仲亨，1948年在《展望》周刊发表文章署用。③虚斋，1962年在上海《新民晚报》发表《钟馗捉鬼》署用。④半千，1979年后在上海《新民晚报·今日论语》发表文章署用。

陈雨笠，生卒年及籍贯不详。笔名流沙，见于诗《江南》，载1939年10月温州《暴风雨诗刊》第1辑《海燕》。

陈雨门（1910—1994），河南睢县人。原名陈化鲤，字禹门。笔名：①陈化鲤，1929年春在河南《火信》月刊第2期发表诗歌署用。②禹门，1931—1932年在开封《国民日报》、上海《中学生》发表新旧体诗、小说署用。③雨门，见于小说《张妈》，载1934年开封《河南民报·茉莉》第4卷第5期；诗《无题》，载1935年郑州《大华晨报·中原文艺》某卷第2期。③陈晴、曼硕、小萍、任何，1933年发表文章开始署用。④陈雨门，见于诗《黄昏》，载1933年开封《河南民报·茉莉》第3卷第2期；旧体诗《丰乐楼》，载1934年《河南教育月刊》第5卷第2期。嗣后在开封《河南民报》副刊《茉莉》《平野》《民报副刊》《青年文艺》《平平》、开封《山雨月刊》《青春诗刊》《黄流月刊》《河南民国日报·中原》《海星月刊》、郑州《大华晨报·新诗世纪》《大华晨报·跋涉》《大华晨报·沙漠诗风》《大华晨报·中原文艺》及《申报·自由谈》《现代》《水星》《文学》《当代诗刊》《黄河》《新诗》《诗之叶》《诗创造》等报刊发表诗《尖风》《难妇》《春荒》《追》《除夕》、散文《春》《我和〈平野〉》、散文诗《风和云的微笑》、评论《中国新诗的前途》等，出版诗集《初耕》（上海文光书店，1951年）、《喜讯》（上海出版公司，1955年），通俗唱本《全家治淮忙》（上海出版公司，1951年），河南梆子剧本《赵小兰》（河南人民出版社，1953年），曲剧剧本《新嫁妆》（河南人民出版社，1953年），灯谜集《灯谜大观》（中州书画社，1981年）、《文虎集》（中州书画社，1981年）、《灯谜趣话》（中州古籍出版社，1984年）、《灯谜精萃》（中州古籍出版社，1987年）等亦署。⑤陈时，见于诗《标本（外一章）》，载1937年上海《新诗》第4期；诗《自由的歌》，载1939年《中国的空军》第1卷第22期。同时期在《新诗》《诗创作》等刊发表诗《光和风的收藏者（外一章）》《火·列车》《诗三首》等亦署。⑥李蕾，抗战初期在郑州《大刚报》、开封《民国日报》《国际新闻》发表文艺通讯等署用。⑦陈菲、陈阆、晚晴，1949年后发表诗文署用。

陈玉刚（1927—2000），吉林舒兰人。笔名：①陈玉刚，出版专著《简明中国文学史》（陕西人民出版社，1985年）、译作《马克思青年时代诗选》（和陈玢合译。文化艺术出版社，1984年），主编《中国翻译文学史稿》（中国对外翻译出版公司，1989年）等署用。②有客、

无欲，署用情况未详。

陈郁文，生卒年不详，台湾人。笔名郁文、陈古渔，1938－1940 年在台北《风月报》发表旧体诗《洗尘宴》等署用。

陈裕清（1914－？），福建莆田人。笔名之青，见于散文《悼王礼锡先生》，载 1939 年 8 月 28 日福州《福建民报·纸弹》。嗣后在福建其他报刊发表诗文亦署。

陈沅，生卒年不详，湖南湘潭人，字阜双、阜苏。笔名陈沅，在《南社丛刻》发表诗文署用。

陈垣（1880－1971），广东新会（今江门市）人。原名陈星藩，字援庵、圆庵，曾用名陈道宗、陈援国。笔名：①谦益、谦、益、钱罂，1906 年在广州《时事画报》署用。②陈垣，见于散文《记大同武州山石窟寺》，载 1919 年 2 月 15 日、3 月 15 日上海《东方杂志》第 16 卷第 2－3 号；随笔《送代表之感想》，载 1921 年《林学杂志》第 1 卷第 2 期。嗣后在《中西医学报》《光华卫生报》《东方杂志》《国立北京大学国学季刊》《燕京学报》《晨报周年纪念增刊》《语丝》《国学月刊》《小说月报》《辅仁学志》《国立中央研究院历史语言研究所集刊》《甲寅》《师大史学丛刊》《圣教杂志》《农村月刊》《国立北平图书馆馆刊》《图书馆学季刊》《盘石杂志》《北京大学研究所国学门周刊》《图书季刊》《真理杂志》《文史杂志》《上智编译馆馆刊》《中学生》等报刊发表论文《十四世纪南俄人之汉文学》《元也里可温考》《回回教入中国史略》《摩尼教入中国考》《火祆教入中国考》《元西域人华化考》《大唐西域记撰人辨机》《云冈石窟寺之译经与刘孝标》《旧五代辑本发复》《宋元僧史三种述评》《再论遵主圣范译本》《记徐松遣戍事》，随笔《日本文学博士那珂通世传序》《书于文襄论四库全书手札后》等，出版论著《明季滇黔佛教考》（北平辅仁大学，1940 年）、《南宋初河北新道教考》（北平辅仁大学，1941 年）、《通鉴胡注表微》（北平辅仁大学，1945 年）、《史讳举例》（科学出版社，1958 年）、《陈垣学术论文集》（中华书局，1980 年）、《陈垣史源学杂文》（人民出版社，1980 年）、《陈垣史学论著选》（上海人民出版社，1981 年）等亦署。③陈援庵，见于论文《论人巧免疫之理》，载 1910 年上海《中西医学报》第 5 期。嗣后在该刊发表《释医院》《说贤》等文亦署。④宗、蔚、艳，署用情况未详。

陈原（1918－2004），广东江门人。笔名：①陈原，见于评论《关于名剧〈有枪的人〉》，载 1938 年《十日文萃》第 3 期。嗣后在《文学月报》《文艺生活》《中学生》《新建设》《诗创作》《艺丛》《时代中国》《民主世界》《野草》《学习知识》《世界知识》《进修月刊》《自由世界》《新文化》《开明少年》《大连青年》《中华论坛》《时代》《中国建设》《新中华》《人物杂志》《现代文摘》《中苏文化》及桂林《救亡日报·文化岗位》等报刊发表著译作品；出版诗集《母与子》（桂林诗创作社，1942 年）、翻译散文集《新生命的脉搏在跳动》（波兰瓦西列夫斯卡娅等原作。香港孟夏书店，1942

年）、翻译小说《劫后英雄记》（上册，英国司各特原作。重庆五十年代出版社，1944 年）、《巴尔扎克讽刺小说集续编》（重庆五十年代出版社，1945 年）、《人生的战斗》（英国狄更斯原作。重庆国际文化服务社，1945 年）、《欲》（希笃琳原作。渝光出版社）等译作亦署用。1949 年后发表文章和出版著作、译作亦署此名。②获原，与其夫人余荻合编《广州话新文字课本》共同署名。③贺湄，出版《中国地理讲话》（赣州章贡书局，1944 年）、《中国地理基础》（重庆建国书店，1945）、《英语学习基础》（上海致用书店，1947 年）署用。④柏园，翻译出版《金元文化山游记》（苏联罗曼·金原作。香港新中国书局，1947 年）、《你可以做一个基督使者》（英国詹姆斯·卡罗尔原作。上海怀仁学会，1948 年）、《美国外交官真相》（美国安娜贝尔·布卡尔原作，与张修、棉之合译。香港新中国书局，1949 年）、《苏联的新道德教育》（苏联叶玛波夫、冈察洛夫原作，1949 年）、《捷克斯洛伐克宪法》（中华书局，1950 年）署用。⑤章怡，翻译出版《现代世界民主运动史纲》（美国 A. 伦第原作。上海新知书店，1947 年）。⑥贝逊，翻译出版《新欧洲》（美国福斯特原作。上海生活书店，1947 年）署用。

陈远志，生卒年及籍贯不详。笔名葛陵，见于通讯《谁是散传单者》，载 1941 年重庆《文学月报》第 3 卷第 2、3 期合刊；小说《火车上》，载 1942 年重庆《文艺阵地》第 6 卷第 4 期。20 世纪 40 年代在延安《中国文化》《大众文艺》《草叶》《中国文艺》等报刊发表报告《青菜及其他》、故事《一个和一队》《二排长》、小说《乡村医院》《李凤林》等亦署。

陈云（1905－1995），上海人。原名廖陈云，曾用名廖程云、廖仲仁、廖陈氏、陈云、成云、陈明、黄苏、施平、金生。笔名：①施平，见于报告文学《英勇的西征》（原稿为《随军西行见闻录》），载 1936 年苏联共产国际主办的《共产国际》杂志（中文版）第 1、2 期合刊。同年在该刊发表《中国共产党是中国苏维埃和红军的组织者与领导者》一文亦署。②廉臣，见于报告文学《随军西行见闻录》，连载于 1936 年 3 月中共在巴黎主办的《全民月刊》杂志。嗣后出版改书名为《随军西征记》（汉口生活书店，1938 年）、《红军长征随军见闻录》（人民出版社，1949 年）亦署。③史平，见于散文《一个深晚》，载 1936 年 10 月 30 日巴黎《救国时报》。④陈云，出版《陈云选集》（人民出版社，1984 年、1986 年）、《陈云文集》（中央文献出版社，2005 年）署用。⑤怀民，署用情况未详。

陈云樵，生卒年及籍贯不详。笔名慕仙，20 世纪 40 年代创作电影剧本《艳侠剑》署用。

陈运通（1914－？），广东潮阳人，生于广东汕头。笔名：①老运，1938 年在暹罗曼谷华文报刊发表诗文署用。②东方月、王统、沛沛、瘦斋夫、舍上舍、公孙牛、公孙白，20 世纪 50 年代初起在马来亚新加坡华文报刊《南方晚报·绿洲》《星期六周刊》《南洋商报·绿野》等报刊发表文章署用。

陈韵篁（1907－1985），湖南宁乡人。号琅轩室主。笔名琅轩室主，见于随笔《琅轩室漫笔》，连载于1946年南京《南京人报》。

陈泽昆（1920－1987?），四川人。原名陈英。笔名：①野萍，20世纪30年代后期在四川报刊发表文章署用。见于《血腥时代的青年》，载1939年3月1日重庆《妇女文化》战时特刊第15期。②尘般，20世纪40年代在四川报刊发表文章署用。见于小说《应变先生》，载1949年成都《长歌》第1卷第6期。③陈野萍，见于小说《独身者》，载1937年上海《艺文线》第2期；诗《流浪的讴歌》，载1940年浙江《浙江青年》第2卷第2期。

陈占（zhān）**元**（1908－2000），广东南海（今佛山市）人。笔名：①陈占元，见于译文《哥德论》（法国纪德原作），载1935年上海《译文》月刊第1卷第6期。嗣后在该刊及《宇宙风》《作家》《中流》《新诗》《文季月刊》《文学杂志》《自由中国》《时事类编》《改进》《现代文艺》《现代文录》《诗创作》《中国与世界》《海滨杂志》《文艺生活》《文艺工作》等刊发表翻译文章《论文学上的影响》（法国纪德原作）、《向高尔基致敬》（法国罗曼·罗兰原作）、《论个人主义和人道主义》（法国罗曼·罗兰原作），报告《海的宝藏》（米歇尔·甘地原作），小说《浴》（美国哥特威尔原作）、《黑桃皇后》（俄国普希金原作）、《查尔·路易·斐利普之死》（法国纪德原作）等，出版翻译小说《马来亚狂人》（奥地利茨威格原作。福建永安改进出版社，1941年）、《红海的秘密》（法国孟佛莱原作。福建永安改进出版社，1941年）、《夜航》（法国圣·埃克苏佩里原作。昆明明日社，1942年）、《山·水·阳光》（法国安得利·桑宋原作。桂林明日社，1942年）、《妇人学校》（法国纪德原作。桂林明日社，1944年），散文集《悲多汶传》（法国罗曼·罗兰原作。桂林明日社，1944年）、《高利贷者》（法国巴尔扎克原作。人民文学出版社，1958年）、《农民》（法国巴尔扎克原作。上海文艺出版社，1961年）、《欧也妮·葛朗台》（法国巴尔扎克原作）、《人的大地》（法国圣·埃克苏佩里原作）等亦署。②占元，见于散文《艺元之死》，载1942年桂林《文艺杂志》第1卷第1期。③雷地，20世纪40年代在福建发表文章署用。

陈兆璋（1923－2010），福建长乐人。笔名：①一苇、半圭、晶莹，1943－1946年在福建《中央日报》《福建妇女杂志》、长汀《东南日报》《青年报》《民治日报》、厦门《厦门大学校刊》、江西赣州《正气日报》等报刊发表散文《没有老人的城市》《杨嫂》《围巾》《窗（外一章）》《在跳舞会上的乞乞科夫》《我的大学生活》、论文《文艺·生活·时代》《主题与题材》《论形象》《论文学语言》、作家介绍《萧伯纳》《梅德林克》《史蒂文生》《惠德曼》、通讯《厦大发展》《萨校长离汀纪盛》等署用。②陈兆璋，出版论著《世界中世纪史散

论》（厦门大学出版社，2003年）署用。

陈贞懋，生卒年不详，福建福州人。笔名矛林，见于散文《音乐呵，要是没有你》，载1945年5月17日福建南平《东南日报·笔垒》。

陈振鹏（1920－2005），广东南海（今佛山市）人。笔名：①陈词，1937年11月在上海《大美晚报·夜光》发表旧体诗署用。②过江，1940－1945年在上海《社会日报》《力报》发表杂文、随笔署用。③骊珠，见于杂文《剑侠篇》，载1943年上海《绿茶》第1卷第2期。同时期在上海《社会日报》《力报》《自由中国》等报刊发表杂文署。④长明，1940年开始在上海《社会日报》《力报》发表文章署用。1949年后在《新民晚报》发表文章亦署。⑤文落，20世纪40年代在上海《诚报》发表杂文《昼晦堂随笔》署用。同时期在上海《社会日报》《力报》发表文章、20世纪80年代后在上海《文汇报》《新民晚报》发表文章亦署。⑥萧下，见于读芦焚《期待》的评论文，载1943年11月7日上海《社会日报》；随笔《读〈腐蚀〉后》，载1945年上海《七天》第2期。嗣后在上海《时事新报·青光》《联合晚报》《自由中国》等报刊发表文章，出版杂文集《龙蛇》（上海潮锋出版社，1949年）亦署。⑦洛阳、长安，1945年冬在上海《大晚报》副刊发表文章署用。"洛阳"一名1959年在《新民晚报》发表体诗词、散曲等亦署。⑧丰雅仲，1946年2月在上海《时事新报·青光》《诚报》发表打油诗等署用。⑨落落，1949年后在上海《新民晚报》发表谈灯谜的短文署用。⑩闻乐，1949年后在上海《新民晚报》发表旧体诗词署用。⑪陈于善，1959年后在上海《新民晚报》发表成语探源的文章署用。⑫陈长明，1962年在上海《新民晚报》连载为程十发所绘《胆剑篇》连环画配写之散曲小令一百首署用。嗣后在《唐诗鉴赏辞典》（上海辞书出版社，1983年）中撰写条目亦署。⑬陈振鹏，出版主编之《古文鉴赏辞典》（与章培恒合作。上海辞书出版社，1997年）、《实用灯谜大全》（上海古籍出版社，2000年）、《谜话》（上海古籍出版社，2003年）等亦署。

陈之藩（1925－2012），河北霸县（今霸州市）人，字范生。笔名：①陈之藩，见于随笔《我们为什么苦闷》，载1947年《大公报》；随笔《世纪的苦闷与自我的彷徨——青年眼中的世界与自己》，载1948年北平《周论》第1卷第22期。1949年后在台湾出版散文集《旅美小简》（台北明华书局，1957年）、《在春风里》（台北文星书店，1962年）、《剑河倒影》（台北远东图书公司，1970年）、《蔚蓝的天》（台北远景出版公司，1977年）、《一星如月》（台北远东图书公司，1985年）、《陈之藩散文集》（台北远东图书公司，1986年）等亦署。②范生，1948年起在台湾翻译诗歌、创作散文等署用。

陈直（1901－1980），江苏东台人，祖籍镇江。原名陈邦直，字进宜，号摹庐；晚号弄瓦翁。笔名陈直，出版《读金日札》《读子日札》《汉书新证》《史记新证》

《居延汉简综论》《居延汉简简要》《居延汉简纪年》《居延汉简甲编释文订误》《敦煌汉简释文平议》《关中秦汉陶录提要》《敦煌汉简释文平议》《关中秦汉陶录》《秦汉瓦当概述》《两汉经济史料论丛》《盐铁论解要》《三辅黄图校正》《古籍述闻》《颜氏家训注补正》《南北朝王谢元氏世系表》《文史考古论丛》等著作，1949年后出版《摹庐丛著（七种）》（齐鲁书社，1981年）、《摹庐丛书》（中华书局，2006－2009年）等均署。

陈志安，生卒年及籍贯不详。笔名：①陈志安，见于论文《民族之本质及其发展过程》，载1929年《新民》第2、3期。同年在《清华周刊》《夜莺》发表著译文亦署。②陈植，1929年前后在北平报刊发表文章署用。

陈志民（1930－2011），河南潢川人。原名史智敏。笔名：①陈志民，出版散文诗集《爱之旅》（安徽人民出版社，1984年）署用。②绿藜，出版寓言集《绿藜寓言选》、文集《绿藜书简选》《绿藜诗文选》等署用。③欧福德，署用情况未详。按：陈志民出版有诗集《中国的罗曼斯》《没有芬芳的和芬芳的爱》《三石四斗面》、散文集《减租的故事》、散文诗集《爱之旅》、散文诗及随笔集《献给艺术大师的一束玫瑰》等，出版与署名情况未详。

陈志群（1889－1962），江苏江阴人。原名陈以益，号松竹梅斋主人。曾用名陈勤、陈如瑾、陈以益。笔名：①志群，1906年在《复报》发表文章署用。②如瑾，1907年在《女子世界》发表文章署用。

陈治策（1894－1954），河南荥阳人。笔名：①陈治策，见于译作《化妆术》（包斯宛斯原作），载1929年北平《戏剧与文艺》创刊号。嗣后在《文艺月刊》《文艺》《戏剧时代》《新演剧》《戏剧新闻》《文讯》《文艺先锋》《戏剧岗位》《山东民众教育月刊》《民间》《文学修养》《时代精神》《现代读物》《文学》等刊发表剧本、戏剧评论、译作《导演术中的集体效果之获得》《欧美各国的近代小剧场》《演员的情感表现》《我所了解的司坦尼斯拉夫斯基的表演体系》《普若米修斯的被困（独幕三场歌剧）》《音乐家的创造》《莎士比亚在英美两国的身后之名》《论平剧的没落与地方戏之复兴》等，出版戏剧集《四个乞丐》（中华平民教育促进会，1933年）、《小妹妹》（中华平民教育促进会，1933年）、《月亮上升》（中华平民教育促进会，1935年）、《干不了也得干》（成都铁风出版社，1941年）、《鸟国》（重庆独立出版社，1942年），翻译戏剧《乔装的女律师》（英国莎士比亚原作。中华平民教育促进会，1933年）、《哑妻》（法国法朗士原作。中华平民教育促进会，1934年）等亦署。②治策，见于论文《戏剧学校的必要及其办法》，载1922年上海《戏剧》第2卷第4期。1929年5月起在北平《戏剧与文艺》发表《萧伯纳与咖啡》《女子不肯扮演年老的角色》等文亦署。

陈中凡（1888－1982），江苏建湖人。原名陈钟凡，字斠玄，号觉（jiào）元（觉玄、觉圆）、少甫。别号清晖、清晖馆主。笔名：①陈钟凡，见于论文《老庄哲学商榷》，载1918年《北京大学日刊》第109－113期；论文《中国文学演进之趋势》，载1922年上海《文哲学报》第1期。此前后在《国民》《国学丛刊》《国立北京女子师范大学周刊》《国学专刊》《图书馆学季刊》《大夏季刊》《学艺》《协大学术》《中国语文学丛刊》《文史丛刊》《考古》《学术世界》《瓯风杂志》《月报》《书林》《读书月刊》《读书通讯》《制言》《大夏周报》《国际与中国》《文史杂志》《黄埔季刊》《暨南大学文学集刊》等刊发表论文《论读古书之悁趣》《周代南北文学之比较》《文字学上之中国人种起原考》《中国文字学上之原始宗教考》《楚辞各篇作者考》《宋五子学说略评》《两宋思想述评》《中国音乐与文学》《二十年来我国之国故整理》《大学与儒家人生哲学之体系》、散文《游南山记》《陕西纪游》、随笔《读什么书》《求学与读书》《清晖说诗》《游华山记》《日本教育视察记》、旧体诗《哭先师石遗老人》《欧局感赋》《峨眉纪游》等，出版《诸子通谊》（上海商务印书馆，1926年）、《中国韵文通论》（上海中华书局，1927年）、《汉魏六朝文学》（上海商务印书馆，1929年）、《两宋思想述评》（上海商务印书馆，1938年），以及《古书校读法》《中国文学批评史》等亦署。②陈斠玄，见于散文《游华山记》，载1926年9月上海《国学专刊》第1卷第3期（刊目录署名"陈钟凡"）。③陈中凡，见于论文《对于目前思想文化界的意见》，载1937年6月15日上海《认识月刊》创刊号；论文《中国叙事诗叙例》，载1940年《责善》半月刊第1卷第12期。嗣后在《国民》《文史杂志》《斯文》《涛声》《新中华》等刊发表论文《文人书之源及其评论》《文人画之源及其评论》《殷商社会史之商榷》《与人论文书》、评论《西汉大政治家司马相如》等，出版编选之《汉魏六朝散文选》、论著《怎样指导读者阅读古典文学提纲》《陈中凡论文集》、诗集《清晖集》、散文集《清晖山馆散文集》等亦署。按：陈中凡先生另有《书目举要补正》《诸子书目》《经学通论》《周秦文学》《中国韵文通论》《中国大文学史》等著作，署名未详。

陈中舫，生卒年不详，浙江人。原名陈宗芳。笔名陈中舫，见于评论《朱自清君的〈毁灭〉》，载1923年上海《小说月报》第14卷第5期。

陈中宣（1920－1990），广西桂林人。原名陈钟瑄。笔名：①钟瑄，见于诗《开拓》，载1939年2月22日桂林《救亡日报·文化岗位》；诗《我是初来的》，载1939年重庆《七月》第4辑第3期。此前后在《桂林日报》《战时艺术》发表长诗《战斗·中国》、诗《绿色的原野》、诗画配《五四运动》等署。②阳和生，1943年在重庆《新华日报》发表短文署用。③葛包华，1945－1946年间在《桂林日报》发表文章署用。④金如，1949年在香港创作电影剧本《血泪岁月》署用。⑤陈中宣，1949年后在各地报刊发表诗文署用。

陈仲达（1913－1966），广东南海（今佛山市）人。

原名钟钊荣。曾用名钟衰华。笔名：①陈仲达，1937 年开始在马来亚新加坡编《南洋商报》并发表文章署用。1945 年 12 月起在新加坡《风下》《南侨日报》等报刊发表文章，出版译作《欧洲新面貌》亦署。②仲达，见于随笔《马来亚的高等教育问题》，载 1947 年新加坡《风下》周刊第 2 卷第 72 期。③达，见于随笔《刺刀下的人民选举》，载 1947 年《风下》周刊第 2 卷第 83 期。④君羊，20 世纪 40 年代在新加坡《风下》发表译文《中国之谜》（美国爱泼斯坦原作）署用。同时期在《南侨日报》等发表文章亦署。⑤丁之久、陈若群、司马温，1949 年后在广州《南方日报》《广州日报》、上海《新闻日报》发表杂文、散文、政论等署用。⑥陈浩光，1949 年代后发表文章与杨樾、张其光合署。

陈仲陶，生卒年不详，浙江永嘉（今温州市）人。原名陈闳慧，字仲陶，号剑庐。笔名陈闳慧，在《南社丛刻》发表诗文署用。按：陈仲陶著有《仲陶诗草》《剑庐诗话》《剑庐文稿·词话》，署名不详。

陈竹影，生卒年不详，四川人。笔名：①陈竹影，见于诗《月光》《雪是霏霏地下了》《冬》和剧作《浔阳江》，载 1923 年上海《浅草》第 1 卷第 1 期；译诗《园丁集选译》（印度泰戈尔原作），载 1923 年上海《小说月报》第 14 卷第 8 期。②竹影女士，见于小说《伊底心》，载 1923 年上海《浅草》第 1 卷第 3 期。③竹影，见于诗《我是个弱者啊！——初赠淑弟》，载 1925 年北京《京报副刊》第 313 期；小小说《公平的命运》，载 1928 年上海《新女性》第 3 卷第 6 期；小说《美丽的夜》，载 1929 年《新女性》第 4 卷第 11 期。

陈柱（1890－1944），广西北流人。原名陈郁瑃，字柱尊，号守玄。曾用名陈绳孔。笔名：①陈郁瑃、陈柱，在《南社丛刻》发表诗文署用。"陈柱"一名，又见于论文《诗说》，载 1922 年南京《甲寅》第 12 期；论文《守玄阁字说》，载 1924 年上海《华国月刊》第 1 卷第 9 期。嗣后在上述两刊及《国学月刊》《国学专刊》《东方杂志》《国立第一中山大学语言历史学研究所周刊》《大夏季刊》《大夏年刊》《学艺》《国风半月刊》《逸经》《光华大学半月刊》《文艺捃华》《学术世界》《艺文杂志》《中西医学》《青年界》《救亡日报》《华侨战士》《同声月刊》《华文每日半月刊》《新东方》《真知学报》等报刊发表论文《中学生研究国文之方法》《姚际恒诗经通论述评》《诗之流别》《诗经之伦理观》《孟东野诗杂说》，旧体诗《看花偶感》《到无锡振心留酌其寓楼》，随笔《我青年时代学习国文的经验》等亦署；在上海商务印书馆出版《尚书论略》（1926 年）、《墨子十注》（1928 年）、《老子集训》（1928 年）、《老学八篇》（1928 年）、《白石道人词笺》（1930 年）、《老子与庄子》（1931 年）、《公孙龙子集解》（1937 年），出版《四十年来吾国之文学略谈》（交通大学，1936 年）等亦署。②陈柱尊，见于旧体诗《春兴八首》，载 1924 年《群言》第 4 卷第 1 期；《题老友陆丹林兄次公子筱丹君敌机轰炸松江余生记》，载 1937 年 11 月 14 日上

海《救亡日报》。此前后在《南洋周刊》《国立第一中山大学语言历史学研究所周刊》《交大周刊》《国闻周报》《中华基督教会全国总会公报》《学艺》《枕戈》《复兴月刊》《大陆杂志》《南华评论》《光华大学半月刊》《康健杂志》《青年界》《新时代》《宇宙风》《风雨谈》《大夏》《国画月刊》《出版周刊》《外交评论》《学术世界》《文化建设》《教育杂志》《旅行杂志》《越风》《大学季刊》《群雅月刊》《民意月刊》《文综》《小说月报》《真知学报》《中日文化》《建设》《文友》《中国学生》《古今》等报刊发表旧体诗《归途有感申江舟中作》《振心近不饮酒诗以劝》《春兴八首》《诗十二篇》、随笔《对于读书运动之谈话》《我青年时代读书的略述》《我的暑假》《变风变雅诗话》《与宾虹论画》《藏"书"杂记》《论奕与围棋》、论文《道儒墨法四家异同论》《韩文研究法》《研究国学之门径》《论学习作文最重要之方法》等亦署。

陈卓莹（1908－1980），广东南海（今佛山市）人。笔名：①陈卓莹，1949 年后出版粤剧剧本《民主改革粤剧集》（南方通俗出版社，1951 年）、《九件衣》（广州人间书屋，1951 年）、《笑面虎》（广州人间书屋，1951 年）、《千里送京娘》（华南人民出版社，1953 年）、《幸福新婚姻》（南方通俗出版社，1953 年）、《红楼二尤》（华南人民出版社，1954 年）等署用。②向莹，署用情况未详。按：陈卓莹 20 世纪 30 年在广东台山出版《粤乐入门》《粤乐府》，1948 年在香港创作《三大纪律，八项注意》《入城纪律》等粤乐，改编《九件衣》《血泪仇》等粤剧，署名未详。

陈子彬（1910－1996），福建龙岩人。原名陈庆隆。曾用名林子彬。笔名：①陈庆隆，1926 年前后在厦门《江声日报》发表文章署用。②卿侬，见于中篇小说《初恋》，载 1926 年前后厦门《江声日报》。③萍，1929－1931 年在马来亚槟城《光华日报》《槟城新报》发表小说、诗歌等署用。④一萍，见于小说《两个消息》，载 1931 年马来亚新加坡《民国日报·新航路》第 116－119 期。⑤林棘，见于杂文《谈与"不变"》，载 1936 年 4 月 8 日马来亚新加坡《星洲日报·晨星》。⑥一礁，见于评论《关于马来亚文学的诸问题》，载 1936 年 9 月 22－25 日马来亚新加坡《星洲日报·晨星》。嗣后在该刊发表随笔《零零碎碎》等文亦署。⑦林影，1933－1939 年在马来亚新加坡《星洲日报》《南洋商报》发表诗文署用。⑧林之间，见于评论《关于〈浓烟〉》，载 1937 年 2 月 3 日《星洲日报·晨星》。⑨林岩，1946－1949 年在马来亚新加坡《南侨日报》《星洲日报》、槟城《现代周刊》发表小说《风波》等署用。

陈子谷（1916－1987），广东汕头人。原名陈瑞昆、陈瑞坤，字年裕。曾用名陈子鹤。笔名：①陈子鹤，见于诗《黎明》，载 1934 年日本东京《东流》第 1 卷第 2 期；诗《春》，载 1935 年东京《大钟》第 4 期。同时期在东京《东流》《质文》、青岛《诗歌生活》等刊发表诗《味渣》《一幅图画》《献词》《投进烽火里去

的一封信》《红叶里的秋天》等，出版诗集《宇宙之歌》（东京东流文艺社文艺刊行社，1935年）亦署。②子谷，见于翻译小说《田家使女》（法国莫泊桑原作），载1922年3月14—21日北京《晨报副镌》。③陈子谷，见于翻译小说《颈串》（法国莫泊桑原作），载1922年12月6—8日北京《晨报副镌》；翻译小说《失之一笑》（法国巴尔赞原作），载1924年7月6—7日《晨报副镌》；诗《我们战斗在茅山下》，载1940年桂林《中学生战时半月刊》第20期；论文《今日华侨在泰国》，载1940年《十日文萃》新2卷第2、3期合刊。④陈从，署用情况未详。

陈子良，生卒年不详，浙江象山人。原名陈庆麟，字子良。笔名：①陈庆麟，见于小说《怎当他临去秋波那一转》，载1925年上海《社会之花》第2卷第18期。②陈子良，见于论文《初中国文论》，载1941年《广西教育研究》第1卷第3期。

陈子皮，生卒年不详，台湾人。笔名子皮、陈子皮，1938—1943年在台北《风月报》《南方》发表旧体诗《绿湖揽胜》《重九前一日登高》等署用。

陈子英（1922—1948），福建长乐人。笔名怒鹰、陌生、隼，1943年主编《霞浦民报》时发表杂文、评论等署用。

陈子展（1898—1990），湖南长沙人。原名陈炳堃，字子展。曾用名长生（乳名）。笔名：①楚狂，见于评论《追评新舞台之九班会串》，载1922年上海《红杂志》第13期；随笔《作家佳话·郁氏困于小孩之国》，载1933年12月28日上海《福尔摩斯》报。此前后在《文学周报》《语丝》《幻洲半月刊》《大众文艺》《新女性》《社会之花》《涛声》《社会评论》等刊发表诗文亦署。②陈子展，见于《追忆罗黑芷先生》，载1928年上海《文学周报》第310期；杂文《烟草与鸦片》，载1933年10月17日《申报·自由谈》。此前后在《南国周报》《现代文学》《微音月刊》《青年界》《现代文学评论》《涛声》《现代》《论语》《文学》《社会杂志》《社会月刊》《人间世》《太白》《新小说》《大晚报·火炬通俗文学》《芒种》《绸缪月刊》《新语林》《通俗文化》《文学期刊》《读书生活》《湘声》《越风》《宇宙风》《逸经》《光明》《中流》《女子月刊》《知识半月刊》《音乐教育》《复旦学报》《文化建设》《天籁》《希望》《生活学校》《国民》《读书半月刊》《抗战半月刊》《图书季刊》《真理杂志》《新政论》《国文月刊》《新中华》《大学评论》《舆论》等报刊发表《民间戏曲之研究》《九歌招魂大招皆为楚国王室所用巫歌考》《最近所见之敦煌俗文学材料》《古文运动之复兴》《叶德辉与康有为》《中国人吸烟考》《大众语与诗歌》《与徐懋庸论骈文书》《六朝之孝经学》《青年读经与中国文化》《角抵百戏考》《关于中国文学起源诸说》《两宋外祸史料》《由周作人谈到辽金时代的汉奸文人》《关于大学中国文学系的建议和意见》等文，出版《中国文学史讲话》（上海北新书局，1933年、1937年）、《唐代文学史》（重庆作家

书屋，1944年）、《注释中外名人日记选》（上海中华书局，1935年）、《宋代文学史》（重庆作家书屋，1945年）、《诗经直解》（复旦大学出版社，1983年）、《国风选译》（上海古籍出版社，1983年）、《楚辞直解》（江苏古籍出版社，1988年）、《诗经导读》（与杜月村合作。巴蜀书社，1990年）、《中国近代文学之变迁：最近三十年中国文学史》（上海古籍出版社，2000年）、《诗三百解题》（复旦大学出版社，2001年）等亦署。③陈炳堃，出版论著《中国近代文学之变迁》（上海中华书局，1929年）、论著《最近三十年中国文学史》（上海太平洋书店，1930年）署用。④楚狂老人，见于《九字歌》，载1932年上海《涛声》周刊第1卷第23期。嗣后在该刊及上海《论语》等刊发表诗文亦署。⑤子展，见于《蓬庐絮语》，连载于1933年2月11日至6月9日上海《申报·自由谈》；歌词《龙船曲》（沙梅作曲），载1937年上海《生活学校》第1卷。同时期在上海《涛声》《论语》《中华日报·动向》《救亡情报》等报刊发表文章亦署。⑥何典，见于随笔《反攻》，载1933年3月18日《申报·自由谈》；杂文《集团输血》《佛化结婚》，载1936年上海《中流》第1卷第3期。同时期在上海《读书生活》等刊发表文章亦署。⑦何如，见于随笔《花鼓戏之起源》，载1933年6月11日上海《申报·自由谈》；随笔《三字对》，载1933年上海《论语》第25期。此前后在上海《语丝》《紫罗兰》《开明》《真美善》等刊亦见署名"何如"者，是否为陈子展之笔名，待考。⑧达，见于随笔《道统之梦》，载1933年7月12日上海《申报·自由谈》。嗣后在该刊发表《读书作文安全法》《文统之梦》等文亦署。⑨于时夏，见于杂文《文人相轻》，载1933年10月27日上海《申报·自由谈》。嗣后在该刊发表《笔名与芳名》《诗经试译》等诗文，在《论语》《宇宙风》等刊发表文章亦署。又见于《长城谣》，载1936年5月27日上海《大晚报·火炬通俗文学》。⑩如何、东园，20世纪30年代在上海《立报》发表文章署用。⑪大牛、咸施、遽如、湖南牛，署用情况未详。

陈紫（？—1940？），湖南人。曾用名关毓华。笔名晨予，20世纪30年代在哈尔滨报刊发表文章署用。

陈紫秋（1915—1991），广东兴宁人。原名陈秋焕。笔名：①紫秋，见于译诗《墨西哥市》（苏联马可夫斯基原作），载1935年日本东京《杂文》第3期；译诗《天使》（俄国莱蒙托夫原作），载1935年日本东京《杂文》第4期。嗣后在该刊及《诗歌生活》《文艺阵地》《文艺月报》《十日文萃》等刊发表诗《我们的故乡》、译诗《魔力的奥列格颂》（俄国普希金原作）、报告文学《六十五号》《手枪——日本监牢生活故事之一》等作品亦署。②陈紫秋，见于诗《离别之歌》，载1935年《第一线》第1卷第1期；译文《一个诗人的死》（苏联米哈尔夫斯基原作），载1939年4月24—26日桂林《救亡日报·文化岗位》。

陈宗凤（1919—2002），四川宗县人。笔名寒十坡、

陈宗凤，著有短剧《石头开花》《礼尚往来》《护士日记》，以及《兰州战斗》《八一怀念周总理》《哭李季》等诗歌、散文和电影文学剧本《水》《红鹰》等。

陈祖文，生卒年及籍贯不详。笔名：①祖文，见于小说《两种异乡人》，载1929年上海《东方杂志》第36卷第1期；随笔《北宁车上》，载1939年广州《文艺阵地》第2卷第9期。嗣后在《今日评论》《文艺杂志》等刊发表小说《刽子手》、散文《父亲》等亦署。②陈祖文，见于译文《地上最乐人》（美国A.马尔兹原作），载1946年《世界文艺季刊》第1卷第3期。

陈祖燕，生卒年及籍贯不详。笔名凤狩，见于诗《夜哪！》，载1949年涵江《晨光报·剑芒》。

陈醉云，生卒年不详，浙江嵊县（今嵊州市）人。原名陈逸，字醉云。笔名：①陈醉云，见于诗《花》《观舞后》，载1922年7月10日上海《民国日报·觉悟》；《落花》，载1923年8月4日上海《中华新报·创造日》。嗣后在上述两刊及《平民》《时事新报·文学周刊》《语丝》《北新》《申报·自由谈》《春潮》《文艺月刊》《青年界》《文艺茶话》《贡献》《新女性》《国闻周报》《湖南教育》《读书杂志》《南华文艺》《新创造》《东方杂志》《战时中学生》《文化建设》等报刊发表小说《玩弄悲剧的人》《在旅舍中》、诗《残喘》《解脱》《玫瑰》《秋》、散文《都会之晚》《海滨的秋宵》《旅途杂掇》、随笔《创作与人生》《乡居漫话》《自春徂秋》《梵岛印象记》《日军炮火所给我们的教训》《姑苏散曲》《中国的雕塑艺术》等，出版诗集《玫瑰》《月亮的绘画》，散文集《卖唱者》《小朋友随笔》，小说集《游子的梦》，中篇小说《春曦中的男女》等亦署。②醉云，见于诗《好斗的蟋蟀》，载1922年8月29日《民国日报·觉悟》；随笔《哀中国》，载1926年5月23日上海《文学周报》第226期。嗣后在上海《贡献》发表散文《卖唱者》、随笔《美国的影戏》亦署。

陈遵统（1878－1969），福建闽县（今福州市）人，字易园。笔名：①陈遵统，出版论著《宋明爱国之文学》（1939年）、《中国民族文学讲话》（永安建国出版社，1943年增订再版）、《福建编年史》（福建人民出版社，2009年）等著作署用。②陈易园，见于论文《由历史观察福建人的性质》，载1932年11月福建协和大学《福建文化》第1集第6期；论文《中国文史治学举要》、七律《病中偶成奉酬林馨侯湖上见怀之作》，载1937年福建协和大学《协大艺文》第5期。嗣后在《协大艺文》发表七律《对月感怀奉寄林馨侯大兄》《邓坚甫招饮赋赠》、论文《民族文学之研究方法》《中国文句治学举要》、随笔《陈弢菴夫子协和学院书库记题后》《陈秉方中国教育制度沿革考题后》等亦署。

陈左高（1924－2011），浙江平湖人，字次阮，号学斋。笔名陈左高，见于随笔《日记之滥觞》，载1941年上海《永安月刊》第105期；笔记《艺海微沤录》，1946年11月1日起连载于上海《时事新报·新上海》。嗣

后在上述两刊及上海《大晚报·剪影》《申报·文学周刊》《申报·自由谈》《子曰丛刊》及《益世报·益世副刊》等报刊发表随笔《记陆廉夫》《清人日记杂谈》《学斋谈荟》《清人日记撷谭》《两宋日记作家》等，出版选注《古代日记选注》（上海古籍出版社，1982年），随笔集《历代日记丛谈》（上海画报出版社，2004年）、《中国日记史略》（上海翻译出版公司，1990年）、《文苑人物丛谈》（上海远东出版社，2010年），主编《中国近代文学大系·书信日记集》（两卷）（与郑逸梅合编。上海书店出版社，1992年、1993年）等亦署。

【cheng】

成本璞（1877－1931），湖南湘乡人，字榷渔、琢如，号榷渔、淡庵、天民愚公。笔名成本璞，出版《通雅斋丛稿》（八卷）（1909年）、《碧云词》（1909年）、《泪影词》（1909年）、《淡盦文存》（1909年）、《湘瑟秋雅》（1909年）等著作均署。

成仿吾（1897－1984），湖南新化人。原名成灝。曾用名成颢、成勴。笔名：①仿吾，见于诗《青年》，载1920年2月25日上海《时事新报·学灯》；诗《白云》，载1923年10月31日上海《中华新报·创造日》。此前后在《创造季刊》《流沙》《洪水》等报刊发表著译诗文亦署。②成仿吾，见于译诗《少年与磨坊的小溪》，载1923年10月14日上海其主编之《中华新报·创造日》。嗣后主编《创造月刊》《创造周报》，编辑《创造季刊》，在上述三刊及《洪水》《文化批判》《文学周报》《现代评论》《战地》《自由中国》《鲁迅风》《文艺战线》《中国文化》《五十年代》《北方文化》《人民周报》等刊发表著译诗文亦署。出版小说《守岁》《灰色的鸟》（与梁实秋等合集），小说与诗合集《流浪》，论文集《仿吾文存》《从文学革命到革命文学》（与郭沫若合集）、《文艺论评》（与郁达夫合集），论文、游记合集《新兴文艺论集》，回忆录《长征回忆录》《战火中的大学：从陕北公学到人民大学的回顾》《我们是怎样走上人生之路的》《记叛徒张国焘》，论著《使命》，译作《德国诗选》（德国歌德、海涅等合作，与郭沫若合译）、《共产党宣言》（与徐冰合译），以及《成仿吾文集》《成仿吾教育文选》等亦署。③石厚生，见于随笔《维持我们对于时代的信仰》，载1928年3月15日上海《文化批判》第3期。嗣后在上海《创造月刊》《我们月刊》发表《毕竟是"醉眼陶然"罢了》《革命文学的展望》等文亦署。④厚生，见于随笔《校〈茵梦湖〉谈到翻译》，载1928年上海《日出旬刊》第2期。⑤石君、芳坞、澄实，署用情况未详。

成善荣，生卒年不详，四川忠县（今重庆市）人。笔名白丁、成善荣，20世纪40年代在成都《飞报》《华西晚报》、重庆《新蜀报·蜀道》等报刊发表散文署用。

成绍宗，生卒年不详，湖南新化人。笔名：①成绍宗，见于诗《深夜》《不敢》，载1923年上海《诗》第

2 卷第 2 期；翻译小说《为他人的生活》（法国鲍多原作，与张人权合译），载 1924 年上海《东方杂志》第 21 卷第 21 期。此前后在《洪水》《青年界》《现代小说》等刊发表随笔《狱中拉杂记》《古寺里的学校生活》、译文《猫》《马》《鸡》（均为法国法布尔原作）、《托尔斯泰和屠格涅甫的决斗》等亦署。出版翻译小说《波儿与薇姑》（法国逊·培雷原作。上海现代书局，1929 年）《漫郎摄实戈》（法国卜赫佛原作。上海光华书店，1929 年）、《新俄短篇小说集》（俄国莱迪阿·雪妇丽娜等原作。上海支那书店，1930 年）《地狱》（法国巴比塞原作。上海光华书局，1930 年）《猫路》（德国苏德曼原作。上海支那书店，1930 年）《血爱》（德国苏德曼原作。上海光华书局，1933 年）《漫郎之爱》（法国卜赫佛原作。上海大光书局，1935 年），翻译戏剧《夜》（法国马丁奈原作。上海沪滨书局，1930 年），翻译日记《墨索里尼战时日记》（意大利墨索里尼原作。上海光明书局，1933 年）等亦署。②绍宗，见于诗《啊！我要创造一个新的》，载 1923 年 10 月 29 日上海《中华新报·创造日》。嗣后在《京报·文学周刊》《幻洲》《洪水》《现代小说》《畸形》等刊发表译诗《情人之死》《情人之酒》（均法国波德莱尔原作）、散文《夜哭》《不能忘记》、诗《露西恋歌》等亦署。③绍，见于杂文《写给那狂吠的人》，载 1926 年 12 月 1 日《洪水·周年增刊》。

成舍我（1898－1991），湖南湘乡人，生于江苏南京。原名成希箕，字舍我。曾用名成汉勋、成勋、成平。笔名：①舍我，见于小说《吾友》，载 1919 年 4 月 4 日－6 日北平《晨报》第 7 版。同时期在《益世报》《世界日报》《太平洋》《时事新报·学灯》等报刊发表文章亦署。②成平，见于《文化运动的意义与今后大规模的文化运动》，载 1920 年《新人》第 5 期。③成舍我，见于译文《无产阶级政治》（苏联列宁原作），载 1921 年北京《新青年》第 9 卷第 2 期。嗣后在《民国日报》《晨报》《东方杂志》《文化月刊》《报学季刊》《民主与统一》等报刊发表文章，出版论著《中国小说史大纲》（1921 年）、译作《黑医生》（上海文明书局，1917 年）等均署。④大哀、百忧，在《世界日报》撰文署用。⑤舍、丁一、一丁、小白、菇烜、戊戌生、成则王，署用情况未详。

成铁吾（1902－?），江苏兴化人。原名成凤彩，字铁吾。笔名：①成铁吾，1949 年后在台湾出版长篇小说《钱塘江上》（1954 年）《暴风雨之夜》（台北正中书局，1956 年）《龙江风云》（1959 年）《年羹尧新传》（台北万盛出版有限公司，1983 年）等署用。②海上击筑生，出版长篇小说《南明侠隐》《大宝法王》等署用。

成弦（1916－1983），辽宁沈阳人。原名成骏。曾用名成雪竹。笔名：①成弦，见于诗《北京》，载 1939 年《文选》第 1 辑；信函《幽冥简》，载 1941 年 5 月 15 日日本大阪《华文大阪每日》第 6 卷第 10 期。此前后在

《诗季》《麒麟》《新满洲》《艺文志》《华文大阪每日》《高粱》《青年文化》等刊发表诗《大海颂》《旅愁》《黄昏》《过未名墓》《哭未名》《奈何草》《肺病院》《忆旧游》《短章》、剧本《姊妹》等，出版诗集《青色诗钞》（长春满日文化协会诗歌丛刊刊行会，1939 年）《焚桐集》（长春大地图书公司，1944 年），散文集《奈何草》（沈阳文潮书局）等均署。②伍不折，见于诗《闲情（外一章）》，载 1947 年 6 月 8 日《东北民报》。③骏、烛、洁、成炫、刁斗、阿竺、阿珠、未哲、魏则、恨苍、秋萍、雪竹、聂怀、薛竺、纪之、念娇、王突、司马氏、尤念莲、伍未折、清道人、奈何堂、成雪竹，20 世纪 30－40 年代在东北《南郊》《奉天民报·冷雾》《凤凰》《新青年》《满洲文艺》《盛京时报》《学艺》《艺文志》《青年文化》及日本大阪《华文大阪每日》等报刊发表诗、小说、散文、剧本等署用。④成玄，1949 年后出版长篇小说《关东女杰》（与秦联合作。春风文艺出版社，1984 年）《张作霖演义》（春风文艺出版社，1984 年）署用。

成修（1932－1965），江苏镇江人，生于南通。原名任德芳。笔名：①德方，见于诗《欢迎你——人民的军队》，载 1948 年 10 月 25 日南通《诗战线丛刊》之四《方向》。②德芳，见于诗《乡下人不是好欺的》，载 1948 年 12 月《诗战线丛刊》之五《诗战线》。③阿牛，见于诗《安息吧！姐姐》，载 1949 年 1 月 10 日《诗战线丛刊》之六《迎一九四九年》。④成修，1949 年后发表作品署用。

成荫（1917－1984），山东曹县人，原籍江苏松江（今上海市）。原名成蕴保。曾用名成蕴五。笔名成荫，见于报告剧《打得好》，载 1945 年 2 月 2 日延安《解放日报》。嗣后创作独幕剧《晋察冀的乡村》《自家人》《虎列拉》《求雨》《敌我之间》，1949 年后创作电影文学剧本《钢铁战士》《春城无处不飞花》（与海默合作）《回到自己队伍来》《万水千山》（与孙谦合作改编）《未完成的旅程》（与孙谦合作）、《韦拔群》（与谢扶民、毛正三、马元杰合作），论著《成荫与电影》等亦署。

成幼殊（1924－　），湖南湘乡人，生于北京。曾用名成修平。笔名：①金沙，见于诗《爱人的歌》，载 1946 年上海《野火》诗刊第 1 期。②李舒，见于诗《送行》，载 1947 年《野火》诗刊第 2 期。③成幼殊，出版诗集《幸存的一粟》（济南山东画报出版社，2003 年）署用。

成兆才（1874－1929），河北滦州市人，字捷三。艺名东来顺。笔名成兆才，一生创作评剧剧本 102 部，包括《花为媒》《杨三姐告状》《杜十娘》《枪毙驼龙》《安童根刺杀伊藤博文》《盗金砖》《洞房认父》《烈女还阳》等（部分作品收入安东诚文信书局 1929 年版《评剧大观》第 1 集至第 6 集）。

程沧波（1903－1990），江苏武进（今常州市）人。原名程中行，字晓湘，号沧波居士。笔名：①程中行，见于通讯《甲寅》，载 1925 年北京《甲寅》第 1 卷第

21 期。嗣后在《中央半月刊》《时事月报》等刊发表文章，出版论著《土耳其革命史》（上海民智书局，1928 年）、《各国对中国的不平等条约》（上海世界书局，1929 年），译作《国家主义之历史观》（古奇·G. P. 原作。上海商务印书馆，1926 年）等亦署。②程沧波，见于随笔《新时代的新闻记者》，载 1940 年金华《战时记者》第 2 卷第 9 期。嗣后在《新人生》《外交评论》《世界日报》《政治评论》《民意周刊》《政论旬刊》《苏讯》《学生月刊》《中央周刊》《中央日报》《中国新闻学会年刊》《星岛日报》《新闻报》等报刊发表文章，出版《沧波文选》（台北文星书局，1964 年）亦署。③沧波，见于《欢迎各地学校代表到京》，载 1936 年南京《中央时事周报》第 5 卷第 2 期。嗣后在该刊发表《请全国国民表示力量》《哀章太炎先生》等文亦署。④沧波居士，署用情况未详。

程苌碧，生卒年不详，安徽黟县人。原名程忠，字心中，号心丹。笔名程苌碧，见于旧体诗《题鸱雏菊影记传奇》《赠亚子》《咏镜》《题亚子分湖旧隐图》，载《南社丛刻》第 15 集；散文《听英国古乐记》《与胡朴庵论文书》，载《南社丛刻》第 16 集。

程崇信（1864—1933），湖南衡阳人，字载传，号二溟，别号半芋居士、乌台旧吏。晚号半芋翁、天鬻老人。笔名程崇信，出版有《读左随笔》《春秋穀梁汇义》《王氏诗补笺释》等著作。

程大千（1912—1979），原名程沧，字大千。笔名：①司马訏，抗战时在成都《新民报晚刊·出师表》发表小品文署用。见于散文《迎夏忆语》，载 1943 年 5 月重庆《国风》半月刊第 13 期。嗣后在该刊及上海《新民报晚刊》《论语》《清明》等报刊发表小说、杂文等，出版散文集《重庆客》（重庆万象周刊社，1944 年）、《重庆旁观者》（重庆亚洲图书社，1946 年），中篇小说《重庆奇谭》（上海中心书局，1947 年）等亦署。②史果，1956—1959 年在上海《新民晚报》连载《胭脂》《拉郎配》等小说，出版《槐荫树》（上海四联出版社，1955 年）、《胭脂》（北京出版社，1957 年）、《拉郎配》（北京出版社，1957 年）、《金沙滩》（上海文化出版社，1957 年）、《女将穆桂英》（中华书局，1959 年）、《罗成》（中华书局，1962 年）、《岳家庄》《岳云》《余赛花》《四川白毛女》等亦署。③山雨，1956—1959 年在上海《新民晚报》连载小说《解皇饷》《蟋蟀鸣》《刘海砍樵》等，出版《解皇饷》（北京出版社，1957 年）、《蟋蟀鸣》（北京出版社，1957 年）、《哪吒》（天津美术出版社，1957 年）、《刘海砍樵》（北京出版社，1958 年）等亦署。

程代熙（1927—1999），重庆人。原名程代曦，字晓风。笔名：①晓风，20 世纪 40 年代在上海《新民报》发表《写在饥饿队伍的前面》等诗、译诗署用。②程代熙，1949 年后出版论著《文艺问题论稿》（上海文艺出版社，1979 年）、《艺术家的眼睛》（陕西人民出版社，1982 年）、《马克思主义与美学中的现实主义》（上海文艺出版社，1983 年）、《海棠集》《理论风云录》，译作《我们亲眼看见的苏联》（上杂出版社，1952 年）、《一个斯达哈诺夫工作者的笔记》（苏联杨金原作。上海文光书店，1952 年）、《普列汉诺夫美学论文选》（陕西人民出版社，1983 年）等署用。③弋人、人弋，1966 年前在《光明日报》发表文章署用。20 世纪 80 年代在《马克思恩格斯美学思想论集》发表文章亦署。按：1939 年 12 月 1 日上海《宇宙风》第 85 期发表杂文《冤禽琐语》之弋人另有其人。④何曾，在《马克思主义文艺理论研究》第 3 卷发表文章署用。⑤山城客，署用情况未详。

程鼎声，生卒年不详，浙江金华人。曾用名程鼎晟。笔名程鼎声，出版译作《诗的原理》（日本荻原朔太郎原作。上海知行书店，1933 年）署用。

程鼎兴（1904？—1933），浙江金华人。笔名：①程鼎兴，见于诗《春夜的花园》《被污的心》《清晨》，载 1925 年上海《少年》月刊第 15 卷第 4 期；《清明送诸友游西湖》，载 1925 年 4 月 17 日上海《民国日报·觉悟》。1937 年在上海《青年界》第 11 卷第 1 期发表《初学作文者的通病》、在《青年界》第 12 卷第 1 期发表《海月楼日记》亦署。②鼎兴，见于《卖甘蔗的孩子》，载 1925 年 11 月 13 日《民国日报·觉悟》。

程发轫（1894—1975），湖北大冶人，字旨云。笔名程发轫，出版（发表）《国学概论》《中国正统学术思想》《春秋要领》《春秋左氏传地名图考》《成吉思汗生卒年月考》《中俄国界图考》以及《程发轫教育文集》等著作均署。

程关森（1931— ），江西乐平人。1947 年开始发表作品。笔名：①黔山松，署用情况未详。②程关森，发表散文《火红的晚霞》《清廉大佛》，报告文学《燃烧的人生》《八把银壶》，出版散文集《深山短笛》（江西人民出版社，1986 年）、《清廉大佛》（人民日报出版社，1989 年）、《笔走天涯》《龙虎山三绝》与报告文学集《张果喜的龙年》《江洗之路》《正气歌》《今晚，星光灿烂》等均署。

程光锐（1918—2013），江苏睢宁人。笔名：①程边，见于诗《雷雨颂》，载 1947 年上海《诗创造》第 4 期《饥饿的银河》。嗣后出版诗集《小萝卜》（上海交通书局，1948 年）亦署。②程光锐，见于诗《法西斯刽子手杜鲁门》，载 1950 年《人民周报》第 9 期。嗣后发表诗文，出版歌曲集《歌唱雷锋》（秦西炫作曲。上海文艺出版社，1963 年）、《伽椰琴，你多少弦》（马可作曲。音乐出版社，1964 年）、《绿色的丛林——绿色的海洋》（李焕之作曲。音乐出版社，1964 年）、《保卫古巴》（时乐濛作曲。音乐出版社，1964 年）、《风雷之歌》（晓河作曲。音乐出版社，1964 年），旧体诗词集《友声集》（云南人民出版社，1980 年），诗集《不朽的琴弦》（江苏人民出版社，1981 年）等亦署。③禾君、徐流，署用情况未详。

程华魂，生卒年不详，安徽休宁人，字光泽。笔名程华魂，见于旧体诗《夜宿》《重来》《官道》《辍读》《过都昌》《闻子美殁》，载《南社丛刻》第15集。

程家骥，生卒年及籍贯不详。笔名禾子，20世纪40年代在江西报刊发表诗文署用。又见于《渝郊民谣》，载1946年3月1日重庆《新华日报》。

程嘉哲，生卒年及籍贯不详。笔名：①程嘉哲，出版曲艺剧《张桂容》（与孙芋合作。北京大众出版社，1955年）及《九歌新注》（四川人民出版社，1982年）、《天问新注》（四川人民出版社，1984年）、《屈原吟踪漫记》（与刘深合作。重庆出版社，1992年）等署用。②刘及远，见于《王顺宗和地主斗法记》，载1951年《人物杂志》第6卷第4期。

程靖宇，生卒年不详，安徽休宁人，生于湖南衡阳，号檐樱室主。笔名：①程靖宇，见于随笔《〈论语〉来北平了》，载1947年上海《论语》第124期。嗣后在该刊及上海《宇宙风》《宇宙风乙刊》等刊发表文章，出版《新文学家回想录》（与陈从周《徐志摩年谱》合集。台北文海出版社有限公司，1983年）亦署。②今圣叹，1959年在香港《中国人》周报发表文章，出版《新文学家回想录》（上海文化生活出版社，1977年）亦署。

程侃声（1908－1999），湖北安陆人，字鹤西。笔名：①程侃声，见于小说《揭晓》，载1924年9月28日北京《晨报副镌》；诗《城上》，载1926年5月6日《晨报诗镌》。嗣后在《科学》《国立北平大学学报农学专刊》《新湖北季刊》《云南建设》《中国棉业》等刊发表农业科学论文，出版《农业社怎样作试验》（云南人民出版社，1958年）、《程侃声稻作研究文集》（云南科技出版社，2003年）、《鹤西文集》（云南美术出版社，2003年）等亦署。②鹤西，1926年开始署用。见于译诗《莲馨花》（英国罗伯特·赫里克原作），载1927年上海《北新》第2卷第1期。嗣后在《晨报副镌》《沉钟》《小说月报》《文学季刊》《华北日报》《新中华报》《世界日报》《骆驼草》《水星》《文学杂志》《贵州日报·新垒》《文艺复兴》等报刊发表著译诗、散文，出版翻译小说《红笑》（苏联安德列耶夫原作，与骏祥合译。南京岐山书店，1929年），诗文集《野花野菜集》（1987年自印），散文集《初冬的朝颜》（上海书店出版社，1997年）亦署。③程鹤西，见于译文《什么是亚浦洛摩夫式的生活》（俄国杜布柔留薄夫原作），载1930年上海《小说月报》第21卷第8期。嗣后在《文艺月刊》《人间世》《文饭小品》《新诗》《文学杂志》《文艺复兴》等刊发表诗、散文，出版翻译小说《镜中世界》（英国卡莱尔原作。上海北新书局，1929年）、《梦幻与青春》（原名《洛蒂加》，德国海耶斯原作。上海春潮书局，1929年）亦署。④侃声，见于译文《棉林嫁接试验》，载1932年《中华棉产改进会月刊》第1卷第6、7期合刊。

程康定（1920－1995），河南邓州人，生于湖北老河口。别署凯蒂（书信中署用）。笔名：①瘦钢，1940年前后开始在《阵中日报·台儿庄》发表诗作署用。②程康定，见于诗《"桃色的云"》，载1943年3月10日桂林《青年文艺》第1卷第4期；诗《小城》，载1947年上海《新诗歌》创刊号。③康定，见于诗《墓志铭》，载1944年重庆《青年文艺》新1卷第3期。此前后在重庆《大公报·战线》《新蜀报·蜀道》、上海《诗创造》《文讯》《文艺春秋》及天津、河南、四川等地报刊发表诗作，出版诗集《掘火集》（上海星群出版公司，1947年）、《枫叶红了的时候》（与沈明等合集。天津昆仑诗社，1996年）亦署。④闻弓，见于诗《我走在街上》，载1948年上海《诗创造》第2卷第3辑《做个勇敢的人》）。

程力夫（1920－2010），福建福州人。原名程贤达。笔名：①程力夫，1936年开始在福建《东南日报》《福建民报》、桂林《大公报·文艺》及《前线日报》《南方日报》等报纸副刊发表诗、散文、小说署用。见于诗《流亡低唱》，载1941年7月14日桂林《大公报·文艺》；书评《创作途径——介绍艾芜〈文学手册〉》，载1948年3月4日、5日《星闽日报·星瀚》，1949年后出版《文学常识》（福建人民出版社，1957年）、《初中语文教学手册》六册（福建人民出版社，1984－1985年）、《全国名校作文大观·福建卷》（与刘国正、吴廷迈合编。开明出版社，1993年）等亦署。②张庚，1944年起在《南方日报》《星闽日报》等报发表《哭潘琰》《看不见活力》等诗、散文署用。见于诗《我问》，载1947年10月14日《星闽日报·星瀚》。③笠夫，见于诗《我是一个穷光蛋》，载1947年9月20日《星闽日报·星瀚》。嗣后在该刊发表诗《活着为了什么？》等亦署。④牛凡陀，见于诗《希望》，载1948年2月5日福建《星闽日报·星瀚》。嗣后在该刊发表诗《为了歌后》《青年节献歌》《儿童节献歌》等亦署。

程履泳，生卒年及籍贯不详。笔名涌言，20世纪30年代初在福建莆田《心之窗》月刊发表文章署用。

程乃猷（1876－？），江苏宜兴人，字谷津、国钧，号寄园。笔名程乃猷，出版有《五经新说》《四书异义》《读史杂论》等著作。

程千帆（1913－2000），湖南宁乡人。原名程会昌，字平帆、伯昊，号闲堂。曾用名程逢会。笔名：①程会昌，见于评论《戴望舒著〈望舒草〉》，载1933年《图书评论》第2卷第3期。嗣后在该刊及《文学院季刊》《图书馆学季刊》《文史杂志》《中国文艺》《国文月刊》等刊发表《少陵先生文心说》《论"文言"的习作》《与徐哲东先生论南山诗记》《诗辞代语缘起说》等文亦署。②千帆，见于诗《严冬玄武湖泛舟作》，载1934年《大道旬刊》第17期。同期在该刊及《文艺月刊》等刊发表《李义山论》《刹那之恋》《赠答题五章》等诗文亦署。③左式金，1934年在南京《新京日报·春风周报》

发表抨击王平陵的文章署用。④程千帆，见于评论《西昆诗派述评》，载1935年南京《文艺月刊》第7卷第6期。嗣后在该刊及《青年界》《中国诗艺》《新中华》等报刊发表文章，出版专著《目录学丛考》（上海中华书局，1939年）、《文学发凡》（金陵大学，1943年）、《文论要铨》（上海开明书店，1948年）、《文学批评的任务》（中南人民文学艺术出版社，1953年）、《古典诗歌论丛》（与夫人沈祖棻合作。上海文艺联合出版社，1954年）、《关于文艺批评的写作》（湖北人民出版社，1955年）、《唐代进士行卷与文学》（上海古籍出版社，1957年）、《古诗考察》及《两宋文学史》（与他人合作），诗集《闲堂诗存》《沈祖棻程千帆新诗集》（夫妇合集）等亦署。⑤杨之水，见于特写《难民之歌》，载1937年天津《国闻周报》第14卷第40期；随笔《扩展你的火炬之光》、诗《响应》，载1947年重庆《文艺先锋》第11卷第3、4期合刊。⑥平凡，署用情况未详。

程善之（1880－1942），安徽歙县人。原名程庆余，字善之、行安，号尘盦、小斋、一粟。笔名：①善之，1904年在《安徽俗话报》发表文章署用。嗣后在《国民》《女子世界》等刊发表文章亦署。②程善之，见于词《长亭怨慢·杨花》，载1914年《香艳杂志》第2期；随笔《与瞿禅论词书》，载1933年《词学季刊》第1期。嗣后出版小说《短篇小说》（江南印刷厂，1914年）、《倦云忆语》（上海江南书局，1914年）、《儿时》（上海文明书局，1917年）、《小说丛刊》（上海江南印刷厂，1922年）、《骈枝余话》（1922年自印）、《残水浒》（镇江新江苏报馆，1933年），评论集《程善之先生时评汇刊》（镇江新江苏报馆，1934年），随笔集《清代割地谈》（成都昌福公司，1917年）、《文字初怳》（上海有正书局，1918年），以及《印度宗教史论略》等亦署。③善之生，署用情况未详。

程少怀，生卒年及籍贯不详。笔名：①程少怀，见于诗《新声》，载1928年2月19日上海《文学周报》第304期。嗣后在《文学周报》《小说月报》《创造月刊》《黄河》等刊发表诗文，出版诗集《流浪者的歌曲》（上海启智书局，1929年）亦署。②少怀，见于诗《火焰般的生命》，载1928年上海《创造月刊》第2卷第3期。嗣后在《现代小说》《日出》《引擎》《萌芽》《读书月刊》等刊发表诗文亦署。③西华，署用情况未详。

程士荣（1926－2005），陕西高陵人。笔名：①程士荣，创作有歌剧剧本《小两口》《破奸案》，话剧剧本《周有才》《雪山风云》，电影文学剧本《红河激浪》《黄河飞渡》《西安事变》《红色医生》（均与他人合作）等。②顾昔、史溶，署用情况未详。

程树德（1877－1944），福建福州人，字郁廷、郁庭。笔名程树德，出版《国际私法》（1906年）、《汉律考》（1919年）、《九朝历考》（1925年）等署用。1949年后出版国学著作《论语集释》（中华书局，1990年）及法学著作、史学译作亦署。

程漱云，生卒年及籍贯不详。笔名：①漱云，见于

诗《李慧中自杀》，载1924年7月5日上海《民国日报·觉悟》）。②程漱云，见于诗《流水》，载1924年7月14日《民国日报·觉悟》。

程率（shuài）**真**（1908？－？），河南临颍人。原名程守道。笔名：①程守道，见于评论《读宗白华的〈流云〉——诗林概评之一》，载1927年3月3日开封《新中州报·飞霞三日刊》。同年3月在《新中州报·飞霞创作刊》第6—8期发表诗《伯牙碎琴》《我梦中见你，我的魂——梦魂的漂泊》等署用。②程率真，见于诗《春》，载1935年郑州《大华晨报·中原文艺》第1卷第7期；随笔《文艺茶话——文艺和时代》，载1935年郑州《大华晨报·跋涉》第1期。此前后在上述两刊及郑州《大华晨报》副刊《沙漠诗风》《新诗世纪》《跋涉》、开封《文艺月报》《青春诗刊》《海星月刊》《山雨月刊》《黄流月刊》等报刊发表随笔《文艺茶话——中国文坛小影》《文艺茶话——生活决定内容》《谈诗随笔》、评论《艺术和诗》《诗的性质》《论诗韵》、诗《我们为什么歌唱？》《一只神奇的手》《动的一切》《如是我歌》、长诗《郑清水》、散文《还乡杂记》《〈中原文艺〉周年纪念献词》等亦署。

程颂万（1865－1932），湖南宁乡人，字子大、鹿川，号十发。别号鹿川田父。晚号十发居士、十发老人。笔名程颂万，著有《程典》《十发庵丛书九种》《十发庵集字楹帖》《十发庵楹联集存》《楚望阁诗集》《石巢诗集》《十发庵类稿》《美人长寿庵词》《定巢词》等。按：上海著名画家程十发（1921－2007），本名程潼，与程颂万（号十发）非同一人。

程天放（1899－1967），江西新建人，生于浙江杭州。原名程学愉，字天放、佳士，号少芝。曾用名程时然。笔名：①程学愉，见于评论《德意志之新宪法》，载1922年上海《东方杂志》第19卷第22期。嗣后在上海《复旦学报》发表文章亦署。②程天放，见于通讯《加拿大华侨概况》，载1926年11月25日上海《东方杂志》第23卷第22期。嗣后在《中央半月刊》《安徽教育》《河南教育》《中央党务月刊》《浙江建设》《国民会议特刊》《中华教育界》《中央周刊》《政治评论》《中国出版》《广播周报》《时代公论》《国际与中国》《中央时事周报》《党义研究》《读书通讯》《东方文化》《黄埔》《军事与政治》《新政治》《三民主义半月刊》《社会评论》《教育通讯》《华侨评论》《旅行杂志》《正义》等报刊发表文章，出版《宪法与教育》（上海正中书局，1946年）、《四史》（成都书局，1942年）、《美国论》（台北正中书局，1960年）、《程天放早年回忆录》（台北传记文学出版社，1968年）、《使德回忆录》《中苏关系史》，主编《国父思想与近代学术》（台北正中书局，1965年）等亦署。

程万孚（1904－1968），安徽绩溪人。原名程家甲。笔名程万孚，见于《故乡》，载1934年天津《国闻周报》第11卷第26期。嗣后在该刊及天津《大公报》、上海《华安》等报刊发表《芬妮》《欧游杂忆》《大街

上的散步》等文，出版翻译散文集《柴霍夫书信集》（俄国契诃夫原作。上海亚东图书馆，1931年），翻译故事《西藏的故事》（英国谢尔顿原作。上海亚东图书馆，1931年）亦署。

程文楷，生卒年不详，江苏仪徵（今仪征市）人，字仲清。笔名程文楷，著有《兰锜词》（1927年）。

程西铮（1907－1984），陕西西安人。曾用名程希生。笔名：①程希生，见于评论《"革命文学"运动与陕西青年》，载1924年《共进》杂志第66期。②希生，见于评论《黄河流域革命怒潮之飞涨与陕西青年运动》，载1926年《共进》第99期。嗣后在该刊第102期发表《最近之广东国民政府》一文亦署。③西铮，见于评论《文艺唯物的辩证》《中国文坛转变中之实际问题》，分别载于1929年西安《渭潮》月刊第3期、第94期。此前后在西安《枯树》《中山日报·文学》《老百姓报》《工商秦风报联合版》《唤起月刊》《经世月刊》等报刊发表文章亦署。④程西铮，见于随笔《遣字造句异成篇》，载1945年《经世月刊》第1期。⑤克潞、克洛夫，署用情况未详。

程希文，生卒年及籍贯不详。笔名天籁生，见于长篇小说《睡山虎》，1932－1945年出版于长春。

程先甲（1872－1932），江苏江宁（今南京市）人，字鼎丞、一夔、乙夔。笔名：①程先甲，出版有《选雅》《选学管窥》《选学源流记》《金陵赋》《广续方言》《广续方言拾遗》《程一夔文集》《千一斋全书》等。②百花仙子，署用情况未详。

程小青（1893－1976），上海人。原名程福林，字青心，号茧翁。曾用程辉斋。笔名：①程小青，见于小说《灯光人影》，载1914年上海《新闻报·快乐小品》。嗣后在《东方杂志》《小说世界》《半月》《最小报》《学生杂志》《小说月报》《学术界》《快活》《游戏世界》《星期》《侦探世界》《红杂志》《小说日报》《红玫瑰》《新上海》《紫罗兰》《社会之花》《太平洋画报》《旅行杂志》《文华》《民众生活》《珊瑚》《金钢钻月刊》《社会月报》《万象》《橄榄》《乐观》《大众》《永安月刊》《春秋》《万岁》《西点》《新侦探》《中美周报》《蓝皮书》等报刊发表侦探小说、评论、随笔、译作等，出版小说《倭刀记》（上海商务印书馆，1920年）、《东方福尔摩斯探案》（上海大东书局，1926年）、《舞女血》（上海文华美术图书印刷公司，1933年）、《珠项圈》（上海世界书局，1941年）、《舞后的归宿》（上海世界书局，1941年）、《霍桑探案》，电影剧本《雨夜枪声》《故城风云》，翻译小说《福尔摩斯探案大全集》（英国柯南·道尔原作。上海世界书局，1927年）、《世界名家侦探小说集》（美国莱特辑。上海大东书局，1931年）、《福尔摩斯探案》（英国柯南·道尔原作。桂林南光书局，1943年）、《斐洛凡士探案》《奎宁探案》《圣徒奇案》《陈查理探案》等亦署。②小青，见于翻译小说《夫妇之秘密》，载1914年11月上海《礼拜六》第22期。嗣后在《小说海》《小说大观》《春声》《中华小说界》

《妇女时报》《小说时报》《小说月报》《学术界》《小说日报》《新上海》《太平洋画报》《民众生活》《珊瑚》《橄榄》等刊发表著译文亦署。③青，见于随笔《冰天雪地的学童》，载1923年上海《小说世界》第1卷第3期。④卖橄榄者，见于随笔《卖橄榄引言》，载1938年10月10日上海《橄榄》创刊号。嗣后在该刊发表随笔《新岁与预言》亦署。⑤金铿，抗战时为上海国华影片公司编电影剧本署用。⑥茧翁，抗战时在上海《新闻报》《新闻晚报》发表小品文署用。

程晓村（1913－1941），曾用名程翊、路马。笔名路马，出版有《路马诗集》。其所作诗9首编入《革命烈士诗抄续编》，署名"程晓村"。

程心芬（1912－？），河北保定人。笔名：①程心芬，见于随笔《文章作法》，载1934年上海《论语》第49期；随笔《妙文欣共赏》，载1936年上海《逸经》第12期。同时期在上海《众志月刊》《上海漫画》《文艺战线》《艺风》等刊发表《评〈望舒草〉》《小影自题》《只有她愿》等文亦署。②心芬，见于随笔《北平的公寓》，载1935年上海《人间世》第31期。③程心芬，见于诗《我几经车马的蹂躏》，载1940年北平《中国文艺》第3卷第1期。嗣后在该刊发表诗《秋之颂》、小说《一套旧西服的价值》、评论《评林语堂〈瞬息京华〉》等亦署。④心扮（"心芬"之误植），见于小说《多元论的失败》，载1941年北平《中国文艺》第3卷第5期。⑤心扮，见于独幕剧《新婚之夜》，载1941年北平《中国文艺》第4卷第1期。⑥程心扮（"程心芬"之误植），见于小说《田园的悲哀》，载1941年《中国文艺》第4卷第3期（该刊正文署用"程心汾"）；小说《天宿镇》，载1943年日本大阪《华文大阪每日》第10卷第3期。⑦程心汾，见于小说《王经理》，载1941年《中国文艺》第4卷第4期。同年在该刊第4卷第5期发表小说《田园的悲哀（续）》亦署。⑧逗分，见于小说《比邻》，载1943年《中国文艺》第9卷第3期。⑨程心芬，见于小说《潦倒的巅崖》，载1942年《中国文艺》第7卷第1期（该刊正文署名"程心扮"）。⑩呈分、逗莱、程彬，20世纪40年代在北平报刊发表诗文署用。

程省（xǐng）**三**（1913－？），江苏宜兴人，号盘铭。笔名：①般（pán）皿，20世纪30－40年代在湖北恩施《新湖北日报》副刊发表小说《重逢》《五百元》，在新湖北文艺委员会《文艺周刊》发表小说《二先生》《上尉领事》，在《中央团部青年训练导报》发表剧本《凌云壮志》署用。同时期在汉口《湖北日报》《读书半月刊》等报刊发表文章亦署。②白力士，署用情况未详。

程秀山（1912－1982），江苏宜兴人。笔名：①程秀山，见于论文《史坦尼体系和生活》，载1942年7月29日重庆《新华日报》；通信《华东、华北文艺工作点滴》，载1949年延安《群众文艺》第8期。1949年后出版歌剧《向阳河干了的时候》（与刘文泰合作。陕西人民出版社，1955年）、小说集《桑巴久周》（青海人民出版社，1956年）、电影剧本《草原风暴》（与王吾增合作。中国电影出版社，1960年）等亦署。②王华、马光瑞、霍兆芳，署用情况未详。

程演生（1888－1955），安徽怀宁（今安庆市）人。原名程存材，字源铨、总持，号天柱外史、寂寞程生。笔名：①程演生，见于《赠马浮》，载1905年《甲寅》第1卷第8期；诗《挽志摩君乘飞艇遇难》，载1932年天津《国闻周报》第9卷第4期。此前后在《新青年》《外交部公报》《军事杂志》等刊发表诗文，出版《太平天国史料》（北京大学出版部，1926年）、《圆明园考》（上海中华书局，1928年）、《模范文选》（上海亚东图书馆，1933年）、《东行三录》（上海神州国光社，1947年）、《明武宗外纪》（上海神州国光社，1947年）等亦署。②寂寞程生，见于小说《西冷异简记》，载1905年《甲寅》第1卷第9、10期。

程仰之（1901－1950），安徽绩溪人。原名程景贤，字仰之。曾用名程憬。笔名：①憬，见于诗《一些清爽的孩子》，载1921年《浙江第一师范十日刊》第7期。②程憬，见于诗《感激极了》，载1921年3月29日《浙江第一师范十日刊》"纪念号"。③程仰之，见于随笔《王安石与司马光》，载1942年成都《文史杂志》第2卷第1期。嗣后在《说文月刊》《读书通讯》《书报精华》等刊发表《古神话中的水神》《古蜀的洪水神话与中原的洪水神话》《中国古代神话研究自序》等文，出版论著《中国战时学术》（与孙本文、王平陵等合集。上海正中书局，1946年）等亦署。

程一戎（1910－？），浙江遂昌人。笔名：①绮丛，1929年在上海《时事新报·青光》发表小品文署用。②故我、项邨、干戈、天定、从戎、程早、程远、王十戈、王加和、万大林、尹伊君、项村人、陈绮丛、程大路、程似锦、项村次郎，1930年后在杭州《民国日报·沙发》《国民新闻·热水瓶》《西湖文苑》等报刊发表小品文署用。③朱珠，见于随笔《文坛小盆景》，连载于1932年杭州《民国日报·沙发》；通讯《浙江文艺界的现况》，载1935年《浙江青年》第1卷第3期。④程一戎，见于诗《战争》，载1932年杭州《小说月刊》第1卷第1期；散文《上海印象记》，载1933年2月16日上海《申报·自由谈》。嗣后在《黄钟》《国闻周报》《文艺月刊》《浙江青年》《民国日报·沙发》《浙瓯日报·〈保卫领空〉公演特刊》等报刊发表诗、散文、译作等亦署。⑤程乙，1932年在杭州与沈从文、高植、林庚合编《小说月刊》署用。⑥王和，见于随笔《读书随笔》，载1933年3月23日《申报·自由谈》。同年7月19日在该刊发表《谈谈所谓"四库珍本"的选目》一文亦署。⑦程前，见于随笔《全运会之闹账》，载1933年杭州《越国春秋》第39期。⑧戈哥，见于《二颗心在春天里》，载1934年上海《沪大月刊》第2卷第3、4期合刊。嗣后出版小品文集《给

男人们》（杭州苍山书店，1935年）亦署。⑨程途，出版《革命先烈故事集》（南京正中书局，1936年）署用。⑩朱古律，1937年后在《浙江日报》《方岩人报》《大明报》《海防前哨》等报发表小品、随笔署用。

程应镠（1916－1994），江西新建人，字仲武。曾用名上官灵。笔名：①程应镠，见于随笔《我们的西北》，载1934年南昌《汗血周刊》第2卷第8期。1949年后出版随笔集《南北朝史话》（北京出版社，1979年）、传记《范仲淹新传》（上海人民出版社，1986年）、《司马光新传》（上海人民出版社，1991年），论著《流金集》（上海古籍出版社，1995年），编选《宋史研究论文集》（与邓广铭合编。上海古籍出版社，1982年）等亦署。②徐芳，见于小说《荷姑》，载1936－1937年间北平《大学艺文》。③流金，见于小说《玉石井的风波》，载1937年5月《大公报·星期文艺》；随笔《绥游片断》，载1937年上海《新中华》第5卷第9期。嗣后在《战地》《文艺阵地》《黄河》《文讯》《中建》《今日评论》《上海周报》《北战场》《人世间》《青年作家》《燕京新闻》《展望》《中国女青年》《经纬月刊》《时与潮文艺》《京沪周刊》《时与文》《中央日报周刊》《中国建设》《启示月刊》等报刊发表小说、散文、评论等，出版小品文集《一年集》（上海文化生活出版社，1949年）亦署。④况且，见于杂文《痴人说梦》，载1948年上海《时与文》第3卷第16期。

程育真（1921－？），上海人。笔名：①大青，抗战时期在上海《新闻报》《新闻夜报》等报刊署用。②程育真，见于散文《南京路上》，载1941年上海《乐观》月刊第2期；散文《流泉曲》，载1942年上海《万象》第2卷第2期。嗣后在上海《小说月报》《永安月刊》《紫罗兰》《中艺》《万岁》《大众》《春秋》《潮流》《第二代丛刊》《少女》《幸福世界》《启示》《新侦探》《中美周报》等报刊发表小说、散文等，出版小说散文集《天籁》（上海日新出版社，1947年）亦署。

程远（1923－2000），陕西临潼人。原名程启佑。曾用名程辽光、程遐光、程志华。笔名程远，见于小说《蚜虫》，载1943年《抗战文艺》第8卷第3期；随笔《望瓶充饥》《饭桶骂饭桶》，载1947年秋晋绥日报·文艺。嗣后在《晋绥日报·文艺》及西安《群众日报·文艺》发表《逍遥翁的遭遇》《青年侦察员李生鼎》等文，出版长篇小说《药王孙思邈传奇》（人民文学出版社，2001年）亦署。

程云（1920－2011），安徽灵璧人。原名马立杰。笔名：①禾得雨，1937年起发表作品署用。见于系列杂文《艺苑漫步》，连载于20世纪50年代《武汉晚报》。②程云，出版话剧《劈金匾》（上海杂志公司，1950年）署用。1956年1月后发表作品，出版歌剧《向秀丽》（湖北人民出版社，1959年）、《刘介梅》（与他人合作），京剧《闯王旗》（湖北人民出版社，1978年），童话剧《小铁脑壳历险记》等办署。

程造之（1914－1986），上海人。原名程兆翔。笔名：

①韶紫，抗战前在崇明《崇民报·微波》署用。②程兆翔，见于散文《初秋》，载1935年上海《青年界》第8卷第2期；散文《疤痕》，载1935年上海《新人》第3卷第36期。嗣后在《光明》《中流》《新中华》《文学》《国闻周报》《读书青年》《大公报》《武汉日报》《时代日报》等报刊发表小说、剧本、报告等亦署。③程造之，见于论文《娄东派画人四王恽吴概论》，载1935年《江苏研究》第1卷第5期。嗣后在该刊及《文坛月报》《时代日报》《中国建设》《文艺春秋》《小说月刊》等报刊发表小说、随笔、评论等，出版长篇小说《地下》（上海海燕书店，1940年）、《沃野》（重庆海燕书店，1941年）、《烽火天涯》（上海海燕书店，1946年）、《黄浦春潮》（上海文艺出版社，1960年），中篇小说《幸福门》（上海文化生活出版社，1956年），短篇小说集《草滩上的黄昏月》（宁夏人民出版社，1986年）等亦署。

程瞻庐（1879—1943），江苏吴县（今苏州市）人。原名程文枢，字观钦，号瞻庐、南园、望云居士。笔名：①程瞻庐，见于小说《新旧家庭》，载1920年上海《小说月报》第11卷第1、2期。嗣后在《快活》《红杂志》《侦探世界》《小说日报》《红玫瑰》《新鲁日报》《新上海》《太平洋画报》《紫罗兰》《社会日报》《文华》《珊瑚》《金钢钻月刊》《社会月报》《永安月刊》《大众》等刊发表小说、随笔等，出版小说集《瞻庐小说集》（上海世界书局，1926年），长篇小说《茶寮小史》（上海商务印书馆，1920年）、《葫芦》（上海世界书局，1929年）、《健忘国》（上海大众书局，1933年）、《嫁后光阴》（上海文艺书局，1939年）、《滑头国》（上海大众书局，1940年），中篇小说《风月泪史》（奉天东方书店，1939年），弹词《明月珠弹词》（上海商务印书馆，1928年）、《孝女蔡蕙弹词》（上海商务印书馆，1928年），1949年后出版《唐祝文周四杰传》（海峡文艺出版社，1985年）、《新广陵潮》（扬州广陵古籍刻印社，1989年）等亦署。②瞻庐，见于《石岩室谭助》，载1911年《进步》第1卷第2期。嗣后在《小说月报》《中华小界界》《小说丛报》《双星杂志》《新上海》《新闻报》《国闻周报》《红玫瑰》《江苏省立苏州图书馆年刊》等刊发表小说、随笔等，出版《鸳鸯小印》（上海中华书局，1916年）等亦署。按：程瞻庐尚著有《黑暗天堂》《写真箱》《街谈巷语》等作品，刊行与署名情况未详。

程兆熊（1907—2001），江西贵溪人，字苕浪。笔名程兆熊，见于随笔《清明在躬脚踏实地》，载1940年《浙江省地方行政干部训练团团刊》第12期；随笔《一艘哥伦布的船》，载1941年《黄埔》第6卷第19、20期合刊。1943年在上海《旅行杂志》发表随笔《川黔考察随笔》《诸葛武侯在云南》等，1949年后在台湾出版《中国文化大义——中国农业与农民之文化之省察》（1955年）、《诗经讲义》（1962年）、《中国文论》（1964年）、《中国庭院的建筑》（1969年）、《寒山子与寒山诗》（1977年）等亦署。

程铮（1914—？），江苏宜兴人。原名程金生。笔名程铮，见于《锣声》，载1934年上海《中学生文艺》第1期下册；《春郊》，载1936年上海《青年界》第9卷第3期。嗣后在《回教大众》《文艺青年》《大公报》《华北日报》《现代读物》《时事新报》《文学》《文艺月刊》《文艺》《文艺新潮》《诗创造》《文艺先锋》《文艺杂志》《天下文章》《武汉日报》《学生杂志》等报刊发表诗、散文等，出版诗集《风铃集》（重庆独立出版社，1943年）、《憧憬集》（重庆商务印书馆，1945年），散文集《塔寺居》（贵阳文通书局，1947年），儿童读物《新爱的教育——儿童日记》（与汪子美合作。上海建国书店，1946年）等亦署。

程朱溪（1906—1952），安徽绩溪人。原名程家丁。笔名：①程朱溪，见于记录《中西戏剧之比较》（冰心讲演，与傅启学合记）、《中国人才产生地》（张耀翔讲演，与李竞何合记），载1926年北京《晨报副镌》第62期；随笔《我们需要新的歌》，载1938年《抗战文艺》第3卷第2期。嗣后出版小说集《紫色炸药》（上海中华书局，1937年）亦署。②朱溪，见于翻译小说《两个好胜青年的悲剧》（英国哈代原作），载1929年上海《人间月刊》第1期；小说《紫色炸药》，载1933年天津《国闻周报》第10卷第41期。此前后在上述两刊及《人民评论》《东方杂志》《文艺月刊》《文学季刊》等刊发表小说、散文等，出版散文诗集《天鹅集》（上海人间书店，1928年），翻译小说《裁判官的威严》（法国法朗士等原作。上海北新书局，1928年）、《草原上》（苏联高尔基原作。上海人间书店，1928年）、《决斗》（俄国契诃夫原作，与张友松合译。上海北新书局，1929年），翻译散文集《契诃夫随笔》（与章衣萍合译。上海北新书局，1929年）等亦署。③逸，署用情况未详。

程灼如（1924—2018），安徽休宁人，生于江苏南通。曾用名程厚涛、程止尘。笔名：①朱言义，见于杂文《论史杂话》，载1944年南通《北极》第4卷第3期。②王家楼，见于杂文《读书死》，载1944年8月22日南通《江北日报·副刊》。嗣后在南通《江北日报》副刊《诗歌线》《副刊》《译文》及《北极》杂志等发表诗、杂文和译作亦署。③侯海全，见于译文《〈倪焕之〉日译本序》（日本竹内好原作），载1945年3月3日《江北日报·散文》。④郑爵唐，见于杂文《笔杆儿》，载1945年5月9日《江北日报·副刊》。⑤郑爵叙，见于杂文《因"寡妇院"想起》，载1945年6月30日《江北日报·散文》。在《江北日报·诗歌线》发表《战士》《夜巷一瞬》等诗亦署。⑥丁彦彬，见于杂文《邮致数屏先生》，载1945年7月6日《江北日报·副刊》。⑦侯全仁，见于译作《夜钓》（日本松井寿一原作），载1945年8月2日《江北日报·译文》。⑧丁偃，见于杂文《火神菩萨生日》，载1945年8月4日《江北日报·副刊》；译作《荒都之中》（日本吉田弦二郎原作），载1945年《江北日报·译文》。⑨其尤，见于散文《新秋》，载1945年8月25日《江北日报·散文》。嗣后在《江北日报·诗歌线》《苏报（南通版）·田野》发表诗《八月底写的》《秋夜雨》、杂文《读报杂感》等亦署。⑩陶原，见于诗《一家》，载 1945 年 9 月 3 日《江北日报·诗歌线》。⑪家梾，见于诗《像是新年》，载 1945 年 9 月 10 日《江北日报·诗歌线》。⑫平明，见于杂文《建议，重树新时代的道德标准》，载 1945 年 9 月 17 日南通《东南日报·山花周刊》。⑬草平，见于杂文《读报杂感：吁请制裁弗朗哥》，载 1945 年 9 月 26 日南通《新通报·胜利》。⑭英平，见于杂文《读了〈古代英雄的石像〉以后》，载 1945 年 9 月 27 日《新通报·文艺》。⑮俞良，见于杂文《翻旧报》，载 1945 年 10 月 8 日《东南日报·东南风》；诗《练兵场》，载 1946 年 1 月 9 日《东南日报·诗》周刊。⑯余明，见于杂文《如是南通文坛》，载 1945 年 11 月 18 日南通《苏报·田野》。⑰豹异，见于诗《元旦》，载 1946 年 1 月 9 日南通《东南日报·诗》。嗣后在该刊发表诗《一席话》亦署。⑱秦唯科，见于诗《新冬小幅》，载 1946 年 1 月 16 日《东南日报·诗》。后在该刊《东南风》副刊发表杂文《伪造"客"意之嫌》亦署。⑲程止尘，见于译作《朝鲜文字母的由来》（日本小仓进平原作），载 1948 年下半年南京《学锋》杂志。⑳程灼如、阿通、戴言、祉辰、通保、戴立言、史宾、顾克、成言、纪日、成谈、同乐社友、校园旧人、吴亏、通州客、成适园、荣祥如、青宁生、程厚涛，20 世纪 80 年代起在南通《南通日报》《南通今古》《南通广播电视》等报刊发表文章署用。㉑吴名、关通景、缪文超，1999 年后在南通《江海晚报》发表文章署用。㉒通通，见于杂文《什么是"丑巧""末元"》，载 1984 年 2 月 24 日《北京晚报·五色土》。

程宗裕，生卒年不详，浙江杭县（今杭州市）人，字光甫。笔名程宗裕，出版《教案奏议汇编》（上海书局，1868 年）署用。在《南社丛刻》发表旧体诗亦署。

【chi】

池北偶（1926－2014），广东江门市人。原名谭文瑞。笔名池北偶，出版《多刺的玫瑰》《冷嘲热讽集》《冷眼热肠》《海外奇谈》《无腔野调》《历代讽刺诗选萃》等著作，《我所知道的马克思》《暴风雨》（与人合译）、《我们的街》（与人合译）等译作署用。

池满秋（？－1994），广西人。原名杨曼秋。笔名池满秋，1945 年后在香港《新生晚报》《大公报》《新晚报》任职时为报刊撰写连载小说署用。

【chong】

重提（1919－？），浙江於潜（今杭州市）人。原名施卓人，号施展。笔名：①施展，见于评论《欧局展望》，载 1944 年广州《协力旬刊》第 4 卷第 1 期。嗣后在该刊及《银行通讯》等刊发表评论《参战一年的国内外形势》、诗《歌颂胜利》等亦署。②重提，1949 年后在台湾报刊发表散文、小说，出版散文集《雪泥集》（台北皇冠出版社，1963 年）、《爱的书简》（香港道声出版社，1974 年）、《折不断的芦苇》（台湾商务印书馆，1974 年）、《一盆喜悦》（台北主日学协会，1975 年）、《飞向慈湖的心》（台北主日学协会，1976 年）、《山居闲话》（台湾商务印书馆，1979 年）、《生命的喜悦》（台北道声出版社，1979 年）、《重提自选文集》（台北弘智出版社，1984 年），长篇小说《长夜》（台北帕米尔出版社，1967 年）、《尘露》（台湾商务印书馆，1973 年），短篇小说集《家有余歌》（台北新亚出版社，1968 年）、《长相忆》（台北道声出版社，1982 年），报告文学《云彩》（台北中国平信德传道会，1976 年）等署用。

【chou】

仇重（1914－？），浙江黄岩（今台州市）人。原名刘显启。笔名仇重，见于诗《少年赴战歌》，载 1937 年上海《少年知识》第 1 卷第 5 期。嗣后在《小学生》《儿童故事》《新少年报》《大公报·现代儿童》《新儿童》《开明少年》《少年文选》等报刊发表诗、童话、故事等，出版童话《苹儿的梦》（上海北新书局，1934 年），中篇小说《歼魔记》（上海草芽书屋，1936 年），小说集《春风这样说》（上海华华书店，1948 年）、《有尾巴的人》（上海华华书店，1948 年）、《稻田里的小故事》（上海商务印书馆，1948 年），长篇小说《海滨小战士》（桂林新少年出版社，1944 年），论著《儿童读物研究》（上海中华书局，1948 年）等亦署。

【chu】

储安平（1909－1966？），江苏宜兴人。曾用名储平。笔名：①储安平，见于评论《布洛克及其名作——〈十二个〉》，载 1928 年上海《北新》半月刊第 2 卷第 13 期。嗣后在《新月》《真美善》《文艺月刊》《国闻周报》《中央日报·中央公园》《创作》《论语》《再生杂志》《公教学校》《国师季刊》《现代文摘》《文化先锋》《图书季刊》《观察》《新华周报》等报刊发表文章，出版小说集《说谎者》（上海良友图书印刷公司，1936 年），散文集《英国采风录》（上海观察社，1948 年）、《给弟弟们的信》（上海开明书店，1936 年）、《新疆好地方》（作家出版社，1957 年），论著《英国与印度》（桂林科学书店，1943 年）等亦署。②安平，见于小说《平凡的故事》，载 1929 年 9 月 16 日上海《北新》第 3 卷第 17 期。嗣后在《流沙》《开明》《再生杂志》等刊发表文章亦署。1945 年 11 月后在重庆《客观》周刊撰写"客观一周"专栏文章亦署。

储皖峰（1896－1942），安徽潜山人，字逸安。笔名储皖峰，见于论文《〈水经注〉碑录附考》，载 1927 年北京《国学月刊》第 2 卷第 5－6 期；散文《香山消夏的回忆》，载 1936 年上海《青年界》第 10 卷第 1 期。此前后在《国学月刊》《国学月报汇刊》《国学论丛

《吴淞月刊》《国立浙江大学季刊》《文理》《女子月刊》《国立北京大学国学季刊》《辅仁学志》等刊发表文章，出版《唐宋诗选注》（1937 年）、《唐储嗣宗集存目及所见版本》（上海述学社出版部，1930 年）、《浣纱记校记》（国立北平图书馆刊，1936 年第 10 卷第 20 期抽印本）、《汉魏六朝诗选注》（1938 年）、《陶渊明述酒诗补注》（北平辅仁大学，1939 年）、《中国文学史》（1941 年）等亦署。

储玉坤（1912— ？），江苏宜兴人。笔名：①储玉坤，见于散文《离家的前夜》《别同学》，载 1930 年 12 月上海《一九三〇中学生文艺》。嗣后在《前途》《东方杂志》《时事月报》《中山文化教育馆季刊》《民族杂志》《中外月刊》《申报月刊》《报学季刊》《新中华》《黄埔》《汗血月刊》《中国新论》《青年界》《时事类编》《政治评论》《文化建设》《外交评论》《国论》《文摘》《社会科学月报》《申报周刊》《抗战半月刊》《现代中国》《国闻周报》《上海妇女》《中美周刊》《学生月刊》《华美》《上海青年》《月刊》《中国新专校刊》《改造杂志》《申报·自由谈》《读书通讯》《亚洲世纪》《智慧》《雄风》《中央日报周刊》《新知识》《教育杂志》等报刊发表著译文章，出版论著《战后各国新宪法之研究》（南京正中书局，1936 年）、《动荡中的中苏关系》（汉口大公报代办部，1938 年）、《第二次世界大战史》（上海永祥印书馆，1946 年）、《战后世界新形势》（上海永祥印书馆，1947 年）、《中国宪法大纲》（上海中华书局，1948 年）、《现代新闻学概论》（上海世界书局，1948 年）、《美国经济》（人民出版社，1990 年）、《20 世纪末期世界经济发展趋势》（经济科学出版社，1991）等亦署。②玉坤，见于杂文《为竞选代表敬告国人》，载 1936 年南京《中外月刊》第 1 卷第 9 期。1939 年在上海《现代中国》发表《对国联决议的认识》等文亦署。③储克侠，见于通讯《重上火线》，载 1937 年天津《国闻报》第 14 卷《战时特刊》第 3 期。④一民，见于通讯《新闻报前一颗炸弹的由来》，载 1968 年 2 月汉口《大公报》。⑤雨君，1938 年在上海《文汇报》"读者顾问"栏署名。又见于杂文《告有志去内地的青年》，载 1938 年 4 月《文汇报》。嗣后在该刊发表杂文等，出版论著《国际问题研究法》（上海永祥印书馆，1945 年）亦署。⑥储君，署用情况未详。

楚军（1920— ？），湖南衡阳人。原名周佐民。笔名：①楚军，出版小说集《金瓜石之莺》（台北中兴出版社，1955 年）、《棕榈树》（台北更生出版社，1957 年）、《飘浮的灵魂》（台北《中央日报》社，1958 年）、《春与秋》（台北作品出版社，1961 年）、《浮木》（高雄大业书店，1963 年）、《愤怒的爱》（高雄长城出版社，1963 年）、《狭路》（台北立志出版社，1963 年）、《落花梦》（高雄长城出版社，1964 年）、《远山青青》（台北文苑出版社，1965 年）、《夜遥遥》（台北新亚出版社，1966 年）、《梦还暖》（台北创作月刊社，1968 年），中篇小说《神与魔》（台北畅流出版社，1958 年），长篇小说《芦笛》（台湾商务印书馆，1967 年）等署用。②楚三户，署用

情况未详。

楚卿（1923—1994），湖南长沙人。原名胡楚卿。曾用名胡远才。笔名：①楚卿，见于诗《酉水之恋》，载 1951 年台北《野风》第 17 期。嗣后在该刊发表诗《为你写下的诗篇》《洞庭湖滨》《我的思念在家乡》《按摩女》等，出版诗集《生之讴歌》（台北文艺生活出版社，1953 年）、《永恒之恋》（高雄飞轩出版社，1991 年）、《旅游集锦》，长篇小说《回旋路》（台北集文书局，1960 年）、《长河》（台北集文书局，1961 年）、《不是春天》（台北文坛社，1969 年）、《日月光华》（台北，1972 年）、《八面山高西水长》（台北黎明文化事业股份有限公司，1987 年），中篇小说《葬仇记》（台北学人文化公司，1978 年）、《梦断家园》《漂泊的灵魂》，短篇小说集《楚卿小说选》（台北文星书店，1965 年）、《天涯梦》（台湾商务印书馆，1967 年）、《稻草球》（台湾商务印书馆，1968 年）、《彩色地域》（台北学人文化公司，1977 年）、《雨夜流光》（台中学人出版社，1980 年）、《淑女》（台中学人出版社，1981 年）、《变奏曲》（台北黎明文化事业股份有限公司，1981 年）、《楚卿自选集》（台北黎明文化事业股份有限公司，1977 年），散文集《怀梦草》（台北采风出版社，1987 年）等亦署。②胡超，署用情况未详。按：楚卿 1938 年冬曾发表有关"长沙大火"事件的报道，后应征为江西赣州正气出版社特约记者，其署名情况未详。

楚茹（1928— ），安徽绩溪人。原名陈扶镡。笔名楚茹，1949 年后出版《片玉集》（史特隆原作。台北九歌出版社，1980 年）、《愚人船》（凯瑟琳·安·波特原作。台北九歌出版社，1981 年），以及《生命的智慧》《去问爱丽丝》《华德狄斯耐传》《林肯的智慧》等译作署用。

楚图南（1899—1994），云南文山人。原名楚方鹏。曾用名楚曾、高素。笔名：①楚图南，见于《云南土人状况》，载 1922 年上海《史地丛刊》第 1 卷第 3 期；随笔《兼爱主义的社会革命》，载 1922 年《工学》第 2 卷第 1 期。嗣后在《西南边疆》《民主周刊》《文讯》《新动向》《时与文》《中华教育界》《大学月刊》等报刊发表文章，出版译作《地理学发达史》（德国铿生原作。昆明中华书局发行所，1940 年）、《查拉斯图拉如是说》（德国尼采原作。贵阳文通书局，1947 年）、《希腊的神话和传说》（德国斯威布原作。人民文学出版社，1958 年），文集《楚图南文选》（中共党史出版社，1993 年）、《楚图南集》（云南教育出版社，1999 年）等亦署。②图南，见于译诗《夜鸣鸟》，载 1922 年《新共和》第 3 期；随笔《湖南自修大学之使命》，载 1923 年《新时代》第 1 期。③阿囊，见于杂文《犬吠的声音就是吠么？》，载 1924 年 10 月 6 日北平《晨报副镌》；杂文《古代好》，载 1926 年上海《语丝》第 91 期。同时期在上海《青年界》《论语》等报刊发表文章亦署。④高寒，1926 年在哈尔滨《国际协报·灿星》发表诗歌、译诗署用。又见于译诗《大路之歌》（美国惠特曼原作），

载 1937 年上海《文学》月刊第 8 卷第 1 期。嗣后在昆明、重庆、桂林等地《思想月刊》《抗战文艺》《文艺生活》《战时知识》《杂志半月刊》《诗与散文》《云南建设》《文讯》《新文化半月刊》《诗创造》《文学创作》等报刊发表著译诗、散文等，出版散文集《悲剧及其他》（昆明诗与散文社，1940 年）、《刁斗集》（贵阳文通书局，1947 年）、《旅尘杂记》（贵阳文通书局，1948 年）、《荷戈集》，翻译散文集《看哪这人》（德国尼采原作。上海文通书局，1949 年），翻译诗集《在俄罗斯谁能快乐而自由》（俄国涅克拉索夫编。上海商务印书馆，1939 年）、《大路之歌》（美国惠特曼原作。重庆读书出版社，1944 年）、《枫叶集》（俄国涅克拉索夫等原作。昆明北门出版社，1944 年）、《草叶集》（美国惠特曼原作。上海晨光出版公司，1949 年）等亦署。⑤高素，出版小说集《没有仇恨和虚伪的国度》（北平人文书店，1932 年）署用。⑥介青，署用情况未详。

褚德彝（1871－1942），浙江余杭（今杭州市）人。原名褚德仪，字守隅、松窗，号公礼、汉威、礼堂、里堂、籀遗；别号舟枕山民、竹尊宧、松窗逸人。笔名褚德彝，有《竹人续录》《金石学续录》等著作。

褚辅成（1873－1948），浙江嘉兴人，字慧僧、惠生。笔名褚辅成，见于杂论《宪政如何能速成》，载 1939 年 12 月 15 日上海《现实》月刊第 7 期；《浙江辛亥革命纪实》，载 1943 年重庆《组织旬刊》第 2 卷第 2 期。嗣后在《宪政月刊》《浙江省通志馆馆刊》《国闻周报》《书报精华》《创世》等刊发表文章亦署。

褚民谊（1884－1946），浙江吴兴（今湖州市）人。原名褚明遗，字重行、乐天居士。笔名褚民谊，见于评论《道德上卫生的责任》，载 1929 年广州《广东医药月报》第 1 卷第 6 期；散文《西欧漫游录》，载 1931 年上海《旅行杂志》第 5 卷第 4 期。此前后在《医药评论》《文华》《中央党务》《励志季刊》《新亚细亚》《剧学月刊》《海外月刊》《大陆》《东方杂志》《康健杂志》《时事月报》《广播周报》《勤奋体育》《云南教育》《体育杂志》《东亚联盟》《新运月刊》《飞鹰》《中日文化》《中国体育》《上海半月刊》《大亚洲主义》《嘤声》《科学画报》等刊发表文章，出版散文集《欧游追忆录》（上海中国旅行社，1932 年）、《花甲同庆》（1939 年），论著《普及革命》（上海革命周报社，1929 年）、《褚民谊先生最近言论集》（建社出版部，1939 年）等亦署。

褚石桥（1860－1940），浙江天台人。原名褚传诰，字九云，号仲宣、石桥老人。笔名：①褚石桥，出版论著《文学秘史》（1919 年线装铅印）署用。②褚传诰，见于《新刊仙居丛书序》，载 1935 年杭州《浙江图书馆刊》第 4 卷第 5 期。出版《天台县志稿》（40 卷）（与李光孟合作编纂）亦署。

褚问鹃（1895－1993），浙江嘉兴人。原名褚松雪。曾用名张问鹃。笔名：①褚松雪女士，见于随笔《我的离婚略史》，载 1923 年 7 月 18 日上海《民国日报·妇女评论》。②问鹃，见于小说《一个樵柴的女子》，载 1929 年上海《乐群月刊》第 1 卷第 5 期；小说《哲学博士》，载 1930 年上海《现代文学》第 1 卷第 5 期。此外在《申报·自由谈》《武汉文艺》《读书月刊》《道路月刊》《文艺茶话》等报刊发表小说、散文等亦署。③张问鹃，出版散文集《女陪审员》（上海光华书局，1929 年）署用。④问鹃女士，见于评论《永别了，爱人》，载 1931 年上海《读书月刊》第 1 卷第 3、4 期合刊。嗣后在《武汉文艺》发表文章亦署。⑤褚问鹃女士，见于书评《一部美丽的游记——今秋作〈西北远征记〉》，载 1931 年上海《新学生》创刊号。嗣后在该刊第 1 卷第 4 期发表书评《评梁遇春的〈春醪集〉》亦署。⑥褚问鹃，见于书评《刘薰宇的〈南洋游记〉》，载 1931 年上海《读书月刊》第 1 卷第 6 期（刊内正文署名"问鹃"）；小说《孝子》，载 1934 年上海《青年界》第 5 卷第 1 期。此前后在《妇女生活》《新时代》《武汉文艺》《妇女月刊》《粤秀文垒》《文艺先锋》等刊发表小说、散文、评论等，出版长篇小说《花落春犹在》（台北中外图书出版社，1983 年），散文集《寸草心》（粤秀出版社，1947 年）、《八千里路云和月》（台北，1977 年）、《饮马长城窟》（台北，1968 年）、《仰天长啸集》（台北，1981 年），小品集《烬余集》（1961 年自印），传记文学《花落春犹在》（台北中外图书出版社，1983 年），论著《王充论衡研究》（台北，1974 年）等亦署。⑦疾侬。见于小说《文凭劫》，载 1931 年上海《道路月刊》第 33 卷第 2 期。嗣后在该刊发表小说《雁门关》《毕业考》等亦署。⑧一舸女士，出版长篇小说《小江平游沪记》（上海新明书局，1932 年）。⑨水玉、禾庐、雪崖、骆菲、舒华，署用情况未详。

【chuan】

川岛（1901－1981），浙江上虞（今绍兴市）人。原名章廷谦，字矛尘。笔名：①矛尘，见于随笔《浪漫谈》，载 1920 年 1 月 19 日北京《晨报》第 7 版。嗣后在该刊发表随笔《撒旦的行径》《大学教授与政治》《"香艳秘图"》等亦署。②廷谦，见于记录《罗素讲演：布尔塞维克的思想》，载 1920 年 11 月 26 日至 27 日《晨报副镌》。嗣后在该刊发表文章多次署用。③章廷谦，见于记录《罗素先生的讲演》，载 1921 年北京《少年中国》第 2 卷第 8 期；译文《英爱佛教会致蔡子民的信》，载 1922 年 2 月上海《时事新报·学灯》。④川岛，见于散文《月夜》，载 1922 年 12 月 2 日《晨报副镌》。嗣后在《语丝》《京报副刊》《山雨》《文学杂志》《清华周刊》等报刊发表作品，出版散文集《月夜》（北京北大新潮社，1924 年）、《和鲁迅相处的日子》（人民文学出版社，1958 年）及《川岛选集》（人民文学出版社，1984 年）等亦署。⑤萧度，见于随笔《介绍一个小朋友》，载 1923 年 8 月 19 日《晨报副镌》。嗣后在该刊及《京报副刊》发表《候教》《女子教育未必重要》《有鼻子的人留心》等文亦署。⑥爱管闲事，见于《刘博士订正现代文学史冤狱图表》，载1926年《语丝》周刊第63期。⑦王子欣，见于《反周事件答问》，载1926年《语丝》周刊第68期。⑧章川岛，1929－1930年在上海《北新》周刊（半月刊）发表文章署用。⑨张穆熙，抗战时期在《云南日报》发表作品署用。⑩莫蹊、佯尘，署用情况未详。

【cong】

丛德滋（1910－1942），辽宁凤城人，祖籍山东文登，字慎生。笔名：①丛德滋，20世纪30－40年代任《西北响导》《西京民报》主编、民众通讯社社长、《解放日报》总编时，发表散文、游记、诗歌等署用。②吴明，在《解放日报》发表文章署用。

丛静文（1927－2004），北平（今北京市）人。笔名：①丛静文，1949年后出版剧作《春风又绿湖边草》（台北妇工会，1954年）、《绛帐千秋》（台北世界书局，1956年）、《翠谷情长》（台北联合出版中心，1961年），小说集《园艺家》（台北台湾省妇女写作协会，1957年），长篇小说《绮梦》（台北明华书局，1960年），散文集《芳菲处处》（台湾商务印书馆，1971年）、《绿窗撷拾》（台湾商务印书馆，1976年），论著《当代中国剧作家论》（台湾商务印书馆，1973年）、《南北西厢记比较》（台湾商务印书馆，1976年）、《元代恋爱剧十种技巧研究》（台湾商务印书馆，1978年）、《元杂剧析论》（台湾商务印书馆，1987年）等亦署。②丛林，署用情况未详。

丛深（1928－2007），黑龙江延寿人，祖籍山东文登。原名丛凤轩。笔名：①夜音，见于小说《院子里》，载1946年秋《东北日报》。②丛深，见于活报剧《走投无路》，载1950年《哈尔滨公报》。嗣后创作话剧剧本《百年大计》《千万不要忘记》《间隙和奸细》《悟》，电影文学剧本《徐秋影》（与李赤合作）、《娘子军》《笑逐颜开》《马戏团的新节目》等亦署。

【cui】

崔百城（1916－?），山东郯城人，生于安徽盱眙（今江苏淮安市）。笔名：①白尘、飘萍、山佳、某公、某夫，20世纪40年代起在《蒙城日报》《淮上日报》《山东民国日报》《大华日报》《大华晚报》《泗报》《台湾青年新报》《中国之声》《潮声》《作家》等报刊任职时发表诗文署用。②崔百城，1949年后在台湾出版散文集《戎衣》（台北东南文化出版社，1953年）、《苦难岁月》（台中明光出版社，1962年）、《春华秋月》（台中明光出版社，1967年）、《采柏集》（南投明光出版社，1967年）、《舌耕掇录》（台中，1987年），诗集《蝉吟集》（台中明光出版社，1971年）、《莱轩吟草》（台中，1979年）、《春望吟》，长篇小说《石达开》（台北东南画报社，1972年），短篇小说集《山城劫》（台北晨光杂志社，1966年），论著《井观集》（台北东南画报社，

1973年）、《文艺写作漫谈》（台中，1977年）等署用。③希平，署用情况未详。

崔百樾（1871－?），广东南海人。原名崔师贯，号今婴、北邨。笔名崔师贯，出版诗词集《北邨类稿》（大良中和园，1933年）署用。

崔宝瑛（1916－?），河北通县（今北京市）人。笔名：①萧冰，见于散文《美游心影》，连载于1946年上海《中建》第1卷第8－10期。②崔宝瑛，见于论文《联合国宪章之研究》，载1946年北平《大中》第1卷第6期；译文《怎样使社会研究有生气》（凯浦洛原作），载1948年上海《儿童与社会》第4期。1949年后在台湾出版译作《第三帝国兴亡史》（谢瑞尔原作。台北天祥出版社，1967年）、《实用公共关系学》（与张在山、钟荣凯合译。台北世界书局，1993年）等亦署。

崔德志（1927－2016），黑龙江青冈人。原名崔德智。笔名：①马非，见于小说《楼》，载1947年5月《哈尔滨工商日报》。嗣后在《知识》《东北日报》等报刊发表《哈尔滨监狱参观记》等亦署。②崔德志，1948年5月开始发表作品署用。嗣后出版话剧《时间的罪人》（辽宁人民出版社，1955年）、《生活的赞歌》（中国戏剧出版社，1956年）、《爱的波折》（通俗文艺出版社，1956年）、《报春花》（中国戏剧出版社，1980年）、《刘莲英》《春之歌》《红玫瑰》《崔德志剧作选》（春风文艺出版社，1983年）等亦署。

崔峨，生卒年不详，湖北襄阳人。笔名念慈，20世纪30年代在武汉《大光报·大光别墅》发表文章署用。

崔汗青，河北乐亭人。原名崔墨林。笔名汗青、小伙，1928年在哈尔滨《国际协报·蓓蕾周刊》发表文章署用。

崔适（1852－1924），浙江吴兴（今湖州市）人，字怀瑾、觯甫、觯父（fǔ）。笔名崔适，著有《春秋复始》《史记探源》《五经释要》《论语足征记》等。

崔通约（1864－1937），广东高明（今佛山市）人。原名崔恭定，字贯之，号洞若、沧海；别号白鹤山庄主。别署亦我、草堂、公狂、白头通。曾用名崔成达。笔名沧海，1903－1929年先后在香港《世界公益报》、加拿大温哥华《华英日报》、美国旧金山《中西日报》《少年中国晨报》、加拿大《大汉日报》、美国致公堂《公论晨报》等报主政时发表文章署用。

崔万秋（1903－1982），山东观城人。笔名：①崔万秋，见于游记《北人南游》，载1924年上海《学生杂志》第11卷第10期；翻译长篇小说《母与子》（日本武者小路实笃原作），载1928年上海《真美善》第1卷第7－11号。嗣后在《新文艺》《文艺月刊》《文化界》《社会月报》《东方杂志》《青年界》《现代文学评论》《新时代》《矛盾月刊》《明星半月刊》《国论》《小说月刊》《戏》《大晚报》《宇宙风》《文摘》《时事类编》《反侵略》《时代精神》《日本评论》《女声》《亚洲世纪》《现实文摘》《抗战文艺》等报刊发表著译小说、散文、

评论等，出版小说集《热情推毁的姑娘》（上海真美善书店，1929 年）、《红一点》（上海时代图书公司，1935 年），中篇小说《睡美人》（上海大同出版公司，1946 年），长篇小说《新路》（上海四社出版部，1933 年）、《第二年代》（重庆文座出版社，1943 年）、《女兵的故事》（上海复新书局，1947 年），戏剧《孤独之魂》（日本武者小路实笃原作。上海中华书局，1929 年）、《武者小路实笃戏曲集》（日本武者小路实笃原作，与他人合译。上海中华书局，1929 年），翻译小说《母与子》（日本武者小路实笃原作。上海真美善书店，1928 年）、《草枕》（日本夏目漱石原作。上海真美善书店，1929 年）、《忠厚老实人》（日本武者小路实笃原作。上海真美善书店，1930 年）、《放浪集》（日本林芙美子原作。上海新时代书局，1932 年）、《三四郎》（日本夏目漱石原作。上海中华书局，1935 年）等亦署。②万秋，见于短讯《戴莱达女士得诺贝尔奖金》，载 1928 年上海《真美善》第 1 卷第 8 期。嗣后在该刊发表小说《墓碑》等亦署。③鲁人，见于译文《太平洋上日本经济权之发展》（日本高木友三郎原作），载 1935 年广州《三民主义月刊》第 5 卷第 3 期；翻译散文《闻人之妻》（日本小泉八云原作），载 1944 年上海《杂志》第 13 卷第 1 期。④叶莘华，署用情况未详。

崔嵬（1912－1979），山东诸城人。原名崔景文。笔名：①疯子，1928 年起在《青岛民报·汽笛》等发表散文《琴影》《农村生活一瞥》《光荣》等署用。②崔嵬，见于《新编"九一八"小调》，载 1936 年《读书生活》第 3 卷第 8 期；剧本《张家店》，载 1937 年上海《光明》第 3 卷第 3 期；评论《演员与典型》，载 1942 年晋察冀《五十年代》第 2 卷第 1 期。此前后在《文学青年》《青年战士月刊》《正报周刊》《再生》《中国新闻》《新闻》等报刊发表文章，出版话剧《八百壮士》（与王震之合作。上海杂志公司，1938 年）、《顺民》（与王震之合作。上海生活书店，1938 年）、《灯蛾记》《保卫卢沟桥》（与于伶、张季纯、王震之、马彦祥、石凌鹤、姚时晓、宋之的、阿英、塞克、陈白尘、章泯、袁文殊集体创作）等亦署。

崔璇（1921－　），河北高阳人，原名崔君坦。笔名：①蒹葭，见于小说《路》，载 1936 年 8 月《北平新报·文艺草》。同年 12 月在该刊发表诗《磨面人》亦署。②崔璇，见于小说《周大娘》，载 1945 年 2 月 28 日重庆《新华日报》和同年 3 月 22 日延安《解放日报》；小说《信号》，载 1948 年成都《蚂蚁小集》第 4 辑《中国的肺脏》。1949 年后出版长篇小说《白洋淀三部曲》（文化艺术出版社，1991 年），短篇小说集《井》（上海群益出版社，1950 年）、《道路》（辽宁人民出版社，1956

年）、《迎接朝霞》（作家出版社，1959 年）、《朝霞集》（中国文联出版社，1998 年），诗文集《崔璇文集》（长征出版社，2003 年）等亦署。

崔雁荡（1911－？），山东利津人。原名崔振第，字光泗。笔名：①雨嘉，见于剧本《妈妈告诉我了》，载 1931 年《春笋》。嗣后至 1933 年发表作品亦署。②雁荡，见于中篇小说《生命的泉源》，载 1935 年秋察哈尔《教育杂志》。嗣后发表小说、散文等亦署。③崔雁荡，1949 年后出版童话《小白兔和小花兔》（湖北人民出版社，1956 年），长篇小说《我们并肩前进》（中国少年儿童出版社，1960 年），散文集《郑师傅的遭遇》（中国少年儿童出版社，1963 年）、《红星少年养渔场》（中国少年儿童出版社，1963 年）等署用。

崔真吾（1902－1937），浙江鄞县（今宁波市）人。原名崔功河，字禹成。曾用名森仁（乳名）、崔桢梧。笔名：①崔真吾，见于诗《海水》，载 1922 年上海《诗》第 2 卷第 1 期；诗《狗的哭声》，载 1923 年上海《小说月报》第 14 卷第 6 期。此前后在北京《歌谣》、南宁《广西青年》发表歌谣《倭倭来》、译文《饥馑中的德国》等亦署。②沙刹，见于《沙漠上的足音》，载 1927 年厦门《波艇》月刊第 2 期。嗣后出版诗集《水上》（沙刹丛书第一种，1924 年）亦署。③采石，见于《给天上的月》，载 1928 年上海《语丝》周刊第 4 卷第 41 期。1928 年 12 月起在上海《朝花》周刊发表译作《三诗人》（法国法朗士原作）、《被弃者》（犹太肖罗姆·亚修原作）等作品，出版诗集《忘川之水》（鲁迅编选校订。上海北新书局，1929 年）亦署。④真吾，见于译作《园丁之妻》（瑞典潘·哈尔斯忒罗姆原作），载 1929 年上海《语丝》第 5 卷第 5 期。嗣后在该刊及《奔流》《朝花》等刊发表著译作品亦署。出版翻译小说《奇剑及其他》（与鲁迅、梅川、柔石合译，摩尔那等原作。上海朝花社，1929 年）、《接吻》（捷克 N. 斯惠忒拉原作。上海朝花社，1929 年）亦署。⑤史东，出版译作《将军的头》（美国史沫特莱原作，南宁出版）署用。

【cun】

村路（1929－　），吉林大安人。原名房纯如。笔名村路，1948 年起在辽西省文艺工作团写作鼓词、快板、秧歌剧等开始署用。1949 年后出版评剧剧本《播种记》（沈阳东北文艺出版社，1953 年）、《女社员》（辽宁人民出版社，1955 年），话剧剧本《一个晚上》（通俗读物出版社，1955 年）、《建社那天》（通俗读物出版社，1956 年）、《褪了色的锦旗》（新文艺出版社，1957 年）、《红石钟声》（与舒慧合作。春风文艺出版社，1964 年）等亦署。

D

达世骧（1919－1993），江苏南通人。曾用名达忱。笔名季平，见于诗《光亮，集拢起来吧!》，载1948年9月5日南通《诗战线丛刊》之二《生活的宣言》。嗣后在该丛刊发表诗《把革命进行到底》亦署。1949年后发表散文《回忆〈诗战线〉》（载1958年3月25日《南通日报》）亦署。

戴碧湘（1918－2014），四川岳安人。原名戴自诚，字执中。笔名：①碧波，1935年夏开始在成都《华西日报》发表短诗署用。②碧湘、沉思，1935年秋至1936年9月在成都《华西日报》《诗风》《四川文学》及与人合编《国民日报》副刊《弧灯》《前夜》时发表诗文署用。③戈仲卿，1936年前后在成都《复兴日报》发表一篇关于话剧的文章时署用。④戴碧湘，1936年在成都编辑《四川文学》时署用。嗣后创作歌剧剧本《赔偿》《清算》《抓壮丁》（与吴雪、丁洪、陈戈合作），1949年后在《文艺战士》《作品》等报刊发表文章，出版诗文集《浅水堂剩稿》（民族出版社，1994年）、《戴碧湘诗文集》，主编《文化管理学概论》（内部出版，20世纪80年代）、《艺术概论》《高原演出六年》《源远流长》等亦署。⑤东方洪黎，见于诗《寻找》，载1936年《四川文艺》第5期。⑥瑜启，1936－1937年间署用。见于诗《献给生产大队》，载1940年延安《新诗歌》第1期。⑦东方曦，见于随笔《向四川文艺工作者的一个建议》，载1937年《金箭》月刊创刊号。⑧毕向，见于诗《你们，人民的公敌》，载1946年辽吉《草原》第2期。⑨王、木、石、白、水、目、王白石，1950－1951年间在中南军区出版的《文艺战士》发表短评时署用。⑩陈瑜生，1936－1937年在《诗风》半月刊发表作品时署用。20世纪60年代初在《解放军文艺》11月号发表评论《一团烈焰似的剧本——读〈红缨歌〉》亦署。

戴伯韬（1907－1981），江苏丹阳人。曾用名戴邦杰、戴白韬、戴邦、白征东。笔名：①伯韬，见于随笔《北京之新闻界》，载1925年天津《国闻周报》第2卷第13期。嗣后在该刊及《三民半月刊》《学生之友》等刊发表《哀哉学潮之教员与学生》《沪案交涉的后盾》等文亦署。②白桃，见于童话《蛇与蜥蜴》，载1932年上海《中学生》第27号。嗣后在《中华教育界》《生活教育》《新学识》《战时教育》《全民抗战》《时事类编》《教育与职业》《中国教育》《中苏文化特刊》等刊发表文章，出版故事《赵老太太》（重庆生活书店，1939年）、《抗日小英雄》（重庆生活书店，1939年），通俗读物《孩子们的电报电话》（上海中华书局，1935年），论著《教学做合一概论》（上海大华书局，1933年）、《从一个村看解放区的文化建设》（香港新民主出版社，1949年）等亦署。③戴白韬，见于散文《手脑双挥》，载1949年上海《新民主主义的少年文选》第1期。④戴伯韬，出版论著《陶行知的生平及其学说》（人民教育出版社，1982年）、《解放初期苏皖边区教育》（人民教育出版社，1982年）、《戴伯韬教育文选》（1985年）等署用。⑤丹宁，见于评论《评〈奋飞〉》，原载沈阳《新青年》（1943年大连实业印书馆《满洲作家论集》收入此文）。⑥许崇实，署用情况未详。

戴不凡（1922－1980），浙江建德人。笔名：①页火，见于散文《清塘，我怀念你》，载1943年8月20日浙江《浙西日报·反攻》。嗣后在该刊发表随笔《争取"夫子"》亦署。②戴页火，见于随笔《钓鱼》，载1943年8月29日《浙西日报·反攻》。③火页，见于随笔《番薯》，载1943年12月1日《浙西日报·反攻》。嗣后在该刊发表随笔《拾荒》《批评和理论》《年猪》等，1946年12月起在《大公报·大公园》发表评论《侦探小说走运论》、随笔《学潮外感》《隋炀帝的豪奢——读史偶记》《明代的人妖》等亦署。④百凡，见于随笔《邱吉尔病矣》，载1943年12月19日《浙西日报·反攻》。⑤凡，见于散文《横山纪梦》，载1944年1月11日、17日、18日《浙西日报·反攻》。1948年在某报发表随笔《如此报医》《赵租英被捕》《节约一症结》等亦署。⑥梨花白，见于随笔《日本兵的笑》，载1945年11月《东南日报·笔垒》。同时期在该刊发表随笔《战败者和战胜者》《我爱杜甫》《"冒险家"》等，嗣后在《东南日报·东南风》《东南日报·长春》《大公报·出版界》等发表《抗战人物近况》《一叶知秋——读报撷拾》《武林书肆凋零》《"意志"高于一切——读小说〈生的意志〉》等文，1958－1962年在北京《戏剧报》发表《也谈〈茶馆〉》《谈越剧〈五姑娘〉》《略谈话剧〈第一个丰收〉》《话剧语言散记》等文亦署。⑦花白，见于随笔《王五权的功罪》，载1946年2月《东南日报·周末版》。嗣后在《东南日报·笔垒》发表《黄金潮中的牺牲者》《重建"御碑亭"》等文亦署。⑧不凡，见于随笔《"沉渊"中的人物》《汉苗之间》，载1946年2月《东南日报·笔垒》。同时期在该刊发表随笔《杭州生活指南》《不屈的人们》《买书杂记》《瞿耐庵的发迹》，嗣后在该刊及《东南日报·东南风》《浙江日报·江风》《大公报》等报刊发表文章均署。1949年后发表《柳敬亭北游考》等文亦署。⑨陆一麟，见于随笔《对罗云议长作何表示是市参会最好的考验》，载1946年8月13日《东南日报·社会服务》。⑩严寒，见于随笔《列宁格勒的故事》，载1946年《东南日报·笔垒》。嗣后在《东南日报》发表《没有陪嫁的女人》《再谈奸审奸》《皮球——双十节之感》等文亦署。⑪严陵子，见于随笔《双十两题》，载1947年4月某报；随笔《思想界的寂寞》，载1947年10月20日《东南日报·笔垒》；随笔《做官一法》，载1948年4月16日《中央日报·黑白》。1947年6月9日起在《大公报·大公园》发表随笔《清代的禁书》《西门庆的真面目》《纳凉闲话》《假名晋谒》等亦署。⑫戴不凡，见于随笔《关于目连戏文》，载1947年9月15日上海《大晚报·通俗文学》第45期；随笔《评话小识》，载1947年12月17日、1948年1月21日上海《申报·文学周刊》。同时期在上海《中央日报·俗文学》《大晚报·通俗文学》发表《小说见闻录》《黄石牧及其〈四才子〉》《〈梼杌闲评〉中的戏曲史料》等文均署。1949年后在《人民日报》《人民周报》《新建设》《文艺报》《戏剧报》《文汇报》等报刊发表戏剧论文、评论等，出版论著《论古典名剧琵琶记》(中国青年出版社，1957年)、《论崔莺莺》(上海文艺出版社，1963年)、《百花集》(作家出版社，1956年)、《小说见闻录》(浙江人民出版社，1980年)、《戴不凡戏曲研究论文集》(浙江人民出版社，1982年)等亦署。⑬山坡羊，见于随笔《关于慈云石刻》，载1947年某报。⑭马目，见于随笔《别代的杀人——为"臣气不解"下一注解》，载1947年《大公报》。⑮慕明，见于随笔《明代的通货膨胀》，载1948年10月24日《大公报》；随笔《今文观止》，载《中央日报·黑白》。20世纪50年代初在报刊发表《凉夜闲抄》《张献忠杀人并不是乱杀》《游龙戏凤》等文亦署。⑯MM，见于随笔《观音委派的巡按使狗熊二三事》，载1948年某报。⑰鲍老催，见于随笔《少年警察》，载1949年9月、10月间《东南日报·笔垒》。⑱杨友，1950年4月8日至1951年4月在《当代日报》开辟"湖滨新谈"专栏、先后发表《钱王只是蜥蜴精》《湖畔三女性》《宋宫行乐记》等随笔署用。1951年在上海《新民报晚刊》第1793号发表随笔《看盖叫天打店好比吃人参果》一文亦署。⑲可，见于随笔《旧书业的衰落》，载1950年4月28日杭州《当代日报》。1951年在该报发表随笔《佑圣观的变迁》亦署。⑳老鹰，见于评论《论屈原》，载1950年6月19日杭州《当代日报》。㉑拾，见于随笔《姚长子杀倭》，载1951年杭州《当代日报》。㉒鹰，见于随笔《福寿堂赋》，载1951年杭州《当代日报》。㉓阿二，见于随笔《配合太平军战斗》《太平军思溪败敌》，载1951年杭州《当代日报》。同年在上海《新民报晚刊》发表随笔《戏祸述略》《永乐大典的散佚》等亦署。㉔报丁，见于随笔《痛击法舰》，载1951年杭州《当代日报》。㉕英，见于随笔《戚家军平倭》，载1951年杭州《当代日报》。㉖代，见于随笔《四明义寨》，载1951年杭州《当代日报》。㉗东，见于随笔《方腊起义》，载1951年杭州《当代日报》。㉘戴百凡，见于随笔《美帝武装日德的透视》《美国人在日本》《日本内幕》，载1951年8月30日《大公报》；随笔《刻工在中国旧板画中的功绩》，载1951年11月5日上海

《新民报晚刊》。㉙牛马走，见于随笔《弹词与大鼓》，1951年发表。㉚郓哥，见于随笔《潘金莲型》，1951年发表。㉛爱杨，见于随笔《游杭小门槛》，1951年发表。㉜柏繁，见于随笔《要不要写男角的戏》，载1956年北京《剧本》第1期。嗣后在该刊及《戏剧报》《文艺报》《争鸣》《戏剧研究》等报刊发表《观众不欢迎现代生活的戏吗？》《谈"才子佳人"》《对〈琵琶记〉的热烈讨论》《〈琵琶记〉中的牛小姐》等文亦署。㉝时习之，见于随笔《介绍"戏曲剧本专刊"》，载1956年北京《戏剧报》第1期。㉞虹父(fù)，见于随笔《红卫星大材小用》，载1958年《戏剧报》第16期。㉟戴默野，与陈默、田野合署。见于评论《评话剧〈烈火红心〉》，载1958年《戏剧论丛》第4辑。㊱钱江潮，见于随笔《热情辩》，载1960年《戏剧报》第6期。㊲山越，见于评论《谭光祜"正谱"》，载1961年《戏剧报》第5期。㊳戴小培，见于随笔《食瓜志感》，载1961年《戏剧报》第14期。㊴东方明，见于评论《更好地发挥戏曲的教育作用》，载1962年《戏剧报》第11期；评论《谈扬剧〈夺印〉的成就》，载1963年《戏剧报》第2期。㊵余睦人，见于随笔《合时宜》，载1963年《戏剧报》第2期。嗣后在《戏剧报》发表《这不是根本的办法——从金玉奴为什么不能出走所想起的》《基本功小议》等文亦署。㊶谈微中，见于随笔《可贵的革命责任感》，载1964年《戏剧报》第5期。㊷文汾平，见于评论《从〈俺们的春天〉看张春桥的反动嘴脸》，载1976年11月7日《人民日报》。

戴旦(1912—？)，云南昆明人。原名黄万钟。笔名：①黄一帆，20世纪30年代在《昆明市政日刊·小宇宙》发表小说、散文署用。1934—1935年间在上海《女子月刊》发表《玉溪的妇女》《云南妇女生活素描》等文亦署。②黄鼠狼，1932年发表《清丈日记》署用。③晋寅，见于小说《母子之间》，载1946年上海《文艺复兴》第2卷第4期。此前后在重庆《文学》《文哨》、南京《世界文艺季刊》等刊发表小说《副议长》、速写《木马》等亦署。④晋宙，见于小说《军民合作》，载1947年《文艺复兴》第3卷第1期。嗣后在重庆《文学》、南京《世界文艺季刊》等刊发表文章亦署。⑤沈从武，在云南《观察报》副刊发表一篇纪念进步将领杨杰的文章署用。⑥戴旦，1949年开始在云南《正义报》《云南日报》发表花灯剧本署用。嗣后出版论著《滇剧初探》(与高竹秋合作。云南人民出版社，1957年)、《怎样写花类小戏》(与金重合作。1982年)、《戏曲诀谚通俗注释》(1985年)，戏曲《秋收忙》(1956年)、《闹五更》(与李家声等合作。1956年)等亦署。⑦胡不适，署用情况未详。

戴德章，生卒年不详，浙江嘉善人，字皋言，号壶隐。笔名戴德章，在《南社丛刻》发表诗文署用。

戴敦复(1920—2021)，江苏无锡人。原名戴刚。笔名：①敦复，见于散文《大时代的号角》，载1938年12月25日上海《文艺》第2卷第5期。嗣后在该刊第

2 卷第 6 期发表散文《新生之献》亦署。②戴敦复，见于随笔《无题一则》，载 1936 年上海《论语》第 101 期；译文《心灵的控诉》（苏联伊凡诺夫原作），载 1939 年 6 月 10 日上海《文艺》第 3 卷第 3、4 期合刊。20 世纪 30—40 年代在《世风》《青年大众》《南洋研究》等刊发表著译文章亦署。

戴敦智，生卒年不详，河南光山人，笔名：①戴敦智，1925 年在北京《晨报副镌》发表诗《谁想到呢》《坟墓之中安乐么》署用。又见于散文《枉然》，载 1925 年北京《莽原周刊》第 25 期。嗣后在《文学旬刊》《莽原半月刊》等刊发表诗文亦署。②敦智，见于译诗《阿林娜》，载 1925 年《晨报副镌》第 91 期。

戴光晰（1930— ），浙江镇海人，生于上海市。笔名礼阇、黛倩等。电影艺术理论翻译家，中国影协会员、中国世界电影学会会员。1948 年考入上海沪江大学中文系学习。1950 年入中央电影局所属表演艺术研究所学习表演。1951 年任电影局艺委会编译组英文资料员，9 月入北京俄文专修学校学习。1954 年回电影局艺委会编译组任俄文翻译，同年加入中国共产党。1956 年调中国电影出版社任俄文翻译，后任编译室第一组组长。1959 年调《电影艺术》杂志编辑部任国际组组长。1960 年调中国影协对外联络部任秘书兼外国电影研究室苏联东欧组组长。1962 年曾随中国电影代表团赴捷克斯洛伐克参加卡罗维·发利国际电影节。1973 年调中国电影公司资料组任翻译。1978 年起任中国电影资料馆编目研究部外片组组长。翻译的电影文学剧本有《未完成的故事》（影片上映时译名《没有说完的故事》）、《凶手——以制度的名义》及《公民凯恩》等；艺术理论文章有《〈白痴〉的导演构思》《创造性的改编——评〈白痴〉》《作家是电影创作的主要人物》《绿色的风》及多篇有关《一个人的遭遇》的评论文章等。此外，还校订过《埃及人眼中的美国电影》一书。1966 年前，曾与别人共同负责编辑过《国际电影动态》《电影艺术参考资料增刊》《国际电影》等刊物；后又编有《外国电影资料专集》、《苏联影片目录》（第四、五分册）。

戴季陶（1890—1949），浙江吴兴（今湖州市）人，生于四川广汉。初名戴良弼，字选堂。后改名戴传贤，字季陶，号天仇、孝园。笔名：①季陶，见于诗《吊板垣先生》，载 1919 年《星期评论》第 9 期；《工读互助团与资本家的生产制》，载 1920 年《新青年》第 7 卷第 5 期。嗣后在《神州丛报》《民权素》《微言》《星期评论》《民国日报·觉悟》等刊发表文章亦署。②戴季陶，见于论文《从经济上观察中国的乱原》，载 1919 年《建设》第 1 卷第 2 期；随笔《我所起草的三法案》，载 1921 年《新青年》第 9 卷第 1 期。嗣后在《建设》《新亚细亚》《海潮音》《广播周报》《中央半月刊》《广州学生》《军事杂志》《新声》《浙江图书馆刊》《文化建设》《陕西教育》《永安月刊》《青年音乐》《书学》《海王》等报刊发表诗文，出版《孙文主义之哲学的基础》（上海民智书局，1925 年）、《日本论》（上海民智

书局，1928 年）、《戴季陶集》（三民公司，1929 年）、《西北》（南京新亚细亚学会，1933 年）、《三民主义之哲学的基础》（青年书店，1939 年）等亦署。③天仇，见于诗《人生》《哀战士》，载 1928 年南京《军事杂志》第 18 期；译文《英法败北与远东》（日本白鸟敏夫原作），载 1940 年上海《杂志》半月刊第 8 卷第 2 期。④戴传贤，见于随笔《第一届高等考试的经过与感想》，载 1929 年南京《中央党务月刊》第 17 期。此前后在该刊及《中央周刊》《国民会议特刊》《日本研究》《社会杂志》《新亚细亚》《海潮音》《云南教育》《图书月刊》《广播周报》《文史杂志》《时代精神》《公余季刊》《上海市政府公报》《礼乐半月刊》《中国边疆建设集刊》《辅导通讯》等报刊发表文章亦署。⑤戴天仇，见于随笔《恶贯满盈的冈村宁次》，载 1948 年《群言》第 7 期。

戴介民（1902—1973），浙江黄岩（今台州市）人，字邦定。笔名巴克，见于论文《一九二五年——一九二六年俄罗斯文学》，载 1929 年上海《泰东》第 2 卷第 9 期；随笔《武装青年的头脑》，载 1939 年上海《华美周报》第 1 卷第 42 期。此前后在上海《引擎》《民族公论》《中学生活》《月刊》《文撷》等刊发表文章亦署。

戴介南（1921—1978），浙江天台人。原名戴昭卷。1944 年开始发表作品。笔名戴介南，曾在中央人民广播电台举办文学专栏节目《文学之恋》《阅读和欣赏》《长篇小说连续广播》《广播剧》等，著有短篇小说《传染病》等。

戴君仁（1901—1978），浙江鄞县（今宁波市）人，字静山，号梅园。笔名：①戴君仁，见于论文《转注说》，载 1927 年广州《国立第一中山大学语言历史学研究所周刊》第 1 集第 5 期。1943 年在北平《辅仁学志》发表《古音无邪纽补证》，1948 年在《台湾文化》发表《纪念许先生》，出版论著《中国文字构造论》（台北世界书局，1976 年）、《谈易》（台湾，1961 年）、《梅园论学集》（台湾，1970 年）、《梅园杂著》（台湾开明书店，1974 年）、《戴静山先生全集》（台湾，1980 年）、《梅园诗存》等亦署。②童寿，署用情况未详。

戴克谐，生卒年不详，浙江杭县人，字蔼庐。笔名戴克谐、戴克谐蔼庐，在《南社丛刻》发表诗文署用。

戴良（1924—？），山东平度人。原名戴燕羌。笔名：①戴良，出版杂文集《会哨集》（成都新闻社）、《磨刀集》（台北平原社），报告文学《战怒江》（昆明铁流社），长篇小说《三元不败的老宅子》（上海骆驼书业公司），小说集《黑河魂》（新六军前进报社）、《黛郎自选集》（台北黎明文化事业股份有限公司，1986 年）等署用。②默风、老仲马、赫倦愁，1949 年后在台湾报刊发表小说、散文等署用。③黛郎，在台北《自立晚报》撰写"马上弄笔"专栏署用。

戴培之（1902—1977），江苏阜宁人。原名戴本，字培之。笔名戴培之，出版《梁益风土志》《西征类稿》等署用。

戴平万（1903－1945），广东潮安人。原名戴均。曾用名再岳（幼名）。笔名：①平万，见于小说《小丰》，载1928年上海《太阳月刊》第5期。嗣后在该刊及《泰东月刊》《文学新闻》《拓荒者》等刊发表小说《朱校长》、译文《小说给予社会的影响》等亦署。②戴万叶，见于小说《激怒》、译作《如飞的奥式》（加式金原作），载1928年上海《我们》月刊创刊号。嗣后在该刊发表小说《树胶园》、翻译小说《美国人》等亦署。③戴平万，见于小说《山中》，载1929年《海风周报汇刊》第1期；小说《母亲》，载1929年《新流月报》第2期；《我希望于大众文艺的》，载1930年上海《大众文艺》月刊第2卷第4期。此前后在《海风周报》《新流月报》《拓荒者》《青年界》《文艺风景》《新小说》《东方文艺》《文学界》《光明》《今代文艺》《女子月刊》《星火》《读书生活》《希望》等刊发表小说、评论等，出版小说集《出路》（上海泰东图书局，1928年）、《陆阿六》（上海现代书局，1930年）、《苦菜》（上海光明书局，1942年），中篇小说《前夜》（上海亚东图书馆，1929年），诗文合集《松涛集》（与白曙等合集。上海世界书局，1939年），翻译小说《求真者》（美国辛克莱原作。上海亚东图书馆，1933年）、《爱国者》（美国赛珍珠原作。香港光社，1939年）等亦署。④庄错，见于随笔《关外杂录》，载1934年上海《人间世》第9期、第10期。⑤岳昭，见于随笔《梦与现实》，载1935年11月30日上海《时事新报·每周文学》。嗣后在上海《文艺》《新中国文艺丛刊》《文艺新闻》《戏剧与文学》《自学旬刊》《东北教育》等刊发表《报告文学者应有的认识》《抗战文学批评的任务》《一年来的上海文艺界》《检讨我对武训错误认识》，1939年在《译报周刊》发表译作《在汪精卫自杀政策的后面德国法西斯的阴谋》（亚希亚特科斯原作）等亦署。⑥君博，见于随笔《买国旗》，载1939年上海《文艺新闻》第2期。嗣后在该刊发表《为了生活》《辨真伪》等随笔与文艺短评亦署。

戴望舒（1905－1950），浙江余杭（今杭州市）人。原名戴朝宷，字戴丞，号梦鸥。曾用名戴朝胜。笔名：①戴梦鸥，见于《债》，载1922年上海《半月》第1卷第23期。嗣后在《星期》《新上海》发表小说《母爱》、诗歌《夜坐》等亦署。②信芳，见于《夜莺》，载1926年《璎珞》第1期。③望舒，见于《凝泪出门》，载1926年《璎珞》第1期；翻译小说《蛊妇的女儿》，载1928年上海《未名》第1期。1941年在香港《时代文学》发表译作《绿洲》（西班牙圣代克茹贝里原作）亦署。④郎芳，见于译文《生角的吕盖》（法国贝格尔原作），载1928年上海《新女性》第3卷第2期。⑤江思，见于译文《新朋友们》（法国保尔·穆杭原作），载1928年上海《无轨电车》第4期。嗣后在《新文艺》《小说月报》《语丝》《现代》等刊发表译作，出版翻译小说集《新俄小说集（一）》（与他人合译。上海水沫书店，1930年）、《一周间》（苏联毕别进斯基原作，与苏汶合译。上海水沫书店，1930年）亦署。⑥戴望舒，见于《诗三篇》，载1927年《莽原》第2卷第20期；译作《愁春》（西班牙伊巴涅思原作），载1928年上海《文学周报》第300期。嗣后在《小说月报》《莽原》《现代文学》《真美善》《贡献》《新女性》《未名》《无轨列车》《熔炉》《金屋》《红黑》《新文艺》《文艺月刊》《文艺新闻》《青年界》《今代妇女》《大晚报·通俗文学》《中央日报·俗文学》《申报月刊》《东方杂志》《北斗》《矛盾》《现代》《新中华》《奔涛》《纯文艺》《文饭小品》《现代诗风》《文艺风景》《绸缪月刊》《文艺世纪》《月刊》《文潮月刊》《文艺丛刊》《宇宙风》《新诗》《文学杂志》《文艺阵地》《学原》《新诗潮》《文讯》《人世间》《文艺春秋》《星岛日报·俗文学》《诗创造》《鲁迅文艺》等报刊发表著译文，出版诗集《我底记忆》（上海水沫书店，1929年）、《望舒草》（上海现代书局，1933年）、《望舒诗稿》（上海杂志公司，1937年）、《灾难的岁月》（上海星群出版社，1948年），翻译小说《良夜幽情曲》（西班牙伊巴涅思原作。上海光华书局，1928年）、《少女之誓》（法国沙多勃易盎原作。上海开明书店，1928年）、《屋卡珊和尼各莱特》（法国古弹词。上海光华书局，1929年）、《铁甲车》（俄国伊凡诺夫原作。上海现代书局，1932年）、《法兰西现代短篇集》（上海天马书店，1934年）、《高龙芭》（法国梅里美原作。上海中华书局，1935年）、《紫恋》（法国高莱特原作。上海光明书局，1935年）、《比利时短篇小说集》（比利时皮思等原作。上海商务印书馆，1935年）、《意大利短篇小说集》（意大利彭德罗等原作。上海商务印书馆，1935年）、《醉男醉女》（西班牙伊巴涅思原作。上海大光书局，1929年）、《弟子》（法国蒲尔惹原作。上海中华书局，1936年）、《西班牙短篇小说集》（西班牙加巴立罗等原作。上海商务印书馆，1936年）、《宝宝》（法国高莱特原作。上海光明书局，1941年），翻译散文《天女玉丽》（法国保尔·穆杭原作。上海尚志书屋，1929年），翻译童话《鹅妈妈的故事》（法国贝洛尔原作。上海开明书店，1928年）、《美人和野兽》（法国波蒙夫人原作。上海开明书店，1933年）、《青色鸟》（法国陀尔·诺夫人原作。上海开明书店，1933年），翻译诗歌《爱经》（法国沃维提乌苏原作。上海现代书局，1929年）、《恶心之华掇英》（法国波德莱尔原作。上海怀正文化社，1947年），翻译戏剧《麦克倍斯》（英国莎士比亚原作。上海金马书堂，1930年）等亦署。⑦艾生，见于短讯"西部前线平静无事"在欧美，载1930年上海《新文艺》第2卷第1期。⑧生，见于短讯《苏联未来派诗人自杀》，载1930年上海《新文艺》第2卷第1期。⑨陈御月，见于翻译小说《诗人的食巾》（法国阿保里奈尔原作），载1932年上海《现代》创刊号。嗣后在该刊发表译作《核佛尔第诗抄》《阿力舍托尔斯泰会见记》等亦署。⑩艾昂甫，见于译作《普希金诗抄一》，载1937年上海《新诗》第5期。嗣后在该刊第2卷第1期发表译作《叶赛宁诗抄》亦署。⑪苗秀，见于随笔《赛珍珠在德国》，载1938年8月12日香港

《星岛日报·星座》。嗣后在香港《华侨日报·文艺周刊》发表《谈幽默文学》等文亦署。⑫方仁，见于随笔《狼的传统》，载1938年9月9日香港《星岛日报·星座》。⑬庄重，见于译文《黑色的儿子》（巴恩代恩原作），载1938年11月3日《星岛日报·星座》。⑭莳甘，见于译文《托勒逝世》，载1939年6月29日《星岛日报·星座》。⑮陈艺圃，见于译文《柏林之园》（法国都德原作），载1940年6月19日《星岛日报·星座》。⑯艺圃，见于译文《西班牙怀旧录》（西班牙巴罗哈原作），载1940年12月29日《星岛日报·星座》。⑰张白衔，见于译文《第96个女人》（苏联梭罗维也夫原作），载1941年1月20日《星岛日报·星座》。⑱温辛，见于随笔《关于李桢的史料》，载1941年香港《星岛日报·俗文学》第13期；随笔《崔怀宝薛琼琼的故事》，载1946年7月12日上海《神州日报·俗文学》。⑲白衔，见于译文《达满》（俄国莱蒙托夫原作），载1941年7月16日《星岛日报·星座》。1943年在上海《古今》半月刊发表笔记《幽居实小录》、译作《小城中的伟人》等亦署。⑳达士，见于论文《〈拍案惊奇〉源流考之一》，载1941年4月19日香港《星岛日报·俗文学》；论文《广东俗语图解》，载1942—1943年间《大众周报》。㉑林泉居士，见于《旧诗帖抄》，载1946年1月5日香港《新生日报》。㉒冼适，见于《悼杜莱塞》，载1946年1月7日香港《新生·文协》。㉓林泉居，见于译文《博物志抄》（茹勒·雷纳原作），载1946年2月18日香港《新生日报》。㉔月、白、白鸥、梦鸥、周彦、屠思、佩华、易应、孙诚、唐苕、杜万、江湖、江潮、戴月、常娥、吕安瑟、亚巴加、西己（jǐ）加、江文生、吴家明、江近思、史方域，署用情况未详。

戴文葆（1922—2008），江苏阜宁人。曾用名戴文宝。笔名：①郁进，抗战时在重庆复旦大学墙报《夏坝风》发表文章开始署用。嗣后在重庆《青年知识》，1949年后在《人民日报》《读书》《随笔》等报刊发表文章，出版散文集《中国走在前面》（上海平明出版社，1951年）、《长城》（与成大林合作。文物出版社，1980年）等亦署。②丁隼，1944年前后在重庆《新华日报》发表文章署用。③济华，1944—1945年间在重庆《中国学生导报》发表文章署用。④戴济华，见于散文《忆念孙寒冰教授——一个知识分子的榜样》，载1946年重庆《人物杂志》第3期，嗣后在《新海军》《中国海军》等刊发表文章亦署。⑤慕松，1946—1949年在《世界杂志》发表文章署用。⑥魏迟、黄然，1950年前后在上海《大公报》发表文章署用。⑦杨弃疾，1952年在《人民日报》发表文章署用。⑧吾闻，出版历史文物图录《鉴真》（文物出版社，1980年）署用。⑨戴葆，见于评论《当前世界政治的主流》，载1944年上海《东方杂志》第40卷第4期。嗣后在《民主》《自由导报周刊》《周报》等报刊发表文章，出版论著《编辑学习与编辑业务》（编辑学与编辑业务讲习班，1984

年）、《编辑工作基础教程》（东方出版社，1990年），散文集《射水纪闻》（河北教育出版社，2005年），传记《刽子手麦克阿瑟》（上海平明出版社，1951年）等亦署。⑩丁闻葆，署用情况未详。

戴西青（1925—1946），江苏南通人。原名戴濂，号燕滨。笔名西青，1944年起在南通主编《苏报》副刊《教与学》《田野》等署用。见于评论《谈巴金的作品》，载1945年11月18日《苏报（南通版）·田野》第1期。

戴英浪（1907—1985），广东惠州人，生于马来亚吉隆坡。曾用名戴隐郎。笔名：①隐郎，见于信函《〈文漫界〉通讯》，载1936年6月21日马来亚新加坡《南洋商报·文漫界》。②戴隐郎，见于随笔《木、漫在南洋》，载1936年5月31日马来亚新加坡《南洋商报·文漫界》。1937年4月起在马来亚新加坡《南洋商报》主编《狮声》《文漫界》《今日文艺》《今日科学》《今日艺术》《今日剧影》《今日漫画》等副刊时发表文章亦署。③英浪，见于随笔《木刻、漫画、新文字》，载1937年1月18日马来亚新加坡《南洋商报·今日文化》。同时在《南洋商报·今日剧影》发表《业余剧团之必要组织》等文，在《南洋周刊》第24期发表评论《向马华美术工作者召告》亦署。④马康，20世纪30年代起在马来亚新加坡《南洋商报》等报刊发表文章署用。⑤疾流，见于论文《一九三九年救运中马华思想总检讨》，载1940年马来亚新加坡《新国民日报》新年特刊；论文《美术工作者工作大纲》，载马来亚新加坡《南洋周刊》第33期。⑥殷沫，见于独幕剧《父子》，载1938年马来亚新加坡《南洋周刊》第21期。

戴愚庵（1890？—1945），浙江绍兴人。原名戴锡庚，字渔清，号愚庵、娱园。晚号娱园老人。笔名戴愚庵，1926年前后在天津《华北新报》连载长篇小说《杂霸列传》署用。同时期起在天津《东方时报·东方朔》《益世晚报》《三六九画报》连载长篇小说《嫁娶镜》《沽上旧闻》《沽上英雄谱》《秋雨销魂录》《花市春柔记》《沽水游侠》等，出版长篇小说《沽上英雄谱》（天津益世报馆，1937年）、《沽上游侠传》（天津诚文信书局，1940年）、《秋雨销魂录》（文利书局，1941年）等亦署。

【dan】

丹栩，生卒年及籍贯不详，原名胡斗南。笔名丹栩，20世纪三四十年代在东北报刊发表歌词等署用。

丹尼（1912—1995），江西婺源人，生于天津。原名金润芝。曾用名丹尼（艺名）、金润之、金韵之。笔名丹尼，出版有译作《油漆未干》（法国喜剧）、《基本功调练》（波兰格罗托斯基原作）。

单复（1919—2011），福建晋江人，生于泉州。原名林景煌。曾用名单複。笔名：①梦白骷，见于散文《替》，载1941年4月16日桂林《大公报·文艺》。同时期或稍后在福建南平《东南日报·笔垒》《现代青年》、上海《文艺春秋》等报刊发表散文、小说署用。②旭旦，20世纪40年代在上海《文汇报》《少年读物》发表《海岛上》等散文署用。③单複，见于散文《金色的翅膀》，载1946年上海《大公报·文艺》。嗣后在上海《文汇报》等多种报刊发表文章，出版散文集《金色的翅膀》（上海文化生活出版社，1949年）等亦署。④兰为水，见于随笔《编辑谈"编辑工作"》，载1956年北京《文艺学习》。⑤单复，1956年后发表作品、出版散文集《玫瑰香》（花城出版社，1984年）等署用。

但杜宇（1897－1972），贵州广顺人。原名但绳武。笔名：①杜宇，出版翻译散文集《一个小丑所见的世界》（美国卓别林原作。上海生活书店，1936年）署用。②但杜宇，见于摄影《灯光淡淡》，载1930年上海《艺友》第6期。此前后在该刊及《美人世界》《国耻画报》等刊发表绘图亦署。

但焘（1881－1970），湖北蒲圻（今赤壁市）人，字植之，号天囚、天囚居士、观复道人。笔名：①天囚，见于旧体诗《留别塾中同志次任公自励二首之韵》，载光绪年间《清议报》第18卷。②但焘，见于评论《书画鉴》，载1923年上海《华国月刊》第1卷第2期。同时期在该刊发表《周礼政诠》《论汉代选举》《文话一则》等文，1942年起在《说文月刊》《礼乐半月刊》《国史馆馆刊》《广东保安》等刊发表随笔《亲属称谓记》《国史馆制度杂议》《菿汉雅言劄记》、传记《章先生别传》、旧体诗《题破扇》《石蘅青议长挽诗》《挽马君武》等诗文，出版译作《蒙台梭利教育法》（日本今西嘉藏原作。上海商务印书馆，1914年）、《清朝全史》（日本稻叶君山原作。上海中华书局，1914年），论著《中华民族语源》等亦署。

【dang】

党积龄（1879－1967），陕西留坝人，字松年、梦觉。笔名播种，见于随笔《读书就是救国吗》，载1939年《中学生活》第4－5期。

党晴梵（1885－1966），陕西合阳人。原名党沄，字晴梵，号待庐、灵泉村人。别署晴帆、听梵。笔名党晴梵，出版《华云杂记》《先秦思想论略》《合阳县田赋史》《古文字学》《中国文字变迁史》《党晴梵诗集》等署用。

【deng】

邓邦述（1868－1939），江苏江宁（今南京市）人，祖籍江苏吴县（今苏州市），字正闇，号孝先。别号沤梦、沤梦词人、群碧居士、海濒鸥隐、正闇居士、正闇学人，晚号群碧翁、沤梦老人。笔名邓邦述，出版《六一消夏词》《沤梦词》《群碧楼诗草》《群碧楼书目初编》《群碧楼留别吉林唱和诗》《群碧楼善本书目》《双砚斋丛书》《寒瘦山房鬻存善本书目》等著作均署。

邓尔雅（1883－1954），广东东莞人。原名邓溥，字尔雅、季雨，号万岁；别号东官万岁、绿绮台主。笔名：①邓溥，见于旧体诗《题范性宜问园遗诗》《幽愁》《戏赠天胜娘》《樱花》《寄哲夫倾城》《题哲夫》，载《南社丛刻》第10、12集。②邓万岁，在《南社丛刻》发表诗文署用。③邓尔雅，见于《跋董作宾新获卜辞写本》，载1929年《国立中山大学语言历史学研究所周刊》第7卷第75期。此前后在《民俗》《岭南学报》《国立中山大学文史学研究所月刊》《觉音》等刊发表《曹溪南华麓宋刻五百罗汉记》《觉音诗筒》等诗文，出版《绿绮园诗集》（1960年）等并署。④大雅、山鬼、宠恩，署用情况未详。

邓飞黄（1895－1953），湖南桂东人，字子航。笔名：①邓飞黄，见于评论《个人主义的由来及其影响》，载1922年上海《东方杂志》第19卷第7期。嗣后在《革命战线》《中国经济》《教育与民众》《实业月刊》《民主政治》《经纬月刊》等刊发表文章亦署。②飞黄，见于评论《世界农业恐慌之一般的特性——堆货运动》，载1933年南京《中国经济》第1卷第7期。嗣后在《中国的空军》《抗战时代》等刊发表《苏联所顾虑的是什么》《英国社会主义经济学者海德曼之生涯及其著作》等文亦署。

邓广铭（1907－1998），山东临邑人，字恭三。笔名：①邓恭三，1933年在北大文学院《牧野》旬刊署用。又见于《评中国文学珍本丛书第一辑》，载1935年《国闻周报》第12卷第43期。嗣后在《图书季刊》《文史杂志》《读书通讯》等刊发表文章，出版《韩世忠年谱》（重庆独立出版社，1944年）、《陈龙川传》（重庆独立出版社，1944年）、《中国新文学的源流》（周作人讲演，邓恭三记录。北平人文书店，1934年）等亦署。②邓广铭，1933年与李广田、王余侗等共同编辑文学刊物《牧野》并在该刊发表《创刊号题词》及杂文、文学等作品署用。1934年秋至1935年夏与傅乐焕、张公量共同主编天津《益世报·读书周刊》，在该刊及天津《大公报·图书副刊》《国闻周报》等报刊发表书评等，嗣后在《真理杂志》《华北日报·每日文艺》《复旦学报》《图书季刊》等刊发表文章，出版《辛稼轩先生年谱》（上海商务印书馆，1947年）、《稼轩诗文钞存》（上海商务印书馆，1947年）、《辛稼轩词编年笺注》（上海古典文学出版社，1957年）、《辛稼轩诗文钞存》（上海古典文学出版社，1957年）、《王安石：中国十一世纪的改革家》（人民出版社，1979年）等亦署。

邓寄芳，生卒年不详，广东东莞人，字芰郎、芳郎，号苏斋、桂史。笔名邓寄芳，辛亥革命前后在《留日女学会杂志》《民权素》等刊发表诗文，署名情况未详。其遗著、诗集《邓寄芳诗集》（邓进滔整理），与《邓锡桢诗集》《邓蓉镜诗文集》合为一集，2011年由上海古籍出版社出版。

邓家彦（1883－1966），广西桂林人，字孟硕，号望云。笔名邓家彦，在《南社丛刻》发表诗文署用。嗣后在《民国日报》《中央周刊》《东方杂志》《广播周报》《民族诗坛》《中华民报》《独立周报》等刊发表诗文，出版诗集《西北吟》《一枝庐诗钞》及《西诗学述要》等亦署。

邓洁（1902—1979），湖南安乡人。原名邓鹤皋。曾用名邓桂、邓和高。笔名邓洁，见于随笔《纪念伟大的人民歌手》，载1946年10月30日延安《解放日报》。

邓介眉，生卒年及籍贯不详，原名邓永昌。笔名：①介眉，1933—1937年前后在哈尔滨《国际协报·国际公园》《哈尔滨公报·公田》发表长篇小说《飘流人的遗迹》及《泪底梦》《落梅》《"一九三四"梦幻的灿烂》《生活》等小说、散文署用。②荼梅，1934年前后在哈尔滨报刊发表小说、散文署用。

邓均吾（1898—1969），四川古蔺人。曾用名邓成均。笔名：①邓均吾，1922年开始先后在上海《中华新报·创造日》《创造季刊》《创造周报》《浅草》《文艺旬刊》等刊发表《虹》《夜》《哭》《心潮篇》《月与玫瑰》《白鸥》《海滨之晚》《淞沪车上》《半淞园》《面包》《松》等新诗，以及《希腊与罗马神话略述》《绿泪莱Lorelei歌》《艺术》（英国高尔斯华绥著）、《千道之上》（英国邓桑尼勋爵著）等文，出版《邓均吾诗词选》和翻译小说集《贫民》（俄国陀斯妥耶夫斯基著）、《虚无乡消息》（英国莫里斯著），以及汤姆生的《希腊神话》《科学概论》、洛克的《人类悟性论》等均署。②默声，见于诗《流星》《一朵桃花》，载1923年《浅草》季刊第1卷第1期；译文《艺术》（英国高尔斯华绥原作），载1923年上海《文艺周刊》第11期。同时期在上述刊物及《中华新报·创造日》等报刊发表诗《黄昏》《寻梦》《孤城》、信函《致怡庵》等亦署。③均吾，见于译文《歌德传》（布尔·卡恩斯原作），连载于1923年10月19日至11月2日上海《中华新报·创造日》；随笔《抗战中的诗歌与诗人》，载1939年成都《笔阵》第1期。④微中，署用情况未详。

邓珂云（1916—1991？），广东中山人，生于上海。原名邓织云。笔名：①织云，见于速写《纱厂巡礼》，载1935年6月20日上海《太白》第2卷第7期。②珂云，见于随笔《"非红即蓝"记闻》，载1937年上海《论语》半月刊第107期；《西山游击战》，载1940年江西吉安《战地文化》第1卷第5、6期合刊。③邓珂云，编著《鲁迅手册》（上海杂志公司，1936年）署用。1941年在江西吉安《战地文化》第2卷第2期发表《钢铁是怎样炼成的》一文亦署。

邓励诚，生卒年及籍贯不详。笔名：① LS女士，见于诗《建设》，载1927年1月28日马来亚新加坡《新国民日报·荒岛》第1期。嗣后在该刊发表诗《我的心跳了》、散文《鸽子》等亦署。②DAM女士，见于随笔《狂笑》，载1927年5月27日马来亚新加坡《新国民日报·荒岛》第18期。嗣后在该刊发表散文《我的小朋友》亦署。③TT女士，1927年在马来亚新加坡《新国民日报·荒岛》发表文章署用。

邓散木（1898—1963），上海人。原名邓士杰，字钝铁，号戆；别号一足、一足翁、且渠子、厕简子、楚狂人、山人居士、居士山人、无外居士、郁青道人。曾用名菊初（乳名）、粪翁、散木、天平、羽中、邓铁。笔名：①钝铁，见于短篇小说《棋子铁》、笔记《一龛野乘》《一龛醉话》，载1919年7月25日上海《友声》杂志。②邓钝铁，见于小说《文学家》，载1921年上海《消闲杂志》第1期。③无羔，1930年在上海《社会月报》署用。④粪翁，见于诗《雁荡山歌》，载1934年《道路月刊》第45卷第3期。嗣后在上海《快乐家庭》《长城》《绿茶》等刊发表《脞坐谈话》《论杂诗》《厕楼诗稿》等诗文亦署。⑤邓粪翁，见于笔记《厕简楼书锲脞谈》，载1943年上海《大众》第3期。嗣后在上海《永安月刊》发表《百寿扇面》《篆书龙门联》等书法作品亦署。

邓实（1877—1951），广东顺德（今佛山市）人，生于上海。字秉生、秋枚，号枚子、野残、鸣凤雨楼主。笔名：①枚君，见于《秋夜捡亡弟秋门遗诗》，载1903年《政艺通报》。②鸡鸣，1911年在《民国报》发表诗文署用。③枚子，在《国粹学报》发表诗文署用。④秋枚，在《广益丛报》发表诗文署用。⑤邓秋枚，1908—1911年主编《神州国光集》署用。嗣后发表《题赵大年中流鼓琴图》（载1947年上海《永安月刊》第99期）等亦署。⑥邓实，辑集出版《美术丛书》（黄宾虹续集。上海神州国光社，1936年）署用。

邓式中（1919—？），湖北黄陂（今武汉市）人。原名邓式钟。笔名：①邓式钟，1945年后在《武汉日报》发表散文《长夜漫笔》（《东南日报》曾转载）等署用。20世纪50年代初在报刊发表评论，出版楚剧《卖身还债》（武汉通俗图书出版社，1951年）等亦署。②矢中，20世纪40年代在重庆《国民公报·星期增刊》发表文章署用。③刘冶，20世纪40年代在《新民晚报·影与剧》发表评论署用。嗣后发表文章亦常署用。④杨骥，20世纪40年代在重庆《时事新报》《益世报》副刊发表文章署用。⑤钟黄之，20世纪40年代在重庆《戏剧批评》《世界周报》发表文章署用。嗣后常署用。⑥丁邑、钟诗敦，20世纪50年代后发表剧作、剧评署用。⑦易马、石钟、闻靓、舒絜华，在武汉、重庆、成都等地报刊发表剧作、散文、评论等署用。

邓绥宁（1914—？．），辽宁绥中人。原名邓士铭，字绥宁。笔名：①邓绥宁，见于翻译散文《婴儿的诞生》（苏联吉洪诺夫原作），载1943年重庆《文艺先锋》第3卷第1期。1949年后在台湾出版剧作《疾风劲草》（台北帕米尔书店，1951年）、《乱世忠贞》（台北正中书局，1960年）、《日月光华》（台北光复书局，1964年）、《红卫兵》（台北改造出版社，1967年）、《书香门第》（台北改造出版社，1969年）、《征婚》（台北中国戏剧艺术中心出版部，1971 年)、《新瞎子逛街》(台北中国戏剧艺术中心出版部，1971 年)、《黄金时代》(台北华正书局，1974 年)，论著《中国戏剧史》(台北中华文化出版事业委员会，1956 年)、《西洋戏剧思想》(台北正中书局，1956 年)、《二十世纪之戏剧》(台北中国戏剧艺术中心出版部，1967 年)、《中国的戏剧》(台湾省新闻处，1969 年)、《编剧方法论》(台北正中书局，1979 年)等均署。②隋凝、宁也愚，署用情况未详。

邓天裔，生卒年不详，四川人。笔名天裔，见于散文《世弥之死》，载 1938 年 3 月 6 日成都《华西日报》。

邓拓(1912—1966)，福建闽侯(今福州市)人。原名邓右任，字季立。曾用名旭初(乳名)、邓子健(学名)、邓旭初、邓云特、邓君特、邓拓洲、丁丙根。别署狄曼公、弗政、马南邨人。笔名：①晓晶(晓京?)，见于散文《紫金山下》，载 1931 年福建《南华日报·明日》。②云特，见于论文《形式逻辑还是唯物辩证法》，载 1933 年上海《新中华》半月刊第 1 卷第 23 期。嗣后在《新世纪》《时代论坛》《中国文化教育馆季刊》等刊发表文章，出版《中国救荒史》(上海商务印书馆，1937 年)亦署。③邓君特，1934 年起在《新时纪》《时代论坛》《中国文化教育馆季刊》《新中华》《时事类编》等刊发表论文及译文《人类是否起源于亚洲》(葛拉布报原作。载 1935 年《时事类编》第 3 卷第 11 期)等署用。④邓拓，1937 年赴晋察冀边区后改用此名。嗣后发表诗文，出版《和青年团员们谈谈群众路线问题》(中国青年出版社，1951 年)、《新闻战线上的社会主义革命》(中国青年出版社，1958 年)、《论中国历史的几个问题》(生活·读书·新知三联书店，1959 年)等均署。⑤关白，1939 年 10 月在《抗敌报·鲁迅先生三周年祭》发表文章署用。⑥尹堤、恽炁、殷洲、温洲、东方白、曼公、丁曼公、萧斯，抗日战争、解放战争时期在《晋察冀日报》等报刊发表文章署用。"萧斯"一名 1942 年在《晋察冀画报》第 1 期发表报告文学《晋察冀舵帅聂荣臻》，在《群众》杂志第 23、24 期发表《聂荣臻将军怎样创造晋察冀解放区》亦署；1949 年后发表文章亦曾署用。⑦卜无忌，见于杂文《废弃"庸人政治"》，载 1957 年 5 月 11 日《人民日报》。⑧左海，1958 年 3 月起与画家华君武等合作发表《一画一诗》署用。嗣后发表《六十年代的第一个春天》(载 1960 年《新观察》第 3 期)、《郑板桥和"板桥体"》(载 1963 年 11 月《光明日报》副刊)等亦署。⑨马南邨，1961 年 3 月 9 日起开始在《北京晚报·五色土》开设"燕山夜话"专栏发表杂文《燕山夜话》署用。嗣后出版单行本《燕山夜话》(北京出版社，1961 年)亦署。⑩吴南星，与吴晗、繁星(廖沫沙)合署。1961 年起在北京《前线》杂志连载"三家村札记"系列杂文，出版杂文集《三家村札记》(生活·读书·新知三联书店，1966 年)亦署。⑪向阳生，见于论文《从〈海瑞罢官〉谈到"道德继承论"》，载 1965 年 12 月 12 日《北京晚报》、

1965 年《前线》第 32 期。嗣后在《北京日报》发表文章亦曾署用。⑫高密、鸥子、芮新、南阳、武丹、慰农、艾芮、丁山、于遂安、石千山、石思平、石天开、丁大云、丁萝庵、单文生，1949 年后发表文章署用。⑬赵凯、高粱、金也伟，署用情况未详。

邓文翚，生卒年不详，江西峡江人，字耆青。笔名邓文翚，在《南社丛刻》发表诗文署用。

邓文仪(1905—1998)，湖南醴陵人，字雪冰。笔名：①邓文仪，见于《今后新动工作的展望》，载 1937 年《新运导报》第 1 期。嗣后在《民声》《中央周刊》《黄埔》《反侵略》《青年人半月刊》《训练月刊》《女青年》《建国青年》《时代周刊》《新闻导报》《国防月刊》《航空建设》《正义》等刊发表《政治改革与政治建设》《力扬黄埔精神》《学习的青年时代》《作人作事经验谈》等文，出版《第二次世界大战之研究》(重庆黄埔出版社，1940 年)、《冒险犯难记》(台北学生书局，1961 年)、《老兵与教授》(台北龙文出版社，1994 年)等均署。②雪冰，见于《由东南西北到中央》，载 1932 年《青年评论》第 8—13 期。嗣后在该刊及《黄埔》《建国青年》等刊发表《广州上海香港》《转变与复兴》《革命成败迫在眉睫》《第二期革命与第二期抗战》等文亦署。③邓雪冰，见于《献给青年朋友》，载 1933 年《青年评论》第 28 期。嗣后在该刊及《前途》《中国革命》《青年与战争》《新运月刊》《战斗周报》《黄埔》《十日文摘》《青年前线》等刊发表《从老大到少壮》《举国一致英雄战斗》《黄埔精神及其使命》等文亦署。

邓向椿(?—1940)，福建福州人。笔名：①邓向椿，见于散文《新夏随笔》，载 1936 年 6 月福州《小民报·新村》。②特朗，见于诗《战争的乐章——"八一三"颂》，载 1939 年 8 月 17 日福州《福建民报·纸弹》。其后在该刊发表诗《客籍军》《未定题》等亦署。

邓雪涤，生卒年及籍贯不详。笔名：①邓雪涤，见于诗《怀志摩》，载 1934 年 1 月 10 日大连《泰东日报》。嗣后在该刊发表诗《屠夫》亦署。②雪涤，1933 年 4 月至 1934 年 6 月在大连《泰东日报》发表《为了希望》等署用。1934 年 3 月 21 日在大连《泰东日报》发表诗《自己的歌》亦署。

邓演存(1888—1966)，江西南城人。原名邓绎，字竞生、演存。笔名：①演存，见于评论《看了女子新剧之后》，载 1922 年 10 月 23 日北京《晨报副镌》；翻译小说《天真》(苏联阿·托尔斯泰原作，与希纯合译)，载 20 世纪 20 年代《新的小说》第 1 卷第 5、6 号合刊。②邓演存，见于译文《祈祷》(俄国列夫·托尔斯泰原作)，载 1921 年上海《小说月报》第 12 卷第 4 期；小说《我底美丽的邻人》，载 1922 年前后上海《平民》第 100 期。此前后在上海《新人》《东方杂志》等刊发表译文《爱情的胜利》(印度泰戈尔原作)、《小梦英国》(英国高尔斯华绥原作)、《隐迷》(印度泰戈尔原作)、《研究文学的方法》(W.H. 哈德森原作)等，

出版翻译戏剧《黑暗之光》（俄国列夫·托尔斯泰原作。上海商务印书馆，1921 年）、《长子》（英国高尔斯华绥原作。上海商务印书馆，1922 年）等均署。

邓燕林（1920—？），广西桂林人。原名邓涧丹。曾用名邓燕琳。笔名：①涧丹，见于长诗《黄昏》，载 1940 年桂林《抗战文艺》创刊号。②白岩，见于诗《田园，母亲，我回来了》，载 1940 年 10 月《文群》；诗《卖唱的盲者和一个流浪的孩子》，载 1945 年桂林《文艺杂志》新 1 卷第 2 期。同时期至 1949 年在邹荻帆、艾芜、邵荃麟等人编的刊物发表作品亦署。③邓燕林，见于剧本《王老黑自新》（武汉通俗出版社，1951 年）。嗣后在《人民日报》《广西文艺》等报刊发表文章亦署此名。

邓以蛰（1892—1973），安徽怀宁（今安庆市）人，字叔存。笔名邓以蛰，见于剧作《莎士比亚若邈玖娴新弹词》，载 1924 年 4 月 25 日、26 日北京《晨报副镌》。嗣后在该刊及《现代评论》《学原》《湖社月刊》等报刊发表《对于北京音乐界的建议》《戏剧与道德的进化》《戏剧与雕刻》《诗与历史》等文，出版游记《西班牙游记》（上海良友图书印刷公司，1936 年）等亦署。

邓颖超（1904—1992），河南光山人，生于广西南宁。乳名玉爱。曾用名逸豪。笔名：①邓颖超，见于《为什么……？》，载 1920 年天津《觉悟》第 1 期；《宣言——为衫弃的死》《今天的五一节》，分别载 1923 年天津《觉邮》第 1 期（下）和第 3 期。1959 年 5 月在《中国妇女》杂志发表回忆录《"五四"运动的回忆》、1997 年 1 月 20 日在《人民日报》发表散文《从西花厅海棠花忆起》等亦署。②颖超，见于《错误的恋爱》《两个使我难忘的五七——并告女师范的师生》《受了婆婆教训的一个同学》《经济压迫下的少女》，分别载 1923 年天津《女星》旬刊第 2、3、10、15 期；《悼列宁》，载 1924 年 4 月 19 日天津《妇女日报》；诗《实践之灯》《胜利》《复活》《爱与教》，分别载 1924 年 1 月 1、9、17、30 日天津《妇女日报》；诗《答友》《竞肯》《感怀》，载《新民意报·朝霞》第 3 期。③小超，见于《第一天》，载 1924 年 1 月 1 日天津《妇女日报》；《小诗》，载 1924 年 1 月 30 日《妇女日报》。④超，见于《为皇会忠告天津的妇女》，载 1924 年 4 月 19 日天津《妇女日报》。

邓友梅（1931— ），山东平原人，生于天津。原名邓幼梅。笔名：①方文，1948 年发表散文开始署用。②锦直，1952—1953 年间在《说说唱唱》发表作品署用。③右枚，1955—1956 年间在《人民文学》发表作品署用。④邓友梅，1949 年后在《文艺学习》《文艺报》《上海文艺》《人民文学》《北京文艺》等刊发表小说《我们的军长》《话说陶然亭》《追赶队伍的女兵们》《烟壶》《那五》，出版长篇小说《追赶队伍的女兵们》《凉山月》、中短篇小说集《京城内外》《烟壶》《好梦难圆》《那五》《别了，濑户内海!》、散文集《樱花孔雀葡萄》，以及《邓友梅短篇小说选》《邓友梅中篇小说选》等均署。

邓之诚（1887—1960），江苏江宁（今南京市）人，生于四川成都，字文如，号明斋、五石斋、桑园、文如居士。笔名：①邓之诚，见于《省志今例发凡》，载 1918 年《地学杂志》第 9 卷第 4、5 期合刊。又见于诗《槐居唱和二七首》（与张尔田合作），载 1933 年南京《学衡》第 79 期。嗣后在《史学年报》《人物月刊》《燕京大学图书馆报》《燕京学报》《图书季刊》《中德学志》《书报精华》《天文台》《现代文摘》《现代知识》等刊发表《护国军纪实》《艺风堂存诗跋》《三水梁燕孙先生年谱》《南冠纪事》等文，出版《骨董琐记》（和济印刷所，1926 年）、《中华二千年史》（上海商务印书馆，1934 年）、《护国军纪实》（北平燕京大学，1935 年）、《隋唐五代史》（北京大学出版部，1912—1949 年）、《秦汉三国史》（北京大学出版部，1912—1949 年）、《东京梦华录》（商务印书馆上海编辑部，1959 年）、诗集《闭关吟》（1942 年）等均署。②五石，见于《后鸳湖曲》，载 20 世纪 30 年代《北平晨报》；诗《临行三石索诗赋长歌三十韵以赠之》，载 1934 年《国立同济大学旬刊》第 42 期。

邓中龙（1926—？），籍贯不详，原名徐学慧。笔名邓中龙，见于通讯《南京人的春天》，载 1947 年《湖南青年》第 8 卷第 1 期。1948 年在《中央日报周刊》《国立中央大学校刊》发表《试论当前大学教育》《中国文学系》等文，出版《中国诗歌欣赏》（香港自由出版社，1959）、《宋诗初探》（香港中国文学研究社，1985）、《李商隐诗译注》（岳麓书社，2000）、《唐代诗歌演变》（岳麓书社，2005）等亦署。

邓中夏（1894—1933），湖南宜章人。原名邓隆渤，字仲澥、中澥。曾用名邓康、邓重远、邓安石、邓忠、邓兰汀、邓隆顺、李成、施义、杨富贵、寿生、老杨、增吕、仲澥老葛。笔名：①大壑，见于随笔《和平问题》，载 1919 年 2 月 1 日《国民》第 2 卷第 1 期。②心美，见于《长辛店旅行一日记》，载 1920 年 12 月 21 日《晨报》。③重远，见于评论《共产主义与无政府主义》，载 1922 年《先驱》第 1 期。④邓中澥，见于诗《西山读书杂诗》，载 1921 年 6 月 26—28 日《晨报》第 7 版；评论《我对于此次运动的全部意见》，载 1923 年北京《北大学生新闻》第 8 期。⑤中夏，见于评论《新诗人的棒喝》，载 1923 年《中国青年》第 7 期；评论《讨论本团此后进行的方针》，载 1923 年《先驱》第 22 期。同时期在《工人周刊》《新建设》《青年工人》《平民周报》《民国日报·觉悟》等报刊发表文章亦署。⑥邓中夏，见于评论《贡献于新诗人之前》，载 1923 年《中国青年》第 10 期。⑦李成，见于《劳动常识（续）》，载 1924 年《平民周报》第 17、18 期。⑧中、夏，1924 年在《中国工人》等刊发表文章署用。⑨AS，见于随笔《上大的使命》，载 1924 年前后《上海大学》周刊。⑩邓仲澥、白沙，署用情况未详。

邓拙园，生卒年及籍贯不详，原名邓止水。笔名：①邓拙园，见于诗《吊籍陆公》，载 1921 年 11 月 22 日

《晨报副镌》。嗣后在 1922 年 4 月 8 日该刊发表《评梅女士的〈这是谁的罪？〉》亦署。②拙园，见于杂文《牛栋问题》，载 1924 年 5 月 18 日《晨报副镌》。

【di】

狄楚青（1873—1921），江苏溧阳人。原名狄葆贤，字楚青、楚卿，号平子；别号慈石、平情外史、平情主人、平情居士、平情客、平等阁主、平等阁主人、六根清净人。曾用名狄平、狄高。笔名：①楚卿，见于《论文学上小说之位置》，载 1903 年上海《新小说》第 7 期。②平情居士，1911 年在《小说时报》发表译作《噫有情》（法国雨果原作）署名。③平情主人，出版译作《噫有情》（法国雨果原作）时署名。④慈石，见于《新民丛报》。⑤雅、平子、狄平、狄楚青、高平子、平等阁主、平等阁主人、六根清净人，署用情况未详。

狄君武（1895—1964），江苏太仓人。原名狄福鼎，字君武，号雁月。晚号平常老人。曾用名狄膺。笔名：①狄膺，在《南社丛刻》发表诗文署用。②狄君武，见于旧体诗《千佛顶云海》《峨眉报国吟翠楼题壁》《过秭归梦见大姊》《嘉陵江秋望索醇士叙父画》，载 1939 年 2 月重庆《民族诗坛》第 2 卷第 4 辑。

迪之（1921—？），天津人。原名谷绍华。曾用名谷纳。笔名迪之，1945 年在延安保安处文工团创作快板剧《刘生海转变》、小车剧《张老太婆回家》、秧歌剧《陈家福回家》（与人合作）等署用。1947 年在华北大学文艺学院戏剧系任教时编著《秧歌剧基本训练教程》，20 世纪 80 年代主编《延安文艺丛书》第十四卷《舞蹈·曲艺·杂技卷》（湖南文艺出版社，1988 年）亦署。

荻青（1923—？），四川广汉人。原名江德清。笔名荻青、芦岸、江溪，1944 年春起在四川内江《内江日报》、自贡《鹰》、成都《戏剧与文学》《建设日报》副刊、乐山《水星文艺》等报刊发表诗作署用。

笛子（1916—？），辽宁西丰人。原名汤阁麟。笔名笛子，20 世纪 30 年代末开始在东北报刊发表诗歌署用。

蒂克（1918—1965），山东潍县（今潍坊市）人。原名考绍绪。曾用名考诚。笔名蒂克，见于《郭指导员》，载 1941 年 7 月 4 日桂林《大公报·文艺》；中篇小说《秦淑的悲哀》，载 1943 年重庆《天下文章》第 1 卷第 3 期。此前后在《天下文章》《笔阵》《黄河》《现代文艺》《文艺先锋》《文潮月刊》《文学》《微波》《高原》及四川壁山《诗月报》等刊发表诗、小说等。出版诗集《小兰花》（成都莽原出版社，1942 年），小说集《黎明前》（广州前进书局，1949 年）、《旅途》（香港联文出版社，1950 年），歌曲集《华南进行曲》（与陆华柏合作。香港中国音乐出版公司，1949 年）等亦署。

【dian】

佃毓文（1920—？），广东揭阳人。笔名：①佃晓军，1935—1937 年在福州《平凡》《小民报·新村》及《南风》副刊发表小说、散文《听来的革命故事》等署用。②晓军，见于散文《窗》，载 1936 年 11 月 11 日福州《小民报·新村》。

赁（diàn）**常彬**，生卒年不详，四川灌县（今都江堰市）人。原名赁杲天。笔名赁常彬，1940 年起在成都《成都快报·挥戈副刊》发表诗文署用。1947 年前后在《东南评论》《新学生》等刊发表杂文随笔，1949 年后出版诗集《绿叶集》（与陈犀、唐大同合集。四川人民出版社，1959 年），论著《鲁迅治学浅探》（四川人民出版社，1981 年）、《科研方法例说》（四川人民出版社，1985 年）等亦署。按：赁姓，音 diàn。《现代汉语词典》音 lìn，误（参见徐铁生：《中华姓氏源流大辞典》，中华书局，2014 年）。

【diao】

刁均宁（1924—？），安徽含山人。原名雕俊麟。曾用名刁筠（jūn）林。笔名：①刁均宁，见于诗《张大爷瞧租》，载 1947 年上海开明书店版《挣扎》。嗣后在杭州《天型报·绿原》、江西《民治日报》副刊、上海油印诗刊《铁兵营》等报刊发表诗《地雷》《乡村之歌》《小河的歌》等均署。此后在《人民文学》《文艺学习》《皖北文艺》等报刊发表诗作，1999 年由台北财团民俗基金会出版其编辑之《青阳腔戏文三种》亦署。②匀皿，见于诗《假使我是大树、凉亭、石碑》，载 1948 年夏《开明少年》第 38 期。嗣后在开明书店版文艺专集《我》发表散文《搬家》亦署。③土丁，见于散文《夜之曲》，载 1947 年杭州《天型报·绿原》。④蕾子，1957 年春开始在《安徽日报》发表诗《晨雾》《合作社电灯》、散文《新安江那么恬静、单纯……》等署用。

刁汝钧（1907—1994），河北邯郸人，字士衡。笔名：①刁汝钧，见于翻译剧本《假医生》（法国莫里哀原作），载 1942 年贵阳《文讯》第 3 卷第 2 期。1945 年在重庆《文艺先锋》发表译剧《文法》（法国拉比希原作）等亦署。出版翻译剧本《如此学者》《龟兔竞走》（法国欧夫金原作）等亦署。②草野，出版论著《现代中国女作家论》（北平人文书店，1932 年）署用。按：刁汝钧早在 1937 年即在北平《晨报·剧刊》第 312 期发表《评〈雷雨〉》、在第 328 期发表《〈窦巴斯〉脚本提要》（法国巴姆尔原作）等著译文，署名情况未详。

貂问湄（1920—？），马来西亚华人，祖籍中国福建永春，生于马来亚（今马来西亚）彭亨州。原名吴谦裕。笔名：①吴冰，见于诗《给姐夫一个敬礼》，载 1940 年 4 月马来亚新加坡《新国民日报·新流》。②周章，抗战胜利后发表作品曾署用。③貂问湄，出版小说集《小鬼春秋》（新加坡文汇出版社，1957 年）、《腐蚀》（新加坡青年书局，1958 年）、《金马橡胶园》（新加坡青年书局，1959 年）等署用。④鲁彬，出版诗集《号角》（新加坡青年书局，1960 年）署用。⑤李音、司马牧丁，署用情况未详。

【ding】

丁伯骝，生卒年不详，江苏南京人。笔名：①苏明，见于翻译小说《爱情》（塞尔吉夫·晋斯基原作），载 1935 年 8 月 22 日至 30 日上海《申报·自由谈》；随笔《娼妓问题》，载 1936 年上海《女子月刊》第 4 卷第 10 期；翻译小说《往事》（英国哈代原作），载 1945 年《文艺先锋》第 7 卷第 6 期。在《新教育旬刊》《新使命》等刊发表著译小说、散文等亦署。②丁伯骝，见于散文《钟山之游》，载 1931 年上海《1931 年中学生文艺》；小说《还乡》，载 1936 年南京《文艺月刊》第 9 卷第 3 期。嗣后在《女子月刊》《银行生活》《新教育旬刊》《文化先锋》《文艺先锋》《戏剧时代》《文艺茶话》《笔阵》《戏剧岗位》《文学创作》《新使命》《书报精华》《中央周刊》《天文台》《中国青年》等报刊发表著译小说、散文、戏剧、评论等亦署；出版散文集《东望集》（重庆独立出版社，1943 年），小说集《再嫁者的逃婚》（重庆亚洲图书社，1945 年），话剧《洪炉》（重庆青年出版社，1941 年）、《启示录》（又名《四骑士》，重庆戏剧工作社，1943 年）、《乱世忠良》（军事委员会政治部，1945 年），论著《戏剧欣赏法》（正中书局，1936 年）等亦署。③伯，见于《辨悲剧喜感问题》，载 1943 年 7 月重庆《文艺先锋》第 3 卷第 1 期。

丁传靖（1870－1930），江苏丹徒（今镇江市）人，字秀甫、秀夫、琇甫，号闇公；别号间公、岔思、湘舲、鬼车子、沧桑词客、贪瞋痴阿罗汉、松隐僧人、松隐行脚僧、京口招隐寺行脚僧。笔名：①鬼车子，见于《鬼车子说》。②鹤睫，见于 1915 年著《红楼梦本事诗》。③丁传靖，见于随笔《松阡比翼图自叙》，载 1918 年上海《小说月报》第 9 卷第 12 期。嗣后撰著《四库全书人名韵编》《七昙果传奇》《霜天碧》《江乡渔话》《秋华堂诗文》《闇公诗存》），编纂出版《宋人轶事汇编》（上海商务印书馆，1935 年）等亦署。

丁迪豪（1910－1935），安徽无为人，原名丁学贤。笔名丁迪豪，见于论文《玄鸟传说与氏族图腾》，载 1933 年北平《历史科学》第 1 卷第 2 期；论文《原始文化与文学》，载 1935 年北平《文化批判》第 2 卷第 2 期。同时期在上述两刊及《社会杂志》《进展月刊》等刊发表《橘颂的时代》《殷代奴隶史》等亦署。出版论著《中国古代文学史论》《古诗十九首研究》《楚辞研究》（与卫聚贤、何天行合集）等亦署。

丁风（1925－？），安徽颍上人。原名曹春德。笔名：①曹皖砂，见于诗《流亡者之歌》，载 1941 年 9 月 24 日西安《青年日报》副刊。1946 年在西安《国风日报·笔阵》发表诗亦署。②皖砂，见于散文《碉堡》，载解放战争时期在西安与诗人石村合办的《春雷文艺》月刊。③丁风，1949 年前在延安《群众日报》写诗开始署用。嗣后发表诗文亦署。④洪荒、火，1949 年前在西安报刊写诗用。

丁逢甲（1864－1929？），江苏吴江（今苏州市）人，字埜生，号壮者。笔名：①壮者，见于小说《扫迷帚》，载 1905 年上海《绣像小说》第 43－52 期；随笔《余厨》，载 1917 年上海《小说月报》第 8 卷第 4 期。嗣后在《小说月报》《广益丛报》《妇女杂志》等刊发表作品、出版小说《扫迷帚》（上海商务印书馆，1907 年）亦署。②丁逢甲，见于论文《中日二国同在亚洲同为黄种又同时与欧美通商而强弱悬殊至此其故何欤》，载 1905 年上海《东方杂志》第 2 卷第 4 期。嗣后在《南社丛刻》发表诗文亦署。③丁坤生，见于随笔《女饰琐谈》，载 1930 年上海《紫罗兰》第 4 卷第 23 期。

丁佛言（1888－1930），山东黄县（今龙口市）人。原名丁世峄，字佛言、松游，号迈钝。笔名：①丁世峄，见于论文《论熊内阁之失败》，载 1914 年上海《正谊杂志》第 1 卷第 3 期。②丁佛言，1914－1915 年在北京编《中华杂志》署用。出版《说文古籀补补》（上海商务印书馆，1924 年）亦署。③松游，见署于《松游印存》。

丁福保（1874－1952），江苏无锡人，原籍常州，字仲祐、中祐、锡元，号梅轩、畴隐；别号畴隐居士、破衲、济阳破衲、守一子、晋陵下工。曾用名丁畴隐、丁仲祐。笔名：①丁福保，见于随笔《日本学医记》《论笑之益》，载 1910 年上海《中西医学报》第 1 期。嗣后在《佛化新青年》《世界佛教居士林林刊》《医药评论》《河南教育月刊》《文艺的医学》《卫生月刊》《麻疯季刊》《防痨》《中西医学》《图书展望》《古泉学》《工业标准与度量衡》《江苏教育》《说文》《泉币》《燕京学报》《永安月刊》《文友》《大众》《读书通讯》《健力美》《第二代丛刊》《现代周报》《语林》《文艺新潮》等刊发表文章署用。嗣后编印《汉魏六朝名家集初刻》《全汉三国晋南北朝诗》《历代诗话续编》《清诗话》《文选类诂》《诗钥》，撰《老子道德经笺》，以及医学、钱币学、文字学、佛学、道学著作和译作亦署。②畴隐居士，见于《畴隐居士学述史》《畴隐居士七十自述》。③守一子，中年后辑《道藏精华录》署用。

丁洪（1918－2002），四川成都人。原名汤幼言。曾用名汤庆永。笔名：①汤幼言，见于哲学论文《动的世界》，载 1936（1937？）年成都建国中学校友会会刊创刊号。②亚牛，1937 年在《四川日报》主编副刊《大众科学》时撰写科普文章署用。③丁洪，见于《如此彭县县长》，载 1937 年《四川日报》。嗣后在重庆《新华日报》、哈尔滨《东北文艺》《文学战线》等报刊发表随笔《下厨房——延安生活之一页》、报告文学《一个普通的英雄》等，创作话剧《抓壮丁》（与吴雪、陈戈、戴碧湘合作）；出版话剧《两天一夜》（哈尔滨东北光华书店，1948 年）、《解放》（三十八军宣传部，1949

年），歌剧《好班长》（与唐克合作。佳木斯东北书店，1948 年）、《三担水》（佳木斯东北书店，1948 年），长篇小说《董存瑞的故事》（中国青年出版社，1960 年），电影文学剧本《董存瑞》（与丁毅合作。中国电影出版社，1960 年）、《雷锋》（与他人合作。中国电影出版社，1965 年）等亦署。④蓉人，见于剧评《人民的灾难》，载 1949 年 6 月 24 日《长江日报》。嗣后创作歌词、曲子亦署。

丁怀瑾

（1879－1956），云南宾川人，字石生，号石僧。笔名石僧，见于《石僧老人文存》。

丁家瑞

（1916－2000），安徽含山人，原名许之正。曾用名许诺。笔名：①许诺，1938 年初开始在湖南长沙《国民日报》发表文章署用。1940 年后在江西南昌《赣报》发表通讯《烽火桃源话昭平》，在广东梅县《每日论坛报》《汕报》、广东兴宁《建国日报》等报发表文章，出版剧本《灾难》《小型喜剧集》等亦署。②丁家瑞，见于长诗《怒吼吧，新加坡！》，载 1947 年马来亚新加坡某刊。嗣后在马来亚新加坡《南侨日报》《星洲日报》《风下》《音乐·诗歌·戏剧》《学生生活》《读书生活》《天外》《爱华周报》等报刊发表文章，出版诗集《脚印》（香港上海书局，1956 年）亦署。③钱博、胡济、蔡蕤、冷风、青青，在马来亚新加坡报刊发表文章署用。1949 年后在国内发表文章亦署。④正之、正华、毛华、诺之、许正元，20 世纪 50－60 年代在《广州日报》《南方日报》《羊城晚报》《文艺报》《电影与观众》等报刊发表文章署用。⑤宋瑞，1983 年发表文章署用。

丁嘉树

（1907－1990），上海人。曾用名丁雨林。笔名：①丁丁，见于《旧手帕》，载 1926 年 5 月上海《心群月》月刊创刊号；诗《天已晚了》，载 1927 年上海《泰东月刊》第 1 卷第 3 期。嗣后在上海《当代文艺》《现代文学评论》《新时代》《絮茜》《论语》《当代诗刊》《文艺先锋》《风雨谈》《商业杂志》《现代社会》《中国新书月报》《流露月刊》《东方文艺》《国民文学》《艺文线》《红茶》《上海评论》《杂志》《华美》《学生之友》《一般》等刊发表诗文，出版诗集《未寄的诗——过去的恋歌》（上海群众图书公司，1926 年），论著《革命文学论》（上海泰东图书局，1927 年），散文集《心灵片片》《蹉跎集》，长篇小说《浪漫的恋爱故事》，短篇小说集《小事件》等亦署。②嘉树，见于译作《田鸡王子》，载 1926 年 5 月上海《心群月》月刊创刊号。③金马，见于翻译小说《梦寐不忘》（尚·乔诺原作），载 1936 年 10 月 5 日上海《逸经》第 15 期。1948 年在上海《论语》发表随笔《谈走私》《话说逃难到香港》等亦署。④叶山，见于随笔《以抗战来纪念五一》，载 1939 年上海《华美》第 2 卷第 1 期。同时期在该刊及上海《上海评论》发表《上海风雨》《吴佩孚和汪精卫》等文亦署。⑤夜莺，见于《某人》《冬之尾》，载 1940 年上海《文学研究》第 1 卷第 5 期。⑥野马，见于随笔《百老汇的医学大师》，载 1946 年上海《中美周报》

第 207 期。嗣后在该刊发表译文《中国为何要恨美国》、随笔《美国女招待的选择》等亦署。⑦夏莱，1935 年 2 月在南京《朝报》副刊发表文章署用。⑧丁森、林梵、马克巴、凌云、夏莺、邵芙、庞舞阳、小芙、TT、OK，署用情况未详。

丁景唐

（1920－2017），浙江镇海（今宁波市）人，生于吉林省吉林市。原名丁训尧。曾用名萧扬、丁英、丁惠利。笔名：①丁景唐，1934 年就读于上海青年会中学时改名。1949 年后发表作品，出版《怎样开展工人业余文艺活动》（上海文化生活出版社，1954 年）、《学习鲁迅和瞿秋白作品的札记》（新文艺出版社，1958 年）、《瞿秋白著译系年目录》（与文操合作。上海人民出版社，1959 年）、《左联五烈士研究资料编目》（与瞿光熙合作。上海文艺出版社，1961 年）、《学习鲁迅作品的札记》（上海文艺出版社，1980 年）、《诗人殷夫的生平及其作品》（与陈长歌合作。浙江人民出版社，1981 年）、《犹恋风流纸墨香——六十年文集》（上海文艺出版社，2004 年）等亦署。②丁宁，1938 年春在上海四川路青年会少年部编墙报时署用。同年 11 月与王韬（王瑞鹏）在上海创办并主编《蜜蜂》杂志发表文章亦署。③唐突、金子、姚里，分别见于速写《夕阳会》《迎着太阳》《夜会》，载 1939 年上海基督教学生团体联合会《联声》第 2 卷第 1 期。④蒲柳，1940 年编东吴大学《东吴团契》杂志署用。⑤黎容光，见于《走头有路》，载 1941 年《联声》第 1 卷第 6 期。1945 年后在上海《文坛月报》《文汇报·文艺周刊》《文艺学习》《新诗歌》《前进妇女》《妇女月刊》《联合晚报·夕拾》《世界晨报》《世界日报》《茶话》等报刊发表诗歌、散文等亦署。⑥洛丽扬，见于长诗《远方》，载 1941 年《联声》第 4 卷第 4 期。⑦苏里叶，见于诗《给……》，载 1941 年《联声》第 2 卷第 7－8 期合刊。⑧黎琼、芳丁、煤婴、江水天，1941 年主编上海《联声》时发表文章署用。⑨应保罗，见于散文《你们是世上的盐》，载 1941 年《联声》第 3 卷第 9 期。⑩李埃施，见于散文《复活》，载 1941 年《联声》第 3 卷第 11 期。⑪保罗，见于散文《一个以色列民族英雄的死》，载 1941 年《联声》第 4 卷第 4 期。⑫秦月，1942 年起在上海报刊发表诗文、译文署用。⑬微萍，借用钟恕的笔名，见于小说《三男跟一女》，载 1942 年上海《女声》第 1 卷第 8 期。嗣后在该刊第 10 期发表小品文《寒窗琐语忆之江》亦署。⑭歌青春，见于诗《敏子，你还年青》，载 1943 年上海《女声》第 1 卷第 9 期。嗣后在该刊发表《弃婴——小小的生命》《春天的雪花》等文，在上海《诗歌丛刊》《莘莘月刊》《太平洋周报》等刊发表诗文亦署。出版诗集《星底梦》（上海诗歌丛刊社，1945 年）亦署。⑮乐未央，见于论文《〈诗经〉民歌中反映的妇女生活、恋爱、婚姻》，载 1943 年《女声》第 1 卷第 11 期。嗣后在该刊发表论文《她的一生》《从〈子见南子〉谈到儒家的妇女观》等亦署。⑯辛夕照，见于散文《青春》，载 1943 年《女声》第 1 卷第 11 期。

嗣后在该刊发表散文《烛光》、论文《妇女与文学》等亦署。⑰乐无恙，见于论文《陆放翁出妻事迹考（上）》，载 1943 年《女声》第 2 卷第 4 期。嗣后在该刊发表散文《中秋谈月》、论文《朱淑贞与元夕词》等亦署。⑱包不平，见于速写《一场争辩》，载 1943 年《女声》第 2 卷第 5 期。嗣后在该刊发表杂文《风雅的说教》《从女子的四孝谈起》等亦署。⑲戈庆春，见于杂文《我的自省》，载 1943 年《女声》第 2 卷第 8 期。⑳奏月，见于诗《三春抄》，载 1944 年《女声》第 2 卷第 12 期。㉑宗叔，见于译文《"世纪的花园"——日本》（英国菲利浦原作），载 1944 年《女声》第 2 卷第 12 期。嗣后在该刊发表散文《谈人生》等亦署。㉒英，见于《征文启事》，载 1944 年上海《小说月报》第 44 期。㉓丁大心，见于诗《秋瑾墓前》，载 1944 年 9 月《碧流丛刊·九月的海上》；诗《塔》，载 1945 年上海《飑》第 1 期。㉔丁英，1944 年参与编辑《小说月报》《谷音》《时代·文艺》《文坛》等刊，在这些刊物及《海燕文艺丛刊》《文艺学习》《新诗歌》等刊物上发表作品署用。出版论文集《妇女与文学》（上海沪江书屋，1946 年），编选《南北方民谣选（第一、二集）》（与林冬白合作。新华书店华东总分店，1950 年）等亦署。㉕黎扬，见于评论《祥林嫂——鲁迅作品中之女性研究之一》，载 1945 年上海《前进妇女》第 2 期。㉖王淑俊，1945 年在上海《莘莘月刊》发表诗文署用。㉗芜菁，1945 年后在《文坛月报》《文汇报·文艺周刊》《妇女》等报刊发表文章署用。见于诗《给孩子》，载 1947 年上海《妇女》第 2 卷第 1 期；随笔《香港的"阻街女郎"》，载 1948 年上海《妇女》第 2 卷第 12 期。㉘洛黎扬，见于评论《新女性典型的创造》，载 1945 年《时代·文艺》第 2 期；长诗《他死在黎明——悼江讽》，载 1946 年上海《文汇报》。嗣后在上海《文艺学习》、香港《华商报》《周末报》发表文艺评论、民歌研究文章和讽刺诗亦署。㉙于封，见于随笔《关于鲁迅论〈万古愁曲〉的一封信》，载 1947 年 9 月 19 日上海《时代日报》。嗣后在香港《华商报》《周末报》等发表文章亦署。㉚卫理，见于随笔《香港的侧面——香港航讯》，载 1948 年上海《茶话》第 20 期。于此前后在宁波《时事公报》、上海《知识》《生活》等报刊发表文章亦署。㉛郭汶依、丁宗叔，1948 年秋在上海沪江大学《沪江校刊》发表散文等署用。㉜余逸文、于一得、于奋、雨峰、丁行、鲁北文、景玉，1949 年后发表文章署用。㉝胡元亮，与丁言昭合作写鲁迅研究文章署用。㉞丁惠利、江天水，署用情况未详。

丁景垚，生卒年及籍贯不详。笔名湏（huì）羽，20 世纪 30 年代在《东南日报·沙发》发表作品署用。

丁九（1919—1969），江苏淮安人。原名丁灿成。笔名：①丁蒂、晓酒，1936 年在上海《轻骑队》半月刊发表《殖民地人民的悲哀》《风雅与抗战》等文署用。②虹蒂、萧丁，20 世纪 30—40 年代在浙江游击区报刊发表文章署用。③丁铁，1936 年题赠友人顾家幹以《轻骑队》时署用此名。④西蒂，署用情况未详。按：丁九抗战时期和解放战争时期历任《大众日报》记者、编辑，新华社山东分社记者、特派记者、采访科长，新华社华东前线分社采编主任，新华社第三野战军西线分社副社长兼通联部主任，新华社华东总分社采编主任，发表过许多通讯，例如《首战在沂南》《沂蒙人民和八路军》《会见马励武师长》等，署名情况未详。

丁克武（1915—？），四川自贡人。笔名：①丁冬，1936 年前后在四川报刊发文开始署用。见于演讲文《我们没有怨仇》，载 1937 年四川荣县《流火》月刊第 3 期。曾在 1937 年 8 月《复兴日报·高岗》发表《寂寞吗》《一个人的死》等诗，嗣后在《流火》《新民报·歌马》《艺风》《文艺先锋》等刊发表《保卫祖国的天空》《火伞下的旅行》《太阳下面放歌》《草原上的日子》等诗文亦署。②平夫，见于《太阳的一天》，载 1939 年《流火》第 4—5 期合刊。嗣后在该刊发表《五月》亦署。③文二，见于杂感《山城小感》，载 1939 年 9 月 16 日《流火》第 9 期。

丁兰惠（1921—2011），山东曹县人。笔名：①丁兰惠，见于《人怎么会生颈瘤》，载 1947 年 5 月 3 日上海《大公报·现代儿童》创刊号；历史故事《一生凄苦的稽康》《少年爱国诗人夏完淳》，载 1999 年 3 月广西民族出版社出版之《20 世纪中国名人儿童作品精选·历史故事》（盛仰红编）。②黄桷，见于小说《爸爸，你快回来了》，载 1947 年上海《大公报·现代儿童》第 9 期；故事《小乞儿的控诉》，载 1948 年上海《小朋友》第 907 期。③丁兰蕙，见于散文《一座军人的城》，载 1948 年上海《小朋友》第 918 期。

丁朗（1931— ），河北磁县人。原名于福申。笔名：①丁朗，见于长篇小说《红字》（根据美国霍桑原作缩写，载 1946 年上海《小说世界》第 1 卷第 3 期）。嗣后创作歌剧《天山脚下》（与他人合作）、话剧《喀喇昆仑颂》（与他人合作），出版长篇小说《突围》、随笔集《〈金瓶梅〉里那些人那些事儿》、散文集《复活者笔记》等亦署。②于是、禾雨，署用情况未详。

丁力（1920—1993），湖北洪湖人。原名丁明哲，字觉先。笔名：①丁觉先，见于诗《秋柳（外一章）》，载 1942 年《新湖北日报·艺林周刊》第 35 期；组诗《绝路词》，载 1946 年上海《宇宙风》第 144、145 期合刊；评论《诗人眼中之新疆——怕风楼诗评》，载 1947 年重庆《文化先锋》第 7 卷第 4—5 期合刊。②觉先，见于散文《人间事》，载 1945 年 4 月 30 日湖北恩施《楚风周报》；诗《灯笼》《驴·羊·牛》，分别载重庆《文艺先锋》1947 年第 11 卷第 1 期、1948 年第 12 卷第 1 期。出版诗集《花开满地又是春》（与胡牧、加索、涟波合集。1947 年，列入平民诗歌丛刊）亦署。③明哲，见于诗《偶成》，载 1946 年 5 月 4 日《新蜀夜报》。④白丁，见于诗《高某铭》，载 1946 年 5 月 18 日《西南日报》副刊。⑤丁力，见于诗《黄大嫂》，载 1947 年 6 月 18 日南京《新民报日刊·评事街》。嗣后在《诗创造》《大众文艺丛刊》《文艺创作》等各地报刊发表诗、散文诗、散文、小说等均署。此外出版诗集《召唤》《灾区的小故事》《从乡下唱到城里》《北京的早晨》《大红花》《苦难的童年》《发光的日子》《踏天曲》、评论集《诗歌评论与欣赏》等亦署。⑥项立，见于短评《文艺报第五期》，载1949年12月7日南京《新民报》；通讯《三十年来诗歌大检阅》，载1950年6月28日上海《人民文化报》。⑦可另，见于《欧阳修苦改文章》，载1957年《文艺学习》4月号。⑧洪湖，见于评论《春光明媚的诗篇》，载1960年《诗刊》3月号。嗣后在该刊发表诗评亦署。

丁立中（1866—1920），浙江杭县（今杭州市）人。原名丁立诚，字和甫，号禾庐、宜堂、慕陆、松生子。笔名丁立中，见于旧体诗《题亚子分湖旧隐图》《题三子游草》，载《南社丛刻》第16集。出版《和永嘉百咏》（钱塘丁氏嘉惠堂，约1919年）、《武林新市肆吟》（钱塘丁氏，1924年）、《禾庐诗抄》（八千卷楼，1925年）、《西溪怀古诗》（梅溪书屋，1925年）等亦署。

丁玲（1904—1986），湖南临澧人。原名蒋伟，字冰之、宾芷。曾用名冰姿（乳名）、蒋玮、蒋炜、蒋祎文、蒋雪贞、丁冰之。别署耀高邱（见于鲁迅逝世时的唁电）。笔名：①丁玲，见于短篇小说《梦珂》，载1927年上海《小说月报》第18卷第12期。嗣后在《小说月报》《中央日报·红与黑》《熔炉》《红黑》《人间月刊》《文艺新闻》《读书月刊》《北斗》《现代》《文学》《文学月报》《文艺风景》《文化月报》《七月》《战地》《万象》《中国文化》《谷雨》《解放日报·文艺副刊》《晋察冀日报》《人世间》《风雨谈》《时代文学》《文艺阵地》《文季月刊》《文艺战线》《文艺复兴》《东北文化》《人民文学》等报刊发表短篇小说《莎菲女士的日记》《暑假中》《阿毛姑娘》《潜来了客的月夜》《自杀日记》《一个女人和一个男人》《庆云里中的一间小房里》《过年》《岁暮》《小火轮上》《他走后》《野草》《年前的一天》《1930年春上海（之一）》《1930年春上海（之二）》《田家冲》《一天》《水》《法网》《某夜》《消息》《诗人》《给孩子们》《奔》《无题》《杨妈的日记》《松子》《团聚》《一颗没有出膛的枪弹》《东村事件》《泪眼模糊中之信念》《入伍》《县长家庭》《我在霞村的时候》《在医院中时》，中篇小说《韦护》《杜晚香》，散文《我的创作生活》《文艺在苏区》《秋收的一天》《风雨中忆萧红》，杂文《"三八节"有感》，话剧剧本《重逢》等亦署。出版短篇小说集《在黑暗中》《一个人的诞生》《夜会》《我在霞村的时候》，长篇小说《母亲》《太阳照在桑干河上》，散文集《一年》《陕北风光》《访美散记》，以及《苏区的文艺》《生活·创作·时代灵魂》《创作的经验》《丁玲文集》等亦署。②毛毛，见于散文《素描》，载1928年7月31日、8月2日《中央日报·红与黑》。嗣后在该刊发表散文《仍然是烦恼着》亦署。③曼伽，见于《也频诗选·序》，载1929年1月红黑出版社版《也频诗选》。④彬芷，见于短篇小

说《从夜晚到天亮》，载1931年《微音》月刊第1卷第3期。1932年在上海《北斗》月刊发表《多事之秋》《五月》等小说、散文亦署。⑤T. L.，见于诗《给我爱的》，载1931年9月20日上海《北斗》创刊号。⑥小菡女士，见于速写《一月十七日的上海市民大会》，载1932年1月上海《公道》（又名《中国与世界》）周刊。⑦珮琅，见于《挑战书》，载1932年3月15日左联《秘书处消息》。⑧丛喧，见于短篇小说《夜会》，载1932年上海《文学月报》第3期。⑨晓菡，见于短篇小说《夜》，载1941年6月10日、11日延安《解放日报》副刊。⑩晓涵，见于杂文《一个钉子》，载1951年《文艺报》第4卷第1期。同年5月在该刊发表杂文《支出与收入》亦署。⑪湖、丁铃、冰之、冰姿、彬之、宾芷、北辰、雪贞、和甫、梦珂、蔓珂、蒋炜、倚琳，署用情况未详。

丁芒（1925— ），江苏南通人。原名陈炎。曾用名陈轶明。笔名：①轶明，见于译诗《寄给夕辉》（日本尾关荣原作），载1943年8月南通《江北日报·诗歌线》第1期。嗣后在该刊及《江北日报·散文》《东南日报·诗》《北极》等报刊发表作品亦署。1949年后偶用于部队报刊。②步云，见于译诗《歌》（约翰东原作），载1943年南通《江北日报·诗歌线》第3期；《田野颂》，载1945年《苏报（南通版）·田野》第1期。1949年后在部队报刊发表作品偶署。③艾洛莱，见于诗《草丘》，载1943年南通《江北日报·诗歌线》第7期。嗣后在该刊发表多篇诗作亦署用。1949年后在部队报刊发表作品偶署。④岑中逸，1943年起在南通《江北日报》《东南日报》等报刊发表文章署用。1949年后在部队报刊发表作品偶署。⑤陆尔伦，1943年起在南通《江北日报》《东南日报》等报刊发表文章署用。⑥丁芒，见于《话剧〈梁上君子〉演出献诗》，载南通青年艺术剧社1944年演出《梁上君子》之说明书。1946年在华中《新华日报》副刊发表作品开始署用。嗣后发表诗文作品，出版诗集《欢乐的阳光》《寒村》《怀念》《枫露抄》《更流集》《我是一片绿叶》《蓝色的征途》《门头山海战》《丁芒新诗选》《苦丁斋诗词》《苦丁斋散曲》《军中吟草》《丁芒诗词曲选》《天风集》，散文诗集《扫云集》《情人谷》《依然戈壁》，小说集《应征以前》（与王澍合作），散文集《酿熟了的怀念》《丁芒散文选》，诗论集《诗的追求》《丁芒诗论》《当代诗词学》《丁芒诗词教学点评》，以及《丁芒文集》等亦署。⑦陈轶明，1945年进入南通《江北日报》任记者开始使用。⑧田复离，见于诗《拉夜车》，载1945年南通《江北日报·诗歌线》新22期。嗣后在该刊发表《船的孩子》等诗亦署用。1949年后在部队报刊发表作品偶署。⑨田立，见于诗《新秋夜》，载1945年南通《江北日报·诗歌线》新34期。嗣后在南通《东南日报·诗周刊》发表诗作亦署。⑩舜封，见于诗《旁观》，载1946年1月16日南通《东南日报·诗周刊》。1949年后在部队报刊发表作品偶署。⑪丁耳、丁了，1946年3月

后在新四军独立第十旅（后为华东野战军第12纵队第35旅）《战讯报》、第12纵队《战号报》发表文章署用。⑫小陀，1946年3月后在新四军独立第十旅（后为华东野战军第12纵队第35旅）《战讯报》辟"小陀说书场"专栏发表文章署用。⑬丁古角，1950年起先后在《人民海军报》《海军战士》《解放军战士》等报刊发表文章署用。⑭三无大夫、江左一丁、苦丁斋，1985年后书法作品中署用。

丁明（1920－？），陕西勉县人。原名廖性之。笔名丁明，出版秦腔剧《回心转意》（长安书店，1950年）、《两兄弟》（与张宁合作。北京宝文堂书店，1954年）、郿鄠剧《补灶爷》（陕西人民出版社，1958年）、弦板腔《紫金簪》（长安书店，1960年）等著作。按：廖性之1947年即在西安主编某报副刊《时代青年》，1949年在延安编过《延大学报》，同时在《西北文艺》《民大生活》发表过戏剧方面的文章，是否署用"丁明"笔名抑或其他笔名，待考。

丁念先（1906－1969），浙江上虞（今绍兴市）人。原名丁干，号守堂、念圣楼主人。晚号德恩（jù）翁。笔名丁年先，著有《上虞经籍志初稿》《上虞大哲遗书待访目》《历代艺人生卒年表》等。

丁宁[1]（1902－1980），江苏扬州人，原籍镇江，字怀枫，号昙影、还轩。笔名丁宁，20世纪30年代初在《词学季刊》专号上发表《昙影楼词》署用。1956年后发表作品、出版《还轩词》（安徽文艺出版社，1985年）亦署。

丁宁[2]（1924－2015），山东文登人。笔名：①紫丁，见于特写《苦干为前方》，载1947年《胶东文艺》第1卷第2期；广场歌舞《一齐大反攻》，载1947年《胶东文艺》特辑第2辑《一齐大反攻》。②阿宁，1946年后在《胶东大众》等报刊发表诗歌、特写、歌词等署用。③丁宁，见于快板《火烧蒋家"快速部队"》，载1947年《胶东文艺》特辑第2辑《一齐大反攻》。嗣后发表散文《雀儿飞来》《游击队的女儿》《绿荫月出》等，出版散文集《冰花集》《心中的画》《晨曦集》《半岛集》（与江波合集）、《蓝宝石集》（与江波合集）、《丁宁散文选》等亦署。

丁宁[3]（1920－1940），黑龙江哈尔滨人。原名刘中孚。曾用名刘中涂。笔名：①刘季，见于小说《缺陷》，载1935年以后哈尔滨《国际协报·夕刊》"晚霞"版；小说《地质学家》，载沈阳《新青年》。②素兰，见于评论《检讨"关于批评"——致陈隄先生》，载1937年12月7日哈尔滨报《滨江日报》。嗣后在该报《粟末微澜》《创作与批评》等副刊发表《看了旧诗的检讨后专函走卒"大"方家》《赞成丁宁》《文场·文化·文坛》等文亦署。③丁宁，见于散文《公事房中》，载1935年3月7日、8日哈尔滨《国际协报·国际公园》；散文《梦》，载1938年3月20日哈尔滨《滨江日报·粟末微澜》。此前后在哈尔滨《滨江日报·暖流》《滨江日报·创作与批评》发表散文《闲情》等亦署。④伊戍、沈阳孔、沈阳孔老三，在上述哈尔滨报刊发表散文、随笔、评论等或署。

丁平（1922－？），香港人，原籍广东省。笔名艾沙、沙沙。出版有《文学新论》《中国文学史》《现代小说研究》等著作。

丁仁长（1861－1926），安徽怀远人，生于广东番禺（今广州市），字伯厚，号潜客。笔名丁仁长，出版《丁潜客先生遗诗》（1929年）、《番禺县续志》（与梁鼎芬合作。1931年）等署用。

丁三在，生卒年不详，浙江杭县（今杭州市）人，字善之，号不识。曾用名丁三厄。笔名丁三在，在《南社丛刻》发表诗文署用。

丁山（1901－1952），安徽和县人，号山父（fǔ）。笔名丁山，见于论文《与顾颉潜先生论说文重文书》，载1927年《国立中山大学语言历史学研究所周刊》第1集第4期。嗣后在该刊及《国立中央研究院历史语言研究所集刊》《国立山东大学文史丛刊》《北京大学研究所国学门周刊》《禹贡》《齐大国学季刊》《齐鲁学报》《上海周报》《责善半月刊》《图书季刊》《说文月刊》《文史杂志》《文物周刊》《新书月刊》等刊发表古文字学论文，出版古文字学、史学著作，以及《中国古代宗教与神话考》（上海龙门联合书店，1961年）等亦署。

丁上左（1878－1929），浙江杭县（今杭州市）人，字宜之、竹孙，号白丁。笔名丁上左，在《南社丛刻》发表诗文署用。

丁声树（1909－1989），河南邓州人，号梧梓。笔名丁声树，见于《诗经"式"字说》（《历史语言研究所集刊》第6本第4分册，1936年）、《诗卷耳苤苢"采采"说》（《北京大学四十周年纪念论文集》乙编上，1940年）、《论诗经中的"何""曷""胡"》（《历史语言研究所集刊》第10本，1948年）等。嗣后出版《汉语音韵讲义》（上海教育出版社，1957年）、《古今字音对照手册》（中华书局，1981年），主编《现代汉语词典》等亦署。

丁树南（1923－？），福建福州人。原名欧坦生。笔名：①欧坦生，见于散文《苦难人》，载1939年8月28日福州《福建民报·纸弹》。嗣后于1941年在连城《大成日报·高原》发表散文《荔枝红的时候》、1946年起在上海《文艺春秋》发表小说《泥坑》《沉醉》《训导主任》等，1949年后在台湾出版小说集《鹅仔——欧坦生作品集》（台北人间出版社，2000年）等亦署。②翼心，1939年由邓向椿代取的笔名，在福州发表小说署用。③江上秋，20世纪50年代初在台湾《中华日报》（南部版）发表短篇小说署用。④丁树南，见于小说《章旭先生》，载1951年台湾生活文摘社丛书《嘉陵江畔的传奇》。嗣后在台湾《联合报》《中华日报》等报副刊发表作品，出版论著《写作浅谈一》（台北学生书局，1961年）、《写作浅谈二》（台北学生书局，1963

年）、《人物刻划基本论》（台北文星书店，1967 年）、《小小说的写作与欣赏》（台北纯文学出版社，1967 年）、《作品的表现技巧与效果》（台北纯文学出版社，1970 年）、《今夜的河流》（台北大地出版社，1975 年），文集《丁树南自选集》（台北黎明文化事业股份有限公司，1984 年）等亦署。⑤平山，在台湾报刊发表文章署用。

丁图（1922—2001），江苏如东人。原名周俊翼。笔名：①吕人，见于诗《走去无声地》，载 1945 年 9 月 3 日南通《江北日报・诗歌线》。②秦铭，见于诗《南通篇》，载 1946 年《星海》创刊号。③丁图，出版诗集《消息》（上海南极出版社，1948 年）署用。嗣后出版诗词集《丁图诗词选编》（北京，2002 年）亦署。

丁惟汾（1875—1956），山东日照人，字鼎丞、鼎臣。笔名丁惟汾，见于《熟读〈论语〉身体力行》，载 1931 年南京《中央党务月刊》第 30 期；演讲《上下一心在勤苦中奋斗》，载 1936 年《中央周刊》第 417 期；随笔《北京人考》，载 1944 年重庆《说文月刊》第 4 期合刊。出版专著《毛诗韵律》《毛诗解故》《尔雅识名》《尔雅古音表》《俚语证古》《方言音释》等亦署。

丁文安（1902—1950?），湖南桃江人，字尧卿。1935—1938 年曾任汉口《扫荡报》总编辑。笔名丁文安，出版译作《别林斯基》等署。

丁文江（1887—1936），江苏泰兴人，字在君。曾用名 V. K. Ting。笔名：①丁文江，见于《商务印书馆新字典之商榷》，载 1912 年《独立周报》第 1 卷第 5 期；《徐霞客游记》，载 1926 年《小说月报》第 17 卷号外；《苏俄旅行记》，载 1935 年北平《独立评论》第 146 期。嗣后在《解放与改造》《努力周报》《地质汇报》《史地学报》《晨报副镌》《科学》《扬子江月刊》《国立北京大学地质学会会刊》《文化建设》《拓荒》《东方杂志》《银行周报》《江西教育》《地理学报》《文化月刊》《广播周报》《中华教育界》《科学世界》《出版周刊》《读书杂志》《现代评论》《人间世》《宇宙风》《长城》《地质评论》等报刊发表文章，出版《中国矿业纪要》（农商部地质调查所，1921 年）、《民国军事近纪》（上海商务印书馆，1926 年）、《梁启超年谱长编》（上海人民出版社，1983 年）、《漫游散记》（湖南人民出版社，2008 年）等亦署。②淹、宗淹，署用情况未详。

丁西林（1893—1974），江苏泰兴人。原名丁燮林，字巽甫。笔名：①西林，见于独幕剧《一只马蜂》，载 1923 年上海《太平洋》第 4 卷第 3 期；小说《叫化子》，载 1924 年北京《现代评论》第 1 卷第 1 期。嗣后在《现代评论》《京报副刊》《新月》《晨报副镌》《论语》等报刊发表小说、剧本、杂文等作品，出版独幕剧集《一只马蜂及其他独幕剧》（北京大学现代评论社，1925 年）亦署。②丁西林，见于短篇小说《清明前一日》，载 1925 年 12 月 1 日北京《晨报七周增刊》。嗣后在上海《周报》《新月》等刊发表文章，出版戏剧集《亲爱

的丈夫》（上海新月书店，1930 年）、《西林独幕剧》（上海新月书店，1931 年）、《等太太回来的时候》（重庆正中书局，1941 年）、《妙峰山》（桂林戏剧春秋月刊社，1941 年）、《西林独幕剧集》（上海文化生活出版社，1947 年）；1949 年后在《中苏友好》《中国语文》等报刊发表文章，出版《丁西林剧作选》（人民文学出版社，1955 年）、《压迫》（人民文学出版社，1963 年）、论著《汉字的整理和简化》（中华书局，1954 年）等，以及翻译戏剧《罗森堡夫妇》（英国伊立克・派司・威廉・白兰德原作。作家出版社，1955 年）等亦署。

丁翔华（1919—1939），浙江镇海（今宁波市）人，原名丁祥华，字训康，号吉金、乐石；别号蜗牛居士。笔名：①蜗牛，作画时署用。②蜗牛居士，见于 1940 年《蜗牛居士全集》。在报纸副刊发表文章亦署。③丁翔华，见于随笔《哈同花园探秘》，载某报副刊。出版遗著《蜗牛居士集》（上海丁寿世草堂，1940 年）亦署。

丁遥思（? —1941），籍贯不详，曾用名丁逢白、金海如。笔名丁遥思，20 世纪 30 年代在北平《综合》杂志发表作品署用。嗣后在《文化批判》《内外杂志》《思想》及西安《抗战与文艺》等刊发表文章署用。见于论文《论中国本位的文化建设》，载 1935 年《文化批判》第 3 卷第 1 期。

丁耶（1922—2001），辽宁岫岩人，满族。原名黄东藩。曾用名黄滁。笔名：①东藩，见于散文《家》，载 1940 年在四川《自贡市报》副刊。②丁隐，见于诗《忆古城》，载 1940 年《自贡市报》副刊。③丁耶，见于诗《嘉陵江纤夫曲》，载 1944 年重庆《扫荡报》副刊；诗《童年挽歌》，载 1946 年 6 月南京《大道报》副刊。嗣后在《中央日报》《文艺复兴》《诗创造》《大公报・文艺》《国民公报》《沈阳日报》《安徽日报》《书报精华》《中国作家》《同代人文艺丛刊》《海王》《文艺劳动》等报刊发表诗、说唱等作品，出版诗集《外祖父的天下》《翻身集》《新中国的建设要抢点到》《奶子山的春天》《五挂大车跑安东》《白玉的基石》《鸭绿江上的木帮》《丁耶诗选》，散文集《边外集》，自传体小说《少年磨难》等亦署。④黄泛，见于诗《母亲的声音》，载 1946 年《沈阳日报》副刊。⑤丁藩，见于散文《外祖父》，载 1946 年南京《中央日报》副刊。⑥林丁，见于《文学基础知识讲座》，载 1957 年《长春》杂志。⑦铁钠，署用情况未详。

丁以（1916— ?），河南孟津人。曾用名丁景。笔名丁以，出版通讯集《突围》（与孔厥、徐敏、袁静合集。中原出版社，1947 年）署用。

丁以布（1891— ?），浙江杭县（今杭州市）人，字宣之、仙芝，号展庵。笔名：①展庵，1913 年在《新神州杂志》发表文章署用。②宣之，见于《五十年剧史》，载 1914 年《七襄》旬刊。③仙芝，1915 年在《民权素》《双星》等刊发表文章署用；嗣后发表随笔《泥暗羼抹》（载 1923 年《小说日报》第 120 号）亦署。

④丁以布，见于旧体诗《湖上即席》《亚子招饮》《赠春航》《题吹万》《题亚子分湖旧隐图》《题西泠》《题三子游草》，载《南社丛刻》第 16 集。⑤丁展庵，发表《曲剧丛话》署用。⑥丁宣之，见于论文《浙江省工业教育史述》，载 1941 年杭州《浙江工业》第 3 卷第 2 期。

丁以此（1846－1921），山东日照人，字竹筠（yún）。笔名丁以此，出版《毛诗正韵》《韵例》等著作署用。

丁义明，生卒年不详，浙江定海（今舟山市）人，字子峻，号更生。笔名丁义明，见于随笔《北极探险之丛谈》，载 1912 年北京《地学杂志》第 2 卷第 18 期。嗣后在该刊发表《巴拿马苏彝士两运河于我国之关系》《西域要考》等文亦署。

丁易（1913－1954），安徽桐城人。原名叶鼎彝。曾用名叶丁易。笔名：①叶鼎彝，见于论文《唐五代词略述》，载 1935 年北平《师大月刊》第 22 期；论文《谣，诗，朗诵诗》、杂文《仍然需要"手枪匕首"》，载 1939 年成都《笔阵》第 3 期。此前后在《国文月刊》《文化与教育》《国立西北师范学术季刊》等刊发表文章亦署。②丁易，见于短论《古书与古字》，载 1939 年成都《笔阵》第 6 期。嗣后在《青年园地刊》《戏剧岗位》《天下文章》《文艺春秋》《中原》《萌芽》《大学月刊》《国文月刊》《骆驼文丛》《民主周刊》《青年学习》《人民世纪》《中华论坛》《时代评论》《中学生》《新中华》《希望》等报刊发表小说、散文、杂文、评论等，出版杂文集《丁易杂文》（上海华夏书店，1948 年），长篇小说《过渡》（上海知识出版社，1947 年），中篇小说《雏莺》（上海群益出版社，1944 年），中篇报告文学《战斗的朝鲜后方》，历史故事《明代特务政治》，专著《中国的文字》（生活·读书·新知三联书店，1951 年）、《中国文学与中国社会》（北京中外出版社，1951 年）、《中国现代文学史略》（作家出版社，1955 年）等亦署。③孙怡，见于杂文《争是非》，载 1945 年成都《大学月刊》第 4 卷第 5、6 期合刊；杂文《骄傲与顽固》，载 1946 年长沙《天下文萃》第 1 卷第 3 期。④鼎彝，见于杂文《"作家做官"》，载 1946 年重庆《萌芽》第 1 卷第 1 期。⑤丁一、访竹、适易、童宜堂、叶丁易、光隼之，署用情况未详。

丁毅（1921－1998），山东济南人。原名顾康。笔名：①丁毅，见于快板《刘二起家》，载 1944 年 1 月 13 日延安《解放日报》。嗣后出版小歌剧《黑板报》（延安新华书店，1945 年）、六幕歌剧《白毛女》（与贺敬之、王斌执笔）（延安新华书店，1945 年）、电影剧本《傲雷·一兰》（与叶楠等合作）、《夺印》（与王鸿合作）、《董存瑞》（与丁洪等合作）、《打击侵略者》（与宋之的、魏巍合作），编译《西洋著名歌剧剧作选》等亦署。②车行，创作歌词《我爱我的祖国》（戚建波作曲）署用。

丁裕（1917－1989），上海人。原名邵顺龄。曾用名丁一、丁一之。笔名：①人令，见于随笔《我们今天过的什么生活——小职员们的生活写真》，载 1940 年上海《上海周报》第 1 卷第 3 期。②丁芝，见于随笔《在斗争中成长的苏北》，载 1940 年上海《上海周报》第 2 卷第 20 期；随笔《演剧甘苦》，载 1942 年上海《太平洋周报》第 1 卷第 36 期"话剧专辑"。嗣后在上海《大侦探》《女子群像》《杂志》《大声》等刊发表小说《情海疑云》《莫忘今宵》、随笔《痴情与负心》等亦署。③丁裕，1949 年后发表文章署用。见于随笔《闪耀在"孤岛"的一个火炬——回忆〈上海周报〉》，载 1983 年上海《古旧书讯》第 3 期。

丁芸轩（1866－1936），江苏无锡人，原名丁宝书，字云轩。别署芸轩。画家、佛学家，工诗文，出版有画集《芸轩画粹》、题画诗集《丁芸轩题画诗集》及佛学著作《大乘起信论解》《北漠字义心解》。

丁瓒（1910－1968），江苏南通人。原名丁文聪，号达四。曾用名丁慰慈。笔名：①慰慈，见于随笔《今日民众所痛心疾首的禁烟问题》，载 1927 年 12 月 5 日南通《通海新报》。嗣后在该报发表随笔《韩人排华的我见》《谈谈解放》、诗《吊黄花岗七十二烈士》《带给我的伴侣》等诗文亦署。又见于随笔《南通的戏剧界》（与王质夫合作），载 1930 年上海《沙仑月刊》第 1 期（该刊目录作者署名"质夫、慰慈"）。②丁瓒，见于随笔《先妣事略》，载 1927 年 11 月 18 日南通《通海新报》。嗣后在《民众教育季刊》《东方杂志》《中原》《西书精华》《西风月刊》《西风副刊》《艺文志》《中苏文化》《军事与政治》《民主与科学》《女青年》《书报精华》《医潮》《人物杂志》《家》等刊发表《从民众艺术说到中国的新兴戏剧》《佛洛伊特对于西方思想与文化的影响》（美国弗兰克原作）等著译文章，出版心理学论著等亦署。③瓒，见于评论《呜呼所谓满蒙积极政策》，载 1927 年 9 月 8 日南通《通海新报》。嗣后在该报发表《悼柴鲁尔》《敬告青年学生》《重阳杂感》等文亦署。④达四，见于随笔《整顿公共体育场之我见》，载 1927 年 9 月 30 日南通《通海新报》。⑤卜菁，见于《我对于求学与救国问题的商榷》，载 1928 年 6 月 10 日—15 日南通《通海新报》。⑥甦，见于随笔《今日纪念的意义》，载 1928 年 6 月 16 日南通《通海新报》。嗣后在该报发表随笔《纪念沙基惨案》《刚柔篇》亦署。

丁之屏（1920－？），新加坡华人，原籍广东潮安。原名刘宁。笔名：①司徒森、炮灰、潘陶、潘朗、潘常光、潘志陶，1937 年开始在马来亚新加坡《南洋商报》《星洲日报·晨星》《总汇报》《星中日报》《新国民日报》、槟城《中华晨报》等报副刊发表诗、散文、小说署用。②丁之屏，出版中篇小说《残梦》（群岛出版社，1961 年），小说集《忧郁的眼睛》（新生代出版社，1969 年）、《鳄鱼潭边的恶梦》《猛龙过江》，散文集《微弱的心灵》等署用。③向新、石陶、杜凌、章伶、冷金、司徒然，20 世纪 80 年代前后在新加坡报刊发表小说署用。

丁子良（1870－1935），北京人，回族。原名丁国瑞，号竹园。笔名竹园、竹园主人、宛平医隐竹园、医隐，20 世纪 20 年代前后在天津《大公报》发表时评、小说、寓言等署用。

丁祖荫（1871－1930），江苏常熟人。原名丁祖德，字之孙、芝荪、芝孙，号初我、一行、初园；别号初园居士。曾用名丁初我。笔名：①初我，1903－1904 年间在《江苏》《女子世界》发表《常熟学界调查报告》等文署用。②丁初我，见于随笔《黄莞圃题跋续记》，载 1929 年北平《国立北平图书馆馆刊》第 3 卷第 4 期。③丁祖荫，出版文集《松阳文牍》（常熟丁氏淑照堂，1914 年），辑集《虞山丛刻（十四种）》（常熟丁氏印行）、《虞阳说苑》（虞山丁氏初园，1917 年），校记《霜猿集》（明朝周同谷原作，常熟丁氏印行）等署用。

丁作霖（1870－1945），河北丰润（今唐山市）人，字小川、晓川。曾用名丁开山、丁开嶂。笔名丁开嶂，出版《中国海军地理形势论》（天津铁血会，1912 年印行）署用。

【dong】

东方玉（1924－　），浙江余姚人。原名陈瑜，字汉山。笔名东方玉，1950 年起在香港《香港时报》《岭梅诗刊》发表诗作署用。1960 年起在台湾台北《新生报》发表武侠小说，出版长篇小说《纵鸡擒龙》（台北大美出版社，1961 年）、《红线侠侣》（台北大美出版社，1963 年）、《神剑金钗》（台北大美出版社，1963 年）、《飞龙引》（台北春秋出版社，1964 年）、《引剑珠》（台北春秋出版社，1965 年）、《翠莲曲》（台北大美出版社，1965 年）、《双玉虹》（台北大美出版社，1965 年）、《九转箫》（台北春秋出版社，1966 年），诗集《汉山诗集》（台北金兰出版社，1979 年）、《瀛上草堂诗法》（台北金兰出版社，1979 年）等均署。

董必武（1886－1975），湖北红安人。原名董贤琮，字洁畬，号璧伍、璧五、碧梧、必武。曾用名董用威。笔名：①董必武，出版《董必武诗选》（人民出版社，1977 年）、《董必武诗稿》（文物出版社，1979 年）、《董必武选集》（人民出版社，1985 年）署用。②碧梧，署用情况未详。

董鼎山（1922－2015），美籍华人，原籍中国浙江宁波。曾用名济渭（乳名）。笔名：①坚卫，见于速写《生活在活的河流上》，载 1940 年上海《文艺新潮》第 2 卷第 3 期。嗣后在上海《大美晚报·浅草》《文汇报·世纪风》《幸福世界》《文心》《宇宙》《春秋》《民众杂志》等报刊发表文章亦署。②卓子，见于散文《观音阁》，载 1943 年上海《万象》第 3 卷第 2 期。③桑紫，见于随笔《无花的冰岛》，载 1943 年上海《春秋》第 1 卷第 4 期；小说《三老人》，载 1945 年上海《杂志》第 15 卷第 5 期。嗣后在上述两刊及《中国文摘》等刊发表文章亦署。④铁穆太，见于翻译小说《一个女英雄的死》（尤利·史摩力支原作），载 1945 年上海《时代·文艺》创刊号。⑤令狐彗，见于小说《残缺的遇合》，载 1946 年上海《幸福世界》杂志创刊号。嗣后在该刊发表小说《莉罗拉》《"世纪末小品"续篇》《故事的结束——舞会志异》《白猫小姐》《睫毛上的澄珠》《群像》及在《西点》《宇宙》《生活》等杂志发表小说、随笔等，出版小说集《幻想的地土》（上海正风出版社，1947 年），1947 年秋在美国发表《五彩的城》等短篇小说亦署。⑥令狐慧，出版翻译小说《东方快车谋杀案》（英国阿加莎·克里斯蒂原作。上海华年书报社，20 世纪 40 年代出版）署用。⑦董鼎山，20 世纪 80 年代及以后出版《西窗漫记》（生活·读书·新知三联书店香港分店，1986 年）、《西边叶拾》（学林出版社，1987 年）、《美国作家与作品》（光明日报出版社，1988 年）、《西窗拾叶》（台北圆神出版社，1988 年）、《纽约客闲话》（中国电影出版社，1998 年）、《美国梦的另一面》（商务印书馆，2000 年）、《最后的罗曼史》（百家出版社，2001 年）等署用。⑧田妮，署用情况未详。

董健吾（1891－1970），江苏青浦（今上海市）人。曾用名王牧师。笔名幽谷，见于随笔《红军二万五千里西引记》，载 1937 年 7 月上海《逸经》第 33－34 期。

董均伦（1915－2004），山东威海人。笔名：①均伦，见于随笔《纪念伟大的国际主义战士白求恩逝世一周年》，载 1941 年延安《新中华报》；小说《村姑》，载 1942 年 7 月 10 日至 11 日延安《解放日报》。1941 年在《八路军军政杂志》发表文章亦署。②董均伦，见于报告《今日的石岛》，载 1947 年山东《胶东文艺》第 1 卷第 4 期；小说《人民英雄刘志丹》，载 1948 年香港《大众文艺丛刊》第 1 辑《文艺的新方向》。嗣后在《田家》《华北文艺》等刊发表民间传说故事等，出版长篇小说《红花才放红》，中篇小说《血染潍河》（北平新中国书局，1949 年），短篇小说集《半湾镰刀》（大连大众书店，1948 年）、《刘志丹的故事》（哈尔滨东北书店，1948 年），1949 年后出版《红花才放红》（与江源合作。北京通俗读物出版社，1955 年）、《麦子熟了的时候》（与江源合作。作家出版社，1956 年）、《蚕姑》，故事集《地雷阵》（江苏人民出版社，1956 年）、《小小故事》《传麦种》《宝山》《石门开》《金须牙牙葫芦》《三件宝器》《一棵松树的故事》《匠人的奇遇》《玉仙园》《玉石鹿》《找姑鸟》《奇异的宝花》《山东民话集》《中国民间童话》《孔子世家——九十九个半故事》《聊斋汉子》《聊斋汉子续文》，以及童话《葫芦娃》（浙江人民出版社，1956 年），专著《纪念伟大国际主义战士白求恩逝世一周年》等亦署。

董乐山（1924－1999），浙江宁波人。笔名：①麦耶，见于译文《秋天的哀怨》，载 1942 年上海《太平洋周报》第 1 卷第 43 期。20 世纪 40 年代在《女声》《杂志》《上海影坛》《文潮》《莘莘月刊》《语林》《青光》《宇宙》《中美周报》《风雨谈》等刊发表影剧评论和著译小说、散文等亦署。②史蒂华，见于随笔《欧战爆发后的好莱坞》，载 1939 年《艺术与人生》第 1 卷第 5

期；评论《话剧女演员论》，载 1944 年上海《女声》第 3 卷第 4、5 期合刊。此外在《风雨谈》《太平洋周报》《新影坛》《上海影坛》《文友》等刊发表影剧评论亦署。③史蒂，见于诗《夜之鼠》，载 1944 年上海《文艺生活》半月刊第 1 期。此外在上海《春秋》《正言文艺》《文艺世界》《新都周刊》《青光》《文艺青年》《幸福世界》等刊发表诗文亦署。④田禾，见于散文《秋》，载 1943 年上海《太平洋周报》第 87 期。⑤董乐山，出版散文集《译余废墨》（生活·读书·新知三联书店，1987 年），论著《美国的罪与罚》（光明日报社，1988 年），译作《西行漫记》（美国埃德加·斯诺原作）、《马克思与世界文学》《中午的黑暗》《第三帝国的兴亡》《伤残的树》（英国韩素音原作。生活·读书·新知三联书店，1983 年）、《囚鸟》（美国冯内古特原作。漓江出版社，1986 年）、《鬼作家》《一九八四》（英国乔治·奥威尔原作。花城出版社，1985 年）等署用。⑥麦叶，署用情况未详。

董林肯（1918－1982），江苏昆山人，生于上海。笔名：①董林肯，出版剧作《仁丹胡子》（1939 年，油印本），短剧《难童》（1939 年，油印本）、《国家至上》（李庄同济大学，1942 年，油印本）、《小间谍》（又名《新生一代》，1945 年，油印本）、《表》（上海立化出版社，1947 年）、《小主人》（上海立化出版社，1948 年）等署用。1947 年 4 月在上海《文汇报》发表评论《从〈表〉的改编说到儿童剧》亦署。②林垦，见于独幕儿童剧《胜利儿童节》，载 1947 年《儿童故事》月刊第 5 期。

董鲁安（1896－1953），北京人，蒙古族。原名董寿龄，字鲁安、鲁庵，号东莒、仲密、上行学人。曾用名董璠、于力。笔名：①东莒，见于随笔《让我来揍说几句》，载 1922 年 6 月 29 日北京《晨报副镌》。②董璠，见于《介绍记叙文作法讲义》，载 1924 年北京《北京师大周刊》第 214 期。同时期起在该刊及北平《女师大学术季刊》《燕京学报》等发表文章亦署。③董鲁安，出版论著《修辞学》（北平文化学社，1931 年）、诗集《游击草》（作家出版社，1958 年）等署用。④于力，见报告文学《人鬼杂居的北平市》，载 1942 年《晋察冀日报》；散文《"五四"回忆》，载 1946 年张家口《北方文化》第 1 卷第 5 期。嗣后在该刊及张家口《长城月刊》发表《胜利永远属于人民》《悼一个教育工作者——李树棻君》等文，1949 年后出版《人鬼杂居的北平市》（群众出版社，1984 年）亦署。

董每戡（1907－1980），浙江温州人。原名董国清。曾用名董华、杨每戡、杨大元。笔名：①董华，见于《丝竹源流考》，载 1925 年永嘉《会文学社刊》创刊号。同期发表《黛玉葬花》《海坦山上的桃花》《可爱的弦琴》等亦署。②董丏丏，见于《温属共产党人通讯录》，载 1928 年初上海《申报》。③每戡，见于《慕》，载 1928 年上海《北新》第 2 卷第 14 期；随笔《龚定庵的词》，载 1928 年上海国立暨南大学《中国语言文学系期刊》

创刊号。嗣后在《引擎》《申报·自由谈》《文化列车》《未明》《戏剧战线》等报刊发表文章亦署。④董每戡，见于《与柳亚子论词书》，载 1932 年《文艺茶话》第 1 卷第 4 期。嗣后在《申报·自由谈》《文艺月刊》《新时代》《戏剧战线》《东方杂志》《文化列车》《新演剧》《抗战戏剧》《戏剧新闻》《戏剧岗位》《黄河》《文讯》《文学创作》《抗战日报·戏剧与电影》《浙瓯日报·展望》《飞报·战时剧坛》《游击》《野马》《学而》《志林》《新蜀报·蜀道》《中央日报·前路》《贵州日报·革命军》《东南日报·笔垒》《温州日报·笔阵》《大公报·戏剧与电影》《申报·春秋》《现代妇女》《华西晚报·艺坛》《民报晚刊》《山谷诗帖》《文艺先锋》《文艺复兴》《中国作家》《进步报·理论与实践》等报刊发表作品，创作《C 夫人肖像》《饥饿线上》《夜》《黑暗中的人》《血液出卖者》《典妻》《敌》《神鹰第一曲》《保卫领空》《孪生兄弟》《孤岛夜曲》《秦淮星火》等独幕剧和多幕剧剧本，出版三幕话剧《C 夫人肖像》（上海戏剧文化出版社，1932 年），戏剧集《保卫领空》（成都中国的空军出版社，1939 年）、《未死的人》（成都航空委员会政治部，1939 年）、《敌·孤岛夜曲》（成都航空委员会政治部神鹰剧团，1940 年）、《天罗地网》（成都铁风出版社，1941 年）、《新女店主》（成都铁风出版社，1941 年）、《每戡独幕剧作》（贵阳文通书局，1941 年）、《秦淮星火》（上海文通书店，1948 年），论著《中国戏剧简史》（上海商务印书馆，1949 年）、《西洋戏剧简史》（上海商务印书馆，1949 年）、《西洋诗歌简史》（上海文光书店，1949 年），1949 年后出版《戏剧的创作和欣赏》（群众书店，1951 年）、《三国演义试论》（古典文学出版社，1956 年）、《琵琶记简说》（作家出版社，1957 年）、《说剧》（人民文学出版社，1983 年）、《五大名剧论》（人民文学出版社，1984 年）、《董每戡文集》（中山大学出版社，2004 年）等亦署。⑤董，见于散文《雪》，载 1933 年 2 月 3 日《申报·自由谈》。⑥戈力士，20 世纪 30－40 年代在《中国建设月刊》《大公报·电影与戏剧》《文潮》等报刊发表文章署用。见于杂文《金陵杂感》，载 1947 年《现代新闻》第 1 期。

董其昉（1902－2010），上海人。原名董祖蛟。笔名：①佟楷明、KM，1937 年在上海报刊发表文章署用。抗战时在晋冀豫《五区青年》发表文章亦署。②董其昉，审订《辛亥武昌首义人物传》（贺觉非编著。中华书局，1982 年）署用。

董千里（1921－？），浙江海宁人。笔名：①项庄，见于译文《民族问题的基本理论》，载 1936 年广西《民族战线》第 1 卷第 2 期；通讯《鲁迅先生殡葬略记——上海通讯》，载 1936 年 11 月 9 日香港《大众日报》。20 世纪 60 年代后在香港《明报》《明报月刊》等发表文章亦署。②董千里，出版小说《成吉思汗》（香港亚洲出版社，1960 年）、《马可波罗》（香港南天出版社，1965 年）、《柔福帝姬》（香港南天出版社，1965 年）、《董小宛》（香港南天出版社，1965 年）、《寂寞红》《铜雀台之恋》，散文集《有情有理》等署用。

董秋芳（1898－1977），浙江绍兴人。曾用名董秋舫、董秋方。笔名：①冬芬，见于译剧《新结婚的一对》（挪威比昂逊原作），载1921年上海《小说月报》第12卷第1期。嗣后在该刊及上海《语丝》《青年界》、北平《文学评论》等刊发表译作、杂文等亦署。②董秋芳，见于翻译小说《争自由的波浪》（苏联高尔基原作），载1922年上海《小说月报》第13卷第4期。嗣后在北京《努力周报》《语丝》、上海《民国日报·妇女周报》《北新》《青年界》、天津《当代文学》、北平《文学评论》《晨报副镌》《京报副刊》《现代社会》等刊发表文章，出版译作《争自由的波浪及其他：俄国专制时代的七种悲剧文字》（苏联高尔基等原作。上海北新书局，1926年）亦署。③秋芳，见于杂文《街头》，载1926年上海《莽原》半月刊第9期。④秋舫、秋、舫，1944－1945年在福建永安编《民主报·新语》时发表文章署用。⑤冬奋，见于杂文《罗曼·罗兰眼中的高尔基》，载1945年2月2日至3日永安《民主报·新语》。同年7月在该刊发表杂文《沉默之美》亦署。

董秋圃，生卒年及籍贯不详。笔名：①董秋圃，20世纪20年代在天津编《天津晨午晚报》署用。②笔侠，见于随笔《化装》，载1918年《京话日报》第2511号。嗣后在该报发表《不嫁主义》《引狼入室》《送寒衣》《公理和平》《耙子论》等文亦署。

董秋斯（1899－1969），河北静海（今天津市）人。原名董绍明，字秋士，号景天。曾用名董时雍、董明。笔名：①秋士，见于译文《战争与性的问题》（英国蔼里斯原作），载1926年《语丝》第107期；随笔《周毓英的广告术》，载1930年上海《巴尔底山》第1卷第5期。②董绍明，见于译文《圣书作文学读的建议》，载1925年《语丝》周刊第58期。此前后在北京《燕大周刊》、武汉《血路月刊》、上海《文艺新闻》《世界月刊》《大道月刊》《国际月刊》等刊发表著译文章，出版翻译小说《士敏土》（苏联革拉特珂夫原作，与夫人蔡咏裳合译。上海启智书局，1929年）、翻译论著《苏维埃式的现代农场》（美国斯特朗原作，与夫人蔡咏裳合译。上海良友图书印刷公司，1932年）亦署。③绍明，见于译文《中国农村生活片断》（美国史沫特莱原作），载1930年上海《萌芽月刊》第1卷第5期。④刘汉、炙堂、述而，"孤岛"时期在上海发表文章署用。⑤董秋斯，见于译文《精神分析学与马克思主义》（斯特拉奇原作），载1940年《哲学杂志》第1期；随笔《〈烟草路〉译后记》，载1946年上海《文艺复兴》第1卷第2期。此前后在《青年界》《文讯》《文坛月报》《民主》《新文化》《中国建设》《文艺新辑》《中国作家》等刊发表著译文章，出版翻译小说《相持》（美国斯坦贝克原作。上海骆驼书店，1946年）、《烟草路》（美国加德维尔原作。上海骆驼书店，1946年）、《索特》（苏联列昂诺夫原作。上海新知书店，1946年）、《士敏土》（苏联革拉特珂夫原作。志凯堂藏版，1945年）、《大卫·科波菲尔》（英国狄更斯原作。上海骆驼书店，1947

年）、《红马驹》（美国斯坦贝克原作。上海骆驼书店，1948年）、《战争与和平》（俄国列夫·托尔斯泰原作。上海书教联合发行所，1949年）、《跪在上升的太阳下》（美国加德维尔等著。生活·读书·新知三联书店，1949年）等亦署。⑥秋斯，见于译文《伊里奇间自由恋爱》，载1940年《哲学杂志》第2期；译文《现代英国的戏剧》（英国B.伊文斯原作），载1941年上海《译文丛刊》第3辑；随笔《鲁迅先生对我的影响》，载1945年上海《民主》周刊第2期。⑦求是，见于随笔《纪念大诗人普希金》，载1941年上海《天地间》第8、9期合刊。⑧求思，见于译文《美国人眼中的延安》，载1946年上海《民主》周刊第11、12期；《外国军火与中国内战》，载1946年桂林《半月文萃》复刊第1期。嗣后在《民主》周刊及《新文化》《周报》《文讯》等刊发表著译文章，出版翻译小说《记原子弹下的广告》（美国赫尔塞原作。上海合群出版社，1946年）亦署。⑨求实、凌空、永言、蔡永言（与夫人蔡咏裳合用）、洞中人，署用情况未详。

董速（1918－1992），吉林榆树人。原名董雪蒚。笔名：①董速，见于报告文学《造纸厂在山野里》，载1943年3月4－5日重庆《新华日报》；随笔《辉明、纺车和孩子们》，载1945年1月15日延安《解放日报》。此前后在香港《大公报》、哈尔滨《文学战线》、吉林《文艺月报》发表小说《卖血记》《孙大娘的新日月》《疯变》《顾虑上当》等，出版小说集《孙大娘的新日月》（东北人民出版社，1951年）、《董速中短篇小说选》（时代文艺出版社，1988年），散文集《人间重晚晴》（华夏出版社，1989年），论著《怎样认识个人利益和社会利益相结合的问题》（辽宁人民出版社，1956年）等亦署。②雪蒚，1966年前发表文艺评论偶署。

董效舒，生卒年及籍贯不详。笔名巴人，见于评论《评白羽武侠小说》，载1943年天津《新天津画报》。

董辛名（1912－1975），浙江温州人。原名董国铭。曾用名蒋新珉、董新铭、董铭。笔名：①董辛名，见于通讯《救亡剧团在永嘉》，载1938年汉口《抗战戏剧》第2卷第1期。嗣后出版独幕剧集《游击队的母亲》（永嘉游击文化社，1939年）、《胜利的启示》（永嘉前哨剧团，1939年）亦署。②董铭，见于随笔《导演国防剧的话》，载1938年7月27日《浙瓯日报·展望》。③董新民，见于随笔《纪念这，想到那——向全国剧协的要求》，载1940年成都《戏剧战线》第2卷第1、2期。④辛名，20世纪40年代发表文章署用。

董荫狐，生卒年不详，河北通县（今北京市）人，满族。笔名：①荫狐，20世纪20年代在天津《益世报·益智粽》连载通俗小说《孝义英雄》等，由天津益世报馆出版通俗小说《鹈鹕痛》《仇马恩裘》《大战缩影录》《溅血酬恩录》等署用。40年代在天津《庸报》《天津华北新报》连载通俗小说亦署。②荫狐氏，出版通俗小说《金兰契》（天津益世印字馆，1926年）署用。③董荫狐，出版通俗小说《雕击莺鸣录》（天津益世印字馆，1926 年)、《换形奇谈》(天津益世印字馆，1926 年)、《棣萼奇逢》(天津益世报出版部，1927 年)、《英雌夺婿记》(北京益世报出版部，1927 年)、《义侠惊奇录》(上海流云出版社，1941 年)、《可怜虫》(天津励力出版社，1943 年)，以及《虎窟鸳盟》《案中奇案》等署用。

董咏麟 (1892－1983)，浙江鄞县 (今宁波市) 人。原名董敦修，字永龄，号天狂、浣纱村人。著有《宝稼堂诗文钞》《鸾湖书屋杂志》，已佚。今存《烬余集稿》。

董濯缨，生卒年不详，河北通县 (今北京市) 人，满族。原名董郁青，号濯缨。笔名：①郁青、郁清、董郁青，20 世纪 20 年代前夕起在天津《益世报·益智粽》发表通俗小说《多妻镜》《扁》《鸦雀联盟》《花甲春秋》《盗贼之清供》《水与兵之苦语》《爱仇记》等署用。②濯缨子，1920 年在天津《益世报·益智粽》连载通俗小说《新新外史》署用。嗣后在《益世报·语林》连载小说《明湖影》亦署。③濯缨，出版通俗小说《新新外史全集 (全十二册)》(天津益世报馆，1936 年) 署用。

董子兴 (1899－1928)，浙江奉化人。曾用名董申戊、董挚兴。笔名挚声，1922 年后在上海、宁波报刊发表诗作署用。

董作宾 (1895－1963)，河南南阳人。原名董作仁，字彦堂、雁堂，号平庐。笔名董作宾，见于随笔《读〈西游记考证〉》，载 1923 年北京《读书杂志》第 7 期。嗣后在《歌谣》《现代评论》《民间文艺》《国立第一中山大学语言历史学研究所周刊》《安阳发掘报告》《国立中央研究院历史语言研究所集刊》《艺风》《考古》《北京大学研究所国学门周刊》《中国考古学报》《广播周报》《田野考古报告》《播音教育》《逸经》《论语》《民族研究集刊》《读书通讯》《图书季刊》《说文月刊》等刊发表文章，出版考古及甲骨文研究著作等亦署。

【dou】

窦秦伯 (1899－？)，四川成都人，号花都蓉女。曾用名窦琴伯。笔名：①窦秦伯，1927－1929 年在马来亚新加坡《南洋商报》副刊《洪荒》《文艺三日刊》发表文章署用。②花都蓉女，见于随笔《致同情的朋友》，载 1927 年 8 月马来亚新加坡《南洋商报·洪荒》创刊号。③丁琅，见于诗《我想起那吴市的吹箫人》，载 1927 年 10 月 30 日马来亚新加坡《南洋商报·洪荒》。④蓉女，见于随笔《我们的前途》，载 1927 年 12 月 19 日马来亚新加坡《南洋商报·洪荒》。

窦镇 (1847－1928)，江苏无锡人，字叔英，号九峰淡士。晚号拙翁。笔名窦镇，出版《师竹庐随笔》(1919 年)、《小绿天庵楹联》(1919 年)、《师竹庐联话》(1921 年)、《清朝书画家笔录》(朝记书庄，1923 年)、《名儒言行录》(1924 年)、《锡金续识小录》(1925 年)、《楹联诗草》(附《词草》) 等署用。

【du】

杜埃 (1914－1993)，广东大埔人。原名曹传美。曾用名曹芥茹、曹家裕。笔名：①杜鹃，见于小说《私娼》，载 1932 年 12 月 28 日广州《民国日报》副刊。嗣后在该刊发表小说《妈妈一家人》《归来，这里》《三只金戒指》《年关》《石手》等亦署。②芥如，1932 年发表散文署用。③拜士，1932 年开始署用。嗣后在香港《华商报》《作家》《文汇报》等报刊发表文章亦署。④杜埃，1933 年在广州《民国日报》发表《客厅主义文学》等文用。又见于随笔《论滑稽》，载 1934 年上海《十日谈》第 31 期。嗣后在《救亡呼声》《大众知识》《中国诗坛》《文艺阵地》《野草》《文艺生活》《改进半月刊》等报刊发表评论《论滑稽》《关于诗运动的感想》《鲁迅式杂文之再建》、报告文学《萨克林田庄》《加斯特洛的手掌》等，1945 年后在菲律宾《华侨导报》《侨商公报》《现代文化月刊》、香港《华商报》《文汇报》《群众》等报刊发表长诗《红棉花·粟色马》、散文《远方》等，出版论著《初生期》(与孙钿等合集。桂林众社，1940 年)，1949 年后出版评论集《人民文艺浅说》《论生活与创作》《论生活、创作和艺术规律》、散文集《丛林曲》《不朽的城》《花尾渡》《杜埃散文新集》、长篇小说《风雨太平洋》、诗集《红线笺》等亦署。⑤杜洛、杜洛儿，1933－1934 年间在广州《民国日报》副刊发表杂文《不见为净》《佛海无边》等署用。1945 年前后在香港《华商报》发表散文、小说等亦曾署用"杜洛"。⑥赫尔，见于小说《失业》，载 1933 年广州《天王星》创刊号。⑦T. A.，见于小说《动荡》、散文《追》，载 1933 年广州《天王星》创刊号。嗣后在该刊第 2 期发表小说《光的追逐者》亦署。⑧巴东，见于散文诗《都市——动乱的天堂》，载 1934 年初广州《新路线》。⑨欧阳瑞藏，1940 年在菲律宾《建国周报》发表时事评论署用。⑩曹家裕，1945－1946 年间在菲律宾编写《新文学基础知识》署用。

杜边 (1914－1997)，福建南安人。原名潘允生。笔名：①柘夫，1937 年冬在马来亚新加坡《南岛周报》等报刊发表剧作署用。1949 年后在国内发表文章亦署。②苏夫、许涯，1937－1941 年在马来亚新加坡《星洲日报·晨星》《新国民日报·新野》《南侨日报·南风》《星中日报》发表小说《蛇校长》《岛国之夜》等署用。1949 年后在上海《新闻报》、香港《文汇报》、北京《大众电影》发表影评亦署。③力一、丹鸣、苏仲人，20 世纪 40 年代在马来亚新加坡报刊发表剧作等署用。④杜边，1946 年在马来亚新加坡出版独幕剧《明天的太阳》(新加坡新民主文化社，1946 年) 署用。嗣后在吉隆坡《民声报》等发表《明天的太阳》《野心家》等剧本，出版独幕剧《宝星》(新加坡新星文化服务社，1946 年)、《野心家》(新加坡新民主文化服务社，1946 年) 等亦署。

杜波（1922－2004），山西临猗人。原名杜彦之。笔名杜波，见于报告《绥西前线上的生产运动》，载1941年西安《黄河》第2卷第7期；通讯《鄂尔多斯草原上的姊妹们》，载1942年《战时妇女》第12期。1944年在《绥远文讯》第2期发表《学习木刻的几个问题》，1945在西安主编《黄河晚报·夜哨》并发表评论、杂文亦署。

杜伯奎，生卒年不详，广东潮安人。笔名：①韬晦，见于论文《广东潮汕农村经济的概况》，载1935年上海《申报月刊》第4卷第7期。②杜韬晦，见于论文《现阶段广东农村经济的检讨》，载1935年《农村经济》第3卷第2期。③杜晦之，出版翻译小说《盐场上》（苏联高尔基原作。香港人间书屋，1947年）署用。④晦之，署用情况未详。

杜草甬（1919－1987），安徽太平（今黄山市）人。原名杜和銮。笔名：①草甬，见于散文《钓鱼》，载1937年上海《中学生》第71号。同年在上海《中学生文艺季刊》发表散文《我与文学》《风筝》，1942年在福建永安《现代文艺》第5卷第6期发表散文《祭坛及其他》等亦署。②梁甬吟，见于随笔《红金牌香烟歼灭记》，载1948年汉口《烟草月刊》第2卷第2－6期合刊。③杜草甬，出版《叶圣陶论语文教育》（河南教育出版社，1986年）、《徐特立》（人民出版社，1987年）等著作署用。

杜而未（1913－？），河北宁晋人。字望之，号未堂。笔名：①杜而未，见于论文《孟荀性论与人性要求》，载1947年北平《上智编译馆馆刊》第2卷第2期；论文《商汤事迹考》，载1948年《文藻月刊》新1卷第1期。1949年后出版《佛教原义的发明》（台湾学生书局，1977年）、《中国古代宗教研究》（台湾学生书局，1976年）等亦署。②杜望之，出版论著《儒佛道之信仰研究》（台北华明书局，1968年）署用。

杜烽（1920－？），河北邯郸人。原名阎好文。曾用名杜茂荣。笔名杜烽，见于随笔《〈李国瑞〉写作前后》，载1945年初《晋察冀日报》。嗣后在该报及《人民文学》《新华月报》等报刊发表作品，出版剧本《李国瑞》（东安东北书店，1947年）、《打通思想》（新华书店华东总分店，1950年）、《为和平幸福而战》（新文艺出版社，1954年）、《虎食》（上海文化出版社，1956年）、《英雄万岁》（中国戏剧出版社，1960年）、《决胜千里外》（中国戏剧出版社，1963年）、《杜烽剧作选》（中国戏剧出版社，1984年），电影小说《清风店》（解放军文艺出版社，1960年）等亦署。按：杜烽的著作尚有剧本《前沿阵地》等，出版情况未详。

杜高（1930－　），湖南长沙人，原名李传焘。笔名杜高，1945年初在贵阳《力报》发表散文开始署用。嗣后发表作品，出版话剧剧本《我会拿起枪来的》（上海文光书店，1951年）、《向三八线前进》（上海文光书店，1952年），评论集《在思想战线上》（上海文光书店，

1951年）、《战斗和战斗者》（上海文化工作社，1953年）、《转折与前进——论新时期的戏剧创作》（湖南人民出版社，1985年），通讯集《战斗在朝鲜》（上海文光书店，1952年），回忆录《又见昨天》（北京十月文艺出版社，2004年），主编《中华魂——关怀与期望》（中国戏剧出版社，1991年）等亦署。

杜格灵（？－1992），籍贯不详，原名陈廷。曾用名陈小苹（蘋）。笔名：①杜格灵，见于散文《春的跳踉》，载1929年《晨钟汇刊》第2卷第6期；随笔集《秋之草纸》，广州金鹊书店1930年出版；诗《秋的村》，载1933年《东方文艺》第1卷第5、6期合刊。②罗波密、孟津，20世纪30年代起在广州报刊及香港《小齿轮》《今日诗歌》《珠江日报》等发表诗、散文、小说等署用。

杜攻（1928－1993），四川永川人。原名杜翼全。笔名陈冲怀，见于评论《为袁可嘉的诗寻注脚》，载1948年北平《诗号角》第4期"诗论专号"。

杜谷（1920－？），江苏南京人，祖籍扬州。原名刘锡荣，后改名刘令蒙。曾用名刘湛、周牧牧。笔名：①杜谷，1938年开始在成都《华西日报》发表诗文署用。见于散文《鬼灯》，载1940年3月成都《华西文艺》创刊号。嗣后在《华西文艺》《抗战文艺》《七月》《青年文艺》《文艺月刊·战时特刊》《现代文艺》《半月新诗》《人世间》《诗垦地社丛刊》《诗文学》《诗创作》《国民公报·文群》《新蜀报·蜀道》《诗与音乐》《流星》《诗音讯》等报刊发表诗、散文，1986年由湖南文艺出版社出版诗集《泥土的梦》亦署。②林流年，见于散文《山地的行旅》，载1938年成都《文艺后防》暂停号（第8期）。嗣后发表小说、报告文学多署。③林野，1939年开始在成都《新中国日报·动力》发表散文署用。④刘令门，1941年开始在重庆《国民公报·文群》发表散文署用。嗣后发表小说《夏夜的故事》（载1945年成都《流星》第1卷第2期）亦署。⑤芳夏，1946年开始在成都《华西日报》《光明晚报》副刊发表散文署用。⑥思恩、蒙嘉、燕麦，署用情况未详。

杜国庠（1889－1961），广东澄海（今汕头市）人，字守素、名国。曾用名吴念慈、吴啸仙。笔名：①杜国庠，在《南社丛刻》发表诗文署用。又见于评论《我的新银行团观》，载1919年北京《新青年》第7卷第1期；译文《现代之社会与经济》，载1919年《世界大势概要》第8期。嗣后在《国立北京大学社会科学季刊》《浙江潮》等刊发表《由空想的社会主义到实行的社会主义》《从战时经济说到春耕问题》《浙江省战时财政政策》等文，出版《中国逻辑史》《中国佛学概论》《中国思想通史》《先秦诸子的若干研究》《便桥集——哲学论文集》《杜国庠文集》《杜国庠中国思想史论集》等著作亦署。②林伯修，见于翻译小说《牢狱的五月祭》（日本林房雄原作），载1928年上海《太阳月刊》5月号。同时期在该刊及《我们月刊》《海风周报》《新

流月报》《泰东月刊》等刊发表翻译论文《日本艺术运动的指导理论底发展》（日本田口宪一原作）、《俄罗斯文学》（苏联拍高根原作）、《关于文艺批评的任务之论纲》（苏联卢那察尔斯基原作），翻译小说《甲板船客》（日本江马修原作）、《一束古典的情书》（日本林房雄原作），翻译剧本《炭阬夫》（德国马尔腾原作）、《波支翁金·搭布利车斯基》（日本藤田满雄原作）等，出版翻译小说《一束古典的情书》（日本林房雄原作。上海现代书局，1928 年）、《废人》（苏联塞甫琳娜等原作。上海泰东图书局，1930 年）、《林房雄集》（日本林房雄原作。上海现代书局，1933 年）、《牢狱五月祭》（日本林房雄原作。上海风行出版社，1939 年），论著《旧唯物论底克服》（上海创造社出版部，1929 年）、《理论与批评——新兴文艺理论》（上海前夜书店，1929 年）、《辩证法的唯物论入门》（苏联德波林原作。上海南强书局，1930 年）等亦署。③伯川，见于评论《国际形势与日本的侵略》，载 1928 年上海《白华》第 1 卷第 1 期；翻译小说《劳动者》（苏联塞尔格·马拉修金原作），载 1929 年上海《新流月报》第 1 期。同时期在《白华》《海风周报》等刊发表评论《日本资本主义的发展及其矛盾》、译文《全世界左翼战线作家传略》等亦署。④伯修，见于译作《烟草工厂》（日本窪川稻子原作），载 1929 年上海《新流月报》第 2 期。⑤林伯，20 世纪 20—30 年代在《红旗》发表文章署用。⑥吴念慈，在上海南强书局出版译作《社会学底批判》（亚克色利罗德原作，1929 年）、《史的一元论》（普列汉诺夫原作，1930 年），专著《新术语辞典》（1932 年）、《论辩文作法讲话》（1934 年）等署用。⑦林素庵，见于评论《罗马会见与华盛顿谈话》，载 1933 年 6 月 1 日上海《正路》月刊创刊号。嗣后在该刊第 2 期发表《世界经济会议开幕前后》一文亦署。⑧杜守素，见于散文《忆钱队长亦石兄》，载 1943 年 1 月 29 日重庆《新华日报》；论文《论公孙龙子——公孙龙的哲学逻辑》，载 1944 年重庆《说文月刊》第 4 卷合刊。嗣后在《大学月刊》《中原》《中华论坛》《中国学术》《月刊》《文讯》《中国建设》《图书季刊》《中华工商》《新中华》《新书月刊》《中国作家》《群众·香港版》等刊发表《论吕氏春秋》《论中国古代社会》《两汉考古文学之争的意义》《毛主席〈论人民民义专政〉》等文，出版《先秦诸子批判》（上海生活书店，1946 年）、《怎样写论辩文》（上海致用书店，1947 年）等著作亦署。⑨杜惢，见于评论《戊戌变法运动的思想侧面》，载 1943 年重庆《群众》第 8 卷第 18 期。

杜衡，生卒年不详，广东中山人，字维平。笔名杜衡，在《南社丛刻》发表诗文署用。

杜蘅之（1913—1997），浙江青田人。原名杜汝玖。笔名：①杜蘅之，见于论文《论歌剧》，载 1936 年杭州《黄钟》半月刊第 8 卷第 1 期；论文《国难时期的教育电影方案》，载 1936 年汉口《前途》第 4 卷第 5 期、第 6 期。嗣后在《文艺月刊·战时特刊》《黄埔》《正言文艺》《青年空军》《阵中月刊》《天行杂志》《通讯》《周末观察》等刊发表译诗《古舟子咏》（英国柯勒律治原作）、诗《哀西湖》《商籁三章》、随笔《儿时在北平》《献媚与撒娇》《桂林步行散记》、评论《青年抗战建国之路》《从世界前途看中国出路》等，出版散文集《游美小品第一集》（台北明天出版社，1951 年）、《游美小品第二集》（台北虹桥出版社，1953 年）、《游美小品》（台北文星书店，1966 年）、《游欧小品》（台北文星书店，1966 年）、《美国与美国人》（台北文星书店，1966 年），论著《诗的本质》（香港商务印书馆，1940 年）、《国际法与中国》（台北联合报社，1975 年）、《中美新关系与国际法》（台湾商务印书馆，1981 年）、《台湾关系及其他》（台湾商务印书馆，1984 年）等亦署。②蘅之，见于译诗《古舟子咏》（英国柯勒律治原作），载 1940—1941 年上海《文艺世界》第 5—6 期（刊内正文署名"杜蘅之"）。

杜进高（？—1949？），四川万县（今重庆市）人。笔名二良、阿稳，20 世纪 30 年代在上海《琼报》发表文章署用。

杜君慧（1904—1981），广东广州人。笔名：①卢兰，见于译文《苏联的男女同学问题》（苏联拉斯金原作），载 1934 年上海《东方杂志》第 31 卷第 23 期；通俗讲话《女子大学》，载 1936 年上海《妇女生活》第 2 卷第 1 期。嗣后在上海《妇女生活》、重庆《职业妇女》等刊发表《彻底的妇女解放思想》《对推进保育事业的一点意见》《论职业妇女》等文亦署。②君慧，见于评论《现阶段我国妇女运动的动向》，载 1936 年上海《妇女生活》第 2 卷第 1 期。嗣后在该刊发表《对战时儿童保育会应有的认识》《抗战与妇女生活的集体化》《写给难童保育工作者》等文亦署。③杜君慧，见于评论《抗战新形势与妇女救亡运动的新阵线》，载 1938 年《妇女生活》第 5 卷第 8 期（刊内正文署名"君慧"）。嗣后在该刊第 6 卷第 3 期发表评论《抗战期中的恋爱问题》亦署。又见于论文《保育院儿童逃亡的研究》，载 1940 年重庆《妇女新运》第 2 卷第 8 期。出版论著《妇女问题讲话》（上海新知书店，1936 年）、《中国妇女问题》（大众文化社，1936 年）等亦署。

杜麦青（1914—1973），河南杞县人。原名步世绪。笔名杜麦青，著有传记文学《陶行知》、诗歌《淮河谣》等。

杜门（1909—？），广东潮安人。原名杜连孙。笔名：①荷花，见于散文《纪念鲁迅》，载 1936 年 10 月 25 日马来亚新加坡《星洲日报·星期刊》。同时期起在马来亚新加坡《南潮半月刊》《星洲日报·晨星》《新国民日报·文艺》《南侨日报·南风》等报刊发表散文《记洪灵菲》《飞鸿爪印》等亦署。②杜门、杜李、杜之诗、李坚、红山楼主，20 世纪 40 年代在马来亚新加坡报刊发表文章署用。③助之，20 世纪 50 年代在《马来亚少年》发表《集邮浅说》《乒乓术》等文署用。

杜鹏程（1921—1991），陕西韩城人。原名杜洪溪。曾用名杜普诚。笔名：①杜鹏程，见于《追赶运动》，

载 1946 年 4 月 15 日延安《解放日报》;报告剧《宿营》,
载 1948 年 8 月 15 日延安《群众文艺》创刊号。嗣后
在《群众文艺》发表《头等铁骨头王补厚》《英雄老范》
《对〈宿营〉剧本的自我检讨》等,出版长篇小说《保
卫延安》,中篇小说《在和平的日子里》《历史的脚步
声》,短篇小说集《夜袭粮站》《大沙漠》《年轻的朋友》
《平常的女人》,中、短篇小说集《光辉的里程》,散文
集《速写集》,话剧剧本《宿营》,以及《战争日记》
《我与文学》《杜鹏程小说选》《杜鹏程散文选》《杜鹏
程散文特写选》《杜鹏程文集》等亦署。②杜穷、杜荣、
朴诚、普诚、司马君、杜红喜,20 世纪 40 年代在延安
《解放日报》《边区群众报》《群众日报》《晋绥日报》
《群众文艺》及西北部队《战斗报》等发表文章署用。
"司马君"一名 1957 年 8 月在《人民日报》发表文章
亦署。

杜清持,生卒年不详,广东人。曾用名杜清池、杜
青持。笔名:①清池女史,见于论文《女子亟宜自立
论》,载《清议报》第 1 集第 3 卷。②清持女士,在《大
陆报》发表文章署用。

杜任之(1905－1988),山西万荣人。原名杜勤职。
曾用名杜力、杜力夫。笔名:①杜力夫,见于诗《血
与火》,载 1928 年上海《太阳月刊》第 5 期;诗《战
壕呓语》,载 1928 年上海《流沙》半月刊第 5 期(刊
目录署名"力夫")。②力夫,见于诗《战壕呓语》,载
1928 年《流沙》半月刊第 5 期(刊内正文署名"杜力
夫");随笔《卖野人头》,载 1935 年上海《读书生活》
第 1 卷第 12 期。③杜任之,见于译文《普罗人道主义》
(苏联高尔基原作),载 1935 年 4 月 1 日太原《中外论
坛》创刊号;随笔《新生,为什么来到了绥远》,载 1937
年 3 月 22 日绥远《社会日报·洪荒》。嗣后在《社会
日报·洪荒》《通俗文化》《文艺舞台》《中建》《国立
山西大学校刊》《山大学报》《知识与生活半月刊》《新
建设》《中国建设》等刊发表《我们需要劳力创造》《生
活的调子——音乐》《人民世纪与人民教育》《由原始
民主到终极民主》《我怎样写了〈孔子论语新体系〉》
等文亦署。1949 年后出版论著《当代英美哲学》(中国
社会科学出版社,1988 年),译作《分析的时代——二
十世纪的哲学家》(美国怀特原作。商务印书馆,1964
年),主编《现代西方著名哲学家述评》(生活·读书·新
知三联书店,1980 年)、《现代西方著名哲学家述评续
集》(生活·读书·新知三联书店,1983 年)等亦署。
④力戈,见于诗《伟大的斗争》,载 1935 年太原《文
艺舞台》第 1 卷第 5、6 期合刊;诗《给死去的清道夫》,
载 1943 年桂林《青年文艺》第 1 卷第 3 期;随笔《停
膳》,载 1943 年《广西教育研究》第 5 卷第 4 期。⑤
任之,见于评论《争取民族的生存与文艺应有的动向》,
载 1935 年太原《文艺舞台》第 1 卷第 5、6 期合刊。
嗣后在该刊发表翻译诗剧《机器破坏者》(德国托勒尔
原作)、笔谈《站在一九三六年的开端》等亦署。⑥了
然、当然,署用情况未详。

杜若(1912－1984),湖南湘阴人,生于天津。原名
左景清。笔名杜若,20 世纪 30－40 年代在南京《华报》
《中国日报》、成都《党军日报》编副刊,发表长篇小
说《乌衣巷》《渔火》等署用。1949 年后在台湾报刊发
表作品,出版长篇小说《同是天涯沦落人》(台北启明
书局,1961 年)、《太平年》(台北皇冠出版社,1964
年)、《一百朵蔷薇花》(台北皇冠出版社,1965 年)、
《长夜》(作品杂志社,1968 年)、《无家别》(台北惊声
文物供应公司,1972 年)、《康桥》(台北华欣书局,1974
年),论著《文人与文学》(台北水芙蓉出版社,1974
年),小说散文集《杜若自选集》(台北黎明文化事业
股份有限公司,1975 年)等署用。

杜淑贞,生卒年及籍贯不详。笔名李璈,20 世纪 40
年代在上海《女声》杂志发表文章署用。

杜谈(1911－1986),河南内乡人。原名杜兴顺。曾
用名杜英夫。笔名:①白特,见于诗《死》,载 1934 年
上海《新诗歌》半月刊第 5 期;歌谣《人贩子》,载 1934
年《新诗歌》月刊第 2 卷第 1 期。1934 年由上海有志
书屋出版诗集《还乡记》亦署。②杜谈,见于随笔《乞
丐》,载 1933 年上海《涛声》周刊第 2 卷第 25 期;歌
谣《思母谣》,载 1934 年上海《新诗歌》月刊第 2 卷
第 1 期。嗣后在上海《新语林》《社会月报》《涛声》
等刊发表《文学青年与道德》《关于艾芜的〈强与弱〉》
《天灾》《英雄梦》、诗《对话》等诗文,1949 年后创作
电影文学剧本《翠岗红旗》,出版诗集《修路者》《杜
谈作品选》等亦署。③窦隐夫,见于诗《通车》,载 1934
年 9 月 5 日上海《文学新地》创刊号;诗《让我再看
几眼吧》,载 1936 年上海《光明》半月刊第 1 卷第 12
期。嗣后在武昌《时调》半月刊等刊发表诗文,出版
诗集《火》(1937 年)、《梦》(1941 年)亦署。④隐夫,
见于诗《原上草》,载 1940 年延安《新诗歌》第 1 期;
诗《父与子》《无题》,载 1940 年延安《大众文艺》第
2 卷第 1 期。⑤朱彭,署用情况未详。

杜天赐,生卒年不详,福建同安人,生于台湾台北,
字仰山。笔名剑星、仰山、杜仰山、杜天赐、尔瞻、
杜去非、衡南、景轩,1920－1944 年在台北《台湾日
日新报》《南瀛新报》《台湾艺术》《昭和新报》《风月
报》《南方》《兴南新闻》等报刊发表旧体诗《病癒述
怀》《星社诸同人惜别席上赋呈》等署用。

杜苕(tiáo)(1921－?),浙江青田人,生于杭州。
原名杜念绍。笔名:①苕子,见于诗《五月的花朵》
等,载 1945 年贵阳《大刚报》副刊。②萧龙,见于论
文《艺术的模仿》,载贵州遵义《黎明》1945 年第 1 卷
第 1 期。③杜苕,见于散文诗《山居随笔》,载贵州遵
义《黎明》1946 年第 1 卷第 2 期;诗《声音》,载 1948
年上海《新诗潮》第 2 辑。1949 年后出版传记《弘一
大师李叔同》(北岳文艺出版社,1986 年),译作《阿
富汗诗歌选》(人民文学出版社,1957 年)、《冬天的故
事》(英国莎士比亚原作。商务印书馆,1990 年)、《新
编莎士比亚故事集》(中国国际广播出版社,1991 年)

等亦署。④杜笤，见于译作《一个小说家的寓言》（英国高尔斯华绥原作），载 1946 年《黎明》第 1 卷第 3、4 期合刊。⑤王羊，见于小说《新太阳》，载 1944 年上海《文友》第 2 卷第 7 期。⑥苕之华、白云深，20 世纪 40 年代发表诗文署用。

杜维沫（1926— ），河南滑县人。原名杜鑫。笔名：①微末、李非，1946—1947 年间在天津《益世报·语林》发表《豪放的吴敬梓》《词圣李煜》等文署用。②杜宇，1946—1947 年间在长春《华声报》发表故事新编《子贡》等署用。③文骁，见于《勤劳的翻译家朱生豪》，载 1954 年 7 月 3 日《光明日报》。1963 年在人民文学出版社出版《九歌辑注》亦署。④杜维沫，见于评论《对马烽作品〈结婚〉的意见》，载《文艺学习》1956 年第 9 期。出版编选校点《欧阳修文选》（与陈新合作。人民文学出版社，1982 年）、《大唐秦王词话》（中州古籍出版社，1986 年）、《诗源辩体》（人民文学出版社，1987 年）、《国色天香》（春风文艺出版社，1989 年）、《花月痕》（人民文学出版社，2006 年）、《十二楼》（人民文学出版社，2006 年）等亦署。⑤杜未末，校点《白雨斋词话》（人民文学出版社，1959 年）署用。按：杜维沫另著有论文《论赵树理的创作》《关于〈水漫金山〉》《谈谈〈金瓶梅词话〉的成书及其他》《谈〈花月痕〉》《〈赵氏孤儿〉在欧洲》，编著有《一瓢诗话笺注》《欧阳修选集》（与他人合作），署名与发表或出版情况未详。

杜希唐（1915—？），河南扶沟人。笔名：①柳今，见于诗《新文字进行曲》，载 1936 年开封《海星月刊》第 2 期。②孟良、蒲柳，署用情况未详。

杜羲（1887—1936），天津人，字宥前、友荃、幼泉，号仲虑（fú）、仲宓（fú）。笔名：①宥前，辛亥革命前在《夏声》《汉帜》发表文章署用。②友荃，辛亥前在《汉帜》发表文章曾署。

杜肖思，生卒年及籍贯不详。笔名霜华，见于诗《给——》，载 1927 年上海《小说月报》第 18 卷第 6 期。嗣后在该刊及上海《文学周报》发表诗《寄给我死了的儿女》《假如我的头儿悬挂在街头》《最后的呈献》《吻痕》，在武汉《时代日报》副刊《时代前》《煤坑》发表诗作，出版诗集《霜华诗草》（李荣真印书馆，1933 年）等亦署。

杜虚声，生卒年及籍贯不详。笔名杜鹃，1937 年 7 月天津沦陷后在《天声报》发表文章署用。

杜宣（1914—2004），江西九江人。原名桂苍凌。曾用名桂长镳。笔名：①杜宣，1933 年参加左翼剧联开始署用。见于杂文《关于杂文》，载 1935 年 5 月 15 日日本东京《杂文》月刊创刊号；散文《悼高尔基》，载 1936 年日本东京《东流》第 3 卷第 1 期。嗣后在《新军》《中学生》《东方文艺》《野草》《戏剧春秋》《文艺生活·光复版》《人世间》《自由世界》等刊发表剧作《自修室的黄昏》、评论《论公式化》、散文《古汀州的寂寞》《介绍玛丽安·格连活特》、译文《批评论》（卢那察尔斯基原作）等，出版话剧剧本《无名英雄》《难忘的岁月》《动荡的年代》《上海战歌》《彼岸》《抗美援朝大活报》《欧洲纪事》《梦迢迢》《月坠林梢》《世纪的悲剧》《沧海还珠》《杜宣剧作选》，散文集《西非日记》《五月鹃》《飞絮·浪花·岁月》《芳草梦》《桂叶草堂漫笔》，电影文学剧本《兰兰和冬冬》《长虹号起义》《先驱》《无名英雄》等亦署此名。②宣，见于简讯《中国文学研究会》，载 1935 年 5 月 15 日东京《杂文》月刊创刊号。

杜学舒，生卒年及籍贯不详。笔名雪舒，见于诗集《四心集》（与蔡壬侯、荒沙、子殷合集），1945 年出版。

杜亚泉（1873—1933），浙江绍兴人。原名杜炜孙，字秋帆，号亚泉、伧父（fǔ）、伧叟、草窠衰翁。曾用名陈仲逸、华阳陈仲逸。笔名：①亚泉，见于论文《物质进化论》，载 1905 年上海《东方杂志》第 2 卷第 4 期。此前后在《科学世界》《自然界》等刊发表文章亦署。②杜亚泉，见于论文《论今日之教育行政》，载 1911 年上海《教育杂志》第 3 卷第 6 期。嗣后在《科学世界》《学艺》《中西医学报》《东方杂志》《自然界》《一般》等刊发表《食物养生法》《中国医学的研究方法》《蝾螈与龙之关系》《对于李石岑先生讲演〈旧伦理观与新伦理观〉的疑义和感想》等文，出版论著《博史》（上海开明书店，1933 年）、《高等植物分类学》（上海商务印书馆，1933 年）、《人生哲学》（上海商务印书馆，1934 年），主编《动物学大辞典》（上海商务印书馆，1931 年）等亦署。③伧父（fǔ），见于评论《中华民国之前途》，载 1912 年上海《东方杂志》第 8 卷第 10 期。此前后在上海《东方杂志》《小说月报》《申报月刊》等刊发表文章亦署。④高劳，见于评论《革命战争之经过及其失败》，载 1913 年 9 月 1 日《东方杂志》第 10 卷第 3 期。此前后在该刊发表《现代文明之弱点》《论中国之社会心理》《革命后之俄国近情》《论移民海外之利害》《美人及美国论》等文亦署。又见于随笔《译余墨沈》，载 1943 年《学术界》第 1 卷第 2 期。⑤秋帆，1916 年在《春声》发表文章署用。⑥陈仲逸，见于评论《帝国主义的世界再分割》，载 1933 年上海《东方杂志》第 30 卷第 1 期。

杜印（1919—？），江苏镇江人。原名任坰。曾用名任生。笔名：①杜印，1946 年发表作品开始署用。1949 年后发表作品，出版话剧剧本《在新事物面前》（与他人合作。北京青年出版社，1951 年），电影剧本《永不消逝的电波》（与李强合作。群众出版社，1958 年）、《凤凰树下》（群众出版社，1962 年），短篇小说集《无名英雄的后代》（与李强合作。文字改革出版社，1961 年）等亦署。②林金，署用情况未详。

杜颖陶（1908—1963），天津市人，生于新疆迪化（今乌鲁木齐市）。原名杜联斋，字颖陶。曾用名杜振吾、杜璟。笔名：①颖陶，见于翻译剧作《除夕》，载 1932 年北平《剧学月刊》第 1 卷第 8 期（目录署名"杜颖陶")。同时期在该刊发表《北剧音韵考》《南曲的乙凡》《尖团字及上口字》《论务头》《论阴出阳收》《顾曲新话》《"宫""调"》《曲海总目提要》《坊本〈传奇汇考〉子目综合索引》《二黄来源考》《谈〈缀白裘〉》《王宝钏故事的另一种传说》《〈牡丹亭〉与天仙圣城母源流泰山宝卷》《介绍赵景深先生所编之〈宋元戏文本事〉并谈〈黄孝子〉戏文》《雷峰塔传奇》《滴落金钱（工尺谱）》《〈牡丹亭〉赘语》《盗宝珠》《太白剑》《改进中国乐剧与锣鼓之存废》《舞台上的日光与月光的设施》等文，在北平《世界日报·戏剧音乐》发表《西皮考》《南戏本事掇拾》《十三辙里的尖团音》《显微镜下的旧剧剧本》等亦署。②杜璟，见于《新国剧问题》，载1932年北平《剧学月刊》第1卷第10期。嗣后在该刊发表《中国戏剧之价值》《新国剧的音韵》等文亦署。③袁野鹤，见于随笔《月儿弯弯照九州》，载1932年北平《剧学月刊》第1卷第12期。④杜颖陶，见于随笔《玉霜簃藏曲提要》，载1932年北平《剧学月刊》第1卷第5期。嗣后在该刊发表《记玉霜簃所藏钞本戏曲》《玉霜簃所藏身段谱草目》《始得〈李丹〉记校读记》《柘枝舞》《姚梅伯〈今乐考证〉》《跋同州本〈律吕志解〉》《出版介绍：〈饮虹簃丛书〉》《谈〈奇双会〉》《昆剧务头廿诀释》《〈长生殿〉原本之发见——纪念傅芸子》《鼓子词与变文》《古琴泛音与徽的关系》《导演与剧本》《舞台装饰概论》，编辑《华北日报·俗文学》，发表《玲珑塔》《百山图》《〈薛家将〉故事的演变》，在《剧学月刊》《大晚报·通俗文学》等报刊发表《关于"旧剧中的几个音韵问题"——敬答罗莘田先生》《近代武侠小说的起源》《北宋元宵景事与戏曲调名之关系》等文，为程砚秋编写京剧剧本《费宫人》，1949年后与程砚秋合作发表《秦腔源流质疑》等文，出版戏曲剧本《陈妙常》（与樊放、范宏钧合作。北京宝文堂书店，1953年）、专著《曲海总目提要补编》（人民文学出版社，1959年），编选《董永沉香合集》（古典文学出版社，1955年）、《岳飞故事戏曲说唱集》（与俞芸合作。上海古典文学出版社，1957年）、《水浒戏曲集》（与傅惜华合作。上海古典文学出版社，1957年），参与编校《中国古典戏曲论著集成》等亦署。⑤剑啸，见于论文《中国的话剧》，载1933年北平《剧学月刊》第2卷第7、8期合刊。嗣后在该刊第3卷第11期发表评论《从〈春闺梦〉的上演来推测新歌剧的前途》亦署。⑥绿依，见于随笔《秋叶随笔》，载北平《剧学月刊》1933年第2卷第9、11、12期和1934年第3卷第1期。嗣后在该刊发表《南北曲律新论》《崔怀宝月夜闻筝戏文考》《关于〈唱道〉》《〈乌阑誓〉与〈紫钗记〉》《〈玉燕钗〉的作者》《答方阶声先生论平剧入声》《方成培与〈香研居词尘〉》《〈倚晴楼传奇〉第八种——〈绛绡记〉》《介绍与批评：〈中国戏剧概论〉（卢冀野编著）》等，在北平《世界日报戏曲音乐》发表《〈黄鹤楼〉本事的来源》《谈〈借东风〉》，在北平《华北日报·俗文学》发表随笔《别具风格的〈药性巧合记〉戏文》《〈玲珑塔〉与〈百山图〉》《〈万花堂〉——通俗

故事掇拾之一》《〈滚楼〉考》等亦署。⑦云士，见于书评《介绍与批评：〈腔调考原〉（王芷章著）》，载1934年北平《剧学月刊》第3卷第7期。嗣后在该刊发表《代战公主》《介绍与批评：〈宋元南戏百一录〉（钱南扬著）》等文亦署。⑧涩斋，见于随笔《访曲记》，载1934年北平《剧学月刊》第3卷第7期。嗣后在该刊第3卷第9期发表随笔《〈金瓶梅词话〉里的戏剧史料》亦署。⑨野鹤，见于书评《介绍与批评：〈脸谱〉（齐如山著）》，载1934年北平《剧学月刊》第3卷第7期。嗣后在该刊发表《介绍与批评：〈中国音乐文学史〉（朱谦之著）》《〈曲学通论〉与〈词余讲义〉》，在上海《半月剧刊》发表《梨园旧话》《空城计之特色配角》《戏之当减不当减》《朝臣待漏五更寒》《形（行）头与戏衣》，在1938年《十日戏剧》第1卷第33期发表《关于李万春》，在《明星》等刊发表《粗制滥造与精心杰作》等文亦署。⑩伯英，出版《曲海总目提要拾遗》（上海世界书局，1936年）署用。⑪清商，见于评论《〈双龙珠〉》，载1948年8月27日北平《华北日报·俗文学》。⑫洛、微、雷南、北婴，署用情况未详。

杜运燮（1918－2002），福建古田人，生于马来亚霹雳州。笔名：①杜运燮，1940年开始发表诗歌署用。见于诗《旋律二章》，载1941年陕西《教战》半月刊第3卷第5、6期合刊；散文《好莱坞明星——AVG杂忆之一》，载1942年上海《宇宙风》第129期。嗣后在《半月文艺》《春秋》《中国新诗》《文艺复兴》《萌芽》《明日文艺》《文聚》《独立周报·文聚》《大公报·文艺》等报刊发表诗、散文，出版诗集《诗四十首》《九叶集》（与杭约赫、辛笛、陈敬容、郑敏、唐祈、唐湜、穆旦、袁可嘉合集）、《八叶集》（与辛笛、陈敬容、郑敏、唐祈、唐湜、穆旦、袁可嘉合集）、《南音集》《晚稻集》《你是我爱的第一个》《杜运燮诗精选一百首》《杜运燮六十年诗选》等亦署。②运燮，见于译诗《小说家》（奥登原作），载1943年1月17日桂林《大公报·文艺》。③吴达翰，1947－1948年间在马来亚新加坡《学生周报》发表诗作署用。1950－1951年间在香港《大公报·文艺》发表诗作亦署。④吴进，出版散文集《热带风光》（香港学文书店，1961年）署用。

杜重远（1898－1944），吉林怀德（今公主岭市）人，祖籍广东顺德（今佛山市）。原名杜乾学，字重远。笔名杜重远，见于《杭州铁路史》，载1933年江苏浦口《铁路月刊津浦线》第3卷第10—12期；杂文《辟邪说》，载1934年上海《新生》周刊第4期。嗣后在《老实话》《大众生活》《银行生活》《新世界》《全民抗战》等刊发表文章署用。出版杂文集《狱中杂感》（1936年）、论著《盛世才与新新疆》（上海生活书店，1938年）、文集《杜重远文集》（文汇出版社，1990年）等亦署。

渡沙，生卒年不详，辽宁金县（今大连市）人。原名王国强。笔名：①渡沙，见于《狂逐秋风》，载1932年10月7日大连《泰东日报》。嗣后在该报及大连《满洲

报》发表《中国古代的艺术观》《研究文学的态度》等亦署。②国强，在大连《泰东日报》等发表文章署用。

【duan】

端木方（1921－？），山东利津人。原名李玮。笔名端木方，出版有中篇小说《四喜子》《星火》《拾梦》，短篇小说集《玉堂春》等。

端木蕻良（1912－1996），辽宁昌图人，满族。原名曹汉文。曾用名曹京平、曹之林、黄叶、兰柱（乳名）。别署叶之林、叶之琳、曹坪（1933年和1936年与鲁迅通信署用）。笔名：①京平、曹京平，1928年后在《南开双周》发表文章署用。②辛人，1930年在天津南开中学《人间》《新人》杂志发表文章署用。③丁宁、罗旋、螺旋，1933年在北平《科学新闻》发表文章署用。④黄叶，1933年在天津《庸报·另外一页》发表欢迎萧伯纳的报道署用。⑤隼，1933年12月在天津《益世报》发表文章署用。⑥端木蕻良，见于小说《鴜鹭湖的忧郁》，载1936年8月1日上海《文学》月刊第7卷第2期；小说《遥远的风砂》，载1936年11月1日上海《文学》月刊第7卷第5期。嗣后在《文丛》《作家》《中流》《烽火》《文学月刊》《七月》《自由中国》《文艺阵地》《抗战文艺》《全民抗战》《时代评论》《青年文艺》《新中华》《艺丛》《文艺新闻》《戏剧春秋》《时代文学》《诗创作》《万象》《文艺生活》《春秋》《黎明》《文章》《文艺青年》《新诗歌》《文讯》《时事评论》《新音乐》《文艺杂志》《文学创作》《人世间》《天下文章》《时与潮文艺》《当代文学》《文艺春秋》《人民文艺》等报刊发表小说、散文、剧本、评论，出版长篇小说《大地的海》（上海生活书店，1938年）、《科尔沁旗草原》（上海开明书店，1939年）、《新都花絮》（上海知识出版社，1940年）、《大江》（桂林良友复兴图书印刷公司，1944年）、《钢铁的凯歌》（北京出版社，1958年）、《曹雪芹（上卷）》（北京出版社，1980年）、《曹雪芹（中卷）》（与钟耀群合作。北京出版社，1985年），中篇小说集《江南风景》（重庆大时代公司，1940年）、短篇小说集《憎恨》（上海文化生活出版社，1937年）、《风陵渡》（重庆上海杂志公司，1939年）、《鴜鹭湖的忧郁》（香港艺美图书公司，1956年），散文集《火鸟之羽》（香港文学研究会，1981年）、《友情的丝》（花城出版社，1993年），翻译小说《苹果树》（英国高尔斯华绥原作。重庆建国书店，1945年），河北梆子剧本《罗汉堂》（北京宝文堂书店，1952年），京剧剧本《梁祝》《除三害》《戚继光斩子》（北京大众出版社，1952年），以及《端木蕻良选集》（香港文学研究所，1978年）、《端木蕻良小说选集》（湖南人民出版社，1982年）、《端木蕻良近作》（花城出版社，1983年）、《中国现代作家选集·端木蕻良》（生活·读书·新知三联书店香港分店，1988年）等亦署。⑦红荩，1937年在《七月》发表诗歌署用。⑧蕻，见于评论《两个后防》，载1938年12月3日《抗战文艺》第3卷第1期。⑨金咏霓，见于萧红小说《小城三月》插图，载1941年香港《时代文学》。⑩荆坪，1941年为《时代文学》装帧设计时署用。⑪Chapin，在《小城三月》插图中署用。⑫红楼内史、红楼女史，1941年在香港《时代文学》发表旧体诗署用。⑬端末蕻良，见于《写在十二月九日》，载1946年2月15日贵州《黎明》第1卷第2期。疑系"端木蕻良"之误刊。⑭曹家京、曹之琳、金咏微、红荩女史、辽东公子，署用情况未详。

端木露西（1912－1998），江苏苏州人。曾用名端木新民。笔名端木露西，见于随笔《海外一女国民》，载1938年《华侨战线》第1卷第11、12期合刊；散文《秋的波浪》，载1943年重庆《文艺先锋》第2卷第1期；散文《幸福的婚姻》，连载于1945年上海《中美周报》第130－133期。嗣后在《文艺先锋》发表散文《在英国看英国人》《怀雪亚黛兰》等，出版散文集《海外小景》（湖南蓝田袖珍书店，1943年）、《露西散文集》（重庆商务印书馆，1945年）、《巴山蜀水》（与郭沫若、味橄、易君左等合集。南京读者之友社，1946年）等亦署。

端木野（1925－？），湖北武昌（今武汉市）人。原名魏端。笔名端木野，出版有散文《今天走向你》、杂文集《泡沫集》等。

段公爽（1906－1973），湖南城步人。曾用名段森林。笔名：①公爽，见于评论《文艺界的净化》，载1937年武汉《奔涛》创刊号。②段公爽，见于评论《论"剧本荒"》，载1937年5月1日南京《文艺月刊》第10卷第4、5期合刊。嗣后出版《给保卫鄂西的军人》（武汉日报宜昌社，1939年），发表杂文《伟大的作品与伟大的同情》（载1941年《今日青年》第10期）等亦署。③爽公、衡山，1933年10月主编《武汉日报·鹦鹉洲》时发表杂文、短评常署。

段可情（1899－1994），四川渠县人，生于四川达县。原名段传孝，号白菀。笔名：①段可情，见于《通信》，载1926年上海《创造月刊》第1卷第4期；《来信（致郁达夫）》，载1927年《洪水》半月刊第3卷第27期。嗣后在《创造月刊》《小说月报》《现代小说》《大众文艺》《拓荒者》《现代文学》《文艺月刊》《现代文艺评论》《中国文学》《文艺风景》《新小说》《文艺》《现代文艺》《苏俄评论》《创作与批评》《艺风》等刊发表小说、散文、评论、译作等，出版短篇小说集《铁汁》（上海启智书局，1929年）、《杜鹃花》（上海现代书局，1934年），中篇小说《巴黎之秋》（上海启智书局，1929年），翻译诗集《新春》（德国海涅原作。上海世纪书局，1928年），翻译小说《死》（奥地利显尼志劳原作。上海现代书局，1930年）、《蜜蜂玛雅的冒险》等亦署。②段白菀，见于翻译小说《衣厨》（德国托马斯·曼原作），载1929年上海《小说月报》第20卷第12期；翻译小说《作家晚会》（德国黑赛原作），载1931年上海《现代文学评论》第1卷第4期和第2卷第1、2期合刊。此前后在《小说月报》发表翻译小说《神童》《到坟园之路》（德国托马斯·曼原作）、《窗边》（德国霍尔茶孟原作)、《彩色鸟》(哈尔特烈本原作)等亦署。③锦蛮，1931年发表悼念蒋光慈文章署用。④白莼，署用情况未详。

段克兴(1906—?)，北京人，字锦荣。笔名半山。出版有《西藏奇异志》《川康纪游》等著作。

段惟庸(1923—?)，四川成都人。笔名：①彝铭，见于诗《雨后》，载1940年成都《华西文艺》第5期。②葛珍，见于诗《小御河》，载1943年前后重庆《诗垦地社丛刊》第4期；在重庆《诗文学》等刊发表诗作亦署。

段雪笙(1901—1946)，陕西三原人，生于贵州赤水。原名段泽杭，字翰荪。曾用名段雪生。笔名：①雪生，出版中篇小说《女看护长》(上海励群书店，1928年)署用。②段雪生，出版中篇小说《两个不幸的友人》(上海现代书局，1929年)署用。③段层樱，20世纪30年代在北平左联《时代》以及油印刊发表文章署用。④雪笙，见于书评《不走正路的安得伦》，载1933年北平《文学杂志》第1卷第3、4期合刊；诗《冬天的太阳》，载1934年《灯塔》创刊号。⑤雪晨，见于诗《一颗会歌唱的心》，载20世纪30年代北平左联《榴火》杂志。

F

【fan】

樊粹庭(1905—1966)，河南遂平人。原名樊郁。笔名樊粹庭，见于剧作《一个热心乡村教育的青年》，载1929年《河南教育》第2卷第3期。嗣后撰写、发表豫剧作品《再生铁》《吕四娘》《杨排风》等，出版豫剧《劈山救母》(西安市文学艺术界联合会，1952年)、《宋景诗与武训》(西安市文学艺术界联合会，1952年)、《王佐断臂》(陕西人民出版社，1956年)、《冲喜》(长安书店，1956年)等亦署。

樊樊山(1846—1931)，湖北恩施人。原名樊嘉，字嘉父(fǔ)、嘉甫，号云门、云山、樊山、螺霜、天琴。别号天琴居士、天琴楼主、樊山居士、东溪居士、无病居士、牟珠簃主。晚号天琴老人、樊山老人、鹈溪老人。曾用名樊增、樊增祥。笔名：①云山，1906年在《竞业旬报》发表文章署用。②樊增祥，见于诗《十月二十一日解任示客》等五首，载1907年《秦报》第41期；散文《西溪泛舟记》，载1909年上海《国粹学报》第5卷第7期。嗣后在《小说时报》《香艳杂志》等刊发表诗，出版《樊山公牍》(上海大达图书供应社，1933年)、《樊樊山戏著滑稽诗文集》(上海大达图书供应社，1936年)等亦署。③云门，1915年在上海《小说海》《民权素》等刊发表文章署用。④樊山，见于诗《迭韵题越缦堂集》，载1916年上海《大中华》第2卷第4期。嗣后在《小说月报》《学林》《图画世界》《文艺俱乐部》《歌场新月》《夏星》《扶风月报》《国际周报》《铁路协会月刊》等刊发表诗文亦署。⑤樊樊山，见于剧本《盘龙剑》，载1919年上海《小说月报》第14卷第4期。嗣后在该刊及《广益杂志》等刊发表诗文，1937年在上海《半月戏剧》第1卷第5期"梅兰芳特号"发表剧本《梅郎曲》亦署。

樊光(1886—1962)，浙江缙云人。原名樊崧骏，字震初，号仙都山人。笔名樊光，著有《仙都山房诗文集》《少学集》《在山吟》《青泉集》《水草吟》《国忧集》《香港旧新竹枝词》等。

樊篱(1928—2011)，河北河间人。原名樊宏图。笔名：①鸿图、一苇，1946年6月开始在河南《中国时报》副刊发表诗歌、散文署用。"一苇"一名，选编出版《沈从文小说精编》(漓江出版社，2006年)亦署。②樊篱，1946年6月起在河南《中国时报》《中原日报》副刊发表诗文，1949年后出版散文集《西出阳关》(与其他人合集)，论著《批判、继承、革新、创造》(湖南人民出版社，1962年)、《马克思主义文艺思想发展初论》(与袁兴华合作。湖南文艺出版社，1987年)、《文艺理论教程》(湖南师范大学出版社，1990年)等亦署。③程万里，1951年秋与黎辛、杨家文在《长江日报》"思想杂谈"专栏发表文章合署。1953年后单独署用。

樊玉俭(1926—)，山西临猗人。笔名：①樊玉俭，20世纪40年代在西安地区报刊发表新旧诗作、杂文开始署用，嗣后发表作品或署。②晓帆、萧梵、樊琛，20世纪40年代在西安地区报刊发表诗文偶署。③樊华，1951年9月开始在西安《工商晚报》发表诗和通讯署用。嗣后在《西安日报》《西安晚报》发表小品、对联等通俗作品亦署。④樊川，1956年9月在《西安日报》发表诗、随笔、杂文等署用。20世纪80年代发表作品仍署。

樊仲云(1899—1989)，浙江嵊县(今嵊州市)人，字得一。曾用名樊仲云、陈中行、陈叔平、潘德一、樊唯一。笔名：①得一，见于诗《褐色的小手》，载1921年4月28日上海《民国日报·觉悟》。嗣后在该刊及《时事新报·学灯》《小说月报》《文学周报》《东方杂志》《出版周刊》等刊发表著译诗文亦署。②仲云，见于译文《精神分析学与文艺》(日本松村武雄原作)，载1922—1923年上海《文学周报》第57—71期。嗣后在该刊及《时事新报·学灯》《小说月报》《东方杂志》《民铎杂志》《北新周刊》《新女性》等报刊发表著译诗文亦署。③樊得一，见于译文《妇女与文明》(加拿大拉姆齐·特拉奎尔原作)，载1923年上海《东方杂志》第 20 卷第 20 期。④樊仲云，见于译文《文艺思潮论》，载 1923－1924 年上海《文学周报》第 102－115 期。嗣后在该刊及《小说月报》《东方杂志》《民铎杂志》《教育杂志》《新女性》《新生命》《申报·自由谈》《时事年刊》《俄罗斯研究》《山东教育行政周报》《中学生》《现代学术》《创化》《申报月刊》《前途》《时事月报》《新人》《新语林》《社会月报》《文化建设》《出版周刊》《新中华》《女子月刊》《浙江青年》《天籁》《读书青年》《国际与中国》《文摘》《时事类编》《抗战半月刊》《民意周刊》《政论旬刊》《国际周报》《公余》《时代文选》《杂志》《真知学报》《中央导报》《东亚联盟》《建设周报》《中国学生》《中国公论》《大亚洲主义》《国际两周报》《古今》《天地》《文友》等报刊发表著译诗文，出版翻译小说《嘉尔曼》（法国梅里美原作。上海商务印书馆，1926 年）、《畸零人日记》（俄国屠格涅夫原作。上海开明书店，1928 年）、《杜洛斯基之脱逃》（俄国杜洛斯基原作。上海远东图书公司，1929 年）、《烟》（俄国屠格涅夫原作。上海文学社，1929 年），论著《妇女解放史》（上海新生命书局，1929 年）、《东西学者之中国革命论》（上海新生命书局，1929 年）、《今日之日本》（上海文化建设月刊社，1937 年）等亦署。⑤樊从予，见于《在译登〈妇女与经济〉以前》，载 1924 年上海《民国日报·妇女周报》第 39 期。1929 年前后在上海《东方杂志》《教育杂志》等刊发表《日本青年学生之思想问题》等文，出版译作《文艺思潮论》（日本厨川白村原作。上海商务印书馆，1937 年）亦署。⑥从予，见于诗《月夜》，载 1924 年《文学周报》第 131 期。此前后在《时事新报·学灯》《民国日报·妇女周报》《小说月报》《一般》《东方杂志》《贡献》《新生命》《国际周报》《宇宙风》等报刊发表著译诗文亦署。⑦独逸，见于评论《彷徨（介绍与批评）》，载 1926 年上海《一般》月刊第 1 卷第 3 期（刊目录署名"独逸"，正文署名"从予"）。1938 年在上海《文心》杂志发表《英国遗产税制一瞥》等文亦署。⑧陈中行，见于随笔《从全国宣传会议谈到侨务宣传》，载 1941 年南京《侨务季刊》第 2 卷第 1 期。

繁露（1918－？），旅美作家。原籍浙江上虞（今绍兴市）。原名王韵梅。1947 年开始文学创作，署名不详。笔名繁露，1949 年后在台湾各报刊发表小说署用。嗣后出版小说集《爱之诺言》（台北今日妇女半月刊，1955 年）、《千里莺啼》（高雄长城出版社，1963 年）、《小姨》（高雄长城出版社，1964 年）、《贤婿》（高雄长城出版社，1964 年）、《春桃姑娘》（台湾时代生活出版社，1965 年）、《云深不知处》（台北立志出版社，1968 年）、《虹桥》（台北立志出版社，1968 年）、《杏花春雨江南》（台北立志出版社，1968 年）、《何处是人家》（台北立志出版社，1968 年）、《珍珍》（台北立志出版社，1970 年）、《初出国门》（台北立志出版社，1971 年）、《万缕情》（台北道声出版社，1972 年）、《框框中的人》（台北学人文化公司，1978 年）、《我的一〇三天》（台湾汉麟出版社，1980 年），长篇小说《养女湖》（台北国华出版

社，1956 年）、《第七张画像》（高雄大业书店，1957 年）、《怒潮》（台湾省妇女写作协会，1960 年）、《向日葵》（高雄长城出版社，1963 年）、《花溅泪》（高雄长城出版社，1963 年）、《全家福》（高雄长城出版社，1963 年）、《飘萍》（高雄大业书店，1963 年）、《残晖》（高雄长城出版社，1964 年）、《岁月悠悠》（高雄长城出版社，1965 年）、《大江东去》（台北立志出版社，1965 年）、《千里共婵娟》（台北立志出版社，1965 年）、《龙》（台北立志出版社，1966 年）、《小蓉》（台北立志出版社，1966 年）、《天涯万里人》（台北立志出版社，1968 年）、《山色青青》（台北立志出版社，1968 年）、《江湖女》（台北立志出版社，1968 年）、《轻舟已过万重山》（台北立志出版社，1969 年）、《忘忧石》（台北立志出版社，1969 年）、《小城风雨》（台北立志出版社，1969 年）、《永恒的春天》（台北道声出版社，1974 年）、《沉寂的音响》（台北道声出版社，1975 年）、《我心，我心》（台北众成出版社，1975 年）、《这一层楼》（台北皇冠出版社，1978 年），以及《繁露自选集》（台北黎明文化事业股份有限公司，1980 年）、《繁露选集》（高雄长城出版社，1965 年）等亦署。

范秉彝（1917－？），江苏常州人。原名范华生。曾用名范守常、范秉义、范秉一。笔名：①小范，见于评论《集体读书与思想运动》，载 1939 年上海《知识半月刊》第 1 卷第 7 期。嗣后在该刊 1940 年第 1 卷第 8 期发表评论《关于"原因与结果"的再讨论》，在 1948 年《群言》月刊第 22 期发表《经济南移后的广州涨风》等文亦署。②萧范，见于短文《小辞典》，载 1940 年上海《学习半月刊》第 2 卷第 3 期。③可珮，见于杂文《论七分经济》，载 1941 年上海《学习半月刊》第 4 卷第 2 期。④田邨，见于信函《简复》，载 1941 年上海《学习半月刊》第 4 卷第 8 期。⑤史令、金凤，1941 年在上海《学习半月刊》发表文章署用。⑥玉芳馆主，见于谈梅兰芳演《宇宙锋》一剧的文章，载 1945 年 7、8 月间上海《消息三日刊》。

范长江（1909－1970），四川内江人。原名范承全。乳名文华。曾用名范希天、范祎。笔名：①长江，见于报道《关于北京大学军洲风潮》，载 1934 年 10 月北平《晨报》。嗣后在天津《益世报》《大公报》及《文摘战时旬刊》《抗战半月刊》《抗战周刊》《人文月刊》《十日文摘》《国闻周报》《月报》《新闻记者》《战时记者》《全民抗战》《战地通信》《国民公论》《新新月报》《宇宙》《道路月刊》《图书展望》《公余杂志》《文摘》《大众科学月刊》《每月科学》《血路周刊》《新动向》《妇女生活》《中学生》《综合》《野草》《人民日报》《旅行杂志》《锻炼半月刊》《社会评论》《南京金融周报》《浙江潮》《建设研究》《东方战友》《西南青年》《文汇年刊》《中学生战时半月刊》《青年知识周刊》《战地文化》《云南教育通讯》《星岛周报》等报刊发表报道、评论，1935 年 7 月中旬以《大公报》记者身份，历时 10 个月，对西北地区进行考察，先后写下《岷山南北剿匪军事之现势》《徐海东果为萧克第二乎？》《红军

之分裂》《毛泽东过甘入陕之经过》等一系列报道（1936年8月由天津大公报馆结集出版《中国的西北角》亦署；此外，出版《塞上行》（大公报馆，1937年）、《西北线》（与陆诒、秋江等合集。汉口星星出版社，1937年）、《西北战云》（与秋江等合集。大众出版社，1938年）、《长江战地通讯集》（梅英编。重庆开明书店，1938年），编选《西线风云》（扫荡报工务课，1938年）等亦署。②泛，见于随笔《介绍北大图书》，载1934年12月7日、8日天津《益世报》。③范长江，见于论文《泛论我对英法美苏应有的关系》，载1939年10月17日《浙江潮》第83期（刊内正文署名"长江"）；评论《战时报业之质的变化》，载1939年金华《战时记者》第8期。1952年第13期《人民周报》发表《川底村的农业生产合作社》一文亦署。

范存忠（1903－1987），上海人，字雪桥、雪樵。笔名：①雪樵，见于《蚕子背上的牛脚印》，载1925年上海《少年》杂志第15卷第7期。嗣后在1928年《中央日报特刊》第2卷发布《国际消费合作运动》、在1935年南京《文艺月刊》第7卷第2期发表译文《邰赛·密勒》（美国亨利·詹姆斯原作），在1935年《浙江青年》第1卷第9期发表《学生》、第10期发表《国防教育》，在1940年《广东妇女》第6—8期发表《二月来的战地服务生活》等文亦署。②何况，见于译文《告文豪》（英国马克斯·比尔博姆原作），载1934年南京《文艺月刊》第5卷第3期；译作《送礼》（英国玛利·柯勒律治原作），载1936年南京《文艺月刊》第9卷第1期。③范存忠，见于论文《约翰生、高尔斯密与中国文化》，载1931年南京金陵大学《金陵学报》第1卷第2期。嗣后在《教与学》《国风半月刊》《新民族》《文艺月刊》《青年中国季刊》《国立中央大学文史哲季刊》《学术杂志》《读书通讯》《时与潮文艺》《思想与时代》《社会公论》《学识半月刊》等刊发表文章，出版译作《保卫和平》（苏联吉洪诺夫原作。上海正风出版社，1951年）、《英国文学论集》（南京大学学报编辑部，1979年）、《英国史提纲》（四川人民出版社，1982年）、《英国文学史纲》（四川人民出版社，1983年）、《近代英国散文选》（与柳无忌合作编译。江苏教育出版社，1986年）、《英国文学史纲》（译林出版社，2015年）等亦署。按：范存忠还著有《约翰逊博士与中国文化》，译有《英国当代四小说家》（美国威尔伯·克劳斯原作，与章绍烈、周其勋等合译）等，出版情况未详。

范光（1888－？），江苏吴江（今苏州市）人，字茂芝，号天籁，别号天籁词人。笔名范光、范天籁、茂芝，在《南社丛刻》发表诗文署用。按：范光出版有诗集《半秋倡和集》（与唐佐侬、吴茗余、吴扣舷合集），署用情况未详。

范光启（1882－1914），安徽合肥人，字鸿仙，号孤鸿。笔名范光启，在《南社丛刻》发表诗文署用。

范涡（guō）**河**，生卒年及籍贯不详。笔名元宙，1938

年在成都《新民报·新民谈座》发表文章署用。

范纪曼（1906－1990），四川梁山（今重庆市）人。原名范贤才。曾用名范幼文。笔名：①范纪美，见于翻译诗集《还乡纪》（德国海涅原作。上海木简书屋，1943年）。②范纪曼，见于诗集《汐之螺》（上海中外文艺书店，1946年）。

范瑾（1919－2009），浙江绍兴人。原名许勉文。曾用名范元贞。笔名范婷，抗战时期在《八路军政杂志》《解放日报》发表文章署用。

范君博（1897－1980），江苏吴县（今苏州市）人。原名范广宪，字君博、子宽，号龟岁、慧庵、比珠；别号比珠词人、百琲（bèi）词人。笔名：①鹦哥，1918年在《沪江月》月刊发表诗文署用。②范君博，见于旧体诗《无题三十首》，载1919年9月上海《小说新报》第4卷第9期。嗣后在该刊及上海《消闲月刊》《万象》《礼拜六》《游戏世界》《新月》《永安月刊》《大众》等刊发表随笔《小明月龛笔剩》《蠡园随笔》、旧体诗《病怀四绝即尘》《比珠词》等亦署。③君博，见于旧体诗《无题三十首》，载1919年上海《小说新报》第4卷第9期。嗣后该刊及上海《礼拜六》《游戏世界》《文艺新闻》《科学趣味》《再生》等刊发表旧体诗等亦署。

范钧宏（1916－1986），浙江杭州人，生于北平。原名范学鑫。笔名：①平客，见于随笔《平客剧谈》，连载于1930年北平《民言报》。嗣后在北平主编《北平白话报·戏剧周刊》并在该报及《北平晨报》《益世报》、天津《北洋画报》《天风报》《天津商报》、上海《戏剧月刊》《中美周报》等报刊发表影剧评论、杂文、特写等作品亦署。②凌欣、萧冬、樊成，1951年开始在北京《新民报》《北京日报》《戏剧报》等发表剧评署用。③范钧宏，出版京剧剧本《猎虎记》（北京宝文堂书店，1955年）、《除三害》（与吴少岳合作改编。北京宝文堂书店，1958年）、《九江口》（中国戏剧出版社，1962年）、《强项令》（与吴少岳合作。中国戏剧出版社，1963年）、《初出茅庐》（与吕瑞明合作。北京出版社，1963年）、《杨门女将》（与吕瑞明合作。上海文艺出版社，1963年）、《蝶恋花》（与戴英禄、吕瑞明合作。人民文学出版社，1979年）、《白毛女》《满江红》《林海雪原》《洪湖赤卫队》，河北梆子剧本《蝴蝶杯》（与吕瑞明合作。北京宝文堂书店，1960年），以及《戏曲编剧论集》（上海文艺出版社，1982年）、《范钧宏戏曲选》（中国戏剧出版社，1988年）等署用。

范启新（1914－？），云南昆明人，号世雄。笔名：①火焱、李毅、曼华、绿蒂、火传薪、哭笑人，1935年至1939年在云南报刊发表文章署用。②范启新，见于《读〈艺术史上的鲁迅〉》，载1937年4月10日昆明《民国日报》。③罗亭、文凤之、文史公、陈秉忠、范世雄，1939－1949年在《云南晚报》《云南日报》《观察报》《正义报·大千》《扫荡报》《民国日报》《朝报》《新云南周刊》《南方》《文丛》《昆明市政日报·小宇宙》等报刊发表文章署用。

范泉（1916－2000），上海人。原名徐炜。曾用名三官（乳名）、徐雄、徐伟、徐炜、徐文韦。笔名：①徐炜，见于论文《第二次世界大战之前夜》，载1932年上海《光华附中》半月刊第3期。嗣后在该刊发表论文《满洲伪国实现之必然性及其组织与作用》、小说《抢潮》《黑蹋子——一个给势利人情压扁的人》、独幕剧《归》、评论《关于菊池宽的〈创作修业论〉讨论》、散文《不堪中道失良师——哀郭丽川先生》，1933年7月3日在上海《申报·自由谈》发表散文《车厢里》，1963年2月在北京《中国少年报》发表短文《夜晚的铃声》亦署。②徐伟，见于书评《歌温的〈日本历史大纲〉》，载1933年12月10日上海《光华附中》半月刊第2卷第4期。嗣后在该刊发表评论《鉴赏力论》《失去的风情》《论安徒生加乐尔爱罗先珂三大童话家之思想与艺术》、小说《故事哲学在老二哥口里》《抽丁操》《龙头水》等，1941年在上海《新流文丛》第2期发表论文《论文艺欣赏》，1943年在上海世界书局出版论著《欧洲近代文学史讲话》《西洋近代文艺思潮讲话》亦署。③徐子蓉，见于剧本《那块钱和那群女人》，载1935年上海《光华附中》半月刊第3卷第7、8期合刊"戏剧特刊"。嗣后在该刊发表童话《人类消灭了》《讨厌的人》《两路灯》、评论《中国新诗作家批评》《从表演法上研究童话的特性》、翻译小说《三个老人》（俄国列夫·托尔斯泰原作），1943年在上海《万象》第3卷第4期发表报道《重庆的戏剧季》等亦署。④子蓉，见于小说《两京记》、散文《邢云飞先生》《潘子端先生》，载1935年上海《光华附中第十二届毕业特刊》。1939年在上海《中美日报·特写》上发表文化特写《沙利文的面包饼干》《联合油画展览会》《锦绣河山多丽色——郎静山影展散记》，1940年在上海《学生月刊》发表《期考前夕的噩梦》，1946年9月在上海《申报·春秋》连载短文《文艺术语》等亦署。⑤炜，见于书评《读〈现代〉五卷三期后——论半文半白的文体》，载1935年上海《光华附中》半月刊第3卷第6期。⑥伟，见于散文《姚舜钦先生》《倪若水先生》《张予若先生》，载1935年上海《光华附中第十二届毕业特刊》。⑦范泉，见于报告文学《张家口水的素及其他》，载1936年上海《光明》第1卷第11期；散文《北行散记·家》，载1936年上海《光华附中》半月刊第4卷第9、10期合刊。此前后在上海《作品》《文汇报·社会科学》《旋风》《中美日报·堡垒》《中美日报·集纳》《万象》《新文学》《大公报·文艺》《文汇报·世纪风》《中美周刊》《生活与实践丛刊》《综合》《文艺青年》《中国建设》《文章》《文讯》《少年世界》《儿童周报》《小朋友》《申报·春秋》《上海文化》《月刊》《诗创造》《青年界》《文艺复兴》《文汇报·笔会》《文艺丛刊》《文艺春秋丛刊》《世界新潮》《旅行杂志》《学风》《大

公报·现代儿童》《创世纪》《新人旬刊》《远风》《文潮》《艺兵》《骆驼文丛》《时与文》《童话连丛》《今文学丛刊》《新民报晚刊·夜光杯》《新人》《观察》、青岛《文艺》、广州《谷雨文艺》、浙江《东南日报·笔垒》、耒阳《湖南青年》、重庆《新华日报》、香港《星岛日报·文艺》、台湾《人民导报·人民副刊》等报刊发表小说、散文、童话、评论等作品，在1946年《中学生》第180期发表日本小田狱夫《鲁迅传》译文，出版论著《战争与文学》（上海永祥印书馆，1945年）、《文学源流》（上海永祥印书馆，1946年）、《创作论》（上海永祥印书馆，1949年），散文集《绿的北国》（上海永祥印书馆，1946年）、《记台湾的愤怒》（上海文艺出版社，1947年）、《创世纪》（上海寰星图书杂志社，1947年），小说集《浪花》（上海永祥印书馆，1946年），中篇童话《哈巴国》（上海永祥印书馆，1946年）、《幸福岛》（上海中原出版社，1948年），传说故事集《神灯》（上海中原出版社，1947年）等众多著作、译作亦署。⑧蓉，见于特写《考试前夕的一幅学生心理素描图》，载1939年11月24日《中美日报·特写》；短评《月亮在哪里？》，载1940年2月14日上海《中美日报·堡垒》创刊号。⑨林炎，借用华瑞芳的笔名。见于论文《从奴隶制到农奴制》，载1940年2月16日上海《中美日报·堡垒》第2期。嗣后在上海《文艺春秋》《综合》《文汇报·笔会》等报刊发表作品，1945年由上海永祥印书馆出版之《中国民族的由来》一书亦署。⑩江九明，见于评论《色情小报的流毒》，载1940年3月10日《中美日报·堡垒》第12期。⑪苏龙，见于评论《从"阁阁的叫"说到"老百姓"及其他》，载1940年3月13日《中美日报·堡垒》第13期。⑫盛思文，见于短评《关于华文〈大阪每日〉》，载1940年3月13日《中美日报·堡垒》第13期。⑬马青，见于评论《周作人新论》，载1940年3月22日《中美日报·堡垒》第17期。⑭昆如，见于评论《论"西崽相"》，载1940年4月12日《中美日报·堡垒》第26号。⑮金燮，借用徐燮的笔名。见于评论《妥协的心理》，载1910年4月17日《中美日报·堡垒》第28号。嗣后在该报发表文章曾多次署用。⑯王信，见于评论《谁改造字典？》，载1940年5月29日《中美日报·堡垒》第46号。嗣后在该报发表文章曾多次署用。⑰陆维良，见于评论《从日"满"作家座谈会看出日本的文化阴谋》，载1940年6月7日《中美日报·堡垒》第50号。嗣后在该刊发表文章曾多次署用。⑱戴渊志，见于评论《读"室伏高信复陶希圣书"》，载1940年6月12日《中美日报·堡垒》第52号。⑲周大浩，见于评论《请看日人笔下的"三民主义"和"王道"》，载1940年6月26日《中美日报·堡垒》第52号。⑳耳耶，见于评论《给武者小路实笃的信》，载1940年7月5日《中美日报·堡垒》第62号。嗣后在该刊发表文章曾多次署用。㉑麦祺，见于评论《答原田稔关于本报的"错觉"》，载1940年7月7日《中美日报·堡垒》第63号。㉒鲁琛、金多郁、王斯年、许世琪，见

于《和平攻势的浪费与无聊——日伪问题第一次座谈会》，载 1940 年 7 月 19 日《中美日报·堡垒》第 68 号。"鲁琛"一名，又见于长文《变色的文化市场》，连载于 1940 年《中美日报·堡垒》第 70—83 号。㉓司徒杏荪，见于评论《斥汪兆铭的蝗虫论》，载 1940 年 7 月 24 日《中美日报·堡垒》第 70 号。㉔程直中，见于评论《"强化中日和平轴心"之真相》，载 1940 年 7 月 26 日《中美日报·堡垒》第 71 号。㉕岔郁，见于论文《张资平也要混水摸鱼》，载 1940 年 8 月 2 日《中美日报·堡垒》第 74 号。㉖维良，见于书评《日报期刊史》，载 1940 年 9 月 11 日《中美日报·堡垒》第 91 号。㉗耑（duān），见于书评《关于〈新生代〉》，载 1940 年 9 月 20 日《中美日报·堡垒》第 95 号。㉘葫苊，见于《文化街》，载 1940 年 9 月 27 日《中美日报·堡垒》第 98 号。㉙倪如，见于评论《上海的诗坛——一颗彗星的出现》，载 1940 年 11 月 20 日《中美日报·堡垒》第 121 号。㉚白丁，见于评论《论思想方向》，载 1941 年上海《生活与实践丛刊》第 1 辑《论思想方向》。㉛田萌，见于论文《论版面排列》，载 1943 年上海《上海记者》第 1 卷第 6 期。㉜全雷，见于散文《秋雪》，载 1945 年 3 月 15 日《文艺春秋丛刊》之三《春雷》。嗣后在该丛刊 1945 年第 5 期发表《黎明前奏："钦差大臣"的笑和启示》，1945 年在上海永祥印书馆出版论著《社会史话》等亦署。㉝陆沉，见于《长江水涨与重建大禹庙》，载 1932 年第 461 期《礼拜六汇订第五期》。1938 年在《内外杂志》第 4 卷第 2 期发表《郑州五月的清晨》，1942 年在《上海半月刊》第 52 期发表《于心何忍》，1944 年在《文友》第 3 卷第 12 期发表《略论当前教育改革问题》，1945 年在《公民》杂志第 10 期发表《火烛小心》，1945 年在《文艺春秋丛刊》之四《朝雾》发表散文《火的故事（原野·火／篝火）》等亦署。㉞刘宇，见于《中国文学系会大事记》《常武时代考》，载 1929 年《中国文学季刊》第 1 期。1930 年在《文艺月刊》第 1 卷第 5 期发表《肉与死的搏斗》，1931 年在《现代学生》第 1 卷第 5 期发表《女人，我恨你！》，1931 年在《新北方》月刊第 1 卷第 5、6 期合刊发表《抚顺炭矿》，1932 年在《现代学生》第 2 卷第 4 期发表《思想！我的翅膀》，1945 年在《文艺春秋丛刊》之五《黎明》发表《关于黑人文学》，1945 年由上海永祥印书馆出版论著《语言与文字》等亦署。㉟胡琴，见于散文《胡髭》，载 1945 年上海《文艺春秋》丛刊之五《黎明》。㊱陆士源，见于散文《美丽的创痕》，载 1945 年上海《文艺春秋》丛刊之五《黎明》。㊲郑子田，见于论著《中国原始社会研究》（上海永祥印书馆，1945 年）；《论创作》，载 1946 年上海《文艺青年》第 1 期。㊳徐庄，见于论文《〈阿 Q 正传〉解析》，载 1947 年《文艺春秋》第 4 卷第 5 期。嗣后论著《苏联的职工会》（与若柳合作。上海永祥印书馆，1947 年）、《苏联工人——生产战斗和生活情况》，通俗小说《宁死不屈》等亦署。㊴徐子镛，见于书讯《〈饕餮的巴黎〉》，载 1947 年《文艺春秋》第 5 卷第 6 期。㊵朱谨之，见

于杂文《写给窄门先生的一点"咀嚼"资料》，载 1948 年《文艺丛刊》之五《人间》。㊶李俊，见于缩写本《列宁的故事》（上海永祥印书馆，1950 年）。㊷宋士毅，见于缩写本《列宁回忆录》（上海永祥印书馆，1951 年）。㊸海清，见于缩写本《块肉余生》（英国狄更斯原作，根据董秋斯中译本改写。上海永祥印书馆，1951 年）。㊹徐文伟，担任《中国近代文学大系》第 26 卷《翻译文学集》第 1 册（上海书店出版社，1990 年）责任编辑署名。㊺万全、李同，署用情况未详。

范任（1906—1971），安徽桐城人，号希衡。笔名：①范任，见于论文《时代的人生问题试解——献给找出路的青年》，载 1935 年上海《社会科学研究》第 1 卷第 2 期。嗣后在《社会科学月报》《创导》《苏皖政治学院季刊》《中央周刊》《东方杂志》《社会工作通讯》《安徽政治》《社会建设》《中国边疆建设集刊》等刊发表文章亦署。②任典、知人、范行，署用情况未详。

范山（1919—？），陕西三原人。原名刘生智。笔名：①李曼文，1940 年至 1944 年在兰州《西北日报·绿洲》发表散文《社会大学的第一课》《房东》等署用。②辛扬，见于散文《客来》，载 20 世纪 40 年代初兰州《民国日报·生路》。③青云，见于《野花野草及野鸟》，载 20 世纪 40 年代初兰州《民国日报·生路》。④黄耘，20 世纪 40 年代在兰州《民国日报·生路》发表文章署用。⑤高扬，1944 年 4 月至 1948 年在西安《秦风工商联合报·纵横》《秦风工商联合报·每周文艺》《国风报·副刊》《正报》、河南陕州《民声报》等报副刊发表报告文学《兰西道上》、散文《嫂嫂》《塔》《窗》《秋深了》《温暖的家乡》、童话《老虎与猎人》、随笔《人生道上》《前途》《逃》、小说《老太婆》等署用。20 世纪 50 年代后在《西北群众日报》发表文章，在上海巴人所编某刊发表杂文《为了活命》亦曾署用。⑥高枝，见于散文《你不梦想冬天吗？》，载 20 世纪 40 年代中后期西安《秦风工商联合报·每周文艺》。⑦范山，1949 年西安解放后在《西北群众日报》发表回忆录《愤怒的回忆》、散文《在火车上》等开始署用。⑧李平，见于散文《激战之夜》，载 1959 年西安《工人文艺》。

范文澜（1893—1969），浙江绍兴人。乳名麒麟。初字芸台，后改仲沄；一作仲云。笔名：①范文澜，1925 年出版《文心雕龙讲疏》（天津新懋印书局，1925 年）始署用。嗣后在《红叶周刊》《史学年报》《燕京学报》《甲寅周刊》《史学年报》《学习半月刊》《新华月报》《中央周刊》《中国文化》《工作通讯》《北方》《人民周报》等报刊发表文章，出版《文心雕龙注》（北平文化学社，1929 年）、《群经概论》（北平朴社，1933 年），以及史学著作亦署。②范蒲辣，见于随笔《怎样弄清楚中国历史上的年代》，载 1944 年上海《中学生》复刊第 71 期。③蒲辣，1944—1948 年在上海《中学生》杂志发表文章署用。见于随笔《中国历史上的"分"与"合"——本国史丛谈之二》，载 1944 年 2 月上海《中学生》复刊第 72 期。④武波，出版论著《中国近

代史》（上海读书出版社，1947 年）署用。⑤武陵，署用情况未详。

范筱兰（1921－1978），福建福州人。笔名：①范筱兰，见于诗《谱〈安魂曲〉》，载 1943 年 11 月 3 日南平《东南日报·笔垒》。嗣后在福建省内外报刊发表其他诗作亦曾署用。②小岚，1940 年在福建连城《大成日报·高原》发表散文署用。

范烟桥（1894－1967），江苏吴江（今苏州市）人。原名范镛，字味韶，号烟桥。乳名爱莲。笔名：①烟桥，见于小说《感化》，载 1918 年上海《小说月报》第 9 卷第 4 期。嗣后在《消闲月刊》《星期》《游戏世界》《小说世界》《新上海》《太平洋画报》《珊瑚》《明星》《橄榄》《万象》《永安月刊》《中美周报》《茶话》《玫瑰》《红杂志》《苏州明报》《侦探世界》《红玫瑰》等刊发表文章署用。按：范烟桥于 1911 年发起成立同南社，编辑《同南社社刊》，并在其中发表诗词作品。1917 年，曾编写《吴江县乡土志》，并在上海《时报·余兴》发表弹词《家室飘摇记》、在《小说月报》发表过短篇小说，均在发表小说《感化》之前，是否署用笔名"烟桥"，待考。②范烟桥，见于小说《归来》，载 1921 年苏州《消闲月刊》第 1 期。嗣后在《新闻报·快活林》《申报·自由谈》《半月》《时报·小时报》《新申报·小申报》《小说丛报》《小说世界》《游戏杂志》《星期》《红玫瑰》《紫罗兰》《快活》《红》《家庭》《游戏世界》《侦探世界》《大上海人》《新上海》《太平洋画报》《良友画报》《社会日报特刊》《万象》《新月》《珊瑚》《明星》《明镜》《卫星》《乐观》《自修》《万岁》《社会月报》《橄榄》《小说月报》《小说日报汇订》《永安月刊》《大众》《宇宙》《艺海画报》《中美周报》《文艺先锋》等报刊发表小说、散文、诗、歌词，出版随笔集《烟丝》《茶烟歇》《新潮过渡录》《待晓集》《敝帚集》《吴钩集》《鸥夷室杂缀》《吴宫花草》《姑苏杂谈》《明星实录》，小说《范烟桥说集》《孤掌惊鸿记》《花草苏州》《齐东奇史》《别有世界》《忠义大侠》《江南豪杰》《侠女奇男传》《新儒林外史》《无名之侠客》《江南豪杰》《林氏之杰》《离鸾记》，论著《中国小说史》《中国小说史话》《诗学入门》，电影文学剧本《乱世英雄》《西厢记》《秦淮世家》《三笑》《无花果》《解语花》等均署。抗战后发表长篇小说《石破天惊》（连载于 1945 年兰州《西北日报》），出版短篇小说集《花蕊夫人》，改编电影文学剧本《陌上花开》（电影更名《长相思》），创作歌词《夜上海》（陈歌辛谱曲）均署。1949 年后创作评弹《太平天国》《人民英雄郭忠田》，发表《唐伯虎外传》（连载于香港《新夜报》。后改写为《唐伯虎故事》，1957 年由江苏人民出版社出版）、《李秀成演义》（连载于国外华侨报纸）；晚年创作《李秀成在苏州》《杨芷、任怀御寇》、章回体小说《韩世忠与梁红玉》《南冠草》《苏州四才子》、论文《民国以来小说史略》，出版诗集《北行杂诗》《苏州新咏》、回忆录《驹光留影录》，辑录《拙政园志》《苏州景物事

辑》等亦署。按：范烟桥尚著有《玉交柯弹词》《诗坛点将录》《烟桥日记》《民国旧派小说史略》《孤岛三年记》《三十年文坛交流集》等，署名未详。③鸥夷，见于随笔《社会百问题：消遣问题》，载 1922 年上海《星期》周刊第 12 期。嗣后在该刊发表《一百度下书所见》（1922 年第 24 期）、《生活之歌》（1922 年第 31 期），1925 年在上海《新月》杂志第 1 卷第 4 期发表《真是非》，1926 年在《上海画报》第 103、104、105、115、122 期分别发表《雀中》《医林外史》《迎孙剩闻》《吴门之夏》，1932 年在《万岁》第 1 卷第 2 期发表《苏州闲话》，1934 年 8 月 24 日在《苏州明报》发表《出厂——吴门画舫史的一页》，1945 年在上海《杂志》第 15 卷第 1 期发表《为宪鼎访吴湖帆记》等亦署。④含凉生，见于《吴中食谱》，载 1925 年上海《红玫瑰》第 2 卷第 20—22 期。嗣后在该刊第 2 卷第 34 期发表《苏州野史》，1925 年在上海《新上海》第 6 期发表《内地的上海化》，以及在《小说世界》《苏州明报》等刊发表文章亦署。⑤含凉，见于《酒肉和尚语录》，载 1925 年上海《红玫瑰》杂志第 2 卷第 3 期。嗣后在《新上海》《上海画报》《小说世界》《红玫瑰》《珊瑚》《万象》《永安月刊》《茶话》《广播周报》《明星日报》《明镜》《万岁》《苏州明报》《风雨谈》《机联会刊》等报刊发表著译作品亦署。⑥范镛，见于随笔《鸥夷室杂碎——植园本末》，载 1934 年苏州《文艺捃华》第 1 卷第 6 册。⑦烟，见于《系念蛮荒中之费孝通君》，载 1936 年 1 月 14 日《苏州明报》。⑧范鸥夷，见于随笔《论武侠小说》，载 1942 年第 2 期《大众》杂志。⑨唐凤阁会人，抗战胜利后发表随笔《苏味道》署名。⑩吴蒙，1949 年后在《文汇报》发表文章署用。⑪西灶、乔木、万年桥、愁城侠客、鸥夷室主，署用情况未详。

范兆琪（1919－？），福建福州人。笔名：①范兆琪，见于杂文《用情感教育来代替打骂》，载 1944 年 6 月 9 日南平《东南日报·笔垒》。1946 年在南平编辑《南方日报·南方副刊》并在该报及福建各地报刊发表作品亦署。②克丁，发表杂文偶用。

范政（1925－1968），吉林延吉人。原名李万万。笔名范政，见于独幕剧《谁拿的》，载 1941 年桂林《戏剧春秋》第 1 卷第 4 期。嗣后发表小说《夏红秋》（载 1947 年哈尔滨《东北文艺》第 2 卷第 2、3 期），出版小说《夏红秋》（大连大众书店，1948 年）、散文集《革命少年之家》（沈阳东北书店，1949 年）、故事集《列宁的故事》（中国少年儿童出版社，1957 年），以及话剧剧本《谁拿的？》《淮阴之战》（与他人合作）、游记《海外一课》《苏联游记》等亦署。

范子愚（1899－1984），江苏南通人。原名范增厚。精于七律，擅为古风，有《子愚诗钞》传世。

梵杨（1930－　），广东四会人。原名梁铭纲。笔名：①梁铭纲，1949 年夏季前发表作品署用。②梵杨，见于小说《明天，总有点办法》，载 1949 年 7 月 28 日至 29 日《建国日报·国风》。1949 年后发表作品、出版

诗集《不落的星辰》（花城出版社，1983 年）、《婚事》，长篇小说《瑶家寨》（广东人民出版社，1979 年），中篇小说《罗屋树》《映山红》，短篇小说集《旅伴》，散文集《水静河飞》（百花文艺出版社，1994 年），评论集《文艺杂谈》等亦署，③罗辛，1949 年后发表文章偶署。

【fang】

方北方（1919－2007），马来西亚华人作家，原籍中国广东惠来。原名方作斌。1937 年开始文学创作。笔名方北方、方向之、方里、作兵、黑金。出版有长篇小说《迟亮的早晨》（香港文汇图书公司，1957 年）、《说谎世界》（新加坡青年书局，1960 年）、《刹那的中午》（新加坡东方文化企业公司，1962 年）、《幻灭的黄昏》（槟城北方书屋，1978 年）、《头家门下》（新加坡教育出版社，1980 年）、《树大根深》（吉隆坡铁山泥出版有限公司，1980 年），中篇小说《两个自杀者》（槟城新宾书局，1952 年）、《娘惹与峇峇》（槟城北方书屋，1954 年）、《槟城七十二小时》（新加坡青年书局，1961 年），短篇小说集《出嫁的母亲》（马来亚出版社，1953 年）、《思想请假的人》（星洲青年书局，1959 年）、《江城风雨》（槟城韩江中学，1975 年）、《火在那里烧》（吉隆坡东方文艺出版社，1976 年）、《倒下的铜像》（槟城北方书局，1983 年）、《方北方短篇小说集》（槟城北方书局，1985 年），报告文学《每天死一千人的古城》（香港赤道出版社，1950 年）、《满城花醉三千客》（吉隆坡远东出版有限公司，1984 年），散文集《北方散记》（槟城北方书屋，1954 年）、《北方春草迟》（吉隆坡人和文化出版社，1976 年），杂文集《笑的世纪》（新加坡维明公司，1962 年），童话集《国王的刀斧手》（槟城康华出版社，1953 年），文艺评论集《马华文艺泛论》（马来亚写作人协会，1981 年）、《方北方文艺小论》（大马福联基金会，1987 年）等。

方冰（1914－1997），安徽凤台人。原名张世方。笔名：①冰，见于诗《别》，载 1942 年重庆《诗垦地社丛刊》第 3 辑。②方冰，见于诗《你们》《最后的胜利》，载 1940 年 3 月《七月》第 5 集第 2 期；诗《懒散与彷徨小集》，载 1943 年桂林《诗创作》第 19 期；诗《问村中一青年》，载 1944 年桂林《诗创作》第 19 期。此前后在重庆《中苏文化》、延安《解放日报》等报刊发表诗作，创作歌词《歌唱王二小放牛郎》，出版诗集《柴堡》《战斗的乡村》《飞》《大海的心》、京剧《合州城》等著作亦署。③林之曲、李满，1946 年以后在《旅大日报》《旅大文艺》《东北文艺》《东北日报》等报刊发表文章署用。

方冲之（1893－1967），江苏金山（今上海市）人。原名方成章。笔名方冲之，出版论著《国学举隅》（上海沪江图书公司，1940 年）署用。嗣后编辑出版《中国历代诗歌选》等亦署。

方鼎（1930－　），江苏东台人，字定一，号瑞雪生。笔名：①方鼎，见于短剧《标语及其他》，载 1947 年 4 月 11 日南通《国民日报·新文学》。嗣后在南通《通报·中公园》等发表诗文亦署。②定戈，见于短剧《标语及其他》，载 1947 年 4 月 11 日南通《国民日报·新文学》。嗣后在该刊及南通《通报·中公园》《国民日报·中学生》等发表诗《希望之呓语》《关闭着的花园》、散文《寂寞之曲》《夜雾》等，出版《泥爪集》（1999 年）、《三友集》（与沙漠、方弢合集，钦鸿编。2006 年）亦署。③舒莎、舒青，1947 年起在南通《国民日报》《通报》副刊发表诗文署用。

方光焘（1898－1964），浙江衢州人。原名方曙光。笔名：①方光焘，见于翻译小说《父之回家》（日本菊池宽原作），载 1921 年北京《少年中国》第 3 卷第 4 期。嗣后主编《一般》月刊并在该刊及《小说月报》《创造》《文学周报》《创造周报》《创造月刊》《北斗》《现代》《青年界》《文学》《中流》《译文》《文学译报》《民铎杂志》《国立大学联合月刊》《摇篮》《文学期刊》《中学生》《安徽大学月刊》等刊发表著译小说、散文、评论等，出版小说集《兰曼之死》，译作《芥川龙之介集》（与鲁迅等合译）、《姐姐的日记》（英国哈代原作）、《一场热闹》（高尔斯华绥原作）、《棉被》（日本山田花袋原作）、《文学之社会学的研究》（日本平林初之辅原作）、《正宗白鸟集》（日本正宗白鸟原作）等均署。②陈着，见于小说《哭与笑》，载 1923 年上海《小说月报》第 14 卷第 10 期。嗣后在该刊发表翻译小说《梦》（日本夏目漱石原作）等亦署。③光焘，见于散文《悼白采》，载 1926 年上海《一般》第 1 卷第 2 期。④光，见于《立达 Paradox》，载 1926 年上海《一般》第 1 卷第 3 期。⑤雪甫，见于随笔《谈翻译》，载 1934 年上海《中学生》第 46 号。同时期在该刊发表《英文解释的基础》等文亦署。

方豪（1910－1980），浙江杭县（今杭州市）人，字杰人。笔名：①方豪，见于《墨井道人年谱》，载 1936 年《新北辰》第 2 卷第 12 期，随笔《钓鱼城抚今追昔录》，载 1944 年上海《东方杂志》第 40 卷第 13 期。此前后在《盘石杂志》《圣教杂志》《国风半月刊》《益世周报》《图书月刊》《国立浙江大学文学院集刊》《思想与时代》《读书通讯》《说文月刊》《世光杂志》《中华图书馆协会会报》《科学与技术》《文史杂志》《中央周刊》《新政论》《文澜学报》《新史学》《益世主日报》《上智编译馆馆报》《复旦学报》《协大学报》《台湾文化》等报刊发表《红楼梦新考》《明嘉靖间葡人在宁波被屠问题》《北平北堂图书馆小史》《拉丁文传入中国考》《书林偶拾》《十字架十一次显现中国考》等著译作品，出版《徐光启》（重庆胜利出版社，1944 年）、《外国史大纲》（上海正中书局，1947 年）、《中国天主教史论丛》（上海商务印书馆，1947 年）、《中西交通史》（台北华冈出版公司，1977 年）、《台湾早期史纲》（台湾学生书局，1994 年）等著作均署。②杰人，见于《名理探》，载 1943 年《世光杂志》第 2 卷第 5 期；《文艺月旦甲集评》,载1947年《上智编译馆馆刊》第2卷第2期;《台湾史话》,载1948年《中央日报周刊》第6卷第11期。③万里孤,见于随笔《轰炸罗马声中之梵蒂冈》,载1943年上海《东方杂志》第39卷第12期。④绝尘,见于《近十年新发现之教会先哲遗文及史料要目》,载1947年《上智编译馆馆刊》第2卷第2期。⑤吴婉,见于评论《进步与宗教》,载1948年《上智编译馆馆刊》第3卷第1期。⑥茅庐、圣老、婷婷、钝水、方杰、方木人、黄宝善,1932－1935年主编《真理》杂志,1935年主编南京《中央日报》发表文章署用。在其他报刊发表文章,除署用"方豪"一名外,亦曾署用上述笔名。

方赫(1930－　),四川成都人。原名冯启康。笔名方赫,1948年发表散文《雨中行》开始署用。嗣后发表、出版中篇小说《泪染红绒线》《复仇女神》、报告文学《万仞雪峰丈量人》、长诗《我的幺表妹》《大凉山彝族民间长诗选》等亦署。

方徨(1915－2005),上海人。原名袁金元。笔名方徨,见于随笔《导演〈坏蛋〉的几点体会》,载1946年《山东文化》第4卷第1期。嗣后在该刊发表《火葬的火》《漫谈民间诗歌》等文,出版长篇小说《菱荷艳》、长诗《红日初升》,编选《解放区农村剧团创作选集》等亦署。

方慧珍,生卒年及籍贯不详。笔名:①芳菲,见于散文《哀歌》,载1929年北平《清华周刊》第32卷第10期;散文《一个少女的失足恨》,载1932年上海《玲珑》第2卷第56期。嗣后在《家庭》《家庭良伴》等刊发表《莆立特马区的家庭生活》《当主妇成为作家的时候》《女木刻家海仑培英》等文亦署。②芳菲女士,见于上海《十日谈》第46期。

方极庵,生卒年不详,四川成都人。曾用名方极安。笔名方极庵,抗战时期在《金箭》等刊发表文章和主编《四川文学》杂志署用。

方纪(1919－1998),河北辛集人。原名冯骥。笔名:①风季,1935年后在北京报刊发表文章署用。②方纪,见于评论《关于〈蜕变〉——门外剧谈》,载1940年延安《大众文艺》第2卷第1期;《马》,载1942年延安《谷雨》第1卷第6期。嗣后在《文艺月报》《解放日报》《中苏文化》《人世间》《北方文化》《热潮》《小说月刊》《文艺劳动》《人民文学》《中苏友好》等报刊发表诗文,出版诗集《不尽长江滚滚来》《大江东去》《为孩子们写的诗》、散文集《长江行》《挥手之间》《方纪散文集》、中篇小说《老桑树底下的故事》《不连续的故事》、文学评论集《学剑集》,以及《访苏诗文集》《方纪小说集》《方纪文集》等均署。③唯木,1942年5月在延安《解放日报》发表文章署用。④扬子、公羊子,1949年后发表文章署用。

方纪生(1908－1983),广东普宁人,生于日本,字念慈。笔名:①月华生,见于诗《少女之思》,载1929年《绮虹》第1卷第2期。嗣后发表《临安的概略》(载1936年上海《礼拜六》第640期)一文亦署。②方纪生,见于译文《新妇底性羞耻》(日本金城朝永原作),载1935年《妇女旬刊》第19卷第20期;译文《俄国之民俗文学》(俄国克鲁泡特金原作),载1936年北平《歌谣周刊》第2卷第30期。嗣后在《北新》《逸经》《艺文杂志》《经理月刊》《食货》《新蒙古》《东光》等刊发表译文《关于苏曼殊的点点滴滴》《明代军屯之崩坏》《略论成吉思汗时代之所谓汉官的行省》等,出版译作《文学家的故事》(上海北新书局,1936年)、《中日文化交流史话》(中日文化交流协会上海分会,1944年)、《性风俗夜话》,编选《周作人先生的事》(东京光风馆,1944年)均署。1949年后出版论著《儿童文学试论》(河北人民出版社,1957年)、《民俗学概论》(北京师范大学史学研究所资料室,1980年)等亦署。③方佳,署用情况未详。

方杰(1919－?　),安徽人。原名方家杰,字仲英。笔名:①禾佳,1941年前后在延安编《部队文艺》,并在该刊发表杂文《从雉和鸡说起》等署用。②方杰,见于评论《谈谈〈清明前后〉》,载1946年2月9日延安《解放日报》。同时期在该报及《边区群众报》等报刊发表文章亦署。③夏益林,署用情况未详。

方敬(1914－1996),重庆人。原名方家齐。笔名:①夷吾,1937年在四川万县《万州日报》副刊发表文章署用。②方敬,见于《城垣》,载1935年北平《水星》第1卷第4期;见于散文《夜谈》,载1935年北平《文学季刊》第2卷第2期。嗣后在《新时代》《宇宙风》《作家》《文季月刊》《新诗》《文丛》《文学杂志》《自由中国》《绿洲》《文艺阵地》《笔阵》《现代文艺》《文艺生活》《诗创作》《文讯》《中国的空军》《世界学生》《文艺杂志》《文学创作》《青年文艺》《诗》《人世间》《文哨》《文艺复兴》《文坛月报》《萌芽》《诗创造》《中国作家》《诗垦地社丛刊》《世界文艺季刊》《文艺春秋》《黎明》《中国文学》《中国新诗》等报刊发表诗、散文、小说、译作,出版诗文集《雨景》,诗集《声音》《受难者的短曲》《行吟的歌》《拾穗集》《花的种子》《飞鸟的影子》,散文集《风尘集》《花环集》《保护色》《生之胜利》《记忆与忘却》《何其芳散记》《方敬选集》,翻译小说《伊凡·伊里奇之死》(苏联阿·托尔斯泰原作)、《圣诞欢歌》(英国狄更斯原作)、《家庭幸福》(俄国列夫·托尔斯泰原作)等亦署。③易水,1943年在桂林《诗》杂志署用。④杨番、一无,1945年在《大刚报·阵地》发表文章署用。其中"杨番"一名又见于评论《读十四行集》,载1942年桂林《诗》第3卷第4期。⑤裴珍,1946年在《时代周报》发表文章署用。⑥远兹,见于《附记一》,载上海文化生活出版社1949年出版之《还乡杂记》(何其芳著)。

方龄贵(1918－2011),吉林扶余人,生于吉林前郭尔罗斯。笔名:①雪文,见于散文《扶余琐记》,载1935年前后上海《大公报·大公园》。嗣后至1937年前后在北平《晨报·红绿》、上海《申报·春秋》、南京《中央日报·中央公园》等报刊发表文章亦署。②方龄贵，见于散文《雪夜》，载 1937 年上海《大公报》；论文《元史兀良合台传考释》，载 1946 年《教育与科学》第 2 卷第 4 期。此前后在香港《大公报·文艺》、重庆《大公报·战线》、南京《广播周报》等报刊撰文偶署。1949 年后出版《元朝秘史通检》（中华书局，1986 年）、《元明戏曲中的蒙古语》（汉语大词典出版社，1991 年）、《大理五华楼新出元碑选录并考释》（云南大学出版社，2000 年）、《通制条格校注》（中华书局，2001 年）、《古典戏曲外来语考释词典》（汉语大词典出版社，2001 年）、《元史丛考》（民族出版社，2004 年）等亦署。③方炎，见于散文《松花江的忧郁》，载 1937 年南京《中央日报·贡献》。④辛代，见于散文《旅伴》，载 1938 年香港《大公报·文艺》；散文《蜀小景》，载 1939 年昆明《今日评论》第 2 卷第 9、10 期合刊。嗣后在重庆《大公报·战线》《新蜀报·蜀道》《世界学生》、桂林《自由中国》、上海《大公报·文艺》《春秋》、湖南《正声报》副刊、昆明《文聚》《诗与散文》《正义报·大千》《中央日报·平明》《生活导报》《春秋导报》《观察报·副刊》等报刊发表文章亦署。⑤林照，见于《桃源散记》，载 1939 年《云南日报·南风》。嗣后至 1942 年前后在该刊曾多次发表文章署用。

方令孺（1897—1976），安徽桐城人。笔名：①方令孺，见于《和二兄海巢诗》，载 1923 年 10 月南京《学衡》第 22 期；散文《"志摩是人人的朋友"》，载 1932 年上海《新月》第 4 卷第 1 期。此前后在《诗刊》《文艺月刊》《青年界》《创作》《论语》《宇宙风》《新诗》《文学杂志》《抗战文艺》《小说》《学文》《文摘月报》《半月文萃》等报刊发表《月夜在鸡鸣寺》《忆江南》《去看日本的红叶》《游日杂记》《听今年第一声子规》等诗文，出版散文集《信》《方令孺散文选集》，翻译小说《钟》（苏联高尔基原作）等亦署。②令孺，见于《家》，载 1936 年《论语》第 100 期（刊物目录上署"令孺"，刊物内正文署"方令孺"）。

方龙骧（1928—2007），浙江镇海（今宁波市）人，生于上海。原名方棠华。曾用名方之棣。笔名：①龙骧，20 世纪 50 年代起在香港《新生晚报》《天天日报》等报副刊发表小说等署用。嗣后出版小说集《缩不住的心》（香港企鹅，1953 年）等亦署。②卢森堡、丁辛、常舞天，1949 年后在香港报刊发表小说等署用。按：方龙骧另有小说集《血手印》《胭脂奴》《赤子之心》《银蛇夜》《情仇记》《魔鬼的乐园》《银笛》《裸露的猎者》《娃娃第七号》《世纪末的夏娃》《情天长恨》等出版，署名情况未详。

方牧（1920—1971），浙江龙游人。原名鄢绍良。笔名：①方牧，1942 年起在浙江《东南日报》《浙江日报》等报文艺副刊发表诗作署用。1947 年在《天行报·原野诗辑》发表诗《人民的世纪》亦署。②畸田、伊敏、司马群兵，20 世纪 40 年代在浙江报刊发表诗作署用。

方平（1921—2008），江苏苏州人，生于上海。原名陆吉平。笔名：①方平，1946 年前后在《大公报》副刊发表作品开始署用。嗣后在上海《文讯》《诗创造》等刊发表译作《佣工的死》（弗罗斯特原作），《孩子们的哭声》（伊利莎白原作），诗《摇篮曲》《这不是一个噩梦》等，出版诗集《随风而去》及译作《十日谈》（意大利薄伽丘原作，与其他人合译）、《亨利第五》（英国莎士比亚原作）、《捕风捉影》（英国莎士比亚原作）、《奥瑟罗》（英国莎士比亚原作）、《呼啸山庄》（英国艾米丽·勃朗特原作）、《白朗宁夫人抒情十四行诗集》（英国白朗宁夫人原作）、《一条未走的路》（美国弗罗斯特原作），传记《白朗宁夫人传》，评论集《和莎士比亚交个朋友吧》《三个从家庭出走的妇女》等均署。②胡双城，与曹辛之合署。见于诗《丑角的世界》，载 1947 年《诗创造》第 2 辑《丑角的世界》。③陆吉平，见于诗《将军的祷告》，载 1947 年《诗创造》第 3 期《骷髅舞》；诗《交响音乐》，载 1947 年上海《文艺春秋》第 5 卷第 3 期。④林棘丝，与曹辛之合署。见于诗《岁暮的祝福》，载 1947 年《诗创造》第 6 辑《岁暮的祝福》。⑤何克万，见于译诗《美丽的敦河呵》（彭斯原作），载 1948 年《诗创造》第 10 期《美丽的敦河呵》。

方阡，生卒年及籍贯不详。笔名方之茳（tī），见于小说《风雪》，载 1943 年长春《新满洲》第 5 卷第 8 期。嗣后在该刊发表小说《静静的伏见街》、散文《寂寞秋风》等亦署。

方然（1919—1966），安徽怀宁人。原名朱声。曾用名朱传勤、朱传琴。笔名：①方然，见于诗《邓正死了》，载 1940 年《七月》第 5 集第 2 期；诗《初雪》，载 1942 年桂林《青年文艺》创刊号。嗣后在《文艺阵地》《西线文艺》《文学月报》《诗创作》《战时文艺》《文艺杂志》《青年文艺》《人间》《萌芽》《呼吸》《蚂蚁小集》《诗垦地社丛刊》《希望》《半月文艺》《群言月刊》等报刊发表诗《秋天的召唤》《跨越集》《古老的故事》《哀歌》、评论《论风格与叙事诗》《论生存》《论唯心论的方向》《"主观"与真实》、随笔《乡愁记》《文化风貌录》等，出版翻译戏剧《沈茜》（英国雪莱原作。重庆新地出版社，1944 年）等亦署。②朱声，见于通讯《开荒》，载 1939 年《七月》第 4 集第 2 期。嗣后出版散文集《开荒》亦署。③圭巨，见于散文《记望龙楼》，载 1947 年上海《时代日报·新文艺》。④柏寒，见于随笔《鲁迅也是狂人》，载 1947 年《文艺生活》光复版第 17 期。⑤伯寒、辛清、穆海清、穆海青、朱传勤，署用情况未详。

方荣杲，生卒年不详，湖南湘潭人，字旭芝，号艮崖。笔名：①方荣杲，在《南社丛刻》发表诗文署用。②茟崖，署用情况未详。

方善境（1907—1983），浙江镇海（今宁波市）人。世界语名 Tikos。笔名：①焦风，见于译文《中国语书法之拉丁化》（萧三原作），载 1933 年《国际每日文选》第 12 期；评论《在抗战中抗进新文字运动》，载 1938 年《全民周刊》第 1 卷第 9 期。此前后在《语文》《进展》《政论旬刊》等报刊发表《新的文字和文学结合的第一步》《论取缔"拉丁化"新文字问题》《关于国语罗马字和拉丁化新文字》等评论，出版《世界语初步》（上海世界语者协会，1951 年）亦署。②方善境，1949 年后发表中文文章、出版《世界语初级课本》《世界语活页文选》《世界语六讲》等均署。③Tikos，1933 年在《世界月刊》发表文章署用。嗣后用世界语翻译或创作作品均署。④千铁，1933 年在《世界月刊》撰文署用。⑤善竞，署用情况未详。

方哂凡（1917？－？），河南襄县（今襄城县）人。原名方绍岑。笔名：①方哂凡，见于诗《乞者》，载 1935 年开封《青春诗刊》第 3 期。②秋影，见于诗《秋心，你到哪里去？》，载 1936 年 3 月 20 日郑州《大华晨报·沙漠诗风》；诗《复》，载 1936 年 4 月 1 日郑州《大华晨报·跋涉》。③哂凡，20 世纪 30 年代在郑州报刊发表诗作署用。

方时旭，生卒年不详，浙江绍兴人，字扶云。笔名：①云郎，20 世纪 20 年代在报刊发表诗文署用。②方时旭，1923 年在上海《弥洒》月刊第 3、4 期发表《永久的母亲》《诗三首》等署用。

方守彝（1845－1924），安徽桐城人，字伦叔，号贲初、清一老人。笔名方守彝，出版文集《网旧闻斋调刁集》（民国初年出版）。嗣后出版诗集《晚清桐城三家诗》（与姚永朴、姚永概合集，徐成志点校。黄山书社，2012 年）亦署。

方思（1925－　），旅美台湾诗人，原籍湖南长沙。原名黄时枢。笔名：①黄时枢，见于书评《灾难的岁月》，载 1947 年上海《诗创造》第 2 卷第 1 辑《第一声雷》；译文《文学与社会科学》，载 1947 年上海《东方杂志》第 43 卷第 11 期。20 世纪在《学原》《文潮月刊》等刊发表著译文章亦署。②方思，发表诗作、出版诗集《时间》（台湾中兴文学出版社，1953 年）、《青春之歌》（与杨念慈等合集。台湾虹桥书店，1953 年）、《夜》（台北现代诗社，1955 年）、《竖琴与长笛》（台北现代诗社，1958 年）、《方思诗集》（《时间》《夜》《竖琴与长笛》第三部诗集的合集。台北洪范书店有限公司，1980 年）等均署。

方弢（1930－　），江苏海安人。原名黄道芳。笔名：①方辐，见于诗《春风》，载 1947 年 4 月 7 日南通《国民日报·中学生》。嗣后在该报副刊《大国民》《新文学》及《通报·中公园》发表诗《春之草》《塞外》、散文《海滨水色》《塞外草》等亦署。②白天，见于散文《孤寂》，载 1947 年 5 月 29 日南通《通报·中公园》。嗣后在该刊发表散文《舟子》《站在人前面》《笑》、诗《雨夜的怀念》等亦署。③辐方，见于散文《白》，载 1947 年 6 月 3 日南通《通报·中公园》。④辐，1947

年在南通报纸发表诗文署用。⑤方犮，1949 年后发表文章、出版《泥爪集》（1999 年）、《三友集》（与沙漠、方鼎合集，钦鸿编，2006 年）、《泥爪集补续》（2009 年）、《感恩录》（2013 年）等亦署。

方涛（1915－1968），广东梅县（今梅州市）人，生于暹罗勿苤。原名侯瑟熙。曾用名侯泗。笔名方涛，20 世纪 30 年代在暹罗曼谷《中国报·复兴》《中国报·中国周刊》《华侨日报·华侨文坛》《中华民报·椰风》等报刊发表诗、散文、小说等，出版诗集《梦之谷》《来自海滨》《水上的家庭》，以及与人云（卢铭开）、亦云（林逸云）、老鼎（刘泓）之四人诗歌合集《铃音集》（20 世纪 50 年代印行）亦署。

方廷楷，生卒年不详，安徽太平（今黄山市）人，字瘦坡。笔名方廷楷，在《南社丛刻》发表诗文署用。

方土人（1906－2000），江苏江都（今扬州市）人，原名方拯，字厚生。笔名：①土人，见于《壮士》，载 1927 年上海《洪水》半月刊第 3 卷第 26 号；诗《最后的心愿》《暴风雨的一夜》，载 1927 年上海《小说月报》第 18 卷第 6 期。②方在，1928 年春在杭州创办《大火》半月刊始用。③方土人，见于译文《绥拉菲摩维支七十诞辰的祝词一束》，载 1933 年上海《出版消息》半月刊第 19 期。嗣后在《新语林》《春光》《读书生活》《中苏文化》《文艺阵地》《夜莺》《申报·自由谈》等报刊发表著译作品，出版译作《红云》（美国杰克·伦敦原作）、《韦尔斯自传》（英国韦尔斯原作，与林淡秋合译）、《故事的开始》（波兰布兰迪斯原作）、《罪人》（英国凯托原作，与高植等合译）、《在祖国的地图上》（苏联米哈伊洛夫原作，与其他人合译）、《小说美学经典三种》（英国卢伯克、福斯特等原作，与其他人合译）、《论情节的典型化与提炼（苏联多宾原作）》等亦署。④厚生，见于《少年书信》（上海乐华图书公司，1934 年）。1945 年在重庆《中苏文化》第 16 卷第 5 期发表译文《一九四五年度的苏联预算》亦署此名。⑤方厚生，见于英文版《世界文学名著选》（上海光华书局，1934 年）。⑥伍月，见于随笔《易斯特拉狄的生活》，载 1935 年 5 月 28 日上海《申报·自由谈》。⑦胡祥，见于译文《现代匈牙利文学》，载 1954 年北京《译文》3 月号。⑧方拯，见于译作《文学教学法》（与人合译）。人民教育出版社，1957 年）⑨杨诚，见于译文《一种爆炸的力量》，载 1964 年北京《世界文学》8 月号。

方未艾（1906－2003），辽宁台安人。原名方玉书，字兆麟。曾用名方靖远、林啸。笔名：①方曦，1929－1931 年在沈阳《新民晚报》发表散文《夜泊》《惆怅》、诗《洮儿河畔》署用。又见于诗《土匪的供状》，载 1931 年 4 月 17 日沈阳《盛京时报》。同时期在《盛京时报》发表小说《夏先生》《骑兵队长》等亦署。②方晞，1931－1932 年在哈尔滨《商报》发表小说《九一八之夜》、诗《苦恋》等署用。又见于诗《给佩荪》，载 1931 年 3 月 31 日沈阳《盛京时报》。③林郎、琳琅，1932－1933 年在哈尔滨《国际协报》发表小说《春天》《邻人之死》等署用。④林啸，1933－1935年在苏联《工人之路报》发表小说《东北烽火》《彼得一家》，在苏联《太平洋杂志》发表小说《白山黑水》、剧作《蹂躏》等署用。⑤大君，1936－1938年在《新疆日报》发表散文《北京一夜》、小说《新绥路上》《阿山行》等署用。⑥方未艾，1949年开始在《甘肃日报》《兰州友好》《青岛日报》《哈尔滨日报》等报刊发表文章署用。2003年由辽宁省政协和本溪市政协出版回忆录《我和萧军六十年》亦署。⑦大郎，署用情况未详。

方孝岳（1897－1973），安徽桐城人。原名方时乔，字孝岳。曾用名方乘，字御骋。笔名方孝岳，见于评论《我之改良文学观》，载1917年北京《新青年》第3卷第1期。嗣后在《东方杂志》《法律周刊》《广东民政公报》《国立中山大学文学院专刊》《新民月刊》《语言文学专刊》《圆音月刊》等刊发表《国学流派》《海晨楼读书笔记》《江苏省政府访问记》等文，出版论著《中国散文概论》（上海世界书局，1935年）、《左传通论》（上海世界书局，1935年）、《春秋三传学》（长沙商务印书馆，1940年）、《中国文学批评》（上海世界书局，1944年）、《尚书今语》（古籍出版社，1958年）等均署。

方行[1]（1918？－2000），江苏常州人，字鹤亭。笔名：①方行，见于《欢迎救国领袖七先生回沪记》，载1937年上海《新学识》第2卷第1期。嗣后在《东方战友》《太平洋周报》等刊发表《送八百战友》《漫谈木刻作者及其风格》等文亦署。②丁化成，1946年4月编辑上海《消息》杂志时署用。③文操，出版《瞿秋白著译系年目》（与丁景唐合编。上海人民出版社，1959年）署用。嗣后发表随笔《〈鲁迅诗稿〉简介》（载1961年《上海文学》第9期）亦署。④鹤亭、整挺，署用情况未详。

方行[2]（1917－2002），浙江湖州人。原名张协和。曾用名张汉。笔名：①方行，出版诗集《岩花集》（山地社，1940年）署用。嗣后出版《拾零集》（山地社，1943年）、发表报告文学《国际班》（载1944年延安《解放日报》），1949年后在《黑龙江日报》《北方文学》《诗林》《青年文学家》等报刊发表诗文，出版诗集《山地》《岩花》《泪的花环》、翻译诗集《夜莺和泉水》等亦署。②张汉，署用情况未详。

方修（1922－2010），新加坡华人作家，原籍中国广东潮安。原名吴之光。笔名方修、观止、任辛。20世纪40年代开始文学创作。1949年后出版有文学评论集《说小品散文》（新加坡世界书局，1957年）、《红楼梦简说》（新加坡青年书局，1960年）、《文艺界五年》（新加坡世界书局，1961年）、《文艺杂论》（新加坡里洲书屋，1964年）、《文艺杂论二集》（新加坡星洲书屋，1967年）、《马华文艺思潮演变》（新加坡万里文化企业公司，1970年）、《马华新文学及历史轮廓》（新加坡万里文化企业公司，1974年）、《马华新文学的现实主义

传统》（新加坡洪炉文化企业公司，1976年）、《文艺界又五年》（新加坡万里书局，1976年）、《马华新文学史论集》（生活·读书·新知三联书店香港分店，1984年），杂文集《避席集》（新加坡文艺出版社，1960年）、《长夜集》（新加坡万里文化企业公司，1973年）、《轻尘集》（香港中流出版社，1974年）、《沉沦集》（新加坡洪炉文化企业公司，1975年）、《小休集》（新加坡洪炉文化企业公司，1978年）、《两径轩杂文》（新加坡群岛文化社，1980年）、《游谈集》（大马福联会，1986年）、《文学·报刊·生活》（新加坡仙人掌文艺出版社，1987年），散文集《马华文坛往事》（新加坡世界书局，1958年）、《人物篇》（新加坡洪炉文化企业公司，1976年）、《炉烟集》（新加坡洪炉文化企业公司，1977年），专集《马华文艺史料》（新加坡四海书局，1962年）、《马华新文学史稿》（新加坡世界书局，1962－1965年）、《马华新文学简史》（新加坡万里书局，1974年）、《战后马华文学史初稿》（马来西亚华校董事总会，1987年）等。

方修畅（1904－1984），广东普宁人。笔名：①方柳烟，1927年前后在暹罗曼谷《国民日报》副刊《新时代》《国民杂志》《徬徨》《彷彿》、《暹京时报》《中国报》以及《中原报》副刊《万象》《综合》等刊发表诗文，出版小说集《回风》（20世纪30年代出版于曼谷）均署。1975年出版诗集《柳烟诗存》亦署。②柳烟，1927年后在暹罗曼谷华文报刊发表诗文署用。

方轶群（1914－2007），江苏苏州人。原名方于衡。笔名：①方轶群，1946年起在上海《大公报·现代儿童》发表童话《虎大王丢了尾巴》《臭虫和蚊子的话》等署用。嗣后在上海《新少年报》（胡德华编）、《小朋友》（与黄衣青合编）等报刊发表童话、故事、小说等，1949年后由少年儿童出版社出版《桥的故事》（1953年）、《下大雨的时候》（1956年）、《月亮婆婆》（1957年）、《黄浦江边的大事情》（1961年）、《儿童谜语选》（1963年）等读物亦署。②王心月，署用情况未详。

方殷（1913－1982），河北雄县人。原名常钟元。笔名：①常式，20世纪30年代初在天津南开中学校刊发表诗与时论署用。②方殷，见于散文《别》，载1935年上海《中学生》第57号；诗《谁的丰年》，载1937年上海《诗歌杂志》第3期。此前后在《中学生文艺季刊》《文艺月刊·战时特刊》《青年界》《世界文化》《创作》《诗歌杂志》《文艺阵地》《春云》《文学月报》《人世间》《抗战文艺》《诗创作》《黄埔》《新音乐》《战时青年》《文风》《东方杂志》《文学》《乐风》《时代生活》《消息半月刊》等报刊发表诗、歌词、散文、评论，出版诗集《平凡的夜话》《方殷诗选》《旅人的心——方殷诗文选》，以及叙事长诗《诛魔记》等均署。③殷，见于短论《杂谈诗歌》，载1939年重庆《抗战文艺》第3卷第7期。④芳茵，见于诗《誓约之歌——献给奇》，载1942年8月2日重庆《新华日报》。又见于散文《抗战时期的一支"笔游击队"——作家战地访问团散记》，载1979年《边疆文艺》第11期。⑤常久、

晓虹，20 世纪 80 年代在北京《新文学史料》、香港《文汇报》发表文章署用。

方宇晨（1925－1969），江苏灌云人。原名方应旸。笔名：①方宇晨，见于诗《微光（外二首）：晨、邂逅》，载 1947 年《诗创造》第 5 期；译文《欧洲：分裂还是联合》（苏联亚历山大·加林原作），载 1947 年《东方与西方》第 1 卷第 2 期。同时期在《中国新诗》《诗星火》《文艺复兴》《大学评论》等刊发诗《微末（外一章）》《无心的馈赠（外二章）》《墙》《夜》《孩子，你可知道》等亦署。②方应旸，1949 年后发表文章、出版译作《黑人歌手罗伯逊》（美国葛兰姆原作。上海正风出版社，1951 年）、《路》（美国温菲尔斯特原作。上海文艺出版社，1959 年）等均署。

方正之（1917－1968），上海人。原名马本初。笔名：①方正之，1937 年改用为正式名字，曾在《中国青年》《青年歌声》等报刊发表诗、歌词、散文等署用。又见于报告文学《停电一分钟》，载 1951 年夏西安《群众日报》。②朗夏，见散文于《基督教堂哀声》，载 1940－1941 年间晋绥地区《抗战日报》。

方志敏（1899－1935），江西弋阳人。原名方远镇，字志敏。曾用名正鹄（乳名）、李祥松、云母文、汪祖海。笔名：①方志敏，见于《私塾》，载 1922 年《新江西》第 2 期；诗《哭声》，载 1922 年 5 月 18 日上海《民国日报·觉悟》。嗣后在上述两刊发表诗《血……血……》《快乐之神》《呕血》《我的心》、小说《课时》《狗儿的死》等署用。嗣后出版遗著《可爱的中国》《狱中纪实》《我从事革命斗争的略述》《方志敏狱中遗著》《回忆闽浙皖赣的革命斗争》《方志敏文集》等均署。②志敏，见于《慰友》，载 1923 年《新江西半月刊》第 1 期。③母文，见于《给某夫妇的信》，1935 年 6 月作，收入《可爱的中国》一书。

方重（1902－1991），江苏常州人，生于安徽芜湖。字芦浪。笔名方重，见于小说《七年来的露榔与清华》，载 1923 年 4 月 28 日北京《清华生活》纪念号。嗣后在《清华周刊》《国立武汉大学文哲季刊》《奔涛》《浙江学报》《新月》《时与潮文艺》《民族文学》等报刊发表诗文，出版论著《英国诗文研究集》《十八世纪的英国文学与中国》《邓与布朗宁对于人生的解答》《诗歌集中的可罗列奇》《乔叟论》、译作《屈罗勒斯与克丽西德》《坎特伯雷故事集》《理查三世》《乔叟文集》《近代英文散文选》，以及英译《陶渊明诗文选译》等亦署。

芳信（1902－1963），江西南昌人。原名蔡方信。曾用名方克勤。笔名：①方克勤，见于随笔《希腊神话琐话》，载 1944 年 2 月上海《万象》第 3 卷第 8 期。②芳信，见于诗《赠棠棠的"明月"》，载 1923 年上海《诗》第 2 卷第 1 期。嗣后在《晨报副镌》《东方杂志》《南风》《文笔》《文艺新潮》《戏剧与文学》《文艺春秋》《友谊》《新文丛》《半月文艺》等报刊发表著译诗、剧本等作品，出版中篇小说《春蔓》（上海光华书局，1928

年）、短篇小说集《秋之梦》（上海光华书局，1929 年），翻译小说《死的胜利》（意大利邓南遮原作。上海大光书局，1932 年），翻译剧本《私生活》（英国诺埃尔·考沃德原作。上海绿社出版部，1938 年）、《李力昂》（匈牙利弗兰致·摩那原作。上海剧艺出版社，1940 年）、《万尼亚舅舅》（俄国契诃夫原作。上海世界书局，1940 年）、《大雷雨》（俄国亚·尼·奥斯特洛夫斯基原作。上海世界书局，1944 年）、《少校夫人》（上海世界书局，1944 年）、《黑暗势力》（俄国列夫·托尔斯泰原作。上海世界书局，1944 年）等亦署。③蔡芳信，出版戏剧译作《新婚交响曲》（俄国卡达耶夫原作。上海世界书局，1944 年）、《钦差大臣》（俄国果戈里原作。上海国民书店，1940 年）署用、《和平的保证》（苏联伐·索布科原作。人民文学出版社，1953 年）、《奥斯特洛夫斯基戏剧全集》（俄国亚·尼·奥斯特洛夫斯基原作）等署用。

房世泰，生卒年及籍贯不详。曾用名岳海。笔名岳海、雷涛、蕾青，20 世纪 40 年代在北平《泥土》杂志发表文章署用。

放平（1920－？），湖南永兴人。原名许世连。曾用名许真由、许文。笔名：①漫萍，见于散文《快乐的黄昏》，载 1939 年上半年邵阳《力报》。②镔石，见于杂文《天才与努力》《在船上》，载 1939 年下半年长沙《国民日报》。③放平，见于特写《新老师的第一堂国文课》，载 1939 年下半年邵阳《力报》。嗣后在桂林《力报·新垦地》《广西日报》《西南日报》、上海《时代日报》、衡阳《力报》等报刊发表小说、散文，1947 年至 1948 年在上海《文艺春秋》发表小说《她疯了》《浪迹天涯的女人》，1949 年后出版诗集《乌江渔歌》（贵州人民出版社，1958 年）、《鼓声集》（湖南人民出版社，1959 年）、《大鹏鸟的歌》（湖南人民出版社，1962 年）《高峡横笛》（湖南人民出版社，1984 年）等亦署。④琏郎，见于散文《死与同情》，载 1939－1940 年间邵阳《力报》。⑤抗奴，见于诗《我想有一块地》，载 1944 年 5 月 15 日重庆《新华日报》。⑥凡夫，见于小说《我和我弟弟在 N 城》，载 1945 年《中学生》复刊第 94 期。⑦齐愤，见于评论《教育需要民主》，载 1945－1946 年重庆《新华日报》。⑧乐奋人，见于通讯《音乐界的生力军》，载 1947 年 3 月 1 日上海《时代日报》副刊。⑨集风，见于诗《烂茅屋》，载 1947 年 3 月 17 日上海《新民报晚刊》。同时期或嗣后在该报发表诗、杂文等多次署用。⑩陈微，20 世纪 50 年代在《光明日报》等报刊发表文章署用。见于评论《听乐散记》，载 1956 年 8 月 11 日《光明日报》。⑪鲍耳聪，1958 年在湖南编辑诗传单《人民的心》《街头诗》署用。⑫宋季提，见于杂文《万丈高楼平地起》，载 1980 年《青少年之友》第 5 期。

【fei】

飞尘（1916－？），辽宁西丰人。原名陈树满。笔名：

飞尘、非陈，20世纪30年代末开始在东北各地报刊发表新诗和短篇小说署用。见于短篇小说《根深叶茂》，载1939年前后大连《泰东日报·文艺周刊》。

废丁（1918—1988），山东胶州人。原名李兴华。笔名：①废丁，见于诗《无题三章》，载1946年青岛《文艺》第2期。嗣后编辑《青岛时报·海歌》《民众日报·春光》《民报·副刊》等刊，发表长诗《四月的春风》《平凡的故事》，以及出版诗集《新苗》（上海星群出版社，1948年）等亦署。②萧扬，20世纪40年代在青岛报刊发表诗作署用。

废名（1901—1967），湖北黄梅人。原名冯文炳，字蕴仲。笔名：①冯文炳，见于诗《冬夜》《小孩》，载1922年《努力周报》第23期。嗣后在该刊及《晨报副镌》《语丝》《京报副刊》《浅草》《北新》《文艺周刊》《现代评论》《猛进》《莽原》《世界日报·明珠》《哲学评论》等报刊发表作品，出版小说集《竹林的故事》（北京北新书局，1925年），论著《谈新诗》（北平新民印书局，1944年）、《跟青年谈鲁迅》（中国青年出版社，1956年）等亦署。②蕴，见于《一封信》，载1923年上海《小说月报》第14卷第1期。③废名，见于小说《无题之一》《无题之二》……《无题之十八》，载1926—1928年《语丝》周刊。嗣后在该刊及《北新》《青年界》《现代》《新月》《人间世》《水星》《文学季刊》《宇宙风》《文学杂志》《文学集刊》《风雨谈》《世界日报·明珠》《平民日报》《华北日报·每日文艺》《新诗》《大公报》《大陆》等报刊发表小说、散文、评论等，出版小说集《桃园》（上海开明书店，1928年）、《枣》（上海开明书店，1931年），长篇小说《桥》（上海开明书店，1932年）、《莫须有先生传》（上海开明书店，1932年），诗集《水边》（与开元合集。北平新民印书馆，1944年），诗文集《招隐集》（汉口大楚报社，1945年）等亦署。④病火，见于小说《是小说》《追悼会》，分别载1927年《语丝》周刊第127期、第130期。⑤丁武，见于随笔《"中国自由运动大同盟宣言"》，载1930年5月12日北平《骆驼草》周刊创刊号。嗣后在该刊第3期发表随笔《闲话》亦署。⑥惠敏，见于随笔《闲话》，载1930年《骆驼草》第6期。嗣后在该刊第8、9期发表随笔《闲话》亦署。⑦非命，见于《随笔》，载1930年《骆驼草》第13期。⑧法，见于《译诗》（印度泰戈尔原作），载1930年《骆驼草》第18期。嗣后在该刊发表随笔《阿左林的话》《随笔》等亦署。

费明君（1911—1973），浙江宁波人。曾用名陶获亚。笔名：①雷白文，编选出版《鲁迅先生语录》（1936年）署用。②费明君，见于翻译小说《书》（苏联高尔基原作），载1947年1月15日上海《文艺春秋》第4卷第1期。嗣后在该刊第4卷第6期发表译文《高尔基书简》，翻译出版小说《你往何处去》（波兰显克维支原作。上海神州国光社，1948年）、《农民》（波兰莱蒙脱原作。上海神州国光社，1948年），戏剧剧本《华莎·席列兹诺娃》（苏联高尔基原作。上海泥土社，1949年），

戏剧论著《戏剧资本论》（日本版本胜原作。上海神州国光社，1949年）等亦署。③清子，使用情况未详。

费穆（1906—1951），江苏苏州人，出生于上海，字敬庐，号辑止。笔名费穆，见于诗《诚马德里人》，载1939年《全民抗战》第48期；《旧剧的电影化问题》，载1941年《青青电影日报》第97、98期。此前后发表或出版剧本《香雪海》《狼山喋血记》《联华交响曲》《北战场精忠录》《斩经堂》《前台与后台》《世界儿女》《江湖儿女》等亦署。

费启（1919—1988），江苏沭阳人。笔名：①白夜，1949年后，出版小说《黑牡丹》（华东人民出版社，1951年），诗集《十里风光》（新文艺出版社，1956年）等署用。②路、艾北、秋水、素清、绿荐、金戈南、钱绣文，署用情况未详。

费孝通（1910—2005），江苏吴江（今苏州市）人，生于南通。笔名：①费北，见于随笔《皂隶的联话》，载1924年上海《少年杂志》第14卷第4期。此前后在该刊发表随笔《秀才先生的恶作剧》《读陈龄君通讯感》等文亦署。②费孝通，20世纪30年代起在《再生杂志》《社会学界》《社会研究》《宇宙》《中建》《今日评论》《新经济半月刊》《东方杂志》《当代评论》《星期评论》《旅行杂志》《自由论坛》《民主周刊》《自由导报周刊》《上海文化》《图书季刊》《世纪评论》《社会科学》《观察》《知识与生活半月刊》《北大半月刊》《新书刊》《新华月报》《新建设》等刊发表文章署用。同时期或嗣后发表学术论文、出版学术著作和译作亦署。

费啸天（1916—1995），江苏高邮人。原名费云文。笔名费啸天，1949年后在台湾出版戏曲《郑成功》（台北，1957年）、《李贞娘》（台北，1957年）、《碧血丹心》（台北，1957年）、《华盛圆》（台北，1957年）、《祖逖》（台北，1965年），广播剧《壮志风云》（台北，1969年）、《生命的光辉》（台北，1969年）、《黑水忠魂》（台北，1969年）、《龙腾虎跃》（台北，1969年），传记《戴笠的一生》（台北中外图书出版社，1980年）、《民国人物新传》（台北圣文出版社，1986年）等署用。

费行简（1871—1955），江苏武进（今常州市）人，字敬仲。笔名费敬仲、沃丘仲子。著有《当代名人小传》《徐世昌》《段祺瑞》等。

费砚（1879—1937），江苏松江（今上海市）人，字见石、剑石，号龙丁、聋丁。笔名：①费砚，在《南社丛刻》发表诗文署用。出版《春愁秋怨词》亦署。②长盈行人、佛耶居士、画隐龙丁，署用情况未详。

【feng】

丰村（1917—1989），河南清丰人。原名冯叶苹。曾用名冯夯、冯维典、丰乃天。笔名：①冰块，1935—1936年间在北平《东方快报》发表诗作署用。②望辽，1935—1936年间在北平《通俗文化》发表杂感署用。

③丰村，1939 年发表小说《西线的死》开始署用。嗣后在《笔阵》《文艺阵地》《文艺月刊》《文讯》《战时文艺》《青年文艺》《文学创作》《文艺杂志》《人世间》《时与潮文艺》《天下文章》《文艺春秋》《高原》《文艺复兴》《文潮月刊》《文莽》《春秋》《文艺丛刊》等报刊发表小说、散文，出版长篇小说《烈火中的毁灭》《大地的城》《黄河》，中篇小说《烦恼的年代》，短篇小说集《望八里家》《呼唤》《灵魂的受难》《毁坏》《北方》《我的师傅和他的师兄弟》《老乾尖子当兵去了》《丰村小说选》等亦署。④黄河，1939 年下半年开始在成都报刊发表短论署用。⑤鲁冀良，1939 年下半年开始在成都报刊发表小说署用。见于故事《一个人的队伍》，载 1940 年成都《通俗文艺》第 30 期。嗣后在该刊发表故事《王德茂捉汉奸》《空战计》亦署。⑥林野，抗战时期在成都《民声报》副刊发表短文署用。⑦季红木，见于随笔《从"替身"感到的》，载 1946 年重庆《中原·文艺杂志·希望·文哨联合特刊》第 1 卷第 4 期。又见于诗《给前面的》，载 1948 年 1 月上海《新诗潮》创刊号。1949 年后发表文章亦署。⑧贞木，1949 年后发表杂文、评论等署用。

丰子恺（1898－1975），浙江桐乡人。原名丰润，字子恺、子颢（kǎi），号缘缘堂主。乳名慈玉。法名婴行，徽号丰柳燕。曾用名丰仁、丰仍、丰婴行。笔名：①TK，20 世纪 30 年在各报刊发表漫画署用。见于漫画《阿花饮水处》，载 1934 年 5 月 24 日上海《申报·自由谈》。嗣后在该刊发表漫画均署。②丰仁，见于翻译小说《泉上的幻影》（美国纳撒尼尔·霍桑原作），载 1922 年上海《东方杂志》第 19 卷第 9 期。③丰子恺，见于论文《使艺术伟大的真的性质》，载 1923 年上海《东方杂志》第 20 卷第 4 期；论文《艺术教育问题底特色》，载 1924 年 5 月 26 日上海《民国日报·艺术评论》。嗣后在上述两刊及《小说月报》《教育杂志》《学生杂志》《小说世界》《一般》《民铎杂志》《新女性》《开明》《贡献》《文华》《大江》《现代文学》《中学生》《前途》《文饭小品》《文艺月刊》《青年界》《新时代》《现代》《论语》《艺风》《长城》《文学》《文学季刊》《申报月刊》《良友画报》《人间世》《新中华》《湖北教育》《太白》《新小说》《宇宙风》《浙江青年》《新少年》《广播周报》《文丛》《农村合作》《越风》《图书展望》《战地》《文艺阵地》《抗战文艺》《文艺新潮》《鲁迅风》《宇宙风乙刊》《黄河》《半月文摘》《文艺综合》《民族诗坛》《中国的空军》《艺术与生活》《黄埔》《读书通讯》《文学集林》《安徽儿童》《国文杂志》《思想与时代》《万象》《文讯》《当代文艺》《文艺春秋》《文艺知识连丛》《时与潮副刊》《文学修养》《中外春秋》《宇宙》《海潮音》《书报精华》《人民世纪》《文艺知识》《佛教文摘》《妇女月刊》《京沪周刊》《旅行杂志》《幸福世界》等报刊发表散文、评论、漫画、译作等作品，出版散文集《缘缘堂随笔》（上海开明书店，1931 年）、《中学生小品》（上海中学生书局，1932 年）、《子恺小品集》（上海开华书局，1933 年）、《随笔二十篇》（上海天马书店，

1934 年）、《车厢社会》（上海良友图书印刷公司，1935 年）、《丰子恺创作选》（上海仿古书店，1936 年）、《缘缘堂再笔》（上海开明书店，1937 年）、《甘美的回味》（上海开华书局，1940 年）、《子恺随笔》（上海三通书局，1940 年）、《子恺近作散文选》（成都普益书店，1941 年）、《教师日记》（重庆万光书局，1944 年）、《率真集》（上海万叶书店，1946 年）、《丰子恺杰作选》（上海新象书店，1947 年），短篇小说集《少年美术故事》（上海开明书店，1937 年），散文漫画合集《漫文漫画》（汉口大陆书局，1938 年），翻译小说《自杀俱乐部》（英国史蒂文森原作。上海开明书店，1932 年）、《初恋》（俄国屠格涅夫原作。上海开明书店，1935 年）等亦署。④子恺，见于评论《艺术底创作与鉴赏》，载 1924 年 7 月 10 日、11 日上海《民国日报·觉悟》。嗣后在《小说月报》《民国日报·艺术评论》《新女性》《一般》《文学周报》《中学生》《国文杂志》《开明》《现代》《太白》《宇宙风》《文饭小品》《创作》《新中华》《宇宙风乙刊》等报刊发表散文、漫画、评论等亦署。⑤恺，1924 年在《我们的七月》署用。

风沙（1909－1942），浙江上虞（今绍兴市）人。原名章维荣。曾用名俞祖祥。笔名风沙，出版散文集《给年少者》（上海现实出版社，1935 年）署用。嗣后编选《新少年文学拔萃读本》（上海现实出版社，1936 年），发表《灾荒的一课》（载 1937 年上海《新少年》第 3 卷第 11 期），出版故事集《东北的抗日英雄》（青抗社，1939 年）等亦署。

枫翠仁，生卒年不详，东北人。笔名松风，20 世纪 40 年代初创作电影剧本《大地之春》署用。

冯白鲁（1917－2005），浙江绍兴人。原名冯麟祥。笔名：①冯白鲁，见于诗《雨后思》，载 1936 年上海《诗林双月刊》第 1 卷第 2 期；《火光下》，载 1937 年南京《文艺月刊·战时特刊》第 4 期。嗣后在《国闻周报》《战时中学生》《抗战时代》《广东儿童》《宇宙风》《月刊》《春秋》等刊发表诗、小说、报告，出版诗集《囚徒之歌》（上海北新书局，1936 年），1949 年后创作电影文学剧本《刘胡兰》《白衣战士》等亦署。②桑汀，见于诗《向红色的行列放歌》，载 1942 年重庆《诗垦地社丛刊》第 2 辑《枷锁与剑》。嗣后在该刊发表《给两个人》《江边·图景》等诗亦署。③白鲁，见于随笔《旧事新谈》，载 1948 年《自由丛刊》第 16 期。

冯百砺（1878－1960），广东广州人。原名冯坚，字伯励、百砺，号少波、擘荔、百雁、玻璃、波黎。笔名：①百砺，见于《防俄并宜防日》《民国二年之乐观》，载 1913 年《民谊月刊》。②冯百砺，见于随笔《革命党轶闻》，载 1941 年香港《大风半月刊》第 101 期。

冯宾符（1915－1966），浙江慈溪人。原名冯贞用，字仲足，号宾符。笔名：①宾符，见于随笔《岁暮的惆怅》，载 1932 年 12 月 31 日上海《申报·自由谈》；评论《两个世界间桥梁的华沙》，载 1933 年上海《申报月刊》第 2 卷第 7 期。嗣后在《东方杂志》《中学生》

《国民》《永生》《半月》《文摘》《自修大学》《文心》《读物》《现代中国》《民族公论》《图书季刊》《作风》《文汇周报》《联合晚报》《译报刊》《中国建设》《创世》《新中华》《现实文摘》《经济周报》《进步青年》《新华月报》等报刊发表著译文章，出版译作《列强军力论》（德国马克斯·威纳尔原作。重庆生活书店，1939年）亦署。②冯仲足，见于随笔《希特勒统治下的妇女》，载1933年上海《东方杂志》第30卷第23期。嗣后在上海《东方杂志》《文化战线》《七月》等刊发表《时代的悲剧》《苏联诞生二十年》《全世界人民站在我们这方面》《"泥足"已在脆裂了》等文亦署。③仲足，见于译文《百合花饭店》（捷克扬·聂鲁达原作），载1934年7月5日、6日上海《申报·自由谈》；随笔《英美学生的反战运动》，载1935年上海《中学生》第54号。同时期在上海《东方杂志》《中学生》《大众生活》等刊发表《爱尔兰诗人叶芝七十岁》《日本最富的家族》《一九三五年的苏联》《最后关头的意阿战争》等文亦署。④冯贞用，见于随笔《新土耳其的妇女》，载1934年上海《东方杂志》第31卷第17期。⑤艾纳，见于散文《普陀印象记》，载1935年上海《钱业月报》第15卷第6期。嗣后在《东方杂志》《永生》《青年月刊》《文摘》《民族公论》《新中华》《广播周报》《消息半月刊》《中和月刊》等刊发表《美国远东政策的检视》《悼夏先生》《留恋》《大青山》等散文、评论、译文亦署。⑥殷宇，出版译作《西行漫记》（美国斯诺原作，与胡仲持合译。上海复社，1938年）、《续西行漫记》（美国尼姆·威尔斯原作，与胡仲持合译。上海复社，1939年），知识读物《捷克斯拉夫》（上海珠林书店，1938年），发表杂文《一个青年的死》（载1944年上海《万象》第4卷第1期）等署用。⑦冯宾符，见于评论《现阶段的印度局势》，载1947年《大学月刊》第6卷第34期。嗣后出版文集《冯宾符国际问题文选》（世界知识出版社，2002年）等均署。

冯彩章（1931— ？），河北博野人，字博原。笔名黎风。1946年参加八路军，曾任《冀中导报》《前线报》特约通讯员，开始发表作品。著有《傅连璋革命一生》《忆王雨田同志》《贺诚传》《红医将领》《柯麟略传》《黄埔军校大事记》《毛泽东与他的友人》等。

冯承钧（1887—1946），湖北汉口（今武汉市）人，字子衡。笔名冯承钧，著有《西域史地释名》《瀛涯胜览校注》《星槎胜览校注》《马可波罗行纪》《成吉思汗传》《中国南洋交通史》《再说龟兹白姓》《高昌城镇与唐代蒲昌》，译注《吐火罗语考》（法国伯希和、列维原作）等。

冯定（1902—1983），浙江慈溪人。原名冯樾望。曾用名冯世昌、季定。笔名：①贝叶，见于随笔《〈镣铐手〉作者的小传》，载1933年上海《现代》第2卷第4期；随笔《苏联剧院的伟大成功》，载1934年上海《读书生活》第1卷第1期。嗣后在《人间世》《文艺风景》《文饭小品》《新生》《新世纪》《半月》《国民周刊》《译

报周刊》《文摘》《周报》《月报》《自修大学》《文化食粮》《认识月刊》等刊发表译作《屠格涅夫散文诗》《现代殖民经济的几个问题》，评论《论辟列古度夫的创作》，以及《保证全面抗战胜利的必要条件》《现阶段的中国青年问题》《论自然哲学和历史哲学》《新哲学是科学的哲学》《哲学的运用》《谈新的人生观》等均署。②冯定，见于论文《抗战期间的文化宣教工作》，载1946年《江淮文化》创刊号。嗣后发表文章，出版《平凡的真理》（大连新中国书局，1949年）、《论工作》（天津读者书店，1949年）、《中国共产党怎样领导中国革命》（华东人民出版社，1952年）、《共产主义人生观》（华东人民出版社，1953年）、《有关中国民族资产阶级的某些问题》（人民出版社，1958年）、《人生漫谈》（中国青年出版社，1964年）亦署。③北译，署用情况未详。

冯凤三（1918—2006），浙江慈溪人，生于上海。原名冯元祥。笔名：①梅霞，见于随笔《咖啡》，载20世纪30年代末上海《影舞新闻》。②冯蕭，见于长篇小说《大学皇后》，载《万象》1941年第1期至1942年第1期。嗣后在该刊连载长篇小说《镀金小姐》，在上海《立报》《大报》《剧影日报》等报刊连载小说、随笔，出版长篇小说《镀金小姐》（上海中央书店，1942年）、《大学皇后》（上海万象书局，1946年）、《春花露浓》（上海万象书局，1947年）等均署。1949年后在香港《新生晚报》发表《仕女图》等言情小说亦署。③司明，1949年后在香港《新生晚报》等报撰写《小块文章》等专栏文章长期署用。④司徒明，1949年后在香港为姚莉、邓白英、张露、潘秀琼、董佩佩等人的唱片写歌词署用；创作《金嗓子》《阿里山之莺》《杏花溪之恋》等电影剧本亦署。

冯厚生（1913—2009），籍贯不详。笔名：①冯厚生，见于翻译小说《老人》（日本志贺直哉原作），载1931年《小说月报》第22卷第3期。嗣后在天津《大公报》、北平《晨报》发表文章亦署。②望涤，1931年前后在天津《益世报》发表日本小说译作署用。③王笛，见于翻译小说《被驱逐的人们》（朝鲜张赫宙原作）、翻译论文《社会主义的写实主义与革命的浪漫主义》（日本上田进原作），载1933年北平《文学杂志》第1卷第3、4期合刊。同时期在北平《四万万报》《科学新闻》等报刊发表纪念马克思和小林多喜二的译文等亦署。

冯剑南（1911—1961），广东丰顺人。笔名苏南、冯剑南，1946年后在暹罗曼谷《民主新闻》《曼谷商报》发表文章署用。

冯健男（1922—1994），湖北黄梅人。笔名：①冯健男，1946年开始发表作品署用。嗣后出版儿童文学集《东山少年》（中国青年出版社，1954年），文学评论集《作家论集》（花山文艺出版社，1984年），专著《作家的艺术》（百花文艺出版社，1963年）、《创作要怎样才

会好》（文化艺术出版社，1983年），编选《荷花淀派作品选》（人民文学出版社，1983年）、《废名散文选集》（百花文艺出版社，2004年）等均署。②壮士、张慕飞，1953—1955年在《解放军文艺》发表评论署用。

冯江涛　生卒年及籍贯不详，字白桦。笔名白桦、寒潮。笔名：①白桦，见于随笔《一篇关于比亚斯莱的介绍》，载1929年5月《艺术周刊》第1期；译文《地域决定的习俗与民谭》（日本松村武雄原作），载1931年南京《开展月刊》第10、11期合刊。嗣后在《晨光》《人民周报》《尚志周刊》《越国春秋》《中国文学》《民族文艺》《矛盾月刊》《民国日报·沙发》《小说月刊》《现代出版界》《申报月刊》《文讯》《青年文艺》《中原》《平原》《黄钟》《国民公论》《文选》《民心月刊》《关声》《北方文化》《文化先锋》《时与潮副刊》等刊发表诗《五羊诗存》《赣南吟草》《鸿泥残稿》、散文《饮血者》《车站小景》、评论《行为主义的文学观》《法西斯主义的基本特性》《中国婚姻法之变迁》，以及译作《克劳得·得布希论》（法国罗曼·罗兰原作）、《母亲》（苏联高尔基原作）等亦署。②寒潮，见于诗《海行四绝句》，载1933年南京《越国春秋》第22期。③冯白桦，见于散文《鹰的梦》，载1934年上海《中国文学》第1卷第5期（刊内正文署用"白桦"）；论文《大扩张中的英法空军》，载1935年《空军》第160期。

冯蕉衣（1913—1940）　马来亚华人，原籍中国广东潮安。笔名：①砂金，1937年后在新加坡《星洲日报》副刊《晨星》《文艺周刊》、《新国民日报》副刊《文艺》《新流》《新园地》、《南洋商报》副刊《吼社诗专》《狮声》以及《南风半月刊》《南洋周刊》等报刊发表诗作署用。②拉因，见于评论《谈诗歌的形式问题》，载1940年8月12日《星洲日报·晨星》。③蕉衣，出版诗集《衡窝集》（新加坡文芬书屋，1937年）署用。嗣后发表诗《落日颂——赠丘庸若》（载1939年8月17日新加坡《南洋商报·狮声》），出版译作《冯蕉衣遗诗》亦署。

冯金辛（1914—2004）　浙江宁波人。笔名：①冯金辛，1949年后出版译作《火焰与花》（印度克里亚·钱达尔原作。光明书局，1953年）、《阿巴斯短篇小说集》（与其他人合译。作家出版社，1957年）、《泰戈尔剧作集（第二册）》（中国戏剧出版社，1958年）、《罗摩衍那的故事（全二册）》（印度玛朱姆达改写，与齐光秀合译。中国青年出版社，1962年）等署。②夏麒祥，署用情况未详。

冯铿（1907—1931）　广东潮州人。原名冯岭梅。笔名：①冯岭梅，见于小说《一个可怜的女子》、诗《和友人同访死友的墓》、论文《改造家庭的我见》，载1925年9月汕头友联中学《友联期刊》第4期。嗣后在该刊及汕头《岭东民国日报》发表诗《月儿半圆的秋夜》《凄凉的黄昏》、小说《默思》、论文《妇女运动的我见》、散文《休假日游记》《夏夜的玫瑰》等亦署。②岭梅，

见于诗《晚铸的钟声》，载1928年《白露》半月刊第2卷第8期；诗《隐约里一阵幽香》，载1926年11月28日汕头《岭东民国日报》。嗣后在《岭东民国日报》及《北新》《女作家杂志》《妇女杂志》等刊发表诗《莫再矜持》《秋千》、小说《一个女学生的日记》、散文《海滨什记》等亦署。③绿琴，见于《C女士的日记》，载1929年9月《女作家杂志》创刊号。④冯铿，见于《乐园的幻灭》，载1930年上海《拓荒者》月刊第1卷第2期；小说《小阿强》，载1930年上海《大众文艺》第2卷第5、6期合刊；小说《红的日记》，载1931年上海《前哨》第1卷第1期。

冯浪波（1922—？）　广东鹤山人，生于香港。笔名：①冯定山、长风、杨其波、程怒江、冯五桥，1939年在香港《文艺青年》《时代文学》，1942年起在广州《建国日报》《大光报》等报刊发表散文、评论等作品署用。②冯浪波，出版论著《新诗浅说》（香港世界出版社，1956年）、散文集《脚印》（香港大家出版社，1985年）、《自鸣集》（香港大家出版社，1986年）、《得意集》（香港大家出版社，1988年）、《出版传奇》（香港彩色世界出版公司，1991年）等均署。

冯柳堂（1892—1945）　浙江海宁人。笔名：①冯柳堂，见于随笔《理想之生活》，载1935年上海《东方杂志》第32卷第1期；散文《记虞山半日游》，载1937年上海《旅行杂志》第11卷第7期。此前后在《社会月刊》《中华农学会报》《会计杂志》《农村复兴委员会会报》《文化建设》《申报月刊》《国际贸易导报》《新闻杂志》《科学趣味》《新都周刊》《天下》等刊发表《中国的民食问题》《说朋谈友》《处孤岛中作名山之游》《红楼梦的读法》等文亦署。②柳堂，见于散文《险逐潮神卷浪游》，载1942年上海《旅行杂志》第16卷第1期（刊内正文署名"冯柳堂"）。③溪南，见于随笔《一个公众的医药问题》，载1941年5月26日、28日上海《申报·春秋》；随笔《谈红楼梦中贾家的食品》，载1943年《新都周刊》第2期。④柳圹，见于随笔《溪南草堂随笔》，载1941年9月1日、3日、5日上海《申报·春秋》。同月10日—29日在该刊发表随笔《狸案人物志》亦署。

冯梦云（1901—1944）　浙江慈溪人。原名冯恭茂，又名冯蒙庸，别名宝云。曾用名周大公。笔名：①冯梦云，见于随笔《富豪家庭一夕话》《撮合山》，载1921年上海《礼拜六》第142期。1939年1月在上海编《鲁迅风》文学周刊亦署。②梦云，见于《日趋衰弱的中国人种》，载1931年上海《社会日报纪念专刊》（刊物目录署名"冯梦云"）。又见于倡门集锦小说《香茵小传》（与平襟亚、徐哲身等合作），载1935年上海《社会月报》第1卷第12期。③玲珑，上海"孤岛"时期在小报发表文章署用。

冯明之（1919—1982）　广东鹤山人。原名珍琪，一名英伟。笔名：①冯明之，见于评论《论战后的文艺运动》，载1946年广州《文坛》新1期；散文《劫后

羊城》，载 1946 年上海《宇宙风》第 142 期。嗣后在《宇宙线》《文坛》《新风周刊》等刊发表文章，出版《国学的基础知识》（世界出版社，1958 年）、《中国文学史话》（香港宏业书局，1962 年）、《英文成语故事》（香港里书店，1982 年）以及长篇小说《李师师》（花城出版社，1985 年）、《绿珠传》（漓江出版社，1987 年）等均署。②冯式，见于评论《勾心斗角的均势争持》，载 1946 年广州《宇宙线》周刊第 2 期。嗣后在该刊及《新风周刊》《公平报》等刊发表小说《最初的无神论者》、随笔《新年中的新气象》《瑞典文学新动态》、评论《张弛不定的国际局势》《巴黎会议的内外气氛》等亦署。③东方明、南山燕，署用情况未详。

冯牧（1919－1995），北京人。原名冯先植。笔名：①冯牧，见于译诗《家》（苏联马雅可夫斯基原作），载 1941 年 5 月 21 日延安《新诗歌》第 6 期。又见于评论《论文学上的朴素》，载 1942 年 5 月 9 日延安《解放日报》。嗣后在《现代文艺》《文艺月报》《太岳文化》等报刊发表《写在记忆里的人们》《欢乐的诗和斗争的诗——对于我们诗底创作的几种现象底感想》《卫生员的榜样》等文，出版报告文学集《新战士时来亮》《四月的战争》《时来亮》、散文集《这里永远是春天》《滇云揽胜记》、散文与报告文学集《冲破荆紫关》、文学评论集《繁花与草叶》《激流小集》《耕耘文集》《文学十年风雨路》《新时期文学的主流》《冯牧文学评论选》等均署。②若湘，署用情况未详。

冯乃超（1901－1983），广东南海（今佛山市）人，生于日本横滨。曾用名冯子韬、冯仲墀。笔名：①乃超，见于《〈同在黑暗的路上走〉附识》，载 1928 年上海《文化批判》月刊第 1 期。②冯乃超，见于诗选《幻想的窗》，载 1926 年上海《创造月刊》第 1 卷第 1 期；诗《夜》，载 1926 年上海《洪水》半月刊第 2 卷第 20 期。随笔《同在黑暗的路上走》，载 1928 年上海《文化批判》月刊第 1 期；论文《中国无产阶级文学运动及左联产生之历史的意义》，载 1930 年上海《新地月刊》第 1 卷第 6 期。嗣后在《文化批判》《思想月刊》《现代小说》《畸形》《文艺讲座》《艺术》《沙仑》《拓荒者》《世界文化》《文艺》《七月》《新学识》《全民周刊》《文学月报》《文艺生活》《文联》《国民公论》《民族公论》《月刊》《群众·香港版》《青年知识》《北大半月刊》《人民与文艺》《小说月刊》《大众文艺》《萌芽》《拓荒者》《抗战文艺》《文艺杂志》《大众文艺丛刊》等刊发表《大众化的问题》《发现李卜与戕害莎士比亚》《略评沈从文的〈熊公馆〉》等文，出版诗集《红纱灯》（上海创造社出版部，1928 年）、《星群》（与王亚平、臧克家等合集）、《毛泽东颂》，短篇小说集《抚恤》，小说、散文集《傀儡美人》（上海长风书店，1929 年），论著《文艺讲座》，译作《某傻子的一生》（小说集。日本芥川龙之介原作）、《河童》（小说集。日本芥川龙之介原作），文集《冯乃超文集》等亦署。③丁愁，1928 年与朱镜我主编《文化批判》共同署名。④马公

越，见于译文《国际政治的最近形势》，载 1928 年上海《文化批判》第 3－5 号；报道《马克思·昂格斯研究所》，载 1929 年《世界杂志》第 1 卷第 2 期。1929 年由上海沪滨书局出版编著《日本社会运动史》亦署。⑤NC，见于诗《纪念我们的纪念日！》，载 1928 年上海《流沙》半月刊第 4 期；译诗《河》（日本森山启原作），载 1928 年上海《创造月刊》第 2 卷第 5 期。同时期在《萌芽》《艺术》《巴尔底山》等刊发表文章亦署。⑥公越，见于译文《泛太平洋殖民地运动的发展》，载 1928 年上海《流沙》第 6 期；评论《批评家怎样地批评了？》，载 1937 年上海《光明》半月刊第 3 卷第 1 期。⑦李易水，见于评论《新人张天翼的作品》，载 1931 年上海《北斗》创刊号。嗣后在该刊第 1 卷第 4 期发表随笔《欧洲大战与文学》亦署。⑧韬，见于随笔《牛兰案之"惹人兴奋之发展"》，载 1932 年北平《鞭策周刊》第 22 期。⑨冯子韬，出版翻译小说集《芥川龙之介集》（日本芥川龙之介原作。上海中华书局，1934 年）署用。⑩洞冥，见于《随感录（杂文六则）》，载 1935 年 10 月 10 日、13 日《武汉日报·鹦鹉洲》。⑪超，见于随笔《检查我们的工作》，载 1937 年《战斗》旬刊创刊号。⑫李君毅，见于评论《战后侨民教育之改造》，载 1943 年江西泰和《南洋季刊》创刊号。⑬公韬，见于随笔《迎一九四七年》，载 1947 年香港《文艺生活》光复版第 11、12 期合刊。1948 年在该刊海外版第 1 期发表随笔《不要开倒车》亦署。⑭成窍，见于随笔《瞿秋白同志的文艺工作》，载 1947 年《群众·香港版》第 21 期。1948 年在该刊第 2 卷第 37 期发表通讯《东宝电影公司的斗争》亦署。⑮冯仲墀、刘一声、一声、子韬、仲墀，署用情况未详。

冯培澜（1902－1987），广西博白人。曾用名张平。笔名陈闲，见于随笔《从保卫西南说起》，载 1939 年 12 月 2 日桂林《救亡日报·文化岗位》；随笔《希特勒将被洪流淹死》，载 1941 年桂林《文艺生活》第 1 卷第 4 期。同时期在桂林《广西日报·漓水》《野草》、香港《文艺信箱》《大众文艺丛刊》等报刊发表《鲁迅是怎样看农民的》《关于〈虾球传〉速写》《论右倾及其他》等文，嗣后在桂林《广西日报·漓水》、马来亚新加坡《南侨日报》等报发表文章亦署。

冯平（1887－1952），江苏太仓人，字心侠，号复苏、壮公、竞优。笔名：①壮公，辛亥革命时期在《复报》《女子世界》发表文章署用。②竞优，辛亥革命时期在《复报》发表《哭王振羽》《璜泾志士王振羽小传》等文署用。③冯平，在《南社丛刻》发表诗文署用。

冯其庸（1924－2017），江苏无锡人。原名冯迟，字其庸，号宽堂。曾用名冯奇雄。笔名：①冯其庸，1946－1947 年间在无锡《大锡报》发表文章开始署用。嗣后发表散文、评论、学术研究论文，出版专著《春草集》《逝川集》《秋风集》《梦边集》《落叶集》《漱石集》《曹学叙论》《论庚辰本》《〈石头记〉脂本研究》《曹雪芹

家世新考》《曹雪芹家世红楼梦文物图录》《朱屺瞻年谱》《吴梅林年谱》《瓜饭楼丛稿》《瓜饭楼抄庚辰本石头记》、自传《风雨平生——冯其庸口述自传》，主编《脂砚斋重评石头记汇校》《脂砚斋重评石头记（己卯本）》《红楼梦（新校注本）》《红楼梦大词典》《历代文选》《中华艺术百科大辞典》等亦署。②冯丰、持六，20世纪50年代在《光明日报》表诗、书评署用。③起龙、季文，20世纪60年代在《人民日报》《戏剧报》发表剧评署用。④其邕，20世纪60年代在《光明日报》发表作品评论署用。⑤宽堂，20世纪70年代后发表书法、绘画署用。

冯启镠（1897－1936），字武越。笔名：①冯武越，见于小说《怪舟》，载1924年北京《图画世界》第1卷第1期。②武越，见于《小发明》，载1924年北京《图画世界》第1卷第1期。嗣后在该刊发表《木偶演制电影厂》《数目奇谈》等文亦署。③笔公，见于论文《新青年运动新启蒙运动与文化革新运动》，载1942年北平《中国公论》第7卷第5期。

冯契（1915－1995），浙江诸暨人。原名冯宝麟。笔名：①艾提、艾提曼，20世纪30年代在北平报刊发表诗作署用。②冯契，见于评论《中西文化的冲突与汇合》，载1947年上海《时与文》第1卷第2期。嗣后在该刊及《中建》《启示》《展望》等报刊发表《学生运动是季世现象吗》《知识分子的彷徨》《斥中和思想》《论自由主义的本质与方向》等文，1949年后发表文章、出版哲学论著等亦署。

冯开（qiān）（1873－1931），浙江慈溪人。原名冯鸿墀，字君木，号阶青；别号木公、死公、回风亭长。曾用名木居士、君曼、天须阁主。笔名：①君木，见于诗《刺时》，载1903年日本东京《浙江潮》第10期。同时期在《民权素》发表诗文亦署。②冯开，见于遗著《回风堂词》，1933年刻印。③阶青、回风、回风亭长，署用情况未详。

冯庆桂（1882－？），广东番禺（今广州市）人，字千里。笔名冯庆桂，著有《中国文学分类法》。

冯润璋（1902－1994），陕西泾阳人。曾用名冯润章、周茨石。笔名：①一变、丰庄、周茨石、黑鸽子，20世纪20年代开始在《流萤半月刊》《洪荒月刊》《泰东月刊》《中华月报》《朔望半月刊》《农村月刊》《新陕西月刊》等报刊发表文章署用。"丰庄"一名，亦见于随笔《出版界的没落》，载1933年上海《出版消息》第18期。②冯润璋，见于小说《丰年》，载1929年上海《泰东月刊》第2卷第6期；小说《统舱中》，载1930年上海《拓荒者》月刊第1卷第4、5期合刊。同时期在上海《大众文艺》《泰东月刊》发表小说《灾情》、剧作《雪夜》《自由花》《烟云弥漫的咸阳》等亦署。③润璋，见于通讯《西北文化一瞥》，载1933年上海《出版消息》第13期（刊内正文署用"冯润璋"）。

冯若梅，生卒年及籍贯不详。笔名：①若梅，见于随笔《小报的过去与未来》，载1931年上海《社会日报纪念专刊》（该刊目录署名"冯若梅"）。②冯若梅，见于集锦探险小说《万花谷》（与孙漱石、姚民哀、徐枕亚等合作），载1935年上海《社会月报》第1卷第9期。嗣后出版长篇小说《东方神侠传》（上海震华书局，1937年）、《糕团西施》（上海二酉出版社，1942年），发表小说《米价》（载1941年上海《小说月报》第4期）等亦署。③桑旦华，20世纪30年代在上海《吉报》连载长篇小说《无边风》署用。嗣后出版长篇小说《几家春色》（大连启东书社，1943年）、《婆媳之间》（上海文友出版社，1947年）、《脂粉奴隶》（上海二酉出版社，1948年）、《黑寡妇》（上海同春书局，1938年）等均署。

冯三多，生卒年及籍贯不详。笔名牛冯玉润，20世纪40年代创作电影剧本《少年画家》署用。

冯三昧（1899－1969），浙江义乌人。原名冯颐。笔名：①三昧，见于译诗《穷人怨》，载1920年9月16日上海《民国日报·觉悟》。又见于《梦》《离婚》，载1923年4月11日《民国日报·妇女评论》。②冯三昧，见于小说《被弃的人》，载1922年4月9日《民国日报·觉悟》。嗣后在《民国日报·妇女评论》《语丝》《大江》《山雨》《文友》《新学生》《微音月刊》《文艺世纪》《中学生》《杂志》等报刊发表著译诗文，出版论著《小品文作法》（上海大江书铺，1932年）、《小品文研究》（上海世界书局，1933年）、《小品文三讲》（上海大光书局，1936年），编选《文艺鉴赏与批评》（上海光华书局，1934年）等均署。

冯瘦菊，生卒年不详，广东潮州人。笔名：①冯瘦菊，见于随笔《文艺的新生》，载1923年8月18日《新民意报》副刊。同时期在该刊及《大岭东报·火焰周刊》发表《我们的文学态度》等文亦署。②瘦菊，见于随笔《文学家与革命党》，载1923年8月28日《新民意报》副刊。

冯叔鸾（1884？－1946？），河北涿县（今涿州市）人，祖籍江苏扬州。原名冯远翔，字叔鸾，号啸虹轩主人。笔名：①啸虹轩主人，1914－1915年间在上海《游戏杂志》发表文章署用。②冯叔鸾，见于随笔《徐宝山将军实录》，载1917年扬州《邗江杂志》第2期；小说《难言之隐》，载1919年北京《新中国杂志》第1卷第2期。嗣后至1941年在《国闻周报》《珊瑚》《万岁》《县政研究》等刊发表中篇小说《貂蝉》、游记《通如道上》、随笔《做官秘诀》《合欢床上》、论文《西厢记可续与否之问题》《地理学与政治之关系》等，出版《叔鸾小说集》《啸虹轩剧谈》等亦署。③马二先生，见于杂文《旧戏之精神》，1919年3月连载于上海《晶报》。又见于译文《匪岁》，载1926年天津《国闻周报》第3卷第29期。1915－1933年在《礼拜六》《快活》《戏杂志》《侦探世界》《红杂志》《心声》《社会之花》《金钢钻月刊》等刊发表《捉刀计》《爱情之疑》《女飞行家蓓儿小传》《孽海红筹》《真假新娘》《北京电影事业情况》等文亦署。④叔鸾，见于评论《今后彻底改革之途径》，载 1924 年天津《国闻周报》第 1 卷第 17 期。

冯淑惠（1920－？），四川人。笔名摩南，1946 年后在暹罗曼谷《中原报》等华文报刊发表散文署用。1950 年在泰国出版散文集《解开了的结》亦署。

冯斯栾，生卒年不详，广东鹤山（今江门市）人，字乐天、自强，号慕全。曾用名冯贡世、自强氏。笔名冯自强，1900 年在《清议报》发表《独立说》《论支那人国家思想之弱点》等文署用。

冯文洛（1901－1979），河北涿县（今涿州市）人。曾用名冯涧猗。世界语名 Venlo Fon。笔名：①冯文洛，见于论文《"世界语"只是一部分欧美语言的代表吗？》，载 1945 年《民主世界》第 2 卷第 2 期。嗣后出版《新生活转折期》（重庆世界语函授学社，20 世纪 40 年代出版）、《世界语中文大辞典》（中华全国世界语协会，1952 年）等亦署。②Venlo Fon，发表世界语文章或用世界语翻译作品，出版世界语版《鲁迅小说集》（外文出版社，1974 年）等署用。

冯宪章（1908－1931），广东兴宁人。曾用名冯斌、张蔓蔓。笔名：①冯宪章，见于诗《致》，载 1928 年上海《太阳月刊》第 1 期；诗《不要回还》，载 1928 年上海《泰东月刊》第 1 卷第 11 期。嗣后在《思想月刊》《白华》《海风周报》《拓荒者》《洪荒》《文艺讲座》等刊发表诗《匪徒的呐喊》《凭吊》，小说《游移》，评论《丽莎的哀怨》与〈冲出云围的月亮〉《蒲列汉诺夫论》，译文《德国的新兴文学》（日本川口浩原作）、《艺术价值与政治价值之哲学的考察》（日本三木清原作）等，出版诗集《梦后》（上海紫藤出版部，1928 年），翻译小说《叶山嘉树选集》（日本叶山嘉树原作。上海现代书局，1930 年）、《叶山嘉树集》（上海现代书局，1933 年）等均署。②宪章，见于《真理的探求者》（与孤风合作），载 1928 年上海《思想月刊》第 2 期。③心波，署用情况未详。

冯小隐，生卒年不详，河北涿县（今涿州市）人，祖籍江苏扬州。原名冯远翼，号尊谭室主。笔名：①小隐，见于杂谈《平剧琐言》，载 1919 年 10 月 18 日上海《晶报》；《岂有此理之趣剧》，载 1922 年上海《戏杂志》第 4 期；消息《北平剧讯》，载 1938 年《十日戏剧》第 1 卷第 21 期。②燕山小隐，见于随笔《戏提调》，载 1922 年上海《戏杂志》第 1 期；随笔《新年梨园闲话》，载 1922 年上海《游戏世界》第 9 期。1925 年在该刊第 3 期开始连载随笔《梨园闲话》，刊物目录上亦署（刊物正文署名"冯小隐"）。③冯小隐，见于随笔《梨园闲话》，1925 年上海《游戏世界》第 3 期开始连载（刊物目录署名"燕山小隐"）。1938 年在上海《十日戏剧》第 1 卷第 21 期发表随笔《悼杨小楼》，后又在该刊发表《旧都剧讯》《妄改成法的马连良》等文亦署。④垂云阁主，见于小说《春明歌舞》，载 20 世

纪 20 年代上海《晶报》；随笔《故伶张毓庭之空城计》，载 1928 年北平《丁丁画报》第 10 期。1937－1938 年在《十日戏剧》发表《皮黄戏之日趋末落》《歌场漫话》《戏剧最高学府乃亦海派同流耶》《看了荣春社的感想》等文亦署。⑤佞谭，发表评论谭鑫培表演艺术的文章署用。⑥佞杨，发表评论杨小楼表演艺术的文章署用。⑦尊谭室主，署用情况未详。

冯旭，生卒年不详，江苏吴县（今苏州市）人，字旭初、子和，号春航。笔名：①冯旭初，在《南社丛刻》发表诗文署用。②小牛、小子和，署用情况未详。

冯煦（1842－1926），江苏金坛人。原名冯熙，字梦华、孟华，号蒿庵、蒿盫、蒿叟。晚号蒿叜、蒿隐公、吗蒿叜。曾用名冯蒿。笔名：①梦华，1911－1918 年在《国风报》《文艺杂志》等刊发表诗文署用。②冯煦，见于散文《建康同游记》，载 1914 年天津《庸言》第 2 卷第 3 期；随笔《学制斋文集序》，载 1915 年《文艺杂志》第 7 期。嗣后在该刊及《小说月报》《亚洲学术杂志》《词学季刊》发表《虚阁遗稿序》《成先生行状》《赏月词序》等文，出版《救荒辑要初编》（尚古山房，1922 年）、《蒿庵类稿》（1922 年刻印）、《蒿庵续稿》（1923 年刻印）、《重修金坛县志》（上海商务印书馆，1926 年）等均署。③冯梦华，见于《词六首》，载 1916 年上海《大中华》第 2 卷第 1 期。

冯雪冰（1907－1935），浙江嘉善人。笔名：①薛冰，20 世纪 30 年代发表诗、译作，出版翻译长篇小说《约婚夫妇》（意大利曼苏尼原作，与贾立言合译。上海商务印书馆，1935 年）署用。②冯雪冰，出版译作《圣经之义学研究》（英国摩尔登原作，与贾立言、朱德周合译。上海广学会，1936 年）署用。

冯雪峰（1903－1976），浙江义乌人。原名冯福春。曾用名李允生、冯诚之。笔名：①冯福春，见于随笔《看书自由》，载 1921 年 6 月 15 日上海《民国日报·觉悟》。②冯雪峰，见于诗《到省议会旁听》，载 1921 年 11 月 22 日上海《民国日报·觉悟》；诗《小诗》《桃树下》，载 1922 年上海《诗》第 1 卷第 2 期。嗣后在《民族公论》《文艺阵地》《抗战文艺》《小说月刊》等刊发表《关于艺术大众化》《鲁迅与中国民族及文学上的鲁迅主义》等文，出版散文集《雪峰文集》、译作《艺术与社会生活》（苏联普列汉诺夫原作）；1949 年起在《人民文学》《新建设》《中苏友好》《人民周报》《新华月报》《文艺新地》等报刊发表文章，出版回忆录《回忆鲁迅》、论著《论〈野草〉》《电影编导随谈》、寓言集《雪峰寓言》、电影文学剧本《上饶集中营》等均署。③雪峰，出版诗集《湖畔》（与潘漠华、应修人、汪静之合集。杭州湖畔诗社，1922 年）署用。嗣后在《支那二月》《小说月报》《北新》《奔流》《朝花》《新文艺》《萌芽》《文艺讲座》《文艺新闻》《抗战文艺》《文讯》《文艺杂志》《青年文艺》《人世间》《远风》《现代文摘》《月刊》《文艺春秋》《中学生》《文艺复兴》《大学月刊》《中国建设》《文联》《中国作家》《小说》等报刊发表

诗文,出版诗集《春的歌集》(与潘漠华、应修人合集)、《真实之歌》《灵山歌》,散文集《乡风与市风》《有进无退》《跨的日子》,翻译小说《夏天》(苏联高尔基原作),论著《论民主革命的文艺运动》等均署。④伴耕,见于诗《雨后的蚯蚓》,载 1922 年上海《小说月报》第 13 卷第 7 期。⑤画室,见于散文《柳影》,载 1925 年上海《支那二月》第 1 卷第 4 期。嗣后在《小说月报》《语丝》《莽原》《泰东》《无轨列车》《大众文艺》《朝花》《引擎》《抗战文艺》《文艺杂志》《野草》《文艺先锋》《中外春秋》《文学修养》《中学生》《文艺月刊》《鲁迅文艺》等报刊发表文章,出版翻译小说《我们的一团与他》(日本石川啄木原作)、《妄想》(日本森鸥外原作),翻译论著《新俄文学的曙光期》(日本升曙梦原作)、《新俄的无产阶级文学》(日本升曙梦原作)、《新俄的演剧运动与跳舞》(日本升曙梦原作)、《新俄的文艺政策》(日本藏原惟人原作)等译述均署。⑥F. S.,见于散文《月灾》,载 1927 年《莽原》半月刊第 2 卷第 5 期。⑦S. F.,见于译诗《墓碑铭》,载 1927 年《莽原》半月刊第 2 卷第 21、22 期合刊。⑧洛扬,见于译文《玛克辛·戈理基论》(苏联 P. S. 戈庚原作),载 1929 年上海《奔流》月刊第 2 卷第 5 期。嗣后在上海《萌芽》《文艺新闻》《文学》《现代》《文化月报》等刊发表文章亦署。⑨成文英,见于译诗《一九一九年五月一日》,载 1930 年上海《萌芽月刊》第 1 卷第 1 期。嗣后在该刊发表随笔《常识与阶级性》、译文《苏联文化建设的五年计划》等亦署。又见于译文《论新兴文学》(U. 利奇原作),载 1930 年上海《拓荒者》第 2 期。⑩王黎民,见于为鲁迅整理的《对于左翼作家联盟的意见》,载 1930 年《萌芽月刊》第 1 卷第 4 期。⑪文英,见于《我们同志的死和走狗们的卑劣》,载 1931 年上海《前哨》第 1 卷第 1 期。⑫何丹仁,见于译文《创作方法论》(苏联法捷耶夫原作),载 1931 年上海《北斗》月刊第 1 卷第 3 期;译文《论"同路人"与工人通讯员》(克莱拉原作),载 1932 年上海《文学月报》第 1 卷第 5、6 期合刊。嗣后出版译作《创作指导集》(苏联法捷耶夫原作。上海光华书局,1933 年)、发表论文《〈子夜〉与革命的现实主义文学》(见于 1935 年上海《木屑文丛》第 1 辑)亦署。⑬丹仁,见于论文《关于新的小说的诞生——评丁玲的〈水〉》,载 1932 年上海《北斗》月刊第 2 卷第 2 期。嗣后在该刊及上海《现代》《文化月报》发表评论《民族革命战争的五月》《关于〈总退却〉和〈豆腐阿姐〉》《关于"第三种文学"的倾向与理论》、译文《文化的建设之路》等亦署。⑭L. Y.,见于《文艺战线上的关门主义·按语》,载上海《世界文化》第 2 期。⑮武定河,见于论文《关于鲁迅在文学上的地位》,载 1937 年《工作与学习丛刊》之二《原野》。⑯吕克玉,见于论文《对于文学运动几个问题的意见》,载 1936 年上海《作家》月刊第 1 卷第 6 期。⑰O. V.,见于为鲁迅笔录的《答托洛斯基派的信》,载 1936 年上海《文学丛报》第 4 期。又

见于为鲁迅笔录的《论现在我们的文学运动》,载 1936 年上海《现实文学》第 1 期。⑱孟辛,见于论文《论两个诗人及诗的精神和形式》,载 1940 年《文艺阵地》第 4 卷第 10 期。嗣后在该刊第 4 卷第 11 期发表论文《形式问题杂记》,同时在浙江《刀与笔》月刊发表艺术论文亦署。⑲维山,见于论文《论典型的创造》,载 1940 年福建永安《现代文艺》第 1 卷第 1 期。嗣后在《文艺阵地》《抗战文艺》《青年生活》《文艺新潮》等刊发表评论《关于诗的几个问题》《关于形象》《文艺与政论》、杂文《仍可以挤》《在普通商品之上》等亦署。⑳木亭,见于杂文《还好主义》,载 1943 年 2 月 1 日浙江丽水《东南日报·笔垒》。㉑方雨,见于杂文《牺牲》,载 1943 年 2 月 4 日浙江丽水《东南日报·笔垒》。㉒庚少,见于杂文《悲观主义的丧失》,载 1943 年 2 月 9 日浙江丽水《东南日报·笔垒》。㉓五里,见于杂文《责任》,载 1943 年 2 月 10 日浙江丽水《东南日报·笔垒》。㉔史木,见于杂文《赌的变迁》,载 1943 年 2 月 11 日浙江丽水《东南日报·笔垒》。㉕分水、施茵、燕旋、石花,1943 年在浙江丽水《东南日报·笔垒》《浙江日报·浙江妇女》发表诗、杂文署用。㉖何古荦,见于论文《论平庸》,载 1945 年《抗战文艺》第 10 卷第 2、3 期合刊。㉗何荦,见于论文《论通俗》,载 1948 年《中国作家》第 1 卷第 3 期。㉘何素文,见于中篇小说译作《夏天》(苏联高尔基原作。上海商务印书馆,1933 年)。㉙李定中,见于论文《反对玩弄人民的态度,反对新的低级趣味》,载 1951 年《文艺报》第 4 卷第 6 期。㉚俞密、白芷、李雍、于子,分别见于杂文《毒菌的话》《不要停留》《美俘的命运》《欧阳山等人的例子证明了什么》,载 1952 年《文艺报》第 4 期。㉛甘泉,见于评论《必须坚持工农兵方向》,载 1952 年《文艺报》第 7 期。㉜李如,见于评论《关于语言问题的意见》,载 1953 年《文艺报》第 24 期。㉝孟列,署用情况未详。

冯伊湄(1908－1976),广东惠州人。笔名:①伊湄,见于词《长亭怨慢·送人归粤》,载 1928 年上海《秋野》第 4 期。又见于散文《访问冰心女士的前前后后》,载 1934 年 11 月 1 日杭州《艺风》第 2 卷第 11 期。同时期在该刊以及《文化月刊》等刊物撰文署用。②冯伊湄,见于随笔《炉边》,载 1928 年上海《秋野》第 4 期;随笔《关于"求仙问道"》,载 1937 年广州《社会与教育》第 1 卷第 7 期。1939 年后在新加坡《星洲日报·繁星》发表旧体诗,1978 年人民文学出版社出版其遗著《未完成的画》亦署。③秋子,署用情况未详。

冯亦代(1913－2005),浙江杭州人。原名冯贻德。曾用名听风楼主。笔名:①冽溧,20 世纪 20 年代后期在杭州《民主报》《国民新闻》《铁光》《燐光》及蕙兰中学校刊发表文章署用。②马谷,20 世纪 30 年代初在上海《沪江大学校刊》发表文章署用。20 世纪 30、40

年代在上海、香港报刊发表文章亦署。③冯亦代，见于随笔《论自杀》，载 1934 年上海《沪大月刊》第 2 卷第 1、2 期合刊；翻译小说《欢歌中的悲剧》（英国里昂·美立克原作），载 1936 年上海《天籁》第 25 卷第 1 期。嗣后在《国际周报》《文风》《青年文艺》《抗战文艺》《文哨》《大公报·文艺（桂林版）》《人世间》《希望》《中原》《文联》《清明》《上海文化》《东北文艺》等报刊发表诗《活着是美丽的》，译作《大战前夕》（美国海明威原作）、《论莫泊桑》（俄国列夫·托尔斯泰原作）、《青年托尔斯泰》（美国西蒙斯原作），随笔《琐谈浅予》《美国的林语堂》，评论《评〈蜗牛在荆棘上〉》等均署；出版散文集《八方集》《漫步纽约》《书人书事》《潮起潮落》《龙套集》《水滴石穿》《听风楼书话》《西书拾锦》《归隐书林》《撷英集》《冯亦代散文选集》《冯亦代文集》，译作《守望莱茵河》（美国丽琳·海尔曼原作。重庆美学出版社，1945 年）、《生活的桥梁》（匈牙利海依·尤利乌斯原作）、《萨柯和樊塞蒂的受难》（美国法斯特原作，与杜维中合译）、《第五纵队》（美国海明威原作。重庆新生图书文具公司，1942 年）、《蝴蝶与坦克》（美国海明威原作。重庆美学出版社，1943 年）、《千金之子》（一名《天之骄子》。克利福·奥达茨原作。上海美学出版社，1944 年；上海太平洋出版社，1948 年），以及《小狐狸》《松林深处》《阁楼上的玩具》《年轻的心》（与他人合译）、《青春的梦》（与他人合译）、《当代美国获奖作品选》（与他人合译）等亦署。④楼风，见于译剧《人鼠之间》（美国约翰·斯坦培克原作），载 1942 年重庆《文艺阵地》第 7 卷第 1—3 期。同时期在重庆《新华日报》等报刊发表文章亦署。⑤公孙仲子，20 世纪 40 年代在上海《世界晨报》等报刊发表文章署用。⑥冯子安，20 世纪 40—50 年代在香港、重庆、上海、北京等地报刊发表文章署用。⑦叶芒，与荒芜、符家钦合署。出版译作《马尔兹独幕剧选》（美国马尔兹原作。作家出版社，1954 年）、《马尔兹中短篇小说选》（浙江人民出版社，1982 年）署用。

冯毅之（1908－2002），山东青州人。原名冯登瀛，字仙洲、仙舟。曾用名冯毅。笔名：①峰毅，见于散文《丁玲胡也频在济南》，载 1933 年《文学杂志》第 1 卷第 3、4 期合刊。②风一，20 世纪 30 年代发表关于"文学不是宣传"问题的文章署用。③冯毅之，1937 年前出版短篇小说集《西瓜》《母与子》《日月星》署用。1937 年后出版诗集《炮火与怒火》《营火诗集》、长篇小说《淄流》、人物记《武训真相》、日记《抗战日记》、文集《冯毅之六十年作品选》等均署。④鲁风，出版诗集《苦难与欢乐》（新华书店山东总分店，1950 年）署用。⑤一知，1949 年后在报上发表短文署用。

冯英子（1915－2009），江苏昆山人。原名冯轶。曾用名冯尧基、冯萍影、冯逢。笔名：①冯英子，见于报道《活跃的报人群——青记武汉分会招待会上》，载 1938 年《新闻记者》第 1 卷第 5 期；评论《建立地方

报纸和敌后报纸》，载 1939 年上海《民族公论》第 1 卷第 6 期。嗣后在《浙江潮》《时代批评》《战地文化》《星岛周报》等报刊发表文章，1949 年后出版《长江行》（浙江文艺出版社，1984 年）、《春夜纪事》（花城出版社，1986 年）、《归来集》（重庆出版社，1989 年）、《报海忆旧》（太原书海出版社，1991 年）、《冯英子杂文选》（华东师范大学出版社，1992）、《风雨故人来》（山东画报出版社，1998 年）、《离离集》（上海文艺出版社，1999 年）等均署。②三流，原为胡希明在香港《周末报》写《三流周话》之笔名。胡希明离港后，冯英子沿用此名继续撰写《三流周话》。③王寻、方任、苏克、吴士、启华、焚戈、萍影、萧榕、樱子、陆珊宜，20 世纪 30、40 年代发表文章署用。

冯余声（1899－1957），广东顺德人。原名冯菊坡。曾用名冯余生、冯 Y.S.。笔名：①冯菊坡，见于评论《罗斯福总统与坎拿大》，载 1938 年《反侵略》第 1 卷第 1 期。嗣后在该刊及《抗战月刊》《贯澈评论》《妇女共鸣》《中苏文化》等刊发表《由希特勒播音到张伯伦坐飞机》《论日本的北进与南进》《中国妇女运动的进步》《苏联农民的"集体创作"》等文亦署。②冯余声，1940 年前后在上海英文月刊《天下》第 6 卷第 2 期译介鲁迅《朝花夕拾》署用。

冯玉奇（1918？－？），浙江慈溪人。别名左明生、海上先觉楼、先觉楼。笔名：①冯玉奇，出版通俗小说《解语花》（上海春明书店，1937 年）署用。嗣后出版通俗小说《劫泪缘》《泣残红》《花石因缘》《〈解语花〉后集》《孽海潮》《六桥春》《文素臣》（又名《血滴心花》《埋稿计》）、《热血冰心》《云破月圆》《月圆残宵》《孤岛泪》《香海恨》《小红楼》（又名《红楼秋心》）、《妾无罪》《秋水红蕉》《海天鸿影》《舞宫春艳》《陌头柳色》《华东野史》《晓风残月》《侠义五花图》《太极阴阳剑》（续集《血海仇》）、《此间乐》（又名《甜如蜜》。续集《个中苦》，又名《苦中苦》，其后集为《饮恨终身》）、《燕投怀》《百劫玫瑰》《血海情花》《断桥流水》《豆蔻女郎》《豆蔻女郎续集》《棒打鸳鸯》《翠鸾吁天》《婚变》（《姊妹泪》）、《玉人来》《春江风月》《碧波残照》《鸟语花香》《花月争艳》《月缺花残》《罪》（续集《孽》）《霄》《花》《歧途》《失足恨》《百花洲》《春云疑雨》《草长莺飞》《金屋泪痕》《鸾凤鸣春》《菊》（续集《鹃》）、《民族魂》（续集《热血花》）、《明珠泪》（后集《沧桑痕》）、《黄金祸》《镜花月》《遗产恨》《海棠红》《花迎春》（后集为《明月重圆夜》）、《霓裳曲》《花溅泪》（后集《情天劫》）、《落花梦》《故剑泪》《春闺怨》《蝶恋花》（后集为《春花浪蝶》）、《龙虎剑侠缘》（续集《童子剑》，其后集为《小侠万人敌》）、《海上风云》《怒涛惊梦》《上海风云》《百合花开》《魂断斜阳》《龙凤花烛》（后集《忠魂鹃血》）、《千紫万红》《秋水长天》《春雨飞花》《春残梦断》《歌舞春江》《情海恩仇》《夜莺啼月》《倾国倾城》《啼笑皆非》《燕语莺啼》《垂杨影外》《花落春归》《浮生梦》《白门秋》《并蒂莲》《俏姑娘》《鸳鸯剑》《双枪王》《鸳鸯宝带》《生之哀歌》

《胜利之光》《流水浮云》(后集《雪地沉冤》)、《清歌艳舞》(续集《紫陌红尘》)、《一代红颜》《情海归帆》《颠倒夫妻》《蜃楼绮梦》《燕剪春愁》《侬本痴情》《露滴牡丹》(后集《战地鸳鸯》)、《红粉飘零》《珠碎玉圆》《日暮途穷》《歇浦春梦》《珠还合浦》《剑侠女英雄》《征》(后集《归》)、《恨》《情奔》《逃婚》《豹风缘》《如意劫》《混世魔王》《红豆相思》《饮恨终身》《水性杨花》《叶落西风》《茜纱窗下》《盲目之爱》(续集《情天血泪》)、《两全其美》《玉屑奇花》《姑嫂情深》《月落乌啼》(续集《霜满天》)、《新解语花》(《解语花三续》)、《万里行云侠》《青霜剑》(后集《大破玉佛寺》)、《门》《血》《情海恨》《教师万岁》《暖谷生春》《桃李春风》《荒岛怪人》《苦海慈航》(后集《乱世风波》)、《风月恩仇》《花落春归》《太平花》《合欢草》《碎月影》《雁南归》(后集《绿窗艳影》)、《秋露恨》《血泪花》《天涯孤女》《素雪飘零》《海国春秋》《纸醉金迷》《斧魄冰魂》《血染青衫》《人间地狱》《易嫁奇缘》《春云飘零》《江上烟波》《流水姻缘》《闺中艳影》《蟾宫艳史》《艺海双珠》《情丝泪痕》《露冷芭蕉》《春花秋月》《十二鸳鸯》《比翼鸳鸯》《欲海回澜》《桃李争春》《灯红酒绿》《浮云遮月》《忧患岁月》《情场猎艳记》《情天廿四侠》《花落谁家》《紫阳红尘》《烽火情侣》,创作越剧剧本《雁南归》《红粉金戈》《太平天国》《有情人》《孝女复仇》《长相思》《血洒孤城》等亦署。②金宇珏,创作越剧剧本《泪滴灯花开》署用。③金杏枝,1949年后在台湾出版通俗小说《离愁》《离恨天》《蔷薇处处》《亲情》《梦里想思》《路长情更长》《痴痴的等》《痴痴的待》《温情满人间》《爱心》《彷徨的爱》《悲欢人生》《悲秋》《泪滴小花》《晚霞》《情难了》《情天霹雳》《情人的眼泪》《迷途的羔羊》《迷惘》《秋水红菱》《春霞》《春迟花未开》《春风秋雨》《拾回的梦》《长相忆》《长春树》《花落心深处》《沸点》《冷暖人间》《回想》《交换》《生命似烛光》《永远的怀念》《失落的过去》《毋忘我》《日落日出》《心愿》《三星追月》《一树梨花压海棠》《一寸相思一寸愁》等署用。

冯玉祥 (1882－1948),安徽巢县(今巢湖市)人,生于直隶青县(今河北沧州市)。原名冯基善,字焕章。笔名:①冯玉祥,见于随笔《浙江筑路专书序》,载1922年《道路月刊》第5卷第3期;诗《检查》,载1937年9月12日上海《救亡日报》。此前后在《中央周刊》《军事杂志》《中央党务》《民生》《现代父母》《文艺月刊·战时特刊》《文艺》《生活教育》《一周间》《广播周报》《江苏教育》《正气》《国民》《东方杂志》《文摘》《抗战半月刊》《周报》《月报》《时事类编》《宇宙风》《逸经》《抗到底》《自由中国》《抗战文艺》《中学生》《集美周刊》《读书青年》《生活学校》《战斗周报》《游击队》《弹花》《全民周刊》《文化批判》《半月文摘》《大众生路》《新政周刊》《黄河》《血路周刊》《文化》《反侵略》《民族战线》《十日文摘》《国魂》《战时医政》《妇女共鸣》《华侨战士》《现代读物》《新运导报》《新南星》《民教指导》《全民抗战》《战地知识》《江西地

方教育》《教育与职业》《华侨先锋》《时代精神》《妇女新运》《战斗中国》《人物杂志》《安徽学生》《战友》《中美周报》《光杂志》《文萃丛刊》《新建设》《诗创作》《文艺春秋》《文艺生活》《白山》等报刊发表诗文,出版诗集《冯玉祥诗抄》(北平东方书社,1930年)、《冯玉祥抗战诗歌选》(上海怒吼出版社,1938年)、《抗战诗歌集》(汉口三户图书印刷社,1938年)、《冯玉祥诗歌近作集》(汉口三户图书印刷社,1938年)、《敌军反战》(星星书报杂志社,1938年)、《抗战长歌》(重庆抗战画刊社,1939年),散文集《川西南纪游》(桂林三户图书社,1944年)、《蓉灌纪行》(桂林三户图书社,1944年)等亦署。②璧树,见于随笔《国民军首都革命纪实》,载1936年上海《逸经》第16期。

冯育栋 (1921－?),山西汾阳人。笔名:①汾河,见于散文《在宝汉公路上》,载1940年8月陕西宜川《阵中日报》;散文《桃园行》,载1948年10月在太原《民众日报》。1948年8月在太原主编《孤岛旬刊》,嗣后在太原《民众日报》《孤岛旬刊》等报刊发表文章亦署。②冯育栋,出版短篇小说《在锻钢车间》(山西人民出版社,1958年)、故事集《太钢的故事》(山西人民出版社,1959年)、论著《红楼探秘》(北岳文艺出版社,1989年)等均署。

冯沅君 (1916－1974),河南唐河人。原名冯恭兰,后改名冯淑兰,字德馥。笔名:①淑兰,见于记录《杜威讲演:南游心影》,载1920年6月17－19日《晨报》第7版;信函《侮辱女性》,载1927年9月上海《幻洲》半月刊第1卷第12期下部《十字街头》。②冯淑兰,见于随笔《五四纪念杂感》,载1921年5月4日《晨报》第7版;诗《拟宣城诗》,载1924年北京《北京女子高等师范周刊》第64期。③淑兰女士,见于散文《晋鄂苏越旅行记》,载1922年8月9日至9月15日《晨报副镌》。④淦女士,见于小说《隔绝》,载1924年上海《创造》季刊第2卷第2期;《淘沙》,载1924年4月22日北京《晨报副镌》。同时期在上海《创造周报》发表小说《隔绝之后》《旅行》《慈母》等,出版小说集《卷葹》(上海北新书局,1927年)亦署。⑤沅君,见于随笔《"无病呻吟"》,载1924年北京《语丝》周刊第6期。嗣后在该刊以及《猛进》《莽原》《京报副刊》《北京大学研究所国学门周刊》《青年界》《人间世》《明星》《宇宙风》《文艺阵地》《宇宙风乙刊》《文潮月刊》等刊发表《不著名的文人的作品》《读笔生花杂记》《忆庐隐》《播种的季节》等著译作品署用。出版小说集《春痕》(上海北新书局,1926年)、《劫灰》(上海北新书局,1928年)亦署。⑥大琦,见于散文《未雨绸缪》,载1925年《语丝》周刊第43期;小说《林先生的信》,载1926年北京《莽原》半月刊第1卷第12期。⑦易安,见于小说《晚饭》,载1926年北京《现代评论》第4卷第81期;随笔《穷得开心》,载1941年上海《宇宙风乙刊》第43期。⑧冯沅君,见于论文《论〈左传〉与〈国语〉的异点》,载1928年上海《新

月》第 1 卷第 7 期；论文《论杵歌》，载 1936 年北平《歌谣》第 2 卷第 19 期。此前后在《人间世》《宇宙风》《逸经》《文讯》《宇宙风乙刊》《文艺先锋》《风雨谈》《中原》《文艺复兴》《诗创造》《星岛日报·俗文学》《中央日报·俗文学》《语言文学专刊》《女师学院期刊》《师大月刊》《燕京学报》《月报》《妇女新动》《文化先锋》《说文月刊》《读书通讯》《国立中山大学研究院文科研究所集刊》等报刊发表《古剧四考》《反省吧，被侵的人们》《记女曲家吴藻》《汉赋与古优》等文均署；出版小说集《沅君卅前选集》（上海女子书店，1933 年），传记《张玉田》（北平朴社出版社经理部，1928 年），论著《中国诗史（上中下）》（与陆侃如合作。上海大江书铺，1931 年）、《中国文学简史》（上海开明书店，1934 年）、《古剧说汇》（上海商务印书馆，1947 年）等亦署。⑨漱峦、吴仪，署用情况未详。

冯岳麟（1914—？），浙江宁波人。原名冯鹤龄。笔名：①鹤龄、岳，1949 前在上海《时代日报》《时代》《苏联文艺》等报刊发表译作署用。②麟，1949 年后在上海《时代》杂志发表译文署用。③岳麟，出版译作《奥德河上的春天》（苏联卡扎凯维奇原作）、《罪与罚》（俄国陀思妥耶夫斯基原作）署用。④冯鹤龄，见于译作《军人不是天生的》（与人合译，苏联康·西蒙诺夫原作）。⑤苍松，出版译作《春潮》（俄国屠格涅夫原作）、《初恋集》（俄国屠格涅夫原作）、《阿尔塔莫诺夫家的事业》（苏联高尔基原作）、《这位是巴鲁耶夫》（苏联瓦·柯热夫尼科夫原作）等署用。

冯振（1897—1983），广西北流人。原名冯汝铎，字振心，号自然室主人。笔名：①冯振，见于论文《荀子性恶篇平议》，载 1920 年上海《学艺》第 2 卷第 8 期。嗣后在《大夏季刊》《枕戈》《学术世界》《国专月刊》《文史汇刊》等刊发表《荀子讲记》《人境庐诗草笺注序》《韩非子攻略》《吕氏春秋高注补订》《自然室诗词杂话》等文，出版《老子通证》（无锡精舍，1935 年）、《七言绝句作法举隅》（北京中国书店，1985 年）、《诗词作法举隅》（齐鲁书社，1986 年）、《自然室诗稿与诗词杂话》（广西师范大学出版社，1989 年）、《冯振文选》（广西师范大学出版社，2003 年）等均署。②冯振心，见于论文《许慎说文解字叙讲记》，载 1933 年上海《学艺》第 12 卷第 1 期；论文《说文解字讲记》，载 1934 年《学艺》第 13 卷第 1—10 号。

冯至（1905—1993），河北涿县（今涿州市）人。原名冯承植，字君培。笔名：①冯至，见于诗《归乡》，载 1923 年上海《创造》季刊第 2 卷第 1 期。嗣后编辑《沉钟》《新诗》，并在该两刊及《创造》《浅草》《新诗》《文学杂志》《上海月刊》《文学周刊》《骆驼草》《文学》《文艺月刊》《译文》《新诗》《文艺阵地》《战国策》《文讯》《民族文学》《新文学》《萌芽》《中国作家》《世界文艺季刊》《现代文录》《明日文艺》《新中华报·副刊》《华北日报·副刊》《图书季刊》《文聚》《自由论坛》《春秋导报》《独立周报》《今日评论》《学术季刊》《生活导报》《中央日报》《经世日报·文艺周刊》《学生报》《观察》《益世报·文学周刊》《大公报·星期文艺》等报刊发表诗文均署；出版诗集《昨日之歌》（上海北新书局，1927 年）、《十四行集》（上海明日社，1942 年）、《西郊集》《十年诗抄》，新诗、译诗合集《北游及其他》（北平沉钟社，1929 年），诗文集《立斜阳集》，散文集《山水》（重庆国民图书出版社，1943 年）、《东欧杂记》，中篇历史小说《伍子胥》（上海文化生活出版社，1946 年），传记文学《杜甫传》，报告文学集《张明山和反围盘》，论文集《歌德论述》《论歌德》《诗与遗产》《冯至学术精华录》，译作《哈尔次山旅行记》（德国海涅原作。上海北新书局，1928 年）、《给一个青年诗人的十封信》（德国里尔克原作。长沙商务印书馆，1938 年）、《远方的歌声》（捷克魏斯柯普夫原作，与朱葆光合译）、《海涅诗选》（德国海涅原作）、《西里西亚的纺织工人》（德国海涅原作）、《德国，一个冬天的童话》（德国海涅原作）、《海涅抒情诗选》（与钱春绮、杨武能合译）、《审美教育书简》（德国席勒原作，与范大灿合译）、《维廉·麦斯特的学习时代》（德国歌德原作）、《布莱特选集》（德国布莱希特原作，与杜文堂合编），作品选集《冯至诗选》《冯至诗文选集》《冯至选集》，编选《杜甫诗选》（与浦江清、吴天石合编），主编《德国文学简史》等亦署。②君培，见于小说《狰狞》，载 1923 年上海《浅草》季刊第 1 卷第 3 期。嗣后在《沉钟》《文艺周刊》《萌芽》《明日文艺》《世界文艺季刊》等刊发表诗文亦署。③C.P.，见于译诗《Hyprion 的运命歌》，载 1925 年《沉钟》周刊第 8 期。④琲琲，见于《鲛人》，载 1926 年北平《沉钟》半月刊第 3 期。嗣后在该刊第 5 期发表《"晚报"》一文亦署。⑤冯君培，见于诗《风夜》，载 1926 年《沉钟》第 7 期。⑥鸟影，1929 年 1 月 6 日—27 日在《华北日报·副刊》连载《北游》署用。⑦至，见于诗《送》《发》，载 1930 年 5 月 12 日北平《骆驼草》第 1 期。嗣后在该刊发表《星期五的夜晚》《夜半的园林》《老屋》《日落》等诗亦署。⑧鼎室，1944 年在昆明《生活导报》发表《鼎室随笔》署用。

冯志（1923—1968），天津人。原名冯禄祥。笔名冯志，出版中篇小说《保定外围神八路》（河北人民出版社，1958 年）、长篇小说《敌后武工队》（解放军文艺社，1958 年）等著作署。按：1945 年 5 月，冯志即在冀中《前线报》发表过报告《神枪手——谢大水》，是否使用笔名"冯志"，待考。

冯智慧，生卒年不详，广东番禺（今广州市）人，字次伟，号春风。笔名春风，1913 年在《宪法新闻》《民国汇报》《民权素》等报刊发表文章署用。

冯中一（1923—1994），河北沧州人。笔名：①沁人、冯一水，1941 年开始在《大风月刊》《青年月刊》《艺术与生活》《山东新民报》等报刊发表抒情小诗署用。②冯中一，1949 年后在《大公报》《文汇报》《大众日报》《山东文艺》《语文学习》等报刊发表《诗与音乐》

《诗与寂寞》《诗与明天》《悼念泰戈尔》等文，出版《语文教学札记》《诗歌漫谈》《诗歌的欣赏与创作》《学诗散记》《诗歌艺术论析》《诗歌与写作论稿》《诗歌艺术教程》等署用。③众一，1976—1978 年在《诗刊》发表《漫谈散文诗》《革命的箴言，艺术的瑰宝——学习〈董必武诗选〉》等署用。

冯仲云（1908—1968），江苏武进（今常州市）人，字希山。曾用名冯启农、冯群。笔名：①冯启农，20世纪 30 年代在北平《夜莺》半月刊等刊发表文章署用。②冯仲云，见于散文《东北抗联的创造者罗登贤同志》，载 1946 年《群众》周刊第 12 卷第 10 期。

冯自由（1883—1958），广东南海（今佛山市）人。原名冯懋龙，字自由，号海桴、攀龙、乘桴客、白头说梦人。后以字行，改字建华。笔名：①冯自由，见于论文《中国社会主义之过去与将来》，载 1920 年 1 月 16 日至 19 日上海《民国日报·觉悟》。嗣后在《晦鸣周刊》《江苏革命博物馆月刊》《越风》《逸经》《制言》《文摘》《大风》《中华图书馆协会会报》《组织》《中央周刊》《华侨先锋》《时代精神》《战斗中国》《南风》《国史馆馆刊》《子曰丛刊》《中国日报》等报刊发表《革命逸史》《吊太炎先生》《苏曼殊之真面目》《记章太炎与余订交始末》《乌目山僧小传》等文，出版《巴拿马太平洋万国大赛会游记》《中华民国开国前革命史》《华侨革命史话》《革命逸史》《华侨革命开国史》《中国革命运动二十六年组织史》《华侨革命组织史话》等亦署。②乘桴客、白头说梦人，署用情况未详。

冯宗芸（1919—？），河南唐河人，笔名宗芸。1948年发表处女作《论杜诗用字》署用。嗣后发表、出版著作《杜诗研究论文集》《庄周》《贯云石》等亦署。

凤兮（1919—1988），江西九江人。原名冯放民。曾用名冯荒民。笔名：①冯放民，见于随笔《原人篇》，载 1943 年重庆《青年杂志》第 1 卷第 3 期；评论《谁阻挠革命把谁清出革命阵营去》，载 1946 年《中央周报》第 8 卷第 40 期。嗣后出版论著《建国大纲浅说》（国民图书出版社，1942 年）亦署。②凤兮，1949年后在台湾发表作品，出版杂文集《鸡鸣集》（台北群力出版社，1951 年）、《真情集》（台北群力出版社，1951年）、《逆旅之爱》（高雄大业书店，1965 年）、《站在远处》（高雄大业书店，1965 年）、《不怕说不》（台中亚洲文学社，1966 年）、《几点萤光》（台湾商务印书馆，1968 年）、《谭荟》（台湾商务印书馆，1972 年），散文集《大溪湖上》（台北水源书屋，1959 年），评论集《文话》（台中亚洲文学社，1966 年），短篇小说集《干杯》（台北华国出版社，1954 年），传记《第一等人》（台北惊声文物供应社，1971 年），以及《凤兮自选集》（台北黎明文化事业股份有限公司，1975 年）等均署。③石渊、凡禽、洛威、鲁山、卢山、何德衰、冯荒民，署用情况未详。

凤子（1912—1996），广西容县人。原名封季壬。曾用名封凤子。笔名：①禾子，见于随笔《白糖梅子与檀香橄榄》，载 1934 年上海复旦大学《文学期刊》创刊号；随笔《望溪镇上的风云》，载 1935 年《复旦学报》第 2 期。嗣后在《论语》《现代》《逸经》等刊发表文章亦署用。②封季壬，见于小说《一幕悲剧的题材》、散文《青阳港纪游》，载 1935 年 2 月 1 日《文学期刊》第 2 期。③封禾子，见于游记《港岛之夜》，载 1936 年 1 月上海《青年界》第 9 卷第 1 期。嗣后在《文艺月刊》《抗战文艺》《女子月刊》《西北风》《战时艺术》《银行生活》《国民》等刊发表散文、小说等亦署用。④凤子，见于译文《梅兰芳的戏剧》（苏联巴柴里斯原作），载 1935 年上海《太白》第 2 卷第 5 期。嗣后主编《人世间》，并在该刊及《青年界》《妇女杂志》《女子月刊》《玲珑》《中外月刊》《实报》《上海妇女》《战时艺术》《笔谈》《天下文章》《文艺先锋》《水准》《文潮月刊》《现代妇女》《上海文化》《春秋》《时与文》《剧影春秋》《清明》等刊发表文章，出版散文小说集《画像》《旅途的宿站》《舞台漫步》《台上台下》《八年》《废墟上的花朵》、长篇小说《无声的歌女》、中篇小说《沉渣》等均署。

奉宽（1876—1943），北京人，满族。原名鲍奉宽，字仲严，号远楼、小莲池居士。曾用名鲍汴。笔名奉宽，见于《〈辽彭城郡王刘继文墓志〉跋》，载 1929 年《燕京学报》第 7 期。嗣后在《史学年报》发表《旧京西山故翠微寺画像千佛塔记跋》（1930 年第 2 期）、《元虎贲军百户印考释》（1932 年第 4 期）、《居庸关元刻咒颂音补附考》（1934 年第 2 卷第 1 期），在《世界画报》发表《夕照寺画壁记》（1930 年第 255 期），在北平《华北日报·俗文学》发表译文《清初之翻译〈三国志〉》（1947 年第 19 期）等，出版随笔集《妙峰山琐记》（中山大学民俗学会，1929 年）、《清理红本记》（余园丛刻，1937 年）等亦署。

【fu】

伏嘉谟（1912—1997），湖南湘阴人，字嘉禾。笔名伏嘉谟，见于旧体诗《罗湘怀古》二首，载 1937 年长沙《湖南大学季刊》第 3 卷第 1 期。嗣后出版《神鼎山房骈散文存》等著作亦署。

伏志英，生卒年及籍贯不详。笔名：①伏志英，编选出版《茅盾评传》（上海现代书局，1932 年）署用。②志英，署用情况未详。

符定一（1877—1958），湖南衡山人，字宇澄，号梅庵。笔名符定一，出版《新学伪经驳谊》（上海商务印书馆，1937 年）、《联绵字典》（北平京华印书局，1943年；中华书局，1954 年）及《说文本书证补》《说文籀本书证补》等著作署用。

符号（1906—1993），湖南益阳人。原名符瑞金。曾用名金娃（乳名）、符业祺、符浩、符祺。笔名：①符业祺，见于散文《春日游抱冰堂记》，载 1924 年上海《学生文艺丛刊》第 1 卷第 1 期；诗《秋日放歌》，载

1924 年《少年杂志》第 14 卷第 11 期。此前后在上述两刊及《京报副刊》发表诗《雨后的紫阳湖》、随笔《梁山伯与祝英台的传说》等亦署。②Y.F.，见于随笔《读了本志文艺号以后》，载 1924 年上海《少年杂志》第 14 卷第 9 期。③睡今，20 世纪 20 年代中期在汉口《江声日报》发表笔记体文言小说署用。④周健，1925 年搜集民间故事署用。在汉口《时代日报》《武汉日报·鹦鹉洲》发表文章亦署。见于散文《南宁半日记》，载 1936 年上海生活书店版《中国的一日》（茅盾编）。⑤符号，见于诗《星火集》，载 1927 年汉口《民国日报》副刊；诗《风绞雪》、小说《黑暗中的路》，载 1928 年上海《泰东月刊》第 2 卷第 1 期。嗣后出版长诗《铁大姐》（夜鹰文艺社，1930 年）亦署。⑥符祺，1927 年后在武汉《扫荡报》、重庆《扫荡报》发表《阳春烟景》等小说、杂文署用。⑦阿森，见于小说《沙葬者》，载 1929 年上海《泰东月刊》第 2 卷第 5 期；《蜀道难》，载 1935 年上海《芒种》第 7 期。⑧叶献麟，见于小说《赌徒》，载 1930 年前后北平《平民杂志》；小说《女人与秘密》，载 1941 年《前锋》第 2 卷第 2 期。⑨张震南，与蒋晓海合署。1930 年－1931 年 9 月在天津《大公报·小公园》发表文章署用。⑩亦鸣，见于翻译小说《抛弃》，载 1931 年前后汉口《时代日报》副刊。⑪默尔，见于小说《咸蛋》，载 1932 年上海《榴花诗刊》创刊号；杂文《论"淫奔"》，载 1935 年上海《通俗文化》第 2 卷第 11 期。⑫富容华，见于小品《怀沙》《漪澜堂前》，载 1932－1933 年天津《南大校刊》。⑬马阿可，1934－1935 年在《武汉日报·儿童周刊》发表短文署用。⑭叶五叶，1935 年 7 月前在《北方日报》发表两湖儿歌署用。⑮符浩，见于散文《出川记》，载 1941 年桂林《国防周报》第 3 卷第 1－8 期；小说《落英缤纷》，载 1942 年桂林《文学创作》第 1 卷第 3 期。此前后在《前锋》《大千》等刊发表文章亦署。⑯三湘不耐庵主，见于小说《水浒新传》第一、二回，载 1945 年汉口《和平日报》。⑰Fu Hao，见于散文《鲁南上空歼敌记》（英文），载英文版《中国的空军》。⑱符其实，20 世纪 80 年代在《布谷鸟》发表《龙生九子》等文署用。⑲竺三吉、周三吉，1983 年在《沔阳文史资料》发表文章署用。⑳祁石、奇石、竹村、谢浩、兀十厂、符竹邨，20 世纪 80 年代在《沔阳文艺》等沔阳报刊发表文章署用。

符竹因（1903－1986），浙江杭州人。原名符竹英，字箂漪。笔名：①符竹英，见于诗《盲人》，载 1928 年上海《北新》第 2 卷第 5 期；诗《睡眠》，载 1928 年上海《小说月报》第 9 卷第 4 期。此前后在上海《新女性》《文学周报》《开明》《大江》等刊发表诗、小说等亦署。②符竹因，见于《我们对于文化运动的意见》，载 1935 年上海《青年界》第 8 卷第 2 期。嗣后出版《爱国文选》（与汪静之合作选编。上海商务印书馆，1940 年）亦署。③竹茵女士，出版诗文集《未画完的女像》（上海开明书店，1931 年）署用。

符宗涛（1926－2010），湖南汉寿人。解放战争时期曾在华北军大文工团从事创作。笔名钟涛，发表《荒野里响起号角声》《大雁飞过的时候》《第一个主人》《在阿布沁河谷》《海上好风》等散文，出版长篇小说《大甸风云》（北方文艺出版社，1966 年）、《千重浪》（与毕方合作。人民文学出版社，1974 年），中篇小说《光明屯纪事》（与他人合作），短篇小说集《静静的港湾》（作家出版社，1958 年），中篇小说集《悠悠黑龙江》（与毕方合作。哈尔滨出版社，1999 年），散文集《当大雁飞过的时候》（与毕方合作。哈尔滨出版社，1999 年）等署用。

傅白芦（1924－2013），江西萍乡人。原名傅善文。笔名：①白芦、北露、柏绿、拔弩，20 世纪 30 年代末至 1945 年前后在江西《群报》《青年报》、湖南《开明日报》《华夏日报》《人民世纪》《昭报》、桂林《力报》、浙江《青年文学月报》、衡阳和贵州的《大刚报》等发表诗、散文、杂文、评论署用。②守塔老青年，1946 年起主编《新潮日报·灯塔》时发表杂文署用。③葛支、檴烪，1946 年主编《湖南日报·洞庭波》时发表杂文署用。④渔父（fǔ），1947 年起主编《晚晚报·渔火》时发表杂文，同时在该报主编副刊《诗·歌·画星期增刊》时发表诗作署用。⑤傅白芦，见于评论《物价问题的新阶段》，载 1947 年《社会评论》第 42 期。1949 年后出版论著《中国共产党》（湖南通俗读物出版社，1952 年）、《我们的前途——共产主义社会》（湖南通俗读物出版社，1953 年），散文集《人间随笔——傅白芦散文选》（湖南文艺出版社，2000 年）、《继续追求——二十年间的学与思》（湖南人民出版社，2001 年）等亦署。

傅抱石（1904－1965），江西新余人，生于南昌。原名傅长生，号抱石斋主人。曾用名傅瑞麟。笔名傅抱石，见于评论《论顾恺之至荆浩之山水画史问题》，载 1935 年 10 月 1 日上海《东方杂志》第 32 卷第 19 期。嗣后在《文艺月刊》《文化建设》《教育丛刊》《读书通讯》《中苏文化》《狮子吼月刊》《文史杂志》《文艺先锋》《文化先锋》《世界月刊》《京沪周刊》等报刊发表艺术评论、人物随笔、画作，出版人物传记《王摩诘》（上海商务印书馆，1935 年）、《明末民族艺人传》（长沙商务印书馆，1939 年）、《文天祥年述》（重庆青年书店，1940 年）及画集、美术论著等亦署。

傅仇（1928－1985），四川荣县人。原名傅永康。笔名：①傅永康，见于《本刊之友来信》，载 1946 年上海《文艺青年》第 10 期。②傅仇，1946 年前后在重庆任《虹辰》《东风》《天地报》等周刊主编并发表诗作署用。嗣后发表作品、出版长诗《珠玛》（中国少年儿童出版社，1959 年），诗集《森林之歌》（四川人民出版社，1955 年）、《雪山谣》（中国青年出版社，1956 年）、《竹号》（四川人民出版社，1964 年）、《伐木者》《钢铁江山》《伐木声声》，散文集《在甜蜜的森林里》（四川文艺出版社，1986 年）、《赤桦恋》《森林炊烟》

等亦署。

傅东华（1893－1971），浙江金华人。原名傅则黄，字东华、冻华、东薴、冻薴。笔名：①傅冻华，见于随笔《斐列宾之工业学校》，载 1913 年上海《中华教育界》第 12 期。②冻薴，见于翻译小说《白羽冠》（与瓶菴合译），载 1914 年上海《中华小说界》第 1 卷第 1 期（正文署名"冻薴"，目录页署名"冻华"）。嗣后在该刊第 1 卷第 2 期发表翻译小说《穷命贼》亦署。③冻华，见于翻译小说《美人丹》，载 1914 年上海《中华小说界》第 1 卷第 3 期。嗣后在该刊发表翻译小说《黄金魔力》《偷吻》《大石面》等亦署。④傅冻薴，见于随笔《语体文欧化的讨论》，载 1921 年 7 月 10 日上海《时事新报·文学旬刊》。⑤傅东华，见于译文《诗人与非诗人之区别》，载 1922 年 11 月 11 日上海《时事新报·文学旬刊》第 55 期。嗣后在《文学周报》《小说月报》《东方杂志》《开明》《新学生》《现代文学》《青年界》《微音月刊》《前途》《当代文艺》《文学》《中学生》《新生周刊》《现代》《译文》《人间世》《太白》《新小说》《光明》《中国文艺》《绸缪月刊》《世界公论》《文化建设》《新中华》《月报》《中华公论》《抗战半月刊》《图书季刊》《学生月刊》《群雅月刊》《学林》《国际间》《读书通讯》等报刊发表著译评论、散文、戏剧等，出版散文集《山胡桃集》（上海生活书店，1935 年），文艺评论集《李清照》（上海商务印书馆，1935 年）、《李白与杜甫》（上海商务印书馆，1935 年），专著《诗歌与批评》（上海新中国书局，1932 年）、《创作与模仿》（上海博文书店，1947 年）、《文学百题》（与郑振铎合编。上海生活书店，1935 年）、《文学之近代研究》《诗之研究》《汉学》《现代汉语的演变》，翻译长篇小说《人生鉴》（美国辛克莱原作。上海世界书局，1929 年）、《两个青年的悲剧》（英国哈代等原作。上海大江书铺，1929 年）、《饥饿及其他》（俄国赛米诺夫原作。上海新生命书局，1932 年）、《我们的世界》（美国房龙原作。上海新生命书局，1933 年）、《红字》（美国霍桑原作）、《吉诃德先生传》（西班牙塞万提斯原作。上海商务印书馆，1939 年；后改名《堂吉诃德》，人民文学出版社，1959 年）、《珍妮姑娘》（美国德莱塞原作。上海文艺出版社，1939 年）、《飘》（美国马格丽特·米切尔原作。上海龙门联合书局，1942 年）、《业障》（苏联史普林原作。上海龙门联合书局，1946 年）、《慈母泪》（美国 H.C.嘉理色原作。上海龙门联合书局，1948 年）、《天下太平》（希腊哀索克拉斯原作。上海龙门联合书局，1949 年）、《琥珀》（美国温索尔原作。安徽文艺出版社，1987 年）等，翻译短篇小说集《化外人》（芬兰哀禾原作。上海商务印书馆，1936 年），翻译史诗《奥德赛》（希腊荷马原作。上海商务印书馆，1923 年）、《伊利亚特》（希腊荷马原作。人民文学出版社，1958 年），翻译诗集《参情梦及其他》（英国陶孙等原作。上海开明书店，1928 年）、《失乐园》（英国约翰·弥尔顿原作。人民文学出版社，1958 年），翻译戏剧集《青鸟》（比利时梅特林克原作。上海商务印书馆，1947 年），翻译文艺理论集《诗之研究》（美国勃利斯潘莱原作，与金兆梓合译。上海商务印书馆，1926 年）、《诗学》（希腊亚里士多德原作。上海商务印书馆，1926 年），翻译专著《社会的文学批评论》（美国浦克女士原作。上海商务印书馆，1926 年）、《近世文学批评》（美国琉威松博士原作。上海商务印书馆，1929 年）、《文学之社会学的批评》（美国卡尔佛登原作。上海华通书局，1930 年）、《比较文学史》（法国洛里哀原作。上海商务印书馆，1931 年）、《文学概论》（美国韩德原作。上海商务印书馆，1947 年）等亦署。⑥东华，见于《印度抒情小诗》，载 1925 年上海《文学周报》第 182 期；随笔《死之花》，载 1937 年 8 月 27 日上海《救亡日报》。⑦伍实，见于诗《四百年前和今日》、短文《普洛米修士》，载 1933 年上海《文学》月刊第 1 卷第 1 期。嗣后在该刊发表《休士在中国》《致编委会》《波斯诗人费尔杜西千年祭》等著译文亦署。⑧华，见于短论《我们应该怎样接受遗产》，载 1934 年 1 月 1 日《文学》月刊第 2 卷第 1 期。嗣后在该刊发表短文《"为批评而批评"》《"接受遗产"与"整理国故"》《告"心急"的朋友》等亦署。⑨黄彝，见于翻译小说《逾越节的客人》（俄国肖隆·阿莱钦原作），载 1934 年《文学》第 2 卷第 5 期。⑩实，见于短论《"直译"的责任问题》，载 1934 年《文学》第 3 卷第 1 期。⑪郭定一，出版翻译小说《夏伯阳》（苏联富曼诺夫原作。上海生活书店，1936 年）、《土耳其糖》（英国吉卜原作。上海新闻书社，1937 年）、《以牙还牙》（英国吉卜斯原作。上海新闻书社，1938 年）、《柏林一丐》（上海新闻书社，1938 年）、《新默示录》（上海新闻书社，1938 年）、《好差使》（上海新闻书社，1938 年）、《难兄难弟》（苏联阿卡弟·盖达原作。上海龙门联合书局，1949 年），发表随笔《回忆与展望》（载 1937 年上海《前途》第 5 卷第 2 期）等署用。⑫约斋，出版《字源》（上海东方书店，1953 年）署用。⑬黄约斋，出版《汉字字体变迁简史》（北京文字改革出版社，1956 年）署用。⑭若水、陆若水，署用情况未详。

傅冬（1924－2007），山西临猗人。原名傅冬菊。笔名傅冬，1946 年任天津《大公报》副刊编辑发表文章署用。嗣后在天津《进步日报》、北京《人民日报》、香港新华社香港分社工作均使用此名。

傅钝根（1884－1934），湖南醴陵人。原名傅熊湘，字文渠、文薆、钝根、屯根、屯艮、君剑，号钝安、钝庵，别号屯安、屯庵、倦还、倦翁。别署干将、莫邪、无闷、文殊、冬殊、尹金、青苹、青萍、声焕、更生、金屯、孤萍、觉夫、湘君、湘累、湘纍、钝剑、德巍、红薇生、红薇馆主。曾用名傅尃（fū）。笔名：①傅君剑，见于随笔《学词大意》，载 1925 年《艺林旬刊》第 11 期。②傅熊湘，在《南社丛刻》发表诗文，出版《钝庵词》（1914 年）、《钝庵诗》（1914 年）、《京锡游草》（与胡韫玉、高燮合集。1919 年）、《红薇感旧记题咏集》（1919 年）、《古诗新读》（湖南省立第一中学校，1921 年）、《段注说文部首》（长沙，1924 年）、《文字学大意》（台北文听阁图书有限公司，2009 年）等署用。③傅钝根，在《南社丛刻》发表诗文署用。④傅专，见于旧体诗《辛亥夏日述怀一首集陶句》《拟城南读书》《和醉庵见怀韵》，载《南社丛刻》第 10 集。按：傅钝根尚出版有《环中集》《环和社集》《屯安诗词文》，出版与署名情况未详。

傅庚生（1910－1984），辽宁沈阳人，祖籍山东蓬莱，字萧岩。曾用名傅小岩。笔名：①萧岩、萧严、筱岩、傅萧岩，1927 年后在沈阳《盛京时报》、大连《泰东日报》《新亚日报》《益世报》《大公报》、北平《行健月刊》《行健旬刊》、上海《黑白半月刊》《东北月刊》等报刊发表文章署用。"傅肖岩"一名又见于《中国文学欣赏举隅序词》，载 1943 年 4 月昆明《国文月刊》第 21 期。②傅庚生，见于《咀华随笔》，载 1942 年昆明《国文月刊》第 16 期；随笔《文学中之深情与至诚》，载 1943 年桂林《国文杂志》第 2 卷第 1 期。嗣后在《东方杂志》《中学生》《文学杂志》等刊发表文章，出版《中国文学欣赏举隅》（开明书店，1943 年）、《中国文学批评通论》（上海商务印书馆，1947 年）、《杜甫诗论》（上海文艺联合出版社，1954 年）、《杜诗散绎》（东风文艺出版社，1959 年）、《杜诗析疑》（陕西人民出版社，1979 年）、《文学赏鉴论丛》（陕西人民出版社，1981 年）等亦署。③齐争，20 世纪 60 年代在《西安晚报》发表"朝花夕拾"专栏文章署用。④更生，20 世纪 60 年代在《西安晚报》《陕西日报》发表文章署用。

傅洁霞（1914－？），湖北武汉人。原名傅蕙芳，字洁霞。曾用名江鸟。笔名孤鸿，见于小说《敏姐》，载 1935－1936 年间武汉《时代日报·时代前》。1939－1940 年间在第五战区《战地画刊》发表木刻亦署。

傅克（1919－1990），河北安平人。原名傅温浪。曾用名付克。笔名：①傅温浪，见于小说《友人书》，载 1936 年北平《民众周刊》。②付克，见于《挑剔：关于曹葆华同志译的电灯匠》，载 1942 年 5 月 8 日延安《解放日报》。嗣后在该报发表《一个知识分子怎样到实际工作中去——记高福有同志》《生活漫写》等文，出版翻译小说《森林之家》（苏联渥萨哥娃原作。东北书店，1948 年）、《死与生》（苏联郭尔巴托夫等原作。哈尔滨东北书店，1948 年），翻译诗歌《苏联人》（苏联 A. 亚洛夫等原作。哈尔滨东北书店，1949 年），翻译报告文学《古撒哥夫斯基》（苏联加林原作。哈尔滨光华书店，1948 年）；1949 年后发表翻译小说《崇高的义务》（苏联伊里雁科夫原作。载 1950 年北京《人民文学》第 3 卷第 1 期），出版散文集《我所看到的苏联高等学校》（时代出版社，1954 年），论著《中国外语教育史》（上海外语教育出版社，1986 年），翻译长篇小说《生命之歌》（苏联马久森哥原作。时代出版社，1951 年），翻译剧本《船长与上尉》（苏联卡维林原作。时代出版社，1951 年）等亦署。③傅克，出版短篇小说《蒙古妈妈》《东北来的一封血书》、专著《中国外语教育史》，翻译

中篇小说《奥库洛夫镇》（苏联高尔基原作），翻译短篇小说集《在一个静静的村庄里》（苏联安东诺夫原作）、《巨蟒集》，翻译诗集《叶赛宁诗选》等署用。④小兵，1942 年前后在延安《解放日报》发表通讯、散文等曾署。

傅克兴，生卒年不详，江西人。原名傅仲涛。笔名：①傅仲涛，见于评论《日本民族文学之概况及其民族性》，载 1931 年北平《燕京月刊》第 8 卷第 3 期。嗣后在《新月》《文学季刊》《宇宙风》《艺文杂志》《北平近代科学图书馆馆刊》《和平钟》《文艺与生活》等刊发表《松尾芭蕉俳句评译》《北平沦陷之回忆》等文亦署。②克兴，见于随笔《头山满与山东出兵》，载 1928 年上海《流沙》第 5 期；评论《评驳甘人的〈拉什一篇〉——革命文学底根本问题底考察》，载 1928 年上海《创造月刊》第 2 卷第 2 期。③傅克兴，见于评论《金融资本与帝国主义》，载 1928 年上海《思想月刊》第 1 期；译作《破了尾巴的麻雀》（日本藤森成吉原作），载 1928 年上海《日出旬刊》第 2 期。嗣后在《思想月刊》《时与潮半月刊》《文艺春秋》等刊发表著译文，出版四幕剧《巨弹》（上海长风书店，1929 年）等亦署。

傅南鹃（1906－1988），马来西亚华人。原籍中国福建福州，满族。曾用名傅红蓼。笔名：①南鹃、馒头生，20 世纪 30 年代在福建报刊署用。其中"南鹃"一名 20 世纪 70 年代在马来西亚《南洋商报·商余》，新加坡《夜灯报》《民报·新生代》《民报·星期文艺》等发表散文亦署。②傅红蓼，见于《读者的意见》，载 1930 年上海《乐群》第 3 卷第 13 期；《公园中的札记》，载 1930 年上海《真美善》第 6 卷第 6 期。同时期在上海编《大晚报》并发表文章，出版杂文集《在被窝里》（上海千秋出版社，1934 年），长篇小说《眼儿媚》（上海千秋出版社，1934 年）、《行云流水》（上海日新出版社，1947 年）等亦署。③傅南鹃，见于杂文《一夜的欢娱》，载 1935 年 12 月 20 日福州《福建民报·小园林》。嗣后在福州《福建文化半月刊》等杂志发表文章，1966－1968 年在香港《当代文学》发表散文、随笔等亦署。④红蓼，见于杂文《谈罗汉》，载 1936 年 4 月福州《小民报·新村》。⑤非雨，见于散文《天花》，载 20 世纪 70 年代马来西亚某报副刊。⑥艾逊，见于散文《芳草篇》，载 20 世纪 70 年代马来西亚某报刊副刊。

傅秋铺，生卒年不详，台湾人。笔名秋铺、傅秋铺，1937－1942 年在台北《风月报》《兴南新闻》《台湾艺术》发表旧体诗《呈林清敦先生》《岁暮赋似诸吟友》等署用。

傅尚普（1916？－1940），河南新安人。原名傅东岱。笔名：①少客，见于随笔《〈新垦〉独白》，载 1936 年 1 月 5 日郑州《大华晨报·新垦》；诗《家》，载 1936 年 3 月 21 日开封《河南民报·风雨周刊》。嗣后在郑州《大华晨报·新垦》、开封《海星月刊》等报刊发表诗《夜航》《晚上》亦署。②蔓人，见于诗《一天的工作》，载 1936 年 1 月 5 日郑州《大华晨报·新垦》。嗣

后在该刊发表诗《生命的哀祭》《供献》《吃人》《破灭》《教训》、评论《艺术与社会》等亦署。③蔓仲，20世纪30年代在河南报刊发表诗作署用。

傅师曾（1928— ），江西南昌人。笔名：①矛舍，1946年开始署用。见于诗《一句话》，载1948年南昌《中国新报》。1947年主编《流星》时发表诗《像没有灵魂一般》《为什么没有歌》、1948年在南昌《中国新报》《文学》及《牧野文艺》等报刊发表诗《葬礼》、散文《含羞草》《春天与胡子》、小说《结束》《示众》等亦署。②傅师曾，1949年出版炼钢专业著作与译作署用。

傅无闷（1892—1965），新加坡华人，原籍中国福建南安。原名傅振箕，号无闷。笔名傅落红、落红、敬仙、冷眼，1929年起在马来亚新加坡《叻报·叻报俱乐部》《曼舞罗周刊》等报刊发表散文、杂文、译作署用。

傅香圃（？—1967），籍贯不详。曾用名傅宗宣、傅群。笔名渔笛，见于诗《北风里》，载1936年12月25日哈尔滨《滨江时报》。嗣后在该报发表《烦闷》《初雪》《三个意义的笑》等诗文亦署。

傅彦长（1892—1961），江苏武进（今常州市）人，生于湖南宁乡。原名傅硕家，字彦长。曾用名傅硕介。笔名：①傅彦长，见于随笔《日本留学生与日本文学——致胡适》，载1919年北京《新青年》第6卷第3期；随笔《艺术上的道教主义》，载1923年9月5—8日上海《中华新报·创造日》。嗣后在《教育杂志》《新妇女》《文学周报》《艺术评论》《今代妇女》《商旅友报》《雅典》《人言周刊》《前锋月刊》《真美善》《论语》《文艺大路》《文风》《上海漫画》《文笔》《文学研究》《文饭小品》《社会科学》《南风》《华文每日半月刊》《文友》《天地》《新东方》《大道月刊》《人间》《太平洋周报》《文艺世纪》《光化》《文帖》《一般》等报刊发表文章，出版散文集《十六年之杂碎》（上海金屋书店，1928年），论著《艺术三家言》（与朱应鹏、张若谷合作。上海良友图书印刷公司，1927年）《西洋史ABC》（上海ABC丛书社，1928年）《东洋史ABC》（上海ABC丛书社，1929年）《作曲入门》（与缪天瑞合作。上海三民公司，1930年）等亦署。②包罗多，见于随笔《古代埃及的绘画》，载1924年上海《民国日报》乙种附刊《艺术评论》第56期；随笔《趣味》《装饰》，载1929年上海《小说月报》第20卷第1期。同时期在上海《真美善》《雅典月刊》等刊发表文章亦署。③穆罗茶，见于小说《小弟易七》，载1927年上海《良友画报》第20期；随笔《洋务职业指南》，载1929年上海《小说月报》第20卷第1期。嗣后在《文学周报》《真美善》《当代诗文》《诗与散文》《新文艺》《金屋》《前锋月刊》《世界杂志》等刊发表文章，出版短篇小说《五鸟大王》（上海开明书店，1929年）《阿姊》（上海世界书局，1929年）等亦署。

傅芸子（1905？—1948），北京人，满族。原名傅宝堃，字芸子、韫之，号餐英、竹醉生。曾用名餐英子。笔名：①傅芸子，见于随笔《王安石选唐诗之谬误》，载1926年上海《小说世界》第14卷第1期；随笔《蔡子民与〈思凡〉》，载1928年12月8日北平《北京画报》。嗣后在《坦途》《中和月刊》《东光》《艺文杂志》《古今》《中央亚细亚》《南金杂志》《国闻周报》《国立华北编译馆馆刊》《华北作家月报》《华北日报·俗文学》《剧学》《新思潮》等报刊发表随笔等，出版《东京观书记》《释滚调：明代南戏腔调新考》（1942年）《白川集》（日本东京文求堂书店，1943年）《正仓院考古记》（辽宁教育出版社，2000年）《人海闲话》（赵国忠编。海豚出版社，2012年）等亦署。②芸子，见于随笔《戈公振与破笔》，载1929年6月15日《北京画报》。嗣后在《朔风》《成报·星期画报》《上智编译馆馆刊》《华北日报·俗文学》等报刊发表随笔《几种罕见的明人戏曲》《新刊评介〈文艺复兴·中国文学研究号（上）〉》等亦署。③餐英，见于随笔《王梦白败于三剑客》，载1931年3月3日北平《北京画报》。嗣后在该刊发表《邵次公挽天琴老人》等文亦署。④芸，见于评论《文史杂志·俗文学专号》，载1948年3月19日北平《华北日报·俗文学》。嗣后在该刊第39期发表《王伯良别毛允遂诗》亦署。

傅增湘（1872—1949），四川江安（今宜宾市）人，字叔和、沅叔、润元、润沅，号姜庵、藏园、书潜；别号书潜氏、藏园居士、双鉴楼主人、长春室主人；晚号清泉逸叟、藏园老人、西峰老农。笔名：①藏园，见于小说《郁香亭——清代犎尘艳史之一》，载1920年上海《小说新报》第6卷第1期。嗣后在该刊及《中和月刊》《实报半月刊》发表诗文亦署。②傅增湘，见于札记《校汉纪书后》，载1926年北京《图书馆学季刊》第1卷第2期；随笔《静嘉堂文库观书记——藏园东游录之一》，载1930年天津《国闻周报》第7卷第13期。嗣后在上述两刊及《北京图书馆月刊》《北平北海图书馆月刊》《清华周刊》《新闻周报》《学风》《旅行杂志》《图书馆学季刊》《图书季刊》《新东方》《约翰声》《大众》等刊发表文章，出版《校汉纪书后》（1926年）《东西京诸家观书记》（天津国闻周报社，1930年）《藏图群书题记初集》（企骥轩，1943年）、1949年后出版《藏园群书经眼录》（中华书局，1983年）《文苑英华校记》（北京图书馆出版社，2006年）等亦署。③藏园居士，见于随笔《海源阁藏书纪略》，载1931年《国闻周报》第8卷第21期。嗣后在该刊及《中国公论》《旅行杂志》发表游记、随笔等亦署。④江安傅增湘沅叔，见于札记《藏园群书题记》，载1932年《国闻周报》第9卷第25期（该刊目录署名"傅增湘"）。⑤藏园傅增湘，见于散文《秦游日录》，载1932年天津《国闻周报》第9卷第33期（该刊目录署名"傅增湘"）。⑥傅沅叔，见于随笔《藏园居士六十自述》，载1932年成都《时事周报》第2卷第5—10期；《费君仲深墓志铭》，载1937年苏州《制言半月刊》第28期。⑦藏园老人，见于散文《涞易游记》，载1934年

《国闻周报》第 11 卷第 3 期。嗣后在该刊及《中国公论》《旅行杂志》发表散文、随笔亦署。⑧傅藏园，见于词作《满江红·娟净鋄词》，载 1948 年《一四七画报》第 23 卷第 6 期。按：傅增湘尚著有《藏园群书经眼录》《陵阳先生诗校勘记》《东维子文集校勘记》，出版与署名情况未详。

G

【gan】

甘道生（1911－1993），四川邻水人。笔名：①林蒙，1936 年在重庆《齐报》发表文章署用。②何求，1936 年在重庆《商务日报》副刊发表文章署用。

甘丰穗（1919－？），广东新会（今江门市）人。原名甘兆光。笔名：①祝永平、俞集、沙波野、贝莎，20 世纪 40 年代起在香港和内地报刊发表诗、散文、小说署用。其中"沙波野"一名见于随笔《香港中国新闻学院》，载 1994 年 11 月 25 日香港《文汇报》。②甘丰穗，出版小说《空门遗恨》（香港万千出版社，1955 年）、《天机》（香港世界出版社，1956 年）、《接财神》（香港世界出版社，1958 年）、《迎春曲》（香港利通图书公司，1961 年）等著作均署。

甘乃光（1897－1956），广西岑溪人，原名甘自明。笔名：①甘乃光，见于诗《恋爱》，载 1923 年上海《小说月报》第 14 卷第 6 期。此前后在《诗》《文艺茶话》《群言》《中国军人》《中华摄影杂志》《大陆》《华侨周报》《良友画报》《时事月报》《行政效率》《外交评论》《现代生产杂志》《青海评论》《江苏教育》《广播周报》《行政研究》《中华月报》《汗血月刊》《禁烟汇刊》《月报》《中央周刊》《浙江青年》《闽政月刊》《江西地方教育》《中央党务公报》《革命理论》《人事行政》《妇女新运》《军事与政治》《广东合作通讯》《中原》《升学与就业》《印刷通讯》《新运导报》等报刊发表诗文，出版论著及诗集《春之化石》（民智书局，1924 年）亦署。②艸艸，见于《暴日南进与缅甸》，载 1940 年《青年空军》第 2 卷第 3 期。③烟艳生，署用情况未详。

甘鹏云（1861－1940），湖北潜江人，字翼父（fǔ）、翼甫、月樵、药樵，号叶樵、息园、将庐、樾侨、潜庐。晚号耐公、耐翁、息园居士、潜庐老人。笔名甘鹏云，出版《崇雅堂丛书》（潜江甘鹏云崇雅堂，1922－1934 年）、《潜庐诗录》（潜江甘氏崇雅堂，1931－1932 年）、《潜庐随笔》（潜江甘氏崇雅堂，1933 年）、《楚师儒传》（潜江甘氏崇雅堂，1934 年）、《崇雅堂碑录》（潜江甘鹏运息园，1935 年）、《潜江书征》（潜江甘氏崇雅堂，1936 年）等著作均署。1940 年在《图书季刊》新第 2 卷第 3 期发表《尊经社讲演录》《经普源流考》等文亦署。

甘树椿，生卒年不详，湖北潜江人，字雨亭，号灵庵、花隐老人。笔名甘树椿，出版遗著《花隐老人遗著》（潜江甘鹏云崇雅堂，1924 年）署用。

甘永柏（1914－1982），湖北公安人，生于四川万县（今重庆市）。原名甘永森。笔名：①甘永柏，1929 年起发表诗歌、散文、小说等作品署用。见于随笔《我希望于大众文艺的》，载 1930 年上海《大众文艺》第 2 卷第 4 期；诗《中夏的风》，载 1931 年上海《小说月报》第 22 卷第 2 期。嗣后在《新文艺》《小说月报》《国闻周报》《大众文艺》《申报·自由谈》《拓荒者》《新时代》《北斗》《现代》《矛盾》《论语》《诗歌月报》《人间世》《宇宙风》《逸经》《文饭小品》《时与潮文艺》《申报月刊》《新语林》《十日谈》《前途》《新社会》《银行生活》《国闻周报》等报刊发表诗、散文、随笔，出版散文集《涵泳集》（上海今代文化刊行社，1937 年）、长篇小说《暗流》（上海文光书店，1946 年），1949 年后出版游记《访问罗马尼亚》（上海出版公司，1955 年），诗集《第一颗星》（作家出版社，1957 年）、《木樨集》（四川文艺出版社，1986 年）等亦署。②甘辛，出版中篇小说《夜哨班》（上海番茄出版社，1931 年）、儿童剧《小英雄》（上海新少年报社，1948 年）署用。③雨纹、慎安、走一、浮鸥、华念曕，署用情况未详。

甘永龙，生卒年及籍贯不详，原名甘永泷，字作霖。笔名：①甘永龙，见于评论《德人经营青岛之成绩》、译作《美人排斥华侨论》，载 1908 年上海《东方杂志》第 5 卷第 7 期。嗣后在该刊及《小说月报》《中西医学报》《法政杂志》《卫生》《光华卫生报》等刊发表《朝鲜亡后半年记》《记埃及纸草之复活》等著译文章，出版翻译小说《车中语》（加撒林克罗原作。上海商务印书馆，1912 年）、《卢宫秘史》（英国安东尼·霍普原作，与朱炳勋合译。上海商务印书馆，1914 年）、《二义同因录——加黎波的将军》（英国亨旦原作，与朱炳勋合译。上海中国图书公司和记印行，1916 年）、《航海复仇记》（英国铿斯莱原作。上海中国图书公司和记印行，1917 年）、《炼才炉》（英国亚力杜梅原作。上海商务印书馆，1906 年）等亦署。②作霖，见于评论《论直接立法》，载 1912 年《法政杂志》第 2 卷第 7 期；小说《红女奴》，载 1917 年上海《小说月报》（第 8 卷第 10 期）。

甘运衡，生卒年及籍贯不详。笔名：①甘露、衡子，20 世纪 30 年代在武汉报刊发表诗歌署用。②运衡，见于诗《月亮》，载 1936 年武汉《文艺》月刊第 3 卷第 6 期。③甘运衡，见于诗《一九三七前奏曲》，载 1937 年上海《文学》月刊第 8 卷第 1 号。嗣后在《文艺月刊》《当代文学》《文学杂志》《东方杂志》《烽火》《文艺》《人间世》《诗林》《中国的空军》《教育杂志》等刊发表诗文，出版诗集《烽火吟·复国的旗舰》（与旷中玉合集。天视月刊社，1956年）亦署。

甘蛰仙，生卒年不详，四川万县（今重庆市）人，原名甘大文。笔名：①蛰仙，见于随笔《小杂感：国语，作事》，载1921年7月24日《晨报》第7版。嗣后在该刊发表随笔《批评》《讲学、矛盾》《异哉所谓异议纷腾者》等文亦署。又见于《戏拟人力车夫致脚踏车夫书》，载1934年上海《金钢钻月刊》第1卷第6期。②甘蛰仙，见于随笔《第四个五四的感言》，载1922年5月4日《晨报副镌》；评论《评五十年来中国文艺》，载1922年北京《晨光杂志》第1卷第1期。嗣后在上述两刊以及《东方杂志》《京报副刊》《法政学报》等报刊发表《女文学家的园地》《旧史家与小说界之一段因缘》《陶渊明与托尔斯泰》《章实斋的文学概论》《庄子研究历程考略》《文学与人生》等文亦署。

【gang】

冈夫（1907－1998），山西武乡人。原名王玉堂。笔名：①陈迹、沙雨、沙玉，1930－1931年在太原某晚报发表短诗署用。②玉堂、季玉，1931－1932年在太原《山西民国日报》副刊发表《革命的五月祭》《到我们这边来》《生活意义询问》《别离之歌》《时候到来的时候》等诗署用。③冈夫，1936－1937年在太原《晋阳日报》副刊《前线》（后改为《开展》）发表《新马赛曲》《时代英雄曲》《露天歌》《升旗曲》《降旗曲》《思乡曲》等诗署用。嗣后在太行《文艺杂志》、晋察冀《北方杂志》等报刊发表诗《胜利和平凯歌》《人民大翻身颂》《路之歌》《地主和长工的故事》《英雄曲》等，出版诗集《人民大翻身颂》（与胡征、袁勃等合集，华北新华书店，1947年）、《战斗与歌唱》（作家出版社，1954年）、《冈夫诗选》（山西人民出版社，1985年）、《枫林晚唱》（北岳文艺出版社，1999年），诗文集《远踪近影》（北岳文艺出版社，1991年）、长篇小说《草岚风雨》（人民文学出版社，1985年）等均署。④冈捷耶夫，见于长诗《普罗列塔利亚圆舞曲》，1932年作于狱中。又见于《九一八悲愤歌》《透过监狱的墙》等诗，1937年春辑入小诗集《起歌》。⑤安克，1936年12月在太原《晋阳日报·前线》发表诗作署用。⑥愚堂，1937年前后在山西《太原日报·开展》第9期发表诗作署用。⑦昂夫，1940年在晋东南文总油印物《文化动员》撰文署用过一次。⑧山仁，见于散文《鲁迅逝世十周年祭》，载1946年10月1日太行《文艺杂志》第2卷第2期。嗣后在该刊发表杂文《精神狗皮膏》《蒋介石的把戏》亦署。⑨宇堂，1953年在《北京日报》发表短文曾署。又见于散文《太行春早》，载1962年5月山西《火花》月刊第5期。嗣后在该刊发表诗文多署此名。

岗岚（1921？－1949），浙江鄞县（今宁波市）人。原名林纯瀛。笔名：①岗岚，1946年在上海自编油印诗刊《铁兵营》并发表诗作署用。嗣后发表诗《呵呵！丢下笔杆》（载1947年4月25日青岛《青岛文艺》创刊号）、诗《未走之前》（载1948年上海《诗行列》丛刊第1辑《痛苦的时辰》），在上海《华美晚报》《家庭》、北平《正风月刊》、青岛《青岛文艺》等报刊发表书评《读〈谎言〉》、诗《冷着的日子》《火灾的城》《你去了之后——悼鲁迅先生》《黑冷的夜》《悼未死的兵》等亦署；1946年由威海中国文化投资公司印行之诗集《方桌集》（与戚三思、胡惠峰、黄骏行合集）亦署。②林纯瀛，见于诗《过去的一年》，载1948年上海《家庭》第15卷第5期。

【gao】

高柏苍（1916－2007），辽宁海城人。曾用名崔崃、崔伯常、余有虞。笔名：①影子，1936－1938年在抚顺《民报》、沈阳《新青年》《凤凰》等报刊发表诗歌署用。②崔伯常，1939年后在沈阳《文选》《新青年》《兴满文化月报》、长春《明明》《新满洲》《斯民》等报刊发表诗歌署用。1940年在《文选》第2期发表诗《希望的象征》，1941年5月13日在沈阳《盛京时报》发表诗《照像》等亦署。③崔崃，见于小说《日子》，载1940年前后沈阳《文选》第1期；译作《放拶之书》（法国纪德原作），载1940年沈阳《作风》第1期《译文特辑》。④余有虞，20世纪40年代在重庆《商务日报·茶座》发表杂文署用。

高拜石（1901－1969），浙江镇海（今宁波市）人，生于福建福州，字嫩云，号般若（bōrě）、古春风楼主。笔名：①芝翁，见于《郁达夫赴日因果》，载《古春风楼琐记》第2集（台北新生报社，1960）。②南湖，1926年在《晨报副镌》《钱业月报》发表文章署用。③高拜石，出版《古春风楼琐记》（新生报社，1979年）、《新编古春风楼琐记》（作家出版社，2003年）署用。④芝厂（ān）、芝叟、伯实、南芸、难云、王孙楚、高般若（bōrě）、古春风楼主，署用情况未详。

高伯雨（1906－1992），广东澄海人，生于香港。原名高秉荫。曾用名高贞白。笔名：①高伯雨，20世纪40年代起在香港报刊发表掌故文章，1949年后在香港、沈阳、北京等地出版《欧美文坛逸话》（香港宏业书局，1997年）、《听雨楼随笔》（辽宁教育出版社，1998年）、《历史文物趣谈》（故宫出版社，2011年）等亦署。②林熙，1966年在香港主编《大华》半月刊署名。1980年在香港《大成》第83期发表随笔《文化界奇人陈彬龢》亦署。③温大雅，见于随笔《溥心初给人印象》，载1979年1月21日、22日香港《文汇报》。④秦仲龢，出版译作《紫禁城的黄昏》《英使谒见乾隆纪实》等署用。⑤高贞白，见于随笔《只出一期，遂成绝响》，载1967年香港《大华》第34期；散文《悼杨彦岐兄》，载1978年香港《大成》第54期。⑥文如、竹坡、大年、湘笒、听雨，20世纪40年代在香港报刊发表掌故文章署用。

高步瀛（1872－1940），河北霸县（今霸州市）人，字阆仙、朗仙。笔名高步瀛，见于随笔《海客漫录》，载 1914 年《京师教育报》第 4－7 期；随笔《张味鲈续春灯话序》，载 1918 年上海《小说月报》第 9 卷第 12 期。嗣后在《坦途》《女师大学术季刊》《东北丛刊》《国学丛编》《师大国学丛刊》《师大月刊》等刊发表文章，出版《孟子文法读本》（北京直隶书局，1922 年）、《文选李注义疏》（北平直隶书局，1934 年）、《唐宋文举要笺证》（北平直隶书局，1934 年）、《唐宋诗举要笺证》（中华书局，1959 年）等亦署。

高长虹（1898－1954），山西盂县人。原名高仰愈。曾用名高均。乳名春海。笔名：①残红，见于《译惠特曼小诗五首》，载 1921 年 5 月 20 日北京《晨报》第 7 版。②高仰愈，见于诗《红叶》，载 1922 年《小说月报》第 13 卷第 5 期。③长虹，见于诗《家庭之下》，载 1923 年《晨报副镌》第 260 期；《绵袍里的世界》，载 1925 年《莽原》周刊创刊号。嗣后在上述两刊及《京报副刊》《小说月报》《语丝》《猛进》《狂飙》《北新》《幻洲》《抗战文艺》《黄河》《海上旬刊》《战时文化》《良友画报》《中学生》等报刊发表作品，出版诗集《光与热》（上海开明书店，1927 年）、《延安集》（和平野营，1946 年），诗文集《时代的先驱》（上海光华书局，1928 年）、《从荒岛到莽原》（上海光华书局，1928 年），散文集《星象》（1943 年），长篇小说《巨轮》（广东韶关大光报营业部，1943 年）、《大地狂欢（巨轮三部曲）》（广州曲江中国文化服务社分社，1944 年）等亦署。④C. H.，见于《什么？》，载 1925 年 5 月 1 日《莽原》第 2 期。⑤C，见于《A、A、A……》，载 1925 年《莽原》第 26 期。⑥高长虹，出版诗集《闪光》（北京狂飙社，1925 年）、《给——》（上海光华书局，1927 年）、《献给自然的女儿》（上海泰东图书局，1928 年），随笔集《走到出版界》（上海泰东图书局，1928 年），散文、诗合集《心的探险》（北京北新书局，1926 年），中篇小说《春天的人们》（上海光华书局，1928 年）、《曙》（上海泰东图书局，1928 年），短篇小说集《实生活》（上海现代书局，1928 年），小说、散文合集《游离》（上海泰东图书局，1928 年）等署。⑦高鸿，见于长篇小说《遗毒记》，连载于抗战初期《文化动员》。⑧原均、短弩，署用情况未详。按：高长虹另出版有诗集《精神与爱的女神》、小说集《青白》、中篇小说《神仙世界》、寓言与童话等合集《草书纪年》等，署名未详。

高潮（1910－1996），江苏启东人。原名高德新。笔名：①高潮，见于译文《日人所谓非常时期之社会教育》（日本乘杉嘉寿原作），载 1932 年《教育新路》第 10 期；随笔《新生活运动之意义》，载 1934 年《教育新路》第 54 期；小说《时代的悲剧》，载 1938 年《文艺综合》第 1 卷第 4、5 期。1946 年起在上海《文汇报·浮世绘》和《新民报晚刊·十字街头》分别连载总题为《百艺图》和《街头什景》的"诗画配"（配画者分别为沈同衡、陆志庠）亦署。同时期在香港《文汇报·彩色版》、上海《文汇报·读者的话》《联合晚报·夕拾》《时与文》等发表诗词作品亦署。②食客，见于词《卜算子·菜馆速写》，载 1946 年 11 月 27 日上海《新民报晚刊·十字街头》。③沸心，见于词《满江红·江湾弹药库大爆炸》，载 1946 年 12 月 10 日上海《新民报晚刊·十字街头》；词《喜迁莺·闻迁都北平讯》，载 1946 年 12 月 16 日上海《新民报晚刊·十字街头》。④一笑，见于旧体诗《"模范"赞》，载 1946 年 12 月 17 日上海《新民报晚刊·十字街头》。⑤澎湃，见于旧体诗《郝将军》，载 1947 年 2 月 18 日上海《新民报晚刊·十字街头》。嗣后在该刊发表词《夜行船·悼"伏波"号》、诗《悼上海电力公司工人王孝和》亦署。⑥鸦，见于诗《黄牛党》，载 1948 年 9 月 20 日香港《文汇报·彩色版》。⑦朴（楼）翁，见于诗《公债怨》，载 1948 年 9 月 22 日香港《文汇报·彩色版》。嗣后在该刊发表诗《海上谣》《可怜虫》、词《浪淘沙（白发不知羞）》等亦署。⑧潮，见于诗《监察院纠举王财长用人不当有失职之咎》，载 1948 年 9 月 23 日香港《文汇报·彩色版》。⑨高摘星，署用情况不详。

高崇民（1891－1971），辽宁开原人。原名高恩濬，字健国，号崇民。曾用名高建国、孙汉超、李延禄、栗又文。笔名高崇民，出版有《古北魂》《活路》等著作。

高吹万（1879－1958），江苏金山（今上海市）人。原名高燮，字时若、慈石，号吹万、寒隐、志攘、攘庐、黄天；别号闲山人、闲闲山人、吹万居士、寒隐居士。晚号安隐老人、退密翁、退密老人、葹叟、葹翁。笔名：①高吹万，见于诗《题胡吉甫春秋三传合璧》，载 1938 年《文声学刊》第 2、3 期合刊；《感旧漫录》，载 1941 年《永安月刊》第 73－79 期。嗣后在上述两刊及《万象》等刊发表诗文，出版《吹万楼文集》《吹万楼诗集》《吹万楼论学书》等亦署。②高燮，在《南社丛刻》发表诗文，出版《诗经目录》《读诗札记》《庄子通释》《庚戌金陵游记》等著作署。③吹万，在《南社丛刻》发表诗文署用。④闲、炊万、拜鹃、蚁民、黄天、寒虯、寒鸦、寒葹、志攘、慈砥、懒牛、无忧子、书骏（ài）子、闲山人、孤塚诗人、寒隐居士，署用情况未详。

高而公（1920－1976），辽宁凤城人。笔名：①古甲，见于《纪念蔡元培先生诞辰李四光教授学术讲演》《记一个晚会》，分别载 1945 年 1 月 12 日和 1945 年 3 月 5 日重庆《新华日报》。②梁星，1949 年后出版《刘胡兰小传》（中国青年出版社，1951 年）署用。③高而公，1949 年后出版《王崇伦和他的表》《高尔公文集》等署用。

高二适（1903－1977），江苏泰县（今泰州市）人。原名高锡璜，字适父（fǔ），号舒凫、癐庵。晚号舒凫老人、高亭主人、磨铁道人。笔名高二适，发表《柳子厚与刘禹锡论周易九六论书后题》《跋刘宾客天论》

《刘宾客辨易九六疏记》《刘梦得集校录》《兰亭序的真伪驳议》等文署用。1956 年后发表文章、出版《新定急就章及考证》（上海古籍出版社，1982 年）、《高二适书法选集》（江苏美术出版社，1987 年）、《二十世纪书法精典·高二适卷》等署用。

高岗（1919－2009），原名韩秉三。笔名高岗，见于长诗《恶梦的诗》，载 1941 年桂林《诗创作》创刊号。1938－1940 年间先后在《文艺阵地》《文艺新潮》《诗创作》《中央日报》等报刊、1949 年后在《新港》《诗刊》《大公报》等报刊发表文章，出版长篇小说《烈焰》（1953 年）亦署。

高歌（1904－1966？），山西盂县人。原名高仰慈。曾用名秋海（小名）、高君伽。笔名：①高歌，见于散文《风雨之下》，载 1921 年上海《小说月报》第 12 卷第 9 期；小说《生的旋律》，载 1928 年《东方杂志》第 25 卷第 11 期。此前后在上述两刊及《莽原》《晨报副镌》《狂飚》《世界日报副刊》《西北风》《豫报副刊》等刊发表小说、诗作，出版散文集《压榨出来的声音》（上海泰东图书局，1928 年）、《我的日记》（上海启智书局，1934 年），小说集《清晨起来》（上海泰东图书局，1927 年），中篇小说《高老师》（上海光华书局，1928 年）、《野兽样的人》（上海泰东图书局，1929 年），长篇小说《加里的情书》（上海光明书局，1935 年）、《情书四十万字》（上海仿古书店，1936 年），翻译诗歌《依里亚特》（希腊荷马原作。上海中华书局，1929 年）、《奥特赛》（希腊荷马原作。上海中华书局，1930 年）等亦署。②G，见于随笔《所谓开放也者》，载 1926 年《弦上》周刊第 2 期；评介《中国科学史料号》，载 1926 年《一般》第 1 卷第 4 期。③高君伽女士，署用情况未详。

高光（1924－1998），河北盐山人。原名高华文。曾用名高崇文。笔名：①高光，见于诗《小侦察员》，载 1942 年 11 月《冀鲁日报》。在《渤海日报》发表文章亦署，并沿用。②杨野，见于中篇小说《在激流中》，载 1956 年《人民日报》。③蕨蓁，见于杂文《驴子的风波》，载 1956 年《浙江日报》。④高盐、海边、燕侠，1961－1962 年在《浙江日报》发表散文《红梅颂》等署。⑤骆铃，见于《巴黎的苦乳》，载 1982 年《钟山》。按：高光另著有诗集《老雨》、散文集《边鼓集》、报告文学集《大梦谁先觉》等，署名未详。

高圭（1898－？），江苏金山（今上海市）人。原名高厚，字君介、介子，号介庐。曾用名高珪。笔名：①高珪，在《南社丛刻》发表诗文署用。②介翁，见于《骚斋散记》，载 1943 年《永安月刊》第 45－59 期。③介庐先生，署用情况未详。

高亨（1900－1986），吉林双阳人，字晋生。曾用名高仙翘。笔名高亨，见于《韩非子补笺》，载 1931 年《国立武汉大学文哲季刊》第 2 卷第 3 期；《读荀笺记》，载 1931 年《东北丛刊》第 17 期。嗣后在《国立武汉大学文哲季刊》《文化月刊》《北强》《中华教育界》《河南博物馆馆刊》《经世》《高等教育季刊》《图书季刊》《清华学报》《东北中正大学校刊》等刊发表文章，出版《老子正诂》（开明书店，1943 年）、《诸子新笺》（山东人民出版社，1961 年）、《庄子今笺》（台湾中华书局，1971 年）、《周易大传今注》（齐鲁书社，1979 年）、《周易杂论》（齐鲁书社，1979 年）、《文史述林》（中华书局，1980 年）、《周易古经今注》（中华书局，1984 年）、《高亨著作集林》（清华大学出版社，2004 年），以及《老子注译》《商君书注译》《墨经校诠》《诗经选注》《诗经今注》《楚辞选》《上古神话》（与董治安合写）、《文字形义学概论》《古字通辞典》《文史述林辑补》等均署。

高基，生卒年不详，江苏金山（今上海市）人，字君定。笔名高基，出版有《药轩漫稿》《亡书忆语》等著作。

高集（1920－2003），陕西榆林人。曾用名高之汲、高之企、方纪、方无忌。笔名高集、方红、祖春、方无忌。曾任重庆《大公报》编辑、记者、特派记者、采访主任，上海《大公报》编辑，天津《进步日报》编辑主任。1949 年后，历任《人民日报》记者、特派记者、评论员、国际部副主任、海外版领导成员，发表了大量通讯和评论，部分收入《看，莱蒙湖这面镜子》和《天涯集》中。

高加索（1924－1998），安徽宁国人。原名吕健军。笔名：①珞珈，见于《田地的儿子》，载 1943 年浙江《民族日报》。②庄村，见于《庄村小唱》，载 1944 年屯溪《中国日报》。③加索，20 世纪 40 年代署用。见于诗集《花开满地又是春》（与丁力、胡牧、熊涟波合集），1947 年 4 月列入平民诗歌丛刊出版。④高加索，见于诗《弟弟，灯》，载 1943 年《前线日报》副刊（又载 1947 年上海《诗创造》第 2 期《丑角的世界》）。嗣后出版诗集《江南谣》（上海正风出版社，1951 年）、《秋天里的春天》（江苏人民出版社，1985 年）、《正午的瞳孔》（与其他人合集）等亦署。⑤何时旦、郭家桢、贾索，20 世纪 40 年代发表诗文署用。

高剑父（fū）（1879－1951），广东番禺（今广州市）人。原名高仑，字鹊亭，号剑父、爵廷；别号老剑、芍亭、剑士、剑庐、爝庭。曾用名高麟。笔名仑、麖、麟、剑、老剑、剑父、剑士、剑庐、鹊亭、鹊庭、爝庭、芍亭、卓庭、佛弟、高仑、高剑父、高爵廷、贞冈樵子。除创作大量画作外，尚出版有《中国现代的绘画》《印度艺术》《国画新路向》《蛙声集》《佛国记》《剑父碎金》《喜马拉雅山的研究》《佛教革命论》《听秋阁画跋》《春睡艺谈》《绘事发微》等著作。

高洁（1916－？），山东黄县（今龙口市）人。原名高丰。笔名高洁，见于京剧《汪精卫的祖宗》，抗战时由胶东抗战剧团演出。嗣后在《胶东农村戏剧》《胶东文艺》《大众报》等报刊发表文章亦署。

高捷（1927－2009），山西太原人。原名张祯。笔名：

①常直，20 世纪 30 年代开始发表作品署用。②高捷，1949 年后出版《山药蛋作品选》《马烽、西戎研究资料》署用。

高介云（1926－2010），山西武乡人。曾用名高歌翱、高介云。笔名高介云，1944 年创作武乡秧歌剧《小二黑结婚》（与张万一合作）署用。嗣后出版武乡秧歌剧《改变旧作风》（与张万一等合作。山西韬奋书店，1946 年）、《贺功》（与张万一等合作。河南涉县太行群众书店，1947 年）、《关公整周仓》（张万一编剧，高介云作曲。河南涉县太行新华书店，1947 年）、《赤叶河》（阮章竞编剧，高介云、张晋德作曲。太行群众书店，1947 年），小调剧《两条心》（张万一编剧，高介云作曲。河南涉县太行新华书店，1947 年），歌剧《陈茂林洗亮擦灰》（与张万一等合作。冀中新华书店，1947 年）、《王贵与李香香》（张万一编剧，高介云作曲。太行新华书店，1948 年）、《赤叶河》（阮章竞编剧，高介云、梁寒光、葛光锐作曲。新华书店，1949 年），1949 年后创作歌剧剧本《义和团》《我们走在大路上》、河北梆子剧本《山地交通站》《沙岗村》（与冯育坤等合作），出版歌剧《结婚》（张万一编剧，高介云作曲。华北人民出版社，1954 年）以及《高介云剧作选》（天津教育出版社，2003 年）、《介云文存》（天津教育出版社，2003 年），主编《中国戏曲志·天津卷》等亦署。

高觐昌（1856－1924），江苏丹徒人，字葵北、绍芬，号省庵、遁庵。晚号葵园遁叟。笔名：①遁庵，见于诗《任父夫子美洲壮行歌以送别》，载《清议报全编》第 18 卷。②葵园遁叟，出版《葵园遁叟自订年谱》（1925 年铅印）、《葵园遁叟自订年谱》（《北京图书馆藏珍本年谱丛刊（184 册）》，北京图书馆出版社，1999 年）署用。

高君宇（1896－1925），山西静乐（今太原市）人。原名高尚德，字锡三、锡山，号君宇。曾用名盛德、江越、纪清修、高静宇。笔名：①高尚德，见于记录《学生的文化运动——梁伯强先生在旅京普学会的演说》，载 1919 年 12 月 30 日、31 日北平《晨报》第 7 版。②君宇，见于随感《到自由之路究竟在哪里》，载 1921 年 7 月 24 日上海《民国日报·觉悟》。③高君宇，见于《"赤色帝国主义"么？》，载 1923 年 11 月 9 日北平《晨报副镌》。④天辛、红越、澄宇、清修、纪清秀，1923 年前后发表文章署用。④K. J.，署用情况未详。

高君箴（1901－1985），福建长乐人，生于湖北汉口，字蕴华。笔名高君箴，见于翻译小说《缝针》（丹麦安徒生原作），载 1923 年《小说月报》第 14 卷第 5 期；童话《兄妹》《熊与鹿》，载 1924 年《小说月报》第 15 卷第 3 期。嗣后在该刊发表作品以及出版翻译童话《天鹅》（高君箴、郑振铎译述。上海商务印书馆，1925 年）亦署。

高隽武（？－1948），辽宁人。笔名老翼，1937 年开始在哈尔滨《大北新报》《滨江日报》、大连《泰东日报·文艺》、沈阳《新青年》、长春《斯民》等报刊发表文章署用。见于小说《妈妈记》，载 1940 年《文选》第 2 辑；评论《关于文艺翻译问题》，载 1941 年 6 月 9 日哈尔滨《滨江日报》。

高克毅（1912－2008），美籍华人，祖籍江苏江宁（今南京市），生于美国密歇根。笔名：①高克毅，见于随笔《驴象相争的美国竞选运动》，载 1936 年上海《新中华》第 4 卷第 12 期；《恐慌后的美国社会动向》，载 1937 年上海《新中华》第 5 卷第 1 期。嗣后在上海《西风月刊》《宇宙风》等刊发表随笔《谈纽约时报》《米苏里新闻学院》等亦署。②乔志高，见于随笔《百老汇和四十二号街——纽约客谈》，载 1936 年上海《宇宙风》第 22 期；通讯《大战世界中的美国》，载 1940 年上海《天下事》第 1 卷第 6 期。同时期在上述两刊及上海《西书精华》《论语》《西风》《宇宙风乙刊》等刊发表随笔《一个文学教授的生平》《黑奴不吁天了》《与美国人论中国幽默》《我与罗斯福》、翻译小说《怒之果》（美国约翰·斯坦贝克原作）等，出版翻译散文集《纽约客谈》（台北文星书店，1964 年），翻译戏剧《长夜漫漫路迢迢》（美国尤金·奥尼尔原作。香港今日世界社，1973 年），翻译小说《大亨小传》（美国菲茨杰拉德原作。今日世界社，1974 年），散文集《金山夜话》（台北纯文学出版社，1973 年）、《谋杀英文》（台北仙人掌出版社，1970 年）、《美语新诠》（台北仙人掌出版社，1974 年）、《吐露集》（台北时报文化公司，1981 年）、《听其言也》（台北纯文学出版社，1983 年）、《鼠咀集》（台北联合文学出版社，1991 年）等亦署。

高兰（1909－1987），黑龙江瑷珲（今黑河市）人，生于辽宁锦州。原名郭德浩。笔名：①德浩，见于长篇小说之一章《落花》，载 1928 年 10 月《睿湖》。②郭德浩，见于诗《昨夜》，载 1930 年北平《京报·金桥》第 2 期。嗣后在上海《光明》半月刊发表作品亦署。③浩，见于诗《长安街月夜》，载 1931 年北平《京报·金桥》第 13 期。④郭浩，1930－1931 年间在北平《京报·金桥》署用。⑤黑沙，见于《一个中学教员》，载茅盾主编的《中国的一日》（上海生活书店，1936 年）。⑥高兰，见于报告文学《记〈天照应〉》，载 1937 年 10 月汉口《哨岗》；长诗《我的家在黑龙江》，载 1939 年 4 月 21 日汉口《大公报·战线》。嗣后在《半月文摘》《抗战文艺》《改进半月刊》《全民抗战》《文风》《文学月报》《大公报·战线》《九一八》《文艺先锋》《时与潮副刊》《天下文章》《光明报》等报刊发表诗、散文、评论等，出版诗集《高兰朗诵诗集》（汉口大路书店，1938 年）、《朗诵诗集》（长沙商务印书馆，1940 年）、《高兰朗诵诗（新辑第一集）》（重庆建中出版社，1943 年）、《高兰朗诵诗（新辑第二集）》（重庆建中出版社，1944 年）、《李后主评传》（与孟祥鲁合作。齐鲁书社，1985 年），以及《诗的朗诵与朗诵的诗》等亦署。⑦齐云，见于《浅谈诗歌的写作》，载 1973 年《山东文艺》第 4 期。

高粮（1921－2006），河北易县人。曾用名高良玉、

高原、高峰、高梁。笔名高粮，出版通讯选集《历史的脚印》、影集《扑光掠影集》，以及《华北民谣诗歌集》《新闻摄影》《摄影知识浅谈》等署用。

高流（1920－？），浙江湖州人。原名何文潮。笔名：①柳望再、高水子，20世纪40年代在浙江《东南日报·笔垒》等报刊发表作品署用。②何六月，署用情况未详。

高鲁（1912－？），四川隆昌人。原名王世学。曾用名王循。笔名：①孤鸿，1930年在成都《新新新闻》发表诗歌、散文署用。②江鸟、江涛，1931－1933年在《成都文艺》《视野》发表《白姑娘》等文署用。③王循、狂循，1936年在重庆《光华日报》发表杂文《一将功成万骨枯》等署用。"王循"一名在重庆《新华日报》发表文章亦署。④丽客，见于小说《三河坝》，载1936年重庆《商务日报》。⑤高鲁，1936年10月后开始署用。见于《劳动带来幸福》，载1943年8月21日延安《解放日报》。嗣后出版小说《三河坝》，散文《无定河泛滥着洪涛》《悼念青年小说家——蒋弼》，报告文学《火烧飞机》，以及《山西民间故事选》《山西民间歌谣选》《红色歌谣选》，主编《鲁艺校刊》《太行诗歌》及《鲁艺戏剧》丛书等亦署。

高旅（1918－1997），江苏常熟人。原名邵元成，字慎之。笔名：①邵元成，见于杂文《切实禁娼》，载1936年上海《人言周刊》第2卷第45期。②邵家天，见于散文《五月二十一日的苏州》，载茅盾主编的《中国的一日》（上海生活书店，1936年）。③高旅，1950－1997年出版杂文集《持故小集》《看杀人去——持故小集续编》《过年的心路》《高旅杂文》《高旅杂文第四集》《高旅杂文第五集》，长篇小说《困》《限期结婚记》《深宵艳遇记》，短篇小说集《补鞋匠的传奇》《彩凤集》，历史小说《杜秋娘》《玉叶冠》《金屑酒》《元宫争艳记》《巨像高云北雁飞》《最后的金粉王朝》《武德颂》《天堑夕阳红》《翟飒公主》《火烧铜雀台》《山阴公主》《海盗王朝》《石虎沟》《李铁枪传奇》《气吞万里如虎行》，武侠小说《山东响马传》《张文祥刺马》《关西刀客传》《红花亭豪侠传》，诗词《高旅诗词》（王存诚编），译作《磨坊文札》（法国都德原作）、《风土志》（法国莫洛亚原作）、《异乡人》（法国加缪原作）、《瘟疫》（法国加缪原作）、《脏手》（法国萨特原作）等均署。④劳悦轩、慎之、符崇离、酒家、佳天、大声公、上海佬、章彤、鲁班门、今史氏、童生、尚方、黎民、于干、万弓、韦纳、石策、符叶，1950－1997年在香港《文汇报》《大公报》《晶报》《华侨日报》《东方日报》《天天日报》等报发表随笔、杂文等署用。

高莽（1926－2017），黑龙江哈尔滨人。笔名：①雪客，1943年在哈尔滨《大北新报》翻译发表俄国屠格涅夫的散文诗署用。②乌兰汉，1945年底开始在哈尔滨《北光日报》《苏联介绍》等发表译作署用。嗣后出版翻译戏剧《保尔·柯察金》（苏联班达连柯改编。哈尔滨兆麟书店，1948年）亦署。③乌兰汗，1945年开始在哈尔滨报刊发表译作署用。1961年9月22日在《人民日报》发表《〈阿Q正传〉在苏联》亦署。④高莽，1949年发表作品、出版散文集《四海觅情》《文人剪影》《久违了，莫斯科！》、电视连续剧剧本《马克思的青年时代》，翻译出版诗集《普希金诗选》、电影文学剧本《保尔·柯察金》等亦署。

高梦旦（1870－1936），福建长乐人。原名高凤谦，号梦旦、崇有、翰卿。笔名：①高梦旦，见于《采用周历草案》，载1928年《东方杂志》第25卷第11期；《废两为元后处理辅币的小问题》，载1932年《独立评论》第14期。此前后在《东方杂志》《大陆杂志》等刊发表文章，出版《十三月新历法》《九年筹备宪政一览表》《四角号码检字法》，以及译作《日本法规大全》亦署。②崇、有、崇有，署用情况未详。

高敏夫（1905－1975），陕西米脂人。原名高锦亮，字敏夫。曾用名高明辅、高明甫、高民斧。笔名：①高吐真，1931年开始在北平《文学前哨》《理论与创作》等刊发表文章署用。②敏夫，见于歌词《男女一齐上前线》，载1938年《西北文艺》第7期。③高敏夫，见于诗《到五台去》，载1939年4月22日桂林《救亡日报·文化岗位》。嗣后发表作品、出版《刘巧儿团圆》《狼牙山五壮士》《战地日记》《高敏夫文集》等亦署。

高名凯（1911－1965），福建平潭人。曾用名苏旋。笔名高名凯，见于诗《悼亡友郑君维新》，载1932年北平《燕大月刊》第9卷第2期；《黑格尔（一七七〇－一八三一）》，载1936年《人物月刊》第1卷第1期。此前后在《社会研究》《大众知识》《丁丑杂志》《汉学》《国文月刊》《燕京学报》《天文台》《学原》《图书季刊》《燕京社会科学》等刊发表语言学论文，出版语言学与哲学著作、译作，翻译出版法国巴尔扎克的《发明家的苦恼》（上海海燕书店，1937年）、《杜尔的教士》（上海海燕书店，1946年）、《毕爱丽黛》（上海海燕书店，1946年）、《葛兰德·欧琴妮》（上海海燕书店，1946年）、《外省伟人在巴黎》（上海海燕书店，1947年）、《古文陈列室》（上海海燕书店，1948年）、《米·露埃两儿媳》（上海海燕书店，1949年）、《幽谷百合》（上海海燕书店，1947年）、《单身汉的家事》（上海海燕书店，1947年）、《两诗人》（上海海燕书店，1947年）、《老小姐》（上海海燕书店，1947年），以及《三十岁的女人》《玛拉娜母女》《钢巴拉》《无神论者做弥撒》《受人咒诅的儿子》等小说、戏剧，以及《朱安党》（附《沙漠里的爱情》）、《地区的才女》（附《闻人高笛洒》）等均署。

高明（1908－？），江苏武进（今常州市）人。号尊闻室主。笔名：①瞿然，出版翻译长篇小说《克服》（苏联P.孚尔玛诺夫原作。心弦书社，1930年）署用。②高明，出版翻译小说《佐藤春夫集》（日本佐藤春夫原作。上海现代书局，1933年），翻译专著《小说研究十六讲》（上海北新书局，1930年）、《现代欧洲文艺思潮》（日本宝岛新三郎原作。上海现代书局，1931年）、

《西洋文学概论》（日本吉江松乔原作。上海现代书局，1933年）、《小说的创作及赏鉴》（日本木村毅原作。上海神州国光社，1933年）等署用。③陈真、沈晦、匿名子、淮海少年、珠湖渔隐、尊闻室主、XYZ，署用情况未详。按：高明尚出版有专著《小说研究十六讲》及译作《欧洲现代文艺思潮》等，出版与署名情况未详。

高沐鸿（1900－1980），山西武乡人。原名高成均。笔名：①高成均，见于《声的历史》，载1925年《莽原》周刊第6期；《异床同梦》，载1925年《莽原》第13期。嗣后在《莽原》发表其他文章亦署。②高沐鸿，见于《纪念碑》，载1936年《国闻周报》第13卷第48期。嗣后出版中篇小说《美满家庭》（山西华北书店，1944年），长篇小说《少年先锋》（北平震东印书馆，1931年），诗集《十二月之歌》（1956年）、《黄河一澄清》（1956年）、《太行吟》（1957年）、《回春室诗钞》（1980年）等亦署。③沐鸿，出版诗集《天河》（上海光华书局，1927年）、《夜风》（上海泰东图书局，1928年），长诗《湖上曲》（上海南华图书局，1929年），小说散文集《狭的囚笼》（上海泰东图书局，1928年），长篇小说《红日》（上海泰东图书局，1928年）署用。1932年5月19日在绥远《民国日报》副刊发表诗《偶然来到一个清晨》亦署。④马丁，见于1937年前后为冈夫小诗集《赵夫》所作之序。⑤毕未朽，解放战争时期发表小说《黑熊》《东山王》等署用。⑥毕不朽，在《莽原》周刊发表《城头》《巷中》等署用。按：高沐鸿另出版有长诗《故乡三部曲》，署名未详。

高培支（1881－1960），陕西富平人，生于陇州（今陇县）。原名高树基，字培支，号悟皆。笔名高培支，一生编选创作秦腔剧目54个，包括《夺锦楼》《二郎庙》《亡国影》《纨绔镜》《人月圆》《谈星》《当头棒》《公债热》《宦海潮》《鸦片战纪》《侠风奇缘》《崖山泪》《端阳苦乐记》《鸳鸯剑》《鸳鸯湖》《爱国奇女》《儿女英雄传》等。

高前（1925－？），河北任丘人。原名高宝忠。笔名高前，1949年后在台湾出版剧作《三只鸭子》（台北中华文艺创作社，1950年）、《再会吧！大陈》（台北康乐月刊出版社，1955年）、《外国月亮》（台北康乐月刊出版社，1956年）、《八点卅分》（台北艺工辅导社，1966年）、《性本善》（台北艺工辅导社，1970年）、《传统》（台北中国艺术出版社，1971年）、《她还会再来》（台北皇鼎文化出版社，1991年）等署用。

高青子，生卒年不详，福建人，原名高韵秀。笔名青子，见于小说《君子》，载1935年《艺风》第3卷第4期；随笔《法国的怪屋》，载1939年《杂志》半月刊第5卷第2期；译文《塔布衣夫人的信心》（法国G.塔布衣原作），载1940年《国际间》第2卷第10期。此前后在《青年界》《时论》《世界文化》《妇女月刊》《文苑》《半月文艺》《中国女青年》《旅行杂志》《广东妇女》《幸福世界》《青年知识周刊》《中央日报·平明》等刊发表文章亦署。

高仁山（1894－1928），江苏江阴人。原名高宝寿。笔名：①高宝寿，在北京大学《史学季刊》发表文章署用。②高仁山，见于随笔《介绍两种大学入门的功课》，载1924年北京《社会科学季刊》第2卷第4期；《我所希望于师范大学者（十月十六日）》，载1924年《北京师大周刊》第239期。嗣后在北京《晨报副镌》《新教育评论》等报刊发表文章亦署。

高润生（1859－1937），河北固安人，字菉坡、春飘，号笠园、笠园耕夫。笔名高润生，出版有《尔雅穀名考》六卷。

高深（？－1943），陕西米脂人。原名高家卿，字屏五。笔名：①高深，见于小说《兼差》，载1942年北平《中国公论》第7卷第2－5期。嗣后在该刊及《东亚联盟》发表诗《零星集》《生活的列车》、散文《一路平安》等，出版短篇小说集《兼差》（北平新民印书馆，1944年）亦署。②高原，见于小说《自杀》，载1941年北平《东亚联盟》第2卷第5期。

高士其（1905－1988），福建福州人。原名高仕锓。曾用名贻甲、成瑶（均乳名）。笔名高士其，见于科学小品《细菌的衣食住行》，载1935年《读书生活》第2卷第2期；《写在细菌学的第一课前面》，载1935年《读书生活》第2卷第7期。嗣后在该刊及《时事类编》《妇女生活》《通俗》《中学生》《卫生月刊》《国民》《科学趣味》《青年知识周刊》《自由世界》《民主与文化》《学习生活》《文艺生活》《科学与生活》《中国诗坛》《大家看》《科学技术通讯》《科学大众》等刊发表科普作品、译文，1949年后出版科普作品集《细菌的大菜馆》（上海通俗文化社，1936年）、《我们的抗敌英雄》（高士其等著。上海读书生活出版社，1936年）、《抗战与防疫》（上海读书生活出版社，1937年），诗集《科学诗》（作家出版社，1959年）、《祖国的春天》（少年儿童出版社，1979年）等亦署，

高树（1848－1931），四川泸州人，字蔚然，号珠岩山人、珠岩老人。笔名高树，著有《金銮琐记》。

高树木，生卒年不详，台湾台北人，字士穆，号壁星、诗星、军屏。曾用名高肇藩。笔名肇藩、高肇藩、高士穆、君屏、高树木，1920－1944年在台北《台湾日日新报》《昭和新报》《风月》《南方》《兴南新闻》等报刊发表旧体诗《庚申元旦试笔》《游园林书感》等署用。

高嵩（1919－？），辽宁海城人，满族。原名高作感，字克安。曾用名高作微。笔名：①高作感，见于童话《小尼和小白》等，载1934年《大亚公报》。②高松、高嵩，1935年后在东北《盛京时报》《民报》《醒时报》《晶画报》《新报》《民声晚报》等报刊发表杂文署用。

高滔（1902－1950），吉林省吉林市人。原名高天行。笔名：①高滔，见于译作《宝藏》（苏联高尔基原作），载1927年《莽原》半月刊第2卷第13期；《两面》，

载 1927 年《莽原》第 2 卷第 20 期。嗣后在该刊及《北新》《小说月报》《剧学月刊》《文史》《文学》《世界论坛》《中山文化教育馆季刊》《时代文化》《时事类编》《新中华》等刊发表译、著作品，出版翻译小说《贵族之家》（俄国屠格涅夫原作。上海商务印书馆，1929年）、《温淑的心》（俄国陀思妥耶夫斯基原作。上海生活书店，1936 年）亦署。②齐同，见于《一二九前后》，载 1936 年上海《文学》第 6 卷第 3 期；小说《风波》，载 1936 年《作家》第 1 卷第 7—9 期；小说《狂人》，载 1936 年《文季月刊》第 1 卷第 4—6 期。嗣后在《文学》《文丛》《中苏》《大众知识》《文艺阵地》《华美》《战时青年》《文艺春秋》等刊发表作品，出版长篇小说《文人国难曲》（上海文学出版社，1936 年）、《新生代（第一部："一二·九"）》（重庆生活书店，1939 年）亦署。

高天（1917—？），江苏淮安人，生于河南洛阳。原名高紫瑜。笔名：①高紫芩，见于诗《给"跋涉"的旅伴》，载 1935 年郑州《大华晨报·跋涉》第 3 期；诗《供状——和泪写给朋友们》，载 1936 年郑州《大华晨报·沙漠诗风》第 3 期。同时期起在上述两刊及开封《海星月刊》发表小说《冬防》、散文《华年》《病中》、诗《荒诞的梦》《寂寞之旅》《寄流亡者》《母亲》《行宿》、散文诗《夯》等亦署。②高天，20 世纪 30 年代在河南郑州主编《大华晨报·跋涉》《大华晨报·沙漠诗风》以及《劲风月刊》等诗刊署用。见于诗《阴山下》，载 1940 年西安《黄河》第 2 期。嗣后在该刊及重庆《新蜀报·蜀道》《国民公报·文群》、桂林《野草》《诗创作》、广州《中国诗坛》发表速写《送温暖到前线》、杂文《消愁录》、诗《我爱这土地》《冰桥》《乌梁素海的生命》《马上打枪的绥远人》《油灯》《编辑室小唱》《阳光礼赞》等亦署。③高紫瑜，见于评述《转型期的湘鄂战场》，载 1937 年重庆《内外什志》第 4 卷第 18 期。④菜野，见于散文《第"一月零九天"的夜》，载 1941 年重庆《国民公报·文群》第 342 期。嗣后在该刊发表散文《寄给太阳》《父亲》、诗《人海之航》《七月，江岸上》等亦署。又见于评论《最直率的话——看过〈战斗的女性〉》，载 1942 年重庆《新蜀报·蜀道》第 713 期。1946 年在广州《中国诗坛》光复版新 4 期发表诗《七月诗辑》亦署。

高天白（1927—？），甘肃武都人。笔名大白、星芒、高天白，1946 年开始在《沪州日报》《西北日报》《和平日报》《民国日报》《西北经济日报》《兰州日报》等发表小说、杂文署用。

高天梅（1877—1925），江苏金山（今上海市）人。原名高旭，字天梅、慧云、慧雪、慧子，号剑公；别号钝剑、江南快剑。曾用名高垕、高堪。笔名：①剑公，见于《海上大风潮起放歌》，载 1903 年 8 月 23 日《民国日报》。②汉剑，见于《读任公所著〈伯伦知理学说〉提199三章，即以寄赠》，载 1904 年 4 月 14 日《警钟日报》。③石达开（托名），发表《石达开遗诗》《哭天王被难》署用。④高剑公，出版诗集《天梅遗集十六卷》（1934 年刻本）署用。⑤天梅，在《南社丛刻》发表旧体诗署用。⑥寿黄、秦风、师姜、枕梅、哭厂（ān）、哀蝉、蕙云、变雅、变雅楼主、未济庐主、江南快剑、爱祖国者、残山剩水楼主人，署用情况未详。按：高天梅为南社著名诗人，作有《唤国魂》《忧群》《事存》《不肖》《俄皇彼得》《爱祖国歌》《大汉纪念歌》《逐满歌》《光复歌》《女子唱歌》《军国民歌》《国史纪念歌十六首》《海上大风潮起作歌》《登富士山放歌》《路亡国亡歌》《侠士行》《盼捷》《元旦》等著名诗篇，出版有《自题未济庐诗集》《天梅遗集》等诗集，署名情况未详。

高恬慧（1915—？），福建福州人。笔名：①也耶，见于报告《和死亡相对》，载 1941 年福建永安《现代文艺》第 2 卷第 4 期；小说《平淡的生活》，载 1941 年《现代青年月刊》第 4 卷第 4 期。嗣后在永安《中央日报·每周文艺》《现代文艺》《现代儿童》等报刊发表小说和散文亦署。②菊子，20 世纪 40 年代在福建报刊发表散文、小说等署用。

高维藩（1883—1935），湖北沔阳（今仙桃市）人，字介任。笔名高维藩，出版有《易经象指》《易经衷论》等著作。

高文华（1906—1931），江苏无锡人。曾用名程清（化名）。笔名高潮。曾任《中山日报》编辑。1929 年 3 月在狱中写了叙事长诗《人祸》。同年 7 月在狱中写了诗《饿囚之死》。

高文显（1913—1991），福建南安人。笔名：①高文显，见于人物传记《弘一法师的生平》，载 1924 年《觉音》第 20—21 期；《秋山月夜》，载 1930 年《厦大周刊》第 10 卷第 10 期；诗《雨》《清醒的梦》，载《厦门青年作品选集》（厦门青年文艺社，1933 年）。②梦蝶，见于诗《春宵听雨》，1933 年 4 月 18 日作于南普陀寺，所载未详。

高文渊，生卒年不详，台湾人。笔名文渊、高文渊、文渊生，1931—1944 年在台北《台湾日日新报》《南瀛新报》《昭和新报》《风月报》《南方》《兴南新闻》等报刊发表旧体诗《次韵剑山君催粧词》《登猴山观拜斗有感》等署用。

高宪斌（1885—1970），陕西米脂人。原名高锦章，字宪斌。笔名高宪斌，出版有《百二寓屋诗词散曲稿》（陕西师范大学出版社，1963 年）。

高兴亚（1902—1981），重庆人。曾用名高世华。笔名高兴亚，出版俄译小说《阿 Q 正传》（与苏联科金合译。莫斯科青年近卫军出版社，1929 年），1949 年后出版《冯玉祥将军》（北京出版社，1982 年）及《国民革命史稿》等著作署用。

高阳（1922—1992），浙江杭州人。原名许晏骈，字雁冰。曾用名许儒鸿。笔名：①史鱼、郡望、孺洪、

1948 年在台湾空军军官学校《笕桥报》发表文章署用。②高阳，1949 年后出版长篇小说《猛虎与蔷薇》（高雄百成书店，1953 年）始署，嗣后出版长篇小说、传记文学、散文集、学术著作《霏霏》《落花生》《红叶之恋》《凌霄曲》《花落花开》《避情港》《红尘》《桐花凤》《惊蛰》《李娃》《爱巢》《风尘三侠》《少年游》《金色的梦》《淡江红》《荆轲》《红烛》《文史觅趣》《缇萦》《清官册》《百花洲》《大将曹彬》《慈禧全传》（包括《慈禧前传》《玉座珠帘》《清宫外史上》《清宫外史下》《母子君臣》《瀛台落日》）、《胭脂井》《紫玉钗》《百花洲》《胡雪岩》《鸳鸯谱》《状元娘子》《金缕鞋》《铁面御史》《小白菜》《汉宫春晓》《小凤仙》《乾隆韵事》《乌龙院》《琵琶怨》《翠屏山》《正德外记》《花魁》《印心石》《刘三秀》《徐老虎与白寡妇》《杨门忠烈传》《清末四公子》《金色昙花》《粉墨春秋》《陈光甫外传》《草莽英雄》《石破天惊》《血红顶》《明末四公子》《三春争及初春景》《野猪林》《鱼的喜剧》《林冲夜奔》《林觉民》《翁同龢传》《丁香花》《胡雪岩外传》《恩怨江湖》《假官真做》《再生香》《王昭君》《八大胡同》《凤尾香罗》《玉垒浮云》《醉蓬莱》《安乐堂》《水龙吟》《苏州格格》《红楼梦断》《秣陵春》《茂陵秋》《五陵游》《延陵剑》《曹雪芹别传》《大野龙蛇》《文史觅趣》《高阳说曹雪芹》《高阳说红楼梦》《高阳说诗》《高阳杂文》《古今味》《古今食事》《梅丘生死摩耶梦》《宫闱搜秘》《清帮》《高阳出击》《同光大老》《柏台故事》《明朝的皇帝》《清朝的皇帝》《笔与枪》（与他人合译）、《猎及其他》（与他人合作）等均署。

高一涵（1885－1968），安徽六安人。原名高永浩。曾用名高崇民。笔名：①高一涵，见于通信《民国之祢衡——致甲寅杂志记者》，载 1914 年日本东京《甲寅》第 1 卷第 3 期；散文《皖江见闻记》，载 1918 年北京《新青年》第 5 卷第 4 期。此前后在上述两刊及《太平洋》《晨报副镌》《东方杂志》《努力周报》《现代评论》《北京大学日刊》《评论之评论》《晨光杂志》《社会科学季刊》《国立北京大学社会科学季刊》《中大季刊》《吴淞月刊》《十日》《法政季刊》《时事月报》《国衡》《边声月刊》等报刊发表文章，出版论著《中国御史制度的沿革》（上海商务印书馆，1926 年）、《欧洲政治思想史》（上海商务印书馆，1927 年）、《中国内阁制度的沿革》（上海商务印书馆，1930 年）、《政治学纲要》（上海神州国光社，1931 年）、《美帝侵华初期史实》（光明日报编辑所，1950 年）等亦署。②涵庐，见于随笔《快人快语》、译作《父亲》（伯恩苏原作），载 1919 年 1 月北京《每周评论》第 5 期。嗣后在该刊和《现代评论》发表著译作品，在《戊午杂志》《时事新报·学灯》等报刊发表文章亦署。③涵庐主人，见于剧评《现在改良戏剧家的错处》，载 1919 年 2 月 11 日、12 日北京《晨报》第 7 版。嗣后在该刊发表评论《我的戏剧革命观》《是可忍》亦署。④一涵，见于讲演《青岛伤心史》，载 1919 年《新生活》第 1—5 期；随笔《辩论家应该熟读的两种名著》，载 1922 年北京《努力周报》第 32

期。1925 年 2 月起在北京《现代评论》发表杂文《太上国民与国民太上》《执政府的生死关头》等亦署。⑤涵，见于《这一周》，载 1922 年北京《努力周报》第 23 期。嗣后在该刊发表杂文《黎元洪为什么逃走》《北京教育界的歧路》等，1924 年 12 月起在北京《现代评论》发表《军阀末路》等文亦署。⑥象山，见于随笔《闲话》，载 1926 年《现代评论》第 4 卷第 85 期。嗣后在该刊发表《商业式的学校》等文亦署。⑦高梦弼，见于论文《中东铁路与远东问题》，载 1929 年广州《广东党务》第 15—19 期；论文《西北矿藏纪要》，载 1936 年《建国月刊》第 15 卷第 1 期。⑧梦弼，见于论文《西北之垦务》，载 1936 年《建国月刊》第 14 卷第 2 期。

高一凌（1916－1998），广东兴宁人。笔名：①一凌，见于《北朝胡族统治下之北方文物》，载 1936 年北平《中法大学月刊》第 8 卷第 5 期、第 9 卷第 1 期。嗣后在《现代青年》《文讯》等刊发表随笔《通州的一日》《我所知道的沈从文先生》等，出版诗集《夜行集》（北平传信书局，1936 年）亦署。②高一凌，见于诗《他们是十二个》，载 1934 年北平《华北月刊》第 2 卷第 2 期（目录署名“高一凌”，正文署名“一凌”）；诗《凉》，载 1937 年北平《文学杂志》第 1 卷第 4 期。嗣后在上海《玫瑰》以及《人人周报》等报刊发表文章亦署。

高缨（1929－2019），天津人，生于河南焦作。原名高洪仪。笔名：①高鸿仪，见于诗《张娘》，载 1945 年重庆《火之源》第 4 期。②红霓、李桦，20 世纪 40 年代在小报发表短诗署用。③高缨，1949 年后发表作品、出版诗集《狮子滩人》《大凉山之歌》《凝聚的雪花》、长诗《丁佑君》《三峡灯火》、小说集《山高水远》、长篇小说《云崖初暖》、散文集《西昌月》《竹楼的恩情》《心灵的母亲》《走向那片神奇》、电影文学剧本《达吉和他的父亲》等均署。

高咏（1920－1942），湖北汉口（今武汉市）人。原名高咏青。笔名：①伍禾，20 世纪 30 年代曾借用诗人伍禾（伍棠棣）之名在《武汉日报·鹦鹉洲》发表诗作。②高咏，1936 年在汉口编《时代日报·诗与散文》时发表诗作署用。见于通讯《信阳的民众武力》，载 1938 年汉口《全民周刊》第 2 卷第 4 期；诗《岗哨》，载 1939 年 10 月 17 日桂林《救亡日报·文化岗位》。此前后在《抗战文艺》《七月》《自由中国》《黄河》《现代文艺》《华北文艺》《战时文艺》《文坛》《文艺杂志》《中学生》《新音乐》《抗战周刊》《抗战时代》《中国诗坛》《华北文化》等报刊发表诗文，出版长篇小说《随粮代征》（上海文化生活出版社，1940 年）亦署。③高咏清，见于诗《守望》，载 1938 年 6 月武汉《五月》创刊号。④高咏青，见于诗《旧关》，载 1938 年昆明《战歌》第 1 卷第 4 期。同年湖北《文艺战线旬刊》第 1 卷第 8 期亦署此名。⑤咏青，见于诗《清漳河》，载 1939 年 2 月 26 日桂林《救亡日报·文化岗位》。⑥白芸窗，署用情况未详。

高友唐（1881－1934），辽宁铁岭人。原名高维宗，字友唐。曾任汉口《楚报》主笔、《汉报》总编，上海《民呼》《民吁》《民立》《新闻》等报馆主任。笔名高友唐，出版有《高高轩随笔》等著作。

高榆（1930－？），江苏南京人。笔名：①高思原，见于小说《出卖青春》，载1948年春上海《新民晚报·夜光杯》。②高榆，见于小说《路》，载1948年《新民晚报·夜光杯》。又用于上海《大公报·大公园》。

高语罕（1888－1948），安徽怀宁人，号一羽、蜗庐。曾用名李中、王瑞霖、张其柯、程始仁、王灵均、王灵皋、戈鲁阳。笔名：①高语罕，见于《青年与国家之前途》，载1916年《新青年》第5期。1937年在《战斗周报》发表通讯连载《几行血泪》，嗣后在该刊及《安徽教育》《读书通讯》《东方杂志》《民主与统一》等刊发表论文、随笔、散文，出版《现代的公民》（1927年）、《烽火归来》（1939年）等亦署。②语罕，见于诗《小船》，载1920年《新生活》第28期。③王灵皋，发表《中国思想界的奥伏赫变》署用。按：高语罕出版有《几行血泪》《理论与实践》等著作，署名情况未详。

高元钧（1916－1993），河南宁陵人。原名高金山。山东快书表演艺术家，以表演长篇山东快书《武松传》著名。其创作有《武松打虎》《武松赶会》《鲁达除霸》《李逵夺鱼》《赵匡胤大闹马家店》等著名段子，以及《一车高粱米》《侦察兵》《长空激战》《智斩栾平》等新段子。笔名高元钧，出版《表演山东快书的经验》（与刘学智、刘洪滨合作，上海文艺出版社，1959年）、《快板快书研究》（作家出版社，1960年）、《山东快书艺术浅论》（与刘学智、刘洪滨合作，人民文学出版社，1982年），以及《山东快书漫谈》《我和山东快书》等署用。

高云览（1910－1956），福建厦门人。原名高怡昌。曾用名高法鲁、高友庆、高咏览。笔名：①健尼，出版长篇小说《前夜》（上海自力出版社，1946年）署用。②芸览、仲约、也鲁，1927年在马来亚新加坡《南洋商报·狮声》《现代周刊》等报刊发表文章署用。③云览，见于散文《为你的父，子孙》，载1941年9月9日《南洋商报·狮声》；评论《做为桥梁的〈日出〉底演出》，载1938年马来亚新加坡《南洋周刊》第18期。④高友庆，见于随笔《学习鲁迅的"省俭"》，载1952年8月18日《天津日报》。⑤高云览，出版长篇小说《小城春秋》（人民文学出版社，1956年）署用。⑥法鲁，署用情况未详。按：高云览尚著有小说《春秋劫》，出版与署用情况未详。

高增（1881－1943），江苏金山（今上海市）人，字岫云、卓庵、澹安、澹庵，号佛子；别号大雄、卓公、筠庵、秋士、吴魂、觉佛。笔名：①高增，在《南社丛刻》发表诗词署用。②岫云、筠庵、东亚愤人，署用情况未详。

高展（1924－2004），福建福州人。原名林沂。笔名林沂，见于杂文《李密与〈陈情表〉》，载1944年10月22日《东南日报·笔垒》。

高振堃，生卒年及籍贯不详。笔名默汀，1943年在青岛《诗青年》月刊发表诗作署用。

高植（1911－1960），安徽巢湖人。曾用名高介植、高地。笔名：①高植，见于随笔《小品而已》，载1929年上海《文学周报》第361期；小说《漂流》，载1931年《北斗》第1卷第4期。嗣后在《新月》《北斗》《国闻周报》《文艺月刊》《中央日报·中央公园》《开明》《新时代》《论语》《小说月刊》《文化列车》《诗歌月报》《中国文学》《文学评论》《抗战文艺》《文艺先锋》《中国作家》《自由言论》《创化》《东方杂志》《大上海》《社会月报》《时事类编》《新中华》《中苏文化》《新认识》《文风杂志》《文学修养》《曙光》《智慧》《儿童与社会》、天津《大公报·文艺》等报刊发表著、译作品，出版散文小说集《后方集》（重庆正中书局，1943年），小说集《树下集》（上海中华书局，1936年），长篇小说《中学时代》（上海大东书局，1945年），翻译小说《女罪人》（英国巴克斯特原作。重庆五十年代出版社，1941年）、《复活》（俄国列夫·托尔斯泰原作。重庆文化生活出版社，1943年）、《七十一队上升》（美国肯纳莱等原作。重庆国民图书出版社，1944年）、《幼年·少年·青年》（俄国列夫·托尔斯泰原作。重庆文化生活出版社，1944年）、《安娜·卡列尼娜》（俄国列夫·托尔斯泰原作。上海文化生活出版社，1949年）等亦署。②高丙，1934年前后在浙江报刊发表文章署用。③高植地，见于随笔《〈战争与和平〉助译经过》，载1940年4月9日重庆《新蜀报·蜀道》第91期。④地植，见于杂文《神庙·官府·人家》，载1940年6月12日《新蜀报·蜀道》。⑤高地植，见于翻译小说《战争与和平（断片）》（俄国列夫·托尔斯泰原作，与郭沫若合译），载1940年重庆《文学月报》第2卷第1、2期合刊。⑥高地，见于随笔《轨麓间》，载1932年杭州《小说月刊》第1卷第2期。嗣后在《新认识》《文艺先锋》《中央日报·中央公园》等报刊发表随笔《译作杂谈》、翻译小说《富人们》（美国斯图亚特原作）等亦署。⑦丁久、祖国春，署用情况未详。

高仲和（1876－1970），湖北枣阳人。原名高维嵩，字中原、重源。后更名高仲和，并作为笔名，民国初任武昌《民心报》和上海《民情》报、《民意》报主编，发表文章、出版《北征记》等著作署用。

高祖宪（1871－1974），陕西米脂人，字又宜、友尼。笔名高祖宪，出版有《周易心悟》《嘉乐堂诗文集》等著作。

杲向真（1920－2011），江苏邳州人，生于江苏新沂。原名杲淑清。笔名：①向真，见于速写《小小募捐队》，载1938年初长沙《观察日报》；报道《抗战中的湘西妇女》，载1940年重庆《妇女生活》第7卷第9、10期合刊。嗣后在《力报·新垦地》《西方日报》《明耻》《新道理》等报刊发表小说《中秋节》《期待》《打水仗》、通信《军人在抗战期间应否结婚的论结》等亦署。②胖实，见于小说《李进贤医生》，载1940年夏桂林《力报·新垦地》。③淑清，见于中篇小说《路》，载1942年桂林华华书店版之小说合集《红叶集》。④二丫，见于随笔《女人和"天才的鼻子"》，载1947年冬成都《西方日报·西苑》。⑤高抗，见于诗《宇宙之歌》，载1947年冬成都《西方日报·西苑》。⑥克彬，见于杂文《训奴才》，载1947年后成都《西方日报·西苑》。⑦如也，见于随笔《偶感》，载1947年后成都《西方日报·西苑》。⑧向岚，见于诗《坐茶馆》，载1947年后成都《西方日报·西苑》。⑨尚直，见于散文《记一位护士小姐》，载1947年后成都《西方日报·西方妇女》。⑩万尼亚，1947—1948年间在成都某报发表小诗署用。⑪呆岚，见于短篇小说集《带臂章的人》（上海文化供应社，1949年）。⑫窦苑，见于组诗《生命》，载1981年《北京文艺》第5期。⑬呆向真，出版长篇小说《啊！不是幻影》（江苏人民出版社，1985年），中篇小说《翠玉河传奇》（江苏人民出版社，1981年），故事集《运河边的童年》（新疆人民出版社，1961年），短篇小说集《节日的礼物》（天津人民出版社，1957年）、《金桂》（少年儿童出版社，1965）、《宝井》（安徽人民出版社，1982年），小说散文集《风雨中的小鹰》（四川人民出版社，1980年）、《小牛耳打鼓》（湖北少年儿童出版社，1983年），儿童文学《小胖和小松》（作家出版社，1960年），童话《快乐的小鸡》（少年儿童出版社，1963年）、《小白兔上公园》（少年儿童出版社，1985年）、《咯咯和妙鸣》（浙江少年儿童出版社，1985年）、《小狐狸奇奇》（安徽少年儿童出版社，1987年），小说、散文、童话集《采撷集》（新世纪出版社，1987年）等署用。

呆杏（1917—1987），辽宁西丰人。原名高也平。曾用名高德生、高也登、高再天。笔名：①洒滑、飒划，1935—1936年间在大连《泰东日报·群星》发表诗文署用。②呆杏，1936年开始在大连《泰东日报》、沈阳《满洲新文化月刊》《兴满文化月报》、长春《明明》《新青年》《晶画报》《中报》《东北时报》、抚顺《抚顺日报》、哈尔滨《大北新报·大北文学》《滨江日报·大荒》《滨江时报》《新生报》《工商报》等报刊发表诗文署用。见于诗《飘零儿》，载1939年哈尔滨《大北新报·晓日》；诗集《口笛》（长春益智书店，1939年）。③颜赤珠、珠、林仓、是者、呆东杳、壮奠如，1938—1941年间在沈阳《奉天民报》及《地平线》发表诗文署用。④无川，见于《立点积》，载1941年7月抚顺《青年指导者》附刊《青年的一日》。⑤高还，1946年在吉林中苏友协《荒原》发表文章署用。⑥野灯，1946年在长春《东北时报》发表关于妇女解放的文章署用。⑦林昌，1947—1948年间在长春《中报》《长春新报》发表文章署用。⑧七虹、五艾、邹朗，1947年发表文章曾署用。

【ge】

戈宝权（1913—2000），江苏东台人。笔名：①戈宝权，见于随笔《关于几个中国鬼》，载1928年上海《文学周报》第338期；译文《另一个法国》（苏联爱伦堡原作），载1941年5月16日延安《解放日报》。此前后在《现代学生》《经济学》《文学》《宇宙风》《老实话》《新学识》《天南》《文艺阵地》《抗战文艺》《文坛月报》《文艺新闻》《全民周刊》《中苏文化》《群众》《妇女生活》《杂志》《文学月报》《笔谈》《文讯》《青年文艺》《读书月报》《大众生活》《人世间》《青年知识》《青年生活》《学习生活·文艺版》《广东妇女》《文艺春秋》《文学新报》《希望》《文艺大众》《文联》《文艺复兴》《清明》《诗创造》《中国作家》《中原》《新华日报·新华副刊》《开明少年》《中学生》《大学月刊》《中国新诗》《幸福生活》《新书月刊》《文学战线》《华北文艺》等报刊发表《高尔基的逝世与葬礼》《从苏联的儿童谈到中国的儿童》《罗曼·罗兰的生活与思想》《苏联的女作家》《斯大林论科学》《高尔基是怎样开始读书的》等著译诗文亦署。出版翻译文学著作《六月在顿河》（苏联爱伦堡原作。重庆新华日报图书课，1942年）、《英雄的斯大林城》（苏联爱伦堡原作。重庆新华日报图书课，1943年）、《哥尼斯堡之陷落》（苏联魏里奇柯原作。人民出版社，1945年；哈尔滨东北书店，1947年）、《宝石花》（苏联巴若夫原作。上海时代书报出版社，1947年）、《普希金文集》（苏联罗果夫编。上海时代书报出版社，1947年）、《十二个》（苏联勃洛克原作。上海时代书报出版社，1948年）、《十二个月》（苏联马尔夏克原作。上海时代书报出版社，1949年）及《谢普琴科诗选》《安哥拉诗集》《裴多菲小说散文选》《爱明内斯库诗选》《普希金诗集》《高尔基小说、论文集》等，专著《苏联讲话》《高尔基研究年刊》《苏联文学讲话》等，以及《鲁迅在当世文学上的地位》《阿Q正传》在国外》《中外文学因缘》等亦署。②伊凡，见于随笔《北国通信——海参崴一瞥》，载1935年上海《世界知识》。③宝权，见于译文《国际无产阶级和人民反对法西斯的统一战线》（与凯丰合译），载1939年重庆《群众》第2卷第15期；译文《关于谢夫琴科的故事》，载1941年香港《笔谈》第5期。④北泉，见于译文《马克思和恩格斯的哲学观点之发展》，载1942年重庆《群众》第7卷第15期、第16期。同时期在该刊发表译文《列宁和斯大林怎样发展了马克思主义的哲学》（苏联A.萧格洛夫原作）等亦署。⑤葆荃，见于译文《十二月十六日的克林城》（苏联E.彼特洛夫原作），载1942年9月28日延安《解放日报》；译诗《亲爱的故乡》（苏联依萨科夫斯基原作），载1944年重庆《青年文艺》新1卷第2期。此前后在上述报刊及《大众生活》《开明少年》《改进》《文坛月报》等刊发表《高尔基逝世后的四五年》《法西斯铁蹄下的欧洲知识分子的命运》《遥望着海的彼岸》《亲爱的故乡》等著译作品亦署。⑥北辰，见于译诗《等待着我吧》，载 1944 年 3 月 5 日桂林《大公报·周刊》。⑦苏牧，见于译文《论郭沫若之〈屈原〉》，载 1944 年重庆《中苏文化》第 15 卷第 3、4 期合刊。同时期在该刊发表随笔《乔治亚民族史诗〈虎皮武士〉》亦署。⑧萧思明，见于评论《苏联也有所谓"警管区制"吗》，载 1946 年上海《周报》第 37 期。

戈壁（1917—？），辽宁盖州人。原名申述。曾用名申弼。笔名戈壁，见于小说《离乡》，载 1940 年初沈阳《新青年》月刊；小品文《城与人》，载 1940 年 4 月 15 日本大阪《华文大阪每日》；散文《归来》，载 1943 年重庆《文学修养》第 6 期。1944 年 10 月由北平新民印书馆出版小说散文集《离乡集》亦署。

戈壁舟（1916—1986），四川德阳人，生于成都。原名廖信爆。曾用名廖耐难、颜行。笔名：①王众，见于诗《血钟》，载 1936 年成都中共地下党刊物《大声周刊》。②戈壁舟，1939 年到延安后改名。见于散文《一个朋友》，载 1941 年 11 月 28 日延安《解放日报》；诗《冬天的树呀并没有死》、歌词《启明星》（李庆森曲），载 1949 年延安《群众文艺》第 7 期。1949 年后发表诗文、出版诗集《把路修上天》《别延安》《延河照样流》《沙原牧女》《青松翠竹》《我迎着朝阳光》《登临集》《黑海赞歌》《岩上松》《延河诗抄》等均署。

戈公振（1890—1935），江苏东台人。原名戈绍发，字春霆，号公振。笔名：①戈公振，见于评论《中国新闻事业之将来》，载 1923 年上海《东方杂志》第 20 卷第 15 期；随笔《英京读书记》，载 1928 年天津《国闻周报》第 5 卷第 2 期。嗣后在以上刊物及《生活周刊》《国立劳动大学月刊》《电信学校校刊》《新生周刊》《时事月报》《申报月刊》《人间世》《人文月刊》《时报》《申报》等报刊发表《在海外悬念祖国的黄柳霜》《国际报界专家大会之先声》《记德国世界报纸博览会》《新闻纸的商业化》《列宁逝世的十周年》等文，出版论著《新闻学撮要》（上海新闻记者联欢会，1925 年）、《中国报学史》（上海商务印书馆，1927 年），散文集《从东北到庶联》（上海生活书店，1935 年）等著作署。②公振，见于评论《中国报界应有之觉悟》，载 1929 年上海《生活》第 5 卷第 35 期、第 36 期。

戈焰（1923—2010），四川涪陵（今重庆市）人。原名郭丽君。笔名戈炎、白桦。著有报告文学集《向英雄的淮北人民致敬》《人造湖畔英雄颂》、诗集《豆选女县长》《哭任霄》、长篇小说《兰妮香》（与其他人合作）、回忆录《西战团在山西活动的踪影》《忆访首次解放华北重镇张家口》等。

戈扬（1916—2009），江苏海安人，生于扬州市。原名树顺贞。曾用名树佩华、树扬。笔名：①栖栖，1935 年在《镇江日报》发表小说、散文署。②洛文，出版通讯报告集《受难的人们》（上海联益出版社，1946 年）署用。③戈扬，见于随笔《鲁迅·闻一多断片》，载 1946 年北平《文艺大众》新 2 号；诗《井岗山下》，载 1950 年《文艺生活》穗新 1 号。此前后在《胶东文艺》《新潍坊报》《西北文化》《新华论坛》等报刊发表《心灵的导师》《苏北的新市镇——益林》《民伕队》《随笔二则》等文，出版《新闻采访与写作》《通讯与特写集》《向新的高潮前进》《王进忠的故事》《大姐你好》等著作亦署。④洛人、淮士、知春、何歌子，署用情况未详。

戈阳（1923—？），广东澄海人。原名许少超。笔名戈阳，见于诗集《血仇》（香港新诗歌社，1948 年）。嗣后出版诗集《寸心草》（四川大学出版社，1993 年）亦署。

歌雷，生卒年不详，江苏人。原名史习枚。笔名歌雷，1946 年 8 月 1 日—1949 年 3 月 29 日主编台湾《新生报·桥》署用。

葛昌楣（1886—1964），浙江平湖人，字咏莪，号荫梧、雍吾、韬华。笔名葛昌楣，见于随笔《蘼芜纪闻》，载 1936 年上海《艺文》第 1 卷第 1、2 期。嗣后出版《蘼芜纪闻》（江苏省立苏州图书馆，1941 年）、《橅六朝碑碣》等亦署。

葛偶，生卒年不详，河北人。原名何润清。笔名：①葛偶，见于散文《园园和尚》，载 1936 年 3 月 1 日绥远《社会日报·新绥远》；散文《剪影——乡行小记》，载 1935 年 9 月 23 日绥远《民国日报·塞原》。同时期在绥远《民国日报·十字街头》《西北日报·塞风》《社会日报·洪荒》等报刊发表散文亦署。②何润清，见于小说《董家沟》，载 1936 年绥远《燕然》第 3 期。嗣后在该刊及《社会日报·洪荒》《社会日报·新绥远》《西北日报·塞风》发表小说《大喜的日子》《水》、译文《命运》等亦署。③贺桑娄，在绥远报刊发表文章署用。

葛林（1915—2013），山东日照人，原名葛为璟，曾用名葛琳。笔名：①大林、林大、王林，1940—1942 年在重庆《新华日报》发表译作《俄罗斯民间故事》《苏联儿童故事》《一个孩子的眷顾》等十余篇，同时期在重庆《战时青年》发表译作《我变老实了》亦署。"大林"一名 1938—1939 年在香港《星岛日报·青年世界读者》发表关于世界语的文章亦署。②葛林，20 世纪 50 年代后在上海《解放日报》发表译作署用。嗣后出版译作《二十世纪文学评论》（英国洛奇原作。上海译文出版社，1987 年）、《现实主义和当代小说》《扁的和圆的人物多"角度"》及论著《论跨越文化伦理对翻译的规约》（厦门大学出版社，2008 年），主编《欧美古典作家论现实主义与浪漫主义》，选编《二十世纪文学评论》等亦署。

葛洛（1920—1994），河南汝阳人。原名常玉磐。曾用名常玉磐。笔名：①葛洛，1938 年开始署用。见于《我的主家》，载 1941 年 6 月 22 日至 23 日延安《解放日报》。嗣后在该报发表《风波》《卫生组长》等，在《新华日报》《北方》《平原文艺》《胶东文艺》《小说》等报刊发表小说、散文等，1949 年后出版小说散文集

《雇工》（中南新华书店，1960 年），主编《中国新文艺大系（1949－1966）·短篇小说集（下卷）》（中国文联出版公司，1989 年）等亦署。②于顷、常础，署用情况未详。

葛琴（1907－1995），江苏宜兴人。曾用名永芽（乳名）、葛韵焦、葛允斐、何桂贞。笔名：①葛琴，见于小说《总退却》，载 1932 年上海《北斗》月刊第 2 卷第 2 期。嗣后在《夜莺》《文季月刊》《中流》《文丛》《大公报·文艺》《国闻周报》《七月》《抗战文艺》《野草》《浙江潮》《改进半月刊》《文艺杂志》《广西妇女》《文艺生活》《中学生》《青年生活》《群众》《现代文艺》《文学批评》《当代文艺》《刀与笔》《动员周刊》《大家看》《战时生活》《东南战线》《文化战士》《戏剧月刊》《东南日报·笔垒》《战旗》《新道理》《新华日报》《正气报·文艺》《综合》《大刚报·大江》《时代日报》《文汇报》《华商报》《中原·文艺杂志·希望·文哨联合特刊》《青年文艺》《小说》《大众文艺丛刊》《人民与文艺》《新形势与新文艺》等报刊发表小说、散文、评论等，出版《散文选》（葛琴选注。香港文化供应社，1947 年），小说集《总退却》（上海良友图书印刷公司，1937 年）、《生命》（福建改进出版社，1941 年）、《伴侣》（桂林文化供应社，1942 年）、《磨坊》（重庆中华书局，1945 年）、《一个被迫害的女人》（上海中华书局，1946 年）、《犯》（上海耕耘出版社，1947 年）、《葛琴创作集》（上海新新出版社，1947 年）、《结亲》（上海群益出版社，1949 年），中篇小说《窑场》（上海良友图书印刷公司，1937 年），创作电影文学剧本《司机》《三年》《海燕》等亦署。②柯琴，见于小说《罗警长》，载 1932 年上海《文学月报》第 1 卷第 5、6 期合刊；小说《闪烁》，载 1933 年上海《现代》第 3 卷第 2 期。③琴，见于杂文《抗战怒潮已转入有利的阶段》，载 1938 年 4 月龙泉《大家看》第 5 期。④允斐，见于时评《援助台湾革命》，载 1938 年《浙江潮》第 40 期。嗣后在该刊及《文化战士》《浙江妇女》《妇女战线》《现代儿童》《战旗》等刊发表文章亦署。⑤葛允斐，1939 年《妇女战线》第 7 期起主编该刊署用。⑥韵焦，见于时评《发动全省妇女为实践新浙江三年计划奋斗》，载 1940 年《浙江妇女》第 2 卷第 1 期。嗣后在该刊及《浙江潮》发表速写《单行线上》、杂文《育婴与弃婴》等亦署。⑦戈琴，见于小说《小王》，载 1941 年桂林《青年生活》第 1 卷第 5 期。嗣后在该刊发表评论《论青年学生的领导问题》亦署。

葛青凡（1909－1988），浙江杭州人。笔名：①芝青，见于《琼克劳馥小史》，载 1931 年上海《玲珑》第 1 卷第 16 期；诗《劳苦的一群》，载 1933 年上海《新诗歌》第 1 卷第 3 期。嗣后出版小说《生死恋》（新加坡南方晚报社，1951 年），传记《绝代佳人》（新加坡南洋商报社，1952 年）、《武则天》（新加坡南洋商报社，1953 年）、《岳飞》（新加坡南洋商报社，1953 年）等亦署。②青凡，见于散文《从武汉到东京》，载 1938 年上海《宇宙风》第 75 期至 1939 年该刊第 78 期；随笔《如

何动员家庭妇女》，载 1938 年上海《东方杂志》第 35 卷第 21 期。③葛青凡，见于评论《日本外汇基金的估价》，载 1939 年上海《财政评论》第 1 卷第 2 期。嗣后在该刊发表《瑞典经济财政大势》《中日战争以来之日本贸易》《日本大藏大臣石渡庄太郎》等文亦署。④陆茗、李莎、葛静，署用情况未详。

葛尚德，生卒年及籍贯不详。笔名：①纹珊，出版小说集《乡村的火焰》（上海光华书局，1930 年）署用。②葛尚德，见于《急待解决的欧洲战债问题》，载 1932 年上海《大夏期刊》第 3 期。嗣后在《大上海教育》《大夏半月刊》等刊发表《儿童健康教育的探讨》《南北朝之妇女文学》等文，出版翻译童话《湖中的女王》（德国霍普特曼原作。上海北新书局，1934 年）亦署。

葛文（1921－？），河北石家庄人。原名葛文姬。笔名葛文，见于小说《老崔转过弯来了》，载 1946 年晋察冀《新群众》第 1 卷第 2 期。嗣后在该刊发表散文《乡村散记》，1949 年后出版短篇小说集《一封信》（工人出版社，1951 年）、《乡村新话》（北京出版社，1958 年），中篇小说《喷泉记》（百花文艺出版社，1963 年）等亦署。

葛一虹（1913－2005），上海人。曾用名葛曾济。笔名：①葛一虹，见于译文《夜莺》，载 1931 年重庆《国讯》第 337 期。嗣后在《黄埔》《中苏文化》《时事类编》《文艺月刊》《光明》《电影戏剧》《新演剧》《文艺阵地》《抗战文艺》《戏剧新闻》《文学月报》《文学修养》《现代妇女》《文学新报》《时代》《真理与自由》《戏剧春秋》《时代文学》《诗创作》《文艺先锋》《文艺春秋》《青年文艺》《文联》《文艺复兴》《时与潮文艺》等报刊发表著译作品，出版戏剧集《红缨枪》（重庆中国文化服务社，1940 年），译剧《带枪的人》（苏联包哥廷原作。桂林华华书店，1942 年）、《生命在呼唤》（苏联贝尔采可夫斯基原作。北平天下图书公司，1949 年）、《普希金画传》（北平天下图书公司，1947 年），散文集《高尔基》（苏联 A. 罗斯金原作，与戈宝权、茅盾合译。上海光华书局，1945 年），编选戏剧集《走》（重庆新生图书文具公司，1941 年）等亦署。②穆契，见于杂文《"奇迹"》，载 1934 年 6 月 16 日上海《中华日报·动向》。在上海《新演剧》《影迷周报》等刊发表文章亦署。③穆褉，见于小说《野孩子们》，载 1936 年上海《文学丛报》第 3 期；独幕儿童剧《野孩子们》，载 1936 年上海《读书生活》第 4 卷第 6 期。1935 年 3、4 月间致鲁迅亦署此名。④黄舞莺，见于剧评《重庆舞台与重庆观众》，载 1940 年重庆《七月》第 5 集第 1 期。嗣后在重庆《文学月报》《天下文章》等刊发表文章亦署。⑤一虹，见于译文《红军领袖的故事》，载 1940 年重庆《中苏文化》第 5 卷第 2 期。⑥黄芜菌，见于评论《读夏衍底〈法西斯细菌〉》《论〈法西斯细菌〉底批评底批评》，载 1943 年重庆《天下文章》第 3 期；译文《西蒙诺夫的〈俄罗斯人〉》（苏联罗果托夫原作），载 1943 年重庆《中苏文化》第 13 卷第 8－9 期

合刊。⑦江上仙，见于剧评《为什么要演〈天长地久〉这样的戏》，载 1941 年 4 月 28 日重庆《新华日报》。⑧纪萱、芜茵、伊洪、葛澂霁，署用情况未详。

葛英超（1914—1977），浙江慈溪人。原名葛维焕，字英超，号鲁蛮。曾用名葛雄鸣。笔名：①葛永耕，1935—1937 年在宜昌《海燕》杂志发表诗歌署用。②鲁蛮，见于《旅大生产合理化建议》，载 1949 年《新华月报》第 1 卷第 2 期。

葛祖兰（1887—1987），浙江宁波人，字锡祺。笔名：①老拙，20 世纪 20 年代在上海《申报》《新闻报》发表文章，出版《日本现代政治人物评述》亦署。②当归，20 世纪 20 年代在上海《申报》《新闻报》发表文章署用。见于随笔《上海景致之二——赌》，载 1939 年 1 月 1 日上海《礼拜日周刊》。③葛祖兰，出版翻译长篇小说《再和我接个吻》（日本菊池宽原作。上海国光印书局，1928 年）署用。嗣后发表译文《纽约柏女士经营儿童大学参观记》（日本长田新民原作。载 1931 年上海《教育季刊》第 2 期）、《通信》（载 1931 年上海《新月》第 3 卷第 10 期），以及《正冈子规俳句选译》（上海译文出版社，1985 年）、《祖兰俳存》（1979 年 1 月自印）、《俳句困学记》，编写日语读本、辞典等亦署。

【geng】

耿济之（1899—1947），上海人。原名耿匡，字孟邕，号济之、西溪。笔名：①耿匡，见于翻译小说《真幸福》（俄国列夫·托尔斯泰原作，载 1919 年北京《新中国》第 1 卷第 3 期；翻译小说《难道这是应该的么？》（俄国列夫·托尔斯泰原作，与顾文萃合译），载 1919 年北京《国民》第 2 卷第 1 期。同时期在北京《曙光》《新社会》等刊发表著译作品，出版译作《俄罗斯名家短篇小说（第一集）》（北京新中国出版社，1920 年）、《俄国协作公司及其联合会条例》（北京司法公报发行所，1921 年）等亦署。②济，见于评述《"北京社会实进会"的沿革和组织》，载 1919 年北京《新社会》第 1 期。嗣后在该刊发表随笔《爱与牺牲》《空话不如少说》等亦署。③耿济之，见于翻译小说《航海》（俄国屠格涅夫原作），载 1919 年北京《新社会》第 6 期；翻译短剧《求婚》（俄国契诃夫原作），载 1920 年北京《解放与改造》第 2 卷第 12 期。嗣后在《小说月报》《文学周报》《民铎杂志》《东方杂志》《新生命》《译文》《文学》《月报》《法国文学研究》《文学集林》《周报》《万象》《笔阵》《文学春秋》等刊发表著译作品，出版翻译戏剧《雷雨》（俄国亚·尼·奥斯特洛夫斯基原作。上海商务印书馆，1921 年）、《人之一生》（俄国安特列夫原作。上海商务印书馆，1923 年）、《巡按使及其他》（俄国果戈里原作。上海文化生活出版社，1941 年），翻译小说《父与子》（俄国屠格涅夫原作。上海商务印书馆，1922 年）、《复活》（俄国列夫·托尔斯泰原作。上海商务印书馆，1922 年）、《遗产》（法国莫泊桑原作。上海商务印书馆，1923 年）、《疯人日记》（俄国果戈里

原作。上海商务印书馆，1925 年）、《猎人日记》（俄国屠格涅夫原作。上海文化生活出版社，1936 年）、《契诃夫短篇小说集》（与耿勉之合译。上海商务印书馆，1923 年）等亦署。④济之，见于翻译小说《撞钟老人》（俄国柯洛连科原作），载 1920 年上海《东方杂志》第 17 卷第 12 期；翻译小说《戏言》（俄国契诃夫原作），载 1920 年上海《小说月报》第 11 卷第 4 期。此前后在《解放与改造》《曙光》《新社会》《戏剧》《大众生活》《论语》《文学》《新文丛》等刊发表著译作品亦署。⑤C. Z.，见于译文《创卧四日记》（苏联高尔基原作），载 1920 年北京《人道》第 1 期；译诗《赤色的诗歌——第三国际党的颂歌》（与 CT 合译），载 1921 年《小说月报》第 12 卷号外"俄国文学研究"。⑥蒙生，见于译文《新俄的文学》（俄国莱斯涅夫原作），载 1929 年《小说月报》第 20 卷第 7 期。嗣后在该刊发表通讯《苏联的文学杂志》、翻译小说《袭击》（苏联赛甫琳娜原作）等，出版翻译小说《苏联名作家专集（五）》（苏联赛甫琳娜原作，与曹靖华等合译。上海大东书局，1949 年）亦署。⑦狄谟，见于通讯《关于苏联文坛组织的消息》，载 1933 年上海《文学》月刊第 1 卷第 5 期；《中国文学在苏联》，载 1936 年上海《申报周刊》第 1 卷第 16 期。

耿林莽（1926— ），江苏如皋人。原名刘迪庆。笔名：①耿林莽，见于诗《小村》，载 1945 年 1 月 19 日南通《江北日报·诗歌线》新 14 期、1945 年上海《文潮月刊》第 2 卷第 1 期。嗣后在上海《文潮月刊》、徐州《新徐日报》等刊发表诗亦署。1949 年后出版诗集《星星河》（花城出版社，1981 年）、《潮音集》（湖南人民出版社，1983 年）、《醒来的鱼》（漓江出版社，1987 年），以及《耿林莽散文诗新作选》（青海人民出版社，1987 年）、《耿林莽散文诗选》（青岛出版社，1988 年）等亦署。②刘水岸，1946 年在上海《大公报》发表散文署用。③余思，加入中国作协填表中的笔名，实际从未署用。

耿勉之（1902—？），上海人。原名耿勗，字勉之。笔名耿勉之，见于翻译小说《幸福》（俄国契诃夫原作），载 1922 年上海《小说月报》第 13 卷第 3 期；译文《过去的幽灵》（苏联爱罗先珂演讲），载 1923 年 1 月 29 日北京《晨报副镌》。嗣后出版翻译小说《契诃夫短篇小说集》（与耿济之合译。上海商务印书馆，1923 年）亦署。

耿式之（1901—1965），上海人。原名耿承，字式之。笔名耿式之，见于翻译戏剧《一个不重要的妇人》（英国王尔德原作），载 1921 年上海《小说月报》第 12 卷第 5—12 期。此前后在该刊发表译作《海洋》（俄国安特列夫原作）、《一阵狂病》（俄国契诃夫原作）等亦署。此外，在《东方杂志》《中原》等刊发表译作，出版翻译戏剧《樱桃园》《伊凡诺夫》《万尼亚叔父》（均俄国契诃夫原作。上海商务印书馆，1921 年）、翻译小说《小人物的忏悔》（俄国安特列夫原作。上海商务印书馆，

1922 年）等亦署。

耿西（1918－？），湖北枣阳人。笔名戈马，著有话剧剧本《洞天怒潮》《团结》，秧歌剧剧本《虎孩翻身》（执笔）等。

耿小的（1907－1994），北京人，满族。原名耿文濂，字郁溪、晓隄、晓谛、晓堤、晓诿。曾用名耿直。笔名：①小的，1927 年前后开始在北京《小小日报》发表文章署用。②耿小的，1927 年起在《生活日报》《实报》《民言报》《小小日报》《北京白话报》《新北平报》《新小报》《新民报》《立言报》《三六九画报》《麒麟》等京津、长春等地报刊发表长篇连载小说，出版长篇小说《烟雨芙蓉》（1939 年）、《磊落》（北京大华书局，1940 年）、《流莺舞蝶》（北京新北京报社，1940 年）、《花烛之夜》（上海励力出版社，1947 年）、《闹蝶儿》（上海励力出版社，1947 年）、《新云山雾沼》（上海励力出版社，1947 年）、《白日鬼》（上海励力出版社，1949 年），中篇小说《望海潮》（上海励力出版社，1949 年）等亦署。③晓诿，见于随笔《偶谈吃》，载 1942 年上海《古今》第 9 期；随笔《话南荒》，载 1943 年上海《杂志》第 10 卷第 4 期。④耿郁溪，出版长篇小说《微尘》（北京银丽书屋，1944 年）署用。⑤耿晓隄，出版长篇小说《如此青天》（上海元昌印书馆，1947 年）署用。⑥耿晓堤，见于长篇小说《古海今潮》，连载于 1943 年长春《麒麟》第 3 卷 8 月号至 11 月号。嗣后出版中篇小说《子午卯酉》（上海元昌印书馆，1948 年）、长篇小说《汉家烟尘》（上海六合书局，1949 年）、《红叶谱》（北京书店）等亦署。⑦晓堤，见于长篇小说《古海今潮》，载 1943 年春《麒麟》第 3 卷 12 月号至 1944 年第 4 卷 3 月号。⑧小 D，署用情况未详。按：耿小的一生出版有通俗小说 30 余部，除上文提到的外，尚有《一锅面》《六君子》《落山风》《凤求凰》《半夜潮》《时代群英》《摩登济公》《滑稽侠客》等，出版与署名情况未详。

耿庸（1922－2008），福建漳州人，生于苏门答腊。原名郑炳中。笔名：①丁琛、力衷、李现、郑重、谈拉、臧蕪，1936－1941 年在福建、江西等地《星光日报》《江声报》《战时文艺》《天竺》《新赣南报》《南方日报》《青年日报》《闽北日报·刺笔》等报刊发表诗歌、散文、杂文等署用。②耿庸，见于小说《炼》，载 1944 年福建永安《公余生活》第 2 卷第 4、5 期；杂文《吃炭的道士与说书的教授》，载 1945 年重庆《文学新报》第 1 卷第 6 期。此前后在《野草》《希望》《中原·文艺杂志·希望·文哨联合特刊》《谷雨》《文讯》《大公晚报》《新华日报》《民主报》《商务日报》《新生代》《客观》《文汇报》《大公报》《时代日报》《联合晚报》《新民晚报》《蚂蚁小集》《文艺复兴》《新商晚报》《杂文·讽刺诗丛刊》等报刊发表杂文、评论等，1949 年后出版《论战争贩子》（泥土社，1951 年）、《〈阿 Q 正传〉研究》（泥土社，1953 年）、《回收》（海峡文艺出版社，1985 年）、《文学对话》（与何满子合作。上海三

联书店，1988 年）、《流火、花环和荆棘》（广州文化出版社，1989 年）、《未完成的人生大杂文》（上海远东出版社，1996 年）、《逢时笔记》（华东师范大学出版社，1998 年）、《文学：理想与遗憾》（上海辞书出版社，2004 年）等，主编《新编美学百科词典》（福建人民出版社，1989 年）等亦署。③耿永、卜央、散缔、简望、简韫、高放、雍耕、乔一霞、王逸昭、邵亦望，1942－1949 年发表文章署用。④申右芷，见于杂文《从吃炭扯起》，载 1947 年 3 月 21 日上海《大公报·文艺》沪新 122 期。⑤麦顶、劳默、郝夫、柯念中、柯晓沛、康抗，1950－1955 年在《大公报》《文汇报》《解放日报》《新民晚报》等发表杂文、评论署用。⑥墨基，见于《故事千端》，载 1980 年白城《绿野》第 1 期。⑦郑淬、傅冰延、右芷，署用情况未详。

耿振华（1913－？），河北藁城人。曾用名耿星华。笔名：①星华、耿星华，1938 年在西安报刊署用。见于长诗《回去，到滹沱河畔》，载《战地》第 4 期。②木将，见于长诗《暴风雨的插曲》，载 1942 年成都《华西晚报》副刊。嗣后在该报及其他报刊发表文章亦署。

【gong】

弓文才，生卒年不详，辽宁沈阳人。笔名：①坚矢，1938 年前后在长春《大同报·我们的文学》，20 世纪 40 年代在长春《新满洲》、沈阳《盛京时报》等报刊发表作品署用。②弓文才，见于随笔《压榨脑汁的职业》，载 1942 年长春《新满洲》第 4 卷第 6 期；随笔《重庆延安风景线》，载 1943 年长春《麒麟》第 3 卷 2 月号。

弓英德（1909－？），山东观城（今莘县）人，字杰仁，号俊斋。笔名弓英德，见于随笔《一个十五岁的少年》，载 1925 年上海《少年杂志》第 15 卷第 9 期。1933 年起在《励学》杂志发表《东汉风俗及其因果》《李后主亡国诗词辨证》等文，出版《六书辨正》（台湾商务印书馆，1966 年）、《词学新诠》等亦署。

弓玉书，生卒年及籍贯不详。笔名献麟，1932 年 6 月在绥远《绥远日报》编辑副刊《冰河》并发表作品署用。

公刘（1927－2003），江西南昌人。原名刘耿直。曾用名刘仁勇。笔名：①公刘，见于《祈祷》，载 1947 年 10 月 6 日《野草》新 5 号《九儒十丐》。1948 年 10 月 14 日在南昌《中国新报·新文艺》第 61 期发表《笔祭》，在上述报刊及江西、福建等地报刊发表《镜子》《画》《野草》《墨水与鲜血》等诗文，1949 年后发表作品、出版诗集《边地短歌》《神圣的岗位》《黎明的城》《在北方》《尹灵芝》《白花·红花》《离离原上草》《仙人掌》、长诗《望夫云》、电影文学剧本《阿诗玛》、评论集《乱弹诗弦》等亦署。②卯金刀，1944 年前后在福建永安《民主报·新语》发表诗文署用。③龙凤令，1949 年前后在香港报刊发表诗歌署用。

公木（1910－1998），河北辛集人。原名张永年，字

嵩甫。后改名张松如。笔名：①魂玉，20 世纪 20 年代在天津《大公报》《新民日报》发表短诗，1929 年在《晨报》发表小说《孟老先生歪传》署用。②章涛，1929 年后在《新东方》发表《屈原研究》等文署用；1947 年后在哈尔滨《知识》杂志发表文章亦署。③席外恩，1929－1937 年在《塵尔》《文学杂志》等刊发表文章署用。④张嵩甫、木农，分别见于评论《论诗歌内容与形式》、诗《父与子》，载 1932 年《文学杂志》第 3、4 期合刊。⑤四名，与谷万川、李树藩、杨殿珣合署。见于诗《时事打牙牌》，载 1932 年《文学杂志》第 3、4 期合刊。⑥张永年，见于随笔《鲁迅访问记》，载 1933 年 6 月 1 日北平《文艺月报》创刊号。⑦公木条水，1935 年在北平《红孩儿》等秘密刊物发表故事、歌谣等署用。⑧张松如，出版论著《中国文字学概论》（北平新亚印书局，1935 年）署用。1938 年在汉口《战地》第 1 卷第 2 期发表随笔《弃儿记》，1946 年在佳木斯《东北文化》半月刊发表《美国是个什么样的国家》《新民主主义与共产主义》等文，嗣后出版《美国是什么样的国家》（哈尔滨东北书店，1948 年）、《老子校读》（吉林人民出版社，1981 年）、《老子索解》（齐鲁书社，1987 年）、《老庄论集》（齐鲁书社，1987 年）、《周族史诗研究》（与郭杰合作。长春出版社，1998 年），选编《陕北民歌选》（与何其芳合作。新文艺出版社，1952 年）等均署。⑨公木，见于诗《希望》，载 1940 年 12 月 1 日延安《新诗歌》第 4 期。又见于歌谣《苛岚谣》，载 1940 年 8 月 15 日延安《大众文艺》第 1 卷第 5 期。嗣后在上述刊物以及《新音乐》《诗创作》《文艺杂志》《东北文化》《希望》《东北文艺》《文艺劳动》等报刊发表诗《自己的歌》《鸟枪的故事》和歌词《八路军大合唱》（包括《八路军进行曲》《快乐的八路军》《八路军与新四军》《炮兵歌》《骑兵歌》《军民一家》等 8 首歌词，后由朝鲜籍作曲家郑律成谱曲。其中《八路军进行曲》，1965 年改名《中国人民解放军进行曲》，成为中国人民解放军军歌）、《军队进行曲》，出版诗集《鸟枪的故事》（哈尔滨东北书店，1947 年）、《哈喽，胡子》（上海五十年代出版社，1951 年）、《十里盐湾》（人民文学出版社，1953 年）、《中华人民共和国颂歌》（作家出版社，1954 年）、《黄花集》（作家出版社，1957 年）、《崩溃》（新文艺出版社，1957 年）、《公木诗选》（吉林人民出版社，1981 年）、《我爱——公木自选诗集》（时代文艺出版社，1990 年）等亦署。⑩龚棘木，1954 年与杨公骥合编《中国文学史》合署。1956 年在《文艺报》《北京日报》发表寓言、文艺短论单独署用。⑪张涛，署用情况未详。

公孙嬫（1923－2007），安徽怀宁人，生于天津。原名查显琳。曾用名查动。笔名：①余皖人，见于随笔《有感于文艺家与毒品贩卖者》，载 1939 年北平《艺术与生活》第 1 期；评论《如何欣赏文艺》，载 1941 年北平《中国文艺》第 5 卷第 3 期。②公孙嬫，见于小说《父子》，载 1940 年《艺术与生活》第 14 期。嗣后在《作品》《中国文艺》《华北通讯》《辅仁生活》《新民报半月刊》等刊发表作品，出版诗集《上元月》（北平辅仁文艺社，1941 年）、小说集《红樱桃》（与雷妍等合集。长春"满洲"杂志社，1944 年），1949 年后在台湾发表作品、出版诗集《大兵谣》（台北文物供应社，1954 年），小说集《海的十年祭》（台北远东图书公司，1951 年）、《孟良崮的风云》（台北文物供应社，1955 年）、《秋去也》（台北万岁出版社，1959 年）、《夜袭》（台北光启出版社，1961 年）、《不锈钢》（台北，1971 年），长篇小说《雨中花》（台北畅流半月刊社，1955 年）、《火线上》（香港亚洲出版社，1955 年）、《飘香梦》（台北海风出版社，1958 年）、《百合花凋》（高雄大业书店，1958 年）、《解语花》（台北时报杂志社，1958 年）、《蓝扇子》（台北复旦书局，1961 年），散文集《倚炮集》（台北远东图书公司，1956 年）、《大姐·小姐》（台北九歌出版社，1980 年）、《中东采风》（台北尧舜出版社，1981 年）、《春雨寒舍花》（台北黎明文化事业股份有限公司，1983 年），以及《公孙嬫自选集》（台北黎明文化事业股份有限公司，1981 年）等均署。③查显琳，见于诗《月亮的评价》，载 1943 年南京《作品》第 1 卷第 5 期。20 世纪 40 年代在《辅仁文苑》《艺术与生活》《中国公论》《中国文艺》等刊发表诗文，出版诗集《上元月》（北平辅仁文苑社，1941 年）亦署。④宵之怀，署用情况未详。

公羊寿，生卒年不详，江苏常熟（今张家港市）人，复姓公羊，名寿，字石年。笔名公羊寿，在《南社丛刻》发表诗文署用。

宫白羽（1899－1966），山东东阿人，生于河北青县。原名宫万选。曾用名宫竹心。笔名：①宫竹心，见于小说《厘捐局》，载 1921 年 9 月 23 日北京《晨报》第 7 版。②竹心，见于翻译小说《坏孩子》（俄国契诃夫原作），载 1921 年 10 月 27 日北京《晨报》第 7 版。1927 年在天津《东方时报·东方朔》发表文章亦署。③宫万选，见于翻译小说《戏园归后》（俄国契诃夫原作），载 1921 年 12 月 13 日《晨报副镌》。嗣后在该刊发表翻译小说《绅士的朋友》（俄国契诃夫原作）亦署。④耍滑头斋主，1927 年在天津《东方时报·东方朔》发表文章署用。⑤杏呆（méi），1927 年在天津《东方时报·东方朔》发表文章署用。20 世纪 30 年代中期在天津某报发表武侠小说《黄花劫》亦署。⑥白羽，1927 年在北京《世界日报·明珠》连载长篇小说《粉骷髅》署用。嗣后在北京《北京实报》《立言画刊》《晨报》、天津《庸报》《天声报》《建国日报》《真善美画刊》等报刊连载长篇武侠小说《十二金钱镖》，出版滑稽小说集《恋家鬼》（天津正大书局，1944 年），1949 年后出版《大泽龙蛇传》（北岳文艺出版社，1992 年）、《秘谷侠隐》（中国文史出版社，2017 年）等亦署。⑦宫白羽，1949 年后出版长篇小说《武林争雄记》（北岳文艺出版社，1990 年）等署用。按：宫白羽尚著有《惊蝉盗枝》《大侠粉骷髅》《爸爸的追忆》《新婚的回忆》《我的生平》《四元稿费》等，署名待考。

龚冰庐（1908－1955），江苏崇明（今上海市）人。曾用名龚持平。笔名：①龚冰庐，见于《炭坑里的炸弹》，载 1927 年上海《洪水》半月刊第 3 卷第 29 期；小说《黎明之前》，载 1928 年上海《创造月刊》第 1 卷第 11 期。此前后在《太阳》《文化批判》《流沙》《畸形》《慧星月刊》《思想月刊》《大众文艺》《萌芽》《拓荒者》《艺术》《沙仑》等刊发表小说、话剧、散文等，出版小说《黎明之前》（上海创造社出版部，1928 年）、《炭矿夫》（上海现代书局，1929 年）等亦署。②冰庐，见于《永生》《心灵的漂泊》，载 1928 年上海《泰东月刊》第 1 卷第 5 期；《试车》《海滨》《情绪》，载 1928 年上海《畸形》半月刊创刊号。同时期在上海《流沙》《大众文艺》《沙仑》等刊发表文章亦署。③樱影，见于《戏剧活动》，载 1928 年上海《文化生活》周刊第 1 期；《洪秀全》，载 1930 年 5 月 1 日上海《大众文艺》第 2 卷第 4 期。20 世纪 30 年代在上海《沙仑》《近代杂志》发表文章亦署。④龚持平，见于随笔《关于新文学运动》，载 1941 年上海《华文每日半月刊》第 9 卷第 9 期；随笔《创造社的几个人·神经过敏的郁达夫》，载 1943 年上海《风雨谈》月刊第 4 期。此前后在《江苏教育》《新流》《华文大阪每日》《人间》《太平洋周报》等刊发表文章亦署。⑤持平，署用情况未详。

龚炳孙（1915－1996），江苏海门人，字秋访、正一，号南鸿、尊史。曾用名江东尊隐。笔名龚炳孙，著有诗稿《劫后萤花》《残夜集》，主持校点《昭明文选》《明诗别裁集》。

龚道耕（1876－1941），四川成都人，字向农、君迪，号蛛隐。晚号籽（zǎi）翁。笔名：①龚道耕，出版论著《中国文学史略论》（成都镂梨斋，1929 年石印）、《仓颉篇补本续》（成都，1934 年）、《唐写残本尚书释文考证》（成都华西协合大学、哈佛燕京学社，1937 年）、《经学通论》《字林补林》《孔北海年谱》等署用。②龚向农，见于论文《狸百逸诗辨》，载 1942 年四川温江《志学月刊》第 5 期。嗣后在南京《礼乐半月刊》发表其遗作《三礼述要之一》《礼记郑氏义疏叙例》等亦署。

龚德（1925－2016），江苏启东人。原名龚允仁。笔名：①戈门，见于小说《老杜与宝》，载 1949 年华东野战军九兵团《长江报》。②枫亚，1949 年后在《光明日报》《雨花》《东海》《萌芽》《钟山》《少年文艺》《小溪流》《春风》《解放日报》《文学报》《十月》等报刊发表小说、散文，出版中篇小说《向敌后出击》（华东新华书店，1951 年）、《北汉江两岸》（新文艺出版社，1955 年）、《不可侵犯的人们》（新文艺出版社，1957 年），长篇小说《绣坛奇女》（与梁锋合作。中国文史出版社，1991 年）、《梧桐叶落》（中国广播电视出版社，1991 年）、《飘零的归宿》（中国文联出版社，1994 年）、《杨子大脚百年记（大脚雾、大脚风、大脚潮、大脚雷）》（作家出版社，2004 年）、《梦留安第斯》（中国广播电视出版社，2005 年）、《周恩来在万隆》（与姚力合作。上海锦绣文章出版社，2007 年）、《远方的云》（又名《敌工风云》。中国文联出版社，2011 年），散文集《江海乡土情》（安徽文艺出版社，1991 年）、《小路情深》（上海社会科学院出版社，1997 年）等亦署。③龚德，1949 年后出版中篇小说《军营之春》（上海文艺出版社，1958 年），短篇小说集《边防军的眼睛》（上海文化出版社，1958 年），长篇纪实文学《三百万颗民族心》（江苏文艺出版社，2005 年）等署用。

龚尔位，生卒年不详，湖南湘乡人，字醉庵、醉盦、醉厂（ān），号介眉。笔名龚尔位，在《南社丛刻》发表诗词署用。

龚敬威，生卒年及籍贯不详。曾用名龚与同。笔名於戏（wūhū）、公孙丑，1941 年在成都《华西晚报·华灯》发表文章署用。

龚炯（1912－1993），江苏太仓人。原名龚树栻。笔名：①龚树栻，见于书评《爱的教育》（意大利亚米契斯原作，夏丏尊译），载 1931 年上海《开明》月刊第 2 卷第 25 期；诗《我爱——》，载 1933 年《现代》第 2 卷第 4 期。同时期在上海《读书月刊》发表文章亦署。②龚树栻，见于小说《儿童本位教学法》，载 1934 年上海《论语》半月刊第 54 期。③龚炯，见于评论《大明英烈传的创作与演出》（与张贞慧合作），载 1940 年上海《世界文化》第 5 辑。嗣后在上海《星之歌》《万象》《中艺》《幸福世界》《新儿童世界》等刊发表评论《论诗歌大众化》、随笔《大家来努力》、儿童剧《迟到》等，出版儿童剧《木兰从军》（上海新儿童周刊社，1939 年）、《金鸡偷油》（上海蓓蕾出版社，1948 年）、《白孩儿》（上海立化出版社，1948 年）、《猴王庆寿》（上海蓓蕾出版社，1949 年）、《发芽开花》（上海启明书局，1950 年）、《保卫祖国》（上海新儿童书店，1951 年），论著《怎样指导儿童演剧》（上海商务印书馆，1948 年）等亦署。

龚明（1908－1933），广东广州人。原名龚长照。笔名龚明，1932－1933 年在《广州文艺》发表关于文艺大众化的文章署用。

龚其伟（1865－1928），江苏海门人，字颂墀，晚号尊任。笔名龚其伟，著有《十三经难句解》《周秦诸子辑要》《通鉴分类辑要》《尊任堂诗文集》《尊任堂诗钞》《宣南吟稿》《白下酬唱集》《楹联集》等，以及《师山遗韵》（由其孙龚炳孙编选）等。

龚骞，生卒年不详，湖南湘乡人，字介子，号隼庵。笔名龚骞，在《南社丛刻》发表诗词署用。

龚圣俞（1885－1955），四川成都人。笔名聱翁、公之陀，1941 年在成都《华西晚报·华灯》发表文章署用。

龚书炽（1910－1946），福建泉州人。笔名：①曙之，20 世纪 30 年代在福建报刊发表文章署用。②龚书炽，见于散文《缅甸的乡村——旅缅杂记》，载 1946 年上海《宇宙风》第 142 期；随笔《谈缅甸的华侨》，载 1946

年上海《新中华》第 4 卷第 5 期；随笔《缅甸华侨之遭遇》，载 1946 年上海《新中华》第 4 卷第 11 期。嗣后出版论著《韩愈及其古文运动》（上海商务印书馆，1943 年）、《唐宋古文运动》（上海商务印书馆，1945 年）等亦署。

龚庭槐（1890－1942），江苏海门人。原名龚怀，字庭槐、荫轩、隐轩、隐仙，号粟寰、粟寰居士。别名迁先生、隐公。笔名龚庭槐，出版有专著《讲易引端》《论语类辑》《说文约指》《应用文类辑》、诗集《粟寰》《荒原》《沪上集》和日记《粟寰日记》等。

龚霞初（1885－1927），湖南澧州（今澧县）人，字侠楚。笔名：①咏簪，1913 年发表散文《武昌两日记》署用。②龚霞初，出版散文集《武昌两日记》（1946 年）署用。

龚啸岚（1915－1996），湖北房县人，生于武昌（今武汉市）。笔名：①念禾，1933 年前后在《大同日报》副刊发表小说、散文、诗、评论等署用。②龚啸岚，见于记录《旧剧改进问题座谈会》，载 1938 年汉口《戏剧新闻》第 3 期；论文《旧剧导演术例解》，载 1939 年 6 月 8 日、9 日桂林《救亡日报·文化岗位》。此前后在武汉《文艺》、上海《新演剧》、重庆《文艺先锋》等报刊发表《旧剧改良运动》等戏剧评论，出版歌剧《林则徐》（与朱双云合作。汉口市扩大禁烟拒毒宣传委员会，1936 年）、《生死关头》（与朱双云合作。武汉市各界拒毒大会，1936 年）、《文天祥殉国记》（汉口市抗敌宣传工作团，1937 年）、《欢天喜地》（武汉通俗图书出版社，1951 年）、《私生恨》（武汉通俗图书出版社，1951 年），京剧《忠王平妖记》（上杂出版社，1952 年），评论集《舞台行脚》（中国戏剧出版社，1996 年）等亦署。按：龚啸岚在 20 世纪 30 年代曾编写过《水泊梁山》《木兰从军》等汉剧、楚剧连台本戏。1938 年与洪深合作编写过《新天仙配》。1939 年创作了《卧薪尝胆》《文天祥》《林则徐》等剧本。1949 年后除上述《欢天喜地》《私生恨》《忠王平妖记》外，还出版了《百花公主》《潇湘夜雨》《齐王求将》《金田村起义》《女工翻身记》《宝莲灯》《二度梅》《岳飞》等剧，以及电影文学剧本《血祭中华》（与王镰、钟国杰合作）。

龚仪宣（1913－2007），四川渠县人。笔名：①龚仪宣，见于评论《战时演剧论》，载 1939 年重庆《戏剧岗位》第 1 卷第 2、3 期合刊；散文《天地同悲》，载 1941 年《中国的空军》第 2 卷第 52 期。②何苦，1942－1943 年间在成都《华西晚报·艺坛》发表文章署用。

龚幼翰（1915－？），福建宁德人。笔名丁星，见于散文《望天涯》，载 1944 年 3 月 14 日南平《东南日报·笔垒》。20 世纪 40 年代在上海《申报·自由谈》《立报·言林》及福州报纸副刊发表散文亦署。

龚元凯（1869－1928？），字黼屏，号佛平、君黼、蜕龛、鸥影。笔名龚元凯，出版有诗集《蜕龛诗集》（1920 年）、词集《鸥影词橐》（1928 年）。

贡少芹（1879－1923？），江苏江都（今扬州市）人。原名贡璧，字少芹，号天忏、天忏生。笔名：①少芹，见于随笔《滑稽新语》，载 1917 年上海《小说新报》第 3 卷第 6 期。嗣后在该刊及上海《游戏世界》《小说时报》《小说日报》《小说世界》等刊发表旧体诗《新诗经》《新道情》《张赋》、小说《钻石冤》《脂粉狱》《无名的著作家》《军阀的儿女》、随笔《外商宴客序——仿兰亭序》《时局感言——集四子句》等亦署。②贡少芹，见于小说《贫富邻居》，载 1922 年上海《心声》第 1 卷第 1 期。嗣后在上海《心声》《快活》、武汉《正义报·耍货摊》《汉口小说日报》等报刊发表小说《贼遇贼》《死后离婚》《女文豪》《复辟梦传奇》《军官与匪首》、集锦小说《狗之自述》（与陶报癖、何海鸣合作）等，出版长篇小说《蠢众生》《新社会现形记》《春梦》《鸳鸯梦》《傻儿游沪记》、随笔集《近五十年见闻录（第一卷）》、传记《黎黄陂轶事》《李涵秋》、翻译小说《盗盗》（法国大仲马原作）等亦署。③江都贡少芹，见于长篇社会小说《尘海燃犀录》，载 1922 年上海《小说新报》第 7 卷第 1－12 期。

【gou】

敬（gòu）**隐渔**（1902－1930），四川遂宁人。原名敬（gòu）显达。笔名：①隐渔，见于《群众运动的母——五四运动》，载 1920 年《杭州学生联合会报》第 31 期。②敬（gòu）隐渔，见于诗《破晓》，载 1923 年 7 月 21 日上海《中华新报·创造日》；翻译小说《李俐特的女儿》（法国法朗士原作），载 1925 年上海《小说月报》第 16 卷第 1 期。20 世纪 20 年代在上述两刊及《文学周报》《创造》《洪水》《创造周报》《心声》等报刊发表著译作品，出版小说集《玛丽》（上海商务印书馆，1925 年）、翻译小说《光明》（美国巴比塞原作，上海现代书局，1930 年）亦署。按：四川遂宁敬姓音"够"，参见徐铁生：《中华姓氏源流大辞典》（中华书局，2014 年）。

【gu】

辜鸿铭（1857－1928），福建同安人，生于马来亚（今马来西亚）槟榔屿。原名辜汤生，字鸿铭、鸿名，号立诚、汉滨、冬烘先生、读易老人、汉滨读易老人。笔名：①鸿铭辜汤生，见于译作《痴汉骑马歌》（英国威廉·柯珀原作。上海商务印书馆，1935 年）。②汉滨读易者，见于《张文襄府纪闻》。1916 年在《宗圣学报》发表文章亦署。③辜鸿铭，发表译文《中国与日本》（载 1944 年上海《风雨谈》第 12 期），1949 年后出版其遗著《辜鸿铭文集》（岳麓出版社，1985 年）、《中国人的精神》（陕西师范大学出版社，2006 年）等署用。④读易、慵人，署用情况未详。

辜菽庐（1876－1942），福建惠安人。原名辜捷恩。笔名菽庐、辜菽庐，1938－1942 年在台北《风月报》

《兴南新闻》发表旧体诗《喜晤教堂词友》等署用。

古草（1929—2021），河北滦县（今滦州市）人。原名李式古。曾用名古鉴兹。笔名古草，1947年开始发表作品。著有长篇小说《穷棒子王国》、中篇报告文学《王荣家史》《区委书记》等。

古承铄（1920—1949），四川南充人。笔名：①向乐、永恒、陈灼、林松、曾案、嘉南，20世纪40年代发表文章署用。②古承铄，见于诗《薪水是个大活宝》等，收录于《囚歌——重庆"中美特种技术合作所"集中营殉难革命烈士诗抄》（重庆人民出版社，1960年）、《革命烈士诗抄》（萧三编。中国青年出版社，1959年）。

古丁（1916—1964），吉林长春人。原名徐长吉。曾用名徐突微、徐汲平。笔名：①突微，见于翻译小说《你们不是日本人，是兄弟！》（朝鲜朴能原作），载1933年北平《文学杂志》第1卷第2期。嗣后在该刊第1卷第3、4号合刊发表翻译小说《纸币干燥部的女工》（日本宕藤雪夫原作）亦署。②古丁，见于诗《人间》，载1936年9月11日《满洲报》。嗣后在《满洲报》《满洲映画》《明明》《新青年》《文友》《艺文志》《作风》《诗歌连丛》《青年文化》《读书人连丛》等报刊发表诗《春晨》、小说《提琴》《皮箱》《山海外经》、随笔《偶感偶记并余谈》《消闲杂记》、电影剧本《哈哈镜》等作品，出版随笔集《一知半解集》（抚顺月刊"满洲"社，1938年）、《谭》（长春艺文书房，1942年），小说集《奋飞》（抚顺明明月刊社，1938年），长篇小说《平沙》（1940年）、《新生》（长春艺文书房，1944年），散文集《并欣集》（与也丽、小松等合集。长春兴亚杂志社，1944年）、散文诗集《浮沉》（长春诗歌丛刊刊行会，1939年）、翻译小说《心》（日本夏目漱石原作，1938年）等均署。③史之子，见于随笔《闲话文坛》，载1937年长春《明明》创刊号。嗣后在该刊及沈阳《新青年》等刊发表杂文《大作家随话》《偶感偶记并余谈》等亦署。④徐匆，见于评论《评陶明潜教授著红楼梦别本》，载1937年长春《明明》第1卷第2期。⑤之子，见于译文《关于日本文坛》（日本矢崎弹原作），载1937年长春《明明》第2卷第3期。同时期在《文摘》《生活学校》发表《新进电影明星》等文亦署。⑥史之、丁，分别见于评论《文心》和随笔《注音的问题》《用汉文写》，载1944年长春《艺文志》第1卷第5期。⑦史从民，见于《第一批货》，载1946年哈尔滨《东北文艺》创刊号。嗣后在该刊发表小说《星星》《井》、报告《五号发电机》（与林耘合作）、《天响晴了》亦署。⑧古、从民、曹半、墨非、徐古丁、随洿地、尼古丁，署用情况未详。⑨徐汲平，出版翻译小说《生活在海上的人们》（日本叶山嘉树原作。上海译文出版社，1979年）署用。

古军（1918—？），广东番禺（今广州市）人。原名顾梦鸥。笔名古军，1949年后在台湾创作话剧《黑地狱》《桃花扇》《烈女忠魂》《龙配凤》《父母子女》《喜事重重》《三千金》、电视剧剧本《红孩儿》（与倪匡合作）、《猛虎闯关》《谁是好汉》《山东老娘》《盲侠斗白狼》《花开花落》等均署。

古立高（1923—2007），河北阜平人。原名顾立高。曾用名顾立生、顾立祺、刘二妮、于天。笔名：①古立高，1941年开始署用。1964年前后在《北京文艺》发表《生活的道路》等作品，嗣后出版长篇小说《隆冬》（北京出版社，1980年）、《初恋》（河南人民出版社，1980年）、《早春》（作家出版社，1994年），小说集《永远向着前面》（解放军文艺出版社，1981年），文集《古立高文集》（作家出版社，2001年）等均署。②立高，1942年开始署用。见于《控诉》，载1947年《晋察冀日报》增刊第8、9期。嗣后出版鼓词《巩固和平》（晋察冀边区教育阵地出版社，1946年），话剧《双方保证》（华北军区政治部，1947年）、《解疙疸》（华北军区政治部，1948年），1949年后在《人民文学》发表小说《任务》、报告文学《胜利追赶着时间》等作品、出版《同志之间》（北京天下图书公司，1950年），中篇小说《永远向着前面》（人民文学出版社，1953年）、《无坚不克》（与孟君、羽山合作。上海平明出版社，1952年），短篇小说集《老营长》（工人出版社，1950年）、《珍贵的果实》（北京天下图书公司，1951年）、《永生的战士》（人民文学出版社，1952年）等均署。③顾立高，1952年在《人民文学》发表文章署用。④王快人，1962—1963年间在《北京文艺》发表报告文学署用。

古鲁（1919—？），湖南华容人。原名吴尊文。笔名古鲁，出版诗集《夜行》（春草出版社，1948年）署用。

古之红（1925—2012），浙江吴兴（今湖州市）人，生于上海。原名秦家洪。笔名古之红，见于诗《绿色之小星》，载1943年南京《新流》第1卷第3期。嗣后发表作品、出版诗集《低能儿》（1945年）、《徬徨，徬徨》（1948年）、《湖滨》（与上官予、涂翔宇合集。台北中华文艺奖金委员会，1951年），小说集《蒙恩记》（台湾云林新新文艺社，1955年）等均署。

古直（1887—1959），广东梅县（今梅州市）人，字公愚、层冰，号孤生、愚庵、遇庵、遇安、隅楼。笔名：①愚庵，晚清时期在《醒狮》杂志发表文章署用。②公愚，1913年在《民谊》、1917年在《民权素》等刊发表文章署用。③古直，在《南社丛刻》发表旧体诗署用，载1926年第3卷第1—3期。此前后在《华国月刊》《国立第一中山大学语言历史学研究所周刊》《国立中山大学文学院专刊》《国风半月刊》《语言文学专刊》《民族诗坛》《抗战周刊》《论语》等刊发表《汪蓉甫先生文笺》《曹子建诗说》《拟中华民国国歌》《班倢伃怨歌行辨证》《望津平》《古直请政府明令尊经诛放狂狄》等，出版《陶靖节诗笺》（上海聚珍仿宋印书局，1926年）、《陶靖节年谱》（广州中华书局，1926年）、《黄公度先生诗笺》（上海聚珍仿宋印书局，1927年）、《隅楼集》（上海聚珍仿宋印书局，1927年）、《钟记室诗品笺》（上海聚珍仿宋印书局，1928年）等著作均署。④古层冰，出版论著《汉诗研究》（上海启智书局，1933年）署用。⑤古公愚，见于《学海堂述略》，载1935年《新民》第1卷第7、8期。⑥遇春，署用情况未详。

谷凤田（1895－1945），山东济宁人，字心依。笔名：①凤田，见于诗《旧游记》，载1925年8月31日上海《民国日报·觉悟》；随笔《忘了民众了吗》，载1925年10月北京《民众周刊》第42期。同时期在上述两刊及《洪水》等刊发表诗《模糊》、随笔《民众的友和敌》《占在民众的前面》等亦署。②谷凤田，见于《〈漆黑一团〉的应声——呈为法先生》，载1925年上海《洪水》半月刊第1卷第4期；信函《孟姜故事与美孟姜歌》，载1925年《北京大学研究所国学门周刊》第4期。嗣后在上述两刊及《时事新报·文学旬刊》《时事新报·文学周刊》《猛进》《京报副刊·儿童》《民众周刊》《晨报副镌》《北京大学研究所国学门月刊》《青年界》等报刊发表散文《暑期生活在济南》《映桃轩日记钞》、独幕剧《跑您娘的》、故事《夏莲玉的故事》《李调元的故事》、评论《"漆黑一团"的回声》《青年男女在写作上的两种疵病》、论文《论近世歌谣》《吴歌与山东歌谣之转变》、歌谣《山东的近世歌谣》等作品，出版五幕剧《兰溪女士》（上海群众图书公司，1927年）、剧作集《肺病第一期》（上海泰东图书局，1928年）、翻译剧作《爱的遗留》（比利时梅特林克原作。北京海音书局，1927年），编著《文章作法讲话》（1932年）等亦署。③倩今，见于中篇小说《两只毒药杯》（北平震东印书局，1931年）；论文《创作能力与创作欲》（载1934年北平《文艺战线》第3卷第31期）。④心依，见于随笔《题画诗文丛录》，载1947年镇江《集成杂志》第2期。

谷剑尘（1897－1976），浙江上虞（今绍兴市）人。原名谷斯江。笔名谷剑尘，见于《佃户》，载1920年8月1日《新人》第4期"文化运动批评号（上）"；小说《奇梦记》，载1926年上海《紫罗兰》第1卷第22期。嗣后在《东方杂志》《申报》《一般》《电影月报》《前锋周报》《前锋月报》《文艺月刊》《现代文艺》《山东民众教育月刊》《教育与民众》《绸缪月刊》《申报月刊》《东方杂志》《矛盾月刊》《新时代》《戏剧时代》《青春电影》《社会教育辅导》《文艺先锋》《教育与社会》等报刊发表剧作《金宝》《死亡线外》《岳飞之死》、论文《中国电影发达史——电影发明的原理和历程》《中国戏曲源流考》《戏剧与新中国之建设》《悲剧与教育问题》、随笔《有志者事竟成》《关于舞台化妆的三件事》等作品，出版长篇小说《女尸》（上海真美善书店，1928年），剧作集《冷饭》（上海新亚学会，1926年）、《岳飞之死》（上海中华书局，1936年）、《杨小姐的秘密》（上海现代书局，1929年）、《绅董》（上海现代书局，1930年）、《逃亡者之歌》（谷剑尘执笔。长沙国立戏剧学校，1937年）、《牛头岭》（谷剑尘执笔。上海戏剧书店，1940年），论著《电影剧本作法》（上海商务印书馆，1936年）、《戏剧教育之理论与实际》（上

海商务印书馆，1944年）亦署。按：谷剑尘尚出版有戏剧集《孤军》《谷剑尘独幕剧集》《谷剑尘抗战戏剧集》，论著《民众戏剧概论》《剧本之登场》《甲寅新剧中兴运动》《电影化妆术》《艺术上的仿效与创造》《动作之研究与练习》《电影中之绝对导演中心论》《中国电影发达史》《教育电影》《民众讲演实施法》，并创作有电影剧本《花国大总统》《白玫瑰》《英雄与美人》《婚约》等，出版情况未详。

谷曼（1919－2009），湖北武汉人。原名王馥。笔名谷曼，著有诗集《看你往哪里逃》《无谱的歌》等。

谷牧（1914－2009），山东荣成人。原名刘家语。曾用名刘曼生。笔名：①曼、子颖、牧野、漫生，1935－1936年间领导北平左联，在北平报刊发表文章署用。②牧风，20世纪30年代在北平《泡沫》《文化批判》《北方日报》《东方快报》等报刊发表文章署用。

谷斯范（1916－1999），浙江上虞（今绍兴市）人。原名谷斯范。笔名：①谷斯范，见于小说《不宁静的城》，载1936年上海《小说家》第1卷第1期；小说《断了轨道的列车》，载1936年上海《光明》半月刊第2卷第2期。同时期起在《文艺月刊》《文艺半刊》《译报·大家谈》《译报·前哨所》《自由中国》《现代文艺》《改进》《文艺生活》《天下文章》《读物》《抗战周刊》《中学生》《公余生活》《活教育》《文艺新地》等报刊发表长篇小说《新水浒》、短篇小说《风雨故人》《肥胖的人》《至尊》《山寨夜话》《紫藤花》《归宿》《阿祥老头》《新战士小蓝》《晚间来客》《偶然发生的事情》、散文《忆湜思》《从赣州到饶家堡》《忆仲武》《桐柏山中》等，出版长篇小说《新水浒》《桃花扇底送南朝》《太湖游击队》《新桃花扇》、短篇小说集《大时代的插曲》《紫藤花》《风雨故人》《山寨夜话》《晚间来客》《噩梦》《不宁静的城》、散文集《上海风物画》《五圣山下的故事》《沸腾的村庄》等，1956年1月后发表文章，出版短篇小说集《晚间来客》（作家出版社，1964年）、《噩梦》（浙江人民出版社，1981年）、《不宁静的城》（福建人民出版社，1982年）和回忆录《风丝风片录》（浙江人民出版社，2001年）等亦署。②江荻，1938年在上海报刊发表杂文署用。1938年在上海《译报·前哨》发表小说《沉淀》亦署。

谷万川（1905－1970），河北望都人。曾用名谷冰川。笔名：①谷万川，见于随笔《一个教会中的校长……教师……学生》，载1924年5月18日上海《民国日报·觉悟》；儿歌《光棍汉》，载1925年北京《京报副刊·儿童》第29期。嗣后在《太阳月刊》《语丝》《文学杂志》《京报副刊·民众周刊》《京报副刊·儿童》《中央周刊》及北京《益世报》副刊《启芳》《旅途》《初步》等报刊发表童话《黄莺与秋蝉的传说》《蜜蜂的革命》、评论《论文学上的腐败的自由主义》、民歌《望都县民歌》、传说《僵尸》、信函《大黑狼的消息》等亦署。②冰川，见于随笔《道统之重光》，载1927年北京《语丝》周刊第112期。嗣后在该刊发表随笔《有

识者与狂徒》《好主任与日本》《关于京师大学的开学盛典》，在上海《开明》发表信函《致〈开明〉执事》，1929 年 1 月在北平《世界日报·蔷薇》发表散文《来自黄埔滩头》亦署。③京兆布衣冰川，见于《穿号衣运动》，载 1927 年《语丝》周刊第 149 期。④斯云、冰谷，分别见于《盲丐之夜——看了萧松人的绘画以后》《关于萧松人》，载 1929 年 10 月 15 日北平《益世报》。⑤冰矢，见于《"不恋爱合同"》，载 1929 年 12 月 31 日北平《益世报·旅途》。⑥PC 五郎，见于《太阳与向日葵的故事》，载 1929 年 11 月 26 日北平《益世报·旅途》。⑦连青，见于《拥护"提溜主义"的教育》，载 20 世纪 30 年代初北平《益世报·旅途》。⑧半林，1931 年在北平《益世报·初步》发表文章署用。1933 年在北平《文学杂志》第 2 期发表小说《叔父》亦署。⑨素君，见于《君子远庖厨》，载 1931 年 5 月 10 日北平《益世报·初步》。⑩四名，与公木、杨殿珣、李树藩合用。见于诗《时事打牙牌》，载 1933 年北平《文学杂志》第 3、4 期合刊。⑪君素、青林、静林、寒林、永弃、怨明，1931 年前后在北平《益世报·初步》发表文章署用。

谷峪（1928—1990），河北武邑人。原名谷五昌。曾用名谷武昌。笔名谷峪，见于散文《群众就是天》，载 1947 年冀南《工农兵》杂志。1950 年在《河北文艺》《新华月报》发表小说《新事新办》《三十张工票》，出版长篇小说《石爱妮的命运》（作家出版社，1958 年），短篇小说集《强扭的瓜不甜》（与其他人合集。新文艺出版社，1950 年）、《新事新办》（河北人民出版社，1950 年）、《汗衫》（大众书店，1950 年），特写《春归雁》（人民文学出版社，1984 年），儿童文学《一个森林警察的笔记》（中国少年儿童出版社，1957 年）等亦署。按：谷峪尚出版有长篇小说《嫩芽》、散文集《萝北半月》、特写《狼烟滚滚》、歌剧《渡江》等。

顾巴彦（1920— ），江苏如皋人。原名顾三多，号祝尧。笔名：①雄三，见于散文《随笔三题》，载 1937 年上海《中学生文艺季刊》。②常绿，见于短论《关于"课外作业"的我见》，载 1937 年上海《中学生》4 月号。在镇江《文艺青年》、江苏《苏报·甘露》《民报·炮火》等报刊亦署。③巴彦，见于小说《创痕》，载 1938 年《红茶》第 17 期；短评《取材现代化》，载 1938 年 12 月 5 日上海《申报·自由谈》。嗣后在《绿洲》《涛声》《文潮》等刊发表作品亦署。④罗丁、萧风，1939 年上半年在上海《涛声》月刊发表小说署用。⑤高风，1940 年 6—9 月在苏北编《战报》副刊署用。⑥胡朔、墨羽，解放战争时期在上海《涛声》《宇宙》《申报·春秋》《正言报·草原》《侨声报·南风》署用。

顾保瑢（1879—1966），江苏松江（今上海市）人，字幼芙，号婉娟、怀鹃。笔名顾保瑢，在《南社丛刻》发表诗文署用。

顾悼秋（1886—1929），江苏吴江（今苏州市）人。

原名顾无咎，字退斋、崧臣，号悼秋、灵云。别署老服、服媚、酒帝、神州酒帝、飞燕旧主。笔名：①顾无咎、顾无疚，在《南社丛刻》发表诗文署用。②顾悼秋，见于诗《拟题周瘦鹃淞园吊影图》，载 1921 年《礼拜六》第 118 期；诗《灵云近稿》，载 1925 年《新月》第 1 卷第 1 期。此前后在《小报》《心声》《紫罗兰》《红玫瑰》等刊发表诗作亦署。按：顾悼秋著有《服媚室酒话》《灵云别馆散记》，并辑有《笠泽词征补编》《褉湖诗拾杂编》《褉湖诗拾续编》等。

顾凤城（1908—1970?），江苏无锡人，字仞千。笔名：①顾凤城，见于评论《文学与时代》，载 1928 年《泰东月刊》第 1 卷第 3 期；《归途中》《火花》，载 1928 年 5 月 1 日《流沙》半月刊第 4 期。嗣后在《学友》《出版消息》《生活周刊》《青年界》《华安》《文化建设》《图书展望》《读书青年》《文友》《古今》《申报·自由谈》《论语》《中华日报·动向》等报刊发表《描写文作法》《关于中外文学家辞典》《忆朱湘》《东京的旧书铺》《日本印象记》《记郭沫若》《悼王独清先生》等文，出版《新文艺辞典》（上海光华书局，1931 年）、《新知识辞典》（上海北新书局，1934 年）、《中外文学家辞典》（上海乐华图书公司，1932 年）等亦署。②洁梅，见于小说《人类市场的悲剧》，载 1929 年上海《引擎》月刊创刊号。嗣后出版小说集《没落的灵魂》《落红》等亦署。③凌梅，见于《现代中国作家录》，连载于 1931 年上海《读书月刊》。④小萍，见于《文坛闲话》，连载于 1931 年上海《读书月刊》。⑤凤城，见于《女诗人的妙笔》，载 1932 年上海《论语》半月刊第 1 卷第 2 期。⑥黄人影，出版《当代中国女作家论》（上海光华书局，1933 年）、《茅盾论》（上海光华书局，1933 年）、《郭沫若论》（上海光华书局，1933 年）署用。⑦洁梅女士、洁梅姑娘，署用情况未详。

顾佛影（1901—1955），上海人。原名顾宪融，号大漠、大漠诗人、红梵精舍主人。笔名：①顾佛影，见于小说《新儒林外史》，载 1922 年《游戏世界》第 13—22 期；《画竹记》，载 1922 年《小说日报汇订》第 20—27 期。嗣后在上述两刊及《小说世界》《心声》《紫罗兰》《生活周刊》《金钢钻月刊》《社会月报》《民族诗坛》《乐观》等刊发表作品亦署。②佛影，见于长篇小说《斜阳烟柳录》，载 1923 年《小说新报》第 8 卷；剧作《军阀梦》，载 1923 年《小说日报汇订》第 37 期；长篇小说《如此销魂》，载 1924 年上海《显微镜报》。嗣后在《小说新报》《小说日报汇订》《心声》《游戏世界》《妇女旬刊》《生活周刊》《社会月报》《科学画报》等刊发表作品亦署。③佛郎，署用情况未详。按：顾佛影出版有专著《文字学》、词话《红梵精舍词话》及杂剧传奇《还朝别》《酖忠记》等，署名情况未详。

顾工（1928— ），上海人。原名顾菊楼。笔名：①珍理、鸡肋、顾菊楼，解放战争时期在《华东前线报》《华东前线文艺》发表通讯、剧本署用。②顾工，1949 年后出版诗集《喜马拉雅山下》（中国青年出版社，1955

年)、《这是成熟的季节啊》(作家出版社,1957 年)、《军歌·礼炮·长虹》(重庆人民出版社,1958 年)、《寄远方》(上海文艺出版社,1958 年)、《勇敢地挥动马刀》(中国少年儿童出版社,1959 年)、《火的喷泉》(山东人民出版社,1974 年)、《战神和爱神》(河南人民出版社,1980 年) 等,长篇小说《红军的后代》(北京出版社,1978 年)、《疯人院》《刑警姐妹》,中篇小说集《被遗弃的天使》《泪光》,短篇小说集《重逢》《霸珑的末日》《情如山水》《顾工侦破小说选》《那年我八岁》《列车长》,散文集《风雪高原》《大海的子孙》《鲜花和乐器》《火光中的歌》《光荣的脚印》,长篇纪实文学《年轻时,我热恋》,童话《幸运儿和倒霉蛋》,话剧剧本《捕匪记》《第二次攻击》《什么最危险》《森林中的火光》,电影文学剧本《泪光》(中国电影出版社,1996 年)、《冰山雪莲》,电视连续剧剧本《根在淮水》等署用。

顾共鸣,生卒年及籍贯不详,原名顾承运。笔名共鸣,见于译文《分配》(日本岛崎藤村原作),载 1939 年《文选》第一辑;评论《日本古典文学面面观》,载 1943 年《中国公论》第 8 卷第 6 期;小说《蝉蜕》,载 1944 年《艺文志》第 1 卷第 4 期。1939 年 6 月后在长春报刊发表小说亦署。

顾家熙(1919—1994),江苏淮安人。笔名:①刘丰,见于评论《报告文学与报告文学者》,载 1944 年上海《文艺生活》月刊创刊号。②李飞,见于随笔《被踢出了军营》,载 1935 年《社会评论》第 1 卷第 8 期;评论《乡村是不是能够战胜城市》,载 1939 年《中原》第 1 卷第 3 期。20 世纪 40 年代在《消息半周刊》《山东教育》等刊发表文章亦署。③柳风,在上海《建国日报》发表文章署用。④郭敏,在香港《华商报》《群众》等报刊发表文章署用。⑤顾明,1949 年后在《人民日报》发表杂文、书评等署用。

顾颉(jié)刚(1893—1980),江苏苏州人。原名顾诵坤,字颉刚,号铭坚。小名双庆。笔名:①顾诚吾,见于诗《悼亡妻》,载 1919 年 2 月 1 日《新潮》上卷第 2 期。②刚,见于《儿歌二则》,载 1920 年 11 月 15 日《晨报》第 7 版。③颉刚,见于《诗考》,载 1923 年《小说月报》第 14 卷第 1 期。嗣后在《语丝》周刊发表文章亦署。④顾颉刚,见于《元曲选叙录》,载 1921 年《文学周报》第 73 期;《古史杂论(一)》,载 1924 年 11 月 24 日《语丝》周刊第 2 期。此前后在上述两刊及《北京大学日刊》《教育杂志》《读书杂志》《小说月报》《国立北京大学国学季刊》《民铎杂志》《史地学报》《京报副刊》《现代评论》《新教育评论》《国立第一中山大学语言历史学研究所周刊》《清华学报》《图书馆报》发表文章,出版《吴歌甲集》(北京大学研究所国学门歌谣研究室,1924 年)、《孟姜女故事研究集》(国立中山大学语言研究所,1925 年)、《古史辨》(第一、二、三、五册。北京朴社,1926—1935 年)、《崔东壁遗书·序言》(上海亚东图书馆,1936 年)、《顾颉刚通俗论著集》(上海亚东图书馆,1937 年) 等,1949 年后出版《古籍考辨丛刊》(第一集。中华书局,1955 年)、《史林杂识》(中华书局,1963 年)、《秦汉的方士与儒生》(上海古籍出版社,1978 年)、《中国上古史研究讲义》(中华书局,1988 年)、顾颉刚古史论文集(第 1 集)》(中华书局,1988 年)、《尚书通检》(上海古籍出版社,1990 年)、《顾颉刚读书笔记》(台湾联经出版事业公司,1990 年)、《汉代学术史略》(东方出版社,1996 年)、《中国现代学术经典·顾颉刚卷》(河北教育出版社,1996 年)、《浪口村随笔》(辽宁教育出版社,1998 年)、《中国当代史学》(辽宁教育出版社,1998 年)、《中国疆域沿革史》(商务印书馆,1999 年)、《我与〈古史辨〉》(上海文艺出版社,2001 年)、《西北考查日记》(甘肃人民出版社,2002 年)、《〈尚书〉校释译论》(中华书局,2005 年)、《汉代学术史略》(人民出版社,2008 年)、《顾颉刚全集》(中华书局,2010 年)、《国史讲话》(中华书局,2010 年)、《顾颉刚日记》(中华书局,2011 年)、《国史讲话全本》(上海人民出版社,2015 年) 等亦署。⑤吴歆,1924 年在北京大学《歌谣》周刊连载《吴歌甲集》署用。⑥无悔、张久、桂蓦圆、余毅,署用情况未详。

顾均正(1902—1980),浙江嘉兴人,字振之。笔名:①一得,见于随笔《少介绍,多创作》,载 1922 年 2 月 7 日上海《时事新报·学灯》。②顾均正,见于翻译童话《女人鱼》(丹麦安徒生原作,与徐名骥合译),载 1924 年 1 月 14 日上海《文学周报》第 105 期。嗣后在《文学周报》《小说月报》《开明》《读书月刊》《青年界》《太白》《宇宙风》《文学》《中学生》《新女性》《教育杂志》《自修大学》《文化战线》《文艺新潮》《万象》《知识与趣味》《科学趣味》《学生月刊》《世界知识》《文章》《民主与科学》《科学大众》《科学世界》《开明少年》《少年读物》《书报精华》《新文化》《文艺青年》等报刊发表作品,出版散文集《科学趣味》(上海开明书店,1936 年)、《科学之惊奇》(上海开明书店,1941 年)、《电子姑娘》(上海开明书店,1941 年),小说集《和平的梦》(上海文化生活出版社,1946 年),译作《风先生和雨太太》(法国保罗·缪塞原作。上海开明书店,1927 年)、《夜莺》(丹麦安徒生原作。上海开明书店,1929 年)、《玫瑰与指环》(英国萨克雷原作。上海开明书店,1930 年)、《水莲花》(丹麦安徒生原作。上海开明书店,1932 年) 等亦署。③秋潮,见于随笔《代非战文学号鸣不平》,载 1924 年 9 月 10 日《时事新报·学灯》。④振之,1928 年在《科学趣味》等刊发表文章署用。1930 年在上海《中学生》创刊号发表《科学之谜》《细胞的形状》,嗣后在《开明少年》《科学趣味》发表文章,1939 年出版科幻小说集《在北极底下》亦署。⑤振寰,见于《假如你遇见魔鬼》,载 1939 年上海《科学趣味》第 1 卷第 3 期。1946 年在《开明少年》发表《空中警犬——雷达》等亦署。⑥顾振寰,1939 年在上海与余在学、刘振汉合编《科学趣味》杂志署用。⑦友华,署用情况未详。

顾伦，生卒年及籍贯不详，原名顾克斋。笔名：①宗志扬，见于小说《在酒楼上》，载 1942 年上海《绿茶》第 1 卷第 1 期。②顾克斋，"孤岛"时期在上海《社会日报·燃火》发表文章署用。

顾民元（1912—1941），江苏南通人，字弥愚。笔名：①励前社同人，出版短篇小说集《同轨》（与张一林合署。上海泰东图书局，1928 年）署用。②顾民元，见于小说《阿兰》、诗剧《池畔的早晨》，载 1929 年成都《文艺丛刊》第 1 期；评论《济慈：夜莺歌》，载 1936 年上海《阅读与写作》创刊号。嗣后在《语文》等刊发表《朗诵诗是需要的!》等，出版小说《泰赖斯波尔巴》（俄国果戈里原作，与杨汁合译。上海南京书店，1933 年）亦署。③圆，见于随笔《除夕》，载 1932 年南通《枫叶》旬刊第 4 期。④明圆，见于评论《父亲》，载 1936 年上海《阅读与写作》创刊号。嗣后在南通《文艺组合》《枫叶》等刊发表作品亦署。⑤戴乾，见于评论《讨渔税》，载 1937 年《阅读与写作》第 1 卷第 4 期。⑥戈理甫，见于评论《〈菊〉的订正方法讨论》，载 1937 年《写作与阅读》第 1 卷第 5 期。1938 年在南通《大众周刊》发表《撕掉敌人的老虎皮》《我们的战马冲向前》等诗亦署。⑦向涛、颜昨非，署用情况未详。按：顾民元尚出版有诗集《雕虫集》、译作《雄鸡》《樱桃园》等，署名待考。

顾明道（1897—1944），江苏苏州人。原名顾景程，别署正谊斋主、虎头书生、石破天惊室主。笔名：①明道，见于小说《春闺梦里》，载 1917 年上海《小说新报》第 3 卷第 2 期。嗣后在《游戏世界》《太平洋画报》《橄榄》等刊发表小说亦署。②顾明道，见于笔记《树下老人》，载 1921 年上海《消闲月刊》第 1 期；《泰西解颐录》，载 1922 年《游戏世界》第 13—18 期。此前后在《快活》《心声》《游戏世界》《新闻报·快活林》《侦探世界》《红杂志》《红玫瑰》《小说世界》《紫罗兰》《小说日报》《太平洋画报》《珊瑚》《金钢钻月刊》《社会月报》《橄榄》《小说月报》《玫瑰》《万象》《乐观》《大众》《永安月刊》《万岁》等报刊发表小说、随笔等，出版长篇小说《啼鹃录》《侠骨仇恨记》《啼鹃续录》《哀鹊记》《荒江女侠传》《茉莉花》《草莽奇人传》《红颜薄命》《小说新铃》《海上英雄传》《芳草生涯》等亦署。③梅倩、梅倩女史，在《眉语杂志》发表小说署用。④日月生，见于随笔《今时代之美名》，载 1924 年上海《红玫瑰》第 1 卷第 9 期。同时期在上海《学生杂志》《游戏世界》等刊发表文章亦署。⑤虎头书生，见于小说《侠女喋血记》，载 1942 年上海《小说月报》第 2 卷第 6 期至第 3 卷第 3 期。

顾牧丁（1916—1976），江苏涟水人。原名顾竹漪，字石帆。笔名：①牧丁，见于诗《无题》，载 1937 年 6 月上海海星版诗集《寒云集》。嗣后在《笔阵》《华西文艺》《西南文艺》等刊发表作品，出版诗集《未穗集》（成都未名书铺，1940 年）亦署。②顾曼鸥，发表旧体诗署用。③朱实、穆汀、顾子敬，署用情况未详。

顾其城（1910—？），江苏无锡人，字森千。笔名：①森千，见于小说《爱之梦》，载 1931 年上海《读书月刊》第 1 卷第 2 期；《谈谈作文的方法》，载 1931 年上海《读书月刊》第 1 卷第 3—4 期。嗣后在该刊及《读书青年》等刊发表文章亦署。②顾森千，见于《梦想中的个人生活》，载 1933 年《东方杂志》第 30 卷第 1 期；《青年之新的活动舞台》，载 1937 年《读书青年》第 2 卷第 11 期。③美子、席安、殷沉、惟恒、朱介民、夏瑞民、顾瑞民、S.M.，署用情况未详。

顾青瑶（1896—1978），江苏吴县（今苏州市）人，字灵妹。笔名顾青瑶，出版有《青瑶诗稿、印话》《论画随笔》《宋拓大观帖考正》等著作。

顾诗灵（1904—2004），上海人，原名顾泽培。笔名：①顾泽培，见于小说《智禅老法师》，载 1924 年《东方杂志》第 21 卷第 3 期；诗《流浪曲》，载 1923 年 10 月 4 日上海《民国日报·觉悟》。②左兵，见于剧本《猫》，载 1937 年上海《光明》半月刊第 2 卷第 6—8 号；小说《灯笼》，载 1937 年《文艺工作者》第 1 期；街头剧《打下去! 打到底》，载 1938 年《春雷》第 3 卷第 3 期。③顾诗灵，见于《墓上歌》，载 1929 年《文学周报》第 6 卷第 301—325 期；小说《芭蕉扇》，载 1934 年《金城》月刊第 1 卷第 3 期。此前后在《白露月刊》《文艺大路》《星火》《中学生》《漫画漫话》《中华教育界》等刊发表作品，出版短篇小说集《莎莱》（上海光华书局，1930 年）亦署。④诗灵，见于诗《落日曲》，载 1928 年《白露月刊》第 1 期；诗《秋晚轻歌》，载 1931 年《世界杂志》第 1 卷第 4、5 期。此前后在上述两刊及《文学周报》等刊发表诗作亦署。

顾实（1876—1956），江苏武进（今常州市）人，字惕生。笔名：①顾实，见于《穆天子传西征今地考》，载 1921 年《地学杂志》第 12 卷第 6—10 期；《华夏考原》，载 1923 年《国学丛刊》第 1 卷第 2 期。此前后在《国学丛刊》《教育杂志》《国学辑林》《天籁》《东方杂志》《国民外交杂志》《国专月刊》《中央校本图书馆月报》《中央周刊》《日本评论》《孔学》等刊发表文章，出版《中国文学史大纲》（上海商务印书馆，1926 年）、《穆天子传西征讲疏》（上海商务印书馆，1934 年）等亦署。②铁生、铁僧，署用情况未详。

顾视，生卒年不详，河北宛平（今北京市）人。原名顾孝。笔名顾视，见于诗《啼鸡》《山火》，载 1940 年北平《中国文艺》第 2 卷第 6 期；小说《哑巴夫人》，载 1940 年北平《艺术与生活》第 14 期。嗣后在北平《艺术与生活》《中国公论》《中国文学》《国民公论》《华北作家月报》《诗潮》《新民报半月刊》《新少年》、上海《文运》、济南《大风》等报刊发表诗《顾视诗选》《凭窗寄语》《听风诗草》、散文《郭绍虞先生访问记》《山居杂记》、评论《文学童话之析讨》《历史性的文学童话论》等，出版诗集《摘果录》（与菲力、穆穆、毕基初、笑星合集。北平艺术与生活社，1941 年）、《虹桥集》（北平艺术与生活社，1942 年）、《画彩篇》（北平艺术与生活社，1943 年）等亦署。

顾叔良　生卒年及籍贯不详。笔名卧佛，见于《是亦庵杂写》，载 1930 年《奋报》第 421 期；《是亦庵杂缀》，载 1930 年《奋报》第 405—468 期。1934 年在上海《福尔摩斯》报发表文章亦署。

顾随（1897—1960），河北清河人。原名顾宝随，字羡季，号苦水。笔名：①葛茅，见于小说《孔子的自白》，载 1926 年北平《沉钟》半月刊第 5 期。嗣后在该刊发表小说《母亲》《废墟》等亦署。②苦水，见于信函《致江绍原·关于民间医药卫生学》，载 1928 年《文学周报》第 350 期。嗣后在《骆驼草》《文学》《蚂蚁小集》等刊发表文章亦署。③顾璑，见于词《八声甘州》，载 1929 年南京《学衡》第 70 期；词《鹧鸪天》，载 1931 年《清华周刊》第 34 卷第 7 期。嗣后在《燕京学报》《歌谣》《浅草》《文艺周刊》《青年界》《艺文杂志》《现代文录》《世间解》等刊发表诗文亦署。

顾行（1928—1997），浙江海宁人。笔名：①乐凯，见于小说《萧寺》，连载于 1947 年前后《海宁导报》。②戈行，见于《自学是干部理论学习的根本方法》，载 1949 年北京《人民晚报》。1953 年在《北京日报·文化生活》发表文章亦署。③顾行，出版《昨天·今天·明天》《学艺札记》《灯下拾零》等署用。④小戈、小青、戈陈、陈戈、曹红、伍识途，1958—1963 年在《北京晚报·五色土》发表杂文或署。按：顾行出版有《京西小学教育散记》《粮老虎发家史》等著，署名情况未详。

顾学颉（jié）（1913—1999），湖北随州人，字肇仓，号求坎。别署坎斋、菽坎。笔名：①顾学颉，见于《李后主传论》，载 1945 年《国立西北师范学术季刊》第 2 期；《温庭筠〈感旧陈情五十韵献推南李仆射诗〉旧注辨误》，载 1947 年《国文月刊》第 57 期。此前后在上述两刊及《黄冑周刊》《史地丛刊》等刊发表文章，出版编选、校注《元人杂剧选》（1956 年）、《醒世恒言》（1956 年）、《今古奇观》（1957 年）、《随园诗话》（1960 年）、《白居易诗选》（与周汝昌合作，1963 年）、《白居易集》（中华书局，1979 年）、《元曲释词》（与王学奇合作，1983—1990 年），论著《顾学颉文学论集》（1987 年）、《坎斋诗词录》（1992 年）、《海峡两岸著名学者：师友录》（1997 年）等亦署。②坎、肇仓，1957—1958 年发表文章和出版书籍署用。

顾迅逸（1919—1946），江苏南通人。原名顾永惜，号迅逸。曾用名顾迅一。笔名：①西田，见于诗作《白杨木》，载 1943 年南通《江北日报·诗歌线》第 2 期。嗣后在该刊及南通《北极》半月刊发表诗文亦署。②迅一，见于散文《西园记》，载 1944 年南通《北极》第 5 卷第 5、6 期合刊。

顾延卿（1848—1917），江苏如皋人，字锡爵。别署铁生、蝶生。笔名顾延卿，有遗著《顾延卿诗集》。

顾也鲁（1916—2009），江苏南通人。笔名：①顾也鲁，见于《舞台剧与电影的表演术》，载 1941 年《万象》第 1 卷第 5 期；《南艺北行概况》，载 1945 年《上海影坛》第 2 卷第 3 期。此前后在上述两刊及《新影坛》《青春电影》等刊发表文章，出版《艺海沧桑五十年》《影坛艺友悲欢录》《上海滩从影记——顾也鲁自传》亦署。②也鲁，见于通讯《孤岛戏剧浪花报道》，载 1939 年上海《剧场艺术》月刊第 1 卷第 6 期至 1940 年该刊第 2 卷第 6、7 期合刊。

顾也文（1924—2014），浙江慈溪人。原名顾永昌，字云志。笔名顾也文，见于诗《人生》，载 1945 年《现代周刊》第 1 卷第 10 期；《乐舞学院办在殡仪馆》，载 1947 年 10 月 7 日上海《华美晚报》。此前后在《现代周刊》《文艺青年》《月刊》《茶话》《旅行天地》发表随笔、通讯、诗、游记、小说，出版《秧歌和腰鼓》等亦署。

顾怡生（1882—1955），江苏南通人，教育家、诗人。笔名顾怡生，其遗作辑为《教育家顾怡生诗文选集》（陆文蔚、顾乃健、邢家璜搜集、整理），1991 年由江苏古籍出版社出版。

顾用中（1913— ？），江苏南汇（今上海市）人。笔名：①顾用中，见于译文《美国的军事基地》（苏联 E. 格拉果来夫原作），载 1949 年《新中华》第 12 卷第 1 期。②阿咪，见于杂文《从辫子金莲谈到近代文明》，载 1934 年 7 月 30 日上海《申报·本埠增刊》。③中庸，见于短篇小说《雨后》，载 1935 年 8 月 12 日、13 日中共上海地下党组织《华报》。④萧戈，见于诗《五月的行进曲》，载 1936 年 6 月《国难教育报》。嗣后在上海《文汇报·世纪风》发表杂文亦署。⑤若年，见于译文《汗和他的儿子》，载 1945 年时代出版社版《高尔基早期作品集》。

顾余　生卒年不详，浙江嘉兴人，字九一。笔名顾余，在《南社丛刻》发表旧体诗署用。

顾毓琇（1902—2002），美籍华人，原籍中国江苏无锡，字一樵，号古樵。晚号锡山老翁。笔名：①一樵，见于翻译小说《一诺》，载 1921 年《小说月报》第 12 卷第 5 期。②顾一樵，见于剧本《孤鸿》，载 1923 年《小说月报》第 14 卷第 3 期；小说《三老太太抠一生》，载 1925 年《文学周报》第 189 期。此前后在上述两刊及《大江季刊》《晨报副镌》《时代公论》《清华周刊》《国风半月刊》《新月》《文史杂志》《文潮月刊》《人世间》《文学创作》等刊发表小说、剧本、传记、随笔、散文、评论、诗词等亦署。③顾毓琇，见于《清华学生生活的派别》，载 1922 年《清华周刊》纪念号。嗣后在该刊及《科学》《哲学评论》《中国建设》《时代公论》《国风半月刊》《申报月刊》《独立评论》《教育杂志》《中山文化教育馆季刊》《东方杂志》《文摘》《科学的中国》《抗战半月刊》《时事类编》《星期评论》《学生之友》《国民体育季刊》《读书通讯》等杂志发表文章亦署。④蕉舍，署用情况未详。按：顾毓琇是著名教育家、电机科学家，也是诗人、戏剧家、音乐家、禅学家，除科技著作外，还发表过散文与小说 43 篇，作有 8000 多首诗歌词曲，出版诗词歌曲集 34 部（包括《蕉歌词五百首》《蕉舍诗歌一千首》《蕉舍旅游三百咏》《顾毓琇诗选》《顾毓琇词选》《顾毓琇词曲选》《和唐诗三零三首》《耄耋集》《水木清华》《海滨集》《海外集》《莲歌集》《冈陵集》《樵歌》《潮音集》《齐眉集》《行云流水》《梁溪集》《太湖集》《松风集》《长春集》《惠泉集》《蕉舍吟草》《和梦窗词及其他》《和清真词及其他》《和淮海词及其他》《和渊明诗及其他》等），创作了戏剧 11 部（包括《孤鸿》《张约翰》《国手》《琵琶记》《白娘娘》《荆轲》《岳飞》《苏武》《项羽》《芝兰与茉莉》《古城烽火》），并出版了禅学著作《禅宗师承记》《日本禅宗师承记》和英文版《禅史》。

顾震福（1872－1938？），江苏淮安人，字竹侯，号隶经、跬园、淮安竹叟。笔名顾震福，出版有《小学钩沉续编》《韩诗遗说续考》《鲁诗遗说续考》。

顾震生，生卒年不详，江苏太仓人，字旦平。笔名顾震生、旦平，在《南社丛刻》发表诗文署用。

顾征南（1925－？），浙江鄞县（今宁波市）人，生于上海。原名顾金章，字民达。笔名：①黄水，见于诗《清水河》，载 1946 年 7 月－8 月间上海《文汇报·笔会》；诗《祖国，我爱你》，载 1946 年上海《文艺春秋》第 3 卷第 6 期；诗《子夜》，载 1947 年上海《文艺春秋》第 4 卷第 3 期。同时期在上海《时代日报》发表诗作亦署。②顾南，1947 年 3 月 8 日在上海《时代日报·文化版》发表专访许广平一文署用。1947 年在《现实文摘》第 1 卷第 6 期发表《章靳以》，此前后在《时代日报·文化版》发表对郭沫若、巴金、胡风、郑振铎等人的专访亦署。③犁阳，见于诗《无花的春天》，载 1947 年 4 月 9 日上海《时代日报·新生》。1950 年初在北京《文艺报》发表评论话剧《红旗歌》的文章亦署。④丘沙，发表评论文章署用。

顾执中（1898－1995），上海人，号效汤。笔名顾执中，出版《到青海去》（与陆诒合作。上海商务印书馆，1937 年），1949 年后出版《西行记》（甘肃人民出版社，2003 年）、《东北呼天录》等署用。

顾仲起（1903－1929），江苏如皋人。原名顾自谨，号仲起。笔名：①顾仲起，见于诗《深夜的烦闷》第 3 首，载 1923 年《小说月报》第 14 卷第 7 期；《最后的一封信》，载 1923 年《小说月报》第 14 卷第 8 期；小说《离开我的爸爸》，载 1928 年《太阳月刊》第 4 期。嗣后在上述两刊及《时事新报·学灯》《文学周刊》《泰东月刊》《白华半月刊》等报刊发表小说、诗、随笔、评论《归来》《碧海青天》《创作的生命》《告文艺创作家》《几位无名作家的作品——〈学灯〉上几篇文艺的批评》《对于国内创作坛之诤言》《秋晚》《病中》《秋愁》《中秋夜泛》《黄昏》《舟中感怀》《灵海波声》《游

浪的孤灵》《托尔斯泰"活尸"漫谈》《箱子》《告读者——〈生活的血迹〉自序》《离开我的爸爸》《创伤》《哭泣——〈笑与死〉的序》《我的怀疑》等，出版短篇小说集《生活的血迹》（上海现代书局，1928 年）、《笑与死》（上海泰东图书局，1929 年），中篇小说《爱的病狂者》（上海现代书局，1928 年）、《残骸》（上海中华新教育出版社，1929 年；上海新宇宙书店，1929 年）、《坟的供状》（上海远东图书公司，1929 年）、《葬》（上海明日书店，1929 年），中、短篇小说集《龙二老爷》（上海江南书店，1929 年）等亦署。②仲起，见于短篇小说《风波之一片》，载 1923 年《小说月报》第 14 卷第 12 期；诗《深夜笛声》《归感》，载 1924 年 10 月 7 日上海《时事新报·学灯》。

顾仲彝（1903－1965），浙江余姚人，生于嘉兴。原名顾德隆，字仲彝。曾用名顾凤翔。笔名：①顾德隆，见于独幕剧《儿子回家》，载 1924 年上海《时事新报·文学》第 151 期；翻译小说《播种人》（波兰莱芒原作），载 1925 年上海《小说月报》第 16 卷第 2 期。同时期在上述两刊及上海《东方杂志》发表杂文《"你为什么不在这里呢"》、翻译小说《巴莎柴》（法国法朗士原作）、《圣太卢栖》（英国高尔斯华绥原作），出版翻译戏剧《相鼠有皮》（英国高尔斯华绥原作。上海商务印书馆，1925 年）、《梅萝香》（美国华尔寇原作。上海开明书店，1927 年）等亦署。②顾仲彝，见于剧作《梅萝香》，载 1926 年上海《东方杂志》第 23 卷第 20－23 号；剧作《同胞姐妹》，载 1928 年上海《新月》月刊第 1 卷第 4 期。此前后在上述两刊及《小说月报》《小说世界》《真美善》《秋野》《戏剧》《文艺月刊》《摇篮》《文学期刊》《复旦学报》《当代文艺》《文华》《艺风》《青年界》《矛盾》《现代》《大晚报·火炬通俗文学》《十月谈》《读书顾问》《论语》《文学》《戏》《文艺》《世界文学》《文艺生活》《中国文艺》《文讯》《读书青年》《新中华》《剧场艺术》《星之歌》《月刊》《大众》《学风》《建苏月刊》《文潮月刊》《创作经验》《文艺春秋》《小说》等报刊发表著译剧作、小说、随笔、评论等，出版剧作《同胞姐妹》（上海真美善书店，1929 年）、《刘三爷》（上海开明书店，1931 年）、《人之初》（上海新青年书店，1939 年）、《殉情》（上海光明书局，1940 年）、《衣冠禽兽》（上海永祥印书馆，1946 年）、《梁红玉》（上海开明书店，1941 年）、《水仙花》（上海光明书局，1943 年）、《三千金》（又名《掌上珠》。上海世界书局，1944 年）、《新妇》（上海世界书局，1944 年）、《野火花》（上海世界书局，1944 年）、《八仙外传》（上海世界书局，1945 年）、《上海男女》（上海世界书局，1946 年）、《黄金迷》（上海世界书局，1946 年）、《嫦娥》（上海永祥印书馆，1946 年）、《大地之爱》（上海永祥印书馆，1946 年）、《还泪记》（上海永祥印书馆，1948 年），翻译剧作《威尼斯商人》（英国莎士比亚原作。上海新月书店，1930 年）、《天外边》（美国奥尼尔原作。上海商务印书馆，1939 年）、《生财有道》（根据法国莫里哀原作《吝啬鬼》改编。上海剧场艺术出版

社，1940 年）、《恋爱与阴谋》（德国席勒原作。上海光明书局，1940 年）、《重见光明》（根据法国纪德原作《田园交响曲》及其电影改编本改编。上海世界书局，1944 年），翻译小说《乐园之花》（法国法朗士原作。上海真美善书店，1929 年）、《哈代短篇小说选》（英国哈代原作。上海开明书店，1930 年）、《一个富于想象的妇人》（英国哈代原作。上海黎明书局，1933 年）等亦署。③仲彝，见于通讯《期待着青年们集合》，载 1932 年上海《时代青年》第 3 期；诗词《雪》，载 1933 年《崇实季刊》第 15 期。嗣后在《十月谈》《复旦同学会会刊》《中美周刊》发表《大学西迁记》《梁红玉》等文亦署。④金父（fǔ）、焚玉，署用情况未详。

顾仲雍（？－1925？），浙江绍兴人。原名顾世明，字仲雍。笔名：①顾仲雍，见于评论《废止死刑底商榷》，载 1921 年 4 月 3 日上海《民国日报·觉悟》。嗣后在该刊发表《国民教育底实际》等文，出版小说集《昨夜》（北京北新书局，1924 年）亦署。②仲雍，见于诗《失时的桂花》，载 1922 年 10 月 24 日上海《民国日报·觉悟》。1924 年在北京《晨报副镌》发表小说《会后》《薰破了》《昨夜》等亦署。

【guan】

关非蒙（1921－？），河南南阳人。笔名：①非蒙，1940 年秋起在江西上饶《前线日报·战地》《诗时代》专刊发表评论《论普希金的拜伦风格》《评〈雷雨〉的演出》《评夏衍〈愁城记〉》及诗作等署用。又见于诗《空城》，载 1947 年 12 月 26 日福建《星闽日报·星瀚》第 127 期。②穆门，见于散文《没底的鞋子》，载 1941 年《浙江日报·江风》。嗣后在《大公报·星期文艺》发表散文《成熟期》，1949 年后发表散文《第一片雪花》（载 1956 年 12 月 23 日《杭州日报》）等亦署。③席地家，见于杂文《当我再发现自己》，载 1948 年杭州《当代报·憩园》。④仁慈，见于杂文《连自己都忘了》，载 1948 年杭州《当代报·憩园》。⑤康容，见于散文诗《寻梦记》，载 1948 年杭州《当代报·憩园》。⑥关非蒙，整理点校长篇小说《绣像济公传（上下）》（浙江古籍出版社，1985 年）、《醉菩提全传·常言道·英云梦传》（浙江古籍出版社，1986 年），出版文学评论集《好戏——古代文学精粹速读》（与朱丽云合作。新世纪出版社，2003 年）等均署。

关吉罡（1907－1979），黑龙江爱辉（今黑河市）人，满族。笔名：①关吉罡，见于论文《关于东北的宣抚政策与救亡工作》，载 1937 年汉口《全民周刊》第 1 卷第 2 期。嗣后在该刊第 1 卷第 7 期发表评论《保卫武汉的战时交通问题》，1943 年在《经济论衡》第 1 卷第 4 期发表论文《民生主义计划经济与战后我国复兴经济建设》，出版论著《革命的五月》（与史枚、胡绳等合集。汉口生活书店，1938 年），星期文艺讲座《儒林外史》（江苏省文联筹委会、南京市文联、南京图书馆，1954 年）、《三国演义》（江苏省文联、南京市文联、南京图书馆，1954 年）均署。②吉罡，署用情况未详。

关露（1907－1982），北京人，生于山西右玉。原名胡寿楣。曾用名胡楣、胡芳、胡芳君。笔名：①胡楣，见于小说《余君》，载 1930 年《幼稚》第 2 期；诗《逃亡者的夜歌》，载 1932 年上海《流火月刊》第 2 卷第 1 期。嗣后在上海《新诗歌》《文学新辑》《生活知识》《女子月报》《文学月报》等刊发表著译作品亦署。②胡楣女士，见于小说《归途》，载 1931 年上海《流火月刊》第 1 卷第 6 期；诗《战争》，载 1933 年上海《文艺》第 1 卷第 3 期。嗣后在上海《现象月刊》《新语林》《每月文学》等刊发表文章亦署。③关露，见于诗《夜底进行曲》，载 1934 年上海《新诗歌》第 2 卷第 3 期。嗣后在上海《申报》《大晚报》《光明》《文学界》《文学青年》《新认识》《读书生活》《苏联文学》《文艺阵地》《高射炮》《文艺新潮》《上海妇女》《我歌唱》《行列》《女声》《生活知识》《新音乐》《妇女生活》《文艺长城》《战时妇女》《文汇报》《时事新报》《新中国报》《太平洋周报》《杂志》《抗战半月刊》等报刊发表著译作品均署。出版诗集《太平洋上的歌声》、长篇小说《党的女儿刘丽姗》、中篇小说《新旧时代》《苹果园》等亦署。④芳君，见于随笔《中国妇女求学问题》，载 1942 年上海《女声》创刊号。嗣后在该刊发表随笔《林黛玉和她的悲剧》《潘金莲与武松杀嫂》《托尔斯泰宗教艺术与妇女》《从冬天想到的事》等亦署。⑤芳、蓝，分别见于散文《唐代的宫闱才子——江采苹》、评论《家庭与音乐》，载 1942 上海《女声》杂志创刊号。⑥荣，见于随笔《十二月中的新影片》，载 1942 年 12 月 15 日《女声》第 1 卷第 8 期。嗣后在该刊发表文章多次署用。⑦兰，见于剧评《倾城之恋》，载 1945 年上海《女声》第 3 卷第 9 期。⑧梦茵、林荫，分别见于评论《读了〈星底梦〉》、翻译传记《邓肯的悲剧》（美国伊而玛·邓肯原作），载 1945 年《女声》第 4 卷第 2 期。⑨吴梅、李茵、胡芳、胡芳君、胡关露、胡媚，20 世纪 40 年代在上海报刊发表诗文曾署。

关沫南（1919－2003），吉林永吉人，满族。原名关东彦。曾用名关东雁。笔名：①东彦，1934 年在《哈尔滨公报》发表散文署用。②泊丐，1934 至 1935 年间在《哈尔滨公报》发表散文《呼兰旅游漫记》《马家花园游记》等署用。③关东彦，见于剧作《开张》，1935 年长春《满映画报》。④沫南，见于散文《"风筝的悲哀"》，载 1937 年 3 月 18—20 日哈尔滨《滨江时报》。此前后在该报及哈尔滨《滨港日报》《大北新报》等报刊发表散文《庙会》《忆丁宁》、小说《两船家》《父与子》、评论《读两首诗》《大荒代跋》《关于杂文》等均署。⑤莫难，见于随笔《致曲狂夫》，载 1936 年哈尔滨《国际协报》。⑥路以，见于中篇小说《杜永德》，载 1937 年沈阳《新青年》；小说《路》，载 1939 年哈尔滨《大北新报》。⑦孟来，1940 年在哈尔滨《滨江日报·大荒》发表关于高尔基与罗曼·罗兰的文章署用。嗣后在《东北日报》《北光日报》《先锋》《热风》等报刊发表回忆录《狱中记》、散文《不恭草》《文学随想》《一个奇怪的梦》及评论等亦署。⑧关沫南，出版小说集《蹉跎》（哈尔滨精益印书局，1938年）署用。嗣后发表评论《论文学创造的美学基础》（载1940年10月27日哈尔滨《大北新报》）、散文《我与文学与牢狱》（载1945年《新群》第1、2期），1949年后发表文章、出版短篇小说集《在镜泊湖边》《险境》《岸上硝烟》《雾暗霞明》、中短篇小说集《流逝的恋情》、电影文学剧本《冰雪金达莱》、散文集《春绿北疆》《春花秋月集》、论著《写作初谈》《在创作道路上探索》等亦署。⑨白格，见于杂文《文学断想》，载1945年哈尔滨《文化青年》杂志。⑩史亢地，1945年在长春主编《新群》杂志并发表评论《十月革命和中国新文化》等文署用。⑪夏白洛，20世纪40年代在哈尔滨某杂志（罗明哲编）发表文艺评论署用。⑫东雁、冬雁，20世纪30—40年代在哈尔滨报刊发表文章署用。

关永吉（1916—2008），天津人。原名张守谦，字大岩、省辉。曾用名无恙（乳名）、张岛、张旗。笔名：①上官筝，见于评论《读〈满洲作家特辑〉兼论华北文坛》，载1942年《中国文艺》第7卷第2期。同时期在北平《中国公论》《国民杂志》等刊发表评论《所望于日本文学代表者——应东亚新报社问》《新英雄主义·新浪漫主义和新文学之健康的要求》等，1948年在重庆《文艺先锋》第13卷第4期发表《生的回旋律》一文亦署。②吴楼，见于随笔《寻梦庵杂文编余》，载1942年北平《东亚联盟》月刊第4卷第6期。同时期在《文笔》《读书青年》《中国文学》《中国公论》等杂志发表评论、杂文亦署。③吴公汗，见于随笔《也谈"笔法"》，载1943年北平《中国文艺》第8卷第3期。嗣后在北平《中国公论》发表《批评的"随笔"》《并非"过奢"及其他》等文亦署。④关永吉，见于诗《我的写照》，载1943年南京《作品》月刊第1卷第5期。嗣后在《国民杂志》《中国公论》《东亚联盟》《文学集刊》《风雨谈》等报刊发表小说、随笔等，出版小说集《秋初》（北平新民印书馆，1944年）、《风网船》（北平华北作家协会，1945年）、《流民》（汉口大楚报社，1945年）、中篇小说《苗是怎样长成的》（汉口大楚报社，1945年）、《秘书陈岫和他的朋友》（汉口大楚报社，1945年）、长篇小说《牛》（汉口大楚报社，1945年）等均署。

关照禧（1922—1992），广东连县（今连州市）人。笔名：①焰淘，见于散文诗《我爱歌唱》，载1944年江西赣县《新学生》第4期。嗣后出版诗集《走出了梦之谷》（海流出版社，1947年）亦署。②关照禧，1949年后在广东报刊发表诗、小说、散文《山长水远》《无花果树赞》《连阳大石桥》《古亭青山燕喜飞》《小红灯》《歌声》等署用。嗣后出版诗文集《余妍集》（香港中华文化出版社，2001年），编选《宾于诗社诗选》（1988年）等亦署。

管管（1929—2021），山东胶县（今胶州市）人。原名管运龙。笔名管管，出版有诗集《荒芜之脸》《管管诗选》、散文集《管管散文集》等。

管桦（1922—2002），河北丰润（今唐山市）人。原名鲍化普。曾用名大顺（乳名）、李玉如、管华。笔名：①管桦，1940年开始发表作品署用。嗣后发表诗《一个老人的歌》，载1948年9月23日哈尔滨《东北日报》；小说《雨来》，载1949年哈尔滨《文学战线》第2卷第3期。出版短篇小说集《妈妈同志》（冀东新华书店，1946年），中篇小说《荆谷庄的故事》（冀东新华书店，1947年），歌剧《国军现形记》（与李劫夫合作。冀东新华书店，1947年），话剧《蒋敌伪合流》（与耿介、刘大为合作。大连新华书店，1947年），1949年后发表作品、出版长篇小说《将军河》（中国青年出版社，1977年）、《深渊》（中国青年出版社，1988年），中篇小说《小英雄雨来》（生活·读书·新知三联书店，1951年）、《幸福》（新文艺出版社，1958年）、《辛酸地》（中国青年出版社，1958年），短篇小说集《三支火把》（百花文艺出版社，1958年）、《山谷中》（作家出版社，1959年）、《葛梅》（上海文艺出版社，1962年）、《上学》（人民出版社，1973年），中短篇小说集《管桦中短篇小说集》（中国青年出版社，1979年）、《管桦小说选》（湖南人民出版社，1981年），散文集《生命的呐喊与爱》（中国青年出版社，1983年），话剧剧本《不能忘记啊》（东北新华书店，1950年），诗集《白老虎连赞歌》（与刘大为合作。中南新华书店，1950年）、《洛东江小姑娘》（少年儿童出版社，1956年）、《管桦儿童诗歌选》（湖南人民出版社，1981年），儿童文学集《列宁故事》（天津大众书店，1951年）、《管桦作品选》（少年儿童出版社，1984年），民间故事集《慕土塔科山的故事》（少年儿童出版社，1957年），童话集《老虎和黑熊》（少年儿童出版社，1956年）、《熊的故事》（河北人民出版社，1956年）、《狐狸》（少年儿童出版社，1957年）、《竹笛》（河北人民出版社，1957年），歌词《飞虎山的故事大合唱》（张文纲曲。全国音乐工作者协会，1951年）、《英雄的库尔申科》（李群曲。万叶书店，1952年）、《夏天旅行之歌》（张文纲曲。人民音乐出版社，1955年）、《春天》（李群曲。人民音乐出版社，1956年）、《建设大西北》（赵行道曲。人民音乐出版社，1957年）、《故乡》（人民音乐出版社，1957年），画集《苍青集：管桦墨竹画册》（湖南美术出版社，1981年）亦署。②大顺年、愚公后代、赏笤斋主人，作画时署用。

管劲丞（1896—1966），江苏如东人。原名管惟爵。曾用名管竟成、管静尘。笔名管劲丞，见于《永乐二十二年郑和受命未行考》，载1936年7月17日《大公报·史地周刊》；《郑和下西洋的船》，载1947年《东方杂志》第43卷第10期。1949年后出版《南通军山农民起义史料》（江苏人民出版社，1956年），发表《南通狼山骁宋王墓的真伪问题》（《江海学刊》，1962年第1期）、《柳敬亭通州人考》（《江海学刊》，1963年第1

期)、《李方膺叙传》(《中华文史论丛》,1980 年第 3 辑)等亦署。

管维霖(1917—2010),江苏如皋人。笔名:①卫余,见于散文《席老儿》,载 1936 年 9 月上海《中学生》第 67 号。嗣后在《大公报·小公园》发表散文署用。又见于《朋友诗集自叙》《日记前言》《神女》等,载 1934 年江苏如皋《如皋导报·春泥》。②管维霖,见于随笔《生物季节里的读本》,载 1937 年 5 月《中学生》第 75 号。③狄山,见于随笔《关于细菌的趣味书》,载 1937 年 6 月《中学生》第 76 号。1946 年在该刊发表散文《悼念南通血案中被杀害的钱彤先生》亦署。同时又在上海《大公报》发表作品署用。④韦行余,见于报道《被活埋的钱素凡先生》,载 1946 年 4 月 27 日上海《周报》第 34 期。⑤凌羽,20 世纪 80 年代在如皋报刊发表杂文、散文署用。⑥林绾,20 世纪 80—90 年代在南通、如皋报刊发表杂文署用。⑦叶知秋,20 世纪 90 年代在南通、如皋报刊发表散文署用。见于散文《"苏中才子"俞铭璜》,载 1998 年 1 月 14 日南通《江海晚报·副刊》。⑧北堂,署用情况未详。

管义华(1892—1975),江苏吴县(今苏州市)人,字际安,号霁庵、霁安。笔名管义华。见于新剧《金钱祟》,载 1914 年上海《快活世界》第 1 卷第 2 期。按:管义华著有《旅闽日记》《昆曲曲调》,出版与署名情况未详。

管震民(1880—1962),浙江台州人。原名管望涛,字浅白,号绿天庐主。笔名管震民,见于论文《琼花辨证》,载 1933 年《浙江省立西湖博物馆馆刊》第 1 期;诗《将重渡南溟槟城应钟灵学校之聘敬用顾因明先生和原诗原韵录呈粲正》,载 1935 年《中南文化》第 2 期。嗣后出版《蘆管吟草》《震庵金石》《绿天庐诗文集》《绿天庐吟草》(星槟日报社版)等亦署。

【guang】

光未然(1913—2002),湖北光化(今老河口市)人。原名张光年。曾用名张文光、张华甫。笔名:①张文光,见于论文《论所谓〈中国本位木刻〉》,载 1935 年 5 月 19 日至 20 日《武汉日报·鹦鹉洲》。②光未然,见于评论《一年来的中国出版界》,载 1935 年 6 月 1 日汉口《大光报·大光别墅》;评论《"庸俗的戏剧运动"批判》,载 1937 年上海《光明》第 2 卷第 12 期;评论《论街头剧》,载 1937 年上海《新学识》半月刊第 2 卷第 2 期。同时期起在《文摘》《国民》《一般周刊》《新音乐》《新演剧》《抗战戏剧》《文学月刊》《戏剧春秋》《民主周刊》《人民文艺》《北方》《平原》等报刊发表诗《五月的鲜花》《为胜利团结与民主而歌》《民主在欧洲旅行》《民族战争进行曲》《市侩颂》、歌词《高尔基纪念歌》(冼星海作曲)、随笔《关于〈五月的鲜花〉》《论战时文艺总动员》《"战时戏剧"引论》等亦署;创作组诗(歌词)《黄河大合唱》、长篇叙事诗《屈原》

《英雄钻井队》、抒情诗《绿色的伊拉瓦底》《革命人民的盛大节日》《惊心动魄的一九七六年》、歌词《赞美新中国》《拓荒者》《三门峡大合唱》《全世界无产阶级联合起来》,出版诗集《雷》《阿细的先鸡》《阿细人的歌》《五月花》《惜春时》《光未然歌诗选》《光未然诗存》、散文集《长江魂》(与他人合作)、戏剧集《街头剧作集》《光未然戏剧文选》等亦署。③未然,1933 年在武汉《鄂北青年》第 1 期发表一篇批判林语堂的文章署用。1935 年在汉口《大光报·大光别墅》发表散文亦署。④蓝枫,见于剧本《阿银姑娘》,载 1936 年汉口《一般》周刊第 1 卷第 20 期。⑤文光,见于评论《我想说的话》,载 1936 年 5 月 31 日《武汉日报·鹦鹉洲》。⑥然,见于杂文《自请入狱》,载 1937 年上海《新学识》半月刊第 1 卷第 11 期。⑦无明,见于杂文《由左拉的〈控诉〉想起的》,载 1941 年仰光《新知》周刊第 4 期。⑧李怀,见于散文《我的朋友常任侠》,载 1941 年 9 月 30 日至 10 月 1 日《仰光日报·晨光》。⑨华山,见于论文《诗的美学尺度》,载 1943 年 11 月昆明《诗与散文》第 3 卷第 1 期。⑩光年,见于论文《改造自己,提高自己》,载 1945 年 10 月 25 日昆明《民主周刊》。⑪史宜,见于朗诵诗《黄河》,载 1946 年 1 月 23 日南通《东南日报·诗》周刊第 3 期。该笔名系由《诗》编者代拟,原诗题为《黄河大合唱》。⑫张光年,见于评论《怎样做一个东亚人》,载 1944 年 7 月 15 日广州《协力》半月刊第 4 卷第 1 期;评论《评老舍的话剧〈春华秋实〉》,载 1953 年 9 月《剧本》月刊第 9 期。出版论文集《新时期社会主义文学在阔步前进》《戏剧的现实主义问题》《文艺辩论集》《风雨文谈》《青春文谈》、诗集《红柳集》、日记《红海日记》《文坛回春纪事》《向阳日记》、译作《骈体语译文心雕龙》、文集《张光年文集》等亦署。⑬华夫,见于随笔《也谈粗暴》,载 1956 年《文艺报》第 16 期。⑭黎青,见于短评《诗歌问题的百家争鸣》,载 1959 年《文艺报》第 1 期。⑮辛仁,1961 年在《文艺报》第 10 期发表文章署用。⑯言直、张华甫,署用情况未详。

【gui】

归人(1928—2012),河南汤阴人。原名黄守诚。笔名:①归人,1947 年后在上海《茶话》《家庭》等刊发表《海军艳遇记》《征服"魔岛"的英雄》《囚犯们的性欲问题》等文署用。1949 年后在台湾发表作品、出版散文集《怀念集》(台中光启出版社,1957 年)、《梦华集》(台中光启出版社,1963 年)、《风雨集》(台中光启出版社,1966 年)、《台上》(台中雾峰出版社,1968 年)、《短歌行》(台中光启出版社,1969 年)、《踪迹》(台北大林出版社,1972 年)、《烟》(台北经纶出版社,1972 年)、《归人自选集》(台北黎明文化事业股份有限公司,1978 年)、《哥哥的照片》(台中光启出版社,1982 年),小说集《弦外》(台北正中书局,1967 年)、《寻》(台湾商务印书馆,1973 年),报告文学集《东部采风录》（台北行政文化建设委员会，1984 年），论著《文学初探》（台中光启出版社，1976 年）、《曹子建评传》（台北水牛出版社，1987 年）等均署。②黎芹，出版散文集《登楼赋》（台北水芙蓉出版社，1976 年）、《在悬崖上》（台北水芙蓉出版社，1978 年）署用。③林枫、康稔，署用情况未详。

桂明（1919—？），云南大理人，白族。原名段承祜，字松影。笔名桂明，1949 年后出版诗集《桂明诗草》（自印本，1988 年）、《桂明诗选》（自印本，1992 年），主编《白族历代诗词选》（与赵晏海合作。云南民族出版社，1993 年）等署用。

桂涛声（1901—1982），云南霑益（今曲靖市）人，回族。原名桂独生，字仰之。曾用名桂翘然、桂浩然、吴璧。笔名桂涛声，创作歌词《歌八百壮士》（夏之秋谱曲）、《在太行山上》（冼星海谱曲）及《送棉衣》《点兵曲》；发表通讯《太行山上》，载 1938 年《战斗》旬刊第 2 卷第 3 期；发表《杜甫墓上》，载 1941 年《北战场》第 4 卷第 1 期；出版诗集《金丝鸟》（西安大陆图书杂志出版公司，1945 年）等亦署。

桂裕（1902—2002），浙江慈溪人，字公绰、澄华。笔名桂裕，见于翻译童话《蜗牛与蔷薇丛》（丹麦安徒生原作），载 1925 年《小说月报》第 16 卷第 1 期。

【guo】

过（guō）**家和**（1908—1945），安徽蒙城人，字一民。曾用名李家和。笔名过家和，20 世纪 30 年代中期曾在北平、天津报刊发表杂文和译文署用。

郭宝珩（1867—？），江苏江都（今扬州市）人，字百迟、楚珍，号藉庵、百痴生。有《五十弦锦瑟楼词》第 5 卷传世。

郭弼昌，生卒年不详，四川广安人。笔名：①弼昌，见于歌词《战地秋收歌》，载 1939 年 6 月 24 日桂林《救亡日报·文化岗位》；《反法西斯蒂进行曲》，载 1940 年《新音乐》第 3 卷第 5 期。②郭弼昌，见于通讯《一个伤兵座谈会》，载 1938 年《全民周刊》第 1 卷第 21 期；通讯《到了广东以后》，载 1939 年《战地知识》第 1 卷第 7 期。嗣后在《广东妇女》杂志发表文章亦署。

郭秉箴（1922—1987），广东大埔。笔名：①金成、郭戈、秦邮、何许人，1945—1946 年在成都《华西晚报》、上海《文汇报》《民国日报》，1946—1948 年在马来亚吉隆坡《民声报》发表杂文等署用。②郭秉箴，1949 年后发表文章署用。

郭步陶（1879—1962），四川隆昌人，生于河南祥符（今开封市）。原名郭成爽，后改名郭惜，字景卢，号步陶。笔名：①郭成爽，在《新闻报》《申报》香港版、《星岛日报》《星岛晚报》发表短评和新闻稿，出版《新制中华国文教科书》（上海中华书局，1913 年）等署用。②郭惜，在《南社丛刻》发表诗文署用。③郭步陶，

出版《西北旅行日记》（上海大东书局）、《时事评论作法》（正中书局，1937 年）、《编辑与评论》等署用。

郭超（1930— ），湖南长沙人。原名郭兆恒。笔名：①郭超，出版诗论集《诗的艺术欣赏与创作》《爬山歌论稿》（与他人合作），评论集《小说的创作艺术》《奎曾、郭超文学评论选》，专著《小说技法 55 讲》等署用。②牧丁、肖犁，署用情况未详。

郭澹（dàn）**波**（1927—1991），福建龙岩人。原名郭东奎。笔名：①郭丹，见于诗《古屋之夜》，载 1944 年秋龙岩《闽西日报》。②荻风，见于散文诗《鸬鹚船》，载 1945 年 3 月龙岩《民声报》。③澹波，见于散文《落日的悲哀》，载 1945 年 4 月龙岩《闽西日报》。④郭澹波，见于散文《乡村一角》，载 1945 年龙岩《青年旬刊》。嗣后出版诗集《屋檐下》（连城县人民书局，1949 年）亦署。⑤荻声，见于《疯生短言》，载 1947 年 3 月 6 日厦门《星光日报》。⑥艺风，见于诗《灯蛾的毁灭》，载 1947 年 3 月 19 日厦门《星光日报》。⑦溪山，见于诗《夜莺之歌》，载 1947 年 8 月 26 日连城《青年报》。⑧江堰河，见于诗《请校长答复我们好不好》，载 1947 年 10 月 29 日厦门《星光日报》。⑨胡北朔，见于《读〈王贵与李香香〉后》，载 1947 年冬厦门《星光日报》。⑩冻藏，见于诗《冬天的原野》，载 1948 年 3 月 29 日《星光日报》。⑪雨野，见于《长工歌——龙岩歌谣研讨之一》，载 1948 年 9 月 10 日《星光日报》。⑫湜丁，见于歌谣《割麦割禾》，载 1948 年《星光日报》。⑬荻迦，见于论文《论叙事诗的主题》，载 1948 年《星光日报》。

郭道鉴（1926—2022），福建福州人，字渔子。笔名：①双庆，见于散文《糖厂巡礼》，载 1941 年福州《中央日报》副刊。②盟水，见于散文《期待着战斗——为两个陌生者祝福》，载 1945 年 4 月 17 日福建永安《民主报·新语》；散文《旅途草》，载 1946 年 3 月 18 日福建南平《南方日报·南方副刊》。

郭德粹，生卒年及籍贯不详，曾用名郭穆东。笔名：①东青，1946 年前在北平《青少年》发表作品署用。嗣后在天津《新生晚报·文艺大地》发表诗歌作品亦署。②远方，1947 年在天津《新生晚报·文艺大地》发表诗歌作品署用。

郭风（1919—2010），福建莆田人，回族。原名郭嘉桂。笔名：①郭嘉桂，1937 年开始署用。见于散文《守着荒寂的山》，载 1938 年重庆《文艺月刊·战时特刊》第 2 卷第 7 期；报告文学《地瓜》，载 1940 年《文艺阵地》第 4 卷第 12 期。②嘉桂，见于报告文学《失掉了家的》，载 1938 年《文艺月刊·战时特刊》第 2 卷第 5 期。嗣后在该刊发表通讯《客地人》等亦署。③金戈，见于小说《县长查场》，载 1938 年重庆《春云》第 4 卷第 6 期。④郭嘉，1937 年后发表作品曾署。⑤郭风，见于散文《查关——越滇纪行之一》，载 1940 年上海《戏剧与文学》第 1 卷第 2 期；诗《收获》，载 1940

年福建永安《现代文艺》第 1 卷第 4 期。嗣后在《现代文艺》《改进》《诗创作》《文学创作》《人世间》《时与潮文艺》《文艺春秋》《文艺复兴》《铁鸟之群》《星闽日报·星瀚》等刊发表诗、散文等，出版长诗《月亮的船》（福建人民出版社，1957 年），诗集《轮船》（福建人民出版社，1955 年），散文集《英雄和花朵》（上海文艺出版社，1961 年）、《山溪和海岛》（福建人民出版社，1962 年）、《曙》（福建人民出版社，1962 年）、《避雨的豹》（人民文学出版社，1980 年）、《小郭在林中写生》（少年儿童出版社，1982 年）、《给爱花的人》（湖南人民出版社，1986 年）、《开窗的人》（江西人民出版社，1987 年）、《唱吧，山溪》（上海文艺出版社，1983 年）、《郭风散文选》（四川人民出版社，1983 年），散文诗集《蒲公英和虹》（少年儿童出版社，1957）、《你是普通的花》（人民文学出版社，1981 年）、《鲜花的早晨》（花城出版社，1981 年）、《叶笛集》（作家出版社，1959 年）、《灯火集》（湖南人民出版社，1983 年）、《笙歌》（花城出版社，1984 年）、《小小的履印》（百花文艺出版社，1984 年）、《郭风作品选》（少年儿童出版社，1984 年），评论、散文集《杂文集》（福建人民出版社，1982 年），儿童文学《早晨的钟声》（湖南少年儿童出版社，1985 年），儿童诗集《木偶戏》（改进出版社，1945 年）、《火柴盒的火车》（少年儿童出版社，1955 年）、《洗澡的虎》（少年儿童出版社，1956 年），儿童散文集《搭船的鸟》（少年儿童出版社，1955 年）、《会飞的种子》（福建人民出版社，1955 年）、《在植物园里》（少年儿童出版社，1955 年），童话散文诗《红菇们的旅行》（江西少年儿童出版社，1986 年）等亦署。⑥张伞，见于散文《雨》，载 1940 年福建莆田《铁鸟之群》月刊第 2 期。⑦谷枫，见于散文《担架床》，载 1940 年莆田《铁鸟之群》月刊第 2 期。⑧叶于浩，见于散文诗《花和小孩》，载 1947 年 8 月 8 日福州《星闽日报·星瀚》。嗣后在该刊发表《墓》《屋》等散文均署。1949 年后发表文章亦署。⑨林秋声，借用其妻之名。见于散文《湖》，载 1947 年 8 月 11 日《星闽日报·星瀚》。嗣后在该刊发表散文《土地》《阳光在远处》等亦署。⑩拔荻，见于散文诗《河》，载 1947 年 8 月 29 日《星闽日报·星瀚》。嗣后在该刊发表散文《深林中》《寄》等亦署。⑪叶一造，见于随笔《窗前随感》，载 1947 年 10 月 16 日《星闽日报·星瀚》。嗣后在该刊发表散文《小品三章》亦署。⑫于浩，见于散文《河的怀念》，载 1947 年 10 月 18 日《星闽日报·星瀚》。嗣后在该刊发表散文《棕榈》亦署。⑬野寺，见于散文《散文三章》，载 1947 年 11 月 21 日《星闽日报·星瀚》。嗣后在该刊发表杂文《悲哀》等亦署。⑭苏明，见于杂文《史沫德莱被诬》，载 1949 年 2 月 23 日《星闽日报·星瀚》。嗣后在该刊发表杂文《巫人发财》、散文《小品三章》等亦署。⑮苏晶，见于散文《散文二题》，载 1949 年 3 月 2 日《星闽日报·星瀚》。嗣后在该刊发表书评《读〈南极探险记〉》亦署。⑯苏月，见于杂文《读书随笔》，载 1949 年 5 月 25 日、28 日、

31 日《星闽日报·星瀚》。1949 年后发表文章亦署。⑰中野，见于杂文《小人》，载 1949 年 5 月 28 日《星闽日报·星瀚》。⑱胡雪、陈月、郭飞帘、郭脩能，1949 年后发表文章署用。⑲林车、北笛、苏丹，署用情况未详。按："叶于浩""林秋声""拔荻""叶一造""于浩""野寺""苏明""苏晶""苏月""中野"诸笔名在福建其他报刊及香港《大公报·文艺》《星岛日报·星座》等刊发表散文、杂文、寓言、读书随笔亦或署用。

郭光（1917－1995），河北蠡县人。原名郭云亭。笔名：①郭云亭，1936 年至 1949 年上半年发表诗和散文署用。②郭光，1938 年在《冀中导报》发表时评署用。1938 年后出版长篇小说《仅仅是开始》（人民文学出版社，1952 年）、《寒流滚滚》（安徽人民出版社，1984 年）等亦署。③贾明，1941 年在《冀中导报》发表散文署用。1946 年在《晋察冀日报》发表文章亦署。

郭国翔（1918－？），福建龙岩人。笔名郭路、郭翔、湃风，20 世纪 40 年代在福建《江声报》《复兴报》《大成报》《前线报》发表文章署用。

郭化若（1904－1995），福建福州人。原名郭可彬，曾用名郭俊英、郭化玉、郭化羽。笔名化若、郭化若，发表有《赤壁之战及其对民族战争的启示》《齐燕即墨之战的初步研究》《孙子兵法之初步研究》《孔明兵法之一斑》等多篇军事论文，出版有《新编今译孙子兵法》《孙子译注》《郭化若诗词墨迹选》及多部军事著作。

郭基南（1923－　　），新疆察布查尔人，锡伯族。笔名：①伯基，1940 年 10 月发表小说《一天的生活》开始署用。②郭基南，见论文《谈锡伯族的〈三国之歌〉》，载《民族文学研究》1984 年第 1 期。嗣后出版诗集《心之歌》《乌孙山下的歌》《情感的火花》，散文集《准噶尔新图》《箭乡的子孙》《摘星人》《锡伯族》，长篇小说《英雄壮行》等亦署。③嵇南、牛伦、玛奇图，署用情况未详。

郭继湖（1929－2011），福建上杭人。笔名：①郭外，见于散文《寂寞的人》，载 1947 年春福建《中央日报》副刊。嗣后在《星闽日报·星瀚》（胡殷编）、《福建时报·詹言》（王西彦编）等发表诗、散文、杂文、评论等亦署。②近止，见于杂文《赌》，载 1948 年 4 月 19 日《星闽日报·星瀚》第 221 期。嗣后在该刊发表散文《墓道》、诗《寂寞》等亦署。③杜芩，见于诗《黄昏诗人》，载 1948 年 8 月 2 日《星闽日报·星瀚》。④引玉，见于散文《跃进篇》，载 1949 年《星闽日报·星瀚》第 535 期。嗣后在该刊发表散文《失眠的夜》、随笔《夏夜走笔》等亦署。

郭坚忍（1880－1940），江苏扬州人。原名郭宝珠，字韵笙、延秋。笔名郭坚忍，1949 年后出版《游丝词》（扬州大学出版社，2014 年）、《四十日避地诗》等亦署。

郭锦洪，生卒年及籍贯不详，曾用名郭锦鸿。笔名金洪、金戈，20 世纪 30 年代在马来亚新加坡《南国半

月刊》《南岛十日刊》等刊发表散文、评论署用。

郭蠡，生卒年及籍贯不详。笔名子雨，20 世纪 30 年代初在武汉《大光报》《武汉日报》等报刊发表文艺理论文章署用。

郭良才，生卒年及籍贯不详。笔名郭根，见于《谈新诗的韵律》，载 1934 年绥远《民国日报·塞原》；《由塞北到孤岛》，载 1938 年 11 月 19 日《华美日报·镀金城》。

郭麟阁（1904－1984），湖南西平人，号炳汉。笔名：①郭麟阁，1949 年后出版专著《法语文体学教程》，译作《雅克团》（法国普罗斯贝尔·梅里美原作，与居敬合译。作家出版社，1956 年）及《窦巴兹》（法国马尔赛勒·巴尼奥勒原作），主编《汉法词典》《汉法成语词典》等并署。②缘艾，署用情况未详。按：郭麟阁还出版有法文著作《红楼梦研究》《法国文艺论集》《法国文学简史》。

郭梦良（1898－1925），福建闽侯（今福州市）人，原名郭弼藩，字梦良。笔名：①郭弼藩，见于小说《洋债》，载 1919 年《新潮》第 1 卷第 5 期。在《晨报》第 7 版发表文章，在《法政学报》发表《周秦诸子政治思想之研究》等亦署。②郭梦良，见于《评新中国杂志〈新旧文学之冲突〉》，载 1919 年 5 月 23 日、24 日《晨报》第 7 版。嗣后在《教育杂志》《民铎杂志》《东方杂志》发表文章亦署。③梦良，见于《论白话诗之必要》，载 1919 年 5 月 27 日《晨报》第 7 版。

郭妙然，生卒年及籍贯不详。笔名妙然，见于杂文《妇女心理的改革》，载 1920 年上海《新妇女》第 1 卷第 4 期；剧本《谁害我！》（第三、四幕），载 1920 年《新妇女》半月刊第 3 卷第 2 期。

郭沫若（1892－1978），四川乐山人。原名郭开贞，号鼎堂；别号尚武、定甫、石沱、沱生、石沱生。乳名文豹、八儿。曾用名高浩然、高鸣、吴诚、林守仁、杨伯勉、白圭、郭爱牟、佐藤贞吉、佐藤和夫、藤子丈夫、R.L.。别署竹君主人、汾易主人、戎马书生。笔名：①沫若，见于诗《抱和儿浴博多湾中》《鹭鸶》，载 1919 年 9 月 11 日上海《时事新报·学灯》。嗣后在该刊及《新中国》《黑潮》《少年中国》《创造》《洪水》等刊发表诗文亦署。②郭开贞，见于论文《同文同种辨》，载 1919 年《黑潮》月刊第 1 卷第 2 期。③沫，见于诗《葬鸡》，载 1920 年 10 月 16 日《时事新报·学灯》。翌日于该刊发表诗《鸣蝉》亦署。④开贞，见于诗《风》，载 1919 年《黑潮》月刊第 1 卷第 2 期。⑤郭沫若，见于信函《致宗白华》，载 1920 年北京《少年中国》第 1 卷第 9 期；诗《箱崎吊古》，载 1920 年《黑潮》第 1 卷第 3 期。嗣后在《新的小说》《小说月报》《时事新报·学灯》《文学周报》《学艺》《民铎杂志》《创造季刊》《创造周报》《洪水》《东方杂志》《中央副刊》《现代评论》《创造月刊》《中华新报·创造日》《现代小说》《开明》《大众文艺》《拓荒者》《文艺月刊》

《现代》《晨报副镌》《燕京学报》《中学生》《文学》《东流》《女子月刊》《文海》《新小说》《杂文》《日本评论》《诗歌生活》《中华公论》《宇宙风》《宇宙风乙刊》《东方文艺》《文学丛报》《文学界》《光明》《今代文艺》《中流》《诗歌生活》《希望》《中国文艺》《烽火》《自由中国》《抗战文艺》《抗战半月刊》《绸缪月刊》《月刊》《文艺》《笔阵》《文学月报》《野草》《中国文化》《新诗歌》《戏剧春秋》《诗创作》《笔谈》《文艺生活》《文讯》《文艺杂志》《文坛》《文学创作》《青年文艺》《人世间》《天下文章》《艺丛》《中原》《当代文艺》《文艺春秋》《文艺复兴》《文学新报》《高原》《文哨》《文章》《白山》《清明》《萌芽》《胶东文艺》《北方》《文艺丛刊》《中国作家》《大众文艺丛刊》《华北文艺》《群众文艺》《大晚报·火炬》《立报·言林》《救亡日报》《新华日报》《大公报·文艺》《新蜀报·七天文艺》等报刊发表著译诗文，出版诗集《女神》《雄鸡集》《潮汐集》《骆驼集》《雨后集》，诗文合集《星空》《瓶》《前茅》《恢复》《沫若诗集》《战声》《凤凰（沫若诗前集）》《蜩螗集（附：战声集）》，小说集《黑猫与羔羊》《地下的笑声》，历史小说《豕蹄》，散文集《今津纪游》《北伐途次》《波》《苏联纪行》（又名《苏联五十天》）、《归去来》《南京印象》《海涛》《橄榄》《试看今日之蒋介石》《反正前后》《划时代的转变》《山中杂记》《山中杂记及其他》《黑猫与羔羊》，杂文集《盲肠炎》，小说、散文集《水平线下》《黑猫与塔》《桌子跳舞》《抱箭集》，散文、杂文集《今昔蒲剑》《沸羹集》《天地玄黄》，小说、戏曲集《漂流三部曲》《后悔》《沫若小说戏曲集》，话剧剧本《屈原》《孔雀胆》《南冠草》《筑》《虎符》《棠棣之花》《卓文君》《王昭君》《武则天》《聂嫈》《高渐离》《甘愿做炮灰》《三个叛逆的女性》《蔡文姬》，自传《我的幼年》《少年时代》《革命春秋》《洪波曲》，回忆录《创造十年》《创造十年续编》，评论集《雄鸡集》，论文集《文艺论集》《文艺论集续集》《创作的道路》，散文、论文集《羽书集》《蒲剑集》，专著《中国古代社会研究》《十批判书》《青铜时代》《奴隶制时代》《历史人物》《屈原研究》《先秦学说述林》《今昔集》《甲骨文研究》《卜辞研究》《卜辞通纂》《殷商青铜器金文研究》，翻译小说《菌梦湖》（德国施托姆原作，与钱君胥合译）、《少年维特之烦恼》（德国歌德原作），翻译诗或诗集《雪莱诗选》（英国雪莱原作）、《浮士德》（德国歌德原作）、《战争与和平》（俄国列夫·托尔斯泰原作），以及《沫若书信集》《郭沫若杂文集》《郭沫若文集》《沫若自选集》《郭沫若小说选》等亦署。⑥郭鼎堂，出版小说戏曲集《塔》（中华学艺社，1925 年）署用。嗣后发表论文《臣辰盉铭考释》（载 1931 年北平《燕京学报》第 9 期）、《正考父鼎铭辨伪》（载《东方杂志》）等亦署。⑦鼎堂，出版《约翰沁孤的戏曲集》（上海商务印书馆，1925 年）署用。嗣后发表论文《毛公鼎之年代》（载 1931 年上海《东方杂志》第 28 卷第 13 期）、《初出夔门》《幻灭的北征》（发表于上海《宇宙风》）、《甲申三百年祭》（发表于 1945 年上海《文史》第 3 期）等亦署。⑧爱牟，见于

《通信一则》，载 1927 年《创造周报》第 52 号。⑨麦克昂，见于论文《英雄树》，载 1928 年上海《创造月刊》第 1 卷第 8 期。嗣后在该刊及《文化批判》《文艺讲座》《艺术》等刊发表文章亦署。⑩杜荃，见于论文《文艺战线上的封建余孽——批评鲁迅的〈我的态度气量和年纪〉》，载 1928 年《创造月刊》第 2 卷第 1 期；随笔《读〈中国封建社会史〉》，载 1930 年上海《新思潮》第 2、3 期合刊。⑪杜衍，见于论文《周易的时代背景与精神生产》，载 1928 年上海《东方杂志》第 25 卷第 21—22 期。嗣后在该刊第 26 卷连载《诗书时代的社会变革与其思想上的反映》一文亦署。⑫坎人，出版翻译小说《石炭王》（美国辛克莱原作。上海乐群书店，1928 年）署用。⑬杜顽庶，见于论文《中国社会之历史的发展阶段》，载 1928 年上海《思想月刊》第 4 期。⑭易坎人，出版翻译小说《屠场》（美国辛克莱原作。上海南强书局，1929 年）、《煤油》（美国辛克莱原作。上海光华书局，1930 年）署用。⑮郭爱牟，见于《日记九种》，载 1932 年北新书局版《村居日记》。⑯石沱，见于《〈生命之科学〉译者弁言》，载 1934 年上海商务印书馆出版之《生命之科学》第 1 册。又见于致若英信，载 1936 年 12 月 21 日上海《大晚报》。⑰李季，出版译作《政治经济学批判》（1934 年）署用。⑱谷人，见于 1934 年 9 月 20 日上海《太白》创刊号所刊《本刊特约撰述》名单。嗣后在《太白》半月刊第 1 卷第 6 期发表《历史和历史》，在《杂文》发表杂文《阿洛乐脱儿》等亦署。⑲高汝鸿，出版翻译小说《日本短篇小说集》（日本芥川龙之介等原作。上海商务印书馆，1935 年）署用。⑳郭石沱，见于 1935 年出版之傅抱石《中国美术年表》之《自序》。㉑鼎，见于《鼎》一文，载 1936 年《质文》月刊第 5、6 期合刊。㉒安娜，见于《天亮黑一黑》，载 1936 年《质文》第 5、6 期合刊。㉓石沱生，见于诗《廿四传花信……》，1937 年 7 月 16 作，载《郭沫若鲁迅刘大白郁达夫四大家诗抄》。㉔杜衍，见于《抗敌与民主的不可分性》，载 1937 年《人间十日》第 14 期。㉕白圭，见于杂文《文化与战争》，载 1939 年《艺术文献》第 1 册。㉖石鼎鼎也，见于七律《静庵邀小酌并有诗，依韵和之》，1945 年 4 月 2 日作。㉗羊易子，见于《这个就是"最民主"》，载 1947 年《群众》周刊第 14 卷第 8 期。㉘牛何之，见于杂文《续〈狐狸篇〉》，载 1947 年上海《评论报》周刊第 13 期。㉙龙子，见于杂文《发辫的争论》，载 1956 年 7 月 18 日北京《人民日报》。㉚克拉克，见于杂文《乌鸦的独白》，载 1956 年 8 月 4 日《人民日报》。㉛江祸，见于《曹操年表》，载 1959 年北京《历史研究》第 3 期。㉜于硕（与夫人于力群合用）、蒙俱、蒙俱生、蒙俱外史、王假维、黎明健、笔花居士、阿和乃古登志，署用情况未详。

郭尼迪

郭尼迪（1916—？），江苏吴淞（今上海市）人。笔名：①尼迪，见于短论《关于作家的生活实践》，载 1941 年《文艺月刊》第 11 卷第 9 期。②风家，见于散文《街巷》，载 1942 年 11 月重庆《文艺先锋》第 1 卷第 4 期。又用于《文艺月刊》等。③郭尼迪，见于诗《春天了，祖国，起来哟！》，载 1938 年《文艺新潮》第 1 卷第 6 期；小说《年轻人之间》，载 1938 年《红茶》第 13—14 期；诗《火车怀念者》，载 1942 年桂林《诗创作》第 17 期。此前后在《文艺新潮》《红茶》《文艺月刊》《文化先锋》《上海周报》等刊发表小说、随笔、通信、诗歌等亦署。④孙阳，20 世纪 40 年代发表文章署用。

郭庆

郭庆（1928—？），辽宁鞍山人。原名郭世庆。笔名：①郭乡伙，见于诗《梦在昭陵》，载 1946 年 9 月沈阳《公民》月刊。嗣后在沈阳《中苏日报》《东北民报》《新报》《凯旋》等报刊发表文章亦署。②郭裹，见于小说《未写完的诗章》，载 1946 年 12 月沈阳《青群》杂志。嗣后在沈阳《中苏日报》《东北民报》《新报》等报刊发表文章亦署。

郭秋白

郭秋白（1917—1960），四川荣昌人。原名郭仲周。笔名郭秋白，出版诗集《秋白诗集》（成都普益图书公司，1941 年）署用。

郭秋生

郭秋生（1904—1980），台湾台北县（今新北市）人。笔名：①一舟，见于《弱势的特权》，载 1924 年日本东京《台湾民报》第 2 卷第 8 期。②秋生，1927 年在台北《台湾民报》发表《死么》署用。嗣后在台北《台湾新民报》《南音》发表诗文亦署。③KS 生，见于《台湾人よ！何処へ行く？》，载 1930 年 6 月 14 日至 8 月 2 日台北《台湾新民报》；杂文《文艺上的污秽描写》，载 1932 年《南音》第 1 卷第 8 期。④芥舟生，见于特写《一个被收容过的大鸡的告白》，载 1931 年 7 月 11 日《台湾新民报》。嗣后在该刊发表《富翁的末路》《诱惑》《深夜的怪剧》等文亦署。⑤KS，见于《一个大学生》，载 1931 年 8 月 22 日《台湾新民报》。⑥郭秋生，见于评论《建设"台湾话文"一提案》（上），载 1931 年 8 月 29 日《台湾新民报》第 379 号。嗣后在该刊以及台北《南音》《先发部队》等报刊发表《生活改造的武器》《消解发生期的观念行动的本格化建设》等文署用。⑦舟，见于杂文《新名词"弹臭屁"》，载 1932 年 1 月 1 日《南音》创刊号。嗣后在该刊发表《新名词"大耳的入港"》等文亦署。⑧芥舟，见于诗《开荒》，载 1932 年《南音》创刊号；诗《先发部队》，载 1934 年台湾《先发部队》第 1 期。此前后在该刊以及台中《台湾文艺》、台北《第一线》等报刊发表诗《婴儿》、评论《台湾新文学的出路》等亦署。⑨街头写真师，见于《热闹的珍风景》，载 1934 年台中《台湾文艺》第 2 卷第 1 期。嗣后在台中《台湾新文学》发表文章署用。⑩火禾生，TP 生，日据时期在台湾报刊发表作品署用。

郭森林

郭森林（1910—？），广东澄海人。笔名：①是我，20 世纪 40 年代在暹罗华文报刊发表剧评署用。②白云、长光兄，20 世纪 40 年代在暹罗华文报刊发表小说、散文等署用。③夏阳，20 世纪 70 年代末在泰国曼谷《泰商日报·泰副》发表长篇小说署用。

郭绍虞（1893－1984），江苏苏州人。原名郭希汾，字绍虞。笔名：①郭绍虞，见于《介绍〈这个自由的旗帜〉》，载1919年2月27日北平《晨报》第7版；《俄国美论与其文艺》，载1921年《小说月报·俄国文学研究》第12卷号外。嗣后在上述两刊及《民铎杂志》《北京大学研究所国学门周刊》《燕京学报》《中国文学研究》《东方杂志》《文学周报》《国立武汉大学文哲季刊》《中学生》《文艺新潮》《学林》《国文月刊》《文艺复兴》《图书季刊》《清华学报》《文艺新地》等刊发表文章，出版翻译戏剧《阿那托尔》（奥地利显尼志劳原作。上海商务印书馆，1922年）、专著《战国策详注》《中国文学批评史》《陶集考》《近代文论》《语文通论》《中国古典文学理论批评史》《沧浪诗校释》，以及《中国历代文论选》《杜甫戏为六绝句集介》《元好问论诗三十首小笺》《郭绍虞文集》等亦署。②绍虞，见于《罗素社会哲学的大概》，载1919年8月23日《晨报》第7版；随笔《答〈读泰东月刊后（续）〉》，载1928年9月13日上海《民国日报·觉悟》。嗣后在《学生文艺丛刊》《泰东月刊》《礼拜六》《燕京学报》等报刊发表文章亦署。③虞，见于翻译小说《未婚妻》，载1920年1月9日《晨报》第7版。④郭希汾，出版《中国小说史略》（上海中国书局，1921年）署用。

郭世绂，生卒年不详，安徽人。笔名：①郭世绂，见于散文《昆明印象》，载1938年上海《宇宙风》第70期。②郭朋，见于散文《乌江渡》，载1943年上海《小说月报》第3卷第4期。嗣后在该刊发表散文《小城的记忆》、在上海《杂志》发表散文《忆曹禺》《记忆中的沈从文》、在上海《谷音》发表散文《故居》等，在《文友》《万象》《人间》《春秋》《语林》等刊发表文章亦署。③萧群，见于《在呼鲁图克河畔》，载1945年上海《谷音》第1辑《译作文丛》；《敬悼陶行知先生》，收入1947年5月美国华侨知识出版社出版之《五四文丛·呼喊》；小说《风雨》，载1948年上海《幸福》第23期。此前后在《万象》《春秋》《民众周刊》《幸福世界》《宇宙》等刊发表小说《中了王母娘娘的法术》《县长大人》《原野上》《风雨》《向南方》、杂文《天涯梦断》《为生活而罢工》《暹罗大屠杀》《他们来自战场》《中国人的苦闷》（与人合作）等均署。

郭水潭（1907－1995），台湾台南人。笔名郭千尺、郭水潭，日据时代在台湾《台湾文艺》《台湾新文学》《华丽岛》、日本大阪《每日新闻》发表诗《向棺木恸哭》、小说《某个男人的日记》等署用。按：郭水潭出版有诗集《冲破陋习》《世纪之歌》；短篇小说集《某男人的手记》，长篇小说《福尔摩沙》，评论集《断片的私见》《台湾知识阶级的倾向》等，出版与署名情况未详。

郭嗣汾（1919－2014），四川云阳人。笔名：①郭嗣汾，1938年开始在汉口报纸发表作品署用。抗战胜利后在重庆、汉口多地报刊发表中、短篇小说，1949年后在台湾、香港出版短篇小说集《康白兰的秋天》（台

中光启出版社，1958年）、《桥》（高雄长城出版社，1967年）、《弄潮》（高雄长城出版社，1967年）、《杜鹃花落》（高雄长城出版社，1967年）、《冬天与春天》（高雄长城出版社，1967年）、《迷津》（台北立志出版社，1969年）、《旅程》（台北采风出版社，1988年），中篇小说《海阔天空》（台北文艺创作社，1952年）、《黎明的海战》（香港亚洲出版社，1954年）、《寒夜曲》（台北，1955年）、《尼泊尔之恋》（高雄大业书店，1957年）、《紫荆树下》（台北《中央日报》社，1957年）、《威震长空》（香港亚洲出版社，1958年）、《海星》（台北三民书局，1967年），长篇小说《失去的花朵》（台北大江出版社，1951年）、《危城记》（高雄大众出版社，1952年）、《森林之旅》（台北中国文学出版社，1956年）、《迟来的风雨》（台北，1958年）、《悬崖的悲剧》（高雄大业书店，1958年）、《风雪大渡河》（香港亚洲出版社，1959年）、《春波》（台北畅流半月刊，1959年）、《夜归》（台北文坛杂志社，1959年）、《绿屋》（台北作品杂志社，1960年）、《菩提树》（台北皇冠杂志社，1960年）、《断虹》（高雄大业书店，1962年）、《浪花》（台北幼狮书店，1962年）、《红叶》（高雄长城出版社，1963年）、《血桥》（台北幼狮书店，1965年）、《云泥》（台北皇冠出版社，1966年）、《黄叶路》（台中台湾日报社，1967年）、《白云深处》（台北皇冠出版社，1967年）、《海埔之春》（台北作品杂志社，1969年）、《百果园的春天》（台湾省新闻处，1969年）、《同心草》（台北皇冠出版社，1971年）、《花街子》（台北"中央"日报社，1978年），散文集《细说锦绣中华》（台北地球出版社，1975年）、《生命的火花》（台北锦绣出版社，1983年）、《浪花吟》（台北锦绣出版社，1983年）、《一篙春水》（台北锦绣出版社，1983年）、《白云千载空悠悠》（台北江山出版社，1984年），报告文学《鹿港》（台北锦绣出版社，1978年）、《南投》（台北地球出版社，1978年）、《花莲、台东》（台北地球出版社，1979年）、《千里丝路》（台北锦绣出版社，1980年）、《十大景观之旅》（台北地球出版社，1980年）、《大哉黄河》（台北锦绣出版社，1981年）、《天府西南》（台北锦绣出版社，1981年），剧作《大巴山之恋》（台北文艺创作社，1951年），传记《百战黄河》（台北党史会，1988年）等署用。②郭晋侠、晋侠、易叔寒，20世纪50年代初在台湾报刊发表作品署用。

郭铁（1920－？），陕西扶风人。原名郭本元，字坚若。曾用名郭竞权、赵红。笔名：①郭竞权，见于诗《北风》，载1936年12月西安《青门日报》。②郭光，见于诗《起来吧，陕西冷娃》，载1937年西安《国风日报》。③郭民竞权，见于相片《深入农村》，抗日战争时期（卢沟桥事变后）摄。④郭铁，20世纪40年代在西安报刊发表文章署用。嗣后出版诗集《乡村的烽火》（文艺社，1946年）、《大湾川》（1989年）、《监狱里》（1991年）等亦署。

郭显（1915－？），广东澄海人，生于暹罗（今泰国）。原名郭金盛。笔名：①郭显，20世纪30年代起在暹罗

曼谷《民国日报·大时代》《中华民报·椰风》《民国日报·暗视野》等刊发表散文和译作署用。20世纪80年代在曼谷《星暹日报·万象》发表文章亦署。②老佬，20世纪30年代在曼谷《华侨日报·华侨文坛》发表译作署用。③艾途，20世纪30年代在曼谷《华侨日报·华侨文坛》发表散文等作品署用。20世纪80年代在曼谷《中华日报·此时此地》发表文章亦署。④欧阳宜，1943年在曼谷《泰华商报》任特约通讯记者署用。20世纪80年代在曼谷《世界日报·湄南河》《星暹日报·万象》发表文章亦署。⑤楚楚，1943年在曼谷《泰华商报》内地新闻版撰写专栏署用。20世纪80年代在曼谷《京华日报·乐苑》《星暹日报·万象》发表文章亦署。⑥淳于情，1980年在曼谷《泰商日报》副刊发表散文署用。⑦渔郎、欧阳言，1981年在曼谷《中华日报·此时此地》发表文章署用。

郭象升（1881—1942），山西晋城人，字可阶，号允叔、云舒、云史。晚号云叟。笔名郭象升，见于旧体诗《陪江叔海先生游晋祠小坐难老泉上率成一章》，载1923年山西《宗圣学报》第3卷第3册；演讲《小说的源流及其派别》（史阙文记录），载1932年太原山西教育学院《夜光》第1卷第3期。此前后在太原《来复》《新唐风》等刊发表旧体诗《水镜楼宴集呈同社诸公》、散文《云舒随笔》等，出版《郭允叔文钞》（文蔚阁，1920年）、《五朝古文类案例》（1921年）、《文学研究法》（太原中山图书社，1932年）、《左庵集笺》（1942年），以及《古文学集别集体类案》等亦署。

郭小川（1919—1976），河北丰宁人。原名郭恩大。曾用名克什格、郭伟倜、郭健风、郭苏、郭大名。笔名：①小川，见于诗《一个声音》，载1942年2月20日桂林《诗创作》第8期。②郭小川，见于诗《疯妇人》，载1942年桂林《诗创作》第17期。嗣后发表作品，出版诗集《平原老人》《致青年公民》《投入火热的斗争》《雪与山谷》《鹏程万里》《月下集》《两都颂》《甘蔗林——青纱帐》《昆仑行》，长诗《将军三部曲》，以及《郭小川诗选》《郭小川诗选续》等亦署。③马铁丁，与陈笑雨、张铁夫合署。1950—1952年在武汉《长江日报》发表杂文署用。④丁云、登云、湘云、晓船、袖春、郭苏、健风、伟倜，署用情况未详。

郭依萍，生卒年不详，福建龙岩人。原名郭镇旺。曾用名郭一平。笔名若若、依萍、郭依萍，1940年在《闽西日报》《南方日报》等发表诗歌《凭吊镇旺》《守卫》等署用。

郭影秋（1909—1985），江苏铜山人。原名郭玉昆。曾用名郭萃章、郭映秋。笔名郭影秋，出版《李定国纪年》（中华书局，1960年）、《往事漫忆》（中国人民大学出版社，1986年）、《郭影秋诗选》（贵州人民出版社，1983年）、《抗日战争前徐州旧事杂忆》《郭影秋学术传略》等署用。

郭永榕（1921—？），福建上杭人。笔名：①简范，1943年9月后在福建永安《民主报·新语》发表文章署用。②简茫，1944年前后在福建《连城简报》发表文章署用。1948年1月12日在福州《星闽日报·星瀚》发表诗《光》亦署。③尹盈，1944年前后在福建连城《连城简报》发表文章署用。④简庐，20世纪在福建等地报刊发表诗文署用。

郭云樵（1915—？），安徽霍山人。原名郭晴岩，号云樵。笔名郭云樵，出版有《中国文学概论》《乱离吟草》《云樵闲话》《郭云樵诗书选辑》《郭云樵集宋句诗四百首》《书法新论》《郭云樵行书唐寅落花诗》《郭云樵行书岳阳楼记》《郭云樵行书黄山谷犁花诗》《郭云樵行书诗选（第一辑）》等著作。

郭则沄（1882—1946），福建福州人，字子厂（ān）、雪苹、啸麓、啸簏、献麓、养云、养洪，号蛰云、逸园、遯圃、遯圉；别号云淙花隐、水东花隐、花隐翁、龙顾山人、龙顾山房主人。笔名：①郭则沄，见于诗《韩将军歌》，载1935年《黑白》半月刊第3第4期。嗣后在《同声月刊》发表诗、词，出版《旧德述闻》《瀛海采风录》《十朝诗乘》《清词玉屑》《竹轩摭录》《庚子诗鉴》《南屋述闻》《遯圃詹言》《知寒轩谈荟》《龙顾山房全集》《红楼真梦》（小说，又名《石头补记》。北京大学出版社，1988年）、《清词玉屑》（中华书局，2014年），以及方志《洞灵小志》《洞灵续志》《洞灵补志》等亦署。②龙顾山人，见于《红楼真梦续》，载1940年《中和月刊》第1卷第2期。

郭曾先，生卒年及籍贯不详。笔名令狐令德，见于诗《除夕呈客》，载1940年《文艺阵地》第4卷第5期；诗《摇篮曲》，载1941年《文艺月刊》第11卷第4期。嗣后出版四幕剧《奴城传奇》（南平国民出版社，1944年）亦署。

郭肇塘，生卒年及籍贯不详。笔名：①肇塘，见于诗《史鸡》，载1923年6月22日上海《民国日报·觉悟》。②郭肇塘，见于诗《笼鸟》，载1923年6月8日《民国日报·觉悟》。

郭子雄（1906—？），四川资中人。笔名：①华五，见于论文《吉百灵》，载1936年南京《文艺月刊》第8卷第3期。嗣后在上海《论语》《宇宙风》等刊发表文章亦署。②郭子雄，见于散文《在波兰》，载1930年上海《新月》月刊第3卷第3期；散文《忆志摩》，载1936年南京《文艺月刊》第8卷第3期。此前后在《文艺月刊》《金屋月刊》《大陆杂志》《政治评论》《东方杂志》《图书季刊》《论语》《宇宙风》《逸经》等刊发表文章，出版诗集《春夏秋冬》（上海金屋书店，1928年）、短篇小说集《口供》（上海中华书局，1930年）亦署。

过来人（1924—？），上海人。原名萧艳清。曾用名萧思楼。笔名阿筱、萧郎、过来人，20世纪40年代在上海报刊发表京剧评论署用。1949年后在香港报刊发表文章亦署。

H

哈（hā）华（1918－1991），四川郫县人。原名钟开明，号志坚。曾用名赵德普。笔名：①哈华，1938年后在河北《冀南日报》、延安《解放日报》、重庆《新华日报》发表作品署用。1949年后发表作品、出版长篇小说《浅野三郎》（上海文艺出版社，1959年）、《"夜莺"部队》（四川文艺出版社，1986年）、《孤儿苦女》（上海海燕书店，1951年），长篇儿童文学《鬼班长和他的伙伴》《新安旅行团》《回到金日成伯伯那里》《三个杂技小演员的遭遇》，散文集《友情》《生命的历程》，特写集《她志在凌云》，散文特写合集《祖国的眼睛》，报告文学《在伤兵医院中》，论集《秧歌杂谈》等亦署。②志坚，1938年在西安《秦风日报》发表中篇小说署用。③赵德普，见于《寨长岛匪帮的复没》，载1946年山东《大众日报》。嗣后在济南《新民主报》、1957年在《萌芽》发表作品亦署。④司徒徽，见于《七十四师的覆灭》，载1948年济南《新民主报》。⑤宝林，见于《关于〈青年近卫军〉》，载1949年上海《解放日报》。嗣后在济南《大众文学》发表作品亦署。⑥上官琼琼，见于《文艺春天永存》，载1981年上海《萌芽》。⑦MY，见于《你想写电视、电影还是小说？》，载1981年《萌芽》增刊《电视·电影·文学》。

海笛（1922－？），河北秦皇岛人。原名王长青。笔名：①海笛，出版诗集《蓬艾集》（与石樵、柏绿、荷山、端木文心、欧阳东明合集。北平艺术与生活出版社，1943年）署用。1947年在青岛《文艺》第3期发表诗《今日，我们的歌唱》，1949年后在天津昆仑诗社发表诗《信念的轨迹》《孤苦的思念——献给爱人承宁的诗》《梦痕》《这里一片宁静》等均署。②红藻、芦燕，1943年后在《时言报》副刊《文艺》《诗刊》发表诗文署用。③灵爱，1946年在秦皇岛《青年呼声》发表评论署用。

海戈，生卒年不详，四川泸县（今泸州市）人。原名张海平。笔名海戈，见于随笔《自注无定室诗正篇》，载1931年上海《半月志异》第2期；随笔《滞汉记》，载1934年上海《人间世》半月刊第3、4、5期。嗣后在《论语》《谈风》《天下月刊》《逸经》《天地间》《宇宙风》《光杂志》《家》《抗到底》《宇宙风乙刊》《黄河》《文艺月刊·战时特刊》等刊发表散文《你们的孩子——别致大二两嫂》《无月的除夕》《论山水画》《洋行观画记》《与友人论写幽默》《孔子的国籍》《与林语堂游苏记》《故乡忆烟》《庐山之会》，小说《夜袭金门》，长篇自传《天涯》，以及《批注必传堂诗词选粹》，出版散文集《蒙尘集》（上海时代书局，1948年），翻译论著《杰克·伦敦》（苏联费杜诺夫原作。新文艺出版社，1956年），翻译小说《两个骠骑兵》（俄国列夫·托尔斯泰原作。新文艺出版社，1956年）、《一个地主的早晨》（俄国列夫·托尔斯泰原作。新文艺出版社，1957年）等亦署。

海蒙（1919－？），广西柳州人。曾用名莫奎。笔名海蒙，出版诗集《激变》（香港新诗歌社，1948年）署用。

海默（1923－1968），山东黄县（今龙口市）人。原名张泽藩。曾用名张一凡。笔名：①张凡，见于儿童歌舞剧《秋收歌舞》（与骆文合作，安波作曲。哈尔滨东北书店，1949年）。②海默，1944年创作剧本《粮食》（上海杂志公司，1949年）署用。嗣后出版歌剧剧本《十五的月亮》（上海杂志公司，1949年），话剧剧本《矿山的主人》（与他人合作。武汉人民出版社，1949年），民谣集《现代民谣汇编》（上海教育书店，1949年）；1949年后创作、改编电影文学剧本《草原上的人们》《母亲》《红旗谱》（与他人合作）、《小伙伴》《染血的哈达》《洞箫横吹》《春城无处不飞花》（与成荫合作）、《早霞》《深山里的菊花》《春风吹到诺敏河》，出版电影剧本选集《海默电影剧本选集》（中国电影出版社，1979年），话剧剧本《弃暗投明》（上海杂志公司，1950年）、《团结搞生产》（上海杂志公司，1951年）、《爱什么》（中南人民出版社，1951年）、《火》（上海杂志公司，1951年）、《同心协力治淮河》（中南人民出版社，1951年）、《母亲》（中国青年出版，1956年）、《联合收割机的威力》（山东人民出版社，1956年）、《小伙伴》（中国电影出版社，1957年）、《深山里的菊花》（百花文艺出版社，1958年），歌舞剧剧本《米》（上海杂志公司，1950年），儿童舞剧剧本《秋收歌舞》（上海杂志公司，1950年），短篇小说集《王春和大发面》（新华书店中南总分店，1950年）、《我的引路人》（中国青年出版社，1957年）、《人性》（山西人民出版社，1959年），中篇小说《突破临津江》（作家出版社，1954年）、《森林中的足迹》（通俗读物出版社，1955年），长篇小说《洞箫横吹曲》（中国青年出版社，1956年），中短篇小说选集《海默中短篇小说集》（中国青年出版社，1979年），诗集《草原之歌》（与旺亲拉西合作）等亦署。③张藩，署用情况未详。

海若人（1914？－？），河南遂平人。原名海现云。笔名海若人，见于诗《脚夫》，载1936年2月23日郑州《大华晨报·新垦》。嗣后在该刊发表诗《归来》《灾民》《晚归》《无题》《刘麦》等亦署。

海笑（1927－2018），江苏南通人。原名杨忠，字毅成。笔名：①海哮，见于特写《在生产战线上》，载1946年华中版《新华日报》。②海啸，20世纪50年代在华东局《宣传手册》、江苏省委《理论学习》发表文章署用。③海笑，1949年后主编《钟山》《雨花》，创作歌词《我的心儿在欢笑》，出版长篇小说《春潮》（江苏人民出版社，1973年）、《红红的雨花石》（少年儿童出版社，1978年）、《盼望》（河南人民出版社，1980年）、《燃烧的石头城》（新蕾出版社，1982年）、《青山恋情》（黑龙江人民出版社，1983年）、《部长们》（花城出版社，1986年）、《织女和书记》（江苏文艺出版社，1987年）、《白色的诱惑》，中篇小说《小兵的脚印》（江苏少年儿童出版社，1986年），故事集《机灵的小马车夫》（少年儿童出版社，1979年），散文集《在迷人的国度》（百花文艺出版社，1985年）、《坚贞的冰郎花》（黑龙江人民出版社，1982年）、《天南海北集》《花海浮沉》《愤怒的怒吼》《三海集》（与他人合作），以及《海笑文集》等均署。

【han】

寒波（1920—2004），安徽合肥人。原名戴笑天。笔名寒波，见于短篇小说《盐区》，载1939年广州《文艺阵地》第2卷第11期。嗣后在《文艺新潮》《文艺新闻》《文学月报》《现代文艺》《文艺生活》《东方杂志》《时代批评》《妇女月刊》《文学修养》等刊发表小说、散文等，出版长篇小说《烽火关山月》（上海书店出版社，1990年）、《昨夜星辰》（湖南文艺出版社，1992年）、《张謇——状元天地》（湖南文艺出版社，1996年）、《盛宣怀别传》（上海人民出版社，1997年）、《袁世凯别传》（上海人民出版社，1998年）等亦署。

寒爵（1917—？），河北盐山（今沧州市）人。原名韩道诚。曾用名韩稻成。笔名：①牢牢，见于诗《朋友们，跑吧！》，载1934年9月1日哈尔滨《滨江时报》。嗣后在该报及哈尔滨《国际协报·国际公园》《哈尔滨五日画报》《国际协报·夕刊》《大北新报·每周文艺》《滨江日报·暖流》《大北新报·大北文学》等报刊发表诗、散文《仲秋节随笔》《孩子，孩子的笑》《茫茫雾》等亦署。②寂秋，见于诗《怀想》，载1938年沈阳《新青年》第5期。同时期在哈尔滨《大北新报》等报刊发表诗文亦署。③稻成、老惷，1937年后在哈尔滨《大北新报》等报刊发表诗文署用。④李涓，见于诗《献给春》，载1939年哈尔滨《大北新报·大北风》创刊号；随笔《腻人语》，载1940年6月20日哈尔滨《滨江日报》。⑤寒爵，见于评论《替苏雪林算一笔旧账》，载1962年3月28日台北《自立晚报》。嗣后在该报及《征信新闻》《文坛》等报刊发表《苏雪林先生可以休矣》《一篇"读后感"》、诗《床上诗人颂》等，出版散文集《百发不中集》（1954年）、《戴盆集》（1964年）、《荒腔走调集》（1964年）、《闲文集》（1965年）、《望天集》（台北自由太平洋文化公司，1965年）、《食蝇集》（1966年）、《人鬼之间》（台北平原出版社，

1968年）、《信言不美集》（台北水芙蓉出版社，1968年）、《知白守黑集》（台北星光出版社，1986年）、《先路集》《文坛边缘》，长篇小说《儒林新传》（台北成文出版社，1980—1981年）、《无肠国记》，史论集《契丹军制考》《东北人文及其文化源流》，以及《寒爵自选集》（台北黎明文化事业股份有限公司，1968年）等亦署。⑥韩爵、韩嫱、汉觉、非斯、韦伟、宣君、不了、李寒、李思奇、李非厚、李梦非、不了翁、马千里、王阴明、岳维乔、韩士奇、柳海滨、司马无违、东方不亮、东方岩朔、长孙有忌、草野介士，署用情况未详。

寒声（1918—2012），山西昔阳人。原名李经宽，字众甫、众夫。笔名：①众夫，1939年起在太行《胜利报》《胜利画刊》发表美术作品署用。②寒声，1939年在太行《胜利报》发表连环画署用。见于小说《给毛主席拜年》，载20世纪40年代太行《文艺杂志》第3卷第2期。1949年后出版话剧《多余的顾虑》（通俗读物出版社，1956年），歌剧《漳河湾》（与张万一合作。山西人民出版社，1956年）、《衣锦荣归》（山西人民出版社，1957年）等亦署。③李众夫，见于《保住咱们的产业》，载20世纪40年代太行《文艺杂志》第3卷第2期。④琛、涵琛，1946—1947年在太行《工人报》署用。⑤巴山，见于器乐介绍《十板》，载1947年太行《文艺杂志》。⑥良药，1957年在《山西日报》发表小品文署用。

韩宝善（1912—2016），天津人。曾用名韩保善。笔名韩白罗，1933年在北平与端木蕻良编《科学新闻》，同年冬在太原编《山西党讯》副刊《播种者》时署用。

韩北屏（1914—1970），江苏扬州人。原名韩立。笔名：①韩北屏，见于诗《午后及其他》，载1936年苏州《菜花诗刊》创刊号；小说《难忘的野餐》，载1938年武汉《文艺》第5卷第4期。嗣后在《新诗》《诗志》《文艺阵地》《中学生》《文艺生活》《全面战周刊》《抗战时代》《野草》《文学》《诗创作》《艺丛》《文艺杂志》《现世间》《文摘月报》《戏剧与文学》《昌言》《当代文艺》等报刊发表诗文，出版小说集《荆棘的门槛》（桂林白虹书店，1942年）、《没有演完的悲剧》（桂林科学书店，1943年），长篇小说《高山大峒》（广东人民出版社，1955年），散文集《史诗时代》（作家出版社，1959年）、《非洲夜会》（百花文艺出版社，1964年），诗集《人民之歌》（桂林前线出版社，1940年）、《和的长城》（广东人民出版社，1959年）、《夜鼓》（上海文艺出版社，1980年）、《江南草》《台儿庄之歌》，长诗《鹰之妻》，报告文学集《桂林的撤退》，论文集《诗歌的欣赏与创作》等亦署。②欧阳萝，见于杂文《大总统忧虑破产》，载1946年广州《文艺生活》光复版第3期。③逯君，1948—1949年与梓甫（夏衍）、逸君（以群）、达之（周钢鸣）、萧然（孟超）、慕云（瞿白音）、蔚夫（洪遒）合作在香港《华侨日报》《星岛日报》《华商报》发表"七人影评"署用。④宴冲，署用情况未详。

韩冰野（1914－2004），辽宁义县人。原名韩国儒。笔名林火、流焚。出版有小说集《抗战烽火录》《我们在太行山上》《清漳血花》《在燃烧的土地上》，回忆录《回忆毛主席》《回忆朱德司令》《洛甫》，编选出版《一二九诗选》（与他人合编）等。

韩伯祥，生卒年及籍贯不详。笔名洛桑，20世纪40年代在报刊发表文章署用。见于随笔《谈谈自己》，载1949年上海《中学生》第211期。

韩德章（1905－1988），天津人。曾用名韩君格、韩稼克。笔名：①韩君格，见于童话《莺之国的故事》，载1923年上海《浅草》第1卷第2期。嗣后在该刊及上海《文艺周刊》发表小说《居蔡》、散文诗《月的市场》、小品《一件小事》等亦署。又见于随笔《谈几种习见的机关病》，载1941年昆明《当代评论》第1卷第25期。②君格，见于诗《乡居杂句》，载1925年上海《浅草》第1卷第4期。③莎子，见于小说《赤脚》，载1925年上海《浅草》第1卷第4期。嗣后在上海《文艺旬刊》《文艺周刊》、北京《沉钟》等刊发表诗《填鸭诗选》、小说《父之嘉礼》等亦署。④韩德章，见于《贝多芬底作品》，载1926年《北师大周刊》第291期。嗣后在《社会科学杂志》《中国农村》《经济动员》《当代评论》《经济建设》《福建农业》《建设研究》《生草》《国立中央大学农学院丛刊》《周论》等刊发表文章亦署。

韩国钧（1857－1942），江苏海安人，字子石、止石、紫石，号青崖、止叟。笔名韩国钧，著有《永忆录》，辑有《东三省交涉要览》。

韩国磐（1920－2003），江苏海安人，号漱石、蓬庵。笔名韩国磐，出版诗文集《韩国磐诗文钞》（泉州高等师范专科学校印刷厂，1995年）及史学著作、译作均署。

韩进（1910－？），浙江杭州人。曾用名韩伯涛、赵思进。笔名：①白韦，见于散文《火线上》，载1932年上海《文艺新闻》第49、50期；小说《游戏》，载1932年《文艺新闻》第59期。②白苇，见于随笔《文新第一周年的话》，载1932年《文艺新闻》第53期；小说《夫妇》《墙头三部曲》，载1932年上海《北斗》第2卷第3、4期合刊。③白发，见于通讯《献给作家——生命与货品》，载1931年上海《文艺新闻》第46期。同时期在该刊发表评论《没有太阳的街》等亦署。

韩劲风（1910－1985），四川隆昌人。原名韩于泽，曾用名韩秋雁，笔名韩劲风，20世纪30年代在上海参加"左联"时署用。1932年在上海《市民报·文学专页》发表论文《文艺与现实》《文艺批评之社会基准》，同时在上海《申报·自由谈》《新闻报·新园林》发表散文、杂文、影评等，署名未详。

韩克仁（1927－　），陕西蒲城人。笔名：①韩克仁，见于散文《残春》，载1944年8月西安《新秦日报》。嗣后发表文章亦署，见于杂文《"关系时代"与"关系主义"》，载1947年上海《文艺青年》第16期。1982

年在《人文杂志》第4期发表论文《关于杜甫在长安落户的地点问题》亦署。②韩江，见于特写《爱国运动在尧中》，载1951年《西北教育通讯》第6期。

韩朗周（1910－1989），广东合浦（今属广西北海市）人。曾用名韩罕明。笔名：①罕明，见于《从前我爱你》《没有雀儿》，载1935年广州《新大声杂志》第1卷第6期；杂文《鞭"鞭尸者"》，载1945年重庆《微波》第1卷第2期。1945年在重庆《艺文志》第2期发表随笔《狗春秋》亦署。②韩罕明，见于翻译小说《小偷》，载1935年广州《新大声杂志》第1卷第7期；翻译小说《过去与将来》（伊朗毕罗士原作），载1947年上海《文艺春秋》第4卷第1期。嗣后在《文讯月刊》《台湾文化》等刊发表《一个穷绅士》《论剧场》等译作亦署。1964年在北京《文艺报》5月号发表评论《迎春曲》亦署。③穆辛，见于评论《山里人》，载1963年《文艺报》5月号。

韩麟符（1900－1934），山西榆次（今晋中市）人，生于内蒙古赤峰。原名韩致祥，字端五。曾用名韩廖符。笔名：①韩麟符，见于评论《打倒中山主义的考次基》，载1926年广州《中国国民党第二次全国代表大会日刊》第14期。②小工，见于杂文《穷人的中秋节》，载1928年9月28日天津《大公报·小公园》。③蜂子、瑞、晓莺女士、岚光，1928－1929年在天津《大公报·小公园》发表杂文、诗歌200余篇署用。按：1929年5月3日大连《泰东日报》刊有诗《在战壕里》，1934年11月24日上海《申报·自由谈》刊有翻译比兰台罗原作之《生涯》，均署名"蜂子"，是否为韩麟符笔名待考。④绝圣，见于《论语》，载1935年天津《国闻周报》第12卷第1期。

韩萌（1922－1994），广东普宁人，生于马来亚。原名陈君山。曾用名阿石、陈天、陈托萌、陈添。笔名：①陈天，抗战时在桂林、贵州报刊发表杂文署用。②陈北萌，见于小说《猎》，载1945年《贵州日报》。嗣后至1948年在马来亚报刊发表小说、散文等亦署。③丹涂林，1947年在马来亚共产党机关报《民声报》发表讽刺诗署用。④韩冰流，见于朗诵长诗《把蒋介石的贼像拆下来》，载1948年初马来亚新加坡《南侨日报》。1949年后亦署。⑤韩萌，见于小说《花会》，载1948年上海《文艺春秋》第7卷第4期；小说《落网》，载1950年广州《文艺生活》穗新2号。1950年在香港创办赤道出版社、主编《学生文艺》丛刊等及发表作品，出版长篇小说《芭场》（赤道出版社，1949年）、《七洋洲上》（求实出版社，1950年），中篇小说《红毛楼故事》（赤道出版社，1952年），小说集《在古屋里》（赤道出版社，1950年）、《海外》（赤道出版社，1951年），中篇童话《椰子漂流记》（香港中华书局，1953年）等亦署。⑥洪阳，见于诗《山芭的歌》，载1949年新加坡《星洲日报·晨星》。⑦巴笑，见于专栏杂文《红毛楼随笔》，载1949年新加坡《南洋商报·商余》。⑧宋然、韩冰、萧冰、罗宁，20世纪40年代在马来亚新加坡《星洲日报·晨星》《南洋商报》等报刊发表小说、评论署用。⑨"宋然"一名在马来亚其他城市的报刊发表文章亦署。⑨白濛，20世纪40年代在马来亚《星槟日报》发表散文署用。⑩周寒，20世纪40年代在香港《大公报·大公园》发表小说署用。

韩起（1910－1933），江西南昌人。曾用名韩华恺。笔名：①寒琪，见于散文《一个青年的忏悔》，载1930年南京《长风》第4期；书评《世界革命文学》，载1932年上海《文艺新闻》第51期。嗣后在上海《申报·自由谈》《世界与中国》《文学月报》发表随笔《读〈文艺创作概论〉》、译文《论高尔基》等亦署。②韩华恺，见于译文《个人主义与莽原》（美国西奥多·德莱塞原作），载1932年6月10日上海《读书月刊》第3卷第3期。嗣后在该刊发表译文《答复几个美国人》（苏联高尔基原作）亦署。③华恺，见于译文《托罗茨基的〈我的生活〉》（E.布劳德原作），载1933年《读书月刊》第3卷第6期。④韩起，见于译文《关于两个德国作家》（O.比查原作），载1933年上海《文艺》月刊第1卷第2期；译文《约翰里德底创作方法》（苏联谢尔盖·迪纳莫夫原作），载1934年天津《当代文学》第1卷第3期。嗣后出版散文集《沉痛的暴露》（南京提拔书店，1931年），译作《列宁传》（苏联托洛茨基原作。南京国际译报社，1932年）、《列宁回忆录》（苏联克鲁普斯卡娅原作。上海正午书局，1933年）、《苏联第二次五年计划》（苏联莫洛托夫原作。上海世界出版合作社，1933年）、《苏联大观（插图本）》（上海良友图书印刷公司，1933年）等亦署。

韩汝诚（1933－2010），内蒙古通辽人，蒙古族。原名博彦孟和。曾用名孟和（乳名）、韩剑文。笔名：①韩剑文，1947年在辽北省青年报发表散文、诗歌署用。②韩汝诚，1948年开始署用。嗣后发表中篇小说《腊月》、短篇小说《月光随想曲》，出版长篇小说《乌兰察布春情》（群众出版社，1985年）、《吕四娘别传》（北方妇女儿童出版社，1986年）、《天使与囚徒》（作家出版社，1987年），中篇小说《二等巡官与马车夫》（群众出版社，1985年）等亦署。③博彦孟和，在《内蒙古文艺》发表小说署用。④公羊角，1957年前发表讽刺诗署用。20世纪80年代后偶署，见于长篇通俗小说《塞上仇踪》，连载于1985年前后《小说与故事》。

韩侍桁（1908－1987），天津人。原名韩云浦。笔名：①侍桁，见于译文《万物之生与诗人》（日本北村透谷原作），载1928年上海《语丝》周刊第4卷第8期；小说《苦恼》，载1928年上海《小说月报》第19卷第8期。嗣后在《现代评论》《奔流》《春潮》《东方杂志》《北新》《文艺月刊》《萌芽》《文艺研究》《申报·自由谈》《大陆杂志》《民众导报》《青年界》《矛盾月刊》《文学生活》《创化》《社会月报》《时事类编》《中山文化教育馆季刊》《现代》《中国文学》《文化列车》《诗歌月报》《星火》《〈中央日报·中央公园〉内外什志》《文学评论》《今代文艺》《抗战文艺》《抗战半月刊》

《半月文摘》《欧亚文化》《经纬月刊》《文艺先锋》《文风杂志》《民主世界》《文潮月刊》等报刊发表著译小说、散文、评论等，出版散文集《胭脂》（上海新中国书局，1933年）、《小文章》（上海良友图书印刷公司，1934年），翻译小说《现代日本小说》（日本森鸥外等原作。上海春潮书局，1929年）、《铁甲列车》（苏联符·伊凡诺夫原作。上海神州国光社，1932年）、《两个伊凡的故事》（俄国果戈理原作。上海商务印书馆，1934年）、《红字》（美国霍桑原作。重庆文风书局，1945年）等亦署。②东声，见于译作《论莫泊桑》（俄国列夫·托尔斯泰原作），载1930年南京《文艺月刊》第1卷第5期。嗣后在该刊及《创化》《知行》等刊发表翻译评论等亦署。③韩侍桁，见于随笔《大小文章》，载1933年上海《现代》第3卷第3期；随笔《宗法社会的故事》，载1934年上海《社会月报》创刊号。嗣后在《世界文学》《美术生活》《文艺月刊》《今代文艺》《欧亚文化》《文艺风暴》《抗战文艺》《文艺杂志》等报刊发表著译小说、散文、评论等，出版翻译小说《英国短篇小说集》（英国A.兰伯等原作。上海商务印书馆，1935年）、《赌徒》（俄国陀思妥耶夫斯基原作。上海文光书店，1951年），翻译论著《俄国文学史》（俄国克鲁泡特金原作。上海北新书局，1930年）、《果戈理研究》（日本冈泽秀虎原作。昆明中华书局，1939年）、《海涅评传》（丹麦勃兰兑斯原作。上海国际文化服务社，1953年），散文集《海的诱惑》（上海博文书店，1947年）等亦署。④索夫，见于译文《苏芬和约全文》（原载《莫斯科新闻》），载1940年5月1日上海《译刊》第1卷第4、5期合刊。嗣后出版翻译小说《爱情的火焰》（法国莫泊桑原作。重庆出版社，1945年）、《结婚生活之告白》（俄国列夫·托尔斯泰夫人原作。上海国际文化服务社，1946年），翻译散文《托尔斯泰与陀思妥耶夫斯基》（俄国列夫·托尔斯泰夫人和陀思妥耶夫斯基夫人原作。上海国际文化服务社，1946年）等亦署。⑤云浦，见于评论《英国的屈辱会使倭寇满足吗？》，载1940年重庆《欧亚文化》第3卷第1期。⑥韩云浦，见于评论《三国同盟与苏联》，载1940年重庆《欧亚文化》第3卷第3期（刊内正文署名"云浦"）；评论《近卫内阁的性格》，载1940年重庆《日本评论》第12卷第2、3期合刊。按：韩侍桁尚出版有杂文集《参差集》《浅见集》、译作《十九世纪文学主潮》《拜伦评传》《巨浪》《卡斯特桥市长》《妇女乐园》《英雄国》，出版与署名情况未详。

韩述之（1909－1999），安徽太湖人。笔名：①张钢，见于杂文《又是一个反响》，载1939年上海《鲁迅风》第10期。嗣后在该刊及《上海妇女》《学习》《青年生活》等刊发表杂文、评论等亦署。②古干，上海"孤岛"时期主编《学习》半月刊时发表文章署用。

韩文达（1917－?），辽宁辽阳人。曾用名韩绍文。笔名：①笑天，1935－1937年在《哈尔滨公报》发表短诗文署用。②一丝风、乙巳风、宜时风、逸世风、益世风，1939－1940年在长春《实话报》连载《大妈的嘴》等署用。③少文、哨文、绍文、邵文、啸文，1942－1945 年在哈尔滨《大北新报》发表《国防文学论》《二十一封信》等文署用。④余乃吾，1946 年在哈尔滨《文化青年》发表《哭季风》《甲乙丙三篇》等署用。⑤仰天，1948 年在《沈阳日报》发表《借火》《送君行》等署用。⑥文达，见于随笔《〈西游记〉在日本》，载 1981 年《文学动态》。同时期在《外国小说》发表《悬崖下的微光》亦署。

韩文举（1864－1944），广东番禺（今广州市）人，字树园、树生，号孔厂（孔庵），别号云台、孔仄、乘参、谈虎客。笔名扣虱谈虎客。1897 年在澳门《知新报》相继发表《万国公政说》《国朝六大可惜论》《治始于乡说》《推广中西义学说》《童蒙艺塾说》等文，著有《舟车睡醒录》《树园诗集》。

韩文洲（1926－2007），山西陵川人。笔名：①韩文洲，见于小说《老仁栓》，载 1949 年《太行文艺》复刊号。嗣后出版诗集《栽瓜曲》（山西人民出版社，1956 年）亦署。②谷人，1951 年在《山西文艺》发表相声《买药》等署用。③艾川，见于诗《把黄河变清》，载 1955 年《山西文艺》第 9 期。④耕亚，见于杂文《字字是真金》，载 1959 年《火花》第 8 期。⑤老憨、憨人，20 世纪 50 年代发表小品文署用。按：韩文洲出版有长篇小说《五女传》、短篇小说集《冰解花开》《天门取经记》《蓝帕记》《赶花集》、长篇叙事诗《深山里有我的梦，深山里有我的歌》等，出版与署名情况未详。

韩晓鹰（1921－1998），浙江余姚人。原名韩涨鳌。曾用名韩芹芷、韩晓影。笔名：①余晓鹰，1937－1938 年在余姚《民国日报》发表新闻稿署用。②晓影，1938－1945 年在余姚《民国日报·民呼》《浙东时报》《战斗周刊》《政工生活》、苏中根据地《滨海报》《生活》《江湖报》等报刊发表诗、散文、速写、小小说署用。③萧英，1939 年开始在余姚《政工生活》《战斗周刊》发表文章署用。④黎来，1940 年在《浙江妇女》发表诗、通讯署用。嗣后在绍兴《战旗》《新越日报》及《东南日报·笔垒》等发表诗文亦署。⑤章皓、阿海，1940 年开始在绍兴《战旗》发表文章署用。⑥沙白、麦扬、景三，1942 年前后在苏中根据地《江湖报》发表文章署用。⑦晓鹰、韩晓鹰。1945 年开始发表作品署用。

韩笑（1929－1994），山东蓬莱人，生于吉林省吉林市。原名韩国贤。笔名：①含笑，见于诗《深秋之夜》，载 1941 年秋《吉林新闻·松江浪》。②寒哮、流人、湘子、王弟、铁流，1946 年前发表诗文署用。③韩笑，1946 年开始署用。见于通讯《张景玉》，载 1948 年吉林《文艺月报》创刊号。嗣后出版诗集《血泪的控诉》（东北人民出版社，1951 年）、《歌唱韶山》（中南人民文艺出版社，1954 年）、《从松花江到湘江》（新文艺出版社，1955 年）、《战士和孩子》（广东人民出版社，1956 年）、《边疆花最香——边防军某营诗选》（广东人民出版社，1958 年）、《边防军情歌》（广东人民出版社，1959

年）、《松江浪》《珠江美人》《韩笑抒情诗精选》《韩笑诗选》（湖南人民出版社，1982 年）、《海浪之歌——韩笑长诗选》（黑龙江人民出版社，1984 年）等亦署。

韩秀风，生卒年不详，四川人。笔名巴夫，见于散文《四川风光》，载 1935 年上海《读书生活》第 1 卷第 12 期；散文《遥寄何家槐》，载 1938 年重庆《春雷》第 3 卷第 1 期。此前后在《绸缪月刊》《时事类编特刊》《抗战文艺》等刊发表通讯《衡阳保卫战》、评论《坚守徐州》等亦署。

韩秀峰（1919？－？），河南许昌人。曾用名韩丰。笔名韩秀峰，见于诗《影——"跋涉"的朋友们》，载 1935 年郑州《大华晨报·跋涉》第 5 期；诗《狂歌》，载 1936 年郑州《大华晨报·沙漠诗风》第 2 期。此前后在该刊及开封《河南晚报·副刊》《青春诗刊》发表诗《无题》《灾民》《无名的死尸》《母嘱语》《土孩子》等亦署。

韩燕如（1913－2003），内蒙古土默特右旗人。曾用名韩尚宽。笔名：①劼子，见于诗《杀回三岛去》，载 1936 年绥远《西北日报·塞原诗草》第 5 期；长诗《我们的瞄准点向着它》，载 1937 年 1 月绥远《社会日报·洪荒》。②韩燕如，1949 年后发表作品、出版诗集《采风札记》《蓝旗组诗》《酒泉》《山歌有余韵》（内蒙古人民出版社，1959 年），论著《爬山歌论稿》（与郭超合作。内蒙古人民出版社，1983 年），采编《爬山歌选》（人民文学出版社，1953 年）等署用。

韩作黎（1918－1998），河南邓州人。笔名：①黑黎，见于记录《文艺的欣赏和批评》，载 1945 年《文艺青年》第 1 卷第 1 期；《保育班长》，载 1949 年《文艺劳动》第 1 卷第 3 期。嗣后出版儿童小说《二千里行军》（少年儿童出版社，1980 年）亦署。②韩作黎，出版长篇小说《圣地红烛》（解放军文艺出版社，1985 年）、《摇篮曲》（文心出版社，1995 年），中篇小说《二千里行军》，文集《韩作黎儿童文学集》（文心出版社，1987 年）、《韩作黎教育文集》（文心出版社，1988 年），主编《中国作文年鉴》（文心出版社，1986 年）等亦署。

菡子（1921－2003），江苏溧阳人。原名罗涵之。曾用名方晓。笔名菡子，见于小说《群像》，载 1939 年新四军《抗敌》杂志。嗣后出版小说集《群像》（大连光华书店，1948 年）、《纠纷》（华中新华书店淮南分店，1946 年）均署。1949 年后发表散文、通讯、小说、传记文学、电影文学剧本，出版散文集《和平博物馆》（新文艺出版社，1954 年）、《幼雏集》（中国青年出版社，1958 年）、《前线的颂歌》（人民文学出版社，1959 年）、《初晴集》（上海文艺出版社，1962 年）、《素花集》（上海文艺出版社，1979 年）、《乡村集》（人民文学出版社，1982 年）、《记忆之珠》（上海文艺出版社，1994 年）、《玉树临风》（陕西人民教育出版社，1994 年），短篇小说散文集《万妞》（江苏人民出版社，1978 年）、《前方》（解放军文艺出版社，1984 年），翻译长篇小说《保尔》（苏联奥斯特洛夫斯基原作。劳动出版社，1952

年）等亦署。

【hang】

杭海（1890—？），安徽定远人，字席洋，号漱瀣。笔名杭海，在《南社丛刻》发表诗文署用。

杭苇（1908—1988），江苏无锡人。原名杭锡奎，字一之。笔名杭苇，见于散文《纪念中山先生》，载1936年上海《少年知识》第1卷第2期。

杭辛斋（1869—1924），浙江海宁人。原名杭慎修，字辛斋、一苇，号夷则。笔名：①夷则子，见于《白话痛史》，连载于1909年《杭州白话新报》。同年12月由该报馆出版单行本亦署。②辛斋，民国初在《广益丛报》《中华国货月报》发表文章署用。③夷则，1915年在杭州《教育周报》发表文章署用。④杭慎修，在《南社丛刻》发表诗文署用。⑤杭辛斋，见于遗文《浙江潮原委质疑》，载1927年8月12日上海《小说月报》第16卷第7期。按：杭辛斋著有《学易笔谈》《易楔》《易数偶得》《读易杂识》《愚一录易说订》，署名与出版情况未详。

【hao】

郝昺衡（1895—1978），江苏建湖人。原名郝立权，字秉衡、昺衡、昺蘅。笔名：①郝昺蘅，见于评论《对黎元洪的痛心情》，载1923年北京《北大学生新闻》第7期。②昺蘅，见于《诗赋》，载1926年上海《国学专刊》第1卷第3期（刊内正文署名）。③郝立权，见于《诗赋》，载1926年上海《国学专刊》第1卷第3期（刊目录署名）；《楚辞与文学》，载1929年《国立中山大学语言历史研究所周刊》第7卷第78期。同时期在《厦大集美国专学生会季刊》发表《重浚司马井碑记》《开岁曲二首》，嗣后出版《韦庄〈秦妇吟〉笺》（1931年）、《陆士衡诗注》（1932年）、《古今文选》（1934年）、《沈休文诗注》（1935年）、《谢康乐年谱》（1935年）、《谢宣城诗注》（1936年）、《何水部诗注》（1937年）、《阴常侍诗注》（1937年）等亦署。④郝昺衡，1949年后出版《谢灵运年谱》（1957年）、《陆机诗注》（人民文学出版社，1958年）等署用。

郝汀（1915—2004），山西榆次（今晋中市）人。原名郝艾，字伯者、白琪。笔名：①琪、白琪，1930年在油印刊《欣欣》半月刊插图、题头署用。②郝艾，1934年在上海《中学生》发表美术作品署用。③XD、黑丁，1936—1937年在山西牺盟总会从事木刻与封面装帧署用。"黑丁"一名，1938年在晋东南《文化哨》月刊发表文章亦曾署用。④郝汀，1937年开始在太行山《胜利报》《战斗报》发表文章署用。⑤丁、T，1937年在太行山《胜利报》《战斗报》发表文章署用。⑥D、汀，1938年在晋东南《文化哨》月刊发表文章署用。⑦洛仑、荷汀，1941年在《新美术》发表文章署用。⑧何汀，见于小说《奶奶的拐杖》，载1942年10月《华北文艺》。⑨HD，20世纪40年代在根据地刊物发表文章署用。⑩柏叶，1953年发表小说《图书馆员的故事》署用。嗣后出版小说集《星星的峡谷》（少年儿童出版社，1959年）亦署。按：郝汀尚著有小说《十里铺》、童话剧本《金苹果》《镇海楼》、童话诗《洗衣姑娘》等，出版与署名情况未详。

郝御风（1905—1984），辽宁抚顺人，字冷若。笔名郝一风、郝文宝，出版有文学教材《中国新文学史讲义》《文艺学引论》《文艺学概论》。

【he】

禾波（1920—1998），四川荣县人。原名刘智清。笔名：①冷露，见于歌词《青山下》，载1940年秋衡阳《开明日报》和同年桂林《新音乐》杂志第3卷第3期。②荷波，1938年前后在四川报刊发表诗歌、散文署用。③禾波，1940年秋在衡阳《力报》发表诗作开始署用。见于诗《村姑》，载1943年重庆《文学》第1卷第3期；诗《蛙》，载1943年重庆《天下文章》第1卷第4期。前后在成都《笔阵》、重庆《文学》《诗丛》《火之源文艺丛刊》等报刊发表诗《寄》《嘉陵江岸的卖花女》等，出版诗集《创造者》（重庆人民出版社，1958年）、《三门峡的歌》（春风文艺出版社，1959年）、《煤海浪花》（春风文艺出版社，1963年）、《禾波诗选》（都江堰市文化局、玉垒诗社，1993年）、《生活短歌》（昆仑诗社，1994年）、《战斗情曲》（昆仑诗社，1995年）、《抒情叙事诗选》（昆仑诗社，1995年）、《禾波八行诗选》（昆仑诗社，1995年）、诗文集《流年似水》（宗教文化出版社，1997年）等均署。④季兔，1937年后在重庆报刊发表诗作偶用。

何葆仁（1871—1948），浙江武义人，字静斋。笔名何葆仁，有《水部居诗钞》第2卷传于世。

何畅秀（1890—1983），新加坡华人，原籍中国广东开平，生于广东顺德（今佛山市）。笔名：①何畅秀，20世纪20—40年代在马来亚新加坡《叻报》《总汇报》《新国民日报》、吉隆坡《益群日报》发表评论署用。②帝奴、过河卒，20世纪20—40年代在马来亚报刊发表评论、杂文署用。③天毓，见于小说《三兄弟》（东壁书肆，1967年）。

何迟（1920—1991），北京人，满族。原名赫裕昆，字柏岗。曾用名赫赤。笔名：①赫裕昆，见于《告陇海铁路工人书》，载1937年《陇海铁工》杂志创刊号。②赫赤，1939—1942年在华北联合大学文艺工作团、晋察冀军区抗敌剧社时发表剧本和曲艺作品署用。③何迟，1943年发表文章开始署用。1946年在张家口《北方文化》第1卷第2期发表报告《张市庆丰戏院的新面貌》（与羽山合作），出版话剧剧本《眼睛亮了》（晋察冀边区教育阵地社，1946年；哈尔滨东北书店，1946年），1949年后出版电影剧本《马大哈进北京》（四川人民出版社，1983年），相声集《买猴儿》

（北京宝文堂书店，1955 年）、《开会迷——新相声集》（天津人民出版社，1956 年）、《何迟相声创作集》（中国戏剧出版社，1982 年）等均署。④何大，见于诗《红色的歌》，载 1949 年 10 月 3 日《进步日报》。嗣后发表新旧体诗作亦署。按：何迟尚出版有话剧剧本《二大伯》《两个包袱》《血衣》《别敲鼓》《爱的闹》，京剧、评剧剧本《仁义北霸天》《奇巧缘》《乌鸦告状》《碎玉记》《杜十娘》《白蛇传》《王二姐思夫》《蝴蝶杯》《三喜图》《刘伶醉酒》，电影剧本《不拘小节的人》，相声集《十点钟开始》《新局长到来之后》等，出版情况未详。

何达（1915－1994），福建闽侯（今福州市）人，生于北京。原名何孝达。笔名：①何孝达，见于长诗《战争的热望》，载 1937 年《武汉日报》。嗣后在《民主周刊》《清华周刊》《北大周刊》《燕京新闻》《观察》等刊发表诗作、诗论等或署。②小华，见于《闻一多先生的画像》，载 1947 年北平《自由文丛》第 2 集《沧南行》。③何达，见于诗《我们不是诗人》，载 1948 年《文讯》月刊第 9 卷第 6 期。嗣后出版诗集《何达诗集》（文学与美术出版社）、《洛美十友诗集》《我们开会》《生命的升腾》《长跑者之歌》《兴高采烈的人生》，散文集《国际作家风貌》（海洋文艺出版社，1978 年）、《黑夜与黎明》《出发》《又绿集》《书与桥》等亦署。④何聪、尚京、洛美、高澜、凌源、陶最、陶融、紫瑜、何思玫、言茜子、叶千山、林千山、林千峰、夏尚早，1954 年后在香港《文汇报》《大公报》等报刊发表书评、诗评、影评等署用。

何恩余（1917－2003），贵州湄潭人，曾用名何君儒。笔名丁夫、石果，1943 年前后在遵义《黔声日报·轻骑队》《遵义青年·文艺之页》《实验简报·启明星》及《民铎日报》副刊《山蕾》《群蜩》发表诗文署用。

何凡（1909－2002），江苏江宁（今南京市）人，生于北京。原名夏承楹。笔名：①夏承楹，1934 年主编《世界日报·学生生活》署用。嗣后在《中国公论》发表《南非剪影》等译作亦署。②何凡，抗战胜利后任北平《北平日报·凯旋门》编辑，1947 年 6 月起在该刊撰写"玻璃垫上"专栏开始署用。1953 年起在台北《联合报·联合副刊》"玻璃垫上"专栏发表文章，出版杂文集《不按牌理出牌》（台北纯文学出版社，1963 年）、《三叠集》（台北纯文学出版社，1964 年）、《谈言集》（台北纯文学出版社，1964 年）、《一心集》（台北纯文学出版社，1964 年）、《如此集》（台北纯文学出版社，1965 年）、《这般集》（台北纯文学出版社，1965 年）、《五风集》（台北纯文学出版社，1969 年）、《十雨集》（台北纯文学出版社，1969 年）、《夜读杂记》（台北三民书局，1969 年）、《磊磊集》（台北纯文学出版社，1971 年）、《落落集》（台北纯文学出版社，1971 年）、《窗》（与其妻林海音合集。台北纯文学出版社，1972 年）、《人生于世》（台北纯文学出版社，1979 年），散文集《何凡游记》（台北纯文学出版社，1975 年），以及《何凡全集》（台北纯文学出版社，1989 年起陆续出

版）等亦署。

何方（1927－？），安徽泾县人。原名赵泉。笔名何方，见于诗《叩门者》，载 1951 年台北《野风》半月刊第 22 期。嗣后在该刊及台北《创世纪》《现代诗》等刊发表诗作，创作话剧剧本《假凤虚凰》（台北万里剧社，1959 年）、《五对半》（台北实践剧团，1959 年）、《男宾止步》（台北李溯剧团，1959 年）、《街头巷尾》（台北张茜西剧团，1960 年）、《爱与罪》（台北华实剧艺社，1961 年）、《暴风半径》（台北华实剧艺社，1961 年）、《冰点》（台北海光剧团，1966 年）、《艳阳天》（台湾教育电视台，1966 年），电视剧剧本《四季如春》（台北电视公司，1965 年），电影剧本《猫眼女间谍》（蓝天影业公司，1966 年）、《琉球之恋》（瑞品影业公司，1966 年）、《宝岛风云》（东方影业公司，1966 年）、《虎头庄》（邵氏影业公司，1966 年）、《十对佳偶》（邵氏影业公司，1966 年）、《吾家有女》（邵氏影业公司，1966 年）、《苦痕》（联兴影业公司，1967 年）等亦署。

何干（gǎn）**之**（1906－1969），广东台山人。原名谭毓均，字秀峰。曾用名谭卫中、谭华生、何汉生、何弼。笔名：①谭秀峰，见于评论《现代世界观》，载 1930 年广东《台山日报》。同时期在《南华日报》《劲风日报》发表文章亦署。②谭卫中，1933 年在《世界情势》半月刊发表文章署用。③杜鲁人，出版《中国经济读本》（上海现实出版社，1934 年）署用。④何干之，1936 年开始署用。见于论文《从历史发展中看中国应走的方向》，载 1938 年 4 月 1 日汉口《自由中国》创刊号。嗣后在《时代论坛》《时论》《现世界》《自修大学》《社会公论》《月报》《认识月刊》《一般话》《国民》《中华公论》《北方文化》《文踪》《中国文化》《五十年代》《鲁迅文艺》《长城》《文艺月刊》《新华日报》《文萃丛刊》、香港《华商报》等报刊发表评论《团圆主义文学》《苏联史家怎样观察中国封建制》《胡适之的政治方法论及其应用》《"中国研究"的救亡理论》《刘邦与项羽》《关于鲁迅的遗族与遗产》《鲁迅论两种文艺》《鲁迅论文艺家的两极端》等文，出版《中国社会性质问题论战》（上海生活书店，1937 年）、《三民主义研究》（上海新中出版社，1941 年）、《鲁迅作品研究——中国和中国人的镜子》（上海新新出版社，1946 年）、《近代中国启蒙运动史》（上海生活书店，1947 年）、《中国现代革命史讲义初稿》（高等教育出版社，1954 年）等著作亦署。

何公超（1906－1986），江苏松江（今上海市）人。原名王鍼生。曾用名何福良。笔名：①何慧心，见于小说《父亲的狂怒》，载 1922 年《小说月报》第 13 卷第 12 期。嗣后在上海《时事新报·青光》发表民间故事《屁弹道七落天井》亦署。②慧心，见于寓言《牛的悲哀》，载 1923 年上海《小说世界》第 2 卷第 5 期。嗣后在该刊发表寓言《冬天的蝉》《蟹与灯光》《使人们永隔的河》，1930 年 8 月 26 日在大连《泰东日报》发表小说《冲突》亦署。③味辛，见于剧作《田鼠的

牺牲》，载1924年上海《时事新报·文学》周刊第123期。④何味辛，见于剧作《田鼠的牺牲》，载1924年上海《时事新报·文学》周刊第124—129期。同时期在上海《民国日报·杭育》《妇女杂志》发表文章，在上海《热血日报》发表《救国十二月花名》（孟姜女调）、《大流血》（泗州调）等说唱小调亦署。⑤公超，见于译诗《海涅诗选》，载1927年上海《泰东月刊》第1卷第2期；诗《挽歌——悼S. U》，载1928年上海《北新》第2卷第7期。同时期起在《泰东月刊》《江西地方教育》《儿童世界》《田家》等刊发表童话《狼兄兔弟》《小白象》《驴子跟红萝葡》等亦署。⑥何公超，见于翻译小说《小军人》（法国莫里斯·勒韦尔原作），载1928年上海《泰东月刊》第2卷第4期；翻译小说《杀人者》（俄国库普林原作），载1929年上海《北新》第3卷第22期。嗣后在上述两刊及《申报》《新闻报》《时事新报》《儿童日报》《儿童世界》《春潮》《东方杂志》《青年界》《文艺月刊》《大公报·现代儿童》《教与学》《民意周刊》《江西地方教育》《乐观》《文潮月刊》《开明少年》《中华教育界》《新书月刊》《田家》等报刊发表寓言《乌龟和兔子的赛跑》，童话《老虎救灾》《公鸡与黑布》，随笔《否认古典派的题目》，评论《陀斯妥耶夫斯基小说〈主妇〉译文正误》《新连环图画的研究与介绍》，翻译小说《在地心里面》（俄国库普林原作）、《房东太太》（俄国陀思妥耶夫斯基原作）和翻译剧作《矿穴里》（美国纽曼原作）等，出版小说集《柴米夫妻》（上海春潮书局，1930年）、童话集《小金鱼》（上海孩子书店，1946年）、《兽国记》（上海华华书店，1949年）、《老兵的桃树》（上海光芒出版社，1951年）、《何公超童话寓言选》（少年儿童出版社，1985年）等亦署。⑦张超尘，见于1930年上海《出版月刊》5月号刊春潮书局《震动全球的十天》（美国约翰·里特原作）出版预告时译者之署名。⑧于贞，见于论文《儿童文学的特点》，载1957年《儿童文学研究》第3期。⑨王立，出版《毛主席爱孩子》（少年儿童出版社，1984年）一书署用。按：何公超尚出版有童话集《快乐鸟》《丑小鸭》《勇敢的燕子妈妈》、民间故事《天上不会掉金子》《龙女和三郎》、寓言集《狡猾的狼》《农夫和蚯蚓》、快板集《传染病》、特写集《侗族姑娘黄玉兰》等，出版情况未详。

何光年（1925—2003），湖南长沙人，字继纯，号半楼。笔名何光年，著有剧本《武则天》《汉宫春梦》《王昭君》，诗词集《半楼集》《光年自书诗稿》等。

何果育，生卒年及籍贯不详。笔名果育，1933年在大连《泰东日报》副刊发表文章署用。

何海鸣（1887—1945），湖南衡阳人，生于广东九龙。原名何时俊，字一雁，号海鸣、孤雁、行乐、蹊生；别号衡雁、衡阳一雁、求幸福、求幸福斋主、求幸福斋主人。曾用名余行乐。笔名：①海，见于评论《亡国者和平也》，载1911年7月17日汉口《大江报》。②行乐，见于小说《英花小传》，载1915年上海《礼拜六》第6期。嗣后在该刊发表小说《蛇》《谁之子》《爱妻与爱国》等亦署。③孤雁，见于笔记《阿爹》，载1916年上海《小说丛报》第3季第4期。④一雁，见于小说《赤子》、评论《政心》，载1917年北京《寸心》第1期。嗣后在该刊发表小说《秋闺梦》《敌种》《面包》、旧体诗《眼枯集》等亦署。⑤海鸣，见于对联《挽蔡从坡先生》，载1917年北京《寸心》第1期；随笔《记汉口之小说日报》，载1922年12月9日上海《小说日报》。1942年在上海《古今》创刊号发表随笔《谈神仙》亦署。⑥求幸福斋主人，见于通信《答职业函授学样辞文科教授书》，载1917年上海《寸心》第4期；随笔《武家坡串演的经验》，载1922年上海《戏杂志》第3期；小说《腥红热的颂赞》，载1934年上海《金钢钻月刊》第1卷第8集；笔记小说集《求幸福斋随笔》（上海华商印书馆，1915年）。⑦求幸福斋主，见于小说《家庭间的侦探》，载1923年上海《侦探世界》第2期；随笔《津沽杂记》，载1923年上海《红杂志》第29期。此前后在上述两刊及《星期》《半月》《小说世界》《新上海》《万岁》《游戏世界》《珊瑚》《越风》《实报半月刊》《一般》等刊发表小说《傀儡的悲剧》《妓之初恋》《前世纪的母亲》《十丈京尘》《摩登儿女经》、随笔《民元报坛识小录》《论语的家教与版本》《武昌首义的由来》等亦署。⑧何海鸣，见于评论《寸心之心》、随笔《偶然六记》，载1917年北京《寸心》第1期；《求幸福斋主人卖小说的说话》，载1922年上海《半月》第1卷第10期。嗣后在上述两刊及《东方杂志》《晨报副镌》《快活》《游戏世界》《星期》《小说新报》《红杂志》《红玫瑰》《心声》《侦探世界》《社会之花》《万岁》《金钢钻月刊》《小说世界》《社会日报纪念专号》《中央导报》《社会月报》《中华画报》《中日文化》《公议》《东亚联盟》《古今》《文友》《新民报》《华文大阪每日》《小说时报》等报刊发表《求幸福斋漫笔》《小说家之妻》《藏春记》《十文京尘》《朔方健儿传》《平泉大侠劫富记》《私娼日记》《海鸣诗存》《求幸福斋丛话》《汉代的今古文经学》《华侨拓殖史的意义》《从中日文化说到教化》《中日同盟论》等诗、小说、随笔等，出版小说集《海鸣说集》（上海民权出版部，1918年）、《何海鸣说集》（上海大东书局，1927年）、《海鸣小说集》（上海世界书局，1929年），长篇小说《怒》（上海大众书局，1932年），随笔集《求幸福斋丛话》（上海大东书局，1922年），论著《中国社会政策》（北京华星印书社，1920年），诗集《海鸣诗存》（北京侨务旬刊社，1923年）等亦署。⑨何一雁，见于小说《梦中的一吻》，载1929年天津《国闻周报》第6卷第44、45期。嗣后在该刊发表小说《边城风雪夜》《桑梓之邦》亦署。又见于《军需界清末名人》，载1935年8月30日汉口《经理月刊》第1卷第2期。⑩蹊生、余行乐，署用情况未详。

何痕，生卒年不详，江苏金山（今上海市）人，字竞南，号钟伊、瘦秋。笔名何痕，在《南社丛刻》发表诗文署用。

何纪华（1927—　），浙江嵊州人。笔名：①何纪华，出版诗歌散文集《屐痕集》（吉林人民出版社，2011年）、译作《剧本·导演·演员》（苏联戈尔恰柯夫原作。中国戏剧出版社，1957年），以及论著《论契诃夫剧作的魅力》《略论戏剧家的高尔基》《亚里斯多德的悲剧论》《狄德罗：表演艺术需要"理想范本"》《论朗诵诗》《戏剧理论自选集》《苏联革命初期的戏剧艺术》《范增——一个智囊人物的悲剧》，译作《樱桃园》（俄国契诃夫原作）、《铁甲列车》（苏联伊万诺夫原作）、《演剧艺术》（苏联赫梅辽夫原作）、《总导演赫梅辽夫》《斯坦尼斯拉夫斯基未发表的手记》《斯坦尼斯拉夫斯基全集》（第五卷）等，主编《外国剧作选》等署用。②何若非、辛禾、敏中，署用情况未详。

何家栋（1923—2006），河南信阳人。原名万舒扬。笔名何家栋，出版传记文学《赵一曼》（与张麟合作。湖南少年儿童出版社，1980年）、评论《中国的道路》（与李慎之合作。南方日报出版社，2000年）、《21世纪的世界与中国》（与喻希来、王思睿合作。北京当代汉语研究所，2001年）、《今日中国政治思潮评析》（与王思睿合作。北京当代汉语研究所，2001年）等署用。按：何家栋尚出版有传记文学《我的一家》《方志敏战斗的一生》《胸中自有雄兵百万：记毛主席在陕北战争中》，回忆录《把一切献给党》，评论《中国新保守主义批判》《老调子还未唱完》等，出版情况未详。

何家槐（1911—1969），浙江义乌人，字与如。曾用名何永修。笔名：①伯琴，见于小说《贺东》，载1930年《语丝》第5卷第43期。②先河，抗战前发表文章署用。见于《求雨》，载1934年7月6日上海《申报·自由谈》；随笔《作家与五月》，载1936年上海《文学青年》第1卷第2期。嗣后在上海《时事新报·每周文学》等报刊发表文章亦署。③永修，抗战前发表文章署用。见于《求雨》，载1934年7月6日上海《申报·自由谈》；《从"刺激性"说到"软性"与"硬性"》，载1935年上海《时事新报·每周文学》第4期；随笔《苏联的国防音乐》，载1936年上海《时事新报·每周文学》第28期；译文《我的祖国》（苏联阿·托尔斯泰原作），载1936年上海《光明》第1卷第3期。嗣后在上海《北明》等刊发表文章亦署。④时旦，见于《请愿五日记》，载1936年上海《生活知识》第1卷第7期；《一个巨人之死——记鲁迅先生之丧》，载1936年上海《现世界》第1卷第6期。同时期在上海《客观》《时代论坛》等刊发表通讯《饥馑的日本农村》《苏联儿童的生活》、散文《伟大的"五卅"纪念在上海》《到南京去请愿》，译文《高尔基——我的导师》（苏联热列兹诺夫原作）等亦署。⑤何家槐，见于小说《猫》，载1930年10月10日上海《小说月报》第27卷第10期；散文《牧舍漫笔》，载1931年6月10日上海《青年界》第1卷第4期。嗣后在《芒种》《新中华》《东方杂志》《文化批判》《金屋》《新月》《文艺月刊》《新时代》《文学》《现代》《现代文学评论》《光明》《春光》

《文化列车》《新中华》《现代学生》《文艺》《太白》《创作》《大学杂志》《良友画报》《文学界》《新小说》《水星》《新语林》《现代出版界》《申报月刊》《世界文学》《漫画漫话》《知识半月刊》《希望》《战地》《生活知识》《战时联合旬刊》《抗战半月刊》《鲁迅风》《抗战文艺》《诗创作》《时代文学》《新军》《一般话》《浙江潮》《文艺生活》《文讯》《国民公论》《新华南》《文学创作》《青年文艺》《人世间》《艺风》《艺丛》《当代文艺》《野草》《文学译报》《文化杂志》《自由世界》《新文化》《戏剧与文学》《国民》《中国诗坛》《学习知识》《新世纪》《民主》《周报》《文艺知识连丛》《文艺丛刊》《文艺春秋》《文艺复兴》《中国建设》《京沪周刊》《中国作家》等报刊发表小说、散文、评论、译文，出版短篇小说集《恶行》（上海良友图书印刷公司，1932年）、《暧昧》（上海良友图书印刷公司，1933年）、《寒夜集》（上海北新书局，1937年）、《竹布衫》（上海黎明书局，1933年）、《出狱》（与沙汀等合集。上海三通书局，1940年）、散文集《稻粱集》（上海北新书局，1937年）、《战斗中的一年》（何家槐编。第八集团军总司令部战地服务队，1939年）、《冒烟集》（桂林文献出版社，1941年），翻译小说《量规虫》（苏联格罗斯等原作，与高植等合译。桂林萤社，1942年）、《齿轮》（苏联克拉索文等原作。文苑出版社，1944年），1949年后出版随笔集《旅欧随笔》（中国青年出版社，1957年），文学评论集《一年集》（作家出版社，1955年）、《海淀集》（作家出版社，1959年），译作《建设斯大林格勒的人们》（苏联伊万诺夫等原作。生活·读书·新知三联书店，1950年）、《莫里慈短篇小说集》（匈牙利日格蒙德·莫里茨原作。作家出版社，1955年）、《七个铜板》（匈牙利日格蒙德·莫里茨原作，与凌山合译。人民文学出版社，1958年）、《小说与人民》（英国福克斯原作。作家出版社，1957年）、《论俄国作家》（苏联席达诺夫等原作。新文艺出版社，1951年）等亦署。⑥河渍，20世纪30—40年代发表文章曾署用。按：何家槐尚出版有散文集《怀旧集》《寸心集》、随笔集《旅欧随笔》等，出版情况未详。

何家英（1921—？），广东南海（今佛山市）人。原名何子铨。曾用名何子明。笔名：①丁明，见于速写《内地的文化巡礼》，载1938年《文艺阵地》第2卷第5期；小说《老妇人》，载1941年《广西妇女》第9、10期合刊。同时期起在《文艺月刊·战时特刊》《十日文萃》《业余生活》《文艺青年》《救亡日报》《广西日报》《柳州日报》等报刊，1949年后在广州《羊城晚报》《作品》等报刊发表文章亦署。②徐欣，1940—1946年在《广西日报》《桂南日报》《柳州日报》等报发表文章署用。③高阳，1941年在《桂南日报》发表文章署用。④管火陵，抗战期间出版诗集《骊歌》（诗新地社，1941年）署用。按：何家英在抗战期间曾出版过报告文学集《历史的一页》、散文集《夜战》、评论集《黄花集》，署名情况未详。

何葭水，生卒年及籍贯不详。原名何守恬。笔名：

①何葭水，见于小说《宝英》，载 1943 年上海《紫罗兰》第 8 期；散文《三迁——我的职业生活》，载 1944 年上海《万象》第 4 卷第 4 期。②葭水，见于小说《演员崇拜》，载上海 1944 年《万象》第 4 卷第 5 期；译文《没有人知道的血战》，载 1945 年上海《宇宙》创刊号。嗣后在《宇宙》发表小说《浮生小记》、译文《从马尼剌来的报告》，在《天风》《春秋》《周报》《少女》《新侦探》《女青》《上智编译馆馆刊》《妇女》等刊发表小说、散文、译作亦署。

何嘉，生卒年及籍贯不详。笔名洛克，20 世纪 40 年代编贵州《力报·文艺新地》发表文章署用。

何剑熏（1911－1988），四川阆中人。原名何剑薰。笔名：①何连，见于《我们的歌》，载 1933 年上海《生存月刊》第 4 卷第 8 期；评论《论戏剧人物的表现》，载 1938 年上海《新演剧》半月刊第 1 卷第 2 期。②何剑薰，见于游记《谜样的世界》，载 1936 年上海《文学》月刊第 7 卷第 4 期；小说《余孽》，载 1937 年天津《国闻周报》第 14 卷第 25 期。此前后在《作家》《光明》《七月》《抗战文艺》《文学创作》《中原·文艺杂志·希望·文哨联合特刊》《时事类编》《半月文艺》等报刊发表小说、散文、评论等署用，编选出版王鲁雨散文集《北念草》（重庆风月社，1944 年）亦署。20 世纪 50 年代初撰写散文《从一到〇（第一部分）》（载 2003 年 12 月宁夏人民出版社出版晓风主编《我与胡风》修订本上册）亦署。③年尼，见于杂文《"骄"与"馁"》，载 1945 年 1 月重庆《希望》第 1 集第 1 期。嗣后在该刊第 1 集第 2 期发表杂文《无常》《略谈祀灶》亦署。④何剑熏，出版论著《楚辞拾沈》（四川人民出版社，1984 年）、《楚辞新诂》（巴蜀书社，1994 年）等署用。⑤汤森木，署用情况未详。

何鉴琮（1903－1983），江西清江（今樟树市）人，字敬群，号遁翁、遯翁。笔名：①何敬群，《印度佛教史略》（1933 年）题字署用。②何鉴琮，见于《益智仁室论诗随笔》（香港人生出版社，1962 年）。嗣后发表《楚辞屈宋文研究导论》《楚辞〈九歌〉的结构分析》《楚辞〈天问〉诠释》等论文，出版《庄子义绎》（香港泰盛书局，1977 年）及《楚辞精注》《诗学纂要》《遁翁诗词曲集》等著作亦署。

何苦（1923－?），湖南衡阳人，生于北京。原名何恩荣。笔名：①云影，见于杂文《杏黄色的潮流》，载 1937 年天津《庸报》副刊。②何恩荣，见于小说《圣诞节的前夜》，载 1937 年天津《大公报·文艺周刊》。③何苦，见于小歌剧《翻身乐》（与葛覃合作），载 1948 年《人民日报》副刊；独幕剧《老王的胜利》（与余晓合作），载 1949 年石家庄《华北文艺》第 6 期。1949 年在《石家庄日报》发表小剧本，1949 年后发表中篇小说《为幸福而斗争》（载 1950 年 1 月上海《小说月刊》）；出版小说《把冷了的炉火烧起来》（上海晨光出版公司，1950 年）、《织布机翻身记》（上海晨光出版公司，1950 年）、《王宝林结婚》（上海晨光出版公司，

1950 年）、《工厂里的战斗》（上海晨光出版公司，1951 年）、《两姊妹》（华北人民出版社，1953 年）、《为幸福而斗争》（华北人民出版社，1953 年）、《当暴风雨袭来的时候》（作家出版社，1957 年），秧歌剧《翻身乐》（与葛覃合作。新华书店，1950 年），中篇小说《在前进的道路上》（天津通俗出版社，1955 年）等亦署。

何醴澂，生卒年及籍贯不详。笔名：①醴澂，见于小说《天下太平》，载《新小说》；诗《这是秋天了》，载 1930 年 9 月 29 日大连《泰东日报》副刊。嗣后在《泰东日报》副刊发表诗《黄昏》《秋雨》《柳暗花明》等，在长春《大同报》发表小说亦署。②何醴澂，见于诗《路过的姑娘》，载 1932 年大连《泰东日报》。

何路（1923－1993），河南睢县人。笔名：①路，见于《从闲眺到开会——似乎威信比错误还重要》，载 1941 年延安《文艺月报》第 12 期。②何路，1949 年后发表评论《评长篇小说〈在田野上前进〉》《1955 年文学创作一瞥》等署用。

何洛（1911－1992），四川丰都（今重庆市）人。原名何明新，字兴咸。曾用名何鸣心。笔名：①何鸣心，出版翻译小说《没有太阳的街》（日本德永直原作。上海现代书局，1930 年）署用。嗣后在上海《太白》发表译作亦署。②何洛，见于《和艺术青年谈话》，载 1935 年上海《中学生》第 56 期；《一个哲学家》，载 1935 年上海《漫画漫话》第 1 卷第 4 期；随笔《易卜生在中国》，载 1941 年晋察冀《五十年代》创刊号。1949 年后发表随笔《鲁迅是怎样分清敌友和爱护青年的》（载 1954 年 11 月 25 日《北京日报》），出版特写《李凤莲》、诗集《潮声集》、粤剧剧本《社即是家》、论著《实践与美学》《艺术规律论稿》、译作《通往心灵——茨威格其人其作》（美国斯蒂芬·罗宾原作，与曹天健合译），主编《文学概论》等亦署。

何满子（1919－2009），浙江富阳人。原名孙承勋。笔名：①深渊，见于诗《成都在诗里》，载 1941 年 12 月 26 日桂林《大公报·文艺》。嗣后在桂林《力报》、衡阳《力报》、重庆《新蜀报·蜀道》等刊发表文章，出版诗集《衡岳放歌》（文艺中国社，1942 年）等亦署。②林冬明，见于散文《南岳之什》，载 1942 年夏重庆《新华日报》。③何满子，见于通讯《浙东的清乡》，载 1946 年《群众》周刊第 13 卷第 3 期。1949 年后发表文章、出版故事《聊斋的故事》（上海四联出版社，1954 年），杂文集《五杂侃》（成都出版社，1994 年）、《何满子杂文自选集》（百花文艺出版社，1996 年）、《人间风习碎片》（上海书店出版社，1996 年）、《读鲁迅书》（上海古籍出版社，2002 年）、《将进酒》（河北教育出版社，2004 年）、《远年的蔷薇》（湖北人民出版社，2006 年），论著《论儒林外史》（古典文学出版社，1957 年）、《醉乡日月》（上海古籍出版社，1991 年）、《何满子学术论文集》（福建人民出版社，2002 年）等著作亦署。④韩盈，1949 年在上海《时论周刊》《自由论坛晚报》发表文章署用。1980 年后发表文章偶署。⑤迟曼，1980

年后发表文章偶署。

何梦雪，生卒年不详，湖北黄陂（今武汉市）人。笔名雪、可人，20世纪30年代初期在武汉主编《时代日报·时代前》并发表散文小品署用。

何其芳（1912－1977），四川万县（今重庆市）人。原名何永芳。曾用名何季芳。化名何启芳、何启放、和其芳、阿钫。笔名：①禾止，见于小说《摸秋》，载1930年《新月》月刊第3卷第1期。②萩萩，见于诗《莺莺》，载1930年《新月》月刊第3卷第7期（该期目录署名"荻荻"，正文署名"萩萩"。前者疑误）。③秋若，见于诗《想起》《让我》《那一个黄昏》，载1931年《红砂碛》第1期。嗣后在该刊发表小说《老蔡》、诗《夜歌行》等作品，1933年3月在成都《社会日报·星期论坛》发表诗《无题》，1935年在四川《万县民众教育月刊》发表诗《箜篌引》《拟古歌一章》等亦署。④何其芳，见于诗《季候病》《有忆》，载1932年上海《现代》月刊第1卷第6期。嗣后在《清华周刊》《学文》《新时代》《华北日报·每日文艺》《文学季刊》《水星》《文艺月刊》《文季月刊》《中流》《新诗》《文丛》《西湖文苑》《社会日报》《文学杂志》《文艺阵地》《大公报·文艺》《文艺突击》《文艺战线》《新华日报》《解放日报》《文学月报》《中国文艺》《大众文艺》《现代文艺》《中国文化》《文艺生活》《诗创作》《草叶》《谷雨》《青年文艺》《天下文章》《月报》《新少年》《战时戏剧》《诗文学》《十日文萃》《文艺大众》《文联》《萌芽》《中原·文艺杂志·希望·文哨联合特刊》《春秋》《周报》等报刊发表诗、散文、评论，出版诗集《汉园集》（与李广田、卞之琳合集。上海商务印书馆，1936年）、《预言》（上海文化生活出版社，1945年）、《夜歌》（重庆诗文学社，1945年）、《夜歌和白天的歌》《何其芳诗稿》（上海文艺出版社，1979年）、《何其芳译诗稿》（外国文学出版社，1984年）、《何其芳诗全编》（浙江文艺出版社，1995年），小说戏剧集《刻意集》（上海文化生活出版社，1938年）、散文集《画梦录》（上海文化生活出版社，1936年）、《还乡日记》（上海良友复兴图书印刷公司，1939年）、《还乡杂记》（上海文化生活出版社，1949年）、《星火集》（重庆群益出版社，1945年）、《星火集续编》（重庆群益出版社，1949年）、《一个平常的故事》（百花文艺出版社，1982年），论文集《关于现实主义》（海燕书店，1950年）、《西苑集》（人民文学出版社，1952年）、《关于写诗与读诗》（作家出版社，1956年）、《论〈红楼梦〉》（人民文学出版社，1958年）、《诗歌欣赏》（人民文学出版社，1962年）《文学艺术的春天》（作家出版社，1964年）等亦署。⑤劳之凤，1933－1936年间在北平《北平晨报·晨报学园》附刊《诗与批评》（曹葆华编）发表《岁暮怀人》等诗署用。1946年2月在重庆赠杨吉甫之旧体诗条幅亦署。⑥其芳，见于诗《我的乡土》，载1935年1月四川《万县民众教育月刊》第1卷第4期。又见于短论《走向更大的胜利》，载1946年1月重庆《中原·文艺杂志·希望·文哨联合特刊》第1卷第1期。⑦杨应雷，见于散文《万县见闻》，载1938年4月16日《工作》第3期。1944年10月至11月在重庆《新华日报》连载随笔《"自由太多"屋丛话》、1946年1月在该报连载随笔《异想天开录》亦署。⑧季风，1944年9月5日致沙汀信署用。⑨劳百行，见于散文《傻女婿的故事》，载1944年9月14日重庆《新华日报》。1946年8月3日在该报发表随笔《内战心理与卖国论调》亦署。⑩阿钫、钫，1946年3月致沙汀信署用。⑪杨柯，见于书信《关于研究鲁迅先生》，载1946年重庆《萌芽》第1卷第1期。嗣后在该刊第1卷第4期发表《关于"客观主义"的通信》亦署。⑫劳君乔，见于随笔《谈读书》，载1946年《萌芽》第1卷第3期。1946年11月至12月在重庆《新华日报》发表随笔《谈写作》《谈苦闷》《谈朋友》《关于学习文学》等亦署。⑬傅履冰，见于《关于"客观主义"的讨论》，载1946年《萌芽》第1卷第4期。⑭黎云，见于随笔《延安的小孩子》《小兄妹开荒》，载1946年11月17日重庆《新华日报》。1947年2月在该报发表随笔《〈呼吸〉（第二期）——杂志摊上》《"戏剧劫"——一点调查资料》亦署。⑮卜冬，见于随笔《论投降》，载1946年12月20日重庆《新民报》。嗣后在该报发表随笔《从关羽到农民》《答亚秋先生》亦署。⑯劳和，见于论著《论作文写法》，1949年11月出版。⑰季方，1952年11月22日致巴金信署用。⑱桑珂，见于随笔《批评和障碍》，载1956年7月1日《人民日报》。同月在该报发表随笔《批评可怕》《一件小事》亦署。⑲何志、秋子、萩心、阿钫、其放、邬夫哀、何启放、和其放、吴岂仿、常奴问、薛锡祖、薛习蕎、薛熙祖、薛习祖、施雪芷，署用情况未详。

何琦（1922－？），辽宁辽阳人。原名何其庸，字味恩。曾用名王玉琦。笔名：①何行，见于诗《山东茔》，载1940年日本大阪《华文大阪每日》半月刊第4卷第9期。嗣后在该刊发表诗《无题》《枯槐颂》《猴子的祈祷》，1941年起在《大连商工月刊》、张家口《蒙疆新闻》《蒙疆文学》等刊发表诗《燕子的归来》《寄》《煤炕》《月下吟》、独幕剧《再会》等亦署。②何琦，1944年开始在《蒙疆文学》发表评论《零碎的感情》等署用。1946年在辽东《大众日报》等报刊发表随笔《〈气壮山河〉观后感》及通讯报道等亦署。

何骞（1922－1989），福建福州人。原名何孝骞，字何弼。笔名：①梦云，见于散文《三年》，载1940年福州《南方日报·前卫》。②卡妮、赫斯、兰波儿，1940年在福州《南方日报·前卫》发表散文、通讯署用。③何骞，见于散文《罹耗》，载1941年9月24日福建连城《大成日报·高原》；散文《驮队》，载1943年5月9日永安《中央日报·中央副刊》；小说《春天的原野》，载1942年永安《现代文艺》第5卷第5期。嗣后在福州《南方日报·前卫》《中央日报·海风》、永安《中央日报·每周文艺》、连城《大成日报·文艺》等报刊发表文章亦署；1949年后在上海《文艺月报》、福州《热风》月刊等报刊发表作品,出版长篇小说《紫塞烟云》(人民文学出版社,1987 年)、散文集《蓝波集》(香港华星出版社,1992 年)等亦署。④丁马,1949年后在小报发表杂文署用。

何晴波(1913－1998),江苏如东人。原名何松寿。笔名:①何晴波,1930 年在上海某刊写诗开始署用。1932 年在上海《新时代》第 3 卷第 4 期发表诗《我爬上土丘》,在如皋《如皋导报·春泥》《文综》、东台《东台民报》、南通《心旌》《新南通日报》、杭州《创作与批评》、福州《福建民报·南风》、上海《新时代》《文艺之友》《诗屋》《新诗》、苏中军区《滨海报》《苏中日报》《江海导报》《前锋报》《抗敌日报》等报刊发表诗歌、小说,1949 年后出版诗集《大江边的歌》(江苏人民出版社,1977 年)、《小雨集》(上海社会科学院出版社,1989 年)等亦署。②晴波,见于译诗《忆》(英国丁尼生原作),载 1934 年 3 月 14 日南通《省立南通中学校刊》2 月号"文艺专号"。③黄茶,见于诗《我爱解放区》,载 1946 年《东台民报·琴波诗刊》第 7 期。

何琼崖(1921－?),浙江乐清人。原名何兴琼。笔名:①琼子,见于中篇小说《疯女人》,连载于 1945 年 8 月《温州日报》。嗣后在该报及《瓯海日报》发表中短篇小说、散文等亦署。②何京,见于报告文学《棚户记》,载 1945 年 12 月上海《申报》。嗣后在该报及上海《大公报》《上海教育》等报刊发表文章亦署。③王京,见于散文《音乐会花絮》,载 1946 年 4 月《大公报》。④琼崖,见于小说《征收分主任》,载 1947 年 8 月 16 日《和平日报·和平副刊》;译文《留美的外国学生》,载 1948 年南京《中央日报周刊》第 4 卷第 5 期。同时期在《中央日报》《中国教育》等报刊发表小说、评论、话剧等亦署。⑤何琼崖,见于论文《论胎教》,载 1947 年《上海教育》周刊第 2 卷第 4 期;论文《谈家庭教育》,载 1947 年南京《教育通讯》半月刊复刊第 4 卷第 7 期。1949 年后发表作品,出版故事《扬州八怪的故事》(云南人民出版社,1983 年),长篇小说《金陵风云录》(华夏出版社,1987 年)、《乱世魔王》(与陈昌瑞合作。华夏出版社,1987 年)、《长剑秦弓》(华夏出版社,1989 年)、《浓妆淡抹皆是美》(人民文学出版社,1995 年),论著《中国小说家与小说》(南京出版社,1990 年)、《中国三千年诗史、诗论与诗(四卷)》(中国文联出版社,2004 年),译作《堡垒》(阿·克罗宁原作,与桑友光合译。海峡文艺出版社,1986 年)等亦署。⑥韩琮,署用情况未详。按:何琼崖一生创作长篇小说 47 篇、中篇小说 14 篇、短篇小说近 80 篇、诗歌集 5 集、散文 500 余篇,以及剧本、儿童文学集、民间故事集、报告文学集、文学评论集及文学专著等,共出版书籍 108 部,计 1900 多万字,绝大多数署用笔名琼崖或何琼崖。1949 年后出版著作多署何琼崖。

何求(1918－?),广东南海(今佛山市)人。笔名:①屈平,见于剧本《亡命者》,1943 年演出于上海(叶明导演)。1949 年后在《作品》《羊城晚报》等报刊发表诗歌、评论等亦署。②何求,长期发表话剧、电影剧本、小说、评论多署用。1949 年后出版话剧《新局长到来之前》(通俗文艺出版社,1955 年)、《口是心非》(上海文化出版社,1956 年)、《此路不通》(广东人民出版社,1958 年)、《红棉江》(广东人民出版社,1959 年)、《春节前》(广东人民出版社,1960 年)、《七门红》(北京宝文堂书店,1960 年)等亦署。

何容(1903－1990),河北深泽人,原名何兆熊,字谈易,号子祥。笔名:①老谈,见于小说《误解结婚》《续〈海上繁华梦〉》,载民国初上海《繁华杂志》。②何容,1929 年发表作品开始署用。嗣后发表评论《评本校三十一周年纪念大会的标语》(载 1930 年 1 月 22 日《北京大学日刊》)、杂文《谈丈母》(载 1933 年上海《论语》第 26 期),在《独立评论》《人间世》《众志月刊》《宇宙风》《宇宙风乙刊》《抗到底》《抗战文艺》《文艺月刊·战时特刊》《文坛》《文艺先锋》《时与潮文艺》《华年》《谈风》《教育通讯》《今日青年》《抗建通俗画刊》《时与潮副刊》《妇女新运》《时代精神》《新运导报》《春秋》《社会教育辅导》《今文月刊》《周报》《新音乐》《国民教育辅导》等刊发表《童年试拳记》《公寓里的风波》《长夜漫漫的北平》《读书的两种态度》、评论《格律与技巧》《通俗文艺与大众文艺》《论作家与编辑》、通俗文艺《八仙捉妖》、唱词《庆祝平等新约要实行新生活》等作品,出版论著《政治工作大纲》(1930 年)、《中国文法论》(上海开明书店,1949 年),以及《扬州遇妻·光儿亭·抗日保国》(与林舒、老向合集。20 世纪 40 年代出版);1949 年后出版散文集《从头说起》(台北国语日报社,1961 年),文集《何容文集》(台北国语日报社,1975 年),《新雅中文字典》(香港新雅文化事业公司,1985 年)等亦署。③容,见于随笔《关于脱期和错字》,载 1938 年武昌《抗到底》半月刊第 17 期。同时期在该刊撰写《编辑后记》亦署。④谈易,署用情况未详。

何溶(1921－1989),吉林永吉(今吉林市)人,满族。原名何鏮(héng),号伯英。曾用名河溶。笔名:①何溶,1940 年开始署用。1949 年后发表文章多署此名。②马松,见于长诗《骑马的警士们,你们何处去?》,载 1940 年上海《文汇报》;诗《迎接太阳》,载 1947 年上海《野火》诗刊第 2 期。③侯荣,1945 年在苏北解放区与苏中军区城工部通信署用。④何舍里、山碧、侯城,署用情况未详。

何如(1909－1989),广东梅县(今梅州市)人。原名何亮泰,号亮亭。笔名何如,见于译文《希腊与南斯拉夫的游击队》(保罗·沃尔原作),载 1943 年重庆《时与潮》第 18 卷第 5 期;译文《英皇战时生活剪影》,载 1943 年重庆《时与潮副刊》第 3 卷第 4 期;译文《动的哲学——柏格森的学说》,载 1944 年重庆《文化先锋》第 3 卷第 15 期。1949 年后翻译寓言集《拉封登寓言》(法国拉·封丹原作。新文艺出版社,1957 年)

亦署。

何水涂，生卒年不详，台湾人。笔名：①何淑芗，见于旧体诗《铁笔》，载 1932 年 4 月 23 日台北《南瀛新报》。②何萩芗，见于旧体诗《女车掌》，载 1933 年 3 月 18 日台北《南瀛新报》。③椒芗，见于旧体诗《戏寄天籁吟社诸词友》，载 1933 年 12 月 9 日台北《南瀛新报》。

何思敬（1896－1968），浙江余杭（今杭州市）人。原名何浏生，字思敬。曾用名何畏。笔名：①何畏，见于诗《诗一首·夏夜》，载 1922 年上海《创造季刊》第 1 卷第 1 期；论文《争斗观》，载 1923 年上海《创造周报》第 12 期。此前后在该刊及《洪水》《创造月刊》《东方杂志》《时论》《文艺战线》等刊发表诗《上海幻想曲——1922 年正月的印象》、随笔《精神的洪水》《六尾小鲤鱼》、评论《法兰西近代哲学思想的特征》《我们要奋力渡过抗战的难关》、译文《俄罗斯文学便览》等，出版译作《文学方法论者普列哈诺夫》（苏联耶考芜莱夫原作。上海春秋书店，1930 年）、《托尔斯泰论》（苏联乌里雅诺夫原作。上海思潮出版社，1934 年）等亦署。②何思敬，见于论文《劳动与人类》，载 1930 年广州《新声》第 7 期；译文《L. N. 托尔斯泰与他的时代》（苏联乌里雅诺夫原作），载 1933 年上海《文艺》月刊第 1 卷第 3 期。此前后在《现代学术》《文明之路》《文化评论》《中国工人》《中国青年》《中国文化》《解放日报》《大众路》《大学月刊》《中国学术》《新建设》等报刊发表随笔《杂记二则》《不灭的印象》及哲学、逻辑学、经济学论文，出版译作《英美不免一战》（丹尼原作。上海良友图书印刷公司，1932 年）及哲学、经济学著作等亦署。

何思源（1896－1982），山东菏泽人，字仙槎，号性海。笔名：①仙槎，见于随笔《我们的新宗教》，载 1920 年《北京大学学生周刊》第 5 期。同时期在《政衡》《新青年》等刊发表文章亦署。②何仙槎，见于翻译小说《金钱之功用及罪恶》（英国斯迈斯尔原作），载 1917 年北京《新青年》第 3 卷第 2 期。③何思源，见于论文《思想的真意》，载 1919 年北京《新潮》第 1 卷第 4 期。嗣后在《东方杂志》《国立北京大学社会科学季刊》《新生命》《河南教育》《山东教育行政周报》《经济学》《独立评论》《基础教育》《教育杂志》《北平市政府公报》等刊发表文章，出版经济学著作和译作；1949 年后出版散文集《旅藏纪行》（生活·读书·新知三联书店，1956 年）等亦署。

何索（1928－　），黑龙江哈尔滨人。原名杨蔚。笔名：①杨蔚，见于随笔《"艺术还家"运动的开端》，载 1947 年哈尔滨《东北文艺》第 1 卷第 4 期。嗣后在该刊第 1 卷第 6 期发表秧歌剧《大竞赛》（与苏扬等合作）亦署。②何索，20 世纪 50 年代赴台湾后发表作品，出版小说集《跪向升起的月亮》（台北水牛出版社，1968 年）、《时间等于零》（台北立志出版社，1973 年）、《女孩，可爱》（台北九歌出版社，1980 年）、《台北天堂》

（台北锦冠出版社，1988 年），散文集《何索震荡》（台北远景出版社，1976 年）、《何索打击》（台北远景出版社，1976 年）、《何索狂想》（台北九歌出版社，1978 年）、《寂寞的狮子——胡适先生的感情世界》（台北香草山出版有限公司，1979 年）、《婚姻狂想曲》（台北九歌出版社，1980 年）、《男人永远是输家》（台北九歌出版社，1981 年）等署用。

何天言，生卒年及籍贯不详。笔名：①天言，见于小说《拔车照》，载 1925 年上海《新上海》第 6 期（刊内正文署名"何天言"）；随笔《吴佩孚之卫生歌》，载 1926 年上海《上海画报》第 101 期。②何天言，见于《赎票记》，载 1926 年上海《新上海》第 2 卷第 1－3 期。③忧患余生，出版《邻女语》一书署用。

何为（1922－2011），浙江定海（今舟山市）人，原名何振业。笔名：①何振业，见于《路》，载 1937 年《中学生》杂志第 76 号。②何为，见于通讯《史沫特莱同志》，载 1939 年 2 月 16 日、17 日上海《文汇报·世纪风》。嗣后在该刊及《文艺新潮》《青年大众》《文艺新闻》《译报周刊》《奔流文艺丛刊》《宇宙》《月刊》《周报》《大美报·浅草》等报刊发表文章，出版散文集《青弋江》（上海万叶书店，1940 年）、《前进吧！上海》（少年儿童出版社，1956 年）、《第二次考试》（中国青年出版社，1958 年）、《织锦集》（上海文艺出版社，1962 年）、《小树与大地》（上海文艺出版社，1982 年）、《闽居纪程》（福建人民出版社，1982 年）、《临窗集》（百花文艺出版社，1980 年）、《北海道之旅》（人民文学出版社，1985 年）、《老屋梦回》（百花文艺出版社，1992 年）、《〈孤岛〉内外》（海峡文艺出版社，1992 年）、《何为散文选》（四川人民出版社，1984 年），以及《何为散文选粹》《何为散文选集》《何为散文长廊》等亦署。③晓芒，见于书评《大树画册》，载 1940 年 2 月 23 日上海《大美报·浅草》；小说《荒原》，载 1944 年上海《万象》月刊第 4 卷第 2 期。嗣后在《人间世》等刊发表作品亦署。④卞均卿，见于戏剧散文《郊游小景》，载 1945 年 12 月 9 日上海《麦籽》第 2 期。嗣后在该刊第 3 期发表散文《炎凉篇》亦署。⑤林焉，见于散文《拟情书》，载 1946 年 7 月 24 日上海《力报》。⑥旁观者，见于杂文"上海百图"一组，载 1946 年 10 月上海《新晚报·十字街头》。⑦夏侯宪，见于特写《末路王孙夜游记》，载 1946 年 11 月 4 日上海《文汇报·浮世绘》。1947 年在《文艺春秋特刊》第 1 卷第 1 期、第 2 期发表随笔《在书堆里——谈藏书》《书店》亦署。⑧参赏，见于散文《冬日下午的奇遇》，载 1946 年 12 月 3 日上海《文汇报·浮世绘》。1947 年在《文艺春秋特刊》发表文章亦署。⑨夏奈蒂，1946 年 12 月 11 日开始在上海《联合晚报·夕拾》"书海撷拾"栏发表系列读书随笔署用。1947 年在《文艺春秋副刊》第 1 卷第 1 期、第 3 期发表随笔《读〈伦敦杂记〉》《巴尔扎克和债主》亦署。⑩程序，见于散文《月光曲》，载 1947 年 1 月 6 日上海《文汇报·浮世绘》。⑪王裔，见于散文《夫子庙杂记》，载 1947 年 3 月 30 日上海《文汇报·浮世绘》。嗣后在该刊发表游记等作品亦署。⑫林抒，见于散文《悲多芬：一个巨人》，载 1947 年上海《文艺春秋副刊》第 1 卷第 2 期。嗣后在该刊第 1 卷第 3 期发表随笔《契诃夫断片》亦署。⑬参、赏、抒、旁、观、者、小诃，分别见于短讯《美国的畅销书》《赛珍珠新作》《小说家传记》《美国诗史》《苏维埃文学》《小托尔斯泰选集》、散文《拉赫马尼诺夫断片》，载 1947 年《文艺春秋副刊》第 1 卷第 2 期"域外书市"栏。⑭序，见于短讯《奥特赛新译》，载 1947 年《文艺春秋副刊》第 1 卷第 2 期"域外书市"栏。嗣后在该刊第 1 卷第 3 期发表短讯《广岛》《意大利文艺新刊》《最佳电影剧本选》《亚细亚的情歌》亦署。⑮程，见于短讯《新群众》《战争的故事》《现代丛书》《沉沦》，载 1947 年《文艺春秋副刊》第 1 卷第 3 期"域外书市"栏。⑯摩诃，见于随笔《过年之道》，载 1949 年上海《论语》第 170 期。⑰芒、隐名、绒堂、柳非之，20 世纪 40 年代在上海报刊发表文章署用。

何雯（1884－？），安徽怀宁人，字宇尘。笔名何雯，出版《湖南风土记》《论符》《澄园文稿》《龙潭室诗抄》等著作署用。

何湘，生卒年不详，湖北汉阳（今武汉市）人。笔名黄云，20 世纪 30 年代在武汉《时代日报·时代前》《黄花》《我们的诗》《习作》等报刊发表诗作署用。嗣后发表讽刺诗《同事老孙》《我还未到过北平》（载 1936 年 10 月武汉《习作》创刊号）、组诗《诗八首》（载 20 世纪 30 年代武汉《黄花》月刊第 6 期）亦署。

何小石（1910－1942？），贵州贵阳人。原名何鸿章。笔名：①何菲，见于小说《偷》《他们底孩子》，载 1932 年北平《大戈壁》；诗《祖父的拐杖》，载 1932 年 12 月 15 日上海《文学月报》第 1 卷第 5、6 期合刊。1933 年 6 月起在北平《文艺周报》发表诗《读传单》《看》《灾》《烟筒，我们命令你》，同时期在北平《世界日报》《京报·沙泉》发表诗《今夜》《给一些妇人们》《囚犯底光明》《向未来探寻》《哨兵踏过死尸》《流浪小曲》等亦署。②小十，20 世纪 30 年代在北平《京报》《世界日报》发表诗作署用。

何心（1910－？），籍贯不详，原名何葆兰。笔名：①何心女士，见于诗《为了失约的你》，载 1931 年上海《现代文学评论》第 2 卷第 1、2 期合刊；小说《烧着了》，载 1932 年上海《絮茜》创刊号；诗《北海秋晚》，载 1933 年上海《新时代》第 4 卷第 1 期。②何心，见于散文《回家》，载 1934 年上海《新时代》第 6 卷第 1 期。嗣后在上海《艺文线》《文友》《杂志》《风雨谈》、苏州《作家》等刊发表散文《访邓将军墓》、小说《回子》等，出版小说集《杀婴》（南京作家出版社，1941 年）、《第三条路》（南京作家出版社，1944 年）等亦署。

何心冷（1898－1933），江苏苏州人，号寒庐。笔名：①寒庐，见于随笔《灯窗琐记》，载 1921 年上海《礼拜六》第 138 期。②心冷，见于小说《乞丐的情人》，载 1922 年上海《星期》第 27 期；小说《体谅》，载 1924 年《国闻周报》第 1 卷第 19 期。嗣后在《国闻周报》《体育》《生活周刊》《新闻周报》等刊发表随笔《寒庐谈片》《影片零话》《剧场闲话》《五三杂忆》、评论《中国影片新评》《影戏谭》《到中国影戏界进一忠言》、诗《小诗寄冰》、小说《钻饰》《最后一刻》《县知事》等亦署。③何心冷，见于诗《最后的安慰》，载 1923 年上海《小说世界》第 4 卷第 1 期；小说《狱中》，载 1924 年《国闻周报》第 1 卷第 2 期。嗣后在上述两刊及《民国日报·文艺周刊》《教育杂志》《平民》《心声》《社会之花》《新苗》等报刊发表小说《冬神之赐》《白骨》、诗《殉爱的月季》、随笔《一个比检定小学教员还要重要的问题》《利市十倍之大学投机事业》《裴斯开登之"三个时代"》等亦署。④园丁，见于随笔《女子真是弱者吗？》，载 1924 年 2 月 20 日上海《民国日报·妇女周报》。20 世纪 30 年代初期在天津主编《大公报·小公园》副刊时亦署。

何欣（1890－1998），河北深泽人。笔名：①何欣，1949 年后出版评论集《从大学生到草地人》（台北远行出版社，1976 年）、《现代中国小说的主潮》（台北远景出版社，1979 年）、《当代台湾作家论》（台北东大图书公司，1983 年）等署用。②江森、黄耶，署名情况未详。按：何欣尚出版有散文诗歌集《未实现的诺言》，出版与署名情况未详。

何絮，生卒年及籍贯不详，字柳侬，号柳絮。笔名何絮、柳侬、柳絮，著有《柳絮诗草》《柳侬文集》。

何药樵，生卒年及籍贯不详，号铁珊。笔名：①孤山药樵，见于长篇小说《湖海飘零录》，载 1924 年上海《显微镜报》。②何药樵，见于集锦小说《和平之神》（与钱芥尘、余大雄、周剑云、张碧梧、严谔声、赵苕狂等合集），载 1935 年上海《社会月报》第 1 卷第 12 期。

何一鸿（？－1944），河北保定人。笔名：①何一鸿，见于诗《检破烂的姑娘》，载 1934 年北平《文史》第 1 卷第 4 期；评论《诗的形式问题》，载 1940 年《新东方》第 1 卷第 8 期。此前后在北平《北平新报》《艺术与生活》《辅仁文苑》《新民声》《中国公论》《中国文艺》《中国文学》、上海《文运》、开封《河南民众》等报刊发表诗《故乡我不能丢掉你》《天山曲》《秋夜雨》《出塞行》、传记《唐女冠诗人鱼玄机评传》等亦署。②一鸿，见于诗《梦》，载 1932 年太原《夜光》第 1 卷第 5、6 期合刊；诗《心曲》，载 1934 年北平《众志月刊》第 2 卷第 3 期。嗣后在《新东方》《中国公论》发表随笔《新诗刍议》、诗《雨夕》等亦署。

何挹彭，生卒年及籍贯不详。笔名挹彭，见于随笔《聚书脞谈录》，载 1944 年上海《古今》第 41、42 期。嗣后在上海《杂志》《文史》《新东方》等刊发表随笔小品亦署。

何运芬，生卒年及籍贯不详。曾用名何为。笔名何运芬，1933 年在安徽《百灵》杂志发表诗作署用。

何泽沛（1924— ），河南固始人。笔名：①何泽沛，1942 年发表作品署用。嗣后出版电影文学剧本《地下航线》（与卓青、王彭年合作。中国电影出版社，1960 年）、《海边的孩子》，话剧剧本《闽赣路千里》（与人合作）、《还乡》《一件棉袄》，短篇小说集《风暴》《石头相亲》，中篇小说《乡下姑娘》，小说散文集《风暴》《移山填海的人》等亦署。②史河、禾稼，署用情况未详。

何昭，生卒年不详，江苏金山（今上海市）人，字亚希，号亚君。笔名：①亚希，1904 年在上海《女子世界》发表文章署用。1915 年在《国学丛选》发表文章，嗣后在上海《女子杂志》《亚东丛报》发表文章亦署。②何昭，在《南社丛刻》发表诗文署用。

何真民，生卒年及籍贯不详。笔名海风，见于评论《从大众语文学谈起》，载 1934 年 10 月 2 日马来亚槟城《槟城新报·轮》。同时期在该刊发表《自我批评的作家》《一九三四年中国文坛的动态》等文亦署。

何之硕（1911—1990），江苏嘉定（今上海市）人，原名何嘉。笔名：①何之硕，见于译文《农村社会发展的过程》，载 1942 年《社会旬报》第 41、42 期；词《紫荑香慢》，载 1943 年上海《永安月刊》第 55 期。②沙飞，见于译文《男子们的心理》，载 1933 年南京《妇女共鸣》第 2 卷第 1 期；随笔《刨铜工人》，载 1937 年上海《国民》第 1 卷第 8 期。20 世纪 40 年代在《新影坛》《太平洋周报》《上海影坛》《益世周刊》《上智编译馆馆刊》等刊发表随笔《看戏道德》《甬嘉途中》、评论《论秋海棠》《作品转变之后的华影出品》、译文《佛朗哥访问记》《圣母的画像》等亦署。③之硕、煮石，抗战时期在广西桂林从事文学创作发表诗作署用。

何芷（1915—2005），广东番禺（今广州市）人。原名何澄球。曾用名何澂。笔名：①荷子，见于诗《新年财——农村小景之一》，载 1942 年桂林《文艺生活》第 1 卷第 6 期；小说《吕龙山之死》，载 1945 年《抗战文艺》第 10 卷第 1 期。嗣后在《文艺生活》《野草》《诗创作》等刊发表杂文《由"由接吻谈起"谈起》《哀真理》《破狱》、诗《我们过着夜生活》等亦署。②王迈、张远、向碧，1949 年后发表诗文署用。③何芷，1949 年后出版中篇小说《小山鹰》（广东人民出版社，1973 年）、《铁匠的儿子》（广东人民出版社，1975 年），短篇小说集《一夜之间》（广州文化出版社，1959 年），儿童小说《顽石点头》（新蕾出版社，1981 年），杂文集《艺术与心术》（中国戏剧出版社，1991 年）等亦署。

何钟辛（1924— ），安徽定远人，生于江苏南京。原名何钟鑫。曾用名何非。笔名：①河星，见于诗《小河》，载 1942 年前后湖南《诗焦点》。②钟辛，见于散文《雨》，载 1943 年重庆《新蜀报·蜀道》；长诗《谷雾》，载 1946 年重庆《诗生活》第 1—2 期。20 世纪 40 年代在广州《文艺生活》、汉口《独立论坛》、上海《新诗潮》《诗创造》、北平《骆驼文丛》、重庆《诗生活》《新世纪》《文艺先锋》《艺风》《国民日报》副刊等报刊发表诗《短歌辑》《梦》《石榴花》、评论《论诗二题》《论〈大渡河支流〉的主题和人物》等诗文，出版诗集《江南的旅行》（上海正风出版社，1948 年）。③石烟，见于诗《墓歌》，载 1946 年 8 月 14 日《诗生活》创刊号；《论革命智识分子的写作》，载《诗生活》第 2 期。④辛旅，见于诗《我们是知道的》，载《诗生活》创刊号。⑤何钟辛，1949 年后担任中央新闻纪录电影制片厂导演，编辑《革命老人何香凝》，编导《金陵春暖》《近代春秋》《辛亥风云》《敬爱的周恩来总理永垂不朽》（与姜紫芬等合作）等文献纪录片，为纪录片《祝贺》《我们是共青团员了》《百万农奴站起来》《人民战争胜利万岁》《蓝天抒情》等和电影《海岛渔歌》（与陶学谦合作），以及荷兰著名导演伊文思在中国拍摄的纪录片《早春》（1958 年）撰写解说词署用。

何仲英（1894—? ），江苏江都（今扬州市）人，曾用名何种因。笔名何仲英，见于论文《国语教授与虚字》，载 1920 年上海《教育杂志》第 12 卷第 4 期；随笔《国文教育问题答穆济波君》，载 1923 年 5 月 21 日上海《时事新报·学灯》。嗣后在《教育杂志》《东方杂志》《学生杂志》《新教育》等刊发表《白话文教授问题》《教育究竟是为什么》《水浒传释词》《国语词教学法》《中国方言学概论》等文，出版《中国文字学大纲》（上海商务印书馆，1927 年）、《训诂学引论》（上海商务印书馆，1933 年）、《新著中国文学史大纲》（上海商务印书馆），编选《中学白话文苑》（上海商务印书馆）等亦署。

和谷岩（1924—2011），河北曲阳人。原名和新泉。曾用名和心全。笔名：①和谷岩，1940 年前后开始用以发表通讯、故事、快板诗、歌词等作品。嗣后发表《因为有了毛泽东》（与杜卫合作。载 1946 年《教育阵地》第 6 卷第 4 期）等作品，1949 年后出版长篇小说《三八线上的凯歌》（人民文学出版社，1956 年），短篇小说集《枫》（百花文艺出版社，1964 年），中篇小说《茶花艳》（百花文艺出版社，1982 年），通讯集《文坛学步》（长征出版社，1993 年），电影文学剧本《狼牙山五壮士》等亦署。②山岩、山石、谷岩，1942—1945 年在晋察冀军区《子弟兵》报发表短诗等署用。

和正华，生卒年及籍贯不详。笔名：①和正华，20 世纪 40 年代在《蒙疆文学》发表长篇小说《猴子的故事》署用。②正华，20 世纪 40 年代在《蒙疆文学》发表文章亦署。

贺昌群（1903—1973），四川马边人，字藏云。笔名：①贺昌群，见于《撷园荽》，载 1927 年《语丝》周刊第 132 期。②昌群，见于散文《自己》，载 1933 年上海《文学》月刊第 1 卷第 2 期。

贺家瑞，生卒年及籍贯不详。笔名白蕊，1944 年 5

月 17 日在昆明《枫林文艺》第 6 期《致波多莱尔》发表诗歌署用。

贺敬之（1924—），山东枣庄人。曾用名贺进。笔名：①艾漠，见于诗《跃进》，载 1941 年 9 月重庆《七月》第 6 集第 4 期。在《诗垦地》发表诗作亦署。②贺敬之，1940 年后在延安创作诗《自己的睡眠》《十月》《雪花》《小兰姑娘》《红灯笼》，歌词《翻身道情》《南泥湾》《七支花》，出版秧歌剧《瞎子算命》（延安新华书店，1945 年）、《拖辫子》《栽树》《秦洛正》《周子山》（与人合作），歌剧剧本《白毛女》（与丁毅、五斌执笔。延安新华书店，1945 年），1949 年后发表长诗、抒情短诗《回延安》《放声唱歌》《桂林山水歌》《雷锋之歌》《西去列车的窗口》《中国的十月》《"八一"之歌》《又回南泥湾》《三门峡颂歌》《三门峡——梳妆台》《十年颂歌》，出版诗集《朝阳花开》（作家出版社，1954 年）、《放歌集》（人民文学出版社，1961 年）、《雷锋之歌》（中国青年出版社，1963 年）、《回答今日的世界》《贺敬之诗选》（山东人民出版社，1979 年）、《并没有冬天》《笑》《放声歌唱》《乡村之夜》，评论集《贺敬之文艺论集》（红旗出版社，1986 年）等亦署。③敬之，见于秧歌剧《推小车》（与鹤童等合作），载鲁艺文工团编《新秧歌集》第 2 集。④贺进、荆直，署用情况未详。按：贺敬之 1940 年曾在《朔风》杂志发表过长诗《北方的子孙》，在《大公报》发表过抒情诗《夜，是深沉的》，在《新民晚报》副刊也发表过诸多诗歌，署名情况未详。

贺觉非（1910—1982），湖北竹溪人。曾用名贺策修。笔名：①白云，20 世纪 30 年代在武汉《黄花》月刊及《习作》《武汉日报·时代前》《大同日报》等报刊发表诗歌署用。见于诗《蜀游散吟》，载 1936 年 10 月武汉《习作》创刊号。②觉非，20 世纪 30 年代在武汉《扫荡报》副刊《野营》《嘹望哨》发表诗文署用。③扬苏、扬樵，20 世纪 60 年代初在《光明日报》发表《试论自立军事件》《辛亥革命武昌首义文献述略》等论文署用。

贺凯（1901—1977），山西定襄人，字文玉。笔名贺凯，出版《中国文学史纲要》（北平文化学社，1931 年）署用。

贺麟（1902—1992），四川金堂人，字自昭。笔名：①贺麟，见于随笔《中等科学生睡觉的时间问题》，载 1922 年北京《清华周刊》第 247 期；随笔《清华烟台消夏团纪事》，载 1922 年《清华周刊》第 251 期。嗣后在《清华文艺》《石室学报》《学衡》《东方杂志》《国风》《大陆》《清华学报》《学生文艺丛刊》《出版周刊》《图书月刊》《新民》《今日评论》《战国策》《今日青年》《三民主义周刊》《思想与时代》《读书通讯》《哲学评论》《广播周报》《智慧》《军事与政治》《周论》等刊发表诗文，出版哲学译作等亦署。②自昭，见于评论《读王成组君的三幕剧〈飞〉》，载 1922 年北京《清华周刊》第 264 期。嗣后在《新民》《清华文艺》等刊发表诗文亦署。

贺绿汀（1903—1999），湖南邵东人。原名贺楷。曾用名贺抱真、贺安卿。笔名：①贺绿汀，见于论文《和弦研究》，载 1935 年上海《音乐教育》第 3 卷第 6 期；论文《中国音乐界现状及我们对于音乐艺术所应有的认识》，载 1936 年上海《明星》半月刊第 6 卷第 5、6 期合刊。同时期起在上述两刊及《月报》《生活学校》《新音乐》《乐风》《乐风副本》《音乐月刊》等刊发表歌曲《秋水伊人》《游击队歌》《炮兵歌》《上战场》《保家乡》《募寒衣》《慰劳受伤将士》《暴动歌》《练壮丁》《打日本》《义卖歌》《上战场》《追悼蒲风同志》《选种歌》《弟兄们快过来》《新民主进行曲》《歌唱宪法》《想起了毛主席》《振兴中华》《新中国的希望》《神女》《新年歌》《日本的兄弟哟》《阿侬曲》《热血忠魂歌》《湖上之歌》《狂欢之夜》《中印友好歌》《禁止吐痰歌》《吃糖果》《清流》《纺织娘》《亲爱歌》《无情的江永——悼念我们的雷大哥》《张伯伯，李伯伯》《我的爸爸》《民族小英雄》《摇船歌》（与沈西苓合作）、《"五·一"纪念歌》（与李伯钊合作）、《新中华进行曲》等，其中大多根据自己所作的词谱曲。他为电影《生死同心》创作了主题歌《新中华进行曲》的歌词，由江定仙谱曲。②山谷，见于杂文《对批评家提出的要求》，载 1963 年 6 月 25 日上海《文汇报》。③华山，署用情况未详。

贺孟斧（1910—1945），笔名：①贺孟斧，见于译文《苏联电影二十年》（苏联爱森斯坦原作），载 1938 年重庆《中苏文化》第 7 卷第 4 期。嗣后在桂林《艺丛》等刊发表文章亦署。②叶大军，1943 年前后在成都《华西晚报·艺坛》发表杂文、随笔署用。

贺抒玉（1928—2019），陕西米脂人。原名贺鸿钧。笔名：①贺鸿钧，见于秧歌剧剧本《喂鸡》（与其姐贺鸿训合作），载 1945 年 12 月 22 日延安《解放日报》。嗣后创作秧歌剧剧本《保卫村政权》《识字班》《奖给谁》等亦署。②鸿钧，1949 年后，出版秧歌剧剧本《保卫村政权》（与人合作。西北人民出版社，1951 年）署用。③抒玉，见于散文《沸腾的纺织城》，载 1958 年《延河》第 7 期。④贺抒玉，1949 年后署用，见于小说《永生》《视察工作的时候》，载 1958 年《延河》。嗣后在《鸭绿江》《延河》等刊发表小说《女友》《琴姐》，出版中篇小说《隔山姐妹》《咀嚼岁月》，短篇小说集《女友集》（百花文艺出版社，1981 年）、《琴姐集》（陕西人民出版社，1983 年）、《命运变奏曲》（华岳文艺出版社，1990 年）、《山路弯弯》，散文集《爱的渴望》（与丈夫李若冰合集。上海文艺出版社，1989 年）、《乡情·人情》《旅途随笔》，文集《贺抒玉文集》（中国文联出版社，2004 年），主编长篇回忆录《青春的脚印》等亦署。

贺扬灵（1901—1947），江西永新人。原名贺高志，字培心、培新、培青。笔名贺扬灵，见于小说《渡头伤别》《武昌城里的招牌》《黄昏里的乡思》，载 1928 年 9 月上海亚细亚书局出版小说合集《海鸥集》。嗣后出版诗集《残叶》（武昌时中合作书社，1925 年），专著《古诗十九首研究》（上海光华书局，1928年）、《李长吉诗歌》（贺扬灵校。上海光华书局，1930年）等亦署。

贺宜（1915－1987），上海人。原名朱祝一，号菉园。曾用名朱家振。笔名：①贺宜，1936年开始署用。嗣后在桂林《自学》、上海《文艺春秋》等刊发表作品，出版短篇小说集《小草》《真实的故事》《仙人的故事》、长篇小说《野小鬼》、童话《凯旋门》《小公鸡历险记》、儿童诗集《重要的小事情》、评论集《散论儿童文学》等亦署。②祝一，出版长篇童话《木头人》（上海少年出版社，1940年）署用。③未明，1942－1944年在江西泰和《民国日报》、江西吉安《大众日报》、浙江丽水《东南日报·笔垒》发表诗歌、杂文署用。④金童，见于杂文《猴子变人》《数学难题》，载1936年1月5日上海《逸经》第21期。1949年后发表儿童文学作品亦署。⑤秦陵，1949年后发表文章曾署用。

贺玉波（1906－1982），湖南澧县人。原名贺家春。笔名：①贺玉波，见于《丁玲女士论评》，载1931年《现代文学评论》第2卷第3期。②蕊珠，20世纪30年代在上海《青年界》发表文章署用。③兰城，发表译文、科学小品等署用。④玉波、白露，署用情况未详。按：贺玉波出版有《她的消息》《残缺的爱》《现代中国作家论》等著作，署名情况未详。

贺照（1922－？），河北武强人。曾用名贺喜。笔名：①贺照、贺煦，1941年前发表散文署用。②苗青，见于诗《高楼与高楼之间》，载1941－1942年间北平《中国公论》。嗣后在北平《青少年》《新民声》《光华周报》《大地周报》等刊发表诗文亦署。③田苗青，见于诗《寂寞》《夜猫草》，载1943年3月《中国公论》第8卷第6期。④方北泷，见于诗《一把乌黑的土》，载1947年天津《新生晚报·文艺大地》。嗣后在南开大学新诗社编印的诗刊发表诗作亦署。⑤方北望、五子通，1947－1949年在天津《新生晚报·文艺大地》等报刊发表诗文署用。

贺肇弗，生卒年不详，江西人。笔名：①贺肇弗，1932年在河南开封编辑《河南民报·民报副刊》，在该刊发表诗《异国悲哀——长流之36》《舟子》《文人闲散》、散文《马将军》《静静的黄昏》、评论《评〈小玩意〉》《本刊第1933年的清算与1934年的展望》等署用。②霍槽伐，见于诗《悄悄地踏上了征途的花草》，载1933年1月16日《河南民报·民报副刊》。嗣后在该刊发表论文《安特列夫传》、散文《春的一日——悠闲的影子之2》、诗《鸭绿江前》等亦署。③朴子，见于通讯《从上海到东京》，载1935年杭州《艺风》第3卷第1期。嗣后在该刊发表通讯《两个朝鲜青年》亦署。④肇甫、贺槽伐，20世纪30年代在河南报刊发表诗文署用。

【hei】

黑风（1920－1980），山东掖县（今莱州市）人。原名孙序夫。曾用名孙北。笔名：①黑风，约1940年发表作品开始署用。见于散文《爬行的遗迹》，载1944年2月长春兴亚杂志社版之散文集《并欣集》（与松、山丁等15人合集）。②桑叔、朱雉、朱戈坚，1940年前后在东北报刊发表作品开始署用。

黑尼（1917－？），福建福州人。原名陈毓淦。笔名：①黑尼，见于诗《六月》，载1936年6月10日福州《小民报·新村》。同年起在福州《小民报·南风》《福建民报·纸弹》《瑰玲》《诗之叶》《文座》、南平《东南日报·笔垒》《南抗画刊》、北京《小雅》、上海《诗林》《诗屋》、南通《诗品》等报刊发表诗歌，出版诗集《风雨集》（1991年）、《秕糠集》（1993年）均署。②于千、石敢、外楼、郁甘、夏伯阳、黎颂平，在上述报刊发表诗文或署。③白朗，见于杂文《"不足"与"有余"》，载1939年《福建民报·纸弹》。④白莘、楚风，1939－1941年发表作品曾署用。⑤杜陵、津门，1945年下半年在《南方日报·黎明》《毅报·金刚》发表杂文署用。

黑炎（1911－？），广东南海（今佛山市）人。原名任敬和。曾用名任雅谷、任克明。笔名：①任宇光，见于小说《航线上》，载1929年《晨钟》第307期。②黑炎，见于小说《战线——呈给还活在髑髅塔下跳跃的人们》，载1931年上海《小说月报》第22卷第10－12号；小说《炭店》，载1935年上海《文饭小品》第4期。1936年后在上海《玲珑》发表《一个不愿做亡国奴的女子》《谈谈妇女职业》；1949年在上海《小说月刊》发表小说《铸物工场》等，出版中篇小说《战线》（上海现代书局，1933年）等亦署。③宇光、哑雷、赛君，在上海、香港报刊发表文章署用。

黑婴（1915－1992），广东梅县（今梅州市）人，生于印度尼西亚棉兰。原名张炳文。曾用名张又君。笔名：①张又君，见于诗《使你的生活充实吧》，载1932年上海《新时代》月刊第2卷第1期。嗣后在该刊第4卷第2期发表散文《在归国的途中》，1949年后出版散文集《作家剪影》（湖南人民出版社，1984年）、《文海潮汐》（华岳文艺出版社，1989年）亦署。②黑婴，见于散文《南岛怀恋曲》，载1933年7月上海《良友画报》第78期；散文《北四川路的夜》，载1933年7月1日上海《申报·自由谈》。此前后在该刊及《十日谈》《大陆杂志》《生存月刊》《中学生》《文艺月刊》《青年界》《新时代》《矛盾月刊》《现代》《东方杂志》《社会月报》《无名文艺》《文学》《中国文学》《诗歌月报》《小说月刊》《太白》《文艺》《创作与批评》《金城》《明星》《文艺大路》《新文学》《通俗文化》《国论》《申报月刊》《绸缪月刊》《女子月刊》《内外什志》《新人周刊》《好文章》《战时联合刊》《艺文线》《台湾新社会》等报刊发表小说《帝国的女儿》《不属于一个男子的女人》《七月的玫瑰》《急性虎列拉》《青春》、散文《归国杂记》《过梽城》《第一个新年》《春游琐忆》、随笔《我爱读高尔基的小说》《在复旦剧社公演座上》等，出版长篇小说《飘流异国的女性》，中篇小说《红白旗下》，短篇小说集《帝国的女儿》《时代的成功》《雪》，随笔集《作家剪影》《文海潮汐》，散文集《异乡与故国》《时代的感动》等亦署。③伐扬、天马，1933－1936年在上海《晨报·每日电影》等报刊发表影评署用。④高子里，见于小说《私货船》，载1937年上海《文学》月刊第8卷第6期；小说《在沙滩上》，载1937年上海《国民》第1卷第10期。⑤黎明起，1946年在香港《万人周报》发表随笔《蔼理斯的"性心理"》《昆虫诗人法布耳》《波兰哀愁的象征——萧邦素描》《旁观的态度》等署用。⑥李奕、红眉、侨生，20世纪40年代在马来亚新加坡报刊发表文章署用。

【heng】

蘅果（1923－1997），江西萍乡人。原名熊痕戈。笔名：①熊痕戈，见于诗《悼印度诗人泰戈尔》，载20世纪40年代初江西赣州《青年报》。1941年在萍乡《群报·战野》（傅白庐编）发表诗作亦署。②蘅果，1941年在萍乡《群报·战野》发表诗歌署用。嗣后在上海《大公报》《益世报》、吉安《前方日报》、南昌《青年报》、宜春《赣西民国日报·热原》等报刊发表诗作亦署。又见于诗《离开这里》，载1948年5月上海《诗创造》第10期《灯市》，并成为最常用之笔名，沿用至终。③艮里，1949年前发表通讯报道署用。④柳如眉、东方霞、许珉、林芊、柳芳、方依、思瑰，20世纪40年代在上述报刊发表小品、短评等署用。

【hong】

洪栋园（1848－1918），浙江瑞安人。曾用名洪炳文，字博卿，号栋园；别号祈黄楼主。笔名：①洪炳文，在《南社丛刻》发表诗文署用。②寄愤生、绮情生、悲秋散人，署用情况未详。

洪林（1917－？），安徽泾县人。原名洪绳曾。笔名：①洪林，见于小说《李秀兰》，载1946年5月山东《大众日报》。嗣后出版中篇小说《一支运粮队》（新华书店，1948年），1949年后出版短篇小说集《李秀兰》（新华书店，1950年），评论《科学教育电影创作的问题》（中国电影出版社，1959年）等亦署。②曾绳、林榕，1956年前后发表作品曾署用。③白夫，1957年开始发表杂文署用。

洪灵菲（1903－1933），广东潮安人。原名洪伦修，字子常、素佛。曾用名洪树德、拜伦·阿洪、拜伦·洪灵菲、曼菲、沈菲、树森（乳名）。笔名：①洪素佛，见于小说《一个小人物死前的哀鸣》，载20世纪20年代初香港某日报。②洪灵菲，见于诗《在货车上》，载1928年《太阳月刊》第5期；长篇小说《前线》，载1928年《我们月刊》第1期。嗣后在上述二刊及《新流月报》《海风周报》《拓荒者》等刊发表小说《女孩》《在洪流中》《归家》《在木筏上》、诗《躺在黄浦滩头》、论文《普罗列塔利亚小说论》、翻译小说《一个秋夜》

《沉郁》《不可屈伏的》等，出版长篇小说《流亡》（上海现代书局，1928年）亦署。③林曼青，出版长篇小说《明朝》（上海亚东图书馆，1929年）署用。④李铁郎，见于评论《读了高尔基〈我的童年〉以后》，载1929年上海《海风周报》第4期。⑤林荫南，见于论文《论抗日运动》，载1931年上海《读书月刊》第2卷第6期。⑥洪灵斐，见于小说《炭矿风景线》，载1932年12月6日《矛盾》月刊。⑦韩仲澍、韩仲琦，署用情况未详。

洪流（1913－？），浙江杭州人，原名洪骏。笔名：①洪壁，见于散文《母亲》，载20世纪30年代初杭州《晨光》半月刊。②红枫、苦薇，1935年前在杭州报纸副刊发表散文、诗歌署用。③白婴，见于小说《穷人》，载1935年上海《芒种》半月刊第1卷第9、10期；小说《偷》，载1935年《中学生文艺季刊》第1卷第3期。嗣后在《黄浦》杂志发表小说《掉转枪口》《青阳之战》等亦署。④洪流，见于特写《庆祝台儿庄胜利在长沙》，载1938年4－5月间汉口《新华日报》。1941年后在延安《解放日报》《中国青年》、重庆《七月》及《大公报·文艺》《青年文艺》《上海妇女》《人世间》等报刊发表文章亦署。⑤红蕾，见于小说《选举》，载1945年10月4日延安《解放日报》。

洪炉（1931－2019），江苏泰兴人。原名郭洪如。1946年开始发表作品。笔名卢弘，1949年后出版《我们十八岁》（上海文艺出版社，1986年）、《王稼祥一生》（安徽少年儿童出版社，1995年），以及《李伯钊传》《女红军"定国公"》《从"山大王"到"红太阳"》《毛泽东亲家张文秋之家》《我的"祖国"我的"党"》《右派"活化石"林希翎》《星辉》《洋钦差（李德）外传》《伍修权传》等署用。

洪履和（1918－1962），福建福州人，字祖同。别名李何。笔名小黎。著有《莫斯科访问记》等。

洪铭声（1913－1989），安徽繁昌人。曾用名洪勋。笔名芦苏，见于《怎样自己学习拉丁话》，载1935年12月14日重庆《商务日报》。

洪弃生（1867－1929），台湾彰化人，祖籍福建同安。原名洪攀桂，字月樵，号弃生。曾用名洪一枝、洪儒。笔名洪儒，1949年后出版《洪弃生先生全集》（台湾省文献委员会，1983年）署用。按：洪弃生尚出版有《寄鹤斋诗矕》《寄鹤斋古文集》《寄鹤斋骈文集》《寄鹤斋诗话》《八州诗草》《台湾战记（瀛海偕亡记）》等著作，出版情况未详。

洪桥（1920－？），安徽庐江人。原名洪增寿。笔名：①为公，1938－1941年在湖南沅陵《中报·民间》发表《由狼想起》等署用。②海为，见于评论《忧郁的诗人——评曾卓的诗集〈门〉》，载1946年春贵阳《大刚报》。嗣后在上海复旦大学《文艺信》、厦门《英华中学校刊》、南京《中国日报》、重庆《新蜀报》《中苏文化》等报刊发表文章亦署。③冷峰，见于《典型性的一理解》，载 1946 年冬上海《时事新报·青光》；《大作家的小故事》，载 1948 年《幸福世界》第 2 卷第 3 期。

洪道（1913－1994），浙江绍兴人，生于杭州。原名章鸿猷，字大冬。笔名：①丁秋野，与刘宗璜合用。见于诗《雪下面的春天》，载 1934 年上海《新诗歌》月刊第 2 卷第 4 期；《北平颂》，载 1934 年 11 月 26 日上海《中华日报·动向》。②洪道，见于诗《筑路》《面包》，载 1935 年上海《文学新辑》第 1 期；诗《流亡者底独唱》，载 1936 年上海《文学界》第 1 卷第 2 期。嗣后在《诗歌生活》《文学丛报》《文学青年》《东方文艺》《诗歌杂志》《光明》《战地》《抗战文艺》《文艺》《诗》《新音乐月刊》《野草》《诗创作》《文艺生活》《人世间》《当代文艺》《文艺丛刊》《读书生活》《文学大众》《戏剧与文学》《青年知识》《中苏文化》《光明报》《诗经》《群众·香港版》《评论报》《人物杂志》等报刊发表诗《南京路行进》《今天我守在山岗上》《五月的风》《在没有阳光照射的土地上》《学诗五章》、歌词《守黄河》（舒模作曲）、随笔《悼严杰人》《陶先生一生的工作》《做人就是做诗》《向马凡陀学习》《略记在明月社时代的聂耳》、评论《论闻一多先生的起点和终点》《论尼古拉车尔尼雪夫斯基》等亦署。③章洪道，见于诗《我愿：祖国哟，我赞美你》，载 1941 年《新音乐月刊》第 2 卷第 4 期。④吴费，见于杂文《朴素的还原》，载 1943 年桂林《野草》第 5 卷第 5 期。嗣后在香港《华商报》《大公报》《文艺生活·海外版》及《青年生活》《国民》《人物杂志》等报刊发表文章亦署。⑤王由，见于《〈霜叶红似二月花〉第一部座谈记录》（与政之合作），载 1944 年桂林《自学》第 2 卷第 1 期；随笔《沈崇女士在香港》，载 1947 年上海《评论报》第 13 期。1948 年在香港《光明报》发表《两种道德》《关于闻一多的转变》等文亦署。⑥何为贵，1948 年在香港《华商报·戏剧与电影》"台前幕后"专栏发表影剧评论署用。⑦蔚夫，1948－1949 年与梓甫（夏衍）、逸君（以群）、达之（周钢鸣）、萧然（孟超）、慕云（瞿白音）、逖君（韩北屏）合作在香港《华侨日报》《星岛日报》《华商报》发表"七人影评"署用。

洪深（1894－1955），江苏武进（今常州市）人。原名洪达，字伯骏，号潜斋、浅哉。幼名七斤。笔名：①洪深，见于《皮先生传》，载 1914 年《益智》第 2 卷第 2 期。嗣后在《留美学生季报》《益智》《清华周刊》《东方杂志》《学衡》《社会月报》《论语》《文学月报》《文华》《矛盾月刊》《申报月刊》《十日谈》《现代出版界》《新小说》《世界文学》《明星》《报学季刊》等报刊发表剧本《越阁王》《少奶奶的扇子》《第二梦》《申屠氏》《五奎桥》《劫后桃花》《香稻米》《飞将军》《包得行》《鸡鸣早看天》，电影文学剧本《风雨同舟》，小说《西线无战事》（与他人合作），译作《恋爱的权利》《白璧得》，随笔与论文《观俞振飞贩马记后》《评何家槐的暧昧》《幽默矛盾萧伯纳》《话剧浅说》《影片之道德问题》《说话文字思想信仰》《谈儿童戏剧》《表演电影与表演话剧》《环境怎样造成人物》《〈法兰西文学史〉序》《新旧上海编剧者言》《二十二年的电影与戏剧》《中国戏剧的改良》《谈戏剧之理论与实践》《表演赛金花的方法研究》《编剧新说》（与沈浩合作），出版《洪深剧本创作集》（上海东南书店，1928 年）、《洪深戏曲集》（上海现代书局，1932 年）、《五奎桥》（上海现代书局，1933 年）、《中国新文学大系·戏剧集》（洪深编选。上海良友图书印刷公司，1935 年）、《农村三部曲》（上海杂志公司，1936 年）、《走私》（上海一般书店，1937 年）、《包得行》（上海杂志公司，1939 年）、《寄生草》（上海杂志公司，1940 年）、《黄白丹青》（重庆文艺奖助金管委会出版部，1942 年）、《西红柿和小锄头》（重庆文风书店，1943 年）、《女人女人》（又名《多福多寿多男子》。重庆华中图书公司，1945 年）、《鸡鸣早看天》（武昌军事委员会政治部，1945 年）、《人之初》（南京正中书局，1947 年）、《飞将军》（洪深执笔。上海杂志公司，1937 年）、《米》（洪深等著。汉口华中图书公司，1937 年）、《死里求生》（与徐萱合作改编。汉口生活书店，1938 年），翻译小说《恋爱的权利》（苏联罗曼诺夫原作。上海黎明书局，1935 年），专著《洪深戏剧论文集》（上海天马书店，1934 年）、《电影戏剧表演术》（上海生活书店，1935 年）、《电影术语词典》（上海天马书店，1935 年）、《电影戏剧的编剧方法》（南京正中书局，1935 年）、《一千一百个基本汉字使用教学法》（上海生活书店，1935 年）、《戏剧导演的初步知识》（中国文化服务社，1944 年）、《抗战十年来中国的戏剧运动与教育》（上海中华书局，1948 年）等，1949 年后出版《戏的念词与诗的朗诵》（上海中华书局，1950 年）等亦署。②Shen Hung，见于剧本 The Wedded Husband（《已婚丈夫》），载 1921 年美国 Poet Lore（《诗歌知识》）季刊第 31 卷第 1 期。③深，见于《结晶》，载 1928 年 8 月 28 日《民国日报》。④庄正平，见于剧本《歌女红牡丹》，载 1931 年 4 月天津《益世报》。⑤乐水、浅哉、萧振声，署用情况未详。

洪丝丝（1907－1989），福建金门人。原名洪永安，字静后。笔名：①丝丝，见于随笔《鲁迅先生和南洋青年》，载 1939 年 10 月 8 日马来亚槟榔屿《现代周刊》第 1 卷第 28 期；随笔《邹韬奋与陈布雷》，载 1946 年马来亚新加坡《风下》周刊第 33 期。1932 年开始在马来亚槟城《光华日报·槟风》、新加坡《南洋商报·商余》《南侨日报·南风》《现代周刊》等报刊发表评论、杂文署用。②漱玉、诗棍、徐必达，20 世纪 30－40 年代在马来亚新加坡等地报刊发表文章署用。③洪丝丝，1950 年后发表作品、出版长篇小说《异乡奇遇》（人民文学出版社，1980 年）、论著《辛亥革命与华侨》（人民文学出版社，1982 年）等均署。

洪滔（1923－？），安徽庐江人。原名陶玉麟。笔名：①焦煤，见于小说《三色的堇》，载 1944 年前后江西铅山《前线日报·战地》。嗣后在福建《东南日报》《天行报》《大潭报》、浙江《浙江日报》、上海《时代日报》《老实话》等发表诗文亦署。②老凯、熊煌、之天天，抗战后期在东南地区报刊发表文章署用。③洪滔、苏松，1949 年后发表评论、报道等署用。

洪为法（1899－1970），江苏扬州人，祖籍仪征，字式良、石梁。曾用名洪石果、洪炳炎。笔名：①余堂、天戈，1919 年前在上海《亚洲日报》发表小说署用。②洪为法，见于《诗五首》，载 1922 年上海《创造》季刊第 1 卷第 2 期；《小诗十八首》，载 1923 年《心潮》第 1 卷第 2 期。嗣后在上述二刊及《中华新报·创造日》《青年界》《学艺》《中央日报特刊》《文华》《时事月报》《现代学生》《青年界》《读书青年》等报刊发表诗文，出版诗集《他，她》（上海芳草书店，1929 年）、《莲子集》（洪为法编。上海北新书局，1929 年）、《工头阿桂》，词集《双玉轩词剩》，短篇小说集《呆鹅》（上海文华美术图书印刷公司，1931 年）、《长跪》，故事集《文人故事选》《郑板桥故事》《总理故事集》，文集《长跪》（上海光华书局，1927 年）、《做父亲去》（上海金屋书店，1928 年）、《为法小品集》（上海北新书局，1935 年）、《谈文人》（上海永祥印书馆，1947 年），论著《绝句论》（上海商务印书馆，1934 年）、《律诗论》（上海商务印书馆，1935 年）、《古诗论》（上海商务印书馆，1937 年）、《谈文化》《曹子建及其诗》《柳敬亭评传》等署用。③为法，见于《漆黑一团》，载 1925 年《洪水》半月刊第 1 卷第 1 期。④双不轩，署用情况未详。

洪为藩，生卒年不详，江苏仪征人，字白革，号北平。笔名：①洪为藩，在《南社丛刻》发表诗文署用。②洪白革，见于小说《堕落》，载 1921 年《小说月报》第 12 卷第 6 期；《天亮了》，载 1921 年《小说月报》第 12 卷第 8 期。③洪北平，出版翻译小说集《蓝花》（与赵景深合译。上海新宇宙书店）署用。

洪秀笙（1889－1949），四川达县人。曾用名洪汝彦。笔名洪秀笙，出版有《墨经汇参》《大小取章句》《墨学大纲》《公孙龙子释义》《先秦学术思想》等著作。

洪炫（1927－　），陕西长安人，满族。原名翁久长。曾用名田云山，字田峰。笔名：①田烽，1944－1945 年在西安《西京平报·平旦》发表作品署用。②枫岚，见于散文《微笑的泪》，载 1946 年《西京平报·平旦》。嗣后在西安《国民日报》《经济快报》《建设日报》《黎明日报》《民众导报》《新文艺》《高原》《召唤》《蓝天》、上海《诗创造》《文艺春秋》、河南《民声日报》、山东《山东新报》、察哈尔《奋斗日报》等报刊发表作品亦署。③田野、沙垠，1949 年前发表作品偶用。④沙荒、荒野、绿荪，1949 年后发表儿童文学作品署用。

洪迅涛（1928－2001），浙江浦江人。原名洪天铎。曾用名洪信铎、洪天一、洪涛。笔名：①田野，出版诗集《天灯在看你》（青年作家月刊社，1948 年）署用。②田多野，出版诗集《尸骸的路》（活力出版社，1949 年）署用。③了的，1949 年后署用，见于童话《神笔马良》，载 1955 年北京《新观察》第 3 期。④洪迅涛，1949 年后出版童话《神笔马良》（海燕出版社，1993

年）、《狼毫笔的来历》（花山文艺出版社，1997 年）、《神笔马良正传》（河北少年儿童出版社，2008 年）、《十兄弟》《不灭的灯》《夜明珠》《小花兔找食物》《鱼宝贝》《望夫石》《半半的半个童话》《一张考卷》《花圈雨》《向左左左转先生》《白头翁办报》《慢慢来》《夹竹桃》《棕比比》《小鼯鼠第一次学本事》《小芝麻奇历记》《"亡羊补牢"的故事》《乌牛英雄》《苍蝇的诀窍》《破缸记》《天鸟的孩子们》《鸟语花香》《神笔牛良》《快乐的鸟》《洪迅涛童话新作选》等，小说集《蛇医传》《不平的舞台》《和平的乡村》《天外飞来一只鞋》《一幅插图》《紧急任务》《鲤鱼变鲫鱼的故事》《春兰闹海》等，散文《笔的梦》《我的一篇"作文"》《放生池》《骆驼刺》《我和笔之一》《我和笔之二》《我和笔之三》《心中的偶像——写在"神笔马良"铜像前》等，诗集《天灯在看你》《尸骸的路》《愿你也有一支神笔》《儿童文学畅想曲》《春天和夏天在这里交班》等，电影文学剧本《神笔》《大奖章》《考卷上的 0》《灯花姑娘》《胖胖》等，理论专著《童话学》《童话艺术思考》《儿童·文学·作家》等，主编《中国儿童文学十年》《童话选刊》《台湾儿童文学》《世界华文儿童文学》等均署。⑤了引、千叶、一得、水年、水森、卡丰、吕榆、红桃、上官工、东方虹、慕容子，署用情况未详。

洪炎秋（1909－1980），台湾彰化人，祖籍福建同安。原名洪槱，字炎秋。曾用名洪棪楸。笔名：①洪槱，见于评论《华众领袖的问题》，载 1926 年北京《京报副刊》第 448 期；随笔《清高问题》，载 1927 年《语丝》第 118 期。1948 年在台北《台湾文化》第 3 卷第 4 期发表散文《追悼许季茀先生》亦署。②洪炎秋，见于评论《日本帝国主义下的台湾教育》，载 1931 年《教育杂志》第 23 卷第 9 期；译文《"国"境及外蒙》（日本山本实彦原作），载 1935 年《新蒙古月刊》第 4 卷第 4、5 期。嗣后在《新蒙古月刊》及《北平近代科学图书馆馆刊》《台湾文化》等刊发表《国内名士印象记》《先父弃生先生的几首沦陷纪事诗》《闲人闲话小引》《关于"乌合之众"》等文，出版杂文集《闲人闲话》（台北"中央"书局，1948 年）、《云游杂记》（台北"中央"书局，1959 年）、《废人废话》（台北"中央"书局，1964 年）、《又来废话》（台北"中央"书局，1966 年）、《忙人闲话》（台北三民书局，1968 年）、《浅人浅言》（台北三民书局，1971 年）、《常人常谈》（台中"中央"书局，1979 年），散文集《教育老兵谈教育》（台北三民书局，1968 年）、《读书和作文》（国语日报，1976 年）、《老人老话》（台中"中央"书局，1977 年），论著《文学概论》（台北联合出版中心，1957 年），以及《洪炎秋自选集》（台北黎明文化事业股份有限公司，1975 年）等亦署。③洪芸苏，见于译文《日本之蒙古进出与日俄之冲突》，载 1935 年《新蒙古月刊》第 3 卷第 4 期；随笔《读书论》，载 1945 年《读书青年》第 2 卷第 3 期。④云苏，见于随笔《偷书》，载 1939 年北平《中国文艺》第 1 卷第 1 期。嗣后在该刊发表随笔《关于"死"》《赋得长生》《我父与我》等亦署；译文

《下笔如有神》，载 1943 年《中国学生》第 2 卷第 2 期。⑤芸苏，见于散文《赋得长生》，载 1940 年《中国文艺》第 1 卷第 5 期；小说《复仇》，载 1943 年北平《艺文杂志》第 1 卷第 5 期；随笔《乱谈舞弊》，载 1943 年北平《中国公论》第 10 卷第 3 期。

洪业（1893－1980），福建福州人。原名洪正继，字鹿岑，号煨莲。英文名 William、William Hung。笔名：①洪煨莲，见于散文《崔东壁先生故里访问记》（与顾颉刚合作），载 1931 年《燕京学报》第 9 期；《记读载澂记事珠》，载 1931 年《燕京大学图书馆记》第 20 期。嗣后在《燕京大学图书馆报》《禹贡》《出版周刊》《师大月刊》《南风》等报刊发表《考利玛窦的世界地图》《介绍一本爱国青年很值得看的传记》《历史在近代学术中之位置》《论利玛窦地图答鲇泽信太郎学士书》等文亦署。②洪业，见于论文《明吕乾斋吕宇衡祖孙二墓志铭考》，载 1928 年北平《燕京学报》第 3 期；论文《所谓"修文殿御览"者》，载 1932 年《燕京学报》第 12 期。嗣后在《燕京学报》《燕京大学图书馆报》《新纪元》《史学年报》《图书展望》等报刊发表《尚书释文敦煌残卷与郭忠恕之关系》《馆藏类书目录叙》《史通点烦篇臆补》《崔东壁莳田剩笔之残稿》《礼记引得序——两汉礼学源流考》等文，1949 年后出版《洪业论学集》（中华书局，1981 年）、《礼记引得》（上海古籍出版社，1983 年）、《三国志及裴注综合引得》（上海古籍出版社，1986 年）、《周易等十种引得》（上海古籍出版社，1986 年）等亦署。

洪以南（1872－？），台湾台北人，字逸雅，号星樵、无量痴者。笔名以南、洪以南，1905－1926 年在台北《台湾日日新报》发表《新桥停车场》《东游吟草》等旧体诗署用。

洪禹平（1927－2005），浙江乐清人。笔名：①马兵，1946 年下半年开始在上海《联合晚报》、浙江《浙南周报》发表诗歌等署用。②南山，1956－1957 年在《东海》《人民日报》等报刊发表杂文署用。③洪禹平，出版中短篇小说集《国门仗剑游》（漓江出版社，1986 年）、散文集《心迹集》（陈鸣主编。作家出版社，2008 年）、专著《千古诗魂——谢灵运研究专集》（线装书局，2002 年），以及《当代中国游记精选》（漓江出版社，1986 年）等署用。④马丁，署用情况未详。

洪允祥（1874－1933），浙江慈溪人。原名洪兆麟，字樵龄；后改名洪允祥，别号佛矢。笔名：①洪允祥，见于《自怡室诗集序》，载 1932 年《国风半月刊》第 8 期；《醉余随笔》，载 1933 年《国风半月刊》第 3 卷第 12 期。嗣后出版《悲华经舍文存》《悲华经舍诗存》《书牍》《诗存》《樵舲诗话》等著作亦署。②天醉、惨佛、樵龄、洪兆麟、洪佛矢、洪樵龄、悲华经舍，署用情况未详。

洪钟（1919－2008），四川蓬溪人。原名吕朝相。笔名：①洪钟，1940 年开始在成都《华西日报》《华西晚报》《笔阵》《成都晚报·艺文志》《民众时报》《新新新闻·柳丝》《四川时报·华阳国志》、重庆《群众》、香港《文艺生活》、上海《文艺复兴》《大公报》《文汇报》等报刊署用。②铎，见于论文《文学巨匠高尔基》，载 1940 年 6 月 1 日成都《笔阵》新 1 卷第 3 期。③齐野、漠野、邹风、渭裔，20 世纪 40 年代在四川、香港、上海等地报刊发表杂文或署。

【hou】

侯秉熙（1920－？），广东梅县（今梅州市）人，生于暹罗（今泰国）曼谷。笔名：①雷子，20 世纪 30 年代在曼谷《华侨日报·华侨文坛》《中华民报·明日》发表诗文署用。②簧子、尖头、阿六、藏、比斯，20 世纪 40 年代在曼谷《民声日报》《中原报》《光华报》《中华日报》等报刊发表文章署用。③铁汉，见于独幕剧《奴隶的呼声》，载 20 世纪 40 年代曼谷《中华报》；独幕剧《战》，载同时期曼谷《中原报周刊》创刊号。

侯甸（1914－2005），广西苍梧人。原名侯镇球。笔名：①田方绥，见于诗《祖国的大豆》，载 1937 年上海《光明》半月刊第 2 卷第 7 期；通讯《海外的旋风》，载 1937 年《世界观》第 1 卷第 1 期。嗣后在《文艺科学》《社会公论》等刊发表译诗等亦署。②侯甸，见于歌词《反侵略进行曲》，载 1938 年 7 月 29 日重庆《新华日报》。嗣后在《西南青年》《抗战时代月刊》等刊发表文章亦署。嗣后发表作品多署。③方绥，见于杂文《期待着士兵们的作品》，载 1938 年延安《文艺突击》第 1 卷第 2 期。嗣后在重庆《新华日报》发表作品亦署。

侯枫（1909－1981），广东澄海人。原名侯传稷，字升廉。笔名：①侯枫，见于《我们应该怎样去纪念九一八》，载 1936 年《今代文艺》第 3 期。嗣后在《文艺月刊》《生存月刊》《朔望半月刊》《社会月报》《华安》《明星》《绸缪月刊》《西北风》《戏剧战线》等刊发表作品亦署。②廉生、倩红，20 世纪 30 年代发表文章曾署用。

侯鸿鉴（1872－1961），江苏无锡人，字葆三，号梦狮、铁梅、病骥、沧一。曾用名小春（乳名）。笔名：①侯鸿鉴，在《南社丛刻》发表诗文署用。②了叟、病鳏、病骥、梦狮、汗漫生、百一楼主，署用情况未详。按：侯鸿鉴出版有诗集《藏经阁诗钞》，诗文集《沧一堂诗文钞》，游记《鄂汴京津旅行记》《南洋旅行记》《环球旅行记》，以及《病骥文存》等著述 57 种，署名与出版情况未详。

侯健（1926－　），山东菏泽人，字健人。笔名侯健，1947 年在《青岛民报》发表作品署用。1949 年后在台湾出版文学评论集《从文学革命到革命文学》（台北《中外文学》月刊社，1974 年）、《二十世纪文学》（台北众成出版社，1976 年）、《文学·思想·书》（台北皇冠出版社，1978 年）、《文学与人生》（台北九歌出版社，

1980 年）、《中国小说比较研究》（台北大东图书公司，1981 年）等亦署。

侯金镜（1920－1971），北京人。笔名：①凡宇、樊宇，1936 年在天津中学校刊《津中周刊》及《年刊》发表散文《夏天》等署用。1954 年又用于《文艺报》。②侯金镜，1937 年上半年在北平《世界日报》发表关于英国戏剧《软体动物》的评论署用。嗣后在《教育阵地》《晋察冀日报》等刊发表文章，1949 年后在《人民文学》等报刊发表文章，出版评论集《部队文艺新的里程》（中华书局，1952 年）、《鼓噪集》（新文艺出版社，1958 年）、《侯金镜文艺评论选集》（人民文学出版社，1979 年）等亦署。③陈洪，见于评论《可喜的收获》，载 1955 年《文艺报》第 21 期。④卞易，见于评论《党费——一个短而好的短篇》，载 1956 年《文艺报》第 24 期。⑤魏耶，见于《老干部写文艺评论的两个好例子》，载 1958 年《文艺报》第 23 期。⑥刘之淇，见于评论《读黄宗英的报告文学三篇》，载 1964 年《文艺报》第 7 期。

侯敏泽（1927－2004），河南渑池人。原名侯福海。曾用名侯民泽。笔名：①樵夫、憔夫，1943 年在河南《洛阳日报》，1948 年在北平《时代青年》发表诗歌、小说《压力与反抗》《张军需》等署用。②李琮、吴厚、吴烟、林原、牧原，1949 年后开始署用。③敏泽，20 世纪 50 年代中期发表文章开始署用。嗣后出版《中国文学理论批评史》（人民文学出版社，1981 年）、《形象·意象·情感》（河北教育出版社，1987 年）、《文学价值论》（和党圣元合作。社会科学文献出版社，1999 年）、《中国美学思想史》（湖南教育出版社，2004 年）等亦署。按：侯敏泽尚发表有论文《关于作家的审美理想》《社会主义市场经济与文化建设》《钱锺书先生谈"意象"》《中国古典意象论》《诗之与史》《文学价值论中的主体性原则》《中国传统艺术理论体系及东方艺术之美》《〈文心雕龙〉与〈周易〉》，出版有《李贽》《主体性·创新·艺术规律》等著作，并主编出版有《中国古代文学思想史》《学海钩沉丛书（第一辑）》《文化·审美·艺术》《文化资料摘编》《名人书趣》《回读百年：20 世纪中国社会人文论争》（与张岱年合作）等，发表、出版及署名情况未详。

侯唯动（1917－2005），陕西扶风人。原名侯维栋，字子梁。笔名：①侯唯动，见于诗《题"木兰从军"图》，载 1936 年上海《青年界》第 9 卷第 5 期；诗《城堡底履历》，载 1936 年《今日文学》第 3 期。嗣后在《战时文艺》《七月》《战地》《诗创作》《文艺生活》《文哨》《今日文学》《解放日报》《部队文艺》《诗刊》《新诗歌》《东北文艺》《东北日报》《文学战线》《文艺月报》《暴风雨诗刊》等报刊发表诗《我得了启示及其他》《彷徨》《斗争就有胜利》《新型》《大黄牛，走吧》、评论《诗及语言与"学生腔调"》等，出版长篇叙事诗《黄河西岸的鹰形地带》（东北书店牡丹江分店，1948 年）、《红头巾》（东北书店牡丹江分店，1948 年），以及长篇

叙事诗《美丽的杜甫川淌过的山谷》《西北高原黄土变成金的日子》《将军的马》《劳动英雄刘英源》等亦署。②侯家静，见诗《集体的歌》，载 1937 年《青年界》第 12 卷第 1 期。

侯小古（1913－1937），辽宁海城（今鞍山市）人。原名侯名符。笔名小古，20 世纪 30 年代在哈尔滨报刊发表诗歌署用。

侯学愈（1867－1934），江苏无锡人。原名侯士纶，字伯文，号戢庵、戢盦。笔名侯学愈，著有《环溪草堂诗稿》《环溪草堂诗稿补遗》《吟鸥水榭诗稿》《怀清楼文稿》《锡麓丛谭》《戢庵随笔》《绮岁纪闻》《尊贤祠考略》，均散佚。

侯曜（1900－1945），广东番禺人，字一星。笔名：①侯曜，见于小说《一个第一名的学生》，载 1920 年《新学生》第 5 期；小说《伪君子》，载 1926 年《国闻周报》第 3 卷第 9 期；剧本《复活的玫瑰》（上海商务印书馆，1920 年）、《影戏剧本作法》（上海泰东图书局，1926 年）等。嗣后在《冯庸大学校刊》《东方公论》《民声周报》等报刊发表作品亦署。②铁笔，见于剧本《皇姑屯之一弹》《韩光第之死》，1929 年发表于东北某刊。③一星，署用情况未详。

后希铠（1917－？），云南西畴人。笔名：①夏威，见于论文《建军与建国》，载 1939 年《广西学生军》旬刊第 4 期。嗣后在该刊及《艺术与生活》《建设研究》《行政与训练》《国防周报》《广西兵役研究》《安徽政治》等刊发表《沦陷区的中心工作》《论兵役问题》《革命干部应有的知能修养》《潜在武力论》等文亦署。②后希铠，1949 年后出版长篇小说《马来妹》（台北红蓝出版社，1960 年）、《奔流》（台北光复出版社，1961 年）、《落潮》（高雄大业书店，1963 年）、《落叶空门》（台北清华书局，1964 年）、《杨柳青》（台湾省政府新闻处，1969 年）、《龙天蛇草》（台湾商务印书馆，1970 年）、《混血女郎》（台北惊声文物供应社，1972 年）、《离心的花蕊》（台北众成出版社，1976 年）等均署。

【hu】

呼啸（1922－？），福建林森（今福州市）人，原名胡秀。笔名：①呼啸，出版短篇小说集《狂想者的巧遇》（高雄晨窗出版社，1952 年）、《红杏》（台北新新文艺社，1957 年）、《山城恋》（台北新中国出版社，1968 年）、《爬藤草》（台北立志出版社，1969 年）、《荒地》（台北东海出版社，1970 年）、《星星·早落》（台中学海书局，1970 年）、《蓓蓓的岁月》（台北学生出版社，1972 年）、《奖》（台北水芙蓉出版社，1976 年）、《山盟》（台北精益书局，1978 年）、《戏中戏》（台北精益书局，1978 年），长篇小说《藤萝》（高雄大业书局，1953 年）、《仇》（台北乐人出版社，1958 年）、《珊瑚岛》（台北三民书局，1968 年）、《忧郁年代》（台北清流出版社，1969 年）、《竹园村》（台湾省政府新闻处，

1971 年)、《岁月·天涯》(台北彩虹出版社,1973 年)。再版改名《鬼恋》)、《沧海桑田》(台北华欣文化公司,1974 年),中篇小说《黎明前》(台北正中书局,1967 年),散文集《故乡别恋》(台北乐人出版社,1952 年)、《多恼的爱河》(台北三民书局,1952 年),以及《重叠的影子》(台北采风出版社,1985 年)、《呼啸自选集》(台北黎明文化事业股份有限公司,1979 年)等亦署。②胡啸、乎少,署用情况未详。

胡哀梅,生卒年及籍贯不详。笔名日每,1922 年在上海编《星光》杂志署用。

胡炳华,生卒年及籍贯不详。笔名焦石,见于书评《〈飘〉观后》,载 1948 年 5 月 26 日福州《星闽日报·星瀚》。

胡伯恳(1900-1968),浙江上虞(今绍兴市)人,字学勤。笔名:①胡伯恳,见于翻译小说《黯淡》,载 1925 年《小说月报》第 16 卷第 4 期;翻译小说《井傍》,载 1930 年《东方杂志》第 27 卷第 22 期。嗣后在上述两刊及《中学生》《图书展望》等刊发表文章,出版《北欧神话》(上海商务印书馆,1934 年)、《世界文学故事之八:娜拉》(胡伯恳编。上海新生命书局,1933 年)等亦署。②月祺、伯恳,署用情况未详。

胡伯岳(1894-1985),山西虞乡(今运城市)人。原名胡毓岱,字伯岳。笔名胡伯岳,著有《知止斋诗词存稿》。

胡采(1913-2003),河北蠡县人。原名沈承立,曾用名沈超、沈超之、王牧。笔名:①辛予、沈笑天,1932 年后在《社会杂志》《矛盾月刊》《一中学生》《现代》等刊发表诗文署用。②胡采,1937 年 7 月后在《西线文艺》《西线》等刊开始署用。1949 年后出版文艺评论集《思想·主题及其他》(西北人民出版社,1951 年)、《读峻青的〈胶东纪事〉》(上海文艺出版社,1961 年)、《从生活到艺术》(陕西人民出版社,1979 年)、《胡采文学评论选》(湖南人民出版社,1983 年)、《新时期文艺论集》(陕西人民出版社,1983 年)、《谈青年作者的创作问题》《评修正主义的文艺观》等亦署。③王牧,1938-1939 年在山西第二战区编刊署用。后在延安报刊发表文章亦署。④沈江,1949 年后在西安报刊发表文章署用。

胡成才(1901-1943),浙江龙游人。原名胡教,字成才。笔名胡教,出版翻译诗歌《十二个》(俄国亚历山大·勃洛克原作。北京北新书局,1926 年)署用。

胡春冰(1906-1960),浙江绍兴人,生于北京。笔名:①春冰,见于翻译戏剧《新结婚的一对》(挪威比昂松·比昂斯滕原作),载 1929 年广州《戏剧月刊》第 1 卷第 1 期。嗣后在该刊及《晨钟》《万人杂志》等刊发表著译戏剧、评论等署。②胡春冰,见于译文《现代戏剧大纲》(爱尔兰萧伯纳原作),载 1931 年广州《戏剧月刊》第 2 卷第 6 期;独幕剧《地狱的狂舞》(英国哈德森·斯图德等原作),载 1931 年《文艺月刊》

第 2 卷第 11-12 期。嗣后在《文艺月刊》《文艺新闻》《矛盾月刊》《文艺》《当代文艺》《时代动向》《轴心》《青年动力》《通讯纲》《当代小说选》《大千》《香海画报》《民主政治》《中国的空军》《中央周刊》等刊发表小说、随笔、评论、译文等,出版话剧《爱的革命》(上海现代书局,1928 年)、《黄花岗》(香港生活书店,1939 年)、《中国男儿》(上海光明书局,1940 年),论著《抗战戏剧论》(广东省党政军联席会议宣传部,1938 年),中篇小说《虹》(上海大东书局,1948 年),编选《抗战戏剧选第一集》(广州怒吼出版社,1938 年)、《抗战戏剧选续集》(广州怒吼出版社,1938 年)等亦署。③春英红雨,见于论文《文丐阶级论》、话剧《属兔的女人》,载 1930 年广州《万人杂志》第 1 卷第 1 期。嗣后在该刊发表《性的剩余价值》《文丐阶级之分化及其分野》《梅兰芳研究》《文艺复兴 地狱随笔之四》《同行是冤家 地狱随笔之五》等文亦署。④红雨、春英,1944 年在桂林《当代文艺》发表文章署用。

胡大生,生卒年不详,江苏人。笔名:①巫大深,见于诗《淘河》,载 1945 年南通《江北日报·诗歌线》第 22 期。嗣后在该刊发表诗《黄梅》亦署。②胡大生,见于散文《第三次晚会花絮》,载 1946 年 3 月 15 日南通《东南日报·东南风》。

胡道静(1913-2003),安徽泾县人,生于上海。笔名:①胡道静,见于《小说家之梦》,载 1923 年上海《红杂志》第 2 卷第 60 期。嗣后在《侦探世界》《小说世界》《儿童世界》《交通职工月报》《禹贡》《战时记者》《旅行杂志》《永安月刊》《从奋斗到胜利》《文艺春秋》等报刊发表传说、寓言、杂文、随笔等,出版论著《校雠学》(上海商务印书馆,1931 年)、《公孙龙子考》(上海世界书局,1935 年)、《上海新闻事业之史的发展》(上海市通志馆,1935 年),随笔《报坛逸话》(上海世界书局,1940 年)、《新闻史上的新时代》(上海世界书局,1946 年)、《梦溪笔谈校证》(上海出版公司,1956 年)等亦署。②道静,见于翻译报告《华南的壁报》,载 1938 年 6 月 4 日上海《文汇报·世纪风》;译作《雾里的上海》(张伯伦原作),载 1939 年上海《杂志》第 5 卷第 2 期。同年在《战时记者》发表随笔《中国近代之报业》亦署。③火焉,1936 年在上海中华书局出版之《上海研究资料》发表文章曾署(发表时被误印为"火马")。④锦铃,见于随笔《朴素的运筹学思想》,载 1960 年 12 月 7 日《人民日报》。⑤李诗,见于随笔《最早的上海地方志》,载 1960 年 12 月 7 日上海《文汇报》。嗣后在该报及《中华文史论丛》发表文章亦署。

胡德华(1925-2009),浙江上虞(今绍兴市)人。原名胡序昭。笔名:①胡德华,1947 年开始发表作品署用。1949 年后出版《病中怀旧》(中国少年儿童出版社,2001 年)等署用。②高沙,1949 年后出版儿童文学《秘密快报》(少年儿童出版社,1960 年)等署用。③阿沙,署用情况未详。按:胡德华曾任上海《新少年报》和《中国少年报》总编，著有儿童文学《阿根和王鹅》以及《小苗留下了泉水》《开拓者的足迹——怀念伯父胡愈之》《匆匆会见黎明前》《夏社与胡仲持》等作品，出版与署名情况未详。

胡底（1905－1935），安徽舒城人。曾用名胡北风。笔名胡底，1931 年起在中央苏区创作话剧《义勇军》《热血河》《沈阳号炮》《杀上庐山》，滑稽剧《松鼠》等署用。

胡鄂公（1884－1951），湖北江陵人。原名胡荣铭，字新三，号南湖。笔名胡鄂公，出版有《辛亥革命北方实录》（上海中华书局，1948 年）以及《胡鄂公节略》《武昌首义三十三日记》《原林》《原农》《五十家论文书牍》《古文辞粹》等著作。

胡风（1902－1985），湖北蕲春人。原名张光桢，曾用名谷儿（乳名）、张光人、张光莹、张古因、中川三郎。笔名：①张光人，见于杂文《改进湖北教育的讨论》，载 1922 年 12 月 30 日《晨报副镌》。嗣后发表《瞻望故乡》（载 1925 年《京报副刊》第 225－255 期）亦署。②古因，1926 年在江西《民国日报·野火》发表诗歌署用。嗣后在庐山《策进周刊》发表文章亦署。③KJ，见于诗《儿时的湖山》，载 1927 年湖北《武汉评论》。④谷音，1927 年在湖北《武汉评论》发表文章开始署用。1928 年 5 月在《流沙》半月刊第 4 期发表《五卅事件》亦署。⑤人，见于小说《三年——A 君底自述》，载 1929 年《新生命》第 2 卷第 3 期；散文诗《废墟上的春天》《野火》，载 1929 年《北新》第 3 卷第 10 期。嗣后在《北新》发表诗文、译作亦署。⑥光、中川获、中村获，1929 年在日本《艺术学研究》发表文章署用。⑦谷非，出版翻译小说《洋鬼》（心弦书社，1930 年）署用。嗣后在上海《文学月报》《文学》等刊发表文章亦署。⑧古飞，见于《作家与草莓》，载 1933 年 7 月 14 日《申报·自由谈》。⑨果，见于译文《世界经济会议呢？"不"经济会议呢？》，载 1933 年《时事类编》第 1 卷第 1 期。嗣后在上海《海燕》月刊发表文章亦署。⑩张果，见于译文《广田外长就任的原委》（日本野村秀雄原作），载 1933 年《时事类编》第 1 卷第 7 期。⑪谷，见于评论《学者与文人》，载 1934 年上海《文学》月刊第 2 卷第 2 期。⑫胡风，见于杂文《过去的幽灵》，载 1934 年 4 月 16 日－17 日上海《申报·自由谈》；译文《与敏娜·考茨基倾向文学》，载 1934 年《译文》第 1 卷第 1－6 期。嗣后在上述两刊及《太白》《夜莺》《中游》《作家》《海燕》《现实文学》《青年界》《小说家》《文学丛报》《战时联合旬刊》《中华公论》《七月》《读书月刊》《抗战文艺》《国闻周报》《国民公论》《文艺旬刊》《全民周刊》《全民抗战》《烽火》《笔谈》《抗战画刊》《创作月刊》《诗创作》《野草》《草莽》《人世间》《中国作家》《海滨杂志》等发表文章，出版诗集《野花与箭》（上海文化生活出版社，1937 年）、《为祖国而歌》（桂林海燕书店，1942 年）、《我是初来的》（胡风编，重庆读书出版社，1943 年）、

散文杂文集《棘源草》（重庆南天出版社，1944 年）、《逆流的日子》（上海希望社，1947 年），评论《文学与生活》（上海生活书店，1936 年）、《民族革命战争与文艺性格》（上海希望社，1946 年），翻译小说《山灵》（朝鲜张赫宙等原作。上海文化生活出版社，1936 年）、《棉花》（日本须井一原作。上海新新出版社，1946 年）等，1949 年后出版译作《人与文学》（苏联高尔基等原作。上海泥土社，1952 年）、《胡风译文集》（人民文学出版社，1986），《论民族形式问题》（上海海燕书店，1950 年）、《光荣赞》（上海海燕书店，1950 年）、《论现实主义的路》（上海泥土社，1951 年）、《为了朝鲜，为了人类》（人民文学出版社，1953 年）、《胡风评论集》（人民文学出版社，1984 年）、《胡风杂文集》（生活·读书·新知三联书店，1987 年）等亦署。⑬谷风，见于译诗《黑的花环》，载 1934 年《文学》第 2 卷第 5 期。⑭风，见于《再论文学遗产》，载 1934 年《文学》第 3 卷第 1 期。嗣后在《海燕》月刊发表文章亦署。⑮高荒，见于杂文《"白话"和"大众语"的界限》，载 1934 年 7 月 21 日上海《中华日报·动向》。⑯顾纷，见于《读书零感》，载 1934 年 11 月 13 日《中华日报·动向》。⑰王明斋，见于译文《历史上主观条件的意义》（日本永田广志原作），载 1935 年《时事类编》第 3 卷第 3 期。⑱顾风，见于评论《小说半月刊》，载 1935 年《文学》第 4 卷第 4 期。⑲陈乔，见于短论《流氓文学》，载 1935 年《太白》半月刊。⑳胡丰、秋明，分别见于论文《张天翼论》、评论《〈七年忌〉读后》，载 1935 年上海《文学季刊》第 2 卷第 3 期。㉑孟林，见于书评《大地》，载 1935 年《文学》第 5 卷第 3 期。㉒马荒，见于评论《为初执笔者的创作谈》，载 1935 年《文学》第 5 卷第 6 期。㉓霏，见于译文《非常时的心境》（日本志贺直哉原作），载 1936 年《海燕》月刊第 1 期。㉔XF，1937 年 4、5 月间在上海编《黎明》《收获》写校后署用。㉕校读生，见于《〈原野〉校读后记》，载《原野》（文化生活出版社，1948 年）一书。㉖古音、古斐、公荫、赦直、鼓声、张吉英、张谷非、H.V.，署用情况未详。按：胡风尚出版有诗集《欢乐颂》《光荣赞》《安魂曲》，散文杂文集《人环二记》《从源头到洪流》《和新人物在一起》，评论集《文艺笔谈》《密密期风习小集》《在混乱里面》《为了明天》，译文集《人与文学》等，出版与署名情况未详。

胡蜂（1922－1952），湖北大冶人。原名胡远让。曾用名胡遄华。笔名胡蜂，见于小说《兰生父子》《落花生》，载 1940 年《民意周刊》第 144、154 期。嗣后出版长诗《爱炼》（武汉文艺社，1942 年）、中篇小说《玛丽小姐》（剑桥文化服务社，1946 年）。嗣后在重庆《文艺青年》等杂志发表文章亦署。

胡冠中（1923－2010），福建永安人。笔名林涧，见于评论《谈今日文艺批评》，载 1948 年 5 月 25 日厦门《星光日报·星星》。嗣后在该刊发表散文《残枯了的玫瑰》《污泥窟》、长诗《王智敏情歌》等亦署。

胡国亭，生卒年及籍贯不详。笔名野萍，20 世纪 30 年代在《社会周刊》《国画月刊》《论语》《妇女文化》《浙江青年旬刊》等刊发表文章署用。

胡憨珠，生卒年及籍贯不详。笔名：①胡憨珠，出版小说《董小宛演义》（竟智图书馆，1924 年）署用。②探子报、跑龙套，1926 年在上海《福尔摩斯》报发表文章署用。

胡夐，生卒年不详，浙江淳安人，字堇父（fǔ）。笔名胡夐，在《南社丛刻》发表诗文署用。

胡焕光（1925－？），浙江温州人，笔名：①雪冈，1949 年 10 月前在浙江报刊发表文章署用。②胡雪冈，1949 年 10 月后发表文章署用。

胡惠生（1893－？），安徽泾县人，字蕙荪。笔名胡惠生，在《南社丛刻》发表诗文署用。

胡寄尘（1886－1938），安徽泾县人。原名胡怀琛，字季仁、季尘，号寄尘。笔名：①季仁，见于《地理》，载 1908 年《安徽白话报》第 6 期。②寄尘，见于杂文《解颐谈》，载 1910 年上海《小说月报》第 5 期。1914 年编《白相朋友》，此前后至 1935 年在《南社丛刻》《晶报》《双星杂志》《春声》《七襄》《礼拜三》《游戏世界》《星期》《小说世界》《新上海》《晨报副镌》《海潮音》《十日谈》等报刊发表文章亦署。③胡寄尘，见于《好孩子》，载 1915 年上海《礼拜六》周刊第 2 期；《铁血美人弹词》，载 1920 年《小说月报》第 11 卷第 5 期。嗣后至 1935 年在《游戏世界》《快活》《消闲月刊》《星期》《红杂志》《侦探世界》《小说世界》《民众文学》《红玫瑰》《最小报》《艺术评论》《世界佛教居士林林刊》《珊瑚》《中国新书月报》《越风》《逸经》《涛声》等刊发表诗文，出版诗集《劝俗新诗》（上海商务印书馆，1924 年），小说《黛痕剑影录》（上海广益书局，1914 年）、《银楼局骗案》（上海文明书局，1926 年）、《真假西游记》（上海佛学书局，1933 年）、《恋爱之神》（上海广益书局，1938 年），论著《中国寓言研究》（上海商务印书馆，1930 年）等亦署。④季尘，1916 年在《春声》月刊发表文章曾署。⑤胡怀琛，在《南社丛刻》发表诗文署用。又见于随笔《诗与诗人》，载 1920 年《民铎杂志》第 2 卷第 3 期。嗣后在《小说月报》《小说世界》《诗与小说》《东方杂志》《国学月刊》《一般》《社会月刊》《世界杂志》《大声》《大陆》《大上海教育》《大学杂志》《青鹤》《时代公论》《学艺》《中国革命》《青年与战争》《学术世界》《教与学》《逸经》《越风》《出版周刊》《读书青年》《创导》《兴中半月刊》《文心》《宇宙风乙刊》《新时代》《青年界》《文艺茶话》《中国文学》《文艺》《申报·自由谈》等报刊发表《铁血美人》《诗与诗人》《今日中国所需要的小说》《侯方域的小说文学》《王念孙读书杂志正误》《燕子》《明月》《韩柳欧苏文之渊源》《辨竹枝词非咏风俗》《八卦为上古数目字说》《为墨子国籍问题答陈登元君》《中国古代小说的国际关系》《中国古代小说之外国资料》《关于墨子学辨的话》《淮南鸿烈集解补正》《水浒订误及其作者的推测》《庄子集解补正》《汉以后儒家的派别》《读俞曲园茶香室丛钞札记》《李太白通突厥文及其他》《后十年笔记》等，出版诗集《大江集》（上海国家图书馆，1921 年）、《胡怀琛诗歌丛稿》（上海商务印书馆，1926 年），散文集《萨坡赛路杂记》（上海广益书局，1937 年），论著《〈尝试集〉批评与讨论》（上海泰东图书局，1922 年）、《中国文学史》（上海梁溪图书馆，1924 年）、《中国文学辨正》（上海商务印书馆，1927 年）、《新诗概说》（上海商务印书馆，1933 年）等亦署。⑥怀琛，见于儿歌《大椿树》，载 1925 年上海《儿童世界》第 14 卷第 13 期。⑦秋山，见于《高丽俗歌之一脔》，载上海 1929 年《东方杂志》第 26 卷第 15 期；《谜诗两首》，载 1929 年《儿童世界》第 23 卷第 21 期。同年在《东方杂志》发表《〈月子弯弯歌〉字句异同考》等文，在《中华小说界》《小说大观》《上海画报》等刊发表文章亦署。⑧胡怀深，见于随笔《老子学说与后世道家派别》，载 1934 年上海《青年与战争》第 4 卷第 10 期。⑨有怀，署用情况未详。

胡寄南（1905－1989），安徽黄山人。笔名：①胡寄南，见于随感《胡适不要"胡适"了》，载 1925 年 10 月 31 日上海《民国日报·觉悟》。嗣后在《复旦季刊》《黎明》《文华》《时事月报》《出版周刊》《浙江青年》《建国教育》等刊发表文章亦署。②忝才、低能儿，署用情况未详。

胡絜（jié）**青**（1905－2001），北京人，满族。原名胡玉贞，字絜青，号燕崖。笔名：①胡春、燕岩，20 世纪 30—40 年代在北平《京报》发表诗歌、散文署用。②燕崖，见于散文《从北平到重庆》，载 1945 年重庆《时与潮文艺》第 5 卷第 1 期。

胡今虚（1915－？），浙江温州人。原名胡申定。曾用名胡经舒。笔名：①今虚、田帝，1930 年开始在杭州《流云》半月刊、温州《动荡文艺》等报刊发表文章署用。其中"今虚"一名又见于诗《风雪》，载 1939 年 10 月温州《暴风雨诗刊》第 1 辑《海燕》。②胡今虚，见于《自遣》，载 1934 年 8 月 15 日上海《申报·自由谈》；《零话》，载 1934 年《出版消息》第 27—28 期。嗣后一直沿用。③洛神，1935 年初开始在上海《大晚报·剪影》发表笔记《百合散弦》等署用。④洛人，1935 年开始在上海《大美晚报》《大晚报》发表新闻报道署用。⑤应瑜，见于《圈上影谈》，载 1936 年上海《中华日报·银座》。⑥之歌，见于电影剧本《第一线》，载 1936 年前后上海《民报·影谭》。⑦应虚，见于通讯《苏州狱中访问"七君子"》，载 1937 年 4 月上海《大晚报》。⑧骆坚，1939 年开始在温州《游击》《海防前哨》《民族歌声》等刊发表作品署用。⑨葛伊，1941 年开始在《浙江潮》杂志发表诗歌署用。

胡景珹（1917－1986），浙江瑞安人。笔名：①胡琴拉，1933—1934 年间在《瓯海民报》《温州新报·星星》

《明天》发表小说等署用。②张亦如、张益卿，20 世纪 30 年代起在浙江报刊发表作品署用。

胡俊（1920－？），广东潮安人。原名赖俊杰。笔名胡俊，1938 年暹罗曼谷《华侨日报·华侨文坛》发表小说、散文署用。抗战胜利后在泰国《中原报·大众文艺》《民声日报》等报发表作品亦署。

胡开瑜，生卒年及籍贯不详。笔名：①胡开瑜，见于小说《被残的嫩芽》，载 1925 年 9 月 20 日至 21 日上海《民国日报·觉悟》；诗《绝望》，载 1926 年《洪水半月刊》第 2 卷第 16 期。嗣后在《洪水》《新女性》《泰东月刊》《生路》《白露月刊》发表小说《末劫》、剧作《报酬》、诗《小诗》《春耕》《桐影》等亦署。②兔诗人，署用情况未详。

胡康新（1932－　），江西南昌人，字健行。笔名：①简范，见于杂文《杂文家》，载 1947 年春南昌《中国新报·文林》。②向耕、冯慈，1947－1948 年间在南昌《中国新报·文林》发表散文、杂文署用。③但是，见于杂文《"超人"的悲哀》，载 1948 年夏《人民的旗》杂志。④芦剑，见于论文《我们需要群众的英雄主义》，载 1948 年秋《中国新报·文林》。⑤三友，与胡显中、熊国模合署。1948 年秋在《中国新报·文林》发表文章署用。⑥吕梁、过客，1949 年春在《心远校刊》发表文章署用。⑦狄苗，见于关于电影《花莲港》的评论，载 1949 年春《中国新报·文林》。

胡考（1912－1994），浙江余杭（今杭州市）人。笔名：①胡考，见于画《闺房中的乡村生活》，载 1934 年 3 月 22 日上海《申报·自由谈》；画《银汉七斗》，载 1935 年《万象》第 3 期。嗣后在上海《论语》、桂林《救亡日报·文化岗位》《中国漫画》《上海漫画》《文摘》《文艺》《文艺战线》等刊发表诗文、画作，出版画集《胡考素描》、诗集《灾难》《聊以诗词》、长篇小说《上海滩》等亦署。②田苗，见于《忆丁玲》，载 1943 年上海《万象》第 3 卷第 6 期。

胡珂雪，生卒年及籍贯不详。笔名珂雪，见于《卢沟桥上的狮子》，载 1933 年上海《论语》半月刊第 1 卷第 9 期；《没落中的小学教育》，载 1934 年《社会周刊》第 1 卷第 13 期。20 世纪 40 年代在南京《陇铎》杂志发表文章亦署。

胡可（1921－2019），山东青州人，满族。原名胡腾驹。笔名胡可，出版剧本《战斗里成长》（胡可等著，新华书店，1950 年）、《槐树庄》（解放军文艺出版社，1959 年）、《喜相逢》《戏冠秀》《英雄的阵地》《战线南移》、散文集《敌后纪事》《走过硝烟》、杂文集《胡可戏剧杂文》（中国戏剧出版社，2003 年）、电影文学剧本《槐树庄》、论文集《习剧笔记》（解放军文艺出版社，1962 年）、《胡可论剧》（中国戏剧出版社，1985 年）、《读剧杂识》《剧事文稿》等署用。

胡旷（1906－1967），江西修水人。原名胡载球，后改名胡旷。笔名：①胡旷，1934 年发表小说《光荣的

战死》署用。1949 年后出版话剧剧本《丁大妈想通了》《一个衣包》（与他人合作），地方剧剧本《报喜》《活鬼》（与他人合作），快板剧剧本《柳树林》，回忆录《第一个风浪》（胡旷整理。中国青年出版社，1961 年）、《潘虎》（胡旷整理。江西人民出版社，1978 年）等署用。②北野，署用情况未详。

胡兰畦（1901－1994），四川成都人。原名胡瑞英，号兰畦、兰卿。乳名明仙。笔名胡兰畦，见于长篇特写《在德国女牢中》，载《妇女生活》1936 年第 2 卷第 1 期至 1937 年第 4 卷第 4 期；通讯《犒军去！（一）》，载 1937 年 9 月上海《救亡日报》第 9 期。嗣后在《妇女生活》《七月》《半月文摘》《玲珑》《抗战半月刊》《战时教材》《国民公论》《反侵略》《上海妇女》等刊发表《两下店第一功》《川军与抗战》《川军在前线》《第二队出发上前线》《杨森将军访问记》《回首十年》《转战江南的六十师》《我所看见的战区中的儿童》《战地旅程》《黔川道上》《妇女慰劳总会荣军自治实验区参观记》等文，出版散文集《战地一年》（胡兰畦编。上海生活书店，1939 年）、《战地二年》（胡兰畦。劳动妇女战地服务团，1939 年）、《战地三年》（胡兰畦编。劳动妇女战地服务团，1940 年）、《在德国女牢中》（上海生活书店，1937 年）、《淞沪火线上》（胡兰畦等著。汉口生活书店，1938 年）、《东线的撤退》（胡兰畦等著。上海生活书店，1938 年）等，1949 年后出版《胡兰畦回忆录（1901－1936）》（四川人民出版社，1985 年）等亦署。

胡浪曼（1907－？），福建永定人。原名胡浪桂。曾用名胡迈。笔名良漫、胡浪漫，20 世纪 30 年代在马来亚新加坡《星洲日报·文艺周刊》《今代半月刊》发表小说、杂文、旧体诗等署用。

胡琳（？－1948），籍贯不详。原名胡祥麟。笔名胡琳，1940 年在长春《斯民》杂志发表作品署用。

胡零（1913－1979），安徽舒城人。原名胡鸿书，字寄秋。曾用名胡克兢。笔名胡零，出版秧歌剧《收割》（东北书店，1947 年）、《火》（又名《挖财宝》。东北书店，1948 年）、《复仇》（东北新华书店，1949 年）等署用。嗣后创作儿童剧《牧羊儿》《小铁匠》，秧歌剧《参军》《两个胡子》《民兵偷枪》《张德宝捉奸》《冯振僧》《抓勾子》《接担架》，话剧《一斗粮》《识时务者》《前进再前进》《最后一颗手榴弹》《在新事物面前》（与他人合作），歌剧《火》《复仇》，京剧《闯王李自成》等亦署。

胡洛（1915－1937），安徽芜湖人。原名李安乐。笔名胡洛，见于评论《读〈木匠〉》，载 1934 年 10 月 27 日上海《中华日报·动向》；评论《从文艺创作方法说起》，载 1935 年《客观》第 1 卷第 9 期。嗣后在上海《文学青年》及《大众文学》《客观》《文摘》《文坛》等刊发表文章，去世后出版之《胡洛遗作集》（上海黎明书局，1937 年）亦署。

胡蛮（1904－1986），河南扶沟人。原名王钧，字钧

初。曾用名王凡、王弘、王洪、王隽初、王毓奇。笔名：①王钧初，1932年在北平《京报·诗剧文周刊》发表作品署用。嗣后出版《辩证法的美学十讲》（上海长城书店，1932年）、《中国美术的演变》（北平文心出版社，1934年），发表评论《画什么和怎么画》（载1935年《师大月刊》第5卷第21期）、散文《追悼P君》（载1936年1月9日巴黎《救国时报·救国阵地》）等亦署。②苦力，1937年12月发表《鲁迅的美术活动》（见人民美术出版社《学习鲁迅的美术思想》）一文署用。嗣后发表《"九·二八"在铁工厂》（载1938年昆明《文化岗位》第1卷第3、4期合刊）一文亦署。③胡蛮，1939年起先后在《解放日报》《文艺突击》《中国文化》《新华日报》《大众文艺》《新中华报》《鲁迅研究丛刊》等报刊发表《欧化的中国美术之批判》《鲁艺二周年纪念会中的美术展览》《鲁迅在生活着》《中国美术上的文艺复兴》《鲁迅的最新痛苦》《苏联的美术建设》《中国美术上的新机运》《介绍鲁艺美术工厂的创作——为美术工厂首次展览会而作》《抗战以来的美术运动》《目前美术上的创作问题》《鲁迅的艺术活动》《列平的艺术》《纪念巴黎公社的艺术家果尔培》《马雅可夫斯基的诗和画》《马雅可夫斯基"惊人的美"》《高尔基论画》《抗战八年来解放区的美术运动》《对在延安展出的留渝木刻家作品印象》《解放区的木刻——新年木刻展后记》《伟大的人民艺术家凯绥·珂勒惠支》《纪念鲁迅》等文署用，④罗思，见于《论美术上的民族形式与抗日内容》，载1936年6月7日延安《文艺突击》。⑤祐曼，见于《名画家皮卡索加入了共产党》，载1945年1月10日延安《解放日报》。1946年7月2日在《解放日报》发表《纪念她！学习她！》，出版《中国美术史》（延安新华书店，1946年）一书亦署。⑥华采，见于《工友们的画》，载1949年10月北京《新民日报》。⑦华普，见于《八大山人的艺术独创性》，载1961年《北京文艺》6月号。嗣后出版学术专著《论神似及其他》（上海人民美术出版社，1963年）一书亦署。⑧互曼，见于《年画创作的新收获》，载1966年2月20日《大公报》。⑨隽初、旺红、互满，署用情况未详。

胡梦华（1903－1983），安徽绩溪人。原名胡昭佐，字圆苏。笔名：①胡梦华，见于评论《读了〈蕙的风〉以后》，载1922年10月24日上海《时事新报·学灯》；论文《安诺德评传》《安诺德和他的时代之关系》，载1922年上海《东方杂志》第19卷第23期。嗣后在《小说月报》《心潮》《人民评论》《中国文学研究》《外交季刊》《中山半月刊》《青年月刊》《反侵略半月刊》《人民世纪》等刊发表《法文之起源与法国文学之发展》《帝国主义之研究》《文学批评家李笠翁》《敌国论坛对于我国抗战的认识与估计》《中共加入中国国民党问题之研究》《国民精神总动员之领导与实施》《戏剧大家莫里哀》《夏天的生活》《异国文学之沟通》《南游心影》《服务与修养》《絮语散文》等，出版论著《中国解放之敌》（南京中央书局，1927年）、《表现的鉴赏》（上

海现代书局，1928年）、《领袖独裁论》（中国国民党河北省党部，1935年）等亦署。②梦华，见于随笔《参观天马会后的感想》，载1923年8月17日《时事新报·学灯》；散文《清明那一天》，载1925年北京《京报·儿童》第19期。嗣后在北京《妇女周刊》《人民评论》等刊发表杂文《警告章士钊》《讨论人生问题的一封信》等亦署。

胡民大（1915－1935），浙江温州人。原名胡明达。笔名：①鸪鸪、普阳，1933年与胡今虚、吴廷琯等人创办《动荡文艺》《铁铲月刊》发表文章署用。②胡民大，见于小说《第四乖乖》，载1933年上海《女子月刊》第1卷第8期。

胡明树（1914－1977），广西桂平人。原名徐善源。曾用名徐力衡、陈姆生。笔名：①徐善源，见于《日记》等，载1930年中山大学附中《梅花集》杂志。嗣后在《全面战周刊》发表《"八一三"后日本国内的情形》《侵略主义的日本儿童教育》《世界上最野蛮的人类——日本》《龙州区的妇女及妇女队》《日本有什么东西》等亦署。②OM，见于《我们与帝国主义存亡的判决》，载1932年广州中山大学附中《星星》第7期。③胡明树，见于诗《五月的龙舟》，载1936年《文学丛报》第1－5期；译文《战线上的多罗莱丝》（米哈尔·柯列诃夫原作），载1937年上海《文艺科学》第1期。嗣后在《文艺科学》《诗场》《七月》《文艺阵地》《前锋》《文学译报》《野草》《诗创作》《文学批评》《青年文艺》《中国诗坛》《新儿童》《时代批评》等刊发表诗文，出版诗集《朝鲜妇》（诗群出版社，1939年）、《若干人集》（胡明树编。诗社，1942年），中篇小说《初恨》（香港学生文丛社，1948年）、《江文清的口袋》（九龙南国书店，1948年），长篇童话《小黑子失牛记》（香港南洋编译社，1947年），翻译诗集《海涅政治诗集》（德国海涅原作。桂林新大地出版社，1944年）等，1949年后出版翻译童话集《三只红蛋》（日本植本楠郎原作。广西人民出版社，1957年），以及《胡明树作品选集》（漓江出版社，1985年）等亦署。④明树，见于译诗《告春来莫斯科河之流冰》（日本秋田雨雀原作），载1942年桂林《诗创作》第7期。⑤徐力衡，见于论文《诗工作的"重工业"》，载1942年桂林《诗》月刊第3卷第1期。1946年在《人民报》发表作品亦署。⑥陈姆生，见于《荒月小草》，载1946年《人民报》。1948年在香港《华商报》发表作品亦署。⑦牧夫，见于《伪DDT》，载1946年香港《华商报·热风》。⑧詹谟士，见于《贴纸不准》，载1946年《现代生活》杂志。⑨平行，见于《进化呢？变化呢？》，载1947年《华商报》。⑩明士，见于《街头诗》，载《观察报》。⑪福藏，1947年发表《斜塔》一文署用。⑫明柱，发表《广西的"抗敌成绩"》一文署用。⑬阿福，发表《静·睡眠·工作》一文署用。⑭徐徐，发表《温泉之乐趣》一文署用。按：胡明树尚出版有短篇小说集《失意的洋服》《甘薯皮》，诗集《难民船》《五月的龙舟》《良

心的存在》，长篇童话《小黑子流浪记》《小黑子从军记》《海滩上的装甲部队》，童话集《大钳蟹》，儿童诗集《微薄的礼物》《一条大龙虾的手刺》等，出版与署名情况未详。

胡牧（1923－？），四川铜梁人。原名胡荣谦，字桐衰。笔名：①胡荣谦，见于诗《牧羊女》，载1941年重庆《文艺青年》第1卷第5期；诗《铁匠》，载1945年重庆《文哨》第1卷第3期。此外，在重庆《文艺春秋》等刊发表文章亦署。②胡牧，见于诗《追踪诗抄——赠念胡活，曼娜》，载1945年重庆《新生》杂志；诗《远方（外二章）》，载1947年上海《文艺复兴》第3卷第6期。同时期在重庆《艺风》《文艺先锋》、青岛《文艺》、上海《青年界》《文艺春秋》《诗创造》《文潮月刊》、西安《黄河》、南京《自由天地》等刊发表诗、散文，出版诗集《花开满地又是春》（与觉先、加索、涟波合集。平民诗歌丛刊，1947年）、《我歌唱你》（南京文研会，1947年）、《低气压》（南京诗主流社，1948年）等亦署。

胡耐安（1899－1977），安徽泾县人。原名胡有祉，字耐安，号遁园、乐山。晚号遁翁、遁叟、乐翁。曾用名胡有廖。笔名胡耐安，出版《先秦诸子学说儒道墨三家评介》（上海北新书局，1936年）署用。1949年后出版《新湘军志》（台湾商务印书馆，1969年）、《中华民族志》等亦署。

胡念贻（1924－1982），湖南桃江人。笔名：①胡念贻。1947年开始发表作品署用。1949年后出版论文集《中国古典文学论丛》（古典文学出版社，1957年）、《关于文学遗产的批判继承问题》（岳麓书社，1980年）、《先秦文学论集》（中国社会科学出版社，1981年）、《楚辞选注及考证》（岳麓书社，1984年）、《中国古代文学论稿》（上海古籍出版社，1987年）、《关于文学遗产的批判继承问题》《先秦文学论集》，参与编写《中国文学史》和编选《辛弃疾词选》《唐诗选注》《唐宋词选》等亦署。②孟周、江九，署用情况未详。

胡璞，生卒年不详，浙江慈溪人，字荆山。笔名胡璞，在《南社丛刻》发表诗文署用。

胡朴安（1878－1947），安徽泾县人。原名胡有忭。曾用名胡韫玉，字仲明、颂民，号朴安、朴庵。晚号半边翁。笔名：①韫玉女士，1905年在《醒狮》《女子世界》等刊发表文章署用。②仲明，见于小说《石笋胜史》，载1907年《月月小说》。1909年在《安徽白话报》发表文章亦署。③胡韫玉，见于散文《云中游记》，载1910年上海《小说月报》第9卷第10－12期。嗣后在该刊及《国学月刊》发表《奇石志》《史记体例之商榷》《论易之命名》《两汉诗经学》《释书名》《论名物》《诗六义说》《诗经文字学》等，在《南社丛刻》发表诗文亦署。④颂民，1911年在《民国报》发表文章署用。⑤朴庵，1912年在《神州女报》《广益丛报》等刊发表文章署用。嗣后在《南社丛刻》发表诗文，

在《七襄》《女子杂志》发表《崔楚》《玉台诗话》等亦署。⑥朴安，见于《七孃》，载1914年《七襄》第6期；随笔《纸说》，载1919年上海《小说月报》第10卷第5期。嗣后在《女子世界》《国学丛选》等刊发表文章亦署。⑦胡朴安，见于《拟续修福建通志体例》，载1918年《地学杂志》第9卷第1期。嗣后在《小说月报》《中国新书月报》《学风》《文华》《东方杂志》《图书季刊》《选萃》《永安月刊》《万象》《大众》《旅行杂志》《学术界》《读书通讯》《书报精华》《真话》《文章》《上海市政府公报》《小说世界》《文讯》《半月文萃》等刊发表诗文《明州游记》《颐和园玉泉山游记》《安徽丛书第一期全书提要》《安徽丛书第二期全书提要》《我国的文字学》《从文字学上考见之中国古代妇女》《从文字学上考见古代辨色本能与染色技术》《南社诗话》《从文字学上考见中国古代之声韵与语言》《病废闭门记》《送蔡北仑归台湾》《拟古九首》等，出版《南社丛选》（上海国学社，1936年）、《诗经学》（上海商务印书馆，1930年）、《校长的新生活》（上海正中书局，1934年）、《中国文字学史》（上海商务印书馆，1937年）、《中国训诂学史》（上海商务印书馆，1937年）等亦署。在《南社丛刻》发表诗文或署。1949年后出版其遗著《中华全国风俗志》（中州古籍出版社，1990年）署用。⑧韫玉，见于译作《久米仙子》（日本武者小路实笃原作），载1921年《东方杂志》第18卷第13期。⑨半边翁，晚年患偏瘫后发表文章署用。

胡奇（1918－1998），江苏南京人，回族。原名胡肇才。笔名：①胡奇，1941年加入中国共产党，担任战地记者、政治指导员、文工团团长，创作现代诗歌、小说、剧本等作品署用。1949年后创作《五彩路》《神火》《海防少年》《绿色的远方》《镰刀弯弯》等儿童文学作品，出版长篇小说《难忘的冬天》（人民文学出版社，1980年），中篇小说选《胡奇中篇小说选》（宁夏人民出版社，1987年），以及话剧剧本《模范农家》《报告单》等亦署。②李永明，见于《不走运的渔夫》，载1956年10月《解放军文艺》。

胡启东（1885－1957），江苏盐城人。原名胡应庚。曾用名胡映庚。笔名胡应庚，1949年后出版《鞍湖诗文集》（北京人民日报印刷厂，1960年）等署用。按：胡启东尚著有《寓穗集》《张荣事迹考》《鞍湖文存》《鞍湖诗存》等，出版与署名情况未详。

胡乔木（1912－1993），江苏盐城人。原名胡鼎新。笔名：①乔木，见于诗《青年颂》，载1939年延安《文艺突击》新1卷第1期。于此前后在《中国青年》《晨光》《通俗文化》《七日谈》《知识半月刊》《社会生活》《浙江潮》《福建教育通讯》《大众生活》《青年知识周刊》《申报月刊》《群众》等刊及哈尔滨《生活报》发表文章亦署。②北乔，20世纪40年代随毛泽东到重庆时曾写文署用。③钟洛，见于《一九四八年夏上海》，载1948年《妇女》第3卷第4期。④胡乔木，1949年后发表文章，出版诗集《人比月光更美丽》（人民文学

出版社,1988 年)、《胡乔木诗词集》(人民出版社,2002年)等均署。⑤听樵,20 世纪 50 年代初在北京《中国青年》发表《写作范例——一则新闻》等文署用。⑥开泰,署用情况未详。

胡青(1929－?),河南南阳人。原名孙家森。曾用名孙胡青。笔名:①林木,1947 年 2－3 月间在郑州《民国日报》发表小诗署用。②胡青,见于诗《人马》《陈老太爷的麦子》,载 1947 年 4、5 月间上海《大公报·文艺》。

胡青坡(1916－1998),河北威县人。原名胡振清。曾用名胡晴波。笔名:①卜一,1934 年在河北地方小报发表小说署用。②歌北,1938 年在冀南地方小报发表作品署用。③田蓬岗,1942 年后在地方报刊发表作品署用。1949 年后出版著作亦曾署用。④赵德普,1942年发表报告文学署用。⑤闻人千,1943 年后发表杂文署用。1949 年后发表杂文亦曾署用。⑥辰火,20 世纪40 年代发表作品曾署用。⑦胡青坡。1949 年后发表作品,出版短篇小说、散文集《故乡集》,杂文《略论空头文学家》《宝库·武库》《谈谈鲁迅先生的新论》,儿童文学集《小林和小花》,论文、散文、杂文集《草子集》(湖南人民出版社,1979 年),论文集《形象化的历史》《在困难中显示伟大》《民族解放战争的艺术殿堂》《警钟长鸣》等署用。⑧千文,1984 年发表杂文曾署用。

胡秋原(1910－2004),湖北黄陂(今武汉市)人。原名胡曾佑,字石明。曾用名胡业崇、胡荻原。笔名:①李冰禅,见于评论《革命文学问题——对于革命文学的一点商榷》,载 1928 年上海《北新》半月刊第 2 卷第 12 期(刊内正文署名"冰禅")。②秋原,见于评论《文艺起源论》,载 1928 年上海《北新》第 2 卷第 22期;《同性恋爱论》,载 1929 年上海《新女性》第 4 卷第 4、5 期。此前后在《一般》《文化评论》《读书杂志》《语丝》《中央周刊》《小说月报》《十日谈》等刊发表译文《革命后十二年来之苏俄文学》(日本茂森唯士原作)、评论《帝国主义现阶级之第三期》《东北事变为中心的国际情势之变化》《中国的新闻事业》、随笔《刘院长之"密丝"论》《并非闲情》《无限尊荣之感》等亦署。③冰禅,见于随笔《老大家的"炮声"》,载 1929年上海《语丝》周刊第 5 卷第 37 期。④胡秋原,见于随笔《阶级社会的算术》,载 1929 年上海《一般》第 9 卷第 2 期;评论《日本无产文学之过去与现在》,载1929 年上海《语丝》周刊第 5 卷第 34 期。嗣后在《申报·自由谈》《小说月报》《现代文学》《读书月刊》《文艺新闻》《文化评论》《现代》《文学》《读书杂志》《东方杂志》《学艺》《民意周刊》《外交季刊》《民族战线》《时事月报》《青年动力》《政论旬刊》《战斗周报》《中央周刊》《战时青年》《现代评坛》《妇女共鸣》《国魂》《文艺月刊·战时特刊》《抗战文艺》《天下文章》《抗战文摘》《战时论坛》《抗战评论》《时代精神》《反侵略》《青年中国》《欧亚文化》《黄埔》《今日青年》《地方自治》《妇女月刊》《读书通讯》《春秋月刊》《民族文化》《训练月刊》《经纬月刊》《军事与政治》《日本评论》《改进》《西南实业通讯》《时代生活》《海军杂志》《文风杂志》《新中华》《国民外交》《中原》《新中国》《民主政治》《书报精华》《三民主义半月刊》《建国青年》《青年战士》《现代文摘》《智慧》《人人周报》《民主论坛》《民主与统一》等报刊发表《蒲力汗诺夫论艺术之本质》《政治的价值与艺术的价值》《中国外交政策考》《文艺史之方法论》《黑格尔的艺术哲学》《精神分析学与艺术》《希腊文学概论》《关于文艺之阶级性》《艺术作风与社会生活之关系》《中日战争与国际联盟》《抗战建国之中心问题》《论资本主义与中国》《纯民族主义》《再论纯民族主义》等文,出版论著《唯物史观艺术论》(上海神州国光社,1932 年)、《中国革命根本问题》(长春建国印书馆,1938 年)、《近百年来中外关系》(中国文化服务社,1943 年)、《新自由主义论》(南京民主政治社,1948 年)等,1949 年后出版《古代中国文化与知识分子》(香港亚洲出版社,1956年)、《一百三十年来中国思想史纲》(台北学术出版社,1973 年)、《胡秋原文章类编》(台北学术出版社,1979年)等亦署。⑤胡石明,出版《帝国主义与殖民政策》(上海大东书局,1929 年)署用。⑥胡荻原,见于论文《欧洲文化艺术之源流》,载 1931 年上海《读书杂志》第 1 卷第 2 期。在该刊第 1 卷第 3 期发表论文《贫困的哲学——胡适的方法论之批评》亦署。⑦荻原,见于论文《最近世界各国文坛之主潮》,载 1931 年上海《读书杂志》第 1 卷第 2、3、6 期。⑧黄陂石明,出版《日本侵略下之满蒙》(上海大东书局,1931 年)署用。⑨HCY,见于评论《勿侵略文艺》,载 1932 年上海《文化评论》第 4 期。⑩胡冬野,出版译作《家族论》(德国缪勒·利尔原作,与王礼锡合译。上海商务印书馆,1936 年)署用。⑪东野、锦轩、未明、石明、秋生、龙治平、H.C.Y.,署用情况未详。按:胡秋原尚出版有论著《伦理学纲要》《抗战建国根本问题》《历史哲学概论》《国策之原理》《日本大陆政策之原形》《民族文学论》《中国文化与文化复兴》《宋明学案明儒案节补》《中国文化之前途》等,出版情况未详。

胡曲园(1905－?),湖北江陵人。原名胡廷方,号曲园。笔名:①胡曲园,1949 年后出版《形式逻辑》(上海人民出版社,1963 年)、《公孙龙子论疏》(与陈进坤合作。复旦大学出版社,1987 年)、《马克思主义研究的几个问题》(与蒋学模等合作。复旦大学出版社,1983 年)等署用。②天放,署用情况未详。

胡仁源(1883－1942),浙江吴兴(今湖州市)人,字次珊,号仲毅。笔名胡仁源,出版翻译戏剧《哀格蒙德》(德国歌德原作。上海商务印书馆,1929 年)、《瓦轮斯丹》(德国席勒原作。上海商务印书馆,1933年)、《圣女贞德》(爱尔兰萧伯纳原作。上海商务印书馆,1934 年),翻译小说《千岁人》(爱尔兰萧伯纳原作。上海商务印书馆,1936 年)等署用。

胡沙（1922－2005），湖北汉川人。原名徐勤精，曾用名徐茂庭、徐胡沙。笔名：①江军，1938年在重庆治平中学编墙报署用。②史莹，1938年在重庆《时事新报·青光》《商务日报》发表文章署用。③胡沙，见于散文《冲锋》，载1938年重庆《弹花》第2卷第1期。嗣后在《战时青年》《北方文化》等刊发表作品，创作童话剧《公主旅行的故事》《它的城》；1949年后担任中国评剧院导演、院长，创作评剧剧本《向阳商店》（集体创作，胡沙、安西执笔）、《四季长青》（与高琛、冯霞合作）、《吹鼓手告状》《米酒歌》；改编评剧剧本《夺印》《会计姑娘》《燕赵儿女》《千万不要忘记》《阮文追》（与高琛合作）、《降龙伏虎》《高山下的花环》（与高琛合作），出版专著《评剧情史》等亦署。④徐沙、徐胡沙，20世纪40年代在延安《解放日报》和《晋察冀日报》《北方文化》等报刊发表作品署用。

胡山源（1897－1988），江苏江阴人。原名胡三元，号抡廷；晚号半村老人。曾用名胡怡然、Morrison（马礼生）。笔名：①杉园，1916年在上海《申报·自由谈》发表文章署用。1938年在上海《红茶》创刊号发表《牡丹岭》亦署。②忘忘生，1916－1917年在上海《时报》《时事新报》发表文章署用。③胡山源，1911年肄业于江阴励实学堂时改名。嗣后在《弥洒》《新月》《青年界》《万象》《抗战半月刊》《天风》《红茶》《文心》《上海评论》《中行》《华美》《中美周刊》《浙江教育》《文艺世界》《旅行杂志》《小说月报》《正言文艺月刊》《新文丛》《新流文丛》《乐观》《紫罗兰》《新都周刊》《天下》《中国工业》《申报月刊》《中艺》《大众》《永安月刊》《春秋》《青光半月刊》《国文月刊》《上海文化》《水准》《读书通讯》《茶话》《青年与妇女》《伉俪杂志》《宇宙》《新书月刊》等报刊发表长篇小说《散花寺》《明季义民别传》、评论《华北大战的实际形势》《从文学的观点推荐〈圣经〉》《论大学一年级国文》《论创作》《小说综论》《抗战建国第一》《论小说的情节》《在华日俘应全部作战犯论》《通俗文学的教育性》《论大学国文系及其科目》、随笔《我的娱乐》《我的写作生活》《记上海文联》《我的贤妻》《我的读书经验》《京沪线掠影》《游杭随记》《灵隐道上》《开封的风沙》等，出版短篇小说集《虹》（上海中华书局，1931年），杂文集《打鬼》（一名《破除迷信》。上海世界书局，1941年），散文集《我的写作生活》（上海日新出版社，1947年）、《文人综论》（上海大东书局，1948年），剧本《风尘三侠》（上海商务印书馆，1927年），翻译小说《早恋》（苏联夫雷雅曼原作。上海日新出版社，1947年），翻译散文集《现代欧美女伟人传》（美国阿丹斯等原作。上海世界书局，1938年）等，1949年后出版长篇小说《散花寺》（北方文艺出版社，1986年），回忆录《文坛管窥》（上海古籍出版社，2000年），传记文学《青山碧血──钱正表传》（江苏文史资料编辑部，1998年）等亦署。④思还，见于独幕剧《急变》（美国德纳·伯内特原作），载1924年《小说月报》第15卷第

5期；随笔《感伤与愤慨》，载1938年11月7日上海《申报·自由谈》。嗣后在《申报·自由谈》发表随笔《个人的恩仇》《我们的"怨府"》《战争沉闷》等亦署。⑤丝环，出版翻译小说《欧·亨利短篇小说集》（美国欧·亨利原作。上海商务印书馆，1928年）署用。⑥包落弟，20世纪20年代在上海《时报》副刊发表文章署用。⑦天存，见于随笔《注意耳聋》，载1934年上海《玲珑》第4卷第28期。⑧悠然，见于随笔《对于升学青年贡献几点意见》，载1936年《现代青年》第3卷第6期；随笔《男女之间的话》，载1937年上海《玲珑》第7卷第30期。前后在《中心评论》《文友》等刊发表文章亦署。⑨老彭，见于长篇小说《江头碧血》，连载于1938年6月16日上海《红茶》创刊号至第5期。⑩木子、潘子英、岂敢，分别见于《木子日记》《林语堂的国文程度》《不是广告》，载1938年6月16日上海《红茶》创刊号。⑪明绿，见于《哀江南》，载1938年6月16日上海《红茶》创刊号。嗣后在该刊发表随笔《杨克武》《唐景耀》《明道人》等文亦署。⑫不老，见于随笔《老了》，载1938年6月16日上海《红茶》创刊号。嗣后在该刊发表随笔《红袜子赞》《电话误》等亦署。⑬闲云，见于随笔《外国通讯社的翻译》，载1938年6月16日上海《红茶》创刊号。嗣后在该刊发表随笔《"热"的翻译》《从拜把子说起》，此前后在《西风》《女青年》等刊发表文章亦署。⑭张培初，见于随笔《谈葬》，载1938年6月16日上海《红茶》创刊号。嗣后在该刊发表随笔《谈皮鞋之类》《父母爱子》等文亦署。⑮半村主人，见于《仙霓社之前后》，载1938年上海《红茶》创刊号至第10期。⑯长生，见于《自缢颂》，载1938年《红茶》第2期。嗣后在该刊发表随笔《说头》《哀求有罪》等文亦署。⑰过客，见于随笔《公园里的凳子》，载1938年《红茶》第2期。嗣后在该刊及《现实》《旅行》《文学集林》《文苑》等刊发表随笔《爬到岸上去》《谈鬼》《美丽的鼓浪屿》、译文《惠特曼的战歌》、诗《囚徒之歌》等亦署。⑱方以屏，见于通信《要求〈金瓶梅〉出单行画册》，载1938年《红茶》第2期。⑲雨苍，见于随笔《一对胡桃》，载1938年《红茶》第5期。⑳纶亭，见于《露宿者》，载1938年11月14日《申报·自由谈》。㉑无愁，见于随笔《风雨话愁》，载1938年《红茶》第11期。㉒迪平，见于中篇小说《王家港》，连载于1938年12月9日－31日《申报·自由谈》。㉓茂烈，见于随笔《知识青年的出路》，载1939年2月10日《申报·自由谈》。嗣后在该刊发表随笔《今之父母》《不该恢复陋俗》《维持风纪》等亦署。㉔耿之，见于随笔《不看报》，载1939年2月14日《申报·自由谈》。嗣后在该刊发表随笔《必言》《必走》《必登》等亦署。㉕莫邪，见于随笔《不足为奇》，载1939年2月24日《申报·自由谈》；随笔《与友人论国民精神总动员书》，载1939年上海《文心》第1卷第6期。㉖尚卿，见于随笔《所望于副刊投稿者的》，载1939年6月7日、15日《申报·自由

谈》。嗣后在该刊发表随笔《勘中性的杂志》《略谈老名士》《略谈少名士》等亦署。又见于随笔《有恳于老派国文教师者》，载1939年上海《中行》第1卷第3期。㉗智，见于随笔《谁吃谁的饭》，载1939年7月24日《申报·自由谈》。嗣后在该刊发表随笔《还是乐观》《求则得之》等亦署。㉘培初，见于随笔《得不偿失》，载1939年10月7日《申报·自由谈》。㉙潭影，见于随笔《第一次到上海》，载1939年《上海评论》第1期。㉚长云，见于随笔《从头做起与迎头赶上》，载1941年上海《正言文艺月刊》第1卷第3期。㉛依今，见于翻译中篇小说《万世师表》（英国詹姆士·希尔顿原作），连载于1943年1—2月上海《申报》。㉜孚人，见于随笔《提倡千字斗米运动》，载1943年上海《杂志》第11卷第5期。㉝星、安然、怡然、屈成、虎男、周馥、学人、秋生、贯长、智初、黎劳、黎芬、狄平、贯白、庆生、马鸣、潘子美、张培本、独孤玉、S，20世纪30—40年代在上海《申报》《中美日报》《中央日报》《青年周报》等报刊发表文章署用。㉞半村，20世纪40年代发表文章署用。又见于随笔《半村杂存》，载1981年《舟山文艺》。㉟系环、雨苍、培本、莫奇、莫稽、庸之、莺鸣、陈碧云，署用情况未详。按：胡山源尚出版有回忆录《坎坷的一生》《屈辱二十一年》，传记文学《江阴义民别传》《嘉定义民别传》，译作《卡本德游记》《莎士比亚评传》《日本与日本人》《杰作的人生》《人人是尧》《黑奴成功传》（与他人合译），以及《标准英汉辞典》（与林汉达合编）等，出版与署名情况未详。

胡尚炜（1900—1947），浙江鄞县（今宁波市）人，字形父（fù），小字葆亭，别署竹仵。笔名胡形父，出版《善藏楼诗稿》（与《天机楼诗》合卷，1948年线装排印本）署用。

胡绍轩（1911—1984），湖北大冶人。原名胡汉华，号绍轩。笔名：①华露，见于评论《谈袁昌英的〈孔雀东南飞〉》，载1935年武汉《文艺》月刊第1卷第4期。②咸仙，见于散文《拍照》，载1935年《文艺》月刊第1卷第5、6期。③少仙，见于评论《应该努力儿童文学》，载1936年《文艺》月刊第3卷第3期。④邵仙、吴寒花，分别见于童话《我的消息》、小说《夺回喜峰口的前夜》，载1937年《文艺》月刊第4卷第1期。⑤胡绍轩，出版剧本《否极泰来》（重庆独立出版社，1944年）署用。嗣后一直沿用。⑥绍轩，见于《编后记》，载1947年武汉《文艺》月刊第6卷第1期。⑦丁亥，1947年在《武汉日报》发表文章署用。⑧老绍，1949年后在昆明《春城戏剧》等刊发表文章署用。

胡绳（1918—2000），浙江杭州人，生于江苏苏州。原名项志逖。笔名：①胡绳，见于评论《略论丰子恺的漫画》，载1934年9月2日上海《中华日报·动向》。嗣后在《清华周刊》《时事类编》《新世纪》《芒种》《读书生活》《青年界》《文学》《文学季刊》《知识半月刊》《生活知识》《全民周刊》《自修大学》《读书月刊》《文艺工作者》《译文》《太白》《抗战戏剧》《全民抗战》《妇女生活》《读书月报》《战地知识》《文学月报》《新学识》《认识月刊》《语文》《野草》《北方文化》《笔谈》《青年知识周刊》《文化杂志》《民主周刊》《中国建设》《新文化》《民主》《昌言》《中华论坛》《周报》《现代文摘》《大学月刊》《南风月刊》《自由丛刊》《理论与现实丛刊》《群众（香港版）》《新华日报》《大众文艺丛刊》《小说》《人民周报》等报刊发表著译文章《文学创作上的用语——大众语：方言：拉丁化》《对于黎明的反抗》《通俗辩证法讲话》《约翰·郭尔贝》《中国近代史》《五四运动论（新史论）》《胡适论》《论抗日民族统一战线下面的斗争》《方法论例解》《抗日民族统一战线中间的几个基本问题的研究纲要》《由纪念五四想到思想自由》《论自由主义在中国》《马克思主义与中国近代思想发展概观》《评路翎的短篇小说》《评姚雪垠的几本小说》等，出版《新文字的理论和实践》（大众文化社，1936年）、《后方民众的总动员》（上海生活书店，1937年）、《经济学初级读本》（汉口新知书店，1938年）、《思想方法论初步》（上海生活书店，1946年）、《思想方法和读书方法》（上海耕耘出版社，1949年）等亦署。②胡卜人，见于评论《我们要求健全的地方性的刊和报纸副刊》，载1936年上海《读书生活》第3卷第8期。同时期在《生活知识》《大家看》《自修大学》等刊发表文章亦署。③卜人，见于短评《进攻造成胜利》，载1937年上海《新学识半月刊》第2卷第2期；《争取抗战教育和加紧自我教育》，载1937年汉口《全民周刊》第1卷第2期。1938年在重庆《全民抗战》三日刊发表杂文《文化汉奸》《应做的事便是能做的事》等亦署。④沈于田，见于评论《抗战时期的哲学研究》，载1937年《新学识》第2卷第12期；评论《"中国到自由之路"——评冯友兰著〈新事论〉》，载1943年重庆《群众》第8卷第1、2期合刊。同时期在《文摘》《月报》《全民周刊》《全民抗战》《读书月报》《求知文丛》《大众生活》等刊发表文章亦署。⑤项黎，见于随笔《感性生活与理性生活》，载1943年重庆《中原》创刊号；论文《论艺术态度与生活态度》，载1944年《中原》第1卷第3期。⑥沈友谷，见于评论《论中国民族的新文化的建立》，载1943年重庆《群众》第8卷第12期。嗣后在该刊发表《这就算是批评么？》《论服务观念》等文，1947年在香港《群众》、广东《正报》发表文章亦署。⑦陈桑，见于杂文《释"外国也有臭虫"论》，载1944年重庆《天下文章》第2卷第4期。⑧司马牛，1945年9月后在重庆《新华日报》发表杂感时与袁水拍、潘梓年、章汉夫、张友渔、徐光霄等人共同署用。⑨蒲韧，见于评论《总统制和责任内阁制——宪法上的基本知识》，载1946年上海《新文化》第2卷第9期；评论《新文化运动的根、枝叶和所需要的阳光——为欢迎胡适之先生回国而作》，载1946年上海《中国建设》月刊第2卷第5期。同时期在《中学生》杂志发表文章，出版历史著作《二千年间》（沈阳东北书店，1949 年）亦署。⑩李念青、公孙求之，20 世纪 30—40 年代在报刊发表评论等署。⑪胡寒生，与袁水拍合署。见于散文《追忆杨刚》，载 1982 年北京《新文学史料》第 2 期。⑫桑、念青，署用情况未详。

胡石庵（1879－1926），湖北天门人。原名胡人杰，字天石，号石庵、忭憨室主。曾用名胡金门。笔名：①天石，1907 年在《月月小说》发表小说《南礼都阅兵记》，1909 年在汉口《扬子江小说报》《江汉日报》《汉口中西报》发表小说《新儒林外史》《马上女儿传》等署用。②胡石庵，出版散文集《湖北革命实见记》（汉口大汉报社，1912 年）署用。

胡石言（1924－2002），浙江平湖人。原名胡庆坻。笔名：①胡石言，1943 年发表报告文学《榴弹手蔡永生》署用。②石言，首见于小说《子弹》，载 1944 年苏中军区《苏中报》。1949 年后出版小说《秋雪湖之恋》（上海文艺出版社，1985 年），电影文学剧本《柳堡的故事》（与黄宗江合作。中国电影出版社，1958 年），传记文学《陈毅北渡》（与吴克斌合作。战士出版社，1983 年）等亦署。按：胡石言尚出版有小说集《柳堡的故事》《漆黑的羽毛》，话剧剧本《缴获归公》《亲上亲》，歌剧剧本《还是你们好》《小将行》《虹桥》等，出版情况未详。

胡石予（1868－1938），江苏昆山人。原名胡蕴，字介生，号石予。笔名：①胡蕴，在《南社丛刻》发表诗文署用。②石翁、丹砾、老跛、萱百、萱伯、半兰、瘦鹤、布衣、胡布衣、大布之衣、闲主人，署用情况未详。按：胡石予著有《画梅赘语》《梅花百绝》《后梅花百绝》，署名与出版情况未详。

胡士莹（1901－1979），浙江平湖人，字宛春。曾用名胡霜红。出版有《古代白话短篇小说选》《话本小说概论》《弹词宝卷书目》《紫钗记校注》等著作。

胡士璋（1924－？），湖南长沙人，生于浙江吴兴（今湖州市）。曾用名胡膺东。笔名胡谔、浪天、王立早、胡膺东、诸葛锦，1942 年开始在《前线日报》副刊《磁铁》《书报评论》、安徽屯溪《中国日报·平旦》《中国民报》、福建南平《天行报》发表杂文、散文署用。嗣后在《东南日报》《中央日报》《大公报》《新民晚报》《上海工商杂志》等报刊发表文章亦署。

胡适（1891－1962），安徽绩溪人，生于江苏川沙（今上海市）。幼名糜儿，原名胡嗣糜。学名胡洪骍，字希疆；后改名胡适，字适之，号冬友，别号有三先生、藏晖先生、藏晖居士、藏晖室主人。曾用名胡天、胡安定。笔名：①期自胜生，见于《地理学》，载 1906 年《竞业旬报》第 1—3 期。②门胜生，署用于《自胜生随笔》，1907 年作。③希疆，见于《敬告中国女子》，载 1906 年《竞业旬报》第 3 期。④适之，见于翻译小说《暴堪海舰之沉没》，载 1906 年《竞业旬报》第 5 期。

20 世纪 20 年代起在《晨报副镌》《独立评论》等刊发表文章亦署。⑤铁儿，见于译文《生死之交》，载 1907 年《竞业旬报》第 12 期。⑥铁，见于《时闻》，载 1908 年《竞业旬报》第 25 期。⑦适庵，见于《适庵平话》，载 1908 年《竞业旬报》第 24 期。⑧适厂（ān），见于《西洋笑话》，载 1908 年《竞业旬报》第 26 期。⑨适，见于介绍《国民白话公报，须弥日报》，载 1908 年《竞业旬报》第 26 期。嗣后在北京《努力周报》发表文章亦署。⑩冬心，见于诗《口号》，载 1908 年《竞业旬报》第 26 期。⑪胡天，见于《赠别黄用溥先生》，载 1908 年《竞业旬报》第 27 期。⑫蝶，见于诗《电车词》，载 1908 年《竞业旬报》第 29 期。⑬蝶儿，见于小说《新侦探谭》，载 1908 年《竞业旬报》第 32 期。⑭骈，见于《对于中国公学风潮之感言》，载 1908 年《竞业旬报》第 34 期。⑮藏晖，见于诗《赠别古仲熙归粤》，载 1909 年《竞业旬报》第 39 期。⑯胡适适之，见于诗《出国行》，载 1913 年 1 月《留美学生年报》第二年。⑰胡适，见于《赔款小史》《诗经"言"字解》，载 1913 年 1 月《留美学生年报》第二年。嗣后在《新青年》《甲寅》《太平洋》《科学》《法政学报》《东方杂志》《新教育》《北京大学月刊》《国语月刊》《读书杂志》《努力周报》《师大月刊》《读书通讯》等刊发表文章，出版专著《中国哲学史大纲》（上海商务印书馆，1919 年）、《中国古代哲学史》（上海商务印书馆，1929 年）、《胡适论学近著》（上海商务印书馆，1935 年）、《藏晖室劄记》（上海亚东图书馆，1939 年），诗集《尝试集（附《去国集》）》（上海亚东图书馆，1920 年），散文集《胡适论说文选》（上海希望出版社，1936 年）、《胡适文存》（上海亚东图书馆，1921 年）、《庐山游记》（上海新月书店，1928 年）、《五十年来中国之文学》（新民国书局，1929 年）、《四十自述》（上海亚东图书馆，1933 年）、《南游杂忆》（金华国民出版社，1935 年）、《胡适留学日记》（上海商务印书馆，1947 年），翻译小说《二渔夫》（法国莫泊桑原作。上海亚东图书馆，1919 年）、《百愁门》（英国吉人林原作。上海亚东图书馆，1919 年）、《柏林之围》（法国都德原作。上海亚东图书馆，1919 年）、《短篇小说》（俄国契诃夫等原作。上海亚东图书馆，1919 年）、《短篇小说（第二集）》（哈特等原作。上海亚东图书馆，1933 年）等亦署。⑱胡适之，见于《序曾琦君的国体与青年》，载 1919 年 2 月 24 日北京《晨报》。嗣后在《晨报副镌》《国语月刊》《安徽教育》《新月》《师大月刊》《东方杂志》《读书通讯》等刊发表文章亦署。⑲天风，见于杂感《求雨》，载 1919 年《每周评论》第 20 期。⑳QV，见于《政治与计划》，载 1922 年《努力周报》第 7 期。㉑Q，见于《歌谣的比较的研究法》，载 1922 年 12 月《努力周报》第 31 期。㉒藏晖，见于《论学潮》，载 1932 年《独立评论》第 9 期。㉓WGT、WHO、GWT、H、H. S. C.、OV、QV，在国外发表文章署用。㉔笑、之、骈儿、适盦、自胜生、笔记杜威、毅斋主人、晖室主人、藏晖主、藏晖室主人，署用情况未详。按：胡适尚出版有《尝试后集》《国语文学史》《白话文学史》《文学改良刍议》《中国新文学大系·建设理论集》《中国新文学运动小史》《中国古典小说研究》《中国章回小说考证》《最低限度的国学书目》《水浒传与红楼梦》《西游记考证》《醒世姻缘考证》《三百年的女作家》《胡适选注的诗选》《胡适选注的词选》《中国中古思想史长编》《戴东原哲学》《淮南王书》《问题与主义》《我们的政治主张》《我们走哪条路》《胡适演讲集》《胡适文选》等著作，出版情况未详。

胡思敬（1870－1922），江西新昌（今宜春市）人，字漱、瘦唐、瘦塘。号退庐、瘦簃；别号退庐居士、问影楼主。笔名胡思敬，出版有《九宋人集》《明人小史八种》《元二大家集》等著作。

胡思永（1903－1923），安徽绩溪人。笔名：①胡思永，见于诗《祷告》《南来诗抄》，载 1922 年北京《努力周报》第 7 期。嗣后在该刊发表文章，出版诗集《胡思永的遗诗》（上海亚东图书馆，1924 年）亦署。②思永，见于诗《彷徨》《二次的祷告》，载 1922 年《努力周报》第 29 期。

胡苏（1915－1986），浙江镇海（今宁波市）人。原名谢相箴。笔名胡苏，见于小说《家》，载 1936 年《今代文艺》第 1 卷第 2 期。嗣后创作话剧剧本《堤》《"空军"司令》《母亲》《北斗》，改编、创作电影文学剧本《万木春》《母亲》《北斗》《换了人间》《海风寄语》及《红旗谱》（与他人合作），出版《胡苏电影文学剧本选集》（长春市文化局文化艺术史志集成办公室，1995 年）等亦署。

胡梯维（？－1966），浙江绍兴人。原名胡治藩。笔名：①拂云生，见于长篇小说《十里莺花梦》，1930 年连载于上海《金钢钻报》。②拂云，1927－1930 年在天津《国闻周报》发表文章署用。③孥云生，见于长篇小说《黄熟梅子》，1931 年连载于上海《金钢钻报》。

胡天风（1923－1991），湖北天门人。原名胡端豪。笔名：①天风，见于《筑路者底歌》，载 1941 年秋《新湖北日报》。嗣后在汉口《武汉日报》《武汉时报》《大刚报》、开封《民国日报》、上海《大公报》等刊发表作品，1949 年后出版《凤凰岭》（与刘鸣合作。武汉通俗出版社，1951 年）亦署。②端木豪，1942 年开始在武汉报刊发表作品署用。③石葭、吴碧、胡雁、海雨、林紫、林簦、谢玲、谢菱、李怀平、TF，1946－1948 年在《武汉时报·北辰》等武汉报刊发表作品署用。④流沙，20 世纪 40 年代在《文学》《文艺先锋》《中国诗坛》《诗创造》等刊发表诗作署用。⑤端木豪风，见于杂文《画鬼斋随笔》，载 20 世纪 40 年代汉口《大刚报·大江》。⑥田枫，出版报告文学集《荆江分洪》（少年儿童出版社，1957 年）署用。⑦胡天风，1949 年后出版诗集《呼唤》《天风诗草》（长江文艺出版社，1992 年）、速写集《天风海雨集》（长江文艺出版社，1990

年）等署用。

胡天月（1891－1922），江苏常熟人。原名胡钟育。笔名：①胡天月，见于《中国文字与 Esperanto——致钱玄同》，载 1918 年北京《新青年》第 5 卷第 5 期。1921 年在上海《小说月报》第 12 卷第 5 期发表翻译小说《只要一句话》（德国 L. E. 梅尔原作），同年 5 月在上海《文学旬刊》第 2 期发表翻译喜剧《审判》（匈牙利瞿西原作），嗣后在《东方杂志》《小说月报》发表译文《母亲能够受多少苦？》《新兴小国文学述》等亦署。②天月，见于翻译喜剧《美洲来的姨母》（布尔苏伊斯世界语原作），载 1920 年《东方杂志》第 17 卷第 15 期；译作《盲人和乳酪》，载 1921 年 7 月 29 日上海《时事新报·学灯》。1920 年在上海《小说季报》第 4 期发表翻译小说《牺牲》（特里尼泰世界语原作）亦署。③东方，见于速写《双飞鸟》，载 1934 年上海《太白》第 1 卷第 6 期。嗣后在该刊发表小说《收条》、随笔《乌龟》《牛乳》《一只鸭》《斗蟋蟀》《有贵和大宝》等文亦署。④迦身、茄声，署用情况未详。

胡汀鹭（1984－1943），江苏无锡人。原名胡振，号痹公、痹禅。晚号大浊道人。画家，工诗词。笔名汀鹭，出版有《汀鹭题画集》《闹红精舍遗稿》。

胡拓（1915－1987），湖北松滋人。原名胡明清，曾用名胡思贤。笔名：①胡潮，见于散文《别宜昌》，载 1938 年 9 月宜昌《民国时报》。②胡拓，见于《请月亮广播》，载 1939 年 10 月重庆《新华日报》。嗣后在《诗创作》《文艺生活》《现代文艺》《诗垦地》等报刊发表诗作均署。1949 年后发表诗《百川归大海》《葛洲坝放歌》等，出版诗集《太阳照在她的头顶上》（松滋县文化馆，1986 年）等亦署。

胡危舟（1910－1983），浙江定海（今舟山市）人。笔名：①胡危舟，见于随笔《七千里行程》，载 1938 年《狂潮旬刊》第 1 卷第 2－5 期；通讯《四路军的光荣战绩》，载 1938 年《十日文萃》第 1 期。同时期在《狂潮旬刊》《中国诗坛》发表诗作，1941 年 6 月与阳太阳等在桂林创办《诗创作》并在该刊发表诗作亦署，嗣后在《文学创作》《人世间》等报刊发表诗文，出版诗集《奴隶的活力》（诗歌出版社，1939 年）、《投枪集》（桂林诗场社，1941 年）、《金刚坡下》（桂林诗创作社，1942 年）等亦署。②骆驼，见于长篇小说《中华的儿女》，1938 年《自学旬刊》连载；长篇小说《中国的行进》，1939 年上海《文心》第 1 卷连载。

胡文玉（1887－1971），湖北应城人。原名胡鸣盛。笔名胡文玉，出版有《故宫杂钞》《四库汇要目录索引》《韦庄词注》《唐妇女试钞》等著作。

胡希明（1907－1993），河北保定人。笔名：①三流，1946 年在香港《华商报·热风》发表杂文《心照不宣》，1948 年在香港《周末报》撰写《三流周话》署用。②胡希明，1949 年后出版诗集《三流诗集》（广东人民出版社，1989 年），长篇历史小说《红船英烈传》，改编京剧剧本《杜鹃山》（与萧荻合作）等署用。③孙飞、孙露、令狐秦，署用情况未详。

胡锡年（1913－1996），浙江海盐人。曾用名胡雪岩。笔名：①胡锡年，出版译作《中国学术文艺史讲话》（日本长泽规矩也原作。上海世界书局，1943年）、《日本近代史》（日本栗田元次原作。上海正中书局，1947年）、《对华回忆录》（日本东亚同盟会编。北京商务印书馆，1959年）、《中日文化交流史》（日本木宫泰彦原作。北京商务印书馆，1980年）等署用。②胡锡岩、吴易君，署用情况未详。

胡先骕（1894－1968），江西新建人，生于南昌，字步曾，号忏庵（忏安、忏盫）。曾用名胡先啸。笔名胡先骕，见于论文《说文植物古名今证》，载1915年上海《科学》第1卷第6期；评论《文学之标准》，载1924年南京《学衡》第31期。此前后在上述两刊及《南社丛刊》《解放与改造》《甲寅》《学术》《东方杂志》《东南论衡》《独立评论》《青鹤》《中山文化教育馆季刊》《科学画报》《出版周刊》《工业中心》《中西医药》《图书展望》《月报》《地质论评》《地方建设》《正大农业丛刊》《读书通讯》《文史季刊》《正言》《青年时代》《真知学报》《国闻周报》《中国文学》《中国文艺》《现代文摘》《三民主义半月刊》《再造旬刊》《周论》《国风》等刊发表《中国文学改良论》《欧美新文学最近之趋势》《评俞恪士觚庵诗存》《评金亚匏秋蟪吟馆诗》《评〈尝试集〉》《读阮大铖咏怀堂诗集》《评朱古微彊村乐府》《春日杂诗》《旅程杂诗三十八首》《评钱基博现代中国文学史》《今日救亡所需新文化运动》等诗文及译文《白璧德中西人文教育谈》，1949年后发表《水杉歌》（载1962年2月17日《人民日报》），出版《忏庵诗稿》（钱锺书编订。四川大学出版社，2010年）、《胡先骕诗文集》（黄山书社，2013年）等亦署。按：胡先骕为著名植物学家，其所发表之植物学论文及出版之植物学著作名略。

胡显中，生卒年不详，江西南昌人。笔名：①苏尼，1948年夏秋间在南昌《中国新报·文林》发表杂文、小品署用。②丐佬，见于《对当前文艺运动的意见》，载20世纪40年代南昌《人民的旗》杂志。③三友，与胡康新、熊国模合署。20世纪40年代在南昌《中国新报·文林》发表文章署用。

胡小石（1888－1962），浙江嘉兴人，生于江苏南京。原名胡光炜，字小石，号倩尹、夏庐；晚号子夏、圣同、沙公。斋名愿夏庐。笔名胡小石，1924年出版《甲骨文例》署用。嗣后在《清华周刊》《制言半月刊》《民族诗坛》《中国公论》《文史杂志》《说文月刊》《书学》《书简杂志》等刊发表诗《青溪集诗一首》《送子离之成固》《窜身》、随笔《我就是要吊下水去》、论文《昆明近出元尊胜陁罗尼咒石幢汉字题记考释》《中国书学史绪论》等，出版《远游疏证》《说文古文考》《金文释例》《古文变迁论》《齐楚古金表》《声统表》《江津县方言志》《说文部首疏证》《楚辞辨名》《书库方二氏

藏甲骨卜辞印本》《金石蕃锦集》《屈原赋考讲义》《中国文学史》《愿夏庐诗钞》（吴白陶编）及《胡小石论文集》等亦署。

胡晓风（1924－2012），湖北武昌人，笔名薛蜂，出版《民歌初集》（重庆活路社，1947年）署用。

胡杏芬（1914－1940），浙江余姚县（今慈溪市）人。笔名：①胡杏芬，见于抒情散文《李知凡太太》，1941年发表于上海《妇女知识丛书》。②净三，署用情况未详。

胡熊锷，生卒年不详，广东顺德（今佛山市）人，字伯孝。笔名胡熊锷，在《南社丛刻》发表诗文署用。

胡戍女，生卒年及籍贯不详，原名胡如威。笔名胡戍女、戍女，1932年前后在马来亚吉隆坡《益群报·洄澜》等刊发表散文署用。

胡雪抱（1881－1927），江西都昌人，字元衫，号穆庐、雪抱生。笔名胡雪抱，著有《昭琴馆词集》。

胡徇道，生卒年及籍贯不详。笔名徇道，见于杂文《某塾师》，载1933年《论语》半月刊第2卷第13期。

胡也频（1903－1931），福建福州人。原名胡培基。曾用名胡崇轩、蒋文翰、胡一频。笔名：①崇轩，见于小说《雨中》，载1924年《火球旬刊》第1期。嗣后在北京《民众文艺周刊》发表诗《昨夜入梦》、散文《撒谎》《心曲》《疯狂者的漫歌》、小说《苍茫的雨夜》《税》、随笔《无聊的通信》《致项拙》等亦署。②胡崇轩，见于小说《希望》，载1924年12月9日北京《民众文艺周刊》第1期。嗣后在该刊及《京报副刊》发表小说《梦后》《前夜》、随笔《雷峰塔倒掉的原因》《呜呼中国之一般民众》《学者说话不会错？》《我希望想替中国劳动阶级做些事的人注意这一点》等亦署。③也频，见于诗《我是铁锚山上的大王》，载1926年3月20日北京《晨报副镌》。嗣后在该刊以及《红黑月刊》发表诗《落雪之夜》《假使有个上帝》《青天》、小说《观剧之后》等亦署。④胡也频，见于诗《誓》，载1926年12月2日北京《晨报副镌》。嗣后在《晨报副镌》《小说月报》《现代评论》《东方杂志》《中央日报·红与黑》《山雨》《熔炉》《红黑月刊》《人间月刊》《前哨》《伴侣》《日出》《现代学生》等报刊发表小说《律师》《诗稿》《海岸线》《毁灭》《土地庙》《猫》《父亲和他的故事》《少年孟德的失眠》《小县城中的两个妇人》《烟》《药》《械斗》《圣徒》《魔鬼》《蔷薇》《秘密》《牧场上》、剧作《洒了雨的蓓蕾》《绅士的请客》、诗《忆梦苇》《别曼伽》《沅江夜渡》《爱情与苦恼》等，出版小说集《圣徒》（上海新月书店，1927年）、《活珠子》（上海光华书局，1928年）、《往何处去》（上海第一线书店，1928年）、《诗稿》（上海现代书局，1928年）、《消磨》（上海尚志书屋，1928年）、《牧场上》（上海远东图书公司，1929年）、《三个不统一的人物》（上海光华书局，1929年），戏剧集《鬼与人心》（上海开明书店，1928年），诗集《也频诗选》（上海红黑出版社，

1929 年）等亦署。⑤宛约，见于小说《生命》，载 1926 年《现代评论》第 8 卷第 197 期；小说《家长》，载 1927 年 9 月 26 日、27 日《晨报副镌》。嗣后在《晨报副镌》及上海《中央日报·红与黑》发表独幕剧《资本家》、小说《雪白的鹦鹉》《角喜发传》《黑点》等亦署。⑥芄，见于诗《生之不幸》，载 1927 年 5 月 4 日北京《晨报副镌》。⑦频，见于诗《海船上》，载 1927 年 5 月 21 日《晨报副镌》。⑧乃之，见于小说《珍珠耳坠子》，载 1927 年 8 月 9 日—11 日《晨报副镌》。⑨胡也革，见于《登高》，载 1927 年 10 月 1 日—5 日《晨报副镌》。⑩沉默，见于诗《遗嘱》，载 1928 年 7 月 19 日上海《中央日报·红与黑》。嗣后在该刊发表诗《寒夜的哀思》《死了和活着》《生活的麻木》《无消息的梦》等亦署。⑪白丁，见于中篇小说《到 M 城去》，载 1929 年上海《红黑月刊》第 7、8 期。⑫野革，见于小说《黑骨头》，载 1930 年上海《现代学生》第 1 卷第 2 期。⑬胡一平，见于小说《牺牲》，载 1930 年上海《小说月报》第 21 卷第 12 期。⑭黄英，见于小说《故乡》，载 1931 年南京《文艺月刊》第 2 卷第 1 期。⑮红笑、何一平、何以平，署用情况未详。

胡一声（1905－1990），广东梅县人（今梅州市）。笔名：①细胡，见于小说《历史的终点》，载 1931 年 12 月 10 日—21 日马来亚新加坡《星洲日报·繁星》；小说《少女狂舞曲》，1931 年 12 月 17 日载于马来亚新加坡《民国日报·公共园地》。②古月，见于散文《徐志摩的死》，载 1931 年 12 月 15 日、16 日马来亚新加坡《新国民日报·公共园地》。③高原，见于随笔《空中化学战及各国防空现状》，载 1936 年上海《现世界》半月刊第 1 卷第 5 期。嗣后在《杂志》《影迷周报》《诗歌杂志》《现世界》《剧场艺术》《读书月报》《文艺青年》《文艺与生活》等刊发表小说《芸姑》、著译文《航空进行曲》《毒瓦斯的种类及性质》《防空防毒的技术方法》《我与文学》《昆明剧坛动态》《旅途散记》《论苏联的外交政策》《论重庆的宪政》《美苏的外交政策与中国》等亦署。④高松，见于随笔《华侨与太平洋集体安全运动》，载 1936 年上海《现世界》半月刊第 1 卷第 8 期。嗣后在该刊发表随笔《近年来日本对各地华侨的压迫》、通讯《南洋华侨一致希望不再有内战》等亦署。⑤高雄，1936 年在上海《现世界》发表文章署用。⑥胡一声，见于译文《中国经济的现势及其动向》（日本滨田烽太郎原作），载 1936 年《上海经济情报》；随笔《法国玛奇诺防线的秘密》，载 1937 年《文摘》第 1 卷第 1 期。嗣后在《蒙藏月报》《国际教育》《中华论坛丛刊》《抗战周刊》等刊发表评论《外强中干的日帝国主义》《苏联军事教育的新政策》《华侨救乡运动的意义》《中国革命的特点与农工民主党的新政治路线》等文，出版论著《新教育学纲要》（汉口新知书店，1941 年）亦署。

胡依凡，生卒年及籍贯不详。笔名依凡，见于译文《我的自传》（苏联绥拉菲莫维奇原作），载 1933 年上海《文艺》月刊创刊号；译文《法西斯主义与意大利文学》（苏联安尼·阿里斯特拉托娃原作），载 1933 年《文化界》第 1 卷第 2—3 期。嗣后在《读书生活》《新语林》《中学生》《现代》《申报·自由谈》等刊发表文章亦署。

胡颖之，生卒年不详，浙江绍兴人，字粟长。笔名：①胡颖之，在《南社丛刻》发表诗文署用。又见于散文《苗民生活一瞥》，载 1924 年 1 月 3 日—4 日上海《时事新报·学灯》；论文《日本无产政党的再生及其将来》，载 1926 年《东方杂志》第 23 卷第 11 期。②粟长，在《南社丛刻》发表诗文署用。③力涨、幸止，署用情况未详。

胡愈之（1896－1986），浙江上虞（今绍兴市）人。原名胡学愚，字愈之、子如。曾用名金子仙、胡芋之、胡越之、Huyucz（世界语名）。笔名：①说难，见于信函《参议院不含代表地方性质——致独立周报记者》，载 1912 年上海《独立周报》第 1 卷第 4 期；随笔《我对于创作家的希望》，载 1921 年上海《小说月报》第 12 卷第 7 期。此前后在《进步杂志》《太平洋杂志》等刊发表文章亦署。②胡学愚，见于译文《英国与欧洲大陆间之海底隧道》，载 1915 年上海《东方杂志》第 12 卷第 8 期；随笔《大战争中最小之交战国》，载 1916 年上海《东方杂志》第 13 卷第 4 期。同时期在上海《妇女杂志》发表文章亦署。③愈之，1915 年在《灸社》杂志发表文章始用。见于散文《暹罗风土记》，载 1917 年上海《东方杂志》第 14 卷第 10 期。嗣后在《东方杂志》《小说月刊》《文学周报》《民国日报·妇女评论》《晨报副镌》《新女性》《生活星期刊》《中学生》《一般》《野草》《笔谈》《欧亚文化》《民主》、马来亚新加坡《南洋商报·狮声》等报刊发表著译作品《战争与国债》《记莫利逊氏之藏书》《战争与美国之发明家》《长生新论》《美国向丹麦政府购买加勒本群岛记》《亚谷和人类的故事》《春日小品》《新文学与创作》《残废者（独幕剧）》《大炮在远处轰击》等亦署。④尚一，见于译文《种族与血统》，载 1917 年上海《东方杂志》第 14 卷第 9 期。嗣后在该刊及《太平导报》发表《法国文艺上特有的作品》《近代妇女运动发生的途径》《弗利梅圣里的秘密》《最近列强之国防与外交》《英印妥协之感言》《中国国民经济之乐观》等文亦署。⑤罗罗，见于随笔《背景画于战地之效用》，载 1918 年上海《东方杂志》第 15 卷第 4 期。嗣后在该刊发表《记荷兰共和国》《今日之马丁路德》《中华民族体质之研究》《活动影戏之布景术》《现世界之太古遗民》《近世人类学》《日本之人口问题》《南斯拉夫民族之独立运动》等文亦署。⑥碌碌，见于译文《俄国分裂之原因》，载 1919 年上海《东方杂志》第 16 卷第 8 期。嗣后在该刊及《清华周刊》《新满洲》《永生》《科学生活》等刊发表《欧洲新旧主义之宣战》《机器与人生》《"委曲求全"的胜誉》《和印的风物》《怎样认识我们的枪杆》《一则没有灵验的算命》等文亦署。⑦蠹才，见于翻译小说《太贵了》（法国莫泊桑原作，俄国托尔斯泰改作），载 1919 年上海《东方杂志》第 16 卷第 9 期；随笔《无同情心的中国人》，载 1921 年 6 月 25 日上海《时事新报·学灯》。1921 年起在上海《文学旬刊》发表《杂谈》、译作《亚谷和人类的故事》等亦署。⑧化鲁，见于随笔《现代英国诗坛的三老》，载 1921 年上海《东方杂志》第 18 卷第 14 期。嗣后在该刊发表《德皇追忆录》《两个哲学家的死》《勃拉斯的近代民治论》《一个十四岁的著名女画家》《现代英国诗坛的二老》《意大利大歌剧家的新著》等著译文，在上海《文学旬刊》《文学周报》《一般》《中学生》《文学》等刊发表作品亦署。⑨马鹿，见于随笔《立体派与电影艺术》，载 1921 年上海《东方杂志》第 18 卷第 14 期。嗣后在该刊发表《人类退化说》《威尔士的世界联邦论》等文亦署。⑩胡愈之，见于翻译剧本《残废者》（犹太人宾斯奇原作），载 1922 年上海《民铎杂志》第 3 卷第 2 期（刊内正文署名"愈之"）；翻译小说《失去的晚间》（保加利亚伐佐夫原作），载 1923 年上海《东方杂志》第 14 卷第 1 期。嗣后在《文学周报》《一般》《晨报副镌》《教育杂志》《微音月刊》《新生命》《现代学术》《申报月刊》《文艺新闻》《中山文化教育馆季刊》《北斗》《新生周刊》《中学生》《译文》《申报·自由谈》《太白》《时事类编》《文化月刊》《旅行杂志》《七月》《野草》《读书生活》《新世纪》《社会生活》《现世界》《文摘》《抗战半月刊》《周报》《读书月刊》《文化战线》《半月》《国民》《战时联合旬刊》《战时大学》《国民公论》《全民抗战》《战时论坛》《反侵略》《抗战周刊》《战时记者》《星岛周报》《译报周刊》《文艺春秋》《浙江青年》《艺风》《民主》《中国青年》《少年文选》以及新加坡《南洋商报》《风下》《南侨日报》《风下·新妇女》等众多报刊发表著译作品《诗人的宗教》《犹太文学》《近代法国写实派戏剧》《邮局长的信》《海的坟墓》《践踏在面包上的女孩子》《雨》，出版译作《东方寓言集》（俄国陀罗雪维支原作。上海开明书店，1927 年）、《星火》（保加利亚伐佐夫等原作。上海现代书局，1928 年），散文集《莫斯科印象记》（上海新生命书局，1931 年）、《南行杂记》（重庆生活书店，1940 年）、《书的故事》（苏联伊林原作。桂林新少年出版社，1943 年）、《郁达夫之流亡和失踪》（香港咫园书屋，1946 年）、《寓言的寓言》（俄国陀罗雪维支原作。上海开明书店，1947 年），以及《印度尼西亚语语法研究》（人民文学出版社，1951）等亦署。⑪硬健，见于评论《战后法国新艺术及其批评》，载 1922 年上海《东方杂志》第 19 卷第 5 期。嗣后在该刊发表《革命德意志诗人及剧作家》《乌克兰农民文学家柯洛涟科》等文亦署。⑫伏生，1931 年在上海《生活》周刊发表国际论文等署用。⑬景观，1931 年在上海《生活》周刊发表《大众利益与政治》《革命的人生观》《领袖论》《贪污论》《廉洁论》等文署用。1937 年在《国民周刊》发表文章亦署。⑭学愚，见于杂文《暂不出山》，载 1933 年上海《论语》半月刊第 2 卷第 14 期；《故都沦陷杂记》，载 1938 年《国

魂》第 20 期。⑮胡伏生，见于论文《德国政权归希特勒》，载 1933 年上海《社会主义月刊》第 1 卷第 2 期。⑯胡芋之，见于随笔《怎样打倒方块字》，载 1934 年上海《太白》半月刊创刊号（刊内正文作者署名"胡愈之"）。⑰心炎、郑禹，1937 年在《国民周刊》发表文章署用。⑱沙平，1945－1948 年间在马来亚新加坡主编《风下》周刊时在该刊以及新加坡《南侨日报·南风》《星中日报·星火》《民主》等报刊发表文章署用。见于小说《少年航空兵》，载 1946 年《风下》第 36 期（1949 年由文化供应社出版）。⑲丁访，20 世纪 40 年代在新加坡报刊发表文章署用。⑳何谷、芋之、巴人、天月、胡天月，署用情况未详。

胡元倓（1872－1940），湖南湘潭人，字子靖，号耐庵；晚号乐诚老人、磨血老人。笔名：①胡子靖，见于演讲文《何谓格物》，载 1936 年长沙《国光杂志》第 16 期。②磨血人，晚年在印章上用。

胡云翼（1906－1965），湖南桂东人。原名胡耀华，字南翔、北海。笔名：①胡云翼，见于小说《珠儿的祖母》，载 1925 年《小说月报》第 16 卷第 12 期；《李清照评传》，载 1925 年《晨报副镌》第 1254 期。嗣后在《小说月报》《晨报副镌》《艺林旬刊》《北新周报》《现代学生》《青年界》等刊发表《北宋四大词人评传》《中国文学里面的模拟、影响与创造》《论文学史上的正统派》《文学欣赏引论》《纳兰性德及其词》《中国文学与政治》《词的起源》等文，出版《现代书信选（上册）》（胡云翼主编。上海北新书局，1934 年）、《现代书信先（下册）》（胡云翼主编。上海北新书局，1934 年）、《现代戏剧选（上下册）》（胡云翼编。上海北新书局，1934 年），短篇小说集《西泠桥畔》（上海北新书局，1927 年）、《爱与愁》（上海亚细亚书局，1929 年），话剧剧本《新婚的梦》（原名《洞庭秋》，又名《血钟》。上海启智书局，1928 年），专著《宋诗研究》（上海商务印书馆，1930 年）等，1949 年后出版专著《唐诗研究》（商务印书馆，1959 年）、《宋词研究》（巴蜀书社，1993 年）等亦署。②翼，见于小说《消夏杂记》，载 1925 年《小说月报》第 16 卷第 11 期。③拜茸女士，编选出版《出塞曲边塞诗选》（上海亚细亚书局，1928 年）署用。④北泠、爱丝女士，署用情况未详。

胡昭（1933－2004），吉林舒兰人，满族。原名胡忠臣。笔名：①钟晨，早期写作署用。②胡昭，见于散文《乡间七日》，载 1948 年《文艺月报》第 3 期；诗《自卫队长》，载 1949 年 4 月《文学战线》第 2 卷第 2 期。嗣后出版诗集《光荣的星云》（作家出版社，1955 年）、《响铃公主》（辽宁人民出版社，1956 年）、《草原夜景》（中国青年出版社，1956 年）等亦署。③吕英勃、沈思远，1949 年 10 月前后在《吉林日报》编副刊署用。④雷云、冯浪声、关文修，1949 年后发表诗文署用。

胡昭衡（1915－1999），河南荥阳人。原名李天欣，字性真。曾用名李欣、胡蛮。笔名：①李欣，1929 年

开始在《豫北日报》发表文章署用。嗣后在《河南日报》、北平《化石》《晨报》《大众知识》、天津《大公报》《益世报》《国闻周报》、晋绥《抗战日报》《西北文艺》、香港《大公报》等报刊发表文章亦署。②古月，抗战前发表《北平一日》署用。③胡蛮，1936 年在北大校刊、抗战时在晋绥《战地烽火》发表文章署用。④胡昭衡，1943 年以后发表作品开始署用。嗣后发表小说《新与旧》《夜行》《谈爱面子》，1949 年后出版诗集《大跃进交响乐》，杂文集《老生常谈》（内蒙古人民出版社，1979 年）、《老声新弹》（内蒙古人民出版社，1987 年）、《乡居杂记》（香港汉典文化出版公司，2000 年）、《老干新枝》等亦署。

胡征（1917－2007），湖北大悟人，生于河南罗山。原名胡秋平，字延璋。曾用名胡玉麒、胡天相。笔名：①胡闹，见于诗《Sonnet》，载 1935 年河南信阳《豫南民报》。②胡笳居士，1936－1937 年间在信阳编《春潮》诗刊署用。③征鸿，见于小说《忏悔》，载 1939 年延安《中国青年》第 2 期。④白帆，见于诗《他是我们的》，载 1940 年延安《中国青年》某期。⑤胡征，见于诗《鸡毛信》，载 1940 年延安《新诗歌》第 2 期。嗣后在《文艺杂志》《文学月报》《抗战文艺》《希望》《文坛月报》《北方》《平原文艺》《大众文艺丛刊》《文艺生活》《群众（香港版）》《新华月报》等报刊发表小说《团圆》等，出版诗集《主席台》《七月的战争》《大进军》《胡征长诗选》，格律诗选《生生集》，评论集《诗情录及其他》《诗的美学》《反传统诗情录》《牛汉诗情录》，随笔集《胡征创作拾穗》，报告文学《鲁西南会战》，短篇小说集《红土乡纪事》等亦署。⑥骆惊，出版散文集《从后方到前方》（重庆西南人民出版社，1951 年）署用。⑦秋平，署用情况未详。

胡正（1924－2011），山西灵石人。原名胡振邦。笔名：①胡正，见于小说《碑》，载 1943 年 5 月 16 日延安《解放日报》副刊。嗣后在《解放日报》副刊发表小说《民兵夏收》，出版剧本《大家办合作》（与常功、孙千合作。哈尔滨东北书店，1948 年）等，1949 年后出版长篇小说《汾水长流》（作家出版社，1963 年），中篇小说《几度元宵》《鸡鸣山》，短篇小说集《嫩苗》《七月古庙会》《两个巧媳妇》，报告文学集《七月的彩虹》等亦署。②于昧、呼钟、呼延青，1946－1949 年编《晋绥日报》副刊，发表小说《捞饭盒》《长烟袋》等及诗歌、散文署用。③何畔、镇之，1949 年冬编重庆《新华日报》副刊，发表小说《报信》等作品署用。④胡令天，见于小说《摘南瓜》，载 1954 年《山西文艺》4 月号。⑤胡林天，小说《摘南瓜》收入《青年文学创作选集》（中国青年出版社，1956 年）时署用。

胡正兴，生卒年及籍贯不详。笔名蓝浪，见于诗《悼死者》，载 1944 年 4 月 1 日重庆《新华日报》；诗《旷野的忧郁》，载 1945 年 11 月四川万县《诗前哨》第 2 辑《收获之歌》。

胡政之（1890－1949），四川成都人。原名胡霖，字政之。笔名：①冷观，见于小说《难兄》《自忏》，载 1917 年《小说月报》第 8 卷第 4 期、第 11 期；评论《退还庚子赔款之用途》，载 1924 年上海《国闻周报》第 1 卷第 1 期。嗣后在上述两刊及《生活周刊》《新社会半月刊》等刊发表评论《反对帝国主义运动》《美国限制华人赴美入校感言》《日本名士眼中之中国新变局》《东洋诸民族之觉醒》《日本之有产政党与无产政党》《论环境与文化之关系并及儒教之体系与其革新》、小说《白馒首》《电逋》《断指》、随笔《希特勒的艺术梦》《说不出的上海人两种苦处》《望远镜与显微镜》等亦署。②胡政之，见于散文《瑞士纪行》，载 1919 年《新中国》第 1 卷第 7 期。嗣后一直沿用。③政之，见于《东南问题与大局》，载 1924 年《国闻周报》第 1 卷第 4 期。④静观，署用情况未详。

胡仲持（1900－1968），浙江上虞（今绍兴市）人。原名胡学志，字仲持。笔名：①仲持，见于翻译小说《一个阔绰的朋友》（俄国契诃夫原作），载 1920 年上海《东方杂志》第 17 卷第 1 期；随笔《读〈工人绥惠略夫〉》，载 1922 年上海《文学周报》第 52 期。嗣后在上述两刊及《小说月报》《一般》《文学》《太白》《小说月报·法国文学研究》《新女性》《文艺生活》《图书季刊》《半月》《文学译报》《申报周刊》《远东》《当代文艺》《月刊》等刊发表著译作品《哲学教授》《唔唔》《审判》《一个庄主的女儿》《圣诞树前的贫孩子》《圣母的卖艺者》《都仑大那》《刽子手》《论童话教育》《英雄》《战后的舒畅》《耶鲁出身的诗人》《文学批评的职能》等亦署。②宜闲，见于翻译小说《新闻记者的艳遇》（法国莫泊桑原作），载 1924 年上海《社会之花》创刊号。嗣后在《东方杂志》《申报月刊》《申报·自由谈》《世界文学》《新时代》《文学》《文摘》《译报周刊》《哲学杂志》《作风》《诗创作》《鲁迅风》《野草》《文化杂志》《中学生》《自学》《青年生活》《文艺生活》《半月文萃》《自由世界》《民主南方版》等刊发表著译作品《大地》（美国布克夫人原作）、《莴萝妈妈》《复仇以上》《一九三六年的世界文化》《伊里奇怎样研究马克思》《觉醒中的印度》《聚宝灯》《法兰西精神的代言人——罗曼罗兰》《冒险》等，出版翻译散文集《文人岛游记》（上海珠林书店，1930 年），翻译小说集《苏联小说集》（苏联高尔基等原作。上海珠林书店，1938 年），翻译童话集《失去了尾巴的母牛》（香港初步书店，1948 年）、《天亮的故事》（香港初步书店，1949 年）等亦署。③胡仲持，见译剧《藤十郎的恋》（日本菊池宽原作），载 1929 年上海《新女性》第 4 卷第 5 期；译作《投票》（日本菊池宽原作），载 1929 年上海《现代小说》第 2 卷第 3 期。嗣后在《开明》《青年界》《前锋月刊》《文学》《中学生》《东方杂志》《中国文艺》《文艺生活》《抗战半月刊》《文学译报》《艺丛》《文学创作》《青年文艺》《诗创作》《青年知识》《人间世》《青年生活》《月刊》《世界文化报导》《时与潮文艺》《当代文艺》《文艺春秋》《文艺丛刊》《民主与文化》《改进》《新道理》《自学》《图书季刊》等刊发表著译作品，出版翻译小说、散文集《忧愁夫人》（德国 H. 苏台尔曼原作。上海商务印书馆，1924 年初版，1929 年再版）、《手与心》（英国恩盖尔夫人等原作。上海现代书局，1929 年）、《大地》（美国赛珍珠原作。上海开明书店，1933 年）、《藤十郎的恋》（日本菊池宽原作。上海现代书局，1929 年）、《世界文学史话》（美国约翰·玛西原作。上海开明书店，1931 年）、《纶缪拉斯》（希腊波卢塔原作。上海生活书店，1935 年）、《错投了胎》（上海文艺书局，1937 年）、《愤怒的葡萄》（美国斯坦贝克原作。重庆大时代书局，1941 年）、《森林里的悲喜剧》（英国萨尔丹原作。重庆大时代书局，1943 年）、《一个人需要多少土地》（苏联阿·托尔斯泰原作。桂林文苑出版社，1943 年）、《约翰熊的耳朵》（美国斯坦贝克原作。桂林文苑出版社，1944 年）、《我叫阿拉谟》（美国萨洛扬原作。香港咫图书屋，1947 年）、《女性和童话》（德国歌德原作。香港智源书局，1949 年）、《续西行漫记》（美国韦尔斯原作，胡仲持等译。上海复社，1939 年）、《俄罗斯母亲》（美国兴笃斯原作，胡仲持等译。桂林文化供应社，1944 年）、《世界文学小史》（生活·读书·新知三联书店，1949 年）、《世界大都市》（生活·读书·新知三联书店，1949 年）、《三十二国风土记》（上海开明书店，1946 年），翻译散文集《文人岛》（法国克洛怀原作。桂林科学书店，1942 年），翻译论著《世界文学史话》（美国约翰·玛西原作）、《文艺鉴赏论》（英国普列查特原作）等亦署。④胡宜闲，见于翻译三幕剧《复仇以上》（日本菊池宽原作），载 1929 年上海《东方杂志》第 26 卷第 17、18 号。⑤YD，署用情况未详。

胡子婴（1907－1982），浙江上虞（今绍兴市）人。原名胡晓春。笔名宋霖，出版小说《滩》（重庆开明书店，1945 年）署用。

胡紫岩（1926－　），湖北宜昌人。原名胡代润。笔名：①胡寒松，见于散文《黎明三部曲》，载 1944 年上半年《新湖北日报》。嗣后在《武汉日报》《和平日报》《华中日报》《大同日报》等报发表作品亦署。②黄孤行，1944 年在重庆大学《大学新闻》发表通讯署用。③胡获，见于散文《云·雾》，载 1945 年四川万县《川东日报·川东文艺》。嗣后在《武汉日报》发表作品亦曾署用。④寒松，见于散文《夜归》，载 1946 年《和平日报》。⑤胡寒生，见于散文《高粱林》，载 1946 年武汉《大同日报·新文艺》。⑥胡获笙，1946－1947 年间在《武汉日报》《武汉时报》发表散文《世界是这样的广阔》、杂文《艺术家的独特风格》等署用。⑦胡子崖，见于诗《忏悔》，载 1947 年《华中日报》。⑧采人，见于杂文《随便谈谈》，载 1947 年武汉某报副刊。⑨胡紫岩，见于散文《脚夫》，载 1947 年上半年上海《大公报》。嗣后在武汉《文艺》《平凡文丛》《华中日报》等报刊亦署。⑩紫冰，见于散文《灵魂的呐喊》，载 1947 年《武汉日报》。⑪紫荆，1948 年在武汉《大刚报·大江》发表诗歌署用。⑫野人，1948 年在武汉

《民族小报》发表小说署用。⑬紫岩、荻笙，署用情况未详。

胡宗楙（1867－1938），浙江金华人，字季樵。辑有《续金华丛书》（永康胡氏梦选楼刻印刊行，1924 年）。

胡祖德（1860－1939），江苏上海县（今上海市）人，字云翘、筠翘、筠桥，晚号问俗闲翁。笔名胡祖德，著有《上海县竹枝词》，编有《松江俗语》《沪谚》《沪谚外编》《胡氏杂钞初编》。

胡祖舜（1876－1948），湖北嘉鱼人。原名胡恢汉，字玉斋。笔名胡祖舜，出版《二十世纪世界大战记》（陆军学会本部，1914 年）和《武昌开国实录》（武昌久华印书馆，1948 年）等署用。

【hua】

花新人，生卒年及籍贯不详。笔名花城居士，20 世纪 30 年代在武汉报刊发表文章署用。见于《汉口大水灾》，载 1932 年《武汉文艺》第 1 卷第 5 期。

化铁（1925－2013），重庆市奉节人，生于湖北武汉。原名刘德馨。笔名化铁，见于诗《送 C 君》，载 1942 年重庆《诗垦地丛刊》第 3 期。嗣后在《希望》《鲁迅文艺》《呼吸》《蚂蚁小集》《起点》等刊发表诗文，出版诗集《暴风雨岸然轰轰而至》（上海泥土社，1951 年）等亦署。

华忱之（1914－2002），北京人，满族。原名华恂，字忱之。笔名华忱之，校注出版《阮步兵咏怀诗》（人民文学出版社，1957 年）署用。嗣后发表评论《鲁迅论题材问题》（载 1961 年 10 月 19 日《成都晚报》），编选校注《顾亭林诗文集》（中华书局，1983 年）、《孟郊诗集校注》（人民文学出版社，1995 年）、《顾亭林文选》（四川人民出版社，1998 年）等均署。

华粹深（1909－1981），北京人，满族。曾用名华鹭、华鷟。笔名：①崔绅，1940－1945 年在北平《新民晚报》副刊发表小品文《蟋蟀》《蝴蝶》等署用，②粹深，见于剧本《哀江南》，连载于 1947 年 5 月－6 月北平《新民报》。同年 8 月在北平《新生报·故都文物》发表《旸台纪游》《涧沟》《龙泉寺》《七爷坟》等文亦署。③华鷟、鷟，20 世纪 40 年代发表文章署用。④华粹深，1949 年后发表文章，出版戏剧集《走雪山》（北京宝文堂书店，1955 年）、《打金枝》（上海文化出版社，1956 年）、《秦香莲》（百花文艺出版社，1963 年）、《华粹深剧作选》（中国戏剧出版社，1984 年），评书整理《阿宝》（陈士和讲述。天津人民出版社，1956 年）等均署。

华岗（1903－1972），浙江龙游人。原名华延年，字少峰、西园。曾用名华少峰、华西园、华仲修、华石修、刘少陵、潘鸿文、林少侯、林石父（fǔ）。笔名：①少峰，1928 年起在《列宁青年》《布尔什维克》等刊发表文章署用。②西园，见于随笔《伟大的纪念》，载 1938 年武汉《群众》周刊第 1 卷第 6 期。嗣后在《新

文摘旬刊》发表《"一二八"上海抗战的教训》《纪念"二七"争取抗战胜利》亦署。③华西园，在《新华日报》担任总编辑时署用。又见于评论《今日中国工人阶级的责任》，载1939年2月14日重庆《群众》第2卷第14期。嗣后在该刊发表《国民参政会的产生、发展与前途》《论敌我战略战术的演变》等文亦署。④华岗，见于评论《法国达拉第政府的危机》，载1939年《公论丛书》第9期。嗣后在《群众》周刊发表《论"五四"运动与学术研究》《中国社会发展阻滞的基因》《痛悼陶行知先生》等文，出版《目前新文化运动的方向和任务》《鲁迅思想的逻辑发展》《美学论要》，以及史学、哲学著作等亦署。⑤林石父(fǔ)，见于随笔《汉代的伟大的思想家——王充》，载1944年《群众》第9卷第22期。⑥石父(fǔ)，见于评论《怎样纪念十月革命二十九周年》，载1946年11月11日《群众》第13卷第4期。嗣后在该刊发表评论《第三方面的新生》亦署。⑦晓风，出版论著《中国历史散论》(上海作家书屋，1947年再版)。⑧方衡，见《胡风文艺思想的唯心论宣传》，载1955年《新山大》(山东大学校刊)。⑨石修、华石修，署用情况未详。

华嘉（1915—？），广东南海（今佛山市）人。原名邝剑平。笔名：①邝剑平，见于评论《论学生爱国运动》，载1935年上海《人言周刊》第2卷第42期。嗣后在该刊第2卷第44期发表《市民国货年》一文亦署。②华嘉，见于小说《朋友的死》，载1935年上海《国论》第3期；散文《西江忆游》，载1935年上海《中学生文艺季刊》第1卷第3期。嗣后在《文艺阵地》《现代文艺》《野草》《戏剧春秋》《人世间》《文艺生活》《青年文艺》《文艺丛刊》《大众文艺丛刊》《十日文萃》《新粤》《新战线》《狂潮旬刊》《东南青年》《青年知识》《民主世界》《青年文艺》《文艺世纪》《月刊》《现代半月刊》《中国诗坛》《青年生活》《正报》《旅行杂志》等刊发表通讯《光荣的飞将军》《敌机屠杀下的桂林》、散文《粤南什记》《南浔线上》、小说《赵老师的悲哀》《江边》《急景残年》等作品，出版长篇小说《冬去春来》、中篇小说《森林里的故事》、小说集《满城风雨》、散文集《香港之战》《海的遥望》《奔流集》《满城风雨》《华嘉散文选》，评论集《春耕集》《门外戏品》《论方言文艺》、短篇小说集《复员图》等均署。③叶明，见于特写《香港武装起来了》，载1941年12月9日香港《华商报·灯塔》。

华骏（1910—？），江苏江都（今扬州市）人。原名谢富生，字之曙。笔名：①慕熹，见于小说《吸血鬼》，载1938年上海《上海妇女》第2卷第3期；诗《啊！春天》，载1939年上海《学习》半月刊第2卷第1期。同时期在《学习》半月刊发表评论《二元论与反动哲学》《所谓"重整道德运动"》亦署。②紫曙，见于长诗《重整道德》，载1940年上海《行列》第1卷第1期；诗《奏吧黎明》，载1940年上海《学习》半月刊第2卷第2期。嗣后在《行列》第1卷第3期发表《雪

哟，我歌颂你》亦署。③华骏，见于独幕剧《神国的战争》，载1940年上海《艺风》第8期。嗣后至1943年在苏南新四军第十六旅文工队时创作话剧《米》《柳流之死》等作品亦署。④千里驹，见于识字课本《新女儿经》，苏中二分区1947年前后出版。嗣后为连环画《铁流二万五千里》作说明词亦署。

华林（1889—1980），浙江长兴人，原名华林一，字静芝。笔名：①华林，见于论文《实验道德——二十世纪之道德问题及世界革命之趋潮》，载1916年上海《新中华》第1卷第5期；论文《科学与艺术》，载1920年《旅欧周刊》第18期。此前后在《新青年》《少年中国》《时事新报·文学旬刊》《民国日报·觉悟》《语丝》《晨报副镌》《东方杂志》《民铎杂志》《民钟》《京报·民众文艺》《贡献》《教育杂志》《革命周报》《世界画报》《世界杂志》《国风半月刊》《艺风》《新时代》《文史丛刊》《华安》《美术生活》《广播周报》《新运导报》《每月科学》《青年前锋》《世界月刊》《文艺茶话》《文艺月刊·战时特刊》等报刊发表《社会与妇女解放问题》《浮士德与近代艺术》《莎士比亚之爱情悲剧》《文艺复兴与青年的使命》《文化运动的任务》等文亦署。②林声，1918年在菲律宾马尼拉与人合编《华铎》杂志时署用。嗣后发表翻译小说《顽皮的孩子》（俄国契诃夫原作）。载1925年北京《京报副刊》第43期，出版散文集《枯叶集》（上海泰东图书局，1924年）、《求索》（上海华林书屋，1932年）、《巴山闲话》（上海华林书屋，1945年），论著《艺术思潮》（上海出版合作社，1926年）、《艺术文集》（上海光华书局，1928年）、《文艺杂论》（上海南华书店，1928年）等均署。③林，见于随笔《巴黎工人生活》，载1920年《旅欧周刊》第19期；论文《日本舞蹈变迁简史》，载1936年上海《绸缪月刊》第3卷第4期。④华林一，见于评论《介绍英国的〈红楼梦〉——〈弃儿〉》，载1924年5月24—29日上海《时事新报·学灯》。嗣后在《东方杂志》《教育杂志》《民铎杂志》《国风半月刊》《学识半月刊》等刊发表论文《希腊三大悲剧作家的研究》《印象主义的文学批评论》《迭更生之东西文学比较论》、译文《表现主义的文学批评论》（美国斯宾加恩原作）、《送行》（英国马克斯·比尔博姆原作）等，出版论著及译作《小说法程》（美国克莱顿·汉密尔顿原作。上海商务印书馆，1924年）、《吻》（俄国契诃夫原作。重庆古今出版社，1943年）等亦署。

华铃（1915—1992），澳门人，原籍广东新会（今江门市）。原名冯锦钊。笔名：①冯锦钊，见于诗《并不自杀》，载1936年6月3日上海《立报》。②华铃，见于诗《大树歌》，载1938年7月25日上海《文艺》第1卷第3期。又见于译诗《出征前给露卡丝妲》（英国理查德·勒夫莱斯原作），载1938年8月10日上海《大英夜报·七月》。嗣后在上述两刊及上海《文心》《文艺复兴》《文艺新潮》《文汇报·世纪风》《绿洲》《戏剧与文学》《紫罗兰》、昆明《战歌》《诗与散文》、重庆《大公报·文艺》、桂林《人世间》《新道理》《桂

林日报·漓水》等报刊发表诗《流浪人的心上秋》《蜻蜓，你也逃难吗？》《未死的国人哟》《角力者》，译诗《好》（苏联马雅可夫斯基原作），译剧《被遗忘的灵魂》（犹太宾斯奇原作）等，出版诗集《玫瑰》（上海五洲书报社，1938 年）、《向日葵》（上海五洲书报社，1938 年）、《牵牛花》（上海五洲书报社，1939 年）、《满天星》（上海五洲书报社，1939 年）、《火花集》（钦鸿编。海峡文艺出版社，1989 年）等均署。③华琳，见于诗《再会了，亲爱的朋友欧裕昆》，载 1938 年 7 月 30 日上海《大英夜报·七月》。

华龙，生卒年不详，江苏无锡人，字天闿，号子翔。笔名华龙，在《南社丛刻》发表诗文署用。

华山（1920－1985），广西龙州人。原名杨华宁。笔名：①华山，见于报告文学《山坡上的太阳旗》，载 1940 年 5 月 15 日重庆《抗战文艺》第 6 卷第 2 期。又见于报告《前线新春》，载 1947 年 1 月 8 日《东北日报》。于此前后在《文哨》《长城》《东北文化》《文学战线》《翻身乐》等报刊发表报告《碉堡线上》《窑洞阵地战》《怕死鬼》、故事《背上的桥》、小说《鸡毛信》等作品亦署。1949 年起在《人民周报》《新华月报》发表通讯《工业中国的雏型——大连工业展览会参观记》《好好做个中国人》《定州道上》《阵地春节散记》《炮兵连的光荣枪》等，出版报告文学集《光荣属于勇士》《攻无不克》（与周洁夫等合集）、《英雄的十月》《战士嘱托的报告》《踏破辽河千里雪》《劳动旗手甄荣荣》《黄河散记》《黄河断流》《远航集》）、小说集《鸡毛信》（中国青年出版社，1955 年）等均署。②伯韦、未央、西岳、牧荆、肖杨、洛枫、呆讯、若曦，署用情况未详。

华田（1928－ ），浙江宁波人。原名夏基旬。曾用名夏莘耕。笔名：①夏莘耕，见于散文《我的父亲》，载 1944 年春上海《新申报·副刊》；散文《海军军营学生》，载 1947 年 2 月上海《大公报》副刊。②淡水，1944 年夏在上海《新申报·副刊》发表小说《扫街人》、诗《绿色的窗》《埋葬》等署用。③洁之，见于散文《险为文字狱中人》，载 1947 年 4 月上海《大公报》。同年 11 月在上海《时代日报》发表小说《刀子》亦署。④伏波，见于杂文《伏波流，伏波沉》，载 1947 年 6 月上海《大公报》。⑤夏基旬，见于散文《失学·失业·贫病》，载 1947 年 6 月上海《大公报》。⑥华田，见于诗《欢庆伟大的生日》，载 1949 年 7 月上海《新闻日报》。嗣后至 1949 年 9 月在上海《人民文化报》《文汇报》、南京《新华日报》等报副刊发表散文诗《傍晚之美》、评论《思想和生活能分开吗？》《观〈光芒万丈〉》等亦署。⑦华，见于散文《一个售票员的回忆》，载 1950 年 6 月上海《新闻日报》。⑧华天，见于散文《白马村忆游》，载 1957 年 4 月南京《南京日报》。⑨华天田，见于散文《万寿菊》，载 1957 年 6 月南京《南京日报》。

华应申（1911－1981），江苏无锡人。原名华遗曾。笔名：①华遗曾，见于评论《我们来帮助你们办合作社》，载 1930 年镇江《苏农》第 1 卷第 8 期。1933 年

在上海《生活周刊》发表《比什么都甜蜜》《一生用全力赚一千四百万圆做一件不朽的事业》等文亦署。②华应申，见于译文《蒙旦底思想及其教育学说》（求培脱原作），载 1935 年上海《时事类编》第 3 卷第 3 期；《古话改正》，载 1946 年山东《文化翻身》第 16 期。嗣后出版小说集《翻身》（山东新华书店，1948 年）、传记《中国共产党烈士传》（太岳新华书店，1947 年）等均署。③申，1944 年前后在江苏《盐阜大众报》发表墙头诗署用。④应申，出版译作《苏联——发明者的国土》（苏联华西列夫斯基原作，与克定合译。科学普及出版社，1958 年）署用。⑤革索，署用情况未详。

华岳（1916－1939），江苏无锡人。笔名贯华，20 世纪 30 年代后期在《轻骑兵》等杂志发表诗文署用。

华振域，生卒年不详，江苏无锡人，字书城。笔名华振域，在《南社丛刻》发表诗文署用。

华钟彦（1906－1988），辽宁沈阳人。原名华连圃，字钟彦。笔名：①华钟彦，见于旧体诗《挽张次程女士》，载 1933 年河北省立女子师范学院《女师学院期刊》创刊号、论文《谈谈古代韵文与现代新诗》，嗣后在该刊发表《中国文学概论弁言》《孔子未曾删诗辩》《词学引论》《菩萨蛮调考正》等文，出版《花间集注》（上海商务印书馆，1934 年）等均署。②华连圃，见于论文《词的起源时间考》，载 1935 年《北强月刊》第 2 卷第 1 期；随笔《工业人材对于国文之需要》、旧体诗《尹厂诗存》、词作《尹厂诗余》，载 1935 年天津《工业学院学报》第 2 册。1937 年由上海商务印书馆出版论著《戏曲丛谭》亦署。④华钟彦，出版《老子注释》（高亨原作，华钟彦校。河南大学出版社，1980 年）、《五四以来诗词选》（河南大学出版社，1987 年）、《诗歌精选》（高等教育出版社，1990 年）、《东京梦华之馆论稿》（河南大学出版社，1991 年）、《华钟彦文集》（河南大学出版社，2009 年）署用。

【huan】

还珠楼主（1902－1961），四川长寿（今重庆市）人。原名李善基。曾用名李寿民。1949 年后改名李红。笔名：①还珠楼主，见于其处女作《轮蹄》（天津励力出版社，1943 年）。嗣后发表、出版《蜀山剑侠传》《蜀山剑侠后传》《蜀山剑侠新传》《青城十九侠》《蜀山前传》《独手丐》《龙山四友》《大侠狄龙子》《兵书峡》《云海争奇记》《黑森林》《大漠英雄》《力》《铁笛子》《黑蚂蚁》《长眉真人专集》《翼人影无双》《柳湖侠隐》《蛮荒侠隐》《黑孩儿》《征轮侠影》《女侠夜明珠》《青门十四侠》《北海屠龙记》《峨眉七矮》《天山飞侠》《万里孤侠》《冷魂峪》《皋兰异人传》《拳王》《白骷髅》《武当异人传》《武当七女》《侠丐木尊者》《酒侠神医》《虎爪山王》《边塞英雄谱》《剑啸寺林》《血滴子大侠甘凤池》等武侠、神怪小说亦署。②李寿民，见于随笔《还珠楼丛谈》，载 1947 年 2 月 10 日上海《茶话》第 9 期。又见于长篇小说《万里孤侠》（上海百新书店，

1948 年）。③李红，1949 年后发表小说《剧》署用。

桓来 （1922－2010），甘肃武都人。原名赵廷俊。笔名：①桓来，出版论著《战后新世界》（台北《中央日报》社，1952 年）、《中国的版图》（台北中华书局，1955 年）、《史事人物谈》（台北学生书局，1958 年），散文集《杨柳故园情》（台湾商务印书馆，1967 年）、《桓来散文》（台北华欣文化中心，1974 年）、《桓来小品》（台北慧龙出版社，1976 年）、《爱心的发扬》（台北《中央日报》社，1979 年）、《谦让第一》（台北《中央日报》社，1980 年）、《梅花同心》（台北《中央日报》社，1984 年）、《怀风草》（台北《中央日报》社，1987 年）等署用。②田子、宋岑，署用情况未详。

【huang】

荒芜 （1916－1995），安徽蚌埠人。原名李乃仁。笔名：①荒芜，见于译文《高尔基的著作及其藏书》，载 1942 年《中苏文化》半月刊第 11 卷第 34 期；小说《鸭的悲剧》，载 1942 年上海《宇宙风》第 127 期。嗣后在《文艺阵地》《黄河》《文艺杂志》《天下文章》《时与潮文艺》《微波》《文艺春秋》《高原》《文哨》《骆驼文丛》《新华日报》《大公报》《时事新报》《文联》《文艺复兴》《华北文艺》《半月文萃》《改进》《文学》《新中华》《中学生》《文艺月报》《东方杂志》《民间》《文艺劳动》《人民文学》等报刊发表诗文、译作《从托翁故居回来》《我不能静默》《野餐》《住的恐慌》《医生之死》《沉默的人》《巴黎之旅》《随感录》《现代的美国作曲家》《杂谈翻译》《过卡萨布兰卡》《论帝国主义与菲律宾文化》《锄奸》《苏联文学的创造性》等，出版翻译小说《新生》（美国布克夫人原作。上海现代书局，1945 年）、《生命的旅途》（美国赛珍珠原作。上海现代书局，1949 年）、《栗子树下》（苏联西蒙诺夫原作。北平天下图书公司，1949 年）、《一个英雄的童年时代》（苏联潘文赛夫等原作。上海晨光出版公司，1949 年），翻译戏剧《悲悼》（美国奥尼尔原作。上海晨光出版公司，1949 年），翻译论著《社会主义的现实主义》（苏联范西里夫原作。北平天下图书公司，1949 年）、《苏联文艺论集》（苏联阿玛卓夫原作。北平五十年代出版社，1949 年）等亦署。②黄吾，见于短文《无题》，载 1947 年冬上海《大公报·星期文艺》。③简企之，出版译作《朗费罗诗选》（美国朗费罗原作，与朱葆光合译。上海晨光出版公司，1949 年）署用。④叶芒，出版译作《马尔兹独幕剧选》（美国马尔兹原作，与冯亦代、符家钦合署。作家出版社，1954 年）、《马尔兹中短篇小说选》（浙江人民出版社，1982 年）署用。⑤李水，出版翻译小说《辞职》（印度耶凌达罗·库玛尔原作。人民文学出版社，1959 年）、《世道》（美国马尔兹原作。人民文学出版社，1959 年）署用。⑥方吾，署用情况未详。

黄爱 （1919－2008），湖北钟祥人。曾用名黄止萍。笔名：①黄止萍，1940 年前后在四川万县《万县日报》发表小说处女作署用。②黄爱，1955 年起署用。嗣后出版翻译长篇小说《盼到黎明》（韩素音原作。人民文学出版社，1987 年）亦署。③黄雨石，1956 年起在《世界文学》《外国文学季刊》等刊发表译作署用。嗣后出版论著《英汉文学翻译探索》（陕西人民出版社，1988 年）、译作《高尔德诗文选》（美国歌尔德原作。作家出版社，1956 年）、《一个青年艺术家的画像》（爱尔兰乔伊斯原作。华夏出版社，2008 年）等亦署。按：黄爱尚出版有翻译长篇小说《沉船》、翻译诗集《泰戈尔诗选》《莎士比亚杂诗》等，署名未详。

黄白莹 （1917－1941），广东南海（今佛山市）人，生于天津。原名黄冠义。笔名：①白莹，见于诗《拖夫》，载 1935 年天津《诗歌月报》第 1 卷第 4 期；诗《婢女》、评论《〈风沙夜〉》，载 1936 年上海《诗歌杂志》创刊号。此前后在上述两刊及北平《新诗歌》《黄沙诗刊》、天津《海风诗歌小品》等刊发表诗《卖花婆》《怒吼吧，诗人》《没有了春天》《露宿者》《小孩子》《决绝》《艺人的春天》《卖唱女》等亦署。②白丁，1935 年在天津报刊发表诗署用。③欧阳丽娜，见于诗《别盼》，载 1937 年上海《诗歌杂志》第 2 期；诗《夜之歌》，载 1937 年天津《海风》第 4 期。

黄宾虹 （1865－1955），安徽歙县人，生于浙江金华。原名黄质。字朴存、朴人、朴丞、予向、檗岑，号宾虹。别署滨虹、宾弘、宾泓、宾鉷（hóng）、宾鈜（hóng）、冰鸿、矼（hóng）工、滨公、宾公（黄宾公）、鸿庐、虹若、虹庐、虹叟、矼（hóng）叟、元一、元吉、元初、元起、顽厂（ān）、伯咸、片石、同之、芸人、懋质、景彦、铜芝、素心、孟冰生、朴居士、滨虹生、滨虹散人（宾虹散人）、烟霞散人、黄山予向、黄山山中人。笔名：①黄质，见于评论《滨虹论画》，载 1908 年《国粹学报》第 4 卷第 6 期。嗣后在该刊及《国学丛选》《南社丛刻》发表文章，刊印《滨虹草堂藏古玺印》（1929 年）、《滨虹草堂集古玺印谱》（1940 年）亦署。②大千，民国初年在《真相画报》发表文章署用。③滨虹，见于《仁德庄义田旧闻》，载 1915 年《南社丛刻》。④黄宾虹，见于《画话·姜颖生》，载 1923 年上海《小说世界》第 3 卷第 10 期。此前后在《东方杂志》《画学月刊》《文华》《文艺春秋》《学艺》《学术世界》《美术生活》《同声月刊》《永安月刊》《帛币》等刊发表诗文、绘画等，出版评论集《古画微》（上海商务印书馆，1925 年）、《艺术丛书》（上海神州国光社，1947 年），以及《黄山画家源流考》《画学通论》《画史编年表》《中国画史大纲》等亦署。

黄病佛 （1904－1964），广东澄海人。原名黄义之。笔名：①病佛、黄病佛，1927 年后在暹罗曼谷编《华暹日报·华暹之花》《中华民报·椰风》《华侨日报·华侨文坛》《华侨日报·华侨诗坛》《新中国报》《社会日报》《星暹日报·夜光杯》时发表文章署用。嗣后出版散文集《涂鸦集》《椰风》《锦绣泰国》（泰华文化事业出版社，1974 年）亦署。②跛仙，20 世纪 50 年代末期发表散文署用。

黄伯飞（1914—2008），广东台山人。原名黄伯晖。曾用名黄震汉。笔名：①黄伯飞，见于《肃清以抗日为烟幕的分子》，载1938年上海《民众动员》第1卷第2期；散文《忆——春在北平》，载1940年上海《宇宙风》第101期。嗣后出版《诗国门外拾》（台北幼狮文化事业公司，1978年）、《抒情短诗精选》（东方出版中心，1999年）、《诗与道》（广东人民出版社，2004年）等亦署。②柏克、黄钟、嵩子，署用情况未详。

黄伯耀（1883—1965），广东台山人，生于美国芝加哥。原名黄耀恭，字亚伯，号耀公。笔名：①耀公、大樨、耀光、放光、光翟（dí）、耀、光、翟（dí）、伯、公、老伯，1894年后在《大南报》（新加坡）、《天南日报》《图南日报》《中国日报》《世界公益报》《广东日报》《有所谓报》《少年报》《中外小说林》《社会公报》《粤东小说林》《广东白话报》《岭南白话杂志》等报刊发表诗、小说、散文、评论等署用。②病国青年，1906年在香港《少年报》发表文章署用。按：黄伯耀著有短篇小说《回生木》《长恨天》，艳情小说《好姻缘》《双美缘》，社会小说《烟海回澜》，侠义小说《侠女奇男》，近事小说《宦海恶涛》《恶因果》，讽世小说《猛回头》，侦探小说《凶仇报》，冒险小说《片帆影》，龙舟歌《秋女士泉台诉恨》《和尚春思》《涂巡官狱中闻喜信》，南音、谐文《宦海悲秋》《拟芙蓉仙子留别烟霞主人书》《讨烟鬼檄文》，散文《演时务》《爱国观念当由历史上生感发慨》《能知唔拜神之盖于人、事实力必有进步》《近事小说》《敬告外埠华侨》，杂文《探险小说最足为中国现象社会增进勇敢之慧力》《小说之支配于世界上纯以情理之真趣为观感》《淫词惑世与艳情感人之界线》《小说发达足以增长人群学问之进步》《普及乡间教化宜倡办演讲小说会》《小说与风俗之关系》《曲本小说与白话小说之宜于普通社会》《烟界、嫖界两大魔鬼与人群之关系》等，署名情况未详。按：黄伯耀与其兄黄世仲（1872—1913）在新加坡报刊所发表之诗文，后人合为《黄世仲黄伯耀弟兄南洋文集》（广东人民出版社）出版。

黄粲（1911—1994），湖南长沙人。原名黄粲华。笔名：①黄粲，抗战时期在华东、华中根据地和新四军出版刊物发表剧本、歌曲署用。嗣后出版电影文学剧本《民兵的儿子》（中国电影出版社，1958年）、导演《虎穴追踪》（北影录音录像公司，1997年）等亦署。②夏之曦，抗战时期在根据地以外的报刊发表歌曲署用。

黄忏华（1890—1977），广东顺德（今佛山市）人，字璨华，号凤兮。笔名：①凤兮，1915年在《大中华》发表文章署用。②黄忏华，见于《梦珠忆语》，载1922年上海《心声》第1卷第1期；小说《麻醉剂》，载1923年上海《小说世界》第4卷第13期。嗣后在《南社丛刻》《新时报》《学术周刊》《觉音》《社会之花》《建国月刊》《海潮音》《正论》《扬善半月刊》《文史杂志》等刊发表诗文，出版新诗散文集《弱水》（南京书店，1932年），论著《近代美术思潮》（上海商务印书馆，1922年）、《美术略史》（上海商务印书馆，1924年）、《近代文学思潮》（上海商务印书馆，1926年）、《美术概论》（上海商务印书馆，1927年），以及佛学著作《佛学概论》《中国佛教史》《佛教各宗大意》等亦署。③忏华，见于随笔《金波罗华室散记》，载1932年上海《海潮音》第13卷第12期。

黄长树，生卒年及籍贯不详。笔名树长青，见于诗《南方，春天的南方》，载1949年涵江《晨光报·剑芒》。同时期在该刊发表短论《文艺在今日》、散文《你永远去了》等亦署。

黄朝传（1901—1975），台湾台北人。原名黄晁传，字习之。曾用名黄文虎、黄习之。笔名：①文虎、黄衫客、黄杉客、艺友斋主，1925—1943年在台北《台湾日日新报》《昭和新报》《风月》《南方》等报刊发表旧体诗《鹏游》《凉秋》等署用。嗣后出版《详注随园诗选》《谜学全史》《沧浪诗话注》《诗法提要》等亦署。②元园客，见于随笔《台湾诗人的毛病》，载1941年6月1日台北《风月报》。

黄春成，生卒年不详，台湾台北人。笔名：①黄春成，见于散文《渡华参观汉籍记（上）》，载1931年4月11日台北《台湾新民报》。嗣后在台北《南音》杂志发表文章亦署。②南，见于杂文《愚斋愚话》，连载于1932年《南音》创刊号至第1卷第9、10号合刊。③春成，见于《附言》，载1932年《南音》创刊号。嗣后在该刊发表作品多署用。④天南，见于杂文《天南随笔》，载1932年《南音》第1卷第2期。嗣后在该刊发表作品多署用。

黄纯青（1875—1956），台湾台北人，祖籍福建南安。原名黄炳南，字子云，号晴园。晚号晴园老人。乳名丙丁。笔名黄纯青、纯青、晴园主人、晴园，1905—1944年在台北《台湾日日新报》《南音》《先发部队》《兴南新闻》《风月报》《新高新报》《南方》等报刊发表旧体诗《次柳城翁留别瑶韵》《剑潭寺》等署用。嗣后出版《晴园诗草·文存》亦署。

黄绰卿（1911—1972），广东台山人。生于缅甸仰光，字美初。笔名：①阿黄，1928年在缅甸《仰光日报》副刊发表小说《弃妇》署用。嗣后在该报发表文章亦署。②黄绰卿，1949年后出版《缅甸地名（中缅英文对照）》（与王敬忠合编。仰光南侨图书印刷公司，1952年）、《黄绰卿诗文选》（中国华侨出版社，1990年）、《缅华大事记（1950—1966）》，以及译作《中国，我们的芳邻》《蒲甘集市》等署用。

黄大礼（1925—2006），广东广州人。笔名大礼，1939年后在马来亚新加坡《华侨日报·星海》发表诗、小说、散文、评论等署用。见于散文《不和谐的二重奏》，载1946年1月新加坡新时代文艺出版社版《无言抄》丛刊。

黄大琳（1905－1988），籍贯不详。笔名黄大琳女士，见于小说《醉眼》，载1929年上海《南国月刊》第1卷第4期。

黄大铣（1922－2007），福建闽侯人。笔名：①黄大铣，1949年后出版长篇小说《拔剑起蒿莱》（海峡文艺出版社，1985年）、《狼笑》（海峡文艺出版社，1986年）、《白衣卿相》（鹭江出版社，1986年）、《刘家父子兵》，短篇小说集《红豆生南国》，话剧剧本《风雨满城》，散文集《没写完的小说》《自珍集》，杂文集《乱世春秋》等署用。②苕薛，署用情况未详。

黄道辉，生卒年不详，广西人，笔名白嘉，见于散文《蒲风》，载1937年《广州诗坛》第1卷第3期。同时期在《烽火》《文艺阵地》等刊发表文章亦署。

黄得时（1909－1999），台湾台北人。笔名：①黄得时，见于旧体诗《敬次上山蔗庵督宪瑶韵》，载1926年8月31日台北《台湾日日新报》。嗣后在台北《南音》《台湾新民报》《先发部队》《第一线》《华丽岛》《文艺台湾》《台湾文学》《兴南新闻》《台湾艺术》《旬刊台新》、台中《台湾文艺》《台湾新文学》等报刊发表诗、小说、评论、杂文和翻译作品，出版散文集《台湾游记》（台湾商务印书馆，1967年）、诗集《黄得时诗选》（台北瀛社，1969年）、论著《黄得时评论集》（台北县立文化中心，1993年）等亦署。②得时，在台北、台中等地报刊发表文章或署。

黄典诚（1914－1993），福建龙海人，字伯虔，笔名黄乾、黄典诚。曾与其师周辨明教授合编《前驱国语罗马字读本》《语言学概论》《诗经全译新注》，翻译美国女作家赛珍珠之《论中国小说》。1949年后出版有《训诂学概论》（福建人民出版社，1988年）、《诗经通译新诠》（华东师范大学出版社，1992年），主编《普通话闽南方言词典》。

黄凤姿（1928－　），台湾台北人。笔名：①黄凤姿，见于《师の应召に思ふ》，载1944年台北《旬刊台新》第1卷第1期。同时期在台北《民俗台湾》发表文章，出版小说集《七娘妈生》（台北东都书籍株式会社，1940年）、《七爷八爷》（台北东都书籍株式会社，1941年），杂文集《台湾的少女》（东京东都书籍株式会社，1943年）等亦署。②黄氏凤姿，见于《七娘妈生を书い顷》，载1940年台北《台湾艺术》第1卷第3期。

黄福林（1926－2005），广西巴马人，壮族。曾用名黄五常。笔名：①黄五常，见于散文《旅途拾零》，载1946年10月2日《南宁商报·座谈》。②名之，见于散文《爱的共鸣》，载1947年2月1日《广西日报》。③浪琴，见于特写《韦月秋》，20世纪50年代初发表。④小林，见于《黄裕奇爱社爱如家》，20世纪50年代发表。⑤周雷林，出版散文集《西出阳关》《古河新韵》《蹄花》《写在南国初冬的时候》（与他人合作），诗集《红太阳永远照南疆》《广西新时期十年诗选》《广西诗

词》（两集）、《银滩百咏》，故事集《大胆有马骑》《英豪传奇》等署用。

黄福临，生卒年不详，台湾人。笔名黄福林、福林、福临，1930－1940年在台北《台湾日日新报》《风月报》《昭和新报》《台湾艺术》《南方》等报刊发表旧体诗《庚午元日书怀》《题前赤壁图》等署用。

黄复，生卒年不详，江苏吴县（今苏州市）人，字姜生，号病蝶。笔名黄复，在《南社丛刻》发表诗文署用。

黄钢（1917－1993），湖北武汉人。原名黄宏济。曾用名程宏济。笔名：①黑天，1934－1935年在武汉《大光报》《时代日报·时代前》等报刊发表诗歌、评论署用。②黄钢，见于特写《开麦拉之前的汪精卫》，载1939年延安《文艺战线》第1卷第4期；报告《我看见了八路军》，载1940年延安《中国文化》第2卷第3期。同时期在《解放日报》《抗战文艺》《文学月报》《大众文艺》等报刊发表文章，嗣后出版四幕剧《指挥员在哪里？》（沈阳东北书店，1949年）、电影剧本《团结起来到明天》（上海中华书局，1952年）、《永不消逝的电波》（与他人合作），短篇小说《她们是胜利者》（劳动出版社，1951年），长篇小说《革命母亲夏娘娘》（工人出版社，1957年），散文集《在北京的会见》（与谭洁等合集。广东人民出版社，1958年），论文集《电影批评与创作问题》（新文艺出版社，1954年）、《亚洲的新纪元》（作家出版社，1955年）等亦署。

黄公伟（1907－1989），河北定县（今定州市）人。原名黄士学，字毅民，号东雨轩主。笔名：①黄毅民，1937年在北平佩文斋书店主编《生路》月刊署用。嗣后出版论著《国学论丛》（北平燕友学社，1935年、1936年）亦署。②东方白，出版长篇小说《露意湖》（台北尔雅出版社）署用。按：1929年上海《人间月刊》第3期、1943年《上海影坛》有文署名东方白者，是否为黄公伟所作，未详。③黄公伟，见于评论《官僚主义的本色》，载1948年上海《再生周刊》第218期。1949年后出版《中国近代人物逸话》（全民日报经理部，1949年）、《宋明清理学体系论史》（台北幼狮文化事业公司，1971年）、《中国文化概论》（台湾商务印书馆）、《味世漫话》（台北维新书局，1977年）、《学思录》（台湾商务印书馆，1984年），以及哲学、佛教、道教研究著作亦署。④肖萍、龚伟，署用情况未详。

黄谷柳（1908－1977），广西防城港人，生于越南海防。原名黄显襄。曾用名黄襄。笔名：①黄襄，见于《过海防》，载1929年前后香港《大光报》。同时期在《循环日报》发表小说亦署。②谷柳，见于小说《干妈》，载1938年11月《文艺阵地》第2卷第3期。嗣后在《音乐与美术》《文艺生活》《民主世界》《小说》《剧影春秋》等刊发表歌词、小说、散文、独幕剧等亦署。③海星，见于《逆袭》，载1939年上海《时代画报》。④黄谷柳，见于《杨梅山下》，载1944年重庆《民主

世界》半月刊。嗣后在《野草》《文艺生活》《戏剧时代》发表活报剧、散文等，出版长篇小说《虾球传·春风秋雨》（香港新民主出版社，1948 年）、《虾球传·白云珠海》（香港新民主出版社，1948 年）、《虾球传·山长水远》（香港新民主出版社，1948 年），三幕话剧《碧血丹心》（重庆独立出版社，1945 年），童话《大象的经历》（华南人民出版社，1955 年），中篇小说《接班人》（工人出版社，1957 年）等亦署。⑤丁冬，见于《友爱的枯萎》，载 1946 年 10 月 1 日香港《工商日报》。⑥冬青，见于评论《地方语言文艺的实践》，载 1947 年 11 月 23 日香港《华侨日报》。

黄冠文，生卒年及籍贯不详。笔名马里，1940 年起在福建连城《大成日报·高原》发表文章署用。

黄鹤，生卒年及籍贯不详。笔名：①黄鹤，见于戏剧《女演员外传》，载 1944 年上海《千秋》第 1 卷第 1、2 期。嗣后出版话剧剧本《潘巧云》（上海世界书局，1945 年）亦署。②天虚，署用情况未详。

黄鹤逸（1929－2016），湖南洞口人。原名黄启宗。1945 年开始发表作品。笔名黄鹤逸，出版长篇历史系列小说《傀儡梦》、短篇小说集《三会陈黑》《五里寨应对》等署用。

黄洪炎（1896－1943），台湾南投人，字可轩。笔名可轩、黄可轩、黄洪炎，1933－1943 年在台北《台湾新民报》《风月报》《台湾艺术》《兴南新闻》《南方》等报刊发表旧体诗《和简荷生瑶韵》《蕉农行》等署用。出版《瀛海诗集》（台北印行所编，1940 年），署名黄洪炎。

黄华[1]，生卒年及籍贯不详，原名黄世华。笔名黄华，20 世纪 30 年代在武汉《黄花》《时代日报》《大同日报》等发表诗歌署用。

黄华[2]（1913－2010），河北磁县人。原名王汝梅。曾用名黄裕民。笔名黄华，见于散文《路》，载 1938 年 11 月 1 日延安《文艺突击》第 1 卷第 2 期。嗣后在延安《中国青年》等报刊发表文章亦署。按：黄华曾任中华人民共和国外交部部长、国务院副总理。

黄化石（1926－2005），四川綦江人。原名黄华实。笔名化石，1943 年起发表长诗《毒炼蛇咬死了一个农妇和她的婴儿》、小说《乡绅陈仲蕃的"美德"》等署用。嗣后出版长诗《长虹》（作家出版社，1957 年）、《风驰电闪》，散文集《深山初雪》（四川人民出版社，1956 年），长篇小说《潘家堡子》（四川人民出版社，1979 年）、《沃瓦传奇》等亦署。

黄桦（1912－1996），河北安平人。原名乔国安。笔名黄桦，1949 年后出版诗集《征途上的歌》（河北人民出版社，1982 年）、《黄桦诗选》（花山文艺出版社，1996 年）等署用。

黄慧成，生卒年及籍贯不详。笔名慧成，20 世纪 40 年代在福州《星闽日报·星瀚》等发表诗文署用。见于散文《伞》，载 1948 年福州《星闽日报·星瀚》第 268 期。

黄蕙，生卒年不详，广东鹤山人，字少兰。笔名黄蕙，在《南社丛刻》发表旧体诗署用。

黄吉安（1836－1924），安徽寿州（今寿县）人，生于四川成都。原名黄云端，号余僧。笔名黄吉安，创作有川剧剧本 80 余种（包括《柴市节》《江油关》《林则徐》《百宝箱》等）、扬琴唱本 20 余种，并出版有《黄吉安剧本选》（四川人民出版社，1960 年），著有《余僧诗稿》等。

黄季琨（1924－?），四川南充人。笔名：①罗雪，见于杂文《天才与适应》，载 1944 年成都《华西日报·艺坛》。嗣后在《华西晚报》《新蜀报》《渠江报》《诗与诗论》等报刊发表诗文署用。②禾红、禾青，20 世纪 40 年代在四川报刊发表诗文署用。

黄嘉德（1908－1992），福建晋江人。笔名：①梦中，出版翻译小说《下场》（美国馥德夫人原作。上海中华国民拒毒会，1931 年）署用。②黄嘉德，见于译作《照相馆中》（加拿大斯蒂芬·利科克原作），载 1933 年 12 月 16 日上海《论语》半月刊第 31 期。嗣后在该刊及《人间世》《宇宙风·逸经·西风非常时期联合旬刊》《中山文化教育馆季刊》《快乐家庭》《西风副刊》《西书精华》《天地间》《平论》《作风》《中华健康》《人之初》《文选》《读书通讯》等刊发表著译文章，出版翻译戏剧《乡村求爱》（爱尔兰萧伯纳原作。上海商务印书馆，1935 年）、《下场》（美国馥德夫人原作。桂林西风社，1943 年），以及《萧伯纳传》（英国赫理斯原作。上海商务印书馆，1934 年）、《萧伯纳情书》（上海西风社，1938 年）、《流浪者自传》（英国戴维斯原作。上海西风社，1939 年），1949 年后出版专著《萧伯纳研究》（山东大学出版社，1989 年），译作《乌有乡消息》（英国威廉·莫里斯原作，与包玉珂合译。商务印书馆，1997 年）、《二十世纪欧洲史》（美国 C.E. 布莱克、E.C. 赫尔姆赖克合作，与他人合译。人民出版社，1984 年）等亦署。③蓝萍心，见于译作《中彩票》，载 1935 年《论语》第 56 期。同时期或嗣后在上海《人间世》《西书精华》《家》《西风》等刊发表译文亦署。④默然，见于译文《美国女大学生》，载 1935 年《人间世》第 19 期"新年特大号"。嗣后在《读书生活》《长城季刊》《春秋》《公余》等刊发表译作亦署。⑤罗一山，见于译文《丈夫荒》，载 1936 年上海《西风》月刊创刊号。嗣后在该刊发表译文《结婚的职业》《时装潜势力》等亦署。⑥嘉德，见于译文《钞票狂》，载 1938 年 9 月上海《西书精华》第 1 册。嗣后在上海《宇宙风》等刊发表著译文亦署。

黄嘉音（1913－1961），福建晋江人。笔名：①黄嘉音，见于杂文《论语女同志》，载 1933 年 6 月 1 日上海《论语》半月刊第 18 期。嗣后在《人间世》《西风副刊》《快乐家庭》《约翰声》《光杂志》《人之初》《西书精华》《平论》《家》《旅行杂志》《西风》《中华健康》

《宇宙风》《宇宙风乙刊》《宇宙风·逸经·西风非常时期联合旬刊》等刊发表著译文章，出版翻译小说《大地的叹息》（美国威尔特原作。上海西风社，1939年）、《得意书》（爱尔兰等原作。上海西风社，1941年）、《流犯余生记》（法国贝朋诺原作。上海西风社，1948年），以及《山额夫人自传》（美国山额夫人原作。上海西风社，1940年）、《广岛被炸记》（美国海尔赛原作。上海光明出版社，1946年）等亦署。②嘉音，见于杂文《耍狗图——为狗年论语新年号而作》，载1934年《论语》第32期。嗣后在《宇宙风》《宇宙风·逸经·西风非常时期联合旬刊》《长城》《西书精华》《西风副刊》《家》等刊发表杂文随笔等亦署。③胡悲，见于译文《科学婴孩》，载1936年上海《西风》月刊创刊号。嗣后在该刊及《万象》《宇宙风·逸经·西风非常时期联合旬刊》《礼拜日周刊》《西风副刊》《春秋》《天下》《家》等刊发表著译文章亦署。④黄诗林，20世纪30年代起在上海发表文章署用。⑤王显理，见于散文《剖脑目睹记》，载1941年上海《科学趣味》第5卷第1期；随笔《同性恋者》，载1944年《万象》第4卷第1期。⑥唐牧，见于翻译长篇惊险故事《流犯余生记》，1943年上海《天下》创刊号开始连载。1946年在上海《家》杂志发表散文《陶行知——一个父亲》等著译文章亦署。⑦诗林，见于《婴孩发展图》，载1948年上海《家》第29期。⑧小林，见于翻译小品《美国人情》，载1957年北京《漫画》杂志。

黄稼（1928— ），福建福州人。原名黄敏捷。笔名：①黄稼，1946年起在福州《中央日报·中央副刊》《星闽日报·星瀚》及台湾报刊发表诗、散文、小说等署用。见于诗《犬吠的时分》，载1947年10月13日福州《星闽日报·星瀚》。②沙无薅，20世纪40年代起在福建报刊发表诗文署用。

黄建安（1903—？），福建南安人，号六朝居士、哦诗山人。笔名：①胡弦，见于小说《没有趣味的趣剧》，载1928年12月《白露月刊》第1卷第1期。嗣后在该刊发表小说《两个香客》《意外的事》，出版中篇小说《海葬》（上海现代书局，1930年）、《琴弦交响曲》（与胡琴合作，1931年）、《胡弦胡皴集》（黄子琴编，2005年）亦署。②黄何玄，见于歌词《南安私立成功中学校歌》（李硕卿作曲），1937年作。③何玄，署用情况未详。

黄节（1873—1935），广东顺德（今佛山市）人。原名黄纯熙，字玉昆、晦闻。晚号晦翁。别署（印名）茗华、如此江山、后山以后。笔名：①黄节，见于《黄史频复记》，载1907年上海《国粹学报》第2卷第11期。嗣后在该刊及《南社丛刻》《甲寅》《语丝》《东方杂志》《学衡》《学术》《国学专刊》《国学月报》《清华学报》《北京大学日刊》《中华月报》《逸经》《妇女文化战时特刊》《时事新闻》《妇女月刊》等刊发表诗文，出版《诗学》（国立北京大学出版部，1918年）、《曹子建诗注》（上海商务印书馆，1930年）、《汉魏乐府风笺》

（国立北京大学出版部，1936年）等亦署。②黄晦闻，见于《十四夜月下》，载1931年北平《清华周刊》第36卷第4、5期合刊。③佩文、黄史、黄史氏、兼葭楼主、甘竹滩洗石人，署用情况未详。

黄景南（1919—1990），台湾台北人。原名黄炎山，字云谷，号潜庐、世外逸人。笔名：①景南、黄景南，1939—1944年在台北《风月报》《台湾艺术》《兴南新闻》《南方》等报刊发表旧体诗《送金灿先生之厦门》《席上口占呈耀东窗兄》等署用。②叶舟、耐秋，在台北报刊发表文章署用。

黄警顽（1894—1965），上海人。原名黄警，字警顽，号心村。曾用名黄心。人称交际博士。笔名黄警顽，出版有《商店学生应有智识》（与赵锦华合作）、《青年服务与修养》《给有为的青年》（与赵锦华合作）、《现代青年交际指导》《社会交际学》《处世与交友》（据戴尔·卡耐基原作编译）、《南洋服务须知》（与李邦栋合作）、《华侨对祖国的贡献》《南洋霹雳华侨革命史绩》（与罗次启等合作）、《中国交友史》。

黄敬斋（1910—1998），江苏海门人。曾用名黄再生。历任《时代青年》《青年界》《读书界》《教育界》等周刊主编、《新民报》《今报》总编辑、《星岛晚报》《时报》特约撰稿人、《新社会》《群声》周刊总编。笔名黄敬斋，出版有《抗战与间谍》（上海商务印书馆，1938年）等著作。

黄静涛（1922— ），内蒙古土默特左旗人，蒙古族，号蔼默庐主。蒙古名陶克涛（陶克塔呼）。曾用名丁松秀、史公。笔名黄静涛，1949年后发表论文《土族源流新议——兼谈土族的历史斗争》（载1982年《民族研究》第3期）、论文《〈匈奴歌〉别议》（载1983年《民族研究》第1期），出版《内蒙古发展概述（上册）》（内蒙古人民出版社，1957年）、《格斯尔序言》（上海人民出版社，1962年）、《毡乡春秋·匈奴篇》（人民出版社，1987年）等亦署。

黄九如（1900—？），湖南资兴人。曾用名黄碧遥、黄颂。笔名：①黄九如，出版翻译戏剧《菊池宽戏曲集》（日本菊池宽原作。上海中华书局，1934年）、《外国十大名城游记》（上海中华书局，1935年）、《中国名胜游记》（上海中华书局，1935年）、《祖国的山岭》（地图出版社，1954年）等署用。②碧遥，见于《浙江学术源流考》，载1932年《大陆》第1卷第2期；散文《苏州的月亮》，载1933年杭州《艺风》第1卷第2期；随笔《妇女们从去年到今年》，载1935年上海《现代》第6卷第2期。此前后在《太白》《女声》《读书生活》《时代论坛》《妇女生活》《第一线》《文摘》《战时联合旬刊》《上海妇女》《福建教育通讯》《青年与妇女》《时与文》等刊发表著译文章亦署。③黄碧遥，见于散文《嘉碶见闻录》，载1945年上海《平论》第9期；评论《读潘先生妇女问题的论文后》，载1948年南京《新妇女》第21期。

黄觉，生卒年不详，江苏吴县（今苏州市）人，字醒华，号若玄、蘧圆、蘧庵。笔名：①醒华，1914 年在《民权素》发表诗文署用。②蘧庵，1916 年在《中华小说界》发表文章署用。③黄觉，在《南社丛刻》发表旧体诗署用。

黄军，生卒年不详，辽宁沈阳人。原名戴青田。笔名：①萧唉，20 世纪 30 年代在哈尔滨《午报·午夜钟声》《午报·江声》《滨江日报·创作与批评》等报刊发表诗文署用。见于随笔《"积蓄"》，载 1943 年《津津月刊》第 2 卷第 2 期。②黄军，见于诗《几颗亮星》、小说《桑牙》，载 1940 年北平《艺术与生活》第 1 卷第 6 期"文艺专号"；长诗《狂热之歌》，载 1943 年日本大阪《华文大阪每日》第 11 卷第 10 期。此前后在上述两刊及北平《东亚联盟》《新民报半月刊》《时事画报》《中国文艺》《万人文库·文园》《吾友》、上海《文友》《太平洋周报》《天地》《文潮》、昆明《新动向》、哈尔滨《午报·午夜钟声》《午报·江声》《滨江日报·创作与批评》等报刊发表小说《果园》《火线》《求爱者》、诗《短命的儿郎》《灵肉交响曲》、散文《未邮抄》《旅人散记》、随笔《两种解释》、评论《评〈新水浒〉的表现形式及人物》等，出版短篇小说集《山雾》（艺术与生活出版社，1942 年）亦署。③莘野，见于随笔《匏庐杂写》，载 1944 年上海《文友》第 3 卷第 2 期。④叶福，见于小说《战地书》，载 1941 年昆明《新动向》半月刊第 7 期；小说《吴子桓》，载 1946 年上海《人间》月刊第 1 卷第 4 期。⑤戴孟浣，署用情况未详。

黄钧（？—1943），湖南醴陵人，字梦蘧，号栖园。笔名：①黄钧，在《南社丛刻》发表诗文署用。②三谁，署用情况未详。

黄俊耀（1919—2001），陕西澄城人。原名黄栓庆。曾用名田光。笔名黄俊耀，1937 年创作秦腔剧本《血溅芦沟桥》署用。嗣后创作《抗战三回头》（1939 年）、《陆进保》（1943 年）、《潞安洲》（1944 年）、《阎王寨》（1946 年）、《两枝枪》（1947 年）、《粮食》《梁秋燕》《曲江歌女》《白云钢》等剧本，出版剧本《三妯娌》（延安新华书店，1944 年）等亦署。

黄侃（1886—1935），湖北蕲春人。原名黄绪绅，字梅君、禾子、季子、季康、季刚，号运甓、运甓生、病蝉、病禅、旷处士、量守居士、盛唐山民、寄勤闲室主人。晚号刚翁。曾用名黄乔馨、黄乔鼐。笔名：①黄侃，见于《和南唐后主辞》，载 1914 年上海《雅言杂志》第 1 卷第 8 期；诗《繡华室诗草》，载 1919 年《国民》第 1 卷第 1 期。此前后在《华国月刊》《甲寅》《艺林旬刊》《中大季刊》《国立中央大学半月刊》《时代公论》《东北丛刊》《太平杂志》《文澜学报》《文学院季刊》《制言》等刊发表诗文，出版《文心雕龙札记》（北平文化学社，1927 年）、《反切解释上编》（南京中央大学出版组，1929 年）、《日知录校记》（南京中央大学出版组，1933 年）等亦署。②季刚，1911 年前后在《神州丛报》《文艺俱乐部》《独立周报》《雅言杂志》《戊午周报》等刊发表诗文署用。③奇谈，见于杂文《大乱者救中国之妙药也》，载 1911 年 7 月 26 日汉口《大江报》。④禾子，见署于《神州丛报》。⑤运甓，见于《非募债主义》，载 1914 年《甲寅》第 1 卷第 3 期。此外在《民报》《武德月刊》发表诗文亦署。⑥不佞，在《民报》《小说时报》发表文章署用。⑦信川，在《民报》发表文章署用。⑧黄季刚，见于讲演《量守庐请业记》，载 1935 年《新民》第 1 卷第 6 期。嗣后在《制言半月刊》《金陵大学砥柱文艺社社刊》发表其遗作《寄勤闻室涉书记》《诗经序传笺略例》等亦署。⑨乔鼐、病蝉、病禅、鼎革、亦陶、奇悐、静婉、繡华、黄运甓，署用情况未详。

黄客沧（1919—？），福建连城人。原名黄启汤，字星谷。笔名：①黄客沧，见于诗《旅》，载 1936 年福建《复兴日报·晨光》。嗣后在《漳州商报·七弦琴》《虎文学刊》《前驱》《大成日报》《青年报》《星光日报·星星》《中央日报·中央》等报刊发表诗文亦署。②黄幽，1938—1939 年在《闽西日报·小闽西》发表短文十余篇署用。③客沧，1943 年在《连城实验简报》发表通讯署用。

黄堃，生卒年不详，湖南湘潭人，字巽卿。笔名黄堃，在《南社丛刻》发表旧体诗署用。

黄岚，生卒年及籍贯不详。笔名：①黄岚，译有《真理之城》，出版后遭国民党当局查禁。②人岚、清媚、清娟，署用情况未详。

黄澜，生卒年不详，广东梅县（今梅州市）人，号定禅。笔名黄澜，在《南社丛刻》发表旧体诗署用。

黄冷观（1887—1938），广东中山人。原名黄显成，字君达、仲弢，号昆仑。笔名黄冷观。20 世纪 20 年代在香港《华字日报》《循环日报》《中华民报》《中和报》《超然报》等报发表文章，出版武侠小说《大侠青芙蓉》《沧溟侠影》《里巷伟人传》，言情小说《青萍芨恨记》《情坎记》《桃花山庄》《鸳鸯枪》《今妇人传》《幽兰怀馨记》，社会小说《若剑庵稗膌》《畸人独行传》《人禽之判》《梼杭新史》，白话小说《太平山之秋》《牧人与犬》等亦署。

黄励（1925— ），北京人。曾用名黄曾九。笔名黄励，1949 年后创编京剧剧本《杨八姐游春》《鉴真大师》、出版昆曲《红霞》（与金紫光合作。中华书局，1959 年）等署用。

黄麟书（1893—1999），广东龙川人，字祥霖，号樾园。笔名黄麟书，发表论文《龙川文化》《龙川鲤鱼化石之研究》《客家迁徙之研究》等署用。1949 年后出版《秦皇长城考》（香港珠海书院，1959 年）、《边塞研究》（九龙造阳文学社，1979 年）、《唐代诗人塞防思想》（九龙造阳文学社，1980 年）、《宋代边塞诗钞（全三册）》（黄麟书编辑。台湾商务印书馆，1989 年）等亦署。

黄灵芝（1928－2016），台湾台南人。原名黄天骥。笔名灵芝。出版有短篇小说集《法》《金三家》等。

黄凌霜（1901－1988），广东台山人。原名黄天俊，字凌霜。曾用名黄文山、黄兼生。笔名：①黄天俊，见于诗《清华八景诗》，载1917年北京《清华周刊》第111期。同时期在《北大学生周刊》《工学》等刊发表诗文亦署。②凌霜，见于随笔《托尔斯泰之生平及其著作》，载1917年北京《新青年》第3卷第4期。同时期在《歌谣》《华铎》《劳动》等刊，1934年后在《新社会科学》《西风》《月报》《天地间》《西风副刊》等刊发表著译作品亦署。③霜，1918年在《华铎》杂志发表文章署用。④兼生，见于随笔《克鲁泡特金的道德观》，载1919年北京《解放与改造》第1卷第6期。同时期在《晨报副镌》《劳动者》等刊发表文章亦署。⑤黄凌霜，见于论文《社会进化论与社会轮化论》，载1929年上海《社会学刊》第1卷第1期。嗣后在《晦鸣周刊》《中山文化教育馆季刊》等刊发表文章，出版译作《到自由之路》（英国罗素原作。北京新青年社，1920年）、《哲学问题》（英国罗素原作。北京新青年社，1920年）、论著《西洋知识发展史纲要》（上海华通书局，1932年）、《社会进化》（上海世界书局，1933年）等亦署。⑥黄文山，见于论文《史则研究发端》，载1930年上海《社会学刊》第1卷第3期。嗣后在《新社会科学》《民族研究集刊》《新粤周刊》《时代动向》《政问周刊》《社会与教育月刊》《青年中国》《战时文化》《训练通讯》《中山文化季刊》《三民主义半月刊》《中华文化》《粤侨导报》《社会学讯》《广东省立法商学院院报》《侨声》《社会科学论丛》《广大学报》等刊发表文章，出版译作《当代社会学学说》（美国索罗金原作。上海商务印书馆，1935年）、《社会法则》（上海商务印书馆，1935年）、论著《唯生论的历史观——民生史观论究》（南京正中书局，1935年）、《文化学的建立》（国立中山大学法学院，1948年）等亦署。⑦黄兼生，见于《社会诊断学之创建》，载1934年南京《新社会科学》第1卷第3期。嗣后在该刊发表《孔德的社会学方法》等文亦署。

黄洛峰（1909－1980），云南鹤庆人。原名黄垲，字肇元。笔名黄洛峰，1936年起在上海《通俗文化》等刊发表文章署用。见于随笔《除去言论自由的障碍》，载1946年《民主时代》第2期。

黄蒙田（1916－1997），广东台山人。原名黄草予。曾用名黄茅。笔名：①黄茅，见于随笔《略论战时美术》，载1938年桂林《战时艺术》第2卷第6期。嗣后在《新建设》《抗战通俗画刊》《文艺生活》《开明少年》《人物杂志》、香港《星岛周报》《新中华画报》《海光文艺》《美术家》《大公报》《文汇报》《华商报》《华侨日报·文艺》《大众日报》《星岛日报》等报刊发表散文、小说、评论、绘画等，出版散文集《清明小简》（香港人间书屋，1948年）亦署。②黄蒙田，出版随笔集《谈艺录》（香港上海书局，1973年）、《艺苑交游录》

（岭南美术出版社，1985年）、《读画文钞》（三联书店香港有限公司，1991年）等署用。此外发表散文《怀念诗人韩北屏》（载1979年7月31日香港《新晚报》）、散文《刘仑笔耕四十五年》（载1980年6月26日香港《大公报》），在香港《文汇报》《明报》等报发表文章亦署。

黄苗子（1913－2012），广东中山人。原名黄祖耀。曾用名猫仔（乳名）。笔名：①黄祖耀，见于漫画《魔》，载1929年《上海漫画》第67期。②黄苗子，1933年在上海漫画杂志《时代》发表漫画开始署用，嗣后在该刊及《半角漫画》《上海漫画》《十日杂志》《中国漫画》《宇宙风》《小说月刊》《良友画报》《生活》《现象》和香港的《骨子》等报刊发表漫画、随笔、评论等，1949年后发表传记文学《八大山人传》（载1978年4月香港《美术家》杂志），出版散文集《货郎集》（百花文艺出版社，1981年）、《无梦盦流水帐》（三联书店香港有限公司，1992年）、《陌上花》（与夫人郁风合集，江苏文艺出版社，1995年）、《风雨落花》（作家出版社，2005年），散文集系列《苗老汉聊天》（包括《雪泥爪印》《世说新篇》《茶酒闲聊》《人文琐屑》《书虫小札》《野史杂文》），杂文集《敬惜字纸》（宁夏人民美术出版社，1986年），诗集《三家诗》（广东教育出版社，1996年），传记《画家徐悲鸿》（北京出版社，1957年），美术论著《美术欣赏》（朝花美术出版社，1957年）、《古美术杂记》（香港大光出版有限公司，1982年出版；修订版更名为《艺林一枝——古美术文编》，1991年由生活·读书·新知三联书店出版）、《吴道子事辑》（中华书局，1991年）《画坛师友录》（台北东大图书公司，1998年），以及书画集等署用。③雷父（fǔ）、雷甫，1960年在《新民晚报》、1980年在《羊城晚报》发表文章署用。④沙之，出版随笔集《白石老人逸话》（香港上海书局，1964年）署用。⑤黄雷父（fǔ），见于旧体诗《七古一首》，载1986年5月14日上海《新民晚报·夜光杯》。

黄南丁（1903－1937），江苏苏州人。原名黄炳星。笔名黄南丁，见于小说《贤惠的师长太太》，载1932年上海《万岁》第1卷第7期。嗣后在上海《金钢钻月刊》《社会月报》等刊发表《九莲珍珠灯》《腥风录》等长篇小说，出版长篇小说《杨乃武与小白菜——清代第一风流奇案》（上海移风出版社，1935年）亦署。

黄宁婴（1915－1979），广东台山人。原名黄炳晖。笔名：①伊仲，见于诗《生辰》，载1936年香港《星岛日报》；随笔《一九三七年的中国诗坛》，载1938年《中国诗坛》第1卷第6期。②萧衣，1936－1949年在香港《华商报》《星岛日报》、广州《民族日报》等报发表《铲除"成名思想"》《杨柳岸》《展开文艺清洁运动》等署用。③黄宁婴，见于诗《光的歌》，载1937年《诗场》第3期；《诗歌创作的回顾与展望》，载1938年《狂潮旬刊》第1卷第2期。嗣后在《中国诗坛》《文艺阵地》《野草》《诗创作》《文艺生活》《文艺丛刊》

《大众文艺丛刊》《中学生》《月刊》《戏剧与文学》《草莽》等报刊发表诗文，出版诗集《九月的太阳》（上海诗歌出版社，1938年）、《荔枝红》（桂林诗创作社，1943年）、《民主短简》（香港文生出版社，1946年）、《迎人民的春天》《黄宁婴诗选》，长诗《溃退》（香港人间书屋，1948年）、《西门楼上》，戏剧评论集《怎样改进粤剧》（香港人间书屋，1951年），剧本《咸墙泥》（与莫汝城合作。广东人民出版社，1959年）、《粤海忠魂》（与他人合作）等亦署。④萧雯，见于随笔《文坛的冒险家胡危舟与张煌》，载1946年3月广州《文艺新闻》。

黄磐玉，生卒年及籍贯不详。笔名黄远，见于杂文《从做官发财说到民族精神》，载1941年上海《杂文丛刊》第1辑《鱼藏》。

黄鹏基（1901—1952），四川仁寿人。笔名：①黄鹏基，见于散文《沙滩上——屈原的梦》，载1926年北京《莽原》半月刊第2期。此前后在该刊及《猛进》《民众周刊》等刊发表文章，出版独幕剧集《还未过去的现在》（上海光华书局，1928年）亦署。②朋其，见于诗《伪的求曙光的人》，载1924年12月3日沈阳《盛京时报》及1925年北京《莽原》第32期。嗣后在《猛进》《狂飙》《京报》《国民新报》《矛盾》《新文学》《海滨杂志》等报刊发表著译诗、散文、戏剧等，出版小说集《荆棘》（上海开明书店，1926年）、独幕剧集《还未过去的现在》（上海大光书局，1936年）、杂文集《刺的文学》（上海光华书局，1930年）等亦署。③黄昏，见于随笔《御蚤记》，载1934年上海《论语》第48期。

黄萍荪（1908—1993），浙江杭州人。笔名：①黄萍荪，见于小说《终究要到这条路》，载1931年上海《小说月报》第22卷第6期。嗣后在《南华文艺》《晨光》《民国日报》《东南日报》《浙江青年》《文艺月刊》《学校生活》《越风》《子曰》《龙凤》等报刊发表散文、小说、随笔等，出版《蒋百里文选》（重庆新阵地图书社，1940年）、《蒋百里先生文选》（国防学会，1947年）、《风雨茅庐外纪》（生活·读书·新知三联书店香港分店，1985年）、《前辈风流》（福建人民出版社，2000年）等亦署。②萍荪，见于随笔《驼铃社宴客回忆记》，载1933年《文学新闻》。嗣后在《浙江青年》《越风》等刊发表文章亦署。③歇翁，见于随笔《鲁迅与"浙江党部"之一重公案（附鲁迅书简）》，载1948年《子曰丛刊》第2辑。

黄齐生（1879—1946），贵州安顺人。原名黄禄祥，字齐生，号青石、鲁连、石公。笔名黄齐生，出版遗著《黄齐生诗文选》（收有剧作《大埠桥》等作品。贵州人民出版社，1981年）署用。

黄启明，生卒年及籍贯不详。笔名傍观生，见于随笔《台湾诗人七大毛病再诊感言》，载1941年台湾《风月报》。

黄绮（1914—2005），安徽安庆人，祖籍江西修水。原名黄匡一，号九一。笔名黄绮，出版《归国谣》（花山文艺出版社，1990年）、《归国谣·无弦曲》（清华大学出版社，1997年）、《绝句绝唱》（河北教育出版社，2001年）、《黄绮题画诗选》（河北教育出版社，1998年）、《片言录》（语文出版社，1993年），以及文字学、书画篆刻著作等署用。

黄青（1919—1989），广西武鸣人，壮族。原名黄廷熙。曾用名黄砂。笔名：①冈荻，见于《来到祖国的南方》，载1939年《北流日报》。嗣后在该报发表诗《在大明山上》、散文《通天炮》等亦署。②黄青，见于散文《运动战的流》，载1941年桂林《青年生活》第2卷第1、2期合刊。1942年后在《曙光报》发表诗《病者的心弦》《春的律动》《太阳从东方上升》，1949年后发表作品、出版诗集《山河声浪》（漓江出版社，1984年）等亦署。

黄青萍（1910—1976），台湾台北人。原名黄启瑞。笔名黄启瑞，见于评论《泷川教授问题》，载1933年6月1日台北《台湾新民报》第818号。嗣后在台北《台湾文化》《台湾文学》发表《友谊》《田园杂感》等文亦署。

黄庆云（1920—2018），广东广州人。笔名：①黄庆云，见于《鲁迅与儿童文学》，载1940年香港《大风》十日刊第74期；儿童文学《中国小主人》，载于1941年香港《新儿童》半月刊第1卷。嗣后在该刊及《资治月刊》《家》等刊发表儿童读物，出版童话集《庆云短篇童话集（一至五集）》（香港进步教育出版社，1948年），故事集《庆云短篇故事集（一至四集）》《小同伴》，书信集《云姊姊的信箱（一至五）》《图画信集》，传记《名人传记（一至二）》，话剧《中国小主人》《国庆日》《国王的试验》，翻译童话《云妮宝宝（一至三）》（英国米尔斯原作），1949年后出版长篇小说《香港归来的孩子》（明天出版社，1988年），小说集《一枝枪》（新华书店，1951年），童话集《奇异的红星》（广东人民出版社，1956年）、《月亮的女儿》《金色的童年》，诗集《花儿朵朵开》（岭南美术社、外文书店，1958年）等亦署。②云姊姊，1941年在香港创办、主编《新儿童》半月刊署用。③宛儿、昭华、是德、慕威、慕列，20世纪40年代初至50年代初发表科普和儿童读物署用。

黄秋岳（1891—1937），福建闽侯人，生于湖北江夏（今武汉市）。原名黄濬，字秋岳、伯川，号衡斋。笔名：①黄濬，见于《张蟹芦属题橐园谜话》，载1917年上海《东方杂志》第14卷第12期。嗣后在该刊发表诗《夜归偶占》《西湖四首》等，1949年后出版《尊古斋造像集拓·尊古斋陶佛留真》（上海古籍出版社，1990年）、《花随人圣盦摭忆》（上海书店出版社，1998年）、《尊古斋印存》《尊古斋古钵集林》《衡斋藏印》《衡斋金石识小录》《壶舟笔记》等亦署。②黄秋岳，见于随笔《聆风杂缀》，载1935年《中华月报》第5期。此前后在该刊发表《聆风簃词话》《聆风簃褽缀》《湖游琐忆》等亦署。③秋岳，见于诗《三月初十稷园独步》，载 1932 年天津《国闻周报》第 9 卷第 16 期。嗣后在该刊发表诗《北行绝句》《哭有壬》等亦署。1935－1937 年在《中央时事周报》连载长篇散文《花随人圣盦摭忆》亦署。

黄秋耘（1918－2001），广东佛山人，生于香港。原名黄超显。曾用名黄秋云。笔名：①黄秋云，见于散文《泖湖棹歌》，载 1925 年《学生文艺丛刊》第 2 卷第 7 期。嗣后在该刊发表散文《桂花》《游九峰遇雨》，1937 年在上海《艺文线》第 3 期发表报告文学《矿穴》等亦署。②洛思，见于随笔《救亡运动在香港》，载 1938 年《战时青年》第 2 期；散文《记严杰人》，载 1946 年《野草》新 2 号。20 世纪 60 年代发表散文偶署。③秋云，见于杂文《能言鹦鹉毒于蛇》，载 1947 年《野草》第 6 期。嗣后在《文艺生活》《青年知识》等刊发表文章，出版散文集《浮沉》（香港人间书屋，1948 年）、戏剧《二伯父恩仇记》（与他人合作。香港南方书店，1949 年）等亦署。④昭彦，20 世纪 40 年代发表文章曾用署，60 年代发表散文亦署。⑤何士生、跂（fá）芮，20 世纪 50 年代前后发表文章署用。⑥杜方明，20 世纪 50 年代初期发表文章署用。⑦黄秋耘，见于《学习鲁迅的革命斗争精神》，载 1955 年 10 月 18 日《中国青年报》。嗣后出版散文集《丁香花下》（百花文艺出版社，1981 年）、《风雨年华》（人民文学出版社，1983 年）、《往事并不如烟》（花城出版社，1987 年）、《黄秋耘散文选》（四川人民出版社，1983 年），杂文集《杂文选粹·黄秋耘之卷》（湖南文艺出版社，1987 年），随笔、杂文集《锈损了灵魂的悲剧》（人民文学出版社，1980 年），评论集《古今集》（作家出版社，1962 年）、《苔花集》（新文艺出版社，1957 年）、《琐读与断想》（河北人民出版社，1980 年）、《黄秋耘文学评论选》（湖南人民出版社，1983 年），翻译长篇小说《搏斗》（法国罗曼·罗兰原作，与陈实合译。广东人民出版社，1980 年），以及《高士其伯伯的故事》（少年儿童出版社，1956 年）、《黄秋耘自选集》（花城出版社，1986 年）、《黄秋耘文集（4 卷）》（花城出版社，1999 年）等亦署。⑧秋耘，20 世纪 50 年代起发表作品署用。按：黄秋耘尚出版有报告文学集《控诉》（香港人间书屋，1951 年）、翻译长篇小说《搏斗》（法国罗曼·罗兰原作，与陈实合译。香港人间书屋，1948 年），署名待考。

黄然（1927－　），江苏南通人。原名吴咏唐。曾用名吴复。笔名：①时风，见于杂文《从秋热说起》，载 1945 年 9 月 1 日南通《江北日报·散文》。嗣后在该刊发表散文《月饼和爆竹》等亦署。②黄然，见于诗《寄》，载 1948 年 4 月 9 日南通《国民日报·诗刊》。嗣后在南通《诗战线丛刊》等报刊发表诗文亦署。1949 年后发表作品一直署用。③未名，见于诗《斗争是我们的母亲——给写诗的伙伴》，载 1948 年 8 月 20 日南通《诗战线丛刊》之一《斗争是我们的母亲》。④黄洪，见于诗《进攻！进攻！》，载 1948 年 9 月 5 日《诗战线丛刊》之二《生活的宣言》。⑤许蓝，见于诗《朋友啊》，

载 1948 年 9 月 25 日《诗战线丛刊》之三《我们这一代》。⑥吴复，见于诗《伟大力量的检阅》，载 1949 年 10 月 10 日南通《江海报》。⑦任敏、乐人、丁近，20 世纪 80 年代初在南通《南通市报》发表杂文署用。⑧王乙、吴风、艾罗，1990 年起在南通《港闸开发报》《江海晚报》发表杂文署用。

黄任恒（1876－1953），广东南海（今佛山市）人，字秋南，号述窠。笔名黄任恒，出版《学服斋笔记》（保粹堂丛刊）、《辽文初录》（1919 年）、《辽代文学考》（南海黄氏，1925 年）、《辽痕五种》（南海黄氏，1925 年）、《述窠杂纂》，辑《信阁小丛书》《陈修园方歌》等署用。

黄裳（1919－2012），山东青州人，生于河北井陉，满族。原名容鼎昌。笔名：①容鼎昌，见于随笔《谈毛世来》，载 1938 年上海《十日戏剧》第 1 卷第 23 期；随笔《漫谈旧剧之批评》，载 1938 年上海《十日戏剧》第 1 卷第 25 期。1939 年 4 月 27 日在上海《文汇报·世纪风》发表随笔《别宴》亦署。②鼎昌，见于随笔《侯郝琐话》，载 1938 年《十日批评》第 1 卷第 26 期。嗣后在该刊发表随笔《忆北平》《南腔北调》等亦署。③宛宛，见于杂文《升黜》，载 1938 年 9 月 7 日上海《文汇报·世纪风》。嗣后在该刊及上海《鲁迅风》《万象》《宇宙风乙刊》《大美报·浅草》等报刊发表文章亦署。④流水，见于随笔《我们这一群》，载 1939 年上海《江苏省立上海中学工理二八级毕业纪念刊》。⑤秋远，"孤岛"时期在上海报刊署用。⑥朱孚、芳垂、范苿、勉仲、叔孙遥，20 世纪 30－40 年代在上海《时代日报》发表杂文署用。⑦赵令仪，见于随笔《读书日记》，载 1941 年上海《宇宙风乙刊》第 50－55 期；随笔《鲁迅先生与戏改》，载 1951 年 10 月 31 日上海《新民报晚刊》。1962 年前后在香港《新晚报》发表杂文随笔亦署。⑧褚冠，见于随笔《蠹鱼篇》，载 1942 年上海《古今》第 1－2 期。嗣后在该刊第 22 期发表随笔《谈张之洞》亦署。⑨华皎，见于随笔《红楼梦的语言及风格》，载 1942 年《古今》第 2 期。⑩鲁昔达，见于随笔《龙堆杂拾》，载 1942 年《古今》第 3 期。嗣后在该刊发表《龙堆再拾》《曾左交恶及其他》等文亦署。⑪默庵，见于随笔《读知堂文偶记》，载 1942 年《古今》第 6 期。⑫庾持，见于随笔《四库琐话（之一）》，载 1942 年《古今》第 6 期。嗣后在该刊第 10 期发表随笔《四库余话》亦署。⑬南冠，见于随笔《谈李慈铭》，载 1942 年《古今》第 8 期。嗣后在该刊发表《关于李义山》《读〈药堂语录〉》等文亦署。⑭韦禽，见于随笔《说欢喜佛》，载 1942 年《古今》第 9 期。嗣后在该刊发表《宣南菊事琐谈》《从鉴定书画谈到高士奇》等文亦署。⑮吴咏，见于随笔《朱竹垞的恋爱事迹》，载 1942 年《古今》第 10、11 期。翌年在该刊第 25 期发表随笔《春明琐忆》亦署。⑯何戡，见于随笔《听春雨》，载 1942 年 7 月 14 日上海《中华日报·中华副刊》。嗣后在该刊发表随笔《忆景山》《墨与文人》等，1942 年在《古今》

第 12 期发表随笔《关于墨》亦署。⑰黄裳，见于散文《伤感的行旅》，载 1943 年上海《新中华》复刊第 1 卷第 12 期。嗣后在《旅行杂志》《少年读物》《活时代》《书报精华》《万象》《文艺春秋》《上海文化》《周报》《国文月刊》《中国作家》《中学生》《文艺复兴》《文汇报》等报刊发表文章，出版散文集《关于美国兵》（上海出版公司，1946 年）、《锦帆集》（上海中华书局，1946 年）、《锦帆集外》（上海文化生活出版社，1948 年）、《旧戏新谈》（上海开明书店，1948 年），翻译小说《一个平凡的故事》（俄国冈察洛夫原作。上海文化生活出版社，1949 年），1949 年后出版《谈水浒戏及其他》（上海开明书店，1952 年）、《西厢记与白蛇传》（上海平明出版社，1953 年）、《榆下说书》（生活·读书·新知三联书店，1982 年）、《黄裳论剧杂文》（四川人民出版社，1984 年）、《银鱼集》（生活·读书·新知三联书店，1985 年）、《彩色的花雨》（生活·读书·新知三联书店，1988 年）、《来燕榭少作五种》（生活·读书·新知三联书店，2009 年）、《故人闲话》（江苏文艺出版社，2011 年）、《故人书简》（海豚出版社，2012 年），翻译小说《猎人日记》（俄国屠格涅夫原作。新文艺出版社，1956 年）等亦署。⑱黄伯思，见于随笔《谈何其芳》，载 1947 年上海《文艺春秋副刊》第 1 卷第 1 期。嗣后在该刊第 1 卷第 3 期发表《关于废名》一文亦署。⑲方兰汝，见于随笔《旧报新谈——书城脞语之一》，载 1947 年上海《文艺春秋副刊》第 1 卷第 2 期；《笔样》，载 1947 年 4 月 9 日上海《文汇报·浮世绘》。1949 年 7 月 11 日在上海《新民报·夜店》发表随笔《鲁迅诗笺》亦署。⑳旧史，见于《旧戏新谈》随笔专栏，载 1947 年上海《文汇报·浮世绘》。㉑杨廷，署用情况未详。

黄少云，生卒年不详，福建人。笔名瘦心，20 世纪 40 年代在福建《闽南日报》发表诗文署用。

黄绍谷（1897－1933），湖北保康人，字晓峰，号素皇。笔名：①黄绍谷，见于译文《从乌托邦主义到现代社会主义》，载 1921 年上海《评论之评论》第 1 卷第 3 期；诗《断桥》《卷帘》《中秋之夜》，载 1923 年 3 月 28 日北京《京报·诗学半月刊》。嗣后在《北京师大周刊》《妇女周刊》等刊发表文章亦署。②绍谷，见于诗《1920 年 1 月 29 日晚》，载 1920 年《批评》半月刊；随笔《编辑余谈》，载 1923 年 4 月 10 日《京报·诗学半月刊》。

黄绍兰（1892－1947），湖北蕲春人。原名黄学梅，字梅生、绍兰。后更名黄朴，字君素。著有《易经注疏》。

黄畲（1913－2007），台湾淡水人，字经笙，号纫兰籍主。笔名：①黄畲，20 世纪 40 年代参加北平蛰园诗社、瓶花簃词社、锑园诗社、咫社词和庚寅词社，与社友相唱和，作品载《锑园吟稿》《咫社词钞》。②黄畲，1949 年后出版《历代词萃》（黄畲笺注。河南人民出版社，1983 年）、《全唐五代词》（与张璋合编。上海

古籍出版社，1985 年）、《欧阳修词笺注》（中华书局，1985 年）、《石湖词校注》（齐鲁书社，1989 年）、《阳春集校注》（天津古籍出版社，1993 年）、《山中白云词笺》（浙江古籍出版社，1994 年），以及《全唐五代词》（与张璋合编）等署用；整理出版《朱淑真集》，与夏承焘合编《金元明清词选》，与张璋合校《秦观词集》，为张伯驹、黄君坦选编的《清词选》作注释，为《金元明清词鉴赏辞典》《爱国诗词鉴赏词典》《全球当代诗词选集》撰写词条亦署。

黄声（1908－1966），广东揭阳人。原名黄心声。笔名：①黄心声，见于《生命在呼吸》，载 1934 年《民意周报》第 1 卷第 1 期。②黄声，见于随笔《艾迪博士痛诋日人毒化政策》，载 1934 年上海《黑白》半月刊第 2 卷第 7 期。嗣后在《文化月刊》《行健月刊》《人世间》《协建月刊》等刊发表译文《觉醒了的印度》《义大利与近东》等亦署。1934－1939 年在暹罗《晨钟报》副刊《崇实》《蕉心》《椰雨》等发表诗、小说、散文、评论等亦署。③廓士高、顺利伯、高恩，抗战时期在暹罗曼谷《民主希望》《曼谷商报》发表时评署用。④凡夫、寄因，署用情况未详。

黄绳（1914－1998），广东广州人。原名黄承燊。笔名黄绳，见于评论《太平洋侵略防御与中国抗战》，载 1938 年《前进》半月刊第 1 卷第 11 期；散文《旅途漫忆》，载 1939 年《文艺阵地》第 2 卷第 6 期。此前后在上述两刊及《文学月报》《文艺生活》《中国诗坛》《人世间》《国文月刊》及香港《星岛周报》《星岛日报》《立报》《华商报》《大众日报》《大公报》《文汇报》《国民日报》等报刊发表文章亦署。1949 年后发表文章、出版论著《文艺与工农》（香港求实出版社，1951 年）、《当代散文选读》（广东人民出版社，1983 年）、《论语——散文艺术的萌芽》（湖南教育出版社，1985 年），散文集《香江抒情》（花城出版社，1984 年）等亦署。

黄诗咏（1927－2016？），江西贵溪人。号木圭郎。笔名：①冷浪，见于小说《晓雾》，载 1942－1943 年间上饶《前线日报·学生之友》。嗣后在该刊发表小说《罪》《被宰割的》、在上饶《民锋日报·蜜蜂》发表小说《邂逅》《拜见科长记》等亦署。②聂氏子，1942－1943 年间在上饶《民锋日报·蜜蜂》发表杂文《办公室杂志》等署用。

黄石（1901－？），广东人。笔名：①黄石，见于译文《劳动心理》（美国桑戴克原作），载 1924 年上海《东方杂志》第 21 卷第 20 期；随笔《恋爱杂谈》，载 1927 年上海《新女性》第 2 卷第 5 期。嗣后在上述两刊及《北新》《青年界》《开明》《开展》《宇宙风》《文化月刊》《民众教育季刊》《月报》《译丛月刊》发表文章，出版论著《神话研究》（上海开明书店，1927 年），译作《家族制度史》（英国顾素尔原作。上海开明书店，1931 年）、《少年世界史纲》（美国埃文斯原作，与吕一舟等合译。上海商务印书馆，1935 年）、《十日谈》（意

大利薄伽丘原作，与胡簪云合译。上海开明书店，1930年）等亦署。②黄华节，见于《眉史》，载1932年上海《东方杂志》第29卷第5期。嗣后在该刊及《太白》《黄钟》《社会研究》《中学生》《新中华》等刊发表文章亦署。③养初，署用情况未详。

黄拾（1914－2012），江苏如皋人。原名黄士罕。笔名：①驰火，见于散文《问》，载1934年江苏《如皋导报·春泥》第19期。嗣后在该刊发表诗《乡村的四月》、散文《号声》等亦署。②黄拾，1939年发表文章开始署用。2001年在《南通今古》第6期发表《关于南通小小剧社》一文亦署。③黄石，用于书画的落款。④稚牛、地丁，20世纪80年代主编国家卫生部老干部协会《北海诗苑》署用。

黄式权（1853－1925），江苏南汇（今上海市）人。原名黄本铨，号梦畹。曾用名黄协埙。别署海上梦畹生、鹤窠村人、鹤巢村人、畹香留梦室主、我是个多愁多病声。笔名：①黄协埙，1914年在《织云杂志》发表文章，出版古文集《锄经书舍零墨》（上海申报馆，1875年）、诗集《燕子吟》（与奚在林、戚牧合集）等亦署。②畹香留梦室，出版古文集《淞南梦影录》（上海申报馆，1875年）署用。③梦畹生，出版古文集《粉墨丛谈》（上海国学扶轮社，1910年）署用。④梦畹，1915年在上海《小说大观》发表文章署用。⑤黄梦畹，见于随笔《四十年前之上海》，连载于1923年上海《世界小报》。

黄寿祺（1912－1990），福建霞浦人，字之六，号六庵、巢孙。笔名：①黄寿祺，1949年后出版《楚辞全译》（与梅桐生合作。贵州人民出版社，1984年），《周易译注》（与张善文合作。上海古籍出版社，1989年），以及《周易明义考》《汉易条例》《明儒学说讲稿》《楚辞全译》《中国古代文学》《六庵说讲稿》《六庵读书札记》《六庵诗话》《闽东风俗记》等署用。②霞山，署用情况未详。

黄树则（1914－2000），天津人。曾用名黄写山。笔名：①斗山，1936年前在天津《大公报》《庸报》、北平《华北日报》等报副刊发表文章署用。②金宁，1936年前在北平《全民报》署用。1980年后发表文章偶署。③梁榛，见于随笔《有题杂志》，载1936年北平《文地》月刊第1卷第2期。④黄既，1932年开始在北平《京报·诗剧文周刊》发表文章署用。又见于小说《出奔》，载1936年北平《文地》月刊第1卷第2期。嗣后在《诗歌杂志》《东方快报·文艺青年》《文风》《七月》《文艺月报》《解放日报》《谷雨》《中国青年》等报刊发表小说、散文等署用。主要用于发表文艺作品。⑤黄写山，1960年起在《人民日报》《健康报》《北京晚报》《北京日报》等报刊发表医学知识小品署用，偶尔也用于发表文艺性文章。⑥冯岫、许峰、葛桂、梁桐、徐锦、路宇、王书泽，1960年开始在《人民日报》《北京晚报》等发表医学知识小品署用。⑦晓棣，在《中国青年》发表文章署用。⑧田士菊，1979年以后在《光明日报》《中国青年报》发表医学知识小品署用。⑨黄树则，1949年后出版诗文小品集《春晖寸草集》（河南科学技术出版社，1982年）署用。按：黄树则为我国著名医学家，曾任卫生部副部长，同时也是一位作家。他从20世纪30年代即开始文学创作，著有诗文小品集《春晖寸草集》、短篇小说集《病理学的一保》、散文集《关向应同志在病中》，出版与署名情况未详。

黄水沛（1884－1959），台湾台北人。原名黄春潮，字桂丹，号春星、春潮、覆瓿、老苍。笔名春潮、水沛、春潮生、黄水沛、黄春潮，1911－1943年在台北《台湾日日新报》《新高新报》《南瀛新报》《兴南新闻》等报刊发表旧体诗《红菊八首有序》《题如此江山楼》等署用。著有《黄楼诗抄》《台湾省通志稿·人物志》。

黄水遥，生卒年不详，广东潮州人。原名黄江。笔名黄水遥，1945年后在香港刊发表散文《生活的浪花》《嫦娥奔月》等署用。又见于诗《碧河上的牧歌》，载暹罗曼谷《华侨日报·华侨文坛》。

黄肃秋（1911－1989），吉林榆树人。原名黄毓霖，字肃秋。笔名：①黄肃秋，见于《诗二首》，载1934年《北强》第1卷第6期；小说《颤动的灵魂》，载1935年《北强》第2卷第1－2期。嗣后在《北强》《人民世纪》《建国月刊》《读书通讯》等刊发表《写诗浅见》《评丰子恺之“古诗新画”》《谈写作》等文，出版诗集《爱与血之歌》（北平人文书店，1933年）、诗文集《寻梦者》（北平艺术与生活社，1942年），编选《杜甫诗选》（人民文学出版社，1962年）、《历代散文选》（山西人民出版社，1979年）、《唐诗绝句选》（中华书局，1982年）及通俗读物《孙悟空的故事》（通俗文艺出版社，1957年），校注《西游记》《醒世姻缘传》等亦署。②张左、苏囚、林莽、皇甫春，署用情况未详。

黄太玄（1866－1940），安徽太平（今黄山市）人，字履平、明强，号剑秋。晚号玄翁。笔名黄太玄，民国初在《大共和日报》《小说时报》和上海《大众》日刊等报刊发表作品署用。

黄体镭，生卒年不详，湖南人。笔名黄海，发表诗《争夺回去的太阳》署用。

黄悌（1926－1998），江苏南京人。原名黄庭愈。笔名黄悌，1946年开始在北平《新民报》副刊发表文章署用。嗣后出版话剧剧本《钢铁运输兵》（新文艺出版社，1954年）、《小尖兵》（中国少年儿童出版社，1956年）、《巴山红浪》（东风文艺出版社，1962年）、《山野新歌》（中国戏剧出版社，1963年）、《白龙飞舞》《卧虎镇》（与他人合作）、《延水长》《西安事变》（与他人合作）等亦署。

黄天戈（1918－1999），广东和平人。原名黄锦銮。笔名：①黄天戈，见于散文《春》《嘉陵江畔》，载1942年广东韶关《大光报》；散文《散文三章》，载1942年《建国日报》。1943年在《妇女新运》《中国女青年》等刊发表随笔《前夜读后感》《女子的事业与地位》等亦署。②天戈，见于童话《假使的三分钟》，载 1943 年重庆《时事新报》。20 世纪 40 年代在重庆《新华日报》《大公报》《商务日报》《新民报》及南京、上海、昆明等地报刊发表诗文，1949 年后发表诗歌《东方，太阳的家乡》、童话《松鼠婶婶》《白脸狐狸先生》，出版小说集《白额牛》《闪亮的花朵》《小松鼠吱吱》，诗集《青山绿水》《水利建设成就大》，童话寓言集《睡谷的传说》，剧本《真理在这一边》《先锋部队》《无机可乘》《对国家负责》《为了保家卫国》《婚事》等亦署。③公驭，1944 年在重庆《新蜀报》发表文章署用。④洁志，见于小说《无消息的人》，载 1946 年 3 月 20 日重庆《中央日报》副刊。⑤牛珊，1946 年在昆明《观察报》、1947 年在南京《新民报》发表文章署用。⑥黄始，1949 年在上海《大公报》、南京《南京人报》发表文章署用。⑦呼加诺，1954 年在《人民日报》《文艺报》等报刊发表杂文署用。

黄天培（1870－？），广东新会人，原名黄端儒。笔名黄天培，出版《苞桑集》（上海开明书店，1946 年）署用。

黄天鹏（1905－1982），广东普宁人。原名黄鹏，字天鹏，号逍遥、和尚、天庐、天庐生、天庐居士、天庐主人、逍遥居士。曾用名黄先生。笔名：①黄天鹏，见于随笔《研究新闻学的方法》，载 1931 年上海《读书月刊》第 1 卷第 3、4 期合刊。此前后在该刊及《文艺新闻》《良友画报》《新学生》《中国新闻学会年刊》《南风》等报刊发表文章，出版论著《新闻学刊全集》（上海光华书局，1930 年）、《中国新闻事业》（上海联合书店，1930 年）、《新闻学入门》（上海光华书局，1933 年）、《新闻学概论》（上海中华书局，1941 年）、《天庐论丛》（台北黎明文化事业股份有限公司，1981 年）及《新闻记者外史》（上海光华书局，1931 年）等亦署。②天庐，出版散文集《逍遥阁随笔集》（上海女子书店，1932 年）、杂文集《逍遥夜谈选》（上海广益书局，1933 年）署用。③黄天庐，见于随笔《逍遥夜谈》，载 1933 年 5 月 25 日上海《时事新报·青光》。嗣后出版杂文集《黄粱集》（上海光华书局，1933 年）、小说集《春宵集》（上海光华书局，1933 年）等亦署。④天庐主人，出版随笔集《天庐谈报》（上海光华书局，1933 年）署用。⑤新史氏，见于辑集《遗稿》，载 1941 年南京《县政研究》第 3 卷第 5 期；随笔《旧报新钞》，载 1945 年 8 月 19 日重庆《新华日报》。⑥和尚、天庐生、黄粱梦，署用情况未详。

黄天石（1898－1983），广东番禺人。原名黄钟杰。笔名：①黄天石，见于评论《驳胡适请中央明令讨伐西南论》，载 1936 年香港《朝野公论》第 2 期。嗣后在香港《星岛日报》《国民日报》及《法商论谈》等报刊发表文章，出版小说《我之蜜月》（1922 年）、《花瓶》（香港源源出版社，1948 年）、《一片飞花》（香港大公书局，1949 年），散文集《献心》（香港受匡出版部，

1928 年）等亦署。②天石，见于代序《灵光》，载香港受匡出版部 1928 年 4 月《献心》。③杰克，20 世纪 20－30 年代在香港《大光报》等报刊发表言情小说署用。又见于话剧《天风人语》，载 1936 年香港《朝野公论》第 5 期。出版中篇小说《生死爱》（原名《俪绯馆忆语》。香港华南出版社，1939 年）、《奇缘》（香港大公书局，1949 年），长篇小说《红巾误》（香港复兴出版社，1940 年）、《一曲秋心》（香港新新出版社，1947 年）、《合欢草》（香港基荣文化公司，1948 年）、《选择》（香港大公书局，1949 年）、《野蔷薇》（香港基荣出版社，1950 年）等亦署。④黄衫客，署用情况未详。按：黄天石尚发表、出版有小说《名女人别传》《红衣女》《桃花云》《改造太太》《大亨小传》《疑云》等，署名情况未详。

黄天祥（1922－？），重庆人，原名李春禔。笔名李春禔，1936 年在重庆《商务日报》副刊发表文章署用。

黄天雄，生卒年不详，湖南人。笔名秀番，20 世纪 30 年代在武汉《华中日报》发表诗作署用。

黄铁（1922－2014），湖北武汉人。原名黄宏世。笔名黄铁，1947 年起在晋察冀《人民日报》、江汉军区《江汉日报》等报发表通讯、报告文学开始署用。嗣后发表长诗《我们要控诉美国强盗》《延河之歌》等，1949 年后发表作品、出版《阿诗玛——撒尼族叙事诗》（中国青年出版社，1954 年）、《黄铁文集》（武汉出版社，2000 年），编撰《黄负生纪念文集》《黄钢文集》《闪光的青春》等亦署。

黄望青（1913－？），福建同安人，生于厦门。原名黄国魂。笔名：①耶鲁，见于译文《从“日出”到“日落”》（德国霍普特曼原作），载 1933 年厦门《鹭华》月刊创刊号。嗣后在该刊发表译作《苏联生活之一断片》（美国拉斯特原作）及随笔《莎士比亚似地写》等，1934 年在马来亚槟城《光华日报·槟风》发表评论亦署。又见于评论《怎样理解〈日出〉在马来亚演出的意义》，载 1938 年 10 月 11 日马来亚新加坡《南洋周刊》第 15 期。②郭安、李秋，1936 年起在马来亚新加坡《南洋商报·狮声》《星中日报·星火》《南洋周刊》《文艺长城》《南潮半月刊》等报刊发表散文、评论等署用。③陈村，见于随笔《关于整理马华文运史料的建议》，载 1941 年 1 月 9 日马来亚新加坡《星洲日报·晨星》。

黄薇（1912－？），福建龙岩人。原名黄维英，曾用名黄南君。笔名黄薇，曾任《华侨导报》编辑主任、总编辑，出版有《回到抗战中的祖国》等著作。

黄维特（1900－1968），福建仙游人。原名黄震。曾用名黄经芳、黄雨晨。笔名：①维特，见于随笔《编后》，载上海北新书局 1935 年版《湖南的风》（谢冰莹著）。②黄维特，出版通讯报告集《第五战区巡礼》（与谢冰莹合作。桂林生活书店，1938 年）署用。③雨晨，见于随笔《强壮的广西》，载 1944 年《妇女月刊》第

3 卷第 4 期；随笔《重庆在轰炸中》，载 1946 年《女青年》第 3 期。

黄文范（1925— ），湖南长沙人。笔名：①黄文范，出版散文集《浮云书简》（台北大视出版社，1956 年）、《故国三千里》（台湾商务印书馆，1966 年）、《菩提树》（台北光复书局，1988 年），译作《战争与和平》《巴顿将军》等署用。②黄昏、逸人、叔君、冀鼎、忆人，署用情况未详。

黄文生，生卒年不详，台湾台北人，字笑园，号卷籁轩主人。笔名少硕、黄笑园、黄文生、笑园、笑园主人，1927—1932 年在台北《台湾日日新报》《南瀛新报》《昭和新报》《风月报》《兴南新闻》《南方》等报刊发表旧体诗《策步鹭江港口》《登林子惠君朗吟楼杂咏》等署用。

黄文俞（1908？— ？），广东番禺（今广州市）人。笔名：①文俞，见于速写《果档前》，载 1938 年《文艺阵地》第 1 卷第 10 期。嗣后在《杂志》《中国公论》等刊发表文章亦署。②黄文俞，见于论文《鲁迅先生的初期思想》，载 1941 年《文艺阵地》第 6 卷第 3 期。

黄文宗（1910— ？），福建厦门人。原名黄文庄。笔名：①黄文宗，1949 年后出版散文集《流浪》（作家出版社，1985 年）、《百闻不如一见》（香港天天图书发行公司，1980 年）、《儿童训导论丛——黄翼羽仪先生纪念文集》（黄文宗编。香港羽仪书屋，1984 年）等署用。②小旬，署用情况未详。

黄贤俊（1911—1985），福建福州人。原名黄贤峻，字弦隽。笔名：①黄贤俊，见于短评《烈火》（黎锦明著）），载 1928 年上海《开明》第 1 卷第 5 期；论文《汪中之生平及其述学》，载 1935 年天津《国闻周报》第 8 卷第 35、36 期。此前后在《教育周刊》《时事月报》《青年界》《中学生》《今日评论》《文艺阵地》《青年文艺》《西风副刊》《文艺杂志》《抗战文艺》《文讯》《人世间》《摹仿》《文艺春秋》《文学新报》《文艺复兴》等刊发表诗、小说、随笔、评论等，出版游记《德国印象记》（上海民智书局，1933 年），散文集《行云流水》（福建人民出版社，1982 年），长篇小说《雷声》（上海新群出版社，1946 年），翻译小说《不好客的村庄》（保加利亚伐佐夫原作。上海文化工作社，1953 年）、《史托姆中短篇小说集》（德国施托姆原作。上海译文出版社，1981 年）、《死的舞蹈》（德国克勒曼原作。福建人民出版社，1982 年），翻译剧本《女村长安娜》（德国沃尔夫原作。作家出版社，1955 年）等亦署。②马度，出版译作《卡尔·马克思》（德国瓦尔特·维克多原作。中国青年出版社，1954 年）署用。③江飘，见于随笔《国际杂谈》，载 1954 年 4 月 27 日、4 月 29 日、7 月 6 日、8 月 20 日北京《光明日报》。

黄骧（1916— ？），浙江平湖人。号子珍、子瑜。笔名：①黄骧，1949 年后在台湾出版散文集《大学生的恶作剧》（台北国语日报社，1976 年），传记《名利双收的人》（台北木鸡出版社，1976 年），长篇小说《没有国家的人》（台北国语出版社，1971 年）等署用。②穆基，署用情况未详。

黄小岑（1926— ），福建宁德人。原名黄垂庆，曾用名黄岑。笔名黄小岑，20 世纪 40 年代在福州《星闽日报》等报刊发表文章署用。嗣后出版《鹰厦铁路》《海上勇士》《侨乡纪事》等著作亦署。

黄新波（1916—1980），广东台山人，原名黄裕祥。笔名：①裕祥、羽翔，20 世纪 30 年代初在广东报刊发表诗、杂文署用。②新波，见于诗《死亡线下之一群》，载 1936 年上海《文学青年》第 1 卷第 1 期；戏剧《幸福的牺牲》，载 1936 年《国论》第 1 卷第 10 期；散文《沉痛的哀思》，载 1936 年上海《小说家》月刊第 2 期。此前后在《新诗歌》《中华日报·动向》《东流》《太白》《芒种》《文学大众》《东方文艺》《诗歌杂志》《热风》《文丛》《半月文摘》《通俗文化》《国论》《中国诗坛》《自由中国》《文艺阵地》《野草》《笔谈》《文艺生活》《中行》《艺丛》《永安月刊》《大路半月刊》《上海图画新闻》《新文学》《文学新报》《文章》《小说》等报刊发表诗、散文、木刻等亦署。③一工，署用情况未详。

黄兴（1874—1916），湖南善化（今长沙市）人。原名黄轸，字廑午、廑吾、堇午、堇坞、庆午、经武、竞武、琴五、静坞，号克强、杞园、生涯一巷书斋主任。曾用名李有庆、李寿芝、李经田、张守正、张中正、冈本、今村长藏。著作有《黄克强先生全集》《黄兴集》《黄兴未刊电稿》及《黄克强先生书翰墨绩》刊行。曾参加南社，作有旧体诗《丙辰六月》《咏鹰》《三十九岁》《和谭石屏》《祝湖北》《题林烈士遗集》，载《南社丛刻》第 21 集。

黄旭（1913— ？），山东文登人。原名黄甲东，字觉初。曾用名黄再青。笔名：①黄甲东，见于小说《鲜英》，载 1930 年前后上海《青年友》月刊。②黄旭，见于诗《恨》，载 1932 年 4 月 6 日大连《泰东日报》；通讯《十三个被砍掉脑袋的人》，载 1934 年《读书生活》第 1 卷第 3 期；剧作《奴隶们吼吧》，载 1937 年《时代文艺》第 1 期。1930—1935 年在大连《泰东日报》《满洲报》、上海《读书生活》《时代文艺》等报刊发表短篇小说《惨死》、中篇小说《最后的相会》《桃花江畔》等，出版四幕悲剧《夜莺曲》（上海玫瑰刊行社，1939 年）亦署。③老含、山东子，1934—1935 年在大连《满洲报》《泰东日报》及沈阳等地报刊发表小说、杂文署用。④余犹悉，1935 年在大连《泰东日报》《满洲报》发表小说署用。又见于小说《出城》，载 1946 年北平《道报》。⑤绿失蓝，1935 年在大连《泰东日报》《满洲报》发表小说《不统一的礼拜六》等署用。⑥萧艾，见于随笔《一年来平津的新闻纸》，载 1936 年上海《文化建设》第 3 卷第 3 期。此前后在《满洲报》《女子月刊》《外交研究》《中国公论》《艺术与生活》《东亚联盟》《太平洋周报》《心潮》《中华周报》《新影坛》《香岛月报》《社会评论》《南侨校刊》《革新月刊》

等报刊发表小说、散文、随笔等，出版小说散文集《落叶集》（北平中华图书文具社，1941年）、小说集《萍絮集》（北平新民印书馆，1943年）、长篇小说《鬼》（又名《飞雪集》，华北作家协会，1945年）等亦署。⑦余在笑，见于小品文《诗人与狗》，载1936年北平《新东方》月刊第2期。⑧言语，1937年夏在上海邵洵美编之刊发表报告文学署用。⑨伊恕、太史劲、黄一絮，20世纪40年代在北平《新民报半月刊》发表杂文署用。⑩泛滥，见于随笔《大东亚战争的展望》，载1942年南京《大亚洲主义》第4卷第2期。嗣后在该刊发表《印度之解放》《今日之土耳其》等亦署。

黄崖（1927－1992），福建厦门人。笔名：①黄崖，见于杂文《窗下的悲哀》，载1947年7月18日福州《星闽日报·星瀚》。嗣后在该刊发表小说《船夫阿五》、散文《玫瑰的记忆》、诗《乌云底下》，1955年在香港《中国学生周报》第138期发表散文《狗·磨坊·井》，出版长篇小说《一颗星的陨落》（香港文坛出版社，1954年）、《迷濛的海峡》（香港高原出版社，1962年），小说集《草原的春天》（香港友联出版社，1957年）、《秘密》（香港国际图书公司，1959年）、《航程》（马来亚蕉风出版社，1960年）、《十字架上的爱神》（马来亚蕉风出版社，1963年），诗集《敲醒千万年的梦》（香港国际图书公司，1959年），散文集《远方》（香港友联出版社，1957年）等亦署。②陆星、庄重、林音、叶逢生，署用情况未详。

黄延泽，生卒年不详，福建人。笔名棘心，20世纪40年代在福建《闽南日报》发表诗文署用。

黄炎培（1878－1965），江苏川沙（今上海市）人，字韧在、韧之、任之，号楚南、观我生。笔名：①黄炎培，见于论文《江苏今后五年间教育计画书》，载1912年上海《教育杂志》第5卷第3期；评论《教育前途危险之现象》，载1913年6月1日上海《东方杂志》第9卷第12期。嗣后在《中华教育界》《努力周报》《博物学杂志》《环球》《新教育》《中国与南洋》《工商新闻》《人文月刊》《新教育评论》《苏农》《申报月刊》《学风》《陕西教育》《长城》《华年》《中学生》《申报周刊》《时事类编》《前途》《月报》《抗战半月刊》《国闻周报》《天风》《论语》《宇宙风》《逸经》《全面战周刊》《现代中国》《现实》《现代读物》《国防周报》《学生月报》《教育与职业》《读书通讯》《新运导报》《教育研究》《中央周刊》《大千》《半月文萃》《东南海》《宪政月刊》《农业推广通讯》《文风杂志》《再生》《大地》《中华工商》《独立论坛》《中苏友好》《新华周报》等报刊发表文章，出版散文集《黄海环游记》（上海生活书店，1932年）、《断肠集》（上海生活书店，1936年）、《蜀道》（上海开明书店，1936年）、《抗战以来》（重庆国讯书店，1942年），诗文集《五六境》（上海生活书店，1935年）、《空江集》（上海生活书店，1937年）、《蜀南三种》（重庆国讯书店，1941年）、《延安归来》（重庆国讯书店，1945年），诗集《白桑》（桂林科

学书店，1943年）、《红桑》（上海展望周刊社，1954年）等亦署。②韧之，1915年在《学生会会报》、1917年在杭州《教育周报》发表文章署用。③黄任之，见于《黄任之通讯》，载1917年上海《环球》第2卷第3期。嗣后在《光华大学半月刊》《文化建设》《青岛教育》等刊发表《中国本位文化建设座谈》《中国之将来》等文亦署。④任之，在《学生会会报》发表文章署用。⑤任之黄炎培，见于诗《南通梅欧阁成，于伶工学社遇欧阳予倩即赠并呈啬公》，载1920年3月南通印行之《梅欧阁诗录》。⑥抱一，见于通讯《十一次中华职业教育社大会追纪》，载1930年上海《职业与教育》第115期；散文《牯岭，避暑乎！趋炎乎！》，载1934年上海《论语》第48期。此前后在《人文月刊》《国讯周刊》发表旧体诗、随笔等亦署。⑦同父（fǔ），署用情况未详。

黄燕清（1891－1974），广东高要人。原名黄熊彪，字俊英。笔名黄言情、言情，20世纪20—30年代在香港报刊发表言情小说署用。

黄药眠（1903－1987），广东梅县（今梅州市）人。原名黄访。曾用名黄恍、黄吉、陈子林、番茄。笔名：①药眠，见于《梦的创造》《晓风》，载1927年上海《洪水》半月刊第3卷第32期。嗣后在《流沙》《畸型》《文艺》《青年知识周刊》《救亡日报·文化岗位》《大学月刊》《人民文学》等刊发表诗文亦署。②黄药眠，见于评论《非个人主义的文学》，载1928年上海《流沙》半月刊第1期；翻译小说《月样般圆的脸》（美国杰克·伦敦原作），载1928年《我们》第3期。嗣后在《创造月刊》《浙江青年》《中学生》《文艺阵地》《文艺新闻》《中国诗坛》《青年知识周刊》《抗战文艺》《抗战周刊》《青年生活》《野草》《戏剧春秋》《诗创作》《文艺生活》《文艺杂志》《文学创作》《当代文艺》《诗文学》《春秋》《诗与音乐》《青年园地》《大学月刊》《民主周刊》《民主世界》《学习知识》《文艺世纪》《自由世界》《民主与文化》《达德青年》《文艺丛刊》《小说》《文艺创作》等刊发表文章，出版诗集《黄花冈上》（上海创造社，1928年）、《桂林底撤退》（汉口群力书店，1947年），散文集《抒情小品》（文生出版社，1948年），中篇小说《痛心》（上海乐群书店，1928年）、《一个妇人的日记》（厦门世界文艺书社股份有限公司，1929年），小说集《暗影》（香港中国出版社，1946年），翻译小说《烟》（俄国屠格涅夫原作。上海世界书局，1928年）、《工人杰麦》（美国辛克莱原作。上海启智书局，1929年）、《永逝了的菲比》（美国德莱塞原作，英汉对照。上海文化供应社，1948年）、《俄罗斯童话》（俄国列夫·托尔斯泰原作。香港智源书局，1948年）、《西班牙诗歌选译》（西班牙阿尔培特等原作。桂林诗创作社，1942年）、《沙多霞》（苏联江布尔等原作。重庆峨嵋出版社，1944年）等，1949年后出版散文集《黑海，美丽的黑海！——游苏漫忆》（上海文化供应社，1950年），诗集《英雄颂——关于抗美援朝的诗》（北

京师范大学出版社，1952 年)，《批判集》(作家出版社，1957 年)，回忆录《动荡：我所经历的半个世纪》(上海文艺出版社，1987 年)等著署。③坦克、番茄，1933 年在上海主编《列宁青年》署用。1938 年后在桂林《救亡日报》发表文章偶署。④方格，见于小说《长发店的没落》，载 1935 年莫斯科《国际文学》中文版创刊号。⑤黄吉，见于论文《论通讯的写作》，载 1939 年 10 月 8—9 日桂林《救亡日报·文化岗位》。⑥达史，见于随笔《诗人在历史上走过的足迹》，载 1942 年 10 月桂林《诗创作》第 15 期。20 世纪 40 年代在《青年人半月刊》《翻译杂志》《半月文萃》《大学月刊》等刊发表著译文章亦署。

黄叶流，生卒年不详，广东梅县（今梅州市）人。笔名：①流，见于诗《新编十二花名》，载 1933 年上海《新诗歌》旬刊第 1 卷第 2 期。嗣后在该刊发表诗《新十叹——为正泰橡胶厂惨案而作》《国难五更调》亦署。②黄叶，见于诗《新生的呼息》，载 1933 年上海《新诗歌》旬刊第 1 卷第 4 期。③叶流，见于诗《节气歌》，载 1934 年上海《新诗歌》第 1 卷第 5 期。嗣后在上海《新诗歌》等刊表诗《儿歌》《小三子》《新恋歌》等亦署。④阿流，见于诗《童谣》，载 1934 年上海《新诗歌》第 2 卷第 1 期。

黄衣青（1914—？），福建仙游人。原名黄懿青。笔名：①永甦，1931 年在《鹭江日报》发表小说署用。②怡青，20 世纪 30 年代起在福建《仙游日报·栏溪畔》《鹭江日报》、上海《儿童晨报》《大公报》《现代儿童》《文汇报》《儿童世界》等报刊发表著译小说、童话等署用。③黄衣青，见于随笔《冲出大观园》，载 1937 年上海《青年界》第 11 卷第 1 期。嗣后在该刊及上海《启示》《小朋友》《大公报·现代儿童》《儿童世界》《童话连丛》等报刊发表小诗、漫画、散文、小说、翻译童话等，出版通俗读物《地球》(上海中华书局，1948 年)，1949 年后出版长篇小说《小城里的故事》(上海中华书局，1950 年)，故事《海岛开荒记》(上海中华书局，1951 年)，翻译儿歌《朝鲜的故事》(苏联雅可夫列夫原作。上海中华书局，1952 年)，翻译童话《小火柴人》(罗杰·巴齐尼原作。上海中华书局，1948 年)、《阿廖娜的童话》(苏联马明·西比利亚克原作。上海儿童读物出版社，1954 年)等亦署。④衣青，见于随笔《机械的人》，载 1936 年上海《青年界》第 10 卷第 1 期"暑期生活特辑"。嗣后在上海《小朋友》等刊发表儿童文学作品亦署。⑤绮心，见于童话《饿小羊的故事》，载 1948 年上海《小朋友》第 902 期。嗣后在该刊发表童话《离开主人的影子》《小雀姑娘的快乐歌》等亦署。按：黄衣青尚出版有《小公鸡吹喇叭》《小猫说瞎话》《小雏鸡》《小鹿画画》《上月球》《北极探险记》等童话集，翻译儿童文学作品《地窖里的孩子们》《小天鹅》等，出版与署名情况未详。

黄异（1911—1967），辽宁辽阳人。原名黄振武。曾用名黄曼秋。笔名黄异，出版有《寻芳草》《小桃红》等著作。

黄翼（1903—1944），福建思明（今厦门市）人，字羽仪。笔名：①羽异，见于随笔《炉边杂感》，载 1930 年武汉《狂涛》创刊号；独幕剧《青年底心》，载 1930 年武汉《狂涛》第 2 期；诗《无题》，载 1934 年武汉《我们的诗》第 3 期。②黄翼，见于论文《神仙故事之特点》，载 1933 年《民众教育》季刊第 3 卷第 1 期。嗣后在《儿童教育》《中华教育界》《教育杂志》《中学生》《活教育》《国立浙江大学师范学院院刊》等刊发表文章，出版心理学著作亦署。

黄英才，生卒年及籍贯不详。笔名木讷，见于随笔《马来情歌杂谈》，载 1933 年 12 月 15 日厦门《鹭华》月刊创刊号。

黄永玉（1924— ），湖南凤凰人，生于湖南常德。原名黄永裕。笔名：①黄永裕，见于木刻《信丰的市场》，载 1946 年上海《清明》创刊号。②黄永玉，见于诗《风车》，载 1947 年天津《益世报·文学周刊》第 54 期；诗《风车·和我的瞌睡》，载 1947 年上海《诗创造》第 3 期《骷髅舞》。此前后在《文艺生活·海外版》《文讯》《人间世》《文艺春秋》《小说》、香港《大公报》《长城画报》《新晚报》等报刊发表诗文、画作，出版诗集《曾经有过那种时候》(江苏人民出版社，1981 年)，散文集《比我老的老头》(作家出版社，2003 年)，画集《黄永玉木刻集：1946—1957》(人民美术出版社，1958 年)、《画家黄永玉湘西写生》(湖南美术出版社，1982 年)、《黄永玉全集》(湖南美术出版社，2013 年)等亦署。③永玉、张观保、观保、江汶、老獭、椿屋太郎，20 世纪 40 年代后期至 1953 年在上海报刊及香港《大公报》《新晚报》《长城画报》等报刊发表木刻、速写、散文、美术评论等作品署用。④黄笛，1949 年后在香港报刊发表木刻等作品署用。1951 年发表电影剧本《儿女经》、1952 年在香港《长城画报》第 17 期发表随笔《"儿女经"的由来》亦署。

黄勇刹（1929—1984），广西田阳人，壮族。原名黄玉琛。笔名：①黄勇刹，1945 年在报刊发表诗、散文、小说等署用。1949 年后创作歌剧《刘三组》(主要执笔者之一)，与蒙光朝、韦文俊共同搜集、整理、翻译壮族长诗《马骨胡之歌》(中国民间文艺出版社，1984 年)，与杨钦华、方寿德合作编著山歌体长篇传记文学《歌王传》(广西人民出版社，1984 年)，出版论著《歌海漫记》(广西人民出版社，1981 年)、《壮族歌谣散论》(广西民族出版社，1983 年)、《水族歌谣概论》，民歌集《大寨良种撒壮乡》(与他人合作)，戏剧剧本《韦拔群》《指天椒》《三女争夫》(执笔)，电影文学剧本《龙泉》《刘三姐》，诗集《高歌向太阳》《木棉花开》等亦署。②勇刹，出版诗集《大寨良种撒壮乡》(与柯炽合集。广西人民出版社，1977 年)署用。③泪眼、南风、新浪，署用情况未详。

黄由来，生卒年不详，台湾人。笔名远山、黄远山，1938—1943 年在台北《风月报》《南方》发表旧体诗署用。

黄猷（1926—2015），福建厦门人。笔名：①哥子，见于散文《碑》，载 1945 年 3 月 12 日、13 日南平《东南日报·笔垒》。②倪泽、愚哉，20 世纪 40 年代在福州《中央日报》《民主报》、台湾《新生报》《公论报》发表散文、诗、译作等署用。

黄友凡（1917—？），四川阆中人。笔名老粗，见于诗《日子唧格活》，载 1946 年重庆《活路》月刊第 1 期。

黄幼雄（1894—1968），浙江上虞（今绍兴市）人。曾用名黄惟志、微之。笔名：①幼雄，见于译文《犹太民族之现状及其潜势力》（日本昇曙梦原作），载 1921 年上海《东方杂志》第 18 卷第 12 期。嗣后在该刊发表《美国革命文学与贵族精神的崩坏》《世界语创作者柴门霍夫传》等著译文，在上海《中学生》《申报月刊》《申报周刊》等刊发表文章亦署。②黄幼雄，见于评论《日本的现势》，载 1927 年上海《东方杂志》第 24 卷第 2 期。嗣后在上海《东方杂志》《中学生》《通俗文化》《开明少年》《开明》等刊发表文章，出版翻译童话《昆虫世界漫游记》（俄国扬·拉丽原作。上海开明书店，1947 年）等亦署。

黄雨[1]（1912—？），广东潮安人。原名李曼茵。笔名：①曼茵，见于随笔《潮安文化线条》，载 1934 年上海《十日谈》第 24 期。嗣后在上海《当代诗刊》《人言周刊》《芒种》《通俗文化》等刊发表诗《诉》、随笔《广州女人》《名不正》《妇女多事年》等亦署。②李曼茵，见于诗《野行及其他》，载 1940 年北平《辅仁文苑》第 3 期；随笔《略历》，载 1942 年北平《中国文艺》第 5 卷第 5 期。同时期在上述两刊及北平《艺术与生活》发表随笔《智慧》《街头》、评论《周作人先生的中国文学观》等亦署。③黄雨，见于诗《诗二首》，载 1942 年北平《中国公论》第 7 卷第 4 期；诗《夜乐》，载 1942 年北平《中国文艺》第 6 卷第 4 期。同时期在上述两刊及北平《文学集刊》发表诗《孤竹君之二子》《黄雨诗抄》《摇篮畔》、散文《逝水集》《仲夏夜话》等亦署。④黄陇西，见于散文《西斋随笔》，载 1942 年北平《中国文艺》第 7 卷第 3 期。嗣后在该刊发表评论《〈夜夜集〉》《读〈药堂语录〉》等亦署。

黄雨[2]（1916—1991），广东澄海人。原名黄遗。笔名：①黄遗，1938 年开始署用。见于散文诗《春耕》，载 1941 年《新军》第 3 卷第 6 期；散文《夜车》，载 1944 年桂林《青年文艺》第 6 期。②黄雨，见于长篇小说《闪光的灵魂》，连载于 1946 年夏汕头《光明日报》副刊。嗣后出版诗集《残夜集》（香港新诗歌社，1948 年），1949 年后出版《刘禹锡诗选评注》（香港上海书局，1979 年）、《新评唐诗三百首》（黄雨评说。广东人民出版社，1982 年）、《啼笑皆非集》（花城出版社，1985 年）等亦署。③丁东父（fǔ），1947—1950 年在香港报刊、1951—1957 年在广州报刊发表诗文署用。④黄石公、商羊舞，20 世纪 80 年代发表短文署用。

黄雨青（1925— ），广东澄海人。笔名：①老绵、雨青、黄滕，1947 年开始在暹罗《曼谷商报》《全民报》《民主新闻》《中原报》《中原周报》《光华报》等报副刊发表诗、散文、评论、木刻等作品署用。"黄滕"一名 1949 年后在广东报刊发表文章仍署。②徐重、黄雨青，1949 年后在广州《南方日报》《南国戏剧》《广州日报》《南粤剧作》及香港等地报刊发表文章署用。

黄玉尧，生卒年不详，广东南海（今佛山市）人。笔名本尧，1929 年后在马来亚槟城《槟城新报·碧野》发表小说署用。

黄元琳，生卒年不详，江苏吴县（今苏州市）人，字稚鹤，号自愕。笔名黄元琳，在《南社丛刻》发表旧体诗署用。

黄元祥，生卒年不详，广西合浦人。笔名黄叶，20 世纪 30 年代在广州从事左翼戏剧活动时发表作品署用。

黄原波，生卒年不详，广西梧州人。笔名原玻，1930 年前后在上海《申报·自由谈》、天津《大公报·小公园》、梧州《民国日报·宵征周刊》等发表散文署用。

黄源（1905—2003），浙江海盐人，字河清。笔名：①黄河清，见于记录《西洋社会运动史概要》（日本石川三郎讲，方光焘口译），载 1928 年上海《国立大学联合会月刊》第 1 卷第 4 期；随笔《萧伯纳》，载 1933 年上海《社会与教育》第 116 期。此前后在《新生命》《五中学生》《前途》《华安》《文艺月刊》《抗战文艺》等刊发表著译文章亦署。②河清，见于评论《西洋文学鉴赏》，载 1932 年上海《中国新书月报》第 2 卷第 2、3 期合刊；《日文坛耆宿坪内逍遥逝世》，载 1935 年上海《文学》第 4 卷第 4 期。③黄源，见于译作《拿破仑与轮廓》（日本横光利一原作），载 1933 年上海《文学》第 1 卷第 1 期。嗣后在《世界文学》《文明之路》《文学季刊》《文季月刊》《作家》《译文》《中学生》《北碚》《烽火》《抗战半月刊》《文艺月刊·战时特刊》《月报》《小说月刊》等刊发表著译小说、散文、评论等，出版散文集《随军生活》（汉口大众出版社，1938 年），翻译小说《一九〇二年级》（德国格莱塞原作。上海新生命书局，1932 年）、《将军死在床上》（美国哈里逊原作。上海新生命书局，1933 年）、《屠格涅夫代表作》（俄国屠格涅夫原作。上海前锋书店，1933 年）、《现代日本小说译丛》（上海商务印书馆，1936 年）、《三人》（苏联高尔基原作。上海生活书店，1938 年），1949 年后出版论著《纪念鲁迅先生》（人民文学出版社，1981 年）、《在鲁迅身边》（上海文艺出版社，1991 年），改编昆剧剧本《十五贯》（与他人合作）等亦署。④武达，见于随笔《哈里逊脱离〈新群众〉》，载 1933 年《文学》第 1 卷第 1 期。⑤静明，见于随笔《高尔基的处女作》，载 1933 年《文学》第 1 卷第 1 期。⑥澄清，见于随笔《现在的日本出版界》，载 1933 年《文学》第 1 卷第 1 期。嗣后在该刊及《文学季刊》《中学生》发表文章亦署。

黄云眉（1898－1977），浙江余姚人，字子亭，号半坡。笔名：①黄子亭，见于论文《〈史〉、〈汉〉异同》，载1926年《史地学报》第4卷第1期。②黄云眉，见于论文《明史编纂考略》，载1931年《金陵学报》第1卷第2期；论文《李卓吾事实辨证》，载1932年《金陵学报》第2卷第1期。出版《明史考证（全八册）》（中华书局，1979－1985年）、《韩愈柳宗元文学评价》（山东人民出版社，1957年）等亦署。

黄耘（1926－2019），山东胶州人，生于青岛。原名黄祖训。曾用名黄达耕。笔名：①沉迟，见于诗《别青岛》，载1947年《青岛文艺》创刊号。20世纪40年代在青岛《诗青年》《海风周刊》《青岛时报·海歌》等发表诗歌，在北平《中国公论》、济南《大风月刊》《中国青年》、徐州《古黄河》、青岛《公言报》及《华文大阪每日》等报刊发表诗文亦署。②黄耘，见于散文《东大同学在哈尔滨》，载1946年《东北文化》第1卷第1期；诗《双十节之歌——纪念卅六年双十节》，载1947年《青岛文艺》第4期《十月诗歌唱》。此前后在青岛《青岛时报·海歌》《诗青年》《青报晚刊》、杭州《当代晚报·当代文艺》、北平《正风月刊》、上海《文艺复兴》《诗创造》《文汇报》《时代日报》《申报》及《东北文化》等报刊发表诗作，出版诗集《祭日》（星诗丛约，1948年）、《从开始抵达开始》（中国文联出版公司，2000年）亦署。③黄达耕，20世纪40年代在《青岛时报》发表报告文学署用。④艾石、张绮野、胡崔黄，20世纪40年代在青岛《民治报》等报刊发表诗、散文诗署用。⑤胡九，1950年在青岛人民广播电台发表朗诵诗、广播小说、戏剧评论等署用。

黄耘农，生卒年及籍贯不详。笔名：①耘农，见于评论《日本二·二六政变与广田内阁》，载1936年上海《国论》第1卷第10期；特写《谭刘铭传》，载1946年上海《青年生活》第5期。20世纪40年代在台北《台湾月刊》发表文章亦署。②黄耘农，见于评论《希特勒的儿童教育》，载1939年上海《教育杂志》第29卷第7期。嗣后在《杂志》《现实》《大风》《永安月刊》等刊发表随笔《西班牙的女儿》、译文《酿啤酒诗人的自传》及《密码战争秘闻》《日本的留美学生间谍》等亦署。

黄栽培，生卒年不详，台湾人。笔名栽培、黄栽培，1932－1940年在台北《昭和新报》《南瀛新报》《风月报》《新高新报》等报刊发表旧体诗《中秋夜》《题赤壁图》等署用。

黄赞钧（1873－1952），台湾台北人，字石衡、参两、石崚，号立三居士。笔名黄赞钧、黄石衡、赞钧、石衡生、石衡，1903－1936年在台北《台湾日日新报》《昭和新报》发表旧体诗《圆山八景》《中秋夜玩月》等署用。

黄则修，生卒年不详，台湾人。笔名黄万生、则修、黄则修、海山，1937－1940年在台北《风月报》发表旧体诗《莺歌八景》《元旦书怀》等署用。

黄振球（1911－1980），广西容县人。曾用名黄波拉。笔名：①欧查，见于随笔《关于骷髅》，载1934年5月14日上海《中华日报·动向》。嗣后在上海《太白》《作品》《中华月报》《妇女生活》、桂林《救亡日报·文化岗位》《广西妇女》、贵州《兵役旬刊》等刊发表诗文亦署。②波拉，见于译文《倭寇对华经济的掠夺》（美国约翰·E.奥查德原作，与治公合译），载1941年桂林《广西妇女》第9、10期合刊；译文《日本果真是一种威胁吗？》（美国R.A.史密斯原作，与治公合译），载1941年《广西妇女》第12期。③南茜，署用情况未详。

黄振彝，生卒年及籍贯不详。笔名：①武，见于杂文《末谈》，载1927年1月28日马来亚新加坡《新国民日报·荒岛》。嗣后在该刊发表杂文《暨南真的被封吗》《总理与董事》等亦署。②梅郎，见于诗《电车里》，载1927年2月4日新加坡《新国民日报·荒岛》。③岩，见于杂文《谁赐的恩惠》，载1927年2月4日新加坡《新国民日报·荒岛》。嗣后在该刊发表杂文《讨伐的成绩》《南北统一与统一南北》等亦署。④黄振彝，见于诗《给泉下的母亲》，载1927年6月9日新加坡《新国民日报·荒岛》。⑤振彝，1927年在新加坡《新国民日报·荒岛》发表杂文《谁无父母》、小说《电车里》等署用。见于随笔《〈荒岛〉周年纪念号刊首语》，载1928年2月2日新加坡《新国民日报·荒岛》。⑥酷、严、依依、伊伊、CZ、EE、YC、SY、CY，1927年在新加坡《新国民日报·荒岛》发表诗文署用。

黄震遐（1907－1974），广东广州人，生于北京。笔名：①黄震遐，见于长篇史诗《英雄美人的梦》，载1929年上海《雅典月刊》第1期；诗《鞑靼人的坟》，载1929年上海《真美善》第4卷第2期。嗣后在《前锋月刊》《南华文艺》《申报月刊》《矛盾月刊》《远东月报》《中国革命》《空军周刊》《国本半月刊》《航空杂志》《月报》《申报周刊》《教育杂志》《文化导报》《中国天下》《新中国》等刊发表诗、小说、散文等，出版长篇小说《大上海的毁灭》（上海大晚报馆，1932年），通讯《飞行马戏团》（中央航空学校，1937年）、《光荣的记录》（与丁布夫合作。成都中国的空军出版社，1939年），论著《中日俄战争评论》（上海现代书局，1934年）、《迦太基亡国史》（中央航空学校，1937年）、《苏俄救亡战史》（重庆华中图书公司，1938年）、《西洋战争思想评述》（上海正中书局，1946年），杂文集《辣椒与橄榄》（黄震遐著。上海四社出版部，1933年），诗集《黄人之血》（上海天华出版事业股份有限公司，1979年）等亦署。②东方赫，署用情况未详。

黄征夫，生卒年不详，广东饶平人。笔名：①黄僧，见于随笔《学术文化与南洋华侨》，载1929年7月22日、23日马来亚新加坡《叻报·椰林改革号》。②夫、黄驾自、征夫和尚、征夫和吟、征夫黄某、黄天巨浪、百粤狂僧，1929 年 7 月至 1930 年 8 月在新加坡《叻报·椰林》发表小说、散文等署用。

黄芝冈（1895－1971），湖南长沙人。原名黄衍仁，字德修。曾用名黄衍仁、黄芝岗、黄后绘、黄素、黄伯钧、罗复、拔古。笔名：①黄素，见于小说《脱走》，载 1929 年上海《南国月刊》第 1 卷第 2 期。嗣后在该刊及《南国周刊》发表小说《蛰居》、评论《中国戏剧角色之唯物史观的研究》等亦署。②罗复，见于随笔《〈杨贵妃〉与予倩先生》，载 1930 年《南国周刊》第 15 期；杂文《旧剧锣鼓论新解》，载 1933 年 6 月 25 日上海《申报·自由谈》。嗣后在上海《涛声》《人间世》《新语林》等刊发表文章亦署。③黄芝冈，见于短论《湖南歌谣和广西歌谣的流通》，载 1934 年上海《太白》第 1 卷第 2 期；随笔《送梅郎赴苏俄》，载 1934 年《太白》第 2 卷第 3 期。此前后在《青年界》《文学》《芒种》《中流》《东方杂志》《读书半月刊》《生活学校》《全民抗战》《抗战文艺》《戏剧春秋》《十月戏剧》《说文月刊》《文风杂志》《文学修养》《大晚报·通俗文学》《学术杂志》《文坛》《文哨》《风物志集刊》《民族正气》《文学新报》《文艺先锋》《中国青年》《新蜀报·蜀道》《大公报·战线》等报刊发表作品，出版杂文集《点腊集》（桂林文献出版社，1942 年），论著《从秧歌到地方戏》（上海中华书局，1951 年）等亦署。④黄芝岗，见于评论《从〈雷雨〉到〈日出〉》，载 1937 年上海《光明》半月刊第 2 卷第 5 期。此前后在《论语》《新演剧》《文艺先锋》《演剧时代》等刊发表文章亦署（其中有的刊目录署名"黄芝岗"，正文署名"黄芝冈"）。出版神话《中国的水神》（上海生活书店，1934 年）亦署。⑤满衍，署用情况未详。

黄中（1892－1975），上海人。曾用名黄花奴。笔名：①花奴，见于小说《太虚幻境》，载 1915 年上海《小说新报》第 1 卷第 4 期。嗣后在该刊及《礼拜六周刊》等发表小说《白燕儿》《星期难关》《钩上鱼儿》《红羊侠事》《太虚幻境》《饧箫唤影》等亦署。②黄花奴，出版长篇章回小说《江上青峰记：红羊侠闻》（上海国华书局，1917 年）、《杨花梦》《莺魂唤絮录》《歌女红牡丹》等署用。

黄仲琮（1923－1994），籍贯不详。笔名田犁，出版诗集《血的告示》（人民世纪书店，1948 年）署用。

黄仲苏（1896－？），安徽舒城人。原名黄玄，字仲苏。笔名：①黄仲苏，见于译文《卖国的童子》（法国阿尔丰斯·都德原作），载 1919 年北京《少年中国》第 1 卷第 2 期；《法国最近五十年来文学之趋势》，载 1924 年《创造周报》第 39 期。嗣后在《时事新报·学灯》《东方杂志》《创造周报》《东南论衡》《中外评论》《新生命》《小说月报》《现代学生》《文学》《摇篮》《图书月刊》《学术界》《新中华》等刊发表著译小说、评论等，出版小说集《惆怅》（上海中华书局，1926 年）、《音乐之泪》（上海商务印书馆，1934 年），散文集《谭心（第 1 集）》（上海光华书局，1927 年），散文小说集

《陈迹》（上海中华书局，1940 年）等亦署。②仲苏，见于译诗《爱是什么》（美国艾拉·威尔考克斯原作），载 1919 年《少年中国》第 1 卷第 3 期；诗《问心》，载 1920 年 2 月 15 日上海《时事新报·学灯》。③黄玄，见于诗《有希望么？》，载 1919 年《少年中国》第 1 卷第 5 期。同时期在该刊及上海《时事新报·学灯》发表诗文亦署。④更生、醉郎，署用情况未详。

黄祝蕖（1877－1945），广东佛山人。原名黄荣康，号凹园、蕨庵。笔名：①黄荣康，出版《凹园诗抄》（1921 年）、《黄花晚节图题词》（1922 年）、《求慊斋文集》（1934 年）等署用。②黄祝蕖，出版《黄祝蕖战时诗选》（中国文史出版社，1990 年）等署用。

黄子祥（1914－？），浙江海宁人。曾用名黄子文。笔名：①黄子文，见于译文《蒋介石将军》，载 1937 年上海复旦大学《文摘》第 2 卷第 1 期。②易默，见于翻译报告文学《火圈里》（苏联伊凡·握芜却莱珂原作），连载于 1938－1939 年上海《文艺》第 2 卷第 1 期至第 3 卷第 2 期。嗣后在《青年大众》《国文月刊》《译丛周刊》等刊发表译作亦署。③移模，见于短评《一个不好的"差不多"》，载 1938 年《文艺》第 2 卷第 5 期。1947 年起在上海《时代》杂志发表《苏联作家答英国作家问》等亦署。1949 年后亦沿用。④叶茉，见于短评《抢救上海的文艺运动》，载 1939 年《文艺》第 3 卷第 1 期。嗣后在该刊发表《从展开到提高》等文亦署。⑤移谟，见于译文《翻译的态度》（苏联 R. 萨马林原作），载 1939 年《文艺》第 3 卷第 1 期。⑥黄子祥，出版小说《约翰的归来》（美国杜波依斯原作。商务印书馆，1960 年）、《苹果树》（英国高尔斯华绥原作。商务印书馆，1963 年），论著《〈共产党宣言〉是社会主义的里程碑》（英国拉斯基原作。商务印书馆，1964 年）等署用。

黄宗江（1921－2010），浙江瑞安人。笔名：①春秋童子，1930 年在北平《世界日报》发表独幕剧《人的心》署用。②江子、孙悟空，1932－1934 年在《青岛晨报》副刊发表诗、散文、小说署用。③黄宗江，见于译作《悲怆交响曲》（英国锡德尼·博克斯原作），载 1941 年上海《西洋文学》第 6 期；随笔《卖艺人家（一）》，载 1946 年长春《华声》第 1 卷第 3 期。嗣后出版散文集《卖艺人家》（上海森林出版社，1948 年），喜剧集《处女的心》（与佐临等合作。重庆联益出版社，1944 年），四幕剧《大团圆》（上海文化生活出版社，1949 年），翻译独幕剧集《春天的喜剧》（与他人合作。重庆美学出版社，1944 年），1949 年后创作电影文学剧本《柯棣华大夫》《秋瑾》《农奴》《大团圆》《柳堡的故事》《海上风暴》《激战无名川》《县委书记》《江山多娇》，出版散文集《花神与剧人》（中国华侨出版公司，1991 年）、《你，可爱的艺术》（中国华侨出版公司，1995 年）、《人生知己》（山东画报出版社，1997 年）、《小题小作》（东方出版社，1998 年）、《悲欣集》（上海人民出版社，1998 年）、《戏痴说戏》（北京图书

馆出版社，1999 年）、《老伴集》（与阮若珊合作。东方出版社，1999 年），戏剧戏曲选集《舞台集》（含《大团圆》《南方啊南方》《风雨千秋》《贺龙刀》等），电影剧本选集《单枪并马集》（含《柳堡的故事》《海魂》《农奴》《柯棣华》《秋瑾》等），剧影散文选集《长歌集》《剧人集》，翻译改编戏剧选集《嫁接集》（含《麦克贝斯》《安娣》《落花时节》《寻梦》等剧）等均署。

黄宗林（1925－2015），江苏镇江人。原名符德铭。笔名：①黄宗林，出版有短篇小说集《醉汉》《唐科长》、报告文学集《修改不完的规划》等。②中凌，署用情况未详。

黄宗麟（1876－1953），上海人，字云深，号懒云。笔名黄宗麟，在《南社丛刻》发表旧体诗署用。

黄祖汉（1887－1970），福建莆田人，字仲良。笔名黄祖汉，出版有《倦知楼诗》《亦径词》。

黄尊生（1894－1990），广东广州人。原名黄涓生。曾用名黄鹃声。笔名黄尊生，见于通信《国家的将来》，载 1930 年《晦鸣周刊》第 1 卷第 11 期；论文《埃及象形文之组织及其与中国六书之比较》，载 1942 年《国立浙江大学文学院集刊》第 2 集。嗣后在《思想与时代》《图书展望》《时代精神》《文学》《京沪周刊》等刊发表诗《哀香岛》、散文《谈西洋文明》《南国一诗人——敬悼廖萍盫先生》等，出版《全球三十国人士在正义上对我们抗日的同情》（广东国民大学抗日会，1932 年）、《中国问题之综合的研究》（启明书社，1935 年）、《读史一得——中国历史上之民族问题与亡国问题》（天津大公报馆出版部，1937 年）、《岭南民性与岭南文化》（曲江民族文化出版社，1941 年）等，1989 年在《广州文史资料》第 40 辑发表《我与世界语运动》亦署。

黄佐临（1906－1994），广东广州人，生于天津。原名黄作霖。笔名：①黄作霖，20 世纪 30 年代在天津《国闻周报》连载《萧伯纳一生的成就》署用。②佐临，1939 年开始署用。见于随笔《话剧导演的功能》，载 1943 年上海《万象》第 3 卷第 4 期；三幕喜剧《归魂记》，载 1947 年上海《水准》第 1、2 期。嗣后出版剧本《处女的心》（与黄宗江合作。重庆联益出版社，1944 年）、《梁上君子》（上海世界书局，1944 年）、《荒岛英雄》（上海世界书局，1945 年）亦署。③黄佐临，1976 年发表文章开始署用。嗣后出版《导演的话》（上海文艺出版社，1979 年）、《往事点滴》（上海书店出版社，2006 年）等亦署。

灰马（1915－2000），浙江杭州人。原名俞耒文。曾用名俞潄心。笔名：①俞灰马，见于诗《青春底享乐》，载 1933 年上海《新时代》月刊第 2 卷第 1 期"无名作家号"。②灰马，见于诗《心上底琴》，载 1933 年《新时代》月刊第 5 卷第 4 期。嗣后在《小雅》《小说》《新诗》《诗创作》《诗文学》《火之源》等刊发表诗作，出版诗集《黑夜及其梦》（与弦平、夹人、子蕾、甜冰合集。力社，1935 年）、《夏夜短曲——灰马诗集》（山山书屋，1940 年）、《碎羽集》（山山书屋，1943 年）等亦署。③木鱼、青蝶、F. M.，署用情况未详。

惠留芳（1908－1951），四川巴中人。本名祝世德。笔名：①拾名，见于诗《在沪杭车站上》《哭诉的对象》，载 1932 年《现代学生》第 2 卷第 6 期。嗣后在该刊及《青年界》《文艺大路》《新时代》《青年生活》发表诗文，出版诗集《影像集》（上海新时代书局，1934 年）亦署。②惠留芳女士，见于诗《梦》，载 1932 年上海《新时代》第 2 卷第 1 期。嗣后在该刊发表诗《影子》《题在一幅灾民图上》等亦署。③留芳女士，见于译诗《当我死时》（英国克里斯蒂娜·罗塞蒂原作）、《夏天最后的一朵蔷薇》（爱尔兰托马斯·穆尔原作），载 1932 年《新时代》第 3 卷第 4 期。④惠留芳，见于诗《玉麟》，载 1933 年《新时代》第 4 卷第 1 期。嗣后在该刊发表诗《将睡熟时》《别上海》亦署。

惠天（1924－？），河南渑池人。原名段家锋。笔名惠天，出版有散文集《哈德逊河畔》《梅花邨》等。

霍佩心（1905－1945），内蒙古托克托人。原名霍世休，字佩心。笔名：①佩心，见于杂文《"想是先生弄错了"》，载 1926 年 3 月《京报副刊》。1929 年起在北平《清华周刊》发表诗《播种者》、译诗《献给女郎们莫辜负了韶光》等亦署。又见于诗《我愿》，载 1936 年绥远《燕然》半月刊创刊号。②霍佩心，见于诗《一只珍奇的酒杯》，载 1930 年 5 月 4 日北平《清华周刊》第 33 卷第 9 期"文艺专号"。嗣后在该刊发表随笔《介绍一位尔塞比亚的现代诗人》、诗《伟大的沉默》、译诗《爱情》等亦署。③霍世休，见于译作《鸭子》（日本德永直原作），载 1931 年北平《清华周刊》第 36 卷第 4、5 期合刊；论文《词调的来历与佛教经唱》，载 1934 年北平《清华周刊》第 41 卷第 3、4 期合刊。1932 年在绥远《民国日报·塞风》第 29－35 期发表论文《王昭君的故事在中国文学上的演变》，1934 年 6 月 1 日在上海《文学》第 2 卷第 6 期发表论文《唐代传奇文与印度故事》亦署。

霍世昌（1912－1984），内蒙古托克托人，字耀五。笔名霍世昌、嘉宾，20 世纪 30 年代在绥远《火炕》《民国日报·塞风》《民国日报·十字街头》《燕然》等报刊发表诗《塞外的春光》《酒杯的故事》等署用。

霍世忠（1915－1998），内蒙古托克托人。曾用名霍露、霍凯。笔名霍露，见于诗《塞上曲》，载 1936 年 11 月 15 日绥远《燕然》第 1 卷第 11、12 期合刊；诗《悼鲁迅先生》，载 1936 年绥远《塞北诗草》第 6 期。

霍松林（1921－2017），甘肃天水人。原名霍延龄，字懋卿，号松涛。笔名：①霍松林，见于散文《给前方抗日将士的慰问信》、诗《锄头给我，你拿枪去！》，分别载 1937 年 9 月和 10 月《陇南日报》。嗣后创作旧体诗《卢沟桥战歌》《哀平津，哭佟赵二将军》《闻平型关大捷，喜赋》《八百壮士颂》《惊闻南京陷落，日寇屠城二首》《喜闻台儿庄大捷》《惊闻花园口决堤》，嗣后在《陇南日报·风铎》《甘肃民国日报·生活副刊》《陇铎》《政潮》《中央日报·决决副刊》《和平日报·今代诗坛》《和平日报·和平副刊》等报刊发表诗词、散文、随笔、论文均署。1949 年后在国内及日本、美国报刊发表论文、诗词、杂文、散文、儿童文学作品，为他人著作撰写序言亦署，1949 年后出版《文艺学概论》（陕西人民出版社，1957 年）、《〈西厢记〉简说》（作家出版社，1957 年；中华书局，1961 年修订版）、《诗的形象及其他》（长江文艺出版社，1958 年）、《白居易诗选译》（百花文艺出版社，1958 年初版；1986 年修订版）、《打虎的故事》（少年儿童出版社，1962 年）、《〈濠南诗话〉校注》（与夫人胡主佑合作。人民文学出版社，1962 年）、《〈瓯北诗话〉校注》（清代赵翼原作，与胡主佑合作校点。人民文学出版社，1963 年）、《古人勤学的故事》（天津人民出版社，1964 年）、《勤学苦练的故事》（陕西人民出版社，1980 年）、《文艺散论》（中国社会科学出版社，1981 年）、《白居易诗译析》（黑龙江人民出版社，1981 年）、《〈西厢记〉述评》（陕西人民出版社，1982 年）、《文艺学简论》（中国社会科学出版社，1982 年）、《唐宋诗文鉴赏举隅》（人民文学出版社，1984 年）、《白居易诗选译》（百花文艺出版社，1986 年）、《〈西厢〉汇编》（山东文艺出版社，1987 年）、《唐音阁吟稿》（陕西人民出版社，1989 年）、《李白诗歌鉴赏》（与学生尚永亮合作。上海教育出版社，1989）、《关汉卿作品赏析集》（巴蜀书社，1990 年）、《唐音阁诗词集》（台北百骏文化事业有限公司，1991 年）、《唐诗精选评注》（江苏古籍出版社，1992 年）、《宋诗三百首评注》（与胡主佑合作。岳麓书社，1994 年）、《学者自选散文精华》（与季羡林、张中行、金克木、杨绛、黄秋耘、徐迟、何满子合集）、《新选新注唐宋八大家书系·韩愈卷》（与其子霍有明合编。中国工人出版社，1997 年）、《唐宋名篇品鉴》（中国社会科学出版社，1999 年）、《历代好诗诠评》（河北教育出版社，2000 年）、《唐音阁论文集》（河北教育出版社，2000 年）、《唐音阁诗词集》（河北教育出版社，2000 年）、《唐音阁鉴赏集》（河北教育出版社，2000 年）、《唐音阁随笔集》（河北教育出版社，2000 年）、《唐音阁译诗集》（河北教育出版社，2000 年）、《唐音阁影记》（河北教育出版社，2000 年）、《唐音阁杂俎》（上海书店出版社，2000 年）、《盛唐文学的文化透视》（与傅绍良合作。陕西师范大学出版社，2000 年）、《盛世中华颂诗词联大典》（作家出版社，2002 年）、《唐音阁诗词选集》（北京图书馆出版社，2004 年）、《霍松林诗文联书法精选》（陕西人民出版社，2006 年）、《霍松林词集》（作家出版社，2008 年）、《诗国漫步》（线装书局，2010 年），主编《唐诗探胜》（与林从龙同主编。中州古籍出版社，1984 年）、《中国古代文论名篇详注》（上海古籍出版社，1986 年）、《中国近代文论名篇详注》（贵州人民出版社，1986 年）、《中国古典文学》（陕西人民教育出版社，1986 年）、《中国古典文学声情掇萃》（教育磁盘。扬子江音像出版社，1986 年）、《中国古典小说六大名著鉴赏词典》（华岳文艺出版社，1988 年）、《中外文学名著缩编本》（未来出版社，1989 年起陆续出版）、《关汉卿作品赏析集》（巴蜀书社，1990 年）、《中国历代诗词曲论专著提要》（北京师范学院出版社，1991 年）、《万首唐人绝句校注集评》（山西人民出版社，1991 年）、《中国古代戏曲名著鉴赏辞典》（中国广播电视出版社，1992 年）、《历代绝句精华鉴赏大辞典》（陕西人民出版社，1993 年）、《古代言情赠友诗词鉴赏大观》（陕西人民出版社，1994 年）、《中外文学名著通俗本丛书》（未来出版社，1994 年）、《唐宋诗词三十家丛书》（山西古籍出版社，1995 年）、《辞赋大辞典》（江苏古籍出版社，1996 年）、《元曲精华》（巴蜀书社，1998 年）、《近五十年寰球汉诗精选》（三秦出版社，1999 年）、《唐宋名篇朗诵经典》（未来出版社，1999 年）、《杜甫研究论集》（天马图书有限公司）、《全国唐诗讨论会论文选》（陕西人民出版社，1984 年）、《唐代文学研究年鉴（1983－1988 年）》（6 卷），为《唐诗鉴赏辞典》（上海辞书出版社，1983 年）、《宋诗鉴赏辞典》（上海辞书出版社，1987 年）、《古文鉴赏辞典》（江苏文艺出版社，1987 年）、《金元明清词鉴赏辞典》（南京大学出版社，1989 年）、《中外爱情诗鉴赏辞典》（江苏教育出版社，1989 年）、《中外散文名篇鉴赏辞典》（安徽文艺出版社，1989 年）、《古代咏花诗词鉴赏辞典》（吉林大学出版社，1990 年）、《先秦汉魏六朝诗鉴赏辞典》（三秦出版社，1990 年）、《古代爱情诗词鉴赏辞典》（辽宁大学出版社，1990 年）、《中国古代诗歌欣赏辞典》（汉语大辞典出版社，1990 年）、《中华诗词鉴赏辞典》（中国妇女出版社，1999 年）领衔撰稿，参与编写《中国文学史自学考试大纲》（与章培恒、金启华、郭预衡合作），为《元曲鉴赏词典》（中国妇女出版社，1988 年）、《古汉语虚词用法辞典》（陕西人民出版社，1988 年）、《柳宗元诗文赏析集》（巴蜀书社，1989 年）撰写条目等亦署。②霍然，见于杂文《你们在笑谁》，载 1943 年 7 月 1 日上海《万象》第 3 卷第 1 期；选辑《维族歌词选》，载 1947 年兰州《新疆论丛》季刊创刊号。嗣后在《西北论坛》《时与文》等刊发表散文《忆古丽雅姆汗》及《真实的讽刺》《实践底指标》等亦署。③峭露、松林、寒三木，署用情况未详。

霍希扬（1921－2005），河南开封人。曾用名霍继。笔名希扬，1946 年 2 月后在张家口报纸以及解放区刊发表歌词《我们是民主青年》《反对内战》等署用。嗣后出版儿童剧《抓老鼠》（与继云合作。沈阳东北书店，1949 年）亦署。

霍应人（1912－1971），山西孝义人，生于河北威县。原名霍如棠。世界语名 Jak。笔名：①应人，见于《中国语书法拉丁化方案之介绍》，载 20 世纪 30 年代《世界》杂志增刊《言语科学》。②亚克，见于译诗《江加尔》（卡尔梅克民族史诗），载 1942 年《文艺阵地》第 6 卷第 6 期。此前后在重庆《文学月报》《中原》及《芒种》《文化批判》《世界月刊》等刊发表著译诗文，出版节译本史诗《沙逊的大卫》（苏联伊萨克扬原作。桂林萤社，1942 年）亦署。③霍应人，出版译作《论美

国在太平洋上的侵略》（阿瓦林原作。中外出版社，1951 年出版）、全译本《沙逊的大卫——亚美尼亚民间史诗》（人民文学出版社，1957 年），以及《贫与富》《路上的呼声》《舍格洛沃车站》《古老的故事》《乡村的婚礼》等署用。④徐文、霍非，署用情况未详。

J

【jì】

吉学沛（1926－2016），河南偃师人。原名吉清江。曾用名吉学霈，后改名吉学沛。笔名：①吉预兆，见于快板《借粮模范赵大妈》，载 1949 年春《中原日报》。嗣后在《洛阳日报》《新洛阳报》发表故事《送骡子》亦署。②吉学霈，1949 年春发表诗歌等作品开始署用。③吉学沛，1955 年 1 月后发表作品，出版小说集《两个队长》（长江文艺出版社，1963 年）、《春草集》（长江文艺出版社，1979 年）、《苏châu迟请客》（长江文艺出版社，1983 年），散文集《延河长流》（河南人民出版社，1979 年）、《黄河情》（中国文联出版公司，1986 年），故事集《乔石头的故事》（少年儿童出版社，1963 年），文集《吉学沛近作选》（长江文艺出版社，1997 年）等均署。④吉实，见于随笔《切勿本末倒置》，载 1982 年 6 月工 6 日《湖北日报》。

纪（jì）**果庵**（1902－1965），河北蓟县（今天津市）人。原名纪国宣，号果庵。曾用名纪庸。笔名：①果轩，见于随笔《平东一带妇女的生活》，载 1935 年上海《申报月刊》第 4 卷第 7 期。嗣后在上海《文化建设》《文学》《宇宙风》《论语》《人间世》等刊发表随笔亦署。②纪果宣，见于随笔《宋儒疑古略考》，载 1935 年《师大月刊》第 22 期；随笔《宣化县城文献述略》，载 1937 年北平《禹贡》第 8、9 期合刊。③蛰宁，见于随笔《"冀东"管窥》，载 1936 年上海《文化建设》第 2 卷第 6 期。嗣后在《中流》发表多篇文章亦署此名。④么麽（yāo mó），见于随笔《察省新语》，载 1936 年上海《宇宙风》第 16 期。嗣后在该刊和《文化建设》发表文章多次署用。⑤霭士，见于随笔《察北零简》，载 1936 年《文化建设》第 3 卷第 2 期。嗣后在《民众周报》发表译文《扬州十日记》亦署。⑥纪果轩，见于随笔《写诗诊痴》，载 1937 年上海《文学》第 8 卷第 1 期；散文《怀 PH》，载 1939 年《朔风》第 9 期。⑦纪霭士，出版《察哈尔与绥远》（上海文化建设月刊社，1937 年）署用。⑧果庵，见于散文《由穆时英遇狙说起》，载 1940 年《新命月刊》第 2 卷第 3 期。嗣后在《中国文艺》《真知学报》《中国学生》《人间味》《新流》《求是》《艺文杂志》《中国文学》《读书》《文友》《艺潮》《新东方》《风雨谈》《天地》等刊发表文章亦署。⑨果菴，见于随笔《中年一日》，载 1940 年 8 月 15 日日本大阪《华文大阪每日》。⑩纪果庵，见于

随笔《曾国藩与左宗棠》，载 1942 年上海《古今》第 4 期。嗣后在《真知学报》《风雨谈》《天地》《人间》《中报》《中国文艺》《艺文杂志》《求是》《杂志》《江苏日报·新地》《艺潮》《文史》《大众》《申报月刊》《读书》等报刊发表文章，出版散文集《两都集》（上海太平书局，1944 年）亦署。⑪果厂（ān），见于随笔《教育纵横谈》，载 1942 年上海《中华周报》第 17 期。嗣后在《人间味》《新流》《人间》《文友》《新东方》《万象》《中国学生》等刊发表随笔等亦署。⑫潜之，见于随笔《怀旧》，载 1942 年上海《中国学生》第 1 卷第 1 期。嗣后在《中华周报》《中报》《天地》等刊发表文章亦署。⑬炒冷饭斋主人，见于杂文《旧货摊》，载 1943 年《新东方》第 7 卷第 3 期、第 5 期。⑭果堂，见随笔《古今隽语》，载 1943 年上海《古今》第 36 期（一说此名乃谢兴尧之笔名，待查）。⑮纪果厂（ān），见于杂文《师友忆记（二）》，载 1943 年上海《中华月报》第 1 期。嗣后在《江苏日报·新地》《天地》等报刊发表文章亦署。⑯纪庸，见于随笔《甲申购读琐记（上）》，载 1945 年《东南风》创刊号；翻译改编之随笔《〈世说新语〉之文章》（日本吉川幸次郎原作），载 1948 年《国文月刊》第 48 期。嗣后在《文史》《进步青年》等刊，1949 年后在《新苏州报》《雨花》《光明日报》《文汇报·笔会》等报刊发表文章多署。⑰马后炮，见于随笔《人人害怕的"记账"》，载 1957 年 5 月 23 日苏州《江苏师院》。

纪（jì）**鹏**（1927－2006），山东胶州人，生于吉林九台。原名纪鹏云。笔名：①纪鹏，见于散文《把战车开到江南，解放全国》，载 1945 年《知识》第 11 卷第 2 期。嗣后在吉林《文艺月报》第 4 期发表秧歌剧《大军南下》（与李诚合作），在《中学生》《进步青年》等刊发表诗文，出版叙事长诗《铁马骑士》，诗集《为了金色的理想》《新坦克手进行曲》《蓝色的海疆》《荔枝园里》《塞上诗笺》《爱的交响曲》，汉俳《拾贝集》，散文诗集《淡色的花束》，散文诗歌集《献给祖国的花环》《写在"世界屋脊"上的诗》，诗论集《诗林漫步》等亦署。②何雨、季石、吴峰，1949 年后在《解放军文艺》等军队报刊发表诗文署用。

纪（jì）**维周**（1922－2019），河北宛平（今北京市）人。笔名：①纪维，见于散文《我最敬爱的一个人——鲁迅先生》，载 1946 年 10 月 1 日重庆《人物杂志》。

②季维，见于《建议出版界编辑〈鲁迅语言辞典〉》，载1952年7月11日上海《新民报晚刊》。嗣后在《北京晚报》《羊城晚报》撰写关于鲁迅的文章亦署。③臻祥，见于《鲁迅先生的〈百喻经〉》，载1958年12月4日广州《羊城晚报》。④燕宁，见于《一本从垃圾堆拾来的书——鲁迅和〈夏娃日记〉的中译本》，载1961年5月15日《羊城晚报》。嗣后在《天津晚报》发表文章亦署。⑤纪维周，见于《鲁迅先生和〈百喻经〉》，载1956年9月25日《南京日报》。嗣后出版《鲁迅研究书录》《说不尽的鲁迅》等著作亦署。

纪（jì）泽长

（1911—？），山东利津人，字乘之。笔名：①纪泽长，见于译文《萧伯纳评传》（美国爱德华·瓦根内克特原作），载1933年山东大学《励学》第1期；翻译小说《白璧得》（美国辛克莱·刘易斯原作，与洪深合译），载1935年《世界文学》第1卷第4—6期。此前后在上述两刊及《贸易半月刊》《贸易月刊》《广西银行月报》《新中华》《东方杂志》等刊发表《比兰台罗作品的实质》、译文《高尔斯华绥论》（美国J.W.库利夫原作），出版《天下一家或陆沉》（美国科学家协会编。上海商务印书馆，1947年）亦署。②乘之，见于《各国经济刊介绍》，载1939年重庆《贸易半月刊》第1卷第13—14期合刊；译文《欧洲人现在的读物》，载1943年重庆《时与潮副刊》第3卷第5期。③纪乘之，见于论文《威廉·沙克莱及其〈浮华世界〉之研究》，载1934年北平《文学评论》第1卷第2期；译文《西万提斯的文艺背景与唐·吉珂德的创作历程》（西班牙伊·波拉斯原作），载1941年《文艺月刊·战时特刊》第11月号。此前后在《贸易月刊》《贸易半月刊》《日本评论》《中央银行经济汇报》《中国劳动》《三民主义周刊》《金融知识》《湖南省银行经济季刊》《财政评论》《中农月刊》《时与潮副刊》《建国季刊》《国际贸易》《旅行杂志》等刊发表《人生始于一百五十岁》《武当纪游》《何谓幽默》等文亦署。

纪（jì）刚

（1920—2017），辽宁辽阳人，满族。原名赵岳山。笔名：①亚唐，见于小说《出埃及外记》，载1941年7月长春《新满洲》第3卷第7期。②纪刚，1969年8月12日起在台北《中央日报·文学副刊》连载长篇小说《滚滚辽河》署用。嗣后出版长篇小说《滚滚辽河》（台北纯文学出版社，1970年）、散文集《诸神退位》（台北允晨文化公司，1990年）等均署。按：1941年创作话剧《虹霓》，1944年由东北通讯社出版《火舌集》，1947年在《东北公论副刊》发表中篇小说《葬故人》，署名情况未详。

纪（jì）弦

（1913—2013），旅美诗人。原籍陕西周至，生于河北清苑，后移居扬州、上海、台湾。原名路逾，字越公。笔名：①路易士，见于诗《给音乐家》，载1934年上海《现代》第5卷第1期；诗《风后》，载1934年上海《文艺风景》第1卷第2册。此前后在《青年界》《现代》《文艺》《今代文艺》《现代诗风》《农林新报》《诗林双月刊》《新诗》《文学杂志》《好文章》《文艺战线旬刊》《纯文艺》《作品》《国民日报·新垒》（香港）、《时事解剖》《国际通讯》《新流》《文友》《大道月刊》《人间》《文艺世纪》《新东方》《一般》《语林》《中华月报》《文艺新潮》《风雨谈》《读书杂志》《上海艺术月刊》《天地》《光化》《新影坛》《文帖》《战斗中国》等报刊发表诗、散文、评论、译作，出版诗集《易士诗集》（1933年自刊）、《行过之生命》（上海未名书屋，1935年）、《火灾的城》（上海新诗社，1937年）、《爱云的奇人》（上海诗人社，1939年）、《烦哀的日子》（上海诗人社，1939年）、《不朽的肖像》（上海诗人社，1939年）、《出发》（上海太平洋书局，1944年）、《夏天》（上海诗领土社，1945年）、《三十前集》（上海诗领土社，1945年）等均署。②纪弦，1945年开始署用。见于长诗《民众的歌》，载1946年上海《中坚月刊》创刊号；组诗《风雨诗抄》，载1946年上海《人间月刊》第1卷第4期。嗣后在上海《中坚月刊》发表诗《上海之忧郁》《执着的歌》《喊我们自己底名字》、散文《二重人格之歌》等，1949年在台湾出版诗集《在飞扬的时代》（台北现代诗社，1951年）、《纪弦诗甲集》《纪弦诗乙集》（台北暴风雨社，1952年）、《摘星的少年》（台北现代诗社，1954年）、《无人岛》（台北现代诗社，1956年）、《饮者诗钞》（台北现代诗社，1963年）、《纪弦诗选》（台中光启出版社，1965年）、《槟榔树甲集》《槟榔树乙集》《槟榔树丙集》《槟榔树丁集》《槟榔树戊集》（台北现代诗社，1967—1974年）、《向邪恶宣战》《五八诗抄》（1971年自刊）、《晚景——六十七年至七十三年作品》（台北尔雅出版社，1985年）、《飞跃与超越》《纪弦自选集》《台湾三家诗精品》《半岛之歌——纪弦诗集》《纪弦精品》《第十诗集》《千金之旅——纪弦半岛文存》《纪弦诗拔萃》《宇宙诗钞》，散文集《小园小品》（台湾商务印书馆，1967年）、《终南山下》（台湾商务印书馆，1969年）、《园丁之歌》（台北华欣文化中心，1974年），论著《纪弦诗论》（台北现代诗社，1654年）、《新诗论集》（高雄大业书店，1956年）、《纪弦论现代诗》（台中蓝灯出版社，1970年），回忆录《纪弦回忆录第一部——二分明月下》《纪弦回忆录第二部——在顶点与高潮》《纪弦回忆录第三部——半岛春秋》等均署。③易士、青空律，见于评论《评古之红的〈低能儿〉及〈彷徨·彷徨〉兼论蓝本》，载1948年上海《中坚月刊》第5卷第3期。④诗鱼、苇西、章容、路越公，署用情况未详。

纪（jì）叶

（1923—1996），山西原平人，原名李英。笔名：①纪叶，见于散文《一天》，载1943年9月30日延安《解放日报》。嗣后在延安《解放日报》《部队生活报》、重庆《新华日报》等报刊发表文章，1949年后出版歌剧《丰收乐》，编选《青海民歌选》，创作电影文学剧本《智取华山》（与郭维、东方合作）、《光辉的途程》《妈妈要我出嫁》《母女教师》《并肩前进》（与武兆堤、尹一青合作）、《宝山之歌》（与董克娜合作）、《金玉姬》（与王家乙合作）、《延河战火》等亦署。②维竹、纪维竹，署用情况未详。

纪（jì）**云龙**（1923— ），天津人。原名刘嘉祯，字瑞庭。笔名：①两针，见于小说《木料》，载 1941 年北平《中国文艺》第 3 卷第 5 期。嗣后在该刊第 4 卷第 6 期发表散文《死人》，1942 年在天津《新天津报》发表小说《金子》、在北平《中国文学》发表小说《木料》等亦署。②刘针，见于小说《动乱》，载小说集《拓荒》（与李啸仓、幻鸥、左金合集。天津锄野文艺社，1941 年）。③刘嘉禄，1943 年 11 月前后在宜川秋林《国民日报》发表所译济慈的诗署用。④纪云龙，见于《鱼儿得水》，载 1945 年 5 月 10 日延安《解放日报》；通讯《我从青岛来》，载 1946 年 6 月 12 日《牡丹江日报》。嗣后在重庆《新华日报》、哈尔滨《东北日报》《东北文艺》《文艺战线》《知识》等报刊发表小说《伤兵的母亲》、散文、通讯等，出版《杨靖宇和抗联第一路军》（沈阳东北书店，1946 年），1949 年后出版《新闻实践求索录》（健康报社，1991 年）、《海河魂》（中国青年出版社，2000 年）、《使命——回首我的办报生涯》（中国文联出版社，2011 年）等均署。⑤余白金，见于歌词《妇女翻身歌》，载 1947 年哈尔滨《知识》杂志。

季风（1919—1945），辽宁沈阳人。原名李福禹。曾用名李福宇。笔名：①磊磊生，见于随笔《我人对于宗教应有的认识》《脑病剧作凄然有感》，载 1939 年长春《新满洲》第 1 卷第 6 期。②李季疯，见于长篇小说《婚姻之路》，连载于 1940 年长春《新满洲》第 2 卷第 1—8 号；评论《满洲文坛新语》，载 1940 年日本大阪《华文大阪每日》第 5 卷第 9 期。③季风，20 世纪 30—40 年代在长春《大同报》等报刊发表杂文、小说等署用。亦见于随笔《军校风光》，载 1940 年日本《华文大阪每日》第 4 卷第 7 期；散文《青春之歌》，载 1940 年长春《新满洲》第 2 卷第 9 期。1940 年由长春益智书店出版杂文集《杂感之感》亦署。④季疯，见于随笔《话剧在满洲》，载 1940 年 8 月 1 日日本大阪《华文大阪每日》；随笔《闲话文人笔名》，载 1941 年长春《国民画报》第 3 卷第 9 期；长篇小说《夜》，载 1941 年长春《新满洲》第 3 期。同时期在上述刊物发表小说《路》、评论《光明在前面》、随笔《向文运者进一言》等亦署。⑤亦醉、方进，20 世纪 40 年代在东北刊发文章署用。

季红（1927—2007），河南人。原名齐道旁。笔名季红，出版诗集《鹭鸶》《芦苇花》《错车道上的指示灯》《请别哭》《台北之秋》《乡野小辑》《短歌行》《淡水镇・水笔仔》《山之咏》等署用。

季洁（1927—1982），江苏南通人。笔名西洁、禾水，分别见于诗《迎向刽子手们》《回去吧！老乡》，载 1948 年 9 月 5 日南通《诗战线丛刊》之二《生活的宣言》。嗣后在该丛刊发表诗《希奇》亦署"西洁"，发表诗《二尺五》《新年》等诗亦署"禾水"。

季茂之（1925—2018），江苏如东人，生于南通。原名季林生，字茂之。曾用名季朗煊。笔名：①林戈，

1942 年在《如皋日报》副刊发表作品始用。又见于诗《解放颂》，载 1948 年 8 月 20 日南通《诗战线丛刊》之一《斗争是我们的母亲》。嗣后在该丛刊发表《追悼朱自清先生》等诗亦署。②季朗煊，1947 年在香港《读书与出版》发表教学随笔用。③陈辞，见于诗《寄友人两章》，载 1948 年 8 月 20 日南通《诗战线丛刊》之一《斗争是我们的母亲》。④辛人，见于诗《生活的宣言》，载 1948 年 9 月 5 日南通《诗战线丛刊》之二《生活的宣言》。⑤林曼玲、余一农、林芝，分别见于诗《碉堡》《中秋小唱》《记得你的话》，载 1948 年 9 月 25 日南通《诗战线丛刊》之三《我们这一代》。⑥耿照明、季林戈，分别见于诗《我们纪念你，鲁迅》《方向——纪念鲁迅先生逝世十二周年》，载 1948 年 10 月 25 日《诗战线丛刊》之四《方向》。"季林戈"一名又见于纪念朱自清的诗《永远在一起》，载 1948 年上海《中学生》第 206 期。⑦许红、耿明，分别见于诗《这是真理》《生产小唱》，载 1948 年 12 月南通《诗战线丛刊》之五《诗战线》。嗣后在该丛刊发表诗《参战去》亦署"耿明"。⑧杜敬之，见于叙事诗《小王转变记》，载 1949 年 1 月 10 日南通《诗战线丛刊》之六《迎一九四九年》。⑨季茂之，1949 年以后发表作品多署此名。

季薇（1924—2011），浙江临安（今杭州市）人。原名胡兆奇。笔名：①胡兆奇，见于诗《雨夜怀乡曲》《高粱红》，分别载 1940 年浙江丽水《战时中学生》第 2 卷第 4、5 期合刊和第 9 期；随笔《谈谈"教具"——教与学的桥梁》，载 1947 年上海《新学生》第 3 卷第 6 期。嗣后在《新学生》及《宇宙文摘》等刊发表随笔《军中小趣三则》《历史的启示——记教育部文物展览会》《星语》《智慧底门徒——读〈柏拉图五大对话集〉》等亦署。②兆奇，见于诗《高粱红》，载 1940 年丽水《战时中学生》第 2 卷第 9 期（该刊目录署名"胡兆奇"）。③季薇，1949 年赴台湾后发表作品，出版散文集《蓝燕》（高雄大业书店，1955 年）、《淡紫的秋》（台北立志出版社，1968 年）、《水乡的云》（台北立志出版社，1969 年）、《蔷薇颊》（台北大江出版社，1970 年）、《白茶小品》（台北巨流图书公司，1974 年）、《荷风》（台北水芙蓉出版社，1976 年），论著《散文研究》（台北益智书局，1966 年）、《散文点线面》（台北立志出版社，1969 年）、《剑桥秋色》（台北自由青年社，1973 年）、《铅笔屑》（台北水芙蓉出版社，1975 年）、《散文花束》（台北世界文物供应社，1979 年）、《新闻・文学》（台北水芙蓉出版社，1980 年）等著作均署。

季羡林（1911—2009），山东临清人，字希逋。笔名：①希逋，见于译文《守财奴自传序》，载 1932 年 9 月 28—29 日《华北日报》。②羡林，见于书评《烙印》，载 1933 年天津《大公报・文学副刊》。③季羡林，见于译文《代替一篇春歌》（英国哈尔布鲁克・杰克逊原作）、评论《现代才被发现了的天才——德意志诗人薛

德林》，分别载 1933 年《清华周刊》第 1 期和第 5、6 期合刊。嗣后在《学文》《文学评论》《现代》《文学季刊》《文讯》《学原》《文学杂志》《世纪评论》《观察》《现实文摘》《文艺复兴》《中央日报·俗文学》《国立中央大学研究院历史语言研究所集刊》《文艺工作》《新建设》《中国语文》等报刊发表散文《年》《忆章用》、翻译小说《旧世纪还在新的时候》（美国 T. 唐顿原作）、评论《论梵本妙法莲华经》《柳宗元黔之驴取材来源考》《谈翻译》《现代德国文学的动向》等文，1949 年后出版散文随笔集《清塘荷韵》（江苏文艺出版社，2004年）、《赋得永久的悔》（人民日报出版社，1996 年）、《万泉集》（中国文联出版社，1991 年）、《清华园日记》（江苏文艺出版社，2013 年）、《牛棚杂忆》（中共中央党校出版社，1998 年）、《季羡林留德回忆录》（中华书局，1993 年）、《朗润园随笔》（上海人民出版社，2000年）、《我的先生朋友们》《人生絮语》《天竺心影》《病塌杂记》《夹竹桃》《家贫母寒》《忆往述怀》《新纪元文存》《季羡林谈师友》《季羡林谈人生》《季羡林散文选集》《泰戈尔名作欣赏》，译作《安娜·西格斯短篇小说集》（作家出版社，1955 年）、《优哩婆湿》（人民文学出版社，1962 年）、《五卷书》（人民文学出版社，2001 年）、《罗摩衍那》（人民文学出版社，1983 年）、《沙恭达罗》（人民文学出版社，1956 年）、《家庭中的泰戈尔》（漓江出版社，1985 年），专著《中印文化关系史论丛》（人民出版社，1957 年）、《大唐西域记校注》（季羡林等校注。中华书局，1985 年）、《东方文学史》《东方文化研究》《禅与东方文化》及古印度史、古印度语研究、吐火罗语研究、现代佛学研究著作，主编《敦煌学大辞典》《东西文化议论集》《世界文化史知识》（与周一良、张芝联合作）等亦署。④齐奘，见于《老子在欧洲》，载 1946 年 8 月 7 日《中央日报·中央》。

季修甫（1924—2017），江苏南通人。原名季念祖。

笔名：①巨虚，见于诗《裱画店》，载 1945 年 5 月 28 日南通《江北日报·诗歌线》新 20 期。嗣后在该刊发表诗《做烧饼的老人》亦署。②喜年苏，1945 年 10 月在南通《东南日报·副刊》发表散文《过生日二三事》等署用。1980 年后在南通报刊发表文章偶署。③季修甫，1946 年 6 月投考南京东方语文专科学校始用，嗣后发表文章多署。④修甫、休父（fǔ）、麻圃、休公、休工、麻簹，1980 年后在南通地方报刊发表文章常署。

季镇淮（1913—1997），江苏淮安人，字子韦。曾用

名季正怀，字来之。笔名季镇淮，见于随笔《教书杂记》，载 1944 年昆明《国文月刊》第 31、32 期合刊；论文《"文"之探源》，载 1946 年重庆《文讯月刊》第 6 卷第 8 期。嗣后在《清华学报》《五华》等刊发表《魏晋清淡思想初论》《读双水精舍诗集赠仲直兄》等诗文，出版专著《闻一多年谱》《朱自清年谱》《闻一多研究四十年》《来之文录》《来之文录续编》、传记《司马迁》，主编《中国文学史》（与游国恩、王起、萧涤非合作）、《大百科近代文学》《历代诗歌选》《近代诗选》等亦署。

季志仁（1902—？），江苏常熟人。笔名：①季志仁，

见于随笔《什么是游戏》，载 1921 年上海《新虞西》第 1 卷第 4、5 期合刊；译文《一八八〇年后法国文学之园景——印象派》（法国伯纳德·佩原作），载 1924 年 9 月 11 日上海《时事新报·学灯》。嗣后在《小说月报》《京报副刊》《晨报副镌》《东方杂志》《浅草》《文艺周刊》等刊发表著译作品亦署。②石心，1931 年与陈学昭、蔡柏龄合译剧本《贝兰珂与梅丽藏德》（比利时梅特林克原作）署用。

冀汸（fāng）（1920—2013），湖北天门人，生于荷属

东印度。原名陈性忠。曾用名陈为湘。笔名：①冀汸，见于诗《五月的榴花》，载 1939 年重庆《国民公报·文群》。嗣后在上海、桂林、福建等地报刊《七月》《诗垦地》《现代文艺》《文艺生活》《乐风》《青年文艺》《创作月刊》《希望》《鲁迅文艺》《文艺杂志》《呼吸》《蚂蚁小集》《中国的肺脏》等发表诗文，出版诗集《跃动的夜》（七月诗丛，1942 年）、《喜日》（新华书店华东总分店，1950 年）、《桥和墙》（新文艺出版社，1953年）、《我赞美》《灌木年轮》《没有休止符的情歌》，长篇小说《走夜路的人们》（作家书屋，1950 年）、《这里没有冬天》（新文艺出版社，1954 年）、《故园风雨》等亦署。②冀仿，1943 年在重庆《诗垦地》第 4 期发表诗《季候风》时目录署用此名。③冀访，1946 年在重庆《诗垦地》第 5 期发表诗《今天的长诗》《一朵野花》时目录署用此名。④冀纺，1946 年在《诗垦地》第 5 期发表《今天的长诗》《一朵野花》两诗时正文之署名。⑤吉父（fǔ），1945 年后在上海《大公报·文艺》发表文艺评论、杂文等署用。嗣后发表评论《马凡陀的山歌》（载 1947 年成都《呼吸》第 2 期）、随笔《关于〈忆江南〉答李昌庆先生》（载 1948 年成都《蚂蚁小集》第 1 辑《许多都城震动了》）等亦署。⑥凌恒，20 世纪 40 年代在上海《大公报·星期文艺》《起点》等报刊发表诗歌、小说署用。⑦文仪珠，1947 年在汉口《大刚报》副刊发表小说署用。

【jiā】

加里（1926— ），新疆喀什人，维吾尔族。原名热合

木吐拉。1946 年开始发表作品，笔名加里。出版有诗集《心声》，维吾尔文苏联小说《斯巴达克》《静静的顿河》《叶尔绍夫兄弟》，波斯小说《蔷薇园》，维吾尔文《毛主席诗词十八首》《红楼梦》等。

贾恩绂（1866—？），天津人，字佩卿。笔名贾恩绂，

出版有《定武学记》等著作，主纂《直隶通志》《盐山新志》《定县志》。

贾霁（1917—1985），江苏镇江人。笔名：①贾霁，

见于《战火余痕》，载 1946 年《山东文化》第 3 卷第 6 期；《文艺创作杂谈》，载 1946 年《山东文化》第 4 卷第 3 期。嗣后在该刊及《胶东文艺》《文艺生活》发表作品，出版秧歌剧集《神兵》（新华书店，1946 年），

话剧剧本《过关》（与李夏合作。新华书店，1945年；新华书店，1949年）、《吃地雷》（新华书店，1945年）、《地震》（新华书店，1946年）、《一切为前线》（东北书店，1947年）、《孤胆英雄》（华东军区政治部，1948年）、《农村戏剧集》（贾霁编。新华书店，1949年），电影文学剧本《宋景诗》（与陈白尘合作。艺术出版社，1954年），以及《编剧知识》（沈阳东北书店，1949年）等亦署。②艾分、石门，署用情况未详。

贾景德（1880—1960），山西沁水人，字煜如，号韬园。笔名贾景德，见于《允叔主韬园诗社第二集置酒水镜楼奉题三首》，载1923年《来复》第277期；《平阳杂诗五十首之二十二》，载1938年《民族诗坛》第2卷第2辑。此前后在上述两刊及《中国文学》《辅导通讯》《新运导报》《新重庆》《铨政月刊》《政衡》等刊发表文章亦署。

贾克（1919—2007），江西南丰人，生于北京。原名贾志开。笔名：①贾克，1936年开始在山西报刊发表随笔、影剧评论署用。1944年在《国民杂志》第4卷第2期发表《电影的话》，1945年9月19日在延安《解放日报》发表独幕剧《保卫合作社》，1949年在《文艺生活》海外版第20期发表《文艺工作者入工厂问题》，出版剧作《贾克剧作选》《民主青年进行曲》（与他人合作）、《好军属》《魔窟传奇》《程贵之家》《四姊妹》《突围》《闹洞房》《大势所趋》《准备》《为了建设》《引火烧身》《金凤高飞》《牧羊姑娘》《习惯成自然》《保卫合作社》《风云突变》《两个支书》《井台会》《不死的人》等亦署。②贾志光，1936年开始在山西报刊发表随笔、影剧评论，与笔名"贾克"同时署用。③十兄、西山，1949年后发表作品曾署用。

贾泉河，生卒年及籍贯不详。笔名白水，见于诗《农县》，载抗战时晋察冀某报刊。

贾午（1904？—？），河北人，字丽南。笔名贾午。出版翻译散文《波兰沦亡恨》（英国隐名女作家原作。重庆时与潮书店，1943年）、《巴黎地下二妇女》（美国施伯夫人原作。重庆时与潮书店，1944年）等署用。

贾亦棣（1916—？），江苏南京人，字耀恺。笔名贾亦棣，1949年后出版《表演艺术》（台北正中书局，1969年）、《影剧廿年》（台北正中书局，1975年）、《艺文漫谈》（新竹明新科技大学，2003年）及剧作《香妃》《密电风云》等署用。

贾芝（1913—2016），山西襄汾人。原名贾植芝。笔名贾芝，见于《水手和黄昏》，载1937年《文学杂志》第1卷第4期；译文《生命的感触》，载1942年《文艺阵地》第7卷第4期。此前后在延安《解放日报》《谷雨》、重庆《文艺战线》《中苏文化》及《人民文学》等报刊发表作品，出版诗集《剪影集》（与覃子豪、朱颜、周麟、沈毅合集，1935年印行）、《水磨集》（北平泉社，1935年），散文集《春天的跋涉》，1949年后出版评论集《民间文学论集》（作家出版社，1963年），译作《磨坊书简》（法国都德原作），选注《李大钊诗文选集》，编辑《中国民间故事选》（第一、二集与人合作；主编第三集），主编《延安文艺丛书·民间文学卷》《中国新文艺大系·民间文学集》亦署。

贾植芳（1915—2008），山西襄汾人。曾用名贾有福。笔名：①冷魂，1931—1932年在太原《太原晚报》《民报》等报发表文章署用。②李四、鲁索、霍达森，1933—1935年在北平《煎报·飞鸿》《世界日报》、天津《大公报·小公园》等报刊发表文章署用。③贾植芳，见于随笔《关于"唐·吉诃德"之类》，载1934年11月1日上海《申报·自由谈》；独幕剧《家》，载1938年《七月》第3卷第1—6期。嗣后在东京《留东新闻》、天津《国闻周报》、武汉《七月》、重庆《抗战文艺》、上海《希望》等报刊发表独幕剧、小说、杂文、译作，出版论著《近代中国经济社会》（上海棠棣社，1949年），译作《契诃夫的戏剧艺术》（苏联巴甚哈蒂原作。上海文化工作社，1951年）、《论报告文学》（捷克基希原作。上海泥土社，1953年）、《俄国文学研究》（俄国谢尔宾娜原作。上海泥土社，1954年）、《契诃夫手记》（俄国契诃夫原作。上海文化工作社，1963年），散文集《狱里狱外》（上海远东出版社，1995年）、《劫后文存——贾植芳序跋集》（学林出版社，1991年）、《老人老事》（大象出版社，2002年）等亦署。④南候，1944—1948年在上海《联合晚报》《文汇报》《评论报》等报发表文章署用。⑤王思嘉，见于随笔《谜的人物郝鹏举》，载1947年上海《联合晚报》。⑥杨力、Y.L.，1947—1948年在上海《大公报·文艺》《大公报·星期文艺》《新民报晚刊》《时代日报》《文汇报·文学界》《时事新报·青光》等报刊发表文章署用。"杨力"一名，出版散文集《热力》（上海文化工作社，1949年）、小说集《人生赋》（上海海燕书店，1947年）、回忆录《人的证据（第一部）》（上海新潮书店，1949年）、独幕剧集《当心匪特造谣》（与费铁合集。上海文化工作社，1951年）等亦署。

【jian】

简朝亮（1851—1931），广东顺德（今佛山市）人，字季纪，号竹居。笔名：①竹居，1905年在上海《国粹》学报发表文章署用。②简朝亮，见于散文《读书草堂上梁文》《祭将军山文》，载1908年上海《国粹学报》第4卷第8期，嗣后在该刊发表诗文，1949年后出版《论语集注补正述疏》（北京图书馆出版社，2007年）及《尚书集注述疏》《孝经集注述疏》《礼记子思子言郑注补正》《朱九江先生年谱》《读书草堂明诗》《读书堂集》《粤东简氏大同谱》等亦署。

简荷生，生卒年不详，台湾人。笔名荷生、简荷生、桃隐，1934—1944年在台北《台湾日日新报》《风月报》《南方》《兴南新闻》等报刊发表旧体诗《傲霜雪》《川根根女校书弹词》等署用。

简吴新（1926—　），福建长汀人。原名简焕然。笔名：①晓风，见于诗《我从山里来》，载 1947 年 3 月 15 日厦门《星光日报·星星》。②沙军，见于诗《打铁匠》，载 1947 年 4 月 10 日《星光日报·星星》。③吴新，见于故事《坎市镇战斗》，载福建人民出版社 1957 年版《福建老根据地人民革命斗争故事丛书》。

简又文

（1896－1978），广东新会（今江门市）人，字永贞，号驭繁。笔名：①简又文，见于《人生经验中死之功用》，载 1919 年上海《东方杂志》第 16 卷第 12 期；评论《太谷尔思想之背景》，载 1924 年 4 月 23 日北京《晨报副镌》。嗣后在《京报副刊》《语丝》《良友画报》《国闻周报》《论语》《贡献》《人间世》《逸经》《大风》《中山文化季刊》《文化先锋》《妇女共鸣》《中外春秋》《抗战文艺》《中山文献》《广东教育》等报刊发表著译作品，出版随笔集《金田之游及其他》（重庆商务印书馆，1944 年），论著《太平军广西首义史》（重庆商务印书馆，1944 年），1949 年后出版论著《太平天国全史》（香港简氏猛进书屋，1962 年）、《白沙子研究》（香港简氏猛进书屋，1970 年），翻译小说《摩登伽女》（上海逸经社，1937 年），翻译论著《革命的基督教》（华德原作。上海中华基督教文社，1926 年）等亦署。②大华烈士，见于随笔《西北风》，载 1933 年 7 月 1 日上海《论语》第 20 期；译作《闻声的耳》（美国亨利·温德原作），载 1937 年《中国文艺》第 1 卷第 3 期。嗣后在《人间世》《逸经》等刊发表著译作品，出版散文集《西北东南风》（桂林良友图书印刷公司，1943 年），翻译小说《硬汉》（香港逸经社，1938 年），1949 年后出版翻译小说《十七岁》（美国达顿原作。香港今日世界社，1975 年）等亦署。③工乂，见于《夏娃的苹果》，载 1933 年《论语》第 22 期。嗣后在上海《宇宙风》《逸经》等刊发表著译文章亦署。④谛牟，见于书评《耶稣传》，载 1942 年北平《中国公论》第 7 卷第 1 期。⑤佟智、斑园、兴汉剑生郎，署用情况未详。

翦伯赞

（1898－1968），湖南桃源人，维吾尔族。原名翦象时，字伯赞。笔名：①翦伯赞，见于论文《东方民族革命运动的过去与现在》，载 1931 年 1 月 16 日北平《三民半月刊》第 5 卷第 9、10 期合刊"弱小民族问题专号"；论文《前封建时期之中国农村社会》，载 1931 年《三民半月刊》第 5 卷第 11 期。嗣后在《中山文化教育馆季刊》《世界文化》《文摘》《中国法学杂志月刊》《时事类编》《中苏半月刊》《读书月报》《抗战周刊》《开明》《野草》《人世间》《文风杂志》《文化先锋》《中山文化季刊》《民主世界》《唯民周刊》《民主》《新文化》《中华论坛》《中国学术》《大学月刊》《历史社会季刊》《新教育》《中苏文化》《中原》等报刊发表文章，出版史学论著等亦署。②林宇，见于《两个体制之下的宪法》，载 1937 年上海《文摘》第 1 卷第 2 期。③林零，见于散文《在红卐字旗下》，载 1937 年上海《世界文化》第 1 卷第 10—11 期；散文《上帝之城》，载 1937 年 4 月 15 日上海《月报》第 1 卷第 4

期。④伯赞，见于《反侵略共同发表宣言以后》，载 1942 年《中苏文化》第 10 卷第 2 期。⑤商辛，见于随笔《桃花扇底看南朝》，载 1944 年重庆《群众》第 9 卷第 7 期。⑥钱肃端，1948 年 9 月 10 在香港《文汇报》发表文章署用。⑦农畴、陈思逐、太史简，1948 年在香港《文汇报》发表文章署用。⑧淋零、司马钊，署用情况未详。

蹇先艾

（1906－1994），贵州遵义人，生于四川越西县，字萧然。笔名：①先艾，见于小说《哀音》，载 1923 年《熠火》创刊号；随笔《迷信创作》，载 1924 年 10 月 8 日《晨报副镌》。嗣后在《晨报副镌》《新中华报副刊》《认识周报》《贵州晨报·每周文艺》《国民公报·文群》《贵州日报·新垒》等报刊发表随笔、小说等亦署。②蹇先艾，见于短文《成绩展览纪事》，载 1923 年北京《北京高师周刊》第 194 期；诗《回去》，载 1926 年 4 月 1 日《晨报·诗镌》。此前后在《小说月报》《文学旬刊》《晨报副刊》《京报副刊》《东方杂志》《语丝》《现代评论》《北新》《文艺月刊》《青年界》《矛盾》《现代》《文学》《文学季刊》《水星》《作家》《文季月刊》《现代文学》《中流》《文学杂志》《探讨与批判》《文史》《申报月刊》《大众知识》《中学生》《烽火》《现代文艺》《文讯》《文艺杂志》《文学创作》《新文学》《创作月刊》《当代文艺》《文艺复兴》《中国文学》《文选》《春秋》等报刊发表著译诗文，出版短篇小说集《朝雾》（上海北新书局，1927 年）、《一位英雄》（上海北新书局，1930 年）、《酒家》（上海新中国书局，1934 年）、《还乡集》（上海中华书局，1934 年）、《踌躇集》（上海良友图书印刷公司，1936 年）、《乡间的悲剧》（上海商务印书馆，1937 年）、《盐的故事》（上海文化生活出版社，1937 年）、《幸福》（永安改进出版社，1941 年）、《四川绅士和湖南女伶》（上海博文书店，1947 年），中篇小说《古城儿女》（上海万叶书店，1946 年），散文集《城下集》（上海开明书店，1936 年）、《离散集》（桂林今日文艺社，1941 年），杂文集《乡谈集》（贵阳文通书局，1942 年），翻译小说《发人隐私的心》（美国爱伦·坡原作。上海生活书店，1935 年）、《亚西尔之家的衰亡》（美国爱伦·坡原作。上海生活书店，1935 年）、《田纳西的伙伴》（美国 F. B. 哈特原作。上海生活书店，1935 年）、《步福罗格太太》（美国纳撒尼尔·霍桑原作，蹇先艾等译。上海生活书店，1935 年）、《败坏了海德米堡的人》（美国马克·吐温原作，蹇先艾等译。上海生活书店，1935 年）、《一位忙经纪人的情史》（美国欧·亨利原作。上海生活书店，1936 年），翻译散文《红谷牧歌》（美国 F. B. 哈特原作。上海生活书店，1935 年）、《四次会晤》（美国亨利·詹姆斯原作。上海生活书店，1936 年），1949 年后出版《新芽集》（作家出版社，1955 年）、《山城集》（作家出版社，1958 年）、《龙明德的故事》（贵州人民出版社，1956 年）、《倔强的女人》（新文艺出版社，1957 年）、《苗岭集》（上海文艺出版社，1960 年），以及《蹇先艾散文小说集》（贵州人民出版社，1979 年）、《蹇先艾短篇小说选》（人民文学出版社，

1981年)、《蹇先艾文集》(贵州人民出版社，2003年)、《蹇先艾代表作——水葬》(华夏出版社，2009年)等亦署。③萧然，见于评论《观〈酒后〉与〈一只马蜂〉》，载1925年3月25日北京《京报副刊》；诗《忆从前……》，载1925年6月5日北京《晨报副镌·文学旬刊》。④萧君，见于诗《希望像一座险峻的山峰》，载1927年3月23日《晨报副镌》。嗣后在该刊发表小说《巧》《故乡的老仆》等亦署。⑤艾，见于翻译散文诗《最后的告别》(俄国屠格涅夫原作)，载1927年10月27日《晨报副镌》。嗣后在该刊发表译诗《鸽》《施与》等亦署。⑥寒萧然，见于翻译小说《漂泊的人们》(罗马尼亚萨多维亚努原作)，载1930年12月26日《华北日报·副刊》。嗣后出版《国学常识二百问答》(北平华新印书馆，1932年)亦署。⑦赵休宁，见于散文《叹逝——纪念几个作家》，载1945年7月30日《贵州日报·新垒》。嗣后在该刊发表散文《谢六逸先生的散文》《女诗人石评梅》《忆庐隐女士》等亦署。20世纪50年代后在《贵州文艺》等刊发表文章亦署。⑧艾新，见于随笔《学习鲁迅先生的日记》，载1951年《西南文艺》第1期。⑨陈艾新，见于评论《读石果的小说》，载1953年8月《西南文艺》第20期；评论《略论编辑改稿》，载1957年贵州《山花》2月号。⑩霭生，见于评论《一篇充满了敌意的杂文》，载1957年9月12日《贵州日报》。1959年在《山花》发表《第一人称和第三人称》《把人物弄少一点》等文亦署。⑪韵泉，借妻子之名发表译作署用。⑫钱九、萧寥，署用情况未详。

剑胆（1871—？），北京人，民国时期通俗小说作家。原名徐济，号涤尘、哑铃、亚铃；别号自了生。笔名剑胆，曾在北平《爱国白话报》《白话捷报》《北京白话报》《北京小公报》《实报》《实事白话报》《北平日报》《群强报》连载通俗小说百部之多，出版有单行本《新风流》《醒春居》《新贪欢报》《赵妈妈》《新毒计》《家庭惨史》《无头案》《家庭祸》《凤求凰》《巧循环》《华大嫂》《李傻子》《阿玉》《余小辫》《范希周》《金茂》《唐大姑》《麻希陀》《翠花案》《貌相奇缘》等。

鉴人（1875—1948），浙江金华人。原名王鉴人。笔名鉴人，出版诗集《血花》(战斗诗歌社，1941年)署用。

【jiang】

江村（1917—1944），江苏南通人。原名江蕴鍴（duān）。曾用名鍴宝（乳名）。笔名：①江蕴鍴，见于二幕剧《牺牲》，载1933年2月南通《江苏省立南通中学校刊》2月号。②江村，见于散文诗《飞逝了吧，秋天！》，载1935年南通《弦歌》创刊号；诗《旷野的悒郁》，载1943年重庆《天下文章》第1卷第2期。此前后曾在重庆《文学月报》《文艺月刊·战时特刊》《中国电影》《演剧生活》《天下文章》、上海《新民报

晚刊》等报刊发表诗作、评论等署用。

江帆（1916—？），江苏南京人。原名朱文渊。曾用名江凡。笔名：①文文，1936年开始在南京中央大学校刊和其他报刊发表散文等署用。②江帆，1938年发表作品开始署用。嗣后出版秧歌剧《欢天喜地》(东北书店辽分店，1948年)、编选《群众创作选集》(与罗立韵合作。东北书店，1949年)，1949年后出版小说集《女厂长》(生活·读书·新知三联书店，1950年)、《白菜的故事》(辽宁人民出版社，1952年)，通讯报告集《水泉村纪事》(辽宁人民出版社，1955年)、《欢乐的山村》(辽宁人民出版社，1956年)，散文集《阳光照耀的日子》(春风文艺出版社，1959年)等均署。③白晓，见于散文《秋收的一天》，载1940年延安《大众文艺》第2卷第2期。④晓白、帆凡，1940—1941年间在延安《大众文艺》《解放日报》等报刊发表散文署用。⑤江凡，见于散文《我忘不了》，载1942年延安《文艺月报》第16期。⑥文白、大山，署用情况未详。

江风（1915—1992），山东栖霞人。原名王桐勋，字荣章。曾用名王薰风。笔名：①荣章，见于小说《伟大的灵魂》，载1933年济南《晨光报》副刊。②硬夫，见于小说《挣扎》，连载于1933—1934年济南《山东日报》副刊；小说《两颗心》，载1934年济南《新亚日报》副刊。③王桐勋，见于散文《可爱的钟声》，载1931年春山东《济南日报》。1934年在山东《国民日报》发表散文《春的启示》，1936年在上海《中学生文艺季刊》第2卷第3期发表小说《白洋河畔》亦署。④薰风，见于小说《伟大的收获》，载1938年秋胶东《大众报》副刊。⑤江风，1943年开始署用。见于独幕剧《活路》，载1944年山东《大众报》；小说《牛》，载1947年《胶东文艺》第1卷第3期。嗣后在《胶东大众》《胶东画报》等报刊发表叙事诗《许淑明》，在《胶东农村戏剧集》收入独幕剧《救救俺》《及时雨》等，出版剧作《姊妹泪》(烟台日报社，1946年)、论著《文艺大众化论集》(胶东新华书店，1946年)，1949年后出版《挂红灯》(北京宝文堂书店，1958年)、《三里湾》(与高琛、薛恩厚合作。中国戏剧出版社，1958年)、《袁天成革命》(与高琛合作。中国戏剧出版社，1958年)等署用。⑥一戈、力军、大江，在山东地区报刊发表文章署用。

江浩（1922—？），江西金溪人。原名江星明。笔名：①星明，1943—1944年间在重庆《新蜀报》副刊发表诗作《心》《山村里的一天》等署用。②沈明，见于诗《我，和我的椰子》，载1947年上海《诗创造》第1期《带路的人》。嗣后在《诗创造》发表诗《沙漠》《小雨点》《散歌》《快乐的人们》《故乡》《二等兵》，1947年在上海《文艺春秋》第5卷第3期发表诗《我寻找着春天》，出版诗集《沙漠》(上海星群出版公司，1947年)，1949年后出版《枫叶红了的时候》(与康定等合集。天津昆仑诗社，1996年)等均署。③克芒，见于

《散歌》，载 1947 年上海《诗创造》第 2 期《丑恶的世界》。

江恒源（1885－1961），江苏灌云人，字问渔，号蕴斋、补斋。笔名：①江问渔，见于随笔《伦理学概论自叙》，载 1925 年北京《京报副刊》第 370 期；散文《清宫参观记》，载 1925 年《国闻周报》第 2 卷第 4 期。此前后在《晨报七周年纪念增刊》《中大季刊》《京报副刊》《中华教育界》《教育与职业》《教育与民众》《时事年刊》《教育周刊》《民生》《民众教育月刊》《人文月刊》《新运导报》《大夏期刊》《复兴月刊》《地政月刊》《众志月刊》《中央周刊》《新女性》《妇女月报》《青岛教育》《文化月刊》《教育杂志》《湖北教育》《江苏教育》《教育通讯》《教与学》《大夏周刊》《建国教育》《中国建设》等刊发表文章，出版《乡村建设实验》（与梁漱溟合作。上海中华书局，1937 年）等亦署。②江恒源，在《教育与职业》《人文月刊》《中华教育界》《江苏教育》《大夏》《华侨半月刊》《新运导报》《宪政月刊》《现代文摘》等刊发表文章，出版《中国诗学大纲》（上海大东书局，1932 年）、《孔子》（上海商务印书馆，1939 年）、《中国文学大辞典》（与袁少谷合编。台北顺风出版社，1976 年），以及伦理学、中国文字学论著等均署。

江弘基（1912－2007），陕西西乡人。笔名：①余山青，见于诗《在寒风里》，载 1936 年北平《西乡》杂志复刊号。②洪基，见于译文《江上歌声》，载 1936 年北平《西乡》杂志复刊号；随笔《鲁迅孤僻吗？》，载 1936 年北平《实报半月刊》第 2 卷第 2 期；译文《吉卜西人的故事》，载 1936 年北平《实报半月刊》第 2 卷第 5 期；随笔《三谈大学生的出路》，载 1937 年北平《新西北》第 1 卷第 3 期。③江弘基，见于译文《从古希腊到十九世纪欧洲主要的文艺运动》，载 1936 年北平《西乡》复刊号；译文《普希金——俄国的莎士比亚》，载 1937 年北平《新西北》第 1 卷第 2 期。同年在北平《实报》半月刊发表随笔《希腊的"客"》《李笠翁的人生哲学》，1949 年后出版《三秦轶事》（与张培礼等合作。上海书店出版社，1994 年）、《秦中旧事》（与张培礼等合作。中华书局，2005 年）等均署。按：江弘基在 20 世纪 30 年代曾在《晨报》《大公报》《西北文化日报》等报刊发表大量诗文，署名情况待查。

江红蕉（1898－1972），江苏吴县（今苏州市）人。原名江铸，字镜心。笔名：①江红蕉，见于《无法投递》（与包天笑合作，目录署"包天笑""江红蕉"，内页作"天笑""红蕉"），载 1921 年苏州《消闲月刊》第 1 期；小说《造币厂》，载 1921 年上海《礼拜六》第 103 期。嗣后在该刊及《新月》《小说世界》《快活》《游戏世界》《红玫瑰》《社会之花》《小说日报》《新上海》《紫罗兰》《旅行杂志》《珊瑚》《社会月报》《国闻周报》等刊发表《前妻之子》《蜜月旅行笑史》《花好月圆》《财产与爱情》《萧郎画樱记》《海上明月》《天文学家的自杀》《间谍》等小说，出版小说集《红蕉小

说集》《江红蕉说集》《红叶》（与沈禹钟等合集），长篇小说《灰色眼镜》《不可能的事》等均署。②红蕉，见于随笔《武林野话》，载 1921 年上海《礼拜六》第 121 期（该刊目录署名"江红蕉"）；小说《教育大家》，载 1922 年上海《星期》第 3 期。嗣后在该刊及《游戏世界》《半月》《新上海》《上海画报》等刊发表《姨太太的美馔》《灵箫再世记》《没有摄成的电影》《宴乐嘉宾记》《记徐公美君》《有枪阶级的妹妹》《萧郎画樱记》等小说、随笔亦署。③老主顾，见于长篇小说《交易所现形记》，载 1922 年上海《星期》周刊第 1－31 期。

江季子，生卒年及籍贯不详。笔名：①江季子，见于随笔《国民生活之解剖》，载 1930 年上海《民众生活》第 1 卷第 2 期；散文《三个月的公务员生活》，载 1935 年上海《论语》第 64 期。嗣后在该刊发表《插秧车水》《介绍一个好官》两文亦署。②季子，署用情况未详。

江寄萍（1907－1942），安徽旌德人。笔名：①江寄萍，见于诗《学做才子佳人诗一首》，载 1933 年上海《论语》半月刊第 20 期；评论《论诗》，载 1934 年上海《人间世》第 3 期。此前后在《论语》《申报·自由谈》《文饭小品》《益世报》《新民报》《国闻周报》《出版周刊》《中央时事周报》《浙江青年》《中国公论》等报刊发表《昭君及其歌咏》《看云楼小品》《朦胧的黄昏》《读牡丹亭》等散文、随笔、评论等亦署。②红瓣、荷衣、荷花、梦薇、夜行人、东方朔、丽霜厂（ān）、丽霜庵、弗东沙、笙雯、看云楼，1937 年后在《晨报·文艺周刊》《晨报·七月》《朔风》《中国公论》《中国文艺》《艺术与生活》《万人文库》《新河北》等报刊发表散文署用。③黄蕙，1938 年前后在北平《新民报半月刊》发表随笔署用。④蒙钰，1938 年在天津《庸报·文艺》发表随笔《随笔与小品》《真的诗文》《性灵文学》等署用。⑤寄萍，见于随笔《谈茶》，载 1939 年北平《中国公论》第 1 卷第 1 期。

江亢虎（1883－1954），江西弋阳人。原名江绍铨，字亢虎，号亢庐、洪水、无文、抗斧、康瓠。曾用名无我、郁堂、徐安诚。笔名：①安诚、徐安诚，1909 年在巴黎《新世纪》发表文章署用。②亢虎，见于杂文《幼稚教育宜立公共机关？》，载 1913 年上海《社会》第 1 期。此前后在《新民丛报》《大陆报》《民国杂志》《南社丛刻》等报刊发表文章亦署。③江亢虎，见于散文《游德感想记》《荷兰五日记》《游法感想记》，载 1922 年上海《东方杂志》第 19 卷第 13 期。嗣后在《史地学报》《北京高师周刊》《新人》《绸缪月刊》《国光杂志》《女子月刊》《天籁》《国立武汉大学社会科学季刊》《汗血月刊》《陕西教育》《快乐家庭》《中外文化》《同声月刊》《华文大阪每日》《民意月刊》《公议》《中日文化》《古今》《政训月刊》《申报月刊》《文友》等刊发表诗文，出版散文集《台游追纪》（上海中华书局，1935 年）及论著均署。④康瓠，见于诗《为重光大使题清水董三画金陵山水次爱居阁主人韵》《酿花天

气自度曲》，载 1942 年上海《古今》第 2 期。嗣后在该刊发表诗《张次溪属齐白石李雨林画银锭桥话往图纪庚戌炸药案索题感赋》《廿四番风歌用壬午高考典襄监委姓字依发表次序记之》亦署。⑤江绍铨，在《南社丛刻》发表诗文署用。⑥社会主义某君，署用情况未详。

江牧岳（1915－2012），四川蓬安人。原名蒋桂锐，曾用名蒋慕岳。笔名江牧岳，1937 年在成都主办《星芒》通讯、《星芒》周刊、《星芒报》。中华人民共和国成立后曾主持出版《徐霞客研究》。

江穆，生卒年及籍贯不详，原名江新党。笔名江穆，20 世纪 30 年代初在广州左联活动时发表作品署用。1932－1934 年在广州主编秘密刊物《火花》《新路线》亦署。

江如椿（？－1938），上海人。曾用名汪明仁。笔名江家为，20 世纪 30 年代在上海《申报》附刊发表文章署用。

江瑞熙（1920－2003），安徽贵池（今池州市）人。笔名：①罗寄，见于诗《草叶篇》，载 1942 年 1 月 9 日桂林《大公报·文艺》；诗《一月一日》《角度》，载 1942 年昆明《文聚》第 1 卷第 1 期。嗣后在上海《大公报》副刊、桂林《半月文萃》《大公报·文艺》、成都《半月文艺》等报刊发表散文《泪》、诗《珍重》等亦署。②江瑞熙，见于诗《雨天》，载 1941 年成都《半月文艺》第 7 期。1949 年后出版译作《爱情书简——欧美名家情书选辑》（与雷君常合译。新华出版社，1996 年）亦署。

江绍原（1898－1983），安徽旌德人，生于北平（今北京市）。笔名：①江绍原，见于论文《最近代基督教义》，载 1919 年北京《新潮》第 1 卷第 5 期；诗《都道花清高》，载 1920 年 6 月 28 日上海《民国日报·觉悟》。于此前后在《小说月报》《北京大学日刊》《建设》《文学周报》《歌谣》《现代评论》《语丝》《晨报副镌》《京报副刊》《佛化新青年》《太平洋》《广东青年》《东方杂志》《猛进》《北新》《一般》《开明》《大江》《春潮》《现代文学》《涛声》《贡献》《新女性》《科学月刊》《清华周刊》《独立评论》《艺风》《中法大学月刊》《燕京学报》等报刊发表著译文，出版民俗读物《发须爪》（上海开明书店，1928 年），翻译长篇小说《新俄大学生日记》（苏联欧格涅夫原作。上海春潮书局，1929 年），翻译论著《现代英吉利谣俗及谣俗学》（英国瑞爱德原作。上海中华书局，1931 年）、《共产主义建设与科学》（苏联托普契耶夫原作。科学出版社，1958 年）、《佛家哲学通论》（英国迈格文原作。台北新文丰出版公司，1975 年）等亦署。②绍原，见于《译自骆驼文》，载 1924 年《语丝》周刊创刊号。嗣后在《晨报副镌》《北新》等报刊发表文章亦曾署用。

江石江（1899－？），重庆人，号虫二先生。笔名：①江石江，见于小说《续弦》，载 1943 年《大众》第4 期。1944 年 2 月在该刊发表小说《拟罪状》亦署。②蜀魂，见于随笔《校场口惨案余波未靖》，载 1946 年上海《真话》第 5 期。③东郭牙，1963 年在台北出版散文集《浪漫生涯》署用。

江树峰（1914－1993），江苏扬州人。原名江世伯，字达臣，号广陵诗客、京华梦翰斋主人。笔名：①江树峰，1919 年 7 月改用此名。见于论文《〈水浒传〉的自然风景描写》，载 1936 年《写作与阅读》月刊第 1 卷第 2 期。1940 年在上海《宇宙风》发表《中秋忆芜城》《勇士去了》等亦署。②树峰，见于书评《最近的期刊》，载 1937 年《写作与阅读》第 2 卷第 1 期。③隐琴、南鸿，署用情况未详。

江天蔚（1905－2001），浙江松阳人。原名江德奎，字五星，号凌霄。笔名：①江德奎，见于论文《青年之民间运动》，载 1926 年 10 月 19 日北京《晨报副镌》第 52 期。1927 在该刊第 66 期发表小说《章银叔公的自杀》亦署。②向华，见于《火》《最后的裁判》，载 1931 年杭州《国民新闻·热水瓶》。③江天蔚，1931 年开始署用。见于随笔《中国的新书业》，载 1933 年杭州《中国出版月刊》第 3、4 期合刊；散文《红叶》，载 1932 年 12 月 15 日上海《申报·自由谈》。嗣后在《申报·自由谈》及《晨光》《新语林》《国防论坛》《中央周刊》《民意周刊》《新蜀报·蜀道》《南京晚报》等报刊发表文章，1949 年后发表文章、出版《两汉与匈奴的关系》（陕西人民出版社，1991 年）等亦署。④天蔚，见于诗《十三年》，载 1943 年成都《民国日报》副刊。

江侠，生卒年及籍贯不详，曾用名王侠生。笔名江侠，20 世纪 30 年代在北方左联时写诗署用。见于诗《查货声》，载 1936 年北平《清华周刊》第 44 卷第 9 期。

江侠庵（1875－1951），广东广州人。字侠庵，曾用名江宝珩。笔名：①江宝珩，1907 年在广州创办《商工旬报》（从第 4 期起易名《农工商报》，第 55 期起易名《广东劝业报》）署用。②江侠庵，编译出版《先秦经籍考（上、中、下）》（上海商务印书馆，1933 年），出版译作《经学史论》（日本本田成之原作。上海商务印书馆，1935 年）、《南北戏曲源流考》（日本青木正儿原作。长沙商务印书馆，1938 年）等均署。

江晓天（1926－2008），安徽定远人。原名靳家保。笔名：①宜民、蔚民、靳蔚民，1948 年开始在山东潍坊《新潍坊日报》、济南《青年文化》《山东青年》等报刊发表文章署用。1949 年后发表书评等多署"蔚民"。②江晓天，1949 年后发表散文《槐花盛开的季节》（载 1981 年《人民文学》第 12 期），在《长江文艺》《散文》《文艺报》《当代文艺思潮》《读书》等报刊发表《〈李自成〉第一卷出版前后》《评〈李自成〉》《新时期长篇小说的新发展》等文，出版评论集《文林察辨》（人民文学出版社，1995 年）、《江晓天近作选》（大众文艺出版社，1999 年），编选《中国新文学大系

(1976－1982)·中篇小说集》(中国文联出版公司，1985 年) 等均署。

江汎(1924－？)，安徽歙县人。原名江授南，字颂九。曾用名江寿南。笔名：①江寿南，见于诗《伙伴，不要沮丧》，载 1939 年浙江兰溪《新民报》。②江汎，见于诗《望着主人的皮氅》《小姐和牧童》，载 1943 年《浙江日报·江风》。嗣后在《诗艺术》发表诗《朗笑的旗》、在上海《麦籽文艺半月刊》第 4 期发表长诗《火焰里的人》、在天目山《民族日报》副刊发表诗《布谷鸟》、在兰溪《导报》《嘤鸣报》连载小说《巨流》《渣滓》、在《宁绍台日报》副刊发表诗《化雪的季节》等亦署。③梵心，1949 年在兰溪《嘤鸣报》发表诗《转形期》《村野之夜》《他要杀人》等署用。

江应龙(1920－？)，湖北天门人，字际云、翔云，号潜庐、静斋、学思斋主、养园居士、白云黄花书屋主人。曾用名江大伟、江大卫、江英豪、江灵根、江云根、江国宝、江国瑞。笔名：①江应龙，1949 年后在台湾发表作品、出版论著《说短论长》(台北成文出版社，1977 年)、《黄卷丹心》(高雄德馨室出版社，1979 年)、《鱼跃鸢飞》(台北成文出版社，1979 年)，散文集《赏心集》(台北文馨出版社，1976 年)、《移情集》(台北大汉出版社，1977 年)、《逆耳集》(台北成文出版社，1977 年)、《骋怀集》(台北成文出版社，1977 年)、《一发青山》(台北华欣文化事业中心，1977 年)、《霭霭停云》(高雄德馨室出版社，1979 年) 等均署。②灵根、潜庐、静斋、际云、云根、文采、国宝、国瑞、江村、江山、江天、江乡、江英伟、江万里，署用情况未详。按：江应龙 20 世纪 40 年代曾在南京主编《曙光半月刊》《现实与理想》，署名情况待查。

江庸(1878－1960)，福建长汀人，生于四川璧山，字翊云、逸云、翼云，号趋庭、澹翁、澹盪阁主。晚号澹盪阁叟。曾用名逸云氏。笔名：①江庸，见于《发刊词》，载 1921 年《法学会杂志》第 1 期。嗣后出版游记《台湾半月记》(北平，1929 年)、随笔集《趋庭随笔》(北平朝阳学院出版部，1934 年)、诗集《南游杂诗》(1927 年)，先后在《民族诗坛》、重庆《反侵略》、上海《旅行杂志》发表评论《日本人肚皮中炸弹快要爆发了》、散文《故都静明园之游》和旧体诗《大佛寺》《横溪阁上香宋师》《机中作》等，出版《蜀游草》《澹荡阁诗集》《攻错集》《旋沪集》《汗漫集》《入蜀集》《江庸诗选》等均署。②翊云，见于散文《别莫干山》，载 1927 年天津《国闻周报》第 4 卷第 36 期。

江岳浪(1910？－？)，浙江湖州人。原名江觉民。笔名：①江岳浪，见于诗《母与子》，载 1935 年 9 月 19 日上海《申报·自由谈》。嗣后出版诗集《路工之歌》(青岛诗歌出版社，1935 年)、《夜的征夫》(吴兴诗歌出版社，1936 年)、《饥饿的咆哮》(上海海风诗歌小品社，1936 年) 等亦署。②岳浪，见于诗《送别》，载 1935 年天津《诗歌月报》第 2 卷第 2 期。翌年在该刊第 2 卷第 4 期发表诗《夜》亦署。③洪球，出版《现代诗歌论文选》(上海仿古书店，1936 年) 一书署用。

江肇基(1909－1967)，陕西西乡人。笔名：①江肇基，见于论文《一九三四年我国新闻事业鸟瞰》，载 1935 年 1 月 1 日上海《报学季刊》第 1 卷第 2 期。又见于随笔《文坛以外的鲁迅》，载 1936 年北平《实报半月刊》第 2 卷第 2 期。同时期在《实报半月刊》发表《胡适生活纪实》《任鸿隽》《白薇会见记》《日本新闻事业雄姿》等文，编著《日本帝国的毁灭》(一名《纪日本投降始末》，昆明扫荡报营业部，1945 年) 等亦署。②启安，见于评论《对此次学生运动应有的认识》，载 1936 年北平《西乡》复刊号。

姜彬(1921－2004)，浙江慈溪人。原名姜承阳。曾用名姜耋仙。笔名：①露汀，1943 年在浙东根据地报刊发表诗歌署用。②姜彬，1949 年后出版《论歌谣的表现手法与体例》(1954 年)、《中国古代歌谣散论》(1957 年)、《上海民歌选的思想内容和艺术特征》(1958 年)、《扬风集》(1959 年)、《1958 年中国新民歌运动》(1959 年)、《中国民间故事初探》(1982 年)、《论吴歌及其他》(1985 年)、《区域文化与民间文艺学》(1990 年) 等署用。③天鹰，出版《论歌谣的表现手法及其体例》(上海文艺出版社，1954 年) 署用。④羊愚，出版传记《苏沃洛夫》(1955 年) 署用。⑤沙浦，1962 年在《解放日报》发表文艺短评署用。

姜伯彰(1885－1971)，江西鄱阳人，字信暄。晚号芝阳老人。笔名姜伯彰，出版有《信暄语录》《芝阳老人诗存》《农村教育》等著作。

姜超岳(1898－1995)，浙江江山人。笔名江山异生。1962 年后，在台湾出版《我生一抹》《晚翠楼小辑》《我生鸿雪集》《意难忘》《异生会辅集》等均署。

姜椿芳(1912－1987)，江苏常州人。曾用名姜椒山。笔名：①筠，1928 年在哈尔滨《国际协报》发表诗和短文署用。②绿波，见于随笔《人生是过客吗？》，载 1935 年 10 月 29 日哈尔滨《国际协报·国际公园》。嗣后在该刊发表散文《呼兰之行》《难》，在长春《新满洲》1939 年第 1 卷第 7 期至 1940 年第 2 卷第 4 期连载长篇小说《清明时节》亦署。③欧、青、之洋，1935－1936 年间在哈尔滨《大北新报》画刊等报刊发表文章署用。④江水，见于人物传《金剑啸》，载 1937 年上海出版之金剑啸遗著《兴安岭的风雪》一书。⑤侯飞，20 世纪 30 年代在哈尔滨、上海等地报刊发表文章，出版译作《张鼓峰的战斗》(上海杂志社，1938 年) 亦署。⑥侯、厚、藕、鸥、江鸥、欧之、厚非、泥藕、贺青、贺叔懋，20 世纪 30 年代在哈尔滨《国际协报·文艺》、长春《大同报·夜哨》、齐齐哈尔《黑龙江民报·艺文》及上海等地报刊发表文章署用。⑦叔懋，见于译文《论演员的创作》(苏联 V. 克拉林原作)，载 1938 年上海《剧场艺术》月刊创刊号。嗣后在该刊发表译文《我的艺术生活》《想象》《动作与“假定”》(均为苏联斯坦尼斯拉夫斯基原作)、译剧《一个房间》(苏联 A. 契卡洛夫原作）等亦署。⑧式之，见于译文《论舞台艺术》（苏联斯坦尼斯拉夫斯基原作），载 1938 年上海《剧场艺术》第 1 卷第 2 期。嗣后在该刊连载译文《演员的自我修养》（苏联斯坦尼斯拉夫斯基原作）亦署。⑨贲明，见于译文《论史达尼斯拉夫斯基》（苏联 L.M. 列昂尼多夫原作），载 1938 年上海《剧场艺术》第 1 卷第 2 期。嗣后在该刊及《现代中国》《杂志》《大陆》《中行》《文潮月刊》等刊发表《高尔基与莫斯科艺术剧场》《托尔斯泰与莫斯科艺术剧院》（苏联涅米洛维奇·丹钦科原作）、《柴霍夫与〈海鸥〉》《战斗中的中国》《高尔基在人间》等著译文章亦署。⑩贺一青，见于译剧《新的 Sketch》，载 1939 年《中行》第 1 卷第 3 期；译剧《处女的心》（苏联雅鲁纳尔原作），载 1940 年上海《剧场艺术》第 2 卷第 4 期。同时期在《奔流文艺丛刊》《戏剧与文学》《译文丛刊》等刊发表译作，出版翻译剧作《贵族之家》（俄国屠格涅夫原作。上海剧场艺术出版社，1940 年）、《家庭神圣》（法国 V. 提帕特等原作。上海译文丛刊社，1946 年）亦署。⑪什之，见于随笔《〈高尔基童年〉本事》，载 1939 年上海《文艺新闻》第 7 期；译文《陀思妥耶夫斯基的题材》（苏联叶尔米洛夫原作），载 1941 年上海《译文丛刊》第 1 辑。同时期在上海《译报》《中国建设》《新文化》《远东观察者》《上海文化》《苏联介绍》《文萃丛刊》等报刊发表文章，出版翻译小说《上海——罪恶的都市》（苏联 N. 韦尔霍格拉特斯基原作。上海读书出版社，1942 年），翻译剧作《海滨渔妇》（苏联雅鲁纳尔等原作。上海海燕书店，1947 年）、《列宁在十月》（苏联卡普勒原作。上海新兴出版社，1948 年）、《赌棍——早已死去的往事》（俄国果戈理原作。上海海燕书店，1948 年）等亦署。⑫什、之，在上海《译报》发表文章署用。⑬令、林、玲、伶、羚、临、陵，1941－1951 年在上海《时代》《时代日报》发表著译文署用。⑭林陵，1945 年抗战胜利后在上海报刊发表杂文、译作，出版翻译剧作《战线》（苏联柯尔纳楚克原作）、《侵略》（苏联列昂诺夫原作）、《索莫夫及其他》（苏联高尔基原作）、《俄罗斯问题》（苏联西蒙诺夫原作）、《小市民》（苏联高尔基原作）、《智者千虑必有一失》（俄国亚·尼·奥斯特洛夫斯基原作），翻译小说《不朽的人民》（苏联葛洛斯曼原作）、《人民不死》（苏联葛洛斯曼原作）、《西伐斯托波尔人》（苏联哈马堂原作）、《他们为了祖国而战》（苏联肖洛霍夫等原作）、《花园》（苏联伊里英可夫原作），故事《伊凡·苏达廖夫的故事》（苏联阿·托尔斯泰原作）等署用。⑮许慎、舒谦、蔡云，1979 年后发表影剧评论和译介文章署用。⑯姜椿芳，1949 年后发表文章，出版《从类书到百科全书》《怀念集》《姜椿芳文集》，主编《沈知白音乐论文集》《中国大百科全书》（与梅益合作）等亦署。⑰少农、老牛、废名、蠢仿、野谦，署用情况未详。

姜戴民，生卒年及籍贯不详。笔名戴民，见于小说《金钱底魔力》，载 1926 年 7 月 16 日沈阳《盛京时报》。

1925 年 11 月在该报发表诗《死后的悲歌》《秋光老矣》亦署。

姜德明（1929－　　），天津人，祖籍山东高唐。笔名：①姜德明，1949 年后出版散文集、随笔集《余时书话》（四川文艺出版社，1992 年）、《梦书怀人录》（汉语大辞典出版社，1996 年）、《姜德明书话》（北京出版社，1998 年）、《姜德明序跋》（东南大学出版社，2003 年）、《书叶丛话》（北京图书馆出版社，2004 年）、《南亚风情》《清泉集》《雨声集》《寻找樱花》《绿窗集》《何方集》《相思一片》《北京乎》《王府井小集》《难忘王府井》《梦回北京》《与巴金闲谈》《不寂寞集》《闲人闲文》《人海杂记：远方》《农衣百影》《金台小集》《插图拾趣》《作家书简》《拾叶小札》《古董因缘》《辅助美育》《释迦如来应化事迹》《如梦令》《书边草》《书梦录》《书味集》《书叶集》《书香集》《活的鲁迅》《燕城杂记》《书边梦忆》《书廊小品》《书摊梦寻》《寻书偶存》《流水集》《文林枝叶》《书坊归来》《文苑漫拾》《守望冷摊》《猎书偶记》《梨园书事》《丛刊识小》《新文学版本》，以及《中国散文精品》《1985－1987 散文选》（与季涤尘合编）等均署。②余时，署用情况未详。

姜东舒（1923－2008），山东牟平（今乳山市）人。原名姜永俊，字梦蟾。曾用名姜永晋。笔名：①姜选之，见于《哭鲁迅》，载 1936 年上海《新儿童报》。②苏东，见于歌词《保卫我们的家园》，载 1946 年山东军区《歌与剧》创刊号。③牟平，见于叙事诗《一个少先队员》，载 1956 年前后《新民晚报》。④姜东舒，1979 年 2 月后在浙江各报刊发表旧体诗和书画短论，出版《姜东舒诗集》、散文集《女运粮》和《前后赤壁赋》，以及书法著作等亦署。

姜贵（1908－1980），山东诸城人。初名王意坚，后改名王林渡。曾用名王行岩。笔名：①王意坚，见于随笔《自述》，载 1924 年上海《学生杂志》第 11 卷第 11 期。②王匠伯，见于长篇小说《白棺》，载 1929 年 10 月青岛《青潮月刊》第 1 卷第 2 期。③姜贵，见于长篇小说《迷惘》（上海现代书局，1929 年），嗣后再版中篇小说《突围》（上海世界书局，1939 年），1949 年后在台湾发表作品、出版长篇小说《旋风》（原名《今梼杌传》。台北明华书局，1959 年）、《重阳》（台北作品出版社，1961 年）、《江南江北》（香港真理学会，1963 年）、《春城》（台北东方图书公司，1963 年）、《江北江南》（台北真理学会，1963 年）、《碧海青天夜夜心》（高雄长城出版社，1964 年）、《乍暖还寒》（台湾新闻报社，1965 年）、《小园花乱飞》（台北中华日报社，1966 年）、《白金海岸》（台湾省政府新闻厅，1966 年）、《炉花记》（台北自由谈杂志社，1967 年）、《朱门风雨》（台北自由谈杂志社，1967 年）、《卡绿娜公主》（台北联合图书公司，1967 年）、《焚情记》（台北联合图书公司，1968 年）、《湖海扬尘录》（台北中国时报社，1968 年）、《烈妇峰》（台北謦声文物供应社，1971 年）、《喜宴》（台北华视出版社，1972 年）、《白马篇》（台北幼狮文化事业公司，1974年）、《桐柏山》（台北幼狮文化事业公司，1974年）、《花落莲成》（台北远景出版社，1977年）、《苏不缠的世界》（台北远景出版社，1977年）、《白棺》（台北联亚出版社，1978年）、《曲巷幽幽》（台北天华出版公司，1979年）、《姜贵选集》（即长篇小说《晓梦春心》。台北黎明文化事业股份有限公司，1980年），中篇小说《云汉悠悠》（台北时报出版社，1978年），短篇小说集《永远站着的人》（台北九歌出版社，1982年）、《姜贵的小说续编》（台北九歌出版社，1987年），散文集《无违集》（台北幼狮文化事业公司，1974年）等署用。④王行岩，出版中篇小说《突围》（上海世界书局，1939年）署用。⑤辛季子，署用情况未详。

姜可生（1893－1959），江苏丹阳人，又名姜仑，字君西、俊夯，号杏痴、泪杏。别号不自生生。笔名：①姜可生，在《南社丛刻》发表诗文署用。1940年《国艺月刊》第2卷第4期发表《游天台山记》亦署。②阿棠、泪杏、海棠、慧炬、慧禅、怀人诗、春闺梦、剑胆箫心，署用情况未详。

姜亮夫（1902－1995），云南昭通人。原名姜寅清，字亮夫，晚号成均老人。笔名：①姜亮夫，见于《毛诗谜语释例》，载1929年《民铎杂志》第10卷第5期；《词的原始与形成》，载1930年《现代文学》第1卷第5期。嗣后在《青年界》《民族》《河南大学学报》《是非公论》《燕京学报》《说文月刊》《高等教育季刊》《国立中央图书馆馆刊》《学原》及日本《学艺》等刊发表《研究国故应有的基本知识与应备的工具书》《夏殷民族考》《家之来源与中国古代士庶庙祭考》《唐代传奇小说》《中国古代小说之史与神话之邂逅》《戏曲浅释》《声考声数转变表》《傩考》《中国文字的声音与义的关系》《中国语言文字三论》《历代名人年里碑传总表》《瀛外访古劫余录》《敦煌经眷在中国学术文化上之价值》《九歌解题》《瀛涯敦煌韵辑总目叙录》《隋唐宋韵书体式变迁略说》等文，出版《现代游记选》（姜亮夫编。上海北新书局，1934年）、《现代散文选》（上海北新书局，1934年）等，1949年后出版《屈原赋校注》（人民文学出版社，1957年）、《楚辞今绎讲录》（北京出版社，1981年）、《楚辞学论文集》（上海古籍出版社，1984年）、《楚辞通故》（齐鲁书社，1985年）、《敦煌学概论》（中华书局，1985年）、《莫高窟年表》（上海古籍出版社，1985年）、《敦煌学论文集》（上海古籍出版社，1987年）、《姜亮夫全集》（云南人民出版社，2002年），以及《楚辞书目五种》《屈原赋今译》《敦煌——伟大的文化宝藏》《敦煌碎金》《古文字学》《文字朴识》《中国声韵学》《古史学论文集》《张华年谱》《陆平原年谱》《历代人物年里碑传综表》《文学概论讲述》《姜亮夫文录》《成均楼文录》等亦署。②莺鸣、天功潜斋，与"姜亮夫"一名同在《国学》《史语》《学艺》《学原》等刊发表文章署用。

姜灵非（1913－1943），山东黄县（今龙口市）人，生于辽宁沈阳。原名姜琛。笔名：①灵非，20世纪30年代在沈阳《新青年》《奉天民报·冷雾》《兴满文化月报》《大公亚报》等报刊发表诗文署用。②倦鸿，1931年"九一八事变"前发表散文署用。③姜灵非，见于小说《二人行》，载1939年沈阳《文选》第1辑；评论《艺术·文化的起源与孔子的思想》，载1940年长春《新满洲》第2卷第11期；诗《莲灰色的怀想》，载1939年9月11日《满洲报》；诗《急行列车》，载1940年8月日本大阪《华文大阪每日》第5卷第3期。④未名，见于诗《十字架与梵文》，载1940年沈阳《诗季》第1卷春季卷；童话《盲人与猪》《蝴蝶的灭亡》，载1940年12月15日日本大阪《华文大阪每日》；散文《我的随想》，载1943年长春《青年文化》第1卷第2期。⑤未明，署用情况未详。

姜龙昭（1928－　），江苏吴县（今苏州市）人。笔名：①雷耳，见于随笔《苍山洱海间的文化绿洲》，载1946年南京《中央周刊》第8卷第8期。嗣后在该刊发表随笔《漫话剑川的火把节》《建国时期的师资问题》等文亦署。②姜龙昭，见于随笔《〈断肠天涯〉这故事》，载1948年《剧影春秋》第1卷第3期。1949年后在台湾出版话剧《烽火恋歌》《奔向自由》《父与子》《吐鲁番风云》，广播剧、电视剧《葛藤之恋》《寒涧图》《六六五四号哑吧》《电视绮梦》《金玉满堂》《碧海情天夜夜心》《一颗红宝石》，小说集《情旅》《春雷》《海与贝壳》《最后一面》，报告文学《自由中国进步实况》，传记《英风遗烈：田桐传》《武昌首义一少年：邵百昌将军传》，论著《电视剧编写与制作》《电视纵横谈》《电影戏剧论集》《戏剧评论集》《电视剧编剧理论与实务》（与他人合作）、《香妃考证研究》等亦署。

姜飘叶，生卒年及籍贯不详。笔名飘叶，见于诗《雅歌》，载1928年8月30日大连《泰东日报》。嗣后在该报发表诗《铃声》《雨夜》《献于海校长之灵的》《给我的女儿》、小说《王巡捕》、散文《飘叶哀香》等亦署。

姜书阁（1907－2002），辽宁凤城人，满族，字文渊。笔名：①姜书阁，见于《黑人诗歌选译》，载1929年《语丝》第4卷第52期。嗣后在《北新》《清华周刊》《东北月刊》《青年中国》《现代读物》《政治建设》《财政学报》《行健月刊》等刊发表文章，出版《桐城文派述评》（上海商务印书馆，1930年），1949年后出版《陈亮龙川词笺注》（人民文学出版社，1980年）、《诗学广论》（中国社会科学出版社，1982年）、《中国文学史四十讲》（湖南人民出版社，1982年）、《先秦辞赋原论》（齐鲁书社，1983年）、《中国文学史纲要》《文心雕龙绎旨》（齐鲁书社，1984年）、《骈文史论》（人民文学出版社，1986年）、《汉赋通义》（齐鲁书社，1989年）等亦署。②长天纾翩，见于译作《雪莱小诗选译》，载1928－1929年间《清华周刊》。③姜文渊，见于《论作文作学作事作工与作人》，连载于1934年《黑白》半月刊。④文远、问源、温园。1934年在《黑白》半月刊发表《支离破碎的边疆》等杂文署用。⑤长天、纾翩、雪深，署用情况未详。

姜澍川（1931— ），山东海阳人，笔名：①姜澍川，1949 年后出版长篇小说《八仙传奇》（春风文艺出版社，1985 年）、《郑板桥》，散文集《齐鲁情思》（百花文艺出版社，1990 年），诗集《大地与女神》（长江文艺出版社，1992 年）、《刺刀与鲜花》《杏花岭》，长诗《闯龙礁》《胶东昨天战争的黎明》等署用。②江雨、冬丁，署用情况未详。

姜天铎，生卒年及籍贯不详。笔名姜宏，1932 年在《青岛民报·汽笛》发表文章署用。

姜侠魂（1884—1964），浙江鄞县（今宁波市）人。原名姜泣群。笔名：①姜泣群，编纂出版《宋渔父林颂亭书牍及事略》（上海中华艺文社，1915 年）、《重订虞初广志》（上海东方书局，1915 年）署用。②姜侠魂，出版笔记小说《唐宋元明清稗史秘笈》（上海交通图书馆，1917 年）署用。嗣后编选出版《武侠大观》（上海振民编辑社，1919 年）、《民国野史》（又名《朝野新谭》。上海光华编辑社，1919 年）、《国技大观》（上海振民编辑社，1923 年），出版长篇通俗小说《三十六女侠客》（与杨尘因合作。上海振民编辑社，1919 年）、《江湖廿四侠》（与杨尘因合作。上海校经山房，1928 年）、《红胡子——关东马贼秘闻》（上海振民编辑社）、《雍正一百零八侠》（上海时还书局，1937 年），发表演讲记录《三不费的民众体育》（诸民谊讲演，载 1934 年上海《国术统一月刊》创刊号）、随笔《冷眼观作者》（载 1948 年上海《论语》第 159 期）等亦署。

姜运开（1885—1971），湖南宁乡人。曾用名姜缦郎。笔名姜运开，出版有《尚书辑注》《诗经选辑》《九歌译文》等著作。

姜忠奎（1897—1945），山东荣成人，字叔明，号桦斋、星烂。笔名姜叔明，1949 年后出版《说文转注考》（台北文海出版社，1968 年）等署用。按：姜忠奎尚出版有《诗经古义》《儒学》《大戴礼记训纂》《国学史纲》《论语类编》《说文声转表》《六书述义》《孟荀参同考》《纬史论微》等著作，并著有《说文小笺》《金文图识礼微》《纬学》《荀子注释》《铧斋文集》《铧斋诗集》《梅花诗集》《铧斋学记》《铧斋铁笔》《经说类抄》等未刊稿。

姜钟德，生卒年及籍贯不详。笔名韦芜，见于散文《怜悯》，载 1946 年《文艺春秋》第 3 卷第 5 期；杂文《控诉》，载 1946 年《文艺春秋》第 3 卷第 6 期。嗣后在该刊及《开明少年》《人世间》《春秋》发表小说《李大娘的怨愤》、散文《后悔》等亦署。

蒋百里（1882—1938），浙江海宁人。原名蒋方震，字百里，号澹宁。笔名：①飞生，1903 年起在《浙江潮》发表《国魂篇》《近时二大学说之评论》等文署用。②余一，1903 年在《浙江潮》发表《民族主义论》等文署用。③蒋方震，见于论文《孙子新释》，载 1914 年天津《庸言》第 2 卷第 6 期；随笔《中国之新生命》，载 1920 年北京《解放与改造》第 3 卷第 2 期。此前后

在《联勤学术研究季刊》《东方杂志》《武铎》《文摘》《周报》《再生杂志》《抗战半月刊》《月报》《军事杂志》《公余》等刊发表文章，出版论著《军事常识》（上海商务印书馆，1917 年）、《裁兵计划书》（上海商务印书馆，1922 年）、《欧洲文艺复兴史》（上海商务印书馆，1947 年）及译作《近世"我"之自觉史》（日本朝永三十郎原作。上海商务印书馆，1924 年），编译《教育家言》（上海广智书局，1902 年）等亦署。④百里，见于评论《新思潮之来源与背景》，载 1920 年北京《解放与改造》第 3 卷第 1 期；随笔《文艺丛谈》，载 1921 年《小说月报》第 12 卷第 3 期。此前后在《新民丛报》《南洋华侨杂志》《教育潮》《时事新报·学灯》《学生杂志》《努力周报》等刊发表文章亦署。⑤蒋百里，见于随笔《我的社会主义讨论》，载 1921 年 2 月 15 日北京《解放与改造》第 3 卷第 6 期；翻译小说《鸳巢》（挪威比昂松原作），载 1921 年上海《小说月报》第 12 卷第 7 期。嗣后在《教育杂志》《时事新报·学灯》《戏剧》《时事月报》《轴心旬刊》《后方勤务》《十日文摘》《战时青年》《改进》《文汇年刊》《杂志半月刊》《福建教育通讯》《训练月刊》等刊发表文章，出版《日本人——一个外国人的研究》（上海大公报馆，1938 年）、《蒋百里抗战论集》（友声编译所，1939 年）及译作《北欧文学一斑》（挪威比昂松等原作，与沈雁冰等合译。上海商务印书馆，1925 年）等亦署。⑥方震，署用情况未详。按：蒋百里尚著有《国防论》，署用情况未详。

蒋炳贤（1913—2001），江苏苏州人。笔名：①蒋启良，见于《灯光》，载 1934 年前后北平《每周文艺》；翻译小说《她的乡土》，载 1934 年南京《文化批判》第 1 卷第 3 期。嗣后在该刊及《时与潮副刊》发表小说《渔家女》、译文《在法国修道院里》等亦署。②蒋炳贤，见于翻译散文《鸟的啸歌》（英国劳伦斯原作），载 1944 年 9 月 15 日重庆《时与潮文艺》第 4 卷第 1 期；评论《英国文学的特性》，载 1945 年南京《中央周刊》第 7 卷第 11—12 期。嗣后在该刊及《时与潮副刊》发表评论《英国散文作家黑特逊论》、翻译长篇小说《快乐之谷》等，出版翻译小说《如此人生》（英国塞缪尔·巴特勒原作，与任明耀合译。浙江人民出版社，1982 年），翻译论著《劳伦斯评论集》（英国劳伦斯原作。上海文艺出版社，1995 年），翻译文学史《古希腊文学史》（英国默雷原作。上海译文出版社，2007 年）等亦署。

蒋炳勋，生卒年及籍贯不详。笔名江渐离，见于随笔《街头杂写》，载 1939 年上海《鲁迅风》第 1 期。

蒋伯潜（1892—1956），浙江富阳人。原名蒋起龙，字伯潜，号尹耕。笔名：①伯潜，见于随笔《汉字的进化》，载 1924 年上海《东方杂志》第 21 卷第 4 期；《诗文中所抒写的感情之一——伤逝之情》，载 1947 年上海《新学生》第 4 卷第 1 期。②蒋伯潜，见于随笔《五十年来学习国文底回忆》，载 1946 年上海《新学生》

第 1 卷第 5 期。嗣后在该刊及《国文月刊》《图书季刊》《读书通讯》等刊发表《我观人生》《国文是什么》《校雠目录学纂要》等文，出版《诗》（与蒋祖怡合作。上海世界书局，1941 年）、《骈文与散文》（与蒋祖怡合作。上海世界书局，1941 年）、《体裁与风格》（与蒋祖怡合作。上海世界书局，1946 年）、《文字学纂要》（上海正中书局，1946 年）、《校雠目录学纂要》（上海正中书局，1946 年）等亦署。

蒋藩（1871－1944），河南杞县人，祖籍河南睢县，字恢吾，号蓼庵。笔名蒋藩，出版有《梧荫楼诗钞》二卷、《梧荫楼文钞》六卷、《梧荫楼骈体文钞》一卷、《求愧怍斋笔记》三卷、《蓼庵笔记》一卷。未刊行的有《梧荫楼诗话》《河南金石目》《杞县金石考》《河阴金石考跋》《随唐金石考跋》《笃雅堂文集》《四书求心录》《梧荫楼家书》《梧荫楼日记》等。

蒋风（1925－ ），浙江金华人。原名蒋寿康。笔名：①蒋风，1939 年前后在《东南日报·笔垒》发表诗歌、杂文开始署用。见于散文《归帆及其他》，载 1946 年上海《文艺青年》第 5 期；随笔《金华斗牛风光》，载 1948 年上海《旅行杂志》第 22 卷第 7 期。嗣后出版专著《浙东戏曲窗花》，童话集《最美丽的童话》（湖北少年儿童出版社，2010 年）、《最哲理的童话》（湖北少年儿童出版社，2010 年），论著《儿童文学概论》（湖南少年儿童出版社，1982 年）、《中国儿童出版发展史》（少年儿童出版社，2001 年）、《儿童文学漫笔》《中国儿童文学讲话》《鲁迅论儿童教育与儿童文学》，主编《中国现代儿童文学史》《中国当代儿童文学史》《中国儿童出版大系》（希望出版社，2009 年）等亦署。②蒋寿康、蒋西蒙，1942 年在永安《民主报》发表杂文署用。③蒋一帆，1944 年发表组诗《山村散章》署用。④蒋天流，1946 年发表散文诗《乡野掇拾》署用。⑤蒋力扬，1946 年发表散文诗《村居断章》署用。⑥江冷，见于诗《迎 1947 年》，载 1947 年油印诗刊《黑土》。⑦吕莹、郭西、江风、江枫、江峰，20 世纪 40 年代发表诗歌署用。笔名"江风""江枫""江峰"20 世纪 50 年代仍用。⑧左兵、叶云、卢风，署用情况未详。

蒋凤子，生卒年不详，浙江人。曾用名蒋九成。笔名凤子，见于总题为《自由恋爱答客问》之系列随笔，载 20 世纪 20 年代上海《妇女》杂志。

蒋复璁（1898－1990），浙江海宁人，字美如，号慰堂、未唐。笔名：①蒋复璁，见于翻译小说《寂寞的城》，载 1921 年 8 月 11 日上海《时事新报·文学旬刊》。嗣后在《晨报副镌》《浙江省立图书馆月刊》《文澜学报》《读书通讯》《中华图书馆协会会报》《学舰》等刊发表文章，出版文集《图书馆》（上海正中书局，1946 年）、《珍帚斋文集》（台湾商务印书馆，1985 年）、《蒋复璁口述回忆录》（台北，2000 年）译作《英国图书馆》（英国麦科尔文等原作。上海商务印书馆，1949 年），主编《徐志摩全集》（与梁实秋合作。台北传记文学出版社，1969 年）、《蒋百里先生全集》（与薛光前合作。

台北传记文学出版社，1971 年）等亦署。②未唐，见于论文《密尔考先生之生平与著述》，载 1935 年南京《中央时事周报》第 4 卷第 11 期。嗣后在该刊发表《波兰之图书馆事业》等文亦署。

蒋光慈（1901－1931），河南固始人，生于安徽六安。原名蒋如恒，号侠生、侠僧。曾用名小巧子（乳名）、蒋光赤、蒋儒恒、蒋宣恒、蒋资川、陈资川、陈倩华、乌特金（Уткин）。笔名：①蒋侠生，见于诗《读李超传》，载 1920 年开封二中《青年》半月刊第 4 期。嗣后在该刊第 5 期发表随笔《我对于自杀的意见》亦署。②蒋光赤，见于论文《经济形式与社会关系之变迁》，载 1923 年北京《新青年》季刊第 2 期。嗣后在《民国日报·觉悟》《文学周报》《猛进》《创造月刊》《光明》《心群月》等报刊发表诗文，出版诗集《新梦》（上海书店，1925 年）、《哀中国》（汉口长江书店，1927 年）等亦署。③蒋侠僧，见于论文《无产阶级革命与文化》，载 1924 年《新青年》第 3 期。同期所刊《唯物史观对于人类社会历史发展的解释》一文亦署。④光赤，见于诗《太平洋上的恶象》，载 1924 年 11 月 9 日上海《民国日报·觉悟》。嗣后在该刊及《新青年》《猛进》《洪水》《幻洲》《中国青年》发表诗文亦署。⑤蒋光慈，见于中篇小说《野祭》（上海创造社出版部，1927 年）。嗣后在《创造月刊》《太阳月刊》《猛进》《我们》《海风周报》《新流月报》《拓荒者》《文艺讲座》等刊发表诗文，出版诗集《哭诉》（上海春野书店，1928 年）、《光慈诗选》（上海现代书局，1928 年）、《战鼓》（上海北新书局，1929 年）、《乡情集》（上海北新书局，1930 年），日记集《异邦与故国》（上海现代书局，1930 年），长篇小说《短裤党》（上海泰东图书局，1927 年）、《最后的微笑》（上海现代书局，1928 年）、《丽莎的哀怨》（上海现代书局，1929 年）、《冲出云围的月亮》（上海北新书局，1930 年）、《胜利的微笑》（上海光华书局，1930 年），中篇小说《少年漂泊者》（上海亚东图书馆，1926 年）、《野祭》（上海创造社出版部，1927 年），小说集《鸭绿江上》（上海亚东图书馆，1927 年）、《菊芬》（一名《汉江潮》。上海现代书局，1928 年）、《碎了的心与寻爱》（上海爱丽书店，1930 年）、《蒋光慈小说全集》（上海爱丽书店，1931 年）、《蒋光慈小说全集（第二集）》（上海新文艺书店，1931 年）、《丽莎集》（上海北新书局，1931 年）、《田野的风》（一名《咆哮了的土地》。上海湖风书局，1932 年），书信集《纪念碑》（与宋若瑜合集。上海湖风书局，1927 年），译作《冬天里的春笑》（苏联爱伦堡等原作。上海泰东图书局，1929 年）、《一周间》（苏联里别津斯基原作。上海北新书局，1930 年）、《爱的分野》（俄国潘特里芒·罗曼诺夫原作，与陈情合译。上海亚东图书馆，1929 年）等亦署。⑥光慈，见于诗《卷头语》，载 1928 年上海《太阳月刊》创刊号；随笔《关于〈蒋光慈与记者的对话〉》，载 1929 年上海《文艺生活》周刊第 3 期。嗣后在上海《拓荒者》发表散文《东京之旅》、小说《老太婆与阿三》等亦署。⑦制度华希理，见于评论《论新旧作家与革命文学——读了文学周报的〈欢迎太阳〉以后》，载 1928 年《太阳月刊》第 4 期；翻译小说《狱囚》（俄国费尔曼诺夫原作），载 1929 年《海风周报》第 16 期。⑧维素，见于《卷头语》，载 1928 年上海《时代文艺》第 1 期。⑨华维素，见于译诗《新的露西》（俄国叶贤林原作），载 1928 年上海《时代文艺》第 1 期。嗣后出版论著《俄国文学概论》（上海泰东图书局，1929 年）亦署。⑩魏克特，见于消息《革命后之俄罗斯文学名著》，载 1929 年上海《海风周报》创刊号。嗣后在该刊发表翻译小说《一周间》（俄国里别津斯基原作）、杂文《鸟笼室漫话》亦署。⑪敦夫，见于随笔《岳诃夫——苏联的雕刻家和理想》，载 1929 年上海《海风周报》创刊号。⑫魏敦夫，见于随笔《波兰音乐家门涅司克》，载 1929 年《海风周报》第 13 期。⑬陈情、陈西里、陈倩华、华西里、华希祖、华继宗、笑俗儿、蒋西里、蒋希祖，署用情况未详。

蒋虹丁（1921－？），湖南长沙人，生于山东济南。原名蒋洪鼎，字达夫。曾用名蒋万江。笔名：①横丁，见于小说《埋葬》，载 1935 年《山东民报·浅苗文镌》。②蒋虹丁，1938－1939 年间在湖南《民国日报》《抗战日报》《辰钟日报》发表诗作署用。20 世纪 40 年代起在重庆《西南日报》、上海《文汇报·笔会》《月刊》、南京《大刚报》《中苏文化》等报刊发表著译作品亦署。见于译作《流浪汉巴史卡》（苏联高尔基原作），载 1946 年上海《月刊》第 2 卷第 2 期。1949 年后在《文艺》《新华日报》等报刊发表文章，出版翻译小说《草原上的太阳》（苏联巴甫连科原作。上海正风出版社，1950 年）、《汤姆叔叔的小屋》（美国斯托原作。海峡文艺出版社，2002 年），翻译中篇小说《被遗弃的人们》（苏联高尔基原作），翻译传记《戏剧大师易卜生》（美国哈罗德·克勒曼原作，与蒋嘉合译。湖南人民出版社，1985 年）、《海明威与海》（美国霍契纳原作，与柏成鹏、李歌合译。漓江出版社，1993 年），翻译回忆录《回忆的片断》（苏联高尔基原作），翻译剧作《爸爸海明威》（美国霍契勒原作。译林出版社，1999 年）、《海上七剧》（美国奥尼尔原作，与他人合译），主编《世界科幻小说精品丛书》等亦署。③罗伯，1946－1948 年发表译文署用。④万江，1948－1949 年在南京《中苏文化》发表译作署用。又见于《习作简评》，载 1951 年《文艺》第 2 期。⑤纪阳，出版翻译中篇小说《林娜》（俄国安东诺夫原作。1950 年由上海正风出版社出版；后改名《列娜》，1954 年由上海平明出版社出版）署用。1979 年 5 月后翻译作品亦署。按：蒋虹丁尚发表有论文《奥尼尔的创作源泉究竟是什么？》《震撼人心的〈进入黑夜的漫长旅程〉》《罗亭的悲剧》《澳大利亚现实主义的奠基人亨利·劳森》、回忆录《王鲁彦先生二三事》《田老大清唱》《冯玉祥·民联与〈民联日报〉》，发表及署名情况未详。

蒋剑侯，生卒年及籍贯不详。笔名：①蒋剑侯，20 世纪 30 年代在上海《新闻报》任职时署用。见于《社

会之花》，载 1931 年上海《社会日报纪念专刊》；《病榻的悲哀》（集锦哀情小说），载 1935 年上海《社会月报》第 1 卷第 10 期。②厨司，见于随笔《花钱买气受》，载 1939 年上海《上海生活》第 3 卷第 12 期。嗣后在该刊发表随笔《几个人的闲谈》《春风杨柳》《玩火者之流》等亦署。

蒋鉴璋（1899－1975），河南唐河人，字镜湖。曾用名蒋鉴章。笔名：①蒋鉴璋，见于论文《文学范围论略》，载 1925 年北京《艺林旬刊》第 9 期。嗣后在该刊及《晨报副镌》《现代评论》《儒效月刊》《艺林旬刊》等报刊发表随笔《诗的问题》《读四库全书总目提要》《文学范围论略》、小说《别后的胭脂山》等，出版《中国文学史纲》（上海亚细亚书局，1930 年）、《中国文学史参考资料》（河南大学，1950 年）等亦署。②蒋鉴章，见于小说《宛南道上》，载 1928 年 9 月亚细亚书局版小说合集《海鸥集》；小说《失望的回声》《别后的胭脂山》，载 1928 年 10 月上海亚细亚书局版小说合集《秋雁集》。

蒋君章（1905－1986），江苏崇明县（今上海市）人，号合一。笔名：①蒋君章，见于论文《秦皇汉武寻求神仙之用意》，载 1930 年南京《史学》第 1 期。嗣后在《大道月刊》《江苏研究》《浙江图书馆刊》《浙江青年》《读书青年》《图书展望》《教育与国防》《青年中国》《回教论坛》《时事类编》《训练月刊》《新湖北季刊》《边政公论》《时代精神》《海军杂志》《边疆通讯》《国是月刊》《川康建设》《图书季刊》《中央周刊》《三民主义半月刊》《中国建设》《亚洲世纪》《自由与进步》《民主评论》等刊发表文章，出版地理学著作亦署。②冬白、逊园、惜秋、排子，抗战胜利后在《中央日报》《民族晚报》《新生报》《青年战士报》《中华日报》任职期间为各报撰写评论和专栏文章署用。"惜秋"一名，出版《战国风云人物》《汉初风云人物》《蜀汉风云人物》《宋初风云人物》《民初风云人物》《台海风云人物》等亦署。

蒋孔阳（1923－1999），重庆市万州人。原名蒋术明。曾用名爱阳（乳名）、蒋述亮。笔名蒋孔阳，出版译作《从文艺看苏联》（苏联库尼兹原作。商务印书馆，1950 年），论著《论文学艺术的特征》（新文艺出版社，1957 年）、《文学的基本知识》（中国青年出版社，1957 年）、《德国古典美学》（商务印书馆，1980 年）、《美和美的创造》（江苏人民出版社，1981 年）、《西方美学通史》（人民文学出版社，1999 年）、《形象与典型》《美学与文艺评论集》《蒋孔阳美学艺术论集》等署用。

蒋路（1920－2002），广西全州人。原名蒋朝淮。曾用名蒋光焘。笔名：①曹怀，见于随笔《普式庚的小说》，载 1947 年上海《人物杂志》第 2 卷第 2 期。②蒋路，见于译作《论〈静静的顿河〉底主题与形象》（苏联谢尔宾纳原作），载 1941 年桂林《文学译报》第 1 卷第 3 期。嗣后在该刊及《抗战文艺》《青年生活》《青年文艺》《文学杂志》等刊发表随笔《谈学俄文》、译

文《纪念托尔斯泰》（法国法朗士原作）等作品，出版翻译小说《星》（苏联卡扎凯维奇原作。上海时代出版社，1949 年）、《少年时代》（苏联阿·托尔斯泰原作。上海文化供应社，1949 年），翻译传记《奥斯特洛夫斯基评传》（苏联 A. 史坦因原作。上海时代书报出版社，1948 年）、《文学回忆录》（俄国屠格涅夫原作。上海文化生活出版社，1949 年），翻译论著《论〈静静的顿河〉》（苏联谢尔宾纳原作。桂林河山出版社，1943 年），1949 年后出版《忆列宁》（苏联高尔基原作。时代出版社，1950 年）、《怎么办？——新人的故事》（俄国车尔尼雪夫斯基原作。时代出版社，1951 年）、《俄国文学史》（苏联波斯彼洛夫原作，与孙玮合译。作家出版社，1955 年）、《论俄罗斯古典作家》（苏联卢那察尔斯基原作。人民文学出版社，1958 年）、《论文学》（苏联卢那察尔斯基原作。人民文学出版社，1978 年）等亦署。

蒋牧良（1901－1973），湖南涟源人。原名蒋希仲。曾用名蒋谪影。笔名：①蒋牧良，见于小说《高定祥》，载 1933 年上海《现代》第 4 卷第 1 期；小说《赈米》，载 1934 年上海《文学》第 3 卷第 2 期。嗣后在《春光》《光明》《文学季刊》《文季月刊》《中流》《现实文学》《文丛》《小说家》《国闻周报》《野草》《文艺生活》《文学创作》《新中华》《月报》《文学杂志》《文艺复兴》《文艺春秋》《小说》等刊发表小说、散文、通讯等，出版小说集《锑砂》（上海文化生活出版社，1936 年）、《夜工》（上海文化生活出版社，1937 年）、《强行军》（上海开明书店，1937 年）、《余外婆》（上海学习出版社，1949 年），中篇小说《旱》（上海良友复兴图书公司，1936 年），报告文学《铁流在西线》（上海杂志公司，1950 年），传记《高尔基》（生活·读书·新知三联书店，1949 年）等亦署。②池沛，1943 年前后在《中国晨报·大进》发表文章署用。③希仲，1943 年 10 月在《中央日报·平明》发表文章署用。④行人上，1946 年 6 月在《中央日报·平明》发表文章署用。⑤宾弦、敬士，1946 年 9 月在《中央日报·平明》发表文章署用。⑥牧良，署用情况未详。

蒋青林（1916？－？），河南郏县人。笔名：①任性，见于诗《箍轳锅》，载 1936 年 1 月 12 日郑州《大华晨报·新垦》。嗣后在该刊发表小说《矿三》、在上海《大公报·文艺》发表诗文亦署。②任情，见于诗《老脚夫》，载 1936 年 2 月 9 日郑州《大华晨报·新垦》。

蒋瑞藻（1891－1929），浙江诸暨人，字孟洁，号屏提居士、花朝生。笔名蒋瑞藻，见于随笔《小说考证卷四》，载 1917 年 7 月 15 日上海《东方杂志》第 14 卷第 7 期。嗣后在《东方杂志》发表《小说考证》系列文章及在《小说月报》《小说世界》等刊发表《小说枝谈》《野客丛谈》《钱江传》《庞新小传》等，出版《小说考证》（上海广益书局，1913 年）、《小说考证续编》（上海商务印书馆，1924 年）、《小说考证拾遗》（上海商务印书馆，1931 年）、《小说枝谈二卷》（上海古典文学出版社，1958 年），出版《新古文辞类纂》《越缦堂

诗话》等亦署。

蒋山青（1906－1960），江苏南京人。原名蒋明祺，字山青。笔名：①蒋山青，见于小说《送葬》，载 1926 年上海《白露》第 1 卷第 1 期；诗《愁之浪》，载 1926 年上海《黎明》第 3 卷第 48 期。此前后在上述两刊及《时事月报》《矛盾月刊》《民间旬刊》《开展》《文艺》《民间诗坛》《文艺战线旬刊》《青年月刊》《女声》《文艺先锋》等刊发表诗、散文、小说，出版诗集《无谱之曲》（上海泰东图书局，1927 年）、《山青诗草》（山川书屋，1937 年），小说集《秋蝉》（上海出版合作社，1926 年）、《月上柳梢头》（上海出版合作社，1927 年）、《红睡》（上海出版合作社，1929 年）、《流不尽的血》（南京明日书店，1933 年），长篇小说《重恋》（重翠书店，1930 年）等亦署。②山青，见于《惆怅》，载 1926 年上海《白露》第 1 卷第 2 期。嗣后在该刊及《文学创作》《文艺先锋》《旅行杂志》《军事与政治》等刊发表诗文亦署。③蒋明祺，见于论文《审计制度论》，载 1934 年上海《会计杂志》第 3 卷第 5、6 期。嗣后在该刊及《立信会计季刊》《新湖北季刊》《经理月刊》《财政评论》等刊发表文章，出版论著《政府会计原理》（重庆立信会计图书用品社，1941 年）、《政府会计实务》（重庆立信会计图书用品社，1942 年）等亦署。

蒋燧伯（1923－？），江苏江宁人。原名蒋光祖，字燧伯。曾用名蒋行。笔名蒋燧伯，1941－1948 年在重庆、成都、上海等地报刊发表诗歌署用。见于诗《春天》，载 1947 年 8 月上海《诗创造》第 2 期《丑角的世界》。嗣后在该刊发表诗《露天茶馆》《疯狂的世界》等亦署。1949 年后在福建《热风》、哈尔滨《黑龙江日报》等报刊发表诗作，出版诗集《枫叶红了的时候》（与康定等合集。天津昆仑诗社，1996 年）亦署。

蒋天枢（1903－1988），江苏丰县人，字若才、秉南。笔名：①蒋天枢，出版《全谢山先生年谱》（上海商务印书馆，1932 年）始用。嗣后发表《全谢山先生著述考》（载 1933 年《国立北平图书馆馆刊》第 7 卷第 1、2 期）、随笔《魏志陈思王传校记》（载 1946 年《新史学》第 1 期）、论文《周代散文发展之趋势》（载 1947 年上海《复旦学报》第 1 期），1949 年后出版《楚辞论文集》（陕西人民出版社，1982 年）、《楚辞校释》（上海古籍出版社，1989 年）、《陈寅恪先生编年事辑》（上海古籍出版社，1997 年）等亦署。②蒋秉南，见于论文《诸葛玄事迹考》，载 1944 年上海《说文月刊》第 4 卷。

蒋天佐（1913－1987），江苏靖江人，原名刘健，字季眉。笔名：①蒋天佐，见于随笔《学学马蜂吧》，载 1937 年上海《中流》半月刊第 2 卷第 10 期；评论《我们的安提霭斯》，载 1939 年上海《文艺新潮》第 1 卷第 12 期。嗣后在《新中国文艺丛刊》《戏剧与文学》《奔流文艺丛刊》《图书季刊》《文艺生活海外版》《译文丛刊》《文讯》《民主》《人世间》《文艺复兴》《文章》《中学生》《文坛月报》《文艺春秋》《诗创造》《中国作

家》《小说》等报刊发表著译评论、随笔等，出版评论集《低眉集》（上海光明书店，1947 年）、《海沫文谈偶集》（江西人民出版社，1983 年）、《海沫文谈》，翻译小说《良心丢了》（俄国萨尔蒂科夫等原作，蒋天佐等译）、《匹克威克外传》（英国狄更斯原作。上海骆驼书店，1947 年）、《奥列佛尔》（英国狄更斯原作。上海骆驼书店，1948 年）、《荒野的呼唤》（美国杰克·伦敦原作。上海骆驼书店，1948 年）、《雪虎》（美国杰克·伦敦原作。上海骆驼书店，1948 年），翻译寓言《萨尔蒂可夫寓言》（俄国萨尔蒂科夫原作。上海海燕书店，1947 年），翻译论著《中国及其未完成的革命》（普拉特原作。重庆读书生活出版社，1939 年）、《斯达林与文化》（苏联罗果托夫原作。上海知识出版社，1940 年）等亦署。②天佐，见于随笔《文艺的游击战》，载 1938 年上海《文艺》半月刊第 2 卷第 2 期；随笔《为了真理》，载 1939 年上海《鲁迅风》第 17 期。同时期在《奔流文艺丛刊》等刊发表文章亦署。③贺依，见于评论《〈文艺战线〉与〈七月〉》，载 1939 年《文艺阵地》第 4 卷第 4 期。同时期在《文艺》《文艺新潮》《文阵丛刊·水火之间》《文艺新闻》《小说杂志》《民主》等刊发表文章亦署。④史笃，见于随笔《流亡中的德国知识分子》，载 1939 年上海《译报周刊》第 2 卷第 8 期；译文《马恩论艺术》（苏联弗拉基米尔·格里勃原作），载 1940 年《文艺阵地》第 4 卷第 6 期。此前后在《新文化》《民主》《文艺新闻》《文艺新潮》《诗创造》《文艺新辑》《奔流文艺丛刊》《中国作家》《大众文艺丛刊》《小说》等报刊发表文章亦署。1949 年后仍使用，见于评论《反对歪曲和伪造马列主义——评阿赴的〈略论正面人物与反面人物〉》，载 1950 年 3 月 19 日北京《人民日报》。

蒋同超（？－1929），江苏无锡人，字士超、伯寅，号万里、衡西、振素盦主。笔名：①万里，1910 年在《广益丛报》发表文章署用。②蒋万里，见于《浔阳谒岳王词》《革命》，载 1913 年上海《自由杂志》第 2 期。嗣后编辑出版《中华现行条例全书》（与王浩合作。上海广益书局，1915 年）亦署。③伯寅，1916 年在《国学丛选》发表文章署用。④蒋同超，在《南社丛刻》发表旧体诗署用。

蒋维乔（1872－1958），江苏武进（今常州市）人，字竹庄，号因是、因是子。笔名：①蒋维乔，见于随笔《近世兴学三伟人》，载 1909 年上海《教育杂志》第 1 卷第 7 期。嗣后在该刊及《小说月报》《小说世界》《东方杂志》《东南论衡》《国学丛刊》《哲学》《旅行杂志》《海潮音》《复兴月刊》《人文月刊》《光华大学半月刊》《青鹤》《制言》《新民》《越风》《现代读物》《创导半月刊》《新医药刊》《知识与趣味》《群雅月刊》《青年界》《宇宙风乙刊》《学林》《世界文化》《平论》《健力美》《新中华》《改造杂志》《读书通讯》等刊发表散文、游记、评论等，出版论著《青年之人生观》（上海商务印书馆，1923 年）、《孔子与释迦》（上海商务印书馆，1924 年）、《佛教概论》（上海中华书局，1930 年）、《中国近三百年哲学史》（上海中华书局，1932 年）、《宋明理学纲要》（上海中华书局，1936 年）、《吕氏春秋汇校》（上海中华书局，1937 年），散文集《因是子游记》（上海商务印书馆，1935 年），1949 年后出版《中国佛教史》（上海书店出版社，1989 年影印本）、《中国哲学史纲》（与他人合作）等亦署。②竹庄，1911 年前在《苏报》《女子世界》《东浙杂志》等发表文章署用。③蒋竹庄，见于游记《宝华山纪游》，载 1927 年上海《小说世界》第 16 卷第 5 期（刊内正文署名"蒋维乔"）；散文《章太炎先生轶事》，载 1936 年苏州《制言半月刊》第 25 期。嗣后在《复兴月刊》《大众》等刊发表《因是先生自传》等文，出版《杨墨哲学》（上海商务印书馆，1928 年）等亦署。

蒋渭水（1891－1931），台湾宜兰人，字雪谷。笔名：①蒋渭水，见于《快入来辞》，载 1924 年东京《台湾民报》第 2 卷第 3 期。嗣后在该刊发表杂文、随笔等，出版《入狱日记》《蒋渭水遗集》等亦署。②渭水，见于杂文《这句话非同小可》，载 1924 年东京《台湾民报》第 2 卷第 22 期。

蒋文杰[1]（1920－？），安徽歙县人。笔名：①甘人、周郎，20 世纪 30－40 年代在福建《东南日报·笔垒》等报刊署用。②陈南，见于随笔《新闻琐论》，连载于 1943 年福建《现代青年》新 1 卷第 1－3 期。③子翼，1943 年后在《东南日报》副刊发表作品署用。④虞丹，20 世纪 80 年代后在上海《新民晚报》《上海滩》等报刊发表杂文、旧体诗署用。出版杂文集《刀与笔》（上海文艺出版社，1999 年）、《做官与做人》（时代文艺出版社，2001 年）、《聚沙集》（福建人民出版社，2001 年）等亦署。

蒋文杰[2]，生卒年及籍贯不详，曾用名蒋文高。笔名文杰、丰年、蒋文高，20 世纪 30 年代在武汉《市民日报·雷电》《武汉时报·狂涛文艺》《壮报·习作》《时代日报·偶语》等报刊发表诗文署用。

蒋希曾（1899－1971），旅美华人，原籍江苏南通，字咏沂，号松泉、雅龙。笔名：①蒋希曾，见于书札《上梁任公先生书》，载 1922 年某报；译文《为什么研究演说》，载 1923 年 4 月南通《南通师范校友会汇刊》第 2 卷第 1 期；译文《图书馆中之诗歌》，载 1932 年武昌《文华图书馆学专科学校季刊》第 4 卷第 3－4 期合刊。2001 年由中国文联出版社出版之《蒋希曾文选》亦署此名。②鸦龙，1926 年起在美国洛杉矶国民党海外部中文报《中国少年晨报》和中英文周刊《中国导报》等报刊发表诗文署用。③H. T. Tsiang，见于英文诗 "Chinaman, Laundryman"（《支那人，洗衣匠》），载 1928 年 8 月 15 日美国《劳工日报》（*Daily Worker*）；诗 "Sacco, Vanzetti"（《萨柯·梵塞蒂》），载 1928 年 8 月 20 日美国《劳工日报》。嗣后发表英文小说 *China Red*（《中国红》）、*The Hanging on Union Square*（《金拜》）、*And China Has Hands*（《出番记》）、*Shantung*（《山东》），英文剧本 *China Marches On*（《死光》），出版英文诗集 *China Marches On*（《中国革命诗》）等署用。

蒋锡金（1915－2003），江苏宜兴人，生于南京。曾用名蒋镛、蒋策、蒋青崞、蒋福俦、哲孟雄、全锡包、史曾则。笔名：①锡金，见于诗《暮》，载1934年上海《人间世》第18期。嗣后在该刊及《当代诗刊》《菜花诗刊》《文艺》《光明》《文艺月刊》《诗志》《文艺阵地》《战地》《抗战文艺》《文艺新潮》《奔流文艺丛刊》《译文丛刊》《鲁迅风》《十日文萃》《弹花》《时调》《五月》《中学生活》《文心》《现实》《新中国文艺丛刊》《文艺新闻》《中美日报·堡垒》《戏剧与文学》《诗创作》《译报周刊》《中行》《述林文艺丛刊》《文艺春秋》《新文丛》《半月文艺》《文学战线》《时代学生》《月刊》《文艺月报》等报刊发表诗、散文、寓言、剧本、评论等，出版诗集《黄昏星》（泽上社，1941年）、《瘸腿的甲鱼》（少年儿童出版社，1957年），话剧《横山镇》（上海戏剧书店，1940年）、《台儿庄》（集体创作）、《赌徒别传》（上海世界书局，1945年），译作《孩子们的哭声》（英国勃朗宁夫人原作。译文丛刊社，1941年）、《俄罗斯人民的口头文学》（与曲秉诚合译。时代出版社，1950年）、《亡灵书》（吉林人民出版社，1957年），通俗读物《星象》（上海永祥印书馆，1945年）、《标点符号怎样使用》（读书·生活·新知三联书店，1949年），主编《儿童文学论文选（1949－1979）》（中国少年儿童出版社，1981年）等亦署。②蒋镛，见于随笔《论小品文》，载1935年9月30日武汉《扫荡报·野营》；论文《甲骨文发达史》，载1936年汉口《江汉思潮》第4卷第5、6期合刊。③周康，见于诗《灯》，载1935年10月5日武汉《扫荡报·野营》。④蒋锡金，见于随笔《国防艺术与木刻》，载1936年《木刻界》第3期。嗣后在武汉《文艺》月刊发表《洞》《读剧偶谈——谈〈原野〉》等文亦署。1949年后发表文章亦署。见于评论《纪念鲁迅，正确认识和运用他的武器——杂文》，载1953年10月18日《长春新报》。嗣后出版主编《文史哲学习辞典》（吉林文史出版社，1990年）、《1949－1989吉林省获奖儿童文学作品选》（北方妇女儿童出版社，1992年）、《毛泽东诗词鉴赏辞典》（北方妇女儿童出版社，1993年），译作《文学理论教学大纲》（苏联阿伯拉莫维奇原作，与曲秉诚合译。东北教育社，1951年）等亦署。⑤丁郎，见于歌谣《萝卜菜》，载1937年武汉《时调》第3期。⑥SK，见于随笔《编校后记》，载1938年武汉《五月》诗歌丛刊创刊号。⑦劳难，见于评论《论"文艺兵"的"战术"》，载1938年《文艺阵地》第1卷第9期。嗣后在该刊及《文阵丛刊·水火之间》《笔谈》、马来亚槟榔屿《现代周刊》等刊发表文章亦署。⑧束胥，见于书评《文艺长城》，载1939年上海《文艺新潮》第1卷第10期。嗣后在该刊及《文艺阵地》《述林文艺丛刊》等刊发表文章亦署。⑨辛，见于短论《文艺通讯的新阶段》，载1939年上海《文艺新潮》第1卷第10期。⑩霎，见于短论《噱头主义的没落》，载1939年上海《文艺新潮》第1卷第10期。⑪胥，见于短论《开门说》，载1939年上海《文艺新潮》第1卷第11期。⑫曜宾，见于论

文《论文艺通讯》，载1939年上海《文艺新潮》第1卷第11期。⑬常莱，见于杂文《"肆无忌惮"》，载1939年《文艺新潮》第1卷第12期。⑭丁若高，见于剧评《看戏谈戏》，载1939年上海《文艺新闻》第2期；随笔《镇市风光》，载1941年上海《大陆月刊》第1卷第5期。⑮来成，见于通讯《罗荪主编文协会报》，载1939年《文艺新闻》第6期。⑯霍亭，见于论文《关于新民主主义的文艺》，载1940年上海《文艺新潮》第2卷第8期。嗣后在《上海周报》《奔流文艺丛刊》《述林文艺丛刊》《时代文学》《妇女知识丛刊》《新文丛》等刊发表小说、评论等亦署。⑰丁若兰，"孤岛"时期在上海某妇女刊（许广平编）署用。⑱青崞，见于随笔《有女同车》，载1941年上海《大陆月刊》第2卷第1期。⑲长庚，见于随笔《生活与文学》，载1941年上海《大陆月刊》第2卷第3期。⑳丰隆，见于小说《少女病》，载1941年上海《万人小说》创刊号。㉑辛若，见于随笔《对于诗的希望》，载1941年《上海周报》第3卷第16期。㉒易人，见于随笔《鲁迅诗话》，载1945年12月6日、10日上海《大公报》。㉓周庸、蒋策、蒋青崞、蒋福俦、卫斐君，署用情况未详。

蒋晓海（1907－1966），湖北天门人。原名蒋铭，字晓海。笔名张震南，与符号合署。1930年至1931年9月在天津《大公报·小公园》发表文章署用。

蒋信，生卒年不详，福建闽侯（今福州市）人，字幼士，号蒋山。笔名蒋信，在《南社丛刻》发表旧体诗署用。

蒋星煜（1920－2015），江苏溧阳人。笔名：①过客，见于随笔《公园里的凳子》，载1938年上海《红茶》半月刊第2期；论文《艺术论略》，载1940年3月1日上海《中美日报·堡垒》。此前后在上海《大英夜报》《华美晚报》《大美报》《现实》《旅行杂志》《中美日报·集纳》《新东方》《文苑》《中华周报》《时兆月报》《文汇报·世纪风》《消息半周刊》、桂林《文学集林》等报刊发表诗、散文、评论、译作等亦署。②蒋星煜，见于诗《年青的城市》，载1942年重庆《文艺先锋》第1卷第5期。嗣后在该刊及《时代精神》《长风文艺》《文化先锋》《新中华》《读书通讯》《胜流半月刊》《天文台》《旅行杂志》等报刊发表诗、小说、散文、评论等，出版《作家笔名索引》（燎原出版社，1943年）、《中国隐士与中国文化》（重庆中华书局，1943年）、《颜鲁公之书学》（上海世界书局，1948年）、《海瑞的故事》（少年儿童出版社，1959年）、《以戏代药》（广东人民出版社，1980年）、《明刊本西厢记研究》（中国戏剧出版社，1982年）、《中国戏曲史探微》（齐鲁书社，1985年）、《西厢记考证》（上海古籍出版社，1988年）、《西厢记罕见版本》《历史故事新编》，以及历史小说白话选集《大理寺正卿的失踪》等亦署。③勉斋，见于随笔《四川文艺作家小志》，载1947年重庆《文艺先锋》第10卷第3期。嗣后在该刊发表《湖南文艺作家小志》

《河北文艺作家小志》等文亦署。④布谷，1951年5—6月起两年间在报刊发表文章署用。1960—1963年在上海《新民晚报·夜光杯》写"百花集"专栏亦署。⑤朱素君，见于评论《评京剧〈海瑞上本〉》，载1959年9月29日上海《新闻日报》。⑥白甲，1960—1963年在广州《羊城晚报·晚会》写"文史小语"专栏署用。

蒋炎武，生卒年及籍贯不详。笔名芮中占，见于评论《"旧瓶子装不得新酒"——兼论救亡歌曲》，载1937年天津《国闻周报》第14卷第33—35期合刊《战时特刊》创刊号；长诗《后方夜曲》，载1942年桂林《诗创作》第11期"长诗专号"。抗战时期在《大公报·文艺》发表诗文亦署。见于散文《江山狂想曲》，载1941年7月出版《今日的中国》（长江等人合集。香港自由出版社）。

蒋野薇，生卒年及籍贯不详。笔名野薇，见于小说《女店员》，载1936年上海《文海》第1卷第1期。嗣后在该刊及《黄埔》等刊发表《祸》《两种寒衣》《来归》等作品亦署。

蒋彝（1903—1977），江西九江人。原名蒋仁全，字仲雅、重哑。笔名：①蒋仲雅，见于《观音大士像》，载1933年杭州《艺风》第1卷第3期。嗣后在该刊发表《达摩祖师像》《伦敦书信》等亦署。②重哑，见于随笔《谈伦敦漫步》，载1934年上海《论语》第52期；《热蒂之木雕》，载1934年杭州《艺风》第2卷第9期。③蒋彝，见于散文《伦敦之夏》，载1940年上海《宇宙风乙刊》第28期。嗣后在该刊及《天下事》《图书季刊》《世界杰作精华》等刊发表《伦敦之雾》《伦敦之春》《战时伦敦小记》等，出版《哑行者访华归来话今昔》（殷志鹏记录，香港七十年代杂志社，1976年）、《重访中国》（殷志鹏译。读书·生活·新知三联书店香港分店，1980年）、《蒋彝诗集》（中国友谊出版公司，1983年）、《中国书法》（上海书画出版社，1986年）、《五洲留痕》（商务印书馆，2007年）、《伦敦画记》（上海人民出版社，2010年）、《儿时琐忆》《中国绘》《湖区游记》《纽约游记》《伦敦战时小记》等亦署。④哑行者，署用情况未详。

蒋逸霄（1904？—？），江苏无锡人。笔名：①蒋逸霄，见于《芙蓉》，载1926年11月25日天津《大公报·艺林》。同时期在该报副刊《白雪》《铜锣》《妇女与家庭》相继发表散文《月夜里归自八里台》《曼丽姑娘之死》、译文《婴孩与日光浴》、调查报告《津市职业的妇女生活》等，嗣后在《国闻周报》《新闻周报》《社会杂志》《同行月刊》《华年》《妇女生活》《上海妇女》等刊发表著译文章，1938年4月在上海主编《上海妇女》杂志、出版小说《绿笺》（古城书社，1928年）等亦署。②逸霄，见于散文《也把幽情唤起来》，载1926年天津《国闻周报》第3卷第39期。嗣后在该刊发表小说《疏雨》《绿笺》、译作《海底旅行记》等，1938年起在《上海妇女》杂志发表《秋瑾女儿王灿芝女士

访问记》《女作家印象记——妇女生活主编沈兹九》《邑庙游记》等亦署。③逸霄女士，见于译文《台湾都市之现状》，载1929年《国闻周报》第6卷第23期。

蒋吟秋（1897—1981），江苏苏州人。原名蒋镜寰，字瀚澄，号吟秋、秋庐、秋窗、平直居士（一说原名蒋瀚澄，字吉安、吟秋、镜寰）。笔名：①吟秋，见于《中国庙宇式》，载1922年上海《星期》第11期。嗣后在该刊发表《伞之小沧桑》《海外琐谈》《吴谚正讹》等文亦署。②蒋吟秋，见于《老年会》，载1922年上海《星期》第35期；随笔《一字双关》，载1924年上海《红玫瑰》第1卷第5期。此前后在上海《申报·自由谈》《新闻报》《紫罗兰》《橄榄》《永安月刊》《新上海》《太平洋画报》《珊瑚》《乐观》《新月》等报刊发表小说、散文等，出版小说集《沧浪》（上海受古书店，1928年）及《秋星集》（上海图书馆）、《蒋吟秋书画作品集》（古吴轩出版社，2007年）、《吟秋书论》（苏州大学出版社，2013年）等亦署。③蒋镜寰，见于随笔《德国最近图书馆之状况》，载1929年《江苏省立苏州图书馆馆刊》第1期。嗣后在该刊及《中华图书馆协会会报》《图书馆学季刊》等刊发表《参观无锡民众教育记》《文选书录述要》《图书馆与社会教育》等文，出版《文选书录述要》（江苏省立苏州图书馆，1935年）、《吴中藏书先哲考略》（江苏省立苏州图书馆，1935年）、《版本学答问》等亦署。④蒋瀚澄，出版《沧浪亭新志》（吴县，1929年印行）署用。

蒋元椿（1920—1996），浙江绍兴人。笔名：①蒋元椿，1949年后在《人民日报》发表新闻报道、国际评论，出版译作《为共产主义而斗争的知识分子》（苏联普罗哲科原作。新华书店华东分店，1950年）、《战斗着的中国》（苏联西蒙诺夫原作。中南人民出版社，1951年），散文集《沂蒙山》《今日台湾》《密苏里纪》（中国新闻出版社，1987年），通讯散文集《黄榉集》（湖北人民出版社，1985年），国际评论选集《从江南到塞北——蒋元椿国际评论选集》（人民日报出版社，1998年），专著《编辑与评论》（与他人合作。人民日报出版社，1994年），主编《国际时事百科（1979—1984）》（世界知识出版社，1986年）等亦署。②江南，朝鲜停战谈判期间担任报道组组长、发表报道署用。③塞北、何仁、林初、南枝、顾思、李不彤，署用情况未详。

蒋轸庭（1903—1964），天津人。笔名：①张杰鑫，借用其师之名。见于长篇评书《三侠剑》，20世纪20年代末期连载于天津《新天津晚报》。1927年起由新天津报社出版该著亦署。②常杰淼，借用其师之名。见于长篇评书《雍正剑侠图》，1930年连载于天津《新天津晚报》。后由新天津报社出版该著亦署。③思瑛馆主，出版长篇评书《金刀会七义》《胜英出世》（天津文义印刷局，1937年）署用。

蒋智由（1865—1929），浙江诸暨人，字心斋、悃斋、性遂、性裁，号观云、愿云、因明子。曾用名蒋知游。笔名：①愿云，见于《题孟广集》，载1902年上海《联

勤学术研究季刊》第 12 期。嗣后在东京《浙江潮》发表诗文亦署。②观云，见于评论《中国之演戏界》，载 1905 年上海《新民丛报》第 65 号。此前后在《联勤学术研究季刊》《地学杂志》《萃新报》《选报》《女报》《女学报》《清议报》《广益丛报》《浙江潮》《民权素》等报刊发表诗文署用。又见于诗《我愿》，载 1927 年上海《小说月报》第 18 卷第 7 期；随笔《〈水浒〉及其作者》，载 1929 年上海《一般》月刊第 7 卷第 4 期。③蒋智由，见于《旧国》，载 1905 年《甲寅》第 1 卷第 8 期。嗣后在该刊及《国民》《新民丛报》《香艳杂志》等刊发表文章，1926 年在上海《生活》第 2 卷第 8 期发表评论《名著一脔：毁誉》，出版《居东集》（文明书局，1910 年）、《蒋著修身书》（东京同文印刷舍，1911 年）、《蒋观云诗抄》（上海进步书局，1920 年）、《中国人种考》（上海华通书局，1929 年）、《蒋观云先生遗诗》（吕美荪辑，1933 年）等亦署。④蒋观云，见于《镜里流光》，载 1922 年上海《钱业月报》第 2 卷第 3 期。

蒋箸超（1881－1937），浙江绍兴人，字子莊，号抱玄、箸庐、蔽庐。笔名：①箸超，见于长篇小说《琵琶泪》，连载于 1914 年上海《小说丛报》第 6 期至 1915 年第 11 期；小说《理想之臭虱》，载 1918 年上海《小说季报》第 1 期。②蒋箸超，1914－1916 年在上海与刘铁冷主编《民权素》杂志署用。见于长篇小说《儿女金鉴录》（与徐枕亚合作），载 1923 年上海《小说日报》第 121－150 期；长篇小说《儿女金镒录》（与徐枕亚合作），载 1923 年《小说日报》第 181－260 期；旧体诗《柳絮》，载《南社丛刻》第 12 集。出版随笔《蔽庐非诗话》（海上蔽庐，1915 年）、文集《箸超丛刊》（民权出版部，1921 年），主编《民权素粹编》（上海民权出版部，1926 年）等亦署。按：蒋箸超尚著有《听风楼随笔》《蔽庐日月》《绿凤钗》等，署名未详。

蒋祖怡（1913－1992），浙江富阳人，笔名：①祖诒，见于散文《吉祥寺的钟声》，载 1936 年南京《文艺月刊》第 8 卷第 5 期。②佐夷，见于中篇小说《火花》，载 1939 年新加坡《星洲日报·晨星》。③蒋祖怡，见于评论《前夜》，载 1943 年上海《新学生》第 2 卷第 1 期。嗣后在该刊发表《论文章的感染性》《文艺和敏感》《中国语文的孳乳》《人类的言语》等文，出版《文章病院》（又名《怎样纠正文章的错误》，与侯寄远合作。上海海天书店，1940 年）、《诗》（与蒋伯潜合作。上海世界书局，1941 年）、《骈文与散文》（与蒋伯潜合作。上海世界书局，1941 年）、《体裁与风格》（与蒋伯潜合作。上海世界书局，1946 年）、《史学纂要》（重庆正中书局，1944 年）、《文体论纂要》（南京正中书局，1948 年）、《小说纂要》（南京正中书局，1948 年），1949 年后出版《中国人民文学史》（上海北新书局，1951 年）、《王充的文学理论》（中华书局，1962 年）、《文心雕龙论丛》（上海古籍出版社，1985 年）、《浙江十大文化名人》（浙江人民出版社，1987 年）等亦署。

【jiao】

焦菊隐（1905－1975），浙江绍兴人，生于天津。原名焦承志，字子华，号亮俦。曾用名焦菊影、焦居尹。笔名：①菊，见于《编辑余谈》，载 1923 年 9 月 14 日《新民意报·绿波旬刊》。1924－1928 年在《燕大周刊》发表文章亦署。②菊隐，见于《编辑余谈》，载 1923 年 9 月 27 日《新民意报·绿波旬刊》。③焦菊隐，见于诗《夜的舞蹈》，载 1924 年上海《小说月报》第 15 卷第 4 期。嗣后在《文学周报》《现代评论》《晨报副镌》《文学旬刊》《京报副刊》《剧学月刊》《建设研究》《国防周报》《广西教育研究》《诗创作》《抗战文艺》《诗创造》《戏剧月报》《戏剧春秋》《戏剧时代》《文艺生活》《新文学》《法国文学》《文哨》《演剧艺术》《春秋》《正论》《时与潮文艺》《文艺先锋》《文艺复兴》、重庆《新华日报》、桂林《大公报·文艺》等报刊发表著译作品，1949 年后发表随笔《旧剧不是历史剧》（载 1950 年 7 月 22 日印度尼西亚《生活报·娱乐》），出版诗集《夜哭》（上海北新书局，1926 年）、《他乡》（上海北新书局，1929 年）、长篇小说《重庆小夜曲》（上海中国文化事业社，1947 年），翻译戏剧集《女店主》（意大利哥尔多尼原作。上海北新书局，1927 年）、《布利乔夫》（苏联高尔基原作。桂林国光书社，1942 年）、《安魂曲》（苏联贝拉巴拉兹原作。上海文化生活出版社，1943 年）、《希德》（重庆青年中国出版社，1944 年）、《樱桃园》（俄国契诃夫原作。上海作家书屋，1947 年）、《现代短剧译丛》（英国爱丽丝·史密斯编。上海商务印书馆），翻译小说《未完成的三部曲》（苏联高尔基原作。上海杂志公司，1945 年）、《金戈红粉》（法国高乃依原作。重庆中国文化事业社，1945 年）、《娜娜》（法国左拉原作。上海文化生活出版社，1947 年）、《海上历险记》（美国爱伦·坡原作。上海晨光出版公司，1949 年）、《爱伦坡故事集》（美国爱伦·坡原作。上海晨光出版公司，1949 年）等亦署。④居，1939－1941 年在广西《扫荡报》等发表文章署用。⑤居尹，见于译文《丹钦珂初会史坦尼斯拉夫斯基——史氏所著〈往事回忆录〉第六章》，载 1943 年重庆《戏剧月报》第 1 卷第 5 期。20 世纪 40 年代在广西《扫荡报》等发表文章亦署。⑥瑜、小瑜、罗达、亮俦、秦瑜，20 世纪 40 年代在重庆《扫荡报》发表文章署用。⑦居筠（yún），见于译文《托尔斯泰底文学遗产》（苏联日丹诺夫原作），载 1942 年桂林《文学译报》第 1 卷第 4 期。⑧焦承志，见于论文《今日之中国戏剧》（1938 年巴黎大学博士论文，原用法文撰写），载中国戏剧出版社 1985 年版《焦菊隐戏剧散论》。⑨孔忱，署用情况未详。

焦敏之（1906－1992），山西忻州人。原名焦有功，字敏之。笔名：①焦敏之，见于译文《萧洛霍夫访问记》，载 1937 年上海《光明》第 2 卷第 6 期；译文《玛耶可夫斯基审美观点》（苏联派斯克原作），载 1941 年重庆《中苏文化》第 8 卷第 5 期。此前后在《中外论坛》《群言》《一三杂志》《新华日报》《时代观》《文汇周报》《现代新闻》《中建》《北方文化》《新书月刊》《汇文》等报刊发表文章，出版论著、译作亦署。②敏之，见于译文《高尔基论文艺的翻译选辑》，载1941年重庆《中苏文化》第8卷第6期。

焦荣吉（1917—？），籍贯不详。笔名端木文心，出版诗集《蓬艾集》（与海笛、柏绿、荷山、欧阳东明、石樵合集。艺术与生活社，1943年）署用。

焦若愚（1915？—？），河南叶县人。原名焦长治。笔名焦若愚，20世纪30年代在开封报刊副刊发表诗《杂感》等署用。

焦伟真（1913—？），河南巩县（今巩义市）人，生于开封。原名焦宝箴，字程之、铭新，号绿衣。笔名：①伟真，见于诗《丁香》《失去的童心》《宇宙的崩溃》、译诗《刹那》（E.雷斯特·道森原作），载1932年其所编之开封《河南民报·丁香诗刊》第2期。嗣后在该刊发表诗《酒杯里的生命》《一瞥》《茫茫里》等亦署。②焦伟真，见于诗《期待》《三片枫叶》，载1932年开封《河南民报·丁香诗刊》第2卷第7期；诗《你自己欺骗了你自己》，载1932年开封《河南民报·络丝诗刊》第1期。③镜心，见于诗《TO》，载1932年开封《河南民报·丁香诗刊》第4期。④静心，见于诗《揭开处》，载1932年开封《河南民报·丁香诗刊》第5期。嗣后在该刊发表诗《TO—》《晓》《我的心是一刻也不宁静——给L》亦署。⑤青蒙，见于诗《吼》，载1932年开封《河南民报·丁香诗刊》第7期。⑥丽波女士、山竹、奇夫，20世纪30年代在河南报刊发表诗文署用。

焦毅夫（1919—？），籍贯不详。笔名：①樵夫，见于随笔《日本两种俗趣》，载1947年上海《中美周报》第174期；译文《金元国的老师荒》，载1947年上海《学风》第2卷第1期。②焦毅夫，见于随笔《抗战奇人马彬和》，载1972年香港《大人》第32期。1977年在香港主编《中文文摘》亦署。

焦尹孚，生卒年及籍贯不详。笔名：①焦尹孚，见于随笔《读〈星空〉后片断的回想》，载1924年上海《创造周报》第48期。嗣后在上海《洪水》《现代评论》《现代小说》等刊发表《评田汉君的莎译——〈罗蜜欧与朱丽叶〉》《樱桃》等小说、评论亦署。②尹孚，见于杂文《"还魂主义"》，载1926年上海《A.11.》周刊第1期。

【jie】

揭余生（1926—？），重庆人。原名揭祥麟。笔名：①余生，见于诗《魔王歌》，载1946年2月9日重庆《新华日报》。②揭余生，见于杂文《人道》，载1946年8月15日重庆《新华日报》。同时期至1947年在该报及重庆《民主报》发表诗文，出版翻译儿童小说《银河铁道999》（日本松本零士原作。重庆出版社，1984年）亦署。③揭哀、陶汰，1946—1947年在重庆《新

华日报》《民主报》发表诗文署用。④揭祥麟，1949年后出版短篇小说集《小歌女》（上海光芒出版社，1950年）、《吃大户》（上海光芒出版社，1951年）、《桂花村的孩子们》（四川人民出版社，1979年），中篇小说《雷雨前后》（少年儿童出版社，1963年），长篇小说《凡尔赛风云》（中国电影出版社，1998年）等亦署。

【jin】

金秉英（1909—1996），北京人。笔名：①病子，见于长篇章回小说《沾泥絮》，连载于1927年北京《北京晚报·余霞》。②秉英，1931年在北平《世界日报·妇女界》任编辑时撰写评述文章署用。嗣后在北平《世界日报·明珠》《世界晚报·夜光》、上海《新闻报》、香港《立报》等报刊连载长篇小说《春天》《女诗人》《大圆镜中》《蓼我》和发表散文等作品署用。③金秉英，见于随笔《建议推广妇女读报运动》，载1937年上海《妇女生活》第4卷第1期。嗣后在该刊发表《难民妇孺的安置问题》《抗战中妇女教育改革刍议》等文，20世纪90年代经其学生、台湾女作家林海音推荐在台北《中国时报·中时副刊》发表散文《昙花一现的友谊——忆萧红》《天上人间——忆沉樱》、中篇小说《八旗人家》，在台北《立报》发表长篇小说《京华女儿行》和回忆北京的散文，在台湾《历史月刊》发表《满眼风光北固楼》《梦溪园与沈括》等作品均署；其后出版《京华寻梦》（百花文艺出版社，2003年）、《金秉英作品集》（作家出版社，2004年）亦署。按：金秉英尚著有长篇小说《红楼丽影》，并发表有散文《洒泪别家园》《山压蓬莱第一峰》《万叠江山工绝唱》《山水永结文字缘》等。

金昌杰（1911—1991），吉林延吉人，朝鲜族。生于朝鲜。笔名：①黄金星、秋索，1939年在长春《满鲜日报》（朝鲜文版）发表《暗夜》《建设谱》等作品署用。②金昌杰，1939年起发表作品开始署用。1949年后出版朝鲜文小说集《金昌杰短篇小说选》（辽宁人民出版社，1982年）、专著《关于修辞法》，出版巴人的《文学论稿》（上册）和中国古典名著《红楼梦》朝鲜文译本（与人合作）亦署。

金处士，生卒年及籍贯不详。笔名：①金处士，见于随笔《文坛横议》，载1935年11月9日上海《时事新报·每周文学》。②处士，见于随笔《文坛横议——一篇妙帐》，载1936年2月25日上海《时事新报·每周文学》；评论《现阶段的文化危机》，载1943年《今文月刊》第2卷第2、3期合刊。

金达凯（1925—　），湖北英山人。笔名：①司徒敏，见于人物志《中外崇敬的张自忠将军》，载1942年桂林《广播月刊》第1期；评论《新和谣的来龙去脉》，载1948年香港《新闻天地》第2卷第4期。1949年在上海《新政治家》第1卷第7期发表随笔《梅贻琦为什么不做官》亦署。②金达凯，出版论著《论大陆高等教育的矛盾》（香港自由出版社，1958年）、《历代诗

论》（台北民主评论社，1967 年）、《左翼文学的衰亡》（台北黎明文化事业股份有限公司，1973 年）、《郭沫若总论》（台湾商务印书馆，1988 年）等著作均署。③金谷，署用情况未详。

金隄（1921－2008），浙江吴兴（今湖州市）人。原名金堤。笔名：①金堤，见于散文《原子弹的威力》《记友人陆圣泉》，分别载上海《少年读物》1946 年第 2 卷第 2 期和 1947 年第 4 卷第 1 期。②金隄，见于散文《昨日》，载 1947 年上海《文学杂志》第 2 卷第 6 期。嗣后在该刊及上海《文艺复兴》等刊发表散文《近乎沉默——拟日记》、译文《万宝全书》（英国 S. 毛姆原作），出版译作《绿光》（人民文学出版社，1959 年）、《神秘的微笑》（英国奥·赫胥黎原作。百花文艺出版社，1984 年）、《尤利西斯》（爱尔兰乔伊斯原作。人民文学出版社，1994 年）、《乔伊斯传》（美国理查德·艾尔曼原作。北京十月文艺出版社，2006 年）等亦署。

金帆（1916－2006），广东兴宁人。原名罗国仁。曾用名罗金帆。笔名：①克池，1936－1937 年在上海《新生》杂志发表诗歌署用。②克锋，见于诗《解剖尸》，载 1937 年上海《光明》第 2 卷第 8 期；诗《冲锋》，载 1938 年广州《中国诗坛》第 2 卷第 1 期。同时期或嗣后在《中国诗坛》《农村》《狂潮旬刊》《新粤》《西线》《青年文艺》《文艺杂志》《新音乐》等刊发表诗《屠杀》《一同生一同死》《月光光》《在铁蹄下》《青年的火炬燃烧在吕梁山上》、歌词《让我们》（焕之作曲）、译诗《德国诗选》（德国歌德等原作）等，出版诗集《赴战壮歌》（诗歌出版社，1937 年）、《战士的歌》（诗歌出版社，1938 年）、《解放集》（与青鸟合集。诗歌出版社，1938 年）等亦署。③罗光田，1937 年在广州《救亡日报》发表散文署用。④金帆，见于诗《队伍》，载 1946 年 6 月 20 日香港《文艺丛刊》第 1 期；诗《国币不像国币》，载 1947 年 2 月 25 日重庆《新华日报》。嗣后在上述两报刊及《诗创造》《文艺生活》《新儿童》《谷雨》《文艺创作》等报刊发表诗《农抗会长》《女中队长李玉贞》《朋友，把你的话说给大家听呵》《香港，我轻轻地摇你入睡》《冬夜——苦难的歌》《从黑暗到天亮》《紫罗兰，跟我一同快乐》《阿波罗颂》《他冒雨走了》《他会回来的》《星星和风儿》《南风的消息》《深夜》《今夜，旷野上》《妈妈等着你回来》等，出版诗集《野火集》（香港人间书屋，1948 年），歌曲集《春天大合唱》（金帆词，马思聪曲。人民音乐出版社，1957 年）、《电影〈喜鹊岭茶歌〉歌曲集》（金帆词，傅庚辰曲。人民音乐出版社，1983 年），故事集《红军不怕远征难》（少年儿童出版社，1957 年），长诗集《神奇的小磨》（广东人民出版社，1960 年），报告文学集《在红军长征的道路上》（中国青年出版社，1957 年）等著作亦署。⑤海风，见于论文《关于"姓歌"与"姓诗"》，载 1980 年 11 月北京《词刊》。按：金帆尚著有翻译童话集《少年学生故事》，创作有歌曲《莲花》《茨岗》歌词、合唱《祖国大合唱》《淮河大合唱》《红军根据地大合唱》《万里征途献丹心》《羊城组歌》歌词，以

及获奖诗歌《守备战》《水兵回到海岸上》《我们多么幸福》《昂首阔步上战场》等，出版与署名情况未详。

金凤（1928－2019），江苏宜兴人。原名蒋励良。笔名金凤，出版《时代的眼睛》（北京出版社，1983 年）及《历史的瞬间》《金凤作品选》等著作署用。

金光弼（1879－1941），江苏吴县（今苏州市）人，字梦良。笔名金光弼，在《南社丛刻》发表诗文署用。

金光楣，生卒年及籍贯不详。笔名：①金光楣，见于小说《不知为你洒了多少眼泪》，载 1929 年 2 月 2 日上海《真美善》"一周年纪念号外·女作家专号"；随笔《关于刑法第二百二十一条第二项奸淫未满十四岁女子以强奸论的感想》，载 1934 年上海《绸缪月刊》第 1 卷第 4 期。②光美，署用情况未详。

金海镇（1927－1989），吉林珲春人，朝鲜族。笔名金海燕，著有话剧剧本《"西瓜"兄弟》《月花的母亲》等。

金纪贤（1921－ ），浙江绍兴人。笔名：①金莱，1940 年在福建连城《大成日报·高原》发表杂文署用。1945 年 1 月 21 日在福建南平《东南日报·笔垒》发表散文《新的迎候》亦署。②金纪贤，见于论文《鲁迅杂文与浙东乡情——纪念鲁迅逝世 63 周年》，载 1999 年《宁波大学学报》第 9 期。

金剑（1926－1968），辽宁辽阳人。原名金玉海。笔名：①金枫、王法、小枫、红曼，1942 年在齐齐哈尔创作并发表小说《耻辱记》和短诗、散文、杂文 20 篇，1945 年创作并演出多幕话剧《复活》《心底残痕》时署用。②金剑，见于独幕剧《谁害了你》，载 1949 年《黑龙江日报》。嗣后在该报及《辽西文艺》《北方文学》《剧本》等报刊发表剧作《赵小兰》《抗联之家》《荣誉是他的》《红姑娘》《春光曲》等，出版剧作《垂死挣扎》（新华书店东北总分店，1950 年）、《谁害了你》（新华书店华东分店，1950 年）、《你走那条路》（东北文学艺术界联合会，1951 年）、《赵小兰》（人民文学出版社，1953 年）等亦署。

金剑啸（1910－1936），辽宁沈阳人，满族。原名金承栽，字培之。曾用名金健硕、金梦尘。笔名：①剑啸，1930 年以后在《蔷薇》发表作品署用。1933 年在长春《大同报·夜哨》第 1—3 期发表小说《星期日》亦署。②金剑啸，1932 年在《哈尔滨五日画报》发表炭画署用。1933 年 9 月 3 日—10 日在长春《大同报·夜哨》连载独幕剧《穷教员》，1937 年由上海夜哨丛书出版社出版长诗遗著《兴安岭的风雪》亦署。③巴来，见于小说《云姑的母亲》，1934 年连载于哈尔滨《国际协报·文艺周刊》第 14—18 期。1935—1936 年在哈尔滨《国际协报·文艺周刊》《国际协报·国际公园》《黑龙江民报》《大北新报》画刊、长春《大同报·夜哨》《满洲新文坛》、齐齐哈尔《黑龙江民报·芜田》等刊发表诗《洪流》《兴安岭的风雪》等作品亦署。④剑，见于杂文《挂羊头卖狗肉与说漂亮话》，载 1936

年 5 月《大北新报》画刊。⑤柳倩，见于诗《哑巴》，载 1936 年哈尔滨《大北新报》画刊。⑥JK，1936 年在哈尔滨《大北新报》画刊发表漫画署用。⑦健硕、Sabajou，20 世纪 30 年代在哈尔滨报刊发表诗文署用。⑧无名，署用情况未详。

金江（1923—2014），浙江温州人。原名金振汉，字洛华。曾用名桎汀。笔名：①金江，见于诗《沙漠的歌唱》，载 1941 年 5 月 22 日上饶《前线日报·战地》；诗《西伯利亚的寒流》，载 1948 年上海《诗创造》第 8 期《祝寿歌》。嗣后出版诗集《生命的画册》、长诗《黄河传》、童话集和寓言集《不及格找朋友》《好好先生》《会飞的公鸡》《白头翁的故事》《小鹰试飞》《狐狸的"真理"》《寓言百篇》《金江寓言选》等亦署。②路华，见于诗《寂寞的恋歌》，载 1947 年 4 月 12 日杭州《当代晚报》。

金江寒（1918—1995），河南开封人。原名金德成，字福庭。笔名：①金福庭，见于散文《何处送来的冷笛》，载 1935 年《河南日报》。②金德村，1935 年在开封编《匆匆诗刊》和《河南晚报·路灯》署用。嗣后在《河南民报》《新河南报》《民言日报》等报发表诗文署用。③刘过、金蒂、刘过夫、刘金蒂，1935—1939 年在《河南晚报》《新河南报》《民言日报》《阵中日报》《黄流文艺》《文艺月报》等报刊发表诗文署用。④叶飞、叶悲、梁父（fǔ）、刘也悲、梁父（fǔ）吟，1940—1949 年在西安《青年日报》《西京日报》《建国日报》《益世报》《匆匆诗刊》等报刊署用。"刘也悲"一名，1949 年后犹用。⑤金江寒，见于论文《论中国现阶段的文化》，载 1941 年《思潮月刊》第 1 卷第 5 期。嗣后发表文章多署用。⑥梁婴，出版诗集《我随着西风的哀怨》（西安匆匆诗社，1948 年）署用。1949 年后犹用。⑦也北、金哥、徐半、梁叟、刘如梨、陈乳婴，1949 年后在西安《经济快报》《群众日报》《陕西日报》等报刊发表文章署用。

金近（1915—1989），浙江上虞人。原名金汝盛。曾用名金知温。笔名：①金近，见于小说《这一天》，载 1945 年 4 月 6 日重庆《新华日报》；小说《春装》，载 1945 年重庆《文哨》第 1 卷第 3 期。嗣后在《人世间》《文学新报》《中学生》《民主教育》《文联》《开明少年》《新诗潮》《小朋友》等报刊发表小说《心愿》《创业记》、散文《一个痛苦的回忆》、诗《天下乌鸦一般黑》《雨不要下》《老鼠捉猫》、译文《战时英国作家的创造》（苏联桑·伊尔茨原作）等，出版童话集、儿童文学集《红鬼脸壳》《春风吹来的童话》《爱听童话的仙鹤》《大毛和小快腿》《逃学》《迎接春天》《小鸭子学游泳》《老鹰鹞的起落》《枣树和西瓜藤》《黑心魔术家》《老鼠和万花筒》《黄气球》《骗子的故事》《骗子和狐狸》《狐狸送葡萄》《狐狸打猎人》《看门的大黑狗》《神鸡》《凤凰的秘密》《他有条尾巴》《刁狐狸和傻狐狸》《新年的前夜》《骄傲的大公鸡》《月季花和雪人》《这口缸真怪》《萤火虫带路》《哈哈笑的小喜鹊》《小猫钓鱼》《小老

鼠吹哨子》《小公鸡办好事》《造窝学校》《春姑娘和雪爷爷》，儿童诗集《小毛的生活》《小河唱歌》《小队长的苦恼》，童话诗集《顽皮的轮子》《秋风姐姐》《冬天的玫瑰》《"好"人国》，儿童剧剧本《谢谢小花猫》，动画片剧本《小鲤鱼跳龙门》，短篇小说集、散文小说集《小牛黑眼儿》《他们的童年》，译作《巴士特传》（法国都尔莱原作）、《乔治亚民间故事》（苏联巴巴式维莱原作），评论集《童话创作及其他》，以及《金近童话集》《金近作品选》等亦署。②王玫，1946 年春开始在上海《文萃》杂志发表杂文署用。③林玉清，见于讽刺故事《社会百态》，载 1946 年 5 月左右上海《文汇报·世纪风》。

金军（1910—2000），湖南酃县（今株洲市）人。原名刘鼎汉，号若我。笔名金军，见于诗《葬》，载 1947 年上海《诗创造》第 1 期《带路的人》。嗣后在该刊第 7 期发表诗《冬夜》，出版诗集《碑》（上海潮锋出版社，1949 年）、《歌北方》（诗木文艺社，1950 年），散文集《挑战》（台北黎明文化事业股份有限公司，1975 年）等亦署。

金克木（1912—2000），安徽寿县人，出生于江西，字止默。笔名：①金克木，见于诗《远思》《晚眺》《古意》，载 1933 年上海《现代》第 3 卷第 1 期；诗《诗二首（黑衣女／唁辞）》，载 1934 年上海《文艺风景》第 1 卷第 2 期。同时期或嗣后在《论语》《新诗》《文饭小品》《现代诗风》《绿洲》《旅行杂志》《读书通讯》《时代生活》《诗文学丛刊》《学原》《书报精华》《国文月刊》《观察》《中国新诗》《文学杂志》《抗战文艺》《诗创造》《文讯月刊》《新诗潮》《星岛日报·星座》《大公报·文艺》等报刊发表诗《少年行——献给所有我的死去的朋友》《春病小辑》《拟寓言诗五章》《流星》、评论《正义的呼声与同情的返响——介绍一个世界语刊〈远东使者〉》《论诗的灭亡及其他》、译诗《泰果尔诗一章——译赠朗诵诗人徐迟》、译文《高庐日尔曼风俗记》（罗马恺撒原作）等，出版《中印人民友谊史话》（中国青年出版社，1957 年）、《梵语文学史》（人民文学出版社，1964 年）、《印度文化论集》（中国社会科学出版社，1983 年）、《比较文化论集》（生活·读书·新知三联书店，1984 年），小说集《孔乙己外传》（生活·读书·新知三联书店，2000 年），诗集《蝙蝠集》（上海时代图书公司，1936 年）、《雨雪集》（湖南文艺出版社，1986 年）、《燕啄春泥》（人民日报出版社，1987 年）、《挂剑空垄》（生活·读书·新知三联书店，1999 年），散文随笔集《书城独白》（生活·读书·新知三联书店，1991 年）、《文化忏言》（上海文艺出版社，1996 年）、《槛外人语》（浙江人民出版社，1996 年）、《燕口拾泥》（浙江文艺出版社，1997 年）、《文化猎疑》（生活·读书·新知三联书店，1997 年）、《书外长短》《路边相》《华梵灵妙》《梵佛探》《梵竺庐集》《末班车》《咫尺天涯应对难》《百年投影》《少年时》《庄谐新集》《无文探隐：试破文化之谜》《文化的解说》《艺术科学丛谈》《旧学新知集》《圭笔辑》《蜗角古今谈》《风烛

灰——思想的旋律》《异域神游心影——金克木自选集》（山东教育出版社，1998 年）、《印度文化余论——梵竺庐集补编》（学苑出版社，2002 年），回忆录《天竺旧事》（生活·读书·新知三联书店，1986 年）、《回忆录》（附《我的童年》），译作《梵语文学史》（人民文学出版社，1964 年）、《印度古代文艺理论译文选》（人民文学出版社，1980 年）、《印度古诗选》（湖南人民出版社，1984 年），译作《印度古诗选》《印度古代文艺理论译文选》《摩诃婆罗多插话选》《伐致呵利三百咏》《云使》《莎维德丽》《摩诃婆罗多》（第一卷，与赵国华、席必庄等合译）等亦署。②柯可，见于评论《谈英美近代诗》，载 1938 年上海《纯文艺》旬刊第 1 卷第 2 期。③止默，出版论著《甘地论》（重庆美学出版社，1943 年）署用。嗣后翻译出版印度泰戈尔的回忆录《我的童年》（重庆商务印书馆，1945 年）亦署。③辛竹，出版自传体小说《旧巢痕》（生活·读书·新知三联书店，1985 年）、《难忘的影子》（生活·读书·新知三联书店，1986 年）署用。

金礼生（1917－？），湖北咸宁人。原名唐承庆。笔名金礼生，抗战时在报刊发表长诗《万里行》署用。

金梁（1878－1962），浙江杭县（今杭州市）人，字希侯、息侯、锡侯，号小肃、东庐、瓜圃、东华旧史，晚号一息老人、不息老人。笔名金梁，见于随笔《内阁大库档案访求记》，载 1923 年上海《东方杂志》第 20 卷第 4 期。嗣后在《东北丛刊》《逸经》《真知学报》《越风半月刊》《古今》等刊发表随笔《四库全书孤书选目》《清史稿回忆录》《杭州新市场古迹志异》《答哀灵君论清史稿》《记铁良》《读朱著王静安遗书编辑质疑书后》《旅下异俗》等文，出版《光宣小记》《满洲老档秘录》《清宫史略》《四朝佚闻》《近世人物志》《清帝外纪》《中国近代史料补编六种》《台湾史料》《大北京》等亦署。

金满成（1900－1971），四川峨嵋（今峨眉山市）人。笔名：①金满成，1923－1924 年开始在北京《晨报副镌》发表翻译小说《阿伯衣女》（法国法朗士原作）、诗《默想的拉马丁林》等作品署用。嗣后在《小说月报》《文学旬刊》《歌谣》《京报副刊》《莽原》《幻洲》《现代小说》《现代文艺》《文艺月刊》《社会月报》《再造》《玲珑》《矛盾》《女声》《中国革命》《文学修养》《新时代》《中国文学》《抗战文艺》等报刊发表著译文章，出版散文集《鬼的对话》（上海民众日报民间丛书出版部，1928 年），小说集《我的女朋友们》（上海光华书局，1927 年）、《爱与血》（上海现代书局，1928 年）、《林娟娟》（上海现代书局，1928 年），小说戏剧集《花柳病春》（上海现代书局，1929 年），长篇小说《黄娟幼妇》（上海远东图书公司，1929 年）、《友人之妻》（上海光华书局，1931 年）、《爱欲》（上海光华书局，1931 年），翻译小说《友人之书》（法国法朗士原作。上海北新书局，1927 年）、《红百合》（法国法朗士原作。上海现代书局，1928 年）、《女性的风格》（法国

纪德原作。重庆作家书屋，1944 年）等亦署。②秋羊，1923－1924 年在《晨报副镌》发表翻译法国文学作品偶署。③许由，1928－1949 年在南京《新民报·葫芦》《甚么诗刊》、重庆《新蜀报》《人力周刊》等发表文章署用。1947 年在《现代妇女》第 6 期发表杂文《家庭琐事》亦署。④小江平，出版随笔集《美的世界》（上海自由书店，1928 年）署用。1937 年在《新四川月报》第 1 期发表文章亦署。⑤高山，20 世纪 30 年代在重庆《新蜀报·蜀道》发表文章署用。⑥东林，1954 年发表译作《巴黎一市民的星期天》（法国莫泊桑原作）署用。⑦冬林，出版译作《沙比诗集》（突尼斯沙比原作。作家出版社，1961 年）署用。

金溟若（1906－1970），浙江瑞安人。原名金志超。笔名：①金溟若，见于散文《孤人日记》，载 1924 年上海《文学周报》第 108 期。嗣后在《语丝》《奔流》《北新》《一般》《青年界》《教育杂志》《日本评论》《学生杂志》《东方杂志》《战时中学生》《浙江教育》等刊发表著译文章，1928 年 7 月 10 日在上海《小说月报》第 19 卷第 7 期发表翻译小说《实验室》（日本有岛武郎原作），出版散文集《残烬集》（上海北新书局，1928 年）、《自己话·大家话》（台北自由太平洋文化公司，1965 年）、《金溟若散文选》（台北牧童出版社，1977 年）、《人间味》（台北圆神出版社，1986 年），短篇小说集《白痴的天才》（台北晨钟出版社，1974 年），论著《非常时期之出版事业》（上海中华书局，1937 年），以及翻译小说集《暴勇者》（俄国屠格涅夫原作。上海北新书局，1938 年），翻译论著《俄国革命后的文学》（苏联马克西莫夫原作。上海开明书店，1929 年），译作《苏俄新教育之研究》（日本仲宗根源和原作。上海神州国光社，1930 年）、《学校播音的理论与实际》（日本西本三十二原作。上海商务印书馆，1936 年）、《世界文化史》（日本西村真次原作。上海世界书局，1933 年）等亦署。②溟若，见于译文《有死者》，载 1924 年上海《文学周报》第 114 期。1929 年在上海《引擎》月刊创刊号发表译文《新俄文坛生活之断片》亦署。③金志超，作为《时事语解》（陆冲岚编。温州山海出版社，1943 年）一书发行人署名。④江洋、萧林、雷一峰，署用情况未详。

金其名，生卒年及籍贯不详。笔名芜蓉，20 世纪 30 年代在武汉报刊发表文章署用。嗣后发表散文《母亲的心》（载 1941 年上海《妇女界》第 2 卷第 6 期）亦署。

金庆章（1873－1946），上海人，字静初。笔名金庆章，在《南社丛刻》发表诗文署用。有《学校管理法》《各级地方行政制度》等著作。

金人（1910－1971），河北南宫人。原名张少岩。曾用名张君悌、张恺年。笔名：①金人，1930 年开始在哈尔滨《国际协报》《民报》《哈尔滨五日画报》等报发表诗、小说、评论署用。见于诗《怀人》，载 1933 年 3 月 9 日《哈尔滨公报·公田》。嗣后在《清华文艺》

《前路》《文艺月刊》《文艺杂志》《译文》《世界文学》《民族呼声》《民族公论》《文艺综合》《玄黄》《新小说》《光明》《鲁迅风》《文艺新潮》《东北文化》《东北文艺》《文学战线》等报刊发表诗歌《受伤的灵魂》《怀人》《死神的胜利》、杂文《幼稚病》《慈善家的道德》《有闲与有钱》、连载小说《出路》《归宿》《忏悔》、翻译短篇小说《退伍》（苏联左琴科原作）等，出版翻译小说《草原上的城市》（苏联绥拉菲莫维奇原作）、《在南方的天下》（苏联普里博伊等原作）、《静静的顿河》（苏联肖洛霍夫原作）、《小夏伯阳》（苏联莫基列夫斯卡娅原作。与陈大维合译）、《只不过是爱情》（苏联瓦西列夫斯卡娅原作）、《普通一兵——亚力山大·马特罗索夫》（苏联茹尔巴原作）、《磨刀石农庄》（苏联潘菲洛夫原作）、《茹尔宾一家人》（苏联柯切托夫原作）、《克里姆·萨姆金的一生》（苏联高尔基原作）、《母亲》（苏联高尔基原作）、《契诃夫小说集》，人物故事《列宁的童年》（苏联尼·维列琴尼科夫原作）、《盖达尔的故事》（苏联叶梅里扬诺夫原作），散文《从军日记》（苏联波利亚科夫原作），童话《绿野仙踪》（美国鲍姆原作。与他人合译），电影文学剧本《斯大林格勒血战记》（苏联恩·维尔塔原作）等亦署。②GM，见于译作《工人叶朱良与空大鼓》（俄国阿·托尔斯泰原作），载1934年9月13日哈尔滨《国际协报·文艺》。③高曼，20世纪30年代前期在哈尔滨报刊发表文章署用。④田风，见于杂文《屁话》，连载于1936年哈尔滨《大北新报》画刊。⑤近仁，见于《第二年》，"孤岛"时期出版于上海。又见于译作《"神的裁判"》（苏联库班斯基原作），载1938年10月25—31日上海《申报·自由谈》。

金蓉镜（1856—1928？），浙江秀水（今嘉兴市）人。初名金鼎元，后改名蓉镜，字学范、甸臣、殿丞、闇伯，号潜父、潜庵、潜庐、莘甫、闇公、香岩；别号香岩居士、香岩头陀；晚号香岩老人、敬持老人、潞湖遗老。笔名金蓉镜，出版有《潜庐文钞》《潜庐诗钞》《痰气集》《潜书》《衍微》《训俗常谈》《净土义证》等著作。

金如霆，生卒年及籍贯不详。笔名：①柯群，见于小说《年青的时候》，载1945年上海《莘莘》月刊第1卷第3期。②史亭，见于小说《胡老夫子的遭遇》，载1943年上海《申报月刊》第1卷第4期。嗣后在该刊发表散文《漕河泾之游》、速写《李学敏》、小说《改革校政》等亦署。

金瑞本（1906—1943），原名金萃本，字兆祥，浙江金华人。笔名思明，20世纪40年代任浙江丽水《东南日报》总编在该报发表文章署用。

金山（1911—1982），江苏吴县（今苏州市）人。原名赵默，字缄可。曾用名赵洵。笔名：①赵洵，见于随笔《从〈巡按〉说起》，载1940年1月13日马来亚新加坡《星洲日报》。同时期在新加坡《南洋商报》发表剧本亦署。②金山，见于评论《一九四〇年马来亚

华侨剧运概述》，载1941年《读者文摘》第2期；随笔《祝洪深五十诞辰》，载1943年上海《万象》第3卷第4期。1945年在《新生中国》发表随笔《〈芳草天涯〉导演手记》亦署。

金少英（1898—1979），浙江绍兴人。原名金公亮，字少英。笔名：①洗恺，见于翻译小说《信号》（盖兴原作），载1931年上海《世界杂志》第1卷第3期；散文《到绍兴去》《达旦娘船上的几个法国女子》，分别载杭州《黄钟》1935年第6卷第1期和1936年第8卷第1期；散文《迁校纪行》，载1944年上海《新中华》第2卷第12期。②金少英，见于论文《讲演与辩论》，载1936年南京《教与学月刊》第2卷第4期。又见于论文《中学生的文病与补救方法》，载1936年《晨光周刊》第5卷第13期。按：金少英著有《诗经学ABC》《诗经学新论》《契据讲话》《公文讲话》，署名及出版情况未详。

金石声（1910—2000），安徽婺源（今属江西）人。原名金经昌。笔名金石声，见于小说《自×里通讯》，载1928年上海《乐群月刊》第1卷第1期。嗣后在《中华摄影杂志》《创化》《飞鹰》《全面战周刊》《乡建通讯》等刊发表随笔《摄影琐谈》、摄影《疏林残雪》《田园风味》等作品，出版长篇小说《爱的谜》（上海启智书局，1928年）、论著《欧洲文学史纲》（上海神州国光社，1931年）、摄影集《金石声摄影集》（上海人民美术出版社，1999年）等亦署。

金松（1917— ），浙江桐庐人。笔名：①邬野，见于杂文《屏风背后》，载1938年《东南日报》。嗣后在该刊发表杂文数十篇亦署。②程荆，1938年前后在上海、浙江报刊发表短诗十余首署用。③萧猛，1938年开始在浙江、上海报刊发表剧作、剧评署用。嗣后发表独幕剧《荒野》（载1946年上海《文汇报·笔会》）亦署。④金松，1949年后发表作品，出版地方戏《养猪姑娘》（浙江人民出版社，1955年），越剧《盘夫》（浙江人民出版社，1954年）、《儿女们的亲事》（浙江人民出版社，1955年）等亦署。

金素秋（1912—1990），河北河间人，生于天津。原名丁淑容。笔名金素秋，出版《篱下菊》（与傅淑芸合作）署用。

金汤（1913—？），辽宁旅顺（今大连市）人。原名金纯斌。笔名：①黑梦白，20世纪30年代在大连报刊投稿署用。②金闪，20世纪30年代在大连《泰东日报·开拓》发表诗歌等署用。嗣后与杨野出版油印诗集亦署。③吠影，见于诗《革村月下》，载1934年1月8日大连《泰东日报·开拓》。嗣后在该报发表诗《灵魂底踌躇》《甜蜜的春潮》《鲜嫩的樱花》《鸭绿江上》等亦署。④田兵，见于小说《老师的威风》，载1937年抚顺《明明》第1卷第3期。嗣后在该刊发表小说《T村的暮年》《火油机》等亦署。又见于诗《寄给你的书简》，载1940年5月《兴亚青年》第1卷第5期。此前后在沈阳《文选》《新青年》《作风》、长春《麒麟》

《艺文志》《兴亚》、哈尔滨《滨江日报》《午报》及日本大阪《华文大阪每日》等报刊发表诗《偶歌》、小说《麦春》、散文《我与文学》《旅音》等，出版散文集《并欣集》（与也丽、小松等合集。兴亚杂志社，1944 年）亦署。⑤易水，20 世纪 40 年代在哈尔滨《知识》杂志发表文章署用。⑥金汤，1946 年在哈尔滨地方报刊发表文章开始署用。嗣后一直沿用。⑦小槌、半斤、老马，1949 年后发表杂文、传说故事署用。

金体乾（1887—1965），浙江长兴人，字葆光。笔名金体乾，在《南社丛刻》发表诗文署用。

金天翮（1874—1947），江苏吴县（今苏州市）人。原名金懋基，字松岑、松琴、和岑，号鹤望、鹤舫、天放、天放楼主人。曾用名金天羽、金东斋、金城。笔名：①KA，出版翻译小说《三十三年落花梦》（日本宫崎寅藏原作。中国研究会，1903 年）署用。②爱自由者金一，出版小说集《女界钟》（上海大同书局，1903 年）署用。③金一，出版小说集《自由血》（上海镜今书局，1904 年）署用。④麒麟，见于东亚病夫著小说《孽海花》第 1 回至第 2 回（载 1904 年日本东京《江苏》第 8 期）。⑤爱自由者，见于东亚病夫著小说《孽海花》（小说林书社，1905 年）。⑥松岑，见于评论《论写情小说于新社会之关系》载 1905 年《新小说》第 2 期第 5 期。嗣后在《二十世纪大舞台》《女子世界》《江苏》《神州女报》《独立周报》《丙辰杂志》《卫星》等刊发表评论《救亡本论》《法兰西之新政潮》《中国今日之问题》《中国大思想家列御寇之学说》等文亦署。⑦鹤望，见于随笔《弈喻》，载 1915 年上海《独立周报》第 2 卷第 20 期。此前后在《扶风月刊》《神州女报》《小说大观》《丙辰杂志》等刊发表文章亦署。⑧金天翮，见于《上教育总长书》，载 1915 年《教育月刊》第 3 期；散文《天台纪游》，载 1919 年上海《小说月报》第 10 卷第 2 期；旧体诗《张家口大雨风作歌》《徐州重登黄楼》，载 1919 年上海《东方杂志》第 19 卷第 11 期。嗣后在《东方杂志》及《国学丛刊》《旅行杂志》《国学商兑》《珊瑚》《文艺捃华》《文社月刊》《江苏教育》《新民月刊》《卫星》《群雅月刊》《永安月刊》《国史馆馆刊》等刊发表评论《易用九群龙无首说》《复兴文化之责任与期望》《江苏学风》，散文《天台山游记》《龙眠山水纪》《浮渡游记》，旧体诗《啸台》《康节祠》《夏峰先生祠》《阻风渡钱塘不得登六和塔有作示吹万》《秦望游草——苏门百泉同潘薇卿金惠女士及仲禹》《王白与索题李复堂画竹即赠白与》《巨型飞机自重庆飞成都口占寄龚农瞻重庆》《眉州渡玻璃江登蠖颐山饮老君泉同何本初大令》、词《鹤望词》、传记《马之龙传》《方玉润传》等亦署。⑨金天羽，见于随笔《惆怅词自序》，载 1924 年上海《华国月刊》第 1 卷第 7 期。嗣后在该刊及南京《国风》半月刊发表随笔《西汉名贤赞》《叶蘋南女士祔葬族祖姑仙媛琼章墓碣》《重刊邓尉圣恩寺志序》等文亦署。⑩金鹤望，见于旧体诗《天放楼近诗》，载 1932 年上海《珊瑚》第 1 卷第

5 期。嗣后在该刊及上海《永安月刊》发表随笔《西园雅集》《记金却》等文亦署。⑪金鹤舫，见于评论《楠正义》，载 1937 年苏州《卫星》第 1 卷第 7 期。⑫鹤舫，见于论文《儿童文学的研究》，载 1940 年上海《新东方》第 1 卷第 6 期。⑬鹤舫老人，见于随笔《述金同翰》，载 1945 年上海《永安月刊》第 79 期。

金维新（1918—1947），浙江定海（今舟山市）人。笔名：①金维新，见于报告《难民收容所断片》，载 1937 年 9 月 25 日上海《光明》战事号外第 4 期。又见于随笔《我们的膳团经历》，载 1948 年上海《中学生》第 204 期。②未迅，"孤岛"时期在上海报刊发表文章署用。

金问泗（1892—1968），浙江嘉兴人，号纯儒、成汝。笔名金问泗，见于随笔《旅欧三年之感想》，载 1936 年南京《广播周报》第 83 期；随笔《巴黎和会之回忆》，载 1936 年南京《外交评论》第 7 卷第 3 期。嗣后在《法律周刊》《东方杂志》《银行周报》《中央周刊》等刊发表文章，出版《外交工作的回忆》（台北传记文学出版社，1968 年）、《从巴黎和会到国联》（台北传记文学出版社，1983 年）、《金问泗诗词稿》等著作亦署。

金武祥（1841—1924），江苏江阴人。原名金则仁，字溎生，号粟香、菽乡、陶庐、一斤山人、水月主人；别号泳鲤桥头一钓徒。笔名金武祥，见于传记《祥符周昀叔传》，载 1915 年上海《文艺杂志》第 10 期。嗣后出版著作《漓江杂记》《漓江游草》《菜香之笔》《陶庐杂忆》《陶庐杂忆续咏》《粟香随笔》《粟香室文稿》《金溎生日记》《赤溪杂志》等亦署。

金小天（1902—1966），辽宁沈阳人。原名金光耀。曾用名金德宣。笔名：①金光耀，见于小说《误会死一个学生》，载 1921 年 1 月 21—28 日沈阳《盛京时报》。同时期在该报发表小说《怨杀》亦署。②小天，1926 年 4 月起与王冷佛在沈阳主编《盛京时报·紫陌》署用。见于评论《艺术上之民族精神》，载 1926 年 3 月 17—24 日沈阳《盛京时报》。此前后在该报发表小说《美的现实》《生命之舞》《诗人的心》《陶渊明》、中篇小说《春之微笑》、评论《论〈少奶奶的扇子〉》《新歌剧初演》《文学展望》等亦署。③金小天，见于评论《艺术上的民族精神》，载 1923 年 3 月 17 日《盛京时报》；长篇小说《鸾凤离魂录》，1923 年 11 月 8 日至 1924 年 1 月 18 日连载于沈阳《盛京时报·神皋杂俎》。嗣后在《文选》《麒麟》等刊发表随笔《壬午谈马》、论文《虎皮驿考》，连载小说《柳枝》《屈原》等亦署。

金欣，生卒年及籍贯不详。笔名谢企赞，1946 年在上海《联合晚报》副刊发表文章署用。

金性尧（1916—2007），浙江定海（今舟山市）人。曾用名大毛（小名）。笔名：①金矛，见于随笔《读〈文学上的心灵〉》，载 1933 年 11 月 29 日、12 月 1 日浙江《定海舟报·欿乃》。②金性尧，见于诗《屠门大嚼斋歪诗一束》，载 1934 年 1 月 22 日浙江《定海舟报·欿

乃》；随笔《谈打油诗》，载 1936 年 7 月 15 日上海《大晚报·火炬通俗文学》。同时期或嗣后在上述两刊及上海《青年界》《春秋》《铁报》《救亡日报》《民族呼声》《光明》《众生》等报刊发表《鲁迅先生的旧体诗》《十月先开岭上梅》等文，1949 年后在《人民日报》《读书》等报刊发表文章，出版随笔集《炉边诗话》（上海人民出版社，1988 年）、《清代诗祸录》（香港中华书局，1989 年）、《闲坐说诗经》（香港中华书局，1990 年）、《夜阑话韩柳》（香港中华书局，1991 年）、《清代宫廷政变录》（香港中华书局，1992 年）、《六宫幽灵》（辽宁教育出版社，1998 年）、《亡国之君》（辽宁教育出版社，1998 年）、《唐诗三百首新注》（上海古籍出版社，1980 年）、《宋诗三百首》（上海古籍出版社，1986 年）等亦署。③毛杆，见于随笔《啼笑皆非录》，载 1934 年 3 月 8 日浙江《定海舟报·欤乃》。嗣后在该刊及上海《微明》《大晚报·火炬通俗文学》发表诗、杂文、随笔等亦署。④性尧，见于随笔《论漫画》，载 1934 年 4 月 7 日浙江《定海舟报·欤乃》。嗣后在该刊发表杂文《昼寝》《谭运动之类》等，1937 年 8 月 30 日在上海《救亡日报》发表诗《被屠杀的虹口人民》，1961 年 9、10 月在上海《新民晚报》发表随笔《说精炼》《富春两宿》等亦署。⑤冒干，见于随笔《谭小品文》，载 1934 年 4 月 25 日浙江《定海舟报·欤乃》。⑥杆，见于杂文《失恋》，载 1934 年 9 月 13 日浙江《定海舟报·欤乃》。同年 10 月 30 日在该刊发表诗《忽然写起》亦署。⑦惟尧，1934 年与鲁迅通信署用。⑧赵天一，见于随笔《无锡速写》，载 1935 年《社会周报》第 1 卷第 50 期。1950 年在上海《亦报》发表杂文《读元旦诗》《也谈：三味书屋》《从小报想尘无》等亦署。⑨鑫鸟，见于散文《殉难六年祭》，载 1938 年 2 月 23 日上海《文汇报·世纪风》。嗣后在该刊发表随笔《拾来的广告》《阿王的怒吼》《纪念"三一八"惨案》等亦署。⑩星鸟，见于随笔《春末零感》，载 1938 年 4 月 27 日《文汇报·世纪风》。嗣后在该刊及《译报·爝火》发表散文《悼王尘无君》、随笔《关于知堂》《丰碑的扶植》等亦署。⑪文载道，见于记录《论〈西行漫记〉作者埃狄加·施乐及其演词》，载 1938 年 5 月 15 日上海《文汇报》。嗣后在《申报·自由谈》《鲁迅风》《文汇报·世纪风》《妇女》《译报·前哨》《文史》《萧萧》《正言报·草原》《申报·春秋》《文献》《公众论书》《众生》《大美报·浅草》《中华日报》《旅行杂志》《自学旬刊》《宇宙风》《宇宙风乙刊》《文艺界》《万岁》《古今》《全面》《作家》《万象》《申报月刊》《杂志》《国报周刊》《风雨谈》《出版月刊》《天地》《语林》《光化》《小天地》《文帖》《民族公论》《中艺》《文艺》《文艺新潮》《新中国文艺丛刊》《艺文杂志》《人间》《中华月报》《文艺世纪》等报刊发表散文、杂文、随笔，出版杂文集《边鼓集》[与周木斋、周黎庵、柯灵、屈轶（巴人）、风子（唐弢）合集。上海文汇有限公司，1938 年]、《横眉集》（与孔另境、王任叔等合集。上海文汇有限公司，1939 年）、《星屋小文》（上海文化生活出版社，1941 年）、

《风土小记》（上海太平书局，1944 年）、《文抄》（北京新民印书馆，1944 年）等亦署。⑫春秋，见于诗《华发吟》，载 1938 年 6 月 26 日上海《译报》；杂文《敬礼——祝五中全会》，载 1939 年上海《鲁迅风》第 3 期。同时期在上海《文汇报·世纪风》《译报·大家谈》发表杂文、随笔亦署。⑬康既激，见于随笔《读〈青年的任务〉》，载 1938 年 12 月 23 日《文汇报·世纪风》。⑭坑生，见于随笔《偶语》，载 1939 年上海《鲁迅风》第 2 期。嗣后在该刊第 8、9 期发表随笔《偶语》亦署。⑮既激，见于随笔《偶语》，载 1939 年上海《鲁迅风》第 2 期。嗣后在该刊第 6、9 期发表随笔《偶语》亦署。⑯康苏，见于随笔《由悲痛至振奋——纪念"一·二八"七周年》，载 1939 年《鲁迅风》第 3 期。嗣后在该刊第 7、13 期发表随笔《偶语》亦署。⑰阿刺，见于随笔《偶语》，载 1939 年《鲁迅风》第 3 期。⑱曼甫，见于随笔《春夜走笔》，载 1939 年《鲁迅风》第 13 期；随笔《片断》，载 1941 年上海《萧萧》第 3 期。⑲秦坑生，见于随笔《关于〈清史稿〉及其他》，载 1938 年 8 月 9 日上海《文汇报·世纪风》。嗣后在该刊及上海《译报·大家谈》《杂文丛刊》第 6 辑《巨阙》等报刊发表《杂谭"差不多"》《夏晚钩沉录之一——丑旦现形记》等杂文、随笔亦署。⑳浙孺，见于日记《婆娑居旧日记钞》，连载于 1940 年 12 月 10—31 日上海《小说日报》。㉑刘昱诚，见于随笔《灯前读画记——关于〈顾氏画谱〉》，载 1941 年《萧萧》第 3 期。㉒危涕，见于随笔《上海滩的"家"们》，载 1941 年上海《萧萧》第 1 期。㉓撞庵，见于随笔《由"五四"而想到的人——纪念蔡孑民先生》，载 1943 年上海《万岁》第 2 卷第 1 期；随笔《撞庵随笔》，载 1943 年上海《杂志》第 11 卷第 5 期；《虚与实》，载 1944 年上海《文史》第 1 期。㉔鑫尧，见于随笔《妇人生须》，载 1944 年上海《古今》第 52 期。㉕载匋、闻蛩，分别见于随笔《关于特辑》和《雅与俗》，载 1944 年上海《文史》第 1 期。"闻蛩"一名发表随笔《故宫史话》（载 1951 年上海《旅行杂志》第 5 期）、《对〈斩貂蝉考证〉的一点补充意见》（载 1953 年 7 月 12 日上海《新民晚报》）亦署。㉖闻言，见于随笔《献词》，载 1945 年《文史》第 3 期。㉗辛沃，见于随笔《关于"睡"的种种》，载 1948 年上海《论语》第 156 期。嗣后在该刊及上海《旅行杂志》发表《昆山一日游》、随笔《读〈鲁迅书简〉》、诗《今乐府》等亦署。㉘辛奥，见于随笔《豪门丛谭》，载 1948 年上海《好文章》第 2 期。嗣后在该刊第 3 期发表随笔《民国的一部最大禁书》亦署。㉙赵夫，见于杂文《太炎联话》，载 1950 年 1 月 20 日上海《亦报》。同年 1 月 28 日在该报发表讽刺小品《老秃小秃，由离而合》亦署。㉚唐风，见于随笔《关于〈唐诗一百首〉的编选》，载 1959 年 3 月 6 日《文汇报》；随笔《关于〈兰亭序〉的真伪问题》，载 1965 年 8 月 19 日《文汇报》。㉛鲁乙庸，见于随笔《故宫三大殿》，载 1982 年 1 月 4 日上海《新民晚报》。嗣后在该报发

表《嘉庆与和珅》《庶吉士的来历》《明清的布政使》，1982 年在上海《书林》第 2 期发表随笔《读〈中国娼妓史〉》亦署。㉜郭宗，见于随笔《介绍〈清代笔祸录〉》，载 1989 年 9 月 18 日香港《大公报》。㉝星屋、叩关、康翁，署用情况未详。

金雄白（1905－1985），江苏青埔（今上海市）人。原名金烯民。笔名：①金雄白，见于随笔《教建两周年的话》，载 1942 年南京《教育建设》第 4 卷第 3 期；短评《第四战线的统一》，载 1942 年 6 月 20 日上海《上海记者》创刊号。1943 年在上海《古今》杂志发表随笔《谈办报》等，出版回忆录《记者生涯五十年》（台北跃升文化事业公司，1988 年）、日文版《同生死的实体——汪兆铭的悲剧》（池田笃纪译。东京时事通信社，1960 年）、《中共的内幕》（本乡贺一译。东京时事通信社，1962 年）、《中共的十大问题》（本乡贺一译。东京时事通信社，1963 年）等亦署。②金不换，见于随笔"刺透了自己的胸膛"》《"谜"字新诂，载 1941 年香港《紫荆》第 1 期。③朱子家，见于报告文学《汪政权的开场与收场》，连载于 1957 年香港《春秋》半月刊。④子家、息存、瓶梅、陈子家、蔿下老人，署用情况未详。

金学成（1905－1990），江苏奉贤（今上海市）人。曾用名金庆云。笔名：①任重，1938 年在上海《文献》月刊发表文章署用。②金学成，见于《日本的命运》，载 1946 年上海《日本论坛》创刊号。嗣后在该刊及《新中华》《中国建设》等刊发表评论《日本的精神革命成功了吗》《战后的日本》、译文《中国革命的世界史的意义》（日本平野义太郎原作）等亦署。

金学铁（1916－2001），中国籍朝鲜人。原籍朝鲜元山。原名洪性杰。笔名金学铁，1945 年在韩国汉城（今首尔）出版短篇小说《长虫（蜈蚣）》署用。1950 年定居中国延边，1985 年获得中国国籍，并加入中国作家协会，出版长篇小说《说吧，海兰江》（延边人民出版社，2011 年），中篇小说《泛滥》（人民文学出版社，1952 年），短篇小说集《军功章》（人民文学出版社，1952 年）、《激情时代》《20 世纪的神话》，短篇小说集《军功章》《乔迁》《苦闷》《无名小卒》《金学铁短篇小说选》（辽宁人民出版社，1985 年），散文集《我的路》，报告文学《高峰起遗书》，传记文学《抗战别曲》（黑龙江朝鲜民族出版社，1983 年），自传《最后的分队长》，自传体散文集《像土螺壳里面一样的世界》等亦署。

金尧如（1923－2004），浙江绍兴人。原名金德明。笔名：①许仁、云乎哉，1941－1945 年在福建《东南日报·笔垒》《大潭报》、江西上饶《前线日报·战地》、浙江《青年报》发表文章署用。②尧如，见于杂文《不是"牢骚"》，载 1945 年 1 月 8 日福建《东南日报·笔垒》。③沈思争，见于杂文《"多事"》，载 1946 年上海《消息》半周刊第 10 期。同时期在上海《中国学生导报》发表文章亦署。④沈明，见于《开展台湾新文艺

运动》，载 1947 年台湾《新生报》。⑤金侃，20 世纪 40 年代在福建报刊发表文章署用。⑥李常立、金尧如、管见之，1948 年后在香港《华商报》《文汇报》《大公报》《世界展望》《读书与生活》及北京《人民日报》等报刊发表文章署用。

金翼谋（1877－？），江苏太仓人。原名金燕，字翼谋。笔名金燕、翼谋，在《南社丛刻》发表诗文署用。

金庸（1924－2018），浙江海宁人。原名查良镛。曾用名：宜孙（幼名）。笔名：①查理，见于随笔《一事能狂便少年》，载 1941 年 9 月 4 日浙江《东南日报·笔垒》第 874 期。嗣后在该刊发表《人比黄花瘦——读李清照词偶感》《千人中之一人》二文亦署。②查良镛，见于译文《英国最近的外交政策》，载 1946 年广州《粤秀文垒》第 2 卷第 3 期。嗣后在《时与潮半月刊》《时与潮副刊》《半月新闻》等刊发表著译评论亦署。③林欢，1952 年在香港《新晚报》编副刊《下午茶座》时发表影评署用。1953 年起创作电影剧本《绝代佳人》《兰花花》《不要离开我》《三恋》《小鸽的姑娘》《有女怀春》《午夜琴声》，在香港《长城画报》《新晚报》发表影评、随笔、歌词等亦署。④姚馥兰，1952 年起在《新晚报·下午茶座》等发表影评、影话署用。⑤金庸，见于长篇武侠小说《书剑恩仇录》，1955 年 2 月 8 日起在香港《新晚报》连载。嗣后出版长篇武侠小说《书剑恩仇录》《碧血剑》《射雕英雄传》《神雕侠侣》《雪山飞狐》《飞狐外传》《倚天屠龙记》《连城诀》《笑傲江湖》《侠客行》《鹿鼎记》《天龙八部》等亦署。⑥姚嘉衣，署用情况未详。

金展（1916－？），辽宁鞍山人。原名金万义，字展之。笔名：①蔓漪，见于诗《相思》，载 1934 年 5 月 30 日大连《泰东日报》。嗣后在该报发表诗《无题》《蚕》《秋之曲》《新墓》等亦署。②金展，1934 年开始在长春《大同报·大同俱乐部》发表文艺理论文章署用。嗣后在《斯民》《泰东日报》《兴亚杂志》《沈阳日报》《中苏日报》等刊发表文章，1939 在长春《新满洲》第 1 卷第 11、12 号发表小说《渺渺》亦署。③也、吴辽、耕野，1946－1947 年在沈阳《东北民报》《沈阳日报》《东北前峰》《前进报》《中苏日报》及《星火》等报刊发表杂文、文艺评论署用。④静也，1948－1952 年在《生活报》《生活知识》发表文章署用。

金兆蕃（1868－1951），浙江嘉兴人，字钱孙，号药梦、安乐乡人。笔名金兆蕃，著有《安乐乡人诗》《药梦词》，编纂有《樵李丛书》。

金兆梓（1889－1975），浙江金华人，字子敦，号厂（tún’ān）、芚盦、芚斋、芚厂主人。笔名：①金兆梓，见于译文《韵节及自由诗》（布利斯·佩里原作，与傅东华合译），载 1923 年上海《时事新报·文学周刊》第 100 期。嗣后在《文学》《东方杂志》《中华教育界》《新中华》《教与学》《学林》《说文月刊》《史学季刊》《读书通讯》《改造杂志》《教育通讯》《学艺

等刊发表论文《五四文学运动之历史的意义》（与郁达夫等人合作）、《中国人种及文化之由来》《通史新诠》《今文尚书说》《人类文明的成绩》《老子在先秦学术界之地位》，随笔《追忆陆费伯鸿先生》《弥可纪念之国庆日》等文，出版论著《法国革命史》（上海商务印书馆，1929 年）、《俄国革命史》（上海商务印书馆，1930 年）、《近世中国史》（上海中华书局，1947 年）、《国文法之研究》（上海中华书局，1955 年）等亦署。②兆梓，见于评论《一二八又至矣》，载 1934 年上海《新中华》半月刊第 2 卷第 2 期。嗣后在该刊发表随笔《杂谈道德问题》《再谈知识分子》《怎样做当前的中国人》等文亦署。③金苊厂，见于随笔《瞰江流阁文话》，载 1944 年重庆《中华少年》第 1 卷第 1 期。④苊厂，见于评论《正视现实》，载 1948 年上海《新中华》复刊第 6 卷第 22 期。嗣后在该刊发表随笔《感情与理智》《一件值得全世界人士正视的法案》等文亦署。按：金兆梓的著作尚有《中国史纲》《苊厂治学类稿》《实用国文修辞学》等。此外，他还著有《近代文学之鸟瞰》（1933）、《炒冷饭》（载《学术》1940 年第 2 辑）、《封邑邦国方辨》（载《历史研究》1956 年第 2 期），以及《诗之研究》（美国布利斯·佩里原作，与傅东华合译）、《中国人种及文化由来》《现代史学的特质》《历史是否科学？》等论著，纂辑有《陕冈集》《徐文定公三百年纪念》等，出版与署名情况未详。

金肇野（1912－1996），辽宁辽中人，满族。原名金毓桐，字华岩。笔名：①肇野，见于散文《街头一岗警》，载 1933 年 11 月 25 日北平《京报·沙泉》。于此前后在北平《北平时报》、上海《光明》《新学识》、长春《新满洲》等报刊发表信函《关于〈五月的鲜花〉》等文亦署。②予里，见于小说《活路》，载 1934 年北平《行健月刊》第 4 卷第 6 期。嗣后在该刊发表散文《傀儡剧中的人们》亦署。③华岩、赵聿、哗言，1936 年后在北平《北平新报》、上海《新学识》《生活知识》、武汉《反攻》、延安《解放日报》、晋察冀《晋察冀日报》、天津《庸报》及《北辰报》《挺进报》等报刊发表文章署用。④王介，见于通讯《芦沟桥事实纪实——北平通讯》，载 1937 年上海《周报》第 1 卷第 3 期。同年在上海《新学识》第 1 卷第 9 期、上海《月报》第 1 卷第 7 期分别发表通讯《天津浮尸事件》《通州巡礼》亦署。⑤金肇野，见于散文《在天津》，载 1941 年晋察冀《五十年代》第 1 卷第 3 期。嗣后发表小说《海上的遭遇》（与刘白羽、周而复、吴伯箫合作。载 1946 年上海《文艺春秋》第 2 卷第 4 期），1949 年后在《小说》《新华月报》《人民文学》《东北农业》等刊发表文章，出版散文集《苏联农业展览会参观记》（辽宁人民出版社，1955 年）、《库班纪行》（辽宁人民出版社，1956 年）、《列宁集体农庄访问记》（辽宁人民出版社，1956 年）等亦署。

金枝芒（1912－1988），马来西亚华人，原籍中国江苏常熟。原名陈树英。曾用名周力。笔名：①乳婴，见于小说《八九百个》，载 1938 年 1 月 11 日－21 日马

来亚新加坡《星中日报·星火》；小说《逃难途中》，载 1938 年 6 月 19 日马来亚新加坡《南洋商报·南洋文艺》。②殷枝阳，见于短篇小说《牺牲者的治疗》，载 1946 年 2 月 15 日新加坡《赤道文阵》创刊号。嗣后出版小说集《头家和苦力》（与韩萌等合集。香港赤道出版社，1951 年）亦署。③金枝芒、枝阳，抗战后在马来亚怡保编《怡保日报》副刊时发表文章署用。④周客，见于评论《谈马华文艺》，载 1948 年 1 月 1 日马来亚吉隆坡《战友报·新年特刊》；评论《也论侨民文艺》，载 1948 年 1 月 17 日马来亚吉隆坡《民声报·新风》。⑤愚伯，油印出版中篇小说《烽火中的牙拉顶》（马来西亚火炬出版社，1958 年）署用。⑥永定，出版中篇小说《甘榜勿隆》（马来西亚火炬出版社，1958 年）署用。⑦周衣，为歌曲《出发》《东海岸的农场歌》写歌词署用。

金中（1926－2008），浙江宁波人。原名章世菁，字钰成。笔名：①世菁，1940 年夏在上海《大美报》《大美晚报》发表《学徒的生活素描》等散文、随笔署用。②金中，1949 年后发表文章，出版翻译小说《骨肉至亲》（日本石川达三原作。湖南人民出版社，1980 年）、《风中芦苇》（日本石川达三原作。黑龙江人民出版社，1982 年）、《破碎的山河》（日本石川达三原作。春风文艺出版社，1983 年）、《歪斜的复印》（日本松本清张原作。山东文艺出版社，1985 年）、《暴风雨前夕》（日本广津和郎原作。湖南人民出版社，1985 年）、《活着的士兵》（日本石川达三原作。昆仑出版社，1987 年）等亦署。按：金中还出版有译作《金环蚀》《光与影》《沉重的岁月》和《日汉成语谚语辞典》等，出版与署名情况未详。

金仲荪（1879－1945），浙江金华人。原名金兆棪，字仲荪，号悔庐。笔名金钟荪，曾为程砚秋编写京剧剧本《碧玉簪》（罗瘿公原作，金仲荪续编）及《聂隐娘》《文姬归汉》《沈云英》《斟情记》《硃痕记》《梅妃》《柳迎春》《陈丽卿》《荒山泪》，著有《霜杰集》等。

金仲芸（1898－1990），安徽无为人。笔名：①仲芸女士，见于散文《哭母》，载 1924 年 12 月 30 日北京《京报·民众文艺周刊》；漫画《现代的妇女》，载 1933 年杭州《艺风》第 1 卷第 5 期。②金仲芸，见于散文《老夫人的印象》，载 1925 年 3 月 17 日《京报·民众文艺周刊》；随笔《艺术与商业》，载 1925 年北京《莽原》周刊第 13 期。嗣后在《莽原》《猛进》《京报副刊》《新女性》《南华文艺》《艺风》等报刊发表诗、散文等亦署。③仲芸，见于随笔《女子服务的价值》，载 1931 年南京《妇女共鸣》第 59 期。④金仲芸女士，见于漫画《羁绊下》，载 1933 杭州《艺风》第 1 卷第 5 期。

金重（1919－2012），广东茂名人。原名陈明刚。曾用名金沙。笔名：①陈明刚，1932 年前后在《贵州日报》发表诗歌署用。②鲁凝，见于散文《手》，载 1940 年前后《大公报》副刊。1948 年在云南《正义报》副刊发表文章亦署。③金沙，1940 年前后在汉口《大公

报》副刊发表文章署用。④金飒，1946－1947 年在山东《大众日报》发表通讯报道署用。⑤金重，20 世纪 50 年代初在云南报刊发表文章署用。

金紫光（1917－2000），河南焦作人。原名靳思杰。笔名：①紫光，见于随笔《纪念星海》，载 1946 年 10 月 30 日延安《解放日报》。②金紫光，创作《青年大合唱》歌词、组诗《青年的故乡》，创作、出版歌剧剧本《再上前线》《反抗的吼声》《蓝花花》，话剧剧本《怒吼吧，青年》，传奇历史剧《渔家女》，京剧剧本《逼上梁山》，昆曲剧本《红霞》（与黄励合作），电影文学剧本《望夫云》，编撰《伟大的长征》（与靳思彤合作）、《外国人笔下的中国红军》（与靳思彤合作），主编《延安文艺》丛书等均署。③志光、思杰，署用情况未详。

金祖同（1914－1955），浙江嘉兴人，回族，字寿孙、晓同。笔名：①金祖同，见于论文《墨子与回教》，载 1932 年上海《枕戈》第 1 卷第 13、14 期合刊。嗣后在《申报·自由谈》《学生文艺丛刊》《说文月刊》《燕京学报》《中国评论》等刊发表《关于"吴彦集联"的话》《牺尊跋》《匜敦跋》《跋顾鳌藏魏正始石经》《剖面的殷代社会举例》《沈王校道家书叙录》《青紫轩杂钞》《出版界消息——殷契遗珠》《蒲氏家谱及其他》《孔德所藏卜辞写本录副》《略论文字形体之变迁》《蒲氏家谱及其他》等文亦署。②且同，见于随笔《杜十娘沉箱以后》，载 1936 年 6 月 3 日上海《大晚报·火炬通俗文学》。同时在该刊发表《再记杜十娘沉箱以后》《介绍李家瑞著〈北平俗曲略〉》等，1937 年 8 月 25 日在上海《救亡日报》发表随笔《东京拾零》亦署。③金且同，见于随笔《怀念在东京的东北同学》，载 1937 年 10 月 13 日上海《救亡日报》。④殷尘，出版《郭沫若归国秘记》（上海言行社，1934 年）署用。嗣后发表随笔《遗留在奄美群岛的中国文化》（载 1940 年《说文月刊》第 2 卷），1946 年在上海《图书月刊》发表评论《中国文字形体的演变》《钱玄同先生的学术思想》《漫谈台湾省古文化与吴越的关系》等文亦署。⑤祖同，"孤岛"时期在上海《说文月刊》等报刊发表文章署用。⑥晓冈，见于随笔《孙夫人：民主、和平的象征》，载 1949 年上海《透视》丛刊第 1 期。⑦疾雨，见于《革命青年领导者郭沫若》，1949 年 2 月发表。⑧殷君、墨者、回也、廉生，署用情况未详。

锦连（1928－2013），台湾彰化人。原名陈金连。笔名锦连，出版诗集《乡愁》（台北，1956 年）署用。

晋驼（1910－1987），山东夏津人。原名刘月舟。曾用名刘庆芳、刘敏。笔名：①铁肩、刘铁肩，20 世纪 30 年代在哈尔滨《国际协报》《大北新报画刊》等报刊发表小说署用。②啼笑轩主，见于长篇章回小说《啼笑皆非》，载 1936 年哈尔滨《大北新报画刊》。③公刘，见于长篇报告《铁蹄下之东北》，载 1937 年《济南新报》。④刘公，徐州《国民公报》转载《铁蹄下之东北》一文时误排。⑤晋驼，1940 年开始在延安《解放日报》

《文艺月报》等发表小说署用。见于小说《结合》，载 1946 年上海《希望》第 2 卷第 1 期；散文《渡河》，载 1946 年 12 月《东北文艺》。嗣后在吉林《文艺月报》发表小说《妞妞》、散文《一篇拙劣的纪录》等亦署。

靳起焕，生卒年及籍贯不详。笔名薪漪，见于诗《打鱼》，载 1945 年 5 月 28 日江苏南通《江北日报·诗歌线》。

靳以（1909－1959），天津人。原名章方叙，字正侯。笔名：①章依，见于小说《桂花香时》，载 1927 年第 60 期《南中周刊》；又见于诗《明天啊，明天！》，载 1928 年上海《语丝》第 4 卷第 46 期。嗣后在《小说月报》《北新》《新文艺》《现代文学》等刊发表诗文亦署。②靳以，见于小说《偕奔》，载 1930 年上海《小说月报》第 21 卷第 3 期；又见于通讯《东北行（一）哈尔滨》《东北行（二）梅林正治》，载 1934 年《新生周刊》第 5—6 期。嗣后在《东方杂志》《申报月刊》《中学生》《新月》《文艺月刊》《现代》《文学》《文学季刊》《小说》《太白》《水星》《文饭小品》《新小说》《宇宙风》《作家》《文季月刊》《中流》《文丛》《烽火》《自由中国》《抗战文艺》《文艺新潮》《月报》《春秋》《现代文艺》《文艺生活》《文艺杂志》《改进》《文艺春秋》《人世间》《时与潮文艺》《文哨》《文艺复兴》《艺风》《诗垦地丛刊》《中美周报》《文选》《现代文摘》《文坛月报》《清明》《萌芽》、重庆《国民公报·文群》、上海《大公报·星期文艺》《文汇报·青年大众》等报刊发表作品，出版散文集《猫与短简》（上海开明书店，1937 年）、《渡家》（上海商务印书馆，1937 年）、《雾及其他》（上海文化生活出版社，1940 年）、《火花》（重庆烽火社，1940 年）、《红烛》（重庆文化生活出版社，1942 年）、《鸟树小集》（南平国民出版社，1943 年）、《沉默的果实》（重庆中华书局，1945 年）、《血与火花》（上海万叶书店，1946 年）、《人世百图》（上海文化生活出版社，1948 年），小说集《圣型》（上海现代书局，1933 年）、《群鸦》（上海新中国书店，1934 年）、《青的花》（上海生活书店，1934 年）、《虫蚀》（上海良友图书印刷公司，1934 年）、《珠落集》（上海文化生活出版社，1935 年）、《残阳》（上海开明书店，1936 年）、《黄沙》（上海文化生活出版社，1936 年）、《远天的冰雪》（上海文化生活出版社，1937 年）、《靳以短篇小说一集》（上海开明书店，1937 年）、《洪流》（上海文化生活出版社，1941 年）、《遥远的城》（重庆烽火社，1941 年）、《众神》（重庆文化生活出版社，1944 年）、《黑影》（上海博文书店，1947 年）、《生存》（上海文化生活出版社，1948 年），长篇小说《前夕》（重庆文化生活出版社，1942 年）、《春草》（上海文化生活出版社，1946 年）等亦署。③陈涓，见于小说《父亲》，载 1931 年《小说月报》第 22 卷第 1 期。④方序，见于散文《亡者》《短简》，载 1935 年《文学季刊》第 2 卷第 3、4 期；又见于《没有春天》，载 1935 年《水星》第 2 卷第 3 期。嗣后在《文季月刊》《文丛》《现代文艺》《国民公报·文群》《大公报·星期文艺》等报刊发表作品亦署。⑤章靳以，见于《我们对于运动的意见》，载 1935 年上海《青年界》第 8 卷第 3 期。嗣后在《文学》《大学评论》《中建》等报刊发表作品亦署。⑥苏麟，见于杂文《人世百图：楔子》，载 1939 年重庆《国民公报·文群》第 10 期。嗣后在该刊发表杂文《猪的悲哀》《雄鸡的死亡》，在香港《大公报·文艺》发表《人世百图之小引、启事一则》，在《西南文艺》发表《人世百图之耕牛、胞衣、广告》，在上海《文汇报·笔会》发表杂文《父子俩》，在《东南日报·新垒》发表散文《工程师》等，出版散文集《人世百图》（南平国民出版社，1943年）亦署。⑦勒以，1942 年在重庆《诗垦地》第 3 期发表诗《雾中的来往》时正文误排（该期目录中仍署名"靳以"）。⑧陈欣，见于小说《冬晚》，载 1936 年第 1 卷第 5 期《文季月刊》。⑨丹鸟，见于通讯《东北行（三）告密》《东北行（四）寄信与邮政》，分载 1934 年《新生周刊》第 10 期、第 12 期。⑩柳青，见于散文《冷落》，载 1936 年《文季月刊》第 1 卷第 6 期。⑪方肃，见于《给日本士兵》，载 1938 年《文丛》第 2 卷第 2 期；又见于《卑污的屠杀》，载 1939 年 1 月 19 日《文群》第 2 期。⑫吕坚，见于《父亲和猪》，载 1941 年 3 月 29 日《文群》第 279 期。⑬苏凌，见于散文《信》《我坐在公路车上》，载 1941 年《现代文艺》第 4 卷第 2—3 期。⑭舒凌，见于小说《他们十九个》，载 1942 年《现代文艺》。⑮黎微，见于散文《我辈是狗——人世百图之一》，载 1947 年 6 月 15 日《大公报·星期文艺》第 36 期；又见于散文《人世百图——呆子、老丑角》，载 1947 年 7 月 13 日《大公报·星期文艺》第 40 期。⑯若安，见于散文《人间小品》，载 1947 年 6 月 15 日《大公报·星期文艺》第 36 期。

靳仲云（1876－1969），河南祥符（今开封市）人。原名靳志，字仲云。笔名：①仲云，见于旧体诗《刘冰如有左与言之戚集至溪句作两绝寄意为作三解》，载 1930 年 9 月南京《铁路协会月刊》第 2 卷第 9 期。嗣后在该刊发表诗词《贺新郎》《无闷》等亦署。②靳仲云，见于旧体诗《居易斋入洛诗》，载 1936 年苏州《珊瑚》半月刊第 2 卷第 3 期；随笔《南阳张公墓表》，载 1936 年开封《儒效月刊》第 2 卷第 8—9 期合刊。③靳志，见于旧体诗《青溪社拟为子由作生日未举行也鹤亭遽邀以诗来颖人属和之用东坡初别子由韵》，载 1933 年 3 月南京《铁路协会月刊》第 5 卷第 3 期；旧体诗《癸酉新秋重游旧京十六律》，载 1933 年 10 月 24 日南京《国民外交杂志》第 3 卷第 1 期。嗣后在《国民外交杂志》《文社月刊》《文艺捃华》《卫星》及 1944 年在重庆《书学》、成都《文史杂志》发表旧体诗亦署。

【jing】

经亨颐（1877－1938），浙江上虞人，字子渊，号石禅，晚号颐渊。别号厅秋、石禅居士、长松山房主人、临渊阁士、临渊居士。笔名：①子渊，见于《青年团的性质》，载 1919 年《浙江青年团月刊》。②颐渊，见于《北京学潮平议和解决方法》，载 1923 年《责任》周刊。③石禅，1914 年在杭州《教育周报》发表文章署用。④经颐渊，见于旧体诗《风尘中题画》第 12 首，载 1931 年上海《画学月刊》第 1 卷第 1。⑤经亨颐，见于旧体诗《树人先生为予宅址乔松写图翌日同游山阴舟次漫题》《题树人山溪新绿图》等，载 1929 年上海《良友画报》第 36 期。嗣后在《中央导报》《中央周报》《广播周报》等刊发表《讨蒋剿共声中应自己觉悟之点》《从国画说到教育》《国难感想与教育》《在相互牺牲之下才是靠得住的团结》《何谓国画》《科学的人生与国庆》《对于公民宣誓的意见》《科学的人生》等文，出版《经颐渊金石诗书画合集》（含《颐渊诗集》《颐渊印集》《颐渊书画集》三卷）（上海中华书局，1936年）亦署。

荆有麟（1903－1951），山西猗氏（今临猗县）人。曾用名荆织芳、荆有林、金林、林安、李林。笔名：①有麟，见于随笔《走向十字街头》，载 1925 年北京《莽原》周刊创刊号；随笔《武装了的列强》，载 1925 年北京《京报副刊》第 271 号。1933 年在杭州《艺风月刊》发表小说《春宴》、随笔《由民间来的艺术》等文亦署。②荆有麟，见于随笔《关于"民众文艺"的话》，载 1925 年北京《莽原》周刊第 6 期。嗣后在该刊及《京报副刊》《贡献》《南华文艺》《艺风》《美术生活》《文艺月刊》《文艺茶话》《新文学》《十日杂志》《上海漫画》《七月》《抗到底》《自由中国》《时事类编》《民意周刊》《文艺阵地》《新华日报》《抗战文艺》《笔阵》《论语》《文学月报》《救亡日报》《文艺生活》《读书月报》《今文月刊》《文学》《文坛》《高原》《民主世界》等报刊发表小说、散文、评论等，出版散文集《流星》（桂林文献出版社，1942 年）、《鲁迅回忆断片》（上海杂志公司，1943 年），长篇小说《间谍夫人》（重庆作家书屋，1944 年）等亦署。③艾云，见于评论《反对法西斯蒂摧残文化》，载 1933 年上海《出版消息》半月刊第 13 期；随笔《鲁迅先生避难在北平——关于研究鲁迅的资料断片》，载 1941 年 10 月 19 日重庆《新华日报》。1942 年 7 月 22 日在《新华日报》发表《鲁迅所关怀的丁玲》亦署。

井岩盾（1920－1964），山东东平人。原名井延盾。笔名井岩盾，见于诗《阳光下的孩子》，载 1941 年延安《新诗歌》第 6 期；诗《烽火》，载 1942 年延安《草叶》第 4 期。嗣后发表作品，出版报告文学《基本群众》《辽西纪事》、通讯《临津江边的通讯》、散文集《在晴朗的阳光下》、诗集《摘星集》等亦署。

景梅九（1882－1961），山西安邑（今运城市）人。原名景定成，字梅九、枚九，号愁轩。曾用名景梅久。笔名：①MU，民国初在上海《民国日报》发表文章署用。②景定成，在《南社丛刻》发表旧体诗署用。③枚玖，见于诗《闻安邑唐塔倾坠戏成》，载 1920 年 12 月 27 日《民国日报·觉悟》。④景枚九，出版翻译剧本《救赎》（苏联阿·托尔斯泰原作，与张墨池合译。

上海公民书局，1921年）署用。⑤老梅，见于散文《赐儿山游记》，载1922年《学汇》第21期。⑥梅，见于翻译剧本《牺牲》（印度泰戈尔原作），载1923年《学汇》第100－105期。⑦景梅九，见于《挽陈去病先生哀辞》，载1934年《国民外交杂志》第3卷第6期。嗣后在《制言》《中国边疆》《昆虫与艺术》等刊发表《悲忆太炎师》《昆虫与艺术赞》等诗文，出版散文集《人格》（印度泰戈尔原作，与张墨池合译。上海大同书局，1921年）、《忏悔》（俄国列夫·托尔斯泰原作，与张墨池合译。上海大同书局，1922年），翻译小说《家庭与世界》（印度泰戈尔原作，与张墨池合译。上海泰东图书局，1926年），散文集《罪案》（京津印书局，1924年）、《入狱始末记》（1925年），论著《红楼梦真谛》（1934年铅印）、《红楼梦补义》（北京图书馆出版社，1996年）、《尚书新注》等亦署。⑧莫愁、秋心、某九、垒仇、黑景、黑翁、灭胡、灭奴、又一人，署用情况未详。

景耀月（1881－1944），山西芮城人，字太昭，号秋陆、秋绿。别署大昭、瑞星、帝召、迷阳。笔名：①大招，1908年前后在《夏声》《广益丛报》发表诗文署用。②帝召、召，1910年前后在上海《民吁日报》发表《迷阳庐新诗品》《迷阳庐问学录》《迷阳庐学诗集》《虚无党奇谈》《获野录》等诗、小说、笔记署用。③太昭，1916年在《民权素》发表文章署用。④景耀月，在《南社丛刻》发表诗文署用。1943年在上海《大众》月刊第8－12期发表诗作亦署。按：景耀月历年曾在《晋乘》《夏声》《民报》《汉帜》《第一晋话报》《民呼报》《民立报》、北平《益世报》等报刊发表诗文，署用情况未详。

【ju】

居正（1876－1951），湖北广济人，原名居之骏，字觉生，号岳嵩。别号梅川、梅川居士。笔名生公、梅川、东辟、药石、居觉生、梅川居士、梅园居士、杨行老农。著作有《居觉生全集》。

【jue】

爵青（1917－1962），吉林长春人。原名刘佩。笔名：①爵青，见于评论《关于〈关于满洲文坛〉》，载1936年9月4日《满洲报》；小说《荡儿归来的日子》，载1939年长春《艺文志》第1辑。嗣后在《艺文志》发表小说《废墟之书》《麦》、散文《荣光》、评论《西欧的知性的破灭》《满洲文艺的东洋性格的追求》等，在长春《读书人连丛》《国民画报》《青年文化》、沈阳《文选》《新青年》、哈尔滨《国际协报·国际公园》《滨江日报·创作与批评》、上海《文友》、北平《中国文艺》等报刊发表散文《白痴智识》《想着别人的笼城记》《画》，评论《关于满洲文学——由内面的及精神的考察》《小说》，译作《官能之书》（法国A.纪德原作），出版长篇小说《黄金的窄门》《麦》，短篇小说集《群像》《归乡》，中短篇小说《欧阳家的人们》，散文集《并欣集》（与小松、山丁、也丽等合集。沈阳兴亚杂志社，1944年），译作《人类的故事》等亦署。②刘爵青，见短篇小说《人鬼通灵录》，载长春《满洲文艺》。嗣后出版小说集《归乡》（长春艺文书房，1943年），译作《女科学斗士菊里夫人传》（与吟梅合译。长春艺文书房，1942年）等亦署。③可钦，见于诗《暮外二章》，载1945年沈阳《新青年》创刊号。⑤辽丁、阿爵，20世纪30－40年代在长春《大同报》、沈阳《盛京时报》等报刊发表小说、泽文等署用。⑥刘宁，署用情况未详。

【jun】

峻青（1922－1991），山东海阳人。原名孙儒杰，曾用名孙俊卿、孙峻青。笔名：①峻青，1941年发表剧本《风雷之夜》开始署用。嗣后发表作品，出版短篇小说集《马石山上》（中南文艺出版社，1952年）、《水落石出》（文化出版社，1955年）、《黎明的河边》（新文艺出版社，1955年）、《最后的报告》（中国青年出版社，1956年）、《胶东纪事》（人民文学出版社，1959年）、《海燕》（作家出版社，1961年）、《怒涛》（解放军文艺出版社，1978年）、《峻青小说选》（四川人民出版社，1981年）、《风雪》（辽宁少儿出版社，1984年），长篇小说《海啸》（中国青年出版社，1981年），报告文学《女英雄孙玉敏》（中南文艺出版社，1953年），散文集《欧行书简》（新文艺出版社，1956年）、《秋色赋》（作家出版社，1963年）、《雄关赋》（花山文艺出版社，1982年）、《峻青散文选》（百花文艺出版社，1983年）、《沧海赋》（人民文学出版社，1985年）、《展痕集》（湖南文艺出版社，1986年），电影剧本《党员登记表》（文化出版社，1964年），文艺论文集《峻表谈创作》（文联出版社，1984年）等亦署。②灭、一民，沉戈，1950－1952年在汉口《大刚报》发表《谈闯王进京》等署用。③孙峻青、孙峻菁，署用情况未详。

K

【kan】

刊载（1917－1960），新疆特克斯人，蒙古族。原名艾·刊载。笔名刊载，出版短篇小说集《太阳从何方升起》《准喀尔之春》，长诗《钢铁英雄》，长篇小说《幸福之路》等署用。

阚铎（1875－1934），安徽合肥人，字霍初，号无冰。笔名：①阚铎，见于随笔《黑暗之伦敦》，载 1913 年《铁路协会杂志》第 11 期；随笔《影写医籍考纪事》，载 1929 年《同仁会医药杂志》第 2 卷第 7 期；随笔《园治识语》，载 1934 年南京《国风半月刊》第 4 卷第 8 期。此前后在《中国营造学社汇刊》《东北文化》等刊发表文章，出版诗集《无冰阁诗》（日本，1912 年），论著《金石考工录》（日本，1912 年）、《红楼梦抉微》（天津大公报馆，1925 年）、《仿宋重刊营造法式校记》（合肥，1930 年）、《元大都宫苑图考》（北平中国营造学社）等亦署。②无冰，1914 年在《国学杂志》发表文章署用。

【kang】

康白（1930－　），湖南湘潭人。原名何伟康。1946 年开始发表文学作品。笔名康白，1949 年后在台湾出版长篇小说《蟠龙山》（台北震旦书局，1976 年）、《百灵鸟之恋》（台北志明出版社，1977 年）、《缘起缘灭》（台北志明出版社，1977 年）、《微笑曾经来过》（台北程氏出版社，1979 年）、《昨日再见》（台北联亚出版社，1981 年）、《日落时分》《罗汉岭》，短篇小说集《相见不如不见》《一朵花》《故乡故事》（台北联经出版公司，1977 年）、《康白自选集》（台北黎明文化事业股份有限公司，1979 年），中篇小说《俑舞》（台北希代书坊公司，1988 年）、《盲鸟》《艳遇》，电影文学剧本《小翠》《三朵花》《北京人》等亦署。按：1946 年起康白即在长沙报刊发表小说，署名情况未详。

康白情（1896－1959），四川安岳人。原名康梓纲，字洪章、明璋，号厚庵、愚庵。曾用名康树嘉、康洪章。笔名：①康白情，见于随笔《味蔗书屋别记》，载 1917 年北京《北京大学日刊》第 92－94 期；诗《踯躅紫花之侧》，载 1920 年北京《新青年》第 8 卷第 1 号。此前后在上述两刊及《新潮》《少年中国》《诗》《学艺》《新人周刊》《新文学》《学衡》《绸缪月刊》等刊发表诗文。出版诗集《草儿》（上海亚东图书馆，1922 年）亦署。②白情，见于诗《疑问》，载 1920 年 2 月 4 日上海《时事新报·学灯》。③愚庵，见于对玄庐《想》、沈尹默《月夜》、余捷《羊群》等诗之点评文字，载《新诗年选（一九一九年）》（上海亚东图书馆，1922 年）。④康洪章，见于随笔《草儿在前集三版修正序》，载 1924 年北京《晨报副镌》第 141 期。嗣后出版诗集《草儿在前集》（上海亚东图书馆，1924 年），发表诗《草儿在前》《日观峰看浴日》（载 1936 年上海文化服务社出版薛时进编之《现代中国诗歌选》）等亦署。⑤商隐、厚庵，署用情况未详。

康白珍（？－1955），籍贯不详。笔名：①石岩，见于《薛涛小传》，载 1933 年《无锡国专季刊》第 1 期。20 世纪 40 年代在《中坚》《人间》、北平《泥土》等杂志发表书评《读茅盾的〈霜叶红似二月花〉》、诗《骑马下海的人》、散文《泥土醒来了》《向远方》、杂文《"禄在其中矣"》等亦署。②姬蓬，见于散文《手》，载 1947 年北平《泥土》第 1 辑。嗣后在该刊发表诗集《暗夜的火花》、评论《读〈人生赋〉散记》等亦署。

康道乐（1910－1974），台湾台南人。原名庄松林。笔名朱烽、尚未央、康道乐、严纯昆、KK、HK、CH，出版有著作《失业》《老鸡母》《鹿角还狗舅》等，署名情况未详。

康朗甩（1913－2006），云南景洪人，傣族。原名康岩甩。笔名康朗甩，20 世纪 30 年代开始创作。1949 年后出版诗集《从森林眺望北京》（陈贵培译。中国青年出版社，1957 年）、《三个傣族歌手唱北京》（与波玉温、康朗英合集，陈贵培译。作家出版社，1960 年）、《傣家人之歌》（陈贵培译。云南人民出版社，1960 年；上海文艺出版社，1960 年）以及《孔雀飞往北京》等署用。

康朗英（1906－1977），云南勐海人，傣族。原名康岩英。曾用名康帕英。笔名康朗英，20 世纪 30 年代开始发表作品署用。1949 年后出版长诗《流沙河之歌》（云南人民出版社，1959 年）、《三个傣族歌手唱北京》（与波玉温、康朗甩合集，陈贵培译。作家出版社，1960 年）以及《澜沧江之歌》《贺新房》《伟大的祖国伟大的党》等亦署。

康人苏，生卒年及籍贯不详。笔名康驹。见于小说《九一八之晨》，载 20 世纪 30 年代《武汉日报·文艺周刊》；评论《爱的三部曲》，载 1932 年 6 月 1 日上海《新时代》第 2 卷第 2、3 期合刊。同时期在武汉主编《山风》并在《武汉文艺》《正中半月刊》《边疆研究季刊》《文艺》等刊发表小说、评论、译文等亦署。

康嗣群（1910－1969），陕西城固人，号国盛。笔名：①康嗣群，见于翻译小说《吻》（沙比若原作），载 1928 年上海《文学周报》第 349 期；诗《我们还是及时相爱吧》，载 1928 年上海《语丝》第 4 卷第 27 期。嗣后在上述两刊及《现代文学》《北新》《读书月刊》《现代》《青年界》《文学》《小说月刊》《文学季刊》《新小说》《诗歌月报》《文丛》《文饭小品》等刊发表诗、散文、书评等，1949 年后出版翻译长篇小说《圣彼得的伞》（匈牙利密克沙特原作。上海平明出版社，1953 年）、《风往这边吹》（罗马尼亚阿兹塔洛斯著。新文艺出版社，1957 年）、《土门的歌唱》（苏联巴托若巴依原作。新文艺出版社，1957 年）、《寻求金羊毛的人》（波兰奥若什科娃原作。人民文学出版社，1986 年）等亦署。②嗣群，在东北刊发表文章署用。

康有为（1858－1927），广东南海（今佛山市）人。原名康祖诒，字广厦，号长素、长孺、更生、更牲、甦生、不忍、素厂（ān）、素庵、游存、两湖、明夷、明夷子、劳我庐、劳念劬、劳念蔚、天游居士、西樵山人、西樵樵子。晚号南海老人、天游化人、游存老人。曾用名康有钦、康锡名、夏木森（日本名）、榎木森（日本名）。学者称康南海、康工部、康圣人。笔名：①明夷，见于论文《公民自治篇》，载1902年《新民丛报》第5期。嗣后在该刊第29期发表随笔《廊尔喀记》、在《女报》第2卷第2期发表文章亦署。②康有为，见于《赠吴亚男》，载1905年《甲寅》第1卷第10期；随笔《味梨集序》，载1912年《庸言》第2卷第1、2期合刊。此前后在上述两刊及《大中华》《清议报》《不忍》《孔圣杂志》《宗圣汇志》《军事杂志》等报刊发表文章，出版《欧洲十一国游记》（上海广智书局，1907年）、《书镜》（上海广智书局，1920年）、《康南海先生诗集》（重庆商务印书馆，1941年）等亦署。③更生，见于诗《游箱根宿塔之泽环翠楼温泉浴》《戊戌八月国变纪事八首》等，载《清议报》第18卷。同时期在《新民丛报》《丙辰》《甲寅》等刊发表诗文亦署。④更甡，在《不忍》杂志发表文章署用。⑤明夷子，见于论文《诸夏转音考》，载《清议报》第1集第3卷。⑥天游居士，在《亚东时报》发表文章署用。

康濯（1920－1991），湖南湘阴人。原名毛季常。曾用名毛今翔。笔名：①毛今翔，1937－1938年间在长沙报刊发表文章署用。②康濯，见于报告文学《捉放俘虏记》，载1939年延安《军政杂志》第1卷第3期。嗣后在《文艺战线》《华北联合大学校刊》《文化导报》《晋察冀日报》《解放日报》《时代青年》《五十年代》《文艺生活海外版》《北方文化》《长城》《小说》《华北文艺》等报刊发表小说、通讯、散文等，出版小说集《灾难的明天》（山东新华书店，1946年）、《我的两家房东》（香港海洋书屋，1947年）、《工人张飞虎》（香港群益出版社，1949年），1949年后出版《春种秋收》（作家出版社，1955年），论著《创作漫步》（中国青年出版社，1957年）、《初鸣集》（作家出版社，1959年）等亦署。③水生，见于通讯《敌寇疯妄无耻的实例》，载1942年2月12日《晋察冀日报》。嗣后在《北方文化》、1950年在《文艺报》发表文章亦署。④刘木，见于通讯《一个文救小组》手稿，1942年8月撰写。⑤沙里，见于论文《除旧布新——谈旧形式》手稿，1943年1月撰写。⑥宣敏，见于通讯《边区抗联邀请戎冠秀等开座谈会》，载1944年4月23日《晋察冀日报》。⑦敏丁，署用情况未详。

【ke】

柯柏年（1904－1985），广东潮州人。原名李春蕃。笔名：①春蕃，见于评论《评〈时事新报〉底〈反对帝国主义问题〉》，载1924年7月25日上海《民国日报·觉悟》。②李春蕃，见于译文《列宁底最后的政治教训》（拉狄克原作），载1924年8月23、24日《民国日报·觉悟》。嗣后出版译作《哥达纲领批判》（上海解放丛书社，1925年）亦署。③丽英女士，见于随笔《空想的及科学的社会主义》，载1925年2月19日－28日《民国日报·觉悟》。④丽英，20世纪20年代在《民国日报》副刊发表文章署用，见于《紫桐花

馆笔记》，载1923年《小说月报》第92期。⑤柯柏年，见于译文《八路军的艺术家》（美国莫尔斯原作），载1945年4月30日延安《解放日报》；随笔《马克思之为人》，载1949年《知识》第10卷第3期。此前后在《中国青年》《图书展望》《知识》《新建设》等刊发表文章，出版《德国的革命与反革命》（恩格斯原作，与王石铭合译）、《拿破仑第三政变记》以及哲学、经济学著作亦署。

柯大（1917－？），吉林永吉人，满族。原名满占豪，后改名满达人。笔名：①克大，出版散文集《燕》（长春学艺刊行会社，1941年）署用。嗣后在东北各地报刊发表作品亦署。②方季良，出版诗集《灵草》（1941年印行）署用，嗣后发表《灯笼》《红蒂子》《纺织娘》等小说（收录于兴亚杂志社1945年出版之小说集《灯笼》）亦署。③舍黎，署用情况未详。

柯岗（1915－2002），河南巩义人。原名张严如。曾用名张柯岗、严如。笔名：① K. K.，1940年3－5月在太行《新华日报》（华北版）发表诗歌《月夜牧歌》《采椒》等署用。②葛岗、柳斜晖、康任愚，1940－1945年在太行地区军内外报刊发表通讯、报告和短诗署用。③柯岗，20世纪40年代末发表作品开始署用。1949年后出版通讯集《三千七百零三十元》（上杂出版社，1950年），报告文学集《风雪高原红花开》（新文艺出版社，1953年），短篇小说集《八朗里和五里河》（与曾克合作。上杂出版社，1953年）、《边疆》（与曾克合作。中国青年出版社，1954年）、《柳雪岚》（中国青年出版社，1984年），长篇小说《金桥》（上海文艺出版社，1959年）、《逐鹿中原》（作家出版社，1962年）、《三战陇海》（人民出版社，1977年），散文集《因为我们是幸福的》（与曾克合作。西南人民出版社，1952年）、《军中琐记》（云南人民出版社，1980年），诗集《英雄之歌》（天下出版社，1950年）、《短刀集》（西南人民出版社，1951年）、《长着翅膀的朱银马》（湖北人民出版社，1954年），以及《柯岗文集》（新华出版社，1995年）等亦署。④绿窗。见于评论《关于一个蚊子哼哼哼》，载1956年《重庆日报》。按：柯岗尚出版有长篇小说《谋杀》、诗集《战地短诗》、电影文学剧本《中央突围》等，出版情况未详。

柯蓝（1920－2006），湖南长沙人。原名唐一正。笔名：①戈茜，赴延安前在长沙期间向报刊投稿曾署用。②柯蓝，见于诗《小盲女》，载1942年4月28日延安《解放日报》。嗣后在该报发表《背乌龟的小鬼》《起蛟——陕北民间传说》，出版中篇小说《洋铁桶的故事》（一名《抗日英雄洋铁桶》。韬奋书店，1946年）、《红旗呼啦啦飘》（香港南洋书店，1947年），秧歌剧《女状元》（与沈霜合作改编。山西华北书店，1944年）等，1949年后出版传记文学《不死的王孝和》（与赵自合作。工人出版社，1955年），长篇小说《祖国海岸》（上海文艺出版社，1959年）、《风满潇湘》（与文秋合作。中国青年出版社，1982年），以及《柯蓝作品集》（明

天出版社，1990 年）等亦署。③木可、星田、倩萍、亚一、木人，署用情况未详。按：柯蓝尚出版有秧歌剧剧本《变工好》（与庄栋等合作），中篇小说《红旗插在第二组》《出生入死》，长篇小说《蔺铁头红旗不倒》（与文秋合作），短篇小说集《乌鸦告状》《放牛郎》《竹楼夜话》《闪光的新人》《浏河十八湾》，传记小说《命运之谜——徐特立传》《咱们的老高》，民间故事体小说《千里眼老二》，故事集《雪地上的羊蹄》《马戏团的秘密》，儿童文学《雾海枪声》《王孝和的故事》，散文诗集《早霞短笛》《果园集》《迟开的玫瑰》《爱情哲理诗》，散文集《上海散记》《火车上的少校》《起飞的孔雀》《新生活在等着》《在记忆的海洋上飘荡》《怎样编写通俗报刊》《拾到的纪念册》《我的第一本书》《永恒的燃烧》《柯蓝散文选》，电影文学剧本《劳动红花》《铁窗烈火》，评弹《海上英雄》（与其他人合作）等，出版情况未详。

柯灵（1909－2000），浙江绍兴人，生于广州。原名高隆任，字季琳。曾用名元元（乳名）、铁寿民、丁松年。笔名：①琳君、凌君，1930 年在绍兴《儿童时报·儿童乐园》发表新童谣署用。②高季琳，1925 年开始署用。见于歌曲《乡愁曲》（贺绿汀作曲），载 1935 年上海《明星》第 1 卷第 3 期。出版童诗集《月亮姑娘》（上海儿童书局，1932 年）、童话《蝴蝶的故事》（上海新中国书局，1933 年）、随笔集《小朋友讲话》（上海新中国书局，1933 年）亦署。③芜村，1932 年 3 月开始在上海《时报》发表电影评论署用。④柯灵，1932 年开始在上海《明星》半月刊发表文章署用。嗣后在《申报·自由谈》《艺风》《太白》《社会月报》《一周间》《现代》《新小说》《明星》《绸缪月刊》《艺文线》《宇宙风》《东方文艺》《光明》《电影戏剧》《新演剧》《民族呼声》《好文章》《抗战半月刊》《鲁迅风》《宇宙风乙刊》《新中国文艺丛刊》《奔流文艺丛刊》《万象》《文艺春秋》《文艺复兴》《清明》《小说》《现代中国》《新文丛》《文学集林》《周报》《文选》《中学生》《少年读物》等报刊发表文章，出版散文集《望春草》（上海珠林书店，1939 年）、《晦明》（上海文化生活出版社，1940 年）、《市楼独唱》（上海北社，1940 年），回忆录《作家笔会》（柯灵编。上海春秋杂志社，1945 年），短篇小说集《掠影集》（上海世界书局，1939 年），翻译戏剧《飘》（根据美国米切尔同名小说改编。重庆美学出版社，1944 年）、《夜店》（与师陀合作，根据苏联高尔基原作《底层》改编。上海出版公司，1946 年）等，1949 年后出版《电影文学丛谈》（中国电影出版社，1979 年），散文集《香雪海》（上海文艺出版社，1980 年）、《长相思》（生活·读书·新知三联书店，1983 年）、《柯灵散文选》（人民文学出版社，1983 年）、《剧场偶记》（百花文艺出版社，1983 年）、《煮字生涯》（山西人民出版社，1986 年）、《文苑漫游录》[三联书店（香港）有限公司，1988 年]、《燕居闲话》（学林出版社，1997 年），以及杂文集《暖流》《柯灵杂文集》，散文、杂文集《遥夜集》，小说集《同伴》，电影文学剧本《腐蚀》（据茅盾同名小说改编）、《乱世风光》《遥夜集》《同伴》《不夜城》《秋瑾传》《为了和平》《春满人间》《柯灵电影剧本选集》等亦署。⑤季琳，见于《逃避》，载 1933 年杭州《艺风》第 1 卷第 7 期；诗《美丽的山城》，载 1938 年汉口《战地》第 1 卷第 3 期。同年在上海《文艺》《现代父母》等刊发表诗文亦署。⑥林真，见于随笔《电影的观念》，载 1936 年上海《明星》半月刊第 6 卷第 4 期。嗣后在该刊发表随笔《通俗与媚俗》《无理取闹的控告》等文亦署。⑦陈浮，见于随笔《暴力的背面》，载 1938 年 2 月 28 日上海《文汇报·世纪风》。嗣后在该刊发表随笔《检查之类》《恐吓无用》《论做文章》《廿世纪的新童话》等文亦署。此前后在《鲁迅风》《文艺新潮》《宇宙风乙刊》《现代中国》等刊发表随笔《文艺大众化杂谈》《市侩主义》《烽火两年》等亦署。⑧逆民，见于随笔《胜利万岁》，载 1938 年 3 月 21 日上海《文汇报·世纪风》。嗣后在该刊发表曲《玉佛山传奇》、随笔《局长》等亦署。⑨丁一元，见于随笔《"人身攻击"异议》，载 1941 年上海《杂文丛刊》第 5 辑《纯钩》。⑩庄濡，见于随笔《神·鬼·人》，载 1943 年上海《万象》第 2 卷第 8 期。⑪司徒琴，见于随笔《新闻记者生活相》，载 1941 年上海《大陆月刊》第 2 卷第 4 期；散文《遗事》，载 1942 年上海《万象》第 2 卷第 4 期。⑫朱梵，见于话剧《飘》（据美国米切尔同名小说改编，连载于 1943 年 7 月 1 日至 1944 年 1 月 1 日《万象》第 3 卷第 1—7 期；话剧《夜店》（据苏联高尔基剧本《底层》改编，与师陀合作），连载于 1944 年《万象》第 4 卷第 3—6 期。⑬静观，见于译文《旧俄文学批评家：毕沙了夫》，载 1944 年《诗与散文》第 3 卷第 4 期。⑭宋约，改编出版话剧《恨海》（据清吴趼人同名小说改编。北平文章书屋，1945 年）署用。⑮芜，见于评论《如何处置汉奸》，载 1945 年上海《周报》第 3 期。嗣后在该刊发表《且看事实》《关麟征停职以后》《美对华政策》《释放政治犯》等文亦署。⑯浮，见于评论《越南问题》，载 1945 年上海《周报》第 10 期。嗣后在该刊发表《平卖》《经济建设》《学生助学运动》等文亦署。⑰村，见于评论《昆明学潮》，载 1945 年上海《周报》第 14 期。嗣后在该刊发表《人命为重》《关于上海临参会》《关于禁毒》等文亦署。

柯劭忞（1848－1933），山东胶县（今胶州市）人，字凤孙、凤荪、凤笙、奉生，号蓼园。笔名柯劭忞，著有《文献通考注》《春秋穀梁传注》《校刊十三经注》《文选补注》《新元史》等。

柯叔宝（1920－1988），福建晋江人。笔名：①杜若，1945 年开始在菲律宾《大中华日报》发表诗、散文等作品署用。②柯叔宝，1949 年后出版散文集《奋斗人生》（台北黎明文化事业股份有限公司，1982 年）、《柯叔宝自选集》（台北黎明文化事业股份有限公司，1978 年）、诗与散文合集《颂大汉魂》（台北黎明文化事业股份有限公司，1979 年）等署用。按：柯叔宝曾与芥子合编诗与散文合集《钩梦集》，与施颖洲合编《菲律宾华侨作家选集》等，署名情况未详。

柯文溥

（1933－2016），福建莆田人。笔名穆洪、欧阳絮游，分别见于散文《星》《谈作家笔名》，载 1949 年涵江《晨光报·剑芒》。

柯岩

（1929－2011），满族，广东南海（今佛山市）人，生于河南郑州。原名冯恺。笔名：①冯恺，见于散文《我的同窗》，载 1946 年某报。②柯岩，出版诗集《小兵的故事》《最美的画册》《大红花》《我对雷锋叔叔说》《讲给少先队员听》《周总理，你在哪里》《春天的消息》《中国式的问答题》《月亮会不会搞错》，诗、剧合集《"小迷糊"阿姨》、话剧剧本《双双找姥姥》《相亲记》、歌剧剧本《记着啊，请记着》、报告文学集《奇异的书简》《永恒的魅力——一个诗人眼中的宋庆龄》《癌症≠死亡》、散文集《人的一生都在路上》、长篇小说《寻找回来的世界》，以及《柯岩儿童诗选》《柯岩作品选》等署用。

柯尧放

（1904－1965），重庆人。原名柯大经，字尧放，号容庵。笔名：①根石、莲子、容庵、秋风，20 世纪 20—40 年代在重庆报刊发表新旧体诗作署用。②柯尧放，出版遗著《容菴丛稿》（1995 年印行）署用。

柯一岑

（1895－1977），江西万载人。曾用名郭一岑。笔名：①一岑，见于小说《拖欠租谷的农人》，载 1920 年《解放与改造》杂志第 2 卷第 3 期。②柯一岑，在《民铎》杂志发表文章署用。嗣后出版翻译剧本《新闻记者》（上海商务印书馆，1928 年）亦署。

柯以圻

（？－1949），广东人。笔名：①轲夫，20 世纪 40 年代在江西《前线日报》发表作品署用。②戈壁沙，20 世纪 40 年代在福建建阳主编《铁蒺藜》并发表作品署用。

柯原

（1931－2016），侗族，从母以湖南新晃为籍，生于河北景县。父籍浙江绍兴。原名章恒寿，字子长。笔名：①柯原，见于诗《祖国哟，起来吧》，载 1946 年 10 月 14 日天津《大公报·文艺》。嗣后在天津《益世报·文学周刊》《民生导报·每周文艺》《新生晚报·文艺大地》、北平《经世日报》《平明日报》《导报·种子》、上海《文艺复兴》《诗创造》、香港《新诗歌》等报刊发表《鲁迅，你复活了》《在北中国的土地上》等诗，1949 年后发表《金达莱花（外一首）》《西沙群岛组诗》《海南山水》《眼泪潭》《海洋乐章》《南海奏鸣曲》等诗，出版诗集《志愿军的快板诗》（柯原辑。中南人民出版社，1952 年）、《露营曲》（广东人民出版社，1958 年）、《一把炒面一把雪》（作家出版社，1958 年）、《岭南红桃歌》（广州文化出版社，1959 年）、《椰寨歌》（上海文艺出版社，1961 年）、《相思柳集》（湖南人民出版社，1983 年）、《柯原抒情诗精选》（花城出版社，1994 年）、《柯原作品选萃》（花城出版社，1995 年）、《雪莲、珊瑚、岁月》（天津昆仑诗社，1996 年）等亦署。②芦

苇，见于诗《我的歌》，载 1946 年 12 月 15 日天津《民生导报·每周文艺》。③路苇，见于诗《等待》，载 1947 年 11 月 9 日北平《导报·种子》。④金羽，见于诗《残破的呼吸》，载 1948 年 1 月 26 日天津《新生晚报·文艺大地》。⑤章子长，见于诗《醒着的人》，载 1948 年 1 月 31 日天津《益世报·文学周刊》。⑥夏季，见于诗《手》，载 1948 年上海《诗创造》第 2 卷第 2 辑《愤怒的匕首》。按：柯原尚出版有诗集《白云深处有歌声》《浪花岛》《送你一缕月光》《金三角之恋》《现代求索者》《南海奏鸣曲》《枫叶的爱情》《少女与雪季》，叙事诗《好兄弟歌》，散文诗集《爱的国土》《野玫瑰》《南方的爱情》《微笑的事业》《真爱永恒》等，出版情况未详。

柯仲平

（1902－1964），云南广南人。原名柯维翰。曾用名冬山。笔名：①仲，见于《未奏了的大曲》，载 1925 年 4 月 11 日《现代评论》重卷第 18 期。②仲平，见于诗《伟大是"能死"》，载 1925 年 6 月 15 日《语丝》周刊第 31 期；诗《献与狱中的一位英雄》，载 1927 年《狂飚汇刊》第 1 期。在《狂飚汇刊》发表诗《几个新死的灵魂》《白马与宝剑》《劣情》《我的少年人你在那里？》亦署。③柯仲平，见于诗《长征》，载 1926 年《洪水》半月刊第 2 卷第 13 期。嗣后在延安《新诗歌》及《莽原》《洪水》《文艺突击》《文艺战线》《人民文学》《战友》等刊发表诗文《留守兵团开发三边盐田歌》《关于我就要出版的"海夜歌声"》《持久战的文艺工作》《论文艺上的中国民族形式》《我们的快马》《铁打的英雄》《高举着我们底五星红旗》等，出版长诗《海夜歌声》，叙事长诗《边区自卫军》《平汉路工人破坏大队》《浪中人》《毛主席的小英雄》，诗集《从延安到北京》，诗剧《风火山》，歌剧《无敌民兵》，以及《柯仲平诗文集》等亦署。④柯仲屏，见于《我要喝加料的白干酒和红葡萄》，载 1926 年《洪水》半月刊第 2 卷第 17 期。⑤云南，见于《人民战线和社大党》，载 1936 年 11 月 18 日上海《申报》。⑥南云，见于《议会改革声中之日政党》，载 1936 年 12 月 1 日《申报》。

克夫

生卒年不详，广东澄海人，本名蔡文铮。笔名：①克夫，20 世纪 40 年代末在暹罗曼谷《全民报》副刊发表文章署用。②黄蜂，20 世纪 50 年代末在泰国曼谷《中原报·大众文艺》投稿署用。③司马然、恬然、一瓢、史吟，1958 年起在泰国曼谷《七洋洲》月刊发表散文、戏剧等作品署用。

克扬

（1926－2005），安徽来安人。原名薛克扬。笔名克扬，1949 年后出版长篇小说《连心锁》（与戈基合作。山西人民出版社，1962 年）、《夺刀》（山西人民出版社，1977 年）、《农奴戟》（百花文艺出版社，1977 年）、《献礼》（解放军文艺出版社，1979 年）等署用。按：薛克扬 20 世纪 40 年代即在《淮南大众报》发表作品，署名情况未详。

【kong】

孔德（1898—？），浙江平阳人，字肖云。笔名孔德，见于论文《汉短箫铙歌十八曲考释》，载 1926 年上海《东方杂志》第 23 卷第 9 期。嗣后出版论著《外族音乐流传中国史》（上海商务印书馆，1934 年）亦署。

孔厥（1914—1966），江苏吴县（今苏州市）人。原名郑志万，字云鹏。笔名：①沈毅，1936 年在《平话》文艺周刊发表作品署用。②孔厥，见于小说《调查》，载 1939 年延安《文艺战线》第 1 卷第 4 期；通讯《农民会长》，载 1939 年重庆《七月》第 4 集第 4 期。于此前后在《解放日报》《文艺月刊·战时特刊》《抗战文艺》《文艺阵地》《文艺生活》《希望》《草叶》《人世间》《呼吸》《创作经验》等报刊发表小说《父子俩》《收枪》《血尸案》、随笔《下乡和创作》等亦署。出版短篇小说集《一个女人的翻身故事》（延安新华书店，1943 年）、《血尸案》（与袁静合作。中原新华书店，1945 年）、《陕北杂记》（与西戎等合集。上海希望书店，1946 年）、《受苦人》（上海海燕书店，1947 年）、《生死缘》（又名《中朝儿女》。上海海燕书店，1951 年）、《水上的英雄们》（与袁静合作。华东人民出版社，1952 年）、《烧岗楼》（通俗读物出版社，1954 年）、《孔厥短篇小说选》（人民文学出版社，1982 年），弹词《刘志丹》（延安新华书店，1943 年）、《一家人》（延安新华书店，1944 年），通讯集《中原突围与解放》（与袁静等合集。冀南书店，1947 年）、《突围》（与徐敏、袁静、丁以合集。中原出版社，1947 年），长篇小说《新儿女英雄传》（与袁静合作。冀南新华书店，1949 年）、《新儿女英雄续传》（人民出版社，1980 年），长篇节选《白洋淀水战》（与袁静合作。华东人民出版社，1952 年），以及在《解放日报》《希望》《七月》等报刊发表小说等亦署。③郑挚，署用情况未详。

孔柯嘉（1915—1996），上海人。原名孔繁绪。笔名：①繁绪、孔繁绪，1934—1937 年在哈尔滨《国际协报》等报刊发表小说、随笔等署用。见于广播剧《爱国魂》，连载于 1937 年 1 月 23 日至 2 月 7 日《国际协报·国际公园》。②孔柯嘉，1938 年 12 月赴重庆后改用此名。嗣后发表文章、译作，出版译作《沙大尉的功绩》（中篇小说，苏联西蒙诺夫原作。上海作家书屋，1950 年）、《苏维埃社会主义的民主》（苏联亚历山大洛夫原作。上海作家书屋，1950 年）、《俄语课的词汇工作》（苏联博依佐娃原作。上海五十年代出版社，1953 年）等均署。

孔林（1928— ），山东荣成人。原名孔庆聪，字明之。笔名：①孔庆聪，1945—1947 年在胶东《群力报》《大众报》发表通讯、版画署用。②孔林，1947 年开始发表诗歌、散文、小说、戏剧等作品署用。1949 年后在《青岛日报》《海鸥》《大众日报》等报刊发表文章、出版小说集《五月的花朵》《夜话》，诗集《一束芙蓉花》《百灵》《山水恋歌》《报春集》，散文诗集《晨露野花》《爱的旅程》《潮音集》（三人合集）等亦署。③白帆，

1959—1962 年在青岛主编《海鸥》时在该刊发表诗歌署用。

孔另境（1904—1972），浙江桐乡人。原名孔令俊，字若君、孟养。曾用名阿六、六倌（均乳名）。笔名：①另境，见于论文《促男女同校之同学的注意》，载 1924 年《学生杂志》第 11 卷第 9 期。嗣后在上海《文化批判》《申报·自由谈》《现代》《大晚报·火炬》《立报·言林》《文汇报·世纪风》《文饭小品》等报刊发表文章，出版论争集《秋窗集》（与郭沫若、若英、周钢鸣等合集。上海泰山出版社，1937 年）等亦署。②思明，见于 1933 年 3 月作之散文《两个心》手稿。③孔若君，见于随笔《学校文艺》，载 1934 年上海《现代》第 5 卷第 4 期。又见于论文《政党论》，载《思想家的鲁迅》（上海译报图书部，1938 年）。④孔另境，见于论文《大众语文建设之理论与实际》，载 1934 年上海《新中华》第 2 卷第 18 期。嗣后在上海《立报·言林》《光明》《旅行杂志》《新中华》《译报·大家谈》《中美日报·堡垒》《宇宙风乙刊》《文艺春秋丛刊》《文艺春秋》《文艺丛刊》《上海评论》《新文学》《文艺青年》《上海文化》《文潮月刊》《文化与战斗》《民国日报·艺林》《大公报》《今文学丛刊》《中国作家》、香港《星岛日报·文艺》等报刊发表剧作、散文、评论等，出版散文集《斧声集》《秋窗集》《庸园集》，杂文集《横眉集》（与王任叔等合集），话剧剧本《李太白》《沉箱记》《春秋怨》《凤还巢》《蛊惑》《红楼二尤》，文学理论集《青年写作讲话》，编选《现代作家书简》《中国小说史料》等亦署。⑤东方曦，见于随笔《秋窗漫感》，载 1936 年 11 月 20 日上海《大晚报·火炬》。嗣后在上海《立报·言林》《文汇报·世纪风》《丽芒湖上》《鲁迅风》《东南风》《万象》《月刊》《自学句刊》《绿洲》《大美报·浅草》《正言报·草原》《杂文丛刊》《中美日报·集纳》《艺林》《萧萧》《上海生活》《宇宙风乙刊》《文艺春秋》《民众杂志》《新中华》《青年界》《上海文化》等报刊发表评论、随笔等署用。⑥桃椎，见于随笔《那里去了？》，载 1936 年 11 月 23 日上海《立报·言林》。嗣后在 12 月 5 日该刊发表随笔《略论"煽惑"》亦署。⑦白鹤，见于随笔《对于抗战必胜建国必成的警戒》，载 1938 年上海《自学》第 2 卷第 3 期。嗣后在《文艺阵地》《新中国文艺丛刊》发表通讯、书评、随笔等亦署。⑧曦，见于随笔《"银弹"的效力》，载 1939 年 12 月 25 日上海《文汇报·世纪风》。⑨魏晋，见于随笔《文士之光》，载 1939 年 12 月 28 日某报。⑩吉灵，见于散文《记北国二友：李霁野和台静农》，载上海春秋杂志社 1945 年 10 月出版之《作家笔会》一书。⑪陶白、谷佳，分别见于随笔《文人和地皮》《云天在望》，载 1945 年《上海生活》。⑫隽，见于短评《迎后方归来的作家》，载 1946 年上海《新文学》创刊号。嗣后在同刊第 3 期发表《悼郁达夫》一文亦署。⑬今，见于短评《痛苦的解除》，载 1946 年上海《新文学》创刊号。⑭思，见于短评《严惩文奸》，载 1946 年上海《新文学》创刊号。嗣后在该刊发表短

评《从文艺的永久性说到"和平、团结、民主"的文艺》亦署。⑮方，见于短评《报销文学的消长》，载1946年上海《新文学》创刊号。嗣后在该刊发表散文《悼夏丏尊先生》亦署。⑯若，见于短评《祝中华全国文艺协会上海分会的成立》，载1946年上海《新文学》创刊号。⑰君玉，见于小说《古城旧事》，载1946年上海《文艺春秋》第2卷第2期。嗣后在该刊第2卷第3期发表小说《未完成的创作》亦署。⑱孟、玉、东，分别见于短评《抗议杂志审查》《文艺晚会》《拉稿和挤稿》，载1946年上海《新文学》第2期。⑲耀，见于短评《文人与左倾》，载1946年上海《新文学》第3期。嗣后在该刊发表短评《纪念文艺节》亦署。⑳贤、列，分别见于短评《为了民主只有加紧团结》《扩大文艺运动》，载1946年上海《新文学》第3期。㉑达、刘，分别见于短评《同黄色文化作斗争》《新人的发掘》，载1946年上海《新文学》第4、5期。

孔罗荪（1912－1996），上海人，生于山东济南。原名孔繁衍。笔名：①鲁孙，20世纪30年代在武汉报刊发表文章署用。②宇文宙，20世纪30年代在武汉报刊发表文章署用。40年代在《文萃》《幸福世界》《新华日报》《中苏文化》发表《东北人民需要什么？》《十月杂感》等文亦署。③罗荪，1928年开始在哈尔滨《国际协报·绿野》发表小说署用。此前后在哈尔滨《国际协报·国际公园》《晨光报·江边》《哈尔滨公报·公报副刊》《哈尔滨画报》《国际画刊》《抗战文艺》等报刊发表文章，1932年9月后在武汉《大光报》编《紫线》《新文学》《文化街》等副刊，嗣后在《国讯》《中华邮工》《北平新报》《战地》《弹花》《抗战文艺》《读书月报》《自由中国》《中苏文化》《文艺月刊》《戏剧新闻》《文学月报》《文艺生活》《文艺先锋》《天下文章》《微波》《时代》等报刊发表文章，出版小说集《寂寞》、杂文集《野火集》《小雨点》《决裂集》《最后的旗帜》《喜剧世界》、评论集《文艺漫谈》《文学散论》《罗荪文学论集》、评论与杂文集《战斗需要力量》、散文与杂文集《火花集》《罗荪近作》等均署。④孔罗荪，见于随笔《"九一八"忆语》，载1933年《上海邮工》第6卷第1期；杂文《攻心的战斗》，载1939年《文艺月刊·战时特刊》第3卷第3、4期合刊。1949年后发表文章、出版论著《保卫社会主义文学》《罗荪文学评论选》等亦署。⑤罗衣寒，见于通讯《孤岛上文人与文坛》，载1938年11月26日《抗战文艺》第2卷第11、12期合刊。嗣后在《七月》《中苏文化》等报刊发表《记鲁迅先生周年祭》等文亦署。⑥荪，见于短论《过去在敌人后方的文化工作》，载1938年12月3日《抗战文艺》第3卷第1期。⑦寒，见于短论《第三种人》，载1939年4月10日《抗战文艺》第4卷第3、4期合刊。嗣后在该刊发表短论《创造语言》《我们底"文坛总动员"》《组织作家战地工作去》等以及编后小记多次署用。⑧孟丝萑（huán），见于杂文《"子曰"与"牙牙夫斯基"》，载1939年《七月》第4集2期；见于散文《哈尔滨城头的梦》，载1941年福建

永安《现代文艺》第2卷第6期。⑨野黎，见于短论《暴露、讽刺、铸奸》，载1939年《抗战文艺》第5卷第1期。⑩衣寒，见于短论《略论口号》，载第5卷第1期；随笔《谈人格》，载1940年重庆《文学月报》第2卷第1、2期合刊。⑪毕端，见于散文《午夜杂写》，载1936年12月10日《文地》月刊第1卷第2期；短论《现实的正确描写》，载1940年重庆《文学月报》第2卷第4期。⑫叶知秋，见于随笔《"哭泣文学"种种》，载1941年《抗战文艺》第7卷第4、5期合刊。1942年在重庆《文坛》半月刊发表《书与书价》《翻古谈今》等杂文亦署。⑬周梵、周宓、董代、龙献、蜜，署用情况未详。

孔庆洛（1929－2002），福建霞浦人，字仰川。笔名：①磬落、孔磬落，1945－1948年在福建永安《民主报》、南平《福建时报》、福州《南方日报》、上海《东南日报》发表诗歌、散文、通讯等署。②孔庆洛，1950年开始发表作品、出版《海洋药物民间应用》（福建科学技术出版社，1984年）等均署。

孔柔（1923－　），山东曲阜人。原名孔繁玛，字韫哲，号越仙。笔名：①孔柔，见于评论《略论目前话剧的命运》，载1946年12月12日上海《大公报·戏剧与电影》；诗《报童》，载1947年上海《诗创造》第1期《带路的人》。1949年后发表论文、诗歌均署。②蕴哲，见于随笔《双重性格的人》，载1949年上海《西风》第114期。③矛木、越仙，20世纪40年代在上海报刊发表作品曾署用。

孔筱祥，生卒年及籍贯不详。笔名朗焚，见于《草台戏子》，载1946年贵州遵义《黎明》杂志第1卷第2期。

孔昭绶（1876－1929），湖南浏阳人，字明权，号竞存。笔名孔昭绶，见于旧体诗《客倭除夕感怀》《樱花》《留别》《中秋》《东游》，载《南社丛刻》第15集、第17集。

孔质琪，生卒年及籍贯不详。笔名：①孔质琪，1924－1926年在沈阳《盛京时报》发表小说《天涯剑客》等署用。②质琪，见于诗《感时放歌》，载1924年12月5日沈阳《盛京时报》。

【kou】

寇冰华（1914－1950），福建福州人，满族。原名寇望微。笔名：①寇望微，见于小说《黑风》，载1933年3月厦门《国光日报·纵横》。嗣后在该刊发表小说《他们的伙伴》《白围巾的故事》等亦署。②望微，见于小说《一个男人和一个女人》，载1933年8月某日厦门《国光日报·纵横》。③白菊，见于散文《孩子的季节》《同行者》，载1936年4月福州《小民报·新村》。嗣后在该刊发表评论《五四与文学》、小说《两种土壤》、散文《我的家》等亦署。④菊，见于杂文《文学的情感》，载1936年4月福州《小民报·新村》。⑤秀子，

见于长篇小说《剩余的人性》，载 1936 年 4—8 月福州《小民报·新村》。嗣后在该刊发表评论《旧小说上李逵人物的存在》、小说《四等乘客》等亦署。⑥寇冰华，20 世纪 30 年代在福州《新福建日报·宇宙》发表诗文署用。

【ku】

库尔班·伊明（1914—1992），新疆喀什人，维吾尔族。笔名：①朔胡·艾尔肯，1937—1949 年在《新疆日报》《喀什日报》发表诗歌、小说、剧本署用。②库尔班·伊明，1949 年后用维吾尔文创作歌词《婚礼之歌》《云雀之歌》（译成汉文后由作曲家葛光锐谱曲，作为电影《阿娜尔罕》插曲），出版维吾尔文诗集《塔里木之歌》《喀什之夜》《浪花》《喀什噶尔之声》等署用。

【kuai】

蒯斯曛（1906—1987），江苏吴县（今苏州市）人。原名蒯世壎。曾用名蒯世勋、蒯斯勋。笔名：①蒯斯曛，见于独幕剧《畜生》，载 1926 年上海复旦大学《黎明》第 2 卷第 25 期；小说《董总老爷》，载 1927 年上海《白露》半月刊第 2 卷第 3 期。嗣后在《白露》《北新》《当代文艺》《文艺新闻》《东方杂志》《世界文学》等报刊发表著译文章，出版小说集《凄咽》（上海泰东图书局，1927 年）、《幻灭的春梦》（上海东新书店，1929 年），翻译小说《小小逃亡者》（瑞士史碧丽原作。上海世界书局，1933 年）、《阿霞姑娘》（俄国屠格涅夫原作。上海黎明书局，1933 年）、《关于恋爱的话》（俄国契诃夫原作，与他人合译。华南出版社，1937 年），翻译传记《尼赫鲁自传》（与胡仲持等合译。上海青年协会书局，1948 年）等亦署。②蒯斯勋，见于翻译小说《丈夫》（俄国契诃夫原作），载 1927 年上海《复旦实中季刊》第 1 卷第 3 期；小说《两兄弟》，载 1931 年上海《微音月刊》创刊号。嗣后出版论著《广告学 ABC》（上海世界书局，1935 年），发表《关于上海的英文书目提要》（载 1936 年 6 月 18 日上海《时事新报·青光》）等文亦署。③斯曛，见于小说《灰黝绝望的圈里》，载 1925 年上海复旦大学《黎明》第 1 卷第 8—9 期；随笔《请柬》，载 1926 年上海《洪水》半月刊第 2 卷第 22 期。嗣后在《申报·自由谈》《白露》《世界》《旅行杂志》《人间十日》《上海周报》《新中国文艺丛刊》《奔流文艺丛刊》等发表著译文章，出版翻译小说《新时代的曙光》（苏联左琴科原作。上海海燕书店，1949 年），1949 年后出版翻译小说《呼唤的声音》（苏联巴甫连科原作。上海海燕书店，1950 年）等亦署。④艾达，见于随笔《爱迪生赠给托尔斯泰的礼物》，载 1940 年上海《大陆》月刊第 1 卷第 1 期。嗣后在该刊发表《伦敦的暗影》《美国的扒手》等文，1944 年春在《苏中报》发表文章亦署。⑤木也、施君澄，署用情况未详。按：蒯斯曛尚出版有短篇小说集《悼亡集》、电影

文学剧本《三天》等，出版与署名情况未详。

蒯文伟（1885—1925），江苏吴县（今苏州市）人，字一斐。笔名蒯文伟，在《南社丛刻》发表旧体诗署用。

蒯贞干，江苏吴县（今苏州市）人，字虎岑，号啸楼。笔名蒯贞干，在《南社丛刻》发表旧体诗署用。

蒯仲诒，江苏吴县（今苏州市）人，号松巢。笔名蒯仲诒，有诗集《醒梦盦诗钞》存世。

【kuang】

匡扶（1911—1996），辽宁盖县（今盖州）人。原名匡昨非。笔名：①佃奴，1929—1930 年间在《东北民众报》发表旧体诗词署用。②匡庐，20 世纪 20 年代后期在沈阳《盛京时报》发表旧体诗词署用。1928 年在上海《钱业月报》第 8 卷第 5 期发表词《采桑子·夏》，同时期在《钱业月报》发表词《江南好》、诗《无题六言四绝》《松声——和友原韵》，1941 年起在长春《麒麟》发表散文《一年一度的中秋》《上元华灯》《黄花紫蟹话重阳》等作品亦署。③容与，1947—1948 年间在《大公报》《益世报》《华北日报》《凯旋》等报刊发表旧体诗词署用。④匡昨非，出版诗词集《匡昨非近体诗》（沈阳，1947 年）署用。⑤匡扶，1949 年后发表评论《鲁迅与俄罗斯和苏联文学》（载 1952 年《西北文艺》第 4 卷第 8 期），出版《民间文学概论》（甘肃人民出版社，1957 年）、《中小学生古诗词选读》（甘肃人民出版社，1982 年）、《唐宋诗论文集》（西北师院中文系科研处，1986 年）、《匡庐文聚》（兰州晚报社印刷厂，1989 年）等均署。

匡若霞（1927— ），湖南岳阳人。笔名：①匡若霞，见于散文《一个难童的自述》，载 1942 年湖南耒阳《湖南妇女》第 5 卷第 4 期。1949 年后在台湾出版小说集《不是终站》（台北华美出版社，1968 年）、《暖阳》（台北世界书局，1986 年），散文集《青叶集》（台中光启出版社，1972 年）、《岁月的履痕》（台北采风出版社，1990 年）等均署。②霞、鲁伦、涵菁，署用情况未详。

匡亚明（1906—1987），江苏丹阳人。原名匡洁玉。曾用名匡世、匡梦苏、匡润之、陈明芝。笔名：①匡世，见于随笔《关于读古书的评价问题》，载 1925 年 8 月上海《时事新报》。②匡亚明，见于主编《绿叶》一书（苏州乐益女中，1929 年出版）。嗣后在《新学生》《读书月刊》《文艺新闻》《文学创作讲座》等刊发表《郁达夫印象记》《建设中国文学史的诸前提》《介绍一个文学书目》《翻译与创作》《现代欧美教育之动态——〈改造中的欧美教育〉》《文学概论》等文，出版长篇小说《血祭》（一名《少年狂热者的哀愁》），论著《社会之解剖》《苏联的社会主义政治制度及其和平政策》《中国思想家评传》《孔子评传》《求索集》《匡亚明教育文选》，主编《绿叶》《随园女弟子诗选》等均署。③以

平，见于译文《列宁与〈火花报〉》，连载于 1939 年《大众日报》）。④亚，见于《怎样开时事座谈会》，载 1941 年 1 月 22 日《大众日报》）。⑤洁玉、何畏、何晨、梦苏、陈明芝，署用情况未详。

匡一点（1924—2002），江西修水人。原名匡俊元，号云阶。笔名听涛楼主、一点、瓮牖痴子、梅子，1940 年起发表诗词署用。

邝达芳（1914—1983），广东斗门（今珠海市）人。原名邝明。曾用名法维（幼名）、邝鲁直。笔名：①邝明，1932 年在广州创办《天王星》杂志并在该刊发表文章署用。嗣后在家乡创办《八区青年》、1946 年担任延安《群众周刊》编辑撰文亦署。②邝达芳，见于通讯《叶紫在病中——期待他的读者的鼓励》，载 1939 年 5 月 13 日《救亡日报》。③达芳，见于《为援助叶紫先生遗族募捐启事》（与夏衍、艾芜等人合作），载 1939 年 11 月 19 日香港《大公报》和 1939 年 12 月 20 日《文艺新闻》第 6 期。按：1932 年在广州与蒲特（饶彰风）、杜埃合办《天王星》杂志时之署名待查。

邝劲志，生卒年及籍贯不详。笔名方孟，1932 年后在上海左联暨南大学小组活动时发表作品署用。

邝雪林（1925— ），重庆市人。原名邝忠实。笔名司马玉常。1944 年开始发表作品，著有儿童剧《妈妈不在家》、杂文集《秋水新编》《杂感集》《当代杂文选粹·司马玉常之卷》、散文集《广州屋檐下》等。

邝振翎（1885—1932），江西寻乌人，字摩汉，号石溪、石溪词客。笔名：①摩汉，见于小说《蝶缘》，载 1917 年北京《寸心》第 1 期；译文《社会主义之进化》（日本河上肇原作），载 1919 年 6 月 11—16 日上海《时事新报·学灯》。1932 年在《大道周刊》发表《远东政局与第二次世界大战》《中国革命如何从两条国际战线夹缝中复兴起来》等文署用。②邝摩汉，见于小说《新华宫传奇》，载 1917 北京《寸心》第 4、5 期。20 世纪 20 年代在《新中国》《学林》等刊发表《阶级斗争与劳动组合之形势变化》《用唯物史观解释中国各种思想之变迁》等文亦署。③邝石溪、石溪词客，署用情况未详。

况周颐（1859—1926），广西临桂（今桂林）人。原名况周仪，字夔笙，别号阮盒，晚号蕙风。笔名：①况周仪，见于随笔《选巷丛谈》，载 1908 年上海《国粹学报》第 4 卷第 7—10 号。1936 年 5 月起在上海《艺文》月刊（夏剑丞编）第 1 卷第 2—6 期连载《蕙风词话》《蕙风词话续编》亦署。②况周颐，见于随笔《卤底丛谈》，载 1909 年 2 月上海《国粹学报》第 5 卷第 3 期；传记《陈圆圆事辑》，载 1915 年上海《小说月报》第 6 卷第 11 期。嗣后在该刊及《亚洲学术杂志》《学衡》《华国月刊》等刊发表随笔《餐樱庑词话》《蕙风簃随笔》、传记《王鹏运传》、词《摸鱼儿》《沁园春》《临江仙》等亦署。③夔笙，见于词《高阳台·题水绘图书画合璧册》《绛都春》《买陂塘》，载 1914 年上海《小说月报》第 5 卷第 5 期。④况夔笙，见于词《烛影摇红》，载 1916 年上海《大中华》第 2 卷第 8 期；词《蕙兰芳引》，载 1922 年上海《戏杂志》第 1 期。⑤蕙风、况古、香樱、修梅、梅痴、樱痴、玉楺、玉梅、新莺、二云、兰云、存悔、阮厂（阮盒）、凌景、菊梦、餐樱、秀道人、悔道人、餐樱庑主、玉梅词人、蕙风词隐、目空一世之况舍人，署用情况未详。

【kun】

鲲西（1916—2014），福建长乐人。原名王勉。笔名：①李平，见于通信《毒质》，载 1933 年 7 月 8 日上海《生活周刊》第 8 卷第 27 期；随笔《谈麦绥莱勒木刻连环图画》，载 1933 年 10 月 23 日上海《申报·自由谈》。同年在《生活周刊》第 8 卷第 43 期发表信函《关于全运》，嗣后在《孔德校刊》《国文杂志》《中学生》《新中华》《中坚》等刊发表文章亦署。②王勉，在清华园与赵俪生合编副刊时署用。抗战时期在昆明发表文章亦署。③鲲西，20 世纪 70 年代末期起在各地报刊发表文章，出版随笔集《深宫里的温莎娘儿们》（辽宁教育出版社，1998 年）、《推窗集》（中国社会科学出版社，2000 年）、《清华园感旧录》（上海古籍出版社，2002 年）、《听音小札》（广西师范大学出版社，2005）、《作家的隐私》（上海书店出版社，2008 年）、《三月书窗》（远东出版社，2012 年）等署用。

L

【lai】

来小雍，生卒年及籍贯不详，原名来岚声。笔名：①来复，1938 年 8 月在上海编《自学旬刊》并在该刊创刊号发表评论《读书与救国》署用。此后发表译文《不要空费劳力》（载 1939 年上海《健康生活》第 16 卷第 5—6 期）等亦署。②来小雍，1939 年担任上海《鲁迅风》发行人署用。此前后出版小报亦署。

来新夏（1923—2014），浙江萧山（今杭州市）人，字弢庵。笔名：①弢庵，1940 年起至 20 世纪 50 年代在报刊发表文章署用。②来新夏，1949 年后发表文章，出版随笔集《冷眼热心》《路与书》《依然集》《枫林唱晚》《邃谷谈往》《一苇争流》《出枥集》《学不厌集》《且去填词》《来新夏书话》《不辍集》及史学、图书馆学、地方志学、牒谱学等著作均署。

来裕恂（1873－1962），浙江萧山（今杭州市）人，号鲍园，字雨生。笔名：①鲍园，见于随笔《美人福说部序》，载1915年上海《小说新报》第1卷第5期。②来裕恂，出版《汉文典》（上海商务印书馆，1913年）、《萧山县志稿》（天津古籍出版社，1991年）、《鲍园诗集》（天津古籍出版社，1996年）、《萧山来氏中国文学史稿》（岳麓书社，2008年）、《易学通论》（广东人民出版社，2008年）以及《春秋通义》《杭州玉皇山志》《萧山人物志》《姓氏源流考》等署用。

赖丹（1926－　），福建连城人。原名赖肇增，字振之。笔名：①赖肇增，见于诗《山岗之暮》，载1943年4月5日浙江金华《中国儿童时报》。嗣后在福建永安《民主报·新语》发表诗、文《我心中的鲁迅》《关于文坛登龙》，在福州《南方日报·黎明》、厦门《江声报·人间》《星光日报·每周文艺》《星光日报·星星》等报刊发表杂文、文艺评论，辑印诗文集《闲啸集》（1947年）等亦署。②碧波，见于随笔《重读〈家〉后感》，载1944年前后永安《民主报·新语》。③如川，见于诗《没有披着黑衣的棺材》，载1944年前后永安《民主报·新语》；杂文《努力与天才》，载1947年福州《南方日报·黎明》。④青萍、彤云、来负、白怜秋，1946年秋在连城编《青年报·新力》发表诗文署用。⑤振之，见于杂文《海滩上种花》《剪断裙带风》，载1947年福州《南方日报·黎明》。⑥赖丹，1948年6月起在香港《华商报·茶亭》发表文艺评论《〈大树王子〉由创作到拍摄》《论诹维的画》等开始署用。嗣后在香港《文汇报·彩色版》发表《闽西采风志》连载文章，在桂林《文汇报·文艺周刊》发表小说《察那苑的黄昏》，在香港《大公报·大公园》发表散文《木屋琐记》，在香港《周末报》发表小说《报复》等亦署。⑦墨弹，见于评论《"荡妇心"的阶级意识》，载1948年前后香港《周末报》。

赖和（1894－1943），台湾彰化人。原名赖河，字懒云。笔名：①赖和，1922年起在《台湾》《台湾民报》《现代生活》《南音》《台湾新民报》《台湾新文学》《台湾文艺》等报刊发表旧体诗《怀友》《秋日登山偶感》《秋日登高感怀》《文天祥》《阿芙蓉》，新诗《觉悟的牺牲》《流离曲》，小说《斗闹热》《一杆"称仔"》《不如意的过年》《蛇先生》《雕古董》《辱？！》《浪漫外纪》《丰作》《归家》《喜颂人的故事》，散文《无题》《无聊的回忆》等署用。嗣后出版遗著《一杆"称仔"》（台北洪范书店，1996年）、《赖和集》（张恒豪编。台北前卫出版社，1991年）、《赖和汉诗初编》（彰化县文化中心，1994年）、《赖和小说集》（施淑编。台北洪范书店，1994年）、《赖和手稿集》（林瑞明编。彰化市赖和文教基金会，2000年）、《赖和先生全集》（李南衡主编。台北明潭出版社，1979年）、《赖和全集》（林瑞明编。台北前卫出版社，2000年）等亦署。②灰、甫三、懒云、走街先、安都生，署用情况未详。

赖鹤洲（1894－1988），台湾人。笔名子清、赖子清、鹤洲赖子清、鹤洲，1916－1943年在台北《台湾日日新报》《南瀛新报》《南方》《昭和新报》《兴南新闻》等报刊发表旧体诗《南洋观光所见》《挽魏笃生先生》等署用。

赖琏（1900－1982），福建永安人，生于湖南长沙，字真吾、景瑚。笔名：①赖琏，见于评论《欧战后中国之劳工问题》，载1919年长沙《新湖南》第1卷第1期。嗣后至1947年在《革命华侨》《行政效率》《广播周报》《中央周刊》《航空杂志》《华侨先锋》《长沙周报》等刊发表文章亦署。②赖景瑚，见于随笔《希特勒的幕后人物》，载1942年2月1日重庆《读书通讯》第35期。1949年后在台湾出版散文集《漫游散记》（台北正中书局，1964年）、《烟云思往录》（台北传记文学出版社，1980年）、《游踪心影》《还乡梦的幻灭》等亦署。③党先，署用情况未详。

赖明弘（1909－1971），台湾台中人。原名赖铭煌。笔名：①欧阳明，见于评论《台湾新文学的建设》，载1947年11月7日台湾《新生报·桥》，同月在该刊发表评论《鲁迅——中国的高尔基》亦署。②赖明弘，见于随笔《我们目前的任务》，载1928年《台湾文艺》5月号；评论《重见祖国之日——台湾文学今后的前进目标》，载1946年上海《新文学》半月刊第2期。1946年8月15日在《新知识》发表随笔《光复杂感》亦署。按：赖明弘尚出版有小说集《夏》《魔力》《结婚男人的悲哀》，发表有《敬呈全岛文艺同志书》《台湾文艺联盟创立的片断回忆》等文，出版（发表）与署名情况未详。

赖少其（1915－2000），广东普宁人。原名赖少麒。曾用名赖少麟。笔名：①赖少麒，20世纪30年代给鲁迅写信署用。由形象社出版《创作版画雕刻法》亦署。又见于林绍仑诗集《给我们自己》中木刻插图，广州青年作者美术会1935年出版。②赖少其，见于评论《关于"抗战门神"想起的一二》，载1939年2月2日桂林《救亡日报·文化岗位》；论文《木刻运动的发展》，载1939年《文艺阵地》第3卷第2期。同时期在《文艺月刊·战时特刊》《民族生路》《七月》《刀与笔》《国民公论》《文学大众》等报刊发表评论、木刻作品等，1950年1月15日在南京《文艺月刊》创刊号发表特写《见毛主席》，嗣后出版歌剧剧本《曹立山》（正风出版社，1950年），话剧剧本《集中营里的斗争》（新文艺出版社，1954年），诗集《赖少其自书诗》（岭南美术出版社，1985年），画集《花卉册》（人民美术出版社，1982年）、《楚游》（湖南美术出版社，1983年）等亦署。③少其，见于《遥寄刘仓》，载1939年3月14日《救亡日报·文化岗位》；评论《华中美术工作的趋向》，载1946年《江淮文化》创刊号。④高飞，署用情况未详。

赖文清（1901－1987），福建永定人，字润芳，号琴午、琴庐。笔名赖文清，著有诗集《海天览萃》《琴庐唱和集》《慎独吟草》《自寿吟草》。

赖贤颖（1910－？），台湾彰化人。原名赖沧淯。笔名赖贤颖、赖堂郎、玄影，1936 年起在《台湾新文学》等报刊发表小说《女鬼》《姊妹》及随笔、评论等，出版小说集《女鬼》《姊妹》《稻热病》等署用。具体署名情况未详。

赖献瑞，生卒年不详，台湾人。笔名献瑞、赖献瑞，1932－1944 年在台北《昭和新报》《台湾日日新报》《南瀛新报》《南方》等报刊发表旧体诗署用。

赖元冲（1925－　），福建上杭人。笔名司徒慧，20 世纪 30－40 年代在福建报刊发表诗、散文等署用。见于诗《雨》，载 1947 年 4 月 22 日福州《南方日报·黎明》；散文《两个伊凡的故事》，载 1947 年 12 月 15 日《星闽日报·星瀚》。

【lan】

蓝澄（1922－？），山东龙口人。原名栾体桐。曾用名栾冠军。笔名蓝澄，1941 年创作话剧剧本《冲破网》《灯笼》开始署用。嗣后发表剧本《刘桂兰捉奸》（载 1949 年哈尔滨《文学战线》第 2 卷第 3 期）、报告文学《残废工人刘长庆》（载 1949 年哈尔滨《文学战线》第 2 卷第 7 期）、出版歌舞剧剧本《废铁炼成钢》（东北新华书店，1949 年）、话剧剧本《郭大夫》（新华书店东北总分店，1950 年）、《一笔血债》（新华书店东北总分店，1950）、《丰收之后》（上海文化出版社，1964 年）、《不平坦的道路》等亦署。

蓝光（1921－2005），湖北光化人。原名张惠兰。曾用名林松。笔名：①蓝光，见于剧本《皇协军的弟兄们》，载 1940 年重庆《抗战艺术》第 5 期；散文《敌后方的妇女们》，载 1940 年重庆《妇女生活》第 9 卷第 3 期。嗣后出版话剧《思想问题》（与刘沧浪合作。生活·读书·新知三联书店，1949 年）、《人民的意志》（与赵寻合作。生活·读书·新知三联书店，1951 年）、《姐妹俩》（华北人民出版社，1954 年）、《最后一幕》（中国戏剧出版社，1958 年）、《真实的故事》（与赵寻合作。湖北人民出版社，1959 年）等亦署。②岚光，1942 年在山西《民国日报》发表独幕剧《公家是谁》、散文《遥庙山》等署用。③沙草，见于杂文《如此接收》，载 1946 年西安《益世报》。

蓝鸿恩（1924－1995），广西马山人，壮族。1941 年开始发表作品。笔名：①蓝鸿恩，1949 年后发表小说《布伯的故事》《神弓宝剑》《公颇与土司老爷打赌》，壮剧《红铜鼓》，论文《花山探谜》，出版《广西民间文学散论》（广西人民出版社，1981 年）、《赤雅考释》（广西民族出版社，1995 年），主编《壮族民间故事选》（上海文艺出版社，1984 年）、《中国各民族宗教与神话大词典》（与他人合作）等署用。②兰林、草心、红勋、红鹰，署用情况未详。

蓝苓（1918－？），河北昌黎（今乐亭）人。原名朱堃华。笔名：①朱堃华，1936 年在黑龙江省教育工会刊发表小诗署用。②莉莎，见于《小诗》，载 1935 年前后《黑龙江日报》副刊；小说《端午节》，载 1937 年大连《满洲报》。此前后在《满洲报》《兴满文化月报》《新文化月报》等报刊发表诗《黎明的一束》、小说《菩萨的信徒》等亦署。③蓝苓，见于诗《桥畔》，载 1940 年 1 月 1 日日本大阪《华文大阪每日》；长诗《科尔沁草原的牧者》，载 1943 年长春《青年文化》第 1 卷第 3 期。此前后在上述两刊及《新诗歌》（沈阳版）、《新满洲》《东北文学》《朔风》《中国文艺》等报刊发表诗《小巷的除夕》《追求》《沙漠之旅》、长诗《在静静的榆林里》、小说《端午节》《夜航》《泡沫》、散文《影戏》《渔船》《灯》等亦署。④林苓、阿华，1946－1948 年在黑龙江《嫩江日报·龙沙公园》发表诗歌、快板、通讯《让我们歌唱吧》《夫妇》《一个老道德会员的转变》《冉李氏和她的婆婆》等署用。

蓝曼（1922－2002），河北武强人。原名蓝文瑞。笔名：①蓝曼，1946－1947 年间在《东北日报》《牡丹江报》《中苏友好》等报刊发表诗歌、散文、翻译小说署用。1949 年后出版诗集《老艄公》（中国青年出版社，1956 年）、《绿野短笛》（作家出版社，1957 年）、《坦克奔驰》（作家出版社，1965 年），翻译散文集《军官随笔》（苏联柴明原作。中国青年出版社，1956 年），翻译诗集《五彩的书》（苏联马尔夏克原作。知识出版社，1951 年）、《马尔夏克诗选》（苏联马尔夏克原作。新文艺出版社，1956 年）、《苏尔科夫诗选》（苏联苏尔科夫原作。作家出版社，1957 年）、《和平颂》（苏联伊萨柯夫斯基原作）、《祖国之歌》（苏联伊萨柯夫斯基原作）等亦署。②兰曼，在《东北日报》《牡丹江报》《中苏友好》等报刊发表文章，出版诗集《青龙湾》（中国少年儿童出版社，1962 年），翻译诗集《叶赛宁诗选》（与付克等合译。漓江出版社，1983 年）亦署。③叶柏，1947 年在哈尔滨《生活报》发表短文署用。1949 年后在《天津日报》发表短文亦署。

蓝善仁（1923－？），江西龙南人，字蓝瑛，号香山。笔名：①荒马，20 世纪 30 年代在江西南部报刊发表诗、散文，嗣后出版诗集《莽原》（龙南蟠龙印务局，1947 年）署用。②蓝善仁，1949 年后在台湾出版诗集《大哉中华》（高雄，1976 年）、《为光明的旅途而歌》（台北中兴出版社，1985 年）、《心弦上的阳光》（台北文史哲出版社，1991 年）、《青溪涓涓流过》（台北文史哲出版社，1991 年）、《龙族无声一脉传》《诗心一唱解千愁》，歌词集《响自我心弦上的歌》（高雄大海洋诗刊社，1991 年）等署用。③伊梦寒、蓝善、山人、七十二，署用情况未详。

蓝少成（1925－2007），四川内江人。笔名：①蓝少成，1949 年后出版专著《中国散文写作史》（广西教育出版社，1990 年），散文集《冬天的信》，主编《现代文学作品选讲》（广西人民出版社，1981 年）及《诗词曲格律与欣赏》署用。②蓝山，署用情况未详。

蓝瑛（1925－2017），浙江奉化人，生于上海。原名竺宜俊。笔名：①竺宜俊、宜俊，抗战时期在浙江奉化、宁波当地报刊如《宁波商报》《迅雷》等发表文章署用。20 世纪 90 年代在上海《上海滩》发表散文《台湾去来》亦曾署用竺宜俊之名。②蓝瑛，见于《血泪八年忆东北》，载 1939 年《上海周报》第 1 卷第 6 期；散文《夜行军》，载 1941 年 2 月《海藻》文艺丛刊。嗣后发表作品亦署。③何丹霞，20 世纪 40 年代发表作品署用。④爱华，20 世纪 90 年代前期在美国芝加哥华文报《晨报》连载《谈一个中国——"九·二"共识八题》署用。⑤李济方，署用情况未详。

蓝玉莲（？—1920），湖北广济（今武汉）人。笔名喻玉铎，出版小说《芸兰秘密日记》（上海大东书局，1918 年）署用，该小说后与喻血轮《芸兰泪史》合集为《芸兰泪史附日记》出版（清华书局）。

【lang】

郎心湘，生卒年及籍贯不详。笔名红浣，20 世纪 30 年代在福建报刊发表文章署用。

【lao】

劳洪（1923—2014），四川乐山人。原名熊白施。曾用名熊鸿嘉。笔名：①劳洪，见于随笔《谈诗人》，载 1941 年 10 月 26 日成都《华西日报》副刊；小说《疑问》，载 1946 年重庆《中原·文艺杂志·希望·文哨联合特刊》第 1 卷第 6 期。嗣后发表作品多署。②罗隽，见于散文《忆马宗融先生》，载 1949 年 4、5 月间重庆《大公报》副刊。③熊白施，见于随笔《我们怎样读古代文艺作品》，载 1951 年 4 月《中国青年》。④罗方，见于随笔《谈〈长恨歌〉》，载 1955 年某期《文学遗产》。

劳荣（1911—1989），上海人。原名李关生，字希之。曾用名李学多、李桂春、李希、赵彤、李关椿、赵玄武、李守先、李念慈。世界语名 Takin。笔名：①李希，20 世纪 20 年代末在上海《民国日报·觉悟》《新闻报·本埠附刊》等报发表文章署用。②劳鋈，见于译作《保加利亚的农民》，载 1935 年 12 月 28 日上海《生存线》；杂文《"小贩突然倒毙"？》，载 1936 年上海《生活知识》第 1 卷第 11 期。③劳荣，见于小说《高跟皮鞋的故事——一个寓言》，载 1936 年上海《小说家》第 1 卷第 1 期；亦见于诗《我的故乡》，载 1937 年上海《人间十日》第 5 期。嗣后在《人间十日》及《文学》《诗歌杂志》《时事类编》《救亡日报》《大公报》《国闻周报》《文艺工作者》《语文》《文讯》《文联》《文艺世界》《诗创造》《中国与世界》《学习半月刊》《正言文艺》《天地间》《文艺月刊》《现代周刊》《知识与生活》半月刊等报刊发表诗《在法庭上》《月蚀》《邱吉尔像赞》《我底嗓子哑了八年》、速写《夜市风景线》、随笔《意大利战后文学》《波兰战后文学》、译诗《无名的战士》（捷克 F. 哈拉斯原作）、翻译小说《枞林的

喧嘈》（苏联特卡楚克原作）等作品，出版诗集《脚印》（文化工作社，1950 年）、《天津之歌》（百花文艺出版社，1959 年），散文集《新生的历程》（文化工作社，1950 年），翻译小说集《被打穿了的布告》（苏联特卡楚克等原作。大众书店，1950 年）、《米霞》（苏联高尔基等原作。知识书店，1950 年），翻译戏剧集《败类》（罗马尼亚巴琅格原作。人民文学出版社，1952 年），翻译诗集《裁判》（匈牙利裴多菲等原作。知识书店，1950 年）、《西里西西之歌》《花束集》等亦署。④李劳荣、黎唏、蔡唏紫、周秋紫、李念慈、丁望董，20 世纪 30—40 年代在天津《大公报》、北平《现代知识》《生活知识》等报刊发表文章曾署。⑤李守先，见于译文《日本民主的表里》，载 1947 年北平《现代知识》第 2 卷第 4 期。⑥唐晴，发表译作曾署用。

劳辛（1914—2014），广西合浦人。原名劳家顺。笔名：①嘉淳，1937—1938 年在《广州日报·哲学》发表文章署用。②劳辛，见于随笔《阖家自杀》，载 1935 年上海《芒种》第 1 卷第 9、10 期合刊；评论《评卞之琳的〈十年诗草〉》，载 1944 年 5 月 12 日重庆《新蜀报》。嗣后在《文讯》《文联》《中华论坛》《文艺知识连丛》《文艺复兴》《诗创造》《大公报·文艺》《新中华》《中国作家》《文艺新地》等报刊发表《诗的形象短论》《评〈夜歌〉》《诗底粗犷美短论》《略谈北方的新型文艺》《新书杂话》《评〈故乡〉》等评论、随笔，1949 年后出版评论集《诗的理论与批评》、诗集《狂欢的节日》（与他人合作）等亦署。

老舍（1899—1966），北京人，满族。原名舒庆春，字醒痴、舍予。曾用名胡春。笔名：①舒庆春，见于《参观苏省小学教育报告》（与荣英等合作），载 1920 年《京师学务局教育行政月刊》第 1 卷第 3—5 号。翌年在该刊第 2 卷第 4 期发表《京师私立小学教员夏期国语补习会纪事》一文，1926 年在上海《小说月报》第 17 卷第 7 期发表长篇小说《老张的哲学（一）》亦署。②舒舍予，见于译文《基督教的大同主义》（宝广林原作），载 1922 年 12 月《生命》月刊第 3 卷第 4 期；《北京缸瓦市伦敦会改建中华教会经过纪略》，载 1924 年《中华基督教会年鉴》第 7 期。嗣后在《国立山东大学周刊》《文艺月刊·战时特刊》《抗战文艺》《生命》等刊发表文章均署。出版论著《文学概论讲义》（齐鲁大学文学院，1931—1934 年）亦署。③舍予，见于小说《小铃儿》，载 1923 年《南开季刊》第 2、3 期合刊；论文《论创作》，载 1930 年《齐大月刊》创刊号。嗣后在该刊发表散文《一些印象》、译文《出毛病的大么》（赫德利·巴克尔原作）、论文《小说里的景物》、诗《日本撤兵了》等亦署。④老舍，见于长篇小说《老张的哲学》，连载于 1926 年上海《小说月报》第 17 卷第 8—12 号。嗣后在该刊及《留英学报》《齐大月刊》《华年》《现代》《论语》《东方杂志》《益世报·语林》《申报·自由谈》《文艺月刊》《大众画报》《良友画报》《现代出版界》《刁斗》《青年界》《矛盾》《文学》《国语周刊》

《人间小品》《大公报·文艺》《文学季刊》《宇宙风》《小说》《文学评论》《文艺》《青岛民报·避暑录话》《中央日报》《新小说》《太白》《水星》《文饭小品》《国闻周报》《大晚报》《西书精华》《谈风》《西风》《宇宙风·逸经·西风非常时期联合旬刊》《抗到底》《逸经》《抗战文摘》《大时代》《前途》《新民报·血潮》《中流》《抗战戏剧》《七月》《新演剧》《文学杂志》《自由中国》《文艺阵地》《抗战教育》《大风》《弹花》《少年先锋》《抗战文艺》《文艺先锋》《文坛》《文学创作》《戏剧新闻》《文艺战线》《笔阵》《宇宙风乙刊》《文学月报》《戏剧春秋》《黄河》《文艺杂志》《天下文章》《时与潮文艺》《文艺春秋》《人间世》《当代文艺》《文哨》《清明》《中原·文艺杂志·希望·文哨联合特刊》《民族诗坛》《扫荡报·野营》《集美周刊》《民意周刊》《好文章》《创导》《时事类编》《广播周报》《国文月刊》《文艺青年》《新民报晚刊》《时事新报·青光》等众多报刊发表小说、诗、散文、戏剧、曲艺作品，1944年11月至1945年9月2日在《扫荡报》连载发表长篇小说《四世同堂》第1部《惶惑》，1942年6月10日—29日在《新蜀报》连载话剧剧本《归去来兮》，1943年在《文艺先锋》第3卷第4期发表话剧剧本《桃李春风》（与赵清阁合作），1949年1—9月旅美期间创作长篇小说《四世同堂》第3部《饥荒》及《鼓书艺人》，以及出版长篇小说《老张的哲学》（上海商务印书馆，1928年）、《赵子曰》（上海商务印书馆，1928年）、《二马》（上海商务印书馆，1931年）、《猫城记》（上海现代书局，1933年）、《离婚》（上海良友图书印刷公司，1933年）、《小坡的生日》（上海生活书店，1934年）、《骆驼祥子》（上海人间书屋，1939年）、《火葬》（上海晨光出版公司，1944年）、《偷生》（《四世同堂》第2部，上海晨光出版公司，1946年）、中篇小说《我这一辈子》（上海惠群出版社，1947年）、《月牙集》（上海晨光出版公司，1948年），短篇小说集《贫血集》（重庆文聿出版社，1944年）、《东海巴山集》（上海新丰出版公司，1946年）、《微神集》（上海晨光出版公司，1947年）、《赶集》（上海良友图书印刷公司，1934年）、《樱海集》（上海人间书屋，1935年）、《蛤藻集》（上海开明书店，1936年）、《火车集》（上海杂志出版社，1939年），话剧剧本《残雾》（上海商务印书馆，1940年）、《张自忠》（重庆华中图书公司，1941年）、《面子问题》（重庆正中书局，1941年）、《大地龙蛇》（重庆国民图书出版社，1941年）、《谁先到了重庆》（香港联友出版社，1943年）、《国家至上》（与宋之的合作。重庆南方印书局，1943年）、《老舍戏剧集》（上海晨光出版公司，1948年），长诗《鬼曲》（1934年）、《成渝路上》（1939年）、《剑北篇》（文艺奖助金管理委员会出版部，1942年），通俗文艺集《三四一》（艺文研究会，1938年），创作经验谈《老牛破车》（上海人间书屋，1937年）等均署。1949年后发表话剧剧本《方珍珠》（载1950年8月至9月14日《光明日报》）、《龙须沟》（载1950年《北京文艺》第1卷第1—3期）、《生日》（载1952年

《剧本》第2、3月合刊）、《春华秋实》（载1953年《剧本》5月号），长篇小说《正红旗下》（载1979年初《人民文学》）等，出版中篇小说《无名高地有了名》（人民文学出版社，1955年），话剧剧本《西望长安》（作家出版社，1956年）、《茶馆》（中国戏曲出版社，1958年）、《红大院》（作家出版社，1959年）、《全家福》（作家出版社，1959年）、《宝船》（中国少年儿童出版社，1961年）、《荷珠配》（中国戏剧出版社，1962年），散文、小品集《福星集》（北京出版社，1958年），文艺随笔与短论集《小花朵集》（百花文艺出版社，1963年），文学论集《出口成章》（作家出版社，1964年），以及《老舍选集》（开明书店，1951年）、《老舍短篇小说选》（人民文学出版社，1956年）、《老舍剧作选》（人民文学出版社，1959年）等亦署。⑤絜青，见于译文《学者》（叔本华原作），载1931年《齐大月刊》第2卷第1期。嗣后在该刊发表译诗《爱》《我发明的死》（英国亨伯特·沃尔夫原作），译文《几封信》等亦署。⑥鸿来，见于小说《五九》，载1931年《齐大月刊》第2卷第1期。⑦絜予，见于诗《微笑》，载1932年《齐大月刊》第2卷第8期。⑧舍，见于杂文《济南专电》，载1932年上海《论语》半月刊第7期；信函《励友人书》，载1933年9月15日上海《申报·自由谈》（该函题下署名老舍）。⑨非我，见于杂文《搬家》，载1936年上海《谈风》半月刊第4期。⑩舒舒，署用情况未详。

【le】

勒公丁（1919—1998），江西永修人。原名勒公贞。曾用名闰永。笔名公丁、勒公丁，1941年初起在江西泰和《江南文艺》、浙江南平《东南日报·笔垒》、江西赣州《正气报·半月文艺》《青年报·青鸟》、福建长汀《中南日报》《民治报·星期文艺》、福建连城《大成日报·高原》、福建永安《改进》等报刊发表诗文署用。"勒公丁"一名，出版诗集《纪念塔和老兵》（江西诗木刻社，1949年）、《勒公丁诗集》《点滴》等亦署。

【lei】

雷海宗（1902—1962），河北永清人，字伯伦。笔名雷海宗，见于评论《评汉译〈世界史纲〉》，载1928年3月4日《时事新报》；评论《西亚与非洲》，载1930年1月1日南京《时事月报》第2卷第1期。此前后在《史学》《清华周刊》《社会学刊》《时事年刊》《国立武汉大学文哲季刊》《金陵学报》《社会科学》《清华学报》《文摘》《今日评论》《战国策》《战国副刊》《当代评论》《广播周报》《独立评论》《观察》《世纪评论》《正论》《周论》《图书月刊》《图书季刊》《中苏友好》等报刊发表文章，出版《中国文化与中国的兵》（长沙商务印书馆，1940年）、《文化形态史观》（与林同济合作。上海大东书局，1946年）、《西洋文化史纲要》（王敦书整理。上海古籍出版社，2001年）等，以及史学

著作等亦署。

雷加（1915－2009），辽宁安东人。原名刘涤。曾用名刘天达。笔名：①赫戏，见于译文《关于世界观和创作方法》（司帕考·诺伊原作），载1936年上海《文学丛报》第4期；译文《新现实主义与革命的浪漫主义》（苏联吉尔波丁原作），载1937年上海《文艺科学》创刊号。此前后在北平《世界动态》《现代青年》、重庆《时事类编》以及《大公报》《大刚报》《战地》等报刊发表文章亦署。②雷加，见于报告《前线故事》，载1939年山西《西线文艺》第1卷第2期；《沙湄》，载1942年延安《谷雨》第1卷第2、3期合刊。嗣后在延安《解放日报》《文艺战线》《文艺突击》及《文艺阵地》《七月》《通俗文艺》《文学月报》《文学月刊》《新华日报》《大众文艺》《时代文学》《天下文章》《时事类编》《白山》《小说》等报刊发表小说《王大洲的帽子》《水塔》《一个没有山炮的战斗》、报告文学《一个会唱莲花落的青年队员》《屈辱者和他的挚爱的人生》《她们一群》等，出版中篇小说《水塔》（大连光华书店，1948年），长篇小说《春天来到鸭绿江》（作家出版社，1954年）、《蓝色的青枫林》（作家出版社，1958年）、《潜力》（三部曲），短篇小说集《集体的荣誉》（工人出版社，1956年）、《青春的召唤》（中国青年出版社，1958年）、《雷加短篇小说集》（四川人民出版社，1983年），散文特写集《五月的鲜花》《火烧林》《南来雁》等亦署。

雷溅波（1908－1999），云南思茅人。原名雷必兴，字赞庭。曾用名雷同。笔名：①溅波，见于诗《军事会议》《退出去了》，载1930年上海《萌芽月刊》第1卷第5期。嗣后在《文艺》《春光》《文学大众》《文学丛报》《诗歌杂志》《文艺新闻》《中国诗坛》《文学月报》《诗歌生活》《文艺阵地》《战歌》《诗与散文》等报刊发表诗作，出版诗集《战火》（救亡诗歌社，1938年）、《群众的队伍》（1940年）等亦署。②碧星，1934年开始在上海《中华日报》发表诗作署用。③三弟，见于诗《赶工》，载1934年12月1日上海《新诗歌》第2卷第4期。在《中华日报》发表诗作亦署。④赞庭，20世纪30年代在上海《读书生活》等刊发表作品署用。⑤雷溅波，见于诗《昆明，在朝阳光明的路上》，载1939年《文艺阵地》第3卷第11期。嗣后出版诗集《前进！中国兵》（昆明华南书店，1945年）等亦署。

雷晋笙（1898－1931），陕西长安（今西安）人。原名雷凤翼，字晋笙。曾用名雷凤仪、李克平。笔名：①雷晋笙，见于翻译剧本《永世》（拉·封丹原作），载1924年上海《小说月报》第15卷号外"法国文学专号"；翻译小说《散步》（法国莫泊桑原作），载1924年上海《文学周报》第128、129期；出版译作《莫泊桑小说》（与徐蔚南译作合集。上海新文化书社，1924年）亦署。②澜，1924－1926年在《西北晨钟》《陕西教育月刊》《陕西国民日报》《新秦日报》《雪耻三日刊》《沸血周刊》等报刊发表著译作品署用。

雷瑨（1871－1941），江苏松江（今上海市）人，字君曜、均耀，号晋玉、雷颠、涵秋、缩庵老人、娱萱室主。笔名：①均耀、晋玉、涵秋、娱萱室主，1914年在《文艺杂志》发表文章署用。②颠、松颠、老颠、颠公、云间颠公，署用情况未详。

雷履平（1911－1985），四川成都人，蒙古族。笔名：①雷履平，出版文学评论集《苏轼的词》《黄吉安的〈春陵台〉》《元好问〈论诗绝句选笺〉》《诗的含蓄美》《爱国诗人宇文虚中》《谈豪放》《李清照》《读毛主席〈贺新郎咏史〉的体会》《读周总理青年时期的旧体诗》《李贺诗的意境》《苏轼诗的风格》《〈情探〉的思想和艺术》《杜甫的咏物诗》，论著《中国历代文选》（合作）等均署。②平子、郁可，署用情况未详。

雷石榆（1911－1996），广东台山人。原名雷社稳。曾用名雷石榆、林未春。笔名：①雷石榆，1927年开始署用。见于《我所切望的诗歌》《诗的创作问题》，载1928年《台湾文艺》第5－10期；《略说我学日文的经过》，载1936年上海《青年界》第9卷第5期。嗣后在《文艺月刊》《夜莺》《诗歌杂志》《东方文艺》《广州诗坛》《诗场》《中国讲坛》《狂潮旬刊》《诗与散文》《作家杂志》《热风》《自由中国》《文艺阵地》《抗战文艺》《文艺新闻》《笔阵》《西线文艺》《战时文艺》《东南日报·笔垒》《小民报·新村》《平凡》《台湾文化》等报刊发表诗、文、翻译小说等，出版诗集《国际纵队》（诗歌出版社，1937年）、《新生的中国》（诗歌出版社，1938年）、《小蛮牛》（桂林文化供应社，1943年）、《八年诗选集》（上海粤光印务公司，1946年），小说集《惨别》（上海新中书局，1936年）、《夫妇们》（永安立达书店，1945年），译作《海涅诗抄（上集）》（桂林文汇书店，1943年）、《奴隶船——海涅诗抄续集》（昆明文汇书店，1943年）等亦署。②石榆，见于书评《〈苏俄视察记〉（曹谷冰著）》，载1932年5月16日上海《文艺新闻》第55号。嗣后在上海《夜莺》《诗歌杂志》、天津《大公报·小公园》等报刊发表诗文亦署。③舌夷、式羽，1932年上半年在《台山民国日报》发表文章署用。1949年后在香港《大公报》《文汇报》《星岛日报》等报刊副刊发表文章亦署。④纱雨，见于诗《天堂阶下》，载1934年日本东京《东流》创刊号；短论《文学的任务》，载1943年昆明《文学评论》第1卷第1期。此外在上海《今代文艺》等发表诗文，1949年后在香港《大公报》《文汇报》《星岛日报》等报副刊发表文章亦署。⑤玉桑，见于散文诗《爽约》，载1935年《东流》第1卷第5期。⑥林未春，20世纪30年代在上海《立报》《大晚报》发表文章偶署。⑦雷破空，1943年12月在昆明主编《文学评论》开始署用。1949年后在香港《大公报》《文汇报》《星岛日报》等报副刊发表文章亦署。⑧沙雨，见于评论《〈小兰花〉读后》，载1943年《文学评论》第1卷第1期。⑨破空，1944年夏在江西信丰《干报·万绿丛》连载杂感《三言两语》，1949年后在香港《大公报》《文汇报》《星岛日报》

等报副刊发表文章亦署。⑩马山、牛车、非我、雷霆、莫非我，1949－1951 年在香港《大公报》《文汇报》《星岛日报》等报副刊发表讽刺诗、杂文、评论、回忆台湾风物的散文等署用。⑪杜拉，1949－1951 年在香港《大公报》《文汇报》《星岛日报》等报副刊发表文章署用。嗣后出版论著《写作方法初步》（香港初步书店，1952 年）亦署。

雷特（1917－？），四川乐山人。原名周英平。笔名：①周英平，见于诗《钱魔》，载 1934 年四川雅安某报。1936 年在成都某刊发表小说《童年》亦署。②周果君，1937－1938 年在重庆《星渝日报》发表小说《华玲》、诗《天府之国》等署用。③雷特，1941 年开始在桂林《大公报》《大公晚报》发表小说《旅伴》、话剧评论《卡秋莎复活了》等署用。1944 年后在重庆《大公晚报》、西安《正报》《益世报》、上海《文汇报》等报发表杂文、散文等，1949 年后发表作品、出版报告文学《郭秀云的故事》（天津通俗出版社，1954 年）亦署。

雷汀（1920－？），上海人。原名王云志。笔名：①垒汀，1938 年在山西第二战区《阵中日报》发表小说《日本兵的谜题》署用。又见于小说《船渡》，载 1939 年山西《西线文艺》创刊号。嗣后在该刊第 1 卷第 6 期发表报告文学《拂晓突击》亦署。②雷汀，见于小说《交口河南岸》，载 1945 年 5 月 6 日延安《解放日报》，嗣后在该报发表小说《区主任》等，1949 年后出版短篇小说集《区主任》（新文艺出版社，1955 年）等亦署。

雷啸岑（1897－1982），湖南嘉禾人。原名雷嵎，字啸岑。号野鹤山人、忧患余生。曾用名雷曦、雷剑、雷南雷。笔名：①雷嵎，见于随笔《介绍一个日本人的话》，载 1925 年 7 月 8、9 日上海《民国日报·觉悟》。②雷啸岑，见于评论《一月来之边疆》，载 1930 年南京《时事月报》第 2 卷第 4 期。嗣后在该刊及《社会新闻》《湖北教育月刊》《民教导报》《新运导报》《文化先锋》《社会评论》《国民教育指导月刊》《中央周刊》等刊发表文章，出版《忧患余生之自述》（台北传记文学出版社，1982 年）、《我的生活史》（台北龙文出版社，1994 年）等亦署。③南雷，抗战时期担任重庆《西南日报》总主笔期间发表反苏杂文《杂种》署用。④老赶、笑存、笑岑、尚方、马五先生，1950 年后在《香港时报》《自由报》等发表文章署用。⑤雷剑、野鹤山人、忧患余生，署用情况未详。

雷妍（1910－1952），河北昌黎人。原名刘植莲。笔名：①雷妍，见于小说《浣女》，载 1941 年北平《艺术与生活》第 20 期；小说《轻烟》，载 1941 年北平《中国文艺》第 5 卷第 3 期。嗣后在《妇女杂志》《东亚联盟》《中国公论》《中华周报》《中国文学》《文潮》《新影坛》《文学杂志》《国民杂志》《艺文杂志》《文帖》《新民半月刊》以及日本大阪《华文大阪每日》等报刊发表《良田》《白马的骑者》《奔流》《少女湖》《鹿鸣》《凤凰》《前路》《狮子坡》《越岭而去》《绿舟》《魁梧

的懦人》《黎巴嫩的香柏人》《雪的颂赞》《越岭而去》《悸》《门外》《十六年》《人》《号角》《林珊》《无愁天子》《冷露当酒》等小说、散文、诗歌，出版中篇小说集《良田》（北平艺术与生活社，1943 年）、《白马的骑者》（北平新民印书馆，1944 年）、《苏懿贞和她的家族》（与秋萤等合集。北平新民印书馆，1944 年）、《奔流》（华北作家协会，1945 年）、《少女湖》《鹿鸣》《凤凰》等亦署。②刘植兰，见于小说《山洪》，载 1941 年《辅仁文苑》第 6 期。③沙芙，见于小说《江干落日》，载 1942 年《中国文艺》第 7 卷第 2 期。④刘莘，见于小说《诉》，载 1942 年《妇女杂志》第 3 卷第 8 期；小说《幽灵》，载 1943 年 8 月 5 日《中国文艺》第 9 卷第 2 期。此前后在北平《新民报半月刊》、日本大阪《华文大阪每日》等刊发表作品亦署。⑤芳田，见于散文《雨》，载 1942 年《新民报》第 4 卷第 16 期。⑥刘咏莲，见于小说《前路》，载 1943 年日本大阪《华文大阪每日》第 11 卷第 8 期。⑦刘植莲，见于小说《人勤地不懒》，载 1951 年某期《说说唱唱》。⑧田虹，见于自传体小说《我是幸福的——一个中学生的笔记》，载 2009 年 10 月中国海关出版社 2009 年 10 月出版之《雷妍小说散文集》（刘玳、于然主编）。⑨崔蓝波，见于中篇小说《小力笨》，载 1950 年《说说唱唱》第 5－6 期。⑩端木直、东方卉、田田，署用情况未详。

雷昭性（1873－1920），四川富顺人，生于自贡，字泽皆、誊皆，号铁崖（镜崖）。笔名：①誊皆，1905 年在《广益丛报》署用。1916 年后在《南社丛刻》《国学丛选》上发表诗文亦署。②铁崖，1905 年加入同盟会后启用。嗣后在《四川》《越报》《民声》《光华日报》等发表诗文亦署。③镜崖，1908 年在《广益丛报》署用。④雷昭性，在《南社丛刻》发表诗文署用。⑤岩、衲、龙、僧、铁、铮、铁铮、龙言、病僧、顽僧、白、烛隐、雪厓、啼红、啼红生、蜀南饮者，清末民初在《广益丛报》《民报》《鹃声》《光华日报》《南社丛刻》以及新加坡《国民日报》等报刊发表文章署用。

磊然（1918－2009），上海人。原名许怡曾。曾用名许磊然。笔名：①磊然，见于翻译小说《鲍列斯》（苏联高尔基原作），载 1941 年《时代》周刊副刊《高尔基研究》。嗣后在该刊及《东北文艺》《小说月刊》发表翻译小说《柴苏勃烈那》（苏联高尔基原作）、《不朽的姓》（苏联 K. 西蒙诺夫原作）、《奸细》，电影小说《守卫和平》等，出版翻译小说《妻》（苏联卡达耶夫原作。上海时代书报社，1945 年）、《外科医生》（苏联叶密良诺娃原作。上海时代书报社，1945 年）、《日日夜夜》（苏联 K. 西蒙诺夫原作。上海时代书报社，1946 年）、《真正的人》（苏联波列伏依原作。上海时代书报社，1949 年），翻译童话集《黑母鸡》（苏联帕郭列尔斯基原作。上海时代书报社，1947 年），翻译戏剧《史迁普金》（苏联杜雷林原作。上海时代书报社，1948 年）等，1949 年后出版论著《论诗的"秘密"》（新文艺出版社，1952 年），翻译小说《最后一个乌兑格人》（苏联法捷

耶夫原作。人民文学出版社，1963 年)、《毁灭》(苏联法捷耶夫原作。人民文学出版社，1980 年)，报告文学《教育诗》(苏联马卡连科原作。群众出版社，1981 年)等亦署。②榆青，见于译文《妇女和儿童在殖民地国家》(苏联鲍达列娃原作)，载 1947 年 3 月 8 日《时代》第 7 卷第 9 期。嗣后在该刊发表译文《苏联艺术在国外》等亦署。③许磊然，署用情况未详。按：磊然还翻译出版有《毁灭》《别尔金小说集》《黑桃皇后》《上尉的女儿》《罗亭》《贵族之家》《父与子》《村姑小姐》等俄国古典文学作品和苏联文学作品，出版及署名情况未详。

【leng】

冷佛 (1888—1946)，北京人，满族。民国初通俗小说作家。原名王作镐(hào)。笔名冷佛，代表作有《春阿氏》(《春阿氏谋夫案》)、《赛金花公案》《井里尸》《未了缘》《恶社会》《小红楼》《珍珠楼》《金指环》《侦探奇谈》《清末怨偶奇遇》《续水浒传》等。

冷莽 (1921—1968)，云南昆明人。笔名：①冷莽，见于歌曲《蓝星曲》，载 1940 年《新音乐》第 3 卷第 3 期。又见于歌曲《子夜骑兵》(流箭作词)，载 1943 年 8 月桂林《音乐知识》第 1 卷第 4 期；诗《别叹息：母亲——大地》，载 1944 年昆明《诗与散文》第 3 卷第 4 期。②海啸，见于歌曲《太行之歌》(李伯钊作词)，载 1940 年《新音乐》第 3 卷第 5 期；诗《重踏上故乡的田野》，载 1941 年昆明《战歌》第 2 卷第 2 期。

【li】

离石 (1902—?)，四川人。原名石江。笔名：①石江，见于随笔《献给有复兴艺术的使命者》，载 1935 年《艺风》第 3 卷第 7 期；小说《续弦》，载 1937 年南京《文艺月刊》第 10 卷第 1 期。此前后在上述两刊及《中兴评论》等刊发表评论《评曹禺的〈日出〉》、随笔《狼烟中淞沪碎景之一》《北平沦陷时素描》等亦署。②金诺，见于小说《爱神的迷药》，载 1943 年上海《太平洋周报》第 1 卷第 68 期。嗣后在该刊发表小说《林石盟》亦署。③离石，见于随笔《〈蜀中七记〉辩》，载 1941 年日本大阪《华文大阪每日》第 9 卷第 9 期；散文《华北行散记》，载 1942 年上海《太平洋周报》第 1 卷第 1 期。嗣后在《太平洋周报》及《上海记者》《文友》《人间》《光华》等刊发表散文《离室支草》《鲁迅逝世六周年祭》、随笔《东亚文艺复兴运动》《战前重庆新闻界二三事》《从文字狱说起》等，出版散文集《自供》(上海光华出版社，1945 年)等亦署。

犁夫 (1931—)，湖北荆门人，生于北京。原名周平，后改名常怀祖。笔名：①常怀祖。1947 年 7 月开始在《武汉时报》发表小说署用。②田弢、百云、海舟、ST，1947—1949 年在武汉《大刚报·大江》《新湖北日报·长江》及上海、香港等地报刊发表短诗、小说等署用。③犁夫，见于组诗《沸腾底呐喊》，载 1948 年 7 月武汉《大刚报·大江》。1949 年后发表作品、出版长篇小说《归雁》(长江文艺出版社，1979 年)、长诗《节日》、歌剧《农忙喜事多》、电视剧剧本《南湖月》《望富》等亦署。

犁青 (1933—2002)，福建安溪人。原名李福源。曾用名谢聪明。笔名：①徐彦、丹笛、李犁尼，1946 年起即同时被 5 家报纸聘为特约通讯员并兼任厦门《中央日报·诗叶》助理编辑，发表有《胸脯》等诗。嗣后至 1948 年曾在福建《闽南新报》《中央日报》《江声日报》《安溪民报》《星光日报》及菲律宾、印度尼西亚等地报刊发表诗文，1947 年出版有童话诗集《红花的故事》，1947 年创作有 2000 行长诗《苦难的侨村》，1948 年出版有诗《瓜红时》等，具体署名情况未详。②犁青，见于方言诗《说红军》，载 1948 年香港《骚动》。嗣后出版诗集《千里风流一路情》(广东旅游出版社，1987 年)、《情深处处》(新世纪出版社，1987 年)、《犁青的诗》(香港文学世界社，1987 年)、《桂林山水》(香港大地发展公司，1988 年)、《台湾诗情》(湖南教育出版社，1989 年)、《山花初放》(海峡文艺出版社，1996 年)等亦署。

黎白 (1930—)，湖南湘潭人。原名黎泽溥，字定华。笔名：①黎白，1945 年 9—10 月间改此名。嗣后创作短篇小说、电影剧本等，1949 年后出版小说集《兄妹俩》(上海儿童读物出版社，1954 年)、《两个小游击队员》(少年儿童出版社，1957 年)、《南天一柱》(大众文艺出版社，2003 年)，长篇小说《红军不怕远征难》(与陈靖合作。中国青年出版社，1958 年)、《龙潭波涛》(中国少年儿童出版社，1964 年)，电影文学剧本《金沙江畔》《我们是八路军》《女兵》(均与他人合作)等亦署。②黎定华，见于评论《革命历史人物的塑造及其他——看影片〈洪湖赤卫队〉的杂感》，载 1961 年北京《电影艺术》第 3 期。

黎丹 (1865—1938)，湖南湘潭人，字雨民，号天我。笔名黎丹，著有《说文浅注》《灵州杂吟》《珊瑚斋诗集》。

黎丁 (1917—2014)，福建泉州人。原名黄恢复。曾用名褚平。笔名：①丽汀，见于通讯《血债》，载 1939 年福建永安《改进》半月刊第 1 卷第 6 期。②黎丁，1939 年开始在桂林、上海、厦门、四川等地报刊发表散文、杂文等署用。见于散文《寄远方》，载 1942 年上海《宇宙风》第 128 期。1948 年 2 月在厦门主编《海滨杂志副刊》，出版散文集《故人》(桂林今日文艺社，1943 年)亦署。③黑子，1940 年开始在桂林、香港等地报刊署用。见于诗《祭——给死难者》，载 1949 年 3 月 12 日上海《大公报·文艺》(同年桂林《海王》杂志重刊)。④周吉光，1944 年开始在《新华日报》发表散文、评论、通讯等署用。⑤朱帆，1945 年后在《民主报》《新华日报》《新民报》《华西晚报》等报刊发表文章署用。1948 年 2 月 8 日在厦门《海滨杂志副刊》

发表小说《烦恼》亦署。⑥褚平，1946 年在《川中晨报·今日文艺》发表文章署用。1947 年在上海《宇宙风》第 150 期发表散文《骊歌——留给四川友人》等亦署。⑦裴裴，见于杂文《卖火者》，载 1947 年桂林《野草》新 4 号。嗣后出版杂文集《怒向集》（香港薇薇书屋，1949 年）亦署。⑧姜牙子，1947 年开始在厦门报刊发表文章署用。20 世纪 80 年代在香港《文汇报》辟"姜牙子补白"专栏亦署。

黎东方（1907－1998），河南正阳人，生于江苏东台。原名黎智廉。笔名黎东方，见于译文《英国十七世纪的革命》（法国施亨利原作），载 1932 上海《创化》第 2 期。嗣后在《国立中山大学文史学研究所月刊》《理论半月刊》《中央月刊》《文明之路》《黄埔》《中山公论》《教与学》《中山周报》《时代精神》《九一八十周年纪念特刊》《高等教育季刊》《新中国》《说文月刊》《新史学》等刊发表文章，出版译著《历史之科学与哲学》（法国施亨利原作。上海商务印书馆，1933 年）、《风俗学与伦理学》（法国列维-布留尔原作。重庆商务印书馆，1943 年），传记《孔子》（重庆胜利出版社，1946 年），1949 年后在台湾出版《蒋公介石序传》（台北联经出版事业公司，1976 年），长篇小说《玉》（台北作品出版社，1960 年），散文集《平凡的我》（台北文星书店，1963 年）、《法兰西的小城及其他》（台北文化大学出版部，1983 年），诗文集《黎东方诗文自选集》（台北华欣文化事业中心，1977 年），论著《细说民国》（台北文星书店，1966 年）等亦署。

黎兑卿（1916－1991），湖南浏阳人。原名黎孚。笔名黎兑卿，1986 自费出版《棣华楼诗词集》署用。

黎焚薰（1920－1982），江苏常熟人。原名李文勋。曾用名李卉。笔名：①黎焚薰，见于诗《跃进在失去了的土地上》，载 1939 年《文艺阵地》第 3 卷第 7 期。嗣后在《现代文艺》《现代青年》《东南青年》《妇女月刊》《野草》《诗创作》《文艺杂志》《文艺先锋》《人世间》《自由天地》《人生杂志》《文萃丛刊》及香港《新畜生颂》等报刊发表作品，出版诗集《滨岸》（诗歌与木刻社，1942 年）亦署。②李卉，见于诗集《春的开始》，载 1945 年《诗文学》第 2 期；散文《浙赣沿线行脚》，载 1947 年南京《自由天地》半月刊第 2 卷第 11、12 期合刊。1948 年 1 月在南京《妇女月刊》发表小说《芙蓉之死》亦署。

黎风（1922－1998），江西吉水人。原名黎文星。曾用名黎正中。笔名：①黎风、黎正中，1939 年开始在吉安《捷报》《前方日报》、泰和《民国日报》、南平《东南日报》、上饶《前线日报》、南昌《民国日报》、沈阳《中央日报》、北平《新生报》《经世日报》《新生报·青原》等报刊发表诗文署用。"黎风"一名，1949 年在北平《诗号角》第 5 期发表诗《在毛泽东的旗帜下》亦署。②李虹，1939 年后在江西等地报刊曾署用。嗣后出版诗集《彩色的画像》（诗号角丛书，1948 年），1948－1949 年在北平《诗号角》第 1 期和第 5 期分别

发表诗《射击》《送陈牧南下》亦署。

黎家健（1924－　），广西横县人。曾用名林平。笔名：①黎洪，1941－1946 年在广西《柳州日报》《广西日报柳州版·新诗潮》等发表诗歌、散文署用。嗣后出版诗集《第一个标记》（约于 1946 年在柳州印行），1949 后在上海《解放日报》、北京《人民日报》发表诗作亦署。②黎家健，出版通讯散文集《朝鲜停战前后见闻》（华东人民出版社，1954 年），散文集《战斗在福建前线的人们》（上海文艺出版社，1958 年）署用。③林平，出版故事集《列宁斯大林的故事》（上海人民出版社，1955 年）署用。④黎家，1949 年后在《人民日报》《解放日报》等发表诗歌署用。嗣后出版诗集《星火》（新文艺出版社，1958 年）亦署。

黎嘉，生卒年不详，山东黄县（今龙口）人。原名王令菲。曾用名王郁私、王照慈。笔名黎嘉，见于《延安通讯》，载 1937 年徐州《火线》杂志；剧作《月夜》，载 1940 年西安《黄河》第 8 期。嗣后在上海《青年界》《文艺春秋》、重庆《文艺先锋》以及大别山地区报刊和《中原文化》等刊发表小说、报告、戏剧等亦署。

黎锦晖（1891－1967），湖南湘潭人，字均荃。笔名：①甚公，1914 年前后在《湘南公报》《大公报》等发表讯评时政旧俗的"莲花落"、歌词等署用。②黎锦晖，见于随笔《国语辨音实例》，载 1922 年北京《国语月刊》第 1 卷第 1 期。嗣后在《京报副刊》《玲珑》《社会月报》《歌星画报》《绸缪月刊》《新少年》等报刊发表散文、随笔、歌曲，出版长篇小说《留欧外史（一集上篇）》（上海美的书店，1928 年），小说集《十个顽童》（上海中华书局，1929 年），歌剧《葡萄仙子》（上海中华书局，1923 年）、《月明之夜》（上海中华书局，1926 年）、《三蝴蝶》（上海中华书局，1926 年）、《麻雀与小孩》（又名《觉悟少年》。上海中华书局，1928 年）、《春天的快乐》（上海中华书局，1928 年）、《七姊妹游花园》（上海中华书局，1928 年）、《神仙妹妹》（上海中华书局，1928 年）、《小小画家》（上海中华书局，1929 年）、《小羊救母》（上海中华书局，1930 年）、《最后的胜利》（上海中华书局，1930 年）、《小利达之死》（上海中华书局，1935 年）等亦署。③梁秀虎，与杨潮合署。20 世纪 20 年代初在上海撰写儿童故事《十姐妹》《十兄弟》等署用。④野马，见于《一株不幸的牡丹花》，载 1920 年《新人》第 1 期。

黎锦明（1905－1999），湖南湘潭人，字君亮，号均亮、良甫。曾用名黎锡朋。笔名：①良甫，1924 年后发表作品署用。见于随笔《万能的南森》《欧洲的禁酒运动》，载 1930 年上海《东方杂志》第 27 卷第 15 期。嗣后在该刊发表《萧伯纳口中的八个宇宙发现者》《历史上的政治暗杀》等文亦署。②黎锦明，见于小说《侥幸》，载 1924 年 12 月 4 日－10 日北京《晨报副镌》。嗣后在《京报副刊》《小说月报》《文学旬刊》《洪水》《A 11》《语丝》《莽原》《北新》《新女性》《一般》《申报·自由谈》《现代文学》《青年界》《文学周报》《新

生命》《国闻周报》《当代文艺》《文艺月刊》《新时代》《再生杂志》《山西教育公报》《现代》《大陆杂志》《文史》《社会月报》《前途》《申报月刊》《矛盾》《文学》《春光》《文饭小品》《今代文艺》《黄钟》《文史春秋》《星火》《绸缪月刊》《中山文化教育馆季刊》《大众知识》《文艺世界》《今代文艺》《文艺阵地》《中国文艺》《文心》《文摘》《小说月刊》《新文学》《文艺杂志》《社会评论》《春秋》《文艺春秋》等报刊发表著译作品，出版小说集《烈火》（上海开明书店，1926 年）、《霭》（光华书局，1927 年）、《破垒集》（上海开明书店，1927 年）、《马大少爷的奇迹》（上海现代书局，1928 年）、《琼昭》（上海北新书局，1929 年）、《失去的风情》（上海现代书局，1933 年）、《战烟》（上海天马书店，1933 年）、《复仇》（上海大光书局，1935 年）、中篇小说《一个自杀者》（上海光华书局，1928 年），长篇小说《尘影》（上海开明书店，1927 年）等亦署。③锦明，见于小说《黄药》，载 1925 年 12 月《京报副刊》；小说《幸福真谛》，载 1927 年《小说月报》第 18 卷第 7 期。此前后在《文学周报》《一般》《新女性》《北新》《申报·自由谈》《绸缪月刊》等报刊发表著译作品亦署。④黎君亮，见于小说《失名的故事》，载 1927 年《小说月报》第 18 卷第 8 期。此前后在《幻洲》《开明》《矛盾》《现代》《文化列车》《文艺新闻》《国闻周报》《黄钟》《中山文化教育馆季刊》等报刊发表文章，出版论著《新文艺批评谈话》（北平人文书店，1933 年）亦署。⑤君亮，见于小说《株守》，载 1927 年上海《东方杂志》第 24 卷第 15 期；随笔《我所觉到过去的新文艺》，载 1928 年上海《贡献旬刊》第 6 期。此前后在《幻洲》《申报月刊》《文艺月刊》等刊发表文章亦署。⑥均亮，出版《世界名著介绍》（北平星云堂书店）署用。⑦莒明，见于小说《湖上歌声》，载 1942 年 11 月 15 日重庆《抗战文艺》第 8 卷第 1—2 期合刊（该刊目录署用黎锦明，正文署名莒明）。⑧莒朋，见于散文《纪念一个抒情的文学家》，载某报副刊《平明》新 236 期。⑨黎锡朋，1952 年后发表编纂作品署用。按：黎锦明另出版有短篇小说集《猎虎记》《夜游人》《爱的恕我吧》，论著《新文艺批评概说》，电影文学剧本《齐鲁春秋》等，出版与署名情况未详。

黎静

（1922－1990），山西晋城人。原名李靖，字玉玺。笔名：①黎静，见于剧本《希特勒之梦》，1942 年由三八五旅宣传队演出。嗣后在延安《解放日报》《中国青年》等报刊发表诗文，出版中篇小说《马天贵》（中国青年出版社，1956 年）、《彭大将军》（黑龙江人民出版社，1983 年），故事《年轻的鹰》（中国少年儿童出版社，1956 年）、《100 号计划》（天津人民出版社，1956 年），电影文学剧本《长空比翼》（与其他人合作）、《七天七夜》《三个失踪的人》，话剧剧本《女飞行员》（与其他人合作）等亦署。②力金，解放战争中在解放军师、团报纸发表《打马小故事》等通讯、小小说署用。③黑静，1946 年后在新疆的部队文艺刊物发表作品署用。

黎军

（1917－2009），天津人。原名翟锦文。笔名黎军，发表中篇小说《梦》，短篇小说《一个未完的故事》《姊妹俩》《春雨如丝》，散文《路》《绿云深处是青城》《茶说》《大山深处的来信》《忆故人，说桂子》，随笔《他（她）是被遗忘还是应忘却》，出版散文集《漫笔话深情》和文集《黎军小说散文选》（作家出版社，2000 年）等署用。

黎烈文

（1904－1972），湖南湘潭人。曾用名六曾（乳名）。笔名：①黎烈文，见于小说《觉悟者之路》，载 1922 年日本《学艺杂志》第 3 卷第 10 期；翻译戏剧《菲利克司先生》（法国顾尔特林原作），载 1929 年上海《文学周报》第 379 期。此前后在上述两刊及《东方杂志》《小说月报》《文学周报》《一般》《小说世界》《青年界》《现代》《申报·自由谈》《良友画报》《新语林》《文学》《文学季刊》《译文》《太白》《宇宙风》《海燕》《文学丛报》《中流》《作家》《文季月刊》《文丛》《申报周刊》《抗战半月刊》《呐喊》《自由中国》《改进半月刊》《文艺阵地》《文艺春秋》《台湾文化》《文艺丛刊》《文讯》《现代文艺》《中学生》《水准》《艺风》《鲁迅风》《文艺杂志》等报刊发表翻译小说《祭夜的意外》（日本加藤武雄原作）、《河童》（日本芥川龙之介原作）、《未婚夫》（法国让·雷布拉奇原作）、《塔莽戈》（法国梅里美原作）、《第三帝国的兵士》（匈牙利霍尔瓦特原作），翻译剧作《亚维尔的秘密》（法国贝尔纳原作），译文《论莫洛亚及其他》（苏联爱伦堡原作），散文《由上海到巴黎》《琐忆》《编辑和翻译》《漫谈翻译》《崇高的母性》，评论《十九世纪法国文学的古典精神》《梅里美评传》《梅里美及其作品》，小说《脱手罗大》等，出版散文集《崇高的母性》（上海文化生活出版社，1937 年）、《胜利的曙光》（烽火社，1940 年）、《艺文谈片》（台北文星书店，1965 年），小说集《舟中》（上海泰东图书局，1926 年）、《保姆》（上海好友出版社，1941 年），翻译小说《河童》（日本芥川龙之介原作。上海商务印书馆，1928 年）、《红萝卜须》（法国列纳尔原作。上海生活书店，1934 年）、《企鹅岛》（法国法朗士原作。上海商务印书馆，1935 年）、《法国短篇小说选》（上海商务印书馆，1936 年）、《笔尔和哲安》（法国莫泊桑原作。上海商务印书馆，1936 年）、《乡下医生》（法国巴尔扎克原作。上海商务印书馆，1937 年）、《冰岛渔夫》（法国洛蒂原作。文化生活出版社，1942 年）、《两兄弟》（法国莫泊桑原作。重庆文化生活出版社，1943 年）、《伟大的命运》（苏联 F. 克洛勒等著。永安改进出版社，1945 年）、《伊尔的美神》（法国梅里美原作。上海文化生活出版社，1948 年）、《爱的哲学》（法国梭维斯特原作。台北公论报社，1948 年），翻译戏剧《妒误》（法国本内特原作。上海商务印书馆，1933 年）、《医学的胜利》（法国洛曼原作。上海商务印书馆，1933 年）、《亚尔维的秘密》（法国倍尔纳原作。永安改进出版社，1945 年），翻译散文集《邂逅草》（法国纪德等原作。上海生活书店，1937 年），论著《西洋文学史》（台北大中国出版社，1962 年）、《法国文学巡礼》（台北志文出版社，1973 年）等亦署。②烈文，见于随笔《苏联社会主义建设的伟大发展》，载 1930 年上海《世界文化》月刊创刊号；随笔《写给一个在另一世界的人》，载 1933 年 1 月 25 日上海《申报·自由谈》。此外在上海《中流》、福建永安《改进》等刊发表文章亦署。③维克，见于译文《一个大师的出处》（法国 A. 毛埃塞原作），载 1933 年 4 月 7—8 日上海《申报·自由谈》。④六曾，见于《回家途中》，载 1933 年 4 月 17—19 日上海《申报·自由谈》；译文《苏联的集体农场》（法国 C. 维德纳原作），载 1940 年福建永安《改进》半月刊第 3 卷第 9 期。⑤林取，见于译作《红萝卜须》（法国列纳尔原作），连载于 1933 年 4 月 23 日—7 月 3 日上海《申报·自由谈》。嗣后在福建永安《现代文艺》发表译作《再会罢》（美国 A. 玛尔茨原作）、《伟大的命运》（苏联 F. 克洛勃原作）、《第九十六个女人》（苏联 L. 索洛维耶夫原作）等亦署。⑥达六，见于杂文《按下二丑不表》，载 1933 年 6 月 21 日上海《申报·自由谈》。⑦李维克，见于翻译小说《两兄弟》（法国莫泊桑原作），连载于 1933 年 10 月 18 日—1934 年 1 月 19 日上海《申报·自由谈》。⑧尊寒，见于译作《一篇中世纪的小说》（美国马克·吐温原作），载 1934 年 4 月 27 日—5 月 1 日上海《申报·自由谈》。嗣后在上海《中流》第 1 卷第 8 期发表译文《纪德语录》，1940 年在福建永安《现代文艺》第 1 卷第 1 期发表杂文《"落水"与"出水"》亦署。⑨达五，署用情况未详。

黎明（1926—1996），山东乳山人。原名王吉林。笔名黎明，1948 年发表淮海战役通讯《十人桥》署用。1949 年后出版长篇小说《驱虎记》（华艺出版社，1993 年）、《红泉》（华艺出版社，1996 年），长篇传记文学《祖国的儿子黄继光》（人民文学出版社，1956 年）、《黄继光》（中国少年儿童出版社，1963 年），电影文学剧本《四渡赤水》《历史的选择》《会师陕北》（均与他人合作），通讯报道集《战地黄花》等亦署。

黎牧人，生卒年及籍贯不详。笔名：①牧人，见于散文《枯萎了的蔷薇》，载 1948 年 6 月 3—4 日福建《星闽日报·星瀚》。嗣后在该刊发表散文诗《蛙鸣》等亦署。②黎牧人，见于散文《榕树》，载 1949 年 1 月 12 日《星闽日报·星瀚》。嗣后在该刊发表散文《病中》等亦署。

黎瑞格，生卒年及籍贯不详。笔名李珉，20 世纪 40 年代在荷属东印度巴达维亚（今印度尼西亚雅加达）《新报》担任记者时发表文章署用。

黎尚雯（1868—1918），湖南浏阳人，字瑞章，号湘（guì）苏。笔名黎尚雯，在《南社丛刻》发表诗文署用。

黎少岑（1908—1979），湖北天门人，蒙古族。原名黎系业。曾用名黎勤宇、李维善。笔名：①黎少岑，见于杂文《真有神么》，载 1925 年《学生文艺丛刊》第 2 卷第 7 期。嗣后在该刊发表文章亦署。②山今、石伯、彭石、史通，20 世纪 40 年代在武汉《大刚报·大江》《武汉时报》《中华人报》《正义报》等报刊发表散文、杂文署用。见于《鲁迅的批评精神》，载 1940 年代后期《大刚报》。

黎维新（1925—2015），湖北武昌（今武汉市）人。笔名：①黎维新，见于《"四四"告全世界的小朋友》，载 1941 年《湖南妇女》第 3 卷第 4 期；《小弟弟》，载 1943 年桂林《自学月刊》第 3 期。1949 年后出版《长沙文化城——抗战初期长沙抗日救亡文化运动实录》（湖南出版社，1995 年）、《烽火岁月的童年——抗日战争时期湖南战时儿童保育院回忆录》（中国科学技术出版社，2009 年）等亦署。②黎牧星，见于散文《一九四五年小事记》，载 1945 年《中学生杂志》第 90 期。1945—1949 年在《中央日报》副刊、《力报》《天下文萃》《人民世纪》、汉口《大刚报》副刊、湖南《中国晨报》副刊、上海《大公报·文艺》等报刊发表诗、散文、杂文、评论等，1947 年在上海《大公报·星期文艺》发表组诗《密云期的小诗》，1949 年后出版诗集《春天的恋歌》（湖南文艺出版社，1986 年）亦署。③牧星，1945 年起在上述报刊发表作品亦署。④天琪，见于诗《复员的城市》，载 1946 年 2 月湖南《中央日报》副刊。在《人民世纪》发表诗《校场口事件（外一首）》、在汉口《大刚报》副刊发表《女仆的一生》等亦署。⑤羊牧，见于诗《挤购潮》，载 1948 年《湖南日报》。该诗同年由陆华柏教授谱成《挤购潮大合唱》在长沙公演。

黎先耀（1925—2009），浙江杭州人。曾用名黎凝晓。笔名：①黎先耀，见于诗《蚯蚓》，载 1942 年福建永安《现代文艺》第 5 卷第 5 期。嗣后在《东南日报》《文讯》《时代中国》《诗创造》《诗号角》《大公报》《文汇报》《时代日报》《华商报》等报刊发表诗文，出版诗集《夜路》（上海星群出版公司，1947 年）、《脚印》（上海南极出版社，1948 年）均署。1949 年后创作科学小品《鸟的乐章》《大自然的召唤》《神奇的发现》《现代人的智慧》，出版随笔集《鱼游春水》《观音水仙》，散文集《黎先耀散文选》（北京出版社，1982 年），科学小品集《莼鲈之思》（湖北教育出版社，1999 年）、《缪斯之恋》，主编《人与自然精品文库》《科学随笔经典丛书》《世界博物馆大观》《中国博物馆总览》（中、日、英文）、《百年人文随笔》（中国卷、外国卷）等亦署。②楚原，出版诗集《初唱》（江西印行，1943 年）署用。

黎辛（1920—2021），河南汝州人。原名郭有勇。笔名：①解（jiě）清，20 世纪 40 年代在延安《解放日报》文艺副刊发表文章署用。见于随笔《从〈王贵与李香香〉谈起》，载 1946 年 9 月 22 日《解放日报》；战地通讯《西瓜兄弟》，载 1947 年 10 月 16 日《解放日报》（1948 年香港《大众文艺丛刊》第 1 辑《文艺的新方向》转载，改名《西瓜老二》）。②程万里，1951 年秋与黎辛、杨家文在《长江日报》"思想杂谈"专栏与樊篱发表文章合署。③沈联清，1949 年后在报刊发表文章署用。按：黎辛曾任延安《解放日报》副刊编辑，编发过《白毛女》《吕梁英雄传》《王贵与李香香》《李国瑞》《乌鸦告状》《灾难的歌》《打石门墙》等文艺作品，并写文予以推荐。1949年后出版有评论集《书与电影评介》《谈谈批评的方法》，专著《怎样写特写》，杂文集《思想杂谈》，传记文学《博古，39岁的辉煌与悲壮》（学林出版社，2005年），回忆录《亲历延安岁月》（陕西人民出版社，2016年），编辑有《水落石出终有时》《走在延安的大道上》，并主编《延安文艺作品精编》等。

黎央（1916—1991），浙江德清人。原名李一航。笔名：①虹飞，见于诗《悲思》，载1934年11月1日杭州《艺风》第2卷第11期。1935年在杭州主编《杭报·甲戌诗刊》《杭报·铜铃》，此前后在杭州《艺风》《浙江新闻》、上海《中学生》《新垒》《青年界》、桂林《文艺杂志》等报刊发表诗歌、散文，出版《虹飞诗集》（上海群众杂志公司，1935年）等均署。②黎央，1936年开始在上海《诗与散文》发表文章署用。1938年起在桂林《广西日报·南方》《文艺杂志》《诗创作》、重庆《诗文学》《艺风》、福建《现代文艺》、江西《大路月刊》等报刊发表诗《早晨小景》《犁和土地》、译诗《离开了天青色的露西亚》（俄国叶赛宁原作）、《给奥茜帕芙》（俄国普希金原作）、《叶赛宁诗五首》、评论《论叶赛宁及其诗》等，出版翻译诗歌《巴甫里克·莫洛卓夫》（苏联施巴乔夫原作。人民文学出版社，1959年），编著《外国文学艺术家轶话》（与他人合作。浙江人民出版社，1980年）等亦署。③李菲，见于诗《给——》，载1937年7月10日桂林《顶点》诗月刊第1期。④余逊，1949年后在杭州《浙江文艺》《东海》《江南》等报刊发表文章署用。⑤李一航，出版文集《外国文学家轶话》、专著《中国文学概论》，翻译诗集《叶赛宁诗抄》《日本抒情诗选》《无题九首》和长诗《巴甫里克·莫洛卓夫》等署用。⑥永安，署用情况未详。

李白凤（1914—1978），北京人，生于四川广汉。原名李象贤。曾用名李逢。笔名：①李象贤，见于诗《春在人间》，载1935年青岛《星火》月刊第1卷第3期；诗《画眉》，载1936年5月22日《武汉日报·现代文艺》。②李白凤，1933年开始署用。嗣后在《新诗》《文艺》《戏剧时代》《现代读物》《华侨先锋》《文讯》《文学创作》《文艺先锋》《青年音乐》《大千》《文艺春秋》《大公报》《国民指导月刊》《市政评论》《月刊》《中国文学》《文艺复兴》《学风》《现代新闻》《大地》《人世间》《诗创造》《中国作家》《新诗歌》《新诗潮》《文潮月刊》《新人旬刊》《幸福世界》《春秋》等报刊发表诗《小楼·夜航船》《穆罕默德的儿女们》及小说、散文、评论，出版诗集《南行小草》（重庆独立出版社，1939年）、《春天，花朵的春天》（点滴书屋，1948年）、《北风辞》（上海潮锋出版社，1949年），散文集《圣者底血迹》（黎明文艺社，1940年），中篇小说《小鬼》（桂林高望书店，1944年）、《孩子们（上卷）》（点滴书屋，1946年），短篇小说集《马和放马的人》（上海文化生活出版社，1948年）、《芳邻》（上海大家出版社，1948

年），论著《苏联文学研究》（上海火星出版社，1954年）等亦署。③李木子，见于杂文《思痕》，载1937年重庆《春云》第2期；诗《送茅盾先生》，载1947年1月23日沈阳《沈阳日报·诗战线》。④鹁袼小史，见于打油诗《油腔滑调集》，载1946年上海《文汇报》《新民晚报》。⑤李逢、石山长、李百朋，1957—1976年署用于书信、篆刻和旧体诗等。

李白英（1903—1981），江苏无锡人。乳名荣培。学名李澄，字镜清。笔名：①李白英，出版《中国历代女子诗词选》（上海光华书局，1928年）署用。嗣后在《创造月刊》《北新周刊》《奔流》《春潮》《榴花》《新学生》《读书月刊》《文艺新闻》等刊发表诗剧《资本论下的分娩》、随笔《世界沉默了》《借着〈春潮〉给〈从军日记〉著者》《牛郎织女的故事》《我所爱读的书》《王独清印象记》《我的读书生涯》等文，出版中篇小说《某夫妇》（上海光华书局，1930年），戏剧集《春之桥》（上海明日书店，1929年）、《某夫妇》，诗集《时代祭》（上海光华书局，1931年）、《沉闷》（上海生活书店，1934年）、《孤独儿之死》、编选诗词集《断肠诗词》（上海光华书局，1930年）、《历代女子诗词选》及民间歌曲集《江南民间情歌集》（上海光华书局，1929年）、《民间十种曲》（上海光华书局，1931年）、《在野底歌曲》（上海光华书局，1931年），1949年后编写《俞伯牙与钟子期》《罗文应的故事》《倪焕之》《茶花女》《奥赛罗》等亦署。②李澄，见于散文《北行杂记》，载1931年上海《读书月刊》第2卷第1期、第2期。③周慧君，出版戏剧集《资本论下的分娩》（上海白光书店，1937年）署用。④南容，见于论文《孟姜女考略及其他》，载1941年《华文每日》第9卷第9期（上海版创刊号）；评论《文艺腔》，载1943年9月5日上海《新中国报·学艺》。嗣后在《新中国报·学艺》《民俗周刊》《杂志》《锻炼》《文友》《新学生》《江苏教育》《小天地》《太平洋周报》等刊发表随笔《犹太人与江北人》《谈新诗选》《文学与民间文学》《泉州杂忆》《夏的回忆》《我对于写作》等亦署。⑤李默，见于评论《论"新文艺"笔法》，载1943年上海《杂志》第10卷第5期。⑥沈静，见于随笔《伟大文学的产生》，载1943年上海《文友》创刊号；随笔《三个女作家》，载1943年上海《太平洋周报》第81期。嗣后在上述两刊及《锻炼》《杂志》《世界月刊》《电影小说》等刊发表《作家的苦与乐》《记长虹》《秋风萧飒》、诗《哀诉》、小说《幸福》《后母泪》等亦署。⑦谈荣，见于小说《L先生行状——仿法国作家司汤达》，载1946年上海《文艺复兴》第2卷第1期；小说《桃生姊姊》，载1947年《文艺复兴》第3卷第1期。⑧适村、澹村，"孤岛"时期在上海报刊及无锡《大锡报·文学周刊》等报刊发表文章署用。⑨卜家、夜星、白英、伯寅、澄英，署用情况未详。

李班（1924—?），辽宁辽中人。原名李作东。笔名：①作东，见于小说《秋风里》，载1940年11月哈尔滨

《大北新报·大北文学》；评论《论文学的功能性》，载1941年3月哈尔滨《滨江日报·大荒》。嗣后在哈尔滨《滨江日报》副刊《大荒》《漠烟》发表杂文《家庭与囚车》、诗《夜路的悲哀》《黄沙之市》、散文《秋夜书简》《秋风草》《焦作市之夜声》等亦署。②季凌唐，见于诗《致某女士》，载1941年4月哈尔滨《大北新报·大北文学》。③李班，见于特写《高晓古的母亲》，载1946年3月《辽东日报》；报告文学《冲锋》，载1948年10月哈尔滨《东北日报》。嗣后在上述两报及《东北文艺》《东北画报》《南方日报》等报刊发表特写《攻占歪头砬子》《双枪手》、小说《冒着敌人的炮火前进》、诗《写给母亲》《朝鲜的母亲》等，出版报告文学《冲锋》（哈尔滨东北书店，1948年）、《冒着敌人的炮火前进》（沈阳通俗文艺出版社，1952年）等亦署。

李抱忧（1907—1979），北京人，生于河北保定。原名李宝珍。曾用名李保真。笔名：①李抱忧，见于信函《美国通信》，载1936年《音乐教育》第4卷第4期；评论《改进音乐教育的一个基本问题——师资训练》，载1939年重庆《教育通讯周刊》第2卷第12期。嗣后在《新音乐》《国民教育指导月刊》等刊发表歌曲和音乐方面的文章，在重庆《文化先锋》第4卷第10期发表散文《赴美途中日记》、在《乐风》第16期发表随笔《海外乐闻》，出版歌曲集《普天同唱集第二册》（北平中华乐社，1933年），论著《李抱忧音乐论文集》（北平文星书店，1960年），散文集《山木斋随笔》（香港新闻天地社，1966年）、《山木斋话当年》（台北传记文学出版社，1967年）、《炉边闲话》（台北东大图书公司，1975年）、《退而不休集》（台北见闻文化事业公司，1977年）、《琐事》（台北见闻文化事业公司，1977年）等亦署。②疲兮、饱尘、山木斋，署用情况未详。

李抱青，生卒年及籍贯不详。笔名江南少年，1940年后在武汉《文艺》月刊发表作品署用。

李北开（1920—？），辽宁沈阳人。原名李葆家。笔名：①少残、李素，少年时代写诗署用。②满生泣，见于诗《炉炭山》，载1934年沈阳《醒时报》。③夏婴，见于《早》，载1938年沈阳《盛京时报》。④李野，见于《孩子日记》，载1938年《盛京时报》。⑤艾乡，1942年在南京《作家》《野草》等刊发表《杏花村》《东边道上》等署用。嗣后在长春《今日东北》发表诗《离别》《黑土地的子孙》、在长春《新世纪》发表诗《北中国之歌》、在沈阳《星火》半月刊发表长诗《妈妈的黑手》等署用。⑥穀梁晃，见于小说《夜道上》，载1943年南京《作品》第1卷第6期。1945年在东北大学壁报发表诗《八月的满洲》、小说《五十下零一脚》等亦署。⑦穀梁丹兵，1945年在东北大学壁报发表诗文署用。⑧李北开，见于《长沈列车》《沈南三十里》等，载1946年长春《前进报》。嗣后在《东北日报》《文学战线》《天津日报》《诗刊》《北疆》《北方文学》等报刊发表《渡河》《嘉罗爷爷》《长安之歌》《在新华日报社门口》等诗文亦署。⑨黎百凯，见于《值得回味的

案件》，载1979年《哈尔滨日报》。

李北流（1919—？），河北保定人。原名李传福，字少辰。曾用名李尧天。笔名：①陈绍，1932年前后在天津《新天津晚报》副刊发表散文署用。1936年前后在北平《觉今日报》副刊发表散文《春到沙城》亦署。②李尧天，1936年在北平参加青年作家组织时使用。1937年7月上海《申报半月刊》，1943年在成都《中国的空军》月刊发表散文，在成都编辑《大众航空》半月刊亦署。③礼拜牛，1936—1937年在上海《中国漫画》月刊连载抗日漫画时开始署用。嗣后在开封《中原日报·烽火》、汉口《抗战漫画》等报刊发表散文诗和漫画作品亦署。④李北流，1937年冬在汉口《新华日报》发表散文开始署用。嗣后在桂林《自由中国》《广西日报·南方》、成都《祖国文艺》、重庆《文学报》等报刊发表诗、散文诗等作品，1944年春在成都主编《文艺创作》亦署。⑤北流，见于散文诗《太行山之歌》，载1939年3月9日桂林《救亡日报·文化岗位》。⑥萨灵，1941年春在成都《党军日报·血花》发表散文诗《雄鸡之歌》《除夕》署用。⑦叶澜，1945—1946年在成都《华西日报》副刊发表总题为《亮话》的系列杂文署用。⑧叶泥塞，1945—1946年在成都《华西晚报·华灯》发表散文、杂文等署用。⑨后进，见于系列杂文《点石斋随笔》，载1945—1946年《华西晚报·华灯》。

李滨，生卒年不详，湖北黄陂（今武汉市）人。笔名：①冰冰，20世纪30年代在武汉报刊及自编之《野风》杂志发表诗作署用。②李滨，见于诗《春日闺怨》，载1934年武汉《我们的诗》第3期。③李冰冰，见于《晨曦》，载1937年武汉《心血》杂志第2期。

李冰¹（1925—1995），山西朔县人。原名曹元科。曾用名曹炳文。笔名李冰，见于《改头换面》，载1945年12月1—2日延安《解放日报》；通讯《群众领袖管明云》，载1947年冀南《平原文艺》第4期。1949年在《人民文学》《文艺劳动》等刊发表诗《赵巧儿》《红灯笼》等作品，嗣后出版诗集《红灯笼》（上海杂志公司，1950年）、《赵巧儿》（新华书店北京分店，1950年）、《花开季节》（湖北人民出版社，1955年）、《刘胡兰》（中国青年出版社，1956年）、《桥头曲》（长江文艺出版社，1958年）、《春天的故事》（湖北人民出版社，1959年）、《春风集》（长江文艺出版社，1962年）、《波涛集》（上海文艺出版社，1963年）、《巫山神女》（中国青年出版社，1963年）等亦署。

李冰²（1927—），山东招远人，原名李志权。笔名李冰，1949年后在台湾发表作品，出版诗集《圣门集》（高雄创世纪出版社，1957年），小说集《磨房往事》（台中恒河出版社，1969年）、《乡土》（台北商务印书馆，1969年）、《还乡记》（台北，1971年）、《梨花开的时候》（台北皇冠出版社，1973年），中篇小说《牧马鞭》（台北商务印书馆，1972年），长篇小说《关外风云》（高雄山林书局，1982年）、《陌巷春暖》（台北

彩虹出版社，1991 年），散文集《山水行》（高雄山林书局，1987 年）、《岛之脸》（台北彩虹出版社，1989 年）等署用。

李冰炉（1917－？），四川内江人。笔名：①李冰炉，1935－1936 年在重庆《商务日报》、上海《大公报·大公园地》发表散文《谈庐山》等作品署用。嗣后出版独幕剧集《战地夜景》（重庆生存出版部，1938 年）、《运输舰》（与周白炯合作。上海狼烟出版社，1939 年）、翻译戏剧《两击耳光》（重庆生存出版部，1938 年），在上海狼烟出版社主编出版狼烟文艺丛刊《第一阵烽火·古羊堡》《第二阵烽火·星之歌》《第三阵烽火·情敌》《第四阵烽火·夜之呗》亦署（其中《第二阵烽火·星之歌》中有其所作随笔《由〈赛金花〉电影说起》《谈豹——红叶散记之二》，所翻译之俄国屠格涅夫散文诗《马霞》《宇宙的终结——一个梦》等）。②李彬炉，见于散文《谈庐山》，载 1930 年上海《大公报·大公园地》。1935－1936 年在重庆《商务日报》发表散文亦署。③白华，1935－1937 年在泰兴《辰报》《泰兴日报》发表诗、小说、散文，与周白帆在泰兴《辰报》合编《浪淘沙》副刊，1941 年在上海《华美晚报》发表散文《挣扎在饥饿线上的人们》等亦署。④沙小弓，1936 年起在泰兴《辰报》发表诗与散文署用。嗣后创作四幕剧《永别》（1941 年 8 月由周𠵸导演、仇铨和裴萍主演在上海绿宝剧场演出）亦署。⑤冰炉，见于随笔《推荐"孔夫子"》《论形象》，载其主编之狼烟文艺丛刊《第二阵烽火·星之歌》（上海狼烟出版社，1941 年）。

李冰人（1902－1996），马来西亚华人，原籍中国福建南安，字皓之，号榴园、河海岳楼主。笔名：①唐雪、蓝波，1934 年起在马来亚新加坡《星洲日报·晨星》《南洋商报·狮声》等报刊发表散文、评论、新旧体诗作署用。②冰人，见于随笔《小说中的典型人物》，载 1935 年 4 月 23 日新加坡《南洋商报·狮声》。③李冰人，见于旧体诗《诗——鼓浪屿水操台怀古》，载 1934 年 12 月 19 日新加坡《南洋商报·狮声》。嗣后由南洋热带出版社出版散文集《踏青散草》（1958 年）、杂文集《黄花集》（1957 年）、《黑夜无题草》（1959 年）、编选之《郁达夫纪念集》（与谢云声合编。1958 年）、《郁达夫集外集》（1958 年）等亦署。④二水、大冰、云客、史公、亚唐、陇翁、留君、唐裔、庵僧、彭仁、彭渊、卓云山，在新马报刊发表诗文署用。

李秉中（1905－1940）四川彭山人，字庸倩。笔名李秉中，见于译作《"松花江时代"来矣！》（日本石本惠吉原作），载 1931 年天津《国闻周报》第 8 卷第 34 期；《革命领袖之一年之述记》，载 1937 年上海《前途》第 5 卷第 1 期和 1937 年上海《文摘》第 1 卷第 2 期。

李伯龙（1907－1989），江苏嘉定（今上海市）人。曾用名胡松青。笔名：①松青，1938 年 11 月在上海主编《剧场艺术》月刊并发表评论《谈孤岛的表演艺术》《谈孤岛的喜剧与磨炼》《谈孤岛的演员艺术》《学习宋春舫先生的精神》等文署用。②华沙，见于译文《欧洲的舞台装置及服装》（俄国科米萨耶夫斯基原作），载 1938 年 11 月 20 日上海《剧场艺术》月刊创刊特辑号。嗣后在该刊第 2 卷第 6、7 期合刊发表《雷音哈特的导演方法》（美国莫顿·尤斯蒂斯原作）亦署。③蓝洋，见于随笔《蚂蚁剧团的希望》，载 1937 年 5 月 29 日上海《光明》第 2 卷第 12 期。又见于翻译独幕剧《放弃》（美国菲利普·约翰逊原作，与许子合译），载 1938 年 11 月 20 日上海《剧场艺术》月刊创刊特辑号。嗣后在该刊发表独幕剧《两个患难朋友》、译文《梅耶荷特演出之特点》（美国哈罗德·克勒曼原作）、《读〈演员自我修养〉的感想》（英国约翰·吉尔古德原作）等文亦署。④默生，见于散文《寄念》，载 1938 年《剧场艺术》月刊创刊特辑号。嗣后在该刊发表散文《忆征友》亦署。⑤沙苏，见于翻译独幕剧《十点钟》（英国 D.E. 西奇和 A.G. 普里斯－琼斯等原作），载 1938 年上海《剧场艺术》第 1 卷第 2 期。⑥阿咪，见于翻译独幕剧《求爱之道》（法国莫里斯·罗斯坦德原作），载 1939 年上海《剧场艺术》第 1 卷第 4、5 期合刊。

李伯钊（1911－1985），四川重庆（今重庆市）人。原名李承萱。曾用名戈丽。俄文名孟各拉。笔名：①李伯钊，见于报道《敌后文艺运动概况》，载 1941 年 8 月 20 日延安《中国文化》第 3 卷第 2、3 期合刊；随笔《看了〈民主青年进行曲〉以后》，载 1949 年石家庄《华北文艺》第 2 期。嗣后创作话剧《送红袄》《北上》《母亲》《老三》《金花》、歌剧《长征》《红军不怕远征难》（与他人合作），出版长篇小说《桦树沟》、中篇小说《女共产党员》等亦署。②戈丽、书渠、伯钊、李伯刚、李汉石，署用情况未详。

李沧萍（1897－1949），广东丰顺人。原名李汉声，字菊生。笔名李沧萍，见于旧体诗《高斋癸未诗》，载 1949 年广州《南国月刊》创刊号。嗣后出版《诗学大纲》《诗学通论》《楚辞通论》等著作亦署。

李策，生卒年及籍贯不详。笔名牛鼻子老道，20 世纪 40 年代在《青岛日报》发表杂文、散文、诗歌署用。

李长之（1910－1978），山东利津人。原名李长治。曾用名李长植。笔名：①李长植，见于诗《早晨的大雨》，载 1922 年《儿童世界》第 3 卷第 13 期。嗣后在《少年》《华北日报·副刊》《新晨报·副刊》等报刊发表诗《游玉涵山》、散文《森林的话》《放鸽记》《溪水旁》、随笔《读〈鲁迅在广东〉》等亦署。②李长之，见于杂文《从陈桢普通生物学说到中国一般的科学课本》，载 1931 年北平《清华周刊》第 36 卷第 8 期；评论《〈阿 Q 正传〉之新评价》，载 1932 年《再生杂志》第 1 卷第 6 期。嗣后在《新月》《再生杂志》《小雅》《歌谣》《文艺月刊》《青年界》《现代》《论语》《中学生》《清华副刊》《文学季刊》《大公报·文艺》《大公报·世界思潮》《文艺风景》《人间世》《文学评论》《时事新报·学灯》（渝版）、《华北日报·每日文艺》《北平晨报·北晨学园》《宇宙风》《星火》《民族杂志》《文学杂志》《中国文艺》《黄河》《文讯》《文艺先锋》《天下文章》《时与潮文艺》《文哲月刊》《新文学》《励学》《理想与文化》《察哈尔教育》《世界日报》(渝版)、《益世报·文学副刊》《北平时报·文园》《文饭小品》《自由评论》《天地人》《国闻周报》《文论小品》《民族杂志》《文化建设》《宇宙》《中建》《旅行杂志》《现代青年》《时代精神》《中国青年》《世界政治》《三民主义周刊》《读书通讯》《新中华》《文风》《华声》《文艺月刊·战时特刊》《东方杂志》《文潮月刊》《国文月刊》《世纪评论》《教育短波》《人民世纪》《中国建设》《国立中央大学文史哲季刊》等报刊发表文章，出版诗集《夜宴》(北平文学评论社，1934年)、《星的颂歌》(重庆独立出版社，1942年)、《苦雾集》(重庆商务印书馆，1942年)，诗文集《梦雨集》(重庆商务印书馆，1945年)，论著《鲁迅批判》(成都蓉新印刷工业合作社，1943年)、《道教徒的诗人李白及其痛苦》(重庆商务印书馆，1943年)、《北欧文学》(重庆商务印书馆，1944年)，译作《歌德童话》(成都东方书社，1945年)等亦署。③方稜，见于杂文《为自己写的文字》，载1932年北平《清华周刊》第37卷第4期；散文《可爱》，载1932年《清华副刊》第38卷第1期。嗣后在《清华周刊》发表《一个个的人》《笑的诅咒》等诗文，1944年5月后在重庆《时与潮文艺》发表书评《〈杂文的修养和艺术〉》《〈露西亚之恋〉》《〈北极风情画〉》等文亦署。④长之，见于评论《哥德及其童话》，载1932年《清华周刊》第37卷第6期。嗣后在该刊发表《心里的低语》《介绍陆志韦〈申酉小唱〉》等诗文，在天津《益世报·文学副刊》(1935年5月29日)发表评论《〈鲁迅批判〉序》，在《大公报·文艺》《北平晨报·北晨学园》《北平晨报·国剧周刊》《小雅》《时事新报》《文学季刊》《时事新报·学灯》(渝版)、《时与潮文艺》等报刊发表诗《送季羡林赴德国兼呈露薇》《海上杂咏三首》、童话《燕子》、随笔《观剧杂感》《我不能写诗》《不可原谅的人》《十七年前一个暖和的下午——忆泰戈尔》、书评《卞之琳诗集〈三秋草〉》《林庚的诗集〈夜〉》等亦署。⑤水上、以文、了无，分别见于散文《清华园四季曲·春》《清华园四季曲·夏》《清华园四季曲·秋》，载1934年北平清华大学《暑期周刊》第8期。⑥朗琴，见于散文《窗》，载1935年北平《清华周刊》第43卷第1期；书评《〈董小宛〉》，载1944年重庆《时与潮文艺》第3卷第2期。嗣后在《时与潮文艺》第4卷第3期发表书评《〈山城故事〉》亦署。⑦失言，见于随笔《偷懒的著作家》，载1937年2月8日《北平晨报·文艺》。同时期在该刊发表随笔《论古今中外革命家之大小》《关于论革命家》等文亦署。亦见于书评《评〈天字第一号〉》，载1947年《北平时报·文园》第9期。⑧长冶，见于随笔《杂谈批评》，载1937年7月25日北平《东方快报》。⑨何逢，见于论文《唐代的伟大批评家张彦远与中国绘画》，载1938年《再生杂志》第9、10期；书评《〈高兰朗诵诗〉》，载1944年重庆《时与潮文艺》第3卷第1期。嗣后

于1946年2月18日—3月19日在《中央日报·中央副刊》发表随笔《鸡鸣寺小品》、在《进步日报》(1949年4月20日)发表诗《保卫世界和平》，1949年后在《大公报》(1954年11月20日)发表随笔《在古典文学研究中的思想战线》、在《北京文艺》(1957年)发表杂文《墙》亦署。⑩翼尔，见于书评《〈水浒新传〉》，载1944年重庆《时与潮文艺》第3卷第1期。嗣后在该刊发表书评《〈荒谬的英法海峡〉》《〈民族文学论〉》亦署。⑪高原，见于书评《〈关于女人〉》，载1944年重庆《时与潮文艺》第3卷第2期。⑫陈思伊，见于书评《〈万世师表〉》，载1944年重庆《时与潮文艺》第3卷第4期。嗣后在该刊发表书评《〈夜奔〉》亦署。⑬书虫，见于书评《〈人性的恢复〉》，载1944年重庆《时与潮文艺》第3卷第4期。⑭谅直、李若，分别见于书评《〈苏李诗制作时代考〉》《〈肥沃的土地〉——长篇〈黄汛〉第一部》，载1944年重庆《时与潮文艺》第4卷第1期。⑮梁直，见于书评《〈看云人手记〉》，载1944年重庆《时与潮文艺》第4卷第2期。嗣后在该刊发表书评《〈中国文学欣赏举隅〉》亦署。⑯方苓，见于书评《〈姜步畏家史〉》，载1945年重庆《时与潮文艺》第4卷第6期。亦见于书评《评〈天字第一号〉》，载1947年《北平时报·文园》第9期。⑰L，见于评论《"儿童节"不是"要人节"》，载1947年4月4日《世界日报》。嗣后在该报发表评论《异哉！中国今日政党之活动方式》《打风不可再长》等文亦署。⑱萧丽，见于随笔《鸡鸣寺小品》，载1947年8月3日—9月14日天津《益世报·星期小品》。⑲牟尔，见于随笔《好书谈》，载1947年12月14日天津《益世报·星期小品》。⑳费士，见于随笔《写信难》，载1948年1月4日天津《益世报·星期小品》。㉑涓埃，见于诗《敬悼伟大的无产阶级革命家周总理》，1976年11月28日作。㉒张芝，见于论文《关于〈陶渊明传论〉的讨论》，载1954年7月10日《光明日报·文学遗产》。㉓尝之、棱振，署用情况未详。

李超 (1916－1996)，河北迁安人，回族。原名李超然，字希班。曾用名李鹤超。笔名：①李超，1938－1945年创作独幕剧《悔》《霸王山》《幸福之神》《他是我的丈夫》《她和他俩》、四幕剧《边城之家》等作品署用。1949年后在报刊发表评论《评电影〈红旗歌〉》《谈〈纸老虎现形记〉的导演创作》《从〈东进序曲〉谈起——描写反面人物是写好戏的一个方面》《评〈枯木逢春〉的演出》《创造最新最美的英雄形象》、剧作《深厚的友谊》《调干忙》《杨区长》等作品，出版讽刺剧剧本《开会忙》(作家出版社，1955年)、诗词集《李超咏戏诗词选》(1993年)亦署。②李召，1949年前发表文章用。1949年后在《剧本》月刊发表舞台美术设计的画稿和美术理论文章亦署。③希班，1952年前后发表文章曾署。④林夫，20世纪六七十年代发表诗文曾署用。

李辰冬 (1907－1983)，河南济源人。原名李振东。笔名李辰冬，见于评论《法译贾泰蓝夫人的情夫及其

辩护》，载 1933 年上海《新月》月刊第 4 卷第 6 期。嗣后在《光明》《女师学院期刊》《民意周刊》《华严》《戏剧与文艺》《学生之友》《文学季刊》《光明》《文艺先锋》《文艺月刊·战时特刊》《文化先锋》《出版界》《女青年》《通讯》《文艺与生活》《广播周报》《华北日报·俗文学》等报刊发表《泰尼论巴尔扎克》《考证曹雪芹的生平及其哲学》《浮士德研究》《新人生观与新文艺》《小说家与其人物》《三国演义的艺术价值》《〈小说林〉小说的片貌》等著译文章，出版论著《三国水浒与西游》（大道出版社北平分社，1946 年）、《红楼梦研究》（南京正中书局，1947 年），1949 年后在台湾出版《文学新论》（台北中华文化事业公司，1954 年）、《文学欣赏的新途径》（台北三民书局，1970 年）、《文学与生活》（台北水牛出版社，1971 年）、《文学研究新途径》（台北启德出版社，1972 年）、《诗经通释》（台北水牛出版社，1972 年）、《陶渊明评论》（台北东大图书公司，1975 年）、《浮士德研究》（台北东大图书公司，1976 年）、《杜甫作品系年》（台北东大图书公司，1977 年）、《诗经研究》（台北水牛出版社，1982 年）、《诗经研究方法论》（台北水牛出版社，1982 年）等亦署。

李成徽（1921— ），吉林延吉人，朝鲜族，曾用名李洪淳。笔名：①雪人，见于诗《进军》，载 1946 年 9 月延吉《火花》杂志。嗣后出版诗集《春姑在哪》《雪人诗选》（民族出版社，1999 年）亦署。②北岩，见于诗《五一的行进》，载 1949 年 5 月《延边日报》。③李洪淳，1982 年在《泉水》杂志发表儿童诗署用。④李成徽，出版有诗集《天将亮》《野菊》《故乡的人们》、专著《文学概论》（与他人合作）、《文学论稿》《文心雕龙选注》，并编有《中国朝鲜民族文学选集》《朝鲜语谚语辞典》（与他人合作）等著作。

李成俊（1926—2015），广东江门人。曾用名李惜珍。1946 年开始发表作品。笔名：①李成俊，出版《澳门文学论集》（与卢荻合作。镜海丛书，1988 年）、《夜未央楼随笔》（中共党史出版社，2005 年）、《待旦集》（作家出版社，2014 年）等署用。②惜珍、方菲、怀嘉，署用情况未详。按：李成俊尚出版有通讯集《今日印度》《国共风云人物》《澳门日报三十年》《林则徐与澳门》《海天·岁月·人生》、故事《颐和园的故事》等，出版与署名情况未详。

李澄宇（1882—1955），湖南岳阳县人。原名李寰，字洞庭、瀛业，号瀛北。笔名：①李澄宇，在《南社丛刻》发表诗文署用。②澄宇，署用情况未详。

李赤（1926—1980），天津人。原名李继元。曾用名李慤、舒迟。笔名李赤，1945 年起在东北发表作品署用。嗣后发表作品、出版话剧剧本《大喜的日子里》《长海来了》（与他人合作）、电影剧本《徐秋影案件》（与他人合作）等亦署。

李崇元，生卒年不详，广东梅县（今梅州市）人，字续川。笔名李崇元，见于随笔《读平准书》，载 1936 年苏州《文艺拐华》第 3 卷第 4 册。嗣后出版论著《清代古文述传》（长沙商务印书馆，1940 年）亦署。

李初梨（1900—1994），四川江津（今重庆市）人。原名李祚利。曾用名李宜兹、李楚离。笔名：①初梨，见于诗《题画片〈孤独〉》，载 1920 年 7 月 8 日上海《民国日报·觉悟》；杂文《谁能打倒帝国主义》，载 1928 年上海《文化批判》第 5 期；翻译剧本《流血的日曜日》（苏联达尼列夫斯基原作），载 1928 年上海《思想月刊》第 1 期。②李初梨，见于剧本《爱的掠夺》，载 1927 年《创造月刊》第 1 卷第 6 期；翻译童话《伟大的创造主》（日本林房雄原作），载 1928 年 1 月 15 日上海《文化批判》创刊号。同时期起在上述两刊及《日出》《我们月刊》《思想月刊》等刊发表评论《一封公开信的回答》《请看中国的 Don Quixote 底乱舞——答鲁迅〈醉眼中的朦胧〉》《普罗列塔利亚文学批评底标准》《自然生长性与目的意识性》、译文《告反军国主义的青年》《政治经济讲话》等亦署。③光寿，见于论文《论"差不多"并说到目前文学上的任务》，载 1937 年上海《光明》半月刊第 2 卷第 7 期。④楚离，署用情况未详。

李楚材（1905—1989），江苏常熟人。笔名：①李楚材，见于论文《乡村师范课程编制的尝试》，载 1929 年上海《教育杂志》第 21 卷第 11 期；论文《生产教育实施之商榷》，载 1933 年上海《中华教育界》第 21 卷第 4 期。嗣后在上述两刊及《青年界》《申报月刊》《大上海教育》《教育与民众》《现代父母》《教与学》《市政评论》《现实与理想》《大公报·出版界》等报刊发表评论《改进女子教育刍议》《生产教育的我见》《发展上海的国民教育》、散文《我的父亲》、旧体诗《读史颂赞》《陇海道中朝发宝鸡夕止咸阳逆旅》等文，出版史学著作，1949 年后出版《陶行知和儿童文学》（少年儿童出版社，1986 年）等著作亦署。②林之材、材，分别见于随笔《用工作来纪念鲁迅先生》、书评《青年的优良读物——值得介绍的一本好书：〈第一年〉》，载 1938 年上海《文艺新潮》第 1 卷第 1 期。③林菲，见于散文《春在我们的心头》，载 1938 年《文艺新潮》第 1 卷第 4、5 期合刊。嗣后在该刊发表散文《真挚的怀念》亦署。

李楚城（1928—2011），江苏泰兴人，笔名：①楚城，1948 年起在《苏中报》《华中日报》《大众日报》发表通讯，嗣后出版《小电话员》（少年儿童出版社，1954 年）、《马陵河上》（少年儿童出版社，1957 年）亦署。②李楚城，出版儿童短篇小说集《女游击队长》（少年儿童出版社，1954 年）、《江底的战斗》（少年儿童出版社，1960 年）、《老红军的本色》（与张开平合作。少年儿童出版社，1961 年），中篇小说《破庙里的秘密》（少年儿童出版社，1995 年），报告文学集《生活的斗士》（少年儿童出版社，1988 年）等亦署。

李春潮（1913—1956），陕西鄠县（今西安市）人。原名李春芳。曾用名李迪生、李涤生。笔名：①李春潮，见于评论《郭沫若先生"七请"理论再认识》、散文《悼高尔基》，载1936年日本东京《文海》第1卷第1期；评论《关于普式庚的〈犹根·奥涅根〉》，载1936年青岛《诗歌生活》第2期。1938年11月在重庆《春雷》杂志第3卷第1期发表论文《高尔基诗歌中表现的内容》，1955年1月由上海泥土社出版诗集《战斗之歌》等亦署。②黎炎，出版《黎炎诗集》（山东文化出版社，1948年）署用。③李迪生，1950年后出版其所编之山歌集《抗美援朝山歌集》《歌唱中国共产党》《歌唱人民把身翻》（均由华南人民出版社出版）署用。

李春舫（1914－1960），河南潢川人。原名李良棻，字春舫。曾用名李庄。笔名李春舫，见于随笔《记新声剧社之始末》，载1937年上海《戏剧时代》第1卷第2期；论文《战时戏剧形式的发展》，载1938年汉口《抗战戏剧》第2卷第4、5期合刊。1941－1942年间在大别山报刊发表散文、小说，在《青年界》《黄河》《战时文艺》《文艺月刊·战时特刊》《笔阵》《春秋》《世界月刊》等刊发表小说《报复》《病》《饥荒》、随笔《年青的新闻战士们》《最后的胜利》等，出版小说集《山城》（成都普益图书公司，1942年）等亦署。

李词佣（？－1942），福建诏安人。笔名：①李词佣先生，见于随笔《暹罗女子的参政热》，载1933年上海《女子月刊》第1卷第5期。②李词佣，见于评论《论"词的解放运动"》，载1933年上海《新时代》月刊第5卷第1期；随笔《郑板桥的妇女问题观》，载1933年《女子月刊》第1卷第8期。嗣后在该刊发表《菲律宾华侨的禁娼运动》《清代女诗人谢浣湘》等文，出版散文集《椰阴散忆》（上海作者书社，1937年）亦署。

李存明（1923－1996），陕西耀县（今铜川）人，字维诚。笔名：①剑卿，1945年开始在西安《国风日报》《西安正报》《西京平报》及河南、山西报刊发表散文《忆》《读艾芜先生的〈南行记〉后》《消逝》、诗《我愿》《向日葵》《春》、小说《落红》《劫》《阿二》等署用。②再起、袁明，1955－1956年间在西安《工人文艺》等发表诗文署用。

李大一，生卒年不详，吉林梨树人。笔名讷夫、强骨庐，1937年后在长春《斯民》《大同报》发表诗歌、散文和译作署用。

李旦（1924－1955），浙江温州人。原名邵浩然，字黎旦。乳名大宝。笔名：①李旦，1947年前后在杭州《天行报·原野诗辑》发表诗歌《我骑着童话的白马回来》等署用。嗣后在《武汉时报·扬子江》《中国新诗》等报刊发表诗《同情和一个海》等亦署。②卞汉，见于诗《讨债》，载1948年前后油印诗刊《铁兵营》。③黎旦，20世纪40年代发表诗歌署用。

李道静（1916－1946），云南昆明人。原名李若平，字道静。笔名：①李道静，见于《风雨》，载1936年《大众知识》第1卷第2期；散文《春阴小记》，载1940年北平《辅仁文苑》第3期。嗣后在《文学集刊》《文帖》《文艺时代》《文艺世纪》《风雨谈》《艺文杂志》《沙漠画报》《时事画报》《朔风》《文艺》《中国公论》等刊发表小说《惆怅》、散文《灯》《欢迎胡适之先生》《小酒店》等亦署。②麦静，见于《孟夏日》，载1940年北平《中国公论》第4卷第2期。

李德群，生卒年不详，湖南湘阴人，字经舆。笔名李德群，在《南社丛刻》发表诗文署用。

李涤（1890－1959），湖南湘乡人，字汝肮（háng），号散木。笔名李涤，在《南社丛刻》发表诗文署用。出版《散木碎金》亦署。

李定夷（1892－1964），江苏常州人，字健卿、健青、剑嵚，号鹤治、墨隐、墨隐生、墨隐庐主、墨隐庐主人、憬幻生。曾用名李定彝。笔名：①李定夷，见于长篇小说《賈玉怨》，连载于1913年《民权报》副刊；《〈小说新报〉发刊词》，载1915年《小说新报》第1期。嗣后在《游戏世界》《小说新报》《侦探世界》《小说日报》等报刊发表随笔《渔家乐》《墨隐庐随笔》、长篇小说《芝兰缘》、报道《使馆喋血记》、旧体诗《墨隐庐诗》《倚声既竟寝不成寐续吟一绝》、词《长相思·雨夜不寐》《捣练子·思亲》等作品，出版通俗小说《双缢记》（上海国华书局，1916年）、《千金骨》（国华书局，1918年）《伉俪福》（上海民华书局，1918年）、《鸳湖潮》（上海国华书局，1919年）、《国色天香传》（上海国华书局，1920年）、《賈玉怨》（上海国华书局，1920年）、《茜窗泪影》（上海国华书局，1920年）、《同命鸟》（上海国华书局）、《红颜薄命记》（上海国华书局）、《春闺人梦》（上海国华书局，1930年）、《美人福》（上海国华书局，1930年）、《双缢记》（上海国华书局，1931年）、《杨贵妃秘史》（上海新中华书馆，1933年）、《湘娥泪》（上海国华书局）、《昙花影》（上海国华书局，1935年）、《玉洁冰清》（上海国华书局，1937年）、《雪花缘》（上海国华书局，1947年），以及《辽西梦》《香闺春梦》《镜花水月》《尘海英雄传》《丝绣平原记》《吴宛莺声谱》《僧道奇侠传》《武侠异闻》《一案五命》《急富党》《醇王妃自尽记》《兰娘哀史》《民国野史》《滑稽魂》《游戏文章》《甜言蜜语》《笑话奇观》，短篇小说集《定夷小说丛书》《定夷小说精华》《定夷说集》《定夷丛刊》《百样锦》《南北浪游记》，翻译小说《红粉劫》（英国司达渥原作。上海国华书局，1914年）、《辽西梦》（英国勃烈特原作。上海国华书局，1917年）、《拿破仑战史》（法国约瑟芬原作）等亦署。②定夷，1912年开始署用。嗣后发表小说《青萍剑——洪杨佚闻之一》（载1914年上海《繁华杂志》第2期）、《过眼繁华录》（苏客口述。载1915年4月上海《小说新报》第2期）。同时期起在上述两刊及上海《民权报》《小说丛报》《消闲钟》《游戏世界》等报刊发表小说《美人魂》《廿年苦节记》、随笔《野居漫识》《墨隐庐漫笔》《戊午随笔》、翻译小说《辽西梦》（英国勃烈特原作）、《天南异境》等作品亦署。③墨隐生，见于随笔《庚申杂记》，载 1920 年上海《小说新报》第 6 卷第 2 期。嗣后在该刊发表随笔《故宫冷艳》《美人心》等亦署。④墨隐，见于小说《灾民泪》，载 1920 年上海《小说新报》第 6 卷第 8 期。

李笃恭（1929－2005），台湾彰化人，号王里。笔名李笃恭，出版诗集《浪迹》（彰化新生出版社，1956 年）、《再彷徨》（台北笠诗社，1986 年）、《彷徨在荒原》（彰化文河出版社，1988 年），小说集《赛跑》（台北学术出版社，1975 年）、《李笃恭集》（台北前卫出版社，1991 年），微型小说集《跋涉几星霜》（台北台湾文艺社，1981 年）等署用。

李铎（1878－1962），安徽寿县人，号警众、红冰碧血馆主。曾用名李警众。笔名：①警众，见于演讲《安徽人哭安徽人》，载 1908 年 9 月《安徽白话报》第 3 期。又见于随笔《风风雨雨录》，载 1914 年 7 月 20 日上海《小说丛报》第 3 期。嗣后至 1917 年在该刊及《正谊杂志》发表《戏迷丛话》《警众随笔》《获野录》《甜言蜜语》《泰西格言》等文亦署。②李警众，见于小说《局骗记》，载 1924 年上海《心声》半月刊第 3 卷第 3 期；旧体诗《惆怅词》，载 1924 年上海《社会之花》第 2 卷第 9 期。嗣后出版小说集《红冰碧血馆笔记》（上海震亚图书局，1927 年），编选《沁香阁诗选：涵秋遗著》（上海震亚图书局，1927 年）、《沁香阁游戏文章：涵秋遗稿》（上海震亚图书局，1927 年）、《怪家庭续集》（李涵秋原作。上海震亚图书局，1931 年）等亦署。

李莘（1932－　），湖南嘉禾人。笔名心蕊，出版散文集《葡萄园》（台北文坛杂志社，1955 年）、《牧笛》（妇女写作协会，1962 年）、《欢乐年华》（台北华冈出版社，1968 年）、《爱心一串串》（台北采风出版社，1983 年）、《翠微书简》（台北采风出版社，1974 年）等署用。

李尔康，生卒年不详，福建人。笔名萧远，20 世纪 40 年代在福建《东南日报·笔垒》发表文章署用。

李尔重（1913－2009），河北丰润（今唐山市）人。原名李育三，字尔重。曾用名荷戈老兵。笔名：①李尔重，见于论文《唯物的社会观》，载 1931 年北平《现代》杂志；散文《旅途的回忆》，载 1936 年北平《大众知识》第 1 卷第 2 期。1948 年起在哈尔滨《文学战线》发表短篇小说《舒队长》、中篇小说《第七班》等，1949 年后在《文艺生活·穗新版》《新华日报》《人民文学》等刊发表小说《杨连长》《杜厂长》、随笔《可不可以写小资产阶级呢？》等，出版长篇小说《长白山下的自卫队》（新华书店中南总分店，1950 年）、《翠英》（作家出版社，1964 年）、《战洪水》（陕西人民出版社，1979 年）、《新战争与和平》（武汉出版社，1991 年），中篇小说《落后的脑袋》（武汉人民艺术出版社，1950 年），中短篇小说集《李尔重小说集》，散文集《潮头漫步》（湖北人民出版社，1983 年）、《落红集》（长江文艺出版社，1998 年）、《求索集》（长江文艺出版社，1998 年）、《说话集》（武汉出版社，2002 年）、《艺术

的辩证法》（广州文化出版社，1989 年），文集《李尔重文集》（作家出版社，2000 年）等亦署。②易姆三，1932 年在北平《世界日报》副刊发表文章署用。③晓霞，1932 年在北平《华北日报》发表小说署用。按：李尔重尚出版有散文集《有念感》《未名集》、话剧剧本《扬子江边》、京剧剧本《王昭君》、论著《文论集》，以及《领导》《多消灭一个敌人》《战斗英雄李学文》《三个战士》《石德路上》《一升米》《还差得远呢》等著作。另外还在不同的历史时期、不同的刊物发表过不少论文，如《立场问题》《为什么要学唯物主义》《易经拓荒杂录》《甲骨文的文学》《书经的文学》《诗经的文学价值》《龙的文学》《哲理诗·老子》《石城·莫愁在何处》《需要认真研究民间文学》《孔子与易》《先民文学初探》《辞与现行卦辞的比较》《论刘禹锡十首竹枝词与民歌之关系》《老子研究新篇》等，出版及署名情况未详。

李方立（1919－1999），山东成武人。原名李茂云。笔名：①李崇霄，见于诗《警报前后》《奔波在长道上的马群》，载 1940 年四川罗江《锻冶厂》杂志。②李立方，见于诗《农民的儿子》，载 1941 年延安《新诗歌》第 6 期；诗《迎亲》，载 1948 年香港《大众文艺丛刊》第 3 辑《论文艺统一战线》）。③立方，见于诗《母牛》，载 1942 年桂林《诗创作》第 8 期。嗣后在该刊发表诗《爹娘·我》《城市及其他》，1942 年在《文艺阵地》第 7 卷第 3 期发表散文《山野间的歌舞》亦署。④李方立，见于诗《农夫的儿子》，载 1941 年延安《新诗歌》第 6 期。嗣后在延安《解放日报》、河北邯郸《北方杂志》、山东聊城《平原》、上海《小说》等刊发表诗《新婚》《换换肚皮》、评论《介绍〈高干大〉》、演唱《余粮》、小说《西沙滩》《打井》等，出版叙事长诗《冯娇梅》（朝城冀鲁豫书店，1947 年），诗集《高原的月》（上海文化工作社，1951 年），长篇小说《第一年》（作家出版社，1956 年）、《第一犁》（作家出版社，1958 年），短篇小说集《黎明》（百花文艺出版社，1958 年）、《步步登天》等亦署。

李芳兰（1917－？），湖南岳阳人。笔名：①芳兰，见于随笔《毒菌战与今日的中国》，载 1937 年南京《妇女新生活》月刊第 2 期。②李芳兰，出版散文集《疾中日记》（潇湘涟漪出版社，1935 年）、小说集《湘水悠悠》（潇湘涟漪出版社，1935 年）署用。嗣后发表随笔《战时急救》（载 1937 年南京《妇女新生活》月刊第 3 期），出版《女囚》（台北采风出版社，1936 年）、《金鳌玉栋梁畔》（台北采风出版社，1936 年）、《芳兰小说集》（台北文坛社，1977 年）、《天涯之声》（台北黎明事业股份有限文化公司，1980 年）、《喜相逢》（台北华欣文化中心，1982 年）、《永恒之爱》（台北华欣文化中心，1986 年）、《漫天旋风》（台北采风出版社，1987 年）、《寒梅》（台北彩虹出版社，1987 年）等著作亦署。③廉伯，署用情况未详。

李芳远（1924－1981），福建永春人，号空照、晴翠

山民、晴翠山人、离离斋主。笔名李芳远，见于散文《送别晚晴老人》，载 1924 年澳门《觉音》第 20、21 期合刊；诗《生活的鞭》，载 1936 年上海《青年界》第 10 卷第 1 期。1943 年在《学术界》连载其所辑集之《弘一大师书牍》，1947 年在《政声》发表杂文《自由人权发隐》，出版诗集《大方广室诗初集》（春社，1944 年）、《人民》（春社，1946 年），编选《弘一大师文钞》（上海北风书屋，1946 年）及《南山本行记》（公惠出版社，1980 年）、《厦谷幽先录》（中国人民政协厦门市委员会，1980 年）等亦署。

李斐　生卒年及籍贯不详。笔名苏菲，1944 年前后在浙江《东南日报》《浙江日报》副刊发表散文署用。

李刚（1922－1982），山东聊城人，原名李纯刚。笔名：①李刚。见于随笔《宣传走群众路线的活样子》，载 1947 年山东《平原文艺》第 2 卷第 5 期；戏曲《二元成亲》，载 1948 年 11 月 1 日山东聊城《平原》创刊号。嗣后在《平原》杂志发表说唱《老牛喝糊涂》、随笔《加强新旧年关的演唱活动》《关于戏剧编演问题的研究》《我为啥不愿写小东西》《从春节群众文艺创作中看到的几个问题》，由冀鲁豫书店出版秧歌剧剧本《堵口子》等亦署。②柳溪，见于随笔《看了民声剧社出演的〈白毛女〉以后》，载 1949 年《平原》第 10 期。③若青，见于随笔《如何提高新剧在群众中的威信》，载 1950 年《平原》第 2 卷第 5 期。嗣后在该刊第 3 卷第 5 期发表随笔《谈谈抗美援朝保家卫国的戏曲创作》亦署。按：李刚的代表作有短篇小说《夜袭》《妈妈底爱》《临津江边》，署名未详。

李根红（1921－2004），河南灵宝人。原名李景元。曾用名张弓。笔名：①塞风，1937 年开始在洛阳《行都日报·大地》发表诗歌署用。嗣后在上海《月刊》及《胶东文艺》等刊发表散文《北方的路——从重庆到开封之一》《北方的路》、评论《一本严正的书——最近苏联文艺界的思想斗争》、歌词《生产战斗》（严峻作曲）等亦署。②李根红，1940 年 10 月在上海《群众》发表文艺通讯开始署用。嗣后在《胶东文艺》《新音乐》《小说》等刊发表报告《铁花开灵山》《陡山阻击战》《玉皇顶截击战》及歌词《墙外狗吠》（金频作曲）、《狗急还要跳墙》（金频作曲），出版诗集《天外，还有天》（北方社，1946 年）、《弯路上的小花》（山东文艺出版社，1989 年）、《征马的歌》（广西民族出版社，1990 年）、《塞风抒情诗选》（济南出版社，1990 年）、《根叶之恋》（与李枫合作。山东友谊书社，1993 年）、《母亲河》（宁夏人民出版社，1994 年）、《塞风诗精选》（济南出版社，1997 年）、《弹唱人生》（济南出版社，2003 年）等亦署。③张弓，1943 年在重庆《新蜀报》发表诗作署用。1944－1945 年间在四川江津时发表文章亦署。④柳散，1943－1944 年间在重庆《新华日报》发表诗文署用。⑤李下草、黄沙天，1945－1946 年在开封《中国时报》发表诗文署用。⑥季朵，1946－1947 年编《胶东大众》半月刊时署用。⑦李塞风，见于散

文《黄河·长江》，载 1946 年上海《月刊》第 2 卷第 4 期。⑧根红，见于歌曲《备春荒》（与于德合作），载 1948 年《胶东文艺》第 1 卷第 8 期。⑨系工，1984 年后在《诗歌报》发表诗文署用。按：李根红另创作有组诗《云雀》，出版有短篇小说集《人民的声音》、中篇小说《共同上升》，发表或出版情况未详。

李根源（1879－1965），云南腾冲人，祖籍山东益都（今青州），字印泉、养豁、雪生。号高黎、东斋、曲石老人、息园居士、高黎贡山人。笔名李根源，出版《中华民国宪法史案》（东京国闻编辑社，1914 年）署用。嗣后在《华国月刊》《国闻周报》《太平导报》《甲寅》《江苏革命博物馆月刊》《文社月刊》《逸经》《民族诗坛》《图书季刊》《说文月刊》《文史杂志》等刊发表传记《杨振鸿行状》、散文《吴郡西山访古记》《镇扬游记》《江苏革命史略》《清龙营参将李珍国传》《大理国张胜温梵画长卷》《云南图经志序》、旧体诗《肃州抒怀》《杜曲谒杜工部祠》《武昌飞西安》《玉泉山题壁》《娱清雅言》《云南金石目略初稿》等文，出版《吴郡西山访古记》（台北文海出版社，1971 年）等亦署。

李耕（1928－2018），江西南昌人。原名罗的。笔名：①巴岸，见于短评《不要关起门来学习文艺》，载 1946 年《浪花》周刊。②李耕，见于短评《文艺，在严肃的一边》，载 1947 年《牧野》周刊。嗣后出版诗集《梦的旅行》（漓江出版社，1987 年），散文诗集《不眠的雨》（江西人民出版社，1986 年）、《没有帆的船》（少年儿童出版社，1990 年）、《爝火之音——李耕散文诗选》（百花洲文艺出版社，2001 年月）、《疲倦的风》（河南文艺出版社，2011 年），编选《十年散文诗选》（与秦梦鸢合作。作家出版社，1987 年）等亦署。③白烟，见于诗《赶墟》，载 1947 年某报副刊《每周文艺》。④刘江，见于散文诗《再见在蓝色的图们江》，载 1947 年《牧野》周刊。⑤易寒，见于特写《上饶"繁荣了"》，载 1948 年《民锋日报》。⑥于冷，见于特写《贫穷使人卖笑》，载 1948 年《民锋日报》。⑦于娴，见于特写《夜上饶》，载 1949 年《民锋日报》。⑧也罗、老巴，20 世纪 40 年代发表文章署用。

李赓序（1922－1980），上海人。笔名子殷，1942－1947 年在《贵阳日报》及浙江大学学生会出版的报纸发表诗作署用。又见于诗集《四心集》（与蔡壬侯、雪舒、荒沙合集），1945 年出版。

李耿（1912－2002），广西陆川人。原名李祖杰，字耿仁。笔名：①竹冬、冬竹、梓侠、祖杰、李竹冬、李冬竹、李梓侠，1933 年春在广西郁林《民国日报·雷莺》发表诗、散文、剧作、评论等署用。②放新，1949 年后在《桂林日报》发表文艺评论署用。

李供林（1898－1979），广东中山人，字讳翰。笔名李供林，著有诗词集《怡怡草堂游草》和《乔梓集》（与李达庐、李仙根合集）。

李孤帆（1894－？），浙江人，笔名：①李孤帆，出

版《西行杂记》（重庆开明书店，1942年）署用。②匀庐、孤帆，署用情况未详。

李古北（1921－2007），山东莱芜人。笔名：①黎风，见于小说《未婚夫妇》，载1945年9月15日－16日延安《解放日报》。②古北，见于小说《大柳庄记事》，载1946年10月1日阳城《太岳文化》创刊号。嗣后在该刊发表小说《见面》亦署。③李古北，见于小说《讹人——长篇〈转世纪〉之一节》，载1947年《太岳文化》第1卷第4、5期合刊。嗣后出版小说集《农村奇事》（新文艺出版社，1954年）等亦署。

李谷野（1924－？），江西横峰人。原名李如文。笔名：①绿野，1941年前后在江西《赣东日报》、上饶《前线日报》发表散文《飓风》等署用。②李谷野，见于《黄昏的忧郁》，载1942年浙江《东南日报・笔垒》。嗣后在上饶《前线日报・战地》、福州《中央日报》《民主报》、南京《大刚报》《新世纪》、上海《诗创造》等报刊发表小说《那正是大年夜》、诗《虫豸篇》等，出版《棠棣与诗》（与卢琼合作。1946年在福州出版）亦署。

李广田（1906－1968），山东邹平人，号洗岑。曾用名王锡爵、李光田。笔名：①曦晨，见于诗《寂寞》《酒馆里》，载1930年3月27日《华北日报》副刊。嗣后在该刊及《现代》《文学季刊》《新月》《水星》等刊发表诗《夕阳里》、小说《狗之一生》、散文《牧野》等亦署。②李曦晨，见于散文《狱前》，载1930年4月《未名》第2卷终刊号；散文《悲哀的玩具》《雉》，载1932年上海《现代》第1卷第5期。③洗岑，见于诗《沉思》，载1933年北大文学院《牧野》旬刊创刊号。④望之，见于散文《雪浪》，载1933年《牧野》第2期。⑤李广田，见于诗《地之子》，载1933年《新月》月刊第4卷第6期。嗣后在《开明》《文学季刊》《水星》《绿洲》《中建》《文学评论》《文饭小品》《文季月刊》《中学生》《新文丛》《中流》《新诗》《文丛》《文学杂志》《华北日报・每日文艺》《世界学生》《创作月刊》《笔阵》《现代文艺》《国文月刊》《黎明》《文学月报》《文讯》《文艺杂志》《文学创作》《青年文艺》《人世间》《新文学》《世界文艺季刊》《西南文艺》《时与潮文艺》《月刊》《明日文艺》《自由导报》《文聚月刊》《当代文艺》《文艺春秋》《作家杂志》《中兴周刊》《学风》《文艺丛刊》《诗文学》《观察》《文艺新报》《大公报・星期文艺》《人物杂志》《北大半月刊》《周论》《文艺复兴》《文哨》《文联》《萌芽》《中国作家》《文艺与生活》《人民周报》等报刊发表诗、小说、散文、评论，出版诗集《汉园集》（与何其芳、卞之琳合集。上海商务印书馆，1936年）、《春城集》，散文集《画廊集》（上海商务印书馆，1936年）、《银狐集》（上海文化生活出版社，1936年）、《圈外》（重庆国民图书出版社，1942年）、《回声》（桂林春潮社，1943年）、《灌木集》（重庆开明书店，1944年）、《日边随笔》（上海文化生活出版社，1948年）、《西行记》（上海文化工作社，1949

年）、《雀蓑集》《回声》《圈外》《文艺书简》，小说集《金坛子》（上海文化生活出版社，1946年）、《欢喜团》（上海文化工作社，1943年），长篇小说《引力》（上海晨光出版公司，1947年），1949年后出版散文集《散文三十篇》（作家出版社，1956年），诗集《春城集》（作家出版社，1958年），长诗《阿诗玛》（根据傣族民间故事整理。人民文学出版社，1960年）、《线秀》，论文集《诗的艺术》《文艺书简》《文学枝叶》《创作论》《论文学教育》《文学论》，以及《李广田散文选》（云南人民出版社，1980年）、《李广田作品选》（外文出版社，1981年）、《李广田散文选集》（百花文艺出版社，1982年）、《李广田诗选》（云南人民出版社，1982年）、《李广田文集》（山东文艺出版社，1983－1986年）、《李广田代表作》（黄河出版社，1987年）等亦署。⑥黎地，见于通信《论怎样打开一条生路》，载1947年5月4日天津《大公报・星期文艺》。

李桂生（1904－1948），安徽太平（今黄山市）人，字洁华。笔名：①李桂生，见于七律《晚兴》，载1924年北京《国立北京女子师范周刊》第77期。嗣后在该刊发表七律《秋感》、记录《武昌师大教授谢循循先生演讲道德之新公准》（与陆秀珍合作）等亦署。②林枝女士，见于小说《一个茶房的女儿》，载1930年上海《现代小说》第3卷第5、6期合刊；小说《出路》，载1931年上海《现代文学评论》第1卷第1期。

李涵秋（1874－1923），江苏江都（今扬州市）人。原名李应漳，字涵秋，号韵花阁主、沁香阁主人。乳名大和子。笔名：①李涵秋，见于小说《无可奈何》，载1919年《新中国》第1卷第2期。嗣后主编《小说时报》《快活》并在上述两刊及《小说季报》《礼拜六》《小说世界》《红杂志》《红玫瑰》《侦探世界》《半月》等刊发表小说《五块钱的命》《假死还生快活老人》《新广陵潮》，随笔《沁香阁笔记》《中国侦探之趣史》等作品，出版通俗小说《雌蝶影》（民国国学书室印行）、《双鹃血》（民国国学书室印行）、《自由花苑》（上海世界书局，1928年）、《镜中人影》（与程瞻庐合作。上海三星书局，1931年）、《魅镜》（上海国华书局，1934年），以及《广陵潮》《侠凤奇缘》《战地莺花录》《近十年目睹之怪现状》《好青年》《爱克司光录》《怪家庭》《春妆艳影》等亦署。②涵秋，见于小说《情天孽镜》，载1921年苏州《消闲月刊》第1期。又见于评论《新体诗之商榷》，载1920年5月6日上海《晶报》。③包柚斧，见于长篇小说《雌蝶影》，连载于1921年前后上海《时报》。该小说同年4月由上海国学书室出版单行本时署名李涵秋。嗣后在上海《礼拜六》杂志发表小说亦或署此名。④柚斧、李应漳、韵花阁主、沁香阁主人，署用情况未详。按：李涵秋尚著有《社会罪恶史》《梨云劫》《情场之秘密》《瑶瑟夫人》《并头莲》《姊妹花骨》《双鹃血》《孽海鸳鸯》《情错》《秋水别传》《玉痕小史》《雪莲日记》《雏鸳影》《现形》《平沙梦》《青萍吼》《怪姻缘》《双花记》《还娇记》《众生相》《琵琶怨》《活武侠》《绿林怪杰》《滑稽魂》等通俗小说，出版与署名情况未详。

李寒谷（1914－1951），云南丽江人，纳西族。原名李培阳，字寒谷。笔名：①李寒谷，见于小说《三仙沽之秋》，载 1934 年北平《文史》第 1 卷第 2 期；小说《狮子山》，载 1935 年天津《国闻周报》第 12 卷第 47 期。同时期在《国闻周报》及《文化批判》《云岭》等刊发表小说《雪山村》《同谷山雪》《出奔》《夜巷小景》等亦署。②寒谷，见于小说《诉讼》，载 1936 年上海《国闻周报》第 13 卷第 39 期；速写《劳街一夜》，载 1936 年上海《中流》半月刊第 1 卷第 7 期。此前后在《文学》《文学季刊》《文艺月刊》《文丛》《诗与散文》等刊发表小说《虎跳岩》《黄栗村》、散文《撕包谷》、随笔《江边"古宗"》等亦署。

李汉俊（1890－1927），湖北潜江人，字人杰，号汉俊。原名李书思（一作李书诗）。笔名：①汉俊，见于译文《法国"劳动总联合"会章》，载 1920 年北京《新青年》第 7 卷第 6 期；翻译小说《女子将来的地位》（德国伯伯尔原作），载 1920 年《新青年》第 8 卷第 1 期。嗣后在该刊及《民国日报·觉悟》《建设》《小说月报》《劳动界》《星期评论》《东方杂志》等刊发表著译作品亦署。②先进，见于随笔《文化运动的粮食供给》《研究俄文印度文的必要》，载 1920 年 3 月 9 日上海《民国日报·觉悟》。嗣后在该刊发表《马君的死》《大家要注意研究历史地理》等文亦署。③均，见于杂文《劳农制度研究》，载 1921 年《共产党》第 5 期。④海镜，见于译文《雾飘运动》（日本黑田礼二原作）。载 1921 年上海《小说月报》第 12 卷第 6 期。嗣后在该刊发表《后期印象派与表现派》《意国文学家邓南遮》（日本村松正俊原作）等著译文，1931 年 2 月 15 日在大连《泰东日报》发表诗《将死的哀音》等亦署。⑤汗，见于评论《太平洋会议及我们应取的态度》，载 1921 年《共产党》第 6 期。⑥厂（ān）晶，见于随笔《犹太文学与宾斯奇》，载 1921 年上海《小说月报》第 12 卷第 7 期。嗣后在该刊第 12 卷第 8 期发表译文《最年青的德意志的艺术活动》（日本金子筑水原作）亦署。⑦海晶，见于译文《民众艺术底理论和实际》（日本平林初之辅原作）。载 1921 年上海《小说月报》第 12 卷第 11 期。⑧海，见于译文《矫伪与节育》，载 1922 年 10 月 16 日上海《时事新报·现代妇女》。⑨李汉俊，出版译作《雾飘运动》（日本黑田礼二原作。上海商务印书馆，1925 年）、论著《妇女之过去与将来》（上海商务印书馆，1927 年）署用。出版译作《马格斯资本论入门》（德国马尔西原作，上海新文化书社，1920 年）署用。⑩镜、漱石、李人杰，署用情况未详。

李浩，生卒年及籍贯不详。笔名：①李田，1938－1945 年在苏北《前线报》，1946 年在无锡《锡报》主编《未央诗刊》并发表文章署用。1948 年在上海《未央诗刊》发表文章亦署。②李昊，在《未央诗刊》发表文章署用。

李诃（1919－1969），安徽霍邱人。原名李德欣。笔名李诃，1935 年开始发表作品署用。嗣后发表评论《论田汉前期话剧创作》《评〈西望长安〉》《论话剧〈春风吹到诺敏河〉》，出版评论集《学步集》（新文艺出版社，1957 年）等亦署。

李何林（1904－1988），安徽霍邱人。原名李延寿，号昨非。曾用名李振发、李竹年、李静秋。别署竹、竹年。笔名：①李何林，1928 年开始署用。嗣后在《现代文学》《文化动向》《中原》《文艺春秋》《中国作家》《黎明》《进修月刊》《世界文艺季刊》《民主》《文萃丛刊》《台湾文化》《新中华》等报刊发表《答邢桐华君》《叶公超教授对鲁迅的漫骂》《再来一次白话文运动》《论宋代说话人的家数》《读〈鲁迅书简〉》《黑色恐怖的昆明》等评论、随笔，出版《鲁迅论》（上海北新书局，1936 年）、《小说概论》（北平文化学社，1932 年）、《近二十年中国文艺思潮论》（上海生活书店，1947 年）、《中国新文学史研究》（新建设杂志社，1951 年）、《关于中国现代文学》（新文艺出版社，1956 年）、《鲁迅〈野草〉注解》（陕西人民出版社，1973 年）、《鲁迅的生平和杂文》（陕西人民出版社，1976 年）、《五四运动》《中国文艺论战》（上海书店，1984 年）、《李何林文论选》（人民文学出版社，1986 年）、《李何林选集》（安徽文艺出版社，1985 年），主编《鲁迅年谱》等亦署。②何林，见于《为〈悼鲁迅先生〉》，载 1936 年 10 月 24 日《北平新报》。③昨非，见于评论《鲁迅研究中也有两个"凡是"吗？》，载 1980 年《鲁迅研究资料》第 4 辑。

李虹霓，生卒年不详，江西人，笔名：①杨素。见于诗《割禾》，载 1933 年南昌《农村》第 1 卷第 2 期。嗣后在该刊发表独幕剧《石壕村》，1936 年在日本东京《文海》第 1 卷第 1 期发表小说《一个不灭的仪型》等亦署。②杨素女士，见于小说《辞工》，载 1934 年南昌《农村》第 1 卷第 5 期；小说《善后》，载 1934 年天津《国闻周报》第 11 卷第 24 期。③李虹霓，翻译出版长篇小说《开拓了的处女地》（苏联肖洛霍夫原作。东京目黑社，1936 年）署用。

李华飞（1914－1998），重庆市人。原名李明诚，字素光，号致曲。笔名：①蜀旅，见于诗《江上》，载 1930 年《川康日报·巴山丛话》。②梅龄，见于《秋雨霏霏》，载 1931 年《巴蜀日报》副刊。③花飞，见于《路》，载 1932 年重庆《新蜀报》副刊。④李华飞，见于论文《蒲列哈诺夫艺术观点初探》，载 1933 年北平中国大学校刊；诗《信》，载 1936 年青岛《诗歌生活》第 2 期。嗣后在《诗歌》《文海》《光明》《诗歌杂志》《文学大众》《现世界》《春雷》《抗战文艺》《黄河》《新蜀报》等报刊发表诗《夜行船》《寄歌者》《一株海草》《过下关》《小小森林如画》、散文《大时代的小人物》、随笔《重庆文艺界漫话》、译文《诗歌中的社会主义的写实主义》（苏联斯鲁珂夫原作）等，出版诗集《归来者心曲》（德宏民族出版社，1986 年）、《一株海草》（重庆诗歌研究会，1989 年）、散文集《孔雀、孔雀》（云南民族出版社，1991 年）、诗文集《李华飞文集》（德宏民族出版社，1996 年），编选《覃子豪诗粹》（重庆出版社，1986 年）等亦署。⑤淑侣，见于译文《三个时代——普式庚·托尔斯泰·高尔基》（苏联斯达鲁亚珂夫原作），载 1936 年日本《文海》杂志。⑥华飞，见于《蒲风没有死》，载 1939 年重庆《春云》第 5 卷第 1 期。⑦李明诚、李素光，1940 年在《银励月刊》发表文章署用。1949 年后在《会理文艺》发表文章亦署。⑧林雄飞，见于《哭亡儿蓉蓉》，载 1942 年雅安《健康报》。⑨吾谈春，1945 年在成都《星期快报》发表杂文署用。⑩吴淡春，见于《东京在空袭中》，载 1945 年成都《星期快报》。⑪沈植群，见于《不滚，干掉它》，载 1946 年《民主报·呐喊》。⑫冷弦，见于诗《百宝图》，载 1956 年《农村俱乐部》。⑬杨铧，见于《树大根深力量强》，载 1959 年《会理民歌选》。⑭季菲，见于剧本《南方烈火》，1964 年由会理川剧团演出。⑮方逸，见于散文《杨升庵在会理》，载 1979 年《会理文艺》。⑯巴城，见于《耶鲁王》，载 1980 年《会理文艺》。⑰于深，见于诗《赛马》（外二首），载 1982 年《凉山文艺》。按：李华飞另出版有川剧剧本《望娘滩》（与别人合作）、民间故事《将军石》，译有长篇小说《亚细亚暴风雨》，署名及出版情况未详。

李骅括（1907—？），江西新干人。笔名孟嫣、糟哉、李新淦，1928 年开始在武汉编《楚天日报·茉莉》《轮底文艺》《武汉日报·鹦鹉洲》发表诗歌、散文署用。

李桦（1917—1995），广东番禺（今广州）人。曾用名浪沙、小泉。笔名李桦，见于散文《战地走笔》，连载于 1939 年 2 月 13—15 日桂林《救亡日报·文化岗位》。

李辉群，生卒年不详，湖南长沙人。笔名：①李辉群，见于小说《病中的回忆》，载 1925 年 7 月 10 日《艺林旬刊》第 9 期（收入 1928 年 9 月上海亚细亚书局版之小说合集《海鸥集》）；随笔《美国妇女的团体热》，载 1929 年上海《妇女共鸣》第 3 期。嗣后在《妇女共鸣》《青年界》《平论》等刊发表翻译小说《天真的孩子》（俄国托尔斯泰原作）、散文《白尔司先生》、随笔《新女性的责任》《日本的女性》《中国国民革命与妇女》等亦署。②白杨女士，见于诗《一朵半开的蔷薇》，载 1932 年上海《现代学生》第 2 卷第 5 期。

李辉英（1911—1991），吉林永吉人，满族。原名李连萃。曾用名李冬礼。笔名：①李连萃，见于小说《庙会》《闲情》，分别载 1931 年上海《新时代》第 1 卷第 4 期、第 5 期。嗣后出版短篇小说集《中学生小说》（上海中学生书局，1932 年），翻译小说《茶花女》（法国小仲马原作。上海中和印刷公司，1934 年）、《小物件》（法国都德原作。上海中学生书局，1934 年）亦署。②李辉英，见于小说《最后一课》，载 1932 年上海《北斗》月刊第 2 卷第 1 期。嗣后在《申报·自由谈》《青年界》《春光》《文艺月刊》《西湖文苑》《小说》《国闻

周报》《申报月刊》《新生周刊》《太白》《新语林》《当代文学》《芒种》《新小说》《新中华》《读书生活》《新时代》《时事新报·青光》《立报·言林》《北平晨报·北晨学园》《大公报·文艺》《中报》《东方快报》《文学月报》《文学》《文化列车》《文艺》《艺术新闻》《小说月刊》《黄河》《文艺杂志》《艺丛》《创作》《文学丛报》《光明》《文学界》《抗战戏剧》《中流》《自由中国》《战地》《抗战文艺》《文艺阵地》《新蜀报》《鲁迅风》《新中国文艺丛刊》等报刊发表小说、散文，出版长篇小说《万宝山》（上海湖风书局，1933 年）、《抗战的前奏》（昆明火线出版社，1939 年）、《东北的烽火》（昆明火线出版社，1939 年）、《松花江上》（重庆建国书店，1945 年）、《复恋的花果》（重庆建国书店，1946 年 2 月；再版改名《重逢》，1952 年 9 月由香港世界出版社出版）、《雾都》（"抗战三部曲"之一。上海怀正文化社，1948 年）、《人间》（"抗战三部曲"之二。香港海滨书屋，1952 年）、《前方》（"抗战三部曲"之三。香港东亚书局，1970 年）、《团聚》（香港九龙书店，1952 年）、《冬天的故事》（香港文华出版社，1954 年）、《苦果》（香港高原出版社，1963 年）、《四姊妹》（香港高原出版社，1965 年），中篇小说《茜薇》（1952 年）、《追求》（香港自由出版社，1953 年）、《永恒的爱情》（香港自由出版社，1953 年。再版改名《苦树逢春》）、《哈尔滨之恋》（1954 年）、《悲欢的离合》（1954 年）、《乡村的牧歌》（香港九龙书店，1954 年），短篇小说集《丰年》（上海中华书局，1933 年）、《两兄弟》（上海千秋出版社，1934 年）、《人间集》（上海北新书局，1935 年）、《山河集》（上海新生书店，1937 年）、《北方集》（上海开明书店，1937 年付排中焚毁）、《火花》（上海商务印书馆，1940 年）、《夜袭》（重庆中国文化服务社，1940 年）、《牵狗的太太》（香港海滨书屋，1951 年）、《没有温暖的春天》（香港南国出版社，1953 年）、《名流》（1979 年）、《黑色的星期天》（花城出版社，1984 年），散文集《再生集》（上海新中书局，1936 年）、《山谷野店》（重庆独立出版社，1940 年）、《火花》（香港商务印书馆，1940 年）、《中国游踪》（香港文华出版社，1956 年）、《中国名城游记》（香港学文书店）、《李辉英散文选》（1961 年）、《星马纪行》（新加坡星洲世界书局有限公司，1961 年）、《三言两语》（香港文学研究社，1975 年）、《李辉英散文选集》（百花文艺出版社，1986 年），报告文学《北运河上》（汉口大众出版社，1938 年）、《军民之间》（汉口上海杂志公司，1938 年），独幕剧集《黎明》（汉口海燕出版社，1938 年），翻译小说《一生》（法国莫泊桑原作。上海中学生书局，1935 年），专著《写作漫谈》（1952 年）、《作家的生活》（1958 年）、《小说作法十讲》（中南出版社，1961 年）、《中国小说史》（香港东亚书局，1970 年）、《中国现代文学史》（香港东亚书局，1970 年），编选《抗战文艺丛选》（重庆中国文化服务社，1942 年）等亦署。③西村，见于诗《吉林民歌一首》，载 1934 年 3 月 26 日上海《申报·自由谈》。嗣后在该刊发表《北山与庙会》《东北义勇军》，在《时事新报·青光》《立报·言林》《北平新报》《中流》等

报刊发表散文、小说署用。④李东蓠，见于小说《缴枪》，载1934年上海《新中华》第2卷第22期；小说《秋夜》，载1936年9月10日《北平晨报·北晨学园》。⑤东蓠，见于随笔《吉林之一夜》，载1935年《新中华》第8卷第14期。嗣后在上海《创作》《申报·自由谈》《时事新报·青光》《新中华》《北平晨报·北晨学园》《立报·言林》等刊发表小说、散文亦署。⑥北陵，见于散文《无辜的灾难》，载1935年11月10日上海《时事新报·青光》。⑦南峰，见于散文《国难》，载1936年1月29日上海《立报·言林》。嗣后在该刊发表散文《书场》《又同"拟目"》等亦署。⑧辉英，见于散文《关于高尔基——纪念高尔基之死》，载1936年6月22日《北平晨报·北晨学园》。嗣后在《北平新报》《益世报》《东方快报》发表《鲁迅不是任何人可以纪念的》《悼鲁迅先生》等文亦署。⑨南风，见于散文《我与鲁迅的认识和往来》，载1936年10月26日《北平晨报·北晨学园》。嗣后在该刊发表小说《在码头上》等亦署。⑩松泰，见于随笔集《写作漫谈》（香港世界出版社，1952年）。⑪林山，见于随笔集《你想写信吗》（香港世界出版社，1952年）；散文集《中国游踪》（香港文华出版社，1954年）。⑫梁晋，见于中篇小说《茜薇小姐》（香港世界出版社，1952年）。⑬鲁琳，见于中篇小说《追求》（九龙自由出版社，1953年）。⑭梁中健，见于中篇小说《永恒的爱情》（九龙自由出版社，1953年）。⑮齐鲁，见于散文集《中国六大名都》（香港世界出版社，1954年）。⑯叶知秋，见于散文集《我们的东北》（香港世界出版社，1955年）。⑰李既临，见于随笔集《恋爱可以谈》（香港世界出版社，1955年）。⑱萧平，见于散文集《中国名城游记》（香港学文书店，1956年）。⑲李君实，见于论著《怎样写应用文》（香港世界出版社，1957年）。⑳林荞，见于论著《中国新文学廿年》（香港世界出版社，1957年）。㉑季林，见于散文集《中国作家剪影》和《作家的生活》，（香港文学出版社，1958年）。㉒李唐，20世纪50年代在新加坡《南方晚报·绿洲》连载《新诗写法杂谈》《小说作法漫谈》专栏文章署用。㉓方可、胡柴、唐丹、蜀山青、夏商周，20世纪50年代以后在香港报刊发表文章署用。

李惠芬（？－1955？），籍贯不详。笔名：①慧子，见于小说《砍柴》，载1947年北平《泥土》第1辑。②慧里，见于小说《真月花》，载1947年北平《泥土》第2辑。

李季（1922－1980），河南唐河人。原名李振鹏。曾用名杜寄。笔名：①李寄，见于通讯《在破晓前的黑夜里》，载1943年1月12日延安《解放日报》。嗣后在该报发表通讯《盐池二区五乡文教工作活跃》、说书《卜掌村演义》等亦署。②周培基，见于通讯《课井村的识字组》，载1944年1月24日延安《解放日报》（此文系代周培基撰写）。③李和春，见于通讯《李兰英怎样教娃娃识字》，载1944年8月15日延安《解放日报》

（此文系代李和春撰写）。④里计，见于民间故事《救命墙——三边民间传说》，载1945年7月20日延安《解放日报》。⑤李季，见于小说《老阴阳怒打"虫郎爷"》，载1945年9月12日延安《解放日报》。嗣后成为通用，在《解放日报》及《三边报》《胶东文艺》《长江文艺》发表诗文，出版长诗《王贵与李香香》（太岳新华书店，1946年）、《杨高传三部曲：五月端阳、当红军的哥哥回来了、玉门女儿出征记》（作家出版社，1959年）、《幸福的钥匙》（少年儿童出版社，1956年）、《菊花石》（长江文艺出版社，1957年）、诗集《短诗十七首》（中南人民文艺出版社，1952年）、《生活之歌》（中国青年出版社，1955年）、《玉门诗抄》（作家出版社，1955年）、《西苑诗草》（作家出版社，1958年），以及出版《李季文集》等亦署。⑥章何紫，见于小说《邵二兴巧遇"红旗飘"》，载1950年5月7日《长江日报》。嗣后在该报发表诗《签名就是力量》、随笔《关于〈邵二兴巧遇"红旗飘"〉》等亦署。⑦李捷，与闻捷合署。见于诗《先行兵》，载1958年11月5日《甘肃日报》。嗣后在该报发表诗《学习的儿子——献给全省青年积极分子大会》《喜报》、随笔《最好的诗》亦署。⑧于一凡，见于小说《水姑娘》，载1959年《红旗手》4－6月号。又见于小说《五级采油工》，载1962年《人民文学》6月号。

李济生（1917－？），四川成都人。笔名：①李济生，见于评论《论鲁学》，载1941年齐鲁大学国学研究所《责善》半月刊第2卷第8期。1949年后出版散文集《巴金与文化生活出版社》（上海文艺出版社，2003年）、《怀巴金及其他》（上海文艺出版社，2009年）、《论巴金及其他》《思绪滴点》，编选《巴金六十年文选》（上海文艺出版社，1986年）、《巴金七十年文选》（与李小林合编。上海文艺出版社，1996年）等，翻译小说《远征队》（苏联鲁加谢维奇原作。平明出版社，1953年）、《巴库油田》（苏联古谢因原作。平明出版社，1954年）等亦署。②文慧、胡云、小瑞，20世纪40年代在成都《华西日报》、重庆《商务日报》等报副刊发表文章署用。③海戈，20世纪40年代在成都、重庆报刊发表文章署用。1949年后出版翻译小说《两个骠骑兵》（俄国托尔斯泰原作，与郭向荣合译。新文艺出版社，1957年）、《一个地主的早晨》（俄国托尔斯泰原作。新文艺出版社，1957年）亦署。④纪申，20世纪80年代后在上海报刊发表文章多署。按：李济生为著名作家巴金先生胞弟，与翻译小说《瞬间》（俄罗斯邦达列夫原作。上海译文出版社，1983年）、《祖国的炊烟》（苏联帕乌斯托夫斯基原作。浙江文艺出版社，1986年）的译者、北大教授李济生非同一人。

李霁野（1904－1997），安徽霍邱人。原名李继业。曾用名李寄野、李季野。笔名：①寄野、季野，20世纪20年代与鲁迅通信署用。②任冬，见于译文《安特列夫与其象征剧》，载1924年12月29－31日北京《晨报副镌》；译文《上古的人》（美国房龙原作），载1925年7月《民报》副刊。③霁野，见于散文《生活》，载

1925 年 5 月 25 日北京《语丝》周刊第 28 期。又见于散文《死婴》，载 1928 年北京《京报副刊》第 91 期。嗣后在《莽原》《未名》等刊发表散文《嫩黄瓜》《书梦》《生底漫画》、译文《微笑》《文学的影响》《清教徒与美国文学》等作品亦署。④李霁野，见于散文《到处是高厚的石墙》，载 1925 年北京《莽原》周刊第 7 期；随笔《〈文学与革命〉后记》，载 1928 年《未名》第 1 卷第 1 期。嗣后在上述两刊及《北新》《文季月刊》《文丛》《时与潮文艺》《女师学院期刊》《中美周报》《风雨谈》《文艺春秋》《文艺世纪》《中学生》《中国作家》《台湾文化》等刊发表散文《微笑的脸面》《忆鲁迅先生》《忆素园》《许季茀先生纪念》、诗《自寿诗》、讲演《试谈人生》《桃花源与牛角湾》、译作《生活中的创造艺术》《英国小说中的性表现》《托尔斯泰及其作品》《裁默诗选》等作品，出版小说集《影》（北平未名社，1928 年），散文集《给少男少女》（上海文化生活出版社，1949 年）、《意大利访问记》《鲁迅先生与未名社》《回忆鲁迅先生》，杂文集《鲁迅精神》，诗集《海河集》《今昔集》《妙意曲》，专著《近代文学批评片断》，翻译长篇小说《不幸的一群》（俄国陀思妥耶夫斯基等原作。北平未名社，1929 年）、《被侮辱与损害的》（俄国陀思妥耶夫斯基原作。上海商务印书馆，1931 年）、《简爱自传》（英国夏洛蒂·勃朗特原作。上海生活书店，1936 年）、《忙里偷闲》（李霁野编译。重庆新知书店，1944 年）、《简爱》（英国夏洛蒂·勃朗特原作。重庆文化生活出版社，1945 年）、《化身博士》（英国史蒂文森原作。上海开明书店，1947 年）、《斯大林格勒》（苏联涅克拉索夫原作。上海中苏文化协会，1948 年）、翻译史诗《虎皮武士》（格鲁吉亚鲁斯塔维里原作。重庆南方印书馆，1944 年），翻译戏剧《往星中》（俄国安特列夫原作。上海北新书局，1926 年）、《黑假面人》（俄国安特列夫原作。北平未名社，1928 年），翻译散文《四季随笔》（英国吉辛原作。台湾省编译馆，1947 年）等；1949 年后出版诗集《海河集》（上海文艺出版社，1960 年），散文集《回忆鲁迅先生》（新文艺出版社，1956 年）、《意大利访问记》（上海人民出版社，1957 年）、《鲁迅先生与未名社》（人民文学出版社，1984 年），杂文集《鲁迅精神》（文化工作社，1951 年），翻译诗集《妙意曲》（四川人民出版社，1984 年）等亦署。⑤里予，见于译作《寄 Dianeme》（英国罗伯特·赫里克原作），载 1928 年《未名》第 1 卷第 3 期。嗣后在该刊发表译诗《伟大的冒险者》（无名氏原作）、《像许多处子一样》（英国柯勒律治原作）、《在青春时爱》（无名氏原作）亦署。

李夹人，生卒年不详，江西人。笔名：①李夹人，见于诗《寻梦者》《四月》，载 1934 年北平《文史》第 1 卷第 2 期；诗《夜航》，载 1937 年上海《新诗》第 2 卷第 3、4 期合刊。②夹人，见于诗集《黑夜及其梦》（与弦平、灰马、子蕾、甜冰合集。力社，1935 年）；诗《怀江南》，载 1938 年南昌《抗战评论》旬刊第 5 期。

李家斌，生卒年及籍贯不详。笔名：①李家斌，1936 年与黄云在武汉合编文艺月刊《习作》并发表文章署用。见于小说《唱小曲的》，载 1936 年 10 月《习作》创刊号。②荷风，见于小说《求雨》，载 1936 年 10 月《习作》创刊号。③文武君，1936 年前后在武汉报刊发表文章署用。

李家驷，生卒年及籍贯不详。笔名常觉，20 世纪 20 年代初在上海《礼拜六》杂志发表作品署用。

李葭（jiā）**荣**（1874－1950），广东信宜人，字怀湘，号怀霜、不知老翁。笔名：①怀霜，1911 年起在《克复学报》《民权素》《新国民》等刊发表诗文署用。又见于曲《天涯曲·题天涯萍梗图》，载 1919 年《广益杂志》第 5 期。②李怀霜，见于随笔《洪泉福》《伥鉴》，载 1923 年上海《中央杂志》第 24 期；随笔《亲等》，载 1933 年广州《先导》半月刊第 1 卷第 7 期；随笔《惩冯问题》，载 1933 年《晨钟旬刊》第 2 期。③李葭荣，在《南社丛刻》发表诗文署用。又见于传记《我佛山人传》，载 1926 年《小说世界》第 13 卷第 20 期。

李嘉（1918－1998），江苏武进（今常州市）人，生于苏州。原名李寿仁。笔名李嘉，见于论文《西洋中世纪之民间音乐》，载 1942 年 3 月 5 日《青年音乐》创刊号；译诗《蒙虎皮的武士——苏联佐治亚史诗》（格鲁吉亚鲁斯塔维里原作），载 1942 年桂林《诗创作》第 11 期。嗣后在《文艺阵地》《戏剧岗位》《文学月报》《新华日报》《黄河》《戏剧春秋》《战时文艺》《文坛》《人世间》《作家杂志》《乐风》《天下文章》《诗创造》《青年文艺》《中苏文化》等报刊发表散文《不朽的雕像——罗丹的巴尔扎克》，通讯《希玛拉雅山之秋》，译诗《山歌》（德国海涅原作）、《我的祖国》（俄国莱蒙托夫原作），翻译小说《无名上校》（苏联拉甫列涅夫原作），翻译论文《欧洲现代音乐思潮》（日本盐入龟辅原作）等署用，以及出版翻译戏剧集《天上人间》（匈牙利玛尔讷原作。重庆中国书店，1942 年）、翻译诗集《梦的画》（德国海涅原作。桂林雅典书屋，1942 年）、翻译散文集《罗斯福见闻秘录》（美国伊利奥·罗斯福原作。上海新群出版社，1947 年）和《美国我见我闻》（苏联爱伦堡原作，上海新群出版社，1947 年）等亦署。

李嘉芬，生卒年不详，湖北孝感人，字兰轩。笔名李嘉芬，有《养梧轩集》五卷、《鸟心花泪词》二卷、《云影词》一卷传于世。

李嘉言（1911－1967），河南武陟人，字慎予、泽民。笔名：①家雁，见于诗《梦幻》，载 1931 年北平《清华周刊》第 38 卷第 6 期。嗣后在该刊发表诗《诗二首》《梦游古怀塔》、论文《昭明文选流传之原因》《歌谣与妇女》等亦署。②李家雁，见于《楚辞溯原》，载 1933 年 6 月《清华周刊》第 39 卷第 11、12 期合刊。③高芒，见于《诗经作者镌略》，载 1933 年《清华周刊》第 40 卷第 10 期；论文《由语言文字证中国文学声韵之重要》，载 1934 年《清华周刊》第 41 卷第 1 期。

④李嘉言，见于诗《冬天》，载 1933 年北平《清华周刊》第 39 卷第 2 期（刊内正文署名家雁）；评论《王礼锡著李长吉评传》，载 1933 年南京《图书评论》第 2 卷第 4 期。嗣后在《文学》《文学季刊》《文哲月刊》《今日评论》《国文月刊》《国文杂志》《当代评论》《清华学报》《读书通讯》《学原》《文艺复兴》等刊发表论文《唐诗分期问题》《九歌之来源及其篇数》《词的起源与唐代政治》《绝句与联句》及《贾岛年谱》等文，出版《贾岛年谱》（上海商务印书馆，1947 年）、《古诗初探》（上海古典文学出版社，1957 年）、《李嘉言古典文学论文集》（上海古籍出版社，1987 年）、《长江集新校》（河南大学出版社，2008 年）等著作亦署。⑤李常山，见于《孔子删诗辨》，载 1935 年 10 月 25 日《晨报副镌·思辨》。⑥李慎予，见于论文《古诗精读举隅》，载 1947 年《教育函授杂志》第 1 卷第 1 期。⑦景卯，见于论文《关于〈文赋〉一些问题的商榷》，载 1959 年 9 月 13 日《光明日报·文学遗产》。⑧耕敏，见于论文《研究〈文心雕龙〉批评中的一些问题》，载 1961 年 6 月 28 日《光明日报》。⑨恕直，见于论文《关于古代文论研究的几点意见》，载 1963 年 7 月 7 日《光明日报》。

李建庆（1925－2004），河北望都人。笔名：①见晴、周礼、怒涛、燕丁、剑青，1941 年开始发表作品署用。②李建庆，1949 年后创作和出版著作署用。按：李建庆创作有歌剧剧本《一场虚惊》《砖》《考煤工》《刘志丹》《阿凤》《削峰曲》、歌词《红领巾》《做一个好社员》《青春的翅膀》等，署名不详。

李建彤（1920－2005），河南许昌人。原名韩念愈。曾用名韩玉芸。笔名：①秋心，见于诗《邂逅》《理解》，载 1934 年夏河南漯河《警钟日报》副刊；于诗《献给兆友》，载 1936 年 4 月 17 日郑州《大华晨报·沙漠诗风》。同时期在开封《青春诗刊》发表诗《谢了吧，枯草》亦署。②秋茵，见于诗《彗星——序曲》，载 1935 年 8 月 25 日郑州《大华晨报·彗星》。嗣后在该刊发表诗《寄相思》《落叶时候》《失眠》、散文《落叶》《静——一个小小故事的片断》《扇——新秋小记之二》等亦署。③李予，出版纪实文学《刘志丹在桥山》（与梦岩合作。陕西人民出版社，1957 年）署用。④李建彤，见于长篇小说《刘志丹》，1962 年在《光明日报》《工人日报》《中国青年报》报连载。嗣后由工人出版社（1979 年）、文化艺术出版社（1984 年）结集出版亦署。

李健吾（1906－1982），山西运城人，字仲刚。笔名：①仲刚，见于剧本《出门之前》《私生子》，载 1920 年北京《国风日报·熠火》。②李健吾，见于散文《献给可爱的妈妈们》，载 1923 年上海《时事新报·文学》。又见于独幕剧《工人》，载 1924 年 6 月 11 日北京《文学旬刊》第 38 号。嗣后在《时事新报·文学》《晨报附刊·文艺旬刊》《京报附刊·儿童》《文学周报》《语丝》《清华周刊》《现代评论》《清华文艺》《一般》《东方杂志》《新文艺》《认识周报》《骆驼草》《青年界》《现代》《申报月刊》《文学季刊》《文学》《水星》《文艺风景》《太白》《学文》《出版周刊》《中学生》《宇宙风》《文季月刊》《新诗》《文学杂志》《萧萧》《文艺复兴》《万象》《暨南学报》《绿洲》《中华公论》《自由中国》《月报》《少年读物》《文丛》《鲁迅风》《戏剧与文学》《文讯》《文学集林》《大英夜报·七月》《文艺杂志》《剧场艺术》《人世间》《公余》《西洋文学》《艺风》《学生月刊》《小剧场》《学林》《图书月刊》《文史杂志》《文选》《文潮月刊》《春秋》《文艺春秋》《文章》《上海文化》《周报》《戏剧时代》《文艺知识连丛》《人民世纪》《中国作家》《现代周刊》《文艺知识》《广播周报》《同代人文艺丛刊》《文艺丛刊》《文艺月刊》《创世》《新人旬刊》《昌言》《文艺新地》《小说月刊》等报刊发表小说、剧作、散文、评论、译作，出版短篇小说集《西山之云》（上海北新书局，1928 年）、《坛子》（上海开明书店，1931 年）、《使命》（上海文化生活出版社，1940 年），长篇小说《心病》（上海开明书店，1933 年），散文集《意大利游简》（上海开明书店，1936 年）、《希伯先生》（上海文化生活出版社，1939 年）、《切梦刀》（上海文化生活出版社，1948 年），散文特写集《雨中登泰山》，报告文学集《山东好》，相声集《原只是一个货色》，戏剧集《火线之内》（又名《老王和他的同志们》。北平青年书店，1933 年）、《火线之外》（又名《信号》，北平青年书店，1933 年）、《梁云达》（上海生活书店，1934 年）、《以身作则》（上海文化生活出版社，1936 年）、《母亲的梦》（上海文化生活出版社，1936 年）、《新学究》（上海文化生活出版社，1937 年）、《这不过是春天》（上海商务印书馆，1937 年）、《刀光集》（1937 年出版）、《十三年》（又名《一个未登记的同志》。上海文化生活出版社，1939 年；上海现代戏剧出版社，1939 年）、《撒谎世家》（据美国费齐原作《真话》改编。上海文化生活出版社，1939 年）、《健吾戏剧第一集》（重庆文化生活出版社，1943 年）、《健吾戏剧第二集》（重庆文化生活出版社，1942 年）、《花信风》（根据法国萨尔度同名原作改编。上海世界书局，1944 年）、《喜相逢》（根据法国萨尔度同名原作改编。上海世界书局，1944 年）、《风流债》（根据法国萨尔度同名原作改编。上海世界书局，1944 年）、《黄花》（重庆文化生活出版社，1944 年初版；上海文化生活出版社，1945 年再版）、《金小玉》（根据法国萨尔度同名原作改编。上海万叶书店，1946 年）、《秋》（上海文化生活出版社，1946 年）、《青春》（上海文化生活出版社，1948 年）、《好事近》（又名《艳阳天》。根据法国博马舍的原作《费加罗的婚礼》改编。上海怀正文化社，1947 年）、《云彩霞》（根据法国司克芮布原作改编。上海寰星图书杂志社，1947 年），评论集《咀华集》《咀华二集》《戏剧新天》《李健吾戏剧评论选》《李健吾文学评论选》《李健吾创作评论选》，论著《福楼拜评传》，翻译小说《圣福朗且斯考教堂》（法国司汤达原作。上海生活书店，1935 年）、《费理拜·赖嘉勤》（法国司汤达原作。上海生活书店，1935 年）、《福楼拜短篇小说集》（法国福楼拜原作。上海商务印书馆，1936 年）、《贾司陶的女住持》（法国司汤达原作。上海生活书店，1936 年）、《司汤达小说集》（法国司汤达原作。上海生活书店，1936 年）、《圣安东的诱惑》（法国福楼拜原作。上海生活书店，1937 年）、《情感教育》（法国福楼拜原作。上海文化生活出版社，1948 年）、《包法利夫人》（法国福楼拜原作。上海文化生活出版社，1948 年）、《三故事》（法国福楼拜原作。上海文化生活出版社，1949 年），翻译戏剧《爱与死的搏斗》（法国罗曼·罗兰原作。上海文化生活出版社，1939 年）、《契诃夫独幕剧集》（俄国契诃夫原作。上海文化生活出版社，1948 年）、《可笑的女才子》（法国莫里哀原作。上海开明书店，1949 年）、《屈打成医》（法国莫里哀原作。上海开明书店，1949 年）、《乔治·党丹》（法国莫里哀原作。上海开明书店，1949 年）、《吝啬鬼》（法国莫里哀原作。上海开明书店，1949 年）、《德·浦叟雅克先生》（法国莫里哀原作。上海开明书店，1949 年）、《党·璜》（法国莫里哀原作。上海开明书店，1949 年）、《向贵人看齐》（法国莫里哀原作。上海开明书店，1949 年）、《没病找病》（法国莫里哀原作。上海开明书店，1949 年）、《莫里哀戏剧集》（法国莫里哀原作。上海开明书店，1949 年）、《头一个造酒的》（俄国托尔斯泰原作。平明出版社，1950 年）、《文明的果实》（俄国托尔斯泰原作。平明出版社，1950 年）、《光在黑暗里头发亮》（俄国托尔斯泰原作。平明出版社，1950 年）、《落魄》（俄国屠格涅夫原作。平明出版社，1953 年）、《单身汉》（俄国屠格涅夫原作。平明出版社，1953 年）、《贵族长的午宴》（俄国屠格涅夫原作。平明出版社，1952 年）、《底层》（苏联高尔基原作。平明出版社，1953 年）、《仇敌》（苏联高尔基原作。上海出版公司，1949 年）、《怪人》（苏联高尔基原作。上海出版公司，1951 年）、《野蛮人》（苏联高尔基原作。上海出版公司，1949 年）、《瓦莎·谢列日诺娃》（苏联高尔基原作。上海出版公司，1949 年）、《日考夫一家人》（苏联高尔基原作。上海出版公司，1949 年）、《叶高尔·布雷乔夫和他们》（苏联高尔基原作。上海出版公司，1949 年）、《钟表匠与母鸡》（苏联伊·科切尔加原作。平明出版社，1954 年）、《罗森堡夫妇》（波兰克鲁奇科夫斯基原作。新文艺出版社，1954 年）、《莫里哀喜剧六种》（上海译文出版社，1978 年）、《莫里哀喜剧》（湖南人民出版社，1984 年），翻译诗剧《宝剑》（法国维克多·雨果原作。平明出版社，1952 年），翻译歌剧《浦罗米修斯被绑》（希腊埃斯库罗斯原作。平明出版社，1953 年），以及《司汤达研究》（法国巴尔扎克原作。平明出版社，1950 年）、《意大利遗事》（法国司汤达原作。译林出版社，1997 年）、《巴尔扎克论文选》（法国巴尔扎克原作。新文艺出版社，1958 年）等亦署。③川针、李川针，见于散文《秋暮》，载 1929 年上海《认识周报》第 8 期（该刊目录署名李川针，正文署名川针）。④刘西渭，见于评论《伍译的名家小说选》，载 1934 年 8 月 29 日天津《大公报》副刊；评论《读〈画梦录〉》，载 1936 年上海《文季刊》第 1 卷第 4 期。此前后在《文学季刊》

《宇宙风》《中国文学》《文学杂志》《开明》《大英夜报·七月》《万象》《人民世纪》《文讯月刊》《文艺春秋》《文艺复兴》《周报》《中国新诗》等报刊发表评论《读里门拾记》《〈清明前后〉》《〈风雨归人〉》《诗丛和诗刊》、散文《悼五四》《我不敢想像》等文亦署。⑤西渭，见于随笔《建筑是伤心的说明》，载 1937 年上海《宇宙风》第 48 期；翻译小说《七个铜板》（毛芮斯原作），载 1944 年上海《万象》第 3 卷第 12 期；翻译剧作《不夜天》（根据法国萨尔度原作改编。重庆美学出版社，1945 年）亦署。⑥沈仪，见于评论《我怎样看〈夜上海〉》，载 1939 年上海《剧场艺术》月刊第 1 卷第 10 期。⑦成己，见于信函《未付邮（致曹禺书）》，载 1943 年上海《万象》月刊第 3 卷 4 期。⑧东方青，见于小说《张太太这样的母亲》，载 1944 年上海《万象》第 4 卷第 1 期。⑨渭西、子木、小山，分别见于散文《林徽因》《塞先艾》《沈从文》，载上海春秋杂志社 1945 年 10 月出版之《作家笔会》（柯灵编）。⑩健吾，见于《编余》，载 1946 年上海《文艺复兴》第 1 卷第 3 期。⑪健，见于《编余》，载 1947 年《文艺复兴》第 3 卷第 4 期。⑫丁一万，见于杂文《蛇与爱》，载 20 世纪 50 年代北京《人民日报》。⑬石习之，署用情况未详。

李健章（1912－1998），安徽合肥人。笔名：①晦之，早年发表作品署用。②李健章，1949 年后发表论文《关于〈长恨歌〉的评价问题》《试谈继承古典散文传统》《古典诗歌与形象思维》《简说唐诗和宋诗》等署用。

李鉴尧（1930－2007），云南鹤庆人。笔名：①鉴尧，1946－1949 年在云南《边疆周报》《平民日报》《正义报》《观察报》《朝报》等报副刊发表小说《金沙江畔》《收租》《滚蛊》、散文《秋思》《打谷场上》《祭》《都市背后》等署用。②李红，20 世纪 40 年代后期在云南报纸副刊发表诗和评论署用。③李鉴尧，1949 年后发表诗文署用。见于话剧《共同前进》（与陈平等合作。通俗读物出版社，1955 年）、评论《学习鲁迅干预生活的精神》（载 1956 年 10 月 23 日《云南日报》）。嗣后创作电影剧本《传家宝》《景颇姑娘》（与他人合作）、京剧与滇剧剧本《孔雀岭》、歌词《马儿啊，你慢些走》等，出版长诗《松帕敏和嘎西娜》（李鉴尧整理。云南人民出版社，1959 年）、诗集《太阳花》（云南人民出版社，1978 年）、《李鉴尧诗选》（中国文联出版社，2001 年），散文集《水意山情》（云南民族出版社，1987 年）等亦署。④云山、之的、戈矛、岳军，1954－1966 年在《边疆文艺》《云南日报》《人民日报》发表杂文、评论署用。⑤李虹、绮青、欧阳红，署用情况未详。

李江（1914－1978），黑龙江宁安人。原名李光中。曾用名高原。笔名：①高阳，见于通讯《抗日艺术队在陕北前线》，载 1938 年汉口《战地》第 1 卷第 4 期；报告《达布赤克的开拓》，载 1939 年延安《文艺突击》新 1 卷第 2 期。同时期起在延安《解放日报》《文艺月报》《大众文艺》、陕西宜川《西线文艺》及《东北文艺》等刊发表随笔《又五次巡回座谈会风景录》《现实》《关于民谣》、小说《达布赤克草地》《子弹壳的故事》、译诗《绣花的马鞋》（蒙古牧歌）、译文《苏联纪念马雅可夫斯基》等亦署。②高原，见于译文《托尔斯太晚年的生活及逝世》（郭尔德别鲁戈原作），载1941年延安《文艺月报》第8期。嗣后在该刊发表译作《贿赂》（欧漠·塞菲甸原作）、散文《悼逦莹》亦署。

李绛云，生卒年不详，浙江嘉善人。原名李绛云，后更名李好，字夷岵。笔名李绛云，在《南社丛刻》发表诗文署用。

李劼人（1892－1962），四川成都人，祖籍湖北黄陂（今武汉市黄陂区）。原名李家祥，字劼人。笔名：①老懒，见于小说《儿时影》，载1915年《四川公报特别增刊·娱闲录》第2卷第2期。②李劼人，见于书信《致润玙书》，载1919年《少年中国》第1期；翻译小说《甘死》（法国考贝原作），载1922年上海《小说月报》第13卷第8期。嗣后在《少年中国》《小说月报》《文学周报》《中华教育界》《东方杂志》《北新》《抗战文艺》《笔阵》《国论》《时事周报》《新中华》《风土什志》等刊发表小说《兵大伯陈振武的月谱》《对门》《市民的自卫》，翻译小说《女郎爱里沙》（法国埃德蒙·德·龚古尔原作）、《彼得与露西》（法国罗曼·罗兰原作），散文《湖中旧画》《危城追忆》，随笔《法国著名的民歌》《漫谈中国人之衣食住行》等，出版长篇小说《死水微澜》（上海中华书局，1936年）、《大波》（上海中华书局，1937年1－7月）、《暴风雨前》（上海中华书局，1939年），中篇小说《同情》（上海中华书局，1924年），短篇小说集《好人家》（上海中华书局，1947年），翻译小说《人心》（法国莫泊桑原作。上海少年中国学会，1922年）、《小物件》（法国都德原作。上海中华书局，1922年）、《妇人书简》（法国卜勒浮斯特原作。上海中华书局，1924年）、《达哈土孔的狒狒》（法国都德原作。上海中华书局，1924年）、《马丹波娃利》（法国福楼拜原作。上海中华书局，1925年）、《霸都亚纳》（法国赫勒·马郎原作。上海北新书局，1928年）、《萨郎波》（法国福楼拜原作。上海商务印书馆，1931年）、《文明人》（法国法赫尔原作。上海中华书局，1934年）、《女郎爱里沙》（法国埃德蒙·德·龚古尔原作。上海中华书局，1934年）、《小东西》（法国都德原作。重庆作家书屋，1943年）、《单身姑娘》（法国威克多·玛格丽特原作。成都中西书局，1944年）、《彼得与露西》（法国罗曼·罗兰原作。成都晨钟书局，1945年）等亦署。③云云，见于小说《大防》，自1925年《醒狮》周报第18期起开始连载。④劼人，见于杂文《内乱也有好处》，载1927年成都《新川报副刊》第222期。⑤菱乐，见于散文《中国人之衣食》，载1947年《四川时报·华阳国志》第2期。⑥懒心、吐鲁、抄公，署用情况未详。

李今艺，生卒年及籍贯不详。笔名呢喃，见于诗《静静的星洲河》，载1937年8月4日马来亚新加坡《新

国民日报·新路》；诗《南洋风》，载1938年2月24日新加坡《新国民日报·新光》。同时期至1940年间在上述副刊及新加坡《南洋商报·吼社诗专》等刊发表诗作亦署。

李金波（1914－？），上海人。原名李鹏翔。笔名：①李鹏翔，见于翻译小说《笑》（多比原作），载1931年上海民立中学《民立学生》第1卷。嗣后在上海《新时代》《现代学生》《中学生文艺》《中学生》《太白》等刊发表诗文署用。②李金波，出版译作《巴库油田英雄们》（苏联古谢因原作。劳动出版社，1951年）、《汽车城》（加拿大阿瑟·黑利原作，与朱雯合译。上海译文出版社，1979年）、《乡村医生》（法国巴尔扎克原作。江西人民出版社，1982年）、《巴尔扎克传》（奥地利茨威格原作。福建人民出版社，1985年）等署用。

李金发（1900－1976），美籍华人，原籍广东梅县（今梅州市）。原名李淑良。曾用名李遇安。笔名：①李淑良，见于诗《弃妇》，载1925年《语丝》周刊第14期。嗣后在该刊发表诗《给蜂鸣》《心愿》亦署。②李金发，见于诗《时之表现》，载1925年北京《语丝》周刊第41期；诗《小病》，载1925年上海《黎明》第20期。嗣后在《小说月报》《文学周报》《上海画报》《开明》《世界杂志》《新文艺》《文艺月刊》《前途》《艺风》《创化》《前锋月刊》《东方文艺》《创作与批评》《努力》《矛盾月刊》《现代》《内外什志》《诗林双月刊》《时代动向》《论语》《诗歌月报》《人间世》《文饭小品》《文艺》《广东妇女》《民族文化》《宇宙风》《宇宙风乙刊》《华侨先锋》《春秋》《文艺先锋》《新文学》《文汇周报》《文选》《文坛》等刊发表诗《高原夜语》《工愁的诗人》《晨间不定的想象》《夜雨孤坐听乐（外二章）》、散文《我想到你》《我在巴黎的艺术生活》、小说《过去的爱人》《成功的失败》、评论《法朗士之始末》《漫谈妇女问题》、译作《死刑的磨难》《自然美与美术美》《魏尔伦诗钞》（法国魏尔伦原作）、《北京的末日》（法国罗蒂原作）等，出版诗集《微雨》（北京北新书局，1925年）、《为幸福而歌》（上海商务印书馆，1926年）、《食客与凶年》（上海北新书局，1927年），诗歌散文集《异国情调》（上海商务印书馆，1942年），民歌集《岭东恋歌》（上海光华书局，1929年），论著《意大利及其艺术概要》（上海商务印书馆，1934年），传记《雕刻家米开盎则罗》（上海商务印书馆，1926年），翻译诗集《古希腊恋歌》（希腊碧files蒂原作，法国贝尔鲁易原译，李金发重译。上海开明书店，1928年）、小说《核米顿夫人情史》（上海华通书局，1931年）等署。1956年后中国大陆出版其著作，如《飘零阔笔》（侨联出版社，1964年）、《李金发诗集》（四川文艺出版社，1987年）、《李金发诗选》（长江文艺出版社，2003年）等署用。③金发，见于诗《吁我把她杀了！》，载1926年上海《文学周报》第253期；诗《同性恋歌》，载1928年《美育》第1期。嗣后在《现代评论》《北新》《文艺月刊》《论语》《太白》《世界杂志》等刊发表诗《中秋之月》《心灵像芦苇》、随笔《古希腊恋歌引言》《鬼话连

篇》、评论《古代艺术与建筑之发达》，以及译文《与华格纳绝交》（德国尼采原作）、《新画家捨佳儿》等亦署。④肩阔、弹丸、可夺、蓝蒂，分别见于散文《做总理铜像的回忆》、杂文《"中国宝贝"的回声之回声》、小说《说不出》、随笔《等于零的话》，载1928年《美育》第2期。⑤瓶内蚊野三郎，见于《岭东恋歌·序》，载1929年4月上海光华书局出版之《岭东恋歌》。⑥华林，署用情况未详。

李金秀（1916－？）湖北武汉人。笔名慕萍、茜子、秀子、昙花，20世纪30年代在武汉《时代日报》《大光报》《武汉日报》《市民日报》等报副刊发表诗作署用。

李进（1922－2002），江苏泰州人。原名李硕诚。曾用名李诚。笔名：①吕行、吕旅、李诚、柳松、春风、萧望、戴蒂、石拔梓、吉体来、应化成、辛善夫、沈默生、李石城、李夏阳、李硕诚，1940年前后在《江泰日报》《国民新闻》《战报》《青锋》《江潮报》《苏中报》《江海导报》《新华日报》《江海杂志》等报刊发表诗文署用。②李进，见于小说《民兵队长》，载1944年8月31日重庆《新华日报》。③夏阳，见于随笔《从今天想到过去》，载1946年1月10日如皋《文综》创刊号。嗣后在该刊发表诗《"调风"》、随笔《俄国、苏俄、苏联》，1946年在《江海导报》发表诗《新房子》，出版长篇小说《在斗争的路上》（华东人民出版社，1951年）、报告文学《从祖国到朝鲜》（四联出版社，1954年）、论文集《社会主义现实主义讲话》（江苏文艺出版社，1958年）、电影剧本《红色的种子》（江苏文艺出版社，1959年）、锡剧剧本《红色的种子》（与顾尔镡合作。中国戏剧出版社，1959年）、话剧剧本《雨花台下》（与顾尔镡、鲍明路合作。江苏人民出版社，1963年）及《黄桥战斗》（江苏人民出版社，1956年）等亦署。④阳，见于时评《华中形势严重》《二十三天谈判》，载1946年7月20日如皋《文综》第5期。

李晋泽（1928－　），河北秦皇岛人。笔名：①溪曼，1946年在秦皇岛《青年呼声》《文联》及油印刊《诗纵队》等刊发表诗作署用。嗣后在上海《铁兵营》、青岛《青岛文艺》、北平《诗学习》《益世报·诗与文》等刊发表诗《谁剥夺了工人的血汗》《社会的逆流》《寄生虫》《战士》《睡觉》《黑夜的行列》《一座城市》等亦署。②李路、壮丁，1949年后在《秦皇岛日报》《汪洋》等报刊发表讨论、诗等作品曾署。

李景慈（1918－2002），河北蓟县（今天津市）人。曾用名林榕。笔名：①魏薇，中学时代在报刊发表文章署用。另见于评论《陈大悲的新剧论》，载1942年北平《艺术与生活》第28期；随笔《炉火》，载1943年北平《中国公论》第8卷第5期。②显微镜，1932年编《中华儿童报》署用。③皓光，见于散文《夜市》，载1933年北平《育英周刊》第1期；随笔《一页光荣的生活史》，载1934年北平《育英半月刊》第3卷第

2期。④阿茨，1934年前后在北平《觉今日报·文艺地带》《泡沫》《育英半月刊》等报刊发表文章署用。1940年起在北平《辅仁文苑》《中国公论》、上海《风雨谈》《宇宙风乙刊》发表评论《〈原野〉的故事和人物》《西星集》、随笔《鲁迅逸话》《集诗小记》《读剧随笔》等亦署。⑤堇茨，见于随笔《偶感》，载1934年北平《育英周刊》第3期；随笔《记军事电影映演会》，载1934年北平《育英半月刊》第3卷第2期。⑥微痕、小草，分别见于短评《汉字拉丁化跟现在》《北国里的文艺杂志》，载1934年北平《育英半月刊》第3卷第2期。⑦慧文，1934年前后在北平《育英半月刊》等刊发表文章曾署。⑧林慧文，1936年前后在北平《觉今日报·文艺地带》《泡沫》等报刊发表文章署用。嗣后在北平《中国文艺》《中国文学》发表《现代散文的道路》《许地山及其作品》《关于色情文艺》等评论，20世纪80年代发表文章亦署。⑨慕容慧文，20世纪三四十年代发表散文常署用。见于散文《骤车的故事》，载1941年北平《中国文艺》第4卷第2期。同时期在该刊及北平《艺术与生活》《国民杂志》发表散文《新居寄札》《寂寥》《生之手记》等亦署。⑩林榕，见于译作《老妇》（俄国屠格涅夫原作），载1939年北平《艺术与生活》第1卷第2期；评论《叛徒与隐士——现代散文谈》，载1943年4月上海《风雨谈》第1期。同时期或嗣后在《辅仁文苑》《中国文学》《中国公论》《文学集刊》《中华周报》《文艺时代》等刊发表剧作《古城之冬》、评论《新文学的传统与将来》《晚清的翻译》《阿Q正传与其剧本》、随笔《无题草》《召唤》等，出版散文集《远人集》（北平新民印书馆，1943年）、评论集《夜书》（北平文章书房，1945年）等亦署。⑪卢斯，20世纪30年代发表报告文学署用。⑫李建青，20世纪30年代发表文艺评论曾署。⑬齐元，20世纪30年代代沈启无写评论专用。⑭楚天阔，见于评论《一九三九北方文艺界论略》，载1940年北平《中国公论》第2卷第4期。嗣后在该刊发表《新诗的道路》《现代文艺的道路》《谈中国新文学的源流》《一年来的北方文艺界》等评论亦署。⑮上官蓉，见于评论《袁犀论》，载1940年《东亚联盟》月刊；评论《南与北的新作》，载1942年北平《中国文艺》第7卷第4期。嗣后在《读书青年》《文化年刊》《风雨谈》等刊发表评论《评〈贝壳〉和予且短篇小说集》等文亦署。⑯林茨，见于评论《读〈沉渊〉》，载1941年北平《中国文艺》第5卷第4期；评论《"上海手札"和"无名氏"》，载1942年北平《中国公论》第7卷第1期。⑰茨，见于辑录之《论述辑（一）》，载1941年北平《中国文艺》第5卷第4期。⑱谭凯，见于随笔《文坛随感录》，载1943年北平《中国公论》第8卷第5期、第6期。嗣后在该刊第9卷第1期发表评论《论杂志舞台化》亦署。⑲李皓、李茨、林楠、楠柯、公雨、阿芒、俞笛、钱浩、吕珏、浩风、唐琴、唐琴、唐蓉、史皓、草生、河渌、上官雯、林过目、李默丁、黎建青、胡尚凤、谭凯风、司马文敏，20世纪三四十年代发表杂文署用。⑳史

苏、林天青、林天雨、黄金凯，20 世纪 40 年代发表文艺信息及与内地、香港通信时署用。

李君猛（1912—？），吉林长春人。原名李迺扬。笔名：①君猛，见于译文《暴雨中的日本农村》，载 1932 年《日本评论》第 1 卷第 2 期。1934 年在哈尔滨《国际协报·国际公园》《滨江时报》发表随笔《接财神》《临别的一点小牢骚》等曾署。又见于诗《四月风砂》，载 1940 年 6 月沈阳《诗季》第 1 卷春季卷。20 世纪 40 年代在长春报刊发日文译作及作品介绍等亦署。②李君猛，见于翻译小说《床下秘窟》（日本高桥定敬原作），载 1940 年长春《新满洲》第 2 卷第 6、7 号。嗣后在该刊发表随笔《满洲编译馆设立问题》等文，出版翻译小说《草枕》（日本夏目漱石原作。长春益智书店，1940 年）、史著《东洋史全书》（长春益智书店，1939 年），编选《炉边夜话》（长春益智书店，1937 年）等亦署。

李君维（1922—2015），浙江慈溪人，生于上海。笔名：①李君维，见于散文《毁灭篇》，载 1945 年 12 月 10 日上海《宇宙》第 2 期。出版小说《名门闺秀》（百花文艺出版社，1987 年）、散文集《人书俱老》（岳麓书社，2005 年）等亦署。②枚屋，见于《银幕之前》，载 1946 年上海《文章》第 1 卷第 4 期。③东方蝴蝶，见于小说《花卉仕女图》，载 1948 年《宇宙》复刊第 1 期；影评随笔《剔银灯》，载 1949 年《冰银灯》第 1—8 期。20 世纪 40 年代在上海《幸福》等刊发表小说《谎》、随笔《时装品评》，出版小说集《绅士淑女图》（上海正风文化出版社，1948 年）亦署。

李君毅（1918—2009），广东中山人，号千景堂主人。笔名：①李君毅，见于论文《战后侨民教育之改造》，载 1943 年江西泰和《南洋季刊》第 1 卷第 1 期。②一心、方寸木、李中一、孟岑楼，署用情况未详。

李均实，生卒年不详，河南许昌人。原名李尧阶。曾用名李君实。笔名：①李君实，见于诗《卖儿》，载 1936 年 1 月 10 日郑州《大华晨报·沙漠诗风》。嗣后在该刊发表诗《流浪者的哀歌》《远路》《爱情——赠给哂凡》《荒春》《妓女》等亦署。②李均实，见于诗《今夜》，载 1936 年 6 月 12 日郑州《大华晨报·沙漠诗风》。③君实，见于诗《活着的人》，载 1936 年 6 月 19 日郑州《大华晨报·沙漠诗风》。

李俊民（1905—1993），江苏省通州市（今南通市）人。原名李守章，字俊民。幼名瑞祥。笔名：①风灰，1924 年在武汉报刊发表诗歌、散文署用。见于长诗《天召——牛鬼遗文悲李贺》，1924 年写于武昌。②守章，见于小说《寒宵》，载 1929 年上海《大众文艺》月刊第 1 卷第 5 期；《〈纪念郁离〉后记》，载 1936 年济南《国民日报·未央周刊》第 13 期。③李守章，见于小说《秋之汐》，载 1929 年上海《奔流》月刊第 2 卷第 3 期。嗣后在上海《语丝》《幻洲》《大众文艺》《文学》等刊发表小说、散文，1946 年 1 月在江苏如皋《文综》

创刊号发表论文《中国的文艺新军在解放区里》，出版小说集《跋涉的人们》（上海北新书局，1929 年）、论著《李白研究》（上海新宇宙书店，1930 年）等亦署。④伧，见于杂文《为"风月"解嘲》，载 1933 年 7 月 10 日上海《申报·自由谈》。嗣后在该刊发表《幽默的启示》《处女与登龙》等文亦署。⑤冰谷、葭灰，1932—1936 年在济南报纸副刊《未央》《青年文化》发表杂文、散文诗署用。⑥葭谷，见于诗《五首寄妻》，1930 年春作于开封。嗣后在济南报纸副刊发表诗文亦署。⑦瘦伧，见于小说《桑柔本事拟》，载 1936 年济南《国民日报·未央周刊》。⑧十音，20 世纪 30 年代在济南报纸副刊发表文章署用。1937 年在《写作与阅读》第 2 卷第 3 期发表汉代杨恽之《报孙会宗书》白话译文亦署。⑨式微，见于杂文《论"祭扫"与"复员"》，载 1946 年 1 月 10 日如皋《文综》第 1 期。嗣后在该刊发表《论军队属于国家也应属于人民》等文亦署。⑩念兹，1946 年前后在如皋《文综》发表文章署用。1957 年 3 月在上海《解放日报》发表杂文《"忘我"辨》《照镜子物》亦署。⑪步程、峻明，1946 年后在如皋主编《文综》等署用。1949 年后曾沿用。⑫李俊民，见于诗《庆翻身——用陈毅将军〈咏大反攻〉原韵》，载 1948 年 2 月 6 日《新华日报》华中版。1949 年后出版《农民的儿子席方平》《李俊民文集》等著作亦署。

李俊贤（1919—？），广东梅县（今梅州市）人。笔名峻贤、王大贵、李俊贤，1940—1942 年在福建连城《大成日报·高原》发表诗歌、散文等署用。

李峻平（1915—？），湖北京山人。原名李圭白，字楚珩。曾用名李剑平。笔名：①天崖，1932—1934 年在武汉报刊发表诗作署用。②牢落人，见于小说《新家集的疆耗》，载 1933—1934 年间北平《大公报·小公园》。

李濬（jùn）**之**（1868—1953），河北宁津人，字响泉。笔名李濬之，见于《诗画家诗史》（来薰阁，1930 年）。其后印行游记《东隅琐记》亦署。

李开先，生卒年及籍贯不详。笔名：①开先，见于诗《除夕》《元旦公园》，载 1922 年 2 月 26 日北平《晨报副镌》；译诗《安纳特朗的诗》，载 1922 年《创造》第 1 卷第 2 期。1924 年在上海《民国日报·文艺周刊》发表散文《我的生日》《水灾》亦署。②李开先，见于小说《埂子上的一夜》，载 1922 年上海《小说月报》第 13 卷第 3 期；剧本《祖母的心》，载 1923 年《浅草》季刊第 1 卷第 1 期。同时期在上述两刊及《创造》《京报副刊》《民国日报·文艺周刊》等刊发表翻译小说《秋天》（波兰西洛什夫斯基原作）、散文《青年之烦闷》《今年的浅草社》、剧作《祖母的心》《在安琪小姐的客厅里》、论文《论曹子建诗》《叙事诗之在中国》等亦署。

李恺良（1908—1987），浙江崇德人，号青莲后人。笔名：①李恺良，见于旧体诗《送魏占春表兄之汉》，载 1925 年上海《学生文艺丛刊》第 2 卷第 8 集。②恺良，见于《通信之二》（致函鲁迅讨论唯物史观和阶级性问题），载 1928 年上海《语丝》第 4 卷第 34 期。③白裔、岂心，署用情况未详。

李克（1923－2000），河北蠡县人。原名李连欣。笔名李克，1947 年从事戏剧创作开始署用。嗣后发表文章、出版长篇小说《地道战》（与李微含合作。新文艺出版社，1953 年）、《水上传奇》（贵州人民出版社，1995 年），长篇唱词《英雄夫妻》（北京文艺社，1950 年）、评剧剧本《白洋淀的春天》（与罗扬合作。大众出版社，1955 年）等亦署。按：李克另著有长篇小说《玫瑰魂》，主编有《中国长城故事集》《颐和园传说》，出版情况未详。

李克非（1924－1995），河南沈丘人。原名李汉民，又名李克昌，字荔翁。笔名司徒那、翁贞子，抗战胜利后在河南《中国时报》副刊发表诗、散文等署用。

李克明（1925－2011），河北饶阳人。笔名克明，1946 年发表作品始用。嗣后发表作品、出版短篇小说集《荷灯记》（百花文艺出版社，1980 年）、儿童文学《小金刚钻儿》（新蕾出版社，1983 年）、长篇小说《博陵血》（花山文艺出版社，1988 年）等亦署。

李克异（1929－1979），辽宁沈阳人。原名郝维廉。曾用名郝赫、郝庆崧、郝子健、陈陡、李庆杉。笔名：①郝赫，见于小说《面包先生》，载 1933 年沈阳《民声晚报》。②袁犀，见于小说《邻三人》，载 1937 年长春《明明》月刊第 3 卷第 1 期；长诗《哭维毅弟》，载 1939 年沈阳《新青年》第 12 期。嗣后在《中国文学》《文学集刊》《艺文杂志》《文选每月丛编》《艺文》《创作连丛》《华北作家月报》《中国公论》《民众报·文学十日》《创作季刊》《粮》《草原》等报刊发表小说、散文、评论等，出版短篇小说集《泥沼》（奉天文选刊行会，1941 年）、《贝壳》（北平新民印书馆，1943 年）、《森林的寂寞》（北平华北文化书局，1943 年）、《红裙》（海燕书店，1945 年）、《时间》（北平文昌书店，1945 年），长篇小说《面纱》（北平新民印书馆，1945 年），中篇小说《某小说家的手记》（汉口大楚报社，1945 年）等亦署。③梁稻，见于小说《人间》，载 1941 年北平《中国文艺》第 5 卷第 3 期。嗣后在《国民杂志》《文学周刊》《文学集刊》等刊发表小说、散文、评论等亦署。④吴明世，见于小说《夏日》，载 1942 年《中国文艺》第 6 卷第 6 期。嗣后在《国民杂志》、日本大阪《华文大阪每日》发表小说《藤萝花》《槐花篇》等亦署。⑤郝庆崧，见于散文《海之旅》，载 1943 年 1 月 15 日日本大阪《华文大阪每日》。⑥吴名氏（一作吴名世）、码金，1945 年前在东北报刊发表文章署用。⑦李无双，见于中篇小说《狱中记》，载 1947 年哈尔滨《文化报》增刊第 1 期。⑧李克异，1947 年后在《东北日报》《旅大日报》《人民日报》《新观察》《电影创作》等报刊发表电影剧本、小说、诗作、通讯等，出版小说《战斗》（与姚锦合作。新文艺出版社，1953 年）、

《历史的回声》（中国青年出版社，1981 年），作品选集《晚晴集：李克异作品选》（北京出版社，1982 年），翻译小说《党生活者》（日本小林多喜二原作。作家出版社，1955 年）、《街》（日本德永直原作。新文艺出版社，1957 年）等亦署。⑨马双翼，见于小说《网和地的鱼》，载 1948 年《东北文艺》第 2 卷第 6 期。同年在《文化报》发表小说《英雄的墓》亦署。⑩黎可衣，20 世纪 60 年代在洛阳轴承厂企业报刊发表作品署用。

李克因（1925－2006），河北赞皇人，满族。原名李利之。笔名：①李泗、林尚之、李荔支，1947 年开始使用，杂文集《樽前花下集》、报告文学集《向暖一枝开》、小说《瑞云阁上》亦署。②李克因，出版杂文集《樽前花下集》（南京出版社，1990 年）、报告文学集《向暖一枝开——记沈小梅的艺术生活》（江苏文艺出版社，1990 年）等署用。

李克筠（yún）（？－1939），广东番禺（今广州市）人。笔名易扬，发表剧本《打回老家去》署用。

李雷，生卒年不详，东北人。原名李青纲。笔名李雷，见于诗《仲夏夜》《悼高尔基》《在长白山的森林中》，载 1936 年 10 月 1 日上海《诗歌杂志》创刊号；长诗《游之吟》，载 1936 年上海《文季月刊》第 1 卷第 5 期。嗣后在《中流》《大众知识》《中国知识》《大公报·文艺》《文艺阵地》《抗战文艺》《战地》《诗时代》《文艺突击》《新诗歌》《解放日报》《谷雨》《文学月报》《大众文艺》《中国青年》《文艺月报》《诗创作》《诗垦地》《现代文艺》《人世间》《长城》《东北文艺》等报刊发表诗《丁令威之死》《奴隶的歌唱》《荒凉的山谷》《驼队之歌》《黎明曲》《记李春林》等文，以及出版诗集《荒凉的山谷》（福建改进出版社，1941 年）亦署。

李累（1924－1995），四川重庆（今重庆市）人。原名陶晓辛。笔名李累，1942 年发表作品开始署用。嗣后发表作品、出版报告文学集《从水牢里活出来的人们》《没有名字的烧盐工人》《李累、之光报告文学集》（与之光合集。四川人民出版社，1980 年），电影小说《姗姗的独白》等亦署。

李冷路（1921－？），江苏吴县（今苏州市）人。原名李炳麟。曾用名李昂。笔名：①冷路，1942 年在上海《循环日报·海风》发表散文署用。②舒宁，见于诗《江海关》，载 1946 年五六月间上海《联合夜报》。又见于散文《重逢》，载同时期上海《时代日报》。③李抒吟，见于诗《慰劳鞋》，载 1946 年 6 月 4 日《大公报》。又见于诗《飘舞的衣袖》《吊粮官程懋型先生》，载 1947 年《联合夜报》。④史文恭，见于散文《迟暮》，载 1947 年 9 月 10 日上海《关声》杂志。⑤吕诗剑，见于散文《简》，载 1948 年上海《关声》杂志。⑥李冷路，见于散文《谁扼杀了你》，载 1948 年上海《关声》杂志第 10 期。1949 年后在上海《新民晚报》等报刊发表文章，出版故事集《生的权利》（上海文化出版社，1957 年）、《黄风岭——西游记故事》（上海文化出

版社，1957年），笑话集《笑话连篇》（与陈羽合作。上海书店出版社，1993年），散文集《故宫新语》（上海文化出版社，1984年）、《江南腔调》（与陈羽合作。上海三联书店，2013年）及《家庭养鸟》（与孙朗轩合作。上海书店出版社，1993年）等亦署。

李笠（1894—1962），浙江瑞安人。原名李作孚。曾用名李乐臣，字雁晴。笔名：①李笠，见于随笔《定本墨子闲诂校补叙》，载1923年南京《学衡》第21期；论文《国学用书撰要》，载1924年上海《东方杂志》第21卷第9期。嗣后在《东方杂志》《国学丛刊》《图书馆学季刊》《国立第一中山大学语言历史学研究所周刊》《厦大集美国专学生会季刊》《厦大周刊》《国立武汉大学文哲季刊》《之江学报》《浙江图书馆馆刊》《现代青年》《文澜学报》《读书通讯》《图书展望》《国文月刊》《语言文学专刊》《厦门大学学报》《岭南学报》等刊发表《读文心雕龙讲疏》《中国文字学叙论》《史记订补自序》《墨辨止义辨》《论编制中国目录学史之重要及困难》等文，出版《定本墨子间诂校补》（上海商务印书馆，1925年）、《中国文学述评》（上海雅成学社，1928年），以及史学、目录学、校勘学著作亦署。②李雁晴，见于演讲《由文字的意符研究"孝"字在中华民族的根据》，载1928年《厦大周刊》第189期。③雁晴，见于词《长相思》，载1928年《厦大周刊》第189期（该刊目录署名李雁晴）；书评《毛诗正韵》，载1930年《国立武汉大学文哲季刊》第1卷第1期。嗣后在该刊及南京《时代文学》发表论文《丛书书目汇编》、旧体诗《桂平旅次送胡体乾教授返桂林》等亦署。

李连庆（1925—2012），江苏涟水人，字百臻。笔名：①臻、百臻、江沐、李菁，1945—1948年在《盐阜大众》《盐阜报》《苏北日报》等报刊发表散文、通讯署用。"李菁"一名，1973年起在《人民日报》《光明日报》、《大公报》（香港版）等报发表散文《东邻散记》《忆大西良庆先生》、评论《鲁迅与中日交流》等作品亦署。②李连庆，出版长篇小说《风云急》（人民文学出版社，1980年）、《离乱情侣》（昆仑出版社，1988年）、《强盗与部长》（人民文学出版社，1991年），传记文学《英迪拉·甘地》（浙江人民出版社，1988年）、《外交英才乔冠华》（江苏人民出版社，2000年），纪实文学《冷暖岁月——一波三折的中苏关系》（世界知识出版社，1999年），散文集《东邻散记》（上海文艺出版社，1979年）、《樱花之国》（生活·读书·新知三联书店，1981年）、《印度史话》（世界知识出版社，1987年）、《大使的乐与苦》（昆仑出版社，1989年），论著《鲁迅与日本》（世界知识出版社，1984年）以及剧本《大业弥艰》《浩气长存》等署用。

李廉凤（1923—2011），新加坡华人。原籍中国湖南长沙，生于上海。笔名：①罗芷，见于散文《日晖桥头》，载1936年9月上海生活书店版《中国的一日》（茅盾编）。20世纪50年代起在新加坡《南洋商报》《联合日报》《纯文学》等报刊发表小说、散文等亦署。②芷伟，20世纪50年代起在新加坡报刊发表文章署用。

李俍民（1919—1991），浙江镇海人。曾用名李名铠、李星。笔名李俍民，见于翻译小说《归乎？》（保加利亚伊凡·伐佐夫原作），载1935年5月宁波效实中学《效实学生》第5期。嗣后发表故事《龙角山和虎头岭》（载1941年上海《宁波人报》）等著译作品，翻译出版儿童文学《鹿童泪》（美国罗林斯原作。上海新纪元出版社，1948年），小说《鹿苑长春》（美国罗林斯原作。人民文学出版社，1980年）、《牛虻》（爱尔兰伏尼契原作。中国青年出版社，1953年）、《柯楚别依》（苏联毕尔文采夫原作。新文艺出版社，1954年）、《斯巴达克思》（意大利乔万尼奥里原作。新文艺出版社，1954年）、《学校》（苏联盖达尔原作。少年儿童出版社，1955年）、《白奴》（美国希尔德热斯原作。上海文艺出版社，1961年）、《伊格纳托夫兄弟游击队》（苏联伊格纳托夫原作。上海文艺出版社，1985）等亦署。

李林（1901—1945），四川成都人。原名李尧林。笔名李林，见于翻译小说《伊达》（俄国伊凡·布宁原作），载1946年上海《文艺复兴》第1卷第6期。嗣后出版小歌剧《劝排长》（新四军暨山东军区政治部，1946年），翻译小说《悬崖》（俄国冈察洛夫原作。上海文化生活出版社，1940年）、《无名岛》（美国勒法尔原作。上海文化生活出版社，1946年）、《伊达》（俄国伊凡·布宁原作。上海文化生活出版社，1948年）、《阿列霞》（俄国库普林原作。上海文化生活出版社，1949年），翻译戏剧《战争》（俄国阿志跋绥夫原作。上海文化生活出版社，1946年）等亦署。

李纶（1916—1994），山东泰安人。原名李维纶。曾用名李伦。笔名：①李纶，见于评论《关于〈瓦岗山〉》，载1942年11月8日延安《解放日报》。嗣后在东北地区《生活报》《戏曲新报》《大威周刊》《东北日报》、山东《大众日报》、北京《人民日报》《北京日报》《北京晚报》《光明日报》《文艺报》《戏剧报》《人民戏剧》《剧本月刊》及《河北戏剧》《天津晚报》《戏剧论丛》等报刊发表《谈历史剧的创作》《谈〈三打祝家庄〉》《论改革平剧服务政治》《可爱的木偶戏皮影戏》《为戏曲反映现代生活而努力》等文亦署。出版京剧集《难民曲》（延安新华书店，1943年）、《三打祝家庄》（与任桂林、魏晨旭合作。延安新华书店，1945年）、《仇深似海》（东北新华书店，1950年）、《赤壁之战》（与任桂林、阿甲、马少波、翁偶虹合作。中国戏剧出版社，1959年），论著《杂谈戏曲改革问题》（东北戏曲新报社，1951年）等亦署。②艾三、艾玉、方红，1950年前后在东北《戏曲新报》发表文章署用。③李伦，在东北地区、山东地区报刊发表文章或署。

李麦宁（1922—2015），北京人，字杭生。笔名：①李忱、令狐缘，1944—1946年在贵阳《大刚报》《力报》《中央日报》《贵州日报》，1946—1948年在贵阳主编出版文艺刊《离骚》并发表诗歌、散文、译作署用。

②李麦宁，出版诗集《麦宁集》（贵州人民出版社，2011年）署用。按：李麦宁1946年后曾自费出版译作《百合花与诗人》、诗集《苦刑集》《草原的恋人》，署名情况未详。

李满红（1917－1942），辽宁庄河人。原名陈庆福。曾用名陈墨痕。笔名：①墨痕，20世纪30年代在《中学生》发表短诗署用。嗣后在《战地周报》《中国的空军》发表长诗《只有巴鹰没飞回来》、诗《告别》、散文《战地小景》等亦署。②李墨痕，见于随笔《青年们应具的信念》，载1936年《浙江青年》第2卷第6期。③李满红，见于诗《我要倒下去了》，载1941年香港《时代批评》半月刊第3卷第62期；诗《黎明的雾》，载1942年重庆《诗垦地》第3期《春的跃动》（刊目录署名李满红，刊内正文署名李满江）。嗣后在重庆《国民公报·文群》、香港《大公报·文艺》《时代文学》、桂林《诗创作》《文艺杂志》、福建《现代文艺》、上海《春秋》等报刊发表诗《枪的故事》《太平洋》《失去铁轨的火车头》及遗诗《一个冷嘲》《蓝色的天空小》《哀萧红》《黎明的使者》，出版诗集《红灯》（南平国民出版社，1944年）亦署。④李满江，见于诗《黎明的雾》正文，载1942年《诗垦地》第3期。

李满天（1914－1991），甘肃临洮人。原名李春芳。曾用名李涓丙、林漫。笔名：①林漫，1934年开始在《晋察冀日报》《晋冀日报》发表小说署用。又见于小说《家庭》，载1943年10月23日延安《解放日报》。1949年后出版小说《家庭》（武汉通俗图书出版社，1950年）、《安元和小宝》（新华书店中南总分店，1950年）、《绊脚石》（中南人民出版社，1951年）、中篇小说《苦根记》（中南人民出版社，1951年）、歌剧《太平桥》（上海杂志公司，1951年）等亦署。②李满天，1956年在《人民文学》发表长篇小说《水向东流》片段开始用。嗣后出版长篇小说《水向东流》（作家出版社，1956年）、《水流千转》（中国青年出版社，1958年）、《水归大海》（中国青年出版社，1959年）、短篇小说集《力原》（百花文艺出版社，1963年）、《李满天短篇小说选》（花山文艺出版社，1982年）、随笔《写作杂话》（百花文艺出版社，1959年）等亦署。

李曼瑰（1906－1975），广东台山人。笔名：①李曼瑰，大学学习期间发表独幕剧《新人道》《慷慨》等署用。20世纪30年代出版戏剧集《慷慨》（1930年自印）、《爱国疯狂》（广州抗一特刊，1931年）、《往那里去？》（北平晨报社，1934年）、《乐善好施》（上海东方杂志社，1934年）、《汉宫春秋》（上海生活书店，1937年），40年代在《湖南妇女》《妇女新运》《妇女文化》《女青年》《中国青年》等刊发表随笔《女子与纺织——参观松白纺织厂感言》《谈写作》《印度的女青年》《桂格瑞夫人与哀尔兰剧动》、话剧《天问》《时代插曲》、评论《戏剧与戏剧性》《妇女文化产业之商榷》、翻译剧作《沙渣汗》（印度德微珊达拉原作），出版戏剧集《慈母恨》（重庆妇女新运月刊社，1941年）、《沦陷之家》（重庆

时代青年月刊社，1942年）、《天问》（1945年7月自印）、《女画家》（上海商务印书馆，1945年）、《时代插曲》（南京时代出版社，1947年），1949年后出版戏剧集《王莽篡汉——光武中兴两部曲》（台北世界书局，1952年）、《女画家》（台北戏剧中心出版社，1955年）、《维新桥》（台北正中书局，1956年）、《大汉复兴曲》（台湾商务印书馆，1957年）、《冤家路窄》（幼狮文化公司，1957年）、《戏中戏》（台北幼狮文化事业公司，1957年）、《大观园》（台北改造出版社，1958年）、《皇天后土》（台北改造出版社，1958年）、《尽瘁留芳》（台北改造出版社，1958年）、《楚汉风云》（台北改造出版社，1958年）、《国父传》（台北戏剧中心出版社，1964年）、《淡水河畔》（台北戏剧中心出版社，1966年），以及论文集《编剧纲要》（1956年）等亦署。②雨初，见于译文《基督教与艺术》（笛哀摩原作），载1933年上海《女青年月刊》第12卷第8期；独幕剧《乐善好施》，载1934年上海《东方杂志》第31卷第13期。嗣后在《妇女新运》《妇女文化》等刊发表剧作《冤家路窄》《戏中戏》、随笔《赛珍珠的写作生活》《天才不分男女》《冷冰冰的学风》、翻译戏剧《错过的爱》等亦署。按：李曼瑰另著有《赵氏孤儿》《千古恨》《汉武帝》《瑶池仙梦》等剧作，署名及发表或出版情况未详。

李眉盦（？－1928），广西临桂人。原名李诚，字仲琴，号眉盦。有诗集《匏园诗存》传于世。

李梅子（1910－1988），新加坡华人，原籍中国广东梅县（今梅州市）。原名李逢忻。曾用名李公仪、李维纲。笔名：①李梅子，见于童话《鼠军师的故事》，连载于1928年前后马来亚新加坡《华侨周报》。嗣后在新加坡《叻报·奠基》等报刊发表新诗、小说、文艺评论等署用。②白鸥、希云，1928年后在马来亚新加坡《叻报·奠基》等发表散文署用。③梅子，见于诗《吊》，载1930年2月26日马来亚新加坡《叻报·椰林》；随笔《关于"大鼓""弹词"的问题》，载1939年1月24日马来亚新加坡《新国民日报·新国民文学》。④公仪，见于小说《红溪的故事》，载1930年1月17日马来亚新加坡《叻报·奠基》（与罗依夫合编）创刊号。⑤黎明，抗战胜利后在马来亚太平办《北马导报》时署用。

李妹，生卒年不详，辽宁西丰人。原名李世德。笔名李妹，20世纪30年代后期开始在东北地区报刊发表散文、小说、诗歌署用。见于短篇小说《玩弄着青春》，载1938年长春《明明》第3卷第4期；诗《格来姆》，载1938年沈阳《新青年》第4期；中篇小说《镀金的象》，载1940年沈阳《文选》第2辑；短篇小说《归旅》，1941年6月24日－7月30日连载于沈阳《盛京时报》；中篇小说《古城秋》，载1942年长春《新满洲》第4期；中篇小说《石老庆和金龙》，载1943年长春《新满洲》第5期。

李门（1914－2000），广东三水（今佛山市）人。原

名李家梁。笔名：①李门，见于随笔《三年来广东军队戏剧的检阅》，载1942年广东曲江《新建设》第3卷第6期。1946年在桂林《野草》新2号发表随笔《从查路士罗顿朗诵圣经说起》，此外在香港《时代评论》《文艺生活·海外版》发表《美国的"文艺电影"》《怎样组织一次业余的演出》等文，出版话剧剧本《今时不同往日》《夫妻识字》《海瑞回朝》（与他人合作）、广播剧《不要上当》、粤剧剧本《谣言一扫光》《金鸡岭》、戏剧评论集《粉墨集》《剧坛风雨》《舞台内外》、中篇小说《辅弼之歌》、说书集《金阿英跳海》、论著《怎样组织业余话剧演出》等亦署。②欧文、老李、磊落，20世纪40年代在香港《华商报》发表散文、杂文及民间文学作品等署用。

李萌（1930— ），江苏常州人。原名史雪云。笔名：①李萌，1947年发表作品开始署用。嗣后出版散文诗集《爱的风帆》（与王知十合集。广西人民出版社，1989年），纪实文学集《金陵血泪》（与王知十合作。北方文艺出版社，1989年），散文集《爱的呼唤》（百花文艺出版社，1989年），散文与诗合集《爱之花》（南京出版社，1992年）等亦署。②艾艾、紫也，署用情况未详。

李孟岩（1918—2006），河南邓州人。原名李振麟。1947年开始发表作品，著有长篇小说《风雨十年》，译有专著《论导演构思》《灵感的源泉》，曾译编出版《契诃夫的戏剧——海鸥》《高尔基的戏剧》等著作。

李梦莲，生卒年及籍贯不详。笔名：①李梦莲，见于诗《古城旅吟》《故园之思》，载1942年北平《中国公论》第7卷第4期"新诗专辑"；随笔《红纸廊随笔》，载1945年上海《读书杂志》第1卷第2期。嗣后在该刊发表随笔《文章风格》《关于诗歌》亦署。②荷山，见于诗集《蓬艾集》（与海笛、柏绿、端木文心、欧阳东明、石樵合集，艺术与生活社，1943年）；随笔《今日的散文》，载1945年上海《文友》第4卷第7期。

李密林（1918—1938），陕西宝鸡人。原名李聘周。笔名：①密林，见于随笔《十九集团军战场剧社》，载1938年9月27日重庆《新华日报》；散文《保卫中的武汉》，载1938年重庆《时事类编》特刊第24期；诗《南风，你吹吧！》，载1938年《春云》第4卷第4、5期合刊。②李密林，见于小说《完成第一次的战斗》，载1938年日重庆《抗战文艺》第2卷第10期。③於体，抗战时在重庆《新华日报》发表报告特写署用。

李渺世（1903—1980），江苏武进（今常州市）人。原名李启贤，号目空。笔名李渺世、渺世，见于诗《三月二十四日和小佛游城南公园》，载1922年上海《小说月报》第13卷第11期；小说《搬后》，载1923年上海《小说月报》第14卷第2期。嗣后在《小说月报》发表诗《母爱围中》《感》《苦的期想》《流露》等亦署（上述作品大多目录署名李渺世，刊内正文署名渺世）。1932年4月在《武进中山日报》发表中篇小说《枯草》亦署李渺世。

李民（1918—2014），吉林省吉林市人。原名王度。曾用名王介人、杜白雨。笔名：①王度，中学时期在《大北新报》《凤凰》发表文章署用。1936年8月起在《大同报》连载长篇译文《〈论语〉研究》（从日文译出）亦署。②林时民，1937年在日本出版诗集《新鲜的感情》（日文）时署用。1938年在长春《明明》第4卷第1期发表评论《结算与展望》一文亦署。③时民、迳民、林迳民，1938年前后在长春《明明》等刊发表文章署用。④杜白雨，见于随笔《日本文学的语言性格》、小说《金泰栈》，载1940年长春《艺文志》第3期；译文《文艺复兴时代的美学》（日本德永郁介原作），载1940年《文选》第2辑；随笔《哲学杂谈》，载1940年长春《读书人连丛》第1辑。嗣后出版散文集《并欣集》（与也丽、小松等合集。长春兴亚杂志社，1944年）、诗集《樱园》（长春兴亚杂志社，1944年）亦署。⑤杜白羽，见于翻译小说《春》（日本岛崎藤村原作），载1940年长春《新满洲》第2卷第7—12号；诗《欢迎你》，载1940年日本大阪《华文大阪每日》第4卷第11期。1941—1942年在《麒麟》发表诗《远方》、散文《嚼蜡札记》亦署。⑥姜衍，20世纪40年代初期在长春"满映"创作电影剧本《龙争虎斗》《黑脸贼》《镜花水月》《璎珞公主》《娘娘庙》《银裳恋歌》等署用。⑦吕奇，见于评论《今日的中国文艺与华北文艺运动》，载1944年1月20日北平《中国文学》创刊号。嗣后在该刊及北平《国民杂志》发表话剧《梦游病患者》、诗《独孤的老人》、杂文《呜呼，书生》、译作《历史》（日本横光利一原作）、评论《〈初秋〉里的两个短篇》等，出版评论集《艺术与技术》（北平新民印书馆，1944年）亦署。⑧王介人，见于随笔《日本与我》，载1944年1月20日北平《中国文学》创刊号。1945年为华北电影公司创作电影剧本《混江龙李俊》亦署。⑨李民，1949年后在长春发表《庄子美学思想批判》《抽象理论与感情形象——简论文学与哲学的共济关系》等论文署用。

李默映（1910—？），辽宁沈阳人。笔名：①默庵，见于诗《战壕里》，载1933年9月24日长春《大同报·夜哨》。②庵，见于诗《霜夜》，载1933年10月22日长春《大同报·夜哨》。③默映，见于小说《卖淫妇》，载1934年哈尔滨《国际协报·文艺》。

李牧华（1923—2005），甘肃清水人。原名李实。笔名：①华、白牧、谷雨，早年发表作品署用。②李牧华，1949年后在台湾发表作品、出版小说集《山城之恋》（云林新文艺月刊社，1955年）《梦幻曲》（云林新文艺月刊社，1958年）、《有情芳草无情天》（台北文化图书公司，1964年）、《街灯》（台北皇冠出版社，1964年）、《佳期》（台北文化图书公司，1965年）、《叶绿红花》（台北文化图书公司，1965年）、《情感》（台北文化图书公司，1965年）、《情绵绵》（台北文化图书公司，1966年）、《她的画像》（台北文化图书公司，1966年）、《梦回》（台北文化图书公司，1967年）、《丽君与我》

（台北文化图书公司，1969 年）等署用。

李慕白（1924－？），浙江兰溪人。笔名：①李慕白，见于评论《评介〈欧美小说名著精华〉》，载 1943 年重庆《中央周刊》第 6 卷第 38 期；小说《疯子》，载 1944 年上海《东方杂志》第 40 卷第 20 期。嗣后在《时与潮副刊》《读书通讯》《观察》《正论》《文艺先锋》《新生命半月刊》《世纪评论》等刊发表散文《尼亚加亚瀑布游记》《莎翁故里之游》《一曲难忘》《冬天里的夏天》、评论《论大学英文程度之低落》《今日中国舆论之趋势》、随笔《教授与学士的厄运》《开始写剧后的莎士比亚》《莎翁戏剧里的历史背景》以及译文《东欧各国之经济趋势》（美国 V. M. 德森原作）、《麦克柏司》（英国莎士比亚原作）等，出版传记《莎士比亚评传》（重庆中国文化服务社，1944 年）、散文集《海外忆》（台北三民书局，1975 年）等亦署。②慕白，见于散文《由华盛顿到重庆》，载 1944 年重庆《时与潮副刊》第 3 卷第 6 期—第 4 卷第 5 期。

李慕逸，生卒年不详，广东人。笔名：①文地祥，1939 年在大后方报刊发表文章署用。②老丁，1946 年 4 月后在泰国《华侨日报》发表文章署用。

李穆女，生卒年不详，广西扶南（今扶绥）人。原名李伟昌。笔名穆女，出版翻译论著《抒情诗之研究》（美国佩里原作。北平文化学社，1932 年）署用。嗣后在绥远《民国日报·塞原》及《十字街头》等刊发表随笔《苏联作家同盟会议从事于民族文学的建立》、诗《一九三五年前夜》《最悲痛的日子——纪念九一八》、评论《论自由诗》《英美现代诗的特性》等亦署。

李纳（1920－2019），云南路南（今石林彝族自治县）人，彝族。原名李淑源。曾用名李莫侬、李玉侬。笔名：①淑源、书元、那里，1945 年抗战胜利后在《东北画报》发表文章署用。②李纳，见于小说《煤》，载 1948 年《东北日报》（又载于 1949 年香港《小说月刊》第 2 卷第 2 期）。嗣后发表作品，出版小说集《煤》（工人出版社，1951 年）、《明净的水》（百花文艺出版社，1963 年）和长篇小说《刺绣者的花》（人民文学出版社，1981 年）等亦署。

李迺赓（1908－1994），吉林省吉林市人。笔名：①冷歌，1927 年开始在北平《晨报副镌》《世界日报》、上海《民国日报》等发表诗歌、小说、戏剧及译作署用。嗣后在东北地区《大同报》《新满洲》《麒麟》《学艺》《诗季》《艺文志》及日本大阪《华文大阪每日》等报刊发表长诗《船厂》、诗《宴会》《秋（外一章）》《孩提梦》《生之絮语》《渡沙汀·采果》《淳情》、散文《春之创造》《诗·女人·自然》、随笔《诗的活用》《诗的吟法》《谈日记文学》《谈书信文学》《怎样鉴赏童话》等，出版诗集《船厂》（学艺刊行会，1941 年）等亦署。②李文湘，见于评论《〈安获和马华〉》，载 1941 年日本大阪《华文大阪每日》第 6 卷第 6 期；评论《满洲妇女解放的世界观》，载 1941 年长春《国民画报》《漫画满洲》第 3 卷 9 月号。同年 3 月在《新满州》发表

散文《初版东瀛旅途手记》、1946 年在《东北文学》第 1 卷第 2 期发表《过去十四年诗坛》一文亦署。③李迺赓，20 世纪 80 年代发表《论张良》《对孔子思想体系"仁"的探索》《关于编写地方史一些问题的意见》等论文署用。

李耐冬，生卒年及籍贯不详。笔名耐冬，见于《黄昏独步曲》，载 1934 年 8 月 10 日大连《泰东日报》副刊；散文《给……》，载 1934 年 10 月 10 日《泰东日报》副刊。

李南力（1920－1970），四川南川人。原名李兴宇。笔名：①鹿特丹，见于小说《儿子》，载 1945 年 6 月 9 日延安《解放日报》；诗《刨断穷根翻了身》，载 1946 年《太岳文化》第 1 卷第 4、5 期合刊。嗣后在《鲁迅文艺》《文艺杂志》《北方》《平原文艺》《文艺月刊》等报刊发表速写《粮秣主任》《新的孔村》、书评《〈恐怖与无畏〉》、小说《诛奸记》《董金德的路》等作品亦署。②南力，见于《金喜》，载 1945 年 11 月 3 日延安《解放日报》。③李南力，见于《金圪劳》，载 1946 年 2 月 14 日延安《解放日报》；小说《儿子》，载 1947 年 1 月 4 日重庆《新华日报》。1949 年后在《西南青年》《人民文学》等报刊发表文章，出版报告文学集《渡江前后》《英雄张兆林》、话剧《朝鲜的山》、短篇小说集《明天》《种籽》《姜老三入党》、长篇小说《一个普通战士的成长》（与吴锐合作）、故事集《金佛山下的传说》、散文小品集《镜子集》等亦署。

李南山（1930－　），浙江吴兴（今湖州市）人。笔名：①李南山，1949 年后发表作品，出版报告文学集《李南山报告文学选》（青海人民出版社，1987 年）、《古盐湖——李南山西部报告文学精选》（青海人民出版社，1994 年），电影剧本《心上的雪莲》（青海人民出版社，1981 年）、《仙海青鸟》（上海社会科学院出版社，2007 年），译作《一千零一夜》（与郑岳涛合译。中国妇女出版社，2001 年）等署用。②南风、叶云，署用情况未详。按：李南山 1948 年即在上海《财经工报》发表诗《阳光下的土地块块香》、小剧《营养问题》《死亡·再生》，署名情况未详。

李南桌（？－1938），籍贯不详。笔名：①李南桌，见于评论《广现实主义》，载 1938 年 4 月 16 日广州《文艺阵地》创刊号。嗣后在该刊发表评论《论"差不多"和"差得多"》《抗战与戏剧》《再广现实主义》《论典型》《关于鲁迅先生》，1938 年在汉口《自由中国》第 3 期发表于评论《"意识"与"形象"》，1939 年 8 月由重庆生活书店出版其遗著《李南桌文艺论文集》亦署此名。②南桌，见于论文《关于"文艺大众化"》，载 1938 年《文艺阵地》第 1 卷第 3 期。嗣后在该刊第 1 卷第 5 期发表评论《评曹禺的〈原野〉》亦署。

李平心（1907－1966），江西南昌人。原名李循钺。曾用名李圣悦、李鼎声、李鼎新、李星月。笔名：①星月，1927－1928 年在《布尔什维克》发表《悼袁孟冰杨超等》《中国土地问题与土地革命》等文署用。②李

圣悦,见于评论《惨雾的描写方法及其作风》,载 1927 年上海《文学周报》第 292 期;杂文《"万岁"的上下古今谭》,载 1933 年 2 月 14 日上海《申报·自由谈》;评论《萧伯纳之美国观与美国之萧伯纳观》,载 1933 年《国际每日文选》第 2 期。③圣悦,见于小说《巴里亚的胜利》,载 1928 年《太阳月刊》3 月号。④平心,见于随笔《裁兵容易裁官难》,载 1928 年北平《现代评论》第 8 卷第 188 期。嗣后在《世界知识》《生活周刊》《大众生活》《新生周刊》《生活星期刊》《读书与出版》《中学生》《中学生文艺》《现代文摘》《老实话》《新语》《新世纪》《现世界》《中国农村》《大众话》《通俗文化半月刊》《永生》《自修大学》《火炬旬刊》《长城》《国民新闻周刊》《女声》《光明》《上海论坛》《周报》《青年知识》《时代文摘》《世界月刊》《新中华》等报刊发表文章,出版《论鲁迅的思想》(上海长风书店,1941 年)、《人民文豪鲁迅》(上海心声阁,1947 年)等亦署。⑤李鼎声,见于论文《现代学生与经济思想》,载 1932 年上海《现代学生》第 2 卷第 1 期。1933－1934 年在上海《东方杂志》第 30 卷第 18 期、第 31 卷第 6 期发表论文,出版《中国近代史》(上海光明书局,1931 年)、《现代语辞典》(上海光明书局,1933 年)、《英国教育制度》(英国西里尔·诺伍德原作。上海商务印书馆,1934 年)等亦署。⑥赵一萍,出版《社会哲学概论》(上海生活书店,1933 年)、《青年的修养与训练》(上海生活书店,1934 年)、《国际集团经济》(上海生活书店,1934 年)等著作署用。⑦童怆斋,见于《给读者们的第十七封信——关于我的二房东》,载 1934 年上海《新生周刊》第 4 期。嗣后在该刊发表随笔《"新生"周年纪念》《向上和自杀》等亦署。⑧倩之,见于随笔《漫谈哲学和科学》,载 1935 年上海《新生周刊》第 2 卷第 1 期;《统制投降的"文化统制"、"教育统制"》,载 1936 年上海《社会生活半月刊》第 1 卷第 4 期。此前后在《大众生活》《自修大学》《译报周刊》等刊发表《哲学和一般科学的研究大纲》《漫谈帝王恩赦》《"带甲的拳头"和"罪恶的黑手"》等文亦署。⑨邵翰齐,1935 年在上海《大众生活》发表《救亡运动中的组织问题》《救亡运动的认识与路线》等文署用。1936 年起在《现世界》《生活日报星期增刊》《民族公论》《学习半月刊》,1945 年起在上海《周报》发表《日苏关系新动向》《英苏关系之史的考察》《论民主宪政运动》《论政治协商会议》等文亦署。⑩鲁座,见于论文《思想家的鲁迅》,载 1938 年上海《民族公论》第 1 卷第 3 期。⑪万心斋,1941 年在上海《申报·春秋》发表杂文署用。⑫浩川,见于《与一个美国军人的通信》,载 1945 年上海《周报》第 15 期。⑬万心斋、赵一平、曹约斋,"孤岛"时期在上海报刊发表文章署用。

李朴园(1901－1956),河北曲周人,号穷不通窝主。笔名:①朴园,见于小说《两孝子》,载 1922 年上海《小说月报》第 13 卷第 11 期;随笔《小割记两则》,载 1928 年《中央日报特刊》第 2 卷。此前后在上述两刊及《艺风》《晨光》《浙江青年》《学校生活》《文化导报》《杂志》等刊发表剧作《农家》《一个哑剧》(与邱玺合作)、随笔《可轼也》《故都墨缘录》《聪明底用法》等亦署。②李朴园,见于翻译剧作《鹭底飞》(美国玛丽埃塔·肯纳德原作),载 1925 年 9 月 9 日北京《晨报副镌》;翻译剧作《天哪,面包!》(英国艾尔弗雷德·萨特罗原作),载 1928 年上海《贡献》第 7 期。嗣后在上述两刊及《开明》《新时代》《文艺》《中央日报特刊》《南华文艺》《山东民众教育月刊》《前途》《艺风》《文艺月刊》《学校生活》《新演剧》《黄河》《黄钟》《浙江青年》《文艺月刊·战时特刊》《社会月报》《晨光》《教与学》《新文学》《青年戏剧通讯》《越风半月刊》《东风》《人文月刊》《民意周刊》《剧场艺术》《文化导报》《新学生》《文潮月刊》《建国青年》《浙江民众教育》《新妇女》等报刊发表评论《谈谈艺术运动》《清代画论纪要》《学校戏剧论》《戏剧在民众教育的地位》、小说《严岫岚》、剧作《露露小姐》《郑成功》《杨贵妃》、散文《柳浪小品》《西湖半日游程》《齐白石》等,出版戏剧集《朴园史剧(甲集)》(长沙商务印书馆,1938 年)、《孤岛春光》(重庆英华出版社,1942 年)、《为正义而战》(与蒋坚忍合作。重庆青年书店,1942 年),地方戏剧集《好榜样》(浙江省文联筹委会,1951 年)、《寿堂》(浙江人民出版社,1954 年)、《王家庄》(浙江人民出版社,1955 年),论著《艺术论集》(上海光华书局,1930 年)、《戏剧技法讲话》(南京正中书局,1947 年),史著《中国现代艺术史》(上海良友图书印刷公司,1936 年),译作《阿波罗艺术史》(法国赖那克原作。上海商务印书馆,1937 年)等亦署。③水韧、车夫、徒然、康庄、黎明、穷不通窝主,在《新艺术》《黄河》等报刊发表作品署用。

李洽(1907－?),青海民和人,字哲民。笔名白虹,1932 年在南京《新青海》《陇钟》发表诗作署用。同年由陇钟编辑社出版诗集《动乱的街头》亦署。

李乾麟(1901－?),籍贯不详,曾用名李潜园。笔名李乾麟,见于旧体诗《时事杂感》,载 1938 年《民意周刊》第 33 期;旧体诗《张群院长莅台宣慰感作》,载 1947 年《建国月刊》第 1 卷第 3 期。

李乔 [1] (1919－?),辽宁沈阳人,原名李公越。曾用名李世林、李雅森。笔名:①野鹤,1933－1936 年在沈阳《民报》《民声晚报》、长春《大同报》等报刊发表中篇小说《虚荣》《肥年》《松紧的牛二堡》等署用。②李乔,1938 年开始在沈阳《盛京时报》《文选》《文最》、长春《满洲映画》《新文化》《艺文志》《新满洲》《满洲文艺》《青年文化》等报刊发表短篇小说《五个夜》、随笔《性格的与故事的》、剧本《生命线》《血刃图》《紫丁香》《未婚夫妇》《长安歌女》《两宫垂帘记》《大地的呼唤》《夜航》《家乡月》《协和魂》、散文《灵非死了》等;1949 年后在哈尔滨《外国小说》、南宁《红豆》等刊发表翻译小说《歌星漂流记》《风火之夜》等,出版戏剧《画皮》(上海文化出版社,1957 年)等亦署。③李雅森,发表德国阿纳特博士所著的长篇探险手记《满蒙探秘四十年》译文（载长春《新潮》月刊；1922 年由长春近泽书房出版）署用。

李乔²（1908－2002），云南石屏人，彝族。原名李乔安。乳名六十四。笔名：①李乔安，见于旧体诗《家书》，载 1928 年《东陆诗选》第 3 集；诗《父亲》《怀 Dowson》，载 1930 年 12 月上海《一九三〇年中学生文艺》。②普济，见于小说《未完的争斗》，载 1930 年上海《现代小说》第 3 卷第 5、6 期合刊。③李乔，见于散文《个旧》，载 1935 年上海《申报月刊》第 4 卷第 6 期；报告文学《锡是如何炼成的》，载 1937 年上海《中流》第 2 卷第 1 期。嗣后在《申报·白由谈》《抗战文艺》《战地》《文艺阵地》《七月》《中学生》《战时知识》《新运导报》等报刊发表文章，1949 年后出版长篇小说《欢笑的金沙江三部曲〈醒了的土地〉〈早来的春天〉〈呼啸的山风〉》（作家出版社，1956 年）、《破晓的山野》（人民文学出版社，1982 年）、《未完的梦》（人民文学出版社，1989 年），短篇小说集《挣断锁链的奴隶》（作家出版社，1963 年），散文集《蹒跚的脚步》（云南民族出版社，1994 年）、《小凉山漫步》（上海文艺出版社，1959 年），长篇传记文学《彝家将张冲传奇》（四川文艺出版社，1989 年）等亦署。④夷明，见于随笔《龙云与卢汉》，载 1947 年重庆《人物杂志》第 2 卷第 4 期。嗣后在该刊发表《龙云是怎样上台的》《赤脚"大盗"项老》《饿死桂林街头的青年作家孟田》等文署用。又见于《一个不平凡的昆明作家惨死桂林》，载 1949 年《高原》第 77 期。

李青鸟（？－1991），福建福州人。原名李曦。笔名青鸟，见于随笔《文艺作品对于我的生活的影响》，载 1934 年上海《现代》第 6 卷第 1 期；诗《悲鹭江》，载 1937 年 6 月 19 日厦门《华侨日报·鹭风》。1939－1940 年间在温州《暴风雨诗刊》发表诗作，由诗歌出版社出版诗集《奴隶的歌》（1938 年）、《解放集》（与克锋合集。1938 年）亦署。

李青崖（1886－1969），湖南湘阴人。原名李运辰，字戊于。曾用名李允、李戊于。笔名：①李青崖，见于翻译小说《政变的一幕》（法国莫泊桑原作），载 1923 年上海《小说月报》第 14 卷第 1 期；翻译小说《亡妇》（法国莫泊桑原作），载 1924 年上海《东方杂志》第 21 卷第 4 期。嗣后在上述两刊及《文学周报》《现代评论》《真美善》《北新》《新月》《长风》《社会杂志》《金屋月刊》《摇篮》《学友》《新文艺》《春潮》《现代文艺》《现代学生》《人文月刊》《文艺月刊》《前锋月刊》《矛盾月刊》《现代》《青年界》《新时代》《文艺茶话》《论语》《申报月刊》《大陆杂志》《中国语文学丛刊》《创化》《人言周刊》《十日谈》《社会月报》《前途》《大厦》《华安》《美术生活》《世界文学》《中国文学》《文学》《人间世》《逸经》《中国文艺》《抗战文艺》《华年周刊》《图书展望》《社会科学月报》《奔涛》《生活学校》《新大夏》《文史杂志》《法国文学》《宇宙》《新中华》《幸福世界》《妇女月刊》《文潮月刊》《文讯》《新文学》

《文哨》等报刊发表小说、散文、评论、译作，出版小说集《上海》（上海新月书店，1933 年）、翻译小说《莫泊桑短篇小说集（第一册）》（法国莫泊桑原作。上海商务印书馆，1923 年）、《莫泊桑短篇小说集（第二册）》（法国莫泊桑原作。上海商务印书馆，1924 年）、《莫泊桑短篇小说集（第三册）》（法国莫泊桑原作。上海商务印书馆，1924 年）、《髭须及其他》（法国莫泊桑原作。朴社，1924 年）、《波华荔夫人传》（法国福楼拜原作。上海商务印书馆，1927 年）、《波纳尔之罪》（法国法朗士原作。上海商务印书馆，1928 年）、《启示录的四骑士》（西班牙伊涅斯原作。上海北新书局，1929 年）、《苡威狄集》（法国莫泊桑原作。上海北新书局，1929 年）、《哼哼小姐集》（法国莫泊桑原作。上海北新书局，1929 年）、《羊脂球集》（法国莫泊桑原作。上海北新书局，1929 年）、《霍多父子集》（法国莫泊桑原作。上海北新书局，1929 年）、《艺林外史》（法国法朗士原作。上海商务印书馆，1930 年）、《珍珠小姐集》（法国莫泊桑原作。上海北新书局，1930 年）、《蝇子姑娘集》（法国莫泊桑原作。上海北新书局，1931 年）、《俘虏》（法国都德等原作，上海开明书店，1932 年）、《四骑士》（西班牙伊巴涅斯原作。上海商务印书馆，1935 年）、《法兰西短篇小说集》（法国玛格丽特·纳瓦尔等原作。上海商务印书馆，1936 年）、《羊脂球》（法国莫泊桑原作。上海三通书局，1940 年）、《首饰》（法国莫泊桑原作。上海启明书局，1941 年）、《橄榄田集》（法国莫泊桑原作。长沙商务印书馆，1941 年）、《天外集》（法国莫泊桑原作。长沙商务印书馆，1941 年）、《饕餮的巴黎》（法国左拉原作。上海大地书局，1947 年）、戏剧《木马》（法国雷里、安瑞合作。上海商务印书馆，1925 年）等亦署。②澹果孙，见于随笔《我希望胡适之先生更正一个错误》，载 1929 年上海《文学周报》第 361 期；小说《平凡的事》，连载于 1933 年 7 月 4 日—8 月 15 日上海《申报·自由谈》。1932 年在上海《论语》第 8 期发表小说《广东仔》亦署。③李青崖，见于小说《工具》，载 1932 年上海《创化》第 2 期；信函《李青崖致简又文书——关于李星沅死事之讨论》，载 1935 年上海《人间世》第 30 期。同时期前后在《美术生活》《礼拜六》《中学生》《社会月报》《逸经》《抗战文艺》《战斗中国》《新中华》《京沪周刊》等刊发表翻译小说《我们见天儿的面包》（法国杜哈美尔原作）、《寄书人》（法国诺白勒原作），翻译论文《法国作家与抗敌》，随笔《题记在〈饕餮的巴黎〉的译文》《关于大夏大学的三个特点》等亦署。④青崖，见于翻译小说《拉丁文问题》（法国莫泊桑原作），载 1936 年上海《论语》第 89—90 期；翻译小说《炮弹》（法国萨尔都原作），载 1937 年《中国文艺》第 1 卷第 1 期。此前后在《新月》《论语》《文华》《东方杂志》《社会科学月刊》《新大夏》等刊发表翻译小说《某疯子》《古文问题》（均法国莫泊桑原作）、随笔《今人之语》等亦署。

李清泉（1916－？），江西萍乡人。笔名：①李清泉，见于散文《花的海》，载 1939 年山西《西线文艺》第

1 卷第 2 期；小说《一颗石头》，载 1939 年延安《文艺战线》第 1 卷第 5 期。嗣后在《大众文艺》《十日文萃》《文艺与生活》等刊发表散文《两个伊凡的斗架》《抗战五友》亦署。②李航、清泉，分别见于报告《"反正"前后》、随笔《纪念民族解放战士鲁迅先生》，载 1939 年山西《西线文艺》第 1 卷第 3 期。③李一之、李无毒，1940 年前后在延安报刊发表文章署用。

李晴（1930－2014），安徽太湖人。原名何鸿。笔名李晴，1946 年开始发表作品署用。嗣后出版长篇小说《天京之变》（花城出版社，1981 年）、《猛虎出柙记》（《天国兴亡录》第一卷。四川文艺出版社，1985 年）、《没有阳光的城堡》（国际文化出版公司，1988 年）、短篇小说集《明天我们去采三色花》（花城出版社，1984 年）、中篇小说《我们放弃隐私权》（湖南文艺出版社，1989 年）等亦署。

李求实（1903－1931），湖北江夏（今武汉市）人。原名李国玮，字北平。曾用名李伟森。乳名伟生。笔名：①求实，见于报告《水口山铅矿调查记》，载 1919 年《湖南》第 3 期；诗《小儿底怨语》，载 1922 年 2 月 17 日上海《民国日报·觉悟》。嗣后在上述报刊及《安源路矿工人俱乐部罢工胜利周年纪念册》《新建设》《中国青年》《少年先锋》等报刊发表文章亦署。②李伟森，见于翻译小说《爱字的失却》（法国卡图尔·门德斯原作），载 1922 年 3 月 12 日北京《晨报副镌》；翻译小说《范伽》（俄国契诃夫原作），载 1922 年 5 月 7 日上海《民国日报·觉悟》。嗣后在上述报刊及《新建设》《妇女杂志》《学生杂志》《北新》等报刊发表著译文章，出版译作《朵思退夫斯基——朵思退夫斯基夫人之日记及回想录》（俄国科捷连斯基英译。上海北新书局，1928 年）、《十年来之俄罗斯》（美国工人代表苏俄调查团原作。上海乐山书店，1929 年）、《动荡中新俄农村》（上海北新书局，1929 年），编著《俄国革命画史》（上海亚洲艺学社，1929 年）、《俄国革命与农民》（上海泰东图书局，1930 年）等亦署。③卓如，见于小说《姊姊的屈服》，载 1923 年上海《妇女杂志》第 9 卷第 8 期。④南平，见于小说《除夕》，载 1923 年上海《妇女杂志》第 9 卷第 12 期。⑤伟森，见于译文《朵思退夫斯基与屠格涅夫（关于他们间的争端之信件）》，载 1928 年上海《语丝》周刊第 4 卷第 17、18 期；译文《纽约〈太晤士报〉驻莫斯科通信员》（美国 W. 杜兰蒂原作），载 1930 年上海《北新》半月刊第 4 卷第 3 期。嗣后在《北新》发表评论《建立出版界的水平——为低能的穷苦读者请愿》、译文《"吉屋"——新俄法庭纪实》（美国 W. 杜兰蒂原作）等亦署。⑥李求实，编选《革命歌集》（中国青年出版社，1926 年）、《〈上海报〉周年纪念册》（1930 年）署用。⑦秋士、李伟、李侠霖，署用情况未详。

李全基（1919－？），广东梅县（今梅州市）人，号演畤。笔名：①素庵，见于诗《搏斗吧，潮汕！》，载 1937 年 7 月 31 日厦门《华侨日报·鹭风》；诗《一分

钟捐输歌》，载 1938 年广州《中国诗坛》第 2 卷第 1 期。嗣后在《中国诗坛》发表诗《追供》《母女俩》，1942 年在梅县《燎原文艺》连载长诗《晕浪的鱼》，1938 年在松口编《中国诗坛·岭东号外》，1939 年与蒲风编《中国诗坛·岭东刊》，出版诗集《咆哮》（诗歌出版社，1937 年）、《X 光》（中国诗坛岭东刊，1939 年）、《祖国的爱》（东线文艺社，1941 年）等亦署。②萧蓝，出版诗集《孩子的泪》（梅县青年诗工作者丛刊社，1941 年）署用。③瑟伊，20 世纪 40 年代在汕头《星华报·战火》发表讽刺诗署用。

李燃犀（1900？－1966），天津人。笔名：①大梁酒徒，20 世纪 40 年代在天津报刊发表文章署用。嗣后出版长篇小说《粉红色的三不管》亦署。②李然犀，出版小说《津门艳迹》（大陆广告公司，1941 年）署用。嗣后在天津报刊发表长篇小说《山药列传》《同室操戈》《李代桃僵》《危机四伏》《流云锁月记》《妈妈大全》等，1947 年在天津编《天津画报》亦署。③李燃犀，再版《津门艳迹》（百花文艺出版社，1986 年）署用。

李汝琳（1914－1991），新加坡华人，原籍中国河南沁阳。原名李宏宫。曾用名怀庐书屋主人。笔名：①刘钺、李曼丹、李延辉、李宗尧，20 世纪 30 年代在河南开封主编《塞雁》《沁夷》《辛夷》、在北平创办《北斗季刊》《北斗半月刊》《巨浪》等刊并发表作品署用。1936 年出版诗集《惜昨集》（北平北斗书店，1936 年），1947 年后在马来亚新加坡《星洲日报·晨星》和槟城的报刊发表作品署用。②萧枫，见于独幕剧《五分钟内》，载 1939 年 8 月 10 日陕西宜川《西线文艺》创刊号。嗣后在该刊发表小说《校长》、独幕剧《梦》等亦署。③李极光，1944 年起在印度加尔各答编《中国周报》《中国日报》副刊时发表诗、散文署用。④李汝琳，1956 年起发表作品、出版诗集《再生集》（新加坡青年书局，1956 年）、《叩门》（香港万里书局，1961 年）、《金与沙》（万里书局，1980 年）、《惜昨》（新加坡青年书局，1966 年）、散文集《艰险的行程》（新加坡青年书局，1956 年）、《消夜集》（新加坡青年书局，1959 年），短篇小说集《姐妹俩》（新加坡青年书局，1958 年）、《新贵》（香港海洋文艺出版社，1979 年），中篇小说《漂浮》（香港南方书局，1984 年），长篇小说《漩涡》（新加坡青年书局，1962 年），以及《李汝琳创作集》（香港南方书局，1987 年）等署用。⑤司徒克，出版小说集《悔》（新加坡南华出版社，1957 年）署用。⑥李霖，见于诗《路》，载 1959 年 10 月新加坡南洋大学创作社版《现代阶段的马华运动》丛刊。同时期在新加坡《新诗丛》发表诗《长夜与黎明》亦署。⑦崔岚、曹肃、丁宣、严晖，20 世纪 80 年代在马来西亚槟城《星槟日报·文艺公园》、新加坡《南洋商报·新年代》发表关于中国新文学的评论署用。"严晖"一名，在《联合早报·星云》发表《谈王西彦的小说作品》等亦署。⑧黄康，出版散文集《走马看花毗邻》（新加坡永康花园联谊会，1987 年）署用。

李蕤（1911—1998），河南荥阳人。原名赵鸿恩。曾用名赵悔深。笔名：①赵悔深，见于小说《人市》，载1932年10月21、28日开封《河南民国日报·晨曦》第1、2期；小说《年关》，载1935年3月开封《山雨》月刊（赵悔深编）创刊号。此前后在该刊及开封《河南民国日报·中原》《民国日报·民报副刊》发表小说《纪》《马林》、散文《韶华》《雪天》、诗剧《易水上》、论文《作家的主观与社会的客观》《再论作家主观与社会客观——并答夏秋明先生》、随笔《桌上哥尔夫》等亦署。②悔深，见于诗《晨曦之前》，载1932年10月28日开封《河南民国日报·晨曦》。嗣后在该刊发表小说《前尘》《刀》、评论《新旧文学之平见》等亦署。③赵悔深，见于小说《陨石》，载1933年开封《河南民国日报·河畔》第21—23期。嗣后在该刊发表随笔《汤玉麟逸事》、小说《掘坑人》、评论《〈天明〉留给我们的印象》等亦署。④李蕤，见于诗《月蚀》，载1935年3月开封《山雨》月刊创刊号；散文《悼鲁迅先生》，载1936年上海《中流》半月刊第1卷第5期。嗣后在《中流》《河南民国日报·中原》《浪花》《战地》《好文章》《武汉日报·现代文艺》《月刊》《新路》《创作月刊》《抗战文艺》《文艺生活》《国闻周报》《黄河》《文艺复兴》《文艺月报》等报刊发表小说《掘战兵》、散文《柿园》《怀念开封》《哀念》《曹禺印象记》、杂文《人与禽兽》《"起"与"死"》、评论《死的气息》《评〈子夜月刊〉》《我们要真的批评家》《两种傻力》、通讯《扫雷英雄姚显儒》等，以及出版通讯集《豫灾剪影》（再版时更名《无尽头的死亡线》。南阳前锋报社，1942年）、《扫雷英雄姚显儒》（中南人民出版社，1954年），小说集《九九归一》（长江文艺出版社，1955年）《土的故事》（四川人民出版社，1984年），报告文学集《在朝鲜战场上》（中南人民出版社，1955年）、《难忘的会见》，散文集《水终必到海》（长江文艺出版社，1986年），评论集《文艺问题短论集》（长江文艺出版社，1955年）等亦署。⑤梅梁，见于随笔《吃》，载1935年9月30日开封《河南民国日报·中原》。嗣后在该刊发表随笔《文字和"话"不要隔开》《优越感》等亦署。⑥梵，见于随笔《疗饥法》，载1935年10月22日开封《河南民国日报·中原》。嗣后在该刊发表随笔《作家的笔》等亦署。⑦起卸，见于随笔《愈说愈丑的"声明"——也来"致意"蔡一木师》，载1935年11月8日开封《河南民国日报·中原》。⑧萧雪，见于随笔《拆字栽赃，无损于人》，载1935年11月13日开封《河南民国日报·中原》。⑨流萤，见于随笔《我们应"衔枚疾走"》，载1935年12月13日开封《河南民国日报·中原》；通讯《无尽长的死亡线》，载1942年河南《前锋报》。⑩大朋，见于随笔《论所谓"越轨行动"》，载1936年1月11日开封《河南民国日报·中原》第351期。嗣后在1月14日该刊发表随笔《近视眼》亦署。⑪慧深，20世纪30年代在河南报刊发表作品署用。⑫芦白、赵前，20世纪40年代发表杂文、随笔署用。其中"芦白"一名曾见于诗《夜的街头》，载1949

年广州《文艺创作》第1卷第2期。⑬周纳，见于故事《几个小故事》，载1948年7月香港《大众文艺丛刊》之三《论文艺统一战线》。⑭赵初，1957年后在《四川文学》等刊发表文章署用。⑮华云，署用情况未详。

李锐（1917—2019），湖南平江人。原名李厚生。小名明伢子。曾用名李候生、张训之。笔名李锐，1938年在《救国青年》发表作品署用。1934年在武汉大学《珞珈月刊》发表小说《走》，1949年后出版《恰同学少年：毛泽东早年读书生活》《毛泽东：峥嵘岁月（1893—1923）》《青年毛泽东的故事》《毛泽东同志的初期革命活动》《早年毛泽东：毛泽东的早期革命活动》《毛泽东同志领导的长沙泥木工人大罢工》《三十岁以前的毛泽东》《毛泽东的早年与晚年》《毛泽东的晚年悲剧》《庐山会议实录：毛泽东秘书手记》（《庐山会议真面目》）、《龙胆紫集》《窑洞杂述》《怀念十篇》《怀念廿篇》《"大跃进"亲历记》《海上擒匪记》《起用一代新人》《李锐往事杂忆》《李锐反"左"文选》《李锐论说文选》《李锐日记（出访卷）》《李锐诗文自选集》等均署。

李瑞清（1867—1920），江西临川（今抚州市临川区）人。原名李文洁，字仲麟、阿梅，号梅痴、梅庵、梅庵主人、梅花庵主人、玉梅花庵道士、百蟹、清道人。笔名：①李瑞清，见于随笔《玉梅花庵道士鬻书引》，载1914年天津《庸言》第2卷第3期；随笔《鬻书启》，载1915年上海《文艺杂志》第1期。嗣后在《国学论丛》《青鹤》《词学季刊》等刊发表遗作《玉梅花庵论篆》《李梅庵词》《梅庵诗文稿》《梅庵诗文未刊稿》等亦署。②梅庵、李梅庵、李百蟹、清道人，署用情况未详。

李润湖（1913—1947），广东潮州人。笔名：①林曼、华尼、陈建、英英、建汾、严韦蒙、梅颂明、邓匡君、陈玉琼、陆幼琴、文淑娟、柳红玉、庞曼坚、江上三郎、欧阳寒吟、尉迟华非，1934年起在马来亚新加坡《南洋商报·狮声》《星洲日报·晨星》《星中日报·星火》《南侨日报·南风》《新国民日报》副刊《新路》《新光》《新天地》《新园地》、槟城《光华日报·槟风》等报刊发表杂文、评论等署用。②润湖，见于评论《试评〈伤兵医院〉》，载1937年12月8日新加坡《新国民日报·新光》。③李润湖，见于随笔《一年来的工作检讨》，载1938年1月1日新加坡《新国民日报·殉难特刊》；报告《反侵略的火炬在星洲》，载1938年上海《文艺阵地》第1卷第8期。同时期在新加坡《星洲日报·文艺周刊》等报刊发表小说《阿娥和伊的表妹》等亦署。④宋千金，1945年后在新加坡《南侨日报》发表评论署用。

李若冰（1926—2005），陕西泾阳人。原名杜德明，号虎娃。笔名：①沙驼铃，1948年在延安陕甘宁边区文化协会主编《群众文艺》署用。见于评论《对〈刘胡兰〉剧作的点滴感想》，载1948年《群众文艺》第8期。②李丹人，见于小说《心事》，载1951年上海《小说》第 6 卷第 2 期。③李若冰，见于散文《西北札记》，载 1953 年《人民文学》11 月号。嗣后在《西北文艺》《文艺报》《中国青年》《光明日报》等报刊发表散文、小说，出版散文集《在勘探的道路上》（作家出版社，1956 年）、《柴达木手记》（作家出版社，1959 年）、《旅途集》（中国青年出版社，1984 年）、《红色的道路》（东风文艺出版社，1963 年）、《山·湖·草原》（中国青年出版社，1964 年）、《神泉日出》（陕西人民出版社，1978 年）、《李若冰散文选》（陕西师范大学出版社，1989 年）、《高原语丝》（陕西人民教育出版社，1992 年）、《塔里木书简》（作家出版社，1992 年）、《满目绿树鲜花》（中国华侨出版社，1996 年）、《爱的渴望》（与夫人贺抒玉合集。上海文艺出版社，1989 年），特写集《红色的道路》，文集《永远的诗人》（太白文艺出版社，2000 年）、《李若冰序文集》（中国社会出版社，2002 年）、《李若冰文集》（陕西人民出版社，2004 年）等亦署。

李若豪，生卒年及籍贯不详。笔名李侠，1945 年抗战胜利后在暹罗曼谷主编《光华报·新生》署用。

李桑牧（1928－2009），湖南长沙人。原名李传恩。1940 年开始发表作品。笔名李桑牧，出版《鲁迅小说论集》（长江文艺出版社，1956 年）、《心灵的历程》（长江文艺出版社，1959 年）、《〈故事新编〉的论辩和研究》（上海文艺出版社，1984 年）等均署。

李莎（1924－1993），山西垣曲人。原名李仰弼。笔名：①李莎，出版诗集《骊歌》（重庆商务日报文化信托部，1945 年）署用。1949 年后在台湾出版诗集《带怒的歌》（台北诗木文艺社，1951 年）、《琴》（台北现代诗社，1956 年）及《李莎全集》（屏东海鸥诗社，1994 年）等亦署。②李放，见于诗《回去打游击》，载 1947 年鲁西《平原文艺》第 1 卷第 3 期。嗣后在《黄河》《诗创造》等刊发表诗作，出版诗集《太阳与旗》（南京正风图书公司，1948 年）亦署。③李仰弼，见于诗《冀求》，载 1947 年南京《文艺先锋》第 11 卷第 2 期。④黎扬帆，见于诗《试三章》，载 1947 年《文艺先锋》第 11 卷第 3、4 期合刊。⑤伶丁、普枫、扬碧、黎闪虹，署用情况未详。

李少芳，生卒年不详，广东番禺（今广州市）人，字笑芳，笔名李少芳，在《南社丛刻》发表诗文署用。

李少华，生卒年不详，安徽太湖（今黄山市）人。原名李光，字少华，号思声。笔名李光、少华，在《南社丛刻》发表诗文署用。

李神义（1910－1971），台湾台北人，字澹庵。笔名李神义、神义、澹庵，1923－1943 年在台北《台湾日日新报》《昭和新报》《风月报》《南方报》《兴南新闻》等报刊发表旧体诗《赠竹修先生次韵》《霓裳曲》等署用。

李升如（1910－1997），山东泰安人，号继昶。笔名：①李升如，见于诗集《在战地里》（山东维新书局，1942 年）。嗣后出版报告文学《八年抗战之山东》（山东联友书局，1946 年）、《征尘》（台中北辰出版社，1962 年）、《征程》（1988 年），诗集《复国吟》（高雄大众书局，1953 年）、《时代魂》（台中北辰出版社，1955 年）、《旭日》（台北文坛社，1959 年）等亦署。②小年、浪者、继昶，署用情况未详。

李生庄（1904－1945），云南腾冲人，蒙古族。笔名：①李生庄，20 世纪 20 年代末起在云南主编《晨暾》《抗敌》《腾越日报》等报刊署用。嗣后在《旅行杂志》《云南建设》《申报月刊》等刊发表游记《过潞江坝》、通讯《云南班洪问题真相》、论文《滇缅边区建设概说》等亦署。②老幺（yāo）、小伙计、罗曜，1928 年开始在云南《民众日报·杂货店》发表文章署用。③艾而，见于诗《双十献词》，载 1938 年昆明《战歌》第 3 期；杂文《文人结习》，载 1938 年昆明《战时知识》第 5 期。

李石锋（1916－1984），四川自贡人。原名李泽锡，号克纯。笔名：①李行，见于《看了"从纽约寄来的信"以后》，载茅盾编《中国的一日》（上海生活书店，1936 年）。②李石锋，见于短论《"自我救亡"》，载 1938 年广州《烽火》第 19 期；论文《文化食粮输送前方》，载 1939 年四川荣县《流火》第 9 期。嗣后在广州《文艺阵地》、桂林《野草》《救亡日报·文化岗位》《文学创作》、重庆《文坛》《新华日报》《文风》、厦门《海滨杂志》等报刊发表散文《旅途杂记》《在峨眉山》、随笔《所谓"文化人的自觉"》《国文》《通俗问题杂谈》《并不稀奇》等亦署。③KS，见于随笔《并不稀奇》，载 1945 年 12 月 11 日自贡《川中日报·今日文艺》。④王宇，见于随笔《严重的问题》，载 1946 年 3 月 11 日自贡《川中日报·今日文艺》。⑤张普和，在《新运日报》发表杂文署用。

李石曾（1881－1973），河北高阳人。原名李煜瀛，字符曾、石僧，号石曾，晚号扩武。曾用名李毓麟。乳名武官。笔名：①石曾，见于传记《李斯敦传》，载 1917 年《华工杂志》第 8—10 期。嗣后在《劳动》《旅欧杂志》《剧学月刊》《越风》《世界月刊》等刊发表文章亦署。②真民，见于译文《克鲁泡特金著〈告少年〉》，载 1918 年上海《劳动》第 5 期。③李石曾，见于译文《互助论》（俄国克鲁泡特金原作），载 1919 年上海《东方杂志》第 16 卷第 5 期。嗣后在《建设》《中央半月刊》《革命周报》《中央党务》《农村复兴委员会会报》《时代精神》《文物周刊》《剧学月刊》《世界月刊》《读书通讯》《世界农村》《世界交通》《华侨月刊》《广播周报》等刊发表著译文章，出版译作《狱中与逃狱》（俄国克鲁泡特金原作。广州革新书局，1927 年）、《国家及其过去之任务》（俄国克鲁泡特金原作。上海革命周报社，1929 年），论著《革命原理》（上海革命周报社，1929 年）、《大豆》（国立北平研究所出版部）等亦署。④李煜瀛，见于翻译戏剧《夜未央》（波兰廖抗夫原作。上海新文化书社，1931 年）。⑤民、真、石僧，署用情况未详。

李士俊（1923－2012），河北安国人。曾用名李罗伦、V. Kanto、H. M.。世界语名 Laŭlun。笔名：①Laŭlun，用世界语写作或翻译中文文章，出版《阿诗玛》《王贵与李香香》《春天里的秋天》《配图古诗精选》《孔雀东南飞》《寒夜》《聊斋志异》《水浒传》《三国演义》《西游记》《子夜》《四世同堂》等世界语译作署用。②李士俊，发表中文作品或中文译作，出版《世界语初阶》《世界语自修课本》《新编世界语课本》《世界语初级教程》《世界语小诗 111 首》《世界语会话》《世界语歌曲集》《世界语趣味词典》等著作署名。

李士钊（1916－1991），山东聊城人，字勉生。曾用名李士杰。笔名：①李士钊，1934 年 5 月在聊城《蔷薇》月刊发表文章开始署用。嗣后在南京《广播周报》、重庆《新华日报》等报刊发表《〈联合国歌〉中译本的商榷》等文，1940 年在《新闻记者》第 2 卷第 9 期发表随笔《忆冀鲁青年记者服务团》，出版《联合国歌集》《美国黑人歌曲集》《武训先生的传记》《武训画传》《唱片新歌：艺术歌・民歌・电影歌》，编辑《蒲松龄年谱》，翻译出版《苏联的音乐教材》（苏联雅高林原作）、《苏联的舞蹈艺术》（苏联扎哈罗夫原作）、《苏联国立大剧院》（苏联巴尔索娃原作）、《史坦尼斯拉夫斯基的一生》（英国马格尔夏克原作，与田美君合译）等亦署。②勉生，1934 年 5 月在聊城《蔷薇》月刊发表文章署用。③李儋，1936 年在济南《山东日报・时代文艺》发表文章署用。④李勉生，1937 年 5 月开始在济南《文艺俱乐部》月刊发表文章署用。嗣后在《战地知识》发表文章，1938 年在《全民抗战》第 65 号发表随笔《沦陷后的济南》（与李欣放合作）亦署。⑤士钊，1938 年在聊城《抗战日报》《战地文化》发表通讯报道署用。⑥陈一文，1945 年在重庆《新华日报》发表文章署用。

李世昌，生卒年不详，台湾人。笔名李世昌、世昌、李卜五、卜五，1929－1943 年在台北《新高新报》《昭和新报》《台湾日日新报》《风月报》《南方》等报刊发表旧体诗《送某上人归鹭江》《晓鸡声》等署用。

李寿铨（1859－1928），江苏镇江人，字劲臣。笔名李寿铨，在《南社丛刻》发表诗文署用。

李叔鹏，生卒年不详，四川万县（今重庆市）人。笔名：①王水，见于译诗《你可爱的渔娘》（德国海涅原作），载 1944 年 7 月四川万县《诗前哨》丛刊第 1 辑。②东英，1944 年 7 月与湛卢等在万县合编《诗前哨》时署名。又见于诗《黎明的进军》，载 1944 年 11 月万县《诗前哨》第 2 辑《收获之歌》（该刊目录署名王水，正文署名东英）。

李叔同（1880－1942），浙江平湖人，生于天津。原名李哀，字哀公，号叔同、息霜；别号俅同、俗同、漱筒、瘦桐、息庵、息庐、叔庐、惜霜、秋宾、微阳、欣欣道人、春柳词人、南社旧侣、婴居士、婴居士息翁、天津李凡息霜。晚号息翁、晚晴、晚晴老人、二一老人、晨晖老人、黄昏老人、澹泞老人、蕅蕅（zhānfú）老人、善梦老人。曾用名李文涛（谱名）、李广侯（学名）、成蹊（乳名）、李凡、李息、李岸、李良、李庐。后出家为僧，法名演音，法号弘一，别号一音、一月、一味、一相、一琴、入玄、玄入、玄会、玄门、玄明、玄荣、玄策、为明、为舍、为导、为归、为护、为依、为炬、为胜、为首、为趣、广心、广平、广侯、大山、大心、大舟、大安、大明、大捨、大誓、大慈、大思（jù）、无厌、无有、无尽、无说、无依、无住、无作、无等、无畏、无得、无缚、亡（wú）音、亡（wú）言、不动、不转、不息、不着、不著、月音、月臂、月幢、月镫、胜力、胜目、胜行、胜音、胜祐、胜镫、胜月、胜臂、胜髻、胜解、胜幢、胜慧、善人、善了、善现、善知、善梦、善惟、善摄、善量、善解、善愍、善月、善臂、龙音、龙辟、龙臂、如实、如眼、如月、如空、如说、如理、如智、成实、成智、成就、安立、安住、光明、光网、坚固、坚铠、明了、明慧、贤月、贤行、妙义、妙严、妙胜、念雄、念慧、法日、法城、法幢、净地、净眼、实义、实语、实智、实慧、圆音、圆满、离忍、离垢、离相、离着、调伏、调顺、调柔、难思、难胜、悲幢、悲愿、智藏、智幢、智人、智门、智住、智灯、智胜、智音、智炬、智理、智境、真月、真义、慧炬、慧幢、慧树、慧镫、髻庆、髻目、髻光、髻严、髻明、髻音、德幢、德藏、解脱、解缚、愿门、愿藏、弘裔、澄觉、澄览、澄净、慈目、慈风、慈灯、慈现、慈舍、慈藏、慈力、慈月、满月、力月、论月、等月、焰慧、觉慧、炬慧、普音、辨音、宝音、性空、虚空、庄严、相严、泓一、微妙、方广、世灯、乐寂、自在、威德、种智、顺理、信力、勇说、殊胜、深心、随顺、偏照、远离、精进、究竟、作明、忘己、灵辨、具足、所归、性起、甚深、昙昉、僧胤、静观、增上、杂华、清凉、即仁、臂光、吉目、被甲、璎珞、音、凡、岸、息、婴、哀、大心凡夫、大慈僧胤、沙门钼一音、摩顿行者、晚晴院沙门。笔名：①李广平，出版译作《法学门径书》《国际私法》（上海开明书店，1903 年）署用。②惜霜，1904 年为铢镂十一郎（章士钊）传记著作《李苹香》作序署用。③李凡、李息，在《南社丛刻》上发表诗词署用。④弘一，见于《唐贤首国师入道方便义表》，载 1932 年上海《海潮音》第 13 卷第 11 期（刊内正文署名沙门演音）；信函《复聂云台居士函》，载 1935 年《佛学》半月刊第 5 卷第 6 期。嗣后在《越风》《弘化月刊》《佛学月刊》《圆音月刊》等刊发表《惠安弘法日记》《陈复初居士传》《复寒香居士书》等文亦署。⑤沙门演音，见于《唐贤首国师入道方便义表》，载 1932 年 11 月 15 日上海《海潮音》第 13 卷第 11 期（目录署名弘一）。⑥释弘，见于《福州鼓山庋藏经版目录序》《一梦漫言跋》，载 1935 年《佛学》半月刊第 5 卷第 4 期。⑦弘一法师，见于随笔《论己集》，载 1936 年杭州《越风》第 17－21 期。嗣后在该刊发表《惜福习劳持戒自尊》

等文亦署。⑧李叔同，1943 年 5 月在《文讯》发表诗作署用。又见于歌词《梦》（美国福斯特原曲），载 1949 年上海《开明少年》第 45 期。

李曙光（1928－？），山东黄县（今龙口）人。笔名：①黎之，见于诗集《转运翻身》（上海杂志公司，1949 年）。嗣后出版诗集《谁曾这样歌唱》（武汉通俗图书出版社，1950 年）、《向北京致敬》（湖北人民出版社，1955 年）、《火中钢》（作家出版社，1955 年），报告文学《两个汽车驾驶员》（通俗读物出版社，1954 年），回忆录《文坛风云录》（河南人民出版社，1998 年）、《文坛风云续录》（人民文学出版社，2010 年）、故事《诸葛亮》（人民文学出版社，1997 年）等亦署。②力之、方亮、旭光、康文，署用情况未详。按：李曙光另创作有叙事长诗《转运翻身》、历史小说《锦瑟曲》《泰娘歌》，署名情况未详。

李述尧（1910－？），辽宁沈阳人。笔名老合、老穆、恨我、荆棘，20 世纪 30 年代在大连《泰东日报·文艺周刊》《满洲报》副刊《北风》《北国文艺》《晓潮》、齐齐哈尔《黑龙江日报》等报刊发表诗歌、小说，出版小说集《博士夫人》《哥仑布》等署用。

李树柏（1910－？），河北乐亭人。笔名冷波，见于评论《民众戏剧》，载 1933 年上海《戏》月刊创刊号；小说《叛离》，载 1933 年上海《矛盾月刊》第 2 卷第 3 期。同时期起在《文艺月刊》《黄河》《高原》《朔望半月刊》《弹花》《中央周刊》等报刊发表剧本《七月祭》《死守中条山》《吸血虫》《张店之夜》《狂欢之夜》、小说《黑熊》、评论《自由主义者的脸谱》《三年来剧运的回顾》《戏剧的 Tempo 和 Rhythm》等，出版剧本《死守中条山》（西安新中国文化出版社，1940 年）、《梅子姑娘》（广化出版社，1942 年）、《和平的破坏者》（东北文联，1951 年）等亦署。

李澍恩（？－1945？），山东莱阳人。笔名：①穆子沁，见于杂文《清淡新解》，载 1940 年《上海周报》第 2 卷第 24 期；杂文《鲁迅关于杂文的两三句话》，载 1941 年上海《棘林蔓草》第 1 分册《紫荆》。同时期在上述两刊及《杂文丛刊》《新文艺月刊》发表《写在杂文重振声中》《杂文的本质及其他》《与列车先生论杂文》《杂文和白血球》《悼东平先生》《重提杂文的重振》等杂文、散文署用。②许三嘘，见于杂文《旁听席上的女权》，载 1941 年上海《杂文丛刊》第 1 辑《鱼藏》。嗣后在该刊发表杂文《坦白的本钱》《从"维护"到"发扬"》，1941 年在上海《棘林蔓草》第 3 分册《水莽》发表杂文《中山先生误国说——写在总理诞辰纪念日》亦署。③陶弃，见于杂文《论"人身攻击"》，载 1941 年上海《杂文丛刊》第 2 辑《干将》。同年 11 月在上海《棘林蔓草》第 2 分册《菖蒲》和第 3 分册《水莽》发表杂文《吊死鬼的诱惑》《三论"人身攻击"》亦署。④祁翔遥，见于诗《兴风作浪歌》，载 1941 年上海《杂文丛刊》第 2 辑《干将》。嗣后在该刊发表诗《文化剿匪歌》《恭喜"承认"歌》《统制

思想歌》，在上海《棘林蔓草》发表杂文《为党官作日食解》、诗《"正气"歌》《扫荡民主歌》亦署。⑤陶之瑶，见于杂文《"官生主义"》，载 1941 年 11 月 16 日上海《棘林蔓草》第 3 分册《水莽》。

李嵩圃（1869－1948），广东梅县（今梅州市）人，字味渊、维源。著有《沤庐诗抄》。

李苏（1913－1965），青海湟源人。原名李作英，字自奋。笔名：①李作英，见于评论《新文艺运动与青海》，载 1934 年《青海评论》第 26 期。②李自奋，见于小说《刘邦的眼泪》，载 1939 年某期《青海青年》月刊。③阿英、端木贤、青果、疑瑟，20 世纪 30－40 年代在青海报刊发表文章署用。

李苏鹰（1921－1966），河南沈丘人。原名李叔英。笔名苏鹰，20 世纪 40 年代发表作品开始署用。1949 年后在《人民文学》《奔流》《长江文艺》《光明日报》等报刊发表小说、诗、报告特写，出版特写集《战胜时间的人们》（湖北人民出版社，1955 年），小说集《袭击》（河南人民出版社，1960 年），长篇小说《贾鲁河边》（长江文艺出版社，1957 年）、《万紫千红》（新文艺出版社，1958 年）、《炼》（上海文艺出版社，1959 年），长诗《老监督岗》（东风文艺出版社，1959 年），报告文学《伏牛山剿匪故事》（新华书店中南总分店，1950 年）、《力量的源泉》（长江文艺出版社，1958 年），曲艺集《报仇怨》（武汉通俗图书出版社，1951 年）等亦署。

李素（1910－1986），广东梅县（今梅州市）人。原名李素英。笔名：①素英女士，见于《优待》，载 1931 年南京《文艺月刊》第 2 卷第 11、12 号合刊。嗣后在该刊第 3 卷第 3 期发表《深埋》亦署。②李素，见于散文《悼亡友朱淑璃女士》《暮春》，载 1932 年北平《燕京月刊》第 9 卷第 1 期。嗣后在《文学季刊》《妇女新运》《湖南妇女》《论语》《宇宙风》等刊发表著译诗文，出版散文集《被剖》（香港人生出版社，1955 年），诗集《远了，伊甸》（香港高原出版社，1957 年）、《街头》（香港五月出版社，1959 年），翻译小说《骄傲与偏见》（英国简·奥斯汀原作。香港四海书局，1954 年）、《红色列车》（马挺·费艾拉原作。香港高原出版社，1958 年）等亦署。③李素英，见于随笔《〈唐宋大曲考〉拾遗》，载 1934 年上海《文学》第 2 卷第 6 期；论文《吴歌的特质》，载 1936 年 4 月 10 日北京《歌谣周刊》第 2 卷第 2 期。1935 年在北平《禹贡》杂志连载《明成祖北征纪行》亦署。④李琤琮，署用情况未详。

李素伯（1908－1937），江苏启东人，生于海门县（今属启东）中和镇。原名李文达，字素伯，号质庵、梦秋、梦秋子。曾用名李绚。笔名：①文达，见于文言小品《府君述》等手稿。②李文达，署于诗集《独赏集》书稿。③海门李素仁，见于文言小品《有不为斋记》手稿。④素伯，见于旧体诗《曹君觉先生五十寿言》，载 1928 年 8 月 20 日南通《南通报·文艺副刊》；

旧体诗《睡味》，载 1929 年 3 月 11 日南通《南通报·文艺副刊》。同时期起在《南通报·文艺副刊》及南通《学艺》《爝火》《南通文学》、上海《文艺茶话》等报刊发表诗词《采桑子·渡江至润州》《春夜怀人》《自题画松》、随笔《小品与有闲》《小品与大品》、评论《中国诗人与自然》等亦署。⑤所北，见于词《伤春怨》，载 1931 年 4 月 16 日南通《南通报·文艺副刊》；散文《黄泥山下看桃花》，载 1933 年上海《艺风》第 1 卷第 4 期。嗣后在上述两刊及《中学生》《文艺茶话》《写作与阅读》等刊发表散文词《浣溪沙》《玉楼春》《十六字令》《观万流亭之夜》《夏之乐曲三章》《怀永定》《春的旅人》《庭院之春》、诗《妈妈倚着门槛在望》《春之夜》《落叶之梦》《街之夜乐》等亦署。⑥李素伯，见于国画《恐飞红吹到他边去惹伊泪落》，载 1934 年上海《艺风》第 2 卷第 1 期。嗣后发表随笔《漫谈新诗》（载 1937 年上海《文学》第 8 卷第 1 期）、散文《絮语散文三篇（家、秋树、春阴）》（载 1937 年《写作与阅读》第 1 卷第 6 期）、出版论著《小品文研究》（上海新中国书局，1932 年）亦署。⑦绚，见于诗《落叶之秋》，载 1935 年南通《爝火》第 1 卷第 2 期。嗣后在该刊发表旧体诗《重来濠上》亦署。⑧李绚，见于杂文《旧调重弹》，载 1935 年《爝火》第 1 卷第 3 期。⑨悔存，见于旧体诗《柳絮》，载 1935 年《爝火》第 1 卷第 5 期。⑩素，见于旧体诗《次韵谢怡师赠言》，载 1935 年《爝火》第 1 卷第 6 期。

李索开（1918－1975），河南襄县（今许昌市）人。笔名：①索开，见于诗《工合报告诗》，载 1940 年 6 月 6 日陕西宝鸡《西北工合》第 3 卷第 6 期。嗣后在《西北工合》《战时文艺》《诗创作》《诗丛》《文学》《人世间》《文艺复兴》《诗创造》《新诗歌》等刊发表诗《这里》《江边三唱》《马车队》《路边躺着一个人》《被奸淫的信》《农村的歌手》、评论《尼克拉索夫与农民》等，出版诗集《诗家》（重庆戏剧文学出版社，1942 年）、《荒原的声音》（重庆春草诗社，1945 年）、《歌手乌卜兰》（上海星群出版公司，1947 年）、故事《大别山革命故事》（中南人民文学艺术出版社，1954 年）等亦署。②S.K.，见于诗《吊自杀者之歌》，载 1934 年 9 月 5 日上海《人间世》第 11 期。③李索开，见于随笔《工作经验拾零》，载 1940 年宝鸡《西北工合》第 3 卷第 13 期。

李腾岳（1895－1970），台湾台北人，字鹭村、梦痴、梦星、玫园、木马山人。笔名鹭村、李鹭村、鹭村生、腾岳、李腾岳，1924－1944 年在台北《台湾日日新报》《风月报》《兴南新闻》《南方》等报刊发表旧体诗《花朝雅集》《台北竹枝词》等署用。

李天济（1921－1995），江苏镇江人。笔名：①李天济，见于评论《论〈大地回春〉的主题》，载 1942 年重庆《戏剧岗位》第 3 卷第 5、6 期合刊；评论《论剧作〈家〉中的人物创造》，载 1943 年重庆《天下文章》第 1 卷第 4 期。1949 年后出版电影剧本《落水记》《今天我休息》《小城之春》《爱情啊，你姓什么？》《姑娘今年二十八》《逢凶化吉》，以及《海上百家文库·陈白尘孙瑜姚克李天济卷》等亦署。②高鲁，见于报告文学《徐州突围》，连载于 20 世纪 40 年代昆明《精忠》杂志。③光沛，1947 年上半年在《大公报·戏剧周刊》发表评论署用。④于刚，见于评论《论戏剧批评的坏倾向——以梅朵的〈评丽人行〉为例》《论戏剧批评的坏倾向——〈请回到问题上来——答梅朵〉》，载 1947 年下半年上海《时代日报》。⑤天济、天际，20 世纪 50 年代前后发表短文署用。

李天梦，生卒年及籍贯不详。笔名：①李天梦，出版《倥偬集》（北平文心书业社，1936 年）署用。②天梦，出版《繁华梦》（上海亚华书局）署用。

李天民，生卒年不详，台湾台北人，字学樵。笔名天民、李天民、学樵、李学樵、学樵居士、学樵仙史、诗瓢、李诗瓢，1914－1929 年在台北《台湾日日新报》《台湾艺术》《新高新报》《风月报》《南方》《兴南新闻》等报刊发表旧体诗《敕题海上日出》《迎年书事》等署用。

李铁民（1895－1956），福建永春人。笔名：①半鳃，见于随笔《〈晓风〉与〈狮声〉的一个分野》，载 1933 年 2 月 1 日马来亚新加坡《南洋商报·狮声》创刊号。同时期在新加坡《新国民日报·新国民杂志》《南洋商报·商余杂志》《风下周刊》《南侨日报·南风》等报刊发表散文、杂文、旧体诗词亦署。1933 年在新加坡《南洋商报》副刊《狮声》《晓风》发表文章署用。②李铁民，出版通俗小说《双凤伴凰》署用。

李铁声（？－1930），原名李声华。笔名李铁声，见于评论《宗教批判》，载 1928 年上海《文化批判》第 1 期；译剧《群众二人》（德国恩斯特·托勒尔原作），载 1928 年上海《创造月刊》第 2 卷第 2 期。同时期起在上述两刊及上海《思想月刊》发表评论《社会底自己批判》《社会革命底展开》《目的性与因果性》，译作《辩证法的唯物论》《〈哲学底贫困〉底拔萃》（德国马克思原作）、《浪漫主义的变革》（德国巴尔特尔原作）等亦署。

李拓之（1914－1983），福建福州人。原名李点，字弛云，号无辩。晚年衍碧楼主。曾用名李又曦、李公绰。笔名：①柳衣，见于《无题六十律》等，载 1935 年前福州《国光日报》副刊。1937 年在福州《小民报》发表诗《流亡诗草》、随笔《诗歌在抗战中》等亦署。②姚苡，见于散文《金门岛》，载 1937 年上海《宇宙风》第 55 期；小说《李陵》，载 1939 年重庆《七月》第 4 集第 1 期。此前后在上海《宇宙风》《宇宙风乙刊》、福州《小民报》副刊、香港《大风》等报刊发表散文《巴山的雾夜》《巴音》《人海浮萍录》、评论《李长吉古诗研究》、通讯《上海通讯》等亦署。③李又曦，见于《悼鲁迅》，载 1936 年 10 月 21 日上海《时代报》。同月 24 日在该报发表诗《夜过鲁迅墓》亦署。④纵横、抗战时在重庆报刊发表文章署用。⑤李拓之，见于小说《埋香》，载 1946 年上海《文艺复兴》第 2 卷第 6 期；散文《致死者》，载 1947 年上海《民主论坛》第 2 卷第 3 期；小说集《焚书》，（上海南极出版社，1948 年），1949 年后出版《李拓之作品选》（海峡文艺出版社，1987 年）、《李拓之代表作》（华夏出版社，1999 年）、《李拓之文集》（华夏出版社，2000 年）等亦署。⑥李景侗，1947－1948 年在《京沪周刊》发表旧体诗署用。

李望如

（1912－1993），广东饶平人。原名李从心。曾用名李宗周。笔名：①辛尔，见于《西贡岸上的新客衙》，载 1934 年 11 月 29 日－30 日上海《申报·自由谈》。嗣后在《现代》《太白》《新小说》等刊发表文章亦署。②列弓射，出版长篇小说《阿弓》（广州东方文艺社，1936 年）署用。③列躬射，见于短篇小说《最后的电台》，载 1936 年 7 月 20 日上海《今代文艺》创刊特大号。嗣后在《东方文艺》《抗战文艺》《黄河》《文艺杂志》《文艺先锋》《天下文章》《时与潮文艺》《高原》《国声》等刊发表文章，出版小说集《残灰集》（重庆南方印书馆，1943 年）、长篇小说《她的恋人》（重庆当今出版社，1944 年）、《白莎哀史》（重庆进文出版社，1944 年）等亦署。④李从心，见于长篇小说《还乡记》（台北文海出版社，1963 年）。⑤李望如，出版回忆录《六十载文坛流火》（中国华侨出版社，1992 年）署用。

李威深

，生卒年及籍贯不详。笔名：①李威深，见于散文《一夜宿》，载 1934 年上海《现代》第 5 卷第 4 期；散文《旅途》，载 1934 年北平《水星》第 1 卷第 3 期。嗣后在该刊及北平《文学季刊》、延安《文艺战线》等刊发表散文《坝陷》《阿玛孙的后裔》《我的同情》、小说《火车司机》等亦署。②威深，见于速写《穿过火线》，载 1935 年 5 月 13 日天津《国闻周报》第 12 卷第 12 期。又见于散文《角落里的故事》，载 1935 年 11 月 29 日《武汉日报·现代文艺》第 41 期。

李葳

，生卒年及籍贯不详，原名李灵。笔名：①李葳，见于翻译小说《瑞典人的彩票》（丹麦涅克索原作），载 1942 年福建永安《现代文艺》第 4 卷第 5－6 期；翻译论文《孤独的普式庚》（苏联布拉郭衣原作），载 1942 年《文艺阵地》第 6 卷第 5 期。嗣后在上述两刊及《抗战文艺》《文学月报》《笔阵》《文学月刊》《诗创作》《文学报》《文艺生活》《文讯》《战时文艺》《文艺先锋》《青年文艺》《文风》《文艺杂志》《时与潮文艺》《时与潮副刊》《天下文章》《黎明》《文艺月报》《小说月刊》等刊发表翻译评论《托尔斯泰的文学遗产》（苏联日丹诺夫原作）、《黑奴反抗之歌》（考尔布原作）、译诗《孩子与驾驶员》（白俄罗斯 Y. 库巴拉原作）、翻译小说《露易丝死了》（捷克库涅提斯卡原作）、《问讯》（俄国契诃夫原作）、《吉林尼娜》（俄国契诃夫原作）等译作，出版翻译小说《给静静的顿河的儿子》（重庆骆驼社，1944 年）、《田地》（立陶宛史维尔卡原作。成都自力书局，1944 年）、《阿霞小姐》（俄国屠格涅夫原

作。重庆骆驼社，1944 年）、《契诃夫短篇小说选》（英汉对照。上海正风出版社，1948 年）等译作亦署。②李灵，署用情况未详。

李唯建

（1907－1981），四川成都人。原名李惟建。曾用名异云。笔名：①李惟建，见于诗《云雀曲（雪梨）》，载 1928 年《新月》月刊第 1 卷第 3 期；译诗《病了的玫瑰》（英国威廉·布莱克原作），载 1928 年上海《贡献》第 3 卷第 3 期。同时期起在上述两刊及《中央日报特刊》《认识周报》《石室学报》《现代学生》《诗刊》等刊发表诗《摇篮曲》《"我落在生命的荆棘上，我流血！"》《跳舞跳舞我小小的心》《祈祷》《美与爱》及译诗《歌颂智慧之美》等，出版书信集《相思草》（上海北新书局，1948 年）亦署。②惟建，见于诗《我怕——寄端恕妹》，载 1929 年上海《认识周报》第 1 卷第 16 期；诗《问》，载 1930 年上海《新月》第 3 卷第 8 期。③李唯建，见于论文《德国渥尼克的教育思想》，载 1933 年上海《东方杂志》第 30 卷第 8 期；诗《人生的前途》，载 1933 年上海《前途》第 1 卷第 3 期。嗣后在《人间世》《文学》《青年界》《艺风》等刊发表散文《国文教员》《找职业》《两个暑期》《绍介余时先生创设之丙寅美术社》《忆庐隐》等，出版诗集《影》（上海新时代书局，1933 年）、《祈祷》（上海新月书店，1933 年），散文集《唯建的漫谈》（成都统一评论社，1937 年），翻译出版小说《爱丽儿》（法国莫洛亚原作。上海中华书局，1931 年）、诗集《英国近代诗歌选译》（上海中华书局，1934 年）、散文集《维多利亚时代英宫外史》（法国莫洛亚原作。上海中华书局，1935 年）等亦署。④李唯健，见于诗《她倦了》，载 1933 年上海《新时代》第 5 卷第 4 期；译文《经济与教育》，载 1933 年上海《中华教育界》第 21 卷第 4 期。⑤四郎、唯建，署用情况未详。

李维翰

，生卒年不详，江苏松江县（今上海市）人，字艺香。笔名李维翰，在《南社丛刻》发表诗文署用。

李伟

（1925－？），江苏宜兴人。原名李缵绪。笔名：①李伟，出版传记文学《曹聚仁传》（南京大学出版社，1993 年）、《报人风骨——徐铸成传》（广西师范大学出版社，2008 年）、《神秘的无名氏》（上海书店出版社，1998 年）、《爱河中沉浮的无名氏》（珠海出版社，1999 年）、《乱世佳人苏青》（上海书店出版社，2001 年），纪实文学《喋血国门外》（河南文艺出版社，2001 年）、《功败垂成》（湖北人民出版社，2008 年），随笔集《凡人眼中的名人》（南京大学出版社，1994 年）等署用。②韦木，署用情况未详。按：李伟 1946 年起在宜兴《民言日报》、无锡《人报》、苏州《新苏州报》任记者、编辑时即开始发表文学作品，署名情况待考。

李伟康

（1912－2002），印度尼西亚华人，祖籍中国广东梅县（今梅州市），生于印度尼西亚苏北。笔名阿五，20 世纪 40 年代后期在荷属东印度（今印度尼西亚）巴达维亚《中学生月刊》发表小说《陷井》《逸子》《奔》《初恋》等署用。嗣后出版小说集《朴满》（1993

年)、《杏子》(1994 年)、《红珊瑚的故事》(1995 年)、《人约黄昏后》(1997 年)及文集《阿五文集》(2000 年)等亦署。

李伟孙（？－1936），籍贯不详。笔名李伟，1933 年在广西郁林《民国日报·雷莺》发表诗文署用。

李未青（1925－　），吉林长春人。原名李兴亚。曾用名李志坚。笔名山宁、未行、未青、李青、秋实、李未青、林秋实，1940 年开始在哈尔滨《大北新报》《滨江日报》《滨江日报夕刊》《文化青年》、长春《青年文化》、南京《野草》等报刊发表散文、诗歌署用。1948 年开始在《国际经济》《东北日报》和哈尔滨《教学与研究》等刊发表译文亦署。"李未青"一名，1949 年后出版译作《巴勃罗·聂鲁达传》(苏联库契希奇科娃、施契因原作，与胡冰合译。作家出版社，1957 年)、《我的青年朋友们》(苏联切尔凯佐夫原作。人民文学出版社，1958 年)、《列夫·托尔斯泰传》(苏联波波夫原作。黑龙江人民出版社，1987 年)等亦署。

李蔚初，生卒年不详，江苏人。原名李天真。笔名李蔚初，见于诗《寄向游击区》，载 1942 年重庆《文艺先锋》第 1 卷第 3 期。嗣后在《文艺先锋》发表诗《享乐的人们》《万里关山》，出版诗集《绿叶集》(重庆绿叶诗社，1945 年)亦署。

李蔚华，生卒年不详，湖北黄陂（今武汉市）人。笔名：①雪妃，见于《蓓蕾初放》《死》，载 1932 年武汉《玫瑰》旬刊创刊号。②李蔚华、飘萍，分别见于《Sonnet》《心弦》，载 1932 年《玫瑰》第 2 期。

李文光（1911－？），辽宁台安人。笔名：①文光，1933 年春在哈尔滨《国际协报·副刊》发表文章署用。又见于小说《肉的故事》，载 1933 年 8 月 2 日长春《大同报·大同俱乐部》。②星，见于中篇小说《路》，连载于 1933 年长春《大同报·夜哨》第 5－15 期。

李文钦（1920－？），四川云阳人。笔名：①非文，见于散文《蔷薇花下》，载 1942 年万县《川东日报》副刊。嗣后在《万州日报》《江声月刊》等报刊发表随笔《伤疤及其他》、诗《长江的画像》、小说《黑子》等亦署。②斐然，见于散文《怀春草》，载 1943 年《江声月刊》；诗《莫让土地松口气》，载 1944 年万县《诗前哨》第 1 辑。同时期在《诗前哨》及重庆《文艺先锋》《突兀文艺》等报刊发表诗《收获之歌（外三章）》《收获季》《心灵的呼唤》《幻想曲》、译诗《学生们，起来》等亦署。③郁文，见于小说《春耕》，载 1946 年汉口《大刚报》副刊。嗣后在该刊发表诗《骡马与骡夫》等亦署。④石焰，见于小说《孩子是无罪的》，载 1946 年《武汉时报》副刊。嗣后在该刊及《武汉日报》副刊发表小说《贾太太的悲哀》《生死风雪夜》、散文《重逢夜话》《旅途书简》、剧评《〈丽人行〉面面观》等亦署。⑤郁林，见于散文《病中杂谈》，载 1947 年汉口《和平日报》副刊。嗣后在该刊发表诗作亦署。

李文珊（1928－2014），河北武安人。曾用名李存科、

李恒立。1947 年开始发表作品。笔名：①李文珊，发表散文《娘子关上话友谊》《"哑人"之忆》，出版短篇小说集《担谷》《多龙小传》，散文集《第八极人》《西天佛地》《海外漫游》《难忘西藏》《李文珊散文集》，通讯报告集《金梁和玉柱》《高原春秋》，论文集《文艺散论》，以及《李文珊文集》等署用。②石灵、杨柳枝，署用情况未详。

李我（1895？－？），湖南湘阴人，晚号遁园。笔名李我，著有诗集《燕山居吟草》。

李无隅（？－1923），浙江平阳人。原名李芳。笔名李无隅，出版诗集《梅花》(上海开明书店，1929 年)署用。

李西浪（？－1972），新加坡华人。笔名：①李西浪，见于小说《蛮花惨果》，载 1925 年 1 月 31 日－9 月 4 日马来亚新加坡《新国民日报·新国民杂志》。②迷羊、死狼，20 世纪 20 年代起在马来亚新加坡等地报刊发表诗文署用。

李西滨（1892－1957），安徽太湖人，字启光。笔名李西滨，见于随笔《中国艺文学常识引言》，载 1934 年安庆《学风》第 4 卷第 7 期；随笔《读书的初步方法》，载 1947 年上海《新时代》新 3 卷第 3 期。20 世纪 30－40 年代在《新时代》《中央日报·俗文学》《大晚报·通俗文学》等报刊发表《对于〈中华成语词典〉的小贡献》《文字学入门》《中国戏剧的起源》《杂剧与传奇的异同》《〈三国演义〉与大小乔》等文亦署。

李仙根（1893－1943），广东中山人。原名李蟠。笔名李仙根，见于旧体诗《闻允之国殇》，载 1938 年 12 月重庆《民族诗坛》第 2 卷第 2 辑；七律《归乡作》，载 1939 年上海《杂志》第 4 卷第 3 期。此前后在《民族诗坛》《觉音》《华侨先锋》《中央周刊》等刊发表旧体诗《西行杂诗》《闻太平洋剧变》《参政第五次会书慰侨胞两章》《革命史绩展览会肃瞻既赋》等，出版《李仙根日记》(黄健敏等整理。文物出版社，2006 年)等亦署。

李乡浏（1934－2009），福建长乐人。笔名：①里斌、严如钺，1949 年起在长乐《航报》副刊、福州《福建民报·长友》等刊发表诗文署用。②李乡浏，出版《深林山野纪事》(福建少年儿童出版社，1985 年)、《文坛剪影》(甘肃少年儿童出版社，1991 年)、《中国现代作家笔名考释》(艺苑出版社，1996 年)等著作署用。

李香冷，生卒年及籍贯不详。笔名香冷，见于《春闺梦》，载 1928 年 7 月 7 日大连《泰东日报》副刊。同年在该报发表小说《阿保他们》(8 月 22 日)、散文《红叶》(10 月 24 日)、评论《奉天文艺界兼呈东北文学研究会及关外社诸友人》(11 月 18－26 日)等亦署。

李详（1859－1931），江苏兴化人，字审言、慎言、瘵生、愧生、瑰（guī）生，号寓斋、韗（yǔn）叟、韗叟生、百药生、后愧生、二研室主。笔名：①李详，见于论文《论桐城派》，载 1908 年上海《国粹学报》

第 4 卷第 12 期；传记《费君鉴清小传》，载 1914 年上海《雅言》第 1 卷第 8 期。嗣后在上述两刊及《文艺杂志》《大同报》《小说月报》《亚洲学术杂志》等刊发表《文心雕龙黄注补正》《韩诗证选》《媿生丛录》《若颖诗话》《与宣古愚书》《小除病起寄王雷夏日本》等诗文亦署。②审言，见于随笔《药裹傭谈》，载 1916 年上海《小说月报》第 7 卷第 1—2 号（刊内正文署名李详）；旧体诗《梦亡室赵孺人》《题黄公度人境庐诗集》《题周梦坡所藏岘山逸老图（有序）》，载 1916 年上海《大中华》第 2 卷第 12 期。③李慎言，见于散文《到清华去》，载 1925 年北京《清华周刊》第 24 卷第 15 期；散文《清明日记》，载 1937 年上海《青年界》第 12 卷第 1 期。④李审言，见于遗著《愧生新录》，载 1936 年苏州《制言》半月刊第 30 期。嗣后在该刊发表《武进蒋少颖先生传》《学制斋诗抄》亦署。

李祥麟，生卒年不详，江苏南通人。笔名：①李祥麟，见于译文《探海的奇观》（与李息苓合译），载 1943 年上海《万象》第 2 卷第 12 期。②蔓苴，见于诗《盲语》《黄昏》，载 1945 年 1 月 19 日南通《江北日报·诗歌线》。嗣后在该刊发表《年残》等诗亦署。

李象文（？—1955？），籍贯不详。笔名：①严炎，见于诗《短简》，载 1947 年北平《泥土》第 1 辑。嗣后在该刊发表诗《复仇篇》《歌》《祝福，写给牧青》等亦署。②叶北岑，见于诗《无花果》，载 1947 年北平《泥土》第 3 辑。嗣后在该刊发表评论《大家的目标一致——由〈带路的人〉读后想起的》亦署。

李小峰（1897—1971），江苏江阴人。原名李荣第，字小峰。曾用名李晓峰。笔名：①小峰，见于译诗《泰谷儿园丁集第十五》，载 1921 年 5 月 15 日上海《民国日报·觉悟》；译文《心灵学——科学大纲第十六篇》，载 1924 年 6 月 27 日北京《晨报副镌》。同时期在《晨报副镌》《京报副刊》《北新》等刊发表译文《家畜中蛮性之遗留》（美国摩尔原作）等亦署。②李小峰，见于译文《中国问题的发端》（英国罗素原作），载 1922 年 11 月 22—23 日北京《晨报副镌》；译文《中国的高等教育》（英国罗素原作），载 1923 年武昌《扬子江》第 2 期。嗣后在《晨报副镌》《京报副刊》《歌谣》《北新》《语丝》《民国日报·觉悟》等报刊发表《结婚的爱》（英国斯托普斯原作）、《两条腿》（丹麦爱华尔德原作）、《文明人之由来》（美国摩尔原作）、《近代植物园在教育上的价值》（英国乔治·摩尔原作）等译文，出版翻译童话集《两条腿》（丹麦爱华尔德原作。北京北新书局，1925 年）亦署。③林兰，出版翻译童话集《旅伴》（丹麦安徒生原作，与 CF 合译。北京新潮社，1924 年）署用。嗣后在上海北新书局出版译作《旅伴及其他》（1925 年）、《昆虫故事》（法国法布尔原作。1927 年）、《沙场间的三个梦》（南非奥利弗·施莱纳原作，1931 年）、《三个播种者》（法国孟代原作。1931 年）、故事《灰大王》（1933 年）、《朱元璋的故事》（1935 年），在上海开明书店出版《金田鸡》（1933 年）等亦

署。④Y. D.，出版译作《结婚的爱》（英国斯托普斯原作。上海北新书局，1929 年）署用。⑤C. F.，原为张近芬之笔名。与张合译丹麦安徒生之童话《旅伴》时共署此笔名。

李筱峰（1916—2003），广东台山人。原名李维恒。曾用名何维、李三郎。笔名：①李文尹，见于消息《广州文坛检阅》，载 1933 年上海《出版消息》第 10 期。嗣后在该刊第 12 期发表随笔《漫谈广州的几个作家》亦署。②李三郎，见于散文《冬天的南海之滨》，载 1934 年 11 月 10 日上海《申报·自由谈》；风俗志《抢炮》，载 1935 年上海《太白》第 2 卷 5 期。嗣后在《十日谈》《西北风》《文艺月刊》《申报·自由谈》《新诗歌》《诗歌杂志》《人言周刊》《新新月报》等报刊发表随笔《罪恶之城》《赌场里》《谈女人和商品》《文人在广州》、诗《澳门的歌》《钱塘江畔》、小说《六月的澳门》《方丽茵》等亦署。③一旦、白帆、文尹、红菓、蒲莉，1934 年开始在上海《文艺周刊》《太白》《文艺月刊》《中华日报·新野》《大晚报·火炬》《时代画报》、武汉《大光报》、桂林《救亡日报》、广东《新华南》等报刊发表诗文署用。④三郎，见于散文《挣扎》，载 1935 年 1 月 22 日《申报·自由谈》；随笔《为了活》，载 1935 年上海《太白》第 2 卷第 3 期。⑤艾茶，见于散文《病》，载 1935 年 7 月 24 日《申报·自由谈》；小说《野花香》，载 1941 年上海《小说杂志》第 1 卷第 1 期。⑥司马飞骊，见于小说《生活》，载 1936 年南京《文艺月刊》第 9 卷第 1 期。嗣后在该刊第 11 卷第 1 期发表小说《牢柳》亦署。⑦何维，见于随笔《关于文艺青年的修养和生活问题》，载 1941 年《青年知识周刊》第 18 期。按：李筱峰作有诗《白鹅潭》、小说《风水》《械斗》《星星陨落》《金钱炮》《锄奸记》《陈笑影》《在艰难的岁月里》《丘平》《黄宝珍》《山谷里的吊尸》《大闹金棠楼》等，署名与发表情况未详。

李效厂（ān），生卒年及籍贯不详。笔名：①效厂，见于《送寒衣》，载 1938 年重庆《中苏文化》第 3 第 1、2 期合刊；评论《关于小调》，载 1939 年《抗战文艺》第 3 卷第 5、6 期合刊。1947 年在《中原》第 2 卷第 2 期发表评论《平剧的产生》、在《民众周刊》第 1 卷第 4 期发表故事《疥疮大王》亦署。②李效厂，见于评论《皮黄戏的认识》，载 1943 年重庆《文化先锋》第 2 卷第 20 期。嗣后发表《论〈妓女告状〉》（载 1949 年 8 月 5 日上海《文艺复兴》中国文学研究号下），出版《修订平剧选第七集》（与吴伯威、林伯年合作。南京正中书局，1947 年）、《修订平剧选第十集》（与林伯年、陈征信、程虚白合作。南京正中书局，1947 年）、《修订平剧选（全十二册）》（与姜作栋、林伯年等合作。国立编译馆，1947 年）等亦署。

李啸庵，生卒年不详，台湾人。笔名啸庵、啸庵生、李啸庵，1941—1944 年在台北《兴南新闻》发表旧体诗《四十有九遗怀四首》等署用。

李啸仓（1921—1990），山东宁津人，生于天津。原

名李宝德。笔名：①李啸仓，见于散文《纸烟的故事》，载 1948 年西安《黄河》复刊第 5 期；论文《宋元之灵怪平话——〈醉翁谈录〉所载话本目考证之一》，载 1947 年北平《华北日报·俗文学》第 10—13 期。嗣后在该刊发表散文《悼傅芸子——在他手创的〈俗文学〉》、论文《宋元之烟粉平话——〈醉翁谈录〉所载话本目考证之二》《"艳段"考》等文，出版鼓词《揭竿记》（武汉通俗图书出版社，1951 年），论著《曲艺谈》（武汉通俗图书出版社，1951 年）、《宋元伎艺杂考》（上海上杂出版社，1953 年）、《怎样编写鼓词》（艺术出版社，1955 年）、《谈三个戏剧人物》（上海文化出版社，1957 年）、《李啸仓戏曲曲艺研究论集》（中国戏剧出版社，1994 年）等亦署。②江浦、晓苍、粟沧，署用情况未详。

李啸峰，生卒年不详，台湾人。原名李源振。笔名李啸峰、啸峰，1932—1938 年在台北《南瀛新报》《风月报》发表旧体诗署用。

李心洛（1924—？），福建福州人。原名李盛乐。曾用名李健。笔名阿洛，见于杂文《谢洛眼中的"飞矢"》，载 1945 年 3 月 25 日南平《东南日报·笔垒》。嗣后在福州《南方日报·黎明》《福建邮工》等报刊发表文章亦署。

李辛白（1875—1951），安徽无为人。原名李修隆，字燮枢，号水破山人。笔名：①辛白，见于诗《动》，载 1919 年 7 月 6 日北京《每周评论》第 29 期。又见于诗《六十天了》《明月》，载 1919 年《新生活》第 1 期。②姜素，见于随笔《平民主义》《北总代表》，载 1919 年《新生活》第 1 期。嗣后在该刊发表《丑得难受》《人格上的胜败》《偃武修文》等随笔亦署。③姜，见于随笔《琐碎话》，载 1919 年《新生活》第 5 期。④李辛白，见于七律《初春贵池山居寄怀宜城友人》，载 1934 年《安徽农学会报》第 1 卷第 3 期；七绝《安庆菱湖晚步》，见 1934 年《安徽农学会报》第 1 卷第 4 期。

李行（1923—？），广东揭阳人，生于暹罗佛丕。原名李俊杰。笔名李行，1941 年后在曼谷《中原晚报》撰写"街头巷尾"专栏署用。同时期在《中原报·泰事版》发表特写亦署。

李省（xǐng）**三**，生卒年及籍贯不详。笔名白流星，见于诗《秋夜思》，载 1941 年 8 月 26 日福建连城《大成日报·高原》。嗣后在福建其他报刊发表诗文亦署。

李岫石（1911—1938），四川隆昌人。曾用名李承璘、李诚实、李繁市。笔名：①萧石，见于散文《我在怀念着也频》，载 1931 年上海《文艺新闻》第 13 期。嗣后在该刊第 15 期、第 22 期发表《一八艺社迎送词》《丁玲：一个时代的烙印》亦署。②繁市，1931 年前后在上海《文艺新闻》发表评论署用。③李康乐，1936 年后在中共四川省委秘密刊物《大声周刊》投稿署用。④李岫石，1938 年在武汉《诗时代》发表诗作署用。

李旭（1907—1984），吉林和龙人，朝鲜族。生于俄国符拉迪沃斯托克。原名李时龙，字鹤城，号琴雪。曾用名李章元。笔名：①李章元、月村、月波，1920—1930 年间在《间岛日报》（朝鲜文版）、《民声报》（汉文版和朝鲜文版）发表诗《罪囚》《天下恶乎定》《新生》等署用。②李鹤城、丹山、汕琴、琴雪，1930—1940 间在东北《满蒙日报》《满鲜日报》、朝鲜《朝鲜日报》《每日新报》《朝光》《朝鲜之光》（以上均朝鲜文版）等报刊发表诗《北斗星》《帽儿山》《故乡的故事》《花园的新春》等署用。③李旭，出版长诗《延边之歌》（作家出版社，1957 年），诗集《长白山下》（作家出版社，1959 年）、《李旭诗选集》（朝鲜文。延边人民出版社，1980 年）等署用。按：李旭另著有诗集《北陆的抒情》《家乡的人》、长篇叙事诗《风云起》等，出版与署名情况未详。

李玄伯（1894—1974），河北高阳人。原名李宗侗。笔名：①李玄伯，见于小说《世界历史演义》，载 1917 年 3 月 25 日—1918 年 12 月 25 日《华工杂志》第 4—29 期；译作《二年花月的故事》（法国法朗士原作），载 1921 年上海《东方杂志》第 18 卷第 7 期。嗣后在《晨报副镌》《现代评论》《猛进》《辅仁学志》《民主》《周报》《国立中央图书馆刊》等报刊发表文章，出版译作《希腊罗马古代社会研究》（法国古朗士原作。长沙商务印书馆，1938 年）、论著《中国古代社会新研初稿》（北平来薰阁书店，1941 年）等亦署。②玄伯，见于《戒赌歌》，载 1918 年《华工杂志》第 24 期。

李学诗（1874—1930），云南腾冲人，字希白，号罗生山人。有诗集《治平吟草》传于世。

李学亭（1910—？），河南武陟人。笔名：①李绍文，1929 年在《河南日报》和开封某高校校刊发表诗歌、杂文署用。②李学亭，1931—1934 年在北平《民国日报·绿洲》《青春文艺》《北斗季刊》《武光》《北平新报》、济南《山东日报》杂志发表诗文，1938 年后在洛阳《行都日报》发表战地通讯等亦署。③小红、笑天、阿木林，20 世纪 30 年代在北平等地报刊发表文章署用。

李熏风（1915—1998），四川资中人。原名李修业。曾用名李薰风。笔名：①黎行，见于《自遥排来——记粤西北瑶民生活》，载 1940 年重庆《群众》周刊第 5 卷第 1 期。②李薰风，见于《太阳和月亮——一个传说》，载 1941 年 10 月 17 日延安《解放日报》。嗣后发表秧歌剧《农会为人民》等亦署。③李下，1945 年以后在东北报刊发表文章署用。④江山，1949 年后在东北报刊发表评论、杂文署用。⑤余斋，1949 年后在东北报刊发表短文多署。⑥李熏风，1956 年 1 月后在东北报刊发表论文《赫哲族英雄叙事诗〈满斗莫日根〉及《马名超和东北民间童话》《民间学——民间文学》《民俗研究大有可为》《从民俗学看〈呼兰河传〉》《民俗宝藏急待开发》，翻译出版童话集《两个渔夫》，搜集整理发表《老君炼山》等民间故事署用。⑦金赤峰，1949年后出版政治理论小册子署用。嗣后出版论著《谈集体和个人相互关系的几个问题》（黑龙江人民出版社，1956年）亦署用。⑧迅风，20世纪80年代起发表杂文等署用。按：李薰风（一作李熏风），为著名民间文艺研究家，曾任黑龙江日报社总编辑、秘书长，黑龙江省社科院文学研究所顾问，中国民间文艺研究会理事。与20世纪40年代活跃于华北沦陷区文坛、曾出版多部通俗小说之李薰风非同一人。

李薰风　生卒年及籍贯不详。笔名：①李薰风，见于长篇小说《风尘三女子》，载1940－1941年上海《小说月报》创刊号至第1卷第8期；《一个小说作家的供状》，载1941年北平《全家福》第3卷第8期。20世纪40年代在北平《一四七画报》《实报》《新北京报》《三六九画报》《学生界》、天津《民教》、保定《新河北》、青岛《华北通讯》、太原《新唐风》、日本大阪《大阪华文每日》等报刊发表小说，出版《北平小姐》（上海新时出版社，1933年）、《雨下残荷》（北平义文书局，1940年）、《北京明星》（上海华新书局，1940年）、《北国春秋》（上海鸿文书局，1941年）、《路柳墙花》（天津励力出版社，1941年）、《北京花》（新京同化印书馆，1941年）、《野蔷薇》（上海百新书店，1942年）、《桃李门墙》（天津励力出版社，1942年）、《春城歌女》（上海大东书店，1943年）、《白衣天使》（广明出版社，1944年）、《学府风光》（北平文兴书局，1946年），以及《夫妻儿女》《比翼双飞》《旧京风月》《烛影摇红》《风尘三女子》《前前后后》等通俗言情小说亦署。②薰风，20世纪40年代在长春《麒麟》月刊为亚岚（杨六郎）《乐府真声》、渐畬《吴素秋外传》、白羽《胡孝子传》、杨棣《爱的弄火者》等作品插图署用。按：20世纪40年代初期在延安《解放日报》、40年代后期起在黑龙江等地报刊发表文章之李薰风，系曾任黑龙江省社科院文学研究所顾问之李熏风（1956年1月28日《汉字简化方案》发布后改名），与本词条所涉人物非同一人。

李薰熹（1918－？），籍贯不详。笔名：①李薰熹，出版诗集《遥寄》（希望书店，1941年）署用。嗣后发表散文《忆杨荩教授》（连载于1948年《再生半月刊》第1卷第11期—第2卷第2、3期合刊）亦署。②李芬，署用情况未详。

李亚如（1919－2003），江苏扬州人。笔名：①李群，1945年底在华中二分区《人民报》发表高邮解放见闻录署用。嗣后在该报发表短文或通讯报道亦署。②君羊，1945－1947年在华中二分区《人民报》发表文章署用。③亚，1945年后在华中二分区《人民画报》任主编时发表通俗作品和宣传画署用。④李亚如，1949年后发表作品，出版儿童小说《小虎：一个少年游击队员的故事》（江苏人民出版社，1954年）、《考试》（江苏人民出版社，1959年）、《两个通讯员》（江苏人民出版社，1961年），扬剧剧本《夺印》（上海文艺出版社，1963年），画集《李亚如画辑》（人民美术出版社，1987

年）等署用。

李焰生（1897－1975），广西防城人，笔名：①李焰生，见于小说《迷途》，载1928年上海《良友画报》第24期；随笔《闻鸡起舞说》，载1931年上海《社会日报三周纪念册》。嗣后在《平旦周报》《正路》《社会月报》《新垒》《七日谈》《全面战周刊》《广东省政府公报》《狮子吼月刊》《国防周报》《客观》等报刊发表散文《南京印象记》《佛会小品》《感旧录中之一篇：曹聚仁》、评论《政治之路与文艺之路》等文，出版散文集《闲人散记》（桂林中国图书公司，1942年）亦署。②焰生，见于随笔《创造社之末日》，载1928年上海《青战》第1期；随笔《读史吴梅村》，载1933年1月上海《新垒》创刊号。1932年起在《平旦周报》《七日谈》《新垒》《前锋》《狮子吼月刊》《社会周刊》《客观》等刊发表随笔《关于萧伯纳来华》《左联命运的估算》《图书杂志的检查》，散文《南通三日游》《桃花江上之秋》，评论《马克思主义文学与无产阶级文学》，小说《淋漓》等亦署。③马儿，见于随笔《结婚与离婚》，载1930年上海《民众生活》第1卷第16期；随笔《沈从文的偏见》，载1933年上海《新垒》第2卷第4期。此前后在上述两刊及《社会日报》《七日谈》《社会新闻》《社会月报》《科学画报》等报刊发表随笔《所谓大众语文学》《于时夏试译诗经》《郭源新的〈桂公塘〉》《沈从文之党派文学观》，旧体诗《瘦西湖口占》等亦署。④罗什，见于随笔《小报的权威》，载1931年上海《社会日报纪念专刊》；随笔《记陈欣荣》，载1934年上海《七日谈》第1卷第6期。嗣后在上述两刊《社会月报》《北洋画报》等刊发表随笔《诗人黄晦闻的情史》《仲恺先生的葬事》《啼笑散记》、散文《青县记游》等亦署。

李业道（1924－2002），四川遂宁人。笔名：①陈婴、沙旦，1943年开始在重庆《大公报》等报刊发表诗、散文署用。②李业道，1949年后在《人民音乐》《音乐研究》等刊发表《形式的创造者》《世界观和创作方法》《劳动呼号和艺术创造》等文，出版《聂耳的创造道路》（人民音乐出版社，1984年）、《吕骥评传》（人民音乐出版社，2001年）、《李业道诗文选》（中国文联出版社，2003年）等署用。

李一痕（1921－2019），江西吉安人。原名李俊才。曾用名李时杰。笔名：①李一燃，见于散文《梦》，载20世纪40年代初重庆某报副刊。②李一痕，见于诗《重庆，我要把你摇醒》，载1940年国立艺专诗墙报《火之源》第1期。嗣后在长沙《诗与木刻》、重庆《新蜀报》《新世纪》《火之源》《文艺先锋》、贵阳《大刚报》、上海《诗创造》《妇女月刊》《文汇报·笔会》、武汉《诗地》《武汉时报》《文艺》、桂林《广西日报》、吉安《民治日报》《前方日报》《诗音讯》、沈阳《前进报·前哨》等报刊发表小说《小风波》，诗《先知》《黑手》《礼赞底歌》《法律》《“活的！活的”》等作品，出版诗集《谎言》（上海中国出版社，1947年）、《过不了冬天底人》

（汉口诗地社，1948 年）、《疯子与圣人》（汉口诗地社，1948 年）等亦署。③青藜，见于诗《夜谣两章》，载 1945 年《火之源文艺丛刊》第 4 期；诗《我是什么》，载 1948 年南昌《中国新报·新文艺》第 64 期。同时期在武汉《诗地》、沈阳《前进报·诗哨》《沈阳日报·诗战线》、北平《诗音讯》等报刊发表诗《我要打开窗》《刽子手和犯罪的人》《我们只剩下一副骨头》等亦署。④刘梵，见于杂文《谈龙》，载 20 世纪 40 年代江西吉安《前方日报》。⑤丁冬，见于诗《草原上的日子》，载 1948 年重庆《文艺先锋》第 12 卷第 1 期。⑥一痕、石羽、刘尧军，20 世纪 40 年代在重庆《文艺先锋》发表文章署用。

李一氓（méng）（1903－1990），四川彭州人。原名李民治。曾用名李一民、一萌。笔名：①民治，见于通讯《孙中山、哥德与费希特》，载 1925 年上海《猛进》周刊第 35 期；《国家资本主义》，载 1926 年上海《洪水》半月刊第 1 卷第 10、11 期合刊。②李一氓，见于《改良主义是不是在中国行得通？》，载 1928 年上海《流沙》半月刊第 1 期；译述《一九二八年第一季的世界经济状况》，载 1928 年上海《思想月刊》第 3 期。嗣后翻译出版诗集《新俄诗选》（苏联布洛克等原作，与郭沫若合译。上海光华书店，1929 年），论著《世界经济与经济政策》（苏联伐尔加原作。上海水沫书店，1930 年）、《一九二九年的世界经济与经济政策》（苏联伐尔加原作。上海神州国光社，1930 年），在《日出》《新思潮》《拓荒者》《世界杂志》《江淮文化》《经济》等报刊发表《化装跳舞会》《苏俄经济现状》《美俄关系论》《柏林的五一演出》《论文化》等著译文章亦署。1949 年后翻译《和平纪事》（委内瑞拉利昂原作）、《英国工党的假社会主义》（英国 J. 伊顿原作）、《马克思文选》，出版散文集《存在集》《一氓题跋》、诗词集《击楫集》，校注《花间集校》，编选《明清人游黄山记钞》等亦署。③氓，见于《我们的态度（游击）》，载 1928 年上海《流沙》半月刊第 1 期。嗣后在该刊发表文章曾多次署用。④一氓，见于《社会科学与社会科学名词》，载 1928 年上海《流沙》半月刊第 2 期；译文《自由公道的选举》，载 1928 年《日出旬刊》第 4 期。嗣后在《流沙》发表《游击九·革命与文学》《游击十五·鲁迅在上海》等文，在《新思潮》《现代周报》《新华论坛》《公平报》《中美周报》等刊发表文章亦署。⑤L，见于诗《春之奠——献给亡友纪君》，载 1928 年上海《流沙》半月刊第 4 期。嗣后在该刊及《新思潮》等刊发表文章，出版译作《新俄诗选》（与郭沫若合译。上海光华书局，1929 年）亦署。⑥二流，见于《无聊（游击）》《"二流"（游击）》，载 1928 年上海《流沙》半月刊第 5 期。⑦李德谟，见于《一九零五年至一九零九年俄国革命史》，载 1929 年上海《新思潮》第 2、3 期合刊；《打倒帝国主义的"五卅"》，载 1930 年上海《萌芽》月刊第 1 卷第 5 期（五月各节纪念号）。⑧杜竹君，见于译作《哲学之贫苦》（德国马克思原作。上海水沫书店，1929 年）。⑨德谟，见于

《关于文化侵略问题》，载 1930 年上海《巴尔底山》第 1 卷第 1 期。⑩鬼邻，见于《"兰芳"与"先生"》，载 1930 年上海《巴尔底山》第 1 卷第 1 期。⑪击楫，见于平剧剧本《九宫山》，1945 年在华东解放区时创作。

李一萍，生卒年及籍贯不详。曾用名李器之。笔名李一萍，见于《东北农村经济概观》，载 1936 年北平《农学》第 1 卷第 4 期。嗣后出版童话集两部亦署。

李一息，生卒年不详，广东南海（今佛山市）人。原名李素。笔名：①一息，1925 年后在马来亚槟城《槟城新报·椰风》《南洋时报·南洋的文艺》发表诗、小说署用。1939 年 7 月 26 日在新加坡《总汇新报·世纪风》发表评论《文艺的现实性》亦署。②一习，1925 年后在马来亚槟城《槟城新报·椰风》《南洋时报·南洋的文艺》发表诗、小说署用。③李一息，见于诗《黎明之前》，载 1929 年 10 月 1 日马来亚槟城《槟城新报·椰风》。

李漪（1915－？），广东潮州人。原名李尚娟。笔名李漪、秋漪、抛砖、未名，1939 年后在曼谷《中原报》编副刊《大众文艺》，1945 年抗战胜利后在曼谷编《妇女双月刊》和《中原报》副刊《大众文艺》《中外》并发表大量散文署用。

李宜燮（1914－1994）福建建瓯人。笔名：①般晶子，见于译文《其茨致妹书》，载 1936 年《绿洲月刊》第 1 卷第 1 期。嗣后在该刊发表译文《给佐治和佐治茵娜的信》亦署。②李宜燮，翻译出版《镀金时代》（美国马克·吐温原作，与他人合译。上海译文出版社，1979 年）、《美国文学选读》（南开大学出版社，2002 年）署用。

李逸民（1929－2014），山西运城人。笔名：①李雯、雯霓，20 世纪 40 年代后期在山西报刊发表诗、散文署用。②李逸民，1949 年后发表作品，出版长篇小说《双喜临门》（作家出版社，1959 年），中篇小说《春水碧波》（山西人民出版社，1959 年），短篇小说集《秋收的时候》（山西人民出版社，1957 年）、《丽梅的心事》（山西人民出版社，1958 年）、《初春的早晨》（山西人民出版社，1960 年），报告文学集《红心向党——王传河家史》（山西人民出版社，1965 年）等署用。

李逸涛（1876－1924），台湾新竹人。原名李书，字翊业、逸涛，号亦陶。笔名逸涛、李逸涛、逸涛山人、烟花散人、雪香山房主人、海沫，1898－1919 年在台北《台湾日日新报》发表旧体诗、通俗小说署用。1940 年 9 月 17 日在台北《风月报》第 117 期发表小说《蛮花记》亦署李逸涛。

李英敏（1916－2008），广西合浦人，京族。原名何世权。笔名：①李英敏，1949 年后出版电影文学剧本《南岛风云》《椰林曲》（与陈残云合作）、《南国红豆集》《李英敏电影剧本选》，短篇小说集《海里的月亮》《椰风蕉雨》《夜走红泥岭》，散文报告文学集《五月的鲜花》，报告文学集《五指山上飘红云》《奋战二十三年

海南岛），长篇纪实文学《椰岛英风》，长中篇小说《敌后女交通员》，论文集《群众文化大好春光》，以及《李英敏作品选》等署用。②丁子、微尘、毅生，署用情况未详。

李英儒（1914－1989），河北清苑人。笔名：①黎莺，1940年在晋察冀边区冀中地区刊发表诗、小说、散文、通讯等署用。同年在《冀中一日》第4卷《战斗的人民》发表文章亦署。②白华义，1940年在冀中地区刊发作品曾署。③李家侨，发表评论文章署用。④李英儒，1949年后发表作品、出版长篇小说《战斗在滹沱河上》（人民文学出版社，1959年）、《野火春风斗古城》（人民文学出版社，1962年）、《女游击队长》（解放军文艺出版社，1979年）、《还我河山》（人民文学出版社，1981年）、《魂断秦城》，短篇小说集《李英儒短篇小说集》（河北人民出版社，1981年）、《上一代人》（山西人民出版社，1982年）等署用。

李英时（1910－1980？），辽宁新民人。原名李天杰。笔名李英时，见于评论《文学与阶级》，载1930年《北国》杂志。

李瑛（1926－2019），河北丰润（今唐山市）人。笔名：①郑梦，见于诗集《石城底青苗》（与翟尔梅、王孝先、曹镜湖、杨金忠合集），1944年印行。②李瑛，见于小说《雪同雾》，载1947年北平《文学杂志》第2卷第2期。嗣后在该刊及北平《文艺大众》、青岛《文艺》、上海《中国新诗》、天津《大公报·文艺》等报刊发表诗、散文等作品，出版长诗《一月的哀思》，诗集《枪》（青岛诗星丛，1948年）、《野战诗集》（上杂出版社，1951年）、《战场上的节日》（上海上杂出版社，1952年）、《天安门上的红灯》（人民文学出版社，1954年）、《友谊的花束》（新文艺出版社，1955年）、《早晨》（作家出版社，1957年）、《时代纪事》（长江文艺出版社，1959年）、《来自海防前线的诗》（解放军文艺出版社，1959年）、《花的原野》（百花文艺出版社，1963年）、《红柳集》（作家出版社，1963年）、《枣林村集》（人民出版社，1972年）、《红花满山》（人民文学出版社，1973年）、《我骄傲，我是一棵树》（江苏人民出版社，1980年）、《李瑛诗选》（四川人民出版社，1981年）、《春的笑容》（文化艺术出版社，1983年）、《在燃烧的战场》（花城出版社，1984年）以及《李瑛诗选》等亦署。

李涌（1925－1999），江苏沛县人。原名李新勇。曾用名李湧、李勇。笔名：①李湧，1945年在部队报纸发表诗、通讯开始署用。见于诗《摇篮歌》，载1947年11月冀鲁豫文联《平原文艺》第2卷第5期；小说《号兵小铁轮》，载1948年山东聊城《平原》创刊号至第3期。②李涌，出版长篇小说《金珠和银豆》（人民文学出版社，1980年）、《风雨情缘》（花山文艺出版社，1990年）、中篇小说《小金马》（中国少年儿童出版社，1961年）、《香女泉》（河北少年儿童出版社，1985年），短篇小说集《伤疤的故事》（中国少年儿童出版社，1956

年），长诗《海燕岛》（中国少年儿童出版社，1957年）等署用。

李尤白（1924－2005），山西万荣人。原名李应甲，字天一，号旭岚；晚号梨园老人。笔名：①李甲，1941年开始在陕西《西安晚报》《国风日报》《西京平报》《正报》《建国日报》《益世报》《新少年》《新文艺月刊》《民众导报》《每周文艺》及山西、河南、兰州、沈阳等地报刊发表诗、小说、散文、评论等署用。②李应甲，发表《死在东京》《小说漫谈》等文署用。③尤白，发表《把算盘放在昭和的贡桌上》一文署用。④艺兵，发表《小说的力量》一文署用。⑤雁心，见于散文《泪人》，载1942年1月25日《西安晚报》。⑥李尤白，见于长诗《吕梁山的野牡丹》，连载于1946年12月西安《国风日报·笔阵》。嗣后出版诗集《吕梁山的野牡丹》（景梅九等发行，1947年）、《梨园诗词选》（三秦出版社，1998年），论著《梨园考论》（陕西人民出版社，1995年），文集《李尤白诗文选集》（中华梨园学院研究会，2000年），编选《古代杂技诗词选》（中国杂技艺术家协会湖南分会，1989年）等亦署。

李猷（1913－1997），江苏常熟人，字嘉有，号龙洞老人、红并楼主人。笔名李猷，见于旧体诗《秋日归虞山》，载1934年苏州《文艺撷华》第1卷第6册；旧体诗《秋日杂诗》，载1936年苏州《文艺撷华》第3卷第4册；旧体诗《跳舞诗二十韵奉和眉孙夫子并呈甘簃先生》《杨枝》，载1937年苏州《卫星》第1卷第1期。

李友欣（1925－？），河南镇平人。笔名：①履冰，1945年开始在河南《前锋报》《中国时报》《中原日报》《开封日报》、南京《新华日报》、武汉《长江文艺》等报刊发表诗、小说署用。1949年后在《四川文学》《红岩》《川南日报》《峨眉》《人民文学》《四川日报》等报刊发表诗、小说、评论、杂文、报告文学、新闻特写、曲艺等作品亦署。②雪阳、曦波、李友欣、李意秋，1949年后在《人民文学》《四川文学》《四川日报》等报刊发表文章署用。2004年9月由中国文联出版《履冰文存》署名李友欣。

李又华（1912－2000），广东兴宁人。笔名：①可非，见于报告诗《晨呼队》，载1938年广州《中国诗坛》第2卷第1期。嗣后在该刊发表儿歌《拉拉拉》、诗《黄昏里》等亦署。②李又华，1949年后出版政论及社会科学著作署用。

李又然（1906－1984），浙江慈溪人，生于上海。原名李家齐。曾用名李罗曼、李则蓝。笔名：①李又燃，见于译文《一通罗曼罗兰的信》，载1933年上海《涛声》第2卷第17期；随笔《"上游各坝冲陷多处"》，载1933年7月26日上海《申报·自由谈》。嗣后在上海《涛声》《现代》《论语》等刊发表《一幅漫画》《沉默是最雄辩的》《自杀——等我不愁吃着！》《养老院》等文亦署。②又燃，见于信函《我们应该帮助她们提高地位》，载 1933 年上海《出版消息》半月刊第 17 期；译文《一段亲笔题字的故事》，载 1941 年延安《中国文化》第 3 卷第 1 期。③又然，见于诗《女人之子》，载 1940 年重庆《七月》第 6 卷第 1、2 期合刊；诗《贫农的悲哀》，载 1941 年 10 月 31 日延安《解放日报》和桂林《诗创作》第 6 期。同时期起在延安《中国文化》《文艺月报》《谷雨》、重庆《新华日报·新华副刊》等报刊发表《一段亲笔题字的故事》（意大利健尔麦南多原作）、《莫洛托夫是怎样关心着艺术家的》《白洛麦尼斯》《捉裁炽》《外国语》《一个伟大人物的侧面——马克思》等著译文章亦署。④李又然，见于翻译故事《河水怎样帮助游击队》，载 1940 年《十日文萃》新 1 期；翻译小说《在死的阴影里》（拉脱维亚 R. 布拉乌曼尼斯原作），载 1944 年重庆《青年文艺》新 1 卷第 1 期。此前后在延安《解放日报》《大众文艺》《中国青年》《谷雨》、重庆《新华日报·新华副刊》等报刊发表《与列宁同志谈话》（苏联马雅可夫斯基原作）、《查伊可夫斯基和他的作品》《路》等著译文章亦署。1949 年后出版书信集《国际家书》、散文集《伟大的安慰者》《李又然散文集》、回忆录《诗人艾青》等亦署。⑤李则蓝，见于翻译小说《教授》（美国休斯原作），载 1948 年 10 月 19 日吉林《文艺月报》创刊号；论文《唯一的人——〈孔乙己〉浅释初稿之一》，载 1948 年 10 月 19 日《吉林日报》。

李玉莹（1919－1993），河南孟津人。原名李正印。笔名：①李玉莹，见于散文《童心》，载 1936 年开封《文艺月报》第 4 卷第 1 期；随笔《谈胡子》，载 1936 年开封《黄流月刊》第 3 卷第 1 期。嗣后在《黄流月刊》发表散文《暴风雨之夜》亦署。②辛凯、孟雷，20 世纪 30 年代在河南报刊发表文章署用。

李育仁（1920－？），湖北黄梅人。原名李曦，字业馔，号索居轩主人。笔名：①李育仁，1940 年开始在安徽《皖报·战士》发表诗歌、散文署用。1942 年起在湖北《中原文化》《新湖北日报·长江》《武汉日报·鹦鹉洲》《华中日报》《中原》《鄂东文化·温泉》、长沙《中央日报》、上海《新闻天地》等报刊发表长诗《船与舵手的故事》《茁壮的幼苗》、诗《迎一九四一年的春天》《欢唱归来——遥寄母亲》《故乡在战斗中》、小说《花开又花谢》、报告文学《湘江之畔的工业远景》等亦署。②锈轮，1941 年在《皖报·战士》发表散文署用。③田庄，20 世纪 40 年代发表诗文曾署。

李育中（1911－2013），广东江门人，生于香港。笔名：①李育中，见于诗《忆念的阶梯》，载 1935 年上海《新人》第 3 卷第 1 期；散文《鲁迅的友情》，载 1940 年广东曲江《新华南》半月刊第 3 卷第 2、3 期合刊。嗣后在《烽火》《文艺阵地》《野草》《文艺生活》《文学批评》《诗创作》《中国诗坛》《中苏》《广西妇女》《谷雨》等刊发表诗文，出版诗集《凯旋的拱门》（桂林新潮社，1941 年）、译作《拿破仑之死》（苏联兰道原作。桂林文献出版社，1944 年）及《南天走笔》（广

州出版社，2009 年）等亦署。②育中，见于《〈华威先生〉的余音》，载 1939 年 3 月 17 日桂林《救亡日报·文化岗位》；通讯《桂林读画记》，载 1940 年《国讯旬刊》第 251 期。③白庐，见于评论《评艾青与田间两本近作》，载 1939 年《中国诗坛》第 3 期。④李航，见于随笔《广东妇女的怒吼》，载 1940 年《广西妇女》第 3 期；《战争六年的英国文学》，载 1946 年香港《文艺生活》光复版第 6 期。1943 年由桂林文献出版社出版报告文学《缅甸远征记》亦署。⑤韦陀，1946 年开始发表影剧评论署用。1949 年后在广东报刊发表文章偶署。⑥李远、马蓁生，20 世纪 80 年代在广州《羊城晚报》《作品》等报刊发表文章署用。

李遇安，生卒年不详，河北人，曾用名李逢吉。笔名：①李遇安，见于随笔《读了〈记杨树达君的袭来〉》，载 1924 年北京《语丝》周刊第 3 期；随笔《不该说出口来》，载 1925 年北京《京报副刊·儿童》第 27 期。嗣后在《语丝》《莽原》《京报副刊》《晨报副镌·文学旬刊》《民众周刊》等报刊发表随笔《啊呀！非战？》《影的苦闷》《去年六月的闲话》《再斟一杯酸酒》《他唱着得意的歌》、诗《总有一个爱字横我心怀》《我的生命像》《昆明湖独步》等亦署。②遇安，见于随笔《中山与其老黄狗》，载 1925 年北京《语丝》周刊第 24 期；诗《无名的希望》，载 1925 年北京《莽原》第 2 期。1925 年在北京《京报副刊·民众周刊》发表诗《老农的哀曲》亦署。③爱而，见于随笔《法国文坛之一瞥——新兴作家之光辉》，载 1931 年上海《文艺新闻》第 27 号。④逢吉，署用情况未详。

李元鼎（1879－1944），陕西蒲城人，字子彝（子仪、子逸、芝逸）、仲衡，号曼工、漫西、漫西居士。曾用名老曼、鲁曼。笔名：①李元鼎，见于旧体诗《邓尉梅花行示同游韩岳二子》《邓尉山探梅胥江舟次》等四首，载 1934 年南京《文社月刊》第 4 期。又见于旧体诗《玉儿曲》，载 1939 年《民族诗坛》第 3 卷第 2 辑。②鲁曼、罍空、罄空，1908 年在日本东京《夏声》发表文章署用。

李沆荻（1922－1987），广东台山人。笔名：①李沆荻，见于《学生来论》，载 1938 年台山《劲风日报》；《在柏树林下》，载 1946 年《东北日报》。20 世纪 80 年代在《羊城晚报》《人民日报》《岭南音乐》《新港》等报刊发表文章亦署。②高炎，见于散文《你永远活着——追悼中国人民伟大的歌手冼星海》，载 1946 年 7 月《东北日报》。

李曰垓（1881－1944），云南腾冲人，蒙古族，字子鬯、子畅、梓畅，号天地一庵主人。笔名李曰垓，撰写《天地一庵诗文抄》《客问》《漫汗录》《文牍篇》《滇缅界务说略并图》等署用。2010 年由云南人民出版社出版《李曰垓诗文选》亦署。

李月轩（1916－1946），甘肃兰州人。笔名李柯，20 世纪 30 年代在绥远《塞原》《新女性》等报刊发表文

章署用。

李岳南（1917—2007），河北藁城人。原名李耀南。笔名：①李岳南，见于诗《古常山城》，载 1937 年南京《文艺月刊》第 10 卷第 3 期；报告文学《长工》，载 1937 年上海《中流》半月刊第 2 卷第 2 期。嗣后在《中流》《文艺月刊·战时特刊》《现代文艺》《文艺生活》《文讯月刊》《文艺先锋》《天下文章》《骆驼文丛》《半月文艺》《东方文化》《少年学园》《新军》《新世纪》《火之源》《文萃》《作家杂志》《高原》《诗创造》《文艺工作》等刊发表速写《白花山》、诗《二十四，这阴雨晦暗的日子——敬悼谢晋元将军》《梅花镇》《我的歌》《写在我廿七岁生命的旅程碑上》、评论《论中国的叙事诗》《唐代伟大的民间诗人——白居易》《中国的农民和诗》《评史纽斯的诗》、译诗《凯瑟比亚珂》（英国 F. D. 赫门斯原作）等，以及出版诗集《海河的子孙》（作品出版社，1944 年）、《午夜的诗祭》（知更出版社，1947 年）、《母亲的悲歌》（天津昆仑诗社，1995 年），翻译诗集《小夜曲》（英国雪莱、拜伦原作。重庆正风出版社，1945 年）、《屠格涅夫散文诗集》（俄国屠格涅夫原作。重庆正风出版社，1945 年），论著《写作入门》（香港民华出版社，1949 年）、《民间戏曲歌谣散论》（上海出版公司，1954 年）、《与初学者谈民歌和诗》（上海文艺出版社，1959 年）、《神话、故事、歌谣、戏曲散论》（新文艺出版社，1957 年），京剧剧本《后羿与嫦娥》（大众出版社，1955 年）、《箭杆河边》（中国戏剧出版社，1965 年）等亦署。②岳南，见于《名字》，载 1944 年湖北恩施《诗丛》第 6 期。③坚，见于通讯《受难的土地》，载 1949 年 5 月 11 日香港《大公报》。同月 17 日在该报发表通讯《湘燃起复仇火焰》亦署。④毅，见于通讯《洪水·兽兵·灾民》，载 1949 年 6 月香港《大公报》。⑤刘叔温，见于讽刺诗《油条歌》，载 1949 年 8、9 月间香港《文汇报·彩色版》。⑥苦吟人，见于讽刺诗《新道情》，载 1949 年下半年香港《大公报·大公园》。⑦奥的洛，见于《亡命者的家书》，载 1949 年香港《大公报·大公园》。⑧力田，1955 年在《北京文艺》4 月号发表杂文署用。⑨丘山、金石，1957 年前后在《北京文艺》发表文艺评论署用。

李悦之（1922—1969），河南舞阳人。原名李德泽。笔名：①李直，1941 年开始发表作品署用。②李悦之，1949 年后创作作品多署用。按：李悦之创作有歌剧剧本《放下包袱》《夫妻过年》《嘎达梅林》《逛京城》，话剧剧本《春节前》等，署名情况未详。

李云夔，生卒年不详，浙江嘉善人，字右铭，号一民。笔名李云夔，在《南社丛刻》发表诗文署用。

李云龙，生卒年及籍贯不详。原名李致远。笔名：①李云龙，见于诗《写在高尔基像前》，载 1948 年北平《诗号角》第 1 期。②致远，见于诗《雷雨》，载 1948 年北平《诗号角》第 2 期。③李致远，见于诗《我看见你们从街上走过》，载 1948 年北平《诗号角》第 4 期。

李孕育，生卒年及籍贯不详。笔名：①孕育，见于翻译评论《关于布宁和他的诗》，载 1936 年绥远《燕然》第 1 卷第 2 期。②李孕育，见于翻译散文诗《钟与炮》（罗马尼亚易沙克原作），载 1936 年绥远《燕然》第 1 卷第 8 期。

李蕴朗（？—1969），新加坡华人，祖籍中国海南，生于马来亚柔佛州。笔名：①李蕴朗，见于诗《星星》，载 1937 年马来亚新加坡《南洋商报·狮声》；小说《转变》，载 1939 年 5 月 29 日—6 月 2 日新加坡《总汇报·世纪风》。嗣后在新加坡《星洲日报·晨星》《星洲日报·文艺》《南洋商报·狮声》等刊发表诗《亡乡人》《X 先生》《怒吼，五指山》等亦署。②蕴朗、之茴，署用情况未详。

李赞华，生卒年及籍贯不详。笔名：①李赞华，见于小说《柳二嫂子》、书评《栀子花球》，载 1929 年 7 月 16 日上海《真美善》第 4 卷第 3 期；小说《飘摇》，载 1931 年上海《现代文学评论》第 1 卷第 1 期。嗣后在该刊及上海《絮茜》《前锋月刊》等刊发表小说《矛盾》《魔》《杀害》《飘摇》《醉乱之夜》、评论《女人的心》《挂枝儿》《白雪遗音续选》等亦署。②素雅，见于其编选之《郁达夫评传》（上海现代书局，1931 年）。③芷香、残华，署用情况未详。

李增援（1913—1941），山东莱城人。笔名：①增援，见于独幕剧《一家人》，载 1938 年武汉《七月》第 2 集第 4 期。②李增援，见于街头剧《盲哑恨》，载 1938 年汉口《抗战戏剧》第 1 卷第 4 期。嗣后在该刊第 2 卷第 2—3 合刊发表独幕剧《不要打孩子》亦署。又见于歌词《黄桥烧饼歌》，由章枚谱曲，1940 年流传于苏中地区。

李张弓，辽宁开原人。笔名张弓，见于独幕剧《死就死了罢》，载 1928 年 11 月 27 日大连《泰东日报》。嗣后在辽宁《关外》《泰东日报·文艺》及《十四年》发表诗《爱之舞曲》《生之蠕动》《但愿》及小说、散文等署用。

李张瑞（？—1951），台湾台南人。笔名利野仓，发表诗《黄昏》《女王的梦》《肉体丧失》《虎头牌》《这个家》《天空的婚礼》等署用。

李章伯（1906—1993），湖南湘乡人。原名李月华。笔名：①李章伯，1936 年 6 月与吴奔星在北平合编诗刊《小雅》并在该刊发表《寄》《三月（五首）》《归欤归欤·无题》等诗作署用。此前后在《菜花》《诗志》《诗林》、香港《红豆》等刊发表诗作亦署。②月华，见于诗作《诗二首》，载 1936 年《小雅》创刊号。

李振汉（1912—1975），福建古田人。笔名：①李小山，1925 年 11 月与王屏侯在福州主编《磐石》月刊署用，见于小说《茶季开始的时候》，载《磐石》创刊号。1936 年 9 月后在福州《小民报·新村》发表小说《早晨》《蚀》等亦署。②小山，1935—1936 年间在福州《南方日报》等报刊发表小说署用。

李振镛（1894－1960），河南西华（今属商水县）人，字警辰。笔名李振镛，出版有《中国文学沿革概论》（上海大东书局，1924年）、《中国通史》《中庸》，主编《西华县志》。

李震杰（1921－1995），湖南长沙人。笔名穆藏。1939年开始发表作品，曾创作诗歌《城》《春天》《古庙三题》《卖唱者》《新的经典》《你——北国的歌人》，出版散文集《老凤新声》《把勺把子交给自己人》等。

李正廉（1924－？），四川自贡人。曾用名李方梦。笔名：①郑连，见于随笔《生活·诗·诗人》《五四运动和民主文化》，载1944年重庆《中国学生导报》。②方梦，见于小说《队伍从街上走过》，载1946年11月1日成都《呼吸》创刊号。嗣后在上海《文汇报》《时代日报》《世界知识》等报刊发表《评英美电影艺术的倾向》等文亦署。③李正廉，见于论文《马恩论国际主义与民族主义》，载1949年上海《新中华》第12卷第16期。嗣后在该刊发表政论文亦署。

李正中（1921－2020），吉林伊通人。笔名：①柯炬，见于散文《烛火》《三月的血》，载1939年长春《大同报》文艺版。嗣后在长春《大同报》《麒麟》《东北文学》、沈阳《盛京时报》、上海《学艺》、日本大阪《华文大阪每日》发表中篇小说《焰》、短篇小说《野实》、散文《失落的歌》等亦署。②李柯炬，出版中篇小说《乡怀》（长春益智书店，1941年）。③常春藤，见于评论《小评〈银溪渡〉及其他》，载1943年日本大阪《华文大阪每日》第10卷第4期。嗣后在该刊发表散文《荻的小夜》、诗《七月的黄昏》，1946年在长春《东北文学》第2期发表散文《鳞片》亦署。④苇烽，见于散文《丑笑》，载1944年日本大阪《华文大阪每日》第12卷第4期。⑤吴翼，1945年12月在长春《东北文学》时写编后记署用。⑥韦长明，见于诗《挣脱掉灵魂的枷锁》《从你的尸身上踏过去》，载1946年《东北文学》第1卷第2期。嗣后在该刊发表诗《你活在我们的心里》、小说《诱惑》、散文《黑龙江之夜》，出版诗集《七月》（长春国民图书公司，1944年）、《春天一株草》（长春国民图书公司，1945年）、散文集《无限之生与无限之旅》（长春兴亚杂志社，1944年）、小说集《笋》（长春国民图书株式会社，1939年）、《炉火》（长春国民图书公司，1946年）等亦署。⑦方之华，见于小说《雨天的旅客》，载1946年《东北文学》第1卷第2期。嗣后在该刊第1卷第5期发表诗《我在死刑台上》亦署。⑧葛宛华，见于散文《我离开了吉林》，载1946年《东北文学》第1卷第2期。嗣后在该刊发表散文《无色的星光》、诗《思念的游丝》等亦署。⑨林里，见于评论《东北散文十四年的收获》，载1946年《东北文学》第1卷第2期。嗣后在该刊第1卷第4期发表评论《东北女性文学十四年》一文亦署。⑩魏之吉、万年青，见于小说《长城外的人》、散文《光芒是来自太阳》，载1946年《东北文学》第1卷第3期。⑪徐衣雪，见于散文《跋涉·忍耐·微光》，载1946年

《东北文学》第1卷第5期。⑫辛野，见于诗《我饮了一杯淡淡的冷水》，载1946年《十四年》第1卷第3期。⑬常风、李一痴，1948年发表散文、通讯署用。⑭里予、魏名、槐之子、余金，在长春《大同报》等报刊发表文章署用。⑮小金、小柯、木可、史宛、杏郎、里刃、新革、李鑫、李莫、李穆、李征、郑中、郑实、紫荆、韦若樱、魏之名、常青藤、魏成名，在东北各地报刊（《大同报》《盛京时报》《东北文学》《麒麟》《泰东日报》《满洲报》《斯民》《新青年》《兴满文化月报》《健康满洲》《学艺》《电影画报》《新满洲》《新时代》《新潮》《兴亚》《青年文化》《满洲映画》《民生》《干城》等）发表文章署用。

李之华[1]（1911－1955），浙江鄞县（今宁波市）人。原名李一。曾用名忻礼一。笔名：①李一，见于随笔《读画有感》，载1935年上海《明星》第1卷第5期；散文《忍看朋辈成新鬼——遥寄钱毅》，载1947年上海《大家》第1卷第3期。1939－1949年在上海《明星》《救亡日报》《万象》《清明》《戏剧杂志》等报刊发表随笔《曲高和寡》《一个街头剧的上演计划》、电影小说《世界儿女》等亦署。②史迁，见于报道《上海的高尔基之夜》，载1939年《文艺阵地》第3卷第5期；短评《响应难剧运动》，载1939年上海《戏剧杂志》第3卷第2期。③忻欣，20世纪30年代在上海报刊发表文章署用。④李之华，见于喜剧集《郎才女貌》（上海中国图书杂志公司，1942年）；《AB制与明星制》，载1943年上海《万象》第2卷第8期。

李之华[2]（1916－2003），北京人。笔名：①李之华，出版话剧集《刘家父子》（延安文协大众化工作委员会，1943年）署用；嗣后发表秧歌剧集《光荣灯》（载1947年佳木斯《东北文化》第2卷第2期）、独幕剧集《反"翻把"斗争》（载1947年7月20－23日《东北日报》），出版秧歌剧集《兵伙团结》（与戴碧湖合作。延安联政宣传队，1945年），话剧集《血债》（与侣朋合作。沈阳东北书店，1946年）、《反"翻把"斗争》（大连大众书店，1947年），编选《翻身秧歌集》（哈尔滨东北书店，1947年）等亦署。②宜山，1956－1959年在北京《剧本》《戏剧报》等刊发表文章署用。③李宜山，见于《写戏常识》，载1959年《小剧本》。

李之璇（1913－2006），河北蠡县人。笔名：①麦播，见于诗《打扫战场》，载1941年9月20日延安《解放日报》副刊、1941年10月21日重庆《新华日报》。嗣后在《部队文艺》发表文章亦署。②谷波，诗《孤哀子哭坟图》，载1945年某日哈尔滨《东北日报》副刊；诗《我给工人们上课的时候》，载1946年10月2日《东北日报》；③秋丰，1949年在《长江日报》发表文章署用。④李秋丰，见于诗集《让孩子们记着》（通俗图书出版社，1951年）。

李止戈（？－1956），广东饶平人。原名李武。笔名李止戈，20世纪30－40年代在曼谷《中华民报》《光

华报》等报刊发表文章署用。

李志宏（1888－？），江苏江宁（今南京市）人，字心冥。笔名李志宏，在《南社丛刻》发表诗文署用。

李治华（1915－？），法籍华人，原籍中国安徽亳县，生于北京。原名李尚忠。笔名：①李宁、鲍爱蒂，20世纪30年代在北平《诗页》等发表诗作署用。②李治华，出版散文集《里昂译事》（商务印书馆，2005年）署用。按：李治华1942年毕业于法国里昂大学文学院，后侨居法国，1992年加入法国籍。他曾将中国的许多文学作品，如曹雪芹的《红楼梦》、巴金的《家》、老舍的《正红旗下》《离婚》《北京居民》、鲁迅的《故事新编》、姚雪垠的《长夜》、艾青的《向太阳》，以及京剧剧本《白蛇传》《霸王别姬》《打渔杀家》等译成法文。他于1985年加入中国作家协会，是唯一的外籍会员。

李致远（1931－　），湖南洞口人。笔名李子园、文昊，1948年开始发表作品，著有长篇小说《桃李梦》、儿童小说《一个足球》《做好事的故事》、儿歌集《金花花》等。

李致中，生卒年不详，陕西人。笔名：①李致中，见于小说《不像他爸爸的孩子》，载1936年南京《中外评论》第4卷第2期；诗《岷江的怒潮》，载1936年上海《读书生活》第3卷第8期；小说《玛尔利迦的悲哀》，载1937年北平《新西北》月刊某期。②致中，见于杂文《"建国"与"抗日"》，载1937年北平《新西北》月刊第1卷第2期；评论《谈翻译与今日的文体》，载1941年北平《中国公论》第4卷第5期。

李中一，生卒年不详，江苏宝山（今上海市）人，字晦庵，号老虬、江东老虬。笔名老虬，1915年在《大中华杂志》发表文章署用。

李竹园（1916－1996），广东曲江人，原名李嵩，字竹园、仲岳。有《竹园诗选》传于世。

李煮梦（1885？－1914？），广东梅县（今梅州市）人。原名李才，字小白。笔名：①煮梦生，1909－1910年由上海改良小说社出版长篇小说《新西游记》署用。嗣后出版长篇小说《滑稽侦探》《岂有此理》、翻译小说《白头鸳鸯》亦署。②煮梦生李小白，见于长篇小说《新西游记》一书之自序。③小白，出版小说《鸳鸯碑》署用。

李准（1928－2000），河南孟津人，蒙古族。原名李铁生，字儒勋。曾用名李楚溪、李准。蒙文名萨喇尔准·木华梨。笔名：①李准，见于小说《不能走那条路》，载1953年11月20日《河南日报》。嗣后至1956年2月发表作品均署。因汉字简化，自1956年2月起改名李准。因与另一作家李准（曾任中宣部文艺局局长）重名，晚年恢复署名李凖。自1956年2月起，创作电影剧本《大河奔流》《老兵新传》《小康人家》《冰化雪消》《耕云播雨》《李双双》《吉鸿昌》《龙马精神》《清凉寺的钟声》《牧马人》《高山下的花环》《石头梦》

《双雄会》、出版长篇小说《黄河东流去》（北京出版社，1979年），短篇小说集《不能走那条路》（通俗读物出版社，1954年）、《芦花放白的时候》（作家出版社，1957年）、《夜走骆驼岭》（作家出版社，1959年）、《车轮的辙印》（人民文学出版社，1959年）、《两匹瘦马》（湖北人民出版社，1960年）、《李双双小传》（作家出版社，1961年），散文集《森林夜话》（少年儿童出版社，1957年）、《情节、性格和语言》（河南人民出版社，1963年）、《彼岸集》（中国文艺联合出版公司，1984年），电影剧本集《走乡集》（中国电影出版社，1963年）等均署。②李乙，署用情况未详。按：李准1948年即在洛阳报纸上发表过历史小说《金牌》、散文《中国最早的报纸》，署名情况未详。

李拙，生卒年不详，浙江嘉善人，字康佛。笔名李拙，在《南社丛刻》发表诗文署用。

李子超（1920－2002），山东沂南人。原名李中堂。笔名李子超，著有诗集《心印集》。

李子荣，生卒年及籍贯不详。笔名鲁基，1943年在青岛《诗青年》月刊发表诗作署用。

李紫凤，生卒年不详，新加坡华人，原籍中国广东普宁。原名李树梧。笔名：①吾、梧、树梧、是吾、桐弟、桐梯、病虹、SW，1927－1928年在马来亚槟城《南洋时报·八月》，嗣后在吉隆坡《民国日报·新航路》、新加坡《南洋商报》副刊《展望台》《狮声》《商余杂志》及《星洲日报·繁星》等刊发表诗、散文、评论署用。②紫凤，见于《启》，载1935年1月31日新加坡《南洋商报·狮声》。

李宗武（1895－1968），浙江绍兴人。曾用名李续忠、李崇武、李仲武、李季谷、季谷。笔名：①李仲武，1920年前后在北京《晨报》发表文章署用。1934年在南京《中国革命》第3卷第9期发表随笔《实行新生活的重要》亦署。②仲武，1920年前后在北京《晨报》发表文章署用。③李宗武，见于散文《日本箱根游记》，载1921年《学术界》第8卷第5期；诗《衙前之别》，载1923年上海《小说月报》第14卷第8期。嗣后在《晨报副镌》《京报副刊》《语丝》《北新》《一般》《贡献》《论语》《中学生》等刊发表散文、评论等亦署。④宗武，翻译传记《社会改造之八大思想家》（日本生田长江原作，与毛咏棠等合译。上海商务印书馆，1921年）署用。嗣后发表《错路》（载1922年3月27日上海《时事新报·学灯》），出版翻译小说《人的生活》（日本小路实笃原作，与毛咏棠合译。上海中华书局，1929年）、随笔《日本史ABC》（上海ABC丛书社，1929年）、《日本生活》（上海世界书局，1929年）、《人文地理ABC》（上海ABC丛书社，1932年）等亦署。⑤崇武，见于评论《罗家伦译的〈平民政治的基本原理〉》，载1924年9月4、5日上海《时事新报·学灯》。⑥季谷，见于随笔《人间赞美》，载1926年《语丝》周刊第104期。嗣后在该刊发表随笔《林素园的功迹》《关于任可澄的好消息》亦署。⑦李季谷，见于评论《日本之国势及其与教育之关系》，载 1932 年上海《中华教育界》第 20 卷第 1 期。嗣后在《新亚细亚》《日本评论》《教与学》《国立北平大学学报文理专刊》《中国新论》《文摘》《逸经》《中学生》《青年月刊》《学生之友》《读书通讯》《文化先锋》《东方文化》《中等教育研究》《廓清月刊》《台湾文化》等刊发表著译文章亦署。⑧佳，署用情况未详。

李祖良（1923－？），籍贯不详。笔名：①方晓，1945年前后在上海《女声》月刊发表文章署用。②宇文浩，见于诗《忆一位死去的战友》，载 1947 年 2 月 19 日上海《时代日报·星空》。

李祖唐（1883－1945），台湾新竹人，字逸樵。曾用名李铁柱。笔名李逸樵、逸樵老人、逸樵，1910－1927年在台北《台湾日日新报》发表旧体诗《剑潭寺》《桃花扇传奇书后》等署用。

里雁（1921－1962），辽宁西丰人。原名李世钧。笔名里雁，见于诗《平凡的人》，载 1937 年 7 月长春《明明》第 1 卷第 5 期。1938 年在沈阳《新青年》等报刊发表诗《志所闻》《遗骸》及小说、散文等，1943 年 1月 1 日在日本大阪《华文大阪每日》发表散文《再来的日子》等亦署。

里扬（1926－2016），辽宁康平人。原名孙冰轮。笔名里扬，1946 年发表小说《流浪日记》署用。嗣后发表歌剧剧本《强扭的瓜不甜》、话剧剧本《电焊机》《朽木绿芽》《我没有罪》（与人合作）、中篇小说《湍急的风定河》、短篇小说《佳佳和小老舅》《归来》《金子》《在手术台上》等，出版长篇小说《白桃》（北方文艺出版社，1990 年）亦署。

力扬（1908－1964），浙江青田人。原名季信，字汉卿。曾用名季月春、季春丹。笔名：①力扬，见于诗《我在守望着》，载 1934 年 7 月 6 日上海《新诗歌》第 2 卷第 2 期。嗣后在《诗歌月报》《文艺阵地》《七月》《抗战文艺》《文学月报》《诗创作》《文艺生活》《战时文艺》《青年文艺》《时与潮文艺》《中原》《诗文学》《文联》《萌芽》《中学生》《文风》《半月文艺》《民主教育》《周报》《光明报》等报刊发表诗、散文等，出版诗集《枷锁与自由》（1939 年）、《我底竖琴》（昆明诗文学社，1944 年）、《射虎者》（香港新诗歌社，1948年）、《射虎者及其家族》（新文艺出版社，1951 年）、《给诗人》（作家出版社，1955 年）等亦署。②吴羽，署用情况未详。

厉厂（ān）樵（1901－1960），笔名：①厂（ān）樵，见于随笔《〈未完成的杰作〉及其他》，载 1929 年《晨钟》第 202 期。②婉嵝，见于小说《我们的王冲》，连载于 1929 年《晨钟》第 196－208 期。嗣后在《万人杂志》《新生》等刊发表《四月里的蔷薇》《身价二十倍的女人》《病后乱涂》《未来人日记》等文亦署。③厉厂（ān）樵，见于小说《爱之殉》，载 1930 年广州《万人杂志》第 1 卷第 2 期；《鲁迅的〈三闲集〉》，

载 1932 年广州《心声》旬刊第 2 卷第 2 期。此前后在上述两刊及《新声》《努力》《战干》《黄河》等刊发表长篇小说《在动乱中》、短篇小说《杀家》、随笔《介绍〈西线无战事〉》《作家统一起来》等，出版中篇小说《囚犯》（上海现代书局，1927 年），杂文集《拉矢吃饭及其他》（上海现代书局，1928 年）、《朝生暮死》（广州朝日出版社，1929 年）、《推窗集》（广州泰山书店），小说戏剧集《丈夫》（上海卿云图书公司，1928年），小说集《我们的王冲》（培英印务公司，1929 年）等均署。④素秋女士，署用情况未详。

厉风（1925－？），河北新河人。原名翟立峰。曾用名翟厉风。笔名：①厉风，见于诗《天上人间》，载 1947年天津《河北日报》。嗣后在天津《中庸报》《民主周报》《文艺风》等报刊发表小说《踌躇》《凄风零乱了落叶》、诗《落日》等，1949 年后出版诗集《露珠和星星》《梦土》《窗外没有风景》《门铃不语》、组诗《陨星及其他》、长篇小说《倾斜的岁月》等均署。②翟啸峰，见于短篇小说《王茂才》，载 1948 年某期天津《文艺风》杂志。③羽佳，见于评论《爱情诗中的时代精神》，载 1957 年《处女地》；评论《诗人是怎样开始工作的》，载 1957 年《漓江》杂志。

厉谷峥，生卒年及籍贯不详。笔名：①厉谷峥，见于小说《相形之下》，载 1924 年 12 月 23 日上海《民国日报·觉悟》。嗣后在该刊发表小说《两个烟犯》《一个小学生的姓名》《半碗稀粥》《新建筑》等亦署。②谷峥，见于小说《误会》，载 1925 年 6 月 19 日《民国日报·觉悟》。

丽尼（1909－1968），湖北孝感人。原名郭安仁。笔名：①燕人，见于杂文《燕语》，载 1927 年后武汉《漠心》杂志。②郭安仁，见于论文《戏剧与教育》，载 1930年 6 月 11 日厦门《民钟副刊》。③丽尼，见于译文《安德列夫论》（塞里兹尔原作），载 1931 年 8 月 1 日上海《新时代》月刊创刊号。嗣后在《马来亚》《文艺新闻》《文学》《文学季刊》《大陆杂志》《创化》《小说》《文化月刊》《译文》《水星》《新文学》《女子月刊》《当代诗刊》《文饭小品》《创作》《生活知识》《海燕》《文学丛报》《夜莺》《作家》《好文章》《文季月刊》《文学界》《文丛》《新演剧》《文艺生活》《十日文萃》《七月》《时与潮文艺》等报刊发表诗《南国之歌》、散文《傍晚及其他》《原野底忧郁》《秋夜》《渡海》《白夜》《归来曲》，以及译文《巴尔扎克论》（英国亚瑟·西蒙斯原作）、《柏尔·西瓦底夏天》（J. 斯克育德堡原作）、《伊林·贺蒙》（丹麦赫曼·邦原作）等，出版散文集《江之歌》（上海天马书店，1935 年）、《黄昏之献》（上海文化生活出版社，1935 年）、《鹰之歌》（上海文化生活出版社，1936 年）、《白夜》（上海文化生活出版社，1937 年），翻译小说《阴影》（上海新时代书局，1931 年）、《田园交响曲》（法国纪德原作。上海美术生活社，1935 年）、《天蓝的生活》（苏联高尔基原作。上海文化生活出版社，1936 年）、《贵族之家》（俄国屠格涅夫原作。上海

文化生活出版社，1937年)、《前夜》(俄国屠格涅夫原作。上海文化生活出版社，1939年)、《祖国的儿女们》(苏联巴弗尔尼林原作。上海杂志公司，1945年)，翻译戏剧《苏瓦洛夫元帅》(苏联巴克特列夫、拉苏莫夫斯基原作。上海杂志公司，1942年)、《万尼亚舅舅》(俄国契诃夫原作。重庆文化生活出版社，1944年)、《伊凡诺夫》(俄国契诃夫原作。上海文化生活出版社，1946年)、《海鸥》(俄国契诃夫原作。上海文化生活出版社，1946年)，翻译专著《俄国文学史》等亦署。④化石，借用许一民之笔名。见于小说《棉衣》，载1931年武汉《煤坑》旬刊。⑤丽尼安娜，20世纪30年代在武汉《煤坑》发表文章署用。⑥一菲、Anna，20世纪30年代在武汉报刊发表文章署用。⑦L. L. A. N，在厦门报刊发表散文署用。⑧尼，出版翻译剧本《海鸥》(俄国契诃夫原作。上海文化生活出版社，1946年)署用。⑨杜荃，署用情况未详。

丽砂(1916—2010)，重庆市江津人。原名周平野，字雨耕。笔名：①群力，1932年在四川万县刊物发表小说，在《川东日报》发表诗歌、散文署用。②平野，1934年在重庆发表旧体诗《落叶》等用。③丽砂，见于散文诗《拾》，载1941年重庆《国民公报·文群》；组诗《昆虫篇》，载1942年桂林《诗创作》第12期。嗣后在重庆《火之源》《诗焦点》《新军》《新蜀报·蜀道》《民主报·呐喊》、四川《诗月报》《诗生活》《西南风》、桂林《力报·新垦地》《人世间》、昆明《枫林文艺》《诗播种》、西安《语林》、湖南《长风文艺》、武汉《诗垒》《武汉时报·扬子江》、上海《新世纪》《人世间》《文艺复兴》《文艺春秋》《文潮月刊》《新诗潮》《大公报·星期文艺》《月刊》、北平《骆驼文丛》《雪风》、南京《妇女月刊》等报刊发表诗《江湖曲》《学习》《恋歌》、散文《花环——献给走向毁灭的人们》《生活的花朵》《冬的故事》、散文诗《春天散曲》《大地的歌》等，出版散文诗集《冬的故事》(花城出版社，1984年)、《早晨的街》(天津昆仑诗社，1996年)，长诗《迎——任天民归来的时候》，诗文合集《森林炊烟》《遗忘的脚印》等署用。④李沙，见于诗《流星》，载1942年重庆《国民公报·文群》。⑤周丽砂、周平野，分别见于《晨歌》《碎语》，载1942年重庆《文艺青年》第3卷第3、4期合刊。⑥青果，见于《小城点滴》，载1946年璧山《诗生活》。

励行健(1917?—?)，吉林长春人，回族。原名马缵。曾用名马洗园。笔名：①西原，1934年前后在哈尔滨《国际协报·国际公园》发表文章署用。②洗园，见于《爱的力序诗》，载1934年3月14日大连《泰东日报》副刊。嗣后在哈尔滨《国际协报·国际公园》等报发表文章亦署。③今明，见于小说集《风夜》，1935年出版于哈尔滨(书上伪托上海出版)。④唐琼，1936年在哈尔滨《国际协报·国际公园》发表书信体小说署用。⑤励行健，见于小说《叔嫂》，载1940年12月15日日本大阪《华文大阪每日》；小说《乡间的事》，

载1943年1月、2月长春《新满洲》第5卷第1期、第2期。同时期在沈阳《新青年》"我与文学特辑"发表文章亦署。⑥马洗园、杜文鱼，20世纪30—40年代在东北报刊发表文章署用。

枥马(1912—1938)，台湾台南人。原名赵启明。曾用名马木枥。笔名：①枥马，见于评论《过去的教训——呈给台湾文艺作家》，载1933年9月23日台北《台湾新民报》。②李爷里、马木枥、黎巴都、兰谷，1931年与林秋梧等在台湾创办《赤道报》并在台北、台南报刊发表作品署用。③马木历、赵枥马，署用情况未详。按：枥马1934年起在《先发部队》《西北雨》《台湾新文学》等刊发表小说《黑暗的人生》《私奔》《西北雨》及评论《说说最近的文艺批评》等，署用情况未详。

栗粟(1923—?)，河北阜平人。原名粜茂章。笔名：①粜茂章，见于诗《春天》，载1941年晋察冀《抗敌》三日刊。1948年在《晋南日报》发表文章亦署。②粜粟，见于歌词《大西南变了样》，1950年发表。按：栗粟创作有话剧《丹凤朝阳》《九龙滩》《花开并蒂》《赵钱孙李》等，出版与署名情况未详。

【lian】

连横(1878—1936)，台湾台南人。祖籍湖北应山(今广水市)，生于福建龙溪(今龙海市)。原名连允斌，字武公、天纵，号雅堂、雅棠、慕秦、慕陶、剑花。曾用名连重送(谱名)、连文澂、陈慕秦、连璜、剑花生。乳名神送。笔名：①连横，见于《台湾开辟史》，载1914年上海《华侨杂志》。嗣后发表《台湾通史》(载1946年6月北平《图书季刊》新7卷第1、2期合刊)，出版《台湾通史》(重庆商务印书馆，1946年)、《剑花室诗集》《雅堂先生文集》《台湾语典》(台北海出版社有限公司，1974年)等亦署。②连雅堂，见于《台湾通史》(台湾通史馆，1920—1921年)。嗣后出版诗词集《大陆诗草》(台湾诗荟社，1921年)、《台湾诗乘》(台北龙文出版社股份有限公司，2009年)亦署。③芷兰，在《国民日日报》发表文章署用。④乘风破浪客，编台湾地区民主政府和抗日军民战斗资料时曾署。④大遯山房，署用情况未详。

连阔如(1903—1971)，北京人，满族。原名毕连寿，号乐天居士。曾用名毕连寿、毕毓珍、连仲三、云游客。笔名：①云游客，1933年开始在天津的《时言报》《民声报》《立言报》上发表评书小说《西汉演义》等署用。嗣后发表长篇随笔《江湖丛谈》，连载于20世纪30年代北平《时言报》。1937年由时言报社结集出版《江湖丛》三集亦署。②连阔如，见于评书《三十六英雄》，连载于1934年7月3日—1936年9月21日《新北平报》。嗣后在该报及《民声报》《立言画刊》《民众》等报刊发表评书《东汉》《恶虎庄》《五女捉兰》《金枪杨家将》及随笔《评书的起源》《说评书之难处》

等亦署。

连梦青，生卒年不详，浙江杭州人，生于湖南。原名连文溦，字梦青、孟青。曾用名连梦惺。笔名忧患余生，见于长篇小说《邻女语》，1903 年在上海《绣像小说》第 6—20 期连载。嗣后在该刊连载《商界第一伟人——戈布登轶事》亦署。

连士升（1907—1973），新加坡华人，祖籍中国福建福安，字子云。笔名连士升，见于论文《经济与地理》，载 1934 年北平《禹贡》第 2 卷第 11 期。嗣后在《社会研究》《食货》《东方杂志》《大众知识》《中国近代经济史研究集刊》《国际周报》《华侨先锋》《国际通讯》《中国社会经济史集刊》《大中》《华侨评论》《中央周刊》及新加坡《南洋商报》等报刊发表随笔、散文、政论及译作，由新加坡南洋商报社出版游记《祖国纪行》（1948 年）、《塞纳河两岸》（1950 年）、《地中海之滨》（1950 年）、《大西洋一角》（1950 年）、《印度洋舟中》（1950 年），以及出版散文集《南行集》（新加坡世界书局有限公司，1951 年）、《名山胜水》（新加坡青年书局，1959 年）等亦署。

连啸鸥（1909？—？），新加坡华人，祖籍福建龙岩。原名连兴梓。笔名：①鸥、萧鸣、介亮、曼曼，1929 年以后在马来亚新加坡《叻报·椰林》《星洲日报·繁星》《南洋商报·狮声》《南洋商报·商余杂志》、吉隆坡《民国日报·新航路》等报刊发表诗歌、小说、散文等署用。②连啸鸥，见于诗《都市和荒郊》，载 1929 年 12 月 4 日新加坡《叻报·椰林》。嗣后在该刊发表《火车驰过铁桥》《忠告》等诗，1933 年 11 月 8 日在新加坡《南洋商报·狮声》发表于随笔《第三者的话》亦署。③啸鸥，见于诗《火车驰过铁桥》，载 1930 年 7 月 15 日马来亚新加坡《叻报·椰林》。

连吟啸（1907—？），广东潮阳人，生于暹罗。笔名韦庄，1945 年在曼谷编《泰华商报·大时代》署用。

廉建中（1896—1986），江苏无锡人，字蓉湖，号全於。笔名廉建中，见于《给青年们的二十封信》，载 1941 年《上海半月刊》第 32 期；旧体诗《双栖阁诗钞》，载 1948 年上海《天风》第 5 卷第 10 期。此前后在《上海半月刊》《新东方》《大夏周报》《基督教丛刊》等刊发表旧体诗《双飞阁诗萃》《中华洪道社社纲八咏唱和》、随笔《如此人生》等，出版《蓉湖庚申唱和集》（无锡启明中学出版部，1933 年）、《蓉湖联欢唱和集》（无锡私立学校联合会，1934 年）、《蓉湖诗钞二集》（上海大中华印务公司，1945 年）等亦署。

廉泉（1868—1931），江苏无锡人，字惠卿、惠清、惠和，号南湖、岫云、小万柳居士、南湖居士、帆影楼主、岫云山人、小万柳堂主人。笔名：①南湖，见于旧体诗《哭林寒碧》，载 1916 年上海《大中华》第 2 卷第 8 期；旧体诗《遑恤二首寄寒厓》，载 1924 年 9 月 18 日北京《晨报副镌》。②廉南湖，见于散文《有马游记》，载 1916 年上海《地学杂志》第 7 卷第 8 期；

诗《答吴将军佩孚》，载 1919 年《广益杂志》第 10 期。嗣后在《大中华》《广益杂志》《心声》《晨报副镌》《文学旬刊》《世界佛教居士林林刊》《医药评论》等刊发表旧体诗、散文等亦署。③南湖居士廉泉，见于旧体诗《题蕊珠夫人遗影六首》，载 1923 年上海《心影》第 3 卷第 2 期。按：廉泉著有《南湖集》《南湖梦还集》《潭柘记游诗》《南湖东游草》等诗文集，出版与署名情况未详。

练元秀（1921—？），江苏苏州人，生于上海。曾用名园园（乳名）。笔名练元秀，见于小说《神秘的王先生》，载 1943 年上海《紫罗兰》第 6 期。嗣后在该刊发表《情盲》《奇遇》《紫》等文亦署。

炼虹（1921—1992），四川泸州人。原名刘通矩，字文伟，号绿洲。曾用名刘文子、王尧弼、刘文苇。笔名：①文革，见于诗集《育才诗草》，1941 年出版。1947 年在重庆《文艺先锋》发表作品亦署。②文韦，见于组诗《夜歌》，载 1944 年成都《华西日报》。③炼虹，见于长诗《难道我不是"公民"》，载 1945 年 8 月 14 日重庆《新华日报》。嗣后出版诗集《红色绿色的歌》（成都大地书局，1947 年）、《向着社会主义》（文化生活出版社，1954 年）等亦署。1956 年后出版诗集《夜行者》《育才诗草》《炼虹朗诵诗选》（浙江文艺出版社，1987 年）等署用。④全刃，见于《破皮靴的歌》，载 1946 年成都《华西晚报》。⑤文子，1947 年在《光明晚报》编《诗焦点》（蓉版）署用。⑥金子、荒野、野马，署用情况未详。

【liang】

梁霭（1885—1911），广东番禺（今广州市）人，字佩琼，号飞素。笔名梁霭，著有《飞素阁集》《读离骚诗》《飞素阁遗诗》。

梁碧瑜，生卒年不详，福建福州人。笔名：①碧瑜，1937 年 4 月起在福州《福建民报·艺术座》发表诗署用。见于诗《欢迎壮丁入伍曲》，载 1937 年广州《中国诗坛》第 1 卷第 6 期。②梁碧瑜，见于诗《经济压迫下的牺牲者》，载 1937 年《福建民报·艺术座》。

梁斌（1914—1996），河北蠡县人。原名梁维周。笔名：①雨花，见于《芒种》《农村的暴动》，载 1933 年天津《大公报》。②梁斌，1933—1935 年在北平《世界日报》《世界晚报》发表杂文《蜂群与中国社会》《朋友的悲哀》等署用。见于《智勇双全的王金智》，载 1947 年《太岳文化》第 1 卷第 6 期。嗣后出版中篇小说《父亲》（晋察冀文艺社，1942 年），长篇小说《红旗谱》（中国青年出版社，1957 年）、《播火记》（人民文学出版社，1957 年）、《翻身纪事》（人民文学出版社，1978 年）、《烽烟图》（中国青年出版社，1983 年），论著《谈谈创作长篇小说的体会》（新文艺出版社，1958 年），文集《梁斌文集》（百花文艺出版社，1986 年）等亦署。③梁文彬，1936 年在《北平新报》发表译文《现代日本文学》《电影——作为社会现象的批评》等署用。同时期在北平《令丁》月刊发表文章亦署。按：梁斌尚著有剧作《抗日人家》《血洒卢沟桥》等，出版与署名情况未详。

梁冰弦（1890－1978），广东人。原名梁襄武，号海隅孤客。笔名：①弹指，见于小说《贫·病·死》，载1918年《劳动》月刊第1期。嗣后在该刊发表《五月一日之产物》等文亦署。见于消息《出版界对日停止交换》，载1933年《中国出版》第3、4期合刊。②冰弦（绬），见于评论《论Esperanto》，载1918年《劳动》月刊第3期；随笔《蔗渣谈》，载1918年北京《新青年》第5卷第3期。同年在《劳动》月刊发表文章亦署。③梁冰弦，见于随笔《付印题记》，载小说集《秋蝉》（蒋山青著。上海出版合作社，1926年）；论文《试办生产的劳动教育之中级学校末议》，载1933年广州《先导半月刊》第1卷第8期。嗣后在该刊及《社会与教育月刊》《民教半月刊》等刊发表文章，出版论著《现代文化小史》（原名《二十世纪之母》。上海出版合作社，1928年），编选《吴稚晖学术论著》（上海出版合作社，1925年）等亦署。④师山，见于《高等教育救国》，载1930年上海《晦鸣周刊》第1卷第4期；随笔《希特勒主义》，载1940年上海《宇宙风》第90期。嗣后在该刊发表《文艺是有它的使命的》《伤逝》《镜湖通讯》等文，1940年在上海主编《中国与世界》并发表文章亦署。⑤欠（冰）弦（绬），见于随笔《南国一诗人廖苹菴》，载1939年上海《宇宙风》第82期。嗣后在该刊及《中国与世界》发表《这就是杂感与随笔》《赛先生与德先生》《保卫民主与民主改进》等文亦署。⑥梁欠（冰）弦（绬），见于随笔《青年领导问题——由悼念蔡子民先生说起》，载1940年《宇宙风》第100期。嗣后在该刊及《中国与世界》发表《青年堕落的责任问题》《健全的民族思想与世界主义》等文亦署。⑦海隅孤客，见于《解放别录》，载1951年11月—1952年1月香港《自由人报》。

梁朝杰（1877－1958），广东新宁人，字伯隽，号文夫、山云馆主人、岫云馆主人。笔名梁朝杰，出版《出云馆文集》《梅花百咏》《美游诗词存稿》《梁氏小雅存稿》等署用。又见于文集《百和香》（稿本。1939年撰写）。

梁纯夫，生卒年不详，广东台山人。笔名：①梁纯夫，见于译文《华北敌后的战争》（美国D.韦勒原作），载1930年《时与潮》第7卷第1期；译文《托尔斯泰关于〈复活〉的一封信》（英国毛德原作），载1943年重庆《中苏文化》第13卷第7、8期合刊。同时期在《时与潮》《天下文章》《文汇周报》《文风》《民主与科学》《新中华》《评论报》《中学生》《民主》《现代文摘》《风下》《时代批评》《新建设》等刊发表著译文章，出版论著《联合国论》（上海生活书店，1946年）、《美帝怎样破坏联合国》（人民出版社，1951年）、编著《华莱士的呼声》（与小鱼合作。上海峨眉出版社，1947

年），翻译小说《墨索里尼的审判》（意大利卡西阿斯原作。重庆五十年代出版社，1944年），翻译论著《苏联经济新论》（英国莫里斯·多布原作。生活·读书·新知三联书店，1949年）等亦署。②纯夫，见于《美国最大敌人》，载1942年《中苏文化》第10卷第2期。

梁荻云（1919－？），浙江新昌人。笔名：①高梁，1940年6月开始在浙西游击区《浙江导报》任职时发表诗、杂文等署用，至1950年停用。②李望莺，1944年在《东南日报·笔垒》《前线日报·战地》《浙江日报·江风》等报刊发表散文署用。③望鹰，1946年开始在浙江报刊上发表特写、通讯等署用。

梁鼎芬（1859－1919），广东番禺（今广州市）人，字星海、心海、伯烈，号节庵。别号（别署）夕庵（夕厂）、礼庵、孤庵、洁庵、破庵、茶庵、冬庵（冬厂）、竹根、老节、元节、苕（tiáo）华、苕（tiáo）翁、鹿翁、海客、藏山、藏者、藏叟、兰伽、兰叟、剑叟、精卫、汐社、性公、毋暇、烈子、好松、湖泯、鲜民、琴庄、清士、蕙湖、莼湖、蔎（shè）今、葵霜、痛夫、人间人、不回翁、兰湖民、不回山民、凤山词人、佳处亭客、玉苕（tiáo）词客、尚存学人、栖凤楼客、兰湖游客、浪游词客、浪游词侣、刻翠词人、敷丰湖长、蔎（shè）今词客。曾用名梁庶长。笔名：①海客，1910年在《国风报》署用。②节庵，1911年前后在《民权素》《微言》等刊发表诗文署用。③鲜民，1916年在《小说海》发表作品署用。④梁鼎芬，印行《节庵先生遗诗》等署用。按：梁鼎芬辑有《端溪丛书》《经学文抄》（与曹元弼合辑），出版与署名情况未详。

梁鼎铭（1898－1959），广东顺德（今佛山市）人。原名梁协荣，号战画室主。笔名梁鼎铭，见于随笔《画虎谈》，载1926年上海《良友画报》第1期。嗣后在上海《文华》《美术生活》《战斗周报》《永安月刊》等刊发表散文、游记、绘画等，出版画集亦署。

梁方仲（1908－1970），广东广州人。原名梁嘉官。笔名：①咸中，见于诗《松涛》《樵斧》等四首，载1930年北平《清华周刊》第33卷第1期。②畏人，见于论文《马殊尔价值论的研究》，载1930年《清华》第1卷第1期；诗《绝句》，载1931年《清华周刊》第34卷第8期。1937年2月21日在天津《益世报·史学》发表论文《明开国前后的赋率》，1947年在南京《国防月刊》第4卷第4期发表《陕行杂诗》等亦署。③梁方仲，见于随笔《梧州鸿爪印证》，载1931年南京《时事月报》第4卷第2期。嗣后在《清华周刊》《广东留平学会年刊》《地正月刊》《民族杂志》《中国近代经济史研究集刊》《新经济半月刊》《学术杂志》《人文科学学报》《中国社会经济史集刊》《岭南学报》等刊发表文章，出版社会科学论著亦署。④方中，见于论文《明代田赋初制定额之年代小考》，载1933年北平《清华周刊》第40卷第1期。嗣后在该刊发表《明代夏税本色考》等文亦署。⑤梁方翁，见于随笔《石印术与复制画本》，载 1948 年南京《世说》第 2 卷第 2—3 期合刊；《予来伦敦已两月秋日过邱园偶有所触》，载 1948 年南京《国防月刊》第 4 期。⑥方翁，署用情况未详。

梁风¹（1919—1987），广东鹤山人。原名梁道坚。笔名：①梁风，见于《第五战区抗敌青年军团》，载 1938 年《全面战周刊》第 35、36 期；随笔《说恨》，载 1943 年上海《春秋》第 1 卷第 5 期。嗣后出版小说《钱塘苏小小》（香港大华书店，1954 年）、《苏东坡》（香港上海日报社，1955 年）亦署。②白云山，见于评论《关于中国历史发展问题》，载 1948 年上海《新声》第 2 卷第 11 期。

梁风²（1892—1982），湖南宁乡人，字自强。笔名梁风，著有《自强文集》十二卷、《新生诗集》四卷。

梁枫，生卒年不详，笔名梁枫、梁风，1947 年在青岛《青岛时报·海歌》发表长诗《我归来了，妈》署用。嗣后在其他报刊发表作品亦署。

梁高戈（？—1996），广东澄海人。笔名高戈，20 世纪 30 年代在暹罗曼谷《华侨日报·菩提树》等报刊发表文章署用。

梁浩养，生卒年不详，广东梅县（今梅州市）人。笔名拉因、忧患余生，20 世纪 20 年代末起在马来亚槟城《槟城新报·关仔角》、新加坡《星洲日报·晨星》《星中日报·星火》《新国民日报·新国民杂志》等报刊发表散文署用。

梁鸿志（1882—1946），福建长乐（今福州市）人，字仲毅、众异，号无畏、慕骘、东痴、三十三宋斋主。晚号迁叟。笔名：①众异，1911 年起在《国风报》《国是》《震旦》等刊发表诗文署用。20 世纪 30 年代在《国闻周报》、1940 年在《国艺月刊》发表文章，1942 年在上海《古今》第 2 期发表《题北极阁园游图》亦署。②梁鸿志，见于《一闲》，载 1912 年天津《庸言》第 2 卷第 3 期；随笔《上海一品香旅次》，载 1918 年上海《东方杂志》第 15 卷第 6 期。此前后在《公议》《同声月刊》《古今》等刊发表诗文，出版诗集《爱居阁诗》（1938 年刻印）、《己卯上巳西园禊集诗》（1939 年铅印），散文集《拙政园记》（与袁殊等合集。江苏省立教育学院研究室，1944 年）等亦署。

梁厚甫（1908—1999），广东顺德（今佛山市）人。原名梁宽。曾用名梁潜翰。笔名：①宋敏希、冯宏道、吴嘉璈，20 世纪 40 年代在香港《大公报》《工商日报》《新生晚报》，60 年代起在香港《星岛日报》《明报》、台北《大华晚报》，以及新加坡《南洋商报》、马来西亚《中国报》、泰国《星暹日报》等报发表文章署用。②梁厚甫，出版散文集《旅美随笔》（香港天地图书有限公司，1982 年）、《海客随笔》（香港天地图书有限公司，1983 年）、《梁厚甫通讯评论选》（新华出版社，1983 年）、《侨寓零缣》（香港天地图书有限公司，1985 年）、《偶想留痕》（香港天地图书有限公司，1986 年）、《岛居小语》（香港天地图书有限公司，1987 年）署用。

梁梦回，生卒年及籍贯不详。笔名梦回，见于随笔《西线文艺的诞生》，载 1939 年山西《西线文艺》创刊号。

梁明晖（1913—？），江苏如皋人。笔名冰朵，见于散文《同居》，载 1934 年如皋《如皋导报·春泥》第 4 期。嗣后在该刊发表散文《小阿巧》《妹妹》等亦署。

梁南（1925—2000），四川峨眉人。原名李启纲。笔名：①方舟、秋叶、海凡，1943—1945 年在四川《成都快报·文艺周刊》《成都晚报·新诗副刊》及《新中国日报》等发表诗、杂文、小品等署用。②米斯、萧然，1948 年秋冬间在北平《平明日报》《世界晚报》《华北晚报》发表诗文署用。③梁南，见于评论《谈〈关连长中错误的军事观点〉》，载 1951 年北京《文艺报》。嗣后在《人民文学》《新观察》《诗刊》等报刊发表诗文，出版诗集《野百合》（江苏人民出版社，1981 年）、《爱的火焰花》（花城出版社，1983 年）、《天鹅栖息地的情歌》（黑龙江人民出版社，1984 年）、《诱惑与热恋》，散文集《寸人豆马随笔》（作家出版社，1997 年）等亦署。④木楠、白帆、雪方，1952 年初在《空军报》发表文章偶署。

梁宁（1922—？），广西贵县（今贵港市）人，壮族。原名梁祖强。曾用名梁高民。笔名：①戈单，见于诗《我背着枪见你——给 C》《站在郁江岸畔》等，载 1939 年 3 月《贵县日报》副刊。嗣后在中共地下党领导的油印《曙光报》发表诗《回音》、歌词《遥远的家》等亦署。②张来，见于随笔《谈谈劳动与创作》，载 1958 年南宁《红水河》第 5 期。③野秋，见于随笔《从讨论〈覃大嫂〉谈起》，载 1959 年南宁《红水河》第 10 期。④水华，见于评论《评〈一颗闪烁的红星〉》，载 1959 年 5 月 3 日《广西日报》。⑤方东，见于论文《学习马雅可夫斯基的诗》，载 1961 年《广西文艺》第 1—4 期。

梁珮贞（1905—1992），山西清徐人。原名梁清源。笔名梁珮贞，见于论文《南北朝时候中国的政治中心》，载 1929 年《史学年报》第 1 期。

梁其彦（1921—2004），广西横县人。原名梁永裕。笔名：①梁永裕，抗战时期在桂林《笔部队》杂志发表小说《老兵包必强》署用。②梁其彦，抗战时期在桂林《大公报》《救亡日报》《力报》等报刊发表散文《秦堤春行》等署用。③夏牧、夏静野，署用情况未详。

梁企善，生卒年不详，广东人，笔名：①企善，见于随笔《良心》，载 1934 年上海《申报月刊》第 3 卷第 11 期。嗣后在上海《中国与世界》《宇宙风》发表《科学的民族协进论》等文亦署。②梁企善，见于散文《云南腹地旅行记》，载 1940 年上海《宇宙风》第 96 期。嗣后在该刊及《中国与世界》发表《〈自由之什〉前记》《科学与社会》等文亦署。

梁启超（1873—1929），广东新会（今江门市）人，字卓如、卓儒、任甫，号任公。别号任父（fǔ）、沧将江、轶赐、饮冰室主人、如晦庵主人。曾用名吉田晋。笔名：①任公，最初在《清议报》发表诗、文《游箱根浴温泉作》《雷庵行》等署用。嗣后在上海《新民丛报》发表文章亦署。②中国之新民，见于论文《近世文明初祖二大家学说》，载 1902 年《新民丛报》第 1 期。嗣后在该刊发表《论中国学术思想变迁之大势》《论中国国民之品格》等文，在《癸卯丛报》《选报》《广益丛报》等刊发表文章亦署。③如晦庵主人，见于《劫灰梦传奇》，载 1902 年《新民丛报》第 1 期。④饮冰子，见于随笔《饮冰室自由书》，载 1902 年《新民丛报》第 1 期。嗣后在该报第 4 期、第 29 期发表《饮冰室诗话》，出版翻译小说《十五小豪杰》（与披发生合译。上海广智书局，1903 年）亦署。⑤少年中国之少年，见于翻译小说《十五小豪杰》（法国儒勒·凡尔纳原作），载 1902 年《新民丛报》第 2—4 期。⑥饮冰，见随笔《饮冰室诗话》《日俄和议纪事本末》，载 1905 年《新民丛报》第 21 期。出版翻译小说《世界末日记》（上海广智书局，1905 年）亦署。⑦宪民，见于随笔《中国国会制度私议》，载 1908 年《政论》第 5 期。嗣后在《广益丛报》发表文章亦署。⑧双涛，见于随笔《双涛馆随笔》，载 1910 年《国风报》第 1 卷第 1 期。嗣后在该报发表《双涛阁时事日记》《双涛园随笔》等文亦署。⑨远公，见于《中国文明之传播》，载 1912 年《学报》第 1 期。⑩梁启超，见于评论《欧战结局之教训》，载 1918 年 12 月 1 日《国民公报》；评论《政治运动之意义及价值》，载 1920 年北京《改造月刊》第 3 卷第 1 期。此前后在《清议报》《湘报》《大中华》《时务报》《万国公报》《学林》《庸言》《庸言报》《东方杂志》《学艺》《林学杂志》《科学》《心理》《晨报副镌》《佛化新青年》《学生杂志》《清华学报》《北京师大周刊》《图书馆学季刊》《清华周刊》《小说月报》《解放与改造》《学衡》《努力周报》《读书杂志》《清华文艺》《文华》《哲学》《词学季刊》《学风》《涛声》《广播周报》《勤奋体育学报》《锻炼》等报刊发表诗文，出版论著《德育鉴》（新民社，1908 年）、《墨经校释》（上海商务印书馆，1922 年）、《梁任公学术讲演集》（上海商务印书馆，1922 年）、《清代学术概论》（上海商务印书馆，1930 年）、《中国之美文及其历史》（上海中华书局，1936 年）、翻译小说《俄皇宫中之人鬼》（日本德富芦花原译。日本横滨新小说社，1905 年）、《佳人奇遇》（日本柴四郎原作。上海中华书局，1936 年）、翻译散文集《松阴文钞》（日本吉田寅次原作。上海广智书局，1906 年）等亦署。⑪梁任公，见于随笔《不健全之爱国论》，载 1919 年上海《广益杂志》第 2 期；论文《清代政治与学术之交互的影响》，载 1923 年北京《北京师大周刊》第 211、212 期。此前后在《庸言》《解放与改造》《晨报副镌》《史地学报》《清华周刊》《史学与地学》《国闻周报》《国学论丛》《社会学界》等刊发表文章亦署。⑫中国少年，在《选报》发表文章署用。⑬自由斋主人，见于诗《吊烈士唐才常》，载《清议报》第 18 卷。同时期在该报发表《杂感四首》《伤时事》等诗，嗣后在《新小说》发表诗文亦署。⑭梁任、哀时客、爱国者，在《新民丛报》《清议报》发表文章署用。⑮社员某，在《新民丛报》发表短评《尺素五千纸》等署用。⑯兼士，在《大中华》等刊发表文章署用。⑰外史氏，见于《欧洲战役史》之按语。（按：1940 年在《中国公论》《太平洋周报》发表《关于朱毛》《共党中死去了的人才》《革命外史》之作者外史氏另有其人。）⑱饮冰室主人，见于《新中国未来记》，载《新小说》。⑲国史氏，见于《赵武灵王传》按语。⑳新史氏，见于《中国之武士道》自序及按语。㉑晋、任厂（ān）、任夫、佞人、宏甫、宏猷、孟远、沧江、新会、潜夫、轶赐、慧厂（ān）、冰子、新民子、檀山旅客、曼殊室主人，署用情况未详。

梁启雄

梁启雄（1900—1965），广东新会（今江门市）人，生于澳门，梁启超之弟，字季雄，号述任。笔名梁启雄，出版《荀子柬释》《荀子简释》《韩非子浅解》《廿四史传目引得》等著作署用。

梁启勋

梁启勋（1876—1965），广东新会（今江门市）人，梁启超之弟，字仲策，号曼殊室主人。笔名梁启勋，见于《国民心理学与教育之关系》，载 1906 年《新民丛报》第 4 卷第 12 期；随笔《说感情》，载 1912 年天津《庸言》第 2 卷第 3 期。嗣后在《庸言报》《大中华》《图书季刊》《新书月刊》等报刊发表《中国韵字概论》等文，出版论著《中国韵文概论》（上海商务印书馆，1938 年）、《词学》（中国书店，1985 年），随笔集《曼殊室随笔》（南京正中书局，1948 年），译作《血史》（美国弗朗西斯·约翰逊原作。上海广智书局，1905 年）、《社会心理之分析》（英国格雷厄姆·沃拉斯原作。上海商务印书馆，1933 年）等亦署。

梁容若

梁容若（1904—1997），河北行唐人。原名梁绳祎，字容若、子美。曾用名梁生为、梁盛志、梁绳纬。笔名：①容若，见于评论《补论乡村小学教师的进修问题》，载 1918 年《河北教育公报》第 21、22 期。②梁容若，见于评论《中国民众读物的改善》，载 1918 年《河北教育公报》第 31、32 期。嗣后在该刊及《民众教育月刊》《山东民众教育月刊》《教育与民众》等刊发表文章，1949 年后在台湾出版论著《中国文化东渐研究》（中华文化出版事业委员会，1956 年）、《中国文学的地理发展》（1961 年）、《文史论丛》（台中东海大学，1961 年）、《国语与国文》（1961 年）、《文学十家传》（台中私立东海大学，1966 年）、《现代日本汉学研究概观》（台北艺文印书馆，1972 年），散文集《坦白与说谎》（台北开明书店，1953 年）、《容若散文集》（台北开明书店，1957 年）、《大度山杂话》（台北三民书局，1968 年）、《鹅毛集》（台北三民书局，1969 年）、《南海随笔》（台北三民书局，1972 年）、《蓝天白云集》（台北三民书局，1978 年）等亦署。1949 年后，在台湾发表文章署用。③梁绳纬，见于评论《评郭著卷耳集》，载 1923 年 12 月 6、7 日北平《晨报副镌》。④梁绳祎，见于传记《文学批评家刘彦和评传》，载 1927 年上海《小说月报》第 17 卷号外"中国文学研究"。20 世纪 40 年代在北平《中和月刊》《北华月刊》发表《唐代日本客卿晁衡事述》《圆仁与其"入唐求法巡礼记"》等文，翻译《朝鲜民族白衣考》（日本鸟山喜一原作，民国年间抄本，原书藏国家图书馆）等亦署。⑤梁盛志，见于译文《中日文学关系论——中国文学对于日本文学的影响》（日本青木正儿原作），载 1940 年北平《东亚联盟》第 1 卷第 2 期。嗣后在北平《中和月刊》《中国公论》《师大月刊》等刊发表《宋末李竹隐海外讲学考》《瀛海汉学丛录》等著译文，发表《日本文化与中国文化》（载《日本文化的特质——纪元二千六百年纪念国际悬赏论文集》，日本评论社，1941 年），出版《汉学东渐丛考》（中国留日同学会，1944 年）等著作亦署。⑥韦真、流人、盛志、滋南、钟山傪、梁子美、ZM，署用情况未详。

梁若尘（1903－1990），广东丰顺人。原名梁公溥。曾用名梁仲殊。笔名楚囚，1928 年起在马来亚槟城《槟城新报·绿洲》《南洋时报·海丝》发表《归雁》等文章署用。

梁山（1912－1987），广东顺德（今佛山市）人，生于马来亚新加坡。原名梁志生。笔名：①志生，见于评论《爱同校友会的游艺大会》，载 1933 年 10 月 15 日马来亚新加坡《南洋商报·狮声》。嗣后在该刊发表《金晖君的客观理论的检讨》等文亦署。②　C 君，见于评论《地方作家介绍的商榷》，载 1934 年 3 月 5 日马来亚新加坡《南洋商报·狮声》。嗣后在该刊发表评论《显微镜下废名先生的理论的细察》《不合"逻辑"的高帽子》等文亦署。③梨涡，见于杂文《好一篇"大伯公签示式的卷子"》，载 1936 年 2 月 18 日马来亚新加坡《南洋商报·狮声》。嗣后在该刊发表《极"宝贵"的两封"信"》等杂文亦署。④梁山，20 世纪 70 年代后期在新加坡《星洲日报·星云》发表文章署用。⑤丁当、卜之、阿生、梁天、罗梦痕、柴也鲁、南洋山人，在新加坡报刊发表文章署用。

梁山丁（1914－1997），辽宁开原人。原名梁梦庚。曾用名梁孟庚、梁咏时、邓立。笔名：①菁、倩、茜，20 世纪 30 年代初期在东北报刊发表文章署用。②梁梦庚，见于诗《微灵》，载 1930 年 9 月 4 日大连《泰东日报》。③菁人，1930 年开始在《冰花》周刊发表作品署用。嗣后在沈阳《现实月刊》创刊号发表小说《火花》亦署。④冰菲，1930 年冬在开原编《红蓼》周刊并发表诗、散文开始署用。嗣后在沈阳《新民晚报·今天》、长春《大同报》发表诗文亦署。⑤邓立、小倩，20 世纪 30 年代在《国际协报》文艺副刊和《国际公园》上发表诗歌《五月》《新鲜的悲哀》《一双幽默的眼睛》《来一杯香槟》、小说《银色的故事》《北极圈》、散文《山沟》，在《大北新报·大北文艺》发表小说《梅花岭》等署用。"邓立"一名，1948 年 5 月 16 日在哈尔滨《生活报》发表散文《一个医生的经历》，嗣后在该

报发表报告文学《哈尔滨的成长》等亦署。⑥山丁，见于小说《一个犯人》，载 1933 年 5 月某日长春《大同报·大同俱乐部》。嗣后在《诗季》《文选》《满洲文艺》《青年文化》《国际协报》等刊报发表文章，出版诗集《季季草》（诗季社，1941 年）亦署。⑦小蒨，见于随笔《小蒨随感之一·中国文学家的穷与死》，载 1933 年 8 月 2 日长春《大同报·大同俱乐部》。嗣后在《大同报·夜哨》发表文章亦署。⑧小茜，见于诗《十八日夜》，载 1933 年 8 月 2 日《大同报·大同俱乐部》。⑨梁蒨，见于随笔《小蒨随感之四·满洲文坛的骂与批评》，载 1933 年 9 月 20 日《大同报·大同俱乐部》。嗣后在《大同报·夜哨》发表文章亦署。⑩蒨，见于《看完〈路〉以后（下）》，载 1933 年 10 月 15 日《大同报·夜哨》（该文上、下篇均署名梁蒨）。⑪丁，见于小说《银子的故事》、散文《臭虫》、诗《五月》，载 1934 年哈尔滨《国际协报·文艺周刊》；小说《狭街》，载 1939 年《文选》创刊号。嗣后在哈尔滨《国际协报·国际公园》《大北新报·大地文艺》、日本大阪《华文大阪每日》、长春《大同报·我们的文学》《青年文化》《新满洲》及《明明》《诗季》《学艺》《兴亚》等报刊发表诗《鱼肆》《炮队街——献给无墓的阿金》《拓荒者》、评论《乡土文艺与〈山丁花〉》《〈去故集〉的作者》、小说《在土尔池哈小镇上》、散文《画家语》《时间与梦想》等，出版小说集《山风》（长春文丛刊行会，1940 年）、《丰年》（北平新民印书馆，1944 年），散文集《并欣集》（与也丽、小松等合集。兴亚杂志社，1944 年）亦署。⑫茅野，1937 年在日本大阪《华文大阪每日》发表杂文署用。1940 年在该刊第 5 卷第 3 期发表小说《小简》亦署。⑬梁孟庚，发表电影剧本《血溅芙蓉》，编选《近代世界诗选》（德国歌德、雪莱等原作，杨骚、冯至等译，梁孟庚编，山丁选。1941 年）署用。⑭立邓，见于《鲁迅先生的第一个铜像》，载 1948 年 11 月 11 日哈尔滨《生活报》。⑮马庸，见于散文《在聂耳的歌声里前进》，载 1948 年 7 月 21 日哈尔滨《生活报》。⑯项链，见于散文《中华民国最黑暗的一天》，载 1948 年 12 月 1 日哈尔滨《生活报》。⑰伯利，见于散文《青年的铁流》，载 1948 年 12 月 6 日哈尔滨《生活报》。⑱阿庚，见于随笔《读〈铁流〉杂感》，载 1949 年 2 月 16 日沈阳《生活报》。⑲咏时，见于杂文《放下架子》，载 1949 年 2 月 26 日沈阳《生活报》。⑳林西，见于影评《〈一江春水向东流〉观后》，载 1949 年 3 月 16 日沈阳《生活报》。㉑梁山丁，20 世纪 40 年代在哈尔滨、沈阳、长春等地报刊发表诗文署用。1944 年后出版长篇小说《绿色的谷》，中篇小说《芦苇》，短篇小说集《乡愁》《山风》《丰年》，中短篇小说集《初恋》《伸向天边去的大地》《金山堡的人们》，诗集《梁山丁诗选》，散文集《东边道纪行》，剧本《沙河桥边的喜事》《营业员孙芳芝》（与他人合作），专著《梁山丁研究资料》，发表回忆录《东北作家史话》《东北作家群像》《文坛交游录》，编辑出版《近代世界诗选》

《第二代》（梅娘著）、《两极》（吴瑛著）、《去故集》（秋萤著），主编《东北沦陷时期作品选》《长夜萤火》《烛心集》《萧军纪念集》《东北文学研究》《东北文学研究史料》等亦署。

梁上泉（1931－　），四川达县人。笔名：①梁白云，见于旧体诗《纺织娘》《秋雨杂感》，载 1948 年底上海《现代农民》杂志。②梁上泉，出版诗集《喧腾的高原》（中国青年出版社，1956 年）、《开花的国土》（中国青年出版社，1957 年）、《云南的云》（中国青年出版社，1957 年）、《从北京唱到边疆》（中国少年儿童出版社，1958 年）、《寄自巴山蜀水间》（新文艺出版社，1958 年）、《我们追赶太阳》（上海文艺出版社，1960 年）、《山泉集》《在那遥远的地方》《高原，花的海》《多姿多彩多情》，歌剧《过年那一天》（重庆人民出版社，1958 年）等均署。

梁实秋（1903－1987），浙江杭县（今杭州市）人，生于北京。原名梁治华，字实秋，号均默。笔名：①梁实秋，1923 年自费刊印《冬夜草儿评论》（与闻一多合作）署用。又见于翻译小说《执旗的兵》（法国都德原作），载 1920 年上海《小说月报》第 11 卷第 12 期；《答一多》《荷花池畔》，载 1923 年上海《创造》季刊第 1 卷第 4 期。此前后在《晨报副镌》《创造周报》《歌谣》《现代评论》《大江》《创造月刊》《东方杂志》《东南论衡》《新月》《戏剧与文艺》《秋野》《文艺月刊》《诗刊》《现代》《论语》《文学杂志》《再生杂志》《图书评论》《中央日报》《北平晨报》《学文》《文艺丛刊》《华年》《世界日报》《出版周刊》《自由评论》《绿洲》《宇宙旬刊》《学生之友》《读书通讯》《世纪评论》《文史杂志》《黄河》《戏剧时代》《时与潮文艺》《中央周刊》《华声》《文潮月刊》《文化先锋》《月报》《观察》《现实文摘》等报刊发表著译诗、散文、评论等，出版散文集《雅舍小品》（台北正中书局，1949 年）、《谈徐志摩》（台北远东图书公司，1958 年）、《清华八年》（重光文艺出版社，1962 年）、《北平年景》《文学因缘》（台北文星书店，1964 年）、《谈闻一多》（台北传记文学出版社，1967 年）、《秋室杂忆》（台北传记文学出版社，1969 年）、《西雅图杂记》（远东图书公司，1972 年）、《雅舍小品续集》（台北正中书局，1973 年）、《看云集》（志文出版社，1974 年）、《槐园梦忆》（台北远东图书公司，1974 年）、《白猫王子及其他》（台北九歌出版社，1980 年）、《雅舍谈吃》（台北九歌出版社，1986 年）、杂文集《秋室杂文》（台北文星书店，1963 年）、《实秋杂文》（台北仙人掌出版社，1970）、《雅舍杂文》（台北正中书局，1983 年），评论集《浪漫的与古典的》（上海新月书店，1927 年）、《文学的纪律》（上海新月书店，1928 年）、《偏见集》（上海正中书局，1934 年）、《约翰孙》（上海商务印书馆，1934 年），论著《梁实秋札记》（时报文化出版事业公司，1968 年）、《梁实秋论文学》（时报文化出版事业公司，1978 年）、《英国文学史》（协志工业丛书出版社，1985 年），以及《实秋自选集》（胜利出版公司台北分公司，1954 年）、《梁实秋选集》（台北新陆出版社，1961 年）、《关于鲁迅》（台北爱眉文艺出版社，1970 年）、《略谈中西文化》（台北进学书局，1970 年）、《实秋文存》（台中蓝灯出版社，1971 年）、《梁实秋自选集》（台北黎明文化事业股份有限公司，1975 年）、《记梁任公先生的一次演讲》（百花文艺出版社，1988 年），翻译小说《幸福的伪善者》（英国比尔博姆原作。上海东南书局，1928 年）、《潘彼得》（英国巴里原作。上海新月书店，1929 年）、《结婚集》（瑞典斯特林堡原作。上海中华书局，1930 年）、《织工马南传》（英国乔治·艾略特原作。上海商务印书馆，1931 年）、《呼啸山庄》（英国勃朗特原作。上海商务印书馆，1942 年）、《吉尔菲先生的情史》（英国乔治·艾略特原作。重庆黄河书局，1945 年），翻译散文集《阿伯拉与哀绿绮思的情书》（英国弥尔顿原作。上海新月书店，1928 年）、《西塞罗文录》（古罗马西塞罗原作。上海商务印书馆，1931 年），翻译戏剧《马克白》（英国莎士比亚原作。上海商务印书馆，1936 年）、《威尼斯商人》（英国莎士比亚原作。上海商务印书馆，1936 年）、《丹麦王子哈姆雷特之悲剧》（英国莎士比亚原作。上海商务印书馆，1936 年）、《李尔王》（英国莎士比亚原作。上海商务印书馆，1936 年）、《如愿》（英国莎士比亚原作。上海商务印书馆，1936 年）、《奥塞罗》（英国莎士比亚原作。上海商务印书馆，1936 年）、《暴风雨》（英国莎士比亚原作。上海商务印书馆，1937 年、《莎士比亚戏剧集 20 种》（台北文星书店，1967 年），以及《百兽图》（英国奥威尔原作。台北正中书局，1956 年）、《沉思录》（古罗马玛克斯·奥勒留原作）、《雅舍译丛》（台北皇冠杂志社，1985 年）、《莎士比亚全集》（台北远东图书公司，1986 年），主编《远东英汉大词典》（台北远东图书公司，1977 年）等亦署。②实秋，见于评论《短评一束》，载 1922 年北京《清华周刊》第 243 期。嗣后在该刊及《小说月报》《晨报副镌》《新月》等刊发表诗文亦署。③徐丹甫，1927 年 6 月 14 日在上海《时事新报·清光副刊》发表文章批评郑振铎之翻译时署用。④小圈，见于通讯《新月书店》，载 1927 年 6 月 21 日上海《时事新报·青光》。⑤王小圈，见于杂文《戒烟》，载 1927 年 7 月 5 日上海《时事新报·青光》。⑥秋郎，出版杂文集《骂人的艺术》（上海新月书店，1927 年）署用。⑦陈淑，见于随笔《亚里士多德的"诗学"》，载 1928 年 11 月 10 日上海《新月》第 1 卷第 9 期。嗣后在该刊第 2 卷第 5 期发表书评《美国文学 ABC·曾虚白著》亦署。⑧秋，见于杂文《文艺自由》，载 1933 年 10 月 28 日天津《益世报·文学周刊》。⑨既舒，见于小品《第六伦》，载 1933 年天津《益世报·文学周刊》。⑩绿绮，见于评论《对于民族主义文学的要求》，载 1935 年 3 月 11 日北平《世界日报·文学周刊》。⑪絮如，见于通信《看不懂的新文艺》，载 1937 年北平《独立评论》第 238 期。⑫吴定之，见于杂文《狗》，载 1939 年 1 月 25 日《中央日报·平明》。⑬子佳，见于随笔《七洋罪》，载 1941 年上海《星期评论》第 20 期；随笔《雅舍小品：匿名信》，载 1942

年重庆《时与潮副刊》第 1 卷第 2 期。此前后在《学生之友》《中美周报》等刊发表文章亦署。⑭丹、禾、华、吾、呈、季、慎、惨、文茜、失言、召音、灵雨、秋室、谐庭、程淑、悟吾、北京人、希腊人、杨业文、李敬远、吴定文、CHL，署用情况未详。

梁式（1894－1972），广东台山人。原名梁康平。曾用名梁君度、梁匡平。笔名：①君度，见于《五四运动之革命的涵义》，载 1924 年 5 月 5 日北京《晨报副镌》。嗣后在《燕大月刊》《大陆杂志》《中流》《文艺月刊》发表散文、评论等亦署。②梁君度，见于信函《"给我们言论的自由"》，载 1928 年 4 月 15 日上海《贡献》第 2 卷第 5 期。③尸一，见于《鲁迅先生在茶楼上》《还要谈及鲁迅》，收入上海北新书局 1927 年 7 月出版、钟敬文编之《鲁迅在广州》；《通讯》，载 1928 年《语丝》周刊第 4 卷第 23 期。④梁式，见于随笔《孙中山和香港医校》，载 1928 年上海《语丝》第 4 卷第 30 期。⑤何若，见于散文《忆旧游并论》，载 1943 年上海《天地》创刊号。嗣后在上海《大众》《风雨谈》《杂志》《语林》《文艺世纪》《小天地》《文帖》等刊发表散文、随笔等亦署。

梁廷闓，生卒年不详，广西人。笔名梁廷闓、邑门，1933 年前后在广西梧州宵征文艺社主办的《宵征文艺月刊》《梧州日报·宵征文艺周刊》《梧州大公报·子夜周刊》等报刊发表中篇小说《都都头他们》《凤娇》等署用。

梁文若（1916－1968），广东中山人。原名梁文翠。笔名：①文若，见于小说《冰》，载 1937 年上海《中流》半月刊第 1 卷第 11 期。嗣后在《申报周刊》《小说家》《文艺阵地》《抗战文艺》《文学月报》《野草》《舆论》等刊发表小说、散文等，出版中篇小说《割弃》（重庆生活书店，1940 年）亦署。②梁文若，见于随笔《谈天地》，载 1944 年上海《天地》第 6 期。

梁小中（1926－2014），广西贵港人。笔名石人、石天、宝石、唯物史观斋主。曾任香港《中文星报》《绿邮报》等 12 家报纸总编辑，撰写大量专栏文章，出版有《偶然集》《贵宾房里的贞操》等著作。

梁彦（1913－？），黑龙江呼兰（今哈尔滨市）人。曾用名梁剡。笔名：①火箭，见于小说《一个梦》，载 1932 年前后北平《世界日报·蔷薇》。②于曦农，见于小说《回家》，载 1933 年 1 月 1 日北平《东方日报》。③梁彦，见于小说《战士的家》，载 1939 年延安《文艺战线》第 1 卷第 3 期；散文《自由——新野风景之一》，载 1941 年 11 月 13 日延安《解放日报》。嗣后出版短篇小说集《唐麦女》，电影文学剧本《钟义和小白龙》（与他人合作。艺术出版社，1956 年）《画中人》等亦署。

梁耀南（1909－1941），浙江温岭人。笔名：①梁耀南，见于散文《新兴美术家陶元庆先生》，载 1929 年上海《一般》第 9 卷第 2 期。嗣后编纂出版《新主义

辞典》（上海阳春书局，1932 年）亦署。②阿良，编选《鲁迅论文选集》（上海龙虎书店，1935 年）署用。③文林，编选《鲁迅书信选集》（上海龙虎书店，1935 年）署用。④梁成，署用情况未详。

梁漪（1925－？），广东罗定人。笔名：①良伊、梅漂、东琳、石苇，1943 年在桂林《大公报》等报刊发表文章署用。1949 年后在香港《大公报》《新晚报》《晶报》《广角镜》《海洋文艺》等报刊发表文章亦署。具体署名情况未详。②梁漪，出版杂文集《桂黔路上杂忆》（香港致诚出版社，1974 年）、散文集《花叶絮语》（香港海洋文艺社，1978 年）、游记《西南千里行》（香港南粤出版社，1970 年）等署用。③一叶，出版《红叶童话集》（上海亚东图书馆）、《王统照》（上海商务印书馆）署用。2003 年 12 月 13 日在香港《大公报》发表随笔《小思说出广大教师的心中话》亦署。按：梁漪尚著有长篇小说《囡囡》《迟来的春天》和短篇小说集《雾散了的时候》等，出版与署名情况未详。

梁乙真（1900－1950），河北获鹿（今鹿泉市）人。原名梁梦书。曾用名梁仪真。笔名：①梁乙真，见于小说《革命家的女儿》，载 1935 年上海《青年界》第 7 卷第 1 期"学校生活之一叶特辑"；论文《民族文学之特质及中国民族文学之史的拓展》，载 1943 年重庆《文艺先锋》第 3 卷第 2 期；译作《一个波兰奇袭队员的自述》，载 1943 年《时与潮》第 16 卷第 2 期。此前后在《青年界》《成都日报》《中国青年》《三民主义半月刊》等报刊发表散文《嘉陵江上游散记》《广汉之行》《春假日记》《读书习剑爬山》《青年时代读书生活的回顾》等，出版散文集《蜀道散记》（重庆商务印书馆，1943 年）、《民族英雄诗话》（重庆黄埔出版社，1940 年 8－9 月），论著《清代妇女文学史》（上海中华书局，1927 年）、《中国妇女文学史纲》（上海开明书店，1932 年）、《中国文学史话》（上海元新书局，1934 年）、《元明散曲小史》（上海商务印书馆，1934 年）、《中国民族文学史》（重庆三友书店，1943 年），传记《民族英雄百人传》（重庆三友书店，1942 年）等亦署。②伊砥，出版论著《花间词人研究》（上海元新书局，1936 年）署用。

梁羽生（1924－2009），广西蒙山人。原名陈文统。笔名：①陈文统，1942 年在曲江《建国日报》副刊发表文章署用。②梁羽生，见于长篇武侠小说《龙虎斗京华》，载 1954 年 1 月 20 日至 8 月 1 日香港《新晚报·天方夜谭》。嗣后在香港《新晚报·天方夜谭》《新晚报》《大公报·小说林》《香港商报·谈风》《香港商报·说月》《正午报》及新加坡《星港日报》《南洋商报》连载武侠小说《草莽龙蛇传》《塞外奇侠传》《七剑下天山》《江湖三女侠》《白发魔女传》《萍踪侠影录》《冰川天女传》《还剑奇情录》《幽谷寒冰》（《冰魄寒光剑》）、《散花女侠》《唐宫恩怨录》（《女帝奇英传》）、《联剑风云录》《云海玉弓缘》《大唐游侠传》《冰河洗剑录》《龙凤宝钗缘》《挑灯看剑录》（《狂侠·天骄·魔

女》)、《风雷震九州》《慧剑心魔》《飞凤潜龙》《侠骨丹心》《瀚海雄风》《鸣镝风云录》《弹铗歌》(《游剑江湖》)、《风云雷电》《折戟沉沙录》(《牧野流星》)、《广陵剑》《武林三绝》《绝塞传烽录》《弹指惊雷》《剑网尘丝》《武林天骄》《武当一剑》《幻剑灵旗》,由香港天地图书有限公司结集出版,上述小说亦署。③冯瑜宁,20 世纪 50 年代在香港《新晚报》发表文艺随笔,后结集出版《文艺杂谈》(香港自学出版社,1954 年)署用。④梁慧如,20 世纪 50—60 年代在香港《大公报》《文汇报》发表历史小品、文化随笔,后结集出版《中国历史新话》(香港自学出版社,1956 年)、《古今漫话》(香港上海书局,1966 年)。⑤佟硕之,见于评论《金庸梁羽生合论》,载 1966 年香港《海光文艺》杂志。⑥陈鲁,在香港发表棋艺评论署用。

梁遇春(1906—1932),福建福州人。笔名:①梁遇春,见于散文《讲演》,载 1926 年北京《语丝》周刊第 108 期;译文《关于书籍和读书的杂感》(英国兰姆原作),载 1928 年上海《文学周报》第 343 期。此前后在《语丝》《北新》《奔流》《新月》《现代文学》《青年界》《现代》《文艺月刊》等刊发表著译散文、小品等,出版散文集《春醪集》(上海北新书局,1930 年)、《泪与笑》(上海开明书店,1934 年),翻译小说《青春》(英国康拉德原作。上海北新书局,1931 年)、《荡妇自传》(英国笛福原作。上海北新书局,1931 年)、《吉姆爷》(英国康拉德原作。上海商务印书馆,1934 年)、《情歌》(梁遇春译注。上海北新书局,1931 年),翻译散文集《英国小品文选》(上海开明书店,1932 年)等亦署。②驭聪,见于散文《给一个失恋人的信一束》,载 1927 年《语丝》周刊第 150 期。③春,见于随笔《高鲁斯密斯的二百周年纪念》,载 1928 年上海《新月》月刊第 1 卷第 9 期。嗣后在该刊发表《斯宾诺沙的往来书札》《东方诗选》等文亦署。④秋心,见于散文《破晓》,载 1930 年北平《骆驼草》周刊第 3 期。嗣后在该刊及《新月》等刊发表《亚密尼尔的飞莱茵》等文亦署。⑤蔼一,见于散文《毋忘草》,载 1930 年《骆驼草》周刊第 25 期。

梁兆斌(1918—),湖南安化人。原名梁赵瓒,字少康。笔名:①精上,见于散文《破迷信》,载 1929 年秋湖南《安化民报》。②孤飘,见于随笔《孤飘随笔》《想到哪里就写到哪里》等,载 1930 年《安化民报》。③梁兆斌,1931 年在《安化民报》发表《读书杂记》《悼念诗人徐志摩》等署用。1932 年在《安化民报》发表评论《评尼采的"超人哲学"》《祖国不会亡》,1933年在宁夏《民国日报》发表评论《大可注意的西北问题》、在江西《铁血月刊》发表评论《第二次世界大战预测》,1934 年在湖南《湘江晚报》发表《洞庭湖民歌一千首》,1935 年在江苏东海《阵中日报》发表长篇连载《征途杂记》、在江苏《新浦报》发表散文《寄谢冰莹》,1938 年在淮阴《军训周刊》发表《一天的日记》《贺新郎》等诗文,1939 年在山东《山东公报》发表长

篇连载《从苏北到鲁南》等,20 世纪 80 年代后在《文学报》《香港文汇报》《团结报》《人民政协报》《济南日报》等报刊发表文章,出版散文集《风雨沧桑》(钦鸿编。2001 年)亦署。④少康、苦飘、绍康、炸弹,1939—1944 年在《山东公报》发表《梦游大明湖》《"五四"运动的评传》《对远征军的希望》等文署用。

梁镇(1905— ?),湖南会同人,字彩彰。笔名梁镇,见于译作《德国古民歌》,载 1929 年上海《新月》月刊第 2 卷第 9 期;翻译小说《一个姑娘的住室》(英国H. 哈兰德原作),载 1931 年上海《东方杂志》第 28 卷第 17 期。20 世纪 30 年代在《诗刊》《文艺月刊》等刊发表诗、译作等,出版翻译论著《俄罗斯文学》(苏联贝灵原作。上海商务印书馆,1931 年),翻译戏剧《从清晨到夜半》(德国恺撒原作。上海中华书局,1934 年)等亦署。

梁宗岱(1903—1983),广东新会(今江门市)人,生于广西百色,字菩根。笔名:①菩根,1919 年前后在广州《越华报》《群报》发表诗作署用。②梁宗岱,见于诗《失望》,载 1922 年上海《小说月报》第 13 卷第 1 期;《新诗六首》,载 1922 年《太平洋》第 3 卷第 8 期;剧本《隐士》(印度泰戈尔著),载 1923 年《东方杂志》第 20 卷第 14 期。嗣后在《文学周报》《东方杂志》《小说月报》《诗刊》《北新》《文艺月刊》《文学》《人间世》《文学季刊》《水星》《文饭小品》《新诗》《大公报·诗特刊》《时事类编》《文学杂志》《国闻周报》《抗战文艺》《宇宙风》《宇宙风乙刊》《战国策》《文艺先锋》《文化先锋》《时与潮文艺》《春秋》《民族文学》《月报》《学术季刊》《时代生活》《复旦学报》等报刊发表著译诗文,出版诗集《晚祷》(上海商务印书馆,1925 年)、《诗抄(1958—1962)》,词集《芦笛风》,论著《诗与真》(上海商务印书馆,1935 年)、《屈原》《蒙田试笔》,翻译诗集《水仙辞》(法国保罗·梵乐希原作。上海中华书局,1931 年)、《一切的峰顶》(德国歌德等原作。上海商务印书馆,1934 年)、《浮士德(上集)》《莎士比亚十四行诗》,翻译论著《歌德与悲多汶》(桂林华胥社,1943 年),翻译散文集《蒙田散文选》(法国蒙田原作。上海生活书店,1935 年)、《交错集》(德国里尔克原作。桂林华胥社,1943 年),翻译传记《罗丹》(德国里尔克著。重庆正中书局,1943 年)等亦署。③宗岱,见于随笔《卷头语》,载 1925 年《小说月报》第 16 卷第 6 期。④岳泰,署用情况未详。

【liao】

廖苾光(1902—1983),广东梅县(今梅州市)人。笔名:①丰,1933 年在上海《大公报》发表文章署用。②廖壁光,见于《日本经济恐慌的新阶级》,载 1934 年南京《中国经济》第 2 卷第 8 期。③廖苾光,出版译作《文学论》(日本森山启原作。上海读者书房,1936年)署用。嗣后发表《和平的叛徒——希脱拉》(载 1939 年广东梅县《抗战周刊》第 17 期),出版随笔集《聊

话〈聊斋〉》（广东高等教育出版社，1987年），译作《唯物史观文学论》《苏联经济地理》（与他人合译）等亦署。④廖碧光、观古，署用情况未详。按：廖芷光还曾在荷属东印度爪哇《天声日报》、上海《大晚报》、桂林《月牙》、香港《论坛》等报刊发表文章，署名未详。

廖冰兄

廖冰兄（1915－2006），广西象州人，生于广东省广州市。原名廖东生。笔名：①廖冰兄，1934年起在香港、广州等地报纸副刊以及上海《时代漫画》《独立漫画》《漫画界》《上海漫画》《中国漫画》《月刊》《人世间》《文联》、重庆《诗文学》等刊发表漫画署用。嗣后发表散文诗《钟的默示》（载1939年7月23日桂林《救亡日报·文化岗位》）、评论《抗战四年来木刻活动的回顾》（载1941年广东曲江《新建设》第2卷第6、7期合刊），出版散文集《冰兄漫谈》（河北教育出版社，1997年）及漫画集等亦署。②冰兄，见于散文《二十六个》，载1939年8月3日《救亡日报·文化岗位》。

廖伯坦

廖伯坦（1916－1997），江西奉新人。笔名：①廖人旦，见于小说《剿匪救民》，载1922年江西《心远周刊》第1期。嗣后在该刊第2期发表散文《小品三章》亦署。1933年后在上海《论语》《人间世》等刊发表骚体诗《也是离骚》、散文《我所认识之怪人》等亦署。②廖伯坦，见于散文《古城之秋》，载1933年10月19日上海《申报·自由谈》；小说《贡茗仙》，载1941年福建永安《现代文艺》第4卷第3期。嗣后在该刊及永安《改进》杂志发表小说《红人》等，出版《廖伯坦文存》（百花洲文艺出版社，2009年）亦署。③唐麾、牛伯先，1944年在江西赣县《正气日报》副刊、1946年在《江西民国日报》《江西新闻日报》副刊发表杂文署用。

廖传道

廖传道（1877－1931），广东梅县（今梅州市）人，字叔度，号梅峰，别号三香居士、三香山人，晚号梅垞。笔名廖传道，著有《金碧集》《三香片羽集》《三香山馆诗集》《邅游笔记》《三香山馆集》（广东人民出版社，2015年）等诗文集。

廖翠凤

廖翠凤（1896－？），福建厦门人。笔名廖凡，出版译作《希腊民族的故事》（上海中华书局，1931年）署用。

廖恩焘

廖恩焘（1864－1954），广东惠阳人，字凤舒、凤书，号忏庵；别号忏绮庵主、珠海梦余生。笔名：①忏绮庵主人，出版方言诗集《嬉笑集》（1924年刻印）署用。②廖忏庵，见于词《琐窗寒》，载1933年南京《铁路协会月刊》第5卷第4、5期合刊。③忏庵，见于词《声声慢·放翁生日颖人招集青溪社分韵赋诗未赴鹤亭为拈得帅字因成此词》，载1933年南京《铁路协会月刊》第5卷第12期。1944年在上海《古今》杂志发表《孽海花与轰天雷》《张佩纶与李鸿章》等文，出版《闺范诗》（台北广文书局有限公司，1982年）亦署。④忏庵居士，出版辑集《高僧山居诗》（上海商务印书馆，1934年）、《高僧山居诗续编》（上海商务印书馆，1936年）、《缁林警策》（上海商务印书馆，1936年）等署用。⑤廖恩焘，见于词《半舫斋诗余六首》，载1941年9月20日南京《同声月刊》第1卷第10期（刊内正文署名廖恩焘忏庵）。嗣后在该刊发表词《半舫斋诗余二首》《忏庵词四首》等，出版《忏庵词》《新粤讴解心》（1924年）、《打蒱谈室词》（1948年）、《嬉笑集》（1949年）、《影树亭与沧海楼合印词稿》（与刘景堂合集）等亦署。⑥廖恩焘忏庵，1941年南京《同声月刊》第1卷第10期发表词《半舫斋诗余六首》时刊内正文署用。⑦珠海梦余生，出版方言诗集《嬉笑集》（澳门日报出版社，1949年）署用。

廖辅叔

廖辅叔（1907－2002），广东惠州人。原名廖尚柴。曾用名黎斐。笔名：①黎斐，见于译文《三等小提琴手》《明星和艺人》，载1930年上海《乐艺》季刊第1卷第1期。②廖辅叔，见于儿童合唱歌曲《西风的话》（廖辅叔词，黄自编曲）；随笔《莫查尔特作为歌剧作曲家》，载1936年南昌《音乐教育》第4卷第1期。此前后在该刊发表《勃拉姆斯》《舒曼》《朗诵的理论与实习》等文，出版文学论著《中国文学欣赏初步》（上海生活书店，1946年），1949年后出版《中国文学欣赏》（生活·读书·新知三联书店，1950年）、《谈词随录》（广东人民出版社，1986年）、《兼堂韵语》（中央音乐学院出版社，1996年）、《中国古代音乐史》（人民音乐出版社，1982年）、《萧友梅传》（浙江美术学院出版社，1993年）、《乐苑谈往》（廖崇向编。华乐出版社，1996年）等，译作《音乐发展史论纲》（德国梅耶尔原作。新音乐出版社，1953年）、《音乐与现代社会》（德国梅耶尔原作。新音乐出版社，1954年）、《阴谋与爱情》（德国席勒原作。人民文学出版社，1955年）、《煤》（波兰席包尔·里尔斯基原作。作家出版社，1957年）、《瓦格纳论音乐》（德国瓦格纳原作。上海音乐出版社，2002年）、《论现实在音乐中的反映》（德国万斯洛夫原作）等亦署。③居甫，见于译诗《德国流亡作家诗抄》，载1942年2月20日桂林《诗创作》第8期。嗣后在《新建设》《艺文集刊》《新学生》《民主世界》等刊发表诗《一点灯光》、翻译小说《无形的画册》（奥地利茨威格原作），出版论著《大音乐家及其名曲》（生活·读书·新知三联书店，1949年）亦署。

廖汉臣

廖汉臣（1912－1980），台湾台北县（今新北市）人。曾用名廖毓文。笔名：①毓文，1931年在《昭和新报》发表《乡土文学的吟味》署用。又见于杂文《祝〈南音〉发刊并将来》，载1932年台北《南音》第1卷第2期；评论《打破缄默谈"文运"》，载1947年7月23日台湾《新生报·文艺》。嗣后在台北《新高新报》《台湾新民报》《先发部队》《第一线》《南音》、台中《台湾文艺》《台湾新文学》等报刊发表诗文亦署。②廖毓文，见于杂文《艋舺信用组合总会感言》，载1934年1月28日《新高新报》。③文澜，见于《意中人》，载1934年《先发部队》杂志第1期。嗣后在《第一线》《台湾新文学》等刊发表诗文亦署。④廖汉臣，1934年在台北主编白话文杂志《先发部队》(1935 年改名《第一线》)署用。嗣后发表随笔《谈谈民歌的搜集》(载 1948 年台北《台湾文化》杂志第 3 卷第 6 期)等文,出版《台湾省通志稿·文学艺术篇》(台北成文出版社,1983 年)亦署。⑤文苗、HC 生,20 世纪 30 年代在台湾《反普特刊》《先发部队》《台湾文艺》等刊发表作品署用。按:廖汉臣出版有短篇小说集《创痕》《玉儿的悲哀》、散文集《一种的榨取》、诗集《卖花的少女》《孤苦》、话剧《逃亡》,以及《台湾年节》《郑成功》《廖添丁》《谢介石与王香禅》《台湾神话》《台湾三大奇案》,出版与署名情况未详。

廖季平

廖季平(1852—1932),四川井研人。原名廖登庭。曾用名廖登廷,字旭陔、勖陔。又用名廖平,字季平、学斋,号四益、四译、五译、六译。笔名:①廖季平,出版《经学初程》(尊经书局,1897 年)、《孔经哲学发微》(上海中华书局,1914 年)、《左氏古经学》(成都府中学,1915 年)、《春秋三传折中》(存古书局,1917 年)、《六译馆杂著》(存古书局,1918 年)、《左传杜氏集解辩正》(1935 年)等署用。②季平,1907 年在《国粹学报》发表文章署用。

廖鉴衡

廖鉴衡(1929—),福建长汀人。笔名:①兰藻,见于散文《静静的院子里》,载 1946 年上半年永安《民主报》。②垫人,见于散文《小巷》,载 1947 年上半年永安《民主报》。③剑痕,见于散文《东门古渡口》,载 1947 年厦门《星光日报·星星》。

廖立峨

廖立峨(1904—1962),广东兴宁人。笔名:①廖立峨,见于游记《唐山》《北仑江的两岸》,载 1939 年南平《闽侨月刊》。②立莪,署用情况未详。

廖沫沙

廖沫沙(1907—1990),湖南长沙人。原名廖家权。曾用名保生(乳名)、廖墨沙、廖摩挲。笔名:①廖沫沙,1922 年在长沙师范读书时开始使用。1949 年后出版杂文集《分阴集》(北京出版社,1962 年)、《纸上谈兵录》(花城出版社,1984 年)、《廖沫沙杂文集》(生活·读书·新知三联书店,1984 年)、《廖沫沙近作选》(山西人民出版社,1985 年),诗集《余烬集》(重庆出版社,1985 年),以及《廖沫沙文集》(北京出版社,1986 年)、《廖沫沙全集》(花城出版社,1997 年)、《廖沫沙集》(吉林出版集团有限责任公司,2013 年)等亦署。②达五,见于杂文《从正经到幽默》,载 1933 年 3 月 16 日上海《申报·自由谈》。③达伍,见于杂文《推测"新局面"》,载 1933 年 3 月 20 日《申报·自由谈》。嗣后在该刊发表杂文《说抵抗能力》《第三种人的"推"》、1934 年在上海《中华日报·动向》发表杂文《"吹毛求疵"》《提出另一个"命题"》等亦署。④垫容,见于杂文《傻新郎》,载 1933 年 7 月 2 日《申报·自由谈》。嗣后在该刊及上海《中华日报·动向》《新语林》《作品》《社会月报》等报刊发表杂文亦署。⑤熊飞,1933—1934 年间在上海《申报》《中华日报》等署用。⑥林默,见于杂文《论"花边文学"》,载 1934 年 7 月 3 日上海《大晚报·火炬》;随笔《〈人间世〉论战经过》

载 1934 年上海《作品》创刊号。⑦易庸,见于评论《抗战中的文艺战线》,载 1937 年上海《新学识》第 2 卷第 3 期。嗣后在《青年知识周刊》《自学》《文化杂志》《抗战戏剧》《野草》《戏剧春秋》以及湖南沅陵《抗战日报》等报刊发表文章亦署。⑧沫沙,见于通信《文学与圣经》(刊内正文题为《圣经与文学》),载 1943 年桂林《青年文艺》第 1 卷第 3 期。⑨怀湘,见于杂文《我们不能忘记这个日子》,载 1943 年 8 月 13 日重庆《新华日报》。嗣后在该报及《青年知识》《群众》《野草》《自由丛刊》等刊发表文章,出版故事新编集《鹿马传》(生活·读书·新知三联书店,1949 年)亦署。⑩野容,见于随笔《七天》,载 1945 年 2 月 24 日重庆《新华日报》。⑪存粹,见于随笔《乘风归不去——中秋节感》,载 1945 年 9 月 20 日重庆《新华日报》。⑫容,见于杂文《鲁迅先生题"热风"》,载 1946 年香港《华商报·热风》创刊号。⑬景云,1949 年在香港撰写论著《恋爱新论》署用。⑭闻壁,20 世纪 50 年代在北京《新观察》发表文章署用。⑮繁星,见于杂文《有鬼无害论》,载 1961 年 8 月 31 日《北京晚报》。⑯吴南星,与吴晗、邓拓合署。1961 年在北京《前线》杂志发表杂文《三家村札记》署用。嗣后结集出版(人民文学出版社,1979 年)亦署。⑰文益谦,见于杂文《"长短相较"说》,载 1962 年 5 月 4 日《人民日报·长短录》。嗣后在该报发表杂文《小学生练字》《还是小学生练字》《跑龙套为先》等亦署。

廖平子

廖平子(1882—1943),广东顺德(今佛山市)人。原名廖任肩(一作廖任坚),字平子,号平庵、革庵。别署秋人、晳翁。笔名:①廖平子,1902 年在香港《中国日报》副刊任主笔,1907 年在东京创办《大江日报》、1909 年后在香港《中国时报》和广州《平民日报》、1939 年在澳门创办手写诗画半月刊《淹留》(后易名《天风》)、1943 年在广东曲江创刊手写《予心》杂志时发表诗文署用。②秋隐,见于《红巾始末记》,载 1915 年上海《小说月报》第 6 卷第 4 期。③廖革庵,见于随笔《舞狮的艺术》,载 1936 年上海《逸经》第 7 期。按:廖平子出版有诗集《昙花庵诗钞》《自怡室诗钞》《淹留集》《天风集》《予心集》,杂著《生趣》《舟车消遣录》《村居杂话》《帝女魂》《侠女传奇》等,署名未详。

廖清秀

廖清秀(1927—),台湾台北人。笔名:①廖清秀,1945 年台湾光复后开始发表作品署用。嗣后出版小说集《冤狱》(台北中兴出版社,1953 年)、《金钱的故事》(鸿儒书局,1976 年)、《廖清秀集》(台北前卫出版社,1991 年),长篇小说《恩仇血泪记》(1957 年),儿童文学《战争与和平》(台北东方出版社,1964 年)、《驼背的小马》(台北东方出版社,1970 年)、《三只小猪》(台北东方出版社,1970 年)、《深夜悬疑案》(台北东方出版社,1970 年)、《金银岛》(台北光复书局,1977 年),翻译长篇小说《滚地郎》(张文环日文原作。鸿儒堂,1976 年)等亦署。②青峰、苦笑生、坦诚、笑生、村夫子，署用情况未详。

廖尚果（1893－1959），广东惠州人。曾用名廖增熙、青主、黎青主、廖观玄。笔名：①黎青主，出版长篇自传体小说《乐话》（上海商务印书馆，1930 年），论著《音乐通论》（上海商务印书馆，1930 年）、《歌德》（上海商务印书馆，1930 年），诗集《诗琴响了》（1931 年）等署用。②青主，见于诗《旧日的美目》，载 1931 年上海《小说月报》第 22 卷第 1 期。嗣后创作独唱歌曲《大江东去》《我住长江头》《红满枝》《赤日炎炎似火烧》，出版艺术歌曲集《清歌集》《音境》、美学专著《乐话》《音乐通论》、翻译童话集《豪福童话》（德国威廉·豪夫原作。海豚出版社，2012 年）、出版论著《乐话·音乐通论》（吉林出版集团有限责任公司，2010 年）亦署。③廖尚果，见于短篇小说《丑的美》《半月子的回忆》，载《小说月报》。嗣后出版专著《女性美的研究》，翻译诗集《抒情插曲》（德国海涅原作），翻译小说《一个人和他的名字》（德国安娜·西格斯原作。上海文化生活出版社，1953 年；新文艺出版社，1956 年）、《苦难的一周》（波兰日日·安德热耶夫斯基原作。上海文化生活出版社，1954 年）、《最后一次斗牛》（德国冈特·约哈那原作。江苏人民出版社，1957 年）、《逃出盗窝》（德国布劳恩原作。江苏人民出版社，1957 年）、《采珠女工》（德国波德洛尔原作。江苏人民出版社，1957 年）、《冲破封锁线》（法国维尔尼原作。江苏人民出版社，1957 年）、《约哈山的猎人》（德国兰格原作。江苏人民出版社，1959 年）、《一块糖》（捷克彼得·伊赫姆尼茨基原作。上海文艺出版社，1961 年），以及翻译音乐论著《德国民歌的音调》（德国梅耶尔原作。音乐出版社，1959 年）等亦署。④L.T.，署用情况未详。

廖圣亮（1913－?），江西奉新人。曾用名廖延泗。笔名古烽，见于小说《恐吓》，载 1948 年江西《荆棘文丛》第一辑《人民的旗》。同年在南昌《中国新报·文林》发表故事《这是什么世界》等亦署。

廖特全，生卒年不详，湖南人。笔名：①廖特全，见于论文《文艺的理论与实践》，载 1930 年武汉《狂涛》杂志第 2 期；散文《一九三三年》，载 1933 年武汉《如此》杂志第 2 期。②特全，20 世纪 30 年代在武汉《新民报·空谷》《大同日报》《狂涛》等报刊发表诗文署用。

廖翔农，生卒年及籍贯不详。笔名：①翔子，见于杂文《愿你做一个超越的女性》，载 1936 年《春云》创刊号。嗣后在该刊发表杂文《飘零的光阴》、诗《给》等亦署。②廖翔农，1936 年 12 月在重庆与涂绍宇等人合编《春云》并发表诗《黄昏》（第 1 卷第 5 期）、小说《灵魂的复活》（第 2 卷第 6 期）等署用。③翔农，见于诗《父亲》，载 1937 年 8 月 1 日《春云》第 2 卷第 2 期。

廖晓帆（1923－?），四川巴县（今重庆市）人。原名廖顺庠。笔名：①晓帆，见于诗《乡村小调》，载 1946

年 9 月 14 日重庆《新华日报》；译诗《海涅政治诗》，载 1947 年上海《作家杂志》创刊号。嗣后在上海《诗创造》《妇女》《幸福世界》《春秋》等刊发表著译诗文亦署。②小凡，1946－1948 年在上海《联合晚报》《新民报晚刊》发表讽刺诗《问》《颠倒歌》等署用。1949 年在上海《幸福世界》第 26 期发表诗《迎春曲》亦署。③晓汎，1946 年后在上海《新民报晚刊》发表《世界民歌随想》一文署用。④原也、萧梵、萧藩，1946－1948 年在上海《大公报》《新民晚报》《联合晚报》《春秋》等报刊发表评论、译诗等署用。⑤廖晓帆，见于歌曲《牧羊人儿》（谢涧声作词），载 1942 年重庆《青年音乐》第 1 卷第 3 期；译诗《海涅诗抄》，载 1945 年重庆北碚《突兀文艺》第 3 期；译诗《亚当一世》（德国海涅原作），载 1948 年上海《诗创造》第 10 期。出版翻译诗集《新的诗章》（德国海涅原作。上海诗歌新地社，1946 年）、翻译歌曲集《舒伯尔脱独唱曲集》（奥地利舒伯特原作。上海音乐公司，1948 年），诗集《运军粮》（上海正风出版社，1950 年）、《土改山歌》（上海通俗文化出版社，1951 年）、《我们的工厂》（上海棠棣出版社，1951 年）、《祖国的春天》，话剧《劳动模范》（上海棠棣出版社，1951 年）等亦署。

廖一原（1920－2002），广东新会人。曾用名廖源、廖涤生。笔名：①李源、俞远、辽远、李健之、李龙、何朝荣，1939 年起在香港《立报》《大公报》《大众生活》《青年知识》《学生文丛》、桂林《救亡日报》发表文章署用。②黎于群，与人合署。20 世纪 50 年代前期在香港《文汇报·社会大学》发表文章署用。③廖一原，出版散文集《这就是生活》（香港自学出版社，1953 年）、《书信往来》（香港自学出版社，1954 年）、《人生是甚么》（香港集文出版社，1955 年），小说《我们这一群》（香港出版贸易公司，1957 年）、《少男少女的烦恼》（香港上海书局，1974 年）等署用。

廖友陶（1910－?），四川凉山人。笔名：①廖友陶，见于随笔《倮苏族的火把节——倮苏族习俗研究之一》，载 1940 年西康西昌《新宁远月刊》第 1 卷第 3 期。②柳涛，见于评论《谈〈屈原〉的悲壮剧》，载 1943 年桂林《文艺生活》第 3 卷第 5 期；评论《〈虎符〉中的典型和主题》，载 1943 年重庆《中原》创刊号；随笔《谈〈屈原〉悲壮剧中的仆夫》，载 1943 年桂林《艺丛》创刊号。

廖仲恺（1877－1925），广东归善（今惠州市）人，生于美国旧金山。原名廖恩煦，字仲恺。曾用名廖夷白、廖独夫。笔名：①夷白，1907 年在《复报》发表文章署用。②屠富，见于译文《进步与贫乏》，载 1905 年《民报》。③渊实，1905 年前后在《民报》发表《社会主义史大纲》《虚无党小传》等文署用。④无首，1905 年前后在《民报》发表译文《苏菲亚传》《巴枯宁传》等署用。⑤廖仲恺，见于论文《中国人民和领土在新国家建设上之关系》，载 1919 年上海《建设》第 1 卷第 1 期。嗣后在该刊发表著译文章，出版文集《廖仲恺集》（太原中山图书社）、《廖仲恺先生讲演集》（军事委员会政治训练部，1928年）、《双清文集》（人民出版社，1985年），诗词集《双清词草》（上海开明书店，1928年）、《廖仲恺先生自书诗词》（1930年）等亦署。⑥仲恺，见于讲演《立法部之两院制国民全体议决制及财政监督》，载1919年《建设》第1卷第5期。

廖仲潜，生卒年及籍贯不详。笔名：①廖潜，见于随笔《诗人的心》，载1923年4月14日、28日北京《京报·诗学半月刊》。②廖仲潜，见于诗《小小的园地》，载1923年6月28日《京报·诗学半月刊》。嗣后在该刊发表诗《潜心》《感遇》、在《文学旬刊》发表《杂诗二首》等亦署。③仲潜，见于通信《"无聊的通信"》，载1925年1月15日北京《京报副刊》。嗣后在该刊发表通信《关于〈咬文嚼字〉》亦署。④芳子，见于随笔《廖仲潜先生的"春心的养伴"》，载1925年2月18日《京报副刊》。

廖子东（1909－1993），广东兴宁人。原名廖宝鎏，字宗浩。曾用名廖宝仁、廖宗浩、廖浏心。笔名：①浏心，见于《小楼西》，载1930年广州《细雨》杂志第4期。嗣后在广州《民国日报》副刊发表文章亦署。②刘心，见于中篇小说《南渡东流与北向》，1932年秋发表。嗣后至1940年夏发表文章亦署。③归燕，1931年夏开始在广州《民国日报·黄花》发表散文署用。④仇尸屺，1932年10月在《咖啡座》发表小说署用。⑤朱子东，见于小说《马》，载1936年夏广州《民国日报·东西南北》。⑥大孤、大城、茨堂、上官锦，1937年春开始在香港《珠江日报》《工商日报》《华侨日报》《大公晚报》等报副刊发表小说、散文、书评等署用。⑦孜兰、孔栋、莩兰、梁家竹、朴庵、蒲月，1944年夏秋间在香港《工商日报》《华侨日报》副刊发表散文、随笔、书评等署用。⑧廖子东，1949年后发表作品、出版专著《中日战争八年回顾》（广东时事日报社，1945年）、《鲁迅研究新论》（广西人民出版社，1987年）亦署。按：廖子东出版有长篇小说《流霞盏》、中篇小说《恋的峰》《双子星座》《山民们》《天际的云》、散文集《八千里路》，出版与署名情况未详。

廖宗刚（1918－2003），福建福州人。笔名缪茵、崇冈、雪峰，1935－1937年在福建《中央日报》《南方日报》《天问》等报刊发表中篇小说《金钱豹子》、短篇小说《方孝孺之死》、杂文《漫话抄袭》、散文《鼓岭消夏杂记》等署用。同时期主编《南方日报》文艺副刊《雁来红》亦署。

【lin】

林白水（1874－1926），福建闽侯（今福州市）人。原名林獬，字宣樊，号少泉、肖泉、白水、退室学者；别号白话道人。曾用名林万里、林懈、林瀣。笔名：①宣樊子，1901年6月在《杭州白话报》发表文章署用。②白话道人，见于长篇小说《新儒林外史》，1904

年8月在上海《中国白话报》第17－24期连载。③林瀣，1903年12月19日在其主编之《中国白话报》发表文章署用。④白水，1921－1926年在北京《社会日报》发表文章署用。⑤地雷、肖泉，署用情况未详。

林百举（1883－1950），广东梅县（今梅州市）人。原名林钟嵘，号一厂（ān）。曾用名林钟镕，笔名：①林百举，在《南社丛刻》发表诗词署用。出版《蓬心和草屑》（磨剑室，1922年），1930年在南京《江苏革命博物馆》月刊第7期发表旧体诗《莫愁湖建国粤军墓》亦署。②老举，编《大风报》时署用。③一厂（ān），1913年在上海《华侨杂志》《国学丛选》发表诗文署用。④林一厂（ān），出版《林一厂集》（广东人民出版社，2015年）署用。

林葆菁，生卒年不详，福建福州人。笔名：①李秀秋，1939年5月起在福州主编《福建民报·纸弹》《南方日报·黎明》等发表文章署用。②茹尔，见于《纪念我们的导师》，载1939年10月19日《福建民报·纸弹》。

林北丽（1916－2006），福建闽侯（今福州市）人，生于上海。原名林隐。笔名林北丽，见于散文《庚白之死》，载1943年6月桂林《大千》杂志创刊号；《我与庚白》，载1948年上海《子曰丛刊》第2辑。1946年3月由上海开明书店出版《丽白楼自选诗》（与林庚白合集）亦署。

林彬（1922－？），福建厦门人。原名林彩英。曾用名林彬彬、蓝诗。笔名：①林彬彬，1945－1947年在菲律宾《现代妇女》《现代文化》等刊发表诗文署用。②南西，见于随笔《十月的街》，载1946年12月5日菲律宾《华侨导报》。③南丝、别墅，分别见于随笔《三寸金头》《菲校点滴》，载1947年3月5日菲律宾《华侨导报》。④丝，见于随笔《值得回味的几句话》，载1947年4月3日菲律宾《华侨导报》。⑤蓝思，见于随笔《重荷》，载1947年前后菲律宾《华侨导报》。⑥彬彬，见于《关于苏联的教育工作》，载1950年5月24日《南方日报》。⑦彬，见于随笔《从擦鞋童打腰鼓谈起》，载1951年6月2日《南方日报》。⑧林宾，见于随笔《投身到群众运动中去》，载1960年7月20日《广州日报》。⑨玛、婴婴、友奇、玛琴、蓝诗，20世纪40年代在菲律宾报刊发表文章署用。⑩林彬，出版散文集《茉莉情思》（花城出版社，1992年）、主编《杜埃文集》（花城出版社，2005年）等署用。

林伯渠（1886－1960），湖南临澧人。原名林祖涵，字邃园，号伯渠。笔名林伯渠，出版《林伯渠同志诗选》（中国青年出版社，1980年）、《林伯渠文集》（华艺出版社，1996年）等署用。

林参天（1904－1972），马来西亚华人，原籍中国浙江丽水。曾用名林荮、林鹤亭。笔名：①林参天，见于独幕剧《南洋的女朋友》，载1932年3月19日－26

日马来亚新加坡《民国日报·公共园地》；评论《戏剧批评概观》，载 1934 年 5 月 20 日新加坡《星洲日报·文艺周刊》。嗣后在该两刊及新加坡《新国民日报·瀑布》《星洲日报·晨星》《南洋商报·商余杂志》《南侨日报·南风》《星中日报·星火》、吉隆坡《民国日报·新航路》等报纸副刊发表小说、散文、剧作等，出版长篇小说《浓烟》（上海文学出版社，1936 年）、《热瘴》（新加坡青年书局，1961 年）、小说集《余哀》（新加坡青年书局，1960 年）、《头家和苦力》（与韩萌等合集。香港赤道出版社，1951 年）等亦署。②林芥，见于随笔《南洋与大众语文》，1934 年前后发表。1937 年 8 月在马来亚新加坡《星洲日报·晨星》、吉隆坡《马华日报·前哨》发表小说等亦署。

林草（1927－1997），陕西华县人。原名杜锡武。笔名秦林、林红、林草，著有话剧剧本《张兰英》《好婚姻》《红缨枪》等。

林潮（1920－？），新加坡华人，祖籍中国广东大埔，生于马来亚马六甲。原名罗曾教。笔名罗颖、某生者、仃吟、林潮，20 世纪 40 年代在马来亚新加坡《总汇新报·世纪风》《南洋商报·狮声》《南洋周刊》《文艺长城》等报刊发表诗文署用。"林潮"一名嗣后出版散文集《野火》（新加坡青年书局，1959 年）亦署。

林辰（1912－2003），贵州郎岱（今六盘水市）人。原名王诗农。笔名：①施农，1938－1940 年在《贵州晨报·每周文艺》《贵州日报·文协》署用。②林辰，见于《昆虫的性爱》，载 1941 年《大陆》第 2 卷第 2 期。嗣后在《文讯》《抗战文艺》《文艺阵地》《新华日报》《宇宙》《民间》《野草》《文坛》《中原》《文艺春秋》《民主时代》《人物杂志》《东南日报·笔垒》《文学新报》《萌芽》《周末观察》《中国作家》《新建设》《人民文学》《文艺新地》等报刊发表文章，出版《鲁迅事迹考》（新文艺出版社，1955 年）、《鲁迅述林》（人民文学出版社，1986 年）、《许寿裳文录》（林辰。湖南人民出版社，1986 年）、《鲁迅传》（福建人民出版社，2004 年）、《林辰文集》（山东教育出版社，2006 年）等亦署。③芝子、上官松，1947 年前后在重庆《大公晚报·半月文艺》等报刊发表文章署用。

林晨（1919－2004），新加坡华人，祖籍中国福建，生于新加坡。笔名：①林晨，见于评论《关于方言剧运动》，载 1940 年 7 月 5 日新加坡《星洲日报·晨星》；小说《导演先生》，载 1941 年 1 月 28 日新加坡《南洋商报·狮声》。嗣后出版戏剧集《陋巷里》（新加坡青年书局，1959 年）、《浮沉之间》（新加坡世界书局，1960 年）、《建屋工地上》（新加坡南洋文艺社，1961 年）等亦署。②艾蒙、白蒙、白丹、白尼，20 世纪 30－40 年代在新加坡报刊发表文章署用。

林楚平（1921－2009），浙江平阳人。原名林志虎。曾用名林子甫。笔名：①史彬、超彬、超冰，1943－1946 年在《东南日报·笔垒》及江西、福建等地报刊发表散文、小品文署用。②林天斗，1957－1958 年间在天津《新港》杂志发表小说《台湾一青年》等作品署用。③林楚平，出版翻译小说《家庭的幸福》（俄国托尔斯泰原作。浙江人民出版社，1983 年）、散文集《在花毯背面》（大象出版社，2000 年）、《油纸伞》（中国工人出版社，2002 年）等署用。

林传甲（1877－1921），福建闽县（今福州市）人，字归云，号奎云、奎腾。笔名：①林归云，见于论著《中国文学史》（讲义本），1904 年印行。②林传甲，见于散文《察哈尔乡土志》，载 1916 年北京《地学杂志》第 7 卷第 5－12 期。嗣后在该刊发表散文《易水纪游》《易县入京纪程》《青岛游记》、随笔《福建乡谈》、评论《中国铁路形势论》《阿尔泰改省议》等，1918 年在上海《东方杂志》第 15 卷第 4 期发表散文《黑龙江肃慎山记》，1922 年在上海《道路月刊》第 4 卷第 2 期发表随笔《长安广驰道》，1910 年由武林谋新室出版论著《中国文学史》等亦署。③奎云，1914 年在《宗圣汇志》发表文章署用。

林存和，生卒年不详，福建福州人。笔名：①林心平，20 世纪 30 年代在福州报刊发表小说、散文署用。见于小说《瘤老四》，载 1936 年 12 月 11 日《小民报·新村》。②心平，1937 年 1 月起在福州《平凡》双月刊发表文章署用。

林淡秋（1906－1981），浙江三门县（今台州市）人。原名林泽荣。笔名：①林淡秋，见于翻译长篇小说《大饥饿》（挪威包以尔原作。上海中华书局，1931 年）。嗣后在《新中华》《时事新报·每周文学》《文学》《文学界》《今代文艺》《救亡日报》《文艺新潮》《译报周刊》《译报》《文汇报·笔会》《新中国文艺丛刊》《戏剧与文学》《新文艺》《译文丛刊》《奔流新集》《萧萧》《文坛月报》《滨海报》《文萃》《中国作家》《奔流文艺丛刊》《文艺春秋》《时代文学》《希望》《申报月刊》《申报周刊》《知识半月刊》《文学青年》《民族呼声》《艺风》《新华周报》等报刊发表文章，出版翻译小说《巧克力》（苏联罗蒂洛夫原作。上海熔炉书屋，1934 年）、《未来的欧洲大战》（英国莱特原作。上海生活书店，1937 年），翻译散文集《在西班牙前线》（西班牙皮特卡伦原作。香港华南图书社，1937 年）、《中国的新生》（英国詹姆斯·贝特兰原作。文缘出版社，1939 年），短篇小说集《黑暗与光明》（上海光明书局，1940 年）、《雪》（上海民声书店，1946 年），散文集《交响》（香港海燕书店，1941 年）等亦署。②林彬，见于散文《饭后》，载 1935 年 3 月 26 日上海《申报·自由谈》；散文《伟大的印象》，载 1935 年《上海时事新报·每周文学》第 16 期。③应服群，见于随笔《论领袖》，载 1938 年 2 月 18 日上海《文汇报·世纪风》。嗣后在《华美周刊》《译报周刊》《译报》《鲁迅风》《文艺》《大美晚报》《文艺新闻》《戏剧与文学》《奔流文艺丛刊》《萧萧》《小说月报》等报刊发表文章亦署。④淡秋，见于随笔《上海一日》，载 1938 年 7 月 31 日上海《译报》。⑤应彬之，见于论文《抗战文学的题材与主题》，载 1938 年 8 月 20 日上海《自学旬刊》创刊号。嗣后在上海《文艺》等报刊发表文章亦署。⑥服群，见于随笔《现实与理想》，载 1940 年上海《文艺新潮》第 2 卷第 3 期；短论《"更上一层楼"的理论》，载 1940 年上海《戏剧与文学》第 1 卷第 3 期。⑦崇明、萧崇明、DC，1943 年在《滨海报》《苏中报》发表文章署用。⑧萧颂明，见于随笔《青年的学习问题》，载 1945 年《生活》第 3 期。嗣后在该刊第 7 期发表随笔《警惕》亦署。⑨丁三，见于杂文《略谈"规格"》，载 1956 年 7 月 10 日《人民日报》。⑩且攻，见于杂文《三言两语》，载 1956 年 8 月 8 日《人民日报》。⑪钱逸，见于随笔《〈姐哈寨〉读后》，载 1963 年《东海》第 2 期。⑫旦公、林服胥，署用情况未详。

林涤非（1909－？），江西浮梁人。原名林兆荃，字竹君。笔名：①林梦幻，见于随笔《现代诗的我见》，载 1929 年上海《真善美》月刊第 4 卷第 4 期；随笔《诗的艺术——献给徐庆誉先生》，载 1932 年长沙《世界旬刊》第 26 期。1933 年在上海《新时代》第 5 卷第 4 期发表诗《夏夜的梦》《未题》，1939 年在四川荣县《流火》发表诗《一根火柴——抗战故事诗》《东北的歌手》、通讯《傀儡战的演出——南京伪组织的开幕典礼》，1941 年在《狼烟文艺丛刊·第二阵烽火·星之歌》发表诗《南风的梦》等作品亦署。②林涤非，1935 年起在《农村合作月报》《四川省合作通讯》《中农月刊》《财政评论》《新重庆》《新中华》等刊发表经济论文署用。嗣后出版传记《潼关英烈传》（农村读物出版社，1985 年）、《章乃器》（花山文艺出版社，1999 年）等亦署。

林独步（1903？－？），新加坡华人，原籍中国福建惠安。笔名：①独步，1924 年前后在新加坡《新国民日报·新国民杂志》《南洋商报·商余杂志》发表诗、小说、散文、译作署用。②林独步，见于评论《新文学概论》，载 1922 年 10 月 18 日至 11 月 26 日新加坡《新国民日报·新国民杂志》；随笔《志士》，载 1924 年 8 月 1 日新加坡《南洋商报·商余杂志》。

林恩卿（1909－？），福建福州人，字培根。笔名水云，见于散文《福州街头歌者》，载 1935 年 7、8 月间福州《南方日报》。

林芳年（1914－1989），台湾台南人。原名林精镠，号荒年。笔名：①林芳年，日据时期在台湾报刊发表日文诗《月夜的坟地与石狮子》《乳儿》《早晨院里的树》《父亲》《三月新娘》《孝节和牧牛小女》与小说、散文、评论等署用。嗣后出版诗文集《林芳年选集》（台北《中华日报》社出版部，1983 年）、小说散文集《失落的日记》（台中晨星出版社，1985 年）、散文集《浪漫的脚印》（台中晨星出版社，1987 年）等亦署。②李秋华，署用情况未详。

林丰，生卒年及籍贯不详。笔名：①丰，见于随笔《当心文化毒药》，载 1940 年 1 月 23 日桂林《救亡日报·文化岗位》。②林丰，见于译作《德国的烛火》，载 1940 年 2 月 7 日桂林《救亡日报·文化岗位》；译文《第一次和高尔基会面》，载 1940 年成都《笔阵》新 1 卷第 3 期；随笔《笔会迁美》，载 1941 年香港《笔谈》第 1 期；《海鸣威的路》，载 1941 年《读者文摘》第 1 期。③纳罕，见于随笔《漫谈武则天》，载 1941 年《青年月刊》第 12 卷第 1 期。1946 年在南平《南方日报·南方》发表散文、杂文亦署。

林风（1919－？），广东澄海人。原名林腾臣。曾用名林意侯。笔名磊明，1945 年 10 月开始在暹罗曼谷《全民报》发表杂文、散文署用。

林佛国（1885－1969），台湾台北人，字泽生、耘生，号石崖。笔名石崖、林石崖、林佛国、石崖生、耘生，1907－1944 年在台北《台湾日日新报》《风月报》《南方》《兴南新闻》等报刊发表《夏期讲习有感》《追悼故铃江夫人》等旧体诗署用。

林庚（1910－2006），福建福州人，生于北京，字静希。笔名：①林庚，见于诗作《诗三首》，载 1931 年北平《清华周刊》第 36 卷第 4、5 期合刊；论文《歌谣不是乐府亦不是诗》，载 1936 年 6 月 13 日《歌谣周刊》第 2 卷第 11 期。嗣后在该刊及《星火》《中华月报》《文学评论》《文艺风景》《现代诗风》《文艺月刊》《华北日报·每日文艺》《青年界》《现代》《论语》《小说》《文学》《文学季刊》《中国文学》《中国文艺》《文学杂志》《中学生》《时事类编》《诗歌月报》《水星》《文饭小品》《宇宙风》《诗歌杂志》《文艺先锋》《文艺复兴》《新诗》《读书通讯》《月刊》《厦大校刊》《青年音乐》《清华学报》《国文月刊》《现实文摘》等报刊发表诗作、小说、散文、论文、译作等作品，出版诗集《夜》（上海开明书店，1933 年）、《春野与窗》（上海开明书店，1934 年）、《北平情歌》（北平风雨诗社，1936 年）、《冬眠曲及其他》（北平风雨诗社，1936 年），论著《中国文学史》（国立厦门大学，1947 年）等，1949 年后出版《诗人李白》（上海文艺联合出版社，1954 年）、《中国文学简史》（古典文学出版社，1957 年）、《诗人屈原及其作品研究》（古典文学出版社，1957 年）、《天问论笺》（人民文学出版社，1983 年）、《唐诗综论》（人民文学出版社，1987 年）等亦署。②静希，见于词四首《捣练子》《采桑子》《水晶帘》《相见欢》，载 1932 年北平《清华周刊》第 36 卷第 11 期；1937 年在《大众知识》第 1 卷第 7 期发表《极限》一文亦署。③林丁，见于诗《别夜》，载 1934 年北平《水星》第 1 卷第 3 期；诗《夜半》，载 1936 年 10 月 1 日南京《文艺月刊》第 9 卷第 4 期。嗣后在《文艺月刊·战时特刊》《文学》《小说月刊》《新诗》《宇宙风》等刊发表诗《除夕》《病中》、随笔《述而不作斋散稿》《说才》等作品亦署。

林庚白（1897－1941），福建闽侯（今福州市）人。原名林学衡，字凌南、众难、忏慧，号愚公；别号庚白、子楼、子楼主人。自号摩登和尚。曾用名林泉。

笔名：①林学衡，1913－1914 年间在《国民月刊》《正谊杂志》等刊发表文章署用。嗣后在南京《学衡》、上海《学术》、苏州《南社丛刻》等刊发表旧体诗亦署。②林庚白，见于诗《中途》，载 1932 年上海《读书月刊》第 3 卷第 5 期；诗《西班牙妇女歌》，载 1936 年上海《光明》半月刊第 1 卷第 12 期。嗣后在《申报·自由谈》《新时代》《文艺春秋》《中华周报》《民族》《中华月报》《绸缪月刊》《越风》《人文》《反侵略》《紫罗兰》等报刊发表诗文，出版《孑楼随笔》（上海晨报社出版部，1934 年）、《丽白楼自选诗》（与林北丽合集。上海开明书店，1946 年）、《丽白楼遗集》（中国人民大学出版社，1996 年）等亦署。③庚白，见于随笔《宗法社会崩溃的结果》，载 1927 年上海《北新》第 2 卷第 3 期；诗《幸福的光明》，载 1932 年上海《文艺茶话》第 1 卷第 4 期。嗣后在《文艺杂志》《文艺春秋》《人文》等刊发表诗文亦署。④林泉，署用情况未详。

林谷音，生卒年及籍贯不详。笔名鹰子，见于散文诗《无题》，载 1935 年福州《盘石》月刊创刊号。

林国鉴，生卒年及籍贯不详。笔名白霓、凡易林，1949 年在福建涵江《晨光报·剑芒》发表组诗《劳动者之歌》、散文《狗儿秧》等署用。

林海音（1918－2001），台湾苗栗人。生于日本大阪。原名林含英。曾用名英子（乳名）、小石英子。笔名林海音，20 世纪 40 年代任《世界日报》记者、编辑，发表文章开始署用。1948 年在台湾主编《国语日报·文艺周刊》，在该报及《公论报》《自由中国》《国语日报》《民族报》等报刊发表文章，1950 年起在台湾各报刊发表小说、散文，出版散文集《冬青树》（台北重光文艺出版社，1955 年）、《两地》（台北三民书店，1966 年）、《窗》（台北纯文学出版社，1972 年）、《剪影话文坛》（台北纯文学出版社，1984 年）、《家住书坊边》（台北纯文学出版社，1987 年）、《一家之主》（台北纯文学出版社，1988 年）、《林海音散文集》（香港香江出版社，1988 年），短篇小说集《绿藻与咸蛋》（台北文华出版社，1957 年）、《城南旧事》（台中光启出版社，1960 年）、《婚姻的故事》（台北文星书店，1963 年）、《烛芯》（台北文星书店，1965 年），长篇小说《晓云》（红蓝出版社，1959 年）、《春风丽日》（香港正文出版社，1967 年）、《孟珠的旅程》（台北纯文学出版社，1967 年），儿童文学《金桥》（台湾书店，1965 年）、《蔡家老屋》（台湾书店，1966 年）、《我们都长大了》（台湾书店，1967 年）、《不怕冷企鹅》（台湾书店，1967 年）、《请到我的家乡来》（台湾书店，1978 年），童话集《林海音童话集》（台北纯文学出版社，1988 年），游记《作客美国》（台北文星书店，1966 年），广播剧集《薇薇的周记》（台北纯文学出版社，1968 年），评论集《芸窗夜读》（台北纯文学出版社，1982 年），以及《林海音自选集》（台北黎明文化事业股份有限公司，1975 年）等亦署。

林涵表（1929－1997），广东广州人。原名林汉标，字翰莱。笔名：①林汉标，见于小说《五月乡村》，载 1948 年后广州岭南大学校刊；历史小说《马嵬驿》，载 1949 年 1 月 1 日广州岭南大学国文学会《南国月刊》创刊号。同年在岭南大学《南风》半月刊发表评论《鲁迅的嬉笑怒骂》亦署。②森林木，见于评论《关于鲁迅》，载 1949 年广州《南风》半月刊第 2 卷第 4 期。嗣后在该刊发表小说《庄老师的悲哀》、评论《〈春风秋雨〉——〈虾球传〉第一部》等亦署。③林标，1949 年在报刊发表诗作和粤剧评论，出版《土地回家家家乐》（南方通俗出版社，1950 年）、《小二黑结婚》（南方通俗出版社，1950 年）、《刘胡兰》（弹词。广东人民出版社，1956 年）等署用。④林涵表，1954 年发表文章开始署用。嗣后出版论著《电影电视文学创作》（文化艺术出版社，1990 年）、文集《玫瑰园——林涵表自选集》（中国文联出版公司，1997 年）等亦署。⑤晨风、司马牛、慕容文静，1957 年发表文章开始署用。

林汉达（1900－1972），浙江镇海（今宁波市）人。曾用名林涛、林迭肯、林奋、李东。笔名林汉达，见于随笔《谈谈〈茶花女〉剧本》，载 1929 年上海《文学周报》第 6 卷第 301－325 期；随笔《几本小说的几个作者》，载 1929 年上海《北新》半月刊第 3 卷第 4 期。嗣后在《北新》《青年界》《东方杂志》《文华》《世界杂志》《工读半月刊》《人寿》《长风英文半月刊》《平论》《周报》《书报精华》《中美周刊》《女声》《青年与妇女》等刊发表小说《苏州行》、随笔《改进大学英文的意见》《把教育武装起来》《教师的基本要求》《论恭喜发财》《阿 Q 的胜利》、《马拉基海湾》（英国特罗洛普原作）等作品与译作，出版论著《西洋教育史讲话》（上海世界书局，1944 年），翻译传记《黑人成功传》（美国华盛顿原作。上海世界书局，1939 年），历史故事《春秋故事》（中国少年儿童出版社，1962 年）、《东周列国故事新编》（中华书局，1962 年）、《春秋五霸》（中华书局，1963 年）、《东汉故事》（中国少年儿童出版社，1979 年）等亦署。

林憾庐（1892－1943），福建龙溪（今漳州市）人。原名林和清，号憾庐。曾用名林河清。笔名：①林憾，见于《挑夫》，载 1926 年《语丝》周刊第 65 期。嗣后在《人间世》半月刊发表作品，1929 年 3 月由上海北新书局出版诗集《影儿集》亦署。②心感，见于随笔《漫话》，连载 1928 年上海《语丝》周刊第 4 卷第 17－28 期；随笔《海》，载《语丝》周刊第 4 卷第 43 期。③憾庐，见于随笔《谈词》，载 1934 年《人间世》半月刊第 12 期。嗣后在上海《论语》《宇宙风》《宇宙风·逸经·西风非常时期联合旬刊》《逸经》《烽火》《宇宙风乙刊》《谈风》等刊发表散文诗《终生的悲哀》、随笔《幽默漫谈》《客族猺獞及闽南民族》等文亦署。④林憾庐，见于随笔《这还不是战争》，载 1937 年上海《宇宙风·逸经·西风非常时期联合旬刊》第 1 期；随笔《噫！和平！》，载 1937 年上海《周报》第 1 卷第 3 期；散文《怀鲁迅》，载 1939 年 3 月 1 日上海《鲁迅风》第 7 期。

林鹤年（1878－1938），福建安溪人，字氅云、铁林，号谦章、鹤庐、鹤庐居士、怡园半叟。笔名铁林，1903 年在《鹭江报》发表诗文署用。

林亨泰（1924－　），台湾彰化人，笔名：①林亨泰，20 世纪 50 年代在台湾报刊发表诗作，出版诗集《灵魂的产声》（台中银铃会，1949 年）、《长的咽喉》（台北新光书店，1955 年）、《林亨泰诗集》（台北时报文化出版事业公司，1964 年）、《爪痕集》（台中笠诗社，1986 年）、《跨不过的历史》（台北尚书文化出版社，1990 年），论著《现代诗的基本精神》（台中笠诗社，1968 年）等署用。②亨人、恒太，署用情况未详。

林宏（1924－　），浙江义乌人。原名毛应龙，字噪轩，号虬公。曾用名茅易隆。笔名：①林宏，1944 年在重庆《新蜀报·蜀道》发表诗《荒凉》《解冰期》等开始署用。又见于诗《我听着远远的号音》，载 1947 年 7 月上海《诗创造》第 1 期《带路的人》。嗣后在《诗创造》发表诗《曾经有过这样一个梦》《你永远不孤独》《我不再唱那些歌了》，1848 年在《正报》第 2 卷第 46 期发表《罗岗人民见了天》等，出版诗集《枫叶红了的时候》（与康定等合集。天津昆仑诗社，1996 年）等亦署。②茅隐农，见于诗《赠》，载 1947 年 7 月上海《诗创造》。③易隆，1951 年 11 月在《文汇报》发表书评署用。④石小弘，1953 年 9 月在《文汇报》发表书评署用。⑤肖公、李和、倪和、谢春，1957 年在《解放日报·知心话》发表短论署用。

林寏（1919－？），福建霞浦人。笔名逢人，见于小说《灵光》，载 1946 年《少年读物》第 3 卷第 6 期；小说《一个好人》，载 1947 年福州《星闽日报·星瀚》第 85 期；诗《郁雷》，载 1947 年 10 月 22 日福州《福建时报·詹言》；《机帆船》，载 1948 年《海滨杂志》第 1 期。

林焕平（1911－2000），广东台山人。原名林灿桓，号进平。笔名：①木亘，1927－1929 年在台山县报纸发表小说、散文署用。②焕平，见于诗《一二八周年祭曲》，载 1933 年上海《新诗歌》旬刊第 1 卷第 3 期；评论《关于现实主义》，载 1935 年 7 月东京《大钟》第 4 期。嗣后在《诗歌杂志》《东流》《太白》《杂文》《华侨战线》《民族解放旬刊》《西线》等报刊发表诗《期待》、随笔《末次的狂妄》《认识"抗战建国纲领"》等文亦署。③林焕平，见于随笔《辛克莱终于落选了》，载 1934 年 11 月 12 日上海《申报·自由谈》；译文《普希金的方法》（日本谷耕平原作），载 1935 年日本东京《东流》第 1 卷第 3、4 期。嗣后在《申报·自由谈》《太白》《青年界》《文学》《芒种》《宇宙风》《诗歌生活》《文艺阵地》《抗战文艺》《笔阵》《文学月报》《新粤周刊》《读书月报》《救亡日报》《抗战导报》《时代文学》《诗创作》《文艺生活》《社会科学》《中国诗坛》《半月文摘》《狂飙旬刊》《人世间》《天下文章》《华侨战线》《民族解放旬刊》《现实》《星岛周报》《文艺春秋》《文艺复兴》《新意识》《西线》《广西妇女》《文联》《文章》《人民文艺》《通讯网》《民风》《时代批评》《时代中国》《中学生战时半月刊》《文学译报》《大路半月刊》《半月文粹》《改进》《中国建设》《文汇周报》《自由月刊》《日本论坛》《民主时代》《亚洲世纪》《现代文摘》《作家杂志》《文艺丛刊》《现代知识半月刊》《文艺月刊》《时与文》《文艺综合》等报刊发表评论《艺术创作上的意识问题》《关于诗歌观念化的倾向》《怎样选取题材》《评〈五台山下〉》《"真正文学的诗"新解》、随笔《高尔基教我们怎样读书》《河内漫游记》等文，出版散文集《西北远征记》（香港民革出版社，1939 年）、翻译小说《红袜子》（俄国契诃夫等原作。桂林科学书店，1943 年）、论著《活的文学》（香港海燕出版社，1940 年）、《文学论教程》（香港中国文化事业公司，1948 年）、《文艺的欣赏》（香港前进书局，1949 年）、《茅盾在香港和桂林的文学成就》（浙江人民出版社，1982 年）、《学习鲁迅札记》（湖南人民出版社，1984 年）、《文学概论新编》（广东教育出版社，1986 年）等亦署。④望月、石仲子，1938 年开始在香港、上海等地报刊发表政沦、国际评论等署用。⑤江河，见于短评《从加强团结说到文协的任务》，载 1946 年上海《文艺春秋》第 3 卷第 6 期。嗣后在《新文化》《时代批评》《民主时代》等刊发表评论《政治民主与经济民主能分开吗？》《最近国际局势论》、译文《我看见了新中国》等文亦署。⑥为民、方东旭，1948－1949 年在香港编《华侨日报·读书》双周刊时发表评论、随感等署用。⑦江心人，署用情况未详。

林晃升（1925－2002），新加坡华人，祖籍中国广东梅县（今梅州），生于马来亚芙蓉。笔名野火，见于诗《桥下的一群》，载 1941 年 1 月 1 日新加坡《南洋商报·狮声》。

林徽因（1905－1955），福建福州人，生于浙江杭州。原名林徽音。曾用名宝宝、徽徽（均乳名）。笔名：①尺棰，见于翻译童话《夜莺与玫瑰》（英国王尔德原作），载 1923 年 12 月 1 日北京《晨报五周年纪念增刊》；诗《仍然》《那一晚》，载 1931 年上海《诗刊》第 2 期。②梁林徽音，见于插图《祈福——〈神巫之爱〉之一幕》，载 1931 年南京《文艺月刊》第 2 卷第 8 期。③林徽音，见于诗《激昂》，载 1931 年 9 月 20 日上海《北斗》月刊创刊号；论文《论中国建筑之几个特征》，载 1932 年 3 月北平《中国营造学社汇刊》第 2 卷第 1 期。嗣后在《新月》《文艺月刊》《诗刊》《新诗》《十日谈》《学文》《文学杂志》等刊发表诗《中夜钟声》《山中一个夏夜》《秋天，这秋天》《城楼上》《红叶里的信念》《深夜里听到乐声》《一首桃花》，散文《在那里女人已不再是女人》《坐茶室的气氛》，剧作《梅真同他们·第二幕》（刊内正文署名林徽因），小说《九十九度中》等亦署。④林徽因，见于论文《晋汾古建筑预查纪略》（与梁思成合作），载 1934 年北平《中国营造学社汇刊》第 5 卷第 3 期；诗《吊玮德》，载 1935 年 6 月 1 日南京《文艺月刊》第 7 卷第 6 期。嗣后在《中国营造学社汇刊》《新诗》《文学杂志》《好文章》《大公报·文艺》《益世报·文学周刊》等报刊发表诗《静坐》《病中杂诗九首》，随笔《平郊建筑杂录》，论文《现代住宅设计的参考》，剧作《梅真同他们·第一、三幕》等，编选出版《小说选》（塞先艾等作。上海大公报馆，1936年）亦署。⑤灰因，见于诗《除夕看花》，载 1939 年 6 月 28 日香港《大公报·文艺》。

林基路（1916—1943），广东台山人。原名林为梁。乳名福熙。曾用名多咀、梁为果。笔名：①林为梁，1931 年在《台山民国日报》副刊发表诗文署用。②畏凉、唯凉、维良、维凉、咸灵、为零、蕙苓、公子、何亏、鲁父，1934 年或嗣后在日本东京创办《杂文》《诗歌》《文艺科学》等刊发表文章署用。

林霁融，生卒年及籍贯不详。笔名：①林霁融，见于散文《伤逝底余痕》，载 1929 年《辽宁教育月刊》第 1 卷第 1 期；小说《女性的俘虏》，载 1930 年《东北大学周刊》第 102 期。嗣后在该刊及《外交月报》《黑白半月刊》等报刊发表小说《疲倦》、评论《英对伪满的经济企图》《日人开发热河之严重性》《冀察问题结束后之中日关系》《苏法德三国外交关系》等文亦署。②胡诌博士，20 世纪 30 年代在东北地区报刊发表文章署用。

林家松（1919—1961），福建福州人，字逸衡。笔名一泓、林一泓，1939 年前后在《南方日报》、1946—1948 年在福州《粹报》发表散文、小说署用。

林家钟（1914—？），福建福州人，字浣生。笔名梅园，见于《福建人著作录》，连载于 1932 年福州《求是日报》副刊；随笔《梅园见闻录》，1945 年后连载于福州《粹报》。

林间（1918—？），山西运城人。原名张若萍。笔名林间，见于通讯《同蒲某站》，载 1938 年 1 月 16 日《七月》第 2 集 1 期。嗣后在延安《解放日报》等报刊发表文章亦署。

林建安，生卒年不详，马来西亚华人，原籍中国福建永定。原名林健庵。笔名：①鲁存、白雪、红冰，1930 年 10 月起在马来亚新加坡《星洲日报·晨星》《星洲日报·星云》《新国民日报·新国民杂志》《叻报·叻报俱乐部》《今代》、槟城《槟城新报·关仔角》等发表文章署用。②林建安，见于杂文《国难与学生》，载 1935 年 12 月 11 日马来亚新加坡《星洲日报·繁星》。③刘郎，见于杂文《自大与自卑》，载 1936 年 7 月 30 日马来亚新加坡《星洲日报·晨星》。嗣后在该刊发表杂文《汉奸》《清日海战的痛心事》等亦署。

林建神（1918—1982），福建古田人。笔名何阳，见于小说《张振华先生》，载 1942 年福建永安《现代文艺》第 6 卷第 2、3 期；诗《让我打开窗户》，载 1943 年 12 月 26 日《东南日报·笔垒》。

林江（1927— ），山东文登人。笔名：①林江，发表中篇小说《老八路于司令》，出版系列小说《穆林庄》（北京，1990 年），长篇小说《不屈的昆仑山》（与烈岩合作。山东人民出版社，1977 年）、《黄河万古流》（与临青合作。解放军文艺出版社，1982 年）等署用。②山川，署用情况未详。

林今开（1924—1992），福建福清人。原名林金楷。笔名林今开，出版散文集《狂人百相》（台南经纬出版社，1954 年）、《新狂人百相》（台北皇冠出版社，1985 年）、《连台好戏》（台北尔雅出版社，1986 年）等署用。

林斤澜（1923—2009），浙江温州人。原名林庆澜。曾用名林杰（1945 年在重庆用名）、鲁林杰。笔名：①盆若，见于随笔《几句话》，载 1938 年 7 月 29 日温州《浙瓯日报·展望》。②林斤澜，见于独幕剧《祖国在召唤》，载 1950 年《苏南日报》。嗣后发表作品、出版剧本集《布谷》，小说集《春雷》《石火》《满城飞花》《矮凳桥风情》《草台竹地》、小说散文集《飞筐》《山里红》、散文集《舞伎》、文论集《小说说小》等亦署。

林金波，生卒年及籍贯不详。笔名木马，见于小说《汛》，载 1933 年厦门《鹭华》月刊创刊号。嗣后在该刊发表小说《潮》、随笔《"解放了的堂吉诃德"》等亦署。

林锦堂（1903—1977），台湾台北人，字笑岩，号逸斋。笔名笑岩、林笑岩，1932—1933 年在台北《南瀛新报》发表旧体诗《美人伞》等署用。

林荆南，生卒年及籍贯不详。字岚映。笔名荆南、林荆南，1939—1942 年在台北《风月报》《南方》发表旧体诗《东京打油诗》《喜晤吴漫沙先生》等署用。

林景仁（1893—1940），台湾台北人，字健人、小眉，号蝉窟、蝉窟主人。笔名小眉、林小眉、林景仁，1908—1927 年在台北《台湾日日新报》等发表旧体诗《秋感》《剑潭题壁》等署用。按：林景仁著有诗集《天池草》《东宁草》《摩达山漫草》，署名待考。

林景泰（1899—1990），云南保山人，字宗郭。笔名林景泰，出版《红杏书屋诗集》（昆明金碧诗社，1987年）署用。

林珏（1914—1971），黑龙江安达人。原名唐景阳。曾用名唐达秋。笔名：①景阳，20 世纪 30 年代初在哈尔滨特别区立第二两级中学校刊发表诗文署用。②井羊，见于散文《零絮集》，载 1933 年 2 月 15 日哈尔滨《国际协报·国际公园》；小说《结算》，载 1934 年 12 月 13 日至 1935 年 1 月 11 日《国际协报·文艺》。③达秋，见于《夜》，载 1933 年 3 月哈尔滨《国际协报·国际公园》；诗《死魂》，载 1934 年 3 月 9 日大连《泰东日报》。嗣后在长春《大同报》、哈尔滨《商报》《大北新报画刊》《哈尔滨公报·公田》《哈尔滨五日画报》《国际协报·文艺》、大连《泰东日报》、上海《中流》等报刊发表诗《晨曦曲》《归来》《秋之夜》《秋之花》、散文《再见到母亲》等作品亦署。④珏，见于随笔《一九三四年》，载1935年1月9日《国际协报·国际公园》。⑤林珏，见于报告文学《某城记事》，载1937年上海《中流》第1卷第10期；报告文学《铡头——边城纪之一》，载1937年《新学识》第1卷第7期。嗣后在《烽火》《文艺》《中流》《文艺新潮》《中学生活》《文艺新闻》《戏剧与文学》《奔流文艺丛刊》《青年大众》《东北文艺》《东北作家》等刊发表小说《不屈服的孩子》《网房子》《不知名的军队》《归心》、报告文学《铁蹄下的山村》、散文《我认识的鲁迅》《忆旧》等文亦署。⑥唐景阳，见于《鲁迅与青年一代》，载1959年《文学青年》第5期。⑦刘耳，署用情况未详。

林克多（1902－1949），浙江黄岩（今台州市）人。原名李镜东，号平君。曾用名启荷（乳名）、李文益、李平。笔名：①林克多，见于散文集《苏联见闻录》（上海光华书局，1932年）。嗣后发表随笔《苏联的官吏》（载1933年上海《新中华》第1卷第10期）、论文《苏联农村的现状》（载1933年上海《申报月刊》第2卷第7期）等文，出版论著《新武器与未来大战》（上海中华书局，1936年）、《民族革命战争论》（汉口光明书局，1937年）、《日本在华的间谍网》（汉口上海杂志公司，1938年）、译作《高尔基的生活》（上海现代书局，1933年）等亦署。②克多，见于散文《莫斯科琐记》，载1933年上海《微明》杂志；随笔《苏联工农生活的素描》，载1933年上海《东方杂志》第30卷第2期。

林克夫（1907－？），台湾台北人。原名林金田。曾用名徐金田。笔名：①克夫，见于诗《失业的时代》，载1931年7月11日台北《台湾新民报》。嗣后在该报及台北《先发部队》等刊发表评论《对台湾乡土文学应有的认识》等亦署。②林克夫，见于评论《清算过去的谬误——确立大众化的根本问题》，载1934年台中《台湾文艺》第2卷第1期。嗣后在台北《第一线》、台中《台湾新文学》发表评论等亦署。③孔乙己、HT生，日据时期在台北《台湾新民报》《先发部队》发表作品署用。

林蓝（1920－2003），河南临汝人。原名王步涵。曾用名萧涵。笔名：①萧涵，见于《不幸的遭遇》，载1942年1月20日延安《解放日报》。②林蓝，见于诗作《飞瀑》《水磨》《我没有寂寞给微明》《年青的生命》，分别载南京《文艺先锋》1943年第3卷第6期、1944年第4卷第5期、1944年第5卷第1－2期合刊和第5卷第6期；小说《红棉袄》《高三柱娶媳妇》，分别载《东北文化》1946年第1卷第5期、1947年第2期第1期。1946年在《东北日报》发表小说《冷子沟的斗争会》，1949年后出版短篇小说集《红棉袄》（北京天下图书公司，1950年），中篇小说《杨永丽和江林》（少年儿童出版社，1955年），电影剧本《祖国的花朵》《赵小龙的故事》《童年泪》《暴风骤雨》，美术片剧本《宝衣》《神奇的谷神》《红军桥》，翻译童话《弯弯的

海岸上有一棵绿橡树》（俄国普希金原作。天津人民出版社，1957年）等亦署。

林冷秋（1917－？），福建福州人。原名林仲麟。笔名：①林仲麟，1934－1935年在福州《福建民报·小园林》《南方日报·南方公园》等发表文章署用。②林冷秋，见于小说《灵魂的审判》，载1936年上海《小说家》第1卷第1期；散文《歌声》，载1937年上海《文艺工作者》第1期。嗣后在福州《福建民报·小园林》《福建民报·纸弹》《小民报·南风》《南方日报·南方公园》《小民报·新村》《文座》《平凡》《盘石》《瑰珑》《闽侨月刊》《星焰》、连城《大成日报·高原》、永安《现代文艺》、漳州《闽南新报》、长汀《中南日报·巨图》《唯力旬刊》、江西上饶《前线日报·战地》、浙江金华《东南日报·笔垒》、香港《国讯》、湖南《中央日报·芷江版》及《铁马》等报刊发表评论《大史诗的期待》《一个脆弱灵魂的新生——略论何其芳》、速写《远山的火光》《瑞金巡礼》、散文《桔子林》《富屯溪抒情》等作品亦署。③莫凭栏，1936年开始在福州《南风》周刊署用。嗣后在连城《大成日报·高原》及《唯力》等报刊发表散文亦署。④弱水，见于评论《中国新文艺伟大的沉默期》，载1939年长汀厦门大学同学会会刊《唯力》旬刊第2期。⑤李明、林火、李荆忌、裴迦、陈明令，1940年开始在福建连城《大成日报·高原》等报刊发表文章署用。

林藜（1913－？），广东南海（今佛山市）人。原名黎泽霖。笔名林藜，见于通讯《澎湖浮雕》，载1947年上海《西点》第2卷第17期；散文《乐山的山水人物》，载1947年上海《幸福世界》第2卷第1期。1949年后在台北《自立晚报》发表散文、1974年3月至1975年6月在台北《自由晚报》发表系列散文《萍踪识小》，以及出版《革命者驱荷篇》（台湾省文献会，1957年）、《革命者拒清篇》（台湾省文献会，1958年），散文集《蓬壶撷胜录》（台北自立报系出版部，1971年）、《海岳中兴图录》（1973年）、《江南江北是故乡》（台北新亚出版社，1973年）、《宝岛搜鬼录》（台北新生报社，1978年）、《宝岛风情录》（台北新生报社，1980年）、《无限江山万里情》（台北新生报社，1980年）、《纵情山水遍神州》（台北新生报社，1981年）、《闽海扬波录》（台北稻田出版有限公司，1992年），以及《台湾传奇》（台北稻田出版有限公司，1991年）、《瀛洲斩鲸录——台湾同胞武装抗日的故事》（台北稻田出版有限公司，1992年）《台湾民间传奇》（台北稻田出版社，1995年）均署。《萍踪识小》（中国人民解放军福建前线电台编辑部，1980年2月；福建人民出版社，1981年）亦署。

林里（1921－？），河北威县人。原名王子恒。曾用名王君父（fǔ）。笔名：①林里，见于《我们是翻砂工人》，载1946年9月23日延安《解放日报》。嗣后出版散文特写集《奔波·跋涉·攀登》（经济日报出版社，1989年），主编《八十年代通讯特写集》（中国新闻出

版社，1985 年）、《广东经济特区报道》《今日中国》等亦署。②维加、王君父（fǔ），1962－1963 年间在《羊城晚报》发表散文、小说等署用。③羊城客、芙蓉客，署用情况未详。

林连夫，生卒年及籍贯不详。笔名马克，20 世纪 30 年代末在马来亚槟城编《现代日报》副刊《现代公园》《现代周刊》并发表小说《虎口》等作品署用。

林连荣，生卒年及籍贯不详。笔名连荣、林连荣，1937－1941 年在台北《风月报》《南方》发表旧体诗《圆山纳凉会》《台北夜市》等署用。

林林（1910－2011），福建诏安人。原名林仰山。笔名：①林林，见于随笔《嘲主考官》《撒帐钱》《春联》，载 1933 年《广州杂志》第 6 期。嗣后在该刊及《申报·自由谈》《诗歌杂志》《杂文》《东流》《诗歌生活》《世界文学》《文学大众》《宇宙风》《当代文学》《东方文艺》《文学界》《文学丛报》《文摘》《民族呼声》《光明》《好文章》《新战线》《十日文萃》《今代文艺》《自由中国》《希望》《文艺阵地》《野草》《文艺》《民意周刊》《民族解放旬刊》《星岛周报》《中学生战时半月刊》《时代文艺》《文艺生活》《文艺春秋》《行政干部》《真理与自由》《时与潮文艺》《救亡日报·文化岗位》《大学评论》《政报》《未名文摘》《群众·香港版》等报刊发表著译作品、出版评论集《诗歌杂论》（广州人间书屋，1949 年）、诗集《同志，攻进城来了》（香港文生出版社，1947 年）、散文集《崇高的忧郁》（桂林文献出版社，1941 年）、翻译诗集《织工歌》（德国海涅原作。广州人间书屋，1946 年），1949 年后出版诗集《阿莱耶山》（广州人间书屋，1950 年）、《印度诗稿》（作家出版社，1958 年）、《剪云集》（北京大学出版社，1995 年），回忆录《八八流金》（北京十月文艺出版社，2002 年）等亦署。②羊山，见于诗《英雄树之忆》，载 1939 年 2 月 9 日桂林《救亡日报·文化岗位》。嗣后在该刊发表通讯《日本文坛鳞爪》亦署。③仰山，见于随笔《"不安的文化"》，载 1939 年 3 月 5 日桂林《救亡日报·文化岗位》。嗣后在该刊发表随笔《街头杂感——关于抗战标语》亦署。④林仰山，1940 年在桂林主编《十日文萃》署用。同年在重庆《国民公论》第 3 卷第 2 期发表随笔《关于写作的态度》亦署。⑤杨墨、闻曙、叶和华，1945－1947 年在菲律宾马尼拉《华侨导报》发表诗文署用。⑥蒲剑，1948－1949 年在香港《华商报》发表随笔《家常话》署用。见于通讯《日本战犯文学的复活》《北朝鲜的人民文艺》，载 1949 年 3 月 1 日上海《小说》月刊第 2 卷第 3 期。1949 年后在《人民日报》副刊发表《蒲剑小集》亦署。⑦止水、林大骏、严郁尊，署用情况未详。按：林林作品除上文已列者之外，尚有诗集《雁来红》、散文集《扶桑杂记》《海和船》、评论集《诗歌杂论》等，署名情况待考。

林琳（1919－2004），福建福州人。原名林仪贞。笔名：①林琳，见于诗《哀赌文》，载 1934 年厦门《厦门周报》第 5 卷第 5 期。②林果，见于小说《阶段》，

载 1939－1940 年间新四军《抗敌》半月刊。③玉衡、晓军，1943－1944 年在苏中根据地《生活》杂志发表通讯、随笔署用。按：林琳著有小说《回家》、独幕剧剧本《运河边上》，署名待考。

林灵光，生卒年及籍贯不详。笔名：①灵光，见于译文《俄罗斯文学里托尔斯泰底地位》（日本升曙梦原作），载 1921 年上海《小说月报》第 12 卷"号外·俄国文学研究"；散文《致青年的第三信》，载 1923 年上海《创造周报》第 8 期。1923－1925 年在上海《孤军》发表独幕剧《白川之咽声》、小说《黎明》《火线》、评论《讨中国的知识阶级》《学生行为与爱国运动》《人格救国论》等作品亦署。②林灵光，见于散文《致青年的一封信》《致青年的第二信》，载 1923 年上海《创造周报》第 3 期、第 6 期。

林鲁生（1898－？），马来西亚华人，原籍广东惠来。原名林雪棠。笔名：①林鲁生，20 世纪 20 年代后期起在马来亚槟城《南洋时报·星火》《中南晨报》《光华日报·槟风》《现代日报·前驱》《现代日报·火炬》等报发表小说、诗、散文等署用。1961 年 12 月由槟城教育出版公司出版之杂文集《自己的文章》亦署。②林雪棠，见于诗《一位女性》，载 1929 年 7 月 12－17 日槟城《南洋时报·星火》；诗《给衣霞》，载 1930 年 3 月 19 日槟城《光华日报·绝缘回线》。嗣后在上述两刊发表诗《慷慨的赠与》、小说《一个女性》等亦署。③鸣爽，1958 年在槟城《星槟日报》发表散文、杂文署用。④陆升、依仁，1966 年后在马来西亚槟城《星槟日报·莲花河》发表散文署用。

林履信（1899－1954），台湾台北人，号希庄。笔名林履信，1930 年出版《洪范的体系的社会经纶思想》（台北如水社，1930 年）一书署用。嗣后发表评论《社会主义的作剧家萧伯纳》（载 1933 年台北《台湾新民报》第 847－855 号）、出版《希庄学术论丛》（厦门广福公司出版部，1932 年）和《萧伯纳的研究》（上海商务印书馆，1939 年）等亦署。

林莽中（1916－2001），广东揭阳人。原名林耀。笔名：①萧野，见于诗《一朵红花的凋落》，载 1946 年 5 月 25 日广州《文艺世纪》第 1 卷第 2 期；诗《早操》，载 1948 年香港《正报》第 2 卷第 25 期。嗣后出版诗集《途中》（桂林白虹书店，1942 年）、《战斗的韩江》（香港人间书屋，1947 年）等亦署。②林雪海，署用情况未详。

林梦梅，生卒年不详，台湾人。原名林银成。笔名梦梅、林梦梅，1925－1943 年在台北《台湾日日新报》《风月》《南瀛新报》《昭和新报》《风月报》《兴南新闻》等报刊发表旧体诗《屯山嚼雪》《题渊明醉菊图》等署用。

林绵（1922－？），浙江温州人。原名林勉。笔名：①林绵、林薇、海音，1943－1945 年在福建《改进》、温州《阵中日报》、浙江《浙江日报》副刊《江风》《浙

江妇女》等报刊发表诗文署用。②荻亚，1945 年在《浙江日报·浙江妇女》发表文章署用。

林默涵（1913－2008），福建武平人。原名林烈。曾用名林桄。笔名：①雪邨，见于科学小品《真实的世界》，载 1935 年上海《读书生活》第 3 卷第 2 期。嗣后在该刊发表科学小品《为了食》《蚯蚓》《蚊·蝇·蚤》等，在上海《申报周刊》《生存线》发刊表文章亦署。②默涵，1936 年开始发表作品署用。见于散文《哀悼钱亦石先生》，载 1938 年上海《新学识》第 2 卷第 9 期。嗣后在《申报周刊》《自修大学》《国民》《全民周刊》《读书月报》《中国文化》《大众文艺》《野草》《大众文艺丛刊》《小说月刊》《正报》《文艺生活》《生活时报》《群众·香港版》、延安《解放日报》等报刊发表杂文和文学评论等作品亦署。③禾乃英，见于随笔《关于习作批评的意见》，载 1943 年 6 月 26 日延安《解放日报》。嗣后在该报发表《留政秧歌队》《延安市民的秧歌队》等文亦署。④韦芝、林屿，20 世纪 40 年代在延安《解放日报》发表杂文、科学小品署用。⑤默，见于评论《陈立夫先生的谈话》，载 1946 年上海《群众》周刊第 12 卷第 1 期。嗣后在该刊发表《"警察国家"》《田中的话》等文亦署。⑥涵，见于评论《抗议取缔报摊》，载 1946 年上海《群众》周刊第 12 卷第 1 期。⑦林默涵，1949 年出版杂文集《狮和龙》（香港人间书屋，1949 年）署用。嗣后后发表文章，出版散文集《浪花》（作家出版社，1957 年）、诗集《心言散集》（中国文联出版社，1996 年）、论著《题材、人物及其他》（中国青年出版社，1957 年）、《林默涵劫后文集》（文化艺术出版社，1987 年）、《林默涵文论集（1952－1966）》（当代中国出版社，2001 年）等亦署。⑧林彬、穆文，署用情况未详。

林穆光，生卒年不详，浙江温州人。曾用名林天才。笔名：①林木瓜，见于歌谣《新莲花》，载 1933 年 2 月 11 日上海《新诗歌》旬刊创刊号。②木瓜，见于随笔《现在清华之校风》，载 1925 年 6 月 16 日北京《清华周刊》第 11 次增刊。1930 年在上海《奋报》第 530 期发表随笔《军医奇遇记》亦署。③林穆光，见于论文《中国土地支配之史的变迁》，载 1933 年上海《中华月报》第 1 卷第 10 期；论文《儒家思想与民主主义》，载 1943 年《大学月刊》第 2 卷第 10 期。嗣后在《经济汇报》《民意月刊》《社会科学》《华大经济学报》《福建省银行季刊》《文化先锋》《中国建设》等刊发表文章，出版《五十年来之台湾》（永安改进出版社，1946 年）、《马来亚华侨抗战史略》（广东人民出版社，1979 年）等亦署。

林呐（1920－1990），河南博爱人。原名和法仁。曾用名克东。笔名：①克东，1940－1943 年在解放区《鲁迅艺术学校校刊》《洪流报》《前线报》等发表诗歌、通讯等署用。②林呐，1943 年发表作品开始署用。嗣后出版长篇小说《午夜战鼓》、短篇小说集《初上征途》（百花文艺出版社，1978 年）等亦署。③李闻古，

1950－1959 年发表作品署用。

林其美，生卒年不详，台湾淡水人，字青涟。笔名其美、林其美、青莲，1911－1943 年在台北《台湾日日新报》《昭和新报》《兴南新闻》《风月》《台湾新民报》等报刊发表旧体诗《吊彰化陈烈姬》《纪氏招饮醉后戏呈》等署用。

林其润，生卒年不详，福建福州人。笔名林浪、L 狼狈，1936 年前后在福州《福建民报·回声》发表文章署用。后一名又见于独幕剧《逝去了的阿 Q》，载 1936 年前后福州《南方日报·铁马》。1939 年在《福建民报·海风》发表作品亦署。

林琦，生卒年及籍贯不详，曾用名林涛。笔名：①林雪清，出版翻译小说《不如归》（日本德富庐花原作。上海亚东图书馆，1933 年）、《爱弥儿捕盗记》（德国埃里希·凯斯特纳原作。上海儿童书局，1934 年）、《舞姬》（日本森鸥外原作。上海文化生活出版社，1937 年）等署用。②林琦，见于译文《日本空军的现状》，载 1934 年《大道月刊》第 1 卷第 5 期。嗣后在《国立广西大学周刊》《时代批评》《时与潮文艺》《东南海》《现代军事》发表文章，出版翻译论著《苏联军队概观》（日本三岛康夫原作。重庆正中书局，1940 年）亦署。

林潜（1919－？），吉林双阳人。原名杨隐君。曾用名杨萼。笔名：①隐君，1936 年在《吉林日报》发表小诗、随笔署用。②君君，1937－1939 年在大连某报发表散文、诗歌署用；随笔《雪掉花瓶的耻辱吧》，载 1942 年长春《麒麟》第 1 卷第 9 期。③林潜，见于小说《发昏章第二》，载 1943 年长春《麒麟》第 3 卷第 11 期。

林青（1926－1983），黑龙江明水人。原名林仰山。笔名：①林青，出版散文集《冰凌花》（少年儿童出版社，1963 年）、《大豆摇铃的时节》（北方文艺出版社，1966 年）等署用。②木戈，署用情况未详。

林清敦（1875－1953），台湾台北人，字崇礼。笔名清敦、林清敦、鹭洲，1919－1943 年在台北《新高新报》《台湾日日新报》《昭和新报》《风月报》《台湾艺术》《南方》《兴南新闻》等报刊发表《游凌云寺》《和子惠君入社感作》等旧体诗署用。

林清文（1919－1987），台湾台南人。笔名：①林清文，1938 年起在《台湾艺术》《兴南新闻》《新民报》等报刊发表作品署用。嗣后创作剧作《阳光小镇》（日日新剧团，1943 年）、《风雨里的小花》（日日新剧团，1943 年）、《白兰之歌》（日日新剧团，1943 年）、《我要活下去》（台北演剧会社，1944 年）、《西施》（世纪新剧团，1949 年）、《爱的十字路》（台北大地演剧社，1950 年）、《白与黑》（台北大地演剧社，1950 年）、《洞房楼烛夜》（台北大地演剧社，1950 年）、《第二个吻》（台北大地演剧社，1951 年）、《毒花计》（台北大地演剧社，1951 年）、《母爱》（新生活剧团，1953 年）、《暗光》（新生活剧团，1953 年）、《忠孝图》（新生活剧团，

1953 年）、《廖添丁》（新生活剧团，1954 年）、《青春悲喜曲》（新生活剧团，1955 年）等，出版长篇小说《太阳旗下的小子》（台北林白出版社，1989 年）亦署。②森扬人，1941 年后发表《太阳的都市》《结婚部问答》《母爱的力量》等剧作署用。

林秋冰（1923－？），泰国华人，原籍中国广东梅县（今梅州）。原名林金兴。笔名：①林岚、翩仙、栩栩，20 世纪 30 年代在泰国曼谷《华侨日报》周刊发表小说、散文署用。②秋冰、蓝非、绿慧、白莎、紫絮、红焰、丁灵、林金，1945 年后在泰国华文报刊及《文坛》杂志等报刊发表文章署用。

林仁超（1914－1993），广东惠州人，字伟立。笔名林仁超，发表文学作品，出版《琼岛血痕》《琼崖洞奇观》《天后事迹》《银幕》《石灰集》《新蕾集》《诗的国度》《新诗创作论》等亦署。

林如稷（1902－1976），四川资中人。笔名：①林如稷，见于小说《止水》《狂奔》《婴孩》、诗《狂奔（十二首）》，载 1923 年上海《浅草》季刊第 1 卷第 1 期；小说《初秋的雨夜》，载 1923 年上海《民国日报·文艺旬刊》第 8 期。嗣后在上述两刊及《沉钟》《骆驼草》《文艺周刊》《中法大学月刊》《世界文学》《茶话》《文艺生活》《文艺春秋》《青年知识》《民友月刊》《风土什志》《萌芽》《文艺知识连丛》等刊发表小说《秋虫的注血》、诗《独行》、随笔《零余随笔》《人生放谈三则》、翻译小说《灰色的灵光》（匈牙利 D. 科兹托兰尼原作）、《戈比里夫的还乡》（苏联 L. 列昂诺夫原作）等，出版翻译小说《卢贡家族的家运》（法国左拉原作。上海商务印书馆，1936 年）、电影剧本《西山义旗》（四川人民出版社，1959 年）、论著《仰止集》（四川人民出版社，1962 年）、文集《林如稷选集》（四川文艺出版社，1985 年）等亦署。②白星，见于散文《晨》，载 1923 年上海《民国日报·文艺旬刊》第 1 期；小说《童心》、随笔《茵音》，载 1925 年上海《浅草》季刊第 1 卷第 1 期。嗣后在上述两刊发表散文诗《踽踽》、诗《宴席后》《长啸篇（十四首）》、小说《太平镇》、随笔《掇珠》等文亦署。③如稷，见于随笔《浅草社底几句话》，载 1923 年上海《民国日报·觉悟》；随笔《编辑缀话》，载 1923 年上海《浅草》第 1 卷第 3 期。④稷，见于随笔《归来杂感》，载 1932 年 12 月 15 日北平《沉钟》半月刊第 17 期。⑤万古江，见于诗《述怀》《儿女》，分别载 1946 年 8 月 5 日、11 日重庆《新华日报》。⑥万古洋、白泉、乔守素、向华、羊洋、江潮、吴抱安、吴道周、张乃煌、张朗、何兴、余达仁、余邑官、余铭绅、罗无生、赵长民、莫道美、雍平，1945 年起在重庆、成都报刊发表诗文署用。

林如斯（1923－1971），福建龙溪（今漳州市）人。林语堂长女，生于福建厦门。原名林凤如。笔名：①林如斯，见于散文《章先生》，载 1934 年上海《论语》第 59 期；传记《赛珍珠传》，载 1939 年《杂志》半月刊第 5 卷第 1 期和 1939 年《现实》第 2 期；《乡愁》

《谈做女子》，分别载 1940 年上海《宇宙风》第 98 期、第 100 期；《瞬息京华》（林语堂英文原作）中文译文，载 1940 年上海《西风月刊》第 42 期；《唐人街》，载 1941 年《文摘月报》第 1 卷第 3 期。出版散文集《吾家》（与林无双合作。港社，1940 年）、《重庆风光》（林如斯、林无双英文原作，林平中译。桂林大公书店，1942 年）、中英文对照《女叛徒》（谢冰莹英文原作，与林无双合译。桂林民光书局，1941 年）、《一个女性的奋斗》（谢冰莹英文原作，与林无双、林语堂合译。上海世界文化出版社，1947 年）等亦署。②阿苔，署用情况未详。

林森（1868－1943），福建闽侯（今福州市）人。原名林天波，字长仁，号子超；别署药樵、涤庵、深山野人、百洞山人、虎洞老樵、啸余庐主人；晚号青芝老人。笔名林森，著有《碧血黄花集》第 3 卷。

林山（1910－1984），广东澄海人。原名林玄山。笔名：①唐起，见于小说《阿顺》，载上海《中流》1937 年第 2 卷第 8 期。②玄山，1937 年在上海报刊发表文章，出版诗集《战斗之歌》（重庆读书生活出版社，1941 年）、《新的土地》（作家出版社，1958 年）等署用。③山，见于短论《从大众中培养新作者》，载延安《文艺突击》1939 年新 1 卷第 1 期。④可、可可、林仰可，20 世纪 40 年代在汕头报刊发表文章署用。⑤林山，见于《誓词——献给鲁迅先生的魂灵》，载 1938 年延安《文艺突击》创刊号；《谈谈延安的文艺活动》，载 1938 年《文艺突击》第 1 卷第 3 期；《战斗呀大西南！》，载 1939 年《国民公论》第 10、11 期合刊；诗《诗一首》《出发》《永别了，我的过去！》、散文诗《工作吧！工作吧！》，分别载《中学生》1940 年第 15 期，1941 年第 45－46 期合刊，1941 年第 38 期及 1940 年第 24 期；街头诗《不要在街头游荡》、随笔《由“抗敌街头诗画展览会”说起》，载 1940 年《中国诗坛》新 6 期；随笔《改造说书》，载 1946 年《教育阵地》第 66 卷第 1 期；随笔《不算诗论》，载 1940 年桂林《野草》第 1 卷第 4 期；《资产阶级民主的实质》，载 1949 年《新华月报》第 4 卷第 4 期；《略论旧文艺和旧艺人的改造》，载 1950 年《文艺生活》新 2 期。嗣后在《青年生活》《救亡日报·文化岗位》《诗创作》《新群众》《群众文艺》《华北文艺》《国民公论》等报刊发表随笔、诗歌，出版诗集《战斗之歌》《新的土地》等亦署。

林山腴（1873－1953），四川华阳人。原名林思进，字山腴，号清寂翁。笔名：①山腴，见于七律《近撰华阳人物志成丹林适有书至因托其转乞散原老人书检以诗代札》，载 1932 天津《国闻周报》第 9 卷第 38 期。嗣后在该刊 1932 年第 9 卷第 39 期、1935 年第 12 卷第 4 期发表旧体诗《酬宾虹画册并寄丹林》《登灵岩望太湖晤洗尘上人却话旧京且订再游》等亦署。②林山腴，见于七律《黄宾虹蜀游画册为丹林作》，载 1934 年上海《国画月刊》第 1 卷第 2 期；七律《青山和云沧之作》、七绝《不忍池看荷》，载 1935 年广州《文明之路》第18期。嗣后在杭州《艺风》、上海《逸经》等刊发表旧体诗《哭罗衍东》《红树室图为陆丹林赋》《成都兵祸诗》等，出版论著《中国文学概要》（南京安徽中学出版）亦署。

林杉（1914—1992），浙江慈溪人。原名李文德。曾用名李文迪、施凌散、施林杉。笔名：①林杉，见于杂文《拾粪记》，载1943年晋绥《抗战日报》。嗣后创作戏剧作品《掺砂》《重见天日》、电影剧本《吕梁英雄》《刘胡兰》《上甘岭》《党的女儿》，出版《一个电影编剧的探寻》（中国电影出版社，1989年）等亦署。②李文，见于电影剧本《在三年的日子里》，载1959年《电影文学》。③李玉华，创作电影剧本《再生记》（1962年拍摄）署用。

林姗姗（1900—1980），新加坡华人，原籍中国福建厦门。原名林铁魂。曾用名林毓梅（学名）。笔名：①姗姗，1927年10月起在马来亚槟城《南洋时报》副刊《诗》《微光》《绿洲》《杭育》《光华日报》副刊《绝缘回线》《蜕变》《南国的雨声》，新加坡《新国民日报·新国民杂志》发表诗文署用。见于随笔《〈南国的雨声〉前奏曲》，载1930年8月25日马来亚槟城《光华日报·南国的雨声》。②林姗姗，见于话剧《良心之狱》，载1927年10月27日—11月17日马来亚槟城《南洋时报·微光》。嗣后发表作品一直署用。③啸秋，1933年5月后在马来亚槟城《光华日报·槟风》发表散文署用。④黄瑰，20世纪50年代在新加坡《南洋商报·商余》发表杂文署用。⑤宋玫，20世纪50年代在《南洋商报·文风》发表小说、散文署用。⑥寸铁、短兵、SS，署用情况未详。

林哨，生卒年及籍贯不详。笔名端木长青，见于散文《十年恶梦》，载1948年日南京《中央日报周刊》第3卷第9期。

林施均（1918—2005），广东文昌（今属海南省）人。原名林树棠。笔名施均。

林适存（1915—1997），湖南湘乡人。笔名：①林适存，见于小说《没有灵魂的灵魂》，载1933年南京《流露月刊》第3卷第2、3期合刊；小说《神》，载1934年上海《中国文学》月刊第1卷第5期。嗣后在以上两刊及《中国革命》《前途》《青年与战争》《黄埔》《创导半月刊》《战斗周报》《内外杂志》《抗战军人》《中国的空军》《文艺月刊·战时特刊》《文艺》《地方自治半月刊》等报刊发表小说《等待青春的人》《双殉记》《第八支队》《逃亡》《八月的桂花》、诗《告娟!》《反抗的旗》、评论《大武汉的保卫战》《真正的游击战》《中日决战》、速写《抗战的戏剧》《夜三点》《轰炸之王》等，出版短篇小说集《寡妇之春》（上海中国文化书局，1934年）、《疯女奇缘》（香港亚洲出版社，1953年）、《无字天书》（香港亚洲出版社，1953年），长篇小说《驼鸟》（香港亚洲出版社，1953年）、《第一恋曲》（香港亚洲出版社，1955年）、《龙女》（兄弟出版社，

1955年）、《加色的故事》（中国文学出版社，1956年）、《神木》（台北文化图书公司，1956年）、《巧妇》（台北明华书局，1959年）、《绮梦》（台北明华书局，1959年）、《夜来风雨声》（台北幼狮书店，1961年）、《春回大地》（台湾省政府新闻处，1965年）、《春暖花开》（高雄长城出版社，1967年），传记《水龙吟》（台北幼狮文化事业公司，1965年），散文《我的几本散文创作》（台北清流出版社，1978年）等亦署。②白芷，见于评论《〈母归〉》《倍娜文德的剧评》，载1933年南京《流露月刊》第3卷第2、3期合刊；小说《后母》，载1934年上海《杂志》第11卷第2期。1945—1946年在上海《中国建设》《月刊》《幸福世界》等刊发表小说《沉渣》、评论《婴儿的罪衍》《读〈李柳丽〉后》等亦署。③南郭，见于随笔《"九一八"已经五年了》、小说《孝子》，载1936年8月上海《文学大众》第1卷第1期。嗣后出版散文集《细说人生》（《中华日报》社，1978年），长篇小说《淑女》（台北幼狮文化事业公司，1962年）、《天网》（高雄大业书店，1963年）、《无情海》（台北学生书局，1973年）等亦署。④甫郭，署用情况未详。

林守庄，生卒年及籍贯不详。笔名：①守庄，见于诗《无聊》，载1926年上海《文学周报》第234期；散文《滴铃子》《离开母亲的第一夜》《扑的一声倒地》、诗《寄——》，分别载北京《语丝》周刊1926年第62、79、84、75期；小说《一封绝命书》，载1926年上海《东方杂志》第23卷第18期；散文《母亲的遗迹》，载1929年《文学周报》第4卷第251—275期；散文《期待》《送别》《念远》《血债》，分别载1948年《文艺先锋》第8卷第3期、第4期，第8卷第12期，第12卷第2期。②林守庄，见于小说《扫墓》，载1926年上海《小说月报》第17卷第11期；小说《满天星》，载1927年上海《东方杂志》第24卷第22期。嗣后在《小说月报》《文学周报》《语丝》等刊发表诗《流泪》、小说《雪人》《烟纹》、散文《教学话》等，出版小说集《失望》（上海北新书局，1929年）等著亦署。

林纾（1852—1924），福建闽县（今福州市）人。原名林群玉，字琴南，号畏庐；别号射九、冷红生、畏庐子、畏庐父（fǔ）、畏庐甫、畏庐居士、闽中畏庐子、餐英居士。晚号蠡叟、践卓翁、畏庐老人、六桥补柳翁、长安卖画翁。曾用名林徽、林秉辉、林蝎庐。笔名：①畏庐子，见于诗集《闽中新乐府》，1897年11月福州以魏瀚刻本印行。②冷红生，见于翻译小说《巴黎茶花女遗事》（法国小仲马原作，与晓斋主人合译。1899年以畏庐藏板在福州印行）。嗣后出版长篇小说《庚辛剑腥录》（北京都门印书局，1913年）、《金陵秋》（上海商务印书馆，1914年）等亦署。③林纾，见于译作《黑奴吁天录》（魏易口译）。1901年以武林魏氏藏板印行。嗣后在《学衡》《每周评论》《小说世界》《小说月报》《平报》《国风报》《庸言》《中华小说界》《小说大观》《春声月刊》《国学杂志》《大中华》《小说新报》《文学讲义》《妇女杂志》《东方杂志》《学生杂志》

《北京大学日刊》《新青年》《中央杂志》《紫罗兰》《学术》《国学专刊》等刊发表小说、剧本等，出版《伊索寓言》（严培南、严璩口译。上海商务印书馆，1903年）、《民种学》（德国哈伯兰原作，魏易译。京师大学堂官书局，1903年）、《迦茵小传》（英国哈葛德原作，魏易口译。上海商务印书馆，1905年）、《鲁滨逊漂流记》（英国笛福原作，曾宗巩口译。上海商务印书馆，1905年）、《蛮荒志异》（英国哈葛德原作，曾宗巩口译，上海商务印书馆，1906年）、《拊掌录》（美国华盛顿·欧文原作，魏易口译。上海商务印书馆，1907年）、《畏庐诗存》（上海商务印书馆，1923年）、《京华碧血录》（上海商务印书馆，1923年）、《畏庐三集》（上海商务印书馆，1924年）等亦署。④林琴南，见于古文集《林严文钞》（上海国学扶轮社，1909年）封面，翻译小说《冰洋鬼啸》，载1911年上海《小说时报》月刊第12期。嗣后在《每周评论》《民权素》《小说世界》《公言报》《文艺丛报》《广益杂志》《紫罗兰》等刊发表著译文，出版笔记集《畏庐笔记》（上海中华图书馆，1917年）、长篇小说《官场新现形记》（上海普通图书馆，1918年）等亦署。⑤践英居士，见于笔记《铁笛亭琐记·三海》，载1912年11月2日、3日北京《平报》。嗣后至1913年9月在该报发表《清商自书脉案》《陈氏小生》等80余篇笔记亦署。⑥射九，见于诗《讽谕新乐府·通臣归》，载1912年11月2日北京《平报》。嗣后在该报发表《胭脂月》《东南好》等讽谕新乐府，1936—1937年在北京《实报》半月刊发表《讳法与时代》《夏之呼声》等文亦署。⑦畏庐，见于旧体诗《游翠微山香界寺余与橘翁各携柱杖直造山顶至宝珠寺》，载1912年11月2日北京《平报》。嗣后在该报及《春声》《小说月报》《公言报》等报刊发表旧体诗词、小说、译文等亦署。⑧践卓翁，见于小说集《践卓翁小说（第1辑）》（北京都门印书局，1913年）。嗣后出版《践卓翁小说（第2辑）》（上海商务印书馆，1916年）、《践卓翁小说（第3辑）》（北京都门印书局，1917年）等亦署。⑨林纾畏庐，见于随笔《费鉴清先生墓志铭》，载1915年上海《文艺杂志》月刊第9期。⑩琴南，见于随笔《送文科毕业诸学士序》，载1916年《民权素》月刊第17集。⑪林畏庐，见于论著《春觉斋论文》一书（北京都门印书局，1916年）之封面。⑫畏庐老人，见于剧本《天妃庙传奇》（上海商务印书馆，1917年月）。⑬林琴南先生，见于小说《蠡叟丛谈·安娜》，载1919年2月4—7日上海《新申报》。嗣后至1920年3月16日在该报发表小说《荆生》《妖梦》等共58篇亦署。⑭蠡叟，见于《劝孝白话道情》，载1919年4月15日《公言报》。嗣后在该报发表多篇《劝孝白话道情》亦署。⑮畏庐父（fǔ）、畏庐甫、畏庐居士，署用于译作、选评作品的序文。

林淑华（1919－2016），浙江平湖人。原名方德阀。曾用名方健明。笔名：①德宏，见于小说《紫莺》，载1935年前后《新人周刊》。②林淑华，见于长篇小说《生死恋》，连载于上海《伉俪月刊》1946年第7期至1948年第12期；小说《巧妇》，载1948年上海《家》第38期。嗣后在上海《大晚报》副刊发表小说《秋深叶落时》，出版长篇小说《生死恋》（上海新纪元出版社，1948年）、《主妇之友》（上海新纪元出版社，1948年）等亦署。③木每，见于小说《尝试》，载1937年上海《女子月刊》第5卷第7期；散文《不孝女儿的忏悔——我的两个母亲》，载1947年上海《家》第16期。嗣后在上述两刊及上海《立报》《伉俪月刊》发表小说《兰兰姑娘的悲哀》《一个女报贩的自白》《一个未婚夫的日记》、随笔《严父慈母》、《给关怀我的朋友》《"新"字给我的启示》等文亦署。④方健明，见于论著《写作指引》（与沐绍良合作，香港大成出版社，1949年出版）。⑤小孤，见于信函《我要怎样的努力》，载1935年上海《女子月刊》第3卷第7期。嗣后在该刊发表小说《罪恶的圈套》《过着血和泪的日子》等亦署。⑥梅，署用情况未详。

林淑仪（1918－1990），广东番禺（今广州市）人。笔名林红，见于短篇小说《复员》，载1946年2月15日上海《文艺春秋》第2卷第3期。嗣后在该刊连续发表小说亦署。

林舒谦（1911－1983），福建福州人。笔名：①舒谦，见于诗《终身之爱》《中途》，载1933年3月厦门《国光日报·纵横》；散文《二十四小时在泉州》，载1936年12月8日福州《小民报·新村》。嗣后在福建南平《东南日报·笔垒》《南方日报·南方副刊》《南方日报·哨兵》、永安《现代青年》，江西上饶《前线日报·战地》等报刊发表文章亦署。②纪零，见于散文《有客自福州来》，载1945年3月17日福建南平《东南日报·笔垒》。③一竿、萨兰、萨任夫，20世纪30—40年代在福州报刊发表文章署用。

林述章，生卒年及籍贯不详。笔名林子，见于长篇小说《三十年一觉扬州梦》，连载于20世纪40年代福州《福建民报》副刊。

林嵩寿，生卒年不详，台湾人。笔名绛秋、林绛秋，1928－1932年在台北《台湾日日新报》发表旧体诗《挽庄贻华先生》等署用。

林绥（1921－？），福建晋江人。原名庄瑞霖。笔名林绥，见于诗《三月》，载1940年上海《文艺阵地》第4卷第11期；诗《夜，湖滨》，载1940年上海《文艺新潮》第2卷第9期。1941年在香港《时代批评》第4卷第83期发表诗《重要的图画》，嗣后出版诗集《黑夜的呼唤》（桂林今日文艺社，1942年）等亦署。

林太乙（1926－2003），福建龙溪（今漳州市）人，生于北京。林语堂次女。原名林玉如。曾用名林无双。笔名：①林无双，见于散文《探火山口》，载1938年上海《西风月刊》第22期。嗣后在该刊发表散文《比国访僧记》、译文《我们并不穷》，在1938年上海《宇宙风》第72期发表译作《日本海军出发猎象》，出版中英文对照《女叛徒》（谢冰莹原作，与林如斯合译。民光书局，1941年）、《一个女性的奋斗》（谢冰莹原作，与林如斯、林语堂合译。上海世界文化出版社，1947年）等书亦署。②林太乙，见于散文《美国出书难》，载1947年《西风月刊》第92期；《林语堂的打字机》，载1947年《中央日报周刊》第2卷第6期；《露露》，载1948年《宇宙》第2期。嗣后出版散文集《丁香遍野》（台北文星书店，1966年），传记《林语堂传》（台北联经出版事业公司，1989年）、《林家次女》（西苑出版社，1997年），长篇小说《丁香遍野》（台北远景出版社，1976年）、《金盘街》（台北纯文学出版社，1979年）、《春雷春语》（台北联经出版事业公司，1991年），编选《文英集：献计读者文摘中国作家文选》（香港读者文摘远东公司，1987年）等亦署。③无霜、玉如、无双、亚娜，署用情况未详。

林弢，生卒年及籍贯不详。笔名林弢、搜、弓，分别见于小说《夜》、杂文《谈"阅读自由"》《"这是一只公鸡"》，载1940年福清《原野》半月刊第1卷第5—6期合刊。

林天庆，生卒年及籍贯不详。笔名小飞鸿，见于散文《父亲》，载1949年福建涵江《晨光报·剑芒》。

林廷玉（1871？—？），广东惠来人，字季泉，号醉仙。笔名林廷玉，著有诗集《仙溪杂俎初集》《留声集》《桥梓诗林》（与林剑泉合集）。

林同济（1906—1980），福建福州人。笔名：①林同济，见于散文《大礼堂前的院子里》，载1934年北平《孔德校刊》第40期；七绝《三一八杂感四首》，载1934年南京《国风》半月刊第5卷第8、9期合刊。嗣后在《政治经济学报》《东方杂志》《杂志》《战国策》《后方勤务》《读书通讯》、重庆《文艺先锋》《大公报·战国副刊》等报刊发表书评《福罗特与马克斯》）、评论《廿年来中国思想的转变》《战国时代的重演》《抗战军人与新文化》、译文《萨拉图斯达》（德国尼采原作）等作品和译作，出版论著《日本对东三省之铁路侵略：东北之死机》（上海华通书局，1930年）、《文化形态史观》（与雷海宗合集。上海大东书局，1946年）、编著《时代之波：战国策论文集》（重庆在创出版社，1944年），译著《丹麦王子哈姆雷的悲剧》（英国莎士比亚原作。中国戏剧出版社，1982年）等亦署。②同济，见于散文《千山万岭我归来》，载1941年昆明《战国策》第2卷第13期（该刊目录署名林同济）。③独及，见于随笔《寄语中国艺术人——恐怖·狂欢·虔恪》，载1942年1月21日《大公报·战国策》第8期。④耕青，署用情况未详。

林望中（1914—2004），福建同安人，生于缅甸。原名陈顺命。曾用名陈萍珊、陈平山、林蒂、林文、焚蒂。笔名：①林蒂，见于诗《骷髅的跳跃》，载1935年日本东京《质文》第4期；长诗《流亡》，载1936年3月5日青岛《诗歌生活》创刊号。嗣后在该刊及上海《文学丛报》《东方文艺》《诗歌杂志》、重庆《春雷》等刊发表诗《乡村之夜》《怒吼吧我们的祖国》《自由的歌颂》、评论《诗人应该反映或表现什么》、译诗《呵！队长！我们的队长！》（美国惠特曼原作）等文亦署。②望中、林望中，署用情况未详。

林微音（1899—1982），江苏苏州人。笔名：①微音，见于小说《怅惘》，载1925年9月19日上海《民国日报·觉悟》；小说《要汇钱去（一）》，载1927年上海《洪水》第3卷第30期（该刊目录署名林微音）。②林微音，见于小说《发表热》，载1925年12月22日上海《民国日报·觉悟》；小说《梦儿死后》，载1928年上海《无轨列车》第3期。嗣后在《洪水》《真美善》《新月》《申报·自由谈》《语丝》《中华月报》《现代文学》《文艺月刊》《矛盾》《现代》《文史》《良友画报》《新小说》《论语》《中国文学》《文艺》《文笔》《南风》《新学生月刊》《文友》《大道月刊》《金城》《十日杂志》《太平洋周报》《文艺世纪》《申报月刊》《读书杂志》《电影》《大侦探》等报刊发表小说《两杯咖啡》《黑暗中的絮语》《一个谜的解答》《绿屋中的一件琐事》、散文《这样地过了这一天》《去一趟苏州》、长篇小说《一个吃茶人的随遇》、翻译小说《红死的面具》（美国爱伦·坡原作）等作品，出版散文集《散文七辑》（上海绿社出版部，1937年），短篇小说集《白蔷薇》（上海北新书局，1929年）、《舞》（上海新月书店，1931年）、《西泠的黄昏》（上海良友图书印刷公司，1933年），中篇小说《花厅夫人》（上海四社出版部，1934年），翻译小说《钱魔》（美国辛克莱原作。上海天马书店，1929年）、《虚无乡消息》（英国莫里斯原作。上海水沫书店，1930年）、《马斑小姐》（法国戈蒂耶原作。上海中华书局，1935年）等亦署。③陈代，见于杂文《略论告密》，载1933年11月21日上海《时事新报·青光》。④魏廖泉，抗战时期在上海报刊发表文章曾署。

林薇（1918—？），泰国华人，祖籍中国广东澄海。笔名夕霖、林薇，20世纪30年代在汕头《小日报·小公园》投稿开始署用。50—60年代在泰国曼谷《中原报·大众文艺》"潮谚杂录"专栏发表文章亦署。

林文慧，生卒年不详，福建福州人。原名林涵宽。笔名林文慧，1928年在福州《第一燕》旬刊发表作品署用。

林文庆（1869—1957），福建海澄（今漳州市）人，生于新加坡，字梦象。笔名林文庆，见于《时人汇志》，载1930年《国文周报》第7卷第13期；《敬告全国同胞用固有民族精神应付国难》，载1932年福建《厦大周刊》第12卷第21期。嗣后在《厦大图书馆报》《青年月刊》等刊发表评论《谈谈大学的图书馆》《南洋华侨应如何发展文化事业》（与多人座谈）等文章，出版论著《孔教大纲》（上海中华书局，1914年）、英汉对照注译本《离骚》（1929年）等亦署。

林希隽，生卒年不详，广东潮安人。笔名：①清道夫，见于随笔《"海派"后起之秀何家槐小说别人做的》，载 1934 年上海《文化列车》第 9 期。嗣后在上海《社会新闻》《出版消息》、北平《中国公论》等刊发表文章亦署。②林希隽，见于《另一种铁窗风味》，载 1934 年 2 月 17 日《申报·自由谈》。嗣后在《现代》《文艺画报》等刊发表文章亦署。③希隽，见于《异国憧憬》，载 1934 年 9 月 21 日《申报·自由谈》。

林希谦（1895－1966），福建福州人。笔名：①徐震，见于杂文《"病从口入，祸从口出"》，载 1946 年 5 月 26 日福州《建言》周刊第 4 期。②绍平、任重，20 世纪 40 年代在福建报刊发表文章署用。

林锡麟，生卒年不详，台湾人。笔名锡麟、林锡麟，1933－1942 年在台北《南瀛新报》《风月报》《南方》等报刊发表旧体诗《南陔吟》等署用。

林锡棠，生卒年及籍贯不详。笔名：①露丝，见于小说《血迹》，载 1929 年 2 月 2 日上海《真美善》（一周年纪念号外·女作家专号）。②露丝女士，见于诗集《星夜诗集》，（上海良友图书印刷公司，1927 年）。

林锡牙，生卒年不详，台湾台北人，字尔崇。笔名林锡牙、尔崇、锡牙、林尔崇，1932－1942 年在台北《南瀛新报》《昭和新报》《风月报》《台湾艺术》《南方》等报刊发表《诗题朱笔》《出师表》等旧体诗署用。

林遇（1921－1970），河北束鹿（今高碑店市）人。原名刘爽军。曾用名刘才洲。1949 年后改名江林。笔名：①苏夫，1942－1948 年在天津《新生晚报·文艺大地》等报副刊及南开大学诗刊发表诗、译诗署用。嗣后在 1947 年上海《诗创造》发表诗作《冬天来了》亦署。②流火、晋军、司马军、刘爽军，20 世纪 40 年代发表诗文署用。③林遇，1949 年随军南下后改名，在武汉《大刚报》《武汉文艺》、广州《南方日报》《羊城晚报》等报刊发表散文署用。嗣后发表随笔《重读鲁迅〈对于左翼作家联盟的意见〉》（载 1959 年 10 月 19 日《广州日报》）等，出版散文集《风雷小记》（广东人民出版社，1959 年）、《山水阳光》（作家出版社，1963 年）、《撑渡阿婷》（百花文艺出版社，1964 年）、《林遇散文选》（广东人民出版社，1979 年）等亦署。④江林、林蓝、谢榭、江水心，1949 年后在报刊发表散文曾署。

林仙峤（1899－1937），福建永定人。笔名：①峤，1930 年前后在马来亚新加坡编《星洲日报·繁星》时发表散文《新山之夜》等署用。②仙峤，见于随笔《兜风与捉臭虫》，载 1930 年 8 月 11 日新加坡《星洲日报·繁星》。

林献堂（1881－1956），台湾台中人。原名林大椿。曾用名林朝琛，字献堂，号灌园、雨声庵主、遁楼主人。笔名：①林献堂，见于七律《二二八事变感怀》、七绝《次今可先生二二八感怀原韵》（十首），载 1947 年 5 月《正气月刊》第 2 卷第 2 期。②林大椿，见于译文《宋乐与朝鲜乐之关系》（日本内藤虎次郎原作），载 1931 年上海《小说月报》第 22 卷第 9 期。

林熊祥（1895－1973），台湾台北人，字文访，号宜斋、大遯山民。笔名文访、熊祥、林熊祥、林文访，1930－1944 年在台北《台湾日日新报》《南方》《兴南新闻》等报刊发表《次云鹏兄见赠》《席上赋呈》等旧体诗署用。

林秀明（1929－　　），福建福安人。笔名：①秀，见于杂文《解剖一个人》，载 1947 年 12 月 15 日福州《星闽日报·星瀚》。嗣后在该刊发表书评《英雄主义的道路》亦署。②林路，见于杂文《一九四八年的希望》，载 1948 年 1 月 5 日福州《星闽日报·星瀚》。

林炎（1915－2007），江苏无锡人。原名华瑞芳。笔名林炎，见于散文《记子冈》，载 1940 年上海《中美日报·堡垒》第 107 号；《牛朗庙》，载 1946 年上海《月刊》第 1 卷第 4 期。嗣后在上海《月刊》《大公报·文艺》《文艺春秋》《文汇报·笔会》《文汇报·文化街》《综合》《文艺青年》等报刊发表散文《复旦欢迎邵力子》《在外科医室——为纪念鲁迅先生逝世十周年而作》《散文三题（哈巴狗、变形虫、不倒翁）》《孩子，群兽和音乐》《忆张家口》《江湾巡礼——复旦大学和日俘集中营》、小说《磨石下》《血花》等文，出版散文集《小文化人》（上海月刊社，1946 年）等亦署。按：1943 年在重庆《时代精神》杂志发表剧作《求荣》之林炎，另有其人。

林彦（1927－　　），四川重庆（今重庆市）人。笔名林燕，1944 年起发表诗歌、散文等作品署用。见于诗《菩萨》，载 1945 年重庆《文哨》第 1 卷第 3 期；《值得纪念的新港事件》，载 1947 年《现代知识》第 1 期。

林耶（1911－？），吉林永吉人。原名李乙青。曾用名李思。笔名：①李葵，1934－1935 年间在上海《时事新报》等报发表《夏天的回忆》《回家》等署用。1935 年在上海《女声》第 3 卷第 10 期发表通讯《香烟厂的女工们》亦署。②夏葵，1946 年开始在延安《解放日报》、东北《长春新报》《东北日报》《东北文学》等报刊发表报告《驮盐的故事》、诗《饮马河之歌》等作品署用。嗣后发表通讯《纪春林抬伤兵》（载 1947 年 2 月东北书店版《关外胜利的自卫战》）、散文《和杨司令最后相处的日子——杨靖宇将军生前事迹一页》（载 1949 年吉林《文艺月报》第 4 期）等作品，出版诗集《饮马河之歌》（东北书店吉林分店，1948 年）等亦署。③林耶，出版《林耶诗稿》署用。按：林耶的著作尚有故事集《抗联一军小故事》《莲花泡的故事》、长诗《初恋》等，署名未详。

林叶语，生卒年不详，广东人。笔名林俊超，见于诗《老姑娘》，载 1936 年上海《诗林》双月刊第 1 卷第 2 期。同时期在福州报纸副刊《南风》《诗之叶》发表诗作亦署。

林疑今（1913－1992），福建龙溪（今漳州市）人，生于上海。原名林宝泉，字国光。曾用名史枚（1939 年到新疆时使用）。笔名：①疑今，见于《二非佳兆论》

《老虎报质疑》，分别载 1925 年《京报副刊》第 117 期和第 225－255 期。嗣后在该刊及《语丝》《海风周报》《平明杂志》《论语》等刊发表诗文亦署。②林疑今，见于翻译小说《卖淫的铜牌与诗人》（美国辛克莱原作），载 1929 年上海《新文艺》第 1 卷第 3 期。嗣后在《文艺新闻》《青年界》《新时代》《论语》《中国文学》《现代文学评论》《人间世》《宇宙风》《宇宙风乙刊》《时与潮文艺》《学友》《大陆杂志》《现代学生》《银行通讯》《文选》等报刊发表著译作品，出版长篇小说《旗声》（上海联合书店，1930 年）、《中学时代》（上海神州国光社，1932 年）、《无轨列车》（上海良友图书印刷公司，1935 年），中篇小说《江南的春天》（上海四社出版部，1933 年），戏剧集《秋水伊人》（上海中国文化服务社，1947 年），翻译小说《西部前线平静无事》（德国雷马克原作。上海水沫书店，1929 年）、《西伯利亚的成地》（苏联马克维茨原作。上海神州国光社，1930 年）、《戴茜米勒斯》（美国詹姆斯原作。上海中华书局，1934 年）、《波城世家》（美国马昆德原作。重庆新生图书文具公司，1943 年）、《丽贝珈》（英国杜穆里埃原作。五十年代出版社，1943 年）、《战地春梦》（美国海明威原作。上海西风社，1948 年），翻译散文集《勇士们》（美国恩尼·派尔原作。重庆中外出版社，1945 年）等亦署。③耶夫，见于翻译小说《同乡》（苏联达加耶夫原作。载 1930 年上海《新文艺》第 1 卷第 6 期）、《信》（苏联巴别尔原作。载 1930 年上海《新文艺》第 2 卷第 1 期）。④麦耶夫，出版翻译戏剧《战争》（德国雷恩原作。上海水沫书店，1930 年）、翻译小说《山城》（美国辛克莱原作。上海现代书局，1930 年）、《四十年代》（苏联高尔基原作。上海联合书店，1931 年），发表翻译小说《一个英雄的死》（匈牙利 A. 拉兹古原作。载 1931 年上海《现代文学评论》第 1 卷第 1 期）署用。⑤古田，署用情况未详。

林艺（1914－2004），福建福州人。原名林启珍。笔名：①华瞻，见于《上海公共租界外人所享权利之研究》，载 1930 年《国闻周报》第 7 卷第 17、18 期。②林艺，见于诗《劝同胞》，载 1940 年《一条心》第 2 卷第 8、9 期；诗《张大嫂分果实》，载 1949 年北平《田家》第 16 卷第 2 期。1949 年后发表电影文学剧本《金银滩》《马兰花开》《矿灯》《阿娜尔罕》《彭湃》等亦署。③林一、林毅，署用情况未详。

林佚，生卒年及籍贯不详。曾用名郭锡英。笔名林佚，20 世纪 30 年代在青岛地下刊物《汽笛》及《青岛民报·汽笛》发表文章署用。

林逸云（1917－1994），新加坡华人，原籍中国广东梅县（今梅州市）。曾用名林逸云。笔名：①亦云，1943 年在《泰华商报》副刊《大时代》《小世界》发表散文、诗词署用。20 世纪 50 年代在泰国曼谷印行诗集《铃音集》（与方涛、人云、老鼎合集）亦署。②亦行，1947 年在泰国《华侨日报》主编副刊《华侨文坛》《少年世界》并发表特写署用。

林音频（1922－2005），江苏扬州人。原名李维西。曾用名李霖。笔名：①林音频，1948 年在华东《群众文化》月刊发表文章署用。嗣后出版《强大的志愿军炮兵——中国人民志愿军战斗的故事》（山东人民出版社，1952 年）、《郝建秀》（山东人民出版社，1953 年）、《意志坚强的女工韩运》（山东人民出版社，1959 年）等亦署。②维西，见于小说《一个侦察员的故事》，载 1950 年上海《小说月刊》第 4 卷第 1 期。

林咏泉（1911－2005），辽宁岫岩人。原名林永泉。笔名：①林咏泉，见于诗《祝福》，载 1939 年上海《文笔》第 1 卷第 9 期；诗《塞上吟》，载 1942 年重庆《文艺先锋》第 1 卷第 5 期。嗣后在《晨报》《民国日报》《桐雨》《中国诗艺》《时事新报》《新认识》《前路》、长沙《抗战日报·诗歌战线》、重庆《新蜀报》《文艺先锋》《和平日报·诗星火》《中国诗艺》、衡阳《大刚报》、浙江《东南日报》、上海《文汇报》、南京《文艺月刊》等报刊发表诗《南来的列车（外一章）》《鸭儿河》《月夜》、散文《湖边一夜》等作品，出版诗集《咏泉初集》（南京，1933 年）、《半旗》（上海大公报社，1937 年）、《塞上吟》（重庆国民图书出版社，1943 年）等亦署。②林永泉，见于诗《我们在筑胜利台》，载州 1941 年重庆《文艺月刊·战时特刊》第 11 卷第 5 期。

林予（1930－1992），江西上饶人。原名汪人以。笔名林予，见于《器乐常识讲话》，载 1943 年重庆《音乐导报》第 1 卷第 1－3 期。嗣后发表散文《冼星海在北国》（载 1946 年上海《月刊》第 2 卷第 4 期）、小说《推车》（载 1947 年上海《大公报》），1949 年后出版长篇小说《雁飞塞北》（人民文学出版社，1962 年）、《咆哮的松花江》（黑龙江人民出版社，1975 年）、《塞上烽烟》（湖北人民出版社，1978 年）、《有情人终成眷属》（与谢树合作。人民文学出版社，1987 年），小说集《风雨红河》（中南人民文学艺术出版社，1954 年）、《森林之歌》（新文艺出版社，1955 年）、《勐铃河边春来早》（作家出版社，1960 年）、《我们的政委》（黑龙江人民出版社，1979 年），电影剧本《祝福边防战士》（中国电影出版社，1957 年）、《边寨烽火》（与姚冷等合作。上海人民美术出版社，2005 年）、《孔雀飞来阿佤山》《奸细》等亦署。

林语堂（1895－1976），福建龙溪（今漳州市）人。原名林和乐。曾用名林玉堂。英文名 Yu Tang、Lin Yutang、Y. T.。笔名：①林玉堂，见于论文《创设汉字索引制议》，载 1917 年上海《科学》第 3 卷第 10 期；《汉字索引制说明》，载 1918 年北京《新青年》第 4 卷第 2 期。嗣后在《歌谣》《国立北京大学国学季刊》《晨报副镌》《京报副刊》《现代评论》《猛进》《语丝》《论语》等报刊发表论文《论士气与思想界之关系》《赵元罗马字改良刍议》、随笔《语丝的体裁》《最早提倡幽默的两篇文章》《谈理想教育》、译诗《海呐除夕歌》、诗《戏论伯拉多式的恋爱》《一个驴夫的故事》等亦署。②东君，见于杂文《小杂感（三则）》，载 1922 年 6 月

17 日《晨报副镌》。③林语堂，见于杂文《论土气与思想界之关系》，载 1924 年《语丝》周刊第 3 期。嗣后在《歌谣》《猛进》《莽原》《东方杂志》《北新》《贡献》《中学生》《读书月刊》《申报·自由谈》《春潮》《论语》《人间世》《申报月刊》《清华周刊》《国立中央研究院历史语言研究所集刊》《十日谈》《图书评论》《民众教育季刊》《社会月报》《新语林》《文化建设》《文饭小品》《宇宙风》《宇宙风乙刊》《逸经》《黄河》《天下文章》《风雨谈》《文史春秋》《新文学》《文艺春秋》《出版周刊》《周报》《文摘》《上海人》《半月文摘》《抗战半月刊》《月报》《杂志》《国际周报》《海潮音》《天地间》《世界杰作精华》《中国公论》《长风》《西风》《西风副刊》《广播周报》《华侨评论》《文化导报》《太平洋杂志》《世界与中国》《文化先锋》《文摘周报》《艺风》等报刊发表著译作品，出版散文集《剪拂集》（上海北新书局，1928 年）、《大荒集》（上海生活书店，1934 年）、《我的话·披荆集》（上海时代图书公司，1936 年）、《子见南子及英文小品文集》（上海商务印书馆，1936 年）、《生活的艺术》（上海世界文化出版社，1940 年）、《语堂随笔》（上海人间书屋，1941 年）、《偶语集》（上海朔风书店，1941 年），长篇小说《瞬息京华》（中文译本，英文原作。白林译。东风书店，1940 年）、《京华烟云》（中文译本，英文原作。郑陀、应元杰译。上海春秋出版社，1940 年 6 月至 1941 年）、《远景》（中文译本，英文原作。宋碧云译。台北远景出版社，1975 年）、《唐人街》（中文译本，英文原作。宋碧云译。台北远景出版社，1976 年）、《朱门》（中文译本，英文原作。宋碧云译。台北远景出版社，1976 年），翻译戏剧《卖花女》（爱尔兰萧伯纳原作。上海开明书店，1931 年），论著《语言学论丛》（上海开明书店，1933 年）、《中国新闻舆论史》（上海别发洋行，1936 年）等亦署。④语堂，见于随笔《话》，载 1925 年 6 月 8 日《语丝》周刊第 30 期。嗣后在上海《北新》《奔流》《春潮》《朝花》《论语》《申报·自由谈》《文学》《人间世》《宇宙风》《宇宙风乙刊》等报刊发表随笔《论骂人之难》《翦拂集序》《关于子见南子的话》、剧作《子见南子》、译文《批评家的要德》、译诗《冲淡胸怀》（匈牙利裴多菲原作）等文亦署。⑤Yutang，见于漫画《鲁迅先生打小叭儿狗插图》，载 1926 年 1 月 23 日《京报副刊》第 393 号。⑥Lin Yutang，见于"Some Results of Chinese Monosyllabism"（《汉字单音的某些结果》），载 1928 年 11 月 15 日英文《中国评论报》。⑦宰予，见于杂文《弥罗妙文》，载 1932 年上海《论语》半月刊第 1 期。嗣后在该刊发表《拟某名流为李顿报告发表谈话意见》《西洋幽默》等文亦署。⑧语，见于杂文《有驴无人骑》，载 1932 年《论语》第 1 期。嗣后在该刊发表《祝寿》《白克夫人之伟大》等文亦署。⑨岂青，见于散文《宜城种树记》，载 1934 年《论语》第 39 期。⑩青、岂、驴、毛驴、或堂、宰我、林玉霖、萨天师、有不为斋，署用情况未详。

林元（1916－1988），广东信宜人。原名林抢元，字叔逊。笔名：①林抢元，见于通讯《节约运动在广雅》，载 1938 年广州《救亡日报》。②林元，见于小说《王孙》，载 1942 年 11 月昆明《文聚》杂志创刊号。嗣后出版散文集《碎布集》（文化艺术出版社，1991 年）等亦署。

林越峰（1909－?），台湾台中人。原名林海成。笔名林越峰，1934 年在台北《台湾文艺》发表《到城市去》《好年光》《红萝卜》等小说署用。嗣后在《第一线》《台湾新文学》发表短篇小说《月下情话》、中篇小说《最后的喊声》《油瓶的妈妈》、童话《雷》、民间故事《葫芦墩》，出版中篇小说《最后的喊声》（中文听阁图书公司）亦署。

林樾（1924－1948），福建霞浦人，字竹秋。笔名：①林樾，初见于《动摇和追》《广东求雨风俗与歌谣》，载 1929 年《文学周报》第 8 卷第 351－375 期。1932 年在《朝晖》第 1 卷第 3 期发表《压迫》，1933 年在《东方文艺》第 1 卷第 5、6 合刊发表《〈子夜〉》，1937 年在《青年界》第 12 卷第 1 期发表《小官日记》，1943 年起在《前线日报》画刊和《处州日报》发表木刻作品，又在福州《星闽日报·星瀚》连载与牛凡陀（程力夫）合作的诗画配《浮世相》、在《大公报·文艺》《中国作家》等报刊发表作品亦署。②中虚，署用情况未详。

林耘（1922－1992），浙江富阳人。原名吴士源。曾用名史工。笔名林耘，见于诗《大上海之夜》《妈妈的富春江》，载 1946 年 5、6 月间上海《联合晚报》副刊；诗《呵，哈尔滨》，载 1947 年哈尔滨《东北文艺》第 1 卷第 2 期。嗣后在《知识》《翻身乐》《友谊》《诗号角》及《东北日报》等报刊发作品，出版翻译剧作《达尼亚》（苏联阿尔布卓夫原作。作家出版社，1954 年）、《非这样生活不可》（苏联索弗洛诺夫原作。作家出版社，1954 年）、《青年近卫军》（苏联法捷耶夫原作。作家出版社，1956 年）、《永恒的源泉》（苏联佐林原作。中国戏剧出版社，1959 年）等译作亦署。

林宰平（1878－1961），福建福州人。原名林志钧，字宰平，号北云、北堂。笔名：①林宰平，见于评论《读丁在君先生的〈玄学与科学〉》，载 1923 年上海《民铎杂志》第 4 卷第 3 期。嗣后在《时事新报·学灯》《晨报副镌》《文哲月刊》《浙江图书馆馆刊》等报刊发表评论《自我与环境》《学术思想与民族性》、随笔《对于沪案一个提议》《饮冰室合集序》等文亦署；1952 年线装铅印诗文集《北云集》亦署。②唯刚，见于评论《俄蒙交涉始末》，载 1912 年 12 月 1 日天津《庸言》第 1 期；随笔《大学与学生》，载 1925 年 5 月 3 日北京《晨报副镌》；随笔《小题大做》，载 1924 年 12 月《晨报六周年纪念增刊》。

林贞羊（1913－?），福建东山人。原名林贞祥。笔名：①贞羊，见于笔记《艾迪博士演讲》，载 1931 年厦门《集美周刊》第 10 卷第 13 期。1932 年在该刊第 11 卷第 12 期发表散文《集美岸上的十九路军》亦署。

②林贞羊，出版散文集《三十载课余述作》（台南复文书局，1977 年）、《满足与遗憾》（台北道声出版社，1983 年）、《寸心尺素书》（台北道声出版社，1986 年）、《也是一种爱》（台北道声出版社，1990 年）等署用。③平心，署用情况未详。

林振述（1912—1996），福建永春人。笔名：①林振述，见于随笔《读了〈爱的教育〉以后》，载 1929 年上海《开明》第 1 卷第 8 期。②林蒲，见于诗《无题》，载 1937 年上海《新诗》第 2 卷第 3、4 期合刊；《马场坪》，载 1941 年 11 月 21 日、24 日桂林《大公报·文艺》。嗣后在《今日评论》《长风文艺》《自由中国》《现代文学》《文讯月刊》《文学杂志》等刊发表散文《寻梦——还乡杂记之一》《滨湖的城乡》《卖油郎及其他》、小说《渔夫李矮子》《官爷爷》《木鹤宴》等文，出版中篇小说《苦旱》（上海文化生活出版社，1949 年）、短篇小说集《二戆子》（重庆烽火社）等亦署。③艾山，20 世纪 50 年代出版诗集《暗香集》《埋沙集》，1994 年澳门国际名家出版社出版诗集《艾山诗选》署用。

林振新，生卒年及籍贯不详。笔名南雄，1932 年以后在福建莆田《莱特》半月刊发表文章署用。

林之夏（1878—1947），福建福州人，字凉笙、亮生、凉生，号秋叶；自号黄须。曾用名刘躬，字伯行。笔名：①秋叶，1909 年在《南洋兵事杂志》发表文章署用。②复生、黄须、GR 生，署用情况未详。

林植夫（1891—1965），福建福州人。笔名：①林植夫，见于长篇小说《呼兰源》，1932 年 9 月在上海《时事月报》第 7 卷第 3 期起连载；译文《敌军书信》《寄前方》等，载 1939 年 8 月桂林《救亡日报·文化岗位》。嗣后在《广东党务》《新声》《中华周报》《半月文摘》《抗战半月刊》《光明报》《学艺》《新新新闻每周增刊》《导报增刊》等报刊发表《马克思学说之批评》《剿赤管见》《论哲学偷学的阶级性》等文，出版译作《资本主义经济学之史的发展》（日本河上肇原作。上海商务印书馆，1928 年）、散文《敌军士兵日记》（重庆新知书店，1940 年）、论著《孔孟之道》（1948 年）等亦署。②植夫，见于译作《敌军眼中的我们游击队》，载 1939 年 8 月 11 日桂林《救亡日报·文化岗位》。③阿宇，见于杂文《谈闽东抢米》，载 1946 年福州《建言》周刊第 6 期。④老马，20 世纪 40 年代发表杂文曾署此名。按：林植夫曾在《孤军》《醒狮》《创造》等刊发表大量小说和杂文，署用情况不详。

林植梁，生卒年及籍贯不详。笔名：①植梁，见于故事《转变——军中小故事》，载 1940 年 11 月 13 日桂林《救亡日报·文化岗位》。②林植梁，见于游记《湘桂车上》，载 1940 年 3 月 1 日桂林《救亡日报·文化岗位》；讲演《军训在政干班——广西行政地方干训团平桂区训练班军训工作报告》，载 1941 年 4 月 30 日桂林《广西兵训通讯》第 4 期。

林芷茵（1921—2013），广东潮阳人，生于上海。笔名：①芷茵，见于独幕剧《米》，载 1939 年上海《戏剧杂志》第 3 卷第 1 期；小说《万同文》，载 1939 年上海《文艺》第 3 卷第 3—4 期合刊；小说《十九岁》，载 1945 年在永安《改进》第 11 卷第 1—2 期合刊。②夏阳，1940 年秋开始在浙江《东南日报·笔垒》《浙江日报》《浙江妇女》等发表散文署用。③林沙，1946 年在上海《大公报》《文汇报》《东南日报》发表散文、杂文署用。间或署用芷茵、夏阳。④林芷茵，1949 年后出版散文集《一个人的世界》（宁波出版社，1997 年）、《离去的日子》（宁波出版社，2001 年），儿童小说《成长》（与白小文合作。广东人民出版社，1958 年）、《一只黑手印》（与白小文合作。浙江人民出版社，1982 年）等署用。⑤林明，署用情况未详。

林志成（1915—？），浙江武康人，字竞先。曾用名林志存。笔名：①林岚，1938 年在浙西《民族日报》发表散文《危楼地》、通讯《小林区之七——记日本战俘》《莫干山被轰炸了》、歌词《插秧歌》、诗《我们是黄帝的子孙》等作品署用。1940 年起在杭州编印《布谷》《大陆风》两刊，1945 年后在杭州《东南日报》《当代日报》、上海《大公报》《新民报晚刊》投稿亦署。②林志成，20 世纪 50 年代起改用此名，发表作品多署。

林稚生（1892—1954），新加坡人，原籍中国广东文昌（今海南省）。原名林克谐，字稚生。笔名：①克谐，见于评论《中国文化与欧西之比较》，载 1919 年 2 月 25 日新加坡《叻报》。②林克谐，见于随笔《现有男女日校亟宜附设星期义学及夜义学》，载 1919 年 11 月 22 日至 24 日新加坡《叻报》。③稚生，见于随笔《这是我的随感录》，载 1920 年 2 月 6 日新加坡《叻报》。嗣后在该报发表《赞成铸建冯国璋的祠像》亦署。

林柷（zhù）**敬**（1915—1975），广东潮阳人。曾用名林怡昌。笔名：①敬，见于《束缚》，载 1934 年 3 月 29 日上海《申报·自由谈》；随笔《国运的预卜》，载 1938 年 3 月 29 日上海《文汇报·世纪风》。②柷敬，见于散文《旅人》，载 1934 年 9 月 28 日上海《申报·自由谈》；《黄河悲歌》，载 1938 年 6 月 17 日上海《文汇报·世纪风》。嗣后在《文汇报》《大晚报》《万象》《微言》《文艺半月刊》《上海评论》《文艺世界》《文学集林》《小说月报》《正言文艺月刊》《宇宙风乙刊》《中艺》《新中华》《茶话》《文艺春秋》等报刊发表散文《风下随笔》《仙人掌的梦》《山水画》、小说《阴打拉》《辣的信》《第十三封信》、独幕剧《梁庄之捷》、译文《论家常风格》、翻译小说《威尼斯情人》等文亦署。③林柷敬，见于译诗《浮雕》（英国史文朋原作），载 1935 年杭州《艺风》第 3 卷第 3 期；论文《文化的领域》，载 1937 年上海《学艺》第 16 卷第 2 期。嗣后在《东方杂志》《南风》《小说月报》《南洋研究》《春秋》《青年界》《文艺春秋》《第二代丛刊》《大众》等报刊发表小说《我是一个胎儿》《亲爱的》《倭剑》、散文《告别》《独身者及其日记》、译诗《十四行》（法国波德莱尔原作）、评论《比较文字学浅识》《近代文学的两个流派》等文，出版论著《苏联文学的进程》（上海开明书店，1939年），编译《语言学史》（上海世界书局，1943年）等亦署。④品品，见于随笔《波特莱尔与孤岛》，载1939年上海《文艺》第3卷第3—4期合刊；随笔《哲人其萎》，载1944年《万象》第4卷第1期。嗣后在上海《小说月报》《上海评论》《幸福世界》《茶话》《中美周报》等刊发表译诗《波特莱尔诗抄》、翻译小说《孩子车》、散文《西湖笔记》《丽龙笔记》《美的诗句》等文亦署。⑤夏婴，见于翻译小说《薨后》（英国玛丽·柯勒律治原作），载1941年上海《小说月报》第11期；翻译论著《论戏剧原理》（英国 J. 德莱顿原作），载1946年上海《新中华》复刊第4卷第9期。⑥羽史、劳琳、莱蒂、林常绿，上海"孤岛"时期在报刊发表文章署用。⑦夏九鼎，见于随笔《〈山海经〉今批》，载1942年上海《小说月报》第22—24期。⑧若蓄，见于随笔《谈文化病》《季节之感》，分别载1943年上海《杂志》第10卷第6期、第12卷第5期。⑨望鼎，见于随笔《"新文艺腔"医治法》，载1943年上海《杂志》第11卷第2期。⑩林婴，见于通讯《台山游简》，载1945年上海《文艺春秋丛刊》之五《黎明》。⑪江南柳，见于随笔《俳句与散文》，载1947年上海《茶话》第8期。嗣后在该刊发表随笔《N年之后》《初夏散笔》《粪溺文章》等文亦署。⑫林绿，见于散文《操琴者》，载1948年上海《茶话》第30期。

林子惠，生卒年及籍贯不详。笔名林子惠、子惠，1929—1944年在台北《新高新报》《台湾日日新报》《南瀛新报》《昭和新报》《风月报》《台湾艺术》《南方》《兴南新闻》等报刊发表《圆山路上口占》《全台林姓祖庙题壁》等旧体诗署用。

林子桢（？—1941），台湾诗人。笔名子桢、林子桢，1925—1940年在台北《台湾日日新报》《昭和新报》《风月报》等报刊发表《大观书社雅集》《祝澄秋先生七秩荣寿》等旧体诗署用。

林缵（1887—1957），福建同安人，生于台湾台北市，字述三，号怪痴、怪星、蓬瀛一逸夫、唐山客。笔名怪星、述三、林述三，1915—1944年在台北《新高新报》《台湾日日新报》《南瀛新报》《昭和新报》《风月报》《台湾艺术》《南方》《兴南新闻》等报刊发表《祝蔡璇君之新婚》《敬步湘元叔元韵》等旧体诗署用。

【ling】

灵箫生（1906—1963），香港人。原名卫春秋。笔名灵箫生，1933年前后起在香港、广州《大光报》《春秋》《国华报》《灵箫》等报刊发表小说和出版小说《海角红楼》署用。

玲君（1915—1987），天津人。原名白汝瑗。笔名玲君，见于诗《禁脔》《乐音的感谢》等，载1934年上海《现代》第5卷第1期；诗《山居》，载1935年上海《现代诗风》第1册。嗣后在《女子月刊》《文饭小品》《新诗》《新蜀报·文种》《六艺》《文艺战线》《文史春秋》《燕大周刊》《好文章》等刊发表诗作，出版诗集《绿》（上海新诗社，1937年）亦署。

凌丁（1912—2000），四川江津（今重庆市）人。原名凌文思。曾用名孙滨。笔名：①凌静，见于小说《潇湘涟漪》，载1935年河北定县《文真》月刊。②凌丁、凌离、德侠、勋远、凌文思，1938年前在宜昌、重庆报刊发表作品署用。③孙滨，见于诗《起来》，载1941年1月7日重庆《新华日报》；诗《白沟村》，载1947年《东北文艺》第1卷第2期。此前后在《北方文艺》《文艺战线》《文学月报》《文群》《抗战文艺》《东北日报》《东北文艺》《东北画报》等报刊发表诗《寿》《为了人民铁路立了功呀》等，出版诗集《新世纪的呼声》（1948年）、《竞赛着的人们》（东北新华书店，1948年）、《一个年青女人的故事》（1948年）、《山川海洋集》（平明出版社，1951年）等亦署。

凌独见（1895—？），浙江衢州人。原名凌荣宝。曾用名凌独见。笔名凌独见，出版《新著国语文学史》（上海商务印书馆，1923年）署用。

凌景坚（1895—1951），江苏吴县（今苏州市）人，字昭懿、太昭、凯成，号莘安、莘子、莘塔人。笔名：①凌景坚，在《南社丛刻》发表诗文署用。②凌莘子，有《紫云楼诗》《惜秋花馆诗钞》诗集传世。

凌景埏（1904—1959），江苏吴县（今苏州市）人。原名凌敬言，字景埏，号玄黄。笔名凌景埏，见于《再生缘考》，载1932年《珊瑚》第1卷第1—2期；《珍珠塔各本异同考》，载1933年《珊瑚》第2卷第2期。嗣后在《燕京学报》《文史杂志》《青年界》《大晚报·通俗文学》等报刊发表随笔《治学贵自得》、评论《〈赤城缘〉》、论文《南戏与北剧之交化》《宋魏汉津乐与大晟府》等，出版《国故概要》（燕京大学国文学系，民国年间）、《撷芬室小诗》（苏州文新印书馆，1933年）、《董解元西厢记》（人民文学出版社，1962年）、《全清散曲》（齐鲁书社，1985年）等亦署。

凌琴如，生卒年及籍贯不详。笔名：①琴如，见于译作《金环》，载1934年上海《新中华》第2卷第7期。②凌琴如，见于《战时英国印象记》，载1941年《学生之友》第3卷第3期。

凌叔华（1900—1990），广东番禺（今广州市）人，生于北京。原名凌瑞棠。曾用名凌瑞唐。笔名：①瑞唐女士，见于随笔《读了纯阳性的讨论的感想》，载1923年8月15日北京《晨报副镌》。②瑞唐，见于小说《女儿身世太凄凉》，载1924年1月13日《晨报副镌》。嗣后在该刊发表散文《朝雾中的哈大门大街》亦署。③凌瑞唐，见于小说《资本家之圣诞》，载1924年3月23日《晨报副镌》。嗣后在《燕大周刊》发表译文《约书亚·瑞那尔支》等亦署。④瑞棠，见于随笔《我的理想及实现的泰戈尔先生》，载1924年5月12日

《晨报副镌》。嗣后在《晨报六周年增刊》发表小说《我哪件事对不起他？》亦署。⑤华，见于散文《解闷随记》，载 1924 年 7 月 5 日《晨报副镌》。⑥叔华女士，见于 1924 年 7 月《晨报副镌》目录索引中散文《解闷随记》作者之署名。⑦叔华，见于小说《酒后》，载 1925 年北京《现代评论》周刊第 1 卷第 5 期。嗣后在该刊及《小说月报》《新月》《晨报副镌》《文学集林》等刊发表小说等亦署。⑧淑华，见于小说《中秋晚》，载 1925 年 10 月 1 日《晨报副镌》。⑨凤，见于小说《茶会以后》，载 1925 年 10 月 9 日《晨报副镌》。⑩凌叔华，见于小说《太太》，载 1925 年 12 月《晨报七周年纪念增刊》。嗣后在《现代评论》《新月》《文艺月刊》《青年界》《北斗》《文学季刊》《文艺》《文季月刊》《文学杂志》《时与潮文艺》《风雨谈》《女青年月刊》《国闻周报》《文学时代》《大公报·文艺》《武汉日报·现代文艺》《中学生》《新民族》《月报》《妇女新运》《当代文艺》《天下周刊》等报刊发表文章，出版小说集《花之寺》（上海新月书店，1928 年）、《女人》（上海商务印书馆，1930 年）、《小哥儿俩》（上海良友图书印刷公司，1935 年）等亦署。⑪素心，见于小说《有这么一回事》，载 1926 年 5 月 3 日《晨报副镌》；随笔《读诗札记》，载 1934 年 12 月武汉大学《珞珈月刊》第 2 卷第 4 期"文艺专号"。⑫文川，见于小说《小英》，载 1926 年《现代评论》第 4 卷第 95 期。⑬凌淑华，见于小说《她们的他》，载 1928 年 6 月《现代评论三周年增刊》。⑭素华，见于中篇小说《中国儿女》，1942 年 9 月 15 日桂林《文学创作》创刊号开始连载。⑮Suhua，出版英文自传体小说《古韵》（英国霍加斯出版社，1953 年）署用。⑯凌叔棠，署用情况未详。

凌文远 （1916－2002），四川江津（今重庆市）人。

曾用名余方。笔名：①凌文远，20 世纪 30 年代发表诗作开始署用。1949 年后出版诗集《乡音》（重庆出版社，1983 年）、《为您举杯》（四川文艺出版社，1986 年）、《月是故乡明——凌文远诗词全集》（重庆出版社，2009 年）等亦署。②文舟、余方，署用情况未详。

凌霄，生卒年及籍贯不详，原名林心渤。笔名凌霄，

见于旧体诗《秋夜游半淞园》《兴犹未泯再咏前题》《忆太湖》，载 1928 年上海复旦大学中学部《复旦》第 2 期。嗣后在上海《中学生》《中学生文艺》发表小说《卖大饼的老人》等，出版长篇小说《荒唐世界》《一个奋斗青年的日记》，中篇小说《疯人日记》，译作《我的童年》（苏联高尔基原作）、《爱丽思漫游奇境记》（英国卡罗尔原作）、《少年维特之烦恼》（德国歌德原作）、《小妇人》（美国奥尔科特原作）等亦署。

凌孝隐 （1905－1957），江苏泰县（今泰州市）人。

原名凌卓，号孝隐。笔名：①孝隐，见于通讯《战时的巴黎》《英法前线素描》等，载 1940 年前后香港《大公报》。②凌孝隐，见于《一个从未被战争波及的欧洲公园》，载 1945 年《文艺先锋》第 7 卷第 5 期。

【liu】

刘皑 （1917－？），河南信阳人，字春阳。笔名：①

天明，见于诗《小诗》，载 1933 年 2 月 21 日开封《河南民报·风雨》第 2 卷第 7 期。②刘皑，见于诗《小诗》，载 1933 年 8 月 8 日开封《河南民报·风雨》第 3 卷第 1 期。嗣后在该刊第 8 卷第 6 期发表翻译散文诗《处世法》（俄国屠格涅夫原作）亦署。③镠铠，见于诗《一天的太阳》，载 1935 年 5 月 7 日开封《河南民报·风雨》第 9 卷第 9 期。嗣后在该刊发表散文《对我〈风雨〉三周年的话》《梦的回忆》、诗《高歌》《夜雨》亦署。

刘白羽 （1916－2005），山东潍坊人，生于河北省通

县（今北京市通州区）。原名刘玉赞。笔名：①刘白羽，见于随笔《拦车镇速写》，载 1935 年 8 月 11 日上海《申报·自由谈》；散文《北行散记》，载 1935 年上海《文饭小品》第 3 期。于此前后在《刁斗》《文季月刊》《文学》《作家》《文丛》《光明》《中流》《文艺月刊》《烽火》《七月》《自由中国》《文艺阵地》《抗战文艺》《文艺》《文艺突击》《文艺新潮》《文艺战线》《文学月报》《中国文化》《大众文艺》《文艺月报》《时代文艺》《谷雨》《文艺杂志》《大众知识》《青年文艺》《中原》《好文章》《文哨》《文艺春秋》《文联》《文艺复兴》《文坛月报》《人民文艺》《中原·文艺杂志·希望·文哨联合特刊》《全民周刊》《东北文化》《东北文艺》《东北日报》《十日文萃》《长城》《文学战线》《周报》《新文化》《文艺生活》《群众文艺》《小说月刊》《翻身乐》等报刊发表小说《没有春天的地方》《战斗着》《冻不硬的灵魂》，散文《白》《为祖国而战》《南满归来》，特写《民主是永生的》《在四平一间房子里》《勇敢的人》，评论《战争给了我们什么》等，出版报告文学集《游击中间》（广州上海杂志公司，1938 年）、《延安生活》（现实出版社，1946 年）、《环行东北》（上海新华日报社，1946 年）、《无敌三勇士》（东北新华书店，1948 年），小说散文集《幸福》（上海新群出版社，1946 年）、《龙烟村纪事》（上海中兴出版社，1949 年）、《历史的暴风雨》（上海杂志公司，1949 年）、《光明照耀着沈阳》（上海新华书店，1949 年），短篇小说集《草原上》（上海文化生活出版社，1937 年）、《蓝河上》（重庆文化生活出版社，1939 年）、《太阳》（重庆当今出版社，1943 年）、《金英》（重庆东方书社，1944 年）、《政治委员》（佳木斯东北书店，1948 年）、《战火纷飞》（北京新华书店，1949 年）、《红旗》（苏北新华书店，1949 年 8 月），中篇小说《成长》（台湾新创造出版社，1946 年），长篇小说《五台山下》（重庆生活书店，1939 年），1949 年后出版长篇小说《偷拳》《第二个太阳》，中篇小说《火光在前》，短篇小说集《早晨六点钟》《战斗的幸福》《刘白羽小说选》，通讯报告集《朝鲜在战火中前进》《为祖国而战》《刘白羽东北战场通讯选》，散文集《莫斯科访问记》《红玛瑙集》《红色的十月》《芳草集》《海天集》《刘白羽散文选》，通讯与散文集《对和平宣誓》，特写集《熊熊的火焰》，速写集《晨光集》，散文特写

集《早晨的太阳》《万炮震金门》，散文与小说集《踏着晨光前进的人们》，评论与散文集《文学杂记》，通讯与散文评论合集《火炬与太阳》，分镜头剧本《伟大的战斗》，传记《大海——记朱德同志》，论文集《白羽论诗稿》等亦署。②白羽，见于散文《落雪的晚上》，载1943年1月25日延安《解放日报》。同年4月在桂林《青年生活》发表散文《海的幻想》亦署。

刘半农（1891－1934），江苏江阴人。原名刘寿彭，字半农、半侬、伴侬、瓣侬，号曲庵。曾用名刘复、刘半侬。笔名：①半侬，见于小说《假发》，载1913年上海《小说月报》第4卷第4期。嗣后在《中华小说界》《时事新报·杂俎》《礼拜六》《小说海》《小说大观》《中华学生界》《小说画报》《时事新报·报余丛载》等刊撰文署用。②瓣秾，见于翻译小说《帐中说法》（英国道格拉斯·杰罗德原作），载1915年《中华小说界》第2卷第3—5期。③刘复半侬，见于传记《英国勋士柯南道尔先生小传》，载1916年5月上海中华书局版《福尔摩斯侦探案全集》；翻译小说《卖花女侠》（法国耶米曹拉原作），载1917年《小说大观》季刊第10—12集。④刘半侬，见于译诗《爱尔兰爱国诗人》，载1916年北京《新青年》第2卷第2期。嗣后在该刊及《小说月报》等刊发表著译诗文均署。出版翻译小说《欧陆纵横秘史》（上海中华书局，1915年）、《黑肩巾》（与天游合译。上海中华书局，1917年）、《猫探》（美国梅丽维勒原作。上海中华书局，1917年）、《帐中说法》（英国道格拉斯·杰罗德原作，上海中华书局，1918年），翻译笔记《乾隆英使觐见记》（英国马戛尔尼原作。上海中华书局，1917年）等亦署。⑤刘半农，见于诗《相隔一层纸》《题女儿小蕙周岁造像》，载1918年《新青年》第4卷第1期。嗣后在《歌谣》《语丝》《北新》《论语》《文学季刊》《人间世》《宇宙风》《现代学生》《京报副刊》《世界日报·教育界》等刊发表诗文均署。出版诗集《瓦釜集》（北京北新书局，1926年）《扬鞭集（上、中卷）》（北京北新书局，1926年）《初期白话诗稿》（北平星云堂书店，1933年），散文《半农杂文二集》（上海良友图书印刷公司，1935提5月），译作《茶花女》（法国小仲马原作。北京北新书局，1926年）、《国外民歌译（第一集）》（上海北新书局，1927年）、《法国短篇小说集（第一册）》（上海北新书局，1927年）等亦署。⑥寒星，见于儿歌《羊肉店》，载1919年7月《每周评论》第31号。嗣后在《新生活》《新潮》等刊发表文章亦署。⑦刘复，见于翻译小说《最后一叶》（美国欧·亨利原作），载1918年《太平洋月刊》第1卷第10期；寓言《虎与牡鹿与鳄鱼》，载1919年《新生活》第6期。于此前后在《北京大学日刊》《北京大学月刊》《晨报副镌》《新青年》《学艺杂志》《时事新报·学灯》《语丝》《文学周报》《小说月报》《诗》《歌谣》《莽原》《北新》《论语》《文学》《国学季刊》《北京大学研究所国学门周刊》《京报副刊》《世界日报副刊》《孔德月刊》《中法教育界》《清华学报》《北大学生》《北平晨报·教育界》《益世报·戏剧

与电影》《文学季刊》《国立中央研究院历史语言研究所集刊》等报刊发表著译诗文均署。出版论著《中国文法通论》（北京大学出版组，1919年）、《四声实验录》（上海群益书社，1924年）、《太平天国有趣文件十六种》（北京北新书局，1926年）、《中国文法讲话》（上海北新书局，1932年），散文《半农杂文（第一册）》（北平星云堂书店，1934年），译作《失业》（法国左拉原作，上海北新书局，1927年）、《比较语音学概要》（法国保尔·巴西原作。上海商务印书馆，1930年）等亦署。⑧刘拜农，见于诗《夜游法租界公园》，载1923年7月17日上海《民国日报·觉悟》；诗《出狱》，载1923年北京《新青年》季刊第2期；诗《欢迎友人出狱》，载1923年11月22日大连《泰东日报》。⑨拜农，见于诗《自由》，载1924年4月8日上海《民国日报·觉悟》。⑩含星，见于小说《未寄的一信》，载1925年《小说月报》第16卷第2期。嗣后在该刊发表小说《诱》《苦闷的灵魂》亦署。⑪半农，见于随笔《看井》，载1925年《语丝》第17期。嗣后在《猛进》《人间世》《论语》等刊发表杂文《不耻不仁为狗为鼠》等亦署。⑫范奴冬女士，见于诗《呜呼三月一十八——敬献于死于是日者之灵》，载1926年《语丝》周刊第72期增页。⑬伴农、伴侬、南航、海、L君，署用情况未详。

刘保罗（1907－1941），湖南长沙人。原名刘草，字脐生。曾用名刘源、刘况、刘奇声。笔名：①刘草，见于随笔《我希望于大众文艺的》，载1930年上海《大众文艺》第2卷第4期。嗣后在该刊发表《他们的办法》一文亦署。②保罗，见于随笔《"文艺大众化"问题之我见》，载1932年上海《文艺新闻》第54期；报告剧《夺回广武卫》，载1938年汉口《抗战戏剧》第2卷第4—5期合刊。1940年4月15—28日在桂林《救亡日报·文化岗位》连载剧作《采菱船》亦署。③叶秀夫，署用情况未详。

刘北汜（1917－1995），吉林延吉人。原名刘惠民。笔名：①刘犖旻，见于散文《沉默的行进》，载1938年8月1日香港《立报·言林》。嗣后在重庆《大公报·战线》、贵阳《大汉晚报》《贵州日报》、昆明《中央日报》等报刊发表文章，1942年在桂林《宇宙风》第115期发表通讯《一位反日而自杀的朝鲜友人》亦署。②王庸，见于通讯《记枣庄临城的人》，载1939年4月3—6日贵阳《大汉晚报·黔风》。③刘北汜，见于《灯火下》，载1939年12月贵阳《革命日报·革命军》；散文《夹道及其他》，载1942年桂林《宇宙风》第129期。此前后在《青年界》《抗战文艺》《中美周报》《文艺杂志》《文讯》《时与潮文艺》《中学生》《希望》《文艺春秋》《文艺丛刊》《少年读物》《文艺月刊》《文艺复兴》《文哨》《幸福世界》《小说月刊》《新华月报》等报刊发表小说《圈内》《饥饿的日子》《明天》、散文《希望的寻觅》《人底道路》《自清先生在昆明的一段日子》等作品，出版散文集《曙前》（上海文化生活出版社，1948年）、《人的道路》（上海文化工作社，1949年）、

《故宫沧桑》（紫禁城出版社，1989 年），小说集《山谷》（上海文化生活出版社，1946 年），中篇小说《云层》（上海中兴出版社，1948 年），诗集《荒原雨》（花城出版社，1984 年），通讯特写集《朝鲜在战斗中》（上海大公报社，1951 年）、《拿红旗的人》（上海文光书店，1953 年）等均署。④族怎，1940－1943 年在昆明《朝报》副刊发表散文《疏散小品》等署用。⑤董桑、徐角，1946 年 9 月至 1948 年在上海《大公报·大公园》发表文章署用。"董桑"一名 1949 年后偶署。⑥马荒，1949 年 5 月在上海《大公报》副刊发表诗歌曾署。⑦邓泛，见于诗《在纺织厂里》，载 1952 年上海《大公报·文艺周刊》。⑧于绍，见于《悼念白石老人》，载 1957 年 9 月 20 日北京《大公报·大公园》。⑨冯荒，见于散文《喜在心头》，载 1958 年以后《大公报·群众文艺》。1980 年后发表文章仍偶署。

刘秉虔（1927－？），四川重庆（今重庆市）人。原名刘鸿奎。笔名：①徐邨，见于小说《逝波》，载 1944 年重庆《突兀文艺》第 1 期。嗣后在该刊及重庆《民主》《新民报·呼吸》《国民公报·文学新叶》《大公报·大公园》《新民报·新民副刊》《抗战文艺》等报刊发表诗《暴风雨》《让人民自己》、小说《碧河上》等，出版小说集《纯真的爱》等亦署。②沙河，1947 年在重庆《新民报·呼吸》发表诗文署用。嗣后在重庆《国民公报·文学新叶》《新民报·新民副刊》《大公报·大公园》等发表文章亦署。

刘炳善（1927－2010），河南郑州人。笔名：①刘炳善，1949 年后发表作品、出版译作《英国散文选》（上海译文出版社，1985 年）、《圣女贞德》（爱尔兰萧伯纳原作。上海译文出版社，1987 年）、《伊利亚随笔选》（英国兰姆原作。生活·读书·新知三联书店，1987 年）、《伦敦的叫卖声》（英国阿狄生等原作。生活·读书·新知三联书店，1997 年），专著《英国文学简史》（河南人民出版社，1993 年），小说散文集《异时异地集》（河南人民出版社，1994 年），随笔集《英国文学漫话》（河南大学出版社，1999 年）、《译事随笔》（中国电影出版社，2000 年）等均署。②刘之楚、李而文，署用情况未详。按：刘炳善 1944 年即开始在报刊发表作品，署名未详。

刘波泳（1922－2000），陕西渭南人。原名刘宝荣。笔名：①刘宝荣，见于小说《水萝卜的纠纷》，载 1946 年太行《文艺杂志》第 1 卷第 5 期。嗣后在该刊发表小说《误会》、诗《礼》，1948 年在《群众·香港版》第 2 卷第 30 期发表小说《水萝卜的纠纷》，出版小说集《误会》（与吕梁、郑笃等合集。华北新华书店，1947 年）等均署。②杨凡、杨淳、秦川、秦渭崇，1957 年前在《新民报》《人民日报》《文艺报》等报刊发表诗、小说、散文等署用。"杨凡"一名，出版随笔集《扫帚集》（北京出版社，1957 年）亦署。③刘波泳，出版长篇小说《秦川儿女》（人民文学出版社，1979 年）署用。

刘沧浪（1919－2002），四川泸县人。笔名：①刘沧浪，见于《问》，载 1943 年 1 月 3 日成都《华西晚报·文艺》。1947 年在上海《人物杂志》发表人物记《一个老实人——女明星秦怡》《李恩琪不是"娜拉"》《主演〈马路天使〉的赵慧深》，1949 年后创作、出版剧本《红旗歌》（与鲁煤等合作）、《母亲的心》（与人合作）、《钢花怒放》（与吕长水合作）、《把心交给党》《高等垃圾》《新鲜事》《思想问题》（与人合作）、《红岩》《重庆谈判》（与人合作）等均署。②沧浪，见于杂文《"山珍海味"与"白米饭"》，载 1943 年重庆《戏剧月报》第 1 卷第 1 期。③方演，见于诗《雾》，载 1947 年重庆《天下文章》第 2 期。嗣后在该刊发表评论《论〈法西斯细菌〉的演员们怎样创造人物》《试论〈石达开〉》《论〈家〉的演技》，1947 年在上海《文萃丛刊》发表诗《米呵，你在那里？》、歌词《滚你妈的万元钞》等亦署。④文张飞，1945 年春在成都《星期快报》"周末闲话"、《自由画报》"自由放谈"、《戏剧新闻》"幕边闲话"专栏发表杂文署用。1956 年在北京《工人日报·百花谭》"读报有感"专栏发表杂文亦署。⑤何哲、何不恭、邓慕虹、希特里尼，1946 年在重庆《民主报·呐喊》"不自由谈"专栏发表杂文署用。

刘操南（1917－1998），江苏无锡人，字冰弦，号肇薰。笔名：①刘冰弦，见于论文《中国代数名著〈益古演段〉评介》，载 1943 年 10 月 30 日重庆《东方杂志》第 39 卷第 16 期。1944 年 1 月在该刊第 40 卷第 2 期发表论文《贾宝玉的烦恼》亦署。②刘操南，见于随笔《中国文学系概况》，载 1941 年浙江大学《浙大学生》复刊第 1 期；论文《说太阴盈亏》，载 1943 年重庆《东方杂志》第 39 卷第 8 期。嗣后在该刊及《真理杂志》《中学月刊》等刊发表《公孙龙子之白马论》《屈原生年说》《说天地》《太阳月亮怎样排列的》《月亮为什么圆了又缺》等文，出版古文编注《古代游记选注》（上海古籍出版社，1982 年），论著《史记春秋十二诸侯史事辑证》（天津古籍出版社，1992 年）、《历算求索》（浙江大学出版社，2000 年）、《诗经探索》（浙江大学出版社，2003 年），弹词集《红楼梦弹词开篇集》（学苑出版社，2003 年），章回小说《武松演义》（浙江人民出版社，1980 年）、《水泊梁山》（浙江文艺出版社，1999 年），诗词集《揖曹轩诗词》（西泠印社，2002 年）等均署。

刘昌博（1925－？），四川大足人，字苍波。笔名：①刘昌博，见于《公教青年与世界和平》，载 1947 年南京《益世周刊》第 28 卷第 25 期。1949 年后在台湾出版论著《中国儿歌的研究》（二友出版社，1953 年），散文集《语妙天下》（二友出版社，1954 年）、《拉丁美洲新貌》（香港新闻天地杂志社，1975 年）、《拉丁美洲风情》（台北展望杂志社，1975 年）、《美国边城散记》（台北黎明文化事业股份有限公司，1976 年）、《马来风情》（台北时报文化出版事业有限公司，1977 年）、《拉丁美洲见闻》（台北中外图书公司，1979 年）、《台湾搜神记》（台北黎明文化事业股份有限公司，1981 年）、《浮游记》（台北川康渝文物馆，1983 年）、《沧桑记》

（台北川康渝文物馆，1984 年）等均署。②莫珍莉、莫珍妮，署用情况未详。

刘超武，生卒年不详，广东中山人，字汉声，号甦庵、甦盦。笔名刘超武，在《南社丛刻》发表诗文署用。

刘成禺（1876－1953），湖北武昌（今武汉市）人，生于广东番禺（今广州）。原名刘问尧。字禺生。曾用名刘麟生。笔名：①壮夫，1903 年在日本东京《浙江潮》第 5 期、第 7 期发表论文《地人学》署用。嗣后发表评论《中国是否能适用甘地主义》（载 1932 年《民声周报》第 16 期）亦署。②汉公，出版《太平天国史》（日本东京祖国杂志社，1904 年）署用。③刘成禺，见于旧体诗《洪宪纪事诗》，载 1918 年上海《戊午杂志》第 1 期；《洪宪纪事诗本事注》，载 1936 年、1937 年上海《逸经》第 5—34 期。嗣后在《民族诗坛》《国史馆馆刊》《子曰丛刊》等刊发表《忆江南词》《寿马相老百岁诗》《金陵今咏本事注》等诗文，出版《洪宪纪事诗》（1919 年）、《广州杂咏》（1934 年）、《世载堂诗》（京华印书馆，1945 年）等均署。④刘禺生，见于随笔《章太炎先生在莒录》，载 1936 年苏州《制言半月刊》第 25 期"太炎先生纪念专号"；旧体诗《溪楼大雨将至效胡墙东体》，载 1938 年重庆《民族诗坛》第 5 辑。⑤问尧、刘汉，署用情况未详。

刘诚，生卒年不详，湖南人。笔名：①流浪，见于中篇小说《两幅画》《一条绳》，连载于 20 世纪 30 年代其主编之武汉《华中日报·鸵鸟》。②老汉、秦汉，20 世纪 30 年代在武汉报刊发表文章署用。

刘迟（1913－2004），辽宁铁岭人。原名刘玉璋。笔名：①刘郎，见于翻译小说《书》（苏联高尔基原作），载 1937 年 3 月抚顺《明明》创刊号。嗣后在该刊发表译作《建议》（俄国契诃夫原作）、散文《风雨和故乡》等亦署。同时期在长春《大同报》发表翻译三篇契诃夫短篇小说署用。②疑迟，见于小说《雁南飞》，载 1937 年 7 月抚顺《明明》第 1 卷第 5 期。又见于中篇小说《雪岭之祭》，载 1942 年《学艺》第 2 辑。于此前后在《明明》《新青年》《艺文志》《大同报》等东北报刊发表小说署用。出版小说集《花月集》（抚顺月刊"满洲"社，1938 年）、《风雪集》（长春益智书店，1941 年）、长篇小说《同心结》（长春艺文书房，1943 年）等著作均署。③夷驰，见于小说《黄昏后》，载 1938 年《明明》第 3 卷第 4 期。嗣后在该刊第 3 卷第 6 期发表小说《浪涛沙》，在长春《艺文志》第 1 辑发表短篇小说《祈祷》，在长春《大同报》副刊连载长篇小说《同心结》，在沈阳《新青年》等报刊发表小说均署。④迟疑，见于散文《拜阔夫先生会见记》，载 1940 年《读书人连丛》第 1 本《读书人》。又见于小说《署》《凯歌》第 1 部），载 1944 年 7 月长春《艺文志》第 1 卷第 9 期。嗣后在《艺文志》第 1 卷第 11 期发表《凯歌》、在第 3 期发表《明》亦署。⑤刘迟，1945 年后翻译苏联影片《秘密使节》《钦差大臣》《政府委员》《乡村医生》《伊万雷帝》，20 世纪 50—60 年代在《吉林日报》

《长春日报》《长春》等报刊发表文章，出版长篇小说《新民胡同》（时代文艺出版社，2001 年）等署用。

刘川（1926－？），四川新繁（今成都市）人。原名刘家璠。笔名：①刘树强，1945－1947 年在重庆《民主报》等报发表剧评署用。②黎弘，1947 年在上海报刊发表小说《秋雨》《曾德生》署用。1949 年后至 1957 年发表剧评等亦署。③刘川，1949 年后出版话剧《我要做人民的好儿子》（与周特生、杨履方合作。新华书店苏南分店，1951 年）、《青春之歌》（中国戏剧出版社，1958 年），电影文学剧本《第二个春天》（人民文学出版社，1976 年）等均署。④杜若，署用情况未详。

刘春（1912－2002），江西吉水（今吉安市）人。曾用名刘伯文。笔名：①刘火，1936－1937 年在《忘川》《联合文学》《大众文艺》等杂志发表文章署用。②李林，1937 年在《联合文学》第 1 卷第 2 期发表报告文学《古城一夜》署用。③柳丹，见于论文《现阶段中国文学必然之倾向》，载 1936 年北平《忘川》第 1 期。④刘春，出版《回回民族问题》（延安解放社，1941 年）、《蒙古民族问题》（张家口内蒙古出版社，1946 年）、《刘春民族问题文集续集》（民族出版社，2000 年）等均署。按：刘春 1936—1937 年在《大学文艺》发表小说《过澄江桥就是桥头》《女儿》，署名情况未详。

刘大白（1880－1932），浙江会稽（今绍兴市）人。原名金庆棪，字伯贞、伯桢。后改名刘靖裔，字清斋、大白，号白屋、白屋诗人。笔名：①伯贞，见于诗《春意》《自遣》等（1896 年作），载 1935 年 4 月开明书店版《白屋遗诗·弴云剩稿》。又见于诗《新相思》，载 1928 年 5 月上海开明书店版《旧体诗新话》。②寻常百姓，见于诗《过金陵》（1910 年作），载 1935 年 4 月上海开明书店版《北屋遗诗·北征小草》。又见于诗《自题小影赠剑侠》《富士山》等，载 1935 年 4 月上海开明书店版《白屋遗诗·东瀛小草》。③刘靖裔，见于论文《我的学潮观》，载 1919 年《教育潮》第 1 卷第 2 期。④大旦，系"大白"一名之误排。见于诗《可怕的历史》，载 1919 年 10 月 10 日《星期评论纪念号》。⑤大白，见于诗《这沉吟，为甚？》，载 1920 年 6 月 7 日上海《民国日报·觉悟》。嗣后在该刊及《时事新报·学灯》《黎明》《晨报副镌》《责任》《复旦周刊》等报刊发表诗文亦署。⑥汉胄，见于随笔《旧体诗新话》，载 1920 年 10 月 11 日上海《民国日报·觉悟》。嗣后在该刊发表大量诗、随笔亦署。⑦灵情，见于诗《我愿》，载 1921 年 3 月 5 日上海《民国日报·平民周刊》第 41 号。又见于诗《泪泉之井》，载 1921 年 3 月 4 日《民国日报·觉悟》。⑧锦心女士，见于诗《石下的松实》，载 1921 年 8 月 3 日上海《民国日报·妇女评论》第 1 期。⑨刘大白，见于评论《邶风·静女篇的讨论》，载 1926 年《语丝》周刊第 74 期。于此前后在《小说月报》《文学周报》《一般》《黎明》《东方杂志》《国闻周报》等报刊发表诗文均署。出版诗集《旧梦》（上海商务印书馆，1924 年）、《邮吻》（上海开明书店，1926 年）、

《再造》（上海开明书店，1929 年）、《丁宁》（上海开明书店，1929 年）、《卖布谣》（上海开明书店，1929 年）、《秋之泪》（上海开明书店，1930 年），论著《旧体诗新话》（上海开明书店，1928 年）、《中国文学史》（上海大江书铺，1933 年），杂文集《白屋文话》（上海世界书局，1929 年）等亦署。⑩锦心女史，署用情况未详。

刘大海（1920－1995），辽宁沈阳人。笔名：①而已，见于小说《树绿的时候》，载 1941 年夏沈阳《新青年》月刊；中篇小说《浊流》，载 1942 年第 12 期－1943 年第 2 期长春《新满洲》。②田星，见于小说《黄河北岸的孩子》，载 1943 年夏西安《西北文化日报》；翻译小说《商人和农夫》（日本林芙美子原作），载 1942 年北平《东亚联盟》第 4 卷第 4－5 期合刊。③林十柴，见于小说《丢脸的重庆》，载 1946 年邯郸《北方杂志》第 1 卷第 3 期；小说《“七七”的礼物》，载 1946 年太行《文艺杂志》第 2 卷第 2 期。同时期在上述两刊及《华北文艺》《平原文艺》等刊发表小说《夫妻》、速写《枣》等亦署。④刘大海，见于中篇小说《战斗的边疆》，载 1951 年夏北京《说说唱唱》月刊。嗣后发表作品均署，出版小说集《战斗的边疆》（人民文学出版社，1954 年）、《月亮的眼睛》（漓江出版社，1988 年），长篇小说《黑色的土地》（春风文艺出版社，1982 年），传记《演唱艺术家郭兰英》（中国文联出版公司，1986 年）等亦署。

刘大杰（1904－1977），湖南岳阳人。笔名：①湘君，青年时代在武昌师大校刊发表短篇小说署用。②刘大杰，见于论文《鲍照之思想及其文艺》，载 1925 年 3 月 29 日北京《晨报副镌》；散文《贾宁的故事》，载 1925 年北京《语丝》周刊第 25 期。于此前后在《晨报副镌·艺林旬刊》《京报副镌》《东方杂志》《小说月报》《现代评论》《北新》《新月》《当代文艺》《文艺月刊》《现代文学》《青年界》《现代文学评论》《新时代》《文学》《论语》《长风月刊》《现代学生》《主张与批评》《时代公论》《华年》《一周间》《书报展望》《平论》《西书精华》《文坛》《文选》《文艺春秋》《人间世》《文饭小品》《宇宙风》《宇宙风乙刊》《文坛月报》《生命文学》《读书通讯》等报刊发表小说、散文、评论、译作等均署。出版小说集《黄鹤楼头》（武昌时中合作书社，1925 年）、《渺茫的西南风》（上海北新书局，1926 年）、《支那女儿》（上海北新书局，1928 年）、《昨日之花》（上海北新书局，1929 年）、《她病了》（上海青光书局，1933 年），小说戏剧集《盲诗人》（上海启智书局，1935 年），戏剧集《白蔷薇》（上海东南书店，1928 年），翻译戏剧集《恋爱病患者》（日本菊池宽原作。上海北新书局，1927 年），翻译小说《碧色的国》（英国吉辛等原作。上海启智书局，1929 年）、《高加索的囚人》（俄国托尔斯泰原作。上海中华书局，1930 年）、《一个不幸的女子》（俄国屠格涅夫原作。上海启智书局，1930 年）、《孩子的心》（英国伯内特夫人原作。上海北新书局，1930 年）、《两朋友》（俄国屠格涅夫原作。上海亚东图书馆，1930 年）、《迷途》（俄国托尔斯泰等原作。上海

中华书局，1931 年）、《苦恋》（奥地利施尼茨勒原作。上海中华书局，1932 年）、《狂人与死女》（瑞典拉格洛夫原作。上海中华书局，1934 年），长篇小说《三儿苦学记》（上海北新书局，1935 年）等亦署。③大杰，见于《郁达夫与〈迷羊〉》，载 1928 年上海《长夜》第 2 期；通信《〈麻雀〉与〈新生〉》，载 1929 年上海《长风月刊》第 3 期。同时期在上海《语丝》《北新》等刊发表文章亦署。④绿蕉，见于翻译小说《老人》（日本志贺直哉原作），载 1929 年上海《长风月刊》第 4 期。嗣后在该刊第 5 期发表翻译小说《文鸟》（日本夏目漱石原作）亦署。⑤雪容女士，见于诗《夜的赞歌》，载 1929 年上海《长风月刊》第 5 期。嗣后在该刊发表译作《爱尔兰短诗两首》（W. 阿林厄姆原作），出版剧本《死的胜利》（上海启智书局，1929 年）亦署。⑥夏绿蕉、修士、刘山，署用情况未详。

刘大为（1926－2004），河北唐山人。原名刘全忠。笔名刘大为，抗战时期创作歌词《朱总司令下命令》《我们的国旗到处飘扬》《五月的歌》、剧作《四个英雄的故事》《三百人和一条枪》（与管桦合作）等，1946 年在《东北日报》《晋察冀日报》发表通讯《反攻记》《突破》《火线上的爱情》等署用。1949 年后发表作品，出版散文集《山鹰》（百花文艺出版社，1960 年），报告文学集《年青的鹰》（东北人民出版社，1953 年）、《空中突击手》（中国少年儿童出版社，1957）、《高举红旗三十年》（中国青年出版社，1958 年），小说特写集《飞行跃进的人们》（北京出版社，1959 年）等均署。

刘丹华（1917－2010），辽宁西丰人。原名刘长青。笔名：①晓翔，见于诗《绿地消息》，载 1936 年春大连《泰东日报·群星》。同时期在该刊发表诗《落花》亦署。②森，见于诗《孩子》，载 1936 年 4 月 15 日大连《泰东日报·群星》。嗣后在该刊发表诗《绿色的记忆》《临别一杯酒》《五月的黄昏》、小说《幻梦》等亦署。③森丛，见于诗《春雨街头》，载 1936 年 4 月沈阳《新青年》杂志；诗《雨夜及其他》，载 1937 年 6 月 9 日《民声晚报·民众艺苑》。嗣后在《泰东日报·文艺周刊》《泰东日报·群星》《新民晚报·文学七日刊》《兴满文化月报》《大北新报·文艺》等报刊发表小说《灵魂的创痛》《张七爷》《太阳东升的时候》《幻梦》、诗《北国的夏》《寂寞的时间》《奇异的梦》《诗三首》《晨车》、散文《寂寞的花园》《信》等亦署。④沈青，见于诗《秋雪》，载 1936 年 10 月《泰东日报·群星》。⑤洗青，见于诗《春之河畔》，载 1937 年 4 月《泰东日报·文艺周刊》。嗣后在该刊发表诗《云影》亦署。⑥讴禹，见于诗《村娘》，载 1937 年 4 月大连《泰东日报·文艺周刊》。嗣后在该刊发表诗《把时间缩短》《黄昏》亦署。⑦戈剑双，见于散文诗《嫁娘的衣裳》，载 1937 年 7 月大连《泰东日报·文艺周刊》。嗣后在《民声晚报·民众艺苑》发表诗《雨夜》《醉》《村居》《画》等亦署。⑧夏丹，见于散文诗《狱中之书》，载 1945 年 9 月《嫩江日报》副刊。嗣后在该刊发表散文

《九一八的夜》《九一八的沉雷》亦署。⑨黎明晓、斌贝、疯颠狂，分别见于诗《我们起誓》《寄心语》《给火星》《何为》，载1945年11月《莽原》创刊号。⑩刘丹华，见于报告文学《新花木兰》，载1946年9月《嫩江日报》。嗣后在《辽宁日报》《老同志之友》《辽宁体育报》《丹东日报》等报刊发表诗文，出版散文集《春秋漫笔》(辽宁教育出版社，1993年)，诗集《旅痕心曲》(辽宁作家协会，1992年)，纪实文学《星火三部曲——东北青年爱国抗日革命的故事》(辽宁教育出版社，2000年)，译作《人鬼的角逐》(日本土屋芳雄原作。辽宁教育出版社，1995年)等均署。⑪丹羽，见于抗联故事《靰鞡汤最香》《我家住在兴安岭》，载1965年8—9月《辽宁日报》。⑫程志，见于随笔《小孩的屎》，载1965年秋《丹东日报》。

刘道南 (1911—1943)，马来西亚华侨，原籍江西永新。笔名：①流浪，1935—1936年在暹罗曼谷报刊发表小说署用。1936—1940年在马来亚槟城《光华日报·槟风》、新加坡《南洋商报》副刊《狮声》《南洋文艺》《今日文学》及《星洲日报·晨星》《星中日报·星火》等报刊发表小说、散文沿用。见于散文《悼鲁迅先生》，载1936年10月25日新加坡《星洲日报·星期刊》；《狮声月终例话》，载1937年7月31日《南洋商报·狮声》。②凡沱，在马来亚槟城及新加坡华文报刊发表文章署用。

刘得三 (1857—1938)，台湾台北人。原名刘育英，字得三。笔名刘得三，1917—1928年在台北《台湾日日新报》发表旧体诗《新年言志》《晴雪峰》等署用。嗣后印行《论说》《杂俎》等著作亦署。

刘德怀 (1926—？)，山西介休人。原名刘兆淮。笔名：①刘德怀，见于小说《抢粮》，载1950年上海《小说月刊》第4卷第2期。嗣后发表作品，出版小说集《夫妻关系》(工人出版社，1951年)、《侦察的故事》(少年儿童出版社，1958年)、《地头打赌》《春天里的故事》(山西人民出版社，1960年)、《大路宽又长》(山西人民出版社，1964年)，歌剧剧本《新条件》(与张蓬合作。山西人民出版社，1955年)等均署。②卯钊、时代，署用情况未详。按：刘德怀1944年起创作话剧《筐筐队》《小二黑结婚》、歌剧《郭宝参军》及小说等，署用情况未详。

刘冬雷 (1921—？)，湖南邵阳人。原名刘志纶，字清水。笔名：①清水，20世纪40年代在重庆《和平日报》发表文章署用。②冬雷，1946—1947年在重庆《新民报》《新民报晚刊》《大公报·半月文艺》等刊发表散文《岩石》《绝望的凝视》《晚步》、诗《写在第八届诗人节》等署用。③当代人，见于诗《那就不成问题了》，载1946—1947年间重庆《大公报》日刊。④罪人，见于组诗《刻意集》，载1947—1948年间重庆《大公报》副刊。⑤青青，见于小说《我的姐姐》，载1949年11月重庆《世界日报》。

刘芳松 (1910—1994)，山东蓬莱人。笔名：①风素，1930年前在《青岛日报》发表文章署用。1931年8月31日在上海《文艺新闻》发表评论《衰亡与幻迷，没落之歌的〈诗刊〉》亦署。②叶绿素，1930年前在青岛《青岛日报》等刊发表文章。③风斯，见于诗《太阳向我来》，载上海《北斗》月刊1931年第1卷第3期；诗《叫嚣的工厂》，载1932年上海《文学月报》第1卷第4期。抗战后期和1949年后发表作品偶用。④西蒙、刘西蒙，1933—1937年在青岛《青岛民报·避暑录话》、天津《益世报·文艺周》发表小说《那位旅伴》等作品署用。⑤刘风，见于长诗《叶贤宁割断了自己的动脉管》，载1936年北平《每月文艺》第1期。⑥夏葳，见于散文《收获》，载1936年7月27日天津《益世报·文艺周》。又见于散文《裁判》，载1939年9月上海生活书店版《中国的一日》(茅盾编)。⑦刘芳松，1949年后在《安徽文学》等报刊发表文章署用。

刘枋 (1919—2007)，山东济宁人，生于绥远归绥(今内蒙古呼和浩特)，长于北京。笔名：①刘枋，初中二年级时开始在学生自办刊物《星火》《萤火》发表小说《春寒》《王文姐之死》等署用。初三时在《华蒂》月刊发表小说，高中二年级时在济南《民国日报》发表小说《赤背》，1946年起在《西北日报》、南京《益世晚报·石头城》《京沪周报》等报刊发表文章，1949年后在台湾发表作品、出版散文集《千佛山之恋》(台北今日妇女社，1955年)、《烹调漫谈》(台北立志出版社，1965年)、《我及其他》(台北三民书局，1971年)、《故都故事》(台北黎明文化事业股份有限公司，1984年)，杂文集《假如我成了家》(台北立志出版社，1964年)、《吃的艺术》(台北大地出版社，1975年)、《吃的艺术续集》(台北大地出版社，1986年)、《假如我遇见他》(台北东吴出版社，1978年)，短篇小说集《逝水》(高雄大业书店，1955年)、《凶年》(台北文坛社，1961年)、《坦途》(台湾省政府新闻处，1968年)、《小蝴蝶和半袋面》(台北立志出版社，1969年)、《慧照大院的春天》(台湾商务印书馆，1974年)，中篇小说《逃婚以外》(台北文坛社，1975年)，长篇小说《谁斟苦酒》(台北时报出版事业有限公司，1975年)，广播剧《陋巷天使》(妇女写作协会，1969年)，电影剧本《六祖惠能大师传》(台北佛光出版社，1990年)，传记《大鼓生涯的回忆》(台北传记文学出版社，1969年)、《顾正秋的舞台生活回顾》(台北中国时报社，1970年)、《非花之花——当代作家列传》(台北采风出版社，1980年)，以及《刘枋自选集》(台北黎明文化事业股份有限公司，1975年)等均署。②刘姥姥、柳燕、刘翼鹏，1946年在南京《益世晚报·石头城》《京沪周报》等报刊发表作品署用。③邃邃，1949年在台湾《全民日报》副刊发表文章曾署。④狄获，出版散文集《狄获三书》(台北立志出版社，1966年)署用。⑤林霏霏、柳绿荫，署用情况未详。

刘凤锵 (1869—1917)，广东南海人，字耀岐，号西航、西杭。笔名西航，见于散文《一位忠实的伤兵》，载 1924 年《觉音》第 30－32 期合刊。

刘敷荣　生卒年及籍贯不详。笔名敷荣，见于随笔《雪龛道人〈五伦镜〉》，载 1941 年 3 月 22 日香港《星岛日报·俗文学》第 12 期。嗣后在该刊第 22 期发表随笔《〈聊斋志异〉与清传奇》亦署。

刘复彭（1909－1989），安徽肥东人。曾用名刘丹。笔名晓夫，见于评论《〈百灵〉第二期的批评》，载 1933 年安徽《百灵》杂志第 3 期。

刘谷风（1922－2007），江苏南通人。原名刘国芳，字谷风。曾用名张沛。笔名：①谷风，见于诗《沉默的碉堡》，载 1941 年《江海文化》创刊号。嗣后在如皋《文综》创刊号发表诗《反对内战》、在江苏《敌后文化》创刊号发表诗《火龙进行曲》等作品，1949 年后在上海《新民晚报》发表评论《和平防线上的英勇斗争》等均署。1949 年后，出版回忆录《东桥战斗》（江苏人民出版社，1956 年），在南通《紫琅》发表散文《怀念东平同志》《韬奋同志在南通》等亦署。②各方，见于书评《介绍〈茅山下〉》，载 1946 年如皋《文综》第 2 期。同年出版《红五月的故事》（如皋韬奋书店，1946 年）亦署。③足戒，1947 年 7 月在江苏《东台民报·劲草》发表杂感署用。④唐突，见于诗《一定为你报仇——悼孙平天先生》，载如皋南通惨案后援会编《南通惨案》。⑤南风，见于随笔《向娜斯嘉学习，老老实实为人民服务——〈拖拉机站站长和总农艺师〉读后》，载 1956 年 2 月 27 日《新华日报》。⑥史柱，担任南通市图书馆馆长、撰写有关图书馆学的论文署用。

刘光人（1922－2014），河北蠡县人。曾用名方明。1938 年开始发表作品，出版有《在历史的台阶上》《永远难忘刘仁同志》，参与编辑《冀中的血与火》《刘仁传》等。

刘光武（1919－？），云南通海人。笔名流光、庄周、刘光武，20 世纪 30 年代起在《云南日报·南风》等刊发表诗作署用。"刘光武"一名，出版诗集《燃烧之歌》（天津昆仑诗社，1995 年）亦署。

刘国钧　生卒年不详，湖南长沙人，字君曼。曾用名刘靖。笔名：①刘国钧、刘靖，在《南社丛刻》发表诗文署用。②丁流，见于随笔《世界最小国志》，载 1941 年《知识文摘》第 1 卷第 4 期。

刘国钟　生卒年不详，江西安福人。笔名蔚青，1947－1949 年在江西吉安编《前方日报》副刊时发表评论《过不了冬天底旅人》和诗歌等作品署用。

刘海尼（1905－2004），浙江温州人。笔名：①海尼，见于杂文《不算伤害》，载 1940 年 3 月 1 日重庆《新蜀报·蜀道》；随笔《漫谈文艺生活》，载 1942 年《农本副刊》第 4 期。嗣后在《农本副刊》发表随笔《文艺七七在敌国》，1947 年在上海《妇女》发表译文《托尔斯泰最后一年》（俄国馥埃奥克丽特沃原作），1948

年 5 月在上海《中国作家·文协十周年暨文艺节纪念特刊》发表《我们的话》，出版评论集《评〈艳阳天〉兼论作家的委屈》（与叶夫、丁果合集。文艺论丛社，1948 年）亦署。②刘海尼，见于散文《记白薇》，载 1946 年上海《月刊》第 2 卷第 2 期。③海妮，署用情况未详。

刘海粟（1896－1994），江苏常州人，祖籍安徽凤阳。原名刘槃，字季芳，号海粟。晚号海翁、静远老人。乳名刘九。化名罗赫。笔名：①刘海粟，1920 年在上海《创造》周报发表《米勒传》《塞尚传》署用。嗣后发表文章和画作、出版画集等多署。②刘九，署用情况未详。

刘含怀（1919－2008），福建闽清人。原名刘忠涵。笔名：①柳林，见于杂文《废邮余沈》，载 1937 年 4 月 20 日福州《福建民报·星期文艺》。②刘涵，见于杂文《由开展大众歌咏运动说起》，载 1938 年 9 月 18 日《福建民报·纸弹》。③离亭燕，见于《港》，载 1939 年 3 月《福建民报·小园林》。④刘含怀，见于散文《春的笑靥》，载 1936 年 3 月 5 日福州《南方日报·铁马》；诗《漂泊者——寄匆匆离去的山心》，载 1939 年 6 月《福建民报·纸弹》。嗣后至 20 世纪 40 年代末在《福建民报·小园林》《福建民报·星期文艺》《南方日报·南方公园》《南方日报·哨兵》《小民报·新村》《小民报·救亡文艺》《大成日报·高原》《东南日报·笔垒》《前线日报·战地》《星光日报》《平凡月刊》《文座月刊》《南风周刊》等福建各地报刊发表诗、散文、小品等作品，20 世纪 80 年代在福州《福建青年》《福建日报》《月老报》、马来西亚吉隆坡《马来西亚报》发表《"月老"的报告》《香港这地方》《遥寄"新福州"》《"清明"诗话》等文，出版《月老的报告》（福建人民出版社，1986 年）亦署。⑤柳寒晖，1939 年 7 月开始在《福建民报·纸弹》发表散文《夏之碎语》《"八·一三"的咆哮》等署用。⑥鲁阳戈，见于散文《失去了汕头》，载 1940 年 2 月福建《大成日报·高原》。嗣后在该刊发表诗《某地民工夜挖战壕》亦署。⑦一流，见于杂文《创造新的现实》，载 1940 年 4 月《大成日报·高原》。嗣后在该刊发表评论《杂谈战争文学》《〈铁流〉式作品的期待》、小说《山坡上》《死亡》等亦署。⑧白汀，见于散文《沦亡了，家乡！》，载 1941 年 4 月《大成日报·高原》。嗣后在该报发表散文《咫尺的唤召》《快乐与幸福的追求》、书评《日本的间谍》等亦署。⑨L、半邮，见于散文《我的两个世界——妻如此诉说》，载 1948 年福州《福建邮工》12 月号。

刘汉（1915－？），辽宁辽阳人。原名刘泰东。笔名刘汉，见于小说《早魃》，载 1940 年长春《斯民》杂志。嗣后在长春《国民画报》《新满洲》《学艺丛刊》《艺丛别辑》《青年文学》《麒麟》《大同报》及日本大阪《华文大阪每日》等报刊发表小说《野猪河的喜剧》《林则徐》《夜深沉》、杂文《诸相集》《也算文章》等，出版小说集《冰流》（长春五星书林社，1944 年）、杂文集《诸相集》（长春开明图书公司，1943 年）等均署。

刘汉铮，生卒年不详，辽宁辽阳人。笔名罕铮，20世纪40年代在大连《商工月刊》"文艺专号"等报刊发表散文署用。

刘和芳（1927－？），安徽安庆人。笔名：①H. F.，见于散文《敲钟老人的故事》，载1941年《皖报·云海》。②刘厉，见于散文《乡居》，载1944年《皖报·云海》。③河帆，见于诗《夜路》，载1945年《中国民报·民风》。④艾玲，见于诗《春到人间》，载1945年《星之海文艺》。⑤刘瘦柳，见于散文《瘦了的土地》，载1946年《安庆日报》副刊。⑥鲁男子，见于小说《永远发誓的人》，载1946年《安庆日报》副刊。⑦侯小方，见于散文《不寄的小札》，载1946年《安庆日报》副刊。⑧刘和芳，1949年后在《人民日报》《宁夏日报》《晋阳学刊》《鲁迅研究年刊》等报刊发表《鲁迅诗歌中的爱国主义》《鲁迅与插图艺术》《鲁迅与茅盾的战斗友谊》《喜读〈鲁迅诗稿〉》等文，出版《幼学童话百篇》（山西人民出版社，1983年）、文集《回眸——刘和芳诗文集》（宁夏人民出版社，2006年）等均署。

刘黑枷（1920－2001），辽宁沈阳人。原名刘志鸿。笔名：①刘黑枷，1940年开始署用。见于小说《奴化教育下》，载1942年福建永安《现代文艺》第6卷第1期；小说《人的旅途》，载1944年重庆《中原》第1卷第3期。嗣后在重庆《文学月刊》《大公报·战线》《时事新报·青光》《新华日报》、成都《华西晚报》副刊、四川太和《文学青年》、上海《希望》等报刊发表散文《在酒楼上》《母亲的行列》、小说《捉蛙始末》《挂黑牌的人家》等作品，1949年后出版散文集《雁来红》（中国文联出版公司，1987年）、《雨暴风狂时节》（沈阳出版社，1990年）、《刘黑枷散文选》（沈阳出版社，1993年）、《美文天地·刘黑枷卷》（春风文艺出版社，1994年）、《写在心中的书简》（春风文艺出版社，1997年）、《告别一个时代》（沈阳出版社，2001年），论著《报纸的风格和特色》（辽宁大学出版社，1989年）等均署。②刘黑家，见于散文《风筝和柳笛》，载1943年桂林《文学创作》第2卷第3期。③陆海嘉，出版散文集《母亲的行列》（新文艺出版社，1957年）、诗集《城市的赞歌》（辽宁人民出版社，1958年）署用。

刘蘅（1898－1998），福建长乐人，字蕙愔，号修明。笔名刘蘅，出版《蕙愔阁集》（福建逸仙艺苑，1983年）、《蕙愔阁诗词》（福建文史馆编，1993年8月）署用。

刘弘毅（1931－　），宁夏银川人。曾用名刘弘一。笔名晓波、广陵，1947年11月至1949年在宁夏《民国日报》发表散文《夜思》《你应该坚强起来》《端午怀古》、中篇小说《富强的人生》等署用。

刘泓，生卒年及籍贯不详。笔名老鼎，出版诗集《铃音集》（与方涛、人云、亦云合集。20世纪30年代在暹罗曼谷印行）署用。

刘洪河，生卒年及籍贯不详。笔名：①刘洪河，见于评论《在中国农村社会的崩溃期中文学上应有的表现》，载1932年4月23日绥远《民国日报·塞风》；译文《俄国文学史上第一个诗人罗莫诺索夫的生平》，载1936年绥远《塞北诗草》第4－6期。②洪河，见于诗《怒吼吧》，载1932年5月21日绥远《民国日报·塞风》）。

刘后一（1924－1997），湖南湘潭人。原名刘后贻。曾用名刘厚贻。笔名：①刘行，见于译诗《安尼巴·李》（美国爱伦·坡原作），载20世纪40年代湖南《中央日报》。②刘后贻、西方，20世纪30、40年代在湖南《中央日报》《湘潭日报》及湖南一师、湘潭一师校刊发表诗歌、散文和译作署用。"刘后贻"一名，出版译作亦署。③刘后一，1949年后发表科普作品，出版《"北京人"的故事》《算得快》《半坡人的故事》《"山顶洞人"的故事》《奇异的恐龙世界》等科普书籍及传记《发现中国猿人的人：裴文中》等均署。④湘江、进子、后羿、祥夫、刘博夫，1949年后在《东北日报》《人民日报》等报刊发表科普作品署用。

刘厚生（1921－2019），江苏镇江人，生于北京。笔名：①孟哲，见于评论《评剧本〈飘〉》，载1944年重庆《文艺先锋》第5卷第6期；书评《〈野玫瑰〉与〈这不过是春天〉》，载1946年香港《文艺生活》第3卷第5期。②刘友瑾，见于评论《论〈春寒〉的人物与主题》，载1945年3月26日重庆《新华日报》；散文《时代的感动》，载1946年上海《清明》创刊号。同年在上海《中国建设》第3卷第2期发表评论《现实剧运论》、1947年在上海《时事新报》发表散文《拟情书之二：烧给江村》等亦署。③刘厚生，见于《鲁迅的绍兴》，载1957年10月19日《人民日报》。嗣后出版戏剧集《牧童与村姑》（文化出版社，1958年）、论著《刘厚生戏剧长短文》（中国戏剧出版社，1996年）、散文集《剧苑情缘》（中国戏剧出版社，2004年）、文集《刘厚生文集》（中国戏剧出版社，2012年），主编《中国话剧百年剧作选》（与胡可等人合编。中国对外翻译出版公司，2007年）、《中国改革开放三十年话剧剧作选》（中国对外翻译出版公司，2008年）等均署。④文子牛，见于杂文《掌声小议》，载2006年11月上海《新民晚报·夜光杯》。⑤吴恩、林琅，署用情况未详。按：著作《张謇传记》之刘厚生，乃江苏武进（今常州）人刘垣（1873－？）之字和笔名，与镇江籍之刘厚生非一人。

刘蕙荪（1909－1996），江苏丹徒（今镇江市）人。原名刘厚滋，字蕙荪、佩韦。笔名：①刘厚滋，见于随笔《高邮王士所传八阵图跋》，载1936年5月20日上海《逸经》第6期。又见于《北平东岳庙碑刻目录》，载1936年11月北平《国立北平研究院院务汇报》第7卷第6期。同时期起在上述两刊及《史学集刊》《越风》《辅仁学志》《中德学志》《和平钟》《宇宙风乙刊》等刊发表《纪史阁部死节事》《黄崖教案质疑补》《张石琴与太谷学派》《易学象数别论初衍》等文亦署。出版《中国文学史钞》（约1937年）、《唐写本大方广佛华严经回向品残卷校记》(国立北平研究院总办事处出版课，1936年)、《南北乡堂寺及其附近石刻目录》(与何士骥合作。国立北平研究院，1936年)、《易学象数别论初衍》(1942年)、《张石琴与太谷学派》(台中文听阁图书有限公司，2010年)等均署。②佩韦，1937年在《越风》发表作品署用。③龙峨精灵，见于人物记《观堂别传》，载1935年上海《宇宙风》第39期。④牵舻，1961年6月6日在《福建日报》发表文章署用。⑤爱居、庄严华、余冰，署用情况未详。⑥刘蕙孙，1949年后出版《中国历史第一册教材研究》(福建人民出版社，1958年)、《中国文化史稿》(北京文化艺术出版社，1990年)、《老残游记》(〔清〕刘鹗作，刘蕙孙续。燕山出版社，1995年)、《刘蕙孙论学文集》(福建教育出版社，2000年)，编注《铁云诗存》(齐鲁书社，1980年)等均署。

刘豁公　(1890－?)，安徽桐城人。原名刘达，字豁公，号梦梨、哀梨室主。笔名：①桐城刘豁公，见于小说《吴顺喜》，载1915年上海《礼拜六》第8集。嗣后在该刊第10集发表旧体诗《题礼拜六周刊步天虚我生原韵》亦署。②刘豁公，见于小说《当家的》，载1921年上海《礼拜六》第108期；小说《红胡子》，载1922年上海《游戏世界》第13期。1922年在上海编《心声》半月刊并在该刊及《游戏世界》《快活》《红玫瑰》《红杂志》《社会之花》《民众生活》《珊瑚》《社会月报》《航业月刊》《明报》《兴中月刊》《十日戏剧》《中央周刊》等刊发表随笔《哀梨室戏谈》《京剧的特点》《抗敌歌》、小说《未亡人》《孝女殊仇记》《纤指擒狼记》《鹍弦遗恨记》《霞飞帐下之英雄》《续弦秘记》、传记《革命先烈徐锡麟先生事略》、诗《击筑吟》《上海竹枝词补》等，出版《京剧考证百出》(上海中华图书集成公司，1919年)、《上海竹枝词》(上海雕龙出版部，1925年)、《戏学汇考》(与凌善清等合作。上海大东书局，1926年)、《戏考大全》(上海文华美术图书公司，1933年)等均署。③豁公，见于随笔《豁庐杂志》、旧体诗《雨夜抒怀》，载1913年上海《自由杂志》第2期。此前后在《社会之花》《民众生活》《游戏世界》《戏杂志》等刊发表随笔《哀梨室随笔》《因水灾有感》《神经麻痹与刺激性》、诗《扑克诗》，1923年在上海《心声》半月刊第1卷第5—10号发表历史歌剧《文姬归汉》等亦署。1922年在上海与寒云、钝根、碧城女士合编《心声》半月刊亦署此名。

刘火子　(1911－1990)，广东台山人，生于香港。原名刘培桑。笔名：①火子，见于小说《绝望》，载1933年9月25日—10月27日香港《天南日报》；《"饭碗"的故事》，载1940年5月7日桂林《救亡日报·文化岗位》。②刘火子，见于诗《热情的祖国》，载1938年广州《烽火》第14期；诗《烽火抒情》，载1939年广东曲江《新军》半月刊第1卷第1期。此前后在《文丛》《时代文学》《诗创作》《诗文学》《文艺复兴》《清明》《中学生》及香港《南华日报》《大众日报》《星岛

日报》《红豆》《大公报》《华侨日报》、重庆《真报》等报刊发表诗文，出版诗集《不死的荣誉》(香港微光出版社，1940年)署用。③刘宁，1938年5—6月间在香港《大众日报》发表多篇通讯署用。嗣后在《珠江日报》发表通讯、在韶关《建国日报》发表散文《红香炉的百年祭》、在《春秋》发表译作《夜袭》、在《文萃》发表通讯和报告文学等亦署。④刘紫，见于杂文《人性何在——抗议南通血案》，载1946年《文萃》第26期。⑤刘振坤，与唐振常合署。见于长篇通讯《钢铁战士》，载1958年6月28日上海《文汇报》。⑥刘朗，见于通讯《你为了人民，人民就为了你》，载1947年11月29日香港《正报》；独幕剧《接到征兵通知书后》，载1948年3月25日香港《文艺生活》海外版。⑦刘良月，署用情况未详。

刘佳　(1916－2001)，辽宁海城人。原名刘佳玉。笔名：①流茄，见于诗《还在成长着的力量》，载1939年11月晋察冀军分区《抗敌三日刊》。又见于散文《控诉》，载1946年3月16日张家口《北方文化》第1卷第2期。于此前后在《晋察冀日报》《冀中导报》《解放军文艺》《人民文学》《解放军战士》等报刊发表诗、通讯、小说等作品亦署。②谢琳，1944年前后开始在晋察冀军分区《前线报》《晋察冀子弟报》等发表歌词和其他作品署用。③刘佳，20世纪40年代起发表话剧《到山那边去后》《青纱帐里》《红枪会》、歌剧《晋察冀之歌》《当兵去》《革命夫妻》等署用。嗣后创作歌词《我们勇敢的奔向战场》(马思聪作曲。载1950年12月30日《西南青年》第12期)，出版话剧《告别》(山西人民出版社，1959年)、《山村花正红》(百花文艺出版社，1965年)、《平津决战》(中国戏剧出版社，1982年)，长诗《毛泽东的战士》(战士出版社，1958年)，回忆录《抗敌剧社实录(1937－1949)》(军事译文出版社，1987年)等均署。

刘家良　生卒年及籍贯不详。笔名赤婴，1937年在辽宁海城《星火》杂志发表文章署用。

刘剑波　生卒年不详，陕西西安人。曾用名刘凡。笔名刘剑波，出版中篇小说《一条鞭子》(西安大众书报社，1949年)署用。

刘剑青　(1927－1991)，北京人。原名刘金锋。笔名：①刘剑青，出版诗集《老不笑》(上海新群出版社，1950年)署用。嗣后在《文艺报》《河北文艺》《上海文艺》《人民文学》《人民日报》等报刊发表评论《五彩缤纷的短篇小说》《时代的喉舌》《革命性与多样性的统一》《唱出时代的最强音》《在生活的激流中》《努力描绘社会主义的人物》等亦署。②宋爽，署用情况未详。按：刘剑青1948年即开始从事文学创作，发表作品署名待查。

刘江　(1918－?)，山西和顺人。原名刘伏龙。曾用名刘福禄。笔名刘江，1941年开始在华北《新华日报》发表通讯、小说署用。1949年后发表作品，出版长篇

小说《太行风云》（山西人民出版社，1959 年）、《太行飞虎队》（与尹崇富合作。三晋出版社，2010 年），回忆录《烽火摇篮曲——我所生活战斗过的胜利报社》（三晋出版社，2010 年），论著《傅山书法艺术研究》（与谢启源合作。山西人民出版社，1995 年）等均署。

刘捷（1911－2004），台湾屏东人。笔名：①刘捷，见于评论《一九三三年的台湾文学界》。嗣后在台中《台湾文艺》《南音》等刊发表小说、评论等署用。②郭天留，见于评论《创作方法に对すゐ断想》，载 1935 年 2 月台中《台湾文艺》第 2 卷第 2 期。③张猛三，日据时期在《台湾文艺》发表文学评论《台湾文学鸟瞰》《民间文学的整理及其方法论》等署用。

刘金（1922－2008），浙江嵊州人。原名刘文铣。笔名：①刘文铣，见于杂文《我要做回教徒了》，载 1943 年 5 月 13 日福建永安《中央日报·中央副镌》。嗣后在永安《大成日报民主报联合版·新语》发表杂文《英雄们》《旧戏观感》《肚子的解放》等亦署。②张扬，见于杂文《"我比你阔"吗》，载 1943 年 5 月 26 日永安《中央日报·中央副镌》。嗣后在《大成日报民主报联合版·新语》《民主报·新语》发表杂文《偶成》《让恶运碰到我》等亦署。③梦旦，见于杂文《记八都遇炸》，载 1943 年 10 月 4 日永安《大成日报民主报联合版·新语》。嗣后在该刊及永安《中央日报·中央副镌》《民主报·新语》发表《生命底意义》《略论引证》等多篇杂文亦署。④刘梦旦，见于杂文《愤怒的心》，载 1943 年 11 月 12 日永安《中央日报·中央副镌》。⑤萧华，见于杂文《吴道士画马》，载 1943 年 12 月 27 日永安《中央日报·中央副镌》；杂文《语重心长谈"裁员"》，载 1944 年 7 月 23 日永安《民主报·新语》。⑥刘青阳，见于讽刺小说《资历国——〈镜花缘〉补遗》，载 1944 年 4 月 12 日永安《大成日报民主报联合版·新语》。嗣后在该刊发表杂文《鬼的领域》等亦署。⑦肖华，见于杂文《人与死人》，载 1944 年 4 月 28 日永安《民主报·新语》。嗣后在该刊发表杂文《正视现实》《如此滥调》等亦署。⑧茅塞，见于杂文《奇迹是不够的》，载 1944 年 6 月 2 日永安《民主报·新语》。嗣后在该刊发表《孟子新编》《谈谈民众教育》等杂文亦署。⑨柳无垠，见于杂文《也来放两个爆竹》，载 1944 年 6 月 18 日永安《民主报·新语》。嗣后在该刊发表《漫谈"吃猪"》《文章的销路》等杂文亦署。⑩行者，见于杂文《路》，载 1944 年 8 月 6 日永安《民主报·新语》。⑪刘大芜，见于杂文《怀念依泰君》，载 1944 年 9 月 21 日《民主报·新语》。⑫太息生，见于杂文《希特拉的姘妇》，载 1944 年 12 月 16 日永安《民主报·新语》。⑬刘金，见于评论《评〈蒙古之夜〉》，载 1946 年春山东《大众日报》。嗣后发表作品，出版诗集《笨拙的颂歌》（华东人民出版社，1951 年）、《前线的故事》（新文艺出版社，1955 年），评论集《马上随笔》（上海文艺出版社，1983 年），杂文集《吹沙居杂文》（学林出版社，1990 年）、《吹沙居随笔》（上海人民出版社，

1993 年）、《吹沙居乱弹》（学林出版社，1997 年）、《立此存照》（上海文艺出版社，1999 年）等亦署。⑭扁车，见于短文《诗人是他自己》，载 1961 年上海《解放日报》。⑮乐见、乐闻、闻喜、乐言，1962 年在《解放日报·文坛漫步》发表文章署用。⑯何言，见于杂文《我也有一点想法》，1962 年 5 月在文汇报社内部印行。⑰墨客，1963－1964 年在《天津晚报》发表《工余杂谈》等杂文署用。⑱韦航、杜哉、刘余一、舒生，1979 年后在《文汇报》《解放日报》《读书》等报刊发表文章署用。

刘锦江，生卒年不详，浙江绍兴人，字哲庐，号斐邮、通声。别号烂柯、懵懂书生。笔名：①哲庐，见于随笔《红藕花馆词话》，载 1916 年上海《小说新报》第 2 卷第 1－5 期。嗣后在该刊发表掌故小说《朱三太子事考》、随笔《奁艳丛缀》等亦署。②红藕花馆主哲庐，见于《西厢诗库》，载 1916 年上海《小说新报》第 2 卷第 1－6 期（该刊目录署名哲庐）。③苦海余生，1918－1919 年在上海主编《小说俱乐部》《文学杂志》署用。出版《戏剧大观》（与刘达等合作。上海交通书局，1918 年）亦署。④刘哲庐，见于《发端》，载 1918 年 2 月上海交通书局版之《戏剧大观》。

刘竞，生卒年及籍贯不详。笔名：①青见，见于杂文《"阿 Q 时代没有死"》，载 1928 年上海《语丝》第 4 卷第 24 期；诗《倘若你》，载 1930 年上海《真美善》第 6 卷第 4 期。同时期在《语丝》发表《革命过了以后》《关于革命文学》《在革命的气氛中》等文亦署。②邬山女，见于小说《文顺之死》，载 1932 年北平《平明杂志》第 1 卷第 2 期；《诉》，载 1934 年北平《求实月刊》第 1 卷第 6 期。

刘静沅，生卒年及籍贯不详。笔名：①刘静沅，见于评论《目前剧运之极盛及其注意点》，载 1935 年太原《文艺舞台》第 1 卷第 3 期；剧作《血印碑》，载 1939 年重庆《戏剧岗位》第 1 卷第 1 期。此前后在《戏剧岗位》及《战时戏剧》《文艺先锋》等刊发表剧作《苧萝二村女》、论文《论编剧水准与导演创造》《宋元南戏考》等，出版剧作《海潮红》（重庆华中图书公司，1941 年）、《露雪霏》（重庆华中图书公司，1944 年）、《京剧艺术发展史简编》（安徽文艺出版社，1984 年）、《刘静沅文集》（安徽文艺出版社，1997 年）等著作均署。②静沅，见于剧作《新凤阳花鼓》，载 1939 年重庆《戏剧岗位》第 1 卷第 2、3 期合刊。嗣后在该刊第 2 卷第 2、3 期合刊发表随笔《关于剧本的公式化》亦署。

刘君襄，生卒年及籍贯不详。笔名：①刘君襄，见于诗《成功的祈祷》，载 1925 年 5 月 15 日上海《民国日报·觉悟》。②君襄，见于诗《黑暗之复现》，载 1925 年 5 月 16 日《民国日报·觉悟》。

刘开渠（1904－1993），安徽萧县人。原名刘大田。笔名：①刘开渠，见于随笔《艺术上的批评》，载 1924

年 7 月 20 日北京《晨报副镌》；评论《艺术的新运动》，载 1926 年北京《现代评论》第 4 卷第 89 期。同时期起在上述两刊及《贡献》《中央日报特刊》《东方杂志》《艺风》《中等教育》《清明》《人世间》《文潮月刊》《工程报道》《永安月刊》《人间月刊》等报刊发表小说《惨白的湖光》《长城上》、评论《石涛的画论》《画家的生命与作风》《艺术与赏鉴艺术》《如何完成中学图画课程》《创造新的都市美术》《中国的雕刻之过去与未来》等署用。②开渠，见于散文《星期日》，载 1927 年北京《现代评论》第 5 卷第 110 期。

刘开扬（1919—2014），四川成都人。原名刘庸禺。笔名：①庸愚，1939—1945 年在四川《新蜀报》《成都飞报》《新中国日报·动力》《国民日报》《大公报·战线》等报刊发表诗、散文、杂文等署用。②庸禺，见于随笔《古事杂缀》，载 1943 年 8 月 8 日重庆《新华日报·新华副刊》；评论《评梁著〈屈原〉》，载 1943 年重庆《群众》第 8 卷第 15 期。③叶倩，见于诗《六腊战争颂》，载抗战时成都《华西日报》副刊。④司徒丹凤，见于随笔《屈原是怎样一个人》，载 1943 年上半年《华西日报》副刊。⑤江夏，1946 年在重庆《唯民周刊》发表《战场·天地·英雄》《万能·低能·无物》等文，同时期在成都《民主星期刊》《新民报》《中央日报·文史》《西方日报·稷下》《时事工商导报》、重庆《大公晚报·青年界》、上海《大公晚报》等报刊发表《王昭君故事的前后三变》《活捉王魁》《屈原论》《我控诉》《也谈中国青年的苦闷》《古事新谈》等文亦署。⑥刘拾遗，见于论文《论诸葛亮》，载 1949 年成都《建设日报·星期论文》。⑦陈郊，1952—1954 年在《新建设》《读书月报》《文学遗产》发表论文《评华岗著〈中国民族解放运动史〉》《读〈岳飞传〉》《评游国恩著〈屈原〉》等文署用。⑧马一岱，见于《评郭根〈百年史话〉》，载 1954 年前后《光明日报》。⑨穆盾、雪阳，署用情况未详。⑩刘开扬，出版论著《唐诗论文集》（中华书局，1961 年）、《唐诗论文集续集》（上海古籍出版社，1981 年）、《唐诗通论》（上海古籍出版社，1981 年）、《柿叶楼文集》（上海古籍出版社，1983 年）、《汉语与写作》（西南财经大学出版社，1987 年），编著《高适诗集编年笺注》（中华书局，1981 年）及《杜甫及其作品选》（上海古籍出版社，1998 年）等均署。⑪庸禺、穆盾、霄阳，署用情况未详。

刘克光（1921—？），云南禄劝人。原名刘治中。曾用名刘道平、刘俳。笔名：①史劲，见于小说《冬日》，载 1945 年重庆《世界文艺季刊》第 1 卷第 2 期；随笔《读〈秋夜〉》，载 1948 年《北大半月刊》第 4 期。②向方、毕张，1944—1946 年在联大文艺社《文艺新报》及《扫荡报》等报刊发表文章署用。

刘克明（1884—1967），台湾台北人，字篁村。笔名刘篁村、刘克明、克明、篁村生、篁村刘克明，1910—1943 年在台北《台湾日日新报》《风月报》《南方》《兴南新闻》等报刊发表《桃花扇传奇书后》《班超投笔》等旧体诗署用。

刘揆一（1878—1950），湖南衡山人，生于湘潭，字霖生、林生、连生。笔名刘揆一，1929 年 4 月由京津印书局出版《黄兴传记》一书署用。嗣后发表论文《救济国难之主张》（载 1932 年天津《公安月刊》第 10—12 期合刊）、旧体诗《近代诗史前十首》（载 1933 年南京《国民外交杂志》第 2 卷第 3 期）亦署。

刘岚山（1912—2004），安徽和县人。原名刘斯海，字岚山。曾用名海子（乳名）、刘仲、刘兰、路里。笔名：①刘岚山，1936 年开始在《安徽学生报》署用。又见于评论《从袁水拍到马凡陀》，载 1948 年 12 月 5 日上海《幸福世界》第 23 期。在上海《新民报晚刊·夜光杯》《摹仿》《文讯》《战时文艺》《诗创造》等报刊发表《略谈丰村的三部小说》《端木蕻良散记》、诗《吩托》《我的歌》《农妇的歌》等亦署。出版诗集《漂泊之歌》（衡阳岳南印刷局，1939 年）、《和平的前哨》（作家出版社，1955 年）、《乡村与城市》（人民文学出版社，1983 年），报告文学《领路的人》（上海文化工作社，1951 年），散文集《和英雄们相处的日子》（北京自强书局，1953 年）、《人生走笔》（安徽文艺出版社，1993 年），民间故事《驼子直腰》（生活·读书·新知三联书店，1950 年）等均署。②岚炭，1942 年开始发表诗歌署用。1946 年秋至 1947 年春在上海《大众夜报》讽刺诗专栏"海燕之歌"发表讽刺诗亦曾署用。③胡里，见于诗《风水树》，载 1947 年上海《诗创造》第 4 期《饥饿的银河》。嗣后在《诗创造》第 6、7 期及上海《时与文》《新民报晚刊》《新诗歌》等刊发表诗《幻想曲》《春天就在那边》、随笔《从历史看未来》等，出版诗集《乡下人之歌》（南京汇文出版社，1947 年）亦署。④陈新，见于书评《〈文讯〉七卷五号"文艺专号"》，载 1947 年 11 月 19 日上海《新民报晚刊·夜光杯》。翌年 2 月 19 日在该报发表《〈文讯〉八卷二号"文艺专号"》一文亦署。⑤方元，1947 年在上海《新民报晚刊·夜光杯》发表关于圣野诗集《啄木鸟》的评论署用。⑥刘仲、刘岚、朱山、朱水、周庸、周平、方才、郑今、赵高、徐溪、孟周、罗黑、林雨、高嵩、陆路、冯平、白丁、江凡、程路、仪多、山风、松风、无笑、潮雨、怀海、慕山，1945 年后在上海《新民报晚刊》《时代日报》《东南日报》《大众夜报》《文汇报》《诗创造》、香港《大公报》等报刊署用。

刘冷，生卒年不详，广东潮州人。原名刘锦添。曾用名刘天风。笔名刘冷，见于小说《一个间谍的自述》，载 1946 年 10 月马来亚新加坡《大地》半月刊；小说《寂寞的灵魂》，载 1948 年 3 月 5 日新加坡《星洲日报·晨星》。

刘立千（1910—2008），四川德阳人。曾用名刘述璧。笔名刘立千，发表论文《谈谈藏族民间史诗中的格萨尔》，翻译《格萨尔传·天界篇》及藏传佛教典籍均署。

刘利可（1922—1988），广东澄海人。笔名白茶，1945

年抗战胜利后在暹罗曼谷华文报刊发表杂文、出版《曼谷故事》署用。

刘涟清（1909－1939），四川井研人。原名刘濂清，字诗涛。笔名：①涟清，1929年开始在成都《日邮新闻·春的心》《研新》杂志发表诗文署用。见于小说《我们在地狱》，载1933年11月13日北平《清华周刊》第40卷第3、4期合刊。又见于小说《一个人的自白》，载1934年上海《文学》第3卷第1期。同时期在北平《清华周刊》《文学季刊》、成都《华西日报·华西副刊》《群众》《新民报·国防文艺》《四川日报·文艺阵地》等报刊发表小说《没落中的一人》《在假期中》《古城一日记》《吸血鬼》《家》、散文《老人》《晚间的客人》、杂文《一阵烟》《猛兽和凶年》《纸炮声中》《谜》等作品，出版小说集《黑屋》（上海商务印书馆，1937年）署用。②沙格，在上述报刊撰文亦署。1929年开始在成都《日邮新闻·春的心》《研新》杂志，嗣后在《清华周刊》《华西日报·华西副刊》《群众》《新民报·国防文艺》《四川日报·文艺阵地》等报刊发表诗文署用。

刘辽逸（1915－2001），安徽濉溪人。原名刘长荪。笔名：①刘辽逸，出版翻译童话《太阳的宝库》（苏联普里什文原作，哈尔滨光华书店，1947年）署用。嗣后发表《简明俄语文法讲座》（载1948年《友谊》第4卷第5期），出版翻译报告文学《绞索勒着脖子时的报告》（捷克伏契克原作。佳木斯光华书店，1948年）、《谁是文化的保卫者》（苏联爱伦堡原作。哈尔滨光华书店，1949年），翻译小说《从布其维里到喀尔巴阡山》（苏联珂夫巴克原作）、《哈泽·穆拉特》（俄国列夫·托尔斯泰原作），1949年后出版长篇翻译小说《远离莫斯科的地方》（苏联阿札耶夫原作，与谢素台合译）、《杜布罗夫斯基》（俄国普希金原作）和俄国列夫·托尔斯泰的《战争与和平》《哥萨克》《哈吉穆拉特》，翻译中篇报告文学《绞索套着脖子时的报告》（捷克伏契克原作）、翻译儿童中篇小说《太阳的宝库》（苏联普里什文原作）、《狡猾的寡妇》（意大利歌尔多尼原作），翻译论著《苏联文学批评的任务》（苏联法捷耶夫原作）等均署。②聊伊，出版翻译戏剧《前线》（苏联考纳丘克原作，上海·重庆新知书店，1942年）署用。嗣后发表译文《托尔斯泰的小说〈复活〉》（载1943年重庆《中苏文化》第13卷第7、8期合刊）、译文《苏德战争小史料》（载1943年桂林《翻译杂志》第1卷第5期），出版翻译小说《风流寡妇》（意大利加尔洛·哥利登尼原作。重庆建国书店，1945年）亦署。③向葵，见于译文《艺术的观念》（俄国别林斯基原作），载1945年重庆《文艺杂志》新1卷第1期；译诗《史太林之歌》《普希金之歌》（均苏联江布尔原作），载1946年《文艺生活》光复版第4期。同时期在《戏剧与文学》《世界与中国》等刊发表译作《老婆婆伊哉尔格利》（苏联高尔基原作）、评论《中国是怎样糟的》亦署。④辽逸，见于译文《斯大林宪法给了苏联妇女什么》，载1948年《友谊》第4卷第5期。⑤长松，署用情况未详。

刘麟（1928－2018），浙江黄岩（今台州市）人。原名刘菊生。曾用名刘祖泽。笔名：①林流，见于诗《下种》，载1943年下半年浙江临海《宁绍台日报》。②枫火，见于散文《秋天及其他》，载1944年10月浙江天台《青年日报》副刊。③柳林，见于诗《夜风》，载1945年3月3日浙江天台《青年日报·语林》。④吕雍，见于散文《扫土》，载1947年12月8日上海《时代日报》。⑤刘季星，见于速写《剖视》，载1948年12月9日香港《文汇报·文艺周刊》。⑥刘麟，编选《茅盾书信集》（百花文艺出版社，1987年）、《罗大冈文集》（中国文联出版社，2004年），编著《巴金名作欣赏》（与陈丹晨合作。中国和平出版社，1996年），出版随笔集《文学的怀旧》（北京时代华文书局，2013年）等均署。⑦季星，署用情况未详。

刘麟生（1894－1980），旅美华人。原籍安徽庐江，生于无为，字宣阁，号茗边词客。笔名：①刘麟生，见于翻译侦探小说《十月寒霜记》，载1919年上海《小说月报》第10卷第1期；译文《一九二○年之俄国苏维埃政府》（英国罗素原作），载1920年上海《改造》第3卷第2期。此前后在《地学杂志》《戊午杂志》《东方杂志》《礼拜六》《学衡》《生活周刊》《商业杂志》《复兴月刊》《民智月报》《出版周刊》《青年界》《世界文学》《图书季刊》《永安月刊》《小说世界》等刊发表论文《复兴时代的文学》《词的研究法》《清代骈文作家》《中国印刷术源流史》、侦探小说《垂岑月榭的血案》、散文《苏州河上的帆影》《几个不同的暑假》、词《鹧鸪天》《齐天乐》《高阳台》、翻译小说《黎白里考夫上尉》（俄国库普林原作）、译诗《情诗选译》等，出版传记《哥仑布》（上海商务印书馆，1923年）、《世界十大成功人传》（上海商务印书馆，1924年），论著《中国的政治理想》（上海商务印书馆，1930年）、《中国诗词概论》（上海世界书局，1933年）、《骈文学》（上海商务印书馆，1934年）、《中国文学概论》（上海世界书局，1934年）、《中国文学讲座》（上海世界书局，1935年）、《中国骈文史》（上海商务印书馆，1937年），译作《朗伯罗梭氏犯罪学》（意大利朗伯罗梭原作。上海商务印书馆，1922年）、《中国印刷术源流史》（卡德原作。长沙商务印书馆，1938年）等作均署。②刘宣阁，见于散文《天南琐语》，载1931年上海《旅行杂志》第5卷第4期；论文《浙派词与常州派词》，载1932年上海《微音月刊》第2卷第2期。同时期在上海《生活周刊》《越风》《旅行杂志》《永安月刊》《泉币》等刊发表散文《海定给我的印象》《看山小记》《燕居脞语》、词《金镂曲》《浣溪沙》《贺新郎》等亦署。③宣阁，见于词《玉楼春》，载1932年9月上海《复兴月刊》第1卷第1期。又见于词《虞美人》，载1932年7月5日上海《枕戈》第1卷第1期。嗣后在《越风》《旅行杂志》《天下》等刊发表散文《波涛咽语》、词《双调望江南》《浣溪沙》等作品亦署。④春痕，见于论文《读白雨斋诗话》，载1932年上海《微音月刊》第2卷第 4 期；词《离亭燕·钓台》，载 1932 年上海《枕戈》第 1 卷第 3 期。同年 9 月在上海《复兴月刊》第 1 卷第 1 期发表词《华胥引·中日鏖战时作》亦署。⑤麟生，见于选辑《中国浅显诗歌》，载 1933 年上海《生活周刊》第 2 卷第 25—40 期。

刘流¹（1914—1977），河北河间人。原名刘其庚。曾用名刘鑫、刘金三、刘大川、刘庄、刘飞、刘庄飞。笔名刘流，抗战时期在《晋察冀日报》《子弟兵报》发表特写、演唱署用。1949 年后在《河北日报》《河北文艺》《抗美援朝》等报刊发表作品，出版独幕剧《命根子》、长篇小说《烈火金刚》《桥头镇》、长篇评书《红芽》等亦署。

刘流²（1915—？），上海人。原名刘祖耀。笔名：①刘瘦梅，见于小说《姊姊的礼物》，载 1931 年上海《文友》旬刊创刊号。②裴斯，1933 年在上海主编《暴风雨戏剧月刊》，在该刊发表诗剧《十字路口》署用。嗣后发表小说《电灯》（载 1935 年 12 月 5 日上海《客观》第 1 卷第 8 期）亦署。③裴斯雄，1933 年 9、10 月间在上海《中华日报》副刊发表诗歌署用。④刘流，见于诗《伤痕》，载 1934 年上海《新诗歌》半月刊第 6、7 期合刊。嗣后在上海《宁波日报》《暴风雨戏剧月刊》《中华日报》《路灯》等报刊发表诗歌、小说、剧作，1946 年在辽源《草源》杂志发表文章，1989 年在《新文学史料》发表回忆录《忆"无名文艺社"》等亦署。

刘陆綦，生卒年及籍贯不详。笔名陆綦，见于小说《流离》，1936 年载于北平《令丁》月刊创刊号。

刘露，生卒年及籍贯不详。笔名飘红，20 世纪 30 年代在武汉报刊发表戏剧理论文章署用。

刘孟扬（1877—1943），天津人，回族，字伯年。笔名刘孟扬，出版《天津拳匪变乱纪事》（民兴报馆，1910 年）开始署用。1905 年前后任天津《大公报》《天津商报》主笔，1912 年起创刊《白话晚报》《白话晨报》《白话午报》，嗣后出版《宇宙之大疑问》《治磁政要录存》（京华印书馆，1922 年）、《中国音标字书》（文字改革出版社，1957 年）等均署。

刘梦苇（1904—1926），湖南安乡人。原名刘国钧。笔名：①刘梦苇，见于诗《吻之三部曲》《最后之梦》《一仿》，载 1923 年上海《创造》季刊第 2 卷第 1 期；诗《寄语死者》，载 1926 年 4 月 1 日北京《晨报·诗镌》。此前后在《小说月报》《妇女周报》《莽原》《京报·文学》《民国日报·觉悟》《飞鸟》《古城周刊》《狮吼》《新少年旬刊》《现代评论》《社会杂志》《世界日报·文学》《北大学生》等报刊发表诗、小说等作品，出版小说集《青年的花》（上海青年文艺社，1924 年）亦署。②梦苇，见于诗《离别吟》，载 1922 年 11 月 21 日北京《国风日报·学汇》。嗣后在该刊发表《诱惑》《故乡》等诗，1925 年在北京《新少年旬刊》第 2 期发表随笔《国家主义与爱国主义》，1926 年 4 月 15 日在北京《晨报·诗镌》发表诗《万牲园底春》亦署。

刘呐鸥（1900—1939），台湾台南人。原名刘灿波。笔名：①呐鸥，见于翻译小说《描在青空》（日本小川未明原作），载 1927 年北京《莽原》第 2 卷第 23、24 期合刊。1928 年在上海《无轨列车》第 3、4 期分别发表通讯《列车餐室》、译文《保尔·穆杭论》（法国班雅明·克雷弥尔原作）亦署。②呐呐鸥，见于小说《热情之骨》，载 1928 年上海《熔炉》第 1 期（刊内正文署用呐鸥）。③刘呐鸥，见于译作《我的朋友》（日本平林泰子原作），载 1929 年上海《人间月刊》第 1 期；小说《两个时间的不感症者》，载 1929 年上海《今代妇女》第 11 期。嗣后在《新文艺》《矛盾月刊》《现代》《文艺风景》《万象》《现代诗风》等刊发表小说《残留》《赤道下》、评论《电影形式美的探求》、译作《复暝》（日本斋藤杜口原作）、《西条八十诗抄》（日本西条八十原作）等，出版小说集《都市风景线》（上海水沫书店，1930 年）、翻译小说《色情文化》（日本片冈铁兵等原作。上海水沫书店，1928 年）、翻译论著《艺术社会学》（苏联弗理契原作。上海水沫书店，1930 年）均署。④洛生，署用情况未详。

刘乃崇（1921—2011），天津人。曾用名刘贵。笔名：①阿贵、徐铁，署名情况待查。②刘乃崇，出版论著《老两口谈戏》（与蒋健兰合作。中国戏剧出版社，2007 年）、《袁世海的艺术道路》（与蒋健兰合作。中国戏剧出版社，1993 年），编选《李紫贵戏曲表导演艺术论集》（中国戏剧出版社，1992 年）等均署。

刘南薇（1922—1991），江苏武进（今常州市）人。原名刘松涛。笔名南薇。著有越剧剧本《祥林嫂》《月下老人》《山河恋》《祝福》《孔雀东南飞》《洛神赋》《梁祝哀史》《宝莲灯》《香妃》《凄凉汉宫月》、越剧电影文学剧本《梁山伯与祝英台》、话剧剧本《阿Q正传》等。

刘念渠，生卒年及籍贯不详。笔名：①颜翰彤，见于评论《读〈野玫瑰〉》，载 1942 年 3 月 23 日重庆《新华日报》；评论《真实的研究和纪念——欧阳凡海著〈鲁迅的书〉评介》，载 1942 年重庆《文风》第 1 卷 4 期；评论《论〈法西斯细菌〉的主题、典型环境与前线主义》，载 1943 年 6 月重庆《天下文章》第 3 期。②刘念渠，见于诗《铁蹄下之歌（外一章）》，载 1937 年武汉《文艺》第 4 卷第 4 期；评论《论文学通俗化及其写作》，载 1937 年武汉《奔涛》第 1 卷第 9 期。同期起在上述两刊及《文艺战线旬刊》《战时戏剧》《七月》《文艺月刊·战时特刊》《抗战戏剧》《戏剧新闻》《笔阵》《文艺先锋》《战时文艺》《人世间》《时与潮文艺》《戏剧时代》《戏剧岗位》《狼烟文艺丛刊·星之歌》《文摘月报》《戏剧战线》《青年戏剧通讯》《文艺青年》《人民世纪》《影剧春秋》《春秋》、重庆《新民报晚刊·电影与戏剧》等报刊发表剧作《周年祭》《沾风是雨》《救国公债》《白娘子》、评论《关于剧本创作》《一九四〇年剧作综谈》《抗战时期重庆演剧述略》《现代中国的话剧演员》等，出版剧作《全面抗战》（武昌战争丛刊社，1938 年）、《后方》（重庆艺文研究会，1938年）、《赵母买枪打游击》（重庆生活书店，1938 年）、《北地狼烟》（与宋由合作。重庆中央青年剧社，1940年）、《幸福天堂》（重庆商务印书馆。1945 年），论著《战时旧型戏剧论》（重庆独立出版社。1940 年）、《演剧初程》（重庆青年出版社，1941 年）、《转型期演剧纪程》（重庆商务印书馆，1942 年）、评论集《十三年间》（新文艺出版社，1957 年）等均署。

刘泮溪（1914－1978），山东昌邑人，字质灵。笔名：①质灵，见于论文《论黄遵宪的新派诗》，载 1945 年昆明《国文月刊》第 35 期。②刘质灵，见于论文《文学与自然》，载 1946 年重庆《中学生》第 177 期。③刘泮溪，见于论文《中学语体文教学举隅——鲁迅〈孔乙己〉讲解》，载 1947 年上海《国文月刊》第 51 期；论文《论感动与感伤》，载 1947 年上海《人世间》复刊第 8、9 期合刊。1948 年 3 月在上海《文潮月刊》第 4 卷第 5 期发表论文《冲突与和谐》，1949 年后出版论著《鲁迅研究》（作家出版社，1957 年）、《文论小集》（山东人民出版社，1959 年）等均署。

刘鹏年（1896－1963），湖南醴陵人，字雪耘。笔名刘鹏年，在《南社丛刻》发表诗文署用。

刘平（1928－？），河北大城人。原名刘世骥。曾用名刘志良。笔名：①艾芝，见于小说《吐血》等，载 1948 年上海《中学时代》杂志。②刘也兵，见于小说《伤腿的故事》，载 1950 年上海《大公报》副刊；报告文学《军火库的红光》，载 1980 年《红旗飘飘》。

刘谦（1883－1959），湖南醴陵人，字约真，号无诤、无诤居士。笔名刘谦、约真，在《南社丛刻》发表诗文署用。

刘前度[1]，生卒年不详，广东人。曾用名刘随。笔名：①刘前度，见于记录《周鲁迅先生演说词》（许广平传译，与黄之栋共同记录），载 1927 年 2 月 21 日香港《华侨日报》。同年 3 月与鲁迅通信时亦署。②刘随，1937 年 5 月 12 日致函许广平时署用。又见于随笔《鲁迅赴港演讲琐记》，载 1991 年 8 月香港商务印书馆出版之卢玮銮《香港文学散步》。

刘前度[2]（1914－？），新加坡华人，原籍中国广东惠阳，生于马来亚槟榔屿。原名刘新民。笔名刘前度，见于散文《给将到伦敦去的少女》，载 1939 年上海《宇宙风乙刊》第 8 期。嗣后在上海《大陆月刊》《家庭》《文艺复兴》等刊发表随笔《欧美的禁书》、翻译小说《小野种》（挪威 O.希斯盖尔原作）等署用。嗣后在马来亚新加坡《星洲日报·晨星》、槟榔屿《光华日报》等华文报刊发表诗、小说译作等，出版翻译小说集《血洒黄沙》（英国布烈士活等原作，与温梓川译合集。马来亚出版有限公司，1952 年）、《马来太太》（英国毛姆原作。新加坡创垦出版社，1952 年）、《变态的女人》（新加坡创垦出版社，1952 年）、《狂恋》（奥地利茨威格原作。新加坡创垦出版社，1953 年），小说集《富

二嫂的风情》（马来西亚出版社，1953 年）等均署。

刘清扬（1894－1977），天津人，回族。化名念五、念吾、清扬。笔名：①清扬，见于《我所认为目前作的事》《贤妻良母之是非》《有志开发女子职业的诸姊妹速起！》《"贞操"与"节妇"》《列宁的精神》，分别载 1924 年 1 月 1 日、3 日、6－8 日、24－25 日天津《妇女日报》。②清杨。见于《纪念卢森堡》《答沈克君》《我主张限制生育的一个理由》，分别载 1924 年 1 月 15 日、18 日、22 日《妇女日报》。

刘群（1913－1937），浙江海盐人。原名朱宗彬，号质臣。笔名：①未名、苏戈、老总、余山、钱全、金鉴、刘易士，1934 年在上海《民报·影谭》和其他报纸电影副刊发表影评署用。②萍华，1934 年在上海《晨报·每日电影》发表影评署用。③刘群，见于评论《全世界大众与中国的解放运动》，载 1935 年上海《大众生活》第 15 期。嗣后在《时代论坛》《知识半月刊》《社会生活》《现世界》《读书生活》《通俗文化》《永生》《自修大学》《文摘》《人间十日》《读书月刊》《女青年》《少年知识》《新学识》《一般话》《中华公论》等刊发表文章，出版《现代学生的根本问题》（上海现代出版社，1936 年）、《动荡中的西班牙》（上海读书生活出版社，1936 年）、《中国在统一中》（上海新生出版社，1937 年）等均署。④韩立生，见于评论《西班牙法西斯叛乱的检讨》，载 1936 年上海《时代论坛》第 1 卷第 9 期。嗣后在该刊及《通俗文化》《自修大学》《文摘》《文学青年》等刊发表《论内地的学生运动》《五四运动的回顾和学生运动的现状》等文亦署。⑤贺刚，见于评论《在中日交涉的最后关头论救亡联合战线》，载 1936 年上海《时论》创刊号。嗣后在《现世界》《读书月报》发表评论《一二八抗战时的民众救亡运动》《论思想自由》亦署。⑥司徒礼明，见于评论《建立民族统一阵线的基本策略》，载 1937 年上海《时代前》创刊号。同时期起在该刊物及《时代论坛》《新认识》《生活知识》《通俗文化》等刊发表文章亦署。⑦谢玉田，20 世纪 30 年代在上海报刊发表文章曾署。⑧庸人、金，署用情况未详。

刘仁国，生卒年及籍贯不详。笔名南歌，1941 年前后在哈尔滨《滨江日报夕刊》创办文艺副刊《兰花谱》《江风》时署用。

刘荣桂（1925－1980），山东掖县（今莱州市）人。1947 年开始发表作品。笔名石汉。著有歌剧《碧海红旗》《未婚妻》《红霞》等。

刘如水（1910－2005），河南信阳人。原名刘敦，字丹府，号如水。笔名：①刘如水，见于散文《车夫》，载 1932 年 7 月 15 日开封《河南民报·风雨》；随笔《无言之痛》，载 1932 年 8 月 6 日开封《河南民报·民报副刊》。嗣后在上述两刊及上海《论语》《新垒》等报刊发表评论《尚钺作品一瞥》《读胡愈之著〈莫斯科印象记〉》《文学在中国之轨迹》《论作诗》、散文《女的

路》《乘驴记》、散文诗《渔》、诗《生活》《柳梢青》《钟声》、杂文《实用论》《关于免收学费》、译诗《苍鹰》(英国藤纳生原作)等亦署。②垂露，见于诗《一匹沉醉的臭虱》，载1932年7月15日开封《河南民报·风雨》。嗣后在该刊发表散文《创作的趣味——给沉浸在苦海的人们》《失去了的钢壳表》、独幕剧《人生剪影》、诗《闻雁有感》《奋斗曲》、随笔《归途巡礼》《沈从文的"厨子"》、评论《高尔基的生活与创作》、小说《童子的智慧》《校工》《黑夜》、译诗《旄丘章——〈诗经〉今译之二》《羔羊章——〈诗经〉今译之三》等亦署。③天鹅，见于散文《衣》，载1932年7月15日开封《河南民报·风雨》。嗣后在该刊发表杂文《关于"要人"的辞职》《没有计划的建设》、随笔《雨丝风片》《短札》、诗《夜里，秋风起了》、小说《车中》等，1934年在上海《新垒》月刊第3卷第2、3期合刊发表杂文《自速其死》亦署。④丹府，见于评论《文学与社会——"文心集"之七》，载1933年8月29日至9月19日开封《河南民报·风雨》。⑤如水，见于《编者启事》，载1934年3月6日开封《河南民报·风雨》。⑥冯雨、雨水、浦公英，20世纪30年代在河南报刊发表诗文署用。

刘若平(1915－1960)，四川自贡人。原名刘振鹏。笔名：①若萍，1934年前后开始在北平、上海、重庆等地报刊发表诗文，1935年在四川荣县主编《流露》杂志，1937年与丁冬在荣县合编《艺风》月刊均署。②正蓬，见于诗《流亡曲》，载1938年3月31日成都《新民报·歌马》。1939年在荣县与丁冬等创办《流火》月刊并在该刊表《别了，古城》《晨呼队》《给学从——一个空军战士》等文署用。③白沙、刘正蓬，在荣县《流火》月刊发表文章署用。④向阳天，1947年起在成都报纸副刊发表杂文署用。

刘三(1890－1939)，上海人。原名刘钟龢，字季平，号江南。笔名：①江南刘三，1914年在《民谊》发表文章署用。1946年油印诗集《黄叶楼遗诗》亦署。②季平，1916年在《中华妇女界》杂志发表文章署用。③刘江南、刘季平、镏三、离垢，署用情况未详。

刘沙(1923－2014)，北京人。原名刘树春，字向舒。曾用名刘萧沉。笔名：①司空鹿，见于散文《哈巴嘎之夜》，载1944年1月1日日本大阪《华文大阪每日》。②艾砂，1945年8月至1946年7月在西安《秦风工商报》副刊、《西京日报》副刊、《正报·阃风》，嗣后在1947年在沈阳《沈阳日报·诗战线》《新新日报·诗阵地》《前进报·诗哨》、北平《骆驼文丛》、昆明《北极星》等报刊发表诗、小说署用。1949年后出版诗集《梦园情》(与马乙亚合集。天津昆仑诗社，1993年)、《南国情》(与马乙亚合集。天津昆仑诗社，1995年)、《不了情——伉俪诗集之三》(与马乙亚合集。国际文化出版公司，1996年)、《凹凸情——伉俪诗集之四》(与马乙亚合集。时代文艺出版社，2005年)等均署。③黎群，见于诗《破坏》，载1947年1月23日《沈阳日报·诗

战线》第8期。④舒群，1946－1947年在《沈阳日报·诗战线》《前进报·诗哨》《东北前锋报》《东北民报》《东北公论》等报刊发表诗歌、散文、小说署用。⑤萧沉，见于小说《蠢流》，载1944年5月《蒙疆文学》第3卷第4期。⑥舒戈、舒麦、舒群、舒琼、舍予、艾茵、一丁、巴歌、野禾、丰屯，1946－1947年在《沈阳日报·诗战线》《前进报·诗哨》《新新日报·诗阵地》《东北前锋报》《东北民报》《东北公论》、北平《骆驼文丛》、昆明《北极星》等报刊发表诗、散文、小说署用。⑦艾沙、萧东、李林、村夫、林兵、舒凡、萧晨，1955－1966年在东北《北方文学》《哈尔滨晚报》《伊春日报》《黑龙江日报》等报刊发表诗文署用。⑧舒淮，见于杂文《阿Q幽灵与隐身术》，载1978年9月23日《伊春日报》。

刘少保，生卒年及籍贯不详。笔名绍荪，20世纪30年代在武汉报刊发表诗、散文署用。

刘少平，生卒年及籍贯不详。笔名：①宛平，20世纪30年代在武汉报刊发表文章署用。②刘宛平，见于诗集《夜航船》(1935年)。

刘绍唐(1921－2000)，河北芦台人，生于辽宁锦州。原名刘宗向。笔名：①陈青、李光裕、吴中佑，1939年前后在《大公报·战线》发表文章署用。②刘绍唐，1949年后在台湾出版报告文学《红色中国的叛徒》(台北中华日报社，1952年)、散文集《香港屋檐下》(台北中华日报社，1953年)、《铁幕轮廓画》(台北新生报社，1954年)等均署。按：刘绍唐1951年曾在台北《中华日报》发表60篇文章，署名情况未详。

刘燊曾(1925?－1944)，福建建宁人。笔名：①晏石，见于杂文《一个第三者的看法》，载1943年福建永安《大成日报民主报联合版·新语》。②晏岩，1943－1944年在福建永安《民主报·新语》《中央日报(福建版)·中央副镌》发表杂文署用。

刘盛亚(1915－1960)，四川重庆(今重庆市)人。笔名：①刘盛亚，见于小说《白的笑》，载1935年北平《文学季刊》第2卷第1期；译诗《吉卜西及其他——抒情诗十五首》(俄国普希金原作)，载1937年上海《译文》新2卷第6期。嗣后在《文艺后防》《译林》《青年园地》《人物杂志》《现代文摘》《文艺丛刊》《文艺春秋》《笔阵》《文艺生活·海外版》《人世间》《新重庆》《民友月刊》《幸福世界》等刊发表小说《萝茜娜》《无车之站》《杨花篇》《水浒外传》、剧作《相思债》、人物记《川剧名伶曹黑娃》《宁誉医师》《点点滴滴看车辐》等，出版长篇小说《水浒外传》(上海怀正文化社，1947年)、《夜雾》(上海文化生活出版社，1948年)、《地狱门》(上海春秋出版社，1949年)，剧作《钟楼怪人》(成都中兴日报社，1948年)、翻译小说《幼年》(俄国列夫·托尔斯泰原作。重庆大时代书局，1942年)、《萝茜娜》(苏联高尔基原作。重庆群益出版社，1944年)、翻译剧作《浮士德》(德国歌德原

作。重庆文风书店，1942 年），翻译诗集《少年游》（德国歌德等原作。上海云海出版社，1946 年），报告文学集《木工黄荣昌》（工人出版社，1957 年）等均署。②寺将、寺怀、轼俞，纾胤，成敏亚，1938—1940 年在成都《四川日报》《飞报》《新民报》《笔阵》等报刊发表小说、散文、剧本和译诗署用。③ S.Y.，见于故事《德国的讽刺》，连载于 1938 年 7 月 20 日至 9 月 10 日成都《文艺后防》第 2 至 7 期。又见于杂文《狗和鬼》，载 1943 年 3 月 13 日成都《华西晚报·文艺》。于此前后在《文艺阵地》《抗战文艺》《文艺春秋》《翻译杂志》《笔阵》《戏剧岗位》《现代文艺》《文艺生活》《文学创作》《天下文章》《时与潮文艺》《文学新报》等报刊发表小说《小母亲》《人民勋章》、译文《纳粹德国二三事》（美国 M.多德原作）等作品，出版小说散文集《不自由的故事》（桂林文光书店，1944 年）、长篇小说《夜雾（第一部）》（重庆群益出版社，1942 年）均署。④纾胤，见于《生活的血渍》，载 1939 年 11 月 25 日成都《笔阵》第 14 期。嗣后在该刊新 1 卷第 1 至 2 期发表翻译小说《马拉加》（意大利阿米地奥·乌戈里尼原作）亦署。⑤孙亚，署用情况未详。

刘师培（1884—1919），江苏仪征人，生于扬州。原名刘世培，字申叔、鲁源、光汉、无畏，号左盦、左庵、光汉子。曾用名闰郎（乳名）、刘光汉，金少甫、馏申叔。笔名：①申叔，在《觉民》《醒狮》《复报》《江苏》《中国白话报》《民权素》《雅言》等刊发表文章署用。②无畏，见于论文《黄帝纪年说》，载 1903 年 8 月上海《国民日日报》；评论《醒后之中国》，载 1906 年《醒狮》第 1 期。③激烈派第一人，见于论文《论激烈的好处》，载 1904 年 3 月 6 日《中国白话报》。④韦裔，见于论文《利害平等论》，载 1905 年 5 月日本东京《民报》第 13 期。嗣后在该刊发表《清儒得失论》《辨满人非中国之臣民》等文亦署。⑤乔韦之裔，见于评论《普告汉人》，载 1907 年 4 月 25 日《民报》增刊《天讨》。⑥刘光汉，见于论文《汉代古文学辨诬》《论孔子无改制之事》，载 1906 年上海《国粹学报》第 2 卷第 12 期。嗣后在该刊发表随笔《邴故拾遗》亦署。⑦刘师培，见于论文《汉代古文学辨诬（续）》《中国古用石器考》，载 1907 年上海《国粹学报》第 3 卷第 2 期；论文《逸札考》，载 1919 年北京《国民》第 1 卷第 1 期。此前后在《雅言杂志》《国粹学报》《甲寅》《中国学报》《国学丛刊》《华国月刊》等刊发表《史记述尧典考》《庄子校补》《答四川国学学校诸生问说文书五通》《咏史》等诗文。出版《中古文学史》（国立北京大学出版部，1920 年）等均署。⑧刘申叔，见于遗著《原戏》，载 1922 年《戏杂志》第 6 期。1935—1937 年在《制言》半月刊发表遗著《音论序赞》《西汉周官师说考》《礼经旧说》等文亦署。⑨韦裔，世培、光汉、光汉子、少甫、韦子裔、刘左盦，署用情况未详。

刘师陶（1876—1935），湖南醴陵人，字少雄、少樵，号沧霞。笔名刘师陶，在《南社丛刻》发表诗文署用。

刘石夷（1917—1997），四川自贡人。原名刘振德。笔名：①砺叔，见于报告文学《阿顺父子》，载 1937 年 8 月 28 日成都《复兴日报》副刊；《出卖孩子的母亲》，载 1939 年成都《笔阵》第 10 期。此前后在《华西日报·蜀锦》《华西日报·诗歌工作者》《新民报·歌马》《捷报·文岗》《新蜀报·文钟》《新蜀报·蜀道》《弹花》《全面抗战》《流火》《文化动员》及《七天文艺》《商务日报》《文艺月刊》等报刊发表诗歌、报告文学、译作等署用。②司马蒂、司马祺蒂，抗战时期在成都、重庆等地报刊发表文章署用。③木风，见于诗《夜行军》，载 1939 年 9 月 16 日四川荣县《流火》第 9 期。又见于诗《伸出我们的手——献给正在战斗中的苏联朋友》，载 1941 年 7 月 8 日重庆《新华日报·新华副刊》。④夏阳，1941 年起在成都、重庆报刊发表诗文偶署。1945 年起在自贡、荣县报刊撰文多署。⑤刘石夷，出版《怎样种甘蔗》（四川人民出版社，1953 年）署用。

刘世珩（1875—1937），安徽贵池（今池州市）人，原名刘奎元，字聚卿，号葱石、蒽石、一琴、季芝、砚庐、櫃（jì）庵、楚园、枕楼道人 枕雷道士。笔名刘世珩，印行杂著《贵池二妙集》（贵池刘氏唐石簃，1900 年）、《汇刻传剧》（贵池刘世珩暖红室，1919 年）、《双忽雷本事》（贵池刘世珩双忽雷阁，1921 年）、《贵池先哲遗书》（贵池刘氏唐石簃，1926 年）、《贵池石刻记》（里安陈准，1937 年），译作《朝鲜近代史》（日本北总林泰辅原作。上海鸿宝书局，1923 年）等均署。

刘世模（1910—1952），安徽金寨人。笔名：①世模，1933 年在安徽《百灵》杂志发表诗歌等署用。②汀石，见于诗《秋之歌》，载 1934 年 5 月 1 日上海《现代》第 5 卷第 1 期。

刘绶松（1912—1969），湖北洪湖人。原名刘寿嵩。笔名：①洛那、鲁克，20 世纪 30 年代在武汉《时代日报·时代前》等报刊发表诗歌署用。②刘绶松，见于论文《南山集及其作者》，载 1940 年上海《宇宙风乙刊》第 25 期。嗣后在该刊第 26 期发表论文《读楚辞九歌》，1949 年后发表评论《鲁迅——祖国文学遗产的继承者和捍卫者》（载 1956 年 10 月 14 日《光明日报》），出版论著《中国新文学史研究工作中的几个问题》（中南图书馆，1954 年）、《文艺散论》（长江文艺出版社，1955 年）、《中国新文学史初稿》（作家出版社，1956 年）、《京郊集》（长江文艺出版社，1958 年）、《刘绶松文学论集》（上海文艺出版社，1982 年）等均署。③宋漱流，见于论文《刘勰论文学批评》，载 1958 年 3 月《文艺报》；评论《飞腾吧，想象的翅膀——读〈文心雕龙·神思篇〉》，载 1961 年 8 月《文艺报》。

刘树声（1927— ），山东寿光人。曾用名林啸。笔名：①黑羊，1947 年在哈尔滨《北光日报》《哈尔滨日报》发表散文、杂文署用。②刘学民，1947 年在哈尔滨《教育通讯》发表关于儿童节的报告文学署用。1948 年在《哈尔滨日报》发表小说《顽童》亦署。③立风、风声、树声、和民、孺牛、林啸、树之风、张承录. 刘和民，20世纪40年代在东北报刊发表文章署用。④刘树声，1949年后发表文章署用。见于《读鲁迅先生的杂文》，载1954年10月19日《哈尔滨日报》。⑤林荟，20世纪80年代在哈尔滨《文艺评论》发表文章署用。

刘澍德（1906—1970），吉林永吉人。笔名：①刘涤先，见于小说《一日三人》（下），载1935年北平《现代青年》第1卷第3期。1936年在该刊第2卷第3期发表评论《青年与认识》亦署。②镝铕，见于游记《幽燕行》，载1936年上海《中学生文艺季刊》第2卷第3期。③明奕，见于小说《善意的批评》，载1940年香港《时代评论》第2卷第46期。④南宫东郭，见于小说《送客》，载1941年福建永安《现代文艺》第4卷第1期。⑤澍德，见于小说《塔影》，载1946年重庆《世界文艺季刊》第1卷第3期。⑥野樵，见于小说《一个春天的回忆》，载1942年福建长汀《现代青年》第6卷第2期。⑦刘澍德，1949年后在报刊发表作品，出版长篇小说《桥》（云南人民出版社，1955年）、《归家》（上海文艺出版社，1963年），小说集《造春集》（作家出版社，1958年）、《寒冬集》（上海文艺出版社，1960年）、《红云》（中国青年出版社，1960年）、《卖梨》（上海文艺出版社，1963年）、《刘澍德小说选》（云南人民出版社，1979年）等均署。⑧狄成、涤先、野桥，署用情况未详。

刘思（1917—2012），新加坡华人，原籍中国广东潮安。原名刘世朝。笔名：①刘思，见于通讯《C市》，载1940年4月27日马来亚新加坡《总汇报·文会》；诗《寄蒋委员长》，载1941年2月5日新加坡《南洋商报·狮声》。同时期在上述副刊及新加坡《总汇新报·世纪风》《吼社诗专》《星洲日报·文艺》《星洲日报·晨星》等刊发表诗《你笑了，伟大的狮子》《大火烧广州》《唱向胜利》《夜读普式庚诗》等，出版《刘思诗集》（新加坡上海书局，1981年）、《刘思诗词集》（新加坡国际图书有限公司，1982年）均署。②高云，抗战胜利后在新加坡《星洲日报·星洲副刊》发表诗、散文署用。③方达，1953年起在新加坡《南洋商报·商余》发表旧体诗词署用。

刘思慕（1904—1985），广东新会（今江门市）人。原名刘燧元，字君穆、君木。曾用名刘君穆、刘时穆。笔名：①刘燧元，见于诗《挽歌》，载1923年上海《小说月报》第14卷第6期。嗣后在该刊第15卷第1期发表散文诗《晚晴》，1934年在《民族杂志》第2卷第5期发表论文《"九一八"以后日本与英美在中国市场之竞争》亦署。②刘穆，见于译文《日本资本主义的今日》，载1928年上海《北新》半月刊第2卷第6期。嗣后在《小说月报》《文学周报》《奔流》《春潮》《文学战线》《新华日报》《申报月刊》《中国青年》等报刊发表著译文，出版论著《世界经济地理概要》（上海远东图书公司，1929年）、翻译小说集《蔚蓝的城》（俄国列夫·托尔斯泰等原作，与薛绩辉合译。上海远东图书公司，1929年）、翻译论著《现代欧洲经济问题》（英国菲力甫斯·蒲徕斯原作，与曾豫生合译。上海远东图书公司1929年）等亦署。③刘君穆，出版翻译论著《东方民族论》（美国汉斯·库恩原作。上海民智书局，1930年）署用。④刘君木，出版译作《民族论》（约瑟·伯尔拿原作。上海民智书局，1930年）、《最近世界实业通志》（美国立宾科特原作。上海民智书局，1931年）署用。嗣后发表评论《德国政党的现势》（载1933年广州《三民主义月刊》第1卷第3—5期）亦署。⑤小默，见于诗《流转》，载1934年上海《文学》月刊第2卷第1期。嗣后在《太白》《申报·自由谈》《译文》《世界知识》《申报月刊》《中学生》《东方杂志》《时事类编》等报刊发表著译文章，出版散文集《欧游漫忆》（上海生活书店，1935年）亦署。⑥思慕，见于散文《长江轮中》，载1935年上海《申报月刊》第4卷第10期。初取笔名"思复"，由编辑吴景崧改为"思慕"。嗣后在《世界知识》《中流》《译文》《世界知识·妇女生活·中华公论·国民周刊战时联合旬刊》《抗战》《半月》《文摘》《东方杂志》《抗到底》《文艺阵地》《野草》《时事类编》《新意识》《浙江青年》《知识文摘》《半月文萃》《广西妇女》《青年世纪》《中学生》《新建设》《旅行杂志》《自由世界》《文萃》《进修月刊》《民主周刊增刊》《现代文摘》《青年知识》等刊发表文章，出版译作《歌德自传》（德国歌德原作。上海生活书店，1937年）亦署。⑦刘思慕，见于评论《日本的战时财政》，载1937年上海《东方杂志》第34卷第16、17号合刊。嗣后在《青年世纪》《旅行杂志》《中学生》《学习知识》《民主周刊》《理论与现实丛刊》《世界文化报导》等刊发表著译文章，出版散文集《樱花和梅雨》（香港大时代书局，1940年）、《野菊集》（上海文艺出版社，1984年）、《国际通讯选》（重庆出版社，1984年）、论著《战后世界政治地理讲话》（香港南侨编译社，1947年）、《战后日本问题》（上海士林书店，1948年）等均署。⑧君山，1943年在衡阳《力报》发表杂文署用。⑨刘时穆、刘然，署用情况未详。

刘嗣（1919—1984），湖北襄阳人。曾用名刘先礼。笔名：①刘先礼，见于随笔《观北平艺术院戏剧系新剧后要说的几句话》，载1929年北平《戏剧与文学》第1卷第6期。嗣后出版《双菊集》（北平避尘庐，1930年）等著作均署。②刘嗣，1949年后出版散文集《天堂与地狱》（台北黎明文化事业股份有限公司，1969年）、《国剧角色与人物》（台北黎明文化事业股份有限公司，1972年）、《歌舞游乐四十年》（台北黎明文化事业股份有限公司，1979年）、《细说国剧（一）》（台北三三书坊，1980年）、《细说国剧（二）》（台北三三书坊，1981年）、《国剧角色和人物：生角》（百花文艺出版社，2013年）、《国剧角色和人物：旦角》（百花文艺出版社，2013年）、《国剧角色和人物：丑角》（百花文艺出版社，2013年）等均署。

刘苏（1919－？），北京人，生于沈阳。原名刘振塈。笔名：①皑玄，见于诗《一个今日的青年——纪念我的亡友守江献给今日的青年们》，载1940年重庆《今日青年》第2卷第1期。②刘振塈，见于记录《开封区政训练所讲演归来》（毛梦塈讲），载1935年《乡村改造》第4卷第26－28期合刊。嗣后在《中国经济》《天津救济院院刊》发表《战时之经济统制》《论当今的救济事业》等文亦署。③刘甡，见于歌曲《天津市救济院院歌》，载1947年9月天津《天津市救济院院刊》创刊号。④刘苏，1949年后发表剧作、出版婺剧剧本《九锡宫》（浙江人民出版社，1954年）、《推车接父》（华东区戏曲观摩演出大会，1954年），越剧剧本《大庆丰年》（华东人民出版社，1951年），湖剧剧本《麒麟记》（东海文艺出版社，1957年）等著作均署。

刘燧（1925－？），山东掖县（今莱州市）人，生于辽宁营口。原名刘喜富。曾用名刘乐吟、刘钊。笔名：①吟，见于随笔《漫谈音乐》，载1945年营口《渤海民报》副刊。②上官缨，见于小说《丁香花开的时候》，载1947年8月沈阳《中央日报》副刊。③刘燧，1947年5、6月间在沈阳《东北民报》发表《木刻在东北》，在《沈阳日报》发表《鲁迅与木刻》署用。1949年后出版小说集《命运》（辽宁人民出版社，1957年）、独幕剧《波浪滔滔》（春风文艺出版社，1959年）、《桥》（农村读物出版社，1963年）等均署。④贲火，见于长诗《苦难的东北》，载1947年10月鞍山《远东日报》。⑤火人、文兵、肖兵、鲁遗、凌璞三，20世纪80年代后在沈阳《鸭绿江》月刊发表评论署用，其中"凌璞三"一名与他人合用。

刘太冲，生卒年不详，湖南邵阳人。原名刘祖沛，号思左。笔名：①刘祖沛，见于随笔《喘定颤言》，载1926年北京《京报副刊》第447期。②无闷老人，1931年前后在湖南《安化民报》连载《无闷斋随笔》署用。

刘天路（1916－？），安徽巢县（今巢湖市）人。笔名田鲁，见于小说《儿童节那天》，载1936年上海《文学青年》第1卷第2期；小说《桑先生》，载1936年上海《文学大众》第1卷第1期"九一八五周年纪念特辑"。嗣后在《上海漫画》《文艺新潮》等刊发表小说《三教师》《糊涂的圣诞老人》等亦署。

刘铁冷（1881－1961），江苏宝应人。原名刘绮，字汉声、文櫆。笔名：①鸥梦轩主，出版诗集《欧梦轩诗牍》署用。②铁冷，见于传记《一粟先生传》，载1913年上海《自由杂志》第2期；小说《湘云惨史——革命外史之一》，载1914年上海《小说丛报》第1期。嗣后在《小说丛报》发表小说《薄命怜卿甘作妾》《归期未有期》《桃李因缘》、随笔《双峰童年史》等，出版章回小说《求婚小史》（上海中国图书公司，1916年）、随笔集《铁冷碎墨》（上海中原书局，1926年）、《铁冷碎墨续编》（上海中原书局，1926年）均署。③汉声，1915年在《中华小说界》发表文章署用。④刘铁冷，

民国初在上海《民权素》《小说丛报》发表小说署用。嗣后出版随笔集《铁冷丛谈》（上海民权出版部，1914年），以及《无师自通作诗百法》（上海崇新书局，1927年）、《古诗源笺注》（上海崇古书社，1928年）、《作文描写辞典》（成都新生书局，1945年）、《清代军政名牍汇编》（上海崇新书局，1925年）、《清代名牍汇编》（上海崇新书局，1925年），1946年在上海《永安月刊》第90期发表随笔《镂冰室话旧》、第97期发表随笔《镂冰室碎墨》等均署。⑤松涛，署用情况未详。按：刘铁冷民国初曾主编《民权素》，出版有《孤雏血泪记》《苍溪断肠史》等通俗小说，署名情况未详。

刘廷芳（1891－1947），浙江永嘉人，字宜生。笔名：①刘廷芳，见于诗《别后的恋》，载1925年3月16日北京《语丝》周刊第18期。又见于诗《中央公园夜中的柏树》，载1925年12月31日北京《晨报六周年纪念增刊》。此前后在《教育杂志》《文学杂志》《三民半月刊》《微音月刊》《文学季刊》《新北方月刊》《中华基督教全国总会公报》《女青年月刊》《文艺月刊》《明日之教育》《紫晶》《真理与生命》《人物月刊》《燕大友声》《现代父母》《同工》《卫理》等刊发表《教育事业专门化》《诗人与酒》《真理光华歌》《平安赞美歌》等诗文，出版诗集《山雨》（上海北新书局，1930年）、散文集《疯人》（上海北新书局，1929年）及《司徒雷登博士年谱》（1936年）等均署。②宜生，署用情况未详。

刘王立明（1898－1970），安徽太湖人。原名王立明，字梦梅。曾用名杨顺（小名）、杨志洁。笔名：①刘王立明，见于论文《中国妇女运动的新阵线》，载1933年上海《东方杂志》第30卷第21期。嗣后在该刊及《教育杂志》《快乐家庭》《中行杂志》《妇女新运》《现代新闻》《时代批评》等报刊发表散文《我的学生时代》《先夫刘湛恩先生之死》、评论《贫苦儿童之救济》《无家儿童的教育问题》《人民对现政府的评价》《和平先决条件》《元旦致民盟》等文，出版长篇小说《生命的波涛》（上海中国女子合作社，1936年），论著《快乐家庭》（上海商务印书馆，1931年）、《中国妇女运动》（上海商务印书馆，1934年），散文《先夫刘湛恩先生的死》（上海商务印书馆，约1938年）等均署。②王立明女士，见于散文《由家庭到社会》，载1931年上海《良友画报》第53期。③王立明，见于散文《由家庭到社会》，载1931年上海良友图书印刷公司出版之《成功之路》。

刘昈（1913－？），河南信阳人。笔名：①巍峨，见于诗《空虚的心》，载1932年开封《河南民报·风雨》第2期。嗣后在该刊发表小说《战士绝笔》、诗《旅伴们》《街之素描》《商音》、散文《风雨楼笔记》《江行记》《半月记》等亦署。②藏莽，见于散文《随笔种种》，载1932年开封《河南民报·风雨》第3期。嗣后在该刊发表诗《焚稿》《我又作一次美丽的梦》亦署。③韦鄂，见于诗《夜风雨》，载1932年开封《河南民报·风

雨》第 8 期。嗣后在该刊发表诗《黄河文化》《请你忘了我》《我的星》、杂文《言必无物论》《论"出卖伤风"》、评论《西洋绘画后期印象》、散文《〈风雨〉三年》《〈风雨〉四年》、随笔《日记·信札·游记——"文学漫谈"之一》及漫画等亦署。④芦苇、晨旭，分别见于随笔《谈艺术教育》、散文《描人体的第一步》，载 1933 年开封《河南民报·风雨》特刊第 2 期。⑤刘书，见于论文《图案画概论》，载 1933 年开封《河南民报·风雨》第 5 卷第 3、4 期。嗣后在该刊发表《〈风雨〉楣画》亦署。⑥长乐，见于散文《一九三四年在上海——五月日记选》，载 1935 年开封《河南民报·风雨》第 9 卷第 9 期。⑦刘韦鄂，见于翻译小说《乡》（俄国屠格涅夫原作），载 1935 年开封《河南民报·风雨》第 10 卷第 7 期。嗣后在该刊发表译诗《我的影》（英国斯蒂文生原作）、杂文《论"强记"》、论文《中国现代木刻展览会的意义》等亦署。

刘溪（1927－1968），江苏泗阳人。原名刘厚朗。笔名刘溪，20 世纪 40 年代后期起在报刊发表作品署用。1949 年后，发表叙事诗《一支妇女运粮队》、中篇小说《九女村》《草村的秋天》《一簇野蔷薇》《虞姬河畔的烽火》等均署。

刘贤立（1922－?），福建闽清人。笔名靳尼，见于散文《愤怒之歌》，载 1939 年 6 月 19 日福州《福建民报·纸弹》。嗣后在福建其他报刊发表著译作品亦署此名。

刘咸思（1909－?），江苏武进（今常州市）人。原名刘瑢。笔名刘咸思，出版长篇小说《不锈钢》（台中光启出版社，1965 年）、小说集《寻回来的周末》（台北今日妇女半月刊社，1955 年）、译作《勃朗宁夫人的情诗》（世界文物出版社，1960 年）、《国王与佳人的罗曼史——温莎夫人自述》（与章亚合译。中国国际广播出版社，1988 年）等均署。

刘相如（1922－2011），山西洪洞人。笔名：①刘相如，1942 年开始在山东根据地《战士报》《山东文艺》等报刊发表小说《李老大的胡子》等，嗣后出版话剧《钢铁人》（东北新华书店，1949 年）、《在新事物的面前》（中国青年出版社，1951 年）、《新婚之夜》（与兰澄合作。东北新华书店，1951 年）《友谊》（东北新华书店，1952 年）、秧歌剧《独眼龙》（1948 年）、《信不得》（东北书店，1948 年）、《献器材》（东北书店，1949 年）等均署。②沙萍，1942 年后发表诗歌曾署用。

刘襄亭，生卒年及籍贯不详，号天倪。笔名：①刘襄亭，1919 年 3 月在上海编《晶报》署用。②天倪，见于随笔《告小说家》，载 1922 年上海《星期》第 40 号。嗣后在该刊第 47 号发表随笔《评包季芗》《国际商业丛谈》，1929 年后上海《晶报》发表随笔《人海忆语》亦署。③SS，见于译文《海程的回忆》，载 1924 年上海《小说世界·侦探号》。④无诤、饮光、微雨，1929 年后在上海《晶报》撰文署用。⑤刘天倪，发表法学论文署用。

刘晓（1921－?），河南襄县（今襄城县）人。原名刘大学。曾用名刘晓村。笔名：①刘晓村，见于诗《金钱》，载 1935 年 10 月 3 日郑州《大华晨报·新诗世纪》。嗣后在该刊及《大华晨报·跋涉》发表诗《问》、散文《致——》《一个剖白——并质英白先生》、小说《雪的梦》《歌》亦署。②绿痕，见于诗《给因凡、湃舟及其他的朋友们》，载 1934 年 4 月 24 日郑州《大华晨报·沙漠诗风》；散文《随笔》，载 1936 年 3 月 21 日开封《河南晚报·副刊》。

刘肖愚（1906－1994），湖南长沙人。原名刘瑀，号达尊。曾用名刘小芋、刘小宇、刘小愚、刘达尊。笔名：①刘肖愚，见于随笔《这一本〈语丝〉》，载 1927 年《语丝》周刊第 150 期。同时在南京《中央日报·中央副刊》发表诗作《矛盾中的出路》《我们的死者》等亦署。②肖愚，见于随笔《发现》，载 1928 年《语丝》第 4 卷第 23 期；诗《给我一个春天的人生》，载 1928 年上海《奔流》月刊第 1 卷第 4 期。

刘心皇（1915－1996），河南叶县人。原名刘天成，字赞卿，后改字龙图，晚号觉堂。曾用名刘心煌、刘生焱、刘明园、刘岩、刘郎。笔名：①刘心皇，见于诗《九月的风》，载 1934 年 11 月 17 日郑州《大华晨报·归雁》；诗《马占山歌》，载 1935 年 9 月 26 日郑州《大华晨报·新诗世纪》。此前后在上述两刊及郑州《大华晨报》副刊《中原文艺》《新诗世纪》《晨光》《跋涉》《沙漠诗风》《新垦》、开封《河南民报·诗刊》《青春诗刊》《海星月刊》等报刊发表诗《宴席上》《春天诗抄》《五月》《黑夜的摸索者——"民族草"之一》、评论《风魔一时的戴望舒》、四幕剧《烟鬼的下场》、小说《三百五十元》等，出版长篇小说《砭园里》（中原文艺社，1937 年），散文集《辉河集》（河南中原文艺社，1936 年），诗集《人间集》（河南新诗世纪社，1936 年）、《平原诗草》（湖南力行出版社，1946 年），评论集《读书杂写》（台北人间书屋，1947 年），论著《抗战文学论》（河南抗敌周刊社，1939 年），1949 年后在台湾出版散文集《挥不掉的影子》（台北人间书屋，1953 年）、《岛上集》（台北人间书屋，1954 年）、《梦与现实》（台北幼狮书店，1960 年）、《春华秋实》（台湾亚洲文学社，1966 年）、《生之歌》（台北人间书屋，1968 年）、《青春之献》（台北人间书屋，1968 年）、《浮世绘》（台北人间书屋，1968 年）、《生命的灯》（台北人间书屋，1968 年）、《播种集》（台北人间书屋，1968 年）、《悟庐闲笔》（台北大立书店，1969 年），诗集《伟大的日子》（台湾军友报社，1957 年）、《人间行吟——刘心皇诗集》（台北人间书屋，1987 年），短篇小说集《血，印在雪地上》（台北群力出版社，1951 年）、《中俄血债》（台北人间书屋，1952 年）、《兰娜》（台北文物供应社，1954 年）、《在烽火里》（台北文物供应社，1954 年）、《生命的潜力》（台北中华书局，1955 年）、《保护色》（高雄庆芳书局，1955 年），长篇小说《青春新曲》（台湾省政府新闻处，1973 年），杂文集《人间随笔》（台北人间书屋，1958 年）、《帝王生活的另一面》（台北联亚出版社，1977 年）、《民初名人的爱情》（台湾名人出版社，1978 年）、《书海风云》（台北慧龙出版社，1978 年），传记《郁达夫与王映霞》（台北畅流半月刊社，1962 年）、《徐志摩与陆小曼》（台北畅流半月刊社，1965 年）、《弘一法师新传》（台北畅流半月刊社，1965 年）、《苏曼殊大师新传》（台北东大图书公司，1984 年），评论集《鲁迅这个人》（台北东大图书公司，1986 年），文学史《抗战文学论》（抗敌周刊社，1939 年）、《二十世纪的中国散文》（台北正中书局，1966 年）、《现代中国文学史话》（台北正中书局，1971 年）、《抗战时期沦陷区文学史》（台北成文出版社，1980 年）、《当代新文学大系史料与索引》（台北天视出版公司，1981 年）、《抗战时期沦陷区地下文学》（台北正中书局，1985 年）等均署。②心皇，见于诗《想思曲——梦英白》，载 1934 年 12 月 22 日郑州《大华晨报·归雁》；诗《年关》，载 1935 年 3 月 6 日郑州《大华晨报·中原文艺》。嗣后在该刊及《大华晨报·新诗世纪》发表诗《死神》《握别》《离别的前夕》《希望——题〈新诗世纪〉》、小说《母与子》等亦署。③柳星王，见于散文《桃花》，载 1935 年 3 月 20 日郑州《大华晨报·中原文艺》。嗣后在该刊及《大华晨报·新诗世纪》发表诗《春，我不知道你来了》《年老的诗人》《把它撕碎吧》、散文诗《春啊！春啊！》《断肠的春天》《诗人》等亦署。④醒亡，见于随笔《创刊的话》，载 1935 年 5 月 23 日郑州《大华晨报·新诗世纪》。⑤田诚，见于小说《拾麦》，载 1935 年 7 月 31 日、8 月 7 日郑州《大华晨报·中原文艺》。嗣后在该刊发表小说《归来》、诗《街头》《时代》《那一双颤栗的手》等亦署。⑥星王，见于诗《柳絮》，载 1935 年 7 月 11 日郑州《大华晨报·新诗世纪》。嗣后在该刊发表诗《无题——寄荷荷之一》《衣鱼》《你不要脸沉》等亦署。⑦诗人，见于诗《我》，载 1935 年 10 月 10 日郑州《大华晨报·新诗世纪》第 20 期。⑧匈莽斋主，见于诗《伤痕》，载 1936 年 3 月 14 日郑州《大华晨报·中原文艺》第 4 卷第 6 期。⑨王水、云室、心煌、勿默、叶宪、田城、刘岩、刘郎、衣鱼、安慰、寻皇、何图、佛若、青春、青梦、明园、郑雪、星朗、高天、悟庐、梦白、梦若、梦梦、梦醒、歈皇、毅文、史方平、司马霜、刘心煌、刘生焱、刘明园、刘星王、刘觉堂、刘梦若、晏海门、徐默之、搜奇客、搜奇家、云室主人，署用情况未详。

刘新粦（1926— ），广东梅县（今梅州市）人。曾用名刘辛粦。笔名：①廖、怒涛，1942—1945 年 8 月在毛里求斯华文报纸发表散文《知己》《别离》《一个汉奸的下场》等署。②刘新粦，在毛里求斯华文报纸发表文章署用。嗣后在国内发表评论《革新运动推到海外去》（载 1946 年南京《革新》第 1 卷第 9 期），出版散文集《无知的乐趣》（香港瑞华出版社，1999 年）、《他山之石》（中国文联出版社，2000 年）、《雪泥鸿爪》（中国戏剧出版社，2003 年）等亦署。

刘薪传，生卒年不详，台湾人。笔名刘问白，1937—1941 年在台北《风月报》发表《咏史六首》《咏史百题》等旧体诗署用。

刘修业（1910—1993）福建福州人，字君寄。笔名刘修业，出版《国学论文索引四编》（北平中华图书馆学会，1936 年）署用。嗣后在《图书季刊》《学原》《华北日报·俗文学》等刊发表随笔《海外所藏中国小说戏曲阅后记》《秦妇吟校刊续记》《记巴黎国家图书馆所藏环翠山房十五种曲》、译文《史记吕不韦列传荆轲列传蒙恬列传之研究》（美国德克·布德原作）、论文《考〈花草粹编〉和吴承恩的关系》，1949 年后出版《古典小说戏曲丛考》（作家出版社，1958 年）、《吴承恩诗文集（四卷）》（古典文学出版社，1958 年）、《〈文学论文索引〉全编》（国家图书馆出版社，2010 年）、《〈国学论文索引〉全编》（国家图书馆出版社，2011 年）等均署。

刘绪萱（1928— ），山东胶州人。原名刘绪先。笔名刘绪萱，见于诗《雾里的老车站》，载 1947 年青岛《文艺》第 2 期。嗣后在该刊及青岛各文艺报刊发表诗作，出版诗集《中国情结》（中国文联出版公司，1999 年）亦署。

刘暄（1916— ），河南信阳人，字太和。笔名：①太和，见于诗《镜中世界》，载 1933 年开封《河南民报·风雨》第 4 卷第 4 期。嗣后在该刊第 4 卷第 1 期发表诗《秋风》亦署。②刘暄，见于散文《秋天》，载 1934 年开封《河南民报·风雨》第 8 卷第 3 期。嗣后在该刊发表诗《晨与夜》《思想》《绛色的沉哀》《苦诗》、散文《话从那儿说起》、诗画配《信阳民歌》（韦鄂辑诗）、评论《中国现代木刻展览会感略》等，1941 年在《河南合作月刊》第 10、11 期合刊发表评论《如何利用合作组织发展农村经济》亦署。

刘雪苇（1912—1998），贵州郎岱（今六盘水市）人，原名刘茂隆。曾用名韦辛、孙雪苇、魏有生。笔名：①韦辛，1931 年在上海《中学生》杂志发表文章开始署用。②老韦，见于随笔《"我们的旗与剑，前进！"》，载 1932 年上海《文艺新闻》第 53 期。③雪苇，见于评论《〈现实主义试论〉质疑》，载 1936 年上海《文学丛报》第 3 期；论文《鲁迅先生的写作理论》，载 1937 年 6 月上海生活书店出版之《鲁迅研究》（夏征农编）。此前后在《中流》《逸经》《文艺月报》等刊发表文章，出版论著《论文学的工农兵的方向——读〈在延安文艺座谈会上的讲话〉》（上海光华书店，1948 年）、《两间集》（新文艺出版社，1951 年）、《鲁迅散论》（新文艺出版社，1952 年）、《论文一集》（新文艺出版社，1952 年）、《论文二集》（新文艺出版社，1952 年）、《〈资本论〉要略》（人民出版社，1985 年）等均署。④孙雪苇，见于散文《哀悼伟大人类的子孙高尔基》，载 1936 年上海《文学丛报》第 4 期。⑤孙雪苇，见于论文《典型论及其他》，载 1936 年上海《现实文学》第 1 卷第

2 期；论文《关于一年来的文艺论战》，载 1936 年《大众论坛》第 1 卷第 4 期）。⑥雪韦，见于散文《导师的丧失》，载 1936 年上海《中流》第 1 卷第 6 期。嗣后在该刊及《热风》《希望》《七月》《大众文艺》《新华日报》等报刊发表《现阶段的写作自由论》《关于诗歌朗诵：实验和批判》等文亦署。⑦理丝，1936 年在上海报刊发表文章署用。⑧刘雪苇，出版论著《鲁迅散论》（湖南人民出版社，1984 年）署用。

刘薰宇（1896－1967），贵州贵阳人。原名刘家镕，字薰宇。曾用名刘心如。笔名：①薰宇，见于随笔《立达中学校》，载 1925 年上海《教育杂志》第 17 卷第 6 期；散文《乡音》，载 1934 年 8 月 3 日上海《申报·自由谈》。此前后在上海《一般》《中学生》《太白》《读书生活》等报刊发表文章亦署。②刘薰宇，见于随笔《青年与政治》，载 1926 年上海《教育杂志》第 18 卷第 1 期。嗣后在上海《一般》《申报·自由谈》《中学生》《科学趣味》等报刊发表文章，出版散文集《苦笑》（上海开明书店，1929 年），通俗读物《趣味数学》（上海开明书店，1940 年）、《数学的园地》（上海开明书店，1940 年）、《马先生谈算学》（上海开明书店，1949 年）等亦署。③薰，见于《立达 Paradox》，载 1926 年上海《一般》第 1 卷第 3 期。

刘延甫（1917－？），河北宣化人。笔名：①贯洋，见于随笔《不求闻达斋偶记》，1940 年前后在《蒙疆新报》副刊逐日连载；散文《常州之游》，载 1944 年上海《文友》第 2 卷第 10 期。同时期在《国民杂志》发表长篇小说《新生》、在《杂志》第 13 卷第 6 期发表通讯《塞上风》亦署。②沧波，见于小说《病的故事》，载 1942 年后《利民半月刊》。③金贝，见于长篇小说《落花流水》，载 1942 年后《利民半月刊》。④沐华，1942 年后在《蒙疆文学》发表散文《蚌珠》、诗《长城曲》等署用。⑤刘延甫，见于散文《白日鬼》，载 1945 年《民众周刊》第 1 卷第 10 期。

刘延陵（1894－1988），新加坡华人，字苏秋、苏观，原籍中国江苏泰兴。笔名：①刘延陵，见于随笔《婚姻之过去现在未来》，载 1917 年北京《新青年》第 3 卷第 6 期。嗣后出版翻译小说集《围炉琐谈》（英国柯南道尔原作，与巢于卿合译。上海商务印书馆，1917 年）、翻译论著《社会心理学绪论》（英国威廉·麦克杜格尔原作。上海商务印书馆，1922 年）、《法国柏格森变之哲学》（法国柏格森原作。上海商务印书馆，1923 年），诗集《雪朝》（与朱自清等合集。上海商务印书馆，1922 年），论著《社会论》（上海商务印书馆，1924 年），编选《明清散文选》（上海正中书局，1937 年），先后在《诗》《小说月报》《文学旬刊》《文学周刊》《教育杂志》《中学生》《文艺月刊》《新时代》《文学》《读书顾问》《新文学》《黄钟》《学校生活》《浙江第一师范十日刊》《浙江省立杭州高级中学校刊》《月报》《教与学》等报刊发表诗、散文、评论、译作，1937 年后在马来亚新加坡《新国民日报·新国民杂志》《叻报·叻报附张》

《星洲日报》《南洋商报》等发表评论、散文等亦署。②YL，见于随笔《论散文诗》，载 1921 年上海《时事新报·文学旬刊》第 23 期；《编辑余谈》，载 1922 年《诗》第 1 卷第 5 期。③云菱，见于评论《小评坛》，载 1922 年上海《诗》第 1 卷第 3 期。④延陵，见于随笔《前期与后期》，载 1922 年《诗》第 1 卷第 4 期。⑤素影，见于随笔《种痘的故事》，载 1974 年 3 月 22 日新加坡《南洋商报》。嗣后在该报及新加坡《星洲日报》发表《古人论交友》《伊索寓言》等文亦署。⑥叔英，见于《一则寓言》，载 1974 年 4 月 20 日新加坡《南洋商报》。嗣后在该报及新加坡《星洲日报》发表《老练的女人》《爱情的奇迹》等文亦署。⑦伍芳，见于译文《致富捷径》，载 1974 年 5 月 11 日新加坡《南洋商报》。嗣后在该报及《星洲日报》发表《荔枝小史》《易君左讲最神奇事》《忆诗人易君左》等文亦署。⑧柏芳，见于译文《额心红点》，载 1974 年 5 月 30 日新加坡《南洋商报》。嗣后在该报发表《神奇的催眠术》《用左手的人》等文亦署。⑨苏仰，见于译文《中年人保健法》，载 1974 年 7 月 24 日新加坡《南洋商报》。⑩凤因，见于译文《戴太阳镜的女人》，载 1974 年 8 月 5 日新加坡《星洲日报》。⑪叔音，见于随笔《谈心脏的功能》，载 1974 年 8 月 29 日新加坡《南洋商报》。同年 10 月 31 日在新加坡《星洲日报》发表编译之《金玉良言》亦署。⑫晓音，见于译文《男士》，载 1974 年 10 月 17 日新加坡《星洲日报》。嗣后在该报及新加坡《南洋商报》发表《乐圣贝多芬》《蜜蜂》等文亦署。⑬绣茵，见于《格言集锦》，载 1974 年 11 月 30 日新加坡《南洋商报》。嗣后在该报及新加坡《星洲日报》发表《学问格言》《惜阴格言》等文亦署。⑭淑音，见于随笔《五百年来的文明进步》，载 1974 年 12 月 7 日新加坡《星洲日报》。嗣后在该报及新加坡《南洋商报》发表《试拟定今年的大新闻》《纸币简说》等文亦署。⑮淑英，见于随笔《野兔·燕子》，载 1974 年 12 月 10 日新加坡《南洋商报》。嗣后在该报及新加坡《南洋商报》发表《养生金箴》《趣闻一束》等文亦署。⑯霜叶，见于随笔《近代最老的寿星》，载 1975 年 5 月 21 日新加坡《南洋商报》。嗣后在该报及新加坡《星洲日报》发表《冯梦龙的山歌》《中秋诗词十五首》等诗文亦署。⑰佩枫，见于知识小品《孩子不吃时怎么办？》，载 1975 年 9 月 22 日新加坡《南洋商报》。嗣后在该报及新加坡《星洲日报》发表《两个人开大会》《四十二年前的冤狱》等文亦署。⑱丹枫，见于随笔《一个孩子的家庭》，载 1976 年 11 月 11 日新加坡《南洋商报》。⑲蓝冰，见于随笔《违法结婚的妇女》，载 1977 年 3 月 21 日新加坡《南洋商报》。嗣后在该报及《星洲日报》发表《受委屈的妇女》《丈夫接受家务时》等文亦署。⑳枫影，见于随笔《求全与刻苦的女性》，载 1977 年 4 月 24 日新加坡《南洋商报》。㉑淑和，见于评论《评介〈南游心影〉》，载 1979 年 10 月 24 日新加坡《星洲日报》。㉒俶和，见于译文《风云人物的饮食》，载 1980

年 7 月 16 日新加坡《南洋商报》。㉓金季子，见于随笔《谈新诗》《散文的起句》、论文《论华文"现代诗"》，载新加坡《新加坡月刊》。㉔金正，见于随笔《谈意境朦胧的诗》，载新加坡《新加坡月刊》。㉕言林、逸岑，署用情况未详。

刘燕及（1925－1997），山东即墨人。原名刘承蕙。笔名：①燕及果，1945 年在山东即墨考小校刊《橹声》发表诗《苦酒之夜》《拾薪女》署用。嗣后在青岛《民声日报》发表诗《寄廿世纪诗人》，在青岛《兴工月报》连载小说《锄头狂想曲》，在青岛《民声月报》《公言报·黄河》《青岛时报·海歌》《民言报·文艺》《新血轮》《兴工月报》《青岛文艺》、秦皇岛《文联》（油印刊）、天津《海河》（油印刊）、上海《铁兵营》《五月》等报刊发表诗、散文亦署。②草心，见于诗《夜梦记》，载 1945 年即墨《古不其》月刊；译诗《泪的慰藉》（德国歌德原作），载 1948 年青岛《文艺》第 4 期。③垫军，见于杂文《琐感琐谈》，载 1945 年青岛《公言报》副刊。1947 年元旦在《青岛文艺》试版号发表《试版的话》，在青岛《黄河》《民声月报》等报刊发表文章亦署。④焦大心，见于诗《离乡记》，载 1946 年青岛《民声月报》；长诗《撒旦的骄笑》，载 1947 年《青岛文艺》试版号。⑤岛雨，见于诗《连长底眼》、小说《汉奸孔子》，载 1946 年青岛《民声月报》。⑥垫金，见于长诗《小夜莺之逝》，连载于 1946 年青岛《民声月报》。嗣后在该报发表若干短诗亦署。⑦枯果，见于散文《春，给你了》，载 1946 年青岛《民声月报》。⑧白星，见于散文《夏天，我没有浪花》《绿窗的忧郁》，载 1946 年《民声月报》。⑨拾鼓，见于杂文《散漫的青岛文坛》，载 1946 年青岛《民声月报》。⑩石星，见于散文《掘墓者》，载 1947 年 4 月 25 日《青岛文艺》创刊号。嗣后在该刊发表诗《你们》亦署用。⑪欧阳普、石秀，分别见于散文诗《砸海蜊的人们》、评述《岛上文坛总巡礼》，载 1947 年《青岛文艺》创刊号。⑫夏侯英，见于论文《大众的作家，应英勇的挺进》，载 1947 年青岛《文艺》第 3 期。⑬北乃木，见于杂文《三花脸之流》，载 1947 年《青岛公报》副刊；诗《课堂底梦》、译诗《纪念近逝的契友》（日本国木田独步原作），载 1948 年青岛《文艺》第 4 期"诗歌号"。嗣后在上海《铁兵营》诗刊发表诗作亦曾署用。⑭刘曲，见于诗《月亮笑在山沟里》，载 1948 年青岛《文艺》第 4 期"诗歌号"；小说《从城市来的》，载 1949 年广州《文艺创作》第 1 卷第 5 期。此前后在青岛《民报》《文坛月刊》、南京《诗行列》、江西《新诗周刊》、广州《文坛月刊》《文艺时代》《考验小辑诗丛》等报刊发表诗《旗——赠诗人李放》、小说《王大娘开斗争会》《她杀了人》等作品署用。⑮蓝而木，1948 年在青岛《民报》副刊发表诗歌署用。⑯刘芯、老金、曼夕、辣戈、辣果、烟戟、钊西、白纯超、刘海子、黄河清，20 世纪 40 年代在青岛报刊发表诗文署用。

刘尧民（1898－1968），云南会泽人。原名刘治雍，字伯厚、尧民。笔名：①郁生，见于译作《秋夕梦》（邓南遮原作），1930 年 11 月 25 日起在《云南民国日报》连载。又见于诗《太华寺魔王颂赞》，载 1931 年 1 月 14 日《云南民国日报》。②尧民，见于随笔《周作人论鲁迅》，载 1937 年 1 月 16 日《云南民国日报》。嗣后在该报发表《文坛杂咏十首》等亦署。③刘尧民，见于论文《格物的解释》，载 1927 年北京《国学月报》第 2 卷第 7 期；传记《萧瘰神别传》，载 1944 年《堂琅》第 6 期。出版遗著《词与音乐》（云南人民出版社，1982 年）亦署。④林不肯，发表翻译作品时署用。

刘一梦（1905－1931），山东沂水人。原名刘增容。曾用名刘大觉。笔名：①刘一梦，见于小说《谷债》，载 1927 年上海《莽原》半月刊 2 卷第 17 期。嗣后在《小说月报》《北新》《太阳月刊》等刊发表小说等，出版小说集《失业以后》（上海春野书店，1929 年）、《失业以后》（与冯乃超等合集。上海北新书局，1930 年）亦署。②一梦、大觉，署用情况未详。

刘一声，生卒年不详，广东人。笔名：①刘一声，见于译文《无家可归的艺术家》（苏联拉狄克原作），载 1926 年《中国青年》第 6 卷第 20、21 号合刊。②一声，见于译文《论党的出版物与文学》（苏联列宁原作），载 1926 年《中国青年》第 6 卷第 19 期；随笔《第三样世界的创造——我们所应当欢迎的鲁迅先生》，载 1927 年广东《少年先锋》第 2 卷第 15 期。③声，见于随笔《文艺的新园地——反赤诗》，载 1927 年《少年先锋》第 2 卷第 17 期。

刘贻清（1928－2006），湖南沅陵人，字钟沅。曾用名刘一清。笔名：①野岚，1946 年在湖南沅陵《神州日报》副刊发表短篇小说《黑漆大门》、日记体中篇小说《云烟》署用。②刘贻清，1949 年后出版《金戈集》（宁夏人民出版社，1993 年）、《张贤亮现象——从现象到本质的透视》（人民文学出版社，2003 年）、《人民作家人民爱——魏巍的故事及对他的评说》（作家出版社，2005 年）等均署。

刘以鬯（1918－2018），浙江镇海（今宁波市）人，生于上海。原名刘同绎，字昌年。笔名：①以鬯，见于随笔《自由射手——我们是乐章的骑者一群中国底"自由射手"》，载 1939 年 4 月 6 日上海《文汇报·世纪风》；散文《七里岙高地的风雨》，载 1939 年上海《文笔》周刊第 2 卷第 1 期。②刘以鬯，20 世纪 40 年代在重庆主编《国民公报》、在上海主编《和平日报》及在两地《扫荡报》《文艺先锋》《人人周报》《幸福世界》等刊发表短篇小说《花匠》、中篇小说《露露莎》等，出版中篇小说《失去的爱情》（上海桐叶书屋，1948 年）等均署。1948 年后在香港《春秋》《西点》《星岛周报》《香港时报·浅水湾》《星岛日报·大会堂》《香港文学》、新加坡《益世报》、马来西亚吉隆坡《联邦日报》等报刊发表著、译文，出版短篇小说集《寺内》（台北幼狮文化事业公司，1977 年）、《看树看林》（香港书画屋图书公司，1982 年）、《一九九七》（台北远景出版社，

1984 年)、《春雨》(香港华汉文化公司，1985 年)，中篇小说《天堂与地狱》(香港海滨书屋，1956 年)、《酒徒》(香港海滨图书公司，1963 年)、《第二春》(香港桐叶书屋，1952 年)、《黑色里的白色　白色里的黑色》(香港获益出版事业有限公司，1994 年)，长篇小说《陶瓷》(香港文学研究社，1979 年)、《围墙》(香港海滨图书公司，1964 年)，散文集《见蝦集》(辽宁教育出版社，1997 年)、《他的梦和他的梦》(香港明报月刊•明报出版社，2003 年)，评论集《看树看林》(香港书画屋图书公司，1982 年)、《端木蕻良论》(香港世界出版社，1977 年)，以及《刘以鬯选集》(香港文学研究社，1979 年)等均署。③蓝垆、葛里哥、太平山人，署用情况未详。

刘以芬

(1885—1961)，福建闽侯（今福州市）人，字幼蕎、又蕎，号荔翁。笔名刘以芬，见于随笔《校史一斑》，载 1934 年福州《福建学院月刊》第 1 卷第 1 期。

刘艺亭

(1917—2016)，河北威县人。曾用名刘亦耕。笔名：①刘亦耕，1941 年在冀南《抗战知识》发表诗歌署用。同时期发表通讯亦署。②华而实，1942 年在河北《人山报》发表通讯署用。1957 年在《蜜蜂》杂志发表文章亦署。③刘艺亭，见于小说《血泪》、诗《曲周歌谣》，载 1935 年河北省立大名师范学校《期刊》第 5 期；诗《报仇——一个农会员在小组会上的誓言》，载 1948 年冀鲁豫《平原文艺》第 3 卷第 1 期。同时期起在太行《文艺杂志》、冀鲁豫《平原文艺》、冀南日报》、上海《小说月刊》等刊发表诗文，出版长诗《苦尽甜来》《滏阳河的女儿》、诗集《苦尽甜来》《八月家书》，小说集《手套》《前程万里》《今天和明天》等均署。④以耕，见于随笔《重视细节描写》，载 1978 年 1 月《河北日报》。

刘艺舟

(1875—1937)，湖北武昌（今武汉市）人。原名刘必成，字艺舟。笔名木铎、双楫，20 世纪 30 年代在武汉报刊发表文章署用。

刘逸生

(1917—2001)，广东中山人。原名刘日波。乳名锡源。笔名：①流波，1939 年起香港《星岛日报》、1941 年在香港《光明日报》发表知识小品署用。1943—1944 年在梧州《言报》发表文章亦署。②逸生，1946 年在香港《正报》"玻璃窗走笔"专栏发表文章署用。1949 年在香港《华商报》发表文章亦署。③刘逸生，1953 年开始在广州《南方日报•热风》《羊城晚报》发表随笔《唐诗小札》、长篇小说《珠海春秋》署用。嗣后出版《唐诗小札》(广东人民出版社，1961 年)、《龚自珍诗选》(浙江人民出版社，1980 年)、《龚自珍己亥杂诗注》(中华书局，1980 年)、《宋词小札》(广东人民出版社，1981 年)、《唐人咏物诗评诠》(中山大学出版社，1985 年)、《学海苦航》(花城出版社，1985 年)等均署。④孙奉，1957 年 10 月起在《羊城晚报》发表知识小品署用。嗣后发表章回小说《天平铁骑》(载 1960 年 7 月《羊城晚报》)亦署。⑤柳淇、吴检、希晋，1957—1958 年间在《羊城晚报•晚会》发表思想小品署用。1956 年开始在广州《南方日报》《羊城晚报》发表《唐诗小札》等亦署。⑥玉宇，1958 年 6 月起在《羊城晚报》发表知识小品署用。嗣后发表说唱故事《夺印》(载 1963 年 5 月《羊城晚报》)亦署。⑦万尊巍，1976 年 4 月在香港《大公报•艺林》连载《龚自珍己女杂诗注》署用。⑧史之余，见于《漫话三国》，载 1981 年《羊城晚报》。

刘毅

(1916—?)，辽宁大连人。曾用名刘用栋。笔名：①丙丁、醉枫，1932 年在大连《泰东日报》《满洲报》副刊发表诗歌、影评署用。②刘飞，见于小说《队长》，载 1933 年 8 月 1 日上海《现代》第 3 卷第 4 期。嗣后在该刊及上海《星火》《旅行杂志》等刊发表小说《悲惨的影子》《祖父的说谎》《八珍梅》、散文《房山卧游》等亦署。③木风，见于《发刊之歌》、译文《雪莱与现代》(日本横山有策原作)，载 1940 年沈阳《作风》第 1 期 "译文特辑"。同时期在长春《明明》撰文亦署。④穆封，见于评论《杨野的诗及其人》，载 1941 年 5 月 9 日、16 日哈尔滨《滨江日报•诗经》第 9 期。⑤一沫、枫、刘笠，20 世纪 30—40 年代在东北报刊发表文章署用。

刘毅夫

(1911—?)，辽宁沈阳人。原名刘兴亚。笔名：①刘毅夫，见于散文《"志航"大队生活的一页》，载 1940 年成都《中国的空军》第 29、30 期合刊。嗣后在该刊发表《梁山空战记》《血的五月在重庆》《周志开雨夜述战情》《空军威力在中原》等文，发表报道《忠勇的衡阳守军——记空军一孤军陈祥荣的脱险经历》(载 1944 年重庆《新运导报》第 11 卷第 7 期)，1949 年后在台湾出版报告文学《胜利之钥》(台北，1953 年)、《就要回来》(台北，1955 年)、《第一回合的胜利》(台北黎明文化事业股份有限公司，1958 年)，散文集《空军史话》(台北青年日报社，1976 年)、《太昊剑》(台北开元书店，1980 年)、《白山黑水忆故乡》(台北黎明文化事业股份有限公司，1986 年)、《对经国先生沈痛的追思》(台北黎明文化事业股份有限公司，1988 年)、《采访集》(台北黎明文化事业股份有限公司，1989 年)，传记《常胜将军刘玉章》(台北黎明文化事业股份有限公司，1984 年)等均署。②毅夫，署用情况未详。

刘翼凌

(1903—1994)，广东梅县（今梅州市）人，号惭愧老人。笔名刘翼凌，见于评论《文艺在战时的迈进》，载 1938 年汉口《华侨动员》第 2 期；评论《华侨与国民外交》，载 1938 年重庆《华侨先锋》第 1 卷第 4 期。同年在《华侨动员》《民族诗坛》等刊发表词《满庭芳•送幹乔之郑州》《卖花声•早春游中山公园》、随笔《抗战一年来之侨务》《蒋委员长宣慰菲律宾华侨纪略》，嗣后出版论著《抗战与华侨》(与谢作民等合集。重庆独立出版社，1939 年)，诗集《战尘集》(重庆 1942 年)、《专爱集》(重庆 1943 年)，传记《宋尚节传》(香港福音证主协会，1997 年)等均署。

刘胤（1904—1942），湖北人。曾用名王杰、李建华、李建芳、沈韵琴。笔名：①刘隐，出版译作《一七八九年法国革命与阶级斗争》（德国考茨基原作。上海新生命书局，1930年）署用。②沈韵琴，出版译作《经济思想史》（苏联鲁滨原作。上海新生命书局，1931年）署用。嗣后发表论文《怎样自修社会科学》（载1935年上海《文化建设》第1卷第11期）亦署。③李建芳，见于论文《诗经时代的女性生活研究》，载1932年上海《新创造》第1卷第2期。嗣后在《文化建设》《图书评论》《文摘》《时代精神》《东方杂志》《图书月刊》等刊发表《评叶青对于西洋文化的态度》《论目前文化运动之性质》《论日本的明治维新运动》《论古文在中国文化上的作用》等文，出版论著《日本明治维新运动》（上海真理出版社，1937年）亦署。④李麦麦，见于评论《评郭沫若底〈中国古代社会研究〉》，载1932年上海《读书杂志》第2卷第6期。嗣后在《论语》《文化建设》《食货》《华年》《抗战与文化》等刊发表《不要冤枉宰予》《评〈中国本位的文化建设宣言〉》《论商务印书馆与文化建设事业》《黑格尔论个人在历史上的作用》等文，出版译作《一九〇五》（俄国布哈洛夫斯基原作。上海沪滨书局，1930年）、《马克思主义的基本问题》（俄国普列汉诺夫原作。上海中国社会科学研究会，1930年）、传记《托洛茨基》（上海新生命书局，1933年）、论著《中国古代政治哲学批判》（上海新生命书局，1933年）、《中国文化问题导言》（上海辛垦书店，1936年）等均署。

刘英白（1915？—？），河南叶县人。原名刘玉良。笔名：①刘英白，见于诗《静》，载1934年11月3日郑州《大华晨报·归雁》第3期；诗《夜》，载1935年开封《青春诗刊》第2期。此前后在郑州《大华晨报·归雁》《大华晨报·中原文艺》、开封《河南民报·民报副刊》发表诗《秋夜月色》《孀妇》、散文《窗外》等亦署。②英白，见于诗《河滨》，载1935年郑州《大华晨报·新诗世纪》第8期；散文《生活——致天成》，载1935年郑州《大华晨报·中原文艺》第3卷第5—7期。嗣后在该刊发表散文《关于"生活"问题之二人言》等亦署。

刘莹姿（1909—1991），湖南浏阳人。原名刘尚志。曾用名刘耘之。笔名：①刘莹姿，见于评论《我所希望于新文坛上之批评家者》，载1934年上海《现代》第4卷第3期。出版遗著《莹姿诗文选集》（林阿绵、刘建本编。内蒙古人民出版社，2001年）亦署。②刘莹姿女士，见于小说《奶妈》，载1934年上海《申报月刊》第3卷第11期。③莹姿，见于诗《哭初暴敌掳去的五百儿童》，载1938年马来亚新加坡《南洋商报·狮声》；诗《南洋儿女的回声》，载1939年《南洋商报·吼社诗专》创刊号。④耘之，见于诗《虎口中的孩子们》，载1939年前后新加坡某报；小说《小囚人日记》，载1940年12月7日至1941年1月22日新加坡《南洋商报·狮声》。

刘映元（1918—1991），山西左云人。笔名：①北虹、映元，1933—1936年在绥远《国民日报·塞原》《民国日报·十字街头》《塞北诗草》发表诗文署用。②刘映元，见于通讯《绥远的文艺界》，载1936年上海《光明》半月刊第2卷第2期；诗《冬暮的河滩》，载1937年上海《诗歌杂志》第3期。嗣后在《文艺阵地》《青年音乐》等刊发表诗、歌词亦署。

刘永济（1887—1966），湖南新宁人。字弘度、宏度，号诵帚、知秋翁。笔名：①弘度，见于旧体诗《望湘人》，载1916年上海《大中华》杂志第2卷第11期；旧体诗《无题》，载1930年沈阳《东北大学周刊》第104期。1932年4月在天津《国闻周报》第9卷第16期发表词《蝶恋花》亦署。②刘永济，见于词《鹧鸪天·江行杂兴》，载1922年南京《学衡》第5期。嗣后在该刊发表论文《中国文学通论》《论文学中相反相成之义》《中国文学史纲要》及众多词作，在《国立武汉大学文哲季刊》《新亚细亚》《国风半月刊》《读书通讯》《思想与时代》《黄埔季刊》《新中华》等刊发表旧体诗《哭碧柳》《沪战杂感九首》、论文《天问通笺》《文心雕龙时序篇述义》《诵帚词笺》《论古代任侠之风》等诗文均署。出版《国风乐选》《文学论》《十四朝文学要略》《文心雕龙校释》《宋代歌舞戏曲录要》《屈赋通笺附笺屈余义》《词论》《音注详解屈赋定本》《新唐人绝句精华》《五代两宋词注释》《元人散曲的发展概况略述》《默识录》《元明清三朝曲的发展概况略述》《唐乐府诗纲要》《云巢诗集》等亦署。③刘弘度，见于七律《次韵孤桐招饮宋宅感事长句二首》，载1930年沈阳《东北大学周刊》第101期。④刘宏度，见于词《鹊踏枝》《倦寻芳》《鹧鸪天》，载1945年5月四川内江《文教丛刊》第1卷第2期。

刘永瑄，生卒年不详，福建福州人。笔名墙外行人，见于杂文《秋郎余术》，载1943年11月福建南平《东南日报·笔垒》。

刘宇，生卒年不详，四川万县（今重庆市）人。笔名：①刘宇，见于诗《一个信条》，载1929年上海《新月》月刊第2卷第9期。嗣后在《真美善》《金屋》《文艺月刊》《青年界》《创作》《现代》《黄钟》《小说月刊》《月刊》《申报月刊》《文艺春秋丛刊》等刊发表诗文，出版诗集《刘宇诗选》（沈从文编。上海北新书局，1932年）、诗文集《流星》（上海女子书局，1932年）亦署。②平野青，见于诗《我老实，我规矩，我一点儿不奸险》，载1929年上海《新月》第2卷第6、7号合刊。③丁卜，20世纪30年代在杭州《民国日报·沙发》发表诗文署用。见于《忘记了我已结婚》，载1946年上海《家》第11期。1949年在上海《民潮丛刊》连载《摩登猪八戒》亦署。

刘玉峰（1929—1998），河南上蔡人。原名刘开。笔名：①爱客，见于小说《谁叫你多言》，载1946年5月河南漯河《群力报》。②达明，1946—1947年发表文章署用。③阳枫,见于评论《创作的源泉——生活》,载1954年《广西文艺》第6期。④刘玉峰,出版长篇小说《山村复仇记》(广西人民出版社1963、1965年)署用。

刘御(1912—1988),云南临沧人。原名杨春瑜。曾用名杨春逸、杨逸春、阿扬、杨采。笔名:①杨春瑜,1928年在云南凤庆县某石印小刊发表微型小说署用。②火星,见于小说《夜雨》,载1931年上海《学生杂志》11月号;歌曲《七一歌》,载1949年《冀中教育》第2卷第4期。③小羊,见于诗《丰年》,载1933年复旦"左联"支部文艺壁报。④史巴克,1934—1936年在《泡沫》《西南风》《京报·熔炉》、上海《中华日报·动向》等报刊发表诗文署用。嗣后发表歌谣《夜巷小景》(拉丁化方块字对照。署名史巴克作,春逸拼音。载1935年云南旅平学会季刊《云岭》第2卷第2期)亦署。⑤春逸,见于歌谣《夜巷小景》(拉丁化方块字对照。署名史巴克作,春逸拼音),载1935年云南旅平学会季刊《云岭》第2卷第2期。⑥施巴克,见于诗《俘虏之歌》,载1937年日本东京《文艺科学》创刊号。⑦刘御,见于《我们也来写诗了》,载1940年9月1日延安《新诗歌》第1期。嗣后在延安《新中华报》《边区儿童》《边区群众报》《边区教师》《连队生活》《大众文艺》《中国工人》《中国青年》《团结》等报刊发表作品,编著《初小国语》(西北新华书店,1946年),出版诗集《儿童歌谣》(与孟溪合编。西北新华书店,1945年)、《延安短歌》(上海通俗读物出版社,1955年)、《小青蛙》(少年儿童出版社,1955年)、《红山茶》(云南人民出版社,1964年)、《鸟兽草木儿歌一百首》(新蕾出版社,1985年)等均署。

刘毓盘(1886—1927),浙江江山人,字子庚,号嚍椒、濯绛宦。笔名:①嚍椒,见于词《菩萨蛮》《蝶恋花》《高阳台》《乳燕飞》,载1910年上海《小说月报》第2期。嗣后在该刊发表《词录四首》等亦署。②刘毓盘,出版《濯绛宦词》(民国刻本)、《唐五代宋辽金元名家词集六十种辑》(民国刻本)、《中国文学史》(上海古今图书店,1924年)、《词史》(上海群众图书公司,1931年)等均署。

刘云若(1903—1950),天津人。原名刘兆熊,字渭贤。曾用名刘兆麟、刘存有。笔名:①刘兆麟,20世纪20年代开始在天津《东方时报·东方朔》发表《文学概观》等文署用。②流云、刘云、刘霜、若虚若实,20世纪20年代起在天津《益世报》《大公报》《商报·鲜花庄》等报发表小说等署用。③刘云若,20世纪20年代起在天津《天风报·黑旋风》《东方时报》《北洋画报》及《社会之花》《麒麟》《新民报半月刊》《一四七画报》《三六九画报》《民鸣》《民治》《妇女新都会》等报刊连载言情小说《回风舞柳记》《落花门巷》等署用。嗣后出版长篇通俗小说《香闺梦》(天津唯一书店,1936年)、《翠袖黄衫》(天津新联合出版社,1940年)、《花市春柔记》(与戴愚庵合作。天津华新书局,

1940年)、《碧海青天》(天津励力出版社,1941年)、《春水红霞》(天津励力出版社,1941年)、《燕子人家》(天津新联合出版社,1941年)、《小扬州志》(天津书局,1941年)、《情海归帆》(天津京津出版社,1941年)、《旧巷斜阳》(沈阳章福记书局,1943年)、《回风舞柳记》(天津唯一书店,1943年)、《酒眼灯唇录》(天津励力出版社,1943年)、《粉黛江湖》(天津流云出版社,1943年)、《红杏出墙记》(天津励力出版社,1946年)、《雪艳村姑》(北平崇文书店,1946年)、《一夜春晓》(上海广艺书局,1947年)、《媲媚英雄》(天津书店,1947年)、《白河月》(上海正新出版社,1947年)、《梨花魅影》(长春"满洲"杂志社,1943年)、《京华春色》(上海广艺书局,1947年)、《同命鸳鸯》(上海广艺书局,1947年)、《换巢鸾凤(正、续集)》(上海励力出版社,1947年)、《歌舞江山》(上海广艺书局,1949年)、《艺海春光》(上海广艺书局,1949年)、《翠楼杨柳》(上海广艺书局,1949年)、《冰弦弹月》(上海正气书局,1949年)、《燕都黛影》(上海六合书局,1949年)、《落花归燕》(上海广艺书局,1949年)、《湖海香盟》(上海五洲书局,1943年)等亦署。④云若,20世纪20年代起在天津《天风报·黑旋风》《东方时报》《北洋画报》等报刊发表小说、杂文署用。

刘筠(yún),浙江镇海(今宁波市)人,字筠(yún)墅,号茜侬、花隐、卍(wàn)庐。笔名花隐,见于随笔《玉琴集叙》,载1919年上海《友声杂志》第1卷第1期。

刘筠(yún)**堂**(?—1964),籍贯不详。笔名:①刘筠堂,出版长篇小说《驼龙传》(香港南天书业公司,1957年)、随笔《中国抗日史话(三册)》(香港宇宙出版社)等著作均署。②岩英,署用情况未详。

刘蕴秋,生卒年及籍贯不详。笔名寒江月影,见于散文《呼兰之行》,载1936年哈尔滨《国际协报·国际公园》;散文《围炉漫谈》,载1938年1月23日、25日哈尔滨《滨江日报·粟末微澜》。嗣后在《滨江日报·创作与批评》发表《献给文坛诸作家》《她的期待》等文亦署。

刘泽湘,生卒年不详,湖南昭陵(今邵阳市)人,字今希。笔名刘泽湘,在《南社丛刻》发表诗文署用。

刘哲生(1919?—?),河南开封人。原名刘世明。笔名刘哲生,见于诗《旧居》,载1936年3月13日郑州《大华晨报·沙漠诗风》。嗣后在该刊发表诗《燕支》《招魂》等亦署。

刘珍(1915—?),黑龙江北安人。笔名:①柏樟,见于通讯《戏剧法庭——松北解放区纪实之一》,载1947年南京《文艺先锋》第10卷第6期。嗣后在该刊发表《第一章——松北匪区纪实之一》、小说《李寡妇》、随笔《描写匪区》《击退可诅咒的时代》等,1949年后在台湾出版小说集《坦白公审的故事》(台北正中书局,1951年)亦署。②刘珍,在1960年台北文物供应社出版散文集署用。

刘真（1930—？），山东夏津人。原名刘清莲。笔名刘真，1948年前后开始创作小说、散文、文艺特写等，见于故事《二百辆军械车》，载1949年第二野战军《千里跃进大别山》文集。嗣后发表作品，出版小说集《密密的大森林》（中国少年儿童出版社，1963年）、《长长的流水》（作家出版社，1963年）、《三座峰的骆驼》（中国少年儿童出版社，1978年）、《刘真短篇小说选》（花山文艺出版社，1983年），故事《红围巾的旅行》（中国少年儿童出版社，1981年）、《参天的大树——彭德怀的故事》（中国少年儿童出版社，1986年）等均署。

刘振传，生卒年不详，台湾人。笔名刘学三、刘振传，1940—1942年在台北《风月报》《南方》《兴南新闻》等报刊发表旧体诗《次谢雪渔先生七十书怀韵》《节米》等署用。

刘征（1926—？），北京人。原名刘国正。笔名：①牛小白，见于诗《红旗》，载1949年北平《诗号角》第5期。嗣后在该刊发表长诗《金凤》亦署。②刘诤，1949年后发表作品曾用。③刘征，1958年在《文艺报》《诗刊》发表诗歌开始署用。嗣后出版诗集《蒺藜集》（与池北偶、易和元合作。人民文学出版社，1980年）、《海燕戒》（山东人民出版社，1980年）、《春风燕语》（陕西人民出版社，1983年）、《花神和雨神》（花城出版社，1986年）、《鸮鸣集》（湖南文艺出版社，1988年）、《刘征寓言诗》（上海教育出版社，1993年）、《最后的香肠》（中国文联出版公司，1994年），杂文集《当代杂文选粹·刘征之卷》（湖南文艺出版社，1986年）、《清水白石集》（文心出版社，1990年）、《画虎居笑谈》（文心出版社，1992年）等均署。

刘之俊，四川涪陵人。曾用名刘家树。笔名云天，见于诗《短歌》，载1942年重庆《诗垦地》第2期。嗣后在该刊发表诗《春天就要来了》《骊歌》，1942年在上海《诗创作》第10期发表诗《再见罢！乡村的姑娘》亦署。

刘芝明（1905—1968），辽宁盖平（今盖州市）人。原名陈祖骞。曾用名陈麻子、陈公愚、陈矢藩。笔名刘芝明，见于随笔《虎、狮与封建文艺》，载1942年11月3日延安《解放日报》。嗣后发表评论《关于萧军及其〈文化报〉所犯错误的批评》，创作京剧剧本《雁荡山》《美人计》、评剧剧本《小女婿》、话剧剧本《在新生事物面前》（均与他人合作），出版《论资本主义》《萧军批判——关于萧军及其文化报所犯错误的批评》《反对萧军思想，保卫马列主义》（与张如心合作）、《将文艺提到人民建设时期的新水平》等均署。

刘知侠（1918—1991），河南卫辉人。原名刘兆麟。笔名：①知侠，见于随笔《写作小感》，载1946年9月《山东文化》第4卷第3期。②刘知侠，1949年后发表作品，出版长篇小说《铁道游击队》（上海文艺出版社新一版，1959年）、故事《飞车套枪》（北京通俗读物出版社，1955年）、中篇小说《铁道游击队的小队员们》（中国少年儿童出版社，1959年）、小说集《一次战地采访》（人民文学出版社，1981年）、文集《知侠文集》（青岛出版社，2001年）等均署。按：刘知侠1950年前发表过通讯《渊子崖保卫战》《机枪射手老刁》《攻克干榆之夜》等，署名情况待查。

刘植树，生卒年及籍贯不详。笔名鲁风，20世纪40年代在福建报刊发表诗文署用。见于书信《作家短简》，载1940年福建永安《现代文艺》第1卷第6期；评论《〈无独有偶〉评介》，载1949年2月15日《星闽日报·星瀚》。

刘仲莽，生卒年不详，江苏常州人。笔名圣旦，见于《飞蝗》，载1933年7月3日上海《申报·自由谈》；评论《清代的几个农民诗人》，载1934年上海《社会月报》第1卷第5期。嗣后在《现代》《光明》《太白》《芒种》《文艺月刊》《南国少年》《华美》《文艺世界》《艺风》等刊发表小说《查缸委员》《流火》、评论《陶渊明考》《文化人应该到游击区域去》、通讯《长岭关——战地追记》《团风的被劫》、传记《顾亭林新传》，出版小说集《发掘》（上海天马书店，1934年）亦署。

刘重，生卒年不详，上海人。笔名柳风，20世纪30年代在上海《新垒》等刊发表文章署用。

刘宗瑛（1915—1983），福建福安人。原名刘瑞生。笔名：①白莲，见于杂文《"苍蝇"的黑婴》，载1934年11月13日上海《中华日报·动向》。嗣后在该刊发表杂文《"挂羊头卖狗肉"》《"恻隐之心"》《"杞人"的话》，1935年3月在上海《文学新辑》第1辑发表诗《灰色驴》亦署。②丁秋野，与洪遒共用。见于诗《雪下面的春天》，载1934年上海《新诗歌》月刊第2卷第4期；《北平颂》，载1934年11月26日上海《中华日报·动向》。③刘依林、黄轲，1933年前后在上海报刊发表诗文曾署。

刘祖春（1914—2001），湖南凤凰人。原名刘祖椿。曾用名刘石。笔名祖春，见于小说《南郊》，载1936年上海《大众知识》创刊号。嗣后在该刊及延安《文艺战线》等刊发表小说《一件小事》《一个夜间的故事》等作品，1949年后出版文艺评论集《生根开花论》（新华书店中南总分店，1950年），专著《中苏两国的真正友谊》（新华书店中南总分店，1950年）、《中国共产党简史》（中南人民出版社，1952年），中篇小说《淡血》（湖南人民出版社，1986年）等均署。

刘尊棋（1911—1993），湖北鄂州人，生于浙江宁波。原名刘质文。曾用名刘光、刘霁华。笔名：①霁华，见于评论《林阁登场后的日本》，载1937年上海《文摘》第1卷第4期。嗣后在《文汇周报》《中国建设》等刊发表《华莱士访华使命》《七年血战的教训》等文亦署。②刘尊祺，见于随笔《我随军采访和报道的经验》，载1938年《新闻记者》第1卷第5期。嗣后在《中苏文化》《时事类编》《欧亚文化》《战时中学生》《天下文章》《文汇周报》《世界知识》《书报精华》《展望》《文风杂志》等报刊发表文章，出版翻译小说《死人之屋》(俄国陀思妥耶夫斯基原作。平化合作社,1931年)、《月落》(美国斯坦贝克原作。重庆中外出版社,1943年),翻译散文《当日本作战的时候》(约翰·塔宁原作。上海生活书店,1937年)、《天下一家》(美国威尔基原作。上海中外出版社,1943年),翻译论著《美国通史》(康玛格、纳文斯原作,与曹未风等合译。上海中外出版社,1947年)、散文集《美国侧面像》(上海士林书店,1949年)等均署。③尊棋,见于《翻门槛》,载1940年上海《杂志》第7卷第4期;随笔《日本会参战吗》,载1940年《欧亚文化》第3卷第3期。

刘昨非,生卒年及籍贯不详。笔名:①刘昨非,见于小说《卖鱼女》,载1921年上海《礼拜六》第141期。②昨非,见于随笔《"新路"的出路》,载1933年《社会新闻》第4卷第22期。

刘作义(1932—?),广西桂林人,字宜之。笔名:①刘作义,见于小说《彭昌先生》,载1949年春香港《学生文丛·先生与学生》。1949年后出版《桂林胜概》(漓江出版社,1988年)等均署。②宜之,见于小说《冬天里的太阳》,载1949年夏香港《学生文丛》。

流沙(1921—2015),湖北蒲圻(今赤壁市)人,生于北京。原名陈瑞淇,曾用名古都子。笔名:①流沙,1949年后出版《李贺诗歌选注》(百花文艺出版社,1982年)、《历代咏武诗词选》(黄山书社,1986年),以及《风尘列传》《云房太极拳》等署用。②蒲圻,1949年后,出版《古小说选》(长江文艺出版社,1984年)等署用。

流沙河(1931—2019),四川金堂人,生于成都。本名余勋坦。笔名:①流沙,见于诗《渡》,载1949年8月18日成都《建设日报》副刊《指向》。②流沙河,1949年后出版诗集《农村夜曲》《告别火星》《流沙河诗集》《游踪》《故园别》《独唱》,短篇小说集《窗》,诗论《台湾中年诗人十二家》《隔海说诗》《写诗十二课》《十二象》《余光中100首》《流沙河诗话》、散文集《锯齿啮痕录》《南窗笑笑录》《流沙河随笔》《流沙河短文》《书鱼知小》《流沙河近作》,以及《庄子现代版》《Y先生语录》等署用。③陶任先,见于诗《风向针》,载1957年成都《星星》诗刊总第4期。④绿芳,见于评论《也谈〈有的人〉》,载成都《草地》月刊1957年6月号。⑤长风、张弛、沈美兰,均系在《星星》诗刊上发表诗、文时署用。

柳北岸(1904—1995),新加坡华人,原籍中国广东潮安。原名蔡文玄。曾用名柳石门。笔名:①杨陇、白芷、白苇、朱贝、秦西门、吴天桥,1927年后在新马报刊发表诗、小说、散文署用。②章芷、苏莱曼、李邨,1973年撰写马来语和华语电影剧本署用。③柳北岸,出版诗集《十二城之旅》(新马文化事业公司,1963年)、《旅心》(新诗月报社,1967年)、《梦土》(新诗月报社,1967年)、《旅心》(新诗月报社,1967年)、《雪泥》(天马图书出版公司,1967年)、《鞋底的

泥沙》,长诗《无色的虹》(教育出版社,1977年)等署用。④司徒雯,署用情况未详。

柳鞭,生卒年不详,广东大埔人,原姓刘。笔名:①柳戟、戟、戟子,1927年后在马来亚槟城《南洋时报·南洋的文艺》、新加坡《南洋商报·压觉》《华侨周报》《南星》等报刊发表小说、散文署用。②柳鞭,见于小说《饥饿的狗》,载1930年9月1—20日马来亚新加坡《南洋商报·压觉》。

柳存仁(1917—2009),广东广州人,生于北京。笔名:①柳村任,见于译诗《流火》,载1934年上海《人间世》第15期;诗《菊子》《秦淮杂诗》等,载1936年《光华附中》半月刊第4卷第4、5期合刊。嗣后在上海《人世间》《珊瑚》《橄榄》等刊发表《流火》《南方雁》《窗外人影》《小表演》等诗、小说、随笔亦署。②柳存仁,见于剧本《雷雨》,载1935年上海《光华附中》半月刊第3卷第7、8期合刊;《芦沟晓月》,载1936年《东方杂志》第38卷第14期。此前后在上海《宇宙风》《宇宙风乙刊》《文艺新潮》《世界杂志精华》《知识与趣味》《西洋文学》《读者文摘》《天下事》《时事解剖》《大风半月刊》《旅行杂志》《古今》《大美晚报副刊》《星岛日报·俗文学》等报刊发表著译文章,出版散文集《西星集》(上海宇宙风社,1940年),论著《上古秦汉文学史》(上海商务印书馆,1948年)、《人物谭》(香港大公书局,1952年)、《中国历史教学法略论》(香港语文学社,1960年),编著《伦敦所见中国小说书目提要》(书目文献出版社,1982年)、《道教与中国医学》(中国文化杂志社,1995年)等亦署。③予亦,见于随笔《结婚的艺术》,载1935年上海《光华附中》半月刊第3卷第7、8期合刊。④存仁,见于评论《奥国亦拟增加军备耶》,载1935年上海光华附中《时事研究》第2期;随笔《力求简单》,载1937年上海《宇宙风·逸经·西风非常时期联合旬刊》第5期。嗣后在《中国公论》《申论》发表《许地山的"扶乩迷信之研究"》《美国人反对普遍军训的理由》等文亦署。⑤柳雨生,见于散文《秣陵十日》,载1942年上海《古今》第5期;诗《贫民窟街》,载1943年上海《新都周刊》第14期。此前后在上述两刊及《真知学报》《女声》《文友》《天地》《小天地》《求是》《申报月刊》《大众》《太平洋周报》《津津月刊》《一般》《读书杂志》《文史》《文帖》《语林》等报刊发表诗、文、小说《散集》《黟县俞理初先生年谱》《异国心影录》《怀乡记》《说学优》《十一位留日学生》《未能免俗》《新月》《说张爱玲〈看书偶记〉》《汉园梦》《我的朋友胡适之》《发神记》《中国人的真精神》《谈读书》《雪庵日记》《绝对贞操》等,编选出版《新国民运动论文选》(上海太平书局,1942年),出版散文集《怀乡记》(上海太平书局,1944年)、小说《挞妻记》(上海杂志社,1944年)等亦署。⑥雨生,见于随笔《稿费问题》,载1943年8月10日上海《杂志》第11卷第5期。

柳非杞(1911—1982),江苏无锡人,原名柳希宗。

笔名：①柳非杞，见于随笔《安剑平的姓名论》，载 1933 年杭州《艺风》第 1 卷第 11 期；《悼经亨颐先生》，载 1938 年《大侠魂周刊》第 7 卷第 29 期。②潜鳞，署用情况未详。

柳风（1905－1980），河北大名人。原名甄永安，字昇平。曾用名陈慎铭。笔名柳风，见于译文《二十年后》，载 1928 年《国闻周报》第 6 卷第 16 期；随笔《写小说作小说与编小说》，载 1933 年《新垒》第 2 卷第 4 期。嗣后在上述两刊及《清华周刊》《文艺阵地》《现代家庭》《青年时代》《文艺时代》《茶话》等刊发表小说、散文、评论等，出版中篇小说《爱妻的逃亡》（北京海音书局，1927 年）、《烟盒》（北京海音书局，1928 年），短篇小说集《三条腿》（北京海音书局，1928 年），诗集《从深处出》（北京海音书局，1927 年），戏曲集《金色鲤鱼》（陕西人民出版社，1956 年）、《鞭打芦花》（长安书店，1957 年）、《两亲家打架》（长安书店，1958 年），编选《马健翎现代戏曲选集》等亦署。

柳嘉（1924－？），广西桂林人。原名刘家泽。笔名：①戈弩，见于诗《北河三章》，载 1940 年昆明《诗与散文》。嗣后在桂林《广西日报·漓水》《扫荡报》《力报·新垦地》、天津《大公报·文艺》等报刊，1962－1964 年在北京《光明日报》、广州《羊城晚报》等报刊发表作品亦署。②柳嘉，见于《黄昏颂》，载 1978 年《解放军文艺》。嗣后出版散文集《山山水水》《风华集》《彩色之恋》、长篇报告文学集《"威化饼"王国》、杂文集《求知·求富·求采》《柳嘉作品选粹》等亦署。

柳龙光（1915－1948），北京人。笔名：①系己，1939 年在日本《华文大阪每日》发表《文化人的本体》以及游记、译诗等署用。②红笔，在长春《大同报》、日本大阪《华文大阪每日》发表文章署用。③柳龙光，见于随笔《文学报国代创刊》，载 1944 年北平《中国文学》创刊号；随笔《两读〈作家协会变了〉后感》，载 1944 年《中华周报》第 1 卷第 12 期。

柳勉之（1921－？），湖南临湘人。笔名东方白，1942 年前后在延安《部队文艺》发表作品署用。

柳木下（1916－？），广东兴宁人。原名刘慕霞。笔名：①柳木下，见于诗《木下诗抄》，载 1936 年香港《红豆》第 4 卷第 1 期；诗《诗抄》，载 1939 年 4 月 12 日香港《星岛日报》；评论《原始音乐》，载 1939 年《中学知识》第 2 期。此前后在香港《国民日报·文萃》《华侨日报·文艺双周刊》《华商报》《时代批评》《大公报·文艺》等报刊发表《不屈的意志》《诗人里尔克》等诗文，出版诗集《海天集》（香港上海书局，1957 年）亦署。②刘慕霞、马御风，在香港发表诗文署用。

柳杞（1920－2015），山东郯城人。原名蔺风葶。曾用名蔺柳杞、林柳杞。笔名：①蔺风葶，1935 年开始署用。1937 年在上海《大公报》发表小说《胡子》，1938 年在武汉《新华日报·团结》报表作品，1939 年在香港《大公报·文艺》发表诗《扑在大地上》等均署。②柳杞，1938 年开始署用。嗣后发表作品、出版长篇小说《长城烟尘》（解放军文艺出版社，1978 年）、《战争奇观》（解放军文艺出版社，1978 年），短篇小说集《苍苔履痕》（花山文艺出版社，1983 年）及《好年胜景》《人生何处不相逢》《限期前后》等均署。

柳倩（1911－2004），四川荣县人。原名刘智明。曾用名凌翔（乳名）、刘天隽、刘延祖、樊庄。笔名：①柳倩，见于诗《古城》，载 1933 年《狂流文艺月刊》第 2 期；儿歌《雪花飞》，载 1933 年上海《新诗歌》旬刊创刊号。嗣后在《综合》《现代》《文学大众》《诗歌杂志》《女子月刊》《文学》《文学界》《文艺阵地》《抗战半月刊》《现代文艺》《中国诗坛》等刊发表诗、小说，创作歌词《抗战》《保卫祖国》《火海中的孤军》《打铁歌》《祖国的孩子们》《嘉陵江船夫曲》《雪花飘》（由冼星海、聂耳、孙慎、张曙等谱曲），出版诗集《生命底微痕》（联合出版社，1934 年）、《无花的春天》（中国诗歌社，1937 年），诗剧《防守》（思想出版社，1937 年）等，1949 年后出版诗集《大西北行》（四川文艺出版社，1988 年）、《川汉纪游》（四川文艺出版社，1989 年）、《陇上行》（敦煌文艺出版社，1993 年）等亦署。②巴人、天隽，分别见于歌谣《川南民谣》《麦青青》，载 1934 年上海《新诗歌》月刊第 2 卷第 1 期。③明弟，见于诗《回家》，载 1934 年《新诗歌》月刊第 2 卷第 3 期。④蒋嘉，1937 年编《开拓者》诗丛刊署用。⑤一沫，20 世纪 40 年代在重庆偶署。⑥梵庄，见于《若使"文章报国"》，载 1943 年 8 月 28 日重庆《新蜀报·七天文艺》。⑦明，署用情况未详。按：柳倩尚出版有诗集《自己的歌》《抹不掉的伤痕》《挥戈集》、长诗《震撼大地的一月间》，以及《柳倩诗词选》《柳倩绝句选》《律诗选》《柳倩词曲选》《柳倩艺术生涯》《柳倩草书千字文》，主持编写有《锦秀中华》《京剧汇编》，编改整理有江淮剧演出本《蓝桥会》、湘剧剧本《思凡》、中路梆子剧本《辞朝》、楚剧剧本《百日缘》《葛麻》、汉剧剧本《宇宙锋》、沪剧剧本《罗汉钱》等地方戏，出版情况未详。

柳青（1916－1978），陕西吴堡人。原名刘蕴华。曾用名刘东园。笔名柳青，见于散文《待车》，载 1935 年上海《中学生文艺季刊》第 2 卷第 2 期；随笔《冷落》，载 1936 年《文季月刊》第 1 卷第 4 期。嗣后在上述两刊及《解放日报》《谷雨》《文艺战线》《文艺突击》《文艺阵地》《大众文艺》《七月》《文友》《人世间》等报刊发表散文、小说等，出版小说集《地雷》、长篇小说《种谷记》《铜墙铁壁》《创业史（第一、第二部）》等亦署。

柳湜（1903－1968），湖南长沙人。原名柳克立。曾用名柳毅夫。笔名：①柳湜，1933 年开始在上海《申报·读书指导》《申报·自由谈》《读书生活》《太白》《大众生活》《新中华》《妇女生活》等报刊发表作品署用。②方直、柳辰夫，署用情况未详。

柳无非（1911－2004），江苏吴江（今苏州市）人。

笔名：①无非，见于散文《红叶》《人间的幸福》等，收入上海北新书局 1931 年 5 月出版之《菩提珠》；散文《美国学生生活片断》，载 1940 年上海《学生月刊》第 1 卷第 9 期。嗣后在《学习知识》《文化展望》等刊发表文章亦署。②柳无非，见于译文《克利司脱倍》（柯立奇原作），载 1934 年南京《文艺月刊》第 6 卷第 5、6 期合刊。嗣后出版散文集《菩提珠》（与兄柳无忌、妹柳无垢合集，上海北新书局，1931 年）、《我们的父亲柳亚子》（中国友谊出版公司，1989 年），编选《柳亚子诗词选》（与妹柳无垢合作。人民文学出版社，1959 年）等亦署。

柳无垢（1914－1963），江苏吴江（今苏州市）人，字小宜。曾用名唐淑仪。笔名：①无垢，见于散文《墓中人》《三张枫叶》等，收入上海北新书局 1931 年 5 月出版之《菩提珠》；散文《忆凤阁》，载 1941 年《笔谈》半月刊第 2 期。此前后在《野草》《半月文萃》《笔谈》《益世周报》《文艺生活》《大众生活》《广西妇女》《翻译杂志》《时代中国》《现实文摘》《书报精华》《开明少年》等刊发表散文、随笔、翻译小说等亦署。②柳无垢，见于散文《别二姊》，载 1932 年上海《文艺杂志》第 1 卷第 4 期；小说《奔流的心》，载 1933 年北平《清华周刊》第 40 卷第 3、4 期合刊。嗣后在《青年界》《妇女生活》《译文丛刊》《文艺阵地》《大陆》《文学译报》《黄河》《时代文学》《现代英语杂志》《笔谈》《时与潮文艺》《新道理》《半月文萃》等刊发表著、译文，出版翻译小说《大年夜》（美国马尔兹原作。桂林远方书局，1943 年）、《再会》（美国马尔兹原作。桂林建文书店，1943 年）、《阿莱凯姆短篇集》（又名《喀特雅最幸福的人》。苏联阿莱凯姆原作。桂林耕耘出版社，1944 年）、《裘儿》（德国沃尔夫原作。桂林远东书店，1944 年）、《人类的喜剧》（美国萨洛扬原作。重庆文光书店，1944 年）、《实情如此》（美国马尔兹原作。重庆山城出版社，1945 年），英汉对照《天性的研究》（英国诺埃尔·考沃德原作。桂林文化供应社，1943 年）、《铁蒂姨母》（英国诺埃尔·考沃德原作。桂林文化供应社，1943 年）、《敌人》（美国赛珍珠原作。上海现代外国语文出版社，1946 年）等亦署。③无垢女士，见于《Happy New Year》，载 1933 年上海《文艺春秋》第 1 卷第 1 期。④小宜，见于杂文《吉普车又撞死人了》，载 1946 年上海《消息》半周刊第 1 期。嗣后在该刊发表《陈公博死有余辜》《"大国民风度"的真象》《何应钦谈冈村宁次》《知难与知易》《警管制度必须停止》等文，1948 年在上海《世界知识》杂志编"外论选辑"栏亦署。⑤淑之，见于评介《〈中国经济形势讲话〉》《〈中国经济论文第一集〉》，载 1935 年上海《中学生》第 53 期。嗣后在该刊发表多篇图书评介均署。20 世纪 40 年代在上海《现代妇女》《苏联之友》《时代文摘》《新民主妇女》等刊发表文章亦署。⑥郑留芳，出版《美国对台湾的侵略》（世界知识社，1954 年）署用。

柳无忌（1907－2002），旅美作家，原籍江苏吴江（今苏州市）人。原名柳锡礽，字无忌。曾用名 Liu Wu-Chi，Wu-Chi Liu。笔名：①啸霞，见于诗《哀希腊》，载 1925 年北京《清华文艺》第 1 卷第 2 期；1931－1932 年在上海《文艺杂志》发表《决心》《七夕》《罗斯的女郎》等诗，1935 年在天津《人生与文学》发表《论文坛合作》《马尔文节与美国戏剧运动》《巴比塞与战争小说》等文和诗《下棋》亦署。②柳无忌，见于论文《日本僧飞锡〈潮音跋〉及其考证》，载 1926 年北京《语丝》周刊第 109 期；《苏曼殊年谱》，载 1927 年上海《小说世界》第 16 卷第 5 期。嗣后在《清华周刊》《白露月刊》《语丝》《文艺月刊》《青年界》《文艺杂志》《文艺》《人生与文学》《今日评论》《文艺新潮》《笔谈》《文讯》《文学创作》《文艺先锋》《时与潮文艺》《中原》《民族文学》《新文学》《当代文艺》《半月文萃》《世界政治》《读书通讯》《国立中央大学文史哲季刊》《军事与政治》等刊发表著、译文《黎明的一刻》《赠所欢》《通讯》《我所认识的子沄》《诗选：生死两镜》《语言与文学》《戏剧与批评》《欧洲文坛探胜记》《西洋戏剧业展的阶程》《欧战与英国诗人》《印度的文学》《苏曼殊与我》《那不勒斯游记》《现代英国文学的背境》《希腊悲剧中的人生观》《拜伦诗钞》《蒲伯与讽刺的艺术》《罗马吊古记》《维玑尼亚和她的朋友》等，出版论著《苏曼殊年谱及其他》（上海北新书局，1928 年）、《印度文学》（台北联经出版事业公司，1982 年）、《西洋文学研究》（中国友谊出版公司，1985 年）、《中国文学新论》（中国人民大学出版社，1993 年），译作《少年歌德》（上海北新书局，1930 年）、《莎士比亚时代抒情诗》（重庆大时代书局，1942 年）、《阿尔麦耶底愚蠢》（英国康拉德原作。重庆古今出版社，1943 年），诗集《抛砖集》（桂林建文书店出版社，1943 年），散文集《柳无忌散文选——古稀话旧》（中国友谊出版公司，1984 年）等亦署。③无忌，见于诗《婚歌》《新岁》《银湖之游》、译诗《译莎士比亚诗歌》，载 1931 年上海《文艺杂志》第 1 卷第 1 期。翌年在该刊第 1 卷第 3 期发表《英国十七世纪抒情诗选译》亦署。④Hsiao Hsia，见于所编英文著作 *CHINA: ITS PEOPLE、ITS SOCIETY, ITS CULTARE*，1960 年出版。⑤萧亚，署用情况未详。

柳溪（1924－2014），河北献县人。原名纪清俊。笔名：①纪莹，见于小说《怨》，载 1941 年北平《中国文艺》第 5 卷第 4 期；小说《沼地上》，载 1944 年北平《中国文学》第 1 卷第 10 期。此前后在北平《中国公论》《新进》《新民声》《新民报半月刊》《东亚联盟》《华北作家月报》《妇女杂志》、济南《大风》、太原《新唐风》等刊发表小说、散文等作品亦署。②柳西夷、纪绚、项明、耿简、柳莹、今秋，20 世纪 40 年代发表文章曾署。③柳溪，见于散文《旧友新面》，载 1949 年《冀中教育》第 2 卷第 3 期。1949 年后在《河北教育》《人民文学》等报刊发表文章，出版短篇小说《刘寡妇结婚》（东北新华书店，1950 年）、《柳溪短篇小说集》（花山文艺出版社，1982 年），中篇小说集《生涯》（吉林人民出版社，1982 年），长篇小说《功与罪》（百花文艺出版社，1983 年）等亦署。④耿简，20 世纪 50 年代发表短篇小说《爬在旗竿上的人》署用。按：柳溪尚出版有长篇小说《大盗燕子李三传奇》《超级女谍金璧辉外传》《淑妃文绣的一生》、中篇小说集《男人的弱点》、唱词《挑对象》（与张慢合作，图书业公会服务部）、论著《试谈写小说》等，出版或署名情况未详。

柳亚子（1887－1958），江苏吴江（今苏州市）人。原名柳慰高，字安如、景山，号弃疾、亚子、亚庐、亚卢、稼轩、弃疾子。曾用名慰宝（乳名）、禅儿（幼名）、柳人权、唐引之、唐隐芝、张於英。别署私淑列宁、佩宜夫婿、南社主盟、亲炙中山、前身青兕（均印名）。笔名：①青兕，1912 年在天津《天铎报》撰写社论署用。②柳亚子，见于《关于段庵旋〈燕子山僧集〉的我见种种》，载 1926 年《语丝》周刊第 101 期；《苏杰生年表》，载 1929 年《北新》第 4 卷第 1、2 期。嗣后在《北新》《诗与散文》《艺术旬刊》《珊瑚》《文艺茶话》《文艺春秋》《人文月刊》《七日谈》《越风半月刊》《上海周报》《笔谈》《广大知识》《文化杂志》《文史杂志》《图书季刊》等刊发表诗文，嗣后创作诗词，出版诗文合集《文艺园地》（柳亚子编，上海开华书局，1932 年）、诗词集《乘桴集》（上海平凡书局，1929 年）、散文集《怀旧》（上海耕耘出版社，1947 年）等，1949 年后出版《柳亚子诗词选》（人民文学出版社，1959 年）、《磨剑室词集》（上海人民出版社，1985 年）、回忆录《南社纪略》（上海人民出版社，1983 年）等亦署。③亚子、化龙隐士、分湖旧阴、中国少年之少年，署用情况未详。按：柳亚子尚著有诗词集《乐园吟》《词集文集》等，出版情况未详。

柳野青（1902－1988），湖北黄陂（今武汉市）人，原名柳启鋆。曾用名柳植。笔名：①青郎、青侣、鸣弓、驼峰，1931 年在武汉《煤坑》旬刊发表作品署用。②柳四，1931－1934 年在汉口《时代日报》发表作品署用。

柳诒徵（1880－1956），江苏镇江人，字翼谋、希北（guān），号劬堂、盦山叟。笔名柳诒徵，见于诗《洞中吟》，载 1939 年《民族诗坛》第 2 卷第 3 期；《一切学问的起原》，载 1949 年《科学画报》第 1 卷第 7 期。

【long】

龙取直，生卒年及籍贯不详。笔名黄叶，20 世纪 30 年代在武汉主编《时代日报·时代前》时发表诗文署用。

龙翔，生卒年不详，河北宛平（今北京市）人，字小云。笔名龙翔，在《南社丛刻》发表旧体诗署用。

龙瑛宗（1911－1999），台湾新竹人。原名刘荣宗。笔名：①龙瑛宗，1936 年开始在台湾报刊发表小说署用。1937 年创作日文小说《植有木瓜树的小镇》，发表于日本《改造》杂志第 19 卷第 4 期。嗣后在大阪《大阪每日新闻》《南岛文艺》、东京《越过海洋》、台湾《日日新报》《台湾新民报》《台湾新报》《中华日报（日文文艺版）》《台湾文学》《文艺台湾》《台湾新文学》《台湾艺术》《华丽岛》《兴南新闻》《旬刊台新》《山地旬刊》等报刊发表日文小说、散文，出版日文著作、小说集《台湾小说集》（与吕赫若等合集。大木书房，1943 年）、长篇小说《红尘》（1978 年）、随笔集《女性素描》、论著《孤独的蠹鱼》（台北盛兴出版部，1943 年），1980 年后出版中文著作《午前的悬崖》（日文小说译本，钟肇政等译）。台北兰亭书店，1985 年）、《杜甫在长安》（台北联经出版事业公司，1987 年）、《龙瑛宗集》（台北前卫出版社，1991 年）等均署。②彭智远、刘春桃，在台湾报刊发表作品署用。

龙榆生（1902－1966），江西万载人。原名龙沐勋，字榆生，号忍寒、元亮、娱生，别号龙七、萚公、忍寒生、忍寒龙七、忍寒居士、洞庭樵隐、风雨龙吟室主、荒鸡鹭梦室主、劳芬亭长。曾用名龙元亮、龙娱生。笔名：①龙沐勋，见于《九日天马山登高》，载 1927 年《国学专刊》第 1 卷第 4 期；论文《苏辛派词之渊源流变》，载 1933 年《文史丛刊》第 1 集。嗣后在《词学季刊》《中国语文学丛刊》《语言文学专刊》《文摘》《文学》《出版周刊》《制言》《民族诗坛》《同声月刊》《中央导报》《古今》《风雨谈》《艺文杂志》《中和月刊》《求是》《天地》等刊发表诗文，出版《风雨龙吟室丛稿》（国立暨南大学文学院，1931 年）、《辛稼轩年谱——暨南大学中国语文学系讲义》（国立暨南大学）、《中国韵文史》（上海商务印书馆，1935 年）、《苏黄尺牍选》（上海商务印书馆，1939 年）、《倚声学：词学十讲》（台北里仁书局，1996 年）等均署。②龙榆生，见于论文《东坡词之风格及其特点》，载 1932 年上海《摇篮》第 2 卷第 1 期；论文《苏门四学士词》，载 1934 年上海《文学》月刊第 2 卷第 6 期。此前后在《民族诗坛》《国艺》《暨南季刊》《国民杂志》等刊发表诗文，出版《唐宋名家词选》（上海古典文学出版社，1957 年）、《豫章黄先生词》（中华书局，1957 年）、《近三百年名家词选》（中华书局，1962 年）、《唐宋词格律》（上海古籍出版社，1978 年）、《龙榆生词学论文集》（上海古籍出版社，1997 年）、《忍寒诗词歌词集》（复旦大学出版社，2012 年）等均署。③榆生，见于诗《寄怀散原丈燕京》，载 1934 年天津《国闻周报》第 11 卷第 24 期；诗《南游舟中用东坡六月二十夜渡海韵》，载 1935 年《文明之路》第 18 期。④萚公，见于随笔《忍寒漫录》，载 1945 年南京《同声月刊》第 4 卷第 3 期。

【lou】

娄凝先（1910－1984），山东商河人。原名娄海山。笔名娄凝先，见于随笔《1928－1930 年在北平出版的几个刊物》，载 1985 年北京《新文学史料》第 1 期。按：娄凝先 1927 年在上海《幻洲》发表文章参加关于"灵与肉"的辩论，1928－1930 年间在北平《谷风》《夜莺》《初阳》《展望》《兄弟》等刊发表诗文，1943 年后在《晋察冀日报》《天津导报》《中国新闻》等报发表文章，署名未详。

娄绍莲，生卒年及籍贯不详。笔名：①娄绍莲，见于译文《罗曼·罗兰的手札》（法国 A. 乔治原作），载 1945 年重庆《法国文学》第 1 卷第 1 期。嗣后在该刊及《广播周报》《宇宙线》《新风周刊》《儿童福利通讯》《时事评论》《西点》等刊发表随笔《马赛曲的产生经过》《法国大革命的发源地巴斯底狱》《法国名画家：华杜》等，译文《彭查曼·康斯当与蕾嘉梅夫人》（法国 M. 勒瓦扬原作）、《"龚古尔奖金""诺勒都奖金"与"斐米娜奖金"》（法国 P. 德迦夫原作）等，出版翻译小说《曼侬》（法国蒲吕渥原作。上海正风出版社，1947 年）、散文集《今日之法国》（南京国际书屋，1947 年）等亦署。②一沙，见于译文《得之无愧的龚古尔奖金》（法国 D. 禾里原作），载 1945 年重庆《法国文学》第 1 卷第 1 期。嗣后出版翻译小说《火线——一个步兵班的日记》（法国巴比塞原作。人民文学出版社，1958 年）亦署。

楼邨（1880－1950），浙江缙云人。原名楼卓立，字肖嵩，号新吾、辛壶、玄根、玄道人、玄根居士、缙云老叟。笔名楼邨，见于旧体诗《亚子属》《夏日》《和吹万题》《题四照阁》《咏西泠印社》《咏山川》，载《南社丛刻》第 16 集。

楼栖（1912－1997），广东梅州人。原名邹冠群。曾用名香辉（乳名）、邹灌芹。笔名：①寒光，1932 年冬在广州《天王星》发表文艺短论署用。②白苇、黄芦，1933 年下半年在广州《新路线》发表小说、杂文署用。③香菲、昔莳、白芷、芗萍，20 世纪 30 年代初在广州《民国日报·黄花》《民国日报·东西南北》《市民日报·市声》发表诗、散文、小说、杂文、评论等署用。④楼西，见于散文《农村散书之页》，连载于 1934 年 1—2 月间广州《民国日报·黄花》。嗣后在该刊发表文章亦署。又见于小说《出关》，载昆明新流书店 1940 年 9 月出版之小说集《团聚》。⑤楼栖，1935 年起在广州《民国日报》副刊发表诗、小说等署用。又见于诗《征怀》，载 1939 年广州《中国诗坛》新 2 号；诗《枕木、列车》，载 1941 年桂林《诗创作》第 6 期。此前后在《野草》《现代文艺》《文艺生活》《广西妇女》《自由世界》《学习知识》《文艺丛刊》等报刊发表诗文，出版小说散文集《窗》（山城文艺社，1942 年）、杂文集《反刍集》（香港文生出版社，1946 年）、长篇叙事诗《鸳鸯子》（香港人间书屋，1949 年）、诗集《柏林呵，柏林》（广东人民出版社，1960 年）、论著《论郭沫若的诗》（上海文艺出版社，1959 年）等亦署。⑥柳明，见于诗《春在乡村》，载 1941 年广西《抗战时代》第 3 卷第 4 期。同年在广东曲江《新建设》第 2 卷第 6—7 期合刊发表随笔《日寇侵略下越南的今昔》、在香港《时事解剖》第 1 卷第 2 期发表散文《越南归来》等，1943 年在重庆《文艺先锋》第 3 卷第 4 期发表译诗《火车中》（英国詹姆斯·汤姆逊原作）亦署。⑦马逸野，抗战时在桂东《八步日报》以及其他内地报刊发表文章署用。1945 年后在香港报刊发表文章亦署。⑧柳梢月，署用情况未详。

楼适夷（1905－2001），浙江余姚人。原名楼锡椿。曾用名楼适夷、楼建南。笔名：①楼建南，见于小说《观礼券》，载 1923 年广州《现代生活》第 1 卷第 2 期；诗《秋凉之夜》，载 1923 年 10 月 19 日上海《中华新报·创造日》。同时期在上海《太阳月刊》《现代小说》等报刊发表诗文，出版小说集《挣扎》（上海现代书局，1928 年）、《病与梦》（上海光华书局，1929 年）亦署。②建南，见于《诗》，载 1923 年广州《现代生活》第 1 卷第 2 期；小说《爱兰》，载 1926 年《洪水》半月刊第 2 卷第 21 期。此前后在《小说月报》《太阳月刊》《白华》《京报副刊》《青年界》《拓荒者》《海风周报》《北斗》等报刊发表诗文亦署。③长风，见于随笔《新时代的文学的要求》，载 1927 年上海《洪水》第 3 卷第 27 期。嗣后在上海《语丝》《幻洲》发表文章亦署。④适夷，见于小说《病》，载 1927 年上海《一般》第 3 卷第 4 期；散文《泥泞》，载 1929 年 12 月 9 日上海《语丝》周刊第 5 卷第 39 期。嗣后在《幻洲》《朝花》《现代小说》《小说月报》《萌芽》《海风周报》《拓荒者》《现代文学》《读书月刊》《申报·自由谈》《文艺月刊》《文艺新闻》《文艺新潮》《青年界》《东方杂志》《北斗》《现代》《文学月报》《文化月报》《良友画报》《中行》《文学》《七月》《文艺阵地》《抗战文艺》《文化批判》《文艺综合》《新中国文艺丛刊》《野草》《文艺生活》《奔流新集》《人间世》《笔谈》《新文化》《译林》《中学生》《周报》《中国建设》《大众生活》《文艺春秋》《大众文艺丛刊》《小说》、新加坡《星洲日报·晨星》等报刊发表著译诗、小说、报告文学、随笔等，出版中篇小说《她的彷徨》（上海广益书局，1930 年）、小说集《第三时期》（上海湖风书局，1932 年）、独幕剧《S·O·S》（民族剧社），翻译戏剧《灰姑娘》（英国鲁意司·勃理格斯原作。上海开明书店，1931 年）、《仇敌》（苏联高尔基原作。上海国民书店，1941 年），翻译小说《恶党》（苏联柯罗连科原作。上海湖风书局，1931 年）、《穷儿苦狗记》（英国维代尔原作。上海儿童出版社，1932 年）、《苏联短篇小说集》（上海天马书店，1933 年）、《海国男儿》（法国马洛原作。建文书店，1936 年）、《奥古洛夫镇》（苏联高尔基原作。重庆大时代书局，1941 年）、《彼得大帝》（苏联阿·托尔斯泰原作。上海文化生活出版社，1941 年）、《苦命人巴威》（苏联高尔基原作。桂林上海杂志公司，1944 年）、《海上女儿》（法国马洛原作。上海燎原书屋，1946 年）、《老闆》（苏联高尔基原作。上海万叶书店，1946 年）、《意大利故事》（苏联高尔基原作。上海开明书店，1946 年）、《谁之罪》（俄国赫尔岑原作。上海大地图书公司，1947 年）、《面包房里》（苏联高尔基原作。上海杂志公司，1948 年）、《奥莱叔华》（苏联高尔基原作。上海生活书店，1948 年）、童话《阳光底下的房子》（上海良友复兴图书公司，1940 年）等亦署。⑤舒夷，见于翻译小说《弥海儿溪亚》（波兰勃频斯基原作），载 1928 年上海《白华》半月刊第 1 卷第 3 期。1929 年 1 月 20 日在上海《海风周报》第 4 期重刊翻译小说《弥海儿溪亚》亦署。又见于独幕剧《稣达的泉》（日本秋田雨雀原作），载 1929 年 7 月 5 日上海《一般》月刊第 8 卷第 3 期。⑥林莽，见于散文《用自己的血写成这伟大的诗篇——白莽印象记》，载 1931 年 5 月 25 日上海《文艺新闻》第 11 期。⑦凌铁，见于散文《饥饿的褴褛的一群》，载 1931 年上海《文学导报》（原名《前哨》）第 1 卷第 6－7 期合刊。⑧逸夫，见于随笔《新年第一事》，载 1932 年上海《文艺新闻》第 43 号。嗣后出版翻译论著《我的文学修养》（苏联高尔基原作。上海天马书店，1936 年）、翻译小说《切流斯金号北极探险记》（苏联斯密兹等原作。上海天马书店，1937 年）亦署。⑨适，见于《恭贺新禧》，载 1932 年上海《文艺新闻》第 43 号。⑩林翼之，见于散文《城隍庙礼赞》，载 1933 年 6 月 13 日上海《申报·自由谈》。嗣后在该刊发表随笔《读〈毁灭〉大众本》《文坛登龙术要》等亦署。⑪叶素，见于译作《连歌》《青苍与薄灰》（苏联高尔基原作），载 1936 年上海《译文》新 2 卷第 1 期。嗣后在《文艺阵地》《文艺新潮》《奔流文艺丛刊》《上海周报》等刊发表著译作品，出版翻译小说集《焚火》（日本志贺直哉原作。上海天马书店，1935 年）亦署。⑫楼逸夫，出版译作《高尔基文艺书简集》（上海开明书店，1937 年）署用。⑬金三，见于散文《深渊下的哭声》，载鲁迅先生纪念委员会 1937 年版《鲁迅先生纪念集》。⑭楼适夷，见于《文协香港办事处成立大会报告》，载 1939 年《抗战文艺》第 4 卷第 1 期。嗣后在《文艺生活》《大公报·文艺》等报刊发表文章，出版翻译戏剧《但顿之死》（苏联亚历舍·托尔斯妥叶原作。上海商务印书馆，1933 年），翻译小说《人间》（苏联高尔基原作。重庆开明书店，1941 年）、《志贺直哉小说集》（日本志贺直哉原作。作家出版社，1956 年），翻译论著《科学的艺术论》（重庆读书生活出版社，1942 年），晚年出版《安子》（日本小林多喜二原作。上海文艺出版社，1962 年）、诗集《适夷诗存：新与旧》（人民文学出版社，1983 年）、散文集《话雨录》（上海三联书店，1984 年）亦署。⑮鲍介，见于译文《论革命的语言》（潘菲格夫原作）、《青春复返术》（Y. 欧柳霞原作），分别载 1939 年《文艺阵地》第 3 卷第 12 期和第 4 卷第 1 期。⑯无斋，见于随笔《每月文谈》，载 1940 年《文艺阵地》第 5 卷第 1 期《文阵丛之一·水火之间》。⑰司马寇，见于随笔《迎龙王——乡愁杂记》，载 1940 年上海《大陆》月刊第 1 卷第 1 期。嗣后在该刊发表散文、随笔《租妻——乡土随谈》《岁暮杂景》等亦署。⑱一叶，见于通讯《一个公共大厨房——记上海民生简便食堂》，载 1940 年《大陆》第 1 卷第 4 期。⑲海客，见于小说《旧案》，载 1941 年 7 月 15 日上海《新文丛》之二《破晓》。⑳一卒，见于随笔《秋深夜雨》，载 1941 年上海《奔流新集》第 2 集《横眉》。㉑白季仲，见于译文《黄金乡的发见者》（奥地利茨威格原作），载 1943 年上海《万象》第 3 卷第 3 期。嗣后在该刊发表《滑铁卢天下成败之秋》《玛丽安白的悲歌》等著译文亦署。又见于随笔《愚人历险记》，载 1949 年上海《袖珍杂志》第 2 期。㉒叶凌秋，见于小说《老妇》，载 1944 年《万象》第 4 卷第 2 期。㉓林海、林南、林翼、仇客、逸民、林逸夫、林建南、叶岭秋、嘘嘘馆主，署用情况未详。

【lu】

卢葆华（1898－1945），贵州遵义人。原名卢夔风，字佈娟、韵秋，号葆华。笔名：①卢葆华，见于《感时》，载 1932 年《晨光》第 1 卷第 14 期；随笔《苦闷日记》，载 1936 年武汉《人间世》半月刊第 2 期。此前后在《晨光》《新人》《社会月报》《美术生活》《旅行杂志》《小说》等刊发表《游天目山杂感》《提倡国货的前提》《瓜棚豆架》《饥饿线上的娜》《生活美术化》等诗文。出版诗集《血泪》《飘零集》、词集《相思词》、中篇小说《抗争》、散文集《哭父》、回忆录《飘零人自传》等均署。②卢葆华女士，见于《青春》，载 1933 年《新垒》第 2 卷第 5 期。③葆华，见于《论天涯须自惜》，载 1933 年《晨光》第 1 卷第 42 期。④茜华、笑生、绯娜、乐江女子、湘江菊子，署用情况未详。

卢本源，生卒年不详，台湾人。笔名懋清、卢懋清，1932－1933 年间在台北《南瀛新报》发表旧诗《香美人》等署用。

卢福长（1915－1992），河南开封人。笔名：①福长，见于诗《春风初吹入我的胸怀——自描一幅》，载 1932 年 7 月 17 日开封《河南民报·丁香诗刊》。嗣后在该刊及《河南民报·平野》发表诗《垂老的秋天》亦署。②淋漓，见于诗《林中》，载 1932 年 8 月 27 日开封《河南民报·丁香诗刊》。③扶苍，见于诗《自描一幅》，载 1933 年 8 月 29 日至 9 月 17 日开封《河南民报·平野》。嗣后在该刊发表诗《萧瑟的心》《残弦及雨中》等亦署。又见于诗《柳絮之歌》《残弦》，载 1932 年上海《新时代》第 3 卷第 1 期。④可可，20 世纪 30 年代在河南报刊发表诗作署用。

卢鸿基（1910－1985），广东琼海（今属海南省）人，字圣时。曾用名卢隐、卜鳌。笔名：①鸿基，见于《创造典型与避免公式》，载 1939 年 9 月重庆《抗战艺术》第 1 期。②卢鸿基，见于译诗《淮尔德小诗》，载 1935 年上海《女神》第 1 卷第 8 期；随笔《读词偶感》，载 1943 年桂林《文学报》（孙陵编）新 1 卷第 1 期。此前后在《世界文学》《抗战艺术》《抗战文艺》《七月》《文艺阵地》《现代文艺》《小说》等刊发表木刻《"他举起了投枪"》、随笔《病榻谈艺》、评论《抢做通俗代表的论客》《从能动的画起》、译文《我的写作精神》等均署。2008 年由中国美术学院出版社出版之《卢鸿基文集》亦署。

卢冀野（1905—1951），江苏江宁（今南京市）人。原名卢正绅，字冀野，号小疏、饮虹。别号老冀、饮虹词人、饮虹园丁、饮虹簃主人、中兴鼓吹者。晚号冀翁。曾用名卢前。笔名：①冀野，见于《飞鸟》，载1922年4月6日上海《时事新报·学灯》。1934年在南京《中央时事周报》连载随笔《小疏笔谈》亦署。嗣后在《民族诗坛》《民意周刊》《上海漫画》等刊发表诗文又署。②卢前，见于诗《吴碧柳挽诗》，载1932年《国风》半月刊第4期。又见于诗《重过金鸡岭外二章》，载1943年5月1日桂林《半月文萃》第1卷第11、12期合刊。于此前后在上述刊物以及《词学季刊》《文艺春秋》《制言》《艺文杂志》《暨南学报》《南通学院院刊》《民族诗坛》《民意周刊》《时代精神》《图书季刊》《教育通讯》《图书月刊》《新中华》《文史杂志》《中国文学》《书报精华》《复旦学报》《中央日报周刊》《关声》《广播周报》等报刊发表诗文署用。出版论著《八股文小史》（商务印书馆，1937年），译作《孔雀女》（印度迦梨陀娑原作。重庆正中书局，1945年），散文集《黔游心影》（贵阳文通书局，1941年）、《冶城话旧》（万象周刊社，1944年）、《冀野选集》（中国文化服务社，1947年），诗集《卢参政诗》（贵阳文通书局，1942年），以及《中兴鼓吹选》（任中敏选。贵阳文通书局，1942年）、《曲雅》（成都存古书局，1930年）等均署。③卢冀野，见于通讯《编剧和绍介社员的商量》，载1922年上海《戏剧》第2卷第1期；小说《落花时节》，载1925年上海《小说月报》第16卷第7期。此前后在《民铎杂志》《心潮》《东南论衡》《青年界》《文学》《东方杂志》《中学生》《中华新报·创造日》《剧学月刊》《书报展望》《文艺月刊·战时特刊》《时事月报》《国防论坛》《越风半月刊》《上海漫画》《黄河》《万象》《文讯》《广播周报》《民意周刊》《新西北》《民族诗坛》《教育通讯》《青年音乐》《中央周刊》《乐风》《学生之友》《力行月刊》《旅行杂志》《新政论》《南京市政府公报》《子曰丛刊》等报刊发表诗文，出版小说集《三弦》、诗集《春雨诗集》《春雨》《绿帘》、散文集《炮火中流亡记》《丁乙间四记》，编选诗集《时代新声》《元明散曲选》等亦署。④饮虹、饮虹簃主人、卢小疏，署用情况未详。

卢剑波（1904—1991），四川合江人，祖籍湖北孝感。原名卢廷杰。世界语名Inferlo。笔名：①幼葭，见于《病的泄泻》，载1926年上海《幻洲》第1卷第9期。同时期在上海《新女性》《新时代》《开明》等刊发表文章亦署。②左馨、吴沄、黑囚、田申雨、Inferlo，20世纪20年代初开始在上海、成都和马来亚新加坡等地报刊发表散文、评论、译作署用。③剑波，见于译文《在俄见闻录》（美国柏克曼原作），载1927年天津《国闻周报》第3卷第5期。嗣后在该刊及《新女性》《幻洲》《开明》《宇宙风》《贡献》《泰东月刊》等刊发表《爱玛高德曼传》《谈性爱》《性爱与友谊》《价值革命》等著译文章，出版翻译诗集《海涅诗选》（德国海涅原

作。上海亚细亚书局，1929年）、论著《恋爱破灭论》（与培良、长虹等合集。上海泰东图书局，1928年）亦署。④卢剑波，见于随笔《关于维特剧本》，载1928年上海《文学周报》第328期；译文《"性美"之颂》（加拿大格兰特·艾伦原作），载1928年上海《山雨》半月刊第1卷第7期。嗣后在《新女性》《贡献》《科学月刊》《新时代》《宇宙风》《新教育旬刊》《中学生》《流星》《诗创作》《笔阵》等刊发表译文《但丁传》《马克斯主义的谬误》《诗人华尔特尔·封·德伏格尔维德》、随笔《原始民族的贞操观》《怀念罗曼罗兰》《死神与爱迪生》等，出版散文集《有刺的蔷薇》（上海光华书局，1929年）、《生与生之表现》（上海新时代书局，1931年）、《路》（重庆今日出版合作社，1938年）、《心字》（上海文化生活出版社，1946年），传记《世界女革命家》（上海启智书局，1929年），论著《社会的价值与变革》（上海启智书局，1929年）、《爱琴文明探源》（英国柯特勒尔原作。四川人民出版社，1985年），译作《世界产业工人会简史》（约翰·文森特原作。上海泰东图书局，1927年）等均署。⑤江一、GITAV，1949年后发表翻译诗歌和散文署用。

卢经钰（1922—？），四川成都人。笔名：①芦戈，见于散文《故乡之恋》，载1942年四川《拓荒文艺》第1期。②路今，出版诗集《青春的脚步》（1993年）、回忆录《风雨人生》（北京时代文汇文化传播中心，2014年）均署。

卢静（1917—？），江苏吴江（今苏州市）人。原名卢福庠。笔名：①卢福庠，见于诗《给时代的孩子》，载1939年4月3日上海《文汇报·世纪风》；见于诗《谁说今年不会有新的生机：[诗歌]》，载1940年上海《中学生》第20期。②卢静，见于《W镇小景》，载1940年《时代批评》第37期；小说《夜莺曲》，载1942年桂林《人世间》第1卷第2期。1948年4月在上海文化生活出版社出版中篇小说《夜莺曲》亦署。③蜀青，见于诗《诗选：谁说今年不会有新的生机》，载1938年上海《文艺》第2卷第3期。嗣后在该刊发表诗《梦》《野渡》《伊丽莎》等亦署。

卢克彰（1923—1976），浙江诸暨人。笔名：①卢克彰，1949年后在台湾出版长篇小说《激流》（台北中华文艺社，1957年）、《春满大地》（台南晨光出版社，1964年）、《弦外》（台南晨光出版社，1964年）、《秋风萧萧》（台南晨光出版社，1964年）、《烽火钟声》（台北现代学人社，1965年）、《倩倩》（台北文坛社，1965年），小说集《讴歌永恒的人》（台北中华文艺社，1958年）、《悬崖上奇葩》（台北自由太平洋文化公司，1965年），散文集《垦拓散记》（台中光启社，1965年）、《自然的乐章》（台北三民书局，1971年）、《撷云小记》（台北水芙蓉出版社，1976年）等均署。②石遗、鲁岱，署用情况未详。按：卢克彰20世纪40年代即发表作品，署名情况未详。

卢茅居（1909—1941），福建福州人。原名卢懋棨。

曾用名卢懋居、卢念刚、马蒙新。笔名：①卢茅居，见于通讯《闽江的舫女》，载1937年上海《中流》第1卷第10期。嗣后在福建永安《现代文艺》《改进》《现代青年》、福州《协大学生》《平凡》《瑰琭》《文座》等刊发表散文、剧本等亦署。②茅居、新茅、孟新、懋举、文迪，20世纪40年代在《福建日报》《现代青年》《协大学生》《改进》等报刊发表《理想与奋斗》《精神重于物质》《时间·生命·年龄·事业》等文署用。③文龙，见于评论《文艺大众化的核心问题》，载1940年4月25日福建永安《现代文艺》创刊特大号。嗣后在该刊发表《五月与中国新文艺运动》《增植文艺新军》等评论亦署。④石滨，见于评论《创作实践与生活实践》，载1940年《现代文艺》第1卷第2期。嗣后在该刊发表《民族传统与世界传统》等文亦署。⑤新矛，见于书评《〈投影集〉（唐弢作）》，载1940年《现代文艺》第1卷第4期。

卢煤（1918—2000），广东普宁人。原名卢如吟，字仁风，号何生。曾用名卢植三。笔名：①卢仁风，见于散文《午后》，载1935年上海《血汗周刊》。②炉煤，见于诗《会》，载1939年《大埔诗坛》。③辛芷，见于诗《我歌练江》，载1941年粤东《东南文艺》月刊。④奚予、紫夷、田非、田紫、草芷、辛笛、苗灵、辛可、何虞、黄潮龙，1941—1945年在广东潮汕等地报刊发表文章署用。⑤樨犀、陶公冶、沈之予，1945—1946年间在香港《正报》《聪明人晚报》发表杂文署用。⑥王珂、立可、辛珂、辛琦，1946—1947年间在汕头《光明日报》《建国日报》发表随笔、文艺通讯署用。⑦绿燕，见于诗《盼望》，载1946年香港《明朗周刊》。嗣后在暹罗曼谷《光明》周刊发表小说《高楼里的愤怒》、在《曼谷商报》发表散文《富良江畔的种子》等亦署。⑧殷拓，见于《暹华文坛一年来的回顾》，载1947年暹罗曼谷《全民报》。⑨林牧，见于小说《浮沫》，载1949年暹罗曼谷《中原报》。⑩方皇、高湮、牧野、张海、林羽、洪慕、田子夫、牧子南、非可恶，1946—1949年秋在暹罗报刊发表文学作品署用。⑪殷拓，见于随笔《暹华文坛一年来的回顾》，载1947年暹罗曼谷《全民报》。⑫张海，见于评论《暹罗文坛向何处去》，载1948年1月1日暹罗曼谷《中原报》"元旦特刊"。⑬卢之，在暹罗报刊发表教育方面的文章署用。⑭卢煤，1949年后出版潮剧剧本《胭脂女》（与江流合作。广东人民出版社，1958年）、散文集《随笔六十年》（广东省归侨联谊会，2000年）署用。

卢梦（1917—2005），河北深县人。原名田振中。笔名：①林夕、王道，1934—1935年间在太原《山西党讯》副刊和《太原日报》副刊发表诗歌署用。②吴楚、林容，1941—1942年间在晋绥边区《西北文艺》发表文章署用。③卢梦，见于《重读〈阿Q正传〉后的感想》，载1948年10月19日山西兴县《晋绥日报》。

卢梦殊（？—1962），籍贯不详。曾用名卢柏棠、余乃玉。笔名：①卢梦殊，见于小说《冬烘》，载1923年上海《红杂志》第44期。嗣后主编《香岛月报》《银星》杂志并在上述两刊及《社会之花》《良友画报》《真美善》《雅典》《文艺月刊》《东方杂志》《文华》《时代批评》《香岛月报》等刊发表小说、随笔、评论，出版中篇小说《阿串姐》（上海真美善书店，1928年）、散文集《山城雨景》（香港华侨日报社出版部，1944年）、论著《星火——影剧论集》（上海电影书店，1927年）、编选《电影与文艺》（上海良友图书印刷公司，1928年）等均署。②罗拔高，见于小说《油与热》，载1929年上海《雅典》月刊第1期；随笔《新都杂写》，载1936年上海《上海漫画》第1期、第2期。1944年由香港华侨日报社出版的小说集《山城雨景》亦署。

卢铭开（1921—？）广东梅县（今梅州市）人。笔名：①田江，1936年起在暹罗曼谷《华侨日报》《中华民报》发表新诗署用。②卢鸿，1937年参加暹罗曼谷《华侨日报》"星期特刊"以"第二次世界大战前途展望"为题之征文赛署名（获第一奖）。③相国，1937年在暹罗曼谷《华侨日报》《中华民报》发表国际评论署用。④鲁思，1947年起在暹罗曼谷《知行导报》《民声日报》发表体育评论署用。⑤人云，见于诗集《铃音集》（与方涛、亦云、老鼎合集），20世纪30年代在暹罗曼谷印行。⑥卢青、鲁洪，在暹罗（泰国）华文报刊发表诗文署用。

卢矞（1929—1947），籍贯不详。笔名文则野，1946—1947年在厦门《星光日报》《江声报》发表诗、杂文署用。

卢森（1911—？），籍贯不详。笔名：①卢森，见于诗《夜哭》，载1937年1月1日上海《文学》第8卷第1期"新诗专号"。嗣后在《时代动向》《广东青年》《广东妇女》《建国月刊》《民族青年》《文坛》《宇宙风》等刊发表诗文署用。出版诗集《日月重光》（1939年）、《疗》（诗时代出版社，1941年）、《倦鸟之歌》（曲江文海出版社，1943年）、四幕剧《夜漫漫》（广州文坛丛书出版社，1949年）等著作均署。②鲁深，见于诗《创造未来的欢欣》，载1937年1月1日上海《文学》第8卷第1期"新诗专号"。嗣后在《广东妇女》《民族青年》等刊物撰文署用。1946年至1947年在《文坛》连载长篇小说《双燕笺》亦署。③洪成，署用情况未详。

卢世光（1923—？），上海人，生于安徽安庆。笔名狄蒙、黎牧，分别见于诗《笑吧，朋友》《朋友，我虔诚地劝告你》，载1946年上海《野火》诗刊第1期。

卢世延，生卒年不详，福建古田人。笔名：①世延，见于散文《光明的追求者》，载1936年4月福州《小民报·新村》。嗣后在该刊发表译诗《尊贵的性质》亦署。②延，见于散文《时间的观念》，载1936年5月3日《小民报·新村》。嗣后在该刊发表散文《燕子随笔》《山水》《我们的夏天》等亦署。③卢世延，见于译文《屠格涅夫散文两章》，载1936年8月《小民报·新村》。嗣后在该刊发表散文《钢笔尖》、译文《论罗赛蒂的〈海〉》等亦署。

卢心远，生卒年及籍贯不详。笔名有秋、有潞、庐秋，20世纪30年代在马来亚新加坡《南洋商报·狮声》《星洲日报·晨星》《南洋周刊》《风下周刊》等报刊发表评论署用。

卢溢芳，生卒年及籍贯不详。笔名：①卢溢芳，见于随笔《绵蛮闲话》，载1931年上海《社会日报》纪念专刊；《万花谷》，载1935年上海《社会月报》第1卷第9期。②芳公，20世纪30年代在上海《时代日报》发表短论等署用。③大方，20世纪30年代在上海小报发表文章署用。

卢钰（1917－？），江苏人，生于广东普宁，字小珠。笔名：①卢钰，20世纪30年代在上海主编《时事新报·妇女》时署用。②小珠，见于随笔《遇姐的前后》，载1939年《上海妇女》第4卷第1期。

卢豫冬（1914－2001），广西贵县（今贵港市）人。原名卢淲，字国琼。曾用名汉江（乳名）、卢敬般、黎映纯、旅冈。笔名：①旅冈，见于随笔《论喜剧的本质与"巡按"》，载1935年10月31日上海《申报·自由谈》；《〈赛金花〉座谈会》，载1936年上海《文学界》第1卷第1期。嗣后在《大晚报·火炬通俗文学》《文汇报·世纪风》《艺术新闻》《戏剧新闻》《戏剧集纳》《世界知识》《永生周刊》《电影戏剧》《女子月刊》《新演剧》《鲁迅风》《生活知识》《读书生活》《新中华》《文摘》《战时联合旬刊》《中学生活》《现代中国》《译报周刊》等报发表文章亦署。②方般，1935年初在上海《新生周刊》第4期发表《与和平开玩笑的人》开始署用。其间在上海《申报》《大晚报》《时事新报》《现代文学》、天津《大公报·文艺》《国闻周报》等报刊发表小说均署。又见于短篇小说《劫后》，载1936年上海中华书局版《新进作家小说选》。③宗珏，见于《海燕》，载1936年2月7日天津《大公报·文艺》；评论《"鹰之歌"》，载1937年天津《国闻周报》第14卷第31期。20世纪30年代在上海《鲁迅风》《大公报·文艺》《文汇报·世纪风》《读书生活》《杂志》《现实》、香港《大公报·文艺》等报刊发表杂文、随笔，1949年后发表译作《我要和平》（格兹普雷原作。载1952年《人民文学》第7期）亦署。④廉岸，见于《国防文学否定论的根源》，载1936年5月19日上海《时事新报·每周文学》。嗣后在香港《华商报》发表文章亦署。⑤庄约，见于随笔《春雪》，载1938年3月10日上海《文汇报·世纪风》。此前后在该刊及上海《中华图画杂志》、香港《大公报·文艺》《星岛日报·星座》、重庆《大公报·战线》等报刊发表诗文亦署。⑥怀成，见于随笔《达拉第的政治生涯——国际政治舞台人物素描》《黩武者群像》，载1938年4月22日上海《文汇报·世纪风》。⑦晓峋，见于随笔《文苑漫步》，载1938年8月31日上海《文汇报·世纪风》。同时期在该刊发表《武行政治》《时间的空白》《"优生说"》等随笔

亦署。⑧童心，见于散文《秋之忆——一个清晨和一个夜晚》，载1938年9月22日上海《文汇报·世纪风》。嗣后在《导报·晨钟》等报刊发表文章亦曾署用。⑨念英，1938年开始在上海《导报·晨钟》发表文章署用。嗣后在香港《大公报·文艺》发表文章亦署。⑩容城、萧挠、童城、沈坞、伍并廉，20世纪30年代在上海《电影·戏剧》《导报·戏剧周刊》《文汇报·世纪风》《读书与出版》《申报·本埠增刊》《大晚报·火炬》《时事新报·青光》《申报》经济专刊及天津《国闻周报》等报刊发表文章署用。⑪卢豫冬，见于《战场迎春曲》，载1938年2月27日上海《文汇报·世纪风》。同年在上海《译报周刊》第1卷发表《反映在新闻纸的战争活动》《战争新闻的来源与新闻政策》《地理环境对于战争的影响》等文，嗣后在《现代中国》《东方杂志》《上海周报》《抗战周刊》《文会丛刊》等报刊发表《全面抗战新时期的军事方针》《德国国社党国内及国外的血统》《杨夷先生印象记》等文，出版论著《战争新闻读法》（无名出版社，1939年）亦署。

卢元骏（1911－1977），江西清江（今樟树市）人，字声伯。笔名：①卢元骏，1949年后在台湾出版《四书五经要旨》（台北三民书局，1975年）、《关汉卿考述》（台北正中书局，1977年）、《说苑今注今释》（台湾商务印书馆，1977年）、《新序今注今释》（台湾商务印书馆，1977年）等均署。②涵影、寒影，署用情况未详。按：卢元骏1943年前后在江西创办《力行月刊》《正义日报》等报刊，署名情况待查。

卢铸（1889－1952），江西南康人，生于云南。原名卢同矗，字可铸，号滇生、艳斋。笔名卢铸，见于旧体诗《寿马君武母》，载《南社丛刻》第21集。

庐湘（1927－2000），黑龙江肇东人，回族。原名李占（zhān）林，字云竹，号管中庐主。笔名：①庐湘，见于《略谈社会主义文艺思潮》，载1947年哈尔滨《文化报》第14期。嗣后在《文化报》《大众日报》《午报》《工商日报》《民主新报》《北光日报》《北地文艺》《大北风》等报刊发表文章亦署。1949年后在《人民文学》《芒种》《长春》《小说林》《电影文学》《哈尔滨文艺》《南方日报》《戏剧创作》《当代作家评论》《辽宁戏剧》等报刊发表文章，出版京剧剧本《经验》（东北文艺出版社，1953年）、传记《萧军萧红外传》（北方妇女儿童出版社，1986年）、《海外文星——瑞士籍华人著名女作家赵淑侠的路》（北方妇女儿童出版社，1988年）、专著《十九世纪俄国作家批评家论文学》（吉林大学中文系，1983年）等署用。②李庐湘，见于评论《评〈生活报〉的社论》，载1948年9月10日哈尔滨《文化报》。③仝左，署用情况未详。

庐隐（1899－1934），福建闽侯人。原名黄淑仪。曾用名黄英、冷鸥。笔名：①黄女士，见于论文《论妇女们应该剪发》，载1919年12月5日《晨报副镌》。②庐隐，见于评论《"女子成美会"希望于妇女》，载1920年2月19日北京《晨报副镌》；论文《思想革新

的原因》，载 1920 年 8 月 5 日北京《人道》月刊第 1 期。嗣后在《时事新报·文学旬刊》《时事新报·文学周刊》《小说月报》《新月》《真美善》《华严》《女声》《人间世》《一周间》《读书杂志》等报刊发表小说《云萝姑娘》《苹果烂了》《象牙戒指》《搁浅的人们》、随笔《我也来谈谈妇女问题》《中学时代生活的回忆》、译诗《夏天的最后一朵玫瑰》（爱尔兰托马斯·摩尔原作）等，出版小说集《海滨故人》（上海商务印书馆，1925 年）、《灵海潮汐》（上海开明书店，1931 年）、《玫瑰的刺》（上海中华书局，1933 年）、《庐隐短篇小说选》（上海女子书店，1935 年），长篇小说《归雁》（上海神州国光社，1930 年）、《象牙戒指》（上海商务印书馆，1934 年），小说散文集《曼丽》（北平古城出版社，1928 年）、《玫瑰的刺》（上海中华书局，1933 年），书信集《云鸥情书集》（与李唯建合集。上海神州国光社，1931 年），散文集《东京小品》（上海北新书局，1935 年），回忆录《庐隐自传》（上海第一出版社，1934 年），报告文学《火焰》（上海北新书局，1935 年）等亦署。③黄英，见于论文《利己主义与利他主义》，载 1920 年 4 月 1 日《文艺会刊》。④庐隐女士，见于小说《灵魂可以卖吗？》，载 1921 年上海《小说月报》第 12 卷第 11 期。同时期起在该刊及《时事新报·文学周刊》《晨报副镌》《现代学生》《国闻周报》《前途》《一周间》《华安月刊》等报刊发表小说《海滨故人》《秦教授的失败》《或人的悲哀》、报告文学《火焰》、译诗《少女的哀愁》（英国兰德原作）等亦署。⑤露沙，见于通讯《海滨消息——寄波微》，载 1925 年 3 月 4 日《京报·妇女周刊》。⑥黄庐隐，见于论文《妇女的平民教育》，载 1927 年上海《教育杂志》月刊第 19 卷第 9 期；散文《窗外的春光》，载 1934 年 4 月 5 日上海《人间世》半月刊第 1 期。1927—1928 年在北平《京师教育月刊》发表《文学的教育价值》《对于女一中之计划》等文亦署。⑦啾雪，与石评梅、陆晶清合作发表文章合署。⑧隐，署用情况未详。

芦荻（1912—1994），广东南海（今佛山市）人。原名陈培迪。笔名：①芦荻，1935 年开始在广州《民国日报·东南西北》发表诗《缫丝曲》《码头曲》等署用。又见于《鲁迅先生年谱》，载 1936 年 11 月 8 日广州《市民日报·广州文化界追悼鲁迅先生特刊》。嗣后在《诗创作》《文艺杂志》《文学创作》《文艺生活》《青年文艺》《诗场》《中国诗坛》《半月文艺》《民潮》《作家杂志》《文艺信箱》《青年知识周刊》等刊发表诗《海之恋》《希望——献给一位朋友》《我是海燕》《江畔行二章》《生活画》、随笔《民主，自由与文化》《文艺作品的选读方法》等，出版诗集《桑野》（诗场社，1937 年）、《驰驱集》（诗歌出版社，1939 年）、《远讯》（桂林象山出版社，1942 年）、《旗下高歌》（香港人间书屋，1949 年）、《田园新歌》《海南颂》（广东人民出版社，1957 年）、《芦荻抒情》（花城出版社，1981 年）、《芦荻诗选》（花城出版社，1986 年），专著《刘禹锡及其作品》（与朱帆合作。时代文艺出版社，1985 年）等亦署。②陈

芦荻，1949 年后发表文章曾署用。

芦甸（1920—1973），江西贵溪人。原名刘振声。曾用名刘扬、刘贵佩、刘正兴。乳名伙女羊。笔名：①芦甸，1937 年开始署用。见于诗《表》，载 1942 年成都《战时文艺》第 1 卷第 4 期；诗《牛儿》，载 1946 年 7 月重庆《诗垦地》第 6 期（刊内正文署名庐甸）。嗣后在《北方》《平原文艺》《大众文艺丛刊》《诗号角》等刊发表诗《大进军》《献给朱总司令》、散文《新郎参军》等，出版诗集《我们是幸福的》（上海文化工作社，1950 年）、中篇小说《浪涛中的人们》（作家出版社，1954 年）、剧本《第二个春天》（新文艺出版社，1954 年）等亦署。②波心，见于诗《血——纪念中央军校教导总队》，载 1941 年成都《黄埔》第 5 卷第 20 期。嗣后在该刊发表散文《号角和晚钟》《路》等亦署。③庐甸，1946 年 7 月在重庆《诗垦地》第 6 期发表诗《牛儿》时正文之署名。

芦集熙，生卒年不详，湖北武汉人。笔名芦林、芦森堡，20 世纪 30 年代中期在武汉《时代日报》《华中日报》等报副刊发表诗作署用。

芦芒（1920—1979），上海人。原名李衍华，字福荣。曾用名李洵、鲁莽。笔名：①鲁莽，1940 年开始在苏北《江淮日报》《盐阜大众》等报刊发表诗歌、木刻作品署用。②芦芒，1949 年后在上海《解放日报》《萌芽》《文艺月报》等报刊发表诗、评论等署用。嗣后创作歌词《弹起我心爱的土琵琶》《我们年轻人有颗火热的心》，出版诗集《东海之歌》（新文艺出版社，1955 年）、《红旗在城市上空卷动》（新文艺出版社，1956 年）、《上海，上海，向前！向前！》（上海文化出版社，1958 年）、《东方升起朝霞》（上海文艺出版社，1959 年）、《奔腾的马蹄》（上海文艺出版社，1962 年）、《大江行》（作家出版社上海编辑所，1964 年）、《红色的歌》（少年儿童出版社，1965 年）、《芦芒诗选》（人民文学出版社，1980 年）、《芦芒歌词选》（上海文艺出版社，1980 年），以及画集《芦芒画集》等亦署。③石鼎，见于评论《从路翎的〈云雀〉看胡风反党集团的思想实质》，载 1955 年北京《剧本》；评论《剥去蒙面强盗绿原"诗人"的面具》，载 1955 年 6 月 18 日北京《光明日报》。

鲁白野（1923—1961），新加坡华人。原籍广东梅县（今梅州市），生于马来亚新加坡。原名李学敏。曾用名李华、李福民。笔名：①鲁白野，1949 年后出版《流星》《春耕》《印度印度》《黎明前的行脚》《狮城散记》等署用。②咸北华、楼文牧、越子耕、破冰、范涛、定，署名情况未详。

鲁宾（1917—1992），陕西秦县人，生于河北清苑。原名路迈。笔名：①鲁宾，见于诗《诗辑：雨霞飞路夜步》，载 1943 年上海《人间》创刊号；小说《铁十字架》，载 1943 年上海《大道月刊》第 1 卷第 5 期。嗣后在《众论》《文艺世纪》《新东方》《中华月报》《读书杂志》《文帖》《一般》等刊发表小说《流逝》《寻快

乐的人》《再会》《癞瓜家的食客》《戒酒记》《他何处去》、散文《忆书斋》等，出版小说集《八人集》（与林微音、萧文等合集。上海诗领土社，1945年）等亦署。②田尾，见于诗《风葬》，载1943年上海《风雨谈》第1期；诗《三月小唱》，载1943年天津《津津月刊》第2卷第4期。此前后在上海《风雨谈》《文艺世纪》发表诗《雨霞飞路夜步：[诗歌]》《绿色（并外一章）》等亦署。③曼士、鱼贝，署用情况未详。

鲁兵（1924－2006），浙江金华人。原名严光化。曾用名严若冰。笔名：①鲁兵，1946年开始在上海《文汇报》《新民报晚刊》等报刊发表诗作、童话、漫画等，1949年后出版童话集《小啰啰捉俘房》（杭州中国儿童书店，1952）、《哥哥和弟弟》（少年儿童出版社，1955）、《老虎的弟弟》（少年儿童出版社，1956年）、《掉到月亮里去的富翁》（四川人民出版社，1979年）、《大良和小良》（中国少年儿童出版社，1984年）、《鲁兵童话选》（少年儿童出版社，1984年）、《鲁兵童话》（明天出版社，1994年）、《小济公不休》（湖南少年儿童出版社，1989年）、《顶顶小人》（安徽少年儿童出版社，1992年）、《找妈妈》（重庆出版社，1989年）、《狗洞》（中国少年儿童出版社，1987年）、《听妈妈念童话》（河北少年儿童出版社，2013年），故事集《朝鲜小姑娘》（少年儿童出版社，1954）、《精忠岳传》（少年儿童出版社，1981年）、《包公赶驴》（中国少年儿童出版社，1985年）、《小西游记》（少年儿童出版社，1986年）、《中国古代戏曲故事》（中国少年儿童出版社，1987年）、《丑学家奇遇记》（明天出版社，1991年）、《新时代365夜故事》（与王祖尼合作。少年儿童出版社，2002年），图画书（配图童话、故事、童话诗、儿歌；连环画）、《不落的太阳》（少年儿童出版社，1956年）、《哪吒闹海》（少年儿童出版社，1957年）、《老乡的马》（少年儿童出版社，1958年）、《老爷爷搬家》（少年儿童出版社，1959年）、《小鸡生大鸡》（少年儿童出版社，1960年）、《小鸭捉鱼》（少年儿童出版社，1960年）、《大力士》（少年儿童出版社，1960年）、《小山羊和小老虎》（少年儿童出版社，1962年）、《太阳底下花儿红》（与圣野合作。1964年）、《从小锻炼身体好》（上海人民出版社，1976年）、《小蝌蚪找妈妈》（少年儿童出版社，1979年）、《小孙和老孙》（天津人民美术出版社，1979年）、《金色的童年》（少年儿童出版社，1980年）、《老虎外婆》（人民美术出版社，1981年）、《太阳公公起得早》（少年儿童出版社，1982年）、《好乖乖》（安徽人民出版社，1982年）、《王小小和大老虎》（浙江人民美术出版社，1982年）、《两只老鼠胆子大》（少年儿童出版社，1983年）、《小猪奴尼》（少年儿童出版社，1983年）、《雪天的小鸟》（与金波等合作。上海教育出版社，1984年）、《聪明的乌龟》（少年儿童出版社，1984年）、《雪狮子》（少年儿童出版社，1985年）、《母亲和魔鬼》（辽宁少年儿童出版社，1985年）、《北风爷爷和小娃娃》（少年儿童出版社，1985年）、《北风爷爷你吹吧》（少年儿童出版社，1985年）、《真子的生日》（少年儿童出

版社，1985年）、《袋鼠妈妈没口袋》（安徽少年儿童出版社，1985年）、《小萝卜》（中国少年儿童出版社，1987年）、《一只鞋》（少年儿童出版社，1987年）、《小济公》（少年儿童出版社，1989年）、《小豆豆》（少年儿童出版社，1989年）、《虎娃》（少年儿童出版社，1989年）、《长耳朵拉拉》（中国少年儿童出版社，1991年）、《独立行动》（海豚出版社，1991年）、《小老虎》（童年书店，1991年）、《金鞋》（明天出版社，1992年）、《小刺猬理发》（与他人合编。少年儿童出版社，1993年）、《精编365夜新故事图画本》（与他人合编。少年儿童出版社，1993年）、《嘟嘟和大母鸡》（浙江少年儿童出版社，1997年）、《金娃娃》（少年儿童出版社，1998年）、《下巴上的洞洞》（湖北少年儿童出版社，2006年）、《狮大王做寿》（吉林美术出版社，2011年）、《小青蛙·爱阅读》（少年儿童出版社，2011年）、《毛毛虫》（连环画出版社，2012年）、《从云里来的孩子》（明天出版社，2016年），儿歌、童谣集《宝宝乐》（少年儿童出版社，2002年）、《鲁兵儿歌》（希望出版社，1996年）、《新时代365夜儿歌》（少年儿童出版社，2002年）、《365夜儿歌精选》（少年儿童出版社，2005年），童话诗集《火车开往远方》（少年儿童出版社，1956年）、《不落的太阳》（少年儿童出版社，1956年）、《不知道和小问号》（四川人民出版社，1979年）、《鲁兵童话诗选》（少年儿童出版社，1984年）、《神奇的旅行》（少年儿童出版社，1988年）、《金色的童年》（少年儿童出版社，1989年）、《鲁兵童话诗》（湖南少年儿童出版社，1997年），谜语集《新时代365夜谜语》（少年儿童出版社，2002年），散文集《我是一大海船》（河北少年儿童出版社，1988年）、《花鸟鱼虫》（少年儿童出版社，1991年）、《江南草长》（重庆出版社，1991年）、《琴棋书画》（少年儿童出版社，1995年）、《绿色的回忆》（上海教育出版社，1995年），论著《教育儿童的文学》（少年儿童出版社，1962年、1982年、1992年）、《寓言的寓言》（新蕾出版社，1982年）、《幼儿文学的创作和加工》（与圣野合作。重庆出版社，1987年），译作《海蒂》（瑞士施比里原作。新蕾出版社，2002年），以及《正气歌》（少年儿童出版社，1986年）、《鲁兵作品选》（少年儿童出版社，1992年）、《老新闻（民国旧事1941－1943）》（与马晓声等合编。天津人民出版社，1998年）、《新编益智三字经》（与程逸如等合作。少年儿童出版社，2004年），主编《365夜故事》（少年儿童出版社，1980年）、《365夜新故事》（少年儿童出版社，1989年）、《365夜谜语》（少年儿童出版社，1986年；1990年修订）《中国幼儿文学集成·童话篇：1919－1989》（重庆出版社，1991年）（重庆出版社，1991年）、《中国幼儿文学集成·故事篇：1919－1989》（重庆出版社，1991年）、《中国幼儿文学集成·儿歌篇：1919－1989》《中国幼儿文学集成·诗歌、散文篇：1919－1989》（重庆出版社，1991年）、《中国幼儿文学集成·戏剧篇：1919－1989》（重庆出版社，1991年）等均署。②严冰儿，1946年在《中国儿童时报》开始

署用。见于童话《掉到月亮里去的富翁》，载 1948 年上海《大公报·现代儿童》第 51 期。1948 年在上海《小朋友》发表故事《水里捉上来的朋友》《泥巴孩子》等亦署。③严若冰，20 世纪 40 年代在《中国儿童时报》和自编油印刊物《岑风》等发表儿童文学作品署用。嗣后在《中国儿童时报》发表作品亦署。④难、阿难、大哥，1946－1949 年发表杂文、童话等署用。⑤沙采，出版儿童图画书《嫦娥奔月》等署用。⑥严霁、何真、古为今、顾喻今，1949 年后改编中外古典名著署用，有时在《小朋友》发表诗作亦署。

鲁丁¹（？－1984），山东滕县人。原名纪英才。笔名鲁丁，出版诗集《进入阵地》（与吕剑、风磨合集。上海杂志公司，1938 年）署用。

鲁丁²（1916－1966），山东高密人。原名张文麟，字瑞卿。笔名：①张文麟，见于诗《卖花女》，载 1935 年上海《中学生文艺季刊》第 1 卷第 1 期；散文《警》，载 1936 年上海《青年界》第 10 卷第 4 期。嗣后在《中学生文艺季刊》《诗歌杂志》《中学生》《刁斗》《绸缪月刊》《劳动季报》《现代青年》《新闻杂志》《努力》等报刊发表诗《自己的歌》《卖夜报的孩子》《缮写员》《露宿的一群》《归故乡》、评论《〈黎明前奏曲〉（沈旭作）》《〈罪恶的黑手〉》等亦署。嗣后在上海《中学生文艺季刊》《诗歌杂志》发表诗文署用。②鲁丁，见于诗《八年祭——纪念鲁迅先生逝世八周年》，载 1946 年青岛《蔷薇》月刊；诗《都市的春天》，载 1947 年 6 月 10 日青岛《文艺》第 2 期。嗣后在青岛《军民日报》《青岛时报》《青岛晚报》《民众日报》等副刊发表诗歌、散文亦署。③吴铭、金丁、楚江秋，20 世纪 40 年代在青岛报刊发表文章署用。

鲁风¹，生卒年不详，江苏镇江人。原名刘慕清。曾用名刘祖澄、刘祖仁、吴江峰。笔名：①刘祖澄，见于小说《血》，载 1920 年南京《开展》月刊第 4 期。嗣后在该刊及南京《矛盾月刊》《报学季刊》等刊发表散文《到临城》、小说《生之一角》等亦署。②罗锋，见于小说《岔道夫李林》，载 1936 年《作家》第 1 卷第 1 期；长篇小说《疯狂八月记》，连载于 1943 年上海《杂志》月刊第 11 卷第 2 期至 1944 年该刊第 13 卷第 1 期。嗣后出版长篇小说《疯狂八月记》（上海杂志社，1944 年）亦署。

鲁风²（1919－？），江苏沛县人。原名郝天航。笔名鲁风，1949 年后出版诗集《祖国的早晨》（启明书局，1953 年）、《小讨厌》《点名》《老鼠嫁女》，民间童话《金斧头》（少年儿童出版社，1953 年）、《北海桥》和《长胡子的小朋友》（作家出版社，2000 年）等署用。

鲁歌（1913－1988），安徽当涂人。原名张肇科。笔名鲁歌，1949 年后出版论著《毛泽东诗词论稿》（文化艺术出版社，1983 年）、《汉语成语词典》（内蒙古人民出版社，1984 年）、《近代爱国诗选》（内蒙古人民出版

社，1986 年）等亦署。按：先有笔名"鲁戈"，20 世纪三四十年代初发表作品署用，具体情况未详。

鲁海（1932－2019），山东泰安人。原名鲁约翰。笔名：①鲁海，见于散文《春天的花朵》，载 1947 年 3 月 21 日青岛《青岛时报》。嗣后在上海《申报》、青岛《民言报》《公言报》《平民报》《海风》《新血轮》等报刊发表诗文，出版《海城青岛》（上海教育出版社，1984 年）、《青岛名人游踪》（青岛出版社，1997 年）、《青岛思往录》（青岛出版社，1999 年）等亦署。②沙人，见于诗《人民的时代》，载 1947 年北平《太平洋》月刊。③罗唤，见于小说《街头》，载 1948 年青岛《马路丛书·火花》。④路望，1948 年在上海《展望》杂志发表评论、杂文署用。嗣后在《联青报》《青联报》《青岛日报》发表文章亦署。⑤鲁健，见于诗《晚会上》，载 1949 年上海《中学生》第 212 期。

鲁坎（1920－2015），河南确山人。原名梁振亚。笔名：①鲁坎，1936 年开始发表作品开始署用。1949 年后出版散文集《鸭绿江上的微笑》（沈阳出版社，1991 年）、诗集《风雨归来》（辽宁民族出版社，1996 年）、叙事长诗《中秋之夜》《汾河恋歌》、话剧剧本《敌后人家》《烽火之夜》《母亲》《顾正红》《遮不住的蓝天》（执笔），发表短篇小说《下乡记》《扯远了，但没有离题》等亦署。②沙木、黎加，署用情况未详。

鲁克（1924－？），浙江镇海人。原名邱建民。曾用名邱耀年。笔名：①LK，1917 年开始在宁波《时事公报》《镇海报》发表杂文署用。②洛菲，1949 年在上海《文汇报》发表民歌评论署用。1952 年发表新闻特写、儿童文学作品亦署。③鲁克，1952 年开始发表儿童文学作品署用。嗣后出版小说、童话、科幻小说集《小黑鳗游大海》（中国少年儿童出版社，1957 年）、《小鲷鱼求医记》（山东人民出版社，1957 年）、《舟山渔场》（少年儿童出版社，1958 年）、《客自天外来》（科学普及出版社，1979 年）、《谁丢了尾巴》（四川人民出版社，1980 年）、《最后的一个梦》（浙江人民出版社，1981 年），以及《奇妙的刀》《骄傲的小刺猬》《猫头鹰的奖号》《一只猫它只有三条腿》《魔鬼海》《山鼠"敢死队"》《半边城》《鲁克童话新作选》《鲁克自选集》，主编《童话选》《科学童话选》《365 夜知识童话》等亦署。④淮河，1952 年在上海《文汇报》《大公报》发表书刊评介署用。⑤萧彦，1981 年在《人民日报》等报刊发表书评署用。

鲁藜（1914－1999），福建同安人。原名许度地。曾用名许图地、许徒弟、许流痕、鲁加。笔名：①徒弟、流痕、许流痕，1932－1934 年在《厦门日报》发表诗歌、小品文署用。②许徒弟，见于散文《给母亲》，载 1933 年 8 月厦门《江声报》。③鲁加，见于散文《微雨中的儿童节》，载 1935 年上海《生活教育》第 2 卷第 7 期。嗣后在该刊及上海《读书生活》、安徽《皖北民教》杂志发表论文、评论等亦署。④鲁家，见于散文

《哈巴狗过节》，载 1936 年上海《生活教育》第 3 卷第
3 期。嗣后在该刊及《读书生活》发表评论《读"大众
教育"》、论文《"小先生"与"俞子夷先生"》等亦署。
⑤鲁蔡，见于诗《我们的进行曲》，载 1936 年上海《读
书生活》第 3 卷第 11 期。嗣后在上海《生活星期刊》
《光明》、武汉《抗战文艺》《七月》、延安《文艺突击》
《新中华报》《新诗歌》《解放日报》《谷雨》、晋察冀《抗
敌三日刊》《晋察冀日报》《晋察冀文艺》《人民日报》
《北方杂志》、桂林《诗》《文艺杂志》、重庆《新华日
报》《诗文学》《文学月报》《希望》《蚂蚁小集》、陕西
《西线文艺》、天津《鲁迅文艺》等报刊发表《延安组
诗》《泥土》等诗文，出版诗集《醒来的时候》（桂林
南天出版社，1943 年）、《锻炼》（上海海燕书店，1947
年）、《星的歌》，1949 年后出版诗集《毛泽东颂》（天
津知识书店，1950 年）、《时间的歌》（新文艺出版社，
1953 年）、《红旗手》《英雄的母亲》等亦署。⑥鲁莽，
见于散文《古镇》，载 1936 年上海《读书生活》第 4 卷
第 9 期。⑦小犁，见于散文《恶梦》，载 1936 年上海
《生活星期刊》第 1 卷第 20 期。⑧老鲁，见于散文《贺
年的礼炮》，载 1941 年 1 月 8 日晋察冀《抗敌三日刊》。
嗣后在该刊及延安《解放日报》发表诗、散文等署用。
⑨牛云、田犁、怒隶，1937 年前在北平《榴火》、上海
《大众生活》《生活星期刊》《新生》《永生》《时代日报》
《少年先锋》及《浙江日报·新垒》等报刊发表诗文署
用。⑩黎末，1937 年冬在安徽安庆某报编文艺副刊时
与"鲁加"一名间用。⑪丹娜，在延安抗大"山脉诗
歌社"期间写诗署用。⑫蔡，见于评论《民歌中的农
民》，载 1949 年 10 月 22 日天津《进步日报》。⑫山洋，
见于诗《从这一天开始》，载 1950 年天津《文艺学习》
第 1 卷第 6 期。⑬许望，见于诗《和平歌》，载 1952 年
10 月 12 日《天津日报》。嗣后在《天津日报》发表《寄
朝鲜》《你永远照耀人类的前进》等诗文亦署。⑭许怀
榕，见于诗《我为新币歌唱》，载 1955 年 3 月 17 日《天
津日报》。⑮司马仑，20 世纪 50 年代在天津报刊发表
影剧评论署用。

鲁莽（1900－1966），浙江绍兴人。曾用名鲁觉吾。
笔名：①鲁莽，见于随笔《关于鲁迅》，载 1942 年重
庆《现实评论》半月刊第 1 卷第 10 期；随笔《鲁迅，
拖鼻涕的时候》，载 1946 年重庆《文艺先锋》第 9 卷
第 1 期。此前后在《宇宙》《旅行杂志》《中国新专校
刊》《亚洲世纪》《人人周报》《再造句刊》《中坚》等
刊发表文章亦署。②鲁觉吾，见于随笔《中国青年剧
社的过去现在与将来》，载 1939 年成都《青年人》半
月刊第 1 卷第 2 期；随笔《由怀疑到肯定——为纪念
五四作》，载 1939 年陕西《后方勤务》半月刊第 24 期。
嗣后在《沙磁文化》《新运导报》《三民主义周刊》《重
庆青年》《军事与政治》《青年戏剧通讯》《戏剧时代》
《工作竞赛月报》《新闻战线》《联合画报》《文艺先锋》
《天下文章》《改造杂志》等刊发表文章，1941 年起在
重庆主编《文艺青年》，出版长篇小说《杜鹃啼倦柳花

飞》（上海建国月刊社，1930 年），话剧剧本《黄金万
两》（重庆美学出版社，1944 年）、《自由万岁》（重庆
说文社，1945 年），论著《剧团管理》（与阎哲吾合作，
青年出版社，1942 年）等亦署。③党吾，见于随笔《写
给爱护本刊的青年朋友们》，载 1941 年重庆《文艺青
年》第 1 卷第 5 期。

鲁煤（1923－2014），河北望都人。原名王夫如。曾
用名王福儒。笔名：①牧青，见于诗《牢狱篇》，载 1946
年上海《希望》第 1 集第 3 期。嗣后在重庆《中原·文
艺杂志·希望·文哨联合特刊》、北平《诗号角》、晋
察冀《晋察冀日报》发表诗作《菜畦》《我看见新的兵
士》等亦署。②鲁煤，1947 年底在河北《石家庄日报》
发表通讯、诗歌署用。见于歌词《中朝人民战歌》（胡
学魁曲），载 1951 年《平原》第 3 卷第 5 期；小说《双
红旗》，载 1949 年苏南《新华周报》第 2 卷第 4 期。
嗣后出版诗集《扑火者》（上海五十年代出版社，1952
年）、《在前线》，小说集《双红旗》（上海新华书店，
1949 年），话剧剧本《红旗歌》（天津新华书店，1949
年）、《里外工会》《淮河上》《反对三只手》，文集《鲁
煤文集·诗歌卷》（中国戏剧出版社，2006 年）等亦
署。③王督，1957 年在北京《戏剧报》发表戏剧评论
署用。

鲁琪（1924－2017），辽宁盖州人。原名鲁启智。笔
名：①小尼、风原、华青，1942－1947 年在东北报刊
发表文章署用。②华原，见于小说《月亮圆又圆》，载
1946 年 8 月《白山》第 5 期。嗣后在该刊第 6 期发表
小说《于家沟的春天》亦署。③都都、明之斯，1947－
1949 年在东北报刊发表诗文署用。④鲁琪，见于小说
《猪头案》，载 1948 年 2 月 26 日《东北日报》；故事《自
愿两利》（鲁琪原作，傅归改写），载 1949 年 3 月 5 日
哈尔滨《翻身乐》第 17 期。嗣后出版歌剧《秋收对口
唱》（与宁玉珍合作。齐齐哈尔东北书店，1948 年）、
《模范旗》（与宁玉珍等合作。齐齐哈尔东北书店，1948
年）、《托底》（齐齐哈尔东北书店，1949 年），1949 年
后发表长诗《祖国，你吩咐吧!》《荒原三首》《乡土的
歌》，出版诗集《北大荒的故事》（上海五十年代出版
社，1951 年）、《一个朝鲜小姑娘》《姐妹唠嗑》，长篇
小说《诡秘江湖》，中篇小说《春耕的时候》，短篇小
说集《炉》（人民文学出版社，1953 年）、《妻子》（黑
龙江人民出版社，1982 年），电影文学剧本《大渡河》
（与他人合作。中国电影出版社，1979 年）、《沦落人》
《绿川英子》《荒野女孩》《东京之梦》《勿忘我》（与他
人合作）等亦署。⑤江星、连禧、何风、杨春、陈华、
陆基、明之、周景行，1949 年后在东北各地报刊发表
文章署用。按：鲁琪 1942 年开始文学创作，1942－1944
年在东北地区和日本大阪《大阪每日》等报刊发表
新诗《旧边城》《秦始皇》《狱中诗抄》《窗》《解》《十
月空杯》《边城之歌》《老人》《囚徒》等，署用笔名
不详。

鲁锐（1910－1968），湖南沣县人。原名张知辛。曾

用名鲁钝。笔名：①鲁钝，见于评论《谈田汉的一幕悲剧》，载 1935 年 5 月 15 日武汉《文艺》月刊第 1 卷第 3 期；随笔《林语堂的发明》《从魏欧脱的使命说起》，载 1946 年上海《人物杂志》第 1 卷第 1 期。嗣后在该刊发表随笔《陈望道教授的"辛酸"》《胡适竞选旧闻》等亦署。②鲁锐，见于随笔《傅斯年教授的意见》《田汉茅盾同声哭》，载 1946 年上海《人物杂志》第 1 卷第 3 期。嗣后在该刊发表随笔《张君劢真有办法》《鲁迅死了吗？》等亦署。

鲁生，生卒年及籍贯不详。曾用名鲁僧。笔名鲁生，1927－1928 年在沈阳《盛京时报》发表小说、诗歌署用。

鲁思（1912－1984），江苏吴江（今苏州市）人，原名陈鹤，字九皋。笔名：①鲁思，见于《儒林内史——弟弟的来信》，载 20 世纪 20 年代末期上海《民国日报·觉悟》；评论《〈路柳墙花〉观后记》，载 1934 年上海《影迷周报》第 1 卷第 2 期。此前后在《明星》《绸缪月刊》《上海评论》《民报·影谭》《绿茶》《中艺》《上海影坛》《大众》《文艺春秋丛刊》《文艺青年》《文艺先锋》等报刊发表影剧评论等，出版话剧剧本《十字街头》（上海世界书局，1944 年）、《狂欢之夜》（又名《爱我今宵》。上海世界书局，1944 年）、《蓝天使》（上海世界书局，1944 年）、《爱恋》（又名《母妻之间》。上海世界书局，1945 年），回忆录《影评忆旧》（中国电影出版社，1962 年）等亦署。②柯萍，见于评论《清算软性电影——从"冰淇淋论"到"艺术快感论"》，载 1934 年上海《民报·影谭》。同时期在上海《明星》《影迷周报》等刊发表《胡萍访问记》《儿童的盗窃问题》等文亦署。③辛克、斯基、苹儿，1934 年在上海《民报·影谭》发表文章署用。④瞿史公，见于随笔《剧坛漫步——随笔之类，并非"外史"》，载 1939 年上海《上海评论》第 1 期。出版散文集《剧坛外史》（上海艺社，1940 年）亦署。⑤于思、凌莉、柯荣、瞿史公、非夫非、辛弃疾、李明明、陶丽玲，署用情况未详。

鲁特（1917－1996），山东海阳人。笔名：①鲁特，1937 年发表作品开始署用。1949 年后出版诗集《学徒》《中流砥柱》、短篇小说《血帐》《小陈的故事》《李凤阁》、报告文学《在风雨中前进》、杂文《难为学生》、评论集《文艺学习札记》《谈谈青年作者的创作问题——文艺学习札记》（山东人民出版社，1956 年）等署用。②剑秋、田禾，署用情况未详。

鲁侠（1922－？），陕西三原人。原名王志胜。笔名鲁侠，1942 年起在陕甘宁边区创作秦腔剧《出路》《洋铁桶》《战董平》、郿鄠剧《血债》《送子归队》、曲艺《英雄大战爷台山》等署用。出版话剧剧本《红都儿女》（陕西人民出版社，1956 年）、《孩子们的秘密》（东风文艺出版社，1959 年）、《在和平的日子里》（东风文艺出版社，1959 年）、《老两口争上游》（长安书店，1960 年），快板《走上幸福的道路》（陕西人民出版社，1955 年）等亦署。

鲁心（1915？－？），广东潮州人。原名王迺诺。笔名鲁心，20 世纪 30 年代在暹罗曼谷《华侨日报》副刊《华侨文坛》《文艺战线》发表诗、散文署用。

鲁迅（1881－1936），浙江绍兴人。原名周樟寿，后改名周树人。字豫山、豫亭。初号弧孟，后改号豫才，别号预才、豫哉、裕斋、庚辰、俟堂、夏剑生、文章误我、戎马书生、会稽山下之平民、日出国中之游子。曾用名阿张、长庚、长树（均乳名）、元期、唐元期、周裕斋、周松涛。法名长根、三宝弟子。别署孔（xùn）、迅、飞、豫、豫才、令斐、名知、名心印、周乔峰、周玉才、关道清、EL、ELEF、Lu Sin、ЛУ Син（书信中曾署用）。笔名：①夏剑生，见于《夏剑生杂记》（1898 年作），引自 1936 年上海《宇宙风》半月刊第 29 期所刊知堂（周作人）所作《关于鲁迅》一文。②树人，见于诗《题照赠仲弟》，1902 年 6 月 8 日作，载 1953 年出版之《鲁迅的故家》一书。③庚辰，见于译文《哀尘》，载 1903 年《浙江潮》第 5 期。④自树，见于小说《斯巴达之魂》，载 1903 年《浙江潮》第 5、第 9 期。⑤索子，见于论文《中国地质略论》，载 1903 年《浙江潮》第 8 期。⑥索士，见于译文《地底旅行》，载 1903 年《浙江潮》第 10 期。⑦之江索士，见于译作《地底旅行》（南京启新书局，1906 年）。⑧周树人，见于《中国矿产志》（上海普及书店，1903 年）。⑨令飞，见于《人间之历史》，载 1907 年 12 月《河南》月刊。⑩周逴，借用周作人笔名。见于《红星佚史》中译诗（上海商务印书馆，1907 年）。⑪迅行，见于论文《文化偏至论》，载 1908 年《河南》月刊第 7 期。⑫黄棘，见于《〈越铎〉小世辞》，载 1912 年 1 月 3 日《越铎日报》创刊号。⑬树，见于《军界痛言》，载 1912 年 1 月 16 日《越铎日报》。⑭周豫才，见于《周豫才告白》，载 1912 年 2 月 23 日《越锋日报》。⑮周作人、周建人乔峰，借用其弟周作人、周建人之名。分别见于《〈古小说钩沉〉序》《辛亥游记》，载 1912 年 2 月《越社丛刊》第 1 集。⑯周树，见于《〈嵇康集〉跋》，1913 年 11 月作，载 1938 年 6 月版《鲁迅全集》第 9 卷。⑰启明，借用周作人笔名。见于《〈蜕龛印存〉序（代）》，载 1917 年《聂社丛刊》第 4 期。⑱鲁迅，见于小说《狂人日记》，载 1918 年 5 月 15 日北京《新青年》月刊第 4 卷第 5 期。嗣后在《新潮》《小说月报》《时事新报·文学旬刊》《文学周报》《东方杂志》《洪水》《晨报副镌》《歌谣》《京报副刊》《戏剧》《语丝》《猛进》《莽原》《北新》《民众周刊》《未名》《开明》《奔流》《大众文艺》《中央副刊》《春潮》《艺风》《萌芽》《大江》《朝花》《世界文化》《文艺讲座》《青年界》《涛声》《文艺新闻》《北斗》《论语》《文学月报》《现代》《新诗歌》《文化月报》《文学杂志》《文学新地》《译文》《东流》《文学》《文学丛报》《夜莺》《宇宙风》《宇宙风乙刊》《社会月报》《人言周刊》《芒种》《杂文》《新小说》《现实文学》《作家》《文学界》《现实文学》《海燕》《中流》

《热风》《小说家》《文艺阵地》《文艺新潮》《文艺》《散文》《一三杂志》《野草》《文艺新潮》等报刊发表著译诗文，出版《鲁迅诗集》（桂林白虹书店，1941年），杂文集《热风》（北京北新书局，1925年）、《华盖集》（上海北新书局，1926年）、《坟》（北京未名社，1927年）、《华盖集续编》（北京北新书局，1927年）、《朝花夕拾》（北京未名社，1928年）、《而已集》（上海北新书局，1928年）、《三闲集》（上海北新书局，1932年）、《二心集》（上海合众书店，1932年）、《伪自由书（一名："不三不四"集）》（上海青光书局，1933年）、《南腔北调集》（上海同文书店，1934年）、《准风月谈》（上海兴中书局，1934年）、《且介亭杂文》（上海三闲书屋，1937）、《且介亭杂文二集》（上海三闲书屋，1937）、《且介亭杂文末编》（上海三闲书屋，1937年），小说集《呐喊》（北京新潮社，1923年）、《彷徨》（北京北新书局，1926年）、《故事新编》（上海文化生活出版社，1936年）、《鲁迅小说选集》（上海新新出版社，1946年），中篇小说《阿Q正传》（上海三通书局，1939年），散文诗集《野草》（上海北新书局，1927年），翻译小说《死魂灵》（俄国果戈理原作。上海文化生活出版社，1935年）等亦署。⑲唐俟，见于诗《梦》，载1918年5月15日《新青年》第4卷第5期。⑳俟，见于杂文《随感录二十五》，载1918年《新青年》第5卷第3期。㉑迅，见于杂文《随感录三十八》文末，载1918年《新青年》第5卷第5期。㉒庚言，见于《美术杂志第一期》，载1918年《每周评论》第2期。㉓神飞，见于《〈自言自语〉一·序》，载1919年8月19日《国民公报·新文艺》。㉔风声，见于杂文《"生降死不降"》，载1921年5月6日北平《晨报》第7版。㉕尊古，见于杂文《"则皆然"》，载1921年11月3日北平《晨报副镌》。㉖巴人，见于小说《阿Q正传》，载1921年12月4日至1922年2月12日北平《晨报副镌》。仅用此。㉗俟堂，见于《〈遂初堂书目〉抄校说明》，1922年8月作，载1978年《战地》增刊第2期。㉘某生者，见于杂文《"以震其艰深"》，载1922年9月20日《晨报副镌》。㉙小孩子，仅见于杂文《儿歌的"反动"》文中之《反动歌》，该文载1922年10月9日《晨报副镌》。㉚雪之，见于杂文《"两个桃子杀了三个读书人"》，载1923年9月14日《晨报副镌》。㉛敖者，见于杂文《奇怪的日历》，载1924年1月27日《晨报副镌》。㉜宴之敖者，见于《〈俟堂专文杂集〉题记》，1924年9月作，载1960年3月文物出版社版《俟堂专文杂集》。㉝L. S.，见于译诗《Petofi San－dor的诗》，载1925年《语丝》周刊第9、第11期。㉞冥昭，见于杂文《春末闲谈》，载1925年《莽原》周刊第1期。㉟杜斐，见于译文《从浅草来》，载1925年12月5、8、12日《国民新报副刊》。㊱野火，见于杂文《反"闲话"》，载1925年12月24日《国民新报副刊》。㊲楮冠、楮冠病叟，分别见于杂文《书苑折枝》及《书苑折枝》短序，载1927年《北新》周刊第45、46期合刊。㊳华约瑟，见于杂文《述香港恭祝圣诞》，载1927年《论语》周刊第156期。㊴中拉，见于杂文《〈丙与甲〉按语》，载1927年《语丝》周刊第4卷第2期。㊵旅沪一记者，见于《通信（季廉来信按语）》，载1928年《语丝》周刊第4卷第12期。㊶葛何德，见于译文《生活的演剧化》，载1928年《奔流》月刊第1卷第2本。㊷旅沪记者，见于《信件摘要（复晓真、康嗣群）二·反对相爱》，载1928年《语丝》周刊第4卷第31期。㊸封余，见于通信《关于粗人》，载1928年《大江月刊》11月号。㊹许霞，见于译文《访革命后的托尔斯泰故乡记》，载1928年《奔流》月刊第1卷第7本。㊺许遐，见于译文《小彼得》（上海春潮书局，1929年）。㊻L，见于《〈现代电影与有产阶级〉译者附记》，载1930年《萌芽》月刊1卷第3期。㊼洛文，见于译文《药用植物》，载1930年《自然界》第5卷第9、10期。㊽唐丰瑜，见于《〈勇敢的约翰〉校后记》，载1931年10月湖风书店版《勇敢的约翰》。㊾冬华、长庚，分别见于杂文《以脚报国》《唐朝的钉梢》，载1931年《北斗》月刊第1卷第2期。㊿宴敖，见于杂文《"民族主义文学"的任务和运命》，载1931年《文学导报》半月刊第6、7期合刊。(51)隋洛文，见于译文《被解放的堂·吉诃德》第一幕（苏联卢那察尔斯基原作），载1931年《北斗》月刊第1卷第3期。(52)乐贲，见于杂文《"日本研究"之外》，载1931年《文艺新闻》第38号。(53)它音、佩韦、阿二，分别见于杂文《沉滓的泛起》《知难行难》和诗《好东西歌》，载1931年《十字街头》旬刊第1期。(54)丰瑜，见于译文《梅林格的〈关于文学史〉》和《译后附记》，载1931年《北斗》月刊第1卷第4期。(55)明瑟，见于杂文《"友邦惊诧"论》，载1931年《十字街头》第2期。(56)不堂，见于杂文《中华民国的新"堂·吉诃德"们》，载1932年《北斗》月刊第2卷第1期。(57)白舌、遐观，分别见于杂文《"非所计也"》《水灾即"建国"》，载1932年《十字街头》第3期。(58)会稽男子鲁迅，1932年12月21日书扇面赠杉本勇乘时署用。(59)何家干，见于杂文《逃的辩护》，载1933年1月30日《申报·自由谈》。(60)罗怃，见于杂文《三十六计走为上计》，载1933年《涛声》周刊第2卷第5期。(61)动轩，见于杂文《学生与玉佛》，载1933年《论语》半月刊第11期。(62)干，见于杂文《赌咒》，载1933年2月14日《申报·自由谈》。(63)何干，见于杂文《由中国女人的脚，推定中国人之非中庸，又由此推定孔夫子有胃病》，载1933年《论语》半月刊第13期。(64)孺牛，见于杂文《文摊秘诀十条》，载1933年3月20日《申报·自由谈》。(65)丁萌，见于杂文《新药》，载1933年6月7日《申报·自由谈》。(66)游光，见于杂文《夜颂》，载1933年6月10日《申报·自由谈》。(67)丰之余，见于杂文《推》，载1933年6月11日《申报·自由谈》。(68)苇索，见于杂文《偶成》，载1933年6月22日《申报·自由谈》。(69)旅隼，见于杂文《"抄靶子"》，载1933年6月20日《申报·自由谈》。

⑦越客，见于杂文《我谈"堕民"》，载 1933 年 7 月 6 日《申报·自由谈》。⑦桃椎，见于杂文《序的解放》，载 1933 年 7 月 7 日《申报·自由谈》。⑦虞明，见于杂文《智识过剩》，载 1933 年 7 月 16 日《申报·自由谈》。⑦苟继，见于杂文《爬和撞》，载 1933 年 8 月 23 日《申报·自由谈》。⑦尤刚，见于杂文《黄祸》，载 1933 年 10 月 20 日《申报·自由谈》。⑦符灵，仅见于杂文《外国也有》，载 1933 年 10 月 23 日《申报·自由谈》。⑦余铭，见于杂文《中国文与中国人》，载 1933 年 10 月 28 日《申报·自由谈》。⑦家干，见于杂文《回信（〈透底〉文后附录）》，载 1933 年上海青光书局版《伪自由书》。⑦元艮，见于杂文《反刍》，载 1933 年 11 月 7 日《申报·自由谈》。⑦子明，见于杂文《难得糊涂》，载 1933 年 11 月 24 日《申报·自由谈》。⑧白在宣、一尊，分别见于杂文《"商定"文豪》《青年与老子》，载 1933 年 11 月 17 日《申报·自由谈》。⑧张承禄，见于杂文《未来的光荣》，载 1934 年 1 月 11 日《申报·自由谈》。⑧赵令仪，见于杂文《女人未必多说谎》，载 1934 年 1 月 12 日《申报·自由谈》。⑧倪朔尔，见于杂文《批评家的批评家》，载 1934 年 1 月 21 日《申报·自由谈》。⑧栾廷石，见于杂文《"京派"与"海派"》，载 1934 年 2 月 3 日《申报·自由谈》。⑧张禄如，见于译文《山民牧唱》，载 1934 年《文学》月刊第 2 卷第 3 期。⑧邓当世，见于杂文《大小骗》，载 1934 年 3 月 28 日《申报·自由谈》。⑧宓子章，见于杂文《小童挡驾》，载 1934 年 4 月 7 日《申报·自由谈》。⑧翁隼，见于杂文《古人并不纯厚》，载 1934 年 4 月 26 日《中华日报·动向》。⑧士繇，见于杂文《洋服的没落》，载 1934 年 4 月 25 日《申报·自由谈》。⑨崇巽，见于杂文《小品文的生机》，载 1934 年 4 月 30 日《申报·自由谈》。⑨黄凯音，见于杂文《朋友》，载 1934 年 5 月 1 日《申报·自由谈》。⑨常庚，见于杂文《论"旧形式的采用"》，载 1934 年 5 月 4 日《中华日报·动向》。⑨燕客，见于杂文《连环图画琐谈》，载 1934 年 5 月 11 日《中华日报·动向》。⑨白道，见于杂文《化名新法》，载 1934 年 5 月 13 日《中华日报·动向》。⑨梦文，见于杂文《推己及人》，载 1934 年 5 月 18 日《中华日报·动向》。⑨曼雪，见于杂文《一思而行》，载 1934 年 5 月 17 日《申报·自由谈》。⑨孟弧，见于杂文《法会与歌剧》，载 1934 年 5 月 20 日《中华日报·动向》。⑨公汗，见于杂文《偶感》，载 1934 年 5 月 20 日《申报·自由谈》。⑨董季荷，见于杂文《倒提》之手稿，1934 年 6 月 3 日作。该文发表时改署名"公汗"。⑩霍冲，见于杂文《拿来主义》，载 1934 年 6 月 7 日《中华日报·动向》。⑩杜德机，见于杂文《隔膜》，载 1934 年《新语林》半月刊第 1 期。⑩莫朕，见于杂文《零食》，载 1934 年 6 月 16 日《申报·自由谈》。⑩中头，见于杂文《玄武湖怪人》，载 1934 年《论语》半月刊第 34 期。⑩史贲，见于杂文《论重译》，载 1934 年 6 月 27 日《申报·自由谈》。⑩康伯度，见于杂文《玩笑只当它玩笑（上）》，载 1934 年 7 月 25 日《申报·自由谈》。⑩朔尔，见于杂文《做文章》，载 1934 年 7 月 24 日《申报·自由谈》。⑩焉于，见于杂文《看书琐记》，载 1934 年 8 月 8 日《申报·自由谈》。⑩越侨，见于杂文《迎神和咬人》，载 1934 年 8 月 22 日《申报·自由谈》。⑩张沛，见于杂文《"大雪纷飞"》，载 1934 年 8 月 24 日《中华日报·动向》。⑩华圉，见于杂文《门外文谈》，载 1934 年 8 月 24 日至 9 月 10 日《申报·自由谈》。⑪仲度，见于杂文《汉字和拉丁化》，载 1934 年 8 月 25 日《中华日报·动向》。⑪茹莼（蓴），见于译文《艺术都会的巴黎》及《译后记》，载 1934 年《译文》月刊第 1 卷第 1 期。⑪苗挺，见于杂文《莎士比亚》，载 1934 年 9 月 23 日《中华日报·动向》。⑪及锋，见于杂文《商贾的批评》，载 1934 年 9 月 29 日《中华日报·动向》。⑪直，见于杂文《做"杂文"也不易》，载 1934 年《文学》月刊第 3 卷第 4 期。⑪乐雯，见于译文《描写自己》，载 1934 年《译文》月刊第 1 卷第 2 期。⑪隼，见于杂文《以眼还眼》，载 1934 年《文学》月刊第 3 卷第 5 期。⑪阿法，见于杂文《骂杀与捧杀》，载 1934 年 11 月 23 日《中华日报·动向》。⑪史癖、敬一尊，分别见于杂文《双十怀古》《青年与老年》，载《准风月谈》（上海兴中书局，1934 年）。⑫且介，见于杂文《论俗人应避雅人》，载 1935 年《太白》半月刊第 2 卷第 1 期。⑫庚、敩，分别见于杂文《非有复译不可》《论讽刺》，载 1935 年《文学》月刊第 4 卷第 4 期。⑫越山、直入，分别见于杂文《"天生蛮性"》《"某"字的第四义》，载 1935 年《太白》半月刊第 2 卷第 3 期。⑫康郁，见于杂文《弄堂生意古今谈》，载 1935 年《漫画生活》月刊第 9 期。⑫洛，见于杂文《不应当那么写》，载 1935 年《文学》月刊第 4 卷第 6 期。⑫姜珂、越丁，分别见于杂文《"靠天吃饭"》《名人和名言》，载 1935 年《太白》半月刊第 2 卷第 9 期。⑫旁，见于杂文《几乎无事的悲剧》，载 1935 年《文学》月刊第 5 卷第 2 期。⑫齐物论，见于杂文《文人比较学》，载 1936 年《海燕》月刊第 1 期。⑫乐文，见于译文《药用植物》，载 1936 年商务印书馆版《药用植物及其他》。⑫韦士繇，见于杂文《洋服的没落》，载 1936 年上海联华书局版《花边文学》。⑬晓角，见于杂文《"立此存照"（一）》，载 1936 年《中流》半月刊第 1 卷 1 期。⑬予、丰余、韦素、元期、文诡、予人、予云、玉才、石介、中飞、乔峰、众忆、茹纯、独应、孤孟、裕斋、景宋、鲁古、避光、豫翁、尤炳圻、周裕斋、李允经、即鲁迅、周予才、周动轩、周玉材、唐元朝、黄棘木、康百度、隋树森、戎马书生、EV、V.S.，署用情况待考。按：鲁迅先生尚使用过记者、编者、编辑、编辑书、编纂者、纂述者、朝花社、铁艺术社、中国教育社、上海三闲书屋、朝花

社同人、译文社同人、奔流社同人等署名，按本书体例概不采录。

陆哀，生卒年不详。北京人，满族，字慎斋、瘦郎。笔名陆瘦郎，见于小说《陈七奶奶》，载北平《群强报》。

陆白人（1922－？），浙江山阴（今绍兴市）人。原名陆希冶。笔名：①陆白人，见于《白鹿堂随笔》，载1941年12月前后北平《晨报副镌》；诗《病后》，载1942年北平《中国公论》第8卷第1期。嗣后在北平《吾友》《艺术与生活》《燕京新闻》《燕京诗刊》、成都《成都日报》、天津《益世报》《大公报》《时言报·诗刊》、青岛《青岛文艺》等报刊发表小说《衣服》及散文、诗、译作，出版诗集《铁马》（北平艺术与生活社，1943年）亦署。②陆希冶，见于评论《歪曲现实的"现实主义"——评路翎的短篇小说集〈朱桂花的故事〉》，载1952年北京《文艺报》第9期。

陆丹林（1896－1972），广东三水（今佛山市）人，字自在，号枫园、非素。笔名：①杰夫，见于散文《黄花岗纪游》，载1922年上海《道路月刊》第3卷第1期。嗣后在该刊及上海《蜀评》杂志发表散文《鼎湖山游记》《苏州印影》《沪太汽车路参观记》等亦署。②陆杰夫，见于随笔《新年致读者》，载1923年上海《道路月刊》第4卷第2期。嗣后在该刊及上海《蜀评》杂志发表评论《注意外人投资筑路之论调》《鸣呼南京路的惨杀》《主义与人格》等亦署。③紫枫，见于随笔《世界道路与汽车琐闻》，载1929年上海《道路月刊》第29卷第1期。④陆丹林，见于随笔《苏曼殊》，载1930年《江苏革命博物馆月刊》第11、12期合刊；散文《南归杂忆》，载1932年上海《旅行杂志》第6卷第5期。此前后在《道路月刊》《武汉市政公报》《越国春秋》《新垒》《社会月报》《文化月刊》《逸经》《大风》《宇宙风》《艺风》《国画月刊》《越风》《黄钟》《美术生活》《汗血月刊》《国防论坛》《中学知识》《草书月刊》《现代史学》《组织》《文艺先锋》《文化界》《文化先锋》《时代精神》《人之初》《文物周刊》《改造杂志》《茶话》《上海教育》《天文台》《雄风》《胜流半月刊》《正义》《子曰丛刊》《新希望》《京沪周刊》《南风》《黄河》《永安月刊》《中国生活》《中央周刊》《三民主义半月刊》《春秋》《申报》《大公报》《和平日报》《正言报》《星岛日报》《国民日报》《扫荡报》《东南日报》《新艺术》等报刊发表散文《记康南海的老师》《柳亚子先生》《齐白石杂谭》《关于许地山》《蔡子民先生永生》《孙中山先生的童年生活和轶事（插图二幅）》、随笔《文人画与画家画》《谈新派画》《绍介书画之将来》《广州十三行》《略谈两方诗》《章太炎与张之洞》《乱世的男女》《偶然想起几件事》《黄花冈凭吊记》《画人张善子大千兄弟》《我的写作》《民国前革命党人的文学》《错谬连篇的〈清史稿〉》《黄花岗烈士收尸者潘达微》《南社杂谭》《辛亥革命人与事的检讨》等，出版散文集《革命史谭》（重庆独立出版社，1945年）、《革命史话》（上海大东书局，1947年）、《当代人物志》（上

海世界书局，1947年）、传记《中国现代艺术家像传》（香港波文书局，1978年），编选《郁达夫诗词抄》（香港上海书局，1962年）等亦署。⑤丹林，见于随笔《市政杂谭》，载1930年上海《道路月刊》第31卷第1期；旧体诗《和缵蘅词长移居》，载1932年天津《国闻周报》第9卷第36期。此前后在《道路月刊》《逸经》《大风》《天文台》《宇宙风·逸经·西风非常时期联合旬刊》《远风》《新妇女》及马来亚新加坡《星洲日报·星云》等报刊发表散文《锡虞游踪感》、随笔《逸话》《略谈两方诗》《今之王婆》《苏曼殊与康有为》《劳伦司的五部小说》《郁达夫的诗词》等亦署。⑥自在，见于随笔《吴游杂感》，载1930年上海《道路月刊》第32卷第1期；随笔《记弥勒胡公井》，载1931年天津《国闻周报》第8卷第19期。同时期起在上述两刊及《越国春秋》《礼拜六》《七日谈》《越风半月刊》《文摘》《永安月刊》《中国公论》《大风》《宇宙风》《宇宙风·逸经·西风非常时期联合旬刊》《人之初》《南风》《胜流半月刊》《逸经》《新希望》等报刊发表《谈七日》《遗老张罗溥仪婚费记》《马君武三卅纪事诗》《琐语卢沟桥》《秋夜谈画》《章士钊的白话诗》等文亦署。⑦赤子，见于译文《托尔斯泰的家庭生活》（苏联阿·托尔斯泰原作），载1933年5月16日北平《平明杂志》第2卷第9、10期合刊。⑧霞菲，见于随笔《南京禁止废娼了》，载1933年上海《礼拜六》第492期。同时期在该刊发表《冯玉祥不免假公济私》《江苏民众教育之强迫》《有声有争的戴墅赋》《长江轮上》等文亦署。⑨自在斋主人，见于随笔《孤灯夜读录》，载1934年南京《大学生言论》第4期。⑩枫园，见于随笔《怎样才是一张好画》，载1934年《国画月刊》第1卷第9、10期合刊；随笔《会见剐曲灌叟》，载1941年上海《永安月刊》第115期。嗣后在《永安月刊》《人之初》《宇宙风》《宇宙风·逸经·西风非常时期联合旬刊》《南风》《胜流半月刊》《旅行杂志》等刊发表散文《京尘拾屑》《观瀑诗图题咏》《广州消暑地——荔枝湾》、随笔《造像题诗》《我也一谈钱名山》等亦署。⑪陆自在，见于随笔《击揖中流》，载1935年《民族文艺》第1卷第5期；散文《碧江柳岸钓月图记》，载1935年杭州《艺风》月刊第3卷第6期。嗣后在《越风》《旅行杂志》发表随笔《中华银行与革命党》、散文《从梧州到桂林》等亦署。⑫自在长老，见于随笔《介绍〈朱湘书信集〉》，载1936年上海《逸经》第6期。同时期在该刊发表旧体诗《剑父画师游喜马拉雅山归斑园雅集得读近诗赋赠》亦署。⑬甘霖，见于随笔《半个月的民军营长生活》，载1936年杭州《越风》第20期。⑬凤侣，见于散文《雅江县素描——西康风光之一》，载1940年上海《永安月刊》第18期。嗣后在该刊及《广播周报》发表随笔《海外珍闻》《名泉杂话》《已判死刑的王揖唐》等亦署。⑭非素，见于随笔《做了三个月典狱长》，载1948年2月上海《永安月刊》第105期。嗣后在该刊发表随笔《消夏的荔枝湾》《"拨冗一挥"》等亦署。⑮于勤，见于散文《阿佳艇中》，载1948

年上海《永安月刊》第 111 期。同时期在该刊发表散文《薑洞留痕》、随笔《英人与猫》等亦署。⑯肆江，见于随笔《胡适保释周作人》，载 1949 年上海《新希望》周刊第 10 期。⑰长老、逊伯、清桂、眇叟、恩和，20 世纪 20 年代以后发表文章署用。⑱霜枫，见于随笔《〈郁达夫诗抄〉序言》，载 1961 年香港商务印书馆版《艺林丛录》第 1 编。⑲寒翁、逊舆、接舆翁、居长安、长安老人、楼空老人、自在老人、顶湖旧侣、淞南吊梦客，署用情况未详。

陆澹（dàn）安（1894—1980），江苏吴县（今苏州市）人。原名陆衍文，字剑寒，号澹安、澹庵、澹盦、琼华馆主。晚号幸翁、悼翁。笔名：①澹安，1921 年在《新声杂志》发表文章署用。②蒋书生，见于长篇小说《文坛点将录》，连载于 1923 年后上海《金钢钻》报。③陆澹庵，见于小说《李飞探案之一：棉里针》，载 1923 年上海《红杂志》第 24 期；小说《三 A 党》，连载于 1927 年上海《红玫瑰》第 3 卷第 5—8 期。嗣后在该刊及上海《社会月报》《橄榄》等刊发表文章，出版侦探小说《老虎党》（上海世界书局，1924 年）、《李飞探案集》（包括《棉里针》《古塔孤囚》《隔窗人面》《夜半钟声》《怪函》。世界书局，1924 年），弹词《啼笑因缘弹词》（上海三一公司，1935 年）、《啼笑因缘弹词续集》（上海莲花出版馆，1936 年）等亦署。④澹庵，见于《译文》，载 20 世纪 30 年代上海《大世界报》。⑤何心，发表论著《水浒研究》署用。⑥罗奋，校订长篇小说《杨家将演义》署用。⑦陆澹安，出版《戏曲词语汇释》（上海锦绣文章出版社，2009 年）署用。⑧剑寒、幸翁、悼翁，署用情况未详。

陆地（1918—2010），广东扶绥人，壮族。原名陈克惠。曾用名陈寒梅。笔名陆地，见于小说《落伍者》，载 1942 年延安《谷雨》第 1 卷第 4 期；散文《在抚顺煤矿的日子》，载 1946 年 10 月 10 日《东北文化》第 1 卷第 1 期。此前后在《文学战线》《东北文艺》《东北文化》《新甘肃》《文艺生活》等报刊发表小说《家乡》《钱》《新年景》、随笔《观察的角度》《早晨》、报告《泾川自卫战》等，出版长篇小说《美丽的南方》《长夜》《黎明》、中篇小说《生死斗争》、中短篇小说选《浪漫的诱惑》、短篇小说集《北方》《钢铁的心》《好样的人》《故人》、长篇散文《青春独白》、综合文集《劫后余灰》、诗词集《落花集》、理论专著《怎样学文学》《创作余谈》、自传文学《直言真情话平生》等亦署此名。

陆定一（1906—1996），江苏无锡人，字慕武。曾用名陆定、郑位。笔名：①陆定一，见于《五卅节的上海》，载 1926 年《洪水》半月刊第 2 卷第 20 期；随笔《读〈青年的生活问题〉》，载 1926 年上海《一般》第 1 卷第 3 期。嗣后在《洪水》《新亚细亚》《八路军军政杂志》《时事类编》《文艺阵地》《群众·香港版》《新华日报》等报刊发表小说《飘零》《别》、散文《金色的鱼钩》《中国工农红军第一方面军长征记》《晋东南军中杂记》《寄自晋东南》、随笔《英雄与美人》《序〈王

贵与李香香〉》、评论《中国革命的世界意义》《对战后国际形势中几个基本问题的解释》《斥国民党中宣部"和谈"声明》，抗日战争时期创作歌词《两大主力会合歌》《打骑兵歌》（与李伯钊合作），1949 年后出版论著《中国革命的世界意义》（上海市人民政府公安局总学委会，1951 年）、《我们同资产阶级右派的根本分歧》（江苏人民出版社，1957 年）、《百花齐放，百家争鸣——纪念整风运动十五周年》（江苏人民出版社，1957 年）、《把我国的文化革命推向一个新的高潮》（北京体育学院，1960 年）、《茗边老话》（光明日报出版社，1985 年）、《陆定一文集》（人民出版社，1992 年）等亦署。②定一，见于随笔《生命之源泉》，载 1927 年 5 月 1 日上海《幻洲》第 1 卷第 11 期下部《十字街头》（该刊目录署名 DY）。又见于诗《兴奋起来，同胞们！》，载 1937 年上海《文学》月刊第 9 卷第 3 期。1946 年 8 月在张家口《北方文化》第 2 卷第 5 期发表散文《老山界》亦署。③DY，在《中国青年》发表文章署用。1927 年在《幻洲》发表随笔《生命之源泉》时刊目录署用此名（刊内正文署名定一）。

陆菲琼（1920—2013），浙江宁波人。笔名：①若菲，见于随笔《罗曼罗兰的英雄主义》，载 1940 年 7 月 15 日宁波《时事公报·挺进》；小说《第三次重述》，载 1941 年 7 月 7 日《浙江日报·新女性》。此前后至 1949 年在宁波《时事公报·挺进》《宁波日报》、浙江《民族日报·实生活》《东南日报·笔垒》《中央日报·黑白》《浙江日报》副刊《新女性》《江风》、上海《正言报》《申报》等报刊发表杂文、随笔等亦署。②歌戎，见于随笔《"我应该怎样呢？"》，载 1941 年 11 月 30 日浙江《民族日报》副刊《实生活》。③绿扉，见于随笔《独语》，载 1947 年 7 月 30 日浙江《东南日报》副刊《东南风》。④陆菲琼，出版《第二次世界大战史讲话》（上海春明书店，1947 年）、《中国近代重大历史事件》（浙江人民出版社，1986 年）署用。⑤落薇、陆蓠、山菲、薛湍、莎地、舒亭、莎白，1949 年前发表文章署用。具体署用情况未详。⑥陆离，出版历史小说《阎应元死守江阴城》（浙江人民出版社，1957 年）署用。

陆风（1916—1984），河北徐水人。原名赵兴国，字信忱。笔名：①白原，1934—1945 年在《晋察冀日报》发表诗《李混子》及战地报道、报告文学、诗歌等署用。②陆风，见于译文《原子生意》（苏联雷克林原作，与张运堂合译），载 1946 年张家口《北方文化》第 1 卷第 2 期。嗣后在该刊及晋察冀《教育阵地》发表翻译散文《苏联红军和中国农民》（苏联 N. 博依阔夫原作）、翻译小说《一封书信》（苏联左琴科原作）等，1945—1982 年翻译出版小说《一个蒙古人》《我的大学》《夏天》《仇敌》《小市民》《叶戈尔·布雷乔夫和他周围的人》《游击队的儿子》《左琴科短篇小说选集》、剧本《在底层》《高尔基戏剧选》、论著《苏联历史研究提纲》《苏联国民经济领导研究提纲》（与毛岸英合译）等亦署。

陆高谊（1899－1984），浙江绍兴人。原名陆皋义，字高谊。笔名：①高谊，见于旧体诗《夏日在槐荫下与鲁山君对弈》，载1934年浙江瑞安《瓯风杂志》第12期；随笔《海滢方言叙》，载1945年浙江云和《浙江省通志馆馆刊》创刊号。②陆高谊，出版长篇小说《古今观》（上海世界书局，1937年）署用。又见于随笔《从数字估计出来的文化水准》，载1937年上海《读书月刊》创刊号；随笔《明季忠义丛刊序》，载1938年上海《红茶》第2期。③K.I.，见于随笔《我的希望》，载1938年11月16日上海《申报·自由谈》。嗣后在《上海周报》《青年周报》《中美日报》《字林西报》等报刊发表文章亦署。④刘伯温，见于评论《一旦日美开战上海的可能种种》，载1941年上海《上海周报》第3卷第9期。

陆灏（1920－2003），江苏无锡人，生于上海。原名许彬章。笔名：①洛灏，见于通讯《少年儿童在成长——抗敌剧社的孩子们》，载1942年11月3日《晋察冀日报》。嗣后在该报发表通讯《记突围》《偷袭秦家台》《在唐县基于队伍里》《四十八个加两个——平山某村自卫队员全体报名》《我亲眼看见了敌人的败相》《南甸，是敌人的坟地》《温都河上的血仇》《滹沱河畔过春节》、诗《当季候走上春天的时候》《敬礼，苏联红军》等署用。②陆灏，1949年后出版报告文学《在鞍钢工地上》（人民文学出版社，1953年）、《建设鞍山的人们》（工人出版社，1953年）、《王崇伦的故事》（北京通俗读物出版社，1955年）、《长江桥头》（工人出版社，1955年）、回忆录《笔耕风云——文汇报离休干部回忆文集》（文汇出版社，1996年）等署用。

陆华柏（1914－1994），江苏武进（今常州市）人，生于湖北荆门。笔名：①陆华柏，见于《狩猎（儿童钢琴曲）》，载1935年《音乐教育》第3卷第1期；《月光光（广西民谣）》，载1935年《音乐教育》第3卷第8期。嗣后在《音乐与美术》《乐风》《联合周报》等刊发表歌曲《长城谣》《保卫大东南》《挖战壕》《军民联欢歌》《抗战到底》《并肩作战》、评论《音乐与抗战》《与〈新歌初集〉编者论和声》等，出版诗集《雨中》（20世纪30年代武汉自印）、《绥远民歌合唱集》（广州前进书局，1950年）、《三重奏曲集》（上海新音乐出版社，1953年）、《新疆歌舞集》（上海新音乐出版社，1953年）、《浔阳古调》（上海万叶书店，1953年）等亦署。②花白、芦花白，20世纪40年代发表杂文、音乐小品署用。③虫蛇轩主人，1944年在福建永安报刊发表杂文署用。

陆吉宝，生卒年及籍贯不详。笔名陆嘉，见于小说《晶子》，载1936年2月22日上海《新人周刊》第2卷第25期。嗣后在该刊发表小说《流浪曲》《五年祭》，1939年5月在昆明《中央日报·平明》发表散文亦署。又见于速写《在两个轰炸下的城市之间》，载1940年香港《大风》半月刊第66期。

陆晶清（1907－1993），云南昆明人，白族。原名陆秀珍，字晶清。曾用名陆秀贞、陆晶卿、陆锦琴。笔名：①晶清，见于诗《除夕杂诗》，载1923年《北京女子高等师范周镌》第24期；《杂诗八首》，载1923年6月28日《京报·诗学半月刊》。嗣后在上述两刊及《京报·妇女周刊》《晨报副镌》《语丝》《北新》《华严》《新中华》《抗到底》《文化评论》《论语》等报刊发表诗《桃花》《把一切付与菊魂》《伶俐的小鸟》《南来雁》《失掉的心》、随笔《读了沅君女士的〈买烧饼〉以后》《新年琐话》《人类与国情》、散文《无法付邮的信》等亦署。②嗽雪，20世纪20年代与石评梅、庐隐在北京《世界日报·蔷薇》发表诗文合署。③梅影，见于随笔《自奋》，载1925年11月23日上海《民国日报·觉悟》。④小鹿，1929年在北平与冰莹合编《民国日报》副刊时署用。又见于随笔《我也来凑个趣——谈谈北京》，载1927年5月30日《中央副刊》。同时期在该刊发表随笔《革命女郎之就刑》《"女士"的厄运》、1947年在上海《茶话》发表随笔《科学的手相术》亦署。⑤清，见于随笔《未如之何室闲话》之第二节《诗人与捧场家》，载1932年上海《论语》第4期。⑥陆晶清，见于诗《整装》，载1935年上海《读书杂志》创刊号；通讯《血与泪画成的夜景》，载1939年《文艺月刊·战时特刊·号外》第1期。此前后在上述两刊及《抗战文艺》《人世间》《新中华》《妇女月刊》《文潮月刊》《书精精华》等报刊发表小说《待完成的故事》《白蒂之死》《爱丽思的皮大衣》、诗《沉醉的一晚》、散文《东瀛杂碎》《行路难》《山居杂拾》、通讯《巴黎来鸿》、翻译小说《母亲》（莱斯利·哈沃德原作）等，出版诗集《低诉》（上海春潮书局，1930年），散文集《素笺——致几个似曾相识者的信》（上海神州国光社，1930年）、《流浪集》（上海神州国光社，1933年），编选《小品文精选》（上海神州国光社，1933年）、文集《陆晶清诗文集》（四川大学出版社，1997年）等亦署。⑦嗽玉、娜君，署用情况未详。

陆静山（1904－1996），江苏无锡人。笔名：①陆洛，见于译文《柏林"五一"的流血》，载1930年上海《拓荒者》第4、5期合刊；随笔《中国山水画》，载1936年上海《少年知识》创刊号。20世纪40年代在《广东儿童》《科学知识》等刊发表文章亦署。②陆静山，见于论文《晓庄中心小说之创设及其问题》，载1929年上海《教育杂志》第21卷第5期。嗣后在《中华教育界》《活教育》《国民教育指导月刊》《中央军校图书馆月报》《大公报·现代儿童》等报刊发表评论、随笔、童话，出版论著《儿童图书馆》（上海儿童书局，1934年）、《小学阅读教育问题》（上海教育出版社，1963年）、儿童读物《晓庄歌曲集》（儿童书局，1933年）、《幼儿歌曲集》（上海启明书局，1952年）、《卖火柴的女孩子：小学中年级童话剧集》（上海永年书局，1948年）、《造房子：幼稚园及低中年级歌舞剧集》（上海永年书局，1948年）等亦署。

陆侃如（1903－1978），江苏海门人，原名陆侃，字衍庐。曾用名陆雪成。笔名：①陆侃如，见于编著之《英国诗坛大事记》，载 1922 年《学艺》第 3 卷第 9 期；传记《宋玉评传》，载 1927 年上海《小说月报》第 17 卷号外《中国文学研究》。嗣后在上述两刊及《时事新报・文学旬刊》《文学周报》《清华周刊》《北京大学研究所国学门月刊》《读书杂志》《歌谣》《文艺周刊》《新月》《国学论丛》《国学月刊》《国立中山大学语言文学专刊》《中国文学》《人间世》《宇宙风》《文讯》《食货》《燕京学报》《师大月刊》《文艺先锋》《中原》《战时知识》《新动向》《青年中国季刊》《云南教育通讯》《春秋》《今日评论》《艺文集刊》《说文月刊》等刊发表随笔《古代诗史自序》《巴黎的旧书摊》《北平陷落的周年》《西园读书记》《寄胡适之书》《关于王静安的死》《悼赛昂里教授》《记南安的旧戏》、论文《论左传之真伪及其性质》《孔雀东南飞考证》《陶公生年考》《山海经考证》《评钱基博〈中国现代文学史〉》《风雅韵例》等，1948 年在《北京大学五十周年纪念论文集》发表《左思练都考》，1949 年后在《山东大学学报》《文史哲》《山东文学》《文学评论》《大众日报》《文艺报》等报刊发表论文《记王逸及其子延寿》《关于文赋》《文心雕龙中浪漫主义的一些论点》《文心雕龙论道》《刘勰的生平和思想》《刘勰的文体论》《文心雕龙术语用法举例》《刘勰论文学与现实的关系》《刘勰论内容与形式的关系》《刘勰的创作论》（与牟世金合作）、《左思和左芬》《刘勰有关现实主义的论点》《刘勰论诗人幻想与夸饰》《刘勰的批评论》《刘勰的作家论》《左思评传》，出版译作《金钱问题》（法国小仲马原作。上海大江书铺，1933 年）、《法国社会经济史》（法国塞昂里原作）、《左传真伪考及其他》（瑞典高本汉原作。上海商务印书馆，1936），论著、专著《乐府古辞考》（上海商务印书馆，1926 年）、《中国诗史》（与冯沅君合作。上海大江书铺，1933）、《南戏拾趣》（与冯沅君合作。燕京大学，1936 年）、《楚辞选》（与高亨、黄孝纾合作。古典文学出版社，1956 年）、《中国文学史简编》（与冯沅君合作。作家出版社，1957 年）、《刘勰论创作》（与牟世金合作。香港文昌书局，1962 年）、《刘勰和文心雕龙》（与牟世金合作。上海古籍出版社，1978 年）、《楚辞选译》（与龚克昌共同选译。上海古籍出版社，1981 年）、《中古文学系年》（人民文学出版社，1985 年）、《陆侃如古典文学论文集》（上海古籍出版社，1987 年）、《文心雕龙译注》（与牟世金合译注。齐鲁书社，1995 年）等亦署。②侃如、陆璧、小璧、小梅，署用情况未详。

陆克昌（1923－　），浙江海宁人。曾用名宇文洪亮。笔名：①希行，见于《我也来谈谈方言剧》，载 1940 年秋上海《中国语文》。②宇文洪亮，见于剧作《离婚交响曲》，载 1943 年上海《申报月刊》复刊第 1 卷第 4 期；散文《里行散记》，载 1944 年上海《女声》月刊第 2 卷第 9 期。同时期或嗣后在上海《小说月报》《文潮》等刊发表《人权保障者》《曾经困苦的人》《客人》等小说、散文作品亦署。③洛蒂，见于小说《两个女

学生》，载 1942 年 6 月 1 日上海《小说月报》第 2 卷第 9 期；诗《海》，载 1942 年上海《绿茶》第 1 卷第 1 期。同时期在上海《女声》、《社会日报》副刊《文艺世纪》《爝火》等报刊发表诗、散文亦署。④梅因，20 世纪 40 年代在报刊发表文章署用。⑤陆蒂，1949 年后发表文章署用。⑥陆克昌，1949 年后发表文章，出版文集《旅痕——陆克昌杂作集》（2007 年自印）署用。

陆铿（1919－2008），云南保山人。初名陆敬孔，后改名陆敬先，又改名陆铿，号大声。笔名：①陆铿，1938 年起在《仰光日报》《侨生报》《中央日报》等报发表通讯报道署用。见于随笔《欢迎战士归来》，载 1942 年重庆《新闻战线》第 2 卷第 2、3 期合刊；报道《纽伦堡大审战犯》（与毛树清合作），载 1945 年西安《书报精华》第 41 期。嗣后在《中央周刊》《亚洲世纪》《新闻学季刊》《广播周报》《中央日报周刊》等报刊发表《饥饿到恐怖的时候》《新闻自由的赘瘤》《中国在美国人心目中的低潮》《阻碍重重的韩国独立》等文，出版散文集《广西军远征记》（汉口新生出版社，1938 年）、论著《中国之命运表解》（上海天地出版社，1944 年）、《麦帅治下的日韩》（南京中央日报社，1947 年）、《中国统一问题论战》（香港百姓文化事业公司，1988 年），传记《星云大师与人生佛教》（香港新亚洲出版社，1990 年）、《人间佛教的星云——学者作家心目中的星云大师》（台北佛光出版社，1991 年）、《别闹了，登辉先生——12 位关键人物谈李登辉》（台北天下远见出版公司，2001 年）等著作，以及发表《陆铿看两岸》《陆铿回忆与忏悔录》《李登辉的最后抉择：陆铿忠言》《大记者三章：记者的精神与作为》《胡耀邦访问记》《风云变幻的邓小平时代》等文亦署。②陆荆荪，见于《三十年大梦将醒乎》，载于 1979 年香港《明报月刊》。

陆离（1917－？），云南蒙自人。原名陆志平，字语冰。曾用名陆治平、陆骏。笔名：①陆离，见于散文《梧州一日》，载 1931 年广州《十日》第 2 卷第 31 期；散文《悼念鲁迅先生》，载 1936 年上海《中流》第 1 卷第 5 期。此前后在《中国公论》《民智月报》《新建设》《浙江青年旬刊》《人物杂志》等报刊发表散文《黄昏小景》《贺龙将军给了我八十分》、评论《俄国的小说》等亦署。1939 年主编《朔风月刊》亦署。②陆续，见于小说《山神庙》，载 1939 年北平《中国公论》第 3 卷第 4 期。③谭锋，见于评论《八月剧谈》，载 1943 年南京《新都周刊》第 24 期。④陶铭，见于随笔《国庆解》，载 1935 年上海《人言周刊》第 2 卷第 31 期。⑤独孤定，署用情况未详。

陆蠡（1908－1942），浙江天台人。原名陆考源，曾用名（谱名）陆圣泉。笔名：①陆蠡，见于译诗《秋》（法国阿尔封斯・拉马丁原作），载 1935 年上海《译文》月刊第 1 卷第 5 期；散文《庙宿》，载 1936 年上海《文季月刊》第 2 卷第 1 期。同时期或嗣后在《文季月刊》《宇宙风》《作家》《中流》《文丛》《烽火》《少年读物》

《公余》《绿洲》《中国与世界》《国闻周报》《艺风》等刊发表小说《嫁衣》、随笔《战时新闻界》、散文《囚绿记》《乞丐和病者》《门与叩者》《苦吟》、译文《史前时期》（西班牙胡安·马丁·鲁伊兹原作）、译诗《知了和蚂蚁》《一只青蛙》（法国拉·封丹原作）等，在上海文化生活出版社出版散文集《海星》（1936年）、《竹刀》（1938年）、《囚绿记》（1940年），出版翻译小说《葛莱齐拉》（法国阿尔封斯·拉马丁原作，1936年）、《罗亭》（俄国屠格涅夫原作，1936年）、《烟》（俄国屠格涅夫原作，1940年）、《鲁滨孙漂流记》（英国笛福原作）等亦署。②陆敏，见于散文《黑》，载1937年上海《文丛》第1卷第1期。《文丛》杂志。③卢鑫，见于散文诗《榕树散集》，载1934年北平《水星》创刊号。④大角，见于科普散文《少年天文台》，载1938年9月1日、16日上海《少年读物》创刊特大号和第2期。⑤圣泉，见于散文《簷溜》，载1938年9月1日上海《少年读物》创刊特大号。嗣后在上海《科学趣味》《宇宙风》发表《星期的起源》《睡美人睡了多久》等文亦署。

陆立之，生卒年及籍贯不详。笔名：①陆立之，见于译文《关于屠格涅夫的死——波丽娜致比青的两封信》，载1930年上海《现代文学》第1卷第2期。嗣后在该刊第1卷第4期发表随笔《玛耶阔夫司基底诗》，出版译作《太阳天》（伏拢珂姑娘原作。上海北新书局，1948年）亦署。②啸青，署用情况未详。

陆律西，生卒年不详，浙江桐乡人，号含犀霏玉轩主。笔名：①律西，见于随笔《强而仕》，载1919年上海《广益杂志》第35期。嗣后在《游戏世界》《新上海》《中国军人》等刊发表小说《还珠记》《狗的对手》《侠妓记》、随笔《戏拟财神请添员疏》《军人与工人》等亦署。②陆律西，见于随笔《戏拟麻雀致扑克书》《戏拟扑克复麻雀书》，载1922年上海《游戏世界》第3期（刊内正文署名律西）；随笔《自鸣钟》，载1923年上海《小说世界》第2卷第9期。嗣后在上述两刊及《快活》《红杂志》《红玫瑰》《心声》《侦探世界》《社会之花》《新上海》等刊发表小说《金钱伉俪》《虚荣》《卖糖叟》《渔舟奇女》《双鸳侣》、随笔《含犀霏玉轩笔记》《春明阛阓录》等，出版长篇小说《民国史演义》（上海广益书局，1922年）、教材《言文对照：高等新文范》（上海中华书局，1925年）等亦署。

陆梅，生卒年不详，浙江镇海（今宁波市）人，字梅痕。笔名陆梅，在《南社丛刻》发表诗文署用。

陆明桓，生卒年不详，江苏吴江（今苏州市）人，字简敬，号苏斋。笔名陆明桓，著有《金间纪事》《苏斋遗稿》，编辑有《松陵陆氏丛稿》。

陆鸣秋（1905—1992），湖北广济人。笔名：①陆鸣秋，见于散文《游击》，载1928年春汉口《新民报》副刊；译诗《"氓之蚩蚩"》，载1933年5月1日上海《论语》半月刊第16期。嗣后在《论语》半月刊、《人生》《中华日报·诗刊》、《雄风》半月刊、《警醒》《诗创造》等刊发表《玄武湖之樱花》、随笔《陈树人先生的艺术》、诗《庐山之巅》《车站》《寄生虫的猖獗》《耕者的歌》、论文《中国行政法诸问题》、评论《苏俄空军之现势》等亦署。②鸣秋，见于随笔《马桶风潮》，载1933年《论语》半月刊第2卷第18期。嗣后在该刊发表随笔《幽默语录》《开娼》《撒谎与听谎》《现代人的死》等文亦署。

陆钦仪（1925—？），上海人。笔名：①项伊，20世纪40年代在上海报刊发表文章署用。见于报告《大年夜》，载1946年上海《文坛月报》第1卷第3期；小说《小兰》，载1947年上海《妇女》第11期。②华绍扬，见于《小站上》，载1946年上海《时代日报·新生》。③桑乾，见于随笔《争温饱》，载1948年10月北平《燕京新闻·副叶》。④谷戈，见于随笔《江南造船所参观记》，载1946年上海《茶话》第6期。嗣后在该刊发表散文《榴红乳白忆怀远》亦署。⑤陆钦仪，出版论著《在绿地上耕耘——思想教育论集》（中国人民大学出版社，1999年），主编《北京高等教育志》（华艺出版社，2004年）、《项子明纪念文集》（北京大学出版社，2010年）等亦署。

陆清源（1919—1981），上海人。笔名海岑，见于通讯《二十年冤狱——蒙尼和比林斯事件记略》，载1939年上海《杂志》半月刊第3卷第6期。嗣后在《鲁迅风》《宇宙风》《幸福世界》《少年读物》《春秋》等刊发表小说《墓前》《夜深沉》、散文《怀陆蠡》《秋叶》、翻译小说《决斗》（俄国屠格涅夫原作），出版散文集《秋叶集》（上海文化生活出版社，1949年）和翻译小说《虹之尾》（美国杰克·伦敦原作，与许天虹合译。上海十日谈社，1945年）、《二朋友》（俄国屠格涅夫原作。平明出版社，1951年）、《阿尔查诺夫医生》（苏联柯普嘉叶娃原作。平明出版社，1953年）、《多余人日记》（俄国屠格涅夫原作。平明出版社，1954年），翻译诗集《罗马哀歌》（德国歌德原作，与方闻等合译。永安点滴出版社，1944年）等亦署。

陆庆（1911—？），江苏武进（今常州市）人。原名陆勉余。笔名陆庆，见于诗《小桃花》，载1931年北平《燕京月刊》第8卷第1期；译文《去年的美国大学女生》（阿·康姆斯图克原作），载1934年北平《求实月刊》第8卷第1期。嗣后在《中国实业杂志》《国际贸易导报》《实业部月刊》《中国劳动》《妇女新运》《妇女文化》等刊发表随笔《漫谈重庆女佣》《我也来谈谈家政》《复员声中的几个重要问题》等亦署。

陆秋心（1883—1927），江苏海门人。原名陆曾沂，字冠春，号秋心。别号南梦、秋江。笔名：①南梦，见于翻译小说《双冒丝》（英国爱迭斯原作。有正书局，1908年）。②陆秋心，出版小说集《秋心说部第一集》（上海民权出版部，1915年）、翻译小说《葡萄劫》（上海民权出版部，1915年）、《墨诏疑云录》（英国洛平革拉原作。上海商务印书馆，1917年）等署用。嗣后在《小说月报》《新妇女》等刊发表小说《蔓陀罗克》《灌绿山庄》《送年礼》、随笔《我只认定一个"人"字》《妇女的四大肉刑》《第四种自由》《男女同校》《废娼运动》、剧作《醒了么·第三四幕》、通信《和陈无我来往的信》、评论《婚姻问题的三个时期》《勃拉克和新中国底文化》、译文《妇女与家庭》（美国马腾博士原作）等亦署。③秋心，见于译文《为什么妇女要投票》，载 1920 年 10 月 1 日上海《新妇女》第 4 卷第 1 期。④陆曾沂，在《南社丛刻》发表诗文署用。

陆绍棠，生卒年不详，浙江杭县（今杭州市）人，字衷奇，号鄂不。笔名陆绍棠，在《南社丛刻》发表诗文署用。

陆石（1920－1998），原名康成忠，曾用名康道平。笔名陆石，见于随笔《一个轮客的白描脸谱——"总检讨"上海剧运者》，载 1939 年 6 月 13 日桂林《救亡日报·文化岗位》；诗《别作梦》，载 1944 年广州《建政月刊》创刊号。嗣后发表散文《毛主席在延安鲁艺的一天》《毛主席和我们一起扭秧歌》，创作京剧剧本《反南阳》、电影文学剧本《国庆十点钟》（与他人合作），出版秧歌剧《生产建设》、短篇小说集《双铃马蹄表》（与他人合作）等署。

陆士谔（1876－1944），江苏青浦（今上海市）人。原名陆守先，字云翔，号士谔；别号云间龙、沁梅子、儒林医隐。笔名：①陆士谔，出版长篇通俗小说《七剑八侠》（上海时还书局，1922 年）、《雍正游侠传》（上海世界书局，1925 年）、《女皇秘史》（上海时还书局，1926 年）、《三剑客》（上海时还书局，1937 年）、《白侠》（上海时还书局，1937 年）、《七剑八侠续》（上海时还书局，1937 年）、《江湖剑侠》（上海国华新记书局），及《清史演义》《清朝开国演义》《顺治太后外纪》《血滴子》《七剑三奇》《八大剑侠传》《飞行剑侠》《红侠》《黑侠》《孽海花续编》《新孽海花》《新三国》《也是西游记》等署用；先后在上海《红玫瑰》《金钢钻月刊》及《中医杂志》《杏林医学月报》《国医正言》等刊发表随笔《陆凤石轶事之正伪》《诊余随笔》《寒魔自述记》《环游人身记》《正名》《侠谈》、小说《僵先生》《八仙失道》、评论《国医与西医之平议》等亦署。②儒林医隐、云间龙，署用情况未详。

陆士钰，生卒年及籍贯不详。笔名：①陆士钰，见于译诗《高加索小曲》（俄国莱蒙托夫原作），载 1924 年 9 月 1 日北京《晨报副镌·文学旬刊》；译诗《吊普希金的死》（俄国莱蒙托夫原作），载 1924 年 12 月 30 日北京《京报副刊·民众文艺周刊》第 3 期。嗣后在上述两刊发表译诗《感叹》（俄国普希金原作）、翻译长诗《幼僧》（俄国莱蒙托夫原作）等亦署。②士钰，见于译作《一封信》（俄国列夫·托尔斯泰原作），载 1925 年北平《京报·民众文艺周刊》第 4 期。

陆万美（1910－1983），云南昆明人。曾用名陆万曦。笔名：①绿曦，20 世纪 30 年代初在北平编《世界日报·蔷薇》署用。见于散文《陷落之夜》，载 1932 年北平《东北月刊》第 1 卷第 8 期。同时期在该刊（1932 年第 1 卷第 6 期）发表通讯《写给沙场上的晖》亦署。②陆绿曦，见于小说《战士行》，载 1933 年北平《文学杂志》第 1 卷第 2 期。嗣后在该刊发表小说《迎着死灭走去》亦署。③陆万美，见于散文《追记鲁迅先生"北平五讲"前后》，载 1951 年《西南文艺》第 1 期。嗣后出版回忆录《隽永的忆念》（云南人民出版社，1981 年）、编选《刘澍德小说选》（云南人民出版社，1979 年）等亦署。④陆睦、齐鲁山，署用情况未详。

陆象贤（1917－2010），上海人。笔名：①陆象贤，见于诗《初夏之晨》，载 1935 年上海《中学生文艺季刊》第 1 卷第 2 期；书评《〈月报〉》，载 1937 年《青岛教育》第 4 卷第 9 期。嗣后出版《新中国经济地理教程》（上海一般书店，1941 年）、《劳动竞赛与国家工业化》（通俗读物出版社，1954 年）、《工人阶级是怎样帮助农民的》（通俗读物出版社，1956 年），传记《胡厥文生涯——从资本家到副委员长》（人民出版社，1996 年）、《胡厥文》（与卢鸣合作。花山文艺出版社，1999 年）、《朱学范传》（与刘宋斌合作。团结出版社，2005 年）及《王培孙年谱》（南洋中学校友会，2001 年）等亦署。②列车，见于《傀儡戏》，载 1938 年 10 月 18 日上海《申报·自由谈》；随笔《司马氏·阮籍·稽康》，载 1939 年汉口《东南风》半月刊第 1 卷第 2 期。嗣后在《文汇报·世纪风》《新文艺月刊》《紫荆》《新文丛之三·割弃》《鲁迅风》《宇宙风乙刊》《奔流文艺丛刊》等刊发表译诗《雪莱诗选译（三章）》、散文《回忆周木斋先生》《蜕》、随笔《破》《再论杂文》《吊》等，1940 年由北社出版诗集《向五月歌唱》亦署。③黄河，见于诗《二年》，载 1938 年 10 月 19 日上海《申报》。④列御寇，1941 年在上海主编《北斗》季刊署用。⑤鲍霭如，见于评论《曹禺论》，载 1944 年上海《万象》第 3 卷第 8 期。⑥说斋，见于杂文《槎溪说林》，载 1943 年《万象》第 3 卷第 2 期。嗣后在该刊第 4 卷第 5 期及上海《千秋》第 1 卷第 2 期发表游记《杭州日记》、散文《白采忆语》等亦署。⑦扬子江，上海"孤岛"时期在《前锋》《大众》等刊发表诗文署用。⑧号角，上海"孤岛"时期在《申报·自由谈》《导报·晨钟》发表文章署用。⑨鲍列斯，上海"孤岛"时期在报刊发表文章署用。

陆小曼（1903－1965），江苏常州人，生于上海。原名陆眉，字小曼。小名小眉。曾用名冷香人。笔名：①陆小曼，1924 年翻译并发表意大利剧作《海市蜃楼》署用。嗣后发表五幕剧《卞昆冈》（与徐志摩合作。载 1928 年 4 月 10 日、5 月 10 日上海《新月》月刊第 1 卷第 2、3 期）、翻译散文《萤火虫》（英国嘉耐德原作。载 1928 年《中央日报特刊》第 3 卷第 18 期），先后在上海《新月》《风雨谈》《良友画报》《文潮月刊》等刊发表散文《泰戈尔在我家》《序〈志摩日记〉》及书信、国画等作品，出版剧作《卞昆冈》（与徐志摩合作，上海新月书店，1928 年），编著《志摩日记》（上海晨光出版公司，1947 年），散文集《志摩在回忆里》（台北兰亭书店，1983年），故事《河伯娶妇》（上海文化出版社，1957年），文集《陆小曼诗文》（百花文艺出版社，2002年）、《寂寞烟花梦一朵》（陕西师范大学出版社，2007年），书信集《爱眉小札》（与徐志摩合集。上海良友图书印刷公司，1936年），日记《陆小曼未刊日记墨迹》（三晋出版社，2009年）等亦署。②小曼，见于《哭摩》，载1931年上海《新月》月刊第4卷第1期。③陆小眉，署用情况未详。④蛮姑，晚年绘画时常署此名。

陆旋，生卒年不详，江苏江宁（今南京市）人，字连褰，号咏黄。笔名陆旋，在《南社丛刻》发表诗文署用。

陆诒（1911－1997），上海人。笔名：①静芬，见于报道《何香凝先生访问记》，载1936年5月6日上海《救亡情报》创刊号。嗣后在该报发表《李杜将军访问记》《鲁迅先生精神不死》及在香港《生活日报》发表通讯报道亦署此名。②芬君，见于报道《鲁迅先生访问记》，载1936年上海《救亡情报》第4期。③陆诒，见于随笔《通过火线归来》，载1932年2月9日上海《文艺新闻·战时特刊·烽火》第6期；报道《印缅边境的形势》，载1943年桂林《半月文萃》1卷第9、10期合刊；报道《印缅边境的形势》，载1943年3月桂林《半月文萃》1卷第9、10期合刊。此前后在《新华日报》《旅行杂志》《绸缪月刊》《月报》《新学识》《文摘》《半月文摘》《妇女生活》《群众》《中苏文化》《学习生活》《国讯旬刊》《少年学园》《文萃》《中国建设》《民主》《大威周刊》《新华文摘》等报刊发表《蜀游萍踪》《西康归来之感想》《谈谈青年问题》《西战场归来（通信）》《访问傅作义将军》《访问马占山将军》《娘子关失陷记》《陕西所见的女战士》《彭德怀谈西战场》《彭德怀谈前线战况》《胜利前夜的台儿庄》《踏进台儿庄》《毛泽东谈抗战前途》《华北民众游击战的发展》《张自忠将军二三事》《抗战回忆》《敬悼李公朴先生》《访李济琛将军》《迎接解放军渡江南进》等通讯报道，出版《热河失陷目击记》（中外出版公司编译所，1933年）、《前线巡礼》（汉口大路书店，1938年）、《津浦线荡寇记》（上海万象书店，1938年）、《中原大战的序幕》（战地出版社）、《战时萍踪》（人民日报出版社，1985年）等亦署。④芬君，见于报道《鲁迅先生访问记》，载1936年上海《救亡情报》第4期。

陆震廷（1921－？），江苏松江（今上海市）人。笔名：①陆震廷，见于速写《复仇》，载1939年上海《华美》第2卷第8期；小说《别》，载1940年上海《学生月刊》第1卷第11期。嗣后出版报告文学《时代的尖兵》（台北寰球出版社，1950年）、《金色的阳光》（高雄大业书店，1983年）、《中华女兵》（台北江山出版社，1985年）、《创造美好的明天》（台北黎明文化事业股份有限公司，1989年），传记《江左少年夏完淳》（高雄大业书店，1969年）、《星云大师传》（台南中华日报社，1991年），散文集《六十年代》（高雄大业书店，1971年）、《南方》（台南曾文出版社，1979年）、《金色年代》（中国文物出版社，1981年）、《六代同堂》（高雄佛光出版社，1985年）、《胜利前后》（台北采风出版社，1986年）、《烽火情劫》（台北采风出版社，1987年）、《佛光山的歌声》（台北江山出版社，1987年）等亦署。②郭风，署用情况未详。

陆志韦（1894－1970），浙江湖州人。原名陆宝琦，字志韦。笔名：①保琦，1913年在《进步》杂志发表文章曾署用。②陆志韦，见于论文《宗教与科学》，载1921年《少年中国》第2卷第11期；论文《心理学史》（与吴定良合作），载1922年1月、10月上海《心理》第1卷第1、4号。嗣后在《心理》《小说月刊》《新诗》《科学》《晨报副镌》《哲学评论》《教育杂志》《邮学月刊》《紫晶》《燕京学报》《文学杂志》《中建》《建国教育》《燕京社会科学》《大中》《观察》等刊发表诗《听野哭想到清明》《跟宋玉开玩笑》、评论《论节奏》《从翻译说到批评》、随笔《关于胡适的十年计划》《教育闲谈》等，出版诗集《渡河》（上海亚东图书馆，1923年）、《渡河后集》（1932年）、《申酉小唱》（1933年），发表和出版语言学、心理学著作和译作亦署。

逯登泰（1921－1952），青海乐都人。曾用名逯萌竹。笔名：①野萤，见于诗集《沉默的诗》，载1947年成都《呼吸》第2期。1948年在成都《蚂蚁小集》发表小说《青骡子》、随笔《断想》等亦署。②萌竹，见于评论《怎样谈一篇小说》，载1947年南京《西北通讯》第1卷第3期。嗣后在该刊发表评论《评〈生命树〉》等亦署。③尹湟，见于小说《青驴》，载1947年南京《西北通讯》第1卷第4期。

逯斐（1917－1994），江苏无锡人。原名王松黛。曾用名六宝（乳名）、王琪。笔名：①郑珏，见于小说《除夕》，载1932年前后上海大夏中学校刊。②敏，1932年以后在无锡报纸副刊发表散文署用。③陆斐，1938年起在香港《大公报》副刊发表散文署用。见于独幕剧《中华儿女》（与梅克、柳明合作，陆斐执笔），载1938年《妇女知识》第3卷第1期。④逯斐，见于剧本《歧途》，载1940年上海《文艺新潮》第2卷第6期。嗣后在该刊及重庆《新华日报》、延安《文艺月报》、桂林《大公报·文艺》、上海《文艺复兴》、香港《小说》、张家口《北方文化》、北京《文艺劳动》，以及《文艺复兴》《人民文学》等刊发表剧本、短篇小说等，出版话剧《胜利列车》（生活·读书·新知三联书店，1950年）、《生死仇》（与陈明合作。北京天下图书公司，1950年），散文集《青春的光辉》（作家出版社，1955年）、《解冻以后》（作家出版社，1957年），小说集《提炼》（新文艺出版社，1951年）、《森林的歌唱》（作家出版社，1959年）等亦署。⑤宋玳，见于故事《两个老汉》，载1947年11月鲁西《平原文艺》第2卷第5期。嗣后在该刊发表通讯《保卫这几亩地》，1949年在《田家》第15卷第23期发表通讯《煤台夫米才》亦署。

逯钦立（1910－1973），山东巨野人，字卓亭。笔名：①逯钦立，见于论文《陶渊明行年简考》，载1942年

《读书通讯》第 50、51 期。嗣后在该刊及《国立中央图书馆馆刊》《学原》《国立中央研究院历史语言研究所集刊》等刊发表《乐府相和歌考证》《文赋撰出年代考》《洛神赋与闲情赋》等文，编纂出版《陶渊明集》（中华书局，1979 年）、《先秦汉魏南北朝诗》（中华书局，1983 年），出版论著《逯钦立文存》（中华书局，2010 年）等亦署。②胡蛮、祝本，署用情况未详。

鹿桥（1919－2002），福建福州人，生于北京。原名吴纳孙。笔名鹿桥，见于散文《母亲节致母亲的信》，载 1948 年上海《中美周报》第 288 期。1949 年后在台湾出版长篇小说《未央歌》（台湾商务印书馆，1959 年）、《忏情书》（台北远景出版社，1975 年），小说集《人子》（台北远景出版社，1974 年），散文集《市廛居》（台北时报文化公司，1998 年）等亦署。

路地（1928－2018），辽宁岫岩人，满族。原名傅云生。1947 年开始发表作品。笔名：①路地，1949 年后出版诗集《绿纱窗》（春风文艺出版社，1985 年）、《淡淡的紫雾》（百花文艺出版社，1988 年）、《鹅黄的柳絮》（人民文学出版社，1993 年）、《人生拾趣》，散文集《木舟柳笛》，长篇历史文化散文《一个满族家庭的变迁》（远方出版社，1999 年），主编《满族诗人诗选》《满族英烈传》《舒群纪念文集》《丹东作家》丛书（18 种）及《现代满族书画家传略》等署用。②沈园，署用情况未详。

路丁（1915－？），山东济南人。原名路殿三。曾用名路象三。笔名：①路丁，见于《硝盐子》，载 1936 年济南《文艺俱乐部》第 2 期；诗《打铁歌》，载 1937 年北平《实报》副刊。1938 年在武汉《新华日报》发表《竹沟的春天》《巡回演出纪实》、1940 年在《拂晓报》发表《带花记》《王麻鼻子》、1942 年在《拂晓文艺》发表剧本《被玩弄的人》《俱乐部》等均署。此前后在《海燕》《现实文学》《知识半月刊》《七月》《新东方》《战时妇女月刊》《常识》等刊发表文章，出版通俗读物《农村中怎样订立和检查爱国公约》（华东人民出版社，1952 年）、《老虎和狗熊》（儿童读物出版社，1954 年）、《安心做好机关工作》（上海人民出版社，1956 年）等亦署。②衣虹，20 世纪 40 年代在《拂晓文艺》《拂晓画报》《淮北大众》等刊发表诗歌、杂文署用。③长河，见于故事《仲秋节之夜》，载 1961 年《福建日报》。

路工（1920－1996），浙江慈溪人。原名叶德基。曾用名叶枫。笔名：①向阳，见于诗《敌人到过的地方》，载 20 世纪 40 年代晋东南《文艺轻骑》。②叶丛，见于诗《夜的声音》，载 20 世纪 40 年代晋冀鲁豫文联《文化动员》。③叶枫，20 世纪 40 年代在华北《新华日报》《华北文艺》《文化新志》《太行文艺》《人民日报》发表诗文署用。④路工，1949 年开始在北京《人民铁道报》发表诗作署用。嗣后在《人民日报》《光明日报》《诗刊》《天津日报》等报刊发表诗作，出版诗集《中国人民大合唱》（北京火星社，1951 年）、《好妈妈》（北京火星社，1951）、《煤山上》（工人出版社，1951 年），

报告《白茆公社新民歌调查》（上海文艺出版社，1960 年），随笔集《访书见闻录》（上海古籍出版社，1985 年），编选《海防战士歌谣集》（与刘锡诚合编。上海文艺出版社，1959 年）等亦署。⑤铁人，1949 年开始在《人民铁道报》发表文章署用。⑥叶萌，1949 年后在《光明日报》发表随笔《武松打虎》署用。⑦群明，出版编选《明清民歌选》（与蒲泉即傅惜华合作，上海出版公司，1956 年）署用。

路翎（1923－1994），江苏南京人，祖籍安徽。原名徐嗣兴。笔名：①烽嵩，见于散文《秋在山城里》，载 1938 年 11 月 3 日四川《时事新报·青光》；散文《一片血痕与泪迹》，载 1938 年《弹花》第 2 卷第 2 期。②莎虹，见于散文《在空袭的时候》、诗《血底象征》，载 1938 年 11 月 17 日四川合江《大声日报》。③徐烽，1938 年在四川合川编《大声日报·哨兵》署用。④流烽，见于小说《在游击战线上》，载 1938 年 12 月 19、20 日重庆《大公报·战线》。⑤未明，见于随笔《二摩论》，载 1939 年 2 月 20 日四川《时事新报·青光》。嗣后在该刊发表杂文《援救天津五同志》《有备无患》等，在《泥土》《蚂蚁小集》发表书评《王贵与李香香》、散文《敌与友》等亦署。⑥嘉木，见于随笔《合乎"逻辑"》，载 1939 年 3 月 5 日《新蜀道·文锋》；评论《评茅盾底〈腐蚀〉兼论创作道路》，载 1948 年 12 月 31 日《蚂蚁小集》第 5 辑。⑦路翎，见于书评《评〈突围令〉》，载 1940 年 5 月 3 日《新蜀报·蜀道》；小说《"要塞"退出以后》，载 1940 年 5 月《七月》第 5 集第 3 期；小说《何绍德被捕了》，载 1941 年 4 月《七月》第 6 集第 3 期。嗣后在《抗战文艺》《新华日报》《文艺杂志》《文学创作》《人世间》《希望》《文艺复兴》《文坛月报》《人民文艺》《中原·文艺杂志·希望·文哨联合特刊》《联合晚报·夕拾》《时代日报》《呼吸》《中国作家》《蚂蚁小集》《小说》等报刊发表小说、散文、评论等，出版中篇小说《饥饿的郭素娥》（桂林生活书店，1943 年）、《蜗牛在荆棘上》（上海新新出版社，1946 年），小说集《青春的祝福》（重庆生活书店，1945 年）、《求爱》（海燕书店，1947 年），长篇小说《财主底儿女们》（上卷，南无出版社，1945 年 11 月；下卷，上海希望社，1948 年），剧本《云雀》（上海希望社，1948 年），1949 年后出版剧本《英雄母亲》（上海泥土社，1951 年）、《朱桂花的故事》（作家出版社，1955 年）、《初雪》（宁夏人民出版社，1981 年）等亦署。⑧穆纳，见于散文《祝福》，载 1940 年 10 月 8 日《时事新报·青光》。⑨冰菱，见于书评《〈欧根·奥尼金〉与〈当代英雄〉》，载 1945 年上海《希望》第 1 集第 1 期。嗣后在《希望》《蚂蚁小集》等刊发表散文、书评等亦署。又见于随笔《认识罗曼·罗兰》，载 1946 年新新出版社版《罗曼·罗兰》。⑩余林，见于随笔《林语堂博士在美国搞些什么》，载 1946 年《文艺生活》光复版第 2 期；评论《论文艺创作底几个基本问题》，载 1948 年《泥土》第 6 辑。⑪木纳，见于随笔《吃人的和被吃的

理论》，载 1949 年上海《蚂蚁小集》第 7 辑。⑫林羽，见于小说《劳动模范朱学海》，载 1950 年上海《起点》第 2 期。

路世坤（？—1989），福建福州人。笔名：①路世坤，见于小说《高明之家》，载 1936 年 8 月福州《小民报·新村》。又在福州《福建民报·回声》发表文章署用。②易骞，见于评论《论黑尼及其诗》，载 1936 年 6 月 28 日福州《福建民报·星期文艺》；杂文《七艺联的"艺术"》，载 1936 年 12 月《小民报·新村》。③卢申、萧兵，1936 年前后在福州《南方日报·紫外线》《福建民报·南风》等署用。④不苟，1936 年前后在《福建民报·回声》发表杂文署用。

路西坤（1927— ），陕西富平人。笔名：①路晓天、路凡琳，1945 年在西安《西京平报》发表诗《夜莺之歌》《夜街》、在《秦风日报》发表诗《梦见妈妈》《挑粪人》和散文《剥皮先生》等署用；在《西北大学校刊》、西安民盟所办的文艺杂志发表诗文亦署。②路不平、顾白村，1947 年在江苏《丹阳日报》发表诗文署用。③路西坤，1948 年在《苏州日报》发表批判市侩文学的文章署用。又见于中篇特写《青春的活力》，连载于 1951 年《新苏州报》。嗣后发表诗文、漫画等亦署。

路野，生卒年及籍贯不详。笔名衣冷、衣去寒，1946 年前后在青岛《青岛时报·海歌》等报刊发表诗文署用。

路一（1912—1997），河北蠡县人。原名张玉祥。曾用名张一农、路一农。笔名：①路一，1934 年在北平"左联"主编《荒草》《熔炉》《文学导报》署用。见于小说《结局》，载 1934 年 6 月 4 日天津《大公报》副刊。嗣后在北平《令丁》《泡沫》《诗歌季刊》《北平新报·新页》等报刊发表诗《我们的诗》、小说《罢市》《弟弟》等，抗战时期在冀中主编《红星》《火线》《冀中文化》等刊物并发表小说《马老婆子的血也沸腾了》《三八大盖》等，1949 年后发表作品、出版长篇小说《赤夜》（人民文学出版社，1982 年）、纪实文学《漫漫征程》等亦署。②路一农、路易士，署用情况未详。

露菲（1930？—？），山东潍坊人。原名谭小邢。笔名露菲，见于诗《小纺车》，载 1943 年《胶东画报》。嗣后发表独幕剧《保家乡》，1949 年后出版小说《米河流向远方》（人民文学出版社，1981 年）、《我有一个好爸爸》（人民文学出版社，1983 年）、《愿我们成为朋友》（中国文联出版公司，1989 年），散文集《血红的落日》（海天出版社，1992 年）、《文艺前辈风采散记》（中国文联出版公司，2006 年），创作儿童电视剧《小戈和他的伙伴》等亦署。

【lü】

吕白华（1912—1949），浙江新昌人，字剑吾，号一尘。笔名：①吕剑吾，1940 年 11 月 1 日在上海《小说月报》第 2 期《今人诗文录》发表作品署用。②吕白华，见于旧体诗《故家》，载 1941 年上海《永安月刊》第 74 期。又见于历史小说《扫眉集·女娲》，载 1943 年 6 月上海《风雨谈》第 3 期。于此前后在《青年界》《黄河》《新都周刊》《大众月刊》《六艺》《文潮月刊》《再造旬刊》《正义》《京沪周刊》《子曰丛刊》《新希望》《一般》等刊发表历史小说《秦少游》《雨清明》《薛涛》、散文《归梦》《文丛杂忆》《记明诗妓张二乔》、旧体诗《口占》等署用。③白华，见于随笔《鹧鸪与杜鹃》，载 1943 年 4 月 7 日、14 日南京《新都周刊》第 5、6 期（该刊目录署名吕白华）。嗣后在该刊发表随笔《浮瓜沈李》《余之居》《话扇》、在《大众》《子曰丛刊》《再造旬刊》发表随笔《夏之颂》《迎新闲话》《剑楼诗话》（本篇在刊正文前署名吕白华）、历史小说《上坟》《离骚》《苏秦》等作品亦署。

吕碧城（1883—1943），安徽旌德人。原名吕兰清，字遁天，号圣因；别号明因、晓珠、清扬、信芳词侣、圣因女士、宝莲居士。曾用名吕信芳。法号宝莲。笔名：①兰清，1904 年在《萃新报》发表文章署用。②碧城女士，1904 年在《女子世界》发表文章署用。③碧城女史，见于评论《教育为立国之本末》，载 1904 年《华北译作编》。④圣因，为《小说季刊》题《春之花》封签署用。⑤吕碧城女士，见于词《绮罗香·忆兰》，载 1905 年上海《大陆报》半月刊第 3 卷第 18 期；散文《赴维也纳琐记》，载 1929 年天津《国闻周报》第 6 卷第 25 期。此前后在《礼拜六》《丁丁画报》《社会之花》《紫罗兰》等刊发表《美洲通讯》《跳舞考》《鸿雪因缘》等文亦署。⑥碧城，1911—1916 年在《妇女时报》《神州日报》《国是月刊》《民权素》等报刊发表诗文署用。1931 年在北平《正觉》第 8、9 期合刊发表通讯《今日为世界保护动物节保兽会欲在中国设立分会》亦署。⑦吕碧城，在《南社丛刻》发表诗文署用。又见于随笔《旅美杂谈》，载 1921 年《地学杂志》第 12 卷第 8 期；评论《佛学与科学之异同》，载 1924 年《觉音》第 30—32 期合刊。嗣后在《丁丁画报》《正觉》《词学季刊》《海潮音》等刊发表词《谒金门》《信芳词》、随笔《马鸣菩萨说——人间地狱之真相》《日本保护佛寺之法律》等，出版《信芳集》（上海中华书局，1925 年）、《吕碧城集》（上海中华书局，1929 年），编译《欧美之光》（上海开明书店，1932 年）等均署。⑧遁天，在《南社丛刻》发表诗文署用。⑨晓珠、信芳词侣、圣因女士，署用情况未详。

吕伯攸，生卒年不详，浙江人。笔名：①吕伯攸，见于笔记《桃李盦谐库》，载 1921 年上海《礼拜六》第 126 期；诗《沪杭车上》，载 1922 年 8 月 18 日上海《民国日报·觉悟》。同时期起在上述两刊及《泰东日报》《中华教育界》《小说世界》《万象》《小说月报》《大众》《绿茶》《江西地方教育》《春秋》《永安月刊》《茶话》等报刊发表诗《故乡诗集序》《女佣杂咏》《杂诗》、散文《新年话旧》《我的名片》、小说《雪夜来客》

《掘藏》《诗人》等作品，出版散文集《谣言的来源》（上海世界书局，1929年），小说集《接吻》（上海世界书局，1931年），剧作集《剧本第一册》（上海中华书局，1948年）、《剧本第二册》（上海中华书局，1948年），故事集《中华成语故事（九册）》（上海中华书局，1933年－1934年）、《两个小孩子》（上海商务印书馆，1934年）、《明儿写信》（上海商务印书馆，1934年），童话集《说苑童话》（上海中华书局，1932年）、《中国童话》（上海商务印书馆，1933年）等均署。②白悠，见于故事新编《朱买臣离婚》，载1943年上海《春秋》第1卷第3期；小说《碎杯记》，载1944年上海《紫罗兰》第15期。嗣后在上述两刊及上海《大众》《六艺》等刊发表《鹣作之合》《瓜棚寻梦》《面盆》《三轮车》等文亦署。

吕恩（1921－2012），江苏常熟人。原名俞晨。笔名吕恩，见于随笔《我们是这样"复员"的——从重庆到贵阳》，载1946年上海《文联》第1卷第2期。嗣后在该刊发表《我们是这样"复员"的——从贵阳到芷江》《我们是这样"复员"的——从芷江到长沙》等文，1946年在上海《清明》第2期《贺孟斧周年祭》栏发表散文《寄贺先生》，1949年后出版回忆录《回首——我的艺术人生》（中国戏剧出版社，2006年）亦署。

吕福田（1909－？），江苏吴县（今苏州市）人。原名吕吟声。笔名：①吕吟声，见于散文《泰山游记》，载1932年12月上海《旅行杂志》第6卷第12期。②木瓜、琼琚、苏民、齐蜀夫，署用情况未详。

吕复（1914－1992），江苏扬州人，生于南京。原名高履谦。笔名吕复，见于剧本《三江好》（与舒强等合作），载1938年汉口《抗战戏剧》第1卷第4期。嗣后在该刊发表通讯《从南京到汉口》、独幕剧《荣誉大队》（与赵明合作），1938年在上海《新演剧》新1卷第2期发表通讯《战地的演剧活动》，创作多幕话剧《胜利进行曲》等亦署。

吕赫若（1914－1947），台湾台中人。原名吕石堆。笔名吕赫若，见于小说《岚の物语》，载1935年5月台中《台湾文艺》第2卷第5期。嗣后在该刊及台中《台湾新文学》《台湾艺术》、台北《台湾文学》《兴南新闻》《旬刊台新》《台湾新报》等报刊发表小说、评论，出版小说集《台湾小说集》（与龙瑛宗等合集。大木书房，1943年）、《清秋》（台北清水书局，1944年）、《吕赫若集》（台北前卫出版社，1991年）、《吕赫若小说全集》（林至洁译。台北联合文学杂志社，1995年）等均署。

吕怀，生卒年及籍贯不详。原名韩维彩。笔名：①吕怀，20世纪40年代在江西报刊发表诗文署用。见于书评《评〈疯子与圣人〉》，载1948年南昌《中国新报·新文艺》第61期；诗《壮丁谣》，载1948年香港《持恒学友》第4期。②石岚，见于诗《飞跃的红旗》，载1945年5月重庆《诗文学》之二《为了面包与自由》；诗《奴隶的反叛》，载1948年南昌《中国新报·新文艺》。

吕寰（1928－1991），辽宁台安人。原名吕宗权。笔名：①山音，见于诗《写给海》，载1944年秋青岛《地瓜干》月刊。1945年抗战胜利后在《青岛时报·海歌》《公言报》《民治报》《蔷薇》《新血轮》《青岛文艺》《民声月报》《荒土》《民众日报》《军民日报》等报刊发表长诗《青岛之歌》、散文《黄昏的怀念》《雪轻轻地落下来》《迎春花的故事》、中篇小说《黎明的祝福》、短篇小说《天亮之前》《月出》、评论《诗人的人格和责任》等作品署用。1959年10月编《青岛日报》时亦署。②何流，见于评论《色情文学的末路》，载20世纪40年代青岛某报。③周白帆，见于随笔《看〈结婚进行曲〉想到的》《看〈夜店〉有感》，载20世纪40年代青岛某报。④乔靖，见于随笔《小摊没再摆出来》，载20世纪40年代青岛某报。⑤黄朋，20世纪40年代在《青岛时报》发表散文署用。⑥左羊，20世纪40年代在青岛某报刊发表杂文《猪底死》署用。⑦老文，20世纪40年代在青岛报刊发表随笔《写给〈悲秋〉的作者》署用。⑧王平、黄风、端木风，1943年前后在青岛报刊发表杂文、影剧评论等署用。⑨张植杨，1946年夏开始在青岛报刊发表文章署用。1949年后发表文艺评论大多署用此名。⑩石婴，1949年后在青岛报刊发表文章署用。

吕惠如（1875－1925），安徽旌德人。原名吕湘，字惠如、蕙如、云英，号清扬。曾用名吕贤钟。笔名：①吕惠如女士，见于词《三台令》，载1905年上海《大陆报》半月刊第3卷第18期。②吕惠如，见于词《惠如长短句》，载1936年上海《词学季刊》第3卷第2期；词《吕惠如长短句》，载1941年南京《同声月刊》第1卷第9期。嗣后刻印出版《惠如诗稿词稿文存》《惠如长短句》均署。

吕剑（1919－？），山东莱芜人。原名王聘之，字一剑，号原白、杜门。曾用名王廷爵、王伯岩。笔名：①吕剑，1938年夏开始在宜昌《建国日报》发表诗署用。嗣后出版诗集《进入阵地》（与鲁丁、田风磨合集。上海杂志公司，1938年），1939年在《抗战文艺》第4卷第4、5期合刊发表诗《他和大众在一起》，嗣后在《新道理》《诗与散文》《诗垦地丛刊》《新华日报》《诗丛》《诗文学》《野草》《文艺生活》《中国诗坛》《文艺世纪》《群众·香港版》《青年知识》《文艺丛刊》《华北文艺》等报刊发表诗文，1949年后出版诗集《草芽》《英雄碑》《诗歌初集》《溪流集》《喜歌与酒歌》《吕剑诗集》《吕剑诗存》、散文杂文集《一剑集》、论文集《诗与诗人》等均署。②原山，1942－1943年间在湖北恩施《新湖北日报》《武汉日报》副刊发表文章署用。③符蒙，1944－1945年在云南昆明《扫荡报》和湖北恩施《新湖北日报》发表文章署用。嗣后将此名转送刘高林使用。④李容、郭豪、子牛、牛，1944－1947年在昆明《扫荡报》、香港《华商报》发表文章署用。⑤柏岩、司马韬、东方未白，1946－1947年在香港《华商报》发表杂文等署用。⑥齐士、于蓟，20世纪50年代在《人民日报》《人民文学》发表文章署用。⑦梁父（fǔ）、一剑，20世纪80年代初在《新观察》杂志发表文章署用。⑧原白，署用情况未详。

吕亮耕（1915－1974），湖南益阳人，号恢畬。笔名：①吕亮耕，见于诗《无题诗三首》，载1937年南京《文艺月刊》第10卷第1期；诗《中国的领海》，载1941年桂林《自由中国》新1卷第2期。此前后在《文艺》《宇宙风》《新诗》《诗垒》《文丛》《烽火》《诗创作》《文讯》《文笔》《文学集林》《现代读物》《蓝田青年》《创作月刊》《当代文艺》《旅行杂志》《青年时代》《文艺杂志》《诗创造》及福建建阳《前线日报·战地》等报刊发表诗、散文等，出版诗集《金筑集》（重庆独立出版社，1940年）、《吕亮耕诗选》（湖南文艺出版社，1989年）等亦署。②黄河清，见于诗《马蹄行》，载1937年南京《文艺月刊》第10卷第1期；诗《写示日本天皇》，载1938年4月29日长沙《抗战日报·诗歌战线》。嗣后在重庆《抗战文艺》、贵阳《中央日报·前路》《贵州日报·革命军》、衡阳《大刚报·阵地》、九江《型报》等报刊发表诗文亦署。③上官柳，见于诗《蒙古骑士》，载1939年2月8日桂林《救亡日报·文化岗位》；诗《春草》，载1941年重庆《文艺月刊·战时特刊》第11卷4月号。此前后在湖北武汉《文艺》、四川重庆《现代读物》、广东曲江《行政干部》、湖南长沙《中国诗艺》、湖北恩施《诗丛》及贵州贵阳、湖南衡阳等地报刊发表诗文亦署。④亮耕，见于随笔《欧战杂话》，载1940年9月15日贵阳《贵州日报·革命军》；散文《向蝴蝶告罪》，载1942年7月23日福建建阳《前线日报·战地》。同时期在湖南衡阳《大刚报·新阵地》等报刊发表诗文亦署。⑤亮，见于《祝捷与劳军》，载1942年1月6日湖南衡阳《大刚报·新阵地》。⑥上官卿，见于诗《茶粥站》，载1942年1月25日湖南衡阳《大刚报·新阵地》。⑦朱颜，见于诗《赋得秋思第一章》，载1942年9月12日湖南衡阳《大刚报·新阵地》。⑧蒲柳，署用情况未详。

吕美荪（1883－1945），安徽旌德人。原名吕贤钫，字美荪，号仲素、齐州女布衣。曾用名吕眉孙、吕眉生、吕梅生。笔名：①眉生女士，见于旧体诗《秋日》，载1905年上海《大陆报》半月刊第3卷第15期。②吕眉生女士，见于词《忆秦娥》，载1905年上海《大陆报》半月刊第3卷第18期。③吕美荪，见于通信《巽语》，载1927年南京《学衡》第1卷第43期。嗣后出版诗集《葂丽园诗》（1931年）、《葂丽园诗》（1933年）、《葂丽园诗再续》（1934年），随笔集《瀛洲访诗记》（1936年）、《葂丽园随笔》（1941年），编选《阳春白雪词》（1934年），发表旧体诗《逸丽园诗三首》，载1941年南京《同声月刊》第1卷第7期等均署。④吕美荪女士，见于旧体诗《丙子岁暮寄族弟辟支》，载1937年苏州《卫星》第1卷第1期。

吕漠野（1912－1999），浙江嵊县（今嵊州市）人。原名吕梦周。笔名：①吕梦周，1931年开始在上海《小

朋友》《小学生》等刊发表《一只小公鸡的故事》等童话署用。1939年在4月《战时中学生》第1卷第3期发表《越想越糊涂——谈写座谈会第一次记录》，嗣后在该刊连载《读写座谈会》多期亦署。②吕侠哥，1931年开始在上海《小朋友》《小学生》等杂志发表童话署用。③吕漠野，见于译诗《生命》（爱沙尼亚巴尔鲍尔特夫人原作）、《我可以》（爱沙尼亚安娜哈伐原作）、《不眠》（爱沙尼亚玛利安黛儿原作）等，载1934年上海《女子月刊》第2卷第7期。嗣后在《战时中学生》《读书生活》《大公报·现代儿童》《小朋友》《文艺青年》《开明少年》等报刊发表文章，出版诗集《燕子》（杭州正中书局，1939年），翻译小说《妖怪莫尔加那》（苏联柯丘宾斯基原作。上海文化生活出版社，1950年）、《地窖里的孩子》（苏联柯罗连科原作。儿童读物出版社，1953年）、《珂丘宾斯基短篇小说选》（苏联珂丘宾斯基原作。新文艺出版社，1958年）、《血与沙》（苏联伊巴涅思原作。新文艺出版社，1958年）、《弗兰科小说集》（苏联弗兰科原作。少年儿童出版社，1960年）等均署。④蒙沙，见于译文《在泼拉哈的犹太人的坟场里》（佛莱尔丁原作），载1935年上海《译文》月刊第2卷第6期；翻译小说《球斯泰·佩林的传说》（瑞典 S.拉绮娄夫原作），载1935－1936年上海《女子月刊》第3卷第9期至第4卷第12期。同时期起在《战时中学生》《开明少年》《世界文学》等刊发表文章亦署。⑤舒觊，1945年后在上海《小朋友》《大公报·现代儿童》发表文章署用。⑥石燕，见于《"中国饥饿，上海跳舞"》，载1945年后上海《时与文》周刊。1949年后在上海《文汇报·笔会》发表文章亦署。

吕沁（1925－　），福建漳平人。曾用名吕文光。笔名璞、疾言、澄浑、犁榛、黎星、潇涍、吕逸风、野青果，1944－1948年在福建永安《民主报·新语》发表杂文《女人的身价》、散文《宁洋残冬》、诗《告酒楼下的朋友》、小说《女贩》，在厦门《星光日报》副刊发表散文《花》《新衣》《月夜》、诗《蚯蚓斩断还有三两气》《孤岛驾响了友邦天兵》，在福州《南方日报》副刊发表小说《杨科长的喜怒》，在龙岩《闽西日报》副刊发表散文《月光》《游最高亭感》、诗《别意》，在永安《燕江日报》副刊发表小说《搬》《呆老头的故事》、散文《失眠草》，在宁洋《星星》半月刊发表散文《心曲散谱》、随笔《情与法》《偷油点路灯》，在漳州《闽南新报》副刊发表散文《一个忧郁的女郎》，在汕头《星华日报》副刊发表杂文《登龙术，敲门砖及其他》等署用。

吕庆庚（1923－2012），河北冀州人。笔名勤耕。出版有中篇小说《小砍刀的故事》、短篇小说集《进山》、民间叙事长诗《双合莲》（收集整理）等。

吕润璧（1917－？），北京人。笔名：①吕润璧，见于论文《病态的日本统制经济》，载1939年《贸易半月刊》第1卷第1至2期；评论《扩大宪政运动》，载1940年桂林《广西妇女》第3期。1949年后在台湾出

版散文集《华曼书简》（台北中国妇女出版社，1988年）、《华曼漫谈》（台北黎明文化事业股份有限公司，1988年）、《恋爱与婚姻》（台北文经出版社，1988年）等均署。②华曼，1949年起在台北《新生报·妇女周刊》《中国妇女》等报刊发表散文、评论等署用。

吕绍光，生卒年及籍贯不详。笔名：①吕绍光，见于诗《黄昏》《怀春》，载1933年12月1日上海《青年界》第4卷第5期。又见于诗《恐怖的庄上》，载1934年上海《新诗歌》第2卷第2期。此前后在上述两刊及《新时代》《东流》《中国文学》《诗林双月刊》《诗歌月报》《论语》《当代诗刊》《综合》《教育建设》等报刊发表诗《毁灭了——家乡》《悼朱湘》《失业之群》《江干之夜》、随笔《救救中国的教育事业》等，出版诗集《故园》（上海大时代出版社，1938年）亦署。②绍光，见于《生与死的讴歌》，载1939年1月9日《申报·自由谈》）。

吕叔湘（1904－1998），江苏丹阳人。原名吕湘，字叔湘。笔名：①吕湘，见于论文《"个"字的应用范围，附论单位词前"一"的脱落》，载1945年9月《中国文化研究汇刊》第5卷。②吕叔湘，见于译文《雅利安语言与高加索人种》（苏格兰亚瑟·基士爵士原作），载1936年上海《青年界》第9卷第1期。嗣后在《今日评论》《开明》《国文杂志》等刊发表语文学论文，出版语文著作和翻译小说《飞行人》（英国爱拉克·奈脱等原作）、《伊坦·弗洛美》（美国华尔顿原作）、《跟父亲一块过日子》《吕叔湘译文集》等均署。③吕淑湘，出版翻译论著《文明与野蛮》（美国路威原作。上海生活书店，1935年），翻译剧本《五个独幕剧》，翻译小说《沙漠革命记》（英国劳伦斯原作。西安兼声编译社，1943年）、《石榴树》（美国威廉·索洛延原作。上海开明书店，1943年）、《飞行人》（英国爱拉克·奈脱等原作。上海文光书店，1946年）、《伊坦·弗洛美》（美国华尔顿原作。上海文化生活出版社，1947年）等署用。

吕思勉（1884－1957），江苏常州人，字诚之。笔名：①成，见于论文《小说丛话》，载1914年上海《中华小说界》第3－5期。②驽牛，1920年写论文《新旧文学之研究》署用。又见于随笔《孤岛青年何以报国》，载1941年上海《美商青年》第3卷第1期。③吕思勉，见于传记《郑君湘溪传》，载1917年上海《中西医学报》第7卷第9期；论文《夏郡考》，载1933年上海《光华大学》半月刊第2卷第2期。于此前后在《东方杂志》《新教育》《天籁》《文化建设》《中山文化教育馆季刊》《教与学》《江苏研究》《卫星》《知识与趣味》《群雅月刊》《学术》《齐鲁学报》《中美日报·堡垒》《学林》《东方文化》《大众》《宇宙风乙刊》《宇宙风》《文艺春秋》《青光》《月刊》《平论》《上海青年》《中国建设》《知识周刊》《启示》《改造杂志》《茶话》《学风》《读书通讯》《永安月刊》《现实文摘》《国防月刊》《现实》等报刊发表文章，出版史学著作亦署。④勉，见于随笔《半篇小说》，载1933年上海《光华大学》

半月刊第10期。⑤庸，见于杂文《"读书死"》，载1940年2月16日上海《中美日报·堡垒》。嗣后在该刊发表《说得露骨点》《雅俗之别》《"人道的立场"》等杂文亦署。⑥野猫，见于杂文《武士的悲哀》，载1940年2月21日《中美日报·堡垒》。嗣后在该刊发表杂文《何谓封建势力》《学校与考试》亦署。⑦六庸，见于杂文《眼前的奇迹》，载1940年3月15日《中美日报·堡垒》。⑧乃秋，1940年以后在上海发表杂文署用。⑨谈言，见于散文《狗吠》，载1941年上海《青年月刊》第3卷第2期。⑩程芸，见于杂文《连丘病案》，载1945年9月1日上海《文艺春秋丛刊》之五《黎明》。⑪芸，署用情况未详。

吕霞先（1911－1986），安徽阜阳人。笔名耶草、吕耶草。著有小说《春潮》《柏庄》《田园交响曲》等。

吕翼仁（1914－1994），江苏常州人。原名吕讷，字逸人。笔名：①左海，见于杂文《闲话两年》，载1944年10月10日上海《文艺春秋丛刊》之一《两年》。嗣后出版翻译小说《我的儿子》（苏联柯斯伐雅原作。上海时代出版社，1949年）、《犹太作家小说集》（米勒等原作。上海时代出版社，1949年）亦署此名。②吕翼仁，见于杂文《棺材与天晓得》，载1940年上海《宇宙风乙刊》第23期。嗣后出版童话《神马》（保加利亚伐西廖夫原作。开明书店，1950年）、小说《绿色的箭头》（苏联符谢伏洛日斯基原作。开明书店，1952年）等译作亦署此名。

吕荧（1915－1969），安徽天长人。原名何佶，字吉人。曾用名何云圃、何公圃、吕公圃、吕长圃。笔名：①倪平，见于诗《能另外找到一些吗》，载1936年上海《作家》第1卷第3期。嗣后在《浪花》《七月》《今代文艺》《战地》《明星》《旅行杂志》《文艺后防》等刊发表小说《北中国的炬火》、剧本《北平之夜》等署用。②吕荧，见于译文《叙述与描写》（匈牙利卢卡契原作），载1940年《七月》第6集第1－2期合刊。嗣后在《半月文艺》《诗创作》《文讯》《中苏文化》《抗战文艺》《文学月报》《文艺杂志》《希望》《萌芽》《大众文艺丛刊》《小说》《论文艺的统一战线》等报刊发表《论果戈理》《曹禺的道路》等文，出版诗集《火的云霞》（峨嵋出版社，1944年），论著《美学书怀》，评论集《人的花朵》，翻译作品《欧根·奥涅金》（俄国普希金原作。上海希望社，1944年）、《仲夏夜之梦》《普希金小说集》《普式庚传》（苏联吉尔波丁原作）、《普式庚论》（苏联高尔基等原作）、《叙述与描写》（匈牙利卢卡契原作）等亦署。③何勤，署用情况未详。

吕远（1929－？），山东海阳人，生于辽宁安东（今丹东市）。原名吕远凤，字梧眠。笔名：①梧眠，见于散文《月夜》，载1944年《东边文学》。②吕远，1951年后发表文学作品，出版长诗集《理发师和一个共产党的手》、叙事儿童诗集《小冬木》《铅笔头》《一个铁路工人的儿子》、歌剧剧本《歌仙——小野卜町》等署用。发表歌词《克拉玛依之歌》《走上这高高的兴安岭》等亦署。③丁开、李渊，1958年在《建筑报》等报刊发表诗歌、歌曲署用。④袁波、于祥义，1984年为影片《山丁冬》创作音乐署用。

吕云章（1891—1974），山东蓬莱人，字倬人、沄沁。笔名：①沄沁，见于散文《脸子》，载1925年10月16日《莽原》第26期。②吕沄沁，出版诗文集《漫云》（北京海音社，1926年）署用。③湘灵，见于诗《乡村雨景》，载1929年上海《北新》第3卷第12期。嗣后在《学校生活》《女子月刊》《家庭》等刊发表诗文亦署。④吕云章，见于随笔《现代中国需要那种女子》，载1933年上海《女子月刊》第1卷第1期。嗣后在该刊及《妇女共鸣》《妇女文化战时特刊》等刊发表散文《悼曙天》《我的家在哪里》等，出版论著《妇女问题论文集·第一集》（上海女子书店，1933年）、《世界妇女运动史》（上海女子书店，1935年）等均署。

吕蕴儒，生卒年不详，河南人。原名吕琦，字蕴儒。笔名吕蕴儒，1925年5月在河南开封主办《豫报》时与鲁迅通信时署用。见于鲁迅《通信（复吕蕴儒）》，载1925年5月6日河南《豫报副刊》。

吕志伊（1882—1942），云南思茅（今普洱市）人。原名吕占东，字天民。笔名：①金马，见于《云南讨满洲檄》，载1907年4月25日日本东京《民报临时增刊·天讨》。②吕志伊，1909年与李根源合辑出版《滇粹》署用。在《南社丛刻》发表诗文亦署。③天民，在《南社丛刻》发表诗文署用。④吕天民，1941年出版《偶得诗集》署用。⑤旭初、侠少，署用情况未详。

侣伦（1911—1988），广东宝安（今深圳市）人，生于香港。原名李霖。通用名李林风。笔名：①侣伦，见于小说《试》《殿》《O的日记》，载1929年《现代小说》；《"伏尔加船夫"》，载1929年上海《北新》第3卷第20期。嗣后在《东方文艺》《中国回教救国会会报》《现代周报》《文艺生活》《中华月报》《万人周报》、香港《朝野公论》《工商日报》《南风》《小齿轮》《星岛日报》《华侨日报》《国民日报》《文汇报》《伉俪》《乡土》《海光文艺》等报刊发表小说、随笔，出版小说集《黑丽拉》（上海中国图书出版公司，1941年）、《无尽的爱》（香港虹运出版社，1947年）、《彩梦》（香港太平洋图书公司，1951年）、散文、随笔集《红茶》（香港岛上社，1935年）、《无名草》（香港虹运出版社，1950年）、《侣伦随笔》（香港太平洋图书公司，1952年）、《侣伦小说散文集》（1953年）、《落花》（1953年）、《旧恨》（1963年）、《秋梦》（1953年）、《都会风尘》（1953年）、《残渣》（1953年）、《紫色的感情》（1963年）、《无声曲》（1953年）、《寒士之秋》（1954年）、《恋曲二重奏》（1955年）、《不再来的春天》（1955年）、《错误的传奇》（1955年）、《穷巷》（1958年）、《爱名誉的人》（1960年）、《向水屋笔语》（1985年）等亦署。②林风，见于随笔《书签》，载1946年8月19日香港《华侨日报》。嗣后在该报发表《旧地》《风之忆语》《阅读的情趣》等随笔亦署。③林下风，见于随笔《香港新文化滋长期琐忆》，载1966年香港《海光文艺》第8期。按：侣伦15岁即在《大光报》发表诗作，1937年后曾创作电影剧本《民族罪人》《大地儿女》，署名情况未详。

侣朋（1921—2008），湖南衡阳人。原名余吕鹏。笔名侣朋，见于故事《马车游戏》，载1935年8月1日上海《生活教育》第2卷第11期。嗣后在该刊第2卷第16期发表诗《自从你去后——以诗代信寄陶师》，出版儿童读物《一个小工人的日记》《小先生的信》（上海儿童书局，1933年）、独幕剧剧本《牢笼记》（东北书店牡丹江分店，1947年）及《〈窦娥冤〉歌剧选曲》（与陈紫、杜宇等合作。人民音乐出版社，1981年）等亦署。

绿蒂，生卒年不详，福建人，生于马来亚吉隆坡。原名徐正义。笔名：①绿蒂，见于诗《铁笔》，载1939年10月28日新加坡《新流》。②阿木，抗战时期在新加坡报刊发表诗作署用。

绿蕾（1923—1977），四川开江人。原名黄道礼。笔名绿蕾，1941年起发表作品署用。见于诗《我有满腔的爱恋（八首）》，载1945年《抗战文艺》第10卷第2、3期合刊。此前后在《新华日报》《民众时报》《新民报》《中苏文化》《抗战文艺》《新世纪》《艺风》《中学生》《作家杂志》等报刊发表著译诗、散文、评论等亦署。

绿原（1922—2009），湖北黄陂（今武汉市）人。原名刘仁甫。曾用名周树藩、周逸凡。笔名：①绿原，见于小说《爸爸还没有回来》，载1939年《时事新报》；诗《送报者》，载1941年8月11日重庆《新华日报》副刊。嗣后在《国民公报》《诗垦地》《自由中国》《抗战文艺》《文学杂志》《诗创作》《诗丛》《现代文艺》《诗》《文艺生活》《文学报》《大公报》《天下文章》《希望》《当代文艺》《诗与音乐》《鲁迅文艺》《呼吸》《中国作家》《蚂蚁小集》《陇铎》《密勒氏评论报》等报刊发表诗文，出版诗集《童话》（南天出版社，1942年）、《又是一个起点》（青林诗社，1948年），1949年后出版诗集《集合》（上海泥土社，1951年）、《从一九四九年算起》（新文艺出版社，1953年）、《人之初》（人民文学出版社，1983年），诗话集《葱与蜜》（生活·读书·新知三联书店，1985年），译作《黎明》（比利时维尔哈伦原作。上海海燕书店，1950年）、《文学与人民》（苏联乔瑞里·柯瓦冽夫等原作。武汉通俗图书出版社，1950年）、《苏联作家谈创作》（苏联薇拉·潘诺娃等原作。中南人民文学艺术出版社，1952年）、《请向内心走去——德语国家现代诗选》（湖南人民出版社，1988年），以及《德语现代诗选》《叔本华文论选》《黑格尔小传》等亦署。②流吟、周逸，1941年8月后在重庆《国民公报》《时事新报》等报刊发表诗作署用。③因藨，见于长诗《行进，歌唱》，载1942年桂林《诗创作》第10期；诗《教师》《我那里寂寞》，载1946年重庆《诗垦地丛刊》第 5 期。20 世纪 40 年代在上海《文学报》、成都《呼吸》、重庆《新华日报》等刊发表诗《回去吧，弟弟》等亦署。④鲁芊，见于散文《蒋纯祖底胜利》，载 1948 年成都《蚂蚁小集》第 4 期。⑤方青，见于评论《文代大会的思想要求》，载 1950 年上海《起点》第 1 期。⑥刘半九，1962 年 6 月起在人民文学出版社译介德语文艺理论著作署用。见于译文《海涅论莎士比亚女性人物》，载人民文学出版社 1962 年版《古典文艺理论译丛》。

【luan】

栾少山（1906－1973），山东福山人，号旭东。笔名栾少山，创作、出版秧歌剧《败子回头》，1949 年后出版京剧剧本《双蝴蝶》（又名《梁山伯与祝英台》。与秋潮、姚冀等合作。山东人民出版社，1951 年）、《文君私奔》（与秋潮合作。山东人民出版社，1955 年）等署用。

栾星（1923－2016），河南孟津人。本名栾汝勋。笔名：①栾星，见于诗《写给汪精卫跪像》，载 1942 年洛阳《行都日报》；诗《抒情六题》，载 1946 年《文潮月刊》第 2 卷第 2 期。嗣后在《文潮月刊》、河南《中国时报》副刊，以及《黄河》《高原》《文艺复兴》等刊发表诗文，出版《甲申史商》（中州古籍出版社，1997 年），编校《歧路灯》（中州古籍出版社，1981 年）、《歧路灯研究资料》（中州古籍出版社，1982 年）等亦署。②殷车、引车、引车卖、浆之流，1949 年后发表杂文偶署。

【luo】

罗皑岚（1906－1983），湖南湘潭人。原名罗正晔，号皑岚。笔名：①飞来客，见于独幕剧《诗人与月》，载 1925 年 7 月 18 日上海《现代评论》第 2 卷第 32 期。②皑岚，见于《此图书馆大约以蟋蟀多而著名——王统照的胡译》，载 1926 年上海《洪水》第 2 卷第 19 期；小说《祸水》，载 1931 年上海《文艺杂志》第 1 卷第 1 期。③罗皑岚，见于小说《来客》，载 1927 年 5 月 21 日北京《现代评论》第 5 卷第 128 期；翻译小说《女人底急智》（意大利鲍嘉学原作），载 1928 年 10 月 7 日上海《文学周报》。嗣后在《文学周报》《人生与文学》《新文学》《论语》《青年界》《中流》等报刊发表翻译小说《住持捉奸》（意大利鲍嘉学原作）、小说《中山装》《周大相公》、随笔《五日无厨记》《我所爱读的书》《旧事重提》《金丝笼子》等，出版小说集《招姐》（上海光华书局，1929 年）、《六月里的牡丹》（上海现代书局，1929 年）、《红灯笼》（长沙商务印书馆，1938 年）、《诱惑》（人民文学出版社，1989 年）及长篇小说《苦果》（天津大公报馆，1935 年）、《创》（天津冀南学社，1939 年）等亦署。④鲜苕，见于翻译小说《我的女房东》（法国莫泊桑原作），载 1928 年天津《国闻周报》第 5 卷第 11 期。⑤岂风，见于小说《客串》，载 1929 年北平《清华周刊》第 31 卷 1 期。嗣后在该刊发表《湘潭的民间小曲》及小说《离婚后》等亦署。⑥溜子，见于通讯《美国加州中的日人势力》，载 1930 年上海《北新》第 4 卷第 16 期；小说《祸水》，载 1931 年上海《小说月报》第 22 卷第 1 期。嗣后在《论语》《文艺杂志》《国是公论》等刊发表随笔《奉命考察欧洲抽水马桶记》《苦果代序》、游记《自西徂东》、通讯《湖南通讯》等作品亦署。⑦山风大郎，见于评论《介绍辛克莱氏新著〈山城〉》，载 1930 年上海《北新》第 4 卷第 13 期。见于通讯《美国两部文学书》，载 1931 年 3 月 10 日上海《青年界》第 1 卷第 1 期。同时期在上述两刊以及上海《幻洲》等刊发表随笔《为朱湘的诗告泼皮男士》《骂刘半农叫"北新"》《卓宾鞋和田汉的翻译》、通讯《最近的美国文坛》《美国文坛杂识》、评论《读海外寄霓君》等文亦署。⑧山风，在《民俗》《戏剧时代》《世风》《平论》《现代邮政》《文艺复兴》《台旅月刊》《公平报》等报刊发表《王三卖肉》《镇江儿童剧社座谈会纪录》《谈助幽默散步》《胜利以后》《荔红桃熟话闽邮》《牛八科长的苦恼》《忆嘉南大圳行》《裤子上锁》等署用。⑨青苔，署用情况未详。

罗炳坤，生卒年及籍贯不详。笔名罗马，见于《家乡变成了陌生的地方》，载 1946 年《新文化》半月刊第 2 卷第 9 期。嗣后在该刊发表《我没有发了财回来（乡行散记）》《两个熟人、一只故事》，1948 年在上海《中学时代》杂志发表文章亦署。

罗常培（1899－1958），北京人，满族。其先姓萨克达氏，名仁禄。入民国以罗为姓，改名常培。初字心田，后改辛田，又改莘田，号恬庵（一作恬厂）。笔名：①罗莘田，见于《旧剧中的几个音韵问题》，载 1936 年 1 月 1 日《东方杂志》第 33 卷 1 号。又见于随笔《我与老舍——为老舍创作二十周年作》，载 1944 年 4 月 19 日昆明《扫荡报》副刊。嗣后在《出版月报》《国文月刊》《当代评论》《图书月刊》《边政公论》《新华日报·新华副刊》《读书通讯》《旅行杂志》《时与潮副刊》《礼乐》《星岛日报·俗文学》等报刊发表《音韵学研究法》《旧剧中的几个音韵问题》《中国文学的新陈代谢》《北平俗曲百种提要及其押韵》等文，出版散文集《蜀道难》（重庆独立出版社，1944 年）、《苍洱之间》（独立出版社，1947 年）等亦署。②罗常培，见于论文《朱熹对于闽南风俗的影响》，载 1927 年《国立第一中山大学语言历史学研究所周刊》第 4 期；论文《耶苏会士在音韵学上的贡献》，载 1930 年第 1 卷第 4 期。嗣后在《国立中央研究院历史语言研究所集刊》及《歌谣周刊》《图书馆周刊》《图学季刊》《今日评论》《清华月报》《读书通讯》《学术季刊》《五华》《图书月刊》《新华月报》《中国语文》《国文月刊》等刊发表语言学论文，出版语言学著作等亦署。③莘田，见于随笔《恬庵谈书》，载 1941 年昆明《国文月刊》第 1 卷第 6 期。嗣后在该刊第 12 期发表《答汪洋君问》亦署。④田恭，与王均合署，见于《语音学常识》，1954 年《中国语文》第 1 期起连载。⑤贾尹耕，署用情况未详。

罗大冈（1909－1998），浙江绍兴人。原名罗大刚。笔名：①莫辰，1930－1931年间在北平《晨报》、天津《大公报》发表诗歌《火光在前》等署用。嗣后发表诗《白云》《异乡人底黄昏》（载1932年上海《新月》第4卷第5期），在《中法大学月刊》《文学季刊》《小说》等刊发表著译诗文亦署。②罗莫辰，1930－1931年间在北平《晨报》、天津《大公报》发表诗歌《火光在前》等署用。嗣后在《文饭小品》《中法大学月刊》《水星》《文季月刊》《新诗》《文学季刊》等刊发表著译诗文亦署。③罗大刚，见于译文《战后法国文艺思潮》（丹尼斯·索拉特原作），载1932年1月1日北平《中法大学月刊》第1卷第3期。嗣后在《清华周刊》《文艺月刊》《文学杂志》等刊发表《时势造英雄的杰作》《两次大战间的法国文学》等译作亦署。④陈琴，见于诗《黄色的曼陀罗》，载1933年上海《现代》月刊第2卷第4期。⑤KONAGALT，20世纪30年代在法国报刊发表作品署用。⑥罗大冈，1947年开始署用。见于随笔《街与提琴——漫谈现代诗的荣辱》，载1948年北平《文学杂志》第2卷第12期；译诗《马谛听说》（法国阿拉贡原作），载1948年10月上海《中国新诗》第5集《最初的蜜》。嗣后出版诗集《无弦琴》、散文集《淡淡的一笔》、专著《论罗曼·罗兰》《罗大冈学术论著自选集》，以及译作《波斯人信札》（法国孟德斯鸠原作）、《革命前后的法国语言：关于现代资产阶级的研究》（法国保尔·拉法格原作）、《母与子》（法国罗曼·罗兰原作）、《阿拉贡诗文抄》《艾吕雅诗超》《文学论文集》等亦署。⑦戈乃干，1947－1948年间在北平《华北日报》发表译作署用。⑧铁树，见于诗《苹果三题》，载1961年《诗刊》6月号。嗣后在《人民日报》等报刊发表诗文亦署。⑨罗三五，在香港《大公报》副刊发表散文署用。⑩陈灿，见于诗《埋头苦干的人》，载1980年《诗刊》7月号。嗣后在《青海湖》等刊发表诗《柳暗花明又一村》等亦署。⑪陈采，1949年后发表文章曾署用。⑫陈树、KONAGLT，署用情况未详。

罗大佺（1858－1924），江西九江人，字惺予，号钝庵。笔名罗大佺，著有《钝庵诗集》。

罗丹（1911－1995），广东兴宁人。原名罗士桓。曾用名罗文静、程迫、罗思真、王清平。笔名：①王清平，见于《在鲁迅的旗帜下前进！》，载1935年9月汕头《海岸线》十日刊。抗战初在大东书局出版《全民抗战》一书亦署。②沙凡，见于《五月》，载1937年6月汕头《星华日报·黎明》。③李力克，抗战时在晋察冀地区报刊发表作品署用。④军右，见于报告《向银宝——晋察冀一分区一个司号员的一段历史》，载1944年9月9日延安《解放日报》。同时期在该报以及延安《谷雨》、重庆《新华日报》等报刊发表小说《李炳银》《高志坚》《模范村长》《高大伯》《萧营长》《于凤来》等，1946年在大连报刊发表小说《苗洛年》《飞狐口》《薛秀明》《南沙壶之夜》等亦署。⑤罗丹，出版小说集《小号手》《薛秀明》《秘密情报员》《飞狐口》

《南沙壶之夜》、长篇小说《风雨的黎明》《战斗风云录》《严峻的岁月》《被践踏的土地》、话剧剧本《在敌人后方》《秘密的斗争》等亦署。按：罗丹在20世纪30年代初即在兴宁《庸言日报》连续发表了《闲居随笔》，署名情况未详。

罗德湛（1925－），江西九江人。笔名：①罗德湛，见于论著《红楼梦的文学价值》（台北东大图书公司，1979年）。②罗盘，署用情况未详。

罗迪先，生卒年及籍贯不详。笔名：①迪先，见于译文《现今欧美交战诸国代表思想家之评论》（日本北畔吉原作，与问农合译），载1918年上海《民铎杂志》第5期。②罗迪先，见于翻译小说《空想之花》（日本上司小剑原作）、评论《最近文艺之趋势十讲》，载1920年上海《民铎杂志》第2卷第2欺；译文《一个患病的女学生》（日本武者小路实笃原作）、《美人国的旅行谈》（日本上司小剑原作），分别载上海《民铎杂志》1920年第2卷第3期和1921年第2卷第4期。嗣后在《教育杂志》《浙江教育行政周刊》《进修半月刊》《浙江政治》等刊发表《从日本教育统计上观察日本的教育》《浙江省地方教育行政之过去及前瞻》《最近日本概况》《小学教师进修感言》《浙江初等教育概况》等文，出版译作《近代文学十讲》（日本厨川白村原作。上海学术研究会，1921年）、《新教授法原论》（日本入泽宗寿原作。上海商务印书馆，1924年）、论著《日本教育概观》（与朱浩文合作。上海大华书局，1934年）等亦署。

罗定中（1908－1945），四川威远人。笔名：①罗叶浪，出版诗集《渠河这边》（一环书局，1931年）署用。②罗定中，见于旧诗《"九一八"七周年寄怀东北同胞》，载1938年重庆《民意周刊》第46期。嗣后出版其译作《定中遗集》（戏剧文学出版社，1947年）亦署。

罗惇爱（huàn）（1874？－1954），广东顺德（今佛山市顺德区）人，字季孺、照岩，号复堪、敷堪、敷庵；别号风岭诗人、羯蒙老人、佛俺。著有《三山移学诗浅说》《晚晦堂帖见》《羯蒙老人随笔》等。

罗飞（1925－？），江苏东台人。原名杭行。笔名：①金尼，见于诗《西行第一章》，载1944年《未央诗刊》；诗《期待》，载1947年上海《文艺春秋》第5卷第3期；诗《圈外》，见于1948年在《未央诗刊小集》第2期。②罗飞，见于诗《我们欢呼》《为什么离开敌人》，载1948年成都《蚂蚁小集》第5辑《迎着明天》。1949年后在宁夏人民出版社出版诗集《银杏树》（1985年）、《红石竹花》（1999年），散文集《文途沧桑》（2007年），编选《后虬江路文辑》（2007年）、《丘东平文存》（2009年）等亦署。③韦真，见于诗《星期日》，载1950年某日上海《文汇报》。④杭星，见于影评《评〈火凤凰〉》，载1951年某日上海《解放日报》。⑤李沐，1952年在《文艺书刊》某期发表文章署用。

罗焚，生卒年及籍贯不详。笔名：①龚远英，1936年在重庆《商务日报》副刊撰文署用。1949年在《新华月报》第2卷第11期发表《朝鲜人民民主共和国游记》亦署。②罗焚，见于《前进——给一个犯错误的同志》，载1942年8月29日延安《解放日报》；译文《大连市》（苏联E.博依阔夫原作），载1946年3月1日张家口《北方文化》创刊号。同时期在《鲁迅文艺》《东北文艺》《军事》等刊发表译作《小孩子》（苏联瓦西列夫斯卡娅原作）、《列宁的故事选》（苏联柯龙诺夫原作），评论《论战略反攻》等亦署。

罗烽（1909－1991），辽宁沈阳人。原名傅乃琦。笔名：①洛虹，1929年在哈尔滨《知行》（油印月刊）和《晨光报》发表诗歌开始署用。嗣后在长春《大同报·夜哨》发表独幕剧《两个阵营的对峙》、诗《从黑暗中鉴别你的路吧》《说什么胜似天堂》、小说《口供》《胜利》和评论《从星星剧团的出现说到哈尔滨戏剧的将来》《文学与天才》等亦署。②彭勃，见于独幕剧《现在晚了》，载1934年哈尔滨《国际协报·文艺周刊》第6期。嗣后在该刊发表中篇小说《星散之群》等亦署。③克宁、罗迅、KN，20世纪30年代在东北报刊发表诗文署用。④罗烽，见于诗《我是贪婪的活着》，载1936年1月20日上海《海燕》月刊创刊号；诗《守墓者》，载1936年10月19日大连《泰东日报》。嗣后在《青年界》《文学》《作家》《东方文艺》《夜莺》《文学界》《今代文学》《光明》《中流》《现实文学》《希望》《战地》《文艺月刊·战时特刊》《文学大众》《好文章》《自由中国》《时事类编》《抗战文艺》《文艺阵地》《全民抗战》《太平洋周报》《文艺月报》《文学月报》《谷雨》《解放日报》《新群众》《文学战线》《群众·香港版》等刊发表小说《考索夫的发》《到别墅去》《荒村》《万大华》、诗《五年祭》《忆故乡》《我爱——》《生命的鞭子》《时间的矛盾》、评论《我对于国防文学的意见》等作品，出版短篇小说集《归来》（上海良友图书印刷公司，1937年）、《呼兰河边》（上海北新书局，1937年）、《横渡》（重庆商务印书馆，1940年）、《粮食》（重庆中国文化服务社，1940年）、《故乡集》（哈尔滨光华书店，1947年）、中篇小说《莫云与韩尔谟少尉》（汉口上海杂志公司，1938年）、话剧剧本《国旗飘扬》（汉口战时戏剧丛书社，1938年）等著作亦署。⑤傅洛虹，署用情况未详。

罗孚（1921－2014），广西桂林人。原名罗承勋，曾用名史林安。笔名：①封建余、辛文芷、吴令湄、文丝、石发、史复，1941年起在桂林《大公晚报·小公园》、重庆《大公晚报·小公园》《新生代周刊》、香港《大公报》《文汇报》《新晚报》《海光文艺》等报刊发表散文、随笔、杂文、评论、诗词等署用。"封建余"一名，1944年主编《大公晚报·小公园》并在该刊"立此存照"专栏发表杂文亦署；"辛文芷"一名，出版《风雷集》（香港新地出版社，1957年）亦署；"吴令湄"一名，出版散文集《西窗小品》（香港南苑书屋，1965年）亦署；"文丝"一名，出版《繁花集》（香港天地图书公司，1972年）亦署。②丝韦，见于系列杂文《无

花的蔷薇》，连载于1946年《民主时代》第4－11期；评论《关于"认真的游戏"》，载1957年5月7－10日香港《新晚报》。③罗承勋，1949年在香港编《大公报·大公园》署用。④柳苏，20世纪80年代起在北京《读书》杂志发表文章介绍董桥、叶灵凤等香港作家时署用。嗣后出版散文集《香港，香港……》（生活·读书·新知三联书店，1986年）亦署。⑤罗孚，20世纪90年代起出版《铁幕：前苏联克格勃大扫描》《南斗文星高：香港文人印象》《北京十年》《燕山诗话》《西窗小品》等著作署用。

罗根泽（1900－1960），河北深县人，字雨亭，号漱冰。笔名罗根泽，见于论文《子莫魏牟非一考》，载1928年北平清华大学《国学论丛》第1卷第4期；论文《庄子哲学》，载1930年《哲学评论》第3卷第2期。嗣后在《图书馆报》《燕京学报》《国立中山大学语言历史学研究所周刊》《图书馆季刊》《国学丛编》《师大月刊》《图书评论》《清华学报》《文艺与教育》《学风》《太白》《文艺月刊》《青年界》《文哲月刊》《厦门图书馆声》《经世》《读书通讯》《文讯》《文艺先锋》《文化先锋》《学生月刊》《时代精神》《民意周刊》《文史杂志》《国立中央大学文史哲季刊》《国文杂志》《学术杂志》《河南大学文学院季刊》《真理杂志》《中国学术》《学识》《学原》《中央周刊》《东方杂志》《现实与理想》《西北文化》《新中华》等刊发表论文《燕太子丹真伪年代考》《唐代早期的古文文设论》《五言诗起源说评录》《唐代文学评论研究初稿》《欧阳修的改革文学意见》《水调歌小考》等文，出版论著《乐府文学史》（北平文化学社，1931年）、《管子探源》（上海中华书局，1931年）、《古史辨》（北平朴社，1933年）、《孟子传论》（上海商务印书馆，1933年）、《中国文学批评史》（北平人文书店，1934年）、《诸子考索》（人民出版社，1958年）、《罗根泽古典文学论文集》（上海古籍出版社，1985年）等亦署。

罗灏白（1927－1986），江苏镇江人。原名罗柏年，字灏白。笔名：①罗灏白，见于散文《流浪了两年》，载1944年上海《文友》第4卷第10期。1949年后出版长篇小说《征雁千里》（与田珩合作。上海文艺出版社，1985年）、《被上帝遗弃的女儿》（春风文艺出版社，1986年）、《紫藤园》（春风文艺出版社，1987年）、《古城丽人》（春风文艺出版社，1988年）等亦署。②石薇、卢苇、卢雯、韵心、琥珀、石艸微、罗咏（詠）新，1945－1949年在《江苏建设》《新镇江》《南京新报》《文汇报》《大江南晚报》《牧野》《干字》等报刊发表杂文、小说等署用。③毕欣，见于小说《墨绿色的怀念》，载1947年上海《幸福世界》第1卷第12期。1月）、出版《铁甲列车》（苏联伊凡诺夫原作，读书生活出版社，1937年）、《燎原》（苏联高尔基原作。上海生活书店，1937年）、《安娜·卡列尼娜》（俄国列夫·托尔斯泰原作，与周览合译。桂林文学出版社，1944年）、《魔影》（苏联高尔基原作。上海大时代书局，1945年）、《双城记》（英国狄更斯原作。上海骆驼书店，1947年）、

传记《马克思传》（梅林原作。上海骆驼书店，1945 年）等译作均署。

罗黑芷（1898－1927），江西武宁人。原名罗象陶，字晋思、晋士，号黑子、黑芷。笔名：①罗黑芷，见于翻译小说《炮战》（法国巴比塞原作。与李青崖合译），载 1925 年上海《小说月报》第 16 卷第 7 期；诗《黄昏》，载 1925 年上海《文学周报》第 204 期。嗣后在上述两刊及《文艺月刊》《东方杂志》《文艺茶话》等刊发表《乡愁》《从酒楼里出来》《圆脸》《忆》《醉里》《决绝》《二男》《低低地弯下身去》《灵感》《辛八先生》《将这个献给我的妻房》《胡胖子请客》《海的图画》《医生》《现代》《烦躁》《雨前》《恋人》《或人的日记》《遁逃》《文学漫谈》《歌乌乌》《在淡霭里》《货贩》《春日》《无聊》《压迫》《微尘的烦恼》等小说、散文、随笔、诗歌，出版小说集《醉里》（上海商务印书馆，1928 年）、《春日》（上海开明书店，1928 年）等亦署。②晋思，出版散文诗歌合集《牵牛花》（长沙北门书屋，1926 年）署用。③黑芷，见于随笔《恋人》，载 1929 年上海《新文艺》创刊号（该刊目录署名罗黑芷）。

罗洪（1910－2017），上海人。原名姚自珍。曾用名姚罗洪。笔名：①罗洪，见于散文《无聊的时候》，载 1930 年上海《真善美》第 6 卷第 1 期；小说《逝影》，载 1932 年上海《东方杂志》第 29 卷第 8 期。嗣后在上述两刊及《文艺月刊》《青年界》《国闻周报》《漫画漫话》《矛盾月刊》《新中华》《文艺综合》《现代》《文学》《近代杂志》《战时艺术》《小说》《文饭小品》《中流》《烽火》《宇宙风》《中国文艺》《文艺阵地》《文艺新潮》《鲁迅风》《宇宙风乙刊》《万象》《人世间》《时与潮文艺》《文艺春秋》《文艺复兴》《中国作家》《新文学半月刊》《人民世纪》《春秋》《文艺青年》《战时民训》《中美周刊》《中学生战时半月刊》《国际间》《作风》《新流文丛》《读者文摘》《文选》《文潮月刊》《小说月刊》等报刊发表小说、散文，出版长篇小说《春王正月》（上海良友图书印刷公司，1937 年）、《孤岛时代》（上海中华书局，1947 年），短篇小说集《腐鼠集》（上海未名书社，1935 年）、《儿童节》（上海文化生活出版社，1937 年）、《鬼影》（福建永安点滴出版社，1944 年）、《活路》（上海万叶书店，1945 年）、《这时代》（上海正言出版社，1945 年）、《逝去的岁月》，散文集《流浪的一年》（上海宇宙风社，1940 年），翻译小说《新生》（日本岛崎藤村原作。上海中学生书局，1934 年）均署。1949 年后出版报告文学集《咱是一家人》（新文艺出版社，1956 年）、《逝去的岁月》（人民文学出版社，1988 年），小说及特写集《为了祖国的成长》《灯塔照耀着我们》《仙胡子》等亦署。②罗洪女士，见于小说《不等边》，载 1930 年上海《真美善》第 6 卷第 5 期；小说《生命的泡沫》，载 1931 年上海《当代文艺》第 1 卷第 4 期。嗣后在上述两刊及《自强月刊》《大陆杂志》等刊发表小说《叔叔的故事》《平行线》《白的风暴》《出路》、诗《梦影》《梅雨时节》等亦署。③虹、自珍，署用情况未详。

罗稷南（1898－1971），云南凤庆人。原名陈强华，号晓航。曾用名陈子英、陈小航。笔名：①小航，见于译文《罗素批评进化主义的哲学》，载 1921 年北京《解放与改造》第 4 卷第 2 期。嗣后在《评论之评论》《小说月报》等刊发表《文化史概论》《陀思妥以夫斯基传略》等文亦署。②陈小航，见于《法朗士论》《布兰兑斯的法朗士论》《法朗士著作编目》，载 1922 年上海《小说月报》第 13 卷第 5 期。嗣后在该刊发表翻译剧作《从早晨到夜半》（德国 G. 凯泽原作），出版翻译小说《幼年时代》（苏联高尔基原作。上海商务印书馆，1931 年）、传记《法朗士传》（上海商务印书馆，1925 年）等亦署。③贺非，见于译文《为什么我们不是和平主义者》（约瑟夫·楞次原作），载 1930 年 6 月上海《新地月刊》第 1 期。④罗稷南，见于译诗《古老的北京》（美国尼姆·威尔斯原作），载 1937 年上海《光明》半月刊第 2 卷第 4 期。嗣后在《文艺阵地》《战时联合旬刊》《哲学杂志》《民主》《新中国文艺丛刊》《新文化半月刊》《大学月刊》等刊发表《我们的鹰》《卑下文学》《人格与财产》《爆仗》《庐山诗话》《抗议南京暴行》等散文、评论、翻译诗歌，翻译出版戏剧集《怒吼吧中国》（苏联铁捷克原作。生活·读书·新知三联书店，1951）、《铁甲列车》（苏联伊凡诺夫原作。生活·读书·新知三联书店，1950 年），小说《安娜·卡列尼娜》（俄国托尔斯泰原作，与周煦合译）、《克里姆·萨木金的一生》（苏联高尔基原作。生活·读书·新知三联书店，1951 年）、《没落》（苏联高尔基原作。神州国光社，1949 年）、《魔影》（苏联高尔基原作）、《暴风雨》（苏联爱伦堡原作。时代出版社，1952 年）、《第九浪》（苏联爱伦堡原作）、《双城记》（英国狄更斯原作。上海骆驼书店，1947 年）、《有产者》（英国高尔斯华绥原作。生活·读书·新知三联书店，1951 年），传记《马克思传》（德国弗·梅林原作。生活·读书·新知三联书店，1950 年）等亦署。⑤尊闻，见于随笔《中华民族的斗士——鲁迅》，载 1937 年上海《战线》五日刊第 7 期。嗣后在上海《民主周刊》《周报》《民主》等刊发表随笔《鲁迅的作风》等文，出版译作《日本间谍》（范士白原作。上海生活书店，1939 年）等亦署。

罗迦（1921－1992），浙江鄞县（今宁波市）人，生于杭州。原名沈明德，字鹤士。曾用名骆间。笔名：①明德，见于散文《狱中》，载 1939 年冬桂林《笔部队》杂志创刊号；散文《只有一个人》，载 1940 年桂林《中学生战时半月刊》第 22 期。此前后在《桂林晚报》、浙江《民族日报》等报刊发表报告文学、诗、散文等亦署。②罗迦，见于报告文学《乡村之夜》，载 1939 年冬《桂林晚报》；报告《夜袭王店》，载 1940 年桂林《中学生战时半月刊》第 24 期。此前后在青岛《青岛文艺》《文艺春秋》《文艺复兴》《新诗潮》《书简杂志》等报刊发表《夜底朗诵》《老祖母》《犹太的音乐匠——〈诱惑的城市〉插曲》《夜的朗诵》《我歌唱呵我的车子和马》《白帆》等诗，出版《我爱早晨》（新诗潮社，1948 年）、《诱惑的城市》（新诗潮社，1948 年）、

《要太阳的人》（上海翻身社，1949 年）、《给屠杀者》（上海翻身社，1949 年）等诗集亦署。③郁红，见于长诗《狱中》，1941 年发表。嗣后在上海《新诗潮》、广西《柳州日报》《曙光报》《前线日报》、泰和《大众日报》等报刊发表诗文亦署。④骆间，见于论文《屈原颂》，载 1945 年夏江西清江（今樟树市）《敏报》。⑤李洛漠，见于《上海通讯》，载 1945 年夏江西清江（今樟树市）《敏报》。1949 年后出版辅导读物《怎样搞好小组》（与沈可人合作。上海学风出版社，1950 年）、《关于干部的工作作风问题》（上海联益出版社，1951 年）、《土地改革法基本读本》等著作亦署。⑥沈蕾，见于影评《评〈欲海情魔〉》，载 1948 年春上海《益世报》。⑦沈茉，见于书评《评〈前进呀，客车!〉》，载 1948 年春上海《益世报》。⑧阿虎，见于评论《评臧克家的〈生命的零度〉》，载 1948 年上海《新诗潮》第 3 期。⑨骆大风，见于《略论约翰·克利司朵夫》，载 1948 年夏上海《益世报》。

罗家伦（1897－1969），浙江绍兴人，生于江西进贤，字志希。笔名：①罗家伦，见于随笔《青中学生》，载 1918 年北京《新青年》第 4 卷第 1 期。嗣后在《新潮》《国民》《现代评论》《东方杂志》《中央半月刊》《国立武汉大学社会科学季刊》《新亚细亚》《大上海教育》《新时代》《论语》《教育周刊》《体育研究与通讯》《江西教育》《广播周报》《艺风》《安徽政务》《文化批判》《战斗周报》《抗战半月刊》《新民族》《三民主义周刊》《军事与政治》《世界学生》《时与潮副刊》《文化导报》《旅行杂志》《中国文艺》《书报精华》《读书通讯》《智慧》《曼谷杂志》《西北文化》《亚洲学生报》《京沪周刊》《中央日报周刊》等报刊发表诗文，出版诗集《疾风》（重庆商务印书馆，1943 年）、《西北行吟》（重庆商务印书馆，1946 年）、旧体诗集《耕罢集：附滇黔寄兴》（上海商务印书馆，1946 年），散文集《黑云暴雨到明霞》（江西商务印书馆，1944 年），译作《近代英文独幕名剧选》（上海商务印书馆，1931 年）、《娜拉》（易卜生原作，与胡适合译。上海一心书店，1936 年），论著《中山先生伦敦蒙难史料考订》（南京京华印书馆，1935 年）、《文化教育与青年》（上海商务印书馆，1946 年）、《新人生观》（上海商务印书馆，1946 年）等亦署。②志希，见于诗《雪》，载 1918 年北京《每周评论》第 2 期。又见于评论《今日中国之小说界》，载 1919 年 1 月 1 日北京《新潮》创刊号。于此前后在《戊午周报》《时事新报·学灯》《努力周报》《现代评论》《东方杂志》《国立武汉大学文哲季刊》《中华周报》等报刊发表诗文署用。③罗志希，见于《国际大同盟》，载 1919 年《东方杂志》第 16 卷第 2 期；讲演稿《知难行易的哲学》，载 1928 年《国立大学联合会月刊》第 1 卷第 4 期。出版论著《科学与玄学》（上海商务印书馆，1927 年）、译作《思想自由史》（柏雷原作。上海商务印书馆，1927 年）等亦署。④毅，见于杂文《五四运动的精神》，载 1919 年《每周评论》第 23 期。嗣后在《文学周报》《猛进》《国闻周报》等刊发表文章亦署。

罗焌（1874?－1932?），湖南善化（今长沙市）人，字树棠、庶丹，号排山；别号湘中琳琅馆主。笔名罗焌，出版论著《诸子学述》（上海商务印书馆，1935 年）、《经子丛考（外一种）》（华东师范大学出版社，2009 年）署用。

罗兰（1919－2015），河北宁河（今天津市）人，祖籍浙江绍兴。本名靳佩芳。笔名罗兰，出版中篇小说《某小姐秘记》（上海三六出版社，1947 年），以及长篇小说《绿色小屋》《飘雪的春天》、短篇小说集《花晨集》《罗兰小说》、散文集《给青年们》《罗兰散文》、评论集《诗人之目》等署用。

罗黎牧（1927－?），福建漳州人。原名罗灵智。笔名：①罗丽心，见于诗《黄昏的原野》，载 1944 年春福建诏安《诏安日报》。②鲁彬，1945－1946 年间在《公余生活》杂志发表诗文署用。③郁地，1946 年在厦门《江声报》发表杂文开始署用。嗣后在《闽南新报》《中央日报》《南方日报》《中华日报》《热流》《台湾文化》《联合报》等报刊发表诗文亦署。④罗拜拉，见于散文《姊姊》，1947 年发表。⑤邵叶林，署用情况未详。

罗澧铭（1903－?），广东东莞人。笔名：①罗澧铭，见于小说《胭脂红泪》，1922 年香港出版。②萝月、忆钗生、三罗后人、礼记，20 世纪 20 年代起在香港报刊发表作品署用。③塘西旧侣，20 世纪 70 年代初在香港《星岛晚报·综合版》连载小说《塘西花月痕》署用。

罗列，生卒年及籍贯不详。原名罗其列。笔名罗列，20 世纪 30 年代在武汉报刊发表文章署用。1946 年 6 月 10 日在广州《青年辅导》第 2 期发表讲座《旧文学新认识》亦署。

罗鲁风（1918－?），湖南华容人。原名闵铁山，字花枝，号花儿。曾用名罗仁寿、罗湘涛。笔名：①鲁风，见于散文《美丽的憧憬》，载 1940 年前后福建《南方日报》。嗣后在福建《文化与宣传》《福建时报》《中央日报》《闽北日报》《毅报》《正义报》《小日报》《福州日报》等报副刊发表散文、杂文、报告文学、评论、译作，1983 年在《福建日报》发表《啊，祖国的明珠》等亦署。②向阳，20 世纪 40 年代后期在福建学院院刊发表文章署用。③何畏，20 世纪 60 年代初在《福建日报》发表评论《谈〈结婚进行曲〉中的黄瑛》等文署用。④辛艾，20 世纪 60 年代初在《福建日报》发表随笔《回忆"鲁阳剧社"》等文署用。⑤闻潮，20 世纪 60 年代初在《侨乡报》发表剧评署用。

罗洛（1927－1998），四川成都人。原名罗泽浦。笔名：①苴芜，1945 年在《成都晚报·彼方诗刊》发表诗文署用。②罗洛，见于诗《在悲痛里》，载 1946 年 11 月 1 日成都《呼吸》第 1 期。嗣后在该刊及成都《蚂蚁小集》发表诗《所谓"孤独"——答 CR 君》《人格二重奏》《站在这个小小的山岗上，我望着》《写在一个大城市里》等，1949 年后出版诗集《春天来了》（新文艺出版社，1953 年）、《阳光与雾》（黑龙江人民出版社，1983年）、《雨后》（四川人民出版社，1983年）、《海之歌》（上海文艺出版社，1984年）、《山水情思》（知识出版社，1990年），评论集《诗的随想录》（生活·读书·新知三联书店，1985年）、《关于契诃夫的剧本》，文集《罗洛文集》（上海社会科学出版社，1999年），译作《法国现代诗选》（湖南人民出版社，1983年）、《魏尔仑诗选》（漓江出版社，1987年）、《萨福抒情诗选》等亦署。③屈蓝、屈楚，1946年在成都《学生报》《破晓》等报刊发表诗文署用。④韦世琴、黎文望，1947—1948年在成都《同学们》《荒鸡小集》等刊发表诗文署用。"黎文望"一名出版《关于契诃夫的剧本》（新文艺出版社，1954年）亦署。⑤泽浦，1950—1951年在上海《青年报》发表文章署用。⑥王令，见于译作《高尔基与社会主义美学》（苏联契图诺娃原作。新文艺出版社，1952年）。⑦水甫、骆泽、杨槐，1957—1958年在上海《文汇报》《新民晚报》发表文章署用。

罗麦（1920—1976），辽宁沈阳人。原名左希贤。笔名：①左希贤，1938、1939年间在长春《新满洲》《斯民》杂志发表报告、通讯署用。②今景智，1938年在东北报刊发表散文署用。③左蒂，见于通讯《三独身女性现在未来生活访谈》，载1941年长春《新满洲》第3卷第4期。嗣后在该刊及《青年文化》《麒麟》《斯民》《东北民报》《创作连丛》等刊发表小说《没有光的星》《在三等车上》《玻璃眼睛》《八个小英雄》《女难》《柳琦》及散文等，1944年在北平出版童话集《小白鸭》《大灰马》等亦署。④何琪，1945年在北平主编《妇女生活》杂志署用。⑤岳荻，见于小说《不屈的人们》，载《东北民报》副刊。其间在该报和《九月》诗刊发表诗文亦署。⑥左忆，1946年在沈阳《东北民报》副刊、《九月》诗刊等发表诗歌署用。⑦左辛，见于散文《死城沈阳》，载1948年7月21日哈尔滨《生活报》。⑧罗迈，1948年后在沈阳《生活报》、北京《好孩子》《中国少年报》发表文章署用。⑨罗麦，见于《三八杂感》，载1949年3月8日衡阳《生活报》。

罗曼（1922—？），湖北汉阳（今武汉市）人。原名罗尹骏。笔名罗曼，1949年后在台湾出版小说《被奸污的人》（高雄经纬书局，1953年）、《北国雪娘》（桃园，1956年）、《白夷姑娘之恋》（台北，1961年）、《松花江畔的儿女》（台北，1967年）、《蓦然回首五十年》（台北，1972年）、《蓝鹰兵团》（台北，1979年）、《吾妻吾子》（台北，1981年）、《回台湾真好》（台北，1987年）、《威震异域汉家郎》（台北，1991年）等署用。

罗门（1928—2017），广东文昌（今属海南省）人，原名韩仁存。笔名罗门，见于诗《加力布露斯》，载1954年台北《现代诗》。嗣后发表作品、出版诗集《曙光》（台北蓝星诗社，1958年）、《第九日的底流》（台北蓝星诗社，1963年）、《死亡之歌》（台北蓝星诗社，1969年）、《隐形的椅子》（台北环宇出版社，1975年）、《旷野》（台北时报出版公司，1980年）、《罗门诗选》（台北蓝星诗社，1984年）、《日月的行踪》（台北蓝星诗社，

1984年），论著《现代人的悲剧精神与现代诗人》（台北蓝星诗社，1964年）、《心灵访问记》（台北纯文学出版社，1969年）、《长期受着审判的人》（台北环宇出版社，1974年）等亦署。

罗梦册（1906—1991），河南南召人。笔名：①罗宝册，20世纪20年代在河南报刊发表诗作署用。嗣后发表论文《明代之初期文学》（载1933年北平《师大月刊》第2期），1936年在上海《东方杂志》发表通讯《从凡尔赛到慕尼黑》、论文《国际政治新重心与中国外交》《世界新均势与东亚战争新阶段》等，以及出版诗集《花要落去》（北平草虫社，1930年）亦署。②罗梦册，见于论文《两洋一海之风云变局与世界前途》，载1940年上海《东方杂志》第37卷第22期。嗣后在该刊及《外交研究》《三民主义周刊》《新政治》《文化先锋》《民主评论》等刊发表《论中国之国》《中国史之整理与重建》《中国历史走到了西洋历史的前头》《站在二十世纪的中途看世界》《中国史之整理与重建》《论学术风气之转移》《论"帝国""族国"与"天下国"》等论文，出版论著《中国论》（重庆商务印书馆，1943年）等亦署。

罗明哲（1917—1982），黑龙江呼兰人。笔名罗绮，见于诗《对话》，载1940年4月15日日本大阪《华文大阪每日》；诗《题画——写在一幅木刻的背面》，载1940年沈阳《新青年》第2期。同时期在该刊及哈尔滨《大北新报》《滨江日报·大荒》、长春《明明》等报刊发表诗《一条小黑狗的死》及评论等亦署。

罗牧，生卒年及籍贯不详。笔名：①落漠，见于小说《敷衍》，载1930年北平《新民》第15期。②罗牧，见于散文《游日一月所得》《日本的山水》《日本人》，分别载1930年《生活周刊》第6卷第37、38、39期。

罗念生（1904—1990），四川威远人。原名罗懋德，字念生。笔名：①念生，1925年发表文章开始署用。见于翻译拉丁歌《爱情的邀请》，载1928年北平《清华周刊》第20卷第1期。嗣后在《文学周报》发表散文《赌红宝》《养鸟》《打鱼》、在《人生与文学》发表《文坛短评：诗的倒霉时代》《写信》、在《人间世》发表《朱湘》、在《新东方》发表《思母》、在《清华文艺》《开明》《中学生》《文艺杂志》等刊发表《天人：[诗词]》《"草莽集"》《代数之谜》《幻灭》等亦署。②罗念生，1926年开始署用。嗣后在《清华周刊》《现代文学》《青年界》《人间世》《人生与文学》《文艺杂志》《论语》《新新月报》《宇宙风》《宇宙风乙刊》《新诗》《文艺》《半月文艺》《图书月刊》《学思》《读书通讯》《军事与政治》《今文月刊》《民友月刊》《笔阵》《文艺月刊·战时特刊》等刊发表诗《给葆华》《热情》《异国的中秋》、散文《给彦生》《飘叶子》《西西里游程》、随笔《给——》《异国的重阳》《朱湘书信集序》《希腊神话》《回川杂记》、译文《古希腊的文化遗产》等，出版诗集《龙涎》（上海时代图书公司，1936年），散文集《芙蓉城》（重庆西南图书供应社，1942年），

翻译诗集《醉酒妇人诗歌》（上海光华书局，1930 年），翻译戏剧《在陶捋人里的依斐格纳亚》（古希腊欧里庇得斯原作。上海商务印书馆，1936 年）、《波斯人》（古希腊埃斯库罗斯原作。上海商务印书馆，1936 年）、《窝狄浦斯王》（古希腊索福克勒斯原作。上海商务印书馆，1936 年）、《云》（古希腊阿里斯托芬原作。上海商务印书馆，1937 年）、《美狄亚》（古希腊欧里庇得斯原作。长沙商务印书馆，1940 年）等署用。③金人，1926－1928 年发表文章署用。④罗眽，见于诗《异邦人》，载 1934 年天津《益世报·文学周刊》；随笔《芙蓉我诅咒你》，载 1940 年成都《笔阵》新 1 卷第 5 期。此前后在《大公报·文艺》《国闻周报》等报刊发表文章亦署。⑤罗愗德，1949 年后在《陕西日报》发表关于西安汉墓发掘的报告署用。

罗普（1876－1949），广东顺德（今佛山市）人。原名罗文梯，字熙明，号孝高、披发生。笔名：①岭南羽衣女士，见于长篇小说《东欧女豪杰》，载 1902 年日本《新小说》第 1－5 期。②羽衣女士，民国初在日本《新民丛报》发表小说、诗词署用。其间在日本发表小说《铁假面离魂病》、翻译小说《佳人奇遇记》等亦署。③披发生，见于小说《离魂病》，载 1902 年日本《新小说》第 1－6 期。同时期在该刊及日本《新民丛报》发表翻译小说《白丝线记》《十五小豪杰》，出版翻译小说《十五小豪杰》（法国儒勒·凡尔纳原作，与梁启超合译。新民丛报社，1904 年）亦署。④罗普，见于论文《政党论》，载 1905 年日本《新民丛报》第 26 至 27 期。出版翻译论著《欧洲财政史》（日本小林丑三郎原作。上海广智书局，1902 年）、《新道德论》（日本浮田和民原作，与周宏业合译。上海商务印书馆，1920 年），论著《日本维新三十年史》（日本，1902 年）等亦署。

罗泅（1922－1991），四川万县（今重庆市）人。原名孙钦平。曾用名孙音。笔名：①哀羊、罗苏、尼曼、孙音，1940 年前后在万县编《金戈文艺》《朝暾》《铁马》等杂志署用。"孙音"一名又见于《关于方言诗》，载 1946 年重庆《艺风》第 1 期；1943 年出版诗集《星空集》亦署。②孙钦平，见于长诗《起来吧，法兰西的人民啊！》《轰炸篇》，载 1941 年万县《朝暾》月刊。③罗西、沈映、暮雷、公孙耆、沈金革、孙兴冶、慕容婉，1943－1946 年在重庆《文艺青年》《文化新闻》、成都《西南风》《中流报》、涪陵《航程》《诗焦点》等报刊发表诗文署用。④罗泅，1946 年开始在重庆《唯民》《诗激流》《民主报》《大公晚报》《新民报晚刊》等报刊发表诗文署用。嗣后发表诗《那里·这里》（载 1948 年上海《诗创造》第 2 卷第 4 期）、报道《人民作家赵树理》（载 1950 年《人物杂志》第 3、4 期合刊），出版诗集《夜雾与阳光》（三峡诗丛，1988 年）、《诗人的足迹》（玉垒诗社，1989 年），编选《四川歌谣选》（与湛卢合作。重庆人民出版社，1955 年）等亦署。⑤莫蕾、罗以苏、苏柳、盛景明，1946 年后在重庆、上海、南京等地报刊发表诗文署用。⑥骆秋、何猷、沈萝、沈毅、梅娜、白马奔、朱旗展、苏之友、罗思嘉、雷长吼，1949 年 10 月开始在重庆《人物杂志》《西南文艺》《群众文艺》《红岩》《新华日报》《大公报》等报刊发表诗文署用。

罗沙（1927－？），江西赣县人。原名罗光泽。笔名：①星子、施弥、梦周、何时开、罗飞卿，20 世纪 40 年代在江西赣州、广东广州等地报刊发表诗文署用。②罗沙，1949 年后在《解放军文艺》《诗刊》《作品》《花城》等报刊发表诗文，出版诗集《海峡情思》《东方女性》《叙事诗 10 首》《紫丁香》《旅美小诗》等署用。

罗绳武（1903－1995），河南新野人。笔名：①武者，见于随笔《温良》，载 1925 年 5 月 9 日北京《京报副报》。嗣后在该刊及《现代社会》发表《第二天》《苗人之歌》等文亦署。②罗绳武，见于评论《陶希圣主编〈食货〉的介绍及批评》，载 1935 年上海《中国农村》第 1 卷第 11 期。嗣后在该刊及《贸易月刊》发表评论，出版论著《看〈曙光照耀着莫斯科〉》（上海四联出版社，1954 年）亦署。

罗师扬（1866－1931），广东兴宁人，字幼山，号希山、山庐、希山老人。笔名罗师扬，刊印《国史概论》《东亚各国史》《宦场况味》《洪承畴传奇》等著作署用。

罗石君（？－1979？），原名罗青留。笔名：①罗青留，见于诗《小星的舟群》《花儿》《鸡声》等，载 1923 年上海《浅草》季刊 1 卷 1 期；诗《投落》，载 1923 年上海《诗》第 2 卷第 2 期。嗣后在《浅草》《小说月报》《民国日报·文艺旬刊》等刊发表诗《指环——呈石英女士》《礼物》、剧作《嘉兴会》《主人》等亦署。②石君，见于随笔《曼言》，载 1923 年上海《浅草》第 1 卷第 1 期；随笔《前置语》，载 1923 年上海《民国日报·文艺旬刊》第 1 期。嗣后在该刊发表评论《金和〈兰陵女儿行〉》、诗《森林》亦署。③罗石君，见于诗《射击》，载 1926 年《沉钟》半月刊第 1 期。嗣后在该刊发表诗《祭坛》《遗言》《呼声》《佩剑——项圈》等亦署。

罗时烽（1932－？），江西南昌人。笔名：①鲁速，1946－1947 年在南昌《华光日报·华言》发表杂文署用。②斯峰，1947－1948 年在南昌《中国新报·文林》发表小说、评论署用。③麦沃，1948 年 12 月在《荆棘》文学丛刊发表《人民的旗》署用。④唛蚧、张解方，20 世纪 40 年代末期在《学生报》发表论文、诗歌署用。⑤罗丰，1956 年在南昌《星火》月刊发表报告文学署用。⑥罗时烽，见于《江西省农垦志》（方志出版社，1998 年）。

罗书肆（1918－1982），湖南长沙人。笔名：①罗书肆，见于翻译小说《不可见的创伤》（匈牙利卡罗里·基斯法鲁迪原作），载 1943 年重庆《文艺先锋》第 2 卷第 5、6 期；翻译小说《亚达诺的钟》（美国约翰·汉赛原作），载 1945 年重庆《时与潮文艺》第 5 卷第 1 期。同时期在该刊以及《时与潮》《新中华》《新使命》

《光杂志》《西风》《家》等刊发表译作《人间地狱的巴尔干》（美国弗兰克·格瓦西原作）、《所罗门第五次海空鏖战记》（美国艾拉·沃尔夫特原作）、《亚洲战争的最后决战地》（美国约翰·哥特原作）、《美国人的种族偏见》（德国爱因斯坦原作）等亦署。②洛士，见于译诗《勇敢的水手》（英国大卫·加涅克原作），载1940年湖南辰溪《海军整建》月刊第1卷第6期。嗣后在该刊以及《海军建设》《中学生》《政治新闻》等刊发表译文《美国大学生的海军生活》（美国乔恩·阿特维尔原作）、随笔《叶剑英与美国记者》等亦署。③罗洛士，见于译文《马罕与今日之海军》，载1941年4月25日湖南辰溪《海军建设》月刊第2卷第1期。④翼如，见于译文《印缅边境美机随乘记》（美国托比·瓦恩特原作），载1943年重庆《时与潮》半月刊第16卷第5期。嗣后在该刊以及《时与潮副刊》《新使命》《家》《西风》等刊发表译文《礁岛血战记》（美国罗伯特·特伦贝尔原作）、《苏联对德政策是怎样？》（美国埃德加·斯诺原作），随笔《父母训练学校》等亦署。

罗淑（1903－1938），四川成都人。原名罗世弥。笔名：①世弥，见于翻译小说《棺材商人》（俄国普希金原作），载1935年上海《译文》月刊第2卷第7期。嗣后在《文学季刊》等刊发表翻译随笔《贝多芬笔谈》（法国罗曼·罗兰原作）、翻译小说《白甲骑兵》（法国玛尔格里特原作），出版翻译长篇小说《何为》（俄国车尔尼雪夫斯基原作，法国薇拉·司塔尔科瓦节译。上海文化生活出版社，1936年）等亦署。②罗淑，见于小说《刘嫂》，载1936年《中流》第1卷第2期；《生人妻》，载1936年上海《文季月刊》第1卷第4期。嗣后在《作家》《群众》《新民报·国防文学》《四川日报·文艺阵地》《文丛》《进化》等报刊发表小说、散文，出版小说集《生人妻》（上海文化生活出版社，1938年）、《地上的一角》（上海文化生活出版社，1939年）、《鱼儿坳》（上海文化生活出版社，1941年），翻译小说《白甲骑兵》（法国玛尔格里特原作。上海文化生活出版社，1947年）等亦署。

罗树人（1927－？），江西萍乡人。笔名罗蓬，见于散文《白菊》，载1943年末江西《青年报·青鸟》。嗣后在江西《中国新报》《民国日报》《型报》《前方日报》《群报》《流星月刊》、湖南《晚晚报》等报刊发表诗、散文、小说等署用。1949年后在《星火》《羊城晚报》《江西日报》等报刊发表诗、评论等亦署。

罗铁鹰（1917－1985），云南洱源人，白族。原名罗树藩，字介人。笔名：①罗铁鹰，见于诗《再》，载1937年2月天津《海风》；散文《敌人屠刀下的邵冠祥》，载1938年广州《中国诗坛》第2卷第4期。嗣后在《中国诗坛》及《文艺月刊·战时特刊》等报刊发表诗《你银发飘飞的老太太》《我们要自由地活着》等，出版诗集《原野之歌》（救亡诗歌社，1939年）、《火之歌》（救亡诗歌社，1943年）、《海滨夜歌》（缅宁警钟书店，1944年）等亦署。②莱士，见于译诗《战景》，载1938年云南《战歌》第1卷第4期。③华莱士，1938年以后发表文章署用。④罗兰，1942年在《金碧旬刊》发表散文诗署用。⑤周比德，1942年12月在《金碧旬刊》发表译诗《燃烧的世界》署用。嗣后在昆明《真理周报》发表诗文亦署。⑥林火，见于评论《新写实主义的诗歌》，载1944年秋昆明《云南晚报》。⑦骆驼英，见于论文《论一党专政与个人独裁》，载1946年3月昆明《真理周报》。同时期出版诗集《原形毕露》（昆明真理出版社，1946年）亦署。

罗廷（1918－1947），江西南昌人。笔名以沙、尚达、念枚、东方慧明，1940－1942年在福建连城《大成日报·高原》以及桂林、重庆等地报刊发表诗歌、散文署用。

罗香林（1906－1978），广东兴宁人，字元一，号乙堂、汉夫、一之。笔名：①香灵，见于随笔《清华周刊的新生命》，载1928年北平《清华周刊》第20卷第1期。②罗香林，见于《我国民族倾向之一瞥》，载1930年《新民》第16期。嗣后在《清华周刊》《国立中山大学文史学研究所月刊》《国立中央大学社会科学丛刊》《旅行杂志》《新社会科学》《南洋研究》《中国新论》《教与学》《史学专刊》《暨南学报》《东方杂志》《书林》《禹贡》《广州学报》《江苏研究》《民意周刊》《轴心》《逸经》《时代动向》《青年中国》《国防周报》《广东政治》《文史教学》《时代精神》《说文月刊》《华侨先锋》《康导月刊》《南风》《风物志集刊》《三民主义半月刊》《民族青年》《文学》《文教》《粤秀文垒》《清华学报》《子曰丛刊》《东方杂志》《文会丛刊》，以及香港《国民日报》《星岛日报》《大人》《学术季刊》《新希望》《歌谣》等报刊发表文章，出版民歌《粤东之风》（上海北新书局，1929年）和论著《客家研究导论》（广州希山藏，1933年）、《刘永福历史草》（南京正中书局，1936年）、《国父家世源流考》（重庆商务印书馆，1942年）、《中夏系统中之百越》（重庆独立出版社，1943年）、《唐代文化史研究》（重庆商务印书馆，1944年）、《国父之大学时代》（重庆独立出版社，1945年），以及《颜师古年谱》（长沙商务印书馆，1941年）等亦署。③罗汉，见于校录《天地会文》，载1937年《广州学报》第1卷第1期。嗣后在《抗战与文化》《太平洋周报》《文史杂志》等刊发表文章亦署。

罗信耀（1908－1992），北京人，满族。曾用名罗震寰。笔名：①H. Y. Lowe，见于英文小说《小吴历险记》，载20世纪30年代北平英文报《时事日报》。嗣后在该报发表《中国文学中的怪异故事》等文亦署。②罗信耀，出版日文版《北京的市民》（日本式场隆三郎译。东京文艺春秋社，1941年）署用。

罗秀惠（1865－1942），台湾台南人，字蔚村，号蕉麓、花花世界生。笔名蔚村、罗秀惠，1925年在台北创办《黎华新报》并发表小说、旧诗、随笔等作品署用。

罗依夫，生卒年不详，广东大埔人。原名罗永年。

笔名：①亦夫、一夫，1927 年起在马来亚槟城《中南日报·南针》《槟城新报·椰风》、吉隆坡《益群日报·枯岛》、新加坡《南洋商报·狮声》《南洋商报·曼陀罗》《南洋商报·压觉》《新国民日报·瀑布》《叻报·奠基》《民众周刊》等报刊发表诗、小说署用。②罗依夫，见于评论《充实南洋文坛的问题》，载 1929 年 5 月 31 日—6 月 14 日马来亚新加坡《南洋商报·曼陀罗》；见于诗《原始遗民》，载 1930 年 1 月 29 日新加坡《叻报·椰林》。③依夫，见于诗《活泼的小心灵》，载 1929 年 11 月 26 日马来亚槟城《槟城新报·椰风》。同时期在该刊以及新加坡《南洋商报·曼陀罗》《叻报·椰林》《叻报·奠基》、槟城《光华日报·蜕变》等报刊发表诗作亦署。

罗吟圃，生卒年及籍贯不详。笔名：①罗吟圃，见于诗《春日短诗》，载 1926 年北京《世界日报副刊》第 1 卷第 1—3 期；诗《看晓月已是西沉》《今宵的雨声我不怕听》，载 1926 年北京《莽原》半月刊第 1 卷第 19 期。嗣后在《莽原》《白露》《申报月刊》《上海周报》《反侵略》《图书月刊》等刊发表诗《给我一个美的青春》《饮此一杯，送别那美好的青春》《我们俩管领着这深的静夜》《我如今眼角已褪尽了泪痕》、评论《对于中国现代化问题的我见》《欧洲前途的展望》《论日本开放长江下游》《二次大战中苏联的外交》等文，出版诗集《纤手》（上海泰东图书局，1928 年），翻译剧本《日内瓦》（爱尔兰萧伯纳原作。重庆大时代书局，1940 年），翻译论著《二次大战中苏的外交》（英国普列特原作。重庆文摘出版社，1940 年）、《美国外交政策论》（美国李普曼原作。重庆大时代书局，1944 年）、《法兰西罪人》（法国西蒙原作。重庆大时代书局，1941 年）等亦署。②南木，署用情况未详。

罗英（1926—2009），河北安平人。原名王树藩。笔名：①罗英，20 世纪 40 年代在华北地区发表剧作《不要当逃兵》（1946 年）、《捉特务》（1948 年），出版秧歌剧《买卖公平》（中国人民解放军华北军区政治部，1948 年）等署用。1949 年后发表随笔《"兵演兵"运动》（载 1949 年 12 月 25 日《文艺生活》海外版第 20 期），出版话剧剧本《革命的一家》《生者和死者的嘱托》《滚烫的童年》《水晶洞》及《奇怪的"101"》（与潘耀斌等合作）等亦署。②龚平，署用情况未详。

罗瘿公（1872—1924），广东顺德（今佛山市）人，原名罗惇曧（róng），字掞（yàn）东、孝遹，号瘿庵（瘿盦）；晚号瘿公、宾退、瘿庵僧、绮移居士。笔名罗瘿公，撰有《德宗承德私记》《中法兵事本末》《中日兵事本末》《割台记》《庚子国变记》《拳变余闻》《太平天国战记》《中俄伊犁交涉始末》《中英滇案交涉本末》《藏书记略》《鞠部丛谈校补》等散文，并为程砚秋编写京剧剧本《龙马姻缘》《花舫缘》《梨花记》《红拂传》《玉镜台》《花筵赚》《鸳鸯冢》《风流棒》《谐趣缘》《孔雀屏》《赚文娟》《金锁记》《六月雪》《玉狮剑》《小天台》《青霜剑》《烈女报仇》《碧玉簪》（未

完，由金仲荪续编），为梅兰芳编写京剧剧本《西施》均署。

罗庸（1900—1950），江苏江都（今扬州市）人，生于北京，字膺中，号习坎。笔名：①修梅，早年著《今齐谐》署用，未见刊印。②罗膺中，见于散文《日韩旅行杂感》，载 1927 年 5 月 12 日《晨报副镌》。1939—1942 年间在《云南教育通讯》《读书通讯》发表《中国文学史上的几个新问题与新见地》《答卢兆显君论诗词书》等文亦署。③罗庸，见于随笔《模制考工记车制记》，载 1928 年《国立中山大学语言历史学研究所周刊》第 4 集 48 期。嗣后在昆明《国文月刊》及《歌谣》《中央导报》《广播周报》等刊发表《文学史与中学国文教学》《歌谣的衬字与泛声》《美育与宗教》等文，出版《鸭池十讲》（桂林龙门书局，1941 年）亦署。④耘人，1935 年发表作品署用。⑤膺中，1936 年在北平大学女子文理学院《新苗》杂志发表文章署用。⑥佗陵，见于论文《也谈"文章下乡"》，载 1938 年武昌《抗到底》半月刊第 16 期。嗣后在该刊发表快书《一门全书》、论文《谈通俗韵文》等，在《新动向》发表文章亦署。按：罗庸的著作尚有《论语求证》等，署名与出版情况未详。

罗玉君（1907—1987），四川岳池人。原名罗正淑。笔名：①罗玉君，见于论文《时间之概念的演进》（与李晓舫合作），载 1935 年上海《科学》第 19 卷第 2 期。嗣后在上海《青年界》《文潮月刊》、四川《学思》等刊发表散文《巴黎鸿爪——献给朗格夫人》、随笔《装饰的心理背景》《评〈红与黑〉并忆翻译经过》、评论《喜剧诗人莫里哀》《五年来中国小说的进展》等文，翻译出版剧本《婀丽女郎》（法国都德原作。上海商务印书馆，1930 年）、《母爱与妻爱》（法国聂芳原作。上海商务印书馆，1934 年）及小说《红与黑》（法国司汤达原作。上海正中书局，1949 年）、《我们的心》（法国莫泊桑原作。上海泥土社，1954 年）、《祖母的故事》（法国乔治·桑原作。上海平明出版社，1955 年）、《安吉堡的磨工》（法国乔治·桑原作。人民文学出版社，1958 年）等亦署。②蜀、萍、玉君、镇蜀，20 世纪 30—40 年代在上海与成都各报副刊发表文章署用。

罗元贞（1906—1993），广东兴宁人。原名罗元真，字季甫，号远征、难老、泉边难老人。笔名：①罗元贞，编选《武则天集》（山西人民出版社，1987 年），出版诗集《难老园诗词选》（香港中国翰林出版公司，2004 年），主编《对联知识百题问答》（与张养浩合作。山西高校联合出版社，1994 年）等署用。②罗元真，见于评论《对吕著〈简明中国通史〉隋代部分的几点意见》（与高振铎合作），载 1950 年北京《新建设》第 3 卷第 2 期。

罗竹风（1911—1996），山东平度人。原名罗汉兴。笔名：①陆旭，见于散文《看画》，载 1934 年上海《太白》第 1 卷第 5 期。②骆漠，见于短论《作家的寿命》，载 1940 年福建永安《现代文艺》第 2 卷第 3 期；杂文

《杂家——一个编辑同志的想法》，载 1962 年 5 月 6 日上海《文汇报·笔会》。③罗竹风，见于杂文《"中国的希特勒"》，载 1947 年山东《胶东文艺》第 1 卷第 4 期。嗣后在《胶东文艺》发表杂文《袁世凯的皇帝梦》、评论《论文学中的语言问题》等，出版杂文集《杂家和编辑》、论著《人·社会·宗教》，主编《汉语大词典》《中国人名大辞典》，担任《辞海》副主编等亦署。④烙耕，署用情况未详。

罗鬲，生卒年及籍贯不详。字艺夫，号亦佛。笔名亦佛，1909 年在《女报》发表文章署用。

罗紫，生卒年不详，江苏镇江人。笔名：①周芷，见于散文《乡民代表喂饱了我们》，载 1948 年成都《蚂蚁小集》第 4 期《中国的肺脏》。②白芷，见于随笔《一个孩子的流浪生活》，载 1941 年《学习生活》第 1 卷第 6 期。嗣后在重庆《新华日报》副刊发表散文《一个捡柴的孩子》，在《国民公报·文群》发表散文《孩子》等亦署。

洛夫（1928－2018），湖南衡阳人。原名莫运瑞。曾用名莫洛夫。笔名：①野叟，见于散文《秋日的庭院》，载 1943 年衡阳《力报》副刊。②洛夫，1949 年后在台湾《宝岛文艺》《创世纪》《中国时报》等报刊发表诗文，出版诗集《灵河》（高雄创世纪诗社，1957 年）、《石室之死亡》（高雄创世纪诗社，1965 年）、《外外集》（高雄创世纪诗社，1957 年）、《无岸之河》（台北大林书店，1970 年）、《1970 年诗选》（台湾仙人掌出版社，1971 年）、《魔歌》（台北中外文学月刊社，1974 年）、《洛夫自选集》（台北黎明文化事业股份有限公司，1975 年）、《众荷喧哗》（新竹枫城出版社，1976 年）、《时间之伤》（台北时报文化公司，1981 年）、《酿酒的石头》（台北九歌出版社，1983 年）、《因为风的缘故》（台北九歌出版社，1988 年）、《洛夫精品》（人民文学出版社，1988 年）、《爱的辩证——洛夫诗选》（香港文艺风出版社，1988 年）、《天使的涅槃》（台北尚书出版社，1990 年）、《月光房子》（台北九歌出版社，1990 年）、《诗魔之歌——洛夫诗作分类选》（花城出版社，1990 年）、《葬我于雪》（中国友谊出版公司，1992 年）、《我的兽》（中国文联出版公司，1993 年）、《洛夫诗选》（中国友谊出版公司，1993 年）、《雪崩——洛夫诗选》（台北书林出版社，1993 年）、《隐题诗》（台北尔雅出版社，1993 年）、《洛夫小诗选》（台北小报文化公司，1998 年）、《形而上的游戏》（台北骆驼出版社，1999 年）、《雪落无声》（台北尔雅出版社，1999 年）、《洛夫世纪诗选》（台北尔雅出版社，2000 年）、《洛夫短诗选》（中英文对照。香港银河出版社，2001 年）、《漂木》（台北联合文学出版社，2001 年）、《洛夫诗钞》（台北未来书城，2003 年）、《洛夫禅诗》（台北天使学圆文化公司，2003 年），散文集《一朵午荷》（台北九歌出版社，1982 年）、《洛夫随笔》（台北九歌出版社，1985 年）、《洛夫小品选》（台北小报文化公司，1998 年）、《落叶在火中沉思》（台北尔雅出版社，1998 年）、《雪楼随笔》（台北探景

文化出版社，2000 年），论文集、评论集《诗人之镜》（高雄大业书店，1969 年）、《诗的探险》（台北黎明文化事业股份有限公司，1976 年）、《洛夫诗论选集》（台北开源出版公司，1977 年）、《孤寂中的回响》（台北东大图书公司，1981 年）、《诗的边缘》（台北汉光文化公司，1986 年），译作《季辛吉评传》（台北中华日报社，1973 年）、《雨果传》（台北志光出版社，1975 年）、《第五屠宰场》（台北星光出版社，1975 年）、《心灵隽语》（台北星光出版社，1976 年）、《约翰生传》（志文出版社，1977 年）、《亚历山大传》（台北中华日报社，1979 年）、《邱吉尔传》（台北中华日报社，1979 年）等署用。

洛汀¹（1919－1983），云南玉溪人。原名袁天福。曾用名袁易之。笔名洛汀，抗日战争、解放战争时期创作话剧剧本《烽火》《父与子》《毒药》《抓汉奸》《读书好》《表》《路》《一粒粮食》《民拥军，军爱民》，1949 年后创作话剧剧本《兵临城下》、《粮食》（与朱星南合作）、《故乡》（与海默合作），电影文学剧本《兵临城下》（与白刃合作）等均署。

洛汀²（1919－1998），浙江湖州人。原名陆伯壎。笔名：①洛汀，1938 年开始在《怒火文艺》发表署用。嗣后在浙江《东南日报·笔垒》、上饶《前线日报·战地》、赣州《青年时代》《青年报·青鸟》《正气日报·新地》、南昌《中国新报》副刊《文林》《新文艺》、桂林《大公报·文艺》、上海《文友》等报刊发表诗文，1949 年后发表散文《云贵高原的春天》《五百里滇池》《天下第一奇观》《仙山佛地》，出版散文集《第一夜》（与他人合集）、《远离北京的地方》《清凉世界》，文集《洛汀文粹》（香港昆仑制作公司，1998 年），主编《春城诗词》（云南美术出版社，1997 年）等亦署。②封齐、LT，20 世纪 40－60 年代在《边疆文艺》发表诗文署用。③鹿丁、仁君、老百姓、蓝星，署用情况未详。

洛雨（1920－1999），浙江瑞安人。原名杨作雨。曾用名杨采君。笔名：①洛雨，见于诗《死市》，载 1939 年《文笔》月刊。嗣后出版诗文集《壁字》（上海文原出版社，1941 年）、诗集《灿烂的明天》（上海文光书店，1951 年）等亦署。②阿雨，在《时代》杂志发表纪念马雅可夫斯基诗歌署用。

骆宾基（1917－1994），吉林珲春人，祖籍山东平度。原名张璞君。曾用名张普君、张依吾、章依吾、张怀金、伊吾。笔名：①骆滨基，见于《高尔基永远活在我们心中》，载 1937 年 6 月上海《群众新闻》；报告《救护车里有血》，载 1937 年上海《烽火》第 2 期。②金敷，1937 年发表作品曾署用。③张依吾，与鲁迅先生通信署用。④骆宾基，出版长篇小说《边陲线上》（上海文化生活出版社，1939 年）署用。嗣后发表短篇小说《北望园的春天》《乡亲康天刚》《王妈妈》《父女俩》《交易》《年假》《山区收购站》《一个坦白人的自述》、报告《救护车里的血》《我有右胳膊就行》《在夜的交通线上》《难民船》《拿枪去》《大上海的一日》《一星期零一日》，出版短篇小说集《骆宾基短篇小说选》、

长篇小说《混沌》《幼年》、中篇小说《吴非有》《罪证》、报告文学《大上海的一日》《东战场别动队》《夏忙》、神话《蓝色的图们江》、话剧剧本《五月丁香》《结婚之前》、电影文学剧本《镜泊湖畔》、传记《萧红小传》、专著《金文新考》《诗经新解与古史新论》等亦署。⑤张普君，见于《纪念孙中山先生逝世十五周年》，载 1940 年《战旗》革新号第 81 期。⑥金阳，见于论文《欧洲和远东》，载 1940 年《战旗》革新号第 82 期。⑦羽衣，见于民间故事《替身寡妇竖牌坊》，载 1950 年《山东文艺》第 1 卷第 2 期。⑧金羽，见于《故事新写》，载 1951 年上海《群众文艺》第 3 卷第 6 期。⑨一民，见于散文《纪念民盟先烈的几句话》，载 1951 年 7 月 15 日《大众日报》。⑩张怀金，见于小说《老魏俊与芳芳》，载 1957 年《人民文学》第 4 期。⑪金羽衣，署用情况未详。

骆基（1920—2000），上海人。原名陆大棣。曾用名陆坚。笔名：①陆坚，见于中篇小说《米夫子》，杂文《绅士风》，载 1940 年上海《艺风月刊》。②岚，见于词《望江南·悼》，载 1940 年上海《艺风月刊》。③马其，署用情况未详。④骆基，1949 年后发表作品、出版长篇小说《怒涛》（上海文艺出版社，1958 年）、中篇小说《石莲与石强》《米夫子》，短篇小说《炮兵的故事》《换枪》《突围》、特写《硝烟中的爱》等亦署。

骆鹏，生卒年不详，湖南湘阴人，字迈南。笔名骆鹏，在《南社丛刻》发表诗文署用。

骆荣基，生卒年不详，台湾新竹人，字香林，号百石室主人。笔名香林、骆香林、星星，1915—1944 年在台北《台湾日日新报》《兴南新闻》《南方诗集》等报刊发表旧体诗《登高感怀》《良马行》等署用。

骆文（1915—2003），江苏句容人。原名骆文宏。笔名：①骆文，见于评论《写在〈带枪的人〉上演前》，载 1941 年 12 月 24 日延安《解放日报》。嗣后出版诗集《一颗红心为革命》（新华书店中南总分店，1950 年）、《露水集》（长江文艺出版社，1981 年），散文集《对人的钟爱》，话剧剧本《湖上曲》，儿童歌舞剧《秋收歌舞》（与张凡合作，安波作曲。哈尔滨东北书店，1949 年），话剧剧本《矿山的主人》（与海默合作。上海杂志公司，1950 年）等亦署。②阿虹、华禹平，曾短期署用。

骆无涯，生卒年及籍贯不详。笔名：①荒唐生，见于长篇小说《活地狱》，连载于 1924 年上海《光报》。②大荒，1927 年在上海主编《荒唐世界》报署用。③无涯室主人，署用情况未详。按：骆无涯曾主编《天韵》《荒唐世界》等刊物，主要作品有《如此上海》《荒唐梦》等，署名情况未详。

骆子珊（1901—1969），台湾台北人，字网川、嘉村，号立庵、铁花；别号网海书窝主人、定静山主人。笔名铁花、子珊、骆子珊、骆铁花、骆网川、铁花骆子珊、网川，1924—1944 年在台北《台湾日日新报》《风月报》《南方》《昭和新报》《兴南新闻》等报刊发表旧体诗《素心兰》《元旦书怀》等署用。

M

【ma】

马碧波，生卒年及籍贯不详。笔名：①马碧波，见于诗《你问我》，载 1934 年上海《青年界》第 6 卷第 2 期。②碧波，见于诗《猛鹰》，载 1937 年 6 月 22 日昆明《云南民国日报》；《英雄之歌》，载 1937 年昆明《文艺季刊》创刊号；《战歌——出征之晨》，载 1939 年《泸江月刊》第 2 卷第 3 期。

马冰山（1921—2009），广东潮阳人。原名马义进。曾用名马元科。笔名：①马冰山，1937 年 7 月起主编《岭东诗歌》报署用。同年 8—11 月在《广州诗坛》发表诗《村庄》《别了，母亲》，嗣后在《中国诗坛》等报刊发表作品，1949 年后发表作品、出版诗集《冰山草》（湖南人民出版社，1984 年）、诗文集《花季风》（广东人民出版社，1994 年）等亦署。②舟至也，20 世纪 80 年代在广州报刊发表杂文署用。

马灿虹（1902—1985），广东潮阳人。原名马贞派。笔名马灿虹，1926 年起在暹罗曼谷《联侨日报·国民杂志》发表诗文署用。20 世纪 30 年代在香港《东亚日报》编副刊亦署。

马长风，生卒年及籍贯不详。曾用名马希珍。笔名马长风，1937 年后在武汉编《文艺周刊》《江汉晚报·华灯》时署用。

马长荣（1916—？），福建福州人。笔名：①脩朔，见于小说《犬头蛇》，载 1935 年上海《新中华》半月刊第 3 卷第 18 期。1937 年在福州《平凡》双月刊发表《墙》《买卖》等亦署。②苏辛，见于诗《十年》，载 1936 年 5 月 8 日福州《福建民报·南风》。

马超群，生卒年不详，江苏松江（今上海市）人，字逢伯，号适斋。笔名：①逢伯，1914—1918 年在《国学丛选》《文艺杂志》发表文章署用。②马逢伯，见于随笔《吾有四不解》，载 1914 年上海《通向报》第 28 期。嗣后在该刊发表《思密学校行毕业礼》等文亦署。又见于《沧州中华基督教会事工十余年来之转变》，载 1947 年 12 月南京《乡村教会》第 1 卷第 2 期。③适斋，1914—1918 年在《国学丛选》《文艺杂志》发表文章署用。1929 年在吉林《农矿月刊》第 7、8 期合刊发表随笔《黄瓜非王瓜辨》亦署。④马超群，见于论文《商业之一斑》，连载于1929－1930年吉林《农矿月刊》。

马达（1928－2015），湖南华容人。原名胡昌五。笔名：①马达，创作歌词《光荣军属王大娘》、发表论文《列子真伪考辨》署用；出版《寓林折枝》（与人合作）、《庄子寓言选》《列子寓言选》《古代劝学寓言》《十二生肖寓言故事》《新序译注》《新序说苑选译》《中国古代动物寓言故事》《中国古代寓言诗选》《寓言·幽默·笑话》《中国忍术——劝忍百箴释评》，主编《中国寓言佳作》等亦署。②力牧、俞延，署用情况未详。

马丁（1926－1996），广东潮阳人。原名马世豪。笔名：①马丁，1947年夏在北大新诗社、华北诗联丛刊《牢狱篇》发表诗歌署用。嗣后发表长诗《反迫害进行曲》（载1948年香港《大众文艺丛刊》第3辑《论文艺统一战线》）、诗《假如我是溪水》（载1948年上海《开明少年》第40期）、诗《鲁迅的旗》（载1949年北平《诗号角》第8期）等亦署。②马金，见于诗《早晨的出发》，载1948年《诗号角》第2期。嗣后在该刊发表《人民助学金》等诗亦署。③北斗，见于诗《焚诗》，载1948年《诗号角》第3期。④青子，1948年开始发表诗署用。

马恩成（1927－？），河北唐山人。笔名：①马奔，1943－1945年在唐山《冀东日报》、天津《华北日报》《现代诗》等报刊发表诗歌署用。②马伯力，见于与郑梦（李瑛）等人的诗合集《石城底青苗》，1944年5月列入田园文艺丛书出版。1946－1948年在天津《大公报·文艺》、北平《燕京新闻》《诗号角》等报刊发表诗歌、诗评等亦署。

马尔俄，生卒年及籍贯不详。原名蔡汉荣。笔名马尔俄，1942年起与林元在昆明编《文聚》杂志并发表散文《怀远三章》（创刊号）、《桥》（1卷第3期）、《林中的脚步》（2卷第3期），小说《飓风》（2卷第1期）等署用。1945年与林元编《独立周报》亦署。

马烽（1922－2004），山西孝义人。原名马书铭。笔名：①马烽，见于故事《第一次侦察》，载1942年9月16日延安《解放日报》。嗣后在该报及《抗战日报》《晋绥大众报》《晋绥日报》《胶东文艺》《大众文艺丛刊》《人民时代》《人民日报》《文艺劳动》等报刊发表快板、通讯、小说、歌剧等亦署。出版唱词《五绣英雄榜》、长篇小说《吕梁英雄传》（与西戎合作。晋绥边区吕梁文化教育出版社，1946年）、长篇传记小说《刘胡兰传》，短篇小说集《一个下贱女人》《村仇》《金宝娘》《周支队大闹平川》《结婚》《饲养员赵大叔》《韩梅梅》《孙老大单干》《一篇特写》《三年早知道》《我的第一个上级》《太阳刚刚出山》《彭成贵老汉》《马烽短篇新作》《马烽小说选》，电影文学剧本《扑不灭的火焰》（与西戎合作）、《新来的县委书记》（与孙谦等合作）、《几度风雪几度春》《我们村里的年轻人》，儿童故事集《三个好朋友》《天下第一家》《地主和长工》《宝葫芦》，报告文学《张初元的故事》《坚决走合作化

道路的文香兰》，评论集《在两条道路上》，文艺理论《致初学写作者》等亦署。②马战哮，1944年发表《张秋风运动中的发明创造》等文署用。③孔华联，见于随笔《关于群众路线的点滴经验》，载1948年8月27日《晋绥日报》。④莫韵，见于《秋收三字经》，载1948年10月3日《晋绥日报》。⑤阎志吾，见于评论《三颗圪垯》，载1948年9月5日《晋绥日报》。嗣后在该报及《晋绥大众报》发表评论、故事等署用。⑥时英，见于快板《要抓紧时间种宿麦》，载1948年9月19日《晋绥日报》。⑦马有义，20世纪40年代在八路军抗日根据地报纸发表作品署用。⑧小马，署用情况未详。

马各（1926－2010），福建南平人。原名骆学良。笔名：①马各，1937年后在南平《南方日报·哨兵》、上饶《前线日报·诗时代》、福建《闽北日报》副刊、上海《新浦本·野草》等刊发表作品，出版诗集《春天的恋歌》（重庆，1943年）、《荒村小唱》（上海风满楼书屋，1948年），散文集《野祭》（上海南极出版社，1948年），1949年后在台湾《联合报》副刊等发表作品，出版诗集《迟春花》（高雄新创作出版社，1953年）、《斗笠贝、扳机鈍及其他》（台北联经出版事业公司，1981年）、《孩子与我》（台北正中书局，1983年），小说集《妈妈的鞋子》（高雄新创作出版社，1953年），散文集《提灯的人》（高雄新创作出版社，1953年）、《偕子同钓》（台北联经出版事业公司，1981年）、《春到七美》（台北联经出版事业公司，1983年），以及《马各自选集》（台北黎明文化事业股份有限公司，1983年）等均署。②南乡子，署用情况未详。

马光（？－1981），江苏南通人。笔名：①沈芒，见于诗《霹雳》，载1945年南通《江北日报·诗歌线》新30期。嗣后在该刊以及南通《东南日报·诗》周刊发表《卖蛋》《苦闷》等诗亦署用。②明雏，见于诗《北风》，载1946年1月16日《东南日报·诗》。③陈家驹，见于信函《惨案一周年　悲愤忆南通》（与吴菊合署），载1947年3月19日上海《文汇报·读者的话》。④陈文风，见于诗《给路人——为"三一八"南通惨案》，载1947年3月18日《文汇报·笔会》。

马国昌（1925－2010），河北安平人。笔名：①马驰野，见于秧歌剧《一把镰头》，载1944年8月延安《解放日报》。1945年6月在陕甘宁晋绥联防军《战斗报》发表鄘鄂剧《活捉蒋胡军》亦署。②沛村，1950年初在《川西日报》《战鹰报》《人民战士报》发表作品署用。③马国昌，1949年前后发表作品多署此名。嗣后出版诗集《祖国的雄鹰》（通俗读物出版社，1955年）、短篇小说《拼过刺刀的弟兄》（湖北人民出版社，1958年）、中篇小说《延安求学记》（湖北人民出版社，1959年）、报告文学《难忘的飞行》（与他人合作。湖北人民出版社，1961年）等亦署。

马国亮（1908－2001），广东顺德（今佛山市）人，生于广州，字希白。曾用名马国良。笔名：①马国亮，见于散文《醒来时不见了你》，载1929年上海《良友

画报》第 40 期。嗣后在《今代妇女》《青年界》《新时代》《现代》《文学》《人间世》《小说》《文艺生活》《旅行杂志》《华安》《新小说》《中华月报》《上海漫画》《美术生活》《现实》《艺风》《清明》《文艺时代半月刊》《申报·自由谈》等报刊发表小说、散文、漫画，在上海良友图书印刷公司出版诗文集《昨夜之歌》（1929 年）、《回忆》（1932 年），散文集《给女人们》（1931 年）、《生活之味精》（1931 年）、《再给女人们》（1933 年）、《偷闲小品》（1935 年）、《春天！春天！》（1945 年），长篇小说《露露》（1931 年），绘画集《国亮抒情画集》（1933 年）均署。1949 年后出版长篇小说《命运交响曲》（漓江出版社，1986 年）亦署。②国亮，见于散文《先驱者》，载 1930 年上海《今代妇女》第 19 期。③戈良，见于随笔《美国的中国人》，载 1947 年上海《人世间》复刊第 2 期。④艾迪，见于随笔《自从我装了个电话——现代生活重累》，载 1947 年上海《人世间》复刊第 2 期。嗣后至 1948 年 7 月 10 日在该刊连载"现代生活重累"系列文章《收音机这东西》《现代恋爱观》等亦署。⑤文渊、甘草、自牧、亦亮、齐可、秀山、陈子、陈齐、陈明、陈敏、果良、夏明、高良、菩提、蔡史、曹士、艾其德、麦德玲、赵世衡、夏侯明，1946 年至 1949 年 9 月间在上海《前线日报》副刊、香港《大公报》《文汇报》《星岛日报》《华侨日报》发表文章署用。⑥华良，见于小说集《灵感的故事》，香港某出版社 20 世纪 50 年代初出版。

马寒冰（1917－1957），福建澄海人，生于缅甸勃生城。原名马国良。笔名马寒冰，见于通讯《没落中的厦门》，载 1937 年上海《内外什志》第 2 卷第 9 期。1946 年 11 月 4 日至 12 月 9 日在重庆《新华日报》发表长篇散文《南征散记》（从《勇士们开辟了道路》至《会师中原》），1948 年 12 月在延安《群众文艺》发表评论《关于部队戏剧方向的商榷》、讽刺剧《美蒋一家》等，出版散文集《南征散记》（东北书店，1947 年）、《尼罗河畔》（中国青年出版社，1957 年），歌曲集《我骑着马儿过草原》（马寒冰作词，李巨川作曲。音乐出版社，1964 年），诗文集《马寒冰文集》（新疆人民出版社，1989 年）等亦署。

马汉声，生卒年不详，安徽怀宁人，字哭天。笔名马汉声，见于小说《殖骨江南》，载 1924 年上海《红杂志》第 2 卷第 33 期。

马吉风（1916－1970），山东济南人。曾用名马吉峰。笔名：①马峰，见于小说《狗》，载 1935 年上海《芒种》第 8 期。嗣后在《光明》《抗战戏剧》《新华月报》等刊发表作品亦署。②吉峰，见于《生死恨》，载 1941 年 2 月 5 日重庆《新华日报·新华副刊》。③马峰。署用情况未详。

马吉林，生卒年及籍贯不详。笔名玫郎，1930 年前后在辽宁《洮南日报》副刊发表作品署用。

马加（1910－2004），辽宁新民人，满族，原籍山东登州。原名白永丰。曾用名白晓光。笔名：①白晓光，1928 年开始在沈阳《平民日报》发表诗《秋之歌》署用。见于小说《在千山万岭之中》，载 1930 年沈阳第 104 期。于此前后在沈阳《东北大学周刊》《新民晚报》、天津《精诚半月刊》、北平《文艺之家》《世界动态》、上海《光明》《文艺月报》《文风》《诗歌杂志》《文学导报》、汉口《时事类编》、延安《文艺突击》《文艺战线》等报刊发表诗《火祭》、长诗《故都进行曲》、中篇小说《登基前后》、短篇小说《潜伏的火焰》等，出版诗集《血腥地带》（1935 年）、长诗《第三时期》（北平文学导报社，1936 年）、中篇小说《登基前后》（上海杂志公司，1936 年）亦署。②马加，见于《通讯员孙林》，载 1941 年 7 月 21、22 日延安《解放日报》。嗣后在《文艺阵地》《东北文化》《谷雨》《小说》《文学战线》《文艺月报》等报刊发表作品，出版长篇小说《滹沱河流域（第一部）》（上海作家书屋，1946 年）、《江山村十日》（长春东北书店，1949 年）、《北国风云录》《在祖国的东方》《红色的果实》《血映关山》，中篇小说《开不败的花朵》《寒夜火种》，短篇小说集《双龙河》《新生的光辉》《过甸子梁》《杏花开种棉花》，散文通讯集《友谊散记》（与申蔚合集），散文集《祖国的江河土地》《幸福的时代》（与安波等合集）及《马加文集》等亦署。

马家郎，生卒年及籍贯不详。笔名胡笳，20 世纪 40 年代在暹罗（泰国）华文报刊发表杂文，出版杂文集《无花的玫瑰》等署用。

马坚（1906－1978），云南个旧人，回族，字子实。曾用名马玉书、马万清、马自适。笔名马坚，见于译文《基督教徒所承认的回教特色》（泰乐原作），载 1940 年《回教论坛》半月刊第 3 卷第 9 期。1945 年在《清真铎报》新 19－20 号合刊发表评论《伊斯兰的评价》，出版有关阿拉伯历史、语言作品，伊斯兰教经典、哲学、历法等著作、译作以及《阿拉伯新诗选》（伊拉克白雅帖原作）等亦署。

马健翎（1907－1965），安徽桐城人，生于陕西米脂。原名马飞鹛，字健翎。曾用名翎儿（乳名）。笔名马健翎，见于剧本《查路条》（秦腔），载 1939 年延安《文艺突击》新 1 卷第 2 期。1948 年在延安《群众文艺》、哈尔滨《翻身乐》等刊发表文章，出版歌剧集《民众戏曲集》（重庆读书出版社，1940 年），秧歌剧集《十二把镰刀和两亲家》（延安华北书店，1942 年），秧歌剧《十二把镰刀》（又名《一夜红》。陕甘宁边区新华书店，1943 年）、《血泪仇》（大连新生时报社，1946 年；大连大众书店，1946 年；东北书店，1946 年）、《查路条》（又名《五里坡》。冀鲁豫书店翻印），歌剧《血泪仇》（西北新华书店，1943 年；太岳新华书店，1943 年）、《大家喜欢》（东北书店，1948 年；上海新华书店，1949 年）、《保卫和平》（又名《一家人》。上海新华书店，1949 年）、《穷人恨》（根据秦腔本改写。西北新华书店，1949 年；上海新华书店，1949 年）等亦署。

马驹誉（1885－1958），广西南宁人。原名马冠麒。笔名：①马冠麒，见于随笔《〈广西近代经籍志〉序》，载 1934 年南宁大成印书馆《广西近代经籍志》。②躯宇，署用情况未详。

马君豪（1923－？），泰国华人，原籍中国广东潮阳。笔名：①白帆、丁香、丹枫、迪克，1946－1950 年在曼谷《中原报·大众文艺》《光华报·新生》发表诗、小说、散文等作品署用。②老将军、老兵，20 世纪 80 年代后在泰国华文报刊发表诗文署用。

马君玠（1906－1997），湖北武汉人，回族。字君玠。笔名：①马文珍，见于《致记者》，载 1927 年北平《清华文艺》第 5 期。嗣后在《沙仑》《文艺月刊·战时特刊》《矛盾》《文艺》《宇宙风》《新诗》《文学杂志》《抗到底》《宇宙风乙刊》《现代文艺》《奔涛》等刊发表作品亦署。②马君玠，见于诗《问真室诗抄》，载 1943 年《宇宙风》第 132 期。嗣后在该刊及《文学杂志》《文艺复兴》等刊发表作品，出版诗集《北望集》（桂林开明书店，1943 年）、《高岚集》（贵阳文通书局，1946 年）、《青涧集》（贵阳文通书局，1947 年）、《旗鼓集》（贵阳文通书局，1948 年）等亦署。③文珍，见于随笔《对于旧剧的意见》，载 1930 年上海《沙仑》月刊第 1 期（该文原刊唯见其目，未见其文）；杂文《谈人的美丑》，载 1942 年上海《宇宙风》第 142 期。嗣后在《宇宙风乙刊》《艺文杂志》等刊发表作品亦署。

马君武（1881－1940），湖北蒲圻（今赤壁市）人，生于广西桂林人。原名马道凝，字厚山、贵公、簧公，号君武、杨行老圃。曾用名马和、马同。笔名：①君武，见于随笔《茶余随笔》、论文《论赋税》，载 1905 年上海《新民丛报》第 27 号；旧体诗《出吴淞》，载 1905 年上海《大陆》第 3 卷第 5 期。同时期在《译书汇编》《民报》《醒狮》等发表诗文亦署。②贵公，1911 年前在《新民丛报》《清议报》《女报》等报发表文章署用。③马和，民国初在《大陆报》第 3 卷第 1 期发表文章署用。嗣后在《南社丛刻》发表诗文亦署。④欧化，1914 年在《中华实业界》发表文章署用。⑤马君武，见于评论《日俄新协约与中国之关系》，载 1916 年上海《大中华》杂志第 2 卷第 7 期。嗣后在《民国日报·觉悟》《新青年》《醒狮》《正谊杂志》《晨报副镌》《学艺》《中华农学会会报》《环球》《建设》《北京高师周刊》《民大月刊》《良友画报》《国魂》《文化月刊》《长城》《宇宙》《文明之路》《国立广西大学周刊》《杂志》《再生杂志》《华年》《集美周刊》《时事类编特刊》《农业院讯》《国闻周报》等刊发表著译文章，出版诗集《马君武诗稿》（上海文明书局，1914 年），翻译小说《心狱》（俄国列夫·托尔斯泰原作。上海中华书局，1914 年）、翻译戏剧《威廉退尔》（德国席勒原作。上海中华书局，1925 年）等亦署。⑥簧公、杨行老圃，署用情况未详。

马骏[1]（1895－1928），吉林宁安（今属黑龙江）人，回族。原名马天安，字遹泉，号淮台。曾用名马念久。笔名：①马天安，见于剧本《出狱之后》，1925 年列入吉林"大东丛书"出版。②廿九，署用情况未详。

马骏[2]（1923－？），江苏沛县（今属山东微山县）人。原名张希文。曾用名陈德彩、张宝人。笔名：①臧雨，1949 年前后在上海《文汇报》发表文章署用。又见于随笔《大连同学的暑期生活》，载 1949 年 8 月 6 日苏南《新华周报》第 2 卷第 7 期。②劳马，在《龙门阵》等报刊发表文章署用。

马骏声（1889－？），广东台山人，字小进、小晋，号退之、梦寄。笔名：①小进，1911 年前后在《祖国文明报》《公论》《民谊》《妇女时报》等报刊发表文章署用。②马骏声，在《南社丛刊》发表诗文署用。嗣后出版《知神随笔》《世界文学论》等著作亦署。③马小进，在《南社丛刻》发表作品署用。④小晋、不进、梦寄、台山少年，署用情况未详。

马朗，生卒年不详，广东中山人，生于澳门。原名马博良。笔名：①马博良，见于随笔《总统逝世纪念日》，载 1936 年《粤风》第 2 卷第 4 期。嗣后在《大众》《绿茶》《新都周刊》《风雨谈》《文友》《万岁》《小天地》《文潮》《新影坛》《太平洋周报》《读书杂志》《文帖》《南光报》《家庭》《西点》等刊发表《秋夜书》《海外奇谈》《一枝雪茄》《飞鹰》《海燕》《魔城花絮》等小说、散文、随笔及独幕剧《二〇九号房间》，出版小说集《第一理想树》（上海正风文化服务社，1947 年）、《半世纪掠影——马博良小说集》（香港中华书局，2013 年），诗集《美洲三十弦》（创世纪诗社，1976 年）均署。②马朗，1956 年在香港编《文艺新潮》并发表《焚琴的浪子》《国殇祭》等诗署用。

马骊（1915－1985），河北吴桥人。原名马际融。曾用名马秋英。笔名：①马际融，见于诗《逃脱》，载 1935 年上海《中学生文艺季刊》第 1 卷第 1 期。嗣后在该刊发表诗《春在郊外》《乡老嘴里讨来的》等，同时期在上海《中学生》《文学》发表诗《故宫》、随笔《关于新诗的种种》亦署。②马骊，1940 年前后在北平《华北文艺》等刊发表短篇小说《太平愿》《生发油》《杰作》等署用。同时期在北平《中国公论》《艺文杂志》《文学集刊》《华北作家月报》《国民杂志》发表小说《生死路》《骨头》、散文《高深死了》等，出版短篇小说集《太平愿》（新民印书馆，1943 年）、《骊骅集》（中国公论社，1945 年）等亦署。③马秋英，见于通讯《十天——十月十八—廿七日津浦线治运视察记》，载 1942 年北平《中国公论》第 8 卷第 3 期。④子骅，见于随笔《由请愿而不请愿记详》，载 1936 年《大众生活》第 1 卷第 8 期。1942 年起在北平《中国公论》发表《写给自己》《送考》等文亦署。⑤武一民，见于评论《民众今日的仁望，国家来年的期待》，载 1943 年《中国公论》第 10 卷第 2 期。

马廉（1893－1935），浙江鄞县（今宁波市）人，字隅卿，号劳久、平妖堂主人。曾用名马九。笔名：①马廉，见于随笔《关于白话小说〈三言〉·〈二拍〉》，载1926年《语丝》第111期；论文《旧本三国演义版本的调查》，载1929年中山大学《图书馆报》第7卷第5期。嗣后出版遗著《马隅卿小说戏曲论集》（中华书局，2006年）亦署。②隅卿，见于《明代之通俗短篇小说》，载1926年《孔德月刊》。③劳久，见于《劳久笔记》。

马茅塞，生卒年及籍贯不详。笔名茅塞，见于诗《海上的夜》，载1934年7月25日大连《泰东日报》副刊。1936年在该刊发表《狂人之曲》《明月与玫瑰》《遗迹》《魂影》《恋之幻灭》等诗，1938年在上海《上海妇女》第2卷第2期发表通讯《内地妇女生活——失陷后的通州妇女》亦署。

马茂元（1918—1989），安徽桐城人，号懋园。笔名：①懋园，1949年前在《国专月刊》《学术世界》《新学风》《皖报》《安徽日报》等报刊发表文章曾署用。20世纪60年代在《光明日报·文学遗产》发表文章亦署。②马茂元，见于论文《吴南屏与欧阳小岑论文派书评议》，载1936年上海《学术世界》第1卷第12期。嗣后在《国专学刊》《新学风》等刊发表《懋园笔记》《清代文苑小识》《碧梧翠竹山馆笔记》等文均署。1949年后在《文学遗产》《人文杂志》《光明日报》《北京日报》《解放日报》《文汇报》《文艺报》《江海学刊》《新建设》《中华文史论丛》《文史》等报刊发表论文，出版《古诗十九首探索》《楚辞选》《唐诗选》《晚照楼论文集》《古诗十九首初探》《唐诗三百首新编》《马茂元说唐诗》《李白诗歌鉴赏辞典》，整理其父马其昶（马通伯）遗著《韩昌黎文集校注》，主编《楚辞评论资料选》《楚辞注释》《楚辞资料海外编》《楚辞研究集成》《十大诗人》《中国历代文学作品选（中编）》《中国大百科全书·中国文学史卷（隋唐五代文学）》等亦署。

马鸣尘，生卒年不详，广东海平人。原名马醒。笔名：①马耘砂，见于翻译小说《脑袋里的士兵》（日本壶井繁治原作），载1933年武汉《如此》杂志第2期。1937年在武汉《奔涛》半月刊发表小说《中司令》《训练班》等亦署。②耘砂，见于翻译散文《英雄主义》（日本十一谷义三郎原作），载1933年6月1日南京《文艺月刊》第3卷第12期。③云心、默默，20世纪30年代在武汉《沙漠》《黄花》《文艺》杂志发表作品署用。又见于中篇小说《江南有丹橘》，连载于1932年《大同日报·沙漠》。④马鸣尘，见于小说《松节油》，载1935年武汉《文艺》月刊1卷第1期。嗣后在该刊发表散文《五坡岭》、译文《纪德论》（日本川口笃原作）、小说《中秋》等亦署。

马牧边（1924—1994），辽宁开原人。原名吴文超。曾用名吴辛野、吴若子、吴若紫、吴若芷。笔名：①晋野，1941年在河南《战地》发表诗歌署用。②萧野，1942年在河南《阵中日报》副刊发表诗歌署用。1943年4月至6月在西安《黄河》月刊发表诗《未落的希望的花》和《原野奔波者》，1946年在《文艺世纪》第1卷第2期发表诗《一朵红花的凋落》，1945年在陕西《兴安日报·十月》发表作品亦署。③曹邦，见于诗《蓝天下》，载1943年《黄河》第4卷第6期。④黑尼，1943年在重庆报刊发表诗作署用。⑤马牧边，1945年开始在《时代文艺》、北平《骆驼文艺》等刊发表诗歌署用。嗣后发表诗《风砂的黄土高原》（载1947年沈阳《前进报·前哨》第3期）、诗《血底围墙》（载1948年上海《诗创造》第2卷第2期《土地篇》）等均署。20世纪50年代起在东北地区报刊发表诗歌，1978年后在《青春》《散文》《长安》《芒种》《鸭绿江》等刊发表诗文，出版《祈听水声》（辽宁文学社，1992年）、《独步夕阳》（辽东文学社，1994年）等亦署。⑥武陵歌、MP，1945年开始在报刊发表作品署用。⑦吴虞、年滨、萧也，1945年在陕西《兴安日报·十月》发表作品署用。⑧辛野、牧野，1949年在成都主编《星期文艺》发表文章署用。

马宁（1909—2001），福建龙岩人。本名黄真村，后改名黄振椿。曾用名王信、王文贤、黄震村、黄白桐、黄相堂、黄梅天、黄蔓岛。笔名：①黄曼岛，出版话剧剧本《陆根荣》（上海今日书店，1929年）署用。②马宁，见于小说《我的姘妇》，载1929年上海《乐群》杂志第2卷第9期。嗣后在《拓荒者》《文艺生活》《新华月报》等刊发表作品，出版散文集《南洋风雨》（本书封面题书名《南洋风雨》，扉页署《谁能绕着圆桌走到天堂？》。桂林椰风出版社，1943年），长篇小说《铁恋》（上海南强书店，1930年）、《处女地》（上海乐群书店，1930年）、《新恋》（上海知新书店，1931年）、《动乱》（桂林科学书店，1942年）、《无名英雄》（桂林椰风出版社，1943年）、《香岛云烟》（桂林椰风出版社，1943年）、《将军向后转》（香港新民主主义出版社，1946年），中篇小说《无办法的恋爱》（上海联合书店，1931年）、《椰风蕉雨》（马来亚，1946年）等亦署。③曾强，见于独幕剧《大学生与姨太太》，载1931年3月11日至4月8日马来亚新加坡《国民日报》副刊。④静倩，见于独幕刷《夫妇》，载1931年7月25日马来亚槟城《光华日报·戏剧》。嗣后在该刊发表独幕剧《悽悽惨惨》《女招待的悲哀》，在新加坡《星洲日报·文艺》《新国民日报·新流》《南侨日报·南风》《读书生活》等报刊发表散文、剧本等亦署。⑤MN，见于通讯《英属马来亚的艺术界》，载1932年上海《北斗》月刊2卷第3、4期合刊。⑥忘八蛋，20世纪30年代在马来亚新加坡报刊发表作品署用。⑦马斯，见于杂文《华侨风度》等，载1946年2月广州《文艺新闻》。⑧女言，见于杂文《怨声载道》，载1946年3月广州《文艺新闻》。⑨MA NING，见于《"MA"MEANS HORSE》，载1947年11月纽约 *UNITED NATON WORLD*（《联合国世界》）。

马鹏椿（？—1942），山东黄县（今龙口市）人。笔名朋春，抗战时期在《山东公报》担任总编辑时发文章署用。

马其昶（1855－1930），安徽桐城人，字通伯，号抱润、抱润翁。笔名：①马其昶，见于随笔《屈赋微序》，载1908年《国粹学报》第4卷第9期。嗣后发表随笔《大觉精舍缘起》（载1925年《世界佛教居士林林刊》第14期，出版《中庸篇义》《庄子故》《老子故》《抱润轩文集》《马通伯文钞》《诗毛氏学》《三经祖诂》《桐城古文集略》《韩昌黎文集校注》（由其子马茂元整理），总纂《清史稿》等亦署。②通伯，见于旧诗《寒鸦》，载1913年上海《大同周报》第1期。同年在《孔教会杂志》发表文章亦署。③马通伯，见于传记《王珮芬家传》，载1916年上海《大中华》第2卷第8期。出版《韩昌黎文集校注》（古典文学出版社，1957年；香港中华书局，1972年）亦署。

马奇（1922－2003），河南武陟人，回族。原名马世勋。笔名马凌云、马再奇。出版有《北京的风俗习惯》《北京的宗教》等著作。

马壬寅（1917－?），广东台山人。原名马荫隐。笔名：①浪客，20世纪30年代发表作品署用。②马荫隐，20世纪30年代发表作品开始署用。嗣后在《文艺春秋》《中国诗坛》《文坛》《文艺生活》等刊发表短篇小说《爱梨》、诗《伟大时代的母亲》、散文《蛰居小草》、论文《采集民间歌谣的初步经验》等，出版诗集《航》（桂林中国诗坛社，1940年）、《旗号》（生活书店，1948年）、长篇小说《开花时节》（南方通俗出版社，1956年）、《侨眷办社的故事》（广东人民出版社，1956年）等均署。③萨克非，见于散文《四邑剪影》，载1946年香港《华商报》。④火蒂士，见于短篇小说《香港同志》，载1949年12月25日《文艺生活》海外版第20期。⑤马壬寅，1961年起发表文章署用。

马瑞麟（1929－?），云南澄江人，回族。曾用名达乌德（经名）。笔名：①沙野，见于散文《怀念》，载1946年澄江旅省学会会刊。②马野，1947年前后在报刊上发表搜集整理的民歌署用。③锐林，见于诗《真理》，载1948年5月在昆明《和平日报·诗大路》。④马大林，见于讽刺诗《关于励案》，载1948年9月《和平日报·诗大路》。⑤征马，见于诗《咋个下场》，载1948年11月《和平日报·诗大路》。⑥费林，见于叙事诗《王三元》，载1949年7月昆明《诗与散文》。⑦马瑞麟，见于诗集《河》（重庆火种诗社，1949年）。嗣后出版诗集《"咕咚"来了》（云南人民出版社，1979年）、《云岭短笛》（云南民族出版社，1988年）、《马瑞麟童话寓言诗选》（广西民族出版社，1993年）、《诗的星空》（天津昆仑诗社，1994年），儿童传记文学《雷锋叔叔》（云南人民出版社，1979年）等并署。⑧柳浪，署用情况未详。

马少波（1918－2009），山东莱州人。原名马志远，字少波。曾用名马志援。笔名：①马志远，见于小说《嫂嫂》、诗《大地之歌》等，载1933年《天外》半月刊。②马郊坡，见于散文《秋风秋雨愁煞人》，载1935年《华北日报》副刊。③少波，见于报告文学《从征散记》，载1938年《海涛》半月刊。嗣后在《抗战日报》《胶东文艺》《白山》等报刊发表作品亦署。④马少波，见于中篇小说《生还》，连载于1938年胶东《大众报》。嗣后在《胶东文艺》《新华月刊》《人民周报》等刊发表文章，创作话剧剧本《闯王进京》《太平天国》《双枪小李虎》《岳云》、京剧剧本《正气歌》《宝烛记》《明镜记》《蝴蝶梦》《打渔杀家》《吴蜀和》《王佐断臂》《群英会》《关羽之死》《宇宙锋》《芦花荡》《木兰从军》《宝剑归鞘》《孪生兄弟》《白云鄂博》、昆曲剧本《西厢记》、歌剧剧本《农公泊》（合作），出版剧作选《马少波剧作选》《马少波新剧》、散文集《东行两月》《在南极的边缘》《更红集》《花雨集》《看戏散笔》、散文小说选《从征拾零》、诗词合集《乐耕园诗二百首》、论文集《戏曲改革论集》《戏曲改革散集》《戏剧艺术论集》等亦署。⑤石润、王石润、萧白、青子、梅友、绍伯，1941－1942年间在《海涛》《胶东大众》、胶东《大众报》等报刊发表文章署用。⑥红石，见于短篇小说《樱花日记》，载1943年《胶东大众》第13期；鼓词《打呀打天下》（孔健飞曲），载1947年《胶东文艺》第1卷第4期。⑦苏扬、崔生、司马文，分别见于杂文《豆虫、蚊子、蒋介石》、杂文《牛角尖里找出路》、鼓词《大反攻鼓词》，载1947年《胶东文艺》创刊号。"苏扬"一名嗣后在该刊发表故事《崇祯皇帝上吊》、杂文《死之将至》等亦署。⑧华天、宋花泉，分别见于杂文《主人·奴才和"胜利"》、诗《"还乡"歌》，载1947年《胶东文艺》第1卷第2期。⑨章路平，见于评论《友谊的批评》，载1947年《胶东文艺》第1卷第4期。⑩夏凌江，见于评论《论"素材就是杰作"》，载1947年《胶东文艺》第1卷第5期。⑪风平、柳奇、志援、马胜辛、援兹，1945－1948年在《胶东大众》等报刊发表诗、散文、杂文等署用。⑫红石、芮阳、夏凌江，署用情况未详。

马识途（1915－?），重庆市忠县人。原名马千木，字质夫。曾用名马千禾。笔名：①马质夫，见于通讯《万县》，载1935年上海《中学生》月刊第51号。②马识途，1937年开始在《抗战青年》《新华日报》等报刊发表文章署用。嗣后在《战时青年》《现实》《新华日报》，1950年后在四川及全国各地报刊发表作品，出版长篇小说《清江壮歌》《夜谭十记》《巴蜀女杰》《雷神传奇》《京华夜谭》《沧桑十年》、中篇小说《三战华园》《丹心》、短篇小说集《找红军》《媒婆世家》《马识途讽刺小说集》《马识途短篇小说选》、纪实小说《魔窟十年》《沧桑十年》、散文集《景行集》《西游散记》、杂文集《盛世微言》、长诗《路》、电视剧本《没有硝烟的战线》、党史研究《在地下》，以及《马识途文集》（12卷）等亦署。③宿荼，1943年在《新地》发表文章署用。嗣后发表译文《伟大的爱国战争中的拉脱维亚文学》（尼德尔原作。载1946年广州《文坛月刊》

新 10 期）。④劫余，1943 年在《新地》发表文章署用。嗣后发表翻译小说《蜜秋》（苏联高尔基原作。载 1947 年上海《文艺春秋》第 4 卷第 6 期）亦署。⑤子一、则余，1943 年在《新地》发表文章署用。⑥任远，20 世纪 50 年代在《成都日报》发表文章署用。⑦兢克，1960 年前后在成都《星星》诗刊发表诗作署用。

马寿华（1893－1977），安徽泾阳人，字本轩，号小静、小静斋主。笔名马寿华，见于论文《吾国冤狱赔偿运动之回顾与展望》，载 1936 年上海《法令周刊》第 310 期；《南霁云》，载 1942 年重庆《文学修养》第 1 期。

马舜元，生卒年不详，江苏南通人。原名丁尧方。笔名舜元，见于译诗《日本小诗译丛》，载 1943 年 8 月南通《江北日报·诗歌线》第 1 期。

马甦夫，生卒年及籍贯不详。原名冯剑南。笔名：①马甦夫，见于诗《祖国》，载 1936 年 3 月 5 日青岛《诗歌生活》创刊号。②甦夫，见于诗《塞北曲》，载 1936 年《文海》第 1 卷第 1 期；诗《大地之恋》，载 1941 年桂林《诗创作》第 1 期。此前后在《人世间》《广州诗坛》《天地间》《文艺生活》等刊发表诗《残灰梦》《十万行列》《出国》、随笔《复员非复原》等亦署。③冯甦夫，署用情况未详。

马汤楳，生卒年不详，浙江海宁人，字绪卿，号寒蝶。笔名马汤楳，在《南社丛刻》发表诗文署用。

马天揆，生卒年不详，浙江杭州人。笔名马鹃魂，1922－1924 年在杭州报刊发表爱情小说署用。又见于散文《忆玉琐语》，载 1922 年上海《礼拜六》第 152 期。嗣后在上海《小说世界》《紫罗兰》《良友画报》等刊发表小说《阿母归来呀》、评论《性交接吻与婚姻的小研究》、散文《展颜偶忆》等亦署。

马希良（1920－？），山西晋城人。原名马炘，字眉卿。曾用名马兴。笔名：①M．S．，见于诗《突击在田野》，载 1939 年 4 月 24 日重庆《新华日报》；特写《宋云发》，载 1939 年延安《军政杂志》第 2 卷第 2 期。②A．S．，见于诗《沙北吟》，载 1940 年《七月》第 5 集 4 期；诗《枯而复苏的花朵——献给胡风先生》，载 1985 年《蕲春文艺》。③俞波，见于诗《牧羊人》，载 1942 年重庆《诗垦地丛刊》第 3 期。嗣后在延安《部队文艺》、绥德《新诗歌》发表诗《打靶》《垦荒》《补鞋匠》等亦署。④篷放，见于小说《两个看护员》，载 1942 年 12 月 4 日延安《解放日报》。嗣后在该报及重庆《新华日报》发表《卫生队的孩子们》《背米》《开稻田》等，1949 年后在《人民日报》《诗刊》《民间文学》《长江日报》等报刊发表诗文亦署。⑤马希良，1949 年后出版鼓词《庄工显手谢刀善》（武汉通俗图书出版社，1951 年）、歌剧《法网难逃》（武汉通俗图书出版社，1951 年）、记录《苏联人民的幸福生活是怎样得来的》（饶兴礼讲，与华于门合记。中南人民文学艺术出版社，1953 年）等均署。⑥驰怀，署用情况未详。

马萧萧（1921－2009），山东安丘人。原名马振。笔名：①辛柔，见于诗《火的舞蹈》，载 1946 年 10 月《雍华》杂志。②马萧萧，见于诗《夜渡泾河》，载 1948 年延安《群众文艺》第 3 期。嗣后发表作品、出版长篇叙事诗《石牌坊的传说》《翠笛引》《甜甜的季节》和《马萧萧军旅诗选》等亦署。③马辛、马振，1948 年冬在延安报刊发表作品署用。1949 年后在《群众日报》《光明日报》《人民日报》《青年生活》等报刊发表作品或署。

马孝安，生卒年不详，浙江绍兴人。笔名：①沙刹，见于诗集《水上》，1924 年 6 月印行。②马萧萧，见于诗《初月》《坟墓》，载 1924 年 8 月 3 日北京《晨报副镌》。嗣后在《语丝》《支那二月》《朝花》及杭州等地报刊发表诗文亦署。

马星驰（1873－1934），山东济宁人，回族。原名马驱，字星驰，号醒迟、醒迟生。笔名：①星驰，1909 年在《安徽白话报》发表文章署用。②星、驰，1911 年在上海《新闻报》副刊发表文章署用。

马星野（1909－1991），浙江平阳人。曾用名马允宇、马伟、阿宇（幼名）。笔名：①马星野，见于旧体诗《定情七咏》，载 1930 年南京《时事月报》第 3 卷第 4 期。嗣后在《中央周报》《时代公论》《晨光周刊》《申报月刊》《申报·自由谈》《东方杂志》《中央时事周报》《外交评论》《新社会》《国衡》《国闻周报》《中山文化教育馆季刊》《报学季刊》《新中华》《中外月刊》《文摘》《世界政治》《民意周刊》《青年中国》《新闻学季刊》《时代精神》《今日青年》《学生月刊》《十日文萃》《日本评论》《中央周刊》《欧亚文化》《世界文化》《军事与政治》《读书通讯》《文化先锋》《中国新闻学会年刊》《工作竞赛月报》《新闻战线》《文风杂志》《战斗与改造》《报学杂志》《中央日报周刊》等报刊发表著译诗文，出版新闻学著作等亦署。②星野，见于散文《南行小记》，载 1934 年 7 月 13 日上海《申报·自由谈》。嗣后在《申报·自由谈》《申报月刊》《晨光》《中央时事周报》《中央军校图书馆月报》等刊发表文章亦署。

马叙伦（1884－1970），浙江杭州人，字彝初、夷初。号石翁、翰香、寒香；晚号石屋老人。曾用名丁人俊、马翰芗、张禄、邹翰香、邹华孙。笔名：①啸天、啸天生、啸天子，1905 年在《政艺通报》《国粹学报》等刊发表文章署用。②马叙伦，见于随笔《原侠》，载 1902 年上海《新世纪学报》第 6 期。嗣后在《晨报副镌》《甲寅》《国粹学报》《独立周报》《北京大学日刊》《国学丛编》《东方杂志》《瓯风杂志》《图书馆学季刊》《说文月刊》《世界知识》《北京大学国学季刊》《茶话》《民主》《人人周刊》《新文化》《中学生》《文萃》《中国学术》《大学月刊》《周报》《学林》《现代新闻》《科学画报》《中华论坛丛刊》《群众周刊》《中国青年》《昌言》《春秋》《国文月刊》《文艺复兴》《北方》《中国建设》《评论报》《光明报》《中华教育界》等报刊发表文章，出版《读书小记》（上海商务印书馆，1931 年）、《读书续记》（上海商务印书馆，1931 年）、《石屋续沈》（上海建文书店，1949 年）、《老子核诂》（台中文听阁图书有限公司，2010 年）等亦署。③啸天庐，署用情况未详。

马学良（1913－1999），山东荣成人，字蜀原。笔名马学良，发表学术论文、出版语言学著作，主持编纂《中国少数民族文学史》《中国少数民族文学比较研究》等署用。

马寻（1916－2012），辽宁沈阳人。原名马家骧。曾用名马骧弟。笔名：①骧弟，1929 年在沈阳《大亚公报》《工商日报》发表文章署用。嗣后在沈阳《凤凰月刊》《奉天民报·冷雾》《新民晚报》、哈尔滨《国际协报》等报刊发表作品，在沈阳《新青年》发表杂文《宵夜》《遥奠》、诗《雨外二章》《宵行》等亦署。②S. D，1929 年－1937 年在沈阳、哈尔滨等地报刊发表作品署用。③金音，1938－1943 年在东北地区《文选》《诗季》《新诗歌》《麒麟》《艺文志》《新满洲》《满洲映画》《青年文化》《中和月刊》《中学生》《凤凰》《新青年》《青年与读书》《青年与科学》《青年与恋爱》《青年与哲学》《大同报》等刊物以及日本大阪《华文大阪每日》发表长篇小说《明珠梦》、中篇小说《教群》《生之温室》、短篇小说《弃婴》《牧场》、长诗《塞外》、短诗《卖唱》《囚徒》《私生子》《音》、散文《灵魂的独语》《我与静寂与夜》《噩梦的感情》、随笔《尸头蛮及枫人》、剧本《大院风景》、评论《关于成弦》等，出版长篇小说《明珠梦》，短篇小说集《教群》（长春五星书林，1943 年）、《牧场》（长春大地图书公司，1943 年），诗集《塞外梦》（长春学艺刊行会，1941 年）、《朝花集》（长春大地图书公司，1943 年），散文集《并欣集》（与也丽、小松、山丁合集），剧本《艺人狂梦记》，编辑《满洲作家小说集》（长春五星书林，1944 年）等亦署。④楸楠，20 世纪 30 年代在沈阳《新民晚报》发表诗歌署用。⑤马寻，1949 年后在《东北画报》《辽宁画报》《东北日报》《辽宁日报》《人民日报》《东北文艺》《处女地》《大众诗歌》《当代》《芒种》《鸭绿江》《春风（文艺丛刊）》《春风（月刊）》《龙沙》《作品》《湛江文艺》等报刊发表小说、散文、诗歌署用。嗣后出版中篇小说《翅膀》（人民文学出版社，1980 年）、长篇小说《风雨关东》（中国文联出版公司，2005 年），以及诗集《黄松岭的火灾》、文集《马寻文集》等亦署。⑥丁巩、之耕，1948 年至 20 世纪 50 年代初在《辽宁画报》发表短文署用。⑦司马进、湘弟，署用情况未详。

马琰（1917－1996），山西太原人。原名马怀埁（yán），笔名：①马琰，出版中长篇小说《于改秀》《第一次分红》等署用。②璐之、松碧，署用情况未详。

马彦祥（1907－1988），浙江鄞县（今宁波市）人，生于上海。原名马履，字彦祥，号燕翔。笔名：①凡鸟，1923－1927 年在北京《世界晚报·夜光》《世界日报·明珠》、上海《爱丝》三日刊等刊发表戏曲评论等

署用。②马凡鸟，见于长篇小说《歌声魅影》，连载于 1926 年上海《爱丝》三日刊；随笔《谈谈影片的剧本》，载 1926 年天津《国闻周报》第 3 卷第 27 期。③尼一，见于随笔《无独有偶之剧作抄袭案》，载 1929 年北平《戏剧月刊》第 1 卷第 5 期；翻译小说《岛》，载 1930 年广州《万人杂志》第 1 卷第 1 期；随笔《并非闲话》，载 1931 年上海《新生活》第 1、2 期。④涅伽、黄宋、斯人、惠君、司徒劳，1932 年 9 月－1934 年 4 月在天津编《益世报·语林》，1946－1948 年在北平《新民报·天桥》发表杂文和关于戏曲方面的文章署用。⑤彦祥，见于《一九一九的一本伟大的战争剧》，载 1930 年《语丝》第 5 卷第 47 期。同年 4 月在广州《万人杂志》创刊号发表《中国剧运之一般问题》，1933 年在天津《益世报》发表《彦祥漫谈》，嗣后在《戏剧月刊》《文艺新闻》《创作》等刊发表文章亦署。⑥马彦祥，20 世纪 20 年代后期在上海《白露》半月刊（后改月刊）发表文章署用。嗣后在《新月》《黎明》《白露》《万人杂志》《新学生》《微音月刊》《学友》《剧学月刊》《山东民众教育月刊》《东方杂志》《开明》《戏剧》《现代文学》《开展》《文艺月刊》《文艺》《戏剧岗位》《文艺战线旬刊》《读书月刊》《文艺新闻》《现代文学评论》《现代》《光明》《抗战戏剧》《抗战文艺》《文艺先锋》《天下文章》《戏剧时代》《人民文艺》《华北文艺》等报刊发表文章，出版散文集《彦详漫谈（甲集）》（天津语林丛书出版部，1933 年），戏剧集《最佳抗战剧选第一集》（汉口上海杂志公司，1938 年）、《海上春秋》（香港申曹出版社，1940 年）、《狗马春秋与除奸》（与他人合作。第三战区长官司令部政治部编印）、《国贼汪精卫》（重庆青年出版社，1941 年）、《古城的怒吼》（据法国沙都原作《祖国》改编。汉口华中图书公司，1938 年）、《江南之春》（根据陈瘦竹原作《春雷》改编。重庆正中书局，1943 年），译作《热情的女人》（西班牙 J. 倍奈文德原作。上海现代书局，1931 年）、《康波勒托》（美国海明威原作。上海晨光出版公司，1949 年）、《在我们的时代里》（美国海明威原作。上海晨光出版公司，1949 年）、《没有女人的男人》（美国海明威原作。上海晨光出版公司，1949 年）、《西线无战事》（德国雷马克原作，与洪深合译。上海平等书店，1929 年）等亦署。⑦某生者，署用情况未详。

马仰禹，生卒年及籍贯不详。笔名：①老骥，见于翻译小说《未来战国志》（日本东洋奇人原作。上海广智书局，1903 年）。又见于评论《太平洋会议之对内对外观》，载 1921 年《学林》第 1 卷第 2 期。②南支那老骥氏，见于章回小说《新孽镜》（科学会社，1906 年）。③中国老骥氏，见于寓言小说《大人国》，连载于 1907 年上海《月月小说》。④南支那老骥，见于《小说林》1907 年刊行之《亲鉴》。

马曜（1911－2006），云南洱源人，白族。笔名：①慕华，见于论文《诗歌的通俗化和它的价值》，载 1939 年昆明《战歌》第 1 卷第 6 期。②马曜，1949 年后发表文章，出版《云南简史》（云南人民出版社，1883 年）、

《芘湖精舍诗注》（云南教育出版社，1992 年）、《马曜学术论著自选集》（云南人民出版社，1998 年）、《大理文化论》（云南教育出版社，2001 年）、《马曜文集》（云南人民出版社，2008 年）等均署。

马一浮（1883－1967），浙江上虞县（今绍兴市）人，生于四川成都。原名马福田，字耕余。后改名马浮，字一佛、一浮、号无咎、被褐、太渊、湛庵、湛翁、湛翁和尚、蠲叟、蠲翁、蠲戏老人、圣湖野老、圣湖居人、云门樵客、宛委山民、皋亭老民、峨眉老衲、濛叟、濛上叟、夕可老人、将去客。笔名：①一浮，清末在《政艺通报》发表文章署用。②赵国服休，1908 年为田毅侯《宋遗民诗》作序署用。③被褐，见于《箴独立周报——致独立周报记者》，载 1912 年上海《独立周报》第 1 卷第 2 期。嗣后在该刊发表《稽先生传》《意林续抄》等文亦署。④委宛山人，1912 年在《独立周报》撰文署用。⑤马一浮，1917 年在《丙辰杂志》撰文署用。嗣后在《雅言》《扶正月报》《中论杂志》《戊午周报》《国风半月刊》《中国公论》《制言》《民族诗坛》《中学时代》《浙大学生》《志学月刊》《黄埔季刊》《孔学》等报刊发表诗文，出版《泰和会语》《宜山会语》《复性书院讲录》《尔雅台答问》《尔雅台答问继编》《老子道德经注》《蠲戏斋佛学论著》《蠲戏斋诗编年集》《避寇集》《朱子读书法》《马一浮篆刻》等亦署。⑥马浮，见于散文《绍兴县重修文庙记》，载 1924 年南京《学衡》第 25 期。此前后在该刊及《华国月刊》《浙江图书馆馆刊》《图书季刊》等刊发表《泛舟西溪芦中望法华山》《书西溪藏稿后》等诗文亦署。⑦湛翁，见于《送樵谷老人入如意山结苑偕隐》，载 1935 年 8 月上海《旅行杂志》第 19 卷第 8 期。⑧湛翁和尚，见于致李芳函，载 1943 年《学术界》。

马乙亚（1925－2014），辽宁锦西人。笔名：①克尼、塞征、艾黎、郁哈、萧歌，1947 年主编沈阳《时报》妇女版并在沈阳《沈阳日报·诗战线》《前进报·诗哨》等刊发表诗作署用。②马乙亚，见于诗集《梦园情》（与艾砂合集。天津昆仑诗社，1993 年）。嗣后出版诗集《南国情》（与艾砂合集。天津昆仑诗社，1995 年）、《不了情——伉俪诗集之三》（国际文化出版公司，1996 年）、《凹凸情——伉俪诗集之四》（时代文艺出版社，2005 年）等均署。

马荫良（1905－？），上海人，字一民。笔名马荫良，出版《老子新诂》等署用。

马映光（1907－1983），内蒙古呼和浩特人。原名马士瑛。笔名：①马士瑛，1931 年 4 月在归绥《社会日报》主编副刊《文学》署用。②王少船，见于《由辩证法的演进论现代中国所需要的文章》，载 1932 年归绥《血星》第 5 期。③马映光，见于评论《九一八事变后中国作家应转变的方向》，载 1932 年归绥《民国日报·塞风》第 2 期。嗣后在该刊发表《创造劳动者的平民文学与知识阶级应有的觉悟》等文，在包头《西北民报·火炬》、归绥《民国日报·十字街头》等刊发表诗歌署用。④映光，见于杂文《欺诈的牢笼》，载 1934 年 1 月 11 日归绥《民国日报·十字街头》；评论《国防文艺的中心思想》，载 1936 年 12 月 20 日归绥《西北日报·塞风》。

马仲明（1913－2009），云南盐津人。原名马若璞。笔名：①仲殊，见于随笔《近来》，载 1927 年 9 月 17 日上海《语丝》周刊第 149 期。同时期在上海《洪水》《真美善》《东方杂志》等刊发表文章亦署。②马克辛，见于短剧《投军别窑》，载 1937 年卢沟桥事变后某期《云南日报·南风》。嗣后在中共党内油印刊物发表文章亦署。③若璞、马若璞，1939 年在昆明《朝报》、衡阳《大刚报》、沅陵《抗战日报》等报发表作品署用。1939 年至 1940 年在广州《文艺阵地》发表《高安行》《血战龙王庙》等多篇报告亦署名"马若璞"。④马若濮，见于独幕剧《山场上》，载 1939 年广州《文艺阵地》第 3 卷第 6 期。⑤野马、嘟嘟，1947 年在《华商报》发表通讯署用。此后在《云南日报》发表作品亦多署"野马"。⑥罗布、晏布、晏回、马识途、马是瞻，抗战后期在《云南日报》发表作品署用。⑦马首，20 世纪 40 年代在贵阳《文聚》杂志发表作品署用。⑧仲明、钟鸣、钟明，1949 年后发表作品署用。

马仲殊（1900－1958），江苏灌云人。曾用名马广才。笔名：①仲殊，见于随笔《近来》，载 1927 年《语丝》周刊第 149 期。嗣后在上海《洪水》《真美善》等刊发表作品亦曾署用。②马仲殊，见于《活该》，载 1928 年上海《真美善》第 2 卷第 5 期。嗣后在《读书月刊》《青年界》《中学生文艺月刊》《东方杂志》《申报月刊》《朔望》《灯塔》《新学生》《读书青年》等报刊发表小说、散文、评论，出版长篇小说《周年》（上海创造社出版部，1927 年）、《太平洋的暖流》（上海真美善书店，1928 年），短篇小说集《两难》（上海华通书局，1930 年），论著《文学概论》（上海现代书局，1932 年）、《中学生小说作法》（上海中学生书局，1932 年）、《中国文学体系》（上海乐华图书公司，1933 年），译作《短篇小说作法纲要》（美国佛雷特立克原作。真美善书店，1929 年）、《大地》（美国赛珍珠原作。中学生书局，1934 年）等亦署。③马二先生，见于小说《三太爷》，收入 20 世纪 30 年代上海出版之《现代中国小说选》。④老秀，抗战时期在《前线报》任笔政时发表诗、剧本署用。

马子华（1912－1996），云南洱源人，白族。原名马钟汉，字子华。笔名：①马子华，1925 年发表作品开始署用，嗣后在《光华附中》《北新》《革命外交》《社会月刊》《青年界》《现代》《论语》《小说》《逸经》《光明》《滇声》《女子月刊》《银行生活》《战时知识》《诗与散文》《今代文艺》《中国文艺》《文艺阵地》《文学月报》《文学丛报》《文学月报》等报刊发表小说、诗歌，出版长诗《骊山之夜》、诗集《坍塌的古城》《晚翠楼诗词选》、长篇小说《他的子民们》、中篇小说《颠沛）、短篇小说集《路线》《笔伐集》《飞鹰旗》《丛莽中》、长篇传记文学《卢汉后半生》《一个幕僚眼中的云南王》、散文集《滇南散记》《文坛忆旧录》《雨林游踪》、论文集《云南文史论述》，以及《读古指南》《云南民间传说集》《云南历史人物逸事》等亦署。②马钟汉，见于《为本乡——洱源——告革命的同志们》，载1927年云南《洱源》第1期。③CH，见于散文《归里拾掇·洱海上》，载1929年8月9日《云南民众日报》。④秋星，见于杂文《麦绥莱勒的国籍》，载1934年6月1日上海《中华日报·动向》。嗣后在该刊发表杂文、在姚苏凤所编之某报副刊发表散文亦署。⑤子华，见于《宣化》，载1934年6月23日上海《中华日报·动向》。⑥丘星，见于《火烧天》，载1935年《文学新辑》第1辑。⑦钟汉，见于杂文《服装论》，载1936年上海《论语》第99期。⑧梓范，见于《吴三桂的金殿》，载1939年3月19日昆明《朝报》。⑨扈江萬，20世纪30年代在姚苏凤主编之某报副刊发表散文署用。1946年4月4日在昆明《正义报》发表《张三疯的故事》亦署。⑩CW，20世纪30年代在上海《大美晚报·火炬》与徐懋庸论战时署用。⑪丘明，见于总题为《闲话连篇》之系列杂文，连载于1946—1947年间昆明《复兴晚报》。⑫真如，1948年10月28日在昆明《正义报·大千》发表文章署用。⑬汉，见于《云南民歌选》，载《南诏季报》创刊号。⑭梓花，署用情况未详。

马宗融（1892—1949）

四川成都人，回族，字仲昭。曾用名伊斯玛（经名）。笔名：①马宗融，见于翻译小说《仓房里的男子》（法国米尔博原作），载1925年上海《东方杂志》第22卷第24期；翻译小说《巴黎圣母院》（法国雨果原作），载1927年上海《小说月报》第18卷第12期。此前后在《文艺月刊》《青年界》《矛盾》《现代》《文学》《文学季刊》《译文》《太白》《新小说》《文学丛报》《作家》《文季月刊》《抗战文艺》《文讯》《华安》《中国回教救国协会会刊》《回教文化》《文化先锋》《突崛》《读书通讯》《少年读物》《复旦同学会会刊》《文坛》《文艺先锋》《中原》《人民文艺》等报刊发表著译作品，出版散文集《拾荒》（光亭出版社，1944年），翻译小说《春潮》（俄国屠格涅夫原作，1945年）、《仓房里的男子》（法国米尔博原作。文艺生活出版社，1947年），翻译论著《〈克林威尔〉序》（法国雨果原作。上海生活书店，1936年）等亦署。②宗融，见于通讯《法国著名文学史家郎松逝世》，载1935年上海《文学》第4卷第4期。嗣后在该刊发表《拉马尔的若瑟兰出版百年纪念》《高乃依的Le Cid上演的三百年纪念》等亦署。

马祖毅（1925—？）

江苏建湖人。笔名：①马祖毅，出版论著《中国翻译史》《中国翻译通史》《中国翻译简史（五四以前部分）》《汉籍外译史》（与任荣珍合作）、《澳大利亚文学作品中译本书目》，随笔集《惠庵诗话》译作《面包树》（越南阮公欢原作）、《兔子归来》（与

他人合译）、《无期徒刑》（澳大利亚马库斯·克拉克原作，与他人合译）、《榕树叶子》（西萨摩亚艾伯特·温特原作，与他人合译）、《芳丹玛拉》（意大利伊尼亚齐奥·西龙尼原作）等署用。②雨江、田海、墨西、雨江、鲁韦昌、黄檬、朱农，20世纪40年代前期在上海、苏州报刊发表诗、散文署用。

马作楫（1922—2017）

山西忻县人。笔名：①冯河，1941年前后在西安某刊（王采编）发表作品署用。②黎野，见于诗《战斗的鸾铃》，载1948年重庆《文艺先锋》第12卷第1期。③野苓，20世纪40年代发表诗歌署用。④马作楫，出版诗集《忧郁》（北风诗社，1948年）署用。1949年后发表作品、出版诗集《汾河春光》（山西人民出版社，1962年）、《马作楫诗选》（山西人民出版社，1985年）、《无弦琴》（北岳文艺出版社，1992年）、《怀念》（山西人民出版社，1999年）等亦署。

玛戈（1908—？）

广东普宁人。原名许钟祜。笔名：①玛戈，见于评论《关于艺术之产生及影响》，载1936年4月14日新加坡《南洋商报·狮声》。②亚诺，1935年起在新加坡《南洋商报》副刊《狮声》《展望台》《商余杂志》等发表散文、评论署用。

玛金（1913—1997）

安徽怀远人。原名陈鹤南。笔名：①玛金，见于诗《风景，我心灵的音乐！》，载1942年5月《晋察冀文艺》（诗专号）。嗣后发表文章、出版戏剧集《本是一家人》（与祁醒非合集。天津人民艺术出版社，1949年），诗集《出发集》（安徽人民出版社，1959年）、《彩壁集》（安徽人民出版社，1964年）、《玛金诗选》（安徽人民出版社，1983年）、《玛金诗存》（安徽文艺出版社，1991年）、《风暴，我灵魂的音乐》（安徽教育出版社，1997年）等亦署。②陈斑沙，署用情况未详。

【mai】

麦穗（1930—？）

浙江余姚人，生于上海。原名杨华康。笔名：①麦穗，见于诗集《乡旅散曲》（与季予合集。台中艺声出版社，1954年）。嗣后出版诗集《森林》（台北长歌出版社，1979年）、《孤峰》（台北采风出版社，1988年）、《麦穗诗选》（团结出版社，1995年）及散文集《满山芬芳》（台北采风出版社，1987年）等亦署。②姚江人，在台湾报刊发表作品署用。③沈愆，署用情况未详。

麦辛（1932—？）

广东南海（今佛山市）人。原名麦兆革。笔名：①辛冶、火枣，1948年开始发表作品署用。②麦辛，1949年后创作山东快书《张万深夜探敌岗》、相声《说祖国》、对口快板《说唱"第一个五年计划"》、独幕话剧《为了祖国》、纪录片解说词《沙漠寻水记》《青春长在》，发表诗歌《月亮刚刚上树梢》、杂文《"世界公民"考》、报告文学《将邓大姐的遗爱珍藏在心底》、文艺评论《革命强中强》，出版文集《鲁迅佚文辑》、诗集《每一滴水里都有你的影子》、散文

集《海外飞鸿》、曲艺集《未婚妻的钢笔》等署用。

麦紫（1911－1982），广西荔浦人。原名麦春乾。曾用名麦春天。笔名：①麦紫，见于诗《归来吧，负伤的战斗者》，载 1940 年桂林《广西妇女》第 6 期；诗《播种及其他》，载 1942 年 7 月 15 日福建永安《现代青年》第 6 卷第 3 期。嗣后在广西《柳州日报》《力报》《曙光报》、重庆《书简杂志》、青岛《青岛文艺》、湖南《大刚报》、上海《文艺复兴》《生活画报》《新诗潮》《风雨篇》《文潮》《文艺春秋》《新人旬刊》、北平《诗音讯》等报刊发表诗《小河》《工作》《仇恨》《船》《我听懂了土地的话》《号召》、散文《祝福》《献给一个陌生的孩子》《书信——极好的求知之路》等亦署。②秦卓，见于诗《山城杂咏》，1942 年发表。③麦春乾，见于诗《为一个刚毅的女战士歌唱》，1944 年发表。④沈菜，见于评论《画相》，载 1948 年 12 月 21 日《中国时报》。⑤一芬、左林、小兰、卢兰、麦春天，署用情况未详。

【man】

满涛（1916－1978），江苏吴县（今苏州市）人，生于北京。原名张万杰。曾用名张逸侯。笔名：①满涛，见翻译小说《约会》（苏联高尔基原作），载 1938 年上海《文艺》半月刊第 1 卷第 5 期；译文《罗曼罗兰在法兰西剧院（上）》，载 1939 年上海《文艺新闻》创刊号。嗣后在上海《新中国文艺丛刊》等刊发表著译作品，出版译作《契诃夫与艺术剧院》（苏联斯坦尼斯拉夫斯基原作。上海时代出版社，1950 年）、《陀思妥耶夫斯基论》（苏联叶尔米洛夫原作。新文艺出版社，1957 年）、《文学的战斗传统》（俄国果戈理原作。新文艺出版社，1953 年）、《樱桃园》（俄国契诃夫原作。上海文化生活出版社，1949 年）、《冬天记的夏天印象》（俄国陀思妥耶夫斯基原作。人民文学出版社，1962 年）、《狄卡卡近乡夜话》（小说。俄国果戈理原作）、《彼得堡故事》（小说。俄国果戈理原作）、《果戈理小说戏剧选》《别林斯基选集》等亦署。②恩维铭，见于散文《在印地安纳》，载 1940 年上海《大陆》月刊第 1 卷第 1 期。嗣后在该刊发表《圣诞节在灰林》《海航杂记》等文，1940 年在上海《艺风》第 7 期发表散文《在印第安纳——留美生活断片》亦署。③杜微，见于散文《巴黎印象》，载 1940 年上海《大陆》第 1 卷第 2 期。④方晓白，见于小说《怀旧》，载 1940 年上海《戏剧与文学》第 1 卷第 3 期。此前后在上海《文艺新闻》《文坛》《现实文艺丛刊》《新文丛》《文坛月报》《丽芒湖上》等报刊发表小说、评论等亦署。⑤万殊，见于书评《推荐〈新生代〉》，载 1941 年 2 月 8 日上海《正言报·草原》；短论《批评的基准在哪里》，载 1941 年上海《奔流文艺丛刊》第 2 辑《阔》。⑥戏墨馆主，见于杂文《戏墨剧馆话》，载 1941 年《大陆》第 2 卷第 1 期。⑦北望，见于评论《"光明"顶礼记》，载 1941 年 11 月 19 日上海《奔流新集》第 1 辑《直入》。⑧窄门，见于杂

文《掂斤簸两集》，载 1948 年上海《横眉小辑》第 1 期。⑨朱荧，见于译文《高尔基与马雅可夫斯基》（苏联齐莫耶夫原作），载 1940 年《文艺阵地》第 5 卷第 1 期。嗣后在上海《文艺新潮》《戏剧与文学》等刊发表文章亦署。⑩无怀、齐人、庄淑、沈洁、张挚、洛思、林放、照存，署用情况未详。

曼青，生卒年不详，广东潮安人。原名曾也石。笔名曼青，20 世纪 20 年代中期在马来亚新加坡《南洋商报·洪荒》《星洲日报·文艺周刊》《星洲日报·星云》《新国民日报·南风》《天地人》《教育周刊》等报刊发表散文署用。

曼晴（1909－1989），河北广宗人。原名栗金裹，字赞堂。笔名：①曼晴，见于诗《兵灾》，载 1934 年 7 月 6 日上海《新诗歌》第 2 卷第 2 期。嗣后在《诗歌月报》《诗创作》《华北文艺》《新群众》及绥远《民国日报·十字街头》等报刊发表诗文，出版诗集《曼晴诗选》（河北人民出版社，1981 年）亦署。②卜同，见于诗《劫后》，载 1934 年北平《新诗歌》创刊号。③郭偌风，见于诗《民歌二首》，载 1934 年北平《新诗歌》创刊号。嗣后在该刊发表《民歌》等亦署。③郭远、玉君、之君，1947 年开始在《石家庄日报》发表散文等署用。④玉群，1980 年后在《石家庄日报》发表散文署用。

【mao】

毛昌杰（1865－1932），陕西长安（今西安市）人，字俊臣。笔名毛昌杰，撰有诗集《君子馆类稿》共 14 卷（1938 年）。

毛承志（1928－2015），江苏镇江人。笔名沙均、方萌。1945 年开始发表作品，著有专著《花苑漫步》等。

毛达志（1921－？），贵州湄潭（今属余庆县）人。原名马光煌。曾用名马辉。笔名：①求是，1949 年前在《新闻日报》发表短诗文署用。②南泥，1949 年前在《新闻日报》、1949 年后在《光明日报》《文汇报》《河北日报》等报刊发表短诗文署用。③土辛、辛之，1949 年后在《光明日报》等发表文章署用。④毛达志，1948 年到解放区后改名。嗣后发表作品、出版戏曲剧本《买凤簪》（河北人民出版社，1956 年）、《空印盒》（河北人民出版社，1958 年）、《赶女婿》（百花文艺出版社，1960 年）、《拾玉镯》（中国戏剧出版社，1963 年）、《捡柴》（中国戏剧出版社，1963 年）以及专著《河北梆子简史》（与马龙文合作。中国戏剧出版社，1982 年）等均署。

毛圣翰（？－1930），浙江奉化人。笔名：①毛含戈，见于评论《现代英国小说》，载 1933 年上海《青年界》第 4 卷第 5 期。嗣后主编上海《白露》半月刊（后改月刊）并在该刊发表文章，以及出版译作《文学的战术论》（日本大宅壮一原作。上海联合书店，1930 年）等亦署。②含戈，见于小说《桂和嫂》，载 1928 年上海《山雨》第 1 卷第 4 期。③翰哥，见于小说《梦》，

载 1925 年 11 月 17 日上海《民国日报·觉悟》。嗣后在《现代评论》《白露》《洪水》《一般》等刊发表小说《阿菊》及《我们的诗人》《秋风下的哀歌》《她是依旧在我的身边》《扫墓》等亦署。④毛翰哥，见于随笔《〈两种力〉重抄后附记》，载 1927 年《白露》第 2 卷第 3 期。嗣后出版诗文集《两种力》（上海泰东图书局，1928 年），发表译文《玛耶阔夫司基的葬式》（日本杉木良吉原作。载 1930 年上海《现代文学》第 1 卷第 4 期）亦署。⑤毛翰戈，署用情况未详。

毛星（1919－2001），四川德阳人。原名舒增才。曾用名赵无、孙玄、周宇、吴宙、郑洪、陈菜。笔名：①毛星，见于随笔《下乡的感触》，载 1946 年佳木斯《东北文化》第 1 卷第 2 期。1949 年后发表文章、出版论著《论文学艺术的特性》（人民文学出版社，1958 年）、《中国社会科学院学者文选·毛星集》（中国社会科学出版社，2002 年），主编《中国少数民族文学》（湖南人民出版社，1983 年）等均署。

毛尧堃，生卒年不详。笔名毛羽，1948 年在天津编《海河》诗刊署用。

毛一波（1901－1996），四川自贡人。原名毛纶明，字颖若、尹若。笔名：①毛尹若，见于小说《深秋之夜》，载 1924 年 9 月 22 日上海《民国日报·觉悟》。嗣后在《洪水》《逸经》《宇宙风·逸经·西风非常时期联合旬刊》《国大周刊》《新女性》《学生杂志》等刊发表随笔《马克思也是诗人》《托尔斯泰在苏联》《黑格尔的怪癖》、诗《偶成》《雨后》《秋夜抒怀》等诗文亦署。②尹若，见于小说《流浪者》，载 1924 年 11 月 29 日《民国日报·觉悟》。嗣后在上海《开明》《新时代》等刊发表文章亦署。③毛一波，见于评论《黄庞与中国劳工运动》，载 1926 年 1 月《上海黄庞四周纪念大会特刊》；随笔《〈互助论〉之误解》，载 1926 年《语丝》第 95 期。嗣后在《真美善》《山雨》《春潮》《文艺月刊》《文艺新闻》《新时代》《宇宙风》《笔阵》《蜀评》《絜茜》《开明》《群众月刊》《流火》《循环》《新文化》《新教育旬刊》《新女性》《台湾诗报》《台旅月刊》等刊发表评论《非恋爱与非非恋爱论战》《文学的商业时代》《智识者底悲哀》《意德法文学的历史观》、诗《台阳风物十咏》《台湾颂》等，出版诗文集《樱花时节》（上海新时代书局，1931 年），诗集《时代在暴风雨里》（上海现代书局，1928 年）、《秋梦》（新时代书局，1931 年），小说集《少女之梦》（上海出版合作社，1929 年）等亦署。④一波，见于短论《二十世纪之母》，载 1927 年上海《一般》第 2 卷第 3 期。嗣后在四川成都《笔阵》《川中晨报·今日文艺》、荣县《流火》、上海《山雨》等刊发表文章亦署。⑤阿茅，见于《玩偶少年》，载 1929 年上海《真美善》第 3 卷第 6 期。嗣后在该刊及《群众月刊》《晦鸣》发表著译文章亦署。⑥童怡，1955 年起在台北《联合报》《台湾风物》等报刊发表文章署用。

毛羽（1912－1998），浙江余姚人。笔名：①于由，

1939－1940 年编电影剧本《香衾春暖》《小房子》《新渔光曲》《国色天香》等署用。②毛羽，见于四幕剧《儿女风云》，载 1933 年上海《飙》第 1、2 期。嗣后在上海《影迷周刊》《中艺》等刊发表《读〈路柳墙花〉编剧者言后》《明星制与 AB 制》等文，1941－1946 年导演话剧《男女之间》《龙凤花烛》、编导话剧《恋歌》《风云儿女》，1947 年编导电影《大地回春》、出版话剧剧本《恋歌》（上海大华出版社，1943 年），1949 年后编导电影《球场风波》《油船火焰》、导演戏曲影片《两垅地》等均署。③莫思，见于《反对工部局禁止演剧通启》（与尤竞等人合作），载 1936 年 6 月 26 日上海《民报·影谭》。

毛泽东（1893－1976），湖南湘潭（今韶山市）人。字润之。曾用名毛子任、毛润芝、马任、赵东、李得胜、事任。笔名：①润之、润芝、润、泽东，早年在《天问》《向导》《政治周报》《湘江评论》等报刊发表文章署用。②二十八画生，见于论文《体育之研究》，载 1917 年《新青年》第 3 卷第 2 期。③石山，见于评论《省宪下之湖南》，载 1923 年《前锋》第 1 期。嗣后在《政治周报》发表文章亦曾署用。④子任，1925－1926 年在《政治周报》发表《中国国民党选派学生赴莫斯科孙文大学》等文署用。又见于故事《吉安的占领》，载 1933 年 8 月 13 日江西《红星报》。⑤毛泽东，1942 年发表《在延安文艺座谈会上的讲话》署用。嗣后发表文艺评论和政治等方面的文章以及发表诗词署用。⑥泳芝、允滋，署用情况未详。

毛子水（1893－1988），浙江江山人。原名毛准，字子水。曾用名毛延祚。笔名毛子水，见于随笔《国故和科学的精神》，载 1919 年北京《新潮》第 1 卷第 5 期；《科学方法略说》，载 1920 年上海《时事新报·学灯》。嗣后在上述报刊及《独立评论》《月报》《教育通讯月刊》《周论》《正义》《智慧》《文讯》《教育短波》等报刊发表《所谓教育的危机》《南行杂记》《中国的出路》《今后我国教育的一个主旨》《老年的苦闷》等文，1949 年后在台湾出版《子水文存》（台北文星书店，1963 年）、《师友记》（台北传记文学出版社，1967 年）、《论语今注今译》（台湾商务印书馆，1979 年）等亦署。

茅敌（1922－？），福建福州人。原名王志航。曾用名王懋直。笔名茅敌，见于诗《萤火》，载 1946 年 7 月 20 日南平《南方日报·南方副刊》。20 世纪 40 年代在福建省内其他报刊发表诗、散文亦署。

茅盾（1896－1981），浙江桐乡人。谱名沈德鸿，字雁冰；别字燕宾、燕斌、谶冰、谶宾。号雁宾、燕冰；别号醒狮山民。曾用名燕昌（乳名）、沈鸿、沈明甫、（沈）仲方、方保宗、保中、H.T.、T.H.。笔名：①雁冰，见于《三百年后孵化之卵》，载 1917 年《学生杂志》第 4 卷第 1、2、4 号；译文《市场之蝇》，载 1919 年北京《解放与改造》第 1 卷第 7 期。嗣后在《新青年》《少年中国》《时事新报·文学旬刊》《时事新报·文学周刊》《时事新报·学灯》《妇女杂志（上海）》《小

说月报》《东方杂志》《文学周报》《戏剧》《诗》《努力周报》《学艺》《学术界》《新女性》等报刊发表评论《评女子参政运动》《谭天——新发见的星》译作《活尸》（俄国列夫·托尔斯泰原作）、《情敌》（瑞典斯特林堡原作），随笔《莫泊桑逸事》《杂谭》等作品亦署。②沈德鸿，见于童话《大槐国》，载1918年上海《学生杂志》第5卷第4、6号。嗣后在该刊及《童话》《时事新报·学灯》等报刊发表童话《负骨报恩》《千匹绢》《狮骡访猪》《书呆子》《牧羊郎官》等，出版译作《衣·食·住》（美国弗兰克·乔治·卡明特原作。上海商务印书馆，1918年）、论著《近代文学体系的研究》（上海新文化书社，1921年），编选《中国寓言初编》（上海商务印书馆，1917年），童话《大槐树》（上海商务印书馆，1918年）、《负骨报恩》（上海商务印书馆，1918年），神话《希腊神话》（上海商务印书馆，1933年）等亦署此名。③沈雁冰，见于译文《两月中之建筑谭》（美国洛赛尔·彭特原作。与其弟沈泽民合译），载1918年上海《学生》杂志第5卷第1至12号。于此前后在该刊及《时事新报·学灯》《新青年》《解放与改造》《小说月报》《时事新报·文学旬刊》《时事新报·文学周刊》《文学周报》《诗》《小说世界》《学艺》《学术界》《民铎杂志》《教育杂志》《儿童世界》《中央副刊》《绸缪月刊》及日本东京《学艺》等报刊发表译作《雁人传》（克罗斯莱·肖特尔原作）、《禁食节》（犹太潘莱士原作）、《印第安墨水画》（瑞典斯特林堡原作），随笔《〈生软，死软〉的附注》，通讯《海外文坛消息》等，出版论著《近代文学体系的研究》（上海新文化书社，1921年）、《欧洲大战与文学》（上海开明书店，1928年），神话《希腊神话》（上海商务印书馆，1928年），翻译小说集《雪人》（匈牙利莫尔纳等原作。上海开明书店，1928年），校注《撒克逊劫后英雄略》（英国司各特原作。上海商务印书馆，1924年），选注《侠隐记》（法国大仲马原作。上海商务印书馆，1925年），选注《淮南子》（上海商务印书馆，1926年）等著译书籍均亦署。④冰，见于随笔《对于黄蔼女士讨论小组织问题一文的意见》，载1919年7月25日上海《时事新报·学灯》。嗣后在该刊及《妇女杂志》《小说月报》《小说世界》《时事新报·文学旬刊》《民国日报·妇女评论》等报刊发表译作《他的仆》（瑞典斯特林堡原作）、《界石》（奥地利阿瑟·施密茨勒原作）、《一段残弦》（法国莫泊桑原作）等亦署。⑤佩韦，见于论文《解放的妇女与妇女的解放》，载1919年上海《妇女杂志》第5卷第11期。嗣后在该刊及《东方杂志》《学生杂志》《民国日报·觉悟》等刊发表评论《妇女解放问题的建设方面》《现在文学家的责任是什么？》《艺术的人生观》《介绍〈民铎〉的柏格森号》等文亦署。按：20世纪30年代在上海《十字街头》发表《知难行难》等文的佩韦系鲁迅署用，1939年起在桂林《中学生》发表《怎样读鲁迅遗著》等文之佩韦系宋云彬所署。⑥四珍，见于译文《现在妇女所要求的是什么？》，载1920年上海《妇女杂志》第6卷

第1期。⑦玄，见于《一个礼拜日》，载1920年2月3日上海《时事新报·学灯》。嗣后在该刊及《时事新报·文学旬刊》《向导》《申报·自由谈》《笔谈》等刊发表《独创与因袭——对于近年作新诗者的箴言》《致林取先生》《争废比的面面观》《紧抓住现在》等评论、随笔亦署。⑧VP，见于论文《家庭服务与经济独立》，载1920年上海《学生杂志》第7卷第5期；随笔《个人自由底解释》，载1922年8月29日上海《民国日报·觉悟》。⑨顽石，与沈泽民合署。见于科学小说《理工学生在校记》，载1920年《学生杂志》第7卷第8期、10期、11期、12期。嗣后在该刊发表《犬的友情》《中井氏的强术》等文，1921年在上海《民国日报·觉悟》发表文坛消息亦署。⑩P生，见于译文《家庭生活与男女社交的自由》（美国纪尔曼夫人原作），载1920年上海《妇女杂志》6卷第7期；译文《共产主义是什么意思——美国共产党中央执行委员会宣布》，载1920年《共产党》第2期。嗣后在该刊及上海《民国日报·觉悟》等报刊发表译文《劳农俄国的教育》、评论《自治运动与社会革命》、随笔《比利时的莎士比亚》《瑞典的法郎士》等亦署。⑪明心，与其弟沈泽民合署。见于科学小说《理工学生在校记》，连载于1920年《学生杂志》第7卷第7—12号；翻译小说《七个被缢死的人》（俄国安特列夫原作），载1921年《学生杂志》第8卷第1—9号。⑫冬芬，见于翻译剧作《新结婚的一对》（挪威易卜生原作），载1921年上海《小说月报》第12卷第1期。（按：董秋芬其时亦以笔名冬芬在上海《小说月报》发表译作，兹录以备考。）⑬郎损，见于评论《新文学研究者的责任与努力》，载1921年上海《小说月报》第2卷第2期。嗣后在该刊及上海《时事新报·文学旬刊》发表评论《春季创作坛漫评》《陀思妥以夫斯基在俄国文学史上的地位》《"曹拉主义"的危险性》等亦署。⑭孔常，见于评论《梅特林克评传》，载1921年上海《东方杂志》第18卷第4期。嗣后在该刊及上海《小说月报》发表论文《英国劳工运动史》，译作《安琪吕珈》（希腊瑞夫达利哇谛思原作）、《罗曼罗兰评传》（安娜·努斯鲍姆原作）等亦署。⑮芬，见于随笔《〈代替者〉的附注》，载1921年上海《小说月报》第12卷第4期；随笔《从五四说起》，载1934年上海《文学》第2卷第4期。⑯玄珠，见于评论《中国文学不发达的原因》，载1921年5月10日上海《时事新报·文学旬刊》。嗣后在该刊及《时事新报·文学周刊》《文学周报》《民国日报·妇女周报》《小说月报》《一般》《文艺阵地》《笔谈》《中央副刊》《大众生活》等报刊发表译作《苏维埃俄罗斯的革命诗人》《匈牙利文学史略》《葡萄牙的近代文学》、随笔《自然界的神话》《浪漫的与写实的》、评论《"孤岛"最近的文化阵容》等，出版论著《小说研究ABC》（上海世界书局，1928年）、《中国神话研究ABC》（上海世界书局，1929年）、《骑士文学ABC》（上海世界书局，1929年）等亦署此名。⑰冯虚女士，见于译诗《阿富汗的恋爱歌》，载1921年上海《小说月报》第12卷第7期；译

文《莫扰乱了女郎的灵魂》（芬兰罗纳褒格原作），载1921年10月12日上海《民国日报·妇女评论》。嗣后在该报发表译作《泪珠》（芬兰罗纳褒格原作）、《"假如我是一个诗人"》（瑞典巴士原作）及《笑》《乌克兰民歌》《爱伦凯学说的讨论》等亦署。⑱冯虚，见于评论《对于〈介绍外国文学的我见〉底我的批评》，载1921年10月9日上海《民国日报·觉悟》。嗣后在该报及《小说月报》《经济丛报》《华侨文阵》《新苗》等刊发表《无聊的人生》（法国朱尔·罗曼原作）、《女王玛勃的面网》（尼加拉瓜达利哇原作）等亦署。⑲韦，见于评论《侮辱女性的根性》，载1921年10月12日上海《民国日报·妇女评论》。⑳希真，见于评论《两性互助》，载1921年11月2日上海《民国日报·妇女评论》。嗣后在该刊及《小说月报》发表译作《辞别我的七弦竖琴》（瑞典泰伊纳原作）、《拉比阿契巴的诱惑》（犹太宾斯奇原作）、《在上帝的手里》（葡萄牙特·琨台尔原作）等亦署。㉑真，见于评论《实行与空话主张》，载1921年11月23日上海《民国日报·妇女评论》。㉒损，见于随笔《"惠特曼考据"的最近》，载1922年3月27日上海《时事新报·学灯》；随笔《〈创造〉给我的印象》，载1922年上海《时事新报·文学旬刊》第37至39期。㉓元枚，见于译文《欧战给与匈牙利文学的影响》（贝拉·兹奥乃依原作），载1922年上海《小说月报》第13卷第11。嗣后在该刊发表译文《新德国文学的新倾向》（德国霍普德曼原作）亦署。㉔玄瑛，见于译文《赤俄的诗坛》（D. C. 米尔斯基原作），载上海《小说月报》。㉕洪丹，见于评论《欧战与意大利文学》，载1922年上海《小说月报》第13卷第12期。㉖韦兴，见于译文《奥国的现代文学》（约翰·雅各比原作），载1923年上海《小说月报》第14卷第3期。㉗赤城，见于译文《现代的希伯莱诗》（约瑟夫·希普利原作），载1923年上海《小说月报》第14卷第5期。㉘YP，见于随笔《杂感》，载1923年上海《时事新报·文学旬刊》第79期。㉙珠，见于随笔《自杀案与环境》，载1926年1月27日上海《民国日报·妇女周报》。嗣后在该刊及上海《申报·自由谈》发表《南京路上》《前方胜利中我们的责任》《袁世凯与蒋介石》《巩固后方》《论儿童读物》《教科书大倾销》等文亦署。㉚沈余，见于评论《柴玛萨斯评传》，载1927年上海《小说月报》第18卷第8期；随笔《关于高尔基》，载1930年上海《中学生》创刊号。嗣后在上海《小说月报》《妇女杂志》发表译作《一个人的死》（希腊帕拉玛兹原作）、《他们的儿子》（西班牙柴玛萨斯原作）、《雷哀·锡耳维埃》（俄国布鲁索夫原作），随笔《〈文凭〉引言》等作品亦署。出版翻译小说《他们的儿子》（西班牙柴玛萨斯原作。上海商务印书馆，1928年）、《一个人的死》（希腊帕拉玛兹原作。上海商务印书馆，1928年）等译作亦署此名。㉛茅盾，见于小说《幻灭》，载1927年上海《小说月报》第18卷第9、10期；随笔《关于中国神话》，载1928年上海《大江》第1卷第3期。于此前后在上述两刊及《文学周报》《东方杂志》《北斗》《开明》《涛声》《文艺新闻》《北方》《现代》《文学月报》《论语》《文化月报》《文学杂志》《文学》《文学界》《文季月刊》《文丛》《新小说》《译文》《杂文》《宇宙风》《作家》《中流》《文艺月刊·战时特刊》《热风》《烽火》《文艺阵地》《抗战文艺》《自由中国》《光明》《文艺》《文艺新潮》《大众文艺》《戏剧岗位》《戏剧春秋》《时代文学》《诗创作》《风雨谈》《笔谈》《奔流新集》《鲁迅风》《中国文化》《野草》《文艺生活》《文讯》《文学创作》《文艺先锋》《青年文艺》《人世间》《天下文章》《时与潮文艺》《中原》《当代文艺》《诗与散文》《中学生》《正路》《申报月刊》《读书杂志》《良友画报》《生活周刊》《新生周刊》《读书生活》《世界文学》《妇女生活》《大众生活》《西北风》《新少年》《散文》《越风》《一三杂志》《月报》《永生》《文摘》《中华公论》《抗战半月刊》《救亡周刊》《文风》《读书月报》《好文章》《国民》《大众生路》《文摘战时旬刊》《华侨战士》《战时青年》《十日文萃》《中国公论》《艺风》《中国工人》《学习半月刊》《回教文化》《文摘月报》《时代批评》《青年知识周刊》《上海周报》《文综》《新中华》《文化杂志》《中外春秋》《文学修养》《天行杂志》《微波》《联合画报》《旅行杂志》《上海文化》《文选》《中华论坛》《书报精华》《人民文艺》《新世纪》《中国诗坛》《文艺春秋》《文学新报》《文艺复兴》《文联》《文哨》《中原·文艺杂志·希望·文哨联合特刊》《鲁迅文艺》《清明》《北方》《白山》《萌芽》《平原文艺》《文艺知识连丛》《大众文艺丛刊》《文学战线》《华北文艺》《民主时代》《京沪周刊》《愿望》《大学月刊》《中国建设》《开明少年》《进步青年》《新华日报》《救亡日报》《立报·言林》《申报·每周增刊》《大公报·战线》《华商报》《新蜀报·蜀道》《大公报·文艺》《扫荡报》《华西晚报》《解放日报》《新民报晚刊》《文汇报》等报刊发表各类体裁的著译作品，出版散文集《茅盾散文集》（上海天马书店，1933年）、《话匣子》（上海良友图书印刷公司，1934年）、《速写与随笔》（上海开明书店，1935年）、《故乡杂记》（上海今代书店，1936年），长篇小说《幻灭》（上海商务印书馆，1928年）、《动摇》（上海商务印书馆，1928年）、《追求》（上海商务印书馆，1928年）等著译书籍亦署此名，并成为通用之笔名。1949年后发表文章、出版著作多署此名。㉜方璧，见于论文《鲁迅论》，载1927年上海《小说月报》第11期。嗣后在该刊发表论文《王鲁彦论》（1928年第1—6期），在《文学周报》1929年5卷12期发表随笔《看了真美善创刊号以后》《欢迎〈太阳〉》，在《新战士》第1945年第1期发表《欧洲的心理战》等文，出版《西洋文学》（上海世界书局，1930年）、《希腊文学ABC》（上海世界书局，1930年）、《北欧神话ABC》（上海世界书局，1930年）等亦署此名。㉝沈玄英，见于论文《希腊神话与北欧神话》，载1928年上海《小说月报》第19卷第8期。㉞M. D.，见于散文《叩门》，载1929年上海《小说月报》第20卷1号。嗣后在该刊发表《雾》《卖豆腐的哨子》《色盲》《红叶》等文，出版小说散文集《宿莽》（上海大江书铺，1931年）亦署。㉟丙生，见于小说《泥泞》，载1929年上海《小说月报》第20卷第4期。嗣后在《中学生》1933年第38期发表《纷乱》、在上海《文学》杂志1934年第2卷第3期发表《“媒婆”与“处女”》、在《读书生活》1934年第1卷第4期发表《怎样写作》亦署此名。㊱微明，见于译文《论嫉妒》（拉德约巴尼亚原作），载1929年上海《新女性》第4卷第12期。嗣后在上海《一般》杂志1929年第9卷第3期发表诗《爱与诗》，在《太白》《申报·自由谈》《文艺阵地》等刊发表评论《〈游击中间〉及其他》《祝全国文艺家的大团结》、随笔《所谓时代的反映》《聪明与矛盾》等文亦署。㊲未名，见于小说《陀螺》，载1930年上海《小说月报》第21卷第2期。㊳止敬，见于评论《青年苦闷的分析》，载1930年上海《中学生》第7期。嗣后在该刊及上海《文学月报》发表随笔《我的中学生时代及其以后》《“五四”谈话》《问题中的大众文艺》等文亦署。㊴蒲牢，见于小说《石碣》《豹子头林冲》《大泽乡》，载1930年上海《小说月报》第21卷第8期。嗣后在《文学》1934年第3卷第4—6期发表《赵先生想不通》，在《中流》1936年第1卷第7期发表《“立此存照”续貂》，在《明星》1936年第6卷第5—6期发表《负起我们的武器来》，在《东光》1942年第1卷第1期发表《谈谈君子国》等文亦署。㊵朱璟，见于随笔《问题是原封不动地搁着》，载1931年上海《妇女杂志》第17卷第1期。嗣后在上海《北斗》1931年创刊号发表随笔《关于“创作”》，在上海《中学生》1933年第41期发表散文《地方印象记——上海》、1934年第46期发表随笔《升学与就业》等文，出版通俗读物《上海》（上海新生命书局，1935年）亦署。㊶朱仲璟，见于评论《战争小说论》，载1931年7月20日上海《文艺新闻》。㊷丙申，见于《“五四”运动的检讨——马克思主义文艺理论研究会报告》，载1931年上海《文学导报》第1卷第2期。1934年在上海《文学》月刊第2卷第5期发表译作《在公安局》、评论《今日的学校》亦署。㊸石萌，见于评论《“民族主义文艺”的现形》，载1931年上海《文学导报》第1卷第4期。嗣后在该刊第1卷第6、7期发表评论《评所谓“文艺救国”的新现象》亦署。㊹石崩，见于评论《〈黄人之血〉及其他》，载1931年上海《文学导报》第1卷第5期。㊺何典，见于小说《喜剧》，载1931年上海《北斗》第1卷第2期。嗣后在《中流》1936年第1卷第3期发表《佛化结婚》《集团输血》、1936年第1卷第4期发表《输血是否犯法？》、1936年第1卷第7期发表《人瑞》《孔夫子与补鞋匠的故事》，1941年在香港《笔谈》创刊号发表杂文《所谓“白夜”》亦署。㊻施华洛，见于评论《中国苏维埃革命与普罗文学之建设》，载1931年上海《文学导报》第1卷第8期。㊼终葵，见于小说《右第二章》，载1932年上海《东方杂志》第29卷第4、5期。㊽曼，见于随笔《关于住的话》，载1932年12月8日上海《申报·自由谈》。翌年1月在该刊发表随笔《磨命》亦署。㊾阳秋，见于随笔《新年的新梦》，载1933年2月1日上海《申报·自由谈》。嗣后在该刊发表随笔《读“词的解放运动专号”后恭感》《把握住几个重要的问题》《“阳秋”答“阳春”》《关于“救国”》等文，在上海《文学》月刊1934年第2卷第4期发表评论《〈怀乡集〉》，在《十日戏剧》1938年第1卷第32期发表评论《谭杨平议》亦署。㊿敬，见于随笔《“抵抗”与“反攻”》，载1933年上海《中学生》第32期；随笔《怎样读杂志》，载上海《读书生活》1934年创刊号。嗣后在该刊发表随笔《从十月到十一月半》《一月杂志谈》等文亦署。(51)典，见于随笔《蓝采和非仙女辨》，载1933年6月15日上海《申报·自由谈》。(52)东方未明，见于评论《“九一八”以后的反日文学》，载1933年上海《文学》第1卷第2期。嗣后在该刊发表《丁玲的〈母亲〉》《一张不正确的照片》，在1947年《长江月刊》第5期发表《三八式（步枪）》等文亦署。(53)文，见于随笔《杂谈七月》，载1933年8月27日上海《申报·自由谈》。嗣后在该刊发表随笔《睡病颂》《小品文的题材》，1941年在香港《笔谈》发表随笔《纳粹人员之恶魔的生活》《妇女动员》《吏之权威》等文亦署。(54)止水，见于随笔《“双十”闲话》，载1933年10月10日上海《申报·自由谈》。嗣后在该报发表随笔《读了“小学生文库”的希望》《预言》《说“独”》《“创作与时间”的异议》等文，在北平晨报社出版《小说第一集》亦署。(55)仲方，见于随笔《文学家成功秘诀》，载1933年11月12日上海《申报·自由谈》。嗣后在该刊发表随笔《花与叶》《读〈文学季刊〉创刊号》，在1938年《文艺阵地》第1卷第4期发表随笔《利用旧形式的两个意义》等文亦署。(56)仲芳，见于随笔《蒲宁与诺贝尔文艺奖》，载1933年11月15日上海《申报·自由谈》。(57)伯元，见于随笔《天才与勇气》，载1933年11月20日上海《申报·自由谈》。(58)履霜，见于随笔《批评家辨》，载1933年12月13日上海《申报·自由谈》。(59)惕若，见于评论《清华周刊文艺创作专号》，载1934年上海《文学》第2卷第1期。嗣后在该刊发表《小市民文艺读物的歧路》《东流及其他》《西柳集》《〈水星〉及其他》《彭家煌的“喜讯”》《两本新刊的文艺杂志》《关于文学史之类》等文亦署。(60)形天，见于散文《冬天》，载1934年上海《申报月刊》第3卷第1期。嗣后在《文学季刊》《太白》发表《上海大年夜》《大旱》，1941年9月1日至11月16日在香港《笔谈》发表随笔《客座杂忆》等文亦署。(61)吉卜西、水，分别见于小说《赛会》、随笔《说“歪曲”》，载1934年《文学》月刊第2卷第2期。(62)小凡，见于随笔《田家乐》，载1934年上海《申报月刊》第3卷第2期。(63)味茗，见于评论《郭译〈战争与和平〉》，载1934年上海《文学》第2卷第3期。嗣后在该刊及上海《译文》月刊发表评论《伍译的〈侠隐记〉和〈浮华世界〉》、译作《怎样排演古典剧》（苏联A.泰洛夫原作）、《教父》（希腊G.特罗什内斯原作）等文亦署。(64)铭，见于随笔《又一篇账单》，载1934年上海《文学》第2卷第3期。

⑥明，见于随笔《直译　顺译　歪译》，载1934年上海《文学》第2卷第3期。嗣后在该刊第3卷第6期发表随笔《再多些》亦署。⑥蒲，见于随笔《一个译人的梦》，载1934年上海《文学》第2卷第3期；随笔《谈面子》，载1934年6月15日上海《申报·自由谈》。⑥芬君，见于译作《改变》（荷兰菩提巴格原作），载1934年上海《文学》第2卷第4期；译文《普式庚是我辈中间的一个》（苏联A.耳尼克斯德原作），载1934年上海《译文》月刊第1卷第1期。同时期在上述两刊发表随笔《关于〈士敏土〉》，译文《关于萧伯纳》（苏联卢那察尔斯基原作）、《现代荷兰文学》（荷兰哈恩铁斯原作）等文亦署。⑥兰，见于随笔《思想与经验》，载1934年上海《文学》第2卷第4期。嗣后在该刊发表随笔《所谓"历史经验"》亦署。⑥蕙、陶然，分别见于随笔《新，老？》、评论《黑炎的〈战线〉》，载1934年上海《文学》第2卷第4期。⑦丙申生，见于评论《一二八的小说》，载1934年上海《文学》第2卷第4期（该刊目录署名丙申）。⑦牟尼，见于译作《门的内哥罗之寡妇》（南斯拉夫佐哈·科韦德尔原作），载1934年上海《文学》第2卷第5期。嗣后在上海《太白》《芒种》等刊发表随笔《歌川先生论山水画》《监狱即是安乐乡》等文亦署。⑦连琐、余声，分别见于译作《桃园》（雷西克·哈里德原作）、《催命太岁》（洛佩兹·阿尔布亚原作），载1934年上海《文学》第2卷第5期。⑦止，见于随笔《流言》，载1934年6月15日上海《申报·自由谈》。⑦仲子、风，分别见于评论《小品文半月刊〈人间世〉》和随笔《再谈文学遗产》，载1934年上海《文学》第3卷第1期。嗣后在该刊发表随笔《论模仿》《一律恕不再奉陪》等文亦署笔名"风"。⑦未明，见于评论《〈庐隐论〉》，载1934年上海《文学》第3卷第1期。⑦惠，见于随笔《对于"文言复兴运动"的估价》《翻译的直接与间接》，载上海《文学》1934年第3卷第2期。⑦仲元，见于随笔《白话文的洗清与充实》，载1934年8月20日上海《申报·自由谈》。嗣后在该刊发表随笔《不要阉割的大众语》《文艺经纪人》亦署。⑦曲子，见于随笔《"买办心理"和"欧化"》，载1934年上海《太白》第1卷第1期。⑦山石，见于评论《〈中国新文学运动史〉》，载1934年上海《文学》第3卷第4期。⑧高子苏，见于《庐水》，载1934年上海《太白》第1卷第2期。⑧横波，见于随笔《谈月亮》，载1934年上海《申报月刊》第30卷第10期。嗣后在该刊发表随笔《桑树》《疯子》《再谈疯子》《狂欢的解剖》等亦署。⑧维敬，见于随笔《不关宇宙或苍蝇》，载1934年10月17日上海《申报·自由谈》。⑧钗光，见于随笔《双十节看报》，载1934年上海《新语林》第6期。⑧子苏，见于随笔《诗人与〈夜〉》，载1934年上海《文学》第3卷第5期。⑧丙，见于随笔《一年的回顾》，载1934年上海《文学》第3卷第6期。⑧波，见于随笔《关于"史料"和"选集"》，载1934年上海《文学》第3卷

第6期。嗣后在该刊发表随笔《论所谓"感伤"》《谈题材的"选择"》等文亦署。⑧微波，见于随笔《谈封建文学》，载1935年上海《太白》第1卷第10期。⑧秋生，见于随笔《旧账簿》，载1935年上海《申报月刊》第4卷第2期。⑧谢芬，见于译文《莱蒙托夫》（苏联D.勃拉果夷原作），载1935年上海《译文》第1卷第6期。⑧子渔，见于评论《几本儿童杂志》，载1935年上海《文学》第4卷第3期。嗣后在该刊第4卷第6期发表评论《〈真妮姑娘〉》亦署。⑧方，见于随笔《能不能再写的好懂些》，载1935年上海《文学》第4卷第4期。嗣后在该刊第5卷第1期发表随笔《一点小声明》亦署。⑨钟元，见于随笔《在儿童节对于儿童幸福的展望》，载1935年4月4日上海《申报·自由谈》。⑨渔，见于评论《一个希望》，载1935年上海《文学》第4卷第6期。⑨舫，见于评论《文艺与社会的需要》，载1935年上海《文学》第5卷第1期。嗣后在该刊发表评论《批评和谩骂》亦署。⑨易若，见于随笔《未能明相》，载1935年上海《太白》第2卷第10期。⑨惕，见于评论《最流行的然而最误人的书》，载1936年上海《文学》第6卷第1号。嗣后在该刊发表随笔《再谈儿童文学》《电影发明四十周年》《再多些，再多方面些》等文亦署。⑨横，见于评论《中国文艺的前途是衰亡么》，载1936年上海《文学》第6卷第4期。嗣后在该刊发表随笔《悲观与乐观》《论奴隶文学》《一个小小的提议》等文亦署。⑨宜生，见于随笔《每日"精神食粮"在"孤岛"》，载1938年《文艺阵地》第1卷第4期。⑨盾，见于评论《芬兰事件》《把冬学运动扩大到全疆去》，载1940年《反帝战线》第3卷第4期。⑨浦，见于随笔《民主原来还是要得的》，载1941年《大众生活》新16期。⑨来复、文直，分别见于随笔《七笔勾》《乩语》，载1941年香港《笔谈》创刊号。嗣后在该刊第2期发表随笔《"伙颐"》亦署名"文直"。⑩甫、仲，分别见于书评《〈简明中国通史〉》《〈刘明的苦恼〉》，载1941年香港《笔谈》创刊号。⑩民、亮，分别见于随笔《法国革命空气浓厚》《纳粹德国的宗教如此》，载香港《笔谈》1941年第2期。⑩威、华，分别见于随笔《挪威一店主》《战时英国之科学家》，载1941年香港《笔谈》第3期。嗣后在该刊发表随笔《柏林人的菜单》、评论《〈直入〉和〈刀笔〉》等文亦署名"华"。⑩直，见于随笔《希特勒的杰作》，载1941年香港《笔谈》第3期。⑩克、叶明，分别见于随笔《捷克人民的反抗精神》、书评《〈人之初〉》，载1941年香港《笔谈》第4期。⑩德，见于书评《〈油船德宾特号〉》，载1941年香港《笔谈》第5期。⑩希、明甫，分别见于随笔《饥饿的希腊》《武器与人》，载1941年香港《笔谈》第6期。⑩晓，见于书评《〈医师忏悔录〉》，载1941年香港《笔谈》第7期。⑩南北东西人和东西南北人，1961年1月9日在广州泮溪酒家题诗"一群吃客泮溪游，无限风光眼底收。南北东西人几个，天涯海角任淹留"时署用。

⑩凡、云、平、扬、江、固、泽、恪、朔、清、鸿、绳、维、雁、湘、量、谢、鼎、微、沈鸿、沈冰、沈霞、子敬、乡愚、韦君、木子、毛腾、公羽、非非、方非、方莹、冯（píng）夷、冰文、连锁、迁士、何籁、狄福、秋翁、世珍、玄殊、部生、敬之、蒲剑、微名、慕之、德洪、德衡、雕冰、沈仲方、沈明甫、沈德洪、方保宗、忆秋生、关敬子、胡绳祖、逃墨馆主、M、YP，署用情况未详。

茅蔚然（1923－？），浙江余姚人。笔名草茅、胡行、望青，20世纪40年代在上海《大公报》《前线日报》《和平日报》、杭州《大同日报》《东南日报》《群报》《大华日报》等报发表文章署用。

冒广生（1873－1959），祖籍江苏如皋，生于广东潮州，字鹤亭、鹤汀、钝宦，号疚斋、瓯隐、小三吾亭长。晚号疚翁、水绘庵老人。小名阿灵。笔名：①冒广生，见于词《瓯隐园送春》，载1915年《文艺杂志》第10期；《栗娘夫人传》，载1919年《小说月报》第10卷第12期。嗣后在《东方杂志》《词学季刊》《学术世界》《同声月刊》《东方文化》《学海》《学术界》等刊发表诗文，1949年后出版《冒鹤亭词曲论文集》（上海古籍出版社，1992年）、《后山诗注补笺》（冒广生补笺，中华书局，1995年）等亦署。②冒鹤亭，见于《读王孟韦柳四家诗》，载1928年《国际周报》第1卷第1期；《管子顾氏学》，载1940年《制言》第62期。嗣后在《制言》《永安月刊》《古今》《杂志》《国史馆馆刊》等刊发表文章，1949年后出版《水绘集——冒鹤亭晚年诗稿》（上海文化出版社，2014年）亦署。按：冒广生尚发表和出版有《京氏易三种》《大戴礼记义证》等经学著作，《唐书吐蕃世系表》《蒙古源流年表》等史学著作，《四声钩沉》《宋曲章句》《疚斋词论》《小三吾亭诗》《小三吾亭词话》《小三吾亭诗文前后集》《小三吾亭诗文甲乙丙篇》《水绘集》等词学、诗学和诗词著作，《疚斋杂刻》《云郎小史》等剧作，编有《永嘉诗人祠堂丛刻》《楚州丛刻》《如皋冒氏丛书》《永嘉高僧碑传集》《二黄先生集》，以及《南戏琐谈》《孽海花闲话》《孽海花人物索引》等，署名待考。

冒舒諲（1914－1999），江苏如皋人，生于浙江温州。原名冒效庸。曾用名冒孝容。笔名：①李昂、缪森、舒克凤，1932年前后在上海《晨报·每月电影》《电影·戏剧》撰文署用。1941年前后在上海报刊撰文亦署。②施汶，见于随笔《山城片羽——大后方的戏剧运动》，载1940年12月10日上海《剧场艺术》第2卷第10—12期合刊。③江上青，20世纪30年代末开始署用。见于报告诗《幸福的村庄》，载1949年《文艺创作》第1卷第3期。出版散文集《万里风云》（棠棣社，1939年）、历史剧《精忠报国》（又名《岳飞》，上海光明书局，1940年）等亦署。④舒諲，见于译文《十五年来的苏联剧场》，载1933年10月上海《戏》月刊第1卷第2期；评论《〈路柳墙花〉——先从演员说起》，载1934年上海《影迷周报》第1卷第2期。于此前后

在《论语》《戏》《文艺月刊·战时特刊》《宇宙风》《鲁迅风》《宇宙风乙刊》《新中国文艺丛刊》《戏剧春秋》《文艺先锋》《戏剧时代》《自由中国》《文选》等报刊发表评论、随笔、历史剧、译文等，出版历史剧《浪淘沙》《董小宛》《精忠报国》《春秋笔》《天国昭昭》、通讯报告集《战斗中的陕北——边区实录》、散文集《万里烽烟》《愚昧比贫穷更可怕》《这里离天安门九十公里》《青春中国》《北京城的故事》《京华见闻杂记》《李白与杜甫》《谈天说地》、译作《爱国者》《中国的再生》（原名《现代中国外纪——一个客卿的北伐随军杂记》，苏联爱德堡原作），编选《世界名剧精选（一）》（俄国契诃夫等原作，曹靖华等译）、《世界名剧精选（二）》（俄国契诃夫等原作，曹靖华等译）等署用（或讹作舒湮）。⑤舍水，见于杂文《朋友也者》，载1947年北平《人人周报》第4期。⑥冒舒諲，1949年后发表文章署用。见于《如皋冒氏得姓本末辨》，载1997年《寻根》第1期。⑦S.Y.，署用情况未详。按：1944年在重庆创作历史剧《浪淘沙》，原署舒諲，重庆《戏剧时代》第1卷第3期发表时误作舒湮。嗣后发表作品，出版话剧剧本《董小宛》《浪淘沙》等多作"舒湮"。1949年后出版著作，如散文集《扫叶集》（生活·读书·新知三联书店，1997年）、《饮食男女——舒諲随笔》（东方出版中心，1997年）、《孤月此心明》（百花文艺出版社，1999年），回忆录《微生断梦——舒諲和冒氏家族》（中央编译出版社，2000年）等，已恢复"舒諲"署名。

冒效鲁（1909－1988），江苏如皋人。字景璠，号叔子。曾用名冒孝鲁。笔名冒效鲁，1949年后出版《叔子诗稿》（安徽文艺出版社，1992年）及译作《成吉思汗》《屠格涅夫评传》等署用。

冒炘（1932－2000），江苏南通人。笔名：①冒炘，1948年开始发表作品，1949年后出版专著《三国演义创作论》（与叶维四合作，江苏人民出版社，1984年）、《瞿秋白研究》（中国矿业大学出版社，1989年）、《瞿秋白·杨之华》（中国青年出版社，1995年）、《瞿秋白诗歌初探》《三国演义与企业领导谋略》《中国当代散文英华》，影视文学剧本《秋白之死》《秋之白华》《郭子化》，散文集《冒炘散文集》（中国文联出版社，2002年）等亦署。②沙玉、冒起，署用情况未详。

【mei】

梅白（1922－1992），湖北黄梅人。原名梅明正。曾用名梅固定、王大娘、张圣道。笔名：①入木，1936年在江西《捷报》《健报》投稿署用。②梅白，1940年后在新四军五师《挺进报》、鄂豫区委《七七报》《七七日报》、晋冀鲁豫《人民日报》、山东《大众日报》及其所编鄂豫军分区《铁流》《战斗报》《农民报》等刊发表通讯、诗歌、报告文学等署用。嗣后出版杂文集《什么思想在作怪》（湖北人民出版社，1957年）及《大江东去》《百炼成钢》《公与私》（与他人合作）、电影文学剧本《土地》（与他人合作）等亦署。③风雷、

风火、向阳,1940 年后在鄂豫军分区《铁流》《战斗报》及《农民报》署用。"向阳"一名 20 世纪 60 年代在《湖北日报》发表诗文亦署。④老开,1944 年后在宣化店《七七日报》发表文章署用。⑤龚同文,系中共湖北省委写作小组集体笔名,其中约 300 余篇文章由梅白执笔,散载于 1955－1960 年《人民日报》《湖北日报》《文艺报》《中国青年》等报刊。⑥丁一、一丁,1955 年后在《人民日报》《中国青年》等报刊发表文章署用。⑦沈沉,见于报告文学《一九六〇年以来》,载 1964－1965 年间《湖北日报》。1976 年后发表文章亦署。⑧向火、沈因、严慎谦,1964－1965 年间在《湖北日报》发表诗歌、散文署用。⑨吴影、石水、侠子、二丁,1980 年开始在《布谷鸟》《光明日报》《湖北科技报》《湖北日报》等报刊发表诗文署用。

梅朵(1920－2011),江苏丹阳人。原名许绥曾。笔名:①梁华,见于评论《愤怒的雪花——〈风雪夜归人〉书后》,载 1943 年 3 月 15 日重庆《新华日报》。②尤成美,见于评论《评〈金凤剪玉衣〉的舞台装置》,载 1943 年 11 月 29 日重庆《新华日报》。③鑫理,1943－1945 年在重庆《新民报》发表评论署用。④梅朵,见于评论《中日战争中美国人的态度》,载 1938 年上海《宇宙风》第 58 期。嗣后在《宇宙风乙刊》《大风》《天下事》《周报》《现代教育丛刊》《文讯月刊》《文艺春秋副刊》《中国作家》《文汇报》等报刊发表影剧评论、时事评论等,出版《梅朵电影评论集》(四川文艺出版社,1985 年)、《相伴六十年——梅朵文艺评论选集》(江苏文艺出版社,2006 年)等亦署。⑤赵涵、方涵,1946－1948 年在上海《大公报》《文汇报》《时代日报》发表文艺评论署用。

梅公任(1892－1968),辽宁辽阳人,字佛光。曾用名梅尚文。笔名梅公任、黄素,著有《革命精神教育》《中国文字进化史》《诗经精义通诂》《道德经正谛》《南华经正义补注》《梅公任革命回忆录》等。

梅光迪(1890－1945),安徽宣城(今南陵县)人,字迪生,号觐庄。曾用名梅昌云,字子开、迪生。笔名:①觐庄,1913 年在《留美学生年报》发表文章署用。②梅光迪,见于评论《评提倡新文化者》,载 1922 年南京《学衡》第 1 期。此前后在《科学》《努力周报》《文哲学报》《学术》《浙江省建设》《国命旬刊》《思想与时代》等报刊发表文章,出版《文学概论》(张其的记录,民国年间油印本)、《梅光迪文录》(国立浙江大学,1948 年)等亦署。

梅际郇(1873－1934),四川巴县(今重庆市)人,字泰雨,号念石、念石翁、小梅庵主、木兰精舍主人。笔名:①泰雨,1916 年在《四川教育杂志》发表诗文署用。②梅际郇,见于旧体诗集《念石斋诗》第 5 卷,1936 年铅印。

梅寄鹤(1898－1969),江苏常熟人。原名梅祖善,字寄鹤、季荸,号左畸。晚号梅屋老人。笔名:①梅寄鹤,见于 1933 年上海中西书局出版之《古本水浒传》序,载 1933 年上海中西书局出版《古本水浒传》。嗣后出版小说《少林奇侠传》和医书《太素脉诀全书》。②海舒,署用情况未详。

梅兰芳(1894－1962),江苏泰州人,生于北京。原名梅澜,字畹华、浣华、浣花,号鹤鸣、缀玉轩主人。乳名群儿、群子、裙子。艺名梅兰芳、兰芳、兰舫。京剧大师,曾参与创编并演出京剧《孽海波澜》《宦海潮》《邓霞姑》《嫦娥奔月》《黛玉葬花》《一缕麻》《麻姑献寿》《红线盗盒》《霸王别姬》《洛神》《廉锦枫》《太真外传》《俊袭人》《凤还巢》《宇宙锋》《抗金兵》《生死恨》《穆桂英挂帅》和神话歌舞剧《天女散花》,1949 年出版自述传记《舞台生活四十年》(梅兰芳述、许姬传记。中国戏剧出版社,1961 年)、《我的电影生活》(中国电影出版社,1962 年)和《梅兰芳文集》(中国戏剧出版社,1962 年)等署用。

梅林(1908－1986),广东大埔人。原名张芝田。笔名:①梅林,见于诗《阿巧姐》,载 1934 年 7 月 6 日上海《新诗歌》第 2 卷第 2 期;童话《人和狗》,载 1938 年 1 月 16 日武汉《七月》第 2 集第 1 期。此前后在《黄埔》《文艺月刊》《抗战文艺》《自由中国》《笔谈》《文艺生活》《战时文艺》《翻译杂志》《文坛》《天下文章》《文学修养》《时与潮文艺》《女声》《自由》《文联》《文艺复兴》《人民文艺》《中国作家》等报刊发表小说、散文、报告等,出版散文集《烟台烽火》(汉口华中图书公司,1938 年),报告文学集《烟台烽火》(汉口华中图书公司,1938 年)、短篇小说集《婴》(桂林文化生活出版社,1941 年)、《乔英》(桂林文献出版社,1942 年;桂林文艺生活出版社,1943 年)、《疯狂》(上海新丰出版公司,1946 年)、《敬老会》(上海万叶书店,1948 年),小说、散文合集《梅林文集》(上海春明书店,1948 年),翻译小说《黄色魔王的城市》(苏联高尔基原作。大连新华书店,1950 年),翻译传记《列宁的革命活动》(苏联彼得罗夫原作。中国青年出版社,1954 年)等亦署。②文林、西华、求真、怀树、微灵、穆林,署用情况未详。

梅娘(1920－2013),吉林长春人,生于海参崴。祖籍山东招远。原名孙嘉瑞。曾用名孙德芳、孙加瑞、孙敏子、曾梅娘。笔名:①孙敏子,出版《小姐集》(长春益智书店,1936 年)署用。②敏子、芳子、莲江,1937－1938 年在长春《斯民》发表小说署用。③梅娘,1939 年开始署用。见于译文《H. 海塞:奇妙的故事》,载 1940 年 8 月 15 日日本大阪《华文大阪每日》;小说《雨夜》,载 1942 年北平《中国文艺》第 6 卷第 3 期。20 世纪 40 年代在《艺文杂志》《民众报》《大同报》《妇女杂志》《中华周报》等报刊发表小说、散文、译作,出版小说集《第二代》(长春文丛刊行会,1940 年)和《鱼》(北平新民印书馆,1943 年)、《蚌》(出版情况未详)、《蟹》(北平武德报社,1944 年)三部曲,1949 年后出版《梅娘小说散文集》《梅娘近作及书简》《梅娘怀人与纪事》《与青春同行》《梅娘代表作》等亦署。④柳青娘，见于散文《新年里的秋天》，载 1943 年长春《麒麟》第 3 卷新年号。同时期在该刊发表随笔《春到人间》等，20 世纪 80 年代后在香港《文汇报》发表散文亦署。⑤落霞，出版连环画《格兰特船长的儿女》（人民美术出版社，20 世纪 50 年代）署用。⑥高翔，见于小说《这才是爱情》，载 20 世纪 50 年代上海《新民晚报》。⑦柳荫、高玲，20 世纪 50 年代在上海《新民晚报》发表散文署用。⑧孙加瑞，出版通俗故事《吴用智取华州》（北京出版社，1956 年）、《尉迟恭单鞭夺槊》（1957 年）署用。⑨青娘、莲江，署用情况未详。

梅阡（1916－2002），天津人。原名梅曾溥。笔名：①梅阡，见于随笔《关于敌后文艺工作的意见》（与荒煤等合作），载 1940 年重庆《抗战文艺》第 6 卷第 2 期；随笔《不可避免之写实》，载 1944 年上海《上海影坛》第 1 卷第 4 期。嗣后出版评剧剧本《坚决支前》（北京宝文堂书店，1958 年）、《红色宣传员》（北京出版社，1964 年）、话剧《骆驼祥子》（中国戏剧出版社，1958 年）、《汾水长流》（北京出版社，1964 年）、《咸亨酒店》（中国戏剧出版社，1982 年）等亦署。②老梅，见于随笔《关于改革戏剧之意见》，载 1937 年北平《半月剧刊》第 9、10 期。

梅绍农（1903－1992），云南禄劝人。原名梅宗黄，字绍农，号南村。晚号白沙老人。曾用名梅逸。笔名：①梅绍农，1924 年在云南《云波》杂志发表诗作开始署用。见于长诗《菩提树下》，载 1927 年上海《洪水》半月刊第 3 卷第 32 期。嗣后在上海《幻洲》《白露》等刊发表诗文，出版《梅绍农诗词选》（云南楚雄文联，1984 年）亦署。②绍农，见于散文《徐霞客在丽江》，载 1943 年上海《旅行杂志》第 17 卷第 1 期。

梅秀，生卒年不详，广东升平人。原名梅金华。笔名梅秀、墨黑、白雪、林秋、梅秋、夏怀霜、陈梦尘、陈梦橙，20 世纪 40 年代在马来亚新加坡《南洋商报·狮声》《新国民日报·新流》《南方文艺》等报刊发表散文、小说署用。

梅逊（1925－？），江苏兴化人。原名梅品纯。笔名梅逊，出版《故乡与童年》《自我的存在》《散文的欣赏》《梅逊字典》等署用。

梅益（1914－2003），广东潮安人。原名陈少卿。曾用名陈梅雨。笔名：①梅雨，1933 年开始署用。见于《现代文学中的颓废性》，载 1935 年 8 月 21 日上海《申报·自由谈》；论文《鲁迅与中国新文学运动》，载上海生活书店 1937 年出版之夏征农编《鲁迅研究》。此前后在《光明》《文学丛报》《诗歌生活》《东方文艺》《今代文艺》《时事新报·每周文学》《庸报》《文学界》《希望》《野草》《时事类编》《文学青年》《现世界》《新学识》《语文》《译报周刊》《杂志》《新都周刊》《中国新闻》等报刊发表著译散文、报告、评论等亦署。②梅益，1936 年开始署用。见于评论《美国与远东》，载

1938 年上海《文心》杂志。嗣后在《上海周报》《译报周刊》《国民公论》《作风》《新华论坛》等报刊发表著译评论，出版翻译小说《她有一支来福枪》（苏联爱伦堡原作）、《对马》（苏联普里波衣原作）、《钟》（苏联高尔基等原作）、《钢铁是怎样炼成的》（苏联奥斯特洛夫斯基原作）、《筑路》（苏联奥斯特洛夫斯基原作），翻译散文《日本海海战》（苏联普里波衣原作），及《西行漫记》（美国埃德加·斯诺原作）、《红军在前进》（美国史沫特莱原作）、《续西行漫记》（美国威尔斯·斯诺原作），主编《百科知识辞典》（中国大百科全书出版社，1989 年）、继姜椿芳后主编《中国大百科全书》（中国大百科全书出版社，2009 年）等均署。③梅，见于评论《我们还是需要理论》，载 1936 年 4 月 7 日《时事新报·每周文学》。④美益，见于随笔《五月的话》，载 1936 年 4 月 28 日《时事新报·每周文学》；翻译小说《庆祝》（法国古久列原作），载 1940 年上海《译林》月刊第 1 期。⑤美鸶，见于译文《中国红军在前进》，载 1938 年 2 月 11 日上海《文汇报·世纪风》；译文《新的短篇小说》（苏联伊里亚·艾伦堡原作），载 1938 年 11 月 16 日上海《文艺新潮》第 1 卷第 2 期。同时期在上海《华美周报》等刊发表文章亦署。⑥鸶，见于评论《目前的战局》，载 1938 年上海《华美周报》第 1 卷第 1 期。⑦美逸，见于杂文《肃清悲观心理》，载 1938 年上海《华美周报》第 1 卷第 4 期。⑧萧扬，见于评论《时局漫谈》，载 1939 年上海《上海妇女》第 3 卷第 10 期；译文《震惊：一个革命的故事》（苏联普里波衣原作），载 1940 年上海《文心》第 2 卷第 4－5 期。嗣后在《上海周报》《观察》《译报周刊》等报刊发表著译文亦署。1950 年在《人民文学》创刊号发表译文《苏联戏剧底任务和戏剧批评》（苏联西蒙诺夫原作）亦署。⑨君萱，见于评论《在太平洋大战的前夜》，载 1940 年《上海周报》第 2 卷第 23 期。同时期在上海《求知文丛》《求知月刊》等发表文章亦署。⑩公言，见于评论《希特勒外交的苦闷》，载 1940 年上海《上海周报》第 2 卷第 26 期。嗣后在该刊发表评论《迎国际反法西侵略阵线》《由远东到近东》等亦署。⑪朱进，1940－1942 年在上海《求知月刊》发表文章署用。⑫梅迪，见于杂文《略谈社会科学》，载 1941 年上海《知识与生活》第 4 期。

梅英（1910－？），四川内江人，字晓初。笔名：①老梅、阿梅、笑楚、隽佚，1933 年开始在成都《平报》《社会日报》，抗战时期在成都《华西日报》《新民报》《国难三日刊》《星芒报》《蜀话报》、重庆《新蜀报》、桂林《救亡日报》等报刊发表诗歌、散文署用。②梅英，1933 年起在成都等地报刊及《抗战文艺》《通俗文艺》等刊发表作品署用。见于讲演《火之奔流》，载 1939 年四川荣县《流火》第 3 期；诗《蔡金花之死》，载 1939 年《文艺月刊·战时特刊》第 3 卷第 3、4 期合刊。嗣后出版诗集《天明了》（重庆血光周刊社，1938 年）、《北国招魂曲》（民新书局，1938 年），戏剧《生死线上》

（内江兴中书局，1938年）等亦署。

梅志（1914－2004），江苏常州人，生于江西南昌。原名屠玘华。曾用名屠棘、屠琪。笔名梅志，见于长篇童话诗《香烟的故事》，载1938年《七月》第2集第6期。嗣后在《青年文艺》《人世间》《中华月报》《希望》《蚂蚁小集》《田家》等刊发表作品，出版诗集《小面人求仙记》（上海希望社，1947年）、《小青蛙苦斗记》（北京天下出版社，1951年）、《梅志童话诗集》（湖南少年儿童出版社，1984年）、《小红帽脱险记》，回忆录《往事如烟》《伴囚记》《在高墙内》等亦署。

【meng】

蒙文通（1894－1968），四川盐亭人。原名蒙尔达，字文通。笔名蒙文通，见于评论《议蜀学》，载1925年北京《甲寅》周刊第1卷第21期；论文《井研廖季平师与近代今文学》，载1933年7月南京《学衡》第79期。嗣后在《史学杂志》《禹贡》《微妙声》《论学》《史学季刊》《志林》《史学》《中等教育》《华文月刊》《黄埔季刊》《图书集刊》《说文月刊》《灵岩学报》等刊发表文章，出版《经学抉原》（上海商务印书馆，1933年）、《古文甄微》（上海商务印书馆，1933年）、《儒学五论》（成都路明书店，1944年）、《经学导言》《周秦少数民族研究》（上海龙门联合书局，1958年）、《越史丛考》（中华书局，1984年）等亦署。

孟昌（1912－2006），广东台山人。原名伍仕超。曾用名伍梦窗、伍梦昌。笔名：①孟昌，见于译文《论伟大作家与"青年作家"》（苏联高尔基原作），载1936年上海《现世界》半月刊第11卷第2期。嗣后在《野草》《戏剧春秋》《文艺生活》《艺丛》《文学译报》《翻译杂志》《中学生》《妇女文化》《中国的空军》《伉俪月刊》等刊发表译作，出版译作《美国人在日本》（苏联库尔冈诺夫原作。上海时代书报出版社，1949年）、《高尔基政论集》（上海时代出版社，1951年）、《高尔基论青年》（中国青年出版社，1956年）、《论剧作家的劳动》（苏联高尔基原作。中国戏剧出版社，1959年）、《论文学》（苏联高尔基原作。人民文学出版社，1978年）、《做母亲的指南》（北京天下图书公司，1950年），专著《苏联概况》（重庆天下图书公司，1946年）等亦署。②伍孟昌。1949年后出版长篇小说《巴黎的秘密》（法国欧仁·苏原作。漓江出版社，1981年），论文集《高尔基文学论文选》《高尔基论文学》《高尔基论文学续集》《高尔基政论杂文集》等均署。

孟常，生卒年及籍贯不详。笔名何天漫，1933年前后在马来亚新加坡《南洋商报·狮声》发表文章署用。

孟超（1902－1976），山东诸城人。原名孟宪荣，字励吾。曾用名孟公韬、毛振泰、孟春阳。笔名：①孟超，见于诗《热情的燃烧》，载1924年《狮吼》第7、8期合刊。嗣后在《洪水》《幻洲》《我们月刊》《太阳月刊》《泰东月刊》《引擎》《大众文艺》《拓荒者》《太白》《文史（北京）》《福建教育通讯》《抗战时代月刊》《大团结》《广西妇女》《广西兵役通讯》《野草》《半月文萃》《笔阵》《艺丛》《图书印刷月报》《文讯》《亚洲世纪》《文艺生活》《人世间》《风下新妇女合刊》《生活周报》《青年知识周刊》等刊发表文章，出版诗集《候》（上海光华书局，1927年），散文集《长夜集》（桂林文献出版社，1941年）、《未偃草》（桂林集美书店，1943年），短篇小说集《冲突》（上海春野书店，1929年）、《爱的映照（一名：冲突）》（上海泰东图书公司，1930年）、《骷髅集》（桂林文献出版社，1942年），独幕剧集《我们的海》（桂林白虹书店，1941年）等亦署。②迦陵，出版诗集《残梦》（上海春野书店，1928年）署用。③小糊涂，1935年10月28日－1937年7月24日在《青岛民报·十字街头》之"小糊涂胡扯"专栏发表文章署用。④林麦，20世纪30年代在《青岛民报》副刊发表诗、散文等署用。⑤木，见于杂文《娜嬛福地》，载1940年《野草》第1卷第3期。⑥依凡，见于《渔猎故事》，载1941年《野草》第2卷第1、2期合刊。⑦东郭迪吉，见于杂文《梁山泊与知识分子》，载1941年《野草》第2卷第3期。⑧黄弓，见于杂文《抗旗杆的人们》，载1941年《野草》第3卷第3、4期合刊。⑨迪吉，见于散文《秋的感怀》，载1941年《文艺生活》第1卷第4期。⑩华夏，见于杂文《寓言的谜底》，载1942年《野草》第4卷第1、2期合刊。⑪张默，见于《当了丫头还斫矛》，载1942年《野草》第4卷第3期。⑫南宫熹，见于评论《沃兹涅生斯基的〈安娜·卡列尼娜〉的剧作》，载1943年12月10日《广西日报》。⑬程美英、孟心坚，分别见于杂文《无聊的嘲讽》《这就是悲剧的开始》，载1945年《妇女旬刊》第1卷第2期。⑭LS、陈茵，分别见于杂文《所谓女人走"国防路线"的新看法》《漫谈言慧珠自杀》，载1945年《妇女旬刊》第1卷第3期。⑮王崇文，见于杂文《我对于妇女联谊会的意见》，载1946年《妇女旬刊》第1卷第8期。⑯赵坚，见于杂文《一位读者的意见》，载1946年《妇女旬刊》第1卷第9期。⑰海燕，见于杂文《我们如何反对机械论》，载1946年《妇女旬刊》第1卷第10期。⑱茵，见于评论《如何注视日本的大选》，载1946年《妇女旬刊》第2卷第1期。⑲东郭先生，见于杂文《"奢侈的装饰品"吗？》，载1946年11月9日重庆《新民报日刊》。⑳郭迪，见于杂文《谈杨贵妃》，载1948年《人物》沪版3年5期。㉑南宫生，见于评论《〈金瓶梅〉人物小论》，载1948年9月10日－11月7日香港《文汇报》。㉒萧然，1948－1949年与梓甫（夏衍）、逸君（以群）、达之（周钢鸣）、蔚夫（洪遒）、慕云（瞿白音）、逯君（韩北屏）合作在香港《华侨日报》《星岛日报》《华商报》发表"七人影评"署用。见于影评《追谈〈清宫秘史〉》，载1949年1月10日香港《华商报》。㉓草莽史家，见于杂文《水泊梁山英雄谱》，载1948年11月－1949年1月香港《文汇报》。㉔徐平，出版论著《娱乐与人生》（香港青年知识社，1948年）署用。㉕史优，见于评论《也谈历史剧——再致吴晗、繁星、常谈三同志》，载 1961 年 8 月 17 日《北京晚报》。㉖边生，见于剧评《扫边剧谈》，载 1961 年 6 月 17 日《光明日报》。㉗陈波，见于杂文《为话剧〈青年一代〉祝福》，载 1962 年 5 月 5 日《人民日报·长短录》。嗣后在该报发表《张献忠不杀人辨》《白蚁宫的秘密》《甘为孺子牛》等杂文亦署。㉘潇然、燕子，署用情况未详。按：孟超尚著有小说集《冲突》《爱的映照》《骷髅集》、杂文集《长夜集》《未偃草》《金瓶梅人物》、独幕剧集《我们的海》、昆剧剧本《李慧娘》等，署名待考。

孟丁山（1933－？），甘肃兰州人。原名孟鼎山。1948 年开始发表作品。笔名：①孟丁山，出版短篇小说《未来的专家》《燃烧的峡谷》、报告文学《青春永远伴随着他》《边疆与战士》、文学评论集《守望心灵的绿洲》（新疆人民出版社，2007 年），主编《中国回族散文小说选》、报告文学集《艰难与辉煌》等署用。②丁山，署用情况未详。

孟复（1916－1975），江苏常州人，字克之。笔名孟克之，发表论文《托尔斯泰后期作品》《〈堂·吉诃德〉的人民性》《塞万提斯和他的〈堂·吉诃德〉》，出版翻译小说《克列采б曲》（俄国列夫·托尔斯泰原作。上海长风书店，1940 年）、《杀妻的故事》（俄国列夫·托尔斯泰原作。上海长风书店，1941 年）、《波慈尼尔雪夫的爱》（俄国列夫·托尔斯泰原作。江原出版社，1943 年）、《早春絮语》（俄国列夫·托尔斯泰原作。上海长风书店，1947 年）等亦署。②孟复，出版专著《西班牙文学简史》（四川人民出版社，1982 年）等署用。

孟君（1924－1996），广东广州人，原名冯畹华。笔名：①浮生女士，1946 年在广州《环球报》设"浮生女士信箱"发表文章署用。②孟君，1950 年在香港创办《天底下》周刊时发表作品，出版长篇小说《最后一个音符》（香港大同出版社）、《地狱边缘》（香港大同出版社）、《求婚》（香港世界出版社）、《装在盒子里的生命》（香港钻石出版社）、《公寓》（香港世界出版社）等署用。③屏斯，在香港报刊发表娱乐文章署用。

孟力（1928－？），广东中山人。原名郑连。曾用名郑沂、梁宝。笔名：①丘危，1945 年在济南《民国日报》《中报》《青年日报》等报发表小说《生活的座谈会》等署用。②张冀，见于小说《三期肺病的城》，载 1948 年 4 月青岛《马路丛书——火花》。③阿宝、苹果树，1946－1948 年在青岛《青岛时报》《马路丛书——火花》发表小说、诗歌、评论署用。④孟力，1946 年后《青岛时报·海歌》发表诗《放火的人》、评论《为民族而战的俄罗斯诗歌》等署用。⑤黄金，1949 年后在青岛《工人文艺》《青岛日报》等报刊发表文章、出版儿童文学《山谷炊烟》（少年儿童出版社，1957 年）等署用。

孟秋江（1910－1967），江苏常州人。原名孟可权，字秋江。笔名秋江，见于特写《大同是怎样失陷的？》

载 1937 年《建设周讯》；特写《南口迂回线上》，载 1937 年 10 月 10 日《国闻周报》第 14 卷第 39 期。嗣后在《妇女生活》《半月文摘》《中国农村》《抗战半月刊》《新闻记者》《国民公论》《十日文摘》《战地通信》《七月》《浙江潮》《改进半月刊》《知识》《军事》《冀中教育》《东方战友》《星岛周报》《新建设》等刊发表文章亦署。

孟森（1868－1938），江苏武进（今常州市）人，字莼荪、莼孙、莼生、纯生、苏武，号心史。笔名：①心史，见于评论《论说币制私议》，载 1910 年上海《东方杂志》第 7 卷第 3 期。嗣后在该刊发表《李义山锦瑟诗考证》《中国染业史》《臧三耳辨》《俗用冥仪盘缎考》《象棋以欧制为近古说》，在《小说月报》发表《小说题跋》《跋聊斋志异颠道人》《董小宛考》《金圣叹》《横波夫人》《王紫稼》《西楼记传奇考》《袁了凡斩蛟记考》《查三瞟子》，在《生活》周刊发表《艺事求真录》，在《太平导报》发表《自治真诠》，在《茶话》发表《天瓢一勺》，在《钮司》发表《政府南迁到山峦环抱里》，以及在《教育周报》《论衡》《宪法新闻》《剧场月报》等刊发表文章，出版《心史史料》（上海时事新报馆，1914 年）等亦署。②孟森，见于论文《地方自治与教育》，载 1909 年上海《教育杂志》第 1 卷第 3 期。嗣后在《东方杂志》《地学杂志》《国立北京大学国学季刊》《独立评论》《史学集刊》《词学季刊》《国立北平研究院院务汇报》《图书季刊》《禹贡》《史地杂志》《文史杂志》《歌谣周刊》等刊发表文章，出版史学、法学论著及法学、财政学译作等亦署。③孟心史，见于游记《旅行松花江日记》，载 1937 年北平《禹贡》半月刊第 6 卷第 10 期。又见于遗作《词总籍考序》，载 1941 年 5 月 20 日南京《同声月刊》第 1 卷第 6 期。

孟十还（1908－1946），辽宁人。原名孟斯根。笔名：①孟斯根，见于《放下饭碗漫记》《中国人》，分别载 1932 年《论语》半月刊第 1 卷第 4 期、5 期。嗣后在《华年》发表《苏俄出售中东路的动因》，在《人间世》发表《苏维埃一女郎》《红枪会》等文亦署。②斯根，见于《中国人与失土》，载 1933 年《华年》第 2 卷第 25 期；《没有题目》《唐生智将军》，分别载 1934 年《论语》半月刊第 51 期、53 期。③孟十还，见于译文《我怎样写作》（苏联左琴科原作），载 1934 年《译文》月刊第 1 卷第 3 期。嗣后在该刊发表俄国普希金的《铲形的皇后》《郭洛亨诺村的历史》《基尔德沙里》《风雪》《射击》《杜勃洛夫斯基》、俄国果戈理的《马车》《魔地》《五月的夜》、俄国列夫·托尔斯泰的《祷告》、俄国莱蒙托夫的《且尔克斯之歌》、俄国涅克拉索夫的《严寒通红的鼻子》、苏联高尔基的《太阳也升起也降落》、苏联卢那察尔斯基的《小像》、苏联别德内的《慈善家及其他》、苏联柯罗连科的《片刻》、匈牙利卢卡奇的《左拉和写实主义》、乌克兰葛巴丝卫里的《叩娜》《第三号包厢》等译作，在《太白》杂志发表俄国列夫·托尔斯泰的《安娜·卡列尼娜》、苏联 I.彼得罗夫的《十二把椅子》，在《海燕》发表苏联别德内的《好人》《主人底工作》等译作，在《文艺杂志》发表俄国列夫·托尔斯泰的《左盛柯两短篇》《舞会之后》等译文，在《新少年》发表《旧事》《金鸡的故事》，在《作家（上海）》发表《果戈理怎样写作的》（苏联万垒赛耶夫）译文等亦署。④十还，见于《苏联零讯》，载1935年《文学》第4卷第4期。1942年在《文艺杂志》第1卷第3期发表译作《冬日故事》（苏联鲍史托甫斯基原作）亦署。

孟田（1916－1942），云南石屏人。原名刘现龙。曾用名刘振兴。笔名：①应清，见于散文《突围杂记》，载1938年《抗战文艺》第1卷第10期。嗣后在该刊发表《水》《冲过第二道拦阻线》《新的风气》《军士防毒训练班》等文亦署。②孟田，见于小说《春雨朦朦中的黎明》，载1942年桂林《文艺生活》第3卷第3期；散文《幸福的旅伴——在敌人爪牙下逃亡出来的回忆》，载1943年桂林《人世间》复刊第1卷第3期。同时期在云南《民国日报》等报刊发表文章亦署。

孟宪仁（1922－？），天津人。曾用名孟泽人。笔名：①柳寂．见于散文《甘草和蒲公英》，载1944年《兴亚》杂志5月号。又见于散文《边城的野花》，载沈阳北光书店版散文集《病·海·寂寥》。②黄移，见于译文《微笑》（劳伦斯原作），载1946年《北光》第1期。

孟宪智，生卒年及籍贯不详。曾用名孟显直。笔名：①孟显直、孟宪智，分别见于诗《听说怀音要去感而成此》《问月》，载1923年9月29日哈尔滨《大北新报》。②咸直，见于诗《流水中的落叶》，载1923年11月16日沈阳《盛京时报》。

孟瑶（1919－2000），湖北武昌人，生于汉口。原名杨宗珍。笔名孟瑶，见于《弱者，你的名字是女人》，载1949年台北《中央日报·妇女周刊》，嗣后出版散文集《给女孩子的信》（台北中兴文学出版社，1954年）、《心园》（台北畅流出版社，1953年）、《美虹》（台北重光出版社，1953年）、《危岩》（台北皇冠出版社，1970年）、《几番风雨》（台北自由中国出版社，1955年）、《柳暗花明》（台北今日妇女社，1955年）、《追踪》（台北国华出版社，1955年）、《穷巷》（台北半月刊社，1955年）、《梦之恋》（台北国华出版社，1955年），论著《中国戏曲史》（台北文星书店，1965年）、《中国小说史》（台北传记文学出版社，1969年）、《中国文学史》（台北大中国图书公司，1974年），儿童文学《荆轲》（台湾省政府教育厅儿童读物编辑小组，1969年）、《忘恩负义的狼》（台湾省政府教育厅儿童读物编辑小组，1969年）、《治水和治国》（台湾省政府教育厅儿童读物编辑小组，1971年）等亦署。

孟英（1913－2020），天津人。原名孟传铎，字立明。笔名：①孟英，见于诗《怒吼吧，中国青年！》，载1932年初上海《线路月刊》。嗣后在《诗歌杂志》发表《海河工人曲》《悼鲁迅先生》《诗歌的新启蒙运动》（与袁勃合作），在《诗歌月报》发表《地狱》，在《文风》发表《文艺战线歌》等亦署。②船舷，1932年初在《飞流》月刊创刊号发表作品署用。③阿外、立明，1932－1933年编《新天津晚报·北国青年》署用。④李铭、赛替，1935－1936年在北平编《黄沙诗刊》署用。⑤贝贝，见于诗《夜哭》，载1935年《诗歌月报》8月号。

孟昭鸿（1884－1947），山东诸城人，初字方陆，后改字方儒，别字方僧，号放庐。笔名孟昭鸿，出版《汉印文字类纂》《汉印分韵三集》《放庐印存》及《放庐诗集》署用。

【mi】

糜文开（1908－1983），江苏无锡人。笔名：①糜文开，见于杂文《国防文学与军事描写》，载1936年6月福州《小民报·新村》；散文《杨骚访问记》，载1937年7月8日福州《福建民报·新村》。嗣后出版《印度历史故事》（上海商务印书馆，1948年）及译作《圣雄甘地传》（与薛镏森合译。上海商务印书馆，1948年）等，1949年后在台湾出版《印度文学欣赏（4册）》（台北三民书局，1967年）、《诗文举隅》（台北三民书局，1968年）、《文开随笔》（台北东大图书公司，1978年）、《印度文化十八篇》（台北东大图书公司，1977年）、《诗经欣赏与研究》（与裴普贤合作。台北三民书局，1979年）、《文开随笔续编》（台北东大图书公司，1995年），译作《古印度两大史诗》（北京印度研究社，1951年）、《园丁集》（与糜榴丽、裴普贤合译。台北三民书局，1970年）、《印度三大圣典》（中国文化大学出版部，1970年）、《莎昆妲萝》（台湾商务印书馆，1970年）、《奈都夫人诗全集》（台北三民书局，1975年）、《印度文学历史名著选》（台北东大图书公司，1981年）、《泰戈尔小说戏剧集》（与夫人裴普贤合译。台北三民书局，1967年）等署。②文开，见于评论《国防文学与民族革命战争的大众文学》，载1936年7月《小民报·新村》。嗣后在该刊发表《我们怎样纪念高尔基》等文亦曾署用。③一勺，见于随笔《黄鹤楼的清晨——寄一林》，载1930年上海《未名》第2卷第9－12期合刊；杂文《怎样描写生活》，载1936年8月福州《小民报·新村》。④糜一勺，见于短评《高尔基的〈母亲〉》，载1931年6月10日上海《读书月刊》第3卷第3期（该刊目录署名一勺，正文署名糜一勺）。

米斗（1934－2015），山东临朐人，生于烟台。原名窦学魁。笔名：①志坚，1948年1月开始在青岛《大光报》副刊发表诗作署用。嗣后在青岛《联青报》《青岛时报》发表诗作亦署。②亦坚，1951年在青岛《新生晚报》编副刊并发表诗作署用。③米斗，1953年起在天津、西安、合肥、香港等地报刊发表诗作署用。④季文，20世纪60年代初在《人民日报》《北京晚报》发表文章署用。

米军（1922－2004），新加坡华人，原籍广东普宁，生于马来西亚居林。原名林祛趾。笔名：①米军，见于诗《两瓣芙蓉花》，载1942年桂林《诗创作》第8期；诗《马来亚之歌》，载1947年香港《文艺生活》光复版第 16 期。此前后在新加坡《星洲日报·晨星》《民声报》等报刊发表诗、散文等，出版诗集《热带诗抄》（新加坡赤道出版社，1950 年）、小说集《为儿女求婚》（与黑婴等合集。学文书店，1951 年）亦署。②林紫，见于《给一个女孩子》，载 1942 年桂林《青年文艺》1 卷第 2 期。③牛子牛，1948 年在新加坡《星洲日报》发表杂文署用。

【miao】

苗达，生卒年及籍贯不详。笔名寒沙，20 世纪 40 年代在《胶东日报》《青岛日报》连载小说《入党》及发表散文署用。

苗得雨（1932－2017），山东沂南人。原名苗德生。笔名苗得雨，1943 年起在山东报刊发表诗《旱苗得雨》《翻身自唱》《走姑家》《我送哥哥上战场》、剧作《保卫大翻身》等开始署用。嗣后发表作品、出版诗集《爱国村》（上海文化生活出版社，1955 年）、《第一支歌》（与阎一强合作。作家出版社，1957 年）、《青春辞》（山东人民出版社，1959 年）、《沂蒙颂》（山东人民出版社，1979 年）、《解放区少年的歌》（中国少年儿童出版社，1980 年）、《衔着春光飞来》（百花文艺出版社，1982 年）、《怀揣祖国地图》（湖南教育出版社，1989 年）、《维也纳雨丝》（学林出版社，1990 年）、《苗得雨诗选》（新文艺出版社，1956 年），诗论集《文谈诗话》（山东人民出版社，1961 年）、《赏诗谈艺》（中国青年出版社，1988 年）等亦署。

苗力田（1917－2000），黑龙江同江人。笔名：①苗力田，见于译文《苏联南战场的军事统帅》，载 1943 年《时与潮》第 6 期；随笔《柏拉图底生平和著作》，载 1946 年重庆《文化先锋》第 6 卷第 17 期。同时期在重庆《新华日报》发表文章，1949 年后出版《黑格尔通信百封》（上海人民出版社，1981 年）、《古希腊哲学》（中国人民大学出版社，1989 年）、《尼各马科伦理学》（古希腊亚里士多德原作。中国社会科学出版社，1990 年）、《柏拉图——生平及其著作》（英国泰勒原作。山东人民出版社，2008 年）等译作亦署。②辛白、陆夷，20 世纪 40 年代初在重庆《国民公报·文群》发表散文署用。

苗培时（1918－2005），北京人。曾用名苗振坤。笔名：①苗培时，见于报道《冀南的拓荒者——孙文淑女士》，载 1941 年重庆《妇女生活》第 9 卷第 6 期。嗣后出版《歌谣丛集》（苗培时辑。韬奋书店，1947 年），鼓词集《人民英雄颂赞》（生活·读书·新知三联书店，1950 年），小说集《锄头上有雨》（工人出版社，1950 年）、《好班长》（天津大众书店，1951 年）、《钢铁的妈妈》（新文艺出版社，1958 年）、《尼姑怨——红楼补梦》（花山文艺出版社，1988 年），长篇小说《深仇记》（中国青年出版社，1964 年）、《慈禧外传》（作家出版社，1989 年）、《甲午魂》（团结出版社，1996 年），长篇通讯集《咆哮了的冀南人民》，京剧剧本《李闯王》，

话剧剧本《祖国青年》，评剧剧本《白蛇传》（北京宝文堂书店，1955 年）等亦署。②有光、田禾、任青、草田、曹兰、集文、苗集文、常任青、谬北之，1936 年在北平主编《草原》杂志、1943 年与徐懋庸合编《华北文化》、1947 年在华北编《新大众半月刊》《新大众报》并发表文章署用。③大古，署用情况未详。

苗秀（1920－1980），新加坡华人，原籍中国广东三水（今佛山市），生于新加坡。原名卢绍权。笔名：①苍言，见于散文《苦闷》，载 1933 年 9 月 17 日新加坡《新国民日报·星期美点》。②军茄，1935 年起在新加坡《南洋商报》副刊《晓风》《狮声》发表小说、散文、杂文署用。③文之流，1937 年底起在新加坡《南洋商报·狮声》发表小说、散文署用；小说《古城里外》，载 1945 年新加坡《南方文艺》第 1 期。1947 年 9 月起在新加坡《星洲日报·晨星》发表诗《胜利怨》、评论《关于杂志》等亦署。④于进，1937－1942 年在新加坡《南洋商报·狮声》发表小说、杂文署用。20 世纪 50 年代后在新加坡《南洋商报·世纪路》发表杂文亦署。⑤文人俊，1947 年后在关于"马华文学独特性"论争中发表文章署用。⑥闻人俊，见于评论《如此伟大作品》，载 1948 年 2 月 13 日新加坡《星洲日报·晨星》。嗣后在该刊发表《论侨民意识与马华文学独特性》《建立马华文艺批评》等评论、杂文署用。⑦闻人进，见于翻译小说《船上》（美国萨洛扬原作），载 1948 年 10 月 28 日新加坡《星洲日报·晨星》。嗣后在该刊发表同一作者的翻译小说《宣战篇》《被盗的脚车》亦署。⑧丘居竹，见于诗《落叶》，载 1949 年 4 月 2 日新加坡《星洲日报·晨星》。嗣后在该刊发表《灯塔》《蜘蛛》等诗作亦署。⑨闻人毅，见于小说《这不算是春天》，载 1949 年 5 月 19 日—23 日新加坡《星洲日报·晨星》。嗣后在该刊发表小说《婚事》亦署。⑩班毅，见于小说《暗夜》，载 1949 年 7 月 28 日、29 日新加坡《星洲日报·晨星》。嗣后在该刊发表小说《暴风雨起来了》《火浪》等亦署。⑪尤俊，见于小说《海边》，载 1949 年 10 月 13 日新加坡《星洲日报·晨星》。⑫笠夫，见于诗《活着为了什么》，载 1949 年 10 月 17 日新加坡《星洲日报·晨星》。⑬宋溪，见于小说《逃难篇》，载 1949 年 10 月 18 日、19 日新加坡《星洲日报·晨星》。嗣后在该刊发表小说《围城》亦署。⑭铁毅，见于小说《出走》，载 1949 年 10 月 26 日新加坡《星洲日报·晨星》。⑮白云天，见于小说《战时素描》，载 1949 年 10 月 29 日—11 月 1 日新加坡《星洲日报·晨星》。⑯史进，见于小说《冲突》，载 1950 年新加坡《文艺行列》。嗣后在新加坡《南洋晚报·绿洲》《新野》等报刊发表小说、杂文等亦署。⑰贾村，见于小说《平常的故事》《小巷的忧悒》，载 1950 年新加坡《文艺行列》。嗣后在新加坡《南洋月报》《新野》等刊发表小说、杂文、评论等亦署。⑱尤琴，见于《关于契诃夫二三事》《寂寞的人们》，载 1950 年新加坡《文艺行列》。⑲苗秀，1951 年在新加坡《南洋月报》发表

小说《海愁》《落难》等署用。嗣后在新加坡《新加坡文艺》《星洲日报》《小说世界》《南洋商报·世纪路》《民报·新生代》《新野》等报刊长篇小说《初熟》《蛹》，出版长篇小说《火浪》（新加坡青年书局，1960年）、《残夜行》，中篇小说《新加坡屋顶下》（南洋商报社，1961年）、《小城忧悒》（新马文化事业公司，1962年）、《年代和青春》，短篇小说集《旅愁》（新马文化事业公司，1953年）、《第十六个》（新马文化事业公司，1955年）、《边鼓》《红雾》《人畜之间》，杂文集《文学与生活》（新加坡东方文化企业有限公司，1967年），论著《马华文学史话》（新加坡青年书局，1968年）等亦署。⑳费朗、夏凝霜，1954年在新加坡《南洋商报·世纪路》发表杂文署用。后者20世纪60年代在《民报·新生代》《新野》发表文章亦署。㉑夏盈、苗毅、庐军、尤毅、尤金、钱子遗、尤里，在新加坡报刊发表文章署用。

苗延秀（1918－1997），广西龙胜人，侗族。原名伍延寿。曾用名伍延秀。笔名：①伍延寿，见于小说《红色的布包》，载1945年2月7日延安《解放日报》；译文《苏联的知识分子是怎样诞生的》，载1949年无锡《新华周报》第2卷第10期。②苗子，见于小说《共产党又要来了》，载1949年哈尔滨《文学战线》第2卷第5期。③苗延秀，见于报道《大瑶山瑶族人民的新生活》，载1952年6月24日《人民日报》。嗣后出版诗集《大苗山交响曲》（新文艺出版社，1954年）、《元霄夜曲》（上海文艺出版社，1960年），散文《伟大的祖国可爱的大瑶山》（华南人民出版社，1952年），小说集《南下归来》（四川民族出版社，1982年），以及编选《广西侗族文学史料》（漓江出版社，1991年）等亦署。

缪白苗（1915－1990），广东中山人。原名缪鉴铭。笔名：①缪白苗，1938年7月7日在香港《大公报·文艺》发表诗作开始署用。嗣后在香港《星岛日报·星座》发表诗作，1937年卢沟桥事变后在云南澄江编印《山城诗帖》（油印本），1948年起在南京与何钟辛合编《新诗贴》副刊，先后在重庆《新蜀报·蜀道》《火之源文艺丛刊》《诗地》《诗叶》《益世报·副刊》《和平日报·副叶》、昆明《中央日报·平明》《火星文艺》、贵州《贵阳晚报·副刊》、桂林《中国诗坛》、汉口《诗地》、衡阳《衡阳日报·副刊》、上海《诗创造》《新诗潮》《大公报·文艺》、南京《新民报·副刊》《大刚报·文岗》《中国日报·副叶》《新民晚报》、徐州《前路文艺》、沈阳《前进日报·南风》等报刊发表诗作，出版诗文集《蘺苗集》（与江蘺合集。山城文艺社，1942年）等亦署。②白苗、老苗、林冬，20世纪40年代在上述报刊发表作品或署。③流水、人嘉，1949年在《中国日报》《舞台前后》发表漫画署用。④北莓，1949年后发表电影评论署用。⑤缪茜，署用情况未详。

缪崇群（1907－1945），江苏泰县（今东台市）人，生于江苏六合（今南京市）。笔名：①缪崇群，见于小说《事业》，载1928年7月1日上海《北新》周刊第2卷第16期；小说《归客与鸟》，载1929年5月20日上海《奔流》月刊第2卷第1期。此前后在《小说月报》《现代文学》《沉钟》《奔流》《申报·自由谈》《文艺月刊》《青年界》《现代》《文艺》《创化》《大陆》《创作与批评》《中山文化教育馆季刊》《文学报》《宇宙风》《今代文艺》《文丛》《黄河》《现代文艺》《文讯》《文艺杂志》《中外春秋》《文风杂志》《文学修养》《新中华》《民主世界》等报刊发表小说、散文等，出版散文集《晞露集》（北平星云堂书店，1933年）、《寄健康人》（上海良友图书印刷公司，1933年）、《废墟集》（上海文化生活出版社，1939年）、《夏虫集》（上海文化生活出版社，1940年）、《眷眷草》（重庆文化生活出版社，1942年）、《石屏随笔》（上海文化生活出版社，1942年）、《晞露新收》（国际文化服务散文集，1946年），小说集《归客与鸟》（正中书局，1935年），译作《日本小品文》（日本德富芦花等原作。上海中华书局，1937年）等亦署。②崇群，见于小说《白头》，载1929年上海《春潮》月刊第1卷第4期；散文《南行杂记》，载1929年上海《语丝》第5卷第8期。③终一，见于随笔《饱话半打（有序）》，载1929年《语丝》周刊第5卷第38期。嗣后在《北新》《宇宙风》《文艺月刊》《创化》等刊发表著译散文、小品亦署。

缪海稜（1915－1996），四川西昌人。原名缪光钦，字文安。曾用名雷波。笔名：①蜀戈，1937年在成都救亡运动组织的油印刊物发表杂文署用。又见于随笔《陈毅将军谈片》，载1950年重庆《人物杂志》。②海稜，1939年在延安油印刊物《山脉诗歌》发表诗作署用。嗣后发表报道《边区文艺动态》（载1939年重庆《文艺阵地》第3卷第11期）、诗《请把这个消息带去——给一位国际友人塔斯社记者》（载1940年3月延安《新中华报》），以及在延安《新中华报》《新诗歌》《大众文艺》《解放日报》、重庆《新华日报》《国民报·文群》、温州《暴风雨诗刊》及《文摘月报》等报刊发表诗文，出版诗集《凯旋》（重庆西南人民出版社，1951年）、《海稜诗选》（新华出版社，1998年），通讯集《三位老记者延安通讯选》（新华出版社，1985年），论著《论新闻采访与报道》（新华出版社，1983年）等亦署。③问津，20世纪50—60年代在北京《光明日报》发表杂文、散文署用。④缪海稜，出版论著《继承与创新——学习毛泽东新闻思想》（新华出版社，1991年）署用。

缪鸿若（1879－1970），广东香山（今中山市）人，字墨盦（墨庵）、默庵，号勿庵。笔名缪鸿若，在《南社丛刻》发表诗文署用。

缪金源（1898－1942），江苏东台人，字渊如。笔名：①金源，见于诗《无耻》，载1920年《北京大学学生周刊》第6期；杂文《所谓"学校转入政潮"》，载1925年北京大学《猛进》第26期。①缪金源，见于诗《答新心社管陈两君》，载1920年《北京大学学生周刊》

第 6 期；诗《游时记感》，载 1922 年 11 月 10 日北京《晨报副镌》。此前后在北京《解放与改造》《中大季刊》《人道》《北大学生新闻》等刊发表《"堕落阶级"》《适吾适庐诗词》等诗文亦署。

缪朗山（1910－1978），广东中山人，生于澳门。笔名：①缪灵珠，出版专著《苏联新语言学》（天下图书公司，1950 年）、《古希腊文学史》（初稿），译作《俄国文学史》（苏联高尔基原作。新文艺出版社，1956 年）、《古希腊史》（苏联塞尔格叶夫原作。高等教育出版社，1955 年）、《美术论文选》（俄国车尔尼雪夫斯基原作。人民文学出版社，1957 年）、《高尔基论文学》（苏联高尔基原作，与他人合译。人民文学出版社，1979 年）、《美感》（美国乔治·桑塔耶纳原作。中国社会科学出版社，1982 年）、《悲剧的诞生》（德国尼采原作，缪灵珠译，章安祺编。北京出版社，2017 年）、《缪灵珠美学译文集（四卷）》（中国人民大学出版社，1987－1991 年）等署用。②缪朗山，出版《西方文艺理论史纲》（中国人民大学出版社，1985 年）署用。嗣后出版《缪朗山文集（九卷）》（章安祺编订。中国人民大学出版社，2011 年）亦署。③灵珠，编译出版希腊悲剧《奥瑞斯提亚三部曲》（希腊埃斯库罗斯原作。上海译文出版社，1983 年）署用。按：缪朗山 1942 年即开始发表作品，署名情况未详。

缪敏（1907－1977），江西弋阳人。原名李祥贞。笔名缪敏，20 世纪 30 年代开始发表作品署用。1949 年后出版回忆录《回忆方志敏同志》（江西人民出版社，1957 年）、《方志敏战斗的一生》（工人出版社，1958 年），以及《红十军第一次进军闽北散记》等亦署。

缪荃孙（1844－1919），江苏江阴人，字炎之、筱珊、小山、小珊，号艺风、艺风老人。笔名：①艺风，1914 年在《夏星》杂志署用。②缪荃孙，印行《艺风堂藏书记》（1901 年）、《艺风堂金石文字目》（缪氏艺风堂，1906 年）、《艺风堂杂钞》（缪氏艺风堂）、《东都事略校记》（艺风印馆）、《艺风堂诗存四卷碧香词一卷》（缪氏自刻本，1939 年）等署用。

缪锐桂（1922－？），广东花县人。笔名：①缪锐桂，见于诗《荒村古渡》，载 1944 年 9 月 29 日南平《东南日报·笔垒》。②前度，20 世纪 40 年代在福建南平《东南日报·笔垒》《南方日报·南方副刊》《南方日报·哨兵》、福建建阳《前线日报·战地》、福建永安《现代青年》、江西上饶《前线日报·战地》发表诗、散文署用。见于散文《自由战士》，载 1942 年 12 月 1 日福建建阳《前线日报·战地》。

缪天华（1914－1987），浙江瑞安人。笔名：①缪天华，见于随笔《鸡》，载 1935 年上海《人世间》小品文半月刊第 40 期。出版译作《霍桑童话集》（美国霍桑原作。上海大东书局，1933 年）、散文集《寒花坠露》（台北三民书局，1976 年）、《雨窗下的书》（台北三民书局，1978 年）、《湍流偶拾》（台北东大图书公司，1985 年）、论著《离骚九歌九章浅释》（台北，1957 年）、《离

骚浅释》（台北神州书局，1957 年）等亦署。②木孤，见于翻译歌曲《春歌》（英国托马斯·菲力普森原作），载 1935 年南昌《音乐教育》第 3 卷第 12 期。嗣后在该刊发表译文《巴赫：在街头唱歌的孩子的故事》（美国塔柏原作）等亦署。③天华，见于译文《罕得尔——在顶楼上练习弹琴的孩子的故事》（美国塔柏原作），载 1936 年南昌《音乐教育》第 4 卷第 2 期。嗣后在该刊发表翻译塔柏所作的《舒伯特——一个能作美丽歌曲的孩子的故事》《我们为什么要研究音乐》等文，1946 年起在台北《台湾文化》发表散文《台北之秋》、评论《读郭沫若著〈屈原研究〉管见》《白居易的讽谕诗》、诗《暮雨》等亦署。④心余，见于随笔《迎接断臂者的前后》，载 1939 年重庆《民意周刊》第 72 期。

缪文渭（1915－1996），安徽天长人。曾用名赵永贵、赵余、苗文惠、刘正、陈兴德。笔名：①缪文渭，1944 年开始创作文艺演唱作品《五更抗日》《痛骂汉奸汪精卫》《生产大互助》等署用。1949 年后发表剧本、散文等作品，出版歌谣集《农村生产歌谣》（上海文化出版社，1955 年）、《淮河歌谣》（通俗读物出版社，1955 年），鼓词集《刘海朋堵塘》（新文艺出版社，1954 年），剧作集《青龙涧》（北京宝文堂书店，1959 年）、《神火》，故事集《中草药传说故事》（中国民间文学出版社，1981 年）均署。②田月，见于民间故事《抽牛筋》，载 1954 年 1 月广州《儿童文学》。③晨光，见于笑话《讨吉利》，载 1956 年 6 月《大家演唱》。嗣后在该刊发表说唱《支援麦收》等亦署。④田闻，见于笑话《自由平等》，载 1956 年 8 月《大家演唱》。嗣后在该刊发表笑话《姑太太》亦署。⑤秋虹，见于诗《哥哥去应征》，载 1956 年 10 月《大家演唱》。嗣后在《天长文艺》《六安报》等报刊发表诗、民歌、剧本亦署。⑥羽田，见于相声《严肃问题》，载 1957 年 5 月《中国民间文学》。⑦张撷，见于中篇说唱《山区远景乐无边》，载 1958 年 1 月《江西文艺》。⑧田文，见于安徽大鼓《亲骨肉》，载 1958 年 2 月《大家演唱》。⑨全国，见于安徽大鼓《保圩英雄》，载 1958 年 11 月《群众文艺》。⑩张茵，见于民歌《筑坝歌》，载 1975 年 6 月《安徽文学》。⑪张厚继，见于故事《宁死不当清家官》，载 1980 年 9 月《江淮文艺》。

缪钺（1904－1995），江苏溧阳人，生于河北迁安，字彦威。笔名：①彦威，1929 年前后开始在《大公报·文艺》发表文章署用。②缪钺，见于随笔《与学衡编者书》，载 1926 年南京《学衡》第 59 期。嗣后在《甲寅》《学术》《国风半月刊》《词学季刊》《国立浙江大学师范学院院刊》《国立浙江大学文学院集刊》《思想与时代》《时代真理杂志》《上智编译馆馆刊》《文学杂志》等刊发表文章，出版论著《中国史上之民族词人》（重庆青年出版社，1943 年）、《缪钺文论甲集》（成都路明书店，1944 年）、《诗词散论》（上海开明书店，1948 年）、《读史存稿》（生活·读书·新知三联书店，1963 年），编注《杜牧诗选》（人民文学出版社，1957

年)、《三国志选》（中华书局，1962 年）等亦署。

缪篆（1877－1939），江苏泰县（今泰州市）人。原名缪学贤，字子才。笔名缪篆，发表《老子古微》（载《制言》半月刊 1935 年创刊号至 1939 年第 50 期），著述、出版《显道》《齐物论释注》《周易大象简义注》《国故论衡注》《检论注》《缪篆丛书》等均署。

【min】

闵尔昌（1872－1948），江苏江都（今扬州市）人，字葆之，号复翁、雷塘、黄山、云海楼主。笔名闵尔昌。见于诗《车人叹》，载 1930 年上海《道路月刊》第 30 卷第 3 期；诗《车人叹》《佣妇叹》，载 1931 南京《学衡》第 73 期；评论《评梁著历代名人生卒年表》，载 1934 年天津《国闻周报》第 11 卷第 12 期。嗣后出版遗著《碑传集补》（台北文海出版社，1973－1980 年）等亦署。

闵佛九，生卒年不详，湖南人。笔名：①佩蕖，1922－1924 年在上海《小说月报》发表诗《伊和他……？》、评论《巴尔扎克底作风》等署用。20 世纪 40 年代在福州编《南方日报·南方公园》亦署。②闵佛九，见于随笔《大会的精神》，载 1940 年福州《福建体育通讯》第 2 期。

闵人（1927－？），天津人。原名闵倍珍。笔名闵人，1948 年发表作品开始署用，嗣后发表诗作《希望在天空、大地和海洋》，出版诗集《枫叶集》（百花文艺出版社，1982 年）、《落霞》（百花文艺出版社，1992 年）等亦署。

闵子（1912－？），江苏常熟人。原名闵玉如，字光润。笔名：①闵玉如，见于小说《一个宫女》，载 1934 年北平《晨光周刊》第 3 卷第 4 期；小说《死刑之前》，载 1934 年上海《东方杂志》第 31 卷第 22 期。嗣后在《晨光周刊》《学校生活》《民族文艺》等刊发表小说《啊，我们还有九个——一个悲壮苍凉的苏武牧羊的故事》《卖技的女子》《虞姬的死》、散文《山村风景》、传记《复兴土耳其的民族英雄凯末尔》等亦署。②闵子，见于小说《长江上》，载 1937 年北平《晨光周刊》第 6 卷第 1 期；小说《两个同型的女性》，载 1939 年浙江永康《胜利周刊》第 54 期。嗣后在《胜利周刊》《浙江青年旬刊》《东南日报》《浙江日报》《申报》《新学生》《胜流半月刊》《文艺春秋》《大公报》等报刊发表小说《渔汛》《东海上的风暴》《黑夜》《折翅鸟》《山村一妇人》《周小玲》、评论《〈青鸟〉》《谈寓言》、译文《索罗诃夫访问记》等，1949 年后在《浙江日报》等报刊发表小说、随笔等亦署。③王加点，见于速写《年青的斗士》，载 1939 年永康《胜利周刊》第 57 期。嗣后在该刊及《胜流半月刊》发表小说《汽油是怎样浪费的》《一家人》等亦署。④秦淮碧，见于故事《服膺大厦》，载 1936 年重庆《新少年》第 2 期；随笔《关于杂文》，载 1943 年上海《文友》半月刊第 3 卷第 7 期；

小说《骑墙的人》，载 1943 年江西泰和《大路》半月刊第 9 卷第 5、6 期合刊。⑤邓刚，20 世纪 30 年代后半期发表文章署用。

【ming】

明秋水（1920－2002），湖北黄州（今黄冈市）人。笔名：①明秋水，1949 年后在台湾出版诗集《骆驼诗集》（台北，1951 年）、《骨髓里的爱情》（台北野风出版社 1952 年）、《阳明山之恋》（台北东方文物供应社，1953 年）、《黄昏之恋》（团结出版社，1995 年）、《重庆之歌》，小说集《惯贼的嘴脸》（台北骆驼书屋，1954 年）等署用。②柳影、江山、明亮，署用情况未详。

明耀五，生卒年及籍贯不详。字妙悟。笔名：①明耀五，见于评述《五三济案经过》，载 1928 年上海《良友画报》第 26 期；随笔《学生时代的俾士曼》，载 1930 年 10 月上海《现代学生》创刊号。嗣后在上述两刊及《今代妇女》《军事杂志》《中华月报》《七日谈》《永安月刊》《文心》《旅行杂志》等刊发表散文《禁宫回首记》，评论《如何使商业适应于战时》《造成二次大战的因果》、译文《我的学生生活》（印度甘地原作）、《青年运动与世界政治》（美国某记者原作）等作品亦署。②妙悟，见于译文《德菱公主之今昔》，载 1930 年上海《今代妇女》第 14 期。嗣后在该刊第 18 期发表随笔《从皇后说到五月花》等文亦署。

【mo】

莫敦鲁（1925－？），广西荔浦人。笔名莫更原，1949 年后出版《米巴的歌》（人民美术出版社，1958 年）及《傣族小姑娘》等署用。

莫洛（1916－2011），浙江温州人。原名马骅，字瑞薆。笔名：①林渡，见于《民间疾苦的歌者——涅克拉索夫》，1930 年 12 月发表。嗣后发表《活下去》《章鱼颂》《萨尔蒂珂夫·谢契特林》等诗文亦署。②衣凡，1931 年 12 月发表《残忍和爱》署用。又见于《梦的摇篮：记忆之囊》，载 1946 年上海《月刊》第 1 卷第 6 期。嗣后发表《时代的筛子》《窗边夜话》《短简》等诗文亦署。③林默，1931 年 12 月发表《欲望》署用。嗣后发表《渡青弋红》《牧羊女》《感谢始皇》《爱的种子》等诗文亦署。④海语，见于《叫我如何下笔？》，1932 年 3 月 5 日发表；通讯《孤岛诗讯》，载 1942 年桂林《诗创作》第 12 期。嗣后发表《欺骗与威赫》等文亦署。⑤舒朗，1932 年 12 月发表《驴子》一文署用。嗣后发表《写在诗人节》《披花的少女》《诗人的节日》等亦署。⑥百里、马百里、卜曼尔，1934－1935 年在《明天》杂志发表作品署用。⑦周遭，1936 年在《新路》杂志发表作品署用。⑧树榛，1936 年在上海《生活知识》杂志发表作品署用。⑨莫洛，1937 年开始署用。见于诗《变》，载 1938 年上海《文艺新潮》第 1 卷第 9 期；诗《祖国呵，跨向自由的春天！》，载 1939 年上海《文艺新潮》第 1 卷第 8 期。

嗣后在《笔阵》《现代文艺》《诗创作》《奔流新集》《文艺春秋》《文艺复兴》《文章》《文坛月报》《春秋》《妇女月刊》《中学生》等众多报刊发表诗文，出版诗集《渡运河》（上海星群出版社，1948年）、《大爱者的祝福》（1983年）、《梦的摇篮》（1984年），散文集《生命树》（上海海天出版社，1948年）、《陨落的星辰》（上海人间书屋，1949年）等亦署。⑩韦弦、弦韦、伍骥、雨华、马而华，1937—1940年在《生线》《先锋》《战时商人》等刊发表作品署用。⑪朱漫秋，见于随笔《观〈敌〉后杂写》，载1938年7月27日《温州日报·笔阵》。⑫歌心、歌蕾、墨蕾、林海音、林黛湘，1941—1949年在《浙江日报》副刊《江风》《文艺新村》《浙江妇女》，以及《东南日报·笔垒》《青年日报·语林》《前线日报·战地》《宁波日报·波光》、建阳《大潭报·绿野》、杭州《天行报·原野》《大同日报·文艺纵队》、温州《浙瓯日报·展望》《阵中日报》《浙南日报·新民主》等报刊发表诗歌、散文、杂文、文艺史料等署用（以下诸多笔名亦见于这些报刊）。⑬莫霞，1941年发表《晨》署用。⑭M林，发表《勇士》（1942年）、《枪与蔷薇》《梦恋》等署用。⑮林海语，1943年4月发表《呼吸及其他》署用。嗣后发表《作家笔名散记》（载1949年上海《春秋》第6卷第3期）及《夜苦》《山寺（外三章）》等诗文亦署。⑯西窗，1943年5月发表《车与船》署用。⑰乔志，见于诗《夜，醒着的和睡着的》，载1943年《月刊》第1卷第3期；《草虫》，载1945年4月《文艺纵队》。⑱夜风，1943年发表《取火者》署用。⑲歌雷，见于《无罪的囚徒》，1943年发表。⑳欧阳舞，见于《呼喊、赞颂、斗争》，载1944年《唱给三十三年双十节》。嗣后发表《母亲》一文亦署。㉑苏依，1946年8—9月发表《无限的温情》《黑——曙前篇之一》《曙前篇之二》等作品署用。㉒大观，发表《热情的颂赞》署用。㉓万芒，发表《诗人涅克拉索夫》《枝叶和花果》等诗文署用。㉔朱郊，发表《出版物的运输问题》《不灭的火把》等文署用。㉕杜蒙，发表杂文《捉猴子的故事》署用。㉖放歌，发表杂文《林语堂自画像》署用。㉗陶照，发表杂文《血的哺养》署用。㉘夏夜萤，发表《梦醒的时候》一文署用。㉙高旗，发表短篇小说《海燕》署用。㉚方白，发表《心的填补》一文署用。㉛方燃，发表《麦熟时节》一文署用。㉜北林，发表《诗人华尔特·惠特曼》《马夫和他的马》《歌的海洋》等文署用。㉝亚林，发表杂文《灵魂出卖》署用。㉞林荧，发表杂文《美国著名女作家——赛珍珠》《高尔基怎样为妇女鸣不平》等文署用。㉟林窗，发表《英雄与苍蝇》《笔的青年赞歌》《人心的故事》等文署用。㊱林棉，发表《给母亲们》《幻觉》《红蜻蜓》等文署用。㊲林徽，发表杂文《人类的渣滓》署用。㊳林藏，发表杂文《写在三八节之后》署用。㊴郁飞，发表杂文《谈言慧珠的自杀》署用。㊵沙絮，发表杂文《世界上第一个女外交家——柯伦泰》署用。㊶沙泉，发表《猫的故事》《记忆及其他》《我的金言》《漫谈"吃豆腐"》等诗文署用。㊷海旅，发表《艾伦·华德女士来华》《月》等文署用。㊸依帆，发表《谈狗》《童言妇语与抹煞意见》《罪与罚》等文署用。㊹柳滨，发表《秋风吹到桂林》《圣火》《在竹筏上》等文署用。㊺沉思，发表《黄金·笔》一文署用。㊻蓝河，发表《啄木鸟——组诗〈我们渡过长江〉之三》署用。㊼绿璎，发表《糜烂的灵魂》一文署用。㊽墨雷，发表《马樱花》一文署用。㊾舒琼，发表《夜野》一文署用。㊿伍歌子，发表杂文《文化饥荒》《没有感想》等署用。(51)林衣凡，发表杂文《想起女作家萧红的死》署用。(52)海音，发表《爱情》《希望》等文署用。

莫耶（1918—1986），福建安溪人。原名陈淑嫒。曾用名陈爰。笔名：①白冰，1933至1937年在上海《女子月刊》发表文章署用。见于小说《张伯伯的嫁女》，载1933年《女子月刊》第1卷第7期；四幕剧《最后关头》，载1936年《女子月刊》第4卷第4期。嗣后在《健与力》《湖南妇女》等刊发表随笔《自求多福》、小说《余四嫂》等亦署。②陈白冰，出版独幕剧集《晚饭之前》（上海女子书店，1935年）署用。③椰子，见于《海角之冬》，载1935年《女子月刊》第3卷某期。嗣后在上海《时事新报》《杂志》以及《艺术与生活》《弹花》等报刊发表散文亦署。④莫耶，1937年至延安开始署用。见于通讯《抗日军政大学的女军人》，载1938年重庆《妇女生活》第6卷第2期；通讯《英勇的女自卫军》，载1939年重庆《妇女生活》第6卷第12期。嗣后在《徐州日报》、重庆《新华日报》《国讯旬刊》以及西安报纸发表通讯，创作歌词《歌颂延安》（后由郑律成谱曲，并由中共中央宣传部更名为《延安颂》），1949年后出版《生活的波澜》（陕西人民出版社，1984年）等亦署。⑤沙岛，见于通讯《伤亡登记簿上第一名》，载1941年延安《解放日报》。按：莫耶另出版有《春归》《父与女》，出版与署名情况未详。

漠雁（1925—2009），山东烟台人。原名来为伦。曾用名来慕雁。笔名：①晓人，1942年在胶东《大众日报》《胶东大众》发表散文用。②漠雁，1942年开始署用。创作歌剧《瞎老妈》（与时晨、陈建吾合作）署用。嗣后创作话剧《刘吉祥》、广场歌剧《三班长》，1949年后创作剧本《霓虹灯下的哨兵》（与沈西蒙、吕兴臣合作）、《城下城》《淮海大战》《宋指导员日记》《故乡情》等亦署。③韧风，1946年后在山东《大众报》发表诗《白衣战士》及散文等署用。1949年后在《青岛日报》《人民文学》《新华日报》《人民戏剧》《新华日报》等报刊发表散文、评论等亦署。

墨人（1920—？），江西九江人。原名张万熙。笔名：①墨人，1937年开始在重庆、江西等地发表小说、诗歌署用。见于散文《市楼小唱》，载1942年上海《太平洋周报》第1卷第19期；散文《记楼适夷》，载1943年上海《大众》第3期。此前后在《太平洋周报》《新都周刊》《农村服务通讯》《宇宙》《读者文摘半月刊》等刊发表诗《夏日杂诗》《流浪者之歌》《裸女吟》《上海抒情》《春天的诗》、散文《笛梦篇》《新都的五月夜》

《黄昏之献》《赣沪行脚记》等，出版诗集《自由的火焰》（1950 年自费出版）、《哀祖国》（高雄大江出版社，1952 年）、《墨人诗选》（台北中华书局，1972 年）、《山之礼赞》（台北秋水诗刊社，1980 年）、《墨人绝律诗集》（台湾商务印书馆，1987 年），短篇小说集《最后的选择》（高雄百成书店，1953 年）、《花嫁》（香港东方出版社，1964 年）、《白梦兰》（高雄长城出版社，1964 年）、《水仙花》（高雄长城出版社，1964 年）、《台风之夜》（高雄长城出版社，1964 年）、《塞外》（台湾商务印书馆，1966 年）、《青云路》（台湾商务印书馆，1969 年）、《变性记》（台湾商务印书馆，1971 年）、《第二春》（台北采风出版社，1988 年），中篇小说《古树青藤》（香港东方出版社，1962 年），长篇小说《闪烁的星辰》（高雄大业书店，1953 年）、《黑森林》（香港亚洲出版社，1955 年）、《魔障》（台北畅流半月刊社，1959 年）、《孤岛长虹》（高雄长城出版社，1965 年）、《东风无力百花残》（高雄长城出版社，1965 年）、《春梅小史》（高雄长城出版社，1965 年）、《白雪青年》（高雄长城出版社，1965 年）、《合家欢》（高雄大业书店，1965 年）、《洛阳花似锦》（高雄长城出版社，1966 年）、《碎心记》（台北小说创作社，1967 年）、《灵姑》（台北小说创作社，1968 年）、《龙凤传》（台北幼狮书店，1969 年）、《火树银花》（台北立志出版社，1970 年）、《江水悠悠》（台北中华书局，1971 年）、《凤凰谷》（台北中华书局，1972 年）、《心猿》（台中学人文化公司，1979 年），散文集《鳞爪集》（台北水牛出版社，1968 年）、《浮生集》（台南闻道出版社，1972 年）、《心在山林》（台北中华日报社，1980 年）、《三更灯火五更鸡》（台北江山出版，1985 年）、《墨人散文集》（台中学人文化公司，1980 年），散文、小说集《断肠人》（台湾学生书局，1972 年），论著《红楼梦的写作技巧》（台湾商务印书馆，1966 年）、《全唐诗寻幽探微》（台湾商务印书馆，1987 年）、《全唐宋词寻幽探微》（台湾商务印书馆，1989 年）等亦署。②张万熙，见于通讯《天国庐山》，载 1946 年《读者文摘半月刊》第 2 卷第 3 期。③江州司马，署用情况未详。

墨遗萍（1909－1982），山西河津人。原名李毓泉。笔名：①墨遗萍，见于随笔《关于剧团建设的意见》，载 1946 年山西《太岳文化》创刊号。嗣后在该刊发表《戏剧漫谈》等文，出版历史剧《正气图》（沁源太岳新华书店，1947 年）、《河神娶妇》（新华书店华东总分店，1950 年）、《乞巧图》（新华书店华东总分店，1950 年）、《是非之罪》（新华书店华东总分店，1951 年）等亦署。②云外天、黎明歌，署用情况未详。

【mou】

牟湇（1930－?），黑龙江木兰人，原名牟德文。曾用名牟涛。笔名：①木峻，1947 年开始发表作品署用。②牟湇，1949 年后出版诗集《风雨集》《浪花集》《流云集》《牟湇诗词选》，散文集《依依惜别情》，小说集《古城新生》，杂文集《牟湇杂文集》等署用。

牟少玉（1923－?），四川眉山人。笔名：①啸风，见《生·仇痕》，载 1946 年 9 月 7 日上海《文汇报·笔会》。②吉章，署用情况未详。按：牟少玉于 1949 年迁居台湾，其发表作品未详。

牟宗三（1909－1995），湖北公安人，生于山东栖霞，字离中。笔名：①牟宗三，见于论文《从诗词方面研究中国的人生典型》，载 1934 年北平《行健月刊》第 5 卷第 3 期；论文《理解创造与鉴赏》，载 1934 年北平《再生杂志》第 2 卷第 6、7 期合刊。此前后在上述两刊及《再生旬刊》《华文月刊》《理想与文化》《文史杂志》《学原》《中国文化》《东方与西方》《历史与文化》《文艺先锋》《天文台》《理想历史文化》《民主评论》等刊发表《几何型的文化与数字型的文化》《水浒世界》《论诗境》《人性与文艺》《荀学大略》《儒家学术之发展及其使命》等文，1949 年后在台湾出版《中国文化的省察——牟宗三讲演录》（台北联合报社，1983 年）、《中国哲学的特质》（台湾学生书局，1984 年）、《时代与感受》（台北鹅湖出版社，1984 年）、《圆善论》（台北鹅湖出版社，1985 年）、《中国文化论语文集》（台北幼狮文化事业公司，1986 年）等均署。②牟离中，见于论文《中国人与不容中律》，载 1936 年香港《宇宙旬刊》第 5 卷第 1 期。嗣后在该刊及《再生旬刊》《历史与文化》等刊发表《明日之中国文化》《中国人的具体感与抽象感》《略案陈独秀的根本意见》等文亦署。③离中，见于评论《政治家如何养成》，载 1937 年北平《再生杂志》第 4 卷第 1 期。嗣后在该刊及重庆《再生旬刊》、上海《南风》发表《论现实主义》《论鲁默生诗》《诗意论》等文亦署。

【mu】

木斧（1931－2020），宁夏固原人，生于四川成都，回族。原名杨莘。笔名：①默影，见于小说《胡先生》，载 1946 年 6 月《学生报》。②木斧，见于诗《寂静》，载 1947 年 2 月 17 日《西方日报·西苑》。1949 年后出版诗集《醉心的微笑》《美的旋律》《无泪的花》《木斧诗选》《缀满鲜花的诗篇》《燃烧的胸襟》《乡思乡情乡恋》《我用那清澈的笔》《车到低谷》、童话集《故国历险记》、文学评论集《诗的求索》等均署。③心谱，见于小说《教导主任》，载 1947 年 2 月 20 日《光明晚报·笔端》。④穆新文，见于评论《关于摹仿与抄袭》，载 1949 年 2 月 27 日《建设日报·星期文艺》。⑤牧羊，见于诗《海的祝福》，载 1949 年 6 月《文艺与生活》杂志。⑥杨谱，见于小说《李掌柜的水烟袋》，载 1949 年 6 月 23 日《新民报晚刊》。⑦羊辛，见于小说《马四少爷的消遣》，载 1949 年 7 月 17 日《新民报晚刊》。⑧寒白，见于散文《残废者和关于他的批评》，载 1949 年 11 月 4 日《新民报晚刊》。1985 年在安徽《诗歌报》连载系列散文《诗人掠影》亦署。⑨洋漾，20 世纪 40 年代发表通讯报道署用。⑩路露，20 世纪 40 年代在《文艺与生活》《学生半月刊》等刊发表诗作署用。⑪诸葛灯

20 世纪 40 年代在成都《建设日报》发表杂文署用；此外在成都《建设日报》发表与潘凝（王冰洋）论争的文章数篇亦署。⑫欧阳近士，20 世纪 40－80 年代发表文艺评论署用。⑬杨楠父（fǔ），见于通俗小说《崇高的人》，载 20 世纪 60 年代《红领巾》。

沐绍良（1912－1969），浙江慈溪人。曾用名沐赓祚、沐箕香。笔名：①白沫、亦秀、泳爱、征悍、寄奴、剑弩、舒愤、赓祚、刘也秀，20 世纪 20 年代开始在宁波《时事新报》、上海《儿童》杂志等报刊，1949 年后在《开明少年》《展望》《大晚报·剪影》《新儿童世界》等报刊发表文章署用。②穆绍良，见于民间传说《金钱和命运》，载 1928 年上海《少年》第 18 卷第 9 期。嗣后在该刊发表诗《莫辜负了秋光》、随笔《慈溪农民关于时令的俗语》等作品亦署。③穆穆，见于诗《秋郊傍晚散步》，载 1928 年上海《少年》第 18 卷第 10 期。嗣后在该刊发表散文《雪里的血痕》等文亦署。④沐箕，见于随笔《事后方知崇实好》，载 1930 年上海《妇女杂志》第 16 卷第 2 期。⑤沐箕香，见于《哥哥的归来》，载 1930 年上海《妇女杂志》第 16 卷第 6 期。嗣后出版专著《孟子话解》（与朱广福、杨荫深等合作。长沙商务印书馆，1939 年）等亦署。⑥沐绍良，见于随笔《朋友，请你检点一下处事的步伐！》，载 1934 年 2 月上海《中学生》第 42 号。嗣后在上海《中学生》《开明少年》等刊发表著译文章，出版《读和写》，编译出版《鸟类图谱》《昆虫图谱》《鱼类图谱》《观赏植物图谱》，翻译出版《动物哲学》《中国北部之药草》《医学史话》《我爱好的生活》《人口地理学》《大陆移动论》，编著《给下一代》《先生教你写文章：写作指引》，1949 年后出版《劳动英雄的故事》《人人热爱毛主席》等亦署。⑦斯文，见于随笔《小记二诗人：穆木天·蒲风》，载 1934 年上海《十日谈》第 37 期。嗣后在上海《文心》《科学趣味》《东方杂志》《译报周刊》《大陆》《莘莘月刊》《六艺》等刊发表文章亦署。⑧刘振汉，见于科学讲座《冬日话冬青》，载 1939 年上海《文心》第 1 卷第 4 期。嗣后在该刊发表《桂枝香》《百年后的食粮——人造食品》等作品，在上海《东方杂志》《译报周刊》《知识文摘》《科学趣味》《新闻月报》等刊发表文章亦署。⑨刘寄奴，见于随笔《怎样读报——给女学生们》，载 1945 年上海《女声》第 3 卷第 24 期。嗣后在该刊发表《写作生涯的回忆》等文亦署。⑩唐樾，出版《小英雄》（商务印书馆，1950 年）、《陈永康的丰产本领》（上海广益书局，1952 年）署用。

牧惠（1928－2004），广东江门人，生于广西贺县。原名林颂葵。曾用名林文山（50 年代后的正式名字）。笔名：①牧惠，1946 年前后在广西、广东报刊署用。见于翻译童话《白宝石》（玛丽·德摩根原作），载 1948 年 10 月 1 日香港《新儿童》半月刊第 20 卷第 3 期；小说《渣滓》《眼泪的故事》，载 1948 年香港《青年知识》第 37、39 期。嗣后在香港《华商报》发表评小说《虾球传》的文章，出版论著《中国小说艺术浅探》（海

南人民出版社，1987 年），杂文集《杂文杂谈》（湖南人民出版社，1988 年）、《掺沙的文字》（宁夏人民出版社，1995 年）、《歪批水浒》（百花文艺出版社，1997 年）、《闲侃聊斋》（百花文艺出版社，1997 年）、《且闲斋杂俎》（汉语大词典出版社，1998 年）、《红楼醒梦》（百花文艺出版社，1999 年）、《好说歹说才子书》（武汉出版社 1999 年）等亦署。②邓玉、凌西、徐尘言，1958 年后在《羊城晚报》等发表小说、杂文、散文等署用。③林文山，1949 年后发表文艺评论署用。出版小说集《水东流》（安徽人民出版社，1984 年）、论著《〈水浒〉简评》（文化艺术出版社，1985 年）等亦署。按：牧惠出版的著作还有专著《西厢六论》、杂文集《金瓶风月话》《湖滨拾翠》《造神运动的终结》《华表的沧桑》《人鬼之间》《难得潇洒》《当代杂文选萃·牧惠卷》《牧惠杂文随笔自选集》等，署名不详。

牧野（1909－1991），河南通许人。原名厉国瑞。曾用名厉歌天。笔名：①铁喉，1938 年 4 月在成都《新新新闻》发表文章署用。②杜非、革非、再厉、厉再厉、咸其望，1938 年以后发表诗、小说、散文、评论、特写等署用。③厉歌天，见于随笔《九七式敌驱逐机访问记》，载 1938 年《中国的空军》第 27 期；评论《略谈旧小说》，载 1939 年成都《笔阵》第 8 期。嗣后在上述两刊及《大众航空》《航空建设》等刊发表随笔《我随 B－25 扫荡鄂北敌》《从空中探望故乡》《可恨的月亮》《炸上海》、评论《给笔阵》等亦署。④林羽，见于小说《古庙中》，载 1939 年重庆《文艺月刊·战时特刊》第 3 卷第 8、9 期合刊。翌年 4 月在该刊发表小说《在浮动的光影下》亦署。⑤牧野，见于小说《红马驹》，载 1945 年《抗战文艺》第 10 卷第 2、3 期合刊。嗣后在重庆《文讯》《文艺先锋》、上海《幸福世界》《文艺春秋》《文艺复兴》等刊发表小说《女犯》《爆破》《一把玻璃梳子》及随笔《朱自清先生谈诗片断》等，1949 年后发表小说《两种脚印》、诗歌《克拉玛依颂》，撰写科教片剧本《先进砌砖法》，主编《历代笑话选》，出版《牧野文存》等亦署。⑥东方丹，1943 年 11 月在成都《华西晚报·艺坛》连载小说署用。⑦祝多福，见于小说《没有讲完的故事》，载 1945 年成都《西方日报》副刊。⑧言半歇，见于小说《黄河边上》，载 1946 年上海《希望》第 2 集 1 期。

慕柯夫（1921－1987），山东蓬莱人。原名慕显德。曾用名木柯夫。笔名柯夫，见于随笔《〈减租〉是怎样创作的》，载 1944 年 5 月 10 日延安《解放日报》。嗣后在该刊发表随笔《"文化棚"代替了"娘娘庙"》等亦署。

慕容羽军（1927－　），广东广州人。原名李维克。曾用名李影。笔名慕容羽军，20 世纪 40 年代发表小说等开始署用。嗣后出版小说《海角豪情》（广州现实出版社，1948 年）、《瑶寨三人行》（广州现实出版社，1949 年）、《白云故乡》（香港星光出版社，1951 年）、《海滨姑娘》（香港亚洲出版社，1952 年），散文集《夜曲》

（香港学友社，1956 年）等亦署。

慕湘（1916－1988），山东蓬莱人。原名慕显松，字渤霖。曾用名慕松君。笔名：①白琳、白松，1934 年在山东编辑《蓬莱日报·尘烟周刊》时发表小说、散文署用。1936 年在天津某晚报发表文章亦署。②慕湘，出版长篇小说《晋阳秋》（解放军文艺出版社，1962 年）、《满山红》（山西人民出版社，1978 年）、《自由花》（解放军文艺出版社，1987 年）、《汾水寒》（解放军文艺出版社，1987 年）等署用。

穆旦（1918－1977），浙江海宁人，生于天津。原名查良铮。笔名：①查良铮，见于作文《不能那样读》，载 1924 年 3 月 16 日天津《妇女日报》（时年 6 岁）；短文《关于事业的努力》，载 1934 年天津《南开高中学生》第 1 期；诗《前夕》《流浪人》、论文《亚洲弱小民族及其独立运动》，载《南开高中学生》第 2 期；诗《神秘》《夏夜》《两个世界》，载《南开高中学生》第 3 期。嗣后发表随笔《抗战以来的西南联大》（载 1941 年香港《教育杂志》第 31 卷第 1 期）等，翻译诗集、诗体小说《波尔塔瓦》（俄国普希金原作。平明出版社，1954 年）、《青铜骑士》（俄国普希金原作。平明出版社，1954 年）、《加布利颂》（俄国普希金原作。平明出版社，1955 年）、《欧根·奥涅金》（俄国普希金原作。平明出版社，1954 年初版；四川人民出版社，1983 年修订版）、《高加索的俘虏》（俄国普希金原作。新文艺出版社，1958 年）、《普希金抒情诗集》（俄国普希金原作。平明出版社，1955 年）、《普希金抒情诗一集》（俄国普希金原作。新文艺出版社，1958 年）、《普希金抒情诗二集》（俄国普希金原作。新文艺出版社，1958 年）、《普希金抒情诗选集》（俄国普希金原作。江苏人民出版社，1982 年。1987 年版改名《普希金抒情诗选》）、《布莱克诗选》（英国布莱克原作，与袁可嘉译。人民文学出版社，1957 年）、《云雀》（英国雪莱原作。人民文学出版社，1958 年）、《雪莱抒情诗选》（英国雪莱原作。人民文学出版社，1958 年）、《济慈诗选》（英国济慈原作。人民文学出版社，1958 年）、《唐璜》（英国拜伦原作。人民文学出版社，1980 年）、《拜伦诗选》（上海译文出版社，1982 年）、《丘特切夫诗选》（俄国丘特切夫原作。外国文学出版社，1985 年）、《英国现代诗选》（湖南人民出版社，1985 年），翻译文学理论集《文学原理》（苏联季摩菲耶夫原作。平明出版社，1955 年）等亦署。②穆旦，见于杂感《梦》，载 1934 年天津《南开高中学生》。嗣后在香港《大公报·文艺》、昆明《文聚》、长春《华声半月刊》、重庆《青年文艺》《诗文学丛刊》《文哨》、上海《诗创造》《中国新诗》、北平《文学杂志》等报刊发表诗文，出版诗集《探险队》（昆明文聚社，1945 年）、《穆旦诗集（1939－1945）》（1947 年自费出版）、《旗》（上海文化生活出版社，1948 年）、《九叶集》（与杭约赫、辛笛、陈敬容、郑敏、唐祈、唐湜、杜运燮、袁可嘉合集。江苏人民出版社，1981 年）、《八叶集》（与辛笛、陈敬容、郑敏、唐祈、唐湜、杜运燮、袁可嘉合集。生活·读书·新知三联

书店香港分店，1984 年）、《穆旦诗选》（人民文学出版社，1986 年）等亦署。③梁真，出版译诗《拜伦抒情诗选》（平明出版社，1955 年）、《别林斯基论文学》（新文艺出版社，1958 年）署用。

穆济波（1889－1976），四川合江人。原名穆世清，字洛俊。笔名穆济波，见于论文《道尔顿制实验班国文教学计划》，载 1923 年 12 月上海《中华教育界》第 13 卷第 6 期。嗣后在该刊及《江苏教育》《中心评论》《中国公论》《新教育旬刊》《青年生活》等报刊发表文章，出版《中国文学史》（上海乐群书店，1930 年）、《学术思想论文集》（上海正中书局，1946 年）等亦署。

穆木天（1900－1971），吉林伊通人。原名穆敬熙。曾用名穆文昭。笔名：①穆敬熙，见于诗《蔷薇花》、翻译小说《自私的巨人》（英国王尔德原作），载 1921 年北京《新潮》第 3 卷第 1 期。②穆木天，见于随笔《寄启明》，载 1925 年北京《语丝》第 34 期；译诗《万雷白的两首诗》，载 1925 年《洪水》第 1 卷第 10、11 期合刊。嗣后在《创造季刊》《创造日汇刊》《创造月刊》《沉钟》《幻洲》《大众文艺》《文艺月刊·战时特刊》《读书月刊》《申报·自由谈》《北斗》《文学生活》《青年界》《现代文学评论》《现代》《文学月报》《新诗歌》《文学》《春光》《光明》《东方文艺》《良友画报》《微音月刊》《新小说》《抗战戏剧》《战地》《文艺阵地》《抗战半月刊》《抗战文艺》《北战场》《文艺》《现代文艺》《诗创作》《诗创造》《社会月报》《女子月刊》《文艺生活》《文学大众》《文摘》《新学识》《思想月刊》《文艺杂志》《文学批评》《文学创作》《青年文艺》《人世间》《艺丛》《新文学》《文艺春秋》《中国诗坛》《抗到底》《文艺旬刊》《艺文集刊》《云南教育通讯》《青年音乐》《文学译报》《文化杂志》《春秋》《文讯》《远风》《救亡日报》等报刊发表著译诗文，出版诗集《旅心》（上海创造社出版部，1927 年）、《流亡者之歌》（上海乐华图书公司，1937 年）、《新的旅途》（重庆文座出版社，1942 年），散文集《秋日风景画》（上海千秋出版社，1934 年）、《平凡集》（上海新钟书局，1936 年），曲艺集《闹东京》（上海生活书店，1938 年）、《抗战大鼓词》（上海新知书店，1938 年），理论集《怎样学习诗歌》（上海生活书店，1938 年），翻译长篇小说《窄门》（法国纪德原作。上海北新书局，1928 年）、《丰饶的城塔什干》（苏联涅维洛夫原作。上海北新书局，1930 年）、《欧贞尼·葛郎代》（法国巴尔扎克原作。上海商务印书馆，1936 年）、《从妹贞德》（法国巴尔扎克原作。长沙商务印书馆，1940 年）、《从兄蓬斯》（法国巴尔扎克原作。桂林丝文出版社，1943 年）、《二诗人》（法国巴尔扎克原作。桂林耕耘出版社，1944 年）、《巴黎烟云》（法国巴尔扎克原作。桂林耕耘出版社，1944 年）、《绝对之探求》（法国巴尔扎克原作。上海交通书局，1949 年），翻译中篇小说《维里尼亚》（俄国赛孚宁娜原作。上海现代书局，1931 年）、《牧歌交响曲》（法国纪德原作。上海北新书局，1936 年），翻译短篇小说集《青年烧炭党》（法国司汤达、巴比塞原作，上海湖风

书局，1932 年；后改名《犯罪的列车》，上海复兴书局，1936 年）、《初恋》（苏联高尔基原作。上海现代书局，1932 年）、《不可知的杰作》（法国巴尔扎克原作。上海生活书店，1935 年）、《再会》（法国巴尔扎克原作。上海生活书店，1936 年）、《弓手安得烈》（苏联阿·托尔斯泰原作。现代出版社，1949 年）、《巴尔扎克短篇集》（桂林三户图书社，1942 年），翻译戏剧《商船"坚决号"》（法国维勒得拉克原作。上海创造社，1928 年）、《密茜·欧克赖》（法国维勒得拉克原作。上海文献书店，1929 年）、《快乐的日子》（苏联马尔夏克原作。上海立化出版社，1949 年），翻译诗集《恶魔及其他》（俄国莱蒙托夫原作，与铁弦等合译。重庆文林出版社，1942 年），翻译童话集（英国王尔德原作。上海泰东图书局，1922 年），编译《现代法国文学史》（世界书局，1935 年）等，1949 年后出版译作《新开河》（苏联库列萧夫原作。文光出版社，1951 年）、《只有前进》（苏联库列秀夫原作。新文艺出版社，1952 年）、《琴琶》（苏联库列萧夫原作。新文艺出版社，1957 年）、《五一节的故事》（苏联马尔夏克等原作，与王烈合译。时代出版社，1954 年）、《冰雪老人》（苏联阿·托尔斯泰原作。上海中华书局，1950 年）、《一百种智慧》（苏联嘉丽莫娃原作。上海中华书局，1950 年）、《蜜蜂》（法国法朗士原作。上海泰东图书局，1924 年）、《小仙鹤》（苏联普里什文原作。上海中华书局，1950）、《雪地上的命令》（苏联符·毕安琪等原作。东北新华书店，1950 年）、《白房子》（苏联瑞特柯夫原作。上海中华书局，1950 年）、《伊万和巫婆》（苏联蒲拉托夫原作。上海中华书局，1950 年）、《王子伊凡》（苏联阿·托尔斯泰原作。泥土社，1951 年）、《快活的日子》（苏联马尔夏克原作。文化出版社，1957 年）、《勾利尤老头子》（法国巴尔扎克原作。上海交通书局，1951 年）、《凯撒·北罗图盛衰史》（法国巴尔扎克原作。上海交通书局，1951 年）、《夏贝尔上校》（法国巴尔扎克原作。上海交通书局，1951 年）、《报仇》（苏联康诺尼等原作。上海中华书局，1951 年），编选《儿童文学参考资料》（第 1、2 集）》（北京师范大学出版社，1956 年）等亦署。③木天，见于《告青年》，载 1925 年上海《洪水》半月刊第 1 卷第 4 期。嗣后在《幻洲》《语丝》等刊发表文章，出版译作《牧场交响曲》（法国纪德原作。上海北新书局，1936 年）亦署。④侔天，见于《苏联文学与工人突击队》，载 1932 年上海《文化月报》创刊号；随笔《在厕所里遇到许多名作家》，载 1935 年上海《读书生活》第 1 卷第 9 期。⑤武子，见于译诗《早春》（日本森山启原作），载 1934 年上海《新诗歌》第 1 卷第 6、7 期合刊。

穆牧心，生卒年及籍贯不详。笔名牧心，见于《风》，载 1936 年北平《令丁》第 1 卷第 2 期。

穆青（1921—2003），河南杞县人，生于安徽蚌埠，回族。原名穆亚才。笔名：①穆青，见于《搜索》，载 1942 年延安《草叶》双月刊第 2 期；《夜船》，载 1942 年 11 月 27 日延安《解放日报》。嗣后在延安《解放日报》、长春《知识》、华中《新华月报》等报刊发表文章，出版报告文学《工人的旗帜》（山东新华书店，1949 年）、《不让白匪回老巢》（汉口新华书店，1950 年）、《南征散记》（武汉通俗图书出版社，1950 年）、《焦裕禄》（新华出版社，1980 年）等亦署。②关寄晨，见于小说《立功，抓地主》，载 1948 年佳木斯东北书店版《东北解放区短篇创作选》）。

穆仁（1923—2019），四川武胜人。原名杨本泉。笔名：①木人，见于组诗《早安呵，市街》，载 1940 年重庆《新蜀报·蜀道》。又见于诗《河·船·桥》，载 1944 年 7 月四川万县《诗前哨》第 1 辑。②穆仁，1944 年开始在重庆《商务日报·茶座》《民主报·民主副刊》《新民报·呼吸》等报刊发表诗、杂文署用。见于杂文《民主与性病》，载 1946 年上海《民间》第 2 期。嗣后在《评论报》发表杂文《污蔑》、在《摹仿》发表组诗《即景》，出版诗集《工厂短歌》（与杨山合集。重庆人民出版社，1956 年）、《绿色小唱》（重庆出版社，1987 年）、《海的记忆》（香港天马图书有限公司，1993 年）、《音乐的浪潮》（重庆山城老年大学，1995 年）、《穆仁诗选》（南海出版公司，1999 年），讽刺小品《如此反浪费》（重庆人民出版社，1957 年），评论《微型诗 500 首点评》（重庆出版社，1999 年），故事《新编故事百篇》（重庆出版社，1999 年），改编长篇小说《红岩精彩故事》（河北少年儿童出版社，1996 年），编选《红岩诗歌》（与叶桦合作。重庆出版社，1998 年）、《红岩烈士诗文选》（与叶桦合作。中国青年出版社，1999 年）等亦署。③艾白水，20 世纪 40 年代在重庆报刊发表杂文署用。④潘尼西、余之思，1946—1947 年在上海《大公报》副刊发表杂文、剧评署用。⑤井底之，见于杂文《预兆，预感，预言》，载 1947 年上海《论语》第 121 期；杂文《排泄心理学》，载 1947 年 3 月 20 日上海《人世间》复刊第 1 期。1986 年起在《重庆晚报》发表文章亦署。⑥蓝若，1947 年开始在上海《前线日报·磁铁》发表随笔用。⑦何碧，1962 年开始在《广西日报》《羊城晚报》发表散文、随笔署用。⑧于思、白集、苏丛、舒崇、辛文纪、穆纳，署用情况未详。

穆儒丐（1884—1961），北京人，满族。原名穆都哩，字辰公，号半亩寄庐、六田居士。曾用名穆都里、穆笃里。笔名：①穆辰公、穆六田，1911 年前后在北京时发表小说、戏剧评论等署用。②穆儒丐，1919 年开始在其主编之沈阳《盛京时报·神皋杂俎》发表小说《女优》《梅兰芳》《香粉夜叉》《笑里啼痕录》《同命鸳鸯》《徐生自传》，剧本《马保罗将军》，评论《新剧和旧剧》《文学的我见》《五种角色概说》《梨园大须改良》，译作《俪西亚君主传》（波兰显克维支原作）、《麒麟》（日本谷崎润一郎原作）、《严窟岛伯爵》（法国大仲马原作）、《情魔地狱》《艺妒》等，出版长篇小说《福昭创业记》（1938 年）、翻译小说《哀史》（法国雨果原作）、《春琴钞》（日本谷崎润一郎原作）等亦署。③儒丐，见于长篇小说《福昭创业记》，1938 年哈尔滨《大北新报·天上人间》连载；论文《三个运动》，载 1939 年月沈阳《文选》第 1 辑。此前后在长春《大同报》《麒麟》、沈阳《盛京时报·神皋杂俎》等报刊发表小说《栗子》《新婚别》《如梦令》等亦署。④丐，1919—1944 年在沈阳、长春等地报刊发表文章署用。见于散文《我的报馆经历》，载 1946 年 4 月 23 日《盛京时报·神皋杂俎》。⑤宁裕之，1945 年后在北平报刊发表单弦牌子曲《屈原》《荆轲刺秦王》等署用。

穆时英（1912—1940），浙江慈溪人，生于上海。笔名：①穆时英。见于小说《咱们的世界》，载 1930 年上海《新文艺》第 1 卷第 6 期；小说《南北极》，载 1931 年《小说月报》第 22 卷第 1 期；小说《丽娃栗妲村》，载 1935 年 10 月 9—11 日上海《社会日报》。此前后在《申报·自由谈》《万象》《光华附中》《文艺月刊》《青年界》《现代》《戏》《小说》《宇宙风》《中国文艺》《大陆杂志》《申报月刊》《新中华》《良友画报》《现代出版界》等报刊发表小说、诗等，出版小说集《交流》（上海芳草书店，1930 年）、《南北极》（上海湖风书局，1932 年）、《空闲小佐》（上海良友图书印刷公司，1932 年）、《公墓》（上海现代书局，1933 年）、《白金的女体塑像》（上海现代书局，1934 年）、《圣处女的感情》（上海良友图书印刷公司，1935 年）、中篇小说《被当作消遣品的男子》（上海良友图书印刷公司，1931 年）、翻译小说《三隐士》（俄国列夫·托尔斯泰原作。上海启明书局，1941 年）等亦署。②匿名子，见于随笔《文坛酒鬼录》，载 1935 年 9 月 25 日上海《晨报》。③伐扬，20 世纪 30 年代在上海报刊发表文章署用。

穆欣（1920—2010），河南扶沟人。原名杜蓬莱，字鲁瞻。曾用名莫珣。笔名：①杜蓬莱，见于诗《人生哀歌》，载 1935 年 6 月 9 日开封《河南民报·诗刊》第 1 卷第 4 期；评论《生活与文学》，载 1935 年 7 月开封《黄流月刊》第 1 卷第 2 期。嗣后在上述两刊发表评论《评臧克家的〈烙印〉》、小说《阿三》等，1936 年在漯河《警钟日报》主编《向实》文学周刊亦署。②杜鹃，见于散文《匪惊——灭痕之一》，载 1936 年 4 月 19 日郑州《大华晨报·新垦》；散文《生活（外一章）》，载 1936 年开封《海星》月刊第 1 期。嗣后在上述两刊发表散文《隔膜——灰痕之二》《五年》等亦署。③穆欣。1937 年起发表作品署用。见于通讯《期待着后方的援助》，载 1938 年重庆《全民抗战三日刊》第 28 期。嗣后在晋绥《抗战日报》《人民时代》、重庆《新华日报》《国讯》《战地知识》《教育通讯》《工业合作》、上海《上海周报》《新闻记者》及《生活学校》《日本评论》《文汇周报》《人物杂志》、海外华侨报纸杂志发表通讯，出版报告文学《进军大西南》（中国人民解放军云南军区政治部，1950 年）、《南线巡回》（人民出版社，1951 年）、《北线凯歌》（湖北人民出版社，1956 年）、《晋绥解放区民兵抗日斗争散记》（上海人民出版社，1959 年）、《陈赓兵团在豫西》（河南人民出版社，1981 年），传记《邹韬奋》《吉鸿昌将军》等亦署。④彭

籍，20 世纪 40 年代初在重庆《大公报》发表通讯、散文署用。⑤穆之弟、穆家军，20 世纪 40 年代在重庆《新华日报》发表文章署用。⑥杜宇、穆莱、金木水、金孟星，20 世纪 40 年代在报刊发表文章署用。

穆烜（1924—　　　），江苏南通人。曾用名穆德辉。笔名：①默熊，见于小说《颓唐的人》，载 1941 年 10 月 12 日上海《中华日报·华风》。嗣后在南通《江北日报·副刊》《江北日报·诗歌线》等发表诗文亦署。②瑄，见于散文《梦话》，载 1942 年南通《属于》半月刊第 2 期。③暄，见于散文《淹潮》，载 1943 年 6 月 17 日南通《江北日报·副刊》。嗣后在《江北日报·诗歌线》发表诗作《依恋》亦署。1958 年发表科普作品亦署。④无言，见于散文《月亮》，载 1943 年南通《纯文艺》第 1 期。⑤姚钝，见于散文《我底先生》，载 1943 年 9 月 6 日南通《江北日报·副刊》。⑥沙子勺，见于杂文《削苹果》，载 1943 年 11 月 23 日《江北日报·副刊》。⑦徐穆，见于杂文《束手以后》，载 1943 年 12 月 7 日《江北日报·副刊》。⑧李雷，见于杂文《就这么下去》，载 1943 年 12 月 25 日《江北日报·副刊》。⑨展一真，见于杂文《重提》，载 1944 年 2 月 28 日《江北日报·副刊》。1949 年后在《南通日报》《江海晚报》发表杂文亦署。⑩荣，见于小说《妻底归来》，载 1944 年 3 月 21 日《江北日报·副刊》。⑪闻之清，见于杂文《所谓"杂文"》，载 1944 年 4 月 21 日《江北日报·副刊》。⑫部人，见于讽刺小品《集锦》，载 1944 年 4 月 30 日《江北日报·综合》。⑬柏天，见于书评《两个南京的青年刊》，载 1944 年 6 月 5 日《江北日报·副刊》。⑭吴哲人，见于短论《茅盾的长篇》，载 1945 年 12 月 15 日南通《东南日报·东南风》。⑮吕循逸，见于短论《时代的刻划者——茅盾》，载 1945 年 12 月 25 日南通《五山日报·山路》。嗣后发表文艺短评亦署。⑯印节，见于短论《冯玉祥的诗》，载 1946 年 1 月 19 日南通《五山日报·绿野》。⑰克芳，见于杂文《复古》，载 1946 年 2 月 13 日南通《东南日报·东南风》。⑱骆邨，见于杂文《谈汪精卫等》，载 1946 年 2 月 16 日《五山日报·绿野》。嗣后发表文化、文史类的短文亦署。⑲土力，见于散文《烧火》，载 1946 年 2 月 26 日《五山日报·绿野》。⑳木生，见于书评《介绍中国史话》，载 1946 年 3 月 5 日《五山日报·绿野》。嗣后在《通报·中公园》发表读书札记《读史随抄》亦署。㉑易方，见于杂文《谣与谎》，载 1946 年 3 月 18 日《东南日报·东南风》。㉒白沙，见于诗《怀旧》，载 1948 年 3 月 26 日南通《通报·诗刊》。㉓一真，见于通讯《从苏北看南通》，载 1948 年上海《创世》杂志第 17 期。

穆中南（1912—1992），山东蓬莱人。笔名：①穆穆，见于讲演《谈新诗》，载 1941 年北平《艺术与生活》第 19 期；评论《评黄军近作三篇》，载 1942 年北平《东亚联盟》第 2 卷第 6 期。嗣后在北平《中国公论》《新少年》《新进》《华北作家月报》、济南《大风》、大阪

《华文大阪每日》、上海《太平洋周报》《风雨谈》《文潮》《文友》、南京《新东方》《文艺》等刊发表评论《读诗偶评》、剧作《圈外》、散文《俞平伯先生》《心底呼喊》《我的初恋》、随笔《自信的理念》《六年文艺话北平》《古都拾零》、小说《乱世遗民》《荒村夜》等，出版诗集《摘果集》（与菲力、顾视、毕基初合集。北平艺术与生活社，1941 年）、《北风》（与黄茶、陈梅合集。北平艺术与生活社，1943 年），独幕剧集《生涯》（北平艺术与生活社，1941 年）等亦署。②穆中南，1944 年在上海文运出版社编《文运月刊》时署用。1948 年

后在台湾发表作品、出版长篇小说《大动乱》（台北文坛社，1954 年）、《三十五岁的女人》（台北文坛社，1955 年）、《圈套》（台北文坛社，1958 年）、《苦饮》（台北文坛社，1958 年），短篇小说集《亡国恨》（台北文坛社，1954 年）、《古城》（台北文坛社，1956 年）、《杨宾楼与小白龙》（台北文坛社，1968 年）、《苦难中的长城》（台北文坛社，1969 年）、《穆中南自选集》（台北黎明文化事业股份有限公司，1978 年），论著《中国文学史纲》（台北文坛函授学校，1958 年）、《写作的境界》（台北文坛函授学校，1961 年）等亦署。

N

【na】

那（nà）沙（1918－2000），广东博罗人。原名林澄思。曾用名林连云。笔名：①那沙，1936 年开始在广州报刊署用。见于剧评《评"杜丝加"与"太平年"》，载 1937 年 1 月 9 日《广州日报》；小说《土地是我们的》，载 1937 年广州《时代动向》半月刊第 2 卷第 8 期。1946 年前后在《山东文化》《胶东文艺》等报刊发表随笔《人民永不屈服》《不算杂文》、小说《血案》等作品，出版诗集《英雄岩》《你早啊，群山》《关于自己的广告》、短篇小说集《一个空白村的变化》《打虎记》《让战魔发抖吧》《在前进的道路上》、中篇小说《骨肉亲》、话剧剧本《圣战的恩惠》《种子撒在人间》《人民不死》《屠刀下》、歌剧剧本《捉鬼》，及《那沙文集》等均署。②陈士廉，1937－1938 年在广州主编《诗与散文》杂志并在该刊发表文章署用。③林郎，见于随笔《展望——迎接一九四一年》，载 1940 年 12 月 28 日《大众日报》。翌年 5 月 1 日在该报发表诗《咱们要走在头里》亦署。④易尔山，见于报告文学《他还活着》，载 1944 年《山东画报》第 11 期；诗《泥水匠》，载 1946 年 5 月 26 日《大众日报》。⑤巴音，见于叙事诗《大宝和小牛》，载 1946 年《山东文化》4 卷第 3 期。

纳·赛音朝克图（1914－1973），内蒙古锡林郭勒盟正蓝旗人，蒙古族。原名赛春嘎。笔名：①纳·赛音朝克图，20 世纪 40 年代创作诗《乌兰巴托颂》《曙光》《沙原，我的故乡》《纪念人民英雄陶高的功绩》等署用。嗣后出版诗集《心的伙伴》《我们雄壮的呼声》《幸福和友谊》《金桥》《红色的瀑布》、中篇小说集《春天的太阳照耀着乌珠穆沁草原》、叙事长诗《南迪尔和孙布尔》、长篇抒情诗《狂欢之歌》，以及《纳·赛音朝克图诗选》等亦署。②乌·朝洛蒙，署用情况未详。

纳训（1911－1989），云南通海人，回族，字鉴恒。伊斯兰教经名努尔·穆罕默德。笔名纳训，见于译文《中国回教与抗战》（艾沙原作），载 1940 年重庆《回教论坛》半月刊第 3 卷第 5 期；译文《亚洲内幕》（阿巴斯·奥哥德原作），载 1941 年北平《月华》第 13 卷

第 4－9 期。出版译述《天方夜谈》（商务印书馆，1940 年），译作《辛伯达航海历险记》（人民文学出版社，1959 年）、《天方夜谭》（云南人民出版社，1980 年）、《阿里巴巴和四十大盗》（少年儿童出版社，1980 年）、《一千〇一夜故事选》（四川少年儿童出版社，1983 年）等亦署。

纳忠（1909－2008），云南通海人，回族，字子嘉。伊斯兰教经名阿布杜·拉赫曼。曾用名纳寿恩。笔名纳忠，见于随笔《关于纸张》，载 1929 年 2 月 10 日上海《开明》第 1 卷第 8 期"儿童读物专号"；译文《阿拉伯语对于东西语言的影响》，载 1944 年重庆《突崛》月刊第 8 卷第 68 期。嗣后在《清真铎报》《月华》《中国回教协会会报》《教育与科学》《西北通讯》《文化先锋》等刊发表《回教人对于希腊学术之研究与翻译》《西方学者与回教文化》《阿拉伯语的领域及其影响》《西方人论回教及其辨正》《论中国与西亚各国之关系》等文，出版专著《阿拉伯通史》《伊斯兰文化史》《传承与交融：阿拉伯文化》《回教诸国文化史》《埃及近现代简史》及"伊斯兰文化丛书"（包括《〈古兰经〉与〈圣训〉》《穆罕默德的故事》《五功与人伦》《伊斯兰教的信仰》等），译作《伊斯兰教》（埃及哈桑·曼苏尔原作）、《伊斯兰教与阿拉伯文明》（叙利亚穆罕默德·库尔迪·阿里原作）、《阿拉伯－伊斯兰文化史（黎明时期）》（埃及艾哈迈德·爱敏原作）、《也门社会发展一瞥》（也门苏尔坦·艾哈迈德·欧默尔原作）、《伊拉克美术简介》（伊拉克哈立德·迦底尔原作）等亦署。

【nan】

南宫搏（1924－1983），浙江余姚人。原名马彬，字汉岳。笔名：①马兵，见于小说《陷落》，载 1940 年《新赣南月刊》第 1 卷第 2 期；神话《不周山崩时》，载 1948 年上海《春秋》第 5 卷第 4 期。②马彬，见于小说《娥皇与女英》，载 1948 年上海《幸福世界》第 2 卷第 5 期；小说《红墙》，载 1948 年《春秋》第 5 卷第 6 期。1949 年在《上海周报》第 359 期发表散文《达

夫二三事》亦署。③南宫搏，1949年后出版小说《圆圆曲》（香港大公书局，1952年）、《风波亭》（香港友联出版社，1954年）、《江南的忧郁》（香港亚洲出版社，1954年）、《女神》（香港虹霓出版社，1954年）、《愤怒的江》（香港虹霓出版社，1955年）、《桃花扇》（香港亚洲出版社，1958年）、《鲁智深》（台湾，1980），传记《中国历代名女人》（香港亚洲出版社，1959年）、《毛教授一家人》（香港亚洲出版社，1959年）、《江山美人》（香港亚洲出版社，1960年）、《孔雀东南飞》（台北大方书局，1962年）、《水东流》（台北大方书局，1962年）、《李后主》（台北征信新闻社，1962年）、《李香君》（台北乐天出版社，1962年）、《南渡以后的李清照》（台湾商务印书馆，1971年）等，发表故事《烈妓王翠翘平倭故事》（载1975年10月香港《春秋》杂志）等亦署。④史剑，出版《郭沫若批判》（香港亚洲出版社，1954年）署用。⑤碧光，在台湾出版《漏窗小品》署用。⑥齐简、许剑，署用情况未详。

南星

南星（1910－1996），河北怀柔（今属北京）人。原名杜文成。笔名：①南星，见于诗《茑萝》，载1933年上海《现代》第3卷第6期；诗《呼唤》，载1943年北平《文学集刊》第1辑。此前后在开封《文艺月报》《丁香诗刊》及北平等地《现代诗风》《文学季刊》《水星》《中国文学》《艺术与生活》《文饭小品》《新诗》《风雨谈》《艺文杂志》《华北日报·每日文艺》《文史春秋》《西洋文学》等报刊发表诗或译诗《三年》《饥渴》《夕阳》《病及其他》（劳伦斯诗选）、《守墓人·外三篇》《流水·外二章》《梦》《柳丝辑》，随笔《随笔三篇》《谈劳伦斯的诗》《荒城杂记》《旅店及其他》《故居》、译文《故乡消息》《草堂随笔》《三家散文抄》等，出版诗集《石像辞》（上海新诗社，1937年）、《离失集》（上海中国图书杂志公司，1940年）、《三月·四月·五月》（北平文艺时代社，1947年）等亦署。②杜南星，见于诗《石像之秋》《凋落》，载1935年开封《文艺月报》第1卷第4期；散文《纪念》，载1935年开封《山雨月刊》第1卷第2期。嗣后在《山雨月刊》发表散文《下午》、在《艺术与生活》发表散文诗《别辞》等亦署。③林栖，见于评论《谈谈散文家露加斯》，载1940年北平《中国文艺》第1卷第6期。此前后在《艺术与生活》《半月文艺》《中国公论》《文学集刊》《文艺世纪》等刊发表著译小说、童话、随笔等，出版诗集《春怨集（集应淡句）》（喜雨丛书外集，1940年）、散文集《蠹鱼集》（北平沙漠书报社，1941年）亦署。④石雨，署用情况未详。

南致善

南致善（1910－1998），北京人　满族。笔名：①维加、伸英，20世纪40年代前后起在哈尔滨《东省月刊》等刊发表译文署用。②南致善，1949年后出版译作《友谊的标志》（苏联马林科夫原作。上海光明书局，1952年）、《塔上的旗帜》（苏联马卡连柯原作。中外出版社，1952年）、《我们的记者》（苏联冈察洛夫原作。时代出版社，1955年）、《爱迪生传》（苏联拉皮罗夫·斯科勃洛原作。商务印书馆，1997年）等署用。

【ni】

尼洛（1926－？），江苏东台人。原名李明。笔名尼洛，1949年后在台湾出版小说集《咆哮荒塚》（台北文坛社，1959年）、《潞潞与我》（台北文坛社，1960年）、《近乡情怯》（台北，1960年）、《吉他与心愫》（台北，1972年）、《龙阡田亩》（台北，1972年）、《尼洛自选集》（台北黎明文化事业股份有限公司，1978年）、《山茶与露》（台北世系出版社，1978年）等均署。

尼米希依提（1906－1972），新疆拜城人，维吾尔族。原名艾尔米亚·伊里·赛依拉姆。曾用名艾尔米叶毛拉。笔名尼米希依提，1933年开始发表诗《离别》《致朋友》《坟地里传来的声音》《恩赐的光辉》等署用。嗣后出版长诗《帕尔哈迪与西林》《莱丽与麦吉侬》、诗集《祖国之恋》《在领袖面前》《塔里木姑娘》《尼米希依提诗选》等亦署。

倪登玉（1899－1988），台湾台北市人，字韫山、韵山，号千乘客。笔名登玉、倪登玉，1925－1944年在台北《台湾日日新报》《昭和新报》《风月报》《南方》《兴南新闻》等报刊发表旧体诗《登蓉洲词兄有作》《中秋夜泛月》等署用。

倪海曙（1918－1988），上海人。原名倪伟良。笔名：①倪海曙，见于小说《火灾》，载1946年7月15日上海《文艺春秋》第3卷第1期。嗣后出版诗集《杂格咙咚集》（上海北新书局，1950年）、《美国西洋镜》（新华书店华东总分店，1950年），以及有关汉语拼音的论著亦署。②基达，20世纪50年代在《语文知识》发表《中国文字的故事》署用。③NHS、HS、KK，20世纪50年代在《语文知识》发表文章署用。④蕙、曙、魏、凉、魏凉、心泉、道生、水母、保六、翔云、李大山、王大生、文之初、夏之时、N. XS、XS，署用情况未详。

倪江松，生卒年及籍贯不详。笔名江松，见于《西班牙空战回忆录》，载1940年《航空杂志》第9卷第6－9期；散文《松树盆景》，载1945年上海《谷音》第1辑《译作文丛》。

倪尼（1916－1989），河北大城人。原名倪瑞萱。笔名：①倪瑞，见于电影剧本《可怜的姑娘》，载1936年天津《大中时报》。在保定《春草》月刊发表剧本《天真》《最后的一课》等亦署。②尼尼，抗战时期开始署用。1941－1942年间在《晋察冀日报》《诗建设》发表诗《我们的土地》、歌词《共产党八路军》等，出版小说集《朝鲜母亲》（上海上杂出版社，1951年）、长篇小说《碧绿的湖泊》（北京出版社，1958年）、《闪光的年华》（河南人民出版社，1978年），报告文学《官厅水库》（华东人民出版社，1954年）等亦署。

倪受禧，生卒年不详，四川人。笔名倪明，见于译文《维也纳的犹太人》，载1939年《新新闻半刊》第27期；诗《为死难将士的母亲们歌唱》，载1942年《诗创作》第8期。嗣后发表诗、译文，出版译作《萌芽》（法国左拉原作）亦署。

倪希昶（1875－1951），台湾台北市人，字炳煌，号梅痴、梅痴居士、巢睫居士。笔名炳煌、倪炳煌、倪希昶，1907－1944年在台北《台湾日日新报》《昭和新报》《风月报》《南方》《兴南新闻》等报刊发表《屯山积雪》《剑潭望月》等旧体诗署用。

倪贻德（1901－1970），浙江杭县（今杭州市）人。笔名：①倪贻德，见于小说《下弦月》，载1923年《创造周报》第14期；小说《穷途》，载1923年9月11至18日上海《中华新报·创造日》。嗣后在《创造周报》及《洪水》《晨报副镌》《旅行杂志》《创造日汇刊》《语丝》《北新》《现代小说》《新声》《青年界》《前锋月刊》《艺术旬刊》《大陆评论》《大陆杂志》《现代出版界》《国画月刊》《美术生活》《文艺世界》《正言文艺》《胜流半月刊》等刊发表诗、文、小说，出版小说散文集《玄武湖之秋》（上海泰东图书局，1924年），诗集《东海之滨》（上海光华书局，1926年），散文集《画人行脚》（上海良友图书印刷公司，1934年），小说《残夜》（上海北新书局，1928年），小说戏剧集《石合集》（上海北新书局，1929年），论著《西画论丛》（上海中华书局，1936年）、《近代艺术》《艺术漫谈》，译作《现代绘画概论》（日本外山卯三郎原作。上海开明书店，1934年）等亦署。②贻德，见于《秦淮暮雨》，载1924年《创造周报》第43号。③尼、尼特，署用情况未详。

倪子明（1919－2010），安徽桐城人。原名倪震生。笔名黎紫，见于随笔《论改造》，载1947年成都《呼吸》第2期；评论《评柯蓝的〈红旗呼拉拉飘〉》，载1948年香港《大众文艺丛刊》第1辑《文艺的新方向》。

【nie】

聂大鹏（1924－？），河南固始人。原名聂志孔。笔名：①聂志孔，出版中篇小说《火线上的孩子们》（文化供应社，1941年）署用。②聂大鹏，1949年后出版中篇小说《火线上的孩子》、纪实小说《新安旅行团的故事》（中国展望出版社，1986年），以及《陶行知儿歌》（聂大鹏编，中国和平出版社，1987年）署用。

聂耳（1912－1935），云南玉溪人，生于昆明。原名聂守信，字子义、紫艺。笔名：①TY，见于散文《轮船上》，载1929年昆明《省师周刊》第2期。②黑天使，见于评论《下流》，载1932年7月上海《电影艺术》创刊号。嗣后在该刊第3期发表论文《中国歌舞短论》亦署。③浣玉，见于评论《和"人道"导演者的对话》，载1932年7月15日《电影艺术》。④噪森，见于论文《电影的音乐配奏》，载1933年上海《电影画报》第1期。嗣后在该刊发表《影界漫画》亦署。⑤王达平，见于评述《一年来之中国音乐》，载1935年1月6日上海《申报》。⑥聂耳，创作乐曲与歌曲署用。

聂绀弩（1903－1986），湖北京山人。原名聂国棪，号干如。曾用名聂琦、聂畸、聂觭、聂衣葛、聂有才、甘雨。笔名：①聂畸，见于诗《摔掉一杆枪》，载1927

年上海《北新》第1卷第36期。②聂甘弩，见于诗《马莱的琴歌》，载1930年南京《文艺月刊》第1卷第3期。③绀弩，见于诗《你不该拿走我的腿》，载1930年《文艺月刊》第1卷第4期；书评《八月的乡村》，载1935年《读书生活》第3卷第1期。嗣后在《文学》《小说家》《文学大众》《当代文学》《夜莺》《中华月报》《文学丛报》《热风》《七月》《文化杂志》《文综》《野草》《中学生》《青年生活》《文艺杂志》《艺风》《文艺生活》《中国文学》《民间》《民主生活》《时代批评》《新形式与文艺》等刊发表诗文，出版散文集《历史的奥秘》（桂林文献出版社，1941年）、《蛇与塔》（桂林文献出版社，1941年）亦署。④耳耶，见于杂文《追论海派京派甚么的》，载1934年4月11日上海《中华日报·动向》；随笔《施蛰存先生底看法》，载1934年《新语林》第6期。同时期起在《申报·自由谈》《太白》《海燕》《现实文学》《热风》《七月》《语文》《刀与笔》《青年生活》《长风文艺》《野草》等报刊发表随笔《两个不同的命题——答猛克》《大隐在朝》《创作活动的路标》《中国人》《记一个朋友的谈话》《鲁迅的错误》《和一个朋友的谈话》《母亲们》《"现在中国人为人的道德"》《寄一个吉卜西姑娘》、译文《艺术内容底与形式》（日本藏原惟人原作）等亦署。⑤甘奴，见于杂文《奴才与环境》，载1934年4月29日上海《中华日报·动向》；随笔《关于世界文库翻印古书》，载1936年上海《作家》创刊号。⑥臧，见于随笔《小推敲》，载1934年4月29日上海《中华日报·动向》。⑦臧其人，见于杂文《穿制服的文学家》，载1934年8月9日上海《中华日报·动向》；小说《棉裤》，载1935年上海《木屑文丛》第1辑。嗣后在《中华日报·动向》发表《为愚民政策捏一把汗》《施蛰存先生好自为之》等杂文亦署。⑧悍脊，见于杂文《谈〈野叟曝言〉》，载1935年上海《太白》半月刊第1卷第12期。⑨聂绀弩，见于诗《克鲁泡特金墓上》，载1931年《苏俄评论》第1卷第1期；小说《两条路》，载1933年《文艺》第1卷第1－3期；《我们对于文化运动的意见》，载1935年上海《青年界》第8卷第2期。此前后在《中华月报》《创作》《论语》《小说月刊》《文学》《芒种》《现实文学》《新学识》《文艺旬刊》《改进半月刊》《小说家》《七月》《现代文艺》《戏剧春秋》《鲁迅文艺》等报刊发表作品，嗣后出版小说集《邂逅》（上海天马书店，1935年）、《夜戏》（福建永安改进书店，1940年）、《风尘》（福建永安改进书店，1940年）、《姐姐》（英汉对照。桂林远方书店，1946年）、《两条路》（上海群益书店，1949年）、《天亮了》（九龙求实出版社，1949年），诗集《元旦》（香港求实出版社，1949年），散文集《语言·文字·思想》（上海大风书店，1937年）、《婵娟》（桂林文化供应社，1943年），散文集《沉吟》（上海文化供应社，1948年），杂文集《关于知识分子问题》（上海潮锋出版社，1948年）、《历史的奥秘》（1941年）、《早醒记》（桂林远方书店，1942年）、《血书》（群益书店，1949年）、《范蠡与西施》（聂绀弩等著。桂林科学书店，1941 年），剧本《小鬼凤儿》（新群书店，1949 年），剧本、小说集《天亮了》（香港人间书屋，1949 年），剧本、小说、杂文集《婵娟》（桂林文化供应社，1943 年），论文集《语言·文字·思想》（上海大风书店，1937 年），1949 年后出版散文集《沉吟》（桂林文化供应社，1948 年）、《巨像》（上海学习出版社，1949 年）、《绀弩散文》（人民文学出版社，1981 年），杂文集《海外奇谈》（香港求实出版社，1950 年）、《寸磔纸老虎》（香港求实出版社，1951 年）、《绀弩杂文集》（人民文学出版社，1955 年）、《聂绀弩杂文集》（生活·读书·新知三联书店，1981 年），小说集《绀弩小说集》（湖南人民出版社，1981 年），诗集《三草》（香港野草出版社，1981 年）、《散宜生诗》（人民文学出版，1982 年）、《脚印》（人民文学出版社，1986 年），论文集《中国古典小说论集》（上海古籍出版社，1981 年）、《高山仰止》（鲁迅论文集。人民文学出版社，1984 年），以及回忆专集《脚印》（人民文学出版社，1986 年）等亦署。⑩萧今度，见于杂文《历史的奥秘》，载 1940 年《野草》第 1 卷第 2 期。嗣后在该刊及上海《热风》等刊发表文章亦署。⑪迈斯，见于杂文《韩康的药店》，载 1941 年《野草》第 2 卷第 1—2 期合刊。嗣后在该刊发表文章亦署。⑫澹台灭闻，见于杂文《拥护〈忠王李自成〉》，载 1941 年《野草》第 3 卷第 3、4 期合刊。⑬二鸦，出版杂文集《二鸦杂文》（香港求实出版社，1949 年）署用。⑭散宜生，出版旧体诗集《散宜生诗》（人民文学出版社，1982 年）署用。⑮绀奴、甘努、绀乳，署用情况未详。

聂华苓（1925— ），美籍华人，原籍湖北应山，生于湖北宜昌。笔名：①思远，见于随笔《"变形虫"的世界》，载 1948 年南京《天下一家》周刊第 1 卷第 3 期。②聂华苓，1949 年起在台北《自由中国》等报刊发表文章，出版中篇小说《葛藤》（台北自由中国出版社，1953 年），小说集《翡翠猫》（台北明华书局，1959 年）、《一朵小白花》（台北文星书店，1963 年）、《遣怀集》（台北晨钟出版社，1970 年）、《台湾轶事》（北京出版社，1980 年）、《王大年的几件喜事》（香港海洋文艺社，1980 年），长篇小说《失去的金铃子》（台北学生书局，1960 年）、《桑青和桃红》（香港友联出版社，1976 年）、《千山外，水长流》（四川人民出版社，1984 年），散文集《梦谷集》（香港正文出版社，1965 年）、《三十年后》（香港海洋文艺社，1980 年）、《爱荷华札记》（生活·读书·新知三联书店香港分店，1983 年）、《黑色，黑色，最美丽的颜色》（生活·读书·新知三联书店香港分店，1983 年）、《人，在二十世纪》（新加坡八方文化企业公司，1990 年）、《人景与风景》（陕西人民出版社，1996 年）、《鹿园情事》（上海文艺出版社，1996 年），以及人物评传《沈从文评传》（美国特怀恩出版社，1972 年）、回忆录《三生影像》（生活·读书·新知三联书店，2008 年）、译作《德莫福夫人》（上海出版社，1980 年）等亦署。

聂守仁（1865—1936），甘肃民勤人，字景阳。笔名聂守仁，1949 年后出版《大通县风土调查录》《甘肃省三十年事略》《景阳诗文集》等署用。

聂索（1928—2013），云南玉溪人，生于昆明。原名聂祖佑。笔名：①浩泓，见于诗《擦皮鞋的孩童》，载 1946 年上海《文艺青年》第 8 期。嗣后在昆明《中兴报》《观察报》《云南日报》、上海《时与文》《诗创造》、香港《星岛日报》等报刊发表诗、杂文亦署。②骆沙，见于杂文《看一首封建色彩很浓厚的诗》，载 1947 年 10 月 23 日昆明《观察报》。嗣后在昆明《正义报·大千》发表杂文亦署。③羊师虎，见于杂文《让我们考虑一下……以外》，载 1948 年初昆明《正义报·大千》。嗣后在《正义报·影与剧》发表杂文亦署。④莫风，见于杂文《卖弄》，载 1948 年 3 月 7 日昆明《中央日报》副刊。嗣后在该刊发表杂文、评论等亦署。⑤聂斧，见于杂文《"英雄"》，载 1948 年 8 月 13 日《正义报·大千》。此前在上海《时代日报》、香港《星岛日报》发表短诗亦署。⑥郑揶，1948—1949 年间在上海《时代日报》、香港《星岛日报》发表短诗署用。⑦雷多，见于杂文《斥"通风楼主人"》，载 1949 年 3 月《昆明夜报》。嗣后在该报编《影与剧》副刊时亦署。⑧聂索，见于诗《你》，载 1949 年 4 月 23 日《昆明夜报·星期文艺》。嗣后出版诗集《碑》（与严寒、杨飙合集，火热诗丛 1949 年）、《聂索诗选》（香港南洋出版社，1992 年）、《地热集》《金秋集》《北望楼杂咏》《中草药礼赞》《聂索抒情诗选》《聂索短诗选》《聂索世纪诗选》《两栖吟草》，以及《学诗偶记》《聂索散文选》《聂索文存》等亦署。⑨赵汗青，见于评论《评"盅姬"》，载 1949 年 6 月 12 日《昆明夜报·周末影评》。⑩禾青，见于杂文《谈家庭教育》，载 1949 年 6 月 12 日《昆明夜报》。

聂铁铮，生卒年不详，湖北黄梅人。笔名铁铮，见于诗《无题》，载 1934 年武汉《潺声》创刊号。在武汉《大同日报》《星火》等报刊发表诗文亦署。

聂文清，生卒年不详，湖北黄梅人。笔名文清，见于诗《紫阳湖畔的歌声》，载 1934 年武汉《潺声》创刊号。此外在武汉《时代日报》《涅槃》等报刊发表诗文亦署。

聂文郁（1909—1988），山西原平人。笔名：①聂文郁，1949 年后出版专著《王勃诗解》（青海人民出版社，1980 年）、《元结诗解》（陕西人民出版社，1984 年）、《曹植诗解译》（青海人民出版社，1985 年）、《阮籍诗解译》（青海人民出版社，1989 年）等署用。②文郁、文蔚（yù），署用情况未详。

聂云台（1880—1953），湖南衡山人，生于湖南长沙。原名聂其杰，字云台。笔名：①聂其杰，出版《廉俭救国说》（国光印书局）署用。②聂云台，署用情况未详。按：聂云台尚出版有《历代感应统记》、译作《托尔斯泰传》等，出版与署名情况未详。

【ning】

宁调元，生卒年不详，湖南醴陵人，字仙霞，号太一。笔名宁调元，在《南社丛刻》发表诗文署用。

宁可（1928－2014），湖南浏阳人。原名黎先智。笔名：①黎先智，见于论文《论〈离骚〉与〈九歌〉的创作年代》，载1946年9月30日《中央日报》。②宁可，见于评论《袁可嘉和他的方向》，载1948年11月1日北平《诗号角》第4期"诗论专号"。嗣后在该刊发表诗《批评》等亦署。1952年后发表作品，出版《中华五千年纪事本末》（人民出版社，1996年）、《中国经济通史·隋唐五代》（经济日报出版社，2007年）等著作均署。

【niu】

牛汉（1923－2013），山西定襄人，蒙古族。原名史成汉。曾用名牛汀。笔名：①牧童、牧潓，1940年在天水、兰州、西安等地报刊发表文章署用。②史成汉，见于诗《牧歌》，载1941年重庆《文艺青年》1卷第2期。③谷风，见于诗《鄂尔多斯草原》，载1942年9月20日桂林《诗创作》第14期。嗣后在该刊发表《九月的歌弦》《生活的花朵》亦署。同时期在桂林《诗》、重庆《诗垦地》《诗丛》、成都《诗星》、昆明《枫林文艺》、西安《流火》《高原》等刊发表诗文署用。1947－1948年在兰州、西安、江西、重庆、昆明、内蒙古、北平等地报刊发表诗歌亦署。④牛汉，见于诗《呼唤胜利》，载1948年成都《蚂蚁小集》第5辑《迎着明天》。嗣后在《泥土》《荒鸡小集》《文艺信》等报刊发表文章，出版诗集《彩色的生活》《祖国》《在祖国的面前》《爱与歌》《温泉》《蚯蚓和羽毛》《牛汉抒情诗选》《空旷在远方——牛汉诗文精选》、散文集《童年牧歌》《牛汉散文》《散生漫笔》《牛汉人生漫笔》、回忆录《我仍在苦苦跋涉——牛汉自述》（何启治、李晋西记录）、诗话集《梦游人说诗》、诗论集《学诗手记》等均署。⑤史新、史宁，1955年后在《文学书籍评论》《读书月报》、中央广播电台《阅读与欣赏》等发表评论署用。⑥初狭，署用情况未详。

O

【ou】

欧陈剑窗，生卒年不详，台湾台北人。原名陈欧阳藤，字庵星。曾用名欧剑窗、欧陈藤。笔名欧剑窗、剑窗，1923－1944年在台北《台湾日日新报》《风月》《兴南新闻》等报刊发表旧体诗《景美谒石门盘古庙》《送别仰山同社》等署用。

欧文泉（？－1981），籍贯不详。笔名欧阳漱，见于评论《试论文艺批评》，载1949年福建涵江《晨光报·剑芒》。

欧小牧（1913－2005），云南剑川人，白族。原名欧骧，字小牧。笔名：①春水一鸥，见于《忘不了》，载1931年6月3日昆明《云南民国日报》。②张一鸥，1932－1938年在昆明《民国日报》《云南日报·南风》《市政日报·松音》《市政日报·小宇宙》发表诗歌、小说等作品署用。见于《咻车》，载1937年7月23日《昆明《市政日刊·小宇宙》。③一鸥，见于《黄昏》，载1934年11月25日昆明《昆明市政日刊·文艺》。④司马欣如，见于《沉闷的砚山》，载1940年6月16日《云南日报》。⑤刘七，见于《潘金莲》，载20世纪40年代昆明《龙门周刊》第83期；《林冲》，载《龙门周刊》第84期。⑥庄巽庵，见于评论《比干（封神榜论）》，载1943年《白鸥副刊》第4期。⑦何封，见于长篇小说《包局长歪传》，载1945年后云南《中兴报》副刊。⑧赵淑兰，见于散文《我和闻一多先生》，载1946年9月8日重庆《新华日报》副刊。⑨蓝天远，见于《赵雪斋》，载1946年10月18日昆明《中央日报》。⑩小牧，见于七律《题文华冻品社》，载1946年昆明《艺术周刊》第2期。⑪老夫，见于杂文《"载道"与"言志"》，载1947年1月12日《民意日报》。⑫张五经，见于《孔子的最后》，载1947年《白鸥副刊》第6期。⑬柳湘萍，见于《落花时节》，载1947年《白鸥副刊》第29－32期（该文在《晓冈》第2卷第3期发表时作者署名欧小牧）。⑭欧小牧，1949年后发表作品署用。见于随笔《鲁迅先生同青年人谈读古书》，载1956年10月19日《云南日报》。嗣后出版传记《爱国诗人陆游》（古典文学出版社，1957年）、《滇云英烈传》（云南民族出版社，1993年）、《陆游传》（成都出版社，1994年），小说集《白子白女》（云南人民出版社，1994年），散文集《情系大理》（民族出版社，2003年），年谱《陆游年谱》（人民文学出版社，1981年）等亦署。⑮白之光，署用情况未详。

欧阳弼（1911－1942），湖南宁乡人。笔名：①蒋弼，见于散文《春假来到》，载1934年4月13日上海《中华日报·动向》；随笔《从男扮女的象征派说起》，载1934年上海《新语林》第5期。同时期起在《文学》《社会月报》《文化动向》《希望》《当代文学》《战地》《抗战文艺》《华北文艺》等刊发表随笔《以稀为贵》《世故的书》、小说《小罗子》《多多村》《我要做公民》、特写《饥雕》等作品亦署。②江弼，见于随笔《新堂吉诃德与大众语》，载1935年上海《文学新辑》第1辑。③弼，见于记录《思想的训练》（谢循初讲演），载 1934 年上海《长城》第 1 卷第 1 期。

欧阳翠（1918－？），安徽芜湖人，祖籍安徽太平（今黄山市）。原名崔素华。笔名：①佩秋，在上海初中读书时期发表文章曾署。②崔素华，见于小说《奶妈》，载 1933 年上海《良友画报》；小说《昙花一现》，载 1935 年 5 月上海《光华附中第十二届毕业特刊》。同时期在上海《光华附中》《光华大学》半月刊等刊发表文章亦署。③素华，见于短文《我们的希望》，载 1935 年 5 月《光华附中第十二届毕业特刊》。④欧阳翠，见于散文《给——》、小说《喜讯》，载 1945 年 9 月 1 日上海《文艺春秋丛刊》之五《黎明》。嗣后在上海《中美日报·集纳》《月刊》《文艺春秋月刊》《青年界》《妇女月刊》《小说》等报刊发表小说《小银子》《善女人》《磨练》《无花的泡沫》《仇恨》、散文《从贫穷里成长》《祖父》《火车头》、随笔《我是人，和男人一样的人！》《奢侈品》等文，出版散文集《无花的蔷薇》（上海永祥印书馆，1946 年）、小说集《春情曲》（上海永祥印书馆，1946 年）、儿童文学《神笛子》（少年儿童出版社，1961 年）等亦署。⑤山佳，见于散文《素描》，载 1946 年 1 月 18 日上海《中美日报·集纳》。

欧阳凡海（1912－1970），浙江遂安人。原名方海春。笔名：①凡海，见于小说《好调伯》，载 1934 年日本东京《东流》创刊号；随笔《一九三四年度日本文坛的新人》，载 1934 年 12 月 18 日上海《申报·自由谈》。嗣后在上述两刊及《杂文》《太白》《文艺阵地》《文学界》《七月》《文艺春秋》等报刊发表评论《国防文学的几个实践问题》、散文《并不是梦》、随笔《两个剧本的读后感》《从"我爱"说起》《"自由"何处去》、报告《报导一个新婴儿在中国的产生》、译文《鲁迅魂》（日本鹿地亘原作）等文亦署。②欧阳凡海，见于随笔《即此二节》，载 1935 年 4 月 3 日上海《申报·自由谈》；评论《关于研究鲁迅先生的几个基本认识的商榷》，载 1936 年上海《文学》第 7 卷第 6 期。嗣后在上述两刊及《青年界》《东流》《太白》《今代文艺》《中学生》《全民抗战》《七月》《东方文艺》《译林》《文风》《文艺》《文艺阵地》《笔阵》《新华日报》《戏剧岗位》《现代文艺》《新华日报》《野草》《诗创作》《文艺生活》《文坛》《文学创作》《天下文章》《文艺大众》《北方文化》等报刊发表评论《论〈日出〉》《论文学的敏感》《论作家合法权益的保障》、长篇小说《苦命人》、随笔《雨后随笔》《谈发展欲》《关于〈鲁迅的书〉的写作》、翻译剧作《三兄弟》（日本鹿地亘原作）等文，出版长篇小说《没有鼻子的金菩萨》（香港海燕书店，1941 年）、剧本《抗战第一阶段》（桂林石火出版社，1941 年），以及《金菩萨》（重庆文林出版社，1942 年）、《新聊斋》（与人合作。西安书报精华社，1946 年）、《文学论评》（重庆当今出版社，1943 年）、《长年短辑》（桂林文献出版社，1942 年）、《鲁迅的书》（联营出版社，1947 年），编译《马恩科学的文学论》（德国马克思等原作。上海读书生活出版社，1939 年）等亦署。③吴往，见于评论《关于"文艺政策"与"文艺武器"论》，

载 1943 年 1 月 4 日重庆《新华日报》。同时期在该报发表随笔《谈哈姆雷特》《真有主权的是人民》等文亦署。

欧阳恢绪（1924－？），江西吉安人，字万全。笔名：①恢绪，见于散文《成衣店》，载 1943 年 7 月江西《声报》。嗣后在江西《真情日报》等报发表小说、散文亦署。②晓鸟，见于散文《烟酒》，载 1943 年 11 月江西《声报》。③二合，见于小说《他》，载 1944 年 3 月江西《声报》。④如火，见于小说《文迷》，载 1944 年 5 月《前方日报》。嗣后在《前路》《正义日报》《大华晚报》《溪语》《春雷》《灯》等报刊发表散文、小说亦署。⑤夜魂，见于诗《重踏》，载 1944 年 6 月江西《声报》。此前后在《水草》《溪语》等刊发表诗文亦署。⑥欧绪，见于诗《医治》，载 1947 年 9 月江西《中报》。

欧阳俭叔（1893－？），湖南浏阳人。原名立斐，字俭叔，号寒峰。笔名：①俭叔，见于旧体诗《每因》二首，载 1919 年 10 月 16 日江苏南通《公园日报》。②剑侪，见于旧体诗《夏》《秋夜有怀》、词《浣溪沙》等，载 1919 年 10 月至 12 月南通《公园日报》。

欧阳渐（1871－1943），江西宜黄人，字竟无、境无。笔名：①竟无，见于评论《佛教非宗教亦哲学而为今时所必需》，载 1922 年上海《民铎杂志》第 3 卷第 3 期。嗣后在《佛化新青年》《论学》《狮子吼月刊》《书学》《志学月刊》等刊发表文章亦署。②渐，见于通讯《内学》，载 1925 年北京《甲寅》第 1 卷第 7 期。嗣后在《国风半月刊》《世界佛教居士林林刊》《河南教育》《语言文学专刊》《同声》《狮子吼月刊》《图书月刊》《中国学报》等刊发表诗文亦署。

欧阳杰（1926－？），云南剑川人，白族。笔名心田。著有诗集《蜗庐吟草》。

欧阳兰，生卒年不详，江西人。曾用名畹兰、司空蕙。笔名：①欧阳兰，见于诗《爱》《最甜蜜的一瞬》，载 1923 年上海《小说月报》第 14 卷第 8 期。嗣后在《晨报副镌》《京报副刊》《妇女周刊》《文学旬刊》《猛进》等报刊发表著译诗文，1924 年 5 月由蔷薇出版社出版诗集《夜莺》亦署。②雪纹，见于随笔《我承认失败了》，载 1925 年 3 月 27 日北京《京报副刊》。③琴心，见于评论《〈一只马蜂〉在舞台上的成绩并质西林先生》，载 1925 年 3 月 31 日北京《京报副刊》第 105 号。嗣后在该刊发表随笔《明明是得罪人的话》等文，同年在北京《京报副刊》编《妇女周刊》亦署。④S 妹、司空蕙，1925 年在北京《京报副刊》编《妇女周刊》署用。⑤雪纹女士，见于随笔《"细心"误用了》，载 1925 年 4 月北京《京报副刊》。⑥畹兰女士，署用情况未详。

欧阳明，生卒年不详，湖南安仁人。笔名致远，抗战时在江西《铁马》月刊发表文章署用。

欧阳溥存，生卒年不详，江西丰城人，字仲涛。笔名溥存，见于随笔《中华大字典序文·其六》，载 1915

年《大中华》第 1 卷第 1 期。嗣后在该刊发表旧体诗《赤壁所刻东坡文字》《夜坐》《湖上》等，出版论著《中国文学史纲》（上海商务印书馆，1930 年）等亦署。

欧阳山（1908－2000），湖北江陵人。原名杨凤岐。曾用名杨仪、杨烊、欧阳岐、吴恭鲁。笔名：①凡鸟，见于短论《白话文与新文学》，载 1924 年上海《学生杂志》第 11 卷第 10 期。②罗西，见于长篇小说《玫瑰残了》，载 1926 年 4 月广州《广州文学》周刊；小说《老人的教训》，载 1931 年 10 月上海《良友画报》第 62 期。嗣后在《现代小说》《东流》《青年界》《现代文学评论》《新时代》等刊发表小说《凶暴》《中秋节》《玉镯碎了》《长生库》等文，出版长篇小说《玫瑰残了》（上海光华书局，1927 年）、《桃君的情人》（上海光华书局，1928 年）、《莲蓉月》（上海现代书局，1928 年）、《你去罢》（上海光华书局，1928 年）、《爱之奔流》（上海光华书局，1929 年）、《蜜丝红》（上海光华书局，1929 年），中篇小说《竹尺和铁锤》（上海正午书局，1931 年），短篇小说集《再会吧，黑猫》（香港受匡出版部，1929 年）、《流浪人的笔迹》（上海光华书局，1930 年）、《钟手》（南京拔堤书店，1930 年）、《人生底路及其他》（上海正午书局，1931 年）、《仙宫》（香港受匡书店，1927 年），短篇小说、散文集《光明》（南京拔堤书店，1930 年），散文集《世界走得这样慢》（上海正午书局，1931 年），理论、杂文等合集《杂碎集》（南京拔堤书店，1930 年）等亦署。③欧阳山，见于小说《跛老鼠》，载 1932 年 9 月 4 日广州《广州文艺》创刊号；小说《水棚里的清道伕》，载 1933 年 10 月上海《文艺》创刊号。嗣后在《青年界》《太白》《文学》《申报·自由谈》《小说》《文学季刊》《新中华》《作品》《通俗文化》《文季月刊》《社会月报》《申报月刊》《文学丛报》《好文章》《作家》《海燕》《夜莺》《语文》《东方杂志》《光明》《现实文学》《中流》《小说家》《抗战半月刊》《新战线》《七月》《抗到底》《文艺阵地》《抗战文艺》《民族解放旬刊》《弹花》《全民抗战》《文学月报》《文艺月报》《中国文化》《文艺杂志》《文艺春秋》《月刊》《新文学半月刊》《新语周刊》《华北文艺》等报刊发表小说《青黑的脸蛋》《夏天的伴侣》《疯狂教授俞本夫》《弥弥满》、散文《第一次旅行》《从广州寄到武汉》、随笔《我底苦心》《从歌声听出欲望》、剧作《敌人》等文，出版长篇小说《战果》（桂林学艺出版社，1942 年）、《高干大》（山东新华书店，1949 年），中篇小说《鬼巢》（上海良友图书印刷公司，1936 年）、《崩决》（上海生活出版社，1936 年）、《给予者》（与草明、东平、于逢、邵子南合编。上海读书生活出版社，1938 年），短篇小说集《七年忌》（上海生活书店，1935 年）、《梦一样的自由》（上海天马书店，1935 年）、《青年男女》（上海生活书店，1936 年）、《生底烦扰》（上海文化生活出版社，1936 年）、《饥寒人》（上海北新书局，1937 年）、《失败的失败者》（上海潮锋出版社，1937 年）、《流血纪念章》（重庆华中图书公司，1941 年）、《乡下奇人》（上海文艺出版社，1961 年），中、短篇小

说集《青年男女》（上海生活出版社，1936 年），故事集《修公路》（军事委员会政治部，1937 年）、《课外锦标》（军事委员会政治部，1938 年）、《香港菠萝》（军事委员会政治部）、《湘潭一商人》（军事委员会政治部，1939 年），理论集《文艺阅读与写作》（与以群等合集。重庆学习生活社，1943 年）均署。1949 年后出版中篇、长篇小说《前途似锦》（作家出版社，1955 年）、《英雄三生》（作家出版社，1955 年）、《红花冈畔》（广东人民出版社，1959 年）、《乡下奇人》（上海文艺出版社，1961 年）、《三家巷》（《一代风流》之一。广东人民出版社、人民文学出版社，1959 年）、《苦斗》（《一代风流》之二。广东人民出版社、人民文学出版社，1962 年）、《柳暗花明》（《一代风流》之三。花城出版社、人民文学出版社，1981 年）、《圣地》（《一代风流》之四。花城出版社、人民文学出版社，1983 年）、《万年春》（《一代风流》之五。花城出版社、人民文学出版社，1985 年）、《金牛和笑女》（广东人民出版社，1979 年），特写集《红花冈畔》（广东人民出版社，1959 年），戏剧集《刘永福》（广州人间书屋，1951 年），文集《山文集》（花城出版社、人民文学出版社，1988 年）等亦署。④仕舞、奇生、吉星，分别见于短论《谁都能提出的疑问》、简讯《辛克莱论现在的文学》、书讯《波登著〈矿工〉出版》，载 1932 年《广州文艺》创刊号。⑤萨布落，见于粤语短论《一定要言文一致》，载 1932 年《广州文艺》第 3 期。⑥胡依依，见于粤语中篇小说《单眼虎》，香港书店（广州文艺社之化名）1933 年出版。⑦于雯、龙韵、亦拱、梁戈白，1933 年 8 月后在上海报刊发表文章署用。⑧龙贡公，见于散文《认真》，载 1934 年上海《太白》半月刊创刊号；随笔《卍字解》，载 1934 年上海《社会月报》第 1 卷第 5 期。同时期起或嗣后在《夜莺》《新语林》《中华日报·动向》《新战线》等报刊发表随笔《扯谎底陪衬》《忆怀德爵士》《抗日文学阵线》《上海的教训》等文亦署。⑨古琴，见于翻译小说《外交谈判》（苏联法捷耶夫原作），载 1934 年上海《作品》创刊号。⑩明长照，见于随笔《空谈主义结论》，载 1934 年 5 月 17 日上海《中华日报·动向》；随笔《乌龟底生命价值》，载 1934 年上海《作品》创刊号。⑪梁韵松，见于随笔《"敢问如何表出？"》，载 1934 年 6 月 25 日上海《中华日报·动向》。⑫张招，见于小说《陆家栋》，载 1934 年上海《文学新地》创刊号。⑬龙乙，见于评论《急切的问题》，载 1936 年上海《夜莺》第 1 卷第 4 期；小说《鼠尸》，载 1936 年上海《现实文学》第 1 期；报告文学《水溪二巷》，载 1936 年上海《文学大众》第 1 期。⑭恭鲁，署用情况未详。

欧阳山尊（1914－2009），湖南浏阳人。原名欧阳寿。笔名：①山尊，见于随笔《演出了〈四十一〉》，载 1941 年 2 月 1 日重庆《戏剧春秋》第 1 卷第 3 期。②欧阳山尊，见于随笔《最简单的 Dimmer 做法》，载 1933 年上海《戏》创刊号；随笔《从三个臭皮匠说起》，

载 1946 年上海《文章》第 1 卷第 3 期。嗣后在《抗战戏剧》《文艺复兴》《月刊》等报刊发表独幕剧《大路》、散文《忆保罗》、评论《致古愚先生一封信》等文，出版论著《〈日出〉导演计划》（中国戏剧出版社，1983 年）、《落叶集》（红旗出版社，1995 年）、《杂草集》（北京出版社，2014 年），主编《世界著名电影剧本选》（海峡文艺出版社，1985 年）、《延安文艺丛书·第九卷·话剧卷》（与苏一平合作。湖南人民出版社，1985 年）、《中国魂》（中共中央党校出版社，1989 年）、《东方影星》（与胡健合作。山东画报出版社，1995 年）等亦署。

欧阳文彬（1920－2022），湖南宁远人。原名欧阳晶。笔名：①金晶，1938 年在长沙《观察日报》发表文章署用。②小俞，1941－1942 年在桂林《新道理》发表文章署用。1945 年在上海《开明少年》第 5 期发表随笔《蒙古人民共和国》，在该刊及上海《中学生》杂志发表小说《活力》、散文《老舍先生》、随笔《伊林——科学家·文学家》、译作《灰尘的故事》（俄国奥尔洛夫原作）等文亦署。③兰茜，见于译文《富兰克林与十八世纪俄国社会》，载 1941 年桂林《中学生·战时半月刊》第 45、46 合刊；翻译小说《茶杯里的风波》，载 1941 年桂林《中学生·战时半月刊》第 51 期。④俞斌，见于随笔《工业学生的痛苦》，载 1941 年桂林《中学生·战时半月刊》第 51 期；随笔《我生活在书业界》，载 1945 年重庆《中学生》复刊第 88 期。⑤黄碧，见于随笔《学习心理之话》，载 1946 年上海《中学生》第 178 期。嗣后在该刊及上海《进步青年》发表《看〈愁城记〉演出所感》《新人生观》等文，1961、1962 年间在上海《新民晚报》发表文章亦署。⑥继纯，见于人物介绍《冼星海》，载 1948 年上海《开明少年》第 44 期。嗣后在该刊发表《贝多汶》《福斯特》等文亦署。⑦文彬，见于记录《谈业余剧团》（李健吾讲），载 1947 年上海《中学生》第 190 期；记录《舞台上的读词》（李健吾讲），载《中学生》第 191 期。嗣后发表作品、出版报告文学《刘连仁》（新文艺出版社，1958 年），文学评论集《赏花集》（四川人民出版社，1981 年）、长篇小说《在密密的书林里》（与费三金合作。上海文艺出版社，1981 年）、《幕在硝烟中拉开》（与费三金合作。解放军文艺出版社，1984 年），以及传记文学《斯大林》（开明书店，1950 年）、《陀思妥耶夫斯基和他的作品》（新文艺出版社，1956 年），散文随笔集《书缘》（学林出版社，1991 年）、《攀登散记》（生活·读书·新知三联书店，1993 年）、《文苑梦忆》，文集《欧阳文彬文集》（上海三联书店，2009 年）等亦署。

欧阳予倩（1889－1962），湖南浏阳人。原名欧阳立袤，字子倩，号南杰、小草；别号桃花不疑盒主。艺名莲笙、兰客。笔名：①南杰，见于随笔《年头年尾之观剧》，载 1915 年成都《娱闲录》第 13 期。②小草，1915－1916 年间在上海《礼拜六》《中学界》发表文章署用。③欧阳予倩，见于论文《予之戏剧改良观》，载 1918 年北京《新青年》第 5 卷第 4 期；随笔《乐剧革

命家瓦格拉》，载 1925 年天津《国闻周报》第 2 卷第 1 期。嗣后在《新潮》《小说月报》《小说日报》《戏剧》《现代评论》《东方杂志》《觉音》《民国日报·戏剧研究》（广州）、《晨钟》《南国周刊》《文艺月刊》《申报周刊》《矛盾》《现代》《明星》《扶轮日报》《艺文线》《艺术新闻》《戏》《大陆》《文学丛报》《光明》《电影戏剧》《戏剧时代》《战斗周报》《通讯纲》《中国文艺》《星期文摘》《香海画报》《新演剧》《戏剧春秋》《抗战戏剧》《文艺生活》《公余生活》《新中国戏剧》《文学创作》《人世间》《十日文萃》《逸史》《克敌》《救亡日报》《妇女岗位》《桂林大公报》《文化杂志》《广西日报》《广西画报》《建设研究》《文摘月报》《新文学》《当代文艺》《文艺春秋》《青春电影日报》《艺声》《正气月刊》《群众》《华商报》《新闻报·艺月》《大公报·戏剧与电影》《台湾月刊》《华北文艺》《人民周报》等报刊发表剧本、随笔、评论，创作、出版话剧剧本《潘金莲》（上海新东方书店，1928 年）、《青纱帐里》（上海大时代出版社，1937 年）、《忠王李秀成》（桂林文化供应社，1941 年）、《欲魔》（据俄国列夫·托尔斯泰的《黑暗之势力》改编。现代戏剧出版社，1939 年）、《回家以后》（重庆中周出版社，1944 年）、《桃花扇》（重庆中周出版社，1947 年）、《黑奴恨》（中国戏剧出版社，1962 年）、《杨贵妃》等，京剧剧本《梁红玉》（汉口上海杂志公司，1938 年）、《人面桃花》（北京宝文堂书店，1955 年）、《桃花扇》（中国戏剧出版社，1959 年）及《孔雀东南飞》《木兰从军》《渔夫恨》等，电影剧本《木兰从军》《清明前后》，论著《予倩论剧》（广州泰山书店，1931 年）、《一得余抄》（作家出版社，1959 年），出版《话剧、新歌剧与中国戏剧艺术传统》（上海文艺出版社，1959 年），回忆录《自我演戏以来》（上海神州国光社，1933 年）、《怎样学会了演京剧》（北京宝文堂书店，1959 年）、《电影半路出家记》（中国电影出版社，1962 年），翻译出版《娜拉》《傀儡家庭》《黑暗的势力》等外国戏剧名著等亦署。④予倩，见于《茶花女本事》，载 1919 年中华图书集成公司版《新剧考证百出》（郑正秋）。嗣后在《戏剧》《晨钟》《救亡日报》《新文学》《广西日报》《新闻报·艺月》、南通《公园日报》、广州《民国日报·戏剧研究》等报刊发表剧本、随笔等亦署。⑤予倩女士、刘韵秋，署用情况未详。

欧阳之钧（1876？－1933？），湖南平江人，字仲衡，号蚋园。笔名欧阳之钧，著有《清儒学案》《清经义考》等。

欧阳梓川，生卒年及籍贯不详。笔名：①沙雁，见于《文坛通讯·如此徐州》，载 1934 年 4 月 13 日上海《中华日报·动向》；评论《论中国新闻纸畸形发展的必然性》，载 1934 年上海《大上海》半月刊第 1 卷第 1 期。嗣后在《文化列车》《文艺》《社会周刊》《汗血周刊》《妇女共鸣》《读书青年》《中外月刊》《民意周刊》《弹花》《黄埔》《黄河》《抗到底》《文艺月刊·战时特刊》《抗战文艺》《戏剧新闻》《文艺青年》《学生之友》《小说月报》《文艺青年》《上海生活》《东南青

年》《中国劳动》《大路半月刊》《经纬月刊》《太平洋周报》《瀚海潮》等报刊发表评论《提倡"通俗戏剧"运动》《评〈赛金花〉》《论无线电与新闻纸》、长诗《台儿庄万岁》、诗《解放的歌》《伟大的苗猺》、小说《抽丰收的梦》《征人的哀怨》《锅炉口》、散文《忆红谷庄》等文，出版小说散文集《要塞退出的时候》（艺文研究会，1938年），小说集《后防集》（重庆建国书店，1942年）、《五更曲》（重庆大华书局，1944年）、《媳妇的运命》（重庆建国书店，1945年）、《夜三点》（与苏子涵、老舍合集。金华正中书局）等亦署。②梓川，见于随笔《向全体死难者致敬》，载1937年《文艺月刊·战时特刊》第3期。同时期在该刊发表《阎文海与斧田·卯之助》《"当兵去，当兵去"》等诗文亦署。

欧阳庄（1929－2012），江苏苏州人。笔名梁丰，见于随笔《希望》，载1948年成都《蚂蚁小集》第4辑《中国的肺脏》。嗣后在该刊发表《花园洋房》《我底路》等文亦署。

鸥外鸥（1911－1995），广东东莞人。原名李宗大，字绳武。曾用名欧外鸥（1950年后改名）。笔名：①李浅野，1929年在广州《民国日报》副刊《现代青年》《荔枝周刊》发表诗文署用。②欧外欧，见于诗《诗三篇》，载1933年《东方文艺》第1卷第3期；诗《映树》，载1933年上海《现代》月刊第3卷第5期。③鸥外鸥，1930年开始署用。见于随笔《恋爱政见》，载1935年《妇人画报》第25期；小说《怠惰的良人之悲

哀》，载1935年《妇人画报》第33期；诗歌《没有了太阳的街》，载1935年《妇人画报》第44期；随笔《搬戴望舒们进痊殓房》，载1937年广州《广州诗坛》第1卷第3期；《诗人的最后之审判》，载1943年7月桂林《诗》第4卷第1期。嗣后在《诗场》《文艺》《新时代》《野草》《当代文艺》《诗创作》《新儿童》《中学知识》等报刊发表诗《父的感想——给女儿的诗》《不降的兵》《欧罗巴的轮癣》《甘地的肚》、散文《续亚当》、随笔《论家屋的标题》《立志做一个诗人》等文，出版诗集《鸥外诗集》（桂林新大地出版社，1944年）、《鸥外鸥之诗》（花城出版社，1985年）等亦署。④鸥外·鸥，见于诗《锁的社会学（他五帖）》，载1934年南京《矛盾月刊》第2卷第5期。⑤林木茂、江水涣，1935－1940年在上海《妇人画报》、香港《星岛日报·娱乐版》等报刊发表诗文署用。"林木茂"一名1942、1943年间在桂林《诗刊》发表作品亦署。⑥司徒越，20世纪40年代在桂林署用。⑦李自清（一作李自洁），1945年后在香港《学生文丛》发表文章署用。⑧欧外鸥，20世纪50年代发表作品，出版儿童诗集《再见吧好朋友》（广东人民出版社，1956年）、《书包说的话》（长江文艺出版社，1957年）以及《动物的趣谈》（广东人民出版社）、《奇异的动物》（少年儿童出版社）署用。1985年后停止使用，恢复"鸥外鸥"笔名。⑨叶沃若，20世纪50－60年代在香港《小朋友》半月刊发表文章署用。

P

【pan】

潘标，生卒年不详，四川万县（今重庆市）人。笔名穆静，见于诗《春天的路》，载1944年万县《诗前哨》丛刊第1辑；译诗《夜莺歌》（英国济慈原作），载1944年《诗前哨》第2辑《收获之歌》。

潘炳皋（1908－1994），河北安新人。笔名：①炳皋，见于随笔《中秋节》，载1928年10月4日北平《新晨报·副刊》。②病高，见于散文《暑途》，载1928年10月28日《新晨报·副刊》。嗣后在该刊及北平《新中华报·副刊》《京报·沙泉》《京报·野马》、天津《庸报·创作与批评》等刊发表散文、杂文，1932年在《北国月刊》第4期发表散文《鲁迅先生访问记》，1934年在《众志月刊》第1卷第3期发表《太原素描》等亦署。③PK，见于随笔《写在〈时代下的呼声〉之后》，载1931年5月7日北平《京报·沙泉》。1931年11月在该刊发表散文《短旅》、随笔《周年致词》亦署。④新生，见于散文《南京印象记》，载1932年1月14日、21日《京报·沙泉》。⑤水火，见于散文《速写》，载1932年4月8日至6月16日《京报·沙泉》。同年8

月在该刊发表评论《雷克洛夫随笔引》亦署。⑥欣然，见于散文《苦雨斋访问记》，载1932年6月16日《京报·沙泉》。⑦沙泉，1932年在《益世报》编《沙泉》副刊发表文章署用。⑧叛徒，见于杂文《密令》，载1933年《北国月刊》第3期。⑨冰高，见于杂文《文人的病与闲》，载1933年4月26日天津《庸报·创作与批评》。嗣后在该刊发表《关于小品文》《论师生刊及其他》等、1936年在《每月文学》第1期发表杂文《论抄古书和中国的浪漫派》等亦署。又见于小说《一个学生》，载1935年《新蒙古月刊》第4卷第4期；《刘邦素描》，载1935年《新蒙古月刊》第4卷第5期；随笔《纪念鲁迅》，载1936年10月28日北平《新晨报》。⑩非非，见于随笔《相骂史小序》《相骂史附录》，载1935年7月19日天津《庸报·创作与批评》。

潘伯英（1903－1968），江苏常熟人。原名潘根生。笔名潘伯英，创作有弹词开篇《枪毙阎瑞生》、长篇评话《江南红》、长篇弹词《九八事件》，整理改编有长篇评话《水浒》、长篇弹词《孟丽君》《江南红》《梅花梦》《秦香莲》《华丽缘》《王十朋》《梁祝》等。1949

年后改编有评弹《小二黑结婚》《刘巧团圆》《罗汉钱》《春风吹到诺敏河》《刘莲英》《谢瑶环》《小刀会》等。

潘伯鹰（1904－1966），安徽安庆人。原名潘式，字白（bó）鹰、伯鹰，号凫公、凫工、有发翁。曾用名潘又安。笔名：①凫公，见于小说《婚夕》，载 1930 年天津《国闻周报》第 7 卷第 20 期；随笔《陶诗小识》，载 1933 年北平《中法大学月刊》第 2 卷第 3、4 期合刊。1935 年在上海《芒种》创刊号发表随笔《白燕诗人》，同时期在杭州《艺风》杂志发表《玄隐庐甲戌诗》等，出版长篇小说《隐刑》（北平世界日报社，1930 年）、《稚莹》（1932 年）、《人海微澜》（台中文听阁图书有限公司，2010 年），小说集《残羽》（天津书局，1933 年）等亦署。②潘式，见于《南冠集二四题》，载 1932 年南京《学衡》第 76 期；《集徐霞客游记联》，载 1936 年上海《艺友》第 1 卷第 4 期。③凫工，1933－1934 年在《文艺茶话》发表诗文署用。嗣后在天津《大公报》发表文章，出版中篇小说《生还》（天津大公报馆，1937 年）、小说集《情海生波》（京津出版社，1942 年）等亦署。④孤云，见于随笔《关于陶渊明》，载 1934 年 2 月 2 日上海《申报·自由谈》。嗣后在该刊发表随笔《陶公是否农夫耶》亦署。⑤潘伯鹰，见于诗《题十九帖》，载 1943 年重庆《书学》第 1 期；随笔《艺苑神游》，载 1945 年上海《新中华》复刊第 3 卷第 1－3 期。嗣后在《京沪周刊》《上海教育》《旅行杂志》等刊发表诗文，出版编选之《南北朝文》（上海春明出版社，1956 年）、《黄庭坚诗选》（古典文学出版社，1957 年），以及书法论著等亦署。⑥伯鹰，见于题《海藏楼诗的解剖》，载 1947 年上海《生活月刊》。⑦云、悲慧、博婴、东门雨，署用情况未详。

潘垂统（1896－1993），浙江余姚人。幼名成清，字继可，学名垂统。笔名：①潘垂统，见于小说《牺牲》（原名《风雨之下》，经鲁迅先生修改并更名《牺牲》，发表于 1921 年北京《晨报副镌》。同时期在北京《新潮》发表小说《贵生与他的牛》（1921 年），在上海《文学周报》发表小说《不敢透露的心曲》（1921 年）、《一个小钱的战争》（1921 年）和剧本《一个小钱的战争》（1921 年），在《小说月报》发表评论《创作：对于超人命命鸟低能儿的批评》（1921 年）、《一个确实的消息》（1921 年），嗣后在《小说月报》发表小说《十一封信》（1927 年）、在上海《民国日报·觉悟》发表诗《麦苗》、在沈阳《盛京时报》发表小说《可怜！这是普遍的哭声》，以及创作电影剧本《战地情天》（与黎伟民合作）、编导电影《飞行鞋》等亦署。②潘蓋统，见于随笔《我假定是一个妇女》，载 1921 年 8 月 23 日上海《民国日报·觉悟》。同月 26 日在该刊发表记录《谁是你底朋友》（玄庐讲演）亦署。③垂统，见于随感《文人底生活》，载 1921 年 12 月 9 日《民国日报·觉悟》。

潘达微（1880－1929），广东番禺（今广州市）人。原名潘虹，字心微。后改名潘达微，改字铁苍，号影

吾、景吾、憬吾、影庐；别号寄尘、冷道人。法号妙法。曾用名阿忠（乳名）、陈虹。笔名：①冷残，1917 年在香港《天荒》画报署用。②影庐，见于随笔《寒潭陨玉记》，载 1926 年出版之《微笑》画册。①觉、阿景、影吾、冷道人、中国无赖，署用情况未详。

潘飞声（1858－1934），广东番禺（今广州市）人，字剑士，号兰史、老兰；别号心兰、公饮、罗浮、赞忠、老剑、剑道人、十劫居士、百花村长、说剑词人、独立山人、海山琴客、桐圈凤雏、蔄淞阁主、水晶庵道士、五百册峰长、罗浮清虚观道人、罗浮水晶庵道士。笔名：①独立山人，1903 年在《鹭江报》发表文章署用。②老剑，见于散文《西湖记》，载 1911 年 2 月上海《小说月报》第 2 卷第 2 期。③兰史，1915 年在《小说新报》《女子世界》发表文章署用。又见于《槎上题姚志梁别墅》《南园补柳词和乡人之作次韵》《书愿》，载 1916 年 11 月 20 日上海《大中华》第 2 卷第 11 期。④老兰，民国初在《文艺俱乐部》《生计旬刊》《亚东丛报》等刊发表文章署用。又见于诗《题南汉芳华苑铁花盆拓本》《庚申元日书怀》，载 1919 年上海《广益丛报》第 9 期。⑤潘飞声兰史，在《南社丛刻》发表诗文署用。⑥潘飞声，见于《刘廉生词集序》，载 1933 年上海《词学季刊》第 1 卷第 2 期；《沤社词选序》，载《词学季刊》第 1 卷第 4 期。在《南社丛刻》发表诗文亦署。⑦潘老兰，见于诗《得家书知生女孙》《以旧裘寄长媳林》，载 1924 年 2 月 5 日上海《爱国报》。⑧番禺潘飞声兰史，见于随笔《粤雅词》，载 1934 年《词学季刊》第 1 卷第 4 期（该刊目录署名潘飞声）。⑨公欢、心兰、赞思，署用情况未详。按：潘飞声尚著有《老剑文稿》《说剑室著书》《罗浮游记》《论岭南词绝句》，发表、出版情况与署名均未详。

潘非（1918－1986），浙江平湖人。笔名费逸。出版有文集《美帝国主义的危机》（中外出版社，1951 年）、《泰晤士河》（世界知识出版社，1963 年）、《海外掠影》（湖北人民出版社，1985 年）。

潘佛章（1917－？），广东兴宁人，字文嵩、慕奇，号挂楼琴主。笔名：①史江，见于随笔《活跃在抗战中的中国电影界》，载 1939 年重庆《战时青年》第 2 卷第 3 期。②草寒，见于杂文《从逻辑说起》，载 1946 年上海《月刊》第 1 卷第 6 期。③屠龙人，见于随笔《谈〈老虎问题〉》，载 1948 年 10 月 24 日广州《建国日报》。④潘佛章，出版《诗词读写》（广东高等教育出版社，1989 年）署用。

潘复（1883－1936），山东济宁人，字馨航。笔名潘复，见于诗《东阿过曹子建墓作诗吊之》，载 1916 年 3 月 20 日上海《大中华》第 2 卷第 3 期。嗣后在《国粹学报》《山东实业报》《地学杂志》等刊发表诗文亦署。

潘公展（1895－1975），浙江吴兴（今湖州市）人。原名潘有猷，字干卿，淦清，号公展。笔名：①潘有

献、公展，在《南社丛刻》发表诗文署用。"公展"一名，亦见于译文《中国的建设计划》，载 1919 年北京《解放与改造》第 1 卷第 2 期；《国内外一周间大事记》，连载于 1924 年 8 月 3 日天津《国闻周报》创刊号至 1926 年 9 月 12 日该刊第 3 卷第 35 期。②潘公展，见于《关于新文学的三件要事·致记者》，载 1919 年北京《新青年》第 6 卷第 6 期；《罗素论哲学问题》，载 1920 年《东方杂志》第 17 卷第 21 期。嗣后在《东方杂志》《教育杂志》《社会月刊》《民国日报·觉悟》《时事新报·学灯》《新生命》《大上海教育》《新人》《文艺月刊》《新时代》《教育与民众》《勤奋体育月报》《卫生月刊》《上海市政府公报》《社会主义月刊》《女子月刊》《江苏教育》《文化建设》《美术生活》《医药评论》《读书青年》《商业月报》《周报》《新生路》《文摘》《新闻杂志》《保险季刊》《新真如》《兴中月刊》《民意周刊》《抗战半月刊》《文化批判》《时代精神》《中美周刊》《新运导报》《中华邮工》《广播周报》《中央党务公报》《教与学》《黄埔》《中国劳动》《暨南通讯》《军事与政治》《文化先锋》《中国新闻学会年刊》《新中华》《战斗中国》《社会教育辅导》《人人周报》《市政建设》《中央日报》等报刊发表文章，出版论著《新城市》（上海商务印书馆，1924 年）、《巴哥罗底两性教育观》（上海商务印书馆，1925 年）、《五十年来的世界》（重庆胜利出版社，1945 年），传记《陈其美》（重庆胜利出版社，1947 年），译作《遗产之废除》（美国黎特原作。上海中华书局，1928 年）、《儿童爱》（原名《明智的父母》，苏格兰玛丽·斯托普斯原作。上海大光书局，1936 年）等亦署。

潘光旦（1899—1967），上海人。原名潘光亶，字仲昂。曾用名潘保同。笔名：①光旦，见于《饮食男女——一个比论》，载 1921 年北京《清华周刊》第 218 期。嗣后在《新月》发表《自然淘汰与中华民族性》《说"才丁两旺"》等著译文章亦署。②潘光旦，见于论文《中国之优生问题》，载 1924 年 11 月 25 日上海《东方杂志》第 21 卷第 22 期；《近代种族主义史略》，载 1925 年《大江季刊》第 1 卷第 2 期。嗣后在上述两刊及《新月》《青年界》《社会学刊》《人文月刊》《申报月刊》《自由言论》《人言周刊》《论语》《人间世》《光华大学半月刊》《出版周刊》《机联会刊》《文化建设》《教育杂志》《社会科学》《陕西教育》《宇宙旬刊》《方舟》《华年》《自由评论》《人物月刊》《月报》《杂志》《文摘》《益世周报》《今日评论》《民族研究集刊》《自由论坛》《宪政月刊》《平论》《自由导报周刊》《妇女新运》《再生》《图书季刊》《世纪评论》《现代文摘》《观察》《伉俪月刊》《中央日报周刊》《新路周刊》《新妇女》等报刊发表文章，出版论著《小青之分析》（上海新月书店，1927 年）、《冯小青——一件影恋之研究》（上海新月书店，1929 年）、《人文史观》（上海商务印书馆，1937 年），长篇小说《冯小青》（上海新月书店，1929 年），传记《近代苏州的人才》（清华大学，1935 年）、《明清两代嘉兴的望族》（上海商务印书馆，1947

年），译作《性的道德》（英国霭理士原作。上海青年协会书局，1934 年）、《赫胥黎自由教育论》（英国赫胥黎原作。商务印书馆，1947 年）等亦署。

潘光晟（1910—？），四川犍为人，字照涵。笔名潘光晟，出版《吕氏春秋高注补正》《史记释例》《史记三表考异》，以及《笔耕沉余》（台北广文出版社，1974 年）等署用。

潘汉年（1905—1977），江苏宜兴人。曾用名潘健行、水番三郎、胡越明、胡星、严凯、萧开、小开、小 K、小孩、萧淑安、胡 X 保。笔名：①潘汉年，见于散文《苦哇鸟的故事》，载 1925 年上海《语丝》第 35 期。嗣后在《幻洲》《A．11》《现代小说》《大众文艺》《时事类编》《拓荒者》《抗战半月刊》《战时联合旬刊》《抗日路线》等报刊发表文章，出版短篇小说集《离婚》（上海光华书局，1928 年）、论著《全面抗战论》（上海生活书店，1938 年）、民间故事《三间房》《五鼠闹京城》《水仙花》《玉葫芦》《大石桥》《傻女婿》《杜宇鸟》《猫师傅》（与陈伯昂合作。上海中华书局，1930—1933 年），1949 年后出版短篇小说集《牺牲者》（花城出版社，1988 年）等亦署。②汉年，见于随笔《编完以后的废话》，载 1926 年上海《A．11．》周刊第 1 期；杂文《溥仪与破旧的月经带》，载 1926 年上海《幻洲》半月刊创刊号。嗣后在上海《洪水周年增刊》《现代小说》发表杂文《还是吸烟》、通讯《内奸与周毓英》等亦署。③汗牛，见于杂文《同济大学风潮愤言（不成话之五）》，载 1926 年《A．11．》周刊第 3 期。嗣后在该刊第 5 期发表杂文《由口淫而变为手淫——汉学改革的真义之一》亦署。④波皮，见于随笔《山东大学行跪拜礼》《劝陈望道勿再丑表功》，载 1926 年《幻洲》创刊号。嗣后在该刊发表《程砚秋的戏与朱湘的诗》《电话局长的礼教》等文亦署。⑤波皮男士，见于杂文《与骆驼别后第一通》，载 1926 年《幻洲》第 1 卷第 4 期。嗣后在该刊发表《附答山风大郎》《博士的胜利》等文亦署。⑥亚林、潘亚林，1926—1927 年在上海《小朋友》杂志发表文章署用。⑦汗，1928 年在上海《战线》杂志发表文章署用。⑧荆溪，1946 年在上海《联合晚报》副刊发表文章署用。⑨移山，见于随笔《劳资合作共渡年关》，载 1947 年上海《文萃》第 2 卷第 12、13 期合刊。嗣后在该刊发表《争取新的和平·展开新的斗争》亦署。⑩萧恺，1947 年在香港《群众》杂志发表文章署用。又见于论文《论文艺统一战线》，载 1948 年 7 月香港《大众文艺丛刊》之三。⑪天长、爱仙、亚灵、潘健行，署用情况未详。

潘焕昆（1917—1999），广东兴宁人，生于荷属东印度（今印度尼西亚）。笔名：①潘焕昆，见于《荷属东印度防务之今昔》，载 1939 年《时事研究》第 5 期；译文《音乐中的闪电战》（斯托原作），载 1942 年重庆《时与潮副刊》第 1 卷第 1 期。于此前后在《时事研究》《新闻学季刊》《外交研究》《世界学生》《文汇周报》《新中华》《军事与政治》《大众航空》《中国的空军》

等刊发表著译文章，出版译作《世界战略地理论》（美国莫勒与赖奇曼原作。重庆时与潮社，1944 年）亦署。1949 年赴台湾后发表文章亦署，见于随笔《畅帝泽著〈饮水思源〉序》，载 1990 年台北《传记文学》第 1 期。②焕昆，见于译文《奇异的感官》，载 1942 年重庆《时与潮副刊》第 1 卷第 5 期。嗣后在《时与潮副刊》发表译文《海上漂流七日记》《美国人的寿命》等亦署。③汉客，出版《汉客小品》署用。

潘际坰（1919－2000），江苏淮安（今淮安市）人，生于淮阴。笔名：①唐琼，见于随笔《作家底自白》，载 1935 年上海《第一线》月刊第 1 卷第 1 期；翻译小说《橡子》（西班牙利昂原作，与郝善因合译），载 1936 年上海《女子月刊》第 4 卷第 7 期。②际坰，1946 年在上海主编《大公报·出版界》时撰写《编后记》署用。③潘际坰，1939 年起在《世界政治》《文化先锋》《科学时代》《科学画报》《新书月刊》《民主时代》等报刊发表著译文章署用。见于随笔《英国怎样击退书税的？》，载 1946 年 12 月 15 日《大公报·出版界》；诗《忧郁草》，载 1947 年上海《人世间》复刊第 8、9 期合刊。嗣后出版译作《美国内幕》（美国根室·约翰原作，与小鱼等合译。三人出版社，1947 年）、《反苏大阴谋》（苏联萨伊尔斯等原作。上海知识出版社，1947 年）、《一千个美国人：美国人真正的统治者》（美国赛德斯·乔治原作，与小鱼等合译。三人出版社，1948 年），报告文学《朝鲜战地散记》（上海出版公司，1953 年）等亦署。

潘家洵（1896－1989），江苏苏州人，字介泉。笔名：①潘家洵，见于翻译戏剧《扇误》（英国王尔德原作），载 1919 年北京《新潮》第 1 卷第 3 期；《教父》（希腊德罗西尼斯原作），载 1923 年《小说月报》第 14 卷第 2 期。嗣后在《小说月报》《国立第一中山大学语言历史学研究所周刊》《新中华》《西洋文学》《文讯》《文艺先锋》《时与潮文艺》等报刊发表著译诗文，出版翻译戏剧《易卜生集（一）》（挪威易卜生原作。潘家洵译，胡适校。上海商务印书馆，1921 年）、《易卜生集（二）》（挪威易卜生原作。潘家洵译，胡适校，上海商务印书馆，1923 年）、《华伦夫人之职业》（爱尔兰萧伯纳原作。上海商务印书馆，1925 年）、《温德米尔夫人的扇子》（英国王尔德原作。北京朴社，1926 年）、《易卜生集》（挪威易卜生原作。上海商务印书馆，1931 年）、《玩偶之家》（挪威易卜生原作。人民文学出版社，1963 年）等亦署。②介泉，见于小说《这可安稳了！》，载 1925 年北京《现代评论》第 1 卷第 16 期。

潘子农（1909－1993），浙江湖州人。原名潘涤，字梓如。曾用名潘子菜。笔名：①辛予，1928 年起在南京报纸副刊发表文章署用。见于评论《一九三一年南京文坛总结算》，载 1932 年南京《矛盾》第 1 卷第 2 期。嗣后在《现代》《戏剧新闻》等刊发表文章亦署。②潘子农，见于杂文《圈外余波》，载 1930 年南京《开展》月刊创刊号。嗣后在《文艺月刊》《新时代》《矛盾》《春光》《文化建设》《小说》《时事类编》《全民抗战》《抗战文艺》《新演剧》《笔阵》《戏剧新闻》《戏剧岗位》《演剧艺术》《文坛》《文艺先锋》《戏剧时代》《救亡日报》《天下文章》《月刊》《艺声》《人世间》《中国作家》等报刊发表散文、评论、剧本等，出版小说集《干柴与烈火》（南京矛盾出版社，1931 年）、《没有果酱的面包》（南京正中书局，1935 年），中篇小说《街头巷尾》（上海作家书屋，1948 年），戏剧集《凯歌归》（重庆文书出版社，1944 年）、《重庆二十四小时》（与沈浮合作。联友出版社，1945 年），翻译戏剧《怒吼吧中国》（苏联特来却可夫原作。上海良友图书印刷公司，1935 年）等亦署。③子农，见于小说《重逢》，载 1930 年《开展》月刊第 2 期。同时期在《现代文学评论》《矛盾》等刊发表文章，创作歌词《游卫进行曲》（雪厂作曲。载 1940 年桂林《新音乐》第 3 卷第 3 期）等亦署。④江兼霞，1932 年在南京《新民报》副刊发表文章署用。⑤白苎（zhù），见于评论《"现代"的"评传"》，载 1933 年上海《新月》第 4 卷第 3 期。1935 年在上海《申报·自由谈》、20 世纪 40 年代在重庆《新华日报》《新蜀报·蜀道》《戏剧月报》等报刊发表文章亦署。又见于随笔《新岁杂感》，载 1948 年上海《时与文》第 2 卷第 17 期。⑥潘渝涤，见于随笔《致苦斗在"孤岛"的伙伴们》，载 1940 年上海《剧场艺术》第 2 卷第 2、3 期合刊。⑦白苎（zhù）山人，见于论文《关于向旧剧演技学习》，载 1942 年 6 月 30 日重庆《新华日报》。⑧安思危，1948 年在上海《大公报》发表文章署用。

潘晋恩，生卒年不详，浙江上虞人，字少文。笔名潘晋恩，清光绪中纂修《上虞西华赵氏世谱》署名，嗣后出版《赋江楼诗话》亦署。按：潘晋恩为南社社友，《南社名单》及《南社丛刻》并作潘普恩。

潘井（1926－1987），江苏苏州人。原名潘溎。1948 年开始文艺创作。笔名潘井，著有评论《南京军区文艺创作经验》《闯与钻》《战士诗花遍地开》，报告文学《坚强的意志，坚强的人》。

潘景郑（1907－2003），江苏苏州人。原名潘承弼，字景郑、良甫，号茜宁（mián）、寄沤。别署景郑倚声、带柳词人。笔名：①潘承弼，见于《茜宁群书校跋》，载 1935 年苏州《制言》半月刊第 3 期。嗣后在该刊发表《茜宁所见所藏明清史籍题记》《著砚楼读书志》等文，在北平《史学集刊》《中法汉学研究所图书馆馆刊》、南京《考文学会杂报》等刊发表文章，出版《太炎先生著述目录初稿》（1936 年）、《吴都文粹校记》（1937 年）、《陕冈楼丛刊十三种》（吴县潘承弼陕冈楼，1945 年）、《明代版本图录初编》（与顾廷龙合编。上海开明书店，1941 年）、《番禺叶氏遐庵藏书目录》（与顾廷龙合编。上海合众图书馆，1948 年）等亦署。②潘景郑，见于《海盐张氏涉园藏书目录》，载 1947 年《燕京学报》第 33 期。1949 年后出版《著砚楼书跋》（古典文学出版社，1958 年）、《绛云楼题跋》（清代钱牧斋原作，潘景郑辑校。中华书局，1958 年)、《唫香仙馆书目》(潘景郑校订。古典文学出版社，1958 年)、《汲古阁书跋》(清代毛晋原作，潘景郑校订。古典文学出版社，1958 年)、《鸣野山房书目》(清代沈复粲原作，潘景郑校订。古典文学出版社，1958 年)，以及《说文古本再考》《日知录补校》《词律校导》《词选笺注》《图书金石题跋》《寄沤剩稿》等亦署。

潘觉新 (1909－?)，湖北新洲人。原名潘祖岳。笔名：①觉新，见于随笔《一周间的日记》，载 1931 年 9 月 19 日武汉《新民报》。嗣后在《新民报·葡萄》发表诗《杀杀杀哟》《怒吼吧》等亦署。又见于散文《课堂随笔》，载 1932 年 3 月 2 日《武汉日报》。②潘子，见于随笔《校中杂记》，载 1933 年《新民报·空谷》第 825 号。嗣后在该刊发表散文《战烟的一幕》《苦闷的教师爷》等亦署。

潘垒 (1926－2017)，广东合浦 (今属广西) 人，生于越南海防。原名潘磊，又名承德、心曦。笔名潘垒，出版小说集《还我河山》(台北亚洲文化出版社，1952 年)、《烟雾》(台湾宝岛书局，1953 年)、《地层下》(高雄百成书店，1953 年)、《葬曲》(高雄新创作出版社，1953 年)、《狭谷》(台北明华书局，1954 年)、《血渡》(台湾，1955 年)、《红河恋》(台北明华书局，1959 年)等署用。

潘力山 (1888－1927)，四川开县 (今属重庆市) 人，字立三。曾用名潘大道。笔名：①潘力山，见于评论《读秋桐君学理上之联邦论》，载 1905 年日本东京《甲寅》第 1 卷第 7 期；评论《论诗——赴美道中记之一》，载 1920 年日本东京《学艺》第 2 卷第 3 期。此前后在上述两刊及《新青年》《小说月报》《晨报副镌》《东方杂志》《中国文学研究》《时事新报·学灯》等报刊发表诗文，出版《力山遗集》(潘大逵编选。上海法学院，1932 年)亦署。②力山，见于评论《新约法上大总统之地位》，载 1914 年上海《雅言杂志》第 8 期；评论《三读秋桐君之联邦论》，载 1916 年上海《大中华》第 2 卷第 8 期。此前后在东京《学艺》、上海《戊午杂志》、北京《晨报副镌》等报刊发表诗文亦署。③立三，1917 年在成都主编《中论杂志》署用。

潘柳黛 (1920－2001)，北京人，满族。原名柳思琼。笔名：①柳黛，见于小说《石榴花》，载 1942 年北平《中国文艺》第 5 卷第 5 期；散文《写在清乡两周年》，载 1943 年上海《文友》第 1 卷第 4 期。此前后在上海《文友》《平报》《太平洋周报》《春秋》《上海月刊》、北平《新北京报》《时事画报》、日本大阪《华文大阪每日》等报刊发表散文《离恋之歌》《褪色的诗》、诗《失题》等亦署。②潘柳黛，见于小说《昨日之恋》，载 1943 年上海《大众》4 月号；小品文《洞房私语》，载 1945 年上海《语林》第 1 卷第 3 期。嗣后出版长篇小说《退职夫自传)》(上海新奇出版社，1949 年)亦署。③南宫夫人，署用情况未详。

潘懋元 (1920－)，广东揭阳人。原名潘连培。曾用名潘茂元。笔名：①隽之，1932 年开始先后在广东汕头《星华日报·流星》《岭东民国日报·燎原》《抗敌导报》、普宁《青报》、上海《十日谈》、南京《学生生活》、广州《救亡日报》、福建长汀《中南日报·每周文艺》、南平《东南日报·笔垒》、厦门《明日文艺》、《星光日报》副刊《零星》《新垦》《周末文艺》等报刊发表诗、散文、评论、杂文等署用。见于评论《老舍的〈猫城记〉》，载 1934 年汕头《星华日报·流星》。②忆琴，见于小说《变色的地图》，载 1936 年《大众日报》。③老番 (pān)，见于小说《狗的日记》，载 1937 年汕头《岭东民国日报·燎原》。④车倍，见于通讯《警察阻止不了我们》，载 1938 年广州《救亡日报》。⑤潘懋元，1949 年后发表教育学论文、出版教育学著作署用。

潘漠华 (1902－1934)，浙江宣平 (今武义县) 人。原名潘恺尧。曾用名潘训、潘模和、潘言川。笔名：①熊梦四，见于《小诗六首》，载 1922 年上海《诗》第 1 卷第 1 期。②潘训，见于散文《西湖底冬》，载 1922 年 2 月 12 日上海《时事新报·学灯》；《掇拾》，载 1922 年《浙江第一师范学校学生自治会会刊》第 4 期。嗣后在上海《小说月报》《诗》《朝花》《支那二月》《京报副刊》《文学旬刊》等报刊发表诗文，出版翻译长篇小说《沙宁》(俄国阿尔志跋绥夫原作。上海大光书局，1930 年)亦署。③悔也，见于《悲意》《人间》《寄琳弟》，载 1922 年 2 月 19 日《时事新报·学灯》。④漠华，见于诗《归家》《游子》，载 1922 年《诗》第 1 卷第 3 期；诗《湖上的夜》，载 1925 年上海《支那二月》第 1 卷第 2 期；散文《心野杂记》，载 1927 年上海《创造日汇刊》。出版诗集《湖畔》(与雪峰等合集。杭州湖畔诗社，1922 年)、《春的歌集》(杭州湖畔诗社，1923 年)等亦署。⑤潘漠华，见于《杂诗 (三首)》，载 1922 年 4 月 6 日《晨报副镌》；诗《长途的倦客》，载 1922 年《小说月报》第 13 卷第 7 期。⑥何炳奇，见于随笔《读〈湖畔〉》，载 1922 年 6 月 11 日上海《民国日报·觉悟》。⑦许华天，见于随笔《文学界杂评》，载 1922 年 6 月 17 日上海《时事新报·学灯》。⑧若迦，见于诗《若迦夜歌》，载杭州湖畔诗社 1923 年版《春的歌集》。嗣后在《支那二月》发表诗《虚无》《一段难堪的归程》、在《诗》发表诗《志梦》《逝事》等亦署。⑨田言，见于散文《心野杂记》，载 1924 年 7 月 28 日《晨报副镌》。嗣后在《支那二月》发表散文《白鸥的哀声》、在《小说月报》发表小说《冷泉岩》等，出版小说集《雨点集》(上海亚东图书馆，1929 年)亦署。⑩训，见于散文《除夕通信》，载 1925 年《支那二月》第 1 卷第 1 期。⑪洵，见于《出路》，载 1932 年 9 月 12 日天津《大公报·小公园》。⑫季明，见于译文《苏联第二个五年计划》(苏联莫洛托夫原作)，载 1933 年《四十年代》月刊第 1 卷第 6 期。⑬潘恂，见于随笔《秋之夕》，载 1933 年上海《涛声》第 2 卷第 42 期。⑭企、季、尧、老潘、潘四、潘洵、四郎、言川、季民、季训、炳奇、华天、模和、企明，署用情况未详。

潘念之（1902－1988），浙江东昌人。曾用名潘枫涂、潘湘澄。笔名：①丹芩，见于翻译小说《密探》（日本林房雄原作）、《阿铁的话：把绳吊到谁的颈上去？》（日本中野重治原作），分别载于1928年上海《白露月刊》第1卷第4、6期；杂文《不要苦闷》，载1938年1月12日重庆《新华日报》。嗣后出版翻译小说《新俄学生日记》（苏联奥格涅夫原作。上海光华书局，1929年）亦署。②潘念之，见于散文《记沈钧儒先生》，载1936年上海《大众话》旬刊第1卷第3期。嗣后在《图书展望》《一般话》《人间十日》《文摘》《自修大学》《全民周刊》《时事类编》《战时论坛》《全民抗战》《读书月报》等报刊发表文章，出版翻译小说《蟹工船》（日本小林多喜二原作。上海大江书铺，1930年）等亦署。③念之，见于短评《汉奸军队的出路》，载1937年上海《一般话》半月刊创刊号。嗣后在《人间十日》《中外评论》《文艺新闻》《民意周刊》等刊发表文章亦署。

潘勤孟（1911－1982），江苏宜兴。笔名：①勤孟，1945年抗战胜利后在上海《铁报》发表文章署用。②潘勤孟，编选出版《韩柳散文》（上海春明出版社，1955年）署用。

潘青（1928－1995），黑龙江哈尔滨人，原名潘叔青。笔名潘青，1947年发表处女作散文《蘼草》署用。1949年后出版小说集《彩莲》（黑龙江人民出版社，1980年）、《山城夜》（北方文艺出版社，1985年），散文集《多彩的世界》（与王钊合作。北方文艺出版社，1985年）、《大荒纵横》（与王钊合作。北方文艺出版社，1991年），诗集《黑土情怀》（与王钊合作。北方文艺出版社，1991年）等亦署。按：潘青1948年曾发表过小说《爷爷的心愿》，嗣后曾发表街头剧《打到南京去，解放全中国》《添牲口》《枪》、诗作《长歌大青山》《红花开满大森林》等，署名未详。

潘人木（1919－2005），江西人，生于辽宁法库。原名潘佛彬。笔名：①潘佛彬，见于小说《扣子》，载1941年重庆《妇女新运》第3卷第3期"蒋夫人文学奖金征文专号"。②潘人木，出版中篇小说《如梦记》（台北重光文艺出版社，1951年），长篇小说《莲漪表妹》（台北文艺创作社，1952年）、《马兰的故事》（台北纯文学出版社，1987年）、《塞上行》，中篇小说《好梦记》，短篇小说集《哀乐小天地》（台北纯文学出版社，1981年）、《阿丽亚》《夜光杯》《神秘的河》，儿童文学《小鸟找家》（台湾省教育厅，1959年）、《快乐中秋》（台湾省教育厅，1968年）、《小小露营队》（台湾省教育厅，1969年）、《小狮子的话》（台湾省教育厅，1975年）、《去金桥》（台北信谊文教基金会，1985年）、《小胖小》（台北信谊文教基金会，1985年）、《我会读》（台北信谊文教基金会，1986年）、《数数儿》（台北信谊文教基金会，1989年）等亦署。

潘世聪（1927－　），上海人。笔名：①颖士，1943－

1944年在上海《新申报》副刊发表杂文署用。②小鹰，1946－1947年在江宁《宁声报》副刊发表杂文署用。③离柔，1946－1947年在南京《和平日报》副刊发表散文署用。④潘小鹰，1949－1961年在上海《文汇报》《大公报》《儿童时代等报刊》发表诗、小小说署用。⑤潘世聪，1954－1957年编写连环画署用。嗣后出版《黑白摄影》（上海人民美术出版社，1987年）、《初学摄影常见失误》（上海人民美术出版社，1993年）亦署。

潘世谟，生卒年不详，湖南醴陵人，字民诩，号聊居主人。笔名潘世谟，在《南社丛刻》发表诗文署用。

潘守谦（？－2001），笔名平旦，见于小说《名匠陆明》，载1946年上海《希望》第2集第1期。

潘寿康（1924－？），广东南海（今佛山市）人。笔名：①潘寿康，见于小说《苍梧女谍》，载1946年南京《时代周刊》第31期；随笔《考证一束》，载1947年上海《论语》第131期。此前后在《建国青年》《茶话》《幸福世界》等刊发表《我与中共女间谍》《文房四宝》等文亦署。②潘朗，见于报道《血的经历——东战场上一〇八日》，载1938年《全面战》周刊第10期。嗣后在《战时青年》《真理与自由》《人物杂志》《新中华》《中国建设》《中国工人丛刊》《亚洲世纪》等刊发表著译文章亦署。

潘受（1911－1999），新加坡华人，原籍中国福建南安。原名潘国渠，字卢之，号卢舟。笔名：①潘国渠，见于《侯西反先生事略》，载1944年重庆《东南海》第1卷第7期；旧诗《五言一百韵寿陈嘉庚先生七十》，载1945年成都《文史杂志》第5卷第7、8期合刊。②衣虹，1930年3月与张楚云在马来亚新加坡合编《叻报·椰林》署用。见于随笔《新兴文学的意义》，载1930年4月16日新加坡《叻报·椰林改革号》。嗣后在该刊发表评论《新兴文学之历史的使命》《新兴文学的内容问题》《新兴文学的大众化问题》及小说、散文等亦署。③潘受，在新加坡报刊发表作品，出版《潘受近体诗三迹》（新加坡中华书学协会，1983年）、《海外庐诗》（福建海峡文艺出版社，1986年）、《诗余偶录》（福建海峡文艺出版社，1986年）、《潘受墨迹》（中国友谊出版公司，1989年）、《潘受诗书集》（艺林堂，1997年）等亦署。

潘天青（1917－2005），湖南醴陵人。原名潘独清，字世杞。笔名：①天青，见于报告文学《六个月民训的回顾》，连载于1938年长沙《湖南力报·明日》。嗣后在湖南《湖南中报》、沅陵《抗战日报》、江西《时代中国》、贵阳《大刚报》、重庆《国民日报》《火之源》、上海《文汇报·笔会》《大公报·文艺》、南京《新民晚报》等报刊发表诗、散文等亦署。②衣莎，见于随笔《湖大生活剪影》，载1939年湖南沅陵《抗战日报》。③蔡蜀生，1939年在沅陵《抗战日报》发表通讯署用。④白虚、华红、陈思、潘世杞、李展瑜，1943年起在湖南沅陵《抗战日报》、贵阳《大刚报》、重庆《国民日报》等报刊发表诗歌、散文署用。⑤潘独清，见于散文《小市镇》，载 1946 年前后南京《新民晚报》。⑥潘天青，见于散文《解放了的土地》，载 1948 年前后湖南《国民日报》。1949 年后在《新疆日报》《诗刊》等报刊发表诗文亦署。

潘侠风（1914－1993），北京通县（今通州区）人。原名潘寿恒。笔名：①潘侠风，20 世纪 40 年代在天津主编《游艺画刊》等署用。嗣后创作京剧剧本《三侠五义》《赵氏孤儿》《除四害》《鉴湖女侠》，出版《最新京剧大观（第 1 集）》（北京建业书局，1949 年）、《京剧新编》（北京文达书局，1953 年）、《旧剧集成》（北京宝文堂书店，1954 年）、《一箭和》（北京宝文堂书店，1957 年）、《京剧艺术问答》（文化艺术出版社，1987 年）等署。②峻山、朝阳、紫竹、野草、清逸客，20 世纪 40 年代起在《游艺画刊》《剧影报》《新天津画报》《上海滩》《国风画报》等刊发表文章署用。

潘萧，生卒年及籍贯不详。笔名林汀，抗战胜利后在河南《中国时报》副刊发表作品署用。

潘醒农（1904－1989），广东潮安人。原名潘镜澄。笔名子淳、潘醒农、潘醒侬，1929 年起在马来亚新加坡《青年》《南岛旬刊》《民国日报·新航路》《星洲日报·晨星》《星洲日报·繁星》等报刊发表散文署用。

潘序祖（1902－1990），安徽泾县人，字子端。曾用名潘吹云。笔名：①潘予且，见于独幕剧《父母之心》，载 1923 年 9 月 7 日上海《小说世界》第 3 卷第 10 期。在上海《心声》《文友》《光华附中》《大众》《现代生活》等刊发表小说《不幸的人》《探亲记》、散文《东渡琐感》等亦署。②予且，见于散文《予且漫话》，载 1930 年上海《艺友》第 9 期；话剧《航空救国》、散文《祝你一杯》，载 1933 年上海《光华附中》第 9 期。嗣后在《新中华》《宇宙风》《小说》《良友画报》《新文学》《西北风》《中国漫画》《少年周报》《人世间》《读者文摘》《大众》《宇宙风乙刊》《西洋文学》《万象》《风雨谈》《杂志》《古今》《女声》《紫罗兰》《申报月刊》《天地》《天下》《锻炼半月刊》《文友》《语林》《新者周刊》《众论》《北极》《文潮》《新影坛》《小天地》《文艺世纪》《艺潮》《太平洋周报》《文史》《新闻月报》《文帖》等报刊发表文章，出版散文集《予且随笔》（上海良友图书印刷公司，1931 年）、《鸡冠集》（四社出版部，1934 年），长篇小说《小菊》（上海中华书局，1934 年）、《如意珠》（上海中华书局，1934 年）、《金凤影》（上海万象书屋，1947 年），小说集《两间房》（上海万象书屋，1937 年）、《七女书》（上海太平书局，1945 年），翻译小说《爱的难受》（上海中华书局，1939 年）等亦署。③潘子端，见于《怎样说话》，载 1933 年上海《光华附中半月刊》第 9 期。嗣后出版《社会问题》（光华附中华社，1935 年）亦署。④潘序祖，见于杂文《六三离校运动之评价》，载 1933 年《光华附中半月刊》第 10 期。嗣后出版专著《六三血泪录》（上海光华大学，1928 年）、《潘序祖集：饭后茶余》（上海汉语大词

典出版社，1995 年）等亦署。⑤子端，见于杂文《随笔二则》，载 1936 年《光华附中半月刊》第 4 卷第 8 期。⑥水绕花堤馆主，出版《命学新义》（上海中华书局，1939 年）署用。

潘学静（1916－？），江苏南通人，原籍河北南皮。笔名：①小岛，见于杂文《论杨朱的一毛不拔》，载 20 世纪 30 年代初天津女子师范校刊《师中季刊》。②学静，见于诗《小诗》《彷徨》，载 1931 年 6 月 7 日齐齐哈尔《黑龙江民报·文艺周刊》；散文《六十日》、诗《再见》，载 1933 年《师中季刊》第 2、3 期合刊。③潘学静，见于散文《晓行——丽娃手记之一》，载 1933 年《师中季刊》。④徐潘学静，出版回忆录《九十年的回忆》（上海书店出版社，2012 年）署用。

潘载和（1914－1935），广东揭阳人。原名潘连熙。笔名：①虬发，1931－1934 年在上海《大公报·小公园》、汕头《星华日报·流星》《岭东民国日报》发表小说《泡影》、诗歌《夜心集》等署用。②潘载和，20 世纪 30 年代发表作品开始署用。嗣后出版《潮汕检字字典》（汕头育新书社，1933 年）、《潮州府志略》（汕头文艺书店，1934 年）等亦署。

潘芝汀（1913－2005），河北泊头人。原名潘连升。曾用名潘之汀。笔名：①老斗，1930 年秋在《北平平报》发表《乡间俗语》署用。②芝庭，见于散文《农家故事》，载 1931 年《北平平报》。嗣后发表小说等亦署。③芝汀，见于《民间速写》，载 1933 年春《新天津报》。④一民，见于小说《小菁死了》，载 1935 年秋泊镇《乡村周报》。⑤全冰若，见于散文《如洗》，载 1935 年冬《乡村周报》。⑥潘之汀，见于《满子夫妇》，载 1945 年 9 月 14 日延安《解放日报》；小说《决心》，载 1942 年延安《草叶》第 4 期。嗣后出版《淡淡的足迹》（辽宁少年儿童出版社，1997 年）、《感慰集》（1999 年自印）、《感慰续集》（2002 年自印）、《感慰三集》（文化艺术出版社，2003 年）亦署。⑦一兵，见于《人民的市长》，载 1947 年《冀中导报》。⑧芝汀，出版中篇故事《老电工》（中国青年出版社，1958 年）、文集《大时代小痕迹——芝汀文选》（春风文艺出版社，1993 年）署用。⑨潘芝汀，出版散文小说集《驯"虎"英雄》、儿童文学《悬云寺》、长篇报告文学《发电厂里五十年——首都电业工人斗争生活纪实》（北京出版社，1959 年）、长篇纪实文学《"古稀"漫忆》等署用。⑩艾真、志挺、栀町、栀亭，1949 年后发表作品署用。⑪潘璠，署用情况未详。

潘重规（1908－2003），江西婺源（今属安徽）人。原名潘崇奎。曾用名梦祥（乳名）。笔名：潘重规，见于论文《〈说文〉借体说》，载 1932 年《国立武汉大学文哲季刊》第 2 卷第 2 期；论文《陶渊明〈腊日诗〉解》，载 1946 年上海《国文月刊》第 50 期。此前后在《制言月刊》《新民族》《志林》《中国学报》等刊发表诗文亦署。1972 年在香港《明报月刊》发表《谁"停

留在猜谜的阶段"？》、1982 年 10 月在台北发表《我探索敦煌学的历程》等文，出版《唐写〈文心雕龙〉残本合校》（香港新亚研究所，1970 年）、《敦煌诗经卷子研究论文集》（香港新亚研究所，1970 年）、《红学六十年》（台北文史哲出版社，1974 年）、《列宁格勒十日记》（台湾学海出版社，1975 年）等亦署。

潘子康（1909－1979），广西合浦人。原名潘干庭。曾用名潘比德、潘乃常。笔名：①多灵、波迅、俊若，1928 年后在上海、广州报刊发表文章署用。②皮凡，见于评论《转变后之张资平氏的〈长途〉》，载 1930 年广州《万人杂志》。嗣后在该刊及《新文艺评论》《一般艺术》《黄花》《广州民国日报》等报刊发表小说《小小的恐怖》《一个大不列颠的水兵》《胜利》、评论《文艺大众化与粤语文艺》等亦署。③潘乃常，见于小说《病院日记》，载 1936 年南京《文艺月刊》第 9 卷第 6 期。④潘比德，1937 年 6 月前后在上海《良友画报》任编辑署用。⑤潘子康，抗战胜利后开始署用。见于小说《初夏》，载 1957 年 6 月上海《文艺月报》。

潘梓年（1893－1972），江苏宜兴人。曾用名潘梓。笔名：①潘梓年，见于歌谣《亮月亮》，载 1923 年北京《歌谣》周刊第 37 号；论文《艺术论》，载 1927 年《北新周刊》第 41、42 期。嗣后在《语丝》《北新》《文艺月刊》《北斗》《世界杂志》《时事类编》《半月文摘》《民族公论》《改进》《新演剧》《自由中国》《文艺阵地》《文艺》《文学月报》《中苏文化》《现实》《杂志》《新华日报》《群众》等报刊发表著译文章，出版论著《文学概论》（上海北新书局，1933 年），散文集《新华日报的回忆》（与他人合作。重庆人民出版社，1959 年），译作《明日之学校》（美国杜威原作，与朱经农合译。上海商务印书馆，1926 年）、《大块文章——地球及其生命的历史》（又名《自然的罗曼史》。澳大利亚伯顿原作。上海北新书局，1927 年）、《疯狂心理》（哈特原作，与李小峰合译。上海北新书局，1927 年）等亦署。②梓年，见于《广州通信》，载 1927 年《语丝》周刊第 115 期。嗣后在《北新》《时论丛刊》《公论丛书》《文学月刊》《新华日报》《群众》等报刊发表文章亦署。③弱水，见于《谈现在中国的文学界》，载 1928 年上海《战线》周刊第 1 卷第 1 期；《夜》，载 1930 年上海《真美善》第 7 卷第 2 期；剧本《最后的一幕》，载 1934 年北平《行健月刊》第 5 卷第 4 期。④石子，见于随笔《动植物间之互助生活》，载 1918 年《劳动》月刊第 1－3 号；《纪念鲁迅》，载 1936 年 10 月 27 日北平《东方快报》。⑤宰木，出版论著《论抗战时期中的文化运动》（1938 年出版，后被查禁）署用。⑥宰，见于短评《开展国民精神总动员运动》，载 1939 年重庆《群众》周刊第 3 卷第 3 期。此前后在该刊发表《粉碎敌人"以战养战"的阴谋》《发扬英勇杀敌的美德》等文亦署。⑦任庵，见于随笔《正还有待于创造》，载 1943 年重庆《群众》第 8 卷第 11 期。⑧定思，见于评论《民族、民族主义、法西斯主义》，载 1943 年《群众》第

8 卷第 15 期。嗣后在该刊发表《"新奇"的"理解"》《科学精神，科学态度》等文亦署。⑨司马牛，1945 年 9 月后在重庆《新华日报》发表杂感时与袁水拍、章汉夫、胡绳、张友渔、徐光霄等人共同署用。⑩梓，见于短评《宣传休战与军事停战》，载 1946 年上海《群众》周刊第 11 卷第 7 期。

潘宗周（1867－1939），广东南海（今佛山市）人，字明训。笔名潘宗周，出版《礼记正义校勘记》（1928 年）署用。又见于所藏《宝礼堂宋本书录》（张元济编。南海潘氏宝礼堂，1939 年）。

【pang】

庞北海（1866－1937），江苏常熟人，字君华，号鹿门居士。笔名庞北海，著有《回文诗》一卷（常熟图书馆藏抄本）。

庞俊（1895－1964），四川綦江人，生于成都，字石帚。笔名：①庞俊，出版《国故论衡疏证》（与郭诚永合作。中华书局，2008 年）等署用。②石帚，出版《养晴室笔记》（四川文艺出版社，1985 年）等署用。按：庞俊另著有《余杭章先生行实学术纪略》（与李植合作，1936 年）。

庞人铨（1898－1922），湖南湘潭人，字寿纯、受淳，号龙厂（ān）、龙庵。笔名：①人铨，见于评论《纺织厂果要解散女工吗？》，载 1921 年 10 月 22 日湖南《劳工周刊》创刊号。嗣后在该刊第 3 期发表评论《拆开篱笆放狗进来吗？》《看见非信君的"对劳工周刊要说的几句话"》等亦署。②龙厂（ān），署用情况未详。

庞树柏，生卒年不详，江苏常熟人，字芑庵，号檗子、龙禅。笔名庞树柏，在《南社丛刻》发表诗文署用。

庞树松，生卒年不详，江苏常熟人，字樗农，号独笑。笔名庞树松，在《南社丛刻》发表诗文署用。

庞薰琹（1906－1985），江苏常熟人。原名庞薰琴，字虞铉。笔名：①鼓轩，20 世纪 40 年代在成都《华西晚报》副刊发表小品文署用。②庞薰琴，见于随笔《薰琴随笔》，载 1932 年上海《艺术旬刊》第 1 卷第 1－5 期；小说《罗莎》，载 1933 年《矛盾》月刊第 2 卷第 1 期；美术随笔《"决澜"时代回忆》，载 1944 年重庆《华声》半月刊第 1 卷第 4 期。③庞薰琹，1932 年在《文艺茶话》第 1 卷第 3 期发表《献花给我朋友》，1933 年在杭州《艺风》第 1 卷第 2 期发表《盲人》，1946 年在上海《清明》第 4 期发表《庞薰琹画苗族人物》等美术作品署用。

【pei】

裴景福（1854－1926？），安徽霍邱人，字伯谦、安浦，号睫闇、睫庵；别号西域戍卒。笔名裴景福，著有《河海昆仑录》《睫闇诗钞》《壮陶阁书画录》。

裴普贤（1921－2017），山东诸城人。原名裴溥言。

笔名：①裴普贤，1949年后出版译作《泰戈尔诗集·园丁集》（与糜文开、糜榴丽合译。台北三民书局，1970年）、《泰戈尔诗·横渡集》《泰戈尔小说戏剧集》（与糜文开合译。台北三民书局，1967年），专著《诗经欣赏与研究》（与糜文开合作。台北三民书局，1979年）、《诗经欣赏研究续集》（与糜文开合作）、《诗经欣赏研究三集》（与糜文开合作）、《诗经比较研究与欣赏》（台湾学生书局，1983年）、《诗经相同句及其影响》《诗经曲叠句欣赏研究》《诗经评注读本》《诗经研读指导》《经学概述》《中国文学欣赏讲座》（与糜文开合作）、《集句诗研究》《集句诗研究续集》《欧阳修诗本义研究》《中印文学关系研究》等署用。②裴溥言，出版《溥言杂忆》（台北三民书局）等署用。

裴文中 (1903—1982)，河北滦县人。笔名：①裴文中，见于小说《戎马声中》，载1924年11月19日至23日北京《晨报副镌》。嗣后在该刊发表小说《玉妹》、评论《平民文学的需要》等，在《国立北京大学地质学会会刊》《旅行杂志》《地质论评》《中央亚细亚》《史学年报》《历史与考古》《西北通讯》《独立论坛》《科学时代》《文讯》等刊发表著译文章，出版考古学著作等亦署。②文中，见于随笔《莱德博士》，载1925年3月17日《晨报副镌》。

裴馨园 (1897—1957)，江苏江阴人。笔名：①老斐，1931年9月后在哈尔滨《国际协报·国际公报》连续发表杂感《老斐语》署用。嗣后在《哈尔滨公报·公田》《哈尔滨五日画报》《商报·原野》等报刊发表文章亦署。②裴馨园，1932年在《哈尔滨五日画报》连载长篇小说《摩登生活》署用。同时期在《哈尔滨公报·公园》连载长篇小说《塞上情葩》亦署。

裴星惠 (？—1968)，浙江上虞人。笔名：①裴星惠，见于随笔《明末的一位英雄——阎应元》，载1936年上海《绸缪月刊》第2卷第5期。②黎一冰，见于《太行山的血》，载1938年12月7日、8日上海《申报·自由谈》。③黄新圣，20世纪40年代在上海《联合晚报》等发表文章署用。

裴学海 (1899—1970)，河北滦县人。曾用名裴会川。笔名裴学海，出版《中古虚字集释》（上海商务印书馆，1932年）署用。嗣后发表《尚书盘庚篇释文》（载天津国学月刊》第1卷第3、4期）、《尚书成语之研究》（载1934年《铃铎》第3期）、《评高邮王氏四种》（载1962年《河北大学学报》第3期）等亦署。

【peng】

彭柏山 (1910—1968)，湖南茶陵人。原名彭丙生。曾用名彭炳盛、彭冰山、陈友生、陈常、陈韵梧。笔名：①玄崖、孤松，20世纪20年代在长沙《民国日报·橄榄》发表诗歌、散文等署用。②冰山，20世纪20年代在长沙《民国日报·橄榄》发表诗文署用。见

于小说《夜袭》，载1933年上海《东方杂志》第30卷第11期；小说《崖边》，载1934年5月上海《作品》创刊号。20世纪30年代在上海《春光》《文学》等刊发表小说《皮背心》《忤逆》等亦署。1945年为丘东平小说《茅山下》（大连大众书店，1945年）作序亦署。③柏山，见于《苏州一炸弹》，载1937年上海《七月》第2期。同时期在该刊发表小说《某看护的遭遇》、散文《贺绿芸君的脱险》等，嗣后在《抗战文艺》《译报周刊》《中华周刊》等刊发表散文、小说、通讯，出版短篇小说集《崖边》（上海文化生活出版社，1936年）、《三个时期的侧影》（新文艺出版社，1955年），长篇小说《战争与人民》（人民文学出版社，1982年）等亦署。④千城，见于随笔《渡江之一夕——江南前线杂记之一》，载1949年6月南京《新华日报》，又载于同月上海《解放日报》。⑤侯千城，见于中篇小说《任务》，连载于1949年6月16日—7月1日上海《解放日报》副刊。⑥彭柏山，见于评论《论胡适政治思想的反动本质》，载1955年2月7日上海《解放日报》。嗣后出版散文集《战火中的书简》（上海文艺出版社，1982年），小说集《侧影》（四川人民出版社，1984年），文集《彭柏山文选》（上海文艺出版社，2007年）等亦署。

彭拜 (1923—？)，安徽合肥人，生于湖北荆州。原名鲍庆南，字一衡。笔名：①高炬，见于中篇小说《那是谁跳下海了》，载1946年《安徽日报》。1947年在安徽《皖报》发表短篇小说《老夏》亦署。②彭拜，见于诗《悼——一个人的死》，载1947年《皖报》。嗣后在该报及《安徽日报》发表小说《魔障》、杂文《羊的反叛》、评论《谈文艺大众化》《艺文浅谈》、故事新编《范蠡》等作品，出版长篇历史小说《汉苑血碑》（花城出版社，1987年）、《红颜幽梦绕香山》（时代文艺出版社，1989年）、《斜阳梦》（漓江出版社，1990年）、《梨花梦》（漓江出版社，1996年），中短篇历史小说集《清泪沉江》（广州文化出版社，1990年）、《潮州梦》等亦署。③高远，1947年在《安徽日报》《皖报》发表诗《雨天的寂寞》等署用。④卢辛，1947年在《安徽日报》《皖报》发表诗《梦》等署用。⑤笑天，1947年在《安徽日报》《皖报》发表杂文《庄严的猴子》等署用。⑥秦览，1947年在《安徽日报》《皖报》发表评论《介绍〈近二十年文艺思潮论〉》等署用。⑦易红，1947年在《安徽日报》《皖报》发表评论《介绍〈二十九人自选集〉》等署用。⑧王庆云，1947年在《安徽日报》《皖报》发表散文《迷惘》等署用。⑨边小鸾，1947年在《安徽日报》《皖报》发表杂文《琐语买菜钱》等署用。⑩铁孩，署用情况未详。

彭楚珩 (1908—1983)，字湘甫，号述斋居士。笔名彭楚珩，出版《粤汉铁路备览》（1937年自印），故事《历代高僧故事（第1—3辑）》（台北佛学语体文化社，1958年）、《历代高僧故事（第4辑）》（台北梅枝图书印刷有限公司，1979年）、《历代高僧故事（第5辑）》（台北永裕印刷厂，1983年）、《中国历代思想家（二

一）·玄奘》（台湾商务印书馆，1978 年）、《历代圣僧传奇》（妇女与生活社，2002 年）等署用。

彭传玺（1926－1960），福建福州人。笔名：①谁说，见于杂文《反娼妓哲学》，载 1944 年 6 月 27 日福建永安《民主报·新语》。②遗章，见于杂文《纸情》，载 1944 年 7 月 8 日《民主报·新语》。嗣后在该刊发表《漫谈"新""旧"》《追忆死去的爸爸》等亦署。③玉章，见于杂文《你怎么能够飞进来呢？》，载 1944 年 8 月 18 日《民主报·新语》。嗣后在该刊发表杂文《慰友》《好像……》等亦署。

彭定安（1928－？），江西鄱阳人。字幼鸿。笔名：①游子，见于散文《塔》，载 1943 年前后江西景德镇《赣北日报》。1947 年在《赣北日报》和乐平《长江日报》等报刊发表散文、译作等亦署。②安娜，见于《读〈萧红小传〉》，载 1947 年前后南昌《中国新报》副刊。1947 年在江西乐平《长江日报》发表文章等亦署。③吴花蕾，见于杂文《迎春篇》，载 1957 年《辽宁日报》。④波阳，见于报告文学《永生的战士》，载 1962 年《辽宁日报》。⑤芳草，1961－1963 年在《辽宁日报》发表科学诗署用。⑥彭定安，出版专著《鲁迅思想论稿》（浙江文艺出版社，1983 年）、《创作心理学》（中外文化出版公司，1990 年）、《美的踪迹》，传记《鲁迅评传》（湖南人民出版社，1982 年）、《突破与超越——鲁迅和他的同时代人》（与马蹄疾合作。春风文艺出版社，1985 年），随笔集《安园读书记》（辽宁教育出版社，2001 年），长篇小说《离离原上草》（万卷出版公司，2007 年）等署用。

彭铎（1913－1983），湖南湘潭人，字灵乾。笔名彭铎，1949 年后发表学术论文，出版《潜夫论笺校正》（中华书局，1985 年）、《群书序跋纂要》（山东教育出版社，1985 年）、《唐诗三百首词典》（陕西人民出版社，1986 年）、《古籍校读与语法学》等署用。其所作旧体诗词收入国内多种诗词集。

彭芳草（1903－1987），湖北武昌（今武汉市）人。原名彭山寿，字叔美。笔名：①彭叔美，见于随笔《读老杂记》，载 1925 年上海《学生杂志》第 12 卷第 8 期。嗣后在《新中华》《文摘》《时事月报》等刊发表评论亦署。②芳草，见于随笔《这里的世界》，载 1928 年《语丝》周刊第 4 卷第 11 期。嗣后在《北新》《青年界》《现代文学评论》《今代妇》《炉炭》《妇女共鸣》《黄埔》《艺文杂志》等刊发表著译散文、评论等亦署。③彭芳草，20 世纪 20 年代在北京编《心声晚报》起署用。见于《梦想的个人生活》，载 1933 年《东方杂志》第 30 卷第 1 期。嗣后在《读书杂志》《创化》《当代文艺》《文化评论》《中华月报》《时事月报》《创导半月刊》《妇女共鸣》《反侵略》《欧亚文化》《新建设》《民族青年》《文化评论》《世界兵学》《时代中国》《学术丛刊》等刊发表著译小说、散文、评论等，出版翻译小说《都市》（上海神州国光社，1931 年）等亦署。④叔美，见于随笔《惨痛的三月十九日》，载 1931 年上海《读书

杂志》第 1 卷第 7、8 期合刊；评论《暴寇的兽行》，载 1938 年南京《时事月报》第 18 卷第 4 期。

彭阜民（1924－2001），湖南长沙人。笔名金力，见于翻译小说《犹太人》（俄国屠格涅夫原作），连载于 1946 年上海《天下》杂志。

彭歌（1926－？），河北宛平（今北京市）人，生于天津。原名姚朋。笔名：①姚朋，见于随笔《如何使自己进步》，载 1947 年 8 月 25 日重庆《读书通讯》第 139 期。嗣后在该刊发表《我的大学生活》《写给投考国立政治大学的朋友》等文亦署。又见于随笔《梨——童年画片》，载 1948 年南京《中央日报周刊》第 6 卷第 4 期。嗣后出版小说集《昨夜梦魂中》（香港亚洲出版社，1956 年）亦署。②彭歌，1949 年后在台湾发表作品、出版长篇小说《流星》（台北中国文学出版社，1956 年）、《大汉魂》（台北幼狮文化事业公司，1965 年），中篇小说《残缺的爱》（台北自由中国出版社，1953 年），小说集《辞山记》（台北畅流半月刊社，1960 年），评论集《知识的水库》（台北纯文学出版社，1969 年），游记《莱茵河之旅》（台北仙人掌出版社，1969 年），以及《书香》（台北仙人掌出版社，1968 年）、《书中滋味》（台北三民书局，1969 年）、《奇特与平凡》（台北仙人掌出版社，1969 年）、《新闻圈》（台北晨钟出版社，1970 年）、《改变美国的书》（台北纯文学出版社，1973 年）、《笔略天下》（台北远景出版社，1973 年）、《祝善集》（台北三民书局，1973 年）、《双月楼说书》（台湾学生书局，1973 年）、《笔之会》（台北三民书局，1974 年）、《爱书的人》（台北纯文学出版社，1974 年）、《K 先生去钓鱼》（1974 年）、《取者与予者》（台北三民书局，1974 年）、《浩劫后》（台北纯文学出版社，1975 年）、《彭歌自选集》（台北黎明文化实业股份有限公司，1975 年）、《回忆的文学》（1977 年）、《回春词》（台北三民书局，1977 年）、《落月》（台北远景出版社，1977 年）、《人生的光明面》（译作，皮尔博士原作。台北纯文学出版社，1978 年）、《小小说写作》（台北远景出版社，1980 年）、《寻父记》（台北《中央日报》社，1980 年）、《笔花》（台北《中央日报》社，1980 年）、《读书与行路》（台北三民书局，1980 年）、《书与读书》（台北纯文学出版社，1981 年）、《戏与人生》（台北九歌出版社，1984 年）、《改变历史的书》（台北皇冠出版社，1987 年），在大陆出版《象牙球》（长江文艺出版社，1993）、《忧郁的灵魂》（新世纪出版社，1998 年）、《智言》（吉林大学出版社，2004 年）等署用。③余龙，署用情况未详。

彭桂萼（1908－1952），云南缅宁（今属临沧）人，字小圃，号震声。曾用名彭振声。笔名：①爱思基、K.N.P.，在云南《双江简师校刊》发表诗文署用。②振声，见于随笔《学生时代应有的认识》，载 1930 年 10 月 30 日《云南民国日报》。③彭桂萼，见于随笔《怎样上课》，载 1936 年上海《青年界》第 9 卷第 3 期；诗《野火》，载 1938 年汉口《战地》第 1 卷第 6 期。

20 世纪 30 年代在《边事研究》《教育与科学》《云南教育周刊》《民族诗坛》《苦斗》、昆明《民意日报》等报刊发表诗文，出版诗集《边塞的军笳》（警钟社，1941年）、《澜沧江畔的歌声》（救亡诗歌社，1942年）、《后方的冈卫》（云南长城书店，1945年），专著《双江》（1936年）、《西南边城缅宁》（昆明云南省立双师边城丛书编辑处，1937年）等亦署。④丁屹，见于散文《我怎样走向诗歌之路》，载 1938 年冬《警钟季刊》第 1期。⑤彭鹏，见于儿歌《三媳妇》，载 1939 年昆明《战歌》第 1 卷第 6 期。⑥震声，见于《过猛郎荒壩》，载 1939 年《晨曦》第 4、5 期合刊。⑦号兵，见于《野鸭塘边开野宴》，载 1940 年《警钟季刊》第 3 期。⑧长矛，1945 年在云南《警钟季刊》《边城》等报刊发表诗文署用。⑨石森，在昆明的日报发表论文署用。

彭桂蕊（1917－1990），云南缅宁（今属临沧）人，字耀秋。笔名：①爱恩基，20 世纪 30 年代末在《云南民国日报》《云南日报》发表诗文署用。②彭桂蕊，见于诗《鲁迅两周年祭》，载 1938 年云南腾冲《晨曦月刊》第 5 期；通讯《绿云下的缅宁》，载 1940 年《文艺阵地》第 4 卷第 6 期。嗣后在重庆《文学》、上海《诗创造》、桂林《中学生》等刊发表《产妇吟》《依闾》等诗文亦署。③桂蕊，见于诗《他躺在古道上》，载 1944年重庆《文学》第 2 卷第 2 期；散文《苦斗成功的作家艾芜》（与周曙合作），载 1948 年重庆《人物杂志》第 3 辑第 3、4 期合刊。④彭湃，见于科学小品《学学蜘蛛》，载 1945 年云南《警钟季刊》第 1 期。嗣后在该刊发表《从"口头联合"到"实际联合"》《筑紧西南边城的文化堡垒》等、在腾冲《晨曦》杂志发表诗文亦署。⑤丁鲸，见于小说《卧龙先生》，载 1945 年《警钟季刊》第 2 期。嗣后在该刊发表《鲁迅和周作人》《不要这样的批评家》等文亦署。⑥田舍，见于诗《梦》，载 1944 年 12 月 27 日昆明《云南晚报》；散文《访〈滇南散记〉之作者》，载 1947 年 6 月 28 日昆明《正义报》。1948 年 12 月 13 日起在昆明《民意日报·人生》发表散文《投稿的"苦"与"乐"》《送礼》《走背街》等亦署。⑦田群，20 世纪 40 年代在云南报刊发表文章署用。⑧茅舍、何归帆，20 世纪 40 年代在《昆明日报》发表诗文署用。⑨田风，见于诗《布谷鸟》等，载 1949年临沧《老百姓》报。⑩彭耀秋，1949 年后在临沧《老百姓》报发表诗文署用。

彭鹤濂（1914－1996），江苏金山（今上海市）人。原名彭天龙，字松庵，号棕槐室主人。笔名彭鹤濂，1932 年后在《青鹤杂志》《学术世界》《艺文杂志》《新东亚》《国光杂志》（后易名《中国诗坛》）及金山《春华文艺报》《金山民众报》《新金山报》，松江《茸报》《新松江报》、北平《雅言》等报刊发表诗作，1949年后出版诗集《棕槐室诗》（上海社会科学院出版社，2013年）、《棕槐室诗续集》等亦署。

彭鸿（1909－1997），湖南衡山人。原名彭星辉，号赓虞。笔名彭鸿，出版有诗集《春人诗选》《瀛洲诗选》

及字帖、书法集多种。

彭慧（1907－1968），湖南长沙人，生于安徽安庆。原名彭涟清。曾用名彭慧青、彭慧中、曹慧中。笔名：①彭涟清，见于散文《给西滢先生的一封信》（与雷瑜等人合作），载 1926 年《国立北京女子师范大学周刊》第 124 期。②慧中，见于小说《米》，载 1932 年上海《北斗》第 2 卷第 3、4 期合刊。③彭慧，见于译诗《一时间的骑士》（俄国涅克索夫原作），载 1937 年上海《文学》第 8 卷第 1 期；《寄希望于武汉的妇女行动委员会者》，载 1937 年上海《妇女生活》第 5 卷第 6 期。嗣后在《文艺月刊·战时特刊》《自由中国》《抗战文艺》《新学识》《战时知识》《东方杂志》《文艺生活》《文艺阵地》《文学月报》《文艺杂志》《文讯》《时调》《战歌》《青年文艺》《救亡日报·文化岗位》《人世间》《艺丛》《新文学》《民族诗坛》《上海妇女》《广西妇女》《艺文集刊》《东南评论》《文艺复兴》《诗创造》等报刊发表著译小说、诗、评论、通讯、散文等，出版翻译小说《草原》（俄国契诃夫原作。重庆读书出版社，1942年）、《哥萨克》（俄国列夫·托尔斯泰原作。上海文通书局，1948 年），翻译散文集《小姑娘们》（苏联班台莱耶夫原作。上海文化供应社，1947 年）、《列宁格勒日记》（苏联薇拉·英培尔原作。上海国际文化服务社，1949 年），长篇小说《不尽长江滚滚来》（人民文学出版社，1980 年），专著《普希金研究》《托尔斯泰研究》等亦署。

彭基相（1900－？），安徽和县人，字叔辅。笔名：①叔辅，见于随笔《大学为什么还不开女禁？》，载1921 年《新共和》第 1 期。②基相，见于《寄 S 兄妹》，载 1926 年北京《语丝》周刊第 76 期。同时期在《京报副刊》《新月》等报刊发表文章亦署。③彭基相，见于翻译小说《在一个很远的世界里面》（南非薛乃纳原作），载 1923 年北京《努力周报》第 63 期；随笔《读了郁达夫先生的〈给一个文学青年的自供状〉》，载1924 年 11 月 20 日上海《晨报副镌》。此前后在《新共和》《晨报副镌》《京报副刊》《语丝》《现代评论》《猛进》《民铎杂志》《教育杂志》《新月》《中法大学月刊》《建国月刊》《再生杂志》《大陆》《文哲月刊》《新民月刊》等报刊发表著译文章，出版论著《法国十八世纪思想史》（上海新月书店，1928 年）、《哲学论文集》（上海北新书局，1927 年）、《谈真》（上海商务印书馆，1937年），译作《方法论》（笛卡尔原作。上海商务印书馆，1933 年）、《希腊的生活观》（狄金森原作。上海商务印书馆，1934 年）、《康德哲学》（英国林塞原作。上海商务印书馆，1935 年）等亦署。

彭家煌（1898－1933），湖南湘阴（今属汨罗）人。别名彭介黄，字蕴生、韫松。笔名：①彭蕴松，见于童话《一个很长的故事》，载 1925 年上海《小朋友》周刊第 105 期。嗣后在《小朋友》发表童话《苍蝇和甲虫》（第 154 期）、故事《有多少标点符号》（第 216期）等亦署。②珊馨，见于故事《油漆未干》，载 1925

年上海《儿童世界》第 168 期。③彭家煌，见于故事《可敬慕的女郎》，载 1925 年上海《儿童世界》第 16 卷第 2 期；论文《论国家主义的教育》，载 1925 年 8 月 20 日上海《教育杂志》第 17 卷第 8 期。嗣后在《小说月报》《民铎杂志》《文学周报》《小说世界》《晨报副镌》《北新》《幻洲》《当代文艺》《新文艺》《开展》《涛声》《现代》《矛盾月刊》《申报·自由谈》《学友》《大美晚报》《中华日报·动向》《现代出版界》等报刊发表童话、小说、寓言、故事、诗等，出版长篇小说《落花曲》（上海神州国光社，1931 年）、《喜讯》（上海现代书局，1933 年），中篇小说《皮克的情书》（上海现代书局，1928 年）、《厄运》（上海神州国光社，1930 年），短篇小说集《怂恿》（上海开明书店，1927 年）、《茶杯里的风波》（上海现代书局，1928 年）、《管他呢》（上海北新书局，1928 年）、《苦酒集》（上海北新书局，1928 年）、《平淡的故事》（上海大东书局，1929 年）、《在潮神庙》（上海良友图书印刷公司，1933 年）、《喜讯》（上海现代书局，1933 年）、《出路》（上海大东书局，1934 年）等亦署。④家煌，见于寓言《假胖子》，载 1926 年上海《儿童世界》第 214 期；小说《劫》，载 1927 年上海《幻洲》半月刊第 2 卷第 3 期（刊目录署名家煌，刊内正文署名彭家煌）。⑤韫松，见于寓言《有志气的汤罐》，载 1926 年《小朋友》第 217 期；评论《神秘的艺术》，载 1929 年上海《文学周报》第 353 期"梅兰芳专号"。⑥孙珊馨，借用其妻之名。见于故事《这还了得》，载 1926 年《小朋友》第 220 期。⑦韦公，见于故事《范报仇》，载 1926 年《小朋友》第 239 期。同月在该刊第 240 期发表故事《祖母的寿诞》亦署。⑧岛西，见于论文《文学与大众》，载 1933 年上海《无名文艺》旬刊第 2 期。同年 6 月 1 日在《无名文艺》月刊第 1 期发表小说《垃圾》亦署。⑨F.K.，见于 1932 年 11 月 17 日致学生 TP 的信，载 1933 年 9 月 16 日上海《涛声》周刊第 2 卷第 6 期。⑩韫杉，署用情况未详。

彭康（1901—1968），江西上栗人。原名彭坚，字子劼。笔名：①彭康，见于评论《科学与人生观——近几年来中国思想界的总结算》，载 1928 年上海《文化批判》第 2 期；评论《什么是"健康"与"尊严"——〈新月的态度〉底批评》，载 1928 年上海《创造月刊》第 1 卷第 12 期。嗣后在《五一特刊》《流沙》《思想月刊》《新学识》《文艺讲座》《青年学习业刊》等刊发表文章，出版译作《马克思主义的根本问题》《费尔巴哈与德国供电哲学的终结》等亦署。②嘉生，见于译文《高尔基论》（苏联伏罗夫斯基原作），载 1928 年上海《创造月刊》第 2 卷第 1 期。嗣后在该刊发表译文《托尔斯泰——俄罗斯革命明镜》（苏联伊里支原作）、评论《革命文艺与大众文艺》，在《萌芽》《文艺阵地》等刊发表文章亦署。③子之，1937—1938 年间在武汉《战斗》旬刊发表作品署用。又见于随笔《双十二的一周年》，载 1938 年汉口《全民周刊》第 1 卷第 1 期。④彭子劼、彭嘉生、彭一民、一民，署用情况未详。

彭玲（1909—?），湖南长沙人。原名彭三让。曾用名杨锦明、林玲。笔名：①彭颖天，抗战时期在万县《川东日报》发表诗、特写、论文署用。②彭玲，见于诗《农村妇女救亡歌》，载 1938 年武汉《时调》第 5 期；麻城调《逃难景》，载 1938 年武昌《抗到底》第 5 期"抗日通俗文专号"；诗《汉奸李福星》，收入 1941 年正中书局出版的《抗战诗歌选》（魏冰心编）。出版翻译故事《美国佬滚出去》（苏联加福利洛夫原作。上海启明书局，1951 年）、《前进吧，船长》（苏联绥芒凯维奇原作。上海万叶书店，1951 年）、《帝国主义统治下的孩子》（苏联柯曼洛夫斯基原作。上海启明书局，1951 年）、《华华的火车头》（苏联伏罗夫斯基原作。上海启明书局，1951 年）、《朝鲜之花》（苏联索可洛夫原作。上海启明书局，1952 年），译诗《歌颂斯大林》（苏联伊萨柯斯基原作。上海启明书局，1953 年）等亦署。③彭韵玲，署用情况未详。

彭芮生，生卒年不详，江西萍乡人。笔名：①芮生，见于翻译小说《德布士的梦》（美国杰克·伦敦原作），载 1929 年上海《创造月刊》第 2 卷第 6 期；评论《中国新文化运动之意义及其特征》，载 1929 年上海《引擎》月刊创刊号。1928 年在上海《革命周报》发表文章亦署。②彭芮生，出版译作《科学的社会主义底基本原理》（萨克思原作。上海创造社出版部，1929 年）、《近代文化的基础》（美国 H. C. 汤玛斯、W. A. 汉姆原作。上海启智书局，1929 年）等亦署。

彭师勤（1901—1979），湖南茶陵人，字吉人，号补拙。笔名：①补拙，见于杂文《民主呢，钱主呢》，载 1923 年上海《中央杂志》第 26 期；随笔《现代爱沙尼亚文学》，载 1930 年《小说月报》第 21 卷第 1 期。此前后在《东方杂志》《合作月刊（战时版）》《中农月刊》《小说月报》等刊发表著译文章亦署。②彭师勤，见于随笔《我们到庐山了》，载 1925 年广州《农声汇刊》第 56 期。嗣后在《东方杂志》《中华农学会丛刊》《农声》《浙江建设》《广东建设》《农村经济》《合作月刊》《江苏合作》《合作与农业》《合作事业》《服务月刊》《中国劳动》《行健月刊》《妇女合作运动》《新农会刊》《学识》《合作评论》《新合作》等刊发表著译文章，出版译作《合作思想史》（姆拉德拉兹原作。重庆中国合作学社，1944 年）、《合作企业的理论与实际》（姆拉德拉兹、季特等原作。福建崇安中国合作经济研究社，1944 年）、《连锁论》（季特原作。上海正中书局，1947 年）等亦署。③彭补拙，见于译文《托尔斯泰的艺术》，载 1928 年上海《东方杂志》第 25 卷第 19 期；随笔《诺贝尔奖金消息一束》，载 1929 年 1 月 10 日上海《小说月报》第 20 卷第 1 期。此前后在《小说月报》《时事月报》《三民半月刊》《新生命》《社会工作通讯》等刊发表著译文章亦署。④吉人，见于 1935 年 1 月 26 日《东南日报·沙发》。

彭新琪（1929—?），湖南浏阳人，生于浙江绍兴。原名彭逸兰。笔名：①彭新琪，见于随笔《演戏》，载

1947 年上海《青年界》新 4 卷第 4 期。1949 年后发表文章，出版《巴金的世界——亲情·友情·爱情》（宁夏人民出版社，1997 年）、《七人集——"30 前"上海女作家絮语》（与罗洪、欧阳翠等人合集。上海文艺出版社，2009 年）、《动画大师万籁鸣》等亦署。②沙妮，1948 年在上海《大公报·青年界》发表随笔《入学难退学易，失学失学》《不同的道路》等署用。③彭兰，见于散文《看河上灯火有感》，载 1948 年上海《大公报·青年界》。④辛奇，20 世纪 50 年代在上海《儿童时代》发表作品署用。

彭行才（1918－？），安徽桐城人。笔名：①彭行才，见于随笔《观众心理》，载 1944 年上海《人世间》第 2 卷第 1 期；随笔《记曹禺》，载 1947 年上海《幸福世界》第 1 卷第 8 期。1949 年后出版独幕剧《黎明之前》（台湾正中书局，1962 年）、回忆录《导演生涯 60 年》（台湾柏室出版社，2005 年）等均署。②彭军，见于随笔《记盛焕明》，载 1947 年上海《幸福世界》第 1 卷第 8 期。嗣后出版戏剧集《被压迫的人》（青年月刊社，1945 年）、《朝阳初升》（台北，1959 年）、《春泥》（菲律宾剧艺出版社，1966 年）、《春风路柳》（菲律宾剧艺出版社，1966 年）、《长夜行》（台北，1967 年）、《焦桂英与王魁》（菲律宾剧艺出版社，1967 年）等亦署。按：彭行才于 1942 年由四川里石月刊社出版小说《决斗》，署名未详。

彭雪枫（1907－1944），河南镇平人。原名彭修道。曾用名隆兴（乳名）、彭雨峰、彭守道。别署白雪、红叶、枫。笔名彭雪枫、雪枫，见于《烟台纪行》，载 1929 年 10 月《国闻周报》副刊。1938 年后在新四军第四师机关报（后成为中共淮北区党委机关报）《拂晓报》发表政论与军事文章亦署。

彭燕郊（1920－2008），福建莆田人。原名陈德矩。笔名：①彭燕郊，见于诗集《战斗的江南季节》，载 1939 年《七月》第 4 集第 3 期；长诗《在这里，呼唤着》，载 1942 年桂林《诗创作》第 8 期。此前后在《抗战文艺》《自由中国》《现代文艺》《文艺生活》《野草》《青年文艺》《人世间》《文艺杂志》《天下文章》《抗敌》《艺丛》《当代文艺》《中学生》《创作月刊》《诗文学》《文化杂志》《黎明》《自由世界》《高原》《宇宙》《戏剧与文学》《文萃》等报刊发表诗文，出版诗集《春天——大地的诱惑》（桂林诗创作社，1942 年）、《战斗的江南季节》（桂林水平书店，1943 年）、《妈妈，我和我唱的歌》（萌芽社，1943 年）、《第一次爱》（山水出版社，1946 年）、《湖南歌谣选》（湖南通俗读物出版社，1954 年）、《高原行脚》（花城出版社，1984 年）、《彭燕郊诗选》（湖南人民出版社，1984 年），散文集《浪子》（桂林水平书店，1943 年）、《纸墨飘香》（岳麓书社，2005 年）、《那代人——彭燕郊回忆录》（花城出版社，2010 年），评论集《和亮亮谈诗》，主编《诗苑译林》《现代散文诗名著译丛》《外国诗辞典》等亦署。②田焰、陈漾、陈思勤，1949－1950 年在《光明日报》发表文章署用。

彭俞（1876－1946），浙江绍兴人，生于江苏溧阳。原名彭逊之，号荫庵、守愚、亚东破佛。法号安忍。曾用名彭愈、彭瑜、彭泰。笔名：①彭俞，清末办《竞立小说月报》署用。②守愚氏、竹泉生，1906 年后作古文辞署用。③破佛，1906 年后发表小说署用。④亚东破佛，见于小说《歼鲸记》，载 1907 年《竞立小说月报》第 2 期。⑤安仁、安忍、怀禹、彭泰、彭愈、常仁、光吴氏、盲道人、无心居士、儒冠和尚、闲邪斋主人，署用情况未详。

彭展（1913－？），湖南攸县人。原名彭阆忠，字有斐，号载文。笔名：①宇、彭宇、伧夫、非文、胡楠、鸣镝，1931－1936 年任《南岳日报》《霹雳报》和少年新闻社编辑、记者发表文章署用。②彭展，1949 年后主编《理论战线》《江汉学报》、出版《怎样阅读〈费尔巴哈与德国古典哲学的终结〉》（湖北人民出版社，1956 年）等署用。

彭震球（1915－？），广东海丰人，字学如。笔名黄震球，1949 年后出版散文集《回家》《屋顶流云》、随笔集《课余随感录》，以及《园林文学发凡》《两人书》（与他人合集）等署用。

彭竹予（1925－？），江苏南通人。原名彭徐。曾用名彭长根。笔名：①彭竹予，见于小说《宪兵太太》，载 1952 年台北《中央日报·中央副刊》。嗣后发表作品，出版散文集《一字一泪一家书》（嘉义明山出版社，1969 年）、《粉笔生涯》（1984 年）、《流云三十年》（台北采风出版社，1986 年），小说集《雪岭忠魂》（台北明山出版社，1969 年）等亦署。②古行人、乐天、东方未白，署用情况未详。

彭子冈（1914－1988），江苏苏州人。原名彭雪珍。笔名：①彭雪珍，见于《月夜——给弟弟》《送寒衣》，载 1931 年上海《中学生文艺》第 1 期。嗣后在《中学生》《江苏学生》《苏州振华女学校刊》《振华季刊》发表《雪珍的姆妈》《寂寞》《游踪》《从秦妇吟说到文学的时代性》等文，1934 年在南京《中国文学》第 1 卷第 6 期发表小说《逼》等亦署。②子冈，见于《狱囚》，载 1934 年上海《中学生》第 41 号；随笔《消息》，载 1934 年 9 月 22 日上海《申报·自由谈》。嗣后在《女声》《申报月刊》《妇女生活》《中流》《新学识》《大公报》《消息》《生活星期刊》《诗歌月报》《当代文学》《光明》《月报》《抗战半月刊》《民教指导》《全民抗战》《学生月刊》《广西妇女》《中美日报·堡垒》《阵中月刊》《清乡前线》《民主周刊》《中美周报》《进步青年》等报刊发表著译小说、散文、通讯，出版《苏匈短简》（上海出版公司，1952 年）、《时代的回声》（黑龙江人民出版社，1984 年）、《子冈作品选》（新华出版社，1984 年）等亦署。

彭作雨（1922－？），江西萍乡人。笔名：①洁寒，1945－1946 年在长沙《中央日报》、南昌《民国日报》

《群报》等报发表散文《风铃》《归家》《澜潭湾秋夜》、杂文《摇身一变》《我也鸣呼》《斗争》等署用。②彭作雨，1960 年开始在《人民日报》《羊城晚报》《散文》《百花洲》《南昌晚报》《贵阳晚报》等报刊发表小说、散文等，出版《实用对联》（江西人民出版社，1983 年）署用。③戴寒，1961 年起在《南昌晚报》发表随笔、小品等署用。

彭作桢（1880—？），四川开县人。原名彭洪。笔名彭作桢，1927—1928 年在《新晨报》《民言报》发表文章署用。嗣后出版《翘勤轩集联·翘勤轩谜语》（北平撷华印书局，1930 年）、《历史人名对》（北平撷华印书局，1931 年）、《翘勤轩文集·读书识余》（北平世界印刷局，1931 年）、《翘勤轩文集续编》（北平撷华印书局，1932 年）、《古今同姓名大辞典》（北平好望书店，1936 年）等亦署。

澎湃（1926—？），安徽望江人。原名彭品光。笔名：①雷阳，见于随笔《全世界将在炮火、死亡、争取光明中度过一九四〇年》，载 1940 年重庆《中原》第 2 卷第 1 期。②邱鸿、映雪红、雷阳客，早年发表作品署用。③彭品光，见于小说《泊湖风雪故人心》，载 1952 年台北《野风》半月刊第 32 期。嗣后出版短篇小说集《黄海之战》（台北，1954 年）、《浪花曲》（台北，1955 年）、《慈母泪》（台北，1961 年）、《木屋里的春天》（台北水牛出版社，1968 年），中篇小说《荒岛梦回》（台北海洋生活月刊社，1959 年）、《大铁锚之恋》（台北作家出版社，1960 年）、《碧海情深》（台北海洋生活月刊社，1961 年）、《昼梦十年间》（台北水牛出版社，1970 年）、《喋血寒江》，长篇小说《龙争虎斗》（台北自立晚报社，1966 年）、《赤子悲歌》（台湾学生书局，1972 年），传记文学《中国历史女杰》（台北今社会周刊社），散文集《焚余集》（台湾纸业新闻社，1961 年）、《生命的散章》（台北哲志出版社，1970 年）等亦署。④澎湃，出版杂文集《澎湃杂文集》（台北水芙蓉出版社，1976 年）、《澎湃怡情集》（台北源成文化图书公司，1977 年）、《澎湃心声集》（台北大地出版社，1977 年）、《澎湃沉思集》（台北地球出版社，1978 年）、《澎湃怒潮集》（台北星光出版社，1978 年）、《澎湃叱咤集》（台北中华日报社，1979 年）、《彭湃自选集》（台北黎明文化事业股份有限公司，1978 年）等署用。⑤客，署用情况未详。

【pi】

皮作玖（1917—？），湖南沅江人。原名皮彩九，字作玖。笔名：①彩久，见于《采桑曲》，载 1933 年春南京《青白报》。②皮作九，见于《游玄武湖》，载 1933 年夏南京《青白报》。③松陵堂，出版独幕剧《出发》（沅江黎明书局，1937 年）署用。④皮采九，出版歌曲集《月下花香》（沅江黎明书局，1941 年）署用。⑤皮作玖，见于《拆了草棚盖瓦房》，载 1949 年春上海《新民报晚刊》。嗣后出版歌曲集《祖国赞》（与贺绿汀合作。上海音乐出版社，1958 年）、《英雄的五月》（与贺绿汀合作。上海音乐出版社，1958 年）、《无伴奏合唱曲五首》（与陈铭志合作。上海文艺出版社，1959 年），故事集《人人都说公社好》（与毛用利合作。少年儿童出版社，1960 年）、《谜语故事》（浙江文艺出版社，1985 年）等均署。⑥作玖，见于《自由花》（歌词），载 1949 年春《大家唱》第 1 集。⑦章玖，1949 年后与章彰合作发表诗评署用。⑧采九、松林，1958 亚 4 月、5 月在上海《萌芽》发表《东风赞》《会客单》署用。⑨皮作久，见于歌曲《捉老鼠》（张正宜作词），载 1958 年 5 月《布谷鸟在歌唱》。⑩林之采，1958—1962 年间与沙白、于之发表诗评合署。⑪咏之、郑小采，1980 年 7 月 5 日在上海《采风报》分别发表《藏头诗》《青松白鹤忆华亭》署用。⑫刘咏元、松陵，1980 年 8 月 5 日在《采风报》分别发表《手巾诗》《静安寺古井传奇》署用。⑬刘小苏，见于《来富唱山歌》，载 1980 年 9 月 5 日《采风报》。⑭祝裴玖，见于《观潮话今昔》，载 1980 年 9 月 22 日上海《解放日报·农村版》。⑮高文江、袁江，1980 年 10 月 5 日在《采风报》分别发表《刮字谣》《画谜故事》署用。⑯孙小林，见于拗口令《剥桔壳》，载 1980 年 11 月 15 日《采风报》。⑰斯珍、高秀、马长鸣、何文、小林，1981 年 3 月 1 日在《采风报》增刊分别发表《半夜给战友补裤子》《谜语》《江夏黄童》《孔融让梨》《端午节谚语》署用。⑱潭水、鹿门、林梅，1981 年 7 月 5 日在《采风报》分别发表《明代〈小儿女〉选注》《两个和尚三个头》《春风六十载》署用。⑲苏子，见于《辛亥革命时期歌谣》，载 1981 年 10 月 19 日上海《解放日报·农村版》。⑳高沅，见于《了了趣谚》，载 1982 年 1 月 5 日《采风报》。㉑沅中，见于《文明礼貌谜语》，载 1982 年 3 月 5 日《采风报》。㉒刘小松，见于《绿化谚》，载 1983 年 3 月 16 日《采风报》。㉓马长鸣，1980—1983 年在上海《采风报》发表文章署用。

【piao】

漂青（1921—？），新加坡华人。原籍广东潮安，生于马来亚。原名张清广。笔名：①竞浪、飘金、高梦、夏郎，1939—1942 年在马来亚新加坡《星洲日报·晨星》《新国民日报·新路》《总汇报·文汇》《总汇新报·文会》《总汇新报·世纪风》《南洋周报》《马华日报·前哨》等报发表诗、散文署用。②漂青，见于诗《深夜小景》，载 1939 年 8 月 13 日马来亚新加坡《新国民日报·新园地》。③一秀、丁湮，抗日战争胜利后在新加坡《星洲日报·晨星》发表诗文署用。

【ping】

平江不肖生（1890—1957），湖南平江人，生于湘潭县（今湘潭市）。原名向恺阶，谱名向逵，字恺然，后以向恺然之名行。笔名：①向逵，见于所撰《拳术》

（即《拳术讲义》），载于 1912 年 9 月《长沙日报》。②向
恺然，见于其所著《拳术（附图）》，1915 年 7 月至 12
月连载于《中华小说界》第 2 卷第 7 期至第 12 期。嗣
后发表小说《猎人偶记》《蓝法师记》《好奇欤好色欤》
《半付牙牌》《纪杨少伯师徒遇剑客事》《纪林齐青师徒
逸事》等，以及出版《龙门鲤大侠》（沈阳广艺书局，
1941 年）、《太湖女侠传》（与许慕羲合作）、《近代侠义
英雄传》（上海世界书局，1929 年）等亦署。③恺然，
见于小说《皖罗》，载 1915 年《小说海》月刊。嗣后
发表小说《变色谈》《无来禅师》《朱三公子》《丹墀血》
（与半侬合撰）等亦署此名。④平江不肖生，出版长篇
小说《留东外史》（民权出版部，1916 年）署用。嗣后
出版武侠小说《江湖异人传》《江湖怪异传》等亦署。
⑤不肖生，见于奇情小说《寇婚》（载 1917 年《寸心
杂志》第 3 期）。嗣后发表或出版《三山奇侠》《留东
外史补》《留东新史》《江湖奇侠传》《近代侠义英雄传》
《玉玦金环录》《新剑侠传》《江湖少侠传》等亦署此名。
⑥向逵恺然，见于 1919 年出版之长篇武侠小说《龙虎
春秋》。⑦肖生，见《三晋武侠传》，载 1934 年《山
西国术体育旬刊》第 3、4 期（第 5 期改署不肖生）。
⑧襟霞阁主人，1938 年上海中央书店印刷发行《玉玦
金环录》之改名本《江湖大侠传》署名。按：平江不
肖生尚著有通俗小说《留东艳史》《铁血英雄传》《半
夜飞头记》《烟花女侠》《猎人记》《双雏记》《艳塔记》
《现代奇人传》《拳术新传》《拳师言行录》《留东外史
正续集》《江湖义侠传》等，署名情况不详。

平襟亚（1892－1980），江苏常熟人。原名平衡，字
襟亚，号襟亚阁主人。曾用名沈亚公。笔名：①襟霞，
1923 年在上海《小说日报》发表《文丐的自嘲》《我国
的十种糊涂虫》《阿弥陀佛殿上的一幕》等文署用。嗣
后在上海《万象》发表《明人情简》《金闺小牍》《谈
谐小简》等亦署。②平襟霞，见于随笔《小说家之情
场小史》，载 1923 年《心声》第 2 卷第 8 期。③平襟
亚，见于随笔《牵丝扳藤记》，载 1923 年上海《小报》
第 1 卷第 1 期；随笔《雷峰塔考》，载 1924 年上海《红
玫瑰》第 1 卷第 15 期。嗣后在上海《社会月报》《社
会日报》《万象》等刊发表《妆楼索影记》《襟亚阁随
笔》《香茵小传》《记浪漫画师卢世侯》等文、出版小
说集《中国恶讼师》（上海公记书店，1924 年）均署。
1949 年后编创长篇弹词《三上轿》《杜十娘》《钱秀才》
等和弹词开篇亦署。④网蛛生，1926 年在上海《福尔
摩斯》报发表文章署用。嗣后在上海《万象》发表《游
钓之乡》《自然界的战士——蟋蟀》《窗帘》《新人的一
日》等文，出版长篇小说《人海潮》亦署。⑤秋翁，
见于随笔《舞场中》，载 1933 年 3 月 31 日上海《申
报·自由谈》；《孔夫子的苦闷》，载 1941 年上海《万
象》第 1 卷第 1 期。嗣后在《万象》《大众》《万岁》
《太平洋周报》《语林》《上海影坛》等刊发表《新白
蛇传》《贾宝玉出家》《秋斋笔谈》《顾也鲁悲喜交集》
《关于张爱玲》等文，出版散文集《秋斋笔谈》（上海
万象图书馆，1948 年）、《秋斋杂忆》（上海万象图书馆，

1948 年），小说集《秋翁说集》（上海中央书店，1942
年），中篇小说《潘金莲出走》（上海万象书屋，1946
年）等均署。⑥襟霞阁主人，编辑襟霞阁普及本《龚
定庵全集》（上海中央书店，1935 年）署用。20 世纪
40 年代编印《国学珍本文库》（内含《金瓶梅词话》《折
狱新记》等书）亦署。⑦秋斋，署用情况未详。

平可（1912－？），广东恩平人，生于香港。原名岑
卓云。笔名平可，见于长篇小说《山长水远》，连载于
1939 年香港《工商日报》副刊。嗣后在香港《天光报》
连载《锦绣年华》、在重庆《大公晚报》连载《满城风
雨》等长篇小说，出版长篇小说《山长水远》（香港工
商日报社，1941 年）、《满城风雨（上册）》（重庆五洲
书局，1945 年）、《满城风雨（下册）》（重庆进文书店，
1946 年）等均署。

【pu】

蒲伯英（1876－1934），四川广安人。原名蒲殿俊，
字伯英，号沚庵、雪园。笔名：①止水，见于随笔《疑
"新旧调和论"》，载 1919 年 10 月 5 日北京《晨报》第
7 版。嗣后在该刊发表随笔《答适之君论"的"字》、
小说《禁梦》《诗札人家的月亮》等亦署。②蒲伯英，
见于随笔《戏剧要如何适应国情？》，载 1921 年 9 月
12 日至 15 日《晨报》第 7 版。嗣后在该刊发表评论《中
国剧天然革命底趋势》、四幕剧《阔人的孝道》等、在
上海《戏剧》《贡献》等刊发表文章亦署。出版戏剧集
《道义之交》（北京晨报社，1923 年）、《阔人的孝道》
（北京晨报社，1924 年）等亦署。③沚盦，署用情况
未详。

蒲风（1911－1942），广东梅县（今梅州市）人。原
名黄日华。曾用名黄飘霞、黄蒲芳。笔名：①蒲风，
早年在南洋《爪哇小报》《天声小报》《大公商报》《侨
声日报》等发表诗文署用。又见于诗《一九三二年交
响曲》，载 1933 年 2 月 11 日上海《新诗歌》旬刊创刊
号。嗣后在上海、广州、福州、汕头、厦门等地报刊
如《申报·自由谈》《出版消息》《文学》《诗歌月报》
《当代文学》《申报月刊》《女子月刊》《东流》《诗歌生
活》《诗歌杂志》《光明》《今代文艺》《中国诗坛》《广
州诗坛》《读书生活》《文艺阵地》《战时艺术》《改进
半月刊》《文艺》《十日间》等报刊发表诗文，出版诗
集《茫茫夜》（上海国际编译馆，1934 年）、《六月流火》
（上海内山书店，1935 年）、《钢铁的歌唱》（诗歌出版
社，1936 年）、《生活》（诗人俱乐部，1936 年）、《摇
篮歌》（诗歌出版社，1937 年）、《抗战三部曲》（诗歌
出版社，1937 年）、《可怜虫》（诗歌出版社，1937 年）、
《黑陋的角落里》（诗歌出版社，1938 年）、《真理的光
泽》（诗歌出版社，1938 年）、《在我们的旗帜下》（诗
歌出版社，1938 年）、《儿童亲卫队》（诗歌出版社，1939
年）、《取火者颂集》（诗歌出版社，1939 年），论著《现
代中国诗坛》（诗歌出版社，1938 年）等亦署。②黄风，
见于诗《妒》，载 1935 年日本东京《东流》第 1 卷第

6 期；诗《再看见你》，载 1935 年日本东京《诗歌》第 1 卷。1937 年在《广州诗坛》第 1 卷第 3 期发表诗《飞鹰，飞向台湾去吧》亦署。③黄飘霞，出版诗集《六月流火》（在日本东京自费印行，1935 年）署用。

蒲耀琼，生卒年不详，四川广安人，字佩萱。笔名蒲耀琼，见于译文《马格瑞的旅行》，载 1943 年 4 月南京《妇女新运》第 5 卷第 4 期。1943－1947 年在重庆《经济汇报》发表《珍珠港事变后日本的经济》《美印未来经济关系》等文，1948 年在南京《妇女文化》月刊第 3 卷第 1 期发表翻译独幕剧《传播新闻》（爱尔兰格雷戈里夫人原作），出版译作《苏俄妇女》（英国霍尔原作。上海商务印书馆，1938 年）等亦署。

濮舜卿（1902－？），浙江杭县（今杭州市）人。原名濮偁，字舜卿。笔名濮舜卿，见于剧本《爱神的玩偶》，载《现代女作家戏剧选》（上海仿古书店，1936 年）；《律师事务所》，载 1937 年上海《妇女生活》第 4 卷第 6 期；随笔《战后离婚问题的面面观》，载 1947 年南京《妇女文化》第 2 卷第 3 期。嗣后出版话剧剧本集《人间的乐园》（上海商务印书馆，1928 年）、《到光明之路》《爱神的玩偶》等亦署。

浦武，生卒年不详，江苏无锡人，字君彦，号醒华。笔名浦武，在《南社丛刻》发表诗文署用。

浦熙修（1910－1970），上海嘉定县（今嘉定区）人，笔名：①浦熙修，20 世纪 40 年代在重庆《新民报》等报刊发表文章署用。1946 年在《人物杂志》第 4 期发表《访龙云院长》，嗣后在《妇女与家庭》《观察》《时代文摘》等报刊发表文章亦署。②青函，见于通讯《改革币制的内幕》，载 1948 年 9 月 9 日香港《文汇报》

创刊号。

普梅夫（1908－1989），云南建水人。曾用名周克敌。笔名：①梅禅，见于随笔《三八节已在有形中消逝》，载 1932 年 3 月 22、23 日《昆明市政日刊》。②莫非、普剑魔，见于《现代日记》，载 1932 年 11 月 15 日《云南民国日报》第 41 期（目录署名普剑魔，正文署名莫非）。③剑魔，见诗《忆芳子》，载 1933 年《泸江月刊》第 1 卷第 3、4 期合刊。④孤萍，见杂文《讨鼠檄文》，载 1933 年《泸江月刊》第 2 卷第 1 期。⑤怀隐，见于随笔《第五个七月带来抗战的胜利》，载 1941 年安徽金寨《中原》第 4 卷第 1 期。⑥怀影，见杂文《两个大事变与一件大事情》，载 1941 年《中原》第 4 卷第 2、3 期合刊。⑦怀云，见杂文《注意纳粹的新把戏》，载 1941 年《中原》第 4 卷第 6 期。⑧梅夫，见于随笔《我替日本焦急》，载 1942 年《抗战》半月刊第 6 期；诗《皖豫鄂川滇道中诗抄》，载 1943 年桂林《旅行杂志》第 17 卷第 10 期。⑨普怀隐，见于评论《第二次世界大战的诸特性》，载 1943 年 12 月 22－25 日昆明《扫荡报》。⑩痦生，见于杂文《如此"调整待遇"》，载 1946 年 6 月 13 日昆明《正义报》。⑪普梅夫，见于诗《越南四烈士的追念》，载 1946 年昆明《诗与散文》第 3 卷第 5 期。1950－1951 年主编《诗歌与散文》时亦署。⑫普怀忠、冬芳、淮云、槐影，署用情况未详。

溥心畬（1896－1963），河北宛平（今北京市）人。原名溥儒，字心畬，号心畬居士、西山逸士。笔名溥心畬，出版《西山逸士画集》（长沙商务印书馆，1939 年）、诗集《西山集》（北平印行）、词集《凝碧余音》（1945 年）等署。

Q

【qi】

戚饭牛（1877－1938），浙江余姚人。原名戚牧，字饭牛、和卿，号牛翁、饭牛翁、牧牛童、蓑笠神仙。笔名：①牛翁，见于随笔《今昔美人之比较》，载 1919 年杭州《广益杂志》第 9 期；《乩坛灵话》，载 1924 年上海《红玫瑰》第 1 卷第 12 期。②饭牛翁，见于诗《新体诗》，载 1919 年杭州《广益杂志》第 10 期。嗣后在《小说新报》《红玫瑰》等刊发表《论说书宜改良》《海上竹枝词》等亦署。③饭牛，见于《结婚颂辞》，载 1920 年《小说新报》第 6 卷第 1 期。④戚饭牛，见于弹词《红绣鞋》，载 1921 年上海《消闲月刊》第 1 期；《民国弹词》，载 1923 年上海《红杂志》第 13 期。嗣后在该刊发表《西厢记鼓词》《西厢新弹词》《姑苏小志》等，出版长篇章回小说《清代圣人陆稼书演义》（与鲁云奇等合作。上海中华图书集成公司，1924 年）、《诗人小传》《啼笑姻缘弹词》《山东女侠传》《色迷》等亦署。

戚学毅，生卒年及籍贯不详。笔名司徒轲，"孤岛"时期在上海编《社会日报·爝火》并发表文章署用。见于散文《行囊小拾》，载 1944 年 6 月上海《千秋》第 1 卷第 1 期；散文《江南风土画》，载 1944 年上海《文潮月刊》第 1 卷第 3 期。

祁崇孝（1917－2017），浙江绍兴人。笔名：①祁祁，1934 年前后在绍兴《民国日报·青果》发表《火花》等小说、散文署用。嗣后主编《灯塔文学》周刊在该刊发表作品亦署。②舫、方舟、祁谷篷，1934 年前后在上海《时事新报》《新闻报》《晨报》发表小说、散文、评论等署。③田地、高原、诵晓，1937－1941 年在浙江台州《力行月刊》发表杂文和剧本《一二八之夜》等署。④司马蓝火，见于小说《我的丈夫》，载 1947 年上海《文艺复兴》第 3 卷第 6 期；小说《懦夫》，载 1948 年上海《文艺春秋》第 6 卷第 5 期。同时期在上海《中学生》《时代日报·新文艺》、成都《蚂蚁小集》、马来亚新加坡《南侨日报》等报刊发表小说

《陆妈》《笔筒》等署用。⑤陆祁，见于《鲁迅精神不容歪曲》，载 1952 年《人民教育》第 3 期。

齐白石（1864－1957），湖南湘潭人。原名齐纯芝，号渭情、兰亭。1889 年改名齐璜，号濒生，别号白石山人、寄园齐伯子、画隐、红豆生、寄幻仙奴、木居士、木人、老木、饿叟、寄萍、老萍、萍翁、寄萍堂主人、杏子坞老民、湘上老农、借山吟馆主者、借山翁、三百石印富、齐大、老齐郎、老白。出版有《齐白石全集》，除收录所作画外，还收录《白石老人自传》《白石自状略》《齐璜生平自述》《齐白石文钞》《齐白石题跋》《齐白石诗词联语》《词录》《续补诗词联语》，以及《借山吟馆诗草》《白石诗草二集》《白石诗草续集》《白石诗草补编》《一九〇二年至一九三三年之诗》等。

齐鸣（1924－？），河南西峡人。原名齐隆锡，字恩三。笔名：①启明，见于诗《劳山一日》，载 1941 年绥德《新诗歌》杂志。②歌特，1941 年发表诗歌署用。③施雍，见于诗《我们是春耕的突击队》，载 1942 年 5 月 7 日延安《解放日报》。④齐鸣，见于《到崂山来》，载 1942 年 11 月 10 日延安《解放日报》。嗣后在该报发表《蒙古妈妈》《在狂欢中加紧学习》《情报员》等文亦署。⑤仃轲，1947 年在《边区群众报》发表通讯署用。⑥兵戈、岩咏、齐翁明、林曦光，20 世纪 40 年代至 50 年代初在《新疆日报》和新疆军区、西北军区报刊发表诗歌、散文、影评署用。⑦文川，1953 年在《解放军文艺》发表诗署用。1978 年在《诗刊》发表诗亦署。⑧星曲，1954－1955 年在西安《工人文艺》《延河》、乌鲁木齐《新疆日报》发表诗、散文等署用。嗣后出版长诗《风雪祁连山》（中国青年出版社，1956 年）亦署。⑨笑齐，1984 年发表关于彭德怀逸事的散文《关口》署用。

齐如山（1876－1962），河北高阳人。原名齐宗康，字如山。曾用名齐香。笔名齐如山，见于《金刀花鼓》《八角鼓》，载 1936 年北平《实报半月刊》；评论《国剧的特点》，载 1937 年南京《广播周报》第 123 期。同时期在《图书季刊》《戏剧丛刊》《国剧画报》等刊发表文章，为京剧大师梅兰芳编写《嫦娥奔月》《天女散花》《洛神》《西施》《太真外传》《红线盗盒》《生死恨》《木兰从军》《凤还巢》《霸王别姬》等剧目，出版《中国剧之组织》（北平北华印刷局，1928 年）、《梅兰芳艺术一斑》（北平国剧学会，1935 年）、《京剧之变迁》（北平国剧学会，1935 年）、《故都市乐图考》（北平国剧学会，1935 年）、《国剧浅释》（李肃然编。北平和记印书馆，1935 年）等均署。

齐速（1915－？），江苏无锡人，生于上海。原名朱嘉明。笔名：①齐速，见于随笔《〈诗话〉有感》，载 1934 年 6 月 7 日上海《中华日报·动向》；诗《南国的孤魂》，载 1934 年上海《中学生》第 49 号。嗣后在上海《新路》《申报·妇女园地》《新闻报·本埠附刊》、冀察《热辽日报》《赤峰日报》等报刊发表通讯报道，1949 年后在北京《新观察》《美术杂志》《美术研究》等刊发表文章、出版回忆录《终身难忘事》（中国社会出版社，1994 年）等均署。②稼敏，1934 年在上海《中华日报·动向》发表关于文言文的杂文署用。嗣后在上海《申报·妇女园地》《新闻报·本埠增刊》《新路》及《热辽日报》《赤峰日报》等报刊发表文章亦署。③齐肃，见于随笔《读〈野百合花〉有感》，载 1942 年延安《解放日报》。1946 年后在《热辽日报》《赤峰日报》等报发表文章亦署。

齐燕铭（1907－1978），北京人，蒙古族，本姓齐利特氏，字振勋。曾用名齐振勋、齐震学、齐震、田在东。笔名：①燕铭，见于评论《帝国主义的矛盾性》，载 1933 年北平《育英周刊》第 6 期；散文《纪念鲁迅先生》，载 1936 年北平《时代文化》半月刊第 1 卷第 1 期。②齐燕铭，见于论文《史记发微》，载 1934 年北平《中法大学月刊》第 4 卷第 5 期；论文《鲁迅先生在历史上的地位》，载 1936 年北平《民国学院院刊》周刊第 6 期。1940 年在延安《中国文化》第 1 卷第 2 期发表散文《追悼吴检斋先生》亦署。③齐震，署用于《读〈论衡〉札记》封面。又见于论文《中国社会史研究方法的商榷》，载 1934 年北平《文史》第 1 卷第 2 期。④齐震学，署用于《读〈论衡〉札记》正文。⑤齐鲁、叶之余，署用情况未详。

齐语（1909－1976），山东海阳人。原名王冰之。曾用名李东野，李有青。笔名齐语，见于通讯《保卫黄烟洞片断》，载 1946 年太行《文艺杂志》第 2 卷第 1 期。1949 年后发表作品、出版报告文学集《战地散记》（北京文化供应社，1952 年）、散文集《铁路沿线旅行记》（上海中国旅行社，1953 年），以及《新中国的人民铁道》（北京文化供应社，1951 年）、《新中国的铁道建设》（生活·读书·新知三联书店，1953 年）等均署。按：齐语 1937 年后曾在陕北《战斗旬刊》发表报告文学、通讯，1940 年冬至 1944 年春在太行区《新华日报》发表通讯、随笔、剧评等，署名情况待查。

琦君（1917－2006），浙江永嘉（今温州市）人。原名潘希珍。曾用名潘希真。笔名：①潘希珍，见于散文《过去了的朋友》，载 1935 年杭州《浙江青年》月刊第 1 卷第 11 期。同年 11 月在该刊第 2 卷第 1 期发表散文《忆》亦署。②琦君，1949 年后在台湾出版短篇小说集《菁姐》（台北今日妇女半月刊社，1956 年）、《百合羹》（台湾开明书店，1958 年）、《缮校室八小时》（台湾商务印书馆，1968 年）、《七月的哀伤》（台北惊声文物供应社，1971 年）、《钱塘江畔》（台北尔雅出版社，1980 年）、中篇小说《桔子红了》（台北洪范书店，1991 年），散文集《溪边琐语》（台北妇友月刊社，1962 年）、《烟愁》（台中光启出版社，1963 年）、《琦君小品》（台北三民书局，1966 年）、《红纱灯》（台北三民书局，1969 年）、《三更有梦书当枕》（台北尔雅出版社，1975 年）、《桂花雨》（台北尔雅出版社，1976 年）、《细雨灯花落》(台北尔雅出版社,1977 年)、《读书与生活》(台北东大图书公司,1978 年)、《千里怀人月在峰》(台北尔雅出版社,1978 年)、《与我同车》(台北九歌出版社,1979 年)、《留予他人说梦痕》(台北洪范出版社,1980 年)、《琦君说童年》(台北纯文学出版社,1981 年)、《母心似天空》(台北尔雅出版社,1982 年)、《灯景旧情怀》(台北洪范出版社,1983 年)、《水是故乡甜》(台北九歌出版社,1984 年)、《此处有仙桃》(台北九歌出版社,1985 年)、《琦君寄小读者》(台北纯文学出版社,1985 年)、《玻璃笔》(台北九歌出版社,1987 年)、《我爱动物》(台北洪范出版社,1988 年)、《青灯有味似儿时》(台北九歌出版社,1988 年)、《泪珠与珍珠》(台北九歌出版社,1990 年),小说、散文集《琴心》(台北国风杂志出版社,1953 年)、《琦君自选集》(台北黎明文化事业股份有限公司,1975 年),儿童小说《卖牛记》(台湾省教育厅儿童读物小组,1969 年)、《老鞋匠和狗》(台湾省教育厅儿童读物小组,1969 年),以及《词人之舟》(台北纯文学出版社,1981 年)等均署。

启功 (1912—2005),北京人,满族,字元白、元伯。笔名启功,见于论文《急就篇章草本考》,载 1946 年北平《辅仁学志》第 14 卷第 1、2 期合刊。嗣后出版《书法常识》(浙江古籍出版社,1988 年)、《汉语现象论集》[商务印书馆(香港)有限公司,1991 年]、《启功论书绝句百首》(荣宝斋出版社,1995 年)、《启功书话》(日本大野修日译。东京二玄社,1997 年)、《启功给你讲红楼》(中华书局,2006 年)、《启功口述历史》(北京师范大学出版社,2009 年)等亦署。

【qian】

钱伯城 (1922—2021),江苏常州人。笔名:①钱伯城,在《文艺月报》等刊发表历史小说《小忽雷》《长命女》和论文《〈约翰·克利斯朵夫〉在中国》《关于韩愈的诗》《洪昇和他的戏曲〈长生殿〉》署用。出版《辛弃疾传》(作家出版社,1955 年)、《司马迁的故事》(上海古典文学出版社,1956 年)、《唐宋古文运动》(中华书局,1962 年)、《韩愈》(中华书局,1980 年)、《袁宏道集笺校》(上海古籍出版社,1981 年)、《古代文言短篇小说选注》(上海古籍出版社,1982 年)、《问思集》(百家出版社,2011 年)等亦署。②钱东甫、钱冬父(fù)、阳湖、成柏泉、辛雨,署用情况未详。

钱昌照 (1899—2015),江苏张家港人,字乙藜。1949 年后出版《钱昌照诗词一百首》(自印)、《钱昌照回忆录》(中国文史出版社,1998 年)等署用。

钱丹辉 (1919—2007),江苏金坛人。原名钱大纯。笔名:①丹辉,抗战时期担任新华社察哈尔分社和晋察冀边区《冀热察导报》社长,发表通讯及诗歌等署用。1946 年在《北方文化》第 2 卷第 5 期发表诗《红羊角》、1947 年在《诗创作》第 19 期发表诗《抒情小诗(六章)》亦署。②钱丹辉,1949 年后出版诗集《丹辉诗选》(安徽文艺出版社,1994 年)、《给自卫军》《力

量》(与他人合作),主编《中国解放区文艺大辞典》(安徽文艺出版社,1992 年)等署用。

钱稻孙 (1887—1962),浙江湖州人,字介眉,号泉寿。曾用名钱介泉。笔名:①钱稻孙,见于译作《神曲一脔》(意大利但丁原作),载 1921 年上海《小说月报》第 12 卷第 9 期;剧本《但丁梦》,载 1925 年南京《学衡》第 39 期。此前后在《晨报副镌》《北大图书部月刊》《北平北海图书馆月刊》《清华周刊》《女师大学术季刊》《国闻周报》《舆论周刊》《北平近代科学图书馆馆刊》《中和月刊》《同声月刊》《艺文杂志》等报刊发表著译作品,出版《从考古学上观察中日古文化之关系》(日本原田淑人原作)、《神曲一脔》(意大利但丁原作。上海商务印书馆,1924 年)、《造形美术》(德国福尔倍原作。上海商务印书馆,1930 年)、《西域文明史概论》(日本羽田亨原作。1931 年)、《从考古学上观察中日古文化之关系》(日本原田淑人原作。北京大学演讲稿,1933 年)等,1949 年后出版《木偶净琉璃》(日本有吉佐和子原作。作家出版社,1965 年)等亦署。②稻孙,见于信函《心琴画会展览会》,载 1924 年 6 月 16 日北京《晨报副镌》。③泉、大泉、泉寿,署用情况未详。

钱锋 (1926—),湖北武汉人,回族。原名钱忠汉。笔名:①沈宁、钟汉,1943 年开始在武汉《文艺生活》署用。②史明,见于论文《展开文学小组活动》,载 1945 年《武汉文学》杂志。③常春,1980 年在武汉《长江日报》发表文章署用。

钱歌川 (1903—1990),美籍华人,原籍中国湖南湘潭。原名钱慕祖,号苦瓜散人。曾用名歌川介美(日文名)。笔名:①钱歌川,见于评论《关于哈代的翻译》,载 1929 年《文学周报》第 8 卷第 351 期;《黄昏随笔》,载 1933 年 2 月 26 日上海《申报·自由谈》。此前后在《文学周报》《现代文学》《北新》《青年界》《中华教育界》《现代学生》《现代文学评论》《东方杂志》《人世间》《国际间》等刊发表文章,出版专著《文学概论》,翻译戏剧《地狱》(美国辛克莱原作。上海开明书店,1930 年),翻译小说《恋爱与牢狱》(日本江口焕原作。上海北新书局,1930 年)、《黑女》(爱尔兰萧伯纳原作。上海中华书局,1934 年)、《青春之恋》(英国赫胥黎等原作。上海中华书局,1935 年)、《热恋》(英国罗稜斯等原作。上海中华书局,1935 年),翻译童话《缪伦童话集》(匈牙利缪伦原作。上海中华书局,1932 年)、《英美采风录》(上海中华书局,1948 年)等,1949 年后出版《西笑录》(台湾文星书店,1965 年)、《翻译漫谈》(中国对外翻译出版公司,1980 年)、《翻译的技巧》(商务印书馆,1981 年)、《英文疑难详解》(中国对外翻译出版公司,1981 年)、《英美习俗与社交辞令》(湖南科学技术出版社,1982 年)、《钱歌川散文集》(中国友谊出版公司,1984 年)、《三台游赏录》(中国友谊出版公司,1984 年),以及《瀛壖消闲录》《虫灯缠梦录》《近代文学之特征》《闲中滋味》《楚云沧海集》《祖国

的召唤》《跃进的中国》等亦署。②歌川，见于《西班牙的先生们》，载1933年上海《新中华》半月刊第1卷第5期。20世纪30年代在《申报·自由谈》《论语》等报刊发表文章亦署。③味橄，见于评论《亚伦坡的生平及其艺术》，载1933年上海《新中华》第1卷第16期。嗣后在该刊及《申报·自由谈》《说文月刊》《论语》《人间世》《宇宙风》《文饭小品》《文史春秋》《逸经》《文艺先锋》《中学生》《星期评论》《时与潮副刊》《书报精华》《中央周刊》《台湾文化》《论语》等报刊发表《记齐白石》《旅蜀杂笔》《寡人有疾》《写信的艺术》《台湾的国语运动》等小说、随笔、评论等，出版《流外集》（上海中华书局，1936年）、《北平夜话》（上海中华书局，1935年）、《詹詹集》（上海中华书局，1935年）、《偷闲絮语》（重庆中华书局，1943年）、《巴山随笔》（重庆中华书局，1944年）、《游丝集》（上海中华书局，1948年）等亦署。④秦戈船，见于翻译长篇小说《月落乌啼霜满天》（美国斯坦贝克原作），连载于1943年上海《新中华》复刊号至第1卷第7期。嗣后结集出版该书（上海中华书局，1943年）亦署。

钱公来（1886－1969），辽宁黑山人。原名钱惠生，字希古。曾用名慧僧、锡谷。笔名钱公来，出版有《钱公来先生全集》。

钱公侠（1907－1977），浙江嘉兴人。原名钱振海。曾用名钱工侠。笔名：①公侠，见于小说《爸爸的神秘》，载1928年上海《北新》半月刊第2卷第15期。嗣后在该刊发表《独身》等作品亦署。②钱公侠，见于翻译小说《一个饥饿的人底故事》（犹太宾斯奇原作），载1930年《北新》第4卷第15期。嗣后在上海《小说月报》《春潮》《宇宙风乙刊》《风雨谈》《杂志》《大众》《文友》《读书杂志》等刊发表作品，出版小说集《怅惘及其他》（上海春潮书局，1928年）、《丝棉被头》（上海大东书局，1934年），翻译小说《圣安东尼之诱惑》（法国福楼拜原作。上海启明书局，1936年）、《西线无战事》（德国雷马克原作。上海启明书局，1936年），编选《诗》（与施瑛合编。上海启明书局，1936年）等亦署。

钱谷融（1919－2017），江苏武进（今常州市）人。原名钱国荣。笔名：①谷融，见于散文《给苦闷的青年》，载1937年《读书青年》第2卷第1期。②凡鸟、乐绿，1938年前后在上海《时事新报》署用。③钱谷融，1946年前后在上海《文汇报》署用。见于随笔《钟声》、译作《我乔装蒙哥马利将军》，载1948年《时与潮副刊》第10卷第6期。1949年后出版评论集《〈雷雨〉人物谈》（上海文艺出版社，1980年）、《论文学是人学》（人民文学出版社，1981年）、《文学的魅力》（山东文艺出版社，1986年）、《散淡人生》（上海教育出版社，2001年）、《钱谷融论文学》（华东师范大学出版社，2008年），译作《高尔基作品中的劳动》（泥土社，1953年）、《托尔斯泰与艺术》，主编《文学研究会评论资料选》（华东师范大学出版，1986年）、《中国新文学社团、

流派研究丛书》《中国现当代文学作品选》（华东师范大学出版社，2018年）等亦署。

钱红冰（？－1932），浙江平湖人。原名钱厚贻，字鸿宾、鸿炳，号红冰、顽石。笔名：①顽石，见于小说《老黄烟》，载1917年《小说丛报》第3卷第10期。②钱厚贻，在《南社丛刻》发表诗文署用。③红冰，署用情况未详。

钱基博（1887－1957），江苏无锡人，字子泉、哑泉、子潜，号老泉、潜庐。别署潜夫、后东塾。笔名：①钱基博，见于《中国舆地大势论》，1902年3月发表于梁启超主编之《新民丛报》；《说文》，同年发表于《国粹学报》。嗣后在《新民丛报》《南通报》《妇女杂志》《东方杂志》《小说月报》《新无锡》《无锡新报》《中华小说界》《教育杂志》《国学丛刊》《光华大学半月刊》《学衡》《国风半月刊》《青鹤》《国光》《清华周刊》《甲寅周刊》《锡报》《学术世界》《江苏教育》《孔学》《子曰丛刊》《国专月刊》《国命旬刊》《国师季刊》《图书季刊》《读书通讯》《浙江省通志馆馆刊》《上智编译馆馆刊》等报刊发表诗文，出版《击技余闻补》（上海商务印书馆，1921年）、《〈周易〉解题及其读法》（上海商务印书馆）、《读〈庄子·天下篇〉疏记》（上海商务印书馆，1930年）、《版本通义》（上海商务印书馆，1931年）、《后东塾读书记》（上海世界书局，1933年）、《明代文学》（上海商务印书馆，1933年）、《现代中国文学史长编》（上海世界书局，1933年）、《骈文通义》（上海大华书局，1934年）、《韩愈志》（上海商务印书馆，1935年）、《经学通志》（上海中华书局，1936年）、《中国文学史》（湖南蓝田国立师范学院，1939年）、《近百年湖南学风》（湖南蓝田袖珍书店、湖南安化桥头河求知书店，1940年），以及《韩愈文读》《古籍举要》《国学必读》《名家五种校读记》《〈文心雕龙〉校读记》《孙子章句训义》《〈文史通义〉解题及其读法》《四书解题及其读法》《〈古文辞类纂〉解题及其读法》《〈老子〉解题及其读法》等亦署。②校（jiào）史氏，见于随笔《吴代校长复职前后》，载1940年上海《复旦同学会会刊》第10卷第1期。

钱基厚（1887－？），江苏无锡人，字孙卿，号孙庵。笔名钱基厚，出版《中国文学史纲》（锡成公司，1917年）署用。

钱剑英（1930－　），江苏南通人，生于南京。笔名：①钱英，见于散文《诉》，载1947年12月14日南通《通报·中公园》。嗣后在南通《五山日报·野草》等副刊发表《春的希望》《婴儿的哭泣》等文亦署。②剑英，见于散文《冬天里的月夜》，载1947年12月25日《通报·中公园》。

钱健吾（1924－1947），江苏南通人。曾用名邹可民、周明。笔名：①金笺，见于诗《渡》，载1943年南通《江北日报·诗歌线》第6期；随笔《诗话拾零（之三）》，载1945年11月18日《苏报（南通版）·田野》

第 1 期。嗣后在南通《江北日报·诗歌线》、《东南日报》副刊《诗》《东南风》发表《学唱戏》《东濠之边》《我们的歌》等诗亦署。②里人，见于诗《乘凉》，载 1943 年 12 月《江北日报·诗歌线》新 1 期。嗣后在该刊发表《小诗》《死去》等诗亦署。③刘家祥，见于诗《夏午》，载 1944 年 8 月 21 日《江北日报·诗歌线》。嗣后在该刊发表译诗《那时》（日本北原白秋原作）等亦署。④赵一，见于译诗《二人》（日本北原白秋原作），载 1944 年 10 月 20 日《江北日报·诗歌线》。⑤史石江，见于诗《大时代里一个小人物》（之二），载 1944 年 12 月《江北日报·诗歌线》新 12 期。⑥金焰，见于诗《逃难》，载 1945 年《江北日报·诗歌线》新 15 期。⑦下里，见于诗《赌钱》，载 1945 年 4 月 2 日《江北日报·诗歌线》新 18 期。嗣后在该刊发表《妓院里》《河边上》等诗亦署。

钱江春（1899－1927），江苏松江（今上海市）人。笔名：①钱江春，见于小说《密意》，载 1923 年上海《小说月报》第 14 卷第 1 期；翻译小说《叶子国》（印度泰戈尔原作）、《喀布尔人》（印度泰戈尔原作），载 1923 年《东方杂志》第 20 卷第 14 期。同时期在上海《弥洒》《东方杂志》等刊发表著译小说，在 1923 年《东方杂志》第 20 卷第 21 期发表译文《苏俄的民律》（苏联雅各·孔特诺维奇原作）等，1924 年在上海商务印书馆编印《弥洒社创作丛书》第 1 辑并发表五幕剧《医师若愚》亦署。②慕越，见于诗《玄云所感六首》《花自香五首》，载 1925 年上海商务印书馆版《弥洒社创作集》第 2 辑。

钱芥尘（1886－1969），浙江嘉兴人。原名钱家福，后改名钱芥尘，号须弥、炯炯。笔名：①炯炯、须弥、道听，1929 年后在上海《晶报》发表文章署用。②钱芥尘，见于小说《和平之神》，载 1935 年《社会月报》第 1 卷第 12 期；随笔《〈过渡时代〉序》，载 1947 年上海春明书店版《过渡时代》（张恨水作）。③行云，1950 年初在上海《亦报》发表文章署用。

钱今昔（1919－2012），江苏吴江（今苏州市）人。原名钱景雪，字洁之。笔名：①钱今昔，1937 年开始在上海报刊发表文章署用。见于《时事讲座》，载 1935 年《现代青年》第 1 卷第 2 期；散文《海·月光》，载 1938 年 10 月 24 日上海《文汇报·世纪风》。此前后在上海《译报·大家谈》《中美日报·堡垒》《中美日报·集纳》《宇宙风》《宇宙风乙刊》《文艺》《宇宙》《万象》《幸福》《茶话》《小说月刊》《中国妇女》《文艺春秋》《青年大众》《南风》《新文艺月刊》《世界杂志精华》《学生月刊》《正言文艺月刊》《新流文丛》《启示》《文综》《少女》《茶话》《家庭》《幸福世界》《进步青年》、江西赣州《正气日报·新地》等报刊发表散文、小说，1949 年后出版《解放了的西藏》（上海劳动出版社，1951 年）、《苏联》（上海春明出版社，1952 年）、《东南亚》（上海新知识出版社，1955 年）、《中国旅游景观欣赏》（黄山书社，1993 年）等亦署。②秀碧，1937 年

开始在《申报·自由谈》发表散文署用。③今昔，见于评论《作品作家三章》，载 1938 年上海《文艺》第 2 卷第 2 期。嗣后在该刊及《中美日报·堡垒》发表散文《轻诉二章》、评论《游击区文艺运动的展开》等，在福建南平《东南日报·笔垒》等报刊发表文章亦署。④薛妤婕，1938 年在《中国妇女》发表小说《马戏团的燕子》署用。⑤轶镒，1940 年在上海《知识与生活》发表散文《曙光》等署用。又见于诗《车站》，载 1941 年上海《杂文丛刊》第 2 辑《干将》。⑥钱节，见于散文诗《巨人》，载 1941 年《杂文丛刊》第 1 辑《鱼藏》。⑦秦再政，见于杂文《"私奔政治学"》，载 1941 年《杂文丛刊》第 3 辑《莫邪》。⑧鹿非马，见于杂文《"东西异同说"发微》，载 1941 年《杂文丛刊》第 3 辑《莫邪》。⑨钱证，见于论文《关于唯物辩证法的二三见解》，载 1941 年上海《生活与实践丛刊》第 1 辑《论思想方向》。嗣后在该刊发表《新民主主义与唯物辩证法》亦署。⑩钱析，见于论文《唯物辩证法和地理学》，载 1941 年《生活与实践丛刊》第 3 辑《文化与战斗》。⑪薛璇，1943 年在福建南平《东南日报》副刊《笔垒》《东南画刊》等发表散文《仲秋的想象》《细雨飘摇的一晚》等署用。又见于散文《盛衰一梦胡健中》，载 1995 年《上海滩》第 4 期。⑫思佩，1943 年在福建南平《东南日报》副刊《笔垒》《东南画刊》发表独幕剧《关心前线的人》等署用。⑬斯丁、镜前、文时，1943－1944 年间在福建南平《东南日报·笔垒》署用。

钱静人（1918－1981），江苏如东人。原名钱德鹤。笔名钱静人，1943 年起发表诗歌、小说、评论、剧本等署用。

钱君匋（1907－1998），浙江桐乡人。原名钱玉堂，字君匋匋，号豫堂、敬堂、午斋、定香居士、冰壶生、冰壶词客、寂照寺邻人、抱华精舍主人、海月盦主人。曾用名钱玉棠、钱锦堂、钱涵、钱安、钱瑭、钱塘。笔名：①钱君匋，见于诗《海边》，载 1927 年《新女性》第 2 卷第 1 期；诗《飘洋船》，载 1928 年《小说月报》第 19 卷第 10 期。嗣后在《新女性》《文学周报》《一般》《微音月刊》《青年界》《音乐教育》《现代》《文丛》《文艺阵地》《文心》《文艺春秋》《茶话》发表诗、歌曲、文章，出版诗集《水晶座》（上海亚东图书馆，1929 年）、《素描》（春雨书店，1931 年），散文集《中学生随笔》（上海中学生书局，1932 年）、《战地行脚》（重庆烽火社，1939 年）等，1949 年后出版《中国玺印源流》（与叶潞渊合作。香港上海书局，1963 年）、《钱君匋作品集》（湖南美术出版社，1982 年）、《冰壶韵墨》（学林出版社，1987 年）、《春梦痕》（上海书店出版社，1992 年）、《钱君匋印存》（吉林美术出版社，2006 年）等亦署。②小荣、青晦，1928－1930 年发表诗歌署用。③惠之、菱花，1928－1930 年在《新女性》月刊发表歌词署用。④白蕊先女士，20 世纪 30 年代编选曲谱《进行曲选（上、下编）》（上海开明书店，1928 年、1931 年）署用。⑤钱牧风，为戴望舒译《屋卡珊

和尼各莱特》（上海光华书局，1927 年）一书设计封面署用，见于该书扉页。⑥牧风，20 世纪 30 年代发表诗歌署用。⑦程朔青，20 世纪 30 年代前期在上海《民国日报·觉悟》署用。⑧宗鸢，发表散文署用。⑨宇文节，1938 年 10 月在上海编《文艺新潮》署用。⑩君匋，见于 1940 年 7 月出版《文阵丛刊》之一《水火之间》封面。⑪眉山、程式，1949 年后翻译苏联诗歌署用。⑫引秋、青茫、弄潮、乐石、小茶名、钱槐章，署用情况未详。按：钱君匋尚出版有《中国儿歌选》《小学校音乐集》《长征印谱》《鲁迅印谱》《君陶印选》《海月庵印剩》《无倦苦斋印剩》《钱君陶书籍装帧艺术选》《艺苑论微》《钱君陶作品集》等，编有《钱君陶篆刻选》《豫堂藏印甲集》《豫堂藏印乙集》《丛悴堂藏印》等。

钱来苏（1884－1968），浙江杭州人。原名钱拯，字太微、来苏。笔名钱来苏，著有《孤愤草初喜集合稿》。

钱穆（1895－1990），江苏无锡人，字宾四，号未学斋主。笔名：①宾四，见于《中学校教科用书之商榷》，载 1912 年上海《教育杂志》第 5 卷第 7 期。②钱穆，见于论文《研究白话文之两方面》，载 1920 年上海《教育杂志》第 12 卷第 4 期；论文《屈原考证》，载 1923 年 1 月 8－10 日上海《时事新报·学灯》。此前后在《东方杂志》《新教育》《史学与地学》《燕京学报》《史学杂志》《清华周刊》《禹贡》《国立北京大学国学季刊》《图书季刊》《兴中月刊》《历史教育》《益世周报》《今日评论》《思想与时代》《读书通讯》《齐鲁学报》《华文月刊》《学思》《学原》《中等教育》《旅行杂志》《文化先锋》《东方文化》《中国文化》《国立中央大学文史哲季刊》《子曰丛刊》等报刊发表论文《诸子系年考略》《西周戎祸考》《对于章太炎学术的一个看法》《历史与教育》《禹贡山水杂说》《世界文化之三型》《东西文化之再探讨》《驳胡适之说儒》等均署；出版论著《国学概论》（上海商务印书馆，1931 年）、《惠施公孙龙》（上海商务印书馆，1934 年）、《老子辨》（上海大华书局，1935 年）、《墨子》（上海商务印书馆，1935 年）、《国史大纲》（重庆商务印书馆，1943 年）、《黄帝》（重庆胜利出版社，1946 年）、《文化学大义》（台北正中书局，1952 年）、《四书释义》（台北中华文化公司，1953 年）、《中国历史精神》（台北国民出版社，1954 年）、《中国文化史导论》（台北正中书局，1954 年）、《阳明学述要》（台北正中书局，1955 年）、《中国思想史》《秦汉史》，回忆录《八十忆双亲》（香港中文大学新亚书院校友会，1979 年）等亦署。③钱宾四，见于论文《儒家之性善论与其尽性主义》，载 1933 年上海《新中华》第 1 卷第 7 期；论文《对于章太炎学术的一个看法》，载 1936 年北平《史学消息》第 1 卷第 3 期。④梁隐，见于论文《雷学淇〈纪年义证〉论夏邑鄐鄣》，载 1935 年北平《禹贡》第 3 卷第 3 期。⑤藏云，见于论文《汉武梁祠画像图录》（附考释），载 1936 年北平《图书季刊》第 3 卷第 4 期；随笔《唐宋间妇女地位之变异》，载

1947 年上海《读书通讯》第 128 期。⑥公沙、孤云、未学斋主，署用情况未详。

钱南扬（1899－1987），浙江平湖人。原名钱绍箕，字南扬。笔名钱南扬，见于《目连戏与四明文戏中的孟姜女》，载 1925 年《北京大学研究所国学门周刊》第 1 卷第 1－12 期；《目连戏考》，载 1927 年《北京大学研究所国学门周刊》第 1 卷第 6 期。同时期及嗣后在该刊及《燕京学报》《岭南学报》《国立北平图书馆馆刊》《民众教育季刊》《浙江图书馆馆刊》《青年界》《图书展望》《国风半月刊》《战时中学生》《文史杂志》《浙江省通志馆馆刊》《浙江学报》《图书展望》《中央日报·俗文学》《大晚报·通俗文学》等报刊发表《北京大学教授剪影》《从祭祀说起》《北行日记》《杭州日记》《读孤本〈元明杂剧〉眉端记》《读曲杂记》《宋元南戏考》《南曲谱研究》《宋元南戏百一录》《北游观书日记》《浙江的戏剧》《从诗到词从词至曲（中国文学史话）》《历代名家日记续选》《漫谈国学》《宋元南戏目录》《曲谱考评》《介绍几种讲考据的报纸副刊》《跋汇纂元谱南曲九宫正始》等文，出版《谜史》（广州中山大学民俗学会，1928 年）、《宋元南戏百一录》（北平哈佛燕京学社，1934 年）、《梁祝戏剧辑存》（上海古典文学出版社，1956 年）、《汤显祖戏曲集》（上海古籍出版社，1978 年）、《元明清曲选》（台北正中书局，1979 年），以及《宋元戏文辑佚》《琵琶记校注》《永乐大典戏文三种校注》等亦署。

钱仁康（1914－2013），江苏无锡人。笔名：①仁康，见于《论阴阳合历》，载 1934 年《论语》第 32 期；《春诵夏绘礼诜赞》，载 1934 年《人世间》第 16 期。嗣后在上述两刊及《十日谈》《逸经》《谈风》发表文章亦署。②钱仁康，见于《谈人间乐》，载 1931 年《半月志异》第 2 期；小说《冯秀才》，载 1934 年《十日谈》第 27 期。此前后在《十日谈》《论语》《逸经》《教与学》《乐风副本》《乐风》《天地》等刊发表随笔、歌曲等亦署。③余大庚、金仕唐，署用情况未详。

钱润瑗，生卒年不详，江苏金山（今上海市）人，字景蓬、攘白，号剑魂、镜明。笔名：①钱润，《南社丛刻》发表诗文署用。②景蓬，见于游记《灵严篇》，载 1948 年《旅行杂志》第 22 卷第 4 期。③镜明，署用情况未详。

钱诗桢，生卒年不详，江苏太仓人，字宪民。笔名钱诗桢，在《南社丛刻》发表诗文署用。

钱素凡（1912－1946），江苏南通人。原名钱彤，字伯劭，号素凡。笔名：①钱彤，见于 10 岁时所作之诗《母亲》，载 1922 年上海《儿童世界》第 4 期。嗣后在南通《通中校刊》、上海《中学生》《学生杂志》《中学生文艺》《沪潮季刊》《新生活》、南京中央大学《校风》《地理教育》等刊发表诗、散文、小说、评论等署用。②彤，见于诗《慈母》，载 1927 年 9 月 25 日南通《通海新报》。嗣后在该报及上海《沪潮季刊》发表诗文亦

署。③伯诏，见于诗《为纪念而歌——悼黄花岗殉国烈士》（与醒吾合作），载 1928 年 3 月 29 日《通海新报》。嗣后在该报发表多篇诗文亦署。④曦映，见于散文《元旦——赠似曾相识的朋友们》，载 20 世纪 20 年代中期《通海新报》。⑤倩童，见于诗《秋之夜》，原载未详。⑥迅，见于诗《知了》，载 1936 年南京《校风》第 428 期。⑦素凡，见于《社会与我》，载 1943 年南通《北极》半月刊第 1 卷第 1 期。嗣后在南京《校风》、南通《江北日报》《国民日报》《东南日报》《苏报》发表诗文亦署。⑧力衣，见于散文《鹰》，载 1943 年《北极》第 1 卷第 1 期。嗣后在南通《江北日报·东南风》发表诗文亦署。⑨易水温，见于评论《谈纯文艺和〈纯文艺〉》，载 1943 年南通《纯文艺》第 1 期。嗣后在南通《江北日报·诗歌线》发表《我要画幅画》《绢扎的人儿》等诗、在《北极》发表《论文艺思潮》《文艺的使命》等文亦署。⑩予里，见于杂文《欲望·野心》，载 1944 年 6 月 11 日南通《江北日报·综合周刊》。⑪钱素凡，见于论文《从气候学来研究中国的水旱》，载 1943 年南通《北极》半月刊第 1 卷第 2 期。⑫镇圭，见于诗《芦粟》，载 1945 年 9 月 3 日《江北日报·诗歌线》；《曹禺：中国话剧应走的路》，载 1945 年 11 月 25 日《苏报·田野》。嗣后在南通《新通报》《东南日报》《国民日报》《五山日报》等报刊副刊发表诗文亦署。⑬周天与，见于杂文《"双十节"我们要想》，载 1945 年 10 月 12 日南通《东南日报·东南风》。⑭周知，见于杂文《鲁迅先生不会死》，载 1945 年 10 月 19 日《东南日报·东南风》"鲁迅先生逝世九周年纪念特刊"。⑮诚圭，见于杂文《南通适于上演何种戏》，载 1945 年 11 月 21 日《东南日报·东南风》。⑯诸不专，见于评论《评〈狂欢之夜〉》，载 1946 年 2 月 19 日南通《民国日报·苏北文艺》。⑰弓一，见于散文《念通中老"校人"陈福海》，所载未详。

钱文选（1874－1953），安徽广德人，字士青，号诵芬堂主人。曾用名钱灿陞。笔名钱文选，出版《游滇纪事》（1930 年）等著作署用。

钱小柏（1912－？），江苏无锡人。原名钱佐元。曾用名钱佑光。笔名：①钱佐元，见于小说《疯》，载 1929 年上海民立中学校刊《民立学声》。②小柏，见于小说《害群之马》，载 1929 年《破晓》（油印刊）。嗣后在《民立学声》《民立学生》等刊发表文章亦署。③萧柏，1931 年在上海《民立学生》发表文艺论文署用。④钱小柏，1931 年在上海《文艺新闻》开始署用。见于《江北民间情歌选》，载 1933 年杭州《艺风》第 1 卷第 9 期；《江南民间情歌》，载 1936 年《艺风》第 4 卷第 1 期。此前后在该刊及《太白》《晨光》《青年界》《民众教育月刊》等刊发表《无锡的新年风俗》《无锡歌后语钞》《无锡岁时风俗志（民间文化资料）》等文亦署。⑤笑柏，1931－1932 年在无锡《国民导报》发表诗《龙舌兰》《烦闷》等署用。⑥马令、石光、苓君，1940 年开始在香港《星岛日报》发表文章署用。嗣后在上海《新

中国报·民俗周刊》《文友》《太平》《太平洋周刊》、无锡《大锡报》《夜报》、杭州《民报》等报刊发表文章亦署。

钱小惠（1922－2018），安徽芜湖人。原名钱厚康。笔名：①钱小晖，出版木刻漫画集《战争与生产》（新中国书局，1949 年）署用。1949 年后出版散文集《死车的复活》（上海晨光出版公司，1951 年）等署用。②钱小惠，1949 年后出版纪实文学《独臂厂长》（西苑出版社，1995 年）、《生活之路》，传记文学《邓中夏传》（与魏巍合作。人民出版社，1981 年）、《镜湖水——钱杏邨纪传》（与钱璎合作。山西人民出版社，1999 年），短篇小说集《突破》《山花烂漫》《岁月如歌》，电影小说《红色的风暴》（与他人合作），电影文学剧本《邓中夏》署用。

钱玄同（1887－1939），浙江吴兴（今湖州市）人。原名钱夏，字中季，少号德潜，后更为掇献，又号疑谷、逸谷。别署异、师黄、龟竞、逸叟、觚叟、觚（gū）聞、觚聞居士、觚庵、觚庵居士、肆聞、忆菰翁、鲍山圹叟、饼斋、无能、仁心、师黄、蔼麟、哀麈、当中第四、亥力壶隐；ㄞㄌㄧ（"蔼麟"的注音符号）；Aj Lino（世界语名。Aj Lin，即"蔼麟"；-o，世界语名词词尾）；Tonari；Xilin。曾用名泉夏、钱中季、疑古玄同。笔名：①浑然，1910 年在《教育今语杂志》发表文章署用。1919 年 1 月 26 日给独应写明信片亦署。②ㄋㄧ，见于论文《中小学校改良国文教授并加课语言文字之学》，载 1913 年上海《独立周报》第 2 卷第 1 期（该刊目录署名钱夏，正文署名ㄋㄧ）。③ㄋㄧ，见于 1913 年《独立周报》第 2 卷第 1 期内论文《中小学校改良国文教授并加课语言文字之学》之作者署名。ㄋㄧ，注音字母，相当于汉语拼音的 ni。疑即"疑"字注音，吴方言如是读。④钱玄同，见于信函《致独秀》，载 1917 年北京《新青年》第 2 卷第 6 期；《关于新文学的三件要事》（潘公展、钱玄同），载 1919 年《新青年》第 6 卷第 6 期。嗣后在《北京大学月刊》《歌谣》《读书杂志》《国语月刊》《教育杂志》《晨报副镌》《史地学报》《语丝》《北大图书部月刊》《师大国学丛刊》《国立北京大学国学季刊》《师大月刊》《社会月报》《文摘》《书林》《制言》等报刊发表文章亦署。⑤王敬轩，见于论文《文学革命之反响》，载 1918 年《新青年》第 4 卷第 3 期。⑥玄同，见于杂文《随感录（五五）》，载 1919 年《新青年》第 6 卷第 3 期。嗣后在《晨报副镌》《时事新报·学灯》《语丝》《北京大学研究所国学门周刊》等报刊发表文章亦署。⑦泉夏，1919 年致鲁迅、周作人函署名。⑧疑古，见于杂感《"出人意表之外"的事》，载 1923 年 1 月 10 日《晨报副镌》。嗣后在该刊发表《"五四"与"游园"与"放假"》《我"很赞成""甚至很爱"双十节这个名词》等文亦署。⑨夏，见于杂感《零碎事情》，载 1924 年 6 月 17 日《晨报副镌》。⑩疑古玄同，见于杂文《废话（废话的废话）》，载 1925 年北京《语丝》第 40 期。嗣后在该刊以及《京

报副刊《猛进》等报刊发表《疑古玄同与刘半农抬杠》《给黎锦明先生的信》等文亦署。⑪夷吾，见于杂文《废话》，载1926年《语丝》第73期。⑫钱龟竞，1933年写戒酒文《酒哲》署用。⑬无能子，见于诗《也是自嘲，也和知堂原韵》《再和知堂》，载1934年上海《人间世》第3期。⑭异、金立因，署用情况未详。

钱毅（1925－1947），安徽芜湖人。原名钱厚庆。笔名钱毅，出版《庄稼话》《大众诗歌》《怎么写》《海洋神话与传说》等署用。

钱锺书（1910－1998），江苏无锡人，字哲良、默存，号槐聚。曾用名仰先、仰宣（乳名）。笔名：①中书君，见于随笔《小说琐证（一）》，载1930年北平《清华周刊》第34卷第4期。嗣后在该刊及《大公报》《新月》《人间世》等报刊及《光华大学》半月刊发表文章亦署。②DTS，见于评论《Pragmatism and Potterism》，载1931年《清华周刊》第35卷第2期。同年在该刊第35卷第8、9期合刊发表随笔《A Book Note》亦署。③Dzien Tsoong－su，见于随笔《A Book Note》，载1932年《清华周刊》第36卷第11期。④中华君，见于评论《一种哲学的纲要》，载1932年上海《新月》第4卷第3期。该名系"中书君"之误排。⑤钱锺书，见于《中国文学小史序论》，载1933年《国风半月刊》第3卷第8期；旧体诗《诗录》，载1934年《国风半月刊》第4卷第11期。嗣后在该刊及《文学杂志》《今日评论》《开明》《国师季刊》《天下月刊》《学文月刊》《新语》《大公报》《文艺复兴》《文汇报》《观察》《书林季刊》《新书月刊》等报刊发表诗文均署；出版散文集《写在人生边上》（上海开明书店，1941年），长篇小说《围城》（上海晨光出版公司，1947年），小说集《人·兽·鬼》（上海开明书店，1946年），论著《谈艺录》（上海开明书店，1948年）、《管锥编》（中华书局，1979年）、《旧文四篇》（上海古籍出版社，1979年），编选《宋诗选注》（人民文学出版社，1958年）等亦署。⑥Chien Chung-shu，见于论文《Su Tung-po's Literary Background and His Prose-poetry》，载1934年《学文月刊》第1卷第2期。⑦邱去耳，见于杂文《所谓"警管区"在英国》，载1946年上海《周报》第37期。⑧邱吉甫，署用情况未详。

钱仲联（1908－2003），浙江湖州人，生于江苏常熟。原名钱萼孙，字仲联，号梦苕。笔名：①知止斋主，见于《知斋读史札记》，载1943年《学海》第7期；《读北魏书崔浩传书后》，载1944年《钱业月报》第1卷第10期。②钱萼孙，见于《近代诗评》，载1926年《学衡》第52期；《大诗人黄公度年谱》，载1933年《大陆》第1卷第12期。嗣后在《大陆》《学艺》《文艺捃华》《学术世界》《国专刊》《同声月刊》《学海》《真知学报》《永安月报》《钱业月报》等刊发表《梦苕庵诗话》《茹经堂碑记》《十五年来之诗学》《人境庐诗草笺注补正》《文芸阁先生年谱》《海日楼诗注》《李楞庄先生传》等亦署。③钱仲联，出版《人境庐诗草笺注》

（上海商务印书馆，1936年；上海古籍出版社，1981年）、《明清诗文研究资料集》（上海古籍出版社，1986年）、《中国文学家大辞典·清代卷》（中华书局，1996年）、《沈曾植集校注》（中华书局，2001年）、《清诗纪事》（凤凰出版社，2003年）、《历代别集序跋综录》（江苏教育出版社，2005年）、《海日楼札丛》（上海古籍出版社，2009年）、《后村词笺注》（上海古籍出版社，2012年）等署用。

钱祝华，生卒年及籍贯不详。笔名冉洮曲，见于诗《号子里》，载1937年《月报》第1卷第2期；诗《鞭梢》，载1937年《文学》第9卷第2期；通讯《临死之前（京沪线上）》，载1937年《七月》第1卷第1期。20世纪30年代在武汉报刊发表文章亦署。

钱祖宪（1884－1926），江苏吴江（今苏州市）人，字叔度、桂桐。笔名钱祖宪，在《南社丛刻》发表诗文，出版《畏垒山房文集》《词套新编》《潘节士力田先生遗诗》署用。

茜濛，生卒年不详，江苏宜兴人。原名沙娓娟。笔名茜濛，见于诗《弃》，载1939年《文艺阵地》半月刊第2卷第12期。

茜子（1930－2006），四川内江人。原名黄狮威。笔名陈谦、澄江、茜子。1947年发表短篇小说《一天》。著有短篇小说集《夜过摩天岭》、长篇小说《热土》《牛角湾的斗争》、中篇小说集《秀女翻身记》（与他人合作）、歌剧《森林兄妹》（与他人合作）、组诗《大地奏鸣曲》等。

【qiao】

乔大庄（1893－1947），四川华阳（今属成都市双流区）人，生于北京。原名乔曾劬，字大壮、壮殹（yì）、勤父（fǔ）、勤孙，号壮夫、劳者、伯戢、劳庵、波外居士。晚号波外翁、壮翁、戢翁。笔名：①乔曾劬，见于译文《路宾外史》（法国亚历山大·仲马原作），载1914年天津《庸言》第2卷第6期；翻译剧作《马兰公主》（比利时梅德林原作，与徐炳昶合译），载1922年上海《小说月报》第13卷第1—5号。1937年在上海《播音教育月刊》、南京《广播周报》发表讲演《书法概要》亦署。②乔大庄，见于《词录》，载1945年重庆《中国文学》第1卷第5期。

乔浮沉（1928－？），山东牟平人。原名矫福纯。笔名乔浮沉，出版中篇小说《松涛篇》《省委书记和他的同僚》、报告文学《海上风暴》等署用。

乔景楼（1914－？），河南孟津人。笔名天弓，见于诗《挣扎》，载1936年5月10日郑州《大华晨报·新垦》第15期。嗣后在该刊第20期发表诗《惑颖》亦署。

乔林（1925－1956），湖北随县人。原名乔学纯。笔名乔林，见于翻译俄罗斯民歌《美丽的月亮》，载1948

年上海《文潮月刊》第 4 卷第 6 期。1949 年后出版长诗《白兰花》（人民文学出版社，1956 年）亦署。

乔尚谦

乔尚谦（1865－1927），山西祁县人，字筱山。笔名乔尚谦，著有《息影园诗存》第 2 卷。

乔穗青

乔穗青（1919－？），湖南长沙人。原名乔文㹳，字穗青。曾用名乔力。笔名：①乔穗青，见于报道《怎样粉碎了敌人第二次向晋西游击根据地的围攻》（与谈锋合作），载 1939 年山西第二战区《西线》创刊号。②穗青，见于中篇小说《在火车站》，载 1939 年重庆《文艺阵地》第 4 卷第 1、2 期。同年在山西第二战区《西线》发表《晋西北行》《大青山的守护者》等文，出版小说《脱缰的马》（重庆自强出版社，1943 年）亦署。③乔力，1939 年在第二战区《西线》发表《绥西抗日根据地概况》《晋西北的青年运动》《绥远敌区的抗战工作》等新闻报道署用。嗣后发表通讯《塞上抗战影片放映记》（载 1940 年西安《黄河》第 10 期）、评论《肃清当前文学上的市侩主义》（载 1944 年《每周文艺》第 1 卷第 17 期）亦署。④曦若，见于短论《从黑暗中拖带出光明来》，载 1940 年陕西宜川《西线文艺》第 1 卷第 6 期。⑤文倪，见于小说《大车刘二虎》，1940 年前后发表。⑥倪骏，署用于小说《奇迁》，1946 年投稿寄出未见发表。⑦期子新，署用于小说《金字塔》，1947 年投稿寄出未见发表。⑧一文、一丁，发表短文用过。

乔天华

乔天华（1903－1989），山东平度人。原名乔永祥。曾用名高潢。笔名乔天华，20 世纪 30 年代在青岛左联时期发表作品署用。

乔羽

乔羽（1927－2022），山东济宁人，祖籍山东东平。原名乔庆宝，后改乔羽。笔名乔羽，见于诗《幸亏共产党》，载 1947 年邯郸《北方杂志》第 2 卷第 1、2 期合刊；小说《鸡蛋的吵架》，载 1947 年晋察冀《平原文艺》第 2 卷第 3 期。1949 年后，在北京《文艺劳动》《诗号角》发表三幕话剧《胜利列车》（与逯斐合作），诗《父子养路》《深夜传来的声音》等，出版话剧剧本《胜利列车》（与逯斐合作）、《花开满山头》《果园姐妹》《宇宙的骏马》《杨开慧》（与树园等合作），电影文学剧本《刘三姐》《红孩子》（与时右平合作）、《红色少年行》（与时佑平合作），儿童歌舞剧《森林里的宴会》《果园姐妹》《鲤鱼妈妈》，长篇叙事诗《龙潭故事》，歌词《我的祖国》《牡丹之歌》《人说山西好风光》《让我们荡起双桨》《夕阳红》《难忘今宵》《爱我中华》《祖国颂》等均署。

【qin】

秦冰

秦冰（1920－？），陕西长安人。原名王从瑗。笔名：①谷心，1938 年前后在西安《西安晚报》等发表诗、散文署用。②秦冰，见于诗《寄向远方》，载 1945 年西安《国风日报》副刊。嗣后在该刊及西安《青年日报》发表诗《初室塞的歌声》等，1947 年在沈阳《前

进报·诗哨》第 7 期发表诗《绳与鞭子》亦署。

秦敢

秦敢（1924－？），湖北巴东人。原名秦大衍。笔名：①秦敢，见于诗《浣衣篇》，载 1942 年湖北恩施《新湖北日报》；《怀星小集》，载 1948 年《同代人文艺丛刊》第 1 卷第 2 期。此前后在《武汉日报》《大刚报》《华中日报》、香港《大公报》《华商报》《群众》《诗垦地丛刊·沙漠的喧哗》、上海《大公报》等报刊发表文章亦署。②吕刚，20 世纪 40 年代在武汉、香港、上海等地报刊发表杂文署用。

秦绿枝

秦绿枝（1926－2019），江苏镇江人，原名吴承惠。别名吴仁伟。笔名：①秦绿枝，1981－1996 年主编上海《新民晚报·夜光杯》发表散文、杂感署名。②陈思、陈惠、芬慧、小慧、王惟、王愉、白屋、李枚、顾盼、东方羽、东方晓、西门宜、林一玮，署用情况未详。

秦墨哂

秦墨哂，生卒年及籍贯不详。笔名：①神燹，见于通讯《三张共肩人报》，载 1936 年上海《晶报》。②秦墨哂，出版《西藏问题》一书署用。

秦牧

秦牧（1919－1992），广东澄海人，生于香港。原名林觉夫。曾用名阿芝、派克、顽石（均幼名）。笔名：①觉夫，见于杂文《"利己主义"神话》，载 1941 年桂林《野草》第 2 卷第 3 期。②秦牧，见于论文《论小说创作》，载 1942 年桂林《文学批评》创刊号；《果戈里论官僚》，载 1943 年《野草》复刊号。嗣后在《野草》《文艺生活》《人间世》《时与潮文艺》《文艺知识连丛》《中学生》《春秋》等报刊发表散文、杂文等，出版杂文集《秦牧杂文》（上海开明书店，1947 年）、中篇小说《洪秀全》（上海生活·读书·新知联合发行所，1949 年），1949 年后出版散文集《星下集》（广东人民出版社，1958 年）、《贝壳集》（作家出版社，1958 年）、《花城》（作家出版社，1961 年）、《潮汐和船》（作家出版社，1964 年）、《艺海拾贝》（上海文艺出版社，1978 年）、《长街灯语》（百花文艺出版社，1979 年）、《长河浪花集》《晴窗晨笔》《北京漫笔》《秋林红果》《翡翠路》《塞上风情》《地球龙迹》《和年轻人聊天》《大洋两岸集》《华族与龙》《秦牧散文选》（人民文学出版社，1987 年），长篇小说《愤怒的海》（湖南人民出版社，1982 年），中篇小说《贱货》《黄金海岸》，小品集《秦牧旅游小品选》《秦牧知识小品选》，短篇小说集《珍茜姑娘》，中、短篇小说集《盛宴前的疯子演说》，散文与小说合集《花蜜和蜂刺》《秦牧华侨题材作品选》，儿童文学集《回国》《在化装晚会上》《蜜蜂和地球》《巨手》，故事、童话集《秦牧作品选》（广东人民出版社，1983 年），报告文学集《复员军人杜美宗》，话剧《北京的祝福》，论文集《世界文学欣赏初步》《语林采英》，以及《祖国的港市》《秦牧序跋集》（花城出版社，1982 年）、《秦牧文集》（春风文艺出版社，1983 年）、《秦牧自选集》（花城出版社，1984 年）等亦署。③林觉夫，见于评论《论丁西林的〈妙峰山〉》，载 1942 年桂林《文学批评》创刊号；独幕剧《一出喜

剧》，载 1942 年《文艺生活》第 3 卷第 2 期。④觉、牧，分别见于短论《反戈一击》《主题思想之深度》，载 1942 年桂林《文学批评》创刊号。⑤吴瑜、但珂，抗日战争后期和解放战争时期发表文章署用。⑥顽石、林顽石、林派克、林角夫，署用情况未详。

秦能华，生卒年及籍贯不详。笔名众禾、枝松，1947 年后在印尼雅加达《中学生月刊》发表杂文、评论等署用。

秦泥（1919－2014），广西桂林人。原名秦光荣，笔名林夏、林向。出版有中篇小说《两对旅伴》《晨歌与晚唱》，散文集《云南散记》，诗集《芳草篇》《北方遥唱》，游记《古诗之旅》《汉诗之旅》，专著《李白的诗及生平》《杜甫的诗及生平》《唐代三大诗人》，以及《秦泥晚年作品集》等。

秦戎，生卒年及籍贯不详。笔名：①漪泽，见于独幕剧《出征前一日》，连载于 1932 年绥远《绥远日报·星原》第 6 期至第 10 期。②秦戎，见于《郭加英》，载 1943 年 6 月 22 日延安《解放日报》。嗣后在该报副刊发表《地穴》等作品亦署。

秦瘦鸥（1908－1993），上海人。原名秦浩。笔名：①怪风，1926 年在上海《福尔摩斯》报署用。②瘦鸥、秦瘦鸥，1927 年前后开始在上海《新闻报·快活林》《申报·自由谈》《时事新报·青光》等发表散文、小说署用。"秦瘦鸥"一名，见于小说《钗光剑影》，连载于 1930 年《奋报》；《三次最痛快的杭州之游》，载 1935 年《旅行杂志》第 9 卷第 1 期。嗣后在《社会月报》《小说月报》《永安月刊》《紫罗兰》《风雨谈》《中艺》《大众》《文潮》《中华月报》等刊发表小说、散文、评论、译文，出版长篇小说《孽海涛》（上海雪茵书店，1929 年）、《秋海棠》（上海金城图书公司，1942 年）、《永夜》《梅宝》《劫收日记》，短篇小说集《二舅》（上海太平书局，1944 年）、《第三者》（上海波涛出版社，1947 年），中篇小说《危城记》（上海怀正文化社，1948 年），散文集《晚霞集》，短论集《小说新话》，读书札记集《晨读杂记》，话剧剧本《秋海棠》（上海百新书店，1946 年），翻译小说《茶花女》《御香缥缈录》《瀛台泣血记》《泰西三十轶事》（三明印刷厂，1936 年）、《不义之财》（英国华雷斯原作。上海春江书局，1940 年）、《四义士》（英国华雷斯原作。上海春江书局，1941 年）、《兰手》（英国华雷斯原作。上海春江书局，1942 年）、《幽屋血案》（英国华雷斯原作。上海春江书局，1942 年）、《万事通》（英国华雷斯原作。上海春江书局，1942 年）、《天网恢恢》（英国华雷斯原作。上海春江书局，1942 年）、《大帝之剑》（英国华雷斯原作。成都百新书店，1945 年）、《泰山岛》（英国华雷斯原作。上海春江书局，1946 年）、《仁爱的教育》（意大利亚米契斯原作。上海春江书局，1946 年）、《残烛遗痕》（英国华雷斯原作。上海春江书局）等亦署。③张三，1935 年前后在上海报刊发表影剧评论专署。1949 年后在香港《文汇报》发表影剧评论亦署。④独流，见于散文《我

的家乡——嘉定》，载 1937 年上海《旅行杂志》第 11 卷第 10－12 期。1938 年 8 月 14 日起在上海《大英晚报·七月》发表诗《钟鸣不再》和翻译小说《儿子的凉鞋》（印度维迪亚原作）亦署。⑤白帆、刘白帆，1937－1941 年在上海《时报》（影剧版）、《电声》等报刊发表杂文、散文署用。⑥王铁口，1939－1941 年在上海《社会日报》发表杂文专用。⑦万千，1942 年冬开始在桂林《大公报》晚刊发表通讯、小说等署用。1952－1956 年在香港《文汇报》发表文章亦署。⑧齐放，1952 年底开始在香港《文汇报·彩色版》发表散文署用。⑨商清，1954 年开始在香港《文汇报》连载长篇小说署用。⑩谢桑，1963 年前后在香港《商报》连载小说署用。⑪宁远，见于随笔《关于鸳鸯蝴蝶派》，载 1960 年香港《大公报》。⑫陈新、曹起，谦斋，20 世纪 60 年代初开始在香港《文汇报》《大公报》《新晚报》等报发表小说、评论、随笔等署用。⑬秦浩，1976 年后在上海《文汇报·笔会》发表文章曾署用。

秦似（1917－1986），广西博白人。原名王扬，号似之。曾用名阿水（乳名）、王缉和。笔名：①水生，1933 年在广西玉林某报副刊《雷莺》发表小说、散文署用。②思秋，1935－1936 年在广州《国民日报·东西南北》发表诗歌署用。③秦似，见于《作家二例》，载 1940 年《救亡日报》；随笔《谈文化界的"紊乱"》，载 1940 年《中学生》第 25 期；译文《列宁对人类的爱》，载 1940 年《中学生》第 24 期。嗣后在《中学生》《野草》《文学译报》《世界文化报导》《诗创作》《文艺生活》《青年知识半月刊》等报刊发表著、译作品，出版杂文集《感觉的音响》《时恋集》《在岗位上》《秦似杂文集》、专著《现代诗韵》《两间居诗词丛话》，翻译美国斯坦贝克的《人鼠之间》、俄国莱蒙托夫的《少女与死神》、苏联果尔巴托夫的《三天》、苏联西尔维加的《饥民们的橡树》（与他人合译）亦署。④王扬，见于诗《我背靠着旗杆》，载 1940 年《文艺阵地》第 4 卷第 10 期。⑤令狐厚，见于《岁末纪事》，载 1941 年桂林《野草》第 1 卷第 6 期。⑥茹雯，见于译剧《我是走了》（法国 B. 伯力治特作），载 1941 年《野草》第 2 卷第 1、2 期合刊。⑦袁道、辛自，分别见于杂文《读书随感》《琐话》，载 1941 年《野草》第 2 卷第 3 期。⑧顾元，见于《为着谁——我们让血？》，载 1941 年《野草》第 3 卷第 3、4 期合刊。⑨余一名，在《野草》写《编后语》署用。⑩曹尚沂，见于杂文《急事闲谈》，载 1942 年《野草》第 3 卷第 5 期。⑪徐曼，见于杂文《剪灯碎语》，载 1942 年《野草》第 4 卷第 6 期。⑫余土根，见于杂文《指环的贬值》，载 1943 年《野草》第 6 卷第 3 期。⑬土根、石发，分别见于杂文《精神的迎圣驾》《养好论》，载 1946 年《野草》复刊号。⑭美罗、秦俭、雷点，分别见于杂文《香港所感》"势如破竹"《重要（一）》，载 1946 年《野草》新 2 号。⑮一觉，见于杂文《略论白塔山事件》，载 1947 年《野草》新 4 号。⑯蔡九，见于杂文《想起了花袭人》，载 1947 年《野

草》新 5 号《九儒十丐》。⑰水味、半琴，分别见于杂文《食在广州》《何雅各》，载 1948 年《野草》新 7 号《天下大变》。⑱胡广，见于杂文《"清水货"》，载 1948 年《野草文丛》第 8 集《春日》。⑲阿娣，1948 年在报刊发表有关妇女问题的文章署用。⑳羊珂、王砚新，1962 年分别在《桂林日报》"晴窗随笔"栏和"苑边漫笔"栏发表文章署用。㉑杨步飞，1962－1963 年在《广西日报》"花须集"栏发表文章署用。㉒姜一，1963－1964 年在《桂林日报》"短笛"栏发表文章署用。㉓青果、冼为、吴蒙，1982 年前后发表杂文等署用。㉔寺言、朱小奇，20 世纪 80 年代在《语文园地》杂志发表文章署用。㉕余未名，署用情况未详。

秦同（1927－2005），江苏南通人。原名秦桂秋。笔名禾，见于诗《人民》，载 1948 年 8 月 20 日南通《诗战线丛刊》之一《斗争是我们的母亲》。

秦锡圭（1864－1924），江苏上海县陈行（今上海市）人，字镇谷，号介侯。笔名：①秦锡圭，校勘《晋书》（与锡田合作），辑编《补晋执政表》《补晋方镇表》《晋宣、景、文三王年表》，出版诗集《西征草》《粤游草》及《见斋诗文集》《受川公牍》等署用。②见斋，署用情况未详。

秦毓鎏（1880－1937），江苏无锡人，字晃甫，号效鲁；晚号天徒、坐忘。晚清曾任《江苏》杂志总编辑。民国时曾任上海文明书局、《神州日报》编辑，有《诗庄穷年录》等著作。

秦占雅（？－1940），黑龙江珠河（今尚志市）人。笔名小辛，见于诗《夜宿山村》等，载 20 世纪 30 年代哈尔滨《大北新报》。

秦兆阳（1916－1994），湖北团风人。笔名：①秦兆阳，见于散文《路》，载 1946 年《北方文化》第 2 卷第 6 期；评论《从曲艺改进工作谈到写作新词》，载 1949 年《人民文学》第 2 期。此前后在上述两刊及《文艺劳动》《新华月报》等刊发表小说、评论，出版短篇小说集《平原上》《幸福》《聪明勇敢的张小明》《农村散记》《一封拾到的信》，中篇小说《女儿的信》，长篇小说《在田野上，前进!》《大地》，散文集《黄山失魂记》《风尘漫记》，小说选集《秦兆阳小说选》，童话集《小燕子万里飞行记》，文学理论集《论概念化公式化》《文学探路集》等亦署。②兆阳，见于诗《在春的陶醉中》，载 1936 年 4 月 18 日《武汉日报·鹦鹉洲》。③何直，见于评论《现实主义——广阔的道路》，载 1956 年《人民文学》9 月号。④何又化，发表小说《沉默》署用。⑤曾健为，20 世纪 80 年代在《当代》杂志发表文章署用。⑥鉴余、顾言、秦策，署用情况未详。

【qing】

青勃（1921－1991），河北隆尧人。原名赵铎。1942 年以青勃笔名发表作品，后以赵青勃之名发表作品。笔名：①赵铎，1936 年开始在《小朋友》杂志发表作品署用。②光迅、克曼、林炎、范醒，1937 年抗战全面爆发前发表诗文署用。③青勃，1942 年开始在河南《华中日报》《阵中日报》发表诗歌署用。嗣后在郑州《春秋时报》、重庆《火之源诗刊》、上海《大公报》《诗创造》《创世纪》《文艺春秋》《月刊》《文讯》《文艺复兴》《新诗歌》、西安《高原》《正报》、天津《大公报》《新生晚报》、北平《北平日报》《诗号角》等报刊发表诗《我的广告》《苦难的中国，有明天》《蚕（外一首）》《村的儿子》《牛车和轿车》《悼朱自清先生》《诗人与诗》、散文《沉默的服役》等，出版诗集《号角在哭泣》（上海星群出版社，1947 年）、《巨人的脚下》（上海中兴出版社，1949 年）、《最后的地狱》（文化工作社，1949 年）、《乐园集》（作家出版社，1957 年）、《绿叶的声音》（百花文艺出版社，1981 年）、《绿色的梦》（百花文艺出版社，1989 年）等亦署。④琴尼，1946 年在北平编《北平日报》副刊发表作品署用。⑤曲满弓，1946－1949 年在郑州《春秋时报》、北平《北平时报》《骆驼文丛》、上海《月刊》等报刊发表诗歌等署用。见于诗《枯叶的翻身——悼李公朴闻一多陶行知三先生》，载 1946 年上海《月刊》第 2 卷第 2 期；诗《枯叶在翻身》，载 1947 年北平《骆驼文丛》新 1 卷第 4 期。⑥羽立、羊羽、胡丝、曲子、孟克、白岸、肖波、司空云朵，抗战胜利后发表诗文署用。其中"羽立""司空云朵""孟克""肖波"4 个笔名，其弟沙驼发表讽刺小品和杂文时亦曾借署。⑦牛曲白，见于诗《市虎灾》，载 1947 年 2 月北平《时报副刊》。此笔名其弟沙驼发表讽刺小品或杂文时亦曾借署。⑧朱力，见于诗《乡村和城》，载 1947 年 11 月后北平《时报副刊》。此笔名其弟沙驼发表讽刺小品和杂文时亦曾借署。⑨骆步沙，见于诗《我们的告别》，载 1947 年 11 月北平《时报副刊》。此笔名其弟沙驼在发表讽刺小品和杂文时亦曾借署。⑩鸿马，见于诗《冬天的树》，载 1948 年北平《诗号角》第 3 期。

青苗（1915－2005），山西临猗人。原名姚玉祥，字完璧。曾用名姚雨霞、姚钟。笔名：①白易、白蚁、司马莹，1932－1936 年在山西太原《党讯》副刊发表文章署用。②青苗，见于小说《"开顶"》，载 1937 年上海《中流》半月刊第 2 卷第 8 期。嗣后在《七月》《东方杂志》《妇女生活》《创作月刊》《西线文艺》《文学月报》《现代文艺》《宇宙风》《文艺杂志》《文艺生活》《文讯月刊》《大公报·战线》《国民公报·文群》《大公报·文艺》《战时文艺》《青年文艺》《人世间》《天下文章》《时与潮文艺》《新文学》《职业妇女》《流火》《文艺春秋》《文艺复兴》《文莽》《文艺知识》《骆驼文丛》《书简杂志》《影剧春秋》《人物杂志》《高原》《文艺知识连丛》《春秋》《黄河》《山西国民报·展望》《西安益世报·语林》等报刊发表小说《马泊头》《永恒的仇恨》《柳河上》《沙漠上的死者》《天堂和地狱》《通讯员》《阳春曲》《穷巷》《野性的黄河》、散文《琉璃堡》《绿林》《生活风景线》、速写《心谏》、随笔《曹禺的彷徨》《石评梅女士的悲剧》《从〈神出鬼没〉看逆流》等文，出版小说《暴风雨下的几个女性》（成都路明书店，1942年）、文集《青苗文集》（作家出版社，2007年）等亦署。③王轲，见于小说《涛》，载1937年上海《文丛》第1卷第5期。④雨霞，见于速写《某城风景》，载1939年重庆《七月》第4卷第1—4期；随笔《王婆试论》，载1947年北平《骆驼文丛》新1卷第4期。⑤桑泉，20世纪50年代后发表杂文署用。⑥姚青苗，出版论著《青苗五十年文论》（北岳文艺出版社，2001年）署用。

轻轮（1924—1988），广东惠州人。原名黄钦伦。笔名轻轮、静玫、佐琳、左琴蓝琳、佐琴蓝琳，1937年前后起在马来亚新加坡《星洲日报》、槟城《光华日报》副刊发表诗、小说、散文、译作等署用。

【qiu】

丘斌存（1904—？），曾用名丘国基，字中尼、高基。笔名丘斌存，见于评论《中暹订约的事件》、译文《暹罗的国情》，载1928年《南洋研究》第2卷第6期。嗣后在《晦鸣周刊》《新粤周刊》《新中华》《华侨汇报》《新生路月刊》《轴心旬刊》《社会科学》《华侨战线》《财政知识》《广东省银行季刊》《经济论衡》《中央周刊》《时下评论》等刊发表《华侨之今昔观》《发扬华侨革命性》《战后复原经济建设问题》等文，出版翻译小说集《汤琰穆飞游记》（英国狄更斯原作。上海新时代社，1942年）、论著《华侨经济复原复兴问题》（上海新时代社，1946年）等均署。

丘才豪（1921—？），河南新县人，生于江西修水。曾用名丘天纵。笔名泉人，20世纪30—40年代在江西《七七报》《挺进报》《战士报》《人民军队》等报刊发表诗文署用。

丘东平（1910—1941），广东海丰人。原名丘谭月，字席珍、硕珍。曾用名丘谭业。笔名：①东平，见于小说《梅岭之春》，载香港1932年《新亚细亚月刊》第1期；小说《通讯员》，载1932年上海《文学月报》第1卷第4期；随笔《慢一点悔改也好》，载1936年上海《文学丛报》创刊号。嗣后在《小说家》《小说》《当代文学》《夜莺》《东方文艺》《作家》《光明》《现实文学》《热风》《希望》《七月》《文艺阵地》《抗战文艺》《黄河》《青年界》《北战场》《文学月报》《文学丛报》《国闻周报》《新华日报》等刊发表小说、散文等，出版小说集《沉郁的梅冷城》（上海天马书店，1935年）、《将军的故事》（上海北新书局，1937年）、《长夏城之战》（上海一般书店，1937年）、《红花地之守御》（上海一般书店，1940年）、《东平短篇小说集》（桂林南天出版社，1944年）、《茅山下》（苏皖边区第一分区韬奋书店，1945年）、中篇小说《火灾》（上海潮锋出版社，1937年）、《给予者》（与欧阳山、草明、邵子南、于逢合作，东平执笔。汉口读书生活出版社，1938年）

等均署。②丘东平，见于报告文学《滦河上的桥梁》，载1933年上海《文艺》第1卷第2期；散文《申诉》，载1934年上海《现代》第5卷第5期。同时期在上海《春光》《文学丛报》《东方杂志》《时代评论》发表散文《投宿者》《M．L．车站上》《一二八抗日战争的回忆》、剧作《落难的国王和侍卫》等亦署。

丘复（1874—1950），福建上杭人。原名丘馥，字果园，号荷公、荷生、菏公、念庐。笔名丘复，见于散文《赠宋忠勋先生序》《送海山序》《蛟湖诗钞序》《詹烈妇谏》《题分湖旧隐图后》《奎儿字说》《张瀛山古愚山庄诗草序》《后汉书注校补自序》《余十眉寄心琐语题词》《邓笔神祭墓会薄序》，载《南社丛刻》第15、19、22集；旧体诗《临安怀古》《题蟹肥》《题李伯》《壬子十月南社诸子》《哭宋钝初》《四十初度感怀》《艾生》《社友蔡子》《送春》《旅馆》《寄曹耐公》《民国五年元旦作》《新筑念庐》《迁居之夕被窃》《旧除夕》《丙辰元旦》《即事》《陈爱吾》《汕头》《至集美》《偕李步青》《挽伍廷芳》《与步青》，载《南社丛刻》第12、13、15、16、19、22集；随笔《潮安县重修黄孝子墓记》，载1933年《国立中山大学文史学研究所月刊》第2卷第5期；诗《梦境二十首》，载1935年《东区农林学刊》第1卷第2期。嗣后出版《杭州新风雅集》（潮安，1936年）、《上杭县志》（与张汉合作。上杭启文书局，1939年）、《上杭县志艺文志》（与包一琪合作。上杭启文书局，1939年）、《长汀县志》（与黄恺元等合作。长汀城区印刷合作社，1941年）、《长汀县志艺文志》（长汀城区印刷合作社，1941年），1943年在《大千》杂志发表诗作均署。2013年福建人民出版社出版其遗著《丘复集》亦署。

丘瑾璋（1928—？），笔名：①高山，见于《散沙之一》《散沙之二》，载1930年上海《中学生》第4期。嗣后在该刊发表《散沙之三》《散沙之四》《子冈论》等均署。此前后在《文艺月刊》《论语》等刊发表《评〈秋瑾〉——〈自由魂〉》《散沙》等诗文，出版诗集《散沙》（上海开明书店，1930年）、《苔痕集》（景行社，1933年）、《海的颂歌》（香港大公书店，1949年）等亦署。②丘瑾璋，见于评论《悲观论的论据及其批评》，载1933年上海《东方杂志》第30卷第1期。嗣后发表译文《教育科学之资源》（美国杜威原作。载1936年上海《图书展望》第6期），出版译作《思想方法论》（美国杜威原作。上海世界书局，1935年）、《托尔斯泰自白》（俄国列夫·托尔斯泰原作，与徐百齐合译。上海商务印书馆，1935年）、《教育科学之资源》（美国杜威原作。上海商务印书馆，1935年）、《社约论》（法国卢梭原作，与徐百齐合译。上海商务印书馆，1936年）、《我的人生观》（英国罗素原作。上海正中书局，1936年）等均署。③丘高山，出版译作《实用伦理学》（英国撒慕尔子爵原作。上海商务印书馆，1936年）署用。

丘琴（1915—2006），黑龙江宾县人。原名邓天佑。曾用名丘铁生。笔名：①天佑，1936年发表诗文开始署用，见于《中国诗歌作者协会宣言》，载1937年2月上海《诗歌杂志》第2期。又见于书评《我们的堡》，载同年5月《诗歌杂志》第3期。②丘琴，见于诗《恸——悼温流诗友》，载1937年北平《诗歌杂志》第3期（该期目录署名"诗歌杂志社"，正文注明"丘琴执笔"）；诗《向北方——沁河草之一》，载1939年9月30日重庆《大公报·战线》第380号。嗣后在《时事类编》《文学月报》《诗创作》《中苏文化》《新音乐》《新华日报》等报刊发表著译诗文亦署。出版传记《高崇民传》（人民日报出版社，1991年）、译作《苏联诗选》（苏联马尔夏克原作，与刘光杰合译）、《希克梅特诗集》（土耳其希克梅特原作）、《吉洪诺夫诗集》（苏联吉洪诺夫原作）、《伊凡·弗兰科诗文选》（乌克兰伊凡·弗兰科原作）、《马雅柯夫斯基选集》（苏联马雅可夫斯基原作）、《托康巴耶夫诗集》（苏联阿雷·托康巴耶夫原作，与戈宝权合译）、《保卫和平》（苏联马尔夏克原作，与刘光杰合译）、《世界著名化学家的故事》（马诺洛夫原作，与他人合译）等亦署。

丘士珍（1905－1993），马来西亚华人，原籍中国福建龙岩。曾用名丘家珍。笔名：①丘士珍，1928－1929年间在福建厦门从事文学活动开始使用。20世纪30年代起在马来亚新加坡《星洲日报·晨星》、《南洋商报》副刊《商余》《文学》《狮声》《星中日报·星火》《南侨日报·南风》《现代周刊》《风下》《读书生活》、槟城《光华日报·槟风》等报刊发表文章署用。见于评论《介绍饶楚瑜君的〈笼〉》，载1934年6月7日《南洋商报·狮声》。嗣后在该刊及新加坡《出版界》等报刊发表文章，出版中篇小说《没落》（上海生活书店，1934年）、《峇峇与娘惹》（新加坡世界书局，1934年）亦署。②废名，见于评论《地方作家谈》，载1934年3月1日新加坡《南洋商报·狮声》。嗣后在该刊发表《总算是我抛了一块"地方作家谈"的砖——答复C君的商榷与则余君的检讨》等文亦署。③丘天，1945年后在新加坡等地报刊发表小说、剧本，出版中篇小说《复仇》（吉隆坡民生报社，1948年）署用。

丘行（1924－2019），广西柳州人，壮族。原名丘作屏。曾用名丘如嵩。笔名：①如嵩，见于译文《"国语"》（从世界语翻译的意大利故事），载1942年桂林《力报》副刊。②端紫、端阳，1946年在宜山《联合日报》发表翻译小说、小品文、故事署用。③丘如嵩，见于随笔《伪装书》，载1961年10月20日《南宁晚报》副刊。④丘如仓，见于随笔《理直与气壮》，载1962年10月28日《广西日报》副刊。⑤绿立，见于评论《危险在哪里》，载1958年南宁《红水河》4月号。⑥丘行，出版长篇小说《山城剑影》（漓江出版社，1990年）、《魂断相思江》（漓江出版社，1994年）等均署。

丘絮絮（1909－1967），新加坡华人，原籍中国福建龙岩。笔名：①丘絮絮，1928－1929年在厦门发表作品署用。见于诗集《昨夜》（上海新民图书馆，1929年）。②哈莱，见于小说《沉滓的浮起》，载1939年5月3－6日马来亚新加坡《星洲日报·晨星》。③絮絮，见于

评论《论文艺通俗化问题》，载1939年11月25日新加坡《南洋商报·狮声》。此前后在新加坡《新国民日报·怒吼的五月》《忠言半月刊》《学生生活》《银幕世界》等报刊发表小说、散文、戏剧等，出版小说集《荣归》（新加坡南洋商报社，1950年）、《房东太太》（新加坡世界书局，1951年）、《学府风光》（南洋商报社，1951年），诗集《生之歌》（新加坡星洲世界书局有限公司，1961年）、《骆驼》（新加坡维明公司，1961年）、《呼吁》（宏智书店，1969年）等均署。④重阳，署用情况未详。

丘翊华，生卒年不详，福建人，字海山，号潜庐。笔名丘翊华，在《南社丛刻》发表诗文署用。

邱艾军（1920－1986），广西昭平人。原名邱家绅。笔名：①郭枫，1941年前发表诗歌署用。②艾军，见于诗《为你而歌——写给荣灿兄》，载1942年3月18日《柳州日报·新诗潮》。同时期在该报及广西其他报刊发表诗、杂文等亦署。

邱风人（1899－1949），福建人。原名邱衡近。笔名：①卫武功、御史氏，1935年在马来亚新加坡报刊发表文章署用。②风人，1946年10月18日起在新加坡《南洋商报·商余》发表杂文小品，出版杂文集《风人辛言集》（南洋商报社，1948年）、《辛言续集》（南洋商报社，1949年）等均署。③伍岔，出版杂文集《百颂经》（南洋印刷社，1951年）署用。④呆老板，署用情况未详。

邱汉生（1912－1992），江苏海门人。曾用名邱竹师。笔名邱汉生，出版专著《四书集注简论》《诗义钩沉》和《中国思想通史》（与其他人合作）等署用。

邱及（1910－1984），广东揭西人，生于暹罗（今泰国）。原名丘英杰，字仲推，号南离子。曾用名丘及。笔名邱及，1942－1949年在曼谷创办《真话报》署用。1949年后出版《红尘集》（香港千秋出版社，1987年）、《南离子邱及》（中国世界语出版社，1993年），以及《仲推画集》等亦署。

邱九如，生卒年不详，浙江宁波人。曾用名丘九。笔名：①芸生，见于诗《汉奸的供状》，载1932年上海《文学月报》第1卷第4期。②丘九，见于随笔《不见为净》，载1934年上海《十日谈》第27期。嗣后在该刊及上海《太平洋周报》发表《生财有道》《闲话九月九日》《我说陈大慈及其太太》等文亦署。

邱楠（1916－1979），江西宁都人。原名邱家楠，字南生。笔名：①言曦，15岁时在北平《世界日报》发表小说署用。1949年后在台湾发表作品，出版评论集《言曦短论集》（台北《中央日报》社，1960年）、《言曦五论》（台北《中央日报》社，1961年）、《言曦政论集》（台北时报文化公司，1982年）、散文集《思印集》（台北文星书店，1961年）、《言曦散文全集》（台北中华书局，1975年）、《世缘琐记》（尔雅出版社，1977年）、《骈思楼随笔》（台北时报文化公司，1978年）等

亦署。②邱楠，见于小说 "COTACOLO"，载 1933 年上海《新时代》第 5 卷第 6 期；评论《七七纪念与文艺抗战》，载 1938 年《前途》第 6 卷第 18、19 期合刊；出版四幕剧《圣战曲》（重庆正中书局，1938 年）亦署。③邱言曦，见于译作《西洋哲学史——及其有关的政治与社会环境》（英国罗素原作）（台北中华书局，1976 年）。

邱七七（1928－？），湖北兴山人。生于江苏南京。曾用名邱宗琪。笔名邱七七，出版散文集《火腿绳子》（高雄新创作出版社，1952 年）、《这一代》（高雄新创作出版社，1953 年）、《盐梅集》（台北水芙蓉出版社，1976 年）、《欧游记掠》（台北大华晚报，1979 年）、《鱼雁传心声》（台北彩虹出版社，1980 年）、《婚姻的故事》（台北新生报社，1982 年）、《邱七七自选集》（台北黎明文化事业股份有限公司，1985 年）、《樱花之旅》（台北皇冠出版社，1985 年）等著作署用。

邱仁美（1924－？），福建龙岩人。曾用名刘仁美。笔名：①溪萍，20 世纪 40 年代在福建《闽南新报》等报刊发表散文署用。②刘仁美，出版散文集《海滨寄语》（上海南极出版社，1948 年）署用。

邱望湘（1900－1977），浙江吴兴（今湖州市）人。原名邱文藻。笔名：①邱望湘，见于歌曲《在这个夜里》（钱君匋词），载 1927 年上海《新女性》第 2 卷第 4 期。嗣后在该刊及《音乐教育》等刊发表歌曲《寂寞的海塘》（钱君匋词）、《月下》（索非词）、《只饿着你的肉体》（汪静之词）、《昭君出塞》（朱湘词）等，出版歌曲集《抒情歌曲》（上海中华书局，1936 年）、《寄影集》（重庆乐艺社，1943 年），儿童歌剧集《恶蜜蜂》（与张守方合编。上海开明书店，1931 年）、《傻田鸡》（与张守方合编。上海开明书店，1931 年），论著《初中音乐和声学初步》（上海中华书局，1938 年）等亦署。②邱文藻，见于歌曲《闺情》，载 1923 年上海《小说世界》第 4 卷第 10 期；译诗《英国恋歌两首》，载 1928 年上海《文学周报》第 348 期。嗣后出版歌剧集《天鹅》（与赵景深合作。上海商务印书馆，1932 年）亦署。③裘一秋，署用情况未详。

邱炜萲（1873－1941），福建海澄（今龙海）人，原名邱炜萱，字德馨，号菽园、啸虹。别号束园、凤源、宿园、宿垣、叔援、速援、肃辕、淑员、淑衷、俶员、叔元、菽元、菽原、菽园居士、旭沉、续完、菽繁、菽蘩、菽樊、菽樊、菽繁、蓿蕃、蒯繁、蒯烦、啸虹生、菽道人、酸道人、醉道人、星洲寓公、星岛寓公、镜湖内史、观天演生、观天演斋主、五百石主人。曾用名邱炜蕙、邱炜蒌、邱炜蘐、邱炜谖。笔名：①菽园，清末在《女报》《女学报》《新小说丛》等刊发表诗文署用。②邱菽园，见于《客云庐小说话》，载 1908 年上海《新小说丛》第 2、3 期合刊。1938 年在《星洲日报》发表诗《星洲寓斋雨后观物兴感》《和前作》等亦署。③星洲寓公菽园，1908 年前后在《新小说丛》

发表文章曾署。④邱炜萲，出版《红楼梦绝句》（粤东一经堂，1899 年）、《挥尘拾遗》（上海，1902 年）、《菽园赘谈节录》（上海国学扶轮社，1914 年）等署用。⑤啸虹，1922 年在马来亚新加坡《新国民日报·新国民杂志》《南洋商报·商余》发表旧体诗词署用。

邱晓松（1913－2002），云南建水人。原名邱林，字小松。曾用名邱蕃，字子昌。笔名：①齐路，1933－1936 年在云南蒙自、个旧等地自办手抄刊《我们的土地》《我们的呼声》发表小诗文和短文署用。②殷侣，见于诗《别矣，昆明！》，载 1936 年底《云南日报·南风》。③邱晓崧，见于《出征记》，载 1937 年 12 月 6 日、8 日《云南日报》。④邱晓松，见于诗《玫瑰（外一章）》，载 1943 年重庆《中国女青年》第 4 卷第 1、2 期合刊；诗《弃婴》，载 1945 年重庆《诗文学》第 1 辑。1993 年 5 月由云南个旧市教育局出版诗集《雪之家》亦署。

邱映溪，生卒年及籍贯不详。笔名丘岗，1938 年在《大公报》《抗敌三日刊》等报刊发表文章署用。

邱永和（？－1945），笔名宛朋，见于译文《"残酷的"社会主义的竞赛》，载 1933 年 12 月 15 日厦门《鹭华》月刊创刊号。嗣后在该刊发表小说《小风波》、随笔《"直译"与"意译"》等亦署。

邱遇（1912－1975），山东淄博人。原名袁世昌。笔名邱遇，1935 年在青岛编《青岛时报》时发表文章署用。

邱韵铎（1907－1992），上海人。曾用名邱璜峰。笔名：①韵铎，见于随笔《读罢〈中国诗妓的抒情诗〉的絮话》，载 1924 年 7 月 31 日上海《时事新报·学灯》；译作《骑者》（美国克林顿·斯科拉德原作），载 1926 年 12 月 1 日上海《洪水周年增刊》。此前后在等刊发表著译诗文署用。嗣后在上海《清心钟》《创造月刊》《幻洲》《畸形》《流沙》《大众文艺》《引擎》《洪水》《新消息》等刊发表文章亦署。②韵，见于《推手》，载 1924 年 8 月 2 日《时事新报·学灯》；《处女漫画》，载 1926 年 12 月 1 日《洪水周年增刊》。③丘韵铎，见于《夜之颂歌》，载 1926 年《洪水》半月刊第 1 卷第 16 期；译文《美国新诗人底介绍》（美国辛克莱原作），载 1928 年上海《畸形》创刊号、第 2 期。④樱岛，见于译作《格雷》（英国丁尼生原作），载 1926 年《幻洲》周刊第 1 期。⑤樱岛女士，见于随笔《为〈小说通论〉指歪》，载 1926 年上海《幻洲》半月刊第 1 卷第 2 期；杂文《骆驼和泼皮说话太"火"了》，载《幻洲》第 1 卷第 3 期。⑥邱韵铎，见于诗《西风》，载 1924 年《清心钟》第 2 卷第 5 期。嗣后在《幻洲》《现代小说》《大众文艺》《拓荒者》《艺术》《沙仑》《读书月刊》《洪水》《中行》《国民杂志》《创造月刊》《现代出版界》发表诗《初次的邂逅》《处女般的》《谜》《低下去！》等署用，出版诗集《梦与眼泪》（1928 年），长篇小说《热情的书》（上海光明书局，1931 年），翻译小说《魏都丽姑娘》（挪威克努特·汉姆生原作。上海现代书局，

1929 年)、《死囚的末日》(法国雨果原作。上海现代书局,1929 年)、《碾煤机》(美国高尔德原作。上海乐华图书公司,1930 年)、《实业领袖》(上海支那书局,1930 年)、《深渊下的人们》(美国杰克·伦敦原作。上海光明书局,1932 年)等亦署。⑦文渡,见于翻译散文《白榄渡口的怪葬礼》《河畔的女子》(均美国高尔德原作),载 1929 年上海《大众文艺》月刊第 2 卷第 2 期。⑧史晚青,见于随笔《短篇小说的制作法》,载 1931 年上海《读书月刊》第 1 卷第 3、4 期合刊。嗣后在该刊发表随笔《文学作品的研读法》《文学之社会的意义》,出版翻译小说《垃圾堆上的恋爱》(美国高尔德原作。上海东华图书公司,1931 年)亦署。⑨石木,见于特写《当店》,载 1935 年上海《人间世》半月刊第 31 期。嗣后在上海《杂志》《太平洋周报》《万岁》《文友》等刊发表长篇小说《黄梅青》《黄金时代》、评论《新文艺的怪腔问题》《论新感觉派及其他》等亦署。⑩周渊,1936 年主编上海《文学界》月刊署用。⑪黄峰,见于散文《礼物》,载 1936 年上海《文学界》月刊创刊号。嗣后在《鲁迅风》《自学两周刊》《大众话》《时代论坛》《人间十日》《文艺新潮》《社会公论》《自修大学》《读书月刊》《时代观》《一般话》《月报》《文艺新闻》《新中国文艺丛刊》《戏剧与文学》《战时论坛》《译文丛刊》等刊发表著译诗文,翻译出版散文集《保卫玛德里》(苏联柯尔佐夫等原作,与天虹等翻译合集。上海杂志公司,1937 年)、《现代美国小品:突击队》(上海光明书局,1938 年)和小说《铁窗末日记》(法国雨果原作。上海长风书店,1949 年),编选出版《第八路军行军记·长征时代》(上海光明书局,1938 年)、《第八路军行军记·抗战时代》(汉口光明书局,1938 年)等亦署。⑫骁夫,见于杂文《老鼠耕田之什》,载 1942 年上海《杂志》第 9 卷第 5 期。嗣后在该刊及《上海记者》发表《文化街漫步》《柴米油盐酱醋茶》《散文经纬》《中国新闻文学研究》《报纸的读法问题》等文亦署。⑬丘石木,出版长篇小说《网》(南京中央书报发行所,1944 年)、《黄梅青》(上海杂志社,1944 年)署用;发表长篇小说《风灯》(载 1944 年《杂志》第 14 卷第 3 期)等亦署。⑭齐鸣,1941 年在《现代文艺》发表文章署用。1946 年在重庆《萌芽》第 1 卷第 4 期发表诗《仓库》亦署。⑮邱璜峰,见于随笔《鲁迅是新人新事的伟大鼓舞者》,载 1951 年 10 月 21 日重庆《新华日报》。⑯丘文渡、洪波,署用情况未详。

邱子材,生卒年及籍贯不详。笔名老马,1930—1931 年间在马来亚槟城《槟城新报·关仔角》发表杂文《马棚随笔》等署用。

秋枫(1907—1992),福建龙岩人。原名吴荻舟。笔名:①吴荻舟,见于论文《新歌剧运动之理论与实践》,载 1943 年《艺丛》第 1 卷第 2 期。嗣后出版《戏剧常识》(生活·读书·新知上海联合发行所,1949 年)亦署。②秋枫,见于评论《文艺创造的社会基础》,载 1947 年 10 月 1 日马来亚新加坡《南侨日报·文艺》;评论

《关于"马华文艺独特性"的一个报告》,载 1948 年 3 月 27 日新加坡《南侨日报·文艺》。③浩然、狄周、田青,署用情况未详。

仇亮,生卒年不详,湖南湘阴人,字韬存,号冥鸿。笔名仇亮,在《南社丛刻》发表诗文署用。

仇智杰(1933—),广东省广州市番禺区人。笔名穆小菱、翔风。1948 年开始发表作品,著有短篇小说集《新雨催春》、中短篇小说集《留在记忆中的早晨》、报告文学集《端州在崛起》《躁动的珠江》、散文集《绚丽的莽原》等。

裘廷梁(1857—1943),江苏无锡人,字葆良。曾用名裘可桴。笔名可桴。1898 年创办《无锡白话报》(后改名为《中国官音白话报》),以通俗的文字向人们介绍俄皇彼得变法、日本明治维新的历史故事和科学普及知识。同年在《苏报》上发表《论白话为维新之本》,竭力提倡白话文。其遗作编为《可桴文存》出版。

裘振纲,生卒年及籍贯不详。笔名伯骧,见于杂文《是明正典刑的时候了》,载 1945 年 3 月 3 日福建永安《民主报·新语》。

裘柱常(1906—1990),浙江余姚人。笔名:①裘柱常,见于诗《太阳的西沉》,载 1925 年 3 月 17 日上海《民国日报·觉悟》;《梦罢》,载 1925 年上海《洪水》半月刊第 1 卷第 4 期。嗣后在《洪水》《电友》《白露月刊》《幻洲》《奔流》《大江》《朝花周刊》《矛盾月刊》《春秋》等刊发表著译诗文,出版诗集《鲛人》(上海现代书局,1928 年),翻译长篇小说《海狼》(美国杰克·伦敦原作。新文艺出版社,1953 年)、《毒日头》(美国杰克·伦敦原作。新文艺出版社,1954 年)、《嘉莉妹妹》(美国德莱塞原作,与石灵合译。上海文艺出版社,1962 年)、《金融家》,翻译故事《巴斯德的生活》(美国保罗·迪·克拉夫原作。上海群联出版社,1950 年)、《白血球的故事》(上海群联出版社,1950 年),编著《黄宾虹传记年谱合编》(人民美术出版社,1985 年)等亦署。②柱常,见于诗《咖啡》,载 1926 年上海《白露》半月刊第 3 期(刊内正文署名裘柱常);翻译小说《意大利饭店》(英国乔治原作),载 1928 年上海《畸形》半月刊创刊号。1939 年在上海《中行杂志》发表诗《上海》《断墙》、译文《吃的心理学》,1939—1940 年在上海《文艺阵地》发表翻译海外通讯《第三次美国作家大会》《为大众》,1941 年在上海《风云》杂志发表译文《吃的心理学》等亦署。③裘重,见于随笔《钱牧斋与柳如是》,载 1939 年上海《中行杂志》第 1 卷第 1 期。嗣后在该刊及上海《大陆月刊》发表《正气耿古今的文天祥》《岳飞之死》《秦桧的一生》等亦署。④千里,见于译文《卓别林和〈大独裁者〉》,载 1940 年上海《大陆月刊》第 1 卷第 4 期。嗣后在该刊发表译文《在泰国》《吸烟与寿命》等亦署。⑤淮海,见于随笔《邓肯女士与诗人叶赛宁》,载 1944 年上海《万象》月刊第 3 卷第 11 期。嗣后在该刊第 4 卷第 1 期发表《邓肯女士之死》亦署。⑥淮南,20 世纪 40 年代

在上海《时代日报》副刊发表译文署用。

【qu】

曲狂夫，生卒年不详，北京人，笔名：①曲狂夫，20世纪20年代末期在大连、沈阳报纸发表小说《梦》《松江潮》《哈尔滨的一个女性》等署用。嗣后发表长篇小说《松水红粉录》《二少爷》《松江潮》《四小姐》，中篇小说《佛门罪人》，短篇小说《松花江上》《长白山下的野火》等，出版中长篇小说集《哈尔滨的一个女性》等亦署。②狂夫、松江散人，署用情况未详。

曲舒，生卒年不详，辽宁海城人。原名曲洪涛。笔名：①曲舒，见于散文《烟窟中的想》，载1932年4月6日大连《泰东日报》副刊。嗣后在该报及长春《诗季》、沈阳《盛京时报》《晶报》等报刊发表《罪恶》《星期三的早晨》《年前的一天》等作品，出版译作《牝虎》（俄国巴依科夫原作。长春新京书店，1943年）亦署。②曲晚，见于诗《春天是贫穷的》，载1946年《星火》第4、5期合刊。嗣后在沈阳《盛京时报》《晶报》等报刊发表诗作亦署。

屈楚（1919—1986），四川泸州人。原名屈智宗。笔名：①屈楚，1939年发表作品开始署用。嗣后发表剧评《评〈楚霸王〉》（载1947年1月25日重庆《新华日报》）、1946年出版诗集《摘星者的死亡》等亦署。②沈灵，见于《〈海啸〉读后》，载1943年重庆《天下文章》第1卷第4期。③灵、江灵、石判官、牛何之、老龙套、书负老生，1943—1947年5月在重庆《民主报》《新华日报》等报发表杂文署用。

屈曲夫（1911—？），安徽繁昌（今芜湖市）人。原名张桂。笔名：①洪涛，见于《烟亩预借捐》，载1937年北平《新西北》月刊第1卷第2期。②屈曲夫，见于小说《好运气》，载1937年《国闻周报》第14卷第18期。嗣后出版小说集《三月天》（上海文化生活出版社，1940年）亦署。

屈守元（1913—？），四川成都人。原名屈爱昬。笔名屈守元，出版《韩诗外传笺疏》（巴蜀书社，1996年）及《刘禹锡编年笺注》等署用。

屈万里（1907—1979），山东鱼台人，字翼鹏，号书佣。笔名：①屈万里，出版《诗经释义》（台湾中国文化大学出版社，1980年）及甲骨文、汉魏石经、图书版本研究著作等署用。②书佣，署用情况未详。

瞿白音（1910—1979），上海人。原名瞿金驹。笔名：①瞿白音，见于诗《答谢子梁总监律诗一章》（与陈晨等合作），载1938年陕西《后方勤务》半月刊第14、15期合刊；翻译剧本《青年军官》，载1942年桂林《半月文萃》第1卷第4期。嗣后在《新演剧》《艺丛》《戏剧与文学》《文艺生活》《戏剧春秋》等报刊发表诗文，出版诗集《岁寒曲》（与周钢鸣等合作。进修出版教育社，1945年）；1949年后出版剧本集《南下列车》（上

海出版公司，1950年），电影剧本《万紫千红总是春》（与沈浮、田念萱合作。上海文艺出版社，1960年）、《红日》（中国电影出版社，1979年），译作《苏沃罗夫元帅》（苏联巴克悌利夫等原作。东北书店，1957年）等亦署。②白音，见于论文《戏剧的本质》，载1937年上海《新演剧》创刊号。嗣后在该刊发表翻译剧本《巴奈尔》，出版《莫斯科的黎明》（苏联苏罗洛原作。北京天下出版社，1951年）、《我的艺术生活》（苏联斯坦尼斯拉夫斯基原作。平明出版社，1952年）等亦署。③胡慕云，1947—1948年间在香港《文汇报》《华商报》发表影评署用。④慕云，1948—1949年与梓甫（夏衍）、逸君（以群）、达之（周钢鸣）、萧然（孟超）、蔚夫（洪遒）、逖君（韩北屏）合作在香港《华侨日报》《星岛日报》《华商报》发表"七人影评"署用。⑤颜可风，见于评论《关于喜剧电影讨论中的一个问题》，载1961年《电影艺术》第6期。1962年5月在《文汇报》发表《谈影评》《再谈影评》、同年8月在《光明日报》发表《主题思想之谜》《难忘的情境》等文亦署。⑥殷涛，见于随笔《思想与形象》，载1961年9月1日上海《新民晚报》。⑦朱诚，署用情况未详。

瞿碧君（1917—1996年后），四川彭县（今彭州市）人。曾用名王白石。笔名瞿碧君。著有《梅岭诗集》（油印本，1987年）、《碧君艺苑——瞿碧君诗选集》（1995年）、《轸怀集》。

瞿方书（1884—1947），湖南保靖（今属湘西龙山）人，字孙娄、荪娄。曾用名瞿方思。笔名瞿方书，出版《中国文学史》署用。

瞿钢（1925—？），湖北浠水人，生于湖北罗田。笔名：①驼峰，20世纪40年代中期在武汉《华中日报》《湖北日报》发表《枪口对准谁》《我们有义务教书，没有义务饿饭》《黑暗的保甲》等诗画作品署用。1949年后发表通俗文艺作品和短评亦署。②漫红，1949年春在《湖北文艺》《湖北青年》等刊发表作品署用。③瞿钢，1949年后出版唱本《一江山岛红旗飘》（与云生合作。湖北人民出版社，1955年），诗集《洪湖曲》（春风文艺出版社，1960年）、《铜锣颂》（与芦笙合作。中国青年出版社，1964年）、《红豆项链》（长江文艺出版社，1985年），长诗《望江台》（湖北人民出版社，1979年）等署用。按：瞿钢尚创作有歌剧《乡思泪》《红豆相思》《红岩报童》，出版有诗集《望你多把勋章挂》《一江山》等，出版与署名情况未详。

瞿光熙（1911—1968），江苏南通人。曾用名张振华。笔名：①广哇，1930年为南通《五山日报》写社论署用。与姜光新等人在南通创办《新社会》半月刊并编辑《新时代日报》周末副刊《海帆》亦署。②瞿光熙，见于《蒋光慈著译系年目录》，载上海文艺出版社《中国现代文艺资料丛刊》第1辑。出版随笔集《中国现代文学史札记》（上海文艺出版社，1984年），编著《左联五烈士研究资料编目》（与丁景唐合编。上海文艺出

版社，1961 年）亦署。

瞿汉超（1911－1985），湖北浠水人。笔名铁汉，著有《铁汉诗集》。

瞿秋白（1899－1935），江苏武进（今常州市）人。

原名瞿懋淼（瞿楙森），字秋白，号熊伯、雄魄、铁柏、铁梅、涤梅、弢舟；别号梅影山人。曾用名阿双（乳名）、瞿双、瞿艭、瞿霜、瞿爽、瞿森、瞿子源、易军、韦护、文易、文甲、布浪、得尔、史继、乐伯、宁华、宧双、同人、庆白、阿森、维疑、维凝、善心、疑公、疑仲、熊治、陈陆、林渺、林森、尚天、尚长、树森、铁牛、笑峰、黄龙、萧劳、梅影、爽霜、何君、何双爽、何其祥、林其详、林琪祥、双太后、王莫吉、商廷爽、隋洛文、一天、林复、史维它、斯特拉夫、斯特立夫、Doulon。俄文名 Виктор Страхов。别署史维、范易、维宁、惟宁、何苦、疑冰、凝欠、宜宾、犬耕。笔名：①瞿秋白，见于评论《林德扬君为什么要自杀呢？》，载 1919 年 12 月 3 日北京《晨报》第 7 版。此前后在《新青年》《解放与改造》《曙光》《新社会》《前锋》《新中国》《人道》《小说月报》《文学周报》《东方杂志》《文化建设》《热血日报》等报刊发表著译作品，出版散文集《新俄游记（从中国到俄国的纪程）》（上海商务印书馆，1922 年）、《赤都心史》（上海商务印书馆，1924 年）、《乱弹及其他》（上海霞社，1938 年），翻译小说《托尔斯泰短篇小说集》（与耿济之合译，上海商务印书馆，1921 年），1935 年牺牲后在《逸经》《鲁迅风》《人民文艺》《文艺月报》等刊发表遗作亦署。出版遗著《街头集》（上海霞社，1940 年），译作《醉男醉女》（西班牙伊巴涅思原作。上海光华书店，1935 年）、《高尔基选集》（与宋桂煌等人译作合集。世界文化研究社，1936 年）、《高尔基作品选》（苏联高尔基原作，瞿秋白等译。良友图书印刷公司，1937 年）、《茨冈》（俄国普希金原作。上海文艺新潮社，1938 年）、《世界名著小说选》（俄国列夫·托尔斯泰等原作，瞿秋白等译）等亦署。②秋白，见于随笔《自杀》《唉！还不如……》，载 1919 年北京《新社会》第 5 期；《赤潮曲》，见于 1923 年《新青年》季刊第 1 期目录。嗣后在《晨报》《布尔什维克》《中国青年》《向导》《红旗日报》等报刊发表文章亦署。③巨缘，见于评论《北京政府之财政破产与军阀之阴谋》，载 1923 年《向导》第 22 期。嗣后在该刊及《前锋》《新青年》《觉悟》《中国工人》等刊发表诗文亦署。④秋菓，见于《赤潮曲》，载 1923 年《新青年》季刊第 1 期正文（该刊目录署用秋白一名）。⑤屈维它，见于评论《东方文化与世界革命》，载 1923 年《新青年》第 1 期。嗣后在该刊及《前锋》《向导》等刊发表文章亦署。⑥双莫、陶畏巨，分别首见于诗《天语》《荒漠里》，载 1923 年《新青年》第 2 期。⑦双林，见于《上海小沙渡日本纱厂之大罢工》，载 1925 年《向导》第 102 期。嗣后在该刊发表《民族的劳资斗争》《胡适之与善后会议》等文亦署。⑧维摩，见于《中国民族解放运动之高潮》，载 1925 年

6 月 4 日《热血日报》。⑨维，见于《外人大屠杀之目的（上海—汉口—青岛—大连）》，载 1925 年 6 月 6 日《热血日报》。嗣后在该刊发表《中国人不要做外人爪牙》一文亦署。⑩热，见于短文《巡捕房的假证人》，载 1925 年 6 月 12 日《热血日报》。嗣后在该报发表《也是一种爱国方法》《大家都卖力气了》等文亦署。⑪血，见于短文《枪弹究竟应当从哪里进去？》，载 1925 年 6 月 12 日《热血日报》。嗣后在该报发表《江亢虎辟赤化谣》《蔡督办打扑克》等文亦署。⑫沸，见于短文《上帝呢，还是财产》，载 1925 年 6 月 12 日《热血日报》。嗣后在该报发表《小吃齐心酒》《自由的劳动》等文亦署。⑬腾，见于短文《贼的伎俩》，载 1925 年 6 月 12 日《热血日报》。嗣后在该报发表短文《万恶的报界》亦署。⑭了，见于短文《蔡廷幹的表示》，载 1925 年 6 月 12 日《热血日报》。嗣后在该报发表短文《虞洽卿与六十万》亦署。⑮默，见于随笔《更可怕的十秒钟》，载 1925 年 6 月 15 日《热血日报》。⑯顾，见于随笔《可爱的梁启超》，载 1925 年 6 月 15 日《热血日报》。⑰宿心，1925 年去广州与上海同志通信时署用。⑱铁影，1925 年秋赠羊牧之诗署用。⑲它，见于随笔《有利于中国即为侵略》，载 1926 年《向导》第 159 期"寸铁"栏。⑳M 君，见于评论《广州暴动的意义与教训》，载 1928 年 3 月 30 日莫斯科《真理报》。㉑Strakhov，见于《关于战争危险问题讨论的续篇》，载 1928 年《国际出版通讯》第 8 卷。嗣后在该刊发表《中国革命的教训》《第二国际和国民党》等文亦署。按：Strakhov，即瞿秋白俄文姓 Страхов 的英文转写。㉒杨霞青，出版论著《社会科学研究初步》（上海社会科学研究社，1929 年）署用。㉓Страхов，出版论著《论民族和殖民地革命运动的副报告》（列宁格勒国家出版局，1929 年）、《中国拉丁化的字母》（莫斯科，1930 年）署用。嗣后在 1930 年苏联《中国问题》杂志发表《陈独秀主义的历史根源》《中国职工运动问题》等文亦署。㉔屈章，出版译作《唯物史观的哲学》（上海明日书店，1930 年）署用。㉕之夫，见于《三中扩大全会政治讨论的结论》，1930 年在党中央六届三中全会发表，收入中共苏维埃区域中央局 1930 年 10 月 6 日印行之《中共六届三中全会材料》。㉖一天，见于中共中央 1930 年 11 月 22 日举行的政治局扩大会议之记录稿。㉗维它，见于《广州暴动与中国革命——广州暴动周年纪念》，载无产阶级书店 1930 年 12 月 25 日版《广州公社》。㉘美夫，1930 年在中共党内刊《斗争》发表文章署用。㉙狄康，1930 年在中共党内刊《斗争》发表文章署用。又见于随笔《瓜分混乱之下的中国西部》，载 1933 年《红旗周报》第 59 期。㉚启凡，见于译文《布尔什维克的进攻与机会主义者的新活动》，载 1931 年 2 月 28 日《布尔什维克》第 4 卷第 2 期。㉛史铁儿，见于杂文《屠夫文学》，载 1931 年上海《文学导报》第 1 卷第 3 期。嗣后在该刊第 1 卷第 5 期发表说唱《东洋人出兵》，在上海《文学》杂志发表《普洛大众文艺的现实问题》

等文，出版译作《不平常的故事》（苏联高尔基原作。上海合众书店，1932年）亦署。㉜V. T.，见于杂文《猫样的温文》，载1931年上海《文艺新闻》第32期。㉝董龙，见于杂文《哑巴文学》《画狗罢》，载1931年上海《北斗》月刊第1期。㉞陈笑峰，见于杂文《笑峰乱弹》，载1931年《北斗》月刊第1卷第2期。嗣后在该刊第1卷第4期发表杂文《美国的真正悲剧》亦署。㉟范亢，见于评论《巴黎会议和瓜分中国的阴谋——进攻苏联的积极步骤》，载1931年《红旗周报》第25期。嗣后在该刊及《斗争》《布尔什维克》等刊发表文章亦署。㊱J. K.，见于随笔《论翻译（给鲁迅的信）》，载1931年上海《十字街头》第1、2期；随笔《再论翻译（答鲁迅）》，载1932年上海《文学月报》第2期。㊲Smakin，见于随笔《〈铁流〉在巴黎》，载1931年上海《十字街头》第2期。嗣后在该刊第3期发表《满洲的毁灭》一文亦署。㊳易嘉，见于翻译戏剧《被解放了的董·吉诃德》（苏联卢那察尔斯基原作），载1931年《北斗》第1卷第4期。嗣后在该刊及《现代》《文学月报》发表评论《谈谈〈三人行〉》等，1932年与鲁迅通信，出版译作《解放了的董吉诃德》（上海联华书局，1934年）亦署。㊴樊梓、樊梓生，1931－1932年在《中国与世界》周刊发表《恭请列国联军》《流氓政策和立宪政策》等文署用。㊵司马今，见于杂文《水陆道场》，载1932年《北斗》第2卷第1期。嗣后在该刊发表杂文《新英雄》《财神还是反财神》亦署。按：1932年末或1933年初，瞿秋白把他从1931后开始的上海时期写作的杂文、随感和文学论文编成《笑峰乱弹》，署名“司马今”，后谢澹如重加编选，于1938年以霞社名义改名为《乱弹及其他》出版。㊶AFT，见于《孙倬章先生的土地问题》（1932年5月30日作）、《唯物辩证法的合法主义化》（1932年5月31日作）二文手稿。㊷范易嘉，见于随笔《马克思和昂格思》《列宁》，载1932年上海《中学生》第25期。1932年与鲁迅通信时亦署。㊸CTP（俄文姓Страхов的缩写），1932年6月10日致鲁迅函《关于整理中国文学史的问题》（载1931年上海《北斗》月刊第1期）署用。㊹宋阳，见于随笔《大众文艺的问题》，载1932年上海《文学月报》创刊号。嗣后在该刊第3期发表《再论大众文艺答止敬》亦署，同期所刊《论弗理契》目录署名易嘉，正文署名则为宋阳。㊺向茄，见于译作《冷淡》（苏联高尔基原作），载1932年《北斗》第2卷第3、4期合刊。㊻向茹，见于译诗《没功夫唾骂》（苏联别德讷衣原作），载1932年《文学月报》第3期（刊目录署名为向茄，正文署名为向茹）。㊼魏凝，1932年12月7日录旧诗两首书赠鲁迅署用。㊽易阵风，见于通俗作品《英雄巧计献上海》，1932年作，收入1940年霞社校印之《街头集》。㊾华靖，见于编译之马克思主义文艺论文集《现实》原稿。㊿卓乐欧，见于译文《第十三篇关于列尔孟托夫的小说》（苏联P.帕甫伦珂原作）之原稿（1935年在《译文》第2卷第7期发表时署名陈节）。(51)文尹，借用其妻杨之华之笔名。见于翻译小说《一天的工作》和《岔道夫》（苏联绥拉菲莫维奇原作），收入上海良友图书印刷公司1933年3月出版之《一天的工作》。(52)干、何家干，借用鲁迅先生之笔名。见于杂文《王道诗话》《大观园的人才》《申冤》《曲的解放》《迎天经》《出卖灵魂的秘诀》《最艺术的国家》《透底》《内外》，由鲁迅先生修改并推荐发表于上海《申报·自由谈》，并收入其《伪自由书》一书。收入《瞿秋白文集》时，《大观园的人才》《申冤》二文根据作者原稿恢复《人才易得》《苦闷的答复》的篇名。(53)乐雯，借用鲁迅笔名。见于杂文《〈子夜〉和国货年》，载1933年4月2、3日上海《申报·自由谈》（该文曾经鲁迅修改）。其后编选出版《萧伯纳在上海》（上海野草书屋，1933年）亦署。(54)静华，见于《马克思恩格斯和文学上的现实主义》，载1933年《现代》第2卷第6期。(55)洛文，借用鲁迅先生笔名。见《关于女人》《真假堂吉诃德》，由鲁迅先生推荐发表于上海《申报月刊》，并收入其《南腔北调集》一书。收入《瞿秋白文集》时，《真假堂吉诃德》一文根据作者原稿恢复《真假唐吉诃德》篇名。(56)何凝，编选出版《鲁迅杂感选集》（上海青光书店，1933年）署用。1936年后在上海《作家》《人民文学》《文艺工作者》发表遗作《关于左拉》、遗译《易卜生断片》（苏联普列汉诺夫原作）等亦署。(57)施蒂而，见于评论《读〈子夜〉》，载1933年8月13日上海《中华日报·小贡献》。(58)余铭，借用鲁迅先生笔名，见《中国文与中国人》，经鲁迅先生推荐，发表于1933年10月28日上海《申报·自由谈》，并收入其《准风月谈》一书。(59)萧参，出版译作《高尔基创作选集》（上海生活书店，1933年）署用。(60)子明，借用鲁迅笔名。见于杂文《“儿时”》，载1933年12月15日《申报·自由谈》。(61)陈逵，1933年作《择吉》《“打倒帝国主义”的大典》两文署用。(62)商霆，见于随笔《读房龙的地理》，载1934年上海《文学季刊》创刊号。(63)陈节，见于译作《二十六个和一个》（苏联高尔基原作），载1934年上海《文学》第2卷第3期。嗣后在上海《世界文学》《译文》《海燕》等刊发表译文《马尔华》（苏联高尔基原作）、《第十三篇关于列尔孟托夫的小说》（苏联P.帕甫伦珂原作）等，出版翻译小说《二十六个和一个》（高尔基等原作，与郑振铎等人译作合集。上海生活书店，1935年）、《海燕》（苏联高尔基原作。桂林文学出版社，1943年）等亦署。(64)维嘉，见于随笔《节省每一粒谷子帮助战争》，载1934年《红色中华》第168期。嗣后在该刊发表《努力开展我们的春耕运动》《中国能否抗日？》等文亦署。(65)商廷发，见于书评《非政治化的“高尔基”——读〈革命文豪高尔基〉》，载1934年上海《新语林》第2期；译作《托尔斯泰像俄国的一面镜子》（苏联列宁原作），载1934年上海《文学新地》第1期。(66)史步昌，见于译诗《市侩颂》（苏联高尔基原作），载1934年9月16日上海《译文》创刊号，收入《高尔基选集（四）》

（世界文化研究社，1936 年）。⑰环，见于译文《苏联作家大会的两个决议》，载 1935 年 4 月 20 日上海《木屑文丛》第 1 辑。⑱史杰，出版译作《坟场》（苏联高尔基原作，1936 年）署用。⑲STR，见于遗译《海上述林》（鲁迅 1936 年 5 月编印）一书之封面和书脊。⑳康、狄、石人、石崩、史维、立夫、何苦、何璞、陆逵、阿林、顾热、铁儿、商廷、商逵、惟宁、瞿森、J. K. M. 君、史石崩、史铁尔、方培基、范星越、徐慧如、斯特拉霍夫、Menin，署用情况未详。

瞿世英（1900－1976），江苏常州人，字菊农。笔名：①瞿世英，见于译作《近代俄罗斯小说》，载 1920 年北京《曙光》第 1 卷第 6 期；评论《希腊文学研究》，载 1922 年北京《解放与改造》第 4 卷第 5 期。此前后在《小说月报》《东方杂志》《新社会》《人道》《戏剧》《民铎杂志》《社会学界》《教育与民众》《燕京学报》等报刊发表著译作品，出版翻译戏剧集《春之循环》（印度泰戈尔原作。上海商务印书馆，1921 年）、《太戈尔戏曲集（一）》（印度泰戈尔原作，与邓演存译作合集。上海商务印书馆，1923 年），翻译论著《哲学问题》（英国罗素原作。上海商务印书馆，1922 年）、《教育与哲学》（鲁斯克原作。北平华严书店，1929 年）、《哲学大纲》（霍金原作。上海神州国光社，1931 年），论著《西洋哲学的发展》（上海神州国光社，1930 年）、《西洋教育思想史》（上海商务印书馆，1932 年）、《进化哲学》（上海世界书局，1934 年）等亦署。②世英，见于随笔《不能办与不办》《劝你们赶早离婚》，载 1920 年 1 月 21 日北京《新社会》第 9 期。③菊农，见于评论《文学与革命底讨论》，载 1921 年上海《评论之评论》第 1 卷第 4 期；杂文《天才》，载 1921 年 6 月 26 日北京《晨报》第 7 版。嗣后在《人道》《东方杂志》《大江》《华严》等刊发表文章亦署。④瞿菊农，见于评论《太戈儿的思想及其诗》，载 1923 年上海《东方杂志》第 20 卷第 18 期；译文《倭伊铿的文明论》，载 1924 年 5 月 24 日《时事新报·学灯》。嗣后在《哲学评论》《晨报副镌》《师大教育丛刊》《再生杂志》《民间》《自由评论》《中华教育界》《国民教育指导月刊》《教育与民众》《江西地方教育》《图书月刊》《文化先锋》《华声》《社会建设》《宪政月刊》《世纪评论》《妇女新运》《华严》等报刊发表著译文章，出版二幕剧《一个旅客》（中华平民教育促进会，1930 年）亦署。⑤超杰，见于译作《家在何处》（美国佩顿·威登贝克原作），载 1924 年上海《小说世界》第 5 卷第 4 期。

瞿蜕园（1894－1973），湖南长沙人。原名瞿宣颖，字兑之，号蜕园。别号蜕广（ān）、蜕厂（ān）、杶（chūn）庐。曾用名瞿益锴。笔名：①瞿宣颖，见于翻译侦探小说《侏儒刺客》（英国胡尔特滑忒原作），载 1916 年上海《礼拜六》周刊第 93 集；评论《禁止中国纳妾之方法》，载 1920 年 7 月 13、14 日上海《民国日报·觉悟》。此前后在《时事新报·学灯》《国民》《学衡》《甲寅周刊》《东方杂志》《小说月报》《新民》《图

书季刊》等报刊发表著译作品，编译出版《隅屋》（上海商务印书馆，1920 年），编纂《北京历史风土丛书第一辑（五种）》（北京广业书社，1925 年）、《中国社会史料丛钞》（长沙商务印书馆，1930 年）、《北平史表长编》（国立北平研究院史学研究会，1934 年）、《长沙瞿氏家乘》（1934 年），论著《庄子南华经解》（上海广益书局，1912 年）、《方志考稿甲集（六编）》（天春书社，1930 年）等亦署。②瞿兑之，见于论文《两汉社会状况的鸟瞰》，载 1929 年北平燕京大学《社会学界》第 3 卷。嗣后在《史学年报》《湖社月刊》《中国营造学社汇刊》《新民》《食货》《禹贡》《逸经》《越风半月刊》《艺文杂志》《古今》《同声月刊》《风雨谈》《天地》《求是》等刊发表文章，出版论著《中国骈文概论》（上海世界书局，1934 年）、《两汉县政考》（上海中国联合出版公司，1944 年），笔记小说《杶庐所闻录》（上海申报馆特种发行部，1935 年）、《人物风俗制度丛谈》（上海太平书局，1945 年），传记《汪辉祖传述》（上海商务印书馆，1935 年），编选《古今名诗选》（与刘麟生等合编。上海商务印书馆，1936 年）等亦署。③兑之，见于论文《述社》，载 1931 年上海《东方杂志》第 28 卷第 5 期。嗣后在《新民》《越风》等刊发表《读明史笔记》《庚申杂记》等文，1940 年在北平主编《中和月刊》并连载随笔《燕都览古诗话》、旧诗《补书堂录》等亦署。④瞿铢庵，见于游记《少年游》，载 1931 年上海《旅行杂志》第 5 卷第 10 期。嗣后在该刊第 6 卷第 3 期发表游记《古中山记》亦署。⑤楚金，见于论文《道光学术》，载 1932 年北平《中和月刊》第 2 卷第 1 期。嗣后在该刊发表《读凤巢山樵诗集》《读明史小记》等文亦署。⑥铢庵，见于游记《扁舟忆往》，载 1934 年上海《旅行杂志》第 8 卷第 11 期；随笔《谈中西医》，载 1935 年 1 月 20 日上海《人间世》半月刊第 20 期。嗣后在《佛学半月刊》《宇宙风》《东方漫画》《申报周刊》《文史》《杂志》等刊发表文章亦署。⑦渠弥，见于随笔《养和堂随笔》，载 1940 年北平《中和月刊》第 1 卷第 2 期。嗣后至 1943 年在该刊连载《养和堂随笔》亦署。⑧瞿蜕园，1949 年后在上海《新民晚报》发表文章，出版《左传选译》（上海春明出版社，1955 年）、《古史选译》（上海春明出版社，1955 年）、《楚辞今读》（上海春明出版社，1956 年）、《史记故事选》（上海文化出版社，1956 年）、《长生殿》（周炼霞绘图。上海文化出版社，1957 年）、《汉书故事选》（上海文化出版社，1957 年）等亦署。⑨江春，1949 年后在上海《新民晚报》发表文章署用。⑩兑、蜕广、杶庐、向平、益锴，署用情况未详。

【quan】

全增嘏（1903－1984），浙江绍兴人。笔名：①全增嘏，见于讲演《平民教育与改造世界问题》，载 1919 年北京《清华周刊》第 5 次临时增刊；评论《科学方法与政治问题》，载 1931 年 11 月 9 日上海《时代评论》

第 4 期。嗣后在《新月》《青年界》《人间世》《宇宙风》《论语》《十日谈》《人言周刊》《万象》《图书评论》《大夏》《华年》《出版周刊》《月报》《宇宙旬刊》《东方杂志》等刊发表《神圣的爱与世俗的爱》《论侦探小说》《张三李四的哲学》《论人性之改造》《十年来之中国思想界》等文均署。出版《西洋哲学小史》（上海商务印书馆，1932 年），1949 年后出版《不可知论批判》《宇宙发展史概论》《爱因斯坦论著选编》《牛顿自然哲学

著作选》《华莱士著作集》，译作《苏联卫国战争短篇小说选》《一九三九年以来的英国小说》《水上渔村》（合译）等亦署。②蝦，见于随笔《宋人何以逊于今人》，载 1932 年上海《论语》半月刊创刊号。嗣后在该刊发表《贝多芬的幽默》《哈佛，耶路及普灵斯登》《日本外交家之语言学》《翻译趣谈又一则》等文均署。

R

【ran】

冉于飞（1927- ），陕西商县（今商洛市）人。笔名：①冉于飞，1946-1949 年在西安《西京平报》《新国民日报·奔流》《经济快报》《青年日报》《万里新闻》《建国日报》《西北文化日报》《新文艺月刊》《进路》《长青月刊》《民众导报》和兰州报纸发表散文《迎夏天》、诗《虫声》《梦想篇》《抒情诗章》、评论《新的大道在前面》《〈夜店〉观后》等署用。②林岗，见于散文诗《夜·黎明》，载 1947 年西安《新国民日报》。③郁菲、石在、林兰萍，1946 年后在西安报刊发表诗歌、影剧评论等署用。④柯朗星，1949 年在西安油印刊物《红星》发表诗歌署用。⑤冉石在，1950 年在西安报刊发表诗歌署用。

冉欲达（1923-？），辽宁开原人。笔名：①隋末、柳林邨，20 世纪 40 年代在东北大学《黑土地》《新生代》《青粮》《诗战线》等板报发表作品署用。嗣后在东北报刊发表诗文亦署。②冉欲达，见于评论《反对"学生腔调"》，载 1947 年 11 月 29 日《东北日报》。1949 年后出版长诗《最后一个黎明》，叙事诗集《山村夜话》，论著《文艺学概论》（与他人合作）、《大学语文基础》《论情节》《文学描写技巧》，评论集《风雨春秋》（辽宁大学出版社，1986 年）等亦署。③林拍、方市沛，署用情况未详。

【rao】

饶百迎（1900-1945），广东大埔人，字厚荪。笔名饶百迎，见于小说《小橡胶园主》，载 1928 年上海《文学周报》第 300 期。此前后在马来亚槟城《光华日报》副刊《先驱》《爝火》《明星》及《南洋时报·诗》《星槟日报·文艺》等刊发表旧体诗、小说等亦署。

饶超华，生卒年不详，广东梅县（今梅州市）人。笔名：①饶超华，见于散文《致母》，载 1926 年北京《莽原》半月刊第 23 期。嗣后在《莽原》《洪水》《未名》《现代小说》等刊发表诗《梦之梢》《我的新妇》、小说《第三线》《末夜》等亦署。②超华，见于《申诉于"Romance"》，载 1927 年 7 月 1 日《新消息》周刊

第 4、5 号合刊。

饶楚瑜（？-1984），广东大埔人。原名胡君苹。笔名饶楚瑜，见于小说《囚笼》，载 1934 年 3 月 25 日马来亚新加坡《星洲日报·文艺周刊》；小说《笼》，载 1934 年上海《春光》月刊第 1 卷第 3 期。此前后在新加坡《星洲日报·文艺周刊》《南洋商报·狮声》等发表小说、杂文、译作等亦署。

饶锷（1891-1932），广东潮州（今潮安市）人，字纯钧，号纯庵，别号莼园居士。笔名饶锷，出版《潮州西湖山志》（潮州青年书店，1924 年）等署用。1949 年后出版《潮州艺文志》（饶锷初稿，饶宗颐续编。上海古籍出版社，1994 年）、《饶锷文集》（潮汕历史文化研究中心编。天马出版有限公司，2010 年）等亦署。按：饶锷尚著有《饶氏家谱》《慈禧宫词百首》《王右军年谱》《佛国记疏证》《天啸楼集》（饶宗颐编），出版情况未详。

饶孟侃（1902-1967），江西南昌人，字慕陶，号子离。笔名：①饶了一，见于译诗《十二个》（俄国布洛克作），载 1922 年 4 月《小说月报》第 13 卷第 4 期。②饶孟侃，见于评论《评一多的〈园内〉》，载 1923 年北京《清华周刊》第 284 期；诗《天安门》，载 1926 年 4 月 1 日北平《晨报·诗镌》。此前后在上述两刊及《小说月报》《现代评论》《东方杂志》《新月》《诗刊》《文理》《现代学生》《学文》《时事月报》《半月文艺》等刊发表诗文，出版翻译戏剧《兰姑娘的悲剧》（英国梅斯斐尔德原作。上海中华书局，1934 年）亦署。③子离，见于诗《春游》《走》，载 1926 年 5 月 6 日《晨报·诗镌》。④孟侃，见于诗《辞别》，载 1926 年 6 月 10 日《晨报·诗镌》。⑤了一、少夫、中止，署用情况未详。按：饶孟侃出版有诗集《泥人集》、小说集《梧桐雨》、译作《兰姑娘的悲剧》《巴黎的回音》等，署名情况未详。

饶绂平，生卒年及籍贯不详。曾用名饶洛川。笔名：①尧洛川，见于散文《大饭店之夜》，载 1943 年 1 月 10 日上海《杂志》第 10 卷第 4 期。此前后在该刊以及上海《文潮》杂志发表《郎静山谈摄影艺术》《水晶球》《五月的幻想曲》等散文、随笔，出版报告文学集《报

告文学集》(上海杂志社，1944 年)亦署。②洛川，见于散文《吃跳舞饭的人们》，载 1943 年上海《杂志》第 10 卷第 5 期。此前后在该刊及上海《上海记者》《上海影坛》《太平洋周报》《新影坛》《小天地》《新东方》《文友》《文帖》《纵横谈》《文坛》等刊发表文章亦署。③绖平，见于报告文学《水老鼠》，载 1947 年上海《巨型》创刊号(该刊目录署名饶绖平)。此前后在《文化批判》《新人周刊》《国防论坛》《杂志》《宇宙》《上海文化》等刊发表散文亦署。

饶友瑚(1918－1939)，四川大足人。笔名：①列火，见于《职业》，载 1935 年 6 月 12 日重庆《商务日报》。②友瑚，1935 年 8 月后在重庆《商务日报》发表《琐话》《女人》等作品署用。③岩像，见于《船上信息》，载 1936 年 8 月 21 日《商务日报》。④红英、陈珈、剑雄、洪莺，1936 年 8 月以后在上海、北平报刊发表作品署用。

饶彰风(1913－1970)，广东大埔人。原名饶高评。曾用名张枫。笔名：①追光，1930 至 1932 年在广州《民国日报·黄花》署用。在广州《抗战大学》《天王星》等刊发表文章亦署。②文星，1932－1933 年间在广州《南音》《天王星》等刊发表文章署用。③可飞、饶可飞，1938 年在广州《抗战大学》发表文章署用。④蒲特，见于《巨星陨落了!》，载 1936 年 11 月 7 日香港《港报》。嗣后在《广州文化界追悼鲁迅先生特刊》《救亡日报》《抗战大学》等刊发表文章亦署。⑤饶彰风，见于《迎接爱国民主革命新高潮的到来》，载 1947 年马来亚新加坡《风下》周刊第 2 卷第 78 期。嗣后发表文章多署用。⑥中饶、高平、饶文星、严蒲特、张枫生，署用情况未详。

饶真，生卒年不详，广东梅县(今梅州市)人，字一梅。笔名饶真，在《南社丛刻》发表诗文署用。

饶芝祥(1861－1921)，江西南城人，字九芝、符九，号占斋。笔名饶芝祥，著有《占斋诗文集》八卷。

饶子鹃(1916?－1991)，广东大埔人。原名饶裹才。笔名：①紫鹃、子鹃、阿凡、饶子鹃，1935 年前后在马来亚新加坡《南洋商报·狮声》等刊发表小说、散文署用。②饶箭，见于记录《怎样写新形式作品座谈会》(与陈如旧合作)，载 1938 年 4 月 15 日《南洋商报·狮声》。

饶宗颐(1917－2013)，广东潮安人，字伯濂、伯子，号选堂、固庵。笔名饶宗颐，见于论文《广东潮州旧志考》，载 1934 年北平《禹贡》第 2 卷第 1 期至第 5 期；论文《广济桥考》，载 1936 年《史学专刊》第 1 卷第 4 期。嗣后在《史学专刊》《语言文学专刊》《文艺捃华》《书林》《学术》《南洋研究》《东方杂志》等刊发表文章，出版《楚辞地理考》(上海商务印书馆，1946 年)等，1949 年后出版《人间词话平议》(自印本，1950 年)、《老子想尔注校笺》(敦煌六朝写本，张天师道陵著)》(香港，1956 年)、《楚辞书录》(香港苏记书庄，

1956 年)、《楚辞与词曲音乐》(香港大学，1958 年)、《殷代贞卜人物通考》(香港大学出版社，1959 年)、《香港大学冯平山图书馆善本书录》(香港龙门书店，1970 年)、《选堂赋话》(香港万有图书公司，1975 年)、《选堂诗词集》(台湾新文丰出版社，1982 年)、《选堂集林·史林》(香港中华书局，1982 年)、《敦煌书法丛刊》(日本二玄社，1983 年)、《词集考·唐五代宋金元编)》(中华书局，1992 年)、《法藏敦煌书苑精华》(广东人民出版社，1993 年)、《饶宗颐史学论著选》(上海古籍出版社，1993 年)、《梵学集》(上海古籍出版社，1993 年)、《潮州艺文志》(饶锷初稿，饶宗颐续编。上海古籍出版社，1994 年)亦署。按：饶宗颐尚出版有《欧美亚所见甲骨录存》《楚地出土文献三种研究》(与他人合作)，《长沙出土战国缯书新释》《楚帛书》《敦煌曲续论》《敦煌琵琶谱》《敦煌曲》(与他人合作)、《楚辞地理考》《中国史学上之正统论》《九龙与宋季史料》《唐宋墓志》《新加坡古事记》《选堂文史论苑》《全明词》《清词年表》《文辙：文学史论集》《潮州志汇编》《偮山诗草》《固庵文录》《饶宗颐书画集》《甲骨文通检》(主编)等著作，出版情况未详。

【ren】

任白戈(1906－1986)，四川南充人。原名任煜。曾用名任承煜、任遁梵、任遁凡。笔名：①任白戈，见于译文《机械论批判》(苏联史托里雅诺夫原作)，载 1931 年上海《二十世纪》月刊第 1 卷第 1 期；评论《谈秋的诗人》，载 1933 年上海《涛声》第 2 卷第 40 期。嗣后在《太白》《青年界》《社会月报》《春光》《新语林》《文学》《文哲月刊》《杂文》《光明》《新学识》《文摘》《戏剧时代》《北方》《西南青年》等刊发表《念祖母》《大众语建设问题》《世界观与创作方法》《日本演剧界的动向》等文，出版译作《伊里奇的辩证法》(苏联德波林原作。上海辛垦书店，1930 年)、《机械论批判》(苏联史托里雅诺夫原作。上海辛垦书店，1932 年)，论著《部队诉苦运动经验》(晋冀鲁豫军区政治部宣传部，1947 年)、《和青年谈谈社会主义道德》(四川人民出版社，1981 年)等均署。②白戈，见于随笔《孔林晚景》，载 1934 年 2 月 7 日上海《申报·自由谈》；随笔《怎样纪念九一八》，载 1934 年上海《新语林》第 5 期。1934 年在上海《春光》第 1 卷第 2 期发表译文《绥拉菲莫维支论》(苏联卢那察尔斯基原作)亦署。③宇文宙，见于随笔《对于文学创作问题的感想》，载 1934 年 8 月 1 日《申报·自由谈》。④杜微，见于随笔《偶然的也成了必然的》，载 1935 年《读书生活》第 1 卷第 11 期。⑤甘丹，20 世纪 30 年代在上海报刊发表文章署用。⑥田单，署用情况未详。

任白涛(1890－1952)，河南南阳人。原名任洪涛。笔名：①任白涛，见于论文《地方报之编辑》，载 1921 年上海《东方杂志》第 18 卷第 17 期；论文《欧美教育制度概观》，载 1923 年上海《教育杂志》第 15 卷第

10 期。嗣后在上述两刊及《小说月报》《民铎杂志》《新女性》《新学生》《国际每日文选》《青年界》《申报·自由谈》《现代》《文艺月刊》《芒种》《文讯》《绸缪月刊》《新文学》《复兴月刊》《自修大学》《图书展望》《春秋》等报刊发表《妇女之道德》《生活与文艺》《文艺底研究与欣赏》《文艺的内容与表现》《恋爱与性欲》《综合新闻之搁浅记》等文，出版论著《欧美之义务补习教育》（上海商务印书馆，1925 年）、《给志在文艺者》（上海亚东图书馆，1933 年）、《应用新闻学》（上海亚东图书馆，1933 年）、《改造中的欧美教育》（上海商务印书馆，1933 年），译作《恋爱论》（日本厨川白村原作。上海学术研究会总会，1924 年）、《有岛武郎散文集》（日本有岛武郎原作。上海龙虎书店，1936 年）等均署。②白涛，见于通讯《作家大会后的苏俄文学界》，载 1935 年上海《现代》第 6 卷第 3 期；《家庭科学讲话》，载 1935 年上海《绸缪月刊》第 1 卷第 11 期。此前后在《絮茜》《东流》《太白》《春秋》等刊发表文章亦署。③冷公、一碧，署用情况未详。

任大霖（1929－1995），浙江萧山（今杭州市）人，字沛北。笔名：①任舒，1947 年开始在上海《开明少年》《小朋友》等刊发表速写《固执的老蜘蛛》、童话《百支光和五支光》等署用。②任大霖，见于小说《冯老头儿的园子》，载 1948 年上海《大公报·现代儿童》第 63 期。嗣后发表童话、儿童故事、儿童诗，出版童话集《鹰妈妈和她的孩子》，短篇小说集《稻田发绿的时候》《秀娟姑娘》《山岗上的星》，散文集《红泥岭的故事》《童年的朋友》，儿童文学选集《蟋蟀及其他》，儿童剧集《水淹春花田》《桃了熟了》，论著《儿童小说的构思和人物形象》《儿童小说创作论》等亦署。③史阳，1949 年开始在《浙江日报》《浙江农村青年》《少年文艺》等报刊发表文章署用。④林达人，1979 年在《人民文学》发表小说署用。

任大心（1927－？），河北博野人。原名郭根深。笔名任大心，见于叙事诗《解放战士杨大顺》，载 1948 年 11 月《徐州日报》。嗣后出版歌剧《庆祝新年大秧歌》（渤海海军区政治部宣教部，1949 年），1949 年后发表小说、诗、剧作等作品，出版短篇小说集《两面奖旗》、中短篇小说集《黄河坝上》、独幕剧《提高警惕》《一场风波》等均署。

任鼎生，生卒年及籍贯不详。笔名漂萍，1931－1932 年间在绥远归绥（今内蒙古呼和浩特）《绥远日报·西北风》发表作品署用。

任二北（1897－1991），江苏扬州人。原名任讷，字中敏，号二北。曾用名任半塘、旧萝。笔名：①任讷，见于《没有教育的警察》，载 1919 年《新社会》第 4 期。嗣后出版《任氏词曲丛书》（上海中原书局，1926 年）、《重编增校张小山北曲联乐府》（上海中原书局，1926 年）、《元人散曲三种》（上海中原书局，1926 年）、《增校乔梦符小令》（上海中原书局，1926 年）、《曲谐》（上海中华书局，1930 年）、《清人散曲选刊》（上海中华书

局，1930 年）、《新曲苑》（上海中华书局，1930 年）等均署。②半塘，见于随笔《五好楼杂评》，载 1922 年上海《游戏世界》第 3－12 期。嗣后在该刊发表《电扇与团扇谈话》《夫妇议和条件》《柳叶诗囊》等文亦署。③二北，见于论文《曲谐》，载 1924－1925 年天津《国闻周报》第 1 卷第 17 期至第 2 卷第 26 期。嗣后在该刊连载论文《曲谐续》《曲谐初补》，1937 年在上海《东方杂志》第 24 卷第 12 期发表《南宋词之音谱拍眼考》亦署。④任二北，见于随笔《旧萝曲语》，载 1926 年上海《紫罗兰》第 1 卷第 7、9 号；论文《散曲之研究》，载 1926 年上海《东方杂志》第 23 卷第 7 期。嗣后在《东方杂志》《国立第一中山大学语言历史学研究所周刊》《清华周刊》《新民》等刊发表《散曲研究续》《研究词集之方法》《词曲合并研究概论》《与张大东论清词书》等文，出版《词学研究法》《敦煌曲初探》《敦煌曲校录》《优语集》《唐声诗》《唐戏弄》《教坊记笺订》《敦煌歌辞总编》等亦署。⑤中敏，见于评论《革命中的腐化问题》，载 1928 年《中央半月刊》第 16 期（刊目录署名任中敏）。⑥任中敏，见于评论《国民腐化及其改革》，载 1928 年《中央半月刊》第 17 期；词《满江红》，载 1936 年上海《逸经》第 5 期。此前后在《黑白半月刊》《国风半月刊》《公安月刊》《中山月刊》《理想与文化》《文学创作》等刊发表《四个重要条件》《吴白屋先生事略》《白屋诗人吴芳吉事略》《夏完淳第十三传》等文，编选出版《元人散曲三种》（上海中原书局，1927 年）、《元曲三百首》（上海民智书局，1930 年）、《散曲丛刊》（上海中华书局，1930 年）、《散曲概论》（上海中华书局，1930 年）、《中兴鼓吹选》（卢前原作。贵阳文通书局，1942 年），论著《革命与腐化》（上海民智书局，1928 年）、《词曲通议》（上海商务印书馆，1931 年）等均署。

任访秋（1909－2000），河南南召人。原名任维焜，字仿樵、访秋。笔名：①任维焜，见于论文《杨柳与文学》，载 1928 年上海《学生杂志》第 15 卷第 3 期。嗣后在《河南民报》、北平《师大国学》《师大月刊》《新晨报》《益世报·读书周刊》发表小说署用。②访秋，见于随笔《东西洋文学中之恋爱观》《明代名士之重"趣"》，载 1931 年 5 月 15 日北平《师大国学丛刊》第 1 卷第 2 期。1949 年后发表文章亦署。③霜枫，1929 年在北平《国学丛刊》《师大月刊》《新晨报》发表文章偶署；1941 至 1945 年在南阳《前锋报》发表论文、散文亦署。④霜峰，见于《我所见的鲁迅与启明两先生》，载 1930 年 5 月 6 日北平《新晨报》。⑤任访秋，见于评论《中国文学史讲稿上编》，载 1933 年《图书评论》第 2 卷第 3 期；评论《王国维人间词话与胡适词选》，载 1935 年北平《中法大学月刊》第 7 卷第 3 期。于此前后在《晨星半月刊》《河南大学文学院学术丛刊》《教育函授》《新中华》等刊发表《隐逸诗人王绩》《日知其所亡月无忘其所能》《对于〈晚清诗人黄遵宪〉的意见》《从历史发展与现实基础上学习毛主席的文艺讲话》等文均署。出版《中国现代文学史（上

册）》《中国现代文学论稿》《中国古典文学论文集》《中国古典文学论文集续编》《袁中郎研究》《聊斋志异选讲》《鲁迅散论》《中国近现代文学作家论》《中国新文学渊源》《中国近现代文学研究论集》《中国近代文学史话》等，主编《中国近代文学史》《中国近代文学大系·散文集》（中卷）等亦署。

任干（gǎn）（1923－1999），江苏镇江人。笔名：①劳戈，1940 年开始发表作品署用。②任干，1956 年后发表作品、出版长篇小说《东西南北行》，中篇小说《寻觅》，小说散文集《永远前进》《光辉的意志》《一支新的歌》，大型画册《风云五万里》（合作），纪实文学《大时代的两朵小浪花》《冬天的雷声》，剧本《我是劳动人民的儿子》《血债》等署用。

任耕（1923－？），四川成都人。原名赵适。曾用名赵光宣。笔名：①先宣、胡衍、励毅，1940 年以前在成都《新民报·新民谈座》发表文章署用。其中"胡衍"一名嗣后在成都报刊发表文章亦署用。②任耕，见于剧本《夜》，载 1940 年成都《华西文艺》创刊号。同时期起在成都报刊发表诗、散文、剧评，1949 年后发表文章多署此名。③赵归，1944 年开始在成都《华西晚报·艺坛》等报刊发表杂文、影剧评论署用。1948 年在广州《大光报·火流》发表杂文、影评亦署。④纪群、韵梅、壁观、马星港，1942－1947 年发表文章偶用。

任国桢（1898－1931），辽宁安东（今丹东市）人。原名任鸿锡，字子卿、子清。曾用名刘子厚、任国藩。笔名任国桢，见于随笔《看〈自由魂〉后的我见》，载 1924 年 4 月 5 日北京《晨报副镌》。嗣后编译出版《苏俄的文艺论战》（苏联阿卫巴赫等原作。北京北新书局，1925 年）一书亦署。

任翰芳（1879－？），浙江绍兴人。笔名翰芳，有《翰芳诗草》传世。

任鸿隽（1886－1961），四川合川人（今重庆市）人，生于四川巴县（今重庆市），字叔永、庶允。笔名：①社员，见于《发刊词》，载 1915 年《科学》月刊第 1 卷第 1 期。②任鸿隽，见于《新文学问题之讨论·致适之》，载 1918 年《新青年》第 5 卷第 2 期。嗣后在《南社丛刻》《科学》《现代评论》《甲寅》《新月》《新教育》《建设》《拓荒》《时代公论》《东方杂志》《新经济》《现代读物》《教育通讯》《广播周报》《科学青年》《读书通讯》《平论》《科学大众》等刊发表诗文，出版论著《科学概论》（上海商务印书馆，1926 年）、《大宇宙与小宇宙》（上海中国科学图书仪器公司，1950 年），译作《澳洲一瞥》（澳大利亚福克思原作，吴畏培译述，任鸿隽校订。上海商务印书馆，1923 年）、《南美洲一瞥》（英国布牢温原作，周传儒译述，任鸿隽校订。上海商务印书馆，1923 年）、《英格兰一瞥》（英国樊南摩原作，顾彭年译述，任鸿隽校订。上海商务印书馆。1924 年）、《教育论》（英国赫伯特·斯宾塞原作。上海商务印书馆，1923 年）等均署。③永，见于随笔《四

川军队情况》，载 1922 年《努力周报》第 10 期。嗣后在该刊发表短文多篇亦署。④叔永，1918 年在《戊午周报》发表文章署用。嗣后在《努力周报》《读书杂志》《现代评论》《晨报副镌》《独立评论》《长城》《知识摘》等报刊发表文章亦署。⑤任叔永，见于《爱迪生》，载 1931 年 12 月《新月》月刊第 4 卷第 1 期；《科学的种子在哪里？》，载 1933 年上海《科学画报》第 1 卷第 8 期；随笔《峨嵋杂记》，载 1939 年上海《宇宙风乙刊》第 12 期。⑥庶允，署用情况未详。

任继愈（1916－2009），山东平原人，字又之。笔名任继愈，见于论文《郭象庄子注与庄子》，载 1946 年贵阳《文讯》第 6 卷第 3 期。嗣后在《中国文化》《世间解》《教育短波》《读书通讯》等报刊发表文章均署。1949 年后，出版《老子今译》（古籍出版社，1956 年）、《老子新译》（上海古籍出版社，1978 年初版，1985 年修订版）、《老子全译》（巴蜀书社，1992 年）、《老子绎读》（书目文献出版社，2006 年）、《墨子与墨家》（商务印书馆，1998 年）、《国家图书馆敦煌遗书》（北京图书馆出版社，2005 年）、《任继愈学术文化随笔》（中国青年出版社，1996 年）、《皓首学术随笔·任继愈卷》（中华书局，2006 年），以及中国哲学史、宗教与宗教史著作等亦署。

任明耀（1922－？），浙江杭州人。笔名：①白衣人，见于随笔《平剧舞台上一些容易改革的毛病》，载 1948 年上海《大公报·戏剧与电影》。②任斐然、肖湘子，署用情况未详。③任明耀，1949 年后出版戏曲评论集《京剧奇葩四大名旦》《梅兰芳九思》《艺海沉浮——宋宝罗回忆录》，童话与寓言《含羞草》《猪八戒新传》《奇怪的帽子》，翻译长篇小说《如此人生》《风暴眼》，文学评论集《说不尽的莎士比亚》等署用。

任萍（1925－？），河北内丘人。原名任金福。笔名：①任萍，1939 年改名。后用作笔名，1946 年冬在联政《部队生活》报发表为朱德祝寿的短诗开始署用。嗣后发表作品、出版歌剧剧本《一个烟袋锅》《谁是自己人》《草原之歌》《刘胡兰》《狂飙曲》《阿侃山歌》《壮丽的婚礼》（与他人合作）、《一对喜猪》（与田川合作）、《高原怒吼》（与田川合作）、《同心结》（与田川合作），电影文学剧本《智取华山》（与他人合作），中篇小说《虎子》（中国少年儿童出版社，1957 年）等均署。②任平，20 世纪 40 年代至 1976 年发表作品署用。

任溶溶（1923－？），广东鹤山人，生于上海。原名任根鎏。曾用名任干强、任以齐、任以奇。笔名：①任以奇，见于传记《约翰·史坦倍克》，载 1948 年上海《中学生》第 203 期；翻译小说《珍珠》（美国斯坦贝克原作），载 1948 年上海《文艺春秋》第 7 卷第 4 期。嗣后在上海《中学生》《进步青年》发表随笔《介绍拉丁化新文字》等文，1950－1955 年出版《北方话新文字基础读本：拼音写法读物练习》《北方话新文字的拼法》《中国拉丁化拼音文字基础读本》亦署。②马拉，见于散文《春天》，载 1940 年上海《文艺新潮》第 2 卷

第 3 期；散文《眼泪》，载 1940 年上海《天地间》第 4 期。③米里，见于随笔《未来大战是怎样的？》，载 1939 年上海《现代中国》第 1 卷第 8 期。④易蓝，见于翻译小说《粘土做成的炸肉片》（土耳其萨德里·伊腾原作），载 1946 年上海《新文学》创刊号。嗣后在上海《文艺春秋》发表翻译美国斯坦贝克的小说《胸甲》《白鹤鹑》亦署。⑤任溶溶，1947 年发表儿童故事《小鹿斑比》《小飞象》署用。嗣后出版翻译戏剧《神奇的颜料》（苏联亚历山大·古林斯基原作。上海立化出版社，1949 年），翻译民间故事《亚美尼亚民间故事》（苏联哈恰特良茨原作。上海时代出版社，1949 年），翻译童话《小哥儿俩》（苏联阿·托尔斯泰原作。上海时代出版社，1949 年），翻译诗歌《密斯脱特威斯脱》（苏联马尔夏克原作。上海时代出版社，1949 年），1949 年后出版小说集《我是美国黑孩子》，童话集《没头脑和不高兴》，翻译儿童文学《大晴天》《白天使》《唉呀疼医生》《爱哭的小姑娘》《木偶奇遇记》《洋葱头历险记》《长袜子皮皮》《安徒生童话全集》，翻译童话剧《十二个月》，翻译民间故事《俄罗斯民间故事》《阿尔明尼亚民间故事》等亦署。⑥一七、伊奇、乌斯、赵强康、托华，1949 年后在上海《新民晚报》《外国文艺》等报刊发表短文署用。

任曙（1902－？），四川人。原名任昭明。曾用名任旭。笔名：①任旭，见于歌谣《张打铁》《鸡母鸡大哥》《推磨》等，载 1923 年北京《歌谣》第 29 号；评论《农民运动与革命军人》，载 1927 年《中央周刊》第 80 期。②任曙，出版《中国经济研究》（1931 年）、《中国经济研究绪论》（任曙编。上海神舟国光社，1933 年）及发表经济学论文署用。

任愫（1927－？），吉林怀德人，原名任成喜。笔名：①殷述，1947 年开始在报刊发表文章署用。②任愫，1949 年后，发表论文《论雁翼诗的艺术风格》《论公刘诗的艺术风格》《论讽刺诗》，出版理论专著《现代诗人风格论》等均署。

任熹（1908－1980），山东济南人，字晓麓。笔名任熹，撰有《鲍参军七言诗平仄研究》《三代史记校勘记》《金文释余》等文。

任晓远（1926－2006），黑龙江牡丹江人，朝鲜族。原名任镐（hào）。笔名：①百川，见于短诗《翻身的铁岭》，载 1947 年 2 月 9 日牡丹江《人民新报》。②光芒、采玉、任凤镐（hào），1949 年前后在黑龙江报刊发表文章署用。③任晓远，1949 年后，发表组诗《北陆抒怀》，长诗《光荣的祖国》，出版诗集《金达莱》《啊，母亲的怀抱》《心灵的地平线》《长白拾萃》《人生在世》《遥远的情思》《金达莱之歌》《海兰江的杜鹃》，电影文学剧本《海兰江幻想曲》（与他人合作）等署用。

任修身，生卒年不详，山东博山人。笔名睡僧，见于随笔《肉林一夕游》，载 1930 年上海《奋报》第 494 期。抗战时期编《山东公报·鲁风》亦署。

任宇农（1911－2009），湖南长沙人。曾用名任雨农。笔名：①一介、紫云居士，1938 年起在马来亚新加坡《星洲日报·晨星》《星洲日报·繁星》发表散文、评论等署用。①任宇农，见于散文集《风雨南洲》，20 世纪 80 年代出版于马来西亚槟城，中国友谊出版公司 1984 年再版。

任哲维（1918－2008），江苏南通人。原名任德宣，字哲维。笔名：①大任，见于散文《某路小站即景》，载上海生活书店 1936 年出版茅盾主编之《中国的一日》。②左直夫、但须，1939－1940 年在泰州《新江苏报·血潮》发表文章署用。③辛人，见于杂文《青年应负之责任》，载 1940 年 10 月 10 日泰州《新江苏报》。嗣后在南通《东南日报·诗》周刊发表诗《甘露寺》《冬夜闻幽冥钟》等亦署。④唐须，见于故事新编《化熊》，载 1943 年南通《北极》第 1 卷第 1 期。嗣后在该刊及《东南日报·山花》《国民日报·苏北文艺》发表《狼山的狼》《杀妻》等多篇故事新编，1956 年在《南通市报》发表鼓词《阴阳先生入社》等亦署。⑤丁令，见于散文《追怀素伯先生》，载 1943 年南通《北极》第 1 卷第 1 期；诗《家书》，载 1945 年南通《江北日报·诗歌线》新第 26 期。⑥蛰夫，见于杂文《无常与柔术》，载 1943 年《北极》第 1 卷第 2 期。嗣后在南通《江北日报·副刊》《东南日报·剧艺》《国民日报·苏北文艺》、上海《东南日报·长春》等报发表文章，1947 年 3 月 17 日在上海《文汇报·新文艺》发表长诗《一年祭》，1960 年 11 月 28 日在上海《文汇报·笔会》发表散文《黄巢的菊花诗》等亦署。⑦超英，见于诗《"观万流亭"畔晚眺》，载 1943 年 8 月 20 日《江北日报·诗歌线》。嗣后在该刊发表《盂兰会》等诗亦署用。⑧劳人，见于诗《春夜听弹月琴》，载 1945 年 8 月 27 日《江北日报·诗歌线》。嗣后在该刊发表诗《公墓》亦署用。⑨一苇、江北客，分别见于杂文《新捉放曹》《国庆日观感》，载 1945 年 10 月 12 日镇江《新江苏报·新思潮》。⑩折苇，1945 年底在镇江《新江苏报·血潮》发表文章署用。⑪刘明，见于杂文《文艺科学化》，载 1946 年 2 月 8 日南通《东南日报·东南风》。嗣后在该刊发表《谈科学小品》等文亦署用。⑫丁萌，见于杂文《从天气说起》，载 1946 年 2 月 9 日《东南日报·东南风》。嗣后在该刊发表散文《像一支萧邦的小夜曲——记元宵文艺晚会》《春雨之夜——记第二次文艺晚会》等亦署。⑬茂如，见于杂文《鸡零狗碎》，载 1946 年 2 月 9 日至 2 月 12 日《东南日报·东南风》。⑭微之，见于杂文《欢迎赛二爷》，载 1946 年 2 月 11 日南通《东南日报·东南风》。嗣后在该刊发表《守时》《失业与失学》等杂文亦署。⑮牛孺子，见于杂文《从文艺看自杀》，载 1947 年 11 月 24 日上海《东南日报·长春》。嗣后在该刊发表《关于"领袖欲"》《论海盗》等杂文，1957 年在南京《雨花》发表杂文《"死亡"的气味》亦署。⑯质夫，见于杂文《周佛海的吊客》，载 1948 年

3月9日上海《东南日报·长春》。⑰直夫，见于杂文《读丰村的〈望八里家〉》，载1948年4月21日《东南日报·长春》；杂文《诗的格律与"自由化"》，载1980年南通《紫琅吟草》第5期。⑱任哲维，20世纪40年代发表诗文署用。⑲哲维，1949年后发表诗文开始署用。⑳刘如，见于杂文《红脸、白脸、黑脸》，载1949年上海《大公报》副刊。㉑秋波，见于杂文《对资格论的意见》，载1956年8月5日《南通市报》。㉒丘波，见于杂文《读诗肤见》，载1956年扬州《苏北师专》报。㉓任重，见于散文《任伯雨编管南通》，载1979年南通《紫琅》杂志第4期。嗣后在《南通市报》《南通今古》发表诗《悼赵丹同志》等亦署。㉔鞠痴，见于杂文《京剧的改革与普及》，载1986年8月16日《南通日报》。嗣后在《乌鲁木齐晚报》《福建老年报》等报发表文章亦署。㉕常人，见于杂文《民族魂在哪里》，载1993年11月1日南通《江海晚报》。

任（rèn）**钧**（1909－2003），广东梅州人，生于荷属东印度（今属印度尼西亚）。原名卢奇新。曾用名卢幻霞、卢嘉文。笔名：①卢奇新，1926年前后在广东东山中学校刊和汕头《岭东民国日报》副刊发表诗歌、小说署用。嗣后在上海《学生杂志》《少年杂志》等刊发表作品亦署。②孤凤，见于随笔《生活与思想》，载1928年《文化批判》第4期；诗《给——》，载1928年上海《创造月刊》第2卷第3期。嗣后在上海《流沙》《思想月刊》《引擎》《我们月刊》《文化》等刊发表诗、小说亦署。③森堡，见于诗《给既经死去了的S.T.》，载1928年上海《我们月刊》第3期；诗《罢工后的第三天》，载1929年上海《拓荒者》第11期。嗣后在上海《海风周报》《太阳月刊》《微音月刊》《读书月刊》《现代文化》《新诗歌》《当代文艺》《正路》《现代出版界》《现代》《北斗》《文学月报》《文艺》《春旭》等刊发表著译诗文，出版中篇小说《爱与仇》（上海现代书局，1930年）、译作《隐秘的爱》（苏联高尔基原作，与华蒂合译）、《藤森成吉集》（日本藤森成吉原作。现代出版社，1933年），专著《艺术方法论》等均署。④卢森堡，见于诗《棒喝》，载1928年上海《泰东月刊》第2卷第2期。嗣后在该刊及上海《青海》《当代文艺》《诗歌月报》《笔严》等刊发表诗《奴隶的衣裳》《春之红裳》、小说《新坟》、翻译剧作《法外》（苏联莱夫·伦支原作）、随笔《关于评梅日记》等亦署。⑤孙博，见于《关于"鸦片战争"》，载1933年11月8日上海《申报·自由谈》；译作《赞歌》《世态》（均德国海涅原作），载1934年上海《新诗歌》第5期。⑥叶荫，见于《街头女》，载1935年3月6日《申报·自由谈》。同月14日起在该刊连载翻译小说《战争杂记》（日本德永直原作）亦署。⑦任钧，见于翻译小说《名誉老婆婆》（日本江马修原作），连载于1935年10月3日至22日上海《申报·自由谈》；译文《通俗小说论集》，载1935年上海《新小说》第2卷第1期。嗣后在《立报·言林》《青年界》《东方文艺》《文学丛报》《光明》《今代

文艺》《救亡日报》《小朋友》《统一战线》《火炬》《文艺后方》《新诗》《大声》《全面抗战》《新演剧》《戏剧时代》《文艺阵地》《笔阵》《抗战文艺》《春云》《戏剧岗位》《新蜀报》《文艺月刊》《读书月报》《学习生活》《文风月刊》《战时文艺》《华西晚报》《中华文艺》《文学月报》《黄河》《诗创作》《文讯》《文艺杂志》《文坛》《文学创作》《时与潮文艺》《文潮》《申报·春秋》《女子月刊》《好文章》《文摘》《妇女生活》《文学大众》《月报》《生活学校》《新音乐》《艺风》《文学修养》《中外春秋》《中国建设》《文风杂志》《战斗中国》《周报》《文艺青年》《中国作家》《当代文艺》《文艺春秋》《文艺复兴》《文学新报》《文章》《诗创造》《天下文章》《文艺先锋》《民主》《周报》等报刊发表诗歌、随笔、剧作，出版诗集《冷热集》（诗人俱乐部，1936年）、《战歌》（上海乐华图书公司，1937年）、《后方小唱》（重庆上海杂志公司，1941年）、《为胜利而歌》（重庆国民图书出版社，1943年）、《战争颂》（重庆华美书屋，1945年）、《任钧诗选》（上海永祥印书馆，1946年）、《发光的年代》（上海星群出版社，1948年），剧作集《新女性》（重庆华中图书公司，1942年）、《中华儿女》（重庆国民图书出版社，1945年），译作《爱的奴隶》（苏联高尔基原作。重庆上海杂志公司，1942年）、《俄国文学思潮》《托尔斯泰最后日记》等均署。⑧叶叔珂，1936年在上海《立报·言林》发表文章署用。⑨卢任钧，出版翻译长篇小说《乡下姑娘》（日本黑岛传治等原作。上海商务印书馆，1938年）署用。⑩孙倩、罗嘉平，署用情况未详。按：任钧另出版有诗论集《新诗话》，署名未详。

任（rèn）**情**，生卒年不详，东北人，原名赵任情。笔名任情，见于中篇小说《风流小生》，载1940年长春《新满洲》第1—5期；剧本《天地明朗》，载1940年长春《新满洲》第7期。嗣后在长春《麒麟》发表随笔《漫谈茶社》《七夕茶话》《村之巫婆》《新年与麻雀牌》《呐喊》，幽默小说《米老鼠与虞美人》等均署。

【rong】

容肇祖（1897－1994），广东东莞人。原名容念祖，字元胎。曾用名容祖。笔名容肇祖，见于论文《反切的秘密语》，载1924年北京《歌谣》周刊第52号。嗣后在《晨报副镌》《民间文艺》《国立北京大学国学季刊》《图书馆周刊》《国立第一中山大学语言历史学研究所周刊》《国立中央研究院历史语言研究所集刊》《岭南学报》《禹贡》《独立评论》《燕京学报》《辅仁学志》《考古》《中建》《青年界》《中山学报》《现代史学》《自由》《星岛日报·俗文学》《宇宙风》《人物杂志》等报刊发表文章，出版《中国文学史大纲》（朴社，1935年）、《魏晋的自然主义》（上海商务印书馆，1935年）、《李卓吾评传》（上海商务印书馆，1937年）、《明代思想史》（上海开明书店，1941年）、《三晋法家的思想》（重庆史学书局，1944年）、《中国文学史简编》（上海开明书

店，1949 年），以及《迷信与传说》《韩非子考证》等亦署。

蓉子（1928－？），江苏涟水人。原名王蓉芷。笔名：①王蓉芷，见于小说《醒》，载 1951 年 5 月台北《中国一周》。②蓉子，见于诗《为什么向我索取形象》，载 1951 年 11 月台北《自立晚报·新诗周刊》第 4 期。嗣后在该刊及台北《现代诗》等报刊发表诗文，出版诗集《青鸟集》（台北中兴文学出版社，1953 年）、《七月的南方》（台北蓝星诗社，1961 年）、《蓉子诗抄》（台北蓝星诗社，1965 年）、《童话城》（台北台湾书店，1967 年）、《维纳丽莎组曲》（台北纯文学出版社，1969 年）、《横笛与竖琴的晌午》（台北三民书局，1974 年）、《天堂鸟》（台北道声出版社，1977 年）、《蓉子自选集》（台北黎明文化事业股份有限公司，1978 年）、《雪是我的童年》（台北乾隆图书公司，1978 年）、《这一站不到神话》（台北大地出版社，1986 年）、《罗门蓉子短诗精选》（与罗门合集。台北殿堂出版社，1988 年）、《只要我们有根》（台北文经社，1989 年），散文集《欧游手记》（台北德华出版社，1982 年）、《千泉之声》（台北师大书苑有限公司，1991 年），评论集《青少年诗国之旅》（台北业强出版社，1990 年）等亦署。

【rou】

柔石（1902－1931），浙江宁海人。原名赵平福，号九曲居士。曾用名赵平复、赵平富、赵平甫、赵少雄。笔名：①赵平复，出版小说集《疯人》（宁波华升印局，1925 年）署用。②柔石，见于小说《人鬼与他底妻的故事》，载 1928 年上海《奔流》月刊第 1 卷第 5 期、第 6 期；诗《夜半孤零的心》，载 1928 年上海《朝花周刊》第 2 期。嗣后在上述两刊及《语丝》《春潮》《北新》《朝花旬刊》《大众文艺》《萌芽月刊》《前哨》《东方杂志》等刊发表诗、小说、剧作、随笔、译作等，出版中篇小说《三姊妹》（上海水沫书店，1929 年），长篇小说《旧时代之死》（上海北新书局，1929 年）、《二月》（上海春潮书局，1929 年），短篇小说集《希望》（上海商务印书馆，1930 年），译作《在沙漠上》（与鲁迅、梅川等译作合集。上海朝花社，1929 年）、《浮士德与城》（苏联卢那察尔斯基原作。上海神州国光社，1930 年）等亦署。③金桥，见于诗《遐思》，载 1929 年 9 月 1 日上海《朝花旬刊》第 1 卷第 10 期。嗣后在该刊第 1 卷第 12 期发表诗《晚歌》，出版译作《丹麦短篇小说集》（与淡秋译作合集。上海商务印书馆，1937 年）亦署。④刘志清，见于通信《一个伟大的印象》，载 1930 年上海《世界文化》第 1 期。⑤赵璜，翻译出版长篇小说《颓废》（苏联高尔基原作。上海商务印书馆，1934 年）署用。⑥复、福、雄、平复、赵少雄，与亲友通信时署用。⑦署平，见于手稿《个人主义与流氓本相》，1930 年 2 月作（未发表）。⑧爱耳，见于手稿，未发表。⑨平甫、平君、九曲居士，署用情况未详。

【ru】

茹茵（1915－1998），江苏宝应人，原名耿修业，字秉直。笔名茹茵，出版有《茹茵散文集》《第一笔》《非洲见闻录》《澳纽见闻录》。

茹志鹃（1925－1998），浙江杭州人。笔名：①茹志娟，见于散文《生活》，载 1943 年 11 月 22 日上海《申报·白茅》第 36 期；小说《一个女学生的遭遇》，载 1944 年 3 月 7 日《苏中报》。②茹志鹃，1949 年后出版短篇小说集《百合花》（与他人合集。人民文学出版社，1958 年）、《高高的白杨树》（上海文艺出版社，1959 年）、《静静的产院》（中国青年出版社，1962 年）、《草原上的小路》（百花文艺出版社，1982 年）、《茹志鹃小说选》（四川人民出版社，1983 年），长篇小说《她从那条路上来》（上海文艺出版社，1983 年），散文集《惜花人已去》（上海文艺出版社，1982 年），话剧剧本《不带枪的战士》（文化生活出版社，1955 年）等亦署。②初旭，发表特写署用。③阿如，见于《水珠和世界——鲁迅作品学习札记之一》，载 1961 年 9 月 12 日《文汇报》。

汝龙（1916－1991），江苏苏州人。曾用名汝及人。笔名：①汝龙，见于散文《这会是真的？》，载 1937 年上海《国闻周报》第 14 卷第 36－38 期合刊；中篇小说《一日》，载 1940 年重庆《抗战文艺》第 5 卷第 4、5 期合刊。同时期起在《自由中国》《现代文艺》《青年文艺》《艺风》《海滨杂志》《文艺杂志》《新书月刊》等刊发表翻译评论《托尔斯泰对于文学的意见》（俄国契特柯夫访谈，俄国塞吉演科笔录），翻译小说《磨坊》（土耳其萨巴哈丁·阿里原作）、《沉默的邦祈》（犹太裴莱兹原作）《西蒙的爸爸》（法国莫泊桑原作），出版译作《女巫》（俄国库普林原作）、《阿托莫诺夫一家的事业》（苏联高尔基原作）、《人间》（苏联高尔基原作）、《复活》（俄国列夫·托尔斯泰原作）、《亚马》（俄国库普林原作）、《总督大人》（苏联安德列叶夫原作）、《秋夜集》（苏联高尔基原作），以及《契诃夫论文学》《契诃夫小说集》《契诃夫文集》等亦署。②及人，见于通讯《在搏斗中的"孤岛"文化人》，载 1940 年《浙江潮》第 93 期；随笔《闲话汪派》，载 1941 年上海《宇宙风》第 103 期。嗣后在《世界日报》发表小品文亦署。

【ruan】

阮成章（1919－2004），湖北红安人。原名阮寿保。笔名：①阮成璋，见于小说《一个被硝酸破坏了的面孔》，载 1937 年武汉《奔涛》半月刊创刊号。嗣后在该刊发表小说《某城之一日》亦署。②天火，20 世纪 30 年代在武汉《大同日报·诗专页》《时代日报·四月》发表诗作署用。

阮璞（1918－2000），湖北红安人。原名阮成璞，字次文。笔名：①阮璞，20 世纪 30 年代起在武汉报刊发表诗文署用。见于诗《所思（外二章）》，载 1936 年武

汉《习作》创刊号。嗣后在《武汉日报》《当代》《水利委员会季刊》等报刊发表诗、论文等，1949 年后出版《中国画史论辨》（陕西美术出版社，1993 年）、《画学丛证》（上海书画出版社，1998 年）、《论画绝句》（上海书画出版社，2007 年）、《苏轼的文人画观论辨》等均署。②红痩、波绿，20 世纪 30 年代在武汉《大同日报·鹣鹘天》《新华日报》等报刊发表诗作署用。

阮庆濂（1928－1984？），笔名阮囊，1949 年后在台湾报刊发表小说署用。

阮山（1888－1934），福建永定人。原名阮德宽。曾用名阮守南。笔名阮山，1926 年在福建永定创作山歌《救穷歌》《土豪恶》《军阀的罪恶》《耕田苦》等署用。

阮毅成（1905－1988），浙江余姚人，生于江苏兴化，字静生，号思宁、绿革。曾用名阮冠华。笔名：①阮毅成，见于评论《如何组织一个好的团体》，载 1925 年上海《学生杂志》第 12 卷第 4 期；《浪游杂记》，载 1926 年上海《小说世界》第 13 卷第 22、23 期。此前后在《中华法学杂志》《太平导报》《商业杂志》《东方杂志》《建国月刊》《时代公论》《外交评论》《时事月报》《国风半月刊》《政治季刊》《图书评论》《法学丛刊》《新社会科学》《广播周报》《出版周刊》《政治评论》《法学杂志》《同行月刊》《中国法学杂志》《旅行杂志》《民意周刊》《现代评坛》《浙江政治》《读书》《通讯胜流半月刊》《民主时代》《新法学》等刊发表《外国人在苏俄之地位》《旅欧读书日记摘录》《杨鸿烈的中国法律发达史》《怎样使中国走上法治的途径》《悼惜何伯丞先生》《初到巴黎的一夕》《战时行脚》等文，出版论著《政法论丛》（南京时代公论社，1932 年）、《战时法律常识》（长沙艺文研究会，1938 年）、《中国战时法规概述》（重庆青年书店，1939 年）、《行政与自治》（永

康浙江省政府民政厅，1940 年），1949 年后在台湾、香港出版小说集《如梦令》（香港亚东出版社，1955 年）、《谐趣园中的故事》（台湾商务印书馆，1971 年），诗集《毅成诗稿》（台北联经出版事业公司，1980 年），散文集《千里长江》（香港亚东出版社，1954 年）、《大江南北》（台北自由谈杂志社，1964 年）、《上有天堂下有苏杭》（台北全知少年文库社，1965 年）、《制宪日记》（台湾商务印书馆，1970 年）、《从诗后到南山路》（台湾商务印书馆，1971 年）、《彼岸》（台北传记文学出版社，1972 年）、《前辈先生》（台北传记文学出版社，1972 年）、《适庐随笔》（台北小世界周刊社，1976 年），回忆录《八十忆述》（台北联经出版事业公司，1984 年）等均署。②静生，见于词《望江南》，载 1938 年 6 月 8 日汉口《民意周刊》第 26 期。

阮章竞（1914－2000），广东中山人。曾用名阮啸秋。笔名：①洪荒，出版话剧《未成熟的庄稼》（华北新华书店，1943 年）署用。②阮章竞，见于长诗《圈套》，载 1947 年太行《文艺杂志》第 23 卷第 1 期。嗣后在该刊发表诗《送别》《盼喜报》等，出版独幕剧《转变》（太行韬奋书店，1941 年），歌剧《赤叶河》（太行新华书店，1948 年；太行群众书店，1948 年），诗集《圈套》（与张志民合集。上海新华书店，1949 年）、《漳河水》（北京新华书店，1950 年）、《虹霓集》（作家出版社，1958 年）、《迎春橘颂》（人民文学出版社，1959 年）、《勘探者之歌》（作家出版社，1963 年）、《四月的哈瓦那》（作家出版社，1964 年）、《阮章竞诗选》（人民文学出版社，1985 年）、《晚号集》（人民文学出版社，2001 年），话剧剧本《转变》（太行韬奋书店，1941 年），歌剧剧本《赤叶河》（太行新华书店，1948 年），及童话诗《金色的海螺》等均署。

S

【sa】

萨空了（1906－1988），内蒙古翁牛特人，蒙古族，生于北京。笔名：①了了，1932 年在上海《立报·小茶馆》发表小言论署用。1937 年 10 月 19 日在上海《立报》发表散文《纪念鲁迅先生》亦署。②萨空了，见于评论《由华北之检查新闻谈到新闻检查问题》，载 1935 年《报学报刊》第 1 卷第 2 期；随笔《宣传的内容和技术》，载 1941 年桂林《文化杂志》第 1 卷第 2 期。此前后在《战时联合旬刊》《半月文萃》《文化杂志》《正报》等报刊发表文章，出版论著《印度问题》（桂林远方书店，1942 年）、《科学的新闻学概论》（香港文化供应社，1946 年）、《科学的艺术概论》（香港春风出版社，1948 年），散文集《香港沦陷日记》（香港进修出版教育社，1946 年）、《由香港到新疆》（新民主出版社，1946 年）、《两年的政治犯生活》（香港春风出

版社，1947 年）等亦署。③空了，见于随笔《我们对日寇应采取的态度》，载 1943 年《广西妇女》第 3 卷第 4 期。④艾秋飙，署用情况未详。

萨孟武（1897－1984），福建福州人，回族。原名萨本炎，字孟武。笔名：①萨孟武，见于论文《俄国宫廷秘史》，载 1917 年上海《东方杂志》第 14 卷第 7 期。此前后在《学艺》《社会月刊》《新生命》《中央军事周报》《时代公论》《文化建设》《外交评论》《时事月报》《政问周刊》《中国新论》《政治季刊》《黄埔》《新政治》《文化批判》《中央周刊》《读书通讯》《日本评论》《中山文化季刊》《文化先锋》《新工商》《中原》《两周评论》《国风》《书报精华》《三民主义》《智慧》《民主时代》《社会科学论丛》等报刊发表《文化进化论》《水浒传与中国社会》等文，出版《水浒传与中国社会》（南京正中书局，1934 年）及政治、法律、财政、经济学著作与译作均署。1949 年后在台湾出版《西游记与

中国古代政治》（台北三民书局，1974 年）、《红楼梦与中国旧式家庭》（台北东大图书公司，1977 年），散文集《孟武随笔》（台北三民书局，1969 年）、《孟武续笔》（台北三民书店，1970 年）、《孟武自选文集》（台北东大图书公司，1979 年）等亦署。②孟武，见于评论《中国纷乱之经济的说明》，载 1923 年《孤军》第 2 卷第 1 期。嗣后在该刊及《明耻》等刊发表《中国政党政治之将来》《国防前线之绥远保卫团》等亦署。③本炎，见于《评国民党及研究案》《政党与议会之关系》，载 1923 年《孤军》第 2 卷第 5、6 期合刊。④萨本炎，见于论文《康德与社会主义》，载 1924 年日本《学艺》第 6 卷第 5 期。按：萨孟武尚出版有《中国社会政治史》《中国法治思想》《先秦儒家思想衍义》《韩非思想与西汉监察制度》《孔子的法治思想》等著作，出版情况未详。

萨士武，生卒年及籍贯不详。笔名：①士武，见于《微笑》，载 1923 年上海《弥洒》月刊第 2 期。嗣后在该刊第 5 期发表《路》亦署。②萨士武，见于《诗四首》，载 1923 年《弥洒》第 6 期；组诗《握手集》，载 1924 年商务印书馆版《弥洒社创作集》第 1 辑。20 世纪 30－40 年代在《禹贡》《福建文化》《南潮》《台湾研究》《社会科学》等刊发表文章亦署。

萨玉予，生卒年及籍贯不详。笔名：①玉予，见于《小诗五首》，载 1923 年 9 月 17 日《新民意报·青声》。②萨玉予，见于诗《影》，载 1923 年 10 月 9 日《新民意报·青声》。

萨照远（1910－?），福建福州人，回族。原名萨兆瑗。笔名：①萨照远，见于《漫谈印刷职工修养》，载 1941 年《造纸印刷季刊》第 2 期；译文《一个造福儿童的支加哥公共住宅》，载 1947 年《社会工作通讯月刊》第 4 卷第 7 期。②小招，见于通讯《参加福州人民代表大会记》，载 1934 年北平《独立评论》第 84 号。嗣后在《独立评论》发表《福州经济的崩溃》《福州通信》等，在福州《民国日报》《福建民报》《磐石》等报刊发表杂文、评论亦署。③萨照远，见于诗《磨房的马》，载 1936 年 3 月 8 日《福建民报·星期文艺》。

【sai】

塞克（1906－1988），河北霸州人。原名陈秉钧。曾用名陈凝秋。笔名：①凝秋，1924 年在哈尔滨《晨光报》《国际协报》发表诗文署用。见于诗剧《弟弟》（与左明合作），载 1930 年上海《南国月刊》第 1 卷第 1 期；随笔《我导演别人和别人导演我的时候》，载 1934 年 6 月 4 日上海《中华日报·动向》。此前后在《泰东月刊》《艺术新闻》《当代文学》等刊发表诗、小说亦署。②陈凝秋，1924 年在哈尔滨《晨光报》《国际协报》发表诗文署用。又见于剧本《夜雨》，载 1936 年上海《文学丛报》创刊号。此前后在《文艺月刊》《矛盾》《文学杂志》《创作》《文学丛报》《女子月刊》《创作与批评》《光明》《新演剧》等刊发表作品，出版诗集《追

寻》（上海励群书店，1928 年）等亦署。③塞克，1934 年创作救亡歌曲开始署用。见于歌词《保卫芦沟桥》（洗星海作曲），载 1937 年上海复旦大学《文摘》第 2 卷第 2 期；歌词《我们要高举鲁迅的战旗》，载 1948 年延安《群众文艺》第 3 期。此前后在《东方战友》《教育阵地》《开明少年》《七月》《战地》《抗战文艺》《文艺突击》《大众文艺》《新诗歌》《东北文艺》《东北文化》等刊发表歌舞剧《翻身的孩子》（与婀霞合作），出版话剧《突击》（与端木蕻良、萧红、聂绀弩合作。重庆生活书店，1939 年）、《歼灭》（与周伯勋、丁伯骝合作。重庆生活书店，1939 年）、《流民三千万》《铁流》，散文集《重逢》，歌词《救国军歌》（星海作曲）、《酸枣曲》（星海作曲）、《美国军队快滚蛋》（任虹作曲）、《抗日先锋队歌》《心头恨》，译作《夜店》（苏联高尔基原作）等亦署。

赛福鼎（1915－2003），新疆阿图什人，维吾尔族。原名赛福鼎·艾则孜。笔名：①祖比哈尔，1940 年前后在新疆《塔城日报》发表小说、剧本署用。②艾力胡麻，1982 年在新疆《阿图什文学》发表作品署用。③古丽胡麻，1983 年在新疆《阿克苏文学》发表作品署用。④赛福鼎，出版诗集《风暴之歌》（新疆人民出版社，1975 年）、《赛福鼎诗选》（人民文学出版社，1999 年）署用。按：赛福鼎尚出版有长篇历史小说《苏图克·博格拉汗》、传记文学《天山雄鹰》、散文诗集《神仙老人》，出版与署名情况未详。

【san】

三苏（1918－1981），浙江绍兴人，生于广东广州。原名高德雄。笔名三苏、高雄、石狗公、经纪拉、小生姓高、史得、吴起、但丁、周弓、许德，1944 年起在香港《新生报》等报发表故事新编、小说、广播剧、杂论等署用；亦见《寒烛怨》（署名史得。香港海滨图书公司，1959 年）、《经纪拉日记》（署名三苏。香港大公书局，1953 年）、《目睹香港二十年怪现状》（署名三苏。香港文艺书屋，1972 年）。按：《珠联璧合》（香港海滨图书公司，1959 年）等小说，署名未详。

【sang】

桑弧（1916－2004），浙江宁波人。原名李培林。笔名：①季黄，见于《读"西安半月记"后》，载 1937 年《中山周报》第 136 期。嗣后在该刊及《万象》等刊发表《关于小黑姑娘的通讯》等文亦署。②醉芳，上海"孤岛"时期在报刊发表文章署用。③桑弧，见于《作为导演与剧作者的话》，载 1944 年《新影坛》第 3 卷第 2 期。此前后在《上海影坛》《春秋》《周报》《青春电影》等刊发表文章亦署。

桑简流（1921－?），四川潼川人。原名水建彤。笔名：①水建彤，见于随笔《论评——音乐的功用和在教育上的价值》，载 1933 年《育英周刊》第 3 期。嗣

后在该刊及《西风副刊》《人世间》《文笔》《大风》《现代文摘》《边疆通讯》《新甘肃》《亚洲世纪》等刊发表文章，1950 年自印诗剧剧本《伊帕尔罕》亦署。②桑简流，出版小说《香妃》（香港珍珠出版社，1954 年）、散文集《西游散墨》（香港珍珠出版社，1957 年），翻译散文集《湖滨散记》（香港人人出版社，1956 年），翻译诗集《惠特曼选集》（美国惠特曼原作。香港人人出版社，1955 年）等亦署。

桑雅忠（1921－2001），浙江宁波人。笔名：①桑雅中，见于通讯《浓抹更胜过淡妆》，载 1948 年上海《春秋》第 5 卷第 2 期。②歌牧，见于散文《江堤》，载 1941 年《文综》第 2 卷第 3 期。嗣后在《正言文艺》《文艺月刊》《民众杂志》《幸福世界》《茶话》《春秋》等刊发表小说、散文等亦署。③桑子、曹贲，20 世纪 40 年代在《浙江日报》《东南日报》发表作品署用。

【sha】

沙岸（1922－？），安徽黟县人。原名汪滨。笔名沙岸，见于诗《十月》，载 1942 年 10 月江西上饶《前线日报·诗时代》。嗣后在《前线日报·战地》《正气报》《中国新报》《青年报》《型报·诗专页》等报刊发表文章亦署。

沙白（1925－？），江苏如皋人。原名李涛。曾用名李乙、理陶。笔名：①伯屿，见于诗《别》，载 1943 年 12 月南通《江北日报·诗歌线》新 1 期。②白木，见于诗《夜醒》，载 1944 年《江北日报·诗歌线》新 34 期。嗣后在该刊发表《冬天的挽歌》等诗作亦署。③草南，见于诗《神的没落》，载 1944 年《江北日报·诗歌线》新 6 期。④莎白，见于诗《天河》，载 1944 年 10 月 20 日《江北日报·诗歌线》新 14 期。嗣后在该刊发表《村暮》《寄姚钝》等诗作亦署。1949 年后发表作品亦曾署用。⑤白默，见于诗《秋的夜曲》，载 1944 年《江北日报·诗歌线》新 10 期。嗣后在该刊发表诗《飏飏的叹息》亦署。⑥穆雷，见于诗《风雨骑士》，载 1945 年《江北日报·诗歌线》新 21 期；诗《写在〈大堰河〉的后面》，载 1946 年上海《文章》第 1 卷第 4 期。⑦伯婉，见于诗《三月的古镇》，载 1945 年《江北日报·诗歌线》新 21 期。⑧谷风，见于诗《小茶馆》，载 1945 年《江北日报·诗歌线》新 27 期。嗣后在该刊发表诗《暴雨前》亦署。⑨弥丁，见于诗《悼》，载 1945 年 9 月 3 日《江北日报·诗歌线》。嗣后在该刊发表诗《同学录》亦署。⑩雷芒，见于诗《新秋》，载 1945 年 9 月 10 日《江北日报·诗歌线》新 36 期。⑪郁垒，见于诗《读〈静静的顿河〉》，载 1946 年 1 月 9 日南通《东南日报·诗》周刊。嗣后在该刊发表诗《向阳之歌》亦署。⑫尚白，见于诗《小城》，载 1946 年 1 月 16 日《东南日报·诗》。⑬柯崙、循逸，分别见于诗《柯家桥》《迎春篇》，载 1946 年 1 月 30 日南通《东南日报·诗》。⑭雪武，见于诗《静静的运盐河》，载 1946 年 9、10 月间上海《文汇报》副刊。⑮白沙，见于诗《招魂》，载 1948 年 4 月 18 日南通《国民日报·诗刊》。⑯鲁氓，1949 年后发表诗作署用；出版诗集《走向生活》（新文艺出版社，1956 年）亦署。⑰林之采，1958－1962 年间在上海与皮作玖、于之发表诗评合署。⑱沙白，1962 年后在《诗刊》发表诗作开始署用。嗣后出版诗集《杏花春雨江南》（百花文艺出版社，1979 年）、《大江东去》（上海文艺出版社，1980 年）、《砺石集》（江苏人民出版社，1980 年）、《南国小夜曲》（黑龙江人民出版社，1983 年）、《独享寂寞》（当代中国出版社，2002 年），以及《沙白抒情短诗选》等亦署。

沙尘（1928－1989），四川蓬安人。原名周应耀，号光宗。笔名：①沙尘，1959 年在台湾台北《野风》发表小说署用。嗣后出版短篇小说集《母亲的画像》（台南王家出版社，1968 年）、《寄生榭》（台湾商务印书馆，1969 年）、《风雪季》（台湾商务印书馆，1971 年）、《奔》（高雄珠玑出版社，1987 年），中篇小说《悬崖》（台湾商务印书馆，1975 年）等亦署。②南炫、南燕、古楼、周尧，署用情况未详。

沙金（1912－1988），四川重庆（今重庆市）人，原名刘稚德。笔名：①佳禾，见于诗《出征》，载 1937 年 12 月 16 日重庆《诗报》试刊号；评论《论朗诵诗》，载 1938 年重庆《春云月刊》第 3 卷第 6 期。嗣后在重庆《新蜀报》《春云》等报刊发表文章亦署。②沙金，1941 年开始署用。见于译诗《太阳也升起也降落》（苏联高尔基原作），载 1944 年湖北恩施《诗丛》第 6 期；译诗《给拿破仑一世》（英国拜伦原作），载 1948 年上海《文讯》第 8 卷第 5 期。嗣后在上海《文汇报》《大公报》《时代日报》《新诗歌》《新民报》《新诗潮》《幸福世界》、北平《诗音讯》等报刊发表诗作《汨罗江水静静流——写在诗人节》和译诗《菩阿提西阿》（英国 W. 古柏原作）、《回忆马雅可夫斯基》（苏联马雅可夫斯基亚原作）、《内泊斯的少女》（英国司各特原作），出版翻译诗集《幽会与黄昏》（英国华兹华斯、拜伦等原作。上海中兴出版社，1948 年）等均署。1949 年后发表作品、出版诗集《人民铁骑队》（上海正风出版社，1950 年）、《新纪元开始了》（上海文光书店，1951 年）、《不准武装日本》（上海文化工作社，1951 年）、《祖国，我歌唱你！》（新文艺出版社，1956 年）、《矿工之歌》（上海文艺出版社，1958 年），翻译诗集《当斯大林号召的时候》（苏联江布尔原作。上海文化工作社，1951 年）等亦署。③谢霞，20 世纪 50 年代初在上海《大公报》发表文艺短评署用。

沙军（1917－1971），吉林磐石人。原名沙锐军。笔名：①沙锐军，见于《想起了我的家乡》，载 1940 年西安《黄河》第 10 期。②沙军，署用情况未详。

沙可夫（1905－1961），浙江海宁人。原名陈维敏，字树人，号有圭、克夫。曾用名陈明、陈微明、陈维明、沙达夫、沙东明、亚历山大·阿列克赛·沙可夫。笔名：①沙可夫，1928 年创作话剧《明天》署用。1932

年在瑞金主编《红色中华》并发诗歌、剧本，嗣后在汉口《七月》及《五十年代》《山》《中苏友好》等报刊发表随笔、译作，创作剧本《北宁铁路的退兵》《三八纪念》《我——红军》《我们自己的事》《武装起来》《广州暴动》《血祭上海》《谁的罪恶》《团圆》，诗歌《海边抒情》《鲁迅艺术学院院歌》《沿着列宁斯大林的道路前进》；翻译小说《意大利童话》（苏联高尔基原作）、戏剧《伪善者》（法国莫里哀原作）、理论著作《高尔基书简二十封》《高尔基的美学观》《论莎士比亚及其遗产》《莎士比亚的故乡》《艺术家与艺术科学》《丹钦科与青年戏剧工作者谈话》《苏维埃戏剧创作的道路》、传记《批评家杜勃洛柳蒲夫》，出版《沙可夫诗文选》《沙可夫译文选》等亦署。②微明，见于《女人与装饰》，载 1934 年 8 月 17 日上海《申报·自由谈》；译文《什么时候才有好日子？》（俄国杜勃罗留波夫原作），载 1936 年上海《译文》新 1 卷第 2 期；评论《告戏剧工作同志》，载 1937 年南京《时事类编》特刊第 4 期。嗣后在上述报刊及《夜莺》《烽火》《七月》《自由中国》《五十年代》《北方文化》《长城》、延安《文艺战线》《中国文化》、晋察冀文联《山》等报刊发表剧作《中国怒吼了》，译作《渔夫与金鱼的故事》（俄国普希金原作）、《论莎士比亚及其遗作》（苏联 A. 柴米尔诺夫原作）、《我对迭更司所负的债》（美国赛珍珠原作）、《苏联文学的杰出作品》（苏联 N. 吉洪诺夫原作）、《在法西斯蒂西班牙》（译自《真理报》）等作品亦署。③克夫，见于译文《杜勃洛柳蒲夫略传》，载 1936 年 4 月 16 日上海《译文》新 1 卷第 2 期。嗣后在重庆《七月》、晋察冀文联《山》等刊发表文章亦署。④陈冥，见于译作《埃及之夜》（俄国普希金原作）、《普式庚怎样写作》（苏联 N. 阿胥金原作），载 1936 年上海《译文》新 2 卷第 1 期。⑤陈微明，20 世纪 30 年代在上海发表抗日救亡文章署用。1949 年后在北京《人民文学》发表译诗《土耳其革命诗人希克梅特诗三首》、《休息没有宣布》（波兰李却特·独勃洛伏尔斯基原作）、《我们要和平》（罗马尼亚伯纽克原作），出版《希克梅特诗集》（与他人合译。人民文学出版社，1952 年）亦署。⑥萨柯，见于诗《我们在山里》，载 1943 年晋察冀文联《山》创刊号。⑦明、冥冥，署用情况未详。

沙克

沙克，生卒年不详，广东潮州人。原名伍江萍。笔名沙克，20 世纪 30 年代在暹罗曼谷华文报副刊发表散文署用。

沙蕾

沙蕾（1912—1986），江苏宜兴人，原籍陕西西安，生于江苏苏州，回族。原名沙凤骞。笔名：①月群，20 世纪 30 年代主编《回教大众》半月刊时发表诗歌署用。②沙蕾，见于诗《夏夜在外滩公园》，载 1932 年上海《新时代》第 3 卷第 3 期；诗《怀×》，载 1933 年杭州《艺风》月刊第 1 卷第 8 期。嗣后在上述两刊及《中庸》《金城》《文摘》《弹花》《南风》《文学》《文艺茶话》《回教大众》《文艺》《抗战文艺》《万象》《文讯》《大公报》《文艺复兴》《世界晨报》《教战半月刊》《月华》《中国作家》《职业妇女》《西北通讯》《新时代》

等报刊发表诗《沈阳的火光》《死囚曲》《午夜》《夏夜在外滩公园》《寄突尼斯的回教战士们》、散文《日月山之夜》、童话《小莎文的遭遇》、儿童诗《我们是小小的生命》、小说《罪与惩》《隔尘小筑的春色》、随笔《〈夜巡者〉后记》《职业妇女与文艺创作》等，出版诗集《心跳进行曲》（上海开明书店，1933 年）、《夜巡者》（真火社，1937 年），中篇小说《热情交响曲》（上海现代书局，1933 年）、《木头姑娘》（长江文艺出版社，1957 年），散文诗集《日月潭》（福建人民出版社，1959 年），翻译小说《到幸福的路》（苏联墨拉托夫原作。上海火星出版社，1952 年）等亦署。③沙林，1949 年后出版社会科学读物《封建社会》（上海群众书店，1951 年）、《列宁和红军》（上海劳动出版社，1951 年）、《联合国是怎样的》（上海五一出版社，1951 年）、《美帝侵略中国的血账》（上海人人出版社，1950 年）、《美国武装西德的阴谋》（上海火星出版社，1951 年），曲艺《抗美五列调》（上海劳动出版社，1951 年）等署用。

沙里

沙里，生卒年不详，安徽六安人。原名韩哲人。笔名沙里，20 世纪 40 年代前期发表作品、出版著作署用。嗣后发表小说《黄胆病患者》（载 1944 年北平《艺文杂志》第 2 卷第 2 期），出版长篇小说《尘》（北平新民印书馆，1944 年）、《土》（北平新民印书馆，1945 年），同时期在北平《中国文艺》《新少年》《新民声三日刊》《华北作家月报》《万人文库·文园》《敦邻》等刊发表小说《会计师的阴私》《晚祷》《柳树村》《流土》、散文《夜行》《对于华北作家的期待》、评论《读了满洲的创作》等亦署。

沙陵

沙陵（1927—2018），陕西城固人。原名田琳，笔名沙陵，见于诗《星星和茅屋》，载 1948 年上海《文潮》第 6 卷第 2 期；《小红花》，载 1949 年《文潮》第 6 卷第 3 期。嗣后出版诗集《带动民主的火车头》（香港，1947 年）、《归鸟集》（西安未来出版社，1985 年）、《非非集》（西安太白文艺出版社，1996 年）、《隐形独白》（北京燕山出版社，1999 年）和散文集《未完成的特写》等亦署。

沙陆墟

沙陆墟（1914—1993），江苏无锡人，回族。原名沙仲篪。笔名：①沙陆墟，出版长篇小说《粉墨生涯》（安徽人民出版社，1982 年）、《武夷女侠》（山西人民出版社，1985 年）、《魂断梨园》（江苏人民出版社，1985 年）、《情女潘巧云》（海峡文艺出版社，1986 年）、《粉墨江湖》（海南人民出版社，1989 年）、《上海滩三女杰》（湖南文艺出版社，1986 年）、《水浒三艳妇》（浙江文艺出版社，1987 年）、《鸿山恋情》（安徽文艺出版社，1987 年）、《水浒三烈女》（湖南文艺出版社，1988 年）、《天兵东进演义》（与朱海蓉合作。广西人民出版社，1988 年）、《私生的皇太子》（上海文化出版社，1989 年）、《少妇过瘿》（安徽文艺出版社，1989 年）、《艳妃争风》（百花文艺出版社，1989 年）、《黑道红艳女侠》（百花文艺出版社，1990 年）、《魔劫无冕王》（长江文艺出版社，1992 年）、《太湖两女杰》（中原农民出版社，1992 年）、《水浒三女将》（安徽文艺出版社，1993 年），以及《江湖粉墨传》《无冕王登基》《太湖双美图》《小上海八怪》《小武侠闯大上海》等署用。②陆墟，出版长篇小说《水浒二妇人》（上海光明出版公司，1945年）署用。③仲篪，署用情况未详。

沙梅（1909－1993），四川广安人。原名郑志。曾用名郑导乐。笔名沙梅，见于论文《新型音乐的体认》，载1936年上海《光明》第1卷第11期；评论《检讨一下目前的歌坛》，载1938年重庆《中苏文艺》第3卷第1－2期合刊。嗣后在《战地》《通俗文化》《通俗文艺》《音乐教育》《妇女生活》《读书半月刊》《月报》《生活学校》《现代农民》《抗战艺术》《浙江青年旬刊》《乐风》《青年音乐》《文艺月刊·战时特刊》等刊发表随笔《通俗音乐漫谈》，歌曲《妇女解放曲》（柳倩作词）、《秋风》（安娥作词）、《龙灯曲》（陈子展作词）、《我也要杀日本兵》（作词曲）、《船歌》（作词曲），童谣《雪》《张打铁》等亦署。

沙孟海（1899－1992），浙江鄞县（今宁波市）人。原名沙文若，字沙邨。笔名：①沙孟海，见于论文《名字号》，载1928年上海《东方杂志》第25卷第7期；评论《艺术家的蔡邕》，载1930年《国立中山大学语言历史学研究所周刊》第10集第112期。嗣后在上述两刊及《国风半月刊》等刊发表《印学概论》《浙江为印学总汇说》《近三百年的书学》《隶草书的渊源及其变化》等论文，出版《沙孟海写书信》（1980年）、《沙孟海书法集》（上海书画出版社，1987年）、《印学史》（西泠书社，1987年）、《中国书法史图录》（上海人民美术出版社，1991年）等著作亦署。②沙文若，见于《冯君木先生行状》，载1935年1月浙江《文澜学报》第1期。1948年在南京《国史馆馆刊》发表人物志《冯先生行状》《陈布雷传》等文亦署。③沙邨、石荒、兰沙、决明，署用情况未详。

沙漠（1932－2009），江苏南通人，生于南京。原名钱四维。曾用名钱海源（谱名）、钱剑英（借用其姐名为学名）、钱剑瑛。笔名：①方剑，见于散文《小路》，载1947年5月3日南通《国民日报·新文学》。嗣后在南通《通报·中公园》《国民日报·大国民》等报发表诗文，1949年后在台湾报刊发表文章亦署。见于小说《毛毛虫·蝴蝶·龙》，连载于1978年12月台中《台湾日报·台湾副刊》。②方维，见于散文《未寄的信》，载1947年5月16日南通《国民日报·新文学》。③钱四维，见于诗《叫醒——纪念九一八的死者》，载1947年9月18日南通《通报·中公园》。嗣后在该刊与《通报·诗刊》《秦淮河的故事》发表《阳光之献》等诗文，1952年在台北《野风》半月刊第34期发表诗《恨》等亦署。④四维，见于杂文《中国四病》，载1947年11月3日南通《通报·中公园》。⑤沙漠，20世纪50年代初在台北《野风》发表诗始用。嗣后出版长篇小说《寻找梦的人》（智勤书局，1963年），短篇小说集《天怒》（台北，1985年），散文集《寂寞的爱》（新中出版社，1958年），诗集《远方的祝福》（基隆，2002年）、《沙漠诗集》（基隆，1995年）、《失去的驼铃》（基隆，2003年），传记《蒋介石大传——偏安岁月》（台北新中原出版社，1997年）、《孤独的旅程》（台北唐山出版社，2008年）等亦署。⑥钱思微，见于诗《问》《沉默》，载1955年台北《野风》第85期。1955年4月在台湾《创世纪》诗刊发表诗《驿站》亦署。⑦罗思绩，见于小说《落花时节》，连载于1957年4月台湾嘉义《商工日报·云海》。⑧淑心，见于小说《夏天的晚上》，载1958年5月台湾嘉义《商工日报·云海》。⑨夏霞，见于小说《秋》，载1962年5月台湾基隆《黄金时代》月刊。⑩钱罗，见于闽南语古装电视剧《高山流水》（叶明龙制作），1967年1月29日在台湾播映。1965年前后编写儿童电视剧十余部及闽南语电视剧《黄花忠义魂》《山边月夜愁》等亦署。⑪金戈，见于小说《变形虫》，载1978年9月22日台中《台湾日报·台湾副刊》。⑫牛马走，见于杂文《寻求我们民族文学的根》，载1980年6月高雄《民众日报》。嗣后在该报发表《牛马走随笔》及批判台湾时政的社论和专栏文章亦署。⑬罗汉，见于短评《无题的悲叹》，载1982年8月1日《基隆一周》周刊。嗣后在《民众日报》发表时评亦署。⑭司徒空，见于小说《软脚虾惊魂记》，连载于1989年7月台湾《中国娱乐报·娱乐副刊》。⑮钱俊，见于散文《西门町·红包歌厅·麦当劳》，载1997年3月4日台北《大明报·工商集邮》。嗣后在台湾《世界论坛报》《大明报》撰写批判台湾时政的专栏文章亦署。⑯方易、牧人、王颖、思微、方迪、耿介、白威、方圆、方缘，1949年后在台湾报刊发表文章署用。

沙牧（1928－1986），山东海阳人。原名吕松林。笔名沙牧，1949年后在台湾台北《创世纪》《汉声》《电影沙龙》《今天画刊》等报刊发表诗、散文、小说等，出版诗集《永恒的脚印》（台北海岛文艺社，1953年）、《雪地》（台北诗散文木刻社，1963年）、《死不透的歌》（台北尔雅出版社，1986年）等署用。

沙鸥 1，生卒年及籍贯不详。原名饶沙鸥。笔名：①饶沙鸥，见于评论《参政会圆满闭幕》，载1941年重庆《现代华侨》第2卷第2、3期合刊；评论《文艺创作底主题·技巧和效果——并述评文坛第一集合订本几篇小说》，载1946年广州《文坛月刊》新7期。同时期在《现代华侨》《建国评论》等刊发表《“八一三”四周年纪念与现代华侨新使命》《青年节勉我华侨青年》《驱寒流而迎春风》等文，由铁风出版社出版《怒海余生》（与罗海沙等合作）亦署。②沙鸥，见于通讯《边民代表献金团抵渝，向蒋委座致敬》，载1941年重庆《现代华侨》第2卷第6－8期合刊。③赵华，见于评论《三民主义是促进人类进化的动力》，载1941年重庆《现代华侨》第2卷第9期。④超华、般余，署用情况未详。

沙鸥 2（1922－1994），四川重庆（今重庆市）人。原名王世达。笔名：①沙鸥，出版长篇小说《自由岸》（北京《实事白话报》社，1924年）、散文集《欧行观感录》（上海中华书局，1937 年）署用。嗣后在重庆《读书月报》《诗丛》《文学》《艺风》《文艺春秋》等报刊发表作品，出版诗集《农村的歌》（重庆春草社，1945年）、《化雪夜》（重庆春草社，1946 年）、《林桂清》（重庆春草社，1947 年）、《烧村》（香港新诗歌社，1948年）、《百丑图》（香港新诗歌社，1948 年）、《第一声雷》（文化工作社，1950 年）、《金锄头》（生活·读书·新知三联书店，1950 年）、《不准侵略朝鲜》（文化工作社，1951 年）、《北京短歌》（文光书店，1951 年）、《杜鲁门的惨像》（青年出版社，1951 年）、《天安门前》（北京自强书局，1953 年）、《红茶花》（作家出版社，1955年）、《碰壁而归》（新文艺出版社，1955 年）、《蔷薇集》（作家出版社，1957 年）、《初雪》（北方文艺出版社，1963 年）、《梅》（黑龙江人民出版社，1981 年）、《失恋者》（四川大学出版社，1993 年），散文集《一钱不值》（新文艺出版社，1956 年），诗论集《谈诗》（作家出版社，1956 年）、《谈诗第二集》（中国青年出版社，1957 年）、《谈诗第三集》（新文艺出版社，1958 年）、《学习新民歌》（北京出版社，1959 年）等亦署。②失名，见于诗《农村的歌》，载 1944 年 8 月 16 日重庆《新华日报》。嗣后在该报发表《收获期》《她哭疯了呀》《夜路》等诗作亦署。

沙汀（1904－1992），四川安县（今绵阳市）人。原名杨朝熙。曾用名杨只（zhǐ）青、杨子青。笔名：①TS-C.Y.，1931 年 11 月 29 日与艾芜给鲁迅写信署用。又见于《关于小说题材的通信·来信》（与 Y-F.T. 合作），载 1932 年上海《十字街头》旬刊第 3 期。②沙汀，见于小说集《法律外的航线》（上海辛垦书店，1932 年）；小说《码头上》，载 1932 年 11 月 15 日上海《文学月报》第 1 卷第 4 期；小说《土饼》，载 1933 年 6 月 1 日上海《现代》第 3 卷第 2 期。嗣后在《现代》《新时代》《论语》《东方杂志》《文学》《春光》《文艺电影》《芒种》《创作》《微音月刊》《光明》《文学界》《小说家》《希望》《大公报·文艺》《七月》《文丛》《文艺阵地》《国闻周报》《抗战文艺》《战旗》《金箭》《工作》《文艺突击》《文艺战线》《西线文艺》《文艺后防》《星岛日报》《文学月报》《中苏文化》《新华日报·文艺之页》《救亡日报》《国民公报·文群》《新蜀报·蜀道》《戏剧与文学》《中国文化》《全民抗战》《艺文志》《清华周刊》《中学生》《好文章》《文化杂志》《书报精华》《新流》《现代文摘》《大众文艺》《文艺生活》《文讯》《文艺杂志》《文坛》《文学创作》《青年文艺》《人世间》《天下文章》《时与潮文艺》《艺丛》《中原》《华西晚报》《世界文艺》《大公晚报·半月文艺》《文艺复兴》《文章》《文联》《文坛月报》《四川时报·华阳国志》《萌芽》《中国作家》《小说》《文坛月报》《国闻周报》《文哨》《中原·文艺杂志·希望·文哨联合特刊》《意外》《大公报·星期文艺》《西南文艺》《人民文学》《人民日报》《文艺月报》《收获》《峨眉》《光明日报》《上海文学》等报刊发表小说《老太婆》《联保主任的消遣》《愁雾》《奈何天》、随笔《谈自己的创作》《一个人的

出身》《这三年来我的创作活动》、散文《某镇纪事》《从桑镇到成都》、报告文学《随军纪记》（《记贺龙》《游击战》等作品，出版报告文学集《随军散记》（上海知识出版社，1940 年），小说集《法律外的航线》（上海辛垦书店，1932 年）、《爱》（上海天马书店，1935年）、《土饼》（上海文化生活出版社，1936 年）、《航线》（上海文化生活出版社，1937 年）、《苦难》（上海文化生活出版社，1937 年）、《磁力》（桂林三户图书社，1942年）、《小城风波》（重庆东方书店，1944 年）、《播种者》（上海华夏书店，1946 年）、《兽道》（上海群益出版社，1946 年）、《呼嚎》（上海新群出版社，1947 年）、《堪察加小景》（上海文化生活出版社，1948 年）等，中篇小说《红石滩》（湖南文艺出版社，1987 年），长篇小说《淘金记》（重庆文化生活出版社，1943 年）、《奇异的旅程》（重庆当今出版社，1944 年）、《困兽记》（重庆新地出版社，1945 年）、《闯关》（上海新群出版社，1946 年）、《还乡记》（上海文化生活出版社，1948 年）、《沙汀杰作选》（上海新象书店，1947 年）等；1949 年后出版《沙汀短篇小说集》（人民文学出版社，1957年）、《沙汀选集》（人民文学出版社，1959 年）、《过渡集》（人民文学出版社，1979 年）、《青枫坡》（人民文学出版社，1978 年）、《木鱼山》（上海文艺出版社，1984年）、《红石滩》（湖南文艺出版社，1987 年）、《在其香居茶馆里》（新世纪出版社，1998 年）等亦署。③尹光，见于散文《巫山》，载 1934 年 10 月 30 日上海《申报·自由谈》；散文《贾汤罐》，载 1936 年 7 月 24 日上海《申报·文艺专刊》。同时期在上述两刊发表《喝早茶的人》《女巫之家》等散文亦署。④汀，见于杂文《用不着忏悔》，载 1937 年《大声周刊》复刊第 7 期。⑤仲俊、仲骏、晓紫、S.T.，署用情况不详。

沙驼（1928－2019），河北隆尧人。原名赵钟。曾用名赵爱华、赵朝谷。笔名：①爱华，见于诗《蝉》，载 1941 年北平《中国儿童报》。嗣后在北平《沙漠》、天津《吾友》画报等刊发表文章亦署。②田野人，见于随笔《臧克家先生给诗人青勃的信》，载 1946 年 8 月石家庄《醒民日报·晨钟副刊》。③朝谷，见于诗《给黎明前的歌手》，载 1946 年 10 月石家庄《醒民日报·晨钟副刊》。嗣后在《前锋日报》《黑白画报》、北平《时报副刊》《平明日报·风雨》、天津《大公报·文艺》《大公报·大公园地》《新时报》《中华画报》《新生晚报》《工商日报》、上海《诗创造》等报刊发表文章亦署。④白暗，见于散文《檐下》，载 1947 年 2 月北平《时报副刊》。⑤冬笛，见于散文《庄严的声音》，载 1947 年 9 月《时报副刊》。⑥牛伴，见于散文《单恋者之歌》，载 1947 年 11 月《时报副刊》。⑦孟克，其兄青勃的笔名，抗战胜利后偶尔借用于发表杂文和讽刺小品。见于杂文《新年十梦》，载 1947 年 11 月《时报副刊》。⑧谷流，见于诗《如果》，载 1948 年 3 月《时报副刊》；小诗《有一天》，发表于沈阳《东北日报》。⑨海谷、黎涧、林涧，1947－1948 年在《时报副刊》等报刊发表文章署用。⑩东方晓笛、骆沙、海燕、春

雷、蕨藜、沙莉、驼铃、马伊、毛手、于芝、紫燕、林焰，抗战胜利后发表诗文署用。⑪司空云朵、羽立、骆步沙、肖泼，其兄青勃的笔名，抗战胜利后借用于发表杂文小品。⑫朱力，借用其兄青勃的笔名，发表过一篇小说署用。⑬马能行，发表过一两篇散文和讽刺小品署用。⑭沙驼，见于诗《相信》，载1949年1月18日天津《天津日报》创刊号。嗣后在天津《河西文艺》《天津文艺》《今晚报》、洛阳《牡丹》等报刊发表诗文，出版诗集《骆痕》（天津昆仑诗社，1992年）亦署。⑮云溪女士，署用情况未详。

沙文汉（1908－1964），浙江鄞县（今宁波市）人。原名沙文沅，字叔温。曾用名沙文舒。化名张登、陈元阳。笔名：①叔温、陈叔温，抗日战争时期在《世界知识》《东方杂志》《中山文化教育馆季刊》《中国农村》等刊发表文章署用。②沙文汉，出版《沙文汉诗文选》（上海社会科学出版社，1998年），撰著《中国奴隶社会探讨》署用。

沙元炳（1864－1927），江苏如皋人，字健庵，晚号碬（huì）聱、碬翁。笔名沙元炳，见于传记《沈书轩居士传》，载1925年《世界佛教居士林林刊》第14期。嗣后主修《如皋县志》，出版遗著《志颐堂诗文集》（上海中华书局，1927年）亦署。

沙元榘（1880－1962），江苏如皋人，字士度，佑常、寒松。曾创办《如皋白话报》《如皋通俗报》《如皋周报》并在其上发表诗文，著有《寒松诗集》。

莎蕻（1923－2003），山西安泽人，原名徐永禄。笔名：①冰野，1937年8月开始在《牺盟会报》发表文章署用。嗣后在山西《阵中日报·火线》《民艺校刊》等报刊发表文章亦署。②塞鹰，见于小说《阿托玛》、散文《路草集》，载1942年陕甘宁边区《驼铃》杂志。嗣后在《群众文艺》《天津日报》《长江日报》等报刊发表文章亦署。③莎蕻，见于诗《塞外诗草》，载1943年桂林《文艺杂志》第2卷第4期；诗《人民英雄董存瑞》，载1943年《群众文艺》第1卷第3期。嗣后在《东北文艺》《平原》《华北文艺》等报刊发表诗文，出版诗集《红旗·红马·红缨枪》（与沈沙合集，上海杂志公司，1949年）、《紫竹河上可爱的姑娘》（中南人民文学艺术出版社，1954年）、《南国恋情》（长江文艺出版社，1987年）、《莎蕻文集》（武汉出版社，1998年）等亦署。

莎寨，生卒年不详，河北威县人。原名王博习。笔名：①王博习，见于诗《老家》，载1936年上海《中流》第1卷第12期；诗《哭鲁迅》，载1936年11月3日北平《东方快报》；诗《我的保姆》，载1937年《诗歌杂志》第3期。此前后在上述报刊及《华北文艺》《华北日报》《抗战文艺》《文艺杂志》《青年作家》等报刊发表诗文亦署。②莎寨，见于小说《四月的苜蓿风》，载1937年上海《文丛》第1卷第5期；小说《乔麦地里》，载1939年《抗战文艺》第5卷第1期。同时期

在《文艺突击》《上海周报》等刊发表《小战士》《红五月的补充教材》等作品亦署。

【shan】

单士厘（1858－1945），浙江萧山人，生于海宁，字蕊珠，号受兹。曾用名钱单士厘。笔名单士厘，出版散文集《癸卯旅行记》（东京同文印刷舍，1904年）署用。嗣后出版《受兹室诗稿》《归潜记》《清闺秀艺文略》《正始再续集》等亦署。

单演义（1909－1989），安徽萧县人。原名单慧轩，字晏一。曾用名单蕙萱。笔名：①蕙萱，1934年在江苏《徐州日报》发表诗歌署用。②汉江，1938年在战区服务团《服务周刊·文艺》发表作品署用。③单演义，1949年后发表作品署用。

单哲（1929－ ），江苏南通人。原名冯德泉。笔名单哲，见于诗《我们的控诉》，载1948年8月20日南通《诗战线丛刊》之一《斗争是我们的母亲》。嗣后在该丛刊发表《铁路》《我们的工作》等诗亦署。

【shang】

商承祖（1899－1975），广东广州人，字章孙。笔名：①商章孙，见于论文《民族社会党治下的德国文学》，载1936年南京《文艺月刊》第8卷第1期。嗣后在《文艺先锋》《时与潮文艺》《民族文学》《现代读物》《流星》《国立中央大学文史哲季刊》《学识》《学原》《中国青年》等刊发表著译文章，出版译作《英法德美军歌选》（与俞大茵、徐仲年合译。长沙商务印书馆，1939年）、《艺术桥畔之女丐》（德国郝福原作。正中书局，1948年）、《考验》（德国勃赖特尔原作，与商志馨合译。新文艺出版社，1955年）、《爱美丽雅·迦洛蒂》（德国莱辛原作。新文艺出版社，1956年）、《海涅散文选》（新文艺出版社，1957年）、《克莱斯特小说戏剧选》（上海译文出版社，1985年）等亦署。②商承祖，见于诗《释勒的咏事诗》，载1936年南京《文艺月刊》第8卷第5期。此外，在《新民族》《民族学研究集刊》等刊发表《德国中世纪英雄诗尼伯龙根》《一个民族的复兴》等文，出版翻译传记《康德传》（德国弗尔伦得·卡尔原作，与罗璈阶合译。上海中华书局，1922年），翻译小说《双影人》（德国斯托谟原作。南京正中书局，1936年）等亦署。③章村，署用情况未详。

商鸿逵（1907－1983），河北清苑人，字子上、九云。笔名商鸿逵，见于《梅定九年谱》，载1932年《中法大学月刊》第2卷第1期。其后在该刊发表《清初的理学界》《中国茶事丛考——历代的茶政》《国茶事丛考——造茶与饮茶之沿革》《桃花扇传奇》《清代要籍编年》《颜元》，出版《赛金花本事》（与刘半农合作。北平景云堂书店，1934年）均署。1949年后在《北京大学学报》《历史教学》《史学月刊》《社会科学辑刊》《中华文史论丛》《中国史研究》《中国历史文献研究集

刊》《故宫博物院院刊》《清史论丛》《清史研究通讯》等刊，以及明清史国际学术讨论会上发表学术论文，出版《清代史籍满语解》（与刘景宪等合作。上海古籍出版社，1990年）、《紫禁城秘史》（与尔泗合作。新世界出版社，1986年）、《明清史论著合集》（北京大学出版社，1988年）等著作亦署。

商慧光（1920－？），黑龙江阿城人。笔名：①HK，见于散文《星期日》，载1935年冬哈尔滨《国际协报》。②汤颖辉，见于散文《野菜》，载1937年春哈尔滨《滨江日报》。③润农，见于散文《闲情拾碎》，载1937年春哈尔滨《滨江日报》。④佚名，见于书评《关于〈似有缘〉以外的话》，载1940年春哈尔滨《国际协报》。⑤桑什（shi），1942年秋在长春《新潮》月刊发表散文署用。

商禽（1930－2010），四川珙县人。原名罗燕。曾用名罗砚。笔名：①罗马、壬癸，20世纪50年代在台湾《现代诗》发表诗作署用。②商禽，20世纪60年代起发表诗作署用。嗣后出版《梦或者黎明》（台北十月出版社，1969年）、《梦或者黎明及其他》（台北书林出版社，1988年）、《用脚思想》（台北汉光文化公司，1988年）等亦署。

商展思（1919－？），河南固始人。原名曾令铎，字木天、觉民。曾用名商峰。笔名：①延骓，1937年冬在延安陕北公学校刊发表诗歌署用。②苏风、商峰、商延骓，1938年夏在八路军一二〇师《战斗》半月刊发表诗、散文、剧本署用。③商展思，见于诗《深山妇女（三章）》，载1943年桂林《诗创作》第19期；《诸葛亮（上）》《诸葛亮（中）》《诸葛亮（下）》，分别载于1949年《战友》第41期、同刊1950年第43期和第44期。

上官橘（1918－1967），河北昌黎人。原名刘植岩。笔名：①上官橘，见于新诗《无题》，载1937年北平《新诗》第1卷第4期。②赵橘，见于新诗《喟》，载1937年《新诗》第2卷第1期。

上官予（1928－？），山西五寨人。原名王志健，字天行。笔名：①舒林、舒灵、林桓、林翎、石林，1940年在《黄河文艺》发表新诗署用，嗣后主编《带枪者》《今日新诗》等诗刊亦署。②上官予，出版诗集《海》（四川带枪者诗社，1945年）署用。嗣后出版诗集《创世纪》（四川带枪者诗社，1946年），1949年后在台湾出版诗集《祖国在召唤》（台北文艺创作社，1951年）、《自由之歌》（台北文坛社，1955年）、《旗手》（台北正中书局，1965年）、《千叶花》（台湾商务印书馆，1968年）、《爱的暖流》（台湾商务印书馆，1979年）、《春归巢》（台湾商务印书馆，1981年）、《永远的怀念》（台湾新诗学会，1984年）、《春至》（台北《中央日报》社，1985年），剧作集《碧血丹心溉自由》（台北文艺创作社，1952年）、《五百完人》（台北文艺创作社，1953年）、《夜渡》（台北春雷出版社，1956年）、《夜来风雨》（台北正中书局，1956年）、《明珠》（台北改造出版社，1957年）、《荒漠明珠》（台北改造出版社，1962年）、《寒钟歌》（台湾商务印书馆，1989年），评论集《传统与现代之间》（台北众成出版社，1975年）、《秋寻集》（台北民众出版社，1979年），专著《五十年来的中国诗歌》（台北正中书局，1965年）、《二十世纪中国诗歌》（台北正中书局，1966年）、《文学论》（台北正中书局，1967年）、《三民主义文艺运动》（台北文物供应社，1984年），以及《上官予自选集》（台北黎明文化事业股份有限公司，1980年），主编《十年诗选》（明华书局，1960年）等亦署。③王志健，出版《现代中国诗史》（台湾商务印书馆，1975年）署用。

尚钺（1902－1982），河南罗山人，原名尚宗武，字健庵、健安、钟吾。曾用名谢仲五、谢仲武、谢潘、谢蕃、谢藩、丁祥生、聂树先。笔名：①钟吾，见于随笔《教育与淘汰》，载1922年12月28日北京《晨报副镌》；诗《昨夜独步》，载1925年北京《莽原》周刊第4期。②尚钺，见于随笔《听音乐后的一个提议》，载1924年12月4日北京《晨报副镌》；散文《小小的一个梦》，载1925年北京《莽原》周刊第4期。嗣后在上述两刊及《现代评论》《猛进》《狂飙》《京报副刊》《北京大学研究所国学门周刊》《民众文艺周刊》《抗战文艺》《文学月报》《野草》等报刊发表论文《歌谣的原始的传说》、散文《心的狂笑》《梦幻的路》《怀念鲁迅先生》、小说《不认识的人》《冲喜》《洗衣妇》等文，出版短篇小说集《病》（上海泰东图书局，1927年）、《斧背》（上海泰东图书局，1928年）、《巨盗》（南京书店，1930年），长篇小说《预谋》（人民文学出版社，1984年），论著《中国资本主义关系发生及演变的初步研究》（生活·读书·新知三联书店，1956年）、《尚钺史学论文选集》（人民出版社，1984年），主编《中国历史纲要》（人民出版社，1980年）、《缺陷的生命》（启智版）等亦署。③钟武，见于随笔《尊孔的新意义》，载1926年北京《语丝》第110期。④克农，见于长篇小说《缺陷的生命》（原名《贞姐》。上海启智书店，1929年）。⑤依克，见于中篇小说《胜利品》，载1930年上海《东方杂志》第27卷第19－21号。⑥子丹，见于小说《狗的问题》，载1935年上海《文学》月刊第4卷第4期。

【shao】

韶华（1925－？），河南滑县人。原名周玉铭。曾用名周韶华。笔名：①韶华，见于小说《石碛》，载1942年前后冀鲁豫边区《文化生活》。嗣后发表作品、出版短篇小说集《荣誉》（东北人民出版社，1949年）、《战斗的友谊》（东北人民出版社，1951年）、《荆棘路》（作家出版社，1956年）、《你要小心》《身边人物志》，长篇小说《燃烧的土地》（中国青年出版社，1956年）、《浪涛滚滚》（中国青年出版社，1962年）、《沧海横流》（中国青年出版社，1979年）、《过渡年代》等亦署。②

陆霁，1946 年在安东《白山》杂志发表小说署用。③魏求争，1961－1962 年间在辽宁《文艺红旗》发表文艺关于细节真实问题讨论的论文署用。④冀群一，1964 年在辽宁《鸭绿江》发表作品署用（后被他人所用）。

邵大成（1922－？），浙江杭州人，字云乔。笔名：①陆贯，见于散文《燃烧——寄靳以先生》，载 1944 年南平《东南日报·笔垒》；系列散文《人体零星画集》，连载于 1944 年《浙江日报·江风》。同时期在《浙江日报·江风》《浙江日报·文艺新村》《青年日报·语林》等报刊发表散文《瘢痕及其他》《迟到的春天》《山居草》、小说《路》《佟老师》、随笔《象征主义与象征手法》《"九月二十七日"》等亦署。②施淳，见于散文诗《低唱》，载 1944 年底《浙江日报·江风》。③文赴哀，见于杂文《人狗之间》《人鼠之间》，载 1944 年《浙江日报·江风》。④骆淦、骆雯、邵云郊、邵洛文，1942 年前后开始在《浙江日报》副刊《江风》《文艺新村》，《东南日报·笔垒》《青年日报·语林》等报刊发表杂文、散文署用。⑤邵大成，1949 年后发表文章，校注出版《西湖佳话》（浙江人民出版社，1981 年），选编《现代记叙散文选读》（浙江人民出版社，1982 年），选注《青年古诗读本》（浙江古籍出版社，1987 年）等署用。

邵伯周（1924－2018），浙江江山人。笔名：①邵伯周，1941 年上半年在江山《江声报》发表散文开始署用。见于随笔《骗不过自己》，载 1948 年上海《青年界》新 5 卷第 4 期；随笔《读诗小记》，载 1948 年南京《新学生》第 5 卷第 4 期。嗣后出版论著《鲁迅研究概述》（湖北人民出版社，1957 年）、《茅盾的文学道路》（长江文艺出版社，1959 年）、《〈呐喊〉〈彷徨〉艺术特色探索》（四川人民出版社，1982 年）、《鲁迅思想与杂文艺术》（陕西人民出版社，1983 年）、《茅盾评传》（四川文艺出版社，1987 年）、《中国现代文学与思潮研究》（上海学林出版社，1993 年）等亦署。②芭蕉、逸群，1948－1949 年在上海《前线日报》副刊《磁线》发表散文署用。

邵力子（1882－1967），浙江绍兴人。原名邵景奎，字仲辉，号力子。曾用名邵闻泰、邵凤寿。笔名：①力子，早年在《民立报》发表文章开始署用。见于随笔《古训怀疑录》，载 1919 年 6 月 18－29 日上海《民国日报·觉悟》。嗣后在该刊发表《提倡社会主义决不是好奇》《我对于劳动问题的意见》《言论界的权威和价值》《文学界的好现象》等文亦署。②天富，见于评论《废除不平等条约的历史性》，载 1943 年重庆《中央周刊》第 5 卷第 29 期。③邵力子，见于评论《评留学问题之一》，载 1923 年上海《教育杂志》第 15 卷第 9 期；评论《举国上下团结起来努力自救》，载 1932 年 1 月《云南教育·云南学生义勇军教育》。嗣后在《中央党务月刊》《银行周报》《陕西地方政务研究会月刊》《中央周刊》《开发西北》《陕西教育》《文摘》《广播周报》《读书月刊》《中央民众训练部公报》《励志》《大

道月刊》《禁烟汇刊》《文化与社会》《时代动向》《十日文摘》《新运导报》《中山周报》《文艺》《新生路月刊》《血路周刊》《江西地方教育》《民族诗坛》《香港商报》《反侵略》《读书通讯》《教与学》《时代精神》《经济汇报》《天下文章》《伊斯兰青年》《改进》《财政学报》《经纬月刊》《东方文化》《真理杂志》《民主世界》《复兴关》《创世》《宇宙文摘》《文艺春秋》《文潮月刊》等报刊发表评论《在痛苦中奋斗才能表现革命真精神》《国民意识的进步》《新生活运动与抗战》《评论及其写作》《公理终必战胜强权》《论必然与偶然》《廿七年我们同胞的道路》《这是自力更生的时候》《必须苦战恶斗的一年》、散文《我们是中国》《从苏联归来》《柳暗花明》《非常与平凡》《国民意识的进步》《礼义与抗战》《古比雪地的战地景色》等，出版散文集《苏联归来》（中国文化服务社，1943 年）、论著《中美英苏宪政运动的教训》（重庆中周出版社，1944 年）、文集《邵力子文集》（中华书局，1985 年）等亦署。④邵凤寿、籀因，署用情况未详。

邵默夏（1927－2018），山东招远人。原名王乐宾。笔名：①谷汀、辽谷鹰，抗战时期担任旅顺《民众报》、大连《关东日报》记者、编辑发表文章署用。②邵默夏，解放战争时期任新华社记者，发表通讯报道开始署用。1949 年后发表散文《窑下》、小说《蓝天呼唤》，出版长篇小说《步云山夜话》（大连出版社，1999 年），短篇小说集《寻儿记》（辽宁人民出版社，1957 年）及《两兄弟》《使命》《厂报事件》《绿书》《邵默夏近作选》等亦署。

邵鹏健（1914－1988），江西余干人。笔名：①邵劈西，署用情况未详。②邵鹏健，出版《外国文学讲读》（湖南人民出版社，1980 年）、《外国抒情诗歌选》（江西人民出版社，1980 年）等署用。

邵飘萍（1884－1926），浙江东阳人，生于浙江金华。原名邵镜清，字平子，号飘萍。曾用名邵振青、邵新成。笔名：①阿平，1915 年起在上海《申报》《时报》《时事新报》发表文章署用。②邵振青，见于讲演《在各代表招待中外新闻记者茶话会席间演说》，载 1919 年上海《国民》第 1 卷第 1 期；评论《教育与社会及政治》，载 1920 年上海《东方杂志》第 17 卷第 10 期。嗣后在《东方杂志》发表评论《资本主义与各国对华政策》等，出版《实际应用新闻学》（北京京报馆，1923 年）、《各国社会思潮》（上海商务印书馆，1926 年）等亦署。③邵飘萍，见于评论《英日在扬子江流域之竞争》，载 1919 年北京《新中国》第 1 卷第 1 期；评论《周之观念今昔之变迁——新闻学上之一小问题》，载 1924 年上海《国闻周报》第 1 卷第 3 期；评论《新闻常识之一斑》，载 1925 年北京民国大学《民大月刊》第 7 期。出版论著《新闻学总论》（北京京报馆，1924 年）、《新俄国之研究》（日本大阪东瀛编译社，1927 年）等亦署。④飘萍，见于评述《洪述祖临刑前之秘笈》，载 1919 年北京《新中国》1 卷 1 号；论文《我国新闻

学进步之趋势》，载 1924 年上海《东方杂志》第 21 卷第 6 期；评论《"七种周刊"在新闻学上之理由》，载 1924 年北京《京报副刊》第 6 期。⑤飘萍吉人，出版论著《失业者问题》（上海泰东图书局，1920 年）署用。⑥素昧，见于随笔《并非晨报造谣》，载 1925 年北京《京报副刊》。⑦素昧平生，1926 年在北京《京报》发表文章署用。⑧萍，在上海《申报》发表文章署用。⑨阿萍、青萍、飘平、飘萍客、邵平子，署用情况未详。

邵全建（1926—2002），浙江临海人。笔名：①金津，见于组诗《天宇的巡礼》，载 1944 年福建《改进》第 9 卷第 4 期；诗《贝壳》，载 1947 年上海《诗创造》第 5 期《箭在弦上》。嗣后在《诗创造》及杭州《胜流半月刊》、江西《诗垦地》、浙江《星海》《岑风》、上海《大公报·文艺》等刊发表诗《醒来》《红豆》《水滨》《最后的花蕾》《风的呼唤》《贝壳》，随笔《文艺与科学》，翻译小说《望归》（保加利亚伊凡·樊左夫原作）、翻译诗歌《霜》（俄国陀马托夫斯基原作）等亦署。②叶田，见于散文诗《三月》，载 1945 年 3 月《浙江日报·江风》。③林茅，见于杂文《安替斯尼的寓言》，载 1945 年 12 月 2 日浙江《东南日报·笔垒》。④一潮、于汶、宇文、邵阳、陈湮、金贞，抗战时期在福建《改进》、江西《前线日报·战地》、浙江《东南日报·笔垒》等报刊发表诗文署用。

邵荃麟（1906—1971），浙江慈溪人，生于四川重庆。原名邵骏远。曾用名邵亦民、邵逸民、邵川麟。笔名：①川麟，见于评论《关于或然论和必然论在历史上的应用》，载 1935 年 9 月 16 日上海《申报·自由谈》；译文《论戏剧与观察及其他》（苏联斯坦尼斯拉夫斯基原作），载 1939 年重庆《七月》第 4 集 3 期。②荃麟，见于小说《银弟》，载 1936 年上海《散文》创刊号；评论《关于统一战线问题》，载 1936 年上海《文学丛报》第 6 期。嗣后在《文学季刊》《现实文学》《申报·自由谈》《中流》《文丛》《时事类编》《月报》《浙江潮》《抗战戏剧》《自由中国》《改进》《东南战线》《文化杂志》《抗战文艺》《文艺》《中学生》《中学生战时月刊》《半月文萃》《鲁迅风》《野草》《现代文艺》《戏剧春秋》《文学批评》《文艺生活》《文艺创作》《青年文艺》《当代文艺》《青年生活》《新建设》《燎原》《群众·香港版》《正报》《新民主妇女》《文艺大众》《大众文艺丛刊》《中原·文艺杂志·希望·文哨联合特刊》等报刊发表小说《海塘上》《荒唐的人》《歌手》《新居》《吉甫公》《多余的人》《宿店》《英雄》《一个副站长的自白》、译作《阴影与曙光》（欧根·雷斯著）、评论《论人道主义》《纪念鲁迅先生六十年诞辰》《"五四"留给我们什么？》《对于当前文化界的若干感想》《评"李家庄的变迁"》《读黄宁婴的诗》《对当前文艺运动的意见》《艺术的民族化与现代化的关系》《新形势下的知识分子问题》《对于新民主主义文化的基本认识》《文学的形象性》《〈北京人〉与〈布雷曹夫〉》《阿 Q 的死》等，出版小说集《英雄》（上海文化供应社，1942 年）、话剧剧本《麒麟寨》（永安改进出版社，1940 年）、《喜酒》（桂林文化供应社，1942 年），论著《论批评》（荃麟等著。大众文艺丛刊社，1948 年），翻译小说《游击队员范恩加》（苏联弗兰欧门原作。桂林文献出版社，1941 年）、《被侮辱与被损害的》（俄国陀思妥耶夫斯基原作。上海文光书店，1946 年）、《阴影与曙光》（苏联欧根·雷斯原作。上海开明书店，1947 年），英汉对照本《意外的惊愕》（苏联 A. 诺维可夫·泼立薄罕原作。桂林文化供应社，1943 年）等亦署。③契若，见于评论《当前文化运动的诸问题》，载 1940 年《浙江潮》第 97 期；随笔《短论：从××风谈起》，载 1940 年福建永安《现代文艺》第 1 卷第 5 期。嗣后在《青年文艺》《翻译杂志》《民主时代》等刊发表名著选释《项链》（法国莫泊桑原作，常惠译）、《罗梭·麦柏罗》（吉奥瓦尼·弗加原作，伊苏译）、随笔《礼义之邦》，翻译报告文学《地下的巴黎》（美国伊坦·歇贝尔原作）等亦署。④邵荃麟，见于评论《建立新的美学观点》，载 1941 年桂林《建设月刊》第 5 卷第 5 期；评论《重振抗战的文艺阵线》，载 1943 年 5 月桂林《艺丛》创刊号；随笔《感谢和期待》，载 1946 年《抗战文艺》第 10 卷第 5、6 期合刊。嗣后出版小说集《宿店》（重庆新知书店，1946 年），论著《邵荃麟评论选集》（人民文学出版社，1981 年）及《邵荃麟全集》（武汉出版社，2013 年）等亦署。⑤荃、力夫、邵逸民，署用情况未详。

邵瑞彭（1887—1937），浙江淳安人，字次珊，号次公，曾用名邵寿籛、邵梧丘，笔名：①次公，1913 年在《公论》半月刊发表诗文署用。②邵瑞彭，见于词《灵枫长短句》，载 1923 年上海《国学丛刊》第 1 卷第 3 期；随笔《太平道缘起》，载 1926 年北京中国大学《中大学刊》第 1 卷第 1 期。嗣后在《国学丛编》《词学季刊》《学术世界》《论学》等刊发表《山禽余响》《拟吴季重答魏太子笺》《与龙榆生论词书》《重刊玉泉山庄本遗山乐府跋》《孔子生日考》《北山录叙目》《周词订律序》《柳溪长短句序》《一切经音义校勘记》《书目长编》及词《洞仙歌·雏阳怀古》《扬荷集词》等亦署。

邵森棣，生卒年不详，浙江杭州人。笔名：①狄逦，见于散文《死的祈祷——病中散记之一》，载 1936 年北平《清华副刊》第 45 卷第 1 期；小说《春兰的嫁》，载 1936 年北平《清华周刊》第 45 卷第 4 期。嗣后在《清华副刊》《民意周刊》《青年月刊》《中山半月刊》等刊发表散文诗《给上帝的女儿》、散文《病是美丽的——病中散记之二》、评论《"九一八"以来中国文学的新转变》、小说《一生》《哑子》等亦署。②邵森棣，1939 年后在香港《大公报·文艺》发表文章署用。

邵松年，生卒年不详，江苏常熟人，字伯英，号息庐、息盦。笔名邵松年，出版《古缘萃录》（上海鸿文书局石印本）、《海虞文征》（上海鸿文书局）等署用。

邵天雷，生卒年不详，江苏淮安人，字无妄。笔名邵天雷、无妄，在《南社丛刻》发表诗文署用。

邵洵美（1906－1968），浙江余姚人，生于上海。原名邵云龙。曾用名小黑（幼名）。笔名：①邵洵美，见于诗《浪花》，载1923年3月17日上海《民国日报·觉悟》；小说《一个留英的画家》，载1926年北京《晨报副镌》第59期。嗣后在《现代评论》《真美善》《一般》《雅典》《新月》《十日谈》《万象》《金屋月刊》《诗刊》《人言周刊》《快乐家庭》《北斗》《现代》《论语》《生活知识》《南风》《人间世》《纯文艺》《永安月刊》《中国文艺》《国粹邮刊》《申论》等刊发表诗《洵美的梦》《季候》《女人》《花一般的罪恶》《天上掉下一颗星》《我不敢上天》《小诗一首》、散文《巴黎的春天》《一个人的谈话》《情感与战争》《感伤的旅行》、随笔《写不出的文章》《文人无行》《说话与听话的艺术》《文字狱》《文人无行》《编读随笔》《文如其人辩》、评论《当代美国诗坛概观》《政治文章与老百姓》《文艺界的统一国防战线》等，出版诗集《天堂与五月》（上海光华书局，1927年）、《花一般的罪恶》（上海金屋书店，1928年）、《诗二十五首》（上海时代图书公司，1936年），散文集《火与肉》（上海金屋书店，1928年）、《幽默解》（上海时代图书公司，1936年），翻译诗集《一朵朵玫瑰》（希腊莎茀原作。上海金屋书店，1928年）、散文《我的死了的生活的回忆》（英国莫尔原作。上海金屋书店，1929年）等亦署。②洵美，见于诗《"我只得也像一只知足的小虫"》，载1926年北京《晨报副镌》第60期；译文《我的死了的生活的回忆》（英国爱尔兰乔治·莫尔原作），载1929年上海《金屋月刊》第1卷第1期。嗣后在该刊及上海《论语》《十日谈》《见闻》等刊发表随笔《我总也算见过他了》《GEORGE MOORE》《不能说谎的职业》《赶快写定我们的战史》、翻译小说《姊妹》（爱尔兰乔治·莫尔原作）等亦署。③浩文，见于随笔《封建思想》，载1927年北京《现代评论》第5卷第126期；评论《逃走了的雄鸡》，载1932年上海《新月》第3卷第10期。嗣后在上海《新月》《金屋月刊》《新时代》《十日谈》《人言周刊》等刊发表随笔《电影剧本的编制》《电影演员的生活问题》《诗坛并不沉寂》《永久的建筑》《今日的诗人》等，出版诗画集《琵亚词侣诗画集》（英国俾兹利原作。上海金屋书店，1929年）亦署。④文，见于书评《〈神巫之爱〉（沈从文著，光华书局版）》，载1929年上海《金屋月刊》第1卷第6期。嗣后在该刊发表书评《〈鲁男子〉》《〈小家之伍〉》亦署。⑤郭明，见于译文《碧眼儿日记》（安妮塔·露丝原作），载1933年上海《论语》半月刊第1卷第9期；评论《究竟有没有蓝衣党》，载1933年《十日谈》第1期。嗣后在上述两刊及上海《宇宙风》《人言周刊》《六艺》《茶话》等刊发表随笔《领袖的人造问题》《请宋部长说真话》《再致林语堂书》《中国始终是中国》《七日重生记》等亦署。⑥辛墨雷，见于随笔《最近来华的四文人》，载1935年上海《声色画报》第1卷第1期。⑦闲大、荀枚、初厂（ān）、绍文、邵文、邵浩文、邵浩平，署用情况未详。

邵燕祥（1933－2020），浙江萧山（今杭州市）人。笔名：①燕祥，见于杂文《由口舌说起》，载1946年4月20日锦州《新生命报》；《人间四月芳菲尽》，载2014年5月16日上海《文汇读书周报》。②燕翔，见于《鸟语》，载1946年4月29日北平《新民报·北海》。③晏翔，见于《绿杨处处》，载1946年8月12日北平《新民报·北海》。④翔，见于《莫作狗熊》，载1947年2月14日北平《华北日报》。⑤邵燕祥，见于诗《失去譬喻的人们》，载1947年9月28日北平《平明日报》；诗《晴天》，载1948年上海《诗创造》第2卷第2辑《土地篇》。1949年后在《人民文学》发表诗《进军喀什城》《我们有这样的边境》，在其他报纸杂志发表诗文，出版诗集《歌唱北京城》（华东人民出版社，1951年）、《到远方去》（新文艺出版社，1955年）、《八月的营火》（少年儿童出版社，1956年）、《献给历史的情歌》（人民文学出版社，1980年）、《含笑向七十年代告别》（江苏人民出版社，1981年）等亦署。⑥汉野平，见于《病》，载1947年11月15—16日《北平日报》；诗《给丘吉尔》，载1949年北平《诗号角》第5期。⑦雁翔，20世纪40年代发表通讯、短文署用。⑧彦祥，见于《介绍〈血的纪录〉》，载1951年1—2月间《人民日报·读书与出版》。⑨颜香，见于诗《毛主席开的甜水井》，载1952年9—10月间《中国少年报》。⑩夏天长，创作话剧《汾水长流》（1963年中央广播电视剧团演出）署用。⑪秦吉、阿丛、唐前燕、朱春山、杜妹芬、孟嘉风、阮世恭、包正文，1980年后在北京《新观察》等报刊发表杂文署用。

邵元冲（1890－1936），浙江绍兴人。初名邵骥，后改名邵庸舒，字元冲、伯瑾，号翼如。笔名：①元冲，1913年在《神州女报》发表文章署用。嗣后发表通讯《风云黯淡的欧洲》（载1923年11月13日上海《民国日报·觉悟》）等亦署。②玄中，1914年在《民国月刊》发表文章署用。③邵庸舒，在《南社丛刻》发表诗文署用。④邵元冲，见于评论《中国国民党的中兴运动》，载1925年上海《革命导报》第1期。嗣后在《广州学生》《东方杂志》《建国月刊》《津声周刊》《广东党务》《中央党务》《认识》《商业杂志》《宣传周报》《广东民政》《行政效率》《越风》《中心评论》《文化与社会》《现代父母》《公教学校》《广播周报》《励志》《兴华》等刊发表文章，出版《美国劳工状况》（上海民智书局，1924年）、《陈英士先生革命小史》（1925年）、《各国革命史略》（上海民智书局，1927年）、《军国民诗选》（南京建国月刊社，1933年）、《西北揽胜》（南京正中书局，1936年）等亦署。⑤中子、守默、玄圃，署用情况未详。

邵曾祺（1910－？），江苏常熟人，生于北京。笔名：①邵曾祺，见于论文《论〈录鬼簿〉》，载1947年9月29日上海《大晚报·通俗文学》；评论《后期元杂剧略评》，载1948年6月4日上海《中央日报·俗文学》。同时期在上述两刊发表《元杂剧前期作家传略》《元杂剧发达的原因》《杂剧题材与宋金戏曲》等文，1949年后出版《元人杂剧》（上海春明出版社，1955 年）、《元明北杂剧总目考略》（中州古籍出版社，1985 年）等亦署。②尹明，署用情况未详。

邵振华，生卒年不详，安徽绩溪人，生于浙江桐乡。笔名：①问渔女史，出版长篇小说《侠义佳人》（上册。商务印书馆，1909 年）署用。②邵振华，出版长篇小说《侠义佳人》（中册。商务印书馆，1911 年）署用。③绩溪问渔女史，署用情况未详。

邵子南（1916－1955），四川资阳人。原名董尊鑫。曾用名董聚昌，字少南、子南。笔名：①邵子南，见于小说《青生》，载 1937 年上海《中流》第 1 卷第 12 期；小说《烟帮》，载 1937 年上海《中国知识》第 1 卷第 2 期。嗣后在《中流》《思想月刊》《文丛》《新战线》《抗战文艺》《诗创作》《希望》《新群众》《萌芽》《呼吸》《小说月刊》《西南青年》等刊发表小说《黄金》《黄连地》《徒手的人们》、报告《搬米》《当兵》《伤兵》、诗《给信神的》《骡夫》、速写《某夜》等，出版长篇小说《三尺红绫》（重庆人民出版社，1958 年）、《我们是不同的》（工人出版社，1956 年），中篇小说《给予者》（与东平、欧阳山、草明、于逢合作。读书生活出版社，1938 年），短篇小说集《李勇大摆地雷阵》（香港海洋书屋，1948 年），故事集《赵巧儿送灯台》（读书生活出版社，1955 年），长诗《白毛女》（重庆出版社，1951 年），画册《白毛女木刻和诗》（牛耕木刻。西南人民出版社，1951 年）等亦署。②子南，见于书评《火灾》，载 1937 年上海《作品》第 1 卷第 1 期。③战土，见于诗《大时代的纪事诗之一》，载 1938 年 6 月 14 日西安《国民日报·西北文艺》。④何家宁，见于散文《茶馆里的艺术家》，载 1946 年 7 月 14 日重庆《新华日报》。⑤熊海山，见于评论《天罡地煞——〈水浒〉新谈之一》，载 1946 年 8 月 29 日重庆《国民公报晚刊·山城》。同时期在重庆《大公报·民间文艺》发表文章亦署。⑥熊海云，见于民间故事《王抄手打鬼》，载 1946 年 9 月重庆《故事杂志》第 1 期。⑦苏季常，见于故事《蒋主席和毛泽东的大少爷——蒋经国读经，毛岸英耕地》（与田海燕合作），载 1946 年重庆《故事杂志》第 1 期。⑧海山，见于短评《川戏〈林冲夜奔〉》，载 1946 年 12 月 29 日重庆《新华日报》。⑨力星，见于故事《国共领袖所喜爱的故事》（与田海燕合作），载 1947 年重庆《故事杂志》第 3 期。

邵宗汉（1907－1989），江苏武进（今常州市）人。曾用名张德生。笔名邵宗汉，见于小说《最难熬的今宵》，载 1929 年上海《真美善》第 4 卷第 3 期；随笔《关于神明的子孙在中国》，载 1939 年 3 月 22 日桂林《救亡日报·文化岗位》。嗣后在上述两刊及《北新》《青年界》《文学》《长城》《图书展望》《永生》《周报》《国民》《自修大学》《星岛周报》《抗战周刊》等刊发表散文《归乡录》《烦闷时候的回忆》、小说《黑影》、译文《麦萨利克（传记）》、评论《我国抗战期间外交

政策之回顾与展望》《美国教育之惨景》《关于通缉汪精卫》、随笔《庐山茗叙》《最后关头的境界》等，翻译出版小说《母亲》（美国布克夫人原作。上海四社出版部，1934 年），散文《苏联印象记》（苏联韦勃原作。上海生活书店，1934 年）、《"神明子孙"在中国——一个日本情报员的自述》（意大利樊恩伯原作。重庆国民出版社，1939 年），论著《六年来的美国远东政策》（重庆生活书店，1939 年），传记《八大伟人评述》（德国卢特威喜原作。上海长城书局，1936 年），论著《战事、军火与利润》（赛尔特斯著。上海生活书店，1936 年）等亦署。

邵祖平（1900－1969），江西南昌人，字潭秋，号钟陵诗隐、培风老人。笔名：①邵祖平，见于随笔《无尽藏斋诗话》，载 1922 年南京《学衡》第 2 期；旧体诗《新得端砚镂文甚古长句纪之》，载 1922 年上海《文哲学报》第 2 期。嗣后在《学衡》《旅行杂志》《学艺》《晨光》《文艺捃华》《制言半月刊》《浙江图书馆馆刊》《学术世界》《之江中国文学会集刊》《卫星》《文史杂志》《东方杂志》《志学月刊》《重庆大学校刊》《图书季刊》等刊发表论文《唐诗通论》《论新旧道德与文艺》《战国策题解及其读法》《清儒学述要》、旧体诗《春日三绝句》《秋晚过后湖》《感讽四首》《寒夜书感》、随笔《西溪纪游》《皋亭山记游》《读杜札记》《临平超山访唐宋梅记》《匡庐与北平》《说读书》《诗人节与屈原》等，出版论著《中国观人论》（上海开明书店，1933 年）、《文学学概说》（上海商务印书馆，1933 年）、《国学导读》（商务印书馆，1947 年）及诗集《培风楼诗》（重庆商务印书馆，1943 年）等亦署。②潭秋，见于七绝《黄龙洞口占》，载 1932 年天津《国闻周报》第 9 卷第 38 期。嗣后在该刊发表七绝《题顺德陈荆鸿惜惜庵诗稿》、七律《缫蕳小鲁游杭枉过失迂赋韵》等亦署。③邵潭秋，见于旧体诗《闻十九路军退至第二道防线感愤有作》，载 1932 年《抗日救国半月刊》第 1 期；散文《天目山游记》，载 1937 年上海《旅行杂志》第 7 卷第 6 期。嗣后在《旅行杂志》《晨光》《越风》《越国春秋》《道路月刊》《文史杂志》《风土什志》《东方文化》等刊发表散文《公祭陈独漉先生朝纪》《嘉兴小游述》《冰崖雾谷话黄山》《羊城续记》《西行纪略》《峨眉三游谈》《渝津鸿雪重寻记》、旧体诗《天目山纪游诗》《峨眉纪游诗》《青城山纪游诗》等亦署。

【she】

佘贤勋（1924－1941），安徽无为人，字磊霞，号珍庐。笔名佘贤勋磊霞，见于旧体诗《珍庐诗稿》，载 1937 年 2 月南京《金陵大学砥柱文学社社刊》。

佘雪曼（1907－1993），四川巴县（今重庆市）人。原名佘仁杰，字莲裔、雪曼，号莲斋、玉塘、雪园、千和堂主。笔名佘雪曼，见于论文《读诗品》，载 1944 年 5 月四川三台国立东北大学《志林》第 6 期。

【shen】

申奥（1926－1997），湖南靖县人。原名申运鸿。笔名：①申炙西，1942－1944 年在重庆《新蜀报》、贵阳《贵州日报》、湖南《力报》《中国晨报》、昆明《诗播种》等报刊发表诗歌、散文署用。②申奥，1945－1948 年在上海《文艺复兴》《文艺春秋》《人世间》《诗创造》《新诗潮》、南京《诗行列》、广州《文艺生活》、武汉《大刚报》《武汉日报》《武汉时报》、沈阳《前进报·诗哨》、长沙《天下文萃》《新潮日报》《大公报》、香港《小说》等报刊发表《怀念张天翼先生》《冬夜抄》《自由》《方向》《当红烛点燃的时候》《迎一九四八》《今之战神》《愤怒的山镇》等诗歌、散文作品，出版诗集《春望集》《遗忘的脚印》（与他人合集）、译作《美国现代六诗人选集》《美国名家散文选》等亦署。

申柽，生卒年不详，辽宁人，字睆观。笔名申睆观，在《南社丛刻》发表旧体诗署用。

申均之（1912－1988），山东烟台人。原名王锡宣。笔名：①王锡宣，1931 年在烟台《东海日报》发表散文、小说署用。②申均之，见于歌谣《回头》，载 1948 年《胶东文艺》第 1 卷第 8 期；说唱《三姊妹》，载 1949 年山东聊城《平原》第 7 期。嗣后在上述二刊及《华北文艺》《小说月刊》《文艺劳动》等刊发表小说《青年井》《警惕》、诗《小妮》《从坑头走向田野》等，出版中篇小说《棣华姑娘》《归乡杂记》《冬天的故事》《成绩》《大事情》《红果子》，短篇小说集《青年一代》，寓言集《高山和洼地》，故事集《龙吐水》《哥哥回来了》等亦署。

申听禅（1889－1950），江苏苏州人。原名申振纲。笔名：①听禅，见于随笔《俞曲园先生日记残稿读后记》，载 1944 年上海《古今》第 46、47 期；随笔《吹齑室逭暑漫谈》，载 1944 年上海《小天地》第 2 期。1945 年在上海《文史》月刊发表《谭良赍臣及其他》亦署。②申听禅，出版《吹齑室杂存》（手抄本）、《欧洲各国宪兵警察制度》（申听禅编。南京军用图书社，1933 年）、《苏俄刑法》（申听禅译。商务印书馆）署用。

申屠光，生卒年不详，湖南人。笔名寒冰，20 世纪 40 年代后期在江苏南通《国民日报》《通报》主编副刊并发表诗作署用。见于诗《怀春》，载 1947 年南通 4 月 9 日《通报·诗的专刊》。

申维升（1928－），云南玉溪人，生于昆明。笔名：①周达，出版诗集《爱与自由》（红河社，1949 年）署用。②桑田，见于《曲解，抹杀》，载 1947 年 8 月 28 日昆明《正义报·大千副刊》。③任力、聂焰、田土，署用情况未详。

申蔚（1919－1994），河南尉氏人。原名申毓秀。曾用名申玮。笔名：①申玮，见于报道《黑板报》，载 1945 年延安《解放日报》；特写《金大妈》，载 1946 年《晋察冀日报》。②申蔚，见于散文《星火农庄的一天》，载 1954 年《新观察》。嗣后出版散文集《友谊散记》（与马加合集。新文艺出版社，1956 年）、中篇小说《青春的脚步》（春风文艺出版社，1986 年）、短篇小说集《雨后彩虹》（春风文艺出版社，1959 年）等亦署。

沈邦杰（1919－？），福建福州人。曾用名沈冠杰。笔名沈松风，20 世纪 30 年代起在福州《福建民报·纸弹》、连城《大成日报·高原》等报刊发表诗、散文署用。见于散文《向闽江呼唤》，载 1941 年 8 月 26 日《大成日报·高原》。

沈宝基（1908－2002），浙江平湖人，原名沈金铎。笔名：①沈宝基，见于译诗《别了素笙》（法国缪塞原作）、《马格丽》（法国弗·米斯特拉尔原作），载 1931 年北平《中法大学月刊》第 1 卷第 1 期；诗《默坐》，载 1943 年北平《文学集刊》第 1 辑。嗣后在上述两刊及《中国公论》《文艺世纪》《文艺时代》《文艺与生活》《新诗》《风雨谈》《艺文杂志》《中国文艺》《华北日报·俗文学》等刊发表诗《行吟》《春（三首）》《赠英诞》《西游记》、译诗《雨果诗选》、翻译小说《爱丽亚斯》（法国戴丽黛原作，与虞和瑞合译）等，出版诗集《沉舟》（北岳文艺出版社，1991 年），译作《巴黎公社诗选》（法国瓦尔鲁原作。人民文学出版社，1957 年）、《贝朗瑞歌曲选》（人民文学出版社，1958 年）、《雨果传》（法国莫洛亚原作。湖南人民出版社，1983 年）、《富豪：巴黎风俗》（法国都德原作。上海译文出版社，1986 年）等亦署。②沈琪、沈其，署用情况未详。

沈策（？－1983），吉林镇赉人。笔名晓茜、沈玉璋，20 世纪 30 年代开始在北平《京报·金桥》等报刊发表诗文署用。

沈昌眉（1872－1932），江苏吴江（今苏州市）人，字长公、昂青，号眉若。笔名沈昌眉，在《南社丛刻》发表诗文署用。嗣后出版《蓬心和草》（磨剑室，1922 年）、《蓬心和草补》（磨剑室，1922 年）、《长公诗草》（与弟昌直合编，1931 年）、《长公词钞》（1931 年）、《长公吟草》（与弟昌直合编）、《春壶残滴》（与弟昌直合编），选辑《残年余墨》（1923 年）亦署。

沈昌直（1882－1949），江苏吴江（今苏州市）人，字次公，号颖若。乳名阿存。笔名：①沈昌直，见于随笔《中等学校国文教授私议》，载 1916 年吴江《教育月刊》第 8 期；旧体诗《题分湖染墨图》，载 1937 年苏州《卫星》第 1 卷第 3 期。嗣后发表《声韵反切浅说》《书朱梧冈令上海事》等文，出版《诗歌讲义》（吴江，1920 年油印）、《文字源流》（台北文听阁图书有限公司，2009 年）亦署。②次公，见于旧体诗《悯忠寺看丁香花四首》《有怀徐中可舍人》、词《过秦楼》，载 1919 年上海《小说月报》第 10 卷第 8 期。按：沈昌直尚著有《存庑读书偶笔》《爨余集遗稿拾零》《次公剩稿：爨余集遗稿劫后拾零》《集外诗词文集》，以及《长公诗草》（与兄昌眉合编，1931 年）、《长公吟草》（与兄昌眉合编）、《春壶残滴》（与兄昌眉合编），出版与署名情况未详。

沈承宽（1929－1994），北京人。笔名沈澄、苏婕，著有评论集《评茹志鹃的短篇小说》《鲁迅与张天翼》《张天翼的第一篇小说》《〈包氏父子〉——从小说到电影》，编辑有《张天翼文集》等10卷。

沈从文（1902－1988），湖南凤凰人。原名沈岳焕，字崇文、从文。曾用名沈茂林、沈崇文。乳名茂林。自号窄而霉斋主人。笔名：①休芸芸，见于散文《一封未曾付邮的信》，载1924年12月22日北京《晨报副镌》。嗣后在该刊及北京《京报·民众文艺》《京报·文学周刊》《世界日报副刊》等发表散文亦署。②芸，见于散文《遥夜》，载1925年1月19日《晨报副镌》。③芸芸，见于散文《遥夜（四）》，载1925年2月12日《晨报副镌》。又见于诗《黄昏》，载1932年南京《文艺月刊》第3卷第4期。④木子，见于小说《平凡的故事》，载1925年1月《京报·民众文艺周刊》。⑤茂林，见于散文《你要知道》，载1925年4月18日《京报副刊》。⑥懋琳，见于杂文《"我心里"也"常常想"》，载1925年4月26日北平《京报副刊》。嗣后在《晨报副镌》《现代评论》《世界日报副刊》《小说月报》等发表文章亦署。⑦沈从文，见于小说《福生》，载1925年北京《语丝》第33期；小说《副官》，载1925年北京《现代评论》第2卷第45期。嗣后在上述两刊及《晨报副镌》《京报·国语周刊》《世界日报副刊》《中央日报》《益世报》《大公报·文艺》《时报》《申报·自由谈》《实报》《熔炉》《东方杂志》《小说月报》《现代评论》《新月》《红黑》《人间》《燕大月刊》《青年界》《北斗》《文学旬刊》《现代文学》《现代学生》《吴淞月刊》《妇女杂志》《独立评论》《社会月报》《现代》《论语》《文学》《人间世》《宇宙风》《战国策》《万象》《学文》《水星》《中学生》《大众知识》《月报》《文摘》《文丛》《文学创作》《文艺先锋》《时与潮文艺》《民族文学》《文艺春秋》《文艺大众》《文艺复兴》《新文学》《书人》《创作月刊》《自由论坛》《当代文艺》《春秋》《文聚》《文选》《现代文录》《自由导报》《上海文化》《文潮月刊》《文季月刊》《人民世纪》《世纪评论》《现代文摘》《周论》《星岛日报·星座》《大晚报·读书界》《贵州日报·新垒》等报刊发表作品，出版诗集《鸭子》（北京北新书局，1926年），散文集《记胡也频》（上海光华书局，1932年）、《从文自传》（上海第一出版社，1934年）、《记丁玲》（上海良友图书印刷公司，1934年）、《湘行散记》（上海商务印书馆，1936年）、《云南看云集》（重庆国民图书出版社，1943年），长篇小说《篁君日记》（北平文化学社，1928年），中篇小说《一个天才的通信》（上海光华书局，1930年）、《边城》（上海生活书店，1934年），短篇小说集《男子须知》（上海红黑出版社，1929年）、《月下小景》（上海现代书局，1933年）、《八骏图》（上海文化生活出版社，1935年）、《绅士的太太》（上海三通书局，1940年），小说戏剧集《十四夜间》（上海光华书局，1939年）等，1949年后出版论著《中国服装史》亦署。⑧则迷，见于小说《莲蓬》，载1925年8月12日《晨报副镌》；小说《白丁》，载1925年9月15日《晨报副镌·文学旬刊》。⑨小兵，见于《打虮》，载1925年10月24日《晨报副镌》。⑩从文，见于杂文《关于〈市集〉的声明》，载1925年11月16日北京《晨报副镌》第1308号。见于小说《岚生同岚生太太》，载1926年12月11日北京《现代评论》第5卷第105期。同时期起在上述两刊及《国闻周报》《战国策》《大公报·文艺》《中央日报·平明》《益世报·文学周刊》《人间月刊》《现代》《小说月刊》《文学杂志》《自由中国》等报刊发表小说《在别一国度里》《一个晚会》《神之再现》等亦署。按：1940年4月21日在《通俗文艺》第35期发表《敌军反战歌》之"从文"系另一作者。⑪凤哥，见于小说《占领渭城》，载1926年3月11日《晨报副镌》。⑫茹，见于诗《爱》，载1926年3月18日《晨报副镌》。⑬木铃，见于《往昔之梦》，载1926年《现代评论》第4卷第81期。⑭岳焕，见于小说《炉边》，载1926年《小说月报》第17卷第8期。⑮沈懋琳，见于散文《此后的我》，载1926年北京《世界日报·文学》创刊号。⑯甲辰，见于诗《曙》，载1927年1月1日北京《现代评论·第二周年纪念增刊》；《废邮存底》，载1931年南京《文艺月刊》第2卷第5、6期合刊。嗣后在《小说月报》《现代评论》《新月》《红黑》《中央日报》《创作》《小说月刊》《微音月刊》等刊发表诗《疯妇之歌》、小说《燥》《战争到了某市以后》等亦署。⑰焕乎，见于小说《十四夜间》，载1927年《小说月报》第18卷第4期。⑱为琳，见于小说《看爱人去》，载1927年《现代评论》第5卷第128期。嗣后在该刊发表文章亦署。⑲璇若，见于小说《早餐》，载1927年6月17—20日《晨报副镌》。嗣后在该刊发表文章亦署。⑳何远驹，见于中篇小说《长夏》，载1927年8月1—6日《晨报副镌》。㉑菌，见于诗《给璇若》，载1927年《现代评论》第6卷第139期。㉒疑斌，见于小说《老魏的梦》，载1927年8月18—23日《晨报副镌》。㉓远桂，见于民歌《篙人谣曲选》，载1927年8月20日—26日《晨报副镌》。㉔王寿，见于小说《这个男人和那个女人》，载1927年11月21—26日《晨报副镌》。㉕吴自宽，见于《晨报副镌》发表小说《这个男人和那个女人》时全文前之开篇文字。㉖张琲，见于小说《老实人》，载1927年12月7—17日《晨报副镌》。㉗自宽，见于杂文《艺术杂谈》，载1927年12月12日《晨报副镌》。嗣后在该报发表文章亦署。㉘罗俊，见于小说《好管闲事的人》，载1927年12月19—24日《晨报副镌》。㉙沈岳焕，见于小说《卒伍》，载1928年3月12—24日上海《中央日报》。㉚王玖，见于小说《新梦》，连载于1928年5月1—10日《晨报副镌》。㉛茹椒，见于小说《上城里来的人》，载1928年8月17日《中央日报·红与黑》。㉜巴库，见于小说《屠夫》，载1928年《中央日报·红与黑》第30—32期。㉝红黑旧人，见于小说《贤贤》，载1932年《文艺月刊》第3卷第3期。㉞黑君，见于小说《玲玲》，载1932年《文艺月刊》第3卷第5、6号合刊。㉟之丙，见于《编后》，载 1932 年杭州《小说月刊》创刊号。㊱岳林，见于杂文《上海作家》，载 1932 年《小说月刊》第 1 卷第 3 期。㊲季葳，见于诗《微倦》，载 1933 年杭州《西湖文苑》第 1 期。㊳柏子，见于杂文《新刊介绍》，载 1934 年 10 月 24 日《大公报·文艺副刊》。㊴上官碧，见于诗《卞之琳浮雕》，载 1934 年 12 月 1 日《大公报·文艺副刊》。嗣后在《论语》《宇宙风》《战国策》《新文学》《月报》、香港《大公报·文艺》《子曰丛刊·艺舟》等报刊发表随笔《谈写字》《文学作家中的胖子》《滥用名词的商榷》等文亦署。㊵沈甲辰，见于诗《北京》，载 1935 年《水星》第 1 卷第 4 期。㊶沈着，见于小说《失业》，载 1935 年《水星》第 2 卷第 3 期。㊷炯之，见于杂文《谈谈上海的刊》，载 1935 年 8 月 18 日天津《大公报·小公园》第 1769 期；随笔《再谈差不多》，载 1937 年 8 月 1 日北平《文学杂志》。同时期起在《大公报·文艺》《国闻周报》《书人》等发表文章亦署。㊸上官橘，见于小说《墓地的花》，载 1947 年南京《自由天地》第 1 卷第 5、6 期；诗《春》，载 1939 年《文艺阵地》第 2 卷第 10 期。㊹雍羽，见于诗《一个人的自述》，载 1940 年 1 月 26 日香港《大公报·文艺》。嗣后在该刊发表诗文亦署。㊺刘季，见于小说《乡城》，载 1940 年 6 月 24 日香港《大公报·文艺》。㊻李慕周，见于小说《梦与现实》，载 1940 年香港《大风》杂志第 73—76 期。㊼扇陀，见于小说《雪和雾》，载 1947 年 4 月 12 日天津《益世报·文学周刊》。㊽巴鲁爵士，见于《北平通信——第一》，载 1947 年上海《论语》第 142 期。嗣后在该刊发表《试谈艺术与文化》《怀塔塔木林》《迎接秋天》等文，同时期起在上海《知识与生活》发表《北平通讯》、在《世纪评论》发表《巴鲁爵士北平通讯》亦署。㊾向辑三，见于 1947—1948 年间某政论文章残稿。㊿王运通，见于杂文《苏格拉底谈北平所需》，载 1948 年天津《益世报·文学周刊》第 72、73 期。嗣后在上海《知识与生活》发表文章亦署。(51)窄霄斋主，见于杂文《五四和五四人》，载 1948 年 5 月 4 日北平《平明日报·五四史料展览特刊》。(52)翰墨，见于杂文《霁清轩杂记》，载 1948 年《新路》第 1 卷第 14 期、第 15 期。同月在天津《益世报·文学周刊》发表文章亦署。(53)上官紫，见于 1948 年夏赠毕树棠之书法作品。(54)耳顺，见于 20 世纪 50 年代未完成之文稿《用物订史·剥圭为铖秘》。(55)墨林，见于 1960 年前后所写的《从文物中所见古代服装材料和其他生活事物点点滴滴》手稿。(56)沈文，见于随笔《我国古代人怎么穿衣打扮》，载中国青年出版社 1963 年版《中国历史常识》第 5 册。(57)沉、若琳、璇吉、壬玖、晨牧、王玖原、上官镜，署用情况未详。

沈东讷，生卒年不详，江苏松江（今上海市）人。原名沈章，字东讷。笔名：①东讷，见于翻译小说《拿破仑之艳史》（美国亚勃原作），载 1914 年上海《小说丛报》第 4—17 期；小说《楠木厅》，载 1915 年上海《礼拜六》周刊第 4 期。同时期起至 1918 年在上述两

刊发表报告《夏氏殉难记》、小说《刺马记》，辑录《樊山谐语》《崔灵芝》《赠梅兰芳》等亦署。②沈东讷，出版散文集《丽情集》（上海小说丛报社，1917 年）和小说《美国虚无党壮史》（一名《文明未来之浩劫》。上海清华书局，1918 年）、《孽海双鹣记》（与杨南村合作。上海中原书局，1936 年）等著作署用。按：沈东讷另著有言情小说《三白桃传》《闺语》等，署名情况未详。

沈恩孚（1864—1944），江苏吴县（今苏州市）人，字信卿、心磬，号莘梧、若婴、渐盦（渐庵）。晚号若婴老人。笔名：①沈恩孚，见于评论《学生之修养》，载 1915 年上海《中华学生界》第 1 卷第 1 期。此前后在《甲寅》《教育杂志》《新教育》《人文月刊》《万象》《大众》等刊发表评论《对日外交痛史》《准备施行新学制之意见》、随笔《姚恭靖言行回忆杂录》、旧体诗《过奔牛》《租界还》等亦署。②信卿，见于七律《挽伯雨》，载 1932 年上海《人文月刊》第 3 卷第 10 期。③沈信卿，见于旧体诗《劳山杂诗》《常熟道即景》《谒雍言子二墓》《自剑门至兴福寺》，载 1936 年上海《旅行杂志》第 10 卷第 1 期；随笔《论语管窥》，载 1943 年上海《大众》第 4 期。④化磬、老婴，署用情况未详。

沈凤威（1917—？），浙江平湖人。笔名：①吉洪，见于随笔《从白俄的祖国说起》，载 1941 年上海《水莽》第 3 期。②沈亭，"孤岛"时期在上海报刊发表文章署用。③沈凤威，见于评论《谈"蒙太奇"》，载 1943 年上海《新影坛》第 4 期。此前后在该刊及《风雨谈》《上海影坛》等刊发表《屠光启小论》《电影——二十世纪的交响诗》等电影评论，出版译著《俄罗斯杰作选》（上海出版公司，1951 年）、《怎样学习奥斯特洛夫斯基和他的作品》（苏联罗左娃原作。中国青年出版社，1954 年）、《苏联电影教育》（苏联亚历山大洛夫原作。中央电影局，1953 年）、《猎人的故事》（苏联阿拉米列夫原作。时代出版社，1954 年）等亦署。

沈浮（1905—1994），天津人。原名沈吉安。曾用名沈哀鹃、沈恩吉、百宁。笔名：①沈浮，见于三幕喜剧《重庆二十四小时》，载 1943 年 3 月 15 日重庆《天下文章》创刊特大号。嗣后在该刊第 2 卷第 1 期发表四幕悲喜剧《金玉满堂》亦署。又见于随笔《现代国家的催生者》，载 1944 年重庆《文艺先锋》第 4 卷第 2 期"戏剧专号"。其后创作电影剧本《出路》《狼山喋血记》《天作之合》《光明之路》《自由天》《无愁君子》《曙光》《追》《万家灯火》《希望在人间》《乌鸦与麻雀》《丰收之后》（与徐韬合作），出版话剧剧本《金玉满堂》（成都华西晚报出版部，1942 年）、《重庆二十四小时》（重庆联友出版社，1943 年）、《小人物狂想曲》（重庆新生图书文具公司，1945 年）和电影剧本《万家灯火》（与阳翰笙合作。中国电影出版社，1957 年）等亦署。②哀鹃，署用情况未详。

沈厚慈，生卒年不详，广东番禺（今广州市）人，

字冰雪、孝则，号澹静。笔名沈厚慈，在《南社丛刻》发表诗文署用。著有《在莒吟草》《悼亡诗百绝》。

沈厚和，生卒年不详，广东番禺（今广州市）人。原名沈潡，字季蔼、天素，号向生。笔名沈厚如，在《南社丛刻》发表诗文署用。

沈吉诚（1907－？），笔名：①沈吉诚，于小说《静芳的半生》，载 1928 年上海《紫罗兰》第 3 卷第 3 期。②老敏、沈老吉，署用情况未详。

沈季平（1927－2011），广东高州人。笔名：①沈季平，1944－1949 年发表作品署用。见于抒情诗《山，滚动了!》，载 1944 年昆明某报。②闻山，1950 年后发表作品署用。见于散文《我们的鹰》，载 1954 年《新观察》。嗣后发表散文《我们大家的家》《紫色的雾——怀念朱自清先生》《教我学步的人——闻一多先生被害十周年祭》、评论《向朝霞挺进——读雷抒雁的诗》，出版文学评论集《诗与美》（人民文学出版社，1988 年）、文集《闻山百诗书画展作品选》（广东人民出版社，1993 年）、《闻山散文报告文学选》等署用。③贺兰，1957 年在《文艺报》发表访问纳·赛音朝克图的文章署用。④松明，20 世纪 50 年代发表关于建筑艺术形式讨论的报道署用。⑤平子、邵云，20 世纪 50 年代发表文章署用。

沈寄踪（1919－2008），湖北天门人。原名沈继宗。笔名：①寄踪，见于小说《柑子》，载 1942 年永安《现代文艺》第 5 卷第 6 期；诗《纤夫》，载 1942 年沅陵《诗焦点》第 2 期。②齐踪，见于小说《雨——一个灵魂底忏悔》，载 1942 年《现代文艺》第 6 卷第 3 期。③纪淙，见于长诗《中国，没有被严寒封锁》，载 1945 年初成都《华西日报》副刊。④鲁侯，见于诗《市侩之歌》，载 1946 年初成都《西南风》杂志。⑤沈霁，20 世纪 40 年代发表文章署用。

沈寂（1924－2016），浙江奉化人。原名汪崇刚，字汪波。笔名：①沈寂，见于小说《盗马贼》，载 1943 年上海《万象》月刊第 3 卷第 3 期；小说《敲梆梆的人》，载 1943 年上海《杂志》第 12 卷第 3 期。嗣后在上海《小说月报》《杂志》《万象》《幸福世界》《春秋》《新文学》《绿茶》《紫罗兰》《万岁》《潮流》《民众周刊》《自由中国》《茶话》《人世间》《生活》等报刊发表小说《大草泽的犷悍》《被玩弄者的报复》《捞金印》《红缨枪》《红土洼的忧郁》、随笔《他们来自战场》（与石琪、萧群合作）、《不愿做奴隶的人们》（与石琪、萧群合作）、《孙了红这个人》等作品，创作电影剧本《狂风之夜》《神·鬼·人》《白日梦》《中秋月》《蜜月》《一年之计》《水红菱》等，出版短篇小说集《捞金印》（与石琪合作。上海春秋杂志社，1946 年）、《两代图》（上海日新出版社，1947 年）、《大草泽的犷悍》《被玩弄者的报复》，长篇小说《红森林》（上海大众出版社，1947 年），中篇小说《盐场》（上海怀正文化社，1948 年）均署。1949 年后创作科幻电影剧本《珊瑚岛上的

死光》，出版中篇小说《大亨》（长江文艺出版社，1987 年）、《大班》（上海文艺出版社，1993 年）、《盗马贼》（黑龙江人民出版社、北方文艺出版社，1998 年），传记小说《一代影星阮玲玉》（陕西人民出版社，1985 年）、《一代歌星周璇》（陕西人民出版社，1986 年），专著《上海：1911 攻打制造局》（上海辞书出版社，2007 年）、《上海电影》（文汇出版社，2008 年）、《话说电影》（上海三联书店，2008 年），主编《老上海电影明星》（上海画报出版社，2000 年）、《老上海奇闻》（上海书店出版社，2002 年）、《老上海南京路》（上海人民美术出版社，2003 年）等亦署。②谷正樾，见于小说《王大少》，载 1944 年上海《杂志》第 12 卷第 4 期。嗣后在该刊发表《沙汀上》《大草原》《盖世太保》等小说亦署。③白香灯，见于随笔《世界第一神童》，载 1946 年上海《幸福》第 1 卷第 2 期。嗣后在《幸福世界》《春秋》发表随笔《风沙城》《大仲马四传》等亦署。④罗西珂，见于随笔《一个"人民之友"的最后光荣》，载 1946 年上海《幸福》第 1 卷第 2 期。⑤罗先坷，见于随笔《歌德与拿破仑》，载 1946 年上海《幸福世界》第 1 卷第 4 期。嗣后在该刊发表《林肯和五个女人的故事》《记庐榕轩》等文、在《春秋》发表《氅的呼声》《美援何处去了》等文亦署。⑥吐吐，见于故事新编《苏三起解》，载 1947 年《幸福世界》第 1 卷第 10 期。嗣后在该刊发表《美国有一个岛》《主人与猪》等文亦署。⑦汪波，见于木偶剧剧本《圣诞述异》，载 1948 年《幸福世界》第 2 卷第 2 期。嗣后在该刊发表《沧浪亭》《狱中记》《幸福小札》等文亦署。⑧边村，见于小说《担架队》，载 1949 年《幸福世界》第 26 期（该期目录中作者错印为"沈村"）。⑨朱红，署用情况未详。

沈兼士（1887－1947），浙江吴兴（今湖州市）人。原名沈臤（qiān）。曾用名沈臤士、沈坚士。笔名：①沈兼士，见于信函《致钱玄同》，载 1918 年 2 月 15 日北京《新青年》第 4 卷第 2 期；诗《真》，载 1918 年 9 月 15 日《新青年》第 5 卷第 3 期；论文《文字学之革新研究》，载 1919 年《北京大学月刊》第 1 卷第 2 期。嗣后在《歌谣》《国立北京大学国学季刊》《北京大学研究所国学门月刊》《共进》《人间世》《行政效率》《辅仁学志》《中法汉学研究所图书馆馆刊》等刊发表文章，出版《右文说在训诂学上之沿革及其推阐》（国立中央研究院历史语言研究所，1933 年）、《希桑祭古语同原考》（1939 年）、《广韵声系》（北平辅仁大学，1945 年）、《段砚斋杂文》（北平协和书局，1947 年）等亦署。②兼士，见于诗《"有趣"和"怕"》，载 1919 年《新生活》第 19 期；评论《呜呼! 中华民国之第一次驻俄全权大使》，载 1925 年北京《猛进》第 24 期。嗣后在《新青年》等刊发表文章亦署。

沈剑霜（1892－1932），江苏吴江（今苏州市）人。原名沈次约，字剑霜、剑双，号秋魂。笔名：①剑霜，1910 年在上海《小说月报》发表文章署用。②沈次约，

在《南社丛刻》发表诗文署用。③沈剑霜，见于小说《一个仁爱的女郎》，载 1922 年厦门《道南报》第 4 卷第 1 期。有《剑霜龛遗稿》存世。

沈钧，生卒年不详，安徽合肥人，字半峰。笔名沈钧，在《南社丛刻》发表诗文署用。

沈钧儒（1875—1963），浙江嘉兴人，生于江苏苏州，字秉甫，号衡山、隐佛。别署美髯公。笔名：①沈钧儒，见于《红玫瑰小说篇名新酒令》，载 1925 年上海《红玫瑰》第 1 卷第 24 期；人物志《阮荀伯先生事略》，载 1933 年南京《国风半月刊》第 2 卷第 12 期。此前后在《甲寅》《时代公论》《商专年刊》《青年文化》《时代论坛》《时事类编》《新学识》《月报》《全民抗战》《国魂》《建设研究》《新华日报》《今天》《战时青年》《民意周刊》《妇女生活》《民主》《青年知识》《中苏友好》《少年文选》等报刊发表诗《家里有了强盗》《狱中杂感》、随笔《八百战士》《努力罢！青年朋友》《抗战一夕谈》《我理想中的新女性》、评论《提倡尚武精神》《提高民族的积极性》《对广西乡村建设的几点贡献》等文，出版散文《中鱼集》（峨眉出版社，1943 年），诗集《寥寥集》（生活·读书·新知三联书店，1978 年），论著《家庭新论》《制宪必携》《宪法要览》《普及政法教育》，以及《沈钧儒文集》（人民出版社，1994 年）等亦署。②沈钧业，见于旧体诗《寓山青莲寺谒祁忠敏公像》，载 1936 年杭州《文澜学报》第 2 卷第 2 期。③衡山，见于旧体诗《追赋呈沫若、亚子二先生》，载 1945 年 1 月 7 日重庆《新华日报》。

沈可人（1916—1990），浙江鄞县（今宁波市）人。笔名：①沈天伶，见于随笔《脱下长衫卖橄榄》，载 1935 年冬上海《新闻报·本埠副刊》。②可天，见于报道《冒着敌人的炮火前进——记一次青年歌咏大会》，载 1937 年冬上海《立报·小茶馆》。③何，见于散文《会见丁玲记》，载 1939 年上海《上海妇女》月刊第 2 卷第 11 期；报道《特刑庭审王孝和报导》，载 1948 年上海《正言报》。④沈爱蓉，见于访问记《中国女子生产合作社经理胡英女士访问记》，载 1936 年上海《女子月刊》第 4 卷第 5 期；报道《棚户里的妇女》，载 1937 年 5 月 6 日上海《大公报》。同时期起在《文摘》《时事新报·本埠版》《月报》《上海妇女》《孤岛妇女》等报刊发表《在鲁迅逝世的日子里》《流浪儿童在香港》《从汉口到成都》等文亦署。⑤沈可人，见于散文《虎口余生记》，载 1939 年春广西《郁林日报》；报道《上海新闻界三十个月——徐铸成愤怒声讨日寇暴行》，载 1941 年上饶《前线日报》。嗣后出版辅导读物《怎样搞好小组》（与李洛漠合作。上海学风出版社，1950 年）亦署。⑥可人，见于通讯《访问上海学生战时工作队》，载 1939 年夏桂林《救亡日报》；《集体创造鲁迅》，载 1939 年夏广西《桂林日报》。同时期起在广西桂林《广西日报》、浙江於潜《民族日报》、安徽屯溪《复兴日报》、江西上饶《前线日报》、江西铅山《前线日报》、福建建阳《前线日报》、上海《前线日报》等报发表《临安行》《天目禅寺——浙西行脚之一》《从上饶到铅山》《建阳之春》《苏北难民真相》《上海摊贩事件报导》等文亦署。⑦杨晔，见于《我们战斗在天目山上》，载 1940 年夏浙江於潜《民族日报·生活副刊》；通讯《抗战中的上海妇女》，载 1941 年上饶《前线日报》。⑧芳藻，见于散文《上海妓女的悲惨生活》，载 1946—1947 年间上海《前线日报》。1947 年在上海《联合晚报·本埠版》发表《各界反对军管区制报导》《与周鲸文谈张学良》亦署。

沈焜（1871—1938），浙江嘉兴人。字醉翁。笔名醉愚，有诗集《一浮沤斋诗选》。

沈砺（1879—1946），江苏金山（今上海市）人，字勉后，号道非、嘹（jiāo）公。笔名：①嘹公，1905 年在《醒狮》、1906 年在《复报》发表诗文署用。②沈砺，在《南社丛刻》发表诗文署用。③新浙江嘹公，署用情况未详。

沈炼之（1904—1992），浙江温州人。曾用名沈翔。笔名：①味荔，见于译文《托尔斯泰的两封信》，载 1928 年上海《东方杂志》第 25 卷第 19 期；随笔《如此广州》，载 1934 年上海《申报·自由谈》。此前后在南京《时事类编》、上海《中流》、永安《改进》等报刊发表随笔《读书的艺术》、通讯《双十节在南京》《法国政党的现状》《新永嘉巡礼》及译文《英国报纸之蜕变》（法国皮埃尔·迪诺耶原作）、《法国作家保尔·穆朗》（法国费都斯原作）、《显微镜下的生命》（美国 W.F. 梭纳原作）等亦署。②沈炼之，见于译文《文学批评家和文学史家》（法国爱弥尔·法盖原作），载 1932 年上海《青年界》第 2 卷第 5 期；于杂文《谈谈古董》，载 1934 年 3 月 13 日《申报·自由谈》。此前后在《地政月刊》《禹贡》《苏俄评论》《时事类编》《现代青年》《改进》《福建教育通讯》《闽政月刊》《公余生活》《学风》《现代月刊》等报刊发表著译文章，嗣后出版小说《天下一家》（美国威尔基原作，与郑庭椿等合译。福建研究院社会科学研究所，1943 年），传记《罗曼·罗兰传》（威尔逊原作。上海文化生活出版社，1951 年）、史著《世界文化史（两册）》（斯温原作。文选社，1943 年、1944 年）、《法国史》（瑟诺博斯原作。商务印书馆，1964 年）、《法国革命史话》（福建改进出版社，20 世纪 40 年代）等译著亦署。③炼之，见于杂文《英国史上一桩著名的人命官司告一结束》，载 1934 年 1 月 28 日上海《申报·自由谈》；译文《捷克建国元勋玛沙里克革命生活自述》（捷克入玛沙里克原作），载 1936 年南京《时事类编》第 4 卷第 9 期。④沈味荔，见于译文《苏俄道德的新趋势》（法国宇得勒·披尔原作），载 1935 年南京《时事类编》半月刊第 3 卷第 20 期；论文《法国农业恐慌及其救济政策》，载 1936 年汉口《前途》第 4 卷第 4 期。同时期在上述两刊发表译文《自然和历史中的偶然性》（德勒夫斯基原作）、论文《希特勒统治下德国的经济现状》、随笔《从读书运动谈读书的艺术》等亦署。

沈默君（1924－2009），安徽寿州人，生于江苏常州。原名秦影。笔名：①迟雨，1948 年创作歌剧《叶大嫂》、小说《夫妻英雄的故事》等署用。②沈默君，1949 年后创作电影剧本《南征北战》（与沈西蒙、顾宝璋合作）、《渡江侦察记》《海魂》（与黄宗江合作）、《自有后来人》（与罗国士合作）、《台岛遗恨》《死亡集中营》《孙中山与宋庆龄》等署用。

沈乃人，生卒年及籍贯不详。笔名：①沈乃人，见于随笔《妇女应否剪发？》，载 1920 年 3 月 20 日上海《民国日报·觉悟》。嗣后在该刊发表随笔《命运到底是什么？》亦署。②乃人，见于翻译小说《忏悔》（法国莫泊桑原作），载 1920 年 4 月 5 日《民国日报·觉悟》。嗣后在该刊发表诗《惨剧》《风雨梨花》《太阳西下》等亦署。

沈能毅，生卒年及籍贯不详。笔名沧泥，1929 年后在上海《晶报》发表文章署用。

沈启无（1902－1969），江苏淮阴（今淮安市）人，祖籍浙江吴兴（今湖州市）。原名沈锡（yáng），字伯龙；后改名沈扬，字启无、闲步，号闲步庵主人。笔名：①启无，见于随笔《谈帝京景物略》，载 1930 年北平《燕京图书馆馆刊》；随笔《却说一个市集》，载 1930 年北平《骆驼草》第 6 期。嗣后在《女子文理学院院刊》《世界日报·明珠》《文饭小品》《人间世》《苦竹杂志》《艺文杂志》《小实报·文学》《华北编译馆馆刊》等报刊发表诗《赠远》《布谷》、随笔《闲步庵书简钞》《寒夜笔记》《却说一个中原》等亦署。②其无，见于随笔《孩子》，载 1930 年北平《骆驼草》第 4 期；随笔《谈谈小品文》，载 1931 年《河北女师院院刊》。1930 年在《朝华》杂志发表随笔《谈谈小品文》《二月里的雨丝》亦署。③沈启无，见于随笔《闲步庵随笔》，载 1934 年上海《人间世》第 2 期。嗣后在该刊及《真知学报》《古今》《文学集刊》《中国文学》《中国文艺》《风雨谈》《水星》《文饭小品》《苦竹》等刊发表随笔《东京景物谈》《谈山水小记》《关于新诗》《南来随笔》、诗《牌楼》《露》等，出版编选之《近代散文钞》（北平人文书店，1932 年）、《大学国文》（北平新民印书馆，1942 年）等亦署。④开（qí，同"元"）无，见于随笔《谈山水游记》，载 1938 年《朔风》杂志；诗《白鹭与风》，载 1943 年北平《文学集刊》第 1 辑。此前后在《文学集刊》《苦竹》《中国文学》《中国文艺》《大楚报·笔》等报刊发表诗《乌鹊》《露水》《怀辛笛》《十月》，出版诗集《水边》（与废名合集。北平新民印书馆，1944 年）、《思念集》（汉口大楚报社，1945 年）等亦署。⑤童驼，见于《杂志新编》，载 1943 年《文笔》周刊。⑥谭公，见于《读书杂记》，载 1946 年《新生报·文笔》。⑦潜庵，见于《风俗琐记》，载 1946 年《新生报·文笔》。⑧沈伯龙，见于《词学评论》《古小说讲话》，中正大学 1946 年出版。⑨雨公，见于随笔《吃饭肚子以后》，载 1946 年北平《文艺时代》第 1 卷第 4 期；论

文《新文化运动与新文学》，载 1947 年《东北日报·文史》。同年在《东北周报》发表《新文学和社会背景讲话》一文亦署。⑩奇无、齐无、南无（námó）、茶衲、画廊、茗缘、沈扬、沈闲步、闲步庵主人，署用情况未详。

沈起予（1903－1970），四川巴县（今重庆市）人。笔名：①沈起予，见于评论《日本无产阶级对我革命之响应》，载 1927 年《中央副刊》第 47 期；评论《科学之胜利》，载 1928 年上海《日出句刊》第 1 期。同时期起在《创造月刊》《现代小说》《大众文艺》《文学界》《北斗》《太白》《译文》《光明》《文学丛报》《拓荒者》《沙仑》《文学生活》《文艺新闻》《青年界》《微音月刊》《国际文化》《新中华》《现代》《中国文艺》《妇女生活》《知识半月刊》《永生》《文艺月刊·战时特刊》《文艺阵地》《抗战半月刊》《时事类编》《春雷》《公余》《全民抗战》《文化先锋》《抗战文艺》《文学月报》《中原·文艺杂志·希望·文哨联合特刊》《萌芽》《中学生》《小说月刊》等报刊发表散文《蓬莱夜话》《烧山琐记》《赴桂途上》、小说《虚脚楼》、论文《抗战中的文学》《演剧的技术论》《现代文艺上的流派》《报告文学简论》、译文《我喜欢的十种法国小说》（法国纪德原作）和《戏曲论》（苏联高尔基原作）、《孙圩之战》（日本火野苇平原作）等，出版中篇小说《飞露》（上海世纪书局，1928 年），长篇小说《残碑》（上海良友图书印刷公司，1935 年），散文集《火线内》（上海良友图书印刷公司，1935 年），长篇报告文学《人性的恢复》（重庆文艺奖助金管理委员会出版部，1946 年），论著《怎样阅读文艺作品》（生活书店，1936 年）、《艺术科学论》，翻译小说《两个野蛮人的恋爱》（法国沙陀布里昂原作。上海红叶书店，1930 年）、《酒场》（法国左拉原作。上海中华书局，1936 年）、《忏悔录》（法国卢梭原作。重庆作家书屋，1944 年）、《我们七个人》（日本鹿地亘原作。重庆作家书屋，1946 年），翻译散文集《判逆者之歌》（日本鹿地亘原作。上海作家书屋，1945 年），翻译戏剧《狼群》（法国罗曼·罗兰原作。上海骆驼书店，1947 年），翻译专著《欧洲文学发达史》（苏联弗理契原作。上海开明书店，1932 年）等亦署。②起予，见于论文《苏俄的农民运动及其批评》，载 1927 年 10 月 1 日《中央半月刊》第 8 期；散文《随笔》，载 1932 年上海《北斗》月刊第 2 卷第 2 期；独幕剧《洋白糖》（与洪深、张庚、凌鹤合作），载 1936 年上海《光明》半月刊第 1 卷第 5 期。③沈绮雨，见于《日本的普罗列塔利亚艺术怎样经过它的运动过程》，载 1928 年《日出旬刊》第 3－5 期；评论《日本与满蒙》，载 1929 年上海《世界杂志》第 1 卷第 2 期；评论《所谓新感觉派者》，载 1931 年上海《北斗》月刊第 4 期。④杨格，见于散文《长江风景》，载 1932 年上海《北斗》第 2 卷第 1 期。⑤绮雨，见于译文《给青年作家》（苏联高尔基原作），载 1935 年上海《译文》第 2 卷第 1 期；译文《暴风雨所产生的》（苏联阿斯托洛夫斯基原作），载 1937 年上海《光明》第 2 卷第 5 期。同年

9 月起在《光明》"战时号外"发表《文化救亡运动最弱的一环》《读周剑云先生的〈抗战中之电影〉》等文亦署。

沈圣时（1915－1943），江苏吴县（今苏州市）人。原名沈储，号圣时。曾用名沈蒔、沈潜、沈激。笔名：①沈圣时，见于通讯《甫里通讯》，载 1934 年 6 月 4 日上海《申报·自由谈》。嗣后在该刊发表《旱象》《失业一周年》《被逐出了艺术之宫》等诗文亦署。又见于诗《命运》、散文《秀才弟弟》，载 1935 年 8 月 15 日上海《创作》月刊第 1 卷第 2 期。同时期起至 20 世纪 40 年代在《文艺月刊》《青年界》《现代》《小雅》《诗志》《文艺大路》《诗歌月报》《太白》《文艺》《创作》《文笔》《新力周刊》《新学生月刊》《新垒》《新人周刊》《写作与阅读》《时代青年》《晨风》《新社会》《西北风》《文学集林》《宇宙》《江苏学生》《七日谈》《漫画漫话》等报刊发表随笔《没有女人的男人》、诗《自己的歌》《裁缝女》《沧浪亭的忆恋》《爱的火种》《我们的心语》、小说《第二街》、评介《杰克·伦敦的生平》等作品署用。出版论著《中国诗人》（光明书局，1933 年）、散文集《落花生船》（苏州新苏印刷所，1936 年）亦署。②圣时，见于《老女》，载 1935 年 6 月 7 日《申报·自由谈》；译诗《淮尔德小诗》，载 1935 年上海《女神月刊》第 1 卷第 3 期；《家庭》，载《女神月刊》第 1 卷第 4 期。③刚克、草间、聚文、秋山、红叶，20 世纪 30 年代起在南京《中报》《京报》等报副刊发表诗文署用。

沈士雷，生卒年及籍贯不详。笔名 SL，见于翻译小说《金钥匙的故事》（英国倍拉美原作），载 1924 年 9 月 15－24 日北京《晨report副镌》。同时期在该刊发表《花立母亲》（德国格林原作）、《牧豕郎》（丹麦安徒生原作）、《丑小鸭》（丹麦安徒生原作）、《打火匣》（丹麦安徒生原作）等童话译作亦署。

沈适生，生卒年及籍贯不详。笔名适生，见于诗《我们的军队》，载 1941 年上海《知识与生活》创刊号；诗《马利亚的像》，载 1941 年上海《杂文丛刊》第 1 辑《鱼藏》。

沈瘦东（1888－1970），上海市青浦县（今青浦区）人。原名沈其光，字乐宾、唐东、瘦东，晚号瓶翁、废翁、兰笋山人。笔名：①沈瘦东，见于旧体诗《东坡生日雪同社诸君子夜宴酒楼即次聚星堂元韵》，载 1917 年扬州《邗江杂志》第 2 期。嗣后出版《瓶粟斋诗话》《瓶粟斋诗话续编》《瓶粟斋诗话三编》《瓶粟斋诗话四编》《瓶粟斋谈艺录》《瓶粟斋诗存》《瘦东诗选钞》《瘦东诗三钞》，辑编《青浦后续诗传》等亦署。②沈其光，见于旧体诗《诗录二十四首》，载 1926 年上海《华国月刊》第 2 卷第 12 期。

沈瘦梅，生卒年及籍贯不详。笔名：①沈瘦梅，见于小说《舟中底见闻》，载 1921 年 4 月 18 日上海《民国日报·觉悟》。②瘦梅，见于随感《千金小姐》，载 1921 年 9 月 1 日《民国日报·觉悟》。

沈思明（1913－？），新加坡华人，原籍中国广东潮安。笔名：①思明，1940 年在马来亚新加坡《新国民日报》发表文艺评论署用。②夏光，1941 年元旦在马来亚棋城《光华日报》新年特刊发表文章署用。③光明，1946 年 8 月在新加坡《星洲日报》副刊发表文章署用。

沈似谷，生卒年及籍贯不详。笔名觇觎，1934 年在上海《福尔摩斯》报发表文章署用。

沈松泉（1904－1990），江苏吴县（今苏州市）人，生于上海。原名沈涛。曾用名沈浩川。笔名：①沈松泉，见于诗《海与妹妹》，载 1921 年上海《民铎杂志》第 2 卷第 5 期；诗《死亡天使》，载 1921 年上海《小说月报》第 12 卷第 8 期。嗣后在上海《时事新报·学灯》《创造日》《文学周报》《幻洲》《民铎杂志》《现代文学评论》等报刊发表诗《一瞥》《心头的月光》《醉了的帆船》《读了〈茵梦湖〉》、散文《母亲》《汽笛声》、小说《纯洁的吻》等，出版小说集《死灰》（上海光华书局，1927 年）、《醉吻及其他》（上海光华书局，1929 年），散文集《少女与妇人》（上海光华书局，1928 年），标点《荡寇志》（上海新安书局，1923 年）、《徐霞客游记》（上海群众图书公司，1924 年）等亦署。②苏约，见于影评《评〈孤儿救祖记〉》，连载于 1924 年上海《商报》。同时期在该报副刊《商余》发表多篇小品文亦署。③华瑞，见于小说集《诱惑》（上海光华书局，1928 年）、《幽会》（上海光华书局，1929 年）；随笔《诗人与舞女》，载 1929 年上海《现代小说》第 3 卷第 1 期。④沈思，见于译文《武者小路实笃〈随想录〉》，载 1931 年上海《读书月刊》第 2 卷第 1 期；译文《旅行的种种》（日本鹤见祐辅原作），见《读书月刊》第 2 卷第 4、5 期合刊。⑤松泉，见于《响砲酒》，载 1935 年上海《读书生活》第 1 卷第 8 期。⑥沈涛，见于回忆录《关于光华书局的回忆》，载 1985 年上海《出版史料》第 5 期。⑦沈川，署用情况未详。

沈体兰，生卒年不详，江苏吴江（今苏州市）人。原名沈流芳，字体兰。笔名沈体兰，出版有《新中国的黎明》《中国教育之改造》《英国教育制度》等著作。

沈蔚德（1911－？），湖北孝感人。笔名：①维特女士，见于小说《痕》《炉边》，载 1932 年汉口《武汉文艺》第 1 卷第 2 期；翻译小说《被遗弃者》（B. 巴塞吉安原作），载 1935 年南京《文艺月刊》第 7 卷第 5 期（以上刊内正文署名维特）；小说《林先生》，载 1935 年 3 月 1 日南京《中外月刊》。②维特，见于翻译散文《晨》（赫德利·卡特原作），载 1934 年南京《文艺月刊》第 6 卷第 3 期；《母爱与友谊》，载 1936 年 1 月 17 日《武汉日报·现代文艺》；翻译喜剧《方柄圆凿》（苏联凯泰耶夫原作）。上海中华书局，1936 年）。此前后在武汉《新民报·空谷》《武汉文艺》及《戏剧时代》《时事类编》《再生》等报刊发表散文《蔷薇，你病了!》《煤》、小说《蜂窝内外》《家》《窦落》、街头剧《我们的后防》、翻译小说《破玻璃杯》（伊丽莎白·凯尔原作）、翻译散文《海的变幻》（美国海明威原作）等亦署。③沈维特，见于三幕剧《女兵马兰》，载 1940 年《新西北》月刊第 2 卷第 6 期；小说《金宝》，载 1943 年重庆《文艺先锋》第 3 卷第 2 期；小说《订婚》，载 1943 年桂林《新文学》第 1 卷第 1 期。④沈蔚德，见于译文《论苏联的戏剧》（斯特罗维原作），载 1944 年重庆《文艺先锋》第 4 卷第 2 期；独幕喜剧《离婚》，载 1946 年 5 月 1 日《文萃》创刊号。同时期在《文艺先锋》《妇女文化》等报刊发表剧本《春常在》《一石米》、评论《莎士比亚剧中的女性》等，出版剧本《民族女杰》（原名《新烈女传》。重庆正中书局，1941 年）、《春常在》（重庆商务印书馆，1945 年）和论著《论悲剧与喜剧》（与陈瘦竹合作。上海文艺出版社，1983 年），编选《新型街头剧集》（重庆正中书局，1940 年）、《抗战独幕喜剧选》（重庆正中书局，1940 年）等亦署。

沈文华

沈文华（1897－？），浙江桐乡人，字天铎，号扶摇、及山散人。笔名：①沈文华，见于论文《实施宪政与革新教育》，载 1941 年南京《教育建设》第 1 卷第 5 期。②天铎，见于人物志《斯丹林》，载 1935 年北平《外交周报》第 3 卷第 1 期。③扶摇，见于诗《招领民主广告》《集训颂》《南京的演习》，载 1946 年 12 月重庆《新华日报·新华副刊》。

沈文炯

沈文炯（1867－1948），江苏吴江（今苏州市）人，字祥之，号中路。曾用名沈翠娱。笔名：①中路，见于随笔《我之女学谈》，载 1914 年上海《教育杂志》第 6 卷第 2 期；《女伶刘喜奎》，载 1915 年上海《小说丛报》第 11 期。②沈中路，见于《淞禅浪墨》，载 1925 年上海《新月》第 1 卷第 6 期；《新酒令》，载 1925 年上海《紫罗兰》第 1 卷第 1 期。嗣后在《紫罗兰》《珊瑚》等刊发表《耳食录》《游戏对联》《感事诗集唐》《怀人诗集唐》等游戏文字亦署。

沈西苓

沈西苓（1904－1940），浙江德清人。原名沈学诚。曾用名沈叶沉、沈一沉。笔名：①叶沉，见于随笔《现在的江苏》，载 1928 年 12 月 1 日上海《文化生活》周刊第 1 期。又见于翻译剧作《呐喊呀，中国！》（俄国屠列查哥夫原作），载 1930 年上海《大众文艺》第 2 卷第 4 期。同时期在该刊及《艺术》《沙仑》《拓荒者》《文艺新闻》《北斗》《文艺新地》等报刊发表独幕剧《蜂起》《租界风景》、论文《关于新戏剧运动的几个重要的问题》《戏剧运动的目前误谬及今后的进路》《戏剧与时代》、译文《在创作方法上关于唯物辩证法的方法论》（日本藤森成吉原作）等，出版翻译剧作《呐喊呀，中国！》（俄国屠列查哥夫原作，收入五十年代文艺丛书）亦署。②沈一沉，见于论文《演剧运动的检讨》，载 1929 年上海《创造月刊》第 2 卷第 6 期。③沈西苓，见于随笔《怒吼吧中国在日本》，载 1933 年 9 月 15 日上海《戏》创刊号；论文《最近欧美电影事业的概观》，载 1934 年上海《社会月报》第 1 卷第 6 期。同时期或嗣后在《申报月刊》《光明》《大众生活》《民族呼声》

《咖啡味》《月报》《好文章》《电影戏剧》《新演剧》《救亡日报》《抗战戏剧》《抗战半月刊》等报刊发表四幕剧《罗店血战》、随笔《怎样看电影》《小言影评》、论文《戏剧及其特殊性》《电影艺术的分工合作》《中国电影企业的危机与补救方法》等作品，出版剧作集《烽火》（上海一般书店，1938 年）、《街头剧》（与姚时晓、尤兢、胡绍轩等合集。汉口星星出版社，1938 年）、《抗战独幕剧新选》（与他人合集。抗战剧社版）、论著《电影浅说》（与凌鹤合作。昆明中华书局。1941 年）等亦署。

沈西蒙

沈西蒙（1919－2006），上海人。笔名：①沈西蒙，20 世纪 40 年代自编自导歌舞剧《买卖公平》、报道剧《监城之战》《重庆交响乐》、三幕剧《红小鬼》等署用。嗣后创作歌词《坚持苏中疆场》《打个胜仗哈哈笑》《江海谣》《新四军万岁》，出版话剧《好男要当兵》（与宋超合作）、《盐城之战》《花子街战斗》《红小鬼》《重庆交响乐》《战线》《杨根思》《霓虹灯下的哨兵》（与漠雁等合作），电影文学剧本《南征北战》（与沈默君、顾宝璋合作。人民文学出版社，1975 年）、《霓虹灯下的哨兵》（与漠雁、吕兴臣合作。解放军文艺社，1963 年），小说《山外有山天外天》（解放军文艺出版社，1990 年）等亦署。②西蒙，出版历史剧《甲申记》（与夏征农、吴天石合作。新华书店华东总分店，1950 年）署用。③沈西门，署用情况未详。

沈侠魂

沈侠魂（1915－1966），新加坡华人，祖籍中国广东澄海。笔名：①热流、林辉、灵根、李真、秋云、非闲、野草、崇实，20 世纪 30 年代前期在上海少年读物和广东汕头报纸副刊发表作品署用。1935 年后在马来亚新加坡《星洲日报·晨星》《星洲日报·文艺周刊》《星中日报·星火》《新国民日报·新路》，1937 年后在马来亚怡保《中华晨报》、槟城《现代日报》及马来亚新加坡、暹罗曼谷及国内昆明等地报刊发表诗文亦署。②冰火，20 世纪 30 年代在暹罗曼谷《华侨日报》副刊《华侨文坛》《文艺战线》发表诗、杂文署用。③以今，见于诗《怀蒲剑》，载 1941 年马来亚新加坡《星洲日报·晨星》。嗣后在新加坡出版散文集《椰林短曲》（群岛出版社，1962 年）、诗文集《迎春小唱》（1967 年）亦署。④侠魂，见于诗《小诗二首》，载 1935 年 11 月 18 日马来亚新加坡《星中日报·星火》。

沈显南

沈显南，生卒年及籍贯不详。笔名：①饶非，1943 年 9 月后在福建永安《民主报·新语》发表文章署用。②兰兰、晓非，1944 年在福建《连城简报》副刊发表文章署用。

沈性仁

沈性仁（1895－1943），浙江嘉兴人。笔名：①沈性仁，见于翻译剧作《遗扇记》（英国奥斯卡·王尔德原作），载 1918 年北京《新青年》第 5 卷第 6 期；翻译小说《一个病的城里》，载 1919 年北京《新潮》第 1 卷第 3 期。嗣后在上述两刊及《小说月报》《晨报副镌》《太平洋》等报刊发表翻译剧作《新闻记者》（挪威卡尔生原作）、《上帝的手指》（美国珀西瓦尔·怀尔德原作)、《哑妻》(英国佩奇原作),翻译散文诗《门槛》(俄国屠格涅夫原作),出版翻译剧集《林肯》(英国伯明翰原作。上海商务印书馆,1921 年)、翻译长篇小说《玛丽玛丽》(英国司蒂芬士原作。上海新月书店,1928年)、翻译小说戏剧集《法朗士集》(与高六珈等译作合集。上海商务印书馆,1925 年),以及《人类的故事》(美国房龙原作。上海商务印书馆,1933 年)等亦署。②性仁,见于翻译小说《一夜不平静》(美国马克·吐温原作),载 1923 年北京《努力周报》第 68－69 期;翻译小说《十二镑钱的神气》(英国詹姆斯·巴利原作),载 1924 年北京《太平洋》第 4 卷第 6 期。嗣后在北京《努力周报》《现代评论》等刊发表译文《欧洲中世纪的武士与都市》(美国房龙原作)、小说《母性》等亦署。

沈绣莹(1871－?),湖南清泉人,字琛笙,号南岳傲樵。有《寄傲山馆词稿》十四卷传于世。

沈旭春,生卒年不详,福建人。笔名:①沈旭春,见于诗《恋如斯》,载 1937 年上海《新诗》第 4 期。②雨樱子,见于诗《吊瓶花》,载 1937 年上海《天籁》第 26 卷第 1 期。嗣后在上海《上海人》《紫罗兰》《平报·平明》、南京《国艺月刊》等刊发表《小山词的风格与艺术》《冬之情趣》《文人的感慨》等文亦署。③喻因子,抗战时期发表诗文署用。

沈序(1919－1957),江苏如皋人。原名沈达权。笔名:①沈絜,见于散文《改儿》,载 1935 年上海《中学生文艺季刊》第 1 卷第 4 期;通讯《买药去》,载《"一二·九"与青年》(华中新华书店,1948 年)。②枫子,1935 年起与实君(易彬)在《南通日报》主编副刊《甘风》时署用。③沈序,见于所翻译之长篇小说《快脚鹿》(苏联宋吉克原作。新文艺出版社,1955 年)。嗣后出版译作《太阳的影子》(苏联安东聂维奇原作。少年儿童出版社,1956 年)、《涅朵奇卡·涅茨瓦诺娃》(俄国陀思妥耶夫斯基原作,与陈林合译。上海文艺出版社,1959 年)等亦署。

沈玄庐(1883－1928),浙江萧山(今杭州市)人。原名沈宗传,字叔言;后改名沈定一,字剑侯,号玄庐。别署孑丞。曾用名沈承、沈安、叔言定。笔名:①玄庐,见于诗《乡下人》,载 1919 年 9 月 28 日上海《民国日报·觉悟》;诗《错》,载 1921 年 11 月 9 日上海《民国日报·妇女评论》。同时期在《新青年》《星期评论》《建设》《劳动界》《星期评论》《批评》《责任》等报刊发表诗《秋夜》《失眠》《脑海花》《浣纱女》、随笔《"读书运动"》、讲演《农民自决》等亦署。②沈玄庐,见于信函《留别留俄同志们的一封信》,载 1924年《新南社社刊》第 1 期;讲演《农民运动》,载 1926 年《建设》第 2 期。1929 年在《再造》第 30 期发表遗作《十七年元旦告同志书》、1930 年 4 月由上海民智书局出版遗著《玄庐文存》(吴子垣编)亦署。③无名、桑汀、沈子丞、沈剑侯、沈叔言,署用情况未详。

沈仪彬(1883－1969),浙江山阴(今绍兴市)人,字芑玉、震懦。著有诗集《惜阴室诗存》。

沈尹默(1883－1971),浙江湖州人,生于陕西汉阴。初名沈君默,后改名沈尹默,字中、宔,号秋明;别号邾瓜、鬼谷子、东阳仲子;晚号秋明室主、闻湖蘧庐生、邾瓜庵主人。曾用名沈君墨、沈二。笔名:①沈尹默,见于诗《鸽子》《人力车夫》《月夜》,载 1918 年《新青年》第 4 卷第 1 期。嗣后在该刊发表诗《三弦》亦署。②君默,见于诗《刘三来言,子谷死矣》,载 1918 年《新青年》第 5 卷第 4 期;旧体诗《杂感七首》,载 1926 年北京《世界日报副刊》第 1 卷第 7 期。此前后在上述两刊及《艺风》《文化建设》《时代精神》《民族诗坛》《鲁迅风》《人间世》《万象》《读书通讯》《永安月刊》《草书月刊》《文史季刊》《书学》《中国学报》《世界月刊》《幸福世界》《文艺新地》等报刊发表诗《三弦》《生机》《小妹》、旧体诗《午睡初起缮阅苏黄集感题》《杂吟》《诗二十一首》《标准草书歌》《山雾三绝句》《陪都杂诗四十首》等亦署。③沈中、尹默、君墨、厔(yǐn)默、厔嘿(mò)、秋明、秋明室主、闻湖蘧庐生、邾瓜庵主人,署用情况未详。

沈英卫,生卒年及籍贯不详。笔名:①沙尼,见于散文《行程》,载 1939 年上海《涛声月刊》第 2 卷第 3 期。②巴蕾,20 世纪 40 年代在上海、天津等地报刊发表作品署用。见于小说《软化》,载 1947 年天津《青年半月刊》第 2 卷第 9 期。

沈颖(1901－1976),浙江吴兴(今湖州市)人,字士奇。笔名沈颖,见于翻译小说《梦》(俄国屠格涅夫原作),载 1920 年 2 月 7－11 日北京《晨报》第 7 版。此前后在该刊发表《货车》(俄国乌斯平司克原作)、《驿吏》(俄国普希金原作)、《万恶的黄金》(俄国喀尔波夫原作)、《老园丁的谈话》(俄国安敦霍夫原作)等译作,出版译作《俄罗斯名家短篇小说第一集》(普希金等原作,与耿匡等合译。北京新中国杂志社,1920年)、《教育之果》(俄国列夫·托尔斯泰原作。上海商务印书馆,1921 年)、《前夜》(俄国屠格涅夫原作。上海商务印书馆,1921 年)、《九封书》(俄国屠格涅夫原作。上海自由社,1926 年)、《教育学》(苏联凯洛夫原作。人民教育出版社,1951 年)等亦署。

沈瑜庆(1858－1918),福建侯官(今福州市)人,号爱苍、涛园、霭苍。笔名沈瑜庆,见于旧体诗《为默存中丞题张力臣符山堂图卷》《哀弥甥林亮奇》,载 1917 年上海《东方杂志》第 14 卷第 6 期。此前后在该刊及天津《庸言》发表旧体诗《和樊山落花诗四首》《题积酓随菴勘书图》《梁卼招饮属题全谢山先生像》等亦署。

沈禹钟(1898－1971),浙江嘉善人。原名沈德铺,字禹钟,号默庵、春剩、延海。笔名:①默庵,1916 年在上海《小说海》发表文章署用。②花影簃,见于《文坛思旧录》,载 1921 年 8 月 1 日上海《东方朔》月刊。③沈禹钟，见于小说《殉家记》，载 1921 年上海《礼拜六》第 103 期；随笔《车尘》，载 1922 年上海《快活》旬刊第 4 期。嗣后在上述两刊及《星期》《小说世界》《游戏世界》《红杂志》《侦探世界》《小说日报》《红玫瑰》《社会之花》《心声》《新月》《新上海》《紫罗兰》《社会月报》《万象》《乐观》《大众》等刊发表《观剧记》《折桂记》《奴颜记》《学界之怪现状》《瀛海逃情记》《客中佳节》《码头窃案》等小说、随笔，出版小说集《白雪》（与胡寄尘、严芙孙等合集，赵苕狂编。上海世界书局，1923 年）、《禹钟小说集》（上海世界书局，1924 年）、《禹钟说部集》（上海大东书局，1926年），翻译小说《亚森罗萍案全集》（法国勒白朗原作，与周瘦鹃合译。上海大东书局，1925 年）等亦署。④禹钟，见于旧体诗《题瘦鹃淞园吊影图次寒云韵》，载 1921 年 8 月 12 日上海《礼拜六》第 122 期；小说《破产犯》，载 1923 年上海《小说世界》第 3 卷第 3 期。嗣后在上述两刊及《社会之花》《新上海》《紫罗兰》等刊发表《街忏记》《情痴记》《僵蚕重茧记》《善城三日记》《醉之慰安》等小说、随笔亦署。

沈毓刚（1920－1999），浙江宁波人，生于辽宁营口。曾用名沈其佩、沈翱鸥。笔名：①刘兰，见于随笔《花店及信》，载 1939 年 7 月 14 日上海《申报·自由谈》。其后在上海《春秋》《幸福世界》等刊发表《广西之旅》《好天气与坏天气》《俄国女公爵玛丽》《总统阿利曼》等文亦署。②沈其佩，见于散文《窗下笔》，载 1940 年 2 月 2 日上海《大美报·浅草》。嗣后在该报发表《星》《雪天》《夜行》等散文、随笔亦署。③其佩，见于散文《夜·小城·雨潺潺》，载 1940 年 10 月 5 日上海《正言报·草原》。嗣后在该刊发表散文《灵海微波》《墓园》《书简》等亦署。④雷星，"孤岛"时期在上海报刊发表文章署用。⑤沈毓刚，见于译文《未来飞机的设计》，载 1942 年上海《万象》第 1 卷第 8 期；报道《在轰炸下的罗马》，载 1943 年上海《春秋》第 1 卷第 1 期。此前后在《大美报·浅草》《第二代丛刊》《光》《西点》《中国文摘》《家》《宇宙》《西风》等刊发表《战鼓声中话印度》《一个伞兵的故事》《信手涂鸦的心理分析》《美苏实力的分析》等著译文亦署。⑥沈翱鸥，见于译文《澳大利亚的水中动物》，载 1942 年上海《万象》第 10 期。嗣后在该刊发表译文《尼罗河流域航行记》《人的诞生》《第六知觉》《灯火管制的新发明》等亦署。⑦欧阳锁，见于报道《地中海的十字路——马尔他岛》，载 1942 年上海《万象》第 2 卷第 1 期。嗣后在该刊发表译文《丈夫的年龄比妻子小》、小品《热带玩鱼》《笼中鸟》等亦署。⑧刘雁，见于故事《历史上最伟大的航程》，载 1944 年上海《万象》第 3 卷第 9 期。嗣后在该刊第 1 期发表故事《伟大的失败者》亦署。⑨方晓蓝，见于译文《纽芬兰海豹狩猎记》，载 1943 年上海《春秋》第 5 期。嗣后在该刊及《六艺》《西风》等刊发表《科学会》《如果希特勒胜利》《北极的冬日生活》《这是女人的世界》等文，1950 年在上海《家》8、9 月号合刊发表译文《苏联在母儿保护上的成就》

（苏联西蒙琴科娃原作）亦署。⑩伍义、莫文，署用情况未详。

沈毓清，生卒年及籍贯不详。江苏吴江（今苏州市）人，字咏裳。笔名沈毓清，在《南社丛刻》发表诗文署用。

沈毓源，生卒年及籍贯不详。江苏吴江（今苏州市）人，字咏霓。笔名沈毓源，在《南社丛刻》发表诗文署用。

沈云，生卒年及籍贯不详。浙江嘉兴人，字秋凡。笔名沈云，在《南社丛刻》发表诗文署用。

沈云龙（1910－1987），江苏东台人，字直青、泽青，号耘农。化名郑定安。笔名：①沈云龙，见于随笔《爱国军人与祸国军阀》，载 1932 年上海《抗日急进会会刊》第 6 期；论文《隋唐时代日本派遣来华的留学生》，载 1935 年上海《国论月刊》第 1 卷第 2 期。嗣后在该刊及《闽政月刊》《现代周刊》《中华时报》《台湾月刊》《新生报》等报刊发表《英日关系的回顾与前瞻》《日本议会解散后的政治动向》《班禅回藏问题》《纪念刘壮肃公铭传》《台湾青年的再教育问题》《做主人的条件》等文，出版《近代史事与人物》（台北文海出版社，1971 年）、《近代史料考释》（台北传记文学出版社，1972 年）、《黄膺白先生年谱长编》（台北联经出版事业公司，1976 年）、《关德懋先生访问录》（台北"中研院"近代史研究所，1997 年）等亦署。②耘农，见于评论《日本二·二六政变与广田内阁》，载 1936 年上海《国论月刊》第 1 卷第 10 期；辑集之《台湾关系文献》，载 1946 年 10 月 25 日至 1947 年 2 月 10 日台北《台湾月刊》创刊号至第 5 期。③芸，见于散文《遥夜》，载 1925 年北京《晨报副镌》第 13 期。嗣后在该刊发表文章亦署。④芸芸，见于散文《遥夜（四）》，载 1925 年北京《晨报副镌》第 30 号；诗《黄昏》，载 1932 年南京《文艺月刊》第 3 卷第 4 期。⑤木子，见于小说《平凡的故事》，载 1925 年 1 月北京《京报·民众文艺周刊》。⑥茂林，见于散文《你要知道》，载 1925 年 4 月 18 日北京《京报副刊》。⑦懋琳，见于杂文《"我心里"也"常常想"》，载 1925 年 4 月 26 日北京《京报副刊》。嗣后在《晨报副镌》《现代评论》《世界日报副刊》《小说月报》报刊等发表作品亦署。⑧雅三、苏之岷，署用情况未详。

沈泽民（1900－1933），浙江桐乡人。原名沈德济，字泽民。曾用名吉生、西则人、古德科夫（Гудков）。化名罗美、李明扬、李清扬。笔名：①泽民，见于科学小说《两月中之建筑谈》（与其兄雁冰合作），载 1918 年上海《学生杂志》第 5 卷第 1－12 期；科学小说《理工学生在校记》（与其兄雁冰合作），载 1920－1921 年《学生杂志》第 7 卷第 7 期至第 8 卷第 2 期（其中有 4 期署名"顽石"）。同时期在《小说月报》《文学周报》等报刊发表文章亦署。②沈德济，见于随笔《今日建筑工程中之王》，载 1919 年上海《学生杂志》第 6 卷第4期。③明心，见于杂文《科学方法论》，载1920年5月7—9日上海《时事新报·学灯》。同年在上海《学生杂志》发表论文《恩特列夫的文学思想概论》、翻译小说《七个被绞死的人》（俄国安德烈耶夫原作）等亦署。④顽石，与其兄沈雁冰合署。见于科学小说《理工学生在校记》，载1920年《学生杂志》第7卷第8期、第10—12期。嗣后在该刊发表《犬的友情》《中井氏的强术》等文亦署。⑤沈泽民，见于翻译剧作《邻人之爱》（俄国安德烈耶夫原作），载1921年上海《小说月报》第12卷第1期；翻译神话《快乐》（俄国古卜林原作），载1921年上海《新青年》第9卷第1期。同时期起从《少年中国》《教育杂志》《小说月报》《艺术评论》《戏剧》等报刊发表评论《俄国的叙事诗歌》《王尔德评传》、译诗《月光》（瑞典赫滕斯顿原作）、翻译小说《归来》（法国莫泊桑原作）、译文《同性爱与教育》（丹麦卡宾塔原作）等，翻译出版小说《邻人之爱》（俄国安德烈耶夫原作，1925年）、《坦白》（法国佛罗贝尔原作，1925年），诗集《瑞典诗人赫滕斯顿》（瑞典赫滕斯顿原作，1925年），论著《基尔特的国家》（泰罗原作，1922年）、《近代丹麦文学一脔》（丹麦亨利·哥达·侣赤原作，与沈雁冰、郑振铎合译。1923年）（以上均由上海商务印书馆出版）和戏剧《爱人如己》（俄国安德烈耶夫原作，陈治策改编。中华平民教育促进会，1935年）等亦署。⑥直民，见于小说《幻呢真？》，载1921年《小说月报》第12卷第6期；评论《读冰心底作品志感》，载1922年《小说月报》第13卷第8期。⑦成则人，见于《对于国内研究文学者的希望》，载1921年6月28日上海《民国日报·觉悟》；译作《讨论进行计划书》《论策略书》（均为苏联列宁原作。广州人民出版社，1921年）。⑧则人，见于评论《青年时期何以不当看小说》，载1921年7月1日上海《民国日报·觉悟》。⑨罗美，见于评论《关于〈幻灭〉》，载1929年上海《文学周报》第8卷第10期。⑩风、则名、希真、冯虚、李清扬，署用情况未详。

沈曾植（1850—1922），浙江嘉兴人。原名沈增植，字子佩、子培、子培父（fǔ），号乙庵（乙厂、乙广、乙荠）、乙榩（qǐng）、巽斋；别号逊斋、余斋、蕙盦（蕙庵）、檍（yì）盦（檍庵）、孺庵、随庵、睡庵、蒚轩、孺卿、持卿、建持、梵持、释持、乙公、乙僧、乙鑫、耄逊、逊公、瘅祥、皖伯、楚翘、其翼、茵阁、袍遗、恒服、兑庐、由拳、灊（qián）庸、灊（qián）晦、李乡农、东轩居士、逊斋居士、守平居士、谷隐居士、宛委使者、姚埭瘅禅、青要山农、赤堇山人、曼陀罗寐、东湖庵主、东畸小隐、娿者薮长、执鄮客者、小长芦社人、菩提坊里病维摩。晚号寐翁、逊翁、余翁、睡翁、瘅翁、寐叟、遯叟、乙叟（乙妟）、浮游翁、支离叟、巽斋老人、余斋老人、睡庵老人、月爱老人、姚埭老民、东轩支离叟、茗乡病叟、城西睡庵老人。笔名沈曾植，见于随笔《退思轩诗集序》，载1912年天津《庸言》第1卷第2期；旧体诗《倚装答石遗

杂言》《和石遗韵寿太夷》，载1919年上海《东方杂志》第16卷第10期。此前后在《东方杂志》及《学衡》《小说月报》《国学专刊》《词学季刊》《青鹤》《史学年报》等刊发表旧体诗《病起自寿诗》《重和街字韵》《再和边字韵》《哀恪士》《石遗谓余效其体》《余纸尚多复和过谈韵》等及遗作、随笔《护德瓶斋涉笔》《菌阁琐谈》《全拙庵温故录》等亦署。

沈知芳（1883—1939），浙江绍兴人，字芝芳、知芳、芷芬，号粹芬阁主。笔名：①沈知方，见于随笔《快活宣言》，载1922年上海《快活》旬刊创刊号。②沈芝芳，为上海《小说大观》做发行人署用。

沈志远（1902—1965），浙江萧山（今杭州市）人。原名沈会春。曾用名沈任重、沈观澜、王剑秋。笔名：①王剑秋，见于旧体诗《偶感》《古游里》，载1924年上海《爱国报》第41期。嗣后在《新中华》《王曲》《认识半月刊》等刊发表《现阶段的苏联和平外交》《敌人惯用的战法和我们的对策》等文亦署。②沈观澜，见于译文《青年与事业》，载1932年上海《交大周刊》第4卷第4期。③沈志远，见于论文《黑智尔哲学之精髓》，载1933年上海《新中华》半月刊第1卷第4期；论文《古希腊哲学的两个时期》，载1933年上海《学艺》第12卷第4期。嗣后在《学艺》《东方杂志》《时事类编》《世界知识》《申报月刊》《法政半月刊》《女声》《中山文化教育馆季刊》《青年界》《文学》《通俗文化》《老实话》《读书生活》《时代论坛》《世界动态》《新世纪》《清华周刊》《妇女生活》《半月》《全民周刊》《国民》《文化战线》《国民公论》《中苏文化》《新工商》《大学月刊》《文化先锋》《国讯旬刊》《宪政月刊》《文友》《古今》《贵州企业季刊》《现代妇女》《民主周刊》《天风》《中国建设》《昌言》《现代文摘》《理论与现实丛刊》《中华论坛丛刊》《现代周报》等刊发表译文章，出版专著《黑格尔的辩证法》（上海笔耕堂书店，1932年）、《妇女社会科学常识读本》（上海生活书店，1937年）、《二十年的苏联》（上海生活书店，1937年）、《近代经济学说史》（上海生活书店，1937年），译作《包德尔讲演集》（苏联波尔德列夫原作。北京新华书店，1950年）等亦署。④志远，见于评论《希特勒的铁腕和德国政局的前途》，载1934年《新中华》第2卷第14期。嗣后在《东方杂志》《现代周报》等刊发表《苏俄第二届五年计划之鸟瞰》《苏俄加入国联问题》等文亦署。

沈衷拭，生卒年及籍贯不详。原名王希贤。笔名沈衷拭，1947年前后在天津《新生晚报·文艺大地》发表文章署用。

沈仲九（1886—1968），浙江绍兴人。原名沈铭训，字仲九。笔名：①仲九，见于小说《自决的儿子》，载1919年《星期评论》第18期；随笔《五四运动之回顾》，载1919年上海《建设》第1卷第3期。②沈仲九，见于论文《中学国文教授的一个问题》，载1924年上海《教育杂志》第16卷第5期。嗣后在该刊发表《我的

理想教育观》《德国通讯》等文亦署。又见于《战时民众教育的特质及其重要性》，载 1939 年福州《闽政月刊》第 4 卷第 2 期。

沈兹九（1898－1989），浙江德清人。原名沈慕兰。笔名：①兹九女士，见于两幕剧《二重灾》，载 1930 年南京《长风》第 2 期。同时期在该刊发表《活的机器》《第十八代姨丈夫》等文亦署。②沈兹九女士，见于随笔《女青年努力的方向》，载 1930 年南京《长风》第 4 期。③沈兹九，见于译文《苏美复交问题》（日本古垣铁郎原作），载 1933 年《时事类编》第 1 卷第 12 期；随笔《儿童年里的大众儿童》，载 1936 年上海《永生》第 1 卷第 5 期。此前后在《文化月刊》《国民》《文摘》《抗战半月刊》《全民周刊》《妇女生活》《新运导报》《民主生活》《民主时代》《周报》、马来亚新加坡《风下周刊》《新妇女》《妇女世界》《新国民日报·新国民杂志》《南侨日报》《华侨日报·星海》等报刊发散文《由上海到汉口》《郁达夫失踪前后》《新马来印象记》、随笔《同样是千人针》《"三八"感言》《瞻仰"和平天使"归来》、译文《入狱前记》（日本林房雄原作）、《女权论者柯仑泰》（日本秋田雨雀原作）、《妇女问题的成因》（苏联柯仑泰原作）等，1946 年 2 月 2 日在淮阴《新华日报》（华中版）发表随笔《战争中的南洋文化人》，出版散文集《抗战中的女战士》（战时出版社，1938 年）、《流亡在赤道线上》（与胡愈之合作。生活·读书·新知三联书店，1985 年），译作《战争论》（日本荒烟寒村原作。上海申报馆，1933 年）、《新妇女论》（苏联柯仑泰原作，与罗琼合译。生活·读书·新知三联书店，1951 年）等亦署。④兹九，见于随笔《女人与自杀》，载 1935 年上海《太白》半月刊第 2 卷第 2 期。此前后在《申报月刊》《大众生活》《妇女生活》《战时联合旬刊》、新加坡《风下》周刊及《新妇女》等报刊发表《从活埋小孤孀说起》《欢送重上火线者》《目前的女子教育》《妇女大团结会议回忆》等文亦署。⑤兹，见于随笔《妇女的新生活》，载 1936 年上海《妇女生活》第 3 卷第 1 期。1947 年在新加坡《风下》周刊发表文章亦署。

沈子复（1924－？），江苏苏州人。原名沈延义。曾用名小萍、柏子。笔名：①沈延义，见于论文《论易卜生的戏剧》，载 1939 年前后上海《小说月报》；论文《近代戏剧之父——易卜生》，载 1944 年上海《小说月报》第 40 期。同时期在上海《文艺生活》《申报·自由谈》等报刊发表剧作《学蠹》、长诗《我爱太阳》等亦署。②沈子复，见于小说《新生》，载 1944 年上海《文艺春秋丛刊》第 1 辑《两年》；小说《杞忧》，载 1945 年上海《月刊》创刊号。嗣后在上述两刊及《青年界》《文艺春秋》《文汇报·笔会》《时代日报》《上海生活周刊》《综合周刊》《中国建设》《人民世纪》《文艺生活·光复版》等报刊发表随笔《敢说敢笑更要大胆》《跳舞和饥馑》《谈卖淫》、小说《司马先生》《阿 K 外传》《奸细》《传奇》《春雨》，编著出版《罗曼·罗兰年谱》，翻译出版挪威易卜生剧作《玩偶夫人》（上海

永祥印书馆，1947 年）、《卜曼克》（上海永祥印书馆，1948 年）、《鬼》（上海永祥印书馆，1948 年）、《建筑师》（上海永祥印书馆，1948 年）、《海妇》（上海永祥印书馆，1948 年），出版通俗读物《印刷的故事》（上海永祥印书馆，1947 年）、论著《〈易经〉释疑》（学苑出版社，1990 年）等亦署。③叶夫，见于论文《论艳阳天及其他》，载 1947 年上海《文艺论丛》。嗣后在上海《现代妇女》《小说月刊》等刊发表评论《论新闺怨》《保加利亚的人民作家伐淑夫》等亦署。

沈宗畸（1857－1926），广东番禺（今广州市）人。原名沈宗畦，字太侔、孝耕、孝根，号今醉、南雅、南野、繁霜、炼庵、瘦腰、瘦腰生、聋道人、长安冷宦、便佳簃主、繁霜阁主人、尊闻室主人；晚号晚闻翁、南野翁、繁霜翁。曾用名：沈芝、沈醒。笔名：①南雅，担任《女子白话旬报》编辑时署名。嗣后在《民权素》发表文章亦署。②沈宗畸，见于《晨凤阁丛书》，1909 年辑校刻印。1933－1934 年在上海《青鹤杂志》连载其遗作《便佳簃杂钞》亦署。

沈祖棻（1909－1976），江苏苏州人，祖籍浙江海盐，字子苾。笔名：①紫曼，见于散文《夏的黄昏》，载 1929 年上海《真美善》第 4 卷第 5 期。1932 年在杭州《小说月刊》第 1 卷第 1－4 期发表诗《王老太太的新年》《一朵白云》《我所要的》《夜》亦署。②沈紫曼，见于诗《一朵白云》，载 1932 年《小说月刊》第 1 卷第 3 期；诗《真诚的友谊》，载上海新时代书局 1932 年出版之《女朋友们的诗》（云裳编）。③绛燕，见于小说《辩才禅师》，载 1935 年南京《文艺月刊》第 7 卷第 2 期。嗣后在该刊发表多篇作品曾署用。又见于诗《冲锋》，载 1938 年长沙《中国诗艺》第 1 卷第 1 期。④绛燕女士，见于诗集《微波辞》（重庆独立出版社，1940 年）。⑤沈祖棻，见于词《鹧鸪天四首》，载 1944 年重庆《中国文学》第 1 卷第 2 期；论文《白石词"暗香""疏影"说》，载 1947 年上海《国文月刊》第 59 期。20 世纪 40 年代在上述两刊及《独立论坛》等刊发表旧体诗《余卧疾成都三月印唐豢秋旧约来会而音问间阻久待不至追余去二君来怅然赋此分寄》、词《鹧鸪天》、论文《唐人七绝诗浅释》《阮嗣宗"咏怀"诗初论》，1949 年后出版《古典诗词论丛》（与程千帆合作。上海文艺联合出版社，1954 年）、《古诗今选（上册）》（南京大学中国语言文学系，1979 年）、《宋词赏析》（上海古籍出版社，1980 年）、《沈祖棻创作选集》（人民文学出版社，1985 年）、《涉江诗》（福建人民出版社，1985 年）、《沈祖棻诗词集》（江苏古籍出版社，1994 年）、《沈祖棻赏析唐宋词》（长江文艺出版社，2008 年）等亦署。⑥苏珂，20 世纪 30－40 年代发表文章曾署用。

沈祖牟（1909－1947），福建福州人。曾用名沈丹来。笔名：①绿匀，见于散文《摆脱》，载 1930 年上海《真美善》月刊第 6 卷第 4 期。②沈祖牟，见于旧体诗《卖花翁》《竹夫人》，载 1926 年上海《学生文艺丛刊》第 3 卷上集；诗《在万国公墓》，载 1930 年上海《新月》

月刊第 2 卷第 11 期。嗣后在该刊及上海《诗刊》、南京《文艺月刊》、厦门《灯塔》《初潮》《南天诗刊》《国光日报·纵横》、福州《文座》《小民报·新村》《福建民报·南风》《闽剧月刊》、连城《大成日报·高原》、武昌《文艺》等报刊发表诗《厦门的歌》《小三的死》《客舍》《吹哨哪的》《螺州道中》《对镜》等，出版论著《谢钞考》（1938 年印行）亦署。③萧萧，见于诗《凤姑》，载 1933 年 3 月福州《国光日报·纵横》；随笔《萧萧诗话》，载 1936 年福州《小民报·新村》。④宗某，见于散文《盲者橄榄》，载 1936 年 4 月《小民报·新村》。嗣后在该刊发表散文《在山城》《水上了街》《母与子》等亦署。⑤祖牟，见于诗《车眺》《南风》，载 1936 年 4 月《小民报·新村》。⑥肖肖，见于诗《誓》《无题》，载 1936 年 7 月《小民报·新村》。⑦耑（duān）斋，见于稿本《论艺绝句辑抄》（1921－1947 年）。⑧宝相楼、耑斋主人，署用情况未详。

谌（shèn）震（1919－？），湖南长沙人，生于山西万荣。笔名：①凝远、宁远，1938 年起在长沙《观察日报》《晚晚报》《法报》《大众晚报》、衡阳《开明日报》、九战区《阵中日报》、福建《建设导报》，以及湖南《国民日报》等报发表文章署用。②谌震，见于评论《不平等条约废除以后》，载 1943 年福建永安《改进》第 6 卷第 11 期。嗣后出版鼓词《中苏史话》（北京新华书店，1950 年）、随笔集《李锐诗词本事》（与俞润泉合作。岳麓书社，2000 年）、《人杰地灵话湖南》（湖南文史研究馆，2001 年），以及主编《总裁言论集》（永安改进出版社，1943 年）、《湖南省志》（湖南日报社，1988 年）等亦署。

【sheng】

盛成（1899－1996），江苏仪征人。原名盛延禧，字成中。笔名：①Cheng Tcheng，出版法文自传体小说 *Ma Mère*（《我的母亲》）（法国亚丁阶印书局，1928 年）署用。嗣后出版法文诗集《秋心美人》《狂年吼》、英文小说《欧阳竟无传》和《老残游记》法文译本等亦署。②盛成，见于散文《埃及游记》，载 1930 年上海《东方杂志》第 27 卷第 9 期；散文《一个朋友》，载 1934 年 1 月 25 日上海《新中华》半月刊第 2 卷第 2 期。此前后在《大陆》《国立北平大学学报农学专刊》《独立评论》《艺风》《逸经》《水星》《论语》《文艺》《宇宙风》《民族诗坛》《国民公论》《建设研究》《月华》《国立广西大学周刊》《国防周报》《日本评论》《旅行杂志》《时与潮》《新疆论丛》等刊发表散文、评论，出版散文集《海外攻读十年纪实》（上海中华书局，1932 年）、《我的母亲》（上海中华书局，1935 年）、《意国留踪记》（上海中华书局，1937 年）、《但丁研究》《从军记》《巴黎忆语》，译作《村教士》（法国巴尔扎克原作。上海中华书局，1940 年）、《海滨墓园》（法国保罗·瓦雷里原作）、《茨冈》等，1949 年后出版文集《盛成文集》（北京语言文化大学出版社，1997 年）等亦署。

盛马良（1915－？）。笔名：①马良，20 世纪 30 年代在上海编《狂流》《国际编译》等刊署用。②盛马良，见于诗《农民苦》，载 1934 年上海《新诗歌》半月刊第 5 期；散文《东京散记》，载 1934 年上海《华安》第 2 卷第 6 期。同时期在《文艺月刊》《无名文艺》《绸缪月刊》《宇宙风》《狂流》等刊发表诗文亦署。

盛明若（1910－1935），浙江宁海人。原名盛蔚苍，字明若。笔名：①明若，见于评论《谈〈母与子〉》，载 1929 年 11 月 16 日上海《真美善》第 5 卷第 1 期。嗣后在上海《春潮》《小说》等刊发表小说等亦署。②盛明若，见于译文《桑戴克之动物实验与学习律》（加雷原作），载 1931 年《中华教育界》第 19 卷第 5 期；散文《春雪又一篇》，载 1932 年上海《现代》第 1 卷第 2 期；《中世纪的传奇》，载 1935 年《黄钟》第 6 卷第 1 期。嗣后出版翻译小说《卡尔与安娜》（德国昂哈特·弗兰克原作。上海中华书局，1931 年）、《爱底雾围》（法国莫洛亚原作，与王家槭合译。上海中华书局，1932 年）等亦署。③艸艸，署用情况未详。

【shi】

师范（1924－？），江苏南通人。原名施鲁生。笔名：①师范，见于小说《与我同在》，连载于 1949 年 12 月 11 日至 1950 年 3 月 1 日台湾《台糖通讯》旬刊第 5 卷第 17 期至第 6 卷第 17 期；小说《没有照片的相册》，载 1950 年 11 月 1 日台北《野风》半月刊第 1 期。嗣后出版长篇小说《没有走完的路》（台湾文艺生活出版社，1952 年）、《谷仓愿望》（台北自由青年社，1953 年）、《百花亭》（台北文坛社，1964 年），短篇小说集《与我同在》（台湾文艺生活出版社，1953 年）、《迟来的幸运》（台湾新文艺社，1956 年）、《师范短篇小说选》（台北秀威资讯科技股份有限公司，2010 年），散文集《师范散文选》（台北秀威资讯科技股份有限公司，2010 年）等均署。②子禹，见于小品《伪装的收获》，载 1950 年台北《野风》半月刊第 2 期。③史汉森、钱云耕，分别见于小说《追随》《泥淖的边缘》，载 1950 年《野风》第 4 期。④施鲁生，见于小说《画不好的晚霞》，载 1951 年《野风》第 9 期。⑤斯凡，1957 年 7 月起在《台糖通讯》撰写散文专栏署用。⑥斯民，1975 年 2 月起在《台糖通讯》撰写散文专栏署用。⑦石俊男，见于短篇小说《七月的最末一天》，载 1963 年 9 月 19 日台湾《征信新闻·人间》。

师田手（1911－1995），吉林扶余人。原名田质成。曾用名田凤章。笔名：①师田手，1932 年前后开始在吉林《共和报·火犁》等署用。见于速写《伤兵朱宝达》，载 1937 年 10 月 25 日南京《时事类编》第 3 期。又见于速写《宋家川的受难》，载 1942 年 4 月 22 日、23 日延安《解放日报》。嗣后在《文艺阵地》《抗战文艺》《文艺突击》《中国文化》《大众文艺》《文艺月报》《东北日报》及香港《大公报》、延安《解放日报》等报刊发表诗、评论《新时期新问题》、小说《发家》、散文《春天的野火》、报告文学《火车头》，出版小说集《燃烧》《觉悟》《活跃在前列》《师田手短篇小说选》，诗集《歌唱南泥湾》《螺丝钉之歌》《爷爷和奶奶的故事》，理论集《红雨集》等均署。②手，见于短论《全国文艺界更亲密的联合起来》，载 1939 年延安《文艺突击》新 1 卷第 1 期。③田手，署用情况未详。

师陀（1910－1988），河南杞县人。原名王继曾，字长简。曾用名王长剑。笔名：①王继曾，1930 年在河南省立第一高中时在与同学合办之文艺刊《金桥》及校刊发表文章署用。②芦焚，见于小说《请愿正篇》，载 1932 年上海《北斗》月刊第 2 卷第 1 期；散文诗《May Day》，载 1932 年 5 月《尖锐》创刊号。嗣后在《现代》《文学月报》《论语》《文学》《文学季刊》《春光》《文艺》《当代文学》《太白》《水星》《文饭小品》《创作》《作家》《宇宙风》《大公报·文艺》《申报·自由谈》《文季月刊》《少年读物》《今代文艺》《大众》《中流》《文丛》《烽火》《风雨》《丽庄湖上》《万象》《文艺杂志》《文汇报·笔会》《文学集林》等报刊发表小说、散文、评论等署用。出版小说集《谷》（上海文化生活出版社，1936 年）、《里门拾记》（上海文化生活出版社，1937 年）、《落日光》（上海开明书店，1937 年）、《野鸟集》（上海文化生活出版社，1938 年）、《无名氏》（上海文化生活出版社，1939 年）、《果城园记》（上海出版公司，1946 年），散文集《黄花苔》（上海良友图书印刷公司，1937 年）、《江湖集》（上海开明书店，1938 年）、《看人集》（上海开明书店，1939 年）、《上海手札》（上海文化生活出版社，1941 年）等均署。③康了斋，见于散文诗《夏后杞》，载 1939 年春上海《文汇报》；于散文《作家先生——夏侯杞》，载 1941 年 8 月 31 日上海《新文丛》之三《割充》。嗣后在上海《万象》《文艺春秋丛刊》等报刊发表文章亦署。④君西，见于散文诗《天鹅》，载 1938 年 9 月 16 日上海《少年读物》第 2 期。嗣后在该刊第 6 期发表素描《鞋匠》亦署。⑤季孟，出版中篇小说《无望村的馆主》（上海开明书店，1941 年）署用。⑥韩孤，见于小说《灯》，载 1942 年《文艺杂志》第 1 卷第 5 期和 1943 年《万象》第 3 卷第 1 期。⑦师陀，见于长篇小说《荒野》，载 1943－1945 年上海《万象》月刊第 3 卷第 1 期至第 4 卷第 7 期。嗣后在《清明》《文汇报》《文学月报》《文艺复兴》《周报》《艺虹杂志》《文艺月报》等报刊发表小说、散文等作品，出版长篇小说《结婚》（上海晨光出版公司，1947 年）、《马兰》（上海文化生活出版社，1948 年）、《历史无情》（上海出版公司，1951 年），话剧《大马戏团》（上海出版公司，1948 年）、《夜店》（与柯灵合作。上海出版公司，1948 年），小说集《春梦》（香港艺美图书公司，1956 年）、《石匠》（作家出版社，1959 年），散文集《保加利亚行记》（上海文艺出版社，1960 年）、《山川·历史·人物》（上海文艺出版社，1979 年）等均署。⑧佩芳，署用情况未详。

施冰厚（1904－？），四川泸县人，字白芜。曾用名

施百芜。笔名：①施冰厚，见于随笔《爱国小说的借镜》，载 1932 年《珊瑚》第 1 卷第 11 期；小说《三吻》，载 1933 年《珊瑚》第 3 卷第 12 期。嗣后出版《文艺讲话》《论语通诠》《老子新义》等专著亦署。②施百芜、施白芜，署用情况未详。

施翠峰（1925－2018），台湾彰化人。原名施振枢。笔名施翠峰，抗战胜利后在台北《新生报》《力行报》发表作品，嗣后出版电影剧本《红尘三女郎》，电视剧《晨钟暮鼓》，小说集《龙虎风云》《赵五娘》《相信我》《归燕》《侠隐记》《漩涡》《青春颂》，儿童文学《爱恨交响曲》，报告文学《日韩琉之旅》《思古幽情集》《南海游踪》《南海展痕》《纵横美国寻幽情》，论著《现代美术思潮导论》《翠峰艺术论丛》《风土与生活》《台湾民间艺术》等亦署。

施畸（1890－？），河北通县（今北京市）人。笔名：①天侔，见于《法国最近的惨杀奇案论》，载 1919 年 8 月 23－25 日《晨报》第 7 版。②施天侔，见于《文学批评》，载 1919 年 9 月 8 日至 30 日《晨报》第 7 版；《我们为什么要作文章》，载 1928 年《晨报副镌》第 76 期。③施畸，见于诗《留别潘君蕴巢》，载 1920 年 2 月 5 日《晨报》第 7 版；论文《文学的研究》，载 1920 年《新中国》第 2 卷第 2 期。嗣后在《学艺》《中法大学月刊》《国立中山大学师范学院季刊》《国文评论》等刊发表文章，出版《中国文词学研究》（上海出版合作社，1925 年）、《中国文体论》（北平立达书局，1933 年）等亦署。

施济美（1920－1968），浙江绍兴人，生于北京。曾用名薛采蘩。笔名：①施济美，见于小说《永远的相思》，载 1933 年上海《飚》第 1 期；散文《瘦西湖畔的船娘》，载 1936 年上海《女子月刊》第 4 卷第 4 期。嗣后在《小说月报》《万象》《青年周报》《幸福世界》《春秋》《万岁》《紫罗兰》《第二代》《中艺》《正言文艺》《天地》《文潮》《民众周刊》《少女》《启示》《妇女月刊》《民众杂志》《生活》《宇宙》《潮流》等刊发表小说、散文等，出版小说集《凤仪园》（上海大众出版社，1947 年）、《鬼月》（上海大地出版社，1948 年）等亦署。②梅寄诗，1951 年在上海《文汇报》副刊《磁力》《星期文艺》发表诗歌署用。③方洋、梅子、梅，署用情况未详。

施济群（1896－1946），江苏南汇（今上海市）人，号冰庐；别号花好月圆人寿室主。笔名济群，主要作品有《滑稽四书演义》等。

施景琛（？－1955），福建长乐人，字涵宇。晚号泉山老人。笔名施景琛，出版有《泉山古物编》《泉山沿革纪略》《鹭江集》等著作。

施菊轩（1905－2002），云南鹤庆人，白族。原名施逸霖，字菊轩。笔名：①施菊轩，1949 年后出版《书法浅谈》（云南人民出版社，1979 年）、《篱边稿存》（云南文史研究馆，1989 年）等署用。②以文，署用情况

未详。

施南池（1909－2003），上海崇明县（今崇明区）人。原名施翀鹏，字扶九，号南池。笔名：①翀鹏，见于随笔《山水画的南宗北宗》，载 1935 年上海《新中华》第 3 卷第 20 期；《配画诗》，载 1947 年 1 月 5 日上海《申报·自由谈》。②南池，见于随笔《山水画的气韵与烟云——艺术漫谈之一》，载 1937 年上海《读书青年》第 2 卷第 3 期。嗣后在上海《人之初》《茶话》等刊发表杂文《公仆种种》、随笔《女画家唐冠玉弁华》等亦署。③施翀鹏，见于评论《国画价值之商榷》，载 1934 年上海《国画月刊》第 1 卷第 6 期；评论《全国著名的大学校》，载 1937 年上海《读书青年》第 2 卷第 9 期。此前后在上述两刊以及《图书展望》《上海生活》《美术界》《人之初》《上海教育》《永安月刊》《世界月刊》《旅行杂志》《申报·自由谈》《子曰丛刊》等报刊发表《伦敦中国艺展中之绘画》《中国名画观摩记》《国画学习法》《山水画作风之变迁》《诗画纪游天目山》《京沪夜车中口占》《中国雕塑的发展》《清初绘画与后世影响》《清代名画展之意义》《从百年画展中寻求今后中国画的趋向》《白下驱车竟日游》《悼王丹揆先生》《性善与廉洁》《放眼百年》等诗文，出版《中国名画观摩记》（上海商务印书馆，1936 年）亦署。④施南池，出版《施南池诗集》（上海市崇明县联合校办印刷厂，1985 年印行）、《施南池名胜纪游画集》（华夏出版社，1987 年）署用。

施若霖（1917－1994），浙江鄞县（今宁波市）人。原名施润德，字若霖。曾用名施方穆。笔名：①施润德，1934 年前在中学校刊发表文章署用。②若霖，见于《纪念五四》，载 1937 年上海《人间十日》；随笔《迎国庆》，载 1940 年 10 月 10 日上海《申报·自由谈》。同时期在上海《华美晨报》《青年周报》《红茶》等刊发表文章亦署。③施迍，1937 年 4、5 月间在上海《人间十日》发表纪念"五卅"文章署用。④方祺，1937 年编《年青人》杂志署用。嗣后发表《文艺创作底文字的锻炼》（载 1939 年上海《青年周报》第 50 期）亦署。⑤秋长，见于《谈小品文的技术》，载 1938 年上海《青年周报》第 28 期。嗣后出版译作《复活》（下册，俄国列夫·托尔斯泰原作。上海启明书局，1939 年）亦署。⑥白云天，1938 年在上海《青年周报》发表文章署用。⑦霖长，见于随笔《略论知识分子》，载 1939 年 9 月 12 日上海《申报·自由谈》。嗣后在该刊及《申报·春秋》《上海评论》《文汇报》《红叶》《文艺世界》《华美晨报》《大公报》等刊发表随笔《文人与穷》《诗与克服自然》《医生是社会的公仆》《天伦之乐》《记华岳》《篝下篇》《读诗杂记》等亦署。⑧霖长，在《华美晨报》《青年杂志》等报刊署用。⑨电长，见于随笔《在春天》，载 1939 年 4 月 14 日上海《申报·自由谈》。嗣后在该刊发表《幻》《理论与实践》《坑》等文亦署。⑩云天，见于译作《叛徒》，载 1939 年上海《青年周报》第 45 期；随笔《乱弹》，载 1939 年 10 月

7 日《申报·自由谈》。⑪施若霖，见于小说《振作》，载 1940 年上海《文艺新潮》第 2 卷第 6 期；随笔《屈原与离骚》，载 1943 年《新都周刊》第 20－21 期；《八十家佳作集序》，载 1945 年上海新流书店版小说集《新生》（与万迪鹤、艾芜等合集）。⑫方穆，出版《中学生描写辞典》（上海世界书局，1940 年）署用。⑬穆长，1940 年 7 月在上海编《文艺世界》杂志署用。⑭雨林，1941 年在《申报》发表关于《鲁迅卅年集》宣传稿署用。⑮之沧、寥霖、震之，1941 年编《申报·春秋》署用。⑯泽长、施泽长，"孤岛"时期在上海报刊发表关于杜甫的文章等署用。⑰沐长、柏秋水、施沐长，1950 年在《大公报》、20 世纪 80 年代在北京《文史资料选辑》发表文章署用。⑱施云天，1966 年 1 月在《文汇报》《光明日报》发表关于《海瑞罢官》的文章署用。

施骚（1911－1987），福建金门人。原名施嘉禾。笔名施骚、一粟、骚平、默庵、施默庵，20 世纪 40 年代末期起在马来亚新加坡《南洋商报·商余》《南方晚报·绿洲》发表散文署用。

施淑仪（1876－1945），江苏崇明（今上海市）人，字学诗。曾用名施湘痕。笔名施淑仪，著有《湘痕笔记》《湘痕吟草》《冰魂阁诗存》《冰魂阁野乘》，编有《清代闺阁诗人征略》《随园女弟子佚闻》。

施文杞，生卒年及籍贯不详。笔名：①施文杞，见于《台娘悲史》，载 1924 年 2 月 11 日日本东京《台湾民报》。②文杞，见于评论《迷信也可以奖励和提倡吗？》，载 1924 年 10 月 1 日东京《台湾民报》。

施雁冰（1928－　），浙江镇海人，生于上海。笔名：①施雁冰，见于小说《阳光和小草》，载 1947 年上海《大公报·现代儿童》。嗣后在《小朋友》《妇女》《新学生》《中国儿童时报》等报刊发表诗、小说、故事、童话、译作，1949 年后出版儿童文学《小组长》（少年儿童出版社，1955 年）、《外国蜡烛和镀金戒指》（少年儿童出版社，1991 年）、《初夏奏鸣曲》（少年儿童出版社，1993 年）等亦署。②燕平、冰冰，1948 年开始在《小朋友》《儿童世界》《儿童故事》等发表低幼儿童文学作品署用。按：施雁冰尚出版有科学童话集《不要脚的朋友》，以及《少年习作讲评》《小学生作文指导》等，出版情况未详。

施燕平（1926－？），江苏启东人，原名施燕萍。笔名：①施燕萍，1947 年下半年在山东《胶东日报》发表文艺特写署用。②燕萍，见于诗《鲜红的旗帜》，载 1949 年 10 月 1 日上海《解放日报》。③黎声，见于歌曲《血债要用血偿还》，载 1949 年 10 月 29 日上海《劳动报》。④亦兵，见于故事《馒头皮》，载 1953 年 11 月 22 日上海《劳动报》。⑤燕平，出版短篇小说集《归队》（与蔡继鼇合集。上海文化出版社，1956 年）、《拂晓的军号声》（百家出版社，1992 年），中篇小说集《北撤途上》（新文艺出版社，1956 年），长篇小说《从前，当我年轻时……》（解放军文艺出版社，1986 年）署用。

按：施燕平尚出版有短篇小说集《脚印》《青年司炉工》，中篇报告文学《手》《徂徕山漫步》，长篇纪实文学《抗币风云录》等，出版与署名情况未详。

施瑛（1912－1986），浙江德清人。原名施慎之。笔名施瑛，见于评论《我的抗战论》，载1932年南京《时代公论》第1卷第33号。嗣后在《劳动季报》《杂志》《太平洋周报》《茶话》《小说世界》《伉俪月刊》《文潮月刊》等刊发表作品，出版通俗读物《国难的故事》（上海开明书店，1936年）、《士大夫的故事》（上海世界书局，1946年）、《山水人物》（上海永祥印书馆，1948年），小说《抗战夫人》（上海日新出版社，1947年），译作《茵梦湖》（德国施笃姆原作。上海启明书局，1936年）、《雷雨》（俄国亚·尼·奥斯特洛夫斯基原作。上海启明书局，1937年）、《爱的教育》（意大利爱米契斯原作。上海启明书局，1936年）、《爱国者》（美国赛珍珠原作。上海古今书店，1948年），论著《旧体诗作法讲话》（上海启明书局，1948年），编选《诗》《日记与游记》《小品文》《小说》（一至三集）和《戏剧》（均与钱公侠合作。上海启明书局，1936年4月至5月）等亦署。

施章（1901－？），云南昆明人，字仲言。笔名施章，出版有《六朝文学概论》《庄子新探》《史记新探》《国学论丛》等著作。

施蛰存（1905－2003），浙江杭州人。原名施德普，字蛰存、安华，号蛰庵、北山、刍尼、无相居士。曾用名施舍、施青萍。笔名：①蛰存，见于诗《蟹》，载1921年9月2日上海《民国日报·觉悟》；译诗《安纳克郎短歌四首》，载1926年上海《文学周报》第227期。嗣后在上海《现代》《新中华》等刊发表文章，20世纪80年代在上海《新民晚报·夜光杯》发表散文《买糖诗话》等亦署。②施大丘，见于小说《廉价的面包》，载1921年9月13日上海《民国日报·觉悟》。③青萍，见于小说《恢复名誉之梦》，载1922年《礼拜六》第155期。④施青萍，见于小说《老画师》，载1922年《礼拜六》第161期；小说《寂寞的街》，载1922年上海《星期》第17期。嗣后在上海《半月》《最小报》等刊发表小说《伯叔之间》等诗文，出版短篇小说集《江干集》（上海维纳丝学会发行，1922年）亦署。⑤施蛰存，见于评论《莘华室诗见》，载1923年7月30日上海《时事新报·文学》；《街车随笔》，载1925年《文学周报》第223期。嗣后在《文学周报》《现代评论》《小说月报》《现代小说》《东方杂志》《无轨列车》《良友画报》《新文艺》《文艺新闻》《申报·自由谈》《青年界》《文艺月刊》《现代》《涛声》《文学》《华安》《人间世》《小说》《论语》《文艺风景》《文饭小品》《女子月刊》《新小说》《宇宙风》《书报展望》《现代诗风》《新诗》《文讯》《文艺先锋》《世界文学》《新中华》《文艺春秋》《新文学》《万象》《文学杂志》《中国文艺》《谈风》《美术杂志》《中学生》《文心》《战时中学生》《大风》《国文月刊》《创作周刊》《旅行杂志》《文帖》

《活时代》《文潮月刊》《幸福世界》《学原》《春秋》等报刊发表著译诗文，出版散文集《灯下集》（上海开明书店，1937年）、《待旦录》（怀正文化社，1947年），短篇小说集《追》（上海水沫书店，1929年）、《上元灯及其他》（上海水沫书店，1929年）、《鸠牙姑娘》（上海亚细亚书局，1929年）、《李师师》（上海良友图书印刷公司，1931年）、《将军底头》（上海新中国书局，1932年）、《上元灯》（上海新中国书局，1932年）、《梅雨之夕》（上海新中国书店，1933年）、《善女人行品》（上海良友图书印刷公司，1933年）、《小珍集》（上海良友图书印刷公司，1936年）、《四喜子的生意》（上海博文书店，1947年），翻译小说《多情的寡妇》（奥地利显尼志勒原作。上海尚志书屋，1929年）、《法兰西短篇杰作集》（法国沙都勃易盎等原作，施蛰存等译。上海现代书局，1929年）、《一九〇二级》（德国格莱赛原作。上海东华书局，1930年）、《妇心三部曲》（奥地利显尼志勒原作。上海神州国光社，1931年）、《恋爱三昧》（挪威哈姆生原作。上海大光书局，1933年）、《波兰短篇小说集》（上海商务印书馆，1936年）、《匈牙利短篇小说集》（上海商务印书馆，1936年）、《薄命的戴丽莎》（奥地利显尼志勒原作。上海中华书局，1937年）、《劫后英雄》（英国司各特原作。上海中华书局，1939年）、《女难》（奥地利显尼志勒原作。上海神州国光社，1941年）、《自杀之前》（奥地利显尼志勒原作。永安十日谈社，1945年）、《老古董俱乐部》（译文集。永安十日谈社，1945年）、《战胜者巴尔代克》（波兰显克维支原作。永安十日谈社，1945年）、《称心如意》（匈牙利M.育凯等原作。上海正言出版社，1948年）、《孤零》（奥地利显尼志勒原作。上海文化出版社），翻译散文《域外文人日记抄》（上海天马书店，1934年）等，1949年后出版《唐诗百话》（上海古籍出版社，1987年）、《水经注碑录》（天津古籍出版社，1987年）、《宋元词话》（与陈如江辑录。上海书店出版社，1999年）、《北山谈艺录》（文汇出版社，1999年）、《北山谈艺录续编》（文汇出版社，2001年）、《唐碑百选》（上海教育出版社，2001年），主编《词籍序跋萃编》（中国社会科学出版社，1994年）等亦署。⑥苹庵，见于《西泠幽梦录》，载1924年上海《半月》第3卷第15期。⑦眉子，见于随笔《慧室残记》，载1925年5月19日上海《世界小报》。⑧安华，见于《序文》，载1926年上海《璎珞》第1期；诗《委巷寓言》，载1928年上海《无轨列车》第1期。此前后在《小说月报》《璎珞》《新文艺》《现代》《文艺风景》等刊发表诗、小说等亦署。⑨柳安，出版译作《十日谈选》（意大利薄伽丘原作。上海光华书局，1929年）等署用。⑩刍尼，见于书评《受难者的短曲》，载1929年上海《新文艺》第1卷第1期；随笔《人与文》，载1935年上海《文饭小品》第3期。⑪安簃，见于译诗《夏芝诗抄》、随笔《译夏芝赘语》，载1932年上海《现代》第1卷第1期。嗣后在该刊及上海《文饭小品》等刊发表著译诗文多署。⑫惜蕙，见于《约翰·高尔斯华绥著作篇目》，载1932年《现代》第 2 卷第 2 期。嗣后在该刊第 2 卷第 6 期发表译剧《钥匙》（匈牙利莫尔那原作）亦署。⑬薛卫，见于随笔《掩卷随笔（一、两种"娘" ／ 二、算术之难）》，载 1933 年上海《现代出版界》第 11 期；随笔《本年国际笔会纪事》，载 1933 年《现代》第 3 卷第 6 期。嗣后在上海《现代出版界》《现代》《活时代》及 1947 年《大晚报》等报刊发表著译文亦署。⑭薛蕙，见于译文《娼女问答》（古希腊路吉亚诺思原作），载 1934 年上海《文艺风景》创刊号；译诗《贝壳》（英国詹姆斯·史蒂芬斯原作），载 1947 年 6 月 25 日上海《大晚报·剪影》。⑮李万鹤，见于翻译小说《瑞士顶礼》（美国海明威原作），载 1934 年《现代》第 5 卷第 6 期；译文《我们为什么要读诗》（美国罗惠尔女士原作），载 1935 年上海《现代诗风》第 1 册。此前后在上海《文饭小品》《新中华》及 1947 年《大晚报》等报刊发表著译文亦署。⑯梁云，见于散文《雨的滋味》，载 1935 年上海《文饭小品》第 2 期。⑰樊温，见于杂文《论孔融》，载抗战时内地某报副刊。⑱萧琅，见于杂文《尺八》，载抗战时内地某报副刊。⑲丁宁，见于《托尔斯泰寓言集》，载抗战时内地某报副刊。⑳曾莹卿，见于译文《小品三段》，载抗战时内地某报副刊。㉑盖公，见于杂文《死刑废止》，载抗战时内地某报副刊。㉒陈玫，见于译文《纳粹法国特务魔王外传》（美国迈克尔·斯特恩原作），载 1946 年《活时代》第 1 卷第 2 期；译作《我们要的是恋爱与钱》（美国萨洛扬原作），载 1946 年 12 月 6 日上海《大晚报·每周文学》。㉓蛰庵，见于译作《钢琴》（美国萨洛扬原作），载 1947 年 6 月 26 日《大晚报·剪影》；散文《山西的塑像》，载 1982 年 10 月 29 日《新民晚报·夜光杯》。嗣后在《词学》发表《丛谈》等亦署。㉔曾敏达，出版翻译长篇小说《渔人》（苏联格里戈洛维奇·拉普襄原作。上海文化工作社，1951 年）署用。㉕陈蔚，出版翻译长篇小说《荣誉》（苏联巴希罗夫原作，与朱文韬合译。人民文学出版社，1957 年）署用。嗣后出版翻译长篇小说《征服者贝莱》第 3 卷《伟大的斗争》（丹麦马丁·安德逊·尼克索原作。作家出版社，1958 年）、《征服者贝莱》第 4 卷《黎明》（人民文学出版社，1959 年）亦署。㉖施舍，见于随笔《〈织云楼诗合刻〉小记》，载 1980 年《中华文史论丛》。㉗北山，见于随笔《新出词籍介绍》，载 1981 年 11 月《词学》第 1 辑；随笔《"家具"与"垫皮"》，载 1982 年 10 月 7 日上海《新民晚报·夜光杯》。在《词学》《读书》等报刊发表文章亦署。㉘舍之，见于随笔《历代词选集叙录》，连载于 1981 年 11 月创刊之上海华东师范大学《词学》集刊。嗣后在《新民晚报·夜光杯》发表随笔《堂名的起源》（1984 年）、《善秉仁的〈提要〉》（1985 年）等文亦署。㉙是水、痴云，分别见于随笔《新出词籍介绍·全清词钞》、随笔《丛谈·蒋鹿谭词》，载 1981 年上海《词学》集刊第 1 辑。㉚王了二，见于随笔《语文病院·开业词》，载 1982 年 2 月 4 日上海《新民晚报·夜光杯》。㉛中舍，见于《冰麒麟》，载 1982 年 7 月 15 日《新民晚报·夜光杯》。㉜幸丸，见于随笔《美国的男女》，载 1984 年 8 月 29 日《新民晚报·夜光杯》。㉝秋浦，见于随笔《新出词籍介绍·迦陵论词丛稿》，载 1983 年 10 月《词学》第 2 辑。㉞丙琳，见于随笔《新出词籍介绍·夏承焘词集》，载 1985 年《词学》第 3 辑。㉟云士，见于随笔《丛谈·些娘》，载 1986 年 8 月《词学》第 4 辑。㊱寅如，见于随笔《新出词籍介绍·茅于美词集》，载 1988 年《词学》第 6 辑。㊲江思、江兼霞，署用情况未详。按：施蛰存的著作除上文提到的外，还有短篇小说集《梅雨之夕》《小珍集》《四喜子的生意》，散文集《枕戈录》《卖糖书话》《沙上的脚迹》《散文丙选》《云间语小录》《北山散文集》，编译作品《匈牙利短篇集》《波兰短篇小说集》《劫后英雄》《丈夫与情人》《妇心三部曲》《轭下》《恋爱三味》《外国文人日记抄》，学术著作《唐诗百话》《水经注碑录》《词学论稿》《历代词籍序跋萃编》《词学名词释义》《北山集古录》《金石丛话》《文艺百话》《宋元词话》《北山谈艺录》《北山谈艺录续编》《唐碑百选》，诗集《北山楼诗》等，署名情况未详。

施子阳（1909－1962），江苏启东人。原名施永安。曾用名施唯信。笔名：①任何，见于小说《乒乓球》，载 1935 年《读书生活》第 1 卷第 11 期；小说《谈子湾的春天》，载 1936 年上海《文学》月刊第 7 卷第 3 期。嗣后在上海《奔流文艺丛刊》《人世间》《中国作家》《读书生活》《文汇报》《大公报》《时代日报》《文萃》、如皋《文综》等报刊发表小说、散文、杂文、评论等作品，出版小说集《伟大的教养》（香港海燕书店，1940 年）、《一支溃灭的队伍》（上海中国文化投资公司，1946 年）、《鬼祟》（上海新地书店，1947 年）、《文武双全》（上海海燕书店，1949 年）等亦署。②施子阳，出版《施子阳选集》（江苏省文联、《雨花》杂志社，1996 年编印）署用。③方丹、方适、薄若鲁、杜奇，署用情况未详。按：施子阳另有出版小说集《某家》《夹缝》《私盐》《供状》《父亲头上的伤》《他们三个》、中篇小说《女村长》等，署名待考。

施作师（1926－？），福建长乐人。笔名：①方人也，见于诗《夜》，载 1941 年 4 月 11 日《闽北日报》。②浅条，见于杂文《双簧》，载 1941 年《闽北日报》。③迤滔，见于诗《田园交响曲》，载 1946 年 5 月 21 日南平《南方日报·南方副刊》；散文《我的无弦琴》，载 1947 年 3 月 25 日福州《南方日报·黎明》。同时期在《闽北日报》《东南日报》《前线日报》《民主报·新语》《中央日报》等报发表诗、散文等亦署。④迤冰，见于小品文《报社的校对》，载 1944 年夏《联合周报》。⑤公璇，见于诗歌《土地》，载 1944 年永安《民主报》。⑥迤曙，见于杂文《听审杂记》，载 1945 年 4 月 6 日《民主报》。⑦嘘非，见于杂文《阿 Q 投胎》，载 1946 年 1 月《南方日报》。

石辟澜（1911－1947），广东潮州人。原名石鸣球。乳名海请。曾用名石尔平、余清。笔名：①石不烂，见于随笔《顿失领导之余》，载1933年上海《涛声》第2卷第12期。嗣后在该刊及《太白》《论语》《芒种》《新学识》《客观》《老实话》《全民周刊》等刊发表《广州的风气》《吴来源之死与无所谓》《前阶段救亡运动的中心任务》《就食》等文亦署。②石辟澜，出版论著《民众运动入门》（汉口群力书店，1938年）署用。嗣后在《国民公论》《新华南》发表《正确而且不断的做》《广东民众动员的过去及将来》《一九四〇年战斗中国的一个缩影》等文亦署。

石方禹（1925－2009），福建福州人，生于荷属东印度（今印度尼西亚）爪哇三宝垅。原名石美浩。笔名：①石美浩，见于通讯《沈崇女士访问记》，载1946年北平《燕京新闻》。②石方禹，见于长诗《和平的最强音》，载1950年北京《人民文学》第3卷第1期。嗣后发表诗文、出版长诗《让青年人发言》、电影文学剧本《天罗地网》《小足球队》等均署。③司空见，1957年与艾明之、唐振常在《文汇报》发表杂文合署。按：20世纪40年代中期石方禹曾在北平创作朗诵诗、活报剧、杂文等，署名情况未详。

石光（1908－1990），辽宁抚顺人。原名张东之。曾用名张佑彦。笔名：①石光，20世纪30年代在北平《东方快报》编副刊署用。见于小说《在大风雪中——地狱变相之四》，载1933年1月30日、2月1日《东方快报·时代副刊》；小说《逃出以后》，载1934年9月20日至10月2日《东方快报·小说副刊》。1939—1940年在东北救亡总会《反攻》半月刊担任编辑主任时发表散文、论文，在《大公报》副刊及辽宁报刊发表散文，以及出版通讯报告集《鲁北烟尘》（汉口上海杂志公司，1938年）等亦署。②今人、唐人、石子、贝子、紫石、矿工、东白，署用情况未详。

石果（1917－2003），贵州湄潭人。原名何恩余。曾用名何君儒。笔名丁夫、石果，1943年前后在遵义《黔声日报·轻骑队》《遵义青年·文艺之页》《实验简报·启明星》及《民铎日报》副刊《山蕾》发表诗文署用。"石果"一名，出版长篇小说《拂晓时节》、短篇小说《春风集》等亦署。

石鸿（？－1957），印尼华侨，原籍福建厦门。原名吴紫金。笔名石鸿，1937年前后在国内《大公报·文艺》《申报·自由谈》《文笔》《宇宙风》《大风》等报刊发表作品署用。

石怀池（1925－1945），福建人。原名束衣人。笔名：①束依人，见于随笔《印度的灯塔——尼赫鲁》，载1942年上海《万象》第1卷第11期。②束衣人，见于译文《果园》（格罗斯曼原作），载1945年重庆《中苏文化》第16卷第9、10期合刊。③石怀池，见于评论《评〈一个人的烦恼〉》，载1945年5月重庆《希望》第1卷第2期。同年在《群众》半月刊第10卷第10期发表评论《评沙汀底〈淘金记〉》、在《希望》第2卷第3期发表评论《东平小论》，去世后发表遗作《论托尔斯泰底时代思想及其与人民的结合（上）》（载1945年桂林《文艺杂志》新1卷第3期）、出版遗著《石怀池文学论文集》（耕耘出版社，1945年）等亦署。④何白，署用情况未详。

石挥（1915－1957），天津人。原名石毓涛。笔名石挥，见于随笔《古城剧运纵横谈》，载1940年北平《中国公论》第4卷第2期；随笔《演员创造的限度》，载1943年上海《杂志》第10卷第4期。此前后在《艺术与生活》《万象》《中艺》《永安月刊》《周报》等刊发表散文《天涯海角篇》《大杂院儿》、随笔《话剧演员的地位与待遇问题》、译文《一个演员的手册》等，出版散文集《天涯海角篇》（上海春秋杂志社，1946年）、《石挥谈艺录》（魏绍昌编。上海文艺出版社，1982年）等均署。

石经文，生卒年不详，山东青州人，笔名石晖、燕临，1944年后在青岛《民民民》月刊发表诗文署用。

石军（1912－1949），辽宁金州（今大连市）人。原名王世溥。笔名：①世溥，见于诗《故乡里》，载1932年5月18日大连《泰东日报》副刊。于此前后在该报发表随笔《读〈情犯的教员〉后》《儿子的心》、诗《摔碎吧！饭碗》等作品亦署。②寒酸，见于随笔《关于满洲文坛》，载20世纪30年代初《满洲报·小潮》。③秦嗊，1933年2月至1936年在大连《泰东日报》副刊发表《绝命》《孤独者的安慰》等小说署用。④石军，20世纪30年代起在《满洲报》《抚顺民报》《凤凰》《新青年》《艺文志》《青年文化》《新满洲》《兴满文化月报》《文选》《华文大阪每日》等报刊发表短篇小说《麦秋》《摆脱》《牵牛花》《桥》《混血儿》《未亡人》，出版短篇小说集《边城集》《暴风雨》《麦秋》，长篇小说《沃土》《新部落》《桥》，中短篇小说《隐疾》《脱轨的列车》《牵牛花》等均署。⑤玟泉，1934年在大连《泰东日报·开拓》发表文章署用。⑥文泉，见于译作《雾雨》（日本今井达夫原作），载1937年12月长春《明明》第2卷第3期。⑦闻迁、飞血、老命、季梁，20世纪30年代在东北《新青年》《凤凰》《明明》《艺文志》《文选》《抚顺民报·文艺》等报刊发表文章署用。

石冷（1928－？），福建厦门人。原名欧阳百川。笔名：①欧阳漫冈、区欠、石冷、弼辛，1942年前后至1949年在福建《闽南日报》《明日文艺》《公余生活》、福建漳州《福建新闻》、福建永安《中央日报》《现代文艺》、台湾台北《公论报》、台湾台南《中华日报·海风》等报刊发表散文、杂文等署。②欧阳弼辛，见于小说《归心似箭》，载1957年上海《萌芽》杂志。

石灵（1909－1956），江苏滨海县人，生于江苏响水。原名孙大珂，字奇玉。曾用名孙石灵。笔名：①石灵，1932年开始署用。见于歌谣《菜花歌》，载1934年上海《新诗歌》月刊第2卷第1期；剧作《卖牛》，载1934

年上海《现代》月刊第 5 卷第 2 期。嗣后主编《鲁迅风》，在该刊及《文艺新潮》《萧萧》《论语》《文艺月刊》《文学》《创作》《诗歌杂志》《文艺阵地》《文艺》《文艺新潮》《宇宙风乙刊》《新中国文艺丛刊》《文艺新闻》《戏剧与文学》《奔流文艺丛刊》《漫画漫话》《十日谈》《文摘》《文艺综合》《文学集林》《自学旬刊》《学生月刊》《世界文化》《艺风》等刊发表小说《射箭的故事》、诗《在雾里》、随笔《论说谎》《专家文化与大众文化》《〈李南桌文艺论集〉读后记》、剧作《桃花梦》《大上海在火焰中》、散文《锡兵》，出版中篇小说《捕蝗者》（上海中华书局，1935 年），剧作《他们梦醒的时候》（上海世界书局，1939 年）、《鲍志远》（据挪威易卜生原作改编。上海文艺新潮社，1940 年）、《枉费心机》（上海光明书局，1940 年）、《卖牛》《一杯牛奶》《无缝的篱笆》《捉拿魔鬼》，翻译剧作《鹰革尔夫人》（挪威易卜生原作。上海金星书店，1941 年），通讯集《不屈的斗争》（与冯岗合编。苏中韬奋书店，1947 年），散文集《松涛集》等亦署。②奇玉，1933 年在上海《新诗歌》旬刊第 1、2 期发表诗《现代民歌》《新谱小放牛》署用。③孙大珂，见于论文《陶渊明论》，载 1933 年上海《中国语文学丛刊》创刊号；通讯《暨南通讯》，载 1937 年上海《中学生》第 76 号。④何辱谦，见于小说《知己》，载 1941 年上海《奔流文艺丛刊》第 1 辑《决》。⑤辱谦，见于《小言"小言"》，载 1941 年上海《奔流新集》第 2 集《横眉》。⑥夸父，见于《胜利在望了——纪念"七一"和"七七"》，载 1942 年《文学者》。⑦何昧，见于《青年知识》，载 1942 年《文学者》。⑧玄仲，见于随笔《物质照顾与转谈》，载 1953 年《文艺月报》8 月号。嗣后在该刊发表《这是一关》一文亦署。⑨玄，见于通讯《中国第二届文代会情况报导》，载 1953 年《文艺月报》10 月号。⑩余之千，见于随笔《培养民族自尊心》，载 1954 年《文艺月报》7 月号。⑪鸣冰、游之，署用情况未详。

石凌鹤（1906－1995），江西乐平人。原名石联学，字时敏，号逊轩。曾用名石炼颀、凌镜吾、凌鹤。笔名：①凌鹤，见于随笔《出演〈爱之死之角逐〉与〈炭坑夫〉之后》，载 1930 年上海《沙仑》第 1 卷第 1 期；随笔《疯人》，载 1933 年 1 月 19 日上海《申报·自由谈》。嗣后主编《现代演剧》《戏剧时代》《电影戏剧》，在上述刊物及《文艺新潮》《太白》《微音月刊》《申报月刊》《光明》《杂文》《新社会》《创作》《文学界》《读书生活》《影迷周报》《文艺月刊》《通俗文化》《明星》《妇女生活》《新演剧》《抗战戏剧》《战地》《抗战文艺》《抗战艺术》《抗战半月刊》《文艺》《戏剧岗位》《国防周刊》《知识半月刊》《新学识》《浙江潮》《图书展望》等报刊发表长篇电影小说《四十二街》、连载小说《千古恨》《玉姬的一生》等，出版剧作《高贵的人们》《黑地狱》《乐园进行曲》《战斗的女性》《梦的微笑》、传记《葛莱泰嘉宝传》，1949 年后出版剧作《嫦娥》《西域行——班超与班昭》《凌鹤戏剧选集》《凌鹤剧作选》

等均署。②炼颀，见于译文《劳农通信运动》，载 1930 年上海《萌芽月刊》第 1 卷第 4 期。③石炼颀，见于随笔《我希望于大众文艺的》，载 1930 年上海《大众文艺》月刊第 2 卷第 4 期。④颀石、铲非、镜吾，1932－1937 年在上海《申报·电影专刊》发表文章署用。⑤凌君，见于散文《艺人印象记（一）：花好月圆的李萍倩》，载 1933 年上海《电影画报》第 1 期。嗣后在该刊发表《〈狂流〉导演者程步高》《年青的老人郑正秋》等文均署。⑥丹枫、游尘，1945－1948 年在昆明《民意日报·人生》发表文章署用。⑦石凌鹤，见于随笔《学习鲁迅的追求真理和坚韧的战斗精神》，载 1956 年 10 月 19 日《江西日报》。按：石凌鹤尚创作、出版有话剧《血》《洋白糖》《上前线去》《死前的欢笑》《劝夫从军》《山城夜曲》《仇剑记》《爱与仇》《再上前线》《夜之歌》《铁蹄下的上海》《保卫浦东》《杀敌去》《军民合作》《血十字》《十劝郎》《猴儿大王》《山花插满头》《雷电颂》（与其子石慰慈合作），诗剧《玉茗花笑》，戏曲剧本《梁祝姻缘》《木兰辞》《七巧姻缘》《还魂记》《珍珠记》《西厢记》《南瓜记》《画皮》《胭脂狱》《三代》《红娘子招亲》，大型歌舞剧《法西斯丧钟响了》（与戚文远、吴晓邦、王阶文合作），中篇小说《大英雄》，报告文学《和平与战争》，诗词集《放怀吟选集》《放怀吟二集》，传记《方志敏传》（与李希文、石慰春合作），以及《汤显祖剧作改译》等，署名情况不详。

石鲁（1919－1982），四川仁寿人。原名冯亚珩。笔名石鲁，见于随笔《"新洋片"经验介绍》，载 1949 年延安《群众文艺》第 11、12 期合刊。嗣后出版歌剧《入社》（与韩文洲合作。北京宝文堂书店，1955 年）、电影剧本《暴风雨的雄鹰》（北京艺术出版社，1956 年）、画集《石鲁书画选集》（河南人民出版社，1985 年）、《石鲁绘画书法》（人民美术出版社，1986 年），论著《石鲁画论》（河南人民出版社，1999 年）等亦署。

石曼（1927－2010），江苏南京人。原名吕贤汶。笔名：①石曼，1945 年在西安《西京日报》《益世报》发表小说、评论等署用。1946 年 10 月后在无锡《人报》及上海《大公报》《展望》《时与文》《经济周报》《新民报晚刊》发表诗、影评、通讯等亦署。1949 年后发表文章，出版《重庆抗战剧坛纪事》（中国戏剧出版社，1995 年）、《雾都剧坛风云录》（重庆出版社，2001 年）、《又见大后方影剧明星》（与余述昌合作。重庆出版社，2005 年）、《抗战戏剧》（与田本相等合作。河南大学出版社，2005 年）等亦署。②冀民，1946 年 10 月起在上海刊物发表诗文署用。③吕贤汶、台下人，1949 年后在重庆、成都、北京报刊发表文章曾署。④诸葛平凡、苏民、史芒，1980 年后在上海《文汇报》、成都《晚霞》、北京《新文学史料》《戏剧报》《新文化史料》、郑州《名人传记》等发表文章署用。

石煤（1928－2000），江苏南通人。原名徐彭年。笔名：①屑煤，见于杂文《从文艺晚会归后》，载 1946 年 3 月南通《东南日报·东南风》"艺文活动特辑"。②焦煤，见于诗《拉稿》，载 1948 年 8 月 20 日南通《诗战线丛刊》之一《斗争是我们的母亲》。嗣后在该丛刊发表《我审判自己》《迎一九四九年》等诗亦署。③坚白、黑丹，分别见于诗《我们这一代——控诉"特种刑庭"》和《警告——向办合作社的幌子们》，载 1948 年 9 月 25 日《诗战线丛刊》之三《我们这一代》。

石民（1901－1941），湖南邵阳人，字影清。笔名石民，见于小说《一个乡下的女子》，载 1920 年上海《小说月报》第 11 卷第 3 期；诗《是谁？》，载 1926 年《语丝》周刊第 75 期。嗣后在《莽原》《北新》《奔流》《春潮》《骆驼草》《现代文学》《青年界》《文艺月刊》《创化》《文艺》《人间世》《新诗》《文学杂志》《宇宙风乙刊》等刊发表著译诗文，出版诗集《良夜与恶梦》（上海北新书局，1929 年），翻译外国诗集《他人的酒杯》（上海北新书局，1933 年）、散文诗集《巴黎之烦恼》（法国波德莱尔原作。上海生活书店，1935 年）、小说集《曼侬》（与人合译。法国卜莱佛原作，上海中华书局，1935 年）等亦署。

石评梅（1902－1928），山西平定人。原名石汝璧，号评梅。乳名心珠。笔名：①波微，见于散文《心海》，载 1924 年北京《京报·妇女周刊》第 4 期。嗣后在该刊发表《涛语》等文亦署。②评梅女士，见于诗《别后》，载 1923 年 4 月 14 日北平《京报·诗学半月刊》；诗《你告她》，载 1924 年 6 月 20 日北京《晨报副镌》；随笔《再读〈兰生弟的日记〉》，载 1926 年北京《语丝》周刊第 104 期。嗣后在《新共和》等刊发表文章亦署。③评梅，见于诗《罪恶之迹》，载 1923 年 6 月 14 日《京报·诗学半月刊》。此前后在该刊及《晨报副镌》《京报副刊》《新共和》等报刊发表《雪夜》《祭献之词》《我认识了我自己》《叫她回来吧》等诗文，1929 年在北平《华严月刊》发表其遗作《梅笺——寄晶清》《评梅遗札》《梅笺——寄君珊》等亦署。④石评梅，出版散文集《偶然草》（北平华严书店，1929 年）、《涛语》（上海神州国光社，1931 年）署用。⑤梅影、梅隐，20 世纪 20 年代在北平报刊发表文章署用。⑥啾雪，与庐隐、陆晶清发表文章合署。⑦刘静蕴，见于 1941 年上海言行社出版之《涛语》一书题署（封面题作评梅女士）。⑧冰华、梦黛、林娜、波微、漱雪，署用情况未详。

石璞（1907－2008），四川成都人。原名石蕴如。笔名：①石璞，见于翻译剧本《阿加麦农》（古希腊埃斯库罗斯原作），载 1932 年北平《清华周刊》第 4 期"文艺专号"。嗣后在《新月》《世界文学》《出版周刊》《笔阵》等刊发表翻译小说《拳斗》（英国海斯利特原作）、传记《狒拉西的著者——渥尔芙夫人传》等，出版翻译小说《狒拉西》（英国伍尔夫原作。上海商务印书馆，1935 年）、翻译戏剧《希腊三大悲剧》（古希腊埃斯库罗斯等原作。上海商务印书馆，1937 年）、论著《欧美文学史》（四川人民出版社，1980 年）等均署。②小石、侬、秋侬，署用情况未详。

石琪（1921－1997），天津人。原名张英福。笔名：①石琪，见于小说《什刹海的薄暮》，载 1943 年上海《万象》第 3 卷第 2 期。嗣后在该刊 1944 年第 3 卷第 8 期发表小说《燕子张七》，在上海《幸福》《春秋》《谷音》等刊发表小说亦署。出版小说集《卖艺场》（上海日新出版社，1947 年）、《豹子酒》（上海大众出版社，1947 年）、《捞金印》（与沈寂合集。上海春秋杂志社，1946 年）等亦署。②唐萱，见于小说《峨嵋山下的梦》，载 1943 年上海《杂志》第 12 卷第 3 期。于此前后在该刊及《大众》《小天地》《春秋》《六艺》等刊发表《大麻疯》《苦行的戒坛》《"文腔和语言"》《古城的仲夏天》《豹子酒》等亦署。③张燕人，见于通讯《故都之夏》，载 1944 年上海《杂志》第 13 卷第 5 期。④谢北城，见于小说《大国民的回忆》，载 1946 年上海《宇宙》第 4 期；小说《古来万事东流水》，载 1946 年上海《幸福》第 1 卷第 1 期。嗣后在上述两刊及《民众杂志》等刊发表小说《长安水边多丽人》《在生活的边缘上》、散文《忆威海卫》《傀儡戏》等亦署。

石樵（1922－1948），河北山海关（今秦皇岛市）人。原名张庭梁。笔名石樵，见于评论《读〈给一个青年诗人的十封信〉》，载 1945 年北平《艺文杂志》第 3 卷第 1、2 期合刊。嗣后出版诗集《蓬艾集》（与柏绿、海笛、荷山、端木文心、欧阳东明合集。北平艺术与生活社，1943 年）、《山海集》（1946 年），发表散文《为生活而歌（外三篇）》（载 1946 年 6 月 15 日北平《文艺时代》月刊第 1 卷第 1 期）等亦署。

石素真（1918－2009），河南偃师人。曾用名石山灵。笔名：①山灵，见于诗《头颅的代价》（印度泰戈尔原作），载 1947 年上海《世间解》第 6 期。嗣后在《时与潮副刊》发表译作《泰尔的音乐》《诗人的最后——记泰戈尔死事》等亦署。②石真，1949 年后出版译作《摩克多塔拉·自由的瀑布》（印度泰戈尔原作。新文艺出版社，1958 年）署用。嗣后出版《两亩地》（印度泰戈尔原作。人民文学出版社，1959 年）、《榕树》（印度泰戈尔原作。人民文学出版社，1987 年）、《毒树》（印度般吉姆原作。湖南人民出版社，1988 年）、《采果集·爱者之贻·渡口》（印度泰戈尔原作。湖南人民出版社，1985 年）、《泰戈尔诗选》（印度泰戈尔原作，与冰心、郑振铎合译。人民文学出版社，2002 年），以及《嫁不出去的女儿》（印度萨拉特·钱达·查特吉原作）、《玛尼克短篇小说选》《四个人》等亦署。

石天（1916－1993），山东郓城人。原名刘笑声。笔名石天，20 世纪 40 年代在延安、晋绥军区创作历史剧《红娘子》《从开封到洛阳》《北京四十天》署用。又见于通讯《〈升官图〉在排演中》，载 1946 年 10 月 4 日延安《解放日报》。1949 年后出版京剧《红娘子》（宁夏人民出版社，1982 年）、戏剧集《石天剧作选》（宁夏人民出版社，2006 年）等亦署。

石天河（1924－？），湖南长沙人。原名周天哲。笔名石天河，著有长篇童话诗《少年石匠》、杂文随笔《野果文存》、论文集《文学的新潮》、评论《劫后文心录》、专著《广场诗学》，以及《石天河文集》等。

石天行（1917－1994），江西乐平人。原名石联任。曾用名石竹。笔名石天行，著有《惜余诗草》。

石西民（1912－1987），浙江浦江人。原名石士耕。曾用名石东夫、石耕夫。笔名：①石西民，见于随笔《怎样才能动员民众》，载 1934 年《时事类编》第 2 卷第 7 期。嗣后在《时代论坛》《中国农村》《新学识》《中国知识》《自修大学》《浙江潮》《全民周刊》《反侵略》《国民公论》《新华日报》《群众》等刊发表《以经济绝交来打击敌人的侵略》《赣北战场论》《江南游击区视察记》《战时经济建设问题》等文亦署。出版《国防经济讲话》（汉口生活书店，1938 年）、《中朝人民的胜利震撼了世界》（南京新华日报社，1951 年）、《时代鸿爪》（新华出版社，1985 年）、《报人生活杂忆——石西民新闻文集》（重庆出版社，1991 年）等亦署。②西民，见于随笔《誓以青年身心保卫祖国》，载 1936 年《中国农村》第 2 卷第 12 期；随笔《在战地的东平同志》，载 1941 年 12 月 6 日重庆《新华日报》。此前后在《新学识》《自修大学》《群众》等报刊发表《国府移驻重庆》《怎样集体读书》等文亦署。③怀南，与鲁明合署。见于南京通讯《对于和平的挑战》，载 1946 年《群众》第 11 卷第 8 期。嗣后在该刊发表《渺茫的庐山》《"等"时间》《打、拖、骗》《绝路》《恶化的局势》等文亦署。④明石、栖民，20 世纪 40 年代在重庆《新华日报》发表文章署用。⑤何引流、史明操，署用情况未详。

石玺（1926－？），辽宁沈阳人。原名石涤尘。笔名：①石玺，1945 年抗战胜利后主编青岛《公言报》副刊《黎明》和《黄河》，并在该刊发表作品开始署用，嗣后在青岛《民言报》《青岛时报》《青岛公报》等报副刊发表文章均署。1946 年在《青岛时报·海歌》发表诗《石在，火种是不会灭绝的》、评论《读七月诗丛孙钿的〈旗〉》，1949 年后出版话剧《比翼高飞》（与田广才合作。四川人民出版社，1964 年）亦署。②戈郁，1946－1948 年在《青岛时报·海歌》发表诗文署用。

石啸冲（1908－？），辽宁辽阳人。笔名：①石啸冲，见于散文《一天早晨》，载 1926 年 8 月 31 日沈阳《盛京时报》。同时期在该刊发表散文《乡村的夜晚》《惆怅的心》亦署。又见于随笔《战斗中的东北义勇军》，载 1940 年《时事类编》第 48、49 期。此前后在《自学》《大学月刊》《中学生》《东南海》《中国建设》《文汇周报》《再生》《中华论坛》《民主》《新中华》《民间》《评论报》《经济周报》《工商天地》《创世》《文讯》等报刊发表随笔《阿根廷巡礼》、评论《今日之波兰》《欧洲的新民主》《美国扶植日本与中国》《从华盛顿到巴黎》等文，出版论著《欧洲反法西斯的民主运动》（重庆文聿出版社，1944 年）、《战后世界殖民地问题》（香港新中出版社，1946 年）、《东南欧新民主国家史纲》（上海棠棣出版社，1949 年）、《社会发展史学习提纲》

（上海世界知识出版社，1950 年），报告文学《朝鲜散记》（上海新知识出版社，1955 年）等均署。②方晓，见于随笔《暴日压榨下的东北农村》，载 1934 年《黑白半月刊》第 1 卷第 15 期。③露加，见于随笔《骚动中的东北农村》，载 1934 年《东北旬刊》第 34 期。同时期在该刊发表《冈田组阁与日本外交》等文亦署。④方天曙，见于评论《德国外交的动向》，载 1935 年《外交周报》第 3 卷第 20 期。同时期在该刊发表《现阶段的英国外交》等文亦署。⑤莱沙，见于随笔《东北现状与东北人民》，载 1937 年《大众知识》第 1 卷第 8 期。⑥雷丁，见于随笔《农民宣传与农民动员》，载 1938 年《民意周刊》第 35 期。嗣后在《现代教学丛刊》《中国建设》《青年学习》等刊发表《一九四七年的世界形势》《论"北大西洋公约"》《"东亚联盟"与美国》等文亦署。⑦挺英，20 世纪 30 年代在北平报刊发表文章署用。⑧丁蕾，见于评论《东南欧与新民主主义》，载 1949 年上海《时论周刊》第 2 期。同时期在上海《展望》周刊"一周展望"专栏发表文章亦署。

石瑛（1878－1943），湖北阳新人，字蘅青。笔名石瑛，见于随笔《风俗与国难》，载 1930 年《中央党务月刊》第 28 期；随笔《青年与求学》，载 1935 年南京《广播周报》第 59 期。此前后在《中国建设》《湖北建设》《浙江省建设月刊》《市政评论》《中央民众训练部公报》《新湖北季刊》《北大半月刊》等刊发表《新生活运动之意义与实行》《断指日记》等文亦署。

石羽（1914－2008），天津人。原名孙坚白。笔名：①石羽，20 世纪 40 年代在重庆演出话剧《屈原》《国家至上》《日出》《棠棣之花》时用名。1949 年后发表随笔《读〈难忘的江村〉》（载 1991 年 9 月《重庆文化史料》第 2 期）亦署。②孙坚白，见于随笔《谁会生活，谁是最有财富的演员》，载 1942 年重庆《演剧生活》创刊号；话剧剧本《清白家风》，载 1945 年重庆《天下文章》第 2 卷第 5、6 期合刊。

石玉淦（1918－1942），山西定襄人，生于山西临汾。笔名：①石玉淦，见于评论《读过〈春雨〉之后》，载 1935 年上海《中学生》第 51 期。嗣后在该刊发表散文《一条街》《初雪》等亦署。②磊生，抗战前在上海《中学生》等刊署用。嗣后发表诗《战斗啊，姑射山！》（载 1939 年陕西宜川《西线文艺》第 1 卷第 2 期）亦署。③石星，见于诗《祭歌》，载 1940 年重庆《文学月报》第 2 卷第 4 期。按：抗战期间在山西《火线下》、吕梁地区《战斗三日报》等报刊发表诗作，署名情况待查。

石毓符（1908－1982），天津人。笔名：①育孚，见于翻译小说《幻》（赫伯特·哈兰德原作），载 1929 年天津《国闻周报》第 6 卷第 48 期。此外在天津《庸报》等报刊发表文章亦署。②石毓符，见于《会计书介绍》，载 1935 年《会计季刊》第 1 卷第 1 期。1949 年后出版财经专业著作亦署。

石云子（1922－？），浙江杭州人。曾用名石隽夫、耘之。笔名石云子，1947年7月起在杭州主编《中国儿童时报》，并在该刊发表小说《寻亲》、童话《秋天的林子》等署用。

石蕴真，生卒年及籍贯不详。笔名枕戈，见于小说《他的美梦醒了》，载1932年马来亚新加坡《民国日报·公共园地》第114－124期。同时期在新加坡《星中日报·星火》《星洲日报·晨星》《新国民日报·新国民杂志》《新国民日报·新路》等发表诗、散文、小说署用。

石在（1929－？），四川筠连人。原名聂多饶。笔名：①平沙，见于通讯《同济学生活命大拍卖》，载1948年12月上海《海涛》月刊。②王禾，见于《在钱塘江南北》（少年儿童出版社，1957年）。

石重光（1889－1933），江苏如皋人，字又新。笔名石重光，有《顽石诗镐》一册传世。

石醉六（1880－1948），湖南邵阳（今新邵县）人。原名石陶钧，字醉六，号玉峰。著有诗集《危城集》《武冈集》《庐山集》等。

时玳，生卒年不详，山东文登人。原名张组文。笔名时玳，见于散文《乌拉齐沙漠》，载1934年11月8日、9日上海《申报·自由谈》；散文《一天的工作》，载1935年上海《创作》第1卷第1期。嗣后在《申报月刊》《文艺大路》《漫画漫话》《文学青年》《剧场艺术》《春云》等刊发表小说《车中》《雪地》《老人》、随笔《归来》《关于"逃生队"》、通信《远地来鸿》等亦署。

时萌（1926－2003），江苏常熟人。原名吕一凡。笔名：①丰木、吕一凡，1943年起在常熟《新中国报·学生》发表诗、散文署用。②时萌，20世纪80年代起发表文学研究论文，出版论著《闻一多朱自清论》（上海文艺出版社，1982年）、《曾朴研究》（上海古籍出版社，1982年）、《中国近代文学论稿》（上海古籍出版社，1986年）、《晚清小说》（上海古籍出版社，1989年）和散文集《春韭楼随笔》（江苏文艺出版社，1996年），主编《中国近代文学大系·小说集》（上海书店出版社，1992年）等亦署。按：时萌的作品还有电影剧本《义和团》、历史剧剧本《洛阳令》等。

时有恒（1905－1982），江苏铜山（今徐州市）人，字于久。笔名：①有恒，见于诗《夏》，载1927年上海《北新》周刊第1卷第37期；《这时节（二）》，载1927年《北新》周刊第43、44期合刊；诗《读〈血痕〉》，载1928年上海《开明》第1卷第5期；随笔《从抗战中认识鲁迅之伟大性》，载1939年成都《笔阵》第12期。②时间有恒，署用情况未详。

时佑平（1920－2012），安徽泗县人。笔名：①时佑平，出版电影文学剧本《红孩子》（合作）、论文集《原始社会史辩》（江西教育出版社，1986年）、小说《龙崽和虎崽》（湖北人民出版社，1979年）等署用。②时述、中山，署用情况未详。按：时佑平尚著有报告文学《人群》、歌剧《红大嫂》、中长篇小说集《天罗地网》《生龙活虎》等，出版与署名情况未详。

史白（1908－1946），江苏南通人。原名施椿寿，字竺山。曾用名施春瘦。笔名：①施椿寿，见于散文《听琴记》，载1926年4月30日南通《七中旬刊》。②匈罢，见于诗《挽诗》《衣衫悼歌》，载1933年1月20日南通《枫叶特大号·衣衫纪念刊》。③施典，1937年参加上海出版的《写作与阅读》月刊编委会署用。④史白，1938年起在南通、东台等地《军民导报》《战时新闻周刊》《救亡时报》《东台民报》《民间》《江海大众》《戏剧与音乐》等报刊发表诗文署用。⑤史玉，1938年8月后在江北特委编印的《大众周刊》发表诗和歌词署用。⑥春寿，1944年写诗《养正校校歌》署用。⑦施羽，见于诗《纺纱织布》《别处哪儿有》、论文《论绘画的"民间形式"》，载1946年如皋《文综》创刊号。《别处哪儿有》后由作曲家沈亚威谱曲，解放战争时期在苏中地区广泛流传。⑧时雨，见于论文《绘画艺术的民族形式》，载1946年南通《东南日报·东南风》。⑨村叟，在书画上署用。⑩春瘦、施玉、施雨、敬白、守白，署用情况未详。

史超（1921－2019），江苏徐州人。笔名：①史超，解放战争时期创作话剧剧本《杨四子》，歌剧剧本《两种作风》《王克勤班》（与他人合作），歌词《把进攻的敌人坚决消灭尽》《前进！弟兄们》（均吴毅华曲）署用。1949年后创作话剧剧本《东进！东进！》（与他人合作）、《胜利路上》（与郑洪合作）、《揭开面纱》，电影文学剧本《猛河的黎明》（与他人合作）、《大破天险狼牙洞》《县委书记》《五更寒》《在被告的后面》（与他人合作）、《大决战》（与他人合作）、《云雾山中》（与他人合作）及故事《英雄修水库》等亦署。②何荷，署用情况未详。

史东山（1902－1955），浙江海宁人，生于杭州。原名史匡韶。笔名史东山，见于随笔《我如何对待演员》，载1936年上海《电影戏剧》第1卷第1期；评论《抗战以来的中国电影》，载1941年7月25日重庆《中苏文艺》。于此前后在《抗战戏剧》《真话》《昆仑影讯》《戏剧岗位》《戏剧春秋》《天下文章》《国泰新片特刊》《现代电影》《书报精华副刊》《国讯》《时代电影》《社会月报》《青春电影》《现代妇女》《联合周报》《影迷周报》《剧影春秋》《戏剧月报》《文章》《中国作家纪念特刊》《影剧新地》《中苏友好》等刊发表评论《苏联电影与中国电影》《关于史坦尼斯拉夫斯基和瓦赫坦哥夫演剧方法论的比较研究》《关于艺术的政治任务》、随笔《与朋友谈话》《到日本去》、电影剧本《祖国之恋》等均署；出版中篇小说《女人》（上海时代图书公司，1934年）、《新闺怨》（上海作家书屋，1948年），话剧剧本《重庆屋檐下》（根据徐昌霖原作改编。大陆图书杂志公司，1944年），以及长篇小说《祖国之恋》、话剧剧本《还我故乡》、电影文学剧本《柳絮》、论著《电影艺术在表现形式上的几个特点》《论电影的镜头组接》等亦署。

史济行（1906－1969），浙江鄞县（今宁波市）人。原名史天行，字济行。别署齐涵之，1936 年 3 月致函鲁迅曾借用。笔名：①史岩，出版小说集《模型女》（上海光华书局，1927 年）署用。嗣后发表随笔《叶绍钧的印象》（载 1946 年上海《幸福世界》第 1 卷第 4 期），出版小说戏剧集《蚕食集》（上海广益书局，1929 年）等亦署。②史济行，见于评论《朱湘的旧诗》《谈谈鲁迅》，载 1930 年上海《红叶》周刊。嗣后在上海《小说世界》《真美善》《开明》《金屋》《骆驼草》《微言》等刊发表诗文亦署。③彳行，见于杂文《英文无用》《枇杷误作琵琶》，载 1933 年上海《论语》第 15 期。嗣后在上海《新时代》、苏州《珊珊》等刊发表文章亦署。④华严一丐，见于随笔《两本奇书》，载 1933 年苏州《珊瑚》第 2 卷第 8 期。嗣后在该刊发表《啼笑种种》《豆腐隽语》等文亦署。⑤史天行，1936 年 4 月在武汉主编《人间世》半月刊署用。嗣后在《文艺》《创世》《文艺先锋》《文艺春秋》《雄风》《读书通讯》《新学生》《青年知识》《人生杂志》《旅行杂志》《再造旬刊》《大侦探》《幸福世界》等刊发表文章，出版散文集《幽梦影》（与张心斋合集。上海千秋出版社，1936 年），编著《毛泽东言论集》（汉口芒种书屋，1938 年）、《日俄怎样大战》（汉口华中图书公司，1938 年）、《东北记痛》（汉口华中图书公司，1938 年）、《沦陷后的上海》（汉口华中图书公司，1938 年）等书均署。⑥天行，见于游记《梵岛一周记》，载 1936 年武汉《人间世》创刊号；随笔《郭沫若的诗》《记巴金》，载 1946 年上海《幸福》第 1 卷第 5 期。嗣后在《西北风》《幸福世界》《文艺先锋》《茶话》等刊发表文章，编著出版《最近的外蒙古》（芒种书屋，1938 年）、《丁玲在西北》（芒种书屋，1938 年）亦署。⑦王喻、天木、白文，分别见于随笔《郁达夫在普陀的时候》《剧坛健将的夏衍》《逝世的王独清》。"白文"一名，嗣后在该刊发表《清宫演剧谈》《汉剧与楚戏》《记剧作家袁骏》《女作家白薇》等文亦署。⑧于行、天喻、木木，分别见于随笔《幽默作家老向》《华威先生张天翼》《记新以》，载 1947 年《幸福世界》第 1 卷第 7 期。"木木"一名，嗣后在该刊发表《聊斋志异》亦署。⑨史行，见于随笔《鲁迅与"泱泱社"》，载 1948 年 7 月上海《文艺丛刊》第 6 集《残夜》。⑩大木，见于随笔《聊斋志异佚篇》，载 1948 年《幸福世界》第 2 卷第 2 期。⑪森园，见于随笔《文人小记》，载 1948 年《幸福世界》第 2 卷第 5 期。⑫济行，见于《鲁迅谈革命文学》，载 1948 年《幸福世界》第 21 期。⑬齐衍、岩、济涵，20 世纪 30—40 年代在《宁波日报》《上海公报》等浙江、上海报刊发表文章署用。

史轮（1902－1942），山东威县人。原名马清瑞，字超尘。笔名史轮，见于诗《踏夜曲》，载 1936 年 10 月 1 日上海《诗歌杂志》第 1 期。又见于诗《塞北民歌》，载 1939 年 1 月 23 日重庆《新华日报》。嗣后在《春云》

《中国诗坛》《七月》《诗创作》《抗敌三日刊》《战歌》《半月文艺》《新诗歌》《诗歌新辑》《诗歌季刊》《诗建设》《边区诗歌》等报刊发表诗歌，出版诗集《白衣血浪》（上海泰东图书局，1933 年）、《战前之歌》（诗歌出版社，1936 年），剧本《白山黑水》（生活书店）等亦署。

史枚（1914－1981），江苏苏州人。原名佘其越。曾用名佘增涛、小琳。笔名：①唐纳，20 世纪 30 年代在上海《晨报·每日电影》《申报·电影专刊》《中华日报·银座》《新闻报·艺海》《大晚报·剪影》等发表电影评论常署。按：同时期马骥良也借用此名在上述报刊发表影评，此名后来为马骥良所专用。②史枚，见于随笔《谈谈手头字》，载 1936 年上海《读书生活》第 2 卷第 2 期。嗣后在《新学识》《民族公论》《时事类编》《全民周刊》《全民抗战》《妇女生活》《读书月报》《国民公论》《民主》等报刊发表文章，出版《抗战建国纲领问答》（上海生活书店，1938 年）、《抗战中的世界大势》（新知书店，1939 年）等著作亦署。

史美钧（1900－？），浙江海宁人。笔名：①史美钧，见于译文《没有太阳的世界》（德国 M. 格雷斯霍纳原作），载 1935 年 4 月 20 日上海《世界文学》第 1 卷第 5 期。又见于论文《朱湘论》，载 1936 年 4 月上海《青年界》第 9 卷第 4 期。嗣后在《红茶》《中国文艺》《浙江教育》《闽政月刊》等刊发表《诗人梦家论》《戏剧教育之昨日今日与明日》《浙江教育简史》《文章解剖与文艺研究》等文，出版小说集《晦涩集》（上海新中国书局，1935 年）、《披荆集》（丽水正中书局，1941 年）、《错采集》（杭州现代社，1948 年），散文集《纡轸集》（丽水正中书局，1942 年）、《衍华集》（杭州现代社，1948 年），童话集《稚意集》（上海新中国书局，1934 年），评论集《短檠集》（上海中国杂志公司，1939 年）、《鱼跃集》（丽水正中书局，1942 年），论著《怎样习作文艺》（上海中国图书编译馆，1940 年）等均署。②高穆，见于论文《徐志摩论》，载 1944 年《小说月报》第 40 期；随笔《战时教育的歧路》，载 1944 年上海《文友》第 3 卷第 9 期。嗣后在《文友》及上海《大众》《银行周报》等刊发表《马来半岛的沙盖民族》《中国农村经济阴暗面》《儿女的憧憬》《豆萁吟》等诗文亦署。③史高穆，见于小说《前程》，载 1944 年上海《文友》第 3 卷第 7 期；论文《农业金融演进之蠡测》，载 1944 年上海《银行周报》第 28 卷第 41 期至第 44 期合刊。

史人范，生卒年及籍贯不详。笔名：①伊凡，见于随笔《杂感》，载 1926 年上海《文学周报》第 231 期；散文《帐子》，载 1935 年 8 月 5 日上海《申报·自由谈》。此前后在上海《女声》《东方杂志》《杂志》《妇女生活》《妇女界》《新儿童》等刊发表小说《阿珍》《河豚》、独幕剧《夫妇间》、随笔《未来社交关系中的女子》、传记《波兰第一任总理巴德留斯基》及医学文章亦署。②史人范，见于《理不胜欲：要使两者保持平衡》，载 1927 年上海《妇女杂志》第 13 卷第 4 期。

③伊凡女士，见于散文《小屋杂记》，载 1932 年上海《文艺茶话》第 1 卷第 1 期；散文《梦》，载 1933 年上海《新时代》第 4 卷第 2 期。④史伊凡，1938 年在上海《中华医学杂志》第 24 卷发表医学文章等署用。

史若虚（1918—1983），山东阳信人。原名史宝玺，字尊一。笔名史若虚，见于鼓词《三勇士推破船》，载 1949 年石家庄《华北文艺》第 6 期。嗣后出版鼓词《三勇士推破船》（济南新华书店，1950 年）、《飞夺泸定桥》（南充川北人民出版社，1951 年）、《戏曲教育论集》（中国戏剧出版社，1983 年）、《王瑶卿艺术评论集》（与荀令香合作。中国戏剧出版社，1985 年）等亦署。

史松北（1918—？），辽宁铁岭人。笔名：①史松北，见于《农村来信》，载 1945 年 3 月 19 日延安《解放日报》；诗《英雄的纪念册》，载 1947 年哈尔滨《东北文艺》第 2 卷第 1 期。此前后在哈尔滨《文学战线》《东北日报》《知识》、吉林《文艺月报》等报刊发表诗《担架队》《从南到北胜利在召唤》《古城的春天》《一只转动着的路码表，停下来了》等，出版诗集《从南到北胜利在召唤》（华东人民出版社，1951 年）、《海涅诗集》（华东人民出版社，1951 年）等亦署。②冬青、尅旅，20 世纪 40 年代在东北报刊发表诗文署用。

史行（1916—2015），江苏宜兴人。原名史锦棠。笔名：①史潮，1937—1938 年在武汉、洛阳、郑州、开封等地报刊发表诗文署用。见于诗《早晨，一只鸟儿向北飞去了》《树叶儿又飘落了》，载 1945 年桂林《文艺杂志》新 1 卷第 1 期。嗣后在该刊新 1 卷第 2 期发表诗《寄一个人间的友人》亦署。又见于歌词《我底歌》（草田作曲），载 1947 年桂林《新音乐》第 6 卷第 5 期。②史行，见于随笔《演剧杂谈》，载 1940 年延安《大众文艺》第 2 卷第 3 期；歌词《保卫自己的家乡》（李焕之作曲），载 1940 年桂林《新音乐》第 3 卷第 3 期。嗣后在延安《解放日报》发表《在连队里怎样排戏》（与徐锁合作）、《民兵摆战场》（与次欧合作）等文，创作《保卫大河南》《再上前线》《信号枪》《启蒙者》《先锋》等歌剧、话剧，1949 年后出版论著《艺海扬帆——史行文论集》（浙江文艺出版社，1990 年）等均署。

史泽之（1908—？），江苏溧阳人，字燮庄。笔名史泽之，见于随笔《我所见过的三轮车》，载 1947 年《青年生活》第 15 期。

史紫忱（1914—1993），河南陕县人。原名史铭，字子藏。笔名：①史紫忱，见于散文《梦游阿杜亚》，载 1935 年汉口《文艺》第 2 卷第 3 期。嗣后在该刊发表评论《文艺的现实性》《文艺底路线》《鲁迅论》《今后青年文艺家的责任》《小说作法十讲》等文，1949 年后在台湾出版散文集《无心集》（台北浩瀚出版社，1975 年）、《杂文》（台北学生书局，1976 年）、《爱是一只闷葫芦》（台北九歌出版社，1990 年）、《自我与天地》（台北九歌出版社，1991 年），论著《文学人》（台北星光出版社，1978 年），诗文集《零集合》（台北星光出版

社，1986 年）等均署。②紫忱，出版诗集《紫忱诗集》（北平中国诗社，1932 年）署用。嗣后发表诗《诗人与乞丐》（载 1937 年汉口《文艺》第 4 卷第 6 期）亦署。

释永光，生卒年及籍贯不详。长沙开福寺僧、南社社友，字海印。笔名释永光，在《南社丛刻》发表旧体诗署用。

【shou】

首凤竹，生卒年不详，湖南人。笔名凡鸟，20 世纪 30 年代在武汉报刊发表作品署用。见于散文《失去了的恋爱》，载 1936 年武汉《文艺》月刊第 8 卷第 6 期。

寿石工（1888—1950），浙江绍兴人。原名寿玺，字石工、硕功、石公，号珑庵、珑盦、印侯、印丐。曾用名寿铄。笔名：①寿石工，见于随笔《述知白斋墨谱》《湘怨楼枝谭》，分别载于 1944 年上海《古今》第 49 期、第 57 期；词《西溪子·题琼岛春光》，载 1946 年《天津民国日报画刊》第 20 期。②务熹、悲风，署用情况未详。

寿洙邻（1871—1961），浙江绍兴人。原名寿鹏飞，字洙邻。笔名钝拙，1925 年对鲁迅《中国小说史略》提意见时署用。

【shu】

舒畅（1928—？），湖北汉阳人。原名舒扬。笔名舒畅，1949 年后在台湾《民族晚报》连载长篇小说《天窗》等作品，出版小说集《橱窗里的画眉》（台湾商务印书馆，1967 年）、《轨迹之外》（台北金字塔出版社，1969 年）、《没有番号的》（台北，1971 年）、《舒畅自选集》（台北黎明文化事业股份有限公司，1975 年），散文集《院中故事》（台北九歌出版社，1981 年）、《风笛·玩偶·垃圾车》（台北联亚出版社，1976 年；台北九歌出版社，1985 年）等署用。按：舒畅 1945—1949 年即从事诗歌写作，署名情况未详。

舒兰（1931— ），江苏邳县人。原名戴书训，号舒逊。笔名：①林青，见于诗《赶路》，载 1948 年北平《诗号角》第 3 期。②舒兰，1948 年后在台湾发表作品，出版诗集《抒情集》（台北中国野风社，1962 年）、《乡色酒》（台北布谷出版社，1984 年）、《舒兰童诗选》（台北布谷出版社，1989 年），论著《五四时代的新诗作家和作品》（台北成文出版社，1980 年）、《北伐前后的新诗作家和作品》（台北成文出版社，1980 年）、《抗战时期的新诗作家和作品》（台北成文出版社，1980 年）、《中国的海洋诗》（台北布谷出版社，1984 年），传记《邹鲁传》（台北新中国出版社，1983 年）等署用。

舒模（1912—1991），江苏南京人。原名蒋树模。笔名舒模，见于报道《战地演剧纪实》，载 1941 年 7 月 1 日桂林《戏剧春秋》第 1 卷第 4 期。此前后在《新学识》《新音乐》《音乐导报》《开明少年》《新诗歌》《现代新闻》等报刊发表随笔、歌曲等，出版《怎样保护

嗓子》（与萧晴合作。通俗文艺出版社，1956年）亦署。

舒强（1915－？），江苏南京人。原名蒋树强。曾用名蒋渺凝。笔名舒强，见于话剧《三江好》（与吕复等合作），载1938年汉口《抗战戏剧》第1卷第4期；通讯《关于战地演剧》，载1938年上海《新演剧》新1卷第2期。同年在汉口《战地》第1卷第5期发表通讯《战后的台儿庄》，嗣后出版独幕剧《活捉日本鬼》（重庆生活书店，1940年）、《为了大家》（桂林文学出版社，1941年）和话剧集《三江好》（与何茵、吕复等合作。武昌战争丛刊社，1938年）；1949年后发表《话剧表演艺术的新问题》（发表于1961年《戏剧论丛》）、《演员的矛盾》（发表于1962年《红旗》杂志）、《关于塑造领袖舞台形象问题》（发表于1979年《学习》杂志），出版论著《新歌剧的初步探索》（新文艺出版社，1952年）、《表演和导演问题》（新文艺出版社，1952年）、《斯坦尼斯拉夫斯基体系问题》（中国戏剧出版社，1957年）、《舒强戏剧论文集》（中国戏剧出版社，1982年）等亦署。

舒群（1913－1989），黑龙江阿城（今哈尔滨市）人。原名李书堂。曾用名李春阳、李旭东、李邨哲。笔名：①黑人，1931年冬开始在《哈尔滨新报》发表诗作等署用。见于特写《流浪人的信息——给三郎悄吟》，载1933年4月4日哈尔滨《国际协报》；诗《夜妓》，载1933年长春《大同报·前哨》第11期。嗣后在长春《大同报·大同俱乐部》、哈尔滨《国际协报·儿童》《哈尔滨五日画报》等发表诗文亦署。②李邨哲，出版诗集《黑人》（梅友出版社，1934年）署用。③舒群，见于小说《邻家》，载1936年上海《文学大众》第1卷第1期；小说《没有祖国的孩子》，载1936年上海《文学》月刊第6卷第5期。嗣后在《好文章》《青年界》《宇宙风》《东方文艺》《作家》《文学界》《光明》《泰东日报》《今代文艺》《中流》《文化食粮》《申报·每周增刊》《诗歌杂志》《希望》《大晚报·战线》《战地》《文艺旬刊》《文艺阵地》《中学生战时半月刊》《抗战文艺》《星岛日报》《文艺》《文学月报》《国民公论》《反攻》《文艺生活》《谷雨》《解放日报》《东北文艺》《文艺战线》《东北日报》《知识》《东北文艺》《希望半月刊》等报刊发表诗《东北歌者的短歌》、小说《奴隶与主人》《婴儿》《秘密的旅途》《血的短曲之二》、散文《"九一八"五周年感言》《归来人》、戏剧《逃避者》《吴同志》、评论《关于〈夏红秋〉的意见——复作者的信》等，出版小说集《没有祖国的孩子》（上海生活书店，1936年）、《战地》（上海北新书局，1937年）、《海的彼岸》（与罗烽等合集。重庆烽火出版社，1940年），中篇小说《老兵》（上海良友图书印刷公司，1936年）、《秘密的故事》（上海文化生活出版社，1940年），话剧《台儿庄》（与王莹、连夷等合作。汉口读书生活出版社，1938年）、《总动员》（与罗烽等合作。汉口上海杂志公司，1938年），散文集《朱德印象记》（救亡出版社，1938年），报告文学《西线随征记》（汉口上海杂志公司，1938年），1949年后出版《毛泽东的故事》

《舒群文集》（春风文艺出版社，1982年）等亦署。

舒塞（1928－？），四川阆中人。原名魏沧石。曾用名魏绍桓。笔名：①舒塞，出版诗集《呼喊》（路向社，1948年）署用。②魏绍桓，出版诗集《登楼赋》（三峡诗丛发行组，1987年）、《舒塞草》（成都出版社，1995年）署用。③王鸦、文兰、巴浪、杜芜、金果、星沙、舒牧原，1946－1949年在重庆《新阵地》《江畔》《露晞诗丛》《火种》、昆明《时代晚报·呼喊》（杨霈霖编）等报刊发表诗歌、评论等署用。

舒适（1916－2015），浙江慈溪人，生于北京。原名舒昌格，曾用名舒适。笔名舒适，编导电影《地老天荒》（1938年）、《苦儿天堂》（1944年），创作电影剧本《卖花的女儿》《红灯笼》《八宝图》（1938年－1950年）等署用。

舒蔚青（1905－1942），安徽黟县人。原名舒寿年，字蔚青。笔名：①舒蔚青，见于散文《战友》，载1937年武汉《文艺》月刊第4卷第4期。嗣后在该刊发表《西湖两个胜迹的轶话》《小剧场》等文亦署。又见于通讯《1939年春重庆剧坛报道》，载1939年重庆《戏剧岗位》第1卷第2、3期合刊。②舒畅，编著出版《现代戏剧图书目录》（汉口现代戏剧图书馆，1938年）署用。

舒芜（1922－2009），安徽桐城人。本名方管，学名方珪德，字重禹。笔名：①舒吴，1938年10月前后在桂林《广西日报·南方》发表散文署用。②舒芜，1938年10月前后在桂林《广西日报·南方》发表散文开始署用。见于随笔《关于学习历史的遗产》，载1940年上海《读书月报》第2卷第2期；论文《论主观》，载1945年1月重庆《希望》第1辑第1期。此前后在《抗战文艺》《中原》《文化杂志》《文风杂志》《文坛月报》《呼吸》《蚂蚁小集》等报刊发表文章，出版杂文集《挂剑集》（上海海燕书店，1947年）、《说梦录》（上海古籍出版社，1982年）、《挂剑新集》（花城出版社，1985年）、《书与现实》（生活·读书·新知三联书店，1986年）、《毋忘草》（湖南人民出版社，1986年），论著《周作人的功过是非》（人民文学出版社，1993年）、《红楼说梦》（人民文学出版社，2004年）等亦署。③林慕沃。见于杂文《能为中国用》，载1945年重庆《希望》第1集第1期。④孙堪，见于杂文《"嗜痂"与"制痂"》，载1945年重庆《希望》第1集第1期。⑤赵元申、赵元甲，原用"赵元甲"，被编印者误印为"赵元申"。见于杂文《不暇自笑的丑角》，载1945年重庆《希望》第1集第1期。⑥萬挽。见于杂文《"夷狄之进于中国者"》，载1945年重庆《希望》第1集第1期。⑦姚箕隐，见于杂文《耶苏闻道记》，载1945年重庆《希望》第1集第1期。嗣后在该刊发表杂文《"致身"法钩沉》亦署。⑧但公说，见于杂文《宰相怎样"代表"平民的》，载1945年重庆《希望》第1集第1期。嗣后在该刊发表杂文《静候解答》《史学的奥窍》亦署。

⑨宗珪父，见于杂文《我佩服的"曾文正公"》，载1945年重庆《希望》第1集第1期。嗣后在该刊发表杂文《法于自然》《学生与政治》等亦署。⑩竺夷之，见于杂文《国家育才之至意》，载1945年重庆《希望》第1集第1期。嗣后在该刊发表杂文《非"政治"的民意》《"政治杂感"的杂感》等亦署。⑪白君勺，见于杂文《"真"与"雅"》，载1945年重庆《希望》第1集第1期。嗣后在该刊发表杂文《雨夜谈龙》《"女作家"》亦署。⑫徐舞，见于杂文《"无捧而无不捧"》，载1945年重庆《希望》第1集第1期。⑬许无，见于杂文《哲学与哲学家》，载1945年重庆《希望》第1集第1期。⑭桂未晚，见于杂文《"国字"的奥妙》，载1945年《希望》第1集第2期。⑮孙子野，见于杂文《王莽的训导方法》，载1945年《希望》第1集第2期。嗣后在该刊发表杂文《"拥护"古谊考》《今天的"狂人"和"莎乐美"》等亦署。⑯龙亮之，见于杂文《设想与事实》，载1945年重庆《希望》第1集第2期。⑰钟雨，见于书评《理想主义的破灭与新生》，载1945年重庆《希望》第1集第3期。⑱郑建夫，见于杂文《青面圣人》，载1945年重庆《希望》第1集第4期。⑲郑达夫，见于杂文《乾隆皇帝圣虑发微》，载1946年上海《希望》第2集第1期。嗣后在该刊发表杂文《邓肯女士与中国》《关于几个女人的是是非非》等亦署。⑳郭晼，见于杂文《忘掉》，载1946年上海《希望》第2集第1期。嗣后在该刊发表散文《忆李邦梁》亦署。㉑方管，见于论文《释无久》，载1943年《国立中央大学文史哲季刊》第1卷第2期。嗣后在《国文月刊》《文史杂志》《新中华》发表《工具书与入门书》《王维散论》等文，1962年在北京《光明日报·文学遗产》发表关于杜甫的论文亦署。㉒方重禹，见于论文《谈桐城派》，载1948年上海《读书与出版》第3卷第9期。嗣后在某刊发表古典文学论文亦署。㉓尉迟蓁，见于杂文《说"难免"》，载1956年秋北京《人民日报》副刊。㉔周午、司空雨、完颜荔、申屠敬远，1956年在北京《人民日报》副刊发表杂文署用。㉕简夷之，编选出版《康有为诗文选》（人民文学出版社，1963年）、编辑出版《中国中古文学学论文杂记》（刘师培原作。人民文学出版社，1959年）等署用。㉖屠敬远，署用情况未详。

舒巷城（1921—1999），广东惠阳人，生于香港。原名王深泉。曾用名王烙。笔名：①王烙，20世纪30年代后期在香港《立报·言林》、广州《珠江日报》及上海《申报·自由谈》发表作品署用。嗣后与人合作出版油印诗集《三人集》亦署。②秦西宁，20世纪50年代初在香港《新晚报·天方夜谭》"都市场景"专栏发表小说署用。嗣后出版长篇小说《再来的时候》（香港新月出版社，1960年），短篇小说集《市声、泪影、微笑》（与他人合集。香港万里书店，1962年），散文集《海歌、夜语、情思》（与他人合集。香港万里书店，1962年），文学名著改写本《死魂灵》（俄国果戈理原

作。新加坡星洲世界书局有限公司，1957年；香港文学出版社，1973年），论著《浅谈文学语言》（香港中南出版社，1956年；再版署名舒巷城，2006年由香港花千树出版有限公司出版）等亦署。③于燕泥，改写出版《卡拉马佐夫兄弟们》（俄国陀思妥耶夫斯基原作。新加坡星洲世界书局有限公司，1957年）署名。④舒文朗，改写出版《罪与罚》（俄国陀思妥耶夫斯基原作。新加坡星洲世界书局有限公司，1959年）署用。⑤舒巷城，在香港报刊发表诗文、出版长篇小说《再来的时候》（香港新月出版社，1960年）、《太阳下山了》（香港南洋文艺出版社，1962年。1984年广州花城出版社再版更名为《港岛大街的背后》。1999年香港花千树出版有限公司再版恢复原名《太阳下山了》)、《巴黎两岸》（香港中流出版社，1971年）、《艰苦的行程》（香港七十年代杂志社，1971年），短篇小说集《山上山下》（香港联发书店，1953年）、《雾香港》（香港中南出版社，1956年）、《曲巷恩仇》（香港中南出版社，1956年）、《伦敦的八月》（香港伴侣杂志社，1967年）、《白兰花》（香港花千树出版有限公司，1999年。1964年香港海滨图书公司初版，署名方维）、《玻璃窗下》（香港花千树出版有限公司，2000年）、《鲤鱼门的雾》（香港花千树出版有限公司，2000年），诗集《我的抒情诗》（香港伴侣杂志社，1956年）、《回声集》（香港中流出版社，1970年）、《都市诗钞》（香港七十年代月刊社，1973年；增订本，香港花千树出版有限公司，2004年）、《长街短笛》（香港花千树出版有限公司，2004年），随笔集《拜伦与爱情》（香港中南出版社，1956年；香港新月出版社，1957年），散文集《伦敦的八月》（香港伴侣杂志社，1967年）、《灯下拾零》（香港万叶出版社，1974年；增订本，香港花千树出版有限公司，2003年）、《夜阑锁记》（香港天地图书有限公司，1997年），文学名著改编本《红楼梦》（曹雪芹原作。新加坡星洲世界书局有限公司，1959年）、《桥边的老人》（美国海明威原作。香港南洋出版社，1962年），论著《浅谈文学语言》（香港中南出版社，1956年），文集《舒巷城卷》（三联书店香港有限公司，1989年）、《舒巷城选集》（秋明编。香港文学研究社，1989年）等亦署。⑥方维，出版长篇小说《白兰花》（香港海滨图书公司，1964年。1999年香港花千树出版有限公司再版，改署舒巷城）署用。⑦王思畅，S. C. Wong，出版《趣味英语会话 *English conversation for pleasure*》（香港伴侣杂志社，1965年）署用。"王思畅"一名，出版《给珍妮的一束英文信 *Letter to Jenny*》（香港伴侣杂志社，1966年）亦署。⑧邱江海，见于长篇小说《艰苦的行程：一位香港青年在抗战期间的生活见证》，连载于1971年香港《七十年代》月刊。1972年由七十年代杂志社出版小说单行本亦署。⑨尤加多，1988年4月1日—1991年4月14日在香港《商报·谈风》撰写"无拘界"专栏文章署用。⑩向于回、石流金、秦可、陆思鱼、秦城洛、秦楚深、香港仔、方永，署用情况未详。

舒新城（1893—1960），湖南溆浦人。原名舒玉山，

字心怡、遁庵。曾用名舒维周、舒建勋。笔名：①舒新城，见于信函《致记者》，载 1916 年北京《新青年》月刊第 2 卷第 1 期；随笔《自我的研究》，载 1920 年北京《解放与改造》第 2 卷第 1 期。嗣后在《少年中国》《民铎杂志》《语丝》《北新》《教育杂志》《中华教育界》《晨报副镌》《京报副刊》《新教育评论》《东方杂志》《中学生》《申报月刊》《新中华》《湖北教育》《文化建设》《文化与教育》《少年周报》《高等教育季刊》《平论》《雄风》等报刊发表文章，出版散文集《蜀游心影》（上海开明书店，1929 年）、《故乡》（上海中华书局，1934 年）、《狂顾录》（上海中华书局，1936 年）、《漫游日记》（上海中华书局，1945 年），书信集《十年书》（与刘济群合集。上海中华书局，1945 年），论著《近代中国留学史》（上海中华书局，1927 年）、《近代中国教育思想史》（上海中华书局，1932 年）、《实用教育学》《教育指南》《教育通论》，主编《辞海》（1936 年版）等亦署。②畅吾，见于随笔《我对于教会学校的意见与希望》，载 1919 年 10 月 13—18 日上海《时事新报·学灯》。③新城，见于评论《思想与环境》，载 1920 年 3 月 13 日上海《时事新报·学灯》；评论《怎样去改造武人思想？》，载 1920 年北京《解放与改造》第 2 卷第 8 期。嗣后在《教育杂志》《京报副刊》《生活周刊》等刊发表文章亦署。

束沛德（1931— ），江苏丹阳人。笔名：①束沛德，发表儿童文学论文《幻想也要以真实为基础——评欧阳山的童话》《情趣从何而来——谈谈柯岩的儿童诗》《关于儿童文学创新的思考》。出版论著《束沛德文学评论集》（明天出版社，1991 年）、《儿童文苑漫步》（江苏少年儿童出版社，1995 年），编选《世界童话精品》（陕西人民出版社，1995 年），主编《中国当代儿童诗丛》《共和国 50 年文学名作文库·儿童文学卷》《世界童话精品》等署用。②舒霈、缚高，署用情况未详。

束纫秋（1919—2009），江苏丹阳人。原名束佩，字纫秋。笔名：①越薪，见于速写《在激流中》，载 1939 年《文艺阵地》第 3 卷第 7 期。嗣后在上海《新中国文艺丛刊》《奔流文艺丛刊》《星火文艺丛刊》《文坛月报》《文汇报·世纪风》《时代日报·文艺》《大公报·文艺》《宇宙》《中美周报》等报刊发表速写《纷扰》、小说《老德才的遭遇》《投机家》《老人》《节日》等亦署。②王影，见于速写《在激流中》，载 1939 年《文艺阵地》第 3 卷第 7 期；《择偶记》，载 1941 年 11 月 16 日上海《万人小说》创刊号。嗣后在上海《新中国文艺丛刊·鹰》《奔流文艺丛刊》《星火文艺丛刊》《文坛》《文汇报·世纪风》《时代日报·文艺》《大公报·文艺》等报刊发表文章亦署。③疎影，见于《驭人奇术》，载 1944 年上海《杂志》第 12 卷第 4 期；随笔《风气》，载 1944 年上海《小天地》第 2 期；小说《门槛》，连载于《杂志》第 14 卷第 4—5 期。④宿霈，见于随笔《往哪里去》，载 1940 年 11 月 8 日上海《正言报·草原》。同时期在上海《职业生活》《艺风》等刊发表文

章亦署。⑤林诗，1945—1949 年在上海《时代日报》发表文章署用。⑥言微，出版杂文集《长话短说》（上海辞书出版社，2004 年）署用。⑦易火、荆中棘，署用情况未详。

束为（1918—1994），山东东平人。原名束学礼。笔名：①束为，见于小说《租佃之间》，载 1943 年 8 月 3 日—4 日延安《解放日报》；小说《红契》，载 1946 年 11 月 15 日重庆《萌芽》第 1 卷第 4 期。嗣后在《长城》《蚂蚁小集》等刊发表小说《老婆嘴退租》等，出版小说集《春秋阁》（工人出版社，1951 年）、《过时的爱情》（山西人民出版社，1957 年）、《老长工》（山西人民出版社，1958 年）、《大事业》（山西人民出版社，1960 年）、《好人田木瓜》（山西人民出版社，2009 年），故事集《水推长城》（生活·读书·新知三联书店，1950 年）等亦署。②夏川，1946 年发表杂文署用。1956 年发表文章亦署。

【shui】

水夫（1920—2002），浙江宁海人。原名叶源朝。曾用名叶洪、叶水夫。笔名：①水夫，见于译文《苏联作家协会理事会主席的决议》，载 1946 年重庆《中苏文化》第 17 卷第 9 期。嗣后翻译、出版小说《驿站长》（俄国普希金原作）、《不屈的人们——达拉斯一家》（苏联戈尔巴朵夫原作）、《青年近卫军》（苏联法捷耶夫原作）、《遗失街风习》（俄国邬斯宾斯基原作）、《伊凡·楚普罗夫的坠落》（苏联田德里亚科夫原作）、《高尔基早期作品集》《生命》（苏联葛罗斯曼原作），剧本《密斯脱配金斯到布尔雪维克国家的使命》（苏联柯涅楚克原作）、《赴苏使命》（苏联柯涅楚克原作），论著《苏联文学史》（苏联季莫菲耶夫原作）、《法捷耶夫的创作》（苏联杰敏季耶夫原作）、《论苏联文学》（苏联季莫菲耶夫原作）、《苏联文学之路》（苏联阿·托尔斯泰等原作，与金人合译）、《论现代资产阶级艺术》（与陈原合译）、《战后苏联文学之路》（苏联日丹诺夫等原作，与戈宝权合译）等亦署。②严洪、周迪、邬启斋，20 世纪 40 年代在《时代》《苏联文艺》等杂志发表译作署用。

水建馥（1925—2008），江苏阜宁人。笔名水长东。1948 年开始发表作品。出版有译作《伊利亚特故事》，散文诗集《蔷薇园》《古希腊抒情诗选》，传记文学《珀利克里传》，长篇小说《猪狗》（合作）、《云层照辉塔拉》（合作），诗集《普列舍伦诗选》《反抗诗选》，剧本《为了人民的幸福》（合作）、《接头人》（合作）以及《古希腊语—汉语词典》（与罗念生合作）等。

水天同（1909—1988），甘肃兰州人。笔名：①水天同，1927—1930 年在北京《清华周刊》上发表文章署用。又见于评论《加斯蒂辽尼逝世四百年纪念》，载 1929 年《学衡》第 69 期。嗣后在上海《新中华》《月报》、南京《教与学》、天津《人生与文学》等发表《我亦一谈"看不懂的新文艺"》《茅盾先生的〈神曲〉》等

作品，出版译作《培根论说文集》（培根原作。商务印书馆，1950 年）、《英语语法要点》（波特原作。陕西人民出版社，1980 年）、《英语简史》（英塞原作。外语教学与研究出版社，1990 年）等均署。②斫冰，见于历史小说《苏秦嫂》，载 1929 年北平《清华周刊》第 31 卷第 7 期；诗《忆——》，载 1936 年 6 月北平《小雅》诗刊创刊号。③水斫冰，见于翻译小说《荒宅奇闻》，载 1930 年《清华周刊》第 33 卷第 9 期。

【si】

司丁（1921－2012），陕西米脂人。原名申如莲。笔名司行、朔野、申令微。著有长篇小说《竹妮》《粮食》等。

司空明（1921－1997），广东人，原名周鼎。笔名司空明，见于小说《下午茶》，载 1946 年 7 月 26 日香港《星岛日报》副刊；《黄昏的惨剧》，载 1947 年 5 月 4 日《星岛日报》。此前后在香港《星岛晚报》《明灯》等报刊发表长篇小说《喜上眉梢》《莺飞草长》《情价》《画眉》《五里雾中》《多余的感情》《死亡弯角》《风尘慈母》等作品均署。

司马长风（1920－1980），辽宁沈阳人，生于黑龙江哈尔滨。原名胡若谷。曾用名胡灵雨、胡灵云、胡欣平、胡永祥、胡越。笔名：①司马长风，出版散文集《花弄影》（台北皇冠出版社，1967 年）、《濡沫集》（台北华欣文化中心，1975 年）、《唯情论者的独语》（台北远行出版社，1976 年）、《爱的源泉》（台北四季出版社，1976 年）、《司马长风散文选》（台北景象出版社，1976 年）、《吉卜赛的乡愁》（台北远行出版社，1976 年）、论著《中国新文学史》（香港昭明出版社，1975 年）等著作均署。②高节、朱狷夫、严静文、秋贞理、范澎涛、曾雍也，在香港报刊发表文章署用。

司马军城（1919－1943），湖北利川人。原名牟鹏挈。曾用名牟伦扬、顾宁。笔名司马军城、东方红、塞红、华晋、韦平、韦塞、雪金、耐茵、羽军，1938 年以后在晋察冀《抗敌报》《救国报》等报刊发表通讯、杂文、诗歌等署用。

司马璐（1919－?），江苏泰县（今淮安市）人。原名马义。曾用名马元福。笔名司马璐，20 世纪 40 年代在重庆创办《自由东方》《人民周报》，1957 年出版《展望》杂志，并在这些刊物上发表文章署用。嗣后由香港自联出版社出版《瞿秋白传》（1962 年）、《斗争十八年》（1967 年）、《中国和平演变论》（1964 年）、《中共初期的武装斗争》（1978 年）、《井冈山会师》（1979 年）等亦署。

司马桑敦（1918－1981），旅美华人作家，原籍辽宁金县（今大连市）。原名王光逖。笔名：①金明，1939 年在哈尔滨《大北新报·大北风》发表散文署用。②白藜，见于散文《自己的历史》，载 1940 年 6 月 3 日哈尔滨《滨江日报》。嗣后在该报发表散文《生之铁门》

《灵的解放》《夜的街》等亦署。③野人，1940 年在哈尔滨《滨江日报·暖流》发表评论署用。④淳于清、范叔寒、荒黎、白黎，1938－1941 年间在哈尔滨《大北新报》《滨江日报》副刊、1946－1948 年在长春《星期论坛》（后改名《论坛报》）等报刊发表文章署用。⑤司马桑敦，1949 年后在台湾《自由中国》、香港《祖国周刊》发表小说，在台湾出版长篇小说《野马传》《山洪暴发的时候》，散文集《扶桑漫步》《从日本到台湾》《爱荷华秋深了》《中日关系二十五年》《人生行脚》，在美国出版传记《张学良评传》等均署。

司马文森（1916－1968），福建泉州人。原名何应泉。曾用名何章平、林曦、林娜、成文森。笔名：①燕子，1933 年在福建《泉州日报》发表诗、散文署用。②林娜，见于散文《旅人呀，珍重你底年青》，载 1935 年 3 月 9 日上海《申报·自由谈》。嗣后在《时事新报》《申报》《上海大公报》《文学季刊》《生活知识》《武汉日报》《光明》《中外问题》《作家》《中国农村》《文学界》《生活知识》《文学大众》《好文章》《报告》《新学识》《新中华》《作品》《新演剧》《救亡日报》《春云》《国闻周报》《民族呼声》《民族日报》《新战线》《抗战文艺》《国防周报》《少年之友》《南侨日报》等报刊发表小说、散文等署用。出版散文集《岛上》（上海中心出版社，1937 年）亦署。③耶戈，见于随笔《高尔基的风景描写——读书散记之一》，载 1935 年 7 月 17 日、18 日上海《时事新报·青光》。嗣后在《申报》《大晚报》《礼拜六》《上海大公报》《中国农村》《国闻周报》《自学》《桂林大公报》《周报》《华侨日报》《青年知识》《文艺生活》《自由》《香港文汇报》《香港大公报》《星岛日报》等报刊撰文亦署。1949 年后在《作品》《新观察》《世界知识》《人民文学》《羊城晚报》等发表作品沿用。④林曦，见于小说《在满洲——一个士兵的故事》，载 1936 年上海《通俗文化》第 3 卷第 10、11 期。嗣后在《新学识》《建设干部》《广西妇女》《香港人民报》发表作品亦署。又见于故事《戚继光斩子》（桂林文化供应社，1941 年）。⑤司马文森，见于短论《予敌人以彻底的打击》，载 1937 年 10 月 12 日上海《时事新报·青光》"战时特刊"。嗣后在《民族呼声》《救亡日报》《狂潮》《新战线》《烽火》《文艺阵地》《小战报》《新华南》《广西日报》《中学生》《国民公论》《干部生活》《香港大公报》《耕耘》《桂林力报》《现代文艺》《野草》《中苏文化》《扫荡报》《自由中国》《青年生活》《文艺生活》《文化杂志》《诗创作》《新工人》《天下文章》《人世间》《青年文艺》《文学创作》《笔阵》《文学批评》《自学》《艺丛》《新华日报》《国民》《枫林文艺》《当代文艺》《大公晚报》《大刚报》《建国时报》《自由世界》《学习知识》《华商报》《愿望》《文艺新闻》《文艺修养》《新文艺》《群众》《生活报》《海燕文丛》《文艺春秋》《文艺丛刊》《小说》等报刊发表小说、散文、评论等均署；出版论著《战时文艺通俗化运动》，散文集《粤北散记》（大地社，1940 年）、《天才的悲剧》（桂林南方出版社，1940 年）、《过客》（桂林文献出版社,1941年)、《人间》(桂林白虹书店,1943年),短篇小说集《一个英雄的经历》(重庆生活书店,1940年)、《奇遇》(桂林白虹书店,1942年)、《蠢货》(桂林文化供应社,1943年)、《孤独》(桂林今日文艺社,1943年)、《大时代中的小人物》(重庆上海杂志公司,1945年)、《妖妇》(重庆新陆出版社,1945年)、《危城记》(香港文生出版社,1946年)、《成长》(香港南侨编译社,1947年),中篇小说《转型》(桂林文献出版社,1942年)、《尚仲衣教授》(香港文生出版社,1947年),长篇小说《菲菲岛梦游记》(桂林文化供应社,1941年)、《希望》(桂林国光出版社,1942年)、《雨季》(桂林文献出版社,1943年)、《人的希望》(重庆联益出版社,1945年)、《风雨桐江》(作家出版社,1964年),童话剧集《渔夫和鱼》(桂林文化出版社,1942年)等亦署。⑥森,见于《卷头语》,载1939年桂林《干部生活》第1卷第1期。⑦文森,见于散文《诗人的哀愁》,载1940年8月16日桂林《力报·新垦地》。嗣后在桂林《救亡日报》《野草》《戏剧春秋》《扫荡报》《桂林大公报》撰文亦署。⑧希伦,见于小说《我的间谍生活》,载1943年桂林《国民》第2—4期。嗣后出版小说集《挣脱了枷锁——一个十六岁女间谍的自述》(上海文光书店,1946年)亦署。⑨马霖,见于小说《鸽》,载1943—1944年桂林《文学创作》第2卷第5期、第6期。嗣后在香港创作电影剧本《南海渔歌》(香港万年影业公司摄制,1950年12月在香港上映)、《火凤凰》(香港五十年代影业公司摄制,1951年1月在香港上映)、《娘惹》(1952年6月在香港上映)等亦署。⑩宋芝,见于《太民主——柏园随笔之一》,载1945年12月2日广州《建国日报·国风》。嗣后在该刊及《华商报》《人民报》《青年知识》《文艺生活》《正报》《南侨日报》《香港文汇报》等报刊均署。1949年后在香港《文艺汇报》《文艺报》等报刊发表文章,出版报告文学集《上水四童军》、论著《新少年写作讲话》亦署。⑪白蕨,见于书评《读〈腐蚀〉》,载1946年广州《文艺生活》光复版第4期。⑫洪宪声,见于随笔《〈挣脱了枷锁〉后记》,载1946年5月上海文光书店版《挣脱了枷锁》。⑬宋桐,见于随笔《战争与人——大时代小故事》,载1946年6月24日香港《星岛日报·星座》。嗣后在该刊及《文艺生活》发表小说《两姐妹》、随笔《日本人的浅见》等亦署。⑭羽翼,见于随笔《人心不足——大时代小故事》,载1946年7月5日香港《星岛日报·星座》。⑮王懿,见于随笔《闻一多的道路》,载1946年广州《文艺生活》光复版第8期。⑯林川,见于短论《文坛的打扫》,载1946年广州《文艺生活》光复版第11、12期合刊。嗣后在该刊发表随笔《对人民的责任感》亦署。⑰白纹,见于小说《称觞者》,载1947年1月9日香港《星岛日报》;随笔《方言文学创作上一个小问题》,载1949年《文艺生活》海外版第14期。⑱黎,见于随笔《向谁负责?》,载1947年广州《文艺生活》光复版第14期。⑲蒲,见于随笔《群众是艺术创造者》,载1947年广

州《文艺生活》光复版第15期。⑳司马梵霖,见于随笔《关于骆宾基的几则琐忆》,载1948年上海《人世间》复刊第13期。㉑何汉章,见于长篇小说《南洋淘金记》,连载于1948年9月10日至1949年5月16日香港《文汇报·社会大学》。嗣后在《文艺生活》《华商报》《香港大公报》等发表小说、散文等亦署。㉒何文浩,出版小说集《黑带》(香港学生书店,1948年)署用。㉓白沉,见于随笔《介绍"方言文学"》,载1949年香港《文艺生活》海外版第14期。嗣后在该刊发表《记夏衍》《文工大会闭幕以后》等文亦署。㉔陈程,见于随笔《该不该有"职业作家"》,载1949年香港《文艺生活》海外版第14期。嗣后在该刊及香港《华商报》《文汇报》等报发表随笔《谈"全国性作家"》《小论回国工作的思想准备》等亦署。㉕天蔚、亚红、李亚红,见于随笔《刘芜存菁》《大题与大作》、评论《今后文艺工作的一些问题》,载1949年香港《文艺生活》海外版第18、19期合刊。㉖任生,出版论著《谈文学语言》(香港九龙绿榕书店,1949年)署用。同时期出版《谈写作的过程》等著作亦署。㉗伯子,出版散文集《龙须岛历险记》(香港学生书店,1948年)、论著《文学的调查研究》(香港九龙绿榕书屋,1949年)署用。按:司马文森的著作尚有散文集《人间》、电影文学剧本《血海仇》等,署名未详。

司徒乔

（1902—1958），广东开平人。原名司徒乔兴。笔名司徒乔,见于随笔《动摇中的宇宙》,载1928年上海《语丝》周刊第4卷第12期。嗣后在《语丝》《艺风》《文艺春秋》《清明》等刊发表随笔、绘画等,出版插画《故乡》(鲁迅作。人民文学出版社,1953年)、《春蚕》(茅盾作。人民文学出版社,1953年)、《斗争钱文贵》(丁玲作。人民文学出版社,1953年),画集《司徒乔新疆写生选集》(上海人民美术出版社,1957年)、《司徒乔画集》(人民美术出版社,1963年)等均署。

司徒卫

（1921—?），江苏如皋人。原名祝丰,字茂如。笔名司徒卫,1949年后出版论著《书评集》(台北文物供应社,1954年)、《书评续集》(台北幼狮书店,1960年)、《五十年代文学论评》(台北成文出版社,1979年),散文集《奔云集》(台北中国文化大学出版部,1982年)、《静观散记》(台北李白出版社,1987年)、《郁金香的激情》(台北合森文化公司,1989年)、《雕像》(台北联经出版事业公司,1990年)、《地下火》(台北业强出版社,1990年)等均署。

司徒宗

（1909—1966），浙江桐乡人。原名孔令杰。曾用名阿福、福倌（均乳名）、孔彦英。笔名:①司徒宗,见于小说《在岗位上》,载1938年7月20日上海《文汇报·世纪风》;小说《寂寞》,载1938年上海《文艺新潮》第1卷第3期。同时期起在上海《大美报·浅草》《文艺阵地》《鲁迅风》《新中国文艺丛刊》《万象》《文讯》《绿洲》《少年文艺》《月刊》《文艺青年》《新文学》《文艺春秋》等报刊发表随笔《关于写作上的一

点意见》《春天里的冬天》《一个善良的人——记狱友B君》，小说《人民代表》《幻灭》《牺牲》《散席》等，出版小说集《迷雾》（上海永祥印书馆，1946年）、《血债》（上海永祥印书馆，1947年）、《昨日》（上海永祥印书馆，1948年）等均署。②令杰，见于随笔《新"朋友"》，载1938年12月15至16日上海《申报·自由谈》。

思果（1918—2004），旅美作家，原籍中国江苏镇江，生于江西。原名蔡濯堂。曾用名方济各、蔡思果。笔名：①蔡思果、挫堂、方济各，1942年前后开始在江西《新赣南日报》《正气日报》、上海《申报》等报刊发表文章署用。"蔡思果"一名，出版译作《大卫·考勃菲尔》（英国狄更斯原作。人民文学出版社，2000年）、《西泰子来华记》（克罗宁原作）等亦署。②思果，1942年前后开始在江西、上海等地报刊发表文章署用，嗣后发表随笔《关于厕所》（载1948年上海《论语》第148期）、演讲《陈长桐先生之自我介绍》（载1948年上海《银行通讯》新32期），1949年后在香港、台湾出版短篇小说集《绿叶成荫子满枝》（五洲出版社，1962年），散文集《私念》（香港亚洲出版社，1956年）、《沉思录》（台中光启出版社，1957年）、《艺术家肖像》（香港亚洲出版社，1959年）、《思果散文选》（台北文星书店，1966年）、《看花集》（台北大地出版社，1976年）、《林居笔话》（台北大地出版社，1979年）、《香港之秋》（台北大地出版社，1980年）、《沙田随想》（台北洪范书店，1982年）、《思念》（台北洪范书店，1982年）、《霜叶乍红时》（台北九歌出版社，1982年）、《晓雾里随笔》（台北洪范书店，1982年）、《雪夜有佳趣》（台北九歌出版社，1983年）、《剪韭集》（台北大地出版社，1984年）、《黎明的雾水》（台北九歌出版社，1984年）、《啄木集》（台北远东图书公司，1985年）、《思果自选集》（台北黎明文化事业股份有限公司，1986年）、《思果人生小品》（台北文经出版社，1989年），论著《翻译研究》（台北大地出版社，1972年）、《翻译新究》（台北大地出版社，1982年）、《功夫在诗外——翻译偶谈》（台北牛津出版社，1996年）等亦署。③方纪谷，出版散文集《河汉集》（香港高原出版社，1962年）署用。按：思果尚出版有散文集《春至》《橡溪杂拾》《远山一抹》，出版情况与署名未详。

思基（1920—？），贵州印江人，土家族。原名田儒壁。曾用名田思基。笔名：①思基，见于小说《信》，载1945年4月2日延安《解放日报》。嗣后发表短篇小说《生长》《无敌三勇士》，出版短篇小说集《生长》、长篇小说《昨夜风雨》，文学评论集《生活与创作论集》《过渡集》《论李自成及其他》等亦署。②胡田，见于《寒候鸟——民间小故事》，载1946年5月4日上海《希望》第2集第1期。③匡代华，见于散文《震中处处春》，载1974年《辽宁文艺》。

思谦（1927—2017），浙江仙游人。原名林恭祖，字敬德。笔名思谦，1949年后在台湾出版诗集《光辉吟》

《情天恨海》《林外诗稿》《诗与歌》等署用。

斯民（1926—？），浙江东阳人。原名斯宝昶。笔名：①苏心，1944年开始在《浙江日报》《宁波日报》《宁绍台日报》等报副刊发表文章署用。②斯民，见于小说《射击手》，载1947年2月11日上海《文汇报》；诗《咱是奴隶的儿子》，载1947年北平《太平洋》杂志第12期。同时期在上海《时代日报》《新民报晚刊》《新诗刊》等报刊发表小说、散文，出版诗集《朱家湾》（新文艺出版社，1953年），小说集《车子翻身》（新文艺出版社，1953年）、《小珍幸福了》（新文艺出版社，1953年），长篇小说《患难情侣》（学林出版社，1996年）、《上海大学——革命的摇篮》（作家出版社，2005年），翻译长篇小说《马丁·伊登》（美国杰克·伦敦原作。漓江出版社，1997年）等亦署。③斯人，见于通讯《抗暴怒潮在杭州》，载1947年1月6日《文汇报》。同年起在该报及《求是周刊》《浙大学刊》等报刊发表文章署用。④斯宝昶，出版儿童读物《征服细菌的人——巴斯德》（贵州人民出版社，1981年）、《蒸汽机的发明者——瓦特》（贵州人民出版社，1990年）、《哥白尼》（四川少年儿童出版社，2009年）等署用。按：20世纪40年代后期在上海《开明少年》《中学生》发表寓言、神话的斯人，是否即斯民不详。

斯群（1926—2019），安徽无为人。原名王绪言。笔名：①斯群，著有散文《为无名者铺路》《回忆无穷的少女时代》，评论《一幅典型的上海风俗画》等。②粒紫，署用情况未详。

【song】

宋安业（1917—2018），江苏泗阳人。笔名梓园主人。著有《梓园随笔》《民俗丛谭》等。

宋伯鲁（1854—1932），陕西醴泉（今礼泉县）人，字芝栋、子纯、子钝、子顿、芝友、芝田、芝纯、芝桐，号钵庵、竹心。笔名宋伯鲁，见于五律《夜行》，载1913年天津《庸言》第1卷第4期；旧体诗《子言濒行出所著述及芸阁伯严二诗集见遗因题》《题觚斋诗集》，载1918年上海《东方杂志》第15卷第10期；旧体诗《海棠仙馆诗草》，载1920年北京《庚申学报》第1卷第1期。

宋成志（1907—1975），浙江临海人，字一文。笔名宋成志，见于随笔《我对于职业生活的自剖》，载1936年上海《青年界》第9卷第1期。嗣后在该刊及《读书新闻》《大夏周报》等刊发表《文艺作品是如何写的》《暑期剪彩》《新婚日记》《中等教育之改造》《教育的反控诉》等文，出版剧本《得意的人》（浙江碧湖中国新文艺社，1942年）、《欢乐图》（上海中国新文艺社，1948年）等亦署。

宋痴萍，生卒年不详，江苏无锡人。原名宋一鸿，字心白、辛伯，号痴萍。笔名：①痴萍，见于小说《蒋云姑》，载1914—1915年上海《七襄》旬刊第6、7期；

评论《谈女侦探》，载 1928 年上海《电影月报》第 7 期。②忏红，1913 年在上海《小说时报》发表文章署用。又见于小说《瞥见》，载 1915 年上海《礼拜六》周刊第 7 期。1927 年 12 月在上海《明镜报》发表文章、1929 年在上海《妇女共鸣》第 17 期发表词《踏莎行·有怀故校》亦署。③宋忏红，1916 年在上海《春声》发表文章署用。④宋一鸿，在《南社丛刻》发表诗文署用。⑤宋痴萍，见于电影故事《多情的女伶》，载 1926 年上海《国闻周报》第 3 卷第 13 期；集锦小说《香茵小传》（与冯梦云、陈听潮、张庆霖、赵君豪、平襟亚、朱瘦菊、徐哲身、胡梯维、何海鸣合作），载 1935 年上海《社会月报》第 1 卷第 12 期。1931 年在无锡《锡报·杂谈》发表关于电影界人事之文亦署。

宋春舫（1892－1939），浙江吴兴（今湖州市）人，号春润庐主人。曾用名宋海光。笔名宋春舫，见于《近世名戏百种目》，载 1918 年北京《新青年》第 5 卷第 4 期；论文《戏曲上德模克拉西之倾向》，载 1920 年上海《东方杂志》第 17 卷第 3 期。此前后在上述两刊及《新潮》《时事新报·文学旬刊》《戏剧》《猛进》《清华周刊》《清华学报》《学生杂志》《红玫瑰》《游戏世界》《旅行杂志》《论语》《人间世》《青年界》《宇宙风》《逸经》《文化月刊》《海光》《剧学月刊》《教与学》《剧场艺术》等报刊发表评论《国运与文学》《德国之表现派戏剧》《现代意大利戏剧之特点》《论戏剧的对白》、独幕剧《原来是梦》、随笔《萧伯纳和黑女》《杭游杂感》《避暑的精神》，翻译剧本《换个丈夫罢》（意大利马里奥·德西原作）、《连环夫妻》（德国许尼兹勒原作）、《眼睛闭了》（意大利塞孔多原作）等，出版剧本《一幕喜神》《五里雾中》《蒙德卡罗》《原来是梦》、戏剧集《宋春舫戏曲集第一集》、翻译小说集《一个喷嚏》（俄国契诃夫等原作）、翻译剧本《青春不再》（意大利贾默西屋等原作）等亦署。

宋大雷，生卒年及籍贯不详。曾用名唐吉。笔名严霜（与他人合用），见于《如此叶青》，1950 年前发表于《人民世纪》杂志。

宋桂煌（1903－1987），江苏苏州人，生于江苏如皋，字伯明。笔名：①伯明，见于译文《工业革命与社会》，载 1924 年上海《学生杂志》第 11 卷第 12 期。嗣后在《论语》《时事评论》《时与潮半月刊》《茶话》等刊发表《雨花》《荷兰新女王裘丽娜》等文亦署。②宋桂煌，见于书评《孩子们的音乐》，载 1928 年上海《开明》第 1 卷第 4 期。1934 年在江苏《如皋导报·春泥》发表译作《一撮泥土》（美国范戴克原作），嗣后在《天风》《时事评论》《时与潮副刊》《时与潮半月刊》《新中华》《茶话》《旅行杂志》等刊发表评论《意大利的命运》《法国政潮的演变》、随笔《思想自由与宽容精神》和译作《心理学对于心理卫生的贡献》（美国吉尔伯特·里奇原作）、《世界仍需要许多外交家》（英国达夫·库珀爵士原作）、《沙汶塞的磨坊》（小说。比利时霍勒斯·范奥菲尔原作）等作品，出版专著《科学迷

信斗争史》（上海华通书局，1933 年）、《英国文学史》《西洋文化史》《世界史纲》，译作《美国建国伟人传记》（正中书局，1925 年）、《小说的研究》（英国韩德生原作。光华书局，1930 年）、《心理的改造》（美国鲁滨孙原作。商务印书馆，1931 年）、《论宗教》（英国乔治·汤姆逊原作。生活·读书·新知三联书店，1957 年）、《基督教的起源》（英国罗伯逊原作。生活·读书·新知三联书店，1958 年）、《思想自由史》（英国 J. B. 伯里原作。吉林人民出版社，1999 年）、《高尔基小说集》《一根绳头》（法国莫泊桑原作）、《文学研究法》（英国韩德生原作）等亦署。③白日，见于译文《澳大利亚洲巡礼》，载 1948 年上海《时事评论》第 13 期。同时期在《时与潮副刊》《时与潮半月刊》发表译文《北欧三国的态度》等亦署。

宋寒衣，生卒年不详，广东蕉岭人。原名宋晶修。笔名：①寒衣，见于诗《送友还乡》，载 1933 年上海《新诗歌》旬刊第 1 卷第 2 期。②宋寒衣，见于诗《夜底流浪者》，载 1934 年 7 月 6 日上海《新诗歌》第 2 卷第 2 期；诗《婉怜》，载 1934 年上海《综合》创刊号。嗣后在《诗歌月报》《诗歌生活》《诗歌杂志》《西北风》《思想月刊》《中国诗坛》《时调》《民族文化》《行政干部》《当代文艺》《文坛》《救亡日报》等报刊发表诗《在恐怖的浓雾中》《流亡人夜曲》《六月的南战场》《歌颂你，新收复的土地》《且等住吧，不久我就要归来!》、歌谣《童养媳》《卖鬼货的歌》、散文《忆蒲风——为纪念诗人蒲风逝世二周年祭》等，出版诗集《渔家》（中国诗歌社，1937 年）、《昨日的行脚》（诗歌出版社，1941 年）等亦署。

宋衡心（1913－1965），福建莆田人。原名宋尚志。笔名宋衡心，见于诗《酒后》，载 1932 年福州《协大学生》第 4 期；诗《女人的嘴》《求》，载 1933 年 5 月福州《国光日报·纵横》。嗣后在南京《文艺月刊》《中国文学》、武汉《文艺》、上海《矛盾月刊》《当代诗刊》《诗林双月刊》、福州《协大学生》《瑰珑诗刊》《诗之叶》等报刊发表诗《一万个笑从我家的门口走过》《暴风雨的夜》《棕色的海浴》《淫浊的夜店》、散文《外蒙文坛幻象》《与友人书》《有一个人在郊外》等亦署。20 世纪 30 年代中期在武汉出版诗集《司情人的马槽》亦署。

宋琳（1887－1952），浙江绍兴人，字子培、克强，号紫佩。曾用名宋子佩。笔名：①紫佩，在《南社丛刻》发表文章署用。②子培，1918 年在《微言》发表文章署用。

宋谋瑒（1928－2000），湖南双峰人，字菩植。笔名：①菩植、梁丽、宋谋瑒，1950 年前在长沙报刊发表剧评、在四川某报副刊《饮河》发表词作署用。"宋谋瑒"一名 1949 年以后一直沿用，见于评论《与李桑牧同志谈鲁迅笔下的知识分子形象》，载 1957 年 2 月 1 日《新苗》第 2 期。出版诗集《倾盖集》（与王以铸、吕剑、荒芜、孙玄常、陈次园、陈迩冬、舒芜、聂绀弩合集。

福建人民出版社，1984 年）和《资治通鉴校补》（三晋出版社，2008 年）等亦署。②应邺生，1956 年在湖北《长江文艺》写杂文署用。1957 年在《人民文学》第 7 期发表文章亦曾署此名。③蒲戈，1980 年发表文章曾署用。

宋淇（1919－1996），浙江吴兴（今湖州市）人。曾用名宋悌芬。笔名：①宋悌芬，见于散文《海》，载 1938 年上海《宇宙风》第 74 期；诗《短诗十首》，载 1941 年北平《燕京文学》第 1 卷第 6 期。此前后在《燕大周刊》《西洋文学》《新语》《宇宙风乙刊》等刊发表散文《诉》《枕上偶得》及译诗《济慈诗钞》《乔易士诗选》《但尼生诗钞》《兰达诗钞》等亦署。②欧阳竞，见于评论《谈何其芳的散文》，载 1941 年上海《宇宙风乙刊》第 37 期。③庞观清，见于随笔《荒岛英雄谱》，载 1945 年上海《六艺》月刊第 1 卷第 3 期短篇小说专号。④林以亮，出版论著《前言与后语》（台北仙人掌出版社，1968 年）、《林以亮论翻译》（台北大林出版社，1973 年）、《林以亮诗话》（台北志文出版社，1974 年）、《红楼梦西游记——细评红楼梦新英译》（台北联经出版事业公司，1976 年）、《文学与翻译》（台北皇冠出版社，1984 年），散文集《昨日今日》（台北皇冠出版社，1981 年）、《更上一层楼》（台北九歌出版社，1987 年），译作《美国现代七大小说家》（美国康纳原作。香港今日世界出版社，1967 年）、《自由与文化》（美国杜威原作，与他人合译。台湾学生书局，1976 年），编选《美国诗选》（张爱玲等译。香港今日世界出版社，1978 年）等亦署。⑤宋淇，出版论著《翻译丛论》（香港中文大学出版社，1983 年）、《红楼梦识要》（中国书店，2000 年）、《红楼梦人物医事考》（与陈存仁合作。广西师范大学出版社，2006 年）署用。⑥飞腾、唐文冰、欧阳询、杨晋、余怀，署用情况未详。

宋琴心（1907－1973），福建莆田人，原名宋尚和。笔名宋琴心，见于诗《爱神庙前》，载 1928 年上海《北新》第 2 卷第 9 期；独幕剧《面包》、长诗《葬笛》，载 1930 年 12 月 20 日福州《协大季刊》。嗣后在上海《北新》《新时代》《无名文艺》《新垒》、北平《华严》、武汉《文艺》《奔涛》、南京《文艺月刊》、福州《诗之叶》《国光日报·纵横》《小民报·新村》、厦门《初潮》等报刊发表诗《大和服的祈祷》《诗之翅》《Dec. 25》《江南桥》、评论《初期新诗作家论》《论创造社诗人》《论冰心的小诗》等文，1929 年由厦门世界文艺书社出版诗集《爱之仇》《冷的心曲》等亦署。

宋清如（1911－1997），江苏张家港人。笔名：①清如，见于诗《回来》，载 1930 年《江苏省立苏州女子中学学生自治会月刊》第 1 卷第 1 期。②宋清如，见于散文《到东张市去》，载 1930 年《江苏省立苏州女子中学学生自治会月刊》第 1 卷第 1 期；诗《再不要》，载 1933 年上海《现代》第 2 卷第 5 期。嗣后在该刊及《文艺月刊》《当代诗刊》《文艺春秋》等刊发表诗《寂寞的地上》《诗二首》《暴风的梦》、散文《朱生豪和莎士比亚》等作品亦署。③宋清如女士，见于诗《流星》，载 1933 年南京《文艺月刊》第 4 卷第 4 期；诗《我爱北方》，载 1935 年 9 月 5 日上海《晨报·晨曦》。④青树，见于诗《祈愿》，载 1933 年杭州之江大学《之江年刊》。⑤小青，见于散文《委曲——二周年祭生豪》，载 1946 年上海《文艺春秋》第 3 卷第 6 期。

宋瑞（1920－2006），广东番禺（今广州市）人，原名吴咏九。笔名：①宋瑞，出版散文集《西洋名人成功之道》（台北水牛出版社，1969 年）、《宋瑞励志文集》（共五集。台北励志出版社，1971－1975 年）、《成功的人生》（台北励志出版社，1973 年）、《人生座右铭》（台北尔雅出版社，1975 年），论著《现代文学的播种者》（台北三民书局，1971 年）、《西洋古代哲学导读》（台北大江出版社，1971 年）、《西洋文学名著析赏》（台北学生书局，1973 年）、《诺贝尔奖杰出小说家》（台北国家出版社，1975 年）署用。②友诗、郁士、尤时，署用情况未详。按：宋瑞 1937 年即开始发表散文、小品、传记、小说等作品，署名与出版情况未详。

宋文（1917－？），江苏盐城人。原名宋九祉，字水萍、繁星、未枫。曾用名宋九企、殷全、伊全。笔名：①宋九企，见于《救亡室》，载生活书店出版之《陕公生活》（约 1938 年出版）一书。②殷全，见于诗《看，谁说我们不能干》，1939 年发表。1992 年河北定兴县文联出版之诗集《江北佬的话》亦署。③婴童，1939 年在延安《鲁艺歌集》发表歌词署用。④伊全，见于诗《红军歌谣》，载 20 世纪 40 年代初晋西《中国青年》。⑤安娜，见于诗《好同志，您救救我吧》，载 20 世纪 40 年代晋西《中国青年》。⑥陈乔，见于诗《离石"窑黑子"》，载 20 世纪 40 年代晋西《中国青年》。⑦野童，见于诗《致日本士兵》，载 20 世纪 40 年代初晋西《青年歌声》。同时期在晋绥《大众报》发表诗亦署。⑧伊凡，见于《自传》，载 20 世纪 40 年代初绥德《新诗歌》第 4 期。⑨古甬，见于诗《欢迎欢迎（献公粮）》，载 20 世纪 40 年代晋西《中国青年》。⑩孟引，见于诗《献给母亲》，载 20 世纪 40 年代晋西《中国青年》。⑪伊童，见于诗《呼伦河上农民在斗争》，载 20 世纪 40 年代《晋绥日报》。⑫曲中曲，见于诗《农村小曲》，载 20 世纪 40 年代《绥蒙日报》。⑬高粱红，见于诗《纪念八一》，载 20 世纪 40 年代《绥蒙日报》。1948 年在北平《新民报》发表诗作亦署。⑭莫艾，见于诗《碑——献给同志吴上勇》，载 1949 年北平《新民报》。⑮童工，20 世纪 40 年代发表作品署用。⑯山汗、拔山、庶人、甲人、拾荒者、燕山卒、小水手、朝阳居士，1949 年后发表作品署用。⑰宋文，1949 年后发表作品署用。见于《病床小记》，载 1983 年《人民日报·大地》。

宋献璋，生卒年不详，台湾人，原籍福建同安。原名宋集仁。笔名：①宋非我，日据时期与简国贤合编剧本《壁》并推进台湾新剧运动署用。又见于随笔《爱的剧场》，载 1943 年 8 月 2 日台北《兴南新闻》。②蓝波里，在大陆报刊发表文章署用。

宋协周（1927－？），山东莱阳人，字旷放。笔名：①宋协周，出版诗集《声情集》（山东人民出版社，1983年）、《万里情韵》（花城出版社，1984年），散文集《美的追求》（与方乐合集。山东人民出版社，1982年）、《散步散心集》（山东文艺出版社，1991年），主编《中华古典诗词辞典》（与郭荣光合编。山东文艺出版社，1991年）等署用。②宁岛、旷放，署用情况未详。

宋学芬（1916－1949），湖南汨罗人，字至平、岳平。曾用名岳军、岳平、张志真、宋治平、宋春山、宋光典。笔名岳平，20世纪40年代在重庆编《生路》《活路》等刊、发表文章署用。

宋映雪（1913－2013），河南邓县（今邓州市）人。原名宋秀玉。笔名宋映雪，20世纪30年代在开封主编《河南民国日报·妇女周刊》时发表文章署用。嗣后在《河南民国日报》副刊上发表《漏的纠缠》《不是戏剧的戏剧》《写在泪光中》等诗、散文亦署。

宋泳荪，生卒年及籍贯不详。笔名白赖女士，见于随笔《主妇的智能与修养》，载1937年上海《主妇之友》月刊创刊号。

宋玉（1910－1979），广西桂林人。原名王桂友。曾用名王季友。笔名：①文可式、酩酊兵丁、馨园、疑史楼主、芝园，1937年后在香港《探海灯》三日刊发表作品署用。1945年后在香港报刊发表小说《七姊妹》《望夫山》、评论《芝园词话》等亦署。②宋玉，见于小说《塘西金粉》（香港艺苑出版社，1992年）。

宋育仁（1857－1931），四川富顺人，字芸子、云岩、讲易，号道复；别号问琴、问琴阁主、鸥夷逸客。笔名宋育仁，见于旧体诗《青城诗》《游青城常道观经轩辕台至朝阳洞望诸峰》《游宿青城题赠常道观》《游灵岩》，载1926年国立成都高等师范《国文学会会刊》第1期。嗣后出版《郭嵩焘等使西记六种》（与郭嵩焘等合集。生活·读书·新知三联书店，1998年）、《孝经讲义》（海南出版社，2000年）、《诗经讲义》（台北文听阁图书有限公司，2009年）、《正本学社讲学类钞》（台北文听阁图书有限公司，2011年）等著作亦署。

宋元（1917－2006），湖南湘阴人。原名宋得一。笔名：①宋得一，见于散文《我的故乡》，载20世纪30年代武昌《江汉思潮》。②梓墟，见于散文《她》，载1935年秋《华中日报·鸵鸟》。嗣后在《武汉日报·鹦鹉洲》《大光报》《大公报》《扫荡报》等报刊发表诗文亦署。③宋元，1936年开始发表散文署用。见于散文《异梦》，载1938年上海《天风》第5卷第19期；散文《我们的访问》，载1938年汉口《妇女生活》第6卷第6期。嗣后在上述两刊及《中央宣传团团刊》《辅导通讯》《书报精华》《职业妇女》《妇女》《新民主妇女》《文艺复兴》等报刊发表散文《花屋》《花溪忆训》《崭新的女兵》《遥寄》《黄金洞的主人》等，出版独幕剧《花儿朵朵开》（少年儿童出版社，1955年）、《分家》

（农村读物出版社，1963年），诗集《紫墟诗茧》（学林出版社，1993年），故事集《苏联电影故事》（北京自强书局，1953年）等亦署。④紫墟，见于散文《赞美（外三章）》，载1936年汉口《文艺》第3卷第5期；散文《一层板壁隔开的两个世界》，载1937年武汉《奔涛》第1卷第4期。嗣后在上述两刊及《文艺战线》《抗战文艺》《妇女共鸣》《认识半月刊》《文艺先锋》《自由中国》《诗创造》《妇女月刊》《作家杂志》《新诗潮》《文学报》《新民主妇女》等报刊发表散文《我流出了欢喜的眼泪》《感》《你是光——纪念一个妇女工作领导者的典型》《从微明到光明》、童话《诗人与乞丐》、诗《码头夜什》《给同病的人》《月夜的盟誓》《致中国人民解放军》、报告《天真的梦》等，出版诗集《三八颂》（上海，1947年）、《一场喜事》（上海正风出版社，1950年）等亦署。⑤紫圩，见于诗集《誓言》（上海铁犁出版社，1949年）。

宋元模（1911－1994），福建莆田人。曾用名欧阳亚沫、欧阳细沫。笔名：①雪伦，与吴端仪合署。见于《从鼓楼顶归来》，载1932年莆田《莱特半月刊》创刊号。②细沫，见于随笔《红领带诗人的法螺与诗论》，载1932年莆田《莱特半月刊》第14期。③远漠，见于随笔《关于尼赫鲁种种》，载1939年8月马来亚新加坡《南洋商报》。1949年代后发表人物介绍文章常署。④渊沫，见于随笔《贝当的末日》，载1946年2月4日马来亚吉隆坡《中国报》。1949年后发表文章亦署。⑤圈外人，见于评论《评维扬图强之战》，载马来亚吉隆坡《民声报》。⑥朱源，见于随笔《从莆田的名称谈起》，载1977年9月马来西亚吡叻《莆田文献特辑》。⑦宋元模，1949年后出版《关于台湾地名的探源》（莆田县地名学会筹备组，1981年）、《莆田市当代人物录汇编》（与林春连合编。莆田乡讯社、莆田市科协，1989年）、《旅游诗词集》《田径之乡——莆田》《莆仙现代人物志》《莆仙方言汇编》，主编《木兰溪畔》（海峡文艺出版社，1991年）等署用。⑧原、穆、沫、西波、昧华、汶汀、新地、嘉向、家香、渭夫、克明、宋青、夏古、采田、番客、局外汉、司徒其、欧阳新、W欧阳，署用情况未详。

宋越（1909－1939），江苏太仓人。原名宋邦荣，字舜琴。笔名：①宋邦荣，见于小说《鱼汛》，载1935年上海《太白》半月刊第2卷第4期。②宋越，见于小说《开河》，载1935年上海《文学》月刊第5卷第6期。③宋樾，见于小说集《鱼汛》，上海文化生活出版社，1940年。④关饷，署用情况未详。

宋云彬（1897－1979），浙江海宁人，字佩韦、云彬。笔名：①宋云彬，见于信函《致钱玄同》，载1919年北京《新青年》第6卷第1期；随笔《介绍一部未出版的伟大辞书——〈读书通〉》，载1928年上海《贡献》第2卷第8期。此前后在《中学生》《青年界》《人间世》《新少年》《申报周刊》《逸经》《改进半月刊》《国民公论》《广西妇女》《广东妇女》《十日文萃》《抗战文艺》《文学集林》《文化杂志》《狮子吼月刊》《野草》《戏剧春秋》《诗创作》《文艺生活》《文学创作》《人世间》《当代文艺》《图书季刊》《民主时代》《新中华》《时代批评》《新世代》《新建设》等报刊发表故事《击筑悲歌》、散文《桂林杂记》《八·三的前几天》、评论《章太炎的学术思想及其影响》《陶渊明年谱中的几个问题》、随笔《陶诗"上京"辨》《纵谈古今人物》等亦署，出版随笔集《破戒草》（桂林创作出版社，1940年）、《骨鲠集》（桂林文献出版社，1942年），小说集《玄武门之变》（上海开明书店，1937年），传记《王阳明》（上海开明书店，1934年）、《康有为》（商务印书馆，1951年）、《刘邦》（中华书局，1964年），史著《中国文学史简编》（重庆文化供应社，1945年）、《中国近代史》（人民出版社，1954年）等亦署。②宋佩韦，1927年8月后任商务印书馆编辑始用。见于随笔《东北事变之历史的解答》，载1932年上海《中学生》第21期；评论《国民大会》，载1937年上海《新少年》第3卷第12期。出版论著《王守仁与明理学》（上海商务印书馆，1930年）、《东汉之宗教》（上海商务印书馆，1931年），史著《明文学史》（上海商务印书馆，1934年）、《东汉宗教史》（上海商务印书馆，1935年），小说《西厢记》（上海新生命书局，1933年）等亦署。③云彬，见于随笔《我也谈谈版本》，载1934年上海《太白》半月刊第1卷第3期；人物志《翁同龢》，载1935年上海《中学生》第54号。此前后在该刊及《开明》《新少年》《月报》《国民公论》《自由中国》《野草》《文艺生活》《文学创作》《青年人半月刊》《文化杂志》《半月文萃》《青年文艺》《广西妇女》《进修月刊》《自学》《青年生活》《新建设》《人物杂志》《民主时代》《光明报》《中国工人丛刊》等报刊发表《鸦片战争的故事》《蔡先生与文化运动》《屈原与儒家精神》《怎样读论孟》《春秋战国时代的学术思想》《怀胡愈之先生》等文亦署。④佩韦，见于随笔《怎样读鲁迅遗著》，载1940年10月桂林《中学生》；随笔《杂谈二则》，载1941年桂林《野草》第1卷第6期。同时期在上述两刊及桂林《青年生活》等刊发表随笔《提高乐观的情绪》《林则徐禁烟百周年》《可纪念的"八月"》《我们的狗之死》《要求于每一个真正的中国人》《客气过分论》、人物志《康有为》等文亦署。⑤禹鼎，见于随笔《陶希圣目中的契丹政客》，载1941年桂林《野草》第2卷第3期。⑥申公，见于随笔《和平楼夜话》，载1947年香港《野草》新4号。嗣后在该刊发表随笔《九儒十丐》《从陈涉的故事说起》《王老板的故事》亦署。⑦无我，署用情况未详。

宋泽夫（1872－1942），江苏盐城人。原名宋润，字泽夫。曾用名宋殿康。笔名宋泽夫，署用情况未详。按：宋泽夫在1931年"九一八"事变后即在《新公报》发表评论《青天白日哪里去了？》《国丧》等文，署名情况未详。

宋振庭（1921－1985），吉林延吉人。曾用名宋诗达。
笔名：①石隅今，20世纪40年代发表文章署用。②宋振庭，1949年后出版论著《新哲学讲话》《什么是辩证法》《评"四人帮"的反动世界观》《论党性》、杂文集《讴歌与挥斥》《宋振庭杂文集》、画集《宋振庭画集》等署用。③星公，见于杂文集《星公短论集》（吉林人民出版社，1961年）。其后出版《星公杂文集》亦署。④乃文、天浪、石某、石海、石梅、古辛、马梅、林青、蓝丹、老兵、远天、望雨、恩久、直言、隋首、梦荷、路明、海公、含石、振庭、纪闻、尤之明、蓝海天、蓝远天、史星生、李希远、李思明、朱声来、陈心可、初一文、程思酉、红石海、石金星、石星公、石星生、石海公、石花果，署用情况未详。

宋之的（1914－1956），河北丰润（今唐山市）人。原名宋汝昭。笔名：①宋之的，见于小说《黎曙》，载1930年5月28日北平《新晨报·新晨报副镌》；评论《中国电影界》，载1931年5月16日天津《大公报·读者论坛》。嗣后在《北平晨报·剧坛》《文学杂志》《春光》《当代文学》《文艺月刊》《文学丛报》《光明》《现实文学》《中流》《上海生活》《银幕与舞台》《新演剧》《妇女生活》《七月》《抗战文艺》《文艺阵地》《抗战戏剧》《时事新报》《戏剧新闻》《戏剧岗位》《中苏文化》《全民抗战》《风雨》《新蜀报·新光》《文学月报》《大公报·战线》《戏剧春秋》《国民公报·文群》《民族光荣》《新华日报》《新蜀报·蜀道》《青年文艺》《华商报晚刊·灯塔》《大众生活》《天下文章》《生活报》《东北文艺》《文学战线》《华北文艺》等报刊发表作品，创作与出版电影文学剧本《无限生涯》《打击侵略者》，话剧剧本《武则天》（上海生活书店，1937年）、《烙痕》（上海杂志公司，1937年）、《罪犯》（又名《谁之罪》。汉口上海杂志公司，1937年）、《旧关之战》（汉口上海生活书店，1938年）、《旗舰出云号》（汉口上海杂志公司，1938年）、《民族万岁》（与陈白尘合作改编。汉口上海杂志公司，1938年）、《自卫队》（又名《民族光荣》。重庆上海杂志公司，1939年）、《鞭》（又名《雾重庆》。重庆生活书店，1940年）、《黑字二十八》（又名《全民总动员》，与曹禺合编。正中书局，1940年）、《刑》（重庆大东书局，1940年）、《国家至上》（与老舍合作。重庆上海杂志公司，1940年）、《转型期》（桂林上海杂志公司，1941年）、《祖国在呼唤》（桂林远方书店，1943年）、《戏剧春秋》（与夏衍、于伶合作。重庆未林出版社，1943年）、《草木皆兵》（与夏衍、于伶合作。重庆未林出版社，1944年）、《春寒》（重庆未林出版社，1945年）、《凯歌》（上海杂志公司，1946年）、《人与畜》（又名《群猴》。哈尔滨光华书店，1948年）、《太平年》《平步登天》《善忘的人》《黄浦江边》《八百壮士》《爱国者》《保卫和平》《幕阜山团圆会》，歌剧剧本《打击侵略者》（与丁毅、魏巍合作），京剧剧本《九件衣》（与东川、铁夫合编）、《皇帝与妓女》，小说散文集《赐儿集》（后改名《控诉》。上海一般书店，1937年）、《凯歌》（重庆中国文化服务社，1941年），报告文学《一九三六年春在太原》，小说集《小夫妻》（与沙汀等合作。香港群社，1941年）、《沿着红军战士的脚印》，散文集《宋之的散文选》，以及《宋之的剧作选》（人民文学出版社，1958 年）、《宋之的散文选》（江苏人民出版社，1983 年）、《宋之的剧作全集》（中国戏剧出版社，1986 年）等亦署。②哀鸿，1931 年 10 月在绥远《社会日报·晓光》发表文章署用。③艾淦，见于评论《评〈演剧艺术〉》，载 1934 年 4 月 22 日上海《中华日报·动向》。嗣后在该刊发表《新作家与老作家》《文艺的事实与真理》等评论，同时期在《现实文学》《春光》《一般话》《热风》等刊发表《〈打花鼓的〉批评》《今后戏剧运动的路》《文坛风景》等评论、随笔亦署。④宗人，见于评论《李长之的"抓住时代"——关于李长之文艺批评的断片考察之一》，载 1934 年 5 月 10 日《中华日报·动向》。嗣后在该刊发表杂文《自由人与非自由人》、评论《评〈娜娜〉》等，同时期在《现实文学》《中流》《海燕》等刊发表通讯《太原见闻记》《太原纪事》《处女的集合》、报告文学《在国防前线的西安》等亦署。⑤佐佐夫，见于访问记《跳出电影圈的王莹——中国电影剧人访问之一》，载 1934 年 5 月 13 日《中华日报·动向》。嗣后在该刊发表对唐槐秋、洪深、陈凝秋、郑君里、左明等多位影剧人的访问记亦署。⑥一舟，见于评论《〈倾国路线〉》《〈大路〉》，载 1935 年 1 月 5 日上海《民报·影谭》。嗣后在该刊发表《关于〈新女性〉的编制手法答林云》《电影与宗教》等影剧评论亦署。⑦洛夫，1935 年 1 月后在上海《民报·影谭》、太原《西北电影》等报刊发表文章署用。⑧宋一舟，见于杂文《电影欣赏与观众心理》，载 1935—1936 年《西北电影》第 1、2 期。嗣后在《民报·影谭》发表文章亦署。⑨怀昭，见于随笔《新的阵容·新的希望——勉明星影片公司》，载 1936 年上海《明星》半月刊第 6 卷第 1 期。又见于评论《国防电影小论》，载 1936 年上海《大晚报·火炬·每周影坛》。其间在上海《民报·影谭》发表文章亦署。⑩芊，借用其妻王芊之名，1948 年 5 月 21 日在哈尔滨《生活报·自由谈》发表杂文《文章是改出来的》署用。嗣后在该刊发表《胆怯的人》《漫谈民族观念》等杂文、评论亦署。⑪何人，创作越剧剧本《西厢记》（1952 年 10 月由总政越剧团在北京演出）署用。

宋志立，生卒年不详，江苏南通人。笔名稼人，见于诗《寂寞》，载 1943 年 8 月南通《江北日报·诗歌线》第 1 期。1945 年 9 月在该刊发表诗《窗口》亦署。

宋祝平（1929—2009），河北雄县人。笔名：①宋祝平，1944 年起在西安《华北新闻》发表中篇小说《白衣人之恋》及散文、随笔等署用。嗣后在兰州《西北文艺》《甘肃民国日报》《和平日报》、上海《大公报·文艺》《大公报·大公园》《时代青年》《申报·自由谈》等报刊发表诗、散文、随笔亦署。见于散文《平凉短简》，载 1948 年《西北文艺》创刊号；散文《在小城市里》，载 1948 年成都《现实文摘》第 1 卷第 11 期。1949 年后出版散文集《访朝散记》（福建人民出版社，1961 年）、《海柳歌》（福建人民出版社，1979 年）、《乡音》（福建人民出版社，1982 年）、《赤子·山河》（海风出版社，1996 年），报告文学《石码渔民战海记》（福建人民出版社、农业出版社，1978 年），小品集《漫说吃在何方》（海风出版社，1996 年）等亦署。②宋易、祝平，20 世纪 40 年代在上海《大公报》副刊发表文章曾署用。

【su】

苏步青（1902—2003），浙江平阳人。原名苏尚龙。别号萝屋畴人、黄楼旧学。笔名苏步青，发表和出版数学论著、诗集《苏步青诗集》并署。

苏策（1921—2013），北京人。笔名：①军，见于小说《粮票》，载 1944 年前后山西《太岳文艺》（石印刊）。②苏策，见于散文《我们的小组长》，载 1945 年 5 月 13 日延安《解放日报》。1946 年在《太岳文化》发表报道《富家滩煤矿工人活出来了》、小说《计划》亦署。1949 年后发表作品，出版中篇小说《红河波浪》，短篇小说集《生与死》《雀儿山的朝阳》《微笑》《同犯》，长篇小说《远山在落雪》，传记《名将之鹰》《陈赓传》，散文集《在怒江激流上》（重庆人民出版社，1956 年）等亦署。③尚友智，见于剧本《在资产阶级面前》，1951 年内部印行并由云南部队文工团演出。④尚又志，见于小说《回答》，载 1961 年云南某刊。

苏晨（1930—　），辽宁本溪人。笔名：①亦忱，见于散文《两洋长堤的红旗》，载 1949 年 6 月武汉第四野战军政治部《战士生活》月刊。1950 年在东北人民出版社出版《美帝侵华史话》（上下册）亦署。②苏晨，1982 年出版散文集《野芳集》开始署用。嗣后出版散文集《常砺集》《小荷集》《夹竹桃集》《野石子集》《窗外那么美》《流水集》《三角梅集》《多情的金三角》《故乡月》《天南地北》《环滁集》《串门纪事》等亦署。

苏凡（1915—？），河南人。原名潘丙心。笔名苏凡，见于译文《苏联戏剧新任务》，载 1940 年 6 月 10 日上海《新演剧》复刊号；译文《瓦赫坦高夫遗著的编读方法》，载 1941 年重庆《戏剧岗位》第 3 卷第 3、4 期合刊。嗣后在《新意识》《中原》《妇女生活》《广西妇女》《电世界》等刊发表《现阶段的经济战争》《帝国主义战争与中国抗战》《劳动妇女史上的创举》《苏联女英雄唐妮之死》《人民民主国家的广播事业》等著译文，出版四幕剧《敌忾同仇》（汉口中外出版社，1938 年）、独幕剧《出征》（上海新地出版社，1939 年）和译作《新闻学研究提纲》（苏联扎斯拉夫斯基原作。上海解放社，1950 年）、《苏联演剧电影》（苏联罗斯托茨基原作。北京天下图书公司，1950 年）、《苏联地理知识》（苏联米哈伊诺夫原作。北京天下图书公司，1950 年）、《社会主义与宗教》（苏联列宁原作。北京天下出版社，1951 年）等亦署。

苏汛（1920—1957），浙江东阳人。原名卢启文。笔名：①苏汛，20 世纪 40 年代在长沙《国民日报》、重庆《国民公报·文学新叶》、上海《前路文艺》《中国作家》《文讯》《大公报》等报刊发表文章署用。见于小说《伊瓦洛底江上的悲剧》，载1945年重庆《文艺先锋》第7卷第1期；小说《端午祭》，载1947年上海《中国作家》第1卷第1期；小说《年关》，载1948年上海《文讯》第6卷第5期。1949年后在湖南《民主报》发表小说《迎接》，在南京《文艺》发表独幕剧《铝合锌》，在上海《小说月刊》《文艺月报》、北京《人民文学》、南京《新华日报》《雨花》等报刊发表诗、小说等，出版剧作《前进，美国人民》（新华书店华东总分店，1950年）、《文明骗子》（与钟子芒合作。华东人民出版社，1951年）、《特务就在你的身边》（上海文化工作社，1951年），诗集《我们签名》（上海文光书店，1952年），小说集《父子之情》（上海劳动出版社，1951年）、《红旗竞赛所引起的》（新文艺出版社，1955年）等亦署。②苏玉，署用情况未详。

苏菲¹（1919－1998），四川成都人，回族，字锡之，号尔萨。曾用名苏良信。笔名：①尔萨，见于小说《岱山下》，载1938年桂林《救亡日报》副刊。②苏菲，见于散文诗《黄昏和早晨》，载1941年成都《新新旬刊》。嗣后在广西《曙光报》发表小说《悲剧的主角》，在成都《海燕》诗刊发表诗《给生活的逃兵》等作品亦署。③李留，见于诗《我歌颂春天》，载1942年初成都《成都快报》副刊。④李榴，见于杂文《感情的桶》，载1944年成都《华西晚报》副刊。⑤李无，见于散文诗《小河》，载1946年秋成都《民众时报》副刊。⑥李大鼓，见于诗《警告你》，载1948年成都《建设日报》副刊。⑦李大旗，见于随笔《〈人之父〉杂感》，载1948年9月成都《西方日报·西苑》。⑧欧阳巴豆，见于随笔《小钞每斤二千元》，载1948年成都《建设日报》副刊。⑨李下士，见于随笔《谈谈〈唱本〉》，载1949年4月成都《西方日报·西苑》。

苏菲²（1912－1938），辽宁辽阳人。原名苏立人，字昨非。曾用名苏昨非。笔名：①昨非，1929年前后在沈阳《东北民报》《盛京时报》《新民晚报》等报副刊发表诗、小说等署用。②苏菲，1929年后在北平报刊，1932年在大连《满洲报·文学星期副刊》、沈阳《新青年》《淑女之友》《民声晚报》《盛京时报》《民报》等刊发表小说、诗署用。③非文生，见于长篇小说《故都春梦》，连载于1932年其所编之沈阳《奉天公报》副刊。④菲丁，见于长篇小说《月亮上升》《烟囱》《囚徒之春》，载1935年其所编之《淑女之友》。

苏杭（1927－？），河北抚宁人。原名苏有才。笔名：①白堤、王芫，1947年开始发表作品署用。②苏杭，1951年后出版翻译诗集《莫阿比特狱中诗钞》（苏联穆萨·嘉里尔原作。人民文学出版社，1957年）、《叶夫图申科诗选》（苏联叶夫图申科原作，与其他人合译。漓江出版社，1987年），翻译专著《美学简明词典》（苏联奥甫相尼科夫、拉祖姆内依主编。商务印书馆，1987年）等署用；出版《普希金抒情诗选》（与他人合译）、

《普希金文集》（与他人合译）、《婚礼》《致一百年以后的你》等亦署。

苏鸿禹，生卒年不详，福建泉州人。曾用名苏叔玄。笔名：①失人，1929年12月后在厦门《鹭华》副刊（先后借版于《思明日报》《民国日报》）发表文章署用。②潘玄，见于评论《什么是"社会主义的现实主义"》，载1933年12月15日厦门《鹭华》月刊创刊号。嗣后在该刊发表《译"语丝"及其他》《致青年剧作家》《一个关于诗的问题》等文亦署。③苏叔玄，20世纪30年代在福建报刊发表文章署用。

苏金伞（1906－1997），河南睢县人。原名苏鹤田，字筠（yún）仙。曾用名苏君先。笔名：①苏鹤田，见于散文《拟拟曲》，载1926年上海《洪水》半月刊第2卷第21期。②苏筠仙，20世纪20年代在《河南日报》发表戏评署用。嗣后发表诗《元宵夜步》（载1933年2月28日开封《河南民报·茉莉》）、诗《街》《卖包子的老人》（载1935年开封《青春诗刊》第1期）亦署。③苏金伞，见于诗《春荒》，载1935年开封《山雨月刊》第1卷第4期；诗《乱葬岗》，载1936年上海《文学》月刊第7卷第5期。嗣后在开封《青春诗刊》及《新诗》《七月》《文艺阵地》《诗垦地社丛刊》《抗战文艺》《流火》《文艺生活》《诗创作》《文萃》《青年文艺》《天下文章》《文艺杂志》《高原》《开明少年》《中学生》《新文学》《文艺复兴》《文艺知识连丛》《诗创造》《文萃丛刊》等刊发表诗《我们不能逃走》《向日葵》《在秋天的路上》《头发》《破草帽》《当我从群山》等，出版诗集《地层下》（上海星群出版公司，1947年）、《窗外》（上海文化生活出版社，1949年）、《入伍》（华东人民出版社，1951年）、《鹁鸪鸟》（作家出版社，1957年）、《苏金伞诗选》（人民文学出版社，1983年）、《家园集》（与周启祥、魏巍合集。安徽文艺出版社，1986年）、《苏金伞新作选》（百花文艺出版社，1993年），诗文集《苏金伞诗文集》（湖南文艺出版社，1998年）等亦署。④金伞，见于诗《出狱》，载1934年上海《现代》第5卷第2期。1935年前后在上海《大公报·文艺》发表诗作亦署。

苏隽（1928－？），江苏吴县（今苏州市）人。曾用名苏东渊。笔名：①日木，见于评论《〈女人与和平〉观后》，载1947年2月20日上海《大公报·戏剧与电影》。嗣后在上海《文汇报》《大公报》《时代日报》《小说月刊》、重庆《新华日报》等报刊发表评论《〈原动力〉读后》《描写成长和发展中的新人物》《评李尔重的〈领导〉》等文，1950－1955年在《新华日报》《大公报》《时代日报》《文汇报》《人民戏剧》《人民文学》《人民日报》《光明日报》《解放日报》和香港《大众文艺丛刊》等报刊发表评论亦署。②苏隽，见于书评《经济学基础认识——介绍三本基本认识的书》，载1946年上海《新文化半月刊》第2卷第11、12期合刊；评论《"五四"与新文艺思潮》，载1947年5月上海《文汇报·新思潮》。嗣后在上海《时代日报》《新文化》

等报刊发表评论，1949 年后发表文章亦署。

苏琳辉（1924－？），福建永安人。笔名廷里斯，见于散文《归家》，载 1948 年 3 月 18 日福州《星闽日报·星瀚》。嗣后在该刊发表《光明行》等文亦署。

苏庐（1918－？），辽宁辽阳人。原名苏立言。曾用名苏力研。笔名：①苏庐，见于散文《安宅和我》，载 1933 年沈阳《奉天公报》副刊。嗣后在大连《泰东日报》副刊发表散文《晓雾中》、诗《秋雨中之诗人》《东岭之泪》《西风里》《秋雨之晨》《海滩上的人》等亦署。②丁宁，见于随笔《写书随笔》，载营口《营商日报·文学周刊》。③杨园，见于诗《卞浦海滨》，载 1934 年间大连《泰东日报·群星》。④苏乜，见于《美国武装部队》，载 1946 年秋长春《中央日报·文学周刊》。⑤五人路，在沈阳《中苏日报》副刊发表文章署用。

苏曼殊（1884－1918），广东香山（今珠海市）人，生于日本横滨。原名宗之助，为其日本生父宗郎所取。乳名三郎。5 岁时随母改嫁，从中国养父姓改名苏戬。后入学取学名苏湜，字子谷、子瑛、雪蝶，号超凡、曼殊。曾用名苏元瑛、苏玄瑛、苏文惠、苏飞锡。后为僧，法名博经，法号曼殊。尊号曼殊大师、曼殊上人、曼殊居士、沙门曼殊。笔名：①南国行人，见于翻译小说《娑罗海滨遁迹记》（印度瞿沙原作），载 1908 年《民报》第 23 期。②三郎，见于小说《明珠坠渊记》，载 1912 年上海《小说月报》第 3 卷第 11 期；小说《天涯红泪记》、随笔《燕子庵随笔》，载 1914 年日本东京《民国》第 1 卷第 1 期。③沙门曼殊，1914 年在日本东京《民国》杂志发表文章署用。④昙鸾，见于小说《绛纱记》，载 1915 年《甲寅》第 1 卷第 7 期；小说《焚剑记》，载 1915 年《甲寅》第 1 卷第 8 期。⑤苏玄瑛，在《南社丛刻》发表诗文署用。⑥苏子谷曼殊，出版著作《潮音》署用。⑦元瑛，在《甲寅》等刊发表文章署用。⑧曼殊，在《亚东丛报》《民国》《正谊杂志》等刊发表文章署用。出版随笔集《曼殊笔记》（上海广益书局，1933 年）亦署。⑨苏子谷，出版翻译小说《惨世界》（法国雨果原作。与陈由己，即陈独秀合译。上海镜今书局，1904 年）署用。⑩春蚕，见于小说《珍珠串》，载 1918 年上海《小说月报》第 9 卷第 5 期。⑪苏曼殊，出版翻译诗集《拜伦诗选》（英国拜伦原作。上海泰东图书局，1922 年）、翻译小说《悲惨世界》（法国雨果原作。上海泰东图书局，1929 年）、《苏曼殊译作集》（法国雨果原作。上海中央书店，1948 年），小说《断鸿零雁记》（上海启智书局，1934 年）、《曼殊小说》（上海广益书局，1933 年），诗文集《曼殊诗文》（上海广益书局，1933 年）等亦署。⑫林惠连，与柳亚子通信署用。⑬元、弘、英、瑛、沨、燕、子谷、飞锡、王昌、行行、宋玉、沙鸥、孝穆、泪香、雪蝶、雪蟾、阿昙、阿难、阿英、阿瑛、玄瑛、文瑛、昙僧、糖僧、燕影、栾弘、寍弘、苏弘、苏湜、郭璞、玄殊、玄曼、文惠、苏文惠、非非、苏非非、印禅、心印、

名心印、宗之助、汪玄度、林惠连、雨品巫、燕影子、燕影生、燕子山僧、南府行人、河合三郎，署用情况未详。

苏眇公（1888－1943），福建澄海（今龙海市）人。原名苏维桢，字郁文，号眇公。曾用名苏监亭、苏监廷。笔名：①眇公，见于评论《国会解散之时局》，载 1917 年 4 月 28 日《闽南报》。嗣后在厦门《昌言报》《集美学校周刊》、龙海二中《月港》报发表散文《我与西湖》、评论《干政和干学》《兴无纪略》、论文《政治与文学》等亦署。②小阮，见于《七律·新历重九作》等，载 1934 年 4 月 3 日厦门《昌言报》。嗣后在该报发表旧体诗《春阴》《清明》《向晓不寐江楼凭眺》《慷慨三首》《暮春杂感》等亦署。③沧，见于诗论《艺屑（一）》，载 1934 年 4 月 29 日厦门《昌言报》。④沧海，见于诗论《艺屑（二）》，载 1934 年 5 月 9 日厦门《昌言报》；五言诗《人事》，载 1934 年 4 月 27 日厦门《昌言报》。⑤小隐、甘隶、监亭，在福建报刊发表文章署用。

苏南，生卒年不详，福建南安人，字千宝。笔名苏南、千宝，在《南社丛刻》发表诗文署用。

苏谦益（1913－2007），内蒙古托克托人。笔名：①世人，见于评论《国难中》，载 1931 年 10 月绥远《社会日报·晓光》。②世刃，见于评论《国际政治之现势及中国革命的出路》，载 1932 年绥远《血星》第 5 期。③苏谦益，见于散文《给彬弟的第三封信》，载 1932 年绥远《血星》第 5 期；短评《今日文学的任务》，载 1932 年 10 月 14 日《绥远日报·星原》。同时期在绥远《社会日报·晓光》发表评论《战争与和平》、诗《血的激愤》等亦署。

苏青（1917－1982），浙江鄞县（今宁波市）人。原名冯允庄。曾用名冯和仪、樊冯和仪。笔名：①冯和仪，见于随笔《生男与育女》，载 1935 年上海《论语》半月刊第 67 期；小说《桎梏》，载 1936 年上海《逸经》第 7 期。此前后在《宇宙风》《宇宙风乙刊》《风雨谈》《学生月刊》《作风》《古今》等刊发表《元旦演剧记》《论红颜薄命》《〈古今〉的印象》等文亦署。②苏青，见于随笔《算学》，载 1937 年上海《宇宙风》半月刊第 41 期。嗣后在《文艺》《风雨谈》《天地》《小天地》《古今》《大众》《杂志》等刊发表长篇小说《结婚十年》、散文《自己的文章》《听肺病少爷谈话记》《做编辑的滋味》《消夏录》等，出版散文集《浣锦集》（上海天地出版社，1944 年）、《饮食男女》（上海天地出版社，1945 年）、《鱼水欢》（上海四海出版社，1947 年）、《歧途佳人》（上海四海出版社，1948 年），长篇小说《结婚十年》（上海天地出版社，1944 年）、《续结婚十年》（上海四海出版社，1947 年），散文小说集《涛》（上海天地出版社，1945 年）、《逝水集》（中国科学公司，1945 年）等亦署。③樊冯和仪，1943－1945 年主编《天地》月刊署用。

苏庆云（1903—1931），福建龙岩人。笔名子游，1926年前后在福建龙岩《岩声报》、厦门《江声报》《民国日报》、福州《民国日报》及上海报刊发表诗词、杂文、散文署用。

苏水木（1899—2001），台湾台北人，字清林。笔名苏清林，见于旧体诗《南山》，载1939年9月台北《风月》第94期。嗣后印行《清林诗草》一书亦署。

苏宿莽（？—1983），福建泉州人。原名苏祖德。曾用名苏庄。笔名：①雪花飞，1929年12月后在厦门《鹭华》副刊（先后借版于《思明日报》《民国日报》）发表文章署用。②苏宿莽，见于《青狮镇飙风》，载1933年12月15日厦门《鹭华》月刊创刊号。嗣后在该刊发表小说《敌人》《奶妈》、诗《小鸟》《丐妇》等亦署。又见于散文《鲁迅与厦门〈鹭华〉月刊》，载1982年北京《新文学史料》第1期。③宿莽，见于随笔《关于创作的题材》，载1934年《鹭华》月刊第2期。④新莽，见于通讯《进爪哇地》，载1937年上海《中流》半月刊第1卷第11期；小说《感谢》，载1937年《中流》半月刊第2卷第5期；嗣后在该刊发表通讯《在苏拉巴耶》等亦署。⑤苏庄，见于《鲁迅与厦门〈鹭华〉》，载1981年《科学与文化》第6期。

苏同炳（1925—？），浙江杭州人。笔名：①苏同炳，出版《中华民国的诞生》（香港亚洲出版社有限公司，1963年）、《故事、传说与历史》（台北水牛出版社，1969年）、《明代驿递制度》（台北中华丛书编审委员会，1969年）、《涉史载笔》（台北台湾学生书局，1975年）、《花随人圣庵摭拾全编》（与许晏骈合编。台北联经出版事业公司，1979年）、《成语漫谈》（台北中华日报社，1986年）、《沈葆桢传》（南投台湾省文献委员会，1995年）等著作署用。②雍叔、庄练，署用情况未详。

苏维霖，生卒年及籍贯不详。笔名芗雨，见于《二十年来中国古文学及文学革命的略述》，载1924年前后台湾《台湾民报》第2卷第10期。

苏维熊（1908—1968），台湾新竹人。笔名：①苏维熊，见于评论《台湾歌谣に对する一试论》，载1933年7月15日台北《フォルモサ》创刊号。嗣后在该刊及台北《台湾文艺》等刊发表诗《早朝》、评论《台湾民谣と自然》等，出版《英诗韵律学》等著作亦署。②苏，1933年与张文环等人在台北创刊《フォルモサ》并发表文章署用。见于《编辑后记》，载1933年7月15日《フォルモサ》创刊号。

苏汶（1907—1964），浙江杭州人。原名戴克崇。曾用名戴杜衡。笔名：①杜衡，见于译文《无产阶级艺术底批评》（苏联波旦诺夫原作），载1928年上海《熔炉》第1期；随笔《"雅"与"俗"》，载1932年12月21日上海《申报·自由谈》。此前后在《小说月报》《时事新报·读书杂志》《文学周报》《东方杂志》《一般》《无轨列车》《新文艺》《创化》《万象》《现代文学》《文艺月刊》《文艺新闻》《青年界》《北斗》《十日谈》《现代出版界》《现代诗风》《现代》《文学》《戏》《文化列车》《文学季刊》《春光》《文艺风景》《绸缪月刊》《好文章》《文饭小品》《宇宙风》《今代文艺》《中山文化教育馆季刊》《经纬月刊》《世界展望》《政论》《国际周报》《时事解剖》《再生周刊》《新诗》《文学杂志》等报刊发表小说、散文、诗、评论、译作，出版小说集《石榴花》（上海第一线书店，1928年）、《红与黑》（上海良友图书印刷公司，1933年）、《怀乡集》（上海现代书局，1933年），长篇小说《叛徒》（上海未名书屋，1935年）、《漩涡里外》（上海良友图书印刷公司，1937年），散文集《免于偏见的自由》（台北文星书店，1965年）、《杜衡选集》（周锦编。台北智燕出版社，1989年），翻译小说《黛丝》（法国法朗士原作。上海开明书店，1928年）、《道连格雷画像》（英国王尔德原作。上海金屋书店，1928年）、《一吻》（捷克史丹德孩原作。上海真美善书店，1928年）、《革命底女儿》（美国杰克·伦敦原作。上海水沫书店，1929年），翻译诗集《还乡集》（德国海涅原作。上海尚志书屋，1929年），翻译剧本《统治者》（英国哈代原作。上海商务印书馆，1936年）等亦署。②戴杜衡，见于评论《共产党如何打算？》，载1947年南京《中央日报周刊》第2卷第10期；评论《哪条路走向天下一家？》，载1948年南京《青年杂志》第1卷第1期。嗣后在《天下一定》《新人旬刊》《国防月刊》《民主评论》等刊发表评论《从柏林谈判说外交的疲劳战术》《爱国者的试金石》《美国世界政策之成长》《免于偏见的自由》等文亦署。③苏汶，见于小说《机器沉默的时候》，载1928年上海《无轨列车》第4期；评论《"第三种人"的出路——论作家的不自由并答复易嘉先生》，载1932年上海《现代》第1卷第6期。此前后在上述两刊及《新文艺》《中山文化教育馆季刊》《现代出版界》《星火》等刊发表小说《黑寡妇街》、评论《论文学上的干涉主义》《"第三种人"的出路》《大众语运动的批判》、随笔《文人的假名》《文人在上海》《答舒月先生》等，出版翻译小说《一周间》（苏联里别津斯基原作，与江思合译。上海水沫书店，1930年），编选《文艺自由论辩集》（上海现代书局，1933年）亦署。④江兼霞，见于译文《现代作家素描》，载1931年上海《现代文艺》第1卷第2期；翻译小说《白夜》（苏联阿·托尔斯泰原作），载1933年上海《现代》第3卷第5期。嗣后在该刊及《万象》《青春电影》《文艺月刊》等刊发表翻译随笔《雅片——一位瘾君子的手记》（高克多原作）、翻译小说《伊莱》（威廉·福克纳原作）、随笔《舞台人和电影》《我们的剧坛》等亦署。⑤苏文、文木、白冷、李今、老头儿，20世纪20—30年代在上海《璎珞旬刊》《无轨列车》《新文艺月刊》《现代》等报刊发表文章署用。

苏雪林（1899—1999），安徽太平（今黄山市）人，生于浙江瑞安。原名苏小梅，字雪林。幼名瑞奴、瑞庐、小庐、小妹。曾用名苏梅、苏绿漪。笔名：①苏梅，见于评论《答罗敦伟君"不得已的答辩"》，载1920年5月12日北京《晨报》第7版。1929年2月2日在上海《真美善》"一周年纪念号外·女作家专号"发表诗《双十节夜游天安门》《回檀香芳王国材送至车站》《秋色杂咏雁来红》《暑假归程》亦署。又见于论文《屈原天问里的旧约创世记》，载 1944 年重庆《说文月刊》第 4 卷合刊"吴稚晖先生八十大庆纪念专号"。②苏梅女士，见于翻译小说《狼》（法国莫泊桑原作），载 1923 年上海《小说世界》第 1 卷第 3 期。③雪林，见于翻译小说《恋仪老丈的秘密》（法国都德原作），载 1925 年北京《语丝》周刊第 29 期。嗣后在该刊及《小说世界》《北新》《沪潮》《真美善》《益世周刊》《新月》《生活周刊》《全面战周刊》《妇女月刊》《青年生活》等刊发表译作《寻仇》（法国莫泊桑原作）、评论《评北京人》、旧体诗《怀罗芳玉女士郭城》、随笔《乐山国庆纪念日》等文，出版《李义山恋爱事迹考》（上海北新书局，1927 年）等著作亦署。④杜若，见于散文《在海船上》，载 1925 年北京《语丝》第 44 期。同时期在该刊及北京《京报副刊》发表《归途》、诗《白玫瑰花》《夜半的祈祷》《榻畔》等亦署。⑤绿漪女士，见于小说《鸽儿的通信》，载 1927 年上海《北新》半月刊第 2 卷第 1 期。嗣后在该刊发表《家书》《小小银翅蝴蝶的故事》等文亦署。又见于散文《我们的秋天》，载 1927 年上海《语丝》周刊第 4 卷第 2 期。⑥绿漪，见于小说《光荣的胜仗》，载 1928 年上海《北新》第 2 卷第 16 期；《和彳的谈话》，载 1929 年上海《真美善》第 3 卷第 5 期。同时期起在《读书月刊》《万象》《新满洲》《现代家庭》等刊发表《嫁后的一面》《收获》《纵爱与横爱的冲突》等文，出版小说散文集《绿天》（上海北新书局，1928 年）、长篇小说《棘心》（上海北新书局，1929 年）等著作亦署。⑦雪林女士，见于散文《与胡适之先生的谈话》，载 1927 年上海《生活周刊》第 20 期；论文《爱国尚武的诗人陆放翁》，载 1929 年上海《新月》月刊第 2 卷第 2 期。嗣后在《小说世界》《天籁》《国立武汉大学文哲季刊》《青年界》《新人生》等刊发表评论《读胡适之先生译的〈米格尔〉》《楚辞九歌与与古代河神祭典》《清代男女两大词人恋史的研究》等亦署。⑧杜芳女士，见于翻译小说《珍珠小姐》（法国莫泊桑原作），载 1928 年上海《真美善》第 2 卷第 5 期。⑨杜芳，见于翻译小说《爱》（法国莫泊桑原作），载 1929 年上海《真美善》第 3 卷第 3 期。⑩苏雪林，见于诗《行路难》，载 1929 年上海《道路月刊》第 28 卷第 3 期；论文《论李金发的诗》，载 1934 年上海《现代》第 3 卷第 3 期。嗣后在《新北辰》《文艺月刊》《青年界》《世界文学》《西北风》《文学》《奔涛》《太白》《文艺》《人间世》《宇宙风》《宇宙风乙刊》《文学创作》《风雨谈》《文艺先锋》《益世周刊》《青年动力》《东方杂志》《青年战线》《教与学》《新南星》《黄埔》《妇女新运》《责善半月刊》《南风》《文潮月刊》《图书季刊》《上智编译馆馆刊》《自由与进步》《宇宙文摘》《知言》等刊发表散文《关于庐隐的回忆》《王鲁彦与许钦文》《记袁昌英女士》《寄华甥——写给一个青年游击战士》、评论《沈从文论》《论闻一多的诗》

《论胡适的尝试集》、小说《黄石斋在金陵狱》、译诗《年青的女囚》（雪尼尔原作）、翻译小说《补草椅的女人》（法国莫泊桑原作）等，出版散文集《蠹鱼生活》（上海真美善书店，1929 年）、《蠹鱼集》（长沙商务印书馆，1938 年）、《青鸟集》（长沙商务印书馆，1938 年）、《屠龙集》（上海商务印书馆，1941 年），小说集《蝉蜕集》（重庆商务印书馆，1945 年），剧作集《鸠那罗的眼睛》（商务印书馆，1946 年），论著《唐诗概论》（上海商务印书馆，1933 年）、《中国传统文化与天主教》（香港真理学会，1951 年）、《昆仑之谜》（台北文物供应社，1956 年）、《九歌中人神恋爱问题》（台北文星书店，1967 年）、《屈原与九歌》（台北广东出版社，1973 年），传记《南明英烈传》（重庆国民图书出版社，1941 年）等著作亦署。⑪灵芬女士，见于论文《文学是怎样起源的》，载 1935 年 1 月 15 日北平《新北辰》创刊号。嗣后在上海《圣教杂志》发表《现代文艺评坛》《诸圣瞻礼记》等文亦署。⑫灵芬，见于论文《中国文学史导论》，载 1936 年北平《新北辰》第 2 卷第 7 期；散文《玫瑰花串》，载 1946 年《益世主日报》第 27 卷第 9 期。⑬天婴，见于论文《文学有用论》，载 1937 年武汉《奔涛》第 1 卷第 6 期；旧体诗《惆怅（集龚）》，载 1947 年北平《上智编译馆馆刊》第 2 卷第 2 期。⑭野隼，见于评论《论偶像》，载 1940 年《黄埔》第 5 卷第 6 期。嗣后在该刊第 5 卷第 11 期发表评论《论诬蔑》亦署。⑮苏绿漪，出版小说集《苏绿漪佳作选》（上海新象书店，1946 年）署用。⑯慕风、老梅、颂三、一鄂、春晖、梅雨、绿天，署用情况未详。

苏燕翮，生卒年及籍贯不详。广东顺德（今佛山市）人。字凤宜、凤仪，号风子。笔名风子女士，见于评论《经济独立的我见》，载 1921 年 9 月 7 日上海《民国日报·妇女评论》。

苏一平（1919－1995），陕西西安人。原名蒲望文。笔名：①苏一平，见于随笔《腰鼓——健康的民间艺术》，载 1949 年延安《群众文艺》第 6 期。嗣后出版秧歌剧剧本《红鞋女妖精》（与周戈合作，金紫光等作曲。太岳新华书店，1948 年）、《牛永贵挂彩》（与周而复合作。中南新华书店，1950 年），剧作集《苏一平剧作选》（北京文化艺术出版社，1990 年），主编《延安文艺丛书·话剧卷》（与欧阳山尊合作。湖南文艺出版社，1985 年）、《延安文艺丛书·歌剧卷》（与丁毅合作。湖南文艺出版社，1985 年）等亦署。②苏一萍，见于秧歌剧《牛永贵受伤》（与周而复合作），载 1947 年东安东北书店版《秧歌剧选集》（第二分册）；秧歌剧《红土岗》《西工一团组织学习的经验》，分别载 1949 年延安《群众文艺》第 8 期和第 10 期。嗣后出版《陕北秧歌剧选》（与丁毅等合集。江淮出版社，1946 年），秧歌剧剧本《红布条》（边区新华书店，1947 年）、《孙大伯的儿子》（西北新华书店，1949 年）等亦署。

苏怡（1900－1985），湖南麻阳人。原名苏大桢。曾用名舒子怡、苏子怡。笔名苏怡，1930 年创作电影剧本《最后之爱》（由上海天一影片公司拍摄）署用。嗣后创作电影剧本《芸兰姑娘》（1931 年）、《一夜豪华》（1932 年）、《兰谷萍踪》（1932 年）、《野侠》（1935 年）、《神鞭侠》（1936 年）、《同是天涯沦落人》（1948 年）、《还我晴空》（载 1944 年 11 月重庆《天下文章》第 2 卷第 4 期），发表随笔《林彪将军印象记》（载 1950 年《文艺生活》穗新 2 号）等亦署。

苏兆龙（1907－？），江苏盐城人，字跃衢。笔名苏兆龙，见于诗《捕蝇纸》，载 1920 年 12 月 7 日上海《民国日报・觉悟》；译诗《波特莱耳的散文诗》，载 1924 年 10 月 13 日上海《时事新报・文学》。嗣后在该刊及上海《小说世界》《平民》《文学周报》等刊发表诗《醉车夫》、译作《孩子》《金蜜月》《机上女》《剧中短剧》《奢望》等，出版《英汉对照短篇小说选》（上海中华书局，1937 年）、《中文英译指南》（上海中华书局，1937 年）、《英国现代生活一瞥》（上海中华书局，1937 年）、《青年励志文选（英汉对照）》（上海竞文书局，1938 年）和翻译剧本《造谣学校》等亦署。

苏兆骧，生卒年不详，江苏盐城人，字跃云。笔名：①兆骧，见于诗《新禽言》，载 1920 年 1 月 10 日上海《民国日报・觉悟》。②苏兆骧，见于诗《读楚伧底〈偶象〉》，载 1920 年 11 月 11 日上海《民国日报・觉悟》；诗《平民》，载 1920 年上海《平民》周刊第 22 期。嗣后在该刊及上海《小说世界》《时事新报・文学》等报刊发表译作《燐火的向导》、诗《池水浴》《打稻场上》、小说《寒夜》《"你可以进来的"》《旧书店的主人》《订婚的一日》等，出版编著之《小朋友游戏》（与张雪林合作。上海北新书局，1931 年）、《国语课本》（与魏冰心合作。上海世界书局，1933 年）等亦署。

苏中（1927－？），辽宁北镇人。原名邱维精。笔名周和、苏中。1948 年开始发表作品，著有剧本《反击》、论文集《生活探索与艺术探索》等。

苏仲翔（1908－1995），浙江苍南人。原名苏中常，字仲翔，号钵翁、遯园。曾用名苏渊雷。笔名：①逝波，见于诗《狱中哀歌》，载 1927 年 12 月 1 日上海《幻洲》第 2 卷第 5 期。嗣后在该刊第 2 卷第 6 期发表诗《幽谷之声》亦署。又见于诗《战士与诗人》，载 1928 年 6 月 16 日上海《戈壁》第 1 卷第 4 期。②苏渊雷，见于论文《文化综合论》，载 1936 年 10 月 10 日上海《文化建设》第 2 卷第 1 期。嗣后在《人与地》《时代精神》《读书通讯》《三民主义周刊》《服务月刊》《红十字月刊》《舆论》等报刊发表文章署用。出版论著《宇宙疑谜发展史》（上海世界书局，1935 年）、《孔学三种》（上海世界书局，1936 年）、《民族文化建立论》（重庆独立出版社，1942 年）、《民生哲学引义》（重庆商务印书馆，1943 年）、《民族文化论纲》（四川黄中出版社，1944 年）、《钵水文约》（南京钵水斋，1947 年），编选《小品妙选》（上海世界书局，1935 年）等著作亦署。③苏子，见于随笔《苏子语业》《苏子响言》等，连载于 1947－1948 年间南京《新民报》、上海《新民报晚刊》。④苏仲翔，见于论著《白居易传论》（上海文艺联合出版社，1955 年）。嗣后编选出版《李杜诗选》（上海春明出版社，1955 年）、《元白诗选》（上海春明出版社，1956 年）、诗集《论诗绝句》（中州书画社，1983 年）等亦署。⑤钵翁，1982 年开始在《新民晚报》发表文章署用。⑥遯园，署用于书法条幅。⑦苏翻、易筑，署用情况未详。

苏子元（1904－？），辽宁辽中人。笔名萍魂，见于诗《为什么》，载 1923 年 5 月 11 日沈阳《盛京时报》副刊。嗣后在该报发表诗《嫁衣裳》《万泉偶步》《鬼话》《别者》等亦署。

【sui】

隋树森（1906－1989），山东招远人，生于北京，字育楠。笔名：①隋树森，见于《小诗》，载 1923 年 7 月 14 日《京报・诗学半月刊》；小说《爱的收获》，载 1930 年天津《国闻周报》第 7 卷第 11－15 期。嗣后在《青年界》《图书季刊》《现代读物》《宇宙风》《宇宙风乙刊》《文学集林》《时代精神》《文史杂志》《旅行杂志》《文讯》《新中华》《文艺月刊・战时特刊》《中央日报・俗文学》《大晚报・通俗文学》《华北日报・俗文学》《文艺复兴》《文化先锋》等报刊发表著译诗文，出版散文集《巴渝小集》（上海商务印书馆，1946 年），专著《释迦生活》（上海世界书局，1931 年）、《古诗十九首集释》（上海中华书局，1936 年）、《全元散曲》（中华书局，1964 年），译作《中国文学》（日本儿岛献吉郎原作。世界书局，1932 年）、《毛诗楚辞考》（日本儿岛献吉郎原作。上海商务印书馆，1936 年）、《中国文学概说》（日本青木正儿原作。上海开明书店，1938 年）、《元人杂剧序说》（日本青木正儿原作。上海开明书店，1941 年）等亦署。②穆笔，见于小说《老李》，载 1930 年上海《东方杂志》第 7 卷第 10 期。嗣后在北平《益世报》发表文章亦署。③穆然，见于杂文《学生的尸体到那里去了》，载 1931 年上海《十字街头》第 2 期；小说《上海在激战中》，载 1932 年天津《国闻周报》第 16 期。④育楠，出版论著《文学通论》（上海元新书局，1934 年）署用。⑤方明，出版《国学要题简答》（上海元新书局，1934 年）署用。⑥隋育楠，见于诗《桃树的觉悟》，载 1925 年上海《学生文艺丛刊》第 2 卷第 1 集；随笔《使我不能忘记的是〈西厢记〉》，载 1935 年上海《青年界》第 8 卷第 1 期 "我在青年时代爱读的书特辑"。1934 年 7 月为上海元新书局出版的梁乙真著《中国文学史话》作序亦署。

【sun】

孙百刚（1900－1982），浙江杭州人。原名孙以毅，字百刚。笔名：①武林人、木纳，早年在《东方杂志》发表文章署用。②孙百刚，见于翻译小说《某夜之星话》（日本小川未明原作），翻译散文《先生的坟》（日本秋田雨雀原作），载 1929 年上海《一般》第 7 卷第

1 期；翻译小说《冬枯》（日本吉田弦二郎原作），载1930 年上海《东方杂志》第 27 卷第 16 期。于此前后在《一般》《世界杂志》《复兴月刊》等刊发表翻译小说《蜘蛛之丝》（日本芥川龙之介原作）《云是天才》（日本石川啄木原作），翻译童话剧《牧神与羊群》（日本秋田雨雀原作），随笔《"九一八"周年》等均署。出版翻译剧作集《出家及其弟子》（日本仓田百三原作。上海创造社出版部，1927 年）、《先生的坟》（日本秋田雨雀等原作。上海开明书店，1932 年），翻译论著《社会主义初步》（英国克卡朴原作。上海中华书局，1933 年），编著《各国教育制度及概况》（新中国建设会，1934 年），传记《郁达夫与王映霞》（香港上海书店出版社，1962 年）、《郁达夫外传》（浙江文艺出版社，1982 年）等亦署。

孙百急，生卒年及籍贯不详。原名孙庆良。曾用名孙百吉。笔名：①孙百吉，见于诗《对月》，载 1923 年 8 月 31 日沈阳《盛京时报》。嗣后在该报发表诗《童心》《失败》《秋枝》《感化》、评论《论新诗》等亦署。②孙百急，见于通信《"五九"和"五七"》，载 1926 年北京《现代评论》第 3 卷第 73 期。嗣后在该刊及《中央导报》《县政研究》等发表文章亦署。

孙柏绿，生卒年及籍贯不详。笔名柏绿，见于诗《秋夜》，载 1942 年北平《中国公论》第 7 卷第 4 期；诗《沙滩集》，载 1943 年《艺文杂志》第 1 卷第 2 期；随笔《记童年乐趣》，载 1943 年《艺文杂志》第 1 卷第 4 期；诗《文艺兵》，载 1948 年青岛《文艺》第 4 期"诗歌号"；出版诗集《蓬艾集》（海笛等人合集。北平艺术与生活社，1943 年）亦署。

孙帮达（1922－？），四川达县（今达州市）人。笔名：①卫理，见于随笔《漫谈批评与自我批评》，载 1949 年沈阳《知识》第 10 卷第 2 期。嗣后在该刊第 10 卷第 5 期发表随笔《杀猪的故事》亦署。②悟实、孙悟空，20 世纪 40 年代在吉林《社联通讯》发表文章署用。③焦举、石雄，署用情况未详。

孙卜菁（1913－1997），江苏南通人。原名孙衍，字以素。笔名卜菁，见于散文《血泪忆南通——并哭钱彤（素凡）及南通惨案殉难诸青年》，载 1946 年 4 月 27 日重庆《新华日报》。

孙昌熙（1914－1998），山东安丘人。原名孙昭绩，字仲咸。笔名：①仲咸，抗战后期在重庆《中央日报·平明》《世界学生》及《云南日报》发表文章署用。嗣后发表小说《枇杷园》（载 1946 年 4 月 15 日贵阳《文讯》第 6 卷第 4 期）等亦署。②钟咸，抗战后期发表文章曾用。③孙昌熙，见于随笔《元曲中的水浒故事》，载 1945 年昆明《国文月刊》第 37 期。嗣后发表论文、出版论著《怎样阅读〈三国演义〉》（山东人民出版社，1957 年）、《鲁迅研究》（与刘泮溪、韩长经合作。作家出版社，1957 年）、《司空图〈诗品〉解说二种》（与刘淦合作校点。山东人民出版社，1980 年）、《〈故事新编〉试析》（福建人民出版社，1982 年）、《鲁迅文艺思想新

探》（与其他人合作。天津人民出版社，1983 年）、《鲁迅小说史学初探》（山东教育出版社，1989 年），主编《中国现代文学史》（与田仲济合作。山东人民出版社，1979 年）、《中国现代小说史》（与田仲济合作。山东文艺出版社，1984 年）等亦署。④罗逊，1949 年后发表杂文署用。

孙春霆（1906－1991），浙江余杭（今杭州市）人。原名孙晓村。笔名：①孙春霆，见于论文《阿根廷近代文学概论》，载 1928 年 4 月 24 日北京《晨报副镌》；人物志《伊木纳兹》，载 1928 年上海《小说月报》第 19 卷第 5 期。1929 年 10 月后在上海《新文艺》第 1 卷第 2 期、第 2 卷第 1 期发表《阿根廷近代文学》《〈国际歌〉的作者及其历史》亦署。②孙晓村，见于论文《英美两国的报纸概观》，载 1930 年上海《东方杂志》第 27 卷第 13 期；评论《反帝运动的两个立场》，载 1932 年上海《世界与中国》第 2 卷第 4、5 期合刊。嗣后在《世界与中国》及《浙江省建设月刊》《中国农村》《正论》《中山文化教育馆季刊》《农村复兴委员会会报》《大众生活》《社会经济月报》《中国社会》《文摘》《浙江潮》《闽政月刊》《杂志》《浙赣月刊》《东南经济》《合作经济》《合作供销》《新工商》《经济周报》《闽茶》《中建》《财政评论》《中国建设》《现实文摘》《银行周报》《舆论》等刊发表文章亦署。③晓村，见于随笔《孔庙不准驻兵》，载 1932 年上海《世界与中国》第 2 卷第 6 期；独幕剧《兄与弟》，载 1940 年成都《戏剧战线》月刊第 5 期；评论《〈俄罗斯问题〉》，载 1948 年《摹仿》第 1 期。

孙大雨（1905－1997），浙江诸暨人。原名孙铭传，字守拙，号子潜。笔名：①孙守拙，见于诗《滴滴的流泉》，载 1922 年上海《小说月报》第 13 卷第 5 期；诗《呈汉瑞》，载 1923 年 5 月 12 日上海《时事新报·文学旬刊》。同时期在上海《少年中国》《时事新报·学灯》《时事新报·青光》发表小说、诗亦署。②孙铭传，见于译诗《歌德五首》，载 1923 年 3 月 11 日上海《时事新报·文学旬刊》；论文《论雪莱〈Naples 湾畔悼伤书怀〉的郭译》，载 1923 年上海《中华新报·创造日》第 34－37 期；通讯《德国诗人何尔兹逝世》，载 1929 年上海《小说月报》第 20 卷第 12 期。③孙子潜，见于诗《夏云》，载 1926 年北京《现代评论》第 3 卷第 58 期。④子潜，见于诗《海上歌》，载 1928 年上海《新月》第 1 卷第 7 期。此前后在北京《晨报副镌》《京报副刊》发表诗作亦署。⑤孙大雨，见于诗《决绝》《回答》《老话》，载 1931 年上海《诗刊》第 1 期。嗣后在该刊及《新月》《人间世》《宇宙风》《新诗》《民族文学》《新新月报》《中山文化季刊》《中建》等刊发表诗《一支芦笛》《自己的写照》、论文《莎翁悲剧〈黎琊王〉底最初版本写作年代与故事来源》、随笔《小不忍则乱大谋》、译诗《林中无人》（英国瓦尔特·德·拉·梅尔原作）等，出版翻译戏剧《黎琊王》（英国莎士比亚原作。上海商务印书馆，1948 年）、《罕秣莱德》（英国莎士比亚原作。上海译文出版社，1991 年）、《威尼斯

商人》（英国莎士比亚原作。上海译文出版社，1993年）、《奥塞罗》（英国莎士比亚原作。上海译文出版社，1993年）、《麦克白斯》（英国莎士比亚原作。上海译文出版社，1994年），译诗集《英诗选译集》（上海外语教育出版社，1999年），及《孙大雨诗文集》（河北教育出版社，1996年）等均署。

孙道临（1921－2007），浙江嘉善人，生于北京。原名孙以亮。笔名：①孙羽，见于《猎人》，载1940年北平《燕京文学》第1卷第1期。嗣后在该刊发表诗《赠别诗二首》《诗三首》《鹰之歌》及《无名的怀想》《悲歌》等作品，1940年在北平《艺术与生活》第14期发表翻译小说《主妇之铃》（美国华尔顿夫人原作）等亦署。②孙以亮，见于《啄木鸟》，载1941年北平《燕京文学》第1卷第6期。③孙道临，出版诗歌散文集《走进阳光》（上海人民出版社，1997）署用。

孙德谦（1869－1935），江苏元和（今苏州市）人，字受之、寿芝、益庵、益荼，号侠盦、益荼甫、隘堪、隘堪居士、隘庵居士。笔名：①益荼，1913年在《中国学报》发表文章署用。1936年在南京《大道月刊》第6卷第2期发表《孔子五传弟子考》亦署。②孙德谦，见于论文《复王方伯论骈体书》《史权论》《中国学术要略》，载1922年《亚洲学术杂志》第1期。嗣后在该刊及《学衡》《宗圣学报》《东方杂志》《大夏年刊》《大夏》《枕戈》《学术世界》《图书展望》《学海》等刊发表《评中国之治国学者》《骈体文林序》《中国文学通志》《澹然斋诗集序》《汉志艺文略》等文，出版《汉书艺文志举例》（四益宧，1915年）、《鹙音集》（四益宧，1918年）、《刘向校雠学纂微》（四益宧，1923年）、《六朝丽指》（四益宧，1923年）、《段遯庵先生年谱》（山西书局，1936年）等亦署。③鹤笙，20世纪30年代中期在哈尔滨报刊发表文章署用。

孙钿（1917－2011），上海人。原名郁钟瑞，字文源。曾用名郁青、郁华。笔名：①村因，1933至1935年在上海《申报·本埠增刊》发表散文、小说等署用。又见于《景色》，载1935年4月23日《申报·自由谈》。②辛荼，1934年前后在上海撰文署用。又见于随笔《关于博罗事件》，载1940年上海《民主半月刊》第1卷第2期（署用情况备考）。③孙钿，见于诗《流》，载1936年10月20日青岛《诗歌生活》第2期。又见于长诗《给敏子》，载1937年10月30日上海《烽火》第9期。嗣后在《七月》《抗战文艺》《文艺生活》《希望》《蚂蚁小集》《中国诗坛》《新华日报》等报刊发表诗文署用。出版诗集《旗》《望远镜》，诗文集《初生期》（与杜埃、毕公裔合集）。小说集《在乡村里》《初生期》《高野良雄之死》，译作《日本当代诗选》（日本长田弘原编），及《孙钿诗文选》《孙钿诗文集》等均署。④于塞夫、钱宛堤，1946－1948年在上海《联合晚报》副刊发表《西伯利亚寒流》《船到桥洞》等文署用。

孙殿起（1894－1958），河北冀州（今衡水市）人，字耀卿、贸翁。笔名孙殿起，1934年出版《丛书录拾遗》署用。嗣后出版《贩书偶记》（借闲居，1936年）、《清代禁书知见录》（商务印书馆，1957年）、《慈仁奇志》《台湾风土杂咏》《各省竹枝词汇编》《琉璃厂小志》《北京风流杂咏》等均署。

孙方山（1911－1970），山西襄汾人。原名孙逖先。曾用名孙光祖、张方山、高直。笔名孙方山、方山，20世纪40年代创作地方戏剧本《一门忠烈》《儿女英雄》《重逢》、历史剧本《洪承畴》《河神娶妻》等作品署用。"孙方山"一名，出版京剧本《西门豹》（北京出版社，1958年）亦署。

孙伏园（1894－1966），浙江绍兴人。原名孙福源，字养泉、伏园，号伏庐。曾用名孙柏。笔名：①伏庐，见于记录《杜威讲演：社会哲学与政治哲学》，载1920年2月16日至3月29日北京《晨报副镌》。嗣后在该刊发表记录《教育法原理》（卢易士讲演）、《经济关况与政治思想》（勃拉克女士讲演）、《社会结构学》（罗素讲演），评论《劳动问题与社会各方面》，随笔《浪漫谈》等文亦署。②孙伏园，见于记录《杜威讲演录（续三）》，载1920年北京《新青年》第7卷第4期；评论《海外中国大学为什么不成舆论》，载1920年北京《新潮》第2卷第3期。同时期起在上述两刊及《晨报副镌》《小说月报》《歌谣》《矛盾》《论语》《文艺茶话》《大公报》《人间世》《社会月报》《文化建设》《文化月刊》《艺风》《宇宙风》《抗战文艺》《月报》《书人》《民间半月刊》《越风》《华年》《黄河》《文坛》《时与潮文艺》《文哨》《文风杂志》《文学修养》《半月文萃》《民教导报》《南风》《军之友月刊》《国文月刊》《文艺新地》《新建设》等报刊发表翻译小说《熊猎》（俄国列夫·托尔斯泰原作）、《我们二十六个和一个女的》（苏联高尔基原作），随笔《平民文学工作略说》《我的读书经验》《鲁迅的少年时代》《西北旅行十日谈》，评论《文言白话难易论》《论中国本位的文化》等，出版散文集《伏园游记（第一集）》（上海北新书局，1926年）、《三湖游记》（与曾仲鸣、孙福熙合集。上海开明书店，1931年）、《鲁迅先生二三事》（重庆作家书屋，1942年），翻译戏剧集《熊猎》（俄国列夫·托尔斯泰原作，与邓演达等译作合集。上海商务印书馆，1925年）等均署。③松年，见于随笔《译者》，载1921年6月2日北京《晨报副镌》。嗣后在该刊发表随笔《人与自然》《服装》《爱》《青年的不烦闷》等文亦署。④柏生，见于随笔《狗》，载1921年6月19日北京《晨报副镌》。嗣后在该刊发表随笔《小规模》《小杂感》《东荪先生未免错了》《关于丑的字句的杂感》等文亦署。⑤伏，见于随笔《文明》，载1921年6月27日北京《晨报副镌》。⑥柏，见于随笔《小杂感二则》，载1922年6月22日北京《晨报副镌》。⑦伏园，见于随笔《俄国革命纪念日杂感》，载1922年11月7日北京《晨报副镌》；散文《记顾仲雍》，载1924年北京《语丝》创刊号。此前后在《小说月报》《京报副刊》《新潮》《文学周报》《文艺茶话》《东方杂志》《京报副刊·民众文艺周刊》《贡献》《中央副刊》《新女性》《艺风》《新社会》《民间半月刊》《书人》等报刊发表《长安道上》《评美的人生观》《空谷兰与洪深先生》《唐宋传奇上集出书》等文亦署。⑧孙柏，1926年在北平《京报副刊》撰文署用。⑨桐柏，署用情况未详。

孙福熙（1898－1962），浙江绍兴人，字春苔。笔名：①孙福熙，见于书评《〈美术与美育〉》，载1920年北京《新潮》第2卷第3期；散文《吊雷峰塔》，载1924年北京《京报副刊》第25期。此前后在上述两刊及《小说月报》《文学周报》《语丝》《开明》《一般》《北新》《春潮》《新时代》《文艺新闻》《文艺月刊》《贡献》《新女性》《中央日报特刊》《东方杂志》《读书杂志》《中法大学月刊》《中学生》《南华文艺》《新学生》《科学月刊》《山西教育公报》《艺风》《朔望半月刊》《中国出版》《南华评论》《黄钟》《七日谈》《论话》《文艺茶话》《国画月刊》《新中华》《美术生活》《浙江民众教育》《逸经》《文学创作》《明星》《文化建设》《现代父母》《浙江青年》《战时中学生》《旅行杂志》《音乐与美术》《正义》《风物志集刊》《小说》等刊发表《秃笔淡墨要写在破烂的茅纸上》《清心长有虑，幽事更无涯》《关关雎鸠与窈窕淑女》《以西湖奉献林风眠先生》《古文明的消失》《从巴黎经过西伯利亚》《绍兴气味》《甜美辛酸话故乡》等文及摄影作品，出版散文集《山野掇拾》（北京新潮社，1925年）、《大西洋之滨》（北京北新书局，1925年）、《归航》（上海开明书店，1926年）、《北京乎》（上海开明书店，1927年）、《庐山避暑》（上海女子书店，1933年），中篇小说《春城》（上海开明书店，1931年），译作《越南民间故事》等均署。②丁一，见于随笔《蛮野先生》，载1922年2月26日北京《晨报副镌》。同时期在该刊及《京报副刊》发表《上帝保佑法兰西》《兔儿爷的革新》《叟话》等文亦署。③春台，见于随笔《上场与预备》，载1925年北京《语丝》周刊第32期；散文《山野掇拾》，1925年连载于北京《晨报副镌》。此前后在上述两刊及《京报副刊》《北新》等刊发表《清华园之菊》《学问与习技》《画家方君璧先生》等文亦署。④寿明斋，见于《我似乎又想笑了》，载1925年《语丝》第54期。⑤春苔，见于散文《欢迎一位园艺家来北京》，载1926年北京《京报副刊》第455期；见于散文《中国之花——荷》，载1926年上海《北新》第1卷第2期；散文《巴黎捞针》，载1930年《小说月报》第21卷第7期。此前后在上述两刊及《小说月报》《贡献》《东方杂志》《南华文艺》《山西教育公报》《艺风》《春潮》《文艺茶话》《旅行杂志》等刊发表《为柳絮而折腰》《我来介绍这位——春的忙碌与春的甜蜜的先生》《介绍曾鸣著现代世界名画集》《文字的效力》《呈贡颂》等文及摄影、绘画作品亦署。⑥福熙，见于《国难地图》，载1933年上海《论语》第8期。⑦孙春苔，见于译诗《小诗》（法国缪塞原作），载1932年《南华文艺》第1卷第1期；记录《庞薰琴绘画座谈》（与李宝泉合作），载1932年上海《文艺茶话》第1卷第3期。⑧苔，署用情况未详。

孙观汉（1914－2005），台湾人，原籍浙江绍兴。笔名慧的。著有《菜园拾爱》（台北星光出版社，1983年）、《我看中国女人》（和胡适、柏杨等合作。中国友谊出版公司，1989年）、《中国人的"老昏病"》（中国人民大学出版社，1989年）等。

孙海波（1910－1972），河南潢川人。原名孙铭恩，字涵溥。笔名：①孙海波，见于论文《记周公东征》，载1934年北平《禹贡》第2卷第11期；论文《国语真伪考》，载1934年北京《燕京学报》第16期。嗣后在上述两刊及《考古》《师大月刊》《图书季刊》《中和月刊》等刊发表《卜辞文字小记》《十二读王静安先生古史新证书后》《魏三字石经集录》《书刘礼部遗书后》等文亦署。②海波，见于随笔《汉书疏证》《殷虚书契续编校记》，载1940年北平《中和月刊》第1卷第1期。嗣后在该刊第1卷第2期发表《朱九江学记》一文亦署。③波，署用情况未详。

孙涵冰，生卒年不详，北京人。原名孙亨斌。笔名严僧，20世纪20年代末期在北平《新晨报》等报刊发表诗署用。30年代在上海报刊发表诗、小说等亦署。

孙寒冰（1903－1940），江苏南汇（今上海市）人。原名孙锡麒。曾用名孙锡麟。笔名：①锡麒，见于随笔《我们为什么要出〈通俗丛刊〉》《快点醒醒》，载1920年1月1日《上海学生联合会通俗丛刊》。②孙锡麒，见于杂文《劝同胞下一个"永远不买日货"决心》，载1920年1月1日《上海学生联合会通俗丛刊》。嗣后在该刊及《新人》等刊发表小说《烧香》、评论《上海学生的文化运动》《文化运动的过去与未来》，1920年在《解放画报》第1期发表小说《雨声……哭声》等亦署。③寒冰，见于随笔《这是刘半农的错》，载1920年《新人》第1期。嗣后在该刊发表《"她"字问题的辩论》《续论"她字问题"》，在上海《平民》第55期发表翻译小说《忏悔的罪人》（俄国列夫·托尔斯泰原作）亦署。④锡麟，见于杂文《竞争与合作》，载20世纪20年代初上海复旦大学《平民》第65期。嗣后在该刊发表《读了〈黑暗之光〉》《法兰西之农业合作》等文亦署。⑤孙锡麟，见于随笔《意大利底平民银行》，载20世纪20年代初《平民》第140期。⑥孙寒冰，见于论文《国家的起源》，载1929年《国立劳动大学月刊》第1卷第3期。嗣后在《东方杂志》《新生命》《大杂志》《文化建设》《出版周刊》《世界文学》等刊发表著译文章，出版翻译小说《一个陌生女子的来信》（奥地利斯蒂芬·茨威格原作。上海商务印书馆，1935年）与社会学、政治学著作与译作等均署。

孙鹤生，生卒年及籍贯不详。笔名鹤笙，见于散文《泥途上的日记》，载1936年4月3日哈尔滨《滨江时报》。嗣后在该报发表散文《初春杂写》《六月里的心》等亦署。

孙寰镜（1878－1943），江苏无锡人，字静安、静庵，号民史氏、寰镜庐主人、静庵寰镜庐主人。笔名：①

民史氏，出版《明遗民录》（新中华图书馆，1912年）署用。②孙静庵，出版笔记小说《栖霞阁野乘》（上海中华图书馆，1913年）、《夕阳红泪录》（上海中华图书馆，1913年）、《清宫秘史》（大共和日报社，民国年间）等均署。③孙寰镜，见于《之游唾余录》，收入《明清法制史料辑刊第1辑》（北京图书馆出版社，2008年）。

孙佳讯（1908－1990），江苏灌云人。原名孙家训。笔名孙佳讯，见于散文《云台浪迹》，载1929年上海《真美善》第4卷第4期。嗣后在《开明》《现代文学》《文艺月刊》《青年界》《新时代》《诗歌月报》《学术》等刊发表诗文。出版小说集《小棉花》（上海北新书局，1933年）、民间故事《娃娃石》（民风社，1930年）、论著《服务与进修》（上海大方书局，1947年）；1949年后出版民间故事《后羿的传说》（中国少年儿童出版社，1958年）、论著《〈镜花缘〉公案辨疑》（齐鲁书社，1984年）等均署。

孙剑冰（1921－？），江苏丰县人。笔名：①孙剑冰，见于诗《秋雨》，载1940年延安《新诗歌》第4期。1949年后出版民间故事《内蒙古民间故事》（少年儿童出版社，1958年）、《天牛郎配夫妻》（上海文艺出版社，1983年）、故事《毛泽东的故事和传说》（工人出版社，1954年）、诗文集《他和大众在一起》（中国戏剧出版社，2003年）、编选《中国民间故事选》（与贾芝合作。人民文学出版社，1959年）等均署。②剑冰，见于诗《担柴》，载1940年延安《大众文艺》第2卷第2期。同时期在延安《诗刊》发表诗作亦署。又见于诗《磨房》，载1942年2月20日桂林《诗创作》第8期。③阿冰，1981－1982年间在《上海民间文艺集刊》《民间文学》发表文章署用。④石羊关，见于《马其顿民歌》《蒙古族婚礼歌》等书"责任编版"。

孙剑秋，生卒年不详，江苏昆山人，原名孙炳，别号楞伽盦主。笔名剑秋，20世纪20年代初主编上海《礼拜六》，发表《国耻小说》等署用。

孙景贤（1880－1919），江苏常熟人，字希孟，号龙尾、藤谷古香。笔名：①藤谷古香，见于长篇小说《轰天雷》，大同印书馆1903年出版。②孙景贤，由虹隐楼印行《龙吟草甲》《龙吟草乙》《梅边乐府》《龙尾集》等著作均署。③阿员，署用情况未详。

孙举璜，生卒年不详，湖南长沙人，字姬瑞，号虫天。笔名孙举璜，在《南社丛刻》发表诗文署用。

孙楷第（1898－1986），河北沧州人，字子书，号钝公，晚号铁翁。别号小旋风柴进里人。曾用名孙子公。笔名孙楷第，见于通信《校勘韩非淮南数则呈杨遇夫先生》，载1926年《北京师大周刊》第287期；论文《刘书新论校正》，载1929年北平《国立北平图书馆月刊》第3卷第3期。同时期起在《辅仁学志》《图书馆学季刊》《文史》《图书季刊》《大众》《国立北京大学国学季刊》《大中》《汉学》《中法汉学研究所图书馆馆刊》《学原》《广播周报》《文学杂志》《艺文杂志》《燕京学报》《华北日报·俗文学》、香港《星岛日报·俗文学》等报刊发表《中国通俗小说提要》《三国志平话与三国志通俗演义》《吴昌龄与杂剧西游记》《绝句是怎样起来的》《元曲家考略》等文，出版《日本东京大连图书馆所见中国小说书目提要》（国立北平图书馆中国大辞典编纂处，1932年）、《中国通俗小说书目》（北平图书馆，1933年）、《元曲家考略》（上海上杂出版社，1953年）、《论中国短篇白话小说》（上海棠棣出版社，1953年）、《俗讲说话与白话小说》（作家出版社，1956年）、《沧州集》（中华书局，1965年）、《沧州后集》（中华书局，1985年）等著作均署。

孙克骥（1907－2005），福建崇安（今武夷山市）人，曾用名陈卓凡、朱永桦。笔名克士，1936年起在《福建民报·回声》发表文章署用。1937年4月24日在福州《福建民报·艺术座》发表散文《忆北平》亦署。

孙克宽（1904－1993），安徽舒城人。原名孙至忠，字今生，号靖生、茧庐。笔名孙克宽，见于论文《地方自治事业试论》，载1944年《县政学报》第1卷第1期。嗣后在《三民主义半月刊》《战斗与改造》《观察》《市政建设》《地方自治》《市政评论》等刊发表文章，1949年后在台湾出版《元代汉文化之活动》（台北中华书局，1968年）、《山居集》（台中"中央"书局，1968年）、《杜诗欣赏》（台北广文书局，1974年）、《分体诗选》（台北学生书局，1977年）等亦署。

孙兰（1913－1968），江苏盐城人。原名韦毓梅。笔名：①韦毓梅，1937年在上海《年青人》杂志发表关于文学写作的文章署用。②姜平，见于随笔《略谈帽子问题》，载1936年上海《现世界》第1卷第5期；书评《〈世界文学史纲〉》，载1936年上海《读书生活》第4卷第10期。同时期起在《现世界》《妇女生活》《读书半月刊》《月报》《世界知识·妇女生活·中华公论·国民周刊战时联合旬刊》《上海妇女》等刊发表《苏联文学讲话》《春节在孤岛》《鲁迅先生留给我们的》《战时的女学生》《小水和他们的故事》《文学研究书目》等散文、通讯、童话等亦署。

孙犁（1913－2002），河北安平人。原名孙树勋。笔名：①孙树勋，见于小说《自杀》，载1929年保定《育德月刊》第2卷第10期。嗣后在该刊发表小说《孝吗？》《弃儿》《麦田中》《顿足》等亦署。②芸夫，见于评论《〈子夜〉中所表现中国现阶段的经济性质》，载1934年1月上海《中学生》。③林冬苹，见于诗《梨花湾的故事》，载北岳区边区文救会编《边区诗歌》。④孙犁，见于论文《边区民间的文艺》，载1940年《抗敌周报》第2卷第9、10期合刊。小说《邢兰》，载1941年晋察冀《五十年代》创刊号。嗣后在《五十年代》《新群众》《人民文艺》《北方文化》《华北文艺》《解放日报》《小说月刊》《文艺劳动》等报刊发表小说《碑》《钟》《抗旱》《荷花淀——白洋淀纪事之一》等均署。出版小说散文集《荷花淀》（香港海洋书屋，1947年），小说集《芦花荡》（上海群益出版社，1949年）、《嘱咐》

（北京天下图书公司，1949 年），1949 年后出版小说集《采蒲台》《白洋淀纪事》、诗集《白洋淀之曲》、散文集《晨村速写》、长篇小说《村歌》《风云初记》、中篇小说《铁木前传》、文学评论《文学短论》等亦署。⑤力编，见于论文《关于〈冀中一日〉的写作运动》，载 1942 年 11 月 3 日延安《解放日报》。⑥余而立，见于杂文《一个知识分子的自白》，所刊刊未详。⑦纪普，见于散文《纪念党的生日》，载 1946 年 7 月 1 日《冀中导报》。⑧土豹，见于诗《咏水》，载 1946 年《平原杂志》第 1 期。⑨原平，见于散文《访问抗属》，载 1947 年 5 月 18 日《冀中导报》。⑩纵耕，见于杂文《谈“就地停战”》，载 1949 年 1 月 22 日《天津日报》。⑪少达，见于诗《小站国旗歌》，载 1950 年 5 月 30 日《天津日报》。⑫林冬平，见于论文《〈红楼梦〉的现实主义成就》，载 1954 年《人民文学》12 月号。⑬石纺，见于散文《刘桂兰——津郊小集（一）》，载 1955 年 12 月 16 日《天津日报》。⑭耕堂，见于论文《左批评右创作论》，载 1979 年 2 月 4 日《天津日报》。⑮孙芸夫，1933 年在天津《大公报》发表文章署用。1953 年 8 月 30 日在《天津日报》发表散文《访旧——农村人物杂记》亦署。⑯犁、耕夫、春燕、芸、芸斋主人，署用情况未详。

孙俍（lǎng）工（1894－1962），湖南隆回人。原名孙燎光，字俍工。曾用名孙光策。笔名：①孙光策，见于评论《诸君自身的问题》，载 1919 年《平民教育》第 1 期；随笔《五四运动逸话》，载 1933 年上海《前途》第 1 卷第 5 期。②俍工，见于随笔《良心的生活》，载 1919 年《平民教育》第 1 期；诗《二月四日晚上》，载 1920 年北京《工学》第 1 卷第 4 期。嗣后在《民国日报》副刊《觉悟》《妇女评论》及《小说月报》《东方杂志》《当代文艺》《现代文学评论》等报刊发表诗《失眠之夜》、小说《前途》《故乡带来的礼物》《家风》等亦署。③孙俍工，见评论《一封讨论“可”字的信》，载 1920 年 10 月 11 日上海《民国日报·觉悟》；小说《医院里的故事》，载 1922 年上海《小说月报》第 13 卷第 5 期（刊内正文署名俍工）。此前后在上述两刊及《教育杂志》《时事新报·文学》《现代文学》《学生杂志》《国立劳动大学月刊》《文艺月刊》《前锋月刊》《当代文艺》《青年界》《现代文学评论》《文学》《中国文学》《新学生》《摇篮》《前途》《创作与批评》《江苏教育》《新文学》《国衡》《西北风》《图展望》《四川教育》《血路周刊》《黄埔季刊》《正言文艺》《中央周刊》《军事与政治》《现代中国》《读书通讯》《摹仿》等刊发表小说《归家》、评论《诗的本质》《文艺论荟：一、文艺中的崇高美，二、文艺中的优美》《在艺术的诗底概观》、剧作《复仇》《索夫团》、诗《来到》《铁血歌》及译作等，出版《中国语法要义》（上海亚东图书馆，1923 年）、《世界文学家列传》（上海中华书局，1926 年）、《中国文艺辞典》（上海民智书局，1931 年）、《中华民族文艺史（第一册）》（成都诚达印书馆，1938 年）、《戏剧作法讲义》（上海亚东图书馆，1925 年）、《中国

古典文艺论集》（上海北新书局，1928 年），短篇小说集《海底渴慕者》（上海民智书局，1924 年）、《生命的伤痕》（上海民智书局，1925 年），诗集《理想之光》（与王梅痕合作。上海神州国光社，1930 年），戏剧《血弹》（上海神州国光社，1932 年）、《续一个青年底梦》（上海中华书局，1934 年）、《世界的污点》（上海神州国光社，1932 年），译作《中国文学概论讲话》（日本盐谷温原作。上海开明书店，1929 年）、《诗的原理》（日本获原朔太郎原作。上海中华书局，1933 年）、《中国文学通论》（日本儿岛献吉郎原作。上海商务印书馆，1935 年），1949 年后出版《毛泽东语言辞典》等亦署。④MK，署用情况未详。

孙了红（1897－1958），浙江宁波人。原名孙咏雪。曾用名雪官（乳名）。笔名孙了红，见于小说《新封神榜》，载 1923 年上海《小报》第 1 卷第 2 期。嗣后在《侦探世界》《红玫瑰》《紫罗兰》《万象》《飘》《潮流》《大众》《春秋》《西点》《大侦探》《幸福世界》《蓝皮书》等刊发表小说，出版小说集《侠盗鲁平奇案》（上海万象书屋，1943 年）、《紫色游泳衣》（上海大地出版社，1948 年）、《夜猎记》（上海大地出版社，1948 年）、《别裁小说集》（与范菊高等合集。上海大东书局，1926 年），长篇小说《蓝色响尾蛇》（上海大东书局，1948 年）等均署。

孙陵（1914－1983），山东黄县（今龙口市）人。原名孙钟琦。曾用名孙虚生。笔名：①梅陵，见于诗《秋》，载 1933 年长春《大同报·夜哨》第 15 期。嗣后在上海《文学》月刊等发表文章亦署。②小梅，见于小说《宝祥哥的胜利》，载 1935 年长春《大同报》。③孙虚生，见于《这样》，载 1931 年 10 月 3 日、4 日哈尔滨《国际协报·国际公园》。嗣后至 1934 年 3 月在该报发表《念奴娇》《落花》等作品亦署。④梅陵，见于诗《秋》，载 1933 年 11 月 19 日长春《大同报·夜哨》；小说《宝祥哥的胜利》，载 1936 年上海《文学》月刊第 6 卷第 6 期。⑤小梅，见于小说《宝祥哥的胜利》，载 1935 年 6 月 15 日长春《大同报》第 4 期。⑥孙陵，见于散文《兴安岭探胜》，载 1936 年上海《光明》半月刊第 1 卷第 10 期；小说《贱种》，载 1937 年上海《中流》半月刊第 1 卷第 9 期。同时期起在上述两刊及《宇宙风》《烽火》《七月》《文摘》《文丛》《自由中国》《新文艺》《战地知识》《现代文艺》《创作月刊》《文学报》《文学杂志》《文艺工作》等刊发表小说《国境线上》《大风雪》《画家与教授》《春天的怅惘》、散文《船》《怀想》、报告文学《鄂北突围记》、通讯《十月十日在延安》、随笔《〈突围记〉跋》《〈边声〉后记》、七绝《龚自珍逝世百周年集遗句成七绝四首以抒怀》等，出版散文集《从东北来》（桂林前线出版社，1940 年）、《突围记》（桂林创作出版社，1940 年）、《红豆的故事》（重庆烽火社，1940 年），长篇小说《大风雪》（上海万叶书店，1947 年）；1949 年后在台湾出版《文坛交游录》（高雄大业书店，1955 年）、《浮世小品》（台北正中书局，1961 年）、《我熟识的三十年代作家》（台北成文出版社，1980

年），报告文学集《边声》（台北智燕出版社，1987 年），长篇小说《觉醒的人》（台北智燕出版社，1965 年）、《莽原》（台北智燕出版社，1973 年），小说集《他是谁》（台北帕米尔书店，1954 年）、《孙陵自选集》（台北智燕出版社，1974 年）、《女诗人》（台北成文出版社，1980 年），旧体诗集《孙陵诗集》（台北，1971 年）等均署。⑦虚生、虚声，署用情况未详。

孙梦雷（1904－1937），江苏无锡人。笔名：①孙梦雷，见于小说《快乐之神》《死后二十日》，载 1921 年上海《小说月报》第 12 卷第 7 期。嗣后在该刊及上海《东方杂志》《时事新报·文学旬刊》等报刊发表小说《毕业后》《柳絮》、评论《战争罪恶史之一页》等，出版长篇小说《英兰的一生》（上海开明书店，1927 年）亦署。②梦雷，见于小说《哑巴的一个梦》，载 1921 年上海《东方杂志》第 18 卷第 11 期。同时期在该刊及上海《小说月报》《时事新报·文学旬刊》发表诗《世界与人类》《最后的尝试》、小说《微声》《微波》《磨坊主人》《麦收》等亦署。

孙穆（1923－？），山西柳林人。原名孙世荣。曾用名孙启运。笔名：①孙穆，1943 年、1944 年在延安《解放日报》发表《圃》《礼物》等文署用。嗣后在重庆《新华日报》《晋绥日报》等报刊发表作品，1949 年后出版电影剧本《东风》（中国电影出版社，1958 年）、《流水欢歌》（与延泽民合作。北方文艺出版社，1959 年）、《海上神鹰》（中国电影出版社，1960 年）等均署。②松木、孙木，1956－1964 年在《北京日报》《人民文学》《解放军文艺》《吉林日报》等报刊发表短文署用。

孙培均（1925－2010），浙江杭州人。笔名：①季石，1944 年开始在《浙江日报》《宁波日报》《宁绍台日报》发表诗歌，翻译小说署用。②培均，1947 年开始在上海《文汇报》《时代日报》《新民晚报》发表诗歌、散文署用。③孙培均，1949 年后发表文章、出版著作多署此名。

孙平（1928－2016），陕西朝邑（今大荔县）人。原名孙晋泰。曾用名孙进泰。笔名：①净波，1945 年底至 1946 年在陕西《西京平报》副刊发表小说《在缕缕的炊烟里》、随笔《我不明白》《死》《还是男女合校好》等作品署用。1949－1952 年在《群众文艺》《甘肃文艺》《群众日报》《陕西报》等发表诗、散文、民间文学作品等亦署。②孙平、平素，1957－1963 年在《人民日报》《工人日报》《西安日报》《陕西日报》《西安晚报》《思想战线》《陕西青年报》等报发表诗、随笔、杂文等署用。

孙平天（1925－1946），上海人。原名孙俊伯。笔名：①孙平天，见于散文《秋的徘徊——通城九月尾》，载 1944 年 9 月 29 日南通《江北日报》。嗣后在南通其他各报发表散文、通讯等亦多署用。②平天，见于散文《秋，落在年轻人的肩上》（与田立合作），载 1945 年 10 月 19 日南通《东南日报》。③俊伯，见于评论《〈梁

上君子〉观后》，载 1945 年 11 月 24 日《东南日报》。④高迟，见于散文《牛步》，载 1946 年 3 月 1 日南通《新通报·蜗牛》。

孙璞（1883－1953），广东中山人，字仲瑛、仲英，号阿瑛、太璞、顾斋。别号老癯、完璞道人。曾用名孙英。笔名孙璞，在《南社丛刻》发表诗文署用。又见于评论《求知与修养——修养的工作须从礼义廉耻实地做起》，载 1937 年广州《新粤周刊》第 1 卷第 6 期。出版《顾斋战时诗草（附北行日记）》（广州，1945 年铅印）等亦署。

孙旗（1924－1995），江苏淮阴（今淮安市）人。原名孙克鲁。笔名：①孙旗，20 世纪 40 年代起在报刊撰文署用。嗣后出版论著《论中国文艺》（香港亚洲出版社，1956 年）、《现代艺术的透视》（天山出版社，1976 年）、《黄宾虹的绘画思想》（台北天华出版事业公司，1979 年）、《现代绘画哲学》（台北黎明文化事业股份有限公司，1980 年），《现代艺术哲学》（台北东大图书公司，1980 年），散文集《寒山与西皮》（台中普天出版社，1974 年）、《转型期的沉思》（台北黎明文化事业股份有限公司，1989 年），译作《现代艺术思想导论》（中国美术出版社，1976 年）等均署。②江东流，署用情况未详。

孙谦（1920－1996），山西交城人。原名孙怀谦。笔名：①王大、颂迁，1944－1945 年在晋绥根据地报刊发表剧作《大家办合作》《闹对了》等作品署用。②孙谦，见于《我们是这样回到队伍里的》，载 1943 年 8 月 5 日延安《解放日报》。嗣后在《解放日报》《晋绥日报》等报刊发表作品，创作、出版秧歌剧《王德锁减租》（与卢梦、西戎等合作）、《大家办合作》（与胡正等合作）、《闹对了》《闹嘴舌》《红手帕》，短篇小说集《伤疤的故事》《南山的灯》，报告文学《大寨英雄谱》，创作、改编电影剧本《光荣之家》《陕北牧歌》《葡萄熟了的时候》《泪痕》《丰收》（与林杉合作）、《夏天的故事》《万水千山》（与成荫合作）、《谁是凶手》《奇异的离婚故事》《春山春雨》《一天一夜》《红军万岁》（与成荫合作）、《未完成的旅程》（与成荫合作）、《新来的县委书记》（与马烽合作）、《几度风雪几度春》（与马烽合作）等亦署。③孙千，署用情况未详。

孙瞿蝯（qúyuán），生卒年不详，安徽人。曾用名孙瘤蝯。别号啸鏖、啸鏖、啸顾、瞿蝯、寒鸦（花）草堂，常惺惺斋、小瘦红闇。笔名：①孙瘤蝯，见于随笔《啸顾笔乘》，载 1922 年上海《半月》第 1 卷第 9－15 号。嗣后在该刊及《红杂志》《心声》《金钢钻月刊》等刊发表《小瘦红闇话堕》《常惺惺斋日录》《卅六鸳鸯馆零拾》《好春簃笔记》《小瘦红闇诗话》《砚田一滴》等文均署。②瞿蝯，见于笔记《寒鸦草堂笔记》，载 1921 年上海《小说新报》第 7 卷第 1 期。嗣后在该刊第 7 卷第 2 期发表小说《咄咄何物》，1935 年在上海《佛学半月刊》第 5 卷第 4－10 期发表剧作《七笔勾》亦署。

③瘫痪，见于随笔《星轺秘史》，载1921年上海《小说新报》第7卷第3期。嗣后在该刊第7卷第11期发表随笔《小瘦红閒诗话》亦署。④老孙、花果山人、好春蓐主，1929年后在上海《晶报》发表文章署用。

孙仁玉（1872－1934），陕西临潼人。原名孙瑗。笔名孙仁玉，出版地方戏剧本《胡涂村》（教育图书社，1913年）、《少妇箴》（西安陕西易俗社编审部，1932年）、《明代恢复朝鲜记》（西安陕西易俗社编审部，1932年）、《大婚姻谈》（西安陕西易俗社编审部，1932年）、《柜中缘》（谢迈千整理。长安书店，1956年）、《三回头》（长安书店，1957年）、《小姑贤》（鲁扬整理。陕西人民出版社，1981年）、《看女》（赵新民整理。陕西人民出版社，1981年）等均署。

孙如陵（1915－2009），贵州思南人。笔名：①孙如陵，见于随笔《报纸的包装与包裹纸》，载1940年重庆《新闻学季刊》第1卷第3期；随笔《错字及其他》，载1941年重庆《今日青年》第13期。同时期在《青年月刊》《中央政治学校校刊》《中国新闻学会年刊》等刊发表《总理如何演说》《扬眉吐气之日》《新闻学季刊概述》等文，1949年后在台湾出版论著《报学研究》（台北西窗出版社，1952年），散文集《写作与投稿》（台北，1964年）、《自牧集》（台北水芙蓉出版社，1968年）、《墨趣集》（台北三民书局，1969年）、《抓住就写》（台北中国文选出版社，1972年）、《方块百篇》（台北中国文选出版社，1978年）、《方块丽篇》（台北，1986年）等著作均署。②九一、仲父（fǔ）、自牧、汤姆，署用情况未详。

孙孺（1914－1987），广东兴宁人，生于马来亚新加坡。原名孙文林。曾用名孙冰、孙流冰、孙若文。笔名：①炉火，见于诗《生命的旌旗在我手中飘扬》，载1929年马来亚新加坡《新国民日报·瀑布》。②孙流冰，见于评论《第三者的话》，载1933年3月19日新加坡《星洲日报·文艺周刊》。③流水，见于诗《离开马来亚的海岸线》，载1934年上海《新诗歌》半月刊第5期。④流冰，见于诗《圣诞老人的礼物》，载1934年3月5日《新诗歌》第6、7期合刊。嗣后在北平《新诗歌》、上海《诗歌月报》《中华日报·动向》、新加坡《星洲日报·晨星》《南洋周刊》《星中日报·星火》等报刊发表小说《在血泊中微笑》、剧作《金门岛之一夜》《十字街头》等亦署。⑤高扬，见于诗《赤道线》，载1936年上海《东方文艺》第1卷第3期。嗣后在《中国诗歌》及新加坡《星洲日报·文艺周刊》《南洋周刊》等报刊发表诗作、小说、评论等亦署。⑥夏风，见于评论《谈〈日出〉》，载1938年新加坡《南洋周刊》第18期；《一九三八年的马华话剧运动》，载1939年1月1日新加坡《新国民日报》"新年特刊"。⑦夏枫，出版戏剧集《奖状》（与叶尼等合集。上海戏剧出版社，1940年）署用。嗣后出版《中国海的怒潮》（昆明大路出版公司，1940年），发表评论《马华剧运的进路》（载1940年3月1日、2日新加坡《新国民日报·新流》）等亦

署。⑧逊如，1980年后在广州《羊城晚报·花地》等报刊发表杂文、游记署用。⑨刘宾、高凤，署用情况未详。

孙少庵，生卒年及籍贯不详。笔名夹庵，见于诗《一九一八年旧历中秋夜热海泛舟看月》，载1920年《新青年》第7卷第2期；诗《迅雷》，载1921年7月5日上海《民国日报·觉悟》。

孙绳武（1917－2014），河南偃师人。笔名：①孙沛，见于译文《论屠格涅夫的小说》（苏联司特拉若夫原作），载1944年9月1日重庆《青年文艺》新1卷第2期。嗣后在重庆《文哨》《萌芽》《中苏文化》、上海《文联》等杂志发表译作署用。②朱芥，见于翻译小说《普拉东的故事》（苏联高尔基原作），载1944年12月20日重庆《青年文艺》新1卷第5期。嗣后在《中苏文化》《文学新报》《文哨》等刊发表译作，出版翻译诗集《芦笛集》（苏联杨卡·库巴拉原作。上海文光书店，1946年），翻译传记《史达尼斯拉夫斯基》（苏联H.伏尔柯夫原作。上海时代书报社，1949年）、《聂米洛维奇—唐庆柯》（苏联A.马尔柯夫原作。上海时代书报社，1949年）、《高尔基传》（苏联葛鲁兹杰夫原作。上海时代书报社，1949年）、《莱蒙托夫传》（苏联安德朗尼科夫原作。上海时代出版社，1949年）、《托尔斯泰评传》（苏联古德济原作。上海时代出版社，1950年）等均署。③孙纬，见于译文《论罗曼·罗兰及其〈约翰·克利斯朵夫〉》（N.莱可娃原作），载1945年5月4日《文哨》创刊特大号。④孙伟，见于《外国作品在苏联》，载1946年上海《文联》第1卷第5期。⑤孙绳武，出版译作《苏联的红军》（苏联佛米金歌原作。中苏文化协会编译委员会，1945年），主编《普希金与我》（与卢永福合作。人民文学出版社，1999年）等署用。⑥孙玮，出版《谈诗的技巧》（苏联伊萨柯夫斯基原作。作家出版社，1955年）署用。

孙师毅（1904－1966），浙江杭州人，生于江西南昌。曾用名孙施谊、孙思毅。笔名：①孙师毅，见于《美丽的甘棠》，载1924年7月11日上海《时事新报·学灯》；讲演记录《社会学研究方法上之争辩》（戴德莱讲演，张君劢口译），载1925年上海《东方杂志》第22卷第10期。此前后在《晨报副镌》《汎报》《现代学生》《良友画报》《文艺新闻》《戏》《新小说》《现代读物》《电影戏剧》等报刊发表评论《演〈一只马蜂〉后》《覆幻洲编辑潘汉年叶灵凤二君来书》《怒吼罢中国——关于剧本、译本和演出及全剧故事的说明》、电影小说《新女性》、译文《现代美国教育之批判》（美国哈米利翁·霍尔特原作）等，出版翻译剧作《为国争光》（苏联西蒙诺夫原作。重庆美学出版社，1944年）等均署。②师毅，见于诗《长江舟中之一》，载1925年北京《晨报副镌》第50期；翻译剧作《未完成之杰作》（英国斯蒂芬·菲利浦斯原作，与竞成合译），载1926年上海《东方杂志》第23卷第1期。1927年在上海《汎报》第1卷第2期发表随笔《羊头狗肉斋评话》亦署。③施

谊，见于随笔《〈民族解放进行曲〉配合着永续不断之战斗精神的"链锁体"——一个歌曲新形式的试作》，载 1936 年 6 月 17 日上海《大晚报·火炬通俗文学》；诗《民族解放进行曲》，载 1936 年上海《光明》半月刊第 1 卷第 5 期。此前后在该刊及《女子月刊》《永生》《月报》《生活学校》《杂志》《青年音乐》《世界知识·妇女生活·中华公论·国民周刊战时联合旬刊》《抗战文艺》等刊发表歌曲《这儿有》(贺绿汀作曲)、《保卫大上海》(丁珰作曲)、《春天里》(贺绿汀作曲)、《五卅第十一周年纪念歌》(洗星海作曲)，诗《士兵之声》《夜行对唱》，剧作《人约黄昏》等亦署。④孙施谊，见于独幕剧《人约黄昏》，载《抗战文艺》1940 年第 6 卷第 1 期。嗣后发表随笔《关于〈人约黄昏〉——导演手记之一》(载 1940 年重庆《抗战文艺》第 6 卷第 1 期)亦署。⑤阿文，署用情况未详。

孙世翰，生卒年及籍贯不详。笔名：①岛魂，见于诗《梦》，载 1931 年 1 月 19 日大连《泰东日报》副刊。嗣后在该刊发表诗《孤苦的我》(1932 年)、《从今后》(1932 年)，评论《关于诗圣泰戈尔》(1941 年)、《读〈纯情〉后》(1941 年)等亦署。②石汉，20 世纪 30 年代在大连等地报刊发表诗文署用。

孙世伟(1883-1961)，浙江绍兴人，字做仁，号做庐、瓦鸣。笔名孙世伟，在《南社丛刻》发表诗文署用。又见于译文《顾千里先生年谱》(日本神田喜一郎原作)，载 1926 年《国学月刊》第 1 卷第 1 期；《时人汇志》，载 1928 年天津《国闻周报》第 5 卷第 20 期。1926 年由上海大东书局出版译作《顾千里先生年谱》(日本神田喜一郎原作)亦署。

孙世珍，生卒年及籍贯不详。笔名卢蕴，1942 年在《蒙疆文学》发表小说《鸿》及散文等署用。

孙寿康(1900-1965)，广东东莞人，生于香港。笔名孙受匡，1924 年在香港《小说星期刊》连载小说《恨不相逢未嫁时》署用。

孙滗(suō)**然**，生卒年及籍贯不详。笔名衰雁，见于长篇小说《泣残红》，载 1936 年 9 月 15 日至 10 月 31 日哈尔滨《国际协报·国际公园》。

孙望(1912-1990)，江苏张家港人。原名孙自强，字止疅、子强，晚号蜗叟。笔名：①盖郁金、河上雄，1934 年在南京《新京日报·春风周刊》发表批评王平陵的文章署用。②孙望，见于论文《宋诗与唐诗》，载 1934 年上海《青年界》第 6 卷第 1 期；散文《天火》，载 1934 年南京金陵大学《大道月刊》第 17 期。嗣后在《水星》《金陵大学文学院季刊》《文笔》《中国诗坛》《时代精神》《时代文学》《诗创作》《文艺月刊·战时特刊》《文艺先锋》等刊发表诗《桃江村之月夜》《城的诞生》《煤矿夫》、小说《幸福者》、评论《谈诗歌的大众化》《欣赏和批评的条件》等，出版诗集《小春集》(重庆独立出版社，1942 年)、《煤矿夫》(上海正中书局，1943 年)，专著《蜗叟杂稿》(上海古籍出版社，

1992 年)、《元次山年谱》(上海古典文学出版社，1957 年)、《韦应物诗集系年校笺》(中华书局，2002 年)，译作《川岛芳子》(日本渡边龙策原作。江苏人民出版社，1982 年)，编选《现代中国诗选》(与常任侠合作。重庆南方印书馆，1943 年)、《战前中国新诗选》(成都绿洲出版社，1944 年)等均署。③鲁尔，见于随笔《从杜甫谈到文人当逃避现实》，载 1945 年 4 月 7 日成都《成都快报》。

孙为霆(1902-1966)，江苏六合(今南京市)人，字雨廷，号巴山樵父(fù)。笔名孙为霆，见于词《石州慢》，载 1924 年上海《国学丛刊》第 2 卷第 2 期；剧作《断指生血补正气歌杂剧》，载 1944 年重庆《书学》第 2 期。1964 年由陕西师范大学出版铅印线装本戏曲集《壶春乐府》亦署。

孙维世(1921-1968)，四川南溪人。原名孙光英。曾用名李琳。笔名：①李琳，见于秧歌剧《女英雄刘胡兰》(与陈毅合作)，载 1948 年 12 月辽北书店《女英雄刘胡兰　姑嫂劳军》。②孙维世，见于译文《为苏维埃爱国主义的戏剧而斗争——莫斯科剧作家与批评家会议纪要》，载 1949 年北京《文艺劳动》第 1 卷第 5 期。嗣后在该刊第 1 卷第 6 期发表诗《艰苦的节日》，出版翻译戏剧《星星之火》(苏联达玛阿尼原作。人民文学出版社，1953 年)、《第二次爱情》(苏联玛尔采夫原作。作家出版社，1954 年)、《一仆两主》(意大利歌尔多尼原作。作家出版社，1956 年)、《女店主》(意大利歌尔多尼原作。中国戏剧出版社，1957 年)等均署。

孙文石(1900-1978)，四川人。笔名：①叶舟，1934 年 8 月后在重庆《商务日报》副刊发表杂文署用。嗣后出版《封锁线》(上海长风书店)等亦署。②文石，见于《来，重上征途》，载 1936 年 7 月 11 日重庆《商务日报》副刊。

孙吴(1926-1994)，北京人。原名孙武。曾用名孙朝芳。笔名：①孙武、锤炼子，1946 至 1948 年在北平《世界日报》《锤炼文学》《北方日报·北方文学》等报刊发表散文《灯》《塞外行》《纪念朱自清》、评论《普式庚的〈欧根·奥涅金〉的思想和艺术》、诗《海滨小夜曲》等作品署用。②公孙澍，见于随笔《梦中与鲁迅翁对话录》，载 1948 年 10 月 24 日北平《北方日报》。③孙吴，1949 年后出版诗集《从朝鲜到祖国》(上海人民出版社，1958 年)，报告文学《钢铁运输员》(中国青年出版社，1956 年)，回忆录《临汾旅》(解放军文艺出版社，1978 年)，长篇小说《鏖战七十二昼夜》(北岳文艺出版社，1989 年)、《龙凤传奇》(文化艺术出版社，1990 年)等均署。④田申，署用情况未详。

孙席珍(1906-1984)，浙江绍兴人。原名孙彭，字席珍。曾用名孙志新。笔名：①孙席珍，见于诗《短歌十二首》，载 1922 年 6 月 23 日北平《晨报副镌》；小说《误会》，载 1923 年上海《东方杂志》第 20 卷第 21 期。于此前后在《小说月报》《京报·诗学半月刊》《文学周报》《京报副刊·文学周刊》《文学旬刊》《北

新》《一般》《真美善》《新女性》《现代小说》《文史》《现代文学》《国闻周报》《青年界》《文艺新潮》《实报半月刊》《现代文学评论》《文学杂志》《现代青年》等报刊发表小说《进城》《裙子》、散文《汴洛之游》《永久的风姿》《悼鲁迅》、评论《怎样研究文学》《从抒情作品到写实小说》、诗《长城丸上口占》等，出版散文集《花环》（上海亚细亚书局，1930 年）、《中国现代散文选》（北平人文书店，1935 年）、《湖上》（上海中国文化服务社，1936 年），短篇小说集《到大连去及其他》（上海春潮书局，1928 年）、《女人的心》（上海真美善书店，1929 年）、《花环》（上海亚细亚书局，1930 年）、《夜皎皎》（厦门世界文艺书店）、《战后》（上海北新书局），中篇小说《凤仙姑娘》（上海现代书局，1928 年）、《战争中》（上海现代书局，1930 年），编译《东印度故事》（上海亚细亚书局，1928 年）、《莫泊桑生活》（上海世界书局，1929 年）、《雪莱生活》（上海世界书局，1929 年）、《高尔基评传》（上海联合书店，1929 年）、《辛克莱评传》（上海神州国光社，1930 年）、《英国浪漫诗人》（上海亚细亚书局，1932 年），以及《孙席珍小说选集》（香港南方书屋，1984 年）、《孙席珍文论选集》（浙江大学出版社，2002 年）和主编《文学写作基础》（湖北人民出版社，1985 年）等亦署。②织云女士，出版《曼殊代表作》（上海亚细亚书局，1928 年）一书署用。③邹宏道，见于通讯《国际文坛情报》，载 1934 年 4 月北平《文史》创刊号。嗣后在该刊第 4 期发表诗《钟声》，编译出版《高尔基评传》（上海联合书店，1929 年）亦署。④丁飞，见于小说《慰劳》，载 1935 年《国闻周报》第 12 卷第 15 期。⑤丁非，见于诗《狱中》，载 1936 年上海《文学界》月刊第 1 卷第 2 期。⑥芳君，1935 年"一二·九"运动前后在天津半公开杂志上发表散文、杂文署用。又见于通讯《北平的毒氛和戒毒所》，载 1935 年上海《社会评论》第 1 卷第 6 期。⑦丁非，见于诗《狱中》，载 1936 年上海《文学界》月刊第 1 卷第 2 期；报告《一二·一二》（与舒予、余修、王介合作），载 1936 年北平《时代文化》第 1 卷第 3 期。嗣后在上述两刊及《文学大众》《光明》《通俗文化月刊》等刊发表诗《歌者》《十一月三日》、随笔《迎一九三七》《悼鲁迅先生》、评论《关于国防文学的论争》等亦署。⑧易贝，见于散文《默默的伟大》，载 1936 年 10 月 30 日上海《申报》。1938 年 7 月 21 日起在上海《大英夜报·七月》发表译作《毒气》（苏联卡达耶夫原作）、随笔《时代的眼睛——文学手记之一》等亦署。⑨明琪、司马珺，20 世纪 40 年代在北平、天津抗日团体印行的秘密刊物及地方报刊发表杂文、短论等署用。⑩飞、兰心、季叔，署用情况未详。

孙遏龄（1918－2005），四川云阳人。原名孙昌永。笔名：①孙享，1936 年开始在四川《万州日报》、武汉《时代日报》副刊发表小说署用。嗣后发表通讯《忠县的灾情》（载 1937 年上海《青年界》第 11 卷第 5 期），1937 年在成都《惊蛰》发表《邓四毛子的陈巴眼》等亦署。②克凌，20 世纪 40 年代在重庆《商务日报·茶座》《新蜀报·蜀道》、成都《华西日报》《华西晚报》《飞报》《新中国日报·动力》等报刊发表杂文等署用。③孙淳，20 世纪 40 年代在四川万县《万州日报》、成都《华西日报》《快报》《飞报》《新中国日报·动力》、自贡《川中晨报》等报刊发表散文，1953 年在《红岩》杂志发表小说、评论亦署。④丁东、加果、狂风、耕夫，20 世纪 40 年代发表杂文署用。

孙祥偈（1903－1965），湖北武昌（一作安徽桐城）人，字松泉、荪荃，号逸斋。笔名：①荪荃，见于散文《春的前夜》，载 1929 年《未名》第 2 卷第 3 期。嗣后出版诗集《生命的火焰》（北平孤星社，1930 年），发表诗作《我悄悄的走进花丛里》《开残了的棠梨》（载 1934 年北平《文学评论》第 1 卷第 1 期）等亦署。②孙荪荃，见于散文《去年今夜》，载 1934 年北平《文史》第 1 卷第 3 期；论文《三民主义经济政策的本质》，载 1942 年重庆《经济汇报》第 5 卷第 11 期。

孙肖平（1930－　），河北巨鹿人。原名孙清月。笔名孙肖平，1946 年起在《冀南日报》和冀南解放区文艺刊发表散文《给前方战士的信》《堵口》《福臣嫂拾麦》等署用。1950 年在上海《文汇报》发表小说《水落石出》亦署。嗣后发表作品、出版小说集《水落石出》（劳动出版社，1951 年）、《水的声音》（安徽人民出版社，1957 年），小说散文集《黄河之春》（河南人民出版社，1962 年）、《前站》（人民文学出版社上海分社，1965 年）、《琴台集》（安徽人民出版社，1983 年），中篇小说《我们一家人》（少年儿童出版社，1956 年），歌剧《应战》（与张渔等合作。劳动出版社，1950 年）等均署。

孙雄（1867－1935），江苏昭文（今常熟市）人。原名孙同康，字师郑，号郑斋、朴庵。晚号朴翁、铸翁、味辛老人、诗史阁主人。笔名：①孙同康，见于论文《物价问题研究》，载 1925 年北京《民大月刊》创刊号。嗣后在该刊发表《亲日与排日》《沪案声中之罪言》《学理与事实》等文亦署。又见于评论《与章行严先生论价值》，载 1927 年 1 月 5 日北京《学林》第 3 卷第 1 期。②师郑，见于旧体诗《上已湖楼禊集分韵得转字》，载 1931 年天津《国闻周报》第 9 卷第 17 期；旧体诗《蛰园牡丹限江韵二首其一》，载 1932 年上海《枕戈》第 1 卷第 5 期；旧体诗《春游纪事诗》，载 1934 年上海《光华大学》半月刊第 2 卷第 8 期。③孙师郑，见于旧体诗《蛰园牡丹限江韵二首其二》，载 1932 年上海《枕戈》第 1 卷第 8 期。④孙雄，出版《郑斋汉学文编》（1908 年刻本）、《道咸同光四朝诗史》（1910 年刻本）、《清史综》（常熟孙氏诗史阁民国年间刻本）、《郑学斋近体诗》（常熟民国年间刻本）及《眉韵楼诗话》稿本等，均署此名。

孙雪泥（1889－1965），江苏松江（今上海市）人。原名孙鸿，字雪泥、杰生、翠章，号枕流、华津一士、枕流居士。笔名：①枕流，见于翻译小说《续笑里刀》（上海商务印书馆，1915 年）。②雪泥，见于致秋虫函载 1932 年上海《万岁》第 1 卷第 3 期。③孙雪泥,见于绘画《山水》,载 1934 年上海《国画月刊》第 1 卷第 11、12 期合刊。1935 年在上海《美术生活》第 9 期发表国画《江南小景》亦署。

孙延庚 (1885－?),江苏吴县(今苏州市)人,字警僧,号今身、经笙。笔名孙延庚,在《南社丛刻》发表诗文,出版散文集《最近日鲜游记》(与梁鸿耀、唐颐寿合作。上海民立中学校,1919 年)、《中国文学史集说及著作》(永昌一号印刷所印行)署用。

孙冶方 (1908－1983),江苏无锡人。原名薛萼果。化名宋亮。笔名:①勉之,见于《高尔基的〈我的童年〉》,载 1930 年 12 月上海《读书月刊》第 1 卷第 2 期。嗣后在该刊发表《今日的电影艺术》《"满蒙积极政策"的分析》《国际一月间》等文,1948 年在《时事评论》第 1 卷第 7 期发表译文《高尔基的创作思想》(姆列钦原作)亦署。②孙宝山,见于报道《上海纺织厂中的包身工制工人》,载 1932 年上海《华年》第 1 卷第 22 和 24 期。③孙冶方,见于译文《苏联历史科学阵线上的几个重要贡献》,载 1936 年《新世纪》第 1 卷第 2 期。嗣后发表著译文章、出版论著和译作等亦署。④孙一洲,见于评论《向上海文艺界呼吁》,载 1938 年 12 月 7 日上海《译报周刊》第 1 卷第 9 期。同时期在该刊发表《武汉失收以后》《民族解放和民族统一》《进步的一年》《驳斥汪精卫叛国通电》等文亦署。⑤冶方、一洲、宝山、宋亮、叶非木、孙勉之、席勉之,署用情况未详。

孙艺秋 (1918－1998),河南安阳人。原名孙三同,字绍萱。曾用名孙萍。笔名:①孙三同,见于散文《还乡》,载 1933 年河南《彰德日报》。同时期至 1934 年在河南彰德(今安阳市)编《安阳日报·雨花》,1934－1935 年在上海《青年界》第 6 卷第 5 期、第 8 卷第 3 期发表诗《洹上村之秋》、散文《秋云》亦署。②孙艺秋,1933 年起在河南编《安阳日报·雨花》《新乡日报·青烟》、开封《山花》等署用。见于诗《寄》,载 1935 年天津《大公报·文艺》;诗《雪夜》,载 1936 年开封《河南民报·风雨》第 12 卷第 8 期。此前后在开封《河南民报·诗刊》《黄流月刊》、郑州《大华晨报·沙漠诗风》及上海等地《青年界》《文艺阵地》《抗战文艺》《黄河》《诗创作》《文艺生活》《战时文艺》《高原》等报刊发表诗《原野的风》《旧居》《祖国战斗曲》《江南小辑》《哭满红·镰刀及其他》《永远的星辰》《山野偶得》、小说《失业》等,出版诗集《泥泞集》(桂林诗创作社,1942 年)、《梦与真》(敦煌文艺出版社,1999 年),编选《唐宋诗词精选》(与孙绿江合作。甘肃文化出版社,1994 年)等均署。③艺秋,见于诗《暴风雨之夜》,载 1936 年 5 月 8 日郑州《大华晨报·沙漠诗风》。嗣后在该刊发表诗《这,就是这样了》亦署。④楚篱,1937 年在《南昌日报》发表小说署用。⑤孙彻,1945 年后在陕西《西京日报·旄头》发表文章署用。⑥陇人,1945 年后在《甘肃日报》发表文章

署用。⑦韩光、谢甲,1949 年后在《甘肃日报》发表文章署用。

孙轶刘 (1898－1993),上海人。原名孙桢。笔名:①轶刘,1930 年起发表旧体诗词署用。见于旧体诗《朱云画山水歌》,载 1942 年上海《小说月报》第 22 期。②孙轶刘,见于诗词集《繁霜榭诗词集》,上海 1985 年线装刻蜡印行。

孙毅 (1923－2021),江苏宿迁人,生于上海。原名孙志万。笔名孙毅,1946－1947 年间创作《新渔光曲》《压岁钱》《病从口入》等短剧,1947 年在上海《童话连丛》发表小话剧《新渔光曲》等署用。1949 年后在上海《大公报·现代儿童》发表小品、故事类儿童文学作品,出版儿童剧《小霸王》(上海立化出版社,1948 年)、《一张电影票》(少年儿童出版社,1955 年)、《奇怪的顾客》(中国少年儿童出版社,1956 年)、《小霸王与皮大王》(中国少年儿童出版社,1984 年),儿童相声集《嘻嘻哈哈》(上海教育出版社,2003 年),木偶剧《五彩小小鸡》(中国少年儿童出版社,2011 年),童话《群鸟学艺》(二十一世纪出版社,2012 年)等均署。

孙用 (1902－1983),浙江杭州人。原名卜成中,字用之。曾用名孙用。笔名:①孙用,见于译诗《莱芒托夫诗四篇》,载 1929 年上海《奔流》月刊第 1 卷第 9 期;翻译小说《伊萨亚的皮外套》(罗马尼亚勃拉太斯古原作),载 1929 年上海《东方杂志》第 26 卷第 12 期。于此前后在上述两刊及《小说月报》《青年界》《申报·自由谈》《译文》《现代》《申报月刊》《黄钟》《文学》《文学丛报》《中国文艺》《时事类编》《月报》《文艺工作者》《矛盾》《战时中学生》《胜利》《太白》《文丛》《烽火》《现代文艺》《文艺阵地》《诗创作》《新学生》《新中华》《现代月刊》《月刊》《少年读物》《新世纪》《文讯》《文艺生活》《诗创造》《文艺杂志》《东南评论》《幸福世界》等报刊发表翻译小说《红泥》(捷克斯伏波多伐原作)、《齿痛》(凯贝克原作),传记《尼古拉·奈克拉索夫》(英国 J. M. 沙斯基司原作),翻译诗《西班牙的歌谣一、铁甲车》(西班牙 J. 厄雷拉原作)、《咱们》(保加利亚斯米尔伦斯基原作)、《我的歌及其他》(匈牙利裴多菲原作),翻译散文《受祝福的》(波兰显克维支原作)等,出版翻译长诗《勇敢的约翰》(匈牙利裴多菲原作。福建东南出版社,1945 年)、《甲必丹女儿》(俄国普希金原作。桂林东南出版社,1944 年),诗歌《美丽之歌》(爱沙尼亚民歌)(上海中兴出版社,1949 年),中篇小说《上尉的女儿》(俄国普希金原作。上海文化生活出版社,1947 年),短篇小说集《过岭记》(保加利亚佐夫原作。上海中华书局,1931 年)、《春天的歌》(波兰戈尔扎克原作。上海中华书局,1933 年)、《塞巴斯托波尔之围》(俄国列夫·托尔斯泰等原作。桂林文艺出版社,1943 年)、《保加利亚短篇集》(保加利亚卡拉佛洛夫等原作。上海正言出版社,1945 年),1949 年后出版长篇小说《塔杜须先生》(波兰密茨凯维支原作。文化工作社,1950 年;人民文学

出版社，1955 年）、《可爱的祖国》（保加利亚伐佐夫原作．文化工作社，1952 年）、《裴多菲诗选》（匈牙利裴多菲原作．作家出版社，1954 年）、《密茨凯维支诗选》（波兰密茨凯维支原作．作家出版社，1954 年）、童话《好姑妈和小鹿》（匈牙利安娜原作．少年儿童出版社，1956 年）、《尤若夫诗选》（匈牙利尤若夫原作．人民文学出版社，1957 年）、《华莱斯诗选》（加拿大华莱斯原作．人民文学出版社，1958 年）、《斯米尔宁斯基诗文集》（保加利亚斯米尔宁斯基原作．人民文学出版社，1959 年）、小说《多尔弟》（匈牙利奥洛尼原作．人民文学出版社，1960 年）、《马亨德拉诗抄》（尼泊尔马亨德拉原作．作家出版社，1965 年）、印度史诗《腊马延那·玛哈帕腊达》（人民文学出版社，1962 年）、芬兰史诗《卡勒瓦拉》（人民文学出版社，1981 年），出版《鲁迅全集正误表》《鲁迅全集校读记》等亦署。②何言，见于随笔《杭州人之言》，载 1935 年上海《芒种》半月刊第 5 期。③沈行，抗战后期在《浙江日报·江风》发表译诗署用。④庚庸，见于译诗《鼓声集》（美国惠特曼原作），载抗战后期《浙江日报·江风》。⑤孙用之，见于随笔《万难小品》，载抗战后期《宁波日报·波光》。⑥陈钟，抗战后期在《宁波日报·波光》等报刊发表小品文署用。

孙瑜

孙瑜（1900—1990），四川自贡人，生于重庆。原名孙成玙。笔名：①理白，见于翻译小说《拳豹人的一个故事》（美国杰克·伦敦原作），载 1921 年上海《小说月报》第 12 卷第 5 期。同年在该刊第 12 卷第 11 期发表翻译小说《娱他的妻》（英国哈代原作）亦署。②孙瑜，见于随笔《为了理想》，载 1934 年上海《社会月报》第 1 卷第 2 期；论文《电影导演论》，载 1935 年上海《青春电影》第 2 卷第 1 期。嗣后在上海《救亡日报》《青春电影》《青春电影日报》等报刊发表儿童剧《最后一课》、随笔《几幕我爱写的影剧》等，出版电影剧本《乘风破浪》（中国电影出版社，1957 年）、《孙瑜电影剧本选集》（中国电影出版社，1981 年），回忆录《银海泛舟——回忆我的一生》（上海文艺出版社，1987 年），及《武训传》（上海新亚书店，1951 年）等均署。

孙玉声

孙玉声（1862—1939），上海人。原名孙家振，字玉声，号漱石。别号漱石氏、漱石生、海上漱石生、玉玲珑馆主、江南烟雨客、退醒庐主、退醒庐主人、警梦痴仙、海上警梦痴仙漱石氏。笔名：①警梦痴仙，晚清时发表长篇小说《海上繁华梦》（上海笑林报馆）署用。1906 年由该报馆出版长篇小说《海上繁华梦新书后集（八卷）》亦署。②海上警梦痴仙漱石氏，1914 年在上海《繁华杂志》连载长篇小说《续海上繁华梦》署用（该刊目录署名漱石）。1915 年民权出版部结集出版该书亦署。③漱石，见于词《鹊桥仙·野望》《大江东去·登黄鹤楼》，载 1914 年北京《益智》第 2 卷第 2 期。④孙玉声，见于随笔《绮芬浪墨序》，载 1923 年上海《小说日报》第 35 期。1935 年在上海图画书局主编《俱乐部》杂志，1945 年在上海《大众》第 2 卷第 5 期发表小说《王小姐》亦署。⑤海上漱石生，见于小说《桂花小史》，载 1923 年上海《红杂志》第 9 期。嗣后在该刊及《侦探世界》《新月》《金钢钻月刊》《茶话》等刊发表小说《长笛声》《五百元》《红指模》《机关枪》、旧体诗《咏蟹》《中华民国二十三年颂》、随笔《双十新酒令》《花天焰口秘言》等作品亦署。又见于随笔《〈小说学〉序》，载上海泰东图书局 1926 年版《小说学》（陈景新作）。⑥孙漱石，见于小说《好一个皮夹子》，载 1923 年上海《红杂志》第 15 期。⑦漱石生，见于小说《应声虫》，载 1923 年上海《红杂志》第 25 期。嗣后在《侦探世界》《新闻报三十年纪念》《新月》《金钢钻月刊》等刊发表小说《接财神》《柳五娘》《燕子窠》、随笔《余之古今小说观》《上海新年风俗之变迁》等亦署。⑧漱石氏、玉玲珑馆主、江南烟雨客、退醒庐主人，署用情况未详。

孙芋

孙芋（1921—　），吉林榆树人。原名孙鸿杰。笔名：①象微，见于连载小说《沙地之秋》（关沫南作）之插图，载 1941 年 11 月哈尔滨《大北新报》副刊。②冰壶，见于小说《邻居》，载 1941 年 8 月 15 日日本大阪《华文大阪每日》；散文《我与流年》，载 1943 年长春《新满洲》第 5 卷第 1 期；译作《遥远的讯息》（日本牛岛春子原作），载 1943 年长春《青年文化》第 3 期。1945 年秋在《大北新报·繁星》发表文章亦曾署用。③孙芋，1945 年 10 月开始在哈尔滨编《北光日报·美术》时发表《振兴我们的美术》《西洋美术史略》等文署用。翌年在哈尔滨《文化青年》第 3 期发表论文《美学与美学思想的源流》，嗣后在哈尔滨《文化青年》等刊发表文章，创作出版独幕话剧《取长补短》（佳木斯东北书店，1948 年）、《妇女代表》《忘情的爱侣》《美与丑》《青春的伙伴》，诗词集《辽海新吟》《夕照明诗词选》、大合唱歌词《祖国解放之歌》《保家卫国》均署。④向微，1959 年在《文学青年》发表理论文章署用。1963 年为福建前线撰写对台广播剧《孤岛残冬》亦署。⑤劳人，见于评论《从恶性循环中摆脱出来》，载 1982 年沈阳《电视与戏剧》第 1 期。

孙毓棠

孙毓棠（1911—1985），江苏无锡人，生于天津。笔名：①孙毓棠，见于《诗五首》，载 1931 年北平《清华周刊》第 36 卷第 2 期；诗《船》《灯》，载 1932 年上海《新月》月刊第 4 卷第 4 期。同时期起在上述两刊及《文艺月刊》《女师学院期刊》《独立评论》《新诗》《文学季刊》《水星》《文丛》《宇宙风》《文学杂志》《文艺新潮》《学文》《月报》《今日评论》《西洋文学》《当代评论》《战国策》《新文学》《人文科学学报》《中国社会经济史集刊》《周论》《社会科学》等刊发表诗《梦乡曲》《东村女儿》《玫瑰姑娘》，译诗《海涅情诗短曲》《银便士》《德拉迈尔诗选》，评论《旧体诗与新诗的节奏问题》《传记的真实性和方法》《今日的作家》等均署。出版诗集《梦乡曲》（北平震东印书馆，1931 年）、《海盗船》（北平立达书局，1934 年）、《宝马》（上海文化生活出版社，1939 年），古代史、经济史等著作亦署。②唐鱼，见于诗《盲》《月夜》，载 1942 年桂林《人世间》第 1 卷第 1 期；诗《明湖商籁十六首——赠 H. S. 十六岁生日》，载 1943 年昆明《当代评论》第 4 卷第 1—2 期。

孙毓修（1871—1923），江苏无锡人，字星如、恂儒，号留庵；别号渌天、淡菊、东吴旧孙、乐天居士、小渌天主人、病劫余生。晚号渌天翁。曾用名孙学修、孙东吴。笔名：①孙毓修，见于随笔《童话序》，载 1908 年上海《东方杂志》第 5 卷第 12 期。嗣后在该刊及上海《读书杂志》《小说月报》《上海市立图书馆馆刊》等刊发表《文苑读欧美名家小说札记》《涵芬楼读书录》等著译作品，主编《童话丛书》《四部丛刊》，出版长篇通俗历史小说《新说书》（两册，上海商务印书馆，1913、1914 年），译编寓言、童话《伊索寓言演义》（上海商务印书馆，1915 年）、《睡王》（上海商务印书馆，1917 年）、《海公主》（上海商务印书馆，1917 年）、《万年龟》（上海商务印书馆，1917 年）、《红帽儿》（上海商务印书馆，1917 年）、《三问答》（上海商务印书馆，1908 年）、《哑口会》（上海商务印书馆，1909 年）、《小王子》（上海商务印书馆，1909 年）、《大姆指》（上海商务印书馆，1909 年）、《大人国》（上海商务印书馆，1910 年）、《义狗传》（上海商务印书馆，1910 年）、《梦游地球》（上海商务印书馆，1911 年上册、1913 年下册）、《驴史》（上海商务印书馆，1911 年）、《狮子报恩》（上海商务印书馆，1913 年）、《风箱狗》（上海商务印书馆，1913 年）、《鹦鹉螺》（上海商务印书馆，1914 年）、《好少年》（上海商务印书馆，1914 年）、《点金术》（上海商务印书馆，1915 年）、《三王子》（上海商务印书馆，1915 年）、《鹰雀认母》（上海商务印书馆，1915 年）、《能言鸟》（上海商务印书馆，1915 年），专著《欧美小说丛谈》（1916 年）、《永乐大典考》《事略》《江南阅书记》《重印四部丛书》，译作《中国雕版源流考》（美国卡特原作。上海商务印书馆，1930 年）等亦署。②渌天翁，见于游记《绿天清话》，载 1912 年上海《小说月报》第 3 卷第 5 期。③东吴旧孙，见于故事《五十故事》，载 1913 年《东方杂志》第 9 卷第 8 期；《欧美小说丛谈》，载 1913 年《小说月报》第 4 卷第 1 期。④留庵、孙留庵、孙东吴，署用情况未详。

孙源（1912—2003），浙江定海（今舟山市）人。原名孙德鑫。笔名：①孙源，见于散文《留声机》，载 1933 年上海《一九三二年中学生文艺》。嗣后在《笔谈》《中学生》《自学》《东南海》《抗战文艺》《现代妇女》《文哨》《法国文学》《人世间》《文联》《人民文艺》等刊发表著译文章，出版译作《一个爱和平的人》（苏联安娜·莎克赛原作。重庆新地出版社，1946 年）、《海龙王的琵琶》（上海生活书店，1947 年）等均署。②王益太，署用情况未详。

孙岳军（1918—？），江苏徐州人。原名孙鸿煦，字淑和。曾用名孙岳、孙克非。笔名：①笔泉，1935—1937 年在徐州《徐报》《国民日报》副刊发表诗歌、散文署用。②岳军，1938 年春在安徽六安《皖报·前线》发表诗文开始署用。嗣后发表报告文学《在黄河前线》（载 1940 年西安《黄河》杂志），在大别山地区及阜阳、徐州等地的报刊发表文章亦署。③雷迅，署用情况未详。

孙跃冬（1922—2015），山东济南人。原名孙耀东，字旭明。曾用名孙骏、江帆。笔名：①丙丁，1939 年 4 月开始在成都《兴中日报》副刊发表诗歌署用。嗣后发表小说《路上》（载 1942 年 12 月 23 日成都《华西晚报·文艺》）等亦署。②孙耀东，见于小说《春耕》，载 1939 年 5 月某日成都《华西日报》副刊。③孙跃冬，见于诗《我又回来了》，载 1940 年春重庆《国民公报·文群》；诗《外面——给鹏》，载 1942 年重庆《抗战文艺》第 8 卷第 1、2 期合刊。同时期起在《中国的空军》《现代文艺》《诗创造》《海王》等报发表诗《你哟，祖国的铁鹰》《泉》、散文《寂寞的歌》等，1949 年后出版诗集《心灵的抒情》（四川都江堰文化局，1993 年）、诗文集《孙跃冬诗文集》（中国国际新闻出版社，2008 年）等亦署。④黄河滨，见于杂文《怪现象》，载 1941 年 7 月 1 日重庆《新华日报》副刊。⑤跃冬，见于《桥》，载 1943 年 1 月 16 日成都《华西晚报·文艺》。⑥江帆，见于诗《祝福》，载 1945 年春成都《民众时报》副刊。⑦孙骏，见于散文《无名树》，载 1945 年《成都晚报》副刊。⑧采薇，1946 年春在成都《光明晚报》副刊发表文章署用。

孙中田（1928—2015），黑龙江安达人。笔名：①郑乙，1948 年发表诗、小说、散文署用。②孙中田，见于随笔《我决心做一个人民的教员》，载 1949 年《知识》第 11 卷第 2 期。1949 年后出版《论茅盾的生活与创作》（百花文艺出版社，1980 年）、《茅盾研究资料》（中国社会科学出版社，1990 年）、《历史的解读与审美取向》（东北师范大学出版社，1996 年）、《中国现代文学史（修订版）》（与郭志刚等合作。高等教育出版社，1999 年）、《〈子夜〉导读》（中华书局，2002 年）、《图本茅盾传》（长春出版社，2011 年）等均署。

【suo】

索非（1899—1988），安徽绩溪人。原名周索非。世界语名 Sofio。笔名：①索非，见于诗《忘了罢》，载 1923 年 7 月 22 日《时事新报·文学旬刊》第 80 期。又见于诗《我爱云》《只有一个甜蜜的吻》，载 1927 年上海《新女性》第 2 卷第 10 期。此前后在《文学周报》《文学季刊》《宇宙风》《宇宙风乙刊》《文章》《中流》《文艺新潮》《文坛月报》《新少年》《中学生》《中学时代》《杂志》《文艺综合》《科学与趣味》《学生月刊》《文学集林》《周报》《茶话》等刊发表歌词《我要唱唱》（邱望湘作曲）、《爱的系念》（邱望湘作曲），诗《记得》《啊，女郎》，散文《善女人》《假日》等，出版散文《疾病图书馆》（上海开明书店，1936 年）、《人体旅行记》

（上海文化生活出版社，1939 年）、《人与虫的搏斗》（上海开明书店，1941 年）、《龙套集》（上海万叶书店，1946 年），论著《世界语入门》（上海开明书店，1949 年），译作《遗产》（译自世界语。匈牙利尤利·巴基原作。上海开明书店，1930 年）等亦署。②A. Sofio，出版散文集《狱中记》（上海开明书店，1927 年）、《苦趣》（上海开明书店，1927 年）等署用。③A. A.，1929 年主编

上海《开明》时署用于补白文章。又见于随笔《关于世界语》，载 1933 年 3 月上海《中学生》第 33 号。④泰伦，见于翻译小说《幸福的梦》（丹麦朗斯特原作），载 1930 年上海《中学生》第 7 期。1931 年在上海《文华》发表翻译小说《小国王》（波兰科扎克原作）等亦署。

T

【tai】

台静农（1903－1990），安徽霍邱人。乳名松子。原名台传严，学名台敬六，字迸势，别号孟威。后改名台静农，字伯简。晚号静者、脚庵行者。笔名：①台静农，见于随笔《山歌原始之传说》，载 1925 年北京《语丝》周刊第 10 期；辑集《淮南民歌》，载 1925 年北京《歌谣》第 85 号。同时期起在《小说月报》《未名》《青年界》《莽原》《北京大学研究所国学门周刊》《改进半月刊》《东方杂志》《台湾文化》《抗战文艺》《中国作家》等报刊发表小说《大时代的小故事》《负伤者》、散文《蚯蚓们》《鲁迅先生的一生》、论文《古小说钩沉解题》《屈原天问篇体制别解》等，出版小说集《地之子》（北平未名社出版部，1928 年）、《建塔者》（北平未名社出版部，1930 年）、《台静农短篇小说集》（台北远景出版，1980 年），论著《关于鲁迅及其著作》（上海开明书店，1933 年）、《台静农论文集》（台北联经出版事业公司，1989 年），散文集《死室的彗星》（百花文艺出版社，1985 年）、《龙坡杂文》（台北洪范书店，1988 年）、《台静农散文集》（人民日报出版社，1990 年）、《我与老舍与酒——台静农文集》（台北联经出版事业公司，1992 年）等著作均署。②静农，见于小说《途中》，载 1924 年上海《小说月报》第 15 卷第 8 期；散文《懊悔》，载 1925 年北京《语丝》周刊第 41 期。同时期起《京报副刊》《民众周刊》《莽原》《未名》《北京大学研究所国学门周刊》《玲珑》《台湾文化》等报刊发表文章署用。③青曲，见于小说《负伤的鸟》，载 1924 年上海《东方杂志》第 21 卷第 14 期；散文《人彘》，载 1928 年上海《未名》第 1 卷第 5 期。同时期在《莽原》《平等杂志》发表随笔《记——》、论文《中国文学起原之研究》亦署。④孔嘉，见于随笔《纪钱牧斋遗事》，载 1940 年重庆《七月》第 5 集第 4 期；随笔《读〈日知录校记〉》，载 1941 年重庆《抗战文艺》第 7 卷第 2、3 期合刊。同时期在《文坛》《远风》等刊发表文章署用。⑤释未，见于随笔《党锢史话》，载 1946 年《希望》第 2 集第 4 期。⑥靖农、静碧、青辰、辰兄、台君、台、静、农、青，见于鲁迅日记等著作。⑦蒋超，署用情况未详。

邰光典，生卒年及籍贯不详。笔名：①光典，见于随笔《胡适和大学女禁问题》《宗教的教育》，载 1920

年北京《曙光》第 1 卷第 3 期；诗《无情有情》，载 1920 年 9 月 6 日上海《民国日报·觉悟》。嗣后在 1921 年在上海《小说月报》第 12 卷第 8 期发表诗《印象》亦署。②邰光典，见于诗《自制》，载 1922 年上海《小说月报》第 13 卷第 2 期。

太虚（1889－1947），浙江崇德人，原名吕沛林，字太虚，号悲华、悲心、非心、芬陀、味庵、白平、白萍、华子、老人、老朽、朽太、昧昧、昧然、泰义、绿芜、落免、交芦子、悲华子、悲华室主、雪山老僧、缙云老人、北京僧宏空。曾用名淦森（乳名）、唯心（法名）。笔名：①太虚，见于论文《真常之人生》，载 1920 年《新佛化》第 1－2 期；论文《荀子论》，载 1923 年上海《华国月刊》第 1 卷第 4 期。此前后在《佛心月刊》《觉音》《民铎杂志》《世界佛教居士林林刊》《学锋》《东方杂志》《东方文化》《佛化周刊》《万人杂志》《海潮音》《正信》《政治评论》《文化建设》《社会新闻》《民族诗坛》《人海灯》《北碚》《狮子吼月刊》《时代精神》《读书通讯》《宇宙风》《文艺先锋》《新中华》《新运导报》《文史杂志》《中原》《南风》《文化先锋》《览群周报》等刊发表诗《由缙云赴北碚即事》《南华纪游》《露鸶山感怀》、散文《山阴纪游》《悼慧力》《人物志忆》、评论《冯著中国哲学史略评》《评社会主义》《新中国建设与新佛教》《保天下者匹夫之贱与有责焉》等诗文亦署。②太、群、觉，署用情况未详。

【tan】

谈麟祥（1887－1938），浙江海盐人，字文㲋（hóng）号梦石。笔名谈麟祥，出版有《武原先哲遗著录》《八法丛谈》等著作。

谈路（1923－1995），广西兴业人。原名谭鉴尧。曾用名谭路。笔名谈路、叶羽、艾芳、白瑛、张望、林英、高杏，1940 年开始在广西《郁林日报》《建国日报》《救亡日报》发表诗文署用。其中"谈路"一名 1949 年后一直署用。

谈善吾（1868－1937），江苏无锡人。原名谈长治。曾用名谈治、谈老谈。笔名：①谈治，1908 年在上海《月月小说》发表文章署用。②雁叟，1909 年前后在《月月小说》《安徽白话报》发表文章署用。③老谈，见于

词《新闻中十二曲》，载 1910 年上海《小说月报》第 4 期；小说《大出丧》，连载于 1919 年 3 月上海《晶报》。此前后在《民立报》《甲寅》《独立周报》《民国汇报》《共和杂志》《神州丛报》《戊午杂志》《华铎周刊》《名家小说》《红杂志》《繁华杂志》等报刊发表小说、随笔、诗词等，出版长篇小说《女蜮记》（上海甲寅杂志社，1916 年）亦署。④善吾，见于社会小说《忘恩》，载 1918 年《华铎周刊》第 1 卷第 7—8 号。⑤谈老谈，见于小说《疯人日记》，载 1922 年上海《红杂志》第 4 期。

谈瀛（1913—2009），湖北浠水人，字师籍，号海客。笔名：①谈瀛，见于《非常时期青年的精神训练》，载 1937 年《湖北教育旬刊》第 1 卷第 21 期。嗣后在该刊发表《用抗战来教育我们自己》《教育的忏悔与知识分子的努力》亦署。②楚狂，1933 年春在汉口《时代日报·时代前》发表小说、讽刺诗署用。③达生、弹子，1935 年在汉口《复兴报·少壮文艺》、武昌《中兴周刊》发表小说、杂文署用。

覃（tán）**汉川**（1915—1984），四川广汉人，土家族，字天富。曾用名覃处谦。笔名：①蔿今，见于诗《乡思》，载 1941 年福建永安《现代文艺》第 4 卷第 3 期；小说《社会大学第一课》，载 1946 年南京《时代周刊》第 32 期。20 世纪 40 年代在福建建阳《前线日报·战地》、永安《改进》，四川重庆《建国青年》，以及《东南青年》等报刊发表诗文亦署。②汉川，见于散文《纪念我们的节日》，载 1942 年建阳《前线日报·战地》。③覃汉川，见于随笔《一九四七年国际和平展望》，载 1946 年重庆《建国青年》第 4 卷第 2 期。

覃（tán）**晓晴**（1912—？），湖南宁乡人，土家族。原名覃必愉。曾用名净子、小净、覃小净、覃静、罗嘉、维加。笔名：①净子，见于诗《夏夜》，载 1931 年上海《北斗》月刊第 1 卷第 2 期；散文《没有走完的路》，载 1939 年上海《宇宙风》第 83、84 期。嗣后在上海《春光》《现代》等刊发表小说、散文、译作亦署。②静子，见于随笔《纪念五四》，载 1933 年 5 月 4 日上海《申报·自由谈》。同时期在该刊发表《疯狂了的世界》《打鹅取蛋》等文和翻译小说《茧》（日本林房雄原作），在《文艺月刊》《东方杂志》《中苏文化》等刊发表文章亦署。③罗嘉，见于小说《乡村校长》，载 1933 年《申报·星期文艺专刊》。嗣后至 1943 年在《广西日报》副刊、《文学集林》《文化杂志》及《衡阳立报》副刊等报刊发表散文、小说亦署。④索林女士，见于翻译小说《残废者》（保加利亚伐佐夫原作），载 1934 年上海《春光》月刊创刊号（刊目录署名净子，刊内正文署名索林女士）。⑤覃晓晴，出版小说集《后死者》（文化生活出版社，1939 年）、长篇小说《三个奇异的国家》（桂林文化供应社，1941 年）等署用。⑥维加，见于长篇童话《三个奇异的国家》，连载于 1941 年桂林《新道理》半月刊。嗣后在《广西妇女》《中学生》等刊发表文章亦署。

覃（tán）**英**（1905—1993），湖南宁乡人，土家族。原名覃谷兰。笔名：①谷南、潭音、章含英，1930 年夏至 1931 年夏在厦门《民钟日报》、1934 年夏至 1935 年冬在《西京日报》发表诗、散文、译诗等署用。②谷兰，见于小说《婴儿日记》（鲁彦、覃英夫妇合作），载 1934 年上海《东方杂志》第 31 卷第 5—17 号。嗣后出版《婴儿日记》（上海生活书店，1935 年），发表译文《列宁论艺术及其对于西欧艺术家的影响》（载 1941 年香港《时代文学》第 1 卷第 4 期）亦署。③章英，1942 年 1 月在桂林创办《文艺杂志》（王鲁彦主编）时做发行人署用。1947 年在上海《文汇报》发表《鲁彦散文集后记》，嗣后出版编选《鲁彦》（人民文学出版社，1992 年）亦署。④覃音、谷兰女士，署用情况未详。

覃（tán）**子豪**（1912—1963），四川广汉人，苗族。原名覃基，字天才。曾用名谭基。笔名覃子豪，见于诗《大地在动》，载 1936 年青岛《诗歌生活》创刊号；诗《我祈祷在亚波罗面前》、译作《播种之夕》（法国雨果原作），载 1936 年日本东京《文海》第 1 卷第 1 期。嗣后在《光明》《东方文艺》《诗歌杂志》《自由中国》《文艺月刊》《抗战文艺》《春雷》《中国诗坛》《公余生活》《台旅月刊》等刊发表诗、散文、译作等，1947 年后在台湾《自立晚报·新诗周刊》《公论报·蓝星周刊》《中华文艺》《蓝星诗页》《蓝星季刊》等报刊发表诗《追念》《火炬的行列》《和平神像》，报告《从彭泽归来的人》，散文《东京回忆散记之一："三顾茅庐"》《东京回忆散记之二：郭沫若先生》《怀念波兰罗德薇》，译诗《在寒冷的雾里》（俄国普希金原作）、《乞丐之墓》（匈牙利裴多菲原作）等作品，出版诗集《剪影集》（与朱颜等合集。1935 年）、《自由的旗》（诗时代社，1940 年）、《永安劫后》（漳州南风出版社，1945 年）、《海洋诗抄》（台北新诗周刊社，1953 年）、《向日葵》（台北蓝星诗社，1955 年）、《画廊》（台北蓝星诗社，1962 年）、《生命的弦》，散文集《东京回忆散记》（漳州南风出版社，1945 年），论著《诗的解剖》（台北蓝星诗社，1958 年）、《论现代诗》（台北蓝星诗社，1960 年）、《诗的表现方法》（台北普天出版社，1967 年），文集《覃子豪全集》（台北全集委员会，1965 年）等亦署。

谭邦萃，生卒年不详，湖南人。笔名：①飓风，见于小说《熬狱》、评论《谈〈近代欧美独幕剧集〉》，载 1930 年武汉《狂涛》创刊号。②谭天，见于小说《一夜》，载 1930 年武汉《狂涛》创刊号；小说《牧童》，载《狂涛》第 2 期。③谭飓风，见于翻译散文《伏尔加河上的浪游》（美国惠特原作），载 1933 年武汉《如此》第 2 期。

谭碧波（1913—2011），云南永胜人。原名谭光祖，字绳武，号复晋。曾用名谭唉鸿。笔名：①碧波，见于报告《李区长讲话人人爱听》，载 1944 年延安《解放日报》。②谭碧波，1949 年后创作剧本《阶级仇》《睁眼瞎子》《铁锁开了》《分家》《和平年代》《护国忠魂》等，民族社会历史纪录片脚本《边疆民族纪实》，出版《泸沽湖之夜》《峥嵘岁月》《谭碧波戏剧创作选》（云南人民出版社，1994 年）、《二十世纪五十年代云南民族社会历史纪录片脚本汇编》（中国戏剧出版社，2005 年）等署用。③沧水，署用情况未详。④羽仙，作画时署用。

谭东晨（1927— ），山西绛县人。原名谭允昇。笔名柳笛、谭东昇，1946 年开始在西安《新文艺》《国风日报》《经济导报》、运城《民声报》、张家口《奋斗日报》等报刊发表诗文署用。1947 年在《新文艺》月刊发表长诗《当我归来的时候》亦署。

谭计全（1905—? ），广东台山人。笔名：①计全，出版中篇小说《爱的心》（上海光华书局，1928 年），长篇小说《痴情》（上海正午书局，1931 年）、《时代的影子》（上海正午书局，1931 年）、《风雨的春光》（上海正午书局，1931 年）、《舞》（上海正午书局，1933 年）等署用。②谭计全，出版话剧剧本《双重奋斗》（1948 年）署用。

谭戒甫（1887—1974），湖南涟源人。原名谭作民，字介夫、介圃、戒甫，号天噫。曾用名谭铭、谭有谨、谭作明、石奇、穷奇。笔名：①介夫，见于随笔《南洋公学近事》，载 1918 年 12 月 23 日上海《时事新报·学灯》。②谭戒甫，见于论文《论晚周形名家》，载 1930 年《国立武汉大学文哲季刊》第 1 卷第 1 期。嗣后在该刊及《东方杂志》《图书评论》《新中国》《文学》《国立中山大学文史集刊》等刊发表文章，出版《公孙龙子形名发微》（科学出版社，1957 年）、《墨辨发微》（科学出版社，1958 年）、《墨经分类译注》（中华书局，1981 年）、《庄子天下篇校释》（台湾商务印书馆，1985 年）等亦署。③谭介甫，出版论著《墨经易解》（上海商务印书馆，1935 年）署用。④谭作民，早年在《南社丛刻》发表诗文署用。嗣后出版《孤天侠影》，1949 年后在台湾翻印《公孙龙子形名发微》（台北世界书局，1975 年）、《墨辨发微》（台北世界书局，1979 年）亦署。

谭莫伽（1916—? ），辽宁开原人，满族。笔名：①莫伽，见于译作《关于巴尔扎克的批评片断》，载 1937 年抚顺《明明》第 3 卷第 1 期。嗣后在该刊发表《普希金评传》（俄国克鲁泡特金原作）、《音乐》（苏联高尔基原作），在《文选》《艺文志》《青年文化》等刊发表《阿部一族》（日本森鸥外原作）、《侏儒的话》（日本芥川龙之介原作）等译文亦署。②商均，署用情况未详。

谭丕模（1900—1958），湖南祁阳人，字民朦，号披朦。曾用名谭丕谟。笔名：①一泓，见于小说《云瑛的意思》，载 1924 年上海《儿童世界》第 11 卷第 1 期。嗣后在《三民半月刊》《五中学生》《小天地》等刊发表文章亦署。②洛如，见于小说《战后》，载 1930 年

北平《三民半月刊》第 5 卷第 3、4 期合刊。③谭丕模，见于论文《从私有制度到公有制度，从利己主义到利他主义》，载 1930 年北平《三民半月刊》第 5 卷第 8 期。嗣后在《晨报》《清华周刊》《中山文化教育馆季刊》《师大月刊》《文化论衡》《文化动向》《中苏》《中学生》《国民公论》《国文杂志》《文讯》等报刊发表文章，出版论著《中国文学史纲》（上海北新书局，1933 年），1949 年后出版《古典文学论文集》（长江文艺出版社，1958 年）、《新兴文化概论》《文艺思潮之演进》《宋元明思想史纲》《清代思想史纲》等亦署。④披朦，见于《艺术与宗教分合的过程》，载 1936 年上海《文化论衡》第 1 卷第 2 期。嗣后在长沙《中苏》、桂林《新道理》发表评论《论四强慕尼黑协定》、杂文《认真与苦干》等亦署。⑤谭披朦，见于新弹词《汪精卫叛国》，载 1939 年 5 月 4 日桂林《救亡日报·文化岗位》。⑥谭丕谟，见于随笔《汉代文学的远景》，载 1946 年重庆《文讯》第 6 卷第 2 期；评论《研究文学史方法论的商榷》，载 1946 年北平《人民文艺》第 3 期。⑦平、规、三泓、千囡、孤君、斯徒、曙光、谭洪、木皮朦，署用情况未详。

谭人凤（1860—1920），湖南新化人。原名谭有符，字石屏、有府、有甫、符善，号其屏、石叟、雪髯。曾用名林泉逸。笔名：①石屏，曾在《湘报》副刊发表文章署用。②谭人凤，见于随笔《粤汉路事说帖》，载 1912 年湖南《实业杂志》第 1 卷第 3 期。1949 年后出版《石叟牌词》（甘肃人民出版社，1983 年）、《谭人凤集》（湖南人民出版社，1985 年）、《谭人凤自述》（人民日报出版社，2011 年）等遗著亦署。

谭天（1881—? ），浙江嘉兴人。原名谭新润，字天风，号逋僧。笔名谭天，在《南社丛刻》发表诗文，出版《弯弦庐诗稿》等署用。

谭天度（1893—1999），广东高明人。原名谭贞元。曾用名谭鸿基、谭夏声、夏钊。笔名：①度，见于短评《拥护蒋委员长肃清卖国汉奸》，载 1940 年广东韶关《新华南》第 2 卷第 1 期。②谷风，见于诗《悼蔡子民先生》，载 1940 年《新华南》第 2 卷第 2 期。③天度，见于短评《庆祝桂南胜利余话》，载 1940 年《新华南》第 2 卷第 2 期。④谭天度，见于评论《纪念抗战三周年和我们的任务》，载 1940 年《新华南》第 2 卷第 8 期。嗣后在该刊发表《越南问题的演进》等文亦署。⑤风，见于《听大炮发言》，载 1941 年《新华南》第 3 卷第 5 期。

谭惟翰（1913—1994），安徽黄山人，生于湖北武汉。笔名：①谭惟翰，见于《口与手——一篇演说词》，载 1932 年上海《光华附中》半月刊第 4 期。嗣后在上海《创化》《光华大学》《正言文艺》《文学丛报》《杂志》《大众》《小说月报》《天地》《中艺》《上海影坛》《小说》《宇宙风》《风雨谈》《太平洋周报》《小天地》《北极》《新影坛》《紫罗兰》《西洋文学》《文潮》等刊发表著译作品，出版诗文集《灯前小语》（杂志社，1945

年），小说集《海市吟》（上海中国科学公司，1944 年），论著《语文教学心理学》（安徽教育出版社，1986 年），教学参考书《中学语文教学资料选辑》（与陈钟梁等合作。华东师范大学出版社，1987－1988 年）等亦署。②惟翰，见于散文《春》，载 1933 年《光华附中》半月刊第 9 期。③沙骆，出版长篇小说《乌夜啼》（上海林泉书屋，1946 年）、《夜莺曲》（上海建国出版社，1947年）署用。嗣后发表翻译小说《猴掌》（英国 W. W. 雅各布斯原作。载 1948 年上海《幸福世界》第 2 卷第 5期）、短篇小说《课外活动》（载 1948 年《幸福世界》第 2 卷第 8 期）亦署。④高普，20 世纪 30－40 年代在上海报刊发表小说、散文等署用。

谭延闿

（1880－1930），湖南茶陵人。原名谭宝璐，字组安、组庵、组盦，号左庵、畏三；别号无畏、慈卫、慈畏、非庵、切庵、切斋。晚号非翁。曾用名谭逸门。出版有《切庵诗稿》《组庵诗集》《非翁诗稿》《慈卫室诗草》，笔名待考。

谭谊

（1924－2010），山东牟平人。原名谭亿。曾用名谭戎。笔名：①谭戎，见于诗《万人坑上开了花》，载 1947 年哈尔滨《东北文艺》第 1 卷第 3 期；小说《烧锅炉的人》，载 1948 年《东北日报》。②谭亿，见于诗《两个爸爸》，载 1947 年哈尔滨《东北文艺》第 1 卷第 6 期。嗣后在该刊发表小说《一个乡长》《一瓶酒》，在《东北日报》发表评论《文艺与社会生活》和散文《从未见过这样的好学校》等，出版话剧剧本《王家大院》（与白韦合作。哈尔滨东北书店，1949 年）亦署。③谭谊，1949 年后发表作品，出版散文集《云天集》（北京出版社，1983 年）、长篇小说《心灵之幽》（群众出版社，1999 年）等署用。

谭云山

（1901－1983），湖南茶陵人。笔名：①谭云山，见于随笔《关于西藏》，载 1921 年南京《时事月报》第 5 卷；随笔《太戈尔氏底国际文学一瞥》，载 1928年上海《大江》创刊号。此前后在《东方杂志》《教育杂志》《社会杂志》《大陆》《新亚细亚》《新中华》《申报月刊》《海潮音》《教与学》《国衡》《前途》《民意周刊》《图书月刊》等刊发表著译诗文，1925 年 10 月起先后在马来亚新加坡《叻报·星光》《新国民日报·沙漠田》等报刊发表诗歌、杂文，嗣后出版诗集《海畔》（广州青野书店，1934 年）、《太平洋上》（广州，1931年）、散文集《印度周游记》（南京新亚细亚学会，1933年）、《印度丛谈》（上海申报月刊社，1935 年），论著《世界历法与历法革命》（南京大陆印书馆，1931 年），译作《印度自治》（印度甘地原作。上海商务印书馆，1935 年）等亦署。②TP，见于杂文《这是什么》，载1925 年 10 月 9 日马来亚新加坡《叻报·星光》。③云山，20 世纪 20 年代在马来亚新加坡《叻报·星光》《新国民日报·沙漠田》等发表诗、散文署用。见于诗《悼梦苇》，载 1926 年 11 月 23 日《新国民日报·沙漠田》。

谭昭

（1903－1994），湖南湘乡人，字得先。笔名：①云子，20 世纪 20 年代起在南京《新民报》副刊发表小说、小品文署用。②得先，见于小说《伊的问题》，载 1936 年南京《妇女共鸣》第 5 卷第 1 期；散文《青少年时期的鲁彦》，载 2010 年北京《新文学史料》第3 期。

谭真

（1926－1995），泰国华人，原籍中国广东潮安。原名许业信。笔名：①猎人、猎户，1945 年起在暹罗曼谷《全民报》《半岛文艺》等华文报刊发表杂文署用。②修人，见于长篇小说《一个坤銮的故事》，20 世纪 50年代初连载于泰国曼谷《半岛文艺》半月刊。③谭真，见于长篇小说《座山成之家》，1953 年连载于泰国曼谷《半岛文艺》。

谭正璧

（1901－1991），上海人，字仲圭。笔名：①正璧，见于随笔《新文化运动的障碍》，载 1920 年 6 月6 日《民国日报·觉悟》。嗣后在该刊发表杂文《总有一天》《可怜的学生》，在《平民》发表诗《汗漫》等亦署。②谭正璧，见于小说《农民的血泪》，载 1920 年6 月 6 日上海《民国日报·觉悟》。嗣后在《小说月报》《青年界》《女子月刊》《中学时代》《文艺世界》《读书青年》《新流文丛》《正言文艺》《永安月刊》《杂志》《春秋》《大晚报·通俗文学》《中央日报·俗文学》《星岛日报·俗文学》《大众》《中艺》《文友》《太平洋周报》《万岁》《真知学报》《新都周刊》《万象》《风雨谈》《艺潮》《新闻月报》《光化》《茶话》《六艺》等报刊发表文章，出版小说集《芭蕉的心》（上海新中国丛书社，1923 年）、《人生底悲哀》（上海北新书局，1926 年）、《乱世佳人》（成都北新书局，1945 年）、《琵琶弦》（上海中国书报社，1945 年），长篇小说《长恨歌》（上海杂志社，1944 年），散文集《夜珠集》（上海太平书局，1944 年），论著《中国女性的文学生活》（上海光明书局，1930 年）、《文学概论讲话》（上海光明书局，1934年）、《新编中国文学史》（上海光明书局，1935 年）、《国学概论讲话》（上海光明书局，1937 年）、《记事文苑》（上海中华书局，1938 年）、《文学源流》（上海世界书局，1944 年）、《日本所藏中国佚本小说述考》（上海知行编译社，1945 年）、《木鱼歌·潮州歌叙录》《中国佚本小说述考》《元曲六大家传略》等，编选《当代尺牍选注》（上海光明书局，1935 年）、《说唱文学文献集》《蘦楼小说集》《蘦楼史剧集》，编著《中国文学家大辞典》（上海光明书局，1934 年）、《中国小说发达史》（上海光明书局，1935 年），注译《古文观止》《庄子读本》《礼记读本》，主编《新中国文库》等，1949 年后出版《话本与古剧》（上海古典文学出版社，1956 年）、《元代戏剧家关汉卿》（上海文化出版社，1957 年）、《弹词叙录》（与谭寻合作。上海古籍出版社，1981 年）、《曲海蠡测》（与谭寻合作。浙江人民出版社，1983 年）、《古本稀见小说汇考》（与谭寻合作。浙江文艺出版社，1984 年）、《评弹通考》（与谭寻蒐辑。中国曲艺出版社，1985 年）等亦署。③柽人，见于随感《很可笑的一件事》，载 1920 年 6 月 11 日《民国日报·觉悟》。④佩冰，1927 年在嘉定主编《怒潮》杂志署用。又见于书评《介绍〈中国女性的文学生活〉》，载 1930 年上海《读书月刊》第 1 卷第 2 期。20 世纪 40 年代在上海《东方文化》《杂志》等刊发表《两晋南北朝的女性文学》、历史小说《落叶哀蝉》等亦署。⑤茹冰，见于随笔《闲话历史剧》，载 1942 年上海《太平洋周报》第 1 卷第 24 期。⑥谭雯，见于论文《〈洛神赋〉主角恋爱事迹考》，载 1943 年上海《万象》第 2 卷第 8 期；历史小说《客星严子陵》，载 1943 年上海《杂志》复刊第 6 期。嗣后在上海《太平洋周报》《风雨谈》《申报月刊》等刊发表文章亦署。⑦赵璧，见于随笔《从"先天道"说到历代教乱》，载 1945 年上海《春秋》第 2 卷第 7 期。嗣后在上海《小说月报》《茶话》杂志发表文章亦署。⑧璧厂（ān），见于随笔《菊月话"菊"》，载 1943 年上海《春秋》第 1 卷第 3 期。嗣后在该刊发表随笔《飞霜落木话枫桥》亦署。又见于小说《冰山泪》，载 1946 年上海《茶话》第 7 期。⑨白荻，见于小说《仙媒记》，载 1946 年上海《茶话》第 3 期。嗣后在该刊发表《仙女寻母记》《天女酬孝图》《乡校里的风波》等亦署。⑩易璧，见于历史小说《东山折屐》，载 1946 年上海《茶话》第 7 期。嗣后在该刊第 10 期发表历史小说《葬金钗》亦署。⑪仲圭，见于杂文《谈"妒"》，载 1947 年上海《茶话》第 10—11 期。⑫谭家定，在台湾翻印出版《中国文学家大辞典》《中国小说发达史》（台北世界书局，1962 年）等署用。

【tang】

汤伯器（1914—1973），广东蕉岭人，生于马来西亚吡叻州。原名汤唤乾。曾用名汤运生。笔名：①汤白羽，见于《日本对南洋资源的夺取及其军事企图》，载 1936 年上海国立暨南大学《南洋研究》第 7 卷第 1 期。②白羽，见于书评《〈十二月的风〉》《〈海燕的歌〉》，载 1937 年上海《诗歌杂志》第 2 期；书评《摇篮歌》，载《诗歌杂志》第 3 期。同时期在广东报刊发表诗作亦署。③乃迁，1939 年在暹罗曼谷《中原日报》、马来亚新加坡《星洲日报》发表文章署用。④汤伯器，20 世纪 30—40 年代在暹罗（1939 年 6 月 24 日改名"泰国"，1945 年复名"暹罗"，1949 年再度改名"泰国"）出版《抗战以来的泰国华侨》《今日暹罗》《泰国自然地理大纲》，1941 年在《南洋学报》第 2 卷第 1 辑和第 3 辑分别发表《泰国蛇类及毒蛇的研究》《蚁光炎先生被害始末记》二文亦署。⑤易水，20 世纪 50 年代起在新马报刊发表文章，出版《马来亚华语电影问题》（新加坡南洋商报社，1959 年）、剧作《狮子城》（新加坡国泰电讯社，1960 年）等均署。⑥田灵、乾乾、孟加里、海上鸥，署用情况未详。

汤澄波（1903—1969），广东花县（今广州市）人。笔名：①汤澄波，见于译文《圣经之文学的研究》（英国 W. H. 赫德逊原作，与叶启芳合译），载 1922 年上海《小说月报》第 13 卷第 10 期。嗣后在该刊及《东方杂志》《中央导报》《新战线》等刊发表文章，出版译作《梅脱灵戏曲集》（比利时梅特林克原作。上海商务印书馆，1923 年）、《小说的研究》（美国培理原作。上海商务印书馆，1926 年）等均署。②澄波，署用情况未详。

汤茀之（1920—1987），四川泸州人。原名汤顺天。笔名汤茀之，见于翻译剧本《V》，载 1947 年上海《文汇丛刊》第 4 期。1948 年在上海《开明少年》发表翻译小说《子弹完了》《荒林里的袭击》（均系苏联叶·波隆尼娜原作），嗣后在《高尔基研究年刊》《苏联知识》《世界文学》等刊发表译作，出版翻译小说《孤儿》（苏联瓦西列夫斯卡娅原作。桂林文化供应社，1948 年）、《叶尔莫洛娃》（苏联杜雷林原作。上海时代书报出版社，1949 年）等亦署。

汤鹤逸（1900—1964），陕西汉阴人。原名汤友季，字绍宸。笔名汤鹤逸，见于翻译小说《迦留夷陀》（日本武者小路实笃原作），载 1924 年上海《东方杂志》第 21 卷第 24 期；评论《近代文学之背影》，载 1924 年 11 月 12 至 20 日北京《晨报副镌》。此前后在上述两刊及《民铎杂志》《学林》《小说月报》《劳工月报》《复兴月刊》《新经济半月刊》《民族诗坛》《文艺月刊·战时特刊》《中央周刊》等刊发表《文艺与人生》《新浪漫主义文艺之勃兴》《共尽行》《有血有愧偃》等诗文及译作《屠格涅夫的散文诗》（俄国屠格涅夫原作）、《三封遗书》（日本武者小路实笃原作）、《山鸭》（日本芥川龙之介原作）等，出版译作《芥川龙之介小说集》（日本芥川龙之介原作。北平文化学社，1928 年），故事集《人类的恩人》（北平中华平民教育促进会，1930 年）、《孔子与曾参》（北平中华平民教育促进会，1932 年）、《桑下的饥人》（北平中华平民教育促进会，1932 年）、《裁缝王》（北平中华平民教育促进会，1932 年），论著《近世政治思想史》（北平朝阳学院，1935 年）等均署。

汤济苍，浙江吴兴（今湖州市）人。曾用名汤济沧。笔名：①济苍，见于《文与学的区别》，载 1920 年《新妇女》半月刊第 2 卷第 4 期。同时期在该刊发表《妇女和孔子》《女学生的试金石》《同居分居底略史》《血泪》等文亦署。②汤济苍，见于《妇女和劳动》，载 1921 年《新妇女》第 5 卷第 1 期。③汤济沧，见于通讯《校试》，载 1925 年南京《甲寅》第 1 卷第 4 期；随笔《扫除中国文盲之方法谈》，载 1933 年上海《申报月刊》第 2 卷第 8 期。出版译作《新国民谭》（日本德富苏峰原作）、《华盛顿》（日本福山义春原作），论著《治国学门径》等亦署。

汤匡淞（1914—1953），浙江萧山（今杭州市）人。笔名王沙、匡沙、汤匡淞，1945—1946 年间在上海《文汇报》副刊发表散文、杂文署用。

汤匡瀛（1914—1953），浙江萧山（今杭州市）人，字之辅。笔名：①匡瀛，见于散文诗《白纸》，载 1942 年 8 月 27 日福建建阳《前线日报·战地》。同时期在该刊发表杂文《恐龙》、散文《寻觅》《行脚小集》等，此前后在福建南平《东南日报》、浙江金华《新青年》

等报刊发表诗文亦署。②汤匡瀛，见于随笔《读〈古代英雄的石像〉（叶绍钧著）》，载 1931 年上海《开明》第 2 卷第 25 期；散文《新衣》，载 1933 年上海《新时代》第 4 卷第 4、5 期合刊。此前后在《中学生文艺》《南华文艺》《申报月刊》《大陆杂志》《新社会半月刊》《学生文艺丛刊》《战鼓》《胜利》《东南评论》《前线日报·战地》等报刊发表《亡国恨》《残了的弦琴》《牧场上》《仓桥晚眺》《给弟弟的五封信》《海的控诉》《我在追悼着青春》等散文亦署。

汤士安（1931— ），黑龙江肇东人。笔名：①海枫，见于小说《老管》，载 1948 年哈尔滨《文学战线》第 1 卷第 4 期。嗣后在该刊发表小说《老主任》《心不死》等，同时期起至 1966 年在《翻身乐》《东北教育》《社会新报》《辽宁文艺》《抚顺日报》《天津晚报》等发表作品，出版中篇小说《劳动的喜悦》（新文艺出版社，1957 年）亦署。②汤铎，出版小说集《桂荣和小凤》（新文艺出版社，1956 年）署用。③汤士安，1979 年起在报刊发表散文，出版长篇小说《努尔哈赤大战萨尔浒》（中国文联出版公司，1985 年）、《努尔哈赤攻占辽沈》（北京宝文堂书店，1987 年）、《北三国演义》（中国人民公安大学出版社，2011 年），主编《满乡诗文选》（吉林大学出版社，2010 年）等均署。

汤雪华（1915—1992），浙江嘉善人。原名计中原。曾用名汤钟园、汤仙华。笔名：①汤雪华，见于小说《死灰》，载 1943 年 4 月 1 日上海《紫罗兰》创刊号。嗣后在该刊发表短篇小说《罪的工价》、连载长篇小说《亚当的子孙》，在上海《万象》《幸福世界》《春秋》《大众》《茶话》《第二代丛刊》《申报月刊》《启示》等刊发表小说等亦署。②雪华，见于小说《杜鹃和凤仙》，载 1943 年上海《万岁》第 6 期；小说《安慰》，载 1943 年《万象》第 2 卷第 12 期。③东方珞，见于小说《郭老太爷的烦闷》，载 1943 年 11 月 10 日《紫罗兰》第 8 期。④汤小珞，见于《一对小鸟的死》，载《紫罗兰》1945 年第 13 期。⑤中原，出版小说散文合集《劫难》（上海日新出版社，1947 年）署用。⑥汤仙华，出版小说集《转变》（上海日新出版社，1947 年）署用。⑦张珞，出版小说集《朦胧》（上海日新出版社，1947 年）署用。

汤用彬（1876—1951），湖北黄梅人，字冠愚，号大林山人。曾用名汤颐公。笔名：①颐公，见于随笔《大联山房杂话》，载 1936 年北平《实报半月刊》第 20 期；七律《春日叔祥邀游颐和园》，载 1940 年上海《新东方》第 1 卷第 6 期。②汤用彬，出版《新谈往》（汉口北京天民报馆、国维报馆、汉口共和民报馆，1912 年）、《旧都文物略》（北平市政府秘书处，1935 年）等署用。嗣后发表散文《庐山新记》（载 1949 年广州《新生路月刊》第 16 卷第 4 期）等亦署。

汤增璧（1882—1948），江西萍乡人，字公介，号伯燮、伯夔、揆郑、郎卿。曾用名邓诚意。笔名：①迟红、曼华、余波、伯夔、揆郑、邓诚，1905 年在日本东京《民报》《新民丛报》发表《人世之悲观》《崇侠篇》《哀政闻社员》《陆军学生之无告》《亚洲和亲之希望》《革命之心理》《湖广总督之滑稽》等署用。②汤增璧，撰写《同盟会时代民报始末》《同盟感录》《先烈轶事》《革命汇闻》《先烈传记》《革命实录》《总理年谱》《总理年谱别录》等著作，校订《十二忠烈传》（王树滋原作，与徐忍茹合作校订）署用。

汤增敭（1908—？），浙江吴兴（今湖州市）人。曾用名汤振扬、汤增扬。笔名：①汤增敭，见于《两只惨死的小鸟》，载 1926 年上海《小说世界》第 13 卷第 20 期；诗《濛濛原野的徘徊》，载 1927 年《泰东月刊》第 1 卷第 3 期。此前后在《学生文艺丛刊》《真美善》《现代文学》《开展》《当代文艺》《现代文学评论》《新时代》《矛盾》《朔望半月刊》《前途》《青年与战争》《艺术》《兴中月刊》《旅行杂志》《通讯》等刊发表诗《答在学诸同学歌》《幽暗吞咽了霞光》《晨光中的幻影》、评论《大众小说论》《文学的产生与社会意义》《非常时期的文学》《〈天才的努力〉》、随笔《"正气"与"气节"》《杨八洞》等，出版诗集《独唱》（上海草野社，1929 年），散文集《幸福》（上海广益书局，1933 年）、《姊姊的残骸》（上海草野社，1930 年）、《幸运之连索》（与黄奂若合作。上海现代书局，1931 年）、《幸福》（上海广益书局，1933 年）、《上海之春》（重庆万象周刊社，1944 年）均署。1949 年后在台湾出版著作亦署。②汤增扬，出版诗集《独唱》（上海草野社，1929 年）、散文集《幸福》（上海广益书局，1933 年）等均署。

汤真（1927— ），浙江萧山（今杭州市）人。原名汤匡时。笔名：①匡时，见于散文《寒风里》，载 1948 年 1 月 10 日福建《星闽日报·星瀚》第 139 期。嗣后在该刊发表散文《乡村曲》、诗《怀念》等署用。②汤匡时，见于散文《冬天》，载 1948 年 1 月 14 日福建《星闽日报·星瀚》。嗣后在该刊发表《夜》《我抚摩着我的脚》等亦署。又见于散文《饮水思源——我与福州文坛》，载海潮摄影艺术出版社 1993 年版《福州文坛回忆录》。③苏朴，见于散文《湖上笺》，载 1948 年 2 月 14 日福建《星闽日报·星瀚》。同时期在广东、福建、江西、台湾等地报纸发表诗文，1948 年 3 月 17 日发表散文《新年、雨中》等亦署。④汤真，见于诗《恋诗遥寄》，载 1949 年 2 月 22 日福建《星闽日报·星瀚》。1949 年后出版译作《不屈的心》（苏联拉夫列涅夫原作。上海文化工作社，1952 年）、《海在召唤》（苏联诺维科夫·普里波依原作。上海文艺出版社，1958 年）、《阿莱汉姆短篇小说集》（上海文艺出版社，1959 年）、《汉娜太太》（波兰裴莱兹原作，与孙用合译。浙江人民出版社，1982 年）、《第三个女人》（波兰显克维支原作。花城出版社，1982 年）等均署。⑤王寺、苏模、南文贞，20 世纪 40 年代在福建等地报刊发表诗文曾署。按：汤真于 20 世纪 40 年代发表过作品的报刊，还有《福建时报·海风》、南昌《民国日报·新文艺》、广东某报副刊《文苑》、台湾某报副刊《日月潭》、广东某报副刊《新文艺》等。

汤钟琰（1916－1993），江西萍乡人。曾用名王燕。笔名：①汤钟琰，见于小说《变》，载1946年上海《文艺春秋》第2卷第4期；评论《论传记文学》，载1948年上海《东方杂志》第44卷第8期。嗣后校订出版《睡谷传奇：英汉对照世界文学名著简易读本》（刘凤梅译注。语文出版社，1992年）等亦署。②史珂，见于随笔《艺坛杂话》，载1948年《京沪周刊》第2卷第48期。

唐邦治（1875－1953），江苏丹阳人，字子均，号思岘庐。笔名唐邦治，出版有《清代内外大臣表》《清史稿传姓韵编》《许工卯诗谱》《世说人名韵编》等著作。

唐伯先（1909－1982），安徽含山人。原名唐孟先。笔名：①唐孟先，见于小说《苦闷的除夕》，载1928年上海《少年杂志》第1期。②歌黎，1946－1947年在《正风报》编副刊署用。③唐伯先，见于诗《我纵是一根残芽》，载1947年2月14日沈阳《前进报·前哨》。嗣后出版诗集《都市的灯火》（北平北方文艺社，1949年）亦署。④柯犁、波弦，署用情况未详。

唐达成（1928－1999），湖南长沙人。曾用名唐挚。笔名：①唐挚，出版评论集《艺文探微录》（花山文艺出版社，1981年）署用。②唐达成，出版评论集《南窗乱弹》（人民文学出版社，1995年），散文集《淡痕集》（群众出版社，1995年）、《世象杂拾》（作家出版社，1996年）、《书林拾叶》（中央编译出版社，1997年）等署用。③李之、李业、李真、李震、梁野、谭质，署用情况未详。按：唐达成1948年曾在台湾省台中《天南日报》《正义日报》任编辑并开始发表作品，署名情况未详。

唐大郎（1908－1980），上海人。原名唐云旄。笔名：①大郎，20世纪20年代起在上海《大晶报》等发表诗文署用。嗣后发表随笔《元旦试笔》（载1943年上海《万象》第2卷第7期）亦署。②唐大郎，见于随笔《元旦》，载1942年《万象》第1卷第7期。1944年1月15日在上海《大方》杂志发表诗歌亦署。③刘郎，1945年后在上海《铁报》发表文章署用。1983年出版《闲居集》亦署。④唐云旄，1947年在上海编《大家月刊》署用。⑤高唐，20世纪40年代在上海《海报》发表总题为《唐诗三百首》之系列诗作署用。⑥高郎、俞昭明，署用情况未详。

唐登岷（1918－2015），云南保山人，字品瑜。曾用名天柱（幼名）。笔名：①品喻，见于《学习艺师同学》，载1935年5月26日《云南日报》。②江湖，见于《牺牲已到最后关头》，载1937年7月20日《云南日报》。③邓民，见于《英勇的战士——聂耳》，载1937年昆明《南方》第1卷第9期。④小蜀，见《在斗争中成长的〈文化岗位〉》，载1938年11月2日《云南日报》。⑤邓明，见于随笔《在现实里觅取题材》，载1938年12月22日《云南日报》。⑥野蓬，见于《兴奋的晚上》，载1939年2月5日《云南日报》。⑦戈矛，见于杂文《还是要"骂"》，载1939年2月7日《云南日报》。⑧力生，见《谁是"悲哀"的》，载1939年4月11日《云南日报》。⑨萧曙，见于随笔《保障妇女的平等地位》，载1940年3月8日《云南日报》。⑩登岷，见于《陨落和希望》，载1940年7月22日《云南日报》。⑪士贤，见杂文《黑色的地区》，载1945年1月6日《云南日报》。⑫唐旻，见杂文《要永久停战》，载1946年昆明《民主周刊》第3卷第14期。⑬光磊、聂士贤，署用情况未详。

唐耕余（1890－1977），江苏吴县（今苏州市）人。原名唐九，字耕余，号儒夫。尝作《书谱赘言》一稿，未刊，今不存。

唐圭璋（1901－1990），江苏南京人，字季特。笔名唐圭璋，见于《诗三百篇的修辞》，载1922年国立东南大学《国学小丛刊》。嗣后发表文章、出版《全宋词》《全金元词》《词话丛编》《唐宋词鉴赏辞典》《宋词三百首笺注》《南唐二主词汇笺》《宋词四考》《元人小令格律》《词苑丛谈校注》《宋词纪事》《词学论丛》《辛弃疾》《校注词苑丛谈》《唐宋词简释》《纳兰容若词》《梦桐词》等均署。

唐海（1920－2004），浙江宁波人。曾用名唐盛宽。笔名唐海，出版有《十八天的战争——香港沦陷记》（桂林远东书局，1942年）及《毋忘过去》等著作。

唐诃（1913－1984），山西汾阳人。原名田际华。笔名唐诃，1933年6月开始在北平《榴花》文学周刊发表文章署用。

唐家桢（1906－？），河北涿县（今涿州市）人，字伯枚。曾用名白梅塘。笔名唐家桢，出版有《春雨集》《孝经释义》等著作。

唐兰（1901－1979），浙江嘉兴人，字立厂（ān）、立庵、立盦。曾用名唐佩兰、唐景兰。笔名：①唐兰，20世纪20年代初出版《说文注》署用。嗣后发表《白石道人歌曲旁谱考》《黄帝四经》《战国纵横家书》《春秋事语》《卜辞时代的文学和卜辞文学》，发表、出版古文字学著作亦署。②曾鸣，署用情况未详。

唐烺（1886－1931），湖北宜宾人，字铁风、迪风。笔名唐烺，出版有《孟子大义》等著作。

唐鲁孙（1906－1985），北京人。笔名：①唐鲁孙，1949年后出版散文集《中国吃的故事》（百花文艺出版社，2003年）、《中国吃》（广西师范大学出版社，2004年）、《大杂烩》（广西师范大学出版社，2004年）、《什锦拼盘》（台北大地出版社，1982年）等用。②香庄、蕴光、寤凉、栎泉宦，署用情况未详。

唐岷春（1909－1989），江苏无锡人。原名唐发源，号籔园。笔名唐岷春。著有诗集《籔园存稿》。

唐鸣时（1901－1982），浙江嘉善人。笔名：①唐鸣时，见于《诗两首》，载1923年上海《弥洒》第1期。

嗣后在《小说世界》《东方杂志》《上海工务》等刊发表诗、小说等，出版翻译戏剧《史嘉本的诡计》（法国莫里哀原作。上海商务印书馆，1930 年）亦署。②桐叶、白沙，20 世纪 20 年代开始在《爱物乐新》《红茶》《亦报》等报刊发表文章署用。③吉鱼，署用情况未详。

唐牧，浙江嘉兴人。原名唐景崇。笔名唐牧，20 世纪 30 年代开始在马来亚新加坡报刊发表诗作署用。见于诗《我回来了，我的祖国》《当列车经过衡阳的时候》等，载 1939 年温州新知书店出版之诗集《叛乱的法西斯》。1939－1940 年间在温州《暴风雨诗刊》发表诗《春之歌》、报告诗《新加坡所见》等亦署。

唐纳（1914－1988），江苏吴县（今苏州市）人。原名马骥良。曾用名阿仁（小名）、马季良、马继良、马耀华、马绍章。笔名：①钜钰、瞿觉，1930 年起在苏州《吴县日报》发表短文、散文署用。②骥，见于短文《我们只有机械地动，没有实实在在地生》，载 1933 年上海圣约翰中学年刊。③唐纳，原系佘其越的笔名。20 世纪 30 年代佘其越在上海《晨报·每日电影》《申报·电影专刊》《中华日报·银座》《新闻报·艺海》《大晚报·剪影》等发表电影评论时，马骥良也常用同一笔名在这些报刊发表影评署用。嗣后成为其专用笔名，在《救亡日报》《影迷周报》《社会月报》《明星》《从奋斗到胜利》《电影戏剧》《抗战戏剧》等报刊发表剧本、评论等，出版《中国万岁》（香港大公报代办部，1938 年）亦署。④罗平，20 世纪 30 年代在上海《晨报·每日电影》《申报·电影专刊》等发表影评署用。抗战时期任《大公报》战地记者时发表战地通讯以及 1939 年在《西线文艺》发表文章，出版报告文学集《瞻回东战场》（与长江等合作。上海生活书店，1938 年）亦署。⑤陈陀，20 世纪 30 年代在上海《晨报·每日电影》《申报·电影专刊》等刊发表影评署用。⑥蒋旂，见于随笔《陈圆圆论》，载 1947 年南京《广播周报》复刊第 40 期。嗣后出版戏剧集《陈圆圆》（上海国民书店，1940 年）、《上海小景》（上海国民书店，1940 年）、《生路》（上海光明书局，1940 年），翻译杂文集《讽颂集》（林语堂原作。上海国华编译社，1942 年）等亦署。⑦安尼，与文怀沙合署。见于《桥边私语》专栏文章，连载于 1947－1948 年间上海《文汇报·浮世绘》。

唐祈（1920－1990），江苏苏州人。原名唐克蕃。笔名：①唐那，见于诗《冰原的故事》，载 1938 年兰州《现代评坛》。同年在香港《大公报》发表文章亦署。②唐吉诃，见于讽刺诗《五星上将》，载 1945 年重庆《新华日报》。③唐祈，见于组诗《辽远的故事》，载 1946 年上海《文艺复兴》第 2 卷第 2 期。嗣后发表文章，出版诗集《诗第一册》《九叶集》（与杭约赫、辛笛、陈敬容、郑敏、唐湜、杜运燮、穆旦、袁可嘉合集）、《八叶集》（与辛笛、陈敬容、郑敏、唐湜、杜运燮、穆旦、袁可嘉合集）、《唐祈诗选（1938－1957）》，主编《中国现代新诗选（1917－1949）》《中华民族风俗辞典》等均署。

唐秦莺，生卒年及籍贯不详。笔名：①秦莺先生，见于小说《却酬》，载 1948 年 2 月 4 日福州《星闽日报·星瀚》。嗣后在该刊发表小说《知识分子的悲哀》亦署。②唐秦莺，见于散文《星的故事》，载 1948 年 8 月 11 日《星闽日报·星瀚》。嗣后在该刊发表散文《江的散忆》《生活在战斗中》等亦署。③秦莺，见于散文《寒夜短简》，载 1949 年 2 月 25 日《星闽日报·星瀚》。

唐庆诒（1898－1986），江苏太仓人，字谋伯。笔名唐庆诒，见于散文《旅欧日记》（与俞庆棠合作），载 1934 年上海《旅行杂志》第 8 卷第 4 期、第 5 期。嗣后出版散文集《南游日记》（上海商务印书馆，1919 年）、《漫游记》（常州人文印书馆，1935 年）等亦署。

唐庆增（1902－1972），江苏太仓人，字叔高，唐庆诒之弟，经济学家。早年留学美国，新中国成立后，任复旦大学经济系教授。笔名唐庆增，见于《经济学原理》《经济学概论》《中国经济思想史》《唐庆增经济论文集》等。

唐人（1919－1981），江苏吴县（今苏州市）人。原名严庆澍。笔名：①唐人，1949 年在香港《大公报》连载长篇小说《伏牛山恩仇记》，1950 年在香港《新晚报》连载小说《某公馆散记》，1952 年起共 10 年在香港《新晚报》连载长篇小说《金陵春梦》署用。嗣后在香港《商报》连载自传式小说《大地浮沉》，在香港文汇报连载小说《北洋军阀演义》，出版长篇小说《人渣》（香港求实出版社）、《金陵春梦》（香港文宗出版社，共 12 集）、《长相忆》（四川人民出版社，1982 年）、《一个万能情报员的经历》（百花文艺出版社，1985 年）、《混血女郎》（湖南文艺出版社，1986 年）、《荔枝角女牢》（漓江出版社，1986 年）等亦署。②颜开，出版电影剧本《诗人郁达夫》（香港南苑书屋，1965 年）署用。③今屋奎一，见于长篇小说《蒋后主秘录》，连载于香港《周末报》。④阮朗，出版小说《香港风情》（北京出版社，1980 年）、《黑裙》（广东人民出版社，1980 年）、《香港大亨》（广东人民出版社，1981 年）、《台商香港蒙骗记》（春风文艺出版社，1981 年）等署用。⑤草山上人，发表传记《宋庆龄的大半生》署用。⑥冬雪、洛峰、洛风、张壁、陶奔、葛夏、江香雨、高山客、弓满雪，署用情况未详。按：唐人尚出版有长、短篇小说《我是一棵摇钱树》《泥海泛滥》《爱情的俯冲》《她还活着》《装》《赎罪》《第一个夹万》《草山残梦》《北泽春阀》等，创作有电影剧本《姐妹曲》《华灯初上》《白染黄金》等，出版与署名情况未详。

唐仁均（1921－2009），四川新津人。原名沈荣铭。笔名唐仁均，1949 年后出版文学评论集《略谈古典文学》，战争史话《中国革命战争史话》（太原师专政史组、太原市文联，1980 年）、《民国战争史话》（太原师专政史组、太原市文联，1990 年）等署用。

唐绍华（1908－？），安徽巢县（今巢湖市）人。笔名：①唐绍华，见于小说《为了荣誉》，载 1932 年上海《南华文艺》第 1 卷第 18 期；独幕剧《志士·汉奸·面条》，载 1936 年南京《文艺月刊》第 9 卷第 5 期。此前后在上述两刊及《中国劳动》《时代精神》《文学修养》《文艺月刊·战时特刊》《文艺先锋》《戏剧岗位》《文化杂志》《人人周报》《剧影春秋》《太平洋杂志》《图书展望》等刊发表独幕剧《青年工头之家》《保卫我们的南海》《荣誉之家》《孤岛黄昏》，评论《谈战时编剧》《战时剧团组织》《〈花莲港〉的内容及意义》，散文《南归线上》《卢难》等，出版诗集《北风集》（镇江朝霞社，1931 年）、《忘忧草》（镇江朝霞社，1935 年）、《生之战争》（镇江朝霞社，1935 年）、《唐诗百零七首》（上海现代出版社，1937 年），剧作《祖国》（上海现代出版社，1937 年）、《碧血黄花》（重庆国民图书出版社，1940 年）、《日落》（重庆中国戏曲编刊社，1941 年）、《党人魂》（又名《黄花岗》），重庆中国戏曲编刊社，1941 年）、《财奴》（重庆国民图书出版社，1941 年）、《一群马鹿》（重庆独立出版社，1942 年）、《十月十日》（重庆国民图书出版社，1943 年）、《熔炉》（重庆国民图书出版社，1945 年）、《党人魂》（上海商务印书馆，1946 年）、《董小宛》（上海大东出版社，1947 年）、《小凤仙》（上海大东出版社，1947 年）、《唐绍华剧集》（上海独立出版社，1947 年），小说《灵性的呼唤》（上海大东出版社，1945 年），翻译小说《人性》（美国奥尼尔原作。上海中国文化事业社，1947 年），散文集《前线去来》（重庆独立出版社，1942 年）均署。1949 年后在台湾、香港出版剧作《蓝狐狸》（文艺创作社，1956 年）、《欲海无边》（台北桂冠图书公司，1958 年）、《众醉难为醒》（香港华裔出版社，1968 年），随笔集《异乡随笔》（台北黎明文化事业股份有限公司，1988 年），论著《中共文艺统战回顾》（台北文坛社，1981 年），以及《唐绍华自选集》（台北黎明文化事业股份有限公司，1980 年）等亦署。②华尚文，见于散文《新三都赋》，载 1932 年上海《良友画报》第 66 期；翻译小说《猎狮记》（法国费理普原作），载 1935 年上海《新小说》创刊号。同时期在上述两刊发表散文《待春杂记》、随笔《侦探小说和实生活》、翻译小说《歌舞女郎》（日本川端康成原作）等亦署。③南巢父（fū），署用情况未详。按：唐绍华尚出版有小说集《灵性的呼唤》、话剧剧本《中国万岁》和电影剧本《祖国》《秋瑾》《董小宛》《碧血黄花》等，出版及署名情况未详。

唐湜（1925－2005），浙江温州人。原名唐兴隆。曾用名唐扬和，字迪文。笔名：①唐湜，1943 年初开始在浙江《东南日报·笔垒》《青年日报·语林》《宁波日报·波光》《浙江日报·江风》、上海《文艺春秋》《文艺复兴》《文讯》《春秋》《希望》《诗创造》《中国新诗》《华美晚报·新写作》、天津《大公报·文艺》、南京《新诗帖》等报刊发表诗、评论、散文等署用。嗣后出版诗集《英雄的草原》（上海星群出版社，1948 年）等，1949 年后出版诗集《九叶集》（与杭约赫、辛笛、陈敬容、郑敏、唐祈、杜运燮、穆旦、袁可嘉合集。江苏人民出版社，1981 年）、《八叶集》（与辛笛、陈敬容、郑敏、唐祈、杜运燮、穆旦、袁可嘉合集。

生活·读书·新知三联书店香港分店，1984 年）、《唐湜诗卷》（人民文学出版社，2003 年）、《骚动的城》《英雄的草原》《飞扬的歌》《海陵王》《泪瀑》，论著《民族戏曲散论》（上海古籍出版社，1987 年）等亦署。②唐迪文，见于书评《果园城记》（师陀著），载 1946 年 7 月 12 日上海《大公报·文艺》；评论《〈升官图〉与〈巡按〉》，载 1946 年 9 月 24 日《浙瓯日报》。③扬和、秩河、陈洛，20 世纪 40 年代在浙江、上海等地报刊发表文章或署。④狄梵，见于论文《卢胜奎论》，载 20 世纪 60 年代初上海《文汇报》。

唐弢（1913－1992），浙江镇海（今宁波市）人。原名唐端毅，字越臣。曾用名王晦庵、郑子先。笔名：①唐弢，见于散文《故乡的雨》，载 1933 年 6 月 4 日上海《申报·自由谈》。嗣后在《益世报·语林》《大晚报·火炬》《民报·艺林》《文汇报·世纪风》《文汇报·笔会》《中华日报·动向》《申报每周增刊》《北平新报》《文学》《人间世》《译文》《创作》《太白》《宇宙风》《夜莺》《作家》《文学界》《现实文学》《中流》《新认识》《好文章》《自修大学》《国民》《生活学校》《新学识》《民族呼声》《新儿童》《上海邮工》《希望》《烽火》《文艺阵地》《读书生活》《文阵丛刊·水火之间》《少年读物》《人世间》《鲁迅风》《宇宙风乙刊》《现代文艺》《万象》《文讯》《文艺春秋》《文艺复兴》《文艺知识连丛》《民主》《周报》《上海文化》《中国作家》《小说》等报刊发表著译诗文，出版杂文集《推背集》《海天集》《边鼓集》《投影集》《短长书》《劳薪辑》《识小录》《繁弦集》《春涛集》《唐弢杂文选》，散文《落帆集》《莫斯科抒情及其他》《生命册上》，短评《上海新语》《可爱的时代》，论文集《向鲁迅学习》《鲁迅在文学战线上》《燕雏集》，专著《文章修养》《创作漫谈》《鲁迅全集补遗》《鲁迅全集补遗续编》《书话》《晦庵书话》等亦署。②毅，见于杂文《鼠子们》，载 1933 年 8 月 3 日上海《大晚报·火炬》。③唐也，见于随笔《写什么和怎样写》，载 1933 年 8 月 17 日上海《上海邮工》。嗣后在该刊发表评论《略论新月派的诗》亦署。④风子，见于杂文《略论英雄》，载 1933 年 12 月 26 日上海《申报·自由谈》。嗣后在《新语林》《人间世》《芒种》《文汇报·世纪风》《文汇报·笔会》《时事新报·青光》《大晚报·火炬》《丽芒湖上》《太白》《立报·言林》《大英夜报·星火》《文献》《导报·少年先锋》《华美周刊》《鲁迅风》《自修旬刊》《东南风》《大美报·浅草》《文讯》《正言报·草原》《宇宙风乙刊》《新文丛》《杂文丛刊》《萧萧》《周报》《文艺春秋》、香港《大公报》等报刊发表散文、杂文，出版杂文集《边鼓集》（与文载道[金性尧]、周木斋、周黎庵、柯灵、屈轶[巴人]合集。上海文汇有限公司，1938 年）亦署。⑤端尼，见于杂文《一九三四年文坛预言》，载 1934 年 1 月 1 日《申报·自由谈》；杂文《一九三七年文坛预言》，载 1937 年 1 月 1 日《立报·言林》。⑥南宫离，见于杂文《"今文八弊"补》，载 1935 年 6 月 19 日《申报·自由谈》。嗣后在上海《时事新报·青光》

《海燕》发表杂文《秋夜杂感》等亦署。⑦唐弓衣，见于杂文《谈幽默》，载 1936 年 3 月 24 日上海《立报·言林》。⑧唐风子，见于随笔《评铁马版画》，载 1936 年 4 月 28 日上海《时事新报·每周文学》。⑨仇（chóu）山，见于诗《日暮》，载 1936 年 11 月 27 日上海《立报·言林》；杂文《从"苦住"到"喝道"》，载 1939 年《文艺阵地》第 4 卷第 4 期。嗣后在《宇宙风乙刊》《奔流文艺丛刊》《文艺阵地》《朝花丛刊》等刊发表文章亦署。⑩风，见于杂文《盛世的悲哀》，载 1936 年上海《谈风》第 4 期。1945 年在上海《周报》发表短评《中苏友好盟约》等亦署。⑪公衣，见于杂文《闲话友谊》，载 1936 年 12 月 17 日《立报·言林》。嗣后在该刊及《文汇报·世纪风》等发表杂文《岁暮》《"谁家天下"》等亦署。⑫弓，见于杂文《公式主义》，载 1936 年 12 月 18 日《立报·言林》。⑬忍士，见于杂文《论"但书"》，载 1936 年 12 月 18 日《立报·言林》；随笔《题材与形式》，载 1937 年 7 月 1 日上海《文学》第 9 卷第 1 期。⑭双替，见于杂文《天灵盖以外》，载 1937 年上海《自修大学》第 1 卷第 2 辑第 14 期。同日在《自修大学》第 14 期发表杂文《〈天灵盖以外〉之余》，嗣后在《自学旬刊》发表杂文亦署。⑮将离，见于杂文《读余书杂》，载 1938 年 2 月 12 日、13 日上海《文汇报·世纪风》。嗣后在该刊及《鲁迅风》等报刊发表杂文《奴才的唾沫》《消遣的艺术》等亦署。⑯横眉，见于杂文《吉诃德颂》，载 1938 年 2 月 21 日《文汇报·世纪风》。嗣后在该刊及《自学旬刊》发表杂文《漫成》《幻想》等亦署。⑰古雁，见于杂文《五一谈邮运》，载 1938 年 5 月 1 日《文汇报·世纪风》。⑱三藏，见于杂文《却说》，载 1938 年 6 月 23 日《文汇报·世纪风》。⑲万人唾，见于杂文《蛆沫集批注》，载 1938 年 7 月 23 日《文汇报·世纪风》。1940 年 9 月 24 日在《正言报·草原》发表杂文《度支新法》亦署。⑳桑天，见于杂文《架空》，载 1938 年 7 月 30 日《文汇报·世纪风》。嗣后在该刊发表杂文《文艺大众化》亦署。㉑马前卒，见于诗《〈驿火〉献诗》，载 1938 年上海《驿火》创刊号。㉒步兵，见于杂文《还是前线》，载 1938 年上海《雁声》创刊号。㉓韦长，见于杂文《怀曼殊上人》，载 1938 年 12 月 28 日《文汇报·世纪风》。嗣后在该刊及《正言报·草原》《万象》《涛声》等刊发表杂文亦署。㉔不典，见于随笔《战时之上海邮政》，载 1939 年 1 月 17-18 日《大公报》。㉕张尚达，见于杂文《穷》，载 1939 年 2 月 15 日《文汇报·世纪风》。㉖仇（chóu）如山，见于杂文《"混"》，载 1940 年 3 月 11 日上海《大美报·浅草》。嗣后在该刊及《文艺阵地》等刊发表杂文亦署。㉗王二，见于杂文《略论自大之类》，载 1940 年 10 月 30 日《正言报·草原》。㉘郑子先，1940 年 11 月在上海主编《丽芒湖上》署用。㉙仇（chóu）重，见于随笔《暗夜棘路上的里程碑——"孤岛"一年来的杂文和散文》，载 1941 年 1 月 20 日《正言报·草原》；杂文《儿童读物选编问题》，载 1947 年

4 月 6 日上海《大公报·出版界》。㉚一士，见于杂文《略论请愿》，载 1941 年 4 月 15 日上海《杂文丛刊》第 1 辑《鱼藏》。㉛敦诺，见于杂文《关于人权》，载 1941 年 10 月 3 日上海《奔流新集》之一《直入》。㉜方城，见于杂文《马将哲学》，载 1943 年上海《万象》第 3 卷第 1 期。㉝太索，见于杂文《文艺批评与社会批评》，载 1943 年上海《万象》第 3 卷第 1 期。㉞若思，见于散文诗《寻梦人》，载 1943 年上海《万象》第 3 卷第 1 期。嗣后在该刊及上海《文艺春秋》、香港《大公报》发表文章，1953 年在上海《文艺月报》发表杂文亦署。㉟潜羽，见于小说《海和它的子女们》，载 1943 年《万象》第 3 卷第 2 期。嗣后在该刊发表散文诗《舍》、小说《山村之夜》等亦署。㊱怀三，见于杂文《谣言辩》，载 1944 年《万象》第 3 卷第 11 期。嗣后在该刊发表杂文《官商颂》等亦署。㊲从洛，见于杂文《"破门"解》，载 1944 年《万象》第 3 卷第 11 期。㊳晦庵，见于散文《帝城十日》，载 1944 年《万象》第 4 卷第 5 期。嗣后在该刊及《文艺春秋》《文艺春秋副刊》《文汇报·世纪风》《文汇报·文化街》《联合日报晚刊》等刊发表书话，20 世纪 50-60 年代在上海《读书月报》、北京《人民日报》、香港《大公报》等报刊发表书话亦署。㊴韬、长、端、晦，见于短评《迎国军》《蒋主席九三演辞》《东京签订降书》《毛泽东抵陪都》，载 1945 年上海《周报》创刊号。"韬"一名，嗣后在该刊发表《谢绝"谢罪团"》《从童芷苓说起》等短评亦署。㊵羽，见于短评《从东条自杀说起》，载 1945 年《周报》第 2 期。嗣后在该刊发表短评《双十双庆》《赫尔利的失败》等亦署。㊶潜，见于短评《痛定思痛》，载 1945 年《周报》第 3 期。嗣后在该刊发表短评《注意暹罗问题》《养成民主作风》等亦署。㊷堂，见于短评《抗议暹罗事件》，载 1945 年《周报》第 4 期。嗣后在该刊发表短评《改善士兵生活》《四项诺言》等亦署。㊸藏弓，见于杂文《博士卖驴——文风小品之一》，载 1956 年 12 月 1 日上海《文汇报》。嗣后在该报发表系列杂文《文风小品》亦署。㊹书生，见于杂文《"以子之矛"篇》，载 1957 年 6 月 19 日上海《解放日报》。嗣后在该报发表杂文《战鼓三通》亦署。㊺何三郎，见于杂文《"狗道主义"解》，载 1957 年 11 月 21 日《解放日报》。嗣后在该报发表杂文《"左右逢源"》亦署。㊻宜生，见于杂文《喜春帖子》，载 1961 年 1 月 4 日北京《光明日报》。㊼万一羽，见于杂文《"谢本师"》，载 1962 年 5 月 8 日北京《人民日报·长短录》，1980 年收于人民日报出版社出版之《长短录》。嗣后在该报发表杂文《尾骶肯之类》亦署。㊽李杰、余林、仲鲁、索西、仇客、东胥、散宜生、新方、古冶子，署用情况未详。

唐铁海（1928-），浙江鄞县（今宁波市）人，生于上海。原名柴之英。笔名：①周鲁，见于叙事诗《征粮的故事》，载 1945 年后上海《文汇报·文学周刊》。嗣后在上海《时代日报》《联合晚报》发表文章亦署。

②仇任野，见于散文《信念》，载 1947 年上海《时代日报·星空》。③鲍钧，发表杂文、评论署用。④唐铁海，1949 年后出版《工人写作杂谈》（与陈文虎合作。华东人民出版社，1951 年）、《中央老根据地印象记》（华东人民出版社，1953 年）、《试炼集》（上海文艺出版社，1959 年）等署用。

唐文治（1865－1954），江苏无锡人，原籍太仓，字颖侯，号蔚芝、蔚之。晚号茹经。笔名唐文治，见于《汪穰卿先生传》，载 1919 年《小说月报》第 10 卷第 9 期；《义犬记》，载 1919 年《广益杂志》第 2 期。嗣后在《国学专刊》《学术世界》《浙江图书馆馆刊》《江苏教育》《学术世界》《大夏半月刊》《群雅月刊》《之江中国文学会集刊》《民意月刊》《中央周刊》《大众》《国防月刊》《交大周刊》等刊发表文章，出版《周易消息大义》（华东师范大学出版社，2012 年）、《十三经提纲》（华东师范大学出版社，2015 年）、《礼记大义》《茹经堂文集》等亦署。

唐贤龙，生卒年及籍贯不详。笔名：①唐贤龙，见于《今日的芜湖》，载 1937 年《内外什志》第 4 卷第 19 期；朗诵诗《怒吼吧，重庆》，载 1938 年重庆《春云》第 4 卷第 4、5 期合刊。嗣后在《现代读物》《中学生》《文艺青年》《新闻》等刊发表文章亦署。②秋田，署用情况未详。

唐向青（1915－1994），浙江兰溪人。原名唐荄。笔名：①唐荄，见于《算命的》，载 1933 年 3 月 6 日上海《申报·自由谈》。②向青，见于小说《火牛》，载 1933 年《大陆评论》第 2 卷第 3 期；诗《守望——为西班牙妇女巡回队而作》，载 1936 年《女子月刊》第 4 卷第 11 期。嗣后在《女子月刊》《文艺阵地》《文学期刊》《东南日报》《综合》《月刊》《青年界》《新文学》《文艺春秋》、温州《暴风雨诗刊》等报刊发表诗文亦署。

唐性天，生卒年不详，浙江镇海人，字性天。笔名：①性天，见于译诗《姊妹爱》，载 1921 年 4 月 18 日北平《晨报副镌》。嗣后在上海《文学旬刊》、武汉《战时记者》《新汉口》等报刊发表著译作品亦署。②唐性天，见于评论《世界文学中的德国文学》，载 1921 年《文学旬刊》第 4 期；《处理逆产案之经过详情及逆产案清册》，载 1931 年《新汉口》第 2 卷第 9 期。嗣后出版翻译小说《意门湖》（德国斯托尔姆原作。上海商务印书馆，1922 年）、楚剧剧本《农家乐》（汉口特别市戏剧演员训练班，1930 年）、通讯《汉口大水记》（汉口江汉印书馆，1931 年）等亦署。

唐一禾（1905－1944），湖北武昌（今武汉市）人。原名唐义和。笔名一禾，20 世纪 30 年代在武汉报刊发表文章署用。

唐义精（1892－1944），湖北武昌（今武汉市）人，字粹庵，号韵农。笔名粹厂（ān）、粹庵，20 世纪 30 年代在武汉报刊文章署用。

唐因（1925－1997），上海人。原名何庄。笔名：①唐因，出版评论集《生活与创作》《谈民歌的写作》等署用。②于晴，署用情况未详。

唐永基（1914－？），福建福州人。笔名：①田人，见于散文《过滩》，载 1936 年福州《福建民报·小园林》。②任其，见于散文《"火箭！火箭！——扫帚星引起的骚动"》，载 1936 年 12 月 9 日福州《小民报·新村》。同时期在该刊及福建《平凡》《现代青年》《生力》等报刊发表小说《七老爷及其徒弟们》《扒手伯伯》等亦署。③唐永基，出版《福建之茶》（与魏德瑞合编。福建省统计处，1942 年）署用。

唐瑜（1912－2010），广东潮阳人。笔名：①唐瑜，见于散文《旅途随感》，载 1934 年上海《社会月报》第 1 卷第 3 期。1935 年在上海《明星》半月刊发表杂文《所谓胡蝶自杀与报贼》《"自杀"及其作用》等，1949 年后出版散文集《阿朗小品》（海峡文艺出版社，1984 年）、《二流堂纪事》（安徽文艺出版社，1997 年），编选《零落成泥香如故：忆念潘汉年、董慧》（生活·读书·新知三联书店，1984 年）等亦署。②阿朗，署用情况未详。

唐钺（1891－1987），福建福州人，字擘黄、觉黄、辟黄，号觉斋、觉园、觉园居士。笔名：①唐钺，见于传记《达尔文传》，载 1915 年上海《科学》第 1 卷第 10 期；评论《旧书中的新诗》，载 1922 年《小说月报》第 13 卷第 10 期。此前后在《努力周报》《现代评论》《东方杂志》《广播周报》《国立武汉大学文哲季刊》《北京大学研究所国学门月刊》等刊发表文章，出版哲学、逻辑学、教育学、心理学、史学著作与译作亦署。②擘黄，见于评论《"吃落拓枣的人们"与"优黎瑟士"》（英国丁尼生原作），载 1923 年上海《东方杂志》第 20 卷第 20 期。嗣后在《现代评论》《独立评论》《努力周报》等刊发表文章亦署。③唐擘黄，见于《人生观一打零两个》，载 1925 年上海《现代评论》第 1 卷第 16 期。嗣后在《太平洋》《中山文化教育馆季刊》《广播周报》等刊发表文章亦署。

唐振常（1922－2002），四川成都人。笔名：①唐振常，见于散文《失踪人物志》，连载于 1947 年上海《文萃丛刊》第 1－3 期；通讯《苏北访问记》《苏北滨海区》，载 1947 年《时代文摘》第 2 卷第 1 期。1949 年后出版《章太炎吴虞论集》（四川人民出版社，1981 年）、《蔡元培传》（上海人民出版社，1985 年）、《唐振常文集》（上海社会科学院出版社，2013 年）等亦署。②司空见，1957 年与艾明之、石方禹在《文汇报》发表杂文合署。③刘振坤，与刘火子合署。见于长篇通讯《钢铁战士》，载 1958 年上海《文汇报》。

唐镇支，生卒年不详，号逍乐居士。笔名：①唐镇支，20 世纪 40 年代在上海《社会日报》副刊《文艺世纪》《燔火》发表文章署用。②盈盈，署用情况未详。

唐祖培（1898－？），湖北咸宁人。原名唐贻孙，字季申、祖培，号节公。笔名：①唐祖培，出版《中华史纲》《郑和航海志》等署用。②唐园，署用情况未详。

【tao】

桃木（？—1960），广东潮安人。原名王嵩（duān）。笔名：①桃木，1937年开始在马来亚吡叻州《大众副刊》、新加坡《新国民日报》副刊《新路》《新光》《总汇新报》副刊《文会》《世纪风》以及《南洋商报·狮声》《南侨日报·南风》《南洋周刊》《忠言半月刊》等发表散文、杂感、评论署用。见于评论《漫谈诗歌大众化》，载1940年4月16日《总汇新报·文会》"大众诗歌论文特辑"。②山兄，见于杂文《参加霹雳文化界茗叙大会后》，载1938年1月10日《新国民日报·新光》；诗《读死魂灵第六章》，载1939年9月19日《总汇新报·世纪风》。嗣后在《南洋商报·狮声》发表《安息吧》《新女性》等诗文亦署。③兆木、蒲剑、洪半呆，在上述报刊发表诗文署用。

陶白（1909—1993），江苏江阴人。原名谢祖安。曾用名谢客。笔名：①寒白、闻起、谢复、石墨、黄篱、罗空江、谢嘉壮、马平沙、燕山客，1931年起在新四军部队报纸及上海、东南亚等地报刊发表杂文署用。②东方既白，20世纪30年代起发表杂文署用。1984—1985年在广州《随笔》发表散文《羊城散记》《风雨琐记》等亦署。③陶白，见于杂文《苏俄加入国联问题之检讨》，载1934年《文化批判》第1卷第3期。嗣后出版论著《关于团结教育和改造知识分子问题》（江苏人民出版社，1956年）、《本质与现象》（江苏人民出版社，1959年），杂文集《南北云水集》（江苏人民出版社，1983年）、《陶白文集》（江苏人民出版社，1995年）等亦署。

陶钝（1901—1996），山东诸城人。原名徐宝梯，号步云。笔名：①陶钝，1937年卢沟桥事变后在山东抗日根据地从事文化教育工作，发表短篇小说《上升》《黄犍》《麦黄杏》等署。嗣后在《山东文化》《胶东文艺》《小说月刊》等刊发表作品，出版长篇小说《为了革命的后代》、中篇小说《小鬼的故事》、短篇小说集《上升》、散文集《故乡十年小记》《沂蒙探亲记》《在福建前线》、长篇说唱本《杨桂香鼓词》、短篇说唱本《姑嫂打水》《小俩口算账》、传记文学《一个知识分子的自述》、论文集《陶钝曲艺文集》以及《陶钝文集》等亦署。②顾曲周，1949年后在《曲艺》杂志发表作品偶署。

陶光（1913—1952），北京人。原名陶光第，字重华。笔名陶光，见于《北曲与南曲》，载1942年《国文月刊》第14—15期。遗未刊诗集一部。

陶剑心（1915—1996），浙江嘉兴人。原名陶复，字见心，号剑心。笔名：①见心，见于散文《关于死》，载1938年春节长沙《救亡日报》。②坚辛，1941年开始在晋绥边区《渤海日报》《晋绥日报》《歌曲》、西安《群众音乐》等发表歌词署用。③秦晋、海星，1941年开始在晋绥边区和西安等地报刊发表作品偶署。

陶晶孙（1897—1952），江苏无锡人。原名陶炽。曾用名陶炽孙。笔名：①陶晶孙，见于《湘累的歌六曲——赠郭夫人安娜》，载1922年上海《创造季刊》第1卷第2期。嗣后在《洪水》《乐群》《大众文艺》《创造月刊》《幻洲》《艺术》《沙仑》《读书月刊》《北斗》《文学月报》《戏》《风雨谈》《骆驼》《微音月刊》《太平洋周报》《文友》《天地》《新东方》《文艺世纪》《杂志》《文帖》《一般》等刊发表剧作《动物革命》，随笔《关于大东亚文学者》《随园坊日记》《烹斋杂笔》，译作《狗狐之争》（日本铃木彦次郎原作）、《文学对谈会》（日本内山完造原作）等，出版小说集《木犀》（与郭沫若等合集。上海创造社出版部，1926年）、《音乐会小曲》（上海创造社出版部，1927年）、《盲目的兄弟爱》，小说戏剧集《浓雾》（上海支那书店，1930年），随笔集《牛骨集》（上海太平书局，1944年）、《给日本的遗书》，翻译小说《密探》（美国辛克莱原作。上海北新书局，1930年），翻译戏剧《傻子的治疗》（上海现代书局，1930年）以及《晶孙全集（一）》（上海晓星书店，1941年）等亦署。②晶孙，见于小说《音乐会小曲》，载1926年上海《幻洲》半月刊第1卷第3期上部；随笔《卷末杂记》，载1930年上海《大众文艺》月刊第2卷第4期。嗣后在上海《乐群》《文友》《女声》等刊发表译文《林中狮子的故事》、随笔《介绍日本俳句》《清宫怨剧引起的座谈》等亦署。③李无文，见于小说《浓雾》、漫画《上海百景》，载1929年上海《大众文艺》第2卷第2期。嗣后在该刊发表随笔《"大众文艺化"批评》、剧作《西线无战事》、漫画《该屋尔古·谷洛斯的画像》等亦署。④陶藏、冷狐原、烹斋、晶明馆主，20世纪20—30年代在上海报刊发表文章署用。⑤陶晶荪，见于随笔《今日之上海文化界》，载1943年上海《申报月刊》第1卷第3期。

陶敬之（1913—1948），四川重庆（今重庆市）人，字叔琪。笔名金溜、金竞木、敬之，1936年在重庆《商务日报》副刊发表文章署用。抗战时期曾任《国际时事周刊》《万州日报》编辑。

陶菊隐（1898—1989），湖南长沙人，号养伯。笔名：①菊隐，见于《天亮前的孤岛（一、二）》，载1946年上海《新中华》复刊第4卷第1—2期。②陶菊隐，见于《国际大势的鸟瞰》，载1936年《快乐家庭》第1卷第3期。嗣后在《杂志半月刊》《图书季刊》《读者文摘》《小说月报》《新中华》《新书月刊》等刊发表文章，出版《蒋百里先生传》（上海中华书局，1938年）、《闲话》（上海中华书局，1940年）、《新语林》（上海中华书局，1940年）、《亚洲谈薮》（上海中华书局，1941年）、《六君子传》（上海中华书局，1946年）、《天亮前的孤岛》（上海中华书局，1947年）、《北洋军阀统治时期史话（八册）》（生活·读书·新知三联书店，1957—1959年），短篇小说集《密司马》（上海中华书局，1941

年）等亦署。

陶君起（1914—1972），北京人，蒙古族。原名陶复。笔名：①齐芳、陶然、陶盒、谢然，早期发表作品署用。②陶君起，1949年后出版《京剧史话》（中华书局，1962年）、《京剧剧目初探》（中国戏剧出版社，1963年），以及《林琴南评传》等著作署用。按：陶君起1934年开始在《会民报》连载长篇小说《奇侠别传》《乱世情侠》，署用情况未详。

陶亢德（1908—1983），浙江绍兴人。原名陶哲庵，字哲阉。曾用名陶光燮。笔名：①陶哲庵，见于随笔《废纸制造家》，载1926年上海《红玫瑰》第2卷第46号；小说《雨中》，载1927年上海《文学周报》第290期。嗣后在上述两刊及《新女性》《文学周报》《小说世界》《华年》等刊发表《雨中》《宝二嫂脸上的微笑》《同居》《骂与论与话》等小说、随笔亦署。②窒暗，见于诗《秋风起了》，载1928年上海《语丝》周刊第4卷第41期。嗣后在该刊发表《马褂》亦署。③亢德，见于随笔《贺柬》，载1929年上海《现代小说》第2卷第5期；随笔《西风里》，载1933年8月26日上海《申报·自由谈》。此前后在上海《文汇报·世纪风》《杂志》《论语》《人间世》《文饭小品》《鲁迅风》《宇宙风》《宇宙风乙刊》《申报月刊》《今代妇女》《天地》《杂志》《华文大阪每日》《中华月报》《天下事》《人世间》等报刊发表文章，出版翻译小说《滇缅公路》（美国史密斯原作，与云玖合译。上海亢德书店，1941年）亦署。④徒然，见于随笔《"合理化"》，载1933年3月2日上海《申报·自由谈》。同时期在上海《生活周刊》《人言周刊》发表《肆无忌惮的报纸》《侵略东省的大本营》《望远镜与显微镜》《男女同行与党国前途》等文，出版小说集《徒然小说集》（上海生活书店，1933年）亦署。⑤陶徒然，见于随笔《"原谅"与"张目"》，载1933年10月25日上海《申报·自由谈》。⑥陶亢德，见于随笔《论泼冷水》，载1934年3月20日上海《申报·自由谈》。嗣后在《青年界》《逸经》《论语》《文学》《宇宙风》《宇宙风·逸经·西风非常时期联合旬刊》《黄河》《风雨谈》《文化战线》《抗战半月刊》《天下事》《古今》《大众》《新都周刊》《申报月刊》《天地》《杂志》等报刊发表散文、随笔等，编选散文集《她们的生活》（上海宇宙风社，1936年）、《贪官污吏传》（上海宇宙风社，1936年）、《日本管窥》（上海宇宙风社，1936年）、《欧美风雨》（上海宇宙风社，1937年）、《失地记痛》（上海宇宙风社，1937年）、《北平一顾》（上海宇宙风社，1938年）、《德国内幕》（上海亢德书店，1940年）、《战时英国》（上海亢德书店，1941年）、《美国生活》（上海亢德书店，1941年），译作《蜜蜂的视觉嗅觉和语言》（佛烈希原作。科学出版社，1958年）等亦署。⑦德，见于随笔《读书运动》，载1935年上海《论语》第64期。嗣后在该刊发表随笔《为学校择邻》《女子只能回床铺去》等亦署。⑧荻崖，在《女声》上发表文章署用。⑨孺子牛，1957年前在上海《新民晚报》《亦报》发表关于鲁迅的文章署用。⑩知安、实庵、哲庵，署用情况未详。

陶孟和（1887—1960），天津人。原名陶履恭，字孟和。笔名：①孟和，见于《随感录（四、五、六）》，载1918年《新青年》第4卷第4期。②陶履恭，见于译作《国民之敌》（挪威易卜生原作），载1918年《新青年》第4卷第6期。③陶孟和，见于《贫穷与人口问题》，载1920年《新青年》第7卷第4期；《新历史》，载1920年《新青年》第8卷第1期。嗣后在《新教育》《教育杂志》《社会科学季刊》《国立北京大学社会科学季刊》《晨报副镌》《现代评论》《东方杂志》《语丝》《清华周刊》《国立武汉大学社会科学季刊》《法政周刊》《教育与民众》《独立评论》《出版周刊》《月报》《读书通讯》《新经济》等刊发表文章，出版《孟和文存》（上海亚东图书馆，1925年）亦署。

陶明濬（1894—1960），辽宁沈阳人。蒙古族，字犀然，号豫园。笔名陶明濬，见于长篇小说《红楼梦别本》，连载于1935年哈尔滨《大北新报画刊》；长篇小说《少林寺演义》，连载于1943年1月8日至12月4日哈尔滨《大北新报》。嗣后出版长篇小说《红楼梦别本》（1946年）及《沈南诗文初集》《诗说杂记》《豫园志异》等亦署。

陶然（1914—1966），山东巨野人。原名陶志尧。笔名陶然，20世纪30年代发表文章开始署用。嗣后发表作品，1949年后出版专著《中国现代文学史》（与他人合作），主持编写《文艺理论》等亦署。

陶思曾（1878—1943），湖南安化人。字叔惠，号啸岳。晚号耘芜丈人。笔名陶思曾，1949年后出版《藏辎随记》（与允礼著《西藏日记》合册，台北广文书局，1976年）以及《滇蜀纪程》《区田代田研录》《景桓堂文集》等署用。

陶涛，生卒年及籍贯不详。原名陶中梁。笔名陶涛，见于《法公园外》，载1933年5月20日上海《申报·自由谈》。

陶惟坻（1856—1930），江苏周庄（今昆山市）人，字小沚（zhǐ）。著有《说文集释》《相城小志》《江苏通志·职官志》《苏州图书馆一览》《陶惟坻文集》。

陶蔚文（1916—？）浙江绍兴人。笔名：①陶蔚文，20世纪40年代在绍兴《民国日报》、江西《正气日报》、上海《小朋友》《大公报·现代儿童》《文汇报》等报刊发表诗、小说、剧本等署用。嗣后发表散文《记幼师三四事》（载1947年上海《活教育》第4卷第9、10期合刊）、出版《小学语文教学课堂实录评介》（与张平南合编。上海教育出版社，1983年）亦署。②吴华，见于诗《知了》，载20世纪40年代上海某报。

陶小柳（1874—1934），江西南昌人。原名陶牧，字伯荪，号小柳、病鲲、了庵、了盒。笔名陶牧、陶小柳、小柳，在《南社丛刻》发表诗词署用。

陶孝国（1925—2009），浙江绍兴人。笔名：①陶滄，见于诗《我要唱下去》，载1944年《前方日报》。②何流，署用情况未详。按：陶孝国著有歌剧剧本《换牛》、快板剧剧本《同善社》，署名未详。

陶行知（1891—1946），安徽歙县人。原名陶文濬。曾用名和尚（乳名）、陶知行。笔名：①陶知行，见于《试验主义与新教育》，载1919年《新教育》第1卷第1期。嗣后出版诗集《知行诗歌集》（上海儿童书局，1933年）亦署。②不除庭草斋夫，1931年前后在上海《申报·自由谈》发表文章，嗣后出版《斋夫自由谈》（上海申报馆，1932年）亦署。③陶行知，见于白话诗《双料少爷》，载1927年《生活》第3卷第25期。嗣后在《读书生活》《生活教育》《民众教育季刊》《中华教育界》《大众生活》《教育新潮》《时代论坛》《少年知识》《生活日报》《妇女生活》《新少年》《国际丛报》《国民公论》《全民周刊》《国魂》《十日文萃》《北碚》《浙江潮》《东南战线》等报刊发表文章，出版《知行诗歌续集》（上海儿童书局，1935年）、《知行诗歌别集》（上海儿童书局，1935年）、《知行诗歌三集》（上海儿童书局，1936年）、《行知诗歌集》（上海大孚出版公司，1947年）、《行知诗歌选》（上海光华书店，1948年），散文集《知行书信》（上海亚东图书馆，1929年）、《古庙敲钟录》（上海儿童书局，1933年）等亦署。④行知、何如、何日平，署用情况未详。⑤衜（自造字。读“行知行”），署用情况未详。

陶雄（1911—1999），江苏镇江人。笔名：①陶雄，见于小说《难题》，载1936年《青年月刊》第2卷第4期；小说《心病》，载1936年《文艺月刊》第8卷第5期。嗣后在《文艺月刊》《文艺阵地》《中原》《抗战文艺》《七月》《中国的空军》《文艺先锋》《青年之友》等刊发表小说《0404号机》《大王与小鬼》《守秘密的人》《拾来的枪》、话剧剧本《总站之夜》《九年以后》、译作《护航队到摩尔曼斯克去》（美国穆勒原作）等，出版诗集《雷雨》，小说集《0404号机》《伥》《麻子》，话剧剧本《壮志凌云》《一定救得了他》，京剧剧本《三世仇》《伏虎岗》《智取威虎山》（与李桐森、黄正勤、曹寿春、申阳生合作），翻译中短篇小说集《人质》（捷克 S.黑姆原作）、《敌后的插曲》（苏联维伦斯基等原作），戏剧评论集《黄花集》《红氍毹上》，主编《中国戏剧曲艺词典》（与汤草元合作）、《中国京剧史》上卷（与马少波合作）等亦署。②龚雄，见于中篇小说《银空三骑士》，载1944年前后《中国的空军》杂志。③方明，1949年前后发表作品署用。④小捷、云天、音波，1949年后发表文章署用。

陶阳（1926—2013），山东泰安人。原名李伯海。笔名陶阳，出版童话诗集《泰山的传说》《段赤诚》、民歌集《白族民歌集》（与杨亮才合作）、专著《中国创世神话》（与钟秀合作）等署用。

陶钰（1912？—？），河南开封人。原名张向荣。笔名：①张向荣，见于诗《无题》，载1932年9月5日开封《河南民报·民报副刊》（贺肇弗编）29期；独幕剧《一群野兽》，载1933年8月13日至9月17日开封《河南民报·平野》。嗣后在该刊及开封《河南民报·茉莉》发表诗《夜，已沉沉地睡了》《祝〈茉莉〉一周年》等亦署。②陶钰，见于诗《SONNET》，载1932年7月17日开封《河南民报·丁香诗刊》。嗣后在该刊及《河南民报·络丝诗刊》《河南民报·平野》发表诗《20度诞辰》《多谢你》《神秘的笑》《贝加尔湖畔之歌》《歌》《醉》《太阳是你的眼睛》、评论《漫画简论》、小说《李铁拐的故事》《龙墩的故事》等亦署。

陶铸（1908—1969），湖南祁阳人。原名陶际华，字剑寒。曾用名陶磊、陶任陶。笔名陶铸。1949年后出版《理想，情操，精神生活》（中国青年出版社，1962年）、《思想·感情·文采》（广东人民出版社，1964年）、《陶铸诗词选》（人民文学出版社，1979年）、《陶铸文集》（人民出版社，1987年）等署用。

【teng】

滕刚，生卒年不详，江苏人，字孟雄。笔名：①滕孟雄，见于诗《苦瓜》，载1924年上海《小说世界》第5卷第10期。②孟雄，见于诗《日出》，载1923年上海《小说月报》第14卷第3期；诗《脚底下的方针》，载1924年上海《小说世界》第6卷第2期。嗣后在《诗帆》发表诗文亦署。③滕刚，见于诗《怨女》，载1926年10月1日上海《幻洲》创刊号。嗣后在该刊及《金屋》《中外评论》《文艺月刊》《中央日报·中央公园》《中国文学》《人间世》《东南经济》《武汉日报·现代文艺》等报刊发表作品、出版小说集《我所寻找的女人》（上海芳草书店，1929年）、《末日》（一名《夜未央》。上海金屋书店，1929年）等亦署。④小燕，见于评论《天尼荪第三》，载1926年《幻洲》第1卷第6期。

滕固（1901—1941），江苏宝山（今上海市）人，字若渠。笔名：①滕若渠，见于论文《梵文学》，载1921年上海《东方杂志》第18卷第5期；话剧剧本《红灵》，载1921年北京《曙光》第2卷第3期。1921年在上海《戏剧》月刊发表《最近剧界的趋势》《梅特林的〈青鸟〉及其他》等亦署。②若渠，见于《散文诗二章呈剑三兄》，载1921年7月25日上海《时事新报·学灯》；小说《丽琳》，载1930年上海《小说月报》第21卷第1期。此前后在《沪江月》《星期评论》《美术》《金屋月刊》等报刊发表文章亦署。③滕固，见于随笔《爱尔兰诗人夏芝》，载1921年上海《文学旬刊》第20期；小说《石像的复活》，载1923年《创造季刊》第1卷第4期。此前后在《曙光》《创造季刊》《创造周报》《现代评论》《东方杂志》《小说月报》《晨报副镌》《一般》《金屋月刊》《大江》《现代文学》《辅仁学志》《艺术旬刊》《金陵学报》《半月评论》《学艺》《时事类编》《书林》《图书季刊》《行政效率》等报刊发表小说、随笔、散文、论文及译文，出版诗文集《死人之叹息》

（上海光华书局，1925 年），散文集《征途访古述记》（上海商务印书馆，1936 年），小说集《壁画》（上海狮吼社，1924 年）、《迷宫》（上海光华书局，1926 年）、《平凡的死》（上海金屋书店，1928 年）、《睡莲》（上海芳草书店，1929 年）、《外遇》（上海金屋书店，1930 年），中篇小说《银杏之果》（上海群众图书公司，1925 年）等亦署。

滕捷（？—1983），籍贯不详。原名滕国栋。笔名：①滕国栋，见于《"王老爷真是大好人"》，载 1938 年 8 月 19 日哈尔滨《午报·江声》。②厉戎，见于小说《鬼债》《霜纹》，载哈尔滨精益印书局 1938 年出版之小说集《蹉跎》（该书大部分作品系关沫南所作）。③滕捷，1949 年后在哈尔滨中医署工作时期发表文章署用。

滕树勋（1924—？），江苏南京人。笔名施斯，出版戏剧《费贞娥》（1957 年）、《海滨交响曲》（台北康乐月刊社，1958 年）、《一旅兴夏》（台北康乐月刊社，1959 年）等署用。

【tian】

天蓝（1912—1984），江西南昌人。原名王名衡。乳名柏生。曾用名汪若海。笔名：①王名衡，1924 年起发表诗作署用。1932 年在浙江大学校刊发表七律《游九溪十八涧》二首亦署。②白木次郎，见于诗《一个苍蝇的自白》，载 1932 年上海《现代》杂志。③天蓝，见于诗《阳春》，载 1937 年上海《光明》半月刊第 2 卷第 9 期。嗣后在《七月》《燕大周刊》《新诗歌》《文艺突击》《文艺战线》《文艺阵地》《大众文艺》《戏剧春秋》《中国文艺》《诗创作》《草叶》《谷雨》《文学战线》《草原》《文摘》《文艺月报》《大公报·文艺》《十日文萃》《东北文化》等刊发表诗《队长骑马去了》《夜，守卫在山岗上》，通讯《我们十四个》《秋收一周间》，歌词《九一八大合唱》《开荒》（均与他人合作），译作《鲁迅的评价》（美国谢迪克原作）、《钟表匠和女医生》等亦署。出版诗集《礼物》（与萧三、石星合集）、《预言》（桂林南天出版社，1944 年）、《队长骑马去了》《中华人民共和国像太阳般升起》《天蓝诗选》等亦署。④Тиан Лан，见于《列宁主义对我国新文艺的巨大影响》，载 1954 年苏联《真理报·文艺周刊》。⑤若海，见于译作《美学》，收入 1958 年《哲学译丛》。

天台（tāi）**山农**（1878—1932），浙江黄岩（今台州市）人，生于嘉兴。原名青，字照藜，号山农。曾用名刘文玠（刘文介），字介玉。笔名天台山农，见于小说《橘中乐》，载 1921 年苏州《消闲月刊》第 1 期；小说《你的幸福》，载 1923 年上海《小说新报》第 8 卷第 8 期。同时期在上述刊物与上海《新上海》《新闻报·快活林》等刊发表小说《代嫁》《阅墙》、诗《时人新唐诗》等亦署。

天虚我生（1879—1940），浙江杭县（今杭州市）人。原名陈寿嵩，字昆叔。曾用名陈栩，字栩园，号

蝶仙。笔名：①天虚我生，见于长篇小说《柳非烟》，1907 年上海《月月小说》第 11 期开始连载；长篇小说《孽海疑云》，载 1914 年上海《礼拜六》周刊第 10—100 期。嗣后在上述两刊及《邗江杂志》《中西医学报》《社会之花》《上海画报》《机联会刊》《新家庭》《文社月刊》《东北消息汇刊》《女子月刊》《现代父母》《浙江商务》《浙江省蚕种制造技术改进会月刊》《越风》《小工艺》《中国纸业》《长城》《乐观》《新广东展望》等刊发表小说《衣带冤魂》《天网》《新泪珠缘》《杏香村》、随笔《诗中之蚊》《婚姻革新问题》《栩园随笔》《市场闲话》、旧体诗《有关家庭的两首诗》、词《栩园咏物词》等，出版翻译小说《孽海疑云》（英国威廉·鲁鸠原作）、《郁金香》，长篇通俗小说《火中莲》《泪珠缘》《玉田恨史》《琼花劫》《井底鸳鸯》《黄金崇》《情网蛛丝》《芙蓉影》《娇樱记》等，弹词《自由花弹词》等亦署。②蝶仙，见于侦探小说《鲁格塞》（与醉灵合作），载 1914 年上海《礼拜六》周刊第 2—15 期；旧体诗《双十节偶成四首》，载《大中华》第 2 卷第 10 期；随笔《你愿意娶那一个——闲话红楼梦》，载 1938 年 10 月上海《红茶》第 9 期；随笔《坦克车型吸水纸夹制法》《炮垒墨水用具的制法》，载 1941 年上海《小工艺月刊》创刊号。③太常仙蝶，见于小说《两不死》，载 1914 年上海《礼拜六》第 40 期。嗣后在该刊及上海《中华小说界》发表小说《天网》和翻译小说《秘密之府》（英国威廉·鲁鸠原作）等亦署。④陈栩，见于评论《改良中国纸料之计划与手工造纸》，载 1936 年福州《建民周刊》第 11 期。⑤陈蝶仙，见于评论《手工造纸业之前途》，载 1937 年杭州《浙江建设》第 10 卷第 9 期。⑥超然、惜红生、陈栩园、大桥式羽、国货之隐者、樱川三郎、后荷花十日生，署用情况未详。

田贲（1912—1946），辽宁盖平（今盖州市）人，满族。原名花喜禄，字灵莎，号五步斋主人。幼名丫头。曾用名花喜露、伊拉里·华色。笔名：①花蒂儿，1930—1934 年在海城省立第三师范学校主编校刊《青年心声》，并在该刊发表诗歌等署用。②田贲、哭夜郎，1937—1938 年间在盖平《星火》《行行》杂志发表散文诗《沙滩》《冰冻的河流》等署用。"田贲"一名又见于散文《塔·城·一切建筑》，载 1944 年 4 月 7 日沈阳《盛京时报》。③黑田贲夫，见于诗《糊涂账》，载 1937 年前后长春《明明》杂志；长诗《孙二祖宗上西天》，载 1940 年《地平线》诗刊第 1 辑。④山川草草，见于评论《满洲文学向何处去？》，载 1942 年 9 月 23—30 日沈阳《盛京时报·文艺》。嗣后在该刊发表评论《诗歌的发生》《大众语与文艺》《应声之语》《大众语与文艺》《观剧有感》《诗歌的发生》等亦署。⑤曾鲁，见于杂文《人·盗匪·野兽》，载沈阳《文化导报》。⑥东门焕，见于长诗《到前面去》，载 1946 年沈阳《文化导报》。⑦公孙、米凯、提耳、铁讷、弱士、洪芦、王瞻，署用情况未详。

田兵（1915—2003），山东临沂人。原名王自成，字

从化。曾用名王言诚、王从化、史涛。笔名：①狂涛，1935 年在山东《鲁南日报》发表散文署用。②若水，1939 年在陕北解放区发表墙头诗署用。③田兵，1940－1941 年间写歌词开始署用。嗣后在《济宁日报》《文化生活》《平原日报》等报刊发表叙事诗《出狱》《抗日联军的高丽女儿》《杨勇负伤》《东渡黄河》《春光寄母》、抒情诗《我们的女战士》等，1947 年在冀鲁豫边区《平原文艺》发表组诗《南征诗草》及《悼黄银民同志》《聊城桥畔第一功》等诗文署用。1949 年后发表文章，出版诗集《黄水谣》《遵义颂歌》《田兵诗集》、长篇叙事诗《出击中原》《黄河浪头》、散文集《黔山探幽》、论著《苗族文学史》（与人合作），编著出版《苗族古歌》《贵州名胜古迹》及《红军在贵州的故事》（与王治新合作）等均署。

田川（1926－2013），安徽六安人。原名朱溥钧。笔名：①田冲，见于《黑馍馍》，载 1943 年 8 月 15 日延安《解放日报》。嗣后在该报发表随笔《劳动改造了我》等亦署。②田川，1941 年始用。1949 年后发表作品，出版歌剧剧本《一个解放战士》（与平章、丁毅合作）、《小二黑结婚》（与杨兰春、马可合作）、《一个志愿军的未婚妻》（与丁毅合作）、《一对喜猪》（与任萍合作）、《高原怒吼》（与任萍合作）、《同心结》（与任萍合作）、《傲兰·一兰》（与丁毅合作）、《火红的木棉花》（与人合作）、《雷锋》，主编《中国歌剧艺术文集》（与荆蓝合作）等均署。

田地（1927－2008），浙江奉化人，生于杭州。原名吴南薰，字舜风。曾用名吴圣薰、吴蓝、吴岚。笔名：①胡子，见于杂文《礼貌》等，载 1944 年前后浙江宁海县报。②舜风，1944－1945 年间在宁海县报发表散文《烘番茄》等署用。③吴蓝，1945 年在浙江鄞县《正气》月刊发表诗《桥》等署用。④萧谷，见于诗《我们又回来了》，载 1947 年上海《文艺复兴》月刊第 3 卷第 4 期。⑤田地，见于诗《傍晚来的客人——弟弟的诗》，载 1947 年 7 月上海《诗创造》第 1 期；诗《上海的讽刺诗》，载 1947 年上海《文艺复兴》第 3 卷第 6 期。同时期在上海《新诗歌》、重庆《文讯月刊》等刊发表诗作，出版诗集《告别》（上海星群出版公司，1947 年）、《风景》（上海星群出版社，1948 年），1949 年后发表作品、出版《我们是真正有志气的人》（北京青年出版社，1952 年）、《佛子岭组诗》（上海平明出版社，1954 年）、《复活的翅膀》（浙江人民出版社，1982 年）、《冰花》（少年儿童出版社，1982 年）、《田地儿童诗选》（江西少年儿童出版社，1986 年）、《田地儿童文学作品选》（浙江少年儿童出版社，1992 年）等均署。⑥小田，1948 年下半年在杭州《中国儿童时报》发表小说《圣诞节的礼物》、诗《钟》等署用。⑦南南、夏泰，1951－1957 年在上海《儿童时代》发表故事署用。⑧吴岚、叶影，署用情况未详。

田菲（？－1937），辽宁人。笔名：①田菲，见于译作《战争》（苏联 M. 肖洛霍夫原作，与尹庚合译），载

1936 年上海《现实文学》第 2 期；《北平文艺青年协会成立宣言》，载 1937 年上海《诗歌杂志》第 3 期。②田风，见于通讯《一二·一二》，载 1937 年上海《中流》第 1 卷第 9 期。嗣后在该刊第 2 卷第 1 期和第 10 期分别发表通讯《母亲的烦恼》、小说《芦沟桥上》亦署。

田风（1927－1994），山东即墨人。原名王世焯。笔名：①田风，见于散文《黎明之献》，载 1945 年青岛《海风》月刊。嗣后在青岛《民言报》《青岛公报》《民报》《青岛时报》《新血轮》《青岛文艺》《民声月报》《海声月刊》《蔷薇》《公言报》《健报》《军民报》《扫荡报》、上海《铁兵营》、唐山《唐山日报·文艺》等报刊发表诗文亦署。1949 年发表文章多署此名。②萧金，见于诗《寄彦川》，载 1945 年青岛《海风》；散文《怀念》，载 1948 年青岛《民报》副刊。

田夫（？－1931），湖南长沙人。原名曹典湖。笔名田夫，见于《复仇》《幽灵曲》《庐山》等作品，所载未详。

田海燕（1913－1989），四川泸县人。原名田体仁。笔名苏东、田锺灵、田海燕。1938 年开始发表作品，著有民间故事集《三峡传说》《金玉凤凰》《农民和农王太子》《地下白银》、歌谣集《红色歌谣集》等。

田汉（1898－1968），湖南长沙县人，字寿昌。曾用名和儿（乳名）。笔名：①汉儿，见于讽刺剧《新桃花扇》，载 1915 年 5 月 26－29 日上海《时报·余兴》。②田汉，见于评论《俄罗斯文学思潮之一瞥》，载 1918 年上海《民铎杂志》第 1 卷第 6 期；随笔《平民诗人惠特曼百年祭》，载 1919 年《少年中国》第 1 卷第 1 期。嗣后在《少年中国》及《平民》《良友画报》《时事新报·文学旬刊》《读书杂志》《创造季刊》《创造周报》《湘声》《现代评论》《幻洲》《生活教育》《女子月刊》《南国月刊》《南国周刊》《文艺新闻》《北斗》《文学月报》《西北风》《艺文线》《青年界》《戏》《月报》《电影戏剧》《戏剧时代》《文摘》《明星》《新演剧》《抗战戏剧》《文摘战时旬刊》《文艺月刊·战时特刊》《自由中国》《抗战文艺》《战斗半月刊》《戏剧新闻》《野草》《新诗歌》《戏剧春秋》《诗创作》《万象》《文艺生活》《好文章》《周报》《文化批判》《笔谈》《文学创作》《战斗周报》《狮子吼》《人世间》《艺丛》《当代文学》《新文学》《文艺春秋》《文章》《江西地方教育》《图书月刊》《文摘月报》《民主与科学》《唯民月刊》《上海文化》《月刊》《人民世纪》《艺声》《艺海画报》《作家杂志》《大学月刊》《清明》《白山》《人民文艺》《中原·文艺杂志·希望·文哨联合特刊》《中国作家》《台湾文化》《社会评论》等报刊发表作品，出版日记《蔷薇之路》（上海泰东图书局，1922 年），诗文集《战地巡历》（上海战时出版社，1938 年），散文集《银灰色的梦》（上海良友图书印刷公司，1928 年）、《田汉散文集》（上海今代书店，1936 年），翻译剧作集《哈孟雷特》（英国莎士比亚原作。上海中华书局，1922 年）、《卡门》（据法国梅里美原作改编。上海现代书局，1930 年）、

《坛泰琪儿之死》（比利时梅特林克等原作。上海现代书局，1929年）、《复活》（据俄国列夫·托尔斯泰同名小说改编。上海杂志公司，1936年）、《沙乐美》（英国王尔德原作。上海中华书局，1923年）、《罗密欧与朱丽叶》（英国莎士比亚原作。上海中华书局，1924年）、《日本现代剧选（第一集·菊池宽剧选）》（日本菊池宽原作。上海中华书局，1924年）、《日本现代剧三种》（日本山本有三等原作。上海东南书店，1928年）、戏剧《田汉戏曲集第一集》《田汉戏曲集第二集》《田汉戏曲集第三集》《田汉戏曲集第四集》《田汉戏曲集第五集》（上海现代书局，1930－1933年）、《咖啡店之一夜》（上海中华书局，1924年）、《田汉戏曲集（改订本）》（上海现代书局，1934年）、《田汉创作选》（上海仿古书局，1936年）、《黎明之前》（上海北新书局，1937年）、《芦沟桥》（成都协美印刷局，1937年）、《阿Q正传》（上海戏剧时代出版社，1937年）、《田汉代表作》（上海三通书局，1941年）、《秋声赋》（桂林文人出版社，1944年）、《田汉选集》（上海中央书店，1947年新一版）、《江汉渔歌》（重庆上海杂志公司，1940年）、《岳飞》（桂林白虹书店，1941年）、《暴风雨中的七个女性》（上海湖风书店，1932年）、《回春之曲》（上海普通书店，1935年）、《田汉选集》（上海万象书屋，1936年）及《获虎之夜》《苏州夜话》《名优之死》《古潭的声音》《颤栗》《南归》《第五号病室》《火之跳舞》《孙中山之死》《一致》《梅雨》《月光曲》《最后的胜利》《不拿枪的敌人》《扬子江的风雨》《黎明之前》《洪水》《阿必西尼亚母亲》《女记者》《新雁门关》《黄金时代》《丽人行》《忆江南》《梨园春秋》《关汉卿》《文成公主》《十三陵水库畅想曲》《械斗》（与马彦祥合作）、《再会吧，香港》（与洪深、夏衍合作。又名《风雨同舟》）、《土桥之战》《白蛇传》《谢瑶环》《西厢记》，电影文学剧本《艳翠亲王》《到民间去》《断笛余音》《湖边春梦》《三个摩登女性》《胜利进行曲》《风云儿女》等亦署。《风云儿女》拍摄成电影，主题曲《义勇军进行曲》由聂耳作曲，1949年中华人民共和国成立后定为代国歌，后更名为《中华人民共和国国歌》，成为正式国歌。③田寿昌，出版诗集《三叶集》（与宗白华、郭沫若合集。上海亚东图书馆，1920年）署用。1937年6月20日在南京《新民报》发表《高尔基纪念大会上的演讲》亦署。④寿昌，见于《从悲哀的国里来》，载1925年《醒狮周报》第47－50期、《南国特刊》第1－6期。⑤绍伯，见于《社会进化上的人格造就观》，载1927年12月9日、12日《时事新报》。又见于杂文《调和——读〈社会月报〉八月号》，载1935年8月31日《大晚报·火炬》。⑥汉，见于消息《社员近讯》，载1929年上海《南国周刊》第2期。嗣后在该刊发表《编辑后记》、诗《烟》亦署。又见于《钱亦石先生传略》，载1938年2月2日《抗战日报》；随笔《读齐如山先生对新平剧的意见》，载1946年10月14日上海《新闻报·艺苑》。⑦汉仙，出版独幕剧《乱钟》（上海中国与世界社，1932年）署用。⑧陈瑜，见于电影剧本《色》，连载于1933年3－4月《晨报·晨曦》。⑨明高，见于

《明高先生赠洪深先生的诗》，载1934年9月9日《中华日报》；随笔《平剧还有多长的寿命》，载1946年10月上海《新闻报·艺苑》。⑩叔常，见于随笔《站在剧作者的立场慰姚苏凤先生》，载1934年《影迷周报》第1卷第2期。⑪伯鸿，见于随笔《苏联为什么邀梅兰芳去演戏》，载1934年10月28－12月25日上海《中华日报·戏周刊》。⑫元明，见于《拥护全国妇女界谈话会宣言》，载1937年6月16日《抗战日报》。⑬嘉陵，见于独幕剧《门》，所载未详。⑭明，见于《妇女与家庭》，载1946年《妇女旬刊》第723期。⑮瑜、春夫、侣伯、敝人、漱人、金钱、瑞章、张垄、首甲、罗芳洲、陈哲生、铁瑞章、汉儿倚声，署用情况未详。

田航（1915－1985），山东淄川（今淄博市）人，生于江苏徐州。原名高天行。笔名：①高天行，见于译文《美国文学批评的转机》（美国格兰维尔·希克斯原作），载1934年北平《世界论坛》第1卷第11期；评论《易卜生的著作生活》，载1936年南京《文化批判》第3卷第3期。②田航，1949年后在台湾发表作品，出版散文集《云山雾沼》（台北黎明文化事业股份有限公司，1980年）、《昏灯小记》（台北号角出版社，1986年）等均署。

田环，生卒年及籍贯不详。笔名乙卡，1940年在辽宁《营口新报·黎明》发表文章署用。嗣后发表散文《纯情之乡的清原》，载1943年长春《新满洲》第5卷第4期亦署。

田继综（1904－？），河北遵化人。蒙古族，字园丁。曾用名田农。笔名：①田继综，出版《佛藏子目引得》（北平和记印书馆，1933年）、《八十九种明代传记综合引得》（北平哈佛燕京学社，1935年）等署用。②伊人，见于随笔《中国人的绝技》，载1934年4月18日上海《申报·自由谈》；论文《郑和下西洋考》，载1935年上海《同行月刊》第3卷第7、8期合刊。

田家英（1922－1966），四川双流人。原名曾正昌。笔名：①莲舆、陈西贝、陈篇达、赵陆宝、司马彦伦，1935－1937年在四川《华西日报》《金箭》《散文》《极光》等报刊发表散文、小说、诗歌署用。②田家英，1935年开始在《华西日报》等报刊发表文章署用。嗣后在延安《解放日报》发表杂文《奴才见解》《从侯方域说起》《沙漠化的愿望》《今与昔》《奇文小集》，1948年在《中国青年》第1、2期发表诗《两条蚂蚱一线拴》《风吹云雾露青天》，出版《民国以来大事年表》（太行群众书店，1939年）、《学习〈为人民服务〉》（北京学习杂志社，1951年）、《毛泽东同志论抗日时期的整风运动和生产运动》（人民出版社，1951年）、《中国妇女生活史话》（中国妇女出版社，1982年）、《田家英文集》（湖南人民出版社，1987年）、《田家英谈毛泽东思想》（四川人民出版社，1991年）等均署。③田基，见于随笔《读报有感》，载1943年8月31日延安《解放日报》。④郑昌，出版诗集《不吞儿》（青年出版社，1951年）署用。嗣后在《学习》《中国青年》《中国妇女》等报

刊发表文章亦曾署用。

田间（1916－1985），安徽无为人。原名童天鉴，字天涧。笔名：①田间，1933 年后在上海光华大学学生刊物《轨迹》上发表诗作开始使用。见于歌谣《怀傻瓜》，载 1934 年上海《新诗歌》月刊第 2 卷第 1 期；诗《滴港》，载 1934 年 10 月 21 日上海《中华日报·动向》。嗣后在《夜莺》《文学丛报》《现实文学》《中流》《诗歌杂志》《热风》《烽火》《七月》《文艺阵地》《抗战文艺》《文艺战线》《大众文艺》《五十年代》《诗创作》《文化杂志》《华北文艺》《新群众》《鲁迅文艺》《长城》《呼吸》《文学报》《长城月刊》《胶东文艺》《诗号角》《大众文艺丛刊》《蚂蚁小集》《华北文艺》《文艺劳动》等报刊发表诗文，出版诗集《未明集》《中国牧歌》《呈在大风砂里奔走的岗卫们》《给战斗者》《抗战诗抄》《向日葵》《誓辞》《一杆红旗》《马头琴歌集》《太阳和花》《我的短诗选》，长诗《中国·农村底故事》《戎冠秀》《赶车传》，小说集《拍碗图》，散文集《板门店继事》以及《田间诗文集》等均署。②间，见于诗《被驱逐的人》，载 1934 年 10 月 7 日《中华日报·动向》。③天涧，见于诗《祭冬天（外一首）》，载 1935 年《每月诗歌》第 1 卷第 1 期；译诗《缝纫之歌》（斯末斯·荷德原作），载 1935 年 2 月 20 日上海《人间世》第 22 期。④童天涧，见于评论《论新诗》、长诗《康马方近乡的歌吟》，载 1936 年上海《光华附中》半月刊第 4 卷第 4、5 期合刊。⑤中国人，1937 年卢沟桥事变后发表街头诗、墙头小说署用。⑥黄天贤，署用情况未详。

田剑光（？－1940），福建福州人。原名田功炳。笔名剑光、田剑光，分别见于随笔《谈橄文》《宋代女词人》，载 1936 年 4 月 8 日福州《小民报·新村》。田剑光一名嗣后在福建《南方日报》《国光日报·纵横》等报发表考据文章等亦署用。

田井卉（1923－？），贵州遵义人。原名田景惠，字布禾，号劭五。笔名：①东门外，见于组诗《春日杂吟》，载 1944 年夏《贵州日报·革命军》；小说《佘崇贤》，载 1945 年《贵州日报·新垒》。②畊卉，见于散文《茅店里——乡行散记之一》，载 1944 年 10 月 23 日《贵州日报·革命军》。嗣后在该刊发表散文《石桥上——乡行散记之三》亦署。③畔井，系"畊卉"一名之误排。见于散文《松林中——乡行散记之二》，载 1944 年《贵州日报·革命军》。④景卉，见于散文《我们的血液沸腾着》，载 1944 年冬《贵州日报·革命军》。⑤田井卉，1945 年开始在贵阳《贵州日报》副刊《新垒》《扶风》《大刚报·阵地》《时代儿童》《学生生活》，遵义《民铎日报·山蕾》，汉口《大刚报·阵地》《武汉日报》副刊，上海《时代日报》等报刊发表小说、散文、评论等署用。嗣后发表作品、出版儿童剧《为了班级荣誉》（贵州人民出版社，1957 年）、论著《漫谈作文》（贵州人民出版社，1980 年）等均署。⑥老外，1945 年在《贵州日报·贵州点线面》发表通讯署用。

⑦张蔷，见于散文《心海里的微波》，载 1946－1947 年《贵州日报·新垒》。⑧荻青，见于诗《夜街的一角》，载 1946－1947 年《贵州日报·新垒》。⑨冉酉、非之、布禾，1946－1947 年间在贵阳《学生生活》第 1－3 期发表报道、短评署用。⑩蕙芷，1946 年在贵阳《时代影剧》杂志发表文章署用。⑪田惠之，1946 年在贵阳师院《黔铎》杂志发表文章署用。⑫田井井，见于诗《乡村姑娘》，载 1948 年上海《新诗潮》第 4 辑（该刊正文署名田井卉）。⑬穗子，1958 年在《贵阳日报》发表诗歌署用。⑭田上、乃仙、蒲沙、歌人、张大弓，20 世纪 80 年代以来署用于古体诗词、绘画、篆刻等。⑮胡郎、胡朗、田北眉、李阿青、张半予，署用情况未详。

田景福（1911－2002），山西汾阳人，字介甫。笔名：①日京，见于诗《圣诞之夜》，载 1933 年 12 月北平《燕京大学校刊》。②田景福，见于小说《守忠叔》，载 1934 年上海《新中华》第 2 卷第 13 期。嗣后在该刊发表小说《卖鸡子的妇人》《偷柴》等，1936 年在上海《东方杂志》第 33 卷第 7 期发表小说《钱的作祟》，1949 年后发表作品、出版《田景福小说选》（陕西人民出版社，1986 年）、《田景福三自文选》（1990 年）等均署。

田琳¹（1916－1992），黑龙江汤原人。曾用名芙蓉（乳名）。笔名：①晓希，见于散文《招魂》，载 1935 年齐齐哈尔《民报·芜田》。②田琳，见于散文《憧憬》，载 1939 年 8 月 15 日日本大阪《华文大阪每日》。③但娣，见于散文《两地》，载 1939 年 11 月 15 日日本大阪《华文大阪每日》。嗣后在该刊发表诗《未完结的故事》《期待》《梦与古琴》《我的歌》、散文《异国》《另一只影子》、小说《风——献给我的母亲》《砍柴妇——献给我的爱人楚珊》《售血者》等，1943 年在长春《新满洲》第 5 卷第 3 期发表散文《沼地里的夜笛》，1944 年由长春开明图书公司出版小说散文集《安荻和马华》，1945 年在《东北文学》第 1 卷第 1 期发表中篇小说《血族》等亦署。④琳，见于通讯《王宝钏已上银幕》，载 1939 年 12 月 15 日《华文大阪每日》第 3 卷第 12 期。嗣后在该刊第 4 卷第 6 期发表评论《评〈绝代佳人〉》亦署。⑤萝荔，见于小说《足音》，载 1941 年 9 月 15 日《华文大阪每日》。⑥安荻、山鹰，1943 年前后发表诗歌、散文署用。⑦华莎，见于报告文学《伙伴》，载 1946 年《文学战线》第 1 卷第 2 期。⑧田湘、罗荔，署用情况未详。

田琳²（1927－2018），陕西城固人。笔名：①田琳，1943 年开始署用。代表作有诗集《带动民主的火车头》《太阳和人》《非非集》《抒情诗八首》和长诗《大漠驼铃》《春天的路上》等。②沙陵，署用情况未详。

田流¹（1918－2000），河北完县（今顺平县）人。原名张丙蔚，字仲离。笔名：①田流，1940 年起发表新闻特写、散文、报告文学署用。1949 年起在《新华月报》《人民周报》等发表《今日旅大》《无畏的勇士》

《星火集体农庄在前进》等文，出版通讯报告集《草原上》《县委书记》《生活在召唤》《忠心耿耿》《春潮》、散文集《田流散文特写集》《田流自选文集》等著作均署。②苏蔚，1958年在《时事手册》发表杂文、评论署用。③亦农，1959年在《经济研究》等刊发表理论文章署用。④仲离、力耕、季威、钟力成，1949年前发表文章偶用。

田流²（1930— ），新加坡华人，原籍中国广东省丰顺，生于新加坡。原名钟文灵。1948年开始文学创作。笔名：①田流，20世纪50年代起出版短篇小说集《生活线上》（新加坡维华出版社，1957年）、《一学期》（香港艺美图书公司，1962年）、《远处闪着金光》（新加坡胜友书局，1983年），长篇小说《沧海桑田》（新加坡教育出版社，1970年）、《金兰姐妹》（新加坡教育出版社，1977年）、《高山·流水·虹》（新加坡胜友书局，1987年），推理小说《幕后人》（新加坡大地出版社，1980年），剧作集《思前想后》（新加坡文风出版社，1965年）、《三万元奖金》（新加坡友谊企业公司，1972年）、《田流剧作集》（新加坡教育出版社，1979年）、《西滨园命案》（新加坡《星洲日报》《南洋商报》联合出版，1982年），相声集《田流相声集》（新加坡胜友书局，1984年），游记《港华行》（香港艺美出版社，1980年），杂文集《生命的旅程》（台北真善美出版社，1976年）等均署。②铁流、姜衍、姜陵、贺止、雷霆、仲临、徐幸、鲁克、鲁曼、桂宏、堃舜、方麟、扬子江、司马班、於罕英，署用情况未详。

田曼诗（1926—2006），河南偃师人。笔名：①田曼诗，1949年后出版《艺术与欣赏》（台北中国文化学院美术研究所，1966年）、《美学》（台北三民书局，1982年）等均署。②月华，署用情况未详。

田牛（1912—1934），山东平度人。原名罗振寰。笔名田牛，见于小说《潮汐》，载1933年北平《冰流》第1卷第1期，嗣后在该刊发表小说《建设》《航》等文，在北平《科学新闻》发表小说《天桥》亦署。

田奇（1928—2007），山西忻州人，生于山西清源。原名刘世泽。笔名：①田奇，见于文艺答问《怎样才能读懂新诗》（艾青作答），载1938年《七月》第3集4期。1949年后出版诗集《十辆水车》《修堤》《春华初集》《田奇诗集》，长诗《洛河曲》《苏艾兰》《洛河边反一贯道的故事》等均署。②丁艰，见于诗《没有见过的坟》，载1946年《太原日报》。③闻风起，见于诗《心》，载1946年《太原日报》。④洛煤，见于散文《失业者》，载1947年太原《阵中日报》。嗣后在该报发表多首诗作及散文，1949年后在《长安》发表评论亦署。⑤扬红风，见于诗《华尔街的药铺》，载1949年9月1日《人民日报》。嗣后在《延河》发表评论亦署。⑥万里山，见于秧歌剧《节约六千万》，载1952年《西北文艺》1月号。嗣后在该刊发表其他作品亦署。⑦聂齐，见于报告文学《旅社的日日夜夜》，载1960年

《延河》3月号。⑧朱凤之，见于评论《我们需要朗诵诗》，载1964年《延河》11月号。嗣后在《诗刊》《青海湖》等刊发表评论亦曾署用。⑨刘文，20世纪60年代在《延河》发表评论曾署。

田禽（1911—1984），河北安新人。原名田子勤。笔名田禽，见于随笔《由山东民间戏剧谈到农村服务》，载1935年《华年》第4卷第7期；随笔《话剧大众化的必然性》，载1936年《民间半月刊》第2卷第17期。嗣后在《民间半月刊》及《青年界》《文艺》《戏剧岗位》《文艺先锋》《天下文章》《高原》《文艺月刊·战时特刊》《文艺战线》《欧亚文化》《星之歌特辑》《国防周报》《文艺青年》《东方杂志》《航空建设》《现代防空》《华侨先锋》《新战士》《文潮月刊》，以及天津《益世报·戏剧研究》《庸报·舞台艺术》、北平《晨报·剧刊》《华北日报·戏剧周刊》、重庆《商务日报·戏剧周刊》《正气日报·新路》等报刊发表评论《民间戏剧概论》《论中国戏剧批评》《中国战时戏剧创作之演变》《新古典派的再兴》《胜利前后中国戏剧比较观》《短篇小说作法》、剧作集《从军去》等，出版论著《怎样写剧》（成都剧艺出版社，1943年）、《苏联的戏剧》（上海商务印书馆，1950年），翻译戏剧《血染红仓》（上海商务印书馆，1947年）、《两兄弟》（苏联柯留思原作。中国青年出版社，1954年）、《莎莎和米夏》（少年儿童出版社，1955年），翻译论著《戏剧演出教程》（美国史蒂斯原作。重庆上海杂志公司，1939年）、《新演技手册》（美国饶生史亭等原作。桂林上海杂志公司，1942年）、《演员初步》（美国约翰·包尔尼原作。上海杂志公司，1951年）等众多著译书籍均署。

田青，生卒年及籍贯不详。原名陈永才。笔名：①田青，见于小说《老爷操洋枪记》，载1936年上海《宇宙风》第23期；小说《唐驼背》，载1939年上海《文艺新潮》第1卷第11期。嗣后在上海《月刊》《春秋》《奔流文艺丛刊》《鲁迅风》《奔流新集》《文艺新闻》《新中国文艺丛刊》等刊发表小说《恶夜》《陆默》、散文《花圈上的花》等，出版小说集《买卖街》（上海大众出版社，1947年）等亦署。②贾用，见于小说《生活在梦里的人们》，载1949年上海《春秋》第6卷第3期。

田瑞珍，生卒年不详。河南人。笔名田河，1942年冬在洛阳主编第十二军《扫荡简报·诗场》并发表七绝《过洛阳》等署用。

田湜（1926— ），福建仙游人。原名陈文尚。笔名：①田湜，出版诗集《风雨集》（福建耕耘书店，1942年）署用。1946年在《正气月刊》第1卷第3期发表民间故事《望夫塔》，1952年9月1日起在台北主编《野风》半月刊并在该刊发表《故乡，我怀念着你》《柚》《狱》《鸡唱及其他》《母亲》等诗文，出版诗集《按摩女》（台北野风社，1957年）、《杜鹃花》（台北作品社，1971年），散文《纪念节日史话》（台北贸易社，1957年）等均署。②蓝天儿、铁露、郭哨、刘霆原，署用情况

未详。

田曙岚（1901—1978），湖南醴陵人。原名田澍，字介人。笔名：①田曙岚，见于游记《环游海南岛记》，连载于 1935 年上海《旅行杂志》第 9 卷第 1—5 期。同时期在《图书展望》发表游记《广西旅行记》《海南岛旅行记》等，出版《广西旅行记》（上海中华书局，1933 年）、《海南岛旅行记》（上海中华书局，1936 年）等均署。②田澍，见于《春日草》《生命的点缀》，载 1947 年上海《正风》第 1 卷第 2—3 期。

田树藩（1885—1966），河北乐陵人，字明志。著有《澹园诗稿》第 7 卷（中华印书局，1936 年）、《澹园诗稿续集》第 3 卷（中华印书局，1940 年）。

田涛（1915—2002），河北望都人。原名田德裕。笔名：①大玉，见于小说《活埋》，载 1934 年《大公报·小公园》。②田涛，见于小说《债》，连载于 1934 年 9 月北平《北平新报·新页》；小说《利息》，载 1935 年《国闻周报》第 12 卷第 10 期。嗣后在《文学季刊》《文季月刊》《文学》《中流》《光明》《新中华》《文学界》《大众科学》《申报周刊》《抗战文艺》《文艺生活》《文艺杂志》《文艺大路》《文丛》《战地》《自由中国》《文艺阵地》《文艺月刊·战时特刊》《黄河》《西北风》《现代文艺》《文讯》《文坛》《文学创作》《文艺先锋》《天下文章》《时与潮文艺》《大众知识》《民意周刊》《当代文艺》《微波》《现代文摘》《文艺春秋》《文艺丛刊》《文艺复兴》《幸福世界》《文艺工作》《小说月刊》等报刊发表小说、散文等，出版报告集《黄河北岸》（汉口上海杂志公司，1938 年）、《战地剪影》（艺文研究会，1938 年）、《大别山荒僻的一角》（上海商务印书馆，1940 年），短篇小说集《荒》（上海文化生活出版社，1940 年）、《西归》（桂林今日文艺社，1942 年）、《牛的故事》（桂林华侨书店，1942 年）、《灾魂》（上海文化生活出版社，1948 年）、《恐怖的笑》（上海东新图书杂志出版社，1947 年）、《希望》（上海万叶书店，1946 年）、《在外祖父家里》（新文艺出版社，1958 年），中篇小说《灾难》《流亡图》（重庆说文社，1947 年；上海晨光出版公司，1948 年），长篇小说《子午线》（上海大地出版公司，1940 年）、《潮》（重庆建国书店，1945 年）、《地层》（一名《焰》。重庆东方书社，1944 年）、《金黄色的小米》（一名《沃土》。上海建国书店，1946 年）、《焰》（原名《地层》。上海文化生活出版社，1947 年）、《沃土》（原名《金黄色的小米》。大道出版社北平分社，1946 年）、《边外》（上海怀正文化社，1947 年）等亦署。③卢潮，见于小说《土地》，载 1935 年《大公报·小公园》。④申寿，见于小说《连运》，载 1936 年《大公报·文艺》。⑤朱红，1939 年在第五战区《阵中日报》发表小说署用。⑥津秋，见于散文《残夜》，载 1948 年 7 月上海《文艺丛刊》之六《残夜》。⑦陈苾青，见于电影剧本《梦里恩仇》，载 1948 年 12 月 15 日上海《文艺春秋》第 7 卷第 6 期。

田腾蛟，生卒年及籍贯不详。号澥天散人。笔名田腾蛟，出版长篇章回小说《元史演义》（上海商务印书馆，1922 年）署用。

田桐（1879—1930），湖北蕲春人，字梓琴，号恨海、玄玄、玄玄子、玄玄居士、江介散人。笔名：①恨海氏，编《亡国惨记》署用。②恨海，辛亥革命时期在《中兴日报》《民报》《复报》《汉帜》等报刊发表诗文署用。③田桐，见于《盐政篇》，载 1922 年《盐政丛刊》第 2 期。嗣后在《太平杂志》发表《发刊词》《导河根本计划书》《考试篇》等文，在《南社丛刻》第 22 集发表《通告江西各界文》《社会主义华化论》《辟顾维钧之通电》等文及旧体诗《与汪兆铭》《次韵》《谒渡边》《怀钮永建》《阅老妖怪诗感赋》亦署。

田芜（1917—1998），浙江宁海人。原名王锦云。笔名：①吉云，1938 年春在《宁波日报》发表文艺通讯署用。②丹枫，见于报告文学《连宝轮上慰壮士》，载 1938 年秋上虞《抗敌杂志》。嗣后至 1940 年间在浙西《民族日报》发表散文《佩志她死了》、在《戏剧杂志》发表随笔《演员的两重人格》等亦署。③田芜，1940 年开始在新四军十六旅《火线报》及根据地出版的刊物发表散文、歌曲、戏剧均署。见于《活在战斗里》，载 1945 年重庆《中原》第 2 卷第 2 期。20 世纪 80 年代在南京主编《江南诗词》、1996 年 8 月由南京市文学艺术界联合会出版诗词集《鸿泥集》亦署。

田孝武，生卒年及籍贯不详。笔名：①縠梁异，见于散文《夜记》，载 1944 年 1 月 1 日日本大阪《华文大阪每日》第 12 卷第 1 期。同时期在该刊发表《思索的目标》《小屋子里》等，又在其所编的《黄土文学》及张家口《蒙疆文学》上发表诗、散文诗署用。②田牛，1946 年 3 月后在沈阳主编《星火》杂志并在该刊及《黄土文学》《蒙疆文学》等刊发表文章署用。

田兴奎（1872—1958），湖南凤凰人。原名田瑜权，字星六、醒陆，号辛庐、晚秋、晚秋居士。笔名：①醒庵，1910 年在《广益丛报》发表诗文署用。②田兴奎，在《国学论衡》《文艺掇华》《南北湘集》《船山学报》等刊发表诗文署用。嗣后出版《蓬心和草》（磨剑室，1922 年）、《慈利县志》（与吴恭亨合作。1923 年）、《晚秋堂诗集》（长沙鸿飞印刷所，1931 年）、《晚秋秋词》等均署。

田秀峰（1916—1986），天津人。笔名：①田秀峰，见于小说《四年中》，载 1941 年北平《吾友三日刊》；小说《浴》，载 1941 年北平《艺术与生活》第 21 期。嗣后在北平《国民杂志》发表小说，出版小说集《一挂念珠》（天津书局，1942 年）亦署。②老牛，20 世纪 40 年代在北平《吾友三日刊》、天津《文联》发表杂文署用。③田青，见于中篇小说《霉》，连载于 1942 年前后北平《国民杂志》9 月号和 10 月号。嗣后在天津《文联》杂志发表杂文亦署。④风沙，1945—1947 年在天津《文联》发表杂文署用。⑤罗基山，见于小说《大雷》，载 1947 年 8 月 2 日天津《天琴杂志》。嗣后在该刊发表小说《龙庭先生》《胡同里的老周》《不算做故事的故事》等亦署。

田野¹（1918—？），浙江浦江人。笔名：①田野，见于小说《你不是不知道的》，载1943年南京《作品》第1卷第6期。嗣后出版诗集《天灯在看你》（上海青年作家月刊社，1948年）、小说集《从春天到夏天》（上海大明出版社，1950年）等亦署。②水年、卡丰，20世纪30—40年代在南京等地报刊发表文章署用。

田野²（1920—？），福建龙岩人。原名丘绍裘。笔名：①田野，见于散文《山谷之恋》，载1945年1月16—17日福建《东南日报·笔垒》。嗣后在该刊发表散文《樵夫与樵女》，在《闽南新报·海防》等报刊发表散文亦署。②绍裘，20世纪40年代在福建报刊发表文章署用。嗣后在《闽南新报·海防》等报刊发表文章亦署。

田野³（1923—2009），四川成都人。原名雷观成。笔名田野，1941年开始在武汉《长江》《大江》和四川万县《太阳》、成都《拓荒》、重庆《新蜀报·蜀报》、台湾《桥》《台湾文学》、南京《新诗帖》，以及上海、北平、广州等地的报刊发表诗歌、散文和评论，出版诗集《爱自然者》《路》《航海者》《一个人和他的海》、散文集《海行记》《挂在树梢上的风筝》、小说集《蓝色是我的名字》等均署。

田一文（1919—1989），湖北黄陂（今武汉市）人。字世渊，号梅庵、梅盒。笔名：①老田，1935年开始在《大公报·小公园》发表诗文署用。嗣后在武汉《大光报·紫线》发表作品亦署。②田旱、冰蚕、寄实、小田、孟古家、梦古家，1935年起在武汉报刊发表诗文署用。③一文，1937年起在武汉《时代日报·时代前》等报刊发表诗作署用。嗣后在《文艺月刊·战时特刊》《文艺》《宇宙风》《文丛》《烽火》《七月》《自由中国》《文艺阵地》《抗战文艺》《文学月报》《现代文艺》《文讯》《文艺杂志》《中国作家》《大公报·文艺》等报刊发表诗文，出版散文集《金底故事》（重庆烽火社，1939年）、《向天野》（重庆文化生活出版社，1941年）、《怀土集》（重庆文化生活出版社，1943年）、《跫音》（上海文化生活出版社，1948年）等均署。④田一文，见于报告《仇货》，载1940年上海《宇宙风》第101期。嗣后在重庆《文学修养》、上海《抗战文艺》等刊发表散文《夜车》《闹鬼的屋子》，1949年后发表作品、出版散文诗集《襄萤集》、传记《无产阶级作家高尔基》《李白外传》、散文《我忆巴金》等均署。

田原（1927—1987），山东滨县（今滨州市）人。原名田源，字慈泉。笔名：①田原，见于散文《荒芜了的青春》，载1944年《今日东北》第1卷第2期。嗣后在该刊发表散文《冬夜随感》等，1949年后在台湾发表作品、出版长篇小说《这一代》（高雄百成书店，1959年）、《朝阳》（台北文坛社，1965年）、《青色年代》（高雄长城出版社，1965年）、《感情的风暴》（高雄长城出版社，1965年）、《古道斜阳》（台北长城出版

社，1965年）、《叹息》（台北霓虹出版社，1967年）、《乔迁之喜》（台湾省新闻处，1967年）、《大地之歌》（台北立志出版社，1968年）、《圆环》（台北文坛社，1968年）、《松花江畔》（台北中国时报社，1970年）、《雨都》（台北文艺月刊社，1971年）、《男子汉》（台北皇冠出版社，1971年）、《北风紧》（台北惊声文化供应社，1971年）、《青纱帐起》（台北皇冠出版社，1971年）、《我是谁》（台北皇冠出版社，1972年）、《四姊妹》（台北华欣文化公司，1973年）、《雾》（台北皇冠出版社，1973年）、《明天》（台北皇冠出版社，1973年）、《决斗》（台湾商务印书馆，1973年）、《艳阳天》（台北文坛社，1976年）、《铁树》（台北瑞德出版社，1982年）、《差额》（台北九歌出版社，1986年），中篇小说《错恋》（台北生活杂志社，1968年）、《天尽头》（台北文坛社，1969年）、《大黑马》（台北水牛出版社，1969年）、短篇小说集《办嫁妆》（高雄长城出版社，1965年）、《锤炼》（台北新中国出版社，1967年）、《泥土》（台湾商务印书馆，1967年）、《春迟》（台北新中国出版社，1967年）、《那一半》（台北哲志出版社，1968年）、《春雪》（台北博爱图书公司，1975年）、《田原短篇小说集》（台北中华文艺月刊社，1976年），中短篇小说集《扬子江》（台北瞻望出版社，1967年）、《回旋》（台北清流出版社，1968年），诗集《采撷于北方》（台北汉艺色研文化公司，1988年），以及《田原文集》（台北水芙蓉出版社，1975年）、《田原自选集》（台北黎明文化事业股份有限公司，1975年）等均署。②保斯、忆辉、鲁司寇，署用情况未详。

田仲济（1907—2002），山东潍坊人。曾用名田蔼宽、田仲稷。笔名：①青、野、淦、仅、邨、小淦、田淦、青野、野邨、程帆、芗汀、陈绵，1929—1936年主编青岛《青岛日报·野光》《青岛时报·处女地》、济南《青年文化》并发表文章署用。②高田夫。1941年在某报副刊发表批评徐讦的《〈鬼恋〉及其他》一文署用。③柳闻，见于杂文《面面的徐讦观》，载1947年《远风》第5期。④仅民，抗战时期在重庆《新华日报》发表译文，1949年后在《山东文艺》发表译文《真理，上帝知道，但要等待》（俄国列夫·托尔斯泰原作）署用。⑤杨文，见于系列杂文《静楼夜读抄》，连载于1946年上海《新民晚报·夜光杯》。嗣后发表随笔《天下太平》，载1947年上海《人世间》复刊第4期亦署。⑥蓝海，出版论著《中国抗战文艺史》（上海现代出版社，1947年）署用。⑦田仲济，见于杂文《我们需要何种读物》，载1933年《出版消息》第21期。嗣后在《文艺阵地》《读书通讯》《学习生活》《文风》《文学修养》《微波》《文艺生活》《文艺先锋》《中苏文化》《天下文章》《文学新报》《人世间》《文讯》《青年学习业刊》《新中华》《幸福世界》等刊发表文章，出版散文集《微痕集》《情虚集》《发微集》《夜间相》，评论集《文学评论》，论著《新型文艺教程》《杂文的艺术与修养》《小说的创作与鉴赏》《五四新文学的精神》《作文修辞讲话》等亦署。⑧乡、南海、刘方白，署用情况未详。

田仲严，生卒年及籍贯不详。曾用名田冲。笔名：①田仲严，1939 年 3 月在上海编《中学生活》月刊发表文章署用。②野风，见于杂文《"不"和"要"》，载 1939 年《中学生活》第 3 期。嗣后出版《第一年》（上海谊社出版部，1938 年），所作序亦署此名。

【tie】

铁戈，生卒年及籍贯不详。原名陈果来。笔名铁戈，见于评论《文艺独特性·任务·及其他》，载 1948 年 2 月 18 日《民声报·新风》。同时期在马来亚新加坡《星洲日报·晨星》《南侨日报·南风》《南侨日报·文艺》《青年》《小世界》《突击》等报刊发表诗、评论，在香港出版诗集《在旗下》（香港新民主出版社，1947 年）亦署。

铁抗（1913－1942），新加坡华人，原籍中国广东潮阳。原名郑伟唐。曾用名郑卓群。笔名：①铁抗，1932 年起在广东汕头《潮阳日报》创办周刊《红柿周刊》并发表文章署用。嗣后在 1939 年马来亚新加坡《文艺长城》月刊创刊号发表小说《荷冰》，1939 年后在马来亚新加坡《星洲日报·晨星》《总汇新报·世纪风》《南洋商报·今日文学》等刊发表《论马华文艺》《文艺通讯的写法》等文，出版小说集《山花》（广东，1932 年）、《义卖》（1940）、《阴影》、《白蚁》（新加坡文艺长城出版社，1940 年），中篇小说及论著《马华文学丛谈》（香港艺美图书公司，1957 年）等亦署。②铁元，见于小说《运输兵阿部信一》，载 1938 年 1 月 23 日新加坡《星洲日报·文艺周刊》。该时期在该刊及《星洲日报·晨星》《总汇新报·世纪风》等发表小说《试炼时代》《白蚁》、随笔《文艺通讯的写法》等亦署。③君羊、金铁皆鸣，1938 年前后在马来亚新加坡《星洲日报·晨星》《总汇报·世纪风》《新国民日报·新国民文学》《总汇新报·世纪风》等发表小说、散文等署用。④金鉴，见于评论《论"现实主义""朋友主义"及其他——求正于张天白君》，载 1939 年 2 月 23—25 日新加坡《星洲日报·晨星》；评论《南洋文艺素材发掘问题》，载 1939 年新加坡《文艺长城》月刊创刊号。1940 年 9 月在马来亚槟城《光华日报·大路》发表评论《马华文艺现实化问题》亦署。⑤明珠，见于随笔《关于报告文学和文艺通讯》，载 1940 年 9 月 4 日新加坡《星洲日报·晨星》。嗣后在该刊发表《漫谈马华文艺理论批评界》等文亦署。⑥金箭，见于随笔《马华文艺大众化和文艺通讯运动》，载 1940 年 11 月 27 日《星洲日报·晨星》。⑦郑卓群，出版论著《马华文学丛谈》（新加坡维明公司，1957 年）署用。

铁衣甫江（1930－1989），新疆霍城人，维吾尔族。原名铁衣甫江·艾力约夫。笔名：①居尔艾提，1946 年在伊宁报刊发表诗歌署用。②铁衣甫江，出版诗集《和平之歌》（作家出版社，1956 年）署用。

【tong】

佟赋敏（1900－？），籍贯不详。蒙古族，字晶心。笔名：①佟晶心，见于随笔《艺术院》，载 1926 年 3 月 6 日北京《京报副刊》；论著《新旧戏曲之研究》（上海商务印书馆，1926 年）。嗣后在《中国公论》《剧学月刊》《戏剧时代》《京报副刊》《歌谣》等报刊发表剧作《麦图娜》《心有灵犀》《醇酒妇人》《顾影自怜》《拾堕欢》、论文《中国傀儡剧考》《八百年来地方剧的鸟瞰》《当今话剧之出路》《探讨"宝卷"在俗文学上的地位》、歌谣《夯歌》等亦署。②佟赋敏，上海戏曲研究会 1927 年 3 月再版《新旧戏曲之研究》署用。嗣后在北平《剧学月刊》发表论文《戏剧的生活化和生活的戏剧化》、连载三幕悲剧《改弦》亦署。③晶心，见于论文《罗马拼音对于剧本的影响》，载 1934 年北京《剧学月刊》第 3 卷第 11 期；随笔《戏曲学校——火烧红莲寺》，载 1938 年上海《十日戏剧》第 1 卷第 34 期；诗《希望》，载 1939 年北平《中国公论》第 1 卷第 1 期。

佟绍弼（1911－1969），广东广州人，号腊斋。笔名：①绍弼，见于随笔《银币在广东》，载 1947 年广州《综合评论》第 1 卷第 3 期。②佟绍弼，见于论文《索统写本〈道德经〉残卷校勘记》，载 1948 年广东民国大学《文风学报》第 2、3 期合刊。1949 年后出版《佟绍弼诗词》（线装油印）、《佟绍弼书法集》（花城出版社，2003 年）、《腊斋诗集》（陈永正编。广州诗社，2004 年）等亦署。

佟希文（1927－　），吉林东丰人，满族。笔名：①希文，20 世纪 40 年代在东北《人民武装报》《前进报》《挺进报》等报刊发表战地通讯署用。②佟希文，1963 年在《人民日报》发表长篇通讯《毛主席的好战士——雷锋》，创作连环画脚本《谁杀死了螳螂》（尚士永绘图。辽宁美术出版社，1983 年），编选《让雷锋的生命在我们身上延续》（沈阳白山出版社，1990 年）等署用。

佟醒愚（？－1940），吉林省吉林县（今吉林市）人。曾用名佟世铎。笔名：①叶福，左联时期在上海发表诗歌署用。1936 年 10 月后在哈尔滨《大北新报》发表文艺理论文章亦署。②高山，见于小说《面子与人性》，载 1939 年秋哈尔滨《大北新报·大北风》；散文《狂人书笺》，载 1940 年 3 月 15 日哈尔滨《滨江日报》。③叶苇、夏航、士铎，20 世纪 30—40 年代在哈尔滨《大北新报》副刊《大北风》《大北文学》《滨江日报·暖流》等报刊发表小说《面子与人性》、诗《芦荻之歌》《当屠刀放在你的脖子上》《芦笛》、散文《不平之鸣——奉沫南》《狂文书笺》、评论《满洲文学的骚音谱》《有感于〈蹉跎集〉的出版》等署用。

童爱楼，生卒年不详，浙江宁波人。原名童苍怀，字仲慕、仰慈、爱楼，别号石窗山民。曾用名童侃、童隐。笔名：①童爱楼，见于散文《天童山游记》，载 1923 年上海《心声》第 2 卷第 6 期。嗣后在上海《社会之花》《道路月刊》等刊发表散文《武陵游记》《游月湖花隐之息影草庐记》、论文《论宁波筑路的工务》等，出版长篇小说《血泪碑》（上海三益书社，1935年），杂著《教学新范类编》（与徐翰臣等合作。上海唤群书报社，1919年）等亦署。②爱楼，见于随笔《冰雪终局记》《捕蟹者说》等，载1913年上海《自由杂志》第2期。同时期在该刊发表诗文《除三害说》《普陀山香市记》《西湖纪游诗序》《光复歌》等，1914年在《游戏杂志》发表《双报父仇》，1937年在《半月戏剧》发表《爱楼谈剧》等文亦署。

童春（1873－1927），浙江慈溪人。谱名童春盛，字子与，号东迎，别号止止生。工诗文，有《占恒斋吟稿》（未刊），署名止止生。

童国珺，生卒年及籍贯不详。曾用名童冰三。笔名冰山、冰三，1931年后在福州《新福建日报·宇宙》发表文章署用。

童寯（1900－1983），辽宁沈阳人，满族，字伯潜。笔名童寯，发表有《外中分割》《随园考》《北京长春园西洋建筑》等文，出版有《新建筑与流派》（中国建筑工业出版社，1980年）、《造园史纲》（中国建筑工业出版社，1983年）、《江南园林志》（中国建筑工业出版社，1984年）、《园论》（百花文艺出版社，2006年）、《东南园墅》（中国建筑工业出版社，1997年）、《最后的论述》（中国建筑工业出版社，1991年）、《近百年西方建筑史》（南京工学院出版社，1980年）、《日本近现代建筑》（中国建筑工业出版社，1983年）、《苏联建筑》《建筑科技沿革》《童寯文集（1－4集）》（中国建筑工业出版社，2000－2006年）、《童寯画选》《童寯素描选》等著作。按：童寯另出版有英文《中国园林》《中国建筑的外来影响》，署名情况未详。

童梅径，生卒年不详，台湾人。笔名梅径、童梅径，1938－1941年在台北《风月报》《兴南新闻》发表旧体诗《春酒欢迎曾文新君》等署用。

童启智，生卒年及籍贯不详。笔名小顽童，20世纪30年代在武汉报刊发表作品署用。

童晴岚（1909－1979），福建厦门人。原名童霁霖。曾用名童雨林。笔名：①童军，见于随笔《现实的真实——〈生活〉诗集读后感》，载1936年11月3日《星光日报·星星》。②童晴岚，见于长诗《纪念日》，载1937年《诗场》第3期；诗《风沙天》，载1938年广州《烽火》第18期。该时期在《文艺阵地》《中国诗坛》《现代文艺》《文学》《文艺杂志》《少年读物》《东南评论》《诗创作》《诗创造》等报刊发表诗文，出版诗集《南中国的歌》（诗歌出版社，1937年）、《中华轰炸机》（厦门诗歌会，1938年）、《狼》（香港新诗歌社，1948年）、《海堤诗草》（福建人民出版社，1957年）、《童晴岚诗选》（福建人民出版社，1983年）等亦署。③比烈，见于随笔《诗杂谈》之一《诗的时代》，载1949年2月某日厦门《星光日报》。嗣后在该报发表《诗杂谈》（之二－之九）亦署。④尤力，1949年在厦门《星

光日报》"说长道短"专栏发表杂文《等待新生》《穷的是百姓》《"武将"排"武"》等署用。⑤以石，见于杂文《师道的沦丧》，载1949年厦门《星光日报》。

童世璋（1917－2001），湖北武昌（今武汉市）人。笔名：①童世璋，见于散文《纵横中原——铁雨大队的精彩表演》，载1944年6月30日成都《中国的空军》第5卷第6期。1949年后在台湾出版中篇小说《疯狂》（高雄大业书店，1963年）、《春风》（1969年）、《新晴》（台湾省新闻处，1976年），散文集《春酒》（台北友仁出版社，1960年）、《粗茶集》（台北皇冠出版社，1963年）、《情之情话》《烟云浮云》，杂文集《寸草集》（台北红蓝出版社，1955年）、《多刺集》（台北文坛社，1957年）、《星辰集》（台北新中国出版社，1958年）、《品茶集》（台北皇冠出版社，1969年）、《新绿集》（台北皇冠出版社，1971年）、《人生探索》《燃烧的灵魂》（台北源成文化公司，1976年），论著《怎样把军中文化办好》（1954年）以及《回忆抗战时的忧患意识》（1984年）、《童世璋自选集》（台北黎明文化事业股份有限公司，1980年）等亦署。②童言、童言无忌，署用情况未详。

童书业（1908－1968），安徽芜湖（一作枞阳）人，祖籍浙江鄞县（今宁波市）。字丕绳、祖武，号庸安、庸庵。曾用名冯鸿、冯洪、冯梅、冯友梅、吴流、章疑、章卷益。笔名：①童丕绳，见于评论《评〈史前期中国社会研究〉（吕振羽著）》，载1937年《图书展望》第2卷第8期。1940年在《责善半月刊》发表《唐代山水画漫谈》《学术通讯》等文亦署。又见于论文《〈野叟曝言〉考略》，载1941年香港《星岛日报·俗文学》第8期。②童书业，见于《"蛮夏"考》，载1934年《禹贡》第2卷第1期；《评顾著尚书研究讲义（第一册）》，载1934年《浙江图书馆刊》第3卷第6期。嗣后在上述两刊及《选萃》《群雅》《齐鲁学报》《学风》《国艺》《史学集刊》《史学年报》《说文月刊》《学术》《考古》《文物周刊》《燕京学报》等刊发表《评俞剑华著〈中国绘画史〉》《枌川画诀》《历史上的好人与坏人》《没骨花图考》《中国山水画起源考》《唐代的人像画》《唐代妇女的西装胡服式半袖裙襦考》《明代的青花瓷器》《唐代的舞与胡式女舞衣》《春秋史》等文，出版《古史辨（七）》（与吕思勉合作，北平朴社，1941年）、《中国疆域沿革略》（上海开明书店，1946年）等，1949年后出版《古代东方史纲要》（上海新知识出版社，1955年；上海人民出版社，1957年）、《古巴比伦社会制度试探》（山东人民出版社，1957年）、《中国瓷器史论丛》（与史学通合作。上海人民出版社，1958年）、《唐宋绘画谈丛》（中国古典艺术出版社，1958年）、《中国古代地理考证论文集》（中华书局，1962年）、《春秋左传研究》（上海人民出版社，1980年；中华书局，2006年）、《中国手工业商业发展史》（齐鲁书社，1981年；中华书局，2005年）、《先秦七子思想研究》（齐鲁书社，1982年；中华书局，2006年）、《童书业说瓷》（上海古籍出版社，1998年）、《童书业说画》（上海古籍出版社，1999

年）、《春秋史》（上海古籍出版社，2003 年；中华书局，2006 年；商务印书馆，2010 年；河南人民出版社，2016 年）、《童书业史籍考证论集》（中华书局，2005 年）、《童书业古代社会论集》（中华书局，2006 年）、《春秋史料集》（中华书局，2008 年）、《童书业历史地理论集》《中国疆域地理讲义》（天津古籍出版社，2008 年）、《童书业绘画史论集》（中华书局，2008 年）、《童书业瓷器史论丛》（中华书局，2008 年）、《童书业著作集（七卷）》（中华书局，2008 年）、《童书业论著集外集》（中华书局，2010 年）、《国史讲话：春秋》（与顾颉刚合作。上海人民出版社，2015 年）、《唐宋绘画丛谈：南画研究》（上海书画出版社，2016 年）等亦署。

童行白（1898－?），江苏崇明（今上海市）人。笔名寄芜，见《中国文学史纲》。又著有《唯物史观与民主史观》《孔子哲学研究》《党义研究大纲》等著作，署名未详。

童愚（1883－1962），湖北团风人。原名童振球，字希古、自纯，晚号病叟。笔名童愚，撰有《八月十九夜所见及其他》《黄冈军学界讲习会会员简介》《熊飞字传》《一门三烈》等文，出版有《辛亥首义回忆录》等。

童仲赓，生卒年及籍贯不详。笔名：①童仲赓，见于论文《学生爱国运动的剖解与组合》，载 1932 年上海《现代学生》第 2 卷第 4 期。嗣后在《正中半月刊》《国魂》等杂志发表文章，出版《抗战与宣传》（与邵力子、熊佛西等合集。汉口独立出版社，1938 年）亦署。②纵耕、老顽童，20 世纪 30 年代在武汉报刊发表文章署用。

【tu】

涂同轨（1867－1927），江西义宁人，字容九。笔名涂同轨，有诗集《孕云盫》传世。

涂翔宇（1916－?），湖北黄陂（今武汉市）人。笔名：①程才，20 世纪 30 年代在武汉报刊发表文章署用。②涂翔宇，见于中篇小说《旁人恋爱的故事》，载 1948 年武汉《文艺》第 6 卷第 2 期。

涂元渠（1921－1981），福建莆田人。笔名：①荒野，见于诗《容我立足之地在何处》，载 1940 年前后福建沙县《沙县青年》。同时期发表木刻作品亦署。②枫野，1940 年开始在福建连城《大成日报·高原》、长汀《民治报·星期文艺》发表诗文，出版诗集《垦殖的歌》（台北大新出版社，1947 年）亦署。③红野、余萍、涂枫，20 世纪 40 年代发表文章偶署。④涂元渠，出版《高适岑参诗选注》（上海古籍出版社，1983 年）署用。

涂元涛，生卒年及籍贯不详。笔名爽麤，20 世纪 30 年代在福建莆田《莱特》半月刊发表作品署用。

涂元唏，生卒年不详，福建莆田人。笔名艾路枫，见于诗《黎明底歌》，载 1949 年福建莆田涵江《晨光报·剑芒》。

屠守拙，生卒年及籍贯不详。民国初作家。笔名守拙，著有《历劫避地记》等著作。

屠义方（1906－?），湖北孝感人，字凝冰。笔名屠义方，见于《人才调剂与调剂人才》，载 1940 年《民意周刊》第 122 期。嗣后在该刊及《出版通讯》等刊发表《日本南进政策的危难》《解决文化用纸的供应问题》等文，出版长篇小说《血葬》（流露社，1931 年）、论著《国民军训》（重庆独立出版社，1941 年）等亦署。

【tuo】

拓哥（1901?－1926），江苏人。原名金拓。笔名：①拓哥，见于诗《流波》，载 1925 年 8 月 12 日至 10 月 7 日新加坡《新国民日报·南风》。同年在该刊发表小说《感冒》亦署。②应平、梦苹，1925 年 7 月 15 日起在新加坡编《国民日报·南风》时发表诗文署用。

W

【wai】

外文（1910－1968），江苏南京人。原名单庚生。1949 年后改名滕云。笔名：①外文，见于长诗《铸剑》，载 1938 年长春《明明》第 3 卷第 1 期；诗《诗人！激励吧》《啊，实对你说吧》，载 1938 年沈阳《新青年》第 4 期。此前后在上述两刊及长春《艺文志》《兴亚》《读书人连丛》、大连《大同报》《泰东日报·七日谭》等报刊发表诗《向天空》《这才是命呢》、散文《有感于"相争"和"对立"》等，出版诗集《诗七首》（长春明明社，1938 年）、《长吟集》（长春兴亚杂志社，1944 年），散文集《并欣集》（与也丽、小松等合集。长春兴亚杂志社，1944 年）亦署。②单外文，见于译作《鲁迅传》（日本小田岳夫原作。长春艺文书房，1941 年）。③萧吹，20 世纪 30－40 年代在东北地区报刊发表文章署用。

【wan】

宛敏灏（1906－1994），安徽庐江人。字书城，号晚晴老人。笔名宛三，见于小说《沈四爷》，载 1931－1932 年间《皖报·铁马》。

婉君，生卒年及籍贯不详。原名朱应之。笔名婉君，见于其根据俄国列夫·托尔斯泰原作改编的剧作《冤狱》，载1940年北平《辅仁生活》第4辑。此前后在北平《艺术与生活》发表独幕剧《小丑》、在徐州《古黄河》杂志发表五幕剧《如此家庭》，出版《婉君戏曲集》（北平艺术与生活社，1941年）亦署。

万村夫（1922－？），湖北黄冈人。原名万文俊。笔名万川、万文俊，1948年在江汉军区创作并演出《天可明了》《决不放下手中枪》《军民乐》《红洋布》等剧署用。

万籁天（1899－1977），湖北武汉人。曾用名万群。笔名万籁天，见于独幕剧《摸索》，载1929年《晨钟》第230期。嗣后在《南国周刊》《文艺月刊》《剧学月刊》《创作》《新演剧》等刊发表剧作、评论，出版话剧剧本《唐宫秘史》（成都中国文化企业公司出版部，1947年），编译出版《电影表演基础》（与章泯合作。南京正中书局，1935年）等亦署。

万骊（1905－1973），湖南衡阳人，字痴山。笔名万骊，1928年起在湖南编《衡岳日报》《国民日报》《通俗报》《湘南报》等署用。1949年后在台湾出版《中国文化基本教材》《中国文化概论》《万痴山诗稿》等亦署。

万里云（1916－2011），广西融水人，壮族，原名韦庆煌，曾用名万里云。笔名：①万里云，见于《日本压榨下的朝鲜》，载1945年南京《青年前锋》第1卷第11期。1956年后改署万里云，发表作品、出版游记《天涯海角行》（海峡文艺出版社，2006年）等署用。②云、平、沧萍、昌平、云龙、李云、吴其仁，1947年起在山东、苏北根据地《淮海报》《前锋》《先锋》《大众日报》《山东文艺》《民兵报》《战士报》《军政报》《拂晓报》等报刊发表小说、散文、诗歌、杂文等作品署用。

万力（1920－1997），山东定陶人。笔名：①黄兵，早年发表作品署用。②万力，1941年起在延安发表作品署用。1949年后发表小说《我的自传是怎样写成的》《土地与媳妇》《武当山上》《牛》、散文《南征三章》，出版歌剧《自由结婚》（武汉通俗图书出版社，1951年）、文集《万力文集》（中国文联出版社，1998年）等亦署。

万曼（1903－1971），天津人。原名万礼黄。笔名：①万曼，见于诗《金鞭曲》，载1925年北京《京报副刊·文学周刊》第4期。嗣后在《小说月报》《文学周报》《文艺周刊》《真美善》《开明》《新文艺》《文艺月刊》《青年界》《创作》《现代》《人间世》《公安月刊》《文史》《新生月刊》《东方杂志》《十中青年》《国文月刊》《人物杂志》《中央日报·俗文学》等报刊发表诗、散文，出版诗文集《淡霞和落叶》，小说集《脱离》，传记《白居易传》，演唱集《马德林过年》《五峰山俘房图》，选编《现代文学作品选讲》《唐集叙录》《杜集叙录》等亦署。②徐蒙、匡术、冶夔离，署用情况未详。

万枚子（1905－2005），湖北潜江人。原名万德涵，号梅子、枚子、双呆。曾用名万班、耆寿（小名）。笔名：①梅子，见于小说《考试》，载1924年8月11日北京《晨报·文学旬刊》；长篇小说《时代儿女》，载1947年《人人周报》第1卷第2－12期。②万梅子，见于评论《抗战到底的三原则和三运动》，载1938年《十日文摘》第1卷第5期。1947年在北平主编《人人周报》并在该刊发表《生存与毁灭之路》等文亦署。③陈寿，见于随笔《曹禺的家世》，载1947年《人人周报》第1卷第1期。嗣后在该刊发表《成舍我及其事业》《韩菁清与某达官》等文亦署。④万枚子，见于评论《学潮激变张阁不能辞其咎》，载1947年北平《人人周报》第1卷第5期。嗣后在该刊及《再造旬刊》《改造评论》等刊发表文章，出版长篇小说《时代儿女》《半新女儿家》、散文集《暮云集》《人言》《片语》、诗集《新华吟》《万枚子诗词选集》等亦署。⑤枚子，见于随笔《九周杂感》，载1947年《人人周报》第1卷第9期。⑥大海、陈出、特罕子，署用情况未详。

万木，生卒年不详。四川金沙江人。笔名：①万木，见于诗《老了的城墙》，载1948年南京《未央诗刊小集》第2期《夜曲》。②草明，见于《学潮在边校》，载1946年上海《文汇报》。

万湜思（1916－1943），浙江桐庐人。原名姚思铨。笔名：①万湜思，见于随笔《第一次家信》，载1935年3月18日上海《申报·自由谈》。嗣后在《文学丛报》《诗歌杂志》《文学月报》《现代文艺》《诗创作》《浙江日报》等报刊发表作品，出版译作《马雅珂夫斯基诗选》《黑屋及其他》、木刻集《中国战斗》等亦署。②万湿思，见于《东南战线编辑人代东南战线主编邵荃麟先生郑重启事》，载1939年《译报周刊》第1卷第21期。③孤西、万斯湜，署用情况未详。

万斯年（1908？－1987），籍贯不详。笔名：①万斯年，见于译文《欧美博物馆史略》（英国弗雷德里克·凯尼恩爵士原作），载1936年天津《国闻周报》第13卷第27期。嗣后在《图书季刊》《文化论衡》《益世周报》《战时文化》《责善半月刊》《学思》《真理杂志》《旅行杂志》等报刊发表文章，出版《唐代文献丛考》（上海开明书店，1948年）、《中国历史纪年表》（与万国鼎、陈梦家合作。商务印书馆，1956年）等亦署。②万咸，出版诗集《换火柴的少妇》（北平人文书店，1936年）署用。

万一（1923－2008），山西孝义人。原名温万镒。曾用名温万一。笔名：①柳汀、汪颖、温池，1947年开始在《晋绥日报》发表《金存揽工的故事》《麻团》通讯、人物素描、报告文学作品署用。"柳汀""汪颖"二名1949年后在《戏剧报》《文汇报》《陕西戏剧》等报刊发表评论亦署。②万一，与人合作改编剧本《山花烂漫》《西安事变》《彭德怀》等署。

万以增（？－1923），江苏青浦（今上海市）人。字继长、纪常、继常。笔名万以增，在《南社丛刻》发表诗文署用。嗣后出版《练塘小志》亦署。

万云骏（1910－1994），上海人。字西笑，号网珠。笔名万云骏，见于随笔《读彊邨词》，载1934年上海《光华大学》半月刊第3卷第5期。嗣后在该刊发表《南宋三大词人》《西溪泛舟记》等文，出版论著《古典诗词曲赏析》《诗词曲欣赏论稿》《新编古代文学精解》《元曲漫话》《诗经的语言艺术》，编纂《袖珍唐宋词鉴赏辞典》（与马熙祖等合编）等亦署。

万正（1922－2009），浙江上虞（今绍兴市）人。原名万传绍。笔名：①万正，20世纪40年代中期发表作品开始署用。1949年后发表回忆录《狱中》（1951年连载于北京《新观察》），出版回忆录《狱中》、中篇小说《越狱记》、短篇小说集《天堂边的地狱》、故事集《不朽的共产主义战士》等亦署。②十千、吉星，署用情况未详。

万紫（1915－2010），浙江杭州人。原名万文德。笔名：①万紫，见于诗《送别》，载1933年南京《文艺月刊》第4卷第3期。1935年在杭州《东南日报·沙发》发表诗文，1940年在上海《文心》第2卷第5期发表随笔《〈新哲学读本〉读后感》，1949年后出版译作《我们的夏天》（苏联乌斯宾斯卡娅原作，与汤真合译。上海文艺联合出版社，1954年）、《欧文短篇小说选》（美国欧文原作，与雨宁合译。人民文学出版社，1959年）、《继承人》（苏联阿列克塞耶夫原作。人民文学出版社，1960年）、《复仇艳遇》（俄国普希金原作。江西人民出版社，1982年）、《喀尔巴阡山狂热曲》（匈牙利伊雷什·贝拉原作，与汤真合译。外国文学出版社，1982年）、《热爱生命》（美国杰克·伦敦原作。上海社会科学院出版社，2003年）等亦署。②白亭、王玉，1935年在《东南日报·沙发》发表杂文署用。③何乐，见于杂文《打倒迷信》，载1934年上海《人间世》半月刊第13期。

【wang】

尢（wāng）半狂，生卒年不详，江苏吴县（今苏州市）人。笔名：①尢半狂，见于《青毡轩渠录》，载1924年《社会之花》第2卷第9期。嗣后主编《小日报》《万岁》并在其上及《红玫瑰》《紫罗兰》《社会月报》《半月戏剧》等刊发表《标致面孔》《孔先生的茶钱问题》《梅剧如右军书法》《评剧与朱宝霞》《瞎说》《荒乎其唐》等亦署。②铁蛇道人，见于《钱塘奇遇》，载1926年上海《明报》。

汪辟疆（1886－1966），江西彭泽人。原名汪国垣，字辟疆、笠云，号方湖、展庵、方湖主人。笔名：①汪辟疆，见于讲演《唐人小说在文学上的地位》（章璠记录），载1931年上海《读书杂志》第1卷第3期；论文《论近代诗》，载1932年《时代公论》第10－11期。嗣后在《时代公论》《十日》《国风半月刊》《文艺月刊》《制言》《星期评论》《读书通讯》《今文月刊》《新中华》《时代精神》《中国学报》《中国文学》《孔学》《南风》《书简杂志》《文化先锋》《西北文化》《申论》《国史馆馆刊》等刊发表诗《方湖诗》《江行望钟山》《抗战歌曲》《方湖近诗》、论文《修订部颁中国文学系科目表意见书》《怎样欣赏文艺》《与青年谈读书》、随笔《方湖读书钞》《论读短札》《诗的游记》《记黄季刚先生》等文，出版《唐人小说》（上海神州国光社，1932年）、《谢灵运诗》（上海商务印书馆，1935年）、《长恨歌传》（上海神州国光社，1946年）、《古镜记》（上海神州国光社，1946年）、《集异记》（上海神州国光社，1946年）、《玄怪录》（上海神州国光社，1946年）、《目录学研究》（上海商务印书馆，1934年）等著作亦署。②方湖，见于随笔《信念——战时随感》，载1941年重庆《文艺月刊》第11卷第4期；诗《巴州送太师返赣》《为潘兹光题汉富贵博拓本》《案古图书系以一诗》，载1944年重庆《孔学》第2期。③方湖主人，署用情况未详。

汪炳麟（1900－1927），安徽黟县人。字乔（jué）燮、石青，别署玲山怪石。笔名汪石青，出版《汪石青全集》署用。

汪池树，生卒年不详。江苏如皋人。原名耿浪。笔名沙遥，见于诗《蔡文姬》，载1945年南通《江北日报·诗歌线》新15期。

汪大漠（1916－1994），四川涪陵（今重庆市）人。原名汪道阊。笔名：①瞎巴、白帆，1934年后在重庆《新蜀报》《商务日报》、成都《华西日报》等报副刊发表诗、小说、散文、杂文等署用。②大漠，见于记录《毛泽东论鲁迅》，载1938年汉口《七月》第2集第4期；诗《江南草》，载1939年重庆《文艺阵地》第3卷第4期。

汪大燮（1859－1928），浙江钱塘（今杭州市）人。原名汪尧俞，字伯唐、伯棠。笔名汪大燮，见于评论《议题之范围》，载1921年北京《学林杂志》第1卷第2期"太平洋会议号"。

汪德耀（1902－2000），江苏灌云人。字伯明。笔名汪德耀，见于论文《巴斯德生平及其事业》，载1929年上海《科学月刊》第1卷第7期；评论《乐文社的前途》，载1937年《关声》第5卷第6、7期合刊。此前后在《东方杂志》《农学月刊》《知识与趣味》《灯塔》《读书通讯》《厦大校刊》等报刊发表文章亦署。

汪东（1890－1963），江苏吴县（今苏州市）人。原名汪东宝，字叔初、梦秋；后改名汪东，字旭初，号寄庵、寄安、寄生、汪八。笔名：①寄生，见于论文《法国革命史论》，载1905年上海《民报》第13期。同时期在该报及《复报》发表《革命今势论》《励志论》《侦探与革命党》等文均署。1923年在上海《华国月刊》第1卷第3期发表小说《华胥梦》亦署。②汪东宝，见于旧体诗《赠黄生》《苦雨叹》，载1908年上海《国粹学报》第5卷第11期。③梦秋，民国初在《文艺俱乐部》《民权素》等刊发表《梦秋词》等署用。④汪东，见于词《和南唐后主词》（与黄侃合作），载 1914 年上海《雅言杂志》第 1 卷第 8 期；词《浣溪沙》，载 1919 年《国民》第 1 卷第 2 期。同时期起在《国民》《华国月刊》《制言半月刊》《中国美术会季刊》《广播周报》《中国学报》《孔学》《国立中央大学校刊》《国史馆馆刊》等刊发表《青衣赋》《新文学商榷》《文学的道德》《萧菊如先生墓志铭》《次朴园藏书放歌韵即题》《国立中央大学校歌》《义宁陈伯严丈挽诗四首》《陆烈士歌》等诗文亦署。⑤汪寄生，见于《疾谗言》，载 1932 年《时代公论》第 2 期。⑥汪旭初，见于旧体诗《青溪泛舟为上己第二集以沧海横流到此身分韵得海字》，载 1936 年苏州《制言半月刊》第 11 期；论文《国难教育声中发挥词学的新标准》，载 1936 年南京《文艺月刊》第 9 卷第 2 期。1938－1939 年在《民族诗坛》发表词《平调满江红·送顾希平从军》《水龙吟·相伯先生百岁寿词》、七律《小鲁先生两和忆北园诗因示移居旧作次韵奉酬》亦署。⑦宛童、弹佛、汪八、汪叔初、汪梦秋，署用情况未详。

汪馥泉

汪馥泉（1898－1959），浙江余杭（今杭州市）人。原名汪馥炎。化名汪正禾。笔名：①汪馥炎，见于论文《中华民国约法摘疑》，载 1914 年北京《中华杂志》第 1 卷第 6 期；论文《集权平权之讨论与行省制度》，载 1915 年日本东京《甲寅》第 1 卷第 7 期。同时期起在上述两刊及《戊午杂志》《东方杂志》《政法季刊》《教授与作家》《复兴月刊》《外交评论》《湘声》《民族》《时代论坛》《中国政法杂志》《新中华》《社会科学月刊》《现代中国》等刊发表文章亦署。②馥炎，1919 年前在《宪法公言》《新中华》等刊发表文章署用。③馥泉，见于译文《俄罗斯文学和社会改造运动》（日本昇曙梦原作），载 1922 年上海《东方杂志》第 19 卷第 5 期；诗《妹嫁》，载 1922 年上海《诗》第 1 卷第 3 期。此前后在《东方杂志》《责任》《浙江新潮》《小说月报》《时事新报·文学旬刊》《晨报副镌》《现代》《青年界》《教育潮》《大江》等报刊发表论文《荷马史诗〈伊丽雅〉底研究》《白桦派的倾向特质和使命》、译文《不规则的诗派》（日本川路柳虹原作）、随笔《翻版西文教本》《国文程度低落了吗？》《谐音牵附》《"中国文学史研究会"底提议》等亦署。④馥，见于诗《中秋月夜八首》，载 1922 年上海《时事新报·文学旬刊》第 54 期；随笔《托尔斯泰与新俄的劳动者》《华士华斯〈争斗〉底原稿》，载 1929 年上海《北新》半月刊第 3 卷第 6 期。1928 年在上海编《大江》月刊时撰写编辑后记亦署。⑤汪馥泉，见于论文《戏剧概论》，载 1924 年上海《小说月报》第 15 卷第 12 期；译文《对于五言诗发生时期的疑问》（日本铃木虎雄原作），载 1929 年上海《语丝》周刊第 6 卷第 32 期。嗣后在上述两刊及《文学周报》《北新》《学生杂志》《艺术评论》《商学期刊》《新女性》《大江》《新文艺》《现代文学》《开展》《微音月刊》《新学生》《现代学术》《文艺月刊》《文艺新闻》《青年界》《矛盾》《现代》《文学》《读书杂志》

《大陆杂志》《创化》《绸缪月刊》《文学期刊》《文学旬刊》《中国文学》《农村》《华安》《世界文学》《复旦学报》《东方杂志》《天籁》《中山文化教育馆季刊》《生活学校》《中学生活》《学术》《会讯》《中国文艺》等刊发表论文《法国的自然主义文学》《中国俗文学三种的研究》《对于五言诗发生时间的疑问》《论小品文》《中国文学教育底目的》，译文《苦闷底象征》（日本厨川白村原作）、《关于词格底长短句发达底原因》（日本青木正儿原作）、《绝句溯源》（日本铃木虎雄原作）等，出版论著《苏联的远东红军》（上海商务印书馆，1938 年）、《文章概论》（上海商务印书馆，1939 年），译作《欧洲近代文学思潮》（日本相马御风原作。上海中华书局，1930 年）、《狱中记》（英国王尔德原作，与张闻天、沈泽民合译。上海商务印书馆，1932 年）、《北欧神话》（日本中岛孤岛原作。上海中华书局，1932 年）、《初夜权》（日本二阶堂招久原作。上海北新书局，1929 年）、《东亚文化之黎明》（日本滨田耕原作。上海黎明书局，1932 年）、《中国文学思想史纲》（日本青木正儿原作。上海商务印书馆，1936 年），等亦署。⑥汪正禾，20 世纪 40 年代在上海编《新中国报·学艺》时署用。嗣后在《江苏文献》《天地》《杂志》《江苏教育》等刊发表《冯梦龙诗辑》《关于浮生六记》《曲园记》《袁于令与周绮生》及讲演《思想与文章》等亦署。⑦沈浚，见于译文《十三世纪前欧洲人关于东方的知识》（日本岩村忍原作）、随笔《关于语汇的收集与整理》，载 1940 年 5 月上海《学术》第 4 辑。收入陈望道编《中国文法革新论丛》中之某文亦署。⑧唯明、赵光荣，署用情况未详。

汪海如

汪海如（1867－1944），四川合江人。字锡康，号汪洋海中如粟老人。有《啸海回文诗钞》二卷、《啸海》十六卷传于世。

汪剑鸣

汪剑鸣，生卒年及籍贯不详。原名汪景星。笔名：①剑鸣，见于小说《时髦医生》，载 1919 年上海《广益杂志》第 35 期；随笔《秋窗杂话》，载 1923 年上海《红杂志》第 10 期。1940 年 7 月 19 日在上海《奋报》发表随笔《名副其实的赠扇运动》亦署。②汪剑鸣，见于随笔《谈言微中》，载 1921 年上海《礼拜六》第 130 期；长篇小说《壮志凌云传》，连载于 1940 年上海《奋报》。嗣后出版长篇通俗小说《七山王》（上海广益书局，1939 年）、《神州七侠传》（上海广益书局，1946 年）、《八太保》（上海广益书局，1946 年）、《断头亭》（上海广益书局，1947 年）、《落魂崖》（上海广益书局，1947 年）、《虎窟擒王记》（上海武林书店，1948 年）等亦署。③汪景星，见于小说《老处女》，载 1933 年上海《金钢钻周刊》第 1 卷第 4 期。嗣后出版长篇通俗小说《峨嵋剑侠传（第一部）》（上海广益书局，1932 年）、《关外屠龙记》（大达图书供应社，1936 年）、《峨嵋剑侠传（第三部）》（上海大达图书局，1936 年）、《神眼鸳儿》（上海广益书局，1936 年）、《鬼魅江湖》（上海广益书局，1939 年）、《峨嵋剑侠传（第四部）》（上海广益书局，1946 年）、《江湖侠客传》（上海广益书局，

1948 年）等亦署。④鲁恨生，见于翻译小说《红衣女盗》（英国柯南·道尔原作。上海益新书社，1938 年）。⑤红绪，见于长篇小说《二小姐》，连载于 1940 年上海《奋报》。嗣后出版长篇通俗小说《八大奇人传》（上海广益书局，1941 年）、《龙凤缘》（上海广益书局，1946 年）、《艳梦》（上海武林书店，1946 年）、《五兄弟》（上海广益书局，1947 年）、《夜莺曲》（上海武林书店，1947 年）、《空门血案》（上海广益书局，1948 年）等亦署。⑥夏风，见于长篇小说《中国泰山》，连载于 1940 年上海《奋报》。嗣后出版长篇通俗小说《散花天使》（上海武林书店，1941 年）、《假凤虚凰》（上海武林书店，1946 年）、《大侠马如龙》（上海广益书局，1947 年）、《海滨艳梦》（上海广益书局，1947 年）、《大破笔架山》（上海广益书局，1948 年）、《风云会》（上海广益书局，1949 年）、《荒蛮怪侠》（上海广益书局，1949 年）等亦署。

汪金丁（1910－1998），北京人，满族。原名汪林锡，字竹铭。笔名：①竹铭，1929 年前后在北平报刊发表文章署用。②金丁，见于小说《孩子们》，载 1932 年上海《文学月报》创刊号；小说《反复》，载 1933 年北平《文学杂志》第 1 卷第 3、4 期合刊。嗣后在上海《新时代》《现代》《艺术新闻》《春光》《光明》《今代文艺》《绸缪月刊》《认识月刊》《永安月刊》《时代文艺》《文艺阵地》、北平《文艺日报》、天津《当代文学》《人生与文学》、香港《文艺生活》《小说》、桂林《野草》、马来亚新加坡《南洋商报·狮声》《南洋商报·南洋文艺》《南潮半月刊》《南洋周刊》《风下》《星洲日报·晨星》《星中日报·星火》等报刊发表小说《阿嘉》《重逢》、散文《郁达夫的最后》、评论《论芦焚的〈谷〉》《文艺批评及创作问题的讨论》《一部宏大瑰丽的英雄史诗》、译文《印度尼西亚杂文选译》（印度尼西亚 M. 亚米耳原作）等，出版报告文学《三星旗下》（新加坡南洋商报社，1946 年）、散文集《往事与文化人》（中国人民大学出版社，1988 年）、文集《金丁作品选》（新加坡上海书局，1979 年）、《金丁文集：我仿佛在梦中》（中国文联出版社，2003 年）、《金丁文集：我们的旗》（中国文联出版社，2011 年）等亦署。③李保生，见于《致中国左联作家的一封公开信》，载 1932 年北平《尖锐》第 1 卷第 2 期。④于怡平，见于随笔《闲话北平》，载 1948 年新加坡《南侨日报》。⑤汪金丁，见于论文《进化论在鲁迅思想发展道路上的意义》，载 1961 年《教学与研究》第 3 期。

汪金涛（1922－？），浙江鄞县（今宁波市）人。原名施若铭。笔名：①谷风，见于随笔《纪念三八节》，载 1939 年 3 月 8 日上海《申报·春秋》。②尤青，1938－1941 年在上海《申报·自由谈》《申报·春秋》发表《评一线天》《评大马戏团》等文署用。

汪精卫（1883－1944），浙江绍兴人，生于广东三水。原名汪兆铭，字季新（季辛、季恂、桂辛），号精卫。西名 Henri Waung。笔名：①守约，见于评论《革命之决心》，载 1905 年《民报》第 26 期。②民意，见于评论《希望满洲立宪者之勘案》，载 1905 年《民报》第 13 期。嗣后在该刊发表《西班牙之滥杀》《土耳其革命》《波斯革命》《袁世凯复起之风说》等文亦署。③扑满、枝头抱香者，1905 年前后在《民报》发表文章署用。④汪兆铭，民国初在《甲寅》《南社丛刻》《学衡》等刊发表旧体诗署用。嗣后在《中央党务月刊》《海外月刊》《广播周报》《教与学》《文化与社会》《平识》《上海政府公报》《中央民众训练部公报》《同声月刊》《江苏月刊》《北华月刊》《东亚联盟月刊》《民意月刊》《县政研究》《中央导报》《大学之道》《曙光》《上海半月刊》《教育建设》《外交公报》《国民新闻周刊》《三民月刊》《清乡前线》等报刊发表随笔、评论、诗词等亦署。⑤季新，见于评论《红楼梦新评》，载 1915 年上海《小说海》第 1 期。⑥汪精卫，见于评论《竞争》，载 1920 年 1 月 20 日上海《民国日报·觉悟》；评论《"和平""奋斗""救中国"》，载 1925 年北京《现代评论》第 1 卷第 15 期。1935 年在上海《芒种》第 1 卷第 9、10 期合刊发表文章亦署。⑦精卫，见于评论《群治与群众》，载 1924 年 6 月 6 日上海《民国日报·觉悟》。嗣后在《民报》《国民杂志》《正谊》《旅欧杂志》《南洋华侨杂志》等报刊发表文章亦署。⑧曼昭，见于随笔《南社诗话》，载 1943 年上海《古今》第 34 期。⑨季辛、季恂、癸辛、汪癸辛、汪季新、汪桂辛、王昭民、李一新、双照楼、怀壁匹夫、家庭之罪人，署用情况未详。

汪敬熙（1897－1968），江苏吴县（今苏州市）人，生于浙江杭县（今杭州市），字缉斋。笔名：①缉斋，见于随笔《对于今日学校的批评》，载 1918 年北京《新青年》第 5 卷第 6 期。②汪敬熙，见于小说《雪夜》《谁使为之》，载 1919 年北京《新潮》第 1 卷第 1 期；诗《山中志感》，载 1922 年上海《小说月报》第 13 卷第 12 期。此前后在《新教育》《自然科学季刊》《独立评论》《清华周刊》《广播周报》《现代评论》《青年界》《东方杂志》《教育研究》《粤秀文坐》等刊发表随笔、散文、小说、评论及心理学论文，出版小说集《雪夜》（上海亚东图书馆，1925 年）亦署。③K. S.，见于小说《砍柴的女儿》，载 1919 年北京《新潮》第 2 卷第 1 号。

汪静之（1902－1996），安徽绩溪人。原名汪立安，字静之、情芝、情痴。曾用名汪安（乳名）、汪安富。笔名：①汪静，见于诗《悲哀的青年》《竹叶》，载 1921 年北京《新青年》第 9 卷第 6 期；诗《海滨》，载 1921 年北京《新潮》第 3 卷第 1 期；诗集《湖畔》（与应修人、潘漠华、冯雪峰合集。杭州湖畔诗社，1922 年）、《蕙的风》（上海亚东图书馆，1922 年）。嗣后在《小说月报》《诗》《文学周报》《文艺周刊》《洪水》《语丝》《支那二月》《青年界》《大江》《晨报副镌》《京报副刊》《学林》《秋野》《天籁》《中学生》《大陆杂志》《自强月刊》《中国文学》《现代学生》《东方文艺》《新文学》等报刊发表诗《孤苦的小和尚》《七月的风》《秋夜怀友》《黄鹤楼上》、论文《李太白及其诗》《平民诗人杜甫》《诗经里女人选择情人的基本条件》《诗歌与情感》、小说《邮局里的邂逅》《鬻命》《耶稣的吩咐》、随笔《〈耶稣的吩咐〉自序》《"汪静之如是说"的纠正》等，出版中篇小说《耶稣的吩咐》（上海开明书店，1926年），长篇小说《翠英及其夫的故事》（上海亚东图书馆，1927年），短篇小说集《父与女》（上海大江书铺，1929年），诗集《寂寞的国》（上海开明书店，1927年）、《诗二十一首》（作家出版社，1958年），论著《诗歌原理》（上海商务印书馆，1927年）、《李杜研究》（上海商务印书馆，1928年）、《作家的条件》（上海商务印书馆，1937年），以及编选《爱国诗选》（上海商务印书馆，1938年）等亦署。②静之，见于《蕙的风·序》，载1922年8月版之诗集《蕙的风》。嗣后在1925年《洪水》半月刊第1卷第1期发表作品亦署。③静芝，见于《中国的济慈》，载1925年6月16日北平《京报·民众文艺》；随笔《唯物观的作家论》，载1933年上海《中华周报》第106期。④逸文，见于《谈天才》，载1933年《中学生》第40号。⑤蛀书虫，抗战时期在重庆杂志发表文章曾署用。

汪李如月（1890－1980），台湾台北人。原名李如月，字团卿。笔名团卿、如月、李如月，1915－1939年在台北《台湾日日新报》《风月报》发表旧体诗《感作寄邃龕先生》《病中对镜》等署用。

汪立康（1927－2009），湖南长沙人。笔名粟抗、粟康、柴逢。有《汪立康杂文集》与和他人合作的杂文集《作嫁余墨》、评论集《报丛采英》留世。

汪榴轩，生卒年及籍贯不详。笔名榴花，20世纪30年代在武汉报刊发表诗歌、散文署用。见于散文《金秋又一度到人间》，载1936年武汉《文艺》月刊第3卷第5期；散文《盟心记》，载1943年上海《永安月刊》第55期。

汪仑（1912－1991），安徽泾县人，曾用名王亦民、汪汉雯。笔名汪仑，编选出版《高尔基作品选》（上海良友图书印刷公司，1937年）署用。

汪漫铎，生卒年不详，河南潢川人。笔名：①漫铎，见于诗《明朝》，载1930年上海《现代学生》第1卷第2期；随笔《世界文坛及其他》，载1932年上海《大陆杂志》第1卷第6期（该刊目录署名汪漫铎）。嗣后在该刊及《创作》《新时代》《中华月报》《美术生活》等报刊发表译文《屠格涅夫》、独幕剧《大夫》、小说《风烛》《结婚》《流》《海盗》《伙伴》、随笔《〈创作〉编校后记》等亦署。②汪漫铎，见于诗《母亲，我归来了！》，载1930年上海《现代学生》第1卷第3期；散文《流露剧社公演印象记》，载1933年南京《流露月刊》第3卷第2、3期合刊。嗣后在开封《文艺月报》《山雨》《河南民报·茉莉》、郑州《大华晨报·豫东学生》，以及《文艺月刊》《新时代》《矛盾月刊》《中国文学》《戏剧岗位》《戏剧春秋》《美术生活》《戏剧战

线》等刊发表长篇小说《唐克孝》、散文《周年祭》、独幕剧《归来》《三姊妹》《女娲》《东北一猎户》《禽兽会》、诗《文人和战士》《心的微笑》《圣经》、随笔《烟火》、译文《紫霍甫的生活态度》（皮揭雷克原作）等亦署。

汪懋祖（1891－1949），江苏吴县（今苏州市）人。字典存。笔名：①汪懋祖，见于论文《论挽救国文》，载1913年上海《独立周报》第10期；信函《致〈新青年〉》，载1918年北京《新青年》第5卷第1期。嗣后在《学衡》《教育杂志》《社会学杂志》《新教育》《学术》《北京师大周刊》《中华教育界》《河南教育》《新教育评论》《晨报副镌》《政治季刊》《时代公论》《江西教育》《广东教育》《教育与职业》《教与学》《正论》《云南教育通讯》《浙江教育》《旅行杂志》《东方杂志》《新中华》《政衡》《三民主义》《服务月刊》等报刊发表著译文章，出版教育学著作，编选出版《国文精选》（上海正中书局，1937年）等亦署。②汪典存，见于随笔《每逢五月便伤神》，载1925年5月4日北京《晨报副镌》；旧体诗《大道》《邓尉探梅谒司徒庙汉柏并谒徐高士俟斋先生墓》《淬伯游紫霞洞惜未同往报之以诗》，载1935年南京《国风》第6卷第1、2期合刊。③典存，1934年在上海《申报》发表致吴研因公开信署用。

汪铭竹（1904－1989），江苏南京人。原名江鸿勋，字铭竹。笔名汪铭竹，见于散文《阴霾之晨》，载1932年南京《文艺月刊》第3卷第2期。嗣后在南京《诗刊》《文艺月刊》、重庆《文艺青年》《文艺先锋》《中国诗艺》、昆明《枫林文艺》等刊发表诗《世纪末的道德（外三章）》《月下小景·船》、散文等，出版诗集《自画像》（重庆独立出版社，1940年）、《纪德与蝶》（昆明诗文学社，1944年）等亦署。

汪普庆（1917－2002），江苏泰兴人。笔名：①菲士，见于随笔《关于农村群众文娱活动》，载1946年江苏如皋《文综》第2期。嗣后在该刊发表诗《农村》亦署。②普庆，见于评论《谈民间艺术形式的利用和改造》，载1946年如皋《文综》第5期。③汪普庆，1960年后在《光明日报》《诗刊》《江苏文艺》等报刊发表《吉隆滩战斗》《宝岛访亲友》《巴拿马运河》《中东风云》等诗文，出版电影剧本《水乡的春天》（与鲍雨合作）、电视剧剧本《草鞋司令》（与他人合作）、诗词集《枫叶集》《普庆诗词》、散曲集《东溪散曲缀辑》《中华曲综》《合编曲综》等亦署。④南父（fǔ），署用情况未详。按：1937年前后汪普庆即在天津《庸报》发表诗《在楼坊丛下》，在泰兴《晨报》发表小说《痕》等，署名情况未详。

汪荣宝（1878－1933），江苏吴县（今苏州市）人。字衮父（fǔ）、衮甫，号太玄。笔名：①汪荣宝，见于旧体诗《有感十章》，载1909年上海《国粹学报》第5卷第11期；论文《歌戈鱼虞模古读考》，载1923年上海《华国月刊》第1卷第2期。此前后在上述两刊

及《大同报》《国立北京大学季刊》《学衡》《甲寅》《北京大学研究所国学门月刊》《同仁医学杂志》《新亚细亚》《中央周报》《国闻周报》等刊发表论文、报告、旧体诗等亦署。②汪衮甫，见于旧体诗《得释堪三用江韵看花诗亦用此韵奉答仍避蛰园二首用字》，载1932年9月5日上海《枕戈》第1卷第5期。按：汪荣宝著有《思玄堂诗集》，署名待考。

汪叔明（1873－？），浙江杭县（今杭州市）人。原名汪熙，字叔明、素民、淑明，号匪石。曾用名汪希、汪希曾。笔名匪石，见于论文《中国音乐改良说》、传记《中国爱国者郑成功传》，载1903年6月日本东京《浙江潮》第6期；传记《郑成功传》，东京清国留学生会馆1904年11月出版。

汪倜然（1906－1988），安徽黟县人，生于湖北汉口（今武汉市）。原名汪绍箕，字倜然。笔名：①汪绍箕，见于叙事诗《老妇人和她的七只猫》，载1925年上海《儿童世界》第14卷第12期；翻译小说《鲁本舅父》（瑞典罗琪洛孚原作），载1925年上海《国闻周报》第2卷第50。同时期在杭州一中校刊发表文章亦署。②倜然，见于随笔《最近的世界文坛》，载1930年上海《前锋月刊》创刊号；随笔《"十日谈故事"小论》《江南的民歌》，载1931年上海《读书月刊》第1卷第5期（刊内正文署名汪倜然）。③汪倜然，见于译诗《阿富汗恋歌》，载1928年上海《贡献》旬刊第2卷第7期；翻译小说《赴戏园途中》《意外之事》（均为俄国爱佛钦古原作），载1928年上海《小说月报》第19卷第5期。嗣后在上述两刊及《申报·艺术界》《北新》《真美善》《开明》《东方杂志》《前锋月刊》《读书月刊》《青年界》《现代文学评论》《世界杂志》《社会月报》《矛盾月刊》《论语》《宇宙风》《人世间》《文摘》《黄钟》《明星》《旅行杂志》等报刊发表翻译小说《谎话》（俄国安特列夫原作）、《守夜人》（亚美尼亚阿哈龙尼安原作）、《老鼓手》（英国雪帕德原作），随笔《现代世纪文坛新话》《给文学青年》《择业与乐业》，评论《论创作与技术底修练》《中国文坛的症候》《谈创作》等文，出版翻译小说《心灵电报》（波兰伯鲁士等原作。上海现代书局，1933年）、《黑女寻神记》（爱尔兰萧伯纳原作。上海启明书局，1937年），出版传记《托尔斯泰生活》（上海世界书局，1929年）、《天才底努力》（上海良友图书印刷公司，1931年）和普及读物《希腊神话ABC》（上海ABC丛书社，1928年）、《俄国文学ABC》（上海ABC丛书社，1929年），编选《当代文粹》（上海世界书局，1931年）等亦署。④华侃，翻译出版报告文学《西行访问记》（原名《革命人物传》，美国尼姆·威尔斯原作。上海独立出版公司，1939年）署用。⑤周人，1937年前后在上海《时事新报·青光》《大晚报·火炬》《民国日报·觉悟》发表杂文署用。⑥洪广、杨健，署用情况未详。

汪霆（1919－？），上海人，祖籍安徽休宁，原名汪兆煜。笔名：①汪霆，见于杂文《"中庸"》，载1938年

10月25日上海《申报·自由谈》；翻译小说《安倍叔》（美国厄斯金·考威尔原作），载1940年上海《小说月报》第3期。嗣后在该刊及上海《新流文丛》《万象》《绿茶》《潮流》等刊发表小说《兔儿灯》《未完成的梦》《命运的赌博》《在都市的底层》《圣诞夜》、童话《公鸡的故事》、随笔《重建文艺批评》等亦署。②关山月，见于随笔《无叶的蔷薇》，载1942年上海《绿茶》第1卷第1期；故事《高加索山的地震》，载1943年上海《春秋》第1卷第4期。同时期起在上海《春秋》《自由中国》《幸福世界》《万象》《社会日报·熻火》、南京《民众杂志》等报刊发表散文《新秋小辑》、随笔《"打落水狗"论及其他》《从"王道"到"大国民风度"》、小说《迟暮》《书记官》《河传》等，出版散文集《如梦令》（上海日新出版社，1947年）亦署。

汪文风（1929－2015），重庆人。曾用名汪易修、江流。1946年开始发表作品。笔名：①王文风，1949年后出版长篇小说《雾城斗》（人民文学出版社，1981年）、短篇小说《政治骗子李万铭》《乍暖还寒时候》《当苍山行动队爬上海岸以后》、回忆录《从"童怀周"到审江青》等署用。②江流、王森，署用情况未详。

汪文溥（1869－1925），江苏武进（今常州市）人，字幼安（幼庵），号兰皋、忏庵。曾用名北海后身。笔名：①兰皋，1913年起在《中华实业丛报》《万国女子参政会旬报》《戏剧丛报》发表文章署用。②汪兰皋，见于旧体诗《庚申二月二十二日仵为始满沤社同人借游龙华饮桃花林下归复取醉新半斋赋呈同社诸子》，载1920年上海《小说月报》第11卷第5期。③汪文溥，在《南社丛刻》发表诗文，嗣后出版《来台集》《汪文溥日记》《桃源痛史》等署用。

汪锡鹏，生卒年不详，江苏南京人。笔名：①汪锡鹏，见于长篇小说《结局》（上海水沫书店，1929年）；小说《血蛇》，载1929年上海《现代小说》第3卷第3期。嗣后在《国闻周报》《创造月刊》《新文艺》《文艺月刊》《现代》《良友画报》《中华周报》《矛盾月刊》《黄钟》《学校生活》《中国农村》《天风》《中国合作》《东南评论》《团结月刊》《基督教丛刊》等刊发表小说《嫌疑犯》《晚祷的时候》《破楼上》《定谳》《未死的虫蝶》《怅惘》《指环》、散文《徘徊在农民间》《我在战场时》《青色的回忆》、论文《民众文学的总结》《小说的图解》《歌谣形式的研究》等，出版小说集《前奔》（上海良友图书印刷公司，1931年）、《丽丽》（上海良友图书印刷公司，1932年）、《汪锡鹏小说集》（上海矛盾出版社，1934年）、《不开花的春天》（与彭家煌、蓬子等合集。上海良友图书印刷公司，1931年）等亦署。②双贝子，署用情况未详。

汪习麟（1932－　），安徽和县人，生于上海。1948年开始发表作品。笔名：①汪习麟，出版评论集《儿童诗散论》（陕西少年儿童出版社，1984年）、《浙江籍儿童文学作家作品评论集》（浙江少年儿童出版社，1990年）、《论儿童小说及其他》（安徽少年儿童出版

社,1990 年)、《汪习麟评论选》(少年儿童出版社,1992 年)、《贺宜作品论稿》(少年儿童出版社,1992 年)、《鲁兵评传》(希望出版社,2001 年)、《洪汛涛评传》(希望出版社,2003 年)、《一天云彩——名家名篇撷萃》(汪习麟编述,重庆出版社,2000 年)等署用。②子羽、怀园,署用情况未详。

汪笑侬(1855－1918),北京人,满族。原名德克金(一作德克津、德克俊),字润玉、俊清;后改名汪僢,字舜人、仰天,号笑侬、孝侬、孝农、伶隐、红光、长乐老、竹天农人、天地寄庐主人。艺名王清波(后改汪笑侬)。笔名:①孝农,1904 年在《二十世纪大舞台》发表文章署用。②笑侬、孝侬、伶隐,1904 年后在《二十世纪大舞台》《大陆报》《小说月报》等刊发表诗文署用。③笑侬汪僢,见于旧体诗《偶因观画读诗太息而书此》《哀鸣》《送长风如弟游学东瀛》《寄赠某君》,载 1904 年《大陆》第 2 卷第 5 期。④汪笑侬,见于旧体诗《赠朝鲜刺客》,载 1917 年北京《寸心》第 5 期。⑤仰天、红光,署用情况未详。按:汪笑侬一生创作、改编或根据其他剧种移植过许多京剧剧本,如《哭祖庙》《刀劈三关》《马前泼水》《党人碑》《受禅台》《博浪椎》《骂阎罗》《桃花扇》《骂王朗》《煤山恨》《分金记》等,还创作过话剧剧本《不平鸣》《恨海》《千古恨》《人道贼》《新茶花》《采花奇案》《问天》等和大量诗词、书画,署名情况待考。

汪洋[1](1878－1921),安徽旌德人。字子实,号破园、影庐。笔名:①汪洋,在《南社丛刻》发表诗文署用。②影、石皮、破园、息影、影轩、影生、影庐、听鼓人,1929 年后在上海《晶报》等报刊发表文章署用。

汪洋[2](1927－?),山东莱阳人。原名王克岐。笔名汪洋,1949 年后在台湾《野风》《半月文艺》等刊发表小说署用。嗣后出版小说集《风雨故人》(台湾商务印书馆,1970 年)、《休止符》(台北大西洋图书公司,1970 年)、《移爱》(台湾商务印书馆,1971 年)、《爱情底十字架》(台北黎明文化事业股份有限公司,1972 年)、《最后的约会》(台湾商务印书馆,1973 年)、长篇小说《寡欢的婚礼》(台湾商务印书馆,1971 年)、《换眼记》(台北水芙蓉出版社,1980 年)等亦署。

汪洋萍(1928－?),安徽岳西人。原名汪承宗。笔名国人、中国人、食品、悟生,1949 年后在台湾报刊发表诗歌作品等署用。

汪原放(1897－1980),安徽绩溪人。曾用名汪家瑾、汪麟书。笔名:①原放,见于小说《黄金杀人》,载 1919 年《新生活》第 17 期。②白石,见于小说《王子开森》,载 1921 年 4 月 19 日上海《民国日报·觉悟》。③汪原放,见于翻译小说《过继》(法国莫洛三原作),载 1921 年 10 月 30—31 日上海《民国日报·觉悟》。嗣后在《民国日报·觉悟》发表诗文,标点出版《红楼梦》(上海亚东图书馆,1925 年)、《海上花列传》(上海亚东图

书馆,1926 年)、《官场现形记》(上海亚东图书馆,1927 年),出版故事《六裁判》(上海亚东图书馆,1933 年)及《诗经今译》(上海亚东图书馆,1951 年)、《回忆亚东图书馆》(学林出版社,1983 年),翻译出版小说《仆人》(苏联西梅业乐甫等原作。上海亚东图书馆,1928 年)、《鲁滨逊漂流记》(英国笛福原作。上海建文书店,1947 年)、《我的旅伴》(苏联高尔基原作。上海亚东图书馆,1951 年)、《流浪人契尔卡士》(苏联高尔基原作。上海亚东图书馆,1953 年),故事《一千〇一夜》(上海亚东图书馆,1930 年)、《印度七十四故事》(印度萧野曼·升喀编。上海亚东图书馆,1930 年),寓言《伊所伯寓言》(古希腊伊索原作。上海亚东图书馆,1929 年)等亦署。④土敏、方泉、严约,署用情况未详。

汪远涵(1912－2006),浙江温州人。原名汪永棠,字如海。曾用名汪瑞椿。笔名:①越闲,见于《门板书摊毕业生自述》,载 1932 年《华年周刊》。②如海,1932 年前后在《温州新报》《温州商报》发表散文署用。③汪远涵,见于随笔《航空救国漫谈》,载 1933 年上海《华年周刊》第 2 卷第 24 期;随笔《剪报趣味》,载 1934 年上海《太白》半月刊第 1 卷第 4 期。嗣后在《华年周刊》《胜流》等报刊发表随笔《谈中国书籍的销毁》《从马歇尔来华说起》等文亦署。④远涵,20 世纪 30 至 40 年代在浙江报刊发表文章署用。⑤王渊,见于《复旦大学新闻学系访问记》,载 1935 年前后上海《申报》副刊《读书界》。⑥涵君,见于随笔《七日谈》,载 1942 年 4 月 4 日金华《东南日报·周末版》。⑦小湖,见于散文《一夜春雨》,载 1942 年 4 月 20 日金华《东南日报·笔垒》。⑧波微,见于随笔《七日谈》,载 1943 年 12 月 18 日丽水《东南日报·周末版》。⑨忙人,见于随笔《隐恶扬善》,载 1944 年 5 月 12 日丽水《东南日报·笔垒》。嗣后在该刊发表随笔《鸡鸣而息室闲话》亦署。⑩小微,在丽水《东南日报·笔垒》发表文章署用。⑪微波、笑微,署用情况未详。

汪曾祺(1920－1997),江苏高邮人。笔名:①汪曾祺,见于诗《昆明小街景》,载 1941 年 4 月 21 日桂林《大公报·文艺》;小说《唤车》,载 1943 年《世界学生》第 2 卷第 3 期。嗣后在《国文月刊》《今日评论》《益世报·文学周刊》《世界学生》《建国导报》《新路周刊》《文艺春秋》《文艺复兴》《文学杂志》《人世间》《文讯》《新路》《文艺工作》等报刊发表小说《小学校的钟声》《绿猫》《异秉》《戴车匠》、散文《蜘蛛和苍蝇》《斑鸠》《礼拜天早晨》等,出版小说集《羊舍的夜晚》(中国少年儿童出版社,1963 年)、《茱萸集》(江苏文艺出版社,1979 年)、《汪曾祺短篇小说选》(北京出版社,1982 年)、《晚饭花集》(人民文学出版社,1985 年)、《邂逅集》(河南文艺出版社,2016 年)、《寂寞和温暖》(九州出版社,2018 年),散文集《汪曾祺自选集》(漓江出版社,1987 年)、《汪曾祺小品》(中国人民大学出版社,1992 年)、《逝水》(中国青年出版社,1996 年)、《矮纸集》(长江文艺出版社,1996 年)、《蒲

桥集》（长江文艺出版社，1996 年）、《孤蒲深处》（浙江文艺出版社，2000 年）、《汪曾祺：文与画》（山东画报出版社，2005 年）、《人间草木》（江苏文艺出版社，2005 年）、《旅食小品》《汪曾祺自选集》，杂文集《晚翠文谈新编》（生活·读书·新知三联书店，2002 年），京剧剧本《沙家浜》（主要编者）、《范进中举》以及《汪曾祺全集》（北京师范大学出版社，1998 年）等亦署。②曾祺，见于诗《旧体诗》，载 1942 年 12 月 8 日桂林《大公报·文艺》；散文《书〈寂寞〉后》，载 1948 年 5 月 29 日天津《益世报·文学周刊》。③西门鱼，1950 年前发表散文诗偶署。④曾岐、曾著，1949 年后发表文章曾用。

汪兆铺（1861－1939），浙江绍兴人，生于广东番禺（今广州市）。字伯序，号憬吾、景吾、今吾。晚号慵叟、党道人、清溪渔隐、微尚老人。笔名：①汪兆铺，见于随笔《棕窗杂记》，载 1933 年《词学季刊》第 1 卷第 2 期；《汉华岳庙残碑阴跋》，载 1936 年《艺文杂志》第 1 卷第 5 期。嗣后在《词学季刊》《同声月刊》等刊发表《汲古阁本尊前集书后》《崔伯越丹霞游草序》等文，出版《广州新出土隋碑三种考》（吉金轩，1923 年）、《雨屋深镫词》（1911 年）、《微尚斋诗》（1911 年）、《微尚斋诗续稿》（1912 年）、《雨屋深镫词续稿》（1928 年）等著作亦署。②清溪渔隐，见于《元广东遗民录》，1922 年刻印。

汪萦子，生卒年不详，江苏南通人。原名汪钦曾。笔名萦子，见于日记《纪念郁离》，载 1936 年济南《国民日报·未央》第 37－39 期。1946 年 1 月起在江苏如皋《文综》发表报告《冬夜小景》《谢老太太》等亦署。

汪震（1901－？），江苏武进（今常州市）人，生于河北保定，字伯烈。笔名汪震，见于论文《情绪之发生》，载 1923 年上海《心理》第 2 卷第 2 期；论文《行为心理的人生观》，载 1923 年 11 月 18 日北京《晨报副镌》。嗣后在该刊及《京报副刊》《北京师大周刊》《认识周报》《师大附中校友会会刊》《民智月报》《文化与教育》《师大月刊》《江西图书馆馆刊》《现代评论》《青年界》等刊发表论文《心理学的修养法》《易经书中之古代人民的生活》《中国现代的哲学》《文法杂论》、随笔《鲁迅先生的免职》《通才与畸才》《雪杨之画》《孔子能推翻现代心理学吗》、散文《西域寺上方山游记》《潭柘寺戒坛寺记游》《一个教师一天的日记》、信函《谈文化问题的两封信》、译诗《译拜伦短诗两首》等，出版诗集《伐木集》（北平著者书店，1933 年）、专著《国语修辞学》（北平文化学社，1935 年）、《国学大纲》（北平人文书店，1937 年）以及语言学、心理学著作等亦署。

汪仲贤（1888－1937），安徽婺源（今属江西省）人，生于上海。原名汪效曾，字仲贤。曾用名汪优游（艺名）。笔名：①优优，1915 年在《戏剧丛报》发表文章署用。②戏子，见于随笔《敬告评剧家》，连载于 1920 年上海《晶报》。③W，见于随笔《对组织爱美剧社的渴望》，载 1922 年 6 月 4 日上海《时事新报》。④汪仲贤，见于论文《宣和遗事考证》，载 1927 年上海《小说月报》第 17 卷号外《中国文学研究》；小说《江山万里图》，载 1932 年上海《万岁》第 8 期。嗣后在《戏剧》《时事新报·文学旬刊》《礼拜六》《金钢钻月刊》《珊瑚》《社会周刊》《社会月报》《新人周刊》《机联会刊》等刊发表小说《僵先生》《咖啡之妻》《藏拙》、集锦小说《空谷箫声》（与吴农花、张舍我、余空我、江红蕉、俞逸芬、王小逸、周瘦鹃、徐卓呆、施济群合作）、随笔《公开研究性知识》《特别嗜好之食品》《倒灶室碎墨》等，出版长篇小说《歌场冶史》（上海社会出版社，1935 年）、《恼人春色》（上海万象书屋，1941 年）、《朱八嫂》（上海震华书局，1948 年）及《上海俗语图说》（上海书店出版社，1999 年）等著作亦署。⑤仲贤，见于随笔《打朋的纪念》，载 1931 年上海《社会日报纪念专刊》（该刊目录署名汪仲贤）；小说《糊涂虫》，载 1933 年上海《礼拜六》第 497－499 期。⑥汪优游，见于《我的俳优生活》，载 1934 年上海《社会月报》第 1 卷第 1－5 期。⑦UU、哀鸣、陆明晦，署用情况未详。

汪作民（1931－　），安徽歙县人，生于江苏南京。笔名：①郑加，见于书评《浪花》，载 1947 年 10 月 27 日南京《中央日报·读书与出版》。嗣后在《中央日报·中央副刊》发表小说《小老板的婚姻》等亦署。②雪僧、易血森、一学生，1948 年前后在南京《中央日报·校园生活》《大刚报·学校通讯》发表通讯时署用。③TM，1947 年前后在上海《东南日报》发表对郭沫若《苏联归来》的读后感署用。同时在南京中大校刊发表通讯《青春的聚会》，嗣后在《中央日报·校园生活》《大刚报·学校通讯》等报发表文章亦署。④汪琢冥、琢冥，1948 年前后在《大刚报》发表短诗署用。⑤麦开锋，1949 年 10 月前发表文章曾署用。⑥王川、吕君持、尤限、丁酉、盘江、李东隅、旁观者，1949 年后发表文章署用。

王白渊（1902－1965），台湾彰化人。曾用名谢南光、王博远、王溪森。笔名：①王白渊，在《政经报》《台湾文学》《台湾新报》《台湾文化》等报刊发表小说《唐璜与加彭尼》、诗《我的诗》《伫立在扬子江边》、随笔《献给青年诸君》《府展杂想》、评论《批评与作家》《台湾演剧之过去与现在》《在台湾历史的相克》，出版日文诗集《荆棘之道》（日本久保庄书店，1931 年）等署。②洗耳洞主人，署用情况未详。

王葆心（1867－1944），湖北罗田人。字季芗、季香，号晦堂、青坨、明心道人。笔名：①晦堂，1919 年在北京《文史杂志》发表文章署用。②王葆心，出版论著《汉口小志》（与徐焕斗等合作。汉口爱国公司，1915 年）署用。嗣后出版《古文词通义》《蕲黄四十八寨纪事》《明季江淮七十二寨纪事》《虞初支志》《方志学发微》等亦署。

王葆桢（1872－1923），浙江黄岩（今台州市）人。本名王立轩，字子长，号漱岩。笔名：①漱岩，1914年在《民权素》发表文章署用。②王葆桢，在《南社丛刻》发表旧体诗署用；印行《长勿勿斋诗集》（1916年）、出版《全清诗事》等亦署。

王北雁（1921－？），山东福山（今烟台市）人。原名王文浩。曾用名王国华。笔名：①浪子、浮萍，20世纪40年代初在哈尔滨《大北日报》《滨江日报》《滨江晚报》发表文译诗文署用。②王北雁，见于诗《每只小鸟会唱歌》，载1948年上海《新诗潮》第2辑。同时期在沈阳《诗战线》《诗哨》、北平《北方文艺》《骆驼文丛》等刊发表诗作，出版诗集《生活的浪花》（天津昆仑诗社，1995年）亦署。③王文浩，1949年后在《东北日报》《中国青年报》等报刊发表诗、影评、通讯等署用。20世纪80年代由广西人民出版社出版译作《在中国的奇遇》《重访中国》（均为日本今村医平原作，与王丕能合译）等亦署。④汪浩、陈戈、毕辛风、王一丁，20世纪70年代起在《铁道知识》《人民铁道》《旅客之友》等刊发表译译文章署用。

王彪（1926－2012），江苏南通人。笔名：①斯漫，20世纪40年代在南通报刊发表文章署用。②泊风，见于诗《隐士·坟》，载1944年9月15日南通《江北日报·诗歌线》。嗣后在该刊发表诗《夜空的花》亦署。

王滨（1912－1960），山东昌邑人。原名王绍杰。曾用名王斌、王彬。笔名王滨，1934年进入电影界，曾编写《重归》《母亲》《海葬》《血溅雪岳》等电影剧本。1938年至延安，曾负责新歌剧《白毛女》的创作与导演工作。1947年后曾导演电影《桥》《怒海轻骑》（与汤晓丹合作）、《画中人》，改编并导演电影《白毛女》（与张水华合作）。1959年，改编柯夫的话剧《双婚记》，改名为《黑宝石》，后由胡苏和吴天导演并改名《换了人间》。

王冰洋（1909－1962），山东长清人。原名王燮。笔名：①王冰洋，见于散文《妻孥》，载1939年《抗战文艺》第3卷第7期；随笔《关于"人"和"事"的五六事》，载1943年6月11－12日《华西晚报·文艺》。嗣后在《文艺月刊》《语文》《国民教育指导月刊》等报刊发表作品亦署。②潘凝，见于小说《椅子》，载1941年成都《笔阵》新1期。嗣后在《人世间》《文讯》《同代人文艺丛刊》《幸福世界》等刊发表《论托尔斯泰的〈哥萨克〉》《文艺作家与流氓》《作家到农村去和作品的为听与为看》等文亦署。③王峦，见于《败絮》，载1942年12月18日成都《华西晚报·文艺》。嗣后在该刊发表《尺寸》《转变》《看报》等作品亦署。④冰洋，见于《纪德的窄门》，载1943年10月23－24日《华西晚报·文艺》。嗣后在该刊发表《评〈泥土的歌〉》《文艺的胜利》等文亦署。⑤龚鸢，见于《骑士的堕马——评姚雪垠著中篇小说〈戎马恋〉》，载1946年重庆《中原·文艺杂志·希望·文哨联合特刊》第1卷

第4期。⑥何其冷，见于随笔《知识分子与官僚之间》，载1947年《书报精华》第31期。⑦边鹰、壁岩，署用情况未详。

王秉忱，生卒年及籍贯不详。原名王效哲。笔名：①王涛峰，见于诗《晚风歌》，载1933年2月19日开封《河南民报·民报副刊》。嗣后在该刊发表小说《蜘蛛》、诗《歌》《夜步院中》、散文《蝶的话》等亦署。②秉忱，见于小说《太平年》，载1935年开封《山雨月刊》第1卷第1期。嗣后在该刊发表诗《老牌奴隶》《暴风》等亦署。

王秉成，生卒年及籍贯不详。原名刘裕声。笔名刘裕声，抗战时期在重庆编《商务日报》署用。

王伯沆（1871－1944），江苏溧阳人，生于南京。原名汪瀓，字伯谦、伯沆，号沆一、伯涵、伯韩、酸斋、无想居士。号冬饮。笔名：①王伯沆，见于诗《屋后小圃家人翦刈荒篾杂植花木为各纪以诗》，载1922年《文哲学报》第2期。1935年在《制言》发表《上已第二集因事未及与补占鹊字》《上已社诗钞》等诗，出版遗著《王伯沆红楼梦批语汇录》（江苏古籍出版社，1985年）、《圈点手批四书集注》（台北文听阁图书有限公司，2009年）等均署。②王瀓，见于诗《癸丑五月十四日同散原风斋宿焦山松寥阁》，载1922年《学术》第2期。嗣后在该刊及《学衡》《国风半月刊》《词学季刊》《中国文学》等刊发表《齐天乐》《娱生轩词序》《与王雷夏论学书》等诗文亦署。

王伯祥（1890－1975），江苏吴县（今苏州市）人。原名王锺麒，字伯祥，号容堂、容安、容翁、容叟、碧庄、巽斋、苏亭、臻郊、思（jù）止、畤（qí）叟、不翔。笔名：①王钟麒，见于《对于小学作文教授之意见》（与叶绍钧合作），载1919年1月1日《新潮》创刊号。嗣后在《教育杂志》《教育周刊》《女子月刊》《师大月刊》《人文月刊》等刊发表文章亦署。②王伯祥，见于随笔《元曲选叙录》，载1923年上海《时事新报·文学旬刊》第76期；《鸡鸣》，载1923年《小说月报》第14卷第6期。嗣后在《时事新报·文学旬刊》《小说月报》《努力周报》《学生杂志》《东方杂志》《国际周报》《苏俄评论》《文化月刊》《一般》《青年界》《新月》《北新》《万象》《太白》《中学生》《国立暨南大学图书馆馆刊》《民主》《文学月报》《文学》《周报》《中法汉学研究所图书馆馆刊》《读书通讯》等刊发表文章，出版《本国史参考书》（上海商务印书馆，1927年）、《中国学术思想演进史》（上海亚细亚书局，1935年）、《左传读本》（上海开明书店，1940年）、《史记选》（人民文学出版社，1957年）、《春秋左传读本》（中华书局，1957年）、《增订李太白年谱》（四川人民出版社，1981年）等均署。③伯祥，见于评论《复活中之东铁交涉》，载1934年《国际周报》第9卷第8期。嗣后在该刊发表文章亦署。

王伯英（1920－1993），吉林九台人。曾用名王梦白。

笔名：①梦白，1945年10月在北平《创作》半月刊发表诗歌、散文署用。②王孟白，见于《不朽的作家，坚强的战士》，载1961年9月25日《哈尔滨日报》。校注出版《陶渊明诗文校笺》（黑龙江人民出版社，1985年）亦署。③孟白，见于《早期鲁迅的文艺观点》，载1961年《北方文学》第10期。④王云、乡道人、乡道士，存疑备考。

王伯庸，生卒年及籍贯不详。笔名：①王伯庸，见于随笔《我是国家主义者》，载1923年9月2日北京《晨报副镌》。②伯庸，见于杂感《"有血没有"》，载1923年10月2日北京《晨报副镌》。③庵，见于《谈谈爱国诗人陆放翁的梦》，载1937年某月某日某报。

王采（1914－1987），河北邢台人，生于行唐。原名王有光。笔名王采，见于诗《剑》，载1943年重庆《文学月刊》第1卷第6期；诗《冬天的故事》，载1948年武汉《文艺》第6卷第3期。此前后在《文讯》《文艺春秋》《诗创造》《同代人文艺丛刊》、北平《人民文艺》、重庆《文学》《新华日报》《艺风》、汉口《大刚报·大江》《文艺》、香港《群众》及《新音乐》《诗月报》等报刊发表诗文，出版诗集《鹰之歌》（蜜蜂社，1945年）、《你在那儿》（上海中兴出版社，1948年）、《给魔鬼》（上海文化工作社，1949年），1949年后出版《他们来的时候》（上海正风出版社，1950年）、《开放的土地》（文化出版社，1951年），话剧剧本《两朵鲜花一样红》（武汉工人出版社，1951年）、《苗金凤》（武汉工人出版社，1952年）等亦署。

王灿，生卒年不详，江苏松江（今上海市）人。字承粲，号粲君。笔名：①承粲女士，1911年在《妇女时报》发表作品署用。②王灿，见于旧体诗《青溪闻人为子由作生日鹤亭先生用东坡韵有作因次其韵》，载1933年南京《铁路协会会刊》第5卷第3期。嗣后在该刊及《法治周报》《国民外交杂志》发表旧体诗《登穹窿山》《颖人病起有作依韵和之》等亦署。

王昌定（1924－2006），河南固始人。原名吴兆安，号大别山人、初阳斋主人。曾用名吴雁、蓼云。笔名：①王昌定，发表论文《创作，需要才能》《论袭人平儿的塑造及人物个性与共性的关系》《关于红楼梦的四十回著作和问题》《方纪论》，出版长篇小说《海河春浓》《探求》，小说散文集《海河散歌》《北极星》，散文集《绿叶集》《八十起步集》，话剧剧本《控诉》《在胜利中前进》《悬崖》《为了祖国》（与他人合作）、《五彩缤纷》（与他人合作）、《真理之歌》（与他人合作），连环画脚本《聊斋志异》《嫦娥》（均与他人合作），画集《初阳斋习画录》，专著《〈红楼梦〉艺术探》以及《王昌定文选》《王昌定文集》等亦署。②吴雁、白藻，署用情况未详。

王昶雄（1916－2000），台湾淡水人。原名王荣生。笔名王昶雄，1943－1944年间在台北《台湾文学》《文艺台湾》《台湾日日新报》《兴南新闻》等发表作品署用。见于小说《奔流》，载1943年7月台北《台湾文学》第3卷第3期；《新剧与脚本》，载1944年6月27－28日台北《台湾新报》。嗣后出版小说集《王昶雄集》（与翁闹、巫永福合集。台北前卫出版社，1991年），散文集《驿站风情》（台北县文化中心，1993年）、《阮若打开心内的门窗》（台北草根出版公司，1996年）等亦署。

王朝闻（1909－2004），四川合江人。原名王昭文。曾用名王谦、王岱男、曹松茂。笔名：①王朝闻，见于通讯《二十五个中的一个》，载1939年重庆《七月》第4集第3期；评论《再艺术些》，载1941年12月2日延安《解放日报》。嗣后在《笔阵》《通俗文艺》《新群众》《北方文化》《长城》《华北文艺》《文艺劳动》《人民周报》《中苏友好》等报刊发表评论《年画的内容与形式》《艺术性与思想性》《在伟大的主题下——关于抗美援朝的诗歌》、木刻《高尔基》、漫画《妥协投降》等，出版评论集《新艺术创作论》（新华书店华东总分店，1950年）、《创作、欣赏与认识》（四川人民出版社，1979年）、《王朝闻学术论著自选集》（北京师范学院出版社，1991年）、《〈复活〉的复活》（首都师范大学出版社，1993年），绘画《波兰宣传画》（上海新艺术出版社，1956年），主编《中国民间美术全集》（山东友谊出版社，1993年）等均署。②纹石，见于素描《流浪儿》，载上海某刊。③廖化、席斯诃，1949年后在《文艺报》《人民美术》发表文章署用。④牛、雯、赤石、小牛，署用情况未详。

王潮清（1926－　），四川崇庆（今崇州市）人。笔名：①萧弦，1945年6月开始在成都《新中国日报·动力》发表散文《系念》、小说《乡下》，在成都《新新新闻·柳丝》发表小说《创伤》《像片》等署用。②蓝青，1947年5月开始在成都《光明晚报·笔花》发表诗《三月的》《蝙蝠》《臭虫》等署用。③蓝羽，见于散文《邂逅》，载1947年9月27日成都《新新新闻·柳丝》。嗣后在成都《华西晚报》《光明晚报》《时论周报·窄门》《每周时报》《西方日报》《诗与诗论》等报刊发表诗歌、小说署用。1949年后在报刊发表诗文亦署。

王尘无（1911－1938），江苏海门人，祖籍浙江宁波。原名王承谟。笔名：①尘无，见于影评《从浅薄说到滑稽》，载1932年5月30日上海《时报·电影时报》。嗣后在上海《申报·电影专刊》《青春电影》《时代电影》《明星月报》《影迷周报》《电影戏剧》《光明》《联华画报》，以及《晨报》副刊《电影时报》《每日电影》、《中华日报》副刊《电影新地》《电影艺术》《银座》、《大晚报》副刊《星期电影》《火炬》《每周影坛》等刊发表评论、随笔、诗等亦署。②劳人，1932年后在上海报刊发表电影评论署用。③摩尔，见于影评《评〈压迫〉》（与凌鹤合作），载1933年8月17日《申报·电影专刊》。嗣后在该刊发表《三个红圈之下——再给卜少夫先生》《荒蛮影片的意义》等评论亦署。④离离，见于评论《上海电影刊物的检讨》，载 1934 年 5 月 26—6 月 2 日《申报·电影专刊》。⑤向拉，见于随笔《也是杂感》，载 1934 年 6 月 2 日上海《民报·影谭》。嗣后在该刊发表《又是杂感》《阿 Q 与梁景芳》《刘呐鸥的责任》等随笔亦署。⑥方景亮，见于随笔《景亮散弦》，载 1934 年 7 月 30 日《民报·影谭》。嗣后在《光明》等报刊发表文章亦署。⑦尘芜，见于诗《倒行逆施的日本军阀》，载 1937 年 9 月 26 日上海《救亡日报》。嗣后在该报发表旧体诗《第八路军平型关大捷口占三绝志喜》亦署。⑧王尘无，出版散文集《浮世杂拾》（上海长城书局，1941 年）署用。

王晨牧（1917—1990），湖南衡阳人。笔名：①王晨牧，见于诗《黄昏之曲》，载 1939 年《文艺阵地》半月刊第 2 卷第 6 期；诗《疯妇》，载 1940 年福建永安《现代文艺》第 1 卷第 6 期。此前后在《大刚报·文艺》《江西地方教育》《新华南》《诗创作》《诗丛》《文坛》《中国诗艺》《芦笛》《青年生活》《新诗潮》《文化杂志》《新时代》《文艺月刊·战时特刊》《弘报·儿童导报》《新湖南报·湘江》等报刊发表《出发》《战斗的歌》《旅行者的诗章》《从冬到春》《暮·田庄及其他》等诗，出版诗集《往日诗草》（阳光社，1943 年），1949 年后出版《向旷野这边开一个窗子》（湖南文艺出版社，1986 年）等均署。②晨牧，见于诗《春天来了》，载 1939 年《文艺阵地》第 3 卷第 2 期。

王成秋（1918— ？），上海人。笔名：①王成秋，见于诗《我心田里的春天》，载 1936 年上海《青年界》第 9 卷第 3 期。②一雨、王雨，署用情况未详。主要译作有《电影作为艺术》《现代电影喜剧的几项原则》《关于卓别林的书》《两个爱因汉姆》等。

王承琰（1918— ？），河北人。笔名：①彭雨，20 世纪 40 年代在张家口《蒙疆文学》《利民半月刊》发表小说《玲子》、散文《看云草》《龙》等署用。②乃帆、王乃帆，20 世纪 40 年代在张家口《蒙疆文学》《利民半月刊》发表新诗署用。③巴图尔，见于短篇小说《彪悍的热情》《规矩》，载 20 世纪 40 年代张家口《蒙疆文学》。

王程之，生卒年不详，浙江慈溪人。字幼度。笔名王程之，在《南社丛刻》发表旧体诗署用。

王楚良（1919—2011），浙江绍兴人。笔名：①王楚良，见于译文《论高尔基反社会主义的人道主义》（苏联科尼波维奇原作），载 1939 年上海《文艺新潮》第 2 卷第 1 期。嗣后在上海《大英晚报》《长风月刊》《文坛月报》等报刊发表译作，出版翻译小说《不准敌人通过》（美国辛克莱原作。上海枫社，1939 年）亦署。②祝无量，见于随笔《看电影的异国伙伴》，载 1941 年上海《联声》半月刊第 4 卷第 4 期；随笔《〈星底梦〉跋》，载上海诗歌丛刊社 1945 年版《星底梦》（歌青春著）。③古道、沙风，分别见于评论《青春之歌——略论歌青春的诗》、翻译小说《高级经理》（俄国契诃夫原

作），载 1945 年上海《谷音》第 1 辑《译作文丛》。④古琴心，见于评论《青春的歌手——评〈星底梦〉》，载 1945 年 7 月上海《谷音》。⑤王迪、苏潮、白慧。署用情况未详。

王传洪（1927—2017），江苏苏州人。笔名李拔、吉悌。著有《祖国的眼睛》《战友》《纯粹的战士》《战船齐发》《战斗热情最可贵——漫谈魏巍同志抗美援朝时期的散文》等作品。

王春翠（1902—1987），浙江浦江人。笔名：①王春翠，见于随笔《人生哲学的第一章——恋爱》，载 1932 年上海《涛声》第 1 卷第 26—28 期。嗣后在该刊及上海《芒种》《社会月报》等刊发表散文、随笔，出版散文集《竹叶集》（上海天马书店，1936 年）亦署。②谢燕子，编选出版《戏剧新选》（上海武林书店，1945 年）和《戏曲甲编》等书署用。③醉鸢，署用情况未详。

王聪，生卒年不详，安徽泗县（今宿州市）人。曾用名王选聪，笔名：①菡菲，见于小说《张家楼》，载 1933 年安徽《百灵》杂志第 3 期。②王聪，见于随笔《文艺家修养的双重曲》，载 1937 年安徽安庆《火炬》旬刊第 1 卷第 3 期。嗣后该刊第 1 卷第 8 期发表随笔《从"反差不多运动"说到民族文艺理论的建立》亦署。

王大海（1923—2002），江苏苏州人。原名汪流。笔名：①王大海，1945 年 10 月在华中《新华日报》发表诗《过路的部队》署用。嗣后在山东《鲁南时报》发表战地通讯，出版报告文学《新的生活和新的歌》《地上的织女城》、杂文集《思想的落叶》《诚实使生活美丽》（与他人合集）等亦署。②帅克，署用情况未详。

王大化（1919—1946），山东潍县（今潍坊市）人。曾用名端木炎。笔名：①王大化，见于木刻《纪念七七》，载 1938 年重庆《春云》第 4 卷第 1 期；评论《戏剧艺术观》，载 1947 年 3 月 1 日《大连日报》；秧歌剧《兄妹开荒》[与安波、路由合作，1943 年 2 月在延安演出，收入上海雷鸣出版社 1947 年出版之秧歌剧集《兄妹开荒》（与周戈、周而复合集）]；出版街头秧歌剧集《兄妹开荒·比赛》（与洪深等合作。河南涉县韬奋书店，1945 年），小型秧歌剧集《兄妹开荒》（北平新华书店，1949 年）亦署。②大化，见于童话《一匹小马》，载 1947 年《胶东文艺》创刊号。③炎，见于《音乐的八一五》，载《戏剧与音乐》创刊号。

王大苏，生卒年及籍贯不详。曾用名王宝康。笔名苏广成，见于长篇小说《贞节坊》，20 世纪 20 年代连载于上海《讯报》。嗣后出版长篇小说《船娘阿九》（上海文友社）亦署。

王大学（1928—2006），吉林柳河人。笔名：①伟群，1948 年开始在吉林报刊发表消息、通讯等署用。1950 年在编辽东省报《辽宁大众》时撰文亦署。1954 年在沈阳发表小说、报告文学、评论等沿用。②江源，1954 年起在报刊发表小说、报告文学、评论时署用。③王大学，1980 年起发表作品、出版长篇小说《关东魂》

（与高其昌合作。花山文艺出版社，1986年）、论著《编辑的修养》（知识出版社，1985年）、报告文学《搏击者的足迹——改革大潮中的苏海泉》（与高其昌合作，春风文艺出版社，1993年）等署用。

王黛英，生卒年及籍贯不详。笔名：①黛英，1940年开始在张家口《蒙疆新报》副刊发表散文署用。②王令，1943年后在张家口《蒙疆文学》《利民》发表散文署用。

王道，生卒年不详，湖北武汉人。笔名：①王道胜，见于诗《咏珞珈山》，载1935年武汉《文艺》第1卷第2期。嗣后在该刊发表小说《易水寒》、诗《归宿》等，1937年在武汉《奔涛》第12期发表诗《离家行》，出版《王道胜小说集》亦署。②王道，见于《寂寞》，载1937年武汉《心血》杂志创刊号。③道胜，20世纪30年代在《华中日报》副刊发表诗、散文署用。

王德林（1920—?），陕西西安人。笔名王德林、呆令、令公、刘萍、德林、德麟、米鹿、王梦玉、豆腐干、叶敏华，1936年开始在西安《西北朝报》《西京雍报》《西京日报》《工商日报》《西北文化日报》《新秦日报》《秦风日报》《秦风工商联合版》《西京平报》《华北新闻》《建国日报》《青年日报》《益世报》《正报》《民言晚报》《时代周刊》《大荔民报》《河防通讯社稿》《国风日报》《火花》《惠群月报》《荒原》等报刊发表诗《胜利的微笑》《巨星的殒落》《劳工神圣》、小说《察壮之夜》《赛拉西的出奔》《正义的创伤》《夏完淳之死》、散文《三八节给云姐的信》《从哭说起》《时代的悲剧》《春节风景线》、评论《读艾青的诗论》《评电影〈船家女〉的主题歌》《我看〈将相和〉》等作品署用。1949年后在《西北文化》《陕西文艺》《西安戏剧》《西安晚报》《群众日报》报刊发表戏剧评论等亦署。

王德锜，生卒年不详，江苏青浦（今上海市）人。字振威，二痴，号秋厓。笔名：①二痴，见于小说《地震》，载1913年上海《大同周报》第1期。同时期在《大同周报》发表诗词《戏题新新百美图二帖》《减字木兰花》等亦署。②王德锜，在《南社丛刻》发表诗文署用。

王德薇，生卒年不详，河北人。笔名瀚海，抗战时期（卢沟桥事变后）在绥远《绥远青年》发表小说署用。

王德钟（1896—1927），江苏青浦（今上海市）人。字玄穆、大觉，号幻花。笔名：①王德钟、王大觉，在《南社丛刻》发表诗文署用。②大觉，见于《还我欢容》《蒯松巢献楼合传》，载1919年上海《小说月报》第10卷第10期；诗《山塘杂诗》，载1920年上海《小说月报》第11卷第5期。

王鼎，生卒年不详，江苏淮安人。字桂秋、桂佛，号筱村、且安。笔名：①王鼎，在《南社丛刻》发表诗文署用。②桂佛、且安、大错，署用情况未详。

王鼎成（1917—1983），上海人。笔名：①丁人，见于随笔《关于〈学徒的幸福〉》，载1940年8月5日上海《申报·春秋》。嗣后在该刊发表随笔《"罢工"与"揩油"》《告上海"二房东"》等文亦署。②高扬，见于随笔《马路巡礼》，载1940年11月1日上海《申报·春秋》。嗣后在该刊发表随笔《愚园路上》《理发与洗澡》《收学费记》等文亦署。③许连明，见于随笔《接财神》，载1941年1月31日上海《申报·春秋》。嗣后在该刊发表随笔《做父母的责任》《"贫"与"富"的矛盾》《从"路尸"说起》《谈儿童读物》等文亦署。④青君、路工、华路工、庄卫民，20世纪40年代在上海报刊发表文章署用。⑤王鼎成，见于《改良平剧座谈》，载1946年上海《月刊》第2卷第1期。

王鼎钧（1925— ），旅美作家，原籍山东临沂兰陵镇（今属兰陵县）人。笔名：①王鼎钧，1944年在陕西《安康日报》发表评论《评红豆村人的诗》署用。1949年后在台湾各报刊发表小说、散文、评论，出版小说集《单身汉的体温》（台北大林出版社，1970年）、《王鼎钧自选集》（台北黎明文化事业股份有限公司，1975年），散文集《情人眼》（台北大林出版社，1970年）、《开放的人生》（台北尔雅出版社，1975年）、《人生试金石》（1975年自印）、《我们现代人》（1976年自印）、《碎琉璃》（台北九歌出版社，1978年）、《灵感》（1978年自印。台北尔雅出版社，1989年重版）、《情话》（台北大林出版社，1979年）、《海水天涯中国人》（台北尔雅出版社，1982年）、《别是一番滋味》（台北皇冠出版社，1984年）、《山里山外》（台北洪范书店，1984年）、《看不透的城市》（台北尔雅出版社，1984年）、《左心房漩涡》（台北尔雅出版社，1985年），杂文集《人生观察》（台北文星书店，1965年）、《长短调》（台北文星书店，1965年）、《世事与棋》（台北惊声文物供应社，1959年）、《意识流》（1985年自印），评论集《文路》（台北益智书店，1963年）、《小说技巧举隅》（台中光启出版社，1963年）、《广播写作》（台中中广公司，1964年）、《讲礼》（台北自由青年社，1964年）、《短篇小说透视》（台北大江出版社，1969年）、《文艺评论》（台湾广文书局，1969年）、《文艺与传播》（台北三民书局，1974年）、《文学种籽》（台北明道文艺杂志社，1982年）等亦署。②方以直，见于随笔《封锁线的另一端——张爱玲的〈秧歌〉》，载台北《中国时报》。③宸节，署用情况未详。

王东培（1875—1947），江苏江宁（今南京市）人。原名王孝烇，字东培，号寄泓、一粟、山民、东培山民、一濑研斋主人。笔名：①王无闷，1918年在上海《小说丛报》第4卷第7、8期发表《复某郎观梅兰芳演剧之约》《久不得某公子书函问近状》等文署用。②红叶，见于随笔《一濑研斋笔记》，载1933年《人文月刊》第4卷第2期。③王东培，见于词《浣溪纱》，载1938年《民族诗坛》第2辑。嗣后在该刊及《书学》杂志发表《水衒行》《昭通汉碑考》《张祝秋先生传》等诗文亦署。

王独清（1898—1940），陕西蒲城人。原名王诚，号笃卿。曾用名张云。笔名：①王独清，见于《一双鲤鱼》，载 1922 年《创造》季刊第 1 卷第 2 期。嗣后主编《创造月刊》并在该刊及《洪水》半月刊等刊发表文章，出版诗集《圣母像前》《死前》《威尼市》《埃及人》《II DEC》《锻炼》《零乱草》《独清诗选》《独清诗集》《王独清诗歌代表作》，话剧剧本《杨贵妃之死》《貂蝉》，短篇小说集《暗云》，传记《我在欧洲的生活》《长安城中的少年》，散文集《前后》《如此》，杂文集《独清三种》，论文集《独清文艺论集》，作品选《独清诗选集》《独清自选集》《王独清创作选》《王独清选集》，译作《独清译诗集》《新生》（意大利但丁原作）、《新月集》（印度泰戈尔原作）等亦署。②独清，见于译文《诗人缪塞之爱的生活》（法国摩南原作），载 1926 年《创造月刊》第 1 卷第 4 期。嗣后在《畸形》半月刊发表作品亦署。③斗勤，见于杂文《从哥雅说起》，载 1939 年 1 月 4 日上海《申报·自由谈》。嗣后在该刊发表随笔"是""哼"等亦署。④秦佬，见于杂文《谈"好的报告文学"》，载 1939 年 1 月 31 日《申报·自由谈》。嗣后在该刊发表《说文坛上的"隐"》《灯下走笔》《读书偶解》等文亦署。⑤青侯，见于杂文《背历史》，载 1939 年 4 月 12 日《申报·自由谈》。嗣后在该刊发表杂文《文坛上的"缴械法"》等亦署。⑥野老，见于评论《罗曼·罗兰新论》，载 1939 年上海《动向》月刊第 2 期；评论《罗曼·罗兰新论的申论：答大公报文艺适夷先生底驳论》，载 1939 年上海《学术丛刊》第 1 辑。⑦王隐，20 世纪 30 年代后期为上海中华书局编纂《德法辞典》署用。嗣后出版译作《文艺小辞典》（日本神田丰穗原作。上海中华书局，1940 年）、传记《世界文学家列传》（上海中华书局，1947 年）等亦署。

王度庐（1909—1977），北京人，满族。原名李山野，字霄羽。曾用名李葆祥。笔名：①霄羽，1931 年在北平担任《小小日报》编辑时发表通俗小说《烟霭纷纷》《空房怪事》《粉墨婵娟》《翠陌归人》《绣帷垂》，1939 年 4 月 24 日起在《青岛新民报》连载通俗小说《落絮飘香》《古城新月》《海上虹霞》《虞美人》，1943 年 10 月 7 日起在《青岛大新民报》连载通俗小说《寒梅曲》，嗣后出版通俗小说《落絮飘香》《琼楼春情》《朱门绮梦》《小巷娇梅》《琴岛佳人》《少女飘零》等署用。②柳今，1931 年在北平《小小日报》发表短评署用。③王度庐，见于武侠小说《河岳游侠传》，连载于 1938 年 6 月 1 日—11 月 15 日《青岛新民报》。嗣后在该报及《青岛大新民报》《民治报》等报连载通俗小说《宝剑金钗记》《落絮飘香》《剑气珠光录》《舞鹤鸣鸾记》《卧虎藏龙传》《铁骑银瓶传》《紫电青霜录》《金刀玉珮记》《雍正与年羹尧》，出版通俗小说《宝剑金钗》《剑气珠光》《鹤惊昆仑》《卧虎藏龙》《铁骑银瓶》《续铁骑银瓶》《紫电青霜》《新血滴子》《风雨双龙剑》《绣带银镖》《冷剑凄芳》《绮市芳葩》《寒波玉蕊》《宝刀飞》《燕市侠伶》《粉墨婵娟》《霞梦离魂》《灵魂之锁》《暴

雨惊鸯》《洛阳豪客》《风尘四杰》《香山女侠》《金钢玉宝剑》《紫凤镖》《龙虎铁连环》《春秋戟》等亦署。④李山野，出版小说《津沽春梦》（天津河北制社，1939 年）、《红粉小牛》（武汉昌明书店，1941 年）亦署。

王钝根（1888—1951），江苏青浦（今上海市）人。原名王晖，后更名王永甲，字耕培、芷净，号钝根、根盘。笔名：①钝根，见于《偶谈》《要人保护》《白云苍狗》等，载 1913 年上海《自由杂志》第 2 期。嗣后在该刊及上海《游戏杂志》《礼拜六》《心声》《社会之花》《海王》等刊发表《嚛谈偶忆》《拈花微笑录》《温柔乡》《天台山农小史》《如是我闻》等文，出版京剧剧本《黛玉焚稿》（与大错等合作。上海中华图书馆发行所，1925 年）、《朝歌恨》（与大错等合作。上海大东书局，1931 年）、《风波亭》（与大错等合作。上海大东书局，1931 年）、《鲁肃求计》（与燧初合作。上海大东书局，1931 年）、《大名府》（与大错等合作。上海大东书局，1933 年）等均署。②王晖，1914 年编《织云杂志》署用。③王钝根，民国初主编《申报·自由谈》《自由杂志》《游戏杂志》《礼拜六》《社会之花》《新申报·小申报》，在上列刊物及《快活》《社会月报》《心声》《工商新闻百期汇刊》等刊发表小说《踏青记》《朱鸳雏小史补》《新交际场中之怪相》《世外桃源快活真诠》《甲子正误》等署用。嗣后出版小说集《说部精英丙寅花》（与刘豁公合作）、笔记小说《百弊放言》等亦署。④根盘，署用情况未详。

王尔碑（1926— ），四川盐亭人。原名王婉容。笔名：①海涛，见于诗《纺车声》，载 1946 年 5 月 25 日重庆《新华日报》副刊。②非非，见于诗《夜》，载 1947 年成都《新民日报·天府》。③王尔碑，见于诗《无题》，载 1947 年夏成都《光明晚报·笔端》。嗣后发表作品、出版诗集《美的呼唤》（重庆出版社，1983 年）、散文诗集《行云集》（重庆出版社，1984 年）等亦署。④浮草，20 世纪 40 年代发表诗《春天》署用。⑤王念秋，发表故事诗《宝碗》署用。⑥胡云、DDT、方笑云，署用情况未详。

王方仁（1904—1946），浙江镇海（今宁波市）人。原名王以芳。笔名：①黑侠，见于《赠战士》，载 1926 年厦门《波艇》月刊创刊号。②梅川，见于《来信照登》，载 1927 年《语丝》周刊第 155 期。嗣后在上海《小说月报》《畸形》《奔流》《大众文艺》《朝花》等刊发表著译小说、散文、剧本等，出版翻译小说《奇剑及其他》（匈牙利彼尔那等原作。与鲁迅、真吾、柔石合集。上海朝花社，1929 年）、《红的笑》（苏联安特列夫原作。上海商务印书馆，1930 年）亦署。

王汾，生卒年不详，江苏吴江（今苏州市）人，字达泉，号达庵。笔名王汾，在《南社丛刻》发表诗文署用。

王焚（1922—2000），天津人。原名王炎林，字炳午。笔名：①孤丁，见于小说《囍》，连载于 20 世纪 30 年代后期《新天津报》。嗣后在该报及天津《东亚晨报》

《民国日报》等发表散文、评论、小说等亦署。②王莞，20 世纪 40 年代在天津《民国日报》发表文艺评论署用。③王壕，20 世纪 40 年代初在北平《吾友》杂志发表散文署用。嗣后在天津《益世报》《新生晚报》《民国日报》发表评论《读〈反法西斯〉》及诗、散文等亦署。④璐影，20 世纪 40 年代初在天津《民国日报》发表戏曲评论署用。⑤王焚，20 世纪 40 年代初开始在北平《新民报》发表小说《宝雕弓》，在天津《民国日报》发表散文、评论署用。嗣后在天津《新天津报》《文联》《新生晚报》《益世报》《大路晚报》发表小说《五毒饼》、评论《评〈甘地之死〉》等亦署。1949 年后发表作品多署用。⑥王炎林，见于散文《悼鲁彦》，载 1944 年 9 月天津《民国日报》。嗣后在该报发表散文诗、评论等亦署。⑦霍香正、夜哭郎，20 世纪 40 年代中后期在天津《新生晚报》发表散文、评论等署用。⑧司空白、王亢，1945－1946 年间在天津《文联》发表诗歌、通讯署用。⑨许彪，20 世纪 40 年代后期在天津《益世报》发表杂文署用。⑩黄大发，20 世纪 40 年代后期在天津《天琴》杂志发表关于李平心著《鲁迅传》的评论署用。⑪思，署用情况未详。

王逢吉（1918－2000？），湖北汉口（今武汉市）人。笔名：①彤、逢吉，1939 年起在报刊发表诗文署用。②王逢吉，出版诗集《冰冷的歌》（重庆出版社，1941 年）署用。1949 年后在台湾出版小说集《菱湖恋人》（台中昌文出版社，1953 年）、《水蜜桃》（台中彰化出版社，1956 年），长篇小说《三个女性的塑像》（台中艺声出版社，1954 年），中篇小说《水乡怨》（台中春秋书局，1959 年），散文集《人生之智慧》（台中学海出版社，1969 年）、《游美心影》（台中学人文化公司，1980 年），论著《文学创作与欣赏》（台中学海出版社，1973 年）、《文学的生命》（台中新企业出版社，1984 年）等亦署。

王凤，生卒年及籍贯不详。曾用名王梦云、王慕云。笔名王凤、了君、思泉、戈漾、暮云、梦云、应平、希文，20 世纪 30 年代在武汉《华中日报·鸵鸟》《时代前》《武汉日报·鹦鹉洲》《大光报·紫线》《市民日报·雷电》《武汉时报·狂涛文艺》《壮报·习作》《时代日报·偶语》等发表诗歌、散文、小说署用。

王凤云，生卒年及籍贯不详。笔名田丹、丹群，1937 年在辽宁报刊发表文章署用。

王福时（1911－2011），辽宁抚顺人。笔名：①王爱华，见于散文《陕北归来》，1937 年 5 月起连载于北平《东方快报》。②王福时，见于译作《外国记者西北印象记》（美国斯诺原作，与郭达等合译。北平外交月报印刷厂，1937 年）。嗣后出版译作《印度概观》（印度莫赖斯原作。重庆中华书局，1943 年）、论著《沦陷后的缅甸》（与谭伯、石燕合作。重庆时代生活出版社，1943 年）等均署。

王福义（1914－？），河南涉县（今河北省邯郸市）人。笔名：①叔凌，见于诗《苦工》，载 1935 年 6 月 29 日开封《河南民报·诗刊》第 1 卷第 7 期。②王叔凌，见于诗《春耕》，载 1935 年 7 月 18 日开封《河南民报·诗刊》第 1 卷第 9 期。嗣后在该刊第 1 卷第 11 期发表诗《早》亦署。③苏林，见于小说《冷落》，载 1933 年 1 月 5 日郑州《大华晨报·新垦》第 1 期。嗣后在该刊及开封《海星月刊》发表小说《夜会》《强迫交易》《乡村教师》等亦署。又见于随笔《时代与群众》，载 1936 年 10 月 1 日开封《黄流月刊》第 3 卷第 1 期。

王斧（1880－1942），广东琼山（今海南省海口市）人。号斧军、玉父、玉斧。笔名：①王斧，见于散文《总理故乡史料征集记》，载 1931 年南京《建国月刊》第 5 卷第 1 期；随笔《宝的见解和藏的打算》，载 1933 年杭州《艺风》第 1 卷第 1 期。嗣后在《艺风》发表旧体诗《昨过蘋庵·读独坐作归夜不寐爱依韵次之》《翌晚复和一首》《有感再叠和前韵乙首》、随笔《钱者女之残也》等亦署。②王玉父，见于藏品照片《捍卫》，载 1933 年《艺风》第 1 卷第 2 期。③王玉斧，见于藏品照片《龙瓶》，载 1933 年《艺风》第 1 卷第 3 期。

王哥空（1903－1959），广东文昌（今海南省文昌市）人。原名曾传椿。曾用名王之节。笔名：①哥空，1930 年起在马来亚新加坡《叻报·椰林》《民国日报·新航路》《南洋商报·狮声》《星洲日报》（副刊《野苑》《晨星》《繁星》）、槟城《槟城新报·椰风》等报刊发表小说，出版小说集《面包及其他》（1934 年）等署用。②王哥空，见于诗《漂流曲》，载 1933 年 12 月 25－27 日马来亚新加坡《南洋商报·狮声》；随笔《一九三五年的马来亚文坛》，载 1936 年 1 月 1 日新加坡《新国民日报·新年特刊》。

王歌行（1931－　　），青海西宁人。笔名：①歌行，1945 年以后发表诗文署用。②王歌行，出版散文集《土族风情画》（青海人民出版社，1983 年）署用。

王拱璧（1886－1976），河南漯河人。原名王璋，字拱璧。笔名公璧、公辟、白丁、大同、一庄、拱北、工碧、共避。著有《东游挥汗录》（1919 年）。

王古鲁（1900－1959），江苏常熟人。原名王钟麟，字咏仁、仲廉。笔名：①王古鲁。见于论文《西人研究中国学术之沿革》，载 1931 年南京《金陵学报》第 1 卷第 1 期。嗣后在《金陵学报》《人文月刊》《图书馆学季刊》《国立武汉大学文哲季刊》《中国国际联盟同志会月刊》《中国新论》《日本评论》《图书展望》《文摘》《世界政治》《中日文化》《风雨谈》《艺文杂志》《中央日报周刊》等刊发表论文《关于中日问题美日外交——假掌故之论辩》、随笔《日光访书记》、译文《郑和西征考》（日本山本达郎原作）等，出版传记《王尔德生活》（上海世界书局，1929 年），翻译小说《一个诚实的贼及其他》（俄国陀思妥耶夫斯基等原作。上海现代书局，1929 年），翻译戏剧《四人及其他》（日本小路实笃原作，与徐祖正翻译合集。南京书店，1931

年），翻译论著《中国近世戏曲史》（日本青木正儿原作。上海商务印书馆，1936年）等亦署。②海虞王古鲁，见于译文《六国表订误及其商榷》（日本武内义雄原作），载1931年南京《金陵学报》第1卷第2期。出版论著《最近日人研究中国学术之一斑》（日本研究会，1936年）亦署。③王钟麟，在《南社丛刻》发表诗文署用。嗣后在《金陵学报》《大学之道》《文友》等刊发表文章，出版论著《中日战争》（上海商务印书馆，1930年）、《最近日本各帝大研究中国学术之概况》（南京金陵大学，1932年）等亦署。④古鲁，见于译文《宋儒新注流传日本情状小志》（日本大江文城原作），载1931年《人文月刊》第2卷第1、2期。嗣后在该刊发表《河内远东博古学院》等文亦署。⑤王仲廉，见于译文《冈田大将与一九三五年》（日本伊藤正德原作），载1934年《人文月刊》第5卷第7期。嗣后在该刊及《国民外交杂志》《图书评论》《中央时事周报》等刊发表《甲午战前日本挑战史》《傅斯年等编著东北史纲在日本所生之反响》《云南在摆夷》等文，出版译作《甲午战前日本挑战史》（日本田保桥洁原作。南京书店，1932年）亦署。⑥仲廉，见于《日本新内阁与政友会》，载1934年《中央时事周报》第3卷第31期。嗣后在该刊及《人文月刊》发表《日人目光中的华北》《富哉西北》等文亦署。

王毅君

王毅君（1927—），湖南衡阳人。笔名：①王毅君，见于散文《西湖曦雾》，载1933年上海《文艺茶话》第2卷第1期。嗣后在该刊发表散文《诗匠》《人去后》，出版长篇小说《真情》（上海启智书局，1929年）、《幽愤》（上海启智书局，1929年）等著作均署。1949年后在台湾发表作品、出版诗集《天涯浩歌》（台北斗厂书舍，1960年）等亦署。②玉米，署用情况未详。

王光闰（1920—2008？），云南剑川人，白族，字直庵。笔名王维迅、王光闰，出版有《故乡行》《红楼梦研究》《王光闰文集》等。

王光祈（1891—1936），四川温江人，字润玛、若愚。笔名：①若愚，见于评论《无职业的人不得干预政治》，载1919年北京《每周评论》第4期；信函《与左舜生书》，载1919年北京《少年中国》第1卷第2期；《糖果儿和酒》，载1923年10月26日《中华日报·创造日》。②王光祈，见于小说《工作与人生》，载1919年《新青年》第6卷第4期。嗣后在该刊及《少年中国》《教育杂志》《教育与民众》《新中华》等刊发表文章，由上海中华书局出版专著《东方民族之音乐》（1929年）、《翻译琴谱之研究》（1931年）、《中国诗词曲之轻重律》（1933年）、《王光祈旅德存稿》（1936年）、《西洋美术史入门图本》（1939年）、《西洋话剧指南》（1939年）、《中国音乐史》（1941年）、《西洋音乐史纲要》（1941年），译作《瓦德西拳乱笔记》（德国瓦德西原作，1928年）等亦署。

王国维（1877—1927），浙江海宁人。初名王国桢，后改名王国维，字静庵、静安、伯隅；初号礼堂；别号观礼、观堂、永观、礼堂、人间、伯隅父、东海愚公。笔名：①王国维，1898年撰《曲品新传奇品跋》署用。嗣后在《甲寅》《新青年》《国粹学报》《东方杂志》《亚洲学术杂志》《国立北京大学国学季刊》《晨报周年纪念增刊》《科学》《学术》《清华周刊》《史学与地学》《国立第一中山大学语言历史学研究所周刊》《小说月报》《燕京学报》《燕大月刊》《坦途》《清华学报》《图书馆学季刊》等刊发表著译诗文、遗作，出版《宋元戏曲史》《尔雅草木虫鱼鸟兽释例》《哲学辨惑》《曲录》《人间词话》《人间词·人间词话》《殷周制度论》《〈红楼梦〉评论》《流沙坠简》（与罗振玉合作）、《观堂集林》《观堂别集》《庚辛之间读书记》，译作《辨学》《教育心理学》，以及《罗振玉王国维往来书信》《王国维诗词全编》《海宁王忠悫公遗书》《王国维遗书》《王静安先生遗书》《静安文集》《王观堂先生全集》《王国维全集》《王国维先生全集》等亦署。②樊志厚，1906年为《人间词甲稿》作序时署用。1914年在《夏星》杂志撰文亦署。③静庵，见于论文《敦煌发现唐朝之通俗诗及通俗小说》，载1920年4月25日上海《东方杂志》第17卷第8期。④王静安先生，见于随笔《桐乡徐氏印谱序》，载1927年《国学论丛》第1卷第1期。⑤静庵、伯隅父，署用情况未详。

王国忠（1927—2010），江苏无锡人。发表、出版有科幻小说《黑龙号失踪》《打猎奇遇》《在海底里》《迷雾下的世界》《火星探险记》《海洋渔场》《第一仗》《神桥》《半空中的水库》《山神庙的故事》《渤海巨龙》《未来的燃料》，并策划、编辑《十万个为什么》，主编《少年科普佳作选》。

王果（1927—2016），甘肃文县人。原名王北秋。笔名：①穆歌，见于诗《早晨》，载1947年上海《文艺复兴》月刊第3卷第4期；诗《雷电与雷电的呼应》，载1948年上海《文讯月刊》第9卷第3期。此前后在上海《同代人文艺丛刊》《诗创造》《大公报·星期文艺》、西安《高原》等刊发表诗作亦署。②王果，1980年后在《诗刊》《人民日报》《文学报》等报刊发表诗歌，出版诗集《远近》（学林出版社，1989年）、《辄思》（中国文联出版公司，1999年）等亦署。

王汉章，生卒年不详，山东福山人。字吉乐。笔名王汉章，在《南社丛刻》发表旧体诗署用。

王昊（1927—2016），江苏江阴人。曾用名王伯鸿。笔名：①望昊，1941年发表诗作《高朗的笑》开始署用。嗣后出版诗集《火线诗集》《战士诗集》、长篇小说《换心记》、长篇传记小说《杨根思》、报告文学集《百炼成钢》亦署。②王昊，出版长篇纪实文学《一个老兵心目中的陈毅元帅》《青松挺且直》《开国上将叶飞》《传奇人生——我所知道的独臂将军廖政国》《百旅之杰》（与他人合作），以及电影文学剧本《四渡赤水》（与他人合作）等署用。③徐沫，署用情况未详。

王和（1921—？），黑龙江阿城（今哈尔滨市）人。

原名张志草。曾用名张志阁。笔名：①孤零，1934—1935年在哈尔滨《滨江日报》《国际协报》《商报》发表《漂泊者的日记》《神圣的爱》《我的讨要生活记》等小说、诗歌亦署。②志阁、张志阁，1939—1940年在哈尔滨《大北新报》《午报·新野》及《滨江日报》副刊《大荒》，《创作与评论》《暖流》《漠烟》等报刊发表中篇小说《群》、随笔《读书杂记》等署用。③东雨、张东雨、冬语、王和、石维久，1945年后在哈尔滨《东北日报》《哈尔滨公报》《北光日报》《光明日报》等报刊发表文章署用。

王横，生卒年不详，安徽歙县人，字瘦月。笔名王瘦月、王横，在《南社丛刻》发表旧体诗署用。

王鸿鹄，生卒年不详，河北冀县（今冀州市）人。笔名高塞，抗战时期在绥远《奋斗日报》副刊发表小说署用。

王化民（1919—1977），山西孝义人。曾用名知是子、王叔国。笔名王化民，1921—1926年在沈阳《盛京时报》发表诗作署用。

王槐秋（1913—1997），浙江杭州人。原名王福民，后改名王之景。1940起改名王槐秋。曾用名王天保、王护明。笔名东方复明，1934年12月8日在《东南日报·沙发》发表作品署用。

王焕镳（1900—1982），江苏南通人，字驾吾，号因巢、觉无。曾用名王觉吾、王觉庐。笔名：①王焕镳，见于《书义丐》，载1922年《文哲学报》第1期。嗣后在该刊及《史地学报》《江苏省立国学图书馆》《国风半月刊》《国命旬刊》《思想与时代》等刊发表论文，出版《中国文学批评论文集》《先秦寓言研究》《明孝陵志》《首都志》《〈墨子〉校释商兑》《墨子集诂》《墨子校释》《先秦文学著述四种》《王安石诗选注》等亦署。②王驾吾，见于诗《高阳台》，载1938年《民族诗坛》第2卷第2期。

王荒草（1925—1966），福建龙岩人。原名王添隆。笔名：①田垄，1944—1945年在龙岩《闽西日报》、连城《大成报·民主报》（联合版）副刊发表诗、散文署用。②荒草，1945—1948年在《闽西日报·新洲》、厦门《星光日报·星星》等发表诗、散文署用。③王荒草，1945年后在龙岩《民声报》《闽西日报》、厦门《星光日报》《江声报·人间》、福州《福建时报·詹言》、永安《民主报·新语》等报刊发表诗、散文、小说、评论等署用。1949年后在《红旗飘飘》丛刊发表文章亦署。④啸野，见于诗《祝福你，薇》，载1947年8月22日《星光日报·星星》。⑤弓箭手、刀斧手，1947—1949年在《江声报》《星光日报》发表讽刺诗、杂文等署用。⑤王草，1963—1966年在龙岩山歌实验剧团创作山歌剧署用。

王火（1924—　），江苏如东人，生于上海。原名王洪溥。笔名：①王洪溥，见于特写《匮乏之城——上海近况巡礼》，载1946年4月6日重庆《时事新报》。②王公亮，1946—1948年在重庆《时事新报》、上海《大公报》《现实》等报刊发表散文、特写、通讯等署用。见于报道《南京大屠杀主犯谷寿夫受审详记》，载1947年2月10日重庆《时事新报》；评论《新闻事业与新闻自由》，载1947年上海《读书通讯》第132期。嗣后在《中国青年》《现实》《学风》《世纪评论》《舆论》《改造评论》等刊发表《新时代的新闻事业》《魏德迈在南京》《自由主义的出路》等文亦署。③公亮，1946—1948年在重庆《时事新报》、上海《大公报》《现实》等报刊发表特写、散文等署用。见于散文《怀念陈铭枢》，载1947年4月1日上海《文汇报》；通讯《党团合并内幕》，载1947年上海《现实》第7期。④虚舟，见于小说《天下樱花一样红》，载1948年日本大阪《华文国际》旬刊第1卷第11期。同时期在上海《时事新报》发表作品亦署。⑤王虚舟，见于小说《缙云坝上的鬼屋》，载1948年上海《宇宙》第2期。⑥王火，出版话剧剧本《大家办工会》（上海劳动出版社，1949年）、《为什么三边倒？》（上海劳动出版社，1949年）署用。嗣后出版长篇小说《后方的战线》《月落乌啼霜满天》《山在虚无缥缈间》《枫叶荻花秋色红》《血染春秋——节振国传奇》《在浓雾中的火光》《战争和人》《在"忠字旗"下跳舞》等亦署。⑦江枫，见于论文《不能混淆——与张葆莘同志商榷有关传记文学问题》，载1957年《北京文艺》。⑧田炎，见于随笔《从一本书百人读想到的》，载1961年春《工人日报》。

王集丛（1907—1990），四川南充人。原名王义林。笔名：①王集丛，见于评论《一年来中国文艺论战之总清算》，载1932年上海《读书杂志》第3卷第1期。嗣后在《申报·自由谈》《现代》《文学》《朔望半月刊》《时代思潮》《文艺春秋》《认识半月刊》《大路月刊》《阵中月刊》《文艺先锋》《文化先锋》《升学与就业》《读书顾问》等报刊和台湾报刊发表《易卜生的创作方法》《梁实秋论》《简论巴尔扎克》《论三民主义文学的创作态度》《"写作自由"论者的另一面》等评论、随笔，出版论著《三民主义文学论》（泰和时代思潮社，1942年）、《怎样建设三民主义文学》（重庆国民图书出版社，1942年）、《中国文学史问答》（台北帕米尔书店，1951年）、《写作与批评》（台北帕米尔书店，1953年）、《中国文艺问题》（台北帕米尔书店，1954年）、《战斗文艺论》（台北文坛社，1955年）、《文艺新论》（台湾商务印书馆，1961年）、《文艺评论》（台北林白出版社，1969年）、《三民主义与文艺》（台湾商务印书馆，1971年）、《文艺思想问题与剧作》（台北黎明文化事业股份有限公司，1974年），小说《晨雾》（台北帕米尔书店，1972年）、话剧《回春曲》（台北帕米尔书店，1959年），以及《民族文艺与时代精神》（台湾商务印书馆，1971年）等均署。②余明、菊生，署用情况不详。

王楫，生卒年及籍贯不详。笔名王季，见于短篇小说《未完成的婚礼》，载1945年秋重庆《世界文艺季刊》

第 1 卷第 2 期；散文《昆明的天空》，载 1946 年上海《文艺复兴》第 2 卷第 6 期。嗣后在昆明《五华》、安东《白山》等刊发表小说《酵》、通讯《昆明惨案特写》等亦署。

王季烈（1873－1952），籍贯不详。字君九，号螾庐。笔名王季烈，出版《集成曲谱》《螾庐谈》《孤本元明杂剧》等署用。

王季思（1906－1996），浙江永嘉人，生于温州。原名王起，字季思。笔名：①王季思，见于独幕话剧《机声》《狗》，载 1929 年《中央大学半月刊》（文艺创作专号）第 1 卷第 7 期。嗣后在《图书展望》《浙江潮》《战时中学生》《新学生》《人间世》《文潮月刊》《浙江民众教育》《之江校刊》《民主论坛》《中华教育界》《国文月刊》《中央日报·俗文学》《大晚报·通俗文学》等刊发表诗文，出版诗集《越风》（金华国民出版社，1940 年），散文集《击鬼集》（丽水青年读书通讯社，1941 年），杂文集《新物语及其他》（南平国民出版社，1945 年），论著《从莺莺传到西厢记》（上海古典文学出版社，1955 年）、《玉轮轩曲论》（中华书局，1980 年）、《王季思教授古典文学论文选》（广东高等教育出版社，1996 年），校注《西厢五剧注》（浙江龙泉龙吟书社，1944 年）、《集评校注西厢记》（上海开明书店，1949 年）、《重订增注中国十大古典悲剧集》（齐鲁书社，1991 年）等亦署。②绮君女士，见于话剧《奇耻大辱》，1934－1935 年连载于南京《中央日报》。③之操，见于诗《牧羊曲》，载 1935 年上海《人间世》第 32 期。嗣后在该刊第 40 期发表诗《灾尸》亦署。④季思，见于随笔《随手关门》，载 1939 年《战时中学生》第 1 卷第 3 期。嗣后在该刊发表随笔《瘌子至上主义》《亲子之间》等亦署。⑤学洁，1938 年前后在金华《东南日报》发表新诗署用。⑥梦甘、小米，1939 年前后在《浙江日报》《东南日报》发表诗文署用。⑦在陈，见于随笔《宋人》，载 1946 年杭州《东南日报》副刊。⑧齐人，见于随笔《衣食父母》，载 1946 年杭州《东南日报》副刊。⑨王起，编选《中国戏曲选》（人民文学出版社，1985 年）、《元明清散曲选》（与洪柏昭等合编，人民文学出版社，1988 年）署用。

王季愚（1908－1981），四川安岳人。原名王尚清。笔名：①季愚，见于通讯《四百个儿童的集体创作》，载 1937 年上海《光明》半月刊第 2 卷第 10 期。嗣后在该刊及《妇女生活》《上海妇女》《文章》等刊发表通讯《辛克莱的〈不准通行〉》、译文《苏维埃政权对儿童的贡献》等亦署。②王季愚，见于论文《略谈〈对马〉作者》，载 1937 年上海《中流》半月刊第 2 卷第 4 期。此前后在《文摘》《公余生活》《上海妇女》等刊发表《〈对马〉作者诺维可夫·普里薄依》《苏联的中国文化》等，出版翻译小说《在人间》（苏联高尔基原作，上海读书出版社，1936 年）亦署。③季子，见于随笔《女人的受难》，载 1938 年上海《上海妇女》第 1 卷第 2 期。嗣后在该刊发表杂文《有"牺牲色相"的

必要吗》、报道《艺人唐若青女士访问记》、译文《在森林中》等亦署。④西冷，见于散文《忘不了的一天》，载 1939 年《上海妇女》第 3 卷第 7 期。嗣后在该刊发表《我的老师》《平凡的故事》等亦署。

王济（1926－2006），山东临邑人。原名黄家本，字少如。曾用名黄济生。笔名：①黄济，见于书评《大众文学的里程碑——〈李家庄的变迁〉读后》，载 1947 年《南大周刊》。1948 年在天津《大公报》《新生晚报·文艺大地》发表影剧评论、翻译小说等亦署。②少如、齐水，1949 年后在《曲艺》《海河说唱》《天津日报》《河北日报》等报刊发表曲艺评论署用。

王继尧（1921－？），河北满城人。笔名：①李苫，见于诗《迸发的泪》，载 1936 年初保定《青草》杂志。同时期在保定《振民日报》发表诗《预言》、杂文《青年与老翁》等亦署。②鲁果，1941 年在延安《诗刊》发表诗《黎明》《波西米亚人》等署用。嗣后在延安《解放日报》副刊发表诗和译诗亦署。③企风，见于译文《穷人的歌》（保加利亚契尔科夫斯基原作），载 1943 年延安《解放日报》副刊。同时期在该报发表译作《战争开始的回忆》（日本山川助滕原作）亦署。④向阳、寄遥，在延安报刊发表报告文学偶用。⑤鲁企风，出版诗集《黎明》（沈阳文化导报社，1946 年）署用。⑥王继尧，早年在保定《青草》和《振民日报》发表诗署用。嗣后发表旧体诗词均署。

王家鸿（1896－1997），湖北罗田人，字仲之。笔名王家鸿，著有《钢铁经济论》《第三德意志》《外交诗话》及《劬庐诗集》《劬庐吟草》《劬庐续集》《劬庐三集》《劬庐杂组》等。

王家怡，生卒年不详，辽宁辽中人。笔名欧阳二春，1940 年开始在东北《盛京时报》《大同报》《营口新报》《大连商工月刊》等报刊发表诗歌、散文、小说等署用。

王家莹（1928－　），江西安福人，字彦陶。笔名：①王家莹，1949 年后在台湾出版小说集《河畔》（台北联合出版中心，1961 年）、《炉边》（台北联合出版中心，1961 年）等著作署用。②彦陶，署用情况未详。

王家械（1908－1980），江苏常熟人。笔名：①家械，见于随感《疯了的诗人》，载 1928 年上海《语丝》周刊第 4 卷第 20 期；随笔《玩世》，载 1928 年上海《北新》第 2 卷第 14 期。嗣后在《十日谈》连载《陆氏血案》亦署。②王家械，见于《秋雨》，载 1928 年上海《文学周报》第 324 期。嗣后在《小说月报》《语丝》《光华附中》《北新》《光华大学半月刊》《真美善》《文艺月刊》《中华月报》《申报月刊》《青年界》《新时代》《矛盾月刊》《小说》《新小说》《文艺先锋》《人世间》《时与潮文艺》《时与潮副刊》《新中华》《图书展望》《新文学》《东方杂志》等刊发表小说、散文、译作，出版小说集《银影》（上海真美善书店，1929 年）、《芙小姐》（上海良友图书印刷公司，1932 年）、《扫帚星》（上海良友图书印刷公司，1935 年）、《成名以后》（上

海中华书局，1936 年），翻译小说《龙种》（美国赛珍珠原作。南京正中书局，1943 年）、《大人物的小故事》（美国戴尔·卡耐基原作。桂林良友复兴图书印刷公司，1944 年）、《不能忘怀的人物》（奥地利茨威格等原作。上海晨光出版公司，1947 年）等均署。1949 年后在台湾《大华晚报》等开设专栏，结集出版《帝王生活》《诗人生活》《掌故漫拾》，翻译《荒漠甘泉》《耶稣传》（与王镇国合译）、《北海传奇》（欧美小说选）等亦署。③王孙、朴人，署用情况未详。

王洁心（1927－2010），加拿大华裔作家，原籍中国河南孟县。笔名：①王洁心，出版论著《中原音韵新考》（台湾商务印书馆，1988 年）、散文集《根着何处》（台北九歌出版社，2001 年）等均署。②谷兰、萧瑶、海莲、胡昼，署用情况未详。

王进珊（1907－1999），江苏如东人。笔名：①王进珊，见于独幕剧《晚香玉》，载 1939 年《时代精神》第 1 卷第 5 期；随笔《元代文人演戏与戏子编剧》，载 1941 年重庆《戏剧岗位》第 3 卷第 1、2 期合刊。嗣后在《青年月刊》《文艺月刊·战时特刊》《文艺》《文艺先锋》《文化先锋》《文艺青年》《民意周刊》《军事与政治》《社会教育辅导》《服务月刊》《申报·春秋》《申报·文学》《国是月刊》《文潮月刊》等报刊发表诗、散文、评论、戏剧等作品，出版话剧剧本《双照楼》（重庆中国戏曲编刊社，1940 年）、《柳暗花明》（重庆天地出版社，1943 年）、《日月争光》（重庆中华笔会，1944 年）、散文集《山居小品》（正中书局，1947 年），1949 年后出版传记《人民诗人白居易》（上海大中国图书局，1952 年）、《爱国诗人杜甫》（上海大中国图书局，1953 年）、《爱国诗人陆游》（上海四联出版社，1954 年）等亦署。②珊，见于《建立严正的建设性的批评风气》，载 1943 年重庆《文艺先锋》第 2 卷第 3 期。③进珊，见于《紫燕》，载 1947 年 3 月 22 日上海《申报·春秋》；随笔《封笔大吉》，载 1947 年 12 月 31 日上海《申报·文学》。

王劲秋，生卒年及籍贯不详。原名王光祖。笔名：①王劲秋，20 世纪 30 年代在武汉报刊发表作品署用。1936 年在上海《青年界》第 10 卷第 2 期发表杂文《文学与天才》亦署。②柳林，见于小说《转变》，载 1938 年《文艺阵地》第 1 卷第 8 期。

王景任（1913－?），贵州安顺人。曾用名李心銮。笔名：①王井，见于报告文学《从万金到阳原》，载 1936 年北平《榴火杂志》。②王景任，出版长篇小说《世纪的晨光》（北方文艺出版社，1991 年）署用。

王景山（1924－　），山东济宁人。笔名：①鲁铎，见于小说《凯旋》，载 1942 年 2 月 14 日、21 日贵阳《中央日报·前路》；小说《借箭》，载 1942 年 8 月 25 日贵阳《贵州日报·革命军》。②青山，见于散文《嘉陵江上》，载 1942 年 6 月 24 日贵阳《中央日报·前路》；随笔《孔夫子挨饿》，载 1942 年 11 月 29 日贵阳《中

央日报·今日谈》"星期集纳版"。1943 年 9 月 21 日在贵阳《贵州日报·革命军》发表诗《喜雨（外一章）》亦署。③景山，见于小说《小三子》，载 1943 年 2 月 3 日贵阳《中央日报·前路》；散文《离别草》，载 1943 年 10 月 2 日贵阳《贵州日报·革命军》。嗣后在重庆《世界文艺季刊》、昆明《民主周刊》发表评论《沙汀的〈奇异的旅程〉》，20 世纪 80 年代后在《诗刊》《散文世界》等刊发表评论等亦署。④应为，见于随笔《为阿 Q 呼冤》，1943 年 3 月发表；随笔《还要牺牲!!》，载 1945 年 11 月 1 日昆明《文艺新报》。嗣后在《文艺新报》发表《维持"治"安》等亦署。⑤南明，见于散文《五月的夜》，载 1943 年 5 月 15 日贵阳《中央日报·前路》；诗《生命的诗章》，载 1947 年 1 月 29 日昆明《正义报》。嗣后在《正义报·大千副刊》发表《春天》《怀念》等亦署。⑥鲁峰，见于随笔《知识分子的画像》，1944 年 5 月发表；评论《徐昌霖的〈年青的 RC〉》，载 1945 年重庆《世界文艺季刊》第 1 卷第 1 期。1948 年在北平《经世日报》发表评论《关于色情文艺》亦署。⑦仰之，见于随笔《我的暑假工作计划》，1944 年发表。翌年发表散文《乐园进行曲》亦署。⑧钱方，见于随笔《草药医生》，1944 年发表。⑨应起，见于随笔《颂扬之类》，1945 年元旦昆明《文艺新报》；随笔《杨友龙、妓女、"自由分子"》，载 1948 年北平《泥土》第 5 辑。1948 年在北平《燕京新闻》发表杂文《招魂》亦署。⑩苏为，见于随笔《为民喉舌》，载 1945 年 11 月 29 日昆明《文艺新报》号外。⑪杨旗，见于散文《茉香花下》，载 1947 年 4 月 21 日昆明《正义报》。嗣后在该报《大千副刊》发表随笔《北平艺文剪影》《烟雾中的北平》等文亦署。⑫萧民，见于随笔《奴相三型》，载 1945 年 12 月 16 日昆明《文艺新报》。嗣后在该报发表《从上海学生被殴说起》等亦署。⑬小言，见于随笔《放假阻碍不了我们》，载 1945 年 12 月 6 日昆明《罢委会通讯》。嗣后在该刊发表《绝不妥协》等亦署。⑭应德，1946 年在昆明《文艺新报》发表随笔《"盛举"小论》署用。⑮艾堇，1946－1947 年在昆明、北平、天津报刊发表散文署用。⑯赵堇，见于散文《贝壳》，载 1948 年 1 月天津《大公报·星期文艺》第 62 期。同年 2 月 1 日在该刊发表散文《茉莉花》亦署。⑰王景山，1949 年后发表评论《谈徐光耀的〈平原烈火〉》（载 1952 年《中国青年报》）、评论《鲁迅先生笔下的胡适》（载 1955 年《文艺学习》第 2 期），出版散文集《粉笔生涯》（首都师范大学出版社，2007 年），论著《孤独的战士——〈彷徨〉心读》（首都师范大学出版社，2002 年）、《悲凉悲壮的心音——〈野草〉心读》（首都师范大学出版社，2002 年），编著《鲁迅名作鉴赏辞典》（中国和平出版社，1991 年）、《台港澳暨海外华文文学作家辞典》（人民文学出版社，2003 年）等亦署。⑱敬三，见于评论《读严秀的杂文》，载 1956 年北京《文艺报》。嗣后在《中学语文教学》《鲁迅研究》等刊发表文章亦署。⑲王荆，见于随笔《从三等火车

到小汽车和飞机》，载 1956 年《文艺报》第 23 期。1957年在《北京日报》《东海》，1980 年后在《新观察》《羊城晚报》等报刊发表文章亦署。⑳荆山，见于随笔《"搬家"和"搬人"》，载 1957 年 2 月 13 日《大公报》。同年在《奔流》撰文亦署。㉑尹明，见于论文《关于高中语文课本中〈呐喊自序〉的几个注释》，载 1981 年《中学语文教学》第 11 期。嗣后在《鲁迅研究动态》发表文章亦署。㉒王宙，见于随笔《吴沙博士一席话》，载 1983 年 3 月 26 日《北京师院》。㉓荃三，见于随笔《关于〈范爱农〉》，载 1983 年《中学语文教学》9 月号。㉔王棘，见于随笔《危言小集》，载 1989 年 4 月 26 日《中国文化报》。嗣后在《学习与研究》《北京青年报》等报刊发表文章亦署。㉕王敬，见于随笔《莫做乔玄，勿用乔福》，载 1990 年《党风党纪建设》第 1 期。嗣后在《北京晚报》等报刊发表文章亦署。㉖鲁人，见于随笔《梁凤仪"旋风"》，载 1993 年 3 月 6 日《光明日报》。㉗鲁客，见于散文《林海音北京情深》，载 1994 年 2 月 12 日《北京晚报》。嗣后在该报及《北京日报》《人民日报》等发表《生于北平长于北平的陈香梅》等亦署。㉘汪京，见于随笔《带到二十一世纪的应是些什么？》，载 1999 年《炎黄春秋》第 1 期。嗣后在该刊发表《"五四"前后鲁迅的民主、科学思想》等亦署。

王警涛，生卒年及籍贯不详。笔名：①王警涛，见于小说《一个贫病的劳工》，载 1920 年 8 月 9 日上海《民国日报·觉悟》；出版小说《何似》《爱之苦痛》（上海新民图书馆兄弟公司）亦署。②警涛，见于诗《牛》，载 1920 年 10 月 25 日《民国日报·觉悟》。同年 12 月 6 日在该刊发表小说《第一夜》亦署。

王竞（1882－1960），湖南长沙人。字啸苏，号笑疏、疏庵。笔名：①王竞，见于旧体诗《题亚子分湖旧隐图》《感事》《前诗》《岳麓寺小憩》《谒三闾大夫祠》，载《南社丛刻》第 15、16 集；论文《郑玄著述考》，载 1924 年北京《太平洋》第 4 卷第 7 期。②王啸苏，见于散文《王葵园先生家祭记》，载 1936 年长沙《员幅》第 1 卷第 1 期；随笔《中国文学史序》，载 1940 年湖南大学《文哲丛刊》第 1 期。

王靖，生卒年及籍贯不详。曾用名王梅魂、王稞魂。笔名：①王靖，见于译文《忏悔录》第 1、2 章（俄国列夫·托尔斯泰原作），载 1920 年《新人》第 1 卷第 4 期。嗣后在该刊及《东方杂志》《平民》《小说月报》等刊发表《文化运动中的伦理问题》《美国文学——现在与将来》《法国战时的几个文学家》等著译文，出版翻译小说《汉英合璧契诃夫小说》（俄国契诃夫原作。上海泰东图书局，1921 年）、翻译戏剧《同名异娶》（英国王尔德原作，与孔襄成合译。上海泰东图书局，1921年）、翻译论著《人生之实现》（印度泰戈尔原作，与钱家镶合译。上海泰东图书局，1921 年）等均署。②立青，见于评论《〈小说月报〉短篇创作批评》，载 1921年上海复旦大学《平民》周刊第 62 期。③王稞魂，见

于小说《哭声》，载 1914 年上海《中华小说界》第 1 卷第 9 期。嗣后在该刊发表小说《卖花女郎传》等亦署。

王静海（？－1941），福建人。笔名静海，1937 年后在马来亚新加坡《星洲日报·文艺》《南洋商报·狮声》《总汇新报·世纪风》《马华日报·前哨》等报刊发表诗作署用。

王静芝（1916－2002），合江省佳木斯（今属黑龙江省）人，生于辽宁沈阳。原名王大安，号菊农、霜茂楼主、龙壑。曾用名王方曙。笔名：①方曙，见于翻译小说《藕断丝连》（劳尼德·林起原原作），载 1936 年北平《清华副刊》第 45 卷第 1 期。嗣后在该刊发表翻译小说《可怕的报复》等亦署。②王方曙，1949 年后在台湾出版话剧《樊笼》《收拾旧河山》《愤怒的火焰》《鬼世界》《心魔》、电影文学剧本《原来如此》《风尘劫》《梅冈春回》《锦绣前程》《歧路》、电视剧剧本《一代暴君》《一代风流》、广播剧剧本《秦汉风云》、戏曲剧本《金陵关》等均署。③王静芝，1949 年后在台湾出版论著《诗经通释》《经学通论》《国学导读》《经学论文集》《训诂论丛》《韩非子思想体系》《东北民俗文学忆贝妃》《文艺的内涵》《书法漫谈》《剑南诗稿族友稿》《中华民国建国史话》《王静芝先生七十寿庆论文集》《王静芝学术论文集》、传记《欧阳修》等署用。

王觉（1921－1972），四川巴县（今重庆市）人。原名王大勋。笔名：①渥丹，见于评论《〈困兽记〉读后感》，载 1945 年 6 月 13 日重庆《新华日报》。嗣后在该报发表评论《〈孔家庄纪事〉与〈十八匹战马〉》《从〈李有才板话〉说起》等，在上海《文联》、重庆《萌芽》《中原·文艺杂志·希望·文哨联合特刊》等刊发表评论《评于逢的〈冶炼〉》、通讯《高尔基纪念晚会速写》等亦署。②苏蛰，1949 年初在《天津日报》副刊写评论署用。1949 年后发表文章亦署。

王君纲，生卒年及籍贯不详。号绮怀。笔名：①王君纲，出版词集《离别词选》（上海良友图书印刷公司，1933 年）署用。②绮怀，见于散文《绮怀随笔》，载 1931 年上海《微音月刊》第 1 卷第 7 期。嗣后出版散文集《绮怀随笔》（上海女子书店，1933 年）亦署。

王君实（1910－1942），广东澄海人。原名王惠风。笔名：①王君实、王乐怡、蓝田玉、白登道、陈青依、朱丽叶，1937 年后在马来亚新加坡《南洋商报·狮声》《星洲日报·晨星》《总汇新报·世纪风》《星中日报·星火》及《新国民日报》副刊《新光》《影与剧》《新国民文学》等报刊发表诗、小说、散文、评论等署用。②横光，见于随笔《创作的批评》，载 1939 年 1 月 9 日马来亚新加坡《星洲日报·晨星》。③王修慧，见于随笔《方言文学——问题》，载 1939 年 2 月 1 日马来亚新加坡《新国民日报·新国民文学》。

王均卿（？－1935），安徽广德人，生于浙江吴兴（今湖州市）。原名王文濡，字均卿，号竹毓、亭轩、吴门老均、学界闲民。笔名：①新旧废物，1914－1915 年

在上海主编《香艳杂志》署用。见于《废物联话》《游戏之中国》，载1921年上海《游戏世界》第1期；传记《拳术家周天祥小传》，载1934年上海《金钢钻月刊》第1卷第8集。②王文濡，1916年在《春声月刊》发表文章署用。嗣后在《南社丛刻》发表诗文，编选出版《梁任公白话文钞》（上海文明书局，1925年）、《胡适之白话文钞》（上海文明书局，1925年）、《当代名人尺牍》（上海文明书局，1926年）、《清代骈文评注读本》（上海中华书局，1927年）、《南北朝文评注读本》（上海文明书局，1935年）等亦署。③王均卿，编选出版《春灯新谜合刻》（上海广益书局，1922年）、《袁子才并蒋心余诗选》（上海中华书局，1937年）等署用。

王俊伯，生卒年及籍贯不详。原名王鹏飞，号俊伯。笔名：①俊伯，见于散文《短命的艳花》，载1939年5月25日上海《申报·自由谈》；散文《月下》，载1939年上海《文艺新潮》第1卷第10期。同时期在上海《文笔》等刊发表散文《我要醒》《鼓》《走》等亦署。②乜如也，见于随笔《小册子》，载1938年上海《文艺新潮》第1卷第2期。③以太，见于小说《美子的悲哀》，载1938年上海《文艺新潮》第1卷第2期。嗣后在该刊第1卷第4、5期合刊发表《一粒种子的播下》亦署。④井柏，上海"孤岛"时期发表文章署用。

王濬清，生卒年不详，江苏宝应人。原名王濬卿，字静庄。笔名八宝王郎，出版长篇小说《冷眼观》（上海小说林社，1907年）署用。

王恺（1929— ），山东利津人。原名王华峰，字敬亭。曾用名王凯。笔名：①王凯，见于小说《群妮离婚记》，载1949年山东《大众日报》。嗣后出版诗集《周槐亭》（新华书店山东总分店，1950年）、歌剧《郭红山》（新华书店山东总分店，1950年）亦署。②王恺，1949年后出版长篇小说《水下阳光》《碧雾港》、短篇小说集《群妮离婚记》《夜航》、散文集《翠微堂笔记》、传记《麦贤得的故事》《卜凤刚传》、诗集《一面墙》《水兵的歌》、电影文学剧本《无名岛》（与他人合作）等署用。③华雨，署用情况未详。

王科一（1925—1968），安徽太平人。笔名：①邵子崖，1944年前后在安徽《中央日报》《皖报》发表散文、诗歌署用。②黄桔叶，见于翻译小说《最体贴的仆人》（法国莫泊桑原作），载1949年上海《袖珍》杂志第2期。③王科一，1949年后出版翻译小说《德莱塞和他的"美国悲剧"》（美国德莱塞原作。上海潮锋出版社，1951年）、《白金里的姑娘》（苏联克尔巴耶夫原作。上海中华书局，1951年）、《奥德河上的春天》（苏联卡扎凯维奇原作。上海文艺联合出版社，1954年）、《傲慢与偏见》（英国简·奥斯汀原作。上海文艺联合出版社，1955年）等均署。

王可秋，生卒年及籍贯不详。原名王乐先。曾用名王北羽。笔名王可秋，出版《秋千儿》《王冶秋传》等著作署用。

王克范（1912—1944），辽宁营口人。笔名矜人，1937年在辽宁报刊发表文章署用。

王克浪（1913—？），江西修水人。笔名：①子贡、既白、于一、怿夫，20世纪30年代初开始在江西《大众日报》《民国日报》《大江日报》《正气日报》《前线日报》、上海《文汇报》、桂林《大公报》、重庆《大公报》发表《匡庐胜地话孤军》《赣水鸣咽哭粮官》等散文、杂文、特写、通讯等署用。②王克浪，1949年后在《江西文艺》《小说月报》《人民日报》《星火》等报刊发表小说、散文，出版话剧剧本《活鬼》（武汉通俗出版社，1952年）等署用。

王肯（1924—2011），辽宁海城人。原名王兴业。笔名：①王肯，1948年创作歌剧剧本《二流子转变》（集体创作，王肯执笔）署用。嗣后创作歌词《草原到北京》《白呀白嘎拉山》，出版诗集《呼玛河小曲集》，秧歌剧本《二流子转变》，说唱集《吃水忘不了淘井的人》《养狗记》，吉剧剧本《包公赔情》《包公赶驴》《买菜卖菜》《三放参姑娘》《搬窑》，论著《东北俗文化史》《土野的美学》以及《王肯戏曲集》《王肯文选》等亦署。②王木弓，创作歌词《老诗人的歌》（1957年）、《老社员的歌》（丁善德作曲。1957年）等署用。③王近朱，出版歌剧剧本《松江渡》（与高志伟等合作。吉林人民出版社，1966年）署用。

王昆仑（1902—1985），江苏无锡人，生于河北保定。原名王汝玙，字鲁瞻。曾用名王昆仑。笔名：①鲲，见于评论《近代科学与现今社会》，载1920年4月1日上海《时事新报·学灯》。②王昆仑，见于评论《革命军人之天职》，载1926年《观潮周刊》第1期；评论《五中全会给我们的教训》，载1928年《再造》第17期。嗣后在《再造》《新阵地》《胜利》《中央导报》《中山文化教育馆季刊》《时事类编》《中山月刊》《中山半月刊》《中央周刊》《抗战月刊》《中苏文化》等报刊发表文章，出版《红楼梦人物论》（国际文化服务社，1948年）等亦署。③大鱼、戬天，1931年在无锡《人报》发表《问无锡青年》《对抗日到底，对内争取自由》《朝鲜的光荣与中国的耻辱》等文署用。嗣后以"大鱼"一名发表小说《他们在路上》（载1932年《创化》第1卷第2期）、译文《欧战回忆录》（英国戈里·斯科特原作。1933年在《国防论坛》第1卷第1期起连载）亦署。④昆仑，见于诗《我梦中看见先生》，载1926年《观潮周刊》第4期；随笔《站好自己的岗位》，载1942年重庆《中苏文化》第10卷第2期。⑤太愚，1943—1944年在重庆《现代妇女》连载《红楼梦人物论》署用。嗣后发表随笔《刘老老是怎样的人？》（载1944年《文风杂志》第1卷第4、5期合刊）、《平儿与小红》（载1944年《妇女共鸣》第13卷第1期）、《红楼梦的语言》（载1947年昆明《国文月刊》第59期）等亦署。⑥王昆仑，1956年2月后出版《红楼梦人物论》增订本（1983年）、昆剧剧本《晴雯》（与其女王金陵合作）、文集《王昆仑文集》署用。⑦若愚，署用情况未详。

王兰儿，生卒年及籍贯不详。笔名兰儿，见于随笔《自从有了张爱玲》，载 1947 年 4 月 13 日上海《新民报晚刊·电影副刊》；小说《第尔唐》，载 1947 年上海《幸福世界》第 2 卷第 1 期。1949 年 2 月 20 日至 4 月 30 日在上海连载中篇小说《心上人》亦署。

王兰馨（1907－1992），广东番禺（今广州市）人，号景逸。笔名王兰馨，见于词集《将离集》（北平著者书店，1935 年）。1949 年后出版诗词集《晚晴集》（云南人民出版社。1979 年）、遗著《王兰馨赏析唐宋词》（长江文艺出版社，2008 年）等亦署。

王蓝（1922－2003），河北阜城人，生于天津，字果之。笔名：①王蓝，见于小说《一颗永恒的心》，载 1943 年重庆《文艺先锋》第 3 卷第 5 期。嗣后在该刊及重庆《文学修养》《文化先锋》《新闻》等刊发表小说《战马和枪》《军用犬事件》《父亲》《孩子兵》、报道《沦陷区七年来的北方文化》《李宗仁竞选副总统的曲折》等，出版短篇小说集《美子的画像》（又名《一颗永恒的星》。重庆红蓝出版社，1943 年）、《鬼域记》（重庆红蓝出版社，1944 年），中篇小说《相思债》（又名《太行山上》。重庆红蓝出版社，1944 年），长篇小说《银町》（重庆红蓝出版社，1944 年），报告文学集《太行山上》（重庆红蓝出版社，1944 年），诗集《圣女·战马·枪》（重庆红蓝出版社，1942 年）等均署。1949 年后在台湾发表作品，出版小说集《师生之间》（台北红蓝出版社，1954 年）、《定情表》（台北红蓝出版社，1954 年）、《女友夏蓓》（台北红蓝出版社，1957 年）、《吉屋出售》（台北红蓝出版社，1959 年），长篇小说《咬紧牙根的人》（台北文坛社，1954 年）、《蓝与黑》（台北红蓝出版社，1958 年）、《长夜》（台北红蓝出版社，1960 年）、《期待》（台北红蓝出版社，1960 年），评论集《写什么？怎么写？》（台北红蓝出版社，1955 年）等亦署。②黄蓝，署用情况未详。

王老九（1891－1969），陕西临潼人。原名王建禄。笔名王老九，见于诗《秦颂丞的画像》，载 1949 年 3 月《群众日报》。嗣后发表作品、出版诗集《进西安》（西安西北人民出版社，1952 年）、《王老九诗选》（北京通俗读物出版社，1954 年）、《王保京》（陕西人民出版社，1956 年）、《东方飞起——巨龙》（西安东风文艺出版社，1958 年）、《为阶级弟兄唱支歌——文永福的血泪史》（长安书店，1964 年）等亦署。

王蕾嘉（1906－1995），湖南宁远人。原名王显葵。曾用名黄乐华。笔名：①蕾嘉，见于诗《雪花》，载 1934 年上海《新诗歌》半月刊第 6、7 期合刊。嗣后在青岛《诗歌季刊》发表《小符生》《海风》《回不得》《采棉歌》《一只手》等诗、歌谣，20 世纪 40 年代在上海《文艺丛刊》《文艺春秋》发表散文《边地——一篇逃难的回忆》《离乡——北伐期间逃难记》亦署。②洛子，见于歌谣《胜利》，载 1934 年《新诗歌》月刊第 2 卷第 1 期"歌谣专号"。③洛华，见于诗《打回老家去》，载 1937 年上海《一般话》第 1 卷第 1 期。④向忱，署用情况未详。

王礼锡（1901－1939），江西安福人，字庶三、丽明。笔名：①王礼锡，见于论文《安福歌谣的研究》，载 1923 年《心声》第 2 期。嗣后在《文学周报》《文艺月刊》《读书月刊》《读书杂志》《新时代》《文化评论》《文艺茶话》《文艺阵地》《抗战文艺》《宇宙风》《文坛》《新中华》《文化杂志》《意识形态》《读书中学》《救国时报》《全民月刊》《西北风》《新华日报》《世界知识》《战歌》《全民抗战》《新蜀报·蜀道》《大公报》等报刊发表诗文，出版论著《李长吉评传》（上海神州国光社，1930 年），散文集《战时日记》（上海神州国光社，1932 年），诗集《市声草》（上海神州国光社，1932 年）、《去国草》（上海中国诗歌社，1939 年），通讯集《在国际援华阵线上》（上海生活书店，1939 年），译作《家族论》（与胡冬野合译。上海商务印书馆，1936 年）等亦署。②锡，见于论文《张竞生自叙传的轮廓及近日生活》，载 1931 年上海《读书杂志》创刊号。嗣后在该刊发表《郁达夫论翻译与侠客》《东洋史讲座》等亦署。又见于随笔《末如之何室闲话》之第一节《军隐》，载 1932 上海《论语》第 4 期。③公孙无量，见于《郭沫若将有新著》正文（刊物目录署名"锡"），载 1931 年上海《读书杂志》创刊号。嗣后在该刊发表《从虚无主义谈到唯物史观》等文亦署。④礼锡，见于随笔《其桑〈美国的学校及留美的生活〉附言》，载 1931 年《读书杂志》第 1 卷第 2 期。嗣后在《文艺茶话》发表文章亦署。⑤国强，见于论文《中国教育问题》，载 1932 年《文化杂志》创刊号。⑥王抟今，见于散文《巴黎漫笔》，载 1934 年上海《新中华》第 2 卷第 4 期。嗣后在该刊发表《伦敦杂感》《印度一角》等文，出版散文集《海外二笔》（上海中华书局，1936 年）、译作《世界经济机构总体系》（英国柯乐普原作，与王渔村合译。上海中华书局，1936 年）均署。⑦爻父（fù），见于散文《北航六日记》，载 1935 年《新中华》第 3 卷第 20 期。⑧抟今，见于散文《巴黎怀恋记》，载 1936 年《新中华》第 4 卷第 2 期。嗣后在该刊发表《列宁城琐记》亦署。⑨Shelley Wang，在英国杂志上发表诗歌署用。⑩王庶三，署用情况未详。

王力 [1]（1900－1986），广西博白人。原名王祥瑛，字渭华、了一。曾用名王祥汉、王子武、王协。笔名：①王力，出版长篇小说《苦儿记》（上海文明书局，1922 年）署用。嗣后在《北京大学研究所国学门月刊》《清华学报》《国学论丛》《图书季刊》《社会周刊》《文学》《国立中山大学文史集刊》《南国月刊》《甲寅》等报刊发表文章，出版翻译戏剧《半上流社会》（法国小仲马原作。上海商务印书馆，1930 年），专著《汉语史稿》《古代汉语》《中国语言学史》（主编）、《中国语法理论》《中国现代语法》《词类》《关于汉语有无词类的问题》《汉语讲话》《中国语文讲话》《汉语浅谈》《汉语音韵学》《汉语音韵》《中古音等韵及其他》《诗经韵读》《楚辞韵读》《古体诗律学》《汉语诗律学》《诗词格律》《诗词格律十讲》《诗词格律概要》《汉族的共同语和标准音》《古汉语常用字字典》《康熙字典音读订误》《广州话浅说》《广东人怎样学习普通话》《龙虫并雕斋诗集》《龙虫并雕斋文集》《中国古代文化常识》《王力文集》等均署。②王了一，见于翻译小说《贫之初遇》（意大利亚达西原作），载1929年《小说月报》第20卷第2期。嗣后在《东方杂志》《新文学》《女子月刊》《开明》《文学》《文学季刊》《书人》《今日评论》《国文月刊》《文学创作》《文学杂志》《自由导报》《当代文艺》《南风月刊》《国民文学》《民鸣》《中央周刊》《安徽教育》等报刊发表著译作品，出版杂文集《龙虫并雕斋琐语》（上海观察社，1949年）、翻译小说《女王的水土》（英国莫洛亚原作。上海启智书局，1929年）、《少女的梦》（法国纪德原作。上海开明书店，1931年）、《沙弗》（法国都德原作。上海开明书店，1931年）、《幸福之年》（挪威温彻瑟夫人原作。上海启智书局，1933年）、《小芳黛》（法国乔治·桑原作。上海商务印书馆，1933年）、《酒窟》（法国左拉原作。上海商务印书馆，1934年）、《娜娜》（法国左拉原作。上海商务印书馆，1935年）、《爱》（法国保罗·热拉第原作。上海商务印书馆，1934年），翻译戏剧《讨厌的社会》（法国巴越浪原作。上海商务印书馆，1934年）、《我的妻》（法国嘉禾原作。上海商务印书馆，1934年）、《佃户的女儿》（法国埃尔克曼、夏特里安原作。上海商务印书馆，1934年）、《恋爱的妇人》（法国博多里煦原作。上海商务印书馆，1934年）、《生意经》（法国米尔波原作。上海商务印书馆，1935年）、《莫里哀全集（一）》（法国莫里哀原作。上海国立编译馆，1935年）等亦署。③了一，见于论文《语言的变迁》，载1934年北平《独立评论》第132期；随笔《瓮牖剩墨》，载1942年南京《中央周刊》第4卷第33—41期。按：台湾泰顺书局、商务印书馆盗印《汉语音韵学》（改名《中华音韵学》）、《汉语史稿》《中国现代语法》改署王协；台湾文津出版社盗印《汉语诗律学》改署王子武。

王力²（1921—1996），江苏淮安人。原名王光宾。曾用名王光彬、王犁。笔名：①王力，1942年起在延安《解放日报》发表文章署用。嗣后出版小说集《晴天》（胶东新华书店，1946年）、歌剧《镜子》（华东军区政治部文艺工作团，1948年）、论著《文艺工作者下乡问题》等亦署。1949年后发表文章多署此名。②于兆力，与乔冠华、姚溱合署。见于评论《杜勒斯的童话和中国的真实》，载1959年北京《红旗》杂志；见于评论《古巴人民抗美爱国斗争胜利的伟大意义》，载1961年《红旗》第9、10期合刊。

王利器（1912—1998），重庆市江津人。字藏用，号晓传。曾用名王晓传。笔名：①永丰，1949年前在北平《平明日报》写社论署用。②王利器，见于论文《一句一章之东汉七言歌谣说》，载1937年苏州《制言》半月刊第29期。嗣后在《图书季刊》《读书通讯》《志学月刊》《真理杂志》《文史杂志》《天明》《文学杂志》《国文月刊》等杂志发表古典文学研究论文，出版《吕氏春秋比义》《吕氏春秋疏证》《吕氏春秋本味篇校注》《孔子家语疏证》《文子疏义》《史记选注》《盐铁论校注》《风俗通义校注》《汉书补注补》《汉书古今人表疏证》《葛洪论》《两唐书艺文志注释稿》《文心雕龙新书》《文心雕龙校证》《新语校注》《文镜秘府论校注》《颜氏家训集解》《郑康成年谱》《李士桢李煦父子年谱》《宋会要辑稿补》《水浒全传注》《文笔要决校笺》《经典释文考》《九斋集校订本》《越缦堂读书简端证校录》《耐雪堂集》《晓传书斋集》《晓传书斋文史论集》《王利器论学杂著》《王利器自述》，编选《历代笑话集》《历代笑话集续编》《中国笑话大观》《历代竹枝词》（与王慎之合作），集录《九籥集》，校录《越缦堂读书简端记》《越缦堂读书简端记续编》，点校《风俗通义》《世说新语》《水浒全传》《绎史》，主编《金瓶梅词典》《水浒大词典》《史记全译》《全上古三代秦汉三国六朝文》等亦署。③王晓传，出版《元明清三代禁毁小说戏曲史料》（上海古典文学出版社，1958年）署用。④刘明辉，点校《文则·文章精义》（人民文学出版社，1960年）署用。⑤廖德明，点校《苕溪渔隐丛话》（人民文学出版社，1962年）署用。按：台湾盗印王利器著作，改署名王礼器、王力器。

王廉，浙江定海（今舟山市）人。字清夫。笔名王廉，在《南社丛刻》发表旧体诗署用。

王燎荧（1921—1995），重庆人。笔名：①燎荧，见于评论《"人……在艰苦中成长"——评丁玲的小说〈在医院中〉》，载1942年6月10日延安《解放日报》。②王燎荧，见于随笔《鲁迅怎样指导青年阅读》，载1959年《文艺学习》第6期。出版独幕话剧《红军回来了》（太岳新华书店，1949年），论著《毛泽东文艺思想基础》（陕西人民出版社，1982年）等亦署。③王述、王速、燎英，署用情况未详。

王林（1909—1984），河北衡水人。原名王弢。曾用名王相林。笔名：①隽闻，见于小说《贾斯文》，载1934年7月2日天津《国闻周报》。嗣后出版小说集《幽僻的陈庄》（北平文心书业社，1935年），发表小说《沥小盐的》（载1935年9月16日天津《大公报·文艺》）、《讼棍与赌棍》（载1935年11月4日天津《国闻周报》）等亦署。②王隽闻，见于译文《目前的俄国剧场》（英国克勒格原作），载1936年南京《时事类编》第4卷第7期；小说《混混儿》，载1936年天津《国闻周报》第13卷第43期。③向林，见于通讯《西北角上饶有历史意味的"一二·一二"剧团》，载1937年上海《光明》第2卷第12期；随笔《从东北军军官邢英自杀想到东北军与张学良》，载1937年北平《东北知识》第1卷第4期。④王林，见于散文《十八匹战马》，载1946年张家口《北方文艺》第1卷第3期。嗣后在张家口《长城月刊》、石家庄《华北文艺》等刊发表作品，出版长篇小说《腹地》（新华书店，1949年）、《站起来的人民》（中国青年出版社，1957年）、《叱咤风云》（上海文艺出版社1981年），短篇小说集《十八匹战马》

（上海群益出版社，1950年）、《五月之夜》（作家出版社，1955年），话剧剧本《火山口上》（天津知识书店，1951年），文集《王林文集》（解放军出版社，2009年）等亦署。

王林谷（1919－1995），浙江宁波人。笔名林谷。1938年开始业余创作，发表散文《牵牛花和人生》《星星楼》等等署用。20世纪40年代参与电影剧本《乌鸦与麻雀》的创作，1944年发表长篇小说《疾风》，1949年后创作或改编的电影剧本《时代的声音》《舞台姐妹》《神龛记》《一条河的故事》《广场杂技》《七月流火》等亦署。

王临泰（1919－1997），江苏铜山人，号至宽。笔名：①王临泰，见于《关于民众自卫队的意见》，载1948年《正论》第10期。1949年后在台湾、香港出版小说集《芳邻》（台北群力出版社，1952年）、《心灯》（台北群力出版社，1953年）、《荒林风雪》（台北群力出版社，1954年），中篇小说《残酷的故事》（台北正中书局，1952年）、《芳踪何处》（香港自由报社，1961年），长篇小说《火恋》（台北台湾书店，1955年）、《龙子》（台北群力出版社，1953年）、《虎女》（台中亚洲文学出版社，1964年）、《静静的田庄》（台中亚洲文学出版社，1957年）等亦署。②柳青、苏文、雁明，1940年起在上海《申报·自由谈》发表作品署用。

王琳[1]（1917－1982），上海人。原名王鸿卿。曾用名王林。笔名：①王琳，见于评论《苏俄的文化政策》，载1930年《世界月刊》第5卷第1、2期合刊。嗣后在《中国与苏俄》《青年界》《文学》《妇女生活》《东亚联盟》等刊发表文章亦署。②徐歌，见于诗《给母亲》，载1945年《抗战文艺》第10卷第1期；诗《蒲公英》，载1947年上海《人世间》复刊第1期。

王琳[2]（1916－1995），云南石屏人。笔名：①谷音，1939年在重庆《新华日报》发表译作署用。②黎璐，见于翻译小说《盒里的人》（俄国契诃夫原作），载1940年重庆《文学月报》第1卷第3期；翻译小说《电话》（大卫·柏格森原作），载1942年《文艺阵地》第6卷第6期。同时期在延安《谷雨》、重庆《中苏文化》发表译作亦署。③林笛，见于《延安，亲爱的母亲》，载1957年《延河》杂志。④王琳，出版传记《狂飚诗人——柯仲平传》（中国文联出版公司，1992年）署用。

王鲁彦（1902－1944），浙江镇海（今宁波市）人。原名王衡臣，字衡、鲁颜。曾用名王返我、王忘我、王衡。笔名：①王忘我，见于"明日社"宣言（与汪静之、林如稷等人共同签名），载1922年6月19日上海《民国日报·觉悟》。②鲁彦，见于翻译俄国民间故事《好与坏·投降者》，载1922年8月9日北平《晨报副镌》。嗣后在《民国日报·觉悟》《文学旬刊》《文季月刊》《东方杂志》《妇女杂志》《文学周报》《小说月报》《莽原》《京报副刊》《语丝》《北新》《新生命》《狂飚》《一般》《新月》《文艺月刊》《创化季刊》《青年界》《良友图书杂志》《文学》《中学生》《文学季刊》

《华安》《春光》《译文》《作家》《西京日报》《新文学》《中流》《文丛》《人间世》《新少年》《烽火》《自由中国》《广西日报（桂林版）·漓水》《抗战文艺》《文艺杂志》《文坛》《文学创作》《文艺春秋丛刊》《现代文艺》等报刊发表小说、剧本、散文、译作，出版散文集《驴子和骡子》（上海生活书店，1934年）、《旅人的心》（上海中华书局，1937年）、《伤兵旅馆》（汉口大路书店，1938年）、《跟踪随记》（上海三通书局，1940年），小说集《童年的悲哀》（上海亚东图书馆，1931年）、《小小的心》（上海天马书店，1933年），长篇小说《野火》（上海良友图书印刷公司，1937年），翻译小说《犹太小说集》（希腊皮儒维奇原作。上海开明书店，1926年）、《苦海》（波兰先罗什伐斯基原作。上海亚东图书馆，1929年），翻译童话《给海兰的童话》（俄国西尔皮雅克原作。北京狂飙社，1927年）等亦署。③王鲁彦，见于翻译童话《给海兰的童话》（俄国西尔皮雅克原作），载1924年上海《妇女杂志》第10卷第1期。嗣后在《新月》《文艺月刊》《青年界》《矛盾月刊》《文学》等刊发表作品，出版小说集《柚子》（北京北新书局，1926年）、《黄金》（上海人间书店，1928年），中篇小说《乡下》（上海文学出版社，1936年），散文集《鲁彦散文集》（上海开明书店，1947年），翻译小说《显克微支小说集》（波兰显克维支原作。上海北新书局，1928年）等亦署。④王衡，见于小说《余波》，载1925年1月5日《晨报副镌·文学旬刊》。嗣后在《京报副刊》等刊发表文章亦署。

王洛宾（1913－1996），北京人。原名王荣庭，字洛宾。曾用名艾依尼丁。笔名洛宾、王洛宾，搜集、整理、创作歌曲《康定情歌》《达坂城的姑娘》《在那遥远的地方》《掀起你的盖头来》《青春舞曲》《阿拉木汗》《半个月亮爬上来》《可爱的一朵玫瑰花》《在银色的月光下》《沙里洪巴》《流浪之歌》《都达尔与玛丽亚》《黄昏里的炊烟》《亚可西》《阿娜尔汗》等，歌剧《沙漠之歌》《无人村》《两代人》《战斗的历程》《托太尔的百灵》《带血的项链》《奴隶的爱情》及音乐话剧《步步跟着毛主席》等署用。出版歌曲集《西北歌声》《青海歌声》《哈萨克抒情歌曲集》《洛宾歌曲集》《丝路情歌》《在那遥远的地方》等亦署。其歌曲作品歌词大多根据其搜集的民歌整理、改编，或为其作词或填词。

王曼（1928－　），广东海丰人。原名王文敏。笔名：①王曼，见于通讯《我军到了被遗弃的海丰》，载1945年3、4月间东江抗日纵队《前进报》。嗣后在山东《渤海文艺》、两广纵队《进军报》、三野《前线》发表歌词、通讯，1949年后出版通讯特写集《海陆丰人民的斗争》《南海渔村》、短篇小说集《小兵的脚印》、传记文学《怒海澎湃》《铁骨凌霜——尹林平传》《彭湃传》、散文集《乡土情》《大地情缘》《烽火当年》《我的记者生涯》等均署。②王稔，1953年开始在海外侨报发表散文特写《模范县长余锡渠》等与王曼一名交替署用。③王旺、王为，在特写集《马安的报告》（广东人民出版社，1975年）发表文章署用。

王茂毓（1921—2000），浙江平阳人。笔名缪雨，20世纪40年代初在福建长汀《民治报·星期文艺》发表文章署用。嗣后发表小说《夜游魂》（载1942年福建永安《现代文艺》第6卷第3期）等亦署。

王梅定（1923—1995），河南潢川人。原名王行健。曾用名王梅汀、王以沫。笔名：①金名，1936年在武汉《大同日报》《时代日报》发表文章署用。②王梅汀，1940年在湖北《陈中日报》，1943年在重庆《新华日报》，1947年在南昌《中国新报》《前方日报》《人民的旗》等报刊发表文章署用。20世纪50年代起在重庆《大众文艺》、军队《国防战士报》《文艺生活》等报刊发表文章亦署。③王以沫，1950年在昆明《正义报》《平民日报》发表文章署用。④王梅定，1951年开始在《西南文艺》《上海文学》《云南文艺》《人民文学》《边疆文艺》等刊发表文章，出版小说集《矿山的主人》（新文艺出版社，1956年）、《矿山在歌唱》（上海文艺出版社，1960年）、《第三次要求》（通俗读物出版社，1962年）、《锡山春》（云南人民出版社，1979年），电影文学剧本《锡城的故事》（长春电影制片厂，1958年），特写集《光辉的道路》（云南人民出版社，1960年）等均署。

王门，生卒年及籍贯不详。原名李园。笔名：①王门，见于诗《把我们开到最前线》，载1938年上海《光明》第1卷第5期。1941—1942年在安徽《皖报》主编副刊《诗岗位》，嗣后在安徽立煌《中原》月刊及《中原文化》、成都《战时文艺》、桂林《青年文艺》发表诗、散文等亦署。②李园，在安徽报刊发表散文署用。

王孟素（1913—？），辽宁新民人。原名王尚志。笔名：①望梅，1923年在抚顺《民报·飘零》发表诗作署用。②孟素，1933年开始在辽宁《满洲报·晓野》《民声晚报·文学七日刊》，嗣后在《文选》《文最》《文颖》等报刊发表文艺评论等署用。见于评论《〈山风〉及其作者》，载《文选丛编》，又载大连实业印书馆1943年版《满洲作家论集》。③顾盈，见于长篇评论《两极》，载大连实业印书馆1943年版《满洲作家论集》。

王梦古（1899—？），江西萍乡人，字孟谷、孟古，号梅花屋主、潭石庄主。笔名王梦古，见于诗集《孟谷吟草》（1936年）、《海峤题襟录》（1941年）。

王梦鸥（1907—2002），福建长乐人。曾用名梁宗之，宗之。笔名：①王梦鸥，见于译文《有声电影演员论》（苏联普多夫金原作），载1936年南京《文艺月刊》第8卷第1期；话剧剧本《红心草》，载1942年重庆《时代精神》第6卷第2期。此前后在上述两刊及《大成晚报·高原》《文化先锋》《文艺先锋》《青年戏剧通讯》《新运导报》《中外春秋》《公余生活》《东方杂志》《南潮》《天文台》等报刊发表翻译剧作《星期日的午后》、电影文学剧本《孤城落日》（与王平陵合作。重庆国民图书出版社，1944年）、评论《展开积极性的戏剧运动》《乐教思想与戏剧运动》《戴老光眼镜读文艺政策》、

随笔《旧生活里的诗境遇》《略论名士派》《闲话旧"面子"》，出版传记《文天祥》（南京胜利出版公司，1946年），话剧剧本《生命之花》（福建省教育厅战时国民教育巡回教学团，1939年）、《乌夜啼》（重庆独立出版社，1942年）、《红心草》（重庆独立出版社，1942年）、《火花》（重庆国民图书出版社，1944年）、《燕市风沙录》（重庆正中书局，1944年），电影文学剧本《孤城落日》（与王平陵合作。重庆国民图书出版社，1944年）等均署。1949年后在台湾出版论著《文艺技巧论》（台北重光文艺出版社，1959年）、《文学概论》（台北帕米尔书店，1964年）、《文艺美学》（台北新风出版社，1971年）、《中国文学批评探索》（台北正中书局，1983年）、《文艺论谈》（台北学英书局，1984年）、《古典文学论探索》（台北正中书局，1984年）、《传统文学论衡》（台北时报文化出版公司，1987年）等亦署。②木鱼，见于杂文《"寓禁于征"》，载1946年前后福州《建言》周刊第7期。

王勉思（1926—2005），北京人。原名陶景和。编有《狱中纪实》《木偶世家传奇》《革命先辈的传奇》等丛书。

王敏（1922—2018），上海人。原名王福庚。笔名：①崔蓝，见于散文《小屋》，载1944年春湖南《沅陵力报·草原》。嗣后在《广西日报》《中国晨报》《羊城晚报》《新民晚报》等发表散文、杂文、评论署用。②傅耿，见于散文《〈日出〉里的人物》，载1944年夏广西《桂林力报·新垦地》。嗣后在《广西日报》《中国晨报》《羊城晚报》《新民晚报》等发表文章亦署。③馥膺，抗战期间在广西《桂林力报·新垦地》等撰写杂文、散文署用。

王明（1904—1974），安徽金寨人。原名陈绍禹，字露清。曾用名陈山泰、陈韶玉、陈松、陈禹。化名陈风康、陈绍予、高洛、WM、马马维奇（Мамавич）、波波维奇（Попович）、高洛比夫、克劳白夫。笔名：①王明，1927年在延安《红旗》《布尔什维克》杂志发表文章署用。嗣后出版翻译散文集《西班牙战地通讯》（大众出版社，1937年），晚年出版《王明诗歌选》亦署。②马马维奇（Мамавич）、波波维奇（Попович），晚年在苏联发表文章署用。③玉、石、慕、慕石、泰山、绍禹、绍虞、绍玉、韶玉、诏玉、兆雨、石绍予，署用情况未详。

王命夫（1924—1969），河北大城人，生于天津。原名高崇礼。笔名：①郭敏仁，1945年在天津半公开的刊物发表杂文署用。②王命夫，见于《小俩口拜年》（与田林合作），载1949年《文艺劳动》第1卷第4期。嗣后出版中篇小说《何家店》，评剧剧本《闹家务》，话剧剧本《饥饿》《如此教育》《如此记者》《敢想敢做的人》《三八红旗手》《皆大欢喜》《做一个好队员》，歌剧剧本《大报冤仇》《报名》（合作），电影文学剧本《敢想敢做的人》（山东人民出版社，1959年）等亦署。

王木河（1908－1985），福建福州人。原名王懋和。笔名：①茅火，见于散文《月底疯狂曲》，载 1936 年 4 月福州《小民报·新村》。②王木河，见于散文《黄金世界的标志——上海印象散记之一》，载 1936 年 5 月 7 日《小民报·新村》。嗣后在该刊发表《睡在浴盆上》《有女同车》等散文亦署用。③茂和、木河，20 世纪 30 年代在福州《新福建日报·宇宙》等报刊发表散文署用。

王牧群（1925－？），安徽寿县人。笔名：①牧群，见于散文《心底曲》，载 1945 年 9 月 9 日《前线日报》副刊。②洪野，见于散文《野果及其他》，载 1946 年《申报·春秋》。同年在《文艺青年》发表散文《夜剧场》《灯底故事》亦署。

王楠（1918－？），江苏南京人。原名王自英。笔名英子、金陵，出版长篇小说《龙城飞将》、中篇小说《我为祖国做了什么》、散文集《书画情缘》（与他人合作）、独幕剧剧本《生与死》等。

王念祖，生卒年不详，浙江绍兴人。字筱瀛，号笑影。笔名筱瀛，见于《将来……》，载 1915 年上海《礼拜六》第 7 期。

王芃生（1893－1946），湖南醴陵人。原名王大桢，字芃生、日叟。笔名：①芃生，见于随笔《由去年的九一八说到现在的日内瓦》，载 1932 年《外交月报》第 1 卷第 3 期。嗣后在该刊发表《日德脱退国联之日本方面的观察》《赠别葛玛丽博士诗》等诗文亦署。②王芃生，见于通讯《伦敦通讯》，载 1935 年《民鸣》第 1 卷第 33 期。嗣后在《晨熹》《外交月报》《公余》《政论旬刊》《现代中国》《文汇年刊》《财政评论》《经纬月刊》《生力》《文史杂志》《大公报》《中央日报》等报刊发表文章，出版《日本研究法》（与蒋益明合作。重庆建国出版社，1940 年）、《一个平凡党员的回忆与自我检讨》（重庆，1944 年）、《时局论丛》（重庆，1945 年）、《莫哀歌草二卷》（油印本）等亦署。

王丕祥（1926－2016），陕西绥德人。笔名沛翔，著有歌剧剧本《双报仇》《保卫村政权》等。

王品青（1901－1927），河南济源人。原名王贵珍，字品青、聘卿。笔名品青，见于诗《对月》，载 1921 年 6 月 6 日《晨报副镌》。嗣后在上海《语丝》《歌谣》《猛进》等刊发表诗文亦署。

王平陵（1898－1964），江苏溧阳人。原名王仲嵩，字平陵。笔名：①王仲嵩，见于散文《冰雪底终局》，载 1920 年《浙江省立第一师范学校校友会十日刊》第 11 期。嗣后出版《高等小学言文新范》（与严谨合作。上海会文堂，1921 年）、《言文对照：初学速成新论说》（上海广益书局）等教材亦署。②王平陵，见于随笔《社会改造运动中底学生》，载 1921 年上海《学生杂志》第 8 卷第 6 期；随笔《我读了〈论散文诗〉以后》，载 1922 年上海《文学周报》第 25 期。嗣后在《东方杂志》《南国周刊》《文艺月刊》《中央日报·中央公园》《社会杂志》《读书月刊》《大陆杂志》《文艺茶话》《现代文学评论》《矛盾月刊》《南华文艺》《再生杂志》《女子月刊》《江苏教育》《美术生活》《剧学月刊》《自由评论》《明星》《论语》《文艺》《戏剧时代》《时事月报》《民意周刊》《中山半月刊》《弹花》《中国社会》《创导半月刊》《妇女共鸣》《新演剧》《抗战文艺》《文艺阵地》《抗战戏剧》《青年月刊》《战时论坛》《时代精神》《黄埔》《现代读物》《海风》《国防周报》《戏剧新闻》《文艺先锋》《天下文章》《中国劳动》《今日青年》《读书通讯》《革命理论》《经纬月刊》《妇女月刊》《中外春秋》《川康建设》《新运导报》《女青年》《新中国》《建国青年》《华声半月刊》《春秋》《文选》《现实文摘》《旅行杂志》等报刊发表小说、散文、戏剧、评论等作品，出版诗集《狮子吼》（南京书店，1932 年），诗文集《副产品》（重庆商务印书馆，1945 年），散文集《湖滨秋色》（上海商务印书馆，1947 年），小说集《期待》（南京正中书局，1934 年）、《东方的坦伦堡》（重庆艺文研究会，1938 年）、《夜奔》（长沙商务印书馆，1941 年）、《送礼》（重庆商务印书馆，1942 年）、《女优之死》（重庆现实出版社，1943 年）、《晚风夕阳里》（重庆国民图书出版社，1944 年）、《娇喘》（上海亚洲图书社，1946 年），话剧剧本《俘虏》（重庆国民图书出版社，1942 年）、《卖瓜者言》（贵阳文通书局出版）、《狐群狗党》（重庆中国戏曲编刊社，1940 年）、《情盲》（重庆商务印书馆，1943 年）、《维他命》（重庆青年出版社，1942 年），电影文学剧本《孤城落日》（与王梦鸥合作。重庆国民图书出版社，1944 年），1949 年后在台湾出版小说集《残酷的爱》（台北正中书局，1951 年）、《茫茫夜》（台北华国出版社，1953 年）、《归来》（台北文物供应社，1955 年）、《火种》（台北文物供应社，1955 年）、《游奔自由》（台北文物供应社，1958 年），长篇小说《爱情与自由》（台北正中书局，1964 年），论著《写作艺术论》（台北正中书局，1975 年）、《王平陵先生纪念集》（台北正中书局，1975 年）等亦署。③平陵，见于散文《会见谢寿康先生的一点钟》，载 1930 年南京《文艺月刊》创刊号；评论《在抗战中建立文艺的基础》，载 1938 年武汉《抗战文艺三日刊》第 1 卷第 3 期；随笔《夸张与真实》，载 1944 年在上海《春秋》第 1 卷第 6 期。④秋涛，见于散文《缺憾》，载 1930 年南京《文艺月刊》第 1 卷第 2 期。嗣后在《中央日报·中央公园》《申报·自由谈》《抗战文艺三日刊》《矛盾月刊》《抗战戏剧》《抗战文艺》《妇女共鸣》《弹花》《浙江潮》《家庭》《幸福世界》等报刊发表小说、散文、随笔等署用。⑤西冷，见于随笔《中国戏剧协会第二次公演》，载 1934 年 6 月 7 日《中央日报·中央公园》。⑥史痕，见于评论《中国现阶段的文艺运动》，载 1936 年南京《文艺月刊》第 9 卷第 3 期；评论《全国音乐家动员起来》，载 1938 年重庆《文艺月刊·战时特刊》第 2 卷第 5 期；歌词《欢呼歌》（洪波作曲），载 1942 年重庆《青年音乐》第 2 卷第 1 期。⑦草莱，见于评论《评〈春风秋雨〉》，载 1937 年《文艺月刊》第 10 卷第 4、5 号合刊。同年 10 月起在该刊之《战时特刊》

发表随笔《战士的报告文学》、诗《朝鲜人》等亦署。⑧疾风，见于随笔《战时的下层政治机构》，载 1938 年汉口《文艺月刊·战时特刊》第 1 卷第 8 期。

王屏侯，生卒年不详，福建福州人。笔名：①扬青，1935 年在福州主编《求是报·天籁》并发表诗歌署用。②王扬青，1936 年 2 月在福州《瑰珀诗刊》发表诗歌署用。又见于诗《晒盐工》，载 1937 年 8 月 2 日福州《福建民报·艺术座》。

王琦（1918—2016），四川宜宾人。笔名：①王琦，见于随笔《文艺复兴时代的三大画家》，载 1944 年福建永安《公余生活》第 2 卷第 3 期；随笔《从画家的创作动机说起》，载 1945 年《书报精华》第 2 期。此前后在《文艺阵地》《文艺生活》《抗战画刊》《抗建通俗画刊》《新华日报》《月刊》《文联》《清明》《广播周报》《中学生》《人世间》《鲁迅文艺》等刊发表木刻、评论等，出版木刻集《王琦版画集》（北京出版社，1984 年），论著《新美术论集》（新文艺出版社，1952 年）、《谈绘画》（人民美术出版社，1958 年）、《艺术形式的探索》（四川人民出版社，1982 年）、《论外国画家》（四川美术出版社，1987 年），主编《欧洲美术史》（上海人民美术出版社，1985 年）等均署。②季植，见于随笔《鲁迅与美术》，载 1942 年《群众》第 7 卷第 9 期。③华莱，见于木刻《买平价米归来》，载 1942 年 4 月 19 日重庆《新华日报》。同时期在该报发表《买面粉》等木刻亦署。④文林、若木，署用情况未详。

王琪，生卒年及籍贯不详。笔名彭千指，1947 年后在天津《新生晚报·文艺大地》发表文章署用。

王启霖（1915—1949），贵州怀仁人。曾用名王慰民。笔名：①冰波，见于小说《告密者》，载 1942 年《广西妇女》第 3 卷第 26、27 期合刊。此前后在该刊及《民主时代》《野草》《文学创作》等刊发表随笔《如此贵州》、小说《不成功的战斗》《霹雳》等作品亦署。②王启霖，出版遗著、长篇小说《狂雨》（新文艺出版社，1952 年）署名。

王绮（1888—1946），北京人，满族。笔名：①王冷佛，见于长篇小说《珍珠塔》，载 1924 年 3 月 28 日至 10 月 14 日沈阳《盛京时报》。②冷佛，见于随笔《留印杂感》，载 1933 年广州《先导》半月刊第 1 卷第 9 期。

王乔南（1896—1992？），河北河间人。原名王林。笔名力工，出版滑稽电影剧本《女人与面包》（北平第一习艺厂，1931 年）署用。

王秋湄（1884—1944），广东番禺（今广州市）人。原名王世仁，字君演、军演。后改名王蘧，字秋湄，号秋斋、苔香、滨斋、莜斋。曾用名王适。笔名：①王蘧，见于《五言联》，载 1943 年上海《永安月刊》第 47 期。嗣后在该刊发表《屏幅》《竹石》等书画作品，出版遗著《摄堂诗选》（上海，1944 年）亦署。②王秋湄，出版遗著《章草辨异手册》（戴隆厚等整理。

上海书画出版社，2000 年）署用。③晨星、虹籁、清凉、西瀣、滨斋，署用情况未详。

王秋田（1905—1990），福建晋江人。笔名：①范统、郏申，抗战时期在马来亚新加坡报刊发表戏剧评论署用。②王秋田，见于独幕剧《喜讯》，载 1946 年 2 月新民主文化社出版之戏剧集《喜讯·出路》。

王秋萤（1913—1996），辽宁抚顺人。原名王之平。笔名：①萤，1931 年前后在辽宁《营商日报》《泰东日报》发麦散文署用。②秋萤，见于话剧剧本《末路》，载 1932 年 12 月 26 日大连《满洲报·晓夜》。此前后在北平《中国文艺》《新东方》、长春《新满洲》《大同报》、沈阳《盛京时报》《新青年》《文选》、抚顺《抚顺民报·飘零》等刊发表诗《赠别》、小说《陋巷》《滂沱雨》、中篇小说《矿坑》、长篇小说《风雨》等亦署。③王秋萤，在长春、沈阳等地报刊发表作品、出版短篇小说集《去故集》（长春文丛刊行会，1941 年）、《小工车》（长春益智书局，1941 年），长篇小说《河流的底层》（大连实业洋行出版部，1942 年），专著《文学概论》（大连实业印书馆，1942），编著《满洲文学史料》（长春开明图书公司，1945 年），编选《中国旧小说选》（大连实业印书馆，1943 年）等亦署。④秋莹，1931 年前后在辽宁《营商日报》《泰东日报》发表散文署用。疑系“秋萤”之误植。⑤苏克，1937 年前后在长春《大同报》、沈阳《盛京时报》《新青年》等报刊发表小说、散文、评论署用。见于小说《雪地的嫩芽》，原载未详，后收入小说集《去故集》。⑥舒柯，1937 年起在东北各地报刊发表作品署用。⑦孙育、林缓，1937 年在沈阳《盛京时报》等刊发表新诗、散文署用。⑧黄玄、洪荒，1938 年与陈因写杂文共署。嗣后为王秋萤专用，1947 年在哈尔滨《文化报》发表杂文亦署。“黄玄”一名 1983 年在《东北现代文学史料》发表《东北沦陷时期文化概况》亦署。⑨牛何之，1938 年前后在沈阳《新青年》《盛京时报》发表杂感署用。⑩谷实，1940 年在沈阳《盛京时报》连载东北文艺史料署用。⑪锦河，见于小说《觅》，载 1942 年长春《满洲文艺》第 1 辑。⑫光，见于评论《论刘爵青的创作》，载抚顺《明明》第 11 期，又收入大连实业印书馆 1943 年版之《满洲作家论集》。⑬牧歌、阮英，署用情况未详。

王蘧（qú）**常**（1900—1989），浙江嘉兴人。字瑗仲，号端六、求恒斋主、通德门私淑弟子、窈窕轩主、明两、明两庐主、玉树堂主。晚号偏翁、明两翁、欣欣老人。幼名阿龙、铁弥陀。笔名：①王蘧（qú）常，出版《严几道年谱》（上海商务印书馆，1936 年）、《诸子学派要诠》（上海中华书局，1936 年）署用。嗣后发表传记《吴子馨教授传》（载 1946 年昆明《国文月刊》第 45 期）、传记《桐城姚仲宝教授传》（载 1946 年昆明《国文月刊》第 57 期）、《王铭章将军挽歌》（载 1948 年《国防月刊》第 4 期），出版《沈寐叟年谱》（台湾商务印书馆，1977 年）、《顾亭林诗集》（台北文海出版社 1986 年）、《梁启超诗文选注》（人民文学出版社，

1987年)、《中国历代思想家传记汇诠·南宋近代分册》(复旦大学出版社,1988年)、《中国历代思想家传记汇诠·先秦两汉分册》(复旦大学出版社,1989年)等亦署。②明两,署用情况未详。

王仁济,生卒年及籍贯不详。笔名王谢,见于诗《汉江潮》,载1936年北平《西乡》杂志复刊号;随笔《新西北》,载1937年北平《新西北》第1卷第2期。

王戎(1920—?),湖南湘乡人,生于河南开封。原名王友厚。笔名:①王戎,见于散文《忆亡父》,载1943年2月8日重庆《新华日报》。嗣后在《文汇报·世纪风》《清明》《人世间》《评论报》《剧影春秋》《新民报晚刊》等报刊发表小说《他死在扁担下面》等,1949年后出版话剧《结合》(上海杂志公司,1951年)、《谁是凶手》(武汉通俗图书出版社,1951年)等亦署。②萧梅、胡植、慕兰,1946年前后在上海《大公报》《新民报晚刊》《联合晚报》发表文章署用。

王容海,生卒年及籍贯不详。笔名汗马,见于译文《法兰西的命运》,载1940年上海《杂志》第7卷第1期。

王如善,生卒年及籍贯不详。笔名王元魁,1933年在绥远《朝报·醋潮》发表文章署用。

王瑞丰(1896—1975),山东淄博人。曾用名王念忱。笔名:①王瑞丰,见于评论《中国电影最近之新的倾向》,载1934年《影迷周报》第1卷第8期;随笔《柳亚子南明史稿收藏记》,载1944年9月16日上海《古今》第55期。1945年2月由南京中央书报发行所出版游记《蒙荒万里》亦署。②王念忱,1945年11月在上海主编《导报》半月刊署用。1947年在《远风》第5期发表画作《街头写实》亦署。

王瑞麟,生卒年及籍贯不详。笔名:①王瑞麟,见于诗《溪与浪》,载1923年1月10日《新民意报·朝霞》。②瑞麟,见于《人生》,载1923年1月22日《新民意报·朝霞》。

王瑞鹏(1921—1943),江苏青浦(今上海市)人。笔名王韬,1938年11月在上海与丁宁(丁景唐)合作主编《蜜蜂》杂志署用。嗣后至1940年在上海《申报》副刊《自由谈》《游艺界》及《大美晚报·夜光》《大晚报·剪影》《文汇晚刊·灯塔》发表散文《你没有死》《勇敢的向前去》及诗、小说等亦署。

王若望(1918—2001),江苏武进(今常州市)人。原名王寿华。曾用名俞田。笔名:①王寿华,1933年11月至1934年2月在上海《新闻报·新园林》发表诗《劳动者之歌》《新年漫歌》等署用。②寿华,见于随笔《豁拳闲话》,载1934年3月上海《新闻报·新园林》。③若望,见于以北方话拉丁化新文字写作的诗《铁窗外》,载1935年天津《北调》。嗣后在上海《读书生活》、重庆《新华日报》等报刊发表诗文亦署。④苦望,见于歌词《义勇军歌》(周巍峙作曲),载1936年上海《读书生活》。⑤Luji,见于诗《沉痛的呼声》《一二·一

六》等,载1936年上海《生活知识》。⑥纪仇,见于报道《意想不到的残暴》,载1938年2月23日重庆《新华日报》。⑦王若望,见于小说《吕站长》,载1948年香港《大众文艺丛刊》第5辑。嗣后在《小说月刊》《文汇报》《人民文学》《解放日报》《新闻报》等报刊发表文章,出版报告文学集《赴朝慰问记》(上海劳动出版社,1952年),小说集《吕站长》(新华书店华东总分店,1950年)、《乡下未婚夫》(新文艺出版社,1954年),评论集《胡风黑帮的灭亡及其他》(新文艺出版社,1955年)、《向娜斯嘉学习》(上海人民出版社,1956年),电影文学剧本《阿福寻宝记》(中国电影出版社,1957年)等均署。⑧若木、若涵,1951—1957年在上海《解放日报》《文汇报》《新闻报》发表杂文署用。⑨王克南,1949年后在上海《文艺月报》发表儿童文学评论曾署用。⑩俞田,见于杂文《身价十倍》,载1957年北京《文艺报》第12期。⑪横竖横,1976年后书法题词偶署。

王森然(1895—1984),河北定州人,祖籍山西洪洞。原名王樾,字森然,号杏岩、哑公、古寺山僧。笔名:①王森然,见于《小诗》,载1923年10月28日《京报·诗学半月刊》第15期;歌谣《莞豆开花》,载1925年《歌谣》第82期。嗣后在《语丝》《现代评论》《猛进》《京报副刊》《晨报副镌》《盛京时报》《国闻周报》《国风半月刊》《海王》《实报半月刊》《中国公论》《公议》《北华月刊》《师大月刊》《真知学报》《工业学刊》《朔风》《新河北》《大风》等报刊发表诗《杀!杀!杀!》《无定河的壮歌》《心儿何时爆裂?》、小说《露白之诗》、舞蹈哑剧《乱舞之场》、人物评传《李大钊先生评传》《陈独秀先生评传》《鲁迅先生评传》及其他诗文,出版专著《文学新论》《近代二十家评传》《近代百家评传》《中国剧目辞典》《中国艺术概论》等均署。②问心,见于评论《艺术是社会真相的记录》,载1929年2月23日大连《泰东日报》。③碧波,见于随笔《编者前话》,载1933年3月《民报·萝丝》。④廷、林、松、湘、梓、樾、森、藕、三木、士略、子燕、子然、玉藕、老后、杜巍、杏南、杏楠、杏烟、杏岩、杏严、君寂、伯纳、芸芸、芹父、秋星、曼伽、菊子、黑衣、景延、乔青、漫淑、涤楼、瘦鹏、碧天、碧云、碧萝、碧梦、僧友、僧岩、养吾、欧瞻、慕华、瞻清、蘋蒂、绣民、珑珉、小芹、大风、天跟、哑公、哑翁、哑庵、大哑、枯竹、半庵、吾欲、介凡、文君、寻白、一无生、白蒂斯、黑衣道人、大邨西崖、马伽大师弟子、春妃秋郎阁主、无数青山拜草庐主、W、MA.,署用情况未详。

王沙艾,生卒年不详,福建人。原名王松之。笔名:①王沙艾,20世纪40年代初在福建《闽南日报》发表诗文署用。1947年11月29日在福州《星闽日报·星瀚》发表诗《寂寞》,嗣后在该刊发表散文《忧郁》和诗《召唤》、在福州《福建时报·詹言》发表散文《夜色褪了》等亦署。②王艾莎,见于诗《窗》,载1948年

2 月 16 日《星闽日报·星瀚》。③王沙文，见于散文《春天》，载 1948 年 4 月 4 日《星闽日报·星瀚》。嗣后在该刊发表杂文《闭着眼睛的时候》、散文《萤》等亦署。④王莎艾，见于散文《雨街两题》，载 1948 年 10 月 1 日《星闽日报·星瀚》。嗣后在该刊发表散文《瘦削——平凡的秘密》、评论《看了〈夜店〉》等亦署。

王沙坪　生卒年不详，河南安阳人。笔名：①沙坪，见于散文《某市镇素描》，载 1933 年 9 月 16 日开封《河南民报·民报副刊》；杂文《忧郁解剖学》，载 1934 年 11 月 12 日开封《河南民报·秋鹰》。同时期在上述两刊及《黄河月刊》《河南民国日报·中原》《抗战戏剧》《战时文艺》《时与潮文艺》等报刊发表散文《新秋》《深秋的黄昏》《大学寄宿舍》《新生》《山行》、诗《在汉水的流线内——寄北平友人》、小说《讨账》《吻的忘记》《逃——陨落之一》、影评《〈母性之光〉》、随笔《关于诗——给写诗的伙伴们》等亦署。②王沙坪，见于诗《尖塔下》，载 1935 年 4 月 27 日开封《河南民报·秋鹰》第 16 期；小说《麦天》，载 1935 年开封《山雨》月刊第 1 卷第 1 期。此前后在该刊及开封《文艺月报》《河南民国日报·中原》《黄河月刊》等报刊发表小说《生路》《粥场》《泥潭里》、诗《夜渡》《古城》、散文《铁窗》、评论《关于诗的内容和形式》等亦署。

王韶生（1906－1998），广东丰顺人，号怀冰。笔名王韶生，见于讲演《陈白沙的理学与诗学》（谢兰馥记录），载 1948 年广州《文会丛刊》第 1 期；论文《小说的环境》，载 1948 年广州《文理学院院刊》第 24 期。嗣后在该刊第 25 期发表论文《小说的结构》，在广州《文风学报》第 4、5 期合刊发表论文《唐宋诗体述略》，1949 年后在台湾、香港出版诗文集《怀冰室集》（台北文海出版社，1974 年）、《怀冰室续集》（香港志文出版社，1984 年）、《怀冰室集三编》（台北天工书局，1998 年）等亦署。

王绍清（1909－1994），四川铜梁人。曾用名徐清风。笔名：①王绍清，见于剧本《再会》，载 1933 年上海《新时代月刊》第 3 卷第 5、6 期合刊；剧本《野店》，载 1936 年 6 月 1 日马来亚新加坡《星洲日报半月刊·星洲文艺栏》。此前后在南京《文艺月刊》、上海《现代》、武汉《文艺》、新加坡《星洲日报》及《农工月刊》《电影与播音》《戏剧杂志》《新运导报》等刊发表诗《紫丁香》、散文《秋车》、歌剧剧本《战争的插曲》、话剧剧本《酒后》《名士》《野店》、评论《现代西班牙剧坛概况》等，出版剧作集《亚细亚的怒潮》（上海金汤书店，1937 年）、《铁鸟》（上海联华电影公司编译部，1937 年）、《奖状》（与叶尼、夏枫合集。上海戏剧出版社，1940 年），1949 年后在台湾出版剧作集《情天梦回》（台北中影公司，1954 年）、《良心司罪恶》（台北华侨影艺出版社，1959 年）、《礼尚往来》（台北正中书局，1960 年）、《墙与桥》（台北正中书局，1960 年），长篇小说《海韵》（台北文化图书公司，1960 年），论著《戏剧工作的理论与实际》（新加坡星洲日报社，1935 年）、《美学纲要》（台北文化学院出版社，1954

年）、《戏剧编导概要》（台北第一书店，1956 年）等亦署。②朱侯、克坚、田水、文祥、高风，署用情况未详。

王绍猷（1883－1971），陕西富平人。原名王建勋。笔名王绍猷，20 世纪 40 年代前创作和改编《铡美案》《新忠义侠》《新紫霞宫》《解甲封王》《法门寺》《蛟龙驹》《拷红娘》《双愚记》《金光玉》等秦腔剧本，撰写《秦腔记闻》（1949）等署用。1949 年后出版秦腔剧本《铡美案》（西北人民出版社，1954 年）、《周仁回府》（通俗读物出版社，1955 年）、《三对面》（长安书店，1957 年）、《长坂坡》（长安书店，1957 年）、《秦瑶表功》（长安书店，1957 年）、《取都城》（长安书店，1958 年）等亦署。

王绍曾（1910－2007），江苏江阴人，字介人。笔名王绍曾，见于散文《记唐蔚老之慷慨悲歌》，载 1931 年 9 月某日上海《申报·自由谈》。嗣后在《国专月刊》《新宁远》等刊发表文章亦署。

王生善（1921－2003），湖南益阳人，字孝先。笔名王生善，见于话剧剧本《后台》，1940 年 6 月作于重庆。嗣后在台湾出版剧作集《雏凤还巢》（与刘子清合作。台北，1946 年）、《魔劫》（台北正中书局，1962 年）、《碧海青天》（精华书局，1966 年）、《春晖普照》（台湾商务印书馆，1969 年），电视剧剧本《梁教授的故事》（台北华冈书局，1971 年）、《长白山上》（台北正中书局，1972 年）、论著《戏剧泛论》（台北华冈书局，1968 年）等亦署。

王诗琅（1908－1984），台湾台北人，祖籍福建晋江。原名王嗣郎。曾用名王锦江、王一刚。笔名：①王锦江，见于小说《没落》，载 1935 年台中《台湾文艺》第 2 卷第 8、9 号合刊；评论《台湾新文学运动史料》，载 1947 年 7 月 2 日台湾《新生报·文艺》。此前后在台北《第一线》、台中《台湾新文学》《新文学月报》等刊发表评论《契诃夫与其作品》、小说《老婊头》等亦署。②锦江、一刚、王一刚，台湾日据时期在报刊发表作品署用。③王诗琅，出版《王诗琅集》（与朱点人合集。台北前卫出版社，1991 年）、《王诗琅全集》（包括《鸭母王》《孝子寻母记》《艋舺岁时记》《清廷台湾弃留之议》《余清芳事件全貌》《三年小叛五年大乱》《台湾人物志》《台湾人物表论》《台湾文学重建问题》《夜雨》《丧服的遗臣》11 个分册。高雄德馨室出版社，1979 年）、《陋巷清士——王诗琅选集》（台北弘文馆，1986 年）等署用。④嗣郎、荣峰、正宏，署用情况未详。

王十仪（1917－2007），辽宁辽阳人。笔名：①白尔，1940－1944 年在《新湖北日报》《武汉日报》等报副刊发表小说署用。又见于诗《军事外三章》，载 1944 年重庆《文艺先锋》第 5 卷第 1、2 期合刊。1944 年 2 月由重庆长白庐出版长篇小说《奔赴祖国》亦署。②穆寒，见于随笔《川居杂记》，载 1946 年沈阳《前进报·文艺》；中篇小说《麦穗黄了》，载 1946 年《东北民报》。③拾遗、石翼，1953 年开始在《光明日报》《文汇报》

《大公报》等报刊发表古典文学研究论文署用。④王拾遗，出版《白居易研究》（上海文艺联合出版社，1954年）、《白居易》（上海人民出版社，1957年）、《白居易生活系年》（宁夏人民出版社，1981年）、《白居易传》（陕西人民出版社，1983年）、《苏辙散文精品选》（陕西人民出版社，1995年）等署用。⑤王十仪，主编《中国回族民间文学概观》（宁夏大学出版社，1984年），出版文集《横山斋文稿》（宁夏人民出版社，2001年）等署用。⑥欧阳爱梅，署用情况未详。按：王十仪著作尚有长诗《忆松花江》、评论《元稹论稿》等，署名情况未详。

王石城（1909－1992），江苏江都（今扬州市）人，别名石夫。笔名：①石城，见于论文《描写的手法》，载1936年《写作与阅读》第1卷第2期。嗣后在该刊发表《构句的美》《谈选词》等文亦署。②王石城，见于《谁杀了他》，载1947年《文艺月刊》第1期。

王时杰，生卒年不详，江西九江人，字道民。笔名王时杰，在《南社丛刻》发表旧体诗署用。

王实味（1900－1947），河南潢川人。原名王叔翰。曾用名王诗薇。笔名：①实味，见于小说《毁灭的精神》，载1927年北京《现代评论》第6卷第147－152期。嗣后在上海《创造月刊》、延安《谷雨》等刊发表《陈老四的故事》、杂文《政治家·艺术家》等亦署。②叔翰，见于小说《杨五奶奶》，载1926年2月27日北京《晨报副镌》。③实微，见于小说《小长儿与罐头荔枝》，载1929年上海《新月月刊》第2卷第8期。④实薇，见于小说散文集《休息》（上海中华书局，1930年）之《序》。⑤王实味，出版翻译小说《珊拿的邪教徒》（德国霍普特曼原作，上海中华书局，1930年）署用。嗣后在《文艺阵地》《中央周刊》《图书展望》及延安《中国文化》《解放日报》发表杂文《野百合花》等，出版散文集《野百合花》（重庆，1942年），翻译小说《萨芙》（法国都德原作。上海商务印书馆，1933年）、《资本家》（英国高尔斯华绥原作。上海中华书局，1936年）、《还乡》（英国哈代原作。上海中华书局，1937年）、翻译戏剧《奇异的插曲》（美国奥尼尔原作。上海中华书局，1936年），以及《英语写读指谬》（上海南京书店，1933年）等均署。⑥诗味，署用情况未详。

王士菁（1918－2016），江苏沭阳人。原名葛秉曙。笔名王士菁，见于随笔《鲁迅先生的旧诗与〈离骚〉》，载1944年7月30日昆明《云南晚报》。嗣后发表评论《鲁迅与文学上的民主主义》（载1945年昆明《诗与散文》第3卷第4期），出版长篇历史小说《雨霖铃》《小天堂的毁灭》、传记《鲁迅传》《鲁迅——伟大的革命家、思想家和文学家》《瞿秋白传》、诗集《往来在六塘河上》、专著《唐代文学史略》《杜诗今注》《唐代诗歌》《鲁迅早期五篇论文注译》《鲁迅创作道路初探》《鲁迅的爱和憎》，编辑注释《鲁迅全集》《鲁迅译文集》《瞿秋白文集》等亦署。

王世瑛（1897－1945），福建福州人。笔名：①王世瑛，见于小说《心境》，载1921年上海《时事新报·文学旬刊》第4期。嗣后在该刊发表小说《二百元》等亦署。②王世英女士，见于随笔《怎样去创作》，载1921年上海《小说月报》第12卷第7期。③王世瑛女士，见于随笔《不全则无》，载1921年《时事新报·文学旬刊》第8期。④一星女士，见于小说《出洋热》，载1921年《时事新报·文学旬刊》第12期。嗣后在该刊发表诗《东京行》亦署。又见于游记《旅行日记》，载1922年7月7日至8月29日北京《晨报副镌》。⑤王世英，见于随笔《我记得的学校演剧》，载1926年北京《晨报副镌》第58期。

王世颖（1902－？），福建福州人，字新甫。笔名：①王世颖，见于评论《现在体育上的两个弊病》，载1920年11月4日上海《民国日报·觉悟》；评论《论美国底初期文学》，载1925年上海复旦大学《黎明》（《民国日报》附刊）第9期。此前后在《东方杂志》《平民》《商学期刊》《新生命》《浙江省建设月刊》《广东合作旬刊》《银行周报》《江苏合作》《合作与农村》《文摘》《民意周刊》《合作月刊》《中国合作》《经济动员》《国魂》《政治季刊》《边声月刊》《中农月刊》《财政评论》《国风》《政衡》《合作经济》《智慧周刊》《学识》《天津合作》《社会建设》《社会工作通讯》等报刊发表文章，出版散文集《侳偬》（上海开明书店，1926年）、《龙山梦痕》（与徐蔚南合作），译作《土耳其寓言》（上海开明书店，1929年）等亦署。②颖，见于随感《笑话》《酝酿中的合作社》，载1922年上海复旦大学《平民》杂志第122期。③世颖，见于诗《心灵的一瞬》，载1922年《平民》杂志第122期。嗣后发表小说《来归》，载1925年9月1日至8日《民国日报·觉悟》、随笔《无题的散文》，载1925年《民国日报》附刊《黎明》、随笔《忆芬兰》，载1941年重庆《合作月刊》等亦署。④王夫凡，1927年在上海主编《时事新报·青光》时发表文章署用。嗣后发表随笔《〈鸡马小品〉序》（载1935年杭州《黄钟》第6卷第1期）、散文《龙山杂忆》（载1936年在杭州《越风》半月刊第8期），出版杂文集《东西南北》（上海现代书局，1928年）、《化外的文学》（上海现代书局，1928年）等亦署。⑤夫凡，1927年在上海《时事新报·青光》发表文章署用。1933年在南京《中央日报·中央公园》写"小言"专栏文章亦署。⑥春大、今甫、谁软，署用情况未详。

王世昭（1905－1984），福建福州人。字铁髯，号髯翁。笔名：①王世昭，见于论文《我的东方文化观》，载1939年《东方战友》第7、8期。嗣后在《国防周报》《前锋》《军事杂志》《青年生活》等刊发表诗《金田村之歌》《生之战斗》、论文《新诗泛论》等，出版诗集《南归诗集》等亦署。②长青、无名氏，署用情况未详。

王式通（1863－1931），浙江绍兴人，生于山西汾阳，字书衡，号志庵、仪通、郏庐。笔名：①王式通，见于诗《哭马通伯先生》，载1929年南京《学衡》第71期。嗣后发表《江亭饯别图题词》，载1937年6月1日南京《文艺月刊》第10卷第6期，出版《王书衡先生诗稿》（上海商务印书馆，1915年）、《王书衡先生文稿》（上海商务印书馆，1915年）、《弭兵合义》（北平北海图书馆，1929年）等亦署。②书衡、志庵、仪通、郏庐，署用情况未详。

王寿昌（1864－1926），福建闽县（今福州市）人。字子仁、介图，号晓斋、眉仙、养斋。笔名晓斋主人，出版翻译小说《巴黎茶花女遗事》（法国小仲马原作，与冷红生合译。1899年以畏庐藏版在福州印行，1906年由上海文明书局出版）署用。

王书川（1919－2007），山东博山（今淄博市）人。笔名：①王书川，出版散文集《北雁南飞》（高雄大业书店，1953年）、《花笺忆》（高雄大业书店，1954年）、《蓝色湖》（高雄百成书局，1955年），长篇小说《瑞典之花》（高雄新创作出版社，1953年）、《归梦》（高雄大业书店，1955年）、《乡野奇谭》（台北采风出版社，1991年）等署用。②黎川、王北峪，署用情况未详。

王书天（1908－1942？），山东日照人。号安苍。曾用名王乐天、杨沛如。笔名：①半老徐娘，20世纪30年代在山东《青岛时报》任主编时发表专栏文章《岛国春秋》等署用。②半老丈夫、旭生、庄户老、车把头、窝窝头，抗战时在山东报刊发表文章署用。

王殊（1924－2020），江苏常熟人。原名王树平。笔名：①林茫，见于散文《草》《蓝穹》，载1944年上海《杂志》第13卷第1期；散文《山啸》，载1945年上海《谷音》第1辑《译作文丛》。②林荞，见于散文《拾阳记》，载1944年上海《万象》第4卷第2期。同时期在上海《时代学生》《文艺复兴》《万岁》《春秋》《周报》《宇宙》《文艺春秋》《野火》（油印诗刊）等刊发表小说、散文亦署。③王殊，见于散文《相逢的时候》，载1946年7月上海《文汇报·笔会》。解放战争和朝鲜战争时期在《解放日报》《人民日报》发表战地通讯，退休后在香港《大公报》《北京青年报》《中国老年报》《报告文学》《海外文摘》等报刊发表文章，出版《十五年驻外记者生涯》（新华出版社，1988年）、《不寻常的谈判》（江苏人民出版社，1996年）、《五洲风云纪》（上海辞书出版社，2007年）、《静夜思故人——一个大使、记者的回忆》（上海辞书出版社，2008年）等亦署。④林范，署用情况不详。

王淑明（1902－1986），安徽无为人。原名王铸。笔名：①王铸，见于致鲁迅关于讨论《苦闷的象征》的信，载1925年1月13日北京《京报副刊》。同时期在该报发表《说白话应当禁止》《关于〈现代评论〉被的话》《鲁迅先生被人误解的原因》等文亦署。②王淑明，见于书评《母亲》（丁玲著），载1933年上海《现代》月刊第3卷第5期。嗣后在《现代》《青年界》《文学》《文学季刊》《太白》《希望》《七月》《文艺工作者》《人民文学》等报刊发表评论《丁玲女士的创作过程》《韩侍桁〈文学评论集〉的评论》《一个伟大作家的历程》等，出版论文集《论文艺上的乐观主义》《论郭沫若的历史剧》等均署。③淑明，见于书评《子夜》，载1934年上海《文学季刊》创刊号；评论《论诗歌的特性》，载1935年11月23日上海《时事新报·每周文学》。此前后在上海《太白》《芒种》等刊发表文章亦署。④舞勺、天帝、束萌，1935年上半年在上海《时事新报·青光》发表文章亦署。⑤陈谨，见于评论《瞿秋白同志在文艺工作上的贡献》，载1950年某月某日北京《光明日报》。⑥金心，署用情况未详。

王树枬（1851－1936），河北新城人。字晋卿，号陶庐；别号陶庐老人、陶庐主人、野史氏、绵山老牧。曾用名王树楠、王树枏、王树楠。笔名：①王树楠，见于《新疆稽古录续第三册》，载1916年《中国学报》第4期。②王树枏，见于《侯官陈君墓碑铭》，载1926年《国学专刊》第1卷第2期；《文中子考信录序》，载1926年《甲寅》第1卷第37期。嗣后出版《陶庐杂稿》《陶庐诗稿》《新城县志》《希腊学案》《词林雅谑》《清诗过眼评》《左传附注》《贞惠先生家传》《汉魏六朝砖文》等亦署。③王晋卿，见于《蜀石经序》，载1935年《新民月刊》第1卷第4、5期合刊。

王漱芳（1901－1943），贵州盘县人，字艺圃。笔名：①王漱芳，在《南社丛刻》发表旧体诗署用。1923年8月27日在上海《民国日报·觉悟》发表随笔《介绍一个暑期义务学校》亦署。②如愚，见于杂文《对于一中学潮之我见》，载1932年《现代学生》第2卷第3期。嗣后在上海《论语》《人间世》等刊发表《也是斋随笔》《游牛首山》等杂文、随笔亦署。③姚颖，借用其妻之名发表作品署用。

王思玷（1895－1926），山东苍山（今兰陵县）人。原名王思璜。笔名：①王一民，在《东方杂志》《鲁南时报》等刊发表诗文署用。②王思玷，见于小说《风雨之下》，载1921年《小说月报》第12卷第9期。嗣后在该刊发表小说《偏枯》（1922年第3卷第11期）、《刘并》（1922年第4卷第2期）、《归来》（1923年第4卷第5期）、《瘟疫》（1923年第4卷第12期）、《一粒子弹》（1924年第5卷第7期）、《几封用S署名的信》（1924年第5卷第8期）亦署。

王嗣曾（1909－？），湖北黄陂（今武汉市）人。笔名：①万柳、楷元，1937年卢沟桥事变前在汉口《中山日报》，嗣后在重庆《今文月刊》《新民报》、成都《新成报》，抗战胜利后在武汉《华中日报》《武汉日报》、上海《东南日报》发表文章署用。②王楷元，见于随笔《唐时的工部草堂》，载1945年四川《成都市政月刊》第1期。嗣后在该刊第3期发表随笔《理想中的大成都》亦署。

王松（1920－2012），福建武平人。原名王长光。曾用名徐醒、王天翔。笔名：①雪野，见于中篇小说《太阳从山垭上升起》，载 1939 年《总队文艺》第 1 期。嗣后至 1945 年在广东《新军》及《园地》《反侵略》等刊发表小说、诗歌、通讯等亦署。②王松，1941 年"皖南事变"后开始署用。嗣后发表作品、出版长篇小说《沱江的早晨》《布绕克姑娘》，中篇小说《醒了的山庄》，短篇小说集《遥远的边疆》《老游击队员》，傣族长诗《召树屯》（与陈贵培等合作整理）、《相勐》《火南皮冠》，专著《傣族诗歌发展初探》《傣族文学简史》等亦署。③徐醒，见于论著《论民主与修养》（香港建华出版社，1946 年）。同时期在暹罗曼谷华文报刊发表杂文亦署。④阿拉，见于中篇小说《旗上写着一条心》，1948 年出版于暹罗；中篇小说《猴子六和他的游击队》，载 1948 年暹罗《全民报》。⑤木公、一土、夫差，1949 年后在《边疆文艺》《云南日报》等报刊发表评论、杂文等署用。

王素珍（1920—？），河南孟津人。笔名素之，出版话剧剧本《万象更新》（台湾兴台书店，1959 年）、《蓝蚂蚁社会》（台湾兴台书店，1959 年）等署用。

王探，生卒年不详，福建南安人。笔名：①千一、丙三、秉二、毁病、HT，20 世纪 20 年代中期在马来亚《南洋时报·荔》发表诗、散文、小说署用。②一工，见于杂文《旺相可风》，载 1927 年 11 月 1 日马来亚《南洋时报·荔》。③王探，见于小说《育南与但米》，载 1928 年马来亚《南洋时报·荔》第 53 期。

王天恨（？—1946），江苏泰县（今泰州市）人。原名王抒运，字冀吾。笔名王天恨，见于泰县《休闲周刊》之《新社会现形记》。嗣后出版短篇小说集《秋风》（上海世界书局，1929 年）、《搁在一边》（上海世界书局，1929 年）、《幻迹》（上海世界书局，1929 年），翻译小说《神秘的包里》（美国范·达因原作。上海美德书局，1948 年）、《水底怪物（凡士探案）》（美国范·达因原作。上海美德书局，1949 年），传记《孙中山全传》《孙中山轶事》（中央图书局，1927 年）等亦署。

王田，生卒年不详，江西遂川人。原名王先荣。笔名王田，见于诗《敬礼，牛车队》，载 1945 年重庆《火之源文艺丛刊》第 1 卷第 5、6 期合刊；诗《我们这一代》，载 1948 年上海《新诗潮》第 3 辑《新诗底方向问题》。

王铁臣（1920—1983），清化镇王街（今焦作市）人。曾用名王凝。笔名：①王凝，见于剧本《市场风波》，载 1940 年长春《新满洲》第 5、6 期。②田垄，见于散文《静默的孩子》，载 1940 年昆明《诗与散文》第 1 卷第 3 期；小说《雨中》，载 1942 年昆明《文聚》第 1 卷第 2 期。此前后在《半月文艺》《战时青年》《战时学生》《自由中国》《大公报（桂林版）·文艺》《西风副刊》等刊发表小说《一夜》《虚惊》等亦署。

王统照（1897—1957），山东诸城人，字剑三。曾用名王鉴贤、王恂如。笔名：①王统照，见于《致〈新青年〉记者的信》，载 1916 年北京《新青年》第 2 卷第 4 期。嗣后主编《文学》杂志，并在该刊及《曙光》《新社会》《中国大学学报》《小说月报》《批评》《东方杂志》《晨光杂志》《时事新报·文学旬刊》《戏剧》《诗》《太白》《鲁迅风》《小说世界》《儿童世界》《民铎杂志》《晨报副镌》《京报副刊》《时事新报·学灯》《时事新报·文学》《海鸥》《文艺月刊》《青年界》《译文》《创作》《中学生》《女子月刊》《中华公论》《宇宙风》《文学丛报》《光明》《中流》《中国文艺》《烽火》《抗战半月刊》《国民》《丁丑杂志》《文选》《文讯》《漫画生活》《国闻周报》《救亡日报》《战时联合旬刊》《文艺杂志》《文艺春秋》《文艺复兴》《诗创造》《星野月刊》《现代文摘》《幸福世界》《同代人文艺丛刊》《文艺工作》《民言报·民言副刊》《大公报·战线》《山东新报·文学周刊》《大公晚报·小公园》《华商报·热风》《青岛文艺》等报刊发表著译诗文，出版诗集《良夜》（上海商务印书馆，1925 年）、《童心》（上海商务印书馆，1925 年）、《这时代》（上海华丰印刷公司，1933 年）、《夜行集》（上海生活书店，1936 年）、《江南曲》（上海文化生活出版社，1940 年），散文集《北国之春》（上海神州国光社，1933 年）、《片云集》（上海生活书店，1934 年）《青纱帐》（上海生活书店，1936 年）、《游痕》（上海文化生活出版社，1939 年）、《去来今》（上海文化生活出版社，1940 年），诗文合集《王统照选集》（上海万象书屋，1936 年）《欧游散记》（开明书店，1939 年），长篇小说《一叶》（上海商务印书馆，1922 年）、《黄昏》（上海商务印书馆，1929 年）、《山雨》（上海开明书店，1933 年）、《春花》（上海良友图书印刷公司，1936 年），短篇小说集《春雨之夜》（上海商务印书馆，1924 年）、《号声》（上海复旦书店，1928 年）、《霜痕》（上海新中国书店，1931 年）、《王统照短篇小说集》（上海开明书店，1937 年）、《银龙集》（上海文化生活出版社，1947 年）、《青松之下》（上海博文书店，1947 年），七幕剧《死后之胜利》（上海商务印书馆，1924 年），翻译诗歌《题石集》（自印本，1942 年）等亦署。②王剑三，见于短篇小说《纪念》，载 1918 年《妇女杂志》第 4 卷第 8 期。嗣后在《小说月报》《文学周报》《诗》《晨报副镌》《大晚报·每周文坛》《万象》等报刊发表诗文亦署。③剑三，见于致佩鞘、子刚的信，载 1919 年《曙光》第 1 卷第 1 号。嗣后在《妇女杂志》《小说月报》《时事新报·文学旬刊》《时事新报·学灯》《批评旬刊》《文学旬刊》《晨光杂志》《京报·文学周刊》《晨报副镌》《中学生》《星野月刊》《文汇报·世纪风》《民言报·潮音》《山东新报·文学周刊》《侨声报·星河》《新民报晚刊·夜光杯》等报刊发表著译诗文亦署。④剑，见于诗《春梦的灵魂》，载 1921 年《文学周报》第 3 期。嗣后在《晨报副镌·文学旬刊》《晨光杂志》《时事新报·文学旬刊》《批评旬刊》《文学旬刊》《民言报·妇女与儿童》等报刊发表著译诗文亦署。⑤C，见于吴越作《一个问题》的附言，载 1922 年 11 月 21 日北京《批评旬刊》第 1 期。嗣后在该刊发表《〈一个问题〉文坛话旧续集专栏附言》《〈再谈"一个问题"〉

附言》等文亦署。⑥T. C.，见于译文《我们的价值》（德国尼采原作），载 1922 年《批评旬刊》第 3 期。嗣后在该刊及《晨光杂志》《文学旬刊》等刊发表著译文章亦署。⑦云，见于散文《绿荫下的杂记》，载 1923 年北京《文学旬刊》第 14 期。嗣后在该刊第 17 期发表随笔《杂谈》亦署。⑧T，见于随笔《杂谈二则》，载 1924 年北京《文学旬刊》第 42 期。同年 8 月在该刊发表随笔《杂谈》亦署。⑨云君，见于散文《……在囚笼中的苦闷》，载 1925 年《自由周刊》第 1 卷第 4 期。同年在该刊发表散文《夜游》、小说《秋心》，1929 年在《青潮月刊》第 1 卷第 1 期发表散文《海滨微语》亦署。⑩统照，见于随笔《〈邻翁丛谭·西轩诗草〉后记》，载 1927 年自印之《邻翁丛谭·西轩诗草》。⑪梦观，见于小品《生活与直观亲知》，载 1929 年青岛《青潮月刊》第 1 卷第 1 期"海滨微语"栏。⑫提西，见于小品《一只手》，载 1925 年《自由周刊》第 1 卷第 4 期。嗣后在《前导月刊》、青岛《民国日报·恒河》等发表小说《记忆的神秘》、译文《机器时代的艺术》等亦署。⑬庸人，见于长诗《石堆前的幻梦》，载 1929 年青岛《青潮月刊》第 1 卷第 1 期；翻译独幕剧《锦囊妙计》（I. L. 遏理趣原作），载 1940 年 2 月上海《独幕剧创作月刊》第 2 期。⑭息庐，见于翻译小说《两个世界》（丹麦甲考孙原作），载 1929 年青岛《青潮月刊》第 1 卷第 1 期。嗣后在该刊及《前导月刊》发表译剧《头巾》（乔治·露丹巴苦原作）、散文《平常的故事——一段事实》等亦署。⑮鉴先，1933 年 7 月用此名作臧克家诗集《烙印》的出版者。⑯健先，见于散文《青岛》，载 1934 年上海《中学生》第 45 号；词《浣溪沙》，载 1937 年《烽火》第 5 期。⑰息，见于译文《一个仲夏夜的黄昏》（英国哈代原作），载 1935 年青岛《避暑录话》第 4 期。嗣后在上海《文学》月刊第 7 卷发表《谈诗小记》《杜勒耳略传》等补白短文亦署。⑱询如，见于随笔《旧诗新话》，载 1935 年 12 月 1 日天津《益世报·益世小品》。⑲剑君，见于散文《却鼠刀》，载 1936 年上海《文学》月刊第 6 卷第 4 期。⑳文如，见于散文《对台戏与狭小的笼——静安寺浴佛会所见》，载 1936 年上海《文学》第 7 卷第 1 期。㉑先，见于《诗一首》，载 1936 年上海《文学》第 7 卷第 2 期。㉒秋旻，见于《鲁迅先生的新旧诗》，载 1936 年上海《文学》第 7 卷第 6 期卷首"新诗专号要目预告"栏；论文《教育青年与救济青年》，载 1945 年 11 月 3 日青岛《民言报》。㉓如，见于《英译普洛帕细亚的挽歌》，载 1937 年上海《文学》第 8 卷第 3 期。㉔照，见于复读者信，载 1937 年上海《文学》第 8 卷第 5 期。㉕旻，见于杂文《片言》，载 1937 年上海《文学》第 9 卷第 1 期。㉖韦佩，见于小品《炼狱中的火花，集团的本能》，载 1938 年 4 月 26 日上海《文汇报·世纪风》。该时期在《女青年》《民族公论》《文学集林》《自学旬刊》《艺风》《公余》《学生月刊》《文艺阵地》《宇宙风》《丽芒湖上》《宇宙风乙刊》《译报·爝火》

《少年读物》《国民公报·国民副刊》《人世间》《新中国文艺丛刊》《时代文学》等报刊发表文章，抗战时期为吴伯箫《羽衣集》作序亦署。㉗恂子，见于散文《云破月来》，载 1938 年 5 月 1 日上海《每日译报》。嗣后在《华美周刊》《译报·爝火》《文汇报·世纪风》等报刊发表文章亦署。㉘剑先，见于诗《旅程六首》，载 1938 年 5 月 20 日上海《文汇报·世纪风》。嗣后在该刊及《鲁迅风》《宇宙风》《文学集林》等刊发表文章亦署。㉙摩坚，见于散文《"不易安眠？"》，载 1938 年 5 月 21 日上海《译报》；诗《展一片绿野铺入青徐》，载 1938 年 5 月 22 日上海《译报·爝火》。㉚王健先，出版诗集《横吹集》（上海烽火社，1938 年）署用。㉛默坚，见于小品《繁辞·序言》，载 1938 年 6 月 24 日《文汇报·世纪风》。嗣后在该刊及《鲁迅风》《民族公论》等刊发表文章亦署。㉜摩卢，见于《开篇》，载 1938 年 7 月 10 日上海《大英夜报·七月》。嗣后在该刊及青岛《民言报》副刊《潮音》《民言副刊》《艺文》发表杂文《感觉性的精确》、译文《德国现时的城市生活》等亦署。㉝恂，见于杂文《"危言"》，载 1938 年 7 月 13 日上海《大英夜报·七月》。㉞郑言，见于散文《R 与 W 的两本清帐》，载 1938 年 7 月 14 日《大英夜报·七月》。㉟詹詹，见于诗《为张慧木刻〈野火〉配诗》，载 1938 年 7 月 16 日《大英夜报·七月》；诗《夜风掠过》，载 1938 年 8 月 4 日上海《文汇报·世纪风》。㊱卢，见于书评《〈短篇小说选〉的介绍及其他》，载 1938 年 7 月 26 日《大英夜报·七月》。同月 30 日在该刊发表《华琳诗〈再会了，欧裕昆〉附记》亦署。㊲默，见于散文《一星星那样大的明点》，载 1938 年 8 月 2 日《文汇报·世纪风》。㊳息梦，见于译诗《蒲绿开苔诗抄》，载 1939 年上海《鲁迅风》第 5 期。嗣后在该刊及上海《文汇报·世纪风》发表小说《隔绝阳曦》、译文《片羽健行集》（C. 杜德原作）等亦署。㊴霭霎，见于散文《追念同轩老人》，载 1939 年上海《宇宙风》第 80 期。嗣后在该刊第 81 期发表译诗《旧臂椅》（寇克原作）亦署。㊵同昭，见于随笔《〈莲花峰顶放歌〉小序》，载 1939 年上海《宇宙风》第 80 期。㊶客庐，出版散文小品集《繁辞集》（上海世界书局，1939 年）、发表诗《三岁》，载 1940 年 2 月 2 日上海《大美报·浅草》署用。㊷卢生，见于译诗《吾侪降生自由中——美国独立战前之战歌》，载 1939 年《文学集林》第 1 卷《山程》，在该刊第 2 卷《望——》、第 3 卷《创作特辑》发表译诗《国歌——南北养战时之战歌》（洛特原作）、小说《新生》等署用。出版短篇小说集《华亭鹤》（上海文化生活出版社，1941 年）亦署。㊸朱雯，见于散文《从假的到真的》，载 1939 年 10 月 1 日上海《宇宙风》第 85 期。㊹卢生，出版短篇小说集《华亭鹤》（上海文化生活出版社，1941 年）。㊺鸿蒙，见于长篇小说《双清》，载 1943 年 7 月 1 日至 1944 年 6 月 1 日上海《万象》第 3 卷第 1 期至第 12 期。㊻木公，见于中篇故事《双石铎》，载 1944 年 2 月 1 日上海《万象》第

3 卷第 8 期。㊼虚怀，见于口译《四十年前话四明》，载 1944 年上海《万象》第 3 卷第 9 期至第 4 卷第 2 期。㊽剑如，见于论文《葵莱耳辜曲之〈自传〉与其平生》，载 1945 年 12 月 19 日青岛《民言报·潮音》。㊾恂如，见于评论《美国五十年来销售最多的作者》，载 1946 年 1 月 16 日青岛《民言报·潮音》；诗《将北归赋此以示诸友》，载 1962 年北京出版社版《书话》。㊿韦，见于杂文《海滨夜话》，连载于 1946 年 1 至 2 月青岛《民言报·潮音》。51卢坚，见于杂文《"乡愿"的进化论》，载 1946 年 9 月 23 日上海《侨声报·星河》。嗣后在该刊发表《"民佣"与"公仆"》《清除》等杂文亦署。52韦如，见于译诗《都露雷》（美国爱默生原作），载 1947 年 1 月 12 日济南《山东新报·文学周刊》。53韦立，见于译诗《赠蒲公英》（美国洛维尔原作）、散文《洛维尔小记》，载 1947 年 1 月 27 日《山东新报·文学周刊》。54L. C.，见于评论《萧伯纳之新选集》，载 1947 年 8 月 11 日《民言报·艺文》。55修如，见于译诗《取蛎人小曲》（美国霍尔姆斯原作），载 1947 年 8 月 18 日《民言报·艺文》。56鉴之，见于论文《宋末词谭》，载 1947 年 9 月 15 日《民言报·艺文》。57韦坚，见于评论《介绍耿氏遗译〈卡拉马佐夫兄弟〉》，载 1947 年 10 月 6 日《民言报·艺文》。嗣后在该刊发表译诗《极圣山》（美国提塔金斯女士原作）、《家与路》（美国皮把德玛克司原作）等亦署。又见于论文《略论金炀叔的诗作》，载 1948 年上海《文艺复兴》"中国文学研究号（中）"。58珠渊，见于散文诗《荆棘与荆冠》，载 1948 年 6 月 11 日《民言报·艺文》。嗣后在该刊发表随笔《〈散文诗十章〉跋》、散文诗《赐给他的重新收回》等亦署。59著微，见于小说《射心人》，载 1948 年 6 月 21 日青岛《民言报·艺文》。同年 9 月 6 日在该刊发表小说《狗矢浴》亦署。60韦默、默然、篯三、粲青、粲者，署用情况未详。

王薇伯（1883—1958），山西汾阳人。原名王荫繁，字薇伯，号汾阳飞侠。笔名：①王薇伯，1904 年 1 月在苏州创办《吴郡白话报》，1919 年后在苏州创办《苏报》《大苏报》并在上述报刊发表文章署用。②薇伯，署用情况未详。

王巍山，生卒年及籍贯不详。笔名青沙，见于散文集《生命树》（青海印刷局，1947 年）。

王韦，生卒年及籍贯不详。原名王韦才。笔名王韦，见于翻译小说《中国的儿女》（美国赛珍珠原作），1939 年 6 月 15 日起在上海《中学时代》第 1 卷第 2 期连载。嗣后在上海《杂志》《小天地》发表报告文学《玻璃柜旁》《机器厂》《黄金市场》《白衣天使》、小说《会尼记》等亦署。

王维克（1900—1952），江苏金坛人。原名王兆祥。曾用名王和。笔名：①维克，见于随笔《顾炎武论诗》，载 1923 年 5 月 25 日上海《民国日报·觉悟》。②王维克，见于《幸福圈》《梧桐叶》《狂狗——欲望的象征》，载 1924 年上海《文艺周刊》第 30 期。嗣后在该刊及

《小说月报》《科学》《逸经》《社会科学月报》等刊发表《法兰西诗话》等文，出版戏剧集《傀儡皇帝》（上海世界书局，1946 年），翻译戏剧《青鸟》（比利时梅特林克原作。上海泰东图书局，1923 年）、《沙恭达罗》（印度迦梨陀娑原作。世界书局，1933 年）、《法国名剧四种》（法国杜辛等原作。上海商务印书馆，1935 年）、《希德》（法国高乃依原作。上海生活书店，1936 年），翻译诗集《屠格涅夫散文诗》（与徐蔚南合译。青年进步学会，1923 年），以及上海商务印书馆出版的意大利但丁的《神曲·地狱》（1939 年）、《神曲·净界》（1948 年）、《神曲·天堂》（1948 年）等亦署。

王文耕（1916—1990?），河南洛阳人。原名王华农。笔名：①王文耕，见于诗《走出象牙之塔》，载 1934 年上海《中学生》第 49 号；诗《别》《真火》，载 1934 年上海《1934 年中学生文艺》下册。1936 年在上海《中学生文艺季刊》第 2 卷第 1 期发表诗《更夫》、1937 年 5 月在开封《河南民报·民报副刊》发表诗《怀念》等亦署。②王华农，见于诗《生锈的账目》，载 1936 年开封《海星月刊》第 1 期；诗《逃荒》，载 1936 年开封《黄流月刊》第 3 卷第 1 期。

王文起（1919—?），山东黄县（今龙口市）人。原名张守基，字本正。笔名石磊，1946 年至 1947 年 12 月在青岛主编《民众日报·民声》，发表《闲话》等 200 余篇杂文署用。1947 年至 1948 年底在青岛创办《小朋友十日刊》发表文章亦署。

王文秋（1918—1993），江苏江阴人。原名王文绣。笔名：①闻秋，见于秧歌剧《老鼠做寿》，载 1945 年延安《群众报》。②群艺，创作歌词《中苏人民团结紧》（司徒汉等作曲）署名。③文秋，见于散文《浏阳之夏》，载 1959 年 7 月 25 日上海《文汇报·笔会》。④王文秋，出版《匈牙利的造型艺术》（上海人民美术出版社，1957 年）署用。按：王文秋尚著有长篇小说《蔺铁头红旗不倒》《风满潇湘》和电视连续剧剧本《这一座高山》（均与他人合作）等，署名未详。

王文显（1886—1968），美籍华人，祖籍江苏昆山，生于英国伦敦，字力山。笔名：①王文显，1931 年起在北平《清华周刊》发表文章。其后出版剧作集《委曲求全》（北平人文书店，1932 年）亦署。②胡世光，编写话剧剧本《袁世凯》署用。按：王文显英文著作署名 J. Quincey－Wong，其话剧剧本《浮云》《梦里京华》（由李健吾译为中文出版）亦署名王文显。

王文漪（1914—1997），江苏江都（今扬州市）人。曾用名邵生（乳名）。笔名：①王文漪，1939 年在昆明《朝报》副刊发表处女作散文《春天里的秋天》署用。嗣后在《西风副刊》《广西妇女》《家》《妇女文化》及马来亚新加坡《南洋商报》《星洲日报》等刊发表散文《金马仑高原》《河畔慢行》《紧急中的新加坡》《两度返故乡》等，1949 年后在台湾出版散文集《爱与船》（台北东方书店，1951 年）、《晚来的明珠》（台北妇女写作协会，1956 年）、《花棚下》（台北联合出版服务中

心，1961 年）、《心叶散记》（台北幼狮书店，1967 年）、《弦月谷》（台中光启出版社，1971 年）、《灵秀之乡》（台北水芙蓉出版社，1976 年）、《风廊》（台北水芙蓉出版社，1978 年），长诗《新世纪的晨光》（1972 年），童话《这是革命的黄埔》（台北近代中国出版社，1982 年），传记文学《青年之神——邹容的故事》（台北新中国出版社，1953 年）、《诸葛亮》（1954 年），以及《王文漪自选集》（台北黎明文化事业股份有限公司，1983 年）等亦署。②洁心，见于散文《安南的少女》，载 1940 年《西风副刊》第 23 期。③紫芹、村炘、焕然，署用情况未详。

王文忠（？－1946？），辽宁沈阳人。笔名石青，见于散文《校长》，载 1937 年长春《明明》第 1 卷第 5 期；小说《哥哥》，载 1941 年海城《农业改进》杂志。

王汶（1922－2010），江苏吴江（今苏州市）人，生于北京。笔名：①吴彤，见于译文《怎样收听无线电》，载 1946 年南京《广播周报》复刊第 4 期。嗣后在该刊发表《从图画中学习》《莎翁作红娘》等译文亦署。②叶黎，见于译文《美国人的生活样式》（苏联伏龙斯基原作），载 1949 年长春《知识》周刊第 11 卷第 1 期。③王汶，出版翻译儿童小说《草原的太阳》（苏联巴甫连科原作。新华书店华东总分店，1950 年）署用。嗣后出版译作《罪与罚》（与他人合译）、《柯丘宾斯基小说选》、《外国科学家的故事——阿基米德》《伊林评传》《俄国作家童话选》《比安基科学童话选》《白特迷尔的金碗》《吹牛大王历险记》《大胆的思想》《天气陛下》《人怎样变成巨人》《人和自然》《森林报——春夏秋冬》《气球上的五星期》《猎潜记》《森林趣事》《白桦林丛书》等亦署。④紫薇、王耕、汪雯、池澈、林晓，署用情况未详。

王汶石（1921－1999），山西万荣人。原名王礼曾。曾用名王仲斌、王蕴玉。笔名：①汶石，见于《一杆枪一顶帽》，载 1946 年 8 月 31 日延安《解放日报》。1949 年 4 月－8 月在延安《群众文艺》发表评论《如何开展文艺批评？》、说书《郭拴背枪》亦署。②王汶石，1942 年后发表小说《风雪之夜》，出版歌剧剧本《边境上》《战友》、中篇小说《黑风》、短篇小说集《少年突击手》《风雪之夜》《新结识的伙伴》、散文集《王汶石散文选》、评论集《亦云集》等均署。

王夕澄（1918－？），辽宁盖县（今盖州市）人。原名王锡成，字者修。笔名：①夕澄，1940－1941 年在辽宁《营口新报·星火》发表小说《魏德海》《马路上的落叶》《讨药》《天台村》等署用。②笑波，1940－1941 年在《营口新报·星火》发表散文署用。③再生，见于散文《归来》，载 1945 年 10 月后盖县《文风》杂志。④王忏，1946－1947 年间在安东《白山》杂志发表散文署用。

王西神（1884－1942），江苏无锡人。原名王蕴章，字莼农，号西神；别号洗尘、樨尘、厖尘、樨膝、王

十三、红鹅生、窈九生、菊影楼、二泉亭长、西神残客、鹊脑词人、梁溪莼农、红鹅鹊脑词人。笔名：①王蕴章，1910 年在上海主编《小说月报》署用。嗣后在《南社丛刻》《小说月报》《小说林》《国学杂志》《东方杂志》《快活》等刊发表诗文，出版翻译小说《劫花小影》（英国勃莱登原作。上海商务印书馆，1915 年）、诗话《然脂余韵》（上海商务印书馆，1918 年）、随笔集《文艺全书》（与孙学濂等合集。上海崇文书局，1919 年）等亦署。②莼农，见于诗话《然脂余韵》，载 1914 年上海《小说月报》第 5 卷第 1－4 号。嗣后在该刊发表小说《霜花影》《香桃骨传奇》《玉鱼缘传奇》等亦署。③王西神，见于小说《并蒂花》，载 1922 年上海《快活》旬刊第 3 期；小说《模范新村》，载 1922 年上海《游戏世界》第 18 期。嗣后在上海《小说世界》《红杂志》《侦探世界》《小说日报》《红玫瑰》《太平洋画报》《中央时事周报》《民意月刊》等刊发表小说、随笔等，出版《西神小说集》（上海世界书局，1924 年）、《云外朱楼集》（上海中孚书局，1934 年）等亦署。④西神，见于长篇小说《苏台雪》，连载于 1915 年上海《小说新报》第 1 卷；随笔《梅魂菊影室谈隽》，载 1915 年上海《双星杂志》第 1 期。嗣后在《小说月报》《小说世界》《七襄》《社会之花》《新上海》《同声月刊》等刊发表小说、随笔等署用。⑤西神残客，见于长篇小说《苏台雪》，载 1915 年上海《小说新报》第 1 卷第 3 期；小说《三娘子外传》，载 1915 年上海《小说月报》第 6 卷第 8 期。小说《绿绮台传奇》，载 1915 年上海《小说丛报》第 7 期。按：王西神尚出版有通俗小说《碧血花传奇》《可中亭》《铁云山》《鸳鸯被》，词集《秋平云室词》，词话《梅魂菊影空闺话》，艺术杂论《玉台艺乘》，书法著作《墨林一枝》《碑林奇字》《墨佣余沉》等，署名与出版情况未详。

王西彦（1914－1999），浙江义乌人。原名王正鎏。曾用名王思善、余庆（乳名）。笔名：①王西彦，见于小说《残梦》，载 1931 年南京《橄榄月刊》第 15 期。嗣后在该刊及《晨光》《新时代》《文学》《中国文学》《晨报》《西湖艺苑》《大公报·小公园》《大陆杂志》《女子月刊》《平民杂志》《文化批判》《文史》《人民评论》《国闻周报》《中央时事周报》《黄钟》《新中华》《中苏》《大公报·文艺》《中流》《文艺工作者》《文学导报》《文学界》《青年文艺》《作家》《文学大众》《光明》《大众知识》《国际知识》《华北日报·每日文艺》《自由中国》《战地》《烽火》《七月》《大公报·战线》《文艺阵地》《现代青年》《观察日报》《抗战文艺》《文学集林》《现代文艺》《改进》《力报邵阳版·战时塘田》《刀与笔》《中央日报福建版》《新文丛·兽宴》《中学生》《创作月刊》《浙江日报永康版·文艺新村》《中央日报邵阳版》《文艺杂志》《文学批判》《文学创作》《新文学》《文艺春秋》《学习生活》《东南日报·笔垒》《自学》《文学杂志》《当代文艺》《春秋》《凯报·大地》《青年日报·语林》《联合周报》《浙江日报月刊》《时与潮文艺》《贵州日报·新垒》《时代中国》《联合周报》

《中央日报永安版·每周文艺》《东南日报·东南文艺》《文坛月刊》《月刊》《光明》《文章》《读者文摘》《星闽日报·星瀚》《文艺新潮》《文艺丛刊》《文讯》《学艺》《民主报》等报刊发表小说、散文、评论，出版长篇小说《村野恋人》（桂林良友复兴图书印刷公司，1944年）、《古屋》（文化生活出版社，1946年）、《寻梦者》（上海中原出版社，1948年）、《神的失落》（上海中兴出版社，1948年）、《微贱的人》（上海晨光出版公司，1949年），中篇小说《还乡》（上海中华书局，1948年）、《风雪》（文化生活出版社，1948年），小说散文集《一段旅程》（桂林石火出版社，1940年），短篇小说集《夜宿集》（长沙商务印书馆，1940年）、《报复》（福建永安改进出版社，1940年）、《乡井》（桂林三户图书社，1942年）、《惆怅》（桂林今日文艺社，1942年）、《海的呼啸》（桂林大地图书公司，1943年）、《家鸽》（桂林文学书店，1944年）、《一双鞋子》（福建永安改进出版社，1945年）、《人性杀戮》（上海怀正文化社，1948年），散文集《炼狱中的圣火》《忧伤的世界》《晚望》《北美之旅》《暮钟》《湘东老苏区杂记》《王西彦散文选》，回忆录《焚心煮骨的日子》，报告文学集《为了祖国和人类》，文艺评论集《文学·科学·哲学》《文学与社会生活》《挽歌与赞歌》《新的时代和新的风格》《唱赞歌的时代》《伟大的人和伟大的作家》《从生活到创作》《论阿Q和他的悲剧》《论〈子夜〉》《从播种到收获》《书和生活》《第一块基石》，以及《王西彦近作》《王西彦小说选》《王西彦选集》等亦署。②西彦，见于通讯《杭州文艺界续讯》，载1933年南京《橄榄月刊》第29期；评论《中国目下的几个绝大危机》，载1933年杭州《晨光》第1卷第44期。③王西稔，见于散文《西子湖畔的夜》，载1933年上海《大陆杂志》第1卷第10期。嗣后在《文艺月刊》《文学丛报》《永生周刊》《新中华》《国闻周报》《武汉日报·现代文艺》等报刊发表作品，在1936年上海生活书店出版之《中国的一日》（茅盾编）发表散文《赏花记》等亦署。④西稔，见于小说《高六叔》，载1934年3月22日、23日天津《大公报·小公园》；小说《母子》，载1936年上海《新中华》第4卷第11期。按：1933年杭州《学校生活》周刊第51—57期连载之《故都短简》署用"西稔"，疑即王西彦。⑤杨洪，见于评论《批评家的新任务》，载1940年福建永安《现代文艺》创刊号。嗣后在该刊发表《旧形式与新形式》《〈他死在第二次〉》《空军文学的幼苗》等书评、随笔亦署。又见于评论《漫谈西北新演剧》，载1945年《工商日报、秦风日报联合版·每周文艺》第1卷第14期。⑥忆津，见于随笔《一个建议》，载1940年永安《现代文艺》第1卷第2期。⑦莫荣，见于随笔《还是生活第一》，载1940年《现代文艺》第1卷第3期。嗣后在该刊发表随笔《儿童文学》《扩大视野》等亦署。⑧邵向阳，见于小说《绝崖边上》，载1940年永安《改进》第3卷第9期。嗣后在该刊及《现代青年》发表小说《风浪》《老马》、评论《论主题与题材》《论"文学者的材料是人"》等

亦署。⑨南荒，见于随笔《神话与现实》，载1940年《现代文艺》第1卷第5期。嗣后在该刊第1卷第6期发表随笔《两种微笑》亦署。⑩斯远，见于随笔《韧性的战斗》，载1940年《现代文艺》第1卷第6期。嗣后在该刊第2卷第1期发表随笔《爱与恨》亦署。⑪俞謦，见于《关于翻译》，载1940年《现代文艺》第1卷第6期。嗣后在该刊第2卷第4期发表随笔《关于新式风花雪月》亦署。⑫细言，见于随笔《"不是驴子"》，载1940年《现代文艺》第2卷第1期。嗣后在该刊发表随笔《哭泣》《新的主题和新的题材》亦署。1949年后在《文艺报》等报刊撰写文艺评论等沿用。⑬施稔，见于散文《山中文札》，载1941年《现代文艺》第2卷第6期。嗣后在该刊发表散文《扇子与袜子》《黄杨木》等亦署。

王西徵（1901－1988），山东高密人，生于辽宁沈阳。原名王希曾，字伯谛。又名王纪新，号鲁忱。晚号元浩老人。笔名：①王希曾，见于小说《小坟》，载1923年《小说月报》第14卷第6期。嗣后在该刊及《新教育评论》《京报副刊》等刊发表小说《午梦》、评论《日本"对支文化事业"》、随笔《介绍王尔德》等亦署。②王西徵，20世纪20年代在南京陶行知领导的中华教育改进社任《新教育》《新教育评论》编辑时署用，见于《御花园赐宴》，载1925年北京《晨报副镌》第50期。嗣后在《新教育评论》《京报副刊》《文史》《文学年报》《教育杂志》《燕京新闻》《燕京学报》《中华基督教教育季刊》《世界论坛》《小说月报》《陕西教育周刊》等刊发表《苏俄文学运动谈片》《文学家与失节》《五音七音考》等文，出版译作《苏俄的活教育》（英国教育视察团原作。上海华通书局，1929年）、论著《教育概论》（与吴俊升合作。上海正中书局，1936年）等亦署。③西徵，见于评论《评钦定教育宪法专章草案》，载1925年北京《京报副刊》第298期；小说《幸福的樊笼》，载1927年北京《现代评论》第5卷第130期。同时期在《晨报副镌》《新教育评论》发表《其砍，岂其砍乎？》《现代教育方法的批评》等文亦署。④酉徵，见于小说《波尔西底恶梦》，载1930年《小说月报》第21卷第5期；小说《裴特莱亚底死》，载1934年上海《文学》第3卷第4期；随笔《遗产支谈》，载1934年北平《文史》第4期。⑤王酉徵，1932年在北平《京报》副刊《诗·剧·文》周刊发表文章署用。又见于随笔《文学于我是业余工作》，载1934年上海生活书店版《我与文学》。1934年在上海《论语》第42期发表杂文《标语举隅》亦署。⑥潘宗耀，署用情况未详。

王希坚（1918－1995），山东诸城人。原名王熹坚。笔名：①王希坚，出版诗集《翻身民歌》（山东新华书店，1946年）、《佃户林》（与他人合作。山东新华书店，1949年）署用。嗣后发表小说、诗歌、曲艺作品，出版诗集《黑板报上写诗歌》《远方集》《自由歌》《民歌百首》，中、长篇小说《地覆天翻记》《变工组》《迎春曲》《雨过天晴》《忧天》，短篇小说集《陈老石入社》

《前沿阵地》《牛瑞山炸坦克》，鼓词集《朱富胜翻身》《老会长》《吴家庄抗灾得丰收》《石头缝里长牡丹》《苏联参观记》，快板集《进城》，通俗曲艺集《看机器》《小麦粒自述》等亦署。②希坚，见于民歌《日子怪好过》，载1946年《文化翻身》第18期。1950年在《人民文学》发表小说《小毛病》《老殷》等，1956年在《前哨》第10期发表随笔《鲁迅为什么叫人不要信"小说作法"》亦署。③剑林，署用情况未详。

王侠（1931— ），江苏徐州人。笔名：①沙弥、玄冰、游子，1946年在西安《西北文化报》、1948年在徐州《徐报》、1949年在衡阳《建报》发表诗、散文署用。②王侠，1946年在西安《西京平报》发表诗《五月的歌》署用。

王向辰（1898—1968），河北束鹿（今辛集市）人。原名王吉柄，字向辰。曾用名王焕斗、王向宸。笔名：①向辰，见于《捕萤》，载1925年《语丝》第41期；随笔《诗人诗》，载1946年《天下文萃》第1卷第3期。②王向辰，见于小说《绣花绢》，载1925年北京《现代评论》第2卷第50期。嗣后在《现代评论》《东方杂志》《民间》《广播周报》等刊发表小说《茶话会》《珠儿》《城姑下乡记》、通讯《一个新型的学校——湖南省立衡山乡村师范学校》、说唱《骂汪》等亦署。③老向，见于随笔《故都闻说敌机到了通州以后记》，载1933年《论语》第18期；说唱《抗日三字经》，载1938年武汉《抗到底》半月刊第5期；小说《永远不死的丈夫》，载1938年南京《文艺月刊·战时特刊》第8期。此前后在《中华司机》《人间世》《文艺月刊》《文艺》《论语》《宇宙风》《逸经》《宇宙风·逸经·西风非常时期联合旬刊》《抗战军人》《抗战文艺》《时事类编》《时与潮文艺》《戏剧新闻》《宇宙风乙刊》《黄河》《文艺先锋》《文化先锋》《众志月刊》《谈风》《周报》《半月文摘》《民间》《教育通讯》《弹花》《新中国》《新中华》《民意周刊》《江西地方教育》《各省合作》《广播周报》《新运导报》《学生之友》《觉音》《海潮音》《乐风》《国防周报》《科学画报》《今文月刊》《现代儿童》《国是月刊》《南风》《书报精华》《文选》《天文台》《民众周刊》等报刊发表散文、随笔、小说、曲艺作品，出版短篇小说集《民间集》（北平民间社，1937年）、《黄土泥》，中篇小说《庶务日记》（上海时代图书公司，1934年），长篇小说《全家村》（上海宇宙风社，1940年），随笔集《黄土泥》（上海人间书屋，1936年）、《巴山夜语》（南京新中国出版社，1947年），说唱集《抗日三字经》（汉口三户图书社，1938年）、《周营长收复济南城》（重庆军事委员会政治部，1939年）等亦署。④王老向，见于鼓词《宪法颂》，载1947年《新风周刊》第1卷第11期。

王小逸（1895—1962），上海人。本名王次鑫，字榕生、雄生。曾用名王鑫，字容生、雄声、小逸、微波、长宁、醉沙。笔名：①王小逸，见于长篇小说《春水微波》，载1925年12月16日至1927年1月4日上海

《紫罗兰》第1卷第1期至第2卷第2期。嗣后在上海《万岁》《金钢钻月刊》《社会月报》《小说月报》《大陆》《乐观》《大众》《紫罗兰》《万象》等刊发表小说，出版长篇小说《春水微波》（上海玫瑰书店，1930年）、《神秘之窟》（上海中央书店，1934年）、《明月谁家》（上海春明书店）等亦署。②捉刀人，见于长篇小说《王公馆》，连载于20世纪30年代上海《时代日报》。嗣后在《时代日报》《世界晨报》《乐观》等刊发表、随后结集出版长篇小说《北雁南飞》《骚来女士外传》《姊妹淘》《歪嘴吹灯录》《蝶恋花》《迷人词》《乱红飞絮》等亦署。③冯轶，见于长篇小说《马后桃花》，连载于1942年上海《太平洋周报》第1卷第13—27期。1944年在《大方》创刊号开始连载长篇小说《白衣人》，1942年5月由街灯书报社出版长篇小说《同功茧》等亦署。④何家支，见于长篇小说《丽人行》，连载于1945年2月上海《海报》。同时期在上海《大众》《杂志》等刊发表小说《十妇女》《密云》、出版长篇小说《风雨同舟》《丽人行》《明月谁家》等亦署。⑤爱去先生，见于《骚来女士外传》，载20世纪30年代《金钢钻月刊》。⑥醉沙、大安、长宁、王微波、李乐山、秦稚鹤、春水生、乙未生、石长宁，署用情况未详。按：王小逸尚著有长篇小说《天外奇峰》《夜来香》《第五伦》《燕双飞》《花弄影》《春水微波》《神秘之窟》《石榴红》等，署名情况未详。

王小隐（1889—1957），江西九江人。原名王时彦，字寄云、小隐。号遨汝、闇园。笔名：①王小隐，见于随笔《负暄絮语》，载1915年上海《小说月报》第6卷第6—8号；翻译剧作《月上》（爱尔兰格雷戈里夫人原作），载1920年北京《新中国杂志》第2卷第1期。嗣后在《戏剧周刊》《坦途》《北洋画报》《人文月刊》《学风》《报学季刊》等刊发表作品亦署。②闇园小隐，见于诗《时事谐咏》，载1932年上海《万岁》第1卷第8期。③王时彦，见于《与柳亚子书》，载《南社丛刻》第18集；旧体诗《题于觉庐》，载《南社丛刻》第22集。

王孝慈（1919—1999），黑龙江哈尔滨人。笔名李默，见于诗《旋风——献给死去的丁宁》，载1941年11月22日哈尔滨《滨江日报·大荒》。

王啸平（1919—2003），福建同安人，生于马来亚新加坡。笔名：①铁儿、黛丁，1934—1940年在马来亚新加坡发表文章署用。（按：20世纪50年代在新加坡报刊出现的黛丁，非王啸平，乃黄山之笔名）。②蒲克，见于评论《小姐和茶房——〈前夜〉里的两要角》，载1939年4月1日马来亚新加坡《戏剧长城》。③啸平，见于独幕剧《忠义之家》，载1939年11月15—21日马来亚新加坡《总汇新报·世纪风》。此前后在新加坡《南洋商报·狮声》《星洲日报》《总汇新报》《新国民日报》《星中日报》等报副刊及《南洋周报》等刊发表散文、小说、戏剧评论等，出版独幕剧集《忠义之家》（与朱绪等合集。上海现代戏剧出版社，1940年）亦署。

④陈真、王歌、浪辉、洪英，20 世纪 40 年代在马来亚新加坡报刊发表文章署用。⑤洪瑛，20 世纪 40 年代在马来亚新加坡报刊发表文艺短论署用。⑥叶冰，见于评论《论阿英的〈群莺乱飞〉》，载 1940 年 2 月 5 日马来亚新加坡《新国民日报·新流》。嗣后在该刊发表评论《星洲职业剧人的〈群莺乱飞〉》《话剧在马来亚的观众问题》等文亦署。⑦王啸平，1940 年回国后创作、出版话剧《第二代》《永生的人们》《翻身自卫》《换心》《回到人民的队伍》《继续为祖国战斗》《海岸线》（与刘川合作），小说集《马少清和他的连长》《两位战友》，长篇小说《南洋悲歌》《客自南洋来》，论著《表演艺术问题》《导演与表演诸问题》等均署。按：据王啸平之女王安忆称，其父在马来亚新加坡还使用过笔名杨骚、啸克，录此备考。

王辛笛（1912—2004），江苏淮安人，生于天津。原名王馨迪。笔名：①一民，1928 年 7 月 22 日在天津《大公报》发表诗《蛙声》署用。②鸿，见于诗《雨夜》，载 1928 年 7 月 25 日天津《大公报》。③秋柳，见于诗《荒坟》，载 1928 年 8 月 24 日天津《大公报》。④心花，见于微型小说《凄惨》，载 1928 年 8 月 26 日天津《大公报》。⑤知止，见于《歌声》，载 1928 年 8 月 31 日天津《大公报》。⑥心笛，见于翻译小说《旗号》（俄国迦尔洵原作），载 1930 年《国闻周报》第 7 卷第 23 期。⑦华缘，见于散文《梦过了黄昏》，载 1934 年《清华周刊》第 41 卷第 2 期。⑧辛笛，见于诗《无题》，载 1934 年《清华周刊》第 41 卷第 3、4 期文艺专号。嗣后在《文学季刊》《大公报》《水星》《绿洲》《新诗》《人世间》《文艺复兴》《民歌》《文汇报》《侨声报》《诗创造》《中国新诗》等报刊发表诗文，出版诗集《珠贝集》（与其弟辛谷合集。光明印刷局，1936 年）、《九叶集》（与杭约赫、陈敬容、郑敏、唐祈、唐湜、杜运燮、穆旦、袁可嘉合集）、《八叶集》（与陈敬容、郑敏、唐祈、唐湜、杜运燮、穆旦、袁可嘉合集）、《手掌集》（上海星群出版公司，1948 年）、《辛笛诗稿》（人民文学出版社，1983 年），散文集《夜读书记》（上海出版公司，1948 年）、《印象·花束》（上海文艺出版社，1986 年）、《嫏嬛偶拾》（上海教育出版社，1998 年），主编《20 世纪中国新诗辞典》等亦署。⑨王辛笛，1956 年 9 月 1 日在《展望》第 34 期发表散文《想起我经过苏彝士运河的时候》、1963 年 1 月 24 日在上海《文汇报》发表旧体诗《沈尹默先生书法展览观后》署用。嗣后发表旧体诗、新诗、散文，出版《诗集》（香港专业出版社有限公司，1989 年）、旧体诗集《听水吟集》（香港翰墨轩出版社，2002 年）、《王辛笛短诗选》（香港银河出版社，2002 年）、散文集《梦余随笔》（凤凰出版社，2003 年）等亦署。⑩牛何之、尔德，署用情况未详。

王辛恳，生卒年及籍贯不详。曾用名王辛民、王光潜。笔名辛民，见于通讯《拷刑》，载 1930 年上海《萌芽月刊》第 1 卷第 3 期；《山中行》，载 1939 年南京《文艺月刊·战时特刊》第 3 卷第 8、9 期合刊。

王新命（1892—1961），福建福州人。曾用名王吉曦、王几道。笔名：①王无为，见于翻译小说《赌国之因》（俄国列夫·托尔斯泰原作）、评论《文学运动的障碍物——学阀》，载 1920 年《新人》第 4 期"文学运动批评号（上）"。嗣后至 1925 年在该刊及《农民》《小说世界》发表《上海杂志界的文化运动》《北京大学与文化运动》《与姑父论鬼的信》《文化运动与废娼运动》《甘肃的文化运动》《说海一勺》等文，为张静庐《中国小说史大纲》（上海泰东图书局，1920 年）作序，出版《冰雪探险记》（上海商务印书馆，1916 年）、《蒙古旅行记》（上海泰东图书局，1920 年）、《脂余粉剩》（上海中华书局，1930 年），翻译《广岛日记》（日本蜂谷道彦原作，与晓萌合译。北京世界知识出版社，1958 年）等均署。②无为，见于诗《汽车》，载 1920 年《新人》第 1 期。嗣后在该刊发表小说《什么话》、剧本《割爱》等亦署。20 世纪 40 年代在《中央周刊》发表译文《世界性的房荒》又署。③王新命，见于评论《从自侮到自重的要求》，载 1932 年上海《中华周报》第 17 期。嗣后在该刊及《新人》《文化建设》《东方杂志》《现代出版界》《编译月刊》《中央周刊》《华侨先锋》《现代文摘》《书报精华》等报刊发表文章，出版中篇小说《狗史》（上海泰东图书局，1924 年）、长篇小说《蔓萝姑娘》（上海泰东图书局，1924 年）、话剧剧本《蔓萝姑娘》（上海泰东图书局，1924 年），以及《新闻圈里四十年》（台湾海天出版社，1957 年）等均署。④东鲁词人，1946 年 12 月 4 日在重庆《中央日报·中央副刊》发表攻击毛泽东所作词《沁园春·雪》而所作之词《沁园春·次毛润之〈沁园春〉词韵》署用。⑤飘泊、飘泊王，署用情况未详。

王学通，生卒年及籍贯不详，号弹指居士。笔名：①王学通，见于诗《小诗》，载 1923 年上海《小说月报》第 14 卷第 4 期。1936 年在上海《旅行杂志》发表《烟波浩淼》《涛声琴韵》等文亦署。②再生，见于随笔《主观与客观》，载 1929 年上海《金屋月刊》第 1 卷第 6 期。嗣后在该刊发表《浪漫主义与现实主义》《表现与观照》《诗的本质》等文，1944 年在重庆《天下文章》第 2 卷第 1 期发表随笔《〈大地黄金〉在重庆》，出版诗集《雨》（无锡先社出版公司，1930 年）、散文集《蹉跎》（无锡先社出版公司，1930 年）等均署。

王雪波（1916—2012），河北平山人。原名王禄。曾用名王血波。笔名：①柳林，见于通讯《在通州》，载 1937 年上海《希望》第 1 卷第 2 期；通讯《一支游击队的发生》，载 1938 年汉口《七月》第 2 集第 4 期；评论《坚持两条腿走路，让戏剧事业更加繁荣》，载 1959 年《百花》第 7 期。②王血波，出版歌剧剧本《宝山参军》（上海中国人民文艺丛书社，1949 年）、《两相好》（与杨润身等合作。上海大众书店，1949 年），话剧剧本《六号门》（与张学新合作。工人出版社，1951 年）等署用。③王雪波，1954 年后出版歌剧《纺棉花》（与王莘等合作。新文艺出版社，1958 年）署用。

王逊（1915—1969），山东莱阳人。笔名：①黎舒里，见于论文《美的理想性——美的性质的孤立的考察》，载1936年北平《清华周刊》第44卷第7期。嗣后在该刊发表论文《再论美的理想性》、散文《明日的园子》《重阳病愈初起》等，在重庆《民族文学》、四川《文史杂志》及《华声》等刊发表散文《秋日》《幻觉之一》、小说《印记》等亦署。②王逊，见于评论《评中国艺术综览》，载1940年3月昆明国立北平图书馆《图书季刊》新2卷第1期。嗣后在《世界学生》《文史杂志》《自由论坛》《自由导报》《世界文艺季刊》等刊发表评论《美与丑》《诗、科学、道德》《表现与表达》等，出版诗集《谢了的紫丁香》（黄流文艺社，1936年）、论著《北京皮影》（人民美术出版社，1953年）、《中国美术史》（上海人民美术出版社，1985年）、《王逊美术史论集》（河北教育出版社，2009年）等均署。

王亚凡（1914—1961），河南内乡人。笔名：①亚凡，见于《黄金马》，载1946年8月15日延安《解放日报》。嗣后出版诗集《夫妻劳军·黑板报·钉缸》（与丁毅等合集。太岳新华书店，1947年）亦署。②王亚凡，出版《十三陵水库大合唱》（杜矢甲作曲，音乐出版社，1960年）、《王亚凡诗抄》（作家出版社，1962年）等署用。

王亚蘅，生卒年不详，河北天津（今天津市）人。原名王守聪，字亚蘅。笔名：①亚蘅，见于《哀蝉》，载1923年1月14日《新民意报·朝霞》。②王亚蘅，见于论文《朗弗落的家乡生活》，载1923年2月4日《新民意报·朝霞》。1949年后出版随笔集《王老九谈怎样写诗歌》（文字改革出版社，1959年）等亦署。

王亚明，生卒年及籍贯不详。笔名：①王亚明，1937年4月与魏韶蓁合编武汉《奔涛》半月刊署用。②亚明，见于散文《记友人北游杂感》，载1937年《奔涛》第7期。

王亚平（1905—1983），河北威县人。原名王福全，号减之。笔名：①王亚平，见于评论《怎样推进中国新兴文学运动》，载1933年《新帆月刊》第2期。嗣后在《清华周刊》《新诗歌》《文学》《夜莺》《高射炮》《开拓者》《东方文艺》《文学丛报》《诗歌杂志》《诗歌季刊》《诗歌新辑》《诗歌生活》《文学青年》《中国诗坛》《诗讯生活》《海风》《青岛民报·避暑录话》《今代文艺》《抗到底》《自由中国》《文艺阵地》《抗战文艺》《新华日报》《文艺新潮》《笔阵》《文学月报》《黄河》《诗创作》《文艺生活》《战时文艺》《抗战艺术》《文艺杂志》《文学批评》《文学创作》《文艺先锋》《诗文学》《时与潮文艺》《青年文艺》《天下文章》《当代文艺》《文艺春秋》《文学新报》《萌芽》《平原文艺》《高原》《人民文艺》《中原·文艺杂志·希望·文哨联合特刊》《平原》《华北文艺》《西北工合》《文学修养》《月刊》《火之源》《青年学习》《周报》《文萃》等报刊发表诗、随笔、评论等，出版诗集《都市的冬》（上海国际书店，1935年）、《十二月的风》（诗人俱乐部，1936

年）、《海燕的歌》（上海联合出版社，1936年）、《中国兵的画像》（艺文研究会，1938年）、《祖国的血》（民众书店，1939年）、《中国，母亲的土地呵》（上海新丰出版公司，1947年）、《红蔷薇》（上海商务印书馆，1940年）、《新诗源》（与他人合作。江西中华正气出版社，1943年）、《生命的谣曲》（重庆未林出版社，1943年）、《星群》（与他人合作。春草社，1945年）、《穆林女献枪》（北平天下图书公司，1949年），长诗《火雾》（春草社，1945年），散文集《永远结不成的果实》（重庆文通书局，1946年），话剧剧本《张羽煮海》，歌剧剧本《铁水钢花》，唱词《百鸟朝凤》《朱江河》《蓝桥恨》，论文集《杜甫论》《从旧艺术到新艺术》等亦署。②罗伦，见于诗《逃难》，载1934年9月《现代诗歌》创刊号。同年12月至1935年3月在青岛《诗歌季刊》发表诗《哄花》《孩子的幸运》、评论《大众语与大众诗歌》《生命的微痕》等亦署。又见于评论《叙事诗的主题与语言》，载1944年8月24日重庆《新蜀报》。③亚平，1934年春在北平《新诗歌》月刊发表诗《小鸟与海燕》《浆水菜》、评论《新诗歌的内容与形式》等署用。又见于诗《塘沽盐歌》，载1934年上海《新诗歌》月刊第2卷第1期。1934年12月至1935年3月在青岛《诗歌季刊》发表诗《一锅牛肉》《时代的弃儿》《农村的春天》等亦署。④王减之，见于随笔《小学说话科怎样教学》，载1934年《青岛教育》第2卷第2期。嗣后在该刊发表《怎样培养儿童民族意识》等文亦署。⑤罗女士，见于诗《万里长城》，载1935年青岛《诗歌季刊》第1卷第2期。⑥李堇，见于随笔《学习屈原的创作精神》，载1942年6月18日重庆《新华日报》。1943年2月23日在该报发表诗《我迎接新的时代》亦署。⑦李萌，见于诗《震撼世界的新闻》，载1950年北京《大众诗歌》。⑧白汀、大威，1950年在北京《新民报》发表诗文署用。

王延龄（1921—?），浙江杭州人，回族。原名王寿山，字延龄。曾用名王南洲。笔名：①冯寄肖，见于小说《内疚》，载20世纪40年代北平《艺文杂志》。②言林、桑痕、鄢陵、严陵，1951、1952年间在上海《新民晚报》发表文章署用。③小玲，1956年在上海《萌芽》发表报告文学《女审判官》署用。④轻云，20世纪50年代在上海《萌芽》发表小品文署用。⑤燕凌，见于随笔《汪伪群丑另册录》，载1985年1—2月南京《爱国报》。⑥王延龄，1949年发表作品、出版长篇小说《歧路英雄》（与顾育明合作。生活·读书·新知三联书店，1988年），随笔集《历史大舞台》（江苏文艺出版社，1987年），译作《妇人输送船》（日本杉村光子等原作。上海出版公司，1954年）、《大波斯菊盛开的人家》（日本小池富美子原作。新文艺出版社，1958年），选注《唐宋词九十首》（新蕾出版社，1985年）等均署。

王炎（1920—?），辽宁抚顺人。原名王庆柏。笔名超人、陈夫，20世纪30—40年代在大连等地报刊发表诗文署用。按：1941 年曾由大连泰东日报社出版诗集《灰琴集》，署名未详。

王炎之（1896—1980），福建南安人。曾用名王肖吾、王宣化。笔名：①王肖吾，1926 年 10 月在马来亚创办《曼舞罗》报署用。②王炎之，见于论文《日本法西斯运动与世界第二次大战》，载 1933 年上海《抗争》第 2 卷第 32 期。③厌之、肖吾，1935 年在马来亚新加坡《电影与文化》发表杂文、小说、评论等署用。④炎之、寒波、宣化、肖吾生，1935—1939 年前后在马来亚新加坡《电影与文化》《南洋商报·狮声》《新国民日报·新流》、怡保《中华晨报》副刊《大众》《青年大众》等报刊发表评论、小说、杂文署用。

王研石（1904—1969），黑龙江哈尔滨人。笔名：①研石，见于小说《大官员厉害》，载 1922 年 8 月 19 日哈尔滨《大北新报》。②王研石，见于小说《胡不归》，载 1923 年 8 月 3 日《大北新报》。③公磊，1932 年在哈尔滨报刊发表小说《长相思》《人海百怪》等署用。④公磊王研石，出版小说《长相思》（诚文信书局，1933 年）署用。⑤将军，20 世纪 30 年代在哈尔滨《国际协报》发表诗歌署用。⑥公敢，1936 年起在上海《申报周刊》发表长篇通讯署用。1937 年前后在《文摘》《时事月报》等刊发表文章亦署。⑦大荣，1937 年在《文摘》发表《在华北的日本特务机关》《华北日军的增援》等文署用。

王衍康，生卒年及籍贯不详。笔名：①王衍康，见于论文《王充教育学说聚隅》，载 1927 年 11 月《民铎杂志》第 9 卷第 2 期。嗣后在《教育杂志》发表文章，出版论著《乡村教育》（正中书局，1935 年）、《战时戏剧教育》（中山文化教育馆，1939 年），主编《锄声》发表文章均署。②慎庐，见于长篇小说《炼》，连载于 1940 年福建连城《大成日报·高原》。

王琰如（1914—2005），江苏武进（今常州市）人。原名王琰。笔名：①王琰如，见于散文《一个被压迫的女子》，载 1934 年上海《新闻报·快活林》。嗣后在《浙江青年》及江西等地报刊发表作品亦署，1949 年后在台湾报刊发表作品、出版散文集《心祭》（台北国华出版社，1958 年）、《我在利比亚》（台北三民书局，1969 年）、《旅菲随笔》（台北中华书局，1972 年），小说集《长相忆》（台北文坛社，1955 年）、《新苗》（台北今日妇女杂志社，1955 年）等亦署。②琰如、一言，署用情况未详。

王彦远，生卒年及籍贯不详。笔名艾莹，见于散文《一位诚实朋友》，载 1934 年《江苏学生》第 3 卷第 4 期；《圣处女》，载 1935 年南京《中央时事周报》第 4 卷第 20 期。

王晏（1918—2005），山东烟台人。原名王凤岐，字鸣山。笔名：①往烟，1937 年 7 月后在《胶东画报》《辽吉日报》等报刊发表歌词《小姑娘要婆婆》《东北解放曲》等署用。②王日安、王一庵、王宴、王宴之，1937 年后在《大众报》等报刊发表通讯、散文、报告等署用。"王宴之"一名又见于小说《母亲》，载 20 世纪 60 年代《鸭绿江》。③一庵、彭壁、白衣、石果、亚夫，1944 年在胶东出版民歌集《爆炸大王》《于化虎爆炸记》，1949 年在《安东日报》发表小剧《南京总统府》等署用。

王央乐（1925—1998），江苏无锡人。原名王寿彭，字炜华。①王肃，20 世纪 40 年代在《时代日报》发表诗、散文、评论等署用。80 年代发表文章亦署。②王央乐，20 世纪 50 年代开始在《世界文学》《人民日报》等报刊发表著译作品署用。嗣后出版专著《拉丁美洲文学》《古巴文学简史》，翻译小说《乡村骑士》（意大利维尔加原作）、《骑士蒂朗》（西班牙马雷尔·加尔巴原作）、《博尔赫斯短篇小说》（阿根廷博尔赫斯原作）、《堂卡特林》（墨西哥何塞·霍阿金·费尔南德斯·德利萨尔迪原作）、《情与仇》（英国乔治·艾略特原作）、《堂塞贡多·松布拉》（阿根廷吉拉尔德斯原作）、《赛莱斯蒂娜》（西班牙罗哈斯原作），翻译诗集《英雄事业的赞歌》（智利聂鲁达原作）、《诗歌思集》（智利聂鲁达原作）、《诗与颂歌》（智利聂鲁达原作，与袁水拍合译）、《我爱过而又失去的女人》（智利聂鲁达原作，与他人合译）、《西班牙现代诗选》《卡塔兰现代诗选》（西班牙卡塔兰原作）以及《拉丁美洲现代独幕剧选》等亦署。③炜华，20 世纪 50 年代起在报刊发表著译文章署用。④王相，出版翻译长篇小说《堂娜芭芭拉》（委内瑞拉加列戈斯原作，与白婴合译。人民文学出版社，1979 年）署用。⑤宇文捷，20 世纪 80 年代开始发表英语翻译作品署用。

王仰晨（1921—2005），上海人。原名王树基。笔名：①秋虔，见于散文《一个排字工人的自述》，载 1939 年春上海《导报》。②树基，见于小说《海辛先生》，载 1943 年昆明《文学评论》。嗣后在重庆《新蜀报》发表散文《怀念》、1945 年 7 月在昭平《广西日报》发表散文《给亡友》亦署。③若明，见于散文《别重庆》《警报》，载 1944 年春江西《干报》；散文《忘不掉的逝者》，载 1944 年 11 月 4 日昭平《广西日报》；随笔《邹韬奋同志和他的事业》，载 1947 年夏《大连日报》。④小志，见于散文《给妈妈的信》，载 1945 年 8 月昭平《广西日报》。⑤扬尘，见于随笔《陶行知的道路》，载 1947 年冬大连《学习生活》月刊。⑥王仰晨，1949 年发表作品、出版《巴金书简——致王仰晨》（文汇出版社，1997 年）、《王仰晨编辑人生》（人民文学出版社，2007 年）、《文学编辑纪事》（与他人合作。首都师范大学出版社，2010 年）亦署。

王尧民，生卒年及籍贯不详。笔名巨鳄，1929 年在《南洋商报·文艺三日刊》发表文章署用。

王尧山（1910—2005），江苏溧阳人。原名宋书模，字志静。曾用名宋卢天、王乐天、宋奴天。笔名：①卢天，见于小说《没落》，载 1933 年上海《文艺》第 1 卷第 2 期；诗《制坯工场》，载 1934 年上海《诗歌月报》

第 1 卷第 3 期。②奴天，1934 年在上海《雇员生活》《铁流》等刊发表作品署用。③式加，20 世纪 30 年代在上海刊物发表作品署用。④路丁，见于小说《一天》，载 1935 年上海《文学》第 5 卷第 6 期；随笔"一·二八"前进，载 1936 年上海《海燕》第 1 卷第 2 期。嗣后在《文季月刊》《现实文学》《七月》《黄河》《知识半月刊》《新东方》《战时妇女》《常识》《平原文艺》等刊发表随笔、通讯、评论等亦署。

王瑶（1914—1989），山西平遥人，字昭琛。笔名：①昭琛，见于译文《一件恋爱与工作的故事》（苏联 E. Gard 原作）、评论《中央和西南》，载 1936 年北平《清华周刊》第 44 卷第 8 期。嗣后在该刊发表《华北的汉奸舆论》《一二九与中国文化》等文亦署。②狄恩，见于《当前的文艺论争》，载 1936 年《清华周刊》第 45 卷第 1 期。嗣后在该刊发表论文《报告文学的成长》亦署。③余列，见于译文《论新兴艺术——整个文化中底两个成分——民众艺术与古典宝藏》（Stefan Priacel 原作），载 1936 年北平《清华周刊》第 45 卷第 7 期。嗣后在该刊发表书评《多角关系》亦署。④耿达，见于随笔《关于日记》，载 1937 年《清华周刊》第 45 卷第 12 期。⑤王瑶，见于随笔《关于第四十五卷的周刊》，载 1936 年北平《清华周刊》第 45 卷第 1 期；随笔《邂逅斋说诗缀忆》，载 1948 年北平《文学杂志》第 3 卷第 5 期。此前后在《中建》《文讯月刊》《文艺复兴》《清华学报》《国文月刊》《学原》《小说》等刊发表论文《魏晋时代的拟古与作伪》《朱自清先生的学术研究工作》、散文《悼朱佩弦师》等，出版《鲁迅与中国文学》《中国新文学史稿》《中国诗歌发展讲话》《中古文学论集》《关于中国古典文学问题》《鲁迅作品论集》《李白》等均署。

王冶秋（1909—1987），安徽霍邱人。原名王之纮，字冶秋，曾用名王野秋。笔名：①野囚，见于随笔《离去》，载 1928 年上海《语丝》周刊第 4 卷第 44 期。嗣后在北平《未名》发表《葬斆前》亦署。②冶秋，见于散文《怀想鲁迅先生》，载 1940 年重庆《文学月报》第 2 卷第 3 期。嗣后在《抗战文艺》《群众》《中原》《现代妇女》《新中华》等刊发表文章亦署。③王冶秋，见于小说《她》，载 1941 年《抗战文艺》第 7 卷第 4、5 期合刊。嗣后在上海《大公报》《东方杂志》等报刊发表文章，出版小说集《青山城上》（上海商务印书馆，1946 年）、传记《民元前的鲁迅先生》（峨眉出版社，1943 年）、散文集《狱中琐记及其他》（上海文艺出版社，1958 年）等亦署。④野秋、汪洋、高山、老外、外山，署用情况未详。

王冶新（1921—？），贵州凯里人。原名王铣才，字镕初，曾用名王煊。笔名：①铁心，见于杂文《"奇货"可居》，载 1942 年春夏间贵阳《力报》副刊。②王铣才，见于短篇小说《阿保》，载 1945 年 3 月《贵州日报·新垒》第 2 期。③王煊，见于译诗《春之歌》（英国莎士比亚原作），载 1943 年重庆《时事新报·文艺》。④王冶新，1949 年 1 月后改名，嗣后发表剧本《放牛坡上》，载 1954 年《剧本》第 12 期。出版《侗族琵琶歌》（与棠棣华合作。贵州人民出版社，1981 年）等均署。⑤扬放，见于杂文《风乍起》，载 1957 年 5 月《贵州日报·乌江》。⑥王以辛，见于杂文《边》，载 1957 年《山花》6 月号。⑦叶辛，见于评论《斗志昂扬唱新歌》，载 1963 年《民间文学》第 4 期。

王业伟（1923—？），湖北红安人。原名王业玮。笔名：①千一，见于散文《还乡记》，载 1940 年老河口《阵中日报》。②千戈，见于散文《无题》，载 1941 年《阵中日报》。③亦寒，见于散文《无花的果实》，载 1941 年《阵中日报》。④仆仃，见于诗《海的故事》，载 1942 年 2 月 4 日《新湖北日报·文艺青年》。嗣后在该刊及《武汉日报·鹦鹉洲》发表诗《遥寄——给孩子们》《平原，我呼唤你》、散文《悼念》《远方的城》、散文诗《夜歌》等亦署。⑤白辛，见于速写《某日》，载 1943 年《新湖北日报》。1944 年在该报发表小说《方委员》亦署。⑥钟流，见于论文《我对真的看法》，载 1944 年《武汉日报》。⑦荒原，见于散文《不开的花》，载 1945 年 5 月 22 日《新湖北日报·文艺青年》。⑧忠厚，见于杂文《因轻信而想起的》，载 1945 年 5 月 29 日《新湖北日报·文艺青年》。⑨吕宋，见于论文《巴扎洛夫的时代》，载 1946 年 9 月汉口《大刚报》。嗣后在武汉《新湖北日报·长江》《武汉日报·北辰》《大公报·文艺》等报刊发表散文《轭下》《寄长江》《教学手记》、诗《处女地》《冰河期》、散文诗《醒夜》等亦署。又见于诗《声音》，载 1947 年 1 月《沙漠的喧哗》（列入《北辰诗丛》）。⑩冯纪，见于杂文《关于女人》，载 1947 年上海《大公报》。⑪叶危，见于散文《两个半年》，载 1947 年 1 月汉口《武汉日报·北辰》。同时期在该刊发表散文《呼吸》亦署。⑫王业伟，出版译作《身体思想》（美国安德鲁·斯特拉桑原作。春风文艺出版社，1999 年）署用。⑬李舟，署用情况未详。

王一地（1929— ），山东莱阳人。原名王宜弟，字少棠、山夫。曾用名王毅弟。笔名：①王毅弟，见于诗歌《傍晚》，载 1954 年《大众日报》。嗣后出版特写集《在广阔的道路上——徐建春的故事》（中国青年出版社，1956 年）亦署。②王一地，1949 年后发表作品、出版长篇小说《少年爆炸队》（少年儿童出版社，1980 年）、《打倒红×的伯伯》（河南人民出版社，1980 年）、《泥泞的春天》（河南人民出版社，1980 年），散文集《昨日·今日·明日》（中国文联出版社，2000 年）、《漫步西风》（金城出版社，2004 年）等均署。按：王毅弟在 20 世纪 40 年代后期曾发表通讯特写，又为业余剧团写过多幕秧歌剧《新家庭》《幸福路上》，署名未详。

王一榴（1899—1990），浙江嘉兴人。原名王敦庆，字梦兰。笔名：①王敦庆，见于讽刺画《战争与商业》《经济史上不可避免之争斗》，载 1927 年上海《商业杂志》第 2 卷第 1 期。嗣后在该刊及上海《万象》《现代》《上海漫画》《千秋》《杂志》《锻炼》等刊发表翻译小说《全世界的公敌》(美国杰克·伦敦原作)、随笔《作家素描六题》等亦署。②敦庆，见于《爱的收获》，载1927年上海《新消息》第4、5期合刊。1928年在上海《畸形》创刊号、1930年在上海《大众文艺》第2卷第4期发表画作，1937年在《上海漫画》第10期为随笔《改订服制刍议》作漫画配图《改良主义服》《现代主义服》亦署。③一榴，见于绘画《矿夫及其暗影》《整步》，载1928年上海《思想月刊》第1期；小说《两替屋》，载1930年上海《大众文艺》第2卷第4期(该刊目录署名王一榴)。嗣后在上海《畸形》《太阳月刊》《艺术》《论语》《时代漫画》等刊发表漫画、小说、译作等亦署。④王一榴，见于翻译小说《小学教师》(法国亨利·巴比塞原作)、漫画《梅叶荷特画像》，载1930年上海《大众文艺》第2卷第3期。嗣后在《大众文艺》《萌芽》《论语》等刊发表漫画、翻译小说等，出版翻译小说《叶莱的公道》(南斯拉夫伊凡康卡原作。上海现代书局，1929年)、翻译传记《成功人的生活故事》(美国卡耐基原作。上海光明书局，1940年)等亦署。⑤履葳，见于杂文《便所考》，载1935年上海《万象》第3期。嗣后发表随笔《改订服制刍议》亦署。⑥梦兰，见于《幽默集成》，载1936年《上海漫画》第7期。⑦王履葳，见于小说《阿拉从平枲线上归来》，载1939年上海《中行杂志》第1卷第2期。嗣后在该刊及上海《大陆月刊》《中国文摘》等刊发表随笔《托尔斯泰的悲剧》《作家撒谎大会》、翻译小说《背景》等亦署。⑧谋子，20世纪30年代在上海《时代漫画》发表作品署用。⑨黄次郎，上海"孤岛"时期在报刊发表作品署用。⑩谭易流，见于译文《第一位女医生》(美国艾达·克莱德·克拉克原作)，载1940年上海《中行杂志》第1卷第5期。嗣后在该刊发表译文《列宁轶事》亦署。⑪王易流，见于译文《致苏联人民的公开信》(美国斯坦菲·高原作)，载1945年《中国文摘》第3期。嗣后在该刊发表译文《在日本的恐怖》(加拿大马克·盖恩原作)署用。⑫易流，见于翻译小说《归来》(美国莱斯特·科恩原作)，载1946年上海《宇宙》第3、4期。⑬诸涛山，见于随笔《闲人闲话》，载1936年《上海漫画》第6期。嗣后在该刊发表散文《妈妈毕竟是个模范的女性》亦署。⑭王小令，见于译文《狗的颂赞》(美国詹姆斯·瑟伯原作)，载1947年上海《论语》第124期。⑮郭德、谭以理、以礼、老痂、柳园、王江泾，署用情况未详。

王一心 (？—1946)，浙江金华人(一说湖北武汉人)。笔名：①王一心，见于诗《玫瑰之路的尽头》，载1930年12月16日上海《真美善》第7卷第2期。嗣后在《文艺月刊》《当代文艺》《女子月刊》《文华》《文学期刊》《社会月报》《文艺大路》《星火》《青年界》《新时代》《现代》《新诗歌》《中国文学》《春光》《诗歌月报》《文艺》等刊发表诗文，出版诗集《忘忧草(前集)》(与李英樵合集。上海联合书店，1931年)、《一心诗集》(上海北新书局，1937年)、《雪街》《画眉集》《幸福的哀歌》等亦署。②一心，20世纪30年代在武汉报刊发

表诗文署用。

王一叶，生卒年不详，辽宁海宁人。笔名：①一叶，20世纪20年代在沈阳报刊发表新诗署用。②王一叶，见于诗《雪》，载1932年1月12日《哈尔滨公报·公田》。嗣后在该刊发表诗《还乡前夕寄雨之》等，1926年出版诗集《锦瑟集》亦署。

王揖唐 (1877—1948)，安徽合肥人。原名王志洋，字慎吾、什公。曾用名王赓，字一堂，号揖唐、揖堂、逸塘、绥卿、今传是楼主人。笔名：①逸塘，见于《今传是楼诗话》，连载于1927年7月3日至1929年6月30日天津《国闻周报》第4卷第25期至第6卷第25期。②王揖唐，见于《省元法师行状》，载1933年《海潮音》第14卷第3期。嗣后在《公议》《中国公论》《侨声》《津津月刊》等刊发表《为中国参战告华北军民》《同生共死完成此战》等诗文，出版诗集《逸唐诗存》(1941年)、游记《东游纪略》(北平新民印书馆，1940年)、随笔《今传是楼诗话》(天津大公报馆，1933年)等亦署。

王沂暖 (1907—1998)，吉林九台人。原名王克仁，字春沐。笔名：①春冰，1940年在《康导月刊》发表七言绝句40首署用。②王沂暖，见于译文《印度佛教史》，载1947年《南洋杂志》第1卷第5期。嗣后出版诗词集《春沐诗词甲乙稿》《王沂暖诗词选》《王沂暖诗词选二集》，专著《汉藏大辞典》(与张怡荪合作)、《藏汉佛学词典》《藏族文学史略》(与唐景福合作)，译作《印度佛教史》(多罗那他原作)、《西藏王统记》(福幢原作)、《西藏圣者米拉日巴的一生》(乳毕坚金原作)、《猴鸟的故事——藏族寓言故事》《西藏短诗集》《玉树藏族民歌选》《仓央嘉措情歌》(六世达赖喇嘛原作)、《格萨尔王传》(与华甲合译)、《格萨尔王传·贵德分章本》《格萨尔王传·门岭大战》《格萨尔王传·降伏妖魔之部》《格萨尔王传·世界公桑之部》《格萨尔王传·卡切玉宗之部》《苏吉尼玛》(藏戏)、《朗萨雯波》(藏戏)、《卓娃桑姆》(藏戏)等亦署。

王怡庵，生卒年不详，四川成都人。笔名：①王怡庵，见于《诗六首》，载1922年《创造》季刊第1卷第1期；诗《琴声》，载1923年3月25日《浅草》季刊第1卷第1期。同时期在上海《诗》《文艺周刊》等刊发表诗《夏夜》《歌场》《夜雨的舟中》《秋的小诗》等亦署。②怡庵，见于《在落霞里》，载1923年《创造》第7期。同年在上海《文艺周刊》发表《悼亡友嚼辛》《致王以仁》等文亦署。

王怡之 (1916—？)，北京人。原名王志忱。笔名王怡之，1935—1936年在北平、天津报纸副刊发表学术论文，主编北平《大同》半月刊，署名情况未详。1949年赴台湾后出版小说集《台北街头多丽人》(台北红蓝出版社，1955年)、论著《诗圣杜甫》(台北中华文化出版事业委员会，1958年)、《中国历代文学欣赏》(台北妇友月刊社，1963年)、《文学原论》(启德出版社，1972年)、《修辞学》(世纪书局，1981年)、《古典文

学欣赏》（台北妇友月刊社，1982 年），以及《王怡之自选集》（台北黎明文化事业股份有限公司，1987 年）等均署"王怡之"。

王以仁 [1] （1902－1926），浙江天台人，字盟鸥。笔名：①王以仁，见于《林中早行》，载 1924 年 3 月 28 日《创造周报》第 46 号。嗣后在上海《小说月报》《洪水》《文学周报》《文艺周刊》《读书月刊》等刊发表小说、散文，出版小说集《孤雁》（上海商务印书馆，1926 年）、《幻灭》（上海新文出版社，1946 年）及诗文集《王以仁的幻灭》（上海明日书店，1929 年）等亦署。②以仁，见于《让世人把我们投入硫黄湖去》（与全平合作），载 1925 年《洪水》半月刊第 1 卷第 5 期。嗣后在该刊发表随笔《关于〈忆〉》、诗《哀歌》等亦署。③盟鸥，署用情况未详。

王以仁 [2] ，生卒年不详，浙江长兴人。笔名王仁、噫人、似，20 世纪 20 年代后在杭州报刊发表作品署用。嗣后在北京组织文艺团体樱花社、编《罗门》《遗流》周刊署用。

王义臣 （1893－1958？），湖南双峰人，字植槐。著有《槐庭诗词集》，署名未详。

王易 （1889－1956），江西南昌人。原名王朝琮，字晓湘，号简庵。笔名：①简庵，1911 年在《国风报》发表文章署用。②王易，见于词《高阳台·过达官故宫感赋》，载 1922 年 4 月南京《学衡》第 4 期。嗣后在《学衡》《时代公论》《十日》《词学季刊》《艺风》《文史季刊》等刊发表诗词，出版《镂尘词》（大豫石印局，1921 年）、《词曲史》（上海神州国光社，1931 年）、《乐府通史》（上海神州国光社，约 1931 年）、《乐府通论》（上海神州国光社，1933 年）、《国学概论》（上海神州国光社，1932 年）、《中国词曲史》（台北洪氏出版社，1981 年）、《王易中国词曲史》（吉林人民出版社，2013 年）等亦署。

王易风 （1914－2003），山西临县人。原名王国冒。笔名：①一锋，见于报告《回忆国民代表之选举》，载 1945 年末至 1946 年《晋绥日报》。嗣后在该报及《晋绥大众报》等报，20 世纪 50 年代初在《山西日报》发表曲艺作品亦署。②王易风，出版戏剧集《久旱逢甘雨》（山西人民出版社，1947 年）、《王易风剧作选》（中国戏剧出版社，2001 年），随笔集《山右戏曲杂记》（北岳文艺出版社，1991 年）、《山乡诗话》（北岳文艺出版社，1992 年）、《艺苑熟人往事》（北岳文艺出版社，2000 年）等均署。

王逸岑 （1910－？），湖北武汉人。笔名王逸岑、逸岑，分别见于中篇小说《孤独的一对》、短篇小说《暴徒》，载 1930 年武汉《狂涛》月刊第 2 期。

王阴知 ，生卒年及籍贯不详。笔名王雪影，1923－1944 年间在沈阳《盛京时报》发表小说《结婚》、诗《和水木彪生谈话》等署用。1925－1926 年间在上海《新上海》《紫罗兰》发表随笔《我之上海谈》《奉垣影业谈》、小说《桃花人面》《红闺猜虎记》等亦署。

王莹 （1913－1974），安徽芜湖人。原名喻志华。曾用名桂贞（乳名）、王克勤、王克悯。笔名：①王莹，见于随笔《南通归途》，载 1930 年上海《沙仑月刊》第 1 卷第 1 期。嗣后在《东方杂志》《现代》《申报·自由谈》《良友画报》《妇女生活》《光明》《抗战半月刊》《抗战文艺》《救亡日报》《中国的空军》《全民抗战》《星岛周报》《自由》等报刊发表诗、散文、影评，20 世纪 40 年代在马来亚新加坡《南洋商报》《电影与戏剧》《大千世界》等报刊发表散文随笔，出版话剧《台儿庄》（与锡金等合作。汉口读书生活出版社，1938 年）、《台儿庄之战》（重庆生活书店，1939 年），中篇小说《两种美国人》（中国青年出版社，1980 年），长篇小说《宝姑》（中国青年出版社，1982 年）等均署。②王莹女士，见于《圣诞节的礼物》，载 1932 年 12 月 26 日《申报·自由谈》。

王瀛洲 ，生卒年不详，浙江绍兴人，字汉彤，号茜士、眉禅。笔名：①王瀛洲，见于《清代名人轶事》（1917 年）、《呕心吟》（碧萝书室，1918 年）。②眉禅，署用情况未详。

王映霞 （1907－2000），浙江杭州人。原名金宝琴。小名金锁。后改名王旭，字映霞。笔名：①王映霞，见于旧诗六首《忆浙江金耐先女士》，载 1941 年 9 月重庆《妇女月刊》创刊号。又见于《现代女作家书简》，载 1944 年上海《风雨谈》第 11 期。该时期在马来亚新加坡《妇女界》《星中日报》等报刊发表散文，1949 年后出版《我与郁达夫》（华岳文艺出版社，1988 年）、《王映霞自传》（传记文学出版社，1990 年）等亦署。②王郁，署用情况未详。

王永兴 ，生卒年及籍贯不详。笔名黄刊，20 世纪 30—40 年代在《华北日报》副刊发表诗歌署用。

王余 （1921－2004），四川达县（今重庆市）人。原名王九余。曾用名王郁、王余。笔名：①王余，见于独幕剧《顺民》，载 1941 年秋达县《今剧报》；诗《灾难与苦乐》《生命在呼喊》，载 1942 年 6 月四川《自贡新报·动力》。嗣后在成都《新中国日报》《新新新闻》《华西晚报·文艺》、南京《建设日报》《中国日报》、重庆《新民报》、上海《大公报·戏剧与电影》（洪深编）等报刊发表小说、歌剧、评论等，出版歌剧《夜祭》（成都戏剧文学出版社，1947 年）、《四季》（1949 年）等亦署。1956 年后发表文章、出版诗集《背水姑娘》、故事集《尔丹木与慈玛淳》《妈妈的山羊尾巴》、通讯集《初访黄沙河》、随笔集《回忆周总理谈文艺》、歌剧剧本《夜祭》《取火者》、歌舞剧剧本《四季》、电影文学剧本《热芭女》等均署。②路丁，见于小说《内心的悲哀》，载 1941 年秋达县《今剧报》。③但犁奴，见于随笔《成都剧坛侧窥》，载 1944 年 9 月 10 日重庆《三日剧刊》。嗣后在成都《新新新闻》、重庆《新民报》《中国夜报》、南京《工商新报》《新民报》等报刊发表

《从"〈升官图〉话剧停演"说起》《讽刺有罪么》《辛辣的寓言》等随笔亦署。④郁余，见于《〈北京人〉重观记》，载1943年4月4日重庆《商务日报·今日戏剧》。⑤郁，1943年在成都《新新新闻·戏剧与文学》写补白文章署用。⑥余一川，见于随笔《向旧家的抗辩》，载1943年秋《新新新闻·戏剧与文学》。⑦田离、刚篱，1943年秋在成都《新新新闻·戏剧与文学》发表影评《左拉传》署用。1947年10月在南京《工商报》副刊发表散文《无边的梦》亦署。⑧WY，见于散文《无声的寄与》，载1947年10月南京《工商新报》副刊。嗣后在该刊发表散文《生活小撷》亦署。⑨东南西，见于随笔《写在戏剧季节前夕》，载1949年9月10日重庆《重庆日报·新艺园》。嗣后在重庆《影剧艺术》发表文章亦曾署用。

王余杞（1905—1989），四川自贡人。曾用名王余杞。笔名：①王余，见于《幺舅》，载1926年天津《国闻周报》；小说《老师》，载1927年《国闻周报》第4卷第20期。②李曼因，1927年在《北平日报》副刊发表文章署用。③王余杞，见于小说《活埋》，载1928年上海《语丝》第2卷第6期。嗣后在《奔流》《文艺月刊》《当代文学》《国闻周报》《太白》《创作》《东方文艺》《光明》《文艺阵地》《抗战文艺》《笔阵》《野草》《人民文艺》等刊发表作品，出版长篇小说《惜分飞》（上海春潮书局，1929年）、《浮沉》（北平星云堂书店，1933年）、《海河泪汩流》（重庆建中出版社，1944年）、小说集《朋友与敌人》（天津现代社会月刊社，1933年）、诗文集《灾梨集》（与朱大枬、翟永坤合集。北平文化学社，1928年）等均署。1956年后发表作品，选释《历代叙事诗选》（与闻国新合作。贵州人民出版社，1984年）署用。④余异，见于《文坛杂景》，载1934年天津《当代文学》第1卷第1期。嗣后在该刊发表《北平通讯》亦署。⑤曼因，见于杂文《三》，载1934年上海《论语》第47期。嗣后在天津《当代文学》发表书评《〈半农杂文〉》、通讯《文坛杂报》，出版长篇小说《自流井》（成都东方文化书社，1944年）等亦署。⑥隔朵，出版长篇小说《急湍》（上海联合出版社，1936年）署用。⑦余杞，见于小说《国币壹元》，载1939年4月16日重庆《文艺月刊》第3卷第3、4期合刊。

王语今（1910—1970），赫哲族，黑龙江瑷珲人，生于吉林省吉林市。原名王士英。笔名：①王语今，见于翻译小说《从暴风雨里所诞生的》（苏联奥斯特洛夫斯基原作），载1940年1月15日—2月15日重庆《文学月报》第1卷第1期至第2卷第6期。此前后在《戏剧岗位》《文艺阵地》《反攻》《东北前锋月刊》《战时文艺》《文坛月报》《文艺先锋》《文风》《国讯》《中苏文化》《戏剧月报》《时与潮》《大公报·战线》《人世间》《东北论丛》等报刊发表回忆录《赵尚志》《秋天在东北》、随笔《一封报告东北近况的信》，翻译童话《意大利童话》（苏联高尔基原作），翻译小说《泛滥》

（苏联左琴科原作），翻译电影剧本《静静的顿河》（苏联肖洛霍夫原作）等，出版《远东大战》（苏联乔治·赫德原作。上海杂志公司，1937年）、《从暴风雨里所诞生的》（苏联奥斯特洛夫斯基原作。重庆读书出版社，1943年）、《不朽的军舰》（上海光明书局，1953年）、翻译故事《她见到了斯大林》（苏联斯米尔诺夫原作。上海光明书局，1954年）及《俄华大辞典》（五十年代出版社，1953年）等均署。②魏高飞，20世纪40年代在报刊发表文章曾署。

王玉胡（1924—2005），河北安国人。原名王玉瑚。笔名：①王玉胡，见于《探子——边境记事》，载1945年8月20日延安《解放日报》。1949年后出版电影文学剧本《哈森与加米拉》《沙漠里的战斗》，散文特写集《从延河到天山》《塞外风云》《绿洲集》《王玉胡小说散文选》等亦署。②玉胡，见于《二斤花》，载1946年9月22日延安《解放日报》。

王玉清（1911—2002），江苏江阴人。原名王玉卿。曾用名王洁、李志祥。笔名王洁，1934年在上海与李应声（朱正明）、齐速等创办《生路》杂志时署用。

王聿均（1918—？　），山东费县人。笔名：①王聿均，见于《哥德之生命情绪与对人生的启示》，载1918年重庆《文艺先锋》第12卷第5期。1949年后在台湾出版散文集《涑川集》（台北诗林出版社，1952年）、《心智录》（台北文坛社，1960年）、《人生寄语》（台北大江出版社，1963年）、《人生散曲》（台北世界文物供应社，1976年），诗集《燕棻诗棻》（台北世界文物供应社，1959年）、论著《泰戈尔及其他》（台北世界文物供应社，1974年）等亦署。②鲁民、谛谛、燕然，署用情况未详。

王育和（1903—1971），浙江宁海人。原名王乘中。笔名王清溪，20世纪30年代在上海翻译出版《水孩》等儿童文学作品署用。

王郁天，生卒年及籍贯不详。笔名：①郁天，见于小说《七小姐》，载1941年福建永安《现代文艺》第3卷第5期；随笔《鲁迅先生的第一篇小说》，载1943年桂林《文学批评》第2期。同时期在《七月》《文艺生活》《文艺知识连丛》等刊发表小说、随笔、评论等亦署。②王郁天，见于评论《〈烟〉的创作主题》，载1946年上海《中学生》第171期。

王毓岱（1849—1917），浙江舟山人。字海帆，号少舫。笔名王毓岱，在《南社丛刻》发表诗文署用。

王元亨，生卒年及籍贯不详。笔名：①王元亨，见于随笔《读〈论语〉笑欤？抑哭欤？》，载1933年上海《论语》第13期。1936年4月与马子华共同主编上海《文学丛报》亦署。②少弟，见于散文《赶夜路》，载1936年4月1日上海《文学丛报》诞生号。嗣后在该刊发表散文《明天》、译作《作为戏剧家的高尔基》等亦署。

王元化（1920—2008），湖北江陵人，生于湖北武昌

（今武汉市）。曾用名王少华、王清园、白蚀。笔名：①洛蚀文，见于论文《关于文学大众化问题》，载1938年上海《文艺》半月刊第1卷第3期"革新号"；通讯《从上海寄到重庆》，载1939年《抗战文艺》第3卷第9、10期合刊；论文《鲁迅与尼采》，载1939年10月上海《新中国文艺丛刊》第3册《鲁迅纪念特辑》。嗣后在《文艺新潮》《新中国文艺丛刊》等刊发表文章，编选出版《抗战文艺论文集》（上海文缘出版社，1939年）等亦署。②方典，见于论文《现实主义论》，载1940年上海《戏剧与文学》第1卷第2期；杂文《短剑》，载1941年8月31日上海《新文丛》之三《割弃》。嗣后出版论著《向着真实》（新文艺出版社，1952年）亦署。③佐思，见于论文《民族的健康与文学的病态》，载1941年上海《奔流文艺丛刊》第5辑《沸》。1941年在上海《奔流新集》发表论文《论掩蔽·弯弯曲曲·直戳地戳刺》（载第1集《直入》）、《礼拜六派新旧小说的比较》（载第2集《横眉》）亦署。④禹鼎，见于随笔《〈九尾龟〉中的男性》，载20世纪40年代初上海《万人小说》创刊号。⑤苏簇、洛文、谷流芳，上海"孤岛"时期在报刊发表文章署用。⑥非骨，见于杂文《谈卓别林》，载1943年上海《万象》第3卷第1期。⑦函雨，见于小说《舅爷爷》，载1946年上海《文坛月报》创刊号；小说《残废人手记》，载上海《现实文艺》丛刊第1期。⑧馆园，1946年初至11月在上海《联合晚报·夕拾》逐日发表短论署用。⑨尚钧，见于散文《记达君》，载1946年上海《时代日报》。⑩仲亨，1948年在上海《展望》月刊"周末专栏"连续发表杂文署用。⑪清园，1948年在《展望》发表政论文署用。⑫何典，出版随笔集《文艺漫谈》（通惠印书馆，1947年）署用。⑬方隼，见于论文《鲁迅的三十年战斗的起点》，载1951年10月19日上海《大公报》。⑭王元化，出版论著《文心雕龙创作论》《文心雕龙讲疏》《文学沉思录》《向着真实》《王元化文学评论选》《清园文存》等署用。

王远甫（1913—1986？），福建古田人。原名王福钟。笔名王远甫，20世纪30—40年代在福建报刊发表诗、散文署用。见于散文《金筒客》，载1937年5月8日福州《小民报·新村》；诗《远方》，载1940年5月13日福州《福建日报·纸弹》。

王云沧（1884—1948），台湾台北人，字少涛、肖陶，号小维摩。笔名少涛、云沧、王少涛、王云沧、小维摩，1905—1943年在台北《台湾日日新报》《风月》《风月报》《南方》《昭和新报》《兴南新闻》等报刊发表旧体诗署用。

王云和（1916—？），北京人。原名王春江。笔名：①联明，1934—1936年在北平《东方快报·艺园》《觉今日报·文艺地带》《泡沫月刊》《浪花月刊》《今日文学》撰文署用。②古巴，见于译文《当代史——诺维克夫·普里保底〈对马〉》（俄国扎斯拉夫斯基原作），载1936年北平《浪花》月刊第1卷第1期。③芋芜、慧君，1934—1936年在北平《东方快报·艺园》《觉今日报·文艺地带》《泡沫》《今日文学》等刊发表文章署用。④君芜，见于杂文《歪曲新说》，载1936年前后北平《育英半月刊》。⑤王禹，1937年在北平《通俗文学》月刊发表文章署用。⑥王春江，见于《河上别》，载1937年武汉《七月》第1集第4期；翻译小说《穆尔塔》（苏联克拉特原作），载1941年《文艺阵地》第6卷第3期。此前后在北平《华北日报》副刊、重庆《新华日报》《群众》《读书》《文学月报》《大公报》等报刊发表著作、译作亦署。

王云缦（1932—1991），浙江宁波人。原名王长庆。笔名王云缦，出版专著《中国电影艺术史略》，独幕剧《扎紧篱笆》《走上斗争的道路》（与他人合作）等署用。

王云五（1888—1979），广东中山人，生于上海。原名王鸿桢，字日祥，号岫庐；晚号岫庐老人。曾用名王之瑞、王原。笔名：①王岫庐，出版译作《国际联盟讲评》（日本信夫淳平原作。上海群益书社，1920年）、《科学的社会主义》（恩格斯原作，与郑次川合译。上海群益书社，1920年）、《自然道德》（戴森柏原作。上海群益书社，1920年）、《波斯问题》（日本宪藤原治原作，与郑次川合译。上海公民书局，1921年），发表论文《论新学制中等教育》（美国孟禄原作。载1922年上海《教育杂志》第14卷第9期）、《中学之科学教育》（载1922年上海《科学》第7卷第11期）等署用。②王云五，见于随笔《四角号码检字法》，载1926年上海《东方杂志》第23卷第3期。嗣后在《东方杂志》《教育杂志》《市政月刊》《商业杂志》《读书月刊》《长城》《广播周报》《文化建设》《人事管理》《职业与修养》《图书季刊》《读书通讯》《经济汇报》《宪政月刊》《印刷通讯》《财政评论》《新妇女》《西北实业》《金融汇报》《新运导报》等报刊发表文章，出版散文集《访英日记》《旅渝心声》、论著《续修四库全书提要》《新目录学的一角落》，以及《王云五大词典》《王云五小词典》《王云五综合词典》《王云五回忆录》等亦署。③出岫、之瑞、龙倦飞、龙一江、王一鸿，署用情况未详。

王芸生（1907—1980），天津人。原名王德鹏，号芸生。笔名：①倦飞，早年在天津《益世报·益智粽》发表文章署用。②王芸生，见于评论《日本委任统治地之法的根据》，载1933年《国闻周报》第10卷第16期。嗣后在该刊及《外交月报》《外交评论》《时事月报》《内外什志》《周报》《抗战半月刊》《月报》《集美周刊》《人文月刊》《血路周刊》《十日文摘》《公余》《文讯》《广播周报》《福建教育通讯》《新闻学季刊》《中国新闻学会年刊》《世界学生》《中央周刊》《宪政月刊》《人物杂志》《上海文化》《粤秀文垒》《书报精华》《亚洲世纪》《图书季刊》《现代文摘》《独立论坛》《现代知识》《正论》《人民周报》等报刊发表文章，出版《六十年来中国与日本》（天津大公报馆，1932—

1934 年)、《芸生文存》(上海大公报馆，1937 年)、《由统一到抗战》(上海大公报馆，1937 年)、《诸葛亮新论》(重庆读者之友社，1945 年)、《如此美帝》(上海展望周刊，1950 年)、《台湾史话》(中国青年出版社，1978 年) 等亦署。③芸生，见于评论《一周间国内外大事述评》，载 1933 年天津《国闻周报》第 10 卷第 26 期。此前后在该刊发表《悼胡馨吾先生》《参观了一个大学生毕业社的感想》等文亦署。④芸，见于短文《塘沽协定》，载 1933 年天津《国闻周报》第 10 卷第 26 期。同时期在该刊发表《尾巴吞了脑袋》《中国海军应该拍卖》等短文亦署。⑤草人，见于随笔《傀儡溥仪到东京》，载 1935 年《国闻周报》第 12 卷第 13 期。此前后在该刊发表《茶淀炸车》《黄河改道与全国水利》《加征银出口税》等短文亦署。⑥旧闻记者，见于随笔《旧闻今录》，载 1947 年上海《论语》第 121、122 期。

王运熙 (1926-2014)，上海人。笔名：①王蕴、申椒，20 世纪 40 年代在上海《时代日报》发表短篇小说署用。②王运熙，见于论文《乐府〈前溪歌〉杂考》，载 1949 年昆明《国文月刊》第 75 期。嗣后在该刊发表论文《离合诗考》《论六朝清商曲中之和送声》，出版专著《六朝乐府与民歌》《汉魏六朝唐代文学论丛》《李白研究》《文心雕龙探索》、论文集《乐府诗论丛》《中国古代文论管窥》，主编《中国文学批评史》(与顾易生合作)、《中国文学批评通史》(与顾易生合作) 等亦署。③王易鹏，与顾易生、徐鹏合用笔名。出版《古代诗歌选》(少年儿童出版社，1961 年) 署用。

王造时 (1903-1971)，江西安福人，字雄生。笔名王造时，见于小说《一个新人》，载 1920 年 3 月 17 日上海《民国日报·觉悟》；散文《一次被捕始末记》，载 1919 年北京《清华周刊》第 175 期。嗣后在《新月》《东方杂志》《现代学生》《社会学杂志》《再生杂志》《人文月刊》《自由言论》《新中华》《人言周刊》《青年文化》《战地文化》《国民公论》《闽政月刊》《上海周报》《改进》《青年时代》《亚洲世纪》《中建》等报刊发表文章，出版译作《现代欧洲外交史》(英国莫瓦特原作。上海商务印书馆，1934 年)、《美国外交政策史》(美国莱丹原作。上海商务印书馆 1935 年)、《在危机中的民主政治》(美国莱丹原作。上海商务印书馆，1937 年)，论著《国际联盟与中日问题》(上海新月书店，1932 年)、《荒谬集》(上海自由言论社，1935 年) 等均署。

王则 (1916-1944)，山东蓬莱人，生于辽宁营口。原名王义孚。笔名王则，见于随笔《第二期演员训练生考试随感》，载 1938 年 5 月长春《满洲映画》第 2 卷第 2 期；随笔《和其他部门一起前进》，载 1941 年长春《新满洲》第 3 卷第 8 期。此前后在上述两刊及《艺文志》《满洲经济》《青年文化》等刊发表随笔《满洲电影剖视》《烟酒麻将》《〈秋海棠〉杂话》、小说《烈女传》《醉》《债》，编导电影《家》(巴金原作) 等均署。

王照 (1859-1933)，河北宁河 (今天津市) 人，字藜青、小航、筱航，号水东；别号芦中穷士、水东草堂主人、水东老人。曾用名赵世铭。笔名：①王照，辛亥革命前在《清议报》发表旧体诗《和田边碧堂见赠之作即次原韵》《次韵赠更生》等署用。1900 年后出版《水东集》及有关官话字母的文章与读物，逝世后出版遗著《小航文存》《东山集》《古来女子军事》《方家园杂咏纪事》等均署。②王小航，见于七绝《方家园杂咏纪事》，载 1935 年上海《人文月刊》第 6 卷第 7 期。嗣后出版《水东全集》(台北艺文印书馆，1964 年影印) 亦署。③小航、水东、芦中穷士，署用情况未详。

王真光 (1925-)，山东滕州人。1946 年开始发表作品。笔名：①王真光，1949 年后发表小说、散文，出版中篇小说《铁道上的暗礁》，短篇小说集《记忆中的故事》，小说、散文合集《降龙的人们》(多人合集) 署用。②司马丹，署用情况未详。

王振汉，生卒年不详，河南舞阳人。笔名王炎宇，见于通讯《灰色生活》，载 1933 年上海《礼拜六》第 497 期。嗣后在该刊第 500 期发表随笔《娱乐救国》亦署。

王正[1] (1921-？)，四川南充人。原名王承周，字竹庵。曾用名王可夫。笔名：①王可夫，1948 年在南京《大同晚报》发表报道、特写署用。1949 年在重庆主编《影剧艺术》丛刊并在《合作通讯》发表评论亦署。②王正，1949 年后在四川《重庆日报》《四川日报》《成都日报》《西康日报》、贵州《贵阳日报》《贵州青年》《贵阳文艺》《山花》及《电影评介》《电影画报》《贵州电影介绍月刊》《江西电影介绍月刊》等报刊发表诗、小说、评论等署用。③海沙、巴山、阿芳，1949 年后在四川、贵州报纸和电影、科学报刊发表诗文署用。④一兵，20 世纪 70 年代起在报刊发表文章署用。

王正[2] (1930-2007)，湖北云梦人，生于汉口 (今武汉市)。原名王黎焚。笔名：①王黎焚、左辛、李芬、向阳，1946 年起在武汉《大刚报》《正义报》等报刊发表诗、散文署用。②王亦放，出版论著《形象的魅力》(新文艺出版社，1957 年) 署用。③王正，出版论文集《剧作家的沉思》，剧本《报童》(与他人合作)、《喜哥》《双人浪漫曲》《让青春更美丽》(与他人合作) 和《王正剧作选》等署用。

王之却 (1919-？)，天津人。原名王祖光，字之却。笔名：①紫鹃，1936 年在天津《益世报晚刊·新月》发表短篇小说署用。②梦云，见于通讯《圣诞节前夕》，载 1945 年 12 月天津《文联》杂志。③艾悟，见于散文集《晚间的话》，天津世界电台 1946 年前后出版。④之却，1945-1948 年在天津《中华日报》发表特写、通讯，在《大公报》发表影评署用。

王知伊 (1917-1989)，江苏无锡人。笔名：①知伊，见于《三人》，载 1932 年《商务日报》；散文《旅途中》，载 1942 年 3 月 28 日《桂林日报》。②冷火，见于小说《曾结顶》，载 1942 年福建永安《现代文艺》第 5 卷第 5 期。嗣后在《中学生》《开明少年》《广西妇女》《抗战文艺》《文学批评》《文艺知识连丛》《时与文》等报刊发表作品，出版短篇小说集《死亡的拥抱》（重庆万光书局，1945 年）亦署。③砀民，1945 年在某报发表《好人武大》《行者武松》等系列文章署用。又见于人物志《沈从文》，载 1947 年上海《文艺知识连丛》第 3 辑《论普及》。④王定，见于《伤逝》，载 1945 年 11 月 28 日某报。嗣后出版《尤三姐》（香港育英书局，1960 年）亦署。⑤佚民，出版传记《尼采传》（南京读者之友社，1946 年）署用。⑥炎如，见于《一月时事综述》（与傅彬然合署），载 1946 年《中学生》第 178 期。⑦王天心，出版《白求恩大夫》（上海开明书店，1950 年）署用。⑧知一，见于杂文《学习——生活中的大事：读〈新朋友〉的感想》，载 1954 年 12 月 5 日《文汇报》。⑨王一心，见于杂文《谈文风》，载福建人民出版社 1959 年 11 月出版的《论新文风》。⑩毛翔、微言、薇言、伊知、顾均、秦吉、易厂（ān）、言微，20 世纪 50—60 年代在上海《文汇报》《新民晚报》等发表文章署用。

王植波（1925—1964），上海人，字砥中。笔名：①王植波，见于随笔《易牙》，载 1942 年上海《万象》第 1 卷第 8 期。1952 年起在香港创作电影文学剧本《王昭君》《王魁与桂英》《风流儿女风流债》《小白菜》《红尘》《风雨牛车水》《夜半歌声》等，出版书法集亦署。②王树，署用情况未详。

王芷章（1903—1982），河北平山人，字伯生，号二渠。笔名：①王芷章，出版专著《腔调考原》（北平双肇楼图书部，1934 年）署用。嗣后发表《清昇平署志略》，载 1938 年北平《燕京学报》第 23 期。出版《清代伶官传》（北平中华书局，1936 年）、《清昇平署志略》（国立北平研究院出版，上海商务印书馆发行，1937 年）、《中国京剧编年史》（中国戏剧出版社，2003 年）、《王芷章文集》（商务印书馆，2014 年）、《王芷章手稿》（中华书局，2016）等亦署。②二渠，见于《翁文恭日记中戏剧史料评辑》，载 1940 年北平《国艺月刊》第 2 卷第 4 期。

王志圣，生卒年及籍贯不详。笔名：①沙驼，出版《献给年青女友》（大连大兴书籍文具店，1942 年）出版。②王志圣，出版长篇小说《赵子曰》（大连大兴书籍文具店，1942 年）署用。嗣后出版《彷徨歧途》（出版情况未详）亦署。

王志之（1905—1993），四川眉山人。原名王誌之。曾用名王思远。笔名：①王誌之，出版长篇小说《爱的牺牲》（北平文化学社，1929 年）署用。嗣后在北平《新晨报》副刊发表短评，在《文学杂志》《新西康》等刊发表小说《拾人爱国》、随笔《知行问题纵横谈》等作品，出版短篇小说集《血泪英雄》（北平东方书店，

1930 年）、《攻到多伦去》（成都大江出版社，1941 年），长篇小说《中国人》（成都大江出版社，1942 年），论著《教育新论》（成都大江出版社，1942 年）等亦署。②刺之，出版戏剧集《革命的前夜》（上海大众书店，1930 年）署用。③含沙，出版长篇小说《风平浪静》（北平人文书店，1934 年）署用。嗣后在《太白》《文史》《国闻周报》《中心评论》《生力月刊》《时事月报》《时事类编》《世界文化》《新西康》等刊发表小说、随笔、评论，出版小说集《租妻》（上海金汤书店，1936 年），长篇小说《抗战》（上海金汤书店，1938 年）、《大地在动》（上海金汤书店，1938 年）等亦署。④寒沙，20 世纪 30 年代在北平《新晨报》、天津《庸报·另外一页》、上海《太白》等报刊发表杂文、随笔署用。1943 年在南京《文艺月刊》第 1 卷第 3 期发表《平安家信》亦署。⑤楚囚，见于《幽默年大事记》，原载未详，收入上海金汤书店 1936 年版《鲁迅印象记》。⑥王志之，1956 年后出版散文集《鲁迅印象记》（四川人民出版社，1980 年）、回忆录《南征北战集》（贵州人民出版社，1985 年）等署用。按：王志之尚著有长篇小说《民族英烈传》、短篇小说集《落花集》，署名待考。⑦思远，署用情况未详。

王质夫（1908—1996），江苏南通人，字文彬。笔名：①质夫，见于随笔《南通的戏剧界》（与慰慈合作），载 1930 年上海《沙仑月刊》第 1 期（该刊正文署名王夫质）；随笔《南通戏剧小史》，载 1945 年 12 月 18 日、19 日、21 日、27 日至 29 日南通《新通报》。②王夫质，见于随笔《南通的戏剧界》（与慰慈合作），载 1930 年上海《沙仑月刊》第 1 期（该刊目录署名质夫）。③王质夫，20 世纪 30—40 年代在南通多家报纸副刊发表文章署用。

王质玉（1927—　），山东招远人，生于辽宁沈阳。原名王家璞，字质玉。笔名王质玉，见于小说《赵永贵补功》，载 1948 年 1 月 19 日哈尔滨《东北日报》副刊。嗣后在该报及《天津日报》发表小说《房东》《仇》《归队》《老曾头》等，出版小说集《赵永贵补功》（生活·读书·新知三联书店，1951 年）、《红旗兄弟》（上海杂志公司，1951 年）、《战斗者的爱情》（武汉通俗出版社，1951 年）、《铁栓入团》（文化生活出版社，1955 年），中篇小说《反匪霸斗争》（上杂出版社，1952 年），长篇小说《武昌首义传》（北岳文艺出版社，1985 年）、《辛亥演义》（长江文艺出版社，2011 年）等亦署。

王中青（1910—1990），山西长治人。原名王忠卿，又名王仲卿。笔名：①飘泊，1932 年开始在山西报刊发表诗、小说、评论等署用。②王中青，1933 年开始在《党讯》杂志发表文章署用。1948 年在《益世周刊》发表《史达林的警犬》《苏联青年的命运》《灵心小曲》等文，1949 年后出版论著《谈赵树理的〈三里湾〉》《回忆与评论》《赵树理作品论集》，回忆录《太行人民的儿子——忆赵树理同志》等亦署。

王钟琴（1919—2008），安徽宿州人。原名王棣，字

汗功，别署易容居主。笔名：①棳（jiē）庵，见于随笔《谈谈爱国诗人陆放翁的梦》，载 1937 年某期徐州《徐报》。②钟琴，见于诗《寄语》，载 1943 年重庆《文学》创刊号。嗣后出版故事集《庙里的故事》（上海启明书局，1951 年），诗集《转莲花》（上海国民书店，1951 年）、《懒姑娘》（上海国民书店，1951 年），鼓词《苦尽甘来》（上海育才书局，1951 年），翻译故事集《乌孜别克民间故事》（上海育才书局，1952 年）等亦署。③王钟琴，见于《现阶段我国新闻报纸及杂志出版概况》，载 1946 年《中央周刊》第 9 卷第 32 期。嗣后在各地报刊发表文章、出版《二次世界大战秘密武器荟谭》（重庆交通书局，1946 年）、快板《女英雄》（生活•读书•新知三联书店，1951 年）等均署。④何妨，1952 年在上海《戏剧报》发表文章署用。⑤王棳，1982 年在《金山周报》发表散文、诗歌署用。

王仲仁（？－1923），山东蓬莱人。原名王仲宸，字星汉。笔名：①王星汉，见于翻译小说《年的历史》（丹麦安徒生原作），载 1923 年 1 月 5 日－9 日北京《晨报副镌》。②王仲宸，见于翻译童话《小菁豆的花》（丹麦安徒生原作），载 1923 年 1 月 16 日－20 日北京《晨报副镌》。③仲宸，见于翻译小说《母亲豪罗》（德国格林原作），载 1923 年 4 月 4 日《晨报副镌》。

王仲园（1924－？），河北宣化人。原名王秀雄。笔名：①秀雄，1940 年下半年开始在《蒙疆新报》副刊发表小说《张将军》《平凡事》、散文《春草集》等署用。②雅枫，1942 年起在张家口《蒙疆文学》发表散文《清晨》《黄昏》、评论《关于沐华》《彭雨论》《评〈蠢流〉》，在《蒙疆新报》发表小说《高掌柜的故事》等署用。③陆亚、亚子，1943 年起在张家口《蒙疆文学》《蒙疆新报》《利民》半月刊发表小说《血债》《赵瑞的故事》《节孝坊》、散文《槐花时节》《杏花篇》《初夏二题》等署用。

王重民（1903－1975），河北高阳人。原名王鉴，字有三，号冷庐主人。曾用名王颂文、王振宇。笔名：①王重民，1924 年改用此名。见于随笔《读书札记》，载 1926 年北京《北师大周刊》第 294 期；《道德经碑幢刻石考》，载 1926 年上海《东方杂志》第 23 卷第 14 期。嗣后在《北京图书馆月刊》《北平北海图书馆月刊》《中华图书馆协会会报》《辅仁学志》《图书馆季刊》《禹贡》《华北日报•俗文学》《金陵学报》《逸经》《图书月刊》《上智编译馆馆刊》《中国棉讯》《世界月刊》《子曰丛刊》《广播周报》《图书季刊》等报刊发表《前汉书札记》《清代两个大辑佚书家评传》《罗马访书记》《陈昂传》《孔子与采桑娘的故事》等文，出版《太平天国官书》《老子考》《〈校雠通义〉通解》《徐光启传》，以及目录学、图书馆学、敦煌学著作，主编《国学论文索引》（续编、三编）、《文学论文索引》（初编、续编），收集、校勘、整理《徐光启集》《孙渊如外集》《越缦堂文集》等亦署。②冷庐主人，见于论文《评国立中央图书馆筹备处编影印四库全书未刊本草目》，载

1933 年天津《国闻周报》第 10 卷第 36 期。③王振宇，见于随笔《苏东坡的错误和取巧》，载 1937 年上海《逸经》第 26 期。嗣后在该刊第 30 期发表信函《关于苏东坡与木牛流马•致陆丹林》亦署。④有三，见于随笔《我国伟大科学家徐光启的一生》，载 1962 年 4 月 22 日上海《文汇报》。

王朱（1910－1973），山东诸城人。原名王振寰，字声远。曾用名王小渔。笔名：①王朱，1932 年起在《文艺十日》《良友》《大众》《文华》《上海漫画》《时代漫画》《漫画界》《一四七画报》等报刊发表小说、散文、漫画等署用。见于小说《卖淫之歌》，载 1936 年上海《上海漫画》第 1 卷第 7 期。嗣后在北平《长城画刊》《时事画报》《中国文艺》《新民报半月刊》《新进》、天津《妇女新都会》《银线画报》及日本大阪《大阪华文每日》等报刊发表小说《地狱交响曲》、连续画《阴阳河》等，出版小说集《旧时代插曲》（天津沙龙美术公司，1941 年）亦署。②小渔，1945 年后在天津报刊发表作品署用。③罗里、伊土，1945 年在天津地下文联刊物发表杂文署用。

王庄（1923－？），四川内江人。原名王年樵。笔名：①王庄，见于散文《灵魂的音响》，载 1944 年初四川乐山《诚报》。嗣后至 1948 年在乐山《诚报》《水星文艺》、成都《新中国日报》《华西晚报》《西方日报》《西方日报晚刊》、重庆《时事新报》《大公报》《新民晚报》、内江《内江日报》等报刊发表诗、小说、散文、评论等亦署。②王年樵、端木珩、张桨、张掖，1944－1948 年在成都、重庆、乐山、内江等地报刊发表文章署用。

王卓武，生卒年及籍贯不详。原名王兴华。笔名：①王卓武，见于杂文《研究祖国的历史》，载 1941 年上海《知识与生活》创刊号。嗣后在该刊撰写历史讲座专栏，在上海《杂文丛刊》等刊发表文章亦署。②琢武，见于论文《歌谣中所见的中国妇女》，载 1941 年《知识与生活》第 9 期。

王子昌（1925－1972），江苏南通人。原名范恒。笔名：①范恒，见于译作《天穹之谜》，载 1944 年南通《北极》第 3 卷第 1 期。②HF，见于《先民化学观念的研究》，载 1944 年《北极》第 3 卷第 5、6 期合刊。③心之，见于诗《怀远人》，载 1944 年 11 月 3 日南通《江北日报•诗歌线》。嗣后在该刊发表《深渊》等诗亦署。④士心，见于诗《清大早》，载 1945 年 4 月 2 日《江北日报•诗歌线》。嗣后在该刊发表《拉风扇》等诗亦署。

王子近（1920－2007），云南大姚人。笔名：①白浪，见于《南防小景》，载 1943 年 11 月 8 日《云南民国日报》；《如果真是爱聂耳》，载 1944 年 7 月 15 日云南《正义报》。②王训明，见于《人民的鲁迅》，载 1944 年 10 月 19 日《正义报》。

王子恕（1911－？），河北深县人。原名王忠生。曾用名张光。笔名：①突生，见于随笔《走上小室》《忽

然想到》等，载 1938 年哈尔滨《国际协报》。②钟声，1939 年在哈尔滨《大北新报·大北风周刊》发表诗《来到松花江岸》《玉姐》、散文《蝈蝈》及《哲学讲座》等署用。

王子野（1916—1994），安徽绩溪人。原名程敷铎（郑扶铎）。笔名：①王子野，1938 年起发表文章署用。见于《打倒叭儿狗的"文艺家"》，载 1942 年 6 月 16 日延安《解放日报》；杂文《宣传与说谎》，载 1946 年张家口《北方文化》创刊号。嗣后在北平《人民文艺》发表译文《在满洲》（苏联康士坦丁·芬原作），出版译作《西洋哲学史简编》（苏联薛格洛夫原作。上海新华书店，1949 年），1947 年后出版评论集、杂文集《苏联文艺界的批评与自我批评》（苏联法捷耶夫原作。新华书店华东总分店，1950 年）、《槐下居丛稿》（生活·读书·新知三联书店，1984 年）、《没有讲完的故事：邓肯自传》（美国玛丽·台斯蒂原作。生活·读书·新知三联书店，1987 年）等亦署。②胡椒，见于随笔《思想，信仰与出路》，载 1939 年《战时中学生》第 1 卷第 7、8 期合刊。嗣后在石家庄《华北文艺》、延安《解放日报》等报刊发表文章亦署。

王紫萍（1914—？），湖北洪湖人。原名王政。曾用名王幼铭。笔名：①王紫萍，1930 年起在武汉报刊发表诗歌、散文始署。见于诗《黄梅雨》，载 1934 年《我们的诗》第 3 期。嗣后至 1949 年前在武汉《如此》《习作》《武汉文艺》《潺声》《青春》《黄花》《文艺》《力底文艺》《新时代》《大光报·紫线》《时代日报》《华中日报》《晨报》《正义报》《大同日报》《扫荡报》《武汉日报·鹦鹉洲》《武汉夜报》《今日新闻》《武汉时报》《市民日报》《和平日报》《武汉日报·今日谈》等报刊发表诗文署用。②紫萍，见于《解白》，载 1932 年 10 月武汉《玫瑰》旬刊创刊号。嗣后在武汉众多报刊发表诗文署用。③紫丁、紫君、紫郎、一山、白茶、齐勒、万银，在武汉报刊发表文章偶用。

王自新，生卒年不详，台湾人。笔名王自新、自新，1937—1943 年在台北《风月报》《南方》等报刊发表旧体诗《祝海南岛战捷》等署用。

王宗元（1919—1971），河北保定人。原名王钧元。笔名王宗元，见于曲艺《三大胜利》，载 1946 年 11 月 22 日延安《解放日报》。嗣后出版评书《王不勤走南路》（与韩起祥合作）、《时事传》（与韩起祥合作），剧本《一个红布条》《见面》《英雄刘四虎》，曲艺《开国盛典》《中国人民志愿军朝鲜大捷》《翻身记》，通讯集《深夜里的风箱声》，短篇小说集《打野牛的猎人》《惠嫂》，电影文学剧本《智取华山》（与任萍合作）等亦署。

王祖勋（1921—2011），浙江诸暨人。笔名：①安侠，见于杂文《冬衣和夏扇》，载 1940 年浙江《前线日报》。1942—1946 年在《东南日报·笔垒》《浙江日报·江风》等报刊发表文章亦署。②王祖勋，1949 年后出版《词语例释》（浙江人民出版社，1982 年）、《文言文同义词辨析手册》（浙江大学出版社，2007 年）、《怎样使

用标点符号》（浙江人民出版社，1980 年）、《语文采英》（浙江教育出版社，1984 年）等均署。

王尊三（1892—1968），河北唐县人。原名王九如。曾用名金才（艺名）、于家壁。笔名：①金才，抗战时期自编自演鼓词《说唱大武汉》《清风店大会战》《说唱狼牙山五壮士》《亲骨肉》《晋察冀的小姑娘》等使用。②王尊三，出版鼓词集《晋察冀的小姑娘》（上海新华书店，1949 年）、《大生产》（新华书店华东总分店，1950 年）、《卖油郎独占花魁》（上海民艺出版社，1951 年）、《王贵与李香香》（上海民艺出版社，1951 年）、《穆桂英指路》（作家出版社，1958 年），论著《鼓词研究》（作家出版社，1959 年）等均署。

王佐良（1916—1995），浙江上虞（今绍兴市）人。笔名：①竹衍，见于小说《升学以前》，载 1935 年上海《中学生》第 58 号。嗣后在该刊发表小说《旅途》《病的友人》等亦署。②王佐良，见于诗《诗抄》，载 1944 年重庆《时与潮·文艺》第 4 卷第 1 期。嗣后在北平《文学杂志》、上海《文艺复兴》等刊发表文章，出版论著《英国文学论文集》《英国文体学论文集》《英诗的境界》《中外文学之间》《风格和风格的背后》《论契合》《论诗的翻译》《英国散文的流变》《翻译：思考与试笔》《莎士比亚绪论》《英国诗史》《英国文学史》《英国文艺复兴时期文学史》（与何其莘合作），散文集《心智的风景线》《中楼集》《照澜集》，译作《彭斯选集》《英国诗文选译集》《苏格兰诗选》《英语诗选》，主编《英国诗选》《美国短篇小说选》《英语文体学引论》《英国文学名篇选注》《并非舞文弄墨——英国散文新编》等均署。

王作民（1916—2005），浙江长兴人。笔名：①王良念，1936 年在北平《大学文艺》杂志发表关于"国防文学"的讨论文章（与他人合作）署用。②王作民，出版《美国万花筒——社会·风光·人物》（中国社会科学出版社，1985 年）署用。

【wei】

韦丛芜（1905—1978），安徽霍邱人。原名韦崇武。曾用名韦立人、韦蓼南、韦若愚。笔名：①丛芜，见于译作《阿列伊》（俄国陀思妥耶夫斯基原作），载 1925 年北京《莽原》周刊第 2 期。此前后在该刊及《语丝》《未名》等刊发表《西山随笔》等亦署。②韦丛芜，见于诗《冰块》，载 1925 年北京《莽原》周刊第 6 期。嗣后在《莽原》及《北新》《未名》《现代文学》《文艺月刊》《现代文学评论》《小说》《平等杂志》等刊发表诗、散文、译作亦署。出版诗集《君山》（北京未名社，1927 年）、《冰块》（北京未名社，1929 年），翻译小说《穷人》（俄国陀思妥耶夫斯基原作。上海北新书局，1926 年）《格里佛游记》（英国斯威夫特原作。上海未名社，1928 年）、《张的梦》（俄国蒲宁原作。上海北新书局，1929 年）、《罪与罚》（俄国陀思妥耶夫斯基原作。上海开明书店，1931 年）、《死人之家》（俄国陀思妥耶

夫斯基原作。上海正中书局，1947年），翻译童话《睡美人》（法国罗贝原作。上海北新书局，1940年）等亦署。③白莱，见于小说《母亲新年晚上的梦》，载1926年北京《莽原》半月刊第11期。此前后在该刊及《现代》《春光》《东流》《芒种》《杂文》《上海影坛》等刊发表《卖不掉的商品》《奇谈》《关于契诃夫的创作》《电影常识》等著译作品亦署。④蓼南，见于小说《校长》，载1925年上海《小说月报》第16卷第7期；小说《在伊尔蒂希河岸上》，载1926年《小说月报》第17卷第6期。⑤若愚，见于随笔《介绍〈社会科学简明教程〉》，载1941年上海《上海周报》第3卷第23期。同时期在该刊发表《介绍〈论新中国〉》《评所谓"苏联内幕"》等文亦署。⑥贲学，出版翻译小说《伟大水道的建筑者》（苏联波列伏依原作。上海文光书店，1952年）、翻译散文集《向共产主义的进军》（苏联凯尔巴巴耶夫原作。新文艺出版社，1953年）署用。⑦尹夫，出版翻译小说《热爱生命》（美国杰克·伦敦原作。新文艺出版社，1954年）、翻译小说集《友好的微笑》（苏联波列伏依等原作，与沈在惠合译。新文艺出版社，1957年）署用。⑧林耳，出版翻译长篇小说《妮索》（苏联鲁克尼茨基原作。新文艺出版社，1957年）署用。⑨林取、立人、东滢、TW，署用情况未详。

韦君宜（1917－2002），湖北建始人，生于北京。原名魏蓁一。笔名：①陶清，在《清华周刊》发表诗《静眺》《倚窗》和长篇哲学论文《理论能拉住事实吗》署用。②君宜，1936年在《清华周刊》第45卷第1期发表《哀鲁迅》一文署用。③韦君宜，见于《牺牲者的自白》，载1939年《抗战文艺》第3卷第4期；童话《结婚》，载1941年重庆《文学月报》第10期。1949年在《中国青年》发表《读〈夏红秋〉》《从一个测验看区干部的理论与文化学习》等文，出版散文集《似水流年》《故国情》《思痛录》、散文杂文集《海上繁华梦》、杂文选《前进的脚迹》、散文特写集《故乡和亲人》、长篇小说《母与子》《露莎的路》、短篇小说集《女人集》、短篇小说选《旧梦难温》、中短篇小说选《老干部别传》，以及《老编辑手记》等亦署。

韦兰史，生卒年及籍贯不详。笔名健碧斑红馆主，1923年后在上海《金钢钻月刊》发表文章署用。

韦丘（1923－2012），广东清远人，生于广州。原名黎思强。笔名：①舒翔、黎黄，1939年在韶关《建江日报》发表诗、戏剧评论署用。②韦丘，1945年参加东江纵队时用名。嗣后在报刊发表诗、小说、散文等，出版诗集《红花集》《瀑声》《青春和爱情的故事》《万水千山总是情》《迈出窗口》《音乐喷泉》《生命树》《红枫绿叶》《解不开的情绪》《韦丘作品选萃》，小说集《不算坎坷的旅途》，散文集《纽约四十四小时》《都市三点式》《亮点，就在那一片绿》，故事集《海上捞雷记》，诗论集《寻她千百度》《诗的人生》等均署。③白江生、辛远茶、祝红亭、唐雨墨，1962－1966年在广州《作品》发表作品署用。④梅冰华，署用情况未详。

韦悫（1896－1976），广东中山人。原名韦乃坤，号捧丹。笔名：①韦悫，见于评论《教育方针讨论》，载1928年《国立大学联合月刊》第1卷第8期。嗣后在《国闻周报》《中华教育界》《教育学期刊》《文化建设》《科学》《中学生活》等刊发表教育学论文、出版教育学论著与译作，编选《普式庚逝世周年纪念集》（上海商务印书馆，1937年）等亦署。②普天，署用情况未详。

韦素园（1902－1932），安徽霍邱人。原名韦崇文。曾用名韦漱园。笔名：①素园，见于随笔《莫斯科东方劳动大学生活状况》，载1923年上海《学生杂志》第10卷第3期；译诗《门槛》（俄国屠格涅夫原作），载1925年北京《莽原》周刊第1期。此前后在上述刊物及《时事新报·文学旬刊》《晨报副镌》《莽原》《学生文艺丛刊》《语丝》《京报副刊》《未名》等刊发表《梭罗古勃诗二首》《回忆安特列夫》《伶俐的姑娘》《晚道上》等著译作品亦署。②韦素园，见于译诗《我怕说》《幸福》《玫瑰》，载1925年《语丝》周刊第26期；译作《巨人》（俄国安特莱夫原作），载1925年北京《莽原》周刊第4期。此前后在上述两刊及《东方杂志》《未名》等刊发表《最后的光芒》《小小的白花》《极乐世界》《白色的丁香》等著译作品亦署。出版翻译诗集《黄花集》（俄国契里克夫等原作。北平未名社，1929年）亦署。③韦漱园，见于译文《献花的女神》，载1926年《莽原》半月刊第22期。同时期在该刊发表《现代俄国文学底共通性》（俄国普洛特尼珂夫原作）、《无产阶级的文化与无产阶级的艺术》（苏联托洛茨基原作。与李霁野合译）、《〈文学革命〉引言》（苏联托洛茨基原作，与李霁野合译）等，出版翻译小说《外套》（俄国果戈理原作。上海北新书局，1926年）、《最后的光芒》（俄国契诃夫等原作。上海商务印书馆，1928年）、《邂逅》（苏联梭罗古勃原作，与他人合译。上海三通书局，1941年）等亦署。④漱园，见于《无题》，载1926年《莽原》半月刊第24期。

韦陀，生卒年及籍贯不详。原名黄郭人。笔名韦陀，20世纪20－30年代在上海小报发表文章署用。见于散文《买花》，载1938年上海《红茶》第1期。嗣后在该刊及上海《杂志》等刊发表散文《人满》《新启示录》、剧作《雨夜》等亦署。

韦娄（1922－），江苏常州人。原名张月琴，字丽娜。曾用名苇云。笔名韦娄，见于诗《曲江潮涨了》，载1939年春湖南《大刚报》；小说《焦蓉》，载1940年《文艺阵地》第4卷第10期。嗣后在《广东妇女》《抗战文艺》《小说》《星岛日报》《南方日报》《文艺阵地》《新蜀报》及香港《星岛日报》等报刊发表诗歌、散文和小说，1949年后在《小说月刊》《天津日报》《新港》《延河》《人民文学》《作品》《奔流》《桂林文艺》等发表小说、散文、特写，出版短篇小说集《母与子》、长篇小说《从前有个姑娘》等亦署。

韦雨平（1928－　），广西贵县（今贵港市）人，壮族。原名韦国鼎。笔名：①之痕，见于短篇小说《苦难的记忆》，载 1947 年广州《文坛月刊》第 5 卷第 1 期。②萨红西，见于小说《被牺牲者》，连载于 1947 年 4 月 15 日—23 日广州《建国日报》。嗣后在该报及《惠东日报》《文坛月刊》等刊发表散文《再见》《怀念》《市场》、小说《死去的爱情》《何教官》《开刀记》、随笔《梦和幻想及其他》等亦署。③韦蕾，见于短篇小说《沉渊》，载 1947 年广州《中山日报》；散文《祖国呀，你还需要我吗》，载 1948 年 6 月 18 日广州《建国日报》。④韦国鼎，见于短篇小说《海尼拉》，连载于 1947 年 12 月 16 日—26 日广州《建国日报》。

韦晕（1913—1996），马来西亚华人，祖籍中国山东济宁，生于香港。原名区文庄。曾用名上官堃。笔名：①上官豸，见于随笔《漫谈"通俗文学"》，载 1938 年 7 月 3 日马来亚新加坡《星洲日报·晨星》；小说《非英雄史略》，载 1939 年新加坡《南洋周刊》第 29、30 期。同时期在新加坡《总汇新报·世纪风》等发表文章亦署。②卜一、丁凤、山霞、王都、王蛮、韦多、韦曲、区岚、叶葭、任仃、江风、孙外、杨冲、沙耶、陈侩、高浪、秦系、曹苓、韩兵、寒兵、山笈一、冉叔牛、路晚红，在新加坡《南洋商报·狮声》《总汇新报·世纪风》《星洲日报·晨星》《新国民日报·新流》等报刊发表小说、散文署用。③韦晕，出版散文集《东海·西海》（香港维华出版社，1962 年），短篇小说集《乌鸦港上黄昏》（吉隆坡文化供应社，1956 年）、《都门抄》（吉隆坡文化供应社，1958 年）、《旧地》（香港东亚书局，1959 年）、《春冰集》（新加坡教育出版社，1971 年）、《韦晕小说选》（吉隆坡福联会，1986 年）、《寄泊站》（吉隆坡友联书局，1986 年），中篇小说《还乡愿》（新加坡青年书局，1958 年）、《荆棘丛》（香港上海书局，1961 年）、《陨石原》（吉隆坡写作人协会，1982 年），长篇小说《浅滩》（新加坡青年书局，1960 年）、《海不变》（吉隆坡野草出版社，1997 年），散文集《东海西海》（香港黎明书局，1962 年）、《文苑散叶》（吉隆坡铁山泥出版有限公司，1984 年），游记《野马随风》（新加坡教育出版社，1973 年）等均署。

卫嘉荣，生卒年不详，江苏吴县（今苏州市）人，字灵水。笔名卫嘉荣，在《南社丛刻》发表诗文署用。

卫聚贤（1899—1989），山西万泉（今万荣县）人。字怀彬，号介山、助臣、耀德。曾用名鲁智深、韦大痴。笔名：①卫聚贤，见于评论《我们的朋友：评林语堂先生的〈左传真伪与上古方音〉》，载 1928 年上海《新月》月刊第 1 卷第 7 期。此前后在《国学辑林》《北京大学研究所国学门月刊》《国学论丛》《史学年报》《清华周刊》《国立第一中山大学语言历史学研究所周刊》《前途》《文史春秋》《新亚细亚》《大学杂志》《东方杂志》《鲁迅风》《说文月刊》《史地丛刊》《中国语文丛刊》《学艺》《出版周刊》《天南》《江苏研究》《中央银行月报》《中外文化》《绸缪月刊》《南国少年》《图书季刊》《泉币》《文化先锋》《新中华》《现代中国》《印刷通讯》《民教导报》等刊发表文章，出版剧作集

《雷峰塔》（重庆说文社出版部，1944 年），论著《十三经概论》《吴越文化论丛》《楚辞研究》等亦署。②卫怀彬，见于杂文《正月十六吃馄饨的故事》，载 1939 年上海《鲁迅风》第 8 期。③卫大法师，在《东方杂志》《说文月刊》发表文章署用。嗣后出版独幕剧集《端节》（重庆说文社出版部，1947 年）亦署。④魏京伯，见于杂文《海派与京派产生的背景》，载 1939 年《鲁迅风》第 16 期。⑤班汉道，署用情况未详。

未央（1930—2021），湖南临澧人。原名章开明。笔名未央，20 世纪 40 年代后期在湖南《民报》主编副刊开始署用。1949 年后出版诗集《祖国，我回来了》（湖北人民出版社，1954 年）、《大地春早》（湖南人民出版社，1959 年）、《假如我重活一次》（湖南人民出版社，1986 年），长诗《杨秀珍》（中国青年出版社，1956 年），小说集《桂花飘香的时候》（湖南人民出版社，1959 年）、《巨鸟》（湖南人民出版社，1989 年）等亦署。

尉克水，生卒年及籍贯不详。笔名克水，"五四"时期在《新青年》发表《巴枯宁传略》署用。

尉素秋（1908—2003），江苏砀山人。笔名：①尉素秋，见于论文《民族主义的综合性》，载 1940 年《时代思潮》第 24 期。嗣后在该刊及南京《妇女月刊》等刊发表《三民主义的远大前途》《乱世的象征》《小龙吟》等诗文，出版诗词集《秋声词》（台北帕米尔书店，1962 年）亦署。②江月，见于随笔《人民对立法院的期望》，载 1948 年南京《妇女月刊》第 7 卷第 3 期。嗣后在该刊发表《女青年怎样处理恋爱问题》等文亦署。

魏艾寒（1915—？），福建福州人。原名魏德端。笔名：①魏艾寒，见于散文《乌鸦》，载 1937 年 3 月 31 日福州《小民报·新村》。同时期在福州《平凡》发表散文《暴风雨前的渴望》等亦署。②魏德端，出版《福建之茶》（与唐永基合作。永安福建省政府统计处，1941 年）署用。

魏弼（1914—1983），福建福州人。笔名：①魏弼，见于小说《手杖》，载 1933 年 4 月厦门《国光日报·纵横》。嗣后在该刊发表文章，同时期在福州《小民报·新村》发表小说《小盈岭》《茉莉花》等亦署。②未必，见于评论《不容忽略的一回事》，载 1933 年 4 月《国光日报·纵横》。嗣后在该刊发表《摩登与圆滑》《神秘之色》等文亦署。③百弼，见于散文《故乡》，载 1936 年 4 月《小民报·新村》。④魏百弼，出版诗集《必未集》（福州异军社，20 世纪 30 年代）署用。

魏伯（1914—1984），河南汜水（今荥阳市）人。原名王经川。笔名：①玮璐，1932 年在河南《民国日报》副刊发表作品署用。嗣后发表小说《十二个》，载 1934 年南京《文艺月刊》第 6 卷第 4 期，《匪》，载 1935 年南京《文艺月刊》第 7 卷第 4 期，《煤窑》，载 1934 年南京《中国文学》创刊号，1942 年在延安《谷雨》第 1 卷第 2、3 期合刊发表译诗《普式庚底抒情诗》亦署。

②魏伯，见于小说《守卫》，载 1936 年上海《夜莺》月刊第 1 卷第 3 期。嗣后在《现实文学》《浪花》《今日文学》《西线文艺》《文艺阵地》《文学月报》《抗战文艺》《现代文艺》《华北文艺》《周报》《诗创作》《天下文章》《北方文化》《东北文艺》《文学战线》《东北日报》、延安《解放日报》《大众文艺》《文艺战线》《谷雨》、香港《大公报·文艺》等报刊发表诗文亦署。

魏传统（1908—1996），四川达县人。原名魏树勤。笔名魏传统，1939 年在《八路军军政杂志》发表文章署用。嗣后发表诗文，1949 年后出版歌曲集《中朝人民好比亲兄弟》（贺绿汀作曲。音乐出版社，1964 年）、《美国佬，滚出南朝鲜》（晨耕作曲。音乐出版社，1965 年），散文集《追思集》（四川人民出版社，1979 年），诗集《江淮敌后烽火》（人民美术出版社，1979 年）、《魏传统诗词全集》（中国国际新闻出版社，2008 年），书法作品集《魏传统书法作品选集》等亦署。

魏登（1924—1996），泰国华人，原籍中国广东潮安。原名魏立大。笔名：①史丁密，见于小说《农村三叠曲》，载 20 世纪 40 年代广东《潮安商报》。1947—1948 年在暹罗曼谷《光华报·新生》等华文报刊发表文章署用。②韦文，见于小说《贼》，载泰国曼谷《华风周报》并获征文赛亚军奖。③史青、谷子、马卒、墨客、鲁伯，20 世纪 60 年代后在泰国华文报刊发表小说、散文、游记、评论等署用。

魏东明（1915—1982），浙江绍兴人，生于天津。原名杨戊生。笔名：①魏东明，见于小说《太阳的女儿》，载 1936 年《清华周刊》第 45 卷第 2 期；散文《天津皇会以后》，载 1936 年 5 月 7 日上海《时事新报》。此前后在《益世报·生活文化》《益世报·语林》《光明》《国闻周报》《中流》《浪花》《清华周刊》《申报周刊》《希望》《抗战戏剧》《文艺月报》《月报》《群众半月刊》《文摘》《时事类编》《全民抗战》《战时教育》《全民周刊》《战时青年》《青年生活》《新华日报》《大公报》《东北日报》、延安《解放日报》等报刊发表小说、散文、报告文学、评论等，出版散文集《纪念与回忆》（东北书店，1949 年）亦署。②东明，见于散文《我经过的老师》，载 1936 年北平《清华副刊》第 1 期；随笔《实感二题》，载 1937 年 1 月 15 日天津《益世报·文化生活》。③辰，见于《大丈夫》，载 1937 年 2 月 4 日天津《大公报·图书副刊》。④君辰，20 世纪 30 年代在天津《益世报·语林》等发表诗文署用。⑤杨君辰，见于小说《一个英雄主义的人》，载 1939 年重庆《战时青年》第 2 卷第 4 期；译作《蛇妖》（苏联爱伦堡原作），载 1944 年 9 月 20 日延安《解放日报》。嗣后出版回忆录《回忆延安整风运动》（湖南人民出版社，1957 年），特写《大跃进中的一个乡》（湖南人民出版社，1958 年）亦署。

魏凤江（1912—2004），浙江萧山（今杭州市）人。笔名：①魏凤江，著有传记文学《我的老师泰戈尔》《诗人泰戈尔与中国》《怀念印度诗人泰戈尔》《怀念英迪拉》《我与尼鲁一家的交往》《与甘地相处的日子》《泰戈尔嘱我去甘地身边》，游记《重访印度记》，论著《中印文化交流之回顾与前瞻》，译作《简明不列颠百科全书》《世界童话集》等。②风江，署用情况未详。

魏荒弩（1918—2006），河北无极人。原名魏绍珍。曾用名魏真、魏巍。笔名：①荒鹰，见于散文《破片章》，载 1940 年《贵州日报·革命军》。②魏荒弩，见于译诗《春天要来了》，载 1940 年《中国诗艺》；翻译小说《母亲》（捷克格莱歌洛伐原作），载 1941 年 4 月 1 日《妇女共鸣》第 10 卷第 2 期。嗣后在《改进》《集体创作》《新世纪》《火之源》《当代小说选》《正论》《文艺生活》《文学译报》《诗创作》《当代文艺》等报刊发表著译诗文，出版译作《爱底高歌》（德国蒂奥·蓉原作。成都莽原出版社，1943 年）、《结婚》（戏剧，俄国果戈理原作。昆明华侨书店，1945 年）、《捷克艺文选》（捷克涅鲁达等原作。上海光华出版社，1949 年）、《柳莲和敏卡的故事》（苏联左琴科原作。北京力群出版社，1949 年）、《真人真事》（苏联潘菲洛夫原作。上海晨光出版公司，1950 年）、《捷克小说选》（上海晨光出版公司，1950 年）、《捷克诗歌选》（上海晨光出版公司，1950 年）、《善良的人》（苏联穆季瓦尼尼原作。上海晨光出版公司，1951 年）、《黑人说》（与余振合译。文光书店，1952 年）、《马卡尔·杜勃拉瓦》（苏联柯涅楚克原作。人民文学出版社，1952 年）、《希腊的心》（希腊阿列克西斯·巴尔尼斯原作。作家出版社，1954 年）、《严寒·通红的鼻子》（俄国涅克拉索夫原作。作家出版社，1956 年）、《伊戈尔远征记》（俄罗斯史诗。人民文学出版社，1957 年）、《涅克拉索夫诗选》（上海译文出版社，1980 年）、《十二月党人诗选》（俄国格林卡等原作。上海译文出版社，1985 年）、《俄国诗选》（湖南人民出版社，1988 年）、《涅克拉索夫文集》（上海译文出版社，1992 年）、《涅克拉索夫诗歌精选》（北岳文艺出版社，2010 年），论著《论涅克拉索夫》（北京大学出版社，2000 年），散文集《栉斋余墨》（南京师范大学出版社，2008 年）等亦署。③荒弩，见于译诗《一九○五年莫斯科》（苏联 N. 郝赫洛夫原作），载 1941 年桂林《诗创作》第 3、4 期合刊；通讯《在昆明》，载 1942 年桂林《文艺生活》第 2 卷第 1 期。④魏缜，署用情况未详。

魏际昌（1908—1999），吉林永吉人，祖籍河北抚宁。字紫铭、子明，号紫庵。笔名：①紫铭、魏紫铭，1934—1935 年间在《北强》杂志发表文章署用。②魏际昌，见于《湖南省立第一民众教育馆概要》，载 1941 年 8 月 15 日长沙《湖南教育》第 20 期。嗣后出版《桐城古文学派小史》（河北教育出版社，1988 年）、《中学生古文观止》（河北教育出版社，1993 年）、《小尔雅正诂》《先秦散文研究》《汉魏六朝赋研究》《李白评传》等亦署。

魏建功（1901—1980），江苏海安人。字益三、天行，号山鬼。笔名：①魏建功，见于随笔《歌谣讨论》，载

1920 年 1 月 27 日北京《晨报副镌》；《戴东原年谱》，载 1925 年《国立北京大学研究所国学季刊》第 2 卷第 1 期。嗣后在《歌谣》《猛进》《京报副刊》《国语周刊》《北新》《北京大学学生周刊》《国立北京大学国学季刊》《北京大学研究所国学门月刊》《北京图书馆月刊》《女师大学术季刊》《辅仁学志》《独立评论》《社会月报》《文学》《图书季刊》《文化先锋》《真理杂志》《国文月刊》等报刊发表散文、评论、研究论文等，出版《琐记清宫》（紫禁城出版社，1990 年）及语言学著作、书法作品，以及《魏建功文集》（江苏教育出版社，2001 年）等亦署。②CK，见于随笔《歌谣之辞语及调谱》，载 1924 年北京《歌谣》第 71 号。③建功，见于随笔《读歌札记》，载 1925 年北京《歌谣周刊》第 92 号。嗣后在该刊及北京《猛进》周刊发表文章亦署。又见于随笔《〈邶风·静女〉的讨论》，载 1926 年上海《语丝》第 83 期。④天行，见于随笔《怀那古怪的圈子》，载 1926 年北京《语丝》第 103 期。嗣后在该刊及《猛进》《现代评论》《骆驼草》《晨报副镌》《一般》《新女性》《未名》《东方杂志》《文艺先锋》《茶话》等刊发表文章亦署。⑤天行山鬼，见于《〈北平笺谱〉序》（鲁迅作，魏建功书），载 1933 年 12 月鲁迅、郑振铎编印的《北平笺谱》。⑥曹家驹，见于随笔《读韵典》，载 1934 年《国语周刊》第 140 期。⑦独孤旦，见于随笔《对周作人"谢本师"的果有其人》，载 1942 年《抗战文艺》第 7 卷第 6 期。⑧文狸、康龙、健攻、文里、蒿莱子、伛偻子，署用情况未详。

魏金枝（1900－1972），浙江嵊县（今嵊州市）人。原名魏义云。曾用名魏义荣、魏尼庸。笔名：①莫干，见于诗《开除和放火》，载 1922 年 3 月 13 日上海《民国日报·觉悟》。②魏金枝，16 岁时借同班好友魏金枝的毕业文凭考入浙江第一师范而启用。嗣后发表文章亦署。见于《"泉水"》，载 1920 年 1 月 20 日《浙江省立第一师范学校校友会十日刊》第 11 期；诗《家居》（四首），载 1922 年上海《诗》月刊第 1 卷第 4 期。嗣后在《民国日报·觉悟》《小说月报》《支那二月》《申报·自由谈》《莽原》《奔流》《文学生活》《青年界》《北斗》《现代》《春光》《文饭小品》《芒种》《东方杂志》《中学生》《知识半月刊》《第一线》《文学界》《光明》《今代文艺》《中国文艺》《时代文艺》《月报》《青年大众》《新文丛》《鲁迅风》《文讯》《新中国文艺丛刊》《文艺春秋》《茶话》《文坛》《文章》《文坛月报》《文艺知识连丛》《文艺知识》《水准》《中国建设》《现代教学丛刊》《中国作家》《小说》等报刊发表小说、散文、评论等，出版小说集《七封书信的自传》（上海人间书店，1928 年）、《奶妈》（上海现代书局，1930 年）、《白旗手》（上海现代书局，1933 年），1949 年后出版《魏金枝短篇小说选集》（人民文学出版社，1954 年），杂文集《时代的回声》（新文艺出版社，1957 年），散文集《文艺随谈》（新文艺出版社，1957 年）、《编余丛谈》（作家出版社，1962 年），寓言《中国古代寓言》（1－5 册）（少年儿童出版社，1954－1956 年），论文

集《怎样写作》（上海珠林书店，1937 年）、《新生篇》（与雪峰、沙汀等合集。上海中国文化投资公司，1946 年），评论集《怎样写作》（上海珠林书店，1937 年），主编《新词林》（上海启明书店，1951 年）等亦署。③金枝，见于诗《暮春》，载 1923 年上海《文学周报》第 61 期。嗣后在上海《朝花》《北新》《萌芽》等刊发表诗文亦署。④于乙、凤兮、老兵、笑山、高山、鹿宿，署用情况未详。

魏晋（1907－？），江西赣州人。原名魏运织，字云孙、支石。笔名：①魏运织，1926 年在上海报刊发表文章署用。②魏晋，1927 年在《星期一》周报发表文章署用。1933 年后在《微音月刊》《东流》《杂文》《文学期刊》《复旦学报》《世界文学》《绸缪月刊》《今日文学》《青年团结》《宇宙风》《诗歌生活》《东方文艺》《诗歌杂志》《文艺新闻》等报刊发表著译诗文亦署。又见于译文《忆先驱诗人石川啄木》（日本秋田雨雀原作），载 1936 年上海《今代文艺》第 1 卷第 3 期。嗣后出版诗文集《黄花集》（收获出版社，1947 年）亦署。③永炽，1927 年在《星期一》周报发表文章署用。④秦汉，见于评论《世界青年大会与中国青年》，载 1938 年南昌《青年团结》创刊号。⑤史实，20 世纪 80 年代发表文史资料署用。⑥允哲、允炽，署用情况未详。

魏敬群（1918－？），福建闽侯（今福州市）人。笔名荒草，1937 年在广州《抗战文艺》发表文章署用。

魏兰（1866－1928），浙江云和人，字石山、石生，号石介。曾用名杨魏兰。笔名：①石山、石生，在《杭州白话报》发表文章署用。②魏兰，出版《浮云集》（浙江省云和县政协文史资料研究委员会，1991 年印行）、《魏氏诗稿》署用。

魏猛克（1911－1984），湖南长沙人。原名魏干松，号魏然。曾用名魏执中。别署何家骏、振煌。笔名：①猛克，见于插图《萧伯纳先生速写像》，载 1933 年上海《涛声》第 2 卷第 6 期；杂文《子恺先生的画》，载 1935 年日本东京《杂文》月刊创刊号。此前后在《申报·自由谈》《杂文》等刊发表图文作品亦署。②魏猛克，见于随笔《残废美》，载 1933 年 8 月 28 日上海《申报·自由谈》；画作《画像》，载 1934 年 7 月 20 日上海《新语林》第 2 期。此前后在《新语林》《社会月报》《涛声》《论语》《春光》《东流》《译文》《战地》《抗战文艺》等报刊发表杂文、散文、评论、画作等，出版《魏猛克散文杂文集》（湖南文艺出版社，1992 年）亦署。③克，见于消息《东京艺术聚餐会与美术座谈会》，载 1935 年 5 月 15 日日本东京《杂文》月刊创刊号。嗣后在该刊发表《郭沫若画像》《秦始皇将死》等插图亦署。④孟，见于消息《"筑地"倒了？》，载 1935 年 5 月 15 日日本东京《杂文》月刊创刊号。嗣后在该刊发表《鲁迅画像》、杂文《倾向与自由》等亦署。⑤孟克，见于插图《秋田雨雀画像》《汽锅》，载 1935 年 5 月 15 日日本东京《杂文》月刊创刊号。嗣后在该刊发

表插图《普里鲍画相》、杂文《盾牌上的怪脸谱》等，出版翻译论著《世界观与创作方法》（苏联罗森达尔原作。东京质文社，1937年）亦署。⑥猛，见于杂文《之乎者也之类》，载1935年日本东京《杂文》月刊第3期。嗣后在《抗战文艺》发表随笔《关于翻译作品到国外去》《杂文型的报告文学》等亦署。⑦魏孟克，见于《没有发现的事物》，载1936年日本东京《杂文》月刊第2卷第1期。此前后在《译文》《文艺月刊》《七月》等报刊发表文章亦署。

魏敏（1925—2017），河北定县（今定州市）人。原名魏喜身。曾用名魏润身、魏振华。笔名：①卫民、微鸣，1946年起在《晋绥日报》发表诗歌等署用。②魏敏，出版秧歌剧剧本《军民拜年》（新华书店西北总分店，1950年），歌舞剧剧本《牧童山歌》（新华书店西北总分店，1950年），话剧剧本《代代红》（百花文艺出版社，1965年）等署用。

魏蟠，生卒年及籍贯不详。笔名：①魏蟠，见于随笔《杂文》，载1935年日本东京《杂文》月刊创刊号。嗣后在该刊发表译文《一个宣言》（法国纪德原作）、《七十年的回顾》（法国罗曼·罗兰原作）等亦署。②蟠，见于杂文《戏法》、插图《孟夫子出妻二帧》，载1935年日本东京《杂文》月刊第3期。嗣后在日本东京《杂文》月刊第4期发表杂文《当然》亦署。③番子，见于杂文《"一无是处"》，载1935年日本东京《杂文》月刊第4期。

魏清德（1886—1964），台湾新竹人，字润庵。笔名魏润庵、润庵、润庵生、润庵学人、魏德清、润庵魏清德，1904—1944年在台北《台湾日日新报》《风月报》《南方》《昭和新报》《兴南新闻》等报刊发表旧诗《哭樱井儿山先生》《冒雨游圆通寺红似同游吟侣》等署用。

魏绍昌（1922—2000），浙江上虞（今绍兴市）人。原名魏龙文。1934年开始发表作品。笔名魏绍昌，1949年后出版《鸳鸯蝴蝶派研究资料（史料部分）》（魏绍昌编。上海文艺出版社，1962年）、《老残游记资料》（魏绍昌编。中华书局，1962年）、《李伯元研究资料》（魏绍昌编。上海古籍出版社，1980年）、《石挥谈艺录》（魏绍昌编。上海文艺出版社，1982年）、《红楼梦版本小考》（中国社会科学出版社，1982年）、《我看鸳鸯蝴蝶派》（中华书局，1990年），主编《中国近代文学辞典》（魏绍昌等主编。河南教育出版社，1993年）、《民国通俗小说鉴赏实用辞典》《海派小说专辑》等署用。

魏绍征（1909—？），湖北黄冈人。笔名：①韶綦，1930年代在武汉《轮底文艺》《奔涛》等发表小说、评论等署用。见于《前奏曲》，载1936年武汉《文艺》月刊第3卷第6期；《揭起文艺界净化的旗帜》，载1937年《奔涛》第1卷第5期。②魏韶綦，见于小说《绝援》，载1935年《文艺》第2卷第1期；小说《遗恨》，载1937年《奔涛》第1卷第4期。嗣后在上述两刊发表小说《媱嫿将军》《刺背》等，出版《骏痕集》等亦署。

魏巍（1920—2008），河南郑州人。原名魏鸿杰。曾用名白天。笔名：①魏泓洁，见于中篇小说《狂飙里的游丝》，载1932年夏郑州《华北日报·副刊》。②魏芦笛，见于小说《显圣》，载1936年郑州《大华晨报·跋涉》第13—19期；诗《炉子》，载1936年郑州《大华晨报·沙漠诗风》第5期。同时期起在上述两刊发表小说《忏悔》、诗《重逢》《蝉》亦署。③芦笛，见于诗《卖汤的人》，载1936年郑州《劲风月刊》创刊号。④魏大，1937年11月在西安《秦风日报》副刊发表短诗署用。⑤魏巍，1938年在延安抗大《战歌》墙报发表诗歌开始署用。见于长诗《黄河行》，载1939年西安《国风日报》。此前后在《军事杂志》《诗创作》等报刊发表诗文，1949年后发表作品、出版诗集《黎明风景》（人民文学出版社，1955年）、《红叶集》《魏巍诗选》（解放军文艺社，1985年），散文诗集《不断集》（作家出版社，1963年），散文集《幸福的花为勇士而开》（中国青年出版社，1956年）、《谁是最可爱的人》（人民文学出版社，1958年）、《春天漫笔》（作家出版社，1959年）、《壮行集》（河北人民出版社，1980年）、《魏巍散文集》（河北人民出版社，1982年）、《怀人集》（文化艺术出版社，1987年）、《这才是青春开花处》（石油工业出版社，1991年）、《魏巍散文选》（人民文学出版社，1991年）、《话说毛泽东》（中央文献出版社，1993年）、《魏巍散文选》（中国社会出版社，2006年）、《魏巍散文》（人民文学出版社，2009年），文艺随笔《路标》（吉林摄影出版社，1999年），散文、杂文集《新语丝》（中国文联出版社，2008年），杂文集《魏巍杂文选》，中篇小说《长空怒风》（与白艾合作。中国青年出版社，1951年），长篇小说《东方》（人民文学出版社，1978年）、《地球的红飘带》（人民文学出版社，1988年）、《火凤凰》（人民文学出版社，1997年），电影小说《红色的风暴》（与钱小惠合作。工人出版社，1956年），报告文学、故事集《志愿军叔叔和朝鲜小姑娘》（中国青年出版社，1952年）、《老烟筒》（通俗读物出版社，1954年）、《女将军》（中国青年出版社，1958年）、《魏文亮的故事》（百花文艺出版社，2001年），儿童文学《我爱老师》（中国少年儿童出版社，1984年），传记《邓中夏传》（与钱小惠合作。人民出版社，1981年），日记《四行日记》（中国文联出版社，2008年），论文集《魏巍文论集》（河南人民出版社，1984年），文集《魏巍文集》（中国文联出版社，2008年），选编《晋察冀诗抄》（中国青年出版社，1950年）等亦署。⑥红杨树，1941年前后开始在晋察冀边区《诗建设》《诗战线》《子弟兵》《晋察冀日报》等报刊发表诗作署用。见于诗《寄张家口》，载1946年4月16日张家口《北方文化》第1卷第4期。嗣后出版诗集《两年》（上海文化工作社，1951年）亦署。

魏惟仪（1918—？）浙江杭州人。笔名：①温妮，见于随笔《青年须知的结婚礼仪》，载1933年上海《玲珑》第3卷第33期。②魏惟仪，1949年后在台湾出版游记《温妮的世界》（台北文星书店，1965年），传记

《始皇末日》（台北时报文化出版事业有限公司，1984年），散文集《归去来》（台北大地出版社，1987年）、《华府二三事》（台北联经出版事业公司，1992年）等署用。

魏向炎，生卒年不详，江西人。笔名魏紫，1943年在遂川《大众日报》主编副刊署用。

魏学文，生卒年及籍贯不详。笔名：①魏学文，见于随笔《市民层的歌人狄更斯》，载1935年9月28日上海《时事新报·每周文学》。②学文，见于随笔《文坛横议——才能之衰落》，载1936年2月28日上海《时事新报·每周文学》。

魏怡人（1915－？），河南遂平人。笔名：①怡人，见于散文《乘凉时的闲话——"乡村素描"之一》，载1933年开封《河南民报·风雨》第4卷第1期。②魏怡人，见于小说《残酷的结局》，载1933年9月19日－11月7日开封《河南民报·风雨》第4卷第4－11期。嗣后在该刊发表散文《随笔一束》《城市与乡村》、诗《八行诗》亦署。③魏雪坪，见于小说《残酷的结局（续）》，载1933年开封《河南民报·风雨》第4卷第10期。嗣后在该刊发表评论《木刻与艺术》、散文《无聊日记》《在集训队》、散文诗《幻》、随笔《编后赘语》等亦署。④雪坪，20世纪30年代在河南报刊发表诗文署用。

魏易（1880－1930），浙江杭县（今杭州市）人。字冲叔、充叔，号聪叔、春叔。笔名：①充叔，清末在《普通学报》发表文章署用。②魏充叔，与林纾合译《巴黎四义人录》署用。③魏易，出版译作《黑奴吁天录》（美国斯托夫人原作，与林纾合译。上海进步书局，1901年）、《冰蘖余生记》（法国勒东路易原作。上海商务印书馆，1916年）、《苏后马丽惨史》（法国大仲马原作。上海商务印书馆，1930年）、《双城故事》（英国狄更斯原作。上海民强书局，1933年）、《拿破仑本纪》《迦茵小传》等署用。

魏应麒（1904－1978），福建福州人，字湍甫。笔名魏应麒，出版《福州歌谣甲集》（国立中山大学民俗学会丛书，1929年）署用。嗣后发表《五代闽宗教与神话考》《福州三神考》等有关民俗与神话的研究文章亦署。

魏毓庆（1933－1999），江苏扬州人。1947年开始发表作品。笔名：①魏毓庆，出版散文集《宫花寂寞红》（江苏文艺出版社，1990年）署用。②布衣，署用情况未详。

魏元旷（1857－1921），江西南昌人。原名魏焕奎，字斯逸，号潜园、蕉庵。晚号潜园逸叟。笔名魏元旷，出版《魏氏全集》《蕉庵诗话》《潜园文集》《潜园诗集》等署用。

魏泽民（1908－？），河北满城人。原名魏如霖，字泽民。笔名魏如霖，1949年后在台湾出版《孙子兵法大全》《孙子今注今译》《魏泽民论文集》及史学著作

均署。

魏兆淇（1904－1974），福建福州人。笔名卓治，见于信函《两封公开的遗书》，载1926年上海《南洋周报》第8卷第1期；随笔《厦门与厦大》，载1927年上海《语丝》第117期。此前后在上海《朝花》《文学周报》《北新》等刊发表散文《游子之音》、小说《圣诞节前夜》等亦署。

魏照风（1913－1988），福建福州人，字孟嘉。笔名：①魏照风，1930年在北平《导报·现代周刊》发表文章署用。嗣后在《晨报·北晨学园》《新球剧刊》《戏剧旬刊》《戏剧新闻》《影剧春秋》《北调半月刊》《新诗歌》《春光》《当代文学》《抗敌新闻》《剧学月刊》《戏剧艺术》《艺术信号》《剧周刊》《剧·诗·文》等报刊发表文章，1949年后在《戏剧报》《人民戏剧》《文艺报》《解放日报》《文汇报》等报刊发表文章，出版话剧《万水千山》（上海文艺出版社，1960年）亦署。②孟嘉，1932年在北平《京报·诗剧文周刊》发表作品署用。1942年在重庆《文坛》第6期发表随笔《保障作家合法权益在桂林》，1949年后发表文章亦署。③丁舞，1932年在天津《庸报》副刊《另外一页》发表作品署用。④亦若，1932年在北平《益世报·戏剧旬刊》署用。⑤慰喃歌，1932年在北平《剧学月刊》署用。⑥呵茶，1932年在北平《艺术信号》周刊署用。

魏中天（1908－2010），广东五华人。字旭日。笔名：①魏中天，见于《童年断片的回忆》，载1929年上海《语丝》周刊第5卷第23期。嗣后在上海《申报·自由谈》《新闻报·茶话》《芒种》《新时代》《文饭小品》《绸缪月刊》、桂林《救亡日报·文化岗位》、重庆《时与潮副刊》、潮州《满地红》等报刊发表散文、小说、诗等，出版散文集《污泥集》（上海新中国书局，1936年）、《论生活的态度》（香港东方出版社，1946年）、《回顾集》（香港海外通讯社，1948年）、《皇亲国戚及其他》《盛世才如何统治新疆》（香港海外通讯社，1946年）、《晚晴拾拙》（香港中国文化馆，1989年）、《魏中天文选》（香港中国文化馆，1999年），主编《我的母亲》（香港中国文化馆，1992年）等亦署。②阿魏，见于随笔《新的恋爱观》，载1930年上海《红叶周刊》第26期。嗣后在该刊发表散文《深夜的箫声》《春天的我俩》等，在上海《红叶月刊》《文友》《新闻报·茶话》等报刊发表文章亦署。③中天，见于《童年断片的回忆（续）》，载1930年《语丝》周刊第5卷第52期。嗣后在上海《红叶周刊》发表《童年回忆》《过去的英勇到什么地方去了》等文亦署。④茹音，20世纪30年代在日本东京时向上海《新闻报》投稿常署。见于杂文《一日一省》，载1934年上海《京沪沪杭甬铁路日刊》第1142－1167期合刊；散文《东京的质屋》《东京的料理店》《东京的浴室》，分别载1935年北平《老实话》第2卷第1期、第10期、第14期。

魏子云（1918－2005），安徽宿县（今宿州市）人。笔名：①魏子云，1949年后在台湾出版散文集《戏谈

（台北红蓝出版社，1955 年）、《艺文与人生》（台中学人文化出版公司，1979 年）、《剧谈》（台北红蓝出版社，1955 年）、《井蛙集》（台北大林出版社，1978 年）、《梧鼠集》（台北大林出版社，1978 年）、《艺文与人生》（台北学人文化公司，1979 年），小说集《搬家》（台北远东图书公司，1956 年），长篇小说《紫阳世第》（台湾省新闻处，1971 年）、《潘金莲——金瓶梅的娘儿们》（台北皇冠出版社，1985 年），论著《小说之演读》（高雄大业书店，1964 年）、《偏爱与偏见》（台北皇冠出版社，1965 年）、《中外名著欣赏》（台北自由太平洋出版社，1965 年）、《孔雀东南飞及其他》（台北皇冠出版社，1966 年）、《西洋文学名著欣赏》（台北亚洲出版社，1966 年）、《文艺写作浅说》（台北大江出版社，1967 年）、《金瓶梅探源》（台北巨流出版社，1979 年）、《金瓶梅的问世与演变》（台北时报文化公司，1981 年）、《金瓶梅劄记》（台北巨流出版社，1983 年）、《金瓶梅原貌探索》（台北学生书局，1985 年）、《诗经的吟诵与辞说》（台北巨流出版社，1986 年）、《金瓶梅研究二十年》（台湾商务印书馆，1993 年）等署用。②丁巳、半蠡、华文份、立一、冯凭、仇实、阮娥，署用情况未详。

【wen】

温德玄（1904－1976），印度尼西亚华侨。笔名：①粜子，20 世纪 40 年代在荷属东印度巴达维亚（今印度尼西亚雅加达）《新报》任记者时发表文章署用。②慕由，1947 年后在印度尼西亚雅加达《中学生月刊》发表杂文、评论等署用。

温见，生卒年不详，广东梅县（今梅州市）人，字著叔。笔名温见，在《南社丛刻》发表旧体诗署用。

温健公（1908－1938），广东梅县（今梅州市）人。原名温文淦。曾用名温杰雄、温湘萍。笔名：①温生民，出版翻译小说《赤恋》（苏联柯伦泰原作。上海启智书局，1929 年）署用。②天行、文淦、湘萍，1930 年在报刊发表译作署用。③温健公，见于随笔《苏联民众生活的新倾向》，载 1934 年北平《世界论坛》第 1 卷第 6 期。嗣后在该刊及《中外论坛》《全民抗战》等刊发表文章，出版哲学、经济学著作与译作亦署。

温晋城（1892－1969），江西宁都人。原名温学峤，字晋城。笔名温晋城，出版《孟子会笺》《国学概要》《孙子兵法释义》《孙子兵法补注》等日文著作署用。

温流（1912－1937），广东梅县（今梅州市）人。原名梁启佑。曾用名梁惜芳。笔名：①梁惜芳，见于书评《月的话》，载 1929 年上海《开明》第 2 卷第 6 期。嗣后在上海《读书月刊》《新时代》《中学生文艺》、广州《艺锋》等刊发表散文亦署。②惜芳，见于《谜语》，载 1929 年上海《儿童世界》第 23 卷第 17 期。③温流，见于歌谣《倒屎者的歌》，载 1934 年上海《新诗歌》月刊第 2 卷第 1 期；诗《凿石碑工人歌》，载 1936 年绥远《塞北诗草》诞生号。此前后在该刊及《诗歌杂

志》《思想月刊》《文艺工作者》《蚂蚁》《中国工人》《诗经》《中国诗坛》等刊发表诗文，出版诗集《我们的堡》（青岛诗歌出版社，1936 年）、《最后的吼声》（青岛诗歌出版社，1937 年）亦署。④方惠心，见于诗《我们底堡》，载 1934 年 7 月 6 日《新诗歌》月刊第 2 卷第 2 期。嗣后在上海《中学生》《中学生文艺季刊》《读者月刊》等刊发表诗《自己底歌》《春》《秋夜的卖唱者》、散文《鸽子》等亦署。⑤笑涡，1928 年在广州主编《绿天》半月刊署用。1931 年在上海《读书月刊》第 2 卷第 3 期发表散文《送葬——海岛生活碎瓣之一》，此前后在上海《中学生文艺丛刊》《新学生》等刊发表诗文亦署。

温佩筠（jūn）（1902－1967），辽宁辽阳人。原名温之新。曾用名温立成。笔名：①温之新，见于《秋风无语泣辽东》，载 1931 年 10 月 15 日哈尔滨《国际协报·国际公园》。②温佩筠，出版译诗集《零露集》（俄汉文对照。哈尔滨精益书局，1933 年自费出版）署用。又见于译诗《先觉者》（俄国莱蒙托夫原作），载 1944 年北平《中国公论》第 10 卷第 4 期。③霈君，见于译诗《爱的娇痴》（德国海涅原作），载 1934 年哈尔滨《国际协报·文艺》。④温霈君、渔夫、温涛、汪正平、沛军、温立成、文笠承，20 世纪 30 年代在哈尔滨报刊发表诗文译作署用。

温沙（1916－1941），广东梅县（今梅州市）人。笔名：①温沙，1939 年后在延安、晋察冀等地《前卫报》《诗建设》等报刊发表诗文署用。②烘流，见于诗《插秧人》，载 1936 年上海《读书生活》第 3 卷第 6 期。

温世霖（1870－1935），天津人。原名温昱，字支英、子英，号铁仙。笔名温世霖，出版《段氏卖国记》《段祺瑞卖国秘史》《昆仑旅行日记》《新疆风俗考》等署用。

温田丰（1916－1994），四川重庆（今重庆市）人，回族。原名温嗣翔。曾用名温士羊、温士扬。笔名：①元留，见于随笔《学生该怎样？》，载 1935 年 12 月 21 日重庆《商务日报》。②敬言，见于随笔《给学校青年》，载 1935 年 12 月 28 日重庆《商务日报》。③玍玍，见于速写《梁漱溟印象记》，载 1937 年 6 月 21 日重庆《商务日报》。④重言、芜言、敬言、流音，1936－1937 年间在重庆《商务日报》发表文章署用。⑤温田丰，见于《金侠子李金山》，载 1946 年重庆《中原·文艺杂志·希望·文哨联合特刊》第 1 卷第 4 期。1949 年后自费印刷诗集《一代心酸化热汗》（1991 年）、《温田丰诗词选》，回忆录《六十年来人和事》（重庆出版社，1995 年），出版《草原书简》《勇士与怯权》《时代的指引》《我的新闻生涯》等亦署。⑥人言、小民、王一、刘诚，1946 年在重庆编《国民日报晚刊·山城》时发表文章署用。

温志新，生卒年不详，福建漳州人。笔名：①志、士心、一心、知新，20 世纪 20 年代在马来亚槟城《光华日报·槟风》、《南洋时报》副刊、《八月》《海丝

《星火》《杭育》，马来亚新加坡《总汇报·总汇副刊》《星洲日报·繁星》等报刊发表诗、散文、评论署用。②温志新，见于散文《战地鸿音——勇敢的理弟》，载1937年12月27日马来亚新加坡《新国民日报·新光》；诗《难民的悲哀》，载1938年7月16日新加坡《总汇新报·总汇副刊》）。

温梓川（1911－1986），马来西亚华人，原籍中国广东惠阳（今惠州市），生于马来亚（今马来西亚）槟城。原名温玉书。曾用名温玉舒。笔名：①温玉书，见于诗《哭胞姊》《南岛竹枝词》《送春》，载1926年上海《学生文艺汇编》第3卷上集；书评《受难者的短曲》，载1929年上海《开明》第1卷第9期。②野岩，见于诗《咖啡店的侍女》，载1928年上海《槟榔》第1卷第1期。③海愁，见于诗《我伫立在飒飒凄风前惆怅》，载1928年上海《槟榔》第1卷第1期。④温情，见于诗《凋残了的玫瑰》，载1928年上海《槟榔》第1卷第1期。⑤辛木，见于《民歌客人的恋歌》，载1929年上海《语丝》第5卷第27期。嗣后在该刊及上海《暨南校刊》发表民歌《两首关于社会问题的民歌》《译诗四首》（英国史蒂文森原作）等亦署。⑥梓川，见于《读歌随钞·记十哀词》，载1930年上海《暨南校刊》第37－40期合刊。同年至1931年2月在上海《学海周刊》《暨南校刊》、马来亚槟城《槟城新报·碧野》发表著译诗文《仅仅是一度的相逢》《给燕子》《你可以邀请》等亦署。⑦温玉舒，见于小说《二十三块钱和一张当票》，载1930年马来亚槟城《槟城新报·椰风》第65、66期。嗣后在该刊及《槟城新报·碧野》发表诗文《蠢》《雨中行》等亦署。⑧玉舒，见于《鸟》，载1930年10月28日马来亚槟城《槟城新报·碧野》。嗣后在该刊发表《F君的照片》《星期六》等亦署。⑨山叶，见于小说《燕女的信》，载1930年马来亚槟城《槟城新报·碧野》第20期和1931年第21期。⑩舒弟，见于《游艺场中的素描》，载1931年槟城《槟城新报·碧野》第34期。⑪温梓川，见于小说《大宝森节》，载1933年上海《新时代》月刊第3卷第5、6期合刊。嗣后在上海《文华》《女子月刊》《新垒月刊》《西北风》《文笔》、马来亚《蕉风》《光华日报》《南洋商报》、台北《自立晚报》等报刊发表著译诗文，出版散文集《梓川小品》（上海女子书店，1933年）、《文人的另一面》（新加坡世界书局有限公司，1960年），诗集《咖啡店的侍女》（上海世界文艺书社，1930年）、《梦呓》（上海世界文艺书社）、《美丽的肖像》（马来亚出版社有限公司，1953年），短篇小说集《某少男》（上海大江书铺，1934年）、《美丽的谎言传身教》（上海长夏书屋，1941年）、《夫妻夜话》（香港海滨书屋，1957年），译作《南洋恋歌》（与陈毓泰合译。上海华通书局，1930年）、《托尔斯泰短篇小说集》（俄国列夫·托尔斯泰原作。上海女子书店，1933年）、《血洒黄沙》（英国布烈士活等原作，与刘前度译作合集。马来亚出版社有限公司，1952年）、《走向桥边的女人》（英国贝

兹原作。新加坡创垦出版社，1955年），论著《马来亚研究》（马来亚友联出版部，1959年）、《华人在槟城》（马来西亚丰湖丛书委会，1985年），编选《恋歌二百首》（上海现代书局，1929年）、《郁达夫南游记》（香港世界书局，1956年）、《沈从文小说散文选》（香港书局，1957年）、《作家的学生时代》（新加坡世界书局，1957年）、《作家的创作经验》（新加坡世界书局，1958年）等亦署。⑫于苍，出版小说《某少男的日记》（马来西亚蕉风出版社，1960年）署用。⑬高汉、苹君、CC（C.C.）、或人、丘山、秋郎、棠弟、司马温公、半爸（bā）爸、南洋伯，署用情况未详。

文彪（1914－?），广东梅县（今梅州市）人。原名李文彪。笔名文彪，1937年在马来亚新加坡《总汇报》、吉隆坡《马华日报》发表散文署用。

文公直（1898－?），江西萍乡人。原名文砥，字公直，号翱健、萍水若翁、萍水文郎。笔名文公直，见于小说《剩水残山影》，载1930年《航业月刊》第1卷第2期；随笔《中国语法需要欧化吗？》，载1934年8月7日上海《申报·自由谈》。同时期在《新亚细亚》《中央月刊》《人文月刊》等发表作品，出版长篇小说《碧血丹心大侠传》《碧血丹心于公传》《碧血丹心平藩传》《女杰秦良玉演义》《赤胆忠心》，论著《中华民国革命史》《国民革命北伐成功史》《俄罗斯侵略中国痛史》《中俄问题的全部研究》等均署。

文怀朗（1908?－?），新加坡华人，原籍广东万宁。笔名：①苏梦，见于《十日谈》第33期。②徽徽、老太婆、姜太公、文怀朗，1946年起在新加坡《和平日报》副刊、《南洋商报·商余》等报刊发表散文、杂文署用。"文怀朗"一名，出版杂文集《文人的气质》（新加坡南洋报社，1955年）亦署。

文怀沙（1910－2018），北京人，祖籍湖南。原名文斋，字怀沙；后改名文哲渠，字贯之，号燕堂；晚号燕叟。曾用名王耳。笔名：①司空无忌，见于随笔《南北逆：谈兽氛下的平津与宁沪》，载1942年《东南》半月刊创刊号。嗣后在皖南、桂林、重庆、上海等地报刊发表文章，出版《鲁迅旧诗新诠》（重庆文光书店，1947年）等亦署。②文怀沙，见于随笔《上苑春风代序》，载1943年《东南》半月刊第1卷第5、6期合刊；《橘颂之什》，载1945年重庆《中原》第2卷第2期。嗣后在重庆《国风》半月刊、《新华日报》等报刊发表《沦陷区的报纸与杂志》《喝苦酒·悼鲁彦》等诗文，1949年后出版《屈原离骚今译》《屈原九歌今译》《屈原九章今译》《屈原招魂今译》《溯流光》《文怀沙序跋集》，主编《隋唐文明》等均署。③白柯，20世纪40年代在重庆《时事新报·青光》发表文章署用。④王聪，见于随笔《独泊漫谈》，连载于1945年后《申报·自由谈》。⑤安尼，与唐纳合用。见于《桥边私语》专栏，连载于1947－1948年间上海《文汇报·浮世绘》（柯灵编）。⑥王耳，上海解放初在棠棣书店兼职文字编辑化

名。后主编《中国古典文学研究丛刊》时发表文章署用。⑦哲渠，见于翻译长篇小说《乌云密布》（鲁德米斯原作，与草云合译。人民文学出版社，1959 年）。

文灰，生卒年不详，湖南醴陵人。字延年，号牧希、幻盦。曾用名文斐。笔名文斐、文灰，在《南社丛刻》发表旧体诗署用。

文静（1916-？），天津人。原名李淑芳。笔名：①李岩、李若文，1943 年在《晋察冀日报》发表文章署用。②文静，1945 年任《晋察冀日报》编辑署用。

文莽彦（1925-1983），江西萍乡人。原名文劲础。笔名：①文劲础，学生时代发表作品署用。②莽彦，见于诗《他又被囚了》，载 1942 年 2 月桂林《青年生活》第 2 卷第 4、5 期。③文莽彦，1945 年开始在江西乐平《长江日报·浪淘沙》、江西《青年报·青鸟》发表诗作，1949 年后发表作品、出版地方戏剧剧本《前途》（文化生活出版社，1954 年）、《卖孝货》（与裘宗润合作。江西人民出版社，1956 年）、《亲家会》（江西人民出版社，1956 年），诗集《井冈山颂》（上海文艺出版社，1960 年）、《文莽彦诗选》（江西人民出版社，1984 年）等均署。

文牧（1919-1995），江苏松江（今上海市）人。原名王瑞鑫。曾用名王民声、王文爵。笔名文牧，1949 年起编写沪剧剧本《赤叶河》（与张恂子合作）、《好儿女》等用。嗣后出版沪剧剧本集《机器里的钥匙》（华东人民出版社，1951 年）、《公孙求乞》（上海文化出版社，1956 年）、《阿必大回娘家》（上海文化出版社，1957 年）、《女看灯》（上海文化出版社，1957 年）、《芦荡火种》（上海文化出版社，1964 年）、《演员日记》（中国戏剧出版社，1958 年）等均署。

文启㶷（quán）（1877-1925），湖南醴陵人，字湘芷。笔名文启㶷，在《南社丛刻》发表旧体诗署用。嗣后印行《湘灾纪略》（与傅熊湘合作）、出版《文湘芷先生遗集》等亦署。

文心（1930-1987），台湾嘉义人。原名许炳成。笔名文心，出版小说集《千岁桧》（嘉义兰记书局，1958 年）、《生死恋》（台北东方出版社，1962 年）、《文心集》（台北前卫出版社，1991 年），长篇小说《泥路》（台湾商务印书馆，1968 年），小说散文集《我行我歌》（台北东方出版社，1968 年），剧作集《三对佳偶》（台北东方出版社，1968 年）、《吴沙垦田记》（台北东方出版社，1968 年）等均署。

文彦（1920-？），江苏铜山人。原名李效颜。笔名文彦，在台湾出版广播剧《风雨交响曲》（1959 年）、电视剧《大汉魂》（1970 年）、散文集《银翼生辉》（1971 年）、报告文学《生路》（1974 年）、长篇小说《异域岁月》（1989 年）、《漏网之鱼》（1989 年）等均署。

文振庭（1924-？），湖北天门人。笔名：①许渡、杨扬、郑国、柳刚、白旅阳、CT，1941-1948 年在《武汉日报》《新湖北日报》《华中日报》《武汉时报》《前

锋周刊》《春草诗丛》《新蜀报》等报刊发表诗《六月流火》《两个疯狂者》《刺刀及其他》《迎民主》、散文《渡头之夜》《写给青天的情书》《小楼散草》《学样生活散记》、评论《诗的倾向性》《人民的歌——读〈严寒·通红的鼻子〉》等作品署用。②文振庭，1949 年后发表作品，编选《文艺大众化问题讨论资料》（上海文艺出版社，1987 年）等署用。

文琢之，生卒年不详，四川成都人。笔名老成都，1941 年在成都《华西晚报·华灯》发表文章署用。

闻国新（1900-1992），浙江杭州人。笔名：①闻国新，见于随笔《读了“评标点家标点的董西厢”以后》，载 1924 年 11 月 28 日北京《晨报副镌》；《粤歌》，载 1927 年《语丝》周刊第 125 期。此前后在《少年》《文心》《文学旬刊》《京报副刊》《现代社会》《文学》《当代文学》《太白》《文学季刊》《艺文杂志》《华北日报》《中心评论》《广播周报》《国闻周报》《辅仁文苑》《朔风》《新民报半月刊》《中国文艺》《中国文学》《华北作家月报》等报刊发表小说、散文、评论等，出版长篇小说《芙蓉》（北平华北作家协会，1943 年），小说集《生之细流》（北平文化学社，1943 年）、《落花时节》（北平艺文社，1944 年），评析《唐人叙事小诗百首赏析》（北京师范学院出版社，1992 年），选释《历代叙事诗选》（与王余杞合作。贵州人民出版社，1984 年）等亦署。②茗心，见于小说《灰色的云》，载 1941 年北平《中国文艺》第 5 卷第 3 期。嗣后在该刊发表随笔《本年的理想》、小说《暖昧》《双影》等亦署。③国新，见于小说《房东之家》，载 1942 年北平《中国文艺》第 6 卷第 1 期。④克西，署用情况未详。

闻家驷（1905-1997），湖北浠水人。曾用名闻籍。笔名：①闻家驷，见于诗《谢绝》，载 1928 年 3 月 10 日上海《新月》月刊创刊号。嗣后在《学文》《中建》《今日评论》《学术季刊》《文学季刊》《文学杂志》《民主周刊》《世界文艺季刊》《新语》《周报》等报刊发表著译诗文，出版翻译诗歌《雨果诗选》《雨果诗抄》《雨果诗歌精选》《法国十九世纪诗选》《夜听海涛》（法国雨果原作），翻译长篇小说《红与黑》等亦署。②砚田，署用情况未详。

闻见思（1915-？），浙江衢县（今衢州市）人。原名邵德润，字容之。笔名：①邵德润，见于译文《苏联的教育》（苏联哈里托诺娃原作），载 1935 年《独立评论》第 172 期；评论《国联对意制裁问题之检讨》，载 1935 年《新中华》第 3 卷第 20 期。同时期起在《新中华》《时事月报》《中外月刊》《中央时事周报》《外交月报》《日本评论》等刊发表评论《英国之天空危机》《法意妥协与欧陆和平》《国际政局的新波澜》《伦敦巴黎莫斯科》、译文《失掉祖国的人们》（萨多维亚努原作）等亦署。②闻见思，1949 年后在台湾发表文章、出版散文集《快乐的寻求》（台北中华日报社，1979 年）、《爱心与慧眼》（台北《中央日报》社，1980 年）、《绿色的一代》（台北九歌出版社，1981 年）等署用。

闻捷（1923－1971），江苏丹徒（今镇江市）人。原名赵文节。曾用名赵闻捷。笔名：①赵文节，见于《肉体治疗和精神治疗——一个医生讲的故事》，载1945年2月17日延安《解放日报》。②闻捷，见于《"杀进"与"杀出"》，载1945年3月22日延安《解放日报》；《拜年》，载1947年《胶东文艺》第1卷第3期。嗣后发表作品、出版秧歌剧《加强自卫军》，1949年后出版诗集《天山牧歌》（作家出版社，1957年）、《东风催动黄河浪》（敦煌文艺出版社，1958年）、《祖国！光辉的十月》（作家出版社，1958年）、《生活的赞歌》（人民文学出版社，1959年）、《河西走廊行》（作家出版社，1959年）、长诗《复仇的火焰》（人民文学出版社，1983年）等亦署。③李捷，与李季合署。见于诗《先行兵》，载1958年11月5日《甘肃日报》。嗣后在该报发表诗《学的儿子——献给全省青年积极分子大会》《喜报》、随笔《最好的诗》亦署。④巫咸、巫之禄，署用情况未详。

闻汝贤（1902－1986），湖北武汉人。曾用名闻一。笔名闻汝贤，出版著作《读词偶得》《词选》《词牌汇释》《潮生人语》等署用。

闻一多（1899－1946），湖北浠水人。原名闻家骅，字友三、友山，号匡斋。别号屠龙居士。曾用名闻亦多、闻多。笔名：①多，见于笔记《二月庐漫记》，载1916年北京《清华周刊》第73期。嗣后在该刊发表评论《论振兴国学》、旧体诗《拟李陵与苏武诗三首》等亦署。②闻多，见于论文《陈涉亡秦论》，载1917年6月15日《辛酉镜·课艺》。嗣后在《辛酉镜·艺林》《清华学报》《清华周刊》发表文章亦署。③闻一多，见于诗《西岸》，载1920年北京《清华周刊》第191期。嗣后在该刊及《小说月报》《文学周报》《晨报·诗镌》《京报副刊》《国魂周刊》《创造》《创造周报》《现代评论》《学文》《考古》《语言与文学》《国立武汉大学文哲季刊》《大江季刊》《盛京日报》《新月》《国立清华大学年刊》《国文月刊》《人文科学学报》《诗刊》《益世周报》《金陵学报》《中央日报·读书》《青年界》《文学杂志》《天下文章》《当代评论》《中山文化季刊》《学术季刊》《世界学生》《大国民》《生活导报》《民主周刊》《图书季刊》《民主与科学》《时与潮文艺》《火之源丛刊》《中原》《云南日报》《正义报》《大路》《真报·评论周刊》《中兴周刊》《自由论坛》《联大通讯》《诗与散文》《北大半月刊》《大学月刊》《边疆人文》《诗歌》《学生报》《文萃》《联合晚报·诗歌与音乐》《文艺春秋》《文艺复兴》等报刊发表诗文，出版诗集《红烛》（上海泰东图书局，1923年）、《死水》（上海新月书店，1928年）、诗文集《闻一多选集》（上海开明书店，1951年）等亦署。④风叶，见于诗《印象》，载1920年北京《清华周刊》第195期。嗣后在该刊发表评论《敬告落伍的诗家》、诗《夜来之客》等亦署。⑤一多，见于评论《黄纸条告》，载1920年北京《清华周刊》第198期。嗣后在该刊及《现代评论》《晨报·诗镌》《国立清华大学校刊》发表诗文亦署。⑥H.S.L.，见于诗《爱底风波》，载1921年北京《清华周刊》第220期。⑦夕夕，见于评论《戏剧的歧途》，载1926年6月24日北京《晨报·剧刊》。

【weng】

翁国梁（1910－1978），福建龙溪（今漳州市）人。字春雪。笔名翁春雪，见于诗《一枝烟——献给祖牟》《春来海滨——给琴心》，载1933年9月厦门《国光日报·纵横》；诗《一支烟卷》，载1935年11月2日福州《福建民报·回声》。1949年后出版《漳州史迹》（漳州市图书馆，2002年）、《水仙花考》《春词》等亦署。

翁寒光（1912－1994），广东潮阳人，生于暹罗曼谷。笔名莎（suō）天，20世纪30年代在曼谷《民国日报·彷徨》《国民日报·新时代》《国民日报·现代文学》《中华民报·椰风》《时报·水平线》等报刊发表文章署用。

翁偶虹（1908－1994），北京人。原名翁麟声。曾用名翁应声。笔名：①翁麟声，20世纪20年代在报刊发表骈文诗词署用。②了一、怡翁、怡移、碧野、藕红，1928年后发表戏曲评论署用。③偶虹，1932年发表戏曲剧本署用。④翁偶虹，见于随笔《失传老戏谈略》，载1943年《杂志》第10卷第5期；随笔《我所知道的程砚秋》，载1947年《人世间》复刊第3期。嗣后编写、移植、整理、改编剧作《宏碧缘》《火烧红莲寺》《三妇艳》《瓮头春》《锁麟囊》《女儿心》《鸳鸯泪》《美人鱼》《凤双飞》《小行者力跳十二堑》《同命鸟》《蔷薇刺》《蝶恋花》《碧血桃花》《英雄春秋》《花猫戏翠屏》《百鸟朝凤》《比翼舌》《玉壶冰》《白虹贯日》《骂锦袍》《红灯记》（与阿甲合作）等，出版《翁偶虹戏曲论文集》（上海文艺出版社，1985年）、《翁偶虹剧作选》（中国戏剧出版社，1994年）、《翁偶虹编剧生涯》（同心出版社，2008年）、《翁偶虹看戏六十年》（学苑出版社，2012年）等亦署。

翁文灏（1889－1971），浙江宁波人，字咏霓，号悫士。曾用名翁永年。笔名翁文灏，出版地质学、地理学著作及《翁文灏诗集》等署用。

翁永德（1913－1993），广东潮安人。笔名：①曼生，20世纪30年代在暹罗曼谷华文报刊发表散文署用。90年代发表文坛回忆录、泰华侨史等文字亦署。②汉生，20世纪80年代发表《銮披汶政府末期泰中关系的幕前幕后》等译文署用。③泽沙，见于《暹罗华校史》，载1988年泰国曼谷《中华日报·此时此地》。

翁泽生（1903－1939），台湾台北人。曾用名翁振华。笔名泽生，日据时期在台湾报刊发表作品署用。

翁照垣（1892－1972），广东潮州人。原名翁腾辉，字照垣。笔名翁照垣，出版《翁照垣血战回忆录》（申报月刊社，1933年）、《一二八淞沪血战史》等署用。

【wu】

乌·白辛（1920—1966），吉林省永吉人，赫哲族。原名吴宇洪。曾用名白辛。笔名：①白辛、马白辛、柳如丝、端木扬、吴大宽、庚辛金，1942年以后在《吉林新闻报》等报刊发表诗歌《海的召唤》《南行草》《九月之歌》等署用。"白辛"一名，1949年后创作话剧《黄继光》《印度来的情人》《雷锋》《赫哲人的婚礼》、歌剧《映山红》《焦裕禄》和电影文学剧本《冰山上的来客》，出版游记《从昆仑到喜马拉雅》、电影剧本《冰山上的来客》等亦署。②乌·白辛，出版话剧《赫哲族人的婚礼》（中国戏剧出版社，1963年）署用。

乌铁库尔（1923—1995），新疆哈密人，维吾尔族。原名阿不都热衣木。笔名乌铁库尔，1942年开始在《新疆日报》等发表诗、散文、译作等署用。1981年由新疆人民出版社出版翻译长篇小说《李自成》第二部亦署。

乌一蝶（1894—1965），浙江宁波人。原名乌钟毓，字统远，号一蝶。笔名：①一蝶，出版散文集《水泡》（上海光华书局，1929年）署用。②乌一蝶，出版散文集《鸥吻集》（上海大光书局，1936年）署用。③支支、介生，署用情况未详。

巫怀毅，生卒年及籍贯不详。笔名：①冷眼，1941年在成都《华西晚报》编副刊《华灯》署用。②巫怀毅，见于随笔《说》，载1947年《民友月刊》第6期；散文《暖脚》，载1949年成都《长歌》第1卷第2期。嗣后在《长歌》发表《桃树谷》《我读小说》《蝉鸣季节》等散文、随笔亦署。

巫宁坤（1920—2019），江苏扬州人。笔名：①浪子、栀子、何田田，1940—1942年在昆明《中央日报·平明》《云南日报》副刊发表作品署用。②巫宁坤，见于译作《莎士比亚在苏联》，（上海平明出版社，1954年）。嗣后在上海平明出版社、新文艺出版社、生活·读书·新知三联书店等出版《手术刀就是武器》《德莱塞短篇小说选》《白求恩大夫的故事》等著译作品亦署用。

巫永福（1913—2008），台湾南投人，号永洲。笔名：①田子浩、五，日本侵占台湾时期在台中《台湾文艺》、台北《台湾文学》等刊发表诗文署用。②巫永福，在台中《台湾文艺》、台北《台湾文学》《兴南新闻》等报刊发表诗、小说、评论署用。20世纪90年代出版《翁闹、巫永福、王昶雄合集》（台北前卫书店，1990年）、《巫永福全集》（台北传神福音，1995年）等亦署。

无名氏（1917—2002），江苏江都（今扬州市）人，生于南京。原名卜宝南。曾用名卜宁、卜乃夫、卜怀君、卜琳。笔名：①无名氏，见于长篇小说《北极风情画》，连载于1943年西安《华北新闻》。嗣后发表作品、出版长篇小说《野兽·野兽·野兽》（上海时代生活出版社，1944年）、《塔里的女人》（上海时代生活出版社，1944年）、《北极风情画》（西安无名书屋，1944年）、《一百万年以前》（西安真美善图书出版公司，1944

年）、《金色的蛇夜》（西安真美善图书出版公司，1949年）、小说集《露西亚之恋》（上海真美善图书出版公司，1947年）、《龙窟》（上海真美善图书出版公司，1947年）、《海艳》（上海真美善图书出版公司，1947年），散文集《中韩外交史话》（重庆韩国独立社，1942年）、《薤露》（上海真美善图书出版公司，1947年）、《火烧的都门》（上海真美善图书出版公司，1947年）、《沉思试验》（上海真美善图书出版公司，1948年），1949年后在台湾、香港出版散文集《冥思偶拾》（香港新闻天地社，1977年）、《鱼简》（台北远景出版社，1983年）、《我站在金门望大陆》（台北黎明文化事业股份有限公司，1985年），诗集《无名氏诗篇》（台北远景出版社，1982年）、《狱中诗抄》（台北黎明文化事业股份有限公司，1984年）等均署。②卜宁，见于小说《棕色的故事》，载1940年南京《文艺月刊·战时特刊》第4卷第5、6期合刊；长篇小说《荒漠里的人》，连载于1942年8月至1943年7月贵阳《中央日报·前路》。1944年在西安《高原》新1卷第2期发表《世纪篇——拟屠格涅夫〈罗亭〉》亦署。

吴灞陵，生卒年不详，广东南海人。笔名吴延陵，1924年在《小说星期刊》发表《夺标记》《看月楼漫稿》等文署用。嗣后在《香江晚报》《墨花》《时代风景》等报刊发表文章，出版论著《广东之新闻事业》（中国文化协进会，1940年）亦署。

吴白匋（1906—1992），江苏扬州人。原名吴征铸，字白匋，号陶甫、风褐庵。笔名：①吴征铸，见于词《灵琐词初稿》，载1935年南京《金陵大学文学院季刊》第1卷第2期；词《白石道人词小笺》，载1935年南京《金陵学报》第5卷第2期。嗣后在《金陵大学砥柱文艺社社刊》《民族诗坛》《斯文》《文讯》《中国文艺》等刊发表论文《晚清史词》、词《鹧鸪天·金陵忆旧》《鹧鸪天·癸未元旦雨中揽景》《卜算子·峡江纪行》《水龙吟·哭瞿安先生》等亦署。②吴征铸白匋，见于词《灵琐词初稿》，载1937年2月南京《金陵大学砥柱文艺社社刊》。③白匋，1946年9月起发表作品署用。④灵琐，发表诗词署用。⑤陶甫，见于论文《谈扬剧的源流》，载1959年《江苏戏曲》8月号。⑥刘导黄，见于论文《从义民册谈新编历史剧》，载1960年《江苏戏曲》6月号。⑦吴白匋，1949年后整理、改编、创作锡剧《双推磨》《庵堂相会》《红楼梦》《吕后篡国》、扬剧《袁樵摆渡》《百岁挂帅》《金山寺》《义民册》、昆剧《活捉罗根元》等，出版《无隐室剧论选》（江苏文艺出版社，1992年）、《吴白匋诗词集》（南京大学出版社，2000年）、《吴白匋戏剧论集》等署用。

吴宝炬（1883—1941），湖北来凤人。土家族，字慈阴，号毅谱。曾用名吴国寿。笔名吴宝炬，著有《红坡诗集》。

吴奔星（1913—2004），湖南安化人。原名吴立华，号犇新。笔名：①立华，见于小说《回忆》，载1929年12月4日长沙《大公报》。嗣后在长沙《中山日报》《通俗日报》发表小说、诗歌等亦署。②吴立华，见于《讲兴农》，载1932年5月5日、7日长沙《通俗日报》。嗣后在上海《小朋友》、北平《文化与教育》等发表诗文亦署。③奔星，见于《著书与抄书》，载1933年北平《文化与教育》旬刊第2期。④吴奔星，见于《介绍农民化的湖南修业学校》，载1933年北平《独立评论》第80号。嗣后在广西《南方杂志》《广西日报》、北平《华北日报·每日谈座》《师大月刊》《文化与教育》《北平新报·半月文艺》《世界文学》《小雅》《诗志》《红豆月刊》、上海《申报·自由谈》《现代》《星火》《新诗》、天津《益世报·文学周刊》《人生与文学》《正中》、苏州《菜花诗刊》、桂林《诗创作》《诗》、重庆《文艺先锋》《中国诗艺》、香港《星岛日报·星座》、南京《和平日报》等报刊发表诗文，1949年后出版诗集《奔星集》（花城出版社，1988年）、《都市是死海》（漓江出版社，1988年）、《春风秋月》，专著《茅盾小说讲话》（泥土社，1954年）、《钱玄同研究》（江苏古籍出版社，1990年）、《中国现代诗人论》（陕西人民出版社，1988年）、《文学风格流派论》（北岳文艺出版社，1987年）、《诗美鉴赏面面观》《鲁迅旧体诗新探》，主编《中国新诗鉴赏大辞典》（江苏文艺出版社，1988年）等亦署。⑤柳溪浮筏，见于随笔《旧谱新声》，载1934年5月16日北平《世界日报》副刊《明珠》。嗣后在该刊发表随笔《论文坛"幼稚气"》《成名与捧场》《摩登学生的主义》《好诗的标准》、小说《中山公园之夜》等亦署。⑥宫草，见于诗《灯及其他》，载1936年6月1日北平《小雅》创刊号。嗣后在上海《新诗》、桂林《诗》等刊发表诗作亦署。⑦乃同，见于译文《狄海的沙滩》（德那蒙尔原作），载1936年北平《小雅》创刊号。又在《北平新报·半月文艺》发表诗文署用。⑧长芒，20世纪30年代后期发表诗词偶署。见于诗作《登长城放歌》，载1936年《文艺月刊》第9卷第5期。⑨牛万同，见于诗《失恋者之歌·外一章》，载1936年北平《小雅》第4期。嗣后在《北平新报·半月文艺》发表诗文，1976年后在南京师范学校《文教资料简报》发表文章亦署。⑩东方亮，见于诗《超人之歌》，载1937年《小雅》第5、6期合刊。⑪吴冰心，见于与刘一心唱和之诗词《唱随集》，载1945年《时代精神》第11期。⑫常明，1976年后在《南京大学学报》《鲁迅研究月刊》等发表鲁迅研究文章署用。⑬吴本星，见于评论《松柏长青，音容永在——读田间的新作〈清明〉》，载1978年9月4日《河北日报》。⑭冰心，20世纪50年代初在某语文刊发表文章曾署用。

吴边笳，生卒年及籍贯不详。笔名边笳，见于杂文《两月了——怀××先生》，载1940年福清《原野》半月刊第2卷1、2期合刊。

吴伯箫[1]（1906－1982）山东莱芜人。原名吴熙成，字伯箫。乳名成德。笔名：①伯箫，1925年秋在北平《京报》《晨报》副刊发表文章开始署用。后又见于译文《俄国伟大的学者和批评家》，载1940年延安《中

国文化》第2卷第4期。②叩天，1929年在北平编油印小报《烟囱》发表文章署用。③天苏，见于通讯《理发到差》，载1936年上海《中流》半月刊1卷第4期。④山屋，见于译作《重逢》（苏联桑娜·龙姆原作），载1941年8月16日、17日延安《解放日报》。⑤吴伯箫，见于散文《人生》，载1930年北平《骆驼草》第18期。嗣后在《现代评论》《人间世》《水星》《改进半月刊》《文艺阵地》《七月》《抗战文艺》《文艺月报》《新文丛》《大众文艺》《诗创作》《万象》《文艺生活·海外版》《文艺战线》《谷雨》《文艺突击》《解放日报》《青年文艺》《风雨谈》《中国经济评论》《文潮》《文艺春秋》《青年文化》《北方文化》《东北文化》《新华月报》等报刊发表散文《客居的心情》《引咎篇》《怀寿州——随军草之一》、随笔《把戏》《揭穿丑剧，制止逆流》、小说《下乡》、论文《论忘我的境界》、评论《文艺的阶级性》《论忘我的境界》《漫谈史剧》等作品，出版散文集《羽书》（上海文化生活出版社，1941年）、《一坛血》（与冠西等合集。辽东建国书社，1945年）、《黑红点》（佳木斯东北书店，1947年）、《潞安风物》（香港海洋书局，1947年），1949年后出版散文集《烟尘集》（作家出版社，1955年）、《北极星》（人民文学出版社，1963年）、《忘年》（百花文艺出版社，1982年）、《吴伯箫散文选》（人民文学出版社，1987年）、《吴伯箫散文选集》（百花文艺出版社，1993年）等亦署。⑥齐延东，署用情况未详。

吴伯箫[2]，生卒年及籍贯不详。笔名丁夫、吴丁夫，1944年在《文友》《潮流》等刊发表文章署用。

吴琛（1912－1988），江苏无锡人。原名吴朝琛。曾用名唐突、苏丹、殷鸣慈、应明时。笔名：①唐突、孟浪，1932－1933年间在上海左联刊物《荒漠》《铁流》等发表文章署用。②柳叶，1932年12月前后在上海《新闻报·本坤增刊》发表文章署用。嗣后发表随笔《谈章遏云》（载1939年《十日戏剧》第2卷第15期）等亦署。③魏于潜，出版剧作集《钗头凤》（上海世界书局，1944年）、《甜姐儿》（上海世界书局，1945年）等署用。1945年9月1日在上海《文艺春秋丛刊》之五《黎明》发表散文《无章篇》亦署。④吴琛，见于剧作《祖国》（根据萨度原作改编。与吴天合作），连载于1946年上海《月刊》第1卷第3期至第2卷第4期。嗣后出版话剧剧本《寒夜曲》（上海永祥印书馆，1947年）和越剧剧本《则天皇帝》（上海文艺出版社，1960年）、《祥林嫂》（根据鲁迅原作改编。上海文艺出版社，1978年）等亦署。⑤苏丹，署用情况未详。

吴晨笳（1924－　），安徽庐江人。原名吴怀磏。曾用名吴季切。笔名：①老三，1946－1947年在安庆《皖报》发表《夜雨》《乡村初夏》等散文、诗歌，1947年在上海《大公报》发表小说《农村五月》署用。②吴晨笳，见于诗《李无才快板》，载1948年上海《诗创造》第2卷第4期《愤怒的匕首》。嗣后出版诗集《新农村的诗》（华东人民出版社，1953年）、短篇小说集

《幸福花开》（通俗文艺出版社，1957年）、《河东河西》（中国文联出版社，2001年）等亦署。

吴承仕（1884－1939），安徽歙县人，字检斋、简斋、絸斋，号济安、展成、茧斋。化名汪少白。笔名：①吴承仕，见于论文《经籍旧音辨证序》，载1924年上海《华国月刊》第1卷第9期；信函《关于"仲伙"》，载1925年北京《京报副刊》第219期。嗣后在《华国月刊》《甲寅》《中大季刊》《北京大学日刊》《国学丛编》《师大国学丛刊》《文史》《国古月刊》《制言》《时代文化》《经济学报》《北京大学研究所国学门周刊》等刊发表《茧斋杂识》《论古今文上章太炎先生书》《尚书古今文说》《尚书三考》《茧斋读书记》《语言文字之演进过程与社会意识形态》《说文讲疏》《赤缥怒颂》《王学杂论》《经籍旧音辨证》《经典释文序录疏证》《六书条例》《经学通论》《国故概要》《五伦说之历史观》《中国古代社会研究者对于丧服应该认识的几个问题》《语言文学之演进过程与社会意识形态》《布帛上的周代的封建制》等文，出版《监狱解蔽篇》（北京益森公司，1909年）、《淮南旧注校理》（歙县吴氏付文楷斋，1924年）、《三礼名物略例》（1930年）、《布帛名物》（1930年）等亦署。②虞廷，见于论文《东游记之一斑》、散文《国歌改造运动》，载1934年4月北平《文史》第1卷第1期。嗣后在该刊发表《介绍天下第一奇书》《续儒效》二文亦署。③大白，见于散文《在一辆很慢的人力车上》，载1934年4月北平《文史》第1卷第1期。④汪少白，见于杂文《毒化品的疯话》《赵老太太的认识论》，载1935年北平《盍旦》创刊号。嗣后在该刊发表评论《关于华北的非常时期教育问题》亦署。⑤夏雍，见于杂文《张献忠究竟杀了若干人？》，载1935年北平《盍旦》创刊号。⑥少白、绍白、黄学甫、孙少恒，署用情况未详。

吴诚之，生卒年及籍贯不详。笔名：①哲非，见于译文《德国的劳动妇女》，载1938年上海《上海妇女》第2卷第2期。同时期或嗣后在上海《近代杂志》《现实》《中行》《上海评论》《华美》《语林》《杂志》等刊发表译文《毛泽东斯诺对话记》、评论《新文艺的内容问题》《民族主义文学及其他》《中国新文学的再建设》等，出版译作《红色的延安》（英国彼德·弗莱明等原作。上海言行出版社，1938年）、《麦与兵队》（日本火野苇平原作。上海杂志社，1939年）、《爱国者》（美国赛珍珠原作。上海群众出版社，1939年）等亦署。②吴诚之，见于随笔《评论与现实》，载1942年上海《上海记者》第1卷第2期；随笔《文化的斗争性》，载1943年上海《申报月刊》第1卷第3期。

吴痴（1921－？），浙江宁海人。原名许承志，号子美。笔名：①许承志，见于随笔《同胞的哭声振大了》，载1936年杭州《浙江青年》第3卷第2期。②吴痴，1949年后在台湾发表作品，出版小说集《重奏的乐章》（台湾商务印书馆，1967年）、《爱之钥》（台北水牛出版社，1967年）、《生命与爱》（台北水牛出版社，1968

年）、《夕阳秋花》（台北博爱出版社，1968年）、《天鹅曲》（香港高原出版社，1968年）、《天涯犹有未归人》（台北正中书局，1971年）、《春之幻曲》（香港高原出版社，1974年）、《人性的眼泪》（香港高原出版社，1974年）、《吴痴自选集》（台北黎明文化事业股份有限公司，1980年），长篇小说《第一线外》（台北华欣文化公司，1974年）、《线外》（台湾商务印书馆，1977年），广播剧《睡莲》（台北正中书局，1970年），散文集《轻重集》（台湾商务印书馆，1971年）、《龙门集》（台北水芙蓉出版社，1976年）、《梦回重庆》（台北大地出版社，1976年），广播剧《睡莲》等署用。③葛令，署用情况未详。

吴炽昌，生卒年及籍贯不详。笔名罗约、子冠，20世纪30年代在武汉《市民日报·雷电》《武汉时报·狂涛文艺》《壮报·习作》《时代日报·偶语》等报刊发表诗文署用。

吴崇兰（1924－2018），美籍华人。原籍中国江苏宜兴。笔名：①蓝天、棕蓝、兰、小兰、素心兰，1946年起在台北发表小说、散文等作品署用。②吴崇兰，1949年后在台湾出版中篇小说《爱河逆流》（台北帕米尔出版社，1953年）、《素英小史》（台北《中央日报》社，1958年），长篇小说《柳家姐妹》（台北红蓝出版社，1955年）、《桃李春风》（台北立志出版社，1964年）、《逝水悠悠》（台北创作月刊社，1967年），短篇小说集《兰屿木舟》（台湾省妇女写作协会，1956年）、《玫瑰梦》（台北皇冠出版社，1963年）、《翠姑》（台北皇冠出版社，1965年），散文集《旅美游记》（台北立志出版社，1965年）、《不信青春唤不回》（台北正中书局，1992年），传记《二哥吴南如》（台北中外图书公司，1977年）等署用。按：吴崇兰另出版有《柔情世界》《美国结》《红笺云飞》《为那轻轻一吻》等著作，出版情况未详。

吴崇文（1919－1950），江苏常州人。笔名：①文宗山，见于散文《云水恋味》，载1939年上海《选萃刊》第1卷第1期；小说《边城故事》，载1941年上海《万象》月刊第1卷第3期；小说《井边》，载1943年上海《万象》月刊第3卷第3期。此前后在上述两刊及《东南风》《新文艺月刊》《小说月报》《文苑》《新流文丛》《绿茶》《春秋》《文选》《中艺》《小说月刊》《生活月刊》等报刊发表小说《镀金小姐》《心理变态的女人》《广泛的爱》、戏剧小说《妙峰山》《边城故事》、散文《山程杂笔》《风尘》《初夏两章》《封锁线上》、随笔《悲剧与喜剧》《通俗文艺与通俗戏剧》《剧场偶拾》等，出版报告文学《苏浙皖山区中》（江海出版社，1941年）、长篇小说《两代儿女》（上海中央书店，1946年）等亦署。②吴崇文，1944－1947年主编《春秋》杂志发表文章署用。

吴楚（1917－？），江西瑞昌人。原名吴国棨。笔名：①吴国棨，见于评论《对于集训的意见》，载1938年重庆《青年月刊》第6卷第2期。嗣后发表诗、剧作

等亦署。②吴楚，1949 年后在台湾发表作品、出版诗集《原始的心声》（长风出版社，1955 年）、长篇小说《狐穴》（台北兄弟文化事业公司，1959 年）、《露露》（台北东方图书公司，1962 年）、《回声谷》（高雄长城出版社，1963 年）、《五只眼睛的人》（高雄长城出版社，1966 年），中篇小说《花月佳期》（假日周刊社，1966 年），传记《一沙一世界》（台北中华书局，1975 年），剧作集《扬子江风云》（环球出版社，1958 年）等亦署。

吴村（1904—1970），福建厦门人，原名吴世杰。笔名吴村，著有电影文学剧本《新地狱》《血债》《伯王梭》《第二故乡》《度日如年》及木偶剧剧本《快乐的小熊》等。

吴大琨（1916—2007），江苏苏州人，字伟石。笔名：①吴大琨，见于诗《在暮色苍然里》，载 1931 年上海《中学生文艺》第 1 期；小说《闲》，载 1932 年北平《清华周刊》第 37 卷第 6 期。嗣后在《时事月报》《艺风》《中学生》《中国农村》《东方杂志》《时事类编》《青年大众》《公论丛书》《浙江潮》《文汇周报》《南洋研究》《青年界》《太白》《经济周报》《书报精华》等报刊发表文章，出版译作《大众政治经济学》（苏联莱渥铁爱夫原作。上海文化编译社，1936 年）、《莫斯科记》（德国傅克脱惠格原作。汉口生活书店，1939 年），论著《抗战中的文化问题》（汉口黎明书局，1938 年）、《经济建设论》（南平国民出版社，1944 年）、回忆录《白头惟有赤心存——风雨九十年琐记》（中国人民大学出版社，2005 年）等亦署。②大琨，见于杂文《论"读书人"》，载 1934 年 6 月 18 日上海《申报·自由谈》。嗣后在《太白》《南华文艺》《现代》《译报周刊》等刊发表文章亦署。③吴穆，见于随笔《文化之解放——文化智识分子之路》，载 1936 年《现实》第 3 卷第 1 期。嗣后在《译报周刊》《经济周报》等刊发表文章亦署。④琨，见于杂文《新年的进步》，载 1945 年 2 月 4 日福建南平《东南日报·笔垒》。⑤吴学东，出版论著《西方经济危机》（香港经济导报社，1975 年）亦署。

吴丹一（1921—？），江苏宜兴人，字石可，号放夫。笔名烟竹楼吟草、书林漫步、联语古今谈。著有《烟竹楼吟草》《书林漫步》《联语古今谈》等。

吴道镕（1852—1936），广东番禺（今广州市）人。原名吴国镇，字玉臣，号澹庵。笔名吴道镕，见于随笔《胜朝粤东遗民录序》，载 1922 年上海《亚洲学术杂志》第 4 期。嗣后出版《广东文徵作者考》（民国年间）、《明史乐府》（广州蔚兴印刷厂，1934 年）、《澹庵文存》（1937 年）、《海阳县志》（潮城谢存文馆，1900 年）等著作亦署。

吴调公（1914—2000），江苏镇江人。原名吴鼎第，字调公。笔名：①丁谛，见于诗《船中》，载 1933 年上海《大夏期刊》第 3 期；散文《银台山的黄昏》，载 1935 年 10 月 7 日上海《申报·自由谈》。嗣后至 20 世纪 40 年代末在《小说月刊》《文艺世界》《天地间》《天地》《国论》《江苏教育》《绸缪月刊》《文艺新潮》《出版周刊》《宇宙风》《正言文艺》《文苑》《小说月报》《文学集林》《艺风》《新文艺月刊》《杂志》《大众》《文心》《文友》《新流》《万岁》《文艺月刊》《人间世》《人世间》《鲁迅风》《万象》《宇宙风乙刊》《永安月刊》《紫罗兰》《文潮》《春秋》《艺潮》《六艺》等报刊发表小说、散文等作品，出版长篇小说《长江的夜潮》（上海万象书屋，1942 年）、《前程》（上海知行编译社，1945 年），短篇小说集《不绝的弦歌》（与朱雯等合集。上海华华丛刊社，1941 年）、《人生悲喜剧》（上海太平书局，1944 年）、《作家自选集》（与谭惟翰等合集。上海文汇书报社，1944 年）等亦署。②漱六，见于小说《骄子》，载 1933 年南京《妇女共鸣》第 2 卷第 12 期；随笔《七年来的上海杂志事业》，载 1944 年上海《文友》第 3 卷第 2 期、第 3 期；《消沉的出版界与文艺的趋向》，载 1944 年上海《申报月刊》复刊第 2 卷第 3 期。此前后在上海《东方文化》《中华月报》发表小说等亦署。③周言，20 世纪 30 年代起在上海报刊发表散文等署用。④吴丁谛，见于旧体诗《尺蠖吟》，载 1939 年上海《红茶》半月刊第 16 期；散文《康庄》，载 1939 年上海《南风》月刊卷第 4 期。⑤吴调公，见于论文《诸蕃志考证》，载 1940 年上海《学术》第 1 辑。1949 年后发表文章、出版剧作集《怒吼的清川江》（上海文化工作社，1950 年）、《你不是爸爸》（上海文化工作社，1951 年），论著《谈人物描写》（江苏人民出版社，1957 年）、《古今文论今探》（陕西人民出版社，1982 年）、《李商隐研究》（上海古籍出版社，1982 年）、《古典文论与审美鉴赏》（齐鲁书社，1985 年）等亦署。⑥南薰，见于小说《名与实》，载 1943 年上海《杂志》第 11 卷第 2 期；小说《善人》，载 1944 年上海《文友》半月刊第 4 卷第 2 期。⑦江澄，见于随笔《风风雨雨话和谈》，载 1949 年上海《新希望》周刊第 3 期。

吴鼎昌（1884—1950），浙江吴兴（今湖州市）人，生于四川华阳。字达铨。笔名：①吴鼎昌，见于评论《各国大学之特色》，载 1921 年 4 月北京《四存月刊》第 1 期；论文《共产主义之宣传与研究》，载 1926 年上海《国闻周报》第 3 卷第 7 期。此前后在《国闻周报》《法政月报》《工商学报月刊》《成都商报》《庸言》《中央周刊》《北京女子高等师范周刊》《安徽政务月刊》《中外月刊》《实业部月刊》《银行周报》《上海市政府公报》《新运月刊》《中国社会》《广播周报》《国货月刊》《经济建设》《四川经济》《广东经济建设》《政教旬刊》《兵役旬刊》等刊发表文章，出版《德美教育新潮》（日本槙山荣次原作。上海中华书局，1915 年）、《新经济政策》（台北文海出版社，1972 年）、《花溪闲笔正续集》（台北文海出版社，1972 年）、《吴鼎昌文集》（南开大学出版社，2012 年）等亦署。②前溪，见于随笔《吊失败军阀》，载 1926 年上海《国闻周报》第 3 卷第 33 期；随笔《惜钱新解》，载 1926 年 9 月 9 日《大公报》。嗣后在《国闻周报》及《民生周刊》发表评论《敬告学生》《蒋介石宣言中之赤化》、旧体诗《津浦道中》《丙子闰重三玄圃默君招宴》、散文《南行杂录》

等亦署。③西山，署用情况未详。

吴东权（1929— ），福建莆田人。笔名：①吴东权，出版长篇小说《高处不胜寒》（台北宏业书局，1967年）、《碧血黄沙》（台北宏业书局，1967年）、《死狼峡》（台北正中书局，1968年）、《白玉兰》（台北哲志出版社，1969年）、《蝶恋花》（台北哲志出版社，1969年）、《捉蛇的人》（台北清流出版社，1969年）、《七步蛇》（台北清流出版社，1969年）、《九孔桥》（台北立志出版社，1971年）、《一剪梅》（台北学生书局，1972年）、《四季春》（台北华欣文化事业公司，1974年）、《折箭为盟》（台北采风出版社，1984年）、《百凤朝阳》（台北黎明文化事业股份有限公司，1988年）、《绝代红妆》（台湾商务印书馆，2008年），中篇小说《玉骨冰心》（台北皇冠出版社，1957年）、《三人行》（台北新中国图书公司，1966年）、《月破黄昏》（台北哲志出版社，1968年），短篇小说集《古井风波》（1961年）、《侠骨柔肠》（1962年）、《橄榄林》（台湾商务印书馆，1967年）、《十步桥》（台北水牛出版社，1968年）、《看不见的雨丝》（台北博爱图书公司，1968年）、《台风草》（台北立志出版社，1968年）、《喜上眉梢》（台北新中国出版，1968年）、《玉蝴蝶》（台南明山书店，1969年）、《吴东权自选集》（台北黎明文化事业股份有限公司，1977年）、《离燕巢》（台北黎明文化事业股份有限公司，1982年），散文《又见笕桥》（台北这一代出版社，1977年）、《人言小品》（台北水芙蓉出版社，1978年）、《探情索爱》（台北黎明文化事业股份有限公司）、《心流感》（台湾商务印书馆，2010年），诗话《人言诗话》（台湾商务印书馆，2013年），词话《人言词话》（台湾商务印书馆，2016年），传记《浩气英风——时坚如传》（台北近代中国杂志社，1983年）、《高志航传》（台北希代出版有限公司，1993年），电影剧本《笕桥英烈传》（与何晓钟、黎光亚合作）均署。按：1947年吴东权即在台湾台北《全民日》发表词《调寄满江红》，嗣后在台湾《新生报》《民族报》、上海《申报》、杭州《东南日报》发表过新诗、散文，署名未详。②人言、仲谋、木成林，署用情况未详。

吴端仪，笔名雪伦，1932—1935年在福建莆田《莱特半月刊》与宋元模合署发表文章。

吴恩裕（1909—1979），辽宁沈阳人，满族，号惠人。曾用名吴惠民。笔名：①吴恩裕，见于论文《韩愈李翱与佛教之关系》，载1932年北平《清华周刊》第38卷第9期。嗣后在《行健月刊》《新经济半月刊》《时代精神》《世界政治》《读书通讯》《三民主义周刊》《东方杂志》《书报精华》《正论》《观察》《北大半月刊》《世纪评论》等报刊发表文章，出版《有关曹雪芹八种》《曹雪芹佚著浅探》《曹雪芹丛考》《己卯石头记新探》《曹雪芹生平》《曹雪芹的故事》等红学著作及政治著作亦署。②负生，见于杂文《说"是"》，载1934年北平《行健月刊》第4卷第5期；《负生偶记》，连载于20世纪40年代上海《观察》杂志。同时期或嗣后在《读书通讯》《新路周刊》《客观》等刊发表文章亦署。③

浮生，见于随笔《稷下士与博士制度》，载1934年《行健月刊》第5卷第4期。嗣后在《时兆月报》《近代杂志》等刊发表经济、哲学等方面的文章亦署。

吴芳吉（1896—1932），四川江津（今重庆市）人。字碧柳，号白屋、白屋吴生、白屋诗人。笔名：①吴芳吉，见于诗《卖花女》《小车诗》等四首，载1919年《新群》第1期；传记《一个文化运动家——梁乔山的传》，载1920年上海《新人》第1卷第5期。嗣后在《学衡》《湘君季刊》《太平洋》《佛化新青年》《晨报副镌》《国闻周报》《国风半月刊》等报刊发表旧体诗《五里堤》《谷山晚归》《西安围城诗集》《还黑石山诗》、散文《蜀道日记》《白屋吴生诗稿自叙》、评论《再论吾人眼中之新旧文学观》《三论吾人眼中之新旧文学观》《四论吾人眼中之新旧文学观》等诗文，出版遗著《白屋诗选》（四川人民出版社，1982年）、《吴芳吉诗文选》（三秦出版社，2009年）、《吴芳吉全集》（华东师范大学出版社，2014年）等亦署。②吴碧柳，见于诗《巴人歌》，载1932年《时事周报》第2卷第2期。

吴福熙，生卒年及籍贯不详。笔名朱心，见于诗《没有眼泪的人》，载1946年遵义《黎明》第1卷第2期。

吴恭亨（1857—1938），湖南慈利人，字悔晦，号岩村、缺厂（ān）；晚号弹赦老人。笔名：①悔晦，1912年在《亚东丛报》发表诗文署用。②吴悔晦，见于旧体诗《拟牛郎为织女催妆诗》，载1919年上海《小说月报》第10卷第10期。③吴恭亨，在苏州《南社丛刻》《文艺捃华》发表旧体诗署用。出版遗著《对联话》（岳麓书社，2003年）、《悔晦堂尺牍》《悔晦堂文集》（台中文听阁图书有限公司，2008年）等亦署。

吴观蠡（1889—1945），江苏无锡人。原名吴骧德。笔名测海、半老书生。曾任无锡《锡报》编辑、主编，在该报发表过诗词、小品文等。

吴贯因（1879—1936），广东澄海人。原名吴冠英，号柳隅、隅园。笔名：①柳隅，见于评论《中国宪法之根本问题》，载1910年《国风报》第1卷第35期。嗣后在该刊发表《宪法与政治》《政治家之德操》等文亦署。②吴贯因，见于评论《限制官吏为议员之得失》，载1912年天津《庸言》第1卷第2期。嗣后在该刊及《中外论坛》《庸言》《宗圣汇志》《大中华》《留京潮州学会年刊》《坦途》《东北大学周刊》《再生杂志》《枕戈半月刊》《外交月报》《辽宁民众追悼抗俄阵亡将士大会纪念特刊》《黑白半月刊》《文化建设》等刊发表《社会与人物》《逆境之奋斗》《从军日记》《游翠微山记》《尚书中史迹之疑案》《居沈杂咏》等文，出版《中国文字之起源及变迁》（上海商务印书馆，1929年）、《中国经济史眼》（上海联合书店，1930年）、《史之梯》（上海联合书店，1930年）、《国难文学》（东北问题研究会，1932年）等亦署。③吴柳隅，见于评论《英日同盟之经过及与中国已往暨将来之关系》，载1933年北平《外交月报》第3卷第5期。

吴广川（1901—？），福建厦门人。笔名：①川、村、广、邝山、川川、吴广略，20 世纪 20 年代后期起在马来亚吉隆坡《益群日报·枯岛》及新加坡《曼舞罗周刊》、《新国民日报》副刊《新野》《蕉影》《新园地》《文艺》，以及《新国民杂志》等报刊发表诗文署用。②一村，见于《发刊词》，载 1935 年 5 月 21 日新加坡《新国民日报·新野周刊》。嗣后在该刊发表小说《橡林深处》等亦署。③拓、邝村，1936 年 1 月起在新加坡《新国民日报·文艺园地》发表文章署用。④广川，见于剧本《跳出象牙之塔》，载 1928 年 10 月 25 日、11 月 1 日马来亚吉隆坡《益群日报·枯岛》；小说《松花江的怒吼》，载 1934 年 7 月 18—20 日新加坡《新国民日报·新国民杂志》。1936 年 5 月起编《新国民日报·蕉影》、1937 年 6 月起编新加坡《新国民日报·文艺》亦署。⑤吴广川，见于散文《义军的活跃》，载 1934 年 8 月 15 日新加坡《新国民日报·新国民杂志》。⑥拓夫，见于诗《摩登》，载 1935 年 6 月 18 日新加坡《新国民日报·新野》。⑦奂因，见于小说《天鹅》，载 1935 年 10 月 8 日新加坡《新国民日报·新野》。

吴海山，生卒年及籍贯不详。笔名吴雪痕，20 世纪 30 年代在武汉报刊发表文章署用。

吴晗（1900—1969），浙江义乌人。原名吴春晗，字辰伯。曾用名李明光。笔名：①吴春晗，见于论文《昆仑奴考》，载 1930 年《现代学生》第 1 卷第 1 期。嗣后在该刊及 1934 年《图书馆学季刊》发表《黛沙与格利》《江苏藏书家小史》等亦署。②辰伯，见于论文《跋馆藏明弘治本〈礼经补遗〉》，载 1931 年 6 月北平《燕京大学图书馆报》；论文《西王母与西戎》，载 1931 年北平《清华周刊》第 3 卷第 6 期。嗣后在《清华周刊》及《文学季刊》《文史杂志》《真美善》等刊发表《梅龙镇本事考》《读史札记》《香山碧云寺》《钱牧斋之史学》《汉代之巫风》等论文、随笔及旧体诗《感诗》等亦署。③吴晗，见于论文《〈山海经〉中的古代故事及其系统》，载 1931 年《史学新报》第 3 期；论文《清明上河图与金瓶梅的故事及其衍变》，载 1931 年北平《清华周刊》第 36 卷第 4、5 期合刊（刊内正文署名辰伯）。嗣后在《清华周刊》《史学年报》《国立北平图书馆馆刊》《人文月刊》《燕京学报》《开明》《文学》《文学季刊》《中国近代经济史研究集刊》《清华学报》《浙江图书馆馆刊》《社会科学》《越风》《中建》《人文科学学报》《民主周刊》《新文化》《中国建设》《中国学术》《民族文学》《周报》《国文月刊》《民主》《现代文摘》《学识》《时与文》《知识与生活》《时代与批评》《中学生》《观察》《国立中央研究院历史语言研究所集刊》《创世》《青年知识》《现实文摘》《中苏友好》《大学评论》《春秋》《中国青年》《新建设》等报刊发表文章，出版随笔集《历史的镜子》（重庆生生出版社，1945 年）、《史事与人物》（上海生活书店，1948 年）、《皇权与绅权》（与费孝通等合集。上海观察社，1948 年）、《灯下集》（生活·读书·新知三联书店，1960 年）、《春天集》（作家出版社，1961 年），传记《由僧钵到皇权》

（重庆在创出版社，1944 年）、《明太祖》（胜利出版社，1946 年）、《朱元璋传》（新中国书局，1949 年），历史剧《海瑞罢官》（北京出版社，1961 年）等亦署。④梧轩，见于论文《明嘉靖本〈甘泉先生文集〉考证》，载 1931 年《清华周刊》第 36 卷第 7 期。嗣后在该刊发表《跋经礼补选》《跋断缘梦杂剧》《战国诸子的历史哲学》等文亦署。⑤酉生，见于随笔《关于图书馆》，载 1932 年 2 月 27 日北平《清华周刊》第 37 卷第 1 期。嗣后在该刊发表随笔《过去种种》《论教授》等文亦署。⑥何无忌，见于杂文《图穷而匕首见》，载 1946 年《昆明妇女旬刊》第 1 卷第 12 期。嗣后在《昆明周报》《燕京新闻》等刊发表文章亦署。⑦吴子直，见于评论《三百年前的历史教训》，载 1946 年 6 月北平生活书店版《历史的镜子》。⑧刘恢之，见于评论《论新基础》，载 1946 年《民主周刊》（华北版）第 15 期。⑨刘勉，见于《论南北朝》，载 1947 年《时与文》第 22 期。嗣后在北平《自由文丛》第 3 集《论南北朝》、华北《中建·华北航空版》杂志等刊发表文章亦署。⑩公孙器之，见于杂文《论奴才——石敬塘父子》，载 1947 年北平《自由文丛》第 3 集《论南北朝》。⑪刘勉之，见于杂文《从商品生产想到中国商人的起源》，载 1959 年 1 月 8 日《人民日报》；杂文《海瑞骂皇帝》，载 1959 年 6 月 16 日《人民日报》。⑫勉之，见于杂文《用实事求是的精神办托儿所》，载 1959 年《中国妇女》第 2 期。⑬赵彦，见于杂文《清官海瑞》，载 1959 年 7 月 22 日《北京日报》。⑭吴南星，与邓拓、廖沫沙合署。见于杂文《古人的业余学习》，载 1961 年《前线》第 19 期。⑮章白，见于杂文《争鸣的风度》，载 1962 年 5 月 9 日《人民日报·长短录》。嗣后在该报发表《谈写文章》《论不同学科的协作》《戚继光练兵》等杂文亦署。⑯韩武，见于杂文《多写一点杂文》，载 1962 年 6 月 30 日《文汇报》。⑰恢之、吕庆、张伯、高光、吴梧轩、徐章白、草莽世家，署用情况未详。

吴湖帆（1894—1970），江苏吴县（今苏州市）人。原名吴翼燕，字通骏。曾用名吴万、吴倩，字东庄，号倩庵；别号梅景书屋主人。笔名吴湖帆，见于《题条幅长句》，载 1937 年上海《逸经》第 32 期；随笔《梅景书屋杂记》，载 1944 年上海《古今》第 38、39 期。嗣后在《古今》发表随笔《关于多尔衮史可法书牍》《梅景书屋书记自序》、封面画《静向窗前阅古今》《唐人崔曙诗意》等，出版《绿遍池塘草园咏》（上海梅影书屋，1940 年）、《吴湖帆扇面选》（上海书画出版社，1991 年）、《吴湖帆山水册》（上海画报出版社，2000 年）、《吴湖帆文稿》（中国美术学院出版社，2004 年）等亦署。

吴化学（1914—2005），山东寿光人。原名吴金声，字玉振。曾用名吴小兵、吴冰。笔名：①吴化学，1934 年开始署用。见于诗《出路》，载 1939 年夏鲁东南军分区政治处《简报》；诗《反扫荡的烽火》，载 1940 年夏山东清河军区《群众报》。嗣后在清河军区《曙光报》

发表诗《十月革命的曙光》《血泪仇》，出版通讯《宁死不屈》（清河区党委宣传部，1943年）、《滨蒲战役》（八路军渤海军区政治部，1944年）、《禹城大战》（解放军渤海军区政治部，1945年）、《解放德州之战》（解放军渤海军区政治部，1946年）、摄影集《舞台艺术摄影》（上海人民美术出版社，1962年）、诗集《风花集》（中国文联出版社，2003年）等亦署。②物、理、物理、小兵、消冰，1942—1945年在山东清河军区《曙光报》《军人报》《清河军人》《群众日报》等发表通讯《张斌回来了》《战斗英雄索茂盛》《纪家桥子的民兵》等署用。③冰，1945—1947年在渤海军区《前锋报》《渤海日报》《渤海文化》《渤海画报》《渤海青年》等报刊发表诗《长山夜归》《守望着和平的城市、村庄》《一个营长》、散文诗《忆"七七"》、通讯《武装保卫麦收》《德城漫行》等署用。

吴淮生（1929—2021），安徽泾县人。笔名：①古枫，见于诗《写给一个山家的人》，载1946年秋芜湖《火炬日报》副刊。②磊子，见于散文诗《星海恋》，载1947年春芜湖《国事快闻·星海》。③吴淮生，见于随笔《学习鲁迅刻苦认真的治学精神》，载1961年9月17日银川《宁夏日报》。嗣后出版诗集《塞上山水》（宁夏人民出版社，1979年）、《漂泊的云》（宁夏人民出版社，1992年），散文集《梦里青山》（宁夏人民出版社，1989年）、《告别贫困》（宁夏人民出版社，1995年）、《思濂庐散文》（宁夏人民出版社，2004年），论著《宁夏当代作家论》（宁夏人民出版社，1988年），诗词集《吴淮生诗词选》（珠海出版社，2006年），以及《诗词格律手册》（珠海出版社，2008年）等亦署。④焦雨闻，1965年春在《宁夏日报》发表影评署用。嗣后在宁夏《宁夏文艺》《朔方》发表诗和影剧评论亦署。⑤云帆，见于评论《学习鲁迅，永不休战》，载1976年《宁夏文艺》第6期。嗣后在《宁夏日报》发表文章亦署。

吴继岳（1905—1992），泰国华人，原籍中国广东梅县（今梅州市）。笔名：①陈琼、林聪、沉戈、杨帆，20世纪30年代起在暹罗曼谷华文报刊发表小说、诗、散文、特写等作品署用。②珊珊，1945年后在暹罗曼谷《中原报》发表小说、特写署用。又见于散文《回忆郁达夫》，载1976年12月新加坡《知识天地》第9、10期合刊。③胡图，见于小说《欲望与灵魂》，载1965年马来西亚槟城《教与学》月刊。④吴继岳，出版散文《六十年海外见闻录》（香港南奥出版社，1983年）、长篇小说《侨领正传》（中国友谊出版社司，1986年）等署用。⑤善人、慕贤，署用情况未详。

吴继志（1862—1936？），四川成都人，字绍庭。著有《三养斋辑回文赋诗词对合编》。

吴剑岚（1898—1983），湖南长沙人。原名吴钧，字散木。笔名吴剑岚，见于译诗《铭纽芬兰狗波思黄》（英国拜伦原作），载1934年上海《世界文学》第1卷第1期；译诗集《鲁拜集选》（波斯莪默原作、英国爱德华·菲茨杰拉德英译），上海黎明书局1934年出版。

②剑岚，见于随笔《鲁拜集选·自序》，载1934年5月上海黎明书局版《鲁拜集选》。

吴健（1917—？），浙江湖州人。原名吴保康。笔名吴健，1939年后在新四军东路特委主编《大众报》《江南社》等报刊时署用。

吴江枫，生卒年及籍贯不详。笔名：①霜庐，见于小说《红》，载1948年上海《春秋》第5卷第6期。嗣后在该刊第6卷第2期发表翻译小说《蚂蚁和蚱蜢》（英国毛姆原作）亦署。（一说该笔名系张爱玲所用，兹录以备考。）②吴之英，20世纪40年代在上海报刊发表文章署用。

吴江冷，生卒年不详，浙江温州人。笔名：①吴江冷，见于小说《半小时的痴》，载1921年上海《小说月报》第12卷第12期。嗣后在《弥洒》《国学丛刊》《心潮》等刊发表诗文，1924年10月上海商务印书馆版《弥洒社创作集》第1辑发表诗《赠印度巡捕》亦署。②江冷，1923年在《弥洒》月刊发表文章署用。

吴峤（jiào）（1921—？），广东惠来人。原名吴织珍。曾用名吴文楷、伍绪菱。笔名：①吴峤，见于小说《虎口》，载1946年上海《文艺复兴》第2卷第5期；小说《母亲的恋歌》，载1947年上海《文艺春秋》第5卷第4期。嗣后在上海《同时代人文艺丛刊》《大公报·文艺》、南京《新民报晚刊》发表小说《女客》《追寻》《圣洁的灵魂》、散文《沉痛悼念骆宾基先生》《缅怀司马文森》等，1949年后在上海《解放日报·朝花》《工人创作》等报刊发表通讯、报告文学，出版小说散文集《圣洁的灵魂》（中西书局，2011年）亦署。②骛夫，见于小说《圣洁的灵魂》，载1982年上海《工人创作》总第36期。

吴金土，生卒年不详，台湾人。笔名金土、吴金土，1937—1938年在台北《风月报》发表旧体诗《新笋》等署用。

吴景鸿（1876—1939），湖南桃源人，字孝先、绍先、劭先。笔名：①吴绍先，见于评论《四川禁政之我见》，载1940年11月成都《政经学刊》创刊号。嗣后在该刊第1卷第3期发表旧体诗《留别友人之河南》亦署。②吴孝先，见于随笔《献岁刍言》，载1941年南京《公议》半月刊第3卷第5、6期合刊；评论《放任与统制》，载1942年福建《贸易月刊》第1卷第4期。③无闷，署用情况未详。

吴景箕，生卒年不详，台湾人。笔名鸣皋、吴景箕，1933—1942年在台北《台湾新报》《兴南新闻》发表旧体诗《有怀江南林锡桂》《淮阴道中作》等署用。

吴景崧（1906—1967），江苏丹阳人，号湘渔。曾用名吴景嵩。笔名：①吴景崧，见于论文《汤麦史的社会学说》，载1930年上海《社会科学杂志》第2卷第1期。嗣后在上海《青年界》《文艺春秋》、金华《浙江青年旬刊》等刊发表文章，出版论著《现代欧洲艺术思潮》（上海永祥印书馆，1945年）、译作《现代人类学》（美国克拉克·魏斯勒原作。上海大东书局，1933年）等亦署。②杜若，见于随笔《一个女人口中的邓南遮》，载 1931 年上海《东方杂志》第 28 卷第 4 期。嗣后在该刊及《申报月刊》《文学新闻》《青年界》《宇宙风》《玲珑》《申报周刊》《一周间》《中国建设》《中华论坛》《民主》《新中华》《中学生》等刊发《左翼文化运动之今昔观》等著译文章亦署。③景崧，见于随笔《政治——法兰西人的消遣品》，载 1931 年上海《东方杂志》第 28 卷第 4 期。同时期在该刊发表《英国人的祖先》一文亦署。④向愚，见于随笔《女首领》，载 1934 年 8 月 27 日上海《申报·自由谈》。⑤向隅，见于随笔《涉猎不专精》，载 1934 年 9 月 28 日上海《申报·自由谈》。嗣后在该刊发表《著书的法门》《上帝选择的儿子》《懒人的哲学》等文亦署。⑥吴向隅，见于随笔《时代与需要》，载 1934 年 10 月 31 日上海《申报·自由谈》；翻译小说《这儿又是一个》（路伊吉·皮兰德娄原作），载 1934 年 12 月 15 日上海《申报月刊》第 3 卷第 12 期。嗣后在该刊及上海《新中华》发表著译文章亦署。⑦湘渔，见于评论《关于迷信——中国人为什么迷信鬼神》，载 1935 年上海《通俗文化》第 2 卷第 4 期。嗣后在《文艺春秋》《译文》《文摘战时旬刊》《文心》《中国建设》《月刊》《民主》《中学生》等刊发表《战时苏联文学的面目》《战后巴黎艺坛逸话》《新文学与传记文学》《论资本主义烂熟期的文化艺术》等著译文章亦署。⑧吴景崧，见于《德意侵略下的欧局激荡》，载 1939 年 5 月 20 日上海《中学时代》创刊号。⑨吴志平，见于翻译小说《柳林》（A. 勃拉克伍德原作），载 1944—1945 年上海《文艺春秋丛刊》第 1—3 辑。

吴敬模（1914—？），字万谷。笔名吴敬模，出版《绥靖纪实》（与谢声溢、路家榜、李兆垣合编。上海商务印书馆，1947 年）署用。

吴康（1895—1976），广东平远人，字敬轩、致觉，号锡园。曾用名锡园主人。笔名：①吴康，1918 年在《北京大学日刊》连载随笔《科学鳞爪》署用。嗣后在该刊及《政衡》《新潮》《甲寅周刊》《哲学》《自然科学》《国立中山大学文学院专刊》《国立中山大学文史学研究所月刊》《文史汇刊》《新粤周刊》《新生路月刊》《华侨战线》《图书季刊》《永安月刊》《中山公论》《广西教育研究》《建设研究》《读书通讯》《大同》《时代中国》《中华文化》《女公民》《广东省立法院院报》《学术丛刊》《文教》《民主时代》《教育通讯》等刊发表《我的白话文学研究》《法国中世纪之抒情诗》《比较文学绪论》《抗战与文化建设》《民主思想导师卢骚研究》《论今后中国的文化建设》等文，出版《尚书大纲》（上海商务印书馆，1931 年）、《周易大纲》（上海商务印书馆，1938 年）及哲学著作亦署。②吴敬轩，见于论文《批评》，载 1921 年《评论之评论》第 1 卷第 3 期；信函《康圣人的故事》，载 1925 年北京《语丝》第 44 期；《对于中文旧书分类的感想》，载 1926 年 6 月《图书馆学季刊》第 1 卷第 1 期。③敬轩，见于诗《希望》，载 1921 年 6 月 15 日北京《晨报副镌》；随笔《波斯最大诗人——萨底》《卢骚之爱情小说——尤利》《欧洲古代最大二医学家——希波克拉第与贾连诺》，载 1933 年国立中山大学《文学院专刊》第 1 期。

吴克勤，生卒年不详，浙江人。笔名：①吴克勤女士，见于《遗影》，载 1926 年上海《小说世界》第 14 卷第 10 期"女子文艺专号"。嗣后在该刊发表小说《重重的疑云》、独幕剧《新的生路》、译诗《骑马的人》等作品，1930 年在上海《妇女杂志》第 16 卷第 4 期发表小说《明月和玫瑰》等署用。②克勤女士，见于独幕剧《谎话》，载 1927 年上海《红玫瑰》第 3 卷第 42 期。③吴克勤，见于小说《花会哲学》、诗《小诗》，载 1928 年上海《红玫瑰》第 4 卷第 8 期。20 世纪 40 年代在上海《万象》《永安月刊》《紫罗兰》等刊发表小说、散文等亦署。

吴坤煌（1909—1989），台湾南投人。笔名：①吴坤煌，见于日文评论《现在的台湾诗坛》，载 1935 年《诗歌》第 1 卷第 2 期、第 4 期；日文译诗《盐》（林林中文原作），载 1935 年日本《诗精神》第 2 卷第 8 期。②梧叶、梧叶生，20 世纪 30 年代起在台北报刊发表诗、评论等署用。

吴郎（？—1961），东北人。原名季守仁。笔名吴郎，见于评论《满洲文学进路观》，载 1941 年《学艺》杂志；随笔《满洲演剧随想》，载 1943 年 11 月长春《艺文志》第 1 卷第 1 期。嗣后在该刊及《文选》、长春《斯民》《麒麟》《大同报·我们的文学》、沈阳《诗季》、日本大阪《华文大阪每日》等刊发表评论《一年来的文学界》《我们的文学的实体与方向》《满洲的传统与满洲的文学》《鹰扬吧，我们的亚细亚》《论金音的诗》、诗《铁窗——读〈羔羊〉》《逝雷——读〈傍晚之家〉》《五月之耕》、散文《心境的沧桑》《醉酒记》等，出版散文集《并欣集》（与也丽、小松等合集。长春兴亚杂志社，1944 年）亦署。

吴朗（1923—？），湖南石门人。原名余仲秋。曾用名余仲丘。笔名：①锥子、朗沙，20 世纪 30 年代末、40 年代初在湖南沅陵、常德、衡阳等地报纸副刊发表诗歌署用。②吴朗沙，1943 年开始在昆明与包白痕编《火星文艺》及其丛刊时发表诗歌署用。嗣后发表散文《粗的线条》（载 1946 年遵义《黎明》第 1 卷第 2 期）亦署。③勺水、石蒙，1943 年以后在昆明等地报刊发表诗歌署用。④吴朗，见于诗《锁》，载 1947 年《青年园地》第 1 卷第 1 期。嗣后发表诗作、出版诗集《牧人底鞭》（诗方向出版社，1947 年）、论著《谈朗诵》（山东人民出版社，1957 年）等亦署。⑤于果、方天亮、公孙雨、令狐黛蒙，1947 年开始在湖南《国民日报·周末文艺》《国民日报·诗与木刻》《大公报》《新潮报》、汉口《大刚报》等报发表诗歌署用。

吴朗西（1904—1992），浙江吴兴（今湖州市）人，生于四川开县（今属重庆市）。原名吴德开，字朗西。曾用名吴文林。笔名：①吴朗西，出版《五年计划的故事》（苏联伊林原作。上海新生命书局，1931年）署用。嗣后在《文学季刊》《少年读物》《改进》等刊发表译文《世界语的文学》（日本小坂狷二原作）、翻译小说《悲哀的玩具》（日本吉田弦二郎原作）等，出版《无赖的母山羊》（苏联阿·托尔斯泰原作。文化生活出版社，1950年）、《金角鹿》（苏联民间故事。文化生活出版社，1950年）、《里尔斯历险记》（瑞典塞尔玛·拉格勒夫原作。文化生活出版社，1953年）、《蒙古短篇小说集》（蒙古达姆定苏连原作，与丰子恺等合译。文化生活出版社，1953年）、《华尔特和钢铁巨人》（德国舍格弗利德·瓦格纳原作。上海儿童读物出版社，1954年）、《沃尔夫童话集》（德国弗利德利希·沃尔夫原作。新文艺出版社，1955年）、《不爱理发的国王》（捷克电影故事。少年儿童出版社，1956年）等亦署。②石生，见于译文《漫画论》（日本冈本一平原作），载1934年上海《漫画生活》第1期；译文《格先生的爱国心》（德国爱德华·澳斯门原作），载上海《漫画生活》第5期。③静川，见于随笔《时事漫画略论》《西洋漫画史略》《漫画家的素质》，载1934年上海《漫画生活》第3期、第4期；译作《卖花女郎》（法国F.加尔斯原作），载1934年上海《译文》月刊第1卷第4期。嗣后在《漫画生活》《少年读物》《文艺杂志》等刊发表随笔《奥纳夫古尔卜兰生及其作品》《路易斯勒麦克士》《反正的故事》、译文《过去》等亦署。④文林，20世纪40年代翻译儿童文学作品署用。

吴冷西（1919－2002），广东江门人。原名吴仕沾。曾用名左健云。笔名吴冷西，1937年后在延安编《解放》《解放日报》等报刊时署用。嗣后出版《不朽的忠诚》（中国大百科全书出版社，1994年）、《忆毛主席》（新华出版社，1995年）、《十年论战》（中央文献出版社，1999年）、《吴冷西论新闻报道》（新华出版社，2005年）、《回忆领袖与战友》（新华出版社，2006年）等亦署。

吴力中，生卒年及籍贯不详。笔名穆质，20世纪40年代创作电影剧本《钱老爷》（1944年1月31日在长春举行的"第一回电影剧本电影故事募集"中被评为佳作）署用。

吴立崇，生卒年不详，江苏吴县（今苏州市）人，字子翔，号寿梅。笔名吴立崇，在《南社丛刻》发表诗文署用。

吴立模，生卒年不详，江苏吴县（今苏州市）人，字秋白。笔名吴立模，见于小说《猫鸣声中》，载1923年上海《小说月报》第14卷第8期，并收入上海商务印书馆1925年出版之《归来》一书。嗣后在《文学周报》《歌谣》《开展》等刊发表小说《报酬》《醒后》、评论《五更调与五更转》《答刘复书——五更调研究》等亦署。

吴联栋（1905－？），福建顺昌人。笔名：①南涧，

1925年前后在北京《晨报副镌》发表诗，嗣后主编《福建民报》副刊《芦苇》《星期文艺》《野草诗刊》，在上述各刊及在福州《文座》等报刊发表诗、散文，出版诗集《血肉的桥》《儿女山川》署用。②吴联栋，出版诗集《桑榆集》（福建将乐县乐野诗社，1985年）、诗集《夕照集》（福建将乐县乐野诗社，1992年油印）、诗词集《南涧诗词集》（福州三山诗社，1996年）等署用。

吴林鹰（1918－？），广东潮阳人。笔名：①吴林鹰，20世纪30年代起在暹罗曼谷《中华民报·椰风》发表文章署用。②老番古，1948年5月起在暹罗曼谷编《新报》时发表时评署用。

吴鲁芹（1918－1983），上海人。原名吴鸿藻，字鲁芹。笔名吴鲁芹，见于论文《泛论契可夫戏剧里的人物》，载1945年重庆《文艺先锋》第7卷第5期。嗣后在该刊发表小说《保姆》、评论《论海明威》、翻译小说《露露的胜利》（意大利塞尼奥原作）与《孟特厥纳哥男爵》（英国毛姆原作）等，1949年后在台湾出版散文随笔集《美国去来》（台北中兴文学出版社，1953年）、《鸡尾酒会及其他》（台北文学杂志社，1957年）、《师友·文章》（台北传记文学出版社，1975年）、《瞎三话四集》（台北九歌出版社，1979年）、《英美十六家》（台北时报文化公司，1981年）、《台北一月和》（台北联经出版事业公司，1983年）、《文人相重》（台北洪范书店，1983年）、《余年集》（台北洪范书店，1985年）等亦署。

吴漫沙（1912－2005），福建晋江人。笔名：①吴漫沙，见于诗《光明的夜》，载1936年台中《台湾新文学》第1卷第8期。嗣后在台北主编《风月》《南方》（与林荆南合编）并在《台湾艺术》《台湾文学》《台湾文艺》《新民报》副刊等报刊发表诗文，出版小说集《韭菜花》（台湾新民报社，1939年）、《莎韵的钟》（台北南方杂志社，1943年）及故事集《七叶莲》（台北名流出版社，1987年）等亦署。②沙丁，见于小说《桃花江》，载1937年11月15日台北《风月报》。③漫沙，见于散文《蓬莱之春》，载1938年1月1日台北《风月报》。嗣后在该刊及《南方》等刊发表散文《新年》、小说《心的创痕》等亦署。④沙，见于杂文《阮玲玉名片歌》，载1938年2月15日台北《风月报》。嗣后在该报发表诗《流浪者的夜歌》、散文《酒铭》等亦署。⑤小吴，见于散文《女给的悲歌》，载1938年3月15日台北《风月报》。嗣后在该报发表散文《夜里底笛声》《妇女与装饰》等亦署。

吴眉孙（1878－1961），江苏丹徒（今镇江市）人。原名吴清庠，字眉孙，号寒芋；别号寒芋居士、芋公、芋叟、破盦、画饼翁、双红豆斋主、不先危芳之嗣。笔名：①双红豆斋，见于移录《忆旧图咏》（竹间唫客遗作），载1915年《双星杂志》第4期。②吴清庠，在《南社丛刻》发表诗文署用。③吴庠，见于信函《与夏瞿禅等论词书四通》，载1941年南京《同声月刊》

第 1 卷第 3 期；论文《李易安金石录后序署年记疑》，载 1941 年上海《之江中国文学会集刊》第 6 期。同时期起在上述两刊及南京《国立中央图书馆馆刊》发表论文《唐人打令补考义》、词《眉孙长短句一首·西子妆慢》《眉孙长短句二首·永遇乐／醉春风》、随笔《南宋书棚本江湖群贤小集记略》等亦署。④吴眉孙，见于论文《四声说》，载 1946 年南京《同声月刊》第 1 卷第 6—7 号。嗣后在该刊发表论文《与张孟劬先生论四声第一书》《与张孟劬先生论四声第二书》，出版《寒芋阁集》（1957 年线装油印）等著作亦署。⑤眉孙，见于论文《宋词阳上作去辨》，载 1941 年南京《同声月刊》第 1 卷第 4 期。

吴梅 ¹

（1884—1939），江苏长洲（今苏州市）人。字瞿安（癯安、癯庵、癯盒、臞安、臞庵）；别字灵鹙（zhī），号霜厓（霜崖）；晚号厓叟。别名杲（bǎo）道人、长洲杲道人、东篱词客、吴某。笔名：①吴瞿安，见于《霓裳中序第一》，载 1919 年《国民》第 91 卷第 1 期。②吴梅，见于戏曲《煖香楼杂居》，载 1907 年上海《小说林》第 1 期；词《霜花腴》《湘春夜月》，载 1919 年《国民》第 1 卷第 2 期。嗣后在《南社丛刻》《小说林》《学衡》《宇宙风》《宇宙风乙刊》《国学丛刊》《华国月刊》《东南论衡》《国立第一中山大学语言历史学研究所周刊》《词学季刊》《出版周刊》《艺风》《制言半月刊》《文艺捃华》《图书季刊》等刊发表论文《南北戏曲概言》《笛律七调释略》《词之作法》、诗词《霜厓诗录》、戏曲《湖州守》、随笔《臞庵笔记》《与榆生论急慢曲书》《无价宝杂剧叙》《奢摩他室曲话》等作品，出版论著《元剧研究 ABC》（上海 ABC 丛书社，1929 年）、《词学通论》（上海商务印书馆，1933 年）、《曲学通论》（上海商务印书馆，1947 年），史著《辽金元文学史》（上海商务印书馆，1934 年），戏曲《曲选》（上海商务印书馆，1930 年）、《风洞山传奇》（上海风雨书屋，1938 年）等亦署。③长洲吴梅、长洲吴梅灵鹙父（fǔ），凡在报刊发表文章署名"吴梅"者，各刊目录或正文署用。④瞿安，见于删订戏剧《针师记传奇》（北畴原作），载 1918 年上海《小说月报》第 9 卷第 3 至 8 号；旧体诗《和作》《瞻园惜梅歌迟老叠韵见示再和》，载 1936 年上海《医药学》第 13 卷第 12 期。⑤吴瞿安，见于词《八声甘州》《霓裳中序第一》，载 1919 年 1 月 10 日北京《国民》第 1 卷第 1 期；曲《仙吕桂枝香》《双调折桂令》《商调山坡羊·过旧贡院》，载 1923 年 3 月上海《文哲学报》第 3 期。此前后在《小说月报》《东南论衡》《正论》《制言半月刊》《金陵大学砥柱文学社社刊》《民族诗坛》等刊发表论文《元剧概说》、诗词《霜厓词录》《避寇杂咏》《菩萨蛮·五都咏》《霜厓读画录》等亦署。⑥遄飞，见于杂剧《俄占奉天》，1904 年在《中国白话报》发表文章亦署。⑦江东遄飞，见于戏曲《风洞山传奇》，载《中国白话报》《广益丛报》。⑧长洲杲（bǎo）道人，出版戏曲《风洞山传奇》时署名。⑨吴梅瞿安、霜厓吴梅，分别见于

词《读疢斋杂剧即赋南词代序》、旧体诗《丙子九日诗》，载 1937 年 2 月南京《金陵大学砥柱文学社社刊》（刊目录署名吴瞿安先生）。

吴梅 ²

（1919—？），四川内江人。原名吴汝翊。笔名：①乳燕，1938 年前后在重庆《新蜀报》、自贡《正确日报》、成都《四川日报》《国难三日刊》等报发表文章署用。②吴梅，见于诗《是翻身的时候了》，载 1946 年 4 月 10 日辽源《草原》创刊号。嗣后在辽西《胜利报》发表文章亦署。③吴枚，1947 年在辽西《胜利报》发表文章署用。

吴梦起

（1921—2010），山东烟台人。笔名：①吴扬，1946 年开始发表作品署用。②吴梦起，1949 年后发表作品，出版小说集《康拜因手》（华北人民出版社，1954 年）、《方士信的道路》（新文艺出版社，1955 年）、《航行在绿色的海上》（少年儿童出版社，1962 年），中篇小说《红石口》（作家出版社，1957 年），长篇小说《吕玉华和她的同学们》（新文艺出版社，1956 年）、《青春似火》（少年儿童出版社，1961 年）、《隋唐新传》（辽宁少年儿童出版社，2011 年），童话《棋子儿旅行记》（少年儿童出版社，1983 年）等署用。

吴宓

（mì）（1894—1978），陕西泾阳人，原名吴玉衡，字雨僧（雨生），号空轩、余生、藤影荷声馆主。曾用名吴陀曼。笔名：①吴宓，见于戏剧《沧桑艳传奇》，载 1914 年北京《益智》第 2 卷第 2 期；翻译小说《钮康氏家传》（英国萨克雷原作），载 1922 年南京《学衡》第 1 至 8 期。嗣后在该刊及《清华文艺》《清华周刊》《国闻周报》《民生》《国风半月刊》《人间世》《宇宙风》《图书展望》《中央周刊》《文化与教育》《战国策》《学术世界》《人物月刊》《旅行杂志》《东方与西方》《哲学评论》《大公报·文艺》《青年生活》《思想与时代》等报刊发表论文《文学研究法》《论新文学运动》《论孔教之价值》《贾宝玉之性格》、评论《评杨振声玉君》《红楼梦之文学价值》、散文《悼诗人常乃惪先生》、旧体诗《清华园荷花池畔行吟》《西征杂诗》《太平洋舟中杂诗》、译作《但丁神曲通论》（美国葛兰坚原作）、《老妇谭》（英国阿诺德·本涅特原作）等，出版《吴宓诗集》（上海中华书局，1935 年）、《吴宓自编年谱》（生活·读书·新知三联书店，1955 年）、《吴宓日记》（十册）（生活·读书·新知三联书店，1998—1999 年）、《吴宓日记续编》（十册）（生活·读书·新知三联书店，2006 年）、《吴宓诗话》（商务印书馆，2005 年）等亦署。②余生，见于评论《评陈铨〈冲突〉》，载 1930 年 6 月 9 日天津《大公报·文学副刊》。③云，1933 年 4 月 10 日在天津《大公报·文艺》发表评论茅盾《子夜》的文章署用。④言，1933 年 7 月 31 日在天津《大公报》副刊发表短评署用。⑤空轩、曼陀、吴曼陀、吴雨生、吴雨僧，署用情况未详。

吴敏熊

生卒年及籍贯不详。笔名笑尘，1947 年编福州《南方日报·黎明》并在该报发表文章署用。

吴南生（1922—2018），广东汕头人。原名吴祖武。笔名：①吴楚人，1949年10月前在汕头岭东《民国日报·燎原》发表文章署用。②吴南生，出版长篇小说《松柏长青：革命母亲李梨英》（工人出版社，1958年）署用。

吴农花，生卒年不详，江苏吴县（今苏州市）人。笔名：①辰龙，1926年在上海《福尔摩斯》报发表文章署用。②吴农花，见于集锦小说《空谷箫声》（与余空我、张舍我等合作），载1935年上海《社会月报》第1卷第8期。③农花，见于随笔《娼门圣诞节》，载1933年上海《金钢钻月刊》第1卷第3集（刊目录署名"吴农花"）。

吴侬（1896—1948?），江苏吴江（今苏州市）人。原名吴庭表，字长寿，号抗云。笔名抗云，见于小说《意外缘》，载1914年上海《欧洲风云》半月刊第8期。按：吴侬1909年即由上海文艺书局出版《新桃花扇传奇》，又著有诗集《分波行吟草》、编辑有《婉芳集》，署名未详。

吴秾（1923—1991），湖南常宁人。原名吴剑贤。笔名：①菁秾，见于散文《还乡》，载1939年春湖南衡阳《大刚报》。②吴秾，见于小说《号兵的故事》，载1941年沅陵《国民日报》。嗣后在各地报刊发表小说、散文、评论，出版小说集《在地狱里》、散文集《湘西梦痕录》、诗集《英雄树》《江河集》、曲艺集《绣荷包》、连环画脚本《桃花扇》，以及为连环画《英雄树》（赵宏本等绘。新美术出版社，1955年）、《刘胡兰》（郑家声绘。上海人民美术出版社，2009年）配诗亦署。③司徒湖，1943年任沅陵《国民日报》副刊编辑时在该刊发表杂文，以及应邀在某报连载《无花的蔷薇》系列杂文亦署。④吴郎，见于杂文《文坛登龙新术》，载1946年夏南京《大刚报》副刊。⑤阿蒙，见于《星沙竹枝词》，载1948年《长沙晚报》。⑥可蒙，1948年在《长沙晚报》发表杂文署用。⑦胡越，1948年在长沙主编《诗与木刻》周刊，为郑野夫的木刻《学生求乞》、可扬的木刻《老教师》配诗署用。

吴沛霖（1889?—?），广东揭阳人，字觉非，号泽庵（泽葊、泽盦）、梅禅、揭阳岭樵者。笔名：①吴沛霖。在《南社丛刻》发表诗文署用。②泽庵，1912年在《国学论丛》发表诗文署用。

吴品今，生卒年及籍贯不详。字畊雨。笔名：①吴品今，见于散文《锡兰岛漫游记》，载1921年《解放与改造》第3卷第12期；论文《人权论之真谛》，载1923年上海《东方杂志》第20卷第18期。1932年在《江西教育行政旬刊》发表《教育合理化》《江西文化运动之方向与步骤》等文亦署。②品今，见于通讯《国际消息》，载1920年北京《时事旬刊》第2卷第13期；诗《送友还瑞士》，载1923年2月28日北平《晨报副镌》。同时期起在上述两刊及《学林》《商旅友报》等刊发表随笔《耕雨楼随笔》、诗《与第三诗人》等亦署。

③雨，署用情况未详。

吴其昌（1904—1944），浙江海宁人，字子馨、正厂（厈）。笔名吴其昌，见于论文《朱子传经史略》，载1923年南京《学衡》第22期；《王静安先生尚书讲授记》，载1926年北京《清华周刊》第25卷第16期。此前后在《清华周刊》及《甲寅》《国学论丛》《燕京学报》《国立北京大学国学季刊》《国立北平图书馆馆刊》《女师大学术季刊》《文艺》《国立武汉大学文哲季刊》《国立武汉大学社会科学季刊》《清华学报》《东方杂志》《长城》《中央研究院历史语言研究所集刊》《前途》《文化建设》《图书展望》《历史学报》《奔涛》《半月文摘》《新西北》《图书季刊》《经世》《金陵学报》《春秋月刊》《中央周刊》《思想与时代》《风土什志》《真理杂志》《边政公论》《说文月刊》《新史学》等刊发表《殷代人祭考》《秦以前中国田制史》《历史上国难的教训》《文人对于国家的责任》《乱世青年的人生观》《梁任公先生晚年言行记》《王国维先生生平及其学说》等文，出版《金文世族谱》（中央研究院历史语言研究所，1936年）、《古书真伪及其年代》（梁启超讲演，与周传儒、姚名达记录。上海中华书局，1941年）、《子馨文在》（台北文海出版社，1981年）、《梁启超传》（百花文艺出版社，2004年）、《金文历朔疏证》（北京图书馆出版社，2004年）、《吴其昌文集》（三晋出版社，2009年）等著作亦署。

吴其敏（1909—1999），广东澄海人。原名吴锐心。笔名：①向宸、眉庵、望翠、翁继耘，1925年在广东《彩虹半月刊》、上海《新垒》、香港《大风》《立报·言林》等报刊发表文章署用。②心园，1926年于汕头自费印行诗集《沉思集》署用。③吴其敏，见于《在秋风里》，载1928年上海《泰东月刊》第1卷第5期。嗣后出版诗与散文合集《阑夜》（商业印务公司，1930年），发表随笔《"放逐"以后》（载1939年8月16日香港《立报》），在香港《文汇报》《文汇报·彩色版》《大公报》《时事解剖》《华商报》等报刊发表文章、出版散文集《怀思集》（香港宏业书局，1961年）、《文史小札》（香港上海书局，1964年）、《拾芥集》（香港大光出版社，1972年）、《书边掇拾》（香港上海书局，1972年）等亦署。④悟门、梁柏青、麦青青，署用情况未详。

吴其英，生卒年不详，广东梅县（今梅州市）人。原名吴畸，字奇隐。笔名吴其英，在《南社丛刻》发表诗文署用。

吴淇，生卒年不详，江苏吴江（今苏州市）人，字敏于，号茗余。笔名吴淇，编辑有《中秋唱和集》。

吴绮缘（1898—1949），江苏武进（今常州市）人。原名吴惜，字绮缘、起原、冷红、冷红女史、冷红士。笔名：①绮缘，见于小说《莫教儿女误英雄》，载1915年上海《礼拜六》周刊第6期；小说《可怜侬》，载1915年上海《双星杂志》第3期。嗣后在《七襄》《小说丛报》《小说新报》《小说日报》《解放画报》《小说季报》《小说俱乐部》等刊发表小说《龙女曲本事》

《月明林下美人来》《飞絮啼鹃记》《商妇琵琶记》、随笔《嬾馐纪异》《忆红楼漫墨》《归里清谈》《述小说之种类与利弊》、诗词《寒宵闺怨曲》《惜红词賸》等亦署。②吴绮缘，见于小说《偶鬼》，载 1920 年上海《解放画报》第 5 期。嗣后在上海《小说世界》《星光》《礼拜六》《小说丛报》《游戏世界》《红玫瑰》《紫罗兰》《永安月刊》《茶话》等刊发表评注《纪恩录摘要》、小说《祸水》《濮二姑》《慈善家》、随笔《新年梦》《栖鸾庄》《萧娘娘》等作品，出版小说集《奇人奇事录》（中国新光印书馆，1949 年）、长篇小说《冷红日记》（上海小说丛报社，1916 年）、《反聊斋》（上海清华书局，1918 年）、《芙蓉娘》（上海清华书局，1918 年）及《小桃红》《回春之曲》《新镜花缘》《游侠外传》《濮二姑》等亦署。③天猫，见于《全国小说名家专集补遗》，载 1922 年上海《星光》。④沈忆村，见于小说《阿琐小传》，载 1928 年上海《紫罗兰》第 1 卷第 6 期（目录署名吴绮缘，刊内正文署名沈忆村）。同期所刊小说《奇恋记》，目录署名沈忆村，刊内正文署名吴绮缘。

吴强（1910－1990），江苏涟水人。原名汪大同，号六滨。曾用名汪藻香。笔名：①潭云、海水、藻香，1933－1934 年间在上海《大晚报》《时事新报》（新闻日报）发表文章署用。②汪六滨，见于小说《苦脸》，载 1935 年 5 月上海《大晚报》；速写《电报杆》，载 1935 年上海《太白》半月刊第 2 卷第 11 期。1936 年 10 月起在开封《河南民报·民报副刊》发表小说《陈府喜事》《酒徒》《眼的治疗》，在上海《文艺阵地》发表短篇小说《激流下》、散文《老黑马》等亦署。③吴卨，见于《老实话》，载 1936 年春上海《大公报·文艺》。④吴蔷，见于小说《激流下》，载 1938 年《文艺阵地》第 1 卷第 8 期；随笔《戏剧里的"汉奸"》，载 1939 年 6 月 22 日桂林《救亡日报·文化岗位》。同时期或嗣后在《大公报》《文艺报》《国闻周报》《河南民国日报》《文艺阵地》《抗战文艺》《新华月报》等刊发表速写《夜宿二十里铺》、报告《小小的胜利》《在颍桥寨》、随笔《夜行》等，参加新四军后创作话剧《一条战线》《激变》《皖南一家》《繁昌之战》、中短篇小说《叶家集》《小马投军》等亦署。⑤叶如桐，1936 年春发表评论开始署用。见于评论《印象·感想·回忆》，载 1937 年上海《国闻周报》第 14 卷第 22 期。1945 年后发表评论亦曾署。⑥吴强，1945 年开始署用，创作歌词《我们是人民解放军》（亚成作曲），发表中篇小说《海螺与蔷薇》《上山》《篮子挂在树上》，出版长篇小说《红日》（中国青年出版社，1959 年）、《堡垒》（上海文艺出版社，1979 年），中篇小说《他高高举起雪亮的小马枪》（新文艺出版社，1954 年）、《养马的人》（上海文艺出版社，1982 年）、《吐丝口》（上海文艺出版社，1958 年）、《三战三捷》（与宋洁合作。新文艺出版社，1952 年），散文集《心潮集》（人民文学出版社，1965 年）、《咆哮的烟苇港》（上海文艺出版社，1985 年）、《灵魂的搏斗》（海峡文艺出版社，1986 年），长篇报告文学《英雄的业绩》，散文与报告文学合集《心潮集》，短篇

与散文等合集《吴强近作》，儿童文学《两个侦察兵》，戏剧电影《逮捕》（又名《丁赞亭》，与徐平羽、林果等合作。新文艺出版社，1953 年），文学评论集《文艺生活》（新文艺出版社，1956 年）等均署。⑦田庐，1949 年后发表文章偶署。

吴青霞（1910－2008），江苏常州人。学名吴德舒，笔名龙城女史，别署篆香阁主。著有《吴青霞画集》。

吴清富（1898－1972），台湾台北人，字梦周。笔名零星、梦周、梦周生、吴梦周，1921－1944 年在台北《台湾日日新报》《风月》《兴南新闻》《风月报》等报刊发表旧体诗《感怀》《游圆山作》等署用。

吴清友（1907－1965），福建福安人。曾用名伍迁耀。笔名：①吴清友，见于译文《世界贸易与市场之争夺》（俄国马札尔原作），载 1933 年上海《东方杂志》第 30 卷第 17 期。嗣后在《青年界》《申报月刊》《中华月报》《浙江青年》《时事类编》《中学生》《外交评论》《通俗文化》《中国农村》《东方杂志》《新中华》《中山文化教育馆季刊》《读书生活》《现世界》《教育杂志》《图书展望》《新学识》《文化战线》《读书月报》《文摘战时旬刊》《战线》《自修大学》《财政评论》《大学月刊》《中国建设月刊》《经济周报》《银行周报》《新教育杂志》《中华教育界》《学识半月刊》《中央银行月报》《活教育》《现代经济文摘》《半月通讯》《经济周报》《远风》《评论报》《工商天地》等刊发表文章亦署。②伍迁耀，见于评论《高尔基四十年著作生涯》，载 1933 年上海《申报月刊》第 2 卷第 1 期。同时期在该刊及上海《东方杂志》《中华月报》等刊发表时事评论等亦署。

吴庆坻（1848－1924），浙江钱塘（今杭州市）人。字子修、敬疆、稼如，号悔余生、蕉廊、补松、补松老人。笔名吴庆坻，见于旧体诗《偶过梦坡斋中方手写浔溪诗选已盈尺矣嘉其用力之勤为诗以叹美之》，载 1917 年上海《东方杂志》第 14 卷第 11 期。嗣后出版遗著《辛亥殉难记》（台北文海出版社，1981 年）、《蕉廊脞录》（中华书局，1990 年）等亦署。

吴秋尘（？－1957？），江苏吴县（今苏州市）人，生于山东济南。原名吴华。笔名吴秋尘，1926 年在天津《东方时报·东方朔》任主编并发表小说、散文、杂文等署用。

吴秋山（1907－1984），福建诏安人。原名吴晋澜，字秋山。曾用名吴昊。笔名：①茅青、吴昊，1932 年在复旦大学黑板报发表文章署用。20 世纪 80 年代在漳州《水仙花》杂志发表旧体诗《新春放歌》、诗《马艳红的凯歌》亦署。②吴秋山，见于散文《茶话》，载 1933 年 7 月 14 日上海《申报·自由谈》；散文《燕园》，载 1934 年上海《人间世》第 8 期；诗集《秋山草》，诗歌译作社 1934 年出版。嗣后在《人间世》《青年界》《绸缪月刊》《星火》《文章月报》《新福建》等刊发表散文《等闲》《故乡的端午》《秋宵听雨》、诗《游击队夜歌》、随笔《中国诗体的递嬗》《再谈王维的诗》、论

文《先秦民族诗论》《中古民族诗论》等，出版《游击队之歌》（建国出版社，1938年）、《俪影集》（1947年）、散文集《茶墅小品》（上海北新书局，1937年）等亦署。③秋山，出版诗集《俪影集》（泉州明真印刷所，1948年）署用。④鲁晳，20世纪80年代在《福州晚报》发表诗文署用。⑤白冰、吴天庐，署用情况未详。

吴人长，生卒年及籍贯不详。曾用名吴用仁、余欣。笔名永麟，1935年在重庆《商务日报》副刊发表文章署用。

吴仞之（1902—1995），江苏常州人。原名吴翔，字上千。曾用名吴常千。笔名：①吴仞之，见于论文《舞台光》，从1938年11月20日上海《剧场艺术》创刊特辑号开始连载。嗣后在《剧场艺术》《万象》《文艺春秋丛刊》《文坛月报》《春秋》《月刊》等刊发表独幕剧《绯色的梦》、散文《北行随感》、论文《色点密集法的一种应用》、随笔《我的嗜好》《杂感随笔谈舞台光》《谈〈凤还巢〉》等，出版话剧《赚吻记》及论著《从演出总结谈起》《导演全程经纬录》等亦署。②常千，署用情况未详。

吴锐（1915—？），四川邻水人。原名吴胜刚。笔名：①火流，1938年发表诗歌开始署用。1957—1978年后发表作品亦署。②吴锐，见于散文《复仇》，载1947年8月太行《新华日报》。1949年后在《国防战士》《文艺生活》《部队读物》《说说唱唱》《西南文艺》《人民文学》《长江文艺》等报刊发表诗文，出版长篇小说《一个普通战士的成长——刘子林的故事》（与李南力合作。中国青年出版社，1954年）、中篇小说《南征北战二十五年》（与吴源植等合作。中国青年出版社，1956年）、短篇小说集《五天五夜》（天津人民出版社，1956年）、《迎春鸟》（重庆出版社，1982年）、《幸福中的烦恼》（云南人民出版社，1984年）等亦署。

吴若（1915—？），湖北鄂城（今鄂州市）人。原名吴慕风。笔名：①吴若，见于散文《去看灾黎》，载1936年武昌《路向》半月刊第2卷第3期；小说《长命羊》，载1937年武汉《文艺》月刊第4卷第4期。嗣后在上述两刊发表散文《四月》《除夕雪景》，出版诗集《劫乱集》（汉口武汉文艺社，1935年）、话剧《汉奸之家》（汉口武汉文艺社，1938年）、小说集《小凤集》（成都青年文艺社，1938年）等，1949年后在台湾出版小说集《新婚夜》（台北正中书局，1962年）、《恋歌》（台北金兰出版社，1980年），小说散文集《吴若自选集》（台北黎明文化事业股份有限公司，1980年），话剧集《秧歌文坛》（台北东南出版社1951年）、《人兽之间》（台北文艺创作出版社，1952年）、《旗正飘飘》（台北中兴文学出版社，1953年）、《离乱世家》（台北正中书局，1958年）、《金钱与爱情》（台北红蓝出版社，1958年）、《多难兴邦》（台北文坛社，1959年）、《梦里乾坤》（台北正中书局，1961年）、《点铁成金》（台北戏剧中心出版社，1957年）、《天长地久》（台北戏剧中心出版社，1959年）、《蓝与黑》，电影剧本《嘉禾生春》（台

北东南出版社，1953年）、《高山儿女》（台北远东影剧社，1959年）、《悲欢岁月》（台北远东影剧社，1971年）、专著《中国话剧史》（与贾亦棣合作。台北文化建设委员会，1985年）等亦署。②吴慕风，见于小说《转变》，载1938年武汉《文艺》第5卷第4期；评论《与西北青年救国会论青年团结问题》，载1939年《青年人》半月刊第1卷第1期。嗣后在《青年人》及《中国劳动》《人与地》等刊发表评论《展开三民主义的新文学运动》《五四运动与新文学》、小说《收获之前》等亦署。③长风、老龙，署用情况未详。

吴弱男（1884—1973），安徽庐江人。笔名：①吴弱男，见于翻译剧作《小爱友夫》（挪威易卜生原作），载1918年北京《新青年》第4卷第6期、第5卷第3期。②吴弱男女士，见于评论《论中国家庭应该改组》，载1919年北京《少年中国》第1卷第4期。嗣后在该刊第1卷第9期"诗学研究号"发表论文《近代法比六大诗人》亦署。

吴三才（1926—2009），广东德庆人。笔名：①毅夫，见于散文诗《里程碑·火石》，载1944年12月昭平版《广西日报》。嗣后至1949年在该报发表诗、杂文、散文等近20篇亦署。②黄砂，见于散文诗《江水》，载1945年8月《八界日报》。

吴三连（1899—1988），台湾台南人。字江雨。笔名东湖、江雨，1932年起在台湾编《新民报》等报并发表文章署用。

吴山（1884—1936），四川江津（今重庆市）人。原名吴平之，号大同山人。曾用名吴旨成。笔名：①吴山，见于译文《侦探谈》（英国奥切原作），载1924年上海《小说世纪》第7卷第4—11期；随笔《小仲马百岁纪念》，载1924年上海《小说月报》第15卷第9期。嗣后在上述两刊及《道路月刊》《蜀评》《近代杂志》《大陆》《中国经济评论》等刊发表评论《法国文学界对于巴兰的评论》《邓扣克的海滨》、小说《葬侦探》《黑母鸡》及翻译小说《黑钻石》《河干艳史》（法国约瑟夫·雷诺原作）等亦署。②大同山人，编《朝鲜亡国惨史》署用。

吴尚鹰（1892—1980），广东开平人。号一飞。笔名：①吴尚鹰，见于评论《无感情的社会不自然的家庭和我的救济主张》，载1920年上海《建设》第2卷。嗣后在《中华法学杂志》《中央导报》《地月刊》《时事类编》《新建设》《财政评论》《青年杂志》《中央日报周刊》等刊发表随笔、评论亦署。②吴一飞，见于随笔《学习革命先烈的忠贞》，载1940年浙江金华《胜利》第72期。同时期在该刊发表《认识宪政与实践宪政》《国父轶文钞》等亦署。

吴士果（1924—？），浙江浦江人。笔名：①慈谷，见于散文《哀母亲》，载1945年9月26日福建南平《东南日报·笔垒》。嗣后在福建其他报刊发表文章亦署。②慈果，20世纪40年代在福建南平《东南日报》、永

安《中央日报》和江西上饶《前线日报》等报副刊发表诗、散文署用。

吴士鉴（1868－1933），浙江钱塘（今杭州市）人。字絅斋、炯斋、进思，号含英、公謇、九钟主人、九钟老人、含嘉室主。笔名吴士鉴，见于随笔《涵斋遗稿序》，载1927年10月天津《坦途》创刊号。

吴世昌（1908－1986），浙江海宁人。字子臧。笔名：①燕京布衣，1929年在北平《燕大周刊》第1期发表文章署用。②吴世昌，见于鲁迅讲演记录《现今新文学的概况》，载1929年北平《未名》第2卷第8期。嗣后在《燕京学报》《独立评论》《歌谣》《文学季刊》《学文》《图书评论》《大众知识》《史学集刊》《论语》《中山文化教育馆》《文摘》《书人》《读书通讯》《国文杂志》《周报》《科学与建设》《人物杂志》《天文台》《现代文摘》《学识半月刊》《文讯月刊》《现代知识》《观察》《民主论坛》《现实文摘》等报刊发表《魏晋风流与私家园林》《论词的章法》《论读词》《中国文化与民主政治》《论学术道德》《辛弃疾》等文，出版《中国文化与现代化问题》《罗音室诗词存稿》《散论红楼梦》《红楼梦探源外编》《词林新话》《文史杂谈》等著作亦署。

吴世醒（1912－1991），湖南安化人。原名吴自新，号立湘。笔名：①吴一星，见于论文《戏剧艺术的鉴赏论》，载1931年5月3日北平《晨报·剧刊》；诗《诗人，今朝来哭你!》，载1931年12月《北晨学园哀悼志摩专号》。嗣后在北平《小雅》《绿洲》等刊发表评论、译作等，20世纪80年代在《现代外语》《山东外语教学》等刊发表文章亦署。②吴仕醒，见于《国际援华之分析和认识》，载1940年《浙赣月刊》创刊号。

吴视（1914－1982），湖北黄陂（今武汉市）人。原名吴传佑，字奇济，号闻正。曾用名吴清如。笔名：①方闻，见于诗《送行插曲》，载1937年9月2日某刊。②吴传佑，见于诗《追论秋声赋》，载1942年12月17日《力报》。③一方，见于诗《春潮》，载1943年3月11日《大刚报》。④传佑，见于随笔《〈北京人〉观后感》，载1943年4月2日《大华晚报》。⑤吴视，见于诗《门外》，载1944年9月28日重庆《新华日报》；诗《大风》，载1945年重庆《文学新报》第1卷第4期。嗣后在上海《文艺春秋》《诗创造》《同代人文艺丛刊》《新诗潮》等刊发表诗《不眠夜》《在风雨里》《洁白的羔羊》《向着暴风雨》等，出版诗集《大陆的长桥》（上海铁犁社，1949年）等亦署。⑥万家明，见于随笔《〈结婚进行曲〉联想》，载1945年《职业妇女》第2卷第6期。⑦望云，见于《恨月楼随笔》，载1946年11月2日某刊。⑧杜渐明，见于随笔《作家批评一席谈》，载1948年《求是》第1期；随笔《钱剑如的典型性及其他》，载1948年8月11日上海《剧影春秋》创刊特大号。⑨吴一方，见于诗《叶影》，载《诗突击》。⑩思齐，见于随笔《培养苦闷的温床》，载上海《新民报》。

吴寿彭（1906－1987），江苏无锡人。号润念（shū）。笔名吴寿彭，见于散文《朱经农先生演讲记略》，载1925年5月17日《南洋周刊》第6卷第9期。嗣后在《中国文学》《东方杂志》《文化论坛》《中国新书月报》《南洋周刊》《图书展望》《浙江建设》《国本半月刊》《新运导报》《民族》《特教通讯》《浙江青年》《新中华》《东方与西方》《学艺》《上智编译馆馆刊》《学原》等刊发表著译随笔、评论等，出版论著《学术之诞生：天目书院讲录之一》（浙江天目书院，1942年）、诗集《大树山房诗集》（上海古籍出版社，2008年）、译作《形而上学》（古希腊亚里士多德原作。商务印书馆，1959年）、《政治学》（古希腊亚里士多德原作。商务印书馆，1965年）、《灵魂论及其他》（古希腊亚里士多德原作。商务印书馆，1999年）等亦署。

吴曙天（1903－1942），浙江杭州人。生于山西翼城。原名吴冕藻。笔名：①曙天女士，见于随笔《费了两点钟做成的小文章》，载1924年9月27日北京《晨报副镌》。同时期或嗣后在北京《京报副刊》发表散文《断片的回忆》《走错了路》《"想象的绘画"教授》，1927年在上海《北新》半月刊第2卷第1期发表随笔《记罗伯特·亨利的画》（刊内正文署名"曙天"）等亦署。②曙天，见于《寄给——》，载1925年北京《语丝》周刊第39期；随笔《华林和孙福熙先生》，载1932年上海《文艺茶话》第1卷第2期。同时期或嗣后在《北新》《京报副刊·民众文艺周刊》等报刊发表散文《野马》等亦署。③吴曙天，见于小说《疯了的父亲》，载1929年2月2日上海《真美善》"一周年纪念号外·女作家专号"。1933年在上海《大声周刊》第1卷第5期发表小说《阿大的爸爸》，出版散文集《断片的回忆》（上海北新书局，1927年）、《恋爱日记三种》（上海天马书店，1933年）、《曙天日记三种》（成都复兴书局，1943年）、译诗《雅歌》（中英对照。上海北新书局，1930年）等亦署。④吴曙天女士，见于小说《给母亲的信》，载1931年上海《新学生》第1卷第5期。

吴树声（1922－1998），山东淄博人。笔名：①吴树声，1946年参加中国人民解放军在部队创作剧本《不可救药》等开始署用。②家声，出版长篇小说《在狱中》（与黄岩合作。安徽人民出版社，1959年）、中篇小说《到敌后去》（安徽人民出版社，1961年）等署用。③漫文、劳芜，署用情况未详。按：吴树声尚出版有中篇小说《潘金莲》《石头与长脖寡妇》、短篇小说集《将军与小偷》《新郎与新娘》《火神爷大叔》、报告文学《书法家李百忍》《书法》、诗歌集《江上吟》、回忆录《纪念黄岩同志》（合集）、论文集《继承坚持发展》等，出版与署名情况未详。

吴双热（1884－1934），江苏常熟人。原名吴光熊，字渭渔。曾用名吴恤。笔名：①双热，见于小说《苦旅行》，载1914年上海《小说丛报》第1期；小说《妖魔窟》，载1914年上海《礼拜六》周刊第1期。嗣后在上述两刊及《小说季报》《民权素》《太平洋画报》

《饭后钟》等刊发表《断肠花》《菱角西施》《奇情借尸还魂记》《佛在那里》等小说署用。②风凉，1921－1922年在常熟《饭后钟》发表社会评论署用。③一寒，在苏州《吴声》、上海《时报》《民权报》《民权画报》等报刊发表小说、随笔等署用。④吴双热，见于小说《兰闺秘记》，载1921年上海《消闲月刊》第1期；小说《婚误》，载1921年上海《礼拜六》周刊第112期。嗣后在《快活》《小说新报》《红杂志》《红玫瑰》《珊瑚》等刊发表《蔷薇花下》《蕊芳小姐之死》《两个孩子》《一夜风流》等小说，出版《兰娘哀史》《孽冤镜》《孽冤镜别录》《鹃娘香史》《断肠花》《女儿红》《花开花落》《冬烘先生》《无边风月传》《醮着些儿麻上来》《一零八》《快活夫妻》等通俗小说，以及《双热嚼墨》《双热新嚼墨》《小说集锦》《双热小说精华》等短篇小说集亦署。⑤汉魂、吴跛、光熊、渭渔，署用情况未详。

吴似鸿（1907－1990），浙江绍兴人。乳名阿罗，曾用名吴峰、苏虹、吴强。笔名：①吴峰、湘秋、SH，1929年在上海《申报》艺术栏、学生栏、社会生活栏上发表散文、杂文等署用。②吴似鸿，见于散文《哭同学C君》，载1928年上海《新女性》第2卷第10期。嗣后在《妇女生活》《小说》《新中华》《新华日报》等报刊发表《北上劳车日记》《我到人间》《记光慈先生》等文，出版小说集《流浪少女的日记》（上海现代书局，1934年）；1949年后发表《忆念达夫先生》《萧红印象记》《怀念南国社导师田汉》《记许地山先生》等文，出版回忆录《浪迹文坛艺海记》（浙江文艺出版社，1984年）、《我与蒋光慈》（广西教育出版社，1992年）等亦署。③吴似鸿女士，见于小说《波希米亚姑娘日记》，载1930年上海《南国月刊》第1卷第2期。嗣后在该刊发表小说《还乡记》《毛姑娘》亦署。④苏虹，见于小说《应征》，载1936年上海《妇女生活》第3卷第10期；小说《小湾》，载1937年上海《主妇之友》第1卷第5期。同时期或嗣后在上述两刊及《上海妇女》《申报·妇女园地》等刊发表小说《丁先生》《死》、随笔《谁是傻瓜》《德国女儿王安娜会见记》等文，1949年后在《浙江文艺》发表文章亦署。

吴松谷（1907－？），台湾台北人。笔名：①逸生，见于杂文《讨论——对乡土文学来说几句》，载1933年9月27日台北《台湾新民报》。嗣后在该报及台北《先发部队》《第一线》、台中《台湾新文学》等报刊发表评论、杂文等亦署。②吴逸生，日据时期在台湾报刊发表作品署用。③医辛，见于《三诊台湾诗人七大毛病》，载1941年台湾《风月报》。

吴颂皋（1898－1953），江苏吴县（今苏州市）人。笔名：①吴颂皋，见于翻译剧本《月夜》，载1920年《平民》第18－19期。嗣后出版论著《合作银行通论》（上海商务印书馆，1926年），译作《心理学导言》（德国威廉·冯特原作。共学社，1923年）、《政治论》（古希腊亚里士多德原作。上海商务印书馆，1931年），选注《英文短诗选》（上海开明书店，1926年）等亦署。

②颂皋，见于评论《玄学上之问题》，载1923年7月17日上海《时事新报·学灯》。嗣后在《太平洋》杂志发表文章亦署。③冷观，出版评论集《望远镜与显微镜》（与徒然合作。上海生活书店，1933年）署用。嗣后在某刊发表随笔《葡道难》《里斯本素描》《太平洋上恶浪记》等文亦署。④翼公，见于散文《圣城被困记》，载1942年上海《古今》第10期。⑤吴翼公，署用情况未详。

吴素臣（1922－？），泰国华人，祖籍中国广东丰顺。生于暹罗曼谷。笔名：①玲玲，20世纪40年代在曼谷《中原报·少年》发表诗、散文署用。②素臣、唐坤、陈矛、唐人、吴伟良，1976年后在泰国《中华日报》副刊《华园》《文学》发表散文、杂文、译作署用。

吴梼（táo），生卒年不详，浙江钱塘（今杭州市）人，曾用名吴丹初，字宣中。笔名吴梼，见于翻译小说《侠女郎》（日本押川春浪原作），载1912年上海《小说月报》第3卷第10、11号。嗣后在该刊发表翻译小说《大复仇》（日本押川春浪原作）等，出版翻译小说《侠黑奴》（日本尾崎德太郎原作。上海商务印书馆，1906年）、《寒牡丹》（日本尾崎红叶原作。上海商务印书馆，1906年）、《车中毒针》（英国勃拉锡克原作。上海商务印书馆，1906年）、《美人烟草》（日本尾崎德太郎原作。上海商务印书馆，1906年）、《新魔术》（日本小泽天仙原作，与金为合译。上海新世界小说社，1907年）、《棠花怨》（法国雷科原作。上海中国图书公司，1908年）、《五里雾》（日本上村左川原作。上海商务印书馆，1913年）、《寒桃记》（日本黑岩泪香原作。上海商务印书馆，1914年）、《侠女郎》（日本押川春浪原作。上海商务印书馆，1915年）等亦署。

吴天（1912－1989），江苏扬州人。原名洪为济，号一舟。曾用名洪为忌、洪违忌、洪吴天、洪一舟。笔名：①洪叶，见于随笔《观〈压迫〉及〈夏夜之梦〉上演以后》，载1934年6月6日上海《中华日报·动向》；诗《小宝贝》，载1934年上海《新诗歌》第2卷第3期。同时期在上海《春光》、南京《民众教育季刊》发表诗《大地的子孙》、评论《化装宣传剧简论》等亦署。②洪为济，见于随笔《孩子们》，载1934年8月27日上海《中华日报·动向》；小说《人与兽》，载1935年日本东京《东流》第2卷第2期。同时期在《杂文》《国闻周报》《漫画漫话》《努力》《中华月报》《东方文艺》《今代文艺》等刊发表诗《咖啡店侍女之歌》、小说《人与兽》《万才竹器铺》《为了活》等亦署。③为济，1935年5月15日为日本东京《杂文》月刊第1期封面题字署用。④吴天，见于随笔《〈雷雨〉的演出》，载1935年日本东京《杂文》第2期；独幕剧《决堤》，载1935年日本东京《东流》第2卷第1期。嗣后在《戏剧时代》《文艺新潮》《全面抗战周刊》《剧场艺术》《戏剧与文学》《戏剧春秋》《奔流文艺丛刊》《艺术与生活》《文学杂志》《月刊》《水准》《人间》《天下文章》《文艺春秋》《茶话》《艺声》《剧影春秋》《中国作家》《家庭》等刊发表小说《当胜利到来的时候》,戏剧《家》《四姊妹》《祖国》(根据萨度原作改编。与吴琛合作),随笔《又是秋天》《写些什么》,散文《漏网——回忆断片》,故事《卖沙爹的马来人》,译文《演剧论》(苏联泰洛夫原作)、《舞台装置论》(苏联泰洛夫原作)等,出版散文集《怀祖国》(上海文艺新潮社,1940 年),戏剧集《孤岛三重奏》(上海现代戏剧出版社,1939 年)、《海恋》(上海国民书店,1940 年)、《家》(上海光明书局,1941 年)、《春雷——新的传奇》(上海开明书店,1941 年)、《红楼梦》(上海永祥印书馆,1946 年)、《子夜》(上海永祥印书馆,1946 年)、《无独有偶》(上海开明书店,1948 年),中篇小说《春归何处》(上海潮锋出版社,1947 年),翻译戏剧《希特勒的"杰作"》(德国夫力特里西·乌尔夫原作,与其他人合译。上海潮锋出版社,1939 年)等,创作电影剧本《春归何处》(1948 年)、《喜迎春》(1949 年)、《换了人间》(1959 年),导演电影《忆江南》(1947 年)、《国庆十点钟》(1956 年)、《走向新中国》(1951 年)、《心连心》(1958 年)、《空印盒》(1960 年)等亦署。⑤叶尼,见于评论《论南洋文艺大众化运动》,载 1938 年马来亚新加坡《南洋周刊》第 30 期;诗《海外》,载 1939 年 4 月创刊于浙江丽水的《文艺长城》月刊第 1 期。嗣后在新加坡《星洲日报·晨星》《星洲日报·文艺周刊》《南洋周刊》《星中日报·星火》、上海《戏剧与文学》《奔流文艺丛刊》《文艺春秋》等刊发表小说《幻想夫人》、戏剧《复工之前》、随笔《演剧是怎末一回事》等作品,出版戏剧集《没有男子的戏剧》(丽水潮锋出版社,1939 年)、《奖状》(与夏枫等合集。上海戏剧出版社,1940 年)等亦署。⑥马蒙,见于杂文《沉滓英雄》,载 1939 年 6 月《文艺长城》月刊第 2 期。⑦天,见于随笔《由〈秘密的日本〉说到散文的创作》,载 1937 年 5 月 27 日新加坡《星洲日报·文艺》。⑧高哥、丹枫,20 世纪 30 年代在马来亚新加坡报刊发表文章署用。⑨吴江帆,上海沦陷时期编导话剧署用。⑩方君逸,见于随笔《编剧琐谈》,载 1943 年上海《万象》第 2 卷第 7 期。同时期在《文艺春秋丛刊》《月刊》等刊发表散文《记亡儿伟宝》、随笔《关于〈红楼梦〉的改编——〈红楼梦〉剧本序》《称心地排一个戏》等,出版戏剧集《四姊妹》(上海光明书局,1943 年)、《银星梦》(上海世界书局,1944 年)、《满庭芳》(上海世界书局,1944 年)、《离恨天》(上海世界书局,1944 年)、《花弄影》(上海世界书局,1944 年)、《秦淮月》(上海永祥印书馆,1945 年)、《红豆曲》(上海世界书局,1945 年)、《蝴蝶夫人》(上海永祥印书馆,1946 年)、《笑声泪影》(上海立达图书服务社,1947 年)以及论著《戏剧艺术讲话》《戏艺琐语》等亦署。

吴天放,生卒年不详,山西人。笔名天放,见于评论《谈新诗集第一编里的诗》,载 1921 年上海《评论之评论》第 1 卷第 1 期;评论《申报新年元旦增刊批评》,载 1921 年上海《评论之评论》第 1 卷第 2 期;诗《春天入山看梅花》,载 1922 年 4 月 1 日北京《晨报副镌》;随笔《读礼运动评议与山东将害了江希张》,载 1922 年 10 月 20 日北京《晨报副镌》。嗣后至 1936 年在《晨报副镌》《爱国报》《东方杂志》《旅行杂志》《报学季刊》等报刊发表旧体诗《重过姑苏有感》《访要离墓》、随笔《记新都之行》《记金刚山太阳会之游》《游三游洞》、评论《金佛郎问题》《中国当前最要的国际宣传问题》等诗文亦署。

吴天赏(1909－1947),台湾台中人。笔名吴郁三。日据台湾时期在《台湾文艺》《台湾文学》以日文发表小说、评论署用。

吴天石(1910－1966),江苏南通人。原名吴毓麟。笔名:①毓麟,1927－1931 年间在南通《南通报·文艺附刊》发表诗词署用。②宝焜,见于随笔《江上文谈》,载 1937 年《写作与阅读》第 2 卷第 2 期。嗣后在该刊发表《生命力》《车窗文谈》等文亦署。③若群,见于随笔《群众性的文娱活动》,载 1946 年苏中《生活》杂志第 2 期。④吴天石,见于诗《不能走错路》,载 1948 年 9 月 7 日《新华日报·华中版》。嗣后出版五幕历史剧《甲申记》(与夏征农、沈西蒙合作)、论著《师之道》《政治思想教育一例》《中国革命的伟大史诗——学习毛主席诗词的笔记》《谈谈我国古代学者的学习精神和学习方法》《教育书简》等亦署。⑤石友李,出版故事集《中国现代革命运动故事》(江苏人民出版社,1956 年)署用。⑥周裔,出版论著《关于目前中学文学教学的一些问题》(江苏人民出版社,1957 年)、舞剧剧本《送瘟神》(与程茹辛合作。江苏文艺出版社,1960 年)署用。⑦李实,见于随笔《在课外活动中对儿童进行思想教育的一种方式》,载 1961 年南京《江苏教育·小学版》第 10 期。嗣后在该刊《中学版》发表《进一步上好政治课》等文亦署。⑧实,见于随笔《杂谈》,载 1961 年南京《江苏教育·小学版》第 12 期。⑨小桂、天石、石莹、铁尺、黄荪,20 世纪 60 年代在南京报刊发表文章署用。

吴廷琯(1914－1994),浙江温州人。字达农。笔名:①吴廷琯,1937 年卢沟桥事变前在浙江《新瓯潮》《浙瓯日报·红尘》《寒光》《蚂蚁》等报刊发表文章署用。②许藩,见于随笔《谁教你投胎女人》,载 1935 年上海《读书生活》第 2 卷第 6 期;随笔《说看法》,载 1935 年上海《芒种》第 1 卷第 9、10 期合刊。1936 年在上海《生活知识》发表随笔《武器在有些人手里被糟蹋》亦署。③白鲁,1937 年卢沟桥事变后在浙江《动态》《生线》《救国》等刊发表文章署用。④云召,抗战胜利后在温州《地方新闻》编副刊《文艺》《剧艺》署用。⑤涯屋、吴白鲁,20 世纪 40 年代末期发表文章偶用。⑥下里、田暧、江上青,1957 年前后在上海《新民晚报》和广州《羊城晚报》副刊《花地》《晚会》发表杂文署用。⑦上青,1976 年后在广州《随笔》、北京《读书》发表文章署用。

吴廷祯,生卒年及籍贯不详。笔名吴砥中,见于小说《穷人泪》，载 1923 年 9 月 6 日沈阳《盛京时报》。同时期在该报发表小说《辛酸的笑》、诗《思儿夫》《悼吴跀人》等亦署。

吴文祺（1901－1991），浙江海宁人。原姓朱，字问奇，为训诂学家朱起凤（1874－1948）之子。其母吴氏去世时，因年幼而出嗣外家，因从外家姓吴，名文祺。笔名：①吴文祺，见于随笔《对于新诗的我见》，载 1921 年上海《时事新报·文学旬刊》第 23 期；论文《"联绵字"在文学上的价值》，载 1923 年上海《小说月报》第 14 卷第 3 期。嗣后在上述两刊及《国立北平图书馆馆刊》《青年界》《太白》《文学》《文学季刊》《文史》《学林》等刊发表《文学革命的先驱者——王静庵先生》《介绍朱丹九先生著辞通》《考证与文艺》《论文字的繁简》《近百年来的中国文艺思潮》等文，主编《辞通续编》、出版《辞通补正》《侯方域文选注》《曾巩文选注》《春秋左传集解》《关于传统语言文字学的问题》《整理国故问题》《近百年来的文艺思潮》《王国维学术思想评价》《新文学概要》《一九五〇年新编大一国文选》（与郭绍虞、章靳以合作）、《语言文字研究专辑》，以及《中国历代语言学论文选注》（与张世禄合作）、《汉代武氏墓群石刻研究》（与蒋英炬合作）等著作亦署。②朱凤起，1930 年校注出版《曾巩文》《侯方域文》《黄宗羲文》第 3 书（上海商务印书馆出版）署用。③吴敬铭，校注出版《资治通鉴》（与宋云彬合作）署用。④立生，见于杂文《从胜利月饼说起》，载 1945 年 9 月 22 日《前线日报》副刊。⑤陈宗英，见于杂文《严惩为虎作伥的保甲人员》，载 1945 年 9 月 25 日《前线日报》副刊。⑥寒风，1945 年编《前线日报》副刊及《学生周刊》时署用。见于杂文《从青年必读书说到读古书的用处》，载 1945 年 9 月 25 日《前线日报》副刊。1946 年在《时事新报·学灯》、1980 年后在农工民主党《前进》《农工沪讯》发表文章亦署。⑦王徽明，见于杂文《林琴南的碰壁》，载 1945 年 9 月《前线日报》副刊。⑧司马东，见于杂文《谣言？奇文？》，载 1946 年《时事新报·学灯》第 11 期。⑨文、陈保宗，署用情况未详。

吴闻天（1904－1947），江苏吴县（今苏州市）人。字鹤年。笔名：①吴闻天，见于《有独无偶》，载 1924 年 5 月 25 日上海《社会之花》第 1 卷第 14 期；《新酒令》，载 1924 年上海《红玫瑰》第 1 卷第 7 期。同时期至 1927 年在《红玫瑰》《新月》《紫罗兰》《新上海》等刊发表《文坛清话》《贼之功过表》《小说界趣闻》等文亦署。1934 年后在《民族杂志》《行政评论》等刊发表《论南北混乱之新疆》《中国劳工行政之检讨》等文沿用。②未鬶（tì），见于随笔《欧风录》，载 1932－1933 年上海《珊瑚》第 1 卷第 11 期至第 2 卷第 9 期。同时期在该刊连载随笔《从莫斯科到大连》亦署。

吴汶（1910－1981），浙江黄岩（今台州市）人。原名吴文。笔名吴汶，见于诗《妻的梦》，载 1933 年上海《现代》第 3 卷第 5 期；诗《赠予》，载 1934 年上海《青年界》第 5 卷第 5 期。同时期或嗣后在《现代》《诗歌月报》《摇篮》《文学期刊》《复旦学报》《星火》《文章月报》《女子月刊》《文学大众》《社会生活》等刊发表诗《寄外二首》《七月的疯狂》《三个被压榨的女性》《家》、散文《女堂倌》《骷髅头的日记》、论文《甲骨研究之史的发展》等，1935 年 6 月由中国诗社出版诗集《菱塘岸》亦署。

吴我尊（1881－1942），江苏常州人。曾用名吴楠，字伯乔。笔名：①吴我尊，见于短评《更俗剧场〈玉润珠圆〉之好成绩》，载 1919 年 11 月 4 日南通《公园日报》；赋《夏月赋》（有序），载 1924 年上海《心声》第 3 卷第 8 期。②我，见于新诗《谈新诗》，载 1919 年 11 月 28 日南通《公园日报·新文艺》。③我尊效颦，见于新诗《冷》，载 1919 年 12 月 15 日南通《公园日报·新文艺》。④我尊，见于新诗《钱》，载 1919 年 12 月 20 日《公园日报·新文艺》。此前后在《公园日报》发表《凿坏室杂话》等，1920 年 2 月 3 日在上海《晶报》发表《闻睌华歌感赋兼及予倩》等亦署。⑤怀静庐主吴我尊，1920 年 1 月 3 日在南通《公园日报》编发啬翁（张謇）和予倩（欧阳予倩）诗时在小序中自署。⑥凤栖阁，出版著作《凤栖阁杂俎四种》署用。⑦杏庵，出版诗集《杏庵诗文抄》署用。⑧天向阁，署用情况未详。

吴奚如（1906－1985），湖北京山人。原名吴善珍，号席儒。曾用名吴席儒、吴高。笔名：①吴奚如，见于小说《微笑》，载 1933 年上海《文艺》月刊第 1 卷第 2 期。嗣后在汉口《自由中国》《七月》、上海《文艺半月刊》等刊发表小说，出版中篇小说《叶伯》（上海天马书店，1935 年）、《生与死》（上海潮锋出版社，1937 年）、《卑贱者的灵魂》（上海潮锋出版社，1937 年）、《萧连长》（桂林三户图书馆，1941 年）及长篇小说《汾河上》（上海北野书店，1941 年）等亦署。②奚如，见于小说《渥尔斯·约翰》，载 1933 年 7 月 30 日上海《中华日报·十日文学》。嗣后在北平《文学季刊》、上海《海燕》等刊发表小说、散文，出版散文集《在塘沽》（上海万人出版社，1936 年），中篇小说《忏悔》（上海良友图书印刷公司，1936 年），短篇小说集《小巫集》（上海文化生活出版社，1936 年）、《阳明堡底火战》（上海杂志公司，1938 年）等亦署。③吴牛，见于《为"九·一八"二周年祭而作》，载 1933 年 9 月 17 日上海《中华日报·十日文学》。嗣后在《中华日报·动向》发表《"老死"与"自杀"》等亦署。④黑牛，1933 年在上海《中华日报》副刊发表文章署用。⑤吴午，见于随笔《空谈与实践》，载 1934 年 6 月 7 日《中华日报·十日文学》；随笔《越辩越显出矛盾》，载 1934 年 7 月 12 日《中华日报·动向》。⑥吴高，1936 年在西安主编抗日同志会机关报《文化周报》并发表文章署用。⑦邬契尔，见于小说《动荡》，载 1935 年 4 月 20 日上海《木屑文丛》第 1 辑。⑧吴昊，署用情况未详。

吴奚真（1917－1996），辽宁沈阳人。笔名：①吴奚真，见于译文《托尔斯泰出走与死的真象》（俄国布加郭夫原作），载 1943 年重庆《时与潮文艺》创刊号。同时期前后在《天下文章》《时与潮副刊》《时与潮半月刊》发表著译作品，出版译作《法国的悲剧》（法国安德烈·莫洛亚原作，与他人合译。重庆时与潮社，1941 年）、《罪人》（英国伽图原作，与鞠成宽合译。重庆时与潮社，1942 年）、《英国人在印度》（英国史蒂文斯原作。重庆时与潮社，1942 年）、《柏林日记》（美国夏伊勒原作。重庆时与潮社，1942 年）、《花衣吹笛人》（英国奈维尔·休特原作。重庆时与潮社，1944 年）、《教育心理学》（美国盖兹原作。台北正中书局，1969 年）、《希腊罗马名人传》（古希腊普鲁塔克等原作。台北编译馆，1984 年）、《英语散文集锦》（台北大地出版社，1995 年）、《远离尘嚣》（英国哈代原作。台北书林出版公司，1999 年）、《嘉德桥市长的生活与死亡》（英国哈代原作。台北大地出版社，1989 年），编著《中国历史故事》（台北正中书局，1978－1993 年）、《中国寓言》（台北正中书局，1999 年）、《当代中国短篇小说选》（台北正中书局，1999 年）等亦署。②奚真，见于译文《威尔斯断片》，载 1940 年重庆《时与潮》第 4 期；译文《胡适大使在华盛顿》，载 1942 年重庆《时与潮副刊》第 2 期。同时期在《航空杂志》发表译文亦署。

吴先忧（1901－1962），四川成都人，笔名先忧，见于散文《生与死——为追悼世弥而作》，载 1938 年 3 月 7 日成都《华西日报》。

吴小如（1922－2014），安徽泾县人，生于哈尔滨。原名吴同宝，字小如，号莎（suō）斋。笔名：①吴同宝，见于散文《冬末春初》，载 1932 年上海《小朋友》第 503 期。②少若，见于评论《〈传奇〉》，载 1947 年 5 月 17 日天津《益世报·文学周刊》；评论《清真词释》，载 1948 年 10 月 31 日天津《大公报·星期文艺》。1949 年后发表戏曲方面的文章亦署。③吴珍，1948 年发表文章曾署用。④虞莎（suō），1949 年后在中华书局《文史》杂志发表文章署用。⑤奭薪，1961 年在《光明日报》发表文章署用。⑥鲁政修，在九三学社杂志上发表文章曾经署用。⑦吴小如，1949 年后出版译作《巴尔扎克传》（奥地利茨威格原作，与高名凯合译。上海海燕书店，1951 年）及《古典小说漫稿》《台下人语》《读书丛札》《古典诗文述略》《京剧老生流派综说》《古文精读举隅》《书廊信步》《今昔文存》《读书拊掌录》《心影萍踪》《莎斋笔记》《古典诗词札丛》《吴小如戏曲随笔集》等署用。1960 年后发表文章亦多署。⑧老莎（suō）、莎（suō）生、莎（suō）斋、邵汝愚，署用情况未详。

吴晓铃（1914－1995），辽宁绥中人，生于北京。曾用名吴英甫。笔名：①吴晓铃，见于随笔《关于"影戏"与"宝卷"及"滦州影戏"的名称》，载 1937 年《歌谣周刊》第 2 卷第 40 期；散文《访曲记》，载 1939 年上海《红茶》半月刊第 16 期。嗣后在《图书季刊》《读书通讯》《世间解》《国文月刊》《文史杂志》《时与潮副刊》《文艺复兴》《星岛日报·俗文学》《大晚报·通俗文学》《华北日报·俗文学》等报刊发表文章，出版散文集《居京琐记》（光明日报出版社，1993 年）、《话说那年》（中国友谊出版公司，1998 年），翻译戏剧《小泥车》（古印度首陀罗迦原作。人民文学出版社，1957 年）、《龙喜记》（古印度戒日王原作。人民文学出版社，1956 年），主编《大戏剧家关汉卿杰作集》（中国戏剧出版社，1958 年）、《话本选》（与他人合作。人民文学出版社，1959 年）等亦署。②嘿斋，见于史料《水木清华藏曲存目》，载 1941 年香港《星岛日报·俗文学》第 19－20 期；评论《评〈小说与戏剧〉》，载 1948 年 10 月 22 日北平《华北日报·俗文学》。同时期在该刊发表评论《曲学入门》《全元曲》等文亦署。③英甫，署用情况未详。按：吴晓铃尚出版有专著《中国文学史》（古代部分。与其他人合作），校订、注释《西厢记》《关汉卿戏曲集》《话本选》，出版情况未详。

吴新荣（1907－1967），台湾台南人。号震瀛。曾用名吴世山。1932 年起从事文学活动。笔名：①吴新荣，出版诗集《道路》《故乡的春祭》《思想》《旅愁》《震瀛诗集》及《吴新荣全集》（台北远景出版社，1981 年）署用。②震瀛、史民、兆行，署用情况未详。

吴兴华（1921－1966），浙江杭州人，生于天津。笔名：①吴兴华，见于诗《花香之街·室》，载 1937 年北平《小雅》第 5、6 期合刊。嗣后在《青年界》《新诗》《宇宙风乙刊》《文苑》《朔风月刊》《纯文艺》《中国文艺》《燕京文学》《中德学志》《文艺时代》《新语半月刊》等刊发表诗、诗论等，出版译作《黎尔克诗选》《亨利四世》（英国莎士比亚原作）、《哈姆莱特》（英国莎士比亚原作）、《尤利西斯》（爱尔兰乔伊斯原作）等，1957 年在北京《人民文学》8 月号发表《咏古诗二首》等亦署。②兴华，见于评论《再来一次》，载 1941 年上海《西洋文学》第 6 期。嗣后在该刊发表评论《现代诗与传统》、译文《友伪色斯插话三节》（爱尔兰乔伊斯原作）等亦署。③钦江，见于随笔《怎样谈话》，载 1941 年北平《燕京文学》第 1 卷第 6 期；诗论《现在的新诗》，载 1941 年《燕京文学》第 3 卷第 2 期。④梁文星，见于诗《岷山》，载 1956 年台北《文学杂志》创刊号。嗣后在该刊发表《现代的新诗》等诗文亦署。⑤邝文德，见于评论《黎尔克的诗》，载 1956 年台北《文学杂志》第 1 卷第 3 期。

吴修源，生卒年不详，江苏金山（今上海市）人。字信三。笔名：①吴修源，在《南社丛刻》发表文章署用。②汉叹，署用情况未详。

吴岩（1918－2010），江苏昆山人。原名孙家晋。曾用名孙家骏。笔名：①升介井，见于小说《米》，载 1934 年 12 月上海《中学生文艺》上；小说《打》，载 1935 年上海《中学生》第 52 期。同时期在上海《时事新报·青光》发表文章亦署。②蓝烟，见于小说《彷徨》，载 1938 年上海《文艺半月刊》第 1 卷第 3 期；小说《星宿》，载 1940 年 1 月 25 日上海《戏剧与文学》创刊号。同时期起在上述两刊及《万象》《妇女月刊》《女青年》《法国文学》《新中华》《文潮月刊》等刊发表小说《加倍奉还》《彷徨》、评论《评〈十年诗草〉》《爱美莱白朗底和她的咆哮山庄》、译作《蓝德诗选》《魏尔林诺抒情诗》《爱情的歧路》等亦署。③吴岩，见于小说《离去》，载 1938 年上海《文艺半月刊》第 1 卷第 4 期；随笔《忏悔录》，载 1940 年上海《戏剧与文学》第 1 卷第 2 期。嗣后在《文艺》《新文丛》《宇宙》《文章》《奔流文艺丛刊》《文艺复兴》《文坛月报》《文艺知识连丛》等刊发表长篇小说《没有米的天堂》、短篇小说《安墟》《绅士》《变形记》《燕尔新婚》，出版小说集《株守》（上海文化生活出版社，1948 年）、散文集《风云侧记》（百花文艺出版社，1983 年）、《落日秋风——吴岩随笔》（华夏出版社，1998 年）、《轭下》《散文特写选》，翻译作品《哥萨克》（俄国列夫·托尔斯泰原作。上海开明书店，1949 年）、《温士堡·俄亥俄》（美国舍伍德·安德森原作。上海晨光出版公司，1949 年）、《塞瓦斯托波尔的故事》（俄国列夫·托尔斯泰原作。新文艺出版社，1955 年）、《克雷洛夫寓言》（俄国克雷洛夫原作。新文艺出版社，1956 年）、《漩涡》（哥伦比亚何塞·达西奥·里维拉原作。上海译文出版社，1981 年）、《园丁集》（印度泰戈尔原作。上海译文出版社，1981 年）、《小城畸人》（美国舍伍德·安德森原作。上海译文出版社，1983 年）、《流萤集》（印度泰戈尔原作。上海译文出版社，1983 年）、《情人的礼物》（印度泰戈尔原作。上海译文出版社，1984 年）、《流浪者》（美籍黎巴嫩裔纪伯伦原作。百花文艺出版社，1986 年）、《茅庐集》（印度泰戈尔原作。上海译文出版社，1986 年）、《吉檀迦利：献诗集》（印度泰戈尔原作。上海译文出版社，1986 年）、《泰戈尔抒情诗选》（印度泰戈尔原作。上海译文出版社，1990 年）、《金色的门槛》（印度萨罗吉妮·奈都原作。上海译文出版社，1994 年）、《纪伯伦散文诗选》（美籍黎巴嫩裔纪伯伦原作。百花文艺出版社，1995 年）、《心笛神韵》（印度泰戈尔原作。上海译文出版社，2013 年）以及波兰莱蒙特的《农民》、印度泰戈尔的《鸿鹄集》等亦署。④蒋萝，见于散文《住》，载 1938 年《文艺半月刊》第 1 卷第 6 期；散文《网拍》，载 1941 年上海《杂文丛刊》第 2 辑——《干将》。⑤芺楚，见于小说《窗外》，载 1938 年《文艺》1 卷第 6 期；散文《寂寞篇》，载 1941 年上海《棘林蔓草》第 2 分册《昌蒲》。⑥韦叶，见于散文《岛上》，载 1939 年《文艺》2 卷第 6 期；散文《风》，载《文艺》第 3 卷第 1 期。⑦蒋菲，1938 年前后在上海开始署用。又见于小说《中学教员》，载 1943 年上海《万象》月刊第 3 卷第 1 期。⑧高岑，见于小说《蓝色的笛韵》，载 1943 年《万象》第 3 卷第 6 期。嗣后在该刊发表《天堂哀歌——苏州通讯》《渣滓》《在理发店里》《妇人》等散文、小说，1949 年后在上海《新民晚报》发表文章亦署。⑨庄约、京岑、蓝焰，署用情况未详。

吴研因（1885－1975），江苏江阴人。原名吴辇瀛。

笔名吴研因，著有《风吹诗集》。

吴羊璧（1929－），广东澄海人。原名吴筠（yún）生。曾用名吴宣。笔名：①双翼、史宾、唐斐、章玉、鲁嘉、意妮、林泥。1948 年 7 月开始在香港《文汇报》《大公报》发表杂文，嗣后在香港《文艺伴侣》《文艺世纪》《书谱》《壹周刊》等报刊发表文章署用。②吴羊璧，出版散文集《还乡小札》（香港新地出版社，1958 年）、《乡情小品》（香港新地出版社，1959 年）、《水滴篇》（香港上海书局，1970 年），武侠小说《黄河异侠传》（香港伟青书店，1961 年），小说集《眼前人》（香港宏业书局，1962 年）、《爱情是真的》（香港中流出版社，1975 年），论著《聊斋志异新谈》（香港上海书局，1976 年）、《三国演义纵横谈》（香港中华书局，1976 年）等亦署。按：吴羊璧尚出版有散文集《一秒、一年、一生》《水滴集》《从人到鸭》、短篇小说集《顶嘴》《在潮流中》《老朋友贵姓》《请你叫醒我》、杂文集《煮字集》、武侠小说《龙凤剑》《绿野神刀》、文艺散论《茶座文谈》《〈水浒〉新谈》《〈聊斋志异〉新谈》、电影文学剧本《王老五之恋》《龙凤剑》等，署名未详。

吴宜邦，生卒年及籍贯不详。笔名黄浦江，见于诗《狼山》，载 1945 年南通《江北日报·诗歌线》新第 27 期。

吴以滔（1920－1972），江苏江阴人。笔名：①以滔，见于诗《兵士的手》，载 1941 年 6 月 16 日桂林《大公报·文艺》。嗣后在《长风文艺》《抗战文艺》《诗焦点》《诗月报》《火之源》《火星文艺》《枫林文艺》等报刊发表诗《客地》《已经不是初次了》《晚祷》《河滨》等，出版话剧《进攻弱点》（少年儿童出版社，1956 年）、《算术和向日葵》（长江文艺出版社，1956 年）亦署。②吴以滔，见于诗《八月底歌》，载 1942 年重庆《文艺青年》第 3 卷第 1 期。嗣后发表诗《乡情》（外二章）（载 1948 年上海《未央诗刊》第 2 集），出版话剧《孩子们》（江苏人民出版社，1957 年）亦署。

吴逸凡（1910－？），福建龙溪人，生于马来亚威省。原名吴照愿。笔名逸凡、一翻、蠢夫、原丁、卜吉慈、YF，20 世纪 30 年代在马来亚槟城《南洋时报》副刊《荔》《微光》《八月》《荒原》《海丝》《诗草》等发表诗文署用。

吴裔伯，生卒年及籍贯不详。笔名：①羽丰，见于评论《论新诗》，载 1923 年 8 月沈阳《盛京时报》。②吴裔伯，见于评论《论新诗兼致孙百吉君》，载 1923 年 9 月 12－15 日沈阳《盛京时报》。③吴老雅，见于评论《对于新诗诸公的几句闲话》，载 1923 年 10 月 5 日沈阳《盛京时报》。

吴引漱（1925－），江苏淮阴（今淮安市）人。笔名：①吴引漱，1949 年后在台湾发表作品，出版《紫色的爱》《还乡曲》等署用。②水束文，署用情况录未详。按：漱，"漱"之异体字，字从氵、束、攵，笔名"水束文"即"漱"之拆字。

吴英，生卒年及籍贯不详。笔名黑子，20 世纪 30 年代在福建报刊发表文章署用。

吴瑛（1915－1961），吉林省吉林市人。满族。原名吴玉瑛。笔名：①小英、瑛子，1938－1939 年在长春《斯民》杂志发表《野孩子》《女叛徒》等作品署用。②吴瑛，见于小说《翠红》，载 1939 年沈阳《文选》第 1 辑；小说《如意姑》，载 1939 年 8 月 1 日本大阪《华文大阪每日》。嗣后在上述两刊及沈阳《凤凰》《诗季》《盛京时报》、长春《大同报·文艺》《麒麟》《青年文化》《斯民》《艺文志》《兴亚》《学艺》《文丛》、哈尔滨《大北新报》等报刊发表短篇小说《四月风砂》《滑街》《欲》《鸣》《滥民》《坠》《秋天的故事》《六月的蛆》、中篇小说《缰花》《墟园》、诗《古城归》、散文《恋着的友人》《浮沉的心语》《我怎样写〈颓园〉》、评论《满洲女性文学的人与作品》等作品，出版短篇小说集《两极》（长春文丛刊行会，1939 年）、散文集《并欣集》（与也丽、小松等合集。长春兴亚杂志社，1944 年）亦署。③吴玉瑛，见于小说集《两极》书后，长春文丛刊行会 1989 年 11 月出版（书前署"吴瑛"）。

吴永泉（1907－？），江苏淮阴（今淮阴市）人。笔名：①泉、绍成，1930 年前后在上海《申报》《晨报》等报刊发表译文《理想的妻子》《弃儿》等署用。②吴永泉，出版译作《革命中的哲学》（美国赛尔山姆原作，与其他人合译。生活·读书·新知三联书店，1960 年）、《耶稣传》（德国施特劳斯原作。商务印书馆，1981 年）、《回忆苏格拉底》（古希腊色诺芬原作。商务印书馆，1984 年）等署用。

吴永远（1903－？），台湾人。笔名吴纫秋、纫秋，1937－1942 年在台北《风月报》《兴南新闻》发表旧体诗《台北观光》《望远镜》等署用。

吴有章，江苏武进（今常州市）人，字镜予，号漫庵。笔名吴有章，在《南社丛刻》发表诗文署用。

吴虞（1872－1949），四川新繁（今成都市）人。原名吴永宽，字又陵、幼陵，号爱智；别号不丘生、吴山人、辛夷馆主、饮水居士、爱智庐主人。晚号启明翁、黎明老人。曾用名吴姬传、吴爱、吴爱智庐主人吾。笔名：①吴虞，见于旧体诗《辛亥杂诗》，载 1905 年《甲寅》第 1 卷第 7 期。嗣后在《南社丛刻》《新青年》《小说月报》《进步》《学艺》《北京大学月刊》《蜀评》《道路》《读书杂志》等刊发表诗文，出版《吴虞文录》（上海亚东图书馆，1921 年）、《吴虞文续录别录》（成都美信印书局，1933 年）等亦署。②爱智，见于《王圣游集序》，载 1915 年四川《娱闲录》第 13 期。嗣后在《四川教育杂志》发表文章，1938 年在《玄黄》发表《宋代故事随录》《古史北解》等文亦署。③爱智庐主人，见于传记《明李卓吾别传》，载 1916 年《进步杂志》。④吴爱智，1919 年在《戊午》杂志发表文章署用。⑤吴吾，见于诗集《庚娇寓诗》，辛夷馆 1925 年刻印。⑥吴又陵，见于《为丹林题红树室图》，载 1925

年上海《蜀评》第 5 期。⑦又陵，见于旧体诗《哭邓守瑕二首》《哭廖季平前辈》，载 1932 年成都《时事周报》第 2 卷第 2 期。

吴虞公（1900？－1950？），江苏常熟人。曾用名吴公雄。笔名：①虞公，见于小说《有钱之妇》，载 1919 年《友声杂志》第 1 卷第 1 期；随笔《滑稽丛话二则》，载 1923 年上海《红杂志》第 8 期。嗣后在《红杂志》第 13 期发表随笔《社会趣问题》亦署。②吴公雄，见于小说《醋中错》，载 1922 年上海《快活》第 3 期。嗣后出版长篇小说《绘图国耻演义》《绘图白莲教演义》、随笔《李纯全史轶事合刻》（与张云石合作）等亦署。③吴虞公，见于小说《一个弄蛇的叫化子》，载 1922 年上海《快活》第 22 期。嗣后出版长篇小说《绘图义和拳演义》《国色天香春艳写影》及《先天罗汉拳十八图势》等亦署。按：吴虞公另著有《青红帮演义》《革命党演义》《续二十年目睹之怪现状》《万里步行记》《江湖卅六侠》《绿林剑侠大观》《乡曲趣史》等长篇通俗小说，署名待查。

吴玉章（1878－1966），四川荣县人。原名吴永珊，字树人，号玉章。化名岳平洋、平洋、岳镇东、镇东、震东、王荣、吴铭、布列宁（Н.И.Буренин）、约瑟夫（Joseph）。笔名：①吴永珊，见于《世界和平会议代表人物之商榷》，载 1919 年《戊午周报》。②树人，见于评论《人类生活问题当如何解决》，载 1924 年成都《赤心评论》第 1 期。③吴玉章，见于通讯《一年来国际援华运动概况》，载 1938 年 7 月 7 日《扫荡报》；随笔《纪念鲁迅先生逝世六周年》，载 1942 年 10 月 26 日延安《解放日报》。嗣后在《中国文化》《半月文摘》《文摘战时旬刊》《时论丛刊》《中国青年》《中国工人》《新文化半月刊》《知识》《科学通讯》《群众·香港版》《中苏友好》等报刊发表《文学革命与文字革命》《新文字与新文化运动》《研究中国历史的意义》《青年与民主运动》等文，1949 年后出版《简化汉字问题》《毛主席在重庆》《历史文集》《论辛亥革命》等著作亦署。④布列宁，署用情况未详。

吴越（1910－2002），江苏泗阳人。原名吴春恒。曾用名吴敬模。笔名：①惠生，1928 年在《杠杆》发表散文署用。②江清，1943 年在福建《东南日报》发表文章开始署用。③吴越，见于小说《白燕》，载 1944 年重庆《文学修养》第 2 卷第 3 期；小说《贞情》，载 1946 年上海《新中华》半月刊复刊第 4 卷第 4 期。同时期或嗣后在《大公报》《东南日报》《联合晚报》《文萃》《时代日报》《新民报晚刊》《民歌》《文坛》《论语》《文讯月刊》《文艺先锋》《人世间》《诗创造》《青年月刊》《妇女月刊》等报刊发表小说《玲玲小姐》《葡萄正在开花》、散文《开照相馆记》《一封信》、诗《小城杂咏》《我的诗是忧郁的》《太阳》、评论《论感情》等，出版诗集《最后的星》《暴风雨集》《火焰集》《吴越诗选》、长篇小说《婚礼》、长篇纪实文学《血染着我们的姓名》等亦署。④江庄、兰谷、风尘、吴惠生，1946－1949

年在上海《大公报》《东南日报》《联合晚报》《时代日报》《新民报晚刊》《民歌》等报刊发表文章署用。⑤吴广，见于小说《我的续弦夫人》，载1948年上海《家》第29期。嗣后在该刊发表小说《失踪》《再嫁》亦署。又见于剧本《归来记》，载1948年重庆《文艺先锋》第13卷第1、2期。

吴云心

（1906－1989），浙江嘉兴人，生于直隶威县（今属山东）。原名吴堉威，字吉如，号云心。曾用名吴云心。笔名：①吴云心，1925年在上海《妇女杂志》发表处女作《论祭祖》开始署用。嗣后在《东方时报·东方朔》《文学》《天下篇》《一炉半月刊》《申报增刊》《益世报》《天津商报》等报刊发表小说、杂文、散文，1934年在上海《论语》第35期发表随笔《伪春秋右氏传》，抗战时期创作话剧《苏武牧羊》、平剧《月宫宝盒》，1949年后创作剧本《剑胆雄心》《太白出峡》《夜巡》《清明雨》《怀鹃记》，出版《吴云心文集》（天津古籍出版社，1990年）、《吴云心画集》（天津人民美术出版社，2011年）等亦署。②云心，20世纪30年代在天津《东方时报·东方朔》《益世报·语林》《益世晚报》《天津商报》等报刊发表文章，在天津《北洋画报》1933年第18卷第888期发表随笔《癸酉年占课》，以及出版小说《陋巷》《二哥外传》等署用。③天放，主编《东方时报·东方朔》在该刊发表文章署用。④一木、一航、乙木、子云、公羊、羊乃、羊谷、羊矮、庆衍、阿曼、肖周、青岩、轻烟、鲁迟、黄蜂、黄骊、特罳、莫园、愧堂、沧斋、雯君、疎云、庶公、曼衍、高堂、公一羊、公羊矮、王子云、Y.S.、M.M.，1934年主编天津《益世报·语林》在该刊发表文章随笔、杂文等署用。⑤甲乙木，1934年主编天津《益世报·语林》发表文章署用。嗣后出版小说《推背图》亦署。⑥萧仲纳，1934年主编天津《益世报·语林》发表文章，出版小说《大侠别传》（大陆广告社，1941年）及《狐狸精》《阴山背后》等亦署。⑦乙牧、乙慕、易牧、洛生、贾生、慕一、上官敬，1949年后在《天津日报》《新港》等报刊发表散文、杂文、诗词等署用。

吴再挺

生卒年及籍贯不详。笔名：①达三，1928年起在厦门《民国日报》副刊《鹭华》发表文章署用。1933年12月15日在厦门《鹭华》月刊创刊号发表随笔《五年来的鹭华》亦署。②竞之，20世纪30年代在福建厦门报刊发表文章署用。

吴丈蜀

（1919－2006），四川泸州人。字恂子。笔名：①芜茕、荀芷、飘蓬，1936年起在成都《华西日报》发表诗歌、散文署用。嗣后在成都《国民公报》、重庆《书简杂志》、香港《周末报》，1950年在广州《快活报》发表文章亦署。②韦流，1950年在广州《快活报》发表文章署用。③吴丈蜀，1952年后发表文章，出版报告文学集《洪水淹不了人民的武汉》、故事集《买凤凰——中国历代寓言、传说、故事集》、诗词集《回春诗词抄》、地方志《楚天笔荟》、书法集《吴丈蜀书法集》、普及读物《词学概说》《诗词曲格律讲话》《读古诗文常识》《读古诗入门》，主编《楚风补校注》《中国历代诗词曲佳句名篇大全》等署用。④西川，署用情况未详。

吴振刚

（1916－2009），广东开平人。原名武振刚。笔名大保，见于诗《逃荒者》，载1934年11月25日上海《中华日报·动向》；散文《残灯》，载1935年3月26日上海《申报·自由谈》。嗣后在《申报·自由谈》发表《钱塘江岸》《海上的歌手》《发烧的手》等文亦署。

吴拯圜

生卒年及籍贯不详。笔名：①拯圜，见于诗《解放》，载1920年《新妇女》半月刊第1卷第1期。②吴拯圜，见于《倩儿》，载1921年《新妇女》半月刊第6卷第1期。

吴芝瑛

（1868－1934），安徽桐城人。字紫英，号万柳夫人。笔名：①吴芝瑛，见于旧体诗《西泠吊秋》，载1915年上海《女子杂志》第1卷第1期。嗣后出版《小万楼堂丛刊》《剪淞留影集》《俗语注解小学古文读本》《鞠隐山庄遗诗题跋》《帆影楼藏画目》《吴芝瑛诗文集》，发表遗作《纪秋女侠遗事》（载1945年《党史资料丛刊》第4期），出版遗著《帆影楼纪事》（台北文海出版社，1975年）亦署。②紫英，1915－1916年在上海《女子世界》《民权素》等刊发表文章署用。③小万柳堂、万柳夫人，署用情况未详。按：吴芝瑛与秋瑾为至交。1907年秋瑾被杀，尝作《秋女士传》《秋女士遗事》文，并作《西泠吊秋》七绝四首以纪念。

吴直由

生卒年及籍贯不详。笔名：①吴直由，见于诗《菊厅独茗》《旧时丝帕》，载1923年11月28日北京《京报·诗学半月刊》。嗣后出版译作《世界之童年》（英国葛劳德原作，与黄素封合译。上海开明书店，1933年）、《人物中心世界史·第一分册：人类文化的童年》（英国亨利·托马斯原作，与黄素封合译。上海众生社，1938年）、《人物中心世界史·第三分册：野蛮的中古时代》（英国亨利·托马斯原作，与黄素封合译。上海众生社，1939年）亦署。②直由，见于诗《南岳纪游》《秋江悲歌》，载1923年12月14日《京报·诗学半月刊》。

吴稚晖

（1865－1953），江苏武进（今常州市）人。初名吴纪灵（吴寄龛），后改名吴眺；又改名吴敬恒，字稚晖，号朏（fěi）庵、朏盦；别号肕庵、翰青、秋晖、凝真朏盦老人吴稚晖。晚号朏庵老人、朏盦老人、谈天老人。笔名：①夷、燃料，早年在《新世纪》发表文章署用。②燃，早年在《新世纪》发表文章署用。1914年在《云南教育杂志》发表文章亦署。③吴稚晖，见于评论《青年与工具》，载1916年北京《新青年》第2卷第2期。嗣后在《新青年》《申报·自由谈》《现代评论》《环球》《中西医学报》《民铎杂志》《太平洋》《东方杂志》《晨报副镌》《生活周刊》《中央半月刊》《革命周报》《中法教育界》《再造》《论语》《文学》《中央党务月刊》《前锋》《中央周刊》《江西教育》《大陆杂志》《社会月报》《民众先锋》《道路月刊》《广播周报》《越风》《半月文摘》《集美周刊》《战时童子军》《人间世》《宇宙风》《血路周刊》《时代动向》《民生教育》《杂志》《大侠魂周刊》《民意周刊》《湖南教育》《胜利》《新运导报》《时事文汇》《时代精神》《财政评论》《实业之友》《读书通讯》《文摭半月刊》《东方与西方》《智慧》《建国月刊》等刊发表随笔《寒厓诗集序》《失了一部最珍贵的大字典》《包打江山周武子》《大众语万岁》、评论《读了汪精卫的两件大事》《中山先生革命的两大基础》、诗《黄花岗薤露歌》等，出版《吴稚晖近著》（上海北新书局，1926年）、《吴稚晖先生文存》（周云青编。上海医学书局，1926年）、《吴稚晖近著续编》（上海北新书局，1927年）、《吴稚晖言行录》（时希圣编。上海广益书局，1929年）、《吴稚晖书信集》（徐逸如编。上海文林书局，1936年）等亦署。④吴敬恒，见于随笔《杂志界之希望》，载1917年《太平洋》第1卷第1期；《读音统一会进行程序》，载1917年北京《新青年》第3卷第3期。嗣后在《新青年》《国民》《甲寅》《教育杂志》《中华教育界》《北京大学月刊》《建设》《东方杂志》《中央党务月刊》《中央周刊》《湖南教育旬刊》《中山文化教育馆季刊》《湖北教育旬刊》《青年中国季刊》《中央党务公报》《时代精神》《科学画报》《教育通讯周刊》《南洋学报》《说文月刊》《正气月刊》《民意月刊》《世界月刊》《青年周刊》等刊发表评论《论旅欧俭学之情形及移家就学之生活》《西北为文明之摇篮》、随笔《追悼马相伯先生的一点感想》《欧化枝谭》《避巴小记》《总理行谊》等文，出版论著《二百兆平民大问题》（上海商务印书馆，1924年）、主编《现代政治思潮》（与蔡元培等合编。上海商务印书馆，1929年）等亦署。⑤稚晖，见于随笔《敬答胡晖先生》，载1923年10月9日北京《晨报副镌》。又见于随笔《怎么办呢》，载1924年北京《现代评论》第1卷第2期。此前后在上述两刊及《新世纪》《东方杂志》《京报副刊》《猛进》《旅欧杂志》《民国日报·觉悟》《劳动》《华锋》《太平洋》等刊发表随笔《苦矣》《我也来试一试看》《乱谈几句》《一鼻孔的人有两张嘴》等亦署。

吴仲青（1900－1948），浙江嵊县（今嵊州市）人。笔名：①白龟、西摩，1926年12月起在马来亚新加坡主编《新国民日报·浩泽》，并在《新国民日报》副刊《新国民杂志》《瀑布》《绿漪》，《南洋商报》副刊《狮声》《商余杂志》，《叻报》副刊《叻报俱乐部》《星光》《椰林》等刊发表小说等署用。②吴仲青，见于小说《辜负你了》，载1926年12月6日－1927年1月20日新加坡《新国民日报·浩泽》；小说《窃议》，载1927年12月12日、15日《南洋商报·商余杂志》。③仲青，见于小说《梯形》，载1929年5月7日新加坡《南洋商报·文艺周刊》。④吴菁，1948年在新加坡《星洲日报·晨星》发表文章署用。

吴仲英，生卒年及籍贯不详。笔名：①仙丹，1930年8月后在厦门《民国日报·鹭华》发表文章署用。②吴丹，见于小说《山林的故事》，载1934年厦门《鹭华》月刊第3期。嗣后在该刊发表随笔《漩涡中的几个人物》、散文《夏的忧郁》亦署。

吴浊流（1900－1976），台湾新竹人，祖籍广东蕉岭。原名吴建田，号饶畊。笔名吴浊流，见于日文短篇小说《水月》，载1936《台湾新文学》第2卷第3期。嗣后在该刊发表小说《泥沼中的金鲤鱼》《功狗》，在《台湾艺术》发表散文《南京杂感》均署。1945年后开始用中文发表作品，1946年在《新生报刊》发表小说《先生妈》，1947年发表小说《波茨坦科长》，1955年发表小说《狡猿》，1967年在《台湾文艺》连载长篇小说《路迢迢》，出版长篇小说《孤帆》（高雄黄河出版社，1959年）、《亚细亚的孤儿》（台北南华出版社，1962年），中篇小说《泥泞》（台北林白出版社，1971年），短篇小说集《波茨坦科长》（台北学友书局，1948年）、《吴浊流选集》（台北广鸿文出版社，1966年）、《无花果》（台北林白出版社，1970年）、《泥沼中的金鲤鱼》（台南大行出版社，1975年），散文集《风雨窗前》（台北文献书局，1958年）、《谈西说东》（台湾文艺杂志社，1959年）、《东南亚漫游记》（台湾文艺杂志社，1973年），诗集《蓝园集》（新竹英才印书局，1949年）、《风雨窗前》（苗栗文献书局，1958年）、《浊流千草集》（台北集文书局，1963年）、《浊流诗草》（台湾文艺杂志社，1973年），评论集《台湾文艺与我》（台北远行出版社，1977年）、《黎明前的台湾》（台北远行出版社，1977年），以及《疮疤集》（台北集文书局，1963年）、《晚香》（台湾文艺杂志社，1971年）、《吴浊流作品集》等亦署。

吴紫风（1919－2011），广东台山人。原名吴月娟。笔名：①紫丁，见于散文《在黑夜里前奔的青年》，载1936年香港《大众日报》。同年在该报发表《古井的波澜》等散文亦署。②柴丁，见于《灵魂的监狱》，载1936年《妇女生活》。③紫风，见于散文《泰山庙的风光》，载1937年上半年广州《群声报》。1938年起在广州《中山日报》发表《随军服务的生活剪影》等散文，出版散文集《团年夜》（南方通俗出版社，1954年）、《樱桃和茉莉》（上海文艺出版社，1980年）、《渔歌飘荡的时候》（百花文艺出版社，1982年）、《这里有一条爱河》（人民文学出版社，1984年）、《花神与雷神》（广西教育出版社，1992年）、《海姑娘》（花城出版社，1992年）、《锦绣山河赋》（广东旅游出版社，2001年）、《船家姑娘》（广东旅游出版社，2001年）、《我和秦牧》（广东旅游出版社，2001年），编选《紫风作品选萃》（花城出版社，1994年）、《秦牧散文集》（汕头大学出版社，1997年）、《秦牧作品精选》（河北少年儿童出版社，1998年）等亦署。④佚名，见于《世界妇女名人剪影》，生活·读书·新知三联书店1950年出版。⑤吴苑，1954年在《广州日报》发表《车间的友谊》《花蕾》等散文署用。⑥吴茉，见于《梳髻修眉上岸来》，载1959年《羊城晚报》。⑦吴紫风，出版散文集《写在泥土上的诗》（上海文艺出版社，1958年）署用。嗣后编选出版《俯仰无愧于人的一生：秦牧相画集》（岭南美术出版社，2008 年）亦署。

吴宗慈（1879－1951），江西南丰人。字蔼林、蔼灵，号哀灵、哀灵子。笔名：①吴宗慈，见于散文《冒雨登庐山记》，载 1931 年上海《旅行杂志》第 5 卷第 6 期。嗣后在《国立中山大学研究院史学专刊》《现代史学》《读书通讯》《国史馆馆刊》《逸经》等刊发表《清初迄近代中国文学史上之演变》《陶渊明里居补考》《李瑞清传》《姚名达传》《陈三立传略》等文亦署。②吴蔼林，见于《太炎先生言行轶录》，载 1936 年苏州《制言半月刊》第 25 期《太炎先生纪念专号》。

吴宗锡（1925－2017？），江苏苏州人，生于上海。笔名：①左绚，见于诗《无题》，载 1946 年上海《野火》诗刊（油印本）第 1 期。嗣后至 1948 年在《大公报·星期文艺》《时代日报·蚂蚁小辑》等报发表文章，1949 年后出版专著《怎样欣赏评弹》（上海文化出版社，1957 年）、《评弹艺术浅谈》（中国曲艺出版社，1981 年）、《评弹散论》（上海文艺出版社，1982 年）等亦署。②苗山，见于译诗《桑德堡诗选译》、评介《桑德堡介绍》，载 1947 年《野火》第 3 期。③夏史，20 世纪 40 年代在《大公报·星期文艺》发表诗、评论、散文时与"左绚"一名间用。④程芷，1949 年后发表诗文署用。⑤吴宗锡，创作弹词《晴雯》《芦苇青青》《新木兰辞》《红纸伞》，出版专著《评弹文化词典》（汉语大辞典出版社，1996 年）、《听书论艺集》（大众文艺出版社，2000 年）、《评弹小辞典》（上海辞书出版社，2011 年）、《走进评弹》（上海文艺出版社，2011 年）、《弦内弦外——吴宗锡评弹艺文选》（中国文联出版社，2013 年）等均署。⑥拾之、唐墨、苲菲、虞襄、尤大军，署用情况未详。

吴组缃（1908－1994），安徽泾县人。原名吴祖襄，字仲华。笔名：①吴祖襄，见于小说《不幸的小草》，载 1928 年 10 月 7 日上海《民国日报·觉悟》；诗《我要踏着云霞飞腾》，载 1929 年北平《清华周刊》第 32 卷第 5 期。②吴组细，见于散文《歌蕾梦娜者》，载 1929 年《清华周刊》第 32 卷第 8 期；诗《嫩黄之忆》，载 1934 年北平《文学季刊》第 1 卷第 3 期；小说集《西柳集》（上海生活书店，1934 年）；散文集《饭余集》（上海文化生活出版社，1935 年）。嗣后在《清华周刊》《文学季刊》《青年界》《文艺月报》《文学》《中流》《太白》《新小说》《七月》《书报精华》《抗到底》《抗战文艺》《文艺》《文讯月刊》《人世间》《时与潮副刊》《时与潮文艺》《月刊》《文哨》《中国作家》等刊发表小说《官官的补品》《一千八百担》《鸭嘴涝》、散文《闻鲁迅先生死耗》《敬悼佩弦先生》《雁冰先生印象记》、通讯《美国的冬天》、评论《读〈十年诗选〉》等，出版长篇小说《鸭嘴涝》（又名《山洪》。重庆文艺奖助金管理委员会出版部，1943 年），短篇小说集《西柳集》（上海生活书店，1934 年），小说散文集《饭余集》（上海文化生活出版社，1935 年），1949 年后出版《吴组

缃小说散文集》（人民文学出版社，1954 年），短篇小说集《宿草集》（北京大学出版社，1988 年），散文集《拾荒集》（北京大学出版社，1988 年），文学评论集《说稗集》（北京大学出版社，1987 年）、《苑外集》（北京大学出版社，1988 年）、《吴组缃小说研究论集》（北京大学出版社，1998 年），专著《宋元文学史稿》（与沈天佑合作。北京大学出版社，1989 年）、《聊斋志异欣赏》（与其他人合集。北京大学出版社，1986 年），文集《吴组缃选集》（文学史料研究会，1978 年）、《吴组缃文集》（华夏出版社，2000 年）等亦署。③野松，见于译作《玫瑰》，载 1930 年北平《清华周刊》第 33 卷第 6 期；散文《清华园之春》，载 1930 年 8 月北平《清华年刊》。④白眼，见于随笔《自杀闲话》，载 1930 年北平《清华周刊副刊》第 36 卷第 7 期（刊目录署名"野松"）。⑤寄谷，见于散文《一个 Freshman 的日记》，载 1930 年 8 月北平《清华年刊》。⑥野，见于随笔《梦与死》，载 1930 年北平《清华周刊副刊》第 36 卷第 7 期。嗣后在该刊第 37 卷第 6 期发表评论《辛克莱的〈石炭王〉》亦署。⑦木公，见于小说《孩子和爸爸》，载 1932 年《清华周刊》第 36 卷第 9、10 期合刊。⑧谷，见于小说《加厘饼》，载 1932 年《清华周刊》第 36 卷第 12 期。⑨襄，见于随笔《写在文艺栏之前》，载 1932 年《清华周刊》第 37 卷第 1 期。⑩芜蒂，见于散文《扬州杂记》，载 1934 年《清华周刊》第 41 卷第 3、4 期合刊。⑪祖襄，署用情况未详。

吴祖光（1917－2003），江苏武进（今常州市）人，生于北京。乳名韶韶。曾用名吴昭石。笔名：①吴祖光，见于散文《老宫女的故事》，载 1931 年北平《孔德校刊》第 1 期。嗣后在该刊及《论语》《周报》《万象》《野草》《时与潮文艺》《戏剧时代》《抗战文艺》《广东妇女》《人世间》《月刊》《消息半月刊》《艺声》《文章》《文艺复兴》《清明》等刊发表散文《雨夜》《豆花时节》《牧羊曲》、随笔《小城春色》《旧戏新感》《记贺孟斧》《宵禁解除之夜》《窗前》、诗《梦回》、剧作《画角春色》《夜奔》《少年游》《孩子军》，出版话剧剧本《凤凰城》（重庆生活书店，1939 年）、《正气歌》（又名《文天祥》。重庆文艺奖助金管理委员会出版部，1942 年）、《风雪夜归人》（上海开明书店，1944 年）、《夜奔》（又名《林冲夜奔》。重庆未林出版社，1944 年）、《少年游》（重庆开明书店，1945 年）、《画角春色》（根据苏联卡坦耶夫原作《蓝手帕》改编。重庆时与潮社，1946 年）、《捉鬼传》（上海开明书店，1947 年）、《牛郎织女》（上海开明书店，1947 年）、《嫦娥奔月》（上海开明书店，1947 年），散文集《后台朋友》（上海出版公司，1946 年）、《艺术的花朵》（新文艺出版社，1955 年），专著《吴祖光论剧》（中国戏剧出版社，1981 年），文集《吴祖光散文选》（江苏人民出版社，1982 年）等，编导《国魂》《莫负青春》《山河泪》《春风秋雨》《风雪夜归人》等电影，执导电影《梅兰芳舞台艺术》《洛神》《荒山泪》等亦署。②吴君石，1933 年在《韵石社剧刊》发表剧评署用。③绿英，见于散文《广和楼的

捧角家》，载 1936 年上海《宇宙风》半月刊第 19 期。④吴韶，见于散文《宫娥怨》，载 1937 年南京《文艺月刊》第 10 卷第 2 期。⑤宗明，见于散文《鼠祟》，载 1942 年 1 月 25 日《演剧生活》第 1 期。⑥司徒电登，抗战时在某小报发表文章署用。⑦杨双，见于随笔《新凤霞与新评剧》，载 1951 年北京《新观察》第 3 卷第 3 期。按：吴祖光尚出版有话剧剧本《孩子军》《闯江湖》《风雪集》《求凰集》《咫尺天涯》《童童》《牛女集》《除四害》、诗剧《牛郎织女》、京剧剧本《三打陶三春》《武则天》《凤求凰》《三关宴》《红娘子》、电影文学剧本《红旗歌》《花为媒》、诗集《枕下集》、传记《吴祖光悲欢曲》、文集《吴祖光剧作选》《吴祖光闲文选》等，出版情况未详。

吴祖颐，生卒年及籍贯不详。笔名驮重，1949 年 10 月前在《浙江日报》《大潭报》副刊发表文章署用。

吴醉莲，生卒年不详，台湾人。笔名醉莲、吴醉莲，1938—1941 年在台北《风月报》《兴南新闻》《台湾艺术》发表旧体诗《春日漫兴》等署用。

伍崇学，生卒年不详，江苏江宁（今南京市）人。字静虑，号仲文。笔名伍崇学，在《南社丛刻》发表诗文署用。

伍纯武（1905—1988），浙江杭州人。字建一。笔名伍纯武，见于小说《摸鱼》，载 1923 年上海《心潮》季刊第 1 卷第 2 期。嗣后出版翻译小说《死的胜利》（意大利邓南遮原作。上海中华书局，1931 年），发表经济学论文、出版经济学著作和译作均署。

伍光建（1867—1943），广东新会（今江门市）人。原名伍光鉴，字昭扆，号顾斋。曾用名伍顾斋。笔名：①君朔，1894 年开始在上海《中外日报》发表译文署用。嗣后在上海商务印书馆出版译作《侠隐记》（法国大仲马原作，1907 年）、《续侠隐记》（法国大仲马原作，1907 年）、《法宫秘史前编》（法国大仲马原作，1908 年）、《法宫秘史后编》（法国大仲马原作，1908 年）、《狐之神通》（德国歌德原作，1926 年）、《狐大神通》（德国歌德原作，1933 年）等均署。②伍光建，见于翻译长篇小说《劳苦世界》（英国狄更斯原作），载 1926 年上海《小说世界》第 13 卷第 14 期至第 14 卷第 25 期。嗣后在《十日》《中国新书月报》《文学》《世界文学》《经理月刊》等刊发表著译作品均署。出版译作《大伟人威立特传》（英国菲尔丁原作。上海商务印书馆，1926 年）、《劳苦世界》（英国狄更斯原作。上海商务印书馆，1926 年）、《克阑弗》（英国盖斯凯尔夫人原作。上海商务印书馆，1927 年）、《约瑟安特路传》（英国菲尔丁原作。上海商务印书馆，1928 年）、《造谣学校》（英国谢里丹原作。上海新月书店，1929 年）、《旧欢》（上海黎明书局，1929 年）、《狭路冤家》（英国艾米莉·勃朗特原作。上海华通书局，1930 年）、《洛雪小姐游学记》（英国夏洛蒂·勃朗特原作。上海商务印书馆，1932 年）、《悲惨世界》（法国雨果原作。上海黎明书局，1933 年）、《孤女飘零记》（英国夏洛蒂·勃朗特

原作。上海商务印书馆，1935 年）、《浮华世界》（英国萨克雷原作，赫次堡节选。上海商务印书馆，1935 年）、《甘地特》（法国伏尔泰原作。上海商务印书馆，1935 年）、《罪恶与刑罚》（俄国陀思妥耶夫斯基原作。上海商务印书馆，1935 年）、《红百合花》（法国法朗士原作。上海商务印书馆，1936 年）、《洛士紫尔特的提琴》（俄国契河夫原作。上海商务印书馆，1936 年）、《死的胜利》（意大利邓南遮原作。上海商务印书馆，1936 年）、《托尔斯泰短篇小说》（苏联阿·托尔斯泰原作。上海商务印书馆，1936 年）等亦署。③于晋，署用情况未详。

伍禾（1913—1968），湖北武汉人。原名胡德辉。笔名：①伍禾，见于《与流亡者》，载 1934 年 4 月 20 日上海《申报·自由谈》；诗《希望》，载 1934 年上海《春光》第 1 卷第 3 期。嗣后在《当代诗刊》《文艺》《时调》《文艺生活》《抗战文艺》《诗创作》《文学批评》《文艺先锋》《文讯》等报刊发表诗、随笔、评论，出版诗集《萧》（桂林文献出版社，1942 年）、《寒伧的歌》（桂林文献出版社，1942 年）、《行列》（长江文艺出版社，1984 年）等均署。②宇之、聂文、劳人、石闻、牛回、洗耳、眉甥、上官、上官米、江北米、叔孙季，20 世纪 30 年代在武汉报刊署用。③纪烟、黑山、苏眉甥，1946—1949 年在武汉主编《新湖北日报·长江》在该刊发表诗、杂文署用。

伍稼青（1900—1987），江苏武进（今常州市）人。原名伍受真。笔名：①伍受真，见于诗《不亦快哉》，载 1923 年上海《红杂志》第 35 期（刊目录署名）；论文《论〈孔雀东南飞〉》，载 1928 年北平《现代评论》第 7 卷第 182 期。嗣后在《地政月刊》《旅行杂志》《江苏月报》《民意周刊》等刊发表《民国经济界行政纪略述要》《齐鲁纪游》《东西两洞庭湖游记》《灌县青城纪游》等文亦署。②受真，见于诗《不亦快哉》，载 1923 年上海《红杂志》第 35 期（刊内正文署名）。③伍稼青，编选出版《常州情歌选》（上海华通书局，1931 年）署用。1943 年在上海《紫罗兰》第 3 期发表《峨眉忆游》，嗣后在该刊发表《桂林山水》《渝州琐记》《南岳游踪》《贵筑风光》等文，在上海《春秋》1943 年第 5 期发表散文《洞天探幽录》，1949 年后出版散文集《山水清晖集》（台湾商务印书馆，1969 年）、《游踪处处》（台湾商务印书馆，1972 年）、《华夏瓜果录》（台湾博爱出版社，1976 年）、《拾趣录》（台湾学生书局，1978 年）等均署。

伍蠡甫（1900—1992），广东新会（今江门市）人，生于上海。字敬庵。笔名：①伍蠡甫，见于翻译小说《两个世界》（丹麦约珂布生原作），载 1934 年上海《文学》第 2 卷第 3 期；翻译小说《贝加曼利的故事》（秘鲁卡尔德隆原作），载 1934 年上海《矛盾月刊》第 3 卷第 3、4 期合刊。同时期起在《东方杂志》《青年界》《现代》《文学丛报》《新文学》《世界文学》《文化建设》《出版周刊》《文讯》《文艺先锋》等刊发表著译小说、

散文等，出版翻译剧作《合作之胜利》（英国 B. R. 吉布斯原作。上海中国合作学社，1930 年），翻译小说《新哀绿绮思》（法国卢梭原作。上海黎明书局，1930 年）、《福地》（美国赛珍珠原作。上海黎明书局，1932 年）、《儿子们》（美国赛珍珠原作。上海黎明书局，1932 年）、《瑞典短篇小说集》（瑞典亚尔马·伯格曼等原作。上海商务印书馆，1935 年）、《印度短篇小说集》（印度泰戈尔等原作。上海商务印书馆，1937 年）、《四百万》（美国欧·亨利原作。上海商务印书馆，1937 年），1949 年后出版《伍蠡甫山水画辑》，论著《谈艺录》《中国画论研究》《伍蠡甫艺术美学文集》《名画家论》《欧洲文论简史》，主编《中国名画欣赏辞典》《山水与美学》《西方文论选》《现代西方文论选》等亦署。②蠡甫，见于译作《柏罗托里胡同》（俄国爱伦堡原作，与筱舟合译），载 1935 年上海《世界文学》第 1 卷第 6 期；《译者序》，载 1935 年上海商务印书馆出版之《瑞典短篇小说集》）。③敬庵、敬盦，创作国画时署用。

伍禅（shàn）（1904－1988），广东海丰人。原名伍赞天。笔名陆少毿，见于翻译小说《田园》（日本平田小六原作），载 1935 年北平《文学季刊》第 2 卷第 4 期；翻译小说《麻疯》（日本岛木健作原作），载 1936 年上海《译文》新 1 卷第 5、6 期。同时期在《大公报·文艺》《文季月刊》发表翻译小说《春琴抄》（日本谷崎润一郎原作）、《狐》（日本永井荷风原作）等，出版翻译小说《春琴抄》（日本谷崎润一郎原作。上海文化生活出版社，1936 年）等均署。

伍石夫（1909－1939），四川仁寿人。原名伍世英，字孔学。曾用名伍三、休基、吴山行。笔名伍石夫，见于小说《回煞》，载 1936 年 6 月 14 日天津《大公报·文艺》；小说《逼》，载 1936 年北平《大众知识》第 1 卷第 4 期。同时期在北平《联合文学》、上海《文学月刊》、天津《国闻周报》发表诗《铁流之歌》《除夕三部曲》、随笔《奇闻二则》亦署。

伍叔傥（1897－1966），浙江瑞安人。原名伍倜，字鹤笛、叔傥。曾用名伍傲、伍一比。笔名：①索太，见于随笔《如何改善大学中国文学系》，载 1938 年重庆《教育通讯》周刊第 25 期。嗣后在该刊发表《谈谈中学国文教学法》等文亦署。②伍叔傥，见于《谢朓年谱》，载 1927 年上海《小说月报》第 17 卷号外《中国文学研究》。又见于旧体诗《晚登黄鹤楼望江流有作》，载 1938 年《国民党论》第 1 卷第 2 期。黄山书社 2011 年出版《伍叔傥集》亦署。③伍傲，见于随笔《史记集注自序》，载 1928 年广州《国立第一中山大学语言历史学研究所周刊》第 2 集第 20 期；《沈约年谱——六朝诗家年谱之一》，载 1931 年广州《国立中山大学文史研究所辑刊》第 1 卷第 1 册。

伍棠棣（1921－2015），广西平乐人。笔名：①健驹，1938 年在桂林《广西日报·漓水》和该报晚报版发表诗《九月风》等署用。又见于《我的下乡宣传工作的经验》，载 1938 年广西《全面战周刊》第 21 期。嗣后

在该刊第 28 期和桂林《中学生》第 19 期分别发表《被忘却了的农村的一角》《读了〈写给今年升入大学的青年朋友们〉之后》二文亦署。②伍禾，见于诗《入湘行》，载 1939 年《广西日报·漓水》。③伍棠棣，见于诗《锡矿山的子民》，载 1941 年桂林《诗创作》第 6 期；诗《祝福》，载 1944 年《新血轮月刊》第 1 期。同时期在桂林《大公报·文艺》、邵阳《中央日报·平明》等报刊发表诗文，1949 年后出版心理学著作、译作亦署。

伍宪子（1881－1959），广东顺德（今佛山市）人。原名伍庄，字宪子、宪庵，号梦蝶、博浪楼主。曾名伍文琛。笔名：①雪铁，辛亥革命前在《广益丛报》发表文章署用。②伍宪子，见于随笔“九一八”十周年纪念感言》，载 1941 年香港《时代批评》第 4 卷第 79 期。嗣后在该刊及重庆《再生》杂志发表《我到京沪后的观感》《中国复兴纲领中之文化纲领》《中国之病与药》等文，出版论著《经学通论》（上海东方文化出版社，1936 年）亦署。

武炳章（1849－1923），辽宁锦县（今凌海市）人。字子彪。笔名武炳章，编著《理学摘要》《四书道归一贯》《圈点朱子大全》《陆九渊集》《王文成公集》等署用。

武达平（1911－1999），内蒙古托克托人。原名武丕荣。笔名：①寰风，见于诗《苍狼》，载 1933 年 9 月 17 日绥远《民国日报·十字街头》。嗣后在该刊发表诗《深山孤吟》《进行曲》等亦署。②雁博，见于诗《水车》，载 1935 年 8 月 30 日绥远《国民日报·塞原》第 36 期。③佩莹，见于诗《新年哀歌》，载 1936 年 1 月 1 日绥远《西北日报·塞风》。④佩筠、塞（sài）石，1933－1937 年在绥远《民国日报·塞原》《西北日报·塞风》《塞北诗草》等报刊发表诗作署用。⑤达平，见于随笔《胜利是属于我们的》，载 1937 年绥远《社会日报·洪荒》。⑥武达平，出版散文集《塞风集》（与章叶频合集，20 世纪 80 年代印行）署用。

武桂芳（1915－1990），浙江定海（今舟山市）人。笔名：①武桂芳，见于《橄榄》，载 1938 年 2 月 13 日上海《文汇报·世纪风》；通讯《中国之友苏唐女士访问记》，载 1938 年上海《上海妇女》第 1 卷第 7 期。嗣后在该刊发表通讯《访问饥饿线上的华成女工们》亦署。②桂如芳，见于《红姑娘》，载 1939 年上海《鲁迅风》第 1 期。③桂芳，见于随笔《无怪其然》，载 1938 年 3 月 12 日上海《文汇报·世纪风》；《表》，载 1939 年《鲁迅风》第 5 期。嗣后先后在上述两刊及上海《救亡日报》《申报·自由谈》《文艺》《文艺新潮》《新中国文艺丛刊》《上海妇女》《旅行杂志》等报刊发表散文《我的钢琴呢》《忆远天的老人》《鲁迅逝世二周年纪念会》、小说《奶妈》《她》、速写《在救护班里》等文亦署。④木圭，出版小说集《背上了十字架》（上海大华图书公司，1941 年）署用。⑤吕克石，署用情况未详。

武克仁（1919－2003），山西临猗人。笔名：①武克仁，出版戏曲剧本《易水曲》（上海杂志公司，1950年），长篇小说《丹桂泊》（花山文艺出版社，1986年）等署用。②士虹，出版剧本《忠王平妖记》（与龚啸岚合作。上杂出版社，1952年）署用。③茹冰，出版杂文集《蛋糕的命运》（与其他人合集。长江文艺出版社，1957年）署用。按：武克仁尚出版有戏剧剧本《张羽煮海》、历史小说《柳宗元》《李贽》，改编有汉剧剧本《穆桂英智破天门阵》《毛子佩闹宫》《岳飞夫人》等，出版与署名情况未详。

武慕姚（1900－1982），河北永年人，生于湖北京山。原名武福鼐。晚号拙叟。笔名武慕姚，出版《水瓯谈》《毡椎闲话》《鹧鸪天词》《书法韵语》等著作署用。

X

【xi】

西虹（1921－2012），山西原平人。原名宵保禄。笔名西虹，见于报告《梢林里》，载1944年5月31日延安《解放日报》；报告《小周和班副》，载1947年哈尔滨《东北文艺》第2卷第1期。嗣后在该刊及《新华日报》《小说月刊》等报刊发表报告《孤胆勇士》《反坦克英雄班》，秧歌剧《军爱民，民拥军》，小说《黑与白》《功臣榜上第一名》《火线下》等亦署。1949年后出版报告集《军中记事》《碧海红心》《海上旗手》，中篇小说《在零下四十度》，长篇小说《山城》，小说集《戴奖状的人》《英雄的父亲》，散文集《军中记事》《无尽的怀念》《时代的奉献者》等亦署。

西玲（1914－？），福建永春人。原名吴章庆。笔名西玲，1937年起在马来亚新加坡《星洲日报》副刊《晨星》《文艺》等发表长诗《回战之声》《澎湃颂》等署用。嗣后发表长诗《吴家村》（载1938年12月新加坡《南洋周刊》）、长诗《奴隶们的歌》（载1939年香港《文艺阵地》第2卷第11期）等亦署。

西戎（1922－2001），山西蒲县人。原名席诚正。笔名：①西戎，见于小说《我掉队以后》，载1942年10月31日延安《解放日报》。嗣后在该报及《抗战日报·吕梁文化》《晋绥大众报》《人民时代》《晋绥日报》《川西日报》《川西说唱报》《西南文艺》等报刊发表散文、小说、通讯、故事、评论等作品，出版长篇小说《吕梁英雄传》（与马烽合作），短篇小说集《受苦的日子算完结了》（与孔厥等合集。华北新华书店，1945年）、《谁害的》（与其他人合集。东北新华书店，1949年）、《麦收》《终身大事》《姑娘的秘密》《宋老大进城》，散文集《寄语文学青年》，电影文学剧本《叔伯兄弟》《扑不灭的火焰》（与马烽合作）、《黄土坡的婆姨们》等亦署。②曹文，见于通讯《生产竞赛中的林遮峪》，载1943年4月6日晋西北《抗战日报》。同年5月27日在该报发表通讯《没有用过纺车的地方》亦署。③曹有才，1947年在《晋绥日报》编《大众园地》副刊时署用。④席诚正，见于小说《调解》，载1948年8月23日《晋绥日报》；故事《查夜》，载1951年成都《川西说唱报》第14期。⑤何仁，见于散文《母亲的晚年》，载1957年太原《火花》8月号。⑥舒蜀，署用情况未详。

西彤（1929－1930），广西恭城人。原名吴锡彤。曾用名吴西彤。笔名：①吴锡彤，见于散文《梦境》，载1947年秋桂林《中央日报》副刊。②曦虹，1947年在自印小报《绿洲》发表诗文署用。嗣后出版报告文学集《踏遍青山》（广东人民出版社，1982年）亦署。③栖桐，见于散文诗《往事的花朵》，载1948年秋广西《八步日报》副刊。嗣后多用于发表短诗文。④西彤，1949年参军后发表作品署用。嗣后出版诗集《心灵的彩翼》《春的魅力》《痴情的追求》《爱泉》《西彤诗选》《昨夜风雨》《西彤短诗选》，剧本《千流归大海》（合作），儿歌集《木偶片〈三只蝴蝶〉歌曲集》（杨继陶作曲），发表诗歌《有两个字——写在香港回归的日子》及歌词《南京路上好八连》《小河流过边境》《一树不开两样花》《为你倾心》《寻梦》《珍惜》等亦署。⑤严炽、溪流、田边人，20世纪80年代发表文章署用。⑥丹谷，署用情况未详。

奚侗（1876－1936），安徽当涂人。字度青，号无识。笔名：①奚侗，在《南社丛刻》发表诗文，出版《庄子补注》（线装本，1917年）及《老子集解》《说文采正》等著作署用。②度青，在《南社丛刻》发表诗文署用。

奚燕子（1876－1940），江苏南汇（今上海市）人。原名奚囊，字生白、申伯，号燕子。笔名：①奚燕子，见于《倦眼看花记》，载1924年上海《显微镜报》；集锦侦探小说《胭脂印》，载1935年上海《社会月报》第1卷第11期。嗣后出版《江湖技击传》（武侠小说。与其他人合作。上海中央书店，1947年1月第5版）、《燕子吟诗抄》《玳梁余墨》《香雪词》《桐阴续话》等亦署。②在林、莲侬，署用情况未详。

席涤尘，生卒年不详，江苏吴县（今苏州市）人。原名席鸿绶。曾用名席时贤。笔名：①席鸿绶，1943年在南通担任《江北日报》社长时署用。又见于散文《南通的印象》，载1943年南通《北极》第1卷第2期。②席涤尘，见于《史蒂文生文艺杂话选译》，载1927年《白露》第2卷第3期；翻译剧本《幸福的幽谷》，载1928年《白露》第2期；译作《一座墙》，载1934年7月11－18日上海《申报·自由谈》。此前后在《东方杂志》《世界杂志》《新生活》《申报月刊》《当代文艺》《现代文学评论》等刊发表译作,出版翻译小说《一个虔诚的姑娘》(俄国屠格涅夫原作。上海现代书局,1931年)、《希腊英雄传》(英国金斯来原作。上海世界书局,1933年),戏剧《鸽与轻梦》(英国高尔华绥原作,与赵宋庆合译。上海开明书店,1927年)、《武器与武士》(爱尔兰萧伯纳原作,与吴鸿绶合译。上海光华书局,1928年)、《约会》等亦署。③时贤,见于散文《南通的夏夜》,载1943年《北极》第1卷第3期。④风笛,1944年起在南通《江北日报》主编《译文》《散文》副刊时署用。又见于杂文《深夜杂谈》,载1943年《北极》第2卷第1期。⑤涤尘,见于小说《马迹》,载1924年上海《小说世界》第8卷第7期。嗣后在上海《新时代》月刊发表文章亦署。⑥石耶,署用情况未详。

席启骊(1869—1966),湖南东安人。字鲁思。笔名席启骊,出版《荀卿赋定本校笺》《关于屈赋篇章疑信问题》《世说中当时语释》等著作署用。

【xia】

夏承焘(1900—1986),浙江温州人。字瘖禅、瞿禅、瞿髯,号梦栩生。曾用名谢邻。笔名:①梦栩生,1918年在《瓯括日报》发表诗歌署用。②夏承焘,见于《五代史记题解》,载1928年《民铎杂志》第9卷第4期;《白石歌曲旁谱辨》,载1932年《燕京学报》第12期。嗣后在《燕京学报》《之江学报》《词学季刊》《文学》《文艺捃华》《文澜学报》《之江中国文学会集刊》《出版周刊》《国专月刊》《中国文艺》《东方杂志》《读书通讯》《国文月刊》《浙江民众教育》《浙江学报》等刊发表文章,1949年后出版《唐宋词人年谱》(上海古典文学出版社,1955年)、《唐宋词论丛》(上海古典文学出版社,1956年)、《月轮山词论集》(中华书局,1979年)、《瞿髯论词绝句》(中华书局,1979年)、《唐宋词欣赏》(百花文艺出版社,1980年)、《读词常识》(中华书局,1981年)、《夏承焘词集》(湖南人民出版社,1981年)、《天风阁学词日记》(浙江古籍出版社,1984年)、《天风阁诗集》(浙江文艺出版社,1984年)、《夏承焘集》(浙江古籍出版社、浙江教育出版社,1998年),编选、校注《姜白石词编年笺校》(中华书局,1958年)、《白石诗词集》(人民文学出版社,1959年)、《词源注》(人民文学出版社,1963年)、《放翁词编年笺注》(夏承焘、吴熊和笺注。上海古籍出版社,1981年)、《域外词选》(书目文献出版社,1981年)、《姜白石词校注》(夏承焘校、吴无闻注。广东人民出版社,1983年)、《金元明清词选》(人民文学出版社,1983年)、《辛弃疾及其作品选》(上海古籍出版社,1998年),以及《龙川词校笺》《韦庄词校注》等亦署。③异之,在香港《大公报》发表《湖畔词谈》署用。

夏川(1918—2005),河北平山人。原名卢镇华。笔名夏川、白炎、方旷。著有诗文集《夏雨集》,曾参加组织和编辑《中国解放区文艺丛书》《冀鲁豫解放区文

艺丛书》和《一二・九诗选》,署名未详。

夏定域(1902—1979),浙江富阳人。原名夏廷械,字朴山,号诚堂。别号一峰、古溪子。笔名夏定域,出版《清初胡朏明先生渭年谱》《顾禹祖年谱》《江苏艺文志补正》《江苏明代倭寇事辑》等署用。

夏风(1920—1947),浙江宁波人。原名陈冠周。笔名夏风,20世纪40年代在昆明《孩子们》发表文章署用。1946年在宁波《孩子们》杂志连载《高尔基的童年生活》亦署。

夏果(1915—1985),广东高鹤人。原名源克平。笔名:①夏果,见于散文《画师关良印象记》,载1940年2月24日香港《大公报》;随笔《从战火中我们怎样离开城市》,载1946年3月14日香港《星岛日报》。嗣后在香港《工商日报》《华侨日报》《乡土》《新晚报》《文汇报》等报刊发表文章,出版《石鱼集》(香港万叶出版社,1981年)、《闲步集》等著作亦署。②龙韵,署用情况未详。

夏含华,生卒年不详,湖南安化人,号肇修。笔名含华、含花,20世纪30年代在广西《新广西》署用。嗣后在南京、南昌、杭州等地《革命军人导报》《空军月刊》《前途杂志》《中央日报》等报刊发表文章亦署。

夏侯(1927—),福建福州人。原名陈耀民。曾用名陈进。笔名:①耀民、陈耀民,1943年7月至1944年在福建永安《中央日报》发表文章署用。②燕英,见于杂文《长夜漫漫》,载1944年4月20日福建永安《民主报・新语》。嗣后在该刊发表《哭秦》《太平天下》等杂文亦署。③雁荫,见于杂文《给英雄主义者》,载1944年6月1日《民主报・新语》。嗣后在该刊发表《贡献"我的朋友们"》等杂文亦署。④夏侯,见于杂文《孟尝君裁客》,载1944年6月9—11日《民主报・新语》。嗣后在该刊及其他报刊发表杂文《牛皋抓赌》《说和做》等杂文亦署。⑤荫,见于杂文《私访拆屋》,载1944年6月10日《民主报・新语》。⑥梁楚,见于杂文《忏悔》,载1944年11月19日《民主报・新语》。嗣后在该刊发表杂文《逆子》《看见行乞者之后》等亦署。⑦马宁,1944—1945年在《南方日报・小天地》发表杂文署用。⑧杨柳青,见于杂文《略论"海滩上种花"》,载1945年4月1日《民主报・新语》。⑨秦笙、小咪,1946年上半年在福州《民主报・新语》发表《夹袄》等杂文、小品文署用。

夏焕新(1906—1988),江苏青浦(今上海市)人。字介民。笔名夏焕新,出版有《昆曲导源》《旧曲新谱》《祭孔礼仪简介及祭孔乐器释义》等著作。

夏济安(1916—1965),江苏吴县(今苏州市)人。曾用名夏澍元。笔名:①马津,见于译文《我们的父亲——汤马士曼》(德国艾瑞卡・曼、克劳斯・曼原作),载1940年上海《西洋文学》第1期和第2期。嗣后在该刊发表译文《克鲁泡特金亲王》(英国A. G.加德纳原作)、《罗素自述》(英国罗素原作)亦署。②夏

楚，见于译文《近代中国的创造精神》（美国赛珍珠原作），载 1935 年南京《中央时事周报》第 4 卷第 17 期；译文《德国真相》（美国玛莎原作），载 1938 年上海《西风副刊》创刊号。嗣后在《西风副刊》《西书精华》《天地间》《西洋文学》等刊发表译文《辜鸿铭——最后一个儒家》（林语堂原作）、《德国的纳粹运动》（德国李普曼原作）、评论《书与足下》《美国大学一览》《〈儿童指导所〉》，随笔《谈床上读书》等亦署。③夏济安，1949 年后在台湾出版《夏济安选集》（台北志文出版社，1971 年）、《夏济安日记》（台北言心出版社，1975 年）、《黑暗的闸门——中国左翼文学运动研究》（英文版，美国华盛顿大学出版社，1986 年）、英汉对照《名家散文选读（二卷）》（今日世界社，1976 年）等署用。④璇仙、乐季生、齐文瑜，署名情况未详。

夏菁（1925—　），浙江嘉兴人。原名盛志澄。笔名夏菁，1949 年后出版诗集《静静的林间》（台北蓝星诗社，1954 年）、《喷水池》（台北明华书局，1957 年）、《石标集》（香港中外文化公司，1961 年）、《少年游》（台北文星书店，1964 年）、《山》，散文集《落矶山下》（台北蓝星诗社，1968 年）、《悠悠蓝山》（台北洪范书店，1985 年）等署用。

夏敬观（1875—1953），江西新建人，生于湖南长沙。字建承、剑丞、鉴丞，号缄斋、盗人。晚号陕庵、映（chuò）庵、映盦、映广（ān）。笔名：①夏敬观，见于《诗余四首》，载 1908 年《国粹学报》第 4 卷第 8 期；诗《积水潭》《天坛》《雍和宫》，载 1912 年《庸言》第 2 卷第 4 期。嗣后在《庸言》《东方杂志》《学衡》《词学季刊》《学术世界》《国画月刊》《群雅月刊》《艺文》《永安》《同声》《图书》《读者文摘》《语林》《国史馆馆刊》发表诗文，出版《词调溯源》（上海商务印书馆，1931 年）及《古音通转例证》等亦署。②玄修、金承、鉴丞、牛邻叟、夏剑丞、忍古楼，署用情况未详。

夏敬农，生卒年不详，湖北鄂城人。笔名犬儒，见于随笔《假粪制造的研究》，载 1921 年 11 月 6 日北京《晨报副镌》。同年 11 月 19 日在该刊发表《雷祖爷欢天喜地》一文亦署。

夏康农（1903—1970），湖北鄂城人。原名夏检。曾用名夏元农。笔名：①浩然，见于《两种"造谣学校"的译本的比较》，载 1929 年《新月》月刊第 2 卷第 6、7 期合刊。嗣后出版翻译小说《结婚二重奏》（日本菊池宽原作。上海长城书局，1933 年）亦署。②夏康农，见于随笔《生物科学的研究方法》，载 1928 年 8 月 16 日上海《北新》第 2 卷第 19 期；随笔《方泽〈西哈诺〉序》，载 1928 年上海《春潮》第 1 卷第 1 期。嗣后在《贡献》《国立劳动大学月刊》《中华论坛》《评论报》《新文化》《民主周刊》《现代新闻》《大学月刊》《中国建设月刊》《人世间》《文讯》《文艺新辑》《科学时代》《现代教学丛刊》《远风》《光明报》《新华周报》等报刊发表文章，出版翻译小说《茶花女》（法国小仲马原作。上海合众书店，1946 年）等亦署。③康农，见于

散文《善颂》，载 1918 年上海《贡献》第 3 卷第 4 期；随笔《浪费的蔓延》，载 1929 年《春潮》第 1 卷第 4 期。④田家稣，20 世纪 40 年代在上海《大学月刊》发表文章开始署用。嗣后出版论著《论知识分子》（上海新知书店，1948 年）亦署。⑤开因，见于散文《立正——别忙走》，载 1928 年上海《贡献》第 3 卷第 5 期；散文《几片故乡的零乱话》，载 1928 年上海《北新》第 2 卷第 18 期。⑥林沧白，见于论文《美国复兴中国农村论》，载 1948 年上海《远风》第 2 卷第 5 期。⑦乔峰，20 世纪 40 年代在《民主》《中国建设月刊》《新文化》等刊发表文章署用。⑧周士信，署用情况未详。

夏莱蒂（1902—1973），江苏松江（今上海市）人。原名夏来骐。曾用名夏洛蒂。笔名：①Y，见于《和春杂时》，载 1923 年上海《弥洒》月刊第 4 期。嗣后在《努力周报》《小说世界》《语丝》等刊发表文章亦署。②夏莱蒂，见于《基督与猪》，载 1928 年上海《大众文艺》第 1 卷第 1 期；翻译小说《莎兰绮》（法国大仲马原作），载 1928 年《真善美》第 1 卷第 7 期。嗣后在《大众文艺》《北新》《一般》《青年界》《新学生》《现代学生》《中学生》《现代中国》《中美周刊》等报刊发表著译小说、诗等，出版翻译诗集《装饰集》（英国道生原作。上海光华书局，1937 年），翻译小说《七个绞死的人》（俄国安特列夫原作。上海金屋书店，1928 年）、《南风》（法国奥都培·蒲闸原作。厦门世界文艺书社，1929 年）、《英美名家小说集》（上海文艺书局，1929 年）、《潘彼得》（英国詹姆斯·巴利原作。上海启明书局，1938 年），翻译剧作集《爱与死的角逐》（法国罗曼·罗兰原作，与其他人合译。上海启明书局，1937 年）等亦署。③莱蒂，见于翻译小说《一个现代人的忏悔》（法国米赛原作），载 1928 年《大众文艺》第 1 卷第 3—7 期。此外在上海《诗歌月报》《文心》等刊发表诗文亦署。④来芝，"孤岛"时期在上海报刊发表文章署用。

夏理亚（1923—　），江苏南通人。原名喜桓。曾用名喜一峰。笔名：①粟青，见于诗《丰年》，载 1944 年 7 月 28 日南通《江北日报·诗歌线》。嗣后在该刊发表诗《狂风以后》《主席》等亦署。②许守易，见于诗《落灯把戏》，载 1945 年《江北日报·诗歌线》新第 18 期。嗣后在该刊发表诗《裁缝》等亦署。③严戈行，见于诗《端午景》，载 1945 年《江北日报·诗歌线》新第 23 期。④匡吉舟，见于诗《给丁莫辰》，载 1945 年《江北日报·诗歌线》新第 30 期。⑤夏理亚，见于诗《在革命面前》，载 1946 年如皋《文综》第 2 期。嗣后在该刊发表《接晚学：如皋城区民校见闻录》《民间艺人陈鹤松》等亦署。

夏霖（1922—1987），马来西亚华人。原籍中国广东东莞，生于广州。原名陈求。笔名：①夏霖，1946 年起在马来亚吉隆坡《民声报》、新加坡《星洲日报·晨星》《南侨日报·文艺》《新流半月刊》等报刊发表小说、散文、杂文等署用。嗣后出版小说集《静静的彭

亨河》（吉隆坡民声报社，1948 年）亦署。②丹子、叶汉平，1946 年起在马来亚报刊发表文章署用。③陈求、江霖、曾九洲、曾五洋、彭剑桥，20 世纪 80 年代在马来西亚吉隆坡《新生活报》《中国报》《新晚报》等报刊发表文章署用。

夏渌（1923－2005），浙江杭州人，生于上海。原名王先智，字重六。曾用名王忻之、王岑秀、王信之。笔名：①夏渌，1944 年在重庆编《诗激流》署用。嗣后出版诗集《钟声》（1947 年）亦署。②王工、王水、岑秀，1949 年 10 月前后在《新华日报》发表诗歌署用。

夏丏尊（1886－1946），浙江上虞（今绍兴市）人。原名夏铸，字丏尊、勉旃，号闷庵、平屋主人；别号夏盖山民。曾用名钊哥（乳名）。别署无闷、默之。笔名：①丏尊，见于诗《雷雨以后》，载 1920 年 10 月 1 日上海《民国日报·觉悟》。嗣后在《小说月报》发表作品亦署。②夏丏尊，见于译文《女性中心说》，载 1922 年 5 月 23 日上海《民国日报·觉悟》；《弘一法师之出家》，载 1924 年《觉音》第 20、21 期。嗣后在《觉音》《秋野》《教育杂志》《文学周报》《越风半月刊》《新语》《国文月刊》《小说月报》《新女性》《中学生》等刊发表著译文章，出版散文集《幽默的叫卖声》（与其他人合集。上海生活书店，1935 年）、《平屋杂文》（上海开明书店，1935 年）、《平屋杂文》（上海三通书局，1940 年）、《平屋随笔》（上海三通书局，1940 年），短篇小说集《十年》（夏丏尊编。上海开明书店，1936 年）、《十年续集》（夏丏尊编。上海开明书店，1936 年），翻译小说《爱的教育》（意大利亚米契斯原作。上海开明书店，1926 年）、《棉被》（日本田山花袋原作。上海商务印书馆，1927 年）、《国木田独步集》（日本国木田独步原作。上海开明书店，1927 年）、《芥川龙之介集》（日本芥川龙之介原作，与鲁迅等合译。上海开明书店，1927 年）、《续爱的教育》（意大利孟德格查原作。上海开明书店，1930 年）、《幸福的船》（俄国爱罗先珂原作，与其他人合译。上海开明书店，1931 年），以及《文章作法》（与刘薰宇合编。上海开明书店，1926 年）、《文艺论 ABC》（上海世界书局，1926 年）、《文心》（与叶绍钧合作。上海开明书店，1933 年）、《文章讲话》（与叶绍钧合作。上海开明书店，1938 年）、《社会主义与进化论》（日本高畠素之原作，与李继桢合译。上海商务印书馆，1922 年）、《弘一大师晚晴山房书简》（与李芳远合编。上海开明书店，1944 年）等亦署。

夏明翰（1900－1928），湖南衡阳人。字桂根。笔名：①明翰，见于长诗《江上的白云》，载 1922 年湖南《劳工周刊》第 16 期。②陈日羽，见于小说《死后的回忆》，载 1923 年 6 月《新时代》杂志。

夏浓（1925－　），广东普宁人，生于马来亚。原名吴宗海。笔名：①晨婴，见于散文《小偷》，载 1946 年后马来亚新加坡《南侨日报·南风》。②蓝浓，见于散文《小偷》，收于《南洋散文集》。1949 年后在《汕头工人报》发表文章亦署。③白桥，见于散文《三弟》

《玉婶》，载 1946 年后新加坡《南洋商报》副刊。④西岸、李荔、夏婴、夏诺、鲁斯，1946－1949 年在马来亚新加坡《南侨日报·南风》《星洲日报·晨星》《南洋商报》《潮流》、吉隆坡《战友报》《前锋报》《民声报》等报刊发表散文、小说署用。⑤李犁，见于小说《喜兰逢春》，连载于 1953 年《汕头工人报》。⑥贝丁，出版潮剧剧本《送洋参》（广东人民出版社，20 世纪 50 年代出版），通俗读物《李子长》（广东人民出版社，1957 年）、《一家亲》（广东人民出版社，1959 年）、《拉犁机的诞生》（广东人民出版社，1959 年）等署用。⑦小流，见于潮剧剧本《月上柳梢头》，载《工农兵文艺月刊》。⑧夏浓，20 世纪 60 年代在《剧本》《羊城晚报》等报刊发表作品署用。嗣后出版歌剧剧本《铁笔记工员》（广东人民出版社，1964 年）、《彩虹》（中国戏剧出版社，1965 年）、《彩虹：夏浓山歌剧选集》（香港文艺家协会，2004 年）等亦署。

夏钦瀚（1926－　），浙江平阳人。笔名：①伍隼，1944 年 4 月开始在《东南日报·笔垒》《浙江日报·江风》、上海《联合晚报·夕拾》等报刊发表杂文署用。1949 年后在《人民日报》《浙江日报》《文艺报》《文汇报·笔会》《随笔》《东南》《文艺新地》《红楼梦学刊》《世界文学》等报刊发表文章，1951 年在《文艺新地》第 2、4 期发表随笔《算一笔账——乡间散记之一》和《黑暗的窟窿——乡间散记之二》亦署。②方辣，1946 年 10 月开始在上海《文汇报·世纪风》《文汇报·笔会》等发表杂文署用。1948 年在《远方》第 2 卷第 6 期发表杂文《法力无边》，1949 年后在《文汇报》《浙江日报》等报发表文章亦署。③马门、司马怪、李淳水、淳于尔、淳于不敬、司马春秋，20 世纪 40 年代在上海、浙江等地报刊发表文章署用。

夏清贻（1876－1940），江苏嘉定（今上海市）人，字颂莱，号公奴。笔名公奴，出版《金陵卖书记》（1902 年）、《英特战记》（上海开明书店，1904 年），发表小说《新党现形记》（嗟予原作）之批点（载 1904 年上海《新新小说》第 2 期）等署用。

夏仁虎（1873－1963），江苏南京人。字蔚如，号枝巢子。别号枝巢、枝翁、啸盦、啸鞵、钟山旧民。笔名：①蔚如，见于随笔《杨仁山居士事略书后》，载 1918 年 12 月上海《时事新报·学灯》；旧体诗《秋草四首和味云并用原韵》，载 1932 年《国闻周报》第 9 卷第 4 期。②枝巢，见于论文《平戏考》，载 1934 年上海《剧学月刊》第 3 卷第 10 期；随笔《读战国策笔记》，载 1944 年《学海》月刊第 1 卷第 6 期。③啸庵，见于戏剧《珠鞋记传奇》，载 1942 年北平师范大学《师大学刊》第 1 集。④夏仁虎，出版《旧京秋词》（1939 年）、《和陶诗》（1942 年）、口述自传《枝巢九十回忆篇》（夏承栋记。1963 年印行）署用。⑤夏枝巢，出版《枝巢四述》（1943 年印行）署用。⑥夏蔚如，见于随笔《读战国策笔记》，载 1944 年《钱业月报》第 1 卷第 12 期。按：夏仁虎尚著有《金陵艺文志》《碧山楼珠龛记传奇》，署名未详。

夏树勋（1912－？），江苏青浦（今上海市）人。笔名：①孤帆，见于随笔《杭江之冬》，载 1934 年《学校生活》第 67 期；诗《耘稻歌》，载 1934 年上海《新诗歌》半月刊第 6、7 期合刊。嗣后在浙江宁波《国民日报》《救国月刊》、上海《宁波日报》《时事新报》《新闻报》《救亡日报》、福州《福建民报·艺术座》及《学校生活》《诗歌月报》《社会周刊》《新学识》等报刊发表文章，出版诗集《孤帆的诗》（诗歌出版社，1936 年）亦署。②无逸，1945 年后在上海《大公报》《茶话》《永安月刊》《国声报》等报刊发表文章署用。③树勋，1945 年后在《新民报》《中美周报》《社会评论》等刊发表文章署用。

夏孙桐（1857－1941），江苏江阴人。字闰枝、悔生，号闰庵。笔名夏孙桐，见于《朱强邨先生行状》，载 1933 年《词学季刊》第 1 期；《悔龛词四首》，载 1941 年《同声月刊》第 1 卷第 6 期。嗣后在《同声月刊》发表诗词亦署。

夏铁肩（1922－？），湖南长沙人。笔名：①夏铁肩，出版剧作集《皖南风雨》（徽州皖南出版社，1942 年）、《惊马桥》（北平平民出版社，1946 年），散文集《片鳞集》（台北智燕出版社，1986 年）等署用。②绿园主人，出版论著《知命识相五十年·人伦大统赋新释》（韦氏命苑，1980 年）、《冰鉴七篇之研究》等署。③铁陀、鹿原、康庸、亦寒、夏亦寒，署用情况未详。按：夏铁肩著有评论集《南楼听雨集》《艺文坛走马》及《南楼诗页》，出版与署名情况未详。

夏小谷，生卒年及籍贯不详。笔名天南佛徒，1921 年在上海编《新世界日报》署用。

夏衍（1900－1995），浙江杭州人。原名沈乃熙，字端轩。曾用名沈端先、沈叔芝、沈即可、黄子布、黄坤。笔名：①宰白，见于评论《评杭州的四家日报》，载 1919 年《双十》杂志创刊号。嗣后在《浙江新潮》《洪水》《平民》《东方杂志》等刊发表文章亦署。②沈乃熙，见于《泰兴染坊的调查》，载 1920 年 7 月《浙江甲种工业学校校友会年刊》。该刊同期发表译文《染色理论》（日本武荣之进原作，与毛文麟合译）亦署。③一之，1921 年在《民国日报·觉悟》发表文章署用。④端先，见于译作《晚上的火车》（日本金子洋文原作），载 1928 年 7 月上海春野书店出版之翻译小说集《地狱》。嗣后在《新女性》《一般》《语丝》《文艺新闻》等刊发表文章亦署。⑤沈宰白，"五四"时期在杭州《双十》《浙江潮》，嗣后在《中华新报·创造日》《洪水》《语丝》《一般》等刊发表著译作品，出版译作《戏剧研究》（日本菊池宽原作。上海良友图书印刷公司，1929 年）亦署。⑥沈端先，见于译著《妇人与社会主义》（德国培培尔原作。上海开明书店，1927 年）；翻译小说《富美子的脚》（日本谷崎润一郎原作），载 1928 年上海《小说月报》第 11 卷第 3 期。嗣后在《贡献》《一

般》《大江月刊》《东方杂志》《语丝》《现代小说》《大众文艺》《大江》《海风周报》《艺术月刊》《新流月报》《新文艺》《萌芽》《文艺讲座》《拓荒者》《沙仑》《现代文学》《现代》《北斗》《文学月报》《新女性》《社会月报》等刊发表著译作品，出版论著《日本关于艺术价值的论战》（上海光华书局，1930 年），翻译小说《恋爱之路》（俄国柯伦泰原作。上海新月书店，1928 年）、《牺牲》（日本藤森成吉原作。上海北新书局，1929 年）、《初春的风》（日本中村重直等原作。上海大江书铺，1929 年）、《母亲》（苏联高尔基原作。上海大江书铺，1929 年、1930 年）、《欧洲近代文艺思潮论》（日本本间久雄原作。上海开明书店，1928 年）、《恋爱与新道德》（俄国柯伦泰原作，与汪馥泉合译。上海北新书局，1929 年）、《新兴文学论》（苏联柯根原作。上海南强书局，1929 年）等亦署。⑦若沁，见于随笔《我们的文艺》，载 1929 年上海《海风周报》第 9－12 期；评论《小林多喜二的〈蟹工船〉》，载 1930 年上海《拓荒者》第 3 期。在《新流月报》发表文章亦署。⑧艺术编者，1930 年在《艺术》发表文章署用。⑨沈光瑞，出版翻译小说《母》（苏联高尔基原作。上海开明书店，1935 年）署用。⑩突如，见于《劳勃生路——××棉日厂工场壁报第十号号外》，载 1931 年上海《文学导报》第 1 卷第 6、7 期合刊；随笔《高尔基的四十年创作生活·六》，载 1932 年上海《文艺月报》第 1 卷第 1 期。⑪黄子布，见于译文《电影导演论》[苏联普多夫金原作。与席耐芳（郑伯奇）合译]，1932 年 1 月 28 日起连载于上海《晨报·每日电影》。嗣后在该刊发表评论《〈生路〉述评》《〈重逢〉述评》，在上海《明星月报》《电影评论》等刊发表著译文章及电影文学剧本《同仇》（上海明星影片公司拍摄）亦署。⑫蔡叔声，见于《我们的陈诉、今后的批判》（与张凤吾等合作），载 1932 年 6 月 18 日上海《晨报·每日电影》。嗣后在上海《舞台与银幕》《明星》《申报·电影专刊》等报刊发表文章亦署。⑬丁一之，见于电影文学剧本《狂流》，载 1933 年 2 月上海晨报社出版之译作《电影导演论》（苏联普多夫金原作，与席耐芳、姚苏凤合译）。又见于电影剧本《上海廿四小时》，载中国电影出版社 1979 年出版之《五四以来电影剧本选集》上卷。⑭席耐芳，原为郑伯奇笔名。1933 年与郑合作发表《电影罪言》一文（载《明星》创刊号）合署此名。⑮谦平，见于《读了诸家的批评之后》，载 1933 年 8 月 8 日上海《晨报·每日电影》；翻译电影摄制台本《生路》（苏联尼古拉爱克原作），载 1933 年上海《明星》第 1 卷第 2、3、4 期。1934 年创作电影剧本《脂粉市场》（明星影片公司 1934 年 5 月拍摄）亦署。⑯丁君吾，与郑伯奇、阿英合署。见于电影剧本《时代的儿女》，载 1933－1934 年海《明星月报》第 2 卷第 2、3 期。⑰韦彧，见于随笔《"循环"及其他》，载 1934 年上海《现代演剧》创刊号。嗣后在上海《世界知识》《大晚报·星期电影》《电影·戏剧》《现代演剧》《戏剧月报》《新蜀报》《新

华日报》《清明》等报刊发表文章亦署。⑱罗浮，见于随笔《软性的硬论》，载1934年6月13日上海《晨报·每日电影》。嗣后在该刊及《大晚报·星期电影》发表《玻璃屋中的投石者》《白障了的"生意眼"》等文亦署。⑲罗子扬，见于《可曾忽略了电影技巧》，载1934年9月17日上海《中华日报·动向》。⑳子扬，见于《中国的语言系统》，载1934年10月7日上海《中华日报·动向》。㉑沈宁，原为其女儿名，1934年秋在上海《大晚报·星期电影》发表文章署用。㉒徐佩韦，见于独幕剧《都会的一角》，载1935年上海《文学》月刊第5卷第6期。㉓夏衍，见于小说《泡》，载1936年上海《文学》第6卷第2期；话剧剧本《赛金花》，载1936年《文学》第6卷第4期。嗣后在《文学界》《光明》《女子月刊》《新学识》《妇女生活》《国民周报》《月报》《国闻周报》《语文》《希望》《救亡日报·文化岗位》《大路》《自由中国》《抗战半月刊》《文艺阵地》《文艺》《新华日报》《文艺新闻》《时事半月刊》《血路周刊》《国民公论》《戏剧春秋》《野草》《时代文学》《剧场艺术》《青年戏剧》《中国艺坛画报》《大美晚报》《星岛周报》《十日文萃》《天下文章》《神州日报·神皋杂俎》《文坛》《文艺生活》《新蜀报·元旦增刊》《狮子吼月刊》《中学生》《香海画报》《文摘月报》《文学集林》《戏剧时代》《青年知识》《反侵略通讯》《文风杂志》《文哨》《文章》《文艺春秋》《中原·文艺杂志·希望·文哨联合特刊》《清明》《春秋》《中国建设月刊》《周报》《南侨日报》《人民世纪》《上海文化》《中国文学》《文艺信箱》《大众文艺丛刊》《小说》《群众》（香港版）等报刊发表剧本、杂文、评论、译作，出版报告文学《血写的故事》《包身工》，杂文集《此时此地集》，长篇小说《春寒》，话剧《赛金花》《心防》《法西斯细菌》《自由魂》《上海屋檐下》《复活》《芳草天涯》《秋瑾传》，电影文学剧本《白云故乡》《祝福》《林家铺子》，翻译长篇小说《母》（苏联高尔基原作）、《未死的兵》（日本石川达三原作）、《两个伊凡的吵架》（上海旦社），以及《夏衍剧作选》《夏衍选集》《电影论文集》《懒寻旧梦录》等亦署。㉔秦炳著，见于译文《高尔基的晚年》（苏联丘曼特林原作），载1936年上海《光明》半月刊第1卷第2期；译文《一幅肖像画》（苏联卢那察尔斯基原作），载1936年上海《文学》第7卷第2期。㉕炳著，见于随笔《出狱后的路特维许稜》，载1936年上海《光明》半月刊第1卷第3期。㉖韦春甬，见于评论《从冬到春的戏剧》，载1937年上海《舞台与银幕》第1卷第1期；评论《对于春季联合公演的一些杂感》，载1937年《光明》第2卷第12期。同年在上海《戏剧时代》《电影戏剧》发表文章亦署。㉗徐至，见于独幕剧《中秋月》，载1937年上海《妇女生活》第1卷第6期。㉘朱儒，1937年卢沟桥事变后在重庆《新民报》副刊发表文章署用。1945年后在上海《新民报晚刊》发表评论、随笔等，1950年在上海《起点》第1期发表短论《关于诗稿》等亦署。㉙衍，见于杂文《活用"死钱"》，载1938年5月27日广州《救亡日报·文化岗位》。嗣后在该刊及《中学生战时半月刊》发表文章亦署。㉚丰，见于杂文《侮辱与施与》，载1939年10月3日桂林《救亡日报·文化岗位》。嗣后在该刊发表《精诚团结，抗战建国》《从叶紫之死想到的》等文亦署。㉛宁，见于杂文《感谢德莱塞》，载1940年2月27日桂林《救亡日报·文化岗位》。㉜子布，见于杂文《"上演税"的问题》，载1940年桂林《戏剧春秋》第1卷第2期。1957年1月在北京《人民日报》发表"关于电影的杂感"系列杂文《一个联想》等亦署。㉝任晦，见于杂文《人与奴的界限》，载1941年香港《大众文粹》第1辑；杂文《不高明的复药》，载1941年《大众生活》第23期。嗣后在《大众文粹》发表杂文《陪都空气》等，1956年8月至1958年11月在北京《人民日报》《人民文学》《文艺报》发表杂文、小喜剧亦署。㉞佩韦，1941年在《野草》发表文章署用。1948年在该刊发表文章亦署。㉟姜添，见于杂文《治病不是可耻的事情》，载1942年9月24日《新华日报》。嗣后在该报发表《科学与民主不可分》《从停电说起》等杂文，1946年起在香港《华商报·热风》发表杂文亦署。㊱冯由，1942年9月在《新华日报》发表文章署用。㊲恽海，1942年9月在《新华日报》发表杂文署用。1954年在上海《文艺月报》第5期发表杂文《也谈"知识"》亦署。㊳伯约，见于杂文《望穿了西方的地平线》，载1942年10月3日《新华日报》。嗣后在该报发表杂文《从"游走"到"大嚼"》《我们信任人民的力量》等亦署。㊴H，在《新华日报》"新事物"专栏发表文章署用。㊵司马牛，抗战时期编《新华日报》副刊在该报发表诸多杂文常署。1945年9月16日后此名由潘梓年、袁水拍、章汉夫、胡绳、张友渔、徐光霄等人在该报发表杂感共同署用。1947年在《自由丛刊》第7-9期随笔《蚓眼小集》重新署用。㊶余伯约，见于随笔《默念——"九一八"十一周年纪念》，载1942年9月18日重庆《新华日报》。嗣后在该报及《群众》《民主》《时代》《青年知识》《文章》《周报》《华商报·热风》等报刊发表杂文，1950年5月26日在北京《人民日报》发表随笔《新上海的阵痛》亦署。㊷春甬，见于杂文《"之子于归"及其他》，载1943年7月12日《新华日报》。㊸东方，见于杂文《漫画二题》，载1945年10月11日上海《建国日报》。嗣后在上海《世界晨报》、香港《华商报·热风》等报刊发表杂文亦署。㊹契尔，见于杂文《四季发财》，载1945年10月12日上海《建国日报》。㊺巴客，见于杂文《两种……》，载1945年10月14日《建国日报》。㊻契，见于杂文《禅机》，载1945年10月21日《建国日报》。㊼黎纬北，见于杂文《我们要新闻自由》，载1946年上海《周报》第20期；杂文《乐观尚早论》，载1946年《新文化》第1卷第9期。嗣后在《中国建设月刊》《文萃》《周报》《世界知识》《自由世界》《青年生活丛刊》等刊发表杂文《仲夏夜的噩梦》《时局在拖拖拉拉之间》《这是美国人民的声音》等亦署。㊽东方晦之，1944 年 3 月在《新华日报》发表文章署用。嗣后在上海《周报》及《民主》《群众》等刊发表杂文、时评等亦署。㊾杨淇，见于《祝福，朱总司令》，载 1947 年 11 月 30 日香港《华商报·热风》。㊿王老吉，1947 年后在香港《群众》杂志发表文章署用。51余约，在香港《群众》第 8 卷第 11 期发表文章署用。52洁可，见于杂文《美国电影与鬼》，载 1948 年 1 月 12 日《华商报·热风》。嗣后在该刊发表杂文《破绽与奇闻》《中国事，类如此》等亦署。53振，见于杂文《管夫人在南京唱“老天爷”》，载 1948 年 1 月 27 日《华商报·热风》。54朱蕙，见于杂文《强者呵，你的名字叫做女人》，载 1948 年 3 月 7 日《华商报·热风》。55王穆，见于杂文《碰上了“黑日”》，载 1948 年 3 月 17 日《华商报·热风》。56东劲，见于杂文《论“上洋当”》，载 1948 年 4 月 19 日《华商报·热风》。57某甲，见于杂文《“异想天开”》，载 1948 年 4 月 25 日《华商报·热风》。嗣后在该刊发表杂文《耸人听闻的标题》等文亦署。58俞蔚，见于杂文《祝五一节》，载 1948 年 5 月 1 日《华商报·热风》。59陈楠，见于杂文《“国大”盖棺》，载 1948 年 5 月 7 日《华商报·热风》。60史复，1946 年在《野草》发表文章署用。嗣后在《野草丛》《华商报·热风》发表文章亦署。61魏勃，见于杂文《奇文共赏》，载 1948 年 5 月 29 日《华商报·热风》。同年 6 月 25 日在该刊发表杂文《“收买灵魂”的失败》亦署。62黄馥，见于杂文《一千个美国人》，载 1948 年 5 月 29 日《华商报·热风》。63黄侃，见于杂文《白俄习作》，载 1948 年 6 月 3 日《华商报·热风》。64廉庐，见于杂文《也谈知识分子》，载 1948 年 6 月 17 日《华商报·热风》。65丁依，见于杂文《拆字及其他》，载 1948 年 6 月 27 日《华商报·热风》。66冯策，见于杂文《三句话就可以垮台》，载 1948 年 6 月 28 日《华商报·热风》。67应之群，见于杂文《“法”与“无法”》，载 1948 年 6 月 30 日《华商报·热风》。68亭长，见于杂文《请大家来歇脚》，载 1948 年 8 月 25 日香港《华商报·茶亭》。69张雨，见于杂文《为了人民向黑暗搏斗》，载 1948 年 9 月 1 日《华商报·茶亭》。同月 16 日在该刊发表杂文《中秋前夜茶话》亦署。70闻苍，见于杂文《为虎作伥》，载 1948 年 9 月 12 日《华商报·茶亭》。71东方未明，见于杂文《“打虎英雄”》，载 1948 年 9 月 14 日《华商报·茶亭》。72无端，见于杂文《长春丸》，载 1948 年 9 月 15 日《华商报·茶亭》。73汪老吉，见于杂文《茶亭杂话》，载 1948 年《群众》第 1、2、11 期。74梓甫，1948－1949 年与蔚夫（洪遒）、逸君（以群）、达之（周钢鸣）、萧然（孟超）、慕云（瞿白音）、逮君（韩北屏）合作在香港《华商报》发表“七人影评”署用。见于评论《三绝——推荐〈万家灯火〉》，载 1948 年 10 月 1 日香港《华商报》。同年 11 月 7 日在该报发表评论《评〈此恨绵绵〉》亦署。75任晦之，见于杂文《蜗楼随笔》，载 1948 年《群众》第 2 卷第 24—

34 期；杂文《三种人的下场》，载 1949 年 4 月 24 日《华商报》。76茶茶亭长，在香港《华商报》发表文章署用。77林熙，在《申报·自由谈》发表文章署用。78黄洁，见于杂文《有步骤有计划》，载 1949 年 9 月 26 日上海《新民报·晚刊》。79刘勤、朱苑、华克、江枫、方明、方孟、子平、子培、东峰、田田、听者、孙寅、李义、李范、李彻、李益、李盅（yě）、李椿、李彰、张良、张洁、张英、张林、张德、杨慕、杨震、俞亮、钟培、胡山、耿明、袁明、唐炳、诸葛、诸棠、黄贲、黄钧、黄帷、黄敬、群立、沠（xīn）客、董圻、蒋淳、端公、樊沛、徐韦、徐一苇、皇甫洁，20 世纪 50 年代初在上海《新民晚报》等报发表文章署用。80黄复，见于杂文《龙凤呈祥》，载 1958 年 11 月 10 日《人民日报》。81黄似，见于杂文《从点说说起》，载 1962 年 5 月 7 日《人民日报·长短录》。嗣后在该报发表《草木鱼虫之类》《难忘的日子》《也谈戏剧语言》等杂文亦署。82王一诚，见于杂文《从五百九十八枚金牌想到电影的质量问题》，载 1981 年 7 月 22 日《人民日报》。83佚名，见《从世界杯谈到中国足球》，载 1990 年 7 月间《解放日报·朝花》。84丑、无苍、侏儒、一芹、黄四、黄坤、方黄、丁叔之、东方晦、林西格、容光焕、丁谦之、丁谦吾、崔若沁、H. S.，署用情况未详。

夏羊（1922－2006），甘肃定西人。原名张伊三。笔名：①夏羊，1949 年后出版诗集《忽哨的季风》（甘肃人民出版社，1986 年）、散文诗集《花串与火石》（甘肃人民出版社，1988 年），以及诗集《三塬春》《诗词二十八首》、散文诗集《希望的调色》等署用。②芭林，署用情况未详。

夏野士（1912－1990），浙江平阳人。原名夏公诒。笔名夏野士，见于独幕话剧《守住我们的家乡》，载 1938 年汉口《战地》半月刊第 1 卷第 5 期；《九一八的晚上》，载 1938 年《浙江潮》第 27、28 期。嗣后在上海《群众新闻》《大公报》及《浙瓯日报·展望》《戏剧春秋》《自学》《浙江潮》等报刊发表文章，出版独幕剧集《守住我们的家乡》（与丁玲等人合集。永嘉游击文化社，1938 年）、《狗马春秋与除奸》（与马彦祥合集。第三战区长官司令部政治部编印）等亦署。

夏艺圃（1909－1989），湖北武昌人。笔名：①夏艺圃，见于《中国文艺应走的路》，载 1933 年《艺风（杭州）》第 1 卷第 7 期；《乡居随笔》，载 1933 年《艺风（杭州）》第 1 卷第 8 期。嗣后在该刊及《逸经》《旅行杂志》发表文章亦署。②建才、夏捷，20 世纪 30 年代在武汉报刊发表文章署用。

夏易（1922－1999），广东新会（今江门市）人，生于香港。原名陈绚文。笔名：①夏易，见于长篇小说《香港小姐日记》，连载于 1954 年香港《新晚报》。嗣后发表作品、出版长篇小说《香港小姐日记》（又名《少女的心声》。香港学文书店，1955 年）、《紫色的泡沫》（香港宏业书局，1975 年）、《变》（香港上海书局，1976

年)、《都市的陷井》(香港朝阳出版社,1976 年)、《少女日记》(香港上海书局,1977 年)、《青春日记》(香港上海书局,1978 年)、《朝霞日记》(香港上海书局,1979 年)、《香港两姐妹》(北京中国文联出版公司,1985 年)、《悬崖上的爱情》(出版情况未详),中篇小说《惑》,短篇小说集《决不演悲剧》(香港上海书局,1970 年)、《橙色的诱惑》(香港上海书局,1970 年)、《紫色的爱》(出版情况未详),散文集《花边·拇指·爱情》(香港上海书局,1970 年),随笔集《港岛驰笔》(广州花城出版社,1982 年),小品集《希望之歌》(香港山边社,1982 年)等亦署。②叶问、叶舒、华桑、梁政、紫珩、言茜子、林未雪、章如意(辛如意?),20 世纪 50 年代起在香港《新晚报》《晶报》《文汇报》《海洋文艺》等报刊发表小说、散文、影评等作品署用。③林未雪,20 世纪 80 年代起在香港《大公报》副刊发表文章署用。按:夏易 1946 年即开始在香港《新晚报》《文汇报》《大公报》《晶报》《文艺世纪》《海洋文艺》等报刊发表小说、散文、影评,署名未详。

夏云,生卒年不详,湖南衡阳人。字奇峰。笔名:①夏斧心,见于译文《接吻发凡》,载 1925 年《晨报副镌》第 51 期;《司徒乔君的展览会》,载 1926 年《晨报副镌》第 57 期。嗣后在该刊及《一般》《世界月刊》《燕京月刊》等刊发表文章亦署。②夏云,见于小说《幻灭》,载 1940 年《妇女界》第 2 卷第 2 期;论文《性格与情节》,载 1941 年《星之歌》特辑。③C. C.,20 世纪 40 年代在上海北新书局出版著作署用。

夏曾佑(1863—1924),浙江钱塘(今杭州市)人。字穗卿、遂卿、蕙卿、穗生,号碎佛、碎庵、别士、曾佑、八股圣人。笔名:①别士,见于论文《小说原理》,载 1903 年上海《绣像小说》第 3 期;评论《论中日分合之关系》,载 1914 年上海《东方杂志》第 1 期。此前后在《国闻报》《国风报》《广益丛报》《新民丛报》等报刊发表诗文亦署。②曾佑,在《广益丛报》等刊发表诗文署用。③夏曾佑,出版《中学中国历史教科书》(上海商务印书馆,1908 年)、《最新中学教科书中国历史》(上海商务印书馆,1908 年)署用。嗣后发表旧体诗《七律·与君遂游曹家渡》(载 1917 年上海《东方杂志》第 14 卷第 9 期),出版遗作《中国古代史》(上海商务印书馆,1935 年)、《夏曾佑穗卿先生诗集》(台北文景书局,1997 年),以及《碎佛诗存》等亦署。

夏震武(1853—1930),浙江富阳人。字伯定,号涤庵、灵峰。笔名夏震武,出版《悔言辨正》《大学衍义》《孟子衍义》等著作署用。

夏征农(1904—2008),江西丰城人。原名夏贤贵,字正和、子美。曾用名文喜(乳名)、夏正和、夏子美、夏丽夫(化名)。笔名:①征农,1927 年南昌起义后在壁报《青鸟》上发表杂文、小说等署用。嗣后发表杂文《爱与罪》(载 1928 年《青岛杂志》)、杂文《所谓"民众剧"》(载 1929 年《青海》第 2 卷第 1 期)、杂文

《由上海到苏州》(载 1930 年上海《拓荒者》月刊第 1 卷第 1 期)、小说《十一长夫》《春天的故事》(载 1933 年《春光》),在《太白》《文艺》《读书生活》《新语林》《文学》《申报月刊》《芒种》《老实话》《新生》《作家》《通俗文化》《绸缪月刊》《文艺春秋丛刊》等刊发表作品,出版短篇小说集《结算》(上海生活书店,1935 年),杂文集《野火集》(上海读书书房,1936 年),评论集《文学问答集》(上海生活书店,1935 年),历史剧《甲申记》(与吴天石、沈西蒙合作。苏中出版社,1945 年)等亦署。②夏征农,出版翻译小说《不是没有笑》(美国兰斯顿·休斯原作,与其他人合译。上海良友图书印刷公司,1936 年),历史剧《甲申记》(与吴天石、沈西蒙合作。上海黄河出版社,1947 年)等署用。1949 年后发表文章、出版《征农诗词选》《征农方尼诗词选》(与夫人方尼合集)、《淙淙》(与夫人方尼合集)、《琴瑟双咏集》《杂家者言》《征农文艺创作集》《夏征农文选》《夏征农文集》,主编《辞海》《大辞海》《社会主义辞典》,担任《中国大百科全书》总编委、副主任亦署。③子美,见于速写《二保》,载 1935 年上海《太白》半月刊第 1 卷第 11 期。④美、黎夫、墨西、一知、而已、未名、问闻、余求是,20 世纪 30 年代在上海《太白》《新认识》《读书生活》等刊发表文章署用。⑤夏子美,署用情况未详。

夏志清(1921—2013),江苏苏州人,生于上海。笔名:①文丑,见于随笔《文学家与同性恋》,载 1944 年上海《小天地》第 4 期。嗣后在该刊第 5 期发表散文《肚脐》亦署。②夏志清,1949 年后发表文章、出版论著《爱情·社会》(台北纯文学出版社,1970 年)、《文学的前途》(台北纯文学出版社,1974 年)、《人的文学》(台北纯文学出版社,1977 年)、《中国现代小说史》(台北传记文学出版社,1979 年)、《新文学的传统》(台北时报文化出版事业公司,1979 年)、《夏志清文学评论集》(台北联合文学杂志社,1987 年)、《印象的组合》(香港文学研究社,1991 年)、《中国古典小说史论》(江西人民出版社,2001 年)、《文学的前途》(生活·读书·新知三联书店,2002 年),散文集《鸡窗集》(台北九歌出版社,1984 年)等署用。

夏钟麟(1873—1954),江苏吴江(今苏州市)人。原名夏廑,字应祥,号楦耳。笔名夏钟麟,在《南社丛刻》发表诗文,出版《夏钟麟日记》等署用。

【xian】

冼宁(1928—　),广东南海人。原名冼德慧。曾用名冼宁。笔名:①江风,见于诗《失学者之歌》,载 1946 年《武汉日报·鹦鹉洲》。②小纯,见于散文《秋风》,载 1946 年《武汉日报·鹦鹉洲》。③冼宁,见于小说《金丝雀》,载 1947 年《华中日报·北辰》。1956 年后发表诗文,出版童话集《"小黑点儿"的故事》《小松鼠第一次发光》《会跳的鞋》,创作美术电影剧本《五彩星星》等署用。④南海,见于随笔《要严肃地写诗》,

载 1955 年《文艺学习》。⑤金陵，见于随笔《试谈反映农村生活的诗习作》，载 1956 年《文艺学习》第 24 期。⑥晓青，见于随笔《谈"随波逐流"》，载 1957 年《文艺学习》。⑦宁馨，见于随笔《漫谈学习诗的语言》，载 1957 年《文艺学习》。

冼玉清（1895—1965），广东南海（今佛山市）人。号西樵山人、碧琅玕馆主、碧琅玕馆主人。笔名：①冼玉清女士，见于随笔《盆竹之欣赏》《盆栽展览之欣赏》，载 1931 年上海《良友画报》第 56 期。②冼玉清，见于《盆菊欣赏》，载 1931 年《良友画报》第 61 期；论文《元管仲姬之书画》，载 1934 年广州《岭南学报》第 3 卷第 2 期；旧体诗《山前踯躅花盛开》，载 1934 年南京《国风半月刊》第 5 卷第 8、9 号合刊。嗣后在《岭南学报》《学术世界》《书林》《大风半月刊》《健与美》《宇宙风》《旅行杂志》《广东教育》《综合评论》《南国》等刊发表旧体诗《琅玕馆诗抄》《陈子壮殉国之哀挽诗》、评论《黄遵宪之中日战争史诗》《岭南大学国文系之回顾》、散文《耒阳记游》《琼崖讲学记》、随笔《粤东掌故录》《纪烈士梁镜尧事》等，出版《粤东印谱考》（岭南大学，1936 年）、《广东女子艺文考》（长沙商务印书馆，1941 年）、《更生记》（1948 年）、《流离百咏》（1949 年）、《天文学家李明彻与漱珠冈》（岭南大学，1949 年）、《广东文献丛谈》（中华书局，1965 年）等亦署。

【xiang】

向长清（1912—2013），籍贯不详。笔名：①向长清，见于诗《诗三首》，载 1936 年南京《文艺月刊》第 8 卷第 5 期；散文《横过湘黔滇的旅行》，载 1938 年广州《烽火》第 20 期。此前后在南京《文艺月刊》、上海《宇宙风乙刊》发表诗《登居庸关放歌》、论文《论中国诗中的象征》《论中国诗中的特殊字句》等亦署。②向蕙，1939 年 5 月起在香港《大公报·文艺》发表小说《许婆》及诗、散文等署用。

向楚（1877—1961），四川巴县（今重庆市）人。字先乔（一作仙樵、仙乔、仙侨、仙翘），号觙（jí）公。笔名向楚，见于旧体诗《蚕背梁》《宋玉宅》《过金陵》，载 1923 年南京《学衡》第 15 期；论文《邓永龄模为元音说后案》，载 1926 年成都《国文学会学刊》第 1 册。嗣后在《国光杂志》《党义研究月刊》《青年生活》等刊发表《向蒋委员长建议改进全国暨川省教育书》《书南畔村事》等文亦署。

向理润（1906—？），四川金堂人，字泽荪。笔名向理润，出版传记《斯太林》（上海新生命书局，1933 年）署用。此前后在《时事月报》《军事与政治》《新粤周刊》《新本康》等刊发表文章亦署。

向明（1928—　），四川丰都（今重庆市）人。原名杨济川。曾用名杨纶勋。笔名：①晓阳，见于杂文《却是偶然地看到》，载 1946 年上海《文汇报》。嗣后在上海《时代日报》等报发表杂文《如此民主》等亦署。②向明，1948 年底赴解放区后改名。嗣后作为笔名，发表诗文，出版诗集《珍珠曲》（花城出版社，1983 年）、《蓝水晶》（新世纪出版社，1987 年）、《红宝石》（新世纪出版社，1989 年）、《向明十行诗选》（香港银河出版社，1997 年）、《向明朗诵诗选》（香港银河出版社，1997 年）、《向明爱情诗选》（香港银河出版社，1998 年）等均署。③向灿辉，见于诗《夜行军》，载 1958 年《解放军文艺》11 月号。嗣后至 1966 年发表诗作，1980 年后发表杂文、评论等亦署。④姚小徽，1949 年后在广州《南方日报》等发表诗《万里雪山一片红》《风雨花儿山》《毛主席的金珠玛》等署用。⑤柳野青、蓝天红、牛子孺，1949 年后发表杂文、讽刺诗、评论署用。

向培良（1905—1959），湖南黔阳（今洪江市）人。笔名：①培良，见于散文《梦要消了》，载 1924 年北京《京报副刊》第 7 期；散文《记鲁迅先生的谈话》，载 1926 年北京《语丝》周刊第 94 期。此前后在《京报副刊》《莽原》《狂飙》《创作》《新文学》《民众周刊》《幻洲》《十日杂志》《中国学生》《新人周刊》等报刊发表《致戏剧的演者》《在小火车站上》《昏哉岂明老人》《文艺新谈》等著译作品，出版《中国戏剧概评》（上海泰东图书局，1928 年）等均署。②向培良，见于话剧《不忠实的爱情》，载 1925 年北京《京报副刊》第 34—44 期。嗣后在该刊及《莽原》《世界日报副刊》《京报·民众文艺周刊》《小说月报》《现代小说》《北新》《现代文学》《文艺月刊》《现代文学评论》《青年界》《矛盾月刊》《东方杂志》《中央副刊》《民鸣月刊》《流露月刊》《经理月刊》《艺风》《民族文艺》《心理季刊》《出版周刊》《农村合作》《教育通讯》《中国回教救国会会报》《公余生活》《文潮月刊》《世界月刊》《雄风》《中国文艺》《文艺先锋》《戏剧岗位》《旅行杂志》等报刊发表论文《人类艺术学》《戏剧之基本原理》，剧作《白蛇与许仙》《和泥土打仗》，评论《评〈画家之妻〉》《高斯华绥的〈逃亡〉》，散文《悼亡》《广西行》《黄昏》等，出版小说集《飘渺的梦及其他》（北京北新书局，1926 年）、《我离开十字街头》（上海光华书局，1926 年）、《英雄与人》（上海启智书局，1929 年）、《十五年代》（上海支那书店，1930 年），剧作集《沉闷的戏剧》（上海光华书局，1927 年）、《不忠实的爱》（上海启智书局，1928 年）、《光明的戏剧》（又名《黑暗中的红光》。上海南华图书局，1929 年）、《继母》（上海北新书局，1936 年）、《民族战》（重庆华中图书公司，1939 年）、《征夫行》（衡阳教育部第一巡回戏剧教育队，1939 年）、《大时代的插曲》（长沙商务印书馆，1941 年）、《齐式之》（重庆商务印书馆，1945 年），翻译剧作《死城》（意大利邓南遮原作。上海泰东图书局，1929 年）、《逃亡》（英国高尔斯华绥原作。上海商务印书馆，1937 年），编撰《紫歌剧集》（上海重庆书店，1932 年）等均署。③静芳、静、青方、白蚁，20 世纪 20 年代在《女师大周刊》发表文章署用。④乡下人，见于随笔《读〈朝报〉所引起的话》，载 1935 年南京《骨鲠》第 51、

52 期。⑤培、漱年、淑美、姜蕴、蕴良，署用情况未详。

向人红（1927－1991），湖北武汉人。原名张骧化，号立雪吟馆主人。笔名：①骧化，1942 年在武汉自印报纸《曙光》发表诗文开始署用。1945 年在《自由园地》发表小说、散文、诗亦署。②野马、胡白刃，1947－1948 年在武汉《华大新闻·春雷》《武汉时报》副刊《综合》《扬子江》《笔锋》等发表小说《突变》《李麻木这个人》、散文《还乡散记》《窑湾》《青天底下》、诗《秦始皇》及民间故事等署用。③梦耶、马抒梦、司马卉、石梅华、张大野，20 世纪 40 年代发表散文、杂文署用。④向人红，1950 年 6 月在《长江文艺》发表文章开始署用，嗣后在各地报刊发表民间故事《柚子树》《十六串钱》《八戒下凡》《邓小平巧用葫芦兵》《七两漆》、儿歌《剪指甲》《小桃树》《花生壳》等，出版儿童读物《猜猜想想》（中国少年儿童出版社，1957 年）、《儿童谜语》（山西人民出版社，1958 年）、《大家都来猜》（中国少年儿童出版社，1959 年）、《一切生来真稀奇》（陕西人民出版社，1959 年）、《猜》（中国少年儿童出版社，1963 年）等亦署。

向荣（1926－2007），江苏南通人。原名程树春。曾用名程向荣。笔名：①向荣，1944 年前后启用。见于诗《卖唱的》，载 1945 年南通《江北日报·诗歌线》新 22 期；诗《戏院门口》，载 1946 年南通《东南日报·诗》周刊第 3 期。②树春、冯毅，1944－1946 年3 月在南通《江北日报》副刊等发表诗文署用。③司徒平、向师程，1946 年春至 1948 年上半年流亡上海时在《大公报》《新晚报》《联合晚报》《民主》等报刊发表诗文署用。④相容，见于诗《大钞出笼了》，载 1948 年8 月 20 日南通《诗战线丛刊》之一《斗争是我们的母亲》。嗣后在该丛刊发表《改革币制》《寄某乡长》等诗亦署。⑤程裹，1949 年后发表诗文署用。

向希金，生卒年及籍贯不详。笔名向烽，见于小说《铁窗》，载 1943 年重庆《时与潮文艺》第 1 卷第 2 期；小说《两种人性》，载 1947 年上海《作家杂志》创刊号。嗣后在该刊第 2 期发表小说《洪沙先生》，出版长篇小说《残破的灵魂》（重庆西林出版社，1947 年）亦署。

项德言（1902－1987），浙江淳安人。笔名鲛人，出版小说集《三百八十个》（上海良友图书印刷公司，1935 年）署用。

项经川（1909－1976），浙江平阳人。原名项经铨。笔名项经川，1934 年发表作品开始署用。见于随笔《拥龙夜的杨爷殿前》，载 1935 年上海《太白半月刊》第 2 卷第 2 期；随笔《娘娘词》，载 1935 年上海《太白半月刊》第 2 卷第 11 期。同时期或嗣后在《北风》《市街》《平阳日报》《平报》《浙江潮》等刊发表作品，出版《经川文集》亦署。

【xiao】

肖玉（1927－2000），山东文登人。原名于中福。1942

年开始发表作品。笔名肖玉，出版长篇小说《高粱红了》《大风口》《龙山寨》《当乌云密布的时候》《战鼓催春》、短篇小说集《光荣的标志》、电影文学剧本《带兵的人》等署用。

萧白（1925－　），浙江诸暨人。原名周仲勋，字寒峰。笔名：①风雷，1950 年在台北《青年时代》发表小说《破晓》等署用。②萧白，1949 年后在台湾、香港出版长篇小说《河上的雾》（台北皇冠出版社，1959 年）、《雨季》（台北文镜文化公司，1984 年），中篇小说《三月》（台南晨光出版社，1965 年）、《翡翠谷》（1970 年），短篇小说集《破晓》（1952 年自印）、《雪朝》（台湾商务印书馆，1966 年）、《伊甸园外》（台北博爱图书公司，1968 年）、《彩虹上的人们》（台北清流出版社，1968 年）、《玛瑙杯子》（台北晚蝉出版社，1969 年）、《时间的蹄声》（1971 年）、《长廊》（台北博爱图书公司，1972 年）、《壁上的鱼》（台北水芙蓉出版社，1976 年），童话《小龙王》（香港儿童乐园社，1964 年），散文集《多色河畔》（台北新亚出版公司，1965 年）、《蓝季》（台中光启出版社，1967 年）、《山鸟集》（台北哲志出版社，1968 年）、《白鹭之歌》（台中光启出版社，1968 年）、《絮语》（台湾金字塔出版社，1969 年）、《灵画》（台北晨钟出版社，1970 年）、《叶笛》（台北清流出版社，1970 年）、《摘云集》（台湾阿波罗出版社，1970 年）、《无花果集》（台北华欣文化中心，1974 年）、《弦外集》（台北水芙蓉出版社，1974 年）、《响在心中的水声》（台北水芙蓉出版社，1977 年）、《萧白散文精选集》（台北源成出版社，1978 年）、《一桨灯影》（台北黎明文化事业股份有限公司，1978 年）、《大濂洛溪》（台北环球书社，1978 年）、《野烟》（台北水芙蓉出版社，1979 年）、《浮雕》（台北九歌出版社，1979 年）、《烛光里的古代》（台北采风出版社，1980 年）、《儿时成追忆》（台北采风出版社，1981 年）、《当时正年少》（台北文镜文化公司，1982 年）、《山窗絮语》（台北水芙蓉出版社，1983 年）、《石级上的岁月》（台北文镜文化公司，1984 年）、《白屋手记》（台北九歌出版社，1985 年）等亦署。③洛雨，署用情况未详。按：萧白 1947 年即在湖南衡阳《中华时报·夏风》发表诗《蛙声》，署名未详。

萧碧梧（1902－1936），山西文水人。原名萧增萃，字碧梧、钿卿。笔名萧碧梧，出版有与其丈夫常燕生（1898－1947）的唱和诗集《泪眼看云集》。

萧波，生卒年及籍贯不详。笔名小波，1938 年在成都《新民报·新民谈座》发表文章署用。

萧崇素（1905－2002），四川安县人。原名萧宗璞。笔名：①莲心，见于翻译之美国民间叙事诗《罗宾汉》，载 1925 年上海《申报·艺术界》。②萧红，见于随笔《〈苏州夜话〉礼赞》，载 1929 年上海《申报·本埠增刊》。③萧崇素，见于《日本的花传说》，连载于 1929 年 8 月上海《南国周刊》第 3、4 期；随笔《日本无产文坛零话》，载 1929 年上海《北新》半月刊第 3 卷第 22 期。此前后在《读书生活》《时事类编》《摩登月刊》

《戏剧新闻》等刊发表著译评论、剧作等，出版剧作集《救亡儿童剧集》（重庆新蜀报社，1938年），民间故事集《青蛙骑手》（重庆人民出版社，1956年）、《葫豆雀与凤凰蛋》（重庆人民出版社，1957年）、《骑虎勇士》（少年儿童出版社，1963年）、《五色海的传说》（四川人民出版社，1981年），论著《杜甫研究》《萧崇素民族民间文学论集》（四川人民出版社，1999年）等亦署。④萧梅，见于论文《德国的表现派戏剧》、评论《〈湖上悲剧〉的幕后》，载1932年成都《摩登月刊》；七场歌剧《王昭君》，1935年演出于上海。⑤海士、萧莲，1934－1935在上海《民报·影谭》发表影评用。⑥芦歌，见于歌剧《野人山之恋》，1944年演出于四川泸县；话剧剧本《顶好插曲》，载1946年《新华日报》。⑦巴兰、萧絮，署用情况未详。

萧楚女（1893－1927），湖北黄陂（今武汉市）人，生于汉阳（今武汉市）。原名萧树烈，字秋、秘。曾用名朝富（小名）、女玉、学秋、萧秋、萧楚秋、萧楚汝、萧楚侣。笔名：①萧楚女，见于小说《卖水饺的恩爱》，载1920年4月17日上海《民国日报·觉悟》；评论《讨论〈国家主义的教育〉的一封信——致恽代英》，载1924年北京《少年中国》第4卷第12期。②楚女，见于评论《诗的生活与方程式的生活》，载1923年《中国青年》第11期；随感《看了〈少奶奶的扇子〉以后》，载1924年5月22日《民国日报·觉悟》。同时期在《向导》等报刊发表诗文亦署。③萧楚侣，见于短论《法西斯的祸水已经来了!》，载《向导》。④野马，见于随笔《"窄的笼"》，载1924年7月30日上海《民国日报·妇女周报》。⑤萧初遇，见于评论《国民党与最近国内思想界》，载1924年《新建设》第2卷第2期。⑥寸铁、匪石，1924年11月在重庆《新蜀报》发表时评署用。⑦抽玉，出版《国民革命与中国共产党》（1925年）署用。⑧初遇，见于评论《告革命界的著作者》，载1925年9月河南《中州评论》创刊号。⑨玉、女、弧、侣、楚、楚侣、丑女，同时期在《中国青年》等刊发表文章署用。⑩小青、火花、青峰、弧父（fù）、野火、丑侣，署用情况未详。

萧传文（1916－?），湖南醴陵人。笔名：①萧传文，见于随笔《人格和心理卫生》，载1936年上海《心理季刊》第3、4期。1949年后出版散文集《乡思集》（台北正中书局，1953年）、《夜行集》（香港亚洲出版社，1959年）、《海上行》（台北正兴出版社，1965年），长篇小说《征人之家》（台北联合出版中心，1963年）、《蓝色的海》（高雄大业书店，1958年）、《小桥流水人家》（台北文坛社，1965年）、《残梦》，短篇小说集《母爱》《妹妹》，论著《文学概论》（台北学海书局）、《西洋文学欣赏》（台湾商务印书馆，1988年）等亦署。②一心、绿水、萧案，读高中时在上海《申报》《大公报》《中央日报》等报副刊发表小说、散文署用。

萧村（1930－　），福建晋江人，生于马来亚新加坡。原名李君哲。曾用名李扶西。笔名：①扶峰，1946－

1947年在福建泉州《青年导报》发表小说署用。②李子核，见于散文《金相院纪游》，载1947年泉州《青年导报》。③萧村，见于散文《悼志雄兄》，载1947年9月新加坡《南侨日报》。20世纪50年代后在北京《新观察》《光明日报》《展望》等发表作品，出版散文集《山芭散记》（香港学文书店，1952年）、《马来恋歌》（四川民族出版社，1996年），小说集《国术师》（香港学文书店，1951年），中篇小说《侨乡人家》（南岛出版社，1999年），长篇小说《椰子肥豆蔻香》（中国华侨出版社，1993年）、《乱云飞渡》（新加坡文艺协会，2010年）等亦署。④夏青峰，见于散文诗《播种》，载1949年春新加坡《星洲日报·晨星》。⑤雁翎，见于散文《生命之歌》，载1950年4月新加坡《星洲日报》。⑥李君哲，出版论著《战后海外华侨华人社会变迁》（辽宁教育出版社，1998年）署用。

萧岱（1913－1988），浙江鄞县（今宁波市）人。原名戴行恩。曾用名戴何勿。笔名：①何勿，见于诗《我们出发》，载1935年日本东京《东流》第2卷第1期。嗣后在该刊及青岛《诗歌生活》发表著译诗文亦署。②戴何勿，见于译诗《农民》（白德纳原作），载1936年《东流文艺杂志》第2卷第4期，同年8月在上海与王亚平、施征夫合办之诗刊《高射炮》发表诗作，嗣后在东京《诗歌》、青岛《诗歌生活》、上海《学生时代》等刊发表诗文，出版译作《苏联文学》（苏联绥维林·托力伏诺夫原作。上海读者书房，1937年）亦署。③何芜，见于译文《形象与观念》（苏联奴西诺夫原作），载1938年上海《文艺》第1卷第3期。嗣后出版译作《列宁给高尔基的信》（上海新文化书房，1938年）亦署。④萧岱，见于《关于抗战文艺的形式》（座谈会记录），载1938年上海《文艺》第1卷第6期。嗣后在该刊及诗丛刊《我歌唱》《新中国文艺丛刊》《文坛月报》《自学旬刊》《中学生活》《文坛》等刊发表著译诗文亦署。⑤穆逊，见于随笔《〈星底梦〉跋》，载上海诗歌丛刊社1945年版《星底梦》（歌青春著）。⑥严慈、易名，分别见于译文《巴尔扎克新论》、译诗《普希金诗抄》，载1945年上海《谷音》第1辑。⑦古林，20世纪40年代在上海《联合晚报》等报刊发表文章署用。按：萧岱的代表作有小说《残雪》、长诗《厄运》，署名情况未详。

萧涤非（1907－1991），江西临川（今抚州市）人。原名萧忠临。笔名萧涤非，见于随笔《读阮嗣宗诗札记》《读曹子建诗札记》，载1929年南京《学衡》第70期。嗣后在《清华周刊》《国文月刊》等刊发表《离骚之用比》《乐府填词与韦昭》等文，出版《汉魏六朝乐府文学史》（重庆中国文化服务社，1944年）、《杜甫研究》（山东人民出版社，1956年）、《解放集》（山东人民出版社，1959年）、《杜甫诗选注》（人民文学出版社，1979年）、《唐诗鉴赏辞典》（上海辞书出版社，1983年）、《汉魏六朝乐府文学史》（人民文学出版社，1984年）、《乐府诗词论薮》（齐鲁书社，1985年）、《读诗三札记》（作家出版社，1957 年）等亦署。

萧风（1925－1949），山东即墨人。原名阎志训。笔名萧风，1946 年在青岛任《民众日报》编辑时开始在青岛各报刊发表诗和小说署用。嗣后出版自传体长篇小说《孤雁》（1947 年）、杂文集《萧风杂文》（福建南平天行杂志社，1943 年）亦署。

萧枫（1926－2001），山西平陆人。原名萧凤，1946 年开始发表作品。笔名萧枫，1949 年后出版《名家游记五十篇》（与周文柏编选。陕西人民美术出版社，1986 年）以及《中国旅游大全》《旅游工作指南》《北京十大名胜》《美哉中华》《我爱祖国山河美》《纪念荀慧生先生》《作家谈游记写作》等署用。

萧甘牛（1905－1982），广西永福人，壮族，原名萧钟棠。笔名萧甘牛，1924 年开始发表文章署用。嗣后出版诗集《悲讯》（桂林平乐书局，1929 年），剧作集《孩子流亡曲》《家何在》，专著《中国文词辨证》（上海春光书店，1932 年）、《中国修辞学讲话》（上海春光书店，1932 年），1949 年后出版中篇小说《闹离婚》（上海百新书店，1951 年），故事集《草鞋妈妈》（长江文艺出版社，1956 年）、《嫦娥奔月》（通俗文艺出版社，1957 年）、《孔雀的翅膀》（四川人民出版社，1981 年）、《大苗山民间故事》（少年儿童出版社，1958 年）、《画眉泉》（少年儿童出版社，1958 年）、《铜鼓老爹》（壮族民间故事。少年儿童出版社，1955 年）、《红水河》（壮族民间故事。少年儿童出版社，1956 年）、《刘三姐》（壮族民间故事。与萧丁三合作。文化出版社，1956 年）、《金芦笙》（瑶族民间故事。少年儿童出版社，1955 年）、《柳姑娘》（黎族民间故事。文化出版社，1955 年）、《长发妹》（侗族民间故事。与潘平元合作。少年儿童出版社，1955 年）、《龙牙颗颗钉满天》（苗族民间故事。少年儿童出版社，1956 年）、《日月潭》（高山族民间故事。通俗文艺出版社，1956 年）、《宝盖山》（壮、瑶、苗族民间故事。湖南文艺出版社，1955 年）、《大苗山民间故事》（苗、瑶、壮族民间故事。少年儿童出版社，1958 年）、《台湾民间传说》（与潘平元合作。福建人民出版社，1980 年）、《萧甘牛民间故事选集》（漓江出版社，1982 年），民歌集《大苗山情歌集》（通俗文艺出版社，1957 年）、《哈迈》（苗族民歌集，与覃桂清合作。作家出版社，1958 年）、《苗山走寨歌》（苗族民间诗歌。作家出版社，1958 年），民间叙事诗《双棺岩》（瑶族民间叙事诗。通俗文艺出版社，1957 年）、《眼泪河》（壮族民间叙事诗。作家出版社，1958 年），童话集、儿童故事集、儿童文学集《草鞋妈妈》（长江文艺出版社，1956 年）、《嫦娥奔月》（与萧丁三合作。通俗文艺出版社，1957 年）、《亮眼宝石》（少年儿童出版社，1957 年）、《打山猪》（少年儿童出版社，1957 年），短篇小说集《一幅壮锦的故事》（湖北人民出版社，1958 年），散文集《香香的日子万年长》（少年儿童出版社，1958 年），游记集《朱风小纪》（上海文艺出版社，1959 年），散文、游记集《壮锦里的花纹》（广西人民出版社，1959 年），传记文学《韦拔群和瑶族人民》（少年儿童出版

社，1958 年），桂剧剧本《一幅壮锦》（与李寅、周民震合作。广西人民出版社，1958 年），以及电影文学剧本《一幅壮锦》等亦署。

萧戈，生卒年及籍贯不详。原名谭铁铮。笔名：①萧戈，见于散文《光明》，载 1940 年哈尔滨《滨江日报·暖流》第 15 期。嗣后在该刊发表散文《梦》《安静的生活者》、诗《希望——失望》亦署。又见于散文《只有炼狱而无天堂》，载 1940 年 10 月 27 日哈尔滨《大北新报·大北文学周刊》。②铁铮，见于随笔《杂评》，载 1940 年 6 月 9 日《大北新报·大北文学周刊》。同年 7 月 21 日在该刊发表散文《富宅》亦署。

萧公权（1897－1981），江西泰和人。原名萧笃平，字恭甫、公权，号迹园。曾用名萧中权。笔名：①萧笃平，在《南社丛刻》发表旧体诗署用。②萧公权，见于论文《政治制度与政治思想》，载 1930 年《东北大学周刊》第 101 期；论文《晋代反政治之政治思想》，载 1932 年北平《清华周刊》第 38 卷第 7、8 期合刊；《反五苦诗》，载 1933 年《江西教育旬刊》第 6 卷第 2 期。此前后在《东北大学周刊》《清华学报》《圣教杂志》《社会科学》《出版周刊》《民族》《独立评论》《教育通讯》《新经济》《今日青年》《图书集刊》《世界学生》《图书季刊》《流星》《中美周报》《世纪评论》《观察》《读书通讯》《中央日报周刊》《现实文摘》《民主评论》等刊发表文章，出版《中国政治思想史》（重庆商务印书馆，1945 年）、《自由的理论与实际》（重庆商务印书馆，1948 年），1949 年后在台湾出版《迹园文录》（台北环宇出版社，1970 年）、《问学谏往录》（台北传记文学出版社，1972 年）等亦署。③石沤、巴人、君衡、萧中权，署用情况未详。

萧海涵（1917－？），湖北武汉人。笔名：①萧洒，见于小说《湖上》，载 1932 年 6 月某日汉口《武汉日报·鹦鹉洲》；中篇小说《出路》，载 1933 年 3 月汉口《时代日报·时代前》。嗣后在武汉《大楚报·楚风》《华中日报·华中》《武汉时报·艺苑》《新孝感月刊》等报刊发表杂文《漫谈花瓶》、评论《作家生活与作品》等亦署。②萧海涵，20 世纪 30 年代起在上述报刊发表小说、散文、评论等作品署用。

萧红（1911－1942），黑龙江呼兰（今哈尔滨市）人。原名张荣华。曾用名张秀环、张迺莹、张乃莹。别署莹、吟、萧、荣子、小鹅。笔名：①悄吟，见于诗《春曲》，载 1932 年 8 月前后哈尔滨《商报·原野》；散文《夏夜》，载 1934 年 3 月 6 日、7 日哈尔滨《国际协报·国际公园》。此前后在哈尔滨《国际协报·文艺周刊》《晨光报》、长春《大同报》副刊《夜哨》《大同俱乐部》、大连《泰东日报》、青岛《青岛晨报》及《文学》《太白》《文季月刊》《中流》《中学生》《新少年》《文丛》《大公报·文艺》等报刊发表诗《八月天》、散文《蹲在洋车上》、小说《王阿嫂的死》《镀金的学说》等，出版小说集《跋涉》（与三郎合集。哈尔滨五画印刷社，1933 年），散文集《商市街》（上海文化生活出

版社，1936 年）、《桥》（上海文化生活出版社，1936 年）等亦署。②玲玲，见于散文《中秋节》，载 1933 年 10 月 29 日《大同报·夜哨》。③田娣，见于散文《患难中》，载 1934 年哈尔滨《国际协报·文艺》第 5—13 期。嗣后在该刊发表《镀金的学说》等亦署。④萧红，出版长篇小说《生死场》（上海奴隶社，1935 年）署用。嗣后在《海燕》《作家》《文季月刊》《七月》《中流》《文艺阵地》《鲁迅风》《文学月报》《时代文学》《人世间》《东北文艺》《抗战半月刊》《月报》《文摘战时旬刊》《妇女生活》《文学集林》《中学生》《艺风》《妇女》《大公报·战线》等报刊发表小说、散文等，出版小说集《牛车上》（上海文化生活出版社，1937 年）、《旷野的呼喊》（上海杂志公司，1946 年）、《小城三月》（香港海洋书屋，1948 年），长篇小说《马伯乐》（重庆大时代书局，1941 年）、《呼兰河传》（上海杂志公司，1941 年），散文集《萧红散文》（香港大时代书局，1940 年）、《回忆鲁迅先生》（重庆妇女生活社，1940 年）等亦署。

萧继宗（1915—1996），湖南湘乡人。字干侯，号友红轩主人。晚号信天翁。笔名萧继宗，著有《独往集》（台中元杰出版社，1954 年）、《实用词谱》（台北编译馆，1957 年）、《友红轩词》（台北正中书局，1961 年）、《花间集》（萧继宗评点校注。台湾学生出版社，1975 年）、《兴怀集》（台湾学生书局，1990 年），以及《评校麝尘莲村集》《澹梦集》《友红轩词话》《萧斋夜话》《孟浩然诗说》等著作。

萧寄语（1900—1995），四川人。笔名萧莫，1937 年前后在杭州报刊发表文章开始署用。嗣后发表通讯《船上》（载 1938 年重庆《七月》第 2 集第 4 期），以及在《抗战文艺》《世界文艺季刊》《时事类编》《呼吸》等刊发表通讯《武汉在狂欢中跳跃》《长坂坡在狞笑》、小说《七十二荫》《七月半》等亦署。

萧剑峰（1925— ），湖南汉寿人。字才杰，号君彦。笔名：①肖（萧）剑峰，出版长篇童话诗《神鱼和神鸟》（湖南少年儿童出版社，1990 年）、长篇叙事诗《香溪曲》等署用。②健风，署用情况未详。

萧金堆（1927— ），台湾嘉义人。曾用名萧翔文。笔名淡星，出版有诗集《山的诱惑》《凤凰木的花》、短篇小说集《灵魂的脉搏》等。

萧军（1907—1988），辽宁凌海人，满族。原名刘鸿霖，号辽西醉侠；别号出土文物、三十年代人物鲁门小弟子。曾用名刘泳飞、刘吟飞、刘羽捷、刘维信、刘蔚天、刘燕白、刘毓竹、刘三郎。乳名小林、欢喜、欢气儿。笔名：①酡颜三郎，见于散文《懦》，载 1929 年 5 月 11 日沈阳《盛京时报·神皋杂俎》。嗣后在该刊发表小说《孤坟的畔》《汽笛声中》《端阳节》《鞭痕》等亦署。②刘蔚天，见于诗《柬友》，载 1930 年沈阳《新民晚报·今天》。③燕白、白燕子，1931 年在哈尔滨报刊投稿署用。④三郎，见于散文《故巢的云》，连载于 1932 年 11 月 6—23 日哈尔滨《哈尔滨公报·公

田》；诗《世界的未来》，载 1933 年 9 月 17 日长春《大同报·夜哨》。嗣后至 1934 年夏在《大同报》发表诗《全是虚假》《码头夫》《葬曲》《喑哑了的三弦琴》等，并在哈尔滨《国际协报·国际公园》《国际协报·文艺周刊》、大连《泰东日报》、长春《大同报·大同俱乐部》等报刊发表散文《病》《冬天残了》、电影剧本，出版小说集《跋涉》（与悄吟，即萧红合作。哈尔滨五画印刷社，1933 年）亦署。⑤刘葆力，见于散文《暴风雨中的芭蕾》，载 1931 年哈尔滨《国民日报》。⑥田倪，见于随笔《我什么也不将向你们隐瞒》，载 1934 年《国际协报·文艺》第 6 期。嗣后在该刊发表《为谁唱的》《给夜行者》《一个雨天》等诗文亦署。⑦潇潇，见于评论《一九三四年之后全满洲文学上的道路》，载 1934 年 3 月《国际协报》。⑧刘军、刘均，1934 年夏在青岛编《青岛晨报》副刊时署用。⑨萧军，1934 年与鲁迅通信开始署用。见于散文《一只小羊》，载 1935 年上海《太白》第 2 卷第 3 期；小说《货船》，载 1935 年上海《新小说》第 1 卷第 4 期。嗣后在《文学》《文学季刊》《作家》《文季月刊》《中流》《知识半月刊》《国民日报》《妇女旬刊》《新民报》《读书生活》《小说家》《七月》《抗战文艺》《抗战半月刊》《鲁迅风》《笔阵》《文艺新闻》《中国文化》《文艺月报》《解放日报》《谷雨》《晋察冀日报》《东北日报》《文化报》《希望》《青年学生》《新新闻半刊》《北方文化》《东北文化》《东北文艺》《小说》《文艺战线》《桂穗公路》《创作月刊》等报刊发表散文《随感三则》《水灵三岛》《随笔十九则》、小说《第三代》《马的故事》《同行者》《为了爱底缘故》、评论《目前东北文艺运动我见》《古潭里的声音——驳〈生活报〉的胡说》等，出版长篇小说《第三代》（第 1、2 部）（上海文化生活出版社，1937 年），中篇小说《涓涓》（上海燎原出版社，1937 年），短篇小说选集《羊》（上海文化生活出版社，1936 年）、《江上》（上海文化生活出版社，1936 年）、《创作小说选》（与其他人合集。桂林文化供应社，1942 年），小说、散文集《十月十五日》（上海文化生活出版社，1937 年），诗、散文合集《绿叶底故事》（上海文化生活出版社，1936 年），报告文学《侧面·我留在临汾》（成都跋涉书店，1938 年）、《侧面·从临汾到延安》（香港海燕书店，1941 年），话剧《幸福之家》（重庆上海杂志公司，1940 年），以及《萧军杰作选》（上海新象书店，1947 年），1949 年后出版长篇小说《五月的矿山》（作家出版社，1954 年）、《吴越春秋史话》（黑龙江人民出版社，1980 年），诗文选辑《萧军近作》（四川人民出版社，1981 年），自传《我的童年》（黑龙江人民出版社，1982 年），回忆录《人与人间》（中国文联出版社，2006 年），剧作集《萧军剧作集》（黑龙江人民出版社，1984 年），以及《萧军五十年文集》（黑龙江人民出版社，1981 年）、《萧军全集》（萧耘、王建中主编。华夏出版社，2008 年），以及《鲁迅给萧军萧红信简注释录》、《萧红书简辑存注释录》等亦署。⑩田军，出版长篇小说《八月的乡村》（上海容光书局，1935 年；

上海奴隶社，1935年）、散文集《兴安岭的风雪》（与靳以等合作。上海联华书局，1937年）署用。⑪郎华，见于随笔《〈商市街〉读后记》，载1936年上海文化生活出版社《商市街》。⑫海交，1937年发表随笔《"不够朋友"论》署用。⑬阮七郎，1937年在武汉发表半幕剧《中国的泰戈尔》署用。⑭呜咽，见于随笔《大事件里的小事件》，载1939年成都《新民报》。⑮百姓，见于随笔《高尔基纪念鳞爪》，载1939年成都《新民报》。⑯栏丁，见于随笔《问问答答——九问》，载1947年5月11日哈尔滨《文化报》。嗣后在该报发表《问问答答——四问》《问问答答——一问》等文亦署。⑰外行，见于随笔《旧剧新谈录——玉堂春》，载1947年5月11日哈尔滨《文化报》。嗣后在该报发表《旧剧新谈之二——王春娥》《旧剧新谈之三——鸳鸯冢》等文亦署。⑱学生，见于随笔《关于鲁迅先生的旧体诗半解》，载1947年5月11日哈尔滨《文化报》。嗣后在该报发表随笔《读书散记》亦署。⑲夜莺、者也，分别见于随笔《读书散记》《不干不净吃了没病》，载1947年6月25日《文化报》。⑳S记，见于随笔《毛泽东先生底一首词》，载1947年6月1日《文化报》。㉑秀才，见于随笔《新年献词》，载1948年1月1日《文化报》。㉒一间楼主，见于随笔《论〈沉默〉》，载1948年1月1日《文化报》。嗣后在该报发表"一间楼主"系列随笔《瞧不起》《论"科学与技术"》等亦署。㉓小伙计、标准市民，见于随笔《开市大吉》，载1948年1月5日《文化报》。㉔馆丁，见于随笔《文章理发馆》，载1948年1月10日《文化报》。嗣后在该报发表多篇同名文《文章理发馆》亦署。㉕新市民，见于随笔《读报春秋》，载1948年1月15日《文化报》。嗣后在该报发表多篇同名文《读报春秋》亦署。㉖大司伙，见于随笔《万事"初"通》，载1948年1月25日《文化报》。㉗万年青，见于随笔《又是一年春草绿》，载1948年2月10日《文化报》。㉘不才，见于随笔《论童养媳》，载1948年4月5日《文化报》。㉙求真楼主，1947—1948年在《文化报》发表文章署用。㉚刘郎、萧田、爱群、塞上、毅人、虹啸、刘燕白，署用情况未详。

萧凌（1923—2015），浙江瑞安人。原名林祥枢。笔名萧凌，见于儿童独幕剧《少年笔耕》（又名《好孩子》），载1945年温州三希出版社出版之《创作剧》第1辑。1949年后发表、出版独幕儿童剧集《小学徒》（杭州少年书报社，1946年），编纂《中国现代文学总书目·戏剧卷》（与邵华合编。福建教育出版社，1993年）亦署。

萧菱（1913—1949？），北京人。原名德玉葆。笔名：①德玉葆，见于《两个独身汉》《小品文与玩物丧志》，载1936年北平《实报半月刊》；散文《小花猫》，载1941年北平《中国文艺》第5卷第4期。②萧菱，见于《印象》，载1939年北平《艺术与生活》第1卷第4期；小说《浮云》，载1943年北平《艺文杂志》第1卷第

4期。同时期在北平《中国公论》《中国文艺》、日本大阪《华文大阪每日》、上海《文潮》等刊发表小说《格琳娜》《牵牛花》《烟》、散文《静》等亦署。③萧凌，20世纪40年代在华北报刊署用。嗣后出版小说《唢呐》亦署。④环子，见于《春天的风铃》，载1943年北平《新民报》第5卷第6期。⑤罗密尔、徐新、徐凌，20世纪30—40年代在北平《中国公论》《朔风》《华烈》《新民声》《新进》《新轮》《新少年》《万人文库·文园》、昌黎《教育月刊》、天津《庸报·文艺》、济南《大风》《中国青年》等报刊发表散文、小说、评论等署用。

萧蔓若（1908—2008），重庆市璧山人。原名萧称昙。曾用名应灵（小名）、萧灵、萧文渊、萧艾丛。笔名：①萧称昙，见于信函《致曾今可》，载1931年上海《新时代月刊》第1卷第3期。②蔓若，见于随笔《关于文白之争》，载1934年7月3日上海《中华日报·动向》。③萧蔓若，见于随笔《关于作品和生活》，载1934年12月27日《中华日报·动向》；散文《离乡》，载1936年上海《文学丛报》第3期；短篇小说《江校长》，载1936年《夜莺》杂志；短篇小说《牺牲精神》，载1939年广州《文艺阵地》第7期；短篇小说《安分的人》，载1943年《中原》创刊号。此前后在《东方杂志》《时事新报·青光》《立报·言林》《黄埔》《抗战文艺》《笔阵》《文艺生活》《中国的空军》《文讯》《青年文艺》《时与潮文艺》《文艺春秋》《文学新报》《文坛月报》《人物杂志》等报刊发表小说、散文等，出版长篇小说《解冻》（上海文光书局，1947年），小说集《萧蔓若小说集》（华文出版社，1994年）等亦署。萧蔓若，或误植作"萧曼若"；1952年后或作"肖蔓若"。④何迫，1934年前后在南京《中国晚报》发表文章署用。⑤吴亦、丘垤，1935—1936年在上海《时事新报·青光》发表文章署用。⑥艾丛，见于随笔《作家的自尊》，载1944年重庆《文学新报》创刊号。嗣后在该刊第2卷第1期发表随笔《色情文学的产生和它的灭亡》亦署。⑦其荽，见于随笔《把窗子打开吧》，载1945年重庆《文学新报》第1卷第2期。⑧萧香，见于杂文《狗颂》，载1945年《文学新报》第1卷第2期。⑨林映，1947—1948年间在《南京人报》发表文章署用。⑩蔓、小蔓、高半勺，1949年在《苏南日报》编副刊署用。⑪戴玉，署用情况未详。

萧乾（1910—1999），北京人，蒙古族。原名萧秉乾。曾用名萧若萍。笔名：①萧秉乾，见于散文《南口旅行杂感二则》，载1927年《崇实季刊》第5期。1929—1930年在《燕大月刊》发表散文《梨皮》《人散后》等亦署。②萧若萍，1929年在广东汕头创作《痕迹》时署用。③萧乾，见于《鲁迅》（英文），载1931年《中国简报》周刊第1卷第4期。嗣后在《教育周刊》《青年界》《文学》《文学季刊》《译文》《水星》《宇宙风》《作家》《文季月刊》《中流》《文丛》《文学杂志》《烽火》《文艺阵地》《文艺》《鲁迅风》《文艺生活》《文讯》

《人世间》《文艺春秋》《文艺复兴》等报刊发表文章，出版散文集《小树叶》（上海商务印书馆，1937年）、《落日》（上海良友图书印刷公司，1937年）、《见闻》（重庆烽火社，1939年）、《南德的暮秋》（上海文化生活出版社，1946年）、《人生采访》（上海文化生活出版社，1947年）、《珍珠米》（上海晨光出版公司，1948年），小说特写集《灰烬》（上海文化生活出版社，1939年），短篇小说集《篱下集》（上海商务印书馆，1936年）、《栗子》（上海文化生活出版社，1936年）、《创作四试》（上海文化生活出版社，1948年），中篇小说《梦之谷》（上海文化生活出版社，1938年），1949年后出版《负笈剑桥》（生活·读书·新知三联书店，1987年）、《书评面面观》（李辉编。人民日报出版社，1989年）、《未带地图的旅人——萧乾回忆录》（中国文联出版公司，1991年）、《我的医药哲学》（花城出版社，1992年）、《萧乾文学回忆录》（华艺出版社，1992年）、《人生采访》（河北教育出版社，1994年）、《关于死的反思》（陕西人民出版社，1995年）、《一个中国记者看二战》（生活·读书·新知三联书店，1995年）、《我这两辈子》（人民日报出版社，1995年）、《过路人》（中国青年出版社，1996年）、《点滴人生》（文化艺术出版社，1997年）、《感觉的记录》（湖南人民出版社，1998年）、《北京城杂忆》（生活·读书·新知三联书店，1999年）、《老北京的小胡同》（上海三联书店，2007年）、《风雨平生——萧乾口述自传》（傅光明整理。北京大学出版社，1999年）、《萧乾随想录：玉渊潭漫笔》（傅光明编。人民出版社，1999年）、《人生百味》（文洁若编。中国世界语出版社，1999年）、《余墨文踪》（百花文艺出版社，2000年）、《往事随想》（四川人民出版社，2000年），翻译长篇小说《好兵帅克》（匈牙利哈谢克原作。人民文学出版社、作家出版社，1956年）、《大伟人江奈生·魏尔德传》（英国菲尔丁原作。作家出版社，1956年）、《屠场》（美国辛克莱原作，与张梦麟等合译。人民文学出版社，1979年）、《战争风云》第二卷（美国赫尔曼·沃克原作，与茅于美等合译。人民文学出版社，1979年）、《弃儿汤姆·琼斯的历史》（英国菲尔丁原作，与李从弼合译。人民文学出版社，1984年）、《尤利西斯》（爱尔兰乔伊斯原作。与夫人文洁若合译。译林出版社，1994年），翻译诗剧《培尔·金特》（挪威易卜生原作。四川人民出版社，1983年），翻译戏剧故事《莎士比亚戏剧故事集》（英国兰姆姐弟原作。中国青年出版社，1956年），出版文集《萧乾文集》（傅光明编。浙江文艺出版社，1998年）等亦署。④乾，见于特写《济南车站之素描》，载1935年9月27日天津《大公报》。⑤树藏，借用其妻王树藏笔名。见于散文《小树叶》，载1935年12月30日天津《大公报·文艺》。⑥树雄，见于散文《遁》，载1936年11月26日天津《大公报·文艺》。⑦魏劬，见于散文《爱狗者》，载1938年10月18日《大公报·文艺》。⑧塔塔木林，出版杂文集《红毛杂谈》（上海观察社，1948年）署用。⑨洁夫、柱父（fǔ），1956—1957年在《人民日报》副刊编

译雨果、易卜生等人格言署用。⑩田坦，见于杂文《话不在多》，载1982年4月19日《北京晚报》。⑪施民，见于杂文《漫谈自由市场》，载1984年3月17日《北京晚报》。⑫佟荔，出版译作《里柯克小品选》（加拿大里柯克原作。人民文学出版社，1963年）署用。

萧然，生卒年及籍贯不详。笔名：①萧然，见于随笔《北平文艺界不景气的原因》，发1933年《平明杂志》第2卷第16期；译文《政治与年龄》，载1941年上海《宇宙风乙刊》第50期。1935年10月在《民报·平凡》发表文章亦署。②老萧，署用情况未详。

萧容（1929—1984），浙江宁波人，生于上海。原名吴启庠。笔名：①萧容，1946年起在上海《时代日报》副刊《新生》《新园地》发表散文等署用。嗣后成出版长篇小说《追求》、中篇小说《在漩涡中》等亦署。②小容、呈英，1946年起在上海《时代日报》副刊《新生》《新园地》发表散文等或署。

萧赛（1920—2014），四川成都人。笔名：①萧赛，见于话剧《秦淮河上》，载1940年重庆《今日戏剧》；散文《春在锦城》，载1943年成都《东方文化》第1卷第1期。嗣后在成都《华西晚报·文艺》、北平《文学杂志》等报刊发表小说《飞飞姑妈》等，出版剧作集《怨耦》（成都戏剧文学出版社，1947年），传记《契诃夫传》（贵阳文通书局，1947年）、《高颚其人》（北岳文艺出版社，1989年），论著《契诃夫的戏剧》（贵阳文通书局，1948年）、《和工人同志们谈写戏》（武汉工人出版社，1952年），长篇小说《红楼外传》（四川文艺出版社，1985年）、《青蛇传》（花城出版社，1988年）等亦署。②赛，见于《胭脂虎》，载1943年3月25日成都《华西晚报·文艺》。

萧三（1896—1983），湖南湘乡人。原名萧植蕃，号子暲。曾用名萧克森、萧莼三、萧爱梅、萧植藩、萧植繁、萧子璋、萧子章、萧了开、萧克、张迪芳、埃弥·萧、Emi Siao、Эмисяо。别署小三、三弟、S 3、SS、ES。笔名：①子暲，见于评论《节孝坊》，载1919年湖南《湘江评论》第1期。②萧子暲，见于游记《我们一路怎样到的法兰西》，载1920年8月12日上海《民国日报·觉悟》；论文《苏维埃社会主义共和国之研究》，载1925年北京《新青年》第2期。③天光，见于随笔《遣回勤工俭学生之真相》，载1922年2月上海《时事新报》。④埃弥，见于诗《血书》，载1935年莫斯科《国际文学》中文版创刊号。⑤萧爱梅，见于随笔《纪念苏联的朋友中国作家鲁迅》，载1936年上海《中流》半月刊第1卷第6期。嗣后在《大众文艺》《文艺月报》《诗创作》等刊发表评论《正确地认识马雅可夫斯基》、译诗《最好的诗》（苏联马雅可夫斯基原作）等亦署。⑥小山，见于通讯《高尔基去世二周年》，载1938年7月28日重庆《新华日报》。⑦小三，见于诗《母亲，我回来了》，载1939年延安《文艺战线》第1卷第4期。⑧萧三，见于《出席哈尔可

夫世界革命文学大会中国代表的报告》，载 1931 年上海《文学导报》第 1 卷第 3 期。嗣后在《散文》《十日文萃》《文艺阵地》《文艺突击》《文艺战线》《中国文化》《大众文化》《新诗歌》《谷雨》《中国青年》《中苏友好》《新群众》《北方文化》《长城月刊》《文艺劳动》《少年文选》《新华月报》《文艺丛刊》《东北文艺》《人民周报》等报刊发表著译诗文，出版诗集《礼物》（与石星、天蓝合集。桂林文文出版社，1942 年）、《和平之路》（人民文学出版社，1952 年）、《友谊之歌》（作家出版社，1958 年）、《打断侵略者的脊骨》（作家出版社，1958 年）、《萧三诗选》（人民文学出版社，1960 年）、《伏枥集》（作家出版社，1963 年），散文集《毛泽东印象记》（与其他人合作。胶东新华书店，1946 年），随笔集《高尔基的二三事》（文学连丛社，1946 年），传记《毛泽东同志的青少年时代》（新华书店，1949 年。后增订改名为《毛泽东同志的青少年时代和初期革命活动》，中国青年出版社，1980 年）、《伟大的导师马克思》（中国青年出版社，1949 年）、《朱总司令的故事》（苏南新华书店，1949 年）、《人物纪念》（生活·读书·新知三联书店，1951 年），文艺理论集《高尔基的社会主义美学观》（华北书店，1943 年。后增订改名《高尔基的美学观》，群益出版社，1950 年），回忆录《窑洞城》，翻译戏剧《马门教授》（德国沃尔夫原作。重庆文林出版社，1942 年）、《新木马计》（德国沃尔夫原作。重庆文林出版社，1942 年）、《前线》（苏联亚·柯涅楚克原作。晋察冀新华书店，1944 年）、《光荣》（苏联古舍夫原作。中苏文化协会编译委员会，1942 年），翻译文艺理论集《列宁论文化与艺术（上）》（东北书店，1947 年）、《高尔基的美学观》（群益出版社，1951 年），编选《革命烈士诗抄》（中国青年出版社，1959 年；增订版，1962 年）、《革命民歌集》（中国青年出版社，1959 年），出版《萧三文集》（新华出版社，1983 年）等亦署。⑨肖三，出版《亚非拉人民团结起来》（歌词。江定仙作曲。音乐出版社，1963 年）、《肖三诗选》（湖南人民出版社，1981 年）、《毛泽东青少年时期的故事》（辽宁人民出版社，1981 年）、《珍贵的纪念》（天津人民出版社，1983 年）、《我没有闲心》（黑龙江人民出版社，1983 年）等署用。⑩Эмисяо，在苏联出版俄文诗集《湘笛集》《我们的命运是这样的》《埃弥·萧诗集》和《萧三诗选》等署用。⑪萧山，署用情况未详。

萧珊（1921－1972），浙江鄞县（今宁波市）人。原名陈蕴珍。笔名萧珊，见于诗《诗三首》，载 1943 年 2 月 3 日桂林《大公报·文艺》；诗《挽歌：一颗在天之灵安宁》，载 1943 年上海《宇宙风》第 131 期。嗣后在重庆《大公报》等报刊发表作品，出版《阿细亚》（俄国屠格涅夫原作。平明出版社，1953 年）、《别尔金小说集》（俄国普希金原作。平明出版社，1954 年）、《初恋》（俄国屠格涅夫原作。平明出版社，1954 年）、《奇怪的故事》（俄国屠格涅夫原作。平明出版社，1954 年）、《屠格涅夫中短篇小说集》（人民文学出版社，1959

年）等亦署。

萧天石（1909－1986），湖南邵阳人，号了一子、天玄子、玄真子、大乙山人、天无居士、文山遯叟、半瓢道人。笔名萧天石，见于评论《日本在东北的军事建设与我国应取的对策》，载 1934 年上海《前途》第 2 卷第 7 期；评论《日俄战争之预测与中国》，载 1935 年上海《前途》第 3 卷第 8 期。此前后在该刊及《黄埔》《抗战军人》等刊发表文章，出版《世界伟人成功秘诀之分析》（南京东海书店，1936 年）、《孙子战争理论之体系》（成都大江出版社，1942 年）、《大学中庸贯义与君学之最高原理》（成都大江出版社，1943 年）等亦署。

萧铜（1929－1995），江苏镇江人，生于北京。原名生鉴忠。笔名：①萧铜，1946 年起在台湾报刊发表小说、话剧等作品，出版小说集《街檐》（台北中山出版社，1953 年）、《方红》（台北文坛社，1955 年）、《哀歌》，长篇小说《百家姓》（台北新文艺社，1955 年），散文集《无风楼随笔》（香港大光出版社，1970 年）、《上京记》（香港文丰出版社，1973 年）、《马路集》，创作电影剧本《我又来也》《密杀令》《上京记》《二次上京记》等署用。②赵旺，署用情况未详。

萧蜕安（1863－1958），江苏常熟人。原名萧嶙，字中孚、盅孚，号蜕闇、蜕黯、蜕安、蜕公、蜕盦、退闇、退庵、退盦、退公、寒蝉、苦绿。晚号无翁、聩叟、寒叟、南园老人、罪松老人、听松老人、本无老人。别署褐之、本无、叔子、听松庵行者、江南本无居士。曾用名萧蜕、萧鳞、萧麟、萧冲友。笔名：①蜕公，1906 年在《国粹学报》发表文章署用。②退庵，见于随笔《女客串声中之趣闻》，载 1922 年上海《小说新报》第 7 卷第 12 期。嗣后在《戏杂志》《游戏世界》等刊发表文章亦署。③萧蜕公，见于评论《近代书评》，载 1919 年上海《小说月报》第 10 卷第 6 期。④萧蜕，在《南社丛刻》发表旧体诗署用。按：萧蜕安出版有《劲草庐文抄》《蜕庵诗抄》《医屑》《铄伽罗心室笔记》《小学百问》《书道八法》《文字探源》《华严字母学音篇》《音韵发伏》《说文建首形音易知》等著作，出版与署名情况未详。

萧向阳（1929？－　），湖南人，原名陈同和。笔名萧向阳，见于诗《生活篇》，载 1948 年北平《诗号角》第 2 期。嗣后在该刊发表诗《跃进》《今天，黄河在轰然欢笑》及《培养集体观念》等亦署。

萧学良（1911－？　），湖南衡山人。笔名：①萧学良，见于论文《论现代空军》，载 1945 年《新中国》第 7 期。同时期在《国防月刊》等刊发表文章，1949 年后出版散文集《台湾闻见录》（湖南人民出版社，1987 年）亦署。②学良，署用情况未详。

萧遥天（1913－1990），马来西亚华人，原籍中国广东潮阳。原名萧公畏，号姜园。笔名萧遥天，出版有长篇小说《春雷》及《冬虫夏草》三部曲（《豹变》《虎变》《龙变》），中篇小说《夜莺曲》，短篇小说集《春雷》《玩刀子的女人》，诗集《遥天诗草》《不惊人草》《食风楼诗存》，散文集《食风楼随笔》《热带散墨》《展画行脚》《东西谈》《人生散墨》《佳节散墨》，专著《中国姓氏研究》《萧氏源流世系人物考》《郑氏源流世系人物考》《张氏世系源流人物考》《中国人名的研究》《易卦通俗解释》《修辞说例》《读艺录》《写画一得》《华文教与学》《年兽与图腾崇拜》《姜园嵌字联甲辑》《潮州语言声韵之研究》《潮州戏剧音乐志》《潮州文化丛谈》《潮州先贤与民间传说》等。

萧也牧（1918－1970），浙江湖州人。原名吴承淦。曾用名吴小武。笔名：①吴小武，见于诗《忧虑》《眺》，载1935年上海《中学生文艺季刊》第1卷第1期；评论《张市的劳资合作与民族工业的发展》，载1946年张家口《北方文化》第2卷第6期。②吴犁厂（ān），20世纪30年代在江苏、浙江一带报刊发表诗文署用。③黄河，1939年在晋察冀编《救国报》署用。④萧也牧，见于《杨六十二》，载1946年《教育阵地》第7卷第1期。20世纪40年代末、50年代初在《华北文艺》《小说》等刊发表小说、随笔等，出版短篇小说《富得荣还乡》（张家口晋察冀边区教育阵地社，1946年）等署用。1949年后发表作品，出版小说集《三天两夜》（北京青年出版社，1950年）、《山村纪事》（上海天下图书公司，1950年）、《海河边上》（天津知识书店，1950年）、《母亲的意志》（青年出版社，1951年）、《锻炼》（青年出版社，1951年）、《地道里的一仿》（北京通俗读物出版社，1956年）、《难忘的岁月》（新文艺出版社，1958年）等亦署。

萧亦五（1914－1977），湖北光化人。原名萧玉堂。曾用名萧毅武。笔名萧亦五，见于四幕剧《王老虎》（与老舍、赵清阁合作），载1943年桂林《文学创作》第1卷第6期"戏剧专号"。同时期在《抗到底》《新蜀报》《新华日报》等报刊发表剧作等，1949年后出版中篇小说《炮弹与烧鸡》，鼓词《金日成将军》（上海通俗出版业联合书店，1950年）、《中和桥的仇恨》（上海通俗出版业联合书店，1951年），故事《英勇的女教师》（南京民丰印书馆，1951年），曲艺《跨海征东》（上海正风出版社，1951年），唱词《郭师傅修铣床》（北京宝文堂书店，1955年）等亦署。

萧殷（1915－1983），广东龙川人。原名郑文林。曾用名阿参（幼名）、阿森（幼名）、郑文生、郑心吾。笔名：①郑文生，1934－1935年在广州《民国日报·东西南北》发表小说、散文诗署用。②鲁德、心吾，1934－1935年间在广州《民国日报·东西南北》发表作品署用。③萧英，1936年后在香港《珠江日报·江声》《市民日报》、汕头《岭东民国日报》、延安《新中华报》、华北《新华日报》、重庆《新华日报》等报刊发表小说、散文署。又见于随笔《关于创作态度——读书散记》，载1942年4月2日延安《解放日报》。④何远、黎政，20世纪40年代发表文章署用。⑤萧殷，1946年起使

用。见于随笔《语言要有生命，就要向人民学习》，载1949年石家庄《华北文艺》第5期；评论《论工人诗的写作及其他》，载1949年《文艺劳动》第1卷第3期。1949年后出版诗集《翻身诗谣》（知识书店，1950年），小说集《月夜》（北京出版社，1958年），论著《论文学的现实性》（天下图书公司，1950年）、《论生活、艺术和真实》（人民文学出版社，1952年）、《萧殷文学评论选》（湖南人民出版社，1983年），随笔集《生活·思想·随笔》（人间书屋，1952年）、《给文艺爱好者与习作者》（中国青年出版社，1955年）、《创作随谈录》（湖南人民出版社，1985年）、《鳞爪集》（作家出版社，1959年）、《谈写作》（湖南人民出版社，1980年）以及《萧殷自选集》（花城出版社，1984年）等亦署。⑥文生，署用情况未详。

萧垠（1924－　），河南孟津人。原名谢友三。曾用名谢光瑾。笔名：①谢光瑾，见于《鹰的启事》，载1944年1月5日甘肃《民国日报·生路》。嗣后在该刊第827期发表《夜半驼铃》亦署。②谢瑾，见于《秋雨图》，载1944年9月17日甘肃《民国日报·生路》。③萧垠，见于评论《论姚雪垠》，载1946年《灌木丛》杂志第2期。嗣后在《兰州日报》、北平《泥土》《期待》、上海《时代日报》等报刊发表随笔《沪上寄语》、评论《论司马相如的文妓路线》等，出版《革命故事读本》（新北京出版社，1950年）亦署。

萧璋（1909－2001），四川三台人，生于山东济南。字仲珪。笔名萧璋，出版有《国立北平图书馆书目目录分类》《毛传条例探源》《谈毛传的单字相训》等著作。

萧子明（1914－？），江西崇义人。原名萧继光，字子明，号正山。笔名萧子明，出版有《忆琳词草》《老庄政治哲学》《诗经与楚辞之研究》等著作。

小松（1912－？），辽宁黑山人，生于河北唐山。原名赵树权。曾用名赵孟原。笔名：①赵小松，见于译文《协约国际间的战债问题》（美国 H. G. 莫尔特原作），载1929年北平《新民》半月刊第3期。嗣后出版小说集《蝙蝠》（抚顺月刊"满洲"社，1938年）、《野葡萄》（长春艺文书房，1943年）亦署。②小松，1931年起在大连《泰东日报》《满洲报》、长春《新满洲》《明明》《艺文志》《电影画报》《诗歌连丛》、沈阳《新青年》《盛京时报》、日本大阪《华文大阪每日》等报刊发表诗《我还得去追求》《旅途四重奏》《因风想》，小说《人丝》《褚魁、陈远和小珍珠》《老师的威风》，中篇小说《铁槛》，散文、电影剧本《人和人们》，评论《夷驰及其作品》《满系小说人的当前问题》《法国教师和他的情人》等，出版长篇小说《无花的蔷薇》（长春满日文化协会，1940年）、《北归》（长春艺文志事务会，1942年），小说集《人和人们》（长春艺文书房，1942年）、《苦瓜集》（长春兴亚杂志社，1943年），诗集《木筏》（长春诗歌丛刊会，1940年），散文集《并欣集》（与山丁、也丽、金音合集。长春兴亚杂志社，1944年）等亦署。③梦、梦园、尹明、失明、吴珍、

夜风、约翰、松屏、黑伦、黑玲、野月、萧绛、白野月、MY，1931年起在大连、长春等地报刊发表小说、诗、散文等署用。④梦原，见于《子曰的太太》，载1933年3月22日大连《泰东日报》；翻译小说《失火之家》（希腊纳吉丝原作），载1937年长春《明明》第1卷第5期。⑤赵梦园，见于散文《东游印象记》，载1937年长春《明明》第2卷第1－3期。⑥孟原，见于随笔《〈一知半解集〉序》，载1938年10月抚顺月刊"满洲"社出版之《一知半解集》（古丁著）。

晓航（1929－2021），辽宁沈阳人。笔名：①傅晓航，出版有《金圣叹与金批西厢》《〈贯华堂第六才子书西厢记〉校本》《〈西厢记集解〉编校本》。②文众，署用情况未详。

晓星（1923－2006），浙江宁波人。原名孙德培。笔名：①晓星，见于诗《二虎子》《战士的琐语言》，载1946年4月《东北日报》。②萧深，见于《请野心家们张开耳朵听听》，载1946年《东北日报》。③晓歌，见于小说《愚人节》，载1943年上海《万象》第3卷第1期；《最短的独幕剧》，载1943年上海《万象》第3卷第6期。此前后在该刊及上海《文汇报·世纪风》《文汇周报》《春秋》《月刊》《奔流文艺丛刊》《宇宙》《周报》《文艺春秋》《中国文学》《文艺复兴》等报刊发表小说《渡长江》《导演先生》《永久的画像》《初步》《林先生离校的时候》《死囚》《友敌之间》、翻译小说《最后的一叶》、杂文《消沉以外》《宽恕之道》、评论《路翎的〈求爱〉》等，出版小说集《黄金时代》（上海春秋杂志社，1945年）亦署。④徐光燊，见于随笔《戏坛往来》，载1944年上海《万象》第4卷第5期。⑤君、绿阶、越缨、屠龙士，1945年后在上海《文汇报》发表文艺评论署用。⑥思勤，署用情况未详。

【xie】

谢冰莹（1906－2000），湖南新化（今冷水江市）人。原名谢鸣岗，字凤宝。曾用名鸣凤（一作凤英）。昵称小凤（乳名）、慈莹（法名）、谢彬。笔名：①闲事，见于散文《刹那的印象》，载1921年前后长沙《大公报》副刊。②格雷、鸣岗，20世纪30年代在武汉报刊发表文章署用。③冰莹，1927年在武汉《中央日报·中央副刊》连载长篇散文《从军日记》署用。又见于随笔《我幼时的学校生活》，载1931年上海《读书月刊》第2卷第3期。此前后在《申报·自由谈》《青年界》《现代》《文学》《人间世》《宇宙风》《中国文艺》《中流》《文艺月刊》《小说月报》《论语》《文学月报》《文饭小品》《抗到底》《自由中国》《抗战文艺》《文艺春秋》《黄河》《灯塔》《时事类编》《女子月刊》《妇女生活》《民族呼声》《半月文摘》《旅行杂志》《抗战半月刊》《抗战评论》《上海妇女》《南风》《文潮月刊》《艺风》《文化导报》《妇女月刊》《半月文萃》《妇女共鸣》等报刊发表散文、小说等，出版散文集《从军日记》（上海春潮书局，1929年）、《麓山集》（上海光明书局，

1932年），小说集《前路》（上海光明书局，1932年）、《寒夜集》（1944年）等亦署。④谢冰莹，见于小说《理智的胜利》，载1931年上海《读书月刊》第1卷第6期；散文《暴风雨后的黄昏》，载1933年6月27日上海《申报·自由谈》。此前后在《青年界》《人间世》《论语》《灯塔》《宇宙风》《逸经》《一三杂志》《文艺月刊》《宇宙风乙刊》《大晚报》《西北风》《宇宙风·逸经·西风非常时期联合旬刊》《黄埔》《通俗文化》《时事类编》《黄河》《战时文艺》《文学创作》《文艺先锋》《风雨谈》《教育通讯周刊》《大风》《改进半月刊》《国士》《北战场》《大路半月刊》《妇女新运》《经纬月刊》《旅行杂志》《读者》《南风》《流星》《文潮月刊》《文艺时代》《正论》《社会评论》《现实文摘》《今日妇女》《青年杂志》《时事新闻》《台旅月刊》等报刊发表小说、散文等，出版散文集《湖南的风》（上海北新书局，1935年）、《一个女兵的自传》（上海良友图书印刷公司，1936年）、《谢冰莹创作选》（上海仿古书店，1936年）、《军中随笔》（上海抗战出版部出版）、《在火线上》（汉口生活书店，1938年）、《新从军日记》（汉口天马书店，1938年）、《写给青年作家的信》（西安大东书局，1941年）、《冰莹抗战文选集》（建国出版社，1941年）、《女兵十年》（重庆红蓝出版社北平分社，1946年）、《生日》（上海北新书局，1946年）、《在日本狱中》（上海远东图书公司，1948年）、《女兵自传》（上海晨光出版公司，1948年），长篇小说《中学生小说》（上海中学生书局，1932年）、《青年王国材》（上海开华书局，1933年），短篇小说集《冰莹女士小说集》（北平郁文书局，1929年）、《梅子姑娘》（西安新中国文化出版社，1941年）、《姊姊》（西安建国编译社，1942年）、《冰莹近作自选集》（湖南蓝田书报合作社，1943年）、《谢冰莹佳作选》（上海新象书店，1941年），小说散文集《战士底手》（重庆独立出版社，1939年）等亦署。⑤谢冰莹女士，见于散文《我的粉笔生涯的回顾》，载1931年上海《新学生》第1卷第5期。⑥英子，20世纪30年代在武汉报刊发表文章署用。又见于随笔《读〈恋爱与新道德〉》，载1931年6月10日上海《读书月刊》第2卷第3期。嗣后在上海《申报·自由谈》《小说月刊》、北平《文学季刊》、西安《黄河》等报刊发表文章亦署。⑦碧云，见于散文《周作人印象记》，载1932年上海《读书月刊》第3卷第1、2期合刊；随笔《母性与职业》，载1935年上海《现代》第6卷第2期。⑧小兵，见于散文《预操记》，载1932年《论语》半月刊第1卷第7期；散文《学校生活琐记》，载1948年上海《青年界》新5卷第3期；散文《台南纪游》，载1949年《台旅月刊》第1卷第2期。⑨兰如，见于散文《长沙麻花》，载1934年3月30日上海《申报·自由谈》。嗣后在该刊及上海《人间世》发表《悼庐隐》《恐怖生活的回忆》《玫瑰色的衣裳》等文亦署。⑩林娜，见于散文《过着，过着的》《囚徒》《初恋》等6篇，载1935年上海《小说半月刊》第19期；散文《邻家》，载1937年上海《中国文艺》第1卷第3期。⑪南芷，见于散文《记反侵

略剧团），载 1940 年《黄河》第 3 期。嗣后在该刊发表短评《作家与生活》《再论作家与生活》、小说《姊姊》等亦署。署用。⑫莹、瑛、无畏、林三、芙英、紫英、芷英、英英、忆萍、秋萍、刘滢、刘彬、彬彬、微波、凤兮、纪佬、乡巴老、乡饱姥、乡饱老、阿木林，署用情况未详。按：1954 年香港群乐图书公司盗印《一个女兵的自传》（改题《一个女性的自述》）署名"罗莎"，未列入上述笔名中。

谢采江（1893－1984），河北保定人。原名谢庚宸，字子兮。笔名：①谢采江，出版诗集《野火》（保定三块协社，1923 年）、《梦痕》（北京明报社，1926 年）、《荒山野唱》（北京海音书局，1926 年）、《不快意之歌》（北京海音书局，1928 年）等署用。②子兮，出版小说集《爱的浪费》（北京海音书局，1926 年）署用。③子波，见于致湘灵信，载海音书局文艺丛书《诗兴的友谊》（北京海音书局，1927 年）。

谢春满，生卒年及籍贯不详。笔名：①春满，见于评论《日俄关系的观察》，载 1931 年上海《新生活》第 9 期。②谢春满，见于小说《破灭》，载 1934 年上海《学生文艺丛刊》第 7 卷第 2 集。嗣后在《教育杂志》《绸缪月刊》《教育建设》等刊发表文章，出版论著《苏联生产教育的理论与实际》（南京国立编译馆，1941 年）亦署。③春满子，出版论著《怎样训练思想》（上海长城书局，1935 年）署用。

谢旦如（1904－1962），上海人。曾用名谢淡如、谢澹如、谢永淦。笔名：①元功，见于随笔《出版家的趁火打劫》，载 1930 年上海《出版月刊》第 7 期。②旦如，见于诗《相思》，载 1923 年上海《时事新报·文学旬刊》第 66 期。出版诗集《苜蓿花》（杭州湖畔诗社，1925 年）亦署。③王了一，署用情况未详。

谢德耀，生卒年不详，浙江人。笔名：①布德，见于诗《卖报者》，载 1936 年上海《中学生文艺季刊》第 7 期；报告《轰炸散记》，载 1940 年 11 月 1 日桂林《自由中国》复刊号。嗣后在《现代文艺》《国有月刊》《清明》《大公报·文艺》《东北》等报刊发表小说、散文等，出版小说集《第三百零三个》（重庆上海杂志公司，1940 年）、《夜三点》（与苏子涵、老舍等合集。金华正中书局）、《火场》（与舒群、沈起予等合集。民国出版社，1945 年），中篇小说《赫哲喀拉族》（永安改进出版社，1942 年），长篇小说《海恋》（一名《海滨有贝壳》。重庆新艺出版社，1945 年）等亦署。②谢德耀，见于《参加兵役宣传归来》，载 1939 年重庆《北碚月刊》第 3 卷第 1 期。

谢蒂亚，生卒年及籍贯不详。笔名啼鸦，20 世纪 40 年代在武汉报刊发表文章署用。

谢扶雅（1892－1991），浙江绍兴人。原名谢祖光，字乃任、乃壬，号天贶、扶雅、扶亚。笔名：①扶雅，见于论文《英国宪法纲要》，载 1911 年上海《进步杂志》第 1 卷第 4 期；评论《俄罗斯民主共和国之前途》，载 1917 年上海《新国民杂志》第 1 卷第 3 期；随笔《对日运动中的一点小意见》，载 1931 年上海《微音》月刊第 1 卷第 6 期。②谢乃壬，见于论文《新国民之自觉》，载 1917 年上海《新国民杂志》第 1 卷第 2 期（目录署名谢壬，疑误）；《美之对德宣战》，载《新国民杂志》第 1 卷第 3 期。③天贶，见于旧体诗《冷玉斋未是草》，论文《人生之真意义与真价值》，载 1917 年上海《新国民杂志》第 1 卷第 3 期；论文《生物寿命之研究》，载 1918 年上海《东方杂志》第 15 卷第 9 期。④谢天贶，见于《中国海关税常关税一览表》，载 1917 年上海《新国民杂志》第 1 卷第 3 期；评论《世界观与今日的世界》，载 1948 年南京《妇女新运》第 8 卷第 3 期。⑤乃壬，见于评论《吾之对德宣战观》，载 1917 年上海《新国民杂志》第 1 卷第 3 期。⑥扶亚，见于评论《时局痛言》《泰西晚近之思潮》，载 1917 年上海《新国民杂志》第 1 卷第 3 期。⑦谢扶雅，见于评论《戏剧底哲学》，载 1929 年广州《戏剧》创刊号。此前后在《民铎杂志》《岭南学报》《道南》《微音月刊》《图书评论》《紫晶》《南风》《天风》《教育杂志》《狮子吼》《行健》《国力》《建设研究》《时代精神》《协进》《文化先锋》《观察》《世纪评论》《建国青年》《基督教丛刊》等刊发表文章，出版译作《科学与宗教》（赫求亮原作。中华基督教女青年会全国协会，1933 年），论著《中国伦理思想 ABC》（上海世界书局，1929 年）、《基督教纲要》（上海中华书局，1934 年），游记《游美心痕》（上海世界书局，1929 年），1949 年后出版专著《中国政治思想史纲》（台北正中书局，1954 年）、《人格教育论》（台北西南书局，1972 年），以及《谢扶雅晚年文录》（台北传记文学出版社，1977 年）等亦署。

谢福畴（1911－1986），广东梅县（今梅州市）人。笔名落叶谷，20 世纪 40 年代在暹罗曼谷《世界日报》等报副刊发表文章署用。

谢刚主（1901－1982），河南安阳人。原名谢国桢，字刚主。曾用名大保（小名）、大傻子、罗墅湾人、罗墅老人。笔名：①谢国桢，见于传记《余姚黄宗羲先生传纂》，载 1926 年《北京大学研究所国学门月刊》第 1 卷第 5 期。嗣后在《清华周刊》《国学论丛》《国立北京大学国学季刊》《国学丛编》《金陵学报》《时代公论》《清华学报》《中国营造学社汇刊》《浙江图书馆馆刊》《考古》《禹贡》等刊发表文章，出版《顾宁人先生学谱》（上海商务印书馆，1930 年）、《黄黎洲学谱》（上海商务印书馆，1932 年）、《晚明史籍考》（国立北平图书馆，1933 年）、《清初农民起义资料辑录》（上海新知识出版社，1956 年）、《江浙访书记》（生活·读书·新知三联书店，1985 年）等亦署。②谢刚主，见于散文《两粤纪游》，载 1936 年北平《禹贡半月刊》第 4 卷第 9－11 期。嗣后在《逸经》《中和月刊》《中国文艺》《艺文杂志》《古今》《天地》《杂志》《学术界》《中德学志》《中国公论》《永安月刊》等刊发表散文、随笔等，出版论著《民间歌谣的研究》（北平中华平民教育促进会，1930 年），年谱《李二曲先生学谱》（北平中华平民教育促进会，1929 年），故事《苏东坡的故事》（北平中华平民教育促进会，1932 年）、《郑成功与张苍水》（北平中华平民教育促进会，1932 年）、《颜元寻父》（北平中华平民教育促进会，1932 年）、《郑芝龙》（北平中华平民教育促进会，1932 年）等亦署。③刚主，见于论文《对于选择中学以上国文教材之商榷》，载1928 年 5 月 25—31 日北平《晨报副镌》；随笔《倚声初集跋》，载 1944 年《艺文杂志》第 2 卷第 5 期。1931年在北平《农民》杂志发表《民间歌谣的研究》《苏东坡的故事》、1948 年在上海《子曰丛刊》《永安月刊》等刊发表散文《天南遁叟之晚年》《扬州纪游》等亦署。④主、刚，署用情况未详。

谢鸿轩
（1917－2012），安徽繁昌（今芜湖市）人。原名谢佑寿，字鸿轩，号鸿庐。笔名谢鸿轩，出版《谢氏述德文编》（谢述德堂千联斋，1979 年）及《骈文论衡》《中国历史纲要》《近代名贤墨迹》《近代名贤墨迹续编》《谢氏文献甲编》《谢氏文献乙编》《谢鸿轩教授回文百联集》《千联斋珍藏书法》《千联斋类稿》《鸿轩文存》等著作署用。

谢华国
（1886－1939），广东梅县（今梅州市）人。字英伯，号抱香。笔名谢华国、谢英伯、谢抱香，在《南社丛刻》发表旧体诗署用。

谢怀丹
（1908－1992），山东济南人。原名裘东莞。曾用名谢芳、王文英、谢亿仁。笔名谢怀丹，见于散文《生日》，载 1943 年 10 月 1 日福建永安《民主报·新语》。1949 年后出版散文集《岁月履痕》（福建人民出版社，1991 年）、《金婚岁月》（与赵家欣合集。海峡文艺出版社，1990 年）、《木棉花又开了》（海风出版社，2008 年）亦署。

谢加因
（1912－1992），广东广州人。原名谢家驷。曾用名谢苍因。笔名：①加因，1936 年编《新儿童》半月刊开始署用。见于童话《蟋蟀》，载 1939 年广东曲江《广东妇女》月刊第 3 期。嗣后在桂林《救亡日报》《野草》、重庆《集体创作》、香港《新儿童》等报刊发表通讯、童话、散文等，出版中篇小说《偷火者的故事》（桂林文化供应社，1942 年），童话《小米鼠》（香港中原出版社，1948 年）、《阿丽漫游童话国》（香港初步书店，1949 年）、《时间——生命的钥匙》等均署。1949 年后在《广东文艺》等刊发表作品亦署。②小静，1936 年在《新儿童》半月刊发表速写署用。③加，见于随笔《对唐毅抗议》，载 1940 年 1 月 30 日桂林《救亡日报·文化岗位》。④史之达，见于随笔《迷途的羔羊》，载 1941 年香港《青年知识》周刊第 4 期；随笔《我怎样做新闻记者》，载 1949 年《民主时代》第 4 期。⑤花西里，见于杂文《舆论的节约》，载 1945年云南《民主周刊》增刊第 2 期。1948 年后在香港《新儿童》发表儿童文学作品亦署。⑥丽静之，1948 年在香港《华商报》发表文章署用。⑦家因，1972 年开始发表书法作品署用。

谢觐虞
（1899－1935），江苏武进（今常州市）人。字玉岑、柯岑，号孤鸾。笔名谢觐虞，见于词《珍珠帘·听歌用梦窗韵》《曲游春》，载 1934 年《文艺捃华》第 1 卷第 6 期；词《孤鸾词零拾》，载 1935 年 7 月 16日上海《词学季刊》第 2 卷第 4 期（正文署名"武进谢觐虞玉岑"）。嗣后出版文集《玉岑遗稿》（1949 年）亦署。

谢觉哉
（1884－1971），湖南宁乡人。原名谢维鋆，字焕南、觉哉，号觉斋。曾用名谢泽琛。笔名：①觉斋，1920 年在《湖南通俗报》发表文章署用。②飞飞，1924 年在宁乡报纸发表《惨不忍闻之水灾消息》等文署用。③见心，1926－1927 年间在《湖南民报》发表文章署用。④觉、觉哉，1927 年后在《红旗》《布尔塞维克》等杂志发表文章署用。⑤敦夫，1937 年前后在兰州《妇女旬刊》等报刊发表文章署用。⑥焕南，1938年起在兰州《妇女旬刊》、延安《新中华报》等发表诗、杂文署用。又见于《怀安诗选》，载 1941 年 10 月 16 日延安《解放日报》，1942 年 3－11 月在该报连载随笔《炉边闲话》《一得书》亦署。⑦马彬，1937－1941 年在《新中华报》发表文章署用。⑧谢觉哉，见于散文《几个断片》，载 1945 年晋察冀《新群众》第 1 卷第 1期；故事《毛泽东的故事》，载 1948 年香港《大众文艺丛刊》第 2 辑《人民与文艺》。1949 年后发表诗文，出版随笔集《不惑集》（作家出版社，1962 年）、《学习常谈——思想杂谈》（天津人民出版社，1962 年）、《谢觉哉杂文选》（人民文学出版社，1980 年）、《一得书》（湖南人民出版社，1983 年），诗集《谢老诗选》（中国青年出版社，1980 年）、《谢觉哉诗选》（湖南文艺出版社，1986 年）等亦署。⑨无患、不平、古公、老板、求实、闲闲、明远、忠理、佳金，署用情况未详。

谢康
（1899－1994），广西柳城人。字永年，号允研。笔名谢康，见于论文《谈旧体诗》，载 1922 年广州《群言》第 1 卷第 4 期；随笔《读了〈女神〉以后》，载 1922年上海《创造季刊》第 1 卷第 2 期。嗣后在《群言》《小说月报》《真美善》《开明》《现代文学》《中国文学研究》《江西教育旬刊》《文艺月刊》《青年界》《广西教育通讯》《广西教育研究》《国防周报》《法国文学》《活教育》《文会丛刊》《台湾文化》等刊发表著译文，出版诗集《露丝》（上海北新书局，1928 年），歌剧《新生》（上海商务印书馆，1933 年），翻译童话集《佛朗士童话集》（法国法朗士原作。重庆青年书店，1944年），社会学、史学著作等亦署。

谢良
（1915－1991），江西兴国人。原名谢毓法。笔名谢良，1948 年开始发表作品署用。1949 年后发表作品、出版报告文学《狱中怒火》（天津人民出版社，1960年）、《铁流后卫》（解放军文艺出版社，1977 年）、《边城女囚》（新疆人民出版社，1983 年）、《独脚将军传》（华夏出版社，1987 年）等亦署。

谢良牧
（1883－1931），广东梅县（今梅州市）人。

字叔野，号围人。笔名谢良牧，在《南社丛刻》发表旧体诗署用。

谢六逸（1898－1945），贵州贵阳人。原名谢光燊，字六逸、无堂。笔名：①谢麓逸，见于评论《文艺思潮漫谈——浪漫主义同自然主义的比较》，载1919年7月30日－8月3日北京《晨报副镌》。同年10月在该刊发表翻译小说《长期流刑》（俄国列夫·托尔斯泰原作）亦署。②宏徒，见于评论《平民教育谈》，载1919年北京《平民教育》第4期。嗣后在《小说月报》《文学周报》《读书与出版》《文学》《中学生》《立报·言林》《贵州日报·社会研究》等报刊发表文章，出版散文集《文坛逸话》（上海商务印书馆，1928年）亦署。③谢六逸，见于译作《欧美各国的改造问题》，载1920年北京《新中国》第2卷第2—3号。嗣后在《小说月报》《晨报副镌》《时事新报·学灯》《新中国》《儿童世界》《大江》《文学周报》《东方杂志》《现代文学》《教育杂志》《文艺月刊》《读书月刊》《青年界》《现代》《现代文学评论》《文学》《人间世》《太白》《新小说》《宇宙风》《文讯》《复旦实中季刊》《复旦学报》《文学期刊》《新生命》《中学生》《摇篮》《新学生》《微音月刊》《创化》《民众教育季刊》《良友画报》《新人》《世界文学》《社会月报》《文化建设》《文化战线》《国民》《文艺春秋》《中华公论》《抗战半月刊》《新大夏》《国防周报》《大夏周报》等报刊发表著译作品，出版散文集《水沫集》（上海世界书局，1929年）、《茶话集》（上海新中国书局，1931年）、翻译散文集《近代日本小品文选》（日本佐藤春夫等原作。上海大江书铺，1929年）、翻译故事《伊利亚特的故事》（古希腊荷马原作。上海开明书店，1929年）、《罗马故事集》（上海世界书局，1932年），翻译小说集《范某的犯罪》（日本志贺直哉等原作。上海现代书局，1929年）、《接吻》（日本加藤武雄等原作。上海大江书铺，1929年）、《志贺直哉集》（日本志贺直哉原作。上海中华书局，1935年），论著《西洋小说发达史》（上海商务印书馆，1924年）、《日本文学史》（上海开明书店，1929年）、《欧美文学史略》，编选《模范小说选》（上海黎明书局，1933年）等均署。④六逸，见于杂谈《小说作法》，载1921年10月11日、21日上海《时事新报·学灯》。嗣后在《时事新报·文学旬刊》《小说月报》《复旦旬刊》《立报·言林》等报刊发表文章亦署。⑤路易，见于译述《新诗的话》，载1922年1月17日《时事新报·学灯》。嗣后在《时事新报·文学周刊》《儿童文学》《黎明》《文学周报》等报刊发表文章亦署。⑥何宏图，见于杂谈《卑劣的作品》，载1923年上海《时事新报·文学旬刊》第61期；杂文《世态素描》，载1926年《趣味》半月刊第2期。⑦谢路易，见于杂谈《现在需要的小说杂志》，载1923年《时事新报·文学旬刊》第63期。⑧路，见于介绍赵景深《乐园》、郑振铎《飞鸟集》之书评，载1923年《时事新报·文学旬刊》第63期"介绍新刊"栏。⑨逸，见于诗《梅利的小羊》、童话剧《割麦》等，载1924年上海《儿童文学》创刊号。嗣后在

1937年《国民》、1941年《贵州日报》等报刊发表文章亦署。⑩易，见于童话《热汤和黄雀》，载1924年上海《儿童文学》创刊号。⑪S，见于儿童剧《树叶》，载1924年上海《儿童文学》创刊号。⑫宏图，见于杂谈《妙文一脔》，载1924年上海《文学》周刊第126期。1926年在上海《趣味》、1941年在《文讯》发表文章亦署。⑬路益，见于杂谈《愤慨》，载1926年上海《趣味》第3期。嗣后在该刊第4期发表《Gossip》亦署。⑭谢宏徒，见于杂谈《篇末》，载1928年上海《大江》月刊创刊号。嗣后在上海《幽默》《社会与教育》《当代文艺》《文艺新闻》等报刊发表作品亦署。⑮毅纯，见于杂谈《陈恭禄君的日本全史》，载1929年上海《文学周报》第356期。嗣后在《立报·言林》《文化战线》等报刊发表文章亦署。⑯XYZ，见于杂谈《猥谈》，载1929年《文学周报》第378期。⑰大牛，见于《诗一首》，载1935年12月《立报·言林》。⑱中牛，见于杂谈《译名讨论》，载1935年12月11日《立报·言林》。嗣后在该刊发表《爱国无罪》《盘肠大战》《谈本位文化》等文亦署。⑲牛，见于《水龙吟》，载1935年12月《立报·言林》。⑳无堂，见于杂谈《"非常时"的文艺作家》，载1936年2月10日《立报·言林》。嗣后在该刊发表《丙子感作》《感时偶占》《"存文"与"讲学"》等诗文亦署。㉑头陀，见于杂谈《释"编"》，载1936年3月27日《立报·言林》。㉒一丁，见于杂谈《鲁迅的散文》《鲁迅语录》，载1936年10月21日《立报·言林》。㉓宏毅，见于杂谈《鲁迅的谐谑》，载1936年10月21日《立报·言林》。㉔宏，见于杂谈《读经》，载1937年上海《国民》周刊第3期。嗣后在该刊发表杂谈《青年自杀》《虬江码头开业》《日本外交官的血型》等文亦署。㉕鲁愚，见于杂谈《张冠李戴（吹毛求疵）》，载1937年5月21日《国民》第3期。1938年在《贵州晨报·每周文艺》发表随笔《还乡杂记》亦署。㉖度，见于杂谈《"浮尸"正名》，载1937年《国民》周刊第4期。嗣后在该刊发表杂谈《七君子案开审》《赈灾游艺会被禁》《日人压迫我国留学生》等文亦署。㉗毅，见于杂谈《希特勒的尊崇》，载1937年《国民》第8期。㉘徒，见于杂谈《宋哲元拒绝捐款》，载1937年《国民》周刊第12期。嗣后在该刊第14期发表杂谈《治安维持会》亦署。㉙鲁毅，见于杂谈《浮动性的文学》，载1937年《贵州日报·文协》第3期。㉚仲牛，见于杂谈《荒山随笔》，载1941年《文讯》第1卷第2期。㉛鲁遇、徒然，署用情况未详。

谢梦熊，生卒年及籍贯不详。笔名雪鸠，1947年在西安《西京平报》副刊发表文章署用。

谢冕（1932－　），福建福州人。笔名：①谢鱼梁，见于散文《公园之秋》，载1948年11月25日福建《中央日报》。嗣后在福建报刊发表文章亦署。②谢冕，1949年后发表文章，出版论著《共和国的星光》（春风文艺出版社，1983年）、《谢冕文学评论选》（湖南文艺出版社，1986年）、《谢冕论诗歌》（江西高校出版社，2002

年)、《海岸诗评》《中国现代诗人论》《诗人的创造》，散文集《西郊夜话——谢冕学术随笔集》（福建教育出版社，2000年)、《红楼钟声燕园柳》（北京大学出版社，2008年)，主编《中国新诗萃》《中国当代青年诗选》等均署。③梁雨风，见于评论《失去的爱情的启示》，载1979年《鸭绿江》4月号。

谢敏（1925—)，广西桂林人。笔名：①初煜，1946年在桂林师院国文系刊发表小说署用。②钱悉后，1958年在《广西日报》发表杂文署用。③穆映、上官桂枝，分别在1959年和1963年的《广西文艺》发表随笔、论文等署用。④谢敏，1963年后发表作品署用。嗣后出版传记故事集《红七八军英雄故事》（与其他人合作)、《韦拔群传》，专著《文艺随笔》（广西人民出版社，1981年)、《文艺理论简编》亦署。

谢明霄，生卒年不详，四川梓潼人。原名谢星朗，字明霄。笔名：①明霄，见于杂文《无轿可抬的问题》，载1922年7月13日北平《晨报副镌》。②谢明霄，见于评论《一封讨论〈英雄与美人〉剧本的信》，载1921年10月19日《晨报副镌》。③谢星朗，见于论文《言易行难的心理原因》，载1924年6月16日、18日《晨报副镌》；随笔《北大之过去与未来》，载1926年天津《国闻周报》第3卷第4期。

谢然之（1913—2009)，浙江余姚人。原名谢焕章，字炳文。笔名：①林华，出版翻译剧作《深渊》（苏联高尔基原作。上海启明书局，1937年）署用。②谢炳文，出版翻译剧著《沉钟》（德国霍普特曼原作。上海启明书局，1937年)，译作《圣经的故事》（美国房龙原作。上海世界书局，1939年）署用。③谢焕邦，出版翻译剧著《争斗》（英国高尔斯华绥原作。上海启明书局，1937年）署用。

谢人堡（1915— ?)，云南武定人。原名谢仁甫。笔名谢人堡，见于小说《银色壶》，载1939年8月15日日本大阪《华文大阪每日》；小说《逐流之歌》，连载于1942年北平《中国文艺》第7卷第3期至1943年第9卷第2期。20世纪40年代在北平《国民杂志》《中国公论》《三六九画报》《民众报三日刊》《新民报半月刊》《艺术与生活》《华北作家月报》《电影画报》《新进》《新轮》《民众报副刊》等报刊发表文章，出版小说集《葡萄园》（天津唯一书店，1942年)，长篇小说《寒山夜雨》（天津励力出版社，1944年)、《春满园》（北平马德增书店，1944年)、《逐流之歌》（天津马德增书店，1944年)、《月夜三重奏》（天津马德增书店，1944年）等亦署。

谢人吾（1914— ?)，山西河津人。原名谢荣，字正荣。笔名：①谢人吾，见于记录《组织问题》（张大同讲)，载1943年西安《文化导报》第3卷第2期。嗣后发表作品多署此名。②谢天孙，见于论文《中国文学史方法论短简》，载1944年西安《秦风·工商联合版》。③柴车，见于杂文《凤仙花》《楝子树》，载1944年西安《秦风·工商联合版》；随笔《对古典文学不能采取虚无主义态度》，载1955年《西安日报》。

谢汝铨（1871—1953)，台湾台南人。字雪渔，号奎府楼主、奎府楼老人。笔名雪、雪渔、谢雪渔、谢汝铨、汝铨、雪渔谢汝铨、谢汝铨雪渔、奎府楼老人，1903—1944年在台北《台湾日日新报》《风月报》《南方》《昭和新报》《兴南新闻》等报刊发表旧体诗《奎府楼吟草》、小说《英雄传》、随笔《奎府楼诗话》，出版诗集《奎府楼诗草》、论著《诗海慈航》等署用。

谢石钦（1880—1956)，湖北随县（今随州市）人。字凤荪，号樗公。曾用名谢哲源、谢弘常。笔名谢石钦，著有《樗公随笔》。

谢树（1926—1998)，山东聊城人。笔名：①谢树，1949年后出版长篇小说《咆哮的松花江》（与林予合作。黑龙江人民出版社，1975年)、《惊雷》（与王忠瑜等执笔。天津人民出版社，1975年)、《诱敌出山》《有情人难成眷属》（与林予合作。人民文学出版社，1987年)，短篇小说集《野菊花》（黑龙江人民出版社，1958年)、《追击路上》《渡江前后》，散文集《雪莲》《枫叶集》《槐花冠》《冰灯虹影》等署用。②羊角、严瑟，署用情况未详。

谢树琼，生卒年不详，云南腾越人。字佩青。笔名谢树琼，在《南社丛刻》发表诗文署用。

谢颂羔（1895—1974)，浙江宁波人。笔名：①颂羔，见于散文《旁观者的心理》，载1929年上海《文华艺术月刊》第1期。②谢颂羔，见于译文《三个灵魂获救》，载1933年上海《圣经公会报》第3期。嗣后在《中华归主》《学徒之友》《长风英文半月刊》《基督教丛刊》《初级中华英语半月刊》等刊发表文章，出版小说集《王妃》（上海文华艺术图书公司，1929年)、《理想中人》（上海广学会，1933年)，《雷峰塔故事》（上海国光书店，1946年)，长篇小说《王先生与王师母》（上海广学会，1936年)，散文集《游美短篇轶事》（上海卿云图书公司，1929年)、《欧美名人传》（美国卡耐基原作，与其他人合译。上海长风书店，1939年)，论著《文化的研究》（上海广学会，1929年)，译作《冬天的乐园及其他》（瑞typ一拉革勒夫等原作。上海广学会，1932年)、《第四博士及其他》（美国亨利·凡·戴克原作。上海广学会，1936年)、《苏联名小说选》（上海国光书店，1946年)、《十二件难事——希腊神话》（上海开明书店，1932年）等亦署。

谢韬（1922—2010)，四川自贡人。原名谢道炉。曾用名谢逸民、谢实之。笔名：①逸民，见于评论《谈〈蜕变〉的演出》，载1946年6月8日重庆《新华日报》。②叶逸民，见于评论《方言诗的创作问题——评沙鸥著〈化雪夜〉》，载1946年8月15日重庆《新华日报》。③谢韬，20世纪50年代后发表文章署用。出版遗著《1943：一盆红红的火——谢韬日记选编》（中国社会科学出版社，2011年）亦署。④谢以明，署用情况未详。

谢啼红（1884－1963），江苏武进（今常州市）人。曾用名谢豹，字啼红，号磊翁。笔名：①啼红，1928年在上海《大晶报》发表小说等署用。又见于散文《天虚我生不虚此生》，载1940年5月1日上海《小工艺》月刊第2卷第5、6期合刊。②谢啼红，1930年前后在上海主编《血报》《上海报》《上海日报》时发表小说、随笔等署用，又见于随笔《杨澄甫先生及其高足》，载1947年《艺文画报》第2卷第8期。

谢添（1914－2003），广东广州人，生于天津。原名谢洪坤，曾用名谢俊。笔名：①谢静波，1931年在天津《国强报·鲜鱼摊》发表文章署用。②谢添，1932年起参加业余话剧运动署用。嗣后创作电影文学剧本《水上春秋》（1959年）、《为了六十一个阶级兄弟》（1960年）、《春暖花开》（1961年）、《锦上添花》（1962年）等亦署。

谢挺宇（1911－2006），浙江武义人。原名谢庭玉。曾用名谢德毅。笔名：①谢挺宇，见于小说《古城》，载1934年南京《文艺月刊》第5卷第2期。嗣后在该刊及《文学》《作家》《东方文艺》《烽火》《七月》《自由中国》《文阵新辑》《文艺月报》《华北文艺》《长城月刊》《文学战线》《国闻周报》《文化批判》《大公报》《东北日报》等报刊发表诗、小说、散文等，出版诗集《毛泽东同志》（大众书店，1947年），短篇小说集《去国》（重庆文阵社，1943年）、《报仇》（上海平明出版社，1951年）、《重逢》（辽宁人民出版社，1956年）、《雾夜紫灯》（作家出版社，1958年）、《我这瓜不甜》（春风文艺出版社，1984年），中篇小说《断线结网》，特写集《矿山上的人们》等亦署。②黄地，见于小说《第二代》，载1941年6月30日延安《解放日报》；小说《第二代》，载1942年上海《文艺阵地》第7卷第3期。

谢位鼎，生卒年不详，湖南湘乡人，字小虞。笔名谢位鼎，见于论文《莫泊桑研究》，载1924年上海《小说月报》第15卷第2期。嗣后在该刊发表译诗《〈感伤之春〉选译》（日本生田春月原作）、小说《两封信》等亦署。又见于随笔《对于文学的三种态度》，载1928年上海《文学周报》第347期。

谢蔚明（1917－2008），安徽枞阳人。原名谢未泯。笔名谢蔚明，20世纪40年代初起在重庆《扫荡报》、湖北《武汉日报》《新湖北日报》、南京《和平日报》等报发表文章署用。1949年后出版报告文学《康藏公路纪行》（上海出版公司，1955年），散文集《岁月的风铃》（天津教育出版社，1993年）、《杂七杂八集》（武汉出版社，2000年）、《那些人那些事》（上海远东出版社，2006年）等亦署。

谢文炳（1900－1989），湖北汉川人。笔名：①汗川，1927－1928年在美国《留学生月刊》写留学生故事署用。②谢文炳，见于散文《我的九年清华生活》，载1922年《清华周刊纪念号》。嗣后在《清华文艺》《新月》《笔阵》《自由言论》《东方杂志》《灯塔》《人生与文学》《春秋》《东方文化》《文心》《流星》《文艺先锋》等刊发表小说、散文等，出版长篇小说《诗亡》、《一代知识分子》，中篇小说《匹夫》、《史密士太太的中国房客》《留美笔记》，以及《谢文炳选集》（四川大学出版社，1994年）等亦署。③汉生、文丙、问笔、周民，署用情况未详。

谢文清（1922－2001），河南武陟人。笔名：①谢文清，出版《时事评论选》《战地通讯集》《美国一月游》（新华出版社，1983年）等署用。②辛平、温风、寒风、谢文，署用情况未详。

谢文耀（1913－1948），湖北汉川人。笔名：①谢文耀，见于诗《弱者》，载1934年上海《现代》第5卷第3期。②文幼，20世纪30年代在武汉报刊发表文章署用。见于评论《评1936年的武汉诗歌界》，载1936年12月《武汉日报》副刊。

谢无量（1884－1964），四川梓潼人，生于四川乐至。原名谢蒙，字无量、凤冈、仲清、仲青，号希范、啬庵。曾用名谢锡清、谢大澄、谢沉、谢忱、谢沈（chén）、谢澄。笔名：①谢无量，见于旧体诗《西湖旅兴寄怀伯兄五十韵》，载1914年日本东京《甲寅》第1卷第1期；旧体诗《寄会稽山人八十四韵》，载1915年北京《新青年》第1卷第3期。嗣后在《南社丛刻》《大中华》《中国文学研究》《小说月报》《中国公论》《民意周刊》《志学月刊》《图书集刊》《永安月刊》等报刊发表诗文，出版《中国妇女文学史》（上海中华书局，1916年）、《中国大文学史》（上海中华书局，1918年）、《诗经研究》（上海商务印书馆，1924年）、《罗贯中与马致远》（上海商务印书馆，1930年）、《骈文指南》（上海中华书局，1933年）、《诗学指南》（上海中华书局，1941年）、《词学指南》（上海中华书局，1941年）、《中国哲学史》等亦署。②谢蒙，出版论著《新制哲学大要》（与范源濂等合作。上海中华书局，1914年）、《伦理学精义》（上海中华书局，1914年）等署用。

谢希平，生卒年及籍贯不详。曾用名谢倩茂。笔名：①谢倩茂，出版《一九三一年汉口大事记》（汉口江汉印书馆，1931年）署用。②倩茂、红石，20世纪30年代在武汉《新民报·空谷》《汉口文艺》等报刊发表小说、评论等署用。"红石"一名，出版小说集《温馨的梦》（汉口新民报社，1935年）、《咀嚼》《大时代》等亦署。③谢希平，1939年后任武汉《大楚报》副社长时署用。见于小说《一封铸定我的趣味的型式的信》，载1940年武汉《文艺半月刊》第1卷第2期。嗣后出版中篇小说《风暴之前》（汉口大楚报社，1941年），小说集《转变》（武汉文艺社，1942年），翻译小说集《柏伦德先生及其他》（法国莫泊桑原作。武汉文艺协会，1942年）等亦署。

谢兴尧（1904－2006），四川射洪人。字五知、揖唐，号尧公、芜公、堪隐。笔名：①谢兴尧，1930年12月

31 日至 1932 年 4 月 16 日在《北平晨报·北晨艺圃》连载《洪杨厄谈》开始署用。嗣后在《华北日报》发表《洪杨建国杂记》《洪杨建国续谈》，在《国闻周报》发表《读江南春梦庵笔记跋尾》《由朱案谈到洪门及其五子》《太平天国前记》《乌兰泰与洪杨》《太平天国史事杂录》等杂文，在《史学年报》发表论文《太平天国历法考（附太平新历与阴历阳历对照表）》，在《人间世》《宇宙风》《逸经》《越风》《出版周刊》《图书季刊》《古今》等刊发表其他文章，出版《太平天国史事论丛》（上海商务印书馆，1935 年）、《太平天国的社会政治思想》（上海商务印书馆，1935 年）、《太平天国前后广西的反清运动》（生活·读书·新知三联书店，1950 年）、《太平天国史事别录》（北京修绠堂，1950 年）、《荣庆日记——一个晚清重臣的生活实录》（西北大学出版社，1986 年）、《堪隐斋随笔》（辽宁教育出版社，1995 年）、《堪隐斋杂著》（山西古籍出版社、山西教育出版社，1998 年）等亦署。②老长毛，见于随笔《太平军在河南——太平天国北伐史之二》，载 1937 年《国闻周报》第 14 卷第 25 期。③五知，见于随笔《太平话》，载 1936 年上海《逸经》半月刊创刊号。嗣后在《宇宙风》《古今》《艺文杂志》等刊发表文章亦署。④尧公，见于随笔《读〈漫谈黄鹤楼〉》，载 1938 年上海《十日戏剧》第 1 卷第 23 期。⑤芜公，见于随笔《书林逸话（上）》，载 1942 年上海《古今》半月刊第 12 期。20 世纪 40 年代在《天地》《子曰丛刊》《艺文杂志》等刊发表文章亦署。⑥谢芜公，见于随笔《堪隐斋札记》，载 1944 年《学海月刊》第 1 卷第 6 册。⑦堪隐，见于随笔《康南海轶事》，载 1943 年上海《古今》散文半月刊第 24 期；随笔《"状元吉寓"与红绿棚》，载 1945 年上海《文史月刊》复刊第 2 期。⑧知非，20 世纪 50 年代在北京《人民日报》副刊撰写补白短文署用。⑨沈亦、知是、知足，署用情况未详。

谢星楼（1887—1938），台湾台南人。笔名柳裳君，见于小说《犬羊祸》，载 1923 年前后《台湾杂志》。

谢雪畴（1920—2017），湖南宁乡人。原名谢锡琳。笔名谢雪畴，1949 年后出版中篇小说《团指挥员》《白云深处有人家》、短篇小说集《老虎团的结局》（解放军文艺出版社，1994 年）、散文集《赏萼篇》等署用。

谢诒徵（1912—？），江苏苏州人，字贻珍。曾用名谢贻徵。笔名谢诒徵，出版《宋之外交》（上海大东书局，1935 年）、《湖上诗集》《庇利尼斯的故事》（法国洛蒂原作。上海商务印书馆，1936 年）及哲学史、社会科学史译作等署用。

谢逸（1918—？），广西宾阳人。原名谢逸华。笔名谢逸，1949 年后出版杂文集《园边杂话》（漓江出版社，1984 年）、《当代杂文选粹·谢逸之卷》（湖南文艺出版社，1988 年）等署用。

谢幼青，生卒年不详，福建诏安人。笔名幼青，20 世纪 20 年代在马来亚槟城《南洋时报》副刊《微光》《诗》等发表诗作署用。

谢宇衡（1926—2001），四川成都人，生于四川罗江。原名谢凤鸣。笔名：①陈汀，1940 年起在成都《成都快报·挥戈副刊》发表诗文署用。嗣后出版诗集《血的故事》（1941 年）亦署。②谢断冰，见于散文《无花草——〈梦之侣〉之十五》，载 1945 年四川太和《文学青年》第 1 卷第 1 期。③谢宇衡，见于散文《散文四题》，载 1947 年上海《文潮月刊》第 3 卷第 1 期；散文《黄昏——〈梦之侣〉之二十一》，载 1948 年重庆《文艺先锋》第 13 卷第 3 期。④谢默琴，出版诗集《爱底旗》署用。⑤苇夫、乔辛、倪雯、谢钊、谢陶、谢仙野，20 世纪 40 年代发表诗文署用。

谢狱（1919—？），浙江杭州人。原名谢复森，字伏琛。笔名：①谢复森，1935—1936 年在杭州《杭初》《之江日报》《晨光》等报刊发表散文等署用。②谢焉凌，见于杂文《关于圣人事迹不入民间》，载 1936 年上海《论语》第 92 期。③谢狱，1938—1949 年在浙江《东南文艺》《浙江青年》《民族日报·实生活》《浙江日报·江风》、江西《正气日报》《前线日报·战地》、福建永安《现代文艺》、广西桂林《半月文萃》《力报·新垦地》、湖南《民国日报》，以及《东南日报》（金华、南平、丽水、上海、杭州等地版）等报刊发表文章署用。见于随笔《读〈蒋百里抗战言论集〉有感》，载 1940 年金华《浙江青年》第 1 卷第 11 期；小说《偶遇》，载 1941 年重庆《七月》第 6 集第 4 期。20 世纪 50 年代起在杭州《浙江日报》《东海月刊》《杭州日报》、上海《文艺月报》《书林》、北京《人民文学》《瞭望》《人民日报·海外版》及《河北日报·读书》等报刊发表文章，出版中篇小说《地下》（浙江人民出版社，1980 年）亦署。④谢岳，20 世纪 30—40 年代在报刊上发表文章署用。⑤刘狱，见于小说《避难的人》，载 1939 年前后《东南文艺》创刊号。⑥祝舟，见于小说《甥舅》，载 1939 年前后宁波《时事公报》副刊。⑦一勺，见于随笔《诗的特性》，载 1941 年上海《艺风月刊》第 10 期；杂文《命相家的伎俩》，载 1990 年 6 月 18 日《新民晚报》。嗣后在《瞭望》《人民日报·海外版》《浙江日报》《今日浙江》等报刊发表文章亦署。⑧谢伏琛，见于随笔《笑》，载 1942 年 1 月 1 日《民族日报·实生活》；随笔《高尔基和他的〈老板〉》，载 1947 年上海《新学生》第 3 卷第 2 期。嗣后在该刊发表《文艺作品的欣赏》《〈女王的水土〉——A. 莫罗亚的婚姻观》等文亦署。又见于随笔《读〈小说见闻录〉》，载 1980 年 2 月 22 日《浙江日报》。⑨伏琛，见于随笔《论"情理的路线"》，载 1943 年前后《民族日报·实生活》第 734 期；杂文《说"猫式文人"》，载 1989 年 6 月 17 日《文艺报》。嗣后在《人民日报·海外版》《传记文学》《新闻报》《瞭望》《读书人报》等报刊发表文章亦署。⑩山石，见于随笔《文人三题》，载 1944 年前后《民族日报·实生活》第 1006 期；随笔《〈四库全书〉与文澜阁》，载 2001 年 5 月 1 日《人民日报·海外版》。

⑪卜来，见于随笔《零片集合者——文艺琐谈之一》，载 1946 年上海《新学生》创刊号。此前后在上海《青年界》《论语》《人世间》、南京《自由天地》等刊发表随笔、杂文等，1956 年 8 月 11 日在《浙江日报》发表《卖血》，1989－1995 年在《文艺报》《瞭望》《书林》《人民日报·海外版》随笔《新闻报》《新民晚报》《书与人》《漫画世界》等报刊发表文章亦署。⑫卞东流，见于随笔《谈文学的欣赏》，载 1946 年上海《新学生》第 1 卷第 2 期；随笔《文艺杂笔》，载 1946 年上海《新学生》第 1 卷第 4 期；随笔《漫说吃的文化》，载 1990 年 8 月 18 日《文艺报》，此前后在《新民晚报》《漫画世界》《书与人》《人民日报·海外版》《瞭望》《杂文界》《读书》《河北日报》《浙江日报》等报刊发表文章亦署。⑬耿明，1950 年前在东南地区报刊发表杂文署用。1957 年在《东海月刊》发表杂文《"解冻"》《悖话》亦署。⑭司马一勺，1950 年前在东南地区报刊发表杂文署用。又见于杂文《"唯我"的辨析》，载 1989 年 11 月 2 日《新闻报》。嗣后在《文艺报》《人民日报》《瞭望》《漫画世界》《文学报》《杂文界》《新民晚报》《北京日报》《随笔》《书与人》《河北日报》等报刊发表文章亦署。⑮辛岩，1950 年前在东南地区报刊发表杂文署用。又见于随笔《关于〈湖畔〉和它的重印》，载 1994 年《瞭望》第 47 期，嗣后在《人民日报·海外版》《新民晚报》等报刊发表文章亦署。⑯焉凌、杜涅、罗忨、涅丽、微言、颜瀛、皇甫湜、耿缠绵、陌路人、常言道、绪疑室主、司徒一勺，1950 年前在东南地区报刊发表文章署用。⑰实斋，见于随笔《董超薛霸与其整人术》，载 1997 年广州《随笔》第 6 期。⑱史航，见于随笔《张恨水与文学史》，载 1997 年《语丝》第 4 期。⑲彭昆，见于随笔《郁达夫、杨云友及其他》，载 1997 年北京《瞭望》第 19 期。⑳暄斋，见于随笔《由〈金瓶梅〉引起的……》，载 1995 年 5 月 7 日、8 日《法制日报》；随笔《人、自然及其他》，载 1998 年 9 月 30 日上海《新民晚报》。㉑东流，见于随笔《简又文与〈逸经〉》，载 1998 年《瞭望》第 49 期；随笔《蒋梦麟·胡适·鲁迅》，载 2000 年 2 月 18 日成都《读书人报》。2001 年 2 月 27 日在《人民日报·海外版》发表随笔《章太炎论学史致用》亦署。㉒奕之、司徒奕之，20 世纪 80－90 年代在《新民晚报》《团结报》及浙江报刊发表散文、随笔署用。

谢云（1925－2013），江苏南通人。原名张大宗。笔名：①谢云，见于诗《到也不会忘记》，载 1946 年 4 月 20 日如皋《文综》第 3 期。嗣后在该刊发表诗《记翻身大会》，1956 年后出版《当代杂文选粹·谢云之卷》（湖南文艺出版社，1986 年）、《五味集》（甘肃人民出版社，1989 年）、《正确的空话》（辽宁画报出版社，2001 年）、《鸟啼三声》（山西人民出版社，2002 年）等亦署。②明东、张明东，署用情况未详。

谢云声（1907－1967），新加坡华人，原籍中国福建南安。字龙文，号浅庐。笔名：谢云声，见于论文《异代同居的天后与吴真人》，载 1929 年《民俗》第 61、62 期合刊；《闽南书目考》，载 1929 年广州国立中山大学图书馆《图书馆报》第 7 卷第 6 期。同时期在《国立中山大学语言历史学研究所周刊》《民俗》《逸经》《论语》《同文学生》《南洋杂志》等刊发表《批评郭沫若卷耳集》《泉州旅行记》《海外诗存》《郑成功墓被掘之始末》等，编选出版《台湾情歌集》（国立中山大学语言历史学研究所，1928 年）、《闽歌甲集》（国立中山大学语言历史学研究所，1928 年）、《厦门指南》（与苏警予、陈佩真合编。厦门新民书社编译部，1931 年）、《福建故事》（台北东方文化书局，1973 年），以及《闽歌乙集》《闽南风俗集》《闽歌谜语集》《灵霄阁诗集》《来燕楼诗话》《南洋诗存》《郁达夫纪念册》等亦署。

谢振东（1930－2004），江苏南京人。笔名：①谢振东，见于译诗《湘夫人》，载 1949 年秋贵阳《离骚》杂志。嗣后校订出版《施公案》（北京宝文堂书店，1982 年），主编《贵州戏曲大观·艺术家卷》（与王恒富合作。贵州人民出版社，1995 年）、《贵州戏曲大观·剧种家》（与王恒富合作。贵州人民出版社，1997 年），评论集《未央集》（贵州人民出版社，2003 年），论著《贵州戏剧史》（与王恒富合作。贵州人民出版社，2004 年）等亦署。②周秦，见于小剧《卖粮》，载 1952 年《吉林文艺》第 5 期；说唱《婚姻自主》，载 1952 年沈阳文联《宣传资料》。1983 年在《贵州戏剧》第 1 期发表评论《笑声的音色多么明亮——评铜仁东路花灯戏》，嗣后主编《昆曲集成甲编》（黄山书社，2011 年）亦署。③东风，见于民歌《万盏金灯照亮山》等 40 余首，载 1959 年《贵阳民歌》。④东方，见于评论《谈〈十五贯〉的舞台美术》，载 1975 年《影剧评介》第 5 期。⑤骱夫，1983 年 5 月 17 日起在《贵阳晚报》副刊连载随笔《才敏篇》署用。⑥孤鹜，见于评论《评〈霍元甲〉之一失》，载 1984 年贵阳《银屏舞台》第 3 期。嗣后在该刊发表评论《难得的川剧佳作〈陆逊拜将〉》亦署。⑦烛照，见于随笔《把镜头伸进孩子的心灵》，载 1984 年贵阳《银屏舞台》第 3 期。⑧金陵，见于评论《重听〈天涯歌女〉——观东方宾馆轻音乐团演出》，载 1985 年贵阳《银屏舞台》第 2 期。⑨新潮，见于评论《论审美与色情间的鸿沟》，载 1985 年贵阳《银屏舞台》第 2 期。⑩萧获，署用情况未详。

谢直君，生卒年及籍贯不详。笔名：①天卧生，见于小说《鸟类之化妆》，载 1917 年上海《妇女杂志》第 3 卷第 11 期；翻译小说《毁椟》，载 1919 年上海《小说月报》第 10 卷第 8 期。1933 年在天津《现代社会》第 2 卷第 2、3 合刊发表小说《凉卧后的风波》亦署。②谢直君，1915 年后在上海《海》杂志连载长篇小说《绣巾缘》署用。见于长篇小说《侨踪萍合记》，连载于 1917 年上海《小说月报》第 8 卷第 1—10 号。同时期在该刊发表小说《东海冤魂》《海盗》、翻译小说《科学的隐形术》等，出版翻译小说《巴黎之剧盗》（上海中华书局，1917 年）、《巴黎之剧盗（续编）》（上海中华书局，1917 年)、《莫柏霜短篇》(法国莫泊桑原作。1923 年列入天卧楼丛刻第 1 编印行；上海启智书局，1935 年再版)等亦署。

谢稚柳(1910—1997)，江苏常州人。原名谢稚，字稚柳，号壮暮翁。曾用名谢子佣。笔名谢稚柳，出版《敦煌石室记》(1949 年)，1949 年后出版《敦煌艺术叙录》(上海古籍出版社，1996 年)、《谢稚柳画集》《水墨画》《鉴余杂稿》《陈老莲》《鱼饮诗稿》《甲丁诗词》，编辑《唐五代宋元名迹》《燕文贵范宽合集》《董源巨然合集》《梁楷全集》等署用。

谢尊五(1872—1954)，台湾台北人。字梦春，号静轩老人。笔名尊五、谢尊五、安东梦春，1989—1944 年在台北《台湾日日新报》《风月报》《南方》《新高新报》《昭和新报》《兴南新闻》等报刊发表旧体诗《与维周故人重会》《游八仙洞口占》等署用。

谢佐舜(1899—1986)，印尼华侨，原籍广东梅县(今梅州市)。笔名：① NH，1947 年后在印尼雅加达《中学生月刊》发表杂文、评论等署用。②耐寒、寸铁，署用情况未详。

【xin】

心笛(1932—)，美籍华人，原籍江苏常熟，生于北平。原名浦丽琳。笔名心笛，在台湾出版诗集《贝壳》等署用。

芯心(1923—2017)，浙江吴兴(今湖州市)人。原名丁琛。笔名：①丁琛，见于散文《弦外》，载 1944 年福建永安《公余生活》第 2 卷第 3 期。②芯心，20 世纪 40 年代末期赴台湾后发表文章，出版散文集《炉灶边的自由》(台北柳风出版社，1968 年)、《花景》(台北源成文化图书供应社，1976 年)、《我从青山来》(台北远流出版公司，1981 年)、《灯下漫谈》(台北黎明文化事业股份有限公司，1981 年)、《七彩花树》(台北远流出版公司，1983 年)、《苔痕片片》(台北远流出版公司，1985 年)、《欧美游踪》(台北新潮社，1988 年)、《大陆游》(台北黎明文化事业股份有限公司，1991 年)等署用。

辛笛(1912—2004)，江苏淮安人，生于天津。原名王馨迪。笔名辛笛，出版诗集《手掌集》《辛笛诗稿》《印象·花束》等署用。

辛丰年(1923—2013)，江苏南通人。原名严格。曾用名严顺晞。笔名：①廿三白，见于散文《回忆》，载 1943 年 9 月 26 日南通《江北日报》副刊。②石作蜀，见于散文《随笔》，载 1943 年 11 月南通《北极》半月刊第 2 卷第 3 期。嗣后在南通《江北日报·诗歌线》发表《关于云》等诗亦署。③魏从流，见于随笔“纯诗”·“纯生活”，载 1944 年《北极》半月刊第 3 卷第 5、6 期合刊。④高生微，见于随笔《在狼山》，载 1944 年 5 月 13 日《江北日报》副刊。嗣后在《江北日报·诗歌线》发表《大地，还有风》等诗亦署。⑤勾芒，见于随笔《谈流行歌曲》，载 1944 年 5 月 17 日《江北日报》副刊。嗣后在《江北日报·诗歌线》发表《调色》《从前我初到这个城》等诗亦署。⑥扶风，见于《方言人物》，载 1944 年 5 月 17 日《江北日报》副刊。嗣后在《江北日报·诗歌线》发表《小城》等诗亦署。⑦麦杖，见于译作《马雷特洛哇的门》(英国史蒂文森原作)，载 1944 年《北极》半月刊第 4 卷第 2 期及第 3、4 期合刊。⑧示作蜀，疑系“石作蜀”一名之误排。见于诗《一组画面》，载 1944 年 7 月 28 日《江北日报·诗歌线》。⑨石属(zhǔ)蜀，见于诗《朝北的铺子》，载 1944 年 9 月 29 日《江北日报·诗歌线》。⑩吴起孟，见于《管弦乐》，载 1944 年《北极》半月刊第 5 卷第 3、4 期合刊。⑪叶处立，见于随笔《想起伊林》，载 1958 年南京《雨花》2 月号。⑫辛丰年(英文“交响乐”一词 symphony 的谐音)，见于随笔《活电脑——神奇的音乐记忆力》，载 1986 年上海《新民晚报·夜光杯》。嗣后在《读书》《音乐爱好者》《万象》等刊发表音乐随笔，出版随笔集《辛丰年音乐笔记》(上海音乐出版社，1999 年)、《音乐门铃》(湖南文艺出版社，2003 年)、《乐迷闲话(修订版)》(山东画报出版社，2005 年)、《如是我闻》(山东画报出版社，2007 年)、《乱弹琴》(山东画报出版社，2008 年)、《书信里的辛丰年》(上海人民出版社，2014 年)等亦署。⑬辛封泥(英文 symphony 的谐音)，见于文集《请赴音乐的盛宴》(台北业强出版社，1995 年)。⑭薄西山，见于随笔《中学堂街琴韵美》，载 1996 年 10 月 6 日《南通日报》。⑮严格，编选《自画像与自白——莫扎特书信选》(辽宁教育出版社，1998 年)署用。⑯咸风，署用情况未详。

辛谷(1917—2011)，江苏淮安人，生于天津。原名王馨谷。笔名辛谷，见于诗集《珠贝集》(与其兄辛笛合集，著者自刊)，1936 年 6 月印行。

辛嘉(1912—?)，北京人。原名陈松龄。曾用名陈辛嘉。笔名：①毛利，见于《西风里的泪痕——纪念鲁迅先生》，载 1937 年 11 月长春《明明》。②辛嘉，见于译文《培根随笔四则》，载 1939 年 6 月长春《艺文志》第 1 辑。嗣后在该刊及长春《读书人连丛》发表散文《松江纪游》《旅窗即稿》、评论《读〈麦秋〉寸感》《关于古丁》《评〈山风〉》等作品署用。出版散文集《草梗集》(长春兴亚杂志社，1944 年)亦署。③夏简、陈辛嘉，署用情况未详。

辛劳(1911—1945)，黑龙江呼伦县(今内蒙古呼伦贝尔市)人。原名陈晶秋。曾用名陈中敏。笔名：①辛劳，见于风俗志《索伦人》，载 1935 年上海《太白》半月刊第 2 卷第 3 期；小说《田园》，载 1936 年上海《文学大众》第 1 卷第 1 期。嗣后在《创作》《文学》《文学丛报》《小说家》《抗战文艺》《文艺》《文艺新闻》《创作》《时代文艺》《光明》《中流》《女子月刊》《热风》《一般话》《诗歌杂志》《文艺新潮》《奔流文艺丛刊》《救亡日报》《浙江日报》《新文丛》《现代文艺》

《诗创作》等报刊发表小说《饥饿的伙伴》《草场之夜》、诗《五月的黄昏》《棉军衣》《春天》《献在鲁迅先生坟前》、散文《掘墓者》《旅客及其他》《二月的田野》、随笔《与诗人们商量》《〈捧血者〉后记》等，出版散文集《古屋》（上海文国社，1941年）、《炉炭集》（上海文国社，1941年）、诗集《收成》（与邹荻帆等合集。上海诗歌出版社，1941年），去世后出版诗集《捧血者》（上海星群出版社，1948年）及《捧血者——辛劳作品集》（陈梦熊编。珠海出版社，1997年）等亦署。②叶不凋、萧宿、煊明、骆寻晨、方可、辛洛、骆寻，1936年前后起至1940年春在北平《晨报·北晨学园》、上海《时事新报·青光》《申报·自由谈》《大晚报·火炬》《救亡日报·文化岗位》《上海人报·微言》《识报·烽火》《民族呼声》、上饶《前线日报·战地》《东线文艺》、金华《浙江妇女》《东战场》《新青年》《浙江潮》、绍兴《战旗》、桂林《力报·新垦地》等报刊发表散文《塔灯》《希望》《幸福》《故乡之忆》《病床上的梦》《簪花的马》《血》《古屋》等署用。③晴夏，见于诗《夏天的童话》，载1938年《上海妇女》（蒋逸霄编）第1卷第10期。

辛未艾（1920－2002），浙江宁波人。原名包文第。曾用名包文棣。笔名：①闻歌，见于杂感《杂论阿Q》，载1940年《文艺阵地》第4卷第8期；随笔《敬惜白纸》，载1940年上海《文艺世界》第4期。嗣后在《文坛》《申报·自由谈》《朝华丛刊》《文艺新潮》《诗创作》《鲁迅风》《奔流新集》《奔流文艺丛刊》《正言文艺》《新文丛》《文艺月刊》等报刊发表小说《洞天》《上进》、随笔《看玩把戏》《旁观者的饶舌》《猜谜吗？》、论文《现实主义的"发凡"》等亦署。②荆棘心，见于随笔《保卫杂文》，载1941年《上海周报》第4卷第12期。③齐天乐，见于故事新编《扇坟与劈棺》，载1941年11月16日上海《万人小说》创刊号。④司马倩，见于小说《跳龙门的插曲》，载1943年上海《万象》月刊第3卷第1期；小说《沙塔》，载1944年上海《万象》月刊第4卷第6期。嗣后在《万象》月刊发表小说《纷扰》亦署。⑤辛未艾，抗战胜利后在上海《时代日报》《文汇报》发表文章署用。嗣后发表随笔《雪峰的杂文》（载1947年上海《文艺春秋副刊》第1卷第3期）、随笔《儒者之泽深且远》（载1947年10月1日上海《中国作家》创刊号）、小说《有余家的生活》（载1948年上海《文艺新辑》第1辑《论小资产阶级文艺》），出版论著《生活与斗争的教科书——谈〈被开垦的处女地〉》《论外国文学》，译作《赫尔岑论文学》《赫尔岑文学书简》《别林斯基文学论文选》《克雷洛夫寓言精选》《杜勃罗留波夫选集》《车尔尼雪夫斯基论文学》等亦署。⑥关怀、麦秀、周密、曾痕、韦柏馨、莫怀古，抗日战争胜利后在上海《时代日报》《文汇报》等报刊发表杂文、随笔署用。⑦齐思闻，1949年后发表译作署用。⑧凌柯，1949年后发表国际时事杂感署用。

欣秋（1928－　），辽宁沈阳人。原名曲大文。笔名欣秋，出版诗集《山水风雷的歌》、话剧剧本《第一台抽水机》《山弯日日新》、歌剧剧本《女货郎上山》《向秀丽》（与其他人合作），创作歌词《修堤谣》，辑编民歌集《革命故乡的山歌》（与其他人合作）署用。

【xing】

星里（1922－？　），浙江温州人。原名张明。曾用名张宪章。笔名：①阿宏，见于独幕剧《还我的乡土来》，载1938年11月17日、18日《浙瓯日报·展望》。嗣后在《浙瓯日报》发表评论等亦署。②李昂，见于剧评《介绍〈群魔乱舞〉》，载1940年10月4日《浙瓯日报》。

邢光祖（1914－1993），江苏江阴人。号芷蘅、鸿传、鸿行。笔名：①邢光祖，见于《雪莱西风歌》，载1933年上海《光华大学》半月刊第2卷第2期；《论诗》，载1938年上海《新诗刊》创刊号。嗣后在上海《红茶》《光华大学》《光华附中》《宇宙风乙刊》、重庆《文艺先锋》等刊发表诗文，出版诗集《光祖的诗》（上海艺文印书馆，1937年），评论集《邢光祖文艺论集》（台北大汉出版社，1977年），散文集《圆形与十字》（台北芦山出版社，1972年）、《镜里的人生》（台北大汉出版社，1975年）等均署。②芷蘅，见于散文《阿比西尼亚战时旅行记》，载1936年南京《中央时事周报》第5卷第26期。嗣后在该刊第5卷第39期发表评论《由西班牙内乱说到西欧政局》亦署。

邢禾丽（1923？－？　），江苏常熟人。原名邢念椿。笔名邢禾丽，见于小说《歧途》，载1942年上海《万象》第1卷第9期。嗣后在《万象》《万岁》《新地》《春秋》《乐观》等刊发表小说《上帝的信徒》《睡莲》、诗《毕业了》等作品亦署。

邢鹏举（1908－1950），江苏江阴人。字云飞。笔名：①邢鹏举，见于传记《勃莱克》，载1929年上海《新月》第2卷第8－10号。嗣后在该刊发表评论《莎士比亚恋爱的面面观》，在上海《光华大学》《光华附中》等刊发表剧本《还我河山》、评论《为中国近百年史答陈恭禄君》、传记《哈代——英国近代诗人之一》等，出版传记《勃莱克》（上海中华书局，1932年）、译作《波多莱尔散文诗》（上海中华书局，1930年）等均署。②云，见于随笔《萧伯纳来华》，载1933年《光华附中》第6期。嗣后在该刊撰写《编者的话》亦署。③云飞，见于《编者的话》，载1935年上海《光华附中》第3卷第7、8期合刊。④邢云飞，见于散文诗《爱神》《毋忘我草》，载1938年上海《新诗刊》创刊号。嗣后改编出版话剧《铸情》（又名《罗密欧与朱丽叶》，英国莎士比亚原作。上海启明书局，1938年）亦署。

邢启周，生卒年不详，浙江嵊县（今嵊州市）人。字知轩，号志汉。笔名邢启周，在《南社丛刻》发表诗文署用。

邢桐华（？－1940），河北人。笔名：①邢桐华，见于论文《〈安娜·加列尼娜〉的构成和思想》，载 1935 年日本东京《东流》第 1 卷第 6 期；译文《高尔基论文化》，载 1935 年日本东京《质文》第 4 期。嗣后在《质文》及《诗歌生活》《时事类编》《文摘》《自由中国》等刊发表译诗《自由》（俄国涅克拉索夫原作）、译文《寄罗曼罗兰》（苏联德米托洛夫原作）、《柴霍夫与莫斯科艺术剧场》（苏联 N. 伊夫洛斯原作）、散文《东京狱中漫忆》等，1936 年 6 月由东京质文社出版译作《文化拥护》（法国纪德等原作）亦署。②劤生，见于随笔《从文学遗产到世界文库》，载 1935 年日本东京《杂文》第 2 期。1936 年在东京《质文》第 2 卷第 1 期发表译文《纪德悼高尔基》亦署。③桐华，见于随笔《谈谈翻译》，载 1935 年日本东京《杂文》第 3 期。嗣后在东京《质文》发表随笔《白夜》、译文《苏联诗论》（苏联司卢可夫原作。与北鸥合译）亦署。④劤，见于随笔《第几种理论》，载 1935 年日本东京《质文》第 4 期。

邢野（1918－2004），天津人。原名邢国柱。曾用名邢也。笔名：①邢国柱，见于多幕舞剧《反扫荡秧歌》、独幕剧《出发之前》，1938 至 1942 年间由华北联合大学文工团演出。②邢也，见于独幕舞剧《两个英雄》（劫夫作曲）、独幕话剧《村长》《粮食》、多幕歌剧《第一连》（劫夫等作曲）等，1943 年由冲锋剧社演出。1945 年后创作多场梆子剧《无人区》（孙福田作曲，冲锋剧社演出）、多场歌剧《不上地主当》（唐河作曲，晋察冀军区文工团演出）及诗《八月十五》《慰劳》等亦署。③邢野，1951 年起在《人民文学》《诗刊》《河北文学》《芙蓉》《滹沱河》《新地》《人民日报》等报刊发表诗文，出版诗集《红浪集》《鼓声》《大山传》，话剧《游击队长》《儿童团》，电影文学剧本《平原游击队》（与羽山合作）、《狼牙山五壮士》（与其他人合作）等均署。

邢院生（1927－2007），甘肃通渭人，生于河南开封。原名陶稚厂（ān）。笔名邢院生，见于论文《空气消毒》，载 1952 年上海《医务生活》第 7 期。嗣后出版长篇小说《叛女》（春风文艺出版社，1982 年）、《女伶》（华文出版社，1989 年）、《伶仃》（解放军文艺出版社，1993 年）及《黑色冶金工业安全卫生手册》（科学出版社，1959 年）等著作均署。按：邢院生 1939 年后曾在北平贝满女中的年刊发表诗《思父》及散文，1946 年曾在谢冰莹所编《妇声》杂志发表短篇小说《被践踏的幼苗》，署名未详。

邢钟翰，生卒年不详，浙江嵊县（今嵊州市）人，字诵华。笔名邢钟翰，在《南社丛刻》发表诗文署用。

杏影（1912－1967），新加坡华人，原籍中国四川达县（今达州市），生于四川简阳。原名杨芳洁。曾用名杨守默。笔名杏影、里奇、杨杰、杨默生、公孙哲、爱欲生、钱杏影、芍红，1947 年起在新加坡《南洋商报》副刊《商余》《文风》《世纪路》《南洋公园》及《南方晚报·绿洲》《文艺行列》《星期六周刊》《南洋月刊》等报刊发表散文署用。出版散文集《读书和写作》（新加坡南洋报社，1954 年）署名"杨守默"；出版散文集《趁年轻的时候》（新加坡青年书局，1958 年）、《书与人》（新加坡青年书局，1958 年）、《愚人的世纪》（新加坡青年书局，1960 年）、《想想写写》（新加坡青年书局，1961 年）等署名"杏影"。

【xiong】

熊伯鹏（1903－1987），湖南长沙人。笔名：①糊涂博士，20 世纪 30－40 年代在长沙《市民日报》《晚晚报》发表弹词开篇署用。②熊伯鹏，出版弹词《糊涂博士弹词》（湖南人民出版社，1987 年）署用。

熊德基（1913－1987），江西新建人，生于南昌市。原名熊术容，字德基。曾用名熊鉴堂、吕晓。笔名：①熊德基，发表《洪昇的生平及其作品》《陈忱〈水浒后传〉》《〈天雨花〉的作者为明末奇女子刘淑英考》《太平经的作者和思想及其黄巾与天师道的关系》《中国农民战争与宗教及其相关诸问题》《魏晋南北朝时期的阶级结构研究中的几个最重要问题》《中国封建主义的形成、特征及其历史上的作用》《武则天的真面目》《关于武则天评价问题答客难》等文，出版《论武则天》（吉林人民出版社，1979 年）、《六朝史考实》（中华书局，2000 年）、《熊德基集》（中国社会科学出版社，2008 年）等专著，主编《昌黎县志》等均署。②柔曼，署用情况未详。

熊佛西（1900－1965），江西丰城人。原名熊福禧，字化侬。曾用名熊全润、度人舟、写剧楼主。笔名：①熊佛西，见于剧本《新闻记者》，载 1921 年 4 月 19－23 日北京《晨报副镌》。嗣后在该刊及《东方杂志》《文学周报》《小说月报》《戏剧》《现代评论》《师大教育丛刊》《良友画报》《新中华》《戏剧与文艺》《文艺月刊》《矛盾》《教与学》《民间》《西北风》《江西教育月报》《新教育旬刊》《当代文学》《文艺》《戏剧岗位》《戏剧春秋》《文艺生活》《文讯》《国闻周报》《文学创作》《读书通讯》《旅行杂志》《天下文章》《文艺先锋》《当代文艺》《艺丛》《文选》《文潮月刊》《文艺春秋》《文艺复兴》《茶话》《广播周报》《上海文化》《文艺知识连丛》《中国作家》等报刊发表作品，出版论著《写剧原理》（国立北平大学艺术学院戏剧系，1912 年）、《佛西论剧》（上海新月书店，1931 年）、《戏剧大众化之实验》，剧作集《青春底悲哀》（上海商务印书馆，1924 年）、《医生王治康》（又名《救星》。河北定县中华平民教育促进会，1929 年）、《兰芝与仲卿》（北平中华平民教育促进会，1929 年）、《王三》（北平中华平民教育促进会，1929 年）、《喇叭》（北平中华平民教育促进会，1929 年）、《锄头健儿》（河北定县中华平民教育促进会，1933 年）、《屠户》（原名《孔大爷》。上海中华书局，1934 年）、《政大爷》（河北定县中华平民教育促进会，1935 年）、《赛金花》（北平实报社，1937 年）、

《过渡及其演出》（南京正中书局，1937 年）、《后防》（长沙中华平民教育促进会，1937 年）、《中华民族的子孙》（成都生活书店，1938 年）、《无名小卒》（长沙中华平民教育促进会，1938 年）、《世界公敌》（原名《害群之马》。重庆青年出版社，1941 年）、《佛西戏剧》（北平古城书社，1927 年）、《佛西戏剧》（第一集、第二集）（上海商务印书馆，1930 年）、《佛西戏剧》（第三集、第四集）（上海商务印书馆，1933 年）、《佛西抗战剧作集》（重庆华中图书公司，1942 年），长篇小说《铁苗》（桂林文人出版社，1942 年）、《铁花》（上海怀正文化社，1947 年），散文集《山水人物印象记》（桂林当代文艺社，1944 年）等亦署。②佛西，见于话剧《我到那里去？》，载 1922 年 12 月 21—26 日《晨报副镌》；随笔《本刊的过去及今后》，载 1930 年北平《戏剧与文艺》第 1 卷第 12 期。③佛，见于《编后》，载 1929 年北平《戏剧与文艺》第 1 卷第 1 期；随笔《物价高涨与戏剧演出》，载 1940 年重庆《戏剧岗位》第 2 卷第 1 期。④T，1929 年在《戏剧与文艺》署用。见于《编后》，载 1930 年 3 月 1 日《戏剧与文艺》。⑤戏子，见于独幕剧《无名小卒》，载 1933 年《国闻周报》第 10 卷第 37 期。⑥熊，见于评论《关于汉姆莱特》，载 1949 年 11 月 10 日上海《剧影日报》。⑦向君，见于评论《不仅仅是音乐界的问题》，载 1956 年 9 月 22 日上海《解放日报》。⑧度人舟，署用情况未详。

熊复（1915—1995），四川邻水人。笔名：①傅容，1949 年后出版专著《关于工人阶级的团结问题》（工人出版社，1956 年）、《团结国外一切可能团结的力量》（中国青年出版社，1956 年）、《论人性和人道主义》（上海人民出版社，1957 年）、《学习正确处理人民内部矛盾》（通俗读物出版社，1958 年）等署用。②熊复，1949 年后出版文艺评论集《为坚持毛泽东文艺路线而斗争》（中南人民出版社，1952 年）、《序苑集》（红旗出版社，1987 年）等，词集《灵梦集》（红旗出版社，1988 年）、《锦瑟集》（重庆出版社，1991 年），主编《毛泽东哲学思想浅释》（红旗出版社，1983 年）、《世界政党辞典》（红旗出版社，1986 年）等署用。③清水、庭钧、曼丝、茹纯，署用情况未详。

熊公哲（1895—1990），江西奉新人。字翰叔。曾用名熊果庭。笔名：①熊公哲，见于评论《辨商君书》，载 1943 年北平《中国学报》第 1 卷第 2 期；论文《荀子非十二子篇诠意》，载 1944 年重庆《中国文学》第 1 卷第 4 期。嗣后出版《荀卿学案》（上海商务印书馆，1931 年）、《王安石攻略》（上海商务印书馆，1937 年）、《荀子今注今译》（台湾商务印书馆，1977 年）、《诗经论文集》（台北黎明文化事业股份有限公司，1982 年）、《孔子发微》（台北正中书局，1985 年）、《果庭读书录》（台湾商务印书馆，1993 年）、《仰止詹言》等亦署。②果庭，见于旧诗《晚桂》四首，载 1941 年宁波《浙东文化》第 4 期。

熊光，生卒年及籍贯不详。笔名天才、熊天才，20 世纪 30 年代在武汉与陈吟秋编《时代日报·海鸥》并在武汉《时代日报》副刊《时代前》《朋友船》《诗与散文》《大同日报·少年之友》发表诗文署用。

熊国模（1932— ），江西星子人。笔名：①三友，与胡显中、胡康新合署。20 世纪 40 年代在南昌《中国新报·文林》发表评介《大众文艺丛刊》文章署用。②拓木，见于小说《卖菜》，载 1947 年南昌《中国新报·文林》。嗣后在该刊及南昌《人民的旗》发表小说《铁流》等亦署。

熊寒江（1924— ），福建永定人。原名熊庆蛇。曾用名熊韩江。笔名：①庆蛇、磬陀，1943 年后在福建永安《民主报·新语》发表《文人谈文》等文署用。嗣后在福建南平《东南日报·笔垒》、长汀《中南日报》等报副刊发表文章亦署。②婷茵，见于评论《〈白毛女〉的思想与艺术》，载 1951 年《闽西日报》副刊。③寒江，1955 年后在香港《大公报》、北京《中国建设月刊》、上海《文学报》等发表《许地山生平》《漳州风物》等文署用。④韩江，出版《突围》（广东人民出版社，1955 年后）、《喜讯》（福建人民出版社，1955 年后）等署用。

熊荒陵（1921—2018），四川广安人。原名熊泽民。笔名：①荒陵，见于杂文《意志自由的苦笑》，载 1945 年 5 月重庆《希望》第 1 集第 2 期。嗣后在该刊发表杂文《气死不告状》亦署。②赵荒陵，见于随笔《读史小感》，载 1946 年重庆《中原·文艺杂志·希望·文哨联合特刊》第 1 卷第 4 期。③荒野，见于杂文《从幻想到实际》，载 1948 年上海《未央诗刊》第 2 期《夜曲》。④赵荒，见于诗《沉痛的寄慰》，载 1948 年《未央诗刊》第 3 期《送别》。⑤致君、赵秋雁，署用情况未详。

熊恢（1894—1974），江西丰城。字琢如，晚号竹如。笔名熊恢，1949 年后出版《论语真义》《熊恢考释高宗御制诗文十全集》（台湾合记士林书局，1962 年）等署用。

熊克浩，生卒年及籍贯不详。曾用名熊家凤。笔名：①熊家凤，见于诗《算命人》，载 1936 年 3 月 1 日南京《文艺月刊》第 8 卷第 3 期。②克浩、奈卡，20 世纪 30 年代在武汉《市民日报·雷电》《武汉时报·狂涛文艺》《壮报·习作》《时代日报·偶语》等副刊发表诗、散文、评论等署用。

熊理（1899—？），广东梅县（今梅州市）人。字衡三，号恒心。笔名熊理，出版《尚书的政治学说》（启智印务公司，民国时期出版；山西人民出版社，2014 年再版）、《论语管窥》（广州西湖路大中印，民国时期出版）、《政治与法律》（山西人民出版社，2014 年）等署用。

熊梦，生卒年及籍贯不详。笔名仲嫣，20 世纪 30 年代在武汉报刊发表作品署用。

熊梦飞（1895—1962），湖南宁乡人。字仁安。笔名熊梦飞，见于纪念词《总理逝世四周年纪念祭文》，载1929年《国立劳动大学周刊》第2卷第2期；《悼亡友匡互生》，载1933年北平《师大月刊》第5期。嗣后在《文化与教育》《教与学》《学生生活》《国力月刊》《湖南青年》《湖南教育》《社会评论》等刊发表诗文亦署。

熊清澜，生卒年不详，福建龙岩人。笔名：①涟波，20世纪30—40年代在福建报刊发表作品署用。②熊清澜，出版歌剧《根深叶茂》（福建人民出版社，1957年）署用。

熊塞声（1916—1981），黑龙江齐齐哈尔人。原名熊贤璆。曾用名熊教璆。笔名：①塞声，见于歌词《十二月翻身调》（罗正作曲），载1947年哈尔滨《东北文艺》第1卷第2期；民间故事《拜年》，载1947年春节黑龙江《合江日报》；旱船秧歌剧《自卫队捉胡子》（与永宽合作。收入东北书店1947年出版之《翻身秧歌剧》）。②熊塞声，出版童话剧剧本《巧媳妇》（与梁彦合作。少年儿童出版社，1956年）、《还我的孩子》《一架缝纫机》《骄傲的小燕子》，童话长诗《马莲花》（中国青年出版社，1955年）、《孟二先生》《吹笛子的人》，电影文学剧本《钟义与小白龙》（与梁彦合作。中国少年儿童出版社，1957年），民间故事集《马郎》（作家出版社，1958年）等署用。

熊式一（1902—1991），江西南昌人。原名熊适逸，字式一，号适斋居士。笔名：①熊适逸，见于翻译戏剧《可敬的克莱登》（英国巴利原作），载1929年上海《小说月报》第20卷第3—6号。上海商务印书馆1930年出版单行本亦署。②熊式一，见于演讲《欧美演剧的经过》，载1937年《江西教育》第26期。嗣后在《小说月报》《平民杂志》《新时代》《宇宙风》《宇宙风乙刊》《时事月报》《改进》《天地间》《天下事》《国防周报》《读者文摘》《国际间》《上海周报》《时论月报》《文汇周报》《学生月刊》等刊发表文章，出版剧作《财神》（北平立达书局，1932年），翻译戏剧《我们上太太们那儿去吗？》（英国巴利原作。北平星云堂，1932年），翻译传记《佛兰克林自传》（上海商务印书馆，1929年）等，1949年后出版长篇小说《天桥》（台北正中书局，1967年）、《王宝钏》（中英文对照。商务印书馆，2006年）、《梁上佳人》《西厢记》，散文集《八十回忆》（海豚出版社，2010年）等亦署。③熊式式，见于翻译戏剧《半个钟头》（英国巴利原作），载1930年《小说月报》第21卷第10期；译作《"人与超人"中的梦境》（爱尔兰萧伯纳原作），载1931年上海《新月》第3卷第11期。此外在《小说月报》《新月》《现代》等刊发表作品亦署。

熊纬书（1913—2002），河南商城人。号放之、卷庵、大别山人、高江急峡歌者、水火小室主人。笔名熊纬书，见于随笔《豫南童歌》，载1947年4月7日上海《大晚报·通俗文学》；随笔《记豫南童歌》，载1947年上海《中央日报·俗文学》第23期。嗣后在《安徽文

献》等刊发表文章，出版遗著《水墨山水画法解析》（李勇编。上海人民美术出版社，2014年）亦署。

熊应祚（1905—？），旅美画家、诗人。原籍湖北黄安（今红安县）。字德明。笔名熊应祚，出版《四季回文诗集》（台湾省中华彩色印刷公司，1978年）、《如心斋回文诗词集》（台北弘道文化专业公司，1980年）署用。

熊子蕾，生卒年不详，江西人。笔名：①子蕾，出版诗集《黑夜及其梦》（与灰马、弦平、夹人、甜冰合集。力社，1935年）署用。②熊子蕾，见于散文《黄昏的歌》，载1937年南京《文艺月刊》第10卷第2期；诗《村居三唱》，载1943年江西赣县《青年时代》第1卷第3期。嗣后在1944年江西《力行月刊》第1卷第1期发表小说《剃刀》亦署。又见于评论《〈在其香居茶馆里〉的结构特点和人物描写》，载1957年《语文教学》总第15期。

【xiu】

修孟千（1917—2012），山东海阳人。原名修进文。笔名孟千、林青。1943年开始发表作品，出版有长篇小说《决战》（与其他人合作）、《路迢迢》（与其他人合作）、《神鸽》（与其他人合作）、《雪女》，以及图传画集《难得自在》等。

【xu】

胥树人（1922—2004），四川成都人。笔名：①黎庚，见于诗《给常弟》，载1941年《诗创作》。②何莫，1946—1947年在张家口《晋察冀日报》、牡丹江《牡丹江日报》、哈尔滨《知识》月刊发表诗歌等署。③胥树人，见于评论《略论民间文学》，载1947年佳木斯《东北文化》第2卷第2期；评论《关于文艺上的经验主义》，载1949年《文学战线》第2卷第1期。同时期在该刊及哈尔滨《知识》等刊发表评论《就教于萧军先生》《论普式庚的创作》、歌词《毛主席八条件》（刘炽作曲）等，1951年10月21日在《长江日报》发表评论《鲁迅的思想和民族传统的关系》等亦署。

徐昂（1877—1953），江苏南通人。字益修。笔名徐昂，出版《徐氏全书》（包括《京氏易传笺》《经传诂易》《楚辞音》《诗经声韵谱》《等韵通转图证》《周易对象通释》《易音》《说文部首释》《声韵补遗》《文谈》等37种）（南通翰墨林书局、南通韬奋印刷厂，1947—1953年）署用。

徐百灵，生卒年不详，浙江绍兴人，生于东北。原名徐白林。笔名：①百灵，见于诗《秋场》，载1935年《诗歌月报》第2卷第2期；长诗《乌江——长诗《项羽》之一节》，载1938年沈阳《新青年》第5期。此前后在上述两刊及哈尔滨《大北新报·夜风》、长春《艺文志》《明明》等报刊发表长诗《野店》《成吉思汗·序歌》、译诗《芭蕉俳句选译》、散文诗《散文诗抄》等，

出版诗文集《火光》（抚顺月刊"满洲"社，1938 年）、诗集《未明集》（长春满日文化协会诗歌丛刊刊行会，1939 年）亦署。②徐百灵，出版剧本集《夜行集》（长春益智书店，1939 年）署用。③白林、白燐、负之、倚天、徐荻、维克、童景、雷梦，20 世纪 30—40 年代在东北报刊发表诗文署用。

徐柏容（1922—2014），江西吉水人。笔名：①叶金，1938 年开始署用。见于通讯《鬼影恍惚的南昌》，载 1940 年《宇宙风》第 98 期；诗《从军行》，载 1940 年《中学生》第 19 期。此前后在《文艺阵地》《时代批判》《人世间》《东南日报·笔垒》及重庆《大公报·战线》、桂林《大公报·文艺》、江西《前线日报·战地》、上海《文艺复兴》《诗创造》《大公报》《万象》等报刊发表小说、散文、诗等，出版小说集《原野之流》《新婚之夜》，1949 年后出版散文集《阳光的踪迹》（花城出版社，1984 年）等亦署。②周到、太史简、令狐思，在上述报刊发表散文、杂文署用。③令狐令疑，在上述报刊发表诗歌署用。

徐悲鸿（1895—1953），江苏宜兴人。笔名：①徐悲鸿，见于《对于艺术教育之意见》，载 1925 年《晨报副镌》第 45 期；《东归漫记》，载 1929 年《国立中央大学半月刊》第 1 卷第 5 期。嗣后在上述两刊及《文华》《良友画报》《大陆》《国风半月刊》《美术生活》《艺风》《江苏教育》《旅行杂志》《宇宙风》《永安月刊》《大夏周报》《读书通讯》《当代文艺》《社会教育季刊》《广播周报》等报刊发表论文、诗、随笔、散文、美术作品亦署。②江南贫侠、神州少年，署用情况未详。

徐碧波（1894—1990），江苏吴县（今苏州市）人。字芝房，号归燕。笔名：①徐碧波，见于《红雨霏屑》，载 1921 年《礼拜六》第 132 期；《贫富交恶记》，载 1923 年《心声》第 1 卷第 4 期。嗣后主编《波光》《橄榄》，在该两刊及《礼拜六》《心声》《小说日报》《红玫瑰》《新月》《紫罗兰》《妇女旬刊》《电影月报》《珊瑚》《小说月报》《自修》《永安月刊》《乐观》《大众》《绿茶》《万象》《雄风》《中美周报》等报刊发表作品，出版长篇小说《粉红莲》（上海日新出版社，1946 年）、《青春之火》（上海日新出版社，1948 年），短篇小说集《四代女性》（上海日新出版社，1946 年）亦署。②归燕、五常、红雨、直谅、遂安、嫉俗，1910 年开始在上海《申报》《时报》《新闻报》《电影月报》《橄榄》、苏州《波光》等报刊发表作品署用。按：徐碧波的著作还有《流水集》及电影剧本《血泪鸳鸯》等，出版与署名情况未详。

徐冰（1903—1972），河北南宫人。原名邢萍舟。曾用名邢西萍、邢西屏。笔名：①徐冰，见于散文《上海北四川路的晚上》，载 1937 年北平《清华周刊》第 45 卷第 12 期；论文《抗战中的青年学生》，载 1937 年《战时大学》周刊第 1 卷第 2 期。同时期在《妇女生活》《文摘战时旬刊》等刊发表《在敌机的暴行下》等文亦署。出版译作《社会主义与战争》（苏联列宁原作。重

庆读书生活出版社，1940 年）、论著《资产阶级革命与革命转变问题》（上海新知书店，1946 年）等亦署。②邢西萍，见于译文《帝国主义在多瑙河区域的斗争》（德国格尔德原作），载 1934 年北平《世界论坛》第 1 卷第 8 期。同时期在该刊及《中外论坛》《世界动态》《文摘》等刊发表译文《邮包》（德国费德尔原作）、《显微镜下的德国政变》（德国海克尔特原作）、《希特勒统治德国两年来的总结算》（德国瓦尔加原作）、评论《在动荡中的西班牙》等亦署。③西萍，见于译文《罗曼·罗兰宣言》，载 1937 年上海《文摘》第 1 卷第 3 期。

徐炳昶（1888—1974），河南唐河人。字旭生。笔名：①遯庵，见于文言小说《血海孤星录》，载 1911 年上海《小说时报》第 10 期。②旭生，见于随笔《陈话》，载 1917—1918 年《华工杂志》第 14、21、22 期。③徐旭生，见于论文《我对于宗教问题的意见》，载 1922 年 6 月 21 日北京《晨报副镌》。嗣后在《语丝》《读书月刊》《太平洋》《东方杂志》《国立劳动大学周刊》《独立评论》《哲学》《抗到底》《抗战文艺》等刊发表文章亦署。又见于论文《文艺的平民性》，载 1939 年昆明《文化岗位》第 2 卷第 1 期。出版《徐旭生西游日记》（北平中国学术团体协会西北科学考察团理事会，1930 年）亦署。④虚生，见于随笔《读书漫录三则》，载 1922 年北京《读书杂志》第 2 期。嗣后在《语丝》《猛进》《抗到底》《中苏文化》等刊发表文章亦署。⑤徐炳昶，见于翻译剧本《马兰公主》（比利时梅德林原作，与乔曾劬合译），载 1922 年《小说月报》第 13 卷第 1—5 期；译文《对于"死""时""主""书"诸字内韵母之研究》，载 1923 年《国立北京大学国学季刊》第 1 卷第 3 期。此前后在《晨报副镌》《小说月报》《猛进》《社会科学季刊》《地学杂志》《哲学》《北师大学术季刊》《中学生》《独立评论》《史学集刊》《月报》《禹贡》《国立北平研究院院务汇报》《北京大学国学门周刊》《广播周报》《读书通讯》《哲学评论》《国文月刊》《学原》等刊发表著译文章，出版译作《你往何处去》（波兰显克维支原作，与其他人合译。上海商务印书馆，1922 年）、《长征记》（瑞典赫定原作，李述礼译，与杨震文等合校。西北科学考察团，1931 年）、《欧洲哲学史》（德国阿尔弗雷德·韦伯原作。北平朴社，1935 年）、专著《中国古史的传说》（上海中国文化服务社，1946 年）、《西游日记》（甘肃人民出版社，2002 年）等亦署。⑥老傻、四河人，署用情况未详。

徐昌霖（1916—2001），浙江杭州人。笔名：①六如，1937—1938 年在上海《中华日报·华国》发表文章署用。②畅灵，1942—1945 年在重庆报刊发表影剧评论署用。③张寅，20 世纪 40 年代在重庆《新华日报》发表影剧评论署用。④潘序怀，20 世纪 40 年代在重庆《时事新报·青光》发表剧评署用。⑤徐昌霖，见于独幕剧《南京板鸭》，载 1941 年《戏剧岗位》第 3 卷第 3、4 期；剧本《新的一代》，载 1943 年桂林《大千》杂志第 3 期。嗣后在《戏剧岗位》《天下文章》《文艺

阵地》《中外春秋》《文化先锋》《书报精华》《人民世纪》《艺海画报》等发表小说、剧本、译文等，出版长篇小说《年青的 RC》（重庆当今出版社，1944 年）、《工程师的传奇》（上海建国书店，1946 年），中篇小说《天堂春梦》（上海桐叶书屋，1947 年），戏剧《荣誉军人》（重庆新生图书文具公司，1943 年）、《重庆屋檐下》（重庆说文社，1944 年 9 月；上海大陆图书杂志出版公司，1944 年）、《坚壁清野》（独幕剧集。重庆国民图书出版社，1945 年）、《黄金潮》（五幕喜剧。重庆读书出版社，1945 年 10 月；上海大陆图书杂志公司，1945 年）、《密支那风云》（四幕剧。重庆大陆图书杂志出版公司，1945 年）、《疏散喜剧》（三幕剧。重庆商务印书馆，1944 年）等亦署。⑥俞雨，1951 年改编并导演《情探》（田汉原作）署用。⑦余日木，1959 年在《新观察》发表体育方面文章署用。

徐承谋（1906－1986），江苏昆山人。字燕谋。笔名徐承谋，出版《烬余集》《衷音集》《怨怒集》《异端集》《闲情集》等署用。

徐迟（1914－1996），浙江湖州人。原名徐迟宝。曾用名徐商寿。笔名：①龙八，见于翻译小说《二妇人》（美国赛珍珠原作），载 1933 年天津《国闻周报》第 10 卷第 49、50 期；散文《吸纸烟的人》，载 1934 年上海《时代画报》第 5 卷第 7、9 期。②徐迟，见于评论《诗人 Vachel Lindsay》，载 1933 年上海《现代》第 4 卷第 2 期；诗《寄（外五首）》，载 1934 年上海《矛盾月刊》第 2 卷第 1 期。嗣后在《文艺风景》《现代》《新诗》《新小说》《时代画报》《妇人画报》《文艺画报》《文饭小品》《六艺》《诗志》《大地画报》《宇宙风》《人世间》《文学杂志》《中国文艺》《青年文艺》《现代诗风》《文艺阵地》《抗战文艺》《野草》《诗创作》《文讯》《时与潮文艺》《顶点》《艺丛》《中原》《文艺春秋》《文学新报》《诗文学》《纯文艺》《杂志》《大风》《救亡日报·文化岗位》《月刊》《时代生活》《文哨》《文联》《文艺复兴》《文章》《清明》《萌芽》《诗创造》《中国作家》《民主教育》《民教导报》《公余生活》《文艺丛刊》《新教育》《东南评论》《中国新诗》等报刊发表诗、散文、报告文学、翻译作品等，1977 年 10 月在《人民文学》发表报告文学《地质之光》，1978 年 1 月在《人民文学》发表报告文学《哥德巴赫猜想》，1978 年 3 月相继发表《在湍流的涡旋中》《生命之树常绿》等均署；出版诗集《二十岁人》（上海时代图书公司，1936 年）、《最强音》（桂林白虹书店，1941 年）、《战争，和平，进步》（作家出版社，1956 年）、《美丽，神奇，丰富》（作家出版社，1957 年）、《共和国的歌》（作家出版社，1958 年），散文、文艺评论、翻译合集《美文集》（重庆美术出版社，1944 年），小说、散文选集《狂欢之夜》（上海新群出版社，1946 年）、《徐迟散文选集》（上海文艺出版社，1979 年），散文集《歌剧素描》（上海商务印书馆，1936 年）、《徐迟散文选集》（上海文艺出版社，1979 年）、《法国，一个春天的旅行》（上海文艺出版社，1982 年）、《愉快的和不怕快的散文集》（上海文联出版

公司，1986 年），游记《美国，一个秋天的旅行》（人民文学出版社，1991 年），特写集《我们这时代的人》（作家出版社，1956 年）、《庆功宴》（作家出版社，1957 年），中篇小说《武装的农村》（上海明明书店，1938 年），自传《江南小镇》（作家出版社，1993 年），文艺评论集《诗与生活》（北京出版社，1959 年）、《文艺和现代化》（四川人民出版社，1981 年）、《红楼梦艺术论》（上海文艺出版社，1980 年），报告文学集《哥德巴赫猜想》（人民文学出版社，1978 年）、《结晶》（上海文艺出版社，1984 年）、《来自高能粒子的信息》（上海书店出版社，1995 年），翻译诗集《明天》（英国雪莱原作。桂林雅典书屋，1943 年）、《依利阿德选译》（古希腊荷马原作。重庆美学出版社，1943 年），翻译话剧《小涅丽》（俄国陀思妥耶夫斯基原作。《时代生活》，1944 年），翻译人物传记《托尔斯泰传（第一部）》（英国阿尔麦·莫德原作。重庆国讯书店，1944 年）、《托尔斯泰传》（全译本）（英国阿尔麦·莫德原作。北京出版社，1983 年）、《第七名逃犯》（德国安娜·赛格尔斯原作。桂林学艺出版社，1944 年），翻译长篇小说《巴黎！巴黎》（苏联爱伦堡原作，与袁水拍合译。上海国讯书店，1944 年）、《巴黎的陷落》（苏联爱伦堡原作，与袁水拍合译。上海群益出版社，1947 年）、《帕尔玛宫闱秘史》（法国司汤达原作。上海图书杂志联合发行所，1948 年），翻译散文集《托尔斯泰散文集》（第一册）（俄国列夫·托尔斯泰原作。重庆美学出版社，1944 年）、《华尔腾》（美国梭罗原作。上海晨光出版公司，1949 年）、《瓦尔登湖》（即《华尔腾》，美国梭罗原作。上海译文出版社，1982 年），翻译报告文学集《我轰炸东京》（美国劳苏原作，与钱能欣合译。《时代生活》，1945 年）、《解放，是荣耀的!》（美国格特鲁德·斯坦因原作。重庆新群出版社，1945 年），译编《歌剧素描》（上海商务印书馆，1936 年）、《乐曲与音乐家的故事》（上海商务印书馆，1938 年）等亦署。③钱献之，见于书评《〈北平情歌〉》，载 1936 年上海《新诗》第 1 卷第 1 期；游记《我上了木刻画家的当》，载 1938 年上海《纯文艺》旬刊创刊号。④余生，见于书评《〈荒原〉评》，载 1938 年上海《纯文艺》旬刊创刊号。嗣后在该刊第 1 卷第 3 期发表译诗《波彭克一册贝依特茄勃来斯太因一枝雪茄》（英国艾略特原作）亦署。⑤袁望云，见于小说《升 E 短调之夜》，载 1938 年上海《纯文艺》旬刊创刊号。嗣后在该刊发表小说《约翰日》、散文《靓青啊》等亦署。⑥唐琅，见于评论《形象化——我将尝试"形象化"之形象化》，载 1941 年香港《笔谈》半月刊创刊号。嗣后在桂林《大公报·文艺》、重庆《新华日报》发表评论、诗、小说等亦署。⑦唐郊，见于小说《年轻的教授》，载 1943 年重庆《天下文章》第 1 卷第 4 期。⑧史纲，见于诗《完全胜利望得见了》，载 1943 年 2 月 23 日重庆《新华日报》。嗣后在该报发表诗《毛泽东颂》、评论《〈高兰朗诵诗〉评》等亦署。⑨徐商寿，见于书评《交错集》，载 1943 年重庆《世界文学》第 1 卷第 1 期。⑩HC，抗战时在重庆英文刊

CHINESE WRITERS（《中国作家》）第 2 期发表社论署用。按：徐迟 1932 年在《燕大月刊》5 月号发表散文处女作《开演之前》，1933 年在《现代》12 月号发表译诗《圣达飞之旅程》，署名情况未详。

徐耻痕，生卒年及籍贯不详。笔名：①徐耻痕，见于小说《浜内之尸》，载 1923 年上海《侦探世界》第 11 期；《理发店中之秘密》，载 1923 年上海《侦探世界》第 17 期；评论《戏剧与广告之关系》，载 1928 年《戏剧月刊》第 1 卷第 2 期。此前后在上海《侦探世界》《红杂志》《红玫瑰》《社会月报》发表侦探小说、散文、随笔、弹词等，出版《中国影戏大观》（上海合作出版社，1927 年），1981－1982 年在《新闻与传播研究》发表《我与〈新闻报〉的关系》《文汇报创刊初期史料》等文亦署。②耻痕，见于杂文《刺抄袭家文》，载 1923 年上海《红杂志》第 34 期。

徐达（1915－？），浙江平湖人。原名徐燧耕。笔名：①了了，见于《我的家乡》，载 1935 年 11 月上海《立报·花果山》。②徐燧耕，见于通讯《浦东职工夜校一瞥》，载 1937 年 3 月上海《新闻报·茶话》。③徐亦了，见于《给八戒先生一封信》，载 1938 年 4 月上海《译报·大家谈》。④叶劳，见于《论集体学习》，载 1939 年 9 月上海《学习》半月刊。⑤一瞭，见于《我们在烈焰中生长》，载 1940 年 1 月 1 日上海《学习》半月刊。⑥徐达，见于通讯《粟裕将军谈苏中形势》，载 1941 年 5 月《江淮日报》。

徐大纯，生卒年不详，江西赣县（今赣州市）人。字只一。笔名徐大纯，在《南社丛刻》发表诗文署用。

徐大风，生卒年不详，江苏如皋人。原名孙俊。笔名：①孙大风、大郎、刘郎，20 世纪 20－30 年代在上海报刊发表文章署用。②大风，见于随笔《中国历代石刻概略》，载 1931 年《美术丛刊》第 1 期；随笔《千日酒与千日报》，载 1931 年上海《社会日报纪念专刊》（目录署名“徐大风”）。此前后在《民众周刊》《奋报》《社会月报》等刊发表随笔《萧伯纳的情人》《续金瓶梅作者》《中国古代的性教育及优生学》《爱国诗人王敖溪》等亦署。③徐大风，见于论文《猴拳原始考》，载 1935 年上海《社会月报》第 1 卷第 8 期；《武家坡考证》，载 1935 年《社会月报》第 1 卷第 12 期。此前后在该刊及《茶话》《人物杂志》《宇宙文摘》等刊发表评论《金圣叹的政治思想》、随笔《金瓶梅的作者是谁》《记天才作家顾仲起》《哲学家李石岑的恋爱悲剧》《袁世凯与马相伯》《韩复榘惧内秘记》《叶德辉藏书的秘密》等文亦署。

徐道政（1866－1950），浙江诸暨人。字平夫，号病无。笔名徐道政，在《南社丛刻》发表旧体诗歌署用。出版《说文部首歌括》（上海会文学社，1908 年）、《中国文字学》（1917 年）、《射勾山房集》，主编《诸暨诗英》（1935 年）等亦署。

徐调孚（1901－1981），浙江平湖人。原名徐名骥。

字调孚。笔名：①调孚，见于《研究太戈尔的书籍提要》，载 1924 年《小说月报》第 15 卷第 4 期。②孚，见于《本年诺贝尔文学奖金的得奖者莱芒氏》，载 1924 年《小说月报》第 15 卷第 12 期。③徐名骥，出版译作《莎乐美》（与桂裕合译。上海商务印书馆，1924 年）署用。④蒲梢，出版《汉译东西洋文学作品编目》（上海真美善书店，1929 年）署用。⑤开脱、托我斯泰，在《文学周报》第 7 期发表文章署用。⑥静因、墨翟、启蒙生，在《文学周报》第 8 期发表文章署用。⑦狄福，见于书评《现代中国文学史》，载 1934 年《文学》第 2 卷第 1 期。⑧贾兆明，见于随笔《闲话作家书法》，载 1944 年上海《万象》第 3 卷第 7 期。⑨陈时和，见于文坛逸话《新录鬼簿》，载 1944 年《万象》第 4 卷第 2 期。⑩徐调孚，见于随笔《叶绍钧君的〈火灾〉》，载 1923 年上海《小说月报》第 14 卷第 3 期；翻译童话《雏菊》（丹麦安徒生原作），载 1924 年上海《时事新报·文学》第 135、136 期。嗣后在上述两刊及上海《北新》《文学周报》《一般》《现代文学》《北斗》《青年界》《宇宙风》《文学》《中学生》《文艺复兴》《文艺春秋》《文艺知识连丛》、香港《星岛日报·俗文学》等报刊发表文章，出版专著《英吉利文学》，校注《王国维〈人间词话〉校注本》，翻译《木偶奇遇记》（意大利科洛迪原作。上海开明书店，1928 年）、《母亲的故事》，编译《聪明的审判官》（与其他人合作。上海基本书局，1948 年）、《万里寻母（一集）》（与其他人合作。上海基本书局，1948 年），1949 年后出版专著《中国文学名著讲话》（中华书局，1981 年）、《王国维〈人间词话〉》（徐调孚校注。中华书局，2009 年）等亦署。

徐东滨（1927－1995），湖北恩施人，生于北京。笔名：①徐东滨，出版中篇小说《叛徒》（香港自由出版社，1950 年），戏剧《叛徒》（香港友联出版社，1952 年）、《桃源行》（香港友联出版社，1954 年），诗集《东滨诗集》（香港中国笔会，1970 年）等署用。②岳心、洪毅、萧独、黎庶、岳中石、吴拾桐、张西望、王延芝、藕芽生，署用情况未详。

徐帆（1925－　），浙江杭州人。原名徐仁德。曾用名徐凡。笔名：①青烟，见于诗《欢迎您啊，播种者！》，载 1944 年秋重庆《新华日报》。②徐帆，见于译诗《青衫曲》，载 1945 年春重庆《嘉陵江》第 1 期；诗《同情》，载 1947 年 2 月 28 日沈阳《前进报·前哨》第 3 期。

徐梵澄（1909－2000），湖南长沙人。原名徐琥。曾用名徐诗荃、徐思荃。笔名：①诗荃，见于散文《凄凉味》，载 1928 年上海《北新》半月刊第 2 卷第 14 期。嗣后在该刊第 2 卷第 22 期发表小说《长武车中》亦署。②冯珧，见于随笔《谈谈复旦大学》，载 1928 年上海《语丝》周刊第 4 卷第 32 期。嗣后在该刊发表小说《一件小生命》亦署。③张侅，见于随笔《“天道”》，载 1934 年 1 月 29 日上海《申报·自由谈》。④了然，见于随笔《古怪》，载 1934 年 2 月 22 日上海《申报·自由谈》。⑤林珂穆，见于随笔《认真》，载 1934 年 5 月 11 日上海《申报·自由谈》。⑥闲斋，见于随笔《泥沙杂拾》，载 1934 年上海《人间世》第 3—6 期。嗣后在该刊发表随笔《论中国人鄙视欧洲人》《夏语》等亦署。⑦梵澄，出版译作《尼采自传》（德国尼采原作。上海良友图书印刷公司，1935 年）、《朝霞》（德国尼采原作。上海商务印书馆，1935 年）、《苏鲁支语录》（德国尼采原作。上海生活书店，1936 年）、《快乐的知识》（德国尼采原作。长沙商务印书馆，1939 年）等署用。1942 年在成都《文史杂志》第 2 卷第 5、6 期合刊发表旧体诗《悼滕固》亦署。⑧徐梵澄，见于随笔《古画品录臆释》，载 1945 年贵州遵义《思想与时代》月刊第 39 期。1949年后出版论著《五十奥义书》（中国社会科学出版社，1984 年）、《老子臆解》（中华书局，1988 年）、《异学杂著》（浙江文艺出版社，1988 年）、《徐梵澄文集》（上海三联书店，2006 年），译作《周天集》（印度室利阿多频多原作。生活·读书·新知三联书店，1991 年）、《母亲的话》（法国密那原作。辽宁教育出版社，1997年）等亦署。⑨梵可，署用情况未详。

徐芳（1912—2008），江苏无锡人。笔名：①徐芳，见于诗《一束梅花》，载 1934 年北平《文学季刊》创刊号。此前后在北平《歌谣》《学文月刊》《绿洲》《华北日报·每日文艺》、上海《大众知识》《女青年》《人间世》《宇宙风》《文摘》、天津《国闻周报》等刊发表著译诗文，出版《中国新诗史》《徐芳诗文集》（台湾秀威科技资讯公司，2006 年）亦署。②舟生，1936 年2 月 12 日胡适在日记中以此名称之，其作品署用情况未详。

徐放（1921—2011），辽宁辽阳人。原名徐德锦，字润泽，号千朵莲花叟。曾用名徐辛。笔名：①巉岩，1939 年在《华北文艺》《盛京时报》等发表诗文署用。又见于诗《修坝人》，载 1940 年 12 月 15 日日本《华文大阪每日》。②徐放，1941 年开始署用。见于散文《琴声》，载 1942 年《时代中国》第 5 卷第 4、5 期；《群》，载 1942 年长春《新满洲》第 4 卷第 10、11 期。同时期在《今日东北》《诗号角》《理论与自由》《北光》等报刊发表诗《长城之歌》《我和高粱的故事》《妈妈的黑手》等，出版诗集《南城草》（长春同化印书馆，1942年）、《起程的人》（重庆春草社，1945 年），1949 年后出版《野狼湾》（上海五十年代出版社，1951 年）、《赶路记》（作家出版社，1955 年）、《情和爱之歌》（沈阳出版社，1991 年）、《风雨沧桑集》（春风文艺出版社，1995 年）等亦署。③柳舒，见于诗《独处》，载 1941年 7 月 1 日日本《华文大阪每日》；独唱曲《元夜曲》（洪波作曲），载 1942 年重庆《青年音乐》第 1 卷第 6期。④史渐黎，1943—1944 年间在国统区报刊发表诗文署用。⑤史向黎，1944 年在四川《文学期刊》发表诗文署用。1945 年在四川太和《文学青年》第 1 卷第1 期发表诗《鞭子》亦署。⑥鲁放，见于评论《简论"新

田园诗"》，载 1947 年 1 月 23 日沈阳《沈阳日报·诗战线》。⑦牛稼辛，1950 年前后在北京《人民日报》发表文章署用。⑧纪初阳，20 世纪 50 年代在《人民日报》《新观察》等报刊发表文章署用。⑨徐辛，署用情况未详。

徐甘棠（1874—1948），广东花县（今广州市）人。笔名：①甘棠，见于译文《战后美国教育问题》（爱顿原作），载 1919 年《新教育》第 2 卷第 1 期；长篇小说《两个小朋友》，载 1925 年《儿童世界》第 14 卷第2—6 期。嗣后在《儿童世界》《二十世纪》《七月》《大陆》《现代英语》《民主评论》等刊发表童话、故事、通讯、评论、译文等亦署。②徐甘棠，见于译作《将来之美国大学》，载 1919 年《新教育》第 2 卷第 3 期；译作《新俄罗斯国魂》，载 1920 年《新教育》第 3 卷第 1 期。嗣后在该刊及《地学杂志》等杂志发表著、译文亦署。③铁椎，署用情况未详。

徐干生（1920—1998），江苏淮安人。笔名：①王瑶，见于诗《初悼夜》，载 1939 年《国民公报·文群》。嗣后在香港《大公报·文艺》、广西桂林《野草》《大公报·文艺》、福建永安《现代文艺》等报刊发表作品亦署。②王前、汤懿瑾、秦淮碧，署用情况未详。

徐刚（1924—2018），天津人。原名徐岱珊。笔名：①徐刚，见于故事《开小差的战士归队》，载 1941 年春山东《前卫报》。嗣后在延安《解放日报》、山东《大众日报》《沂蒙导报》等报刊发表文章，1950 年在《新华月报》第 1 卷第 3 期发表《新中国的女拖拉机手》等亦署。②野火，见于小说《她》，载 1943 年《山东文化》。嗣后出版《小学歌曲集》等亦署。③鲁言，见于通讯《沂蒙民兵反扫荡的故事》等，载 1945 年延安《解放日报》。1960 年在甘肃《红旗手》月刊发表文章亦署。④余星，见于《欣赏、感受与分析、批判》，载1964 年《甘肃文艺》3 月号。⑤刚，署用情况未详。按：徐刚的代表作有中短篇小说集《银杏海棠花》、中篇小说《大地》、散文报告文学集《回眸觅迹》等，署名情况未详。

徐高阮（1914—1969），浙江杭县（今杭州市）人。字芸书。曾用名徐怀霜、徐芸书。笔名徐高阮，见于《读红楼梦杂记二则》，载 1947 年《人世间》复刊第 3期；《洛阳伽蓝记补注体例辨》（台北精华印书馆股份有限公司，1960 年）。

徐公美（1881—1950），江苏江都（今扬州市）人。原名徐慕杜，字公美，号北柳。笔名：①徐公美，见于论文《演剧术概论》，载 1924 年天津《国闻周报》第 1 卷第 4 期；译文《都市电影的开展及其社会对策》，载 1931 年南京《社会杂志》第 1 卷第 5 期。嗣后在《中华周报》《现代父母》《教与学》《心理季刊》《中国月刊》《三民周刊》《教育建设》《中央导报》《社会旬刊》等刊发表剧本、电影评论、随笔等作品，出版剧作集《歧途》（上海商务印书馆，1926 年）、《男女问题》（原

名《美的胜利》。上海南京书店，1932年），论著《电影教育》（上海辞学社，1933年）、《日本电影教育考察记》《电影场》（上海商务印书馆，1936年）、《非常时期的电影教育》（上海商务印书馆，1937年）、《电影艺术论》《电影发达史》（上海商务印书馆，1938年）等亦署。②公美，见于随笔《知彼者罪》，载1933年上海《中华周报》第81号；随笔《张学良售宝》，载1933年《中华周报》第91号。

徐光玦，生卒年及籍贯不详。笔名：①光玦，见于散文《身边琐忆》，载1939年上海《文笔》半月刊第1卷第5期。②徐光玦，见于散文《童年的赌博》，载1939年上海《文笔》周刊第1卷第11、12期合刊。③徐淦，见于小说《沉鱼》，载1948年上海《春秋》第5卷第6期。④姚垦，见于小说《春一姚耀姚》，载1949年上海《幸福》第26期。

徐光霄（1915－1989），河南范县人。笔名：①谷谿，见于诗《森林之歌》，载1939年12月24日重庆《新华日报》。②戈茅，见于诗《红鼻子和老马的故事》，载1940年重庆《文学月报》第1卷第1期。嗣后在重庆《新华日报》、桂林《诗创作》发表作品，出版诗集《草原牧歌》（桂林远方书店，1942年）、《将军的马》（作家出版社，1956年）亦署。③简壤，20世纪40年代在重庆《新华日报》发表文章署用。④鲁山、齐野、元乐山、余亦人，20世纪30—40年代在重庆、桂林等地报刊发表文章署用。⑤司马牛，1945年9月后在重庆《新华日报》发表杂感与袁水拍、潘梓年、胡绳、张友渔、章汉夫等人共同署用。⑥徐光霄，20世纪30年代在《中学生文艺季刊》发表文章署用。嗣后出版《徐光霄诗文集》（中国文联出版公司，1995年）亦署。

徐光耀（1925－），河北雄县人。笔名：①越风，1945年开始在《冀中导报》发表通讯、小说如《解放藁城之战》等署用。②徐光耀，见于小说《周铁汉》，载1949年《人民文学》第4期。嗣后出版长篇小说《平原烈火》（人民文学出版社，1980年），中篇小说《小兵张嘎》（中国少年儿童出版社，1962年）、《冷暖灾星》（接力出版社，2003年）、《四百生灵》，短篇小说集《数明和鸳花》《望日莲》《徐光耀小说选》（花山文艺出版社，1983年），电影文学剧本《新兵马强》《望日莲》《乡亲们哪》《小兵张嘎》，回忆录《昨夜西风凋碧树》（北京十月文艺出版社，2001年）等亦署。

徐规（1920－2010），浙江平阳人。字君民，号仲矩。笔名徐规，出版《王禹偁集校证》《王禹偁事迹著作编年》（中国社会科学出版社，1982年）等署用。

徐和邻（1922－？），台湾屏东人。笔名禾林，出版有诗集《淡水河》、诗论集《现代诗解说》和翻译诗集《山之诗》《夜之诗》等。

徐弘士（1893－1962），江苏吴县周庄（今昆山市）人。原名徐毅，字弘士，号铁儿。曾任《民呼报》《民国日报》编辑。南社、新南社诗人，其诗词多发表于《南社丛刻》，并见于柳亚子之《磨剑室诗词集》。

徐虎（1926－1998），江苏南通人。笔名：①HH，见于诗《豹儿的话》，载1944年南通《江北日报·诗歌线》新4期。嗣后在该刊发表《杂忆——献给一个死去的同学》等多首诗亦署。②余明，见于诗《小弟弟的歌》，载1945年南通《江北日报·诗歌线》新19期；通讯《如是南通文坛》，载1945年11月18日《苏报（南通版）·田野》第1期。嗣后在《江北日报·诗歌线》、《东南日报·诗》等副刊发表多篇诗亦署。

徐慧棠（1922－？），籍贯不详。笔名：①徐慧棠，见于译文《争夺战中的西西里岛》，载1943年上海《春秋》创刊号；《战时伦敦花絮录》，载1943年《春秋》第1卷第4期。嗣后在该刊及上海《万象》《新侦探》《幸福世界》《袖珍杂志》等刊发表散文《在上海的南北极》《藏滇边陲风景线》《一五六五号小姐》、译作《艾森豪威尔欧战回忆录》等亦署。②康悌露，见于随笔《癫痫作家福楼拜》，载1944年上海《春秋》第1卷第7期。嗣后在《春秋》《万象》《宇宙》《中国文摘》《袖珍杂志》等刊发表《抗战中国的大动脉》《苏生者言》《音乐家的故事》（与其他人合作）、《名画家的故事》（与其他人合作）等亦署。③余爱渌，见于译诗《巨歌斯拉夫之歌》，载1945年上海《谷音》第1辑《译作文丛》；《海娇水魔》，载1945年《春秋》第2卷第3期。嗣后在该刊发表《莱茵河的风景线》等亦署。④余暖渌，见于散文《窗下及其他》，载1945年《春秋》第2卷第7期。⑤余爱禄，署用情况未详.

徐嘉瑞（1895－1977），云南昆明人，生于大理。字梦麟、辑五。笔名：①梦龄，1917年在上海《中华新报·文苑》发表诗词署用。②徐嘉瑞，见于《敦煌发见佛曲俗文时代之推定》，载1925年《文学周报》第199期；论文《日本甲骨之收藏与研究》，载1927年北平《国学月刊》第2卷第1期。此前后在上海《小说月报》《文学周报》《青年界》《东方杂志》《旅行杂志》《中央日报·俗文学》《大晚报·通俗文学》、北平《国学月报汇刊》《图书季刊》、贵阳《文讯》、重庆《中原》、广州《语言文学专刊》《中国诗坛》、长沙《中国文学研究》、昆明《诗与散文》《战时知识》、南京《广播周报》等刊发表论文、诗、文等，出版译作《仲夏夜之梦》《凯撒大帝》《春之梦》，论著《中古文学概论》（上海亚东图书馆，1924年）、《近代文学概论》（上海北新书局，1936年）、《辛稼轩评传》（重庆文通书局，1946年）、《金元戏曲方言考》（上海商务印书馆，1948年）、《大理古代文化史》（国立云南大学西南文化研究室，1949年）、《云南农村戏曲史》（云南人民出版社，1958年），剧作《台湾》（贵阳文通书店，1943年），诗集《无声的炸弹》（延安战歌社，1939年）、《望夫云——一个美丽的古老的传说》（中国青年出版社，1957年），歌剧剧本《望夫云》（百花文艺出版社，1959年），以及《徐嘉瑞诗词选》等亦署。③M，1928年在云南《民众日报》副刊《象牙塔里》《杂货店》发表诗文署用。④小伙计，见于《两种枪》，载 1929 年 8 月 9 日云南《民众日报》。⑤梦麟，见于随笔《诗人诺瓦列斯》，载 1930 年 11 月 18 日《云南民国日报》。⑥文囯，见于译作《春曙梦》（意大利邓南遮原作），载 1930 年 10 月《云南民国日报》。⑦辑五，见于小说《一个农夫》，载 1921 年《滇湖》第 25 期。⑧海燕，见于《英勇的号手》，载 1937 年 7 月 17 日《云南日报》（按：该时期杨季生也以"海燕"为笔名在云南报刊发表文字）。⑨徐梦麟，出版《云南农村戏曲史》（国立云南大学西南文化研究室，1943 年）署用。⑩白丁，1949 年前后在昆明《平民日报》（原名《云南日报》）发表花灯剧本署用。

徐鉴泉，生卒年及籍贯不详。笔名：①韬，见于《前进曲》，载 1935 年武汉《文艺》月刊第 1 卷第 1 期；诗《血的惨叫》，载 1937 年《奔涛》第 1 卷第 2 期。嗣后在上述两刊及《文艺战线》句刊、《国魂》等刊发表评论、诗歌等亦署。②徐鉴泉，见于诗《风》，载 1935 年武汉《文艺》月刊第 1 卷第 3 期。

徐杰，生卒年不详，辽宁辽阳人。笔名筘啸，见于诗《别后的心情点点——给微明、瘦萍》，载 1930 年 8 月 24 日大连《泰东日报》。同时期起在该报发表诗《向塞北飞梦》《我只听出鸟的凄叫》《古城上惨笑》、散文《出路》、评论《新兴文学选材略谈》、小说《鲜血》《雨天》、独幕诗剧《诗人的悲哀》，在沈阳《盛京时报》发表散文《时间到了秋天》等亦署。又见于独幕剧《死灰》，载 1932 年 12 月 5 日《满洲报》。1933 年前后在《抚顺民报·飘零》、大连《泰东日报·文艺周刊》《满洲报·北风》等报刊发表诗文亦署。

徐惊百（1915—1946），江苏南通人。原名徐霍，字惊百。曾用名徐荃。笔名：①晨雨，见于散文《中秋》《雨后》手稿，1929 年 9 月作。②徐惊百，见于《为华北事变宣言并告南通知识界》（与钱彤等合署），载 1935 年南通某报。嗣后在南京中央大学《校风》、重庆《时事新报·学灯》发表文章，1940 年 1 月 15 日由三三一旅油印出版《国防知识讲话》亦署。③李文，见于杂文《孩子们的话》，载 20 世纪 30 年代南通某报副刊《生路》第 16 期；《复活——南京通讯》，载 1936 年上海《大众生活》第 1 卷第 8 期。嗣后在南京《生活文学》、南通《国民日报·苏北文艺》等发表诗文亦署。④文，见于杂文《从北极星说起》，载 1936 年南京《科学生活》第 2 卷第 6 期。⑤徐荃，见于散文《悼鲁迅先生》，载 1936 年南京中央大学《校风》第 450 期。嗣后在该刊发表《谈大众艺术》等亦署。⑥理汶，见于杂文《"人"和"家"》，载 1937 年南京《生活文学》第 1 卷第 4 期。嗣后在南通《江北日报·副刊》《东南日报·东南风》等刊发表文章亦署。⑦惊百，见于评论《版画艺术的个性》，载 1943 年南通《北极》半月刊第 1 卷第 4 期。⑧费仁，见于杂文《士与文学》，载 1943 年 9 月 26 日南通《江北日报·副刊》。嗣后在《北极》发表杂文《人间若》等亦署。⑨予全，见于杂文《原始美术》，载 1944 年《北极》第 5 卷第 3、4 期合

刊。⑩汐，见于译作《野行》（法国法朗士原作），载 1945 年《北极》第 4 卷第 5 期。

徐琚清（1908—1999），广东梅县（今梅州市）人，生于汕头。字易庵。笔名徐琚清，见于随笔《谈谈历史》，载 1929 年北平《燕大月刊》第 4 卷第 2 期；《北边长城考》，载 1929 年《史学年报》第 1 期。同时期在《燕大月刊》等刊发表《梅州源流考》等，20 世纪 70 年代后出版《荆花吟屋诗存》《花吟屋诗存集》《易庵诗词稿》等亦署。

徐君藩（1914—？），福建福州人。笔名：①灵纳，见于小品文《都市的交响曲》，载厦门青年文艺社 1933 年出版之《厦门青年作品选集》。②徐君藩，见于译作《谈树》（E. 斯泰普原作），载 1943 年福建《现代青年》新 1 卷第 2 期；《战时民众读物大纲》，载 1938 年《闽政月刊》第 1 卷第 11 期。嗣后在《现代青年》《小民报·新村》《东南日报·笔垒》《国光日报·纵横》《民教指导》《福建教育通讯》《国民教育指导月刊》《改进》《现代儿童》《公余生活》《南潮》等报刊发表小说、诗、散文、评论、译文等，出版短篇小说集《惊天动地》（福建省政府教育厅，1941 年）、《福州诗与散文选（1930—1949）》（与其他人合编.海峡文艺出版社，1991 年）、《福州文坛回忆录》（海潮摄影艺术出版社，1993 年）、《两岸故人集》（海峡文艺出版社，1994 年）等亦署。③徐扫，见于译述故事《列那狐的旅行》，载 1943 年 4 月 15 日福建南平《东南日报·笔垒》。④君藩，见于《复刊词》，载 1943 年福建《现代青年》新 1 卷复刊号。⑤均凡，见于杂文《小问题大道理》，连载于 1943 年《现代青年》新 1 卷第 1、2 期。1945 年在福建《现代》月刊发表翻译小品《将来人类的形相》（美国安徒卢斯原作）亦署。⑥潘著，1942—1946 年在福建《现代儿童》《现代青年》发表科普小品等署用。⑦阿门，见于通讯《胜利声中话福州》，载 1945 年 10 月福建《现代》月刊第 1 卷第 1 期。

徐君慧（1921—2009），四川合江人。原名李天培，字子英。曾用名李晓华。笔名：①徐君慧，1945 年底在昆明《真理周报》发表文章署用。嗣后在《人物杂志》及重庆《大公报》《新民日报》《新民晚报》《国民公报》《作家》《文艺垦地》等报刊发表文章，出版长篇小说《澎湃的赤水河》《春雷》《歌人传》，1949 年后出版《聊斋志异纵横谈》（广西人民出版社，1987 年）、《从金瓶梅到红楼梦》（广西人民出版社，2007 年）等亦署。②伊里、李智、李霞、李慧、晓华、唐民、唐名、朝阳、李子英、李晓华，署用情况未详。按：徐君慧 1936 年开始发表作品，署名待考。其著作尚有《铁峰山》《王官村的风波》等，出版与署名情况未详。

徐君梅（1911—1966），福建福州人，字芳田。笔名：①徐君梅，见于诗《大概又有什么事变了》《夏夜》，载厦门青年文艺社 1933 年 12 月《厦门青年作品选集》；翻译小说《逃》（乔巴迦诺原作），载 1934 年南京《矛盾》月刊第 3 卷第 2 期。嗣后在福建《大成晚

报•高原》《现代月刊》《现代青年》《瑰珉》《小民报•新村》《中华教育界》《福建教育通讯》《福建教育》《图书季刊》《国民教育指导月刊》《中等教育》《公余生活》《南潮》等报刊发表诗文和翻译作品，出版短篇小说《黑旗将军刘永福》及《我们的家乡：福建》《肉眼看不见的病菌》（福建省政府教育厅，1941 年）等亦署。②芳田、均美、硕恕、方植，20 世纪 30—40 年代在福建福州《中等教育》《福建时报•国民教育》《新青年》、永安《现代青年》《现代儿童》等报刊发表文章署用。

徐君勋（1925—　），浙江瑞安人。笔名王兰、全掀、尚（duān）青、徐徕、徐掀、绿泓、董兵、鱼東草，1945 年 7 月至 1948 年在瑞安《阵中日报》《浙瓯日报》、杭州《浙江日报》、温州《温州日报》等发表评论《文学平民化》《论文人之文》和小说、散文等署用。

徐开垒（1922—2013），浙江宁波人。笔名：①徐翊，见于《两个泥水匠》，载 1936 年 10 月上海《新少年》月刊；杂文《抗战》，载 1937 年《少年知识》第 1 卷第 5 期。嗣后在《自修》《小说月报》《正言文艺》《上海生活》《春秋》《万象》《幸福》《宇宙风》《译报》《文汇报》《申报•自由谈》等刊发表小说、散文、杂文等亦署。②余羽，见于《这是事实》，载 1937 年 8 月上海《新少年》半月刊。③立羽，见于《擦皮鞋的孩子》，载 1938 年 7 月 12 日上海《译报•职工生活》。④开垒，见于《笼里》，载 1939 年上海《鲁迅风》第 11 期；《路》，载 1941 年 6 月 21 日上海《申报•自由谈》。⑤余立、原子鲁，分别见于随笔《叶圣陶》《暨南四教授》，载 1945 年 10 月上海春秋杂志社版《作家笔会》。⑥徐开垒，1949 年后发表作品，出版小说集《孟小妹》、散文集《雕塑家传奇》《圣者的脚印》《鲜花与美酒》《家在文缘村——徐开垒散文自选集》《徐开垒散文选》、特写集《芝巷村的人们》、儿童文学《少年围垦散记》、传记文学《巴金传》《巴金和他的同时代人》等署用。按：徐开垒在 20 世纪 40 年代出版有《写作趣味》（万象书屋）、《文知集》（自修周刊社），署名情况未详。

徐珂（1869—1928），浙江钱塘（今杭州市）人。原名徐昌，字仲可、中可，号天苏阁主、纯飞馆主、小横室主人。①徐仲可，见于《雪窗杂话》，载 1926 年《紫罗兰》第 1 卷第 8—10 期。②徐珂，在《南社丛刻》发表诗文，出版《清代词学概论》（上海大东书局，1926 年）、《历代词选集评》（上海商务印书馆，1928 年），以及《清稗类钞》《历代白话诗选》等署用。③中可、仲玉、康居、天苏阁主、纯飞馆主，署用情况未详。

徐克，生卒年及籍贯不详。笔名南云，1935 年在上海《申报》发表东京通讯署用。

徐坤泉（1907—1954），台湾澎湖人。笔名：①阿 Q 之弟，见于小说《新孟母》，载 1937—1939 年台北《风月报》第 50—78 期。1942—1943 年在台北《南方》第 152—166 期连载《新孟母》。出版《可爱的仇人》（台湾新民报社，1936 年）、长篇小说《暗礁》（台湾新民

报社，1937 年）、《灵肉之道》（台湾新民报社，1937 年）亦署。②老徐，见于散文《春宵一刻值万金》，载 1937 年 11 月 1 日《风月报》。嗣后在该刊发表《迎春词》《谈精神与物质》等文亦署。③徐坤泉，见于杂文《老徐的话》，载 1938 年 3 月 15 日《风月报》。

徐朗（1921—2009），浙江宁波人。原名汪诚功。笔名柳笠、徐吹、仇如天，1948 年开始在宁波《春风文艺》《时事新报•四明山》等刊发表杂文、诗歌等署用。

徐朗西（1884—1961），陕西三原人。字应庚、秦生，号峪云、峪云山人。笔名：①徐朗西，见于诗《吊志摩》，载 1932 年《国闻周报》第 9 卷第 4 期；《峪云随笔》，载 1933 年《朔望》半月刊第 1 卷第 3 期。嗣后出版《艺术与社会》等著作亦署。②峪云、峪云山人，署用情况未详。

徐麟（1891—1974），江苏吴江（今苏州市）人。字泉声，号芳洲。笔名芳草山人、徐泉声。在《南社丛刻》《同南》等刊及《天放楼会集》等出版物发表旧体诗署用。

徐凌霄（1886—1961），江苏宜兴人，生于北京。原名徐仁锦，字云甫、凌霄，号简斋。曾用名徐彬，字彬彬。笔名：①烛尘、一尘，清末民初在报上发表文章署用。②徐彬彬，见于评论《对于新旧文学派争潮之感想与希望》，载 1919 年《新中国》第 1 卷第 1 期。③凌霄汉阁主人，见于杂文《闻歌偶语》，载 1920 年 1 月 15 日上海《晶报》。④凌霄，见于随笔《谈配戏》，载 1928 年北平《坦途》半月刊第 5 期。嗣后在《剧学月刊》《实报》、上海《晶报》等报刊发表文章亦署。⑤凌霄一士，与徐一士合署。见于随笔《曾胡谭荟（一）》，载 1929 年天津《国闻周报》第 6 卷第 26 期。嗣后在该刊长期连载《凌霄一士随笔》亦署。⑥霄、凌霄、凌霄汉，1929 年后在上海《晶报》等署。⑦凌霄汉阁，见于随笔《介绍状元夫人》，载 1920 年 5 月 6 日上海《晶报》；随笔《板责师傅》，载 1936 年 5 月 3 日上海《时事新报》。20 世纪 30—40 年代在北平主编《剧学月刊》，在北平《中国公论》、日本大阪《华文大阪每日》、上海《风雨谈》等刊发表《伶工特记：程砚秋》《凌霄汉阁剧话》等文亦署。⑧凌霄汉阁主，见于随笔《范老与鲁迅》，载 1936 年 10 月 24 日《北平晨报》；剧评《捉放曹》，载 1939 年 7 月 15 日日本大阪《华文大阪每日》。⑨阁、本阁、凌霄阁主，在上海《时报》发表文章署用。⑩老汉，在上海《时报》发表《古城返照记》等文署用。⑪徐凌霄，见于随笔《戏台与戏剧》，载 1932 年北平《剧学月刊》第 1 卷第 1 期。嗣后在《剧学月刊》《北洋画报》《实报》《报学季刊》《越风》《古今》《人民世间》《子曰丛刊》等报刊发表诗文，出版短篇小说集《寂寞之友》（与夏孟刚合集。财政部印刷局，1927 年），论著《皮黄文学研究》（世界编译馆北平分馆，1936 年）、《京剧词典释例》（世界编译馆北平分馆，1937 年），长篇小说《古城返照记》

（同心出版社，2002 年），散文集《曾胡谭荟》（与徐一士合作。山西古籍出版社，1995 年）、《凌霄一士随笔》（与徐一士合作。山西古籍出版社，1997 年）等亦署。⑫老霄、如如、老北京，署用情况未详。

徐仑（1909－？），河北大兴（今北京市）人。原名徐世纶。笔名：①泥鞋，见于剧本《斐加的父亲》，载 1933 年北平《冰流》第 1 卷第 2、3 期合刊。嗣后在该刊发表小说《戒严》、剧本《赵家楼》等亦署。②徐崟，见于《鲁迅与瞿秋白同志》，载 1951 年《文艺新地》第 8 期。

徐懋庸（1910－1977），浙江上虞（今绍兴市）人。原名徐茂荣。曾用名余致力、余扬灵、徐茂庸。笔名：①徐懋庸，见于随笔《小学教师的责任》，载 1926 年 12 月 27 日、1927 年 1 月 3 日上虞《上虞声》三日刊；随笔《奈都夫人》，载 1933 年上海《东方杂志》第 30 卷第 3 期。嗣后在《前途》《申报·自由谈》《社会与教育》《文学》《中学生》《新生周刊》《艺风》《青年界》《法政半月刊》《春光》《社会月报》《大晚报·火炬》《申报月刊》《时事类编》《新语林》《译文》《论语》《人间世》《文学丛报》《芒种》《太白》《读书生活》《漫话漫画》《文学青年》《妇女生活》《创作》《世界知识》《时事新报·青光》《文学界》《世界文学》《生活知识》《大众生活》《通俗文化》《杂文》《光明》《今代文艺》《社会日报》《读书月刊》《立报·言林》《好文章》《希望》《新知识》《新学识》《新中华报》《新华日报》《华北文艺》《青年与儿童》《群众日报》《文摘》《自修大学》《新群众》《解放日报》《长城月刊》《热潮》等报刊发表著译小说、杂文、评论等，出版杂文集《打杂集》（上海生活书店，1935 年）、《懋庸小品文选》（上海天马书店，1935 年）、《不惊人集》（上海千秋出版社，1937 年），论著《街头文谈》（上海光明书局，1936 年）、《文艺思潮小史》（上海生活书店，1936 年），翻译传记《托尔斯泰传》（法国罗曼·罗兰原作。上海华通书局，1933 年），翻译小说《伊特勒共和国》（苏联拉甫莱涅夫原作。上海生活书店，1935 年）、《小鬼》（俄国梭罗古勃原作。上海生活书店，1936 年）、《秋夜》（苏联高尔基等著，与其他人合译。上海启明书局，1941 年）等亦署。②杨灵，见于译文《菲律宾独立问题》，载 1933 年上海《前途》第 1 卷第 3 期；随笔《观绍兴戏有感》，载 1933 年 10 月 31 日《申报·自由谈》。1934 年 5 月 5 日在《申报·自由谈》发表译诗《仇敌》（美国辛克莱尔原作）亦署。③致立，见于译文《种族的亲善》（法国阿尔弗雷德·福耶原作），载 1933 年上海《社会与教育》第 6 卷第 18 期。嗣后在上海《申报·自由谈》发表杂文《赏月》《人之所以异于禽兽者》等亦署。④余扬灵，见于杂文《十月革命与文学》，载 1933 年 10 月 10 日《申报·自由谈》；随笔《中国的几种文艺杂志》，载 1933 年上海《社会与教育》第 7 卷第 1 期。嗣后在《申报·自由谈》发表随笔《谈房龙地理杂感之一》《关于金圣叹批改的水浒》等亦署。⑤扬灵，见于随笔《说

〈水浒〉》，载 1934 年上海《新生周刊》第 1 卷第 12、13 期。⑥晔子，见于杂文《新闻选注》，载 1934 年 1 月 18 日《申报·自由谈》。嗣后在该刊发表《谈脸》《说小品文》等杂文亦署。⑦敦庞，见于杂文《不知其味》，载 1934 年 3 月 1 日《申报·自由谈》。嗣后在该刊发表杂文《桐城派祖师作文不通》《关于玩物丧志》等亦署。⑧懋庸，见于诗《朝晨的催眠歌》，载 1934 年上海《新诗歌》月刊第 2 卷第 4 期。⑨力生，见于杂文《开始》，载 1935 年上海《新生周刊》第 2 卷第 12 期。嗣后在该刊及《生活知识》《通俗文化》《新知识》等刊发表文章亦署。⑩高平，见于随笔《翻译》，载 1934 年 5 月 23 日上海《申报·自由谈》。嗣后在《太白》《新生周刊》《新学识》《中学生文艺季刊》等刊发表文章亦署。⑪扬，见于随笔《"孟夏草木长"》，载 1935 年上海《文学》月刊第 5 卷第 1 期。嗣后在该刊发表随笔《文艺自由的代价》《补订〈文艺自由的代价〉》等亦署。⑫林矛，见于随笔《高尔基和香菱》，载 1935 年上海《大众生活》创刊号。嗣后在该刊发表《李杜文章》《文艺和社会科学》《几首诗的比较》等亦署。⑬庸，见于随笔《关于"曲终人不见，江上数峰青"》，载 1936 年 2 月 11 日上海《时事新报·每周文学》。⑭慕容，见于杂文《论战的新趋向》，载 1936 年 11 月 20 日上海《大晚报·火炬》。⑮柳英，20 世纪 30 年代在上海《立报》发表文章署用。⑯宋修，见于杂文《论正统》，载 1943 年晋冀鲁豫文联《华北文化》某期。嗣后在该刊新 6 期发表杂文《人定胜天》亦署。⑰平仲，见于杂文《科学的人生观（一）》，载 1943 年《华北文化》新 1 期；杂文《民主的好处》，载 1946 年承德《热潮》第 1 卷第 2 期。⑱弗先，见于杂文《想到〈活捉〉》，载 1956 年 11 月 17 日北京《人民日报》。嗣后在该报发表杂文《大国主义和大国》《老实和聪明》等，1957 年在《戏剧报》《长江文艺》《文艺月报》《中国青年》《文汇报》《政治学习》《大公报》等报刊发表杂文亦署。⑲回春，见于杂文《对于百家争鸣的逆风》，载 1956 年 12 月 19 日《人民日报》。嗣后在该报发表杂文《精神的节约》《关于〈剃头发巧夺天工〉》等，1957 年在《中国青年》《人民文学》《长江文艺》等刊发表文章亦署。⑳彭鼎，见于杂文《批评和团结》，载 1957 年 2 月 16 日《人民日报》。嗣后在该报发表《一副对联》《谈含蓄》等杂文，同年在《长江文艺》《文汇报》《新港》等报刊发表杂文亦署。㉑徐选牲，见于杂文《财神爷的教育》，载 1957 年 3 月 2 日《人民日报》；杂文《胡适和他的"蒋总统"》，载 1957 年上海《文艺月报》6 月号。嗣后在《人民日报》发表杂文《英国的传统》《敌与友的关系》等亦署。㉒王纬，见于杂文《也是劳动》，载 1957 年 3 月 6 日《人民日报》。㉓万松，见于杂文《对于领导者的识别》，载 1957 年 3 月 12 日《人民日报》；杂文《英雄的意志和感情》，载 1957 年 4 月 4 日《人民日报》。㉔樊康，见于杂文《共产党与科学》，载 1957 年 4 月 29 日《人民日报》。㉕劳于农，见于杂

文《大场面的墙》，载 1957 年 5 月 24 日《人民日报》。㉖丁象恭，见于译文《对萨特尔的〈辩证理性批判〉》（法果 R. 伽罗第原作），收入 1963 年 12 月商务印书馆出版之《辩证理性批判》（法国萨特原作，徐懋庸译）附录。同书附录之《一九六〇年的萨特尔和辩证法》（法国 L. 塞伏原作）、《萨特尔和辩证理性》（比利时 A. 万朗士原作）译文亦署。

徐蒙（1924— ），江西吉水人。原名徐有守。笔名：①徐有守，1949 年后在台湾出版文艺评论集《艺文沉思录》（台湾商务印书馆，1972 年）、《行政的现代化》（台湾商务印书馆，1972 年）等署用。②徐蒙，署用情况未详。按：徐蒙尚出版有剧作《荒村三月》《炼狱》《双殉记》《红楼梦》、诗集《生之恋》，以及《行政学概论》等，出版与署名情况未详。

徐梦（1885—? ），江苏宜兴人。原名徐傸，字云石，号半梦、冻佛。笔名徐梦，在《南社丛刻》发表诗文，出版《临池琐语》等著作署用。

徐梦秋（1901—1976），安徽寿县人。笔名：①莫休，见于小说《深夜》，载 1937 年延安《红色中华·新中华》；杂文《第三次大战会发生吗？》，载 1948 年《周末观察》第 6 卷第 5 期。②廉臣、梦秋，署用情况未详。

徐名鸿（1897—1934），广东川顺人。字只鸢。笔名：①名鸿，见于诗《日头打西出来了》，载 1920 年北京《工学》第 1 卷第 4 期。②徐名鸿，见于评论《介绍〈记叙文作法讲义〉》（与董璠合作），载 1924 年《北京师大周刊》第 219 期。

徐名模，生卒年及籍贯不详。笔名：①余茕，见于《贝多芬与失败的交响乐》，载 1943 年上海《万象》第 3 卷第 2 期；《却依考夫斯基之泪》，载 1943 年上海《万象》第 3 卷第 3 期。嗣后在该刊及《春秋》《潮流》发表西方音乐鉴赏文章亦署。②劳神，见于《卡门》，载 1944 年上海《万象》第 4 卷第 1 期；《希特勒不能杀死的音乐》，载 1945 年《宇宙》第 1 期；翻译小说《风云征夫妇》，载 1946 年《宇宙》第 3 期。此前后在上述两刊及《平论》《光半月刊》《西风》等刊发表文章亦署。

徐慕邢（1889—? ），安徽南陵人。笔名南虎，1929 年后在上海《晶报》发表文章署用。

徐乃昌（1869—1943），安徽南陵人。字积余，号随庵。晚号随庵老人。曾用名仌（bīng，同"冰"）丝。笔名徐乃昌，见于《瑞安陈氏渊谬齐书目丛刊序》，载 1930 年《图书馆学季刊》第 4 卷第 1 期；《古玉图录后跋》，载 1930 年《图书馆学季刊》第 4 卷第 1 期。嗣后发表或出版《续方言又补》《南陵县建置沿革表》《吴越春秋札记》《补汉兵志札记》《小檀栾室镜影》，辑编《吴越春秋逸文》《焦里堂先生轶文》《闺秀词钞》等亦署。

徐迺翔（1931—2018），浙江萧山（今杭州市）人。

笔名：①萍踪，1947—1949 年在浙江黄岩《工商日报·海风》发表《秋》《雪夜》《苦难的岁月》等散文、诗歌署用。同时期在温州《温州日报》、杭州《大华日报》等报发表诗文亦署。②秋子，见于散文《雨后》，载 1949 年 3 月黄岩《工商日报·海风》。③问樵，见于散文《阿枚》，载 1950 年 6 月 14 日上海《文汇报·磁力》。④徐骅，见于散文《丰收的欢乐》，载 1952 年 4 月杭州《当代日报·湖滨》。同时期在上海《新闻日报·人民广场》发表文章亦署。⑤沙原，见于杂文《不能限制吗》，载 1953 年 7 月 14 日杭州《当代日报》。同年在广州《周末报》发表文章亦署。⑥马羽，见于杂文《不打自招》，载 1958 年 1 月广州《羊城晚报》。⑦徐迺翔，见于《春风野火》，载 1960 年 7 月上海《萌芽》。嗣后出版《文学的"民族形式"讨论资料》（广西人民出版社，1986 年）、《中国现代文学作者笔名录》（与钦鸿合作。湖南文艺出版社，1988 年）、《文学的民族形式讨论资料》《中国现代作家评传》《中国现代爱国诗选》，主编《中国现代文学辞典》（广西人民出版社，1989 年）等亦署。

徐培仁，生卒年不详，浙江江山人。原名徐慰慈。笔名徐培仁，见于译作《二十六个男子和一位少女》（俄国哥尔盖原作），载 1928 年《中央日报特刊》第 3—5 卷；随笔《世界伟人之烟癖》，载 1933 年 9 月 1 日上海《论语》第 24 期。出版中篇小说《一个漂泊者》（上海独流社，1929 年）、小说集《一个菲律宾妓女的日记》（厦门世界文艺书社，1929 年），翻译戏剧《一个理想的丈夫》（英国王尔德原作。上海金屋书店，1928 年）、《沛生斯的海盗》（又名《义务之仆》，（英国基葡特原作。厦门国际学术书社，1928 年）、《红笑》（苏联安德列耶夫原作。上海尚志书屋，1929 年）、《安徒生童话全集（一卷）》（丹麦安徒生原作。上海儿童书局，1930 年）、《葡萄牙儿童故事》（葡萄牙摩里恩原作。上海儿童书局，1931 年）、《蓝天使》（德国赫因里希·曼原作。上海正午书局，1931 年）、《古史钩奇录》（美国霍桑原作。上海启明书局，1937 年）、《万里寻母记》（美国霍桑原作。上海美中出版社，1937 年）、《古城末日记》（上海群学书店，1946 年）等亦署。

徐平羽（1909—1986），江苏高邮人。原名王为雄；又名白丁，字元健，号红豆村人。曾用名王球。笔名白丁，见于杂文《先进与新进》《时节》，载 1927 年《贡献》第 1 卷第 4 期。嗣后在《十日谈》《社会新闻》《中学生文艺季刊》等刊发表杂文等亦署。

徐契萌（1916—? ），湖南湘乡人，生于江苏南京。原名徐芝瑟。曾用名徐昭。笔名：①契萌，见于小说《报名》，载 1936 年上海《小说家》第 1 卷第 1 期；速写《后方一角》，载 1938 年《文艺阵地》第 1 卷第 3 期。此前后在上述两刊及上海《新少年》、长沙《观察日报》《大公报·文艺》等报刊发表小说、散文等亦署。②徐契萌，见于信函《张天翼的病况：天翼夫人来函》，载 1944 年《联合周报》第 16 期副刊《笔会》。

徐谦（1871—1940），安徽歙县人，生于江西南昌。字季龙，号安庐，别号黄山樵客。曾用名佐治、George Hsu。笔名：①佐治徐谦，见于论文《依基督救国主义拟商榷之宪法要点》，载1922年上海《东方杂志》第19卷第21期（该刊目录署名"徐谦"）。②徐谦，见于《依基督救国主义似商榷之宪法要点》，载1922年《东方杂志》第19卷第21期目录；论文《法治与人治》，载1923年北京《法律周刊》第9期。嗣后在《湖北省政府公报》《进化》《文化批判》《星洲日报》《国魂》《社会工作通讯》等报刊发表文章，出版《诗词学》（上海商务印书馆，1933年）、《物犹如此》（上海道德书局，1935年）、《徐季龙先生遗诗》（美国纽约出版，1943年）、《笔法探微》（浙江人民美术出版社，2016年）等亦署。③黄山樵客，署用情况未详。

徐谦夫（1925—2005），陕西韩城。原名徐笃谦，字继达，号艺风。笔名：①冷眼、征鸿、刘莺、胡柳、韩烟、徐娘、余言人、徐艺风，1947—1949年5月在西安《西京平报》《北方夜报》《新国民日报》《国风日报》《经济快报》《快报》《风雷》等报刊发表文章署用。②徐前赴，1949年秋至1950年春在兰州《甘肃日报》发表文章署用。③徐谦夫，1949年后在《陕西戏剧》《西安戏剧》等刊发表文章署用。

徐清和（？—1928），吉林宁安（今属黑龙江）人，字希三。笔名徐清和，出版有《中国文学研究法》等著作。

徐琼二（1912—1950），台湾台北人。原名徐渊琛。笔名徐琼二，日据时期在台北《第一线》、台中《台湾新文学》《台湾艺术》《新文学月报》等发表作品署用。见于散文《岛都的近代风景》，载1935年《第一线》第1期。嗣后出版短篇小说集《婚事》等亦署。

徐蘐轩（1892—1961），江苏吴江（今苏州市）人。原名徐兆麟。笔名老癯。曾主编《新盛泽》报，撰写有诗文40多篇。后历任上海《民国日报》《大晚报》和上海通志馆编辑。

徐仁甫（1901—1988），四川大竹人。原名徐永孝，字仁甫。笔名徐仁甫，1949年后出版《杜诗注解商榷》（中华书局，1979年）、《左传疏证》（四川人民出版社，1981年）、《广释词》（四川人民出版社，1981年）等署用。

徐忍茹（1884—1965），浙江嘉兴人。原名徐沛德，字忍茹，号小聱；别号屝提居士。笔名徐忍茹，出版有《光复会纪略》《祖宗教始末记》等著作。

徐绍棨（1879—1948），浙江英德人，祖籍钱塘（今杭州市）。字信符。笔名徐绍棨，著有《广东藏书记略》《镇海楼志》《南园考》《广东艺文志补》《屈赋注释集》，编有《中国文学史》《中国诗学史》《文学说略》《历代文体辨别》《历代诗选》《文选研究》《唐诗研究》《古籍校读法》《书目学》等，均未刊。

徐绍桢（1861—1936），浙江钱塘（今杭州市）人，字固卿。晚号学寿老人。笔名徐绍桢，出版有《四书质疑》《孝经质疑》《三国志质疑》等著作。

徐声涛（1894—1962），江西上饶人。笔名：①徐声涛，见于杂文《从"国死"想到"国争"想到……》，载1930年《清华周刊》第33卷第6期；小说《死囚》，载1932年《清华周刊》第38卷第4期。②声涛，见于诗《S. P. 车上》《溪旁》，载1931年《清华周刊副刊》第35卷第7期；杂文《客观的研究国学方法》，载1935年《校声》第3期。

徐师梁（1919—1942），江苏太仓人。20世纪三四十年代曾在河南创办《大众报》。笔名老百姓。

徐士豪，生卒年及籍贯不详。笔名红云，20世纪30年代在武汉报刊发表文章署用。

徐世昌（1858—1939），天津人，原籍浙江鄞县（今宁波市）。字卜五，号菊人、菊存、鞠人、弢斋、涛斋、东海、水竹。别号新庵斋主、石门山人、东海居士。晚号退叟、水竹邨人、书髓老人、退耕老人。笔名徐世昌，出版《清儒学案》《大清畿辅先哲传》《东三省政略》《欧战后之中国》《退耕堂诗集》《水竹邨人集》《弢斋述学》等署用。

徐世阶，生卒年不详，江苏铜山人，字希平，号悔生。笔名徐世阶，在《南社丛刻》发表诗文署用。

徐守中（1917—？），河南滦县人。笔名：①林雨，见于《牛兰夫妇的营救与我国法权》，载1932年《政治评论》第8期；通讯《陕北边区一瞥》，载1937年《新学识》第2卷第12期；《欢迎沈钧儒先生等七位爱国领袖出狱》，载1937年《生活学校》第1卷第1期。②徐步、徐行，1934—1935年在济南《通俗日报》发表散文《长庚星碎》，1937—1938年在张家口河北第三师范《蓓蕾》发表剧作《残余的势力》，1939年起在北平《国民杂志》《北大文学》《中国公论》《全家福》《新民声》、张家口《蒙疆文学》《利民》《蒙疆日报》、武汉《大楚报》等报刊发表诗、散文，1946年在沈阳《东北周报》发表《鲁迅与沈从文》署用。嗣后在张家口蒙疆日报社出版诗集《杜若草》《黄土集》亦署。③杜若，见于《影（外二章）》，载1944年1月1日日本大阪《华文大阪每日》"蒙疆文艺特辑（上）"。同时期在上述北平、张家口报刊发表文章亦署。

徐舒（1875—1928？），浙江绍兴人，字啸侯。笔名徐舒，著有诗集《啸吟集》四卷。

徐朔方（1923—2007），浙江东阳人。原名徐步奎。笔名徐朔方，见于随笔《论诗》，载1946年南京《新学生》第1卷第2期；诗《画》《岁月》，载1948年上海《文学杂志》第2卷第12期诗歌专号。嗣后发表文章，出版诗集《似水流年》，散文集《美欧游踪》，专著《史汉论稿》《论金瓶梅的成书及其他》《戏曲杂记》《晚明曲家年谱》《论汤显祖及其他》《汤显祖年谱》《汤显祖诗文集编年笺校》《〈长生殿〉校注》，以及《〈牡丹亭〉校注》（与杨笑梅合校）、《明代文学史》（与孙秋克合作）等亦署。

徐思瀛，生卒年不详，浙江德清人，字梦鸥。笔名徐思瀛，在《南社丛刻》发表诗文署用。

徐苏灵（1910－1997），天津人。原名徐玉麟，笔名：①徐苏灵，见于小说《马兰小姐》，载1931年《前锋月刊》第1卷第4期；《关于中德美展》，载1933年11月13日上海《申报·自由谈》。此前后在《前锋月刊》《矛盾月刊》《流露月刊》《现代小说》《中央周刊》《时与潮副刊》等报刊发表小说、评论、随笔等，出版长篇小说《初恋情书集（第二集）》（上海黄华社，1933年）亦署。②苏灵，见于诗《边疆之夜》，载1930年《前锋周报》第21期；小说《珍妮》，载1931年《当代文艺》第1卷第3期。此前后在《前锋周报》《世界画报》《现代文学评论》《前锋月刊》《女子月刊》《矛盾月刊》《美术生活》《新人周刊》等刊发表小说、剧本、随笔等亦署。③蔽因，署用情况未详。

徐夙吾，生卒年及籍贯不详。笔名：①罗莎，见于杂文《出世与入世》，载1941年上海《棘林蔓草》第2分册《菖蒲》。②青桐，见于杂文《忘记了一点》，载1941年《棘林蔓草》第3分册《水莽》。

徐速（1924－1981），江苏宿迁人。原名徐斌，字直平。笔名：①徐斌，见于评论《在这大时代里我们青年应尽的责任》，载1939年《世纶》第1卷第2期；随笔《武汉巡礼》，载1948年上海《中美周报》第294期；中篇小说《春晓》，载1948年《新大陆》杂志。此前后在《精忠导报》《通讯》《益世周报》《太平洋杂志》《权威》等报刊发表文章亦署。②徐速，见于《红楼梦研究态度之检讨》《归梦》，载1955年11月1日香港《海澜》创刊号。嗣后在《中国学生周报》《文艺》《当代文艺》《明报》《少年》等报刊发表文章，出版长篇长篇小说《星星之火》（香港高原出版社，1958年）、《星星·月亮·太阳》（香港高原出版社，1958年）、《清明时节》（香港九龙自由出版社，1959年）、《樱子姑娘》（香港高原出版社，1959年），短篇小说集《苦恋》（台湾文化出版社，1961年）、《第一片落叶》（香港高原出版社，1961年）、《疑团》（台湾文化出版社，1963年）、《传令兵》（台北时代出版社，1982年），散文集《一得集》（香港高原出版社，1961年）、《心窗集》（香港高原出版社，1972年），诗集《去国集》（香港高原出版社，1957年），评论集《徐速小论》（香港高原出版社，1979年）等亦署。

徐太行（1921－？），江西丰城人。笔名：①歌风，20世纪40年代在《前方日报》《前线日报》《中国新报》《诗歌与木刻》等报刊发表诗文署用。②徐太行，1949年后出版曲艺集《朝鲜荡寇记：抗美援朝说书》（与人合作。武汉工人出版社，1952年）、小说《劳动模范周德辉的故事》（江西人民出版社，1955年）等署用。

徐天从（1903－1984），黑龙江宁安人，生于江苏南通，满族。原名徐民武，字秩公，号邝主、瘖父（fǔ）。曾用名徐民、徐秩公。笔名徐天从，1931年在齐齐哈尔主编《黑龙江民报·文艺周刊》时署用。嗣后发表长篇通讯《从星洲到巴黎》（载1939年11月15－20日马来亚新加坡《南洋商报》）、随笔《谈纪德》（载1941年2月5日《南洋商报·狮声》），出版诗集《嫩江集》（黑龙江民报社，1931年）、《瘖父诗薮》（南通，2003年）亦署。

徐天复，生卒年不详，江苏金坛（今常州市）人。字血儿。笔名徐天复，在《南社丛刻》发表诗文署用。

徐天荣（1924－2009），江苏镇江人。笔名：①天活、徐天活，抗战胜利后在镇江主编《东南晨报》副刊署用。②徐天荣，1949年后在台湾发表作品，出版小说《刺》（台北，1952年），剧作《血海花》（台北文艺创作社，1955年）、《更上一层楼》（台北文艺创作社，1956年）、《茶山风雨》（台北改造出版社，1958年）、《情天恨海》（台北改造出版社，1959年）、《潭水情深》（1959年）、《血影疑云》（台北改造出版社，1960年）、《号外》（台北改造出版社，1960年）、《弄假成真》（台北改造出版社，1962年）、《选贤记》（台北改造出版社，1964年）、《啼笑良缘》（台北菲律宾剧艺出版社，1966年）、《高山仰止》（台北改造出版社，1966年）、《大唐中兴》（1967年）、《母与女》（台北戏剧艺术中心，1971年）、《谋杀者》（台北戏剧艺术中心，1971年），论著《编剧研究纲要》（台北苏氏书局，1956年）、《编剧学》（台北三民书局，1966年）等以及执导《疯女十八年》《水玲珑》《六合八法》等电影亦署。

徐天啸（1886－1941），江苏常熟人。原名徐啸亚，字天啸。号秋魂室主、天涯沦落人。晚号印禅。曾用名徐天萧。笔名：①徐天啸，见于小说《从明天起》，载1922年12月7日《小说日报》；传记《俞天愤》，载1923年1月31日《小说日报》。嗣后出版《神州女子新史》《太平建国史》《天啸残墨》等亦署。②秋魂室主、天涯沦落人，署用情况未详。

徐微（1915－2012），江苏常熟人。原名徐淑娟。笔名：①徐微，见于《我与文学》，载1937年《中学生》第71期。②舒昂，见于小说《侍读记》，载1938年上海《文艺》第1卷第6期；小说《潮》，载1939年上海《文艺》第3卷第1期。③舒岱，见于诗《黑龙江的泛滥》，载1938年上海《文艺》第2卷第1期。

徐蔚南（1900－1952），江苏吴江（今苏州市）人。原名徐毓麟。笔名：①徐蔚南，见于诗《鸡鸣》，载1920年1月11日上海《民国日报·觉悟》；诗《狱中的人》，载1922年《小说月报》第13卷第1期。嗣后在《小说月报》《法国文学研究》《黎明》《文学周报》《东方杂志》《一般》《诗与散文》《世界杂志》《艺风》《社会月报》《文化月刊》《青年界》《逸经》《论语》《学林》《智慧》《图书季刊》《宇宙文摘》《图书月报》《文化先锋》《旅行杂志》等刊发表翻译作品、诗、文、随笔等，出版散文集《春之花》（上海世界书局，1929 年）、《水面落花》（上海黎明书局，1933 年）、《乍浦游简——寄云的信》（上海开明书店，1934 年）、《从上海到重庆》（重庆独立出版社，1944 年）、《寄云妹的信》（重庆中国文化事业社，1945 年）、《新生》（上海日新出版社，1946 年）、《童年的梦》（上海日新出版社，1947 年）、《鸭绿江畔》（上海日新出版社，1949 年），短篇小说集《都市的男女》（上海真美善书店，1929 年）、《血与泪》（上海日新出版社，1947 年），长篇小说《幽默大观》（上海大众书局，1934 年），小说散文集《小主妇》（上海日新出版社，1946 年）、《童年的梦》（上海日新出版社，1947 年），翻译小说《一生》（法国莫泊桑原作。上海商务印书馆，1926 年）、《法国名家小说集》（上海开明书店，1926 年）、《女优泰伊思》（法国法朗士原作。上海世界书局，1929 年）、《她的一生》（法国莫泊桑原作。上海世界书局，1931 年）、《孤零少年》（法国海克督马六原作。上海世界书局，1933 年）、《老处女》（法国莫泊桑原作。重庆现代出版社，1944 年）、《时代的智慧》（法国法朗士等原作。重庆生生出版社，1944 年）、《新婚之夜》（法国莫泊桑原作。重庆大华书局，1944 年）、《圣诞礼物》（美国欧·亨利等原作。重庆百合书屋，1944 年）、《泰绮思》（法国法朗士原作。重庆正风出版社，1945 年）、《基督山恩仇记》（法国大仲马原作。南京独立出版社，1945 年）、《巴朗先生》（又名《老处女》，法国莫泊桑原作。上海现代出版社，1949 年）、《荡》（法国都德原作。重庆大东书局），戏剧《茂娜凡娜》（比利时梅特林克原作。上海开明书店，1928 年），散文《小小的温情》（丹麦安徒生等著。上海新亚书店，1928 年）、《屠格涅夫散文诗集》（俄国屠格涅夫原作，与王维克合译。青年进步学会，1923 年）等亦署。②蔚南，见于小说《可怜的若克》，载 1921 年 4 月 25 日上海《民国日报·觉悟》。③泽人，署用情况未详。按：徐蔚南尚出版有《龙山梦痕》《奔波》《顾绣考》《上海棉布》《艺术哲学 ABC》等著作，以及译作《狱中人》《微笑》《勃来克》《法国名家小说选》等，出版与署名情况未详。

徐文珊（1899－1998），河北遵化人。笔名：①徐文珊，见于论文《中国古代的历史观》，载 1930 年北平燕京大学《史学年报》第 2 期；《史记三家注所引地理书考》，载 1935 年《禹贡》第 4 卷第 7 期。此前后在上述两刊及《歌谣》《史学集刊》《国魂》《军事杂志》《文化先锋》《文艺先锋》等刊发表河北儿歌《鸡鸡翅》《蝴蝶飞》《小秃子》、论文《儒家和五行的关系》《历史与文化演进》《史学风气之改革》《历史与戏剧》、随笔《学不厌斋札记》《读〈魏晋六朝文学批评史〉》、散文《平绥路旅行归来》《忆北平》、诗《慰劳前方将士歌》《空军进行曲》等，1949 年后在台湾出版论著《先秦诸子导读》（台北幼狮书店，1963 年）、《中华民族之研究》（台北，1969 年）、《中华文化概论》（台北维新书局，1969 年）、《史记评介》（台北维新书局，1973

年）、《中国史学概论》（台北维新书局，1973 年）、《现代青年问题》（台湾省新闻处，1981 年）、《国父思想渊源与实践》（台湾商务印书馆，1983 年）、《中国文化新探》（台北编译馆，1984 年）、《中国社会新探》（台北大中国图书公司，1987 年），传记《北方之强——张继传》（台北近代中国出版社，1982 年），回忆录《八十载沧桑》（台北维新书局，1976 年），诗文集《九十自选集》（台北，1989 年）等亦署。②帛园，署用情况未详。

徐文仪，生卒年不详，江苏扬州人。笔名徐健，抗战时期在延安、重庆等地报刊发表文章署用。

徐吾行（1906－1949），福建福州人。原名徐天胎，字继潮。笔名徐吾行，见于小说《文耿伯和他的儿子》、译作《Kuroo》，载 1928 年福州《第一燕》旬刊；《近年来国人对于福建经济问题研究总述》，载 1947 年《社会科学》第 3 卷第 3、4 期。

徐霞村（1907－1986），湖北阳新人，生于上海。原名徐元度，字霞村。笔名：①徐元度，见于小说《烟灯旁的故事》，载 1927 年《小说月报》第 18 卷第 7 期；《夜谈》，载 1927 年《语丝》周刊第 150 期。嗣后在上述两刊及《文学周报》《灯塔》等杂志发表小说、散文等亦署。②徐霞村，见于随笔《五十块钱》，载 1927 年《晨报副镌》第 64 期；《现代文坛杂话》，载 1927 年《小说月报》第 18 卷第 11 期。嗣后在上述两刊及《北新周刊》《无轨列车》《语丝》《新文艺》《文学周报》《现代文学》《东方杂志》《青年界》《读书月刊》《现代文艺》《文学评论》《文学季刊》《宇宙风》《文学修养》《文化先锋》《时与潮副刊》等刊表译文、评论、散文、随笔等，出版散文集《巴黎游记》（上海光华书局，1931 年），短篇小说集《古国的人们》（上海水沫书店，1929 年），翻译小说《洗澡》（法国左拉原作。上海开明书店，1928 年）、《异味集》（俄国果戈理等原作。上海新宇宙书店，1928 年）、《斗牛》（西班牙阿左林等原作。上海春潮书局，1929 年）、《菊子夫人》（法国皮埃尔·洛蒂原作。上海商务印书馆，1929 年）、《善终旅店》（比利时凡尔哈仑原作。上海水沫书店，1929 年）、《露露的胜利》（意大利塞拉俄原作。上海春潮书局，1929 年）、《绝望女》（法国比尔·路易等原作。上海神州国光社，1930 年）、《西万提斯的未婚妻》（西班牙阿左林原作，与戴望舒合译。上海神州国光社，1930 年）、《现代法国小说选》（上海中华书局，1931 年）、《近代西班牙小说选》（北平立达书局，1932 年）、《近代意大利小说选》（北平立达书局，1932 年）、《一件恐怖时代的轶事》（法国巴尔扎克原作。上海生活书店，1935 年）、《鲁滨孙漂流记》（英国笛福原作。上海商务印书馆，1937 年）、《乡村的武士》（意大利魏尔嘉等原作。上海言行出版社，1940 年）、《她的情人》（苏联高尔基原作。上海复兴书局，1942 年）、《英雄》（意大利邓南遮等原作，与其他人合译。上海启明书局，1941 年）、《白痴》（俄国陀思妥耶夫斯基原作，与高滔合译。重庆文艺奖助金管理委员会出版部，1943 年），翻译戏剧《六个寻找作家的剧中人物》（意大利皮兰德娄原作。

上海水沫书店，1929年)、《皮兰德娄戏曲集》(意大利皮兰德娄原作。上海商务印书馆，1936年)、《亨利第四》(意大利皮兰德娄原作。重庆商务印书馆，1943年)以及《法国文学史》《南欧文学概况》等均署。③霞村，见于《寄安娜》，载1929年《小说月报》第20卷第6期。④保尔，见于《百合君的作用》，载1930年上海《巴尔底山》旬刊第1卷第2、3期合刊。⑤元度，20世纪20—30年代在上海报刊发表文章署用。⑥方原，出版译作《鲁滨孙漂流记》(人民文学出版社，1959年)署用。

徐先兆（1903—2004)，江西铅山人。笔名孔生、铁屑、康生、兢秋、徐孔僧、Konseno、K. S.。20世纪20年代参与创办《新江西》杂志，发表有诗《望着东湖》等。

徐筱汀（1908—1957)，江苏徐州人。原名徐长荫。笔名徐筱汀，创作剧作《投笔从戎》《全部陆文龙》、改编剧作《新大明府》等署用。

徐燮（1910—1970)，上海人。笔名：①金燮，出版诗集《海篷船》(上海辽原出版社，1940年)署用。1940年其弟范泉(徐炜)在上海《中美日报·堡垒》发表《妥协的心理》《叛逆的思想》等文曾借署此名。②徐燮，见于散文《希特勒与魔鬼》，载1947年上海《文艺春秋》第4卷第3期。③金树，出版缩写本《苦儿历险记》(美国马克·吐温原作，与月琪合写。上海永祥印书馆，1951年)、缩写本《毁灭》(苏联法捷耶夫原作。上海永祥印书馆，1951年)、《母亲》(苏联高尔基原作。上海永祥印书馆，1951年)署用。

徐心芹（1907—1970)，浙江杭州人。原名徐世铭。笔名：①徐心芹，见于散文《焦山乐游记》，载1925年上海《紫罗兰》第1卷第1期；散文《井中炸弹记》，载1926年上海《上海画报》第110期。此前后在上述两刊及《朔望半月刊》《大陆》《中庸》《东方文艺》《社会月报》《文艺月刊》《中国漫画》《人言周刊》《新动向》《文潮月刊》《旅行杂志》等刊发表散文《片帆录》《纸婚时节》《夜的街戏》《五四时代的三个先驱者》《鹦哥的葬礼》、散文诗《从月光底下逃亡》、随笔《上海金融史发达史发凡》《关于杜重远的人言和我见》《"米"吃弱了中国说》、小说《杠夫们的呜咽》《沙河堤畔》、评论《雨果的社会学观之评价》《文化史的由来和地位》等均署。1933年在上海编辑发行《中庸》半月刊亦署。②心芹，见于论文《文艺创作"结构和作风"的变迁》，载1933年上海《朔望半月刊》第16期。嗣后在该刊发表讽刺画《今之妻财子禄》、散文《在悲哀中演出的喜剧》亦署。③辛勤，署用情况未详。

徐辛雷（1915—1987)，广东增城人。原名徐诚贵。笔名：①辛雷，见于报道《赭褐色的铁流》，载1938年春《救亡日报》。②阳明灌，1950—1952年在《说说唱唱》《郑州文艺》等刊发表诗歌署用。③徐辛雷，出版长篇小说《万古长青》、短篇小说集《长江上的战斗》等署用。

徐新杰（1933—)，江西瑞昌人。笔名：①紫薇，1948年在九江《型报》《江州日报》发表《吹笛的人》《宝贝，滚下台来》等诗署用。②徐新杰，1948年在九江《型报》发表作品署用。③新杰，1958—1963年在江西报刊发表作品署用。

徐行（1903—1978)，江西修水人。原名徐褐夫。笔名徐行，见于论文《我们现在需要什么文学》，载1936年上海《新东方》第1卷第3期；评论《评"国防文学"》《再评"国防文学"》，载20世纪30年代上海《礼拜六》。此前后在《晦鸣周刊》《海燕》《文学丛报》《社会月报》《社会周刊》《学术世界》《世界杂志精华》《半月文艺》《译文丛刊》《现代青年》《茶话》《现代读物》《开明少年》《齐鲁大学校刊》《上海市立图书馆馆刊》等刊发表著译文章，出版翻译作品集《家庭神圣》(苏联阿·托尔斯泰等原作，与黄峰、邵明等合译。上海译文丛刊社，1941年)亦署。

徐熊（1927—)，江苏阜宁(现盐城市)人。笔名：①徐熊，1949年后出版《为了和平，祖国，胜利!》(新文艺出版社，1955年)、《鸭绿江凯歌》(上海文艺出版社，1959年)、《生命的火花》(新华出版社，1985年)等署用。②赤婴，署用情况未详。

徐讦（1908—1980)，浙江慈溪人。原名徐传琮，字伯讦。曾用名徐于。笔名：①东方既白，见于随笔《街头笔触》，载1930年上海《读书月刊》第1卷第1期。嗣后出版论著《在文艺思想与文化政策中》(香港友联出版社，1954年)亦署。②徐讦，见于随笔《论文言文的好处》，载1933年10月1日上海《论语》半月刊第3卷第26期；随笔《咒念》，载1934年6月15日上海《申报·自由谈》。同时期起在上述两刊及《申报月刊》《新时代》《现代》《文学》《人间世》《文艺月刊》《青年界》《文饭小品》《宇宙风》《宇宙风乙刊》《文学创作》《东方杂志》《新语林》《人言周刊》《上海漫画》《新中华》《万象》《文心》《现代》《文章月报》《读物》《文潮月刊》《舆论》《译报周刊》《西风副刊》《天地间》《时与潮文艺》《鲁迅风》《作风》《时代生活》《上海文化》《佛教文摘》《生活文摘》《东方与西方》等报刊发表文章，出版诗剧《潮来的时候》(上海夜窗书屋，1940年)，诗集《进香集》《借火集》《四十诗综》(上海怀正出版社，1948年)、《待绿集》(长风出版社，1957年)、《原野的呼唤》(台北黎明文化事业股份有限公司，1977年)，长篇小说《荒谬的英法海峡》(上海夜窗书屋，1940年)、《精神病患者的悲歌》(上海夜窗书屋，1943年)，中篇小说《吉布赛的诱惑》(上海西风出版社，1940年)、《鬼恋》(成都东方书社，1943年)、《期待曲》《婚事》(香港幸社书屋，1950年)，小说集《太太与丈夫》(香港夜窗书屋，1950年)，散文集《海外的情调》(上海西风出版社，1939年)、《春韭集》(上海夜窗书屋，1939年)、《西流集》(上海夜窗书屋，1940年)、《海外的鳞爪》(上海夜窗书屋，1940年)、《三边文学》（香港上海印书馆，1973 年），戏剧《费宫人》（上海宇宙风社，1936 年）、《月亮》（上海珠林书店，1939 年）、《灯尾集》（上海宇宙风社，1939 年），论著《在文艺思想与文化政策中》（香港亚洲出版社，1954 年）、《怀璧集》（台北大林出版社，1980 年）、《现代中国文学过眼录》（台北时报文化公司，1991 年）等亦署。③史大刚，见于《成人的童话》，载 20 世纪 30 年代上海某刊。④迫迁，见于杂文《宇宙与苍蝇》，载 1934 年 5 月 28 日上海《申报·自由谈》。翌年 6 月至 8 月在上海《人间世》发表随笔《哈达巾与蒙头纱》《刘半农》等文亦署。⑤丽明，1952 年 1—6 月发表《驯兽的哲学》《当心恶犬》《妻的花钱》等文署用。⑥姜城北，见于《表》，载 1952 年 7 月 26 日某刊。⑦余光沐，见于《礼尚往来》，1952 年 7、8 月间发表。⑧任子楚，见于长诗《无题的问句——遥寄"文联""作协"的一些老朋友》，载 1978 年《中国人》月刊第 8 期。

徐学文，生卒年及籍贯不详。笔名：①徐学文。见于翻译小说《赤老》（西班牙伊本纳兹原作），载 1935 年《青年界》第 7 卷第 2 期；《星期日日记》，载 1946 年《开明少年》第 11 期。②逸汶，1947—1948 年间在上海《大公报·现代儿童》发表文章署用。

徐迅雷（？—1931），江西人。笔名迅雷，见于诗《叛乱的幽灵》，载 1928 年上海《太阳月刊》第 2、3 期；小说《火酒》，载 1928 年《太阳月刊》第 4 期。嗣后在该刊及《泰东月刊》《白河周刊》等杂志发表小说、杂文等亦署。

徐一士（1890—1971），江苏宜兴人，生于河北宛平（今北京市）。原名徐仁钰，字相甫，号蹇斋。笔名：①徐一士，见于翻译小说《只没了一个人》，载 1919 年《新中国》第 1 卷第 3 期；《谈徐世昌》，载 1935 年《越风》第 4 期。嗣后在《国闻周报》《越风》《逸经》《实报半月刊》《宇宙风》《古今》《文史》《天地》《风雨谈》等刊发表札记、随笔等，出版随笔《一士类稿》（上海古今出版社，1944 年）、《一士谭荟》（上海太平书局，1945 年）、《近代笔记过眼录》（中华书局，1996 年）、《亦佳庐小品》（北京出版社，1998 年），论著《负曝闲谈评考》（清代蓬园原作。上海四社出版部，1934 年）等著作均署。②一士，见于随笔《亦佳卢谈文》，载 1927 年《坦途》创刊号；随笔《读沈寐叟年谱稿》，载 1930 年天津《国闻周报》第 7 卷第 2、3 期。嗣后在《国闻周报》《津浦之声》《越风》《中和月刊》《实报半月刊》《人文月刊》《合作月刊》等刊发表文章亦署。③凌霄一士，与徐凌霄合署。见于随笔《曾胡谭荟（一）》，载 1929 年天津《国闻周报》第 6 卷第 26 期。嗣后在该刊长期连载《凌霄一士随笔》署用。

徐夷，生卒年及籍贯不详。笔名：①徐娘、蕊珠宫主，20 世纪 30 年代在哈尔滨《大北新报·天上人间》等报发表旧体诗词署用。②铁魂，20 世纪 30 年代在哈尔滨《大北新报》发表文章署用。

徐薏蓝（1934— ），浙江杭州人。原名徐恩楣，台湾小说家。笔名徐薏蓝，著有《流云》《生命的旋律》《第五季》《碎情记》《绿窗小语》等。

徐盈（1912—1996），山东德州人。原名徐绪桓。曾用名张大雷、城北、徐美行。笔名：徐盈，见于小说《福地》，载 1932 年上海《文学月报》第 1 卷第 56 期；小说《一个中学生所讲的》，载 1933 年《中学生》第 42 期。嗣后在上述两刊及《文艺月报》《新文学》《人生与文学》《永生》《新学识》《妇女生活》《抗战半月刊》《国闻周报》《战地通信》《文艺阵地》《抗战文艺》《时事类编》《欧亚文化》《七月》《文艺先锋》等杂志发表小说、散文、杂文、通讯等，出版长篇小说《苹果山》（重庆人间出版社，1943 年），以及《抗战中的西北》《战时边疆的故乡》《前后方》等著作亦署。

徐映璞（1892—1981），浙江衢州人。原名徐礼玑，字映璞，号清平山人。笔名徐映璞，出版《清平山人诗稿》（自印本，1991 年）署用。

徐咏平（1912—？ ），浙江兰溪人。笔名：①徐咏平，见于翻译小说《少年伏鲁达之烦恼》（俄国契诃夫原作），载 1933 年《中国与苏俄》第 2 卷第 5 期；翻译小说《贾芙妮》（印度拉贾·拉沃原作），载 1934 年南京《大道月刊》第 1 卷第 5、6 期。嗣后在上述两刊及《女子月刊》《汗血周刊》《现代父母》《黄埔》《民意周刊》《青年月刊》《广播周报》《公余》《文摘月报》《学生之友》等刊发表随笔《加里波底的父母——伟人与家庭教育》《高尔基的家庭》，散文《张国焘会见记》《一帘秋雨悼诗魂》，传记《欧洲当代人物》，译文《新土耳其的妇女》（美国 L. 帕克原作）、《波兰——欧洲的晴雨表》（美国亨利·C. 乌尔夫原作）、《小国之前途》（R. 赫科德原作）等，1949 年后出版传记《革命报人别记》（台北正中书局，1971 年）、《陈布雷传》（台北正中书局，1973 年）、《陈果夫传》（台北正中书局，1979 年），散文集《我的记者生涯》（台北学生书局，1973 年）、《苦未尽甘不来》（台北学生书局，1973 年）、《不像方块的方块》（台北大林出版社，1973 年）、《老师·长官·同学》（台湾商务印书馆，1981 年）等亦署。②尼斯、东方望，署用情况未详。

徐有守（1924— ），江西吉水人。曾任台湾商务印书馆发行人。笔名徐蒙，著有《公务职位分类的理论与实务》《艺文沉思录》等。

徐玉诺（1894—1958），河南鲁山人。原名徐言信，字玉诺。笔名：①玉诺，见于小说《良心》，载 1921 年 1 月 7 日北京《晨报副镌》。嗣后在《语丝》发表文章亦署。②徐玉诺，见于剧本《蝶》，载 1922 年《小说月报》第 13 卷第 6 期；诗《农村的歌》，载 1922 年《诗》创刊号。嗣后在上述两刊及《文学周报》《文学周刊》《语丝》《文艺世纪》等刊发表诗、小说、散文，出版诗集《将来之花园》（上海商务印书馆，1922 年）、《土地改革及抗美援朝》，小说集《祖父的故事》《朱家坟》等亦署。③短工、易知凯，1939 年在河南鲁山《民声日报》发表小品文《为人难》《老百姓害怕我，县政府非我不过》等署用。④蟪、红蟪、红蟪女士，署用情况未详。

徐玉书（1909－？），台湾嘉义人。原名徐青光。笔名徐玉书，出版有小说集《谋生》《荣生》、诗集《我的亲爱的母亲》《醒来吧！朋友》等著作。

徐怨宇（1918－？），湖北省汉阳（今武汉市）人。曾用名徐振鹏、徐振之、徐宝驹。笔名：①徐怨宇，见于《迎接新闻自由》，载1945年《读者》第4期。②双飞、病鸿、霜霖，20世纪30年代在武汉报刊发表文章署用。

徐韫知（1906－？），浙江人，生于云南昆明。笔名：①徐韫知，见于《战时的理工教育》，载1938年《教育杂志》第28卷第3期。②巴克，见于论文《一九二五—二六年的俄罗斯文学》；论文《近代资本主义构造之特质》，载1929年《引擎》第1期。嗣后在《中学生活》《民族公论》《文撷》《乐观》《月刊》等杂志发表文章，出版译作《社会主义的基础》（德国马克思原作。上海山城书店，1930年）亦署。

徐蕴华（1884－1962），浙江桐乡人。字小淑，号双韵。笔名徐蕴华，见于诗《湖楼夕照》，载1914年《香艳》第1期；诗《前题》，载1914年《香艳》第3期。嗣后撰《记秋瑾、秋瑾的战友徐自华》，在《南社丛刻》发表诗词亦署。

徐则林，生卒年不详，福建人。笔名徐漪，20世纪30年代初在哈尔滨《国际协报·国际公园》发表《母亲与情人》等小说、散文署用。

徐泽霖（1928－2015），江苏南通人。笔名：①王酉云，见于诗《小雀》，载1944年9月20日南通《江北日报》副刊。嗣后在《江北日报·诗歌线》发表《冬野》《野行》等诗亦署。②巨生，见于诗《卖菊老人》，载1945年1月12日《江北日报·诗歌线》。③浪平，见于诗《骑马》，载1945年3月2日《江北日报·诗歌线》。嗣后在《通报·中公园》发表作品亦署。④瓦瓦，见于诗《冰》，载1945年12月24日南通《东南日报·东南风》。⑤丘青林，见于诗《光荣门——歌大生一厂废除抄身制》，载1950年11月12日南通《苏北日报》副刊。嗣后在《南通市报》《紫琅》《南通日报》《江苏工人报》《小溪流》等报刊发表作品亦署。⑥徐泽霖，出版诗文集《秋天的思念》（人民文学出版社，2009年）、《星光的闪烁》（大众文艺出版社，2011年）、《集外集》（自印本，2013年）、诗集《江海在咆哮——红军游击区之歌》（江苏文艺出版社，2012年）等署用。

徐兆玮（1867－1940），江苏常熟人。字少逵，号玮如、虹隐。别署剑心。笔名徐兆玮，著有《闰余集》《虹隐楼随》《棣秋馆谈薮》《梦篜集异》《虞乡琐记》《桂村耆旧传》，辑有《芙蓉庄红豆录》等。

徐哲身（1884－？），浙江嵊县（今嵊州市）人，号浙生、养花轩主。曾用名徐官海、邹应坤。笔名徐哲身，见于小说《水里鸳鸯》，载1922年《礼拜六》第191期；小说《墙外桃花》，载1922年《快活》第29期。嗣后在《小说日报汇订》《小说世界》《心声》《社会之花》《红杂志》《国闻周报》《珊瑚》《金钢钻月刊》《康健杂志》等报刊发表小说等，出版小说《汉宫二十八朝演义》（上海五权书社，1928年）、《香国之春》（上海青鸟书店，1933年），短篇小说集《绍兴师爷轶事》（上海读者书店，1936年），长篇小说《官眷香梦记》（上海五友书局，1931年）、《清代三杰曾左彭》（上海大众书局，1933年）、《双姝泪》（上海大众书局，1936）、《情丝泪痕》（上海春明书店，1938年）、《昆仑剑侠传》（上海春明书店，1939年）、《鸳鸯女侠传》（上海春明书店，1941年）、《恐怖鬼侠》（上海春明书店，1947年）、《啼笑风月》《巾帼英雄》《春江新潮》，翻译小说《亚森罗苹伪公爵》（法国勒布朗原作。上海春明书店，1937年）、《符箓环》（上海春明书店，1939年）等亦署。

徐枕亚（1889－1937），江苏常熟人。原名徐觉，字枕亚、松室。笔名：①徐枕亚，编辑《民权素》，并在该刊发表长篇小说《屈贞女》《玉梨魂》署用。嗣后主编《小说季报》《小说丛报》，在该两刊及《快活》《心声》《红杂志》《红玫瑰》《紫罗兰》《社会月报》《黄花旬报》《小说季报》《小说日报》等刊发表《燕雁离魂记》《榴云惨史》等小说，出版短篇小说集《凄风》（徐枕亚等著。上海世界书局，1925年），长篇小说《余之妻》（上海大众书局，1919年）、《雪鸿泪史》（广东大通书局，1931年）等亦署。②快活三郎，出版翻译小说《半夜人》（美国密司脱原作。上海侦探小说社，1923年）署用。③觉、觉也、枕亚、老枕、眉子、辟支、辟子、徐徐、泣珠生、东海三郎、东海鲛人、青陵一蝶、枕亚阁主、枕霞阁主、懵腾室主、伤心人语、南泉外史，署用情况未详。

徐震堮（1901－1986），浙江嘉善人，字声越。英文名Saint－Jules Zee。世界语名S. J. Zee。笔名：①徐声越，见于《声越诗词录》（1930年）。嗣后出版《唐诗宋词选》（南京正中书局，1936年），1949年后出版译作《爱的凯歌》（俄国屠格涅夫原作，与伯声合译。泥土社，1954年）、《登山》（苏联安娜·萨克赛原作，与朱惠合译。新文艺出版社，1955）、《十字路口的人们》（捷克普伊曼诺娃原作。人民文学出版社，1958年）等亦署。②S. J. Zee，20世纪30年代在匈牙利世界语刊物 *Literatura Mondo*（《文学世界》）上发表世界语诗歌署用。其诗后被收入匈牙利著名世界语诗人卡洛柴（K. Kalocsay，1891－1976）所编的《九人诗集》（*Naŭ Poetoj*，1938）中。1957年英国著名世界语诗人威廉·奥尔德（William Auld，1924－2006）编《世界语文选》（*Esneranta Antologio*，Stafeto，1958）时，选用了他的7首诗作。其后徐声越又以"S. J. Zee"之名翻译了许多唐诗和徐志摩的新诗，发表在《文学世界》上。1951年，由上海世界语出版了由其翻译的刘白羽的小说《火光在前》的世界语译本 *Fajrolumo En*

La Franto。其多年翻译的中国古代和现代诗歌结集为《中国诗歌选译》（*EI Ĉina Poezio*），1980 年由中国报道社出版。③徐震堮，1949 年后出版《汉魏六朝小说选注》（香港万里书店，1973 年）、《世说新语校笺》（中华书局，1984 年）、《梦松风阁诗文集》（华东师范大学出版社，1991 年）以及《三家注李长吉歌诗》《敦煌变文集校记补正》《敦煌变文集校记再补》《徐震堮诗文选》等并署。

徐知免（1921－2015），江苏如皋人。原名徐幸生，字知勉。笔名：徐知免，见于散文《辛甸——一个西北的古地》，载 1943 年上海《旅行杂志》第 17 卷第 10 期。1945 年在《民主周刊》发表杂文《个人与群》、1947 年在《西北文化》创刊号发表散文《西北回思断片》等，出版译作《阿维依情侣》（法国 E. 特丽奥莱原作。上海平明出版社，1951 年）、《烽火岛》（法国儒勒·凡尔纳原作。中国青年出版社，1980 年）、《孩子》（法国 J. 瓦莱斯原作。上海译文出版社，1981 年）、《比尔和吕丝》（法国罗曼·罗兰原作。上海译文出版社，1981 年）等亦署。

徐志摩（1897－1931），浙江海宁人。原名徐章垿，字志摩、槱森、又申、幼申。曾用名眉轩。笔名：①黄狗，见于上海晨光出版公司版《志摩日记》中题诗手迹。②心手，见于《爱眉小札》手稿影印本封面。③云中鹤，见于诗《一个噩梦》，载 1924 年 11 月 2 日北平《晨报副镌》。④鹤，见于随笔《杂碎》，载 1925 年《现代评论》第 1 卷第 3 期。⑤海谷。见于诗《客中》，载 1925 年 12 月 10 日北平《晨报副镌》。⑥大兵，见于随笔《话匣子：新贵殃》，载 1926 年 1 月 23 日《晨报副镌》。⑦志摩，见于《诗刊弁言》，载 1926 年 4 月 1 日《晨报副镌·诗镌》。⑧谷，见于诗《罪与罚》，载 1926 年 4 月 22 日《晨报副镌·诗镌》。⑨南湖，见于诗《新催妆曲》，载 1926 年 5 月 13 日《晨报副镌·诗镌》。⑩删我，见于诗《珊瑚》，载 1926 年 9 月 26 日《晨报副镌》。⑪徐志摩，见于《泰戈尔来华的确期》，载 1921 年《文学周报》第 94 期；译诗《我打死的他》，载 1921 年《文学周报》第 140 期。嗣后在该刊及《民铎杂志》《努力周报》《小说月报》《创造季刊》《晨报副镌》《文学旬刊》《现代评论》《东方杂志》《语丝》等报刊发表诗文及译作，出版诗集《志摩的诗》（上海中华书局，1925 年）、《翡冷翠的一夜》（上海新月书店，1927 年）、《猛虎集》（上海新月书店，1931 年）、《云游》（上海新月书店，1932 年）、《徐志摩诗选》（重庆大华书局，1944 年）、《新诗选辑》（海萍书店出版部，1941 年），诗文合集《徐志摩代表作》（上海三通书局，1941 年），散文集《徐志摩选集》（上海万象书屋，1936 年）、《落叶》（上海北新书局，1926 年）、《巴黎的鳞爪》（上海新月书店，1927 年）、《自剖》（上海新月书店，1928 年）、《秋》（上海良友图书印刷公司，1931 年）、《徐志摩选集》（上海万象书屋，1936 年）、《爱眉小札》（上海良友图书印刷公司，1936 年）、《志摩日记》（上

海晨光出版公司，1947 年）、《散文与小说》（南平复兴出版社，1945 年），短篇小说集《轮盘》（上海中华书局，1930 年），戏剧《卞昆冈》（五幕剧，与陆小曼合作。上海新月书店，1928 年），译作《涡堤孩》（英国高斯原作。上海商务印书馆，1923 年）、《曼殊斐儿》（英国曼斯菲尔德原作，与西滢合译。上海商务印书馆，1924 年）、《曼殊斐儿小说集》（英曼斯菲尔德原作。上海北新书局，1927 年）、《赣第德》（法国伏尔泰原作。上海北新书局，1927 年）亦署。⑫仙鹤，见于诗《西窗》，载 1928 年《新月》月刊第 1 卷第 4 期。⑬摩，见于《说"曲译"》，载 1929 年《新月》月刊第 2 卷第 2 期。⑭光涛、诗哲、谔谔，署用情况未详。

徐雉（1899－1947），浙江慈溪人。笔名：①徐雉，见于诗《跛足的狗》，载 1922 年《小说月报》第 13 卷第 4 期；散文诗《乞丐》，载 1922 年《诗》第 2 卷第 2 期。嗣后在上述两刊及《妇女旬刊》《世界月刊》《道路月刊》《人民周报》《女青年月刊》《现代小说》发表小说、诗、评论等，出版诗集《雉的心》（天津新中国印书馆，1924 年）、《酸果》（上海光华书局，1929 年），短篇小说集《毁去的序文》（上海新文化书社，1925 年）亦署。②Yenk，署用情况未详。

徐中舒（1899－1991），安徽安庆人。原名徐道威，字中舒、潮音。曾用名徐裕朝。笔名徐中舒，见于《古诗十九首考》，载 1925 年《立达》季刊创刊号；《从古书中推测之殷周民族》，载 1927 年《国学论丛》第 1 卷第 1 期；《王静安先生传》，载 1927 年《东方杂志》第 24 卷第 3 期。1949 年后在《历史研究》发表《论西周是封建社会——兼论殷代社会性质》（1957 年第 5 期），在《四川大学学报》（社科版）发表《论尧舜禹禅让与父系家族私有制的发生和发展》（1958 年第 1 期）、《巴蜀文化初论》（1959 年第 2 期）、《巴蜀文化续论》（1960 年第 1 期）、《甲骨文中所见的儒》（1975 年第 4 期）、《对古史分期问题的几点意见》（1979 年第 1 期）、《殷周史的几个问题》（1979 年第 2 期）、《中国古代的父系家庭及其家属称谓》（1980 年第 1 期）、《西周利簋铭文笺释》（1980 年第 2 期）、《论商于中、楚黔中和唐宋以后的洞——对中国古代村社共同体的初步研究》（1978 年第 1 期；又载 1978 年云南《思想战线》第 2 期）、《古井杂谈》（1977 年），在《文物》发表《四川彭县濛阳镇出土的殷代二觯》（1962 年第 6 期）、《四川涪陵小田溪出土的虎钮錞于》（1974 年第 5 期）、《古代楚蜀的关系》（与唐嘉弘合撰。1981 年第 6 期），以及《西周墙盘铭文笺释》（载 1978 年《考古学报》第 2 期）、《论〈蜀王本纪〉成书年代及其作者》（载四川《社会科学研究》创刊号、1979 年《史学史资料》第 3 期）、《夏史初曙》（载 1979 年《中国史研究》第 3 期）、《周原甲骨初论》（载 1982 年《四川大学学报丛刊》第 10 辑"古文字研究论文集"）、《数占法与〈周易〉的八卦》（载 1983 年《古文字研究》）、《古代都江堰情况探原》（载 1984 年《四川文物》第 1 期）、《怎样研究古文字》（载 1984 年《古文字研究》第 15 辑）、《关于夏

商研究——〈夏商史论集·序言〉》（载《郑州大学学报》[社科版] 1985 年第 1 期），主编《汉语大字典》（四川辞书出版社，1986 年；湖北辞书出版社，2006 年）、《甲骨文字典》（四川辞书出版社，1989 年）亦署。

徐中玉（1915—2019），江苏江阴人。笔名：①徐中玉，见于《板桥隽语》，载 1935 年上海《论语》半月刊第 58 期；小说《一个女教师的故事》，载 1935 年《国闻周报》第 12 卷第 26、27 期。嗣后在《人世间》《中学生》《逸经》《论语》《中外月刊》《文艺月刊》《光明》《东方杂志》《文摘》《七月》《抗战文艺》《时代中国》《艺文集刊》《文艺先锋》《世纪评论》《国文月刊》《文讯月刊》《幸福》等刊发表论文、评论、杂感、散文，出版《抗战中的文学》（1941 年）、《学术研究与国家建设》（1942 年）、《民族文学论文初集》（1944 年）、《鲁迅生平思想及其代表作研究》（1954 年）、《论苏轼的创作经验》（1981 年）、《鲁迅遗产探索》（1983 年）、《语文学习的经验与方法》（1984 年）、《古代文艺创作论集》（1985 年）、《美国印象》（1985 年）、《现代意识与文化传统》（1987 年）、《激流中的探索》（1994 年）、《徐中玉自选集》（1999 年）、《徐中玉文论自选集》（2009 年）、《徐中玉文集》，主编《大学语文》（1—10 版）、《古文鉴赏大辞典》《近代文学大系·文学理论卷》《古代文学作品选》等亦署。②令狐青，20 世纪 30 年代在青岛、天津等地报刊发表文章署用。③中玉，见于《论我们时代的文学批评》，载 1939 年重庆《文艺月刊》第 3 卷第 12 期。此外在《国闻周报》发表文章亦署。④宗越，见于《读郭绍虞著〈语文通论续编〉》，载 20 世纪 40 年代重庆《文讯》第 9 卷第 4 期。⑤王卓，抗战时在广东、江西等地报刊发表文章署用。

徐钟珮（1917—2006），江苏常熟人。笔名：①徐锺珮，见于小说《登高》，载 1939 年重庆《民意周刊》第 101 期；译文《日本的英文报纸》，载 1939 年重庆《新闻学季刊》创刊号。同时期起在上述两刊及《世界知识》《时与潮》《时事月报》《今日青年》《时与潮副刊》《时与潮半月刊》《经济汇报》《家》《东方文化》《西风》《中央日报周刊》《妇女月刊》《自由与进步》《一四七画报》《中国新闻》等刊发表随笔《漫谈特写》《英伦随笔》《英伦归来》、散文《忆——献给铸》《伦敦和我》《春日之忆——献给铸》《静静的伦敦》《世界最美的城市——巴黎》、译文《英国报界现状之分析》《天才们的怪癖》等，出版中篇小说《伦敦和我》（南京中央日报社，1948 年），散文集《英伦闲话》（南京中央日报社，1947 年）、《英伦归来》（南京中央日报社，1948 年），译著《珍珠港突袭目睹记》（美国克拉克原作。重庆五十年代出版社，1943 年），1949 年后在台湾出版长篇小说《余音》（台北重光出版社，1961 年；第二部，1962 年），散文集《我在台北》（台北重光出版社，1951 年）、《多少英伦旧事》（台北文星书店，1964 年）、《静静的伦敦》（台北大林出版社，1973 年）、《我与台北及其他》（台北纯文学出版社，1986 年），游记《追忆西班牙》（台北纯文学出版社，1976 年），文集《徐

钟珮自选集》（台北黎明文化事业股份有限公司，1981 年）等亦署。②余风，署用情况未详。

徐仲年（1904—1981），江苏无锡人。原名徐家鹤，字颂年。笔名：①丹歌，1919 年开始署用。见于《迷途的鸟》，载 1924 年北平《太平洋》第 4 卷第 7 期。②徐丹歌，见于《母心》，载 1922 年 9 月 20 日北平《晨报副镌》。嗣后在《太平洋》《浅草》《平民》等报刊发表文章亦署。③徐仲年，见于《法国爱情书诗选译》，载 1932 年—1933 年《文艺茶话》；《参观艺风画展小记》，载 1934 年 6 月 7 日上海《申报·自由谈》。嗣后在《文艺茶话》《大陆杂志》《中法大学月刊》《东方杂志》《艺风》《文艺月刊》《社会月报》《美术生活》《青年界》《社会科学月报》《新民族》《现代读物》《读书通讯》《星期评论》《法国文学》等报刊发表翻译小说、诗、论文、评论、随笔、小说等，出版诗集《陈迹》（上海北新书局，1933 年）、《旋磨蚁》（上海正中书局，1948 年）、《逝波》，散文集《沙坪集》（上海正中书局，1939 年）、《流离集》（重庆正中书局，1939 年），短篇小说集《鬻儿记》（重庆大道出版社，1945 年）、《双丝网》（重庆独立出版社，1946 年）、《春梦集》（上海世界书局，1948 年），长篇小说《彼美人兮》（上海正风出版社，1946 年）、《双尾蝎》（上海独立出版社，1946 年），剧作集《大青山》，翻译小说《阿笃儿夫》（法国康斯当原作。重庆古今出版社，1943 年。1948 年 7 月上海正风出版社出版该书，更名《情蠹》）、《鹁鸽姑娘》（法国梅里美原作。重庆正风出版社，1945 年）、《梅里美短篇小说集》《笑面人》《三剑客》《茶花女》，翻译诗歌《光明与黑影·特髯迦尔曲》（比利时马赛儿·郭儿原作。重庆独立出版社，1944 年）、《缪塞的情诗》，翻译寓言诗《拉芳丹纳》（与黄杲炘合作），论著《法国文学 ABC（上下册）》（ABC 丛书社，1933 年）、《四十年的法国文学》《法国文学的主要思潮》等亦署。④丹哥、SH，署用情况未详。

徐竹影（1929—　），辽宁辽阳人。原名徐殿荣。笔名：①竹影，出版诗集《饥饿的城》（1948 年自印）署用。②徐竹影，出版诗集《葡萄集》（东北文学丛书，1946 年）、《拾起一派希望》（百花文艺出版社，1991 年）、《乡音·少女·刺玫》（香港现代出版社，1993 年）、《风雨人生》（辽东文学社，1994 年）等署用。

徐铸成（1907—1991），江苏宜兴人。笔名：①徐铸成，见于翻译小说《赖婚》，载 1928 年《国闻周报》第 5 卷第 2 期；《定县平教杜治参观记》，载 1930 年《国闻周报》第 7 卷第 4 期。嗣后出版《旧闻杂忆》（生活·读书·新知三联书店，2009 年）、《杜月笙正传》（生活·读书·新知三联书店，2009 年）、《报海旧闻》（生活·读书·新知三联书店，2010 年）、《徐铸成回忆录》（生活·读书·新知三联书店，2010 年）等亦署。②铸成，见于散文《雪窦看山记》，载 1936 年《国闻周报》第 13 卷第 48 期；评论《宝贵的一年》，载 1939 年《中美周刊》第 1 卷第 15 期。③银丝，1942—1944 年在桂

林《大公报》发表文章署用。④丁宁、时霆、容斋，1960－1965年在香港《大公报》发表文章署用。⑤全戈，在香港报刊发表文章署用。

徐转蓬（1910－?），浙江兰溪人。原名徐昌，字转蓬。笔名徐转蓬，见于诗《女店主》，载1930年上海《新月》月刊第3卷第9期；小说《父亲的船冻在河里》，载1933年《大陆杂志》第1卷第10期。嗣后在上述两刊及《申报·自由谈》《青年界》《文艺月刊》《新时代》《矛盾》《现代》《中国文学》《诗歌月报》《今代文艺》《抗战文艺》《文艺先锋》《时与潮文艺》《美术生活》等报刊发表诗、小说、评论等，出版小说集《下乡集》（重庆商务印书馆，1940年）、长篇小说《炸药》（上海国际文化服务社，1946年）亦署。

徐卓呆（1879－1958），江苏吴县（今苏州市）人。原名徐傅霖，字梦岩，号筑岩、半梅（半糜）、酱翁、卖油郎。曾用名徐半梅（艺名）、徐长卿。笔名：①卓呆，见于小说《入场券》，载1907年上海《小说林》第1期；剧本《拿破仑》，载1914年上海《中华小说界》第1卷第1期。此前后在《中华小说界》《江苏》《安徽俗话报》《进步》《小说大观》《小说月报》《进步杂志》《小说新报》《小说季报》《教育杂志》《星期》《游戏世界》《小说世界》《小说日报》《侦探世界》《社会之花》《文华》《新闻报》《新上海》《儿童世界》《民众生活》《礼拜六》《大上海教育》《机联会刊》《真话》《茶话》《新侦探》等报刊发表小说、随笔、戏剧等，出版翻译小说《地狱礁》（上海商务印书馆，1917年）、《大除夕》（德国苏虎克原作。上海小说林社，1906年）亦署。②徐傅霖，见于随笔《运动之效果》，载1915年上海《中华学生界》第1卷第1期。嗣后在《学生杂志》《时代批评》《大众》等刊发表文章，出版翻译剧作集《学校剧本集》（日本神田丰穗原作。上海商务印书馆，1924年）、翻译小说《梨伯爵》《林中女》《铁王子》（上海中华书局，1930年）亦署。③呆，见于小说《八一三》，载1914年上海《中华小说界》第1卷第1期。同时期在上海《小说月报》《小说时报》《民国汇报》等刊发表文章亦署。④半梅，见于小说《倩影》，载1915年《娱间录》第13期。此前后在《新剧杂志》《解放画报》《小说新报》《星期》《杂志》《一般》等刊发表小说、戏剧、随笔等亦署。⑤徐卓呆，见于小说《八妹》，载1920年上海《解放画报》第5期；小说《隔墙声》，载1921年《礼拜六》第103期。嗣后在《游戏世界》《快活》《小说世界》《心声》《小说日报》《红杂志》《侦探世界》《社会之花》《红玫瑰》《紫罗兰》《新家庭》《文华》《社会日报》《珊瑚》《万岁》《金钢钻月刊》《社会月报》《明星》《小说月报》《万象》《乐观》《大众》《永安月刊》《杂志》等刊发表小说、随笔、戏剧等均署；出版小说集《岂有此理之日记》（上海晓星书局，1923年）、《徐卓呆说集》（上海大东书局，1927年）、《醉后嗅苹果》（上海世界书局，1929年）、《卓呆小说集》（上海世界书局，1929年）、中篇小说《女侠红裤子》（上海中央书店，1930年）、《情博士》（上海业余合作社，1930年）、《乐》（上海大众书局，1932年）、《秘密锦囊》，翻译小说《木乃伊》（上海中华书局，1916年）、《人肉市场》（上海世界书局，1923年），编译《谁先死》《老少易妻》《约法三章》（即《阿福上生意》）等趣剧和《影戏学》（上海华光商业社图书部，1924年），创作滑稽剧电影剧本《碧玉簪》《风流天子》《济公活佛》《李阿毛与东方朔》《李阿毛与僵尸》《金玉满堂》《黑夜孤魂》《艳尸》《李阿毛与唐小姐》《七重天》《黄金万两》《母亲的秘密》《爱情之肥料》《临时公馆》《隐身衣》《兄弟行》《怪医生》《活动银箱》《活招牌》《雄媳妇》《剑侠奇中奇——前卷》《剑侠奇中奇——后卷》《试妻记》等亦署。⑥闸北徐公，见于随笔《观国语专修学校试演〈工厂主〉》，载1921年12月20日上海《时事新报·青光》。⑦徐半梅，见于喜剧《雷》，载1921年上海《礼拜六》第101期。同时期在该刊以及上海《游戏世界》《快活》等刊发表戏剧《人财两得》、小说《七度新婚》《匣内之物》、译作《反叛》、笔记《喷饭录》等亦署。又见于随笔《中国话剧诞生史话》，载1945年上海《杂志》第15卷第2、3期。⑧阿呆，见于中篇小说《往那里逃》，连载于1932年2—3月上海《时报》；随笔《童年的回忆一则》，载1935年上海《女神》第1卷第8期。⑨李阿毛，见于随笔《日本电影鸟瞰》，载1936年上海《明星》第5卷第1期；《棉背心上的标语》，载1937年10月20日上海《救亡日报》。嗣后在《礼拜六》《小说月报》《大众》《茶话》《海报》等刊发表文章，出版长篇小说《唐小姐》（上海万象书屋，1941年）亦署。⑩酱翁，见于《三不管》，载1946年上海《真话》第4期。嗣后在上海《茶话》发表《天皇重色思倾国》《日本陆军病院的罪状》等文亦署。⑪赫马，出版随笔《上海旧话》二集（上海文化出版社，1956年）署用。⑫笑匠、石思敬、庄周、梦蝶、徐筑，署用情况未详。

徐自华（1873－1935），浙江石门（今桐乡市）人，字寄尘，号忏慧、忏惠。笔名：①忏慧、忏慧词人、寄尘氏、徐寄尘女士，在《南社丛刻》发表诗词署用。②徐自华，在《南社丛刻》发表诗词，撰写《鉴湖女侠秋君墓表》，出版《听竹楼诗稿》《忏慧词》《秋心楼诗》《徐自华诗文集》（中华书局，1990年）等署用。

徐宗鉴（1882－?），江苏常熟人。字粹庵，号维公、愓僧。笔名：①徐宗鉴、粹庵，在《南社丛刻》发表诗文署用。②愓僧，署用情况未详。

徐宗元（1918－1970），山东寿光人，字尊六。笔名徐宗元，出版《逸周书正义》（中央民族学院历史系，油印本）、《尊六室甲骨文字》（天津古籍出版社，1987年），以及《古史考》《尹文子校注》等著作署用。

徐祖正（1895－1978），江苏昆山人，字曜辰、耀辰。笔名：①祖正，见于《李恩谭与叶爱萝》，载1925年《语丝》周刊第27期。②徐祖正，见于《英国浪漫派三诗人拜轮、雪莱、箕茨》，载1923年《创造季刊》第4期；独幕剧《生日的礼物》，载1925年《语丝》

第 54 期。嗣后在《创造季刊》《莽原》《宇宙风》《北平近代科学图书馆馆刊》《文艺与生活》《文艺时代》《骆驼》等杂志发表小说、译作、随笔等，出版小说《兰生弟的日记》（北京北新书局，1926 年），翻译小说《新生》（日本岛崎藤村原作。上海北新书局，1927 年）、《四人及其他》（日本武者小路实笃原作）等亦署。③实中，署用情况未详。

许半龙（1899－1939），江苏吴江（今苏州市）人。原名许观曾，字盥孚，号半龙。曾用名许观。笔名：①许观、盥孚，在《南社丛刻》发表诗文署用。②许盥孚，见于旧体诗《简蔡寒琼广州》《高吹万属题闲闲山庄》《旅邸夜坐同柳亚子作》《酬吴东园》《七夕酬朱遯庸》，载 1922 年 9 月上海《中医杂志》第 4 期。同时期在该刊发表记录《却病琐言》（潘亮甫遗作）亦署。③许半龙、半龙，发表医学论文、出版医学著作署用。按：许半龙尚著有《静观轩诗钞》《话雨篷丛缀》《怀人录》《两京游草》（与其兄许康侯合作），并与其兄许康侯合编有《寿萱图题咏图》等。

许宝亭（1901－1978），台湾台北人，字剑亭。笔名剑亭、许剑亭、许宝亭，1921－1944 年在台北《台湾日日新报》《昭和新报》《南方》《兴南新闻》等报刊发表旧体诗《贺玉山词兄春日新婚》《再步前韵》等署用。

许丙丁（1900－1977），台湾台南人。字镜汀，号绿珊庐主人。笔名许丙丁，20 世纪 30 年代在《三六九小报》连载小说《小封神》时署用。

许澄宙，生卒年不详，湖北房县人。笔名：①竹子，1932 年在武汉《黄花》月刊发表诗歌署用。②房州竹子，20 世纪 30 年代在武汉报刊发表文章署用。

许崇熙（1873－1935），湖南长沙人。字季纯，号沧江。著有《沧江诗文钞》七卷（1948 年）。

许纯公（1911－？），湖北人。原名许正直。笔名许纯公，出版小说集《祖国之恋》（考铨月刊社，1954 年）、《秋夜曲》（考铨月刊社，1958 年）等均署。

许大文，生卒年不详，广东澄海人。笔名大文、小式、尖斌，1947－1948 年在暹罗曼谷《光华报·新生》等华文报刊发表杂文署用。

许大远，生卒年不详，江苏无锡人。曾用名须白石。笔名：①须白石，见于散文《秋夜》，载 1931 年 9 月 29 日沈阳《盛京时报》；散文《清凉意味》，载 1932 年汉口《武汉文艺》第 1 卷第 3 期。嗣后在《十日谈》《文艺月刊》《论语》《新小说》《苏俄评论》等刊发表随笔《抛烟尾之际》《文坛大势图》、译文《郭果里的写实主义》（日本冈泽秀夫原作）等作品，出版翻译小说《小妇人》（美国露易莎·梅·奥尔科特原作。上海开华书局，1934 年），传记《萧伯纳》（上海中学生书局，1935 年）、《高尔基》（上海中学生书局，1935 年）、《墨索里尼》（上海中学生书局，1935 年）等均署。②白石，见于论文《创作方法论》、评论《死了的与活着的》，载 1932 年汉口《武汉文艺》第 2 卷第 2 期；随

笔《俍伲无锡》，载 1934 年上海《十日谈》旬刊第 27 期。1944 年 2 月 9 日在延安《解放日报》发表《遭遇》一文亦署。③须旅，见于译文《伦敦》（苏联高尔基原作），载 1937 年上海《月报》第 1 卷第 1 期；论文《通俗文艺的二三问题》，载 1938 年《抗战文艺》第 3 卷第 2 期。同时期在《文艺月刊》《文摘》《北方青年》《时事类编》《战时青年》等刊发表《新启蒙运动在北平文化界引起的风波》《钢铁样的残废者》《明暗交战的平津东北》《谈写通讯》《炜》等文，出版故事《日空军驾机投诚》（教育部民众读物编审委员会）、通讯报告集《在祖国的原野上》（广州战时青年出版社，1938 年）等均署。④许大远，见于评论《鲁迅的小说——介绍〈鲁迅小说选集〉并纪念鲁迅先生逝世五周年》，载 1941 年 10 月 19 日延安《解放日报》。

许道琦（1914－1989），安徽广德人。字璞如。笔名璞如，1946 年发表散文《在皖南一小时》（编入《中国的一日》）署用。其后发表文章或署笔名，或署原名（通用名），著有诗集《野火集》、回忆录《陕南日记摘抄》《中原突围》等。

许地山（1893－1941），福建龙溪（今漳州市）人，生于台湾台南。原名许赞堃，字地山。乳名叔丑。笔名：①许地山，见于译文《美底实感》（印度泰戈尔原作），载 1919 年 5 月 23、24 日北京《晨报副镌》；随笔《女子底服饰》，载 1920 年北京《新社会》第 8 期。嗣后在《小说月报》《人道》《戏剧》《东方杂志》《民铎杂志》《哲学评论》《社会学界》《燕京学报》《清华周刊》《再年杂志》《紫晶》《戏剧与文艺》《健与美》《文学》《战时青年》《读者文摘》《抗战文艺》《图书季刊》《风雨谈》等刊发表《在加尔各答途中》《宗教的生长与灭亡》《大乘佛教之发展》《梵剧体例及其在汉剧上底点点滴滴》《欧美名人的恋爱生活》《国粹与国学》《中国文字底命运》等著译作品均署。出版随笔集《杂感集》（重庆商务印书馆，1946 年），小说集《危巢坠简》（重庆商务印书馆，1947 年），译作《孟加拉民间故事》（孟加拉戴伯诃利原作。上海商务印书馆，1929 年）等亦署。②落华生，见于小说《商人妇》，载 1921 年某杂志第 12 卷第 4 期；小说《爱流汐涨》，载 1922 年上海《东方杂志》第 19 卷第 3 期。嗣后在上述两刊及《文学》《太白》《宇宙风》《风雨谈》《新儿童》等刊发表诗《牛津大学公园早行》，散文《无法投递的邮件》，剧作《狐仙》《凶手》，小说《萤灯》《玉官》《归途》，以及译作《月歌》（印度马利缦原作）、《主人，把我的琵琶拿去罢》（印度泰戈尔原作）等均署。出版散文集《空山灵雨》（上海商务印书馆，1925 年）、《无法投递之邮件》，小说集《缀网劳蛛》（上海商务印书馆，1925 年）、《解放者》（北平星云堂书店，1933 年）、《萤灯》（香港进步教育出版社，1941 年）、《春桃》，小说、散文集《落华生创作选》等亦署。③许赞堃，编选许南英著诗集《窥园留草》（北平和济印书局，1933 年）署用。④落花生、赞坤，署用情况未详。按：许地山还出版有《印度文学》《国粹与国学》等文学论著，

署名情况未详。

许度春，生卒年及籍贯不详。笔名雷力普，1940 年在辽宁《营口新报·星火》发表诗文署用。见于诗《我的歌》《哈尔滨行》，载 1941 年 7 月日本大阪《华文大阪每日》第 7 卷第 1 期；诗《淡色的凄愁》，载 1942 年长春《新满洲》第 4 卷第 11 期。

许敦谷（1892—1983），台湾台南人，生于福建龙溪。原名许赞祥，字太谷。笔名：①许敦谷，见于童话剧《虫之乐队》，载 1924 年上海《小说月报》第 15 卷第 1 期；译文《西域佛教之研究》（日本羽溪了谛原作），载 1927 年北京《燕京学报》第 4 期。同时期起在《小说月报》《文华》等刊发表随笔《本号内插画的说明》、插图《女孩》等亦署。②谷谷，20 世纪 30 年代在武汉发表文章署用。

许峨（1901—1991），广东潮安人。原名许美壎。曾用名许美埙、许美勋。笔名：①许美勋，20 世纪 20 年代主编广东《火焰周刊》《岭东民国日报》，在上述两刊及上海《白露》《乐群》等报刊发表文章署用；1949 年后出版传记《冯铿烈士》（广东人民出版社，1957 年）亦署。②许美埙，见于通信《批评创作的三封信致记者》，载 1922 年上海《小说月报》第 13 卷第 6 期；小说《笠的故事》，载 1929 年上海《新流月报》第 4 期。同时期在上海《白露月刊》《乐群半月刊》等刊发表小说《白梅村》《诞晨的事变》《口角》《两种气味》等亦署。③美埙，见于散文《平凡的印象》，载 1930 年上海《拓荒者》第 1 卷第 1 期。④许峨，见于小说《纪念碑》，载 1930 年上海《拓荒者》第 1 卷第 3 期。20 世纪 80 年代在《中华女英烈》《上海女英烈》《羊城晚报》等书报发表文章亦署。⑤梅孙，见于《血的教训》，载 1931 年 4 月 25 日上海《前哨》（纪念死者专号）。⑥普洛，抗战后期在汕头《星华报》等报刊发表文章署用。

许法新（1917—2009），天津人。原名许宝钰。曾用名许诺。笔名：①许默痴，见于随笔《测字》，载 1933 年上海《论语》半月刊第 2 卷第 20 期。②默痴，见于散文《闲话北平》，连载于 1934 年《绥远日报》副刊。③许钦，见于小说《败兵》《超人》，载 1934 年《文学导报》。④许法新，1938 年在《贵州日报》发表《犹太泪》《黔西行》等旅行通信署用。1940—1941 年在《贵州日报》连载散文《贵阳社会的一角》等，出版散文集《教师随笔》（湖南教育出版社，1983 年），主编《俗文学丛书》（与刘汜合作。北京燕山出版社，1990 年）等著作亦署。⑤许谨、莫若、赫双林，1949 年后在国内报刊发表散文、杂文等署用。"莫若"一名 20 世纪在香港《文汇报》发表《教师随笔》亦曾署用。

许甫如，生卒年及籍贯不详。笔名蓝虹，20 世纪 30、40 年代在福建报刊发表文章署用。

许伽（gā）（1923—1999），四川都江堰人。原名徐季华。曾用名余芳。笔名：①徐季华，见于《给马占山

将军及察北抗日将士信》，载 1935 年《灌县新闻》；散文《还乡杂记》，载 1940 年 3 月成都《华西文艺》创刊号。②禾草，见于特写《激流中的浪花》，载 1939 年《成都快报》副刊。嗣后在《拓荒文艺》等刊发表文章亦署。③许伽，见于散文《院落》，载 1942 年重庆《大公报·文艺战线》；诗《乡村小集》，载 1946 年重庆《中原·文艺杂志·希望·文哨联合特刊》第 1 卷第 4 期。1956 年后出版散文集《母亲河》（四川文艺出版社，1991 年）、诗集《长春藤》（都江堰玉垒诗社，1989 年）等著作均署。④许茄，见于《倦》，载 1943 年 6 月 3 日成都《华西晚报·文艺》。⑤石池，见于诗《灯下集》，载 1947 年上海《大公报·文艺》。⑥柳池，见于小说《楼上》，载 1947 年上海《文汇报·笔会》。⑦刘巴，见于散文《在倒九岗的日子里》，载 1949 年 7 月杭州《当代日报》副刊。

许光锐（1918—　），广东澄海人，生于暹罗（今泰国）。笔名：①许若摩，见于诗《商籁》，载 1942 年 6 月 10 日昆明《文聚》第 1 卷第 3 期。②许光锐，1940—1942 年在昆明报纸副刊发表诗作署用。又见于诗《天为什么这么黑——悼闻一多先生》，载 1947 年《重庆清华》第 1 期。嗣后在该刊发表评论《论新诗》、散文《摩西像》等亦署。

许广平（1898—1968），广东广州人。字漱园，号景宋、逸尘。小名霞，又称霞姑。别名许霞、许退。笔名：①维心，见于随笔《关于爱情定则的讨论》，载 1923 年 5 月 25 日北平《晨报副镌》（原署"非心"，发表时由编辑改署此名）。②归真，见于散文《公园和少年》，载 1923 年 9 月 18 日《晨报副镌》。③许广平，见于信《致鲁迅（1925.3.11）》，载 1933 年 4 月上海青光书局版《两地书》第 1 集；《为征集鲁迅先生书信启事》，载 1937 年上海《译文》新第 2 卷第 5 期。嗣后在《文艺新潮》《萧萧》《中流》《文坛》《上海妇女》《风雨谈》《民主》《学生日报》《文艺春秋》《大公报·出版界》《月刊》《文艺复兴》《中苏友好》等报刊发表文章均署。1949 年后，出版《遭难前后》《关于鲁迅的生活》《欣慰的回忆》《鲁迅回忆录》等亦署。④君平，见于随笔《告读本周刊者》，载 1924 年北京《京报副刊》第 1 期。⑤持平，见于评论《北京女界一部分问题》，载 1925 年北京《京报副刊·妇女周刊》第 14 期。⑥正言，见于评论《评〈现代评论〉：〈女师大风潮〉》，载 1925 年 3 月 24 日北平《京报副刊》。⑦寒潭，1925 年在北京报刊发表文章曾署用。⑧非心，见于杂文《乱七八糟》，载 1925 年北京《莽原》第 3 期；杂文《别有肺肝》，载 1926 年 3 月 25 日北京《京报副刊》。⑨景宋，见于杂文《怀疑》，载 1925 年北京《莽原》第 5 期。嗣后在该刊及《京报副刊》《国民新闻·新时代》《世界日报副刊》《语丝》《新女性》《现实》《中流》《热风》《作家》《妇女生活》《工作与学习丛刊》《革命的妇女》《文艺阵地》《上海妇女》《烽火》《救亡日报》《少年读物》《书报精华》《申报·自由谈》《文汇报·世纪风》《鲁

迅风》《文艺新闻》《职工生活》《文艺新地》《学习》《耕耘》《周报》《宇宙风乙刊》《奔流新集》《抗战文艺》《文艺新潮》《新中国文艺丛刊》《文艺复兴》《人世间》《文坛》《文章》《丽芒湖上》《上海周报》《萧萧》《申报》《民主》《新文化》《文萃》《大学月刊》《中国建设月刊》《时与文》《学习生活》《中建》《台湾文化》《文艺新辑》《中国青年》《中国作家·纪念特刊》、香港《大公报·文艺》等报刊发表文章均署。出版回忆录《遭难前后》（上海出版公司，1947年），编校鲁迅著作《夜记》（上海文化生活出版社，1937年）、《鲁迅书简》（三闲书屋，1937年）、《且介亭杂文末编》（三闲书屋，1937年）、《集外集拾遗》（鲁迅全集出版社，1938年）、《译丛补》（鲁迅全集出版社，1938年）、《鲁迅三十年集》（鲁迅全集出版社，1941年）、《鲁迅书简》（鲁迅全集出版社，1946年），主编《鲁迅全集》（二十卷）（鲁迅先生纪念委员会，1938年）等亦署。⑩平林，见于散文《同行者》，载1925年12月12日北京《国民新报副刊（乙刊）》第8期。⑪伤时，见于《六个学生真该死》，载1925年6月3日《京报副刊》。⑫H.M.，见于《致鲁迅（1926．9．6）》，载1933年4月上海青光书局版《两地书》第2集。按：鲁迅先生戏称许为"害马"，许自署H.M.，即取"害马"二字之拼音首字母。⑬广平，见于《鲁迅〈病中通信〉附记》，载上海文化生活出版社1937年版《收获》。⑭许景宋，见于《关于鲁迅先生的病中日记和宋庆龄先生的来信》，载1937年11月1日上海《宇宙风》第50期。⑮浩波，见于散文《记荔枝湾》，载1943年上海《万象》第3卷第2期。嗣后在《上海联合日报晚刊·妇讯》发表文章亦署。⑯许秀、一个学友，在《上海联合日报晚刊·妇讯》发表文章署用。⑰音波，见《鲁迅先生十年祭》，载1946年10月《文汇报·妇女》。⑱K.P.，见于散文《永远洗不清的仇恨》，载1945年上海《文艺春秋丛刊》第5辑《黎明》。⑲许霞，署用情况未详。

许翰如（1921—　），福建金门人，生于越南。原名林犁田。曾用名林礼宸。笔名：①林犁田，见于通讯《从运河车站到郑州公演》，载1938年武汉《新华日报·团结》；诗《五里庵之夜》，载1938年《战时教育》杂志。②许翰如，见于《精神不死——纪念冼星海同志》，载1946年10月30日延安《解放日报》。同时期在延安报刊发表歌曲《赶走美国兵》等，1949年后出版诗集《竹篓颂》（大众文艺出版社，2000年），论文集《迟到的祝贺》（北京书目文献出版社，1996年），回忆录《大海浪花——回忆孩子剧团的战斗生活》（北京图书馆出版社，1998年）、《悠悠往事》（中国戏剧出版社，2007年），诗文集《金色的童年》（中国戏剧出版社，2003年）等均署。③许罗，见于影评《评〈自由天地〉》，载1950年《石家庄日报》。④梁谣，见于评论《读长诗〈红缨〉》，载1958年6月10日《解放军报》。

许怀中（1929—　），福建仙游人，生于厦门。笔名：

①许朗，1946—1949年在福建、台湾等省报刊发表短篇小说、诗歌、散文等署用。②许怀中，1949年后出版专著《鲁迅与文艺批评》《鲁迅与世界文学》《鲁迅创作思想的辩证法》《鲁迅与文艺思潮流派》《鲁迅与中国古典小说》《中国现代文学史研究史论》《中国现代小说理论批评的变迁》《人的审视与建构：鲁迅与世界文学的一个视角》《美的心灵历程：中国现代小说发展中的一条轨迹》《论邓小平文艺思想》，散文集《秋色满山楼》《年年今夜》《许怀中散文新作选》《芬芳岁月》《月色撩人》等署用。

许姬传（1900—1990），浙江海宁人，生于江苏苏州。字闻武，号思潜。笔名：①思潜，20世纪20年代在天津《大公报》发表戏剧评论署用。②许姬传，记录出版梅兰芳的回忆《舞台生活四十年》《我的电影生活》《东游记》，编辑出版《梅兰芳文集》，出版《许姬传七十年见闻录》《忆艺术大师梅兰芳》（与其弟许源来合作）、《许姬传艺坛漫录》等署用。按：许姬传还为梅兰芳创编过京剧演出本《抗金兵》《生死恨》。

许集善，生卒年及籍贯不详。笔名辛明，见于小说《战火中的儿女们》，载1942年重庆《文学修养》第3期；诗《〈高粱〉卷首诗》，载1946年5月《高粱》创刊号。

许季上（1892—1953），浙江杭州人。原名许丹，字季上。笔名许丹，见于散文《印度通讯》，载1921年北京《地学杂志》第12卷第5期。

许家庆，生卒年及籍贯不详。原名许善哉。笔名：①许家庆，见于评论《二十世纪之政治问题》《摩洛哥问题之解决》，载1912年上海《东方杂志》第8卷第10期；通讯《纪墨西哥之乱》，载1913年上海《东方杂志》第9卷第12期。此前后在上述两刊及《巴士战争记》《法国内阁之更迭》《巴尔干风云录》《意大利之总统选举》《纪奥王储游英》等文，出版《西洋演剧史》（上海商务印书馆，1916年）一书亦署。②前刘，见于评论《意大利会场之中国出品》，载1912年上海《东方杂志》第8卷第10期。③善斋，见于评论《述俄国过激派领袖李宁》，载1918年上海《东方杂志》第15卷第3期。嗣后在该刊发表《欧俄之真相》《德国之社会党人物》《西伯利亚政界之波澜》等文，1932年在上海《枕戈》第1卷第11期发表旧体诗《游栖霞》《怀古》等亦署。

许家屯（1916—2016），江苏如皋人。原名许元文。笔名：①许元文，见于散文《门牌》，载1934年如皋《导报·春泥》第36期。嗣后在该副刊发表《湾子》《推独轮车的》等诗文亦署。②许家屯，见于小说《泪》，载1936年上海《中华月报》第4期第10期。嗣后出版回忆录《许家屯香港回忆录》（台北香港联合报公司，1994年）亦署。

许杰（1901—1993），浙江天台人。原名许世杰，字士仁、汉三，号子三、才万、巨忧。曾用名许竹君、张士仁、吴文嘉。笔名：①许杰，见于小说《爸爸》，载1922年1月1日绍兴《越铎日报·微光》创刊号。嗣后在上海《民国日报·觉悟》《小说月报》《东方杂志》《文学周报》《晨报副镌》《洪水》《北新》《安徽大学》《东方文艺》《教育旬刊》《现代小说》《大众文艺》《学校生活》《浙江青年》《大光图书月报》《萌芽》《读书月刊》《永生》《国民》《艺文线》《中华公论》《自修大学》《语文》《中建》《战时中学生》《中国建设月刊》《新文化半月刊》《青年界》《文学》《太白》《创作》《文学丛报》《光明》《文艺阵地》《文讯》《民主》《周报》《新中华》《正气杂志》《文艺青年》《大地》《人民世纪》《当代文艺》《文艺复兴》《中学生》《新文学半月刊》《书报精华》《文艺知识》《中国作家》《现代文艺》《文艺春秋》《文汇报·笔会》《大学月刊》《老百姓》《文艺丛刊》《学风》《时与文》《文潮月刊》《小说月刊》《新华月报》等报刊发表小说、散文、评论等，出版散文集《椰子与榴莲》（上海现代书局，1930年）、《南洋漫笔》（上海晨钟书局，1937年），短篇小说集《飘浮》（上海出版合作社，1926年）、《惨雾》（上海商务印书馆，1926年）、《暮春》（上海光华书局，1927年）、《子卿先生》（上海开明书店，1928年）、《剿匪》（上海明日书店，1929年）、《火山口》（上海乐华图书公司，1930年）、《许杰短篇小说集》（上海商务印书馆，1947年）、《别扭集》（上海开明书店，1947年）、《胜利以后》（上海黄河出版社，1947年）、《一个人的铸炼》（上海中原书店，1949年），1949年后出版《鲁迅小说讲话》（上海泥土社，1951年）、《〈野草〉诠释》（百花文艺出版社，1981年）、《许杰散文选集》（上海文艺出版社，1981年）及回忆录《坎坷道路上的足迹》（《新文学史料》1983年起连载）等亦署。②PT，见于散文《搬弄》，载1923年4月15日《互助》第2期。③张子三，见于小说《你的心曲》，载1925年上海《洪水》半月第1卷第6期；小说《七十六岁的祥福》，载1928年上海《现代小说》第1卷第6期。1929年8月由上海朝阳社出版长篇小说《马戏班》亦署。④杰克，见于《通讯（致长虹）》，载1926年11月21日上海《狂飙》周刊第7期。⑤许儌，见于论文《文艺与社会》，载1928年1月1日上海《文学周报》第5卷第20期。⑥士仁，见于《枯岛题辞》，载1928年8月23日马来亚吉隆坡《益群日报·枯岛》第1期。嗣后在抗战后发表《现代小说过眼录》等文艺评论及写信落款均曾署此名。⑦六叔，见于短论《自己的目标》，载1928年8月30日《益群日报·枯岛》。嗣后在该刊发表随笔《恋爱文学之没落》等亦署。⑧小梦，见于短论《从恋爱文学到革命文学》，载1928年10月4日《益群日报·枯岛》。⑨知山，见于短论《作家的阶级出身问题》，载1929年3月21日《益群日报·枯岛》。⑩子三，出版论著《民族革命的象征——鲁迅》（上海生活书店，1937年）署用。⑪孔凡因，见于散文《被中遐想》，载1942年12月13日福建南平《东南日报·笔垒》。⑫老力，见于小说《一个小小的别扭》，载1943年1月3日《前线

日报·战地》。⑬文孚，见于论文《创作与批评》，载1943年2月7日《前线日报·战地》。⑭平嘉，见于《文艺评介自白》，载1943年7月11日《前线日报·文艺评介》。⑮寒风，见于随笔《从契诃夫的谈话说起》，载1943年8月8日《前线日报·文艺评介》第3期。⑯南山，见于《读文小记——青苗的〈梅小鹤〉》，载1943年9月5日《前线日报·文艺评介》第5期。⑰吴文嘉，见于论文《论战时文艺读物的出版》，载1943年11月28日《前线日报·文艺评介》。⑱文嘉。见于随笔《小说的开端的行动性》，载1944年3月5日《前线日报·文艺评介》。⑲周九，见于评论《介绍欧阳凡海著的〈鲁迅的书〉》，载1944年10月29日《前线日报·文艺评介》。⑳志文，见于散文《雨还是雨》，载1945年5月13日福建南平《东南日报·笔垒》。㉑许士仁，见于《鲁迅先生是怎样走上文学的道路的》，载1954年上海《少年文艺》10月号。㉒丁丕行，见于评论《谈唐诗〈过故人庄〉、〈燕歌行〉、〈白雪歌送武判官〉》，载1957年《语文教学》2月号。㉓竹君，署用情况未详。

许芥子（1924— ），福建晋江人。原名许浩然。笔名：①芥子，见于随笔《小品三则》，载1946年10月15日菲律宾马尼拉《大汉魂月刊》第1卷第1期；随笔《关于〈三笑姻缘〉》，载1946年上海《中美周报》第288期。②许芥子，出版随笔集《相印集（上卷）——椰岛抒情》（台北秀威资讯科技股份有限公司，2012年）署用。

许廑父（fǔ）（1891—1953），浙江萧山（今杭州市）人。原名许与澂，字承疾、一厂（ān）。笔名：①廑父（fǔ），见于小说《钿影钗光录》，载民国初《小说新报》。嗣后在《小说新报》《小说季刊》《小说日报》《小说丛报》《游戏世界》《越国春秋》等刊发表《车笠遗风》《徐天啸枕亚》《许子寓言》《小说之批评论》《幽梦续影补》《最近的四封信》《海上二十年来剧场掌故》等小说、随笔、评论亦署。②许廑父，见于小说《清风明月庐笔记》，载1922年上海《游戏世界》第13—18期；随笔《苦中乐》，载1922年上海《快活》第4期；《言情小说谈》，载1923年2月16—18日《小说月报》。同时期起在上述三刊及《心声》《小说世界》《礼拜六》《小说新报》《小说日报》《红杂志》《红玫瑰》《社会月报》《社会之花》《新闻报三十年纪念》等刊发表《新婚惨史》《珠江风月传》《海天情梦》《上海近十年目睹之怪现象》《清风明月庐谭荟》《今水浒》《爪痕之今昔观》《十年梦影录》等小说、随笔，出版传记《坤伶艳史》（与孙耨尘合作。上海宏文图书馆，1924年）、论著《白话文作法》（上海梁溪图书馆，1924年）、长篇小说《民国通俗演义》（与蔡东藩合作。上海会文堂新记书局，1935年）等均署。③一厂（ān），出版《情海风花录》《流离》《沪江风月传》《历代剑侠传》《武林秋》《八仙得道传》《民国通俗演义》（与蔡东藩合作）等通俗小说署用。④颜五郎，见于随笔《大出丧和苦出

丧》，载 1922 年上海《小说日报》第 6、7 期。1923 年 7 月 18 日在该刊第 219 期发表随笔《梨园丛话序》亦署。⑤忏情室主、清风明月楼主，署用情况未详。

许瑾（1919－？），上海人。字文淑。笔名：①阿露丝女士，见于小说《少女日记》，载上海《春色》图画半月刊第 1 卷第 5 期。②许瑾，见于随笔《男女劣根性的表现》，载 1932 年上海《玲珑》第 3 卷第 2 期；小说《莉云》，载 1935 年上海《中学生文艺季刊》第 1 卷第 3 期。此前后在上海《民智月报》《咖啡味》《青年界》《文艺大路》《中学生》《文艺之友》《中央周刊》等刊发表散文《一只死去了的小鸟》《永存》《寒宵》、小说《飘零》《第二次的要求》《爱克司湖畔》《左倾的三爷》、诗《流浪人的慧歌》等亦署。③许瑾女士，见于随笔《男子的心难以摆定》，载 1932 年上海《玲珑》第 2 卷第 59 期。

许进（1927－　），湖南湘乡人，生于北京。原名许诒光，字温乐。曾用名飞龙（乳名）。笔名：①柯克，1946 年 10 月在武汉《中华人报》发表杂文署用。②温乐，见于《从长江到黄河》，连载于 1948 年 9 月南京《华夏日报》。③许进，1949 年参军时改名。20 世纪 80 年代在江苏南通和北京等地报刊发表诗文，出版《温乐集》（南通政协文史编辑部，2000 年）、《甘苦浮生》（美国纽约柯捷出版公司，2010 年）、《许进文集》（南通，2013 年）等均署。④许诒光，见于散文《梦为远别啼难唤》，载 1980 年 10 月 8 日香港《文汇报》。

许觉民（1921－2006），江苏苏州人。笔名：①洁民，见于诗《血碑》，载 1940 年 9 月 10 日桂林《救亡日报·文化岗位》。②洁泯，见于随笔《艾青的〈旷野〉》，载 1940 年 10 月 12 日《救亡日报·文化岗位》；诗《冬之彷徨》，载 1940 年 12 月 5 日桂林《中国诗坛》新 6 期。同时期起在《诗》《文艺阵地》《创世纪》《诗创作》《学习》《时代》《时代日报》《高尔基研究》《文萃丛刊》《大公报》《新诗歌》等报刊发表诗《中国的夜曲》、散文《五月的随想》等作品，1949 年后出版评论集《洁泯文学评论选》（湖南人民出版社，1983 年）、《今天将会过去》（人民文学出版社，1995 年），传记《当代中国作家百人传》（求实出版社，1989 年），小说散文集《人面狮身》（中共中央党校出版社，1994 年），散文集《人间风景》（山西人民出版社，2000 年）、《晨昏断想录》（生活·读书·新知三联书店，2006 年）等均署。③洁，见于《好人与战》，载 1940 年 12 月 13 日桂林《救亡日报·文化岗位》。④许洁泯，见于随笔《勇于面对现实》，载 1947 年上海《诗创造》第 2 辑《丑角的世界》。⑤扈邑巴，见于随笔《批评家的工作》，载 1941 年上海《学习》半月第 5 卷第 4 期。⑥张弛，20 世纪 60 年代在北京《光明日报·东风》发表文艺随笔署用。⑦许觉民，出版散文集《追寻林昭》（长江文艺出版社，2000 年）、《风雨故旧录》（上海教育出版社，2002 年）、《雨天的谈话》（湖南教育出版社，2007 年），主编《新时期短篇小说撷英：1977－1986》（求实出

版社，1988 年）、《中国现代文论》（与张大明合作。安徽教育出版社，2010 年）等均署。

许君武（1905－1988），湖南湘乡人，生于北京。原名许昌威，字君武，号筠（jūn）庐、双青阁主。曾用名许永疆。笔名：①止戈、阿筠（jūn）、筠（jūn）庐、马不陀、双青阁主，1936 年 4 月起在南京《扶轮日报》发表杂文署用。②许君武，1930 年后在天津《商报》、杭州《民国日报》、南京《中国日报》《中央日报》《扶轮日报》《和平日报》《南京人报》《华夏日报》、桂林《力报》、重庆《西南日报》《中央日报·夏风》《扫荡报》等报发表文章署用。1949 年后在台湾《中央日报》《畅流》《中国文化》《台湾新生报》等报刊发表《民族文学第一课》《从翻译谈到文化改造》《我们如何认识居觉先生》《于右老的文坛地位》等文亦署。

许君远（1902－1962），河北安国人。原名许汝骥。笔名：①西夷，见于随笔《两段劳伦斯的译文》，载 1933 年《平明杂志》第 2 卷第 20 期。嗣后在《国闻周报》《周报》《战时记者》《民烽半月刊》《半月文萃》《文帖》《正论》《时与潮》《人人周报》等报刊发表散文、通讯等均署。出版《斯托沙里农庄》（上海中华书局，1950 年）亦署。②许君远，见于散文《两小时作成的答复》，载 1924 年 12 月 2 日北京《晨报副镌》。嗣后在该刊及《现代评论》《东方杂志》《学生杂志》《西北春秋》《新月》《大公报》《华北日报》《晨报》《改进》《新闻战线》《中央日报》《美洲日报》《时与潮副刊》《半月文萃》《周末观察》《华侨先锋》《人人周报》《浙江民众教育》《观察》《大众新闻》《广播周报》《天下文章》等报刊发表小说、散文、评论、译作等均署。出版小说集《消逝的春光》（北平晨报社，1934 年），散文集《美游心影》（南京建中出版社，1949 年），译作《印度政治领袖列传》（南京建中出版社，1942 年）、《莎士比亚戏剧故事》（上海文化出版社，1955 年）、《老古玩店》（新文艺出版社，1956 年），以及《聊斋故事选》（上海文化出版社，1956 年）等亦署。③君远，见于译诗《隔绝》（英国哈代原作），载 1928 年 2 月 22 日北平《晨报副镌》。

许俊明，生卒年及籍贯不详。笔名：①青，1928 年在厦门《民国日报·鹭华》发表文章署用。②纪林，见于散文《军誉》，载 1933 年厦门《鹭华》月刊创刊号。嗣后在该刊发表随笔《谈谈舞台装置》、剧本《妙母家》亦署。

许康侯（1889－1953），江苏吴江（今苏州市）人。原名许豫曾，字康侯、康由、亢由，号太平。曾用名许豫。笔名许康侯，有《石鼓考略》《芦莘厍周大屠杀目睹记》《池上小筑诗稿》《两京游草》（与其弟半龙合作）等著作，并与其弟半龙合编有《寿萱图题咏图》等。

许立群（1917－2000），江苏南京人。原名杨承栋。笔名：①许立群，见于随笔《〈凤凰城〉可商榷的两点》，载 1939 年《青年生活》第 4 期。于此前后在延安《中国青年》、重庆《青年战士》等刊发表《学习漫谈二则》

《周瑜的死》《石柱——川东南的掠影》《不要忘记了青年军》等文均署。出版《中国史话》(山东新华书店,1946 年)等亦署。②杨耳,见于随笔《卖瓜的不说瓜苦》,载 1946 年辽源《草原》创刊号;评论《"宽大无边"实际上帮助了反革命》,载 1951 年《人民警察》第 4 卷第 10 期。嗣后在《新建设》《人民周报》等报刊发表《评武训和关于武训的宣传》《陶行知先生表扬"武训精神"有积极作用吗?》等文,出版小说《国事痛》(与人合作。佳木斯东北书店,1946 年)等亦署。

许曼丽,生卒年不详,台湾人。笔名:①许曼丽女士,见于散文《秋的呻吟》,载 1932 年 9 月 15 日上海《女朋友》第 1 卷第 4 期。嗣后在该刊发表散文《努力吧,人儿哟》《秋》《自诉》亦署。②许曼丽,见于诗《渔女儿》,载 1936 年 5 月 22 日福州《小民报·新村》。嗣后在该刊发表散文《蒙雨兜风记》、译诗《港之歌》,1941 年在上海《西风副刊》第 37 期发表信函《不是理想的人》亦署。

许默语(1913—1945),黑龙江双城人。笔名:①疊疋(yǎ),见于诗《囚》,载 1940 年 2 月日本大阪《华文大阪每日》第 4 卷第 4 期;散文《在伫立着的二堡》,载 1943 年长春《新满洲》第 5 卷第 11 期。同时期在上述两刊发表诗《牧童》《摇篮与棺材》《轮廓》《没捉住的力量》《魂之书》、散文《笑》《〈病〉读后》等作品亦署。②魔女,20 世纪 30—40 年代在长春《新满洲》、哈尔滨《国际协报》《哈尔滨公报》、营口《营口新报·星火》及日本大阪《华文大阪每日》等报刊发表诗文署用。见于长诗《圣女篇》,载 1943 年 9 月日本大阪《华文大阪每日》第 11 卷第 5 期;散文诗《穿山甲》,载 1943 年长春《新满洲》第 5 卷第 11 期。

许乃昌(1906—1975),台湾彰化人。笔名秀湖,见于论文《中国新文学运动的过去、现在和将来》,载 1923 年台湾《台湾民报》第 1 卷第 4 期。

许钦文(1897—1984),浙江绍兴人。原名许世棱,字钦文。乳名松龄。曾用名许绳尧。笔名:①钦文,见于小说《传染病》,载 1922 年 11 月 27—29 日北京《晨报副镌》;小说《叔父》,载 1925 年北京《京报副刊》第 135—165 期。同时期在上述两刊及《莽原》《小说月报》《语丝》《北新》《文艺新闻》《一般》《文艺阵地》《文季月刊》《人间世》《星闽日报·星瀚》《太白》《论语》《文学》《宇宙风》《鲁迅风》《宇宙风乙刊》《现代文艺》《新女性》《世界日报副刊》《贡献》《未名》《十日谈》《申报月刊》《中学生》《东方杂志》《新中华》《论语》《同行月刊》《文季月刊》《时事半月刊》《战时中学生》《闽政月刊》《胜流半月刊》《旅行杂志》等报刊发表散文、小说、评论等亦署。②绳尧,见于小说《中学教员》,载 1923 年 3 月 6、7 日北京《晨报副镌》。1925 年 5 月 26 日在该刊发表随笔《这一次的离故乡》亦署。③松林,见于小说《赵先生》,载 1923 年 7 月 16—20 日北京《晨报副镌》。④C.W.,见于《邻童口中的呆子》,载 1923 年 11 月 24 日《晨报副镌》。⑤木子,见于《松竹林中》,载 1924 年 6 月 2—4 日《晨报副镌》。⑥BP,见于《早晨》,载 1924 年 6 月 5 日《晨报副镌》。⑦革老观,见于《装饰化妆与美》,载 1925 年 3 月 10 日北平《京报副刊》。⑧许钦文,见于随笔《杂感》,载 1925 年北京《莽原》第 8 期;小说《胜落大伯》,载 1926 年上海《小说月报》第 17 卷第 10 期。同时期起在《文学周报》《开明》《读书月刊》《语丝》《一般》《北新》《中学生文艺》《新学生》《奔流》《未名》《现代文学》《十日谈》《现代出版界》《新文艺》《中华教育界》《浙江青年》《现代》《论语》《青年界》《新时代》《现代文学评论》《人间世》《通俗文化》《黄钟》《人言周刊》《新中华》《文学季刊》《太白》《新小说》《文学》《新小说》《逸经》《宇宙风》《绸缪月刊》《学校生活》《农村合作》《中国文艺》《宇宙风乙刊》《文艺新潮》《中流》《谈风》《同行月刊》《国民》《好文章》《文艺综合》《时事半月刊》《战时中学生》《大风》《教育杂志》《大陆》《青年时代》《正气半月刊》《胜利》《东南评论》《胜流半月刊》《再造旬刊》《旅行杂志》等报刊发表小说、散文、评论,出版小说集《故乡》(上海北新书局,1926 年)、《毛线袜》(上海北新书局,1926 年)、《仿佛如此》(上海北新书局,1928 年)、《幻想的残象》(上海北新书局,1928 年)、《若有其事》(上海北新书局,1928 年)、《一坛酒》(上海北新书局,1930 年),中篇小说《赵先生底烦恼》(上海北新书局,1926 年)、《鼻涕阿二》(上海北新书局,1927 年),散文集《蝴蝶》(上海北新书局,1928 年)、《西湖之月》(上海北新书局,1929 年),回忆录《钦文自传》(上海时代图书公司,1936 年)等均署。⑨蜀宾,见于《神经病》,载 1934 年上海《文学》第 2 卷第 1 期。⑩柳丝,见于随笔《稀有的春景》,载 1937 年 3 月 28 日杭州《东南日报·沙发》。⑪田耳,见于随笔《晒干鹅肉》,载 1937 年 4 月 9 日杭州《东南日报·沙发》。⑫高阳,见于随笔《四川的水》,载 1937 年 4 月 12 日杭州《东南日报·沙发》。⑬一东,见于随笔《看火焰》,载 1937 年 6 月 22 日杭州《东南日报·沙发》。⑭细农,见于随笔《老天不仁》,载 1937 年 7 月 12 日杭州《东南日报·沙发》。⑮逸人,见于随笔《关于蛮子》,载 1937 年 7 月 25 日杭州《东南日报·沙发》。⑯金文,见于随笔《小囡三周岁小记》,载 1949 年上海《论语》第 172 期。⑰方之夫,见于《在危楼》,载 1949 年上海《论语》第 174 期。⑱湖山客,署用情况未详。

许清昌(1915— ?),福建永春人。笔名:①许凤、佛特、欧阳之青、罗汉明,20 世纪 30 年代前期在厦门报刊、1937 年后在新加坡《南洋商报·狮声》《星洲日报·晨星》《总汇新报·文会》《总汇新报·世纪风》《新国民日报·新流》《南洋周刊》等报刊发表小说、散文、评论署用。②老蕾,见于评论《论文艺作品与批评问题》,载 1939 年 9 月 6 日新加坡《星洲日报·晨星》;评论《关于马来亚的报告文学》,载 1939 年 10 月 26 日新加坡《总汇新报·世纪风》。1941 年在新加坡

《新国民日报·新流》《星洲日报·晨星》发表小说《弃家者》《作家圈》亦署。

许晴（1914－1941），江苏扬州人，祖籍安徽歙县。原名许多。笔名：①许晴，1936 年在《北平新报》副刊发表文章署用。又见于评论《戏剧大众化》，载 1937 年 7 月 10 日上海《光明》半月刊第 3 卷第 3 期。1939 年在安徽立煌《中原》杂志发表话剧《汪症沼协定》《雾重庆》亦署。②阿 D，1936 年在《北平新报》副刊发表文章署用。

许仁，生卒年及籍贯不详。笔名百歌，20 世纪 40 年代在青岛报刊发表杂文署用。

许山雨（1921－？），广东潮州人，生于暹罗曼谷。原名许方纯。笔名山雨，1947 年在曼谷创办《曼谷杂志》半月刊并发表文章署用。

许少超（1923－2020），广东澄海人。笔名：①戈扬，20 世纪 30 年代后期在暹罗曼谷《中国报》《华侨日报》副刊发表《弟兄们的剑》《牧笛》《真言》等诗、散文，1941 年后在香港《华商报》《大公报》《星岛日报》，1943 年后在湖南、四川等地报刊发表诗文亦署。②戈平，1941 年后在香港《华商报》《大公报》《星岛日报》发表诗文署用。③蓝牧、马徐雉心，1943－1946 年在四川、湖南、湖北等地报刊发表诗文署用。

许绍棣（1900－1980），浙江临海人。字葶如。笔名：①许绍棣，见于论文《联合耕地贷款制度研究》，载 1924 年上海《东方杂志》第 21 卷第 12 期；诗《鸥鹭篇并引》，载 1946 年 9 月 1 日上海《大公报·大公园》。此前后在《平民》《平民周刊》《浙江建设》《勤奋体育月报》《浙江教育行政周刊》《学生生活》《浙江青年》《教育杂志》《建国月刊》《浙江战时教育文化》《浙江政治》《浙江教育》《教育通讯》等刊发表文章署用。②棣，见于评论《拒考与罢课》，载 1925 年 10 月 1 日上海《民国日报·觉悟》。③绍棣，见于随笔《风云紧急中的和平运动》，载 1925 年 10 月 16 日上海《民国日报·觉悟》。此前后在该刊及《平民》发表《浪漫谈》《空言与力行》《学者的通病与学生应有的精神》等文亦署。

许世英（1872－1964），安徽秋浦（今池州市）人。字静仁、俊人、隽人，号云楼。晚号双溪、双溪老人、双溪草堂主人。笔名许世英，见于旧体诗《万家堕泪哭忠魂》，载 1932 年《新亚细亚》第 4 卷第 2 期；旧体诗《游日本箱根宿富士屋旅馆》《休假》《园中欢依仁手植梅》，载 1937 年上海《远东杂志》第 2 卷第 2 期。此前后在《时事年刊》《安徽政务》《中山周报》《中兴》《民族诗坛》《新时代》《论语》《杂志》《华侨先锋》《东南海》《南潮》《艺文杂志》《新运导报》等刊发表评论《谈骈文》，歌曲《从军热》（曾雨音作曲），旧体诗《孤城》《廿六年七月返任十八日过马关》，对联《郑成功祠堂对联》等，出版《黄山揽胜集》（上海良友图书印刷公司，1934 年）亦署。

许世瑛（1910－1972），浙江绍兴人，字诗英。笔名许世瑛，见于论文《文选学考》，载 1937 年天津《国闻周报》第 14 卷第 10 期；论文《谈谈曹氏父子的文章》，载 1943 年北平《艺文杂志》第 2 卷第 3 期。此前后在《燕京学报》《中德学志》《读书通讯》《台湾文化》《台湾新社会》《国文月刊》《文学杂志》等刊发表文学评论和研究文章，1949 年后台湾出版其目录学、语文学遗著及《许世瑛先生论文集》等均署。

许寿彭，生卒年不详，河北保定人。原名许延年，字寿彭，号铁森。笔名：①许延年，见于小说《一封未寄的信》，载 1927 年 3 月 28 日北京《晨报副镌》。嗣后在该刊发表小说《铜佛》《白旗粮》、随笔《灰色的颤动·序》等亦署。②澎岛，见于小说《火灾》，载 1933 年北平《文学杂志》第 1 卷第 3、4 期合刊；小说《胡半年》，载 1934 年北平《文史》第 1 卷第 3 期。嗣后在《当代文学》《文学丛报》《中流》《新文学》《人生与文学》《东北知识》《众志月刊》等刊发表小说《饭馆里的故事》《蔡姐》《上水船》《明日的旧闻》、报告文学《穿城过》《两周间》《“游戏场”》等亦署。

许寿裳（1883－1948），浙江绍兴人。字季黻、季茀、季茀、季市（fú），号上遂。笔名：①疏其，见于论文《兴国精神之史曜》，载 1908 年《河南》杂志第 4、7 期。②许寿裳，见于论文《儿童心理的研究法》，载 1923 年上海《心理》第 2 卷第 3 期；论文《儿童观之变迁》，载 1923 年北京《北京女子高等师范周刊》第 39－42 期。同时期起在《京报副刊》《制言》《宇宙风乙刊》《人世间》《越风》《月报》《中学生》《读书通讯》《文摘月报》《周报》《新华日报》《云南晚报》《民主周刊》《文坛》《文艺复兴》《台湾文化》《月报》《新苗》《中苏知识》《雪风》《时与文》《学艺》《中等教育研究》等报刊发表《纪念先师章太炎先生》《怀亡友鲁迅》《谈传记文学》《亡友鲁迅印象记》《摹拟与创作》《跋尹默手写〈鲁迅先生诗钞〉》等文，出版《亡友鲁迅印象记》（上海峨嵋出版社，1947 年）、《怎样学习国语和国文》（台湾书店，1947 年）、《我所认识的鲁迅》（人民文学出版社，1953 年）、《中国名人传》（香港汇通书店，1978 年）、《章炳麟》（重庆出版社，1987 年）等均署。③上遂，见于随笔《爱国》，载 1925 年北平《莽原》周刊第 3 期。嗣后在该刊发表随笔《争面子》《谈“每下愈况”》《“生命的研究”之难》等文亦署。又见于随笔《鲁迅古诗文的一斑》，载 1937 年北平《新苗》月刊第 16 期。同年 4 月该文在长沙《潇湘涟漪》月刊发表亦署。④许季弗，见于讲演《鲁迅的生活》，载 1937 年北平《新苗》第 13、14 期。⑤许季茀，见于讲演《鲁迅的生活》（沈蕴芳记录），载 1937 年 1 月 16 日、2 月 26 日北平《新苗》月刊。

许寿真（1915－1949），江苏无锡人。原名许寿宸。曾用名徐桑、许伯峰。世界语名 Eltunko。笔名：①许寿真，见于散记《在晋南国军政治队》，载 1939 年《全民抗战》第 83－95 期。又见于评论《为了要了解世界》，载 1940 年 7 月 1 日重庆《读书月报》第 2 卷第 5 期。②许柏年、受葴、燕东柯，20 世纪 30—40 年代在西安《国风日报·西北文艺》发表诗文署用。③寿真，见于《战争中的世界语运动——为纪念柴门霍甫诞辰而作》，载 1940 年 12 月 15 日《新华日报》。

许太谷，生卒年及籍贯不详。笔名谷谷，20 世纪 30 年代在武汉报刊发表文章署用。

许天虹（1907—1958），浙江海盐人。原名许郁勋。笔名：①许天虹，见于诗《势利》，载 1925 年 3 月上海《学生文艺丛刊》第 1 卷第 3 集；译诗《小孩的哭声》（英国勃朗宁夫人原作），载 1928 年 12 月 31 日《语丝》周刊第 4 卷第 51 期。同时期起在《译文》《小说》《时事类编》《世界文学》《现代文艺》《现代青年》《改进》《文艺杂志》《文艺春秋》《新学生》《新中华》《少年读物》《工商新闻》等刊发表译作《关于杰克伦敦》（美国辛克莱·刘易斯原作）、《论文学》（苏联高尔基原作）、《一九三九年式的母爱》（捷克 K. 嘉班克原作）、《白丽儿小姐》（英国 K. 曼斯菲尔德原作）、《最最快乐的人》（美国 A. 马尔兹原作）、《大名鼎鼎的跳蚤》（美国马克·吐温原作）、《森林公园的风波》（美国辛克莱·刘易斯原作）等，出版译作《金野猫》（上海小朋友书局，1933 年）、《幻灯》（上海小朋友书局，1933 年）、《隐身幅》（丹麦 F. H. 马藤斯原作。上海开明书店，1933 年）、《白石》（苏联丘曼特林原作。上海文化生活出版社，1940 年）、《托尔斯泰》（奥地利茨威格原作。永安改进出版社，1940 年）、《玛志尼》（意大利 I. 西洛尼原作。永安改进出版社，1941 年）、《大卫·高柏菲尔自述》（英国狄更斯原作。上海文化生活出版社，1943 年）、《虹之尾》（美国杰克·伦敦原作。上海十日谈社，1945 年）、《强者的力量》（美国杰克·伦敦原作。上海平达书店，1945 年）、《双城记》（英国狄更斯原作。上海平津书店，1947 年）、《大卫·高柏菲尔》（英国狄更斯原作。上海文化生活出版社，1947 年）等亦署。②天虹，见于翻译小说《变节者》（美国杰克·伦敦原作），载 1930 年上海《北新》第 4 卷第 1、2 期合刊；翻译小说《林中之死》（美国 S. 安德森原作），载 1935 年上海《译文》月刊第 1 卷第 5 期。同时期起在上述两刊及《文学》《文丛》《现代青年》《改进》《世界文学》等刊发表译作《最快活的人们》（苏联 V. 雷尼原作）、《不会学好的人》（匈牙利费伦克·莫纳原作）、《西班牙所见》（美国 L. 海尔曼原作）、《哲学的价值》（英国罗素原作）等，出版译作《杰克·伦敦短篇小说集》（美国杰克·伦敦原作。上海文化生活出版社，1937 年）等亦署。③白石，见于翻译小说《伊壁鸠鲁的花园》（法国法朗士原作），载 1929 年上海《朝花》第 18 期。此前后在该刊及福建永安《改进半月刊》《现代文艺》、仙游《现代月刊》等刊发表译文《论艺术与美》（美国梭罗原作）、《专心与工作的兴味》（美国 W. H. 马尔斯原作），出版译作《第二次世界大战》（上海文化生活出版社，1935 年）亦署。

许铁马，生卒年及籍贯不详。笔名：①铁马，见于随笔《调查研究与文学青年》，载 1942 年 6 月 5 日重庆《新华日报》。②许铁马，见于翻译小说《离别》（朝鲜韩雪野原作），载 1952 年北京《人民文学》第 10 期。嗣后出版《论苏联文学中的军事题材》（苏联斯珂莫洛霍夫原作。文艺翻译出版社，1953 年）、《雪地追踪》（苏联布良采夫原作。时代出版社，1954 年）、《在和平的海岸上》（苏联蒙那斯蒂廖夫原作。上海文艺联合出版社，1955 年）、《文艺作品中的苏联军人形象》（苏联 A. M. 尼基丁原作。时代出版社，1954 年）等译作均署。

许闻天（1902—1982），江苏溧阳人。笔名：①许闻天，见于译文《国民革命与劳动运动》（日本宫胁贤之介原作），载 1935 年 7 月 15 日《中国实业》第 1 卷第 7 期。嗣后在该刊第 1 卷第 10 期发表《河南山东青岛三地失业工人数字分析》一文亦署。②绿藤，见于小说《黑骨头》，载 1930 年 11 月上海《现代学生》第 2 期（刊内正文署名"黑苹"）。又见于散文《驽马底自述》，载 1932 年 6 月 15 日南京《劳工月刊》第 1 卷第 3 期。嗣后在该刊发表小说《饿殍》《农会长》《小六子之死》《残儿》、随笔《最近两年来各地工会概况》《对于开滦煤矿最近罢工之感想》等作品亦署。

许啸天（1886—1948），浙江上虞（今绍兴市）人。原名许家恩，字泽斋、泽齐（zhāi），号啸天。曾用名许则华。笔名：①许则华、热血男儿许则华，辛亥革命前在《女报》发表文章署用。②啸天生，见于译作《卖花声》，载 1910 年上海《小说月报》第 6 期。此前后在该刊及《女报》《竞业旬报》等刊发表《莺儿》《俄国奇情新剧》等著译作品亦署。③海上闲人，发表《上海罢市实录》署用。④许啸天，1930 年起在上海《红叶》周刊发表《吴稚晖的太太和中国人》《胡适母亲的长头发》《我家中的堂客》《一半儿恨他一半儿爱》等随笔，1931 年在上海《开明》第 2 卷第 24 期发表书评《〈战后〉》，1935 年在上海《七日谈》周报第 1 卷第 14 期发表随笔《扁脸斋炒杂碎》，在《法政半月刊》《伤兵之友》《永安月刊》《子曰丛刊》《伉俪月刊》等刊发表《妇女在家庭中地位的变迁和他的责任》《我与话剧的关系》《东南二马》《为儿童——求求你们》等文，出版散文集《呢喃集》（上海群学社，1933 年），长篇小说《上海风月（初集）》（上海时还书局，1925 年）、《上海风月（第二集）》（上海时还书局，1928 年）、《明宫十六朝演义》（上海新民书局，1927 年）、《潘金莲爱的反动》（上海美美书屋，1932 年）、《微笑的涡》（上海绿灯书店，1934 年）、《夫妻顾问》（上海家庭书店，1935 年）、《天堂春梦》（上海名家小说社，1949 年）、《清宫十三朝演义》《民国春秋》，短篇小说集《碧痕小姐·爱水》（上海美美书屋，1929 年）、《私笑》（上海绿灯书店，1933 年）、《含着泪笑吧》（上海春风书店，1941 年）、《甜蜜小丛书》（许啸天等著。上海绿灯书店，1937 年再版），编著《文苑精华》（与胡云翼合作）、《中国文学史解题》等亦署。⑤则华、黄帝子孙之嫡派许则华，署用情况未详。

许兴凯（1900－1952），北京人，字治平、志平。笔名：①许兴凯，见于论文《地球与力学》，载 1923 年北京《理化杂志》第 2 卷第 4 期；《教育测量》，载 1924 年 7 月 29 日北京《晨报副镌》。嗣后在《教育新刊》《北京师大周刊》《京师教育月刊》《北新》《教育杂志》《生活周刊》《民铎杂志》《世界月刊》《东方公论》《求实》《外交月报》《师大月刊》《国闻周报》《文化与教育》《国立北平大学法学专刊》《国立北平研究院院务汇报》《新中华》《内外什志》《东方杂志》《西北晨钟》《甘肃贸易》《教育通讯》《说文月刊》《中央周刊》等刊发表文章均署。出版编著《柏女士演讲讨论集》（北京晨报社出版部，1925 年）、《日帝国主义与东三省》（上海昆仑书店，1930 年）等亦署。②治平，见于随笔《文人万能与专家考试》，载 1930 年上海《生活》周刊第 6 卷第 37 期。③许志平，见于通信《性道德问题的论战》，载 1932 年上海《生活》周刊第 7 卷第 40 期。④老太婆，见于随笔《白头宫女话前朝》，载 1933 年广州《民间周报》第 14 期。嗣后出版散文集《老太婆家庭之话》（天津百城书局，1933 年）、《泰山游记》（北平读卖社，1934 年），先后在《实报半月刊》《实用无线电杂志》《时与潮副刊》《现实与理想》《国防月刊》等刊发表通讯《老太婆下东洋》，随笔《老太婆日记》《暑天丛话》《由腊八谈到灶爷上天》《陕南风土》，小说《石达开过年》《从军双姝》《国难商人妇》等，1946 年 9 月在北平《世界日报·明珠》连载长篇小说《抗战演义》，1948 年 4 月由上海二十世纪出版公司出版长篇小说《县太爷》等亦署。

许行（1923－2006），辽宁义县人，满族。原名许恩熙。曾用名王永义。笔名：①许可，20 世纪 40 年代在沈阳《盛京时报》《辽西晨报》等报发表文章署用。②林火，见于诗《沈阳诗草》，载 1943 年 5 月 1 日日本大阪《华文大阪每日》。③许行、石不琢、常有声，1949 年后在《人民文学》《人民日报》《长春》《新观察》等报刊发表文章署用。其中“许行”一名嗣后发表作品、出版诗集《大悟山的怀念》《跋涉之路》《边角集》，小说集《第四片枫叶》《春天，没有老去》《野玫瑰》《异国情人》《苦涩的黄昏》《情书曲》《生死恋》《许行小小说》《许行小小说选评》等均署。

许幸之（1904－1991），江苏扬州人。原名许达，字幸之。笔名：①许幸之，见于小说《海涯》，载 1924 年上海《东方杂志》第 21 卷第 18 期；组诗《牧歌》，载 1927 年上海《创造月刊》第 1 卷第 7 期。嗣后在《洪水》《大众文艺》《艺术》《沙仑》《文艺讲座》《文学》《新诗歌》《现代》《文学月报》《戏》《春光》《东方文艺》《文学丛报》《诗歌月报》《当代文学》《诗歌生活》《光明》《新语林》《绸缪月刊》《美术生活》《漫画漫话》《文学大众》《中华月报》《电影戏剧》《戏剧时代》《新中国文艺丛刊》《文摘》《月报》《抗战半月刊》《上海妇女》《世界知识·妇女生活·中华公论·国民周刊战

时联合旬刊》《剧场艺术》《今代文艺》《野草》《诗创作》《华北文艺》《文艺生活》《文讯》《文献》《金城月刊》《艺风》《小剧场》《文艺杂志》《国文评论》《文艺春秋》《艺丛》《中国作家》《自由人》《月刊》等刊发表诗、散文、小说、评论等，出版诗集《诗歌时代》（海石书店，1941 年）、《万里长城》（上海联合出版社，1945 年）、《扬子江》（上海联合出版社，1945 年），中篇小说《海涯》（上海乐群书店，1929 年），剧作《阿Q正传》（上海中法戏剧社，1939 年）、《复活》（上海国民书店，1939 年）、《天长地久》（上海光明书店，1940 年）、《最后的圣诞夜》（桂林今日文艺社，1942 年），剧作集《小英雄》（上海光明书局，1939 年）、《不要把活的交给他》（上海联华书店，1946 年）等，1949 年后发表美术作品及美术史著作亦署。②幸之，见于剧作《阿Q正传（续一）》，载 1937 年上海《光明》第 2 卷第 11 期。又见于《资本家的养犬》，载 1928 年上海《文化生活》第 3 期。③屈文，见于画《贵族们是观赏着取乐的》，载 1930 年上海《大众文艺》半月刊第 2 卷第 4 期。嗣后在该刊第 2 卷第 5、6 期合刊发表翻译故事《金目王子的故事》（日本藤森成吉原作）亦署。④欧阳信，见于通讯《戏剧家消息》，载 1930 年上海《大众文艺》半月刊第 2 卷第 4 期；散文《鹿的父亲》，载 1934 年上海《春光》第 1 卷第 1 期。上海“孤岛”时期在《译报》发表儿童故事亦署。⑤许达，见于译作《法兰西近代画史》（日本板垣鹰穗原作。上海文华美术图书印刷公司，1931 年）。⑥霓璐，见于《大众语问题批判》，载 1934 年 7 月 6 日上海《大晚报·火炬》。⑦许子，见于翻译喜剧《闺怨》（英国鲁道夫·贝西尔原作），载 1939 年上海《剧场艺术》第 6－12 期。翌年在该第 2 卷第 8、9 期合刊发表独幕喜剧《得道》亦署。⑧天马、蓝天，1947－1949 年在上海《大公报》《申报》《时代日报》等报副刊发表影剧评论署用。⑨丹沙，署用情况未详。

许雪雪，生卒年及籍贯不详。笔名：①雪雪，见于随笔《日译郁达夫之〈过去集〉》，载 1933 年杭州《文学新闻》第 3 期。嗣后在该刊发表随笔《作家印象记》《关于“戴望舒杜衡兄弟辨”一文》《文坛琐事谭座》《郁家近事辑》等文，1938 年在上海《宇宙风》第 62 期发表随笔《偶录》亦署。②许雪雪，见于散文《郁达夫先生访问记》，载 1933 年 7 月上海北新书局版之《郁达夫论》（邹啸编）。

许一民（？－1936），湖北黄陂人。笔名化石，20 世纪 30 年代在武汉《时代日报·时代前》等报刊发表诗歌、散文署用。见于散文《棉衣》，载 1931 年武汉《煤炕》旬刊。

许以（1927－1997），浙江杭州人。原名许英儒。笔名：①小音，见于散文《路》，载 1947 年 7 月 11 日上海《时代日报》副刊。②许汀，见于小说《人民的女儿》，载 1956 年《人民文学》12 月号。③许以，见于小说《一件棉袄》，载 1958 年《人民文学》5 月号。

嗣后在该刊及《战地》《北京文学》《团结报》等报刊发表小说、散文、报告文学、评论等亦署。

许荫民（1908－1983），湖北房县人。笔名：①荫明，见于杂文《始皇颂》，载1930年武汉《在前》杂志创刊号。嗣后在武汉《江天》《黄花》及房县《望星石》等刊发表诗歌等亦署。②荫民，见于散文《我的希望》，载1934年武汉《潺声》创刊号。

许欲鸣，生卒年不详，福建厦门人。笔名欲鸣，见于诗《别了故国》，载1930年9月2日马来亚槟城《槟城新报·椰风》；诗《泪空的孤鸟》，载1931年3月10日马来亚《槟城新报·碧野》。

许粤华（1912－2011），浙江海盐人。别称河清夫人。笔名：①许粤华，见于翻译童话《卓别麟漫游记》（美国米契·哥尔特原作），载1933年上海《中学生》第33、34号；随笔《前记》，载1943年福建永安《现代儿童》第7卷第4期。②雨田，见于译文《高尔基之死》（日本秋田雨雀原作）、翻译散文诗《海燕》（苏联高尔基原作），载1936年7月16日上海《译文》新1卷第5期；译文《玛克沁·高尔基的一生》（日本中条百合子作），载1936年9月16日上海《译文》月刊新2卷第1期；散文《疯话——一个小城的素描》，载1939年上海《宇宙风》第79期。此前后在《译文》《文丛》《烽火》《少年读物》《现代青年》《改进》《现代文艺》《文艺杂志》《中国作家》《公论报·日月潭》等刊发表散文《泥燕》《怀念》，小说《秋声》，译作《诚实的野兔》（俄国M.沙而蒂珂夫·薛特林原作）、《一出把戏》（美国亚尔培·玛尔茨原作）等，出版中篇小说《十戒》（上海文化生活出版社，1940年）、小说集《罪》（永安改进出版社，1941年）、译作《白季迦的秘密》（苏联盖达尔原作。永安改进出版社，1944年）等均署。

许云樵（1905－1981），新加坡华人。祖籍江苏无锡，生于江苏苏州。原名许钰，字云樵，号梦飞，别号希夷室主。笔名：①许云樵，见于散文《支硎游记》，载1924年上海《小说世界》第8卷第12期。嗣后在《太白》《珊瑚》《中南情报》《东方杂志》《南洋学报》《南洋杂志》《中原月刊》《旅行杂志》《读者文摘》《文讯》等刊发表著译文章，出版专著《新加坡工商业全貌》（新加坡华侨出版社，1948年）、《文心雕虫》（新加坡东南亚研究所，1973年）、《文心雕虫续集》（新加坡东南亚研究所，1980年）、《新马华人抗日史料》（新加坡文史出版公司，1984年）、译作《暹罗王郑昭传》（暹罗郎苇吉怀根原作。上海商务印书馆，1936年）、《佛罗利氏航海记》（新加坡南洋书局，1947年）等亦署。②吴牛、瑜珈、橘余生、希夷室主，20世纪20年代开始在《小说世界》《吴声报》《东方杂志》《海洋文艺》，以后又在南洋报刊等发表小说、散文、诗歌等署用。"瑜珈"一名又见于杂文《亚洲的永久和平》，载1945年7月重庆《南风月刊》第1卷第4、5期合刊；"吴牛"一名1947年在《南洋杂志》第1卷第12期发表译文《北海的浮砲》亦署。③云樵，见于散文《马暹

纪行》，载1947年2月新加坡《南洋杂志》第1卷第4期。④许钰，见于论文《百夷国译语注》，载1947年《南洋学报》第4卷第1辑；随笔《沦陷时期的菲岛邮票》，载1947年《南洋杂志》第1卷第12期。⑤钰，见于随笔《华侨何以自称唐人？》，载1948年12月新加坡《南洋学报》第5卷第2辑。⑥樵、许，1946年10月至1948年在新加坡主编《马来亚少年报》《南洋杂志》时发表短文署用。按：许云樵尚出版有《希夷室诗文集》《北大年史》《马来纪年》《南洋史》《马来亚史》《马来亚近代史》，署名与出版情况未详。

许征鸿（1912－1996），广东澄海人。笔名凤今，1937－1938年间在暹罗曼谷《华侨日报》副刊《华侨文坛》《文艺战线》发表诗文署用。

许之衡（1877－1935），广东番禺（今广州市）人。字守白，号饮流；别号守白氏、曲隐道人、饮流斋主人。笔名：①许之衡，出版《曲律易知》（饮流斋，1922年）、《守白词》（1929年）、《中国音乐小史》（上海商务印书馆，1933年）署用。嗣后发表评论《与夏瞿禅论白石词谱》（载1934年上海《词学季刊》第2卷第1期），出版《饮流斋说瓷》亦署。②饮流斋主人，署用情况未详。

许之乔（1914－1986），广西桂林人。笔名：①黄旬，20世纪30年代在南京编《影剧周刊》开始署用。嗣后发表随笔《不过是些笑话》（载1940年11月1日桂林《戏剧春秋》月刊创刊号、记录《历史剧问题座谈》（载1942年10月30日《戏剧春秋》）。②吴之月，见于评论《从电影的软硬问题论到中间派》，载20世纪30年代南京《影剧周刊》（后转载于1934年《影迷周报》第1卷第9期）；评论《关于目前演剧运动》，载1942年桂林《戏剧春秋》第1卷第6期。③成菲茵，20世纪30年代在南京《影剧周刊》发表文章偶用。④何茵，1937年前后发表文章署用。见于独幕剧《三江好》（与吕复、舒强等合作），载1938年汉口《抗战戏剧》第1卷第4期。⑤贺鹰。1937年前后发表文章署用。1949年后发表《〈海之歌〉漫谈录》亦署。⑥之乔，见于评论《效果主义》，载1940年11月1日桂林《戏剧春秋》创刊号。嗣后在该刊及桂林《文学创作》发表评论《台上生活与台下生活》《剧本"荒"在那里？》《各战区的演剧漫谈》等文亦署。⑦许之乔，见于《戏剧的民族形式问题座谈会》，载1940年12月1日桂林《戏剧春秋》第1卷第2期；论文《中国小说戏剧与印度影响》，载1941年桂林《狮子吼》第1卷第5－7期合刊（刊内正文署名"之乔"）。嗣后在《新演剧》《人世间》《文艺生活》《新工人》等刊发表《战时演剧导演人的基本任务》《排演前导演人的准备工作》《莫扎特——人间的奇迹》《丁西林剧作试论》《年关难渡》等文均署。1949年后，创作电影文学剧本《歌仙刘三姐》《望穿秋水》，集体创作由其执笔多幕剧本《钢铁是怎样炼成的》，发表论文《再论关汉卿——与杨晦同志商榷》《〈红楼梦〉是人民的》《琵琶记论辩》等

亦署。

许指严（1875－1923），江苏武进（今常州市）人。原名许国英，字志毅、指严、指岩、子年，号甦庵、甦盦、山农。别署不才、不才子、高阳不才、高阳氏不才子、砚耕庐主、弹华阁主。笔名：①不才，与冶孙合译美国小说《美人唇》（上海中国图书公司，1908年）署用。见于小说《巫风记》，载1911年上海《小说月报》第2卷第5期。嗣后在《进步杂志》《礼拜六》《小说新报》等刊发表文章，出版翻译小说《醒游地狱记》亦署。②不才子，1909年在《十日小说》发表文章署用。嗣后出版小说《新旧英雄》（上海商务印书馆，1914年）亦署。③苏庵，见于旧体诗《戊戌政变后由都至鄂感事答友人》《哭林烈士》，载《民权素》第18卷。④高阳不才子，撰写《电世界》署用。⑤高阳氏不才子，在《小说月报》《小说时报》等刊发表作品署用。⑥指严，见于《三家村》，载1910年上海《小说月报》第6期；长篇小说《京华新梦》，连载于1919年上海《小说新报》。此前后在《晨报副镌》《剧场月报》《学生杂志》《中华小说界》《庸言》《东方杂志》《繁华杂志》《小说海》《双星杂志》《说丛》《礼拜六》《小说季报》《小说日报》《小说世界》《社会之花》《新闻报》等报刊发表小说、随笔等亦署。⑦许国英，在《南社丛刻》发表诗文署用。⑧许指严，见于随笔《砚耕庐笔墨》，载1921年上海《消闲月刊》第1期。嗣后在《游戏世界》《快活》《红杂志》《小说日报》等刊发表小说、随笔等，出版小说集《许指严说集》（上海大东书局，1927年），长篇小说《三十二朝皇宫艳史》（上海新光书局，1928年），笔记小说《南巡秘记》（上海国华书局，1915年）、《泣路记》（上海小说丛报社，1915年）、《复辟半月记——指严旅京实录》（上海交通图书馆，1917年）、《指严余墨》（上海国华书局，1923年）、《皇宫秘史——开国历朝清终袁末》（上海标准书局，1935年）、《清史野闻》《近十年之怪现状》，论著《中国文学史讲义》（上海商务印书馆）等均署。⑨山农、甦庵、许志毅、许甦庵、砚耕庐主、弹华阁主，署用情况未详。

许志行（1907－1983），浙江海宁人，原籍江苏吴县（今苏州市）。原名潘德方。曾用名潘祖圣（一作潘祖生）。笔名：①志行，见于小说《离湘的一日》，载1922年11月《新浙江·学园》；小说《被弃的》，载1927年上海《小说月报》第18卷第8期。嗣后在该刊发表小说《一个青年》《伊》，出版小说集《孤坟》（上海亚东图书馆，1929年）亦署。②许志行，见于小说《孤坟》，载1924年《小说月报》第15卷第5期；小说《师弟》，载1926年《小说月报》第17卷第6期；随笔《新年新话真》，载1946年上海《月刊》第2卷第3期；随笔《抓住机会》，载1946年上海《青年界》新1卷第1期。

续范亭（1893－1947），山西崞县（今忻州市）人。原名续培模，字范亭，号恕人。曾用名续培梅、慧范（法名）。笔名续范亭，见于诗《奉赠毛主席》，载1942年4月27日重庆《新华日报》。1942年6月在延安《解放日报》发表《诗五首》《漫谈》《南泥杂吟》等诗文亦署。其诗文由其女续磊与其婿穆青编选分为《续范亭诗集》和《续范亭文集》，1980年、2013年分别由山西人民出版社和人民出版社出版。

【xuan】

宣伯超（1912－1989），云南鹤庆人。笔名：①伯超，1933年在昆明《南荒》杂志发表小说《仙妹》、独幕剧《比干的心》署用。1935年在《云南日报·南风》发表作品亦署。②秋灵，见于诗《灯光是这般的幽暗》，载1933年昆明《南荒》杂志。③宣伯超，1942至1944年在重庆《学习生活》《文艺杂志》以及《云南日报·南风》等报刊发表小说署用。

宣古愚（1866－1942），江苏高邮人。字古愚，号愚公。曾用名宣哲、宣人哲、宣子野。笔名：①黄叶翁，1929年后在上海《晶报》发表作品署用。②人哲、子野、宣哲、愚公，署用情况未详。按：宣古愚著有《寸灰集》，署名情况未详。

宣建人（1914－？），江苏仪征人，一说安徽合肥人。笔名：①宣建人，见于报告《火线上——班长告诉我的故事》，载1939年《防空军人》第1卷第20期；散文诗《封锁线》，载1941年湖南辰溪（今属怀化）《海军建设》月刊第2卷第6期。同时期起在上述两刊及《文艺先锋》《火之源文艺丛刊》《宇宙风》《申报·春秋》《文化先锋》《文潮月刊》等刊发表小说《衣锦还乡》《老树》、诗歌《永远年青——庆祝文艺先锋六周年纪念而作》、散文诗《怀念》、散文《旅途随笔》《春风里的火花》《春天在呼唤》《活跃在巢湖边》《红叶——秋日投简》等，1949年后在台湾出版散文集《抒情集》《绿窗集》《抒情小品》《情感的春天》《玫瑰之歌》《生命的花朵》《心灵之花》《涂山月光曲》《红楼梦杂记》，小说集《水乡拾记》《巧妇与拙夫》《娇客》《稻香村》《宣建人自选集》，故事新编《琴操曲》等亦署。②余村、东门亮、于春、向南飞，署用情况未详。

宣侠父（fǔ）（1899－1938），浙江诸暨人。原名宣尧火，字侠父（fǔ），号剑魂。曾用名扬水清。笔名：①今秋，出版长篇小说《西北远征记》（上海北新书局，1929年）署用。②石雁，出版长篇小说《入伍前后》（1930年前后自印出版）署用。③侠父（fǔ），署用情况未详。

【xue】

薛诚之（1907－1988），湖北江陵人，生于汉口。曾用名薛宗麟、薛何为、薛沉、Sicencz（世界语名）。笔名：①薛何为，见于译文《新疆与土耳其西伯铁路》（日本荒时实藏原作），载1935年北平《外交月报》第

6 卷第 1 期。嗣后出版诗集《波浪》（上海文学社出版部，1931 年）亦署。②薛沉之，出版诗集《三盘鼓》（昆明百合出版社，1944 年）署用。③薛诚之，创作、出版《英文修辞学》《现代英国诗选》《现代英国诗歌》《西洋文学名著选读》《英语词汇学导论》《世界语基础》《世界语修辞文体论》《英日世汉会话应用手册》《俄国文学》《苏联文学》《忆闻一多——闻一多先生学术评传》等署用。

薛大可（1881－1960），湖南益阳人。字子奇，号南溟老渔。笔名薛大可，见于《满洲农业移民论》，载 1907 年《中国新报》第 1 期；《财政改革与国会》，载 1907 年《中国新报》第 8 期。1948 年在上海编辑《中华实业》周刊并发表《张学良外传》《六位副总统竞选者之人物素描》等文，1948 年在《社会公论》第 3 卷第 1 期发表旧体诗《秋暮有感寄行严新彦叔章诸友》，1948 年 12 月 31 日在上海《子曰丛刊》第 5 辑发表随笔《亦谈冯玉祥》等亦署。

薛恩厚（1915－1981），河北涿县（今涿州市）人，回族。原名薛永禄。笔名薛恩厚，1950 年前创作现代平剧《四劝》《求雨》《将革命进行到底》等署用。1949 年后创作京剧剧本《逼婚》，评剧剧本《百丑图》《为了红》《石门寨》《桃花沟》《姑娘的秘密》，出版京剧剧本《退婚》（上海上杂出版社，1951 年）、《苗青娘》（与时培璞合作。北京出版社，1964 年）、《芦荡火种》（与汪曾祺、杨毓珉、肖甲合作。中国戏剧出版社，1964 年），评剧剧本《金沙江畔》（与安西合编。中国戏剧出版社，1959 年）、《爱甩辫子的姑娘》（北京宝文堂书店，1959 年）、《六十年的变迁》（北京宝文堂书店，1959 年）、《苦菜花》（与高杰合编。北京宝文堂书店，1958 年；北京出版社，1964 年）、《三里湾》（与江风、高琛合编。北京出版社，1964 年）、《野马》（与刘敏庚合编。中国戏剧出版社，1982 年）等亦署。

薛林（1923－2013），四川万县（今重庆市）人。原名龚建军。笔名薛林，出版诗集《残缺帆影》（新营小白屋诗苑，1994）、《圣夜》（台湾嘉义国华出版社，1956 年）、《零》（台湾新营爱国画刊社，1970 年）、《晚安曲》（台北林白出版社，1973 年）、《爱的故事》（台北林白出版社，1975 年）、《一串心铃》（台北林白出版社，1979 年）、《亲情之歌》（台北林白出版社，1979 年）、《访问情怀》（台北布谷出版社，1982 年）、《追寻阳光的女孩》（台北布谷出版社，1984 年）、《露珠儿的梦》（台中满天星童诗社，1989 年），论著《现代诗创作与欣赏》（台北秋水诗刊社，1991 年）、《童稚心灵皆是诗》（台北秋水诗刊社，1991 年），诗文集《心灵的独白》（台北林白出版社，1979 年）等署用。

薛汕（1916－1999），广东潮州人。原名黄谷农。笔名：①谷农，见于散文《厕中》，载 1931 年潮安《大光报》。嗣后在《潮安日报·初燃》、汕头《星华日报》《岭东民国日报》、北平《觉今日报》《北辰日报》等发表诗、散文亦署。②雷金茅，见于小说《被烙者群》，载 1936 年北平《令丁》月刊创刊号。③雷宁，见于报告文学《接见室》，载 1936 年上海《光明》半月刊第 1 卷第 9 期。嗣后出版报告文学集《前夜》（上海言行社，1939 年）亦署。④伍宁，见于剧本《走上正路》《越牢之歌》《韩江水边》，载 1939－1940 年间《江西妇女》杂志。⑤薛汕，见于小说《居心》，载 1941 年桂林《文艺生活》第 1 卷第 4 期。嗣后在《周报》《人间》《中华论坛》《新诗歌》《谷雨》《文艺复兴》《文汇报》等刊发表小说、散文等，出版小说集《霜花》（一名《为了未死的缘故》。重庆峨眉出版社，1945 年），中篇小说《和尚舍》（香港潮州图书公司，1949 年），歌谣集《金沙江上的情歌》（上海春草社，1942 年）、《愤怒的谣》（中华全国文协粤港分会，1948 年）、《北京的歌谣》（北京出版社，1958 年），论著《文艺街头》（上海春草社，1942 年）、《群众文艺创作漫谈》（北京自强书局，1953 年），散文集《雁从塞北来》（黑龙江人民出版社，1983 年），校订《花笺记》（文化艺术出版社，1985 年）、《二荷花史》（文化艺术出版社，1985 年）等亦署。⑥张愈，1941 年在赣南《动员旬刊》刊、1948 年在香港《文汇报》发表通讯署用。⑦严肃之，见于《与新生代有关部分》，载 1942 年邵阳《中央日报·平明》。1946－1947 年在上海《新民报晚刊》发表"歌谣拾零"、1948 年在香港《华商报》《文汇报》发表粤闽通讯、1951 年在北京《新民报》发表讽刺散文等亦署。⑧谷辰，见于杂文《反对称特族》，载 1943 年《柳州日报·民风》。1948 年在香港《星岛日报·民风》发表关于民俗学的文章亦署。⑨黄乙庚，1950 年在北京《新民报》发表文章署用。⑩淑子，1951 年在武汉《通俗报》连续发表《时事山歌》署用。⑪水门汀，1951 年在武汉《通俗报》发表文艺漫谈署用。⑫索之，见于随笔《工人文艺创作漫谈》，连载于 1951 年武汉《工人文艺》杂志。⑬阎淑子，发表理论文章署用。

薛述明（1924－　　），陕西三原人。笔名：①刚果，见于诗《无花果》，载 1942 年春重庆《大公报·文艺》，1945 年 7 月 1 日在该刊发表诗《桑树》《抒情诗章》亦署。②萧凡，见于论文《诗人的道德观》，载 1945 年后重庆《观察》杂志。嗣后在西安《民众导报》发表短诗《孩尸》、论文《论文艺创作及文艺风格》，在《大公报》发表通讯等亦署。③薛述明，20 世纪 80 年代起在西安报刊发表诗作署用。

薛绥之（1922－1985），山东邹平人。原名薛景福。笔名：①薛景福，见于散文《街头夜景》《回忆》《初夏的风景》，载山东第二实验小学 1934 年版《孩子话》。②之恕、柳西叔，1945 年后发表文章署用。③薛绥之，1945 年后发表作品署用。嗣后出版《鲁迅研究资料索引》（山东省图书馆，1957 年）、《鲁迅作品注解异议》（山东人民出版社，1979 年）、《鲁迅作品教学难点试析》（上海教育出版社，1981 年）、《鲁迅杂文辞典》（山东教育出版社，1986 年）、《中国现代文学史话》（上海教育出版社，1990年）等亦署。

雪蒂（？－1940），福建福州人。原名王肇星。笔名雪蒂，见于散文《号角》，载1936年7月福州《文座》创刊号。嗣后在福州《小民报·南风》发表《伐木丁丁》、在《小民报·新村》发表《小清溪》等散文亦署。

雪克（1920－1987），河北献县人。原名孙洞庭。曾用名孙振。笔名：①孙振、孙震，抗战时期在河北献县《好党员》《冀中导报》《晋察冀日报》发表通讯、散文署。②雪克，出版长篇小说《战斗的青春》（新文艺出版社，1958年）、《无住地带》（花山文艺出版社，1990年）署用。

雪蕾（1925－　），四川合川人。原名李若愚。笔名雪蕾，1944年起在《诗部队》《文艺春秋》《文艺之家》《艺风》等发表诗歌署用。1949年后发表作品亦署。

Y

【ya】

牙含章（1916－1989），甘肃和政人。曾用名（化名）康明德、马尔沙。笔名：①冀达斋主，见于《花儿再序》《关于花儿地名注释的信》，载1936年11月上旬《甘肃民国日报》副刊。②牙含章，1949年后发表文章、出版《达赖喇嘛传》《班禅额尔德尼传》《无神论和宗教问题》《中国无神论史》等著作均署。③子元、章鲁，署用情况未详。

牙美昌（1927－　），广西东兰人，壮族。曾用名周文。笔名：①直人，见于小说《谜》，载1946年9月16日《桂西日报》。同年11月14日在该报发表诗《林中燕》亦署。②食仁，见于诗《孤雁语》，载1947年12月6日《桂西日报》。③方日，见于小说《一天中的梁遁光》，载1947年1月30日南宁《中央日报·南宁版》。④牙美昌，1946年起发表作品署用。见于小说《选举》，载1947年4月24日南宁《中央日报·南宁版》。同时期在该报及南宁《广西日报》等报刊发表小说《寒夜》《一个死了的兵》《饭！饭？》、散文《灶王》等亦署。

痖弦（1932－　），台湾诗人，原籍河南南阳。原名王庆麟。笔名痖弦、王麟、伯原。著有《痖弦诗抄》《深渊》《痖弦自选集》《中国新诗研究》等。

亚马（1913－1999），山西平定人。原名李汝山。笔名亚马，见于随笔《关于戏剧运动的三题》，载1944年11月30日延安《解放日报》。嗣后发表剧作《愠家庄》《千古恨》《交城山》、评论《论成长发育的大众文艺运动》《赵树理与电影》《沿着社会主义的道路发展电影事业》及《温健风年谱》等作品亦署。

亚汀（1924－1986），安徽黟县人。本名汪珩生，字亚青。笔名：①亚汀，出版诗集《海之歌》（台北新中国报社，1951年）、《向大地》（台北龙门出版社，1957年）、《云阁新诗选》（台北葡萄园诗社，1984年）均署。②平阳子，署用情况未详。

亚薇（1924－1987），福建晋江人，生于菲律宾。原名蔡景福。笔名：①蔡景福，1938年在菲律宾《新闻日报》发表作品署用。②亚薇，出版诗集《黎萨·马来族的彗星》（菲律宾，1951年）、《情诗三十首》（菲律宾，1963年），剧作《园中会》（菲律宾，1952年）、《国父伦敦蒙难记》（菲律宾，1965年），小说集《椰子成熟的时候》（菲律宾剧艺出版社，1963年），散文集《故国的召唤》（菲律宾剧艺出版社，1965年）、《六载中的菲梦幻间》（台北照明出版社，1978年），论著《中菲问题丛谈》（台北展望杂志社，1983年），诗集《情诗三十首》，诗文集《亚薇自选集》（台北黎明文化事业股份有限公司，1983年）等均署。③萧莫尔，署用情况未详。

【yan】

燕遇明（1907－1982），山东泰安人。原名燕志俊。笔名：①燕志俊，见于《小诗》，载1924年上海《小说月报》第15卷第2期。嗣后在该刊及《文学周报》《语丝》《莽原》《北新》《一般》《开明》《少年》《新女性》等刊发表诗文亦署。②志俊，见于《剪发》，载1926年《语丝》周刊第109期。嗣后在《小说月报》《文学周报》《北新》等刊发表作品亦署。③燕燕，见于《寂寞》，载1927年《语丝》周刊第133期；《梦中呓语》，载1929年上海《真美善》第5卷第1期。④燕素，见于诗《活的坟墓》，载1929年上海《新女性》第4卷第2期。⑤燕慕，见于随笔《男女的相合——黄花野院随笔之一》，载1929年《新女性》第4卷第4期。嗣后在该刊发表《私语》等文亦署。⑥吴秀夫，见于诗《给我的兄弟》，载1934年8月20日《山东文化》。⑦遇明，见于诗《追悼》，载1941年1月20日《大众日报》。嗣后在《山东文化》发表诗《杨清法》《慰问》等，出版诗集《杨清法》（与江明、白刃、余人作品合集。山东新华书店，1946年）亦署。⑧燕遇明，出版诗集《枯树开花》（山东人民出版社，1959年）、《碧叶集》（山东人民出版社，1962年）等署用。

延泽民（1921－1999），陕西绥德人。原名延泽良。曾用名延家畔。笔名：①延泽民，见于报道《孩子和他的一家人》，载1946年9月3日延安《解放日报》。嗣后发表作品，出版短篇小说集《红格丹丹的桃花岭》（北方文艺出版社，1959年）、长篇小说《无定河》（人民文学出版社，1983年）、散文集《我唱过的歌》（文学艺术出版社，1992年）、电影剧本《流水欢歌》（北方文艺出版社，1959 年）、论著《文艺学谈》（北方文艺出版社，1964 年）等均署。②张树、家畔、冷怡、延泽良、延家畔，署用情况未详。

严北溟（1908－1990），湖南湘潭人。字渤侯。笔名：①严北溟，见于评论《目前国际形势与中国抗战》，载 1938 年《浙江潮》第 2 期；诗《五·五敌机炸渝市纪实》，载 1939 年 6 月 7 日桂林《救亡日报·文化岗位》。嗣后在《浙江潮》《国民公论》《图书季刊》《浙江青年》《东南日报·笔垒》等报刊发表《武汉撤退与抗战前途》《国难七周年祭》《汪精卫的总清算》《论目前抗战的新形势》、旧体诗《西行杂诗》等文，出版《论第二次世界大战》（金华浙江潮周刊社，1939 年）、《社会主义制度下的劳动》（中国青年出版社，1956 年）、《自然规律与社会规律的唯物观》（上海人民出版社，1958 年）、《孔子的哲学思想》（上海人民出版社，1959 年）、《中国古代哲学寓言故事选》（上海人民出版社，1980 年）、《儒道佛思想散论》（湖南人民出版社，1984 年）、《中国佛教哲学简史》（上海人民出版社，1985 年）、《中国哲学史讲义》《列子译注》（上海古籍出版社，1986 年）等亦署。②白其、有鱼，1966 年前在上海《文汇报》发表杂文署用。

严冰之（1906－1933），江苏崇明（今上海市）人。笔名：①冰之，见于译文《托勒得的珍珠》（法国梅里美原作），载 1932 年 12 月 1 日上海《申报·自由谈》。嗣后在该刊第 12 月 3 日发表散文《我所看见的法国女子》亦署。②冰之女士，见于散文《法国的女子》，载 1933 年广州《先导》第 1 卷第 8 期。

严辰（1914－2003），江苏武进（今常州市）人。原名严汉民。笔名：①厂（ān）民，1932 年在编《中山日报·怒涛》时发表诗作开始署用。又见于《故乡》，载 1934 年 4 月 19 日上海《申报·自由谈》。同时期起在《现代》《文学》《十日谈》《人间世》《诗歌月报》《小说》《当代诗刊》《芒种》《中流》《文艺阵地》《文艺月刊·战时特刊》《抗战文艺》《文艺新潮》《现代文艺》《文学月报》《诗创作》《文艺月报》《解放日报》《谷雨》《文艺杂志》《北方文化》《青年文艺》等报刊发表诗《采桑女》《夜的忆恋》《铁马在召唤》《垦殖者》《收割》《眼镜》、散文《高桥之行》、报告文学"人圈"等亦署。②屯日，1932－1933 年在《中山日报》发表诗歌、散文署用。③严翔，见于诗《侧关尼》，载 1937 年上海《现代》第 5 卷第 2 期。④刘亡，见于散文《英皇加冕之夕》，载 1937 年《晨光周刊》第 6 卷第 20、21 期合刊。⑤严仪，1937 年在武汉《大公报》发表散文署用。嗣后在《诗创作》杂志发表文章亦署。⑥A. M.，见于诗《阿拉川之歌》，载 1942 年桂林《诗创作》第 12 期。嗣后在该刊发表《诗絮语》等诗文，出版诗集《河边恋歌》（桂林诗创作社，1943 年）亦署。⑦严辰，见于诗《八年》，载 1945 年 8 月 20 日延安《解放日报》；评论《从歌谣中看民心》，载 1946 年张家口《北方文化》第 2 卷第 1 期。嗣后在《解放日报》《新

华日报》《北方文化》《华北文艺》《文艺劳动》《人民周报》等报刊发表歌谣选辑《来自江淮的歌声》、评论《谈民歌的"兴"》《谈民歌的"比"》、诗《爷爷牵了头口回来》《国旗》等，出版散文集《在城郊前哨》（北京天下图书公司，1949 年），诗集《生命的春天》（北京天下图书公司，1949 年）、《小沈庄》（文化工作社，1950 年）、《唱给延河》（上海文化生活出版社，1950 年）、《迎新曲》（新华书店华东总分店，1951 年）、《战斗的旗》（人民文学出版社，1952 年）、《英雄与孩子》（作家出版社，1954 年）、《晨星集》（作家出版社，1955 年）、《最好的玫瑰》（作家出版社，1957 年）、《同一片云彩下》（新文艺出版社，1958 年）、《红岸》（作家出版社，1959 年）、《繁星集》（人民文学出版社，1959 年），以及《青青的林子》《风雪情怀》《玫瑰与石竹》《严辰诗选》等亦署。⑧安敏，1944 年前后在延安报刊发表文章署用。⑨安弥，见于讽刺诗《狐鼠篇》，载 1947 年《晋察冀日报》。⑩杨坪，见于诗集《劳动花》（上海五十年代出版社，1951 年）。⑪沈彦，见于散文《赫哲渔村》，载 1962 年《北方文学》9 月号。

严大椿（1909－1991），江苏吴县（今苏州市）人。号锡寿。笔名：①严大椿，1925 年在《儿童世界》杂志发表作品开始署用。嗣后发表作品，出版著作《有趣的日记》（上海商务印书馆，1947 年）、《动物漫谈》（上海商务印书馆，1948 年）、《民间故事》（上海国光书店，1948 年）、《民间神话》（上海国光书店，1949 年），译作《不死的灵魂》（丹麦安徒生原作。上海大厦书局，1933 年）、《好孩子》（法国赛居伯爵夫人原作。上海北新书局，1934 年）、《格林童话选集》（德国格林原作。上海大东书局，1947 年）、《人鱼》（丹麦安徒生等原作。上海文化生活出版社，1948 年）等，1949 年后出版短篇小说集《把大炮带回家去的兵士》（新文艺出版社，1956 年），翻译儿童文学《刺猬家庭》（法国黎达原作。少年儿童出版社，1955 年）、《海豹冒险旅行记》（法国黎达原作。少年儿童出版社，1955 年），传记《法布尔》（少年儿童出版社，1956 年），民间故事集《快乐的老神仙》（法国艾·阿耳玛改写。少年儿童出版社，1955 年）等亦署。②庄森，出版《奇异的植物》（少年儿童出版社，1963 年）等署用。

严独鹤（1889－1968），浙江桐乡人，生于上海。原名严桢，字子材，号知我、槟芳馆主。笔名：①独鹤，民国初主编上海《新闻报》副刊《快活林》《新园林》并发表短文开始署用。见于随笔《关于啼笑因缘的报告（一）》，载 1930 年 12 月 1 日《新闻报·快活林》；随笔《谈啼笑因缘影片》，载 1932 年 6 月 19 日《新闻报·新园林》。嗣后在《社会之花》《十日》《礼拜六》《小说新报》《红杂志》《红玫瑰》《礼拜六》《珊瑚》《社会新闻》《橄榄》等报刊发表小说《人海梦》《床第戒严》等，编选出版《集锦小说（第一集）》（上海大成图书局，1922 年）等亦署。②严独鹤，见于随笔《杀脱头》，载 1921 年上海《礼拜六》第 101 期；小说《小学教师之妻》，载 1922 年上海《快活》第 6 期。嗣后

在上海《游戏世界》《红杂志》《侦探世界》《红玫瑰》《文华》《珊瑚》《新上海》《金钢钻月刊》《社会月报》《永安月刊》等刊发表小说《如此牺牲》《二十年后》《自作孽之供状》《贼与夫人》《缺痕》、随笔《文坛趣话补》《雨中游记》《观潮琐记》等，出版小说集《独鹤小说集》（上海世界书局，1924年）、《月圆》（与程瞻庐等合集。上海世界书局，1925年），翻译小说集《福尔摩斯探案全集》（英国柯南·道尔原作。上海中华书局，1916年），编选《梅兰芳》（与唐世昌等合作。上海梅兰芳专集经理处，1927年）等亦署。③老卒、晚晴，1949－1950年在上海《新民晚报》发表文章署用。

严敦易（1905－1962），江苏镇江人，字易之，号渥圃、沃圃。笔名：①敦易，见于评论《对于〈寂寞〉的观察》，载1922年上海《小说月报》第13卷第11期；小说《隔阂》，载1924年上海《时事新报·文学》第130期。嗣后在上述两刊发表《读曲漫录》《老爷的称谓》等文亦署。②严敦易，见于小说《绿波》，载1922年上海《小说月报》第13卷第12期；随笔《曹雪芹与恶劣文学》，载1923年上海《时事新报·文学旬刊》第86期。嗣后在上述两刊及《文学》《时事新报·文学》《新青年》《现代》《国文月刊》《文史杂志》《文艺复兴》《中央日报·俗文学》《大晚报·通俗文学》等报刊发表小说《小雨》、散文《风筝》《心影》、诗《除夕》《第一遍的春风来了》《枕上》、评论《石恂斋传奇四种》《彭剑南传奇二种——清人戏曲提要》《汤世潆的〈东厢记〉》等，出版历史小说《杨贵妃》，专著《对〈西游记〉的一些理解》（北京图书馆，1955年）、《〈水浒传〉的演变》（作家出版社，1957年）、《元剧斟疑》（中华书局，1960年）、《元明清戏曲论集》（中州书画社，1982年），校注《警世通言》（作家出版社，1956年）等亦署。

严谔声（1897－1969），浙江海宁人。字文泉，号讷庵（讷厂）。笔名：①谔声，见于评论《因五卅纪念勖各团体》，载1926年上海《国闻周报》第3卷第20期。②严谔声，见于随笔《笑豪笑狂合传》，载1922年上海《游戏世界》第2期；随笔《忍痛开市之后》，载1932年上海《生活周刊》第7卷第21期。嗣后在上海《社会月报》《机联会刊》《商业月报》《生活教育》《新商业季刊》等刊发表随笔《送礼老实话》、讲演《怎样做一个新闻记者》、诗《祭萧德先生》（与李公朴、陶行知等合作）、集锦小说《和平之神》（与钱芥尘、余大雄、周剑云等合作）等亦署。③小记者，20世纪30年代起在上海《立报·小茶馆》《新闻报·本埠附刊》等报发表杂文、随笔署用。见于杂文《变》，载1936年2月2日《立报·小茶馆》。同时期或嗣后在《越国春秋》《绸缪月刊》《民鸣》《新语》《旅行杂志》《兴华》《民族解放旬刊》《狂潮旬刊》《北华月刊》等刊发表随笔《我与新闻事业》《民众力量》《小型报纸之将来》等亦署。④讷庵，早年在上海《新闻报》发表文章署用。1948年在上海《再生旬刊》连载随笔《读史剳记》

亦署。⑤讷厂（ān），见于随笔《人生》，载1941年上海《人生》创刊号；随笔《讷厂茶谭》，载1943年上海《新都周刊》第5期；随笔《闲话》，载1943年上海《万象》第3卷第2－6期。

严芙孙（1901－?），浙江桐乡人。原名严辉。笔名：①严芙荪，见于《嫁衣》，载1922年后上海《星期》周刊；小说《桥上》，载1923年上海《小说世界》第1卷第2期。嗣后在《星期》《紫罗兰》等刊发表《思物》《生儿之夜》《肥博士》《三方面》《人鬼》等小说、散文，出版小说《春痕黛影录》《市影》《淞滨残梦录》及《严芙孙说集》等亦署。②黛红，见于随笔《绿裤人》，载1923年上海《红杂志》第13期。

严复（1854－1921），福建侯官（今福州市）人。初名严传初，字几道，又陵、幼陵。乳名体乾。曾用名严重、严宗光、严粹（cù）乾、严尊痡、译史氏、天演宗哲学家、天演宗哲学家。别号观自然斋主人、观我生室主人、辅自然斋主人、尊疑尺盦；晚号瘐戥（mào）、瘐戥老人。笔名：①几道，1906年在《环球中国学生报》发表文章署用。嗣后在《广益丛报》《震旦》《民权素》《微言》《春柳》等报刊发表文章亦署。②幼陵，1907年在《广益丛报》发表文章署用。③严复，见于《丙午十二月念三日上海华童学堂散学演说》，载1907年上海《大同报》第7卷第1期。嗣后在《国粹学报》《教育杂志》《庸言》《小说月报》等报刊发表诗文，出版译作《赫胥黎天演论》（上海商务印书馆，1898年）、《社会通诠》（英国甄克思原作。上海商务印书馆，1904年）、《法意》（法国孟德斯鸠原作。上海商务印书馆，1904年）、《名学浅说》（英国耶方斯原作。上海商务印书馆，1913年），论者《老子》（东京并木活版所印刷，1905年）等亦署。④严几道，见于评论《民约平议》、译文《卫西琴 Dr. Alfred Westharp 中国教育议》，分别载1914年天津《庸言》第2卷第1、2期和第2卷第3期。⑤又陵，1914年在《谠报》发表文章署用。⑥译史氏、天演宗哲学家、天演论哲学家，署用情况未详。

严恭（1914－2010），江苏南京人。原名陈宝润。笔名严恭，见于独幕剧《梅香姑娘》，载1936年汉口《文艺》第3卷第3期；独幕剧《开演之前》，载1937年上海《新演剧》第1卷第3期。嗣后在《文艺胥刊·战时特刊》《抗战戏剧》《戏剧春秋》等刊发表剧作《当俵子去》《军用列车》、随笔《来自农村江南》等，出版独幕剧集《闹元宵》（桂林六艺书店，1940年），电影剧本《满意不满意》（广州音像出版社，1963年）、《祖国的花朵》（广州音像出版社，1998年）、《卫国保家》（广州音像出版社，1998年），故事集《哥哥和妹妹》（少年儿童出版社，1956年），自传《像诗一样真实——严恭自传》（中国电影出版社，2007年）等亦署。

严怪愚（1911－1984），湖南邵东人，以1939年12月率先在邵阳《力报》发表《汪精卫叛国投敌》一文揭露汪精卫叛国投敌而著称。原名严正。笔名严怪渔、严怪愚。

严华龙（1915－？），贵州贵阳人。原名严金符。笔名：①白雯，1935－1936 年在上海《申报》《大美晚报》发表杂文、小品署用。②三三，见于小说《逼》，载 1936 年上海《文学丛报》第 2 期。③圆波，1937 年开始在重庆《人力周刊》《新蜀报》《国民公报》发表杂文、报告文学署用。④丁放、白奔，1937 年在重庆《人力周报》发表报告文学署用。⑤严华龙，见于诗《战士之歌》，载 1937 年 12 月 6 日重庆《诗报》试刊号；长篇小说《女战士》，载 1938 年重庆《春云》杂志第 3 卷第 1、3 期。

严既澂（1899－？），广东四会人。原名严锲，字既澂、慨忱，号镂堂。曾用名严肃、严济诚。笔名：①既澂，见于随笔《学潮》，载 1922 年上海《教育杂志》第 14 卷第 1 期；论文《文艺上的魔道》，载 1923 年上海《时事新报·文学旬刊》第 76 期。嗣后在上述两刊及《儿童世界》《文学》《宇宙风》《国际周报》《时事解剖》等刊发表随笔《随无涯室记》《新年试笔》、童话《暑天里的大敌》、词《鹧鸪天》、评论《再论教员组合》等亦署。②济澂，见于随笔《今后的人生》，载 1922 年上海《东方杂志》第 19 卷第 4 期。嗣后在该刊发表《从出版界窥见的智识界》《今日伦理学理论之趋势》，1922 年在上海《小说月报》第 13 卷第 9 期发表译文《法兰西文学之新趋势》等亦署。③严既澂，见于论文《韵文及诗歌之整理》，载 1923 年上海《小说月报》第 14 卷第 1 期；论文《语体文之提高与普及》，载 1923 年 8 月 6 日上海《时事新报·文学旬刊》。嗣后在上述两刊及《时事新报·文学》《诗歌月报》《教育杂志》《儿童世界》《词学季刊》《人间世》《宇宙风》《文史》《越风》《时事解剖》《文艺阵地》《华侨先锋》等刊发表随笔《血的记忆》《芳年》、小说《春天的归去》《补不了的过》、诗《暑假里的乐事》、论文《韵文与骈体文》《神仙在儿童读物上之位置》等，出版翻译童话《水孩子》（英国金斯黎原作。上海商务印书馆，1947 年）等亦署。④慨忱，见于译文《日本的军事胜利得到了些什么》（英国丘吉尔原作），载 1937 年《内外什志》第 4 卷第 16 期；随笔《住难行亦不易——香港杂记之三》，载 1941 年《时事解剖》第 1 卷第 3 期。嗣后在上述两刊及《国际周报》《华侨先锋》《民意周刊》《抗战周刊》等刊发表《纪念蔡子民先生》《香港的"三家"》《阳关三叠》《故都的沦陷》等文亦署。⑤严慨忱，见于评论《荷属东印度与日本之南进政策》（与丘日庆合作），载 1940 年重庆《华侨先锋》第 2 卷第 3 期；评论《最近一年来之中日战局》，载《华侨先锋》第 3 卷第 1 期。⑥严素、澂，署用情况未详。

严俊森，生卒年及籍贯不详。笔名如宾，见于评论《读〈小舅子〉》，载 1949 年福建涵江《晨光报·剑芒》。

严灵峰（1904－1999），福建连江人。原名严明杰，字旭，号若令。别号无求备斋主人。笔名：①严灵峰，见于评论《在"战场"上所发见的"行尸走肉"》，载 1931 年上海《读书杂志》第 1 卷第 4、5 期合刊。嗣后在该刊及《远东月报》《国际文化》《苏俄评论》《时代中国》《新战士》等刊发表《关于任曙，朱新繁及其他》《暴风雨前夕的德意志》《苏联的教育事业》《老子道德经及其思想内容》等文，出版专著《胡适中国哲学史批判》（江西赣县中华正气出版社，1943 年）、《老子研读须知》（台北正中书局，1992 年）、《列子辩诬及其中心思想》（台北文史哲出版社，1994 年），译作《历史唯物论入门》（苏联毕谛列夫斯基原作。上海新生命书局，1931 年）、《近代西方经济学家及其理论》（苏联鲁滨原作。上海新生命书局，1933 年）等亦署。②林锋，见于随笔《社会科学是什么》，载 1931 年上海《新学生》第 1 卷第 6 期。③灵风、凌风、养元、李华龄、臧伏龙，署用情况未详。

严清（1919－？），江苏靖江人，笔名白驹，见于随笔《铁饭碗锈了》，载 1944 年上海《天下》第 5 期；随笔《处世经验》，载 1948 年上海《茶话》第 28 期。

严群（1907－1985），福建福州人。曾用名严以群，字孟群、不党，号一指、怡适老人。笔名严群，见于论文《亚里士多德政治学》（第二卷），载 1932 年《再生》第 1 卷第 10 期。嗣后在《新民》《学原》《浙江学报》《思想与时代》等刊发表文章，出版论著《希腊思想》（上海华夏图书出版公司，1948 年）、译作《泰阿泰德　智术之师》（古希腊柏拉图原作。商务印书馆，1963 年）、《游叙弗伦　苏格拉底的申辩　克力图》（古希腊柏拉图原作。商务印书馆，1983 年）等亦署。

严慎予（1901－1969），浙江海宁人。笔名：①严慎予，见于小说《谁杀了她？》，载 1920 年《浙江第一师范十日刊》第 1 期。②慎予，见于《你病了！》，载 1920 年《浙江第一师范十日刊》第 2 期。

严望（1920－？），天津人。原名严有太。曾用名严而肃。笔名：①洗心，见于小说《王妈妈》，载 1941 年《辽西晨报》副刊。②克维，见于杂文《论人情》，载 1943 年底成都《华西晚报》副刊。③严望，1976 年 10 月开始发表《红楼梦》研究文章署用。

严薇青（1911－1997），浙江绍兴人。原名严懋垣。笔名：①严薇青，1949 年后发表论文《柳宗元世系补正》《老残游记新注》《蒲松龄及其〈聊斋志异〉》《刘鹗与太谷学派》《魏晋南北朝志怪小说书录》《鲁迅作品中使用的家乡方言词和特殊用语例解》等，出版《济南琐话》（与严民合作。济南出版社，1997 年）、《济南掌故》（山东人民出版社，1985 年）、《济南地名漫话》（与他人合作。山东友谊书社，1988 年），以及《严薇青文稿》（齐鲁书社，1983 年）等署。②微青、蔚青、恒塈，署用情况未详。

严慰冰（1918－1986），江苏无锡人。原名严怀瑾。笔名：①严怀瑾，见于诗《春雨》，载 1933 年 6 月无锡《国民导报》副刊。嗣后在该刊发表散文《秋晨》《一件值得纪念的事》《郊游》《我所知道的松江女中》

《爸爸的欧罗巴》等亦署。②倩一，见于散文《入学》，载1956年9月某日北京《人民日报》。嗣后出版散文集《铜脸盆的故事》（中国少年儿童出版社，1955年）亦署。③严慰冰，见于通讯《给爱好抗大的姐妹们》，载1939年3月8日延安《新中华报》。嗣后在《新华日报》《新中国妇女》《人民日报》《雨花》等报刊发表文章，出版长诗《于立鹤》（作家出版社，1962年）、散文集《魂归江南》（上海文艺出版社，1987年）、诗词集《南冠吟草》（南京大学出版社，1991年）等亦署。

严文彬，生卒年及籍贯不详。笔名严戈，20世纪30年代在武汉报刊发表文章署用。

严文井（1915－2005），湖北武汉人。原名严文锦，号菊潭。笔名：①严文锦，20世纪30年代初在武汉报刊发表关于《红楼梦》考证等文署用。据考上述文章均系其父作品。②青蔓，1931年开始在武汉《大同日报》《武汉日报》副刊发表诗歌、散文署用。见于散文诗《寒夜》，载1932年12月1日《武汉日报·鹦鹉洲》。③严青蔓，见于短篇小说《晨行》，载1932年12月31日《武汉日报·鹦鹉洲》。④严文井，1935年开始署用。见于散文《我吃了一串葡萄》，载1935年11月6日《大公报》；《黑色鸟》，载1936年5月15日《武汉日报·现代文艺》。嗣后在《大众知识》《文季月刊》《文艺阵地》《文艺突击》《文艺战线》《新中华》《今日评论》《新中国文艺丛刊》《大众文艺》《文艺月报》《草叶》《中国文艺》《中国青年》《谷雨》《中原》《文坛月报》《东北文化》《东北文艺》《群众文艺》《西线文艺》《东北日报》等报刊发表散文《圣经》《风雨》《关于刘俊英》《执拗》、报告文学《一群曾是战士的人们》《乡间两月见闻》《日本人同宣传员》、诗《一九四七年序曲》等，出版散文集《山寺暮》（上海良友图书印刷公司，1937年）、长篇小说《一个人的烦恼》（重庆当今出版社，1944年）、报告文学集《一个农民的真实故事》（佳木斯东北书店，1948年）、杂文《关于鞭子的杂感》（作家出版社，1956年）、童话集《南南和胡子伯伯》（重庆美学出版社，1941年）、《丁丁的一次奇怪旅行》（上海启明书局，1951年）、《四季的风》（上海文化供应社，1951年）、《小松鼠》（东北青年出版社，1952年）、游记《印度，我们永远不会忘记你》（少年儿童出版社，1956年）等亦署。⑤司徒丹，1936－1937年在天津《益世报》发表讽刺小品署用。1947年在《东北日报》发表文章亦署。⑥严森，1936－1937年向天津《益世报》投稿署用（发表时署名"司徒丹"）。

严眼周，生卒年及籍贯不详。笔名愚公，见于随笔《叶元龙缉盗》，载1941年9月3日上海《申报·春秋》。嗣后在该刊发表《停供黑汇交易》《忍把黄金易脂粉》《纪念国父诞辰》《十年》等文亦署。

严应晞，生卒年不详，江苏南通人，曾用名年今。笔名合手，见于诗《大街上》，载1945年南通《江北日报·诗歌线》新30期。

严友梅（1925－　），河南信阳人。笔名：①芦笛，见于随笔《唱歌的艺术》，载1943年《文友》半月刊第1卷第2期；评论《文化界亟须消毒》，载1946年广州《联合增刊》第3期。②严友梅，1949年后在台湾出版小说集《无声的琴》（台北远东图书公司，1956年）、《兰多先生》（台北民间知识社，1960年）、《月亮的背面》（高雄大业书店，1963年）、《爸爸的情人》（台北立志出版社，1971年）、儿童文学《湖中王子》（人文出版社，1957年）、《彩色的花园》（人文出版社，1957年）、《沙漠宫殿》（台北皇冠出版社，1959年）、《快乐城》（台北皇冠出版社，1960年）、《国王与宝剑》（台中光启出版社，1961年）、《光启童话集》（台中光启出版社，1961年）、《钻石井》（台中光启出版社，1962年）、《铁人与皮人》（台中光启出版社，1963年）、《最大的熊》（台北国语日报社，1965年）等署用。

严蕴梁（1917－1994），上海人。字达乐。笔名严蕴梁，见于论文《提倡本土艺术为传教》，载1942年上海《圣心报》第56卷第11、12期。嗣后在该刊发表译诗《贝琦诗祷之一：依望》《贝琦诗祷之二：夜》，1948年在北平《上智编译馆馆刊》第3卷第5－6期发表诗词《玫瑰集》（上卷），出版诗集《玫瑰集》（上海商务印书馆，1948年）及《圣母升天》（上海土山湾印书馆，1950年）亦署。

严阵（1930－　），山东莱阳人。原名阎晓光。笔名严阵，出版长篇小说《荒漠奇踪》《蓝岛丽影》、长篇诗体小说《山盟》、诗集《江南曲》《琴泉》《竹矛》《花海》《蓉菰》、散文集《丹牡园记》、中篇小说选集《南国的玫瑰》等署用。

阎栋材（1922－1949），山西临猗人。原名阎西顺。笔名：①阎栋材，1945年开始在《新秦日报·火把》《西安晚报·新风》《秦风工商日报·每周文艺》《益世报·周末文艺》《民众导报》《西京平报》《西京日报》《国风日报》《青年日报》《正报》《民意周报》《文艺复兴》《骆驼文丛》《黄河》《文潮》《诗创造》《剧影春秋》等报刊发表诗歌、评论等署用。②雁影、沙漠、路冷，署用情况未详。

阎少显（1915－？），河南孟津人。原名阎天瑞。笔名：①少显、阎少显，1936年10月主编《济南晨报》副刊并在该刊发表长篇小说《情海浪花》《狗屁大观》及杂文《晨话》等，嗣后在山东《工商月报》、洛阳《行都日报》《长安小品》《邠州民报》、开封《民主报》《大河日报》《中州晚报》、上海《中国新闻》、南京《今日新闻》，1949年后在《河南日报》《辽宁日报》等报刊发表诗文均署。"阎少显"一名出版《中国历代画家传略》（与冉祥正合作。中国展望出版社，1986年）亦署。②清雅斋主，见于诗《清雅斋诗抄》，载1936年《济南晨报》副刊。③邙北游客，见于评论《稽史乘窥大局》，载1948年9月南京《救国日报》。④天瑞，见于杂文《论名誉》，载1980年河南《八十年代》创刊号。

阎雾岛，生卒年及籍贯不详。笔名雾岛，见于《夜蝉》，载1934年8月13日大连《泰东日报》副刊。同时期在该刊发表《失望的她》等亦署。

阎折梧（1907—1988），江苏扬州人。原名阎葆明，字哲吾。笔名：①阎折梧，见于随笔《从海洋文学说到拜伦、海贼及其他》，载1929年上海《南国周刊》第7期；论文《乡间戏的研究》，载1934年南京《文艺月刊》第5卷第1期。嗣后出版论著《南国的戏剧》（上海萌芽书店，1929年）、《中国现代话剧教育史稿》（华东师范大学出版社，1996年）等亦署。②阎哲吾，见于论文《农民剧之研究》，载1933年济南《山东民众教育月刊》第4卷第8期；论文《戏剧发音的训练及其保养法》，载1934年上海《矛盾月刊》第1卷第5、6期合刊。嗣后在《戏剧新闻》《文艺月刊·战时特刊》《戏剧岗位》《文艺先锋》《文潮月刊》等刊发表戏剧评论，出版剧作集《一夜豪华》（济南山东省立民众教育馆，1934年）、《母性之光》（济南山东省民众教育馆，1934年）、《防不胜防》《中华民族的母亲》，论著《学校戏剧概论》（镇江中央书店，1931年）、《剧场生活》（上海中华书局，1937年）、《学校剧》（重庆商务印书馆，1940年）、《剧团管理》（青年出版社，1942年）等亦署。③哲吾，见于评论《谈独幕剧》，载1931年2月14日大连《泰东日报》；随笔《堤上之行——巡回鲁西各县实施堤工教育记》，载1937年济南《山东民众教育月刊》第8卷第4期。④折梧、包明，署用情况未详。

阎宗临（1904—1978），山西五台人，字琮琳，号已然、已燃。晚号铁牛老人。笔名：①阎宗临，见于随笔《读琴心女士"明知是……"之后》，载1925年4月北京《京报副刊》；散文《东归杂感》，载1935年北平《新北辰》创刊号。嗣后在《新北辰》《国民公论》《建设研究》《战时中学生》《前锋》《文学》《民主时代》《论坛杂志》《国立中山大学文史集刊》等刊发表《欧洲文化简释》《意大利文艺复兴的特质》《意大利文化构成论》《英国文化之特质》《俄国革命与其文化》《古代中西文化交流略述》等文，出版《欧洲文化史论要》（桂林文化供应社，1944年）、《巴斯加尔传略》（商务印书馆，1962年）、《古代中西文化交流略述》（兰州大学出版社，1989年）、《传教士与法国早期汉学》（大象出版社，2003年）、《世界古代中世纪史》（广西师范大学出版社，2007年）、《近代欧洲文化之研究》等亦署。②宗临，见于散文《巴斯加尔的生活》，载北平《中法大学月刊》第1931年第1卷第1期至1933年第3卷第1期；散文《夜烟》，载1937年北平《新北辰》第3卷第9、10期合刊。

颜昌峣（1868—1944），湖南涟源人。原名颜可铸，字仙岩，号息庐、息庵。笔名颜昌峣，清光绪间出版《湖南法政官校人伦道德讲义》开始署用。嗣后发表论文《管校异义》（载1933年《国立武汉大学文哲季刊》第2卷第4期），出版《经学讲义》《珍涘山文辑》《珍涘山馆文集》《珍涘山馆续集》《欧波诗草》《息庵文录》《管子校释》，以及史学、伦理学著作亦署。

颜汉春（1926—　），浙江台州人。笔名颜鲁，见于诗《岁寒图》，载1947年12月1日福建永安《民主报·新语》；诗《弦索余音》，载1947年11月28日福州《星闽日报·星瀚》。

颜笏山，生卒年不详，台湾台北人。笔名党叟、笏山、颜笏山、丐叟颜笏山、颜觉叟，1911—1943年在台北《台湾日日新报》《风月报》《南方》《昭和新报》等报刊发表旧体诗《断发有感》《送润庵社兄转任闽报笔政》等署用。

颜进之（1892—？），山东历城人。原名颜廷桢。曾用名颜文化。笔名颜进之，著有《颜氏事略》《读书丛钞》《农谚》《竹素斋诗集》《竹素斋文集》。

颜文初（1882—1942），福建晋江（今石狮市）人。原名颜芸枢，字文初。笔名：①文初，1917年在《菲律宾华侨教育丛刊》发表文章署用。②拳拳，见于散文《旅行菲律宾见闻录》，载1917年上海《小说月报》第8卷第1—4号。③颜文初，见于《记菲律宾嘉年华会》，载1926年上海《东方杂志》第23卷第6期。嗣后在《商业杂志》《生活》《勤奋体育月报》《南洋研究》《旅行杂志》等刊发表《木匠警察也是大学生》《菲律宾的华侨》等文亦署。

颜一烟（1912—1997），北京人，满族。原名颜毓芳。曾用名颜玉芳。笔名：①颜毓芳，见于小说《老鼠的尾巴》，载1928年秋《北平晨报》副刊；小说《菊》，载1928年8月前后的《北京师大附中校刊》。同时期在北平《华北日报》《世界日报·蔷薇》等报刊发表文章亦署。②心、新、痕、穷人、颜丁，1928年后发表文章署用。③君，见于散文《死——为C作》，载1931年5月北平《华北日报》副刊。④一烟，见于散文《夜》，载1932年北平《北辰报·破晓周刊》。嗣后在天津《庸报·霜宫》发表散文《烟囱》等亦署。⑤颜一烟，见于剧作《渡黄河》，载1938年汉口《抗战戏剧》第2卷第1期。嗣后在《文艺月报》《东北文艺》等报刊发表剧作、散文等，出版长篇小说《盐丁儿》、中篇小说《小马倌和大皮靴叔叔》、短篇小说集《保江山》、散文集《烽火明星》《大海的女儿》、秧歌剧集《反巫婆》《农家乐》《血泪仇》、话剧集《黄花岗》《九一八以来》《飞将军》《先锋》《秋瑾》《军民一家》（与王家乙合作）、电影文学剧本《中华儿女》《一贯害人道》《陈秀华》《祁建华》《烽火少年》《万亩良田》、译作《歌德论》《饥饿的人们》《剧作法》《给青年导演》等亦署。

晏明（1920—2008），湖北云梦人。原名郭灿之。笔名：①晏明，见于诗《古寺·递步哨》，载1942年桂林《诗创作》第17期；《冬季的树》，载1945年《火之源》第4期。嗣后在《诗创作》《新诗歌》等刊发表诗作，出版诗集《收割的日子》（北京自强书局，1953

年）、《北京抒情诗》（百花文艺出版社，1959 年）、《春天的竖琴》（四川人民出版社，1983 年）、《故乡的栀子花》（长江文艺出版社，1983 年）、《花的抒情诗》（北京十月文艺出版社，1987 年）、《春天的竖琴》《三月的夜》《一束野蔷薇》《东娥错那梦幻》《高原的诱惑》《晏明山水诗选》《海的抒情诗》，诗论集《青春诗路》，以及中英文对照诗选《晏明短诗选》等亦署。②白野、林露、林之露，署用情况未详。

晏甬（1916－2008），河南光山人。原名晏子述。曾用名晏勇。笔名晏甬，见于秧歌剧《陈家福回家》，1944 年 5 月以手抄本行世。嗣后出版剧作集《路漫漫》及《梅兰芳艺术生活的道路》等著作亦署。

【yang】

扬帆（1921－1999），江苏常熟人。原名石蕴华。曾用名殷扬、杨帆。笔名：①扬帆，见于评论《现代文化一卷一期略评》，载 1933 年上海《社会主义月刊》第 1 卷第 2 期；随笔《小聪明与大聪明》，载 1934 年上海《新人》周刊第 1 卷第 11 期。此前后在上述两刊及《文化批判》《逸经》《文艺月刊》《文艺大路》《兴中月刊》《胶东文艺》《文学战线》《生活导报》等刊发表小说《上海在动荡中》《嫌疑犯》、诗《黄浦江头送别》《独白》《浑身都是胆》、评论《揭起小资产阶级革命文学之旗——并正杨邨人的谬误》《创作与环境》等，出版诗集《初航集》（胶东新华书店，1946 年）、口述传记《断桅扬帆——蒙冤二十五年的公安局长》（丁兆甲整理。群众出版社，2001 年）等均署。②杨帆，见于诗《贞节坊下》《铁铺》，载 1936 年南京《文艺月刊》第 8 卷第 4 期；翻译剧作《在旅馆里》（苏联雅鲁纳尔原作），载 1940 年上海《戏剧与文学》创刊特大号。1948 年 5 月在香港《大众文艺丛刊》第 2 期《人民与文艺》发表诗《翻身花》亦署。③殷扬，见于小说《布袋队》，载 1937 年上海《光明》第 2 卷第 12 期；随笔《关于〈戏剧到内地去〉一文》，载 1937 年 9 月 7 日上海《救亡日报》。同时期起在《妇女生活》《华美晚报》《戏剧时代》《译报》《战时论坛》《希望》《新演剧》等报刊发表诗文，出版散文集《上海一日》（与梅益等合作。上海华美出版公司，1938 年）、《皖南突围记》（佳木斯东北书店，1947 年）等亦署。④A 记者，见于报道《中宣部长和熊佛西氏谈禁演〈赛金花〉之辩说记忆》，载 1937 年上海《光明》第 2 卷第 12 期。⑤钱堃，见于独幕剧《寡妇院》，载 1938 年上海《上海妇女》第 2 卷第 1 期；评论《改良文明戏的集体意见》（与于伶等合作），载 1938 年 12 月 4－9 日上海《大晚报·街头》。此外在上海其他报刊发表文章抑或署用。⑥宋扬，见于杂文《"君子之道"》，载 1941 年上海《奔流文艺丛刊》第 1 辑《决》；书评《新水浒》，载 1941 年 2 月 8 日上海《正言报·草原》。同年在上海《新文丛》之一《兽宴》发表杂文《走了样的纪念》亦署。⑦韦伟，见于杂文《不是"冷箭"》，载 1941 年 8 月 31 日

上海《新文丛》之三《割弃》；杂文《一口唾沫》，载 1941 年 11 月 19 日上海《奔流新集》之一《直入》。

扬禾（1918－1994），山东安丘人。原名牛树禾。笔名：①扬禾，见于散文《战斗的五月》，载 1940 年 5 月《大公报·战线》；诗《骑马的夜及其他》，载 1942 年桂林《诗创作》第 9 期。同时期起在桂林《文艺杂志》等报刊发表诗《池沼》《四月的诗》等，1949 年后出版小说集《社务委员》（与曾克合集。重庆人民出版社，1954 年）、《爱社的人》（作家出版社，1956 年），报告文学《龙溪河上的来信》（与沙汀合集。重庆人民出版社，1957 年），诗文集《逆旅萧萧》（四川文艺出版社，1994 年）等均署。②杨禾，见于诗《骑马的夜及其他》，载 1942 年桂林《诗创作》第 9 期。1949 年后在重庆报纸副刊发表诗作亦署。③崔迦，见于诗《故乡》，载 1949 年重庆《大公报·文艺》。④裴来，见于诗《静静的濑水河》，载 1949 年重庆《大公报》。

羊翚（1924－2012），四川广汉人，壮族。原名覃天恩，字锡之。曾用名阳云。笔名：①黎茹，见于诗《五个人的夜会》，载 1945 年 3 月成都《平原诗丛》。②郝能，见于随笔《楚汉人物像赞》，载 1947 年 6 月上海《大公报·大公园》。③羊翚，见于组诗《乡土集》，载 1947 年 6 月 29 日上海《大公报·星期文艺》。同年在上海《诗创造》发表《五个人的约会》《问候》等诗，在《书报精华》《中国新诗》等刊发表诗《冰封的河》《收获（外二章）》，1949 年后出版诗集《千山万水来见毛主席》（上海杂志公司，1951 年）、《晨星集》（花城出版社，1984 年）、《涉滩的纤手》（长江文艺出版社，1997 年），散文集《彩色的河流》（长江文艺出版社，1985 年）等均署。④弋云，见于散文《门槛》，载 1947 年 7 月上海《时代日报》。

羊令野（1923－1994），安徽泾县人。原名黄仲琮。笔名：①田犁，出版诗集《血的告示》（金华人民世纪出版社，1948 年）署用。②黄仲琮，1953 年前在台湾报刊发表诗文署用，1953 年后专署以发表散文。③羊令野，1953 年后在台湾发表诗歌，出版诗文集《笔队伍》（台北世界文物供应社，1952 年），诗集《贝叶》（台北南北笛诗刊社，1968 年）、《羊令野自选集》（台北黎明文化事业股份有限公司，1979 年），散文集《感情的画》（台北红蓝出版社，1954 年）、《必也正杂文集》（台北水芙蓉出版社，1975 年）、《千手千眼集》（台北大林出版社，1978 年）、《见山见水集》（台北大林出版社，1968 年）、《面壁赋》（台北天华出版公司，1979 年）、《回首叫云飞起》（台北东大图书公司，1982 年）等均署。④予里、必也正，署用情况未详。按：羊令野1948 年曾在《兰溪导报》主编过《诗阵地》周刊，1949 年在《浙海日报》发表过诗和散文，署名未详。

羊枣（1900－1946），湖北沔阳（今仙桃市）人。原名杨廉政，号九寰。曾用名杨九寰、杨潮声。笔名：①杨潮声，见于随笔《男女社交公开》，载 1919 年北

京《新青年》第6卷第4期。②梁秀虎，与黎锦晖合署。20世纪20年代初在上海发表儿童故事《十姐妹》《十兄弟》等署用。③潮声，见于随笔《前尘memories》，载1927年上海《生活周刊》第2卷第43期。同时期在该刊发表《过来人的话》《恍如隔世的半页旧账》《柔情中之肝胆》《汪精卫氏访问记》等文，嗣后在《人寿季刊》《英年》等刊发表文章亦署。④杨潮，见于译诗《在哈瓦那上岸》（苏联马雅可夫斯基原作），载1933年上海《文艺》第1卷第2期；译文《马克思论文学》（苏联E.特洛申科原作），载1934年上海《文学新地》创刊号。1937年在上海《现世界》第1卷第11期发表评论《英国对华政策的明朗化》，出版翻译论著《希特勒与第三帝国》（德国耿塞原作。上海引擎出版社，1937年）、翻译小说《我的爸爸》（美国戴·克拉伦丝原作。上海生活书店，1946年）等亦署。⑤扬潮，见于译诗《没有什么可以失去》（美国约瑟夫·卡拉尔原作），载1933年上海《文艺》第1卷第3期；评论《苏联叛逆案在国际上的意义》，载1937年上海《现世界》第2卷第1期。20世纪30年代在《春光》《文摘》《文化食粮》等刊发表译文《纪德底转变》（法国爱德华·萨加文原作）、评论《苏联反政府案在国际上的意义》《西班牙内战透视》等亦署。⑥洋潮，见于随笔《谈〈亡命者〉》，载1934年4月23日上海《中华日报·动向》。⑦羊枣，见于随笔《为罗伯斯比尔呼冤》，载1934年4月27日上海《中华日报·动向》；随笔《关于"创作与时间"的我见》，载1933年9月26日上海《申报·自由谈》。同时期起在上述两刊及《太白》《光明》《战线》《新认识》《现世界》《世界知识》《中华公论》《中国公论》《上海周报》《时代批评》《大众生活》《文化杂志》《半月文萃》《抗战时代》《青年世纪》《改进》《新福建》、香港《星岛日报》《华商报》、衡阳《大刚报》等报刊发表《"五四"的"实情"》《心理的俘虏》《在胜利的进展中》《暴风雨间的寂静》《战争性质研究纾见》《鸟瞰世界战局》等文，出版评论集《苏联的国防》（台北大时代出版社，1937年）、《论太平洋大战》（桂林远方书店，1942年）、《太平洋的暴风雨》（桂林国光出版社，1943年）、《日苏必战论》（战时出版社，20世纪40年代）、《欧洲纵横谈》（上海世界知识出版社，1946年）等亦署。⑧杨丹荪，出版译作《改造中的苏俄》（苏联兴度斯原作。上海青年协会书局，1934年）和《今日之苏联盟国》（上海引擎出版社，20世纪30年代）署用。⑨易卓，见于评论《日英美的海道争夺战》，载1937年上海《世界文化》第1卷第11期。⑩潮水，20世纪30年代在上海、香港等地报刊发表文章署用。

阳翰笙（1902—1993），四川高县人，祖籍湖南安仁。原名欧阳本义，字继修。笔名：①欧阳继修，见于《一年来学生运动之概况》，载1925年6月26日《中国学生特刊》；讲话《在欢迎吕汉群至粤欢送郭沫若北伐大会上致词》，载1927年广州《鹃血》半月刊第4期。②继修，见于散文《赴了追悼会以后》，载1925年7月1日《工商学会日报》；《一年来国内政治概况——革命

与反革命斗争形势之回顾》，载黄埔军校编《过去之一九二六年》。③华汉，见于小说《马林英》，载1928年上海《流沙半月刊》创刊号至第4期。嗣后在该刊及《创造月刊》《日出旬刊》《新流月报》《萌芽月刊》《现代小说》《拓荒者》《文艺讲座》《大众文艺》《西湖一八艺社展览会特刊》《华艺周报》《文艺新闻》等刊发表小说、评论等均署。出版中篇小说《女囚》（上海新宇宙书店，1928年）、《深入》（上海平凡书局，1928年）、《暗夜》（上海创造社出版部，1928年）、《寒梅》（上海平凡书局，1929年）、《两个女性》（上海亚东图书馆，1930年）、《转变》（上海湖风书局，1932年），短篇小说集《十姑的悲愁》（上海现代书局，1929年）、《活力》（上海平凡书局，1930年）、《复兴》（上海平凡书局，1930年）、《最后一天》（上海湖风书局，1932年），长篇小说《地泉》（上海平凡书局，1930年）等亦署。④杨剑秀，出版论著《社会科学概论》（上海现代书局，1929年）、《社会问题研究》（上海现代书局，1931年）署用。⑤欧阳翰，见于小说《最后一天》，载1931年上海《文学生活》第1期。⑥寒生，见于评论《南北极》，载1931年上海《北斗月刊》创刊号。嗣后在该刊发表评论《从怒涛澎湃般的观众呼喊里归来》、散文《文艺随笔》等，出版中篇小说《中学生日记》（上海湖风书局，1932年）、《大学生日记》（上海湖风书局，1933年）均署。⑦林箐，出版中篇小说《义勇军》（上海湖风书局，1933年），长篇小说《火线上》（昆明火线出版社，1939年），发表小说《死线上》（载1933年《东方杂志》第30卷第17期）等署用。⑧寒青，见于论文《东北义勇军运动之历史的考察》，载1934年上海《新中华》半月刊第2卷第20期。⑨纯继，见于随笔《〈新园地〉破锄白》，载1935年12月1日南京《新民报·新园地》。嗣后在该刊发表《编后》《旧的结束与新的开始》《恭贺新禧》等杂文、随笔亦署。⑩胡锐，见于电影剧本《生之哀歌》，1934年春作，上海艺华影片公司同年下半年拍摄。⑪岳枫，见于电影剧本《逃亡》，上海艺华影片公司1935年3月拍摄。⑫小静，见于杂文《养狗篇》，载1936年1月6日南京《新民报·新园地》第30期。嗣后在该刊发表杂文《打狗篇》《谈谈旧剧改革》、评论《〈长恨歌〉观后感》等亦署。⑬一德，见于杂文《辨奸论》，载1936年1月22日南京《新民报·新园地》。嗣后在该刊发表《一二八四周年祭》《国难艺术与电影》《中国风味》等杂文、评论亦署。⑭阳翰笙，见于独幕剧《晚会》（与田汉合作），载1936年5月11日至6月2日南京《新民报·新园地》。嗣后在该刊及《新民报·戏剧与电影》《女子月刊》《明星半月刊》《电影·戏剧》《戏剧时代》《新学识》《申报》《抗战戏剧》《中苏文化》《新华日报》《新蜀报·新光》《抗战电影》《自由中国》《戏剧春秋》《抗战文艺》《国民公报》《青年戏剧通讯》《戏剧月报》《新蜀报·蜀道》《中原》《文艺先锋》《云南日报·南风》《现代妇女》《大公报·电影与戏剧》《中国作家》等报刊发表话剧、评论等，出版剧作集《前夜》（汉口

华中图书公司，1938年）、《李秀成之死》（汉口华中图书公司，1938年）、《塞上风云》（汉口华中图书公司，1938年）、《两面人》（重庆当今出版社，1943年）、《天国春秋》（重庆群益出版社，1944年）、《槿花之歌》（重庆黄河书店，1945年）、《草莽英雄》（重庆群益出版社，1946年）、《三人行》（中国戏剧出版社，1962年），电影文学剧本《万家灯火》（与沈浮合作），回忆录《风雨五十年》（人民文学出版社，1986年），以及《阳翰笙剧作选》《阳翰笙电影剧本选集》《阳翰笙剧作选集》《阳翰笙选集》《阳翰笙日记选》等亦署。⑮翰笙，见于杂文《漫话中国新闻纸》，载1936年9月9日南京《新民报·新园地》。嗣后在该刊及《戏剧时代》发表散文《悼鲁迅先生》，论文《一九三七年中国戏剧运动之展望》等亦署。⑯胡涂、A字十一号，署用情况未详。按：阳翰笙尚出版有电影文学剧本《铁板红泪录》《生死同心》《夜奔》《八百壮士》等，署名情况未详。

阳太阳（1909－2009），广西桂林人。原名阳焕。曾用名德亨（乳名）、阳雪坞、阳曼觉、刚太阳。晚号芦笛山翁。笔名阳太阳，见于诗《鹡鸰鸟》，载1941年桂林《诗创作》第1期。嗣后在该刊发表诗《初征的兵》《梦》《消灭纳粹党徒》及封面画，出版《阳太阳画集》（漓江出版社，1986年）、《阳太阳艺术文集》（广西人民美术出版社，1992年）、《阳太阳山水作品精选》（天津杨柳青画社，2006年）等均署。

阳兆鲲，生卒年不详，湖南醴陵人。字伯钱，号惕生。笔名阳兆鲲，在《南社丛刻》发表诗文署用。

杨奔[1]（1923－2003），浙江苍南人。原名杨丕衡，字仰巍。曾用名杨昧尼。笔名：①绯枫，1942－1945年在《前线日报·战地》发表散文署用。②昧尼，见于诗文集《描在青空》（宁波未央社，1947年）。③南璎，见于诗《太阳之子》，载1948年9月上海《中国新诗》第4集《生命被审判》。④杨奔，1949年后发表文章开始署用，嗣后出版散文集《深红的野莓》（广西人民出版社，1988年）、《霜红居夜话》（百花文艺出版社，1998年）、《南雁山水》（平阳文化局），诗集《披肝草》（苍南县诗词协会，1995年），编选《外国小品精选》（广东人民出版社，1984年）、《外国小品精选续集》（广东人民出版社，1986年）等亦署。⑤辛夷，1980年在温州报刊发表诗文署用。

杨奔[2]（1928－　），湖北武穴人。原名杨曾润。笔名：①璧坤，见于评论《文艺与生活》、诗《梦》，载1942年湖北《鄂东文化》周刊。嗣后在湖北《广济三日刊》《广济青年》《刊江日报》《华中日报》、汉口《武汉日报》《星报》、重庆《新蜀报》《书信月刊》《新生》《新民报》等报刊发表诗、散文、杂文、评论、报告文学等作品署用。②剑胆，1944年秋开始在《武汉日报》（鄂东版）及《星报》《新生》等报刊发表文章署用。③明星，1945年秋在湖北编《刊江日报》在该刊发表文章署用。④弋心，见于散文《还乡梦》，载1945年重庆《新生》杂志。嗣后在汉口《星报》《武汉日报》

等报发表文章亦署。⑤杨花落，见于诗《卖柴歌》，载1945年重庆《新生》杂志。嗣后在汉口《星报》《武汉日报》等报刊发表文章亦署。⑥堃，1947年在重庆《新生》杂志写《编者小记》《代邮》署用。⑦曾润，20世纪40年代发表作品偶用。⑧杨奔，出版诗集《合璧集》（黑龙江人民出版社，1993年），主编《哈尔滨医科大学校史：1931－1985》（黑龙江人民出版社，1988年）等署用。⑨木易，署用情况未详。

杨必（1922－1968），江苏无锡人。曾用名杨璧。笔名：①杨必，见于散文《光》，载1944年上海《万象》第4卷第6期。嗣后出版翻译长篇小说《剥削世家》（英国埃杰窝斯原作。平明出版社，1953年）、《名利场》（英国萨克雷原作。人民文学出版社，1957年）亦署。②心一，20世纪40年代在上海《新语》杂志发表散文署用。

杨丙辰（1892－1966？），河南南阳人。原名杨震文，字丙辰。笔名：①杨丙辰，见于传记《葛德略传》，载1925年北京《猛进》周刊第7期。嗣后在《中国文学》《莽原》《沉钟》《未名》《京报副刊》《哲学评论》《清华周刊》《大陆》《艺风》《文学评论》《新文学》《文学》《文艺月刊》《文学季刊》《文摘》《研究与进步》《辅仁文苑》《中德学志》《创作月刊》《风雨谈》《文学集刊》《文艺世纪》《读书杂志》《中华周刊》《文艺与生活》《科学时报》《文艺时代》《新动力》《正论》等刊发表著译作品，出版戏剧《强盗》（德国席勒原作。上海北新书局，1926年）、《火焰》（德国豪布陀曼原作。上海商务印书馆，1930年）、《獭皮》（德国豪布陀曼原作。上海商务印书馆，1935年），小说集《赫贝尔短篇小说集》（德国赫贝尔原作。长沙商务印书馆，1941年），长篇小说《亲和力》（德国歌德原作。长沙商务印书馆，1941年），论著《今日德国教育》（德国维连模等原作。北平中德学会，1938年）、《论德国民族性》（德国黎耳原作。长沙商务印书馆，1939年），传记《汤若望传》（德国魏特原作。上海商务印书馆，1949年）等译作亦署。②杨震文，见于论文《论 Ethics 应译为道德学》（与傅铜、徐炳昶合作），载1930年《哲学》第4期。

杨波（1916－1994），四川忠县（今重庆市）人。原名杨天生。笔名：①孤萍，1931－1937年在成都《新新新闻》《四川日报》《华西日报》《华西晚报》《金剑月刊》等报刊发表文章署用。②杨波，见于小说《水》，载1937年9月成都《金箭》第2期；小说《"最后一课"》，载1940年重庆《七月》第5集第3期。此前后在《文艺阵地》《希望》《笔阵》《通俗文艺》《小说月刊》《文艺新地》等刊发表小说《胆怯的人》《农村纪事》、报道《成都鲁迅纪念展览会记》等，1949年后出版故事集《四棵树》（群益出版社，1950年）、《小扇子》（少年儿童出版社，1955年）、《红队6号》（中国青年出版社，1957年），小说集《缴契》（平明出版社，1951年）、《不走正路的人》（新文艺出版社，1955年），专著《鲁迅全集述略》《二十年间的鲁迅》等均署。

③Y.P.，见于散文《杨老板》，载1948年7月香港《大众文艺丛刊》第3辑《论文艺统一战线》。④天生，署用情况未详。

杨伯达，生卒年不详，辽宁铁岭人。笔名戈扬，1946年在昆明出版诗集《抢火者》署用。嗣后在《诗音讯》《两周文艺》《火星文艺》等刊发表诗文及歌谣辑集《人民底歌声》等亦署。

杨步伟（1889—1981），美籍华人，原籍中国安徽石棣（今石台县），生于江苏南京。原名杨兰仙。曾用名传弟（乳名）、杨韵卿（学名）。笔名：①杨步伟，出版《一个女人的自传》（岳麓书社，1987年）、《杂记赵家》（辽宁教育出版社，1998年）等署用。②云让、杨韵卿、赵杨步伟、赵元任夫人，署用情况未详。

杨沧白（1881—1942），四川巴县（今重庆市）人。原名杨庶堪，字品璋、沧白、沧伯，号树戡、山甫、天隐、幽斋、邠斋、天隐阁。晚号邠翁。曾用名杨先达。笔名：①杨庶堪，见于《陈其美墓志铭》，载1925年《国闻周报》第2卷第25期。②杨庶堪沧白，见于旧体诗《癸丑违难纪事二百韵》，载1927年天津《国闻周报》第4卷第44期。③沧白，见于旧体诗《白葭山人饮席越日作歌》，载1928年天津《国闻周报》第5卷第2期；旧体诗《都门望月》，载1932年成都《时事周报》第2卷第22期。同时期在《时事周报》发表《宣南闲居杂诗之一》亦署。④杨沧白，见于旧体诗《伤逝有感》，载1935年广州《文明之路》第19期；旧体诗《太炎先生挽诗》，载1936年苏州《制言》第25期"太炎先生纪念专号"。

杨昌溪（1902—1977），四川仁寿人。曾用名杨康。笔名杨昌溪，见于评论《关于〈给青年的十二封信〉》，载1929年上海《开明》月刊第2卷第1期；论文《"哥尔德论"——美国的高尔基》，载1930年上海《现代文学》第1卷第1期。此前后在《申报·自由谈》《北新》《文艺月刊》《前锋月刊》《新女性》《红叶周刊》《絜茜》《广播周报》《文艺新闻》《读书月刊》《青年界》《现代文学评论》《汗血月刊》《新时代》《矛盾月刊》《新运导报》《经纬副刊》《通讯》等报刊发表著译小说、评论、散文，出版长篇小说《给爱的》（上海联合书店，1930年）、短篇小说集《三条血痕》（上海金马书堂，1930年）、散文集《文人趣事》（上海良友图书印刷公司，1932年），以及翻译小说《两个真诚求爱者》（波兰阿尔寨斯基原作。上海泰东图书局，1929年）、《无钱的犹太人》（美国哥尔德原作。上海现代书局，1931年）等亦署。

杨朝枝（1917—？），台湾台北人。笔名：①柳塘，见于《在病床》，载1934年台中《台湾文艺》创刊号；小说《有一天》，载1936年台中《台湾新文学》第1卷第8期。②杨柳塘，见于随笔《希望》，载1935年《台湾文艺》第2卷第7期。③杨朝枝，见于小说《转途》，载1936年《台湾新文学》第2卷第1期。

杨尘因（1889—1961），安徽全椒人。号雪门、氤生。笔名：①尘因，1920年在上海《小说季报》连载小说《神州新泪痕》署用。又见于小说《文明公子》、剧作《春梦》，载1922年上海《游戏世界》第1期（该刊目录署名"杨尘因"）。②杨尘因，见于论文《戏剧改造的研究》，载1921年《解放画报》第7—16期；小说《神仙世界快活大会》，载1922年上海《快活》创刊号。嗣后在上述两刊及《戏杂志》《金钢钻月刊》《安徽政治》等刊发表小说《老残新游记》《雷峰塔》、报告《裂腹分骸记》、随笔《社会集团的洪门抉微》《双演戏剧平议》等作品，出版通俗小说《江湖二十四侠》（与姜侠魂合作）、《玫瑰花——中国女侦探案》（与琴石山人合作）及《儒林新史》《惨红颜》《神州新泪痕》《老残新游记》《飘泊苹花记》《傀儡写真记》《爱国英雄泪》《龙韬虎略事》《情海波》《新华春梦记》《英雄复仇记》《朝鲜亡国史演义》《民国春秋——天下第一英雄传》，翻译小说《福尔摩斯新探案大全集》（英国柯南·道尔原作。上海三星书局，1933年）等亦署。③杨雪门，见于旧体诗《感诗》，载1924年上海《国闻周报》第1卷第13期；旧体诗《废帝》，载1924年《国闻周报》第1卷第20期。④杨氤生，署用情况未详。

杨炽昌（1908—1994），台湾台南人。笔名：①南润、水荫萍，1932年起在日本和台湾地区报刊发表诗、散文、小说等作品署用。②杨炽昌，出版诗集《热带鱼》（日本梦书房出版社，1928年）、《树兰》（台南自印，1933年）、《燃烧的脸颊》（台南河童书房，1939年），小说集《贸易风》（台南金鱼书房，1934年）、《蔷薇的皮肤》（台南金鱼书房，1938年），论著《洋灯的思维》（台南金鱼书房，1937年）、《纸鱼》（台南河童书房，1985年）等著作署用。③山羊、岛亚夫，署用情况未详。

杨春波（1907—？），湖北汉阳（今武汉市）人。字开芳。笔名：①开芳，1925—1927年在汉口《正义报》《中央日报》发表小品文署用。②杨春波，1928年在汉口《民国日报》发表散文等署。1935年在武昌《正中》第1卷第4期发表《人类最高尚的知识是什么》，1944年在贵州《贵州日报》发表散文《黔灵山游记》，1945年在《三民主义半月刊》第7卷第1期发表论文《礼乐哲学的要点》等亦署。③波痕，1929年在《武汉日报》发表诗作署用。④杨波，1932—1933年在汉口《新民报·空谷》发表小品文署用。⑤春波，见于长诗《生之哀歌》，载1935年汉口《华中日报·鸵鸟》。1936年在汉口《人生》半月刊、1945年在湖北恩施《晓风》半月刊发表论文、散文亦署。⑥子兰，20世纪30年代在武汉报刊发表文章署用。⑦醒斋，1945年在湖北恩施《晓风》半月刊发表散文署用。

杨慈灯（1915—1995），辽宁大连人。原名杨剑赤。笔名：①杨小先，见于散文《破碎的心》，载1931年11月30日大连《泰东日报》副刊。②小先，见于小说《典当》，载1932年6月10日大连《泰东日报》副刊。

③杨剑赤，见于散文《访问》，载 1935 年 3 月 1 日大连《泰东日报》副刊。嗣后在该报发表《妓女的来信》等作品亦署。④赤灯，见于散文《卖艺的人》，载 1936 年 5 月 1 日大连《泰东日报》副刊。⑤杨赤灯，见于《赵老五和他的儿子》，载 1936 年 10 月 27 日大连《泰东日报》副刊。⑥杨慈灯，见于小说《女的旅伴》，载 1939 年 11 月 22 日《午报·江声》。嗣后在该刊及《午报·新野》发表《爱的坟墓》《跑》《哑巴姑娘》等小说，出版小说集《年轻人》《一百个短篇》《童话之晨》《月宫里的风波》《浅蓝色的乐园》《过河》《小人物的童年》等署用。⑦慈灯，见于评论《用战斗精神去应付》，载 1942 年长春《麒麟》第 2 卷第 7 期；童话《老画家》，载 1942 年长春《新满洲》第 4 卷第 11 期。嗣后出版短篇小说集《老总短篇集》、长篇小说《入伍》亦署。⑧夏园，1945－1949 年在《晋察冀日报》发表文章署用。20 世纪 50 年代后期在《人民日报》发表文章亦署。⑨杨少尉，20 世纪 30－40 年代在东北报刊发表小说署用。

杨邨人（1901－1955），广东潮安人。笔名：①杨邨人，见于小说《处女》，载 1925 年北京《艺林旬刊》第 4 期；小说《女俘虏》，载 1928 年 1 月 1 日上海《太阳月刊》1 月号。嗣后在上述两刊及《晨报副镌》《现代小说》《大众文艺》《新流月报》《海风周报》《文艺月刊》《社会月报》《沙仑》《文艺新地》《生存月刊》《矛盾》《大上海半月刊》《社会周刊》《现代》《华安》《绸缪月刊》《拓荒者》《星火》《文化列车》《中国文学》《小说》《新小说》《文艺》《明星》《统一评论》等刊发表小说《三妹》《一尺天》《房东那女人》、随笔《读〈全部的批判之必要〉》《烽火随笔》《小品文与大品文》《赤区归来记》《看鲁迅复信记》《白话文的厄运》等文，出版小说集《战线上》（上海春野书店，1928 年）、长篇小说《失踪》（上海亚东图书馆，1928 年）、《狂澜》（上海泰东图书局，1929 年），话剧集《新鸳鸯谱》（重庆南方印书馆，1943 年）等亦署。②邨人，见于《编后》，载 1928 年上海《太阳月刊》2 月号。嗣后在该刊及《文艺月刊》《文艺新闻·追悼号》发表随笔《〈战线上〉小补记》、小说《故乡》等亦署。③文坛小辛，见于随笔《鲁迅大开汤饼会》，载 1930 年其所编之上海《白话小报》第 1 期。④柳丝，见于论文《小说研究入门》，载 1932 年上海《读书月刊》第 3 卷第 1、2 期合刊；随笔《新儒林外史》，载 1933 年 6 月 17 日上海《大晚报·火炬》。此前后在《文艺新闻》《中国与世界》《大陆杂志》《生日》《十日戏剧》等刊发表小说《黄莺儿》、随笔《文人》《孕妇上镜头有双重罪恶·虞美人的表里》、评论《罗明佑的〈海上阎王〉》等亦署。⑤巴山，见于杂文《"乐观"与"暴露"》，载 1935 年上海《明星》半月刊第 2 卷第 1 期；随笔《文坛三家》，载 1935 年上海《星火》月刊第 4 期。

杨村彬（1911－1989），北京人。原名杨瑞麟。笔名：①杨村彬，见于论文《教化的演剧与职业的演剧——吾国剧坛的两条出路》，载 1935 年太原《文艺舞台》第 1 卷第 5、6 期合刊；话剧剧本《龙王渠》，载 1935－1936 年北平《民间》半月刊第 2 卷第 15－17 期。嗣后在《戏剧时代》《文艺阵地》《戏剧岗位》《文艺月刊·战时特刊》《月报》《文艺战线旬刊》《战时戏剧》等刊发表评论《新举戏剧活动的前途》《儿童节成都儿童抗敌活动》《英勇抗战的文艺杀出条血路》《抗战剧本写作问题》、歌词《中华民国二十七年儿童节献诗》《中华儿童抗敌旗》《美满的生活》《小士兵》（均由任作嵘作曲）等，出版剧作《战歌》（长沙中华平民教育促进会，1937 年）、《秦良玉》（重庆中央青年剧社，1941 年）、《解放者》（重庆华中图书公司，1941 年）、《光绪亲政记——清宫外史第一部》（重庆国讯书店，1943 年）、《光绪变政记——清宫外史第二部》（重庆国讯书店，1944 年），论著《新演出》（重庆独立出版社，1941 年），电影剧本《我们的人》（与王元美合作。北京艺术出版社，1955 年）、《垂帘听政》（中国电影出版社，1985 年）等亦署。②叶琳，见于书评《介绍〈定县农村教育建设〉》，载 1936 年北平《民间》半月刊第 2 卷第 18 期；九场街头哑剧《反侵略》，载 1938 年 3 月 5 日成都《战时戏剧》创刊号。按：杨村彬还著有电影剧本《火烧圆明园》《两宫皇太后》及专著《导演艺术民族化求索集》等，出版情况未详。

杨大辛（1925－　），河北武清（今天津市）人。原名杨永福。笔名：①杨鲍，见于小说《火灶上》，载 1942 年 1 月北平《新民报半月刊》。嗣后在北平、天津等地报刊发表长篇小说《生之回归线》、中篇小说《生活在底层里》、短篇小说《跳会》《大连》等作品署用。②阮辛生、辛公显、穆羊、祝竹荫，1942 年后在北平《新民报半月刊》《民众报》《国民杂志》《艺术与生活》《华北作家月报》《北京漫画》《新进》《万人文库》、日本大阪《大阪华文每日》、济南《大风》、天津《益世报·语林》《新生晚报·文艺大地》、上海《文友》等报刊发表小说、散文、评论等署用。③鲍犁，见于小说《潮湿的角落》，载 1944 年上海《文友》第 2 卷第 4 期；《死了便算完结》，载 1944 年 4 月 1 日日本大阪《华文大阪每日》。④辛吉，1945 年后在天津等地报刊发表小说署用。20 世纪 80 年代在《天津日报·满庭芳》发表随笔等亦署。⑤杨大辛，1949 年后发表作品，出版《北洋政府总统与总理》（南开大学出版社，1989 年）、《近代天津图志》（天津古籍出版社，1992 年）、《天津的九国租界》（天津古籍出版社，2004 年）等署用。

杨德豫（1928－2013），湖南长沙人。笔名：①杨德豫，1941 年开始发表作品署用，嗣后翻译长诗《鲁克丽丝受辱记》（英国莎士比亚原作），出版诗集《朗费罗诗选》（人民文学出版社，1957 年）、《拜伦抒情诗七十首》（湖南人民出版社，1981 年）、《湖畔诗魂——华兹华斯诗选》（人民文学出版社，1990 年）、《神秘诗！怪诞诗！——柯尔律治的三篇代表作》（人民文学出版社，1992 年）、《华兹华斯、柯尔律治诗选》（人民文学出版社，1998 年），以及英汉对照《华兹华斯抒情诗选》

等署用。②江声、萧涉源，署用情况未详。

杨东明（1908－1994），云南石屏人。笔名：①东明，见于随笔《悼袁树五先生》，1938年1月25日《云南日报》。②杨秋帆，见于随笔《介绍〈钢铁是怎样炼成的〉》，载1938年《南方》第1卷第9期；报告《四十七名》，载1938年云南《战时知识》第1卷第4期。③秋帆，见于讲演《文艺批评讲话》，载1939年8月3日至9日《云南民国日报》。④万丹，见随笔《〈原野〉的观众》，载1939年8月20日《云南日报》。⑤万仞山，见于散文《我的家》，载1941年昆明《诗与散文》第1卷第6期。嗣后在该刊发表随笔《倾向》等亦署。⑥吴闵，见于随笔《大千四年》，载1947年10月11、12日昆明《正义报》。⑦杨东明，见于随笔《关于"大千"》，载1948年10月10日《正义报》。⑧孤帆、一得，署用情况未详。

杨璠，生卒年不详，江苏宝山（今上海市）人。字聘之。笔名杨璠，在《南社丛刻》发表诗文署用。

杨方云，生卒年及籍贯不详。笔名狂梦，1943年在《时言报·诗刊》发表诗作署用。

杨刚（1905－1957），湖北沔阳（今仙桃市）人，生于江西萍乡。原名杨季徵。曾用名杨缤、杨冰。笔名：①贞白，1924年在南昌葆灵女中读书时写稿署用。②杨刚，1928年开始在北方左联刊物及天津《大公报·文艺》发表文章署用。见于小说《一块石头》，载1933年上海《现代》第4卷第2期；小说《爱香》，载1935年天津《国闻周报》第12卷第45期。嗣后在《文学新地》《文艺》《文学季刊》《文学杂志》《奔流文艺丛刊》《时代文学》《笔谈》《文学创作》《国论》《大众知识》《文学集林》《中原》《文联》《文艺复兴》《经济资料》《时代精神》《周报》《真话》《消息半月刊》《现代文摘》《观察》《海王》《人物新丛》等刊发表诗《望——》《我知道你没有死，哥哥》《祭魂》、散文《京沪即景》《从河北新村到五原拾记》《绥行日简》、评论《战时经济与国民生活》等，出版诗集《我站在地球中央》（上海文化生活出版社，1940年）、小说集《桓秀外传》（上海文化生活出版社，1941年），散文集《沸腾的梦》（上海美商好华图书公司，1939年）、《东南行》（桂林文艺出版社，1943年），译作《解放者——林肯传》（美国鲁德威夷原作。重庆美学出版社，1945年）等亦署。③杨刚女士，见于评论《关于〈母亲〉》，载1933年10月15日上海《文艺》月刊创刊号。④失名，见于小说《一部遗失了的日记片断》，载1933年《活的中国》（美国斯诺编）。⑤杨缤，见于评论《创造的战争》，载1936年北平《大众知识》第1卷第4期。嗣后在该刊及《书人》《读书展望》等刊发表《论扩大绥远战争之必要》《批评的更生》《中国社会生活的发展与训练》等文，出版翻译小说《傲慢与偏见》（英国简·奥斯汀原作。上海商务印书馆，1935年）、翻译论著《个人道德与社会改造》（美国尼布尔原作。上海青年协会书局，1935年）、《忠的哲学》（美国洛依思原作。上海青年协会书

局，1936年）、《苏联宗教与无神论之研究》（苏联朱利叶斯·赫克原作。上海青年协会书局，1948年）等亦署。⑥晦晨，见于诗《一首写不完的诗》，载1943年7月16日重庆《新华日报》。⑦李念群，署用情况未详。

杨赓笙（1869－1955），江西湖口人。字咽冰。笔名杨赓笙，在《南社丛刻》发表诗文署用。

杨公骥（1921－1979），河北正定人。原名杨正午。曾用名杨振华、杨公忌。笔名：①杨公忌，1936年在学生办的文艺刊物上发表杂文署用。②龚稷，出版论著《五四思潮》（1947年）及编著《中国近代政治思想史料》（佳木斯东北书店，1947年）署用。③杨公骥，1946年起改名，嗣后发表《吉林西团山新石器时代文化遗址发掘报告》《汉巾舞歌辞句读及研究》《中国原始文学》《周代文学》《商颂考》《漫谈楚的神话、历史、社会性质和屈原的诗篇》《西藏古史考》《变相、变、变文考论》《漫谈桢干》《考论古代黄河流域和东北亚地区"冬窟夏庐"的生活方式及风俗》《评郭沫若先生的〈奴隶制时代〉》《泼水节古俗考》《与青年同志谈如何研究中国古代文学》《〈论文学主体性〉读后感》等，出版论著《中国文学（第一分册）》（吉林人民出版社，1957年）、《唐代民歌考释及变文考证》（吉林人民出版社，1962年）及《中国原始文学》《周代诗歌》《中国古典文学》，文集《杨公骥文集》（东北师范大学出版社，1998年），选编《中国古代文学作品选读》等并署。④龚棘木，1954年与张松如（公木）合编《中国文学史》共署。⑤公骥，署用情况未详。

杨观澜，生卒年及籍贯不详。笔名：①杨观澜，见于评论《新诗歌运动底目标》，载1934年上海《新诗歌》月刊第2卷第4期；评论《作者们，离开感伤的时代——读三卷五号〈文学〉底创作》，载1934年12月4日上海《大晚报·火炬》。②观澜，见于随笔《从新量子力学说到文学上的偶然性》，载1935年10月26日上海《时事新报·每周文学》；杂文《"宗周气象"？》，载1936年上海《文学》第7卷第2期。③澜，见于评论《再论"题材单调"》，载1935年11月16日《时事新报·每周文学》。

杨光洁（1905－1969），广西靖西人。原名杨旭，字扶东。曾用名陈沅。笔名：①梅之，见于《无线工作概要》，载1933年昆明《民众生活》第45期；《奇瑛》，载1933年《泸江月刊》第1卷第6期。1937年9月2日在《云南日报》发表《战歌》，1938年在昆明《战时市教》第1期发表《抗战漫话》亦署。（按：同期《战时市教》所刊《落日》的作者梅之系陈启龙之笔名）。②杨光洁，见于小说《青春路上》，载1933年上海《女子月刊》第1卷第9期；小说《手表》，载1937年11月15日昆明《文艺季刊》创刊号。嗣后在昆明《文化新潮》《诗与散文》等刊发表散文《在醴陵车站上——记一个女战士》、剧本《海阔天空》等亦署。③琴佛，见于评论《本省国防戏剧建设问题》，载1937年9月30日《云南日报》。④光洁，见于词《踏莎行（悼鲁迅）》，

载 1941 年 6 月 7 日昆明《朝报》。⑤科学怪人，见《未名草（真实故事）》，载 1946 年 2 月 10 日《大观报》。⑥明液，见于街头剧《你回来了》。⑦陈茵，署用情况未详。

杨光中（1927— ），河南潢川人。笔名：①杨光中，见于散文《断笺》，载 1947 年《书简杂志》半月刊第 12 期。嗣后出版小说集《心笛》（台北野风出版社，1957 年）、《小城之春》（台北野风出版社，1958 年）、《散曲独唱》（台北水芙蓉出版社，1978 年）、《杨光中短篇小说选》（台北水芙蓉出版社，1974 年），诗集《无花果》（台北野风出版社，1956 年）、《少女与诗人》（台北正文出版社，1969 年）、《香园》（台北水芙蓉出版社，1974 年）等亦署。②杨柳风，见于论文《论战时农贷》，载 1940 年《乡建通讯》第 2 卷第 15、16 期合刊；随笔《关于纪念特戳》，载 1949 年《近代邮刊》第 4 卷第 2 期。

杨汉池（1929—2011），湖北武汉人。原名杨克成。曾用名杨翰池。1944 年开始发表作品。笔名：①杨汉池，出版专著《艺术美简论》《艺术真实性研究》（湖北人民出版社，1988 年）、《美学原理》（与他人合作）、《毛泽东文艺思想基础》（与他人合作），译作《审美信息》《现代资产阶级美学》（与他人合译）等。②洪明，署用情况未详。

杨弘农（1919—？ ），湖南湘潭人。原名杨俊。笔名杨弘农，出版散文集《我在美国》（台北传记文学出版社，1972 年）署用。

杨鸿烈（1903—1977），云南晋宁人。字宪武。曾用名杨炳堃。笔名：杨鸿烈，见于诗《冻雀》，载 1923 年北京《努力周报》第 37 期。嗣后在《甲寅》《北京高师周刊》《社会学杂志》《晨报副镌》《文学旬刊》《北京师大周刊》《国学月报汇刊》《哲学》《中华法学杂志》《新民》《文学研究》《社会科学月刊》《图书季刊》《教育建设》《中央导报》《中日文化》《古今》《文友》《大亚洲主义与东亚联盟》《大道月刊》《申报月刊》《东亚联盟》《政训月刊》《读书通讯》《一般》等刊发表文章，出版论著《史地新论》（北京晨报社出版部，1924 年）、《大思想家袁枚评传》（上海商务印书馆，1927 年）、《中国文学杂论》（上海亚东图书馆，1928 年）、《中国法律发达史》（上海商务印书馆，1930 年）、《中国诗学大纲》（上海商务印书馆，1933 年）、《中国法律思想史》（上海商务印书馆，1936 年）、《历史研究法》（上海商务印书馆，1939 年）、《中日文化结合论》（上海兴建月刊社，1940 年）等亦署。

杨鸿年，生卒年不详，江苏丹徒（今镇江市）人。字寿人，号秋心、瘦人。笔名：瘦人，1907 年在上海《月月小说》发表《哭秋女士》署用。

杨华（1906—1936），台湾屏东人。原名杨显达。曾用名杨建华、杨健。笔名：①器人，见于《小诗》，载 1927 年 1 月 23 日《台湾民报》。②杨器人，1927 年在狱中创作诗集《黑潮集》（后载于 1937 年《台湾新文学》第 2 卷第 2 期）署用。③杨花，见于诗辑《心弦》，载 1932 年 3 月 4 日至 9 月 27 日台湾《南音》杂志。同年在《台湾新民报》发表诗作亦署。④杨华，见于诗《燕子去了后的秋光》，载 1934 年 11 月 5 日《台湾文艺》创刊号。嗣后在该刊发表诗《女工悲曲》、小说《一个劳动者的死》《薄命》等亦署。按：杨华另出版有诗集《心弦集》《晨光集》《黑潮集》，署名与出版情况未详。

杨怀白，生卒年不详，上海人。笔名中（cǎo）中，1928 年在上海《晶报》发表文章署用。

杨唤（1930—1954），辽宁兴城人。原名杨森。笔名：①杨白恺，见于诗《高粱红了》，载 1948 年夏青岛《民治报》副刊。同时又在青岛其他报纸副刊发表诗作署用。②羊角、羊牧边、路加、杨白郁、白郁，1948 年在青岛《青报》等报副刊发表诗歌署用。其中"白郁"一名又见于诗集《乌拉草》（星诗丛，1948 年）。③杨唤，1949 年赴台湾后发表诗歌，出版诗集《风景》（台北现代诗社，1954 年）、《杨唤诗集》（台中光启出版社，1964 年）、《水果们的晚会》（台北纯文学出版社，1976 年）、《夏夜》（台北伟文图书公司，1979 年）及散文集《杨唤书简》（台中雾峰出版社，1969 年）等署用。④金马，1950 年在台湾《中央日报·儿童周刊》发表儿童诗署用。⑤李天兴，署用情况未详。

杨晦（1899—1983），辽宁辽阳人。原名杨兴栋，字慧修。笔名：①杨晦，见于剧作《乘客》，载 1923 年 11 月 3 日北京《晨报副镌·文学旬刊》；译文《悲多汶传》，载 1925 年北京《沉钟》周刊第 7 期。嗣后在上述两刊及《开明》《骆驼草》《现代》《译文》《青年文艺》《新军》《大学月刊》《青年知识》《时与文》《文讯》等刊发表剧作《伍子胥》、散文《追悼朱自清学长》、评论《沙汀创作的起点和影响》《论文艺运动和社会运动》《罗曼·罗兰的道路》、译文《在〈资本论〉里的莎士比亚》（苏联涅兹基纳原作）等，出版剧作集《除夕及其他》（北平沉钟社，1929 年）、《楚灵王》（上海商务印书馆，1935 年），论著《文艺与社会》（上海中兴出版社，1949 年）、《杨晦文学论集》（北京大学出版社，1985 年），文集《杨晦选集》（上海文艺出版社，1987 年），以及翻译小说《当代英雄》（俄国莱蒙托夫原作。上海北新书局，1930 年）、翻译戏剧《被幽囚的普罗密修士》（古希腊埃斯库罗斯原作。北平人文书店，1932 年）、《瑞典人吕满》（英国莎士比亚原作。重庆新地出版社，1944 年），翻译传记《悲多汶传》（法国罗曼·罗兰原作。上海北新书局，1927 年）等亦署。②楣，见于《魔鬼的俘房》，载 1926 年《沉钟》半月刊第 1 期。③晦，见于《附记（一、二）》，载 1932 年《沉钟》半月刊第 13 期。④丫、寿山，署用情况未详。

杨活兴，笔名鲁施，见于小说《我的悲哀》，载 1942 年《中国公论》第 7 卷第 2 期。嗣后在该刊发表《山间记》《山中笛韵》《病院里》等小说，1943 年在《时言报·诗刊》发表作品亦署。

杨季生（1912－1962），云南剑川人，原名杨佛庚。笔名：①杨弗庚，见于评论《揭穿日帝国主义者的谬论》，载 1937 年 7 月 15 日《云南日报》。②弗庚，见于随笔《究竟日本有多少人愿战》，载 1937 年 7 月 20 日《云南日报》。③杨季生，见于《战芦沟》，载 1937 年 8 月 9、10 日《云南日报》。④季生，见于随笔《我们需要"街头文艺"》，载 1937 年 11 月 17 日《云南日报》。⑤海燕，见于《向炮火里创造新生》，载 1938 年昆明《战歌》第 1 卷第 3 期。⑥立明，见于评论《抗战以来云南文化工作的检讨》，载 1938 年昆明《战时知识》第 2 期；论文《鲁迅与现阶段的文艺运动》，载《鲁迅先生逝世三周年纪念特刊》。1938－1939 年在《云南日报》发表纪念鲁迅的《接受遗教，学习斗争》《想起了鲁迅》等文亦署。⑦一群、浪萍、杨弗，署用情况未详。

杨济，生卒年不详，江苏常熟人。字救炎，号随庵。笔名：①随庵，1915 年在上海《双星》杂志发表文章署用。又见于小说《六娘传》，载 1917 年上海《小说丛报》第 3 卷第 6 期。②杨济，在《南社丛刻》发表诗文署用。

杨济震，江苏吴江（今苏州市）人。字佩玉，号孤室。笔名杨济震，著有《孤室文稿》《孤室小说稿》《孤室诗稿》，刊行与署名情况未详。

杨霁云（1910－1996），江苏常州人。字莫珠。笔名：①杨霁云，见于随笔《一部大众语写成的小说〈金瓶梅〉》，载 1934 年上海《社会月报》第 1 卷第 3 期；随笔《琐记鲁迅》，载 1936 年上海《逸经》半月刊第 19 期。此前后在上述两刊及《青年界》《新语林》《涛声》《文学》《学生文艺丛刊》《芒种》等刊发表《为什么还没有大众语文学》《曼殊诗出封神榜考》《龙也吠斋脞谈》《端午风俗之起源及其嬗变》《文章中的人与伥》《从田赋风潮想到》等文，编选《集外集》（鲁迅原作。上海群众图书有限公司，1935 年）亦署。②秦飞庐，见于收藏之鲁迅《题三义塔》《风号大树中天立》字幅，载 1936 年上海《逸经》第 19 期。③样莫珠，见于《鲁迅先生著作版本和内容略述》，载 1953 年 10 月人民文学出版社版《文学书刊介绍》第 6 期。④莫珠，见于《新编〈鲁迅全集〉拾遗》，载 1959 年 7 月 25－27 日《文汇报》。

杨家文（1923－2004），湖北浠水人。笔名：①周敏，1947 年开始发表作品署用。嗣后出版散文集《花期》（广东人民出版社，1981 年）亦署。②杨家文，署用情况未详。按：杨家文尚出版有杂文集《思想杂谈》、论著《苏联初期文化教育》等，出版与署名情况未详。

杨嘉（1917－1995），广东南海（今广州市）人，满族。祖籍辽宁铁岭。原名杨家驹。曾用名杨大鸿、杨家。笔名：①杨嘉，见于短篇小说《一位校长》，载 1940 年初马来亚新加坡《南洋商报》。20 世纪 40 年代在新加坡《风下周刊》《南洋商报·狮声》《自学周刊》《学习与修养》《南侨日报·南风》《音乐·戏剧·诗歌》等报刊发表作品，出版剧本集《血火朝鲜》（人间书屋，1951 年）、《美国的黄昏》（香港南方书局，1951 年）、《杨嘉剧作选》（花城出版社，1988 年），散文短篇集《鹿影声声》，故事集《甘蔗蚕桑丰收记》，论文集《创作简论》（暨南大学出版社，1983 年），译作《斯大林儿女》（苏联 K. 西蒙诺夫等原作。人间书屋，1950 年）等亦署。②李玄，见于论文《论侨民文艺》，载 1948 年 1 月 8 日新加坡《南侨日报·南风》。同时期在该刊发表《关于马华文艺的独特性》等文亦署。③碧如，1946－1948 年在新加坡报刊发表论文、杂文等署用。④嘉，见于译文《你有好的读书精神吗？》，载 1947 年新加坡《风下周刊》第 2 卷第 77 期。⑤韦如，1949 年开始在香港《华商报》《大公报》等报刊发表文章署用。⑥言言、左戈，1950－1951 年在广州《联合报·影剧周刊》发表影剧评论署用。

杨绛（1911－2016），江苏无锡人，生于北京。原名杨季康。幼名阿季。笔名：①季康，见于小说《璐璐，不用愁！》，载 1935 年《大公报·文艺》。又见于小说《路路》，载 1936 年 8 月大公报馆版《大公报·文艺副刊·小说选》。②杨季康，见于译文《共产主义是不可避免的么》（英国 F. S. 马尔文原作），载 1933 年 6 月 1 日上海《新月》月刊第 4 卷第 7 期。又见于散文《阴》，载 1937 年《文学杂志》创刊号。③杨绛，见于小说《ROMANESQUE》，载 1946 年 1 月 10 日上海《文艺复兴》第 1 卷第 1 期。嗣后在上海《文艺复兴》《月刊》《观察》《新语》《书报精华》等刊发表话剧《风絮》、散文《窗帘》《听话的艺术》、译文《随铁大少爷回家》等，出版短篇小说集《倒影集》、论文集《春泥集》、散文集《干校六记》《我们仨》《将饮茶》、长篇小说《洗澡》、剧本《称心如意》《弄假成真》《风絮》，以及译作《一九三九以来英国散文作品》（英国约翰·黑瓦德原作）、《吉尔·布拉斯》（法国勒萨日原作）、《堂吉诃德》（西班牙塞万提斯原作）等亦署。

杨晋豪（1910－1993），江苏奉贤（今上海市）人。字寿清，号青涛。曾用名杨光波。笔名：①杨晋豪，见于小说《少女之追求红蔷薇》，载 1928 年上海《北新》半月刊第 2 卷第 10 期；《年夜》，载 1929 年 3 月 29 日上海《语丝》周刊第 5 卷第 3 期。嗣后在《真美善》《开明》《青年界》《拓荒者》《时事月报》《国立中央大学》《东方杂志》《流露月刊》《华安月刊》《文汇报·世纪风》《浙江青年》《绸缪月刊》《抗战半月刊》《世界政治》《红茶》《上海评论》《文艺春秋》《华美》《国风》《文艺世界》等报刊发表文章，出版小说集《少女的追求》（上海北新书局，1931 年）、散文集《学校生活速写》（上海北新书局，1935 年）、论著《现阶段文艺论战》（上海北新书局，1937 年）、故事集《两只争斗的狼》《小旅行家》《贪吃的弟弟》（上海商务印书馆，1935 年），以及编选出版《青年游记》《现代杂文选》《青年文艺》（上海北新书局，1935 年）等著作亦署。②晋豪，见于散文《周作人先生》，载 1928 年上海《开明》创刊号；《风雨》，载 1929 年上海《语丝》周刊第 5 卷第 36 期；随笔《从光华书局关门说起》，载 1935 年上海《芒种》第 7 期。③杨非，见于《梵哑铃的弦音》，载 1931 年南京《时事月报》第 5 卷第 1 期；随笔《新月版的三种剧本》，载 1933 年《中国新书月报》第 3 卷第 1 期。嗣后在上海《青年界》《绸缪月刊》《上海评论》《文艺世界》《万岁》等刊发表《怎样展开报告文学》《诗人的经验》《狱中情案》《批评与创作》《论幽默》等文，出版小说散文集《狄姻娜》（上海世界书局，1929 年）亦署。④林易，见于通讯《国际文坛新事》，载 1931 年上海《读书月刊》第 2 卷第 3 期。⑤丁三，见于评论《怎样应付第二次世界大战》，载 1935 年上海《青年界》第 8 卷第 1 期。嗣后至 1945 年在该刊及《抗战半月刊》《文艺世界》《正言文艺》《中学生》《上海周报》《杂志》《万岁》《申报月刊》等刊发表《从阿 Q 正传说到典型和骂人》《方言剧与方言文学》《抗战半月》《文艺的表现技术》等文亦署。⑥寿清，见于评论《组织的力量》，载 1936 年上海《青年界》第 9 卷第 2 期。嗣后在该刊发表《高尔基的风度和给予我们的教训》《谈原谅》《怎样写作呢》等文章，在上海《文艺世界》《立报》《申报月刊》等报刊发表《关于历史剧》《新文化运动和出版界》等文亦署。⑦杨光政，见于散文《铁窗生活实记》，载 1942 年 11 月 1 日－1943 年 6 月 15 日日本大阪《大阪华文每日》；随笔《从电话到〈入狱记〉》，载 1945 年上海《天地》第 15、16 期合刊。20 世纪 40 年代在《国际新闻》《真知学报》《国际两周报》《教育建设》《杂志》《申报月刊》《国际周报》《文友》《风雨谈》《天地》《新影坛》等刊发表《世界战局总检讨》《意大利事变后的大战形势》《一九四四年的中国文艺界》《从电话到〈入狱记〉》等文，出版回忆录《入狱记》（上海太平书局，1944 年）亦署。⑧杨寿清，见于随笔《两年来的上海出版界》，载 1944 年 10 月 10 日上海《文艺春秋丛刊》之一《两年》。⑨光震，见于评论《大东亚决战的前途》，载 1944 年上海《申报月刊》第 2 卷第 10 期。嗣后在该刊发表《记第三届大东亚文学者大会》《一九四四年的欧洲战局》等文亦署。⑩杨青涛，1949 年 8 月在上海北新书局编《新民主主义的少年文选》署用。

杨敬慈，生卒年及籍贯不详。笔名：①敬慈，见于评论《剧场的资本化及奴才化》，载 1923 年 3 月 9 日北平《晨报副镌》。又见于评论《对抗世界之日本外交》，载 1932 年 4 月 18 日天津《国闻周报》第 9 卷第 15 期。嗣后在该刊及《中华周报》《陕西省地方政务研究会月刊》《浙江青年》等刊发表《日本陆军的三巨头》《日俄外交关系》《日本何能统治满洲》《日本的危机》《荒岛的上海》等文亦署。②杨敬慈，见于翻译喜剧《Asparagus》（日本秋田雨雀原作），载 1923 年上海《小说月报》第 14 卷第 6 期；译剧《亲爱的盲人》（何登原作），载 1923 年 12 月 1 日北京《晨报副镌》。同时期起在该刊发表翻译小说《忙里偷闲的恋爱》（美国欧·亨利原作）、译文《从有产阶级到无产阶级的剧场》，

1935 年在天津《国闻周报》第 12 卷第 4 期发表编译之《跃进日本与列强之重压》，出版翻译小说《义贼毕加林》（美国兰敦原作。北京晨报社，1924 年）、《人间地狱》（德国施园女士原作。北京晨报社，1924 年）、《狂人》（英国鄂本哈姆等原作。北京晨报社，1924 年）等亦署。

杨敬年（1908－2016），湖南汩罗人。笔名：①杨敬年，见于散文《十五岁时的回忆》，载 1925 年上海《少年》第 15 卷第 9 期。嗣后在该刊发表《怎样去阅读课外书籍》等文，出版译作《银行家》（美国 M. 迈耶原作。商务印书馆，1982 年）、《国富论》（英国亚当·斯密原作。陕西人民出版社，2006 年），论著《西方发展经济学概论》（天津人民出版社，1988 年），散文集《人性谈》（南开大学出版社，1998 年）、《期颐述怀》（南开大学出版社，2007 年）等亦署。②延生、蓬勃，署用情况未详。

杨静远（1923－2015），湖南长沙人。曾用名杨苑青。笔名杨静远。1946 年开始发表作品署用。嗣后出版译作《哈丽特·塔布曼》（美国康拉德原作。生活·读书·新知三联书店，1979 年）、《夏洛蒂·勃朗特书信》（生活·读书·新知三联书店，1984 年）、《勃朗特一家的故事》（英国玛格丽特·莱恩原作，与顾耕合译。上海译文出版社，1990 年）。按：杨静远尚出版有专著《勃朗特姐妹的生平与创作》《关于勃朗特姐妹的传记文学》《凌叔华和弗吉尼亚·伍尔夫》，译作《马克思传》《马克思恩格斯传》（与其他人合译）、《杨柳风》《彼得·潘》（英国巴利原作）、《英国名家童话选集》《勃朗特姐妹全集》等，出版情况未详。

杨孔娴（1920－？），上海人。笔名：①荷蕊丝，见于小说《饭二嫂》，载 1946 年遵义《黎明》第 1 卷第 2 期。②杨孔娴，编选《上海工人诗选》（上海劳动出版社，1950 年）署用。③卡斌，署用情况未详。

杨奎章（1921－2009），广东梅县（今梅州市）人。笔名：①杨群，出版杂文集《杨群杂文选》（群言出版社，1996 年）署用。②杨奎章，出版诗词集《片叶集》（广东人民出版社，1994 年）署用。③于群，署用情况未详。按：杨奎章发表有评论《秦牧散文的风格》、散文《海内有知己》、杂文《盛世危言》，署名情况未详。

杨逵（1906－1985），台湾台南人。原名杨贵。笔名：①杨逵，1932 年在台湾《新民报》发表小说《送报夫》开始署用。1935 年后在台中主编《台湾新文学》《新文学月报》，同时期起在《台湾文艺》《文学评报》《公余季刊》等报刊发表随笔《台湾大震灾记·感想二三》《为政重无为》、小说《蕃仔鸡》（胡明树译）等作品，出版小说集《鹅妈妈要出嫁》（台南大行出版社，1975 年）、《杨逵集》（台北前卫出版社，1991 年），散文集《压不扁的玫瑰》《羊头集》（台北辉煌出版社，1976 年）、《绿岛家书》（台中晨星出版社，1987 年），话剧集《眼睛的瞎子》《乐天派》（台北合森文化公司，1990 年），以及《杨逵全集》（彭小妍编。台北文化资产保

存研究中心筹备处，1998年）等亦署。②杨建文，1932年开始在《台湾新民报》《台湾新文学》等报刊发表文章署用。按：杨逵还出版有话剧集《父与子》，出版情况未详。

杨历樵，生卒年及籍贯不详。笔名：①历樵，见于随笔《欧洲各国被放逐王族之生活》，载1927年天津《国闻周报》第4卷第48期。嗣后在该刊及《中华周报》《外交月报》《新蒙古月刊》《中央时事周报》《战地通信》《杂志半月刊》发表《海上自由之两种观点》《民治主义得失之论战》《法西斯主义剖解观》《遐荒谰访记》等著译文亦署。②白华，见于评论《新意大利公布选举法全文》，载1928年天津《国闻周报》第5卷第23期。嗣后在该刊发表随笔《德国名小说家苏德曼轶事》、翻译长篇小说《大街》（美国辛克莱·路易斯原作），以及译文《二十世纪莎翁萧伯纳之戏剧谈》（匈牙利乔治·波特原作）、《〈西线无事〉作家雷玛克关于著述的一席谈》（弗雷德里克·勒维尔原作）等亦署。③杨历樵，见于译文《徽帜鲜明之民主德意志》（美国弗兰克·西蒙兹原作），载1928年天津《国闻周报》第5卷第33期。嗣后出版译作《德意志时人评传——欧洲时人评传之一》（苏联根室原作。上海三江书店，1938年）、《苏俄时人评传》（苏联根室原作。上海三江书店，1938年）、《法兰西时人评传》（苏联根室原作。上海三江书店，1938年）、《意大利时人评传——欧洲时人评传之一》（苏联根室原作。上海三江书店，1938年）、《中东欧时人评传》（苏联根室原作。上海三江书店，1938年）以及《国际问题辞汇》（与蒋荫恩合作。长沙商务印书馆，1941年）等亦署。

杨烈[1]（？—1921），江苏崇明（今上海市）人。字沛丞。笔名杨烈，著有诗集《秋虫吟》一卷。

杨烈[2]（1912—？），四川自贡人。曾用名杨陛奎。笔名：①杨深嶷，见于译文《莎士比亚底〈汉姆莱脱〉》（日本米文晋平原作），载1936年成都《文艺》第4卷第3期。②杨烈，出版译作《古典文学再认识》（日本秋田雨雀等原作。上海开明书店，1950年）、《古今和歌集》（日本纪贯之等原作。复旦大学出版社，1983年）、《万叶集》（日本大伴家持等原作。湖南人民出版社，1984年）、诗集《杨烈诗抄》（学林出版社，2008年）等亦署。

杨令德（1905—1985），内蒙古托克托人。原名杨正堂，字令德。笔名：①L.T.，见于《释〈诗句的疑义〉》，载1924年8月15日北京《晨报副镌》。嗣后在《绥远民国日报·十字街头》等报发表文章亦署。②许如，见于诗《新生之歌》，载1934年4月30日绥远《民国日报·塞风》；译文《我的母亲》，载1936年绥远《燕然》第1卷第1期（1942年榆林塞风社版《登厢集》中收载）；随笔《读〈横眉集〉》，见于《新生歌》，载1932年4月后某日绥远《民国日报·塞风》。③杨令德，见于诗《地狱行》，载1921年南京《时事月报》第4卷；译诗《太阳与风》，载1925年北京《儿童》第18期。

嗣后在《语丝》《晨报副镌》《出版周刊》《民国日报·塞风》《民国日报·十字街头》《火炕》《报学季刊》《申报月刊》《文化论衡》《益世周报》《战时文化》《黄河》《边疆月刊》等刊发表著译诗文，出版散文随笔集《伟大的工作》（天津大公报馆，1935年）、《登厢集》（与袁尘影等合集。榆林塞风社，1942年）、《活跃的北战场》《塞上忆往》，主编《抗战与蒙古续编》（榆林塞风社，1941年）等亦署。

杨令茀（1887—1978）江苏无锡人。字清如。笔名：①杨令茀，见于中篇小说《瓦解银行》，载1913年上海《小说时报》第18期；散文《南行省墓记》，载1931年上海《旅行杂志》第5卷第7期。1927年出版诗集《袖慕室吟草》四卷亦署。②清如，见于论文《论女学》，载1907年上海《中国新女界杂志》第2期。嗣后在该刊发表《有谓余东来不易者书此答之》等文亦署。

杨六郎（1913—？），浙江山阴（今绍兴市）人。原名杨心巢。笔名：①杨六郎，见于长篇小说《燕子李三》，1941年连载于长春《麒麟》创刊号至第1卷第7期。嗣后在《麒麟》发表《北京作家介绍》等文，出版《燕子李三》（长春"满洲"杂志社，1942年）亦署。②六郎，见于《阿Q正传弹词》，载1941年长春《麒麟》第1卷第2、3期。③亚岚，见于长篇小说《乐府真声》，连载于1942年1月至1943年3月《麒麟》第1卷第8期至第3卷第3期；短篇小说《喜》，载1943年北平《中国文学》第1卷第6期。同时期在日本大阪《华文大阪每日》发表小说《夜工》、随笔《随话二则》等亦署。④杨亚岚，见于随笔《答座谈会题目》，载1941年北平《中国文艺》第4卷第3期。⑤杨浪，署用情况未详。按：杨心巢1935年起即在北京《心声画刊》《国民杂志》《北京漫画》《华北作家月报》《新民报半月刊》《新轮》《新少年》等刊及北京和天津地方报纸副刊发表小说、随笔、散文等作品，署名未详。

杨履方（1925—），四川璧山人。原名杨光化。笔名：①其眉，1944年开始在重庆《世界日报》、上海《时代日报》等报刊发表诗文署用。见于诗《母亲的呼唤》，载1946年10月25日重庆《诗生活》第2期。又见于独幕剧《暂停营业》，载1948年12月1日上海《剧影春秋》（魏照风、沙坪编）第1卷第4期。②杨履方，1944年开始发表剧本和剧评署用。见于论文《论人物》，载1948年上海《剧影春秋》第1卷第4期。嗣后发表作品、出版话剧剧本《我们的队伍向太阳》《布谷鸟又叫了》《海防万里》（与张泽易合作）、快板剧剧本《劳动友爱》、电视连续剧剧本《热血英魂》、京剧剧本《千秋节》等亦署。

杨麦（1929—2003），辽宁清原人。原名杨富宽。笔名：①大木，见于诗《求生者》，载1946年秋辽宁《民众日报》副刊；诗《英水颂》，载1946年冬清原县中学校刊。②晚风，1946—1947年间在辽宁《民众日报》发表散文《傍晚》、小说《忏悔》等署用。1947年创作话剧《新潮》（在清源县城公演）亦署。③杨富宽，见于小说《柳河》，载 1950 年 10 月《东北文艺》。④杨陌，见于中篇小说《水流千里归入海》，连载于 1950 年 12 月《辽西青年》。⑤杨麦，见于小说《园子地》，载 1952 年冬《沈阳日报》。嗣后出版故事集《英勇的侦察员》（辽宁人民出版社，1954 年），小说集《旅途上》（吉林人民出版社，1957 年）、《青翠的山谷》（百花文艺出版社，1960 年）、长篇小说《高清连》（春风文艺出版社，1962 年）、《月是故乡明》（春风文艺出版社，1985 年）等亦署。⑥杨大宽，见于评论《漫谈写散文》，载 1959 年前后《沈阳文艺报》。

杨没累（1897－1928），湖南长沙人。笔名：①杨没累，见于通信《虚无主义者的再生》（与朱谦之合作），载 1923 年上海《民铎杂志》第 4 卷第 4 期；随笔《看了淦女士的〈淘沙〉以后》，载 1924 年 8 月 8 日北京《晨报副镌》第 180 期；《看了〈沟沿通信〉以后》，载 1924 年《晨报副镌》第 205 期。同时期或嗣后出版书信集《荷心——爱情书信集》（与朱谦之合作。上海新中国丛书社，1924 年）、文集《没累文存》（上海泰东图书局，1929 年）等亦署。②杨没累女士，见于论文《淮南子的乐律学》，载 1926 年上海《民铎杂志》第 8 卷第 1 期；评论《评王光祈论中国乐律并质田边尚雄》，载 1927 年《民铎杂志》第 8 卷第 4 期。③M. R.，见于通信《致诸会员》，载 1919 年《少年中国》第 1 卷第 4 期；诗《看海》，载 1920 年《少年中国》第 2 卷第 2 期。④A. Y. G 女士，见于通信《与本月刊记者论妇女问题书》，载 1919 年北京《少年中国》第 1 卷第 6 期。

杨美清（1931－1990），安徽霍山人。笔名：①杨美清，出版中篇小说《战斗在大石山上》（新文艺出版社，1957 年）、《闪光的琴弦》（广东人民出版社，1976 年），民间故事诗《火把节》（杨美清整理。作家出版社，1958 年）、《白子将军》（与杨苏合作。云南民族出版社，1988 年）、《西双版纳风物志》（与征鹏合编。云南教育出版社，1993 年）等署用。②杨桂、亦兵，署用情况未详。
按：杨美清尚著有短篇小说集《苍山脚下》，长诗《望夫云》《蛇骨塔》《蝴蝶泉》，纪实文学《辘角庄》《魅人的大理》等，出版情况未详。

杨梦周（1924－2011），福建福州人。笔名：①杨不柳，20 世纪 30 年代起在福建报刊发表日本文学作品译文署用。②杨梦周，见于翻译散文《雪》，载 1936 年 5 月福州《小民报·新村》。嗣后出版译作《日本名家小说选》（芥川龙之介原作。台北联合报社，1986 年）等亦署。

杨明[1]（1922－2002），江苏如东人。曾用名杨慎言。笔名杨明，见于小说《同寝室的》，载 1937 年《写作与阅读》第 2 卷第 2 期。嗣后在启东《动员》及《江海报》《苏中报》等报刊发表小说、散文、报告文学，出版长篇小说《越扑越旺的烈火》《二龙传》《江海奔腾》等亦署。

杨明[2]（1919－2005），云南大理人，白族。字令光。笔名：①丁爰，抗战时在重庆《青年文艺》等刊发表文章署用。②杨光明、柳映光，解放战争时期在昆明《民主周刊》《中国周报》等刊发表文章署用。③千方、闻问，1949 年后在《戏剧杂志》发表文章署用。④杨明，出版滇剧集《借亲配》（张哈秋等口述，杨明整理。云南人民出版社，1956 年）、《牛皋扯旨》（中国戏剧出版社，1957 年）及《戏曲杂谈》（云南人民出版社，1980 年）等署用。

杨明照（1909－2003），四川大足人，字弢甫。笔名杨明照，见于论文《说文采通人说考》，载 1937 年北平《考古》第 6 期；论文《庄子校证》，载 1937 年北平《燕京学报》第 21 期。嗣后在《燕京学报》《文学年报》《四川大学学报》《文学遗产》《四川文学》《文史》《中华文史论丛》《古代文学理论研究》《文学理论研究》《文学论集》《中华文史论丛》《文史知识》《文心雕龙学刊》《古代文学理论研究》《古典文献研究》《中国古籍研究》《学术集林》等刊发表有关《文心雕龙》《刘子》《抱朴子》《庄子》《吕氏春秋》等的研究论文，出版专著《文心雕龙校注》（古典文学出版社，1958 年）、《文心雕龙校注拾遗》（上海古籍出版社，1982 年）、《学不已斋杂著》（上海古籍出版社，1985 年）、《抱朴子外篇校笺》（中华书局，1991 年）、《杨明照论文心雕龙》（上海科学技术出版社，2007 年）、《增订刘子校注》（巴蜀书社，2008 年）等亦署。

杨沫（1914－1995），湖南湘阴人，生于北平。原名杨成业。曾用名杨君茉、杨君默、杨默。乳名慧梅。笔名：①小慧，见于报告文学《热南山地居民生活素描》，载 1934 年 3 月 15 日北平《黑白》半月刊；速写《浮尸》，载 1937 年上海《中流》第 2 卷第 7 期。同时期在上海《大晚报·火炬》等报刊发表小说《怒涛》《某家庭》等亦署。②杨默，1937－1940 年在晋察冀、冀中地区报刊发表小说、散文署用。③杨沫，1941 年以后发表文章开始署用，嗣后出版长篇小说《青春之歌》《东方欲晓》《芳菲之歌》《英华之歌》，中篇小说《苇塘纪事》，短篇小说集《红红的山丹花》《杨沫小说选》，长篇报告文学《不是日记的日记》，散文集《自白——我的日记》《杨沫散文选》，以及《杨沫文集》（六卷）等亦署。④鲁佳，1946－1947 年在晋察冀《时代妇女》发表小说、评论署用。

杨乃藩（1915－2003），上海人。笔名：①杨乃藩，见于散文《市声三题》，载 1946 年台北《台湾文化》第 1 卷第 2 期；随笔《小人书到台湾》，载 1947 年 7 月 25 日台北《新生报》。嗣后在上述报刊及《光杂志》《科学大众》《科学画报》《台糖通讯》等刊发表散文《纪念许季茀先生》、评论《怎样供应本省的精神食粮》《台湾高等教育的前瞻》等文，出版散文集《环游见闻》（台北，1960 年）、《津津小品》（台北，1968 年）、《百方集》（台北，1972 年）、《游屐天涯》（台北，1972 年）、《垒块集》（台北华欣文化中心，1975 年）、《聚晶集》（台北四季出版社，1976 年）、《苜蓿集》（台北扬名出版社，1976 年)、《游踪三十年》(台北慧龙出版社，1976年)、《烟云琐语》(台北源成文化图书供应社，1976年)、《美国杂碎》(台北时报文化公司，1977 年)、《环游见闻·欧洲之部》(台北九歌出版社，1978 年)、《环游见闻·北美之部》(台北九歌出版社，1979 年)等亦署。②永亮，见于《给兔小姐龟先生》，载 1947 年上海《开明少年》第 30 期。③乃藩，见于散文《秋日游草山俱乐部记》，载 1948 年台北《台糖通讯》第 3 卷第 9 期。同时期在该刊发表散文《迁居万华宿舍记》《钱顾问昌照印象记》等文亦署。④任坚、耐烦，署用情况未详。

杨乃康(1881－1973)，浙江湖州人，字莘邦、莘士、星邦。笔名杨乃康，著有《木瓜庵诗词稿》。

杨南生(1909?－?)，云南昆明人。笔名：①南生，见于《最后几句话》，载 1931 年 4 月《朝曦》创刊号。②柳兮，见于《浮云》，载 1937 年 1 月 23 日《云南日报》。

杨品纯(1925－2021)，江苏兴化人。笔名梅逊，1949年后在台湾出版小说集《无弦琴》(台湾商务印书馆，1967 年)、散文集《故乡与童年》(台北大地出版社，1967 年)、《进城以后》(台北大江出版社，1975 年)、《若有所悟集》(台北大江出版社，1975 年)、《自我的存在》(台北大江出版社，1983 年)，评论集《散文欣赏》(台北大江出版社，1969 年)等著作亦署。

杨平(1917－1992)，河南汤阴人。原名杨治州。笔名杨平，发表论文《论宗教意识的发生与繁衍》，创作历史剧《甲申悲剧》(油印本)，出版散文集《兰花草》(长江文艺出版社，1985 年)、《骆驼草》等署用。按：杨平曾任作协湖北分会副主席，同名的作家除曾任作协内蒙古分会常务副主席的杨平外，还有科幻作家杨平、诗人杨平、广州市花都区作协副主席杨平等。

杨萍(1916－?)，安徽合肥人。字丹萍，号云影。笔名：①云影，见于《浪雁萍飘》，载《皖中日报》。②丹萍，见于诗《别了，台湾》，载 1940 年《台湾先锋》第 9 期。

杨琦(1921－2006)，云南丽江人，生于昆明，纳西族。原名杨其庄。笔名：①杨其庄，1936－1940 年在昆明《云南日报》《民国日报》《文化岗位》《诗与散文》等报刊发表《生日吟》等诗文署用。1942 年 3 月 6 日在重庆《国民公报》发表诗《长江颂》，1942 年 8 月在《新蜀报·蜀道》发表长诗《路》等亦署。②杨琦，1940年开始在《新华日报》《国民公报·文学新叶》《时事新报》《新蜀报》《商务日报》《诗苗》《诗行列》《诗未央》《新诗帖》《诗星火》《露啼诗丛》《骆驼文丛》《大公报·上海版》《大公报·天津版》《南京日报·荒城》《新民报》《大刚报》《中国日报·文学新丛》《长江日报·大江》《诗创造》《前路》《长江》《音乐知识》《前路》《新诗潮》《海王》《人物杂志》《青年音乐》等报刊发表诗《声音》《写给——》《走出了那座城》《记忆

在发亮》《那天，我要做证人——给 W. C》《我等待着》《歌太阳》、歌词《春天的歌》(施正镐作曲)、散文《这些街》《江》《花》、评论《创作与灵感》《音乐工作者晓河及其作品》等署用。1949 年后出版诗集《杨琦诗抄》(成都出版社，1995 年)、《旅美之影》(成都出版社，1996 年)、《微型抒情诗草》(重庆诗缘社，1997年)，歌舞剧《赶河湾》(上海文艺出版社，1958 年)，散文集《旅美心影》(成都出版社，1996 年)，论著《在音乐战线上》(南京江南出版社，1951 年)、《音乐美的哲学思考》(四川民族出版社，1995 年)，文集《杨琦文集》(青海人民出版社，1997 年)等亦署。③江鹰，见于散文《夜，雪路上》，载 1947 年底重庆《国民公报·文学新叶》第 19 期。④骆茵，见于诗《该颤栗的不是我们》，载 1947 年《中大新闻》。⑤骆英，见于诗《这座城》，载 1948 年 4 月 2 日《南京日报·南园》。嗣后在该刊发表诗《那一条道路》《雾中》等亦署。⑥罗阳，见于诗《无题》，载 1948 年 4 月 5 日《南京日报·南园》。嗣后在该刊发表诗《送葬的行列》等亦署。又见于诗《这不是别离——给 C. M》，载《文学新丛》第 10 期。⑦华玲、江风、孟汾、怀容、余岫、陶沙、岳扶，20 世纪 40 年代曾在重庆、沈阳、南京、上海、天津等地报刊发表文章署用。

杨岂深(1909－1996)，安徽怀宁人。曾用名杨起森。笔名：①杨起森，见于翻译小说《恶魔似的天才》(G.帕帕尼原作)，载 1933 年安庆《译刊》第 1 卷第 3 期。嗣后在上海《教育学期刊》、安徽《安徽教育》发表《杜威对于国外教育之影响》《沦陷区域的教育问题》等文亦署。②杨岂深，见于译文《论世变》(英国赫胥黎原作)，载 1945 年《宪政》月刊第 12、13 号合刊。嗣后出版译作《夸美纽斯的生平和教育学说》(克拉斯诺夫斯基原作。人民教育出版社，1957 年)、《近代文学批评史(1750－1950)》(美国韦勒克原作，与杨自伍合译。上海译文出版社，1997 年)，论著《外国文学名著欣赏》(黑龙江人民出版社，1981 年)、《美国文学选读》(上海译文出版社，1985 年)等亦署。

杨千鹤(1921－2011)，台湾台北人。笔名杨氏千鹤，发表日文小说《花开的时节》(载 1942 年 7 月台北《台湾文学》第 2 卷第 3 期)署用。嗣后在该刊发表《罗汉堂杂谈》等亦署。

杨虔洲(1923－1997)，湖北黄冈人。笔名野萍，20世纪 30 年代中期在武汉报刊发表诗作署用。

杨秋实(1924－)，山西河津人。原名杨春盛。笔名：①杨映，1948 年在陕西《昆仑日报》发表散文《桂花之恋》《拘槐花的孩子》，在张家口《奋斗日报》发表小说《吴大夫》署用。1949 年后在《山西日报》《山西文艺》《陕西日报》等报刊发表杂文、诗、剧评等亦署。②杨秋实，1949 年后出版晋剧集《坐楼杀惜·回荆州》(与刘鉴三合集。山西人民出版社，1956 年)、评论集《剧中人》(山西人民出版社，1992 年)、诗集《梨园踏歌行》(山西省农科院，2010 年)等署用。

杨却俗（1909－1973），河南许昌人。笔名：①辛立、新立，署用情况未详。②杨却俗，见于随笔《忆民国三十年河南的一次浩劫》，载 1970 年台湾《春秋》杂志。

杨群奋（1917－？），笔名：①杨群奋，见于散文《我家的油画——茅屋记录之一》，载 1944 年重庆《文艺先锋》第 5 卷第 1、2 期合刊。嗣后在该刊发表评论《评〈我的父亲〉》《介绍〈三国水浒与西游〉》、小说《善良的人》《农村的风景》《风车》等作品亦署。出版小说集《农村妇人》（重庆新中国文化社，1945 年）、散文集《雪花集》（台北复兴书局，1956 年）亦署。②方瑜，见于《秋原》，载 1947 年《文艺先锋》第 11 卷第 3、4 期合刊。

杨人楩（pián）（1903－1973），湖南醴陵人。字飞迅，号萝蔓（màn）、洛漫。笔名：①杨人楩，见于小说《失去的福音》，载 1925 年上海《民铎杂志》第 6 卷第 2 期。嗣后在《北新》《教育杂志》《大陆杂志》《青年界》《中建》《文史杂志》《文史教育》《世界政治》《中山文化季刊》《学原》《世纪评论》《观察》《海王》《新路周刊》等刊发表文章，出版译作《英帝国主义压迫下之中国》（英国柏恩史原作。上海北新书局，1929 年）、《世界文化史要略》（英国贺益兰原作。上海北新书局，1930 年）、《法国大革命史（上下册）》（俄国克鲁泡特金原作。上海北新书局，1930 年、1931 年）、《罗曼·罗兰》（奥地利茨威格原作。上海商务印书馆，1947 年）等亦署。②骆迈，出版译作《法国革命时代史》（美国戈特沙尔克原作。重庆南方印书馆，1943 年）署用。

杨日基，广西梧州人。曾用名杨纳维。笔名：①尼基，20 世纪 20 年代后期起在《学生杂志》《学生文艺丛刊》及广西梧州《民国日报·宵征周刊》《大公报·子夜》发表小说、散文署用。1933 年在上海《新时代》第 4 卷第 6 期发表《火》亦署。②杨日基，见于散文《暮秋之夜》，载 1932 年梧州《广西大学周刊》第 3 卷第 5 期。③纳维，见于诗《海珠桥》，载 1938 年上海《文艺阵地》第 2 卷第 2 期。嗣后在该刊发表诗《山国之春》、插图《祝捷》、木刻《梧州空室演习清野》，1947 年在桂林《野草》新 5 号《九儒十丐》发表木刻作品《婊子外交》亦署。④粟芒、聂横、若为，署用情况未详。

杨荣国（1907－1978），湖南长沙人。原名杨天锡，号季垫。笔名：①杨天锡，见于论文《王船山思想述评》，载 1942 年 8 月 31 日、9 月 15 日重庆《群众》第 7 卷第 16 期、第 17 期。同年在该刊发表《〈墨子思想〉商兑》《明清之交的中国社会与中国思想》《章学斋的哲学思想》等文亦署。抗战时期又在《读书与生活》等刊发表文章署用。②季垫，1946 年为桂林文化供应社版《辩证唯物论提纲》写序言署用。③杨荣国，见于论文《科学回顾到哲学》，载 1936 年《周行》第 9 期。嗣后成为通用名，先后在《周行》及《中苏》《中山文化季刊》《图书季刊》《大学月刊》《中国学术》《民主世界》《青年学习》等刊发表《谭嗣同的思想》《论杨朱哲学》《戴东原的哲学思想》《荀子的经济思想》《关于研究中国思想史诸问题》《韩非思想探微》等文，出版《西洋现代史常识》（桂林石火出版社，1940 年）、《中国古代唯物论研究》（桂林写读出版社，1940 年）、《中国十七世纪思想史》（永安东南出版社，1945 年）、《孔墨的思想》（上海生活书店，1946 年）、《中国古代思想史》（生活·读书·新知三联书店，1954 年）、《谭嗣同哲学思想》（人民出版社，1957 年）、《简明中国思想史》（中国青年出版社，1962 年）等著作亦署。

杨骚（1900－1957），福建龙溪人，生于漳州。原名杨古锡，字维铨。曾用名杨笃清。笔名：①浮石，见于诗《一个日本女子》，载 1921 年 1 月 26 日上海《民国日报·觉悟》。同年 2 月在该刊发表诗《村女思嫁》《船公与船婆》亦署。②一骚，见于独幕剧《Yellow!》，载 1928 年上海《北新》半月刊第 2 卷第 8 期。③杨骚，见于日记《十日糊记》，载 1928 年上海《语丝》周刊第 4 卷第 13 期。嗣后在上海《语丝》《奔流》《春潮》《北新》《现代文学》《青年界》《文化界》《北斗》《文学月报》《文学界》《人间世》《申报月刊》《作品》《艺术新闻》《文学》《文学青年》《读书生活》《小说》《文学界》《现代文化》《光明》《太白》《新诗歌》《创作》《夜莺》《东方文艺》《文学丛报》《今代文艺》《永生》《新中华》《希望》《新文艺月刊》《新演剧》、东京《杂文》、重庆《抗战文艺》《中苏文化》《抗战文艺》《文学月报》、福建福州《小民报》、永安《改进半月刊》、新加坡《南洋商报·狮声》《风下》《民潮》等报刊发表诗文，出版诗剧《迷雏》（上海北新书局，1928 年）、《心曲》（上海北新书局，1929 年）、《记忆之都》（上海商务印书馆，1937 年），诗集《受难者的短曲》（上海开明书店，1928 年）、《春的感伤》（上海开明书店，1933 年），评论集《急就篇》（上海引擎出版社，1937 年），独幕剧集《他的天使》（上海北新书局，1928 年），翻译小说《痴人之爱》（日本谷崎润一郎原作。上海北新书局，1928 年）、《赤恋》（苏联歌仑泰夫人原作。上海北新书局，1929 年）、《十月》（苏联雅科列夫原作。上海南强书局，1930 年）、《铁流》（苏联绥拉菲莫维奇原作。上海南强书局，1932 年）、《没钱的犹太人》（美国果尔特原作。上海南强书局，1930 年）、《异样的恋爱》（苏联马拉西金原作。上海北新书局，1936 年），翻译戏剧集《洗衣老板与诗人》（日本长田秀雄等原作。上海南强书局，1929 年）等亦署。④杨维铨，见于译文《美国文学的现代性》（日本高垣松雄原作），载 1933 年上海《新中华》第 1 卷第 14 期。嗣后发表诗《二月四日》（载 1939 年重庆《抗战文艺》第 3 卷第 9、10 期合刊），出版翻译散文集《心》（日本小泉八云原作。上海中华书局，1935 年）亦署。⑤维铨，见于翻译剧作《阿拉伯人的天幕》（爱尔兰邓塞尼原作），载 1933 年上海《新中华》第 1 卷第 15 期（刊内正文署名"杨维铨"）。嗣后在该刊第 2 卷第 7 期发表翻译剧作《成名以后》（意大利皮兰德娄原作）亦署。⑥白杨，见于诗《铁匠》，载 1934 年上海《新诗歌》月刊第 2 卷第

3 期。⑦北溪，见于评论《人民之声与〈自由报〉》，载 1950 年 2 月印尼雅加达《生活周报》新 2 卷第 12 期；随笔《也算自我检讨》，载 1951 年 1 月 8 日雅加达《生活报·笔谈》。同时期在上述两刊发表《瞎说，幻想》《庆祝八一节》《准社论》《控得住？煽得起？》等文亦署。⑧丰山，见于短评《"自由人"的嘴脸（一）》，载 1950 年 2 月 14 日雅加达《生活报·笔谈》。嗣后在该刊及《生活报·学习生活》发表《文妓、汉奸和椰城华总》《谁背叛了孙中山先生》《袖手旁观》《自问自答》《中印携手后的"狗声鬼语"》等文亦署。⑨南公，见于短评《"有种"》，载 1950 年 4 月 17 日雅加达《生活报·笔谈》。⑩素，见于短评《微言》，载 1950 年 4 月 21 日雅加达《生活报·笔谈》。嗣后在该刊发表《张冠李戴及其他》《想象》等文亦署。⑪杨维，见于短评《散谈民主》，载 1950 年 4 月 24 日雅加达《生活报·笔谈》。⑫小山，见于短评《"不便推测"》，载 1951 年 1 月 10 日雅加达《生活报·笔谈》。嗣后在该刊发表《奴才的"自由"与"自由"的奴才》一文亦署。⑬溪北，见于短评《停止订阅放毒报刊，缩小匪特谣言市场》，载 1951 年 3 月 14 日雅加达《生活报·笔谈》。⑭唐山阿伯，见于短评《中国人民"忧虑"得很》，载 1952 年 1 月 21 日雅加达《生活报·生活副刊》。⑮洗东，署用情况未详。

杨山（1924—2010），四川南充人。原名杨宗荣。笔名：①杨山，1943 年开始在《民主报》《大公报》《申报》《国民公报》《新民报》等发表诗、小说、评论、剧作等作品署用。1949 年后出版诗集《工厂短歌》（与穆仁合集）、《寻梦者的歌》《爱之帆》《黎明期的抒情》《杨山抒情诗抄》《杨山抒情诗 60 首》《杨山诗选》，散文集《听雨楼随笔》，剧本《姊妹同行》等亦署。②萧扬，见于诗《他是一个中国人》，载 1945 年 7 月 17 日重庆《新华日报》；散文《湖》，载 1945 年重庆《突兀文艺》第 3 期。同时期或嗣后在《重庆日报》《华西文艺》《世界日报》《商务日报》《国民公报》《时事新报》《观众报》《新民报》等报刊发表诗文亦署。20 世纪 80 年代发表文章犹署用。③洋山、杨羊、杨苗、杨扬、萧郎、杨蜜蜂，20 世纪 40 年代开始在《突兀文艺》《重庆少年儿童》《重庆日报》等报刊发表文章署用。1949 年后发表文章犹署用。

杨绍萱（1893—1971），河北滦县人。原名杨广誉。曾用名杨亨林、杨大河。笔名杨绍萱，1943 年 9 月在延安创作平剧《逼上梁山》署用。1951 年在北京《新建设》第 3 卷第 5 期发表论文《论对于殷代史料的研究态度》，此外在《人民戏剧》等刊发表《论戏曲改革中的历史剧和故事剧问题》《论京戏与地方戏关系的问题》《我国戏剧史上的关汉卿》等文，出版京剧《新大名府》（北京新戏曲书店，1950 年）等亦署。

杨生华，生卒年不详，绥远托克托（今内蒙古托克托县）人。笔名耀山，见于诗《假如你不是狂人》，载 1933 年 10 月 30 日绥远《民国日报·十字街头》。

杨实夫（？—1979？），广东大埔人。笔名：①聋、半聋、实夫、迂夫、彬彬、朴天、油子、阿 Q、油炸鬼、波皮男，1929—1933 年在马来亚槟城编《槟城新报》副刊《椰风》《浪花》《碧野》《学生园地》《关仔角》时发表散文、小说、评论等署用。②杨实夫，见于杂文《社会杀了人》，载 1929 年 9 月 29 日马来亚槟城《槟城新报》。

杨实君，生卒年不详，广东大埔人。笔名：①白燕、衣云、依云，1930—1931 年在马来亚槟城《槟城新报》副刊《关仔角》《碧野》发表诗作署用。②实君，见于诗《我是漂泊无依的浪人》，载 1930 年 9 月 22 日马来亚槟城《槟城新报·关仔角》；评论《南洋的通俗化文艺》，载 1938 年 11 月 29 日马来亚新加坡《南洋商报·狮声》。③杨实君，见于散文《烟波江上》，载 1935 年上海《文饭小品》第 5 期。

杨世恩（1905—1926），浙江诸暨人。字子惠。笔名：①杨世恩，见于散文《记本校国庆》，载 1917 年北京《清华周刊》第 120 期；论文《国音与京音异同考》，载 1921 年上海《教育杂志》第 13 卷第 6 号"国语号"。1926 年在北京《晨报·诗镌》发表诗《回来啦》等亦署。②杨子蕙，见于诗《她》，载 1926 年 4 月 8 日《晨报·诗镌》。

杨世骥（1913—1968），湖南明德人。笔名：①世骥，20 世纪 30 年代在武汉《新民报·空谷》发表文章署用；随笔《鲁迅译的红星佚史》，载 1943 年重庆《天下文章》第 1 卷第 5 期。②杨世骥，见于杂文《"世俗之病"》，载 1934 年 12 月 20 日上海《申报·自由谈》。嗣后在《文学杂志》《说文月刊》《新中华》《矛盾》《现代》《文学创作》等报刊发表随笔《曾彦的〈桐凤集〉》《晚清文学史话》《记周桂笙》《彭俞及其〈泡影录〉》、论文《小说理论与批评的萌芽》《戏曲的更新》、诗《登赤壁》《涝塘纪实》《原始的罪恶》《世事》等，出版散文集《文苑谈往》（上海中华书局，1945 年）、《辛亥革命前后湖南时事》（湖南人民出版社，1958 年），史学著作《湘绣史稿》（湖南人民出版社，1956 年）等亦署。

杨守愚（1905—1959），台湾彰化人。原名杨松茂。笔名：①守愚、村老、洋、翔、Ｙ生、静香轩主人，20 世纪 20—30 年代开始在《台湾民报》《台湾新民报》《台湾文学》等报刊发表文章署用。②杨守愚，见于小说《阿荣》，载 1946 年台北《台湾文化》第 1 卷第 2 期。嗣后出版文集《杨守愚集》（台北前卫出版社，1991 年）亦署。按：杨守愚尚作有小说《过年》《鸳鸯》《一群失业的人》《决裂》《凶年不免于死亡》《一个晚》、诗《我做梦》《一个恐怖的早晨》《孤苦的孩子》《人力车夫的叫唤》《女性的悲曲》《时代的巨轮》《长工歌》《洗衣妇》等，署名与发表情况不详。

杨述（1913—1980），江苏淮安人。原名杨德基。曾用名向阳、向阳生、杨德英。笔名：①杨述，见于随笔《关于青年训练》，载 1938 年《战时青年》第 3 期；

评论《加强青年团的时事政治教育》，载 1950 年北京《人民周报》第 9 期。嗣后发表作品、出版《加强青年团的时事政治教育》（青年出版社，1950 年）、《记一二九》（北京出版社，1961 年）、《青春漫语》（北京出版社，1980 年）、《一二九漫语》（生活·读书·新知三联书店，1981 年）等亦署。②艾煌，见于随笔《中国人从那里来的？》，载 1948 年陕北《中国青年》第 1 期。嗣后在该刊发表《中国原始社会》《中国农业畜牧经济的开始》《以农业为主的中国氏族社会》等文亦署。③斯基、萧文兰、文述阳、文淑阳，署用情况未详。

杨树达（1885－1956），湖南长沙人。字遇夫，号积微。晚号积微翁、耐林翁。笔名：①杨树达，见于论文《中国文字的省略》，载 1910 年上海《学艺》第 2 卷第 7 期。嗣后在《民铎杂志》《国语月刊》《太平洋》《东方杂志》《北京师大周刊》《燕京学报》《清华周刊》《清华学报》《国立武汉大学文哲季刊》《考古》《员辐》《北京大学研究所国学门周刊》《文哲丛刊》《金陵学报》《说文月刊》《孔学》《学生月刊》《国文月刊》《文史杂志》《辅仁学志》《学原》《国立中央大学文史哲季刊》《复旦学报》《国立中山大学文史集刊》等刊发表文章，出版《中国语法纲要》《词诠》《高等国文法》《中国修辞学》《积微居金文说》《积微居甲文说》《春秋大义述》《论语疏证》《汉书窥管》《古书之句读》《古声韵讨论集》《汉代婚丧礼俗考》等学术著作亦署。②遇夫，1914 年在《公言》杂志发表文章署用。1920 年在《民铎杂志》发表文章亦署。③杨遇夫，见于论文《"所"字的研究》，载 1920 年 1 月 22 日北京《晨报副镌》；翻译小说《伊万伊利岂之死》（俄国列夫·托尔斯泰原作），载 1920 年《民铎杂志》第 2 卷第 3 期。嗣后在《甲寅》《家庭研究》《制言》《读书通讯》等刊发表著译作品署用。④杨树达遇夫，见于论文《汉书补注正卷》，载 1924 年《北京师大周刊》第 223－233 期。

杨树庸，生卒年及籍贯不详。笔名杨柳青，20 世纪 40 年代创作电影剧本《大地的儿女》（1944 年 1 月 31 日在长春举行的"第一回电影剧本电影故事募集"中被评为佳作）署用。又见于诗《歌者之歌》，载 1944 年 5 月长春《青年文化》。

杨朔（1913－1968），山东蓬莱人。原名杨毓瑨，字莹叔。笔名：①莹叔，见于旧体诗《马家沟寻春写兴》，载 1934 年 5 月 20 日哈尔滨《五日画报》。同年在哈尔滨《国际协报》发表旧体诗《惜春词》等亦署。又见于散文《瘦损的春心》，载 1936 年 6 月 10 日《哈尔滨五日画报》。②杨莹叔，1929 年后在哈尔滨《国际协报·蓓蕾》发表诗文署用。见于诗《今朝》，载 1935 年 3 月 6 日哈尔滨《国际协报·国际公园》。③杨朔，1937 年到上海后改名。见于《吴淞口外》，载 1937 年《光明·战时号外》第 3 期；散文《台湾人》，载 1937 年《抗战半月刊》第 1 卷第 6 期。嗣后在《光明》《东方杂志》《烽火》《战地》《自由中国》《十日文萃》《文艺阵地》《抗战文艺》《文学月报》《五十年代》《文坛》《战时论坛》《改进半月刊》《创作周刊》《人民文艺》《北方文化》《华北文艺》《人民文学》等报刊发表通讯报告《台湾人》《火并》《西战场上》《毛泽东特写》、小说《疮痍》《风暴》《春子姑娘》等作品，出版通讯报告集《潼关之夜》、小说集《帕米尔高原的流脉》《大旗》《北黑线》《中国人民的脚步声》《杨朔短篇小说选》、中篇小说《望南山》《红石山》、长篇小说《三千里江山》、散文集《亚洲日出》《东风第一枝》《海市》《生命泉》《茶花赋》《杨朔散文选》等亦署。

杨思谌（1926－　），福建晋江人。笔名：①余念石，署用情况未详。②杨思谌，1949 年后在台湾出版长篇小说《漫漫长路》（台北皇冠出版社，1967 年）、《金色的泡沫》（台北世界文物供应社，1969 年）、《浓雾中的阳光》（台北正中书局，1969 年）、《闪烁的寒星》（台湾商务印书馆，1975 年），短篇小说集《迷茫的春天》（台湾商务印书馆，1968 年），散文集《人间百态》（台北九歌出版社，1982 年），儿童文学《五彩笔》（1983 年）、《科学小故事》（1986 年）等署用。

杨甦（1921－1990），四川德阳人。原名杨更生。笔名赵灯，著有短篇小说《灌风楼夜话》，组诗《被虐待的土地》，评论《诗·诗人·时代》等。

杨天骥（1882－1958），江苏吴江（今苏州市）人。原名杨锡骥；后改名杨天骥，字骏公，号千里、茧庐、骏公、六一翁。曾用名杨东方。笔名：①千里，1904 年在《女子世界》《江苏》等刊发表文章署用。②杨东方，1912 年前后在《民呼》《民吁》《民立》《民誓》等报刊发表文章署用。③茧庐，1915 年前后在《广益丛报》《双皇》等刊发表文章署用。④杨千里，见于随笔《逃亦有道乎》，载 1926 年《太平洋画报》第 1 卷第 4 期；旧体诗《万里封侯册咏》，载 1941 年广州大学《广大知识》第 1 卷第 9 期。⑤杨天骥，见于随笔《新闻报三十周年纪念辞》，载 1923 年上海《新闻报三十年纪念刊》；旧体诗《闻沈商耆彭年死耗为诗哭之》，载 1930 年《江苏革命博物馆月刊》第 7 期。嗣后在《文社月刊》《民族诗坛》等刊发表《祭周柏年先生文》《七月七日奉怀右公院长》等诗文，出版《简易修身课本》（上海商务印书馆，1906 年）等亦署。⑥天马、东方、闻道，署用情况未详。按：杨天骥尚著有《满夷猾夏始末记》（与其父杨甦民合作）及《茧庐吟草》《茧庐长短句》《茧庐印痕》《茧庐治印存稿》等，刊行与署名情况未详。

杨田农（1927－　），陕西宜川人。原名杨天彪。笔名予野、艾帆、旗手、静野、向春野、杨天彪，1944－1948 年在山西《阵中日报》《山西国民日报》《民声报》、河南《民声报》、上海《青年文艺》、西安《青年日报》《国风日报》《经济快报》《西京平报》《建国日报》《秦风工商报》《正报》《西京日报》《益世报》、兰州《和平日报》《国民日报》《每周文艺》《民众导报》《诗叶》《新文艺月刊》《骆驼文丛》《民意周报》、贵州《大地诗刊》《星火》诗刊等发表诗歌、文章署用。

杨铁夫（1869－1943），广东中山人。原名杨玉衔，字懿生，号铁夫、季良、鸢坡。笔名：①杨铁夫，出版《重编宁波范氏天一阁图书目录》（桐荫勘书室1930年）署用。嗣后在《词学季刊》《文华》《铁路协会月刊》《人文月刊》《学术世界》等刊发表词《泛清波摘遍》《倚风娇近》，随笔《写字法》，论文《石帚非白石之考证》，译文《关于白莲教之乱》（日本矢野仁一原作）、《中国文学语戏》（日本铃木虎雄原作）等作品，出版《清真词选笺释》（香港昌明书局，1932年）、《梦窗词选笺释》（上海人文印书馆，1933年）、《梦窗词全集笺释》（岭南杨氏抱香室，1936年）、《抱香词》（民国年间）等著作亦署。②铁夫，见于词《霜叶飞·重九游江湾叶氏园》，载1929年5月20日南京《铁路协会月刊》第1卷第1期。嗣后在该刊发表诗词《安公子·为吴湖帆题文待诏长门望幸冈》《三姝娟·春间登丹山谒成仁祠成吊古绝句十首总括成词》《二郎神·少白原作有才人有飘茵之感语依韵和之》等亦署。

杨廷福（1924－1984），浙江鄞县（今宁波市）人，生于上海。字士则，号蓼庵。笔名：①士则、小鲁、杨非，1937年在《宁波日报》发表《喋喋》《号角》等文署用。②杨廷福，见于评论《废检察制度议》，载1947年上海《震旦法律经济杂志》第3卷第9期。嗣后出版《大说书家柳敬亭》（四联出版社，1954年）、《明末三大思想家：黄宗羲、顾炎武、王夫之》（四联出版社，1955年）、《苏武牧羊》（北京出版社，1957年）、《谭嗣同年谱》（人民出版社，1957年）、《唐僧取经》（中华书局，1981年）、《玄奘论集》（中华书局，1986年）、《玄奘年谱》（中华书局，1988年）、《明人室名别称字号索引》（与杨同甫合作。上海古籍出版社，2002年）等亦署。

杨同芳（1915－1963），江苏如皋人。笔名：①杨同芳，见于杂文《要和少年们说的几句话》，载1928年《少年》第18卷第11期。嗣后在上海《学生杂志》《学术世界》《中学时代》《心理季刊》《中学生活》《大厦半月刊》《中学生》《上海文化》《家》《中建》《国文月刊》《风雨谈》《申报·自由谈》《大厦周报》《新教育》《世界月刊》《教育通讯》《读书通讯》《新学生》《活教育》《时事评论》等报刊发表诗、散文、杂文亦署。②芳，见于随笔《生命大廉价》，载1941年3月8日上海《申报·自由谈》。③仲俊，1945－1947年间在上海《大公报·星期论文》发表论文署用。

杨芃械，生卒年不详，江苏宝山（今上海市）人。字瑟鸣、瑟民。笔名杨芃械，有《陋庵先生画菊百咏》传于世。

杨味云（1868－1948），江苏无锡人。初名杨寿械（yù），后更名寿枏（nán），字味云，号苓泉、苓泉居士。笔名：①味云，见于旧体诗《丙子上巳秦淮修禊分得宿字……》，载1936年6月4日南京《民生》第22期。又见于随笔《四月来之企划部》，载1946年《雄风》第1卷第1期。②杨寿枏，见于旧体诗《云在山房诗五首》，载1941年5月20日南京《同声月刊》第1卷第6期。按：杨味云著有《云在山房类稿》《云边漫录》，署名与出版情况未详。

杨蔚青（1923－1993），江苏南通人。笔名：①柳天蓝，见于诗《黑暗之咒诅》，载1946年11月11日上海《时代日报·星空》；诗《合力求生才有路》，载1947年3月7日上海《联合晚报·夕拾》。同时期在上述两刊以及上海《时代日报·新生》《新诗歌》及油印刊《无花果》《向太阳》等报刊发表诗、散文诗，1993年印行《柳天蓝诗文集》亦署。②秦风，见于诗《最民主》，载1947年2月15日上海《联合晚报·夕拾》。

杨文林（1931－2015），甘肃临洮人。原名杨生明。1948年开始发表作品，笔名文林、叶杨禾，出版有诗集《北疆风情》等。

杨无恙（1894－1952），江苏常熟人。原名杨元恺，字冠南，号让渔。笔名杨无恙，出版诗集《无恙初稿》（武进董氏诵芬堂刻本）署用。

杨希尧（1924－　），河北滦县人。笔名：①黄鸽，1941年开始在《蒙疆新闻》《蒙疆文学》等报刊发表诗歌、散文署用。②曹也白，1945年开始发表诗歌署用。

杨锡章（1864－1929），江苏松江（今上海市）人。字几园、子文、至文、至雯、紫雯，号了公、了王、蓼功、几园老子。笔名：①至文，1913年在《国学丛选》发表文章署用。②了公，1914年在《织云杂志》《民权素》发表文章署用。又见于随笔《别去当和尚》，载1923年上海《中央周刊》第26期。③杨了公，见于人物记《华女士吟梅家传》，载1915年上海《女子杂志》第1卷第1期。又见于遗稿《连珠》，载1941年7月上海《永安月刊》第86期。④杨锡章，在《南社丛刻》发表诗文署用。⑤乳燕，署用情况未详。

杨熙龄（1927－1989），浙江余姚人。笔名：①杨熙龄，1937年开始发表作品，出版专著《奇异的循环——逻辑悖论探析》（辽宁人民出版社，1986年）、《理智梦》（人民出版社，1988年），译作《恰尔德·哈洛尔德游记》（英国拜伦原作。新文艺出版社，1956年）、《希腊》（诗剧，英国雪莱原作。新文艺出版社，1957年）、《科马斯》（英国弥尔顿原作。文艺出版社，1958年）、《雪莱政治论文选》（商务印书馆，1981年）、《雪莱抒情诗选》（上海译文出版社，1981年）、《莎士比亚十四行诗集》（内蒙古人民出版社，1982年）等署。②熙龄，出版《五月》（捷克马哈原作。人民文学出版社，1960年）、《画家与生活》（英国艾略特·克莱等原作。新文艺出版社，1951年）等署。③易将、殷衣，署用情况未详。按：杨熙龄尚出版有译作《修道士》（印度泰戈尔原作），出版与署名情况未详。

杨纤如（1910－1991），河南固始人。原名杨云鹗，字季立。曾用名杨纤如、袁以德、沈郁子、袁效贤、杨勉流。笔名：①袁长啸，1929－1930年在上海《海光报》等报刊发表文章署用。1934年在汉口《市民日报·副刊》发表文章亦署。②冬杨，1932 年前后在天津《大公报》署用。③眠流，1932 年前后在北平《华北日报》等署用。④杨东、杨冬，1932－1933 年在北平《京报》《沙泉》等报刊发表文章署用。⑤忆恬，见于评论《现在的国际情势与各国的离合》，载 1934 年北平《求实月刊》第 1 卷第 6 期；评论《罗斯福的白银政策与列强斗争的连环》，载 1934 年《求实月刊》第 1 卷第 7 期。⑥阡渔，1934 年在汉口《市民日报·副刊》发表文章署用。⑦杨纤如，见于随笔《斯文今昔》，载 1943 年桂林《大千月刊》第 2 期。1956 年后出版长篇小说《伞》（人民文学出版社，1980 年）、《金刚图》（花山文艺出版社，1985 年），中篇小说《父子间》（花山文艺出版社，1984 年）等亦署。按：20 世纪 20－40 年代杨纤如还在北平《新晨报》《京报》《绮虹月刊》、桂林《前锋月刊》等报刊发表散文、小说等百余篇，1934 年在江西《农民日报》发表中篇小说《巧云》《渺音》，1930 年由北平东方书店出版小说集《冰场上》，署名情况未详。

杨贤江（1895－1931），浙江余姚人，字英父（fǔ）、英甫。曾用名李浩吾、杨赓甫、李服膺、李膺扬、叶公朴。笔名：①英夫。1918 年在《教育周报》发表文章署用。②YK，见于随笔《现实生活里的理想生活》，载 1921 年上海《学生杂志》第 8 卷第 4 期。嗣后在该刊发表《关于爱因斯泰因的一个好消息》《美的价值》《柯克思的成功谈》等文亦署。③江，见于随笔《潜进？消灭？》，载 1921 年上海《学生杂志》第 8 卷第 4 期。嗣后在该刊第 8 卷第 5 期发表随笔《"辟克尼克"》亦署。④杨贤江，见于散文《愁城生活录——游粤杂记之一》，载 1921 年北京《少年中国》第 2 卷第 10 期；论文《自学的成功》，载 1920 年 5 月上海《学生杂志》第 7 卷第 12 期。嗣后在上述两刊及《教育杂志》《民铎杂志》《新女性》《生活周刊》等报刊发表《教师之人生哲学》《童年之游戏生活》《欧美劳动教育的近况》《中国青年的恋爱问题》《中国的妇女运动》等文亦署。⑤贤江，见于论文《德国体育大学的研究科目》，载 1922 年上海《教育杂志》第 14 卷第 3 期；随笔《今年五四和第三期复古运动》，载 1924 年 5 月 5 日上海《民国日报·觉悟》。嗣后在上海《教育杂志》发表《对于平民大学的感想》《美国教育局的组织》等文亦署。⑥曲它，见于评论《课外活动与实际生活》，载 1924 年上海《学生杂志》第 11 卷第 12 期。同时期在该刊发表评论《学生与群众》《青年觉悟的关头》等文亦署。⑦姚应夫，见于《现代教育之矛盾性与新教育之发生过程》，载 1927 年上海《教育杂志》第 19 卷第 12 期。⑧洪康，见于论文《日本富豪的所得调查》，载 1927 年上海《东方杂志》第 24 卷第 24 期；论文《日本学校教育之演化》，载 1928 年上海《教育杂志》第 20 卷第 2 期。同时期在上述两刊发表《"死之船"良荣丸的惨史》《日本教育政策之背景》《日本最近的教育统计一斑》等文亦署。⑨李洪康，见于论文《日本教育之最近概况》，载 1928 年上海《教育杂志》第 20 卷第 1 期（刊内正文署用"洪康"）。嗣后在该刊第 21 卷第 9 期发表论文《日本高等教育之政策及其影响》亦署。⑩叶公朴，见于《职业指导的意义》，载 1928 年上海《教育杂志》第 20 卷第 3 期。嗣后在该刊发表《论儿童图书馆与儿童文学书》《教育劳动者国际之勃兴与其发展》等文亦署。⑪柳岛生，见于译文《苏俄教育研究（一）》，载 1928 年《思想月刊》第 1 期；译文《苏联的大学生》（苏联阿尔钦扬原作），载 1929 年《新思潮》第 1 期。嗣后在该刊及《亚洲世纪》《改造评论》等刊发表评论《中国教育状况的批评》《反对公用事业加价》、译文《亚洲大陆形势论》（美国葛德石原作）亦署。⑫李膺扬，出版译作《家族私有财产及国家之起源》（德国恩格斯原作。上海新生命书局，1929 年）署用。⑬李浩吾，出版论著《新教育大纲》（上海南强书局，1930 年）署用。⑭李谊，见于论文《教育迷信论》，载 1930 年上海《教育杂志》第 21 卷第 12 期。嗣后在该刊发表《教育之本质及其变质》《平克微支之教育心理观》《朝鲜人民要求南北统一》等文亦署。⑮李康、慕颜，20 世纪 20－30 年代在上海报刊发表文章署用。⑯江一、江天、雁江、祝康、健夫、直夫、牛犇，署用情况未详。

杨宪益（1914－2009），安徽泗县（今属江苏盱眙市）人，生于天津。曾用名杨维武。笔名杨宪益，见于论文《关于苏祇婆身世的一个假设》，载 1945 年重庆《礼乐杂志》创刊号；随笔《零墨新笺：柘枝舞的来源》，载 1946 年上海《新中华》半月刊复刊第 4 卷第 6 期。同时期在《图书季刊》《中国杂志》《时与潮文艺》《时与潮副刊》《文讯》等刊发表著译文，嗣后出版随笔《零墨新笺》《零墨续笺》《译余偶拾》《我有两个祖国：戴乃迭和她的世界》，中篇小说《赤眉军》，译作《奥德修纪》（古希腊荷马原作）、《阿里斯多芬喜剧二种》（古希腊阿里斯托芬原作）、《古罗马喜剧三种》（古罗马普劳图斯等原作）、《牧歌》（古罗马维吉尔原作）、《罗兰之歌》（中世纪法国史诗）、《地心游记》（法国儒勒·凡尔纳原作。与闻时清合译）、《卖花女》（爱尔兰萧伯纳原作）、《圣女贞德》（爱尔兰萧伯纳原作。与申惠辉等合译）、《凯撒和克莉奥佩特拉》（爱尔兰萧伯纳原作），以及《萧伯纳选集》《英国近代诗抄》等亦署。

杨萧，生卒年及籍贯不详。曾用名杨萧梅。笔名：①杨萧梅，1933 年在《民报·萝丝》发表文章署用。②若呆、顾玲子、杨若呆，20 世纪 30－40 年代在东北地区报刊发表文章署用。

杨小仲（1899－1969），江苏常州人。原名杨保泰，曾用名羼提生（艺名）。笔名杨小仲，1921 年创作电影剧本《阎瑞生》《好兄弟》《松柏缘》等署用。嗣后在《小说世界》《侦探世界》《红杂志》《红玫瑰》《紫罗兰》《良友画报》《艺文线》《上海影坛》等刊发表小说《婚夕》《流离》《泥泞》《看守妇》《两义塚》、随笔《母之心出映以后》、电影故事《结婚交响曲》《母女勠劳》

《断鸿零雁》等亦署。

杨杏佛

（1893－1933），江西清江（今樟树）人。原名杨铨，字衡甫，号杏佛、死灰。曾用名杨宏甫（谱名）。笔名：①杨铨，见于传记《加里雷倭传》，载1915年《科学》第1卷第1期；译文《发明家之奖报》（美国贝尔原作），载1918年上海《东方杂志》第15卷第10期。此前后在上述两刊及《留美学生会年报》《学生会会报》《时事新报·学灯》《努力周报》《学衡》《革命导报》《国立中央大学农学院旬刊》《人间世》等报刊发表传记《法勒第传》《弗兰克林传》、评论《中国近三十年来之社会改造思想》《社会自救与中国政治之前途》、诗词《大明湖夜泛》《蝶恋花》《杏佛遗诗》等亦署。②杨杏佛，见于讲演《政治与实业》，载1924年7月15日北京《晨报副镌》；随笔《梦想的个人生活》，载1933年上海《东方杂志》第30卷第1期。此前后在《南洋周刊》《革命导报》《国立中央大学农学院旬刊》《交大月刊》《中央周刊》《河南政治月刊》《人间世》等刊发表《工程师与中国改造》《孙文主义的两大基础》《过龙潭战地有感》等文，出版论著《杨杏佛演讲集》（上海商务印书馆，1927年）、《世界各国新社会政策》（与郑斌合作。上海商务印书馆，1928年）、《文章构造法》（中国图书编译馆，1933年）及译作《主要社会问题》（美国拜德原作。上海商务印书馆，1928年）等亦署。③杏佛，见于随笔《烦闷和觉悟》，载1927年北京《现代评论》第6卷第138期。嗣后在该刊第6卷第142期发表诗《牺牲中或堕落》亦署。又见于《过硖石吊志摩》，载1933年上海《论语》半月刊第17期。④死灰，署用情况未详。

杨幸之

（？－1940），湖南平江人。笔名：①杨幸之，见于随笔《卷头语》，载1931年《日本研究》第2卷第2期。又见于随笔《年年除夕没有月亮》，载1933年1月1日上海《申报·自由谈》。嗣后在该刊及《申报月刊》《黄钟》发表《拿事实来》《或人的悲哀》《世界之备战》《论中国现代化》《换上灰衣》等文亦署。②幸之，见于《吊五卅烈士墓》，载1933年1月16日《申报·自由谈》。嗣后在该刊发表随笔《"小白脸"及其"文化"》《行矣张少帅》《洞庭与两子》亦署。③柳云，见于《关于畲民》《宁都暴动与所谓季黄反革命案》等文，载1936年上海《逸经》。又见于信函《致陆丹林》，载1937年上海《宇宙风·逸经·西风非常时期联合旬刊》第4期。④雪华，见于1937年上海《逸经》第25－27期连载瞿秋白《多余的话》时之序言。1928在上海《无轨列车》、1942年在上海《万象》发表文章亦署。

杨絜

（1918－2004），辽宁沈阳人。原名杨献芝。笔名：①皎霏、阿皎，1934年开始在沈阳《盛京时报》《晶画报》《文艺画报》《沈阳画报》《新少年》《醒时报》等报刊发表诗、散文署。后者又见于随笔《仿佛是一场温暖的梦》，载1942年6月长春《麒麟》第2卷第6期。嗣后在该刊发表随笔《记忆是个残忍的毒虫》

《结婚后应以何态度对待以前的爱人》等亦署。②杨絜，1939年起署用。嗣后在长春《新满洲》《麒麟》《大同报》《满洲映画》《健康满洲》、沈阳《新青年》、哈尔滨《东北文学》等报刊发表诗《古井》《零乱的情绪》、散文《早秋的寂寞》《日子是一个流星》、小说《残伤的感情》《海滨的梦》《相逢心依旧》等，出版诗文集《落英集》（长春开明图书公司，1943年）、散文集《我的日记》（长春"满洲"杂志社，1944年）、翻译童话《天方夜谭新篇》（长春"满洲"杂志社，1944年）等亦署。③宪之，见于散文《想起昭陵》，载1942年长春《麒麟》第2卷第10期。

杨亚宁

（1913？－1981），云南剑川人。原名杨鼎照，号剑湖渔夫。笔名：①二楞，见于随笔《我的愿望》，载1935年1月1日《昆明市政日刊·文艺》。②杨亚宁，见于散文《警察生活的第一日》，载1935年上海《读书生活》第1卷第10期；《模范工人顾正红》，载1939年昆明《战歌》第1卷第6期。嗣后在《新动向》《文艺阵地》《自学》《野草》《诗与散文》《人物杂志》《云南日报》等报刊发表诗《胜利的指路碑——纪念双七节两周年》、散文《"上耿"与"下耿"》《蛊——滇云风土记之一》、随笔《黄公度的"伤悲"》《叛逆的领袖杜文秀》《不朽的平民段赤城》等亦署。③金华，见于街头剧剧本《我们的责任》，载1938年昆明《战时知识》第3期。嗣后在该刊第4期发表杂文《略论"前言戏之耳"》亦署。④晓阳，见于诗《八月的颂歌》，载1938年8月20日昆明《战歌》创刊号；报告诗《胜利在我们后方！——记昆明的双七节》，载1938年昆明《战时知识》第3期。⑤杨鼎照，见于新滇戏剧本《双倒台》，载1939年2月1日《云南日报》。同年3月23日在该报发表随笔《改进滇戏诸问题》亦署。⑥亚宁，见于散文《走背街》，载1943年昆明《诗与散文》第3卷第2期。⑦高鲁，署用情况未详。

杨扬

（1926－　），河北香河人。原名杨玉璋。笔名：①杨扬，见于话剧《春回大地》，台北1958年公演。嗣后出版电视剧集《衬裙风波》（台中光启出版社，1963年）、《玫瑰花》（台中光启出版社，1963年）、《恭喜发财》（台北台湾电视公司，1964年）、《张伯伯的故事》（台北中国电视公司，1971年）、《四海游侠》（台北中国电视公司，1971年）、《恩深似海滴滴情》（台北中国电视公司，1972年），广播剧《广播短剧五十篇》（台中光启出版社，1964年）等亦署。②木易、来采、仁心、郑重，署用情况未详。

杨野

（1921－1949？），辽宁铁岭人。原名杨维兴。笔名：①杨野，见于诗《偶感》，载1940年8月15日日本大阪《华文大阪每日》；诗《乡下人》，载1940年沈阳《文选》第2辑。20世纪40年代初在《作风》《地平线》《风景线》等诗刊，及营口《营口日报·黎明》、大连《泰东日报·七日谭》、长春《新满洲》《学艺丛刊》、沈阳《新青年》《诗季》《新诗歌》《东北公论》等报刊发表散文诗《题在一个少女的纪念册上》、诗《再访——〈贵族之家〉读后吟》《夜的吟哦》《抹布》《情诗》等亦署。②杨叶，见于诗作《放浪之歌》，载1940年沈阳《诗季》第一辑。③噫喃燕，1940年前后在沈阳《新青年》《诗季》等刊发表诗歌署用。

杨依芙（1920－？），广东新会（今江门市）人。笔名：①杨奇姿，见于《小竹》，载1941年上海《万象》第1卷第4期。②杨琇珍，见于小说《蓝色的多瑙河》，载1942年《万象》第1卷第7期。嗣后在该刊发表《圣保罗教堂的晨钟》《灯塔》等小说亦署。③杨依芙，抗战胜利后在上海发表小说《玫瑰念珠》《梦痕》等作品署用。1948年在上海《生活月刊》第6期发表小说《西泠桥畔的黄昏》亦署。

杨贻谋，生卒年不详，浙江桐庐人，字少碧。笔名杨贻谋，在《南社丛刻》发表诗文署用。

杨苡（1919－　），安徽泗县（今属江苏盱眙）人，生于天津。原名杨静如。笔名：①晓黛，见于诗《迎"九一八"纪念日》，载1938年昆明《战歌》第1卷第2期。②杨静，见于翻译长诗《柄龙的囚徒》（英国拜伦原作），载1942年福建永安《现代文艺》第6卷第2期。③杨苡，1949年后出版译作《永远不会落的太阳》（苏联马梅德罕里原作。新文艺出版社，1951年）、《俄罗斯性格》（苏联阿·托尔斯泰原作。平明出版社，1953年）、《呼啸山庄》（英国艾米莉·勃朗特原作。平明出版社，1955年）、《伟大的时刻》（德国贝特逊原作。新文艺出版社，1957年）、《天真与经验之歌》（英国威廉·布莱克原作。译林出版社，2002年），儿童文学《自己的事自己做》（文字改革出版社，1961年），书信集《雪泥集：巴金致杨苡书简劫余全编》（上海远东出版社，2010年）等署用。④宁以、黑苓，署用情况未详。

杨荫杭（1878－1945），江苏无锡人，字补堂、补塘，号老圃。笔名：①补孙，见于清末苏州《励学译编》。②老圃，见于随笔《美国婚律大凡》，载1915年上海《小说月报》第6卷第4期。嗣后在《十日谈》《东方杂志》等刊发表《北平的警察》《国耻月中的北平空前盛举》等文亦署。③杨荫杭，出版有《物竞论》（译书汇编发行所，1901年）、《名学》（日新丛编社，1902年）、《诗骚体韵》等著作、译作。其遗文辑为《老圃遗文辑》（长江文艺出版社，1993年）出版。

杨荫深（1908－1989），浙江鄞县（今宁波市）人。原名杨德恩，字泽夫。乳名彭年。笔名：①因心，1922年在宁波《四明日报》副刊发表文章署用。②杨荫深，见于随笔《谈谈村名谜》，载1926年北京《语丝》第62期；小说《失望》，载1928年上海《现代小说》第1卷第6期。嗣后在《妇女杂志》《读书月刊》《青年界》《新时代》《新上海》《戏曲月辑》《茶话》《矛盾》《万象》《学林》《学生杂志》《涛声》《上海宁波公报》《读书俱乐部》《中央日报·俗文学》《大晚报·通俗文学》《星岛日报·俗文学》等报刊发表《疯了的儿子》《闲话奇人》《我怀念宁波三天：天一阁、天封塔、天宁寺》

《元曲大家关汉卿》等文，出版长篇小说《曼娜》（上海现代书局，1929年）、《哭与笑》（上海现代书局，1930年）、《爱的教训》（上海汉文正楷印书局，1933年）、《少年英雄》（上海开明书店，1936年），剧作《一阵狂风》（上海光华书局，1926年）、《磐石与蒲苇》（上海光华书局，1929年），论著《中国民间文学概说》（上海华通书局，1930年）、《高适与岑参》（上海商务印书馆，1936年）、《中国俗文学概论》（上海世界书局，1946年）等亦署。③杨德恩，见于随笔《谈谈北新的出版物》，载1927年上海《北新》第1卷第33期；人物记《陶朱公事略》，载1946年上海《商业月报》第22卷第3期。1939年由上海商务印书馆出版《文天祥年谱》一书亦署。④杨心因、心因，见于故事《呆女婿拜寿》，载1927年上海《小说世界》第16卷第10期（目录署名"杨心因"，刊内正文署名"心因"）。⑤荫深，20世纪20年代在上海《学生杂志》《妇女杂志》等刊发表文章曾署。又见于论文《中国的地方戏》，载1946年上海《上海文化》第11期。⑥水草、若水、劳人、无水，1930年在上海《时报》发表影评署用。⑦英夫，1936年前后在上海《申报·自由谈》发表文章署用。⑧泽夫，见于随笔《关于民族英雄传记的写作》，载1939年4月1日上海《申报·自由谈》。同年5月8日在该刊发表随笔《谈死》亦署。⑨菊华，编著《西太后外纪》（上海国民书店，1940年）一书署用。⑩彭子仪，见于小说《人情》，载1941年上海《小说月报》第7期；随笔《诲淫诲盗与左传》，载1946年上海《茶话》第2期。此前后在上述两刊发表小说《诱》《漩涡》《世界公寓》、随笔《杨乃武的真相》等，出版历史剧《文天祥》（上海国民书店，1940年）和传记《李秀成亲供》（上海国民书店，1930年）、《西施》（上海亚星书店，1940年）、《苏武》（上海亚星书店，1940年）、《王昭君》（上海亚星书店，1940年）、《石达开》（上海亚星书店，1941年）、《秋瑾》（上海亚星书店，1941年）等亦署。⑪黄云，1949年后修订出版《学生字典》（商务印书馆）署用。嗣后出版《聊斋故事选》第3辑（上海文化出版社）亦署。⑫陈菊华，署用情况未详。

杨应彬（1921－2015），广东大埔人。笔名：①杨应彬，出版诗集《东廓吟鞭》（杨应彬诗，夫人郑黎亚书）、《金华集》（与夫人郑黎亚合作。广东人民出版社，1995年），论文集《碎砖集》（广东人民出版社，1987年），以及《杨应彬作品选萃》（花城出版社，1994年）、《杨应彬文集》（作家出版社，2001年）、《小先生的游记》（广东人民出版社，2012年）等署用。②杨石，出版散文集《岭南春》（作家出版社，1965年），诗词集《东湖诗草》（花城出版社，1983年）、《东山浅唱》（花城出版社，1988年）等署用。

杨友德（1929－　），山东章丘人。笔名：①杨友德，1947年起在延安《群众日报》发表歌词和散文署用。嗣后发表作品，出版歌剧集《刘金院变工》（西北人民出版社，1951年）、特写集《昆仑散记》（东风文艺出版社，1960年）、小说散文集《昆仑山下》（青海人民出版社，1963年）、短篇小说集《天空之所以美丽》（青海人民出版社，1979年）、长篇小说《俄洛天刚亮》（人民文学出版社，1979年），以及诗集《萌芽集》等亦署。②艺小苗，见于回忆录《小鬼》，载1957年《延河》。

杨幼生（1923－2006），浙江绍兴人。原名杨传业。笔名：①非人，见于介绍《玻利维亚纵横——南美第二个卷入战涡的国家》，载1943年上海《万象》第2卷12期。②古汗，1943年以后在上海《社会日报》发表杂文、影剧报道署用。③叶风、橡叶，分别见于散文《在快船上——慈东通讯》，改编外国故事《一出阿拉伯的圣难剧》（叙利亚沃森·迪克曼原作），载1944年上海《万象》第3卷第8期。④伍枭，见于随笔《新瓶装旧酒》，载1944年上海《万象》第3卷第10期。嗣后在该刊第3卷第11期发表随笔《触须》亦署。⑤雷焱，见于随笔《生活在火岛上》，载1944年上海《万象》第4卷第2期。嗣后在该刊发表《蝴蝶旅行的故事》《荒岛捕龙》等文亦署。⑥幼生、传业，20世纪40年代在上海报刊发表文章署用。⑦特、特歌、洪荒，1945年开始在上海《文汇报》《大公报·大公园》发表影剧评论署用。"洪荒"一名20世纪80年代发表文章犹署用。⑧杨幼生，出版《上海孤岛文学》（与陈青生合作。上海书店出版社，1994年）、《唐弢研究资料》（与傅小北合作。百花洲文艺出版社，1994年）等亦署。⑨铁木真儿，署用情况未详。

杨雨稜，生卒年及籍贯不详。原名杨温欣。笔名：①杨雨稜，见于小说《羊公云》，载1941年福建永安《现代文艺》第4卷第3期；小说《少爷》，载1942年桂林《文艺杂志》第1卷第6期。②杨稜，见于散文《灯傍》，载1942年《现代文艺》第5卷第3期。

杨玉如（1878－1960），湖北沔阳（今仙桃市）人。原名杨宝珊，字玉如，号古复、古复子。曾用名藻香、藻香子。笔名：①古复子，1911年前在《大江报》发表文章署用。②杨玉如，见于《对于初级中学地理学科的意见》（与庄尧年、贾伸合作），载1923年上海《史地学报》第2卷第7期。嗣后出版《辛亥革命先著记》（科学出版社，1958年）等亦署。

杨御龙（1929－1980），江苏南通人。笔名：①言知、碧天，1949年后在台湾报刊发表散文署用。②杨御龙，1949年后在台湾出版散文集《我在大陈》（台北红蓝出版社，1956年）、《山海集》（台北水芙蓉出版社，1974年）、《歌在田间》（台北水芙蓉出版社，1974年）、《蓝色狂想曲》（台北水芙蓉出版社，1978年），小说集《亲情》（台湾商务印书馆，1968年）、《老伴》（台湾商务印书馆，1969年）、《勇士的塑像》（台中普天出版社，1969年）、《另一个战场》（台北大西洋图书公司，1970年）、《文石项链》（台北立志出版社，1970年）、《婚礼》（台北正中书局，1970年）、《翠云》（台北水芙蓉出版社，1975年）、《缺了角的黄月亮》（台中弘业图书公司，1977年）、《黑渡》（台南凤凰城图书公司，1978年），

中篇小说《锦绣家园》（台北水芙蓉出版社，1979年）、《富基村的故事》（台北水芙蓉出版社，1980年），报告文学《大陈，大陈》（台北，1974年）等署用。

杨樾（1918－2012），广东潮安人。原名杨浩泉。笔名：①万家佛、何龙、于燕郊，1946年后在马来亚新加坡《星洲日报·晨星》《南侨日报·南风》《民声报》等报副刊发表诗《马打来了!》《头家，尊贵的称呼》、杂文《法律的尊严》、散文《潮汕战地散记》等署用。②横眉冷，见于寓言《当领天子下杭州》，载1946年后新加坡《南侨日报》副刊。③方生，见于《超然先生列传》，载1940年上海求知出版社版《德国的内幕》（与庄师宗等合集）。1946年后在马来亚新加坡等地报刊发表诗文，1949年后出版《苏联人民怎样克服困难实现国家工业化》（通俗读物出版社，1956年）、《巴拿马运河》（商务印书馆，1964年）等著作署用。④杨越，出版《明亡野史》（重庆人文书店，1944年）署用。嗣后发表随笔《"孺子"的感念》（载1951年10月10日《文汇报》），出版《什么是理论》（云南人民出版社，1959年）、《在人生的斜坡上》（广东人民出版社，1985年），主编《新加坡华文小说家十五人集》（与陈实合编。花城出版社，1988年）等亦署。⑤杨浩泉，出版《学习国家在过渡时期的总路线》（华南人民出版社，1953年）、《思想小品》（华南人民出版社，1953年－1954年）等著作署用。⑥杨樾，出版论著《怎样学哲学》（广东人民出版社，1958年）、《开拓自我的世界》（与人合作。广东人民出版社，1997年）、《长短集——文艺作品选》（花城出版社，1999年）等署用。⑦陈浩光，1949年后与陈仲达、张其光发表文章合署。按：杨樾尚出版有专著《三十年文艺简论》《论当前的文艺口号之争》《风雨集——学术论文选》《学哲学，用哲学》等，署名及出版情况未详。

杨云萍（1906－2000），台湾台北人。原名杨友濂。笔名：①云萍生，见于《一陈人之手记》，载1924年2月21日日本东京《台湾民报》。嗣后在台湾台中《台湾新文学》、台北《台湾艺术》等刊发表诗文亦署。②士林云萍生，见于《这是什么声》，载1924年8月11日日本东京《台湾民报》。③萍，见于翻译散文诗《女人呀!》（印度泰戈尔原作），载1925年台北《人人》杂志第1期。嗣后在该刊发表《广东游记片片》《编辑杂记》等亦署。④云萍，见于小说《罪与罚》，载1925年《人人》杂志第1期。嗣后在该刊发表诗《月儿》、杂文《无题录》等亦署。⑤杨云萍，见于《黄昏的蔗园》，载1926年9月26日日本东京《台湾民报》。嗣后在台北《华丽岛》《文艺台湾》《台湾艺术》《兴南新闻》《旬刊台新》《台湾新报》《台湾文化》、台中《台湾文艺》、上海《文艺春秋》、香港《星岛日报·文艺》等报刊发表《杨云萍诗抄》等诗文，出版日文诗集《山河》（台北清水书店，1943年）等亦署。按：杨云萍的代表作还有小说《光临》《到异乡》《弟兄》《秋菊的半生》，出版有旧体诗集《吟草集》等，署名及发表、出

版情况未详。

杨云史（1875－1941），江苏常熟人。原名杨朝庆，字汉忠。曾用名杨圻，字云史，号鉴莹、野玉。化名叶思霞。笔名：①杨云史，见于诗《江山万里楼诗》，载 1915 年《双星杂志》第 4 期。嗣后在《紫罗兰》《旅行杂志》《上海画报》《枕戈》《新亚细亚》《中央时事周报》《北洋画报》《实报半月刊》《文化建设》《国医正言》《半月文摘》《道路月刊》《读者文摘》《前锋》等刊发表散文《杨圻缢妻记》《嵩山游记》《如此天涯》、旧体诗《赠韩桂卿诗》《哀南溟》《深居》《赛金花诗碣》等，出版诗词集《江山万里楼诗词钞》（1925 年自印）等亦署。②江东杨云史，见于散文《杨圻缢妻记》，载 1927 年上海《紫罗兰》第 2 卷第 7 期（刊目录署名"杨云史"）；旧体诗《两将军行》，载 1941 年《前锋》第 1 卷第 4 期。③云史，见于七绝《寄寒云解嘲》，载 1927 年《上海画报》第 266 期。嗣后在该刊及《铁路协会月刊》《国闻周报》《实报半月刊》等刊发表旧体诗《法兰西公园曲》《凉风词》《题子威度辽吟草》《陈美美北来索画并题》等亦署。④杨圻，见于《诗录一首·天山曲附香妃外传》，载 1925 年上海《华国月刊》第 2 期 6 册。嗣后在《上海画报》《仁智林丛刊》《紫罗兰》《文艺捃华》《卫星》《广大知识》（广州大学出版）等刊发表《榆关纪痛诗序》《菩萨蛮》《康南海先生事略序》《移居偶遂亭》《万里封侯册咏》等诗文亦署。

杨昀谷（1860－1933），江西新建人。原名杨增荦，字昀谷、云谷、封延、延真，号倓堪、曼陀、羽公、僧若、淯南、曼陀楼主、滋阳山人。笔名：①杨昀谷，见于旧体诗《挽师重》，载 1916 年上海《大中华》第 2 卷第 1 期；旧体诗《酬尧生见寄》，载《大中华》第 2 卷第 9 期。②昀谷，见于旧体诗《和瘿公除夕》，载 1910 年上海《国风报》第 1 卷第 15 期；旧体诗《崠次山》《崠古雪》，载 1916 年《大中华》第 2 卷第 1 期；旧体诗《客问王使君赋答》，载 1932 年天津《国闻周报》第 9 卷第 20 期。③杨增荦，见于旧体诗《招方子》《大梅寺》，载 1922 年南京《学衡》第 5 期；《应潮湖》《山中同尧公作》，载 1922 年《学衡》第 6 期。1926 年在《仁智林丛刊》第 1 期发表《仁智林丛刊叙》亦署。

杨曾蔚（1897－1946），河南开封人。字古霞，号少石。笔名杨曾蔚，在《南社丛刻》发表诗文署用。

杨昭（1928－2005），江西丰城人。原名杨国藩。笔名：①杨昭，20 世纪 40 年代在南昌《中国新报》《民国日报》《力行日报》《青年报》等报刊发表散文、特写、故事等作品署用。1949 年后出版儿童文学《燃烧的河流》（与柏鸿鹄合作）、《小勒岗和他的父亲》，小说集《浇透春雨的缅桂》（与柏鸿鹄合作）、《白蔷薇》（与柏鸿鹄合作）、《勐别姑娘》等亦署。②亚夫，见于散文《水乡小影》、杂文《谢地癌》，载 20 世纪 40 年代南昌《中国新报·文林》。③鲁哨，见于小说《国境线上》，载 1952 年昆明《正义报》。④石槽，1953－1958

年在《云南日报》发表影评署用。⑤木易，1962 年在《边疆文艺》发表文艺评论署用。⑥忆梦珂，1964 年在《边疆文艺》发表评论署用。

杨昭忠，生卒年不详，山东巨野人。笔名：①杨柳青，见于散文《壮游纪快》，载 1935 年厦门《炉炭》第 34 期；评论《纪念革命的五月》，载 1938 年西安《抗战与文化》第 1 卷第 12 期。抗战时发表诗歌亦署。②石村，1949 年后在《群众日报》发表文章署用。

杨兆钧（1909－2003），北京人，回族。曾用名杨涤新。笔名：①杨兆钧，见于游记《克拉维约东使记》（西班牙罗·哥泽来滋原作。上海商务印书馆，1944 年）。嗣后出版译作《土耳其共和国史》（土耳其卡密尔·苏原作。云南大学西南亚研究所，1978 年），主编《云南回族史》（云南民族出版社，1989 年）等亦署。②杨涤新，见于译文《突厥族之研究及其历史》，载 1945 年 12 月重庆《边政公论》第 4 卷第 9－12 期合刊。③迪心，署用情况未详。

杨振声（1890－1956），山东蓬莱人。字金甫、今甫，号歆甫、韵甫。笔名：①杨振声，见于小说《渔家》，载 1919 年北京《新潮》第 1 卷第 3 期。嗣后在《新潮》《现代评论》《晨报副镌》《清华周刊》《独立评论》《新月》《文学杂志》《学文》《现代文录》《江西教育旬刊》《中建》《世界学生》《世界文艺季刊》《读书通讯》《教育短波》《新运导报》《自由文摘》《文讯》《新路周刊》等报刊发表小说《贞女》《一个兵的家》《小妹妹的烦闷》、散文《颐和园之黄昏》《与志摩的最后一别》《纪念朱自清先生》、随笔《礼教与艺术》、诗《巴黎之别》、评论《中国语言与中国戏剧》《朱自清先生与现代散文》《传记文学的歧途》《文人与文章》等，出版中篇小说《玉君》（北京现代社，1925 年），小说集《玉君》（人民文学出版社，1957 年），文集《杨振声选集》（人民文学出版社，1987 年）、《杨振声代表作》（华夏出版社，1999 年）、《杨振声文集》（线装书局，2009 年）等亦署。②希声，1933 年在北平《独立评论》发表《识了字干吗？》《关于民族复兴的一个问题》《为中小学教员说几句话》等文署用。嗣后发表小说《一只戒指》（载 1937 年 2 月 1 日天津《大公报·文艺》第 294 期）、《书房的窗子》（载 1946 年 6 月 15 日《经世日报·文艺周刊》），散文《他与他的大公鸡》（载 1946 年 12 月北平《现代文录》第 1 期）等亦署。③扬声、韵甫，署用情况未详。

杨镇华，生卒年不详，浙江兰溪人。笔名：①杨镇华，见于论文《性与小说——小说必须有性的成分吗？》，载 1931 年上海《读书月刊》第 1 卷第 3、4 期合刊；翻译小说《马尔戈》（瑞典苏特堡原作），载 1931 年上海《世界杂志》第 2 卷第 1 期。嗣后在《世界杂志》及《黄钟》《民族文艺》《中国新论》《商业月报》《新中华》《文艺春秋》《小朋友》《商学研究》《银行周报》等刊发表小说《婚姻》《只有一只手》，评论《新货币制度批评》《整理外币券债之商榷》，翻译小说《金圆圈》（瑞典马太·阿芙·茜兰原作）、《一滴酒》（意大利路伊吉·皮兰德娄原作）、《体面的人》（美国舍伍德·安德森原作）、《青春那图》（意大利邓南遮原作），翻译文学评论《瑞典小说概观》（汉纳·阿斯特罗普·拉尔森原作）等，以及出版翻译儿童文学《水婴孩》（英国金斯利原作。上海世界书局，1931 年）、《少女与蛇》（上海世界书局，1933 年）、《罗宾汉故事》（英国兰辛原作。上海世界书局，1933 年）、《小伯爵》（德国白涅德夫人原作。上海世界书局，1933 年）、《小仙子》（英国夏芒原作。上海启明书局，1933 年）、《爱丽思镜中游记》（英国卡罗尔原作。上海启明书局，1937 年），翻译寓言《伊索寓言》（古希腊伊索原作。上海世界书局，1933 年）等著亦署。②莲岳，见于翻译小说《生命的要求》（挪威努脱·哈姆生原作），载 1930 年上海《时事月报》第 2 卷第 4 期；翻译小说《火烧着的城》（瑞典苏特堡原作），载 1931 年上海《世界杂志》第 1 卷第 3 期。嗣后在《世界杂志》及《民族文艺》《黄钟》等刊发表人物记《瑞典文学家苏特堡》《琪奥文尼·巴比尼》、随笔《名家未完之作》、翻译小说《拿玻里的老街上》（意大利马蒂尔达·萨拉奥原作）等文，以及出版翻译小说《士兵从前线回来了》（苏联卡达耶夫原作。上海永祥印书馆，1950 年）亦署。③杨夏民，见于《钱塘江海塘工程》，载 1947 年 8 月上海《科学大众》第 2 卷第 5 期。④从仌（bīng）、夏民，署用情况未详。

杨之华 [1]（1901－1973），浙江萧山（今杭州市）人。曾用名杨芝华、杨子华、杨其珊、杨宁、杜宁。笔名：①杨之华，见于随笔《由上海募捐而得之教训》，载 1921 年 3 月 30 日上海《民国日报·觉悟》。嗣后出版论著《妇女运动与国民革命》（上海亚东图书馆，1938 年），发表散文《秋白和鲁迅》（载 1949 年北平《中国青年》半月刊第 9 期），出版散文集《回忆秋白》（人民出版社，1984 年）等亦署。②之华，见于小说《我不去，叫太太去》，载 1921 年 9 月 4 日上海《民国日报·觉悟》；《悼向警予同志》，载 1928 年《布尔塞维克》第 1 卷第 21 期。③杨之华女士，见于小说《旧伦理底下的可怜人》，载 1922 年 8 月 23 日上海《民国日报·妇女评论》。同时期在该刊发表随笔《社交和恋爱》《对于"争论〈社交与恋爱〉"的争论》等亦署。④文君，见于随笔《这里才是真正的大学呢》，载 1930 年上海《艺友》半月刊第 8 期；小说《豆腐阿姐》，载 1932 年上海《北斗》月刊第 2 卷第 2 期。⑤文尹，见于散文《回忆敬爱的导师——鲁迅先生》，载 1937 年 2 月 10 日《救国时报》。⑥杜宁，见于散文《纪念我们亲爱的战友——瞿秋白同志》，载 1937 年 3 月莫斯科外国工人出版社版《殉国烈士瞿秋白》；散文《"热血"重温——纪念秋白同志死难二周年》，载 1937 年 6 月 17 日《救国时报》。⑦杏花、芝华、杨章、杨其珊，署用情况未详。

杨之华 [2]，生卒年及籍贯不详。笔名：①杨之华，见

于评论《穆时英论》，载 1940 年南京《中央导报》第 1 卷第 5 期；评论《清末的翻译界》，载 1943 年上海《风雨谈》第 3 期。20 世纪 40 年代在北平《艺文杂志》、上海《大众》《众论》《中华月报》《中国和东亚》《东方文化》《中华日报》等报刊发表《今日之香港》《新感觉主义的文学》《日本文学出版界概况》等文，出版论著《文艺论丛》（上海太平书局，1944 年）及编著《文坛史料》（上海中华日报社，1944 年）等亦署。②杨一鸣，编著出版《文坛史料》（大连书店，1945 年）署用。③杨桦，见于散文《岛之华》，载 1940 年 5 月 1 日香港《时代批评》第 2 卷第 46 期；散文《五月》，载 1943 年 4 月上海《风雨谈》第 1 期。嗣后在《风雨谈》及《西北文化月刊》《文帖》《文艺世纪》《人间》《前路》等刊发表小说《胖掌柜和方太太》《送行》、散文《夏天的书——浮浪绘序》《恋梦湖》《描在青空》等作品，出版散文集《浮浪绘》（上海知行出版社，1945 年）亦署。

杨植霖（1911－1992），内蒙古土默特左旗人。号雨三。曾用名王仕敏。笔名：①天河、长虹、雨三，1934－1937 年在绥远《民国日报·十字街头》《西北日报·塞风》《社会日报·洪荒》、天津《午报》发表诗《写在一九三五年开头》、长篇散文《监狱生活素描》《由农村归来》等署用。②杨植霖，见于杂文《真战士的态度》，载 1937 年 1 月 9 日绥远《社会日报·洪荒》。1949 年后出版诗集《凯歌》（内蒙古人民出版社，1960 年）、《两地集》（青海人民出版社，1965 年）、《青山儿女》（甘肃人民出版社，1982 年）、《青山欲晓》（与张之涛合作。内蒙古人民出版社，1984 年），传记《王若飞在狱中》（中国青年出版社，1961 年），论著《论发扬延安精神》（甘肃人民出版社，1989 年）、《〈敦煌传奇〉的召唤》（甘肃人民出版社，1991 年）等亦署。

杨志诚（1918－2005），浙江舟山人。笔名：①陆洋，见于随笔《堪察加全貌》，载 1942 年上海《杂志》第 10 卷第 1 期；随笔《大洋洲上的所罗门群岛》，载 1943 年上海《万象》第 2 卷第 10 期。同时期在上述两刊发表《俄罗斯的母亲伏尔加河》《南洋的猩猩·虎·豹》，在上海《女声》发表长篇小说《秋潮》和报告文学《舟山群岛的渔盐农妇们》亦署。②陆以真，见于随笔《孙王国秀女士访问记》（与徐学海合作），载 1947 年上海《妇女》第 11 期。同期前后在该刊发表《冰心女士谈对于日本妇女的印象》《和袁雪芬小姐谈越剧》《越剧电影〈祥林嫂〉》《记沙莉》《病卧十年的绿洲女士》等文亦署。

杨志一（1926－2006），湖南芷江人，侗族。笔名陈聪、梁明、王梁、杨志一。著有诗作《蛰》《七一颂》、文学评论《十年来的文学新人》《崭新的工作，很好的开始》《沐浴在阳光中的花蕾》《介绍一些短篇小说新作者》《评三突出》《评〈京剧革命十年〉》《理性认识的曙光》（与邓敏文合作）等。

杨钟健（1897－1979），陕西华县人。字克强。曾用

名杨钟健。笔名：①杨钟健，见于诗《迷途》，载1921年8月15日上海《民国日报·觉悟》；诗《荆棘》，载1921年《共进》第5期。嗣后在上述两刊及《新青年》《新潮》《少年中国》《歌谣》《学生杂志》《科学》《世界画报》《国立北京大学地质学会会刊》《自然科学季刊》《独立评论》《地质论评》《出版周刊》《禹贡》《新西北》《中国博物馆协会会报》《国论周刊》《中国图书馆协会会报》《图书月刊》《文史杂志》《戏剧与文学》《真理杂志》《人物杂志》《文讯》《残不废月刊》《国防月刊》《新书月刊》《中国考古学报》等报刊发表诗《周年纪念杂诗》《什刹海晚游》、杂文《我该说些什么呢》、散文《悼丁在君先生》《怀念地质学家德日进先生》《烽火中谈学人》《记章爱存先生》、论文《论错误》《非常时期之地质学》《纯粹研究之出路》等文，出版散文集《去国的悲哀》（北平平社出版部，1929年）、《西北的剖面》（1932年）、《抗战中看河山》（重庆独立出版社，1944年）、《新眼界》（上海商务印书馆，1947年）、《国外印象记》（上海文通书局，1948年）、《访苏两月记》（科学出版社，1957年）及通俗读物《地震浅说》（上海中华书局，1924年）、《论错误》（北平地质学会，1936年）、《古代的生物》（上海文通书局，1948年）等亦署。②强健，见于随笔《换了以后怎么样？》，载1921年《共和》第1期。嗣后在该刊发表随笔《谨防假冒》《嵩山在那里？》、小说《国庆日的清晨》等亦署。③克强，见于通信《克强复K. Y. Sung》，载1921年《共进》第5期。④健，见于杂记《刘镇华摧残舆论的供状》，载1922年《共进》第22期。嗣后在该刊发表《渐入佳境之奸案》《秦岭之游》等文亦署。⑤钟健，见于散文《由香港到西贡》，载1924年《共和》第53期。嗣后在该刊发表散文《由新加坡到槟城》《由槟城到歌伦布》、诗《为了什么》等亦署。

杨钟羲（1865－1940），辽宁辽阳人，满族。原名钟庆，字子勤、止庵、子琴、梓勤、芷晴、子姓（qìng）、芷姓，号圣遗、留垞、韬服、雪桥、雪樵、庵庵、俨山、螟庵。1899年改名杨钟羲。笔名杨钟羲，见于随笔《意园事略》，载1922年上海《亚洲学术杂志》第4期，出版《雪桥诗话》（南林刘氏求恕斋，1913年）、《雪桥诗话续集》（南林刘氏求恕斋，1917年）、《雪桥诗话三集》（南林刘氏求恕斋，1919年）、《雪桥诗话余集》（南林刘氏求恕斋，1925年）、《圣遗诗集》（1935年）、《历代五言诗评选》（上海商务印书馆，1938年）等署用。

杨仲德（1921－　），上海人。笔名：①莫岩，署用情况未详。②林秀，出版翻译小说《保卫和平》（苏联爱伦堡原作，与他人合译。人民文学出版社，1955年）、《"红色托尔季查"》（捷克斯洛伐克德尔达原作。作家出版社，1955年）、《从小要爱护名誉》（苏联毕尔文采夫原作。人民文学出版社，1958年），翻译政治读物《共产主义社会是什么样子的》（苏联伊林原作。北京青年社，1950年）、《共青团政治学习小组》（苏联斯米尔诺夫原作。时代出版社，1951年）、《工会图书馆的群众工作》（苏联伏耳柯娃等原作。时代出版社，1950年）等署用。③杨仲德，出版翻译小说《戈洛夫廖夫老爷们》（俄国谢德林原作。人民文学出版社，1985年）等署用。④石田，翻译专著《继往开来——论苏联文学发展中的若干问题》（与白堤合译。商务印书馆，1995年）等署用。

杨仲揆（1923－　），湖南汉寿人。号洞庭遗客。笔名：①仲弓，署用情况未详。②杨仲揆，出版《刚毅木讷的学者革命家——丁惟汾传》（近代中国出版社，1983年）、《儒家文化区初探》（台北编译馆，1994年）、《中国趣味文学大全》（中国老人教育协会，1986年）等署用。

杨仲明，生卒年及籍贯不详。笔名漆丽天，见于唱词《打公堂》，载1945年重庆《活路》月刊第1期。

杨仲佐（1875－1968），台湾台北人。字啸霞，号菊痴、网溪。笔名：①啸霞、杨啸霞，1911－1943年在台北《台湾日日新报》《南方》《兴南新闻》等报刊发表旧体诗《寄怀卧龙居士》《对花有感》等署。②杨仲佐，在台湾印行诗集《网溪诗集》（1937年）、《网溪诗集后编》（1939年）署用。

杨周翰（1915－1989），江苏苏州人，生于北京。笔名：①杨周翰，见于诗《哀求者与合唱队》，载1942年11月29日桂林《大公报·文艺》；《战时英国诗选》，载1944年安徽立煌《中原月刊》第9卷第6期。此前后在《时与潮文艺》《世界文艺季刊》《自由导报周刊》等报刊发表评论《路易·麦克尼斯的诗》《战时英国诗选》《奥登——诗坛的顽童》、散文《也许是图画的材料》、译诗《近代美国诗选译》（惠特曼等原作）等，出版论著《攻玉集》（北京大学出版社，1983年）、《十七世纪英国文学》（北京大学出版社，1985年）、《镜子和七巧板》（中国社会科学出版社，1990年）、《杨周翰作品集》（上海人民出版社，2016年），译作《我的国家》（美国戴文波原作。重庆中外出版社，1945年）、《变形记》（古马罗马奥维德原作。作家出版社，1958年）、《蓝登传》（英国斯摩莱特原作。上海文艺出版社，1961年）、《埃涅阿斯纪》（古罗马维吉尔原作。人民文学出版社，1984年），主编《欧洲文学史（上下卷）》（人民文学出版社。1964年、1979年）等亦署。②周翰，见于诗《赠二首》，载1942年桂林《人世间》第1卷第1期；诗《生命的延续》，载1943年1月25日桂林《大公报·文艺》；诗《诗二首》，载1946年《世界文艺季刊》第1卷第4期。按：杨周翰尚译有剧本《亨利八世》《情敌》《特洛亚妇女》等，出版与署名情况未详。

杨子（1921－2011），广东梅县（今梅州市）人。原名杨选堂。笔名：①杨子，见于杂文《打倒广告式》，载1937年上海《宇宙风·逸经·西风非常时期联合旬刊》第4期；诗《珠江珠江》，载1938年《苦斗》第1卷第2期。1949年后在台湾出版长篇小说《浸酒的花朵》（台北皇冠出版社，1956年）、《变色的太阳》（台北联经出版事业公司，1956年）、《欲神》（台北联经出版事业公司，1974年)、《魔像》(台北联经出版事业公司，1981年)，散文集《杂花生树》(台北皇冠出版社，1976年)、《感情的花季》(台北联经出版事业公司，1976年)、《昼夜记》(台北联经出版事业公司)、《精神的裸体》(台北联经出版事业公司，1976年)、《香囊》(台北皇冠出版社，1977年)、《相亲》(台北皇冠出版社，1978年)、《描梦记》(台北联经出版事业公司，1980年)、《杨子自选集》(台北中国文化大学出版部，1980年)、《水柳的诱惑》(台北皇冠出版社，1981年)、《春孕》(台北联经出版事业公司，1983年)等亦署。②杨选堂，见于论文《复兴战后南洋华侨经济的途径》，载1943年《南洋研究》第11卷第1期；论文《战后复兴南洋华侨经济诸问题》，载1943年福建永安《新福建》第4卷第3期。嗣后在《财政评论》《中国建设月刊》《民主》《福建银行季刊》《银行通讯》《人民世纪》《中学生》《台湾银行》等刊发表文章亦署。③朱子，署用情况未详。

杨子固 (1901－1984)，河南杞县人。笔名：①紫菇，20世纪30年代在河南报刊发表诗作署用。②杨子固，见于诗《歌倭祸》《长干行》，载1935年《儒效月刊》第2卷第2、3期合刊；旧体诗《金凤曲》，载1935年《河南教育月刊》第5卷第3期。同时期起在上述两刊发表《孤独谷》《朱师芳圃华山归来歌此奉呈》《梦游华山奉呈段公凌辰》等诗亦署。

杨子戒，生卒年不详，四川人。笔名：①杨子戒，见于改译剧作《打狼》(意大利乔瓦尼·维加原作)，载1929年北平《戏剧与文艺》第1卷第1期。嗣后在该刊第1卷第2期发表译诗《空排遣》(美国道森原作)亦署。②戒，1929年在北平《戏剧与文艺》第1卷第1、2期《戏剧消息》署用。③子戒，见于译文《文体的ABC》(美国莉莲·泰勒原作)，载1929年北平《戏剧与文艺》第1卷第3期。

杨子敏 (1929－2008)，河南新安人。原名杨锡光。笔名泯之、成苑。1946年开始发表作品，著有长篇小说《红石口》(与其他人合作)、散文诗集《回音壁》、散文集《随心集》、独幕剧本《复仇的火焰》等作品。

杨紫麟，生卒年不详，江苏吴县(今苏州市)人。笔名蟠溪子，见于翻译小说《迦因小传》(英国哈葛德原作)，1901年4月起在《励学译编》第1至12册连载。嗣后出版翻译小说《迦因小传》(英国哈葛德原作，天笑生参校。上海文明书局，1903年)、《身毒叛乱记》(英国麦度克原作，与天笑生合译。上海小说林社，1906年)、《大侠锦披客传》(英国哈葛德原作，与天笑生合译。上海小说时报社，1909年)等译作亦署。

【yao】

姚奔 (1919－1993)，吉林扶余人。原名姚正基。曾用名姚向之。笔名：①姚奔，见于诗《我在苦难中成长》，载1938年12月衡阳《大刚报》。嗣后出版诗集

《给爱花者》(永安改进出版社，1942年)、《痛苦的十字》(重庆时与潮书店，1944年)等亦署。②史抄公，1946年2月－3月间在上海《文汇报》发表杂文《弦外之音》等署用。③映实，见于《文化工作者的新任务》，载1946年2月22日《文汇报·世纪风》。④姚芝闻，见于《英国的刻画》，载1946年12月17日《大公报·文艺》。

姚大慈 (1888－？)，湖南平江人。字叔子，号大知。笔名姚大慈，在《南社丛刻》发表诗文署用。

姚大荣 (1860－1939)，贵州普定人。字丽桓、俪垣、俪桓，号芷洋。笔名姚俪桓，出版《马阁老洗冤录》《墨缘汇观撰人考》《西王母国故》等著作署用。

姚道培，生卒年及籍贯不详。笔名道培，见于诗《慈母之爱》，载1923年11月28日《京报·诗学半月刊》。

姚奠中 (1913－2013)，山西稷山人。原名姚豫太，字奠中。曾用名丁一、丁中。笔名姚奠中，1949年后出版《姚奠中论文选集》(山西人民出版社，1988年)署用。

姚非厂 (ān) (1918－1987)，山东费县人。原名姚潜修。笔名：①姚非厂(ān)，见于随笔《我们怎样了解庐隐》，载1934年上海《文艺风景》第1卷第2期；《我们对于文化运动的意见》，载1935年上海《文学》第5卷第1期和1935年上海《青年界》第8卷第2期。②非厂(ān)，见于随笔《刘大杰与三绑匪》，载1934年上海《新语林》半月刊第2期；杂文《狗与林语堂》，载1935年日本东京《杂文》第1期。嗣后在《杂文》发表杂文《"子见南山"以后》、散文《让我们再大的痛苦再从心里消失了吧》等亦署。③阿非，见于译文《语录》(苏联高尔基原作)，载1936年《质文》第2卷第1期。④姚潜修，见于随笔《关于台儿庄的大胜利》，载1939年4月桂林《救亡日报》。

姚凤惠 (1912－？)，山西临猗人。原名姚谦祥，字予影。曾用名文益。笔名丁向、予影、向兵、傻兵、贫血儿、姚凤惠，1943－1949年在西安《国风日报》《西京平报》《经济快报》《白话报》《西北文化日报》发表散文、小说等署用。

姚光 (1891－1945)，江苏金山(今上海市)人。字凤石，号石子、后超、复庐。曾用名佚史氏。笔名姚光，在《南社丛刻》发表诗文，出版《浮梅草》《荒江樵唱》《金山艺文志》等著作署用。

姚吉生 (1922－2005)，福建浦城人。笔名：①姚怀孕，见于散文《故我的拜访》，载1947年11月18日福州《星闽日报·星瀚》。嗣后在该刊发表书评《果戈里的〈外套〉》等亦署。②姚吉生，见于散文《血》，载1948年1月6日《星闽日报·星瀚》。嗣后在该刊发表散文《大地的手臂》、小说《遗嘱》等亦署。③姚远，见于小小说《刺激》，载1948年4月7日《星闽日报·星瀚》。嗣后在该刊发表散文《披着白云的山》，

小说《占有》等亦署。④司马奔，20 世纪 40 年代在福建报刊发表诗、散文等署用。按：姚吉生 1946－1948 年先后在《星闽日报·星瀚》《福建日报·占有》发表过散文《烟突》《对岸》《石子路》《臂》《猴子自传》《生之旅》《怀王西彦师》《石阶》《眼泪》《冷凛的春天》《辩》《写给活着的人看》《病中的悠思》和小说《跛脚老人》《偶然》等，署名情况未详。

姚见（1924－　　），河北乐亭人。原名姚砚翌。笔名姚见。发表有论文《从文学角度看我国对外文化交流》《俄罗斯和欧洲艺术经验》《浅谈关于比较文学中的有关问题》《介绍外国文学要注意翻译的质量、选题和社会效果》《对外国文学工作中一些问题的看法》《让外国文学更好地为社会主义服务》、文艺理论《体验派的艺术经验》《"青鸟"和"底层"的艺术手法》《黑暗的势力》等，著有话剧剧本《一面镜子》（合作）、《一封未读完的信》等。

姚江滨（1915－2007），江苏泰兴人。字公振。笔名：①江平、江冰、江斌，1934－1935 年在江苏《新江苏报·新思潮》《苏报·甘露》等刊发表小说署用。②姚江滨，出版诗集《江山情诗》（中国图书杂志公司，1947 年）、《西湖烟雨》（中国艺文出版社，1948 年）、《归来》（镇江江南印书馆，1948 年），长诗《东渡使者》（百花文艺出版社，1980 年）、《晁衡师唐》（陕西人民出版社，1985 年）等署用。③姚公振，出版金融与农村经济著作等署用。

姚锦（1925－　　），安徽池州人。原名姚锦凤。笔名姚锦，1945 年在北平《创作季刊》发表作品署用。1952 年在《人民日报》文艺版发表小说《幸福》、散文《假日》，出版小说集《战斗》（与李克异合作。北京火星社，1951 年）、小说通讯集《战斗》（新文艺出版社，1953 年）、采访录《姚依林夕夕谈》（中国商业出版社，1998 年）等亦署。

姚可昆（1901－2003），河北秦皇岛人。曾用名姚可崑。笔名：①姚嵩，早年编《华北日报·妇女周刊》时署用。②尧颂，在《华北日报·妇女周刊》发表文章署用。③姚可崑，见译文《忆果戈里》（俄国安宁柯夫原作），载 1937 年上海《译文》新 3 卷第 1 期。嗣后在《新文学》《民族文学》《文聚月刊》《世界文艺季刊》等刊发表《在东战线》《麦耶尔牧师》等译作，出版教材《大学德语课本》（时代出版社，1956 年）亦署。④姚可昆，1956 年后发表文章、出版翻译小说《维廉·麦斯特的学习时代》（德国歌德原作，与冯至合译。人民文学出版社，1988 年）等署用。

姚克（1905－1991），美籍华人，原籍中国安徽歙县，生于福建厦门。原名姚成龙，字莘农、星农、惺农。曾用名姚志伊、姚志俨。笔名：①姚莘农，见于随笔《新文艺运动：倾向与前景》，载 1933 年 4 月 7 日上海《字林西报》；散文《痛悼鲁迅先生》，载 1936 年上海《逸经》半月刊第 18 期。此前后在《宇宙风》《电影戏剧》《明星》《文摘》《益世周刊》等刊发表文章亦署。②姚克，见于散文《上海——再会!》，载 1933 年 8 月 18 日《申报·自由谈》；评论《读〈却派出夫〉以后》，载 1936 年上海《夜莺》第 1 卷第 4 期。此前后在《译文》《中流》《戏剧时代》《剧场艺术》《丽芒湖上》《小说月报》《大众》《奔流文艺丛刊》《万象》《中艺》等刊发表剧本、散文、评论、译作等，出版话剧剧本《清宫怨》（上海世界书局，1944 年）《楚霸王》（上海世界书局，1944 年）、《银海沧桑》（上海世界书局，1945 年）、《美人计》（上海世界书局，1945 年）、《西施》《秦始皇》，翻译戏剧《魔鬼的门徒》（爱尔兰萧伯纳原作。上海文化生活出版社，1936 年），论著《怎样演出戏剧》等亦署。③莘农，见于随笔《结婚软？事业软？——给某女星的一封公开信》，载 1944 年《上海影坛》第 2 卷第 2 期。④阿隼，上海"孤岛"时期在报刊发表文章署用。

姚冷（1923－　　），江西南昌人，回族。笔名：①戈茫、艾明、欧夫、韩敏、夏绿蒂，1938 年以后在江西泰和《大路》、吉安《大众日报》《捷报》、南昌《中国新报》《天下报》、上海《青年人》、台湾《大明晚报》及《温州日报》等报刊发表文章署用。②姚冷，1949 年后发表小说《摩雅黛》《带警犬的帕把》等署用。

姚茫父（fù）（1876－1930），贵州息烽人。原名姚华，字一鄂、崇光，号茫父（fù）；别号莲华庵主人。曾用名姚重光。笔名姚茫父，出版《弗堂词·菉猗曲》《庚午春词》《猗室曲话》《曲海一勺》等署用。

姚民哀（1893－1938），江苏常熟人。原名姚朕，字天疧，号民哀。曾用名姚肖尧、朱兰庵、朱茱庵。笔名：①天疧，见于随笔《息庐拾遗记》，载 1915 年上海《小说丛报》第 7 期。嗣后至 1922 年在该刊及《小说新报》《游戏世界》等刊发表《息庐丛谈》《花萼楼随笔》《老学究与新文豪书》等文亦署。②民哀，见于《杂译》，载 1916 年上海《小说丛报》第 18 期。嗣后在该刊及《小说新报》《小说季报》《游戏世界》《红杂志》《心声》《红玫瑰》《新月》《文华》《快活》《申报月刊》《晶报》等刊发表《西康风土记》《花萼楼记侠》《花萼楼随笔》《上海竹枝词》《红楼梦质疑录》《俗语考证（一）》《梨园佳话》《歌场赘语》等均署。在《南社丛刻》发表诗文亦署。③乡下人，见于滑稽小说《好》，载 1917 年上海《寸心》杂志第 2 期。嗣后在上海《新声》《红杂志》《晶报》等刊发表随笔《说书闲评》等文亦署。④君复，1919 年前在上海《小说时报》《民权素》《小说海》等刊发表文章署用。⑤老夗，见于《春江花事》，1920 年 1 月连载于上海《晶报》。⑥第二号看报人，1920 年在上海《晶报》发表文章署用。⑦姚朕，1920 年在上海《解放画报》发表文章署用。⑧姚民哀，见于随笔《新年的面面观》，载 1922 年上海《游戏世界》第 9 期。嗣后在《国闻周报》《快活》《小说新报》《心声》《红杂志》《侦探世界》《红玫瑰》《紫罗兰》《文华》《社会月报》《越风半月刊》等刊发表特写《义军寄语》等文，出版长篇小说《现代侠义英雄传》《江湖豪侠传》《四海群龙记》《党会英雄传》，小说集《民哀说集》，中篇小说《山东响马传》，编选《小说霸王》等亦署。⑨姚肖尧，在《南社丛刻》发表诗文署用。⑩护法军，见于《花国总理行事》，载1929年上海《晶报》。⑪花萼楼主，20世纪20—30年代在上海《晶报》等小报发表文章署用。⑫小妖、兰庵、芷卿、灵凤、花萼、半塘，署用情况未详。

姚名达（1905—1942），江西兴国人。字达人。曾用名姚显微。笔名姚名达，见于《我们对于文化运动的意见》，载1935年上海《文学》第5卷第1期。嗣后在《青年界》等刊发表文章，出版传记《郑和》《成吉思汗》，论著《目录学》《中国目录学史》，编著《章实斋年谱》（胡适著、姚名达订补。上海商务印书馆，1931年）、《朱筠年谱》《中国目录学年表》《目录学》（上海商务印书馆，1933年）、《中国目录学史》（上海商务印书馆，1936年）、《中国目录学年表》（上海商务印书馆，1940年），编选诗集《暴风雨的一夕（女作家新诗集）》（上海女子书店，1935年）、散文集《少女日记》（上海女子书店，1935年）等亦署。

姚明辉（1881—1961），上海人。字孟壎，号太平洋人。笔名姚明辉。有《反切源流考略》《律历小记》《大学姚氏读》《孝经读本》等著作。

姚楠（1912—1996），上海人。字梓良。笔名：①姚楠，见于游记《星洲鸟瞰》，载1940年上海《旅行杂志》第14卷第8期。此前后在《南洋学报》《中原月刊》《东方杂志》《华文国际》等刊发表《缅甸瑞德宫传说》《开辟前之槟榔屿》等著译文，出版论著《古代南海史地丛考》（与许钰合作。上海商务印书馆，1944年），译作《战后东南亚史》（美国约翰·F.卡迪原作。上海译文出版社，1984年）、《东印度航海记》（荷兰威·伊·邦特库原作。中华书局，1982年）、《热带猎奇：十七世纪东印度航海记》（德国弗里克、施魏策尔原作，与钱江合译。海洋出版社，1986年），编著《东南亚历史词典》（上海辞书出版社，1995年）等亦署。②南迁，见于译文《英暹在马来半岛之关系》，载1943年《文史杂志》第2卷第11、12期合刊。③姚梓良，出版译作《马来亚史》（英国温斯泰德原作。商务印书馆，1958年）、《中东史（上下册）》（美国费希尔原作。商务印书馆，1979年、1980年）署用。④施平、史耀南，署用情况未详。按：姚楠尚著有《中南半岛华侨史纲要》《马来亚华侨史纲要》《缅甸史》等，署名情况未详。

姚蓬子（1906—1969），浙江诸暨人。原名姚梦生，字裸人。曾用名姚方仁、姚杉尊。笔名：①蓬子，见于《秋歌》，载1926年北京《语丝》周刊第87期；诗《雨声》，载1926年北京《莽原》半月刊第1卷第16期。嗣后在《小说月报》《文学周报》《沉钟》《奔流》《幻洲》《无轨列车》《熔炉》《东方杂志》《新文学》《红

黑》《人间月刊》《世界文化》《十日戏剧》《萌芽》《文艺月刊》《读书月刊》《文学生活》《教育通讯》《文艺新闻》《青年界》《北斗》《文学月报》《今代文艺》《抗战文艺》《文艺杂志》《中国建设月刊》《文坛》《新蜀报·蜀道》等报刊发表著译诗、小说、散文等，出版诗集《银铃》（上海水沫书店，1929年），小说集《浮世辑》（上海良友图书印刷公司，1935年）、《剪影集》（上海良友图书印刷公司，1933年），翻译小说《处女的心》（法国果尔蒙原作。上海北新书局，1927年）、《没有樱花》（俄国罗曼诺夫原作。上海现代书局，1932年）、《我的童年》（苏联高尔基原作。上海光华书局，1930年）、《饥饿的光芒》（俄国屠格涅夫等原作。上海湖风书局，1931年）、《俄国短篇小说集》（皮涅克等原作。上海商务印书馆，1937年）、《爱情与面包》（瑞典斯特林堡原作。上海作家书屋，1947年），翻译散文集《妇人之梦》（法国果尔蒙原作。上海光华书局，1930年）等亦署。②姚方仁，见于小说《孤影》、评论《关于"三代恋爱"的分析观察》，载1928年上海《新女性》第3卷第12期；小说《胡子阿五》，载1928年上海《小说月报》第19卷第12期；随笔《文艺与时代》，载1929年上海《文学周报》第339期。③姚蓬子，见于诗《坂道上》，载1928年上海《熔炉》第1卷第1期；随笔《"五四"精神》，载1940年重庆《中苏文化》第6卷第3期。嗣后在重庆《今日青年》《新演剧》《抗战文艺》《文学月报》《文艺先锋》等刊发表诗文亦署。④姚杉尊，见于诗《列宁格拉的风》《晨号》，载1930年上海《新文艺》月刊第2卷第1期；诗《建筑匠底歌》《斗争交响曲》，载1930年上海《新文艺》月刊第2卷第2期。⑤杉尊，见于诗《复兴》《前夜》，载1930年上海《萌芽》第1卷第4期；杂文《谁利用自由大同盟》，载1930年上海《巴尔底山》旬刊第1卷第2、3期合刊。⑥方仁，见于译诗《K. M.之诗》，载1935年上海《世界文学》第1卷第4期。⑦蓬，见于短论《作家到战地去》，载1939年《抗战文艺》第3卷第9、10期合刊。⑧小莹，出版翻译小说《盗用公款的人们》（苏联卡泰耶夫原作。上海南强书局，1931年）署用。嗣后发表小说《"考秀才"》（载1941年香港《青年知识》周刊第4期）、译文《动物园的秘密》（载1946年上海《幸福》第1卷第1期）等亦署。⑨丁爱、华风、玲玲、慕容梓，署用情况未详。

姚鹏图（1872—1921），江苏镇洋（今太仓市）人。字柳坪、柳屏，号古风。笔名姚鹏图，出版有诗集《扶桑八吟》。

姚溱（1921—1966），江苏南通人。曾用名姚澄波、姚静。笔名：①姚溱，见于评论《关于〈日出〉》，载1937年南通《濠上》第4期。1949年后在北京《人民日报》等报刊发表文章亦署。②阿隼，"孤岛"时期在上海报刊署用。③秦佐，1938年前后在南通《新通报》发表作品开始署用。嗣后发表军事述评《苏日关系新前途》（载1940年《上海周报》第2卷第21期）亦署。

④钟鼎文，见于杂文《泛论生活通讯运动》，载 1941 年上海《知识与生活》半月刊第 5 期；评论《从华威先生谈起——谈文艺形象化和典型性》，载 1941 年上海《知识与生活》半月刊第 2 卷第 1 期；《怎样写生活通讯》，载 1941 年上海《知识与生活》半月刊第 1 卷第 16 期。⑤田匀，1941 年 3 月起在《知识与生活》发表文章署用。⑥宋明，1946 年 4 月在上海编辑《消息》时署用。⑦丁静，见于军事述评《时局新形势》，载 1946 年上海《文萃》第 50 期。嗣后在该刊及上海《时代日报》等刊发表文章亦署。⑧姚澄波，抗战胜利后在上海《中国建设月刊》任编辑时署用。⑨秦少校，见于军事述评《鲁中大战以后》，载 1947 年 1 月 28 日《时代日报》嗣后在该报连续发表军事述评文章亦署。⑩马可宁，见于军事述评《从攻坚到运动——论四平街解围以后》，载 1947 年 7 月 2 日《时代日报》。嗣后在该报发表《战场七月如流火》《八方惊风雨》《秋风紧战鼓》等述评文章亦署。⑪萨利根，见于军事述评《半周军事综述》，载 1947 年 9 月 24 日《时代日报》。嗣后在该报发表军事述评亦署。⑫波光，1948 年 5 月上海《展望》周刊创刊后在该刊发表"一周战局"专栏文章署用。⑬马里宁，1948 年 6 月在上海《时代》半月刊发表军事述评署用。⑭于兆力，与乔冠华、王力合署。见于评论《杜勒斯的童话和中国的真实》，载 1959 年北京《红旗》杂志；评论《古巴人民抗美爱国斗争胜利的伟大意义》，载 1961 年《红旗》第 9、10 期合刊。⑮仲亨、刘茜、郁真、茜军，署用情况未详。

姚三友（1925— ），山西稷山人。曾用名姚庆云。笔名：①多闻、羽辛、紫芝，20 世纪 40 年代在西安《国风日报》《西京平报》等报刊发表诗《这里没有太阳》、散文《路》等署用。②老兵、老姚、宋竺梅、姚三友，1949 年后在《陕西书讯》等刊发表书评《〈中国气功学〉简介》等署用。

姚时晓（1909—2002），浙江湖州人。原名姚冶孝。笔名：①姚时晓，见于独幕剧《别的苦女人》，载 1936 年上海《光明》半月刊第 1 卷第 8 期；五幕剧《粮食》（与他人合作），载 1946 年《文坛》第 1 卷第 3 期。此前后在上海《救亡日报》发表文章，嗣后出版独幕剧剧本《别的苦女人》《姊妹们》《炮火中》《林中口哨》《闲话江南》《原形毕露》《租界里的冬天》《竞选》及《棋局未终——姚时晓自选集》（上海文学艺术界联合会，1997 年），主编《左翼戏剧运动大事记（1929 年 1 月—1937 年）》（中共上海市党史资料征集委员会，1987 年）等亦署。②时晓，见于独幕剧《今天》，载 1941 年《文艺阵地》第 6 卷第 1 期；独幕剧《民兵》，载 1942 年 7 月 27、28 日延安《解放日报》。③江桥、剑秋，署用情况未详。

姚思慕，生卒年及籍贯不详。笔名：①姚思慕，见于译文《一列车的柴》（德国 W. 郎格贺夫原作），载 1937 年上海《译文》月刊第 3 卷第 1 期。②思慕，见于译文《从德国来的快车》（德国 J. 贝塞儿原作），载 1937 年《译文》第 3 卷第 3 期。

姚苏凤（1905—1974），江苏苏州人。原名姚赓夔。曾用名姚赓奎。笔名：①姚苏凤，见于长篇小说《女人女人》，连载于 1920 年后上海《申报·自由谈》；随笔《我的娱乐》，载 1943 年重庆《国风》半月刊第 16 期。嗣后出版中篇小说《铸梦传奇》（上海怀正文化社，1949 年），话剧剧本《之子于归》（重庆新生图书文具公司，1943 年）、《火中莲》（重庆万象周刊社，1944 年），翻译小说《隐身客》（英国柯南·道尔原作。上海华华书报社）等亦署。②陶乐赛女士，20 世纪 30 年代在上海《小晨报》答读者问署用。③月子，见于杂文《百舌集》，载 1945 年《新民报·万方》。④华凤、苏凤、新华、诸葛夫人，署用情况未详。

姚葳（1915—2000？），江苏南通人。原名张明。笔名姚葳，见于评论《看今日中国的选举》，载 1947 年南京《中央日报周刊》第 2 卷第 4 期。此前后在贵阳和重庆《中央日报》发表通讯，1949 年赴台后在台湾报刊发表通讯、散文、小说，出版散文集《笼中读秒》（台北三民书局，1970 年）、《姚葳自选集》（台北黎明文化事业股份有限公司，1982 年）等亦署。

姚文蔚（1881—1933？），湖南湘乡人。原名姚文运，字莱波、才波，号余园。笔名姚文蔚，出版有诗集《百花诗》《余园诗稿》。

姚雪垠（1910—1999），河南邓州人。原名姚冠三，字汉英。号浮生。曾用名姚蕴华、韦永成、姚冬白、姚雪冰。笔名：①雪痕，见于小说《两个孤坟》，载 1929 年 9 月 9、10 日《河南民报》。②雪垠，见于《通讯（致灵涛）》，载 1929 年 9 月 23 日《河南日报》。嗣后在北平《晨报》《新小说》、天津《大公报》《文学季刊》《国闻周报》等报刊发表文章亦署。③姚雪痕，见于《秋季的郊原》，载 1929 年 10 月 31 日《河南民报》。嗣后在开封《河南民国日报·民众乐园》、《河南民报》副刊《寒笳》《茉莉》《艺术周刊》《平野周刊》，以及开封《茉莉月刊》《文艺月刊》《文化批判》《青春月刊》《大陆文艺》等报刊发表短剧《洛滨梦》《寡妇及其儿子》、评论《从吃菜说到张友仁君的画》、诗《埋怨》《沧桑曲》、散文《这一天》《风马随笔》、论文《羿射十日——中国神话研究之一》、小说《血衣》等亦署。④姚雪垠，见于《畜牲》，载 1934 年《今日》半月刊创刊号。嗣后在《文学季刊》《新小说》《文季月刊》《光明》、北平《晨报》、天津《大公报》发表《野祭》《碉堡风波》《生死路》《选举志》等小说，在《大陆文艺》《今日》《芒种》《申报》等刊发表杂感、散文、散文诗、文学论文，在《自由中国》《文艺阵地》《文艺新闻》等刊发表短篇小说《白龙港》《差半车麦秸》《红灯笼的故事》、中篇小说《牛全德与红萝卜》、文学论文《论现阶段的文学主题》《通俗文艺短论》《文艺反映论》《屈原的文学遗产》等，出版报告文学《战地书简》（汉口上海杂志公司，1938 年）、《四月交响曲》（桂林前线出版社，1939 年）、《M 站》（桂林文学编译社，

1942年），短篇小说集《红灯笼故事》（上海大路出版公司，1940年）、《差半车麦秸》（上海怀正文化社，1947年）、《春到前线》，中篇小说《牛全德与红萝卜》（重庆文座出版社，1942年）、《重逢》（重庆东方书社，1943年）、《记庐镕轩》（上海怀正文化社，1947年），长篇小说《戎马恋》（重庆大东书局，1943年。1946年上海东方书社再版更名为《金千里》）、《新苗》（一名《新生颂》。重庆现代出版社，1943年）、《春暖花开的时候》（上海现代出版社，1944年）、《母爱》（《新苗》第一部。重庆现代出版社，1944年）、《长夜》（上海怀正文化社，1947年）等，1949年后发表论文《明初的锦衣卫》《崇祯皇帝传》《试论〈儒林外史〉的思想性》《现实主义问题讨论中的一点质疑》，出版散文集《我的老祖母》《外祖母的命运》《中青年大嫂》，出版长篇小说《李自成》（中国青年出版社，1963－1976年），散文、剧本集《一封信》，文艺评论集《创作实践与创作理论》，论文集《小说是怎样写成的》等亦署。⑤雪，见于《给他们救亡的工作》，载1937年《风雨》周刊创刊号。⑥沉思，见于《封存日本资金与上海贸易》，载1941年安徽《中原》第4卷第2、3期合刊。⑦冰，见于时评《东条组阁与美倭谈话》，载1941年安徽《中原》第4卷第5期。⑧姚冬白，见于政论《扩大的世界战争》，载1942年《中原》第5卷第1期。⑨冬，见于短评《太平洋战局》，载1942年《中原》第5卷第2期。⑩白，见于短评《土耳其危机》，载1942年《中原》第5卷第4期。⑪姚作华，见于诗《迷惘之曲》，载1933年6月18日《河南日报·平野周刊》。嗣后在该刊发表诗《一封旧信》《登禹山》等亦署。⑫小雪，见于诗《无题》，载1933年10月22日开封《河南民报·平野周刊》。⑬冰天、冷雪，署用情况未详。

姚一苇（1922－1997），江西南昌人，生于鄱阳。原名姚公伟，字一苇。笔名：①姚宇，见于散文《山城拾掇》，载1940年3月19日至4月12日浙江《东南日报·笔垒》；小说《输血者》，载1943年福建永安《改进》第7卷第5期。此前后在桂林《救亡日报·文化岗位》、浙江《新青年》、江西《大路》、福建长汀《民治报·星期文艺》《中央日报·每周文艺》、上海《大晚报·每周文艺》等报刊发表散文《姑母》等亦署。②袁三愆，见于评论《论〈总建筑师〉》，载1945年4月25日长汀《中南日报·每周文艺》。③姚一苇，1949年后在台湾报刊发表文章署用。嗣后出版剧作集《来自凤凰镇的人》（台北现代文学社，1963年）、《孙飞虎抢亲》（台北现代文学社，1965年）、《碾玉观音》（台北文学季刊社，1967年）、《姚一苇戏剧六种》（台北华欣文化事业中心，1975年）、《我们一同走走看——姚一苇戏剧五种》（台北书林出版公司，1987年）、《傅青主》（台北远景出版社，1978年），论著《诗学笺注》（台北中华书局，1966年）、《艺术的奥秘》（台湾开明书店，1968年）、《戏剧论集》（台湾开明书店，1969年）、《文学论集》（台北书评书目出版社，1974年）、《美的范畴论》（台湾开明书店，1978年）、《欣赏与批评》（台北联经出版事业公司，1989年）、《戏剧与文学》（台北联经出版事业公司，1989年），散文集《姚一苇文录》（台北洪范书店，1977年）、《说人生》（台北联经出版事业公司，1989年）等亦署。

姚依林（1917－1994），安徽池州人，生于香港。原名姚克广。曾用名威廉（幼名）、许志庸、Yorkeser。笔名：①姚克广，见于译剧《早餐前》，载1935年上海《光华附中》半月刊第3卷第7、8期合刊"戏剧特刊"。嗣后在该刊发表翻译作品，1936年在天津编《长城》杂志并发表作品亦署。②徐文信，1937年在天津主编《世界杂志》并发表文章署用。③许自庸，署用情况未详。

姚以壮（1926－1973），山西平遥人，生于陕西靖边。曾用名姚育壮。笔名云月。著有诗集《银川曲》（与他人合作）、电影文学剧本《六盘山》、戏剧剧本《康熙访宁夏》、秦腔现代剧本《人间天上》《西吉滩》等。

姚倚云（1863－1944），安徽桐城人。原名姚蕴素，字倚云。笔名姚倚云，著有《榴花馆诗稿》《蕴素轩诗集》《蕴素轩词》《沧海归来集》《沧海归来集·消愁吟》等诗词集（见其曾孙范曾所编之《南通范氏诗文世家》，河北教育出版社，2004年）。

姚易非（1922－2007），浙江青田人。原名姚亦菲。曾用名姚国杰、谷杰。笔名：①姚易非，见于随笔《我是怎样导演〈恨〉的》，载1945年12月30日《浙瓯日报·展望》。嗣后在该报连载改编剧本《被侮辱与被损害的》（俄国陀思妥耶夫斯基原作），在《平报·艺圃》发表剧评《试谈〈雷雨〉的演出》等，1949年后出版剧本《被侮辱与被损害的》（文化生活出版社，1951年）、《姚易非作品集》（漓江出版社，1998年）等亦署。②易非，署用情况未详。

姚颖，生卒年及籍贯不详。笔名：①姚颖，见于杂文《居然中委出恩科》，载1932年上海《论语》第6期。嗣后在《论语》《人间世》《宇宙风》等刊发表杂文、随笔，出版杂文集《京话》（上海人间书屋，1936年）亦署。②颖，见于杂文《春联》，载1933年《论语》第9期。嗣后在《论语》《宇宙风》发表《学谁》《九十九》等文亦署。

姚永概（1866－1923），安徽桐城人。字叔节，号幸孙。笔名姚永概，见于《寓楼夜起感题》，载1918年上海《东方杂志》第15卷第11期。嗣后印行《慎宜轩文》（1912年）、《慎宜轩笔记》（1912年）、《慎宜轩诗》（1919年）、《慎宜轩日记》（2010年）等，发表旧体诗《病中杂咏五首癸亥元日作》（载1923年《学术》第17期）等亦署。

姚永朴（1861－1939），安徽桐城人。字仲实，号素园。晚号蜕私老人。笔名姚永朴，见于随笔《蜕私轩与友人论学书》，载1933年《安徽大学月刊》第1卷第1期。嗣后出版论著《文学研究法》（上海商务印书馆，1933年）、《史学研究法》（上海商务印书馆，1938

年）等，发表随笔《旧闻随笔》（连载于 1935 年《学风》第 5 卷第 1—4 期）等亦署。

姚勇来，生卒年不详，福建莆田人。原名姚永来。笔名：①Y 狼狈，见于杂文《宋博士及其他》，载 1936 年 8 月福州《小民报·新村》；杂文《从个人主义谈起》，载 1936 年福州《福建民报·回声》。②狼狈，见于《踏着战士的血迹前进》，载 1936 年《福建民报·回声》。③勇来，1937 年前后在《福建民报》副刊《回声》《艺术座》署用。④姚隼，见于散文《放舟下沙县》，载 1940 年福建永安《现代青年》第 2 卷第 5 期；散文《夜酒楼》，载 1941 年《现代文艺》第 3 卷第 2 期。⑤谷虹，1943 年后在福建永安编《中央日报（福建版）·中央副镌》时发表文章署用。

姚雨平（1882—1974），广东平远人。原名姚宇龙，字雨平，号汉强。笔名姚雨平，见于《武昌起义后粤军北伐始末》。

姚鹓雏（1892—1954），江苏松江（今上海市）人。原名姚锡钧，字雄伯、宛若，号鹓雏。曾用名姚雄伯。笔名：①姚鹓雏，见于《文学进化论》，载 1919 年《新中国》第 1 卷第 4 期。在《南社丛刻》发表诗文亦署。②鹓雏，见于《童话》，1919 年 11 月连载于上海《晶报》；长篇小说《珠箔飘灯录》，载《七襄》杂志。③姚锡钧，在《南社丛刻》发表诗文亦署。④梦湘阁，1929 年在上海《晶报》等小报发表文章署用。⑤龙公，出版长篇小说《龙套人语》（上海竞智图书馆，1930 年）署用。⑥宛若、瘿公、红豆词人，署用情况未详。

姚远（1917—？），吉林怀德人。原名姚新吾。笔名姚远，见于小说《蜈蚣岭》，载 1940 年长春《斯民》杂志；随笔《新年新希望》，载 1941 年长春《荡寇志》第 4 期。嗣后在长春《新满洲》发表小说《永远的终曲》、随笔《读书小论》《满洲编译馆创立刍议》，在《东北文学》发表评论《东北十四年来的小说与小说人》等亦署。

姚远方（1922—2010），福建福州人。原名姚声宏。笔名：①姚中，1940 年在晋察冀发表《晋察冀边区儿童大合唱》《小小叶儿哗啦啦》等署用。②榴青，1942 年在晋察冀《子弟兵报》发表关于柯棣华逝世的消息署用。③姚远方，1942 年开始署用，嗣后发表新闻特写《日本小姑娘，你在哪里》，出版散文集《今日苏联见闻》（中国广播电视出版社，1991 年）、《笔舞龙蛇走天涯》（长征出版社，1993 年），报告文学集《将军与孤女》（上海人民出版社，1982 年），电影文学剧本《将军与孤女》等署用。④阮一得，1949 年后在《解放军报》发表杂文署用。

姚璋（1902—1970），江苏武进（今常州市）人，字舜钦。笔名：①舜钦，见于散文《我们的理想中学》，载 1933 年上海《光华附中》半月刊第 7 期。②姚璋，见于评论《十九世纪德国的三大唯心哲学家》，载 1933 年上海《光华大学》半月刊第 2 卷第 2 期。同时期在

《光华附中》半月刊发表散文《往事》等亦署。③彰，见于随笔《我对戏剧仅知道的一点》，载 1933 年《光华附中》第 2 卷第 3 期。④姚舜钦，出版《秦汉哲学史》（上海商务印书馆，1936 年）等署用。按：姚璋尚著有《陶渊明的人生哲学》，署名情况未详。

姚仲明（1914—1999），山东东阿人。曾用名姚梦龄。笔名姚仲明，出版有《同志，你走错了路!》（与陈波儿合作）、《记忆犹新》《乌云难遮月》等话剧剧本。

姚紫（1920—1982），新加坡华人，原籍福建泉州。原名郑梦周。笔名：①姚紫，见于中篇小说《秀子姑娘》，载 1947 年 3 月马来亚新加坡《南洋商报·狮声》。嗣后在新加坡多种报刊发表小说、散文、杂文、评论等作品，出版中篇小说《秀子姑娘》（新加坡南洋商报社，1949 年）、《乌拉山之夜》（上海良友图书印刷公司，1950 年）、《风波》（新加坡文艺出版社，1954 年），小说集《带火者》（新加坡文艺出版社，1955 年）、《窝浪拉里》（新加坡天马图书出版公司，1965 年）等亦署。②黄槐，在新加坡报刊发表作品，出版中篇小说《咖啡底诱惑》（南洋商报社，1951 年）、《阎王沟》（南洋商报社，1953 年）、《没有季节的秋天》（新加坡天马图书出版公司，1963 年），小说集《马场女神》（新加坡天马图书出版公司，1952 年）、《半夜灯前十年事》（新加坡新野出版社，1961 年），散文集《情感的野马》（新加坡新野出版社，1963 年），杂文集《黑夜行》署用。③欧阳碧，在新加坡报刊发表文章，出版短篇小说《萍水记》（新加坡天马图书出版公司，1964 年）亦署。④郑梦周，出版《郑梦周诗词集》署用。⑤贺齐、符剑、舒仲、黑浪、胡加、吴笙、唐兮、赵旭、鲁明、毕三、向阳戈、淳于旭、上官秋、公孙龙、西门凤、司徒然、武吉巴兄，在新加坡《南洋商报》等报刊发表作品署用。按：姚紫尚出版有短篇小说集《萍水记》，历史小说《楚霸王项羽》，以及《新加坡传奇》《木桶鸭》《九月的原野》《潜龙记》《九月的风》《长短书》《这支部队》《夜歌》等，出版与署名情况未详。

姚宗伟（1923—　），泰国华人，原籍广东潮阳。笔名：①姚宗伟，1949 年后出版诗集《寄园诗稿》（广州诗社，1988 年）、《湄南吟草》，随笔集《欧游见闻录》（1985 年自印）、《东游随笔》（1985 年自印）等署用。②胡枫、遥远、遥中苇，署用情况未详。

【ye】

耶菲（1916—2000），河南息县人。原名周晓乐。曾用名周德成、严新武、周新武（20 世纪 50 年代后通用之正式名字）。笔名：①耶菲、濮淮、奂英、乌光、湜汇、居谭菲、李朴，1935 年前后起在《中学生文艺季刊》《中学生》《觉今日报·文艺地带》《泡沫》《大同校刊》《北平新报》《华北日报》《浪花》《今日文学》《北平新文字》及《河南民国日报》《豫北日报》等报刊发表文章署用。其中"耶菲"一名多用于发表文艺

性作品，见于随笔《"现实"和"典型"》《文学的真实性》，载 1935 年 6 月 30 日上海《中学生文艺季刊》第 1 卷第 2 期。嗣后在该刊及上海《中学生》杂志发表散文《纪念鲁迅先生》《泪》、随笔《文艺的内容和形式》《文学内容之三要素的关联》《报告文学和实践》《谈失业》等文亦署；"李朴"一名，出版《中国土地问题浅说》（大连光华书店，1948 年）、《克服官僚主义，改进工作作风》（上海人民出版社，1959 年）亦署。②周新式，见于主编之《华东人民之声》（中国广播电视出版社，1994 年）一书。

耶林（1901—1934），山东潍县（今潍坊市）人。原名张星芝，字鹤眺。曾用名张寒亭、张眺、叶林。别署 EL（20 世纪 30 年代给丁玲写信署用）。笔名：①张眺，见于旧体诗集《学步集》。②零鱼，见于小说《白沫》，载 1929 年上海《新女性》第 4 卷第 2 期。③耶林，见于小说《村中》，载 1931 年上海《北斗》月刊第 1 卷第 4 期；小说《开辟》，载 1932 年上海《文学月报》第 1 卷第 5、6 期合刊。④耶灵，见于小说《月台上》，载 1932 年上海《文学月报》第 1 卷第 4 期。⑤张寒亭，写旧体诗署用。⑥椰林，署用情况未详。

也丽（1902—1986），辽宁金县杏树屯（今大连市）人。原名刘云清。曾用名刘镜海。笔名：①镜海、野藜，分别于 1930—1933 年和 1934—1936 年在大连《泰东日报》副刊《潮音》《响涛》《开拓》、《满洲报》副刊《北风》《晓潮》等发表诗、散文署用。"野藜"一名 1934—1936 年在东北各地报刊发表作品亦署。②也丽，1936—1944 年《中国文艺》《华文大阪每日》《麒麟》《新满洲》《青年文化》《作风》《心潮》《满洲妇人》《艺文志》《新青年》等刊发表散文《荒野》《另一只影子》《寂寞》《年》、诗《旅途上拾得的三部曲》、短篇小说《父与子》《记忆中的孩子》、中篇小说《草莽》、幽默小说《诸葛苍叶》，出版小说集《花塚》（长春大地图书公司，1944 年），散文集《并欣集》（与山丁、小松、金音合集。兴亚杂志社，1944 年）、《黄花集》（印成后被查禁）等亦署。

野谷（1925—2016），重庆市忠县人。原名成善棠。笔名野谷，见于组诗《河边》，载 1946 年 2 月 10 日重庆《新华日报》；诗《遗嘱》，载 1947 年 6 月汉口《诗垒》第 2、3 期合刊。此前后在《诗激流》《新蜀报·蜀道》《中国学生导报》《中原·文艺杂志·希望·文哨联合特刊》《萌芽》《大公报·半月文艺》《唯民》《新诗歌》等报刊发表诗、散文，出版诗集《社会主义的春天》（长江文艺出版社，1956 年）、《小姑娘的梦》（重庆人民出版社，1958 年）、《夜渡》（四川大学出版社，1993 年）、《凝望》（中国三峡出版社，1999 年）等亦署。

野曼（1921—2018），广东蕉岭人。原名赖澜。笔名：①野蔓，1938 年在广东《中国诗坛·岭东刊》发表诗歌开始署用。见于诗《秋风里，我伶仃着》，载 1939 年 12 月 7 日重庆《新华日报》。②野曼，1939 年初在《中国诗坛·岭东刊》发表诗歌开始署用。见于诗《绿色

书简》，载 1946 年《大地》第 1 卷第 1 期。20 世纪 40 年代在《诗创造》《月刊》《新人旬刊》等报刊发表诗、通讯、散文等，1949 年后出版诗集《爱的潜流》（花城出版社，1985 年）、《迷你情思》（新世纪出版社，1987 年）、《女性的光环》（花城出版社，1991 年）、《浪漫的风》（广州出版社，1994 年）、《花的诱惑》（新世纪出版社，1989 年）、《南国诗情》（与他人合集）、《野曼诗选》（花城出版社，2001 年），散文集《妻爱》（花城出版社，1984 年），论著《诗，美的使者》（花城出版社，1991 年）等署用。③林子，见于长篇评论《论文艺批评问题》，载 1943 年初江西信丰《赣报》副刊。④林紫君、赖也复，1956 年起在《广州日报》发表杂文署用。⑤耶曼，1964 年起在《诗刊》发表诗论署用。

叶兵，生卒年不详，辽宁沈阳人。原名王家仁。笔名叶未行，1940 年 11 月在哈尔滨《大北新报·吉林诗页》发表诗歌署用。1942 年开始先后在长春编《青年文化》、在北平编《国民杂志》并发表杂文亦署。

叶伯和（1889—1945），四川成都人。原名叶式昌。笔名叶伯和，出版诗集《诗歌集》（1920 年）署用。嗣后发表诗《心乐篇》（载 1923 年上海《诗》第 2 卷第 1 期）、小说《一个农夫的话》（载 1924 年上海《小说月报》第 15 卷第 7 期）等亦署。

叶步月（1907—1968），台湾台北人。原名叶炳辉。笔名叶步月，见于小说《结婚纪念日》，载 1940 年台北《台湾艺术》第 1 卷第 1 期。

叶蝉贞（1917—2006），湖南醴陵人。笔名：①叶蝉贞，1941 年主编《妇女共鸣》月刊署用。见于《论争取最后胜利的先决条件》，载 1941 年《妇女共鸣》第 10 卷第 2 期。1949 年后出版散文集《灯下》（台北三民书局，1971 年）、《青春》（台北东大图书公司，1976 年）、《欧洲艺术之旅》（台北文化大学出版部，1984 年）等均署。②叶子，出版散文集《怀乡集》（台湾民间知识社，1966 年）署用。

叶楚伧（1887—1946），江苏吴县（今苏州市）人。初名叶竹书，后改名叶宗源，字卓书，号楚伧、小凤。曾用名叶叶、叶宗庆、单叶。笔名：①卓书、屑屑，民国初在《民立报》发表文章曾署。②宗源，1912 年在《国学丛选》发表文章署用。③叶叶楚伧，见于 1912《国学丛选》。嗣后在《南社丛刻》发表诗文亦署。④叶叶，在《南社丛刻》发表诗文署用。⑤之子，见于《横七竖八之戏话》，载 1913 年《大同周报》第 3 期。其后在《小说丛报》《民立报》《民国汇报》等报刊发表文章亦署。⑥春风，1913 年在《宪法新闻》发表文章署用。1924 年 10 月 5 日在天津《国闻周报》第 1 卷第 10 期发表随笔《劫后雷峰记》亦署。⑦小凤，见于小说《正式吃饭》，1919 年 3 月连载于上海《晶报》；小说《毕竟卖了谁好》，载 1920 年 1 月 1—4 日上海《民国日报·觉悟》。嗣后在上述报刊及《七襄》《民立报》《小说月报》《华侨杂志》《欧风周刊》《新剧杂志》《礼

拜六《双星杂志》《女子杂志》《春声》《华铎》《小说丛报》《国闻周报》《中央周刊》等报刊发表小说、随笔等亦署。⑧楚伧，见于评论《废止考试问题》，载1920年1月15、16日上海《民国日报·觉悟》；诗《园居杂感》，载1926年上海《小说世界》第13卷第11期。嗣后在《大同周报》《国民》《民国汇报》《民权素》《女子杂志》《新国民杂志》《华锋》《小说月报》《军事杂志》《中央时事周报》及《民国日报》各副刊发表诗文亦署。⑨湘君，见于杂文《横运动与爱国冤狱》，载1920年1月30日上海《民国日报·觉悟》。⑩湘，见于杂文《不要祭孔了》，载1920年3月15日上海《民国日报·觉悟》。⑪叶小凤，见于小说《体面攸关》，连载于1926年天津《国闻周报》第3卷第7—11期（该小说又署名"小凤"，于该刊第3卷第12—16期载毕）。其间在《华侨杂志》《小说大观》等报刊发表文章，出版中篇小说《蒙边鸣筑记》（上海文明书局，1917年）、长篇小说《前辈先生》（上海光华书局，1927年）等亦署。⑫叶楚伧，见于随笔《中国小说谈》，载1923年7月14日上海《民国日报·觉悟》；评论《小说杂论存稿》，载1926年上海《小说世界》第13卷第10期。此前后在《南社丛刻》《时事新报·学灯》《湖南》《解放画报》《国闻周报》《江苏建设公报》《拒毒》《中央党务月刊》《中央半月刊》《中央周报》《社会杂志》《广播周报》《中央月刊》《教与学》《文艺月刊·战时特刊》《黄埔》《路向半月刊》《文摘》《新运导报》《华侨先锋》《民族诗坛》《民意周刊》《读书通讯》《文史杂志》等报刊发表诗文，出版长篇小说《古戍寒笳记》（上海文明书局，1925年），论著《党务实施上之问题》（中央训练团党政训练班，1939年），方志《首都志》（与柳诒徵等合作。南京正中书局，1947年），文集《楚伧文存》（重庆正中书局，1944年），主编《传奇小说集》（上海正中书局，1936年）、《国文》（上海正中书局，1937年）等亦署。⑬萧引楼主，见于《憔悴风花楼》，载1923年上海《世界小报》。⑭叶、老凤、单叶、单公、龙公、琳琅生，署用情况未详。

叶德辉（1864—1927），湖南湘潭人，生于湖南长沙。祖籍江苏吴县（今苏州市），字奂彬、焕彬、奂份（bīn）、渔水，号直山、直水、直心、郋（xí）园、西园、朱亭山民、空灵渔隐、丽廔主人。笔名叶德辉，见于《吴山三妇人合评还魂记跋》，载1915年《甲寅》第1卷第6期。嗣后在该刊及《图书馆学季刊》《国立武汉大学文哲季刊》《江苏省立苏州图书馆馆刊》等刊发表《诗征》《宋本春秋左传注疏跋》《书目答问斠补》《元私本考》《校宋本汉隶跋》等文，出版《观古堂骈俪文》（长沙叶氏观古堂，1935年）、《观古堂文外集》（长沙叶氏观古堂，1935年）、《书林清话》（中华书局，1957年）、《论语天文本校勘记》（台北艺文出版社，1966年）等均署。

叶德均（1911—1956），江苏淮安人。曾用名叶子振。笔名：①均，见于随笔《〈今古奇闻〉中的"林蕊香"》，

载1936年8月5日上海《大晚报·火炬通俗文学》。②匀君，见于随笔《赵辑本〈天宝遗事〉诸宫调辑逸》，载1941年3月29日香港《星岛日报·俗文学》。同年12月6日在该刊发表《小说考源》一文亦署。③德均，见于随笔《曲目拾零》，载1941年6月28日香港《星岛日报·俗文学》第24期。嗣后在该刊第28期发表《〈郑月莲秋夜云窗梦〉杂剧》一文亦署。④叶德均，见于随笔《读〈六十种曲〉杂记》，载1941年9月6日香港《星岛日报·俗文学》。此前后在该刊及上海《大晚报·通俗文学》《大晚报·火炬通俗文学》《中央日报·俗文学》、北平《华北日报·俗文学》等报刊发表《明代俗曲序论》《跋〈山人歌〉》《读明代传奇文七种》《凌濛初事迹系年》《〈西游记〉研究的新资料》《阿英著〈小说闲谈〉》等文，出版《淮安歌谣集》（国立中山大学语言历史学研究所，1929年）、《宋元明讲唱文学》（上海上杂出版社，1953年）、《戏曲小说丛考》（中华书局，1979年）、《曲品考》（江苏省立教育学院研究室，1944年编印）等均署。⑤叶子振，见于评论《鲁迅的中国小说研究》，载1946年9月10日上海《大晚报·通俗文学》；随笔《郑澹若与周颖芳——弹词女作家小记》，载1946年10月11日上海《中央日报·俗文学》。同时期在上述两刊发表《陈子扬的〈忠烈记〉》《元代俗曲》等文亦署。⑥永明，见于随笔《小说探源》，载1946年10月22日上海《大晚报·通俗文学》。⑦柏森，见于随笔《大鼓旧闻抄》，载1946年11月12日上海《大晚报·通俗文学》。⑧振之，见于《"赵老送灯台"》，载1948年2月20日上海《中央日报·俗文学》。⑨玄明，见于随笔《〈古今小说〉探源二则》，载1948年3月23日上海《中央日报·俗文学》。同年4月9日在该刊发表《〈李秀卿义结黄贞女〉——〈古今小说〉探源》一文亦署。⑩子振，见于随笔《〈雷泽遇仙记〉的来源》，载1948年4月2日上海《中央日报·俗文学》。⑪云君，见于随笔《〈灰骨匣〉——〈醉翁谈录〉话本名目小考》，载1948年5月28日北平某刊。同年10月8日在该刊发表《李达道——〈醉翁谈录〉话本名目小考》一文亦署。

叶德浴（1920—？），浙江杭州人。笔名：①徐辅元，见于评论《关于翻译抗战文艺——从〈差半车麦秸〉的译本说起》，载1940年2月28日上海《中美日报·堡垒》。②江渚，见于小说《儿童节一天》，载1940年6月上海《新绿文丛》第2辑《生之哀歌》。1941年在福建永安《现代文艺》发表小说《借兵》亦署。③叶得浴，见于小说《仁慈的心》，载1942年福建永安《现代文艺》第4卷第5期。④叶德浴，见于小说《前路》，载1942年福建永安《现代文艺》第5卷第1期。嗣后发表作品，出版论著《七月派：新文学的骄傲》（中国文联出版社，2001年）、《走向鲁迅世界》（中国文史出版社，2002年）等均署。⑤伊凡，1949年下半年在上海《文汇报·笔会》发表文章开始署用。

叶鼎洛（1897—1958），江苏江阴人。笔名：①叶鼎

洛，见于小说《男女》，载 1926 年上海《文学周报》第 213、214 期合刊；小说《大庆里之一夜》，载 1926 年上海《洪水》半月刊第 2 卷第 15 期。嗣后在《北新》《真美善》《现代小说》《大众文艺》《大江》《金屋月刊》《文艺月刊》《青年界》《创作》《新时代》《矛盾》《现代》《黄河》《西北文化》《绿波》《平沙》《文艺月报》《良友画报》《文艺世界》《文化导报》《风土什志》及西安地区报刊等发表散文《十年前的学校生活》《秦蜀行脚》、评论《文学与象征》《文艺上的造型性》、小说《归家》《双影》等作品，出版小说散文集《他乡人语》（上海北新书局，1929 年），小说集《男友》（上海良友图书印刷公司，1927 年）、《白痴》（上海真美善书店，1928 年）、《归家及其他》（与黄震遐等合集。上海良友图书印刷公司，1929 年），长篇小说《前梦》（上海光华书局，1926 年）、《双影》（上海现代书局，1928 年）、《未亡人》（上海新宇宙书店，1928 年）、《乌鸦》（上海现代书局，1929 年），中篇小说《红豆》（西安建新书店，1944 年）等均署。②鼎洛，见于小说《阿巧》，载 1929 年《大众文艺》月刊第 1 卷第 5 期。嗣后在该刊发表《重来上海》《在小圈子里》等文亦署。③尤庭玉、骆鼎，署用情况未详。

叶冬心（1914－2008），安徽桐城人。原名叶群。笔名：①叶群，见于随笔《偶语》，载 1939 年上海《鲁迅风》第 4 期。②叶冬心，见于译文《法国女志士自述》（法国露意丝·戴梦雷娜原作），载 1946 年上海《家》第 3 期。嗣后在《西风》《宇宙》等刊发表《战后的波兰文艺》等文，1949 年后出版译作《青年团教育了他们》（苏联斯拉乌茨基原作。上海启明书局，1953 年）、《发明者的命运》（苏联罗金原作。新文艺出版社，1956 年）、《安娜同志》（苏联柯普佳叶娃原作。上海文艺出版社，1958 年）、《为书籍的一生》（苏联绥青原作。生活·读书·新知三联书店，1963 年）等均署。

叶帆风（1914－？），福建人。原名叶肇栋。笔名：①帆风，20 世纪 30 年代在福建报刊发表文章署用。②叶帆风，1933 年 11 月编辑出版《厦门青年作品选集》（厦门青年文艺社，1933 年）署用。嗣后出版回忆录《风雨萍踪十五载》（新加坡胜友书局，1996 年）亦署。

叶菲洛，生卒年不详，四川人。笔名：①菲洛，见于诗《人去后》，载 1934 年上海《青年界》第 6 卷第 5 期。嗣后出版诗集《昨日之花》（沙龙旬刊社，1935 年），发表诗《难童曲》（载 1938 年香港《文艺后防》第 8 期），在《抗战文艺》《笔阵》《青年人》《中国的空军》《流火》等刊发表诗《晚归》《打一个滚》《莜麦》、随笔《青年与诗歌》等亦署。②叶菲洛，见于诗《海鸟》，载 1934 年南京《文艺月刊》第 6 卷第 2 期；嗣后在《创作月刊》《人间世》等刊发表诗《神子》、散文《病中情思》，发表诗《王德林》（载 1939 年成都《笔阵》第 3 期）等亦署。

叶枫（1920－1996），浙江慈溪人。笔名路工、向阳，

著有长诗《夜的声音》《毛泽东号》《好妈妈》《煤山上》《中国人民大合唱》、论文集《访书见闻录》等。

叶刚（1908－1930），浙江南田人，笔名一叶，出版童话集《红叶童话集》（上海亚东图书馆，1936 年）署用。

叶公超（1904－1981），广东番禺（今广州市）人，生于江西九江。原名叶崇智，字公超。笔名：①叶崇智，见于《辛额》，载 1926 年北京《晨报副镌》第 58 期。②叶公超，见于评论《写实小说的命运》，载 1928 年上海《新月》月刊创刊号；散文《门》，载 1932 年北平《清华周刊》第 37 卷第 6 期。此前后在上述两刊及《学文》《独立评论》《文学杂志》《今日评论》《妇女共鸣》《益世报》《北平晨报》等报刊发表《从印象到评价》《论新诗》《关于非战士的鲁迅》《大学应分设语言文字与文学两系的建议》等文，出版散文集《叶公超散文集》（台北洪范书店，1979 年）、《新月怀旧——叶公超文艺杂谈》（学林出版社，1997 年），评论集《叶公超批评文集》（陈子善编。珠海出版社，1998 年）等均署。③公超，见于评介《英勇的新世界（赫胥黎著）》《施望尼评论四十年》，载 1932 年上海《新月》第 4 卷第 3 期。嗣后在该刊及《文学杂志》发表《美国诗刊之呼吁（孟素女士编）》《英国牛津现代诗选（叶慈编）》等评介文亦署。

叶恭绰（1881－1968），广东番禺（今广州市）人。字裕甫、玉甫、玉父、玉虎、誉虎，号遐庵、矩园、遐道人、观一、观一居士。晚号遐翁。笔名叶恭绰，见于随笔《交通与教育》，载 1925 年《新教育》第 11 卷第 2 期；随笔《瘿菴诗集序》，载 1929 年南京《学衡》第 70 期。此前后在《国闻周报》《道路月刊》《林学杂志》《国立北平图书馆馆刊》《旅行杂志》《宇宙风》《逸经》《词学季刊》《良友画报》《北平佛教会月刊》《文明之路》《考古》《民族诗坛》《时代精神》《泉币》《永安月刊》《同声月刊》《交大经济》《大众》《图书季刊》《京沪周刊》《人之初》《中法治学研究所图书馆馆刊》等刊发表《清名家词序》《款红楼词跋》《高奇峰先生示疾记》《得尺记》《遐庵词甲稿》《遐庵题跋》等诗文，出版《文道希先生遗诗》（番禺，1929 年）、《清代学者像传第一集》（上海商务印书馆，1930 年）、《清代词学之摄影》（暨南大学，1930 年）、《永乐大典戏文三种》（古今小品书籍印行会，1931 年）、《遐庵诗稿》（番禺，1931 年）、《广箧中词》（番禺，1935 年）、《巢南诗钞》（1948 年）等均署。

叶国庆（1901－2001），福建漳州人。笔名：①叶谷磬，见于《福建民族起源的神话》，载 1934 年前后厦门《嘘风》月刊。②叶国庆，见于随笔《外洋传入闽中的地产》，载 1929 年《国立中山大学语言历史学研究所周刊》第 66 期；论文《汉初齐鲁之儒学》，载 1943 年福建《现代青年》新 1 卷第 3 期。此前后在《禹贡》《说文月刊》《燕京学报》《厦大校刊》《福建文化季刊》等刊发表《我们那时候》《古闽地考》《再论杨文广平

闽》等文，出版论著《庄子研究》（上海商务印书馆，1936 年）、《笔耕集》（厦门大学出版社，1997 年）等均署。

叶家怡，生卒年及籍贯不详。笔名：①尼塞，见于散文《遥念》，载 1939 年《中学生》第 6 期；译文《托尔斯泰的少年时代》，载 1942 年福州《现代青年》第 5 卷第 4 期。②叶家怡，见于译文《从魔掌下逃出来——一个北平学生的自述》，载 1940 年《战时中学生》第 2 卷第 6 期。

叶嘉莹（1924— ），加拿大籍华人，原籍北平（今北京市），满族。曾用名叶嘉陵。英文名 Yeh Chia-ying。笔名：①叶嘉陵，见于《苏联红军领袖伏罗希洛夫传》，载 1941 年重庆《中苏文化》第 8 卷第 2 期。②嘉陵，见于随笔《家庭幸福的泉源》，载 1947 年南京《新妇女》创刊号。嗣后在该刊及《时事评论》《中央日报周刊》发表译文《苏联人看美国》（苏联莫斯温原作）、《怎样和丈夫发生不睦的》（俄国托尔斯泰夫人原作），随笔《迁校问题在北方》《傅作义面临重大考验》《使科学家烦恼的杨妹》亦署。③迦陵，见于译文《战后美国职业妇女的地位》，载 1947 年南京《新妇女》第 4 期。嗣后在该刊发表译文《介绍英国少女俱乐部》（英国史罗顿原作）、《两次获得金像奖的英国女明星底自述》（美国蓓蒂·戴维丝原作）、《理想的标准的太太》等亦署。④叶嘉莹，出版诗词集《迦陵存稿》（台湾商务印书馆，1969 年），论著《迦陵论词丛稿》（上海古籍出版社，1980 年）、《中国古典诗歌评论集》（广东人民出版社，1982 年）、《王国维及其文学批评》（广东人民出版社，1982 年）、《杜甫〈秋兴八首〉集说》（上海古籍出版社，1988 年）、《中国词学的现代观》（岳麓书社，1990 年）、《诗馨篇》（中国青年出版社，上册 1991 年，下册 1995 年）、《李义山〈海上谣〉与桂林山水及当日政局》（台北新文丰出版公司，1992 年）、《古典诗词讲演集》（河北教育出版社，1997 年）、《阮籍咏怀诗讲录》（天津教育出版社，1997 年）、《汉魏六朝诗讲录》（河北教育出版社，1997 年）、《唐宋词名家论稿》（河北教育出版社，1997 年）、《我的诗词道路》（河北教育出版社，1997 年）、《叶嘉莹说词》（上海古籍出版社，1999 年）、《清词丛论》（河北教育出版社，2000 年）、《迦陵诗词稿》（河北教育出版社，2000 年）、《迦陵著作集》（河北教育出版社，2000 年）、《历代名家词新释辑评丛书》（中国书店出版社，2001 年）、《唐宋词十七讲》（河北教育出版社，2003 年）、《名家品诗坊：唐五代词》（上海辞书出版社，2004 年）、《南宋名家词讲录》（天津古籍出版社，2005 年）、《叶嘉莹自选集》（山东教育出版社，2005 年）、《迦陵论诗丛稿》（中华书局，2007 年）、《叶嘉莹说陶渊明饮酒及拟古诗》（中华书局，2007 年）、《迦陵说词讲稿》（北京大学出版社，2007 年）、《风景旧曾谙：叶嘉莹诗词谈词》（广西师范大学，2008 年）、《叶嘉莹说中晚唐诗》（中华书局，2008 年）、《迦陵谈词》（生活·读书·新知三联书店，2014 年），以及《迦陵谈诗》（生活·读书·新

知三联书店，2016 年）等均署。

叶劲风（1895—1975），湖北武昌（今武汉市）人。笔名：①叶劲风，1923 年 1 月至 1925 年 12 月在上海主编《小说世界》周刊署用。见于小说《懦人》，载 1923 年《小说世界》第 1 卷第 1 期。嗣后在该刊发表小说《魂游》《午夜角声》《诱惑》《母亲的心》、独幕剧《勋章》等，1941 年在上海《旅行杂志》第 15 卷第 6、7 期发表散文《莲谷求剑录》，在《旅行杂志》及《天下》《新重庆》等刊发表长篇小说《三眠》《海屋剑客群》、短篇小说《神秘老人》《可塑》、散文《夜奔的一幕》《家在何处》等，出版翻译小说《俄罗斯短篇杰作》（苏联高尔基等原作。上海公民书局，1921 年）亦署。②劲风，见于随笔《十年后的中国》，载 1923 年《小说世界》第 1 卷第 1 期。嗣后在该刊发表小说《深闺梦里》、讽刺文配画《爱之树》《情海茫茫》《危崖》，1941 年在《文艺月刊·战时特刊》第 11 卷第 11 期发表译诗《伯洛及诺》（俄国莱蒙托夫原作），1943 年在上海《天下》杂志连载长篇小说《三眠》部分章节等亦署。③风，见于随笔《美洲伟人秘史》《盘旋机》，载 1923 年《小说世界》第 1 卷第 1 期。

叶景范，生卒年不详，浙江杭县（今杭州市）人，字少吾。笔名沈希渊、浪荡男儿，发表作品、出版小说《上海之维新党》（一名《新党嫖界现形记》）。上海新世界小说社，1905 年）等署用。

叶君健（1914—1999），湖北红安人。世界语名 Cicio Mar；英文名 Chun-chan Yeh。笔名：①马耳，1933 年在武汉《大刚报·紫光》开始署用。见于随笔《抗战中来华的英国作家》，载 1938 年《抗战文艺》第 1 卷第 4 期；译文《匈牙利的近代作家们》（匈牙利 K. 鲍尔托原作），载 1938 年《文艺阵地》第 2 卷第 3 期。于此前后在《抗战文艺》《文艺阵地》《新华日报》《文艺新潮》《文艺新闻》《笔阵》《文学月报》《文艺杂志》《文坛》《上海周报》《时与潮文艺》《妇女生活》《今日评论》《译林》《创作月刊》《文学修养》《文艺春秋》等报刊发表译作《结婚的幸福》（俄国列夫·托尔斯泰原作）、《泥做的肉排》（土耳其爱尔丹原作）、《故国》（英国 J. 赛曼菲原作），随笔《欧洲的出版界》《香港的文艺界》等均署；出版翻译小说《流荡》（朝鲜张赫宙等原作）、《故国》（匈牙利森柯等原作）、《加尔曼》（法国梅里美原作。上海建国书店，1946 年）《人质》（捷克史提劳·海姆原作。重庆古今出版社，1946 年）、《结婚的幸福》（俄国列夫·托尔斯泰原作。重庆大时代书局，1944 年）、《巴黎之旅》（意大利西隆涅原作。桂林开明书店，1944 年）、《农奴的故事》（俄国列夫·托尔斯泰原作。重庆美学出版社，1944 年）、《爱情》（匈牙利森柯等原作。重庆建国书店，1945 年），翻译戏剧《乔婉娜》（比利时梅特林克原作。重庆建国书店，1944 年）等亦署。②陈广皮，1933 年在武汉《大刚报·紫光》发表文章署用。③Cicio Mar，1933—1936 年用世界语创作《岁暮》《王得胜从军记》等短篇小说署用。上述

两篇小说，1937 年结集为短篇小说集 *Forgesitaj Homoj*（《被遗忘的人们》）出版亦署。④叶君健，见于翻译小说《被驱逐的人们》，载 1934 年上海《申报月刊》第 3 卷第 6 期；翻译戏剧《亚格曼农王》（古希腊埃斯库罗斯原作），载 1944 年重庆《时与潮文艺》第 3 卷第 4 期。于此前后在《东方杂志》《书报精华》等报刊发表《继子》《旅英观感》等著译作品均署；出版翻译戏剧《亚格曼农王》（古希腊埃斯库罗斯原作。上海文化生活出版社，1946 年），长篇小说《土地三部曲》（《火化》《自由》《曙光》）、寂静的群山三部曲（《山村》《旷野》《远程》），中篇小说《开垦者的命运》《在草原上》，短篇小说集《新同学》《叶君健小说选》，童话集《小仆人》《旅伴》《画册》《王子和渔夫的故事》《真假皇帝》《叶君健童话故事集》，散文集《远行集》《樱花的国度》《两京散记》《天安门之夜》《南斯拉夫散记》《重返剑桥》《故人新事集》《红叶集》，传记《鞋匠的儿子》，论著《读书与欣赏》《不丑的丑小鸭》《西楼集》，以及《叶君健近作》《叶君健作品选》《叶君健儿童文学作品选》《叶君健全集》等，翻译出版丹麦安徒生的童话集《海的女儿》《皇帝的新装》《沙丘上的人们》《沙丘的故事》《梦》《美神》《笨汉》《没有画的画册》《夜莺》《小鬼和太太》《干爸爸的画册》《天国花园》《祖母》《柳树下的梦》《聪明人的宝石》《老栎树的梦》《踩着面包走的女孩》《冰姑娘》《曾祖父》《园丁和主人》《幸运的贝儿》《安徒生童话选集》《安徒生童话和故事选》和《南斯拉夫当代童话选》（南斯拉夫洛齐埃贝原作）、《豆蔻镇的居民和强盗》（挪威埃洛纳·丁原作）、《拉比齐出走记》（南斯拉夫伊万娜·布尔里奇－马佐兰尼奇原作）、《朱童和朱重》（挪威托尔边·埃格的原作）、《母亲的故事》《沼泽王的女儿》等，外国剧作集《四十九经度》（美国赫布·丹克原作）、《扇子》（意大利歌尔多尼原作）等亦署。⑤Chun-chan Yeh，见于英语短篇小说 *The Dream*（《梦》），载 1945 年英国 *New Writing*（《新作品》）丛刊。嗣后创作和出版英语短篇小说集《无知的和被遗忘的》《蓝蓝的低山区》、长篇小说《山村》《他们飞向前方》等亦署。⑥君健，署用情况未详。

叶康参（shēn）（1916－1988），福建建瓯人。原名叶康生。笔名：①章敏、唐参（shēn）、向善，1938 年起在福建南平《老百姓》《东南日报》、长汀《长汀日报》、永安《联合周报》《民主报》《国际时事研究》等报发表文章署用。其中"章敏"一名见于《一周间敌人的叫嚣》（载 1944 年《国际时事研究》周刊第 9 期）。嗣后在该刊发表《捷克斯洛伐克的再生》《国际托治的论争》等文亦署。②康参（shēn），20 世纪 40 年代在福建报刊发表文章署用。见于散文《肉市》，载 1942 年福建永安《现代青年》第 5 卷第 6 期。

叶克（1912－1967），湖南人。笔名李百三、叶阿生。著有散文集《从沙漠到海洋》、小说《猎人的故事》等。

叶籁士（1911－1994），江苏吴县（今苏州市）人。原名包叔元。曾用名山本三郎（化名）、罗旬华。世界语名 Ĵelezo。笔名：①索原，见于译文《最近的苏联文学》（日本米川正夫原作），载 1929 年上海《语丝》第 5 卷第 33 期。嗣后在《太白》《时事类编》《语文》《月报》《文摘》等刊发表《土耳其的文字改革》《凡尔赛的俘虏》《日本的汉字限制》等著译文章亦署。②叶君、白山，1932 年在《世界月刊》发表文章署用。③叶籁士，见于译诗《晚秋》（匈牙利裴多菲原作），载 1934 年上海《文学》第 2 卷第 5 期；随笔《大众语·土语·拉丁化》，载 1934 年 7 月 10 日上海《中华日报·动向》。此前后在《青年界》《太白》《文学月报》《生活星期刊》《读者月刊》《读书生活》《新世纪》《自修大学》《新少年》《语文》《全民周刊》《群众·香港版》等报刊发表《楼梯的故事》《拉丁化概论》《关于世界语》《柴门霍夫的语言理论》《美国的新闻道德》等著译文章，出版《拉丁化概论》（上海天马书店，1935 年）、《汉语拼音方案问答》（文字改革出版社，1958 年）、《汉语拼音入门》（北京出版社，1964 年）、《简化字一夕谈》（上海教育出版社，1988 年）、《叶籁士文集》（中国世界语出版社，1995 年）等均署。

叶灵风（1905－1975），江苏南京人。原名叶蕴璞。笔名：①叶灵风，在《洪水》《幻洲》《万象》《戈壁》《现代》《论语》《小说》《现代小说》《现代文艺》《中国文艺》《文艺画报》《白叶杂志》《创造月刊》《前锋月刊》《青年界》《大上海》《良友画报》《现代文学评论》《绸缪月刊》《读书月刊》《十日文萃》等刊发表文章署用；出版散文集《白叶杂记》（上海光华书局，1927 年）、《天竹》（上海现代书局，1928 年）、《灵风小品集》（上海现代书局，1933 年）、《读书随笔》（上海杂志公司，1946 年），短篇小说集《女娲氏之遗孽》（上海光华书局，1927 年）、《菊子夫人》（上海光华书局，1927 年）、《鸠绿媚》（上海光华书局，1928 年）、《处女的梦》（上海现代书局，1929 年）、《灵风小说集》（上海现代书局，1931 年），长篇小说《红的天使》（上海现代书局，1930 年）、《时代的姑娘》（上海四社出版部，1933 年）、《未完成的忏悔录》（上海今代书店，1936 年）、《永久的女性》（上海大光书局，1936 年），翻译小说《白利与露西》（法国罗曼·罗兰原作。上海现代书局，1928 年）、《新俄短篇小说集》（俄国迦尔洵等原作。上海光华书局，1928 年）、《九月的玫瑰》（法国戴当莱等原作。上海现代书局，1928 年）、《蒙地加罗》（波兰显克维奇原作。上海光华书局，1928 年）、《世界短篇杰作选》（犹太宾斯奇等原作。上海光华书局，1930 年），以及《叶灵凤选集》（上海中央书店，1947 年）等亦署。②L.F.，见于《旧梦》，载 1925 年 10 月 16 日上海《洪水》半月刊第 1 卷第 3 期。发表插图和书刊封面亦署。③灵风，见于绘画《希求与崇拜》，载 1925 年 11 月 16 日《洪水》半月刊第 1 卷第 6 期。又在上海《幻洲》《现代小说》《戈壁》《万象》《大光图书月报》《内外什志》《茶话》等刊发表小说、散文、插画、译作等署用。④亚灵，见于杂文《国家主义与外国化》，载 1926 年

4 月 28 日上海《A 11》周刊第 1 期；杂文《新流氓主义》，载 1926 年上海《幻洲》创刊号。嗣后在《现代小说》等刊发表文章亦署。⑤雨品巫，见于小品《死人晓得》，载 1928 年上海《戈壁》第 2 期。⑥佐木华，见于译文《我的童年》（俄国高尔基原作），载 1929 年上海《现代小说》第 3 卷第 1 期；随笔《诺贝尔奖金小史》，载 1931 上海《现代文艺》创刊号。⑦景华，见于翻译小说《得救了》（法国莫泊桑原作），载 1929 年上海《现代小说》第 2 卷第 1 期。嗣后出版翻译小说《木乃伊恋史》（法国戈恬原作。上海现代书局，1930 年）亦署。⑧白门秋生，见于随笔《书淫艳异录》系列文，连载于 1936 年 6 月 1 日至 10 月 20 日上海《辛报》。⑨秦静闻，见于随笔《贞操带之话》，载 1937 年上海《万象》第 2 期。⑩林丰，见于随笔《战争与木刻》，载 1937 年 12 月上海《离骚》。⑪丰，20 世纪 50 年代在香港《星岛日报·星座》发表图片说明文字署用。⑫叶林丰，20 世纪 50 年代在香港《星岛日报·星座》发表文章，出版随笔《香港风物志》（香港中华书局，1958 年）、《张保仔的传说和真相》（香港上海书局，1970 年）等亦署。⑬秋生，见于《炎荒艳乘》，载 1963 年 3 月 1 日香港《快报》副刊。⑭霜崖，出版《香江旧事》（香港益群出版社，1967 年）一书署用。⑮凤轩、任诃、任柯、燕楼、柿堂、南村，在香港报刊发表文章署用。⑯凤、风、野华、香客、秋郎、临风、林风、叶林风、双凤楼，署用情况未详。

叶曼（1914－2017），湖南湘阴人。生于北京。原名刘世纶。笔名：①刘世纶，见于随笔《我们对于国难所应取的态度》，载 1931 年《北平师大附中校友会会刊》第 14、15 期合刊"九一八专号"。②纶，见于《编后》，载 1931 年 10 月《北平师大附中校友会会刊》第 14、15 期合刊"九一八专号"。③叶曼，20 世纪 50 年代起在《大中华日报》《新闻日报》《大华晚报》《联合报》发表文章署用。嗣后发表作品，出版散文集《叶曼随笔》（台北文星书店，1964 年）、《叶曼散文集》（台北仙人掌出版社，1969 年）、《春到南天》（台北三民书局，1972 年）、《叶曼信箱》（台北老古出版社，1979 年）、《世间情》（台北胜飞出版公司，1991 年）等均署。

叶梦友，生卒年不详，广东梅县（今梅州市）人。笔名洪子、叶子、巴陵，20 世纪 30 年代在广东《汕头·文艺界》、《星华日报》副刊《黎明》《儿童新地》等刊发表作品署用。

叶明（1919－2000），上海人。原名王怡名。笔名：①梁灿，见于小说《一个无名演员的日记》，载 1942 年上海《万象》月刊第 2 卷第 6 期。嗣后在该刊及上海《幸福》《生活月刊》发表小说《舞台之歌》《贴照簿上的朋友》《舞台的禁城》等亦署。②叶明，见于《英茵——她的奋斗和死亡》，载 1946 年上海《文章》第 1 期；小说《曲终人散》，载 1947 年《幸福世界》第 2 卷第 1 期。嗣后出版小说集《舞台之歌》（上海大地出版社，1948 年），1949 年后创作电影文学剧本《黄宝妹》

《节日歌舞》《她们的心愿》《大李小李和老李》《小小得月楼》《张家少奶奶》，导演《思想问题》《光辉灿烂》《美国之窗》《家》（与陈西禾合作）、《宝莲灯》《节日歌舞》《小刀会》《民间歌舞》《华侨故乡》《你追我赶》《蚕花姑娘》《寄托》《苗岭风雷》《我的十个同学》《七月流火》《小小得月楼》《张家少奶奶》等均署。

叶明勋（1913－2009），福建浦城人。字夏风。笔名：①夏风，20 世纪 30 年代在福州《福建民报·小园林》发表散文、小说署用。②叶明勋，见于译文《各国作家与西班牙战争》（查尔斯·格里斯伯格原作），载 1938 年福州《协大艺文》第 9 期。嗣后在《协大教育季刊》《时与潮副刊》发表散文《记二十五周年校庆》、译文《记儿童高兴入学》等，出版《舆论的形成》（永安建国出版社，1942 年）、《涤去的阴影》（台北财团法人大同文化基金会，1992 年）、《记事怀人》（台北跃升文化事业公司，1992 年）、《真意集》（台北跃升文化事业公司，1993 年）等均署。

叶楠（1930－2003），河南信阳人。原名陈佐华。笔名：①峦坍，1947 年 5 月在河南信阳《豫南民报》发表散文启用。嗣后在该报以及《中州日报》发表诗、散文署用。②叶楠，见于散文《他们会回来的》，载 1949 年 3 月郑州《中原日报》。1949 年后发表作品、出版长篇小说《花之殇》、小说集《海之屋》《一帆风顺，燕鸥》《叶楠中短篇小说自选集》，电影剧本《傲蕾·一兰》《巴山夜雨》《孪生兄弟电影剧本集》（与白桦合集）、散文集《浪花集》《苍老的蓝》《海祭》《紫菀》等均署。

叶泥（1924－2011），河北沧县（今沧州市）人，生于山东枣庄。原名戴兰村，号畹荸。笔名：①戴兰村，20 世纪 40 年代在徐州《正义日记》任记者时发表文章署用。②叶泥，1956 年在台湾主编《复兴文艺》、与羊令野合编《南北笛》诗刊并发表诗文署用。嗣后出版论著《里尔克及其作品》（高雄大舞台书苑，1977 年）等亦署。

叶平林（1914－1991?），湖北沔阳（今仙桃市）人。原名叶霖生，字雨苍。笔名：①杏子、金戈，20 世纪 30 年代初开始在武汉《时代日报·时代前》发表诗歌署用。②平林杏子，20 世纪 30 年代初开始在武汉《时代日报·时代前》发表诗曾署。见于诗《帕》，载 1934 年 2 月 1 日上海《现代》第 4 卷第 4 期；诗《关山月》，载 1934 年 7 月 1 日南京《文艺月刊》第 6 卷第 1 期。嗣后在上海《新诗歌》《文学丛报》《春光》《诗歌月报》《当代诗刊》《诗歌与漫画》等刊发表诗作亦署。③平林，见于诗《晨曦礼赞》，载 1934 年 6 月 4 日《申报·自由谈》；诗《血泊里生长》，载 1937 年武汉《时调》创刊号。其间在武汉《时调》《文艺》《抗战文艺三日刊》等刊发表诗《献给中国的女儿们》《争取新的中国》《动员曲》等亦署。④黑妮，见于诗《古城颂》，载 1934 年上海《现代》第 5 卷第 2 期；诗《零落的梦》，载 1934 年南京《文艺月刊》第 5 卷第 6 期。嗣后在《文艺月刊》第 6 卷第 1 期发表诗《家园》《凉夜颂》亦署。⑤秋叶、叶秋，20 世纪 40 年代编《武汉日报·鹦鹉洲》时发表诗作《林崇墉颂》等署用。

叶凄其，生卒年及籍贯不详。曾用名李伟涛。笔名叶凄其，20 世纪 30 年代在武汉《时代日报·时代前》等报刊发表文章署用。嗣后在《大公报·书报春秋》发表文艺评论亦署。

叶青（1896－1990），四川南充人。原名任卓宣，字启彰。曾用名师希德、卡尔斯基。化名青峰、刘山、刘勇、刘高。俄名拉弗也夫。笔名：①卓宣，见于评论《充满各国底阶级争斗声与国际情势》，载 1923 年《少年》第 9 期；随笔《列宁与青年》，载 1927 年《少年先锋》第 2 卷第 13 期。②任卓宣，见于评论《勤工俭学生工作的大概》，载 1921 年 12 月 9 日上海《民国日报·觉悟》；通讯《伦敦会议之面面观》，载 1924 年北京《新青年》季刊第 4 期。嗣后在该刊及《正义》等刊发表《一九二四年之世界形势》《从洛迦诺到日内瓦》《革命与反动》《革命需要主义》等文，出版论著《胡适批判》（上海辛垦书店，1933 年）、《张东荪哲学批判》（上海辛垦书店，1934 年）、《文学和语文》（台北帕米尔书店，1966 年）等均署。③如松，见于评论《劳动问题声浪中的注意点》，载 1927 年北京《现代评论》第 5 卷第 116 期。嗣后在该刊及《二十世纪》发表《经济社会中的中饱阶级》《纪念黑格尔》《一个思想家的纪念》《关于哲学废存问题》等文亦署。④蓝以琼，见于随笔《音乐与沉默》，载 1930 年《现代学生》第 1 卷第 1 期。嗣后在《文化界》《国际每日文选》等刊发表《文学的真实性与实践性》《欧洲和平与四强公约》等文亦署。⑤青松，见于评论《中央军战绩谈》，载 1930 年《军事杂志》第 30 期。⑥丛啸侯，见于评论《革命外交的两个榜样》，载 1930 年《革命外交》第 1 期。嗣后在该刊及《时事类编》《中央周刊》等刊发表《前仆后继的印度革命运动》《内外动荡中的捷克》《欢迎德国工业考察团来华》等文亦署。⑦叶青，见于书评《高一涵著的〈政治学纲要〉》，载 1931 年《二十世纪》第 1 卷第 1 期。嗣后在该刊及《中央周报》《民众教育季刊》《新中华》《青年界》《现代》《文学》《出版周刊》《文化建设》《中山文化教育馆季刊》《女子月刊》《苏俄评论》《内外什志》《思想月刊》《一二杂志》《教育杂志》《文摘》《文化批判》《青年动力》《民族生命》《抗战与文化》《创导半月刊》《研究与批判》《科学思想》《政治向导》《时代思潮》《战斗周报》《血路周刊》《鼓战》《政论旬刊》《国魂》《大夏周报》《江西地方教育》《战地文化》《大风》《世界文学》《时代精神》《湖南妇女》《国防周报》《地方自治》《地方建设》《民族文化》《民意周刊》《政训月刊》《建国月刊》《大路月刊》《抗敌半月刊》《认识半月刊》《组织》《经纬月刊》《新使命》《升学与就业》《现代中国》《三民主义半月刊》《国是月刊》《中国国民》《智慧》《革新》《书报精华》《大汉魂月刊》《文化先锋》《新运导报》《自由文摘》《正义》《华侨先锋》《大同杂志》《中国青年》等报刊发表文章亦署。⑧仲璋，见于随笔《科学与玄学的实例》《汤姆生的〈科学大纲〉》，载 1931 年《二十世纪》第 1 卷第 1 期。嗣后在该刊发表《"事实者思想之母"》《胡适不必批判了么？》《理论与行动》等文亦署。⑨甘棠，见于随笔《"文人无行"》，载 1931 年《二十世纪》第 1 卷第 1 期；《民族新组织之实例——苏联联邦制度之研究》，载 1933 年《前途》第 1 卷第 7 期。⑩果人，见于随笔《关于"平民文学"的问题》《世纪之光》，载 1931 年《二十世纪》第 1 卷第 1 期。嗣后在该刊发表《中国的甘地思想》《冯友兰的〈中国哲学史〉》《哲学与政论》等文亦署。⑪以夐，见于随笔《介绍〈二十世纪〉》，载 1933 年《文化界》第 1 卷第 2 期。⑫黄甘棠，见于评论《苏联与阿富汗关系近状》，载 1933 年《中国与苏俄》第 2 卷第 5 期。嗣后在该刊及《苏俄评论》《侨务月报》《中华月报》《文摘》《现代英语》等刊发表《日苏关系论》《满洲能解决日本的问题吗》《世界需要一强大、团结而民主的中国》等著译文章亦署。⑬杨成柏，见于评论《论生产力》，载 1934 年《二十世纪》第 2 卷第 8 期。同时期在该刊发表《"哲学家工作"考察——驳张东荪》一文亦署。⑭易逢春，见于评论《郁达夫底小说》，载 1935 年《研究与批判》月刊第 1 卷第 1 期。⑮陈之平，见于评论《郁达夫底〈迷羊〉》，载 1935 年《研究与批判》月刊第 1 卷第 1 期；论文《中国教育思想的研究》，载 1940 年北平《中国公论》第 2 卷第 6 期。⑯冠南，见于评论《三民主义详释》，载 1935 年《大道月刊》第 5 卷第 6 期。⑰任衍生，见于评论《斯宾格勒底文化史论及其批判》，载 1936 年上海《新中华》第 4 卷第 19 期。⑱尉可夫，见于评论《苏联"平行中心"案之分析》，载 1937 年《苏俄评论》第 11 卷第 3 期。⑲尉青，见于评论《秦后历史底性质》，载 1937 年《中国研究》第 1 卷第 2 期。⑳王青林，见于评论《中日问题的展望》，载 1937 年《中国研究》第 1 卷第 1 期。㉑司徒德，见于评论《救难童》，载 1938 年《抗战半月刊》第 2 卷第 5 期；《暴日政局剧变后的新趋向——本刊第七次座谈》，载 1944 年《宪政月刊》第 9 期。㉒燕义权，见于评论《怎样发扬我们的三信心》，载 1939 年《防空军人》第 1 卷第 10 期。嗣后在该刊及《中央周刊》《青年月刊》《文化先锋》《出版界》《三民主义半月刊》《新书月刊》等刊发表《文艺与学问的修养》《谈范仲淹的志气》《红楼梦研究》《谈曾国藩的好学》等文亦署。㉓健人，见于评论《大亚洲主义之真精神》，载 1939 年《正气旬刊》第 1 卷第 1 期；《对本届参政会大会一个希望》，载 1944 年《国是月刊》第 5 期。㉔易长青，见于评论《民权主义与自由》，载 1939 年《中央周刊》第 1 卷第 37 期。㉕李一鸣，见于评论《三民主义文化与三民主义教育》，载 1941 年《大路月刊》第 4 卷第 5 期。嗣后在《杂志》《国民杂志》等刊发表文章，出版《中国新文学史讲话》（上海世界书局，1943 年）等亦署。㉖微言，见于评论《梁漱溟的思想》，载

1941 年《中央周刊》第 4 卷第 14 期。嗣后在该刊发表《评中共为太平洋战争宣言》等文亦署。㉗王一鸣，见于评论《总理逝世十六周年》，载 1941 年《抗敌半月刊》第 79、80 期。㉘长青，见于评论《甘地与尼赫鲁》，载 1942 年《时代中国》第 5 卷第 4、5 期。㉙李旭，见于评论《国父论历史观与人性之关系》，载 1945 年《三民主义半月刊》第 6 卷第 6 期。嗣后在《正气杂志》《新中华》《明天》等刊发表《评"新生论"》《现代社会思潮的新趋势》《明日的中国政治》等文亦署。㉚衡夫，见于随笔《数目字与中国人》，载 1945 年《纵横谈》第 1 卷第 5 期。㉛杜亦鸣，见于评论《傅作义论》，载 1949 年《正义》第 10 期。㉜亦鸣，见于评论《内幕新闻》，载 1949 年《正义》第 10 期。㉝陈仲平，见于评论《蒋总统与史达林》，载 1949 年《正义》第 11 期。㉞成柏、青锐、卓齐、仲明、逢春、高锋、高尚、孔真、任影、捉掀、刘光、茂林、勉之、子夫、叶风、叶逢春、杜果人、杜果夫、杜作人、王其诚、王宜之、王亦鸣、杨成松、杨如松、刘吉晨、刘步芳、张其平、陈季布、陈仲明、陈三元、陈慕平、成茂林、江可澄、金自立、秦一飞、何一鸣、黄力生、任一知、陆敬之、马家驹、鲁若参、沈永清、宋灼灵、殷汝南、尉仲元、青之光、ST、TE、TF，署用情况均未详。

叶秋原（1907－1948），原名叶为耽，字秋原。笔名：①叶秋原，见于评论《市政与国家》，载 1925 年上海《东方杂志》第 22 卷第 12 期；评论《民族主义文艺之理论的基础》，载 1930 年上海《前锋周报》第 8 期。此前后在《真美善》《前锋月刊》《中国文学》《旅行杂志》《良友画报》《人间世》《文饭小品》《文学修养》《文艺先锋》《十日谈》《人言周刊》《世界展望》《上知编译馆馆刊》《亚洲世纪月刊》等报刊发表小说《从悲哀的国里来》、散文《留美零感》《秋居琐记》《怀郁达夫》、评论《读〈文学修养〉》《亚洲世纪的来临》等文，出版散文集《美国生活》（上海世界书局，1932 年），随笔集《朝圣行脚》（上智编译馆，1947 年），论著《艺术之民族性与国际性》（上海联合书店，1929 年）、《中国公教真理会之使命》（1943 年），译作《帝国主义之政治的解剖》（美国皮蔼尔原作。上海联合书店，1929 年）、《圣心玛利亚修女传》（夏斯尔原作。香港真理学会，1949 年）等均署。②秋原，见于随笔《中国的新闻事业》，载 1933 年上海《十日谈》第 3 期。③凌黛，见于随笔《电影"第三种人"论》，载 1933 年上海《十日谈》第 4 期。嗣后在该刊发表《天机焰火》《恋爱的味觉》等文亦署。④锦轩，见于随笔《谈锋》，载 1930 年上海《前锋周报》创刊号。嗣后在该刊发表随笔《郭沫若的甲骨文》《马仰人翻》《"虹"》《小说家与抄袭家》等文亦署。⑤李锦轩，见于独幕剧《混战》，载 1930 年上海《前锋周报》第 2 期。嗣后在该刊第 3 期发表评论《最近中国文艺家的检讨》亦署。⑥林竹然，署用情况未详。

叶荣钟（1900－1978），台湾彰化人。字少奇，号凡夫。笔名：①叶天籁，见于《堕落的诗人》，载 1926－1927 年间《台湾民报》。②凡夫，在台湾报刊发表诗文署用。③叶荣钟，出版散文集《半路出家集》（台中"中央"书局，1965 年）、《小屋大车集》（台中"中央"书局，1967 年）、《美国见闻录》（台中"中央"书局，1977 年）、《三友集》（台中"中央"书局，1979 年），诗集《少奇吟草》，传记《台湾民族运动史》（台北自立报系出版部，1971 年）、《台湾人物群像》（台北帕米尔书店，1985 年）等均署。④奇、扫云，署用情况未详。

叶圣陶（1894－1988），江苏苏州人。原名叶绍钧，字秉臣、圣陶，号泥醉。笔名：①叶绍钧，见于随笔《〈艺兰要诀〉跋》，载 1911 年《学艺日刊》。又见于论文《对于小学作文教授之意见》（与王钟麒合作），载 1919 年 1 月 1 日北京《新潮》第 1 卷第 1 期。嗣后在该刊以及《小说月报》《时事新报·文学旬刊》《东方杂志》《时事新报·学灯》《教育杂志》《民铎杂志》《儿童世界》《京报·青年之友》《戏剧》《诗》《一般》《文学周报》《中学生》《文艺新闻》《万象》《文讯月刊》《燕京学报》《广播周报》《播音教育》《中等教育》《华西日报·华西副刊》《中国青艺月刊》《学生之友》《国文月刊》《新中国日报》《新民报晚刊·出师表》《中央日报·中央副刊》《青年之声》《中学时代》《文艺春秋》《华北日报·国语周刊》等报刊发表诗文均署；出版散文小说集《脚步集》（上海新中国书局，1931 年）、《叶绍钧代表选》（上海全球书店，1937 年）、《绍钧杰作集》（上海全球书店，1946 年），散文集《未厌居习作》（上海开明书店，1935 年）、《叶绍钧选集》（上海万象书屋，1936 年），短篇小说集《隔膜》（上海商务印书馆，1922 年）、《稻草人》（上海商务印书馆，1923 年）、《火灾》（上海商务印书馆，1923 年）、《城中》（上海开明书店，1926 年）、《未厌集》（上海商务印书馆，1928 年）、《圣陶短篇小说集》（上海商务印书馆，1936 年）、《绍钧代表作》（上海全球书店，1946 年）、《叶绍钧杰作选》（上海新象书店，1947 年）、《微波》（上海艺光出版社），长篇小说《线下》（上海商务印书馆，1925 年）、《倪焕之》（上海开明书店，1929 年），童话集《古代英雄的石像》（上海开明书店，1931 年）、《叶绍钧选集》（上海万象书屋，1936 年），诗集《雪朝》（与周作人等合集。上海商务印书馆，1922 年），论文集《作文论》等亦署。②叶陶，见于评论《儿童之观念》，载 1911 年 9 月 2 日《妇女时报》第 3 期。③圣匋，见于论文《论贵族妇女有革除妆饰奢侈之责》，载 1911 年 10 月 22 日《妇女时报》第 4 期。④叶圣陶，见于诗《大汉无声·祝辞》，载 1911 年 11 月 11 日苏州《大汉报》；小说《春燕琐谭》，载 1918 年上海《妇女杂志》第 2 卷第 2、3 号。嗣后在《小说月报》《时事新报·文学旬刊》《努力周报》《时事新报·学灯》《教育杂志》《民铎杂志》《晨报副镌》《开明》《新文艺》《申报月刊》《申报·自由谈》《越风》《文学生活》《中山周刊》《青年界》《北斗》《现代》《青年学生》《新中华》《文学月报》《文学》《太白》《新小说》《创作》《立报·言林》

《教育通讯》《大公报·战线》《国文杂志》《月报》《文学修养》《宇宙风》《天行杂志》《半月文萃》《作家》《烽火》《新民报·血潮》《少年先锋》《春云》《文艺阵地》《抗战文艺》《翻译与评论》《国讯》《文学集林》《万象》《文讯月刊》《宪政月刊》《流星》《民主》《周报》《战时文艺》《星岛日报·星座》《华西日报·华西副刊》《新民报晚刊·出师表》《大公晚报·小公园》《中央日报·星期增刊》《青年文艺》《文艺春秋》《文艺丛刊》《文艺复兴》《文哨》《中原·文艺杂志·希望·文哨联合特刊》《上海文化》《新文化》《消息半月刊》《文潮月刊》《文艺青年》《文艺知识连丛》《小说月刊》《华北文艺》等报刊发表诗文均署；出版散文集《圣陶随笔》（上海三通书局，1940 年）、《西川集》（重庆文光书店，1945 年）、《叶圣陶文集》（上海春明书店，1948 年）、《小记十篇》（百花文艺出版社，1958 年）、《未厌居习作》（开明出版社，1992 年），短篇小说集《四三集》（上海良友图书印刷公司，1936 年）、《抗争》《叶圣陶短篇小说集》，童话集《白船》《一粒种子》《旅行家》《含羞草》《玫瑰和金鱼》《月亮姑娘的亲事》《快乐的人》《叶圣陶童话集》，诗集《箧存集》，论著《阅读与写作》《文心》《文章例话》及《十三经索引》《叶圣陶选集》等亦署。⑤圣陶，见于文言小说《玻璃窗内之画像》，载 1914 年 6 月 10 日上海《小说丛报》第 2 期。嗣后在该刊及《民国日报·觉悟》《时事新报·文学旬刊》《妇女杂志》《晨报副镌》《时事新报·学灯》《时事新报·文学》《妇女评论》《京报·青年之友》《一般》《开明》《现代》《文学》《太白》《文学周报》《文季月刊》《光明》《中流》《生活星期刊》《申报月刊》《中学生》《新文化》《国文杂志》《新少年》《申报每周增刊》《大公报·文艺》《写作与阅读》《新民报·血潮》《大众生活》《自修大学》《语文》《文学集林》《文史杂志》《进步青年》《良心》《妇女评论》《生活星期刊》《太阳》等报刊发表诗文亦署。⑥叶匋，见于文言小说《穷愁》，载 1914 年上海《礼拜六》周刊第 7 期。嗣后在该刊发表《博徒之儿》《孤宵幻遇记》《飞絮沾泥录》等文言小说亦署。⑦允倩，见于文言小说《痴心男子》，载 1915 年《礼拜六》第 46 期。⑧叶允倩，见于文言小说《倚闾之思》，载 1916 年上海《小说海》第 2 卷第 1 期。同年在该刊第 2 卷第 4 期发表文言小说《旅窗心影》亦署。⑨谷神，1916 年在《礼拜六》杂志发表文章署用。⑩斯提，见于诗《损害》，载 1921 年 9 月 11 日上海《时事新报·学灯》。嗣后在《时事新报·学旬刊》发表诗《失望》、杂文《就是这样了吗？》《盼望》《骸骨之迷恋》等亦署。⑪谌（shèn）陶，见于小说《小病》，载 1921 年 5 月 10 日《时事新报·文学旬刊》。⑫陶，见于随笔《生活》，载 1921 年 10 月 27 日《时事新报·学灯》。⑬郢，见于随笔《时间经济》，载 1921 年 11 月 5 日《时事新报·学灯》。嗣后在该刊及《时事新报·现代妇女》《时事新报·文学周刊》《京报副刊》发表随笔《说话》《刊物》《供献给做父母的》、小说《病夫》、散文《到吴淞》、杂文《苍蝇》等亦署。

⑭柳山，1921－1922 年在《时事新报·学灯》发表文章署用。⑮华秉丞，见于评论《关于〈小说世界〉的话》，载 1923 年《时事新报·文学旬刊》第 62 期。⑯王钧，见于散文《将离》，载 1923 年《时事新报·文学周刊》第 88 期。同年在该刊第 91 期发表散文《客语》亦署。⑰秉丞，见于评论《"革命文学"》，载 1924 年《时事新报·文学周刊》第 129 期。嗣后在该刊及上海《小说月报》《公理日报》《中学生》、成都《国文杂志》等报刊发表随笔《忘余录》《江绍原君的工作》《读〈柚子〉》、评论《虞洽卿是"调人"》《无耻的总商会》等文亦署。⑱叶绍钧圣陶，见于词《浣溪沙·为严既澄题〈初日楼少作〉》，载 1924 年 11 月上海朴社出版之严既澄所作《初日楼少作》。⑲郢生，见于散文《一件破棉袄》，载 1925 年上海《文学周报》第 172 期。嗣后在该刊及《中学生》《一般》《青年界》《新学生》《申报月刊》《大江月刊》《光明》等刊发表《假如我有一个弟弟》《儿子的订婚》《不甘寂寞》、诗《"我们忏悔来的"》等文亦署。⑳桂山，见于小说《小病》，载 1927 年上海《小说月报》第 18 卷第 5 期。嗣后在该刊发表小说《夜》《某城纪事》，1929 年在《红黑月刊》第 1 期发表小说《李太太的头发》亦署。㉑孟言，见于小说《小妹妹》，载 1927 年上海《小说月报》第 18 卷第 6 期。嗣后在上海《妇女杂志》发表译诗《仟望》《荷马之教》《风》等亦署。㉒钧，见于书信《致赵景深》，1930 年 10 月 24 日作，载 1981 年 4 月上海文艺出版社《中国现代文艺资料丛刊》第 6 辑。㉓丙丞，见于散文《"读经"》，载 1933 年上海《中学生》第 37 号。㉔秉，见于随笔《从学校生活谈到今年的寒假生活》，载 1938 年《少年先锋》第 11 期。㉕翰先，见于随笔《国歌语译》，载 1942 年成都《国文杂志》第 1 期。嗣后在该刊及《开明少年》发表随笔《文句检缪》《改文一篇——〈斥消极〉》《盲诗人爱罗先珂的话》等文亦署。㉖朱逊，见于随笔《"莫得"和"没有"》，载 1942 年成都《国文杂志》第 1 期。嗣后在该刊及《中学生》《开明少年》发表随笔《介绍〈经典常谈〉》《做好人与看书》《教育改造的目标》等文亦署。㉗绍钧，出版词选《苏辛词》等署用。㉘圣淘、秉诚、丙秉、大容、颖生、谢生、楷林、微翁、微庵、叶桂、叶桂山、未厌（yàn）居，署用情况未详。

叶石（1913－1998），山西汾阳人。原名任礼。曾用名任鲤庭。笔名：①叶石，始用时间未详。1949 年后出版大型历史话剧《孙膑》、长篇小说《刘邦与吕后》、电影文学剧本《浣花女》（与他人合作）等，1979 年 10 月起任《星星》诗刊主编署用。②一萍、六郎、煤黑子，署用情况未详。

叶石涛（1925－2008），台湾台南人。笔名：①叶左金、李淳、邓石溶，1941 年起在《文艺台湾》《中华日报·日文版》《新生报·桥》《公论报》等报刊发表日文小说、随笔、评论等署用。②叶石涛，见于评论《一九四一年以后的台湾文学》，载 1948 年 4 月 16 日台湾

《新生报·桥》。嗣后出版短篇小说集《葫芦巷春梦》（台北兰开书局，1968 年）、《晴天和阴天》（台湾晚蝉书店，1969 年）、《鹦鹉与竖琴》（高雄三信出版社，1973 年）、《噶玛兰的柑子》（高雄三信出版社，1975 年）、《采硫记》（台湾龙田出版社，1979 年）、《卡尔萨斯之琴》（台北东大图书公司，1980 年），中篇小说《罗桑荣和四个女人》（台北林白出版社，1969 年），长篇小说《红鞋子》（台北自立晚报文化出版部，1989 年），散文集《欲求的心理》（高雄文皇出版社，1975 年）、《三菱集团的内幕》（高雄大舞台苑，1975 年），文学评论集《叶石涛评论集》（台北兰开书局，1968 年）、《叶石涛作家论集》（台北三信出版社，1973 年）、《台湾乡土作家论集》（台北远景出版社，1979 年）、《作家的条件》（台北远景出版社，1981 年）、《小说笔记》（台北前卫出版社，1983 年）、《台湾文学的悲情》（高雄派色文化公司，1990 年）、《展望台湾文学》（台北九歌出版社，1994 年），回忆录《文学回忆录》（台北远景出版社，1983 年），专著《台湾文学史纲》（台湾文学界杂志社，1987 年），以及《叶石涛自选集》（台北黎明文化事业股份有限公司，1975 年）等均署。③璎珍，见于《论日本现代文学的特质》，载《笔汇》第 1 卷第 5 期。④叶六仁，见于评论《四十年代的台湾文学》，载 1986 年《文学界》第 20 期。

叶淘（1924－1975），山东临沂人。原名颜海涛。笔名：①海涛，见于诗《人的权利》，载 1947 年 2 月 28 日沈阳《前时报·诗哨》第 3 期。嗣后出版诗集《蚕豆花》（昆明浪花文艺社，1946 年）、《自从鞭炮放了后》（昆明大路书店，1946 年）、《向民主，进军》（昆明大路书店，1946 年）等亦署。②海滔，1945 年前后开始署用。嗣后发表诗《动物诗三首》（载 1948 年上海《诗创造》第 8 期《祝寿歌》）、《工人们的顺口溜》（载 1949 年哈尔滨《文学战线》第 2 卷第 4 期），出版诗集《饥饿》（香港诗星火社，1947 年）、《零下四十度》（沈阳乌拉草社，1948 年）等均署。③叶淘，见于诗《金元券》，载 1948 年《诗号角》第 3 期。1949 年后发表小说《试炼》（载 1950 年北京《人民文学》第 2 卷第 1 期）、随笔《学习鲁迅先生的写作态度》（载 1952 年 10 月 19 日《天津日报》），出版诗集《考验》（诗战线丛书，1948 年），小说集《老钢板与小铁锤》（上海大众书店，1950 年）、《钢》（工人出版社，1951 年）、《北戴河的故事》（天津通俗出版社，1955 年），故事集《快速炼钢的故事》（新文艺出版社，1953 年）等均署。④叶涛，署用情况未详。

叶天底（1898－1928），浙江上虞（今绍兴市）人。原名叶霖蔚。曾用名叶天瑞（学名）、叶天砥、谢启瑞。笔名天底，见于小说《母底爱》，载 1920 年 12 月 3 日上海《民国日报·觉悟》。嗣后在该刊发表诗《你们那里知道!》《丰子恺赴东京二科画会》、小说《男校里的一日》《丰先生》，1924 年在《艺术评论》第 50 期发表评论《SKETGH 概说》亦署。

叶挺荃（1918－1948），福建霞浦人。字信芳。笔名听川、叶未凋，20 世纪 40 年代在福建《霞浦导报》等报刊发表诗文署用。

叶文雄，生卒年及籍贯不详。笔名：①叶文雄，见于译文《前资本主义社会形式发展的规律性问题》（苏联渥斯洛维却洛夫原作），载 1935 年南京《时事类编》第 3 卷第 17 期。嗣后在《中苏文化》《妇女生活》等刊发表译文、出版译作均署。②文雄，见于散文《鲁迅逝世周年纪念》，载 1937 年南京《时事类编》特刊第 3 期；译文《加强民主国的团结，粉碎侵略者的梦幻：法西斯蒂食人生番的"新秩序"》（苏联节米道夫原作），载 1942 年重庆《中苏文化杂志》第 10 卷第 2 期。

叶霞翟（dí）（1913－1981），浙江松阳人。笔名叶苹，1949 年后在台湾出版散文集《山上山下》（台北幼狮文化事业公司）、《军人之子》（台北联合出版社，1961 年）、《天地悠悠》（台北文坛社，1965 年）、《一树紫花》（台北三民书局，1969 年）、《华冈之雨》（台北惊声文物供应公司，1973 年）等均署。

叶夏声（1882－1956），广东番禺（今广州市）人。字竞生、兢生、不竞、天竞、夏生，号梦生、梦蝶、梦蝶生。笔名叶夏声，见于随笔《由双十节想到民族主义》，载 1929 年《广东党务》第 24、25 期。1948 年在《综合评论》发表《何谓自由》《死伤无痛论》等文亦署。

叶贤，生卒年不详，广东人。笔名叶愚之，20 世纪 30 年代在《诗经》《诗林双月刊》等诗刊发表诗作署用。

叶秀玉（1919－？），福建福州人。笔名叶子，1936－1937 年在福州《小民报·新村》《小民报·南风》《福建民报·小园林》等发表小说、散文署。见于散文《铁鹰》，载 1937 年 5 月 10 日《小民报·南风》。

叶以群（1911－1966），安徽歙县人。原名叶元灿。曾用名叶志泰、叶明、叶华蒂。笔名：①华蒂，见于译文《祈祷》（日本洼川崎妮子原作），载 1932 年上海《读书月刊》第 3 卷第 1、2 期合刊；小说《小黑子和"小猪"》，载 1932 年上海《北斗》月刊第 2 卷第 3、4 期合刊。此前后在《文艺新闻》《文学月报》《文艺》《青年文艺》《读者月刊》《国际每日文选》《大道月刊》《上海影坛》《七天》《中坚》《人间》《民主与统一》等报刊发表《苏联文学底近况》《不朽诗人歌德的少年时代》《莎士比亚的新评价》《伟大优美的事业展开在我们面前》（苏联高尔基原作）、《劳伦斯研究》（英国普里切特原作）等著译文章，出版翻译小说《隐秘的爱》（苏联高尔基原作，与森堡等合译。上海湖风书局，1932 年）、《英雄的故事》（苏联高尔基原作。上海天马书店，1933 年）等均署。②以群，见于随笔《"翻印古书"》，载 1936 年上海《文学丛报》诞生号；译文《新内容与新形式》（苏联爱伦堡原作），载 1936 年上海《夜莺》第 1 卷第 2 期。嗣后编辑《文艺阵地》、主编《文联》

月刊，先后在上述两刊及《青年文化》《小说家》《中流》《热风》《读书半月刊》《大家看》《时事类编》《生活学校》《战地》《文艺半月刊》《全民抗战》《笔谈》《文化杂志》《全民周刊》《抗战文艺》《文化先锋》《学习生活·文艺版》《文学月报》《新华日报》《华北文艺》《时代文学》《文艺杂志》《文学创作》《青年文艺》《人世间》《天下文章》《中国建设月刊》《文学修养》《新文化》《时与潮文艺》《微波》《文哨》《文章》《文艺复兴》《人民文艺》《文艺知识连丛》《大众文艺丛刊》《小说月刊》等报刊发表文章亦署。出版散文集《生长在战斗中》（中国文化服务社，1940 年）、《旅程记》（桂林集美书店，1942 年）、《新人的故事》（当今出版社，1943 年），话剧剧本《姊妹行》（重庆东方书社，1943 年），小说集《新人的故事》（上海新群出版社，1947 年），翻译小说集《英雄的故事》（苏联高尔基原作。上海杂志公司，1941 年），翻译随笔《给初学写作者及其他》（苏联高尔基原作。重庆读书出版社，1942 年），编选《战斗的素绘》（重庆作家书屋，1943 年）；1949 年后在上海《收获》《上海文学》等刊发表文章，出版翻译论著《新文学教程》（苏联维诺格拉多夫原作。新文艺出版社，1952 年）等亦署。③群，见于短论《要通俗也要“深刻”》，载 1939 年《抗战文艺》第 3 卷第 11 期。④叶以群，见于随笔《关于小说中的人物描写》，载 1941 年《抗战文艺》第 7 卷第 2、3 期合刊；散文《海依然是静静的》，载 1942 年重庆《文化先锋》第 1 卷第 2 期。1950 年在上海《小说月刊》发表在《高干大》座谈会和《种谷记》座谈会上的发言，出版翻译小说《英雄的故事》（苏联高尔基原作。新文艺出版社，1955 年）、散文集《在不平常的日子里》（百花文艺出版社，1958 年）等均署。⑤华君，见于随笔《对文艺评论工作的希望》，载 1943 年 1 月 1 日重庆《新华日报》。1944 年 9 月 25 日在该报发表评论《骆宾基的长篇小说〈姜步畏家史〉第一部读后》亦署。⑥杨华，见于评论《关于文学的民族性——文艺时论之一》，载 1943 年 2 月 16 日重庆《新华日报》。嗣后在该报发表《文艺底商业性和政治性》《文学与真实》“抄袭”论和“奉命”论》《“拿货色来看”和“文学贫困”论》等文艺时论系列文章亦署。⑦叶君，见于随笔《略谈文艺批评》，载 1943 年 2 月 17 日重庆《新华日报》。⑧逸君，1948－1949 年与梓甫（夏衍）、蔚夫（洪道）、达之（周钢鸣）、萧然（孟超）、慕云（瞿白音）、逸君（韩北屏）合作在香港《华侨日报》《星岛日报》《华商报》发表“七人影评”署用。⑨叶明，署用情况未详。

叶易（1931－1993），浙江余姚人。原名叶思曾。1947 年开始发表作品。笔名叶易，出版专著《中国近代文艺思想论稿》《中国近代文艺思潮史》，主编《走向现代化的文艺学》等均署。

叶逸凡（1912－？），浙江青田人。原名叶迈，字逸凡、逸帆。笔名：①叶逸凡，见于《又是一年》，载 1933 年《人民周刊》第 53 期；通讯《留美空军返国人员慰问记》，载 1947 年《中国的空军》第 94 期；歌词《壮志凌霄》，载 1947 年《中国的空军》第 108 期。②青山，署用情况未详。

叶永蓁（1908－1976），浙江乐清人。原名叶榛，字西蓁，号会西。曾用名叶蓁。笔名：①叶永蓁，见于小说《黄尚英》，载 1931 年上海《新学生》第 1 卷第 2、3、4 期；散文《观海京伯马戏丛感》，载 1933 年 12 月 6－8 日上海《申报·自由谈》。嗣后在《矛盾》《现代》《人间世》《中国文学》《文艺月刊·战时特刊》《宇宙风》《大陆》《朔望半月刊》《创化》《社会月报》《中国革命》《内外什志》等刊发表小说、散文署。出版长篇小说《小小十年》（上海春潮书局，1929 年）、散文集《浮生集》（上海生活书店，1934 年）等均署。②叶会西，出版散文集《御寇短评集》（台湾商务印书馆，1971 年）署用。

叶幼泉（1909？－？），辽宁沈阳人。笔名：①新钱，20 世纪 20 年代初在东北《北国》杂志，1931 年后在北平《文艺月报》《文学导报》《文风》等刊发表作品署用。②叶新钱，见于小说《退却》，载 1932 年北平《文艺月报》第 1 卷第 2 期；《北平文艺青年协会成立宣言》，载 1937 年北平《诗歌杂志》第 3 期。③叶幼泉，1949 年后在《文史》杂志发表文章，出版史学著作均署。

叶玉森（1880－1933），江苏丹徒（今镇江市）人，满族。字镂虹，号篁渔、洪渔、荭渔、中泠、叶子、瘦叶、中泠亭长。笔名：①叶初，见于《哀韩储》，载 1912 年《越社丛刊》。②中泠，1913 年起在《华侨杂志》《论衡》《双星》《七襄》《民权素》《礼拜六》《春声》等刊发表诗文署用。③叶玉森，在《南社丛刻》发表诗文署用。嗣后在《论衡》《国立中山大学语言历史学研究所周刊》《岭南学报》等刊发表诗文，出版《铁云藏龟拾遗》（丹徒叶玉森五凤砚斋，1925 年）、《挈契枝谭》（北平富晋书社，1929 年）、《说契》（北平富晋书社，1929 年）、《殷契钩沉》（北平富晋书社，1929 年）、《殷墟书契前编集释》（上海大东书局，1934 年）等亦署。

叶蕴蓝，生卒年不详，台湾人。笔名蕴蓝、叶蕴蓝，1929－1943 年在台北《台湾日日新报》《昭和新报》《风月报》《南方》等报刊发表旧体诗《除夕感作》《御纹章银花瓶》等署用。

叶钊，生卒年不详，河南人。原名陈承铮。笔名叶钊，1945 年秋在郑州《春秋时报》副刊发表文章署用。

叶之华（1909－2010），浙江仙居人。笔名：①叶之华，1936 年 5 月在上海进化社主编《进化》月刊并发表文学作品署用。见于小说《别离之夜》，载 1936 年上海《进化》月刊第 1 卷第 2 期。嗣后在该刊连载小说《友兰伯伯》亦署。又见于通讯《琳山学校的近况》，载 1946 年 2 月上海《少年读物》月刊第 2 卷第 2 期。20 世纪 30 年代由上海新中国书局出版长篇小说《羊棚外的奇遇》（1933 年）、《一滴水》（1934 年）、《模范学生》（1939 年第 4 版），科普读物《科学谈话》（1935 年）等均署。②华，见于小品《星星录》，连载于 1936 年上海《进化》月刊创刊号至第 1 卷第 4 期。

叶至诚（1926－1992），江苏苏州人。笔名：①叶至诚，见于散文《乐山遇炸记》，载 1942 年桂林《国文杂志》第 1 卷第 2 期；散文《看书买书》，载 1943 年桂林《中学生》第 63 期。嗣后在《中学生》《文艺知识连丛》《人民文学》等刊发表散文等亦署。出版散文集《花萼》《三叶》《花萼与三叶》《未必佳集》（以上均与其兄至善、姊至美合集）、《倒霉的橄榄树》，歌剧剧本《走上新路》（与高晓声合作），锡剧剧本《走上新路》，童话集《没有完的赛跑》，编选《情诗——翻译短篇小说精选》（与叶至善合编）等亦署。②至诚，见于随笔《鲁智深》，载 1942 年桂林《国文杂志》第 1 卷第 4－5 号合刊，嗣后在该刊及《中学生》《开明少年》《中国公论》等刊发表散文、随笔等亦署。③李洁，见于小说《露露·帐篷·和胖子要人》，载 1948 年上海《开明少年》第 32 期。嗣后在该刊发表《在乡下》《找事情》等小说亦署。

叶至美（1922－2012），江苏苏州人。笔名：①至美，见于小说《贷金的故事》，载 1943 年桂林《中学生》第 63 期；《心潮》，载 1943 年桂林《国文杂志》第 2 卷第 4 期。②叶至美，见于散文《养蜂》，载 1943 年桂林《国文杂志》第 2 卷第 1 期。嗣后在《中学生》《开明少年》《进步青年》等刊发表小说、散文、译作亦署。出版散文集《花萼》《三叶》《花萼与三叶》《未必佳集》（以上均与其兄至善、弟至诚合集），翻译小说《学校》（苏联盖达尔原作）、《南边的风》（苏联鲍里斯·格林原作）、《复兴顿巴司》（苏联鲍里斯·格林原作）、《萨庚的春天》（苏联古里阿原作），翻译戏剧《在布拉格的栗树下》（苏联西蒙诺夫原作）、《矿工们》（罗马尼亚达维多格鲁原作）等亦署。

叶至善（1918－2006），江苏苏州人。笔名：①叶至善，见于散文《化为劫灰的字画》，载 1942 年桂林《国文杂志》第 1 卷第 4－5 号合刊。嗣后在桂林《开明少年》《中学生》等刊发表作品亦署。出版散文集《花萼》《三叶》《花萼与三叶》《未必佳集》（以上均与其妹至美、弟至诚合集）、《我是编辑》《父亲的希望》，人物传记《父亲长长的一生》，科普作品《太阳·月亮·星》《到人造月球去》《失踪的哥哥》《科普杂拌儿》，科学家故事集《梦魇》，以及《古诗词新唱》《涸辙旧简》《叶至善序跋集》《叶至善集》《叶圣陶叶至善干校家书（1969－1972）》《叶氏父子图书广告集》（与叶圣陶合集），编辑《叶圣陶答教师的 100 封信》《叶圣陶童话故事集》《叶圣陶集》等亦署。②至善，见于散文《病中情味》《微雨》等，收入桂林文光书店 1943 年 8 月版《三叶》。③于止、士元，署用情况未详。

叶子宜，生卒年不详，台湾人。笔名子宜、叶子宜，1932－1933 在台北《南瀛新报》发表旧体诗《诗题朱笔》《采莲吟》等署用。

叶紫（1910－1939），湖南益阳人。原名余昭明。曾用名余鹤林、余繁、汤宠、余自强。笔名：①柳七，1930 年发表短篇小说《手杖》署用。嗣后发表散文《忆家煌》（载 1934 年 4 月 12 日上海《中华日报·动向》）、小说《杨七公公过年》（载 1934 年上海《中华月报》第 2 卷第 6、7 期）亦署。②叶子，见于发刊词《从这庞杂的文坛说到我们这刊物》，载 1933 年上海《无名文艺旬刊》创刊号。③叶紫，见于短篇小说《丰收》，载 1933 年上海《无名文艺》月刊创刊号。嗣后在《文艺》《现代》《文学》《作家》《当代文学》《文学界》《小说》《清华周刊》《新语林》《申报·自由谈》《太白》《中华月报》《时事新报·青光》《漫画和生活》《文学大众》《战地》《观察日报·观察台》《力报半月刊》《救亡日报》《文艺新闻》《大公报》等报刊发表小说、散文、信函等，出版小说集《丰收》（上海奴隶社，1935 年）、《山村一夜》（上海良友图书印刷公司，1937 年），长篇小说《星》（上海文化生活出版社，1936 年）等均署。④紫，见于《紧急声明》，载 1933 年《无名文艺》月刊创刊号；随笔《爱伦凯和柯仑泰》，载 1934 年 15、25 日上海《申报·妇女园地》。⑤杨镜清、杨镜英，见于短篇小说《王伯伯》，载 1933 年 9 月 25 日上海《文学新地》创刊号（该刊目录中署名“杨镜清”，刊内作品正文署名“杨镜英”）。⑥阿紫，见于短篇小说《朦胧中》，载 1933 年《长风》半月刊第 1 卷第 1 期；杂文《幽默的对》，载 1933 年上海《论语》第 3 卷第 26 期。⑦阿芷，见于随笔《文坛登龙新术》，载 1934 年 4 月 12 日上海《中华日报·动向》。⑧杨樱，见于《新作家草明女士》，载 1934 年 4 月 19 日《中华日报·动向》；小说《偷莲》，载 1935 年上海《小说》第 19 期。同年 4、5 月间在上海《芒种》半月刊发表散文《南行杂记》亦署。⑨阿止，见于《洋形式的窃取与洋内容的借用——杨昌漫先生的小说是洋人做的》，载 1934 年 5 月 6 日《中华日报·动向》。⑩黄德，见于杂文《“手续费”与“刀手费”——读〈裤子掉下来了〉以后》，载 1934 年 6 月 21 日《中华日报·动向》。嗣后在该刊及上海《读书生活》《生生月刊》《小文章》发表书评、散文、小说亦署。⑪汤咏兰，借用其未婚妻（后成为其妻）之名为笔名，见于随笔《妇女经济独立与教育平等》，载 1934 年《女子月刊》第 2 卷第 9 期。⑫汤咏兰女士，出版《现代女子书信指导》（上海女子书店，1935 年）署用。⑬辛卓佳，见于短篇小说《广告》，载 1935 年 7 月 8 日《申报·自由谈》。嗣后在该刊发表散文《夜的行进曲》《玉衣》亦署。⑭陈芳，见于中篇小说《星》，载 1935 年上海《文学季刊》第 2 卷第 8 期。嗣后在上海《时事新报·青光》《文学丛报》《作家》发表小说《校长先生》《电车上》等亦署。⑮芷、弟紫、YZ，署用情况未详。

【yi】

伊兵（1916－1968），浙江嵊县（今嵊州市）人。原名周纪纲。曾用名周丹虹。笔名：①丹虹，1936 年在嵊县《焰影周刊》发表《论现阶段文学的发展》《不同草》《病中悼鲁迅氏之死》等文署用。②伊兵，见于《太阳颂：献给苏联元帅史大林》，载 1943 年 12 月苏联《时代》杂志。嗣后在山东《大众日报》《文艺新地》《戏剧报》等报刊撰文亦署。出版论著《在戏剧战线上》（上海文艺出版社，1959 年）、《理想与现实》（中国戏剧出版社，1960 年）均署。③周丹虹，1945－1946 年间在山东《大众日报》发表通讯报道署用。④大辉、李文，署用情况未详。

伊静轩

伊静轩（1905－1984），北京人。笔名：①伊静轩，出版散文集《菲岛风光》（南京文化服务社，1947 年）、《蕉风椰雨灯随笔》（菲律宾今日书局，1967 年）均署。②伊人、伊青、伊康、幼平、青干，署用情况未详。

伊琳

伊琳（1915－1979），广东潮阳人。原名许崇琪。曾用名林其。笔名：①伊琳，抗战期间创作剧作《百团大战》《大保嫂》《模范妇女》《国际活动》《孩子们》《平安无事》等署用。②伊林，署用情况未详。

伊明

伊明（1913－1995），江苏苏州人。原名伊任之。笔名：①陈奕，见于随笔《从舞台的活跃说到剧本的缺乏》，载 1934 年上海《大上海半月刊》第 1 卷第 1 期；随笔《从改良文明戏谈到观音戏》，载 1934 年上海《社会月报》第 1 卷第 3 期。嗣后在上海《现代》《绸缪月刊》等刊发表《遗产与名作》《剧坛杂记》等文亦署。②弃扬，见于短评《这是什么逻辑》，载 1937 年上海《艺文线》月刊第 3 期。③伊明，见于话剧剧本《白衣人》，载 1938 年汉口《时事类编特刊》第 17 期；通讯《十一月七日》，载 1939 年延安《中国青年》第 5 期。1947 年在《青年与妇女》第 2 卷第 5、6 期合刊发表影评《评〈列宁在一九一八〉》，1949 年后出版电影剧本《城南旧事》《无形的战源》、论文集《电影编导简论》等亦署。④江布、阮潜，署用情况未详。

伊贻谋

伊贻谋，生卒年不详，福建宁化人。曾用名伊荣谷。笔名白汀，见于杂感集《零星话》（泉州，1947 年）。

伊佐

伊佐（1918－？），浙江瓯海（今温州市）人。原名陈继潢。笔名伊佐，1937 年起在《生线》《战时商人》《游击》等刊发表译作、诗文署用。

依风露

依风露（1918－？），辽宁沈阳人。原名依凡。曾用名依尚伦。笔名：①依凡，见于译文《我的自传》（苏联绥拉菲莫维奇原作），载 1933 年上海《文艺》月刊创刊号；评论《创作的态度》，载 1934 年上海《春光》第 1 卷第 2 期。1941 年在桂林《野草》发表杂文《从米老鼠说起》、故事《渔猎故事（三则）》等亦署。②依尚伦，见于随笔《工人跳厂刍议》，载 1942 年《中国劳动》第 3 卷第 2 期；《勋章》，载 1943 年重庆《民族文学》第 1 卷第 4 期；四幕剧《巴尔虎之夜》，载 1944 年《民族文学》第 1 卷第 5 期。③依风露，1933 年在西安出版长篇小说《红愁》署用。嗣后发表速写《人性》（载 1944 年重庆《时与潮文艺》第 2 卷第 6 期）、

《树下》（载 1944 年西安《高原》第 2 期），出版散文集《远简》（西安，1944 年），小说集《小母亲》（西安，1944 年）、《漂泊夫人》（台北蓝灯书屋，1943 年）、《默罕默德的后裔》（台北，1952 年）、《拉萨春梦》（台北蓝灯书屋，1958 年）、《红叶溪的故事》（台北尚伦出版社，1977 年），中篇小说《归国》（台北，1956 年），剧作《几番涟漪几番情》（与蒋子安、姜龙昭合作。台北文建会，1984 年）等亦署。

依藤

依藤（1912－1976），江苏太仓人。原名汪开竞。笔名：①落人，1927 年 9 月后在马来亚槟城《南洋时报》主编副刊《玫瑰》时发表诗《彷徨》《死人之歌》等署用。又见于随笔《〈玫瑰〉结尾》，载 1929 年 11 月 13 日《南洋时报·玫瑰》。1930 年在槟城《光华日报·绝缘回线》发表诗作亦署。②汪慎良，见于小说《往邮政局》，载 1927 年 9 月后《南洋时报·玫瑰》。③汪开竞，1927 年 9 月后在《南洋时报·玫瑰》发表作品署用。1928 年初在《南洋时报·绿洲》连载小说《庸徒》亦署。④仲平，见于随笔《李树梧终不失为一个批评家》，载 1927 年 11 月 25 日《南洋时报·玫瑰》；随笔《翻了〈辞源〉后与放生君谈"把"字》，载 1927 年 12 月 8 日《南洋时报·微光》。⑤慎良，见于诗《饮酒》，载 1927 年 12 月 16 日、23 日槟城《南洋时报·玫瑰》。同时期在该刊发表诗《鲜花》、剧本《市侩之子》、小说《中途》等亦署。⑥绿典，见于随笔《我的写作经验》，载 1934 年前后槟城《光华日报·槟风》。⑦依藤，见于随笔《香菱学诗》，载 1950 年《南洋商报·商余》。嗣后出版散文集《旧小说新谈》（新加坡南洋商报社，1954 年）、《彼南劫灰录》（槟城钟灵中学，1957 年）亦署。⑧金惠吾，见于随笔《〈马华新文学史稿〉补遗》，载 1961 年 3 月 27 日、28 日《星槟日报·莲花河》。⑨丁丁，见于散文《父亲的故事》，载 1972 年《南洋文摘》第 13 卷第 2 期。嗣后在《星槟日报·莲花河》发表随笔《写作生活》《"女性"之争》等亦署。⑩陶然、克铨、南岛居士，在马来亚华文报副刊发表诗文署用。

易白沙

易白沙（1886－1921），湖南长沙人。原名易坤，字越邨、月村，号白沙子。笔名：①白沙，见于评论《教育与卫西琴》，载 1914 年日本东京《甲寅》第 1 卷第 2 期。嗣后在该刊发表《广尚同》《国务卿》《铁血之文明》等文亦署。②易白沙，见于论文《述墨》第一章《墨学之起源》，载 1915 年《青年杂志》第 1 卷第 2 期；论文《帝王春秋》，载 1919－1920 年上海《建设》第 1 卷第 6 期至第 3 卷第 1 期。嗣后在《新青年》《东方杂志》等刊发表论文《中国古代社会钩沉》等文，出版论著《帝王春秋》（上海中华书局，1924 年）等亦署。③易坤，见于通信《涓蜀梁——致甲寅杂志记者》，载 1915 年《甲寅》第 1 卷第 8 期。

易大厂

易大厂（ān）（1874－1941），广东鹤山人。原名易延熹，字季复、季馥，号大厂（大庵）、待公、韦斋、晬民；别号（别名）卫斋、魏斋、孺斋、外斋、郫斋、屯公、岸公、念公、念庵、苟庵、无念、不玄、老屯、

苏龛、甦龛、块亭、阿才、简宦、孝谷、绝景、鹤山易孺、花邻词客、依柳词客；晚号屯翁、待翁、鹤山老、鹤山老人、南华老人、民主老人；自号大厂居士。曾用名易孺、易熹。印名大厂孺、穷于甲戌。笔名：①易大厂，见于词《宜雅斋词》、随笔《韦斋杂说》，载1933年4月上海《词学季刊》创刊号；随笔《广东全省舆图题记》，载1937年《书林》第1卷第1期。②易韦斋，见于《新歌初集》（与萧友梅合作。上海商务印书馆，1923年）。③大厂居士，见于《宋词集联》，载1935年上海《词学季刊》第2卷第3期；《简公又文斑园欢会画师高剑父即席次秦淮海徐得之闲轩韵》，载1936年上海《逸经》第4期。嗣后在该刊及上海《永安月刊》发表图文作品亦署。④大厂，见于词《桂花香》《浣溪纱》《摊破浣溪纱》，载1941年上海《之江中国文学会集刊》第4期。

易大德（1907－1996），江西宜春人。号太白。笔名易大德，著有《太白诗文集》《太白论文集》。

易巩（1915－？），广东广州人。原名梁植涛，字溢功。曾用名梁韵松、梁亦拱。笔名：①韵松、梁韵松，1930－1933年初在广东《晨报》发表小说《三姐的一生》《死后的希冀》等署用。②突友，1933年前在广州《大家新闻》发表文章署用。③易巩，见于《警惕》，载1939年4月7日桂林《救亡日报·文化岗位》；中篇小说《杉寮村》，载1942年4月15日至10月5日桂林《文艺杂志》（王鲁彦编）第1卷第4期至第6期。嗣后在《抗战文艺》《现代文艺》《文艺生活》《青年文艺》《文艺丛刊》《文艺杂志》《国民》《联合增刊》等刊发表小说《第三班》《女护士》《黄教头》《乡村教师》《珠江河上》、历史小说《一首诗的诞生》、随笔《中国没有"人民"》《我抗议，我要求》、散文诗《失眠（外一章）》等作品，出版长篇小说《伙伴们》（与于逢合作。桂林白虹书店，1942年），中篇小说《在风雪到来之前》（中国青年出版社，1956年），中短篇小说散文选集《杉寮村》（桂林大地图书公司，1943年），短篇小说集《少年夫妇》（永安改进出版社，1945年）《易巩作品选萃》（花城出版社，1994年），粤剧剧本《愁龙苦凤两翻身》（广州人间书屋，1950年），主编《岭南新秀十二人集》《越秀丛书》《1949－1979广东散文、特写选》等亦署。④梁亦拱，见于散文《寂寞的死》，载1945年秋广西桂平某报。⑤虞弓，见于评论《谈旧瓶装新酒》，载1945年广西横县《晓报》。⑥黄杰，见于杂文《立法院长与言论自由》，载1946年《文艺新闻》旬刊。⑦许文山，1954－1955年在《人民日报》发表通讯曾用。⑧梁哥、梁轲、梁摩、梁波、梁科、梁多、梁柯、梁坷、梁荷、梁果，1960－1966年在广州《羊城晚报》《南方日报》《作品》发表随笔署用。

易君左（1899－1972），湖南汉寿人。原名易家钺，字君左，号意园；晚号敬斋。笔名：①易家钺，见于评论《结婚之真意义》，载1919年北京《国民》第1卷第4期。嗣后在《少年中国》《解放与改造》《小说月报》《民铎杂志》《教育杂志》《自治》《家庭研究》等报刊发表诗文亦署。②君左，见于信函《致记者》，载1919年北京《新潮》第2卷第2期；译文《中国小说概论》（日本盐谷温原作），载1926年上海《小说月报》第17卷号外《中国文学研究》。嗣后在《解放与改造》《泰东日报》《东方杂志》《江苏教育》《江苏学生》《民心旬刊》《新希望周刊》等刊发表散文《泰山观日》《云天梦痕》《春雨薄游灵谷寺》、随笔《穷人同情更穷的穷人》、诗《吊屈原》《爱的进行曲》《赠徐州青年》等文亦署。③易君左，见于评论《近东问题与远东问题》，连载于1919年北京《时事旬刊》第1卷第15－20期；游记《八方风雨说三山》，载1932年上海《旅行杂志》第6卷第11期。嗣后在《文艺月刊》《青年界》《宇宙风》《文艺先锋》《中央时事周报》《江苏教育》《江苏研究》《上海青年》《轴心》《民心旬刊》《中国社会》《国论周刊》《国士》《时代精神》《欧亚文化》《地方自治》《民意周刊》《国防周报》《三民主义周刊》《图书月刊》《今文月刊》《军事与政治》《新运导报》《春秋》《川康建设》《开学与就业》《战斗中国》《永安月刊》《文选》《建国青年》《子曰丛刊》《西北论坛》《粤汉半月刊》，20世纪50年代后在台北《畅流》等报刊发表诗、散文、游记、评论等，出版小说散文集《西子湖边》（上海泰东图书局，1925年）、散文集《闲话扬州》（上海中华书局，1934年）、《战后江山》（江南印书馆，1948年）、《西北壮游》（台湾新希望周刊社，1949年）、《君左散文选》（香港大公书局，1953年）、《祖国江山恋》（九龙自由出版社，1953年）、《伟大的青海尽头——易君左游记选集》（九龙友联出版社，1954年）、《香港心影》（香港大公报社，1954年）、《抗战光荣记》（香港大公报社，1956年）、《从流亡到归国》（台北仙人掌出版社，1968年），四幕历史剧《祖逖》（重庆青年书店，1944年），诗集《君左诗选》（香港大公书局，1953年）、《易君左四十年诗》（台北，1986年），论著《中国文学史》（台北华联出版社，1973年），以及《华侨诗话》《易君左自选集》（台北黎明文化事业股份有限公司，1975年）等亦署。④家钺，见于《一件不可怪的事》，载1920年11月11日《晨报副镌》；随笔《罗素婚姻问题的讨论》，载1921年《家庭研究》第1卷第3期。⑤右君、花蹊、意园、康甸父（fǔ）、二郎神、琴意楼、空谷山人、AB、AD，署用情况未详。

易培基（1880－1937），湖南善化（今长沙市）人。字寅村，号鹿山。笔名易培基，见于旧体诗《寄怀章太炎宛平》，载1905年日本东京《甲寅》第1卷第7期。嗣后在该刊及《国学丛刊》《北京大学研究所国学门月刊》《图书馆学季刊》《建国月刊》《国立第一中山大学语言历史学研究所周刊》等刊发表七绝《三月十五夜月》、随笔《王校水经注跋》《亡弟白沙事状》《三国志校义跋》《宋麻沙本玉篇跋》《楚辞校补序》等亦署。

易琼（1916－2004），广西灵川人。字占（zhān）霏。笔名：①亚伊，见于杂文《理想的妻子》，载1942年9月5日桂林《力报·独秀峰》；报道《镭的发明者——

居里夫人》，载 1943 年桂林《广西妇女》第 3 卷第 2、3 期合刊。②易琼，见于随笔《我的幼年时代的艺术生活》，载 1943 年桂林《广西妇女》第 4 期；随笔《罗丹的思想——读画杂记》，载 1944 年 6 月 7 日桂林《力报》。嗣后在《广西日报》《广西画报》、重庆《时代日报》《新民报晚刊》《人物杂志》等报刊发表文章，出版故事《桂林传奇》（与徐菲慧合作。新蕾出版社，1981 年）、中篇小说《要嫁不嫁随便你》（新疆青少年出版社，2003 年）、画册《易琼画选》（漓江出版社，1988 年）等亦署。③伊琼，见于散文《鬼的故事》，载 1944 年 12 月昭平《广西日报》（黄姚版）。同时期在该报发表诗《担心——给绿妹》《船家女》等文亦署。④伊，见于散文《和中国的母亲们画像》，载 1945 年 6 月昭平《广西日报》（黄姚版）。⑤叔鸿，见于《从我们的画展所想到的》，载 1945 年 7 月 28 日昭平《广西日报》（黄姚版）。⑥争真，见于随笔《纪念居里夫人》，载 1945 年昭平《广西日报·妇女专页》（黄姚版）。⑦高涵，见于随笔《抗战中的妇女》，载 1945 年 8 月 5 日昭平《广西日报》（黄姚版）；随笔《锻炼比隔绝更好》，载 1956 年 12 月 13 日南宁《广西日报》。⑧伊黎，见于诗《我是一棵草》，载 1948 年 4 月 13 日四川《合川日报·江花》。⑨伊任，见于杂文《从画乌龟说起》，载 1956 年南宁《广西日报》。⑩秋纹，见于随笔《不能满足于一片赞扬》，载 1956 年 11 月 18 日《广西日报》。⑪魏澄明，见于木刻《火把》，载 1984 年南宁《广西画报》第 8 期。

易漱渝（1903－1925），湖南长沙人。笔名：①易漱渝，见于诗《雪的三部曲》，载 1920 年北京《少年中国》第 1 卷第 9 期。②易漱渝女士，见于诗《雪》，载 1920 年 4 月 6 日上海《时事新报·学灯》。

易顺鼎（1858－1920），湖南龙阳（今汉寿县）人。字实甫、实父（fǔ）、硕甫、石甫、仲硕、中硕、中实、种石、易硕、中庸，号一厂（ān）、哭庵、哭厂（ān）、哭盦、眉心、眉伽、兰伽、琴志楼、玉虚子、忏绮、忏绮斋主人、龙阳才子、碧湖秋梦词人。笔名：①实甫，辛亥革命前后在《谠报》《广益丛报》《小说海》等刊发表文章署用。②实父（fǔ），1913 年在《国是》月刊发表文章署用。③石甫，1916 年在《民权素》发表文章署用。④易实甫，见于七绝《紫府》，载 1919 年《广益杂志》第 10 期。⑤易顺鼎，见于随笔《诗钟说梦》，载 1913 年天津《庸言》第 1 卷第 14 期；散文《岳云别业公谳记》，载 1919 年上海《小说月报》第 10 卷第 12 期；词《吴波鸥语·和石帝词》（与易顺豫等合作），载 1936 年上海《词学季刊》第 3 卷第 1 期。嗣后出版诗集《琴志楼编年诗录》《琴志楼游山诗集》《出都诗录》《吴船诗录》《罗山诗录》及文集《岭南集》等亦署。

易文（1920－1978），江苏吴江（今苏州市）人，生于北京。原名杨彦岐。曾用名杨念歧。笔名：①易文，

见于通讯《日本之饥馑与娼妓》，载 1935 年上海《东方杂志》第 32 卷第 3 期。嗣后发表随笔《谁的错》（载 1940 年重庆《妇女生活》第 9 卷第 2 期）、译文《胜利的意义》（载 1945 年上海《公民》第 10 期）、流行歌曲（歌词）《夜上海》、评论《评〈青青河边草〉》（载 1947 年上海《时与文》第 1 卷第 24 期），1948 年后在香港创作电影剧本（58 部），执导电影（40 多部），出版长篇小说《彗星》（香港大公书局，1952 年）、《出梦影》（香港世界出版社，1953 年）、《凶恋》（马来西亚槟城槟榔社，1955 年）、《雨夜花》（台北长江出版社，1964 年），中篇小说《梦中人》（香港虹霓出版社，1955 年）、《女儿的心事》《金缕曲》，短篇小说集《真实的谎话》（香港海滨书屋，1951 年），以及《蛊惑记》《恩人》《情天梦归》等亦署。②彦岐，见于诗《夜问》，载 1939 年 6 月 19 日上海《申报·自由谈》；评论《生活论——评法国安德莱·莫洛阿所著的〈生活的艺术〉》，载 1942 年北平《中国公论》第 7 卷第 1 期。③杨彦岐，见于杂文《文艺的建设》，载 1939 年 7 月 30 日上海《申报·自由谈》；散文《水的季节》，载 1943 年重庆《国风》半月刊第 14 期。嗣后在《生活月刊》《宇宙风》《宇宙风乙刊》《宇宙风·逸经·西风非常时期联合旬刊》《人世间》《南风》《天下事》《大风》《天地间》《国际间》《上海评论》《西书精华》《民主政治》《宇宙》等刊发表诗、随笔、评论、译文等亦署。④诸葛朗，见于散文《开着的窗》，载 1947 年上海《生活月刊》第 2 期。⑤诸葛郎，出版短篇小说集《下一代的女人》（重庆自勤出版社，1944 年）署用。嗣后发表散文《都会哲学》（载 1947 年上海《人人周报》第 1 卷第 5 期）等亦署。⑥辛梵，出版中篇小说《秋夜书》（重庆新生图书文具公司，1943 年）署用。⑦欧阳飘、文则灵、巴莱、吴守、丁山、余心、宗怀、万重山、司马青衫，署用情况未详。

易象（1881－1920），湖南长沙人。字梅丞，号梅僧。笔名易象，在《南社丛刻》发表诗文署用。

易修乐（1918－？），湖北天门人。笔名：①苏洛，见于诗《遥远的乡音》，载 1940 年重庆《文艺月刊·战时特刊》第 4 卷第 1 期；诗《在山间》，载同时期重庆《国民公报·文群》。②易修乐，见于评论《论诗的真善美》，载 1945 年湖北恩施国立湖北师院《学风季刊》第 1 卷第 1 期。

易雪泥（1893－1971），湖北黄陂（今武汉市）人。笔名云飞，民国初年在《震旦民报》发表旧体诗署用。按：易雪泥 20 世纪 30 年代曾在武汉编《春秋三日刊》《新快报·快哉亭》，署名情况未详。

【yin】

殷白（1917－2008），浙江海宁人。原名张鹤龄，字惊秋。笔名：①张鹤龄，见于散文《紧急集合——暑期军训日记之一节》，载 1934 年上海《一九三四年中学

生文艺》上册。嗣后在上海《中学生》《中学生文艺季刊》等杂志发表文章亦署。②鹤龄、岳岭，1933－1936年在浙江报刊发表作品署用。③未艾、史正，1938年后在延安《新中华报》《大众文艺》等报发表文章署用。④惊秋，见于通讯《陕甘宁边区新文化运动的现状》，1941年1月7日起连载于重庆《新华日报》。⑤也白、殷白、殷秋，1942年后在晋绥《人民时代》《晋绥日报》署用。"殷白"一名沿用至今。⑥硖石，署用情况未详。

殷参（1916－1995），浙江象山人。原名姜方生。曾用名方常白。笔名：①苇白、方苇白，1935年前后在北平《觉今日报·文艺地带》《华北日报·每日文艺谈座》《泡沫》等署用。"苇白"一名又见于散文《热的交流》，载上海《读书生活》第4卷第1期。②颖灿，见于小说《上任》，载1935年6月30日上海《中学生文艺季刊》第1卷第2期。嗣后在该刊以及上海《中学生》等杂志发表小说《夜哨兵》、评论《非常时期文学的建立》等亦署。同时期在北平《觉今日报·文艺地带》《华北日报·每日文艺谈座》《泡沫》等报刊发表文章亦署。③方君、艾子、肖白，1937年3至6月在《宁波日报》发表杂文署用。④殷参，1938年起发表作品署用。见于特写《杜春》，载1940年重庆《七月》第5集第4期；报告文学《母亲在河西》，载1940年上海《妇女生活》第9卷第3期。此前后在延安《艺术工作》《解放日报》《军政杂志》《大众文艺》、绥德《抗战报》、重庆《全民抗战》《反侵略》、上海《大美晚报·浅草》《上海周报》《奔流文艺丛刊》、武昌《抗到底》、东北《黑龙江日报》《辽宁日报》等发表文章亦署。出版《铁孩子高凤志》（东北人民出版社，1954年）、《殷参文集》（辽宁人民出版社，2012年）等亦署。⑤姜渔、殷三、姜方生，1938年后发表作品署用。

殷夫（1910－1931），浙江象山人。原名徐柏庭，字之白。曾用名徐祖华、徐英、徐文雄、徐白。笔名：①徐文雄，见于《被奥伏赫变的话》，载1928年上海《文化批判》第3期《读者的回声》。②任夫，见于诗《在死神未到之前》，载1928年上海《太阳月刊》4月号；诗《啊，我们踯躅于黑暗的丛林里》，载1928年上海《我们月刊》第3期。③殷夫，见于评论《伏尔加的急流——〈党人魂〉在革命艺术上的评介》，载1928年上海《文艺生活》周刊第2期；诗《我们的诗》，载1930年上海《拓荒者》第1卷第1期。嗣后在《前哨》《摩登青年》《拓荒者》发表诗《给新时代的青年》《伟大的纪念日中》、译文《军国主义批判》、评论《中国青年反帝运动的战术》等，1949年后出版遗作《殷夫选集》（上海开明书店，1951年）、《殷夫诗文选集》（人民文学出版社，1954年）、《殷夫选集》（人民文学出版社，1958年）等亦署。④徐殷夫，见于《梅儿的母亲》，载1929年上海《海风周报》第17期特大号。⑤白莽，见于《诗四篇》，载1929年上海《奔流》第2卷第4期；《PETOFI SANDOR诗八篇》，载1929年上海《奔流》第2卷第5期。嗣后在该刊及《北新》

《萌芽月刊》《巴尔底山》等杂志发表诗《奴才的悲泪——献给胡适之先生》、小说《小母亲》、译文《彼得斐·山陀尔行状》（奥地利阿尔弗雷德·泰瑞斯原作）、译诗《彼得斐·山陀尔诗九首》等亦署。⑥徐白，见于译文《一个青年女革命家的小史》，载1929年上海《列宁青年》第2卷第4期。嗣后在该刊及上海《北新》《红旗》等刊发表评论《冲破资产阶级的欺骗与压迫》《扩大共产主义的儿童运动》《英美冲突与世界大战》等亦署。⑦徐任夫，见于小说《音乐会的晚上》，载1929年上海《新流月报》第4期。⑧沙洛，见于评论《继续扩大我们的非基运动》，载1930年上海《列宁青年》第2卷第6期。嗣后在该刊发表评论《过去文化运动的缺点和今后的任务》《李卜克内西的生平事略》、译诗《青年的进军曲》等亦署。⑨殷孚，见于评论《东方殖民地解放运动之发展》，载1930年上海《列宁青年》第2卷第7期。嗣后在该刊第2卷第9期发表《全国青工经济斗争会议的总结》一文亦署。⑩莎（suō）菲，见于评论《踏着"三八"的路向前猛进》，载1930年上海《列宁青年》第2卷第9期。嗣后在该刊及《前哨》发表诗《我们是青年的布尔什维克》《五一歌》、独幕剧《斗争》、评论《改组派的卑劣面目——论他们的"论电车罢工"》、报告《暴风雨的前夜——公共汽车电车大罢工》等亦署。⑪Ivan，见于《写给一个哥哥的回信》，载1930年上海《海燕》即《拓荒者》第4、5期合刊。⑫伊凡，见于《写给一个哥哥的回信》，载1930年上海现代书局版《现代文学读本》第1册。⑬白、文雄、沙菲、洛夫、庸夫，署用情况未详。

殷红（1911－1941），广东兴宁人。原名曾树寰。笔名殷红，出版诗集《远征行》（诗歌出版社，1940年）署用。

殷砺（1888－1945？），江苏吴江（今苏州市）人，字剑侯。笔名殷砺，出版有诗集《春雨楼集》。

殷梦萍（1908－1981），江苏江阴人。原名殷辂，字之辂。曾用名殷沆。笔名叶菲、黎明、梦萍、殷梦萍，1934年后在江阴《澄清日报·新声》、北平《诗歌杂志》、金华《战地》、上饶《前线日报·战地》、江西《东线文艺》《新赣江日报》、信丰《东南评论》等报刊发表诗、小说等署用。

殷仁，生卒年不详，湖南长沙人。字人庵。笔名：①殷仁，在《南社丛刻》发表诗文署用。②三一先生、香坡居士，署用情况未详。

殷振家，生卒年不详，湖北武汉人。笔名殷吼，20世纪30年代在武汉《市民日报·雷电》《武汉时报·狂涛文艺》《壮报·习作》《时代日报·偶语》等发表诗文署用。

殷正懿，生卒年不详，湖北大冶人。笔名殷勤，20世纪30年代在武汉报刊署用。见于小说《路》，载1937年3月15日武汉《文艺》月刊第4卷第3期；小说《诗人与乞丐》，载1937年武汉《文艺》月刊第4卷第6

期。嗣后在该刊及《文艺战线旬刊》《春华月刊》等刊发表小说、散文等亦署。

殷作桢（1908－？），浙江平阳人。字赞周。笔名殷作桢，出版长篇小说《女性群像》、短篇小说集《胜利号》、专著《中国文化研究》等署用。

尹昌衡（1884－1953），四川彭县（今彭州市）人。原名尹昌仪，字硕权，号太昭、止园。笔名：①尹太昭，见于诗《题寸心杂志即赠何一雁》，载1917年《寸心》第6期。②尹昌衡，出版《止园文集》《止园诗抄》《止园寓言》《止园丛书》《止园通书》《经述评时》《西征记略》《生民常识》《宇宙真理论》《成功颂·英雄修养论》等均署。

尹庚（1908－1997），浙江义乌人。原名楼曦。曾用名楼宪、楼宪武、楼允庚。笔名：①尹庚，见于小说《某一雨天》，载1930年南京《文艺月刊》第1卷第5期；随笔《浅笑》，载1930年12月16日上海《现代文学》第1卷第6期。嗣后在《现代》《文学杂志》《文艺》《夜莺》《七月》《现实文学》《妇女旬刊》以及温州《浙瓯日报·〈保卫领空〉公演特刊》等报刊发表文章，出版散文集《吓，美国吗》（上海文化生活出版社，1937年）、翻译小说集《中野重治集》（日本中野重治原作。上海现代书局，1934年）等亦署。②YK，20世纪30年代与鲁迅通信署用。嗣后在报刊发表文章亦署。③朝阳，见于通讯《救亡运动在台山》，载1937年《南针》第1卷第7期。④越女、洛夫，20世纪30年代在上海报刊发表文章署用。其中"越女"一名用于谈妇女问题的文章，"洛夫"一名用于翻译高尔基的文学论文。

尹燨（1860－1932），广东顺德（今佛山市）人。字笛云。笔名：①铁笛，见于《世南》《江城梅花引》，载《清议报》第18卷；旧体诗《桂林》《羊峡晓渡》《舟抵》《词子林》《梦峰》，载《南社丛刻》第21集。②笛公、笛叟、篴（dí）叟，早年曾在《平民画报》等刊发表诗文署用。

尹慧珉（1924－2010），湖南邵阳人。原名尹仪南。1947年开始发表作品。译著有《中国白话小说史》（美国韩南原作）、《铁屋中的呐喊》（美国李欧梵原作），主编《国外中国文学研究论丛》。

尹汝泉（1927－2011），江苏南通人。笔名隋荃，见于译诗《正义一定会实现的》（英国C.梅西原作），载1948年9月25日南通《诗战线丛刊》之三《我们这一代》。

尹雪曼（1918－2008），河南汲县（今卫辉市）人。原名尹光荣。笔名：①尹光荣，见于小说《小妮子》，载1934年6月6日、9日开封《河南民报·平野》。②尹雪曼，见于散文《秋日小品》，载1934年上海《中学生》第49号；诗《大火冲了家》，载1935年8月18日开封《河南民国日报·中原》。嗣后在开封《河南民国日报·中原》《河南民报·平野》《青春诗刊》《河南

民报·诗刊》《海星月刊》以及《大公报》《中学生文艺》《文化建设》《新人周刊》《论语》《文艺月刊》《抗战文艺》《文艺生活》《战时文艺》《文艺杂志》《文艺先锋》《创导半月刊》《青年月刊》《新认识》《文艺习作》《经纬月刊》《中外春秋》《东方杂志》《京沪周刊》《扫荡报》《中央日报》等报刊发表诗《诗歌往哪里去？》《黄昏里紧闭起柴门》、小说《莫校长》《醉》《毒药》《逍遥先生》《说故事的人和他的故事》、散文《春天之歌》《破碎的哑铃——南洋纪行之二》《南行记》、评论《诗歌的起源》《风趣与格调》、通讯《沉默的伙伴》《战时的西北角》、随笔《冷静点——诗话之二》，出版散文集《战争与春天》（重庆商务印书馆，1943年）等作品，1949年后在台湾发表文章，出版散文集《小城风味》（高雄新创作出版社，1953年）、《海外梦回录》（台北皇冠出版社，1966年）、《中国人在美国》（台北皇冠出版社，1969年）、《西园书简》（台北皇冠出版社，1972年）、《不自私的糊涂》（台湾学生书局，1973年）、《美国缤纷录》（台北众成出版社，1975年）、《午夜的玄想》（台北众成出版社，1975年）、《历史的镜子》（台北大林出版社，1977年）、《寸草春晖》（台北华欣出版社，1979年）、《西是西东是东》（台中学人文化公司，1979年）、《情与思》（台中学人文化公司，1979年）、《闲话天下》（台北道声出版社，1983年）、《多少重楼旧事》（台湾文开出版事业公司，1984年）、《月亮不再圆》（台北道声出版社，1985年），短篇小说集《彩虹》（高雄大业书店，1955年）、《砫石古岛》（台北台湾书店，1956年）、《伙伴》（台北正中书局，1960年）、《二憨子》（台北智燕出版社，1986年），长篇小说《苦酒》（高雄大业书局，1959年）、《迟升的月亮》（高雄大业书局，1960年）、《桥》（高雄大业书局，1963年）、《留美外记》（台北皇冠出版社，1968年）、《阳光照在屋脊上》（台湾省新闻处，1970年）、《十七岁，十七岁，十七岁》（台北华欣文化公司，1975年），论著《泛论文学与写作》（台北星光出版社，1975年）、《中国文学概论》（台北三民书局，1975年）、《现代文学与新存在主义》（台北正中书局，1975年）、《五四时代的小说作家与作品》（台北成文出版社，1980年）、《鼎盛时代的新小说》（台北成文出版社，1980年）、《抗战时期的现代小说》（台北成文出版社，1980年）、《中国新文学史论》（台北中华文化复兴委员会，1983年）、《现代文学的桃花源》（台湾商务印书馆，1984年）、《从古典出发》（台南凤凰城图书公司，1984年），以及《尹雪曼自选集》（高雄大业书局，1958年）、《尹雪曼自选集》（台北黎明文化事业股份有限公司，1982年）等均署。③尹耕南，见于论文《均权制度的理论基础》，载1940年《抗战与文化》第4卷第10期。20世纪40年代在《妇女月刊》发表《中国民族哲学论》等文章亦署此名。按：尹雪曼于1934年6月在天津《大公报》发表处女作、小说《二憨子》，署名待考。

尹专，生卒年及籍贯不详。笔名：①刘珈，见于小诗集《角落》，载1947年北平《泥土》第1辑。嗣后在

该刊发表诗《无根草》《冯玉祥，我向你致敬——读冯玉祥告全国同胞书后》亦署。②马兰，见于诗《给一个人》，载1947年7月25日北平《泥土》第3辑。

印水心

（1883－1968），江苏盐城人。字寯章，号立斋；别号鸣剑楼主。笔名：①印水心，见于小说《哀鸿泪》，载1913年上海《大同报》第19卷第19－34期。嗣后增修出版《评注国史读本》（李岳瑞原修。上海世界书局，1926年）、《古文评注读本》（过商侯原编。上海世界书局，1948年），编著《评注近代史读本》（上海世界书局，1926年）、《高等考试锁闱日录》（南京京华书局，1934年）等均署。②水心，见于随笔《泉水异闻》，载1914年上海《小说丛报》第4期。嗣后在该刊发表《华盛顿之遗产》《顽童记》《杂译十则》等，在《文化批判》《福建教育》《中华教育界》《教育通讯》《小学老师》《国民教育指导月刊》《学生之友》《青年生活》《正义》《新语》等刊发表文章亦署。③印寯章立斋，署用情况未详。按：印水心曾任上海商务印书馆、中国图书公司校理和《神州日报》《民权报》《新闻报》主笔、文明书局编辑，翻译和校勘过100多种书籍。其著作除上文所列者外，尚有《盐城县乡土地理》《盐城县乡土历史》《清鉴》等，署名情况未详。

【ying】

应悱村

（1915－1993），浙江鄞县（今宁波市）人。原名应汉章，字义律。笔名：①应漫魂，见于《入学的第一天》，载1930年上海《中学生文艺》。②应义律，见于随笔《我们需要一个汉字拉丁化运动促进会！》，载1934年10月18日上海《中华日报·动向》。1957年5月在上海《解放日报》副刊发表文章亦署。③高加索，20世纪30年代在上海《申报》本埠版发表文章署用。④应汉奘，20世纪30年代在上海《中华日报·动向》《小说半月》等报刊发表文章署用。⑤应悱村，见于诗《秋情》，载1939年上海《文笔》半月刊第1卷第5期；小说《川资》，载1946年6月28日上海《申报》。1947年在马来亚新加坡《南洋商报·商务》发表文章，同年在上海《论语》发表随笔《损者三友》《论幽默与民主》《天下无如吃饭难》，1949年在上海《民潮丛刊》等发表随笔《贪官污吏怎么办》《论投机分子》等，出版随笔集《石下草》（上海海天出版社，1949年）亦署。⑥老鹰，20世纪50年代初在上海《亦报》发表文章署用。⑦应非村，见于《元旦小唱》，载1950年1月1日上海《文汇报·磁力》。

应未迟

（1922－？）湖南宁乡人。原名袁睽九。笔名：①应未迟，出版报告文学《南京受降记》（贵阳民报社，1946年）、《旅路》（台北惊声文物供应公司，1973年），散文集《匕首集》（台北联合报社，1955年）、《我和我家》（台南闻道出版社，1971年）、《艺文人物》（台北空中杂志社，1972年）、《轻尘集》（台北水芙蓉出版社，1976年），小说散文集《重见故乡》（台湾商务印书馆，1970年）、《应未迟自选集》（台北黎明文化事业股份有限公司，1985年）等著作亦署。②半雅、费辞，署用情况未详。按：应未迟早在20世纪40年代初即在贵阳报刊发表短评、社论、杂文等，其署名情况未详。

应修人

（1900－1933），浙江慈溪（今宁波市）人。原名应麟德，字修士、修人。乳名慎瑞。笔名：①蕤，见于七绝《落英四首》，1920年4月29日作（未发表）。②修人，见于诗《新桥》，载1920年北京《少年中国》第1卷第11期；诗《懊恼》《晓》《或者》，载1922年上海《时事新报·文学旬刊》第33期。同时期在上海《诗》《支那二月》、北京《努力周报》等刊发表《拾取》《灰色的手帕》《茶时候》《黄浦江边》、散文《三月十二夜》、信函《致胡适》等，出版诗集《湖畔》（与潘漠华、冯雪峰、汪静之合集。杭州湖畔诗社，1922年）、《春的歌集》（与冯雪峰、潘漠华合集。杭州湖畔诗社，1923年）等亦署。③修修人，见于诗《梅花风里》，载1923年6月11日上海《民国日报·艺术评论》。④Siujen，见于随笔《不留名字的爱我者》，载1925年5月《支那二月》第1卷第4期。⑤会5，见于《四年来的工作》，载1925年《上海通信图书馆月报》创刊号。⑥修，见于散文《远地借书的障碍》，载1925年《上海通信图书馆月报》第1卷第4期。⑦会2、Siu，分别见于《修人复元启的信》《上海通信图书馆与读书自由》，载1926年5月《上海通信图书馆月报》五周年特号第10－11期合刊。⑧丁九，见于《"国民救国会议"还是"党官救党会议"？》，载1931年《红旗周报》第27期。嗣后在该刊发表多篇文章亦署此名。⑨舒丁，见于童话《三个宝塔》，载1932年6月《中国论坛》。⑩丁休人，见于童话《金宝塔和银宝塔》，载1932年上海《文化月报》第1卷第1期。同时期发表童话《旗帜的故事》亦署。⑪可九，见于《援助反帝民众和饥饿游行的被捕代表》，载1933年《列宁生活》周刊第15期。

应懿凝

（1907－1999），浙江永康人，字撵一，号豆花疏雨房主。笔名：①应懿凝，出版《欧游日记》（上海中华书局，1936年）署用。②沈应懿凝，出版回忆录《沈应懿凝自述》（台北传记文学出版社，1985年）署用。

应云卫

（1904－1967），浙江慈溪人，生于上海。字雨辰，号扬震。曾用名应云卫。笔名应云卫，见于论文《〈怒吼吧中国〉上演计划》，载1933年9月15日上海《戏》创刊号；随笔《从舞台到银幕》，载1934年6月15日上海《社会月报》创刊号。嗣后在《明星》《弹花》《光明》《电影戏剧》《戏剧时代》《咖啡味》《创世》《新演剧》《戏剧岗位》《中国作家》等报刊发表《国防电影我见》《我的乐观》《战斗的戏剧》《对于今后剧运的两点希望》《论抗战八年来的剧团组织》等论文、随笔，导演影片《桃李劫》《生死同心》《原野》（1937年）、话剧《保卫卢沟桥》《放下你的鞭子》《八百壮士》《塞上风云》等亦署。

英敛之

（1867－1926），河北宛平（今北京市）人，满族。原名郁英华。后改名英华，字敛之，号安蹇；别号安蹇斋主、安蹇主人、赫胥利。晚号万松老人、万松野人。英文名 Vincent Ying。笔名：①英敛之，出版《也是集》（天津大公报馆，1907年）署用。②英华，出版《敝帚千金》（天津大公报馆，1904年）署用。

婴子（1914—1997），福建长乐人。原名陈承祚，字茜砥。通用名陈秉晖。笔名：①啸青，1935年在福州与同学组织青青文艺社并在《求是日报》编辑副刊《青青》《复活》《青苔》《天籁》时发表诗歌署用。②婴子，1936年2月在福州《瑰珵诗刊》发表作品署用。1939年曾以此名与周为、胡明树在桂平合作主编《诗》杂志。见于诗《黄昏的原野上》，载1940年桂林《抗战文艺》第1卷第1期。嗣后在《诗创作》《学生月刊》《抗战时代月刊》《现代文艺》《福建民报·纸弹》《大成日报·高原》等报刊发表诗作，出版诗集《季候风》（上海杂志公司，1942年）亦署。

【you】

尤（yóu）**玉淇**（1918—2013），江苏苏州人。晚号霜庐老人。笔名尤玉淇，抗战胜利后任《苏州明报》记者发表文章署用。1994年出版《三生花草梦苏州》亦署此名。

尤炳圻（1912—1984），江苏无锡人。笔名：①炳圻，见于随笔《北平的小报》，载1933年12月20日北平《华北日报》副页。②尤炳圻，见于杂文《严肃与滑稽》，载1936年上海《宇宙风》第25期。嗣后在《北平近代科学图书馆馆刊》《艺文杂志》等刊发表译作《猫》（日本夏目漱石原作）、论文《日本中古文学》等，出版翻译小说《杨柳风》（英国格莱亨原作。上海开明书店，1936年）、散文集《一个日本人的中国观》（日本内山完造原作。上海开明书店，1936年）等亦署。

尤墨君（1885—1971），江苏吴县（今苏州市）人。原名尤志庠，字玄甫、玄父（fǔ），号墨君。曾用名尤翔。笔名：①黑子，见于随笔《苏府城内的四马路》，载1915年上海《礼拜六》周刊第2期。1915年在《中华小说界》等刊发表文章署用。②玄父（fǔ），见于《捧苏楼墨屑》，载1915年《双星杂志》第4期。嗣后在《小说时报》《春声》等刊发表文章署用。③玄甫，见于小说《盗约记》，载1916年上海《小说月报》第7卷第6期。嗣后至1920年在该刊发表《混珠案》《百龄女郎》等作品亦署。④尤翔，在《南社丛刻》发表诗文署用。⑤尤墨君，见于随笔《中学生自述的"作文难"》，载1930年上海《中学生》第6期；随笔《从中学生写作谈到大众说》，载1934年7月5日上海《申报·自由谈》。此前后在上述两刊及《太白》《新语林》《学校生活》《江苏教育》《永安月刊》《新学生》等报刊发表文章亦署。⑥墨君，见于小说《省督学的到来》，载1933年上海《中学生》第31号。⑦尤玄父（fǔ），出版《新苏州导游》（苏州文怡书局，1939年）署用。

⑧槁蝉，抗战时期在《苏州新报》发表文章署用。

尤其彬（1910—1972），江苏南通人。字冰子、老冰，号步林。曾用名尤冰子。笔名：①尤其彬，见于散文《重逢》，载1930年上海《中学生》第6期。此前后在上海《中学生文艺》《青年界》《摇篮》《复旦学报》《学校生活》《华安月刊》《微明》《论语》等刊发表散文《忆母亲》、评论《莫泊桑短篇小说人物描写的研究》、译作《一个村姑的故事》等，出版小说集《岑英》（上海开华书局，1933年）亦署用。②冰、其彬、杉木，分别见于翻译小说《歌女》（俄国契诃夫原作）、翻译小说《仆人》（俄国谢苗诺夫原作）、诗《偶吟——仿泰戈尔》，载1934年《摇篮》第2卷第2期。③冰子，见于翻译小说《在面包窖里》（苏联高尔基原作），载1934年《摇篮》第3卷第1期。嗣后在上海《华安月刊》发表散文诗《爱的和谐》、随笔《恋爱的技术》，1945年在《新潮》第3卷第1期发表译文等亦署。

由云龙（1877—1961），云南姚安人，字夔举、程孙，号定庵、定厂（ān），1908年创《云南日报》。编有《姚安县志》，著有《越缦堂读书记》《定厂诗话》《定庵题跋》《石鼓文汇考》《楹联录存》《定庵楹联》等。

由稚吾，生卒年不详，云南姚安人。原名由宝龙。笔名：①由稚吾，见于随笔《文艺闲话》，载1929年上海《现代小说》第3卷第3期；翻译小说《火城》（瑞典苏德堡原作），载1930年上海《北新》第4卷第4期；翻译小说《在镜中》（俄国勃留索夫原作），载1930年上海《小说月报》第21卷第12期。嗣后在《译文》《国闻周报》《小说月报》《文艺月刊》《青年评论》《现代文学评论》《创作》《长城》《现代》《论语》《小说月刊》《时事类编》《小说》等刊发表《玛葛》（瑞典苏德堡原作）、《三个看守人》（苏联 V. 伊凡诺夫原作）、《恩格斯论文学》（苏联谢莱原作）、《莫泊桑论小说》（法国莫泊桑原作）、《为自己，还是为人》（俄国勃留索夫原作）等译作，出版翻译童话集《青鸟》（比利时梅特林克、法国勒布朗原作。上海世界书局，1933年）、翻译小说集《大地》（美国赛珍珠原作。上海启明书局，1936年）、翻译论著《世界文学史》（美国约翰·麦茜原作。上海世界书局，1935年）等均署。②由宝龙，出版译作《王尔德童话集》（英国王尔德原作。上海世界书局，1932年）署用。③稚吾，见于译文《论冬日早起》，载1935年《论语》半月刊第56期。

游国恩（1899—1978），江西临川（今抚州市）人。字泽承、泽丞。笔名游国恩，见于传记《司马相如评传》，载1923年11月15日上海《民国日报·文艺旬刊》；论文《荀卿考》，载1924年北京《读书杂志》第18期。嗣后在《北京大学月刊》《民国日报·文艺周刊》《国学月报汇刊》《国立武汉大学文哲季刊》《旅行杂志》《开明》《文学杂志》《学原》《正论》《国文月刊》等刊发表文章，出版论著《楚辞概论》（上海商务印书馆，1930年）、《先秦文学》（上海商务印书馆，1933年）、《读骚论微初集》（上海商务印书馆，1937年），传记《屈原》（南京胜利出版公司，1946年），1949年后出版《热爱人民的诗人——白居易》（北京图书馆，1953年）、《楚辞论文集》（上海文艺联合出版社，1955年），主编《中国文学史》（人民文学出版社，1963年）、《离骚纂义》（中华书局，1980年）、《天问集义》（中华书局，1982年）等亦署。

游友琴，生卒年及籍贯不详。笔名琴心，1944年在湖北《武汉日报·鄂东版》《鄂东文化》《广济青年》等报刊发表文章署用。

【yu】

于安澜（1902—1999），河南滑县人。原名于海晏，字安澜。笔名于安澜，出版有《诗学类编》等著作。

于产（1920—1996），山东莒县人。原名于士奇。曾用名于立生。笔名：①于产，早期发表作品署用。②于土，1949年后署用，见于报告文学《战云离开了上海》、中篇小说《芙瑞达的命运》《贾米拉》、短篇小说《芙瑞达》、翻译报告文学《20世纪五大间谍案》（英国理查德·迪肯、奈杰尔·威斯特原作，与他人合译）及《泰戈尔作品精粹》（与他人合编）等。

于承武（1922—　），河南西平人。原名于文烈。笔名：①于文烈，1946年开始在《云南日报》副刊发表作品署用。1947年在天津《大公报·文艺》发表短篇小说亦署。②贾渔，1946年在昆明编《学生报》副刊并在地下刊物《匕首》发表杂文署用。嗣后在《华北日报》《北大周刊》发表作品亦署。③孟修，1947年在天津《大公报·文艺》发表寓言署用。1948年在北平《泥土》第7辑发表散文亦署。④于默，1947年在《华北日报》《北大周刊》发表杂文等署用。⑤于文来，见于杂文《螳臂挡车》，载1947年北平《泥土》第2期。⑥贾鲂，见于杂文《虫鱼书》，载1947年北平《泥土》第4期。嗣后在该刊发表杂文《还是老调子》《论谦卑》、散文《寂寞》等，20世纪80年代在河南《开封日报》发表杂文亦署。⑦于承武，1949年发表文章、出版《金瓶梅平议》（文津出版社，1992年）、《论语衍释》（北京出版社，2005年）等署用。⑧于成武，1949年后发表文章署用。

于定，生卒年不详，江苏金坛人，字秋穆、秋墨。笔名于秋穆、秋墨，1913年在上海《民国日报》《民国汇报》《大同周报》等报刊发表文章署用。

于方舟（1900—1927），河北宁河（今天津市）人。原名于兰渚，字芳洲、舫洲。曾用名于芳舟、于绍舜、于绍尧。笔名：①方舟，见于《方舟歌》，载1919年"五四"前夕宁河旅津学生同乡会《同乡会季刊》。②芳洲，1919年"五四"前夕在天津省立一中《进修》周刊发表文章署用。

于非闇（1889—1959），满族，山东蓬莱人，生于北京。原名于魁照，曾用名于照，字非厂（ān）、非庵、非闇，号闲人、仰枢。笔名：①闲人，20世纪20年代在《晨报·艺圃》《北平晨报》发表系列随笔、小品开始署用。见于随笔《心畲书画展》，载1933年10月31日《北平晨报》。嗣后至20世纪40年代在《北平晨报》《新民报》《国民新报》等报发表系列随笔亦署。②非心，见于随笔《赏奇室文选》，载20世纪20年代北京《晨报》。③非厂（ān）于照，见于系列随笔《都门三记》，连载于20世纪20年代《晨报》。1932年在北平《湖社月刊》连载随笔《负暄续录》亦署。④昨非，见于随笔《军阀与原生动物》，载1925年北京《京报副刊》第349期。⑤闲情，见于随笔《春明忆语》，载1927年5月11—17日《晨报》。⑥于照非厂（ān），出版随笔集《都门钓鱼记》《都门蓺兰记》《都门蓺鸽记》（北平晨报社，1928年）署用。⑦于非厂（ān），见于《华萼楼随笔》，载1928年8月5日—1929年7月19日北平《新晨报》。1937—1939年在《实报》《舆论周刊》《中国公论》等刊发表文章、1939年起在北平《新北京报·艺术周刊》发表随笔《谈粉》《谈燕支》《谈治印》等亦署。⑧非，见于随笔《赏奇室遗文》，载1932年10月7日、11日《北平晨报》。20世纪40年代在《新北京报·文艺版》发表《上元节近话元宵》等文亦署。⑨闲情先生，见于随笔《秽恶熏天》，载1933年6月5日《北平晨报》。⑩非厂（ān），见于随笔《书画过眼》，载1931年2月9—11日《北平晨报》。嗣后在该报发表随笔、20世纪40年代在北平《新北京报·戏剧版》发表《孟小冬》《听落马湖》等文亦署。⑪今是，见于系列随笔《闲话》，1936年12月29日起在《北平晨报》连载。⑫于非庵，见于随笔《介绍两位花鸟画家》，载1947年6月1日《北平时报·万象》。⑬于非闇，出版随笔集《我怎样画工笔花鸟画》（人民美术出版社，1957年）署用。⑭老非、无心，署用情况未详。

于斐（1921—1953），福建连江人。原名谢培贞。曾用名谢斐真。笔名：①谢培贞，1937年在福州《福建民报》副刊《艺术座》《新村》《闽星》发表小说《悲哀的婚夜》、诗歌《可怜的小姐妹》《抗战》等作品署用。②天贞，见于诗《天真》，载1937年7月17日《华侨日报·鹭风》。③白鸽，见于诗《抬轿夫歌》，载1937年广州《中国诗坛》第1卷第4期。④白鸽，20世纪30年代在福建报刊发表诗歌署用。⑤于斐，1940年开始署用。见于诗《献诗——纪念诗人蒲风逝世八周年》，载1950年8月13日福州《福建日报》。

于逢（1915—2008），广东台山人。原名李子熊。曾用名李兆麟、李肃夫、于洛文。笔名：①梦采，见于散文《海珠桥脚下》，载1934—1935年间广州《国华报·新野》。②李四，20世纪30年代在广州报刊发表作品署用。③于逢，见于书评《〈在人间〉》（苏联高尔基原作，王季愚译），载1937年上海《读书》半月刊第1卷第1期；小说《红河的黑夜》，载1937年上海《中流》第2卷第3期。嗣后在《文艺阵地》《文艺生活》《新战线》《文艺丛刊》《文艺世纪》《小说》及桂林《救亡日报》等报刊发表文章，出版长篇小说《伙伴们》（与易巩合作）、《金沙洲》《金水长流》《无产者》《村女之恋》，中篇小说《乡下姑娘》《冶炼》《何纯斋的悲哀》《深秋》，短篇小说集《富良江的黑夜》，文艺评论集《论〈虾球传〉及其他》等亦署。④虞弓、金心、万炼生，20世纪40年代中期在广西报刊发表作品署用。⑤李亚红、亚红，20世纪40年代末在香港报刊发表作品署用。⑥李冰之，1976年发表文艺评论《评浩然的〈西沙儿女〉》等署用。

于赓虞（1902－1963），河南西平人。笔名：①于赓虞，见于诗《不要闪开你明媚的双眼》，载1926年4月1日北京《晨报·诗镌》。嗣后在《京报副刊》《小说月报》《文学周报》《现代青年》《莽原》《华严》《文艺月刊》《青年界》《文讯》《文艺先锋》《诗创造》《时与潮文艺》等刊发表诗作，出版诗集《晨曦之前》《骷髅上的蔷薇》《世纪的脸》《落花梦》，散文诗《魔鬼的舞蹈》《孤灵》，译作《但丁神曲》《雪莱诗集》等亦署。②赓虞，见于诗《晨曦之前》，载1926年4月22日《晨报·诗镌》。③波西、东美，1927年在《世界日报·文学周刊》发表诗歌署用。④萍，1927年在《河北民国日报》副刊发表诗作署用。⑤君评、吉人、根余，署用情况未详。

于冠西（1922－2002），山东莒县人，生于江苏宜兴。原名洪鑫。笔名：①冠西，1941年开始在延安《解放日报》发表文章署用。嗣后在东北《东北日报》、山东《大众日报》、浙江《杭州日报》《浙江日报》《东海》《江南》、北京《人民日报》、上海《文汇报》《解放日报》等报刊发表作品，出版诗集《牧笛集》《七月雨》，散文集《一坛血》（与吴伯箫等合集）、《欧游纪事》《记者日记》《八步半的思忆》《林之静美》等亦署。②于冠西，1941年后在报刊发表文章与笔名"冠西"间署。1949年后发表作品亦署。③柳金、洪鑫、米河、芦笛、李蓝，1941年后发表作品署用。

于浩成（1924－2015），北京人，满族。原名董葆和。笔名牛布衣、吴澄、于浩成，著有杂文集《新绿书屋笔谈》《鸣春集》《当代杂文选粹——于浩成之卷》及译作《坐标没有暴露》《山里的春天》等。

于黑丁（1914－2001），山东即墨人。原名于敏道。笔名：①于敏道，见于小说《渺茫》，载1931年上海《中学生》第17期。嗣后在《青岛民报·文艺》等发表作品亦署。②于雁、于濬、于睿，1932年在《青岛民报·文艺》发表诗歌、散文署用。③黑丁，见于散文《雪》，载1934年1月31日《申报·自由谈》。嗣后在上海《文学》《作家》《光明》《中流》《太白》《文化列车》《创作》《自由中国》《文艺阵地》《抗战文艺》《谷雨》《北方》《平原文艺》《国民》《东方杂志》《东北论坛》《中学生活》《田家》等报刊发表作品，出版中篇小说《沁河岸上》、短篇小说集《北荒之夜》《火场》《生命的搏斗》《战地报告》《回家》《流浪》《雾》

《夏》《区委书记》等亦署。④于黑丁，出版独幕剧《游击队的母亲》（与曾克合作。重庆生活书店，1940年）署用。1949年后发表文章，出版短篇小说集《母子》《农村的故事》《永远战友》，长篇小说《炭窑》，评论集《为提高文艺界思想水平而斗争》《文艺工作者论集》《生活·学习·创作》《培养青年作家、繁荣文艺创作》《作家·阶级·时代》等亦署。

于衡（1921－2005），山东蓬莱人。字衡之。笔名：①于衡，出版散文集《滇缅游击边区行》（台北中国文化艺术公司，1955年）、《联合报二十年》（台北联合报社，1971年）、《烽火十五年》（台北皇冠出版社，1984年），论著《新闻采访学》（台北市新闻记者公会，1970年）、《大清报律之研究》（台北中华出版社，1985年）等署用。②夏简，署用情况未详。

于还素（1920－1993），黑龙江饶河人。笔名：①于归，出版诗集《青春的冒渎》（长春益智出版社，1945年）署用。②于还素，出版散文集《晴川历历》（台北天华出版社，1978年）、《于还素散文集》（台北彩虹出版社，1980年）、《在沧溟之外》（台北彩虹出版社，1980年）、《我不诅咒春天》（台北光复书局，1987年）等署用。

于浣非（1894－1978），黑龙江宾县人。本名于灈清，又名于宇飞。笔名：①于浣非、浣非，1923年起在哈尔滨《哈尔滨晨光报·光之波动》发表诗《寄涛光》、散文诗《我怎能不消瘦如此》、小说《风雨窗前》等署用。1928年在哈尔滨参加蓓蕾文艺社并在《国际协报·蓓蕾周刊》发表诗文亦署。②眠石，1926年前后在《哈尔滨晨光报》副刊等发表诗和散文署用。③宇飞，20世纪30年代在武汉报刊发表作品署用。嗣后发表独幕剧《土龙山》（载1936年上海生活书店版《东北作家近作集》）、诗《战歌》（载1937年上海《光明》半月刊第2卷第5期）等亦署。④于宇飞，1947年起发表作品署用。

于吉（1914－2002），浙江慈溪人。原名俞棘。笔名于吉，著有长篇小说《泡沫》《郁雷》《凤凰树下》等。

于寄愚（1909－1991），山东蓬莱人。原名于玉海，字季瑜。曾用名于海。笔名：①于海，见于书评《〈一九〇二年级〉的革命性》，载1931年上海《文艺新闻》第26号。②岳奔、向阳，1940－1942年在山东《大众日报》副刊发表诗歌署用。③杨书云，1949年后出版小说集《爷爷和孙子》《石板沙沟一家人》《青石崖下》《野孩子》，发表小说《石头奶奶》（载1962年《安徽文学》）等署用。④于寄愚，1949年后出版京剧剧本《阿依女》、戏曲剧本《花芙蓉》、故事集《长夜后的黎明》、中篇小说《一支不正规的队伍》等署用。

于健生，生卒年及籍贯不详。笔名枫子，1937年前后在沈阳《满洲报·晓潮》发表文章署用。

于克，生卒年及籍贯不详，原名刘汉文。笔名刘汉文、于克，20世纪30年代在《大公报》副刊发表诗文署用。

于雷（1924－2010），吉林梅河口人。原名于纯厚。曾用名于飞。笔名：①于飞，见于杂文《革谁的命》，载 1945 年 11 月长春《前锋》杂志。②段天衡，见于评论《中国向何处去》，载 1945 年长春《前锋》。③于雷，见于长诗《咱们的日子往远望》，载 1949 年秋《长春日报》副刊。嗣后出版小说《吕根泽》，报告文学《沙河桥边的喜事》（与其他人合作）、《人与鬼·日本战犯关押纪实》，诗词集《苦歌集》，翻译小说《绿色的山脉》（日本石坂洋次郎原作）、《孤独的盲歌女》（日本水上勉原作）、《阿辛》（日本桥田寿贺子原作）、《不如归》（日本德富芦花原作）、《风雪》（日本石川达三原作）、《我是猫》（日本夏目漱石原作），学术专著《日本文学翻译例话》等亦署。④庄作竹，出版小说《沙河桥边的喜事》（东北人民出版社，1953 年）、报告文学集《女营业员孙芳芝》（东北人民出版社，1954 年）等署用。⑤于雨田，见于《语法例话》，连载于辽宁人民出版社版《编辑通讯》。⑥于纯厚，见于译文《画册》（日本田宫虎彦原作，收入辽宁人民出版社 1980 年版《日本当代短篇小说选》）。

于立忱（1912－1937），广西贺县（今贺州市）人。原名于佩琛。笔名于立忱，1934 年任天津《大公报》驻东京记者时署用。见于散文《名古屋视察记》，载 1935 年天津《国闻周报》第 12 卷第 24 期。

于立群（1916－1979），广西贺县（今贺州市）人。原名于佩珊。曾用名黎明健（艺名）、张静。笔名：①黎明健，见于诗《作战颂》，载 1937 年 10 月 18 日上海《救亡日报》。②于立群，见于诗《献给小朋友们》，载 1938 年 2 月 13 日重庆《新华日报》。1945 年 6 月在该报发表随笔《端阳节零絮》等文亦署。③黎民、健笔，署用情况未详。

于莲客（1899－1980），辽宁沈阳人，满族。本名于怀，字乃椿，号莲客。乳名幼苏。笔名：①莲客，1941 年 8 月在长春《新满洲》第 3 卷第 8 期"艺文家对应艺文政策语"特辑发表文章署用。又见于随笔《浓阴品茶话苏杭》，载 1943 年 7 月长春《麒麟》第 3 卷 7 月号。②翠羽，20 世纪 40 年代在长春《新满洲》连载长篇小说《童心》《传家宝》署用。嗣后在长春《麒麟》月刊发表随笔《屠苏与桃符》《吃蟹杂话》《清明与谷雨》《街头小吃》等亦署。③于莲客，见于随笔《怎样欣赏书画》，载 1943 年长春《新满洲》第 5 卷第 8 期；随笔《决战下我之生活训》，载 1944 年长春《麒麟》第 4 卷 3 月号。④莲客于怀，绘画作品署名。

于伶（1907－1997），江苏宜兴人。原名任锡圭，字禹成。曾用名任向之、任道九、任伽、任于人、任用梁。笔名：①任禹成，见于诗《回光》，载 1928 年 11 月《苏州中学校刊》第 14 期周年纪念特刊。②任伽，见于独幕剧《瓦刀》，1932 年 5 月作，后由北平大众文艺社出版。嗣后发表独幕剧《炸弹》亦署。③沙驼，见于散文《拔龙灯》，载 1933 年 2 月 14 日上海《申报·自由谈》。嗣后在该刊发表散文《雨天》亦署。④任于人，见于评论《关于本刊第一期的批评》，载 1933 年《戏》月刊第 2 期；随笔《高尔基演中国戏》，载 1934 年 11 月 18 日上海《中华日报·戏》。⑤尤兢，见于评论《评〈海底探险〉》，载 1934 年 11 月 15 日上海《申报·本埠增刊》。嗣后在上海《申报·电影专刊》《电影画报》《联华画报》《生活知识》《光明》《艺文线》《文学界》《电影·戏剧》《戏剧时代》《抗战戏剧》等刊发表剧作、电影评论等。出版独幕剧集《汉奸的子孙》（上海生活书店，1937 年）、《"皇军的伟绩"》（上海杂志公司，1937 年），街头剧集《盲哑恨》（与李增援等合作。剧友社，1940 年），话剧《浮尸》（上海杂志公司，1937 年）、《夜光杯》（上海一般书店，1937 年）、《血洒晴空》（又名《飞将军阎海文》。汉口大众出版社，1938 年），报告剧集《我们打冲锋》（汉口大众出版社，1938 年），编选《抗战报告剧》（上海杂志公司，1937 年）、《大众剧选第一辑》（上海杂志公司，1938 年）、《大众剧选第二辑》（上海杂志公司，1938 年）亦署。⑥西酒，见于评论《剧本月评》，载 1935 年 1 月 27 日上海《中华日报·戏》。同年 2－3 月在该刊发表评论《略论一九三四年所见于中国剧坛的新剧本》亦署。⑦朔风，见于评论《关于短片——从短剧谈起》，载 1935 年上海《联华画报》第 5 卷第 5 期。⑧淳于朴，见于评论《国产片的配音和音乐问题》，载 1935《联华画报》第 5 卷第 6 期。⑨季愚，见于独幕剧《夏夜曲》，载 1935 年上海《妇女生活》第 1 卷第 2 期。⑩于伶，在《上海妇女》《剧场艺术》《艺风》《中苏文化》《文献月刊》《青年界》《抗战文艺》《戏剧与文学》《文艺生活》《文章》《艺声》《戏剧春秋》《大众文艺丛刊》《文汇报·世纪风》《大美报·浅草》《大晚报·剪影》等报刊发表文章署用。嗣后出版剧作集《江南三唱》（上海珠林书店，1940 年）、《狂欢之夜》（与荒煤等合作。上海激流书店，1941 年）、《心狱》（重庆未林出版社，1944 年；重庆读书出版社，1945 年；重庆美学出版社，1946 年）、《上海一律师》（与包可华合作编译，据美国埃尔玛·赖斯原作改编。上海现代戏剧出版社，1939 年）、《清流万里》（又名《文化春秋》，与田汉等集体创作。上海新群出版社，1947 年）、《女子公寓》（上海剧艺社，1938 年；上海现代戏剧出版社，1939 年）、《满城风雨》（又名《情海疑云》，据英国高尔斯华绥原作改编。上海现代戏剧出版社，1939 年）、《长夜行》（桂林新知识书店，1942 年；桂林远方书店，1942 年）、《杏花春雨江南》（重庆美学出版社，1943 年）、《花溅泪》（上海风雨书屋，1939 年；上海现代戏剧出版社，1940 年）、《夜上海》（上海剧场艺术社，1939 年）、《女儿国》（上海国民书店，1940 年）、《大明英烈传》（又名《苏皎皎》。上海杂志公司，1941 年；上海杂志公司，1946 年）等，发表电影文学剧本《聂耳》（与孟波、郑君里合作。上海文艺出版社，1959 年），长诗《怀潘汉年同志》等亦署。⑪任用梁，见于报告《上海剧艺社与〈人之初〉的演出》，载 1938 年 10 月至 1939 年 1 月《文献》合订本。⑫叶富根，1938 年主编《译报》使用。见于《代编者言》，载 1938 年 11 月 13 日上海《译报·大家谈》。嗣后在上海《申报·春秋》等报刊发表文章亦署。⑬于人、吴去、吴法、任道九、任向之、蒙沙泯，署用情况未详。

于敏（1914—2014），山东烟台人，祖籍山东潍县（今潍坊市）。原名于大民。曾用名于民。笔名于敏，1939 年在延安《新中华报》发表通讯、译文开始署用。见于译文《艺术与民主》（苏联瓦克坦戈夫原作），载 1941 年 12 月 25 日延安《解放日报》。嗣后出版长篇小说《第一个回合》《千里从军行》《风雨入华年》，散文集《于敏散文集》，报告文学《老孟泰的故事》《王秀兰和姐妹们》，短篇小说《老杜和助手》《冬夜》，传记《一生是学生——于敏自传》《真正的人——田方传》，论文集《探索》《树人》，电影文学剧本《桥》《赵一曼》《高歌猛进》《无穷的潜力》《工地一青年》《炉火正红》《平常女人的故事》《天外有青天》，译作《论演员的工作》（苏联苏达柯夫原作）、《巴甫洛夫》（电影文学剧本。苏联巴巴瓦原作）等亦署。

于沫我（1915—1983），新加坡华人，原籍广东中山。原名杜又明。笔名：①下之门、曾起飞、冷桦、沙彧，20 世纪 30 年代起在马来亚新加坡《民声报》《星洲日报·晨星》《新野》等报刊发表小说、杂文署用。②于沫我，出版小说集《线索》（新加坡文化供应社，1956 年）、《末流》（新加坡青年书局，1959 年）、《谷种》（新加坡世界书局，1960 年）、《雅舍》（新加坡世界书局，1971 年）、《前车》（新文艺生活企业公司，1972 年）等署用。③王乃、曹声，20 世纪 80 年代在新加坡报刊发表作品署用。④沙彧、大白、袁之园，署用情况未详。

于人俊（1901—1982），浙江海宁人。字世杰，号梅园。笔名：①于人俊，出版《诗文集》（1934 年刻印）署用，1936 年间在《宁海游杭同乡会月报》封面题字亦署。②千人俊，见于随笔《改造乡村的建议》，载 1920 年上海《学生文艺丛刊》第 1 卷第 2 期。嗣后在该刊发表《岭口道中》《下河杂咏》等诗文亦署。出版诗文集《天台游草》（杭州盘溪草堂，1936 年）亦署。

于行前（1925—　），河北黄骅人。笔名：①戈金，见于诗《古树》《雪山》，载 1944 年《十中青年》第 1 期。嗣后在山东阳谷《平原文艺》、河南叶县《华中日报》副刊、山东济阳《行都日报》副刊、甘肃天水《驼铃》等报刊，1949 年后在《诗刊》《芙蓉》《北方文学》《花城》等报刊发表诗亦署。②于行前，出版传记《冯基平传》（与刘光人等合作。群众出版社，1997 年），主编《中华酒文化大观》（与铁流合编。当代中国出版社，1997 年）、《中国精神文明大典·论文卷》（中央文献出版社，2005 年）等署用。

于省（xǐng）**吾**（1896—1984），辽宁海城人。字思伯、思泊，号凤兴叟、双剑誃（chī）主人、泽螺居士。

笔名于省吾，发表学术论文、出版《双剑誃庄子新证》《双剑誃尚书新证》《双剑誃易经新证》《双剑誃诗经新证》等署用。

于雁军（1926—　），吉林伊通人。笔名：①于雁军，1949 年后发表作品，出版话剧剧本《光荣旗下》《丰盛的秋天》、独幕剧选集《乡村的早晨》、歌剧剧本《高山流水》《锁不住的人》、电影文学剧本《摘星手》、传记文学《罗工柳传》、散文集《云天忆》、文学戏剧选集《鸿爪集》等署用。②远南枝，署用情况未详。

于一平（1914—1994），江苏如东人。笔名：①于一平，见于诗《雨后》，载 1936 年 4 月上海《大公报·文艺》。嗣后在上海《女子月刊》《青年作家》《文艺月刊》《诗林》《诗屋》《文笔》《南风》、南京《诗帆》、福州《诗之叶》，以及南通、如皋、东台等地报纸发表诗歌、散文等亦署；出版诗集《感情的冒险》（福州诗之页社，1935 年）、《页篇集》（上海诗屋社，1937 年）、《阳春集》（泰州，1992 年），文集《于一平文录》（泰州，1991 年）等亦署。②斌菲，在上海《时事新报·学灯》发表新诗署用。③斌菲女士，见于散文《雨后》，载 1933 年南通《浪泡》诗刊第 1 卷第 2—3 期合刊。

于毅夫（1903—1982），黑龙江肇东人，生于黑龙江双城。原名于成泽，字毅夫。曾用名于明溽、余立斋、余德潭、雪业。笔名：①毅夫，见于译诗《黄昏》，载 1921 年 6 月 17 日北京《晨报副镌》。②于成泽，见于小说《破晓》，载 1926 年上海《小说月报》第 17 卷第 4 期；评论《评〈志摩的诗〉》，载 1926 年 9 月 10 日北京《京报·文学周刊》。嗣后在《晨报副镌》《京报副刊》《燕大周刊》《语丝》《现代评论》《文学周报》等报刊发表小说《苍蝇》《"活埋"之后》《他终于流着泪走了》、随笔《松滨通讯——杂写之一》、散文《夜阑时》《红蓼花》以及诗、政论等作品亦署。③Y. Chengze，见于散文《文化城的一日》，载上海生活书店 1936 年出版之《中国的一日》（茅盾编）。④于逸凡，见于散文《民族的母亲》，载 1938 年汉口《全民周刊》第 1 卷第 8 期。⑤于毅夫，见于评论《第四期抗战之军事估计》，载 1938 年《中苏文化》第 3 卷第 1、2 期合刊。嗣后在《战时青年》《妇女生活》《全民周刊》《反侵略》《浙江青年旬刊》《时事类编》《全民抗战》《农业推广通讯》《大众生活》《青年知识》《东北文化》《知识》《反攻》《新华论坛》《东北教育》等报刊发表文章，出版《沦陷九年的东北农村》（1940 年）、《春耕视察记》（上海新文化出版社，1947 年）、《知识分子的任务与出路》（东北书店，1947 年）等亦署。⑥洪波，1939 年在《反攻》杂志发表短评开始署用。1941 年在香港《时代批评》第 4 卷第 79 期发表论文《沦陷十年的东北》，同时期在香港《华商报》《时代文学》《大众生活》等刊发表《旧历年的除夕》《小宣统巡游北满记》《燃烧在长城内外的游击战争》等文亦署。⑦逸凡，见于散文《东北在动荡中》，载 1939 年《反攻》第 1 卷第 3 期。1941 年在香港《华商报》《时代文学》等报刊发小品文、杂文亦署。

于英（1925－2013），四川成都人。原名骆德济。曾用名骆侧凡。笔名：①骆德济，1944 年在重庆发表秧歌剧评介文章时署用。②于英，1948 年开始在《冀东日报》发表诗歌作品署用。嗣后在《大众诗歌》《说说唱唱》《天津日报》《河北文艺》《河北文学》《剧本》《人民戏剧》等报刊发表诗歌、剧本亦署。出版京剧《节振国》（中国戏剧出版社，1964 年），诗集《驴背行吟》等亦署。③一丁、丁央、德济，1949 年后在河北唐山报刊发表作品署用。

于友（1916－2017），浙江湖州人。笔名：①于友，见于小说《风》，载 1937 年上海《读书青年》第 2 卷第 10 期。嗣后在《现实》《中苏半月刊》《文汇周报》《新中华》《中国建设月刊》等报刊发表著译作品，出版译作《美国的法西斯政治》（美国莫森斯基原作。中外出版社，1951 年）、《美帝报业真相》（美国克利洛夫原作。联益出版社，1951 年），传记《胡愈之传》（新华出版社，1993 年），论著《解读范长江》（群言出版社，2009 年）等亦署。②小鱼，见于随笔《美国空军在衡阳》，载 1942 年《半月文萃》第 1 卷第 7 期。嗣后在《新都周刊》《人物杂志》《青年界》《民主周刊》《化学世界》《书报精华》《消息半月刊》《新中华》《现代经济文摘》《茶话》等刊发表著译亦署。出版译作《反苏大阴谋》（美国萨伊尔斯、卡恩原作，与潘际坰、梁纯夫合译。知识出版社，1947 年）、《一千个美国人——美国真正的统治者》（美国赛德斯原作，与潘际坰、林丽合译。上海三人出版社，1948 年）亦署。③于小鱼，出版译作《美国外交官真相》（美国布卡尔原作。北平中外出版社，1949 年）署用。

于右任（1879－1964），陕西三原人。原名于敬铭，字右任、佑任、伯循、诱人、骚心、草庵、草厂（ān），号髯翁、痛臂翁、太平老人。曾用名刘学裕、牧羊儿、白花草庐。笔名：①三函，与王无生、杨笃生合署，见于 1907 年上海《神州日报》发刊词。②神州旧主，见于题《剥果词话》，载 1908 年《夏声》。③关西余子，见于 1908 年《夏声》。④骚心，见于《吊杨笃生》，载 1910 年上海《民立报》。1926 年在天津《国闻周报》第 3 卷第 41 期发表散文《游王士科学者修养所记》亦署。⑤心、剥果，1911 年前在《环球中国学生报》《夏声》《克复学报》等发表文章署用。⑥骚，见于社论《政府当及时悔祸说》，载 1911 年 5 月 4 日《民立报》。⑦海、耐可，见署于 1911 年《克复学报》。⑧风、大风，在《民立报》发表文章署用。⑨半哭半笑楼主，见于题《鹃红外传》，载 1917 年《寸心》。⑩右任，见于《自由离婚问题》，载 1922 年 3 月 2－3 日上海《时事新报·学灯》。1941 年为重庆《文艺月刊·战时特刊》第 11 卷 4 月号封面题字，1947 年 5 月在南京《西北文化》创刊号发表诗《新疆纪行》亦署。⑪于右任，见于评论《国民党与社会党》，载 1924 年上海《东方杂志》第 21 卷第 1 期。嗣后在《南社丛刻》《文艺月刊·战

时特刊》《时事月报》《蜀评》《最高法院公报》《文华》《中央党务月刊》《军事杂志》《前锋》《新陕西》《新亚细亚》《铁路月刊津浦线》《国民会议特刊》《云南教育》《旅行杂志》《文化建设》《文艺月刊·战时特刊》《广播周报》《新时代》《新运月刊》《安徽政务》《励志》《农村杂志》《民智月报》《中央周刊》《民族诗坛》《黄埔》《说文月刊》《新运导报》《北战场》《防空军人》《甘肃教育》《永安月刊》《草书月刊》《世界文化》《大众》《文史杂志》《时代精神》《正气月刊》《中国文摘》《正义》《社会评论》《边锋月刊》《上智编译馆馆刊》《瀚海潮》《智慧》《革新月刊》《国立政治大学校刊》《西北通讯》《新书月刊》等报刊发表诗文，出版《右任诗存》（上海世界书局，1930 年）、《于右任言行录》（上海新民书局，1932 年）、《二次世界大战歌剧》（台北正中书局，1953 年）、《于右任先生文集》（中国国民党党史委员会，1978 年）等亦署。⑫牧羊儿，见于 1948 年《牧羊儿自述》。

于在春（1909－1993），江苏镇江人，字熙台。曾用名于禹孙。笔名：①在春，见于诗《青春的发下红红白白的脸》，载上海光华附中文学研究会 1927 年 7 月出版之诗文集《腼腆》。1937 年主编《写作与阅读》月刊时编后记、1946 年在上海《茶话》创刊号发表随笔《山歌的比兴》亦署。②于在春，见于游记《栖霞一瞥》，载 1924 年上海《学生杂志》第 11 卷第 12 期。嗣后在上海《现代评论》《北新》《真美善》《青年界》《写作与阅读》《文艺春秋》《文艺复兴》《文章》《白露月刊》《国文月刊》《中国建设月刊》《月刊》《文艺青年》《广东教育》《艺文印刷月刊》《教育通讯》《读书通讯》等刊发表小说、散文、随笔、论文，出版小说集《翠环》（上海真美善书店，1930 年），翻译小说《灵肉的冲突》（德国莱昂哈德·弗兰克原作。上海正午书局，1931 年）、《文言散文的普通话翻译》（上海教育出版社，1978 年）、《西湖小品笔记选译》（上海文化出版社，1984 年）等亦署。③载琼，见于杂文《Chinoisères》，载 1928 年上海《语丝》周刊第 4 卷第 15 期。④于是，见于论文《剪裁示例》，载 1936 年《写作与阅读》创刊号。⑤高则明，见于随笔《韩退之"挨骂"》，载 1937 年《写作与阅读》第 1 卷第 4 期。⑥过江鲫，见于阅读鉴赏《眼镜的故事》，载 1937 年《写作与阅读》第 2 卷第 2 期。

于肇怡（1917－？），籍贯不详。笔名：①于肇怡，见于论文《秦观与黄庭坚》，载 1962 年《文学世界》第 12 期。嗣后出版传记《秋瑾》（香港亚洲出版社，1969 年）亦署。②萧怡，署用情况未详。

余大雄（？－1938），安徽人。原名余洵，字毅民，号大雄、脚编辑。笔名：①余大雄，20 世纪 20 年代在上海办《晶报》并发表《泉鉴》署用。嗣后发表集锦小说《和平之神》（与钱芥尘、刘迦公、周剑云、张碧梧、严谔声、赵苕狂等合作。载 1935 年上海《社会月报》第 1 卷第 1 期）、散文《东茗小品》（载 1937 年上

海《旅行杂志》第 11 卷第 5—8 期）亦署。②宝凤、神狮，署用情况未详。

余获（1904—?），浙江金华人。原名余念远。笔名余获，译有《我的新生》《乞丐皇帝》。

余冠英（1906—1995），江苏扬州人，字绍生。乳名松寿。笔名：①灌婴，1929—1935 年在北平《清华周刊》发表《埋葬》《诗三首》《清华不是读书的好地方》等诗文署用。嗣后发表评论《评废名著〈桥〉》（载 1932 年上海《新月》第 4 卷第 5 期），在《文艺月刊·战时特刊》《国文月刊》发表散文《京沪道上》、论文《潜广新乐府》亦署。②白眼，见于旧体诗《除夕》，载 1930 年北平《清华周刊》第 33 卷第 2 期。嗣后在该刊发表旧体诗《感春》、散文《自己的园地》《雨》《与芜帝话扬州》等亦署。③冠英，见于诗《昨天、今天和明天》，载 1929 年北平《清华周刊》第 32 卷第 1 期。嗣后在该刊发表《扬州》《漂泊的艺人》《小诗一束》《词三首》等诗文署用。1940 年后在昆明《国文月刊》发表《比较的读文法示例》《介绍"精英指导举偶"》等文亦署。④余冠英，见于小说《第三条路》，载 1930 年北平《清华周刊》第 33 卷第 9 期；论文《谈新乐府》，载 1940 年 6 月 16 日昆明《国文月刊》创刊号。嗣后在上述两刊及《人文学科学报》《文学杂志》《文学季刊》《文讯月刊》《周论》《文艺复兴》等刊发表《七言诗起源新论》《刘大杰：中国文学发展史》《悲忆佩弦师》《蔡琰"悲愤诗"辨》等文，出版论文集《古代文学研究集》《古代文学杂论》《汉魏六朝诗论丛》《古典文学研究中的错误倾向》，主编《中国文学史》（三卷本），选编、注释《诗经选译》《乐府诗选注》《汉朝诗歌选注》《三曹诗选》《汉魏六朝诗选》《中国古代山水诗鉴赏辞典》等亦署。

余家菊（1898—1976），湖北黄陂（今武汉市）人。字景陶、子渊。笔名：①余家菊，见于评论《教科书革命》，载 1920 年 1 月 8 日上海《民国日报·觉悟》；随笔《我对于师范学校的希望》，载 1920 年《北京高师教育丛刊》第 3 期。嗣后在《少年中国》《教育杂志》《中华教育界》《北京师大周刊》《京报副刊》《学生杂志》《东南论衡》《民声周报》《教育通讯》《国论周刊》《半月文摘》《教与学》《时代精神》《读书通讯》《高等教育季刊》《新中华》《天下文章》《今论衡》《民宪》《宪政月刊》《今文月刊》《人生与服务》《青年中国》《大中国》《新运导报》等刊发表论文、评论、随笔等，出版论著《教育原理》（上海中华书局，1925 年）、《国家主义教育学》（上海商务印书馆，1925 年）、《简易国文法》（上海中华书局，1934 年），散文集《回忆录》（上海中华书局，1948 年），译作《教育哲学史》（英国约翰·亚丹士原作。上海中华书局，1934 年）、《两性与青年》（英国玛丽·斯特普原作。上海中华书局，1935 年）等亦署。②余子渊，见于史著《英国史》（昆明中华书局发行所，1941 年）。

余嘉锡（1884—1955），湖南常德人，生于河南商丘。字季豫，号狷庵。晚号狷翁。笔名余嘉锡，见于论文《刘向新序提要辩证》，载 1929 年北平《国立北平图书馆月刊》第 3 卷第 4 期；论文《古籍解题》，载 1931 年北平《师大国学丛刊》第 1 卷第 1 期。嗣后在《辅仁学志》《国学丛编》《清华周刊》《燕京学报》《图书季刊》《国立中央大学历史语言研究所集刊》等刊发表论文《西京杂记提要辩证》《牟子理惑论检讨》《宋江三十六人考实》《水浒传宋江平方腊考》《水浒传之俗语》《杨家将故事考信录》《太史公书亡篇考》《小说家出于稗官说》《殷芸小说辑证》《楚辞释文考》，出版论著《宋江三十六人考实》（作家出版社，1955 年）、《四库提要辩证》（科学出版社，1958 年）、《余嘉锡论学杂著》（科学出版社，1958 年）、《目录学发微》（中华书局，1963 年）、《世说新语笺疏》（中华书局，1983 年）等亦署。

余空我（1898—1977），安徽歙县人。字哲文。曾用名余其三。笔名：①空我，见于散文《锁空楼忆语》，载 1921 年上海《礼拜六》第 110—112 期；小说《以后》，载 1923 年上海《小说世界》第 4 卷第 3 期。同时期起在上述两刊及《上海画报》等报刊发表翻译小说《过去世界》（美国欧内斯特·查宾原作）、随笔《冷香簃情话》《再记冯玉祥》《抄袭趣谈》《思想的组织》《假的迷恋》等亦署。②余空我，见于小说《太阳》，载 1921 年上海《礼拜六》第 125 期；小说《弄瓦》，载 1923 年上海《小说世界》第 3 卷第 10 期。嗣后在《紫罗兰》《社会月报》《旅行杂志》等报刊发表小说《白门怀旧记》《呻吟》、集锦小说《空谷箫声》（与吴农花、张舍我、汪仲贤、江红蕉、俞逸芬、王小逸、周瘦鹃、徐卓呆、施济群合作）、随笔《到海滨浴场》等亦署。③其三，1944 年 1 月在《大方》杂志创刊号发表诗歌署用。④小记者，署用情况未详。

余明（1913—1995），四川自贡人。原名余有麟。曾用名余文渊、文涛、田丰。笔名：①余非我，1936 年 10 月至 1937 年 5 月间在成都《新新新闻·蜀锦》发表散文《故乡》等署用。②风啸，见于《关于释放政治犯的几句话》，载 1937 年 5 月前《四川日报》。③余有麟，见于《鲁迅先生逝世周年纪念》，载 1937 年成都《华西日报》。④余明，1938 年 5 月前后在成都《战时学生旬刊》开始署用，1949 年后发表文章亦署。

余慕陶（1903—?），广东梅县（今梅州市）人。字景渊。曾用名余永陶。笔名：①余慕陶，出版中篇小说《晚霞》（上海启智书局，1929 年）、小说集《出路》（厦门世界文艺书社，1929 年）、翻译史著《近代西洋文化革命史》（美国多玛士原作。上海联合书店，1929 年）署用。嗣后在《大众文艺》《申报·自由谈》《读书月刊》《文艺新闻》《新时代》《微音月刊》《现代学生》《朔望半月刊》《出版消息》《创作与批评》《国民文学》《新文学》《国衡》《时代动向》《中国文学》等报刊发表小说《白地狱》《铁窗落日》《生与死的角逐》、随笔《美国新兴文学作家介绍》《答残月先生》、散文《西湖寄感》《真茹道上》《清明节》、论文《辛克莱论》

《论旧体诗与旧词》《近代美国文学讲话》，以及译文《考茨基与苏俄的单峰骆驼》（美国辛克莱原作）、《黄金国底漫画》（美国辛克莱原作）等，出版诗集《潮》（上海光华书局，1932年），小说集《春泥》（上海光华书局，1932年），论著《文学论》（上海光华书局，1934年）、《朝阳集》（上海光华书局，1932年），翻译小说《波斯顿》（美国辛克莱原作。上海光华书局，1931年）、《野性的呼声》（美国杰克·伦敦原作。上海大东书局，1948年），翻译论著《科学社会主义底理论体系》（美国波定原作。上海金马书堂，1930年）等亦署。②余永陶，署用情况未详。

余楠秋（1897－1966），湖南长沙人。原名余箕传，字楠秋。笔名：①余楠秋，见于散文集《教员的生活》（上海文瑞印书局，1925年）。嗣后在《新月》《秋野》《读书月刊》《当代文艺》《青年界》《文学》《摇篮》《世界旬刊》《现代学生》《新学生》《中央时事周报》《外交评论》《复旦学报》《新中华》《旅行杂志》《商学期刊》《湖南大学季刊》《湖南省银行经济季刊》《图书展望》《文摘》《光杂志》《文讯月刊》《申论》等刊发表散文《从长沙到上海》《南岳游记》《益阳游记》《忆谢六逸》《我所见的台湾》、随笔《我的读书经验》《谈谈暑期生活》《我的游历经验谈》、论文《短篇小说的构造法》、评论《佛尼安》《卡洛特》《密拉博》等文，出版散文集《读书经验谈》（上海光华书局，1933年），论著《演说学概要》（上海中华书局，1941年），传记《法国革命伟人传》（上海中华书局，1936年），译作《英国史》（美国季尼原作。上海民智书局，1933年）、《近代欧洲史》（美国卡尔顿·海斯原作。上海黎明书局，1933年）、《暴风雨》（英国莎士比亚原作。上海黎明书局，1935年）、《世界三大独裁》（美国约翰·根室原作。上海中华书局，1937年）等亦署。②楠秋，见于散文《重游故都记》，载1936年《湖南大学季刊报》第2卷第1期（刊目录署名"余楠秋"）。

余其锵（1885－？），浙江嘉善人。后更名余一，字秋楂、秋槎，号十眉。笔名：①余一，见于论文《民族主义论》，载1903年日本东京《浙江潮》第2期。嗣后在《南社丛刻》发表诗文亦署。②余十眉，见于旧体诗《探珠吟舍诗钞》，载1923年上海《小报》第1卷第1期（刊内正文署名"余其锵十眉"）。按：余其锵著有《神伤集》《寄心琐语》《灵芬馆诗集笺注》，署名未详。

余切（1882－1941），四川内江人。字培初，号粉红城主。曾用名余大同、公孙长子。著有《冬冬词》《马蹄笺》《黄龙戍》等。

余上沅（1897－1970），湖北沙市人。字龄客，号芳芷龄主人。笔名：①龄客，20世纪二三十年代在北京《晨报副镌》等刊发表署用。②上沅，见于译文《作戏的原理》，载1922年6月25日北京《晨报副镌》；小说《油漆匠阿二的秘密》、随笔《写实剧的困难》，载1923年北京《清华周刊》第269期。嗣后在上述两

刊及上海《新月》发表小说《红叶》、评论《罗斯丹及其杰作〈西兰娜〉》《奥尼儿的三部曲》《纪念亚辟亚专号》、信函《一个半破的梦》《照理》、随笔《联合剧的由来》《〈长生诀〉序》等亦署。③余上沅，见于随笔《清华学生与"饮食男女"》，载1923年4月22日北京《清华生活》"清华12周年纪念号"；论文《论诗剧》，载1926年4月29日北京《晨报·诗镌》。此前后在《新月》《现代评论》《晨报副镌》《京报副刊》《上海画报》《秋野》《学文》《广播周报》《独立评论》《文艺》《文艺月刊》《戏剧战线》《现代华侨》《剧教》《图书月刊》《中央训练团团刊》《戏剧与文艺》《论语》《读书通讯》《新演剧》《抗战戏剧》《戏剧新闻》《戏剧时代》《文艺先锋》《中原》《华侨先锋》《新运导报》《教育通讯月刊》《中国青年》等报刊发表评论《论戏剧批评》《论诗词》《怎样研究戏剧》《〈群鸦〉与自然派的戏剧》《戏剧与新生活》《历史剧的语言》《中国戏剧运动》等文，出版剧本集《长生诀》（上海北新书局，1926年）、《从军乐》（与王思曾合作。重庆正中书局，1940年）、《上沅剧本甲集》（上海商务印书馆，1934年），论著《戏剧论集》（上海北新书局，1927年）、《余上沅戏剧论文集》，翻译剧作《可钦佩的克来敦》（英国詹·马·巴雷原作。上海新月书店，1930年）；1949年后出版翻译小说《光明列车》（美国法斯特等原作。泥土社，1954年），翻译论著《戏剧技巧》（美国乔治·贝克原作。中国戏剧出版社，1985年），以及《余上沅戏剧论文集》（长江文艺出版社，1986年）等亦署。④陈时，1949年后发表文章曾署用。按：余上沅尚出版有短篇小说集《队旗》《光明列车》、剧作集《玩偶之家》、论著《戏剧的规律》《亚里士多德〈诗学〉的诠释》，并编选有《国剧运动》等，出版情况未详。

余思牧（1925－2008），广东开平人，生于加拿大。原名余润棠，字思牧，号毓魁。笔名：①余思牧，出版小说《中华儿女》（香港白绿书店，1941年）署用。嗣后出版小说《葡萄架下》（香港万千出版社，1956年）、《歧途》（香港上海书局，1968年），诗集《逝去的梦》（香港骆驼出版社，1958年），评论集《作家巴金》（香港南国出版社，1958年）、《唐诗杰作论析》（香港万千出版社，1958年）、《鲁迅杰作论析》（香港侨光书店，1961年）等亦署。②余明、余慧丹、原上放、辽莽、马前、司徒壮，在香港报刊发表小说、散文、评论等署用。

余所亚（1912－1991），广东台山人，生于香港。笔名：①SOA，见于漫画《希特勒的笑和泪》，载1943年桂林《半月文萃》第2卷第1期。②余所亚，见于随笔《速写底部之一》，载1945年重庆《天下文章》第2卷第5－6期；随笔《到天堂的路——给绘画的朋友》，载1945年重庆《文艺杂志》新1卷第1期（刊内正文署名"所亚"）。嗣后在《抗战文艺》《野草》《诗创作》《文艺生活》《青年文艺》《文学新报》《希望》《诗文学》《清明》《文联》《现代新闻》《时与文》《评论报》等报刊发表随笔《谈讽刺画家》《艺术神童说》、

评论《论冰兄的漫画》、绘图《前线马瘦，后方猪肥》《文化景象》《筑路》等亦署。出版画集《投枪》（香港半弓书屋，1939 年）、《新画册》（香港民华出版社，1950 年）和论著《漫画讲话》（与任真汉合作）等亦署。③所亚，见于散文《纪念罗清桢》，载 1943 年桂林《野草》第 5 卷第 5 期；随笔《关于 H. 杜美埃》，载 1946 年上海《希望》第 2 集第 2 期。同时期在《新华日报》《野草》《半月文萃》《月刊》等报刊发表随笔《可怕的地方》、漫画《墨索里尼的所在》等亦署。

余天遂（1883－1930），江苏昆山人。原名余寿颐，字祝慶，号麋阁；别号颠公、疾侬、天遂、大颠、三郎、仇僧、效鹤。笔名：①余天遂，1915 年在上海《妇女杂志》发表文章署用。嗣后在苏州《南社丛刻》、北平《文化革新导言》发表诗文亦署。②疾侬，1918 年在《良心月刊》、1924 年在《国学丛选》发表文章署用。③大颠，1919 年在《教育周报》发表文章署用。④仇僧，见于散文《游苏州戒幢寺西园记》，载 1911 年上海《小说月报》第 2 卷第 7 期。⑤余寿颐，在《南社丛刻》发表诗文署用。⑥天遂，见于旧体诗《吴淞口放吟》、评论《新原道》，载 1928 年北平《文化革新导言》第 4 期。

余薇野（1924－2019），重庆市人。原名董维汉。笔名：①余薇野，出版诗集《辣椒集》（重庆出版社，1983 年）、《阿 Q 献给吴妈的情书》（湖南文艺出版社，1988 年）、《余薇野诗选》（作家出版社，2000 年）等署用。②何小蓉，署用情况未详。

余祥森（1897－？），福建闽侯人。字讱生。笔名：①余祥森，见于论文《整理国故与新文学运动》，载 1923 年上海《小说月报》第 14 卷第 1 期；小说《兵》，载 1923 年 5 月 2 日至 6 月 22 日上海《时事新报·文学旬刊》。同时期起在《小说月报》《中华周报》《出版周刊》《图书展望》《真知学报》等刊发表译作《和平之国》（德国卡门·栖尔法原作）、论文《二十年来的德意志文学》《英国之第四国际运动》《席勒及其著作》《汉石经汇考》等作品，出版论著《现代德国文学思潮》（上海华通书局，1929 年）、《社会主义共产主义及无政府主义》（上海新生命书局，1930 年）、《世界经济之理论与世界经济概观》（上海华通书局，1933 年），史著《德意志文学史》（上海商务印书馆，1930 年），编译《战后欧美社会政策》（与林众可、邓绍先合作。上海华通书局，1930 年）等亦署。②讱生，见于译文《康德和爱因斯坦》（德国施耐德原作），载 1922 年 12 月 25 日上海《东方杂志》第 19 卷第 24 期；独幕剧《一瞥》，载 1923 年 7 月 2 日上海《时事新报·文学旬刊》。嗣后在该刊及上海《小说月报》《时事新报·文学周刊》等报刊发表小说《盛衰》《发薪》、译文《小说作法十则》（日本芥川龙之介原作）、随笔《真正的文学家与真正的文学作品》《改革文字之必要》等亦署。

余晓（1924－？），浙江杭州人，原名徐树元。笔名：①徐树元，1942 年开始在桂林《旅行杂志》、贵州《贵阳日报》、北平《民国日报》发表散文、游记、诗歌、剧评等署用。②余晓，1949 年 4 月在《天津日报》发表工厂生活散记开始署用。嗣后在《华北文艺》《进步日报》《文艺学习》等报刊发表小说、散文等，出版小说集《开花结籽》（上海晨光出版公司，1950 年）、《第三次相见》（上海晨光出版公司，1951 年）、《亲爱的同志》（新文艺出版社，1957 年），话剧《老王的胜利》（上海劳动出版社，1950 年）、《钥匙在谁手里》（上海杂志公司，1951 年）等亦署。③景虹，1952 年春在天津《进步日报》发表评论署用。④徐小赫，1956 年秋在《新港》《中国青年》发表小说《丰莲》《歌》等署用。

余修（1911－1984），山东济南人。原名鲁方明，字仲谦、广益。曾用名鲁伯谦、鲁灵光、杜若、郑则、于岫。笔名：①方明、杜若，1928 年开始在天津《大公报·小公园》发表散文署用。1933 年后在北平《晨报副镌》《华北日报》副刊发表文章亦署。②芳明，1928 年在济南主编《晓风》署用。③荒萌，见于散文《张禄先生》，载 1930 年青岛《追》文艺周刊。④芳萌，20 世纪 30 年代在《北平晨报》《文史》《盍旦》《光明》等刊发表文章署用。⑤鲁方明，见于散文《在细雨的秋夜里》，载 1934 年北平《刁斗》第 1 卷第 4 期；散文《悼鲁迅先生》，载 1936 年北平《人人周报》第 1 卷第 16 期。同时期在北平《刁斗》《文史》等刊发表诗《卖唱女》《黄昏》《蜘蛛》《睡莲——呈如如》《不眠夜》、散文《家》等，1940 年在《中国青年》《联合文学》等刊发表文章亦署。⑥余修，见于诗《暮》，载 1936 年北平《文地刊刊》第 1 卷第 2 期；《北平作家协会成立大会速写》（与张枬等合作），载 1937 年上海《光明》半月刊第 2 卷第 4 期。嗣后在《光明》及《时代文化》《大众文艺》《谷雨》《中国青年》《北方文化》《晋察冀日报》等报刊发表诗《悼国殇》《战士颂》、散文《悼吴承仕先生》《永恒的记忆：悼关向应同志》等，出版回忆录《往事集》（山东人民出版社，1983 年）、诗集《鹊华诗草》（山东人民出版社，1984 年）及《余修文集》等亦署。⑦鲁灵光，出版诗歌集《扬帆集》（山东人民出版社，1963 年）署用。⑧郑则，见于传记《鲁佛民》，载陕西人民出版社 1984 年版《中共党史人物传》第 13 卷。⑨于岫，署用情况未详。

余藻华（1913－2000），广东新会（今江门市）人。字振骆。笔名余藻华，著有《诗钟浅谈》《屑玉新声》《香雪堂联语》（均为内部交流油印本）等。

余肇康（1855－1931），湖南长沙人。字尧衢，号敏斋；晚号倦知老人。笔名：①余敏斋，见于信函《致止庵先生函》，存中国社科院近代史研究所资料室。②余肇康，见于日记《余肇康日记》，湖南人民出版社 2009 年影印出版。

余振（1909－1996），山西原平人。原名李毓珍，字秀川。笔名：①九穷，与同学合署。见于 1934 年译《伊里基论民族问题》一文。②余振，抗战初期发表译作开始署用。嗣后在《流火》《骆驼文丛》《山大学报》《中苏文化》《诗创造》等刊发表翻译长诗《巴赫奇萨拉伊之喷泉》（俄国普希金原作），译诗《囚徒》（俄国莱蒙托夫原作）、《诗人之死》（俄国莱蒙托夫原作）、《逃亡者》（俄国莱蒙托夫原作），出版《普式庚诗选：波尔塔瓦》（上海博文书店，1948 年）《普式庚诗选》（上海光华出版社，1949 年）、《俄语文法高级教程》（上海光华出版社，1949 年）亦署；1949 年后翻译苏联西蒙诺夫的长诗《远在东方》、马雅可夫斯基的长诗《穿裤子的云》《关于这个》《一亿五千万》《好——十月的诗》、朝鲜赵基天的长诗《白头山》，出版《莱蒙托夫诗选》（时代出版社，1951 年）、《苏联儿童文学论文集》（中国青年出版社，1954 年）、《普希金长诗选》（外国文学出版社，1984 年）、《莱蒙托夫抒情诗选》（上海译文出版社，1990 年）、《普希金长诗全集》（与智量合译。浙江文艺出版社，1994 年）、《莱蒙托夫抒情诗全集》（浙江文艺出版社，1994 年）、《余振翻译文集》（上海社会科学院出版社，2014 年）等亦署。③李木斋，1946 年发表诗作署用。④黎新，主编《马雅可夫斯基选集》（人民文学出版社，1957 年）署用；嗣后出版译诗《列宁》（苏联马雅可夫斯基原作。人民文学出版社，1960 年）亦署。⑤未辰，1949 年后在中国青年出版社出版译作署用。⑥孟星，1957 年后在人民文学出版社出版马雅可夫斯基译作曾署用。

鱼讯（1920－2002），陕西白水人。原名鱼清佐。笔名：①田禾、志坚，1939 年春在冀中一二〇师《战斗报》发表小说《部队的眼睛——侦察员》《燃烧的土地》等署。抗战时期在晋察冀边区《抗敌日报》、晋绥边区《晋绥日报》《群众日报》发表诗、报道等亦署。②鱼讯，1942 年发表文章开始用。嗣后出版话剧《保卫延安》（东风文艺出版社，1959 年）、回忆录《风雨春秋》（三秦出版社，1998 年），主编《陕西省戏剧志·榆林地区卷》（三秦出版社，1998 年）等亦署。③鱼汛，1942 年发表文章署用。

俞百巍（1927－1996），江西广丰人，生于上海。笔名：①卢琼、俞陵、金童、公子布、俞穗慈，1943－1948 年在上海《前线日报》《新诗潮》、福建《东南日报》《中央日报》、南京《诗行列》、香港《华商报》《周报》《群众》、马来亚新加坡《南侨报》等报刊发表作品署。“卢琼”一名，出版《棠棣与诗》（与李谷野合作，1946 年在福州出版）亦署。②萧邦，1947－1948 年在香港《华商报》发表作品署用。③卢琛，见于诗《新墟呵，新墟》，载 1948 年上海《新诗潮》丛刊第 2 期。④萧庄，1951 年后在贵州《新黔日报》《贵州文艺》《新遵义报》等报刊发表作品署用。⑤柳逢春，1978 年后发表作品署用。

俞陛云（1868－1950），浙江德清人，生于江苏苏州，字阶青，号斐庵、乐静、乐静居士。晚号乐静老人、存影老人、娱堪老人。笔名：①俞阶青，见于旧体诗《题俞楼寻梦图·其七》，载 1925 年上海《爱国报》第 42 期；《五代词选释》，载 1941 年南京《同声月刊》第 1 卷第 5 期。嗣后在《同声月刊》《东方杂志》《越风》《中和月刊》等刊发表《唐词选释》《南唐二主词辑述》《西湖雅言》《石墨余馨》《清代闺秀诗话》《入蜀驿程记》等亦署。②阶青，见于随笔《南次郎》，载 1935 年南京《中外月刊》创刊号。③俞陛云，见于散文《西湖雅言》，载 1937 年杭州《越风》第 2 卷第 4 期。嗣后在南京《同声月刊》、北平《中和月刊》等刊发表诗词、散文，出版《绚华室诗纪》（1894 年）、《蜀辂诗记》（1921 年）、《诗境浅说》（上海开明书店，1936 年）、《唐五代两宋词选释》（上海古籍出版社，1985 年）等亦署。

俞大纲（1908－1978），浙江绍兴人。字廖音。笔名俞大纲，见于诗《她那颗小小的心》，载 1931 年上海《诗刊》第 1 期。嗣后在该刊发表《月》《你》等诗作，在《光华大学半月刊》《禹贡半月刊》《国立中央研究院历史语言研究所集刊》《史地杂志》《妇女月刊》等刊发表《与友人论中国考试制度起源书》《洪秀全曾师事朱九涛办》《北魏六镇考》《读高力士外传释“变造”“和籴”之法》《跋郭筠仙先生玉池老人自叙未刊稿》《新型的幼童艺术教育》等文，出版《英法德美军歌选》（与徐仲年、商章孙等合作。上海商务印书馆，1939 年）亦署。

俞荻（1904－？），浙江金华人。原名俞念远。笔名：①念远，见于《她是》，载 1926 年厦门《波艇》月刊创刊号。②俞念远，见于故事《兄弟十个扛金钟》，载 1925 年《京报副刊》第 205 号。嗣后在《现代文学》《朔望半月刊》《东流》《海滨文艺》《时代文艺》《文摘》《读书青年》等刊发表小说《父亲》等，出版《诗歌概论》（汉文书局）等亦署。③俞荻，1935 年编《现代文学》开始署。嗣后出版译作《乞丐皇帝》（上海神州国光社，1948 年）亦署。

俞鸿谟（1908－1968），福建福清人。原名俞少歧。笔名：①俞鸿模，见于译文《尼古拉梭夫传》（苏联裘柯夫斯基原作），载 1935 年上海《复旦学报》第 2 期“卅周纪念号”。嗣后出版译作《尼古拉梭夫传》（苏联裘柯夫斯基原作。上海海燕书店，1947 年）等亦署。②鸿谟，见于小说《人的价值》，载 1935 年 11 月 1 日东京《东流》第 2 卷第 1 期（刊内正文署名“鸿谟”，目录署名“俞鸿谟”）。③俞鸿谟，见于小说《追悼会》，载 1935 年 12 月 15 日东京《东流》第 2 卷第 2 期；散文《日本的男与女》，载 1936 年上海《宇宙风》第 25 期。嗣后出版小说集《炼》（东京东流文艺社，1936 年）亦署。④洪摩，见于杂文《公路及其他》，载 1942 年上海《宇宙风》第 42 期。

俞鸿犹，生卒年不详，福建福清人。曾用名吴弘远。笔名：①弘远，“孤岛”时期在《学生生活》发表文章署用。同时期在《中学生活》发表《从五四说起》《二次革命和袁世凯之死》等文亦署。②俞夷，见于诗《征人的惆怅》，载 1938 年上海《文艺半月刊》第 2 卷第

1 期。嗣后在该刊及《杂文丛刊》《紫荆》等刊发表诗文亦署。③吴绍彦，见于杂文《脸谱拾遗》，载 1938 年上海《文艺半月刊》第 2 卷第 5 期。嗣后在该刊及《杂文丛刊》《上海周报》《紫荆》等刊发表 "太平" 偶感》《三窟与二面》《两种透底》《随笔二篇》《论文市买卖——自荐》等文亦署。④孔铩，见于《半将楼短长杂文》，载 1941 年上海《杂文丛刊》第 1 重辑《鱼藏》。嗣后在《上海周报》《紫荆》等刊发表杂文亦署。

俞虎生，生卒年及籍贯不详。笔名虎生，见于译文《给志在文学者》，载 1935 年《新中华》半月刊第 3 卷第 7 期。

俞怀，生卒年及籍贯不详。笔名莞尔，见于小说《践踏》，载 1930 年上海《拓荒者》月刊第 1 卷第 2 期。嗣后在《文化批判》《创造月刊》《大众文艺》《引擎》等刊发表文章亦署。

俞棘（1911－?），浙江慈溪人。笔名：①俞燩，见于小说《浚河》、杂文《文学用语》，载 1936 年 5 月福州《小民报·新村》。②佐治，见于散文《前一代》，载 1936 年 8 月 20 日福州《小民报·新村》。嗣后在福州《福建民报·回声》发表作品亦署。③俞棘，见于散文《失去了健康的悲哀》，载 1938 年重庆《七月》第 2 集第 2 期。嗣后在福建福州《小民报·新村》《南方日报·铁马》《福建民报·小园林》《福建民报·回声》《教战导报》、连城《大成日报·高原》、永安《改进》《现代文艺》等报刊发表通讯《第一颗炸弹》《福建省立师范学校剪影》、小说《虎伥》、评论《现阶段日本南进的透视》《从战略的演展判断我敌成败》等亦署。④于吉，1949 年后在台湾发表作品、出版长篇小说《泡沫》（高雄大业书店，1962 年）、《郁雷》（高雄长城出版社，1964 年）、《凤凰树下》（高雄长城出版社，1965 年）、《黄帝子孙》（高雄长城出版社，1965 年）、《失去的影子》（台北三民书局，1966 年）、《金蕉园》（高雄长城出版社，1967 年）、《花潮》（台湾省新闻处，1968 年）、小说集《生命的递嬗》（台湾商务印书馆，1968 年）等亦署。⑤彼得，署用情况未详。

俞剑华（1887－1936），江苏太仓人。原名俞锷，字剑华，号一粟。笔名：①俞锷，见于诗《感怀八律用铁崖旧韵》《叱词示遐九》，载 1914 年《香艳杂志》第 2 期、第 3 期。②一粟、老剑、懒残、太仓一剑、江东老虬、高阳旧酒徒，在《礼拜六》《七襄》等刊发表文章署用。

俞珽（1884－1955?），浙江德清人，字佩瑗，晚号湛持居士。笔名俞珽，著有《临漪馆诗稿》三卷及《临漪馆词稿》一卷。

俞林（1918－1986），河北间人，原名赵凤章。笔名：①俞林，见于小说《为了春耕》，载 1943 年 4 月《晋察冀日报》。嗣后发表短篇小说《我和我的妻子》《劈山记》《国际悲歌》《父与子》《婚礼上听来的故事》、报告文学《铁姑娘》《山外青山》，出版短篇小说集《老赵下乡》（上海新华书店，1949 年），中篇小说《杨赶会的一家》（北京天下图书公司，1949 年）等，1949 年后出版中篇小说《韩营半月》（人民文学出版社，1951 年）、《一把火》（中南人民文学艺术出版社，1953 年）、《和平保卫者》（中国青年出版社，1956 年）、《杨赶会的一家》（天下图书公司，1949 年）、《韩营半月》（人民文学出版社，1951 年），长篇小说《人民在战斗》（人民文学出版社，1982 年）、《在青山那边》（人民文学出版社，1985 年），电影文学剧本《土地》（与郭小川、张水华、李冰、白杨等合作）等亦署。②任文，1962 年 6 月在《人民文学》发表关于柳青小说《创业史》的评论署用。③燕南，1963 年在江西《星火》月刊发表作品署用。④赵北，署用情况未详。

俞明震（1860－1918），浙江绍兴人，字恪士、启东，号觚斋、觚庵、明夷。笔名俞明霞，见于诗《园竹》《园柏》，载 1912 年《庸言》第 2 卷第 3 期；诗《岁暮园居杂感》八首，载 1912 年《庸言》第 2 卷第 4 期。嗣后在《东方杂志》发表诗作亦署。

俞铭璜（1916－1963），江苏如皋人。笔名：①萃仓，见于《朋友樱贫》，载 1934 年江苏《如皋导报·春泥》第 7 期。嗣后在该刊发表《关于 "侯方域"》《饿莩前夜的梦》等文亦署。②颇之，见于杂文《刀口的 "战场三部曲之一"》，载 1934 年《如皋导报·春泥》第 43 期。嗣后在该刊发表《刀口的 "……一段闲话"》《致雨林先生——关于〈对春泥的希望〉》等文均署。1936 年在上海《永生》周刊发表《高中学生集训一瞥》亦署。③俞铭璜，出版论著《新人生观》（新华书店，1945 年）署用。嗣后出版《共产主义人生观》《两点论》《俞铭璜文集》等亦署。④原人，见于论文《〈新人生观〉的补充》，载 1946 年《胶东大众》第 43 期。⑤璧辉，见于评论《"有鬼无害" 论》，载 1963 年 5 月 6 日上海《文汇报》。⑥邓南筑、丁大年、于十一、萧山枝、常登山、柳船、黄成、章断、黄同，署用情况未详。

俞平伯（1900－1990），浙江德清人，生于江苏苏州。原名俞铭衡，字平伯、直民，号屈斋。曾用名僧宝（乳名）。笔名：①俞平伯，见于诗《春水》，载 1918 年《新青年》第 4 卷第 5 期；随笔《做诗的一点经验》，载《新青年》第 8 卷第 4 期。嗣后在《新青年》《新潮》《国民》《晨报副镌》《学术界》《学林》《诗》《文学旬刊》《时事新报·学灯》《文学周报》《小说月报》《语丝》《东方杂志》《民国日报·民园》《清华周刊》《燕京学报》《东方杂志》《中学生》《大公报·文学》《新月》《论语》《文学》《人间世》《清华学报》《益世报·文学》《文饭小品》《词学季刊》《万人文库》《责善》《中德学志》《艺文杂志》《华北作家月报》《华北日报·文学》《学原》《中建》《华北文艺》《华北日报·俗文学》《社会月报》《文史》《文史春秋》《逸经》《太平洋周报》《文潮月刊》《世间解》《国文月刊》《现代文摘》《广播周报》《人民周报》等报刊发表诗文，出版诗集《冬夜》（上海亚东图书馆，1922 年）、《西还》（上海亚东图书

馆，1924 年）、《忆》（北京朴社，1925 年），散文集《杂
绊儿》（上海开明书店，1928 年）、《燕知草》（上海开
明书店，1928 年）、《古槐梦遇》（上海世界书局，1936
年）、《燕郊集》（上海良友图书印刷公司，1936 年），
论著《红楼梦辨》（上海亚东图书馆，1923 年）、《读词
偶得》（上海开明书店，1934 年）、《论诗词曲杂著》（上
海古籍出版社，1983 年）等亦署。②平伯，见于论文
《现行婚制底片面批评》正文，载 1920 年 11 月 16 日
《新潮》第 3 卷第 1 期（该期目录署名为"俞平伯"）。
嗣后在《文学周报》《晨报副镌》《时事新报·学灯》
《小说月报》《语丝》《京报副刊》《文学月刊》《贡献》
《骆驼草》《清华中国文学会月刊》《中学生》《新月》
《清华周刊》《文学月刊》《论语》《大公报·文艺》《东
方杂志》《文哲季刊》《人间世》《文学杂志》《艺文杂
志》《文学集刊》《国文月刊》《民国日报·民园》《华
北日报·俗文学》等报刊发表诗文亦署。1949 年后在
《文学评论》《戏剧报》等发表文章亦署。③一公，见
于随笔《秋蝉的辩解》，载 1921 年 6 月 12 日《晨报副
镌》；杂文《"义战"》，载 1924 年《文学周报》第 139
期。嗣后在《文学周报》《语丝》《清华周刊》《东方公
论》等发表文章亦署。④平，见于诗《孤山听雨》，载
1921 年 8 月 17 日《晨报副镌》。嗣后在《文学周报》
《时事新报·学灯》《文学旬刊》等报刊发表诗文，1958
年在《文学研究》季刊发表《读周邦彦词札记》亦署。
⑤革初，见于论文《评〈读诗底进化的还原论〉》，载
1922 年《文学旬刊》第 41 期。⑥YP，见于杂文《杂
感》，载 1923 年《文学旬刊》第 79 期；散文《风化的
伤痕等于零》，载 1925 年《文学周报》第 173 期。⑦
环，见于杂文《葺芷缭衡室杂记》，载 1923 年《文学
周报》第 96 期。⑧援试，见于诗《江南二月》，载上
海亚东图书馆 1925 年版《我们的六月》。同书中发表
《芝田留梦行》《芝田留梦记》等诗文亦署。⑨屈斋，
见于《西关砖塔砖歌》，载上海亚东图书馆 1925 年
版《我们的六月》。⑩赵心余，见于诗《重过西园码头》，
载上海开明书店 1930 年 6 月版散文集《燕知草》。⑪
吾庐，与卞宝媭、许闲若合署。见于翻译小说《长方
箱》（美国爱伦·坡原作），载 1931 年《新月》月刊第
3 卷第 7 期。⑫萍，见于诗《失题》，载 1932 年上海《现
代》第 2 卷第 1 期。⑬槐居士，见于随笔《杜诗蒙诵》
前言，载 1948 年 1 月 26 日天津《民国日报·文艺》；
词《沁园春（二章）》，载北平彩华印刷局 1948 年影印
版《遥夜闺思引》自写第 1 本。⑭古槐居士平生，见
于《遥夜闺思引》自叙文末，载 1948 年 3 月 6 日
天津《民国日报·民园》。⑮古槐居士，见于《遥夜闺
思引跋语·为润民写本》文末，载北平彩华印刷局 1948
年 8 月影印版《〈遥夜闺思引〉跋语》。⑯槐屋居士，
署用情况未详。

俞沙丁（1923—1966），浙江宁波人。曾用名丁伐。
笔名：①沙丁，1948 年在湖南《诗与木刻》发表作品
署用。②俞沙丁，1948 年在宁波《春风》、湖南《诗与

木刻》发表散文、杂感和木刻艺术评论署用。

俞颂华（1893—1947），江苏太仓人。原名俞庆垚。
曾用名俞垚，号澹庐。笔名：①俞颂华，见于信函《致
陈独秀》，载 1917 年北京《新青年》第 3 卷第 1 期。
嗣后在《时事新报·学灯》《民铎杂志》《教育杂志》
《东方杂志》《太平导报》《社会学界》《生活周刊》《尚
志周刊》《外交评论》《文化建设》《新商业》《教育与
职业》《认识月刊》《文化食粮》《关声》《时事类编》
《外交研究》《半月文萃》《申报周刊》《周报》《人物杂
志》《读书通讯》《亚洲世纪》《中国建设月刊》《现代
文摘》、马来亚新加坡《新国民日报·新国民杂志》《南
洋商报·展望台》等报刊发表《编译关于学说源流丛
书之提倡》《意大利法西斯主义之第三幕（柏林通信）》
《赴德学生之马克问题》《德奥社会学之派别与其特质》
《犹太人与犹太的复兴运动》《今日人民与政府应有之
努力》《生活苦乐之我观》《非战公约与中国》《陕北之
游》《欧战与中国》《梁启超论》《富有热情的王芸生》
《谈读书方法》《悲忆钱经宇（智修）先生》《美苏对立
与今后世界趋势》《亚洲在美苏对立中的出路》等文，
出版散文集《游记第二集》（北京晨报社出版部，1924
年）、译作《柏拉图政治教育学说今解》（德国施特恩
贝格原作。上海商务印书馆，1924 年）、论著《非战公
约》（与胡愈之合集。上海商务印书馆，1933 年）等亦
署。②颂华，见于评论《社会主义批判》，载 1919 年
北京《解放与改造》第 1 卷第 2 期；《德国之文化形体
学研究会》，载 1923 年 8 月 9 日《时事新报·学灯》。
此前后在《东方杂志》《改造》《史地学报》《太平导报》
《生活周刊》《申报周刊》等报刊发表文章亦署。③澹
庐，1919 年在上海《时事新报·学灯》发表随笔署用。
嗣后发表随笔《言论自由与国家》（载 1920 年北京《解
放与改造》第 2 卷第 6 期）、诗《清明日墓上》（载 1921
年 4 月 13 日《时事新报·学灯》）等亦署。④俞澹庐，
1920 年前后在《时事新报·学灯》发表文章署用。⑤
澹，见于《我对于画学底意见》，载 1922 年 2 月 10 日
《时事新报·学灯》。

俞天愤（1881—1937），江苏常熟人。原名俞慧。曾
用名俞承莱，字采笙、彩生。笔名：①天愤，见于小
说《卖花声》，载 1915 年上海《小说丛报》第 12 期；
小说《柳梢头》，载 1915 年上海《礼拜六》周刊第 6 期。
嗣后，在上述两刊及《小说丛报》等刊发表《济贫医
院》《怪履》《烟影》《井中怪》《卖菜儿》等小说亦署。
②俞天愤，见于小说《临时疫院》，载 1921 年苏州《消
闲月刊》第 1 期至第 5 期；《故乡》，载 1921 年上海《礼
拜六》周刊第 113 期，嗣后在《礼拜六》《星期》《小
说日报》《红杂志》《侦探世界》《红玫瑰》《新月》等
刊发表小说、散文、随笔等，出版长篇小说《绣囊记》
（上海中原书局，1936 年），小说集《薄命碑》（小说丛
报社，1916 年）、《中国新侦探》（上海中原书局，1936
年）等亦署。

俞逸芬，生卒年及籍贯不详。笔名：①痴桐，1923

年在上海《世界小报》发表作品署用。②阿迦、迦叶、神瑛，20世纪20—30年代在上海《晶报》等报发表作品署用。

俞逸云，生卒年及籍贯不详。笔名大云、大雷，1930年后在上海《罗宾汉报》发表作品署用。

俞翼云，生卒年不详，浙江嘉兴人。笔名：①心，见于《诗二首》，载1923年上海《弥洒》第1期。②心心，见于《亚伯拉汉林肯的求婚书》《诗六首》，载1923年《弥洒》第2期。嗣后在该刊发表诗文亦署。③俞翼云，见于诗《祷告》《伊们说》，载1924年上海商务印书馆出版之《弥洒社创作集》第一辑。嗣后编译出版散文集《泰西名人情书》（上海世界书局，1929年）亦署。

俞元桂（1921—1996），福建莆田人。笔名：①吴钧，见于随笔《北客一夕谈》，载1938年《新粤》新年号抗战特刊；散文《苏州行》，载1947年1月7日福州《福建时报·詹言》。②吴刚，署用情况未详。③俞元桂，1949年后出版论著《作品分析丛谈》（福建人民教育出版社，1960年初版）、《鲁迅与中外文学遗产论稿》（与黎舟、李万钧合作。海峡文艺出版社，1985年）、散文集《晚晴漫步》（海峡文艺出版社，1991年）、《晓月摇情》（海峡文艺出版社，1995年），主编《中国现代散文史》（与姚春树、王耀辉、汪文顶合作。山东文艺出版社，1997年）、《中国现代文学总书目》（与贾植芳合编。福建教育出版社，1993年）、《中国现代散文理论》（广西人民出版社，1984年），以及《中国现代散文十六家综论》（华东师范大学出版社，1989年）等署用。

俞昭明（1920—1989），江苏淮安人，生于北京。笔名：①俞昭明，见于小说《东流水》，载1941年上海《小说月报》第15期；小说《小茉莉》，载1942年上海《万象》第2卷第4期。嗣后在上海《万象》《春秋》《巨型》《幸福世界》《生活》等报刊发表小说《古城之夜》《专员夫人》《梅家酒店》《黑芍药》等亦署。②凯蓝、俞协寰，署用情况未详。

俞竹舟（1909—1974），江苏宜兴人。原名俞溥。笔名：①鲜鱼羊，1932年在《北平新报·新球剧刊》发表诗文署用。嗣后在北平《京报》副刊《诗·剧·文》、东京《杂文》、武昌《抗到底》、广州《广州诗坛》等报刊发表诗《夜话》，译诗《鼓声》（美国惠特曼原作）、《父亲之记》（日本森山启原作）等，出版街头剧《他妈的》（北平新球戏剧学会，1933年）亦署。②竹舟，见于随笔《苏联美术学校》，载1933年北平《艺术信号》第1期。③鱼羊，见于译诗《劳动者和农民》，载1933年《艺术信号》第2期。

俞宗海（1847—1930），江苏松江（今上海市）人，字粟庐，号韬庵居士。笔名俞宗海，著有《度曲刍言》，未刊。

俞宗原（1874—1923），浙江吴兴（今湖州市）人，字语霜、宜长。笔名：①俞宗原，在《南社丛刻》发表诗文署用。②子亮、语霜、女床山民，署用情况未详。

虞棘（1916—1984），山东莱州人。原名于家骧，字德骧。笔名虞棘，出版话剧集《群策群力》（一名《减租》，胶东新华书店，1945年）、《救星》（胶东新华书店，1945年）、《气壮山河》（一名《中国人》，胶东新华书店，1946年），歌剧集《改邪归正》（胶东新华书店，1946年）署用。嗣后发表论文《关于战争期间的戏剧活动》（载1947年《胶东文艺》第1卷第6、7期合刊）、剧本《积极生产》（载1949年解放军部队《文艺丛刊》第7期），出版剧作集《三世仇》（解放军文艺出版社，1962年）、《雨过天晴》《投降派的末日》《炮火之夜》《十字路口》《活神仙》《虞棘剧作选》（山东人民出版社，1981年），短篇小说集《桃花峪》（通俗文艺出版社，1957年）等亦署。

虞君质（1912—1975），浙江鄞县（今宁波市）人。原名虞文。笔名虞君质，1944年在兰州出版《西北先锋》杂志，作为发行人署名。嗣后出版论著《中国美术史论集》（与人合集。台北中华文化出版事业委员会，1955年）、《艺术论丛》（香港亚洲出版社，1958年）、《艺苑精华录》（1962年）、《艺术概论》（台北大中国图书公司，1972年），散文集《天才与人力》（台北文物供应社，1953年）、《春归何处》（台北中华文化出版事业委员会，1957年），报告文学《艺苑春秋》（台北文星书店，1966年）等亦署。

虞慕陶，生卒年及籍贯不详，原名虞籍。笔名：①虞慕陶，见于短篇历史小说《汨罗江畔（上）》，载1946年《建国导报》第3卷第3期。②穆涛，见于《中国最古的特务组织和言论统制》，载1945年昆明《民主周刊增刊》第2期。③虞籍，见于散文《中国学术界的大损失——敬悼朱自清先生》，载1948年9月1日上海《中学生》第203期。

虞岫云（1910—1988），浙江镇海人。笔名：①虞岫云，见于诗《胜利》，载1931年上海《现代文学评论》创刊号；诗《悼志摩诗人》，载1932年上海《诗刊》第4期。于此先后在《当代文艺》《絮茜》等刊发表诗文亦署。②虞岫云女士，见于《一匹战马》，载1931年上海《新时代月刊》创刊号。嗣后在该刊发表诗作《算了吧》《回忆》等亦署。③虞琰，出版诗集《湖风》（上海现代书局，1930年）署用。

虞哲光（1906—1991），江苏无锡人，字咏盛。笔名：①虞哲光，见于论文《儿童戏剧——木人戏》，载1937年南京《儿童教育》第8卷第2期；《美工成绩的检讨》，载1939年《小学教师月刊》第1卷第7期。嗣后在《小学教师月刊》发表《一个提线戏教学的报告》《镂雕影绘镜架》等文，出版论著《小家庭模型》（商务印书馆，1950年）、《木偶戏艺术》（上海文化出版社，1957年）、《皮影戏艺术》（上海文化出版社，1958年）、木偶戏《小兔种豆》（少年儿童出版社，1956年）、《青蛙和鞋》（少年儿童出版社，1956年）、《小红的新衣服》（上海文化出版社，1956年）等亦署。②于执、拙公，20 世纪 50、80 年代在《解放日报》《人民日报》《上海戏剧》《戏剧报》等报刊发表文章署用。

羽山（1921－2012），四川成都人。原名廖云。曾用名廖行光、廖星光。笔名：①羽山，见于报告文学《子弟兵母亲戎冠秀》《模范民兵李黑黑》，载 1943 年秋《晋察冀日报》；通讯《人民的城市》，载 1946 年北平《人民文艺》第 2 期。嗣后在《北方文化》《小说月刊》《华北文艺》等刊发表通讯《张市庆丰戏院的新面貌》（与何迟合作）、独幕剧《钥匙在谁手里》（与胡可合作）、电影小说《无坚不克》（与立高等合作），1949 年后出版电影剧本《海上风暴》（与许幸之合作。上海电影制片厂，1951 年）、《平原游击队》（与邢野合作。北京艺术出版社，1955 年），话剧《风波》（作家出版社，1955 年），长篇小说《东风化雨》（与徐昌霖合作。上海文艺出版社，1959 年），论著《惊险电影初探》（群众出版社，1981 年）等均署。②周望，见于影评《〈百万雄师过大江〉先睹记》，载 1949 年 10 月 10 日北京《人民日报》。

玉杲（1919－1992），四川芦山人。原名王宗尧。曾用名王正先、余念。笔名玉杲，见于叙事长诗《大渡河支流》，载 1945 年重庆《文艺杂志》新 1 卷第 2 期；诗《可耻的符号》，载 1946 年 5 月 1 日《文莽》创刊号。嗣后在《中原·文艺杂志·希望·文哨联合特刊》《文艺新地》等刊发表诗《飞鹰》《消灭战争》等，出版诗集《大渡河的支流》《人民的村落》《起点》《爱我们的伟大的祖国》《安巩传》《向前面去》《开拓者》《红尘记》《人民子弟兵》等亦署。

玉华（1917－2009），山东安丘人。原名牛玉华。笔名：①牛玉华，见于《陈汉湘》，载 1946 年《山东文化》第 4 卷第 2 期。嗣后出版人物特写集《他们在战争年代》（四川文艺出版社，1985 年）亦署。②玉华，出版报告文学集《"孩子诗人"苗得雨》（新华书店华东总分店，1950 年）、《韩秀贞》（新华书店华东总分店，1951 年），散文集《春天的日记》（湖南人民出版社，1984 年）、《往事悠悠总是情》（长征出版社，1992 年），诗集《真情集》（江苏文艺出版社，1997 年），文集《征程》（山东画报出版社，2001 年）等均署。③白玉，署用情况未详。

玉侠，生卒年及籍贯不详。笔名：①鲁鲁，见于论文《诗歌与新文字》，载 1936 年绥远《塞北诗草》创刊号。②玉侠，1933－1936 年在大连《泰东日报》副刊发表《幸福之花》《别了！》《旅人》等文署用。③虹、毓霞，署用情况未详。

郁葆青（1882－1941），上海人。原名郁锡璜，字葆青，号餐霞、诗龛；别号餐霞散人。笔名郁葆青，见于词《蝶恋花》，载 1930 年《海军期刊》第 2 卷第 10 期。嗣后出版《餐霞书话》《餐霞集》、编辑《沪渎同声集》《沪渎同声续集》亦署。

郁达夫（1896－1945），浙江富阳人。原名郁文，字达夫。乳名荫生。曾用名白衣郎、江南一布衣、苏门、海外流人荫生。化名冯式文、赵豫记、赵德清、赵廉。英文名 T. D. Yuewen、Doff Yowen、Janmes Daff Yowen。笔名：①春江钓徒，见于七绝《金陵怀古》，载 1915 年 11 月日本第八高等学校《校友会杂志》第 16 期。②达夫，见于五律《东渡留别同人春江第一楼席上作》，载 1915 年 6 月 10 日上海《神州日报·神皋杂俎·文苑》；七律四首《秋兴》，载 1916 年 11 月 22 日上海《神州日报·文艺俱乐部·文苑》。嗣后在上述两刊及《创造季刊》《洪水》《语丝》《新消息》《创造月刊》《北新》《杭州民国日报·越国春秋》《奔流》《大众文艺》《文艺新闻》《宇宙风》《论语》《白华》等报刊发表随笔《〈鸭绿江上〉读后感》《打听诗人的消息》、论文《夕阳楼日记》等文亦署。③郁达夫，见于旧体诗《五律·癸丑夏夜登东鹳山》，载 1915 年 7 月 18 日上海《神州日报·神皋杂俎·文苑》；七律《寄家长兄曼陀养吾同客京师》，载 1915 年 10 月 8 日杭州《之江日报·浙辖新语》。嗣后在《神州日报·神皋杂俎·文苑》《神州日报·文艺俱乐部·文苑》《时事新报·学灯》《创造季刊》《创造月刊》《创造周报》《晨报副镌》《东方杂志》《时事新报·文学旬刊》《教育杂志》《银星》《文学周报》《小说月报》《艺林》《洪水》《语丝》《北新》《新月》《奔流》《现代学生》《新学生》《现代评论》《青年界》《文艺新闻》《白华》《读书月刊》《一般》《开明》《山雨》《大众文艺》《文化通讯》《读书杂志》《现代文学评论》《新时代》《北斗》《申报·自由谈》《文艺风景》《文艺茶话》《现代》《现代文学评论》《论语》《人间世》《文学》《春光》《新小说》《当代文学》《太白》《文饭小品》《创作》《文艺》《逸经》《宇宙风》《自由中国》《文艺阵地》《抗战文艺》《鲁迅风》《黄钟》《新语林》《东南日报·沙发》《妇女旬刊》《学校生活》《时事新报·青光》《宇宙风乙刊》《烽火》《文艺春秋》《越风》《文座》《小民报·新村》《福建民报·回声》《星光日报》《台湾日日新闻》《大阪每日新闻》《救亡日报》《星岛日报·星座》《星洲日报·晨星》《星槟日报》等报刊发表小说《茫茫夜》《血泪》《青烟》《街灯》、剧作《孤独的悲哀》、论文《文学上的殉情主义》《无产阶级专政和无产阶级的文学》、杂文《牢骚五种》、散文《小春天气》《南行杂记》等，出版散文集《过去集》（上海开明书店，1927 年）、《敝帚集》（上海现代书局，1928 年）、《奇零集》（上海开明书店，1928 年）、《薇蕨集》（上海北新书局，1930 年）、《浙东景物纪略》（浙江铁路局，1933 年）、《断残集》（上海北新书局，1933 年）、《屐痕处处》（上海现代书局，1934 年）、《达夫游记》（上海文学创作社，1936 年）、《达夫散文集》（上海北新书局，1936 年）、《闲书》（上海良友图书印刷公司，1936 年）、《我的忏悔》（上海良友图书印刷公司，1936 年），小说散文合集《茑萝集》（上海泰东图书局，1923 年）、《鸡肋集》（上海创造社出版部，1927 年）、《达夫代表作》（上海春野书店，1928 年）、《在寒风里》（厦门世界文艺书社，1929 年）、《忏余集》（香港天马出版社，1933 年）、《达夫自选集》（香港天马出版社，1933 年），小说集《沉沦》（上海泰东图书局。1921 年）、《寒灰集》（上海创造社出版部，1927 年）、《达夫短篇小说集》（上海北新书局，1935 年），中篇小说《恋爱之花》（上海北新书局，1928 年）、《迷羊》（上海北新书局，1928 年）、《她是一个弱女子》（上海湖风书局，1932 年），日记集《日记九种》（上海北新书局，1927 年）、《达夫日记集》（上海北新书局，1935 年），戏剧集《孤独者的愁哀》（创造社出版部，1927 年），剧本《藤十郎的恋》（上海文化书局，1937 年），理论著作《小说论》（上海光华书局，1926）、《戏剧论》（上海商务印书馆，1926）、《文学概说》（上海商务印书馆，1927 年），译作《小家之伍》（小说集，德国盖斯戴客等人原作。上海北新书局，1930 年）、《几个伟大的作家》（文艺论文集，苏联高尔基等原作。上海中华书局，1934 年）、《达夫所译短篇集》（小说集，德国盖斯戴客等人原作。上海生活书店，1935 年）等亦署。④T. D. Y.，见于小说《银灰色的死》，载 1921 年 7 月 7—13 日上海《时事新报·学灯》；随笔《编辑余谈》，载 1922 年上海《创造季刊》第 1 卷第 1 期。⑤YDT，见于诗《最后的慰安也被夺去》，载 1921 年 9 月 27、29 日上海《时事新报·学灯》。⑥达夫郁文，见于旧体诗《将之日本别海棠（七律并序）》，载 1922 年日本《雅声》第 7 集。⑦日归，见于评论《广州事情》，载 1927 年上海《洪水》半月刊第 3 卷第 25 期；评论《乡村里的阶级》，载 1927 年《民众旬刊》第 2 期。⑧旭，见于杂文《声东击西》，载 1933 年 5 月 6 日上海《申报·自由谈》。⑨达，见于杂文《在圆圈子上前进》，载 1934 年上海《文学》月刊第 2 卷第 1 期。⑩郁文，见于旧体诗《自述诗（七绝十八首并序）》，1918 年 12 月 15 日作，载 1966 年 11 月日本《龙谷大学论集》第 382 号。⑪英生、荫生，与王映霞通信时署用。⑫文、子曰、子归，署用情况未详。

郁风（1916—2007），浙江富阳人，生于北京。原名郁定子。曾用名郁淑民、郁振民。笔名：①闻郊，1936 年在上海业余剧人协会演出话剧《武则天》饰演武则天时用名。同时在上海《妇女杂志》发表文章署用。②大风、Da Feng，1936—1937 年在上海 The Voice of China《中国呼声》杂志发表插画署用。③郁风，见于绘画《拾野菜回来》，载 1935 年杭州《艺风》月刊第 3 卷第 7 期；随笔《做现实里的妈妈》，载 1937 年上海《妇女生活》第 4 卷第 7 期。嗣后在上述两刊及《妇女知识》《新战线》《上海妇女》《文艺阵地》《文艺生活》《清明》《艺丛》《救亡日报·文化岗位》等报刊发表散文《一世纪的末端——香港沦陷琐记》《法官、诗人、画家——父亲的追忆》、随笔《脆弱的情绪健康起来》、诗画配《太太的苦闷》、速写《宋庆龄》等诗画作品，出版散文集《我的故乡》（百花文艺出版社，1984 年）、《急转的陀螺》（生活·读书·新知三联书店香港分店，1987 年）、《时间的切片》（香港天地图书有限公司，

1994 年）、《美比历史更真实》（湖北人民出版社，1998 年），编选出版《郁曼陀陈碧岑诗抄》（上海学林出版社，1983 年）、《郁达夫海外文集》（生活·读书·新知三联书店，1990 年）等亦署。④再芒，1946—1948 年在上海《世界晨报》发表文章署用。

郁华（1884—1939），浙江富阳人。原名郁庆云，字曼陀。乳名廉生。曾用名曼君、曼公。笔名：①六郎、郁庆云、井久计云，1909 年在《太阳》发表东京竹枝词署用。②曼陀，1914 年在《国学杂志》发表诗文署用。1920 年前后在上海《礼拜六》周刊第 84 期发表《礼拜六题词》亦署。③郁曼陀，见于遗著《郁曼陀陈碧岑诗抄》（与夫人陈碧岑合集，郁风编。上海学林出版社，1983 年）。

郁其文（1923— ），辽宁盖县（今盖州市）人。曾用名喻庆令、喻一飞。笔名：①铁汉，见于小说《生之牧鞭》，载 1942 年 11 月日本大阪《华文大阪每日》第 9 卷第 10 期；诗《夜旅（外一首）》，载 1943 年 2 月东北《新潮》杂志。同时期或嗣后在《新满洲》《星火》等刊发表诗《夜旅》、评论《东北文艺工作者的新使命》等文，出版文集《铁汉作品选集》（春风文艺出版社，1993 年）亦署。②芷莎郎，见于散文《故乡的消息》，载 1943 年长春《麒麟》第 3 卷第 6 期。③高歌、殷鸣，20 世纪 40 年代在日本大阪《华文大阪每日》、中国东北地区《泰东日报》《鸭绿江》《芒种》《星火》及《蒙疆文学》等报刊发表小说、报告文学署用。

郁群（1923—？），江苏宜兴人。原名郁群。笔名郁易年，1946 年前后在《东南日报》《前线日报》副刊发表散文、散文诗等署用。1947 年在台北《新生报·桥》发表诗、诗论等亦署。

郁茹（1921—？），浙江诸暨人，生于杭州。原名钱玉如。笔名：①郁茹，见于小说《一家人》，载 1944 年庆《文学修养》第 2 卷第 4 期；小说《鹰底梦》，载 1944 年桂林《青年文艺》新 1 卷第 1 期。嗣后在《文艺阵地·文阵新辑之三》《小说月刊》等刊发表小说《歧路》《龙头山下》等作品，出版中篇小说《遥远的爱》（重庆自强出版社，1944 年），儿童文学《龙头山下》（上海群益出版社，1949 年）《曾大惠和周小荔》（广东人民出版社，1956 年）、《一只眼睛的风波》（广东人民出版社，1957 年）、《好朋友》（广东人民出版社，1957 年），报告文学集《锦绣岭南》（广东人民出版社，1964 年），长篇小说《西湖，你可记得我？》（浙江少年儿童出版社，1983 年），以及《郁茹作品选》等亦署。②茹茹，1947 年在香港《华商报》发表特写署用。③钱起，发表评论文章署用。

郁永言（1907—1941），江苏南通人，笔名云燕，见于论文《论普罗文学》，载 1930 年后南京中央大学《中大月刊》。

郁章（1915—2010），浙江温州人。原名王国垣。曾用名王国龙。笔名：①杜宇，1936 年前后在上海报刊

发表文章署用。②西石，1937 年在南京《朝报》副刊发表文章署用。③郁章，抗战初在《联合》《生线》发表文章署用。1949 年后在上海《大公报》《解放日报》发表文章亦署。

喻的痴（1888－1951），湖北黄梅人。原名喻迪兹。笔名喻的痴、别疵、可公、老斋、樗园老人，20 世纪 20 年代起曾在上海《新闻报》《申报》、天津《大公报》、武汉《汉口民国日报》《中山日报》《汉口中西报·栎声》等报发表评论、杂文等作品，出版有《喻老斋诗话》《适园文存》《樗园漫识》等著作，署名情况未详。

喻血轮（1892－1967），湖北黄梅人，字命三，号允锡、绮情楼主、皓首匹夫。笔名：①喻血轮，民国初出版小说集《芸兰泪史》（与蓝玉莲合集。成都大文书局）、《悲红悼翠录》（上海进步书局，1915 年）、《双薄幸》（上海文明书局，1917 年）、《林黛玉笔记》（上海世界书局，1918 年）、《林黛玉日记》（上海广文书局，1918 年）等署用。20 世纪 20 年代在上海《游戏世界》连载笔记《绮情楼杂记》，发表《井底疾魂》《万种相思画里看》《轮船白怪录》等小说、随笔，出版《名花劫》（上海文明书局，1928 年）和《情战》（上海中华书局，1929 年），40 年代在《文化先锋》《旅行杂志》发表《忆中原》《川陕豫鄂游志》，50 年代在台湾《中华日报》《新生报》发表《红焰飞蛾》《绮情楼杂记》等文亦署。②血轮，见于小说笔记《绮情楼杂记——忆凤楼情史》，载 1921 年上海《游戏世界》第 5 期。③绮翁，见于随笔《忆梅庵杂记》，载 1951 年台湾《大华晚报》。

【yuan】

原上草（1923－？），马来西亚华人，原籍中国广东梅县（今梅州市）。原名古德贤。笔名沙风、原上草，出版有短篇小说集《韭菜花开》《房客》《迷途》、长篇小说《乱世儿女》、散文集《万家灯火》等，署名及出版情况未详。

袁勃（1911－1967），河北广宗人。原名何凤文。曾用名何苞九。笔名袁勃，1931 年开始在北平《紫微星》发表文章署用。1934 年在北平《新诗歌》创刊号发表随笔《读了总会〈新诗歌〉第五期以后》，1935 年在《诗歌月报》第 1 卷第 4 期发表诗《中华！我不忍再歌颂你》，1936 年在绥远《燕然》第 1 卷第 9 期发表随笔《六月流火》，以及在《今日文学》《诗歌杂志》《文风》《中国诗坛》《七月》《全民抗战》《文学月报》《诗创作》《东方文艺》《抗战文艺》《华北文艺》《天下文章》《文艺杂志》《北方》《平原文艺》等刊发表诗文均署。1949 年后出版诗集《高原上的歌》《逃到甜蜜的地方》《真理的船》、诗文集《袁勃诗文选》，收集整理彝族民间长诗《逃到甜蜜的地方》等亦署。

袁昌英（1894－1973），湖南醴陵人，字兰紫、兰子。笔名：①杨袁昌英，见于《公意之源》，载 1922 年《太平洋》第 3 卷第 8 期；译作（剧本）《生存的时间》，载 1925 年《东方杂志》第 22 卷第 13 期；翻译剧本《最后的假面孔》，载 1925 年《东方杂志》第 22 卷第 24 期；《生命的研究》，载 1926 年 11 月《现代评论》第 1 周年增刊。嗣后在上述两刊及《小说月报》等刊发表作品亦署。②袁昌英，见于随笔《跳舞的哲理观》，载 1926 年《现代评论》第 7 卷第 174 期；独幕剧《结婚前的一吻》，载 1926 年《现代评论》第 9 卷第 209 期；翻译小说《红蛋》（法国法朗士原作），载 1928 年《中央日报特刊》第 4 卷；小说《我也只好伴你消灭于这一切的黑暗中了》，载 1931 年《小说月报》第 22 卷第 10 期。此前后在上述报刊及《文艺月刊》《独立评论》《国立武汉大学文哲季刊》《大陆》《新民族》《星期评论》《读书通讯》《风雨谈》《女青年》等刊发表作品，出版论著《法兰西文学》（上海商务印书馆，1929 年）、《孔雀东南飞及其他独幕剧》（上海商务印书馆，1929 年），散文集《山居散墨》（上海商务印书馆，1937 年）、《行年四十》（重庆商务印书馆，1945 年），话剧剧本《饮马长城窟》（上海正中书局，1947 年），翻译戏剧《玛婷；痛苦的灵魂》（法国斑拿原作。上海商务印书馆，1930 年）、《痛苦的灵魂》（法国玛婷原作。上海商务印书馆，1930 年）等亦署。③兰子、兰紫，20 世纪 30－40 年代发表作品署用。

袁尘影（1914－？），内蒙古托克托人。原名袁炜。曾用名袁承印。笔名：①袁尘影，1932 年在绥远《民国日报·十字街头》发表作品开始署用。见于散文《大青山》，载 1935 年 4 月 26 日《申报·自由谈》；《白灵庙》，载上海 1935 年《中学生文艺季刊》第 1 卷第 4 期。嗣后在上海《申报月刊》《申报·文艺周刊》《中学生文艺季刊》、绥远《民国日报·塞原》及《中国回教救国协会会刊》《今日青年》《工程》等报刊发表散文、随笔亦署。②樱子，见于评论《"孤雁的悲哀"》，载 1934 年 11 月 18 日绥远《国民日报·塞原》；散文《重逢——忆白灵庙》，载 1936 年 5 月 15 日上海《申报·文艺周刊》；散文《幼稚的心》，载 1937 年上海《青年界》第 11 卷第 4 期。③尘影，见于评论《谈"花边文学"》，载 1936 年 11 月绥远《燕然》杂志。④杨艾生，见于小说《三妇女——留日漫忆之一》，载 1940 年重庆《时代精神》第 2 卷第 4 期。⑤沽泡、慕庭，署用情况未详。

袁家骅（1903－1980），江苏沙洲（今张家港市）人，字嘉华。笔名：①袁家骅，见于剧诗《秋江》，载 1922 年上海《创造》季刊第 1 卷第 3 期；诗《晨起》，载 1924 年《创造周报》第 44 期。嗣后在《创造日汇刊》《歌谣》《洪水半月刊》《绿洲》《边疆人文》《学原》等刊发表诗文，出版论著《唯情哲学》（上海泰东图书局，1924 年），专著《汉语方言概要》（文字改革出版社，1960 年）、《语言论》，翻译童话《老柳树》（上海北新书局，1935 年），翻译小说《黑水手》（英国康拉德原作。上海商务印书馆，1936 年）、《台风及其他》（英国康拉德原作。上海商务印书馆，1937 年），以及翻译散文选集《英国散文选》等亦署。②袁嘉华，见于小说《零落》，载 1925 年北京《京报副刊》第 225－255 期；译诗《徒然的决心》，载 1927 年上海《北新》第 1 卷第 39、40 期合刊。20 世纪 30 年代在《现代文学》《青年界》等刊发表诗文亦署。

袁嘉谷（1872－1937），云南石屏人，字南耕、树五、树圃，号屏山、屏山居士。笔名袁嘉谷，出版有《云南大事记》等著作。

袁金铠（1894－1957），江苏吴江（今苏州市）人，字铁铮、枕石，号天真。笔名袁金铠，在同南社社刊《同南》发表旧体诗署用。

袁静（1914－1999），江苏武进（今常州市）人。原名袁行规。曾用名袁行庄。笔名：①筱缘，见于通讯《宝成纱厂的女工生活》，载 1930 年地下党刊《北方红旗》。②袁行庄、行庄，1938 年发表木刻作品署用。③袁静，出版秧歌剧剧本《减租》（延安新华书店，1944 年）署用。嗣后出版戏剧剧本《刘巧儿告状》（东北书店，1947 年），中篇小说《血尸案》（与孔厥合作。中原新华书店，1949 年）、长篇小说《新儿女英雄传》（与孔厥合作。冀南新华书店，1949 年；上海海燕书店，1949 年），短篇小说集《水上的英雄们》（与孔厥合作），通讯集《中原突围与解放》（与孔厥、王匡等合作。冀南新华书店，1947 年）、《突围》（与徐敏、孔厥、丁以合集。中原出版社，1947 年）等，1949 年后出版中篇小说《生死缘》（又名《中朝儿女》，与孔厥合作。新文艺出版社，1951 年）、《小黑马的故事》《红色少年夺粮记》《朱小星的童年》《李大虎和小刺猬》《芳芳和汤姆》（与秦文虎合作）、《幸福的小舍哥》（与秦文虎合作）、《水乡晨曲》（与秦文虎合作）、《琼林仙动》（与秦文虎合作），长篇小说《淮上人家》《红色交通线》《大地回春》《伏虎记》《怪人木罗汉》（与他人合作），长篇节选《白洋淀水战》（与孔厥合作），科普童话《众英雄和小捣蛋》《没脚的猫》，电影剧本《淮上人家》（上海电影制片厂，油印本），《白洋淀水战》（与孔厥合作。华东人民出版社，1952 年）、《红色交通线》（作家出版社，1959 年），电视连续剧剧本《精豆子外传》（与他人合作）、《翡翠鸟》（与他人合作）等亦署。

袁康侯（1878－1927），江苏泰州人。原名袁祖成，字康侯，号退生、退僧。笔名袁康侯，出版有《东游杂诗》《晋游杂诗》《凤山堂日记》《说文今用字课》等著作。

袁珂（1916－2001），四川成都市。本名袁圣时。笔名：①丙生，见于《纷乱》，载 1933 年上海《中学生》；评论《评丁若军的〈利谷〉》，载 1939 年 2 月 16 日四川荣县《流火》第 4－5 期合刊。嗣后至 1947 年在各地发表作品，出版诗合集《三心集》（与水草平、唐朗合作，1936 年）亦署。②高标，见于《森寒夜》，载 1935 年上海《中学生文艺季刊》第 1 卷第 4 期。③袁展，见于小说《芳子姑娘》，载 1936 年上海《良友画报》10 月号。④风信子，1938 年前后在成都报刊发表文章

署用。⑤袁圣时，见于《中西小说之比较》，载 1947 年《东方杂志》第 43 卷第 17 期；《〈红楼梦〉研究》，载 1948 年《东方杂志》第 44 卷第 11 期。嗣后在《台湾文化》发表《〈西游记〉研究》《山海经里的诸神》《神话和中国神话》《悼忆许寿裳师》等亦署。⑥袁珂，见于《叶公好龙》，载 1947 年《中学生》第 191 期。嗣后在上海《时代日报》、杭州《工商日报》发表文章，出版童话集《雁侣》《龙门童话集》，神话集《中国古代神话》《古神话选释》《神话故事新编》《中华文化集粹丛书·神异篇》，论文集《神话论文集》《袁珂神话论集》《中国神话百题》，专著《中国文学史简纲》《中国神话传说》，以及《山海经校注》等亦署。

袁可嘉（1921－2008），浙江慈溪人。笔名：①柯茄，1939 年在重庆《中央日报》发表文章署用。②袁可嘉，见于诗《沉钟》，载 1947 年上海《文艺复兴》第 3 卷第 4 期；《走近你》，载 1947 年《文学杂志》第 2 卷第 10 期。嗣后在《文学杂志》《人世间》《诗创造》《中国新诗》《新路周刊》《文艺杂志》等报刊发表诗作、评论，出版译作《布莱克诗选》《米列诗选》《彭斯诗抄》《美国歌谣选》《英国宪章派诗选》、论著《论新诗现代化》《现代派论，英美诗论》、诗文集《半个世纪的脚印》、诗集《九叶集》（与杭约赫、辛笛、陈敬容、郑敏、唐祈、唐湜、杜运燮、穆旦合集）、《八叶集》（与辛笛、陈敬容、郑敏、唐祈、唐湜、杜运燮、穆旦合集），主编《外国现代派作品选》《现代主义文学研究》等亦署。

袁克文（1890－1931），河南项城人。原名袁克文，字豹岑、抱存。曾用名袁寒云。笔名：①寒云，见于《寒云说曲》，载 1922 年《游戏世界》第 1－3 期；《小说迷的一封信》，载 1922 年 8 月 12 日上海《晶报》。嗣后在《游戏世界》《小说新报》《国闻周报》《邮乘》《永安月刊》《礼拜六》《戏杂志》《上海画报》《紫罗兰》《河南图书馆馆刊》等刊发表文章亦署。②袁寒云，出版短篇小说集《袁寒云说集》（上海大东书局，1927 年）署用。1949 年后出版《辛丙秘苑》（与陶拙庵《皇二子袁寒云》合册。香港大华出版社，1975 年）亦署。③克文、燕环、万寿室主，1929 年后在上海《晶报》发表文章署用。④洹上村人，见于《裸体跳舞》，载上海《晶报》。⑤袁克文，1949 年后出版《洹上私乘》（上海书店出版社，2000 年）署用。⑥佩佩、宝燕、龟庵、陀旷、觉旷、一鉴楼主，署用情况未详。

袁烙（1917－1988），内蒙古托克托人。原名袁福印。笔名：①芙茵、佛茵，1933 年后在绥远《塞北诗草》《民国日报·塞原》《民国日报·十字街头》等报刊发表诗文署用。②袁烙，见于诗《悼我们的小英雄》，载 1939 年《文艺阵地》第 2 卷第 6 期；通讯《"有话你说呀"——边区农村生活报告》，载 1940 年延安《大众文艺》第 1 卷第 4 期。③友兰、漠南，署用情况未详。

袁牧之（1909－1978），浙江宁波人。原名袁家莱。笔名：①袁牧之，见于论文《演员的艺术》，载 1929 年

上海《戏剧的园地》第 1 卷第 1—4 期；剧本《玲玲》，载 1931 年《文艺月刊》第 2 卷第 2 期。嗣后在《文艺月刊》《新时代》《矛盾月刊》《现代》《戏》《小说》《光明》《良友画报》《朔望半月刊》《中学生》《戏剧时代》《戏剧新闻》《万象》等报刊发表剧本、评论等，出版独幕剧集《爱神的箭》（上海光华书局，1930 年）、《两个角色演的戏》（上海新月书店，1931 年）、散文集《牧之随笔》（上海微明出版社，1940 年）、六幕话剧《钟楼怪人》（上海世界书局，1944 年）等亦署。②袁梅，见于剧本《阿 Q 正传》，载 1934 年上海《中华日报·戏》。③之敏，见于随笔《上海电影刊的最近》，载 1934 年 10 月上海《中华日报·戏》。

袁圻，生卒年不详，江苏海门人。原名袁葆良，字怀南，号剑侯。笔名袁圻，在《南社丛刻》发表诗文署用。

袁韧（1919—？），陕西扶风人，字韧之。笔名：①田牧，见于诗《黑夜里的骚动》等，载 1937 年西安《西京日报》。②铁军，1940 年后在西安《青年日报》发表诗歌、诗论署用。见于《谈诗歌的民族形式》，载西安《黄河》月刊。③三白，全面抗战时期在西安报刊发表《李克胜回来了》等诗署用。

袁荣法（1907—1976），湖南湘潭人，字帅南，号沧洲。笔名袁荣法，著有词集《玄冰词》。

袁殊（1911—1987），湖北蕲春人。原名袁学易，号逍遥。曾用名袁霄逸、袁曙、曾达斋。笔名：①园丁，1928—1929 年间在上海《民国日报·觉悟》《安徽日报》副刊发表短文署用。②袁殊，1929 年前后在上海《现代学生》开始署用。见于《新闻学论》，载 1931 年《现代学术》第 1 卷第 2 期；《新闻心理学》，载 1931 年《微音月刊》第 1 卷第 3 期。嗣后在《微音月刊》《新学生》《世界与中国》《中学生》《矛盾月刊》《良友画报》《新学生月刊》《江苏教育》《古今》《文艺新闻》等刊发表文章亦署。③逍遥，1932 年作为新声通讯社记者报道外交、政治情况时署用。④天猿，见于《新年新闻风景拾缀》，载 1932 年 1 月 11 日上海《文艺新闻》。⑤碧泉，见于《在异乡》，载 1936 年上海《光明》半月刊第 1 卷第 11 期。⑥韦陀，1937 年后在上海《华美晚报》等报发表文章署用。⑦袁曙，见于上海《新中国报》晚报发刊词。⑧少逸、君匡、袁立、荣钧、李惠民、袁逍遥、严军光、钱逸汶、曾达斋、崔井，20 世纪 30—40 年代在上海报刊发表文章署用。⑨丁未。1949 年后在《世界知识》发表文章、出版《日本资本主义的发展》一书署用。

袁水拍（1916—1982），江苏吴县（今苏州市）人。原名袁光楣。笔名：①袁水拍，见于诗《梯形的石屎小街》，载 1938 年广州《文艺阵地》第 1 卷第 12 期；译文《J. 可格生纪念》，载 1939 年《中国诗坛》第 2 期；译诗《西班牙的月》，载 1939 年《中国诗坛》第 3 期。嗣后在《中国诗坛》《文艺新潮》《文艺新闻》《青年知识》《文学月报》《文风》《野草》《奔流文艺丛刊》《华声》《诗创作》《笔谈》《文艺生活》《文讯》《西点》《中国文学》《青年文艺》《人世间》《中原》《当代文艺》《水准》《中国新诗》《微波》《诗文学》《文哨》《文联》《文艺复兴》《文坛月报》《清明》《诗创造》《中原·文艺杂志·希望·文哨联合特刊》《香港申报》《星岛日报》《立报》《大公报》《耕耘》《新蜀报》《诗丛》《青年文艺》《周报》《新民报晚刊》《世界晨报》《人民世纪》《诗垦地社丛刊》《大公报晚刊》《顶点》《联合晚报》《文艺劳动》等报刊发表诗、散文、评论、译作等，出版诗集《人民》（新诗社，1940 年）、《向日葵》（重庆美学出版社，1943 年）、《冬天，冬天》（桂林远方书店，1943 年）、《沸腾的岁月》（上海新群出版社，1947 年），翻译诗集《我的心呀在高原》（英国彭斯、霍斯曼原作。重庆美学出版社，1944 年）、《哈罗尔德的旅行及其他》（英国拜伦、雪莱等原作，袁水拍等译。重庆文阵社，1944 年）、《现代美国诗歌》（美国康瑞·蔼根等原作。上海晨光出版公司，1949 年），翻译小说《旗手》（苏联 A. 冈察尔原作。上海新群出版社，1949 年）等，1949 年后出版诗集《诗四十首》（新文艺出版社，1954 年）、《歌颂与诅咒》（作家出版社，1958 年），评论集《诗论集》（作家出版社，1958 年）、《文艺札记》（北京出版社，1959 年）等亦署。②酒泉，见于随笔《地狱的故事》，载 1939 年 2 月 10 日香港《大公报》。嗣后在《文艺阵地》《笔谈》《文哨》《文联》《民间》《香港大公报》《华商报》《桂林大公报》《重庆大公报》《联合晚报》《文汇报》《新民报晚刊》《人民周报》等报刊发表诗文，1949 年后在《人民日报》发表文艺杂记等亦署。③袁望诸，全面抗战后期在香港《星报》发表散文署用。④水拍，见于评论《青年突击队诗刊》，载 1939 年《文艺阵地》第 3 卷第 9 期。嗣后在桂林《大公报》、重庆《大公报》《新蜀报·蜀道》发表诗《十四行》、评论《淡墨一笔写乡村——读臧克家作〈泥土之歌〉》等，1949 年后在《诗号角》《人民日报》等报刊发表诗作亦署。⑤魏沫，1939 年 9 月 8 日至 1940 年 1 月 24 日在香港《星岛日报》"咖啡与茶"专栏发表杂感，1962 年 8 月至 12 月在《人民日报》发表杂文《剧场里的语文问题》、诗《最难忘……》等亦署。⑥水云，见于诗《抒情一章》，载 1941 年 10 月 16 日香港《大公报》。嗣后在《桂林大公报》《重庆大公报》发表译诗《朋其诗抄》等亦署。⑦应天长，见于诗《来自东方的祝福和致敬》，载 1942 年 6 月 26 日重庆《新华日报》。嗣后在该报发表诗《一九四二年，九月末，欧洲还没有第二战场》《看啊，这辆果戈理的双马车》亦署。⑧仰高，见于《刻在高咏的墓碑上》，载 1942 年 9 月 30 日重庆《新华日报》。⑨兰君，见于诗《提高"无关抗战"情绪》，载 1942 年 11 月 28 日重庆《新华日报》。嗣后在该报发表随笔《平淡无奇的小事》、诗《徐迟游希腊》等亦署。⑩李念群，见于散文《怀罗兰老人》，载 1942 年 12 月 4 日重庆《新华日报》。嗣后在该报及《中原》《诗与音乐》等报刊发表诗文亦署。⑪天长，见于诗《抒情二首》，载 1942 年 12 月 13 日重庆《新华日报》。⑫珍妮，见于译诗《彭斯诗抄》，载 1943 年 1 月 25 日重庆《新华日报》。1948 年 11 月在香港《文汇报》发表随笔《南美观众的权力》《为迟到的观众着想》等亦署。⑬王念劬，见于书评《世界的心》，载 1943 年 2 月 15 日重庆《新华日报》。嗣后在该报发表散文《母爱》、评论《也来谈谈〈家〉》等亦署。⑭齐伟，见于诗《英雄颂——致苏联红军》，载 1943 年 2 月 23 日重庆《新华日报》。⑮陈恳，见于随笔《恋爱·结婚·家庭》，载 1943 年 3 月 28 日重庆《新华日报》。⑯路漫，见于诗《一盘菜给你们》，载 1943 年 9 月 3 日重庆《新华日报》。嗣后在该报发表随笔《随笔二题》《冒牌须知》、诗《三万万美金的神话》等亦署。⑰史家瑞，见于诗《合围在即——纪念十月革命节》，载 1943 年 11 月 7 日重庆《新华日报》。⑱念群，见于诗《迎接佳宾（迎华莱士）》，载 1944 年 6 月 26 日重庆《新华日报》。⑲念劬，见于随笔《歪曲者和被歪曲了的人》，载 1944 年 7 月 9 日重庆《新华日报》。嗣后在该报发表随笔《奴隶的教育》《释愤恨》等亦署。⑳马凡陀（源于世界语"movado"一词，意为"运动"），见于诗《老王求婚记》，载 1944 年 11 月 9 日重庆《大公报晚刊》。嗣后在《消息半月刊》《民间》《诗创造》《朝声半月刊》《新音乐》《人世间》《书报精华》《文艺生活》《华商报》《大众文艺丛刊》《野草》《北方》《中国作家》《华西日报》《文萃》《诗歌月刊》《时与文》《评论报》《中国诗坛》《青年知识》《新民报晚刊》《大公报》《世界晨报》《文汇报》《联合晚报》发表政治讽刺诗、出版诗集《马凡陀的山歌》（上海生活书店，1946 年）、《海内奇谈》（马凡陀等著。东北书店，1947 年）、《马凡陀的山歌续集》（上海生活书店，1948 年）、《解放山歌》（香港新群出版社，1949 年）等均署；1949 年后在《人民日报》《人民文学》等报刊发表诗作或署。㉑望诸，见于随笔《枪的忧郁》，载 1945 年 2 月《艺文志》第 2 期。㉒媚娘，见于《儿歌》，载 1945 年 3 月 4 日重庆《新华日报》。㉓白迭，见于诗《为柏林解放而歌》，载 1945 年 4 月 27 日重庆《新华日报》。嗣后在该报发表诗《人民的胜利，人民的和平》亦署。㉔劳泥，见于诗《与商人谈文化》，载 1945 年 6 月 15 日重庆《新华日报》。嗣后在该报发表诗《我的理解》《希特勒躲在阿根廷山里》等亦署。㉕杰泥，见于诗《抗战八年胜利到》，载 1945 年 8 月 20 日重庆《新华日报》。㉖玉杉，见于诗《毛泽东的歌》，载 1945 年 9 月 23 日重庆《新华日报》。㉗司马牛，1945 年 9 月后在重庆《新华日报》发表杂感时与章汉夫、潘梓年、胡绳、张友渔、徐光霄编辑共同署用。1956 年在北京《人民日报》副刊发表杂感短文亦署。㉘L. N.，见于诗《中国皮鞋与古巴皮鞋》，载 1945 年 12 月 10 日重庆《新华日报》。嗣后在该报发表诗《一支猫》亦署。㉙袁水柏，见于诗《停战令下——并感谢马歇尔将军》，载 1946 年上海《周报》第 20 期封面目录。㉚水柏，见于评论《看〈升官图〉》，载 1946 年 6 月 12 日上海《世界晨报》；随笔《救济中国的一个新闻镜头》，载 1946 年 7 月 16 日上海《文汇

报》。㉛牛克马，见于诗《洪水来临前情书》，载 1946 年 11 月 12 日上海《新民报晚刊》。嗣后在该刊发表诗《咬的秩序》《上海之冬》等亦署。㉜相因，见于诗《百元援华论的议员刘易士》，载 1947 年 12 月 16 日上海《新民报晚刊》。嗣后在该报发表诗《邮电涨价》《耶稣圣诞小唱》等亦署。㉝泉伯，见于《美国老诗人桑特堡七十寿辰》，载 1948 年 1 月 26 日上海《新民报晚刊》。嗣后在该报发表译诗《美国民歌》《美国印第安人的歌》等亦署。㉞青城，见于诗《如今》，载 1948 年 3 月 3 日上海《新民报晚刊》。嗣后在该报发表诗《钢笔大王雷诺探险记》亦署。㉟山柏，见于杂文《何必走极端》，载 1957 年 5 月 29 日《人民日报》。嗣后在该报发表杂文《有人劝人民"哭倒长城"》《关于小集团》等亦署。㊱付达，见于随笔《译风也要改》，载 1958 年 3 月 6 日《人民日报》。嗣后在该报发表随笔《敢于幻想》《一个数目字》等亦署。㊲春城，见于短论《谈文艺劳动的报酬》，载 1958 年 3 月 26 日《人民日报》。嗣后在该报发表评论《电影〈寻爱记〉的缺点》、诗《全世界都骂美帝》等亦署。㊳飞花，见于讽刺诗《谁怕谁？》，载 1958 年 8 月 23 日《人民日报》；诗《"维也纳森林故事"》，载 1959 年 7 月 25 日《人民日报》。㊴瓢庐，见于随笔《瓢庐谈助二则》，载 1962 年天津《新港》第 7 期。㊵草桥，见于评论《从一批旧〈开篇集〉看过去的评弹》，载 1963 年 2 月 23 日上海《文汇报》；短论《评弹为农民服务》，载 1963 年《上海文学》第 2 期。㊶胡寒生，与胡绳合署。见于散文《追忆杨刚》，载 1982 年 5 月 22 日北京《新文学史料》第 2 期。㊷MVD、秦犁、史纽斯、梁尔怀，署用情况未详。

袁同兴（1911－？），河北阜平人，字济川。曾用名袁济。笔名：①袁同兴，1925 年在北平《农民报》发表文章署用。嗣后在《河南民报·平野周刊》《农民》《学生文艺丛刊》《新道理》等报刊发表诗《逝了，美丽的青春》《暮春巡礼曲》《春深了》《离建在开封的故都》《古历某月十五日的晚景》《北方新歌谣》、散文《偶然草》等，出版诗集《谐和的心曲》（北平建设图书馆，1936 年）亦署。②漫影、曼影，1931 年主编《旭光》季刊署用。"曼影"一名，1932 年在保定编《河北日报·曙霞》、1933 年在徐州编《新徐日报·狂奔》亦署。③沙河，1934 年在北平编《中学新闻》报开始署用。1937 年后在《抗敌报·大公园》发表文章，出版《抗战谣》《俚曲短唱》等亦署。④园丁，1937 年在晋察冀《抗敌报·大公园》发表文章署用。⑤漫丽、曼丽，署用情况不详。

袁微子（1913－1991），浙江桐庐人。笔名：①何奏，见于杂文《悼一个刊的夭亡》（与鲁戈合作），载上海生活书店 1936 年 9 月出版之《中国的一日》（茅盾主编）；杂文《雪夜》，载 1937 年上海《文学》第 8 卷第 5 期。②袁微子，20 世纪 40 年代在浙江《东南日报·笔垒》等报刊发表杂文署用。

袁文殊（1911－1993），广东兴宁人。原名袁文枢。

笔名：①袁文殊，1932 年发表剧本开始署用。嗣后成发表作品、出版独幕剧集《民族公敌》、话剧剧本《死角》、电影文学剧本《辽远的乡村》、论文集《剧作教程》《电影中的人物、性格和情节》《电影求索录》《影坛风云录》、译作《苏联演剧体系》等均署。②文殊，1932 年开始署用。见于《形成美国外交政策之因素》，载 1932 年《清华周刊》第 37 卷第 2 期；《枪毙〈一个逃兵〉》，载 1942 年桂林《戏剧春秋》第 2 卷第 2 期。③文区、文岐，1933 年在广州报刊发表《黑丈夫》《疯了似的汽车》等署用。④周尼、舒尼、薛尼，1934 年在上海《民报·影谭》《大晚报·舞台与银幕》等发表影剧评论署用。⑤舒非，1936 年开始署用。1942 年在桂林《戏剧春秋》第 2 卷第 2 期发表译文《论傀儡戏》亦署。

袁啸星，生卒年及籍贯不详。笔名：①笑星，见于《天坛新视角》，载 1939 年北平《艺术与生活》第 1 卷第 2 期。②袁歗（xiào）星，见于《从〈呐喊〉到乡土文学之兴起》，载 1943 年 1 月《艺术与生活》第 32 期。③袁笑星，20 世纪 30—40 年代在北平主编《艺术与生活》署用。见于信函《敬答刘温和先生》、随笔《"第一届北京市影展"之话》，载 1942 年《艺术与生活》第 29 期。嗣后在《青年生活》杂志发表文章亦署。④袁啸星，20 世纪 30—40 年代在《艺术与生活》发表文章署用。

袁鹰（1924—　），江苏淮安人。原名田复春。曾用名田钟洛。笔名：①田钟洛，见于评论《"祥林嫂"——新越剧的里程碑》，载 1946 年 10 月 20 日上海《时代日报》。②梁汝怀，见于评论《谈杜思妥亦夫斯基》，载 1947 年 8 月 15 日上海《新民报晚刊·夜光杯》。嗣后在上海《中学时代》等刊，1949 年后在北京《人民日报》发表文艺述评、随笔等亦署。③梁如怀，见于评论《文艺辞典》，载 1947 年 11 月 18 日上海《新民报晚刊》。④汝怀，见于评论《后路》，载 1947 年 11 月 19 日上海《新民报晚刊》。⑤裴苓，见于散文《歹土素描》，载 1940 年 9 月 5 日上海《申报·自由谈》。⑥袁鹰，见于小说《父子俩》，载 1944 年《申报月刊》第 2 卷第 2 期；小说《埋葬》，载 1944 年《申报月刊》第 2 卷第 3 期；小说《悲歌》，载 1947 年上海《人世间》复刊第 6 期。此前后在《申报月刊》《时代学生》《文艺春秋》《文艺青年》《莘莘月刊》《诗创造》等报刊发表诗文，出版诗集《洪湖集》《寸心草》《野芹集》《花环——访问巴勒斯坦访草》《刘文学》《保卫红领巾》《袁鹰儿童诗选》，散文集《秋水》《风帆》《悲欢》《天涯》《远行》《花朝》《京华小品》《海滨故人》《袁鹰散文六十篇》，儿童文学集《寄到汤姆斯河去的诗》《篝火燃烧的时候》《丁丁游历北京城》《五封信》《小红军长征记》，儿童散文集《春雨》，传记文学《长夜行人——于伶传》，报告文学《玉碎》等亦署。⑦史军、江水、江城、沈潭、林碧、骆驼、郑歌、越人、蓝羽、纪青山、洛文青、庚子水、李浊照，署用情况未详。

袁玉冰（1899—1927），江西兴国人。曾用名袁志仁、冰冰、盂冰。笔名：①袁玉冰，见于《拗语》，载 1920 年上海《少年》杂志第 10 卷第 8 期。②玉冰，1921—1922 年间在《新江西》杂志发表《江西的出版界》等文署用。③冰冰，见于《战云中底飞鸿》，载 1922 年《新江西》杂志第 3 期。④盂冰，见于《悼赵醒侬同志》，载《向导》周报 175 期。⑤亦生，20 世纪 20 年代主编《红灯》周刊署用。⑥培南女士，署用情况未详。

袁振纲，生卒年不详，湖南人。笔名振声、钟人，20 世纪 30 年代在自编的《晨报·晨钟》及武汉《武汉日报·鹦鹉洲》发表讽刺小说《张大爹正传》等署用。

袁振英（1894—1979），广东东莞人，字震瀛。曾用名袁仲勋。别署黄龙道友、无梦青年、爱情和尚、仲斌旦郎。笔名：①震瀛，见于译文《近代戏剧论》（美国高曼女士原作），载 1919 年《新青年》第 6 卷第 2 期。嗣后在《共产党》月刊发表文章亦署。②袁振英，见于论文《易卜特牧师底批评：白兰特牧师底批评》，载 1928 年《泰东月刊》第 1 卷第 7 期；《易卜生百年祭》，载 1928 年《泰东月刊》第 2 卷第 2 期。嗣后在该刊及《新青年》《人世间》等刊发表文章，出版翻译小说集《牧师与魔鬼》（香港受匡出版部，1927 年）亦署。③震寰，署用情况未详。

远千里（1915—1968），河北任丘人。原名远保坤。曾用名远秀峰、远秀昆。笔名远千里，见于诗《公园里的孔雀》《挽死者》，载 1936 年上海《中学生文艺季刊》第 2 卷第 2 期。嗣后在该刊发表诗《对月》、散文《工作行程》等，出版诗集《三唱集》（百花文艺出版社，1962 年）、《古巴速写》（百花文艺出版社，1964 年）等亦署。

【yue】

乐嗣炳（1901—1984），浙江镇海（今宁波市）人。笔名：①乐嗣炳，见于论文《国语的旗语》，载 1922 年上海《国语月刊》第 1 卷第 6 期。又见于《情歌十二首》，载 1926 年 7 月 11 日上海《黎明》第 2 卷第 35 期。嗣后在上刊以及《微音月刊》《开展》《当代文艺》《青年界》《现代》《文学》《太白》《申报·自由谈》《社会月报》《世界杂志》《战时经济》《建设研究》等刊发表《国语运动底历史》《歌谣与风俗》《怎样研究中国歌谣》《歌谣与文艺》《桂江两岸的歌谣风俗》《大众真铨在日本》《粤风之地理的考察》等文，出版论著《声韵沿革大纲》（上海中华书局，1927 年）、《语言学大意》（上海中华书局，1929 年）、《日本侵略东北的阴谋》（上海中华书局，1934 年）、《日本侵略东北的机关》（与郭超凡合作。上海中华书局，1934 年）、《近代中国教育实况》（上海世界书局，1935 年）、《国语学大纲》（上海大众书局，1935 年），译作《中国革命实地见闻录》（日本断水楼主人原作。上海三民公司，1927 年）等均署。②嗣炳、乐山、乐观，署用情况未详。

岳骞（1924— ），安徽涡阳人。原名何家骅，字越千。笔名：①岳骞，出版长篇小说《淮河谣》（香港亚洲出版社，1954 年）、《瘟君梦》（香港中华文化事业公司，1960 年）、《兰花幽梦》（香港鹤鸣书业公司，1965 年）、《卢沟烽火》（香港鹤鸣书业公司，1965 年）、《瘟君前梦》（台北黎明文化事业股份有限公司，1975 年）、《瘟君残梦》（明雄出版社，1976 年）、《妖姬恨》（台北黎明文化事业股份有限公司，1976 年）、《满宫春梦》（台北黎明文化事业股份有限公司，1981 年）、《抗日战争通俗演义》（台北黎明文化事业股份有限公司，1982 年）、传记《丹心照汗青》（台北黎明文化事业股份有限公司，1985 年）、论著《水浒人物散论》（香港高原出版社，1969 年）等署用。②方剑云，见于《悼徐直平兄》，载 1981 年 9 月 4 日香港《香港时报》。③铁岭遗民，在香港报刊发表文章署用。

岳瑟（1917—2001），四川巴县（今重庆市）人。原名刘苹仲。笔名岳瑟，著有小说《青山血泪》《一份病历记录》《枯叶》《鸟邦传奇》、纪实文学《闪光的足迹》《我们的婚礼》《青春的脚印》《生死大搏斗》《青山血泪》，散文《说钱》《女人颂》《知耻近乎勇》、回忆录《鲁艺漫忆》、诗歌《致大森林》，话剧剧本《燧石的火花》（执笔），论文《读〈浮士德〉后记》《古典诗词美学初探》《读〈还轩词〉后》《咏〈白马〉》等。

岳野（1920—2001），山东郓城人。原名岳喜瑞，号祥卿、伯牙。曾用名岳中平、岳庄。笔名：①开平，见于短篇小说《怎么会想到呢？》，载 1942 年 8 月 14 日重庆《新华日报》；随笔《一个注脚》，载 1942 年重庆《群众》半月刊第 7 卷第 23 期。②苏耘岳，见于长诗《水浒之滨的思念》，载 1942 年春桂林《诗》月刊。③岳庄，见于长诗《献给黔桂铁路职工们》，载 1942 年秋《黔桂铁路月刊》。同时期在《柳州日报》发表长诗《春雷第一声》亦署。④鲁声涛，1945 年抗战胜利后在《新音乐》杂志发表歌词开始署用。见于《飓风前夕》，载 1946 年《文艺生活》光复版第 9 期。嗣后至 1948 年在香港《华商报》《工人月刊》以及暹罗曼谷《全民报》《曼谷商报》等报刊发表诗歌、散文亦署。⑤希锐、鲁声、石景韵，全面抗战时期至 1949 年 10 月前在重庆、桂林、马来亚新加坡、暹罗曼谷等地报刊发表文章署用。⑥岳野，出版话剧剧本《风雨牛车水》（中国歌舞剧艺社，1948 年）署用。嗣后发表或出版话剧剧本《人人说好》《风雨三条石》《海外寻夫》《同甘共苦》、电影文学剧本《在前进的道路上》《英雄司机》《水上春秋》《世世代代》《熔炼》《詹天佑》《问天何是明》等亦署。⑦彩轮，1949 年后发表影评、剧评偶署。

【yun】

云照光（1929— ），内蒙古土默特左旗人，蒙古族。原名葛尔乐朝克图。曾用名云昭光、郭亮、乌勒·朝克图。笔名：①牧牛，1944 年在延安《解放日报》发表散文《蒙古同胞的感想》署用。20 世纪 80 年代后发表杂文、回忆录等亦曾署用。②云照光，创作电影文学剧本《鄂尔多斯的风暴》《蒙根花》（与张长弓、敖德斯尔、贾漫合作）、《阿丽玛》《永远在一起》以及出版《云照光电影剧本集》《云照光小说散文集》《云照光散文选》《云照光文艺理论集》《云照光研究专集》等均署。按：云照光 1942 年开始在延安创作歌剧《渔水情》，嗣后又在《蒙古报》《伊盟报》等报发表过通讯，署名情况待考。

云从龙，生卒年及籍贯不详。笔名：①太瘦生，民国初年在《民权素》《燹社》《谠报》《宗圣汇志》等报刊发表文章署用。②鹤鸣，署用情况未详。

恽铁樵（1878—1934），江苏武进（今常州市）人。原名恽树珏，字铁樵，号药庵。笔名：①铁樵，见于小说《黑衣娘》，载 1909 年上海《小说时报》第 1 卷第 6 期；小说《欧蓼乳瓶》，载 1911 年上海《小说月报》第 2 卷第 12 期。此前后在《东方杂志》《晨报副镌》《地学杂志》《小说世界》等报刊发表著译小说，出版翻译小说《英伦之女贼》（英国海里原作。中国图书公司，1909 年）亦署。②恽铁樵，见于翻译小说《沟中金》（英国却而斯·佳维原作），载 1912 年上海《小说时报》第 15 期；小说《横行无敌快活之王》，载 1922 年上海《快活》创刊号。同时期在《半月》《中医杂志》《医界春秋》等刊发表文章，及后出版翻译小说《蓬门画眉录》（英国亨利·瓦特夫人原作。上海商务印书馆，1917 年）、《乡里善人》（俄国伊凡·蒲宁原作，与胡君复合译。上海商务印书馆，1917 年），白话文翻译传记《西学东渐记》（清代容闳原作，与徐凤石合译。上海商务印书馆，1934 年），小说《聊斋志异演义》（上海商务印书馆，1918 年），杂著《伤寒论辑义按》（油印本）、《群经见智录》（1922 年铅印本）、《伤寒论研究》（1924 年铅印本）等亦署。③焦木，见于散文《佣余漫墨》，载 1912 年上海《小说月报》第 3 卷第 4 期。嗣后在该刊发表小说《冰洋双鲤》、散文《佣余漫钞》，1922 年 9、10 月在上海《民国日报·觉悟》发表随笔《少爷们的伎俩》《狡猾的蠢才》等亦署。④黄山民，1915 年在上海编《小说海》署用。⑤树珏，1916 年起在上海《妇女杂志》《小说月报》等刊发表文章署用。⑥铁崖，见于翻译小说《堕落》，载 1919 年 3 月 15—21 日《晨报副镌》。嗣后在该刊发表翻译小说《情量》（法国莫泊桑原作）、《吾血沸矣》等亦署。⑦冷风，见于翻译小说《宁人负我》（俄国列夫·托尔斯泰原作），载 1919 年 3 月 27—30 日北京《晨报副镌》。嗣后在该刊发表翻译小说《死》（俄国杜郭夫原作）、《一血之代价》（塞尔维亚喔古立克原作）等亦署。⑧铁，见于翻译小说《情魔》，载 1919 年 3 月 31 日—4 月 3 日《晨报副镌》。⑨铁礁，见于翻译小说《出山泉水》，载 1919 年 6 月 25—28 日《晨报副镌》。⑩恽树珏，出版论著《论医集》（山西科学教育出版社，2010 年）、《药庵医案全集》（山西科学技术出版社，2012 年）署用。按：

恽铁樵著有小说《孽海暗潮》《村老妪》等，署名情况未详。

恽逸群（1905－1978），江苏武进（今常州市）人。原名恽钥勋，字长安。笔名：①亭长、叶群，分别见于《从德国说起》《偶语》，载1939年上海《鲁迅风》第4期。②恽逸群，见于《新年对话》，载1936年《绸缪月刊》第2卷第5期；《晦明转中的上海——从上海新闻界来》，载1939年7月6日桂林《救亡日报·文化岗位》。此前后在《自修大学》《战线》《抗战半月刊》《新闻记者》《抗战周刊》《大众生活》《时代批评》《江淮文化》等刊发表文章亦署。③翊勋，在上海《新中国报》发表文章署用。

恽雨棠（1902－1931），江苏武进（今常州市）人。笔名洛生，见于译文《苏俄文艺概论》（苏联凡伊斯白罗特原作），载1930年《小说月报》第21卷第1、2期。

Z

【zang】

臧恺之（1905－？），河北唐县人。原名臧俊声，字恺之。笔名：①朱眉、佩璜、重光，20世纪30年代在北平《晨光》《华北日报》《世界日报》《益旦》等报刊发表诗歌署用。②叔寒，见于诗《滑稽的梦》，载1933年北平《文学杂志》第1卷第3、4期合刊。③紫杨，见于诗《湖上雪》，载1934年4月北平《文史》双月刊创刊号。嗣后在该刊发表诗《相逢曲》《镇静着》等亦署。同年在北平《众志月刊》、天津《人生与文学》等刊发表诗《那个姑娘》《薄暮》等亦署。④雪野，见于诗《纪念丁玲》，载北平《众志月刊》、天津《人生与文学》。⑤臧恺之，1949年后在北京《光明日报》《北京日报》《北京文艺》等报刊发表诗文署用。

臧克家（1905－2004），山东诸城人，字士先、孝荃。曾用名臧承志、臧瑷望（入青岛大学时借用的族叔名）。笔名：①少全，见于通讯《别十与天罡》，载1925年《语丝》周刊第45期。②克家，见于诗《默静在晚林中》，载1929年12月1日青岛《民国日报·恒河》；诗《旱海》《吊八百死者》，载1935年上海《人间世》第40期（两诗在刊正文均署名）。嗣后在重庆《时与潮文艺》、成都《华西晚报·文艺》《大公报·战线》等报刊发表书评《臧云远：〈静默的雪山〉》、诗《笑——生活小辑之六》等亦署。③臧克家，见于诗《祖父死去的周年》，载1931年2月4日青岛《民国日报·青鸟》第387期。嗣后在《新时代月刊》《新月》《文艺月刊》《青年界》《现代》《东方杂志》《创化季刊》《学文》《水星》《西湖文苑》《社会月报》《文史》《文学》《现代》《小说月刊》《文学季刊》《人间世》《太白》《文学评论》《当代诗刊》《清华周刊》《新文学》《中学生》《创作》《文学丛报》《宇宙风》《作家》《中流》《光明》《战地》《诗歌杂志》《抗战文艺》《自由中国》《文艺阵地》《今代文艺》《抗战半月刊》《全民抗战》《文艺批判》《战时文艺》《现代文艺》《改进》《半月文摘》《文艺工作者》《文风》《黄河》《诗创作》《文艺生活》《文讯》《文坛》《青年文艺》《文艺先锋》《经纬月刊》《新东方》《天下文章》《时与潮文艺》《春秋》《黎明》《微波》《火之源》《书报精华》《文哨》《文潮月刊》《文学新报》《文联》《中国文学》《文艺春秋》《文艺丛刊》《现代文摘》《学风》《新诗歌》《文选》《高原》《诗文学》《文艺大众》《文艺复兴》《人民文艺》《清明》《诗创造》《中国作家》《人间》《文艺知识》《旅行杂志》《新中华》《创作经验》《文艺知识连丛》《国民公报·文群》《广西日报·笔部队》《大公报·战线》《新蜀报·蜀道》《华西晚报·文艺》《新华日报·新华副刊》《华西日报·每周文艺》《扫荡报·扫荡副刊》《大公报·文艺》《文汇报·世纪风》《文汇报·笔会》《新民晚报·夜光杯》等报刊发表诗文，出版诗集《烙印》（上海开明书店，1934年）、《罪恶的黑手》（上海生活书店，1934年）、《运河》（上海文化生活社，1936年）、《自己的写照》（上海文学出版社，1936年）、《从军行》（上海生活书店，1938年）、《泥淖集》（上海生活书店，1939年）、《猴子拴》（上海三通书局，1940年）、《呜咽的云烟》（桂林创作出版社，1940年）、《古城的春天》（奉天秋江书店，1941年）、《国旗飘在雅雀（què）尖》（成都中西书局，1943年）、《泥土的歌》（桂林今日文艺社，1943年）、《感情的野马》（重庆当今出版社，1943年）、《十年诗选》（上海现代出版社，1944年）、《生命的零度》（上海新群出版社，1947年）、《冬天》（上海耕耘出版社，1948年），长诗《自己的写照》（上海文学出版社，1936年）、《淮上吟》（上海杂志公司，1940年）、《古树的花朵》（原名《范筑先》。上海东方书社，1942年）、《向祖国》（桂林三户出版社，1943年），小说集《挂红》（上海读书出版社，1947年）、《拥抱》（上海寰星图书杂志社，1947年），散文集《乱莠集》（上海良友复兴图书印刷公司，1939年）、《我的诗生活》（重庆读书生活社，1943年）、《磨不掉的影象》（上海益智出版社，1947年），杂文集《杂花集》（北京出版社，1958年），散文、通讯、报告集《随枣行》（前线出版社，1939年），通讯、报告集《紧浦北线血战记》（上海生活书店，1938年），评论集《在文艺学习的道路上》（新文艺出版社，1955年）、《毛主席诗词讲解》（中国青年出版社，1957年），等亦署。④何嘉，见于诗《毛泽东，你是一颗大星》，载1945年9月9日重庆《新华日报》。⑤孙荃、星星，署用情况未详。

臧瑷望（1903－1946），山东诸城人，字亦蓬。笔名：

①臧亦蓬，见于诗《卖狗头罐子的同他隔邻的少女》，载 1927 年北京《现代评论》第 6 卷第 154 期。嗣后出版诗集《弦响》（北京英华教育用品公司，1925 年）、《碎鞋诗集》（北平市社会局第一习艺工厂，1932 年）、《一石诗选》（臧克家编。山东文艺出版社，1991 年）等亦署。②亦蓬，出版诗集《霜》（1931 年印行）署用。③一石、多问之，20 世纪 30 年代初至全面抗战时期发表诗歌署用。

臧云远（1913－1991），山东蓬莱人。原名臧馨远，字一山。曾用名臧云远。笔名：①秀沅，见于诗《秋风掠过了稻田》，载 1935 年日本东京《杂文》第 3 期。嗣后在该刊发表诗《火车夫》、译文《苏联亚细亚的诗人》（C. 克尼兹原作）亦署。又见于记录《文艺的民族形式问题座谈会》（与曾克合作），载 1940 年重庆《文学月报》第 1 卷第 5 期。②云远，见于《国防文学集谈》，载 1936 年东京《质文》第 2 卷第 1 期。③臧云远，见于诗剧《文化琴的母音断了》，载 1936 年日本东京《质文》第 2 卷第 1 期。嗣后在《文艺突击》《青年界》《诗歌生活》《文学界》《抗战文艺》《自由中国》《战地知识》《青年音乐》《文艺月刊》《文艺》《文艺生活》《战时文艺》《艺风》《文坛》《文学月报》《天下文章》《时与潮文艺》《微波》《文艺春秋》《诗创作》《人民文艺》《诗创造》《鲁迅文艺》《新蜀报·蜀道》《春秋》《诗文学》等报刊发表诗文，出版诗集《静默的雪山》（重庆商务印书馆，1944 年）、《苗家月》（重庆东方书社，1944 年）、《炉边》（重庆群益出版社，1944 年）、《清道夫和白果树》（春草诗舍，1947 年）、《河冰解冻的时候》（春草诗舍，1947 年）等亦署。④辛苑，出版译作《艺术史的问题》（日本高濑、高粕等原作。东京质文社，1937 年）署用。⑤臧云远，1956 年后发表作品、出版《臧云远诗草》（江苏文艺出版社，1987 年），散文集《文苑拾影》（山东大学出版社，1988 年）等署用。

【zeng】

曾宝荪（1893－1978），湖南湘乡人，生于北京，字平芳，号浩如。笔名曾宝，出版有短篇小说集《歧路》、回忆录《曾宝荪回忆录【附】崇德老人自订年谱》（与曾纪芬合作。岳麓书社，1986 年）。

曾晁机（1904－1981），台湾台北市人，字朝枝、笑云。曾用名曾朝机、曾潮机。笔名笑云、曾笑云，1931－1944 年在台湾《台湾日日新报》《南瀛新报》《南方诗集》等发表旧体诗《社头雪》《谨次捷三先生原玉》等署用。"曾笑云"一名出版编选诗集《东宁击钵吟前集》（台北，1934 年）、《东宁击钵吟后》（台北，1936 年）等亦署。

曾岛（1921－1988），四川威远人。原名曾德镇。笔名：①天马，见于杂文《"拉丁"化》，载 1945 年 12 月 1 日重庆《新华日报》。嗣后在该报发表杂文《两种比喻》《三言两语》《杂感》等，1957 年起在北京《人民日报》等报刊发表讽刺诗，出版讽刺诗集《美国佬出洋相》（中国少年儿童出版社，1965 年）亦署。②田家，见于杂文《私"王法"》，载 1945 年 1 月 26 日重庆《新华日报》。嗣后在该报发表杂文《修马路》（1945 年 2 月 24 日）、诗《美军，请开步走》（1946 年 10 月 11 日）等，1949 年后在重庆报刊发表曲艺作品，出版曲艺《和时间赛跑》（四川人民出版社，1954 年），论著《论诗的共产主义风格》（北京出版社，1958 年）等亦署。③艾藜，见于杂文《三言两语》，载 1946 年 10 月 21 日《新华日报》。翌年 1 月 30 日在该报发表诗《月儿弯弯照楼台》亦署。④朱藏、穆微波，1944－1947 年在重庆《新华日报》发表诗署用。⑤陈涛、金真、邓亦梅、白彦花、易漫华，1957 年开始在《人民日报》等报刊发表杂文署用。⑥易和元，1957 年开始在《人民日报》等发表杂文、讽刺诗等，出版讽刺诗集《热嘲集》（四川人民出版社，1983 年）、《玲珑集》（重庆出版社，1984 年）、《蒺藜集》（与池北偶、刘征合集。人民文学出版社，1979 年）等亦署。按：曾岛尚出版有曲艺集《打破美帝鬼脸壳》《杨根思英雄排》《邓莲玉翻身》《女村长蔡素辉》《丁佑君宁死不屈》等，出版与署名情况未详。

曾奋（1913？－1988），广东潮州人。原名曾纪礼。笔名：①曾奋，1933 年前后在马来亚新加坡《南洋商报·狮声》《星洲日报·晨星》《星洲日报·文艺周刊》等发表小说、散文署用。②阿苏，1935 年后在《南洋商报·狮声》发表杂文署用。

曾广钧（1866－1929），湖南湘乡人，字重伯，号觙盦、伋庵、伋安、觙伋、旧民、中国之旧民。笔名：①曾广钧，见于诗《纥干山歌》，载 1924 年 6 月古典文学《学衡》第 30 期。嗣后在该刊发表《环天室诗外集》《天运篇》《环天室诗支集》等诗文亦署。又见于诗《题周鳌山藏唐人写经卷子》，载 1933 年南京《国民外交杂志》第 2 卷第 6 期。刻印出版《环天室诗集》《环天室古近体诗后集》《环天室古近体诗类选》《环天室诗外集》等亦署。②曾重伯，见于诗《落叶词》，载 1935 年上海《人文月刊》第 6 卷第 7 期。

曾华丁（1906－1942），马来亚华侨，广东饶平人。原名曾曼华。笔名：①华丁，见于小说《拉子》，载 1929 年 12 月 19 日、24 日马来亚槟城《南洋时报·南洋的文艺》。此前后在马来亚新加坡《南洋商报》副刊《洪荒》《压觉》《文艺周刊》《总汇新报·曝谷场》和槟城《光华日报·绝缘回线》等刊发表小说亦署。②昭，1930 年 2 月 5 日起在槟城《光华日报·绝缘回线》发表文章署用。同年 7 月后在新加坡《南洋商报·压觉》发表散文《伊》、通讯《给梦笔·实夫》等亦署。③曼华，见于随笔《剩语》，载 1930 年 1 月 21 日马来亚《南洋时报·南洋的文艺》。④曾华丁，见于小说《五兄弟墓》，载 1929 年 2 月 22 日新加坡《南洋商报·文艺周刊》。嗣后在《南洋时报·南洋的文艺》发表小说《拉子》等亦署。

曾纪勋（1912－1988），湖南湘乡人。笔名：①曾纪勋，见于译文《众生相·黑格尔》（美国威尔·杜兰特原作）。载1936年广州《一三杂志》第3卷第1期。嗣后在《全面战周刊》《国防周报》《前锋》《抗战时代》《社会评论》《现代知识半月刊》等刊发表文章，出版《欧战第二年轮廓画》（桂林大千出版社，1942年）、《开罗到德黑兰》（桂林大千出版社，1943年）等亦署。②散发生，在香港《明报》等报刊发表武侠小说署用。

曾今可（1901－1971），江西泰和人。原名曾国珍，字今可。笔名：①曾今可，见于随感《三等车中的西装先生和中山装同志》，载1930年上海《语丝》周刊第5卷第45期。嗣后在《新时代》《小说》《南华文艺》《现代学生》《艺风》《文化茶话》《论语》《文化列车》《文艺》《宇宙风》《摇篮》《新人》《世界文学》《汗血月刊》《福建教育通讯》《江西地方教育》《浙江青年》《浙江潮》《旅行杂志》《复旦同学会会刊》等刊发表诗、散文、评论、随笔等，出版诗集《爱的三部曲》（上海新时代书局，1931年）、《两颗星》（上海新时代书局，1933年）、《落花》，散文集《小鸟集》（上海新时代书局，1933年）、《今可随笔》（上海北新书局，1933年），短篇小说集《法公园之夜》（上海新时代书局，1931年）、《爱的逃避》（上海新时代书局，1931年）《玲玲的日记》（上海儿童书局，1932年），长篇小说《死》（上海新时代书局，1931年）等亦署。②金凯荷，见于小说《舞女丽丽》，载1931年上海《新时代》月刊创刊号。嗣后在该刊发表《爱的逃避》《浪漫的罗蒂》等亦署。又见于通讯《今日之日本》，载1934年上海《新人》第1卷第11期。③今可，见于随笔《大西洋中陆沉的古国》，载1949年上海《茶话》第34期。④君荷，署用情况未详。

曾觉之（1901－1982），广东兴宁人。原名曾展模，字居敬。笔名：①解人，见于散文《归心——从巴黎到广东的印象与感想》，载1931年北平《中法大学月刊》第1卷第1期；诗《鹧鸪天》，载1933年上海《文艺茶话》第2卷第3期。1933年在杭州《艺风》杂志发表《艺术与职业》等文，出版散文集《归心——从巴黎至广东的印象与感想》（北平大学出版社，1932年），译作《海底两万里》（法国凡尔纳原作。中国青年出版社，1961年）等亦署。②觉之，见于随笔《爱里霍》、译文《论文明》，载1931年《中法大学月刊》第1卷第1期。1933年起在杭州《艺风》杂志发表《艺术家的坟》等著译文章亦署。③曾觉之，见于论文《论翻译》，载1931年北平《中法大学月刊》第1卷第2期；论文《文艺影响论》，载1933年上海《新中华》半月刊第1卷第12期。此外在《中法大学月刊》《科学月刊》《南华文艺》《艺风》《晨光周刊》等刊发表著译文，出版译作《美术论》（法国罗丹原作。上海开明书店，1930年）、《罗丹艺术论》《文学论文集》（上海中华书局，1935年）、《心战情变曲》（法国夏多布里昂原作。上海中华书局，1935年）、《高特谈话》（世界文化合作

中国协会筹委会，1935年）、《无线电广播的文化教育作用》（世界文化合作中国协会筹委会，1936年），1949年后出版《海底两万里》（法国凡尔纳原作。中国青年出版社，1979年）等亦署。

曾克（1917－2009），河南太康人。原名曾佩兰。曾用名秀鸾（乳名）、可可。笔名：①曾克，1938年开始在武汉《大公报》副刊发表文章署用。见于报告文学《在战斗中》，连载于1939－1940年重庆《妇女生活》第8卷第2－12期；中篇小说《宋二刀子》，载1940年桂林《自由中国》复刊号。嗣后在《文艺阵地》《抗战文艺》《大公报》《新蜀报》《文学月报》《文艺杂志》《北方》《平原文艺》《东北论坛》《文艺劳动》等刊发表小说、散文等，出版报告文学《在汤阴火线》（汉口上海杂志公司，1938年）、《南征散记》（与胡奇等合集。苏北新华书店南通分店，1949年）、《挺进大别山》《走向前线》，短篇小说集《解放"5000发电厂"》（与彦夫、冯牧等合集。华北新华书店，1947年）、《边疆》（与柯岗合作。中国青年出版社，1954年）、《前仆后继》《第十四个儿子》《新人》，散文集《因为我们是幸福的》（与柯岗合作。重庆人民出版社，1951年）、《遥寄祖国的孩子们》（少年儿童出版社，1958年），话剧《针锋相对》（与柯岗合作。四川人民出版社，1977年）等亦署。②一可、海牟，1948年在晋冀鲁野战军《南征一军》三纵分册发表报告文学署用。③田木峦，1950－1957年在重庆报刊发表评论署用。

曾列明，生卒年不详，广东揭西人。笔名戈扬，见于论文《学习求实精神》，载1945年2月2日福建南平《东南日报·笔垒》；杂文《郑朝宗的战斗艺术》，载1945年1月20日福建永安《民主报·新语》。20世纪40年代在福建报刊发表文章亦署。

曾孟鸣（？－1929），广西马平人。原名曾镛，字孟鸣。笔名曾孟鸣，见于散文《北京航空学校参观记》，载1917年北京《新青年》第2卷第6期。

曾梦笔（1903－1977），福建惠安人。原名曾瑞熊。笔名：①觉生、罗亚、亚罗、神仙、乐天、疯汉、粟生、大觉生、乐天生、哑夫妇、古松海、玉华人、幽吟居士、梅毒医生，1927－1930年间在马来亚槟城《光华日报》《南洋时报》副刊《海丝》《微光》《槟城新报》副刊《关仔角》《诗词专号》，新加坡《新国民日报·瀑布》等发表诗文署用。②曾梦笔、曾无忌，20世纪50年代在创造出版社出版小说《粉红色的梦》《一枝梅》《爱的归宿》《牛皮鸟》，诗集《浪游诗纪》，小品文集《五枞树脚》等署用。③何九叔，20世纪50年代在新加坡《夜灯报》、马来西亚吉隆坡《太阳报》发表《何九叔家书》署用。

曾敏之（1917－2015），广西罗城人，祖籍广东梅县（今梅州市）人。笔名：①省（xǐng）身，见于随笔《全国木刻画巡回展览观后感》，载1936年香港《生活日报》。②洁尘，1936年在广州《越华报》"小说版"发

表文言小说署用。③曾敏之，见于随笔《读〈论二期抗战中救亡日报的使命〉》，载 1939 年 4 月 4 日桂林《救亡日报·文化岗位》。嗣后在《中学生》《文艺阵地》《文艺生活》《新生代》《文萃》《半月文艺》《文风》、桂林《大公报·文艺》等报刊发表小说《盐船》《孙子》、报告文学《芦笙会》《烧鱼的故事》及散文等，出版散文小说集《拾荒集》（桂林萤社，1941 年），散文、随笔、杂文集《岭南随笔》（广东人民出版社，1957 年）、《望云海》（人民文学出版社，1982 年）、《观海录》（香港林真文化事业公司，1984 年）、《文苑春秋》（广西人民出版社，1987 年）、《观海录二集》（中国文联出版公司，1987 年）、《听涛集》[三联书店香港有限公司，1992 年]、《温故知新》（香港获益公司，1994 年）、《春华集》（海峡文艺出版社，1994 年）、《遇旧》（中国文联出版公司，1995 年）、《四海环游记》（广西人民出版社，1995 年）、《文林漫步》（辽宁教育出版社，1997 年）、《空谷足音》（新世纪出版社，1998 年）、《书与史》（中国文联出版公司，2000 年）、《绿到窗前——望云楼随笔》（香港明窗出版社，2001 年）、《人文纪事》（香港明窗出版社，2002 年）、《文史丛谈》（香港明窗出版社，2004 年）、《旧曲难忘》（香港文汇出版社，2005 年）、《晚晴集》（金城出版社，2008 年）、《海上文谭》（花城出版社，2012 年）、《沉思集》（北京作家出版社，2013 年）、《当代杂文选粹·曾敏之卷》（湖南文艺出版社，1986 年）、《曾敏之散文选》（百花文艺出版社，1991 年）、《曾敏之文选》（香港作家出版社，1996 年），传记、评论集《鲁迅在广州的日子》（广东人民出版社，1957 年），诗词集《望云楼诗词》（香港作家出版社，1998 年）、《望云楼诗词续集》（香港银河出版社，2005 年），文学评论集、论著《谈红楼梦》（广东人民出版社，1957 年）、《诗词艺术》（香港波文书局，1982 年）、《文史品味录》（花城出版社，1983 年）、《诗的艺术》（台北书林出版有限公司，1980 年）、《诗词艺术欣赏》（四川文艺出版社，1986 年）、《古诗撷英》（人民文学出版社，1998 年）、《望云楼诗话》（香港文艺出版社，2010 年）、《古典文学欣赏举隅》（香港现代教育研究社，1991 年），编选《香港作家散文选》（花城出版社，1981 年）、《香港作家小说选》（花城出版社，1983 年）、《台湾游记选》（人民文学出版社，1983 年），主编散文集《海天·岁月·人生》（与袁鹰合作。中国文联出版社公司，1986 年）等亦署。④寒流，见于随笔《桂林作家群》，载 1943 年 9 月 25、26 日桂林《大公报》。⑤望云、丁淙，1978 年起在香港《大公报》《文汇报》发表《文林漫步》《文史品味录》等专栏文章署用。

曾平澜（1896－1943），广西扶绥人，壮族。笔名：①曾平澜，见于小说《她的一生》，载 1929 年上海《乐群》第 2 卷第 12 期。嗣后在该刊及南宁《广西普及国民基础教育研究院日刊》等刊发表随笔《我们的自省》《答复韦建明君的几句话》《新事业与新人才》等文，出版《平澜诗集》（南宁三管图书局，1935 年）等亦署。②曾平澜女士，见于小说《错误》，载 1930 年上海《学

艺》第 10 卷第 1 期；小说《诅咒》，载 1932 年上海《絜茜》月刊创刊号。

曾朴（1872－1935），江苏常熟人。原名曾朴华，字太朴、小木、孟朴，号铭珊、籀斋。曾用名大大（乳名）、曾孟朴。笔名：①病夫国之病夫，见于 1905 年上海小说林社《孽海花》之广告。②东亚病夫，1907 年在上海《小说林》连载长篇小说《孽海花》署用。嗣后在《月月小说》《小说月报》《真美善》《宇宙风》等刊发表译剧《银瓶怨》（法国雨果原作）等，出版翻译戏剧《枭欤》（法国雨果原作。上海有正书局，1916 年）、《欧那尼》（法国雨果原作。上海真美善书店，1927 年）、《吕伯兰》（法国雨果原作。上海真美善书店，1927 年）、《吕克兰斯鲍夏》（法国雨果原作。上海真美善书店，1927 年）、《夫人学堂》（法国莫里哀原作。上海真美善书店，1927 年），翻译小说《马哥王后佚史》（法国大仲马原作。上海小说林社，1908 年）、《九十三年》（法国雨果原作。上海有正书局，1913 年）、《南丹及奈侬夫人》（法国左拉原作。上海真美善书店，1928 年）、《钟楼怪人》（法国雨果原作。上海真美善书店，1928 年）。③曾朴，见于诗《李花篇》，载 1924 年南京《论衡》第 36 期。嗣后在上海《真美善》《风雨谈》等刊发表诗文亦署。④病夫，见于小说《鲁男子》，1927 年 11 月 1 日上海《真美善》创刊号起连载。嗣后在该刊及《幻洲》《当代诗文》《电友》等刊发表著译作品，出版长篇小说《鲁男子》（上海真美善书店，1929 年）、翻译小说集《肉与死》（法国皮埃尔·路易原作，与其子虚白合译。上海真美善书店，1929 年）亦署。⑤曾孟浦，出版翻译小说《侠隐记》（法国大仲马原作。上海启明书局，1936 年）、《侠隐记续》（法国大仲马原作。上海启明书局，1939 年）署用。⑥曾小木、太朴，署用情况未详。按：曾朴尚出版有小说集《未礼集》及《孟朴短篇小说集》《补后汉书艺文志》等，出版与署名情况未详。

曾琦（1892－1951），四川隆昌人。原名曾昭琮，字锡璜、慕韩，号愚公、玉剑、移山。曾用名孟绍珂。笔名曾琦，见于旧体诗《巴黎病院口号五绝》，载 1921 年上海《学艺》第 3 卷第 3 期；诗《中国少年歌》、随笔《学会问题杂谈》，载 1922 年北京《少年中国》第 3 卷第 8 期。此前后在该刊及《猛进》《东方杂志》《孤军》《华国月刊》《国论周刊》《文汇年刊》《反侵略》《时代评论》《青年生活》《新运导报》《大中国》《中央日报周刊》《中国评论》等刊发表诗、词、评论、随笔等，出版论著《国体与青年》（北京少年中国学会，1919 年）亦署。

曾圣提（1901－1982），新加坡华侨。原籍广东饶平。原名曾曼尼。曾用名曾伟才、曾楚侨。笔名：①大吉，见于随笔《〈洪荒〉宝号迁移广告》，载 1928 年 2 月 20 日马来亚槟城《南洋时报·洪荒》；随笔《〈商余杂志〉刊后语》，载 1931 年 6 月 1 日马来亚新加坡《南洋商报·商余杂志》。②大男，见于随笔《南洋的文艺》，

载 1929 年 1 月 1 日马来亚新加坡《南洋商报·文艺界》。③M、出丈、白丁、前壁、黑玉、小伟，1929 年 1 月起在新加坡《叻报·星光》《南洋商报》副刊《洪荒》《文艺周刊》《商余杂志》、槟城《槟城新报·关仔角》《现代日报》等报刊发表小说、诗、散文等署用。④曾圣提，见于诗《秋晚》，载 1927 年 9 月 30 日马来亚新加坡《南洋商报·洪荒》；小说《生与罪》，载 1929 年 2 月 1 日、2 日新加坡《南洋商报·文艺周刊》，出版《在甘地先生左右》（重庆古今出版社，1943 年），20 世纪 80 年代初在新加坡《乡土》、马来西亚吉隆坡《星洲日报·文艺》《南洋商报·读者文艺》等报刊发表文章亦署。⑤圣提，见于随笔《〈文艺周刊〉的志愿》，载 1929 年马来亚新加坡《南洋商报·文艺周刊》创刊号。⑥伟名，署用情况未详。按：曾圣提尚出版有诗集《斜坡》《船民泪》《南海万行诗》，散文集、随笔集《流水行云》《西南行随笔》《献给乡土》《圣提老人在回忆》，译作《韶山君妲拉》《覆舟》（印度泰戈尔原作），署名情况未详。

曾士恺（1925－1949），福建长汀人。原名曾为纲。笔名士恺、曾士恺、曾薇，1944－1948 年在福建南平《东南日报·笔垒》、永安《民主报·新语》、长汀《汀江日报》、厦门《星光日报·星星》《江声报·人间》、湖南《大纲报》及上海、杭州等地报刊发表诗歌、散文署用。

曾水手，生卒年及籍贯不详。原名曾庵，笔名：①刀斧手，20 世纪 30 年代前后在上海《社会日报》等报刊发表文章署用。②曾水手，出版长篇小说《新西游记》（出版情况未详）署用。

曾铁忱（1903－1967），湖南益阳人。笔名：①曾广勋，见于《杂诗》，载 1922 年上海《时事新报·文学旬刊》第 49 期；评论《日本金融支配网之解剖》，载 1932 年北平《社会杂志》第 3 卷第 1、2 期合刊和第 3、4 期合刊。嗣后在该刊发表评论《日本之工业恐慌》亦署。②曾铁忱，见于译文《舞的生涯》（美国伊萨多拉·邓肯原作），载 1932 年北平《社会杂志》第 3 卷第 3－4 期合刊、第 5－6 期合刊。嗣后在《外交月报》等刊发表文章，出版《马来亚搜奇录》（中南出版社，1961 年）、《新加坡史话》（新加坡南洋印刷社，1962 年）、《马来亚搜奇录二集》（香港中南出版社，1962 年）、《新加坡史话二集》（香港嘉华印刷公司，1967 年）、翻译小说《风暴》（美国乔治·斯图尔特原作。新加坡南洋印刷社，1953 年）等亦署。③广勋，见于旧体诗《七绝·赠旻达夫先生》，载 1940 年 4 月 30 日马来亚新加坡《星洲日报晚版·繁星》。④司徒无咎，出版译作《我是史达林的女间谍》（1951 年）署用。⑤阿难、二难、三难、洁寸、阿洁、螺村、李珊瑚，在新加坡报刊发表文章署用。

曾炜（1919－2007），广东顺德（今佛山市）人。原名曾继祺。曾用名韦增言。笔名：①韦祺，1944 年开始在桂林《广西日报》发表剧评署用。1946 年在广州《建国日报》发表杂文，1949 年后发表文章亦署。②曾炜，创作电影文学剧本《三家巷》（与王为一合作改编）、电视剧剧本《一代风流》《苦斗》，出版独幕剧集《在绿色的战场上》（广东人民出版社，1957 年）、《三公办》（广东人民出版社，1958 年），话剧《宽广的道路》（华南人民出版社，1954 年）、《龙舌头》（与郑震合作。广东人民出版社，1958 年），活报剧《快马加鞭》（广东人民出版社，1958 年），歌剧集《早醒的黎明》（花城出版社，1984 年），散文集《花花世界·美国》《顺德风情》以及《出路》《碧海青天夜夜深》（与其他人合作）、《曾炜作品集》（贵州人民出版社，2004 年）等均署。

曾文华（1917－？），广东潮州人，生于暹罗北榄坡。笔名曾华、金华、萧华、曼谷客、过客，1948 年至 20 世纪 80 年代在暹罗（泰国）曼谷《光华报》《中原报》等报副刊发表诗、小说、散文等署用。

曾习经（1867－1926），广东揭阳人，字刚父（fǔ）、刚甫，号蛰庵、蛰公、蛰庵居士。笔名：①蛰公，1911 年在《国风报》署用。②曾习经，见于诗《袁珏生所藏潘莲巢焦山图》，载 1913 年天津《庸言》第 1 卷第 4 期；诗《寓居春晚花卉蔬果盛敷荣欣然有作》，载 1926 年南京《学衡》第 58 期。此前后在《东方杂志》《新民月刊》等刊发表诗文亦署。③刚甫，1915 年前后在《国粹学报》《大中华》等刊发表诗文署用。

曾霄容（1910－2007），台湾台北县（今新北市）人。原名曾天从，号霄容。笔名曾霄容，出版哲学著作及诗集《诗词试咏》（1986 年）（均由台北青文出版社出版）等署用。

曾孝谷（1873－1937），四川成都人。原名曾延年，字孝谷、少谷，号存吴、存吾。笔名：①曾孝谷，1907 年前后与李叔同合作根据美国小说改编五幕新剧《黑奴吁天录》署用。②曾延年，见于随笔《不诚无物说》，载 1923 年《大成会丛录》第 4 期。嗣后在该刊发表《孔子圣诞节参观书画纪略》《孔教协和万国之道可在试详述之》等文，在《南社丛刻》第 22 集发表旧体诗《观新剧》亦署。

曾秀苍（1919－1987），江西吉水人。原名曾汝钟，字秀苍。曾用名窳生（乳名）。笔名：①窳生，20 世纪 30 年代在南昌某报儿童副刊发表作品署用。1946－1947 年在武汉《大刚报》编副刊并兼杂文等亦署。②小石子，1946－1947 年在南京《大刚报·文艺》发表杂文署用。③詹怀辛，出版童话集《渔夫和鱼的故事》（天津知识书店，1950 年）署用。④秀苍，出版童话《骄傲的姑娘》（天津知识书店，1951 年）署用。⑤曾秀苍，出版童话《四颗星子》（天津知识书店，1950 年），长篇小说《太阳从东方升起》（中国青年出版社，1959 年）、《山鸣谷应》（中国青年出版社，1981 年）等署用。

曾虚白（1895－1994），江苏常熟人。原名曾焘，字煦白、煦伯。笔名：①虚白，见于小说《爱的历劫》、随笔《无题》等，载 1927 年上海《真美善》创刊号；译文《浪漫派的红半臂》（法国戈恬原作），载 1928 年上海《小说月报》第 19 卷第 7 期。同时期起在《真美善》《金屋月刊》《宇宙风》《当代诗文》《东方杂志》《时代生活》《月月小说》等刊发表随笔《北新重版鲁男子弁言》、小说《偶像的神秘》《松影》《暗中摸索》、散文《秋，听说，你已来到》《心灵一瞥》、评论《模仿与文学》《欧洲各国文学的观念》、译文《幻想集》（法国保罗乔尔原作）、《一只小狗的死》（比利时梅特林克原作）等，出版小说集《德妹》（上海真美善书店，1928 年）、《潜炽的心》（上海真美善书店，1929 年），翻译小说集《神秘的恋神》（法国梅里美原作。上海真美善书局，1928 年）、《肉与死》（法国皮埃尔·路易原作，与病夫，即其父曾朴合译。真美善书店，1929 年）等亦署。②师鸠，见于评介《日记九种》《花之寺》《女人的天国》，载 1928 年上海《真美善》第 2 卷第 6 期。嗣后在该刊发表随笔《叶鼎洛的大胖女儿》《得诺贝尔奖金的翁德珊》《质问金屋里的浩文》等亦署。③曾虚白，见于小说《意外的收获》，载 1929 年上海《金屋月刊》第 1 卷第 3 期；评论《报纸与政治》，载 1934 年上海《报学季刊》创刊号。此前后在《金屋月刊》《世界杂志》《外交评论》《旅行杂志》《青年界》《东方杂志》《中国新闻学会年刊》《当代评论》等刊发表译文《未来世界的预测》、散文《电影场之夜》《令人又爱的虞山》《遗忘了的旧梦》《童年的回忆》、评论《抗战中的国际宣传》《战后民众的福利问题》等，出版小说集《魔窟》（上海真美善书店，1929 年）、《潜炽的心》（台北黎明文化事业股份有限公司，1987 年），长篇小说《三棱》（上海世界书局，1933 年），散文集《西游散记》（香港亚洲出版社，1955 年）、《世变建言》（台北三民书局，1969 年）、《屐痕心影》（台北三民书局，1969 年）、《老兵记往》（台北华欣文化中心，1974 年）、《晨曦漫步触感》（台北华欣文化中心，1976 年）、《槛外人言》（台北幼狮文化事业公司，1977 年）、《旧酿新焙》，论著《英国文学 ABC》（上海 ABC 丛书社，1929 年）、《美国文学 ABC》（上海 ABC 丛书社，1929 年）、《大晚报评论集》（上海四社出版部，1933 年）、《中国新闻史》，翻译散文集《英雄与英雄崇拜》（美国托马斯·卡莱尔原作。上海商务印书馆，1932 年），翻译小说集《神秘的恋神》（法国梅里美原作。上海真美善书局，1928 年），翻译长篇小说《断桥》（美国怀尔德原作。上海中华书局，1933 年）等亦署。④虹官，署用情况未详。

曾彦秀（1919-2015），四川宜宾人。笔名：①烟秀，见于杂文《"社论文章"》，载 1942 年 2 月 12 日延安《解放日报》。嗣后在该报发表杂文《扮的艺术》等亦署。②彦修，见于杂文《重庆的喜剧》，载 1945 年 7 月 28—29 日延安《解放日报》。嗣后在该报发表杂文《严防伪造历史》《谣言攻势》等亦署。③曾彦修，见于评论《美国不应占领中国》，载 1946 年《群众》周刊第 12 卷第 3 期。1949 年后出版《胡风反革命理论活动的过去与现在》（人民出版社，1956 年）、《审干杂谈》（群众出版社，1983 年）、《编辑工作二十讲》（与张惠嘉合作。人民出版社，1986 年）、《社会主义建设理论的历史回顾》（湖南人民出版社，1988 年）、《天堂往事略》《微觉此生未整人》《平生六记》（生活·读书·新知三联书店，2014 年）、《杂忆》（人民出版社，2016 年）、《论睁眼看世界》（人民出版社，2016 年），主编《中国新文艺大系（1949－1966）·杂文卷》（中国文联出版公司，1991 年），编选《鲁迅选集》（中国文联出版公司，1991 年）、《京沪竹枝词》（东方出版社，2010 年）、《鲁迅嘉言录》（人民文学出版社，2013 年）等亦署。④严秀，1950 年起在北京《人民日报》等报发表杂文《论睁眼看世界》《从"孟德新书"失传说起》《九斤老太论》《论"歌德派"》，出版杂文集《严秀杂文选》（人民文学出版社，1985 年）、《当代杂文选粹·严秀之卷》（湖南文艺出版社，1987 年）、《半杯水集》（福建人民出版社，2001 年），散文集《一盏明灯与五十万座地堡——国际长短录》（学林出版社，1999 年）、《牵牛花蔓》（甘肃人民出版社，1996 年），主编《中国新文艺大系杂文卷》《当代杂文选粹》等亦署。⑤一无、伯村、肖时聪、魏璧嘉，署用情况未详。

曾燕萍（1909－？），湖北云梦人。笔名：①曾燕萍，出版散文集《人生散记》（台北大江出版社，1970 年）与心理学著作《情绪与健康》等署用。②严平，署用情况未详。

曾一（1917－？），湖南临湘人。原名曾月波。笔名：①曾月波，见于散文《车站一瞥》，载 1935 年岳郡联立师范校刊。②月波，见于散文《风度论》，载 1943 年沅陵《力报》。嗣后在湖南《民国日报》《湖南大学校刊》《湖南青年》《西南日报》《中兴日报》《妇女月刊》、上海《中央日报》发表小说、散文等亦署。③方扬，见于小说《客》，载 1948 年上海《时代日报》。④曾一，1949 年 6 月后在南京《新华日报》发表散文《我爱中国》《衡山》等署用。

曾毅，生卒年不详，湖南汉寿人，字松甫。笔名曾毅，出版《中国文学史（上下册）》（上海泰东图书局，1929 年、1930 年）署用。

曾玉羊（1910？－？），马来亚华侨，广东饶平人。原名曾方亢。笔名：①玉羊，见于小说《生活圈外》，载 1930 年马来亚新加坡《南洋商报·压觉》第 7—9 期；随笔《马来民间传说之研究》，载 1935 年 5 月 9 日马来亚槟城《槟城新报·轮》。②丙，20 世纪 30 年代在马来亚新加坡《南洋商报》副刊《压觉》《文艺周刊》及槟城报刊发表诗文署用。③曼四，见于译诗《马来民歌选》，载 1930 年 1 月 7—28 日槟城《南洋时报·南洋的文艺》。

曾运乾（1884－1945），湖南益阳人，字星笠，号枣园。笔名曾运乾，发表《毛诗说》《三礼说》《荀子说》《庄子说》等国学论文，发表、出版音韵学论文、音韵学著作署用。1964 年中华书局出版其遗著《尚书正读》等亦署。

曾赜，生卒年不详，广东梅县（今梅州市）人，字勇父（fǔ）。笔名曾赜，见于旧体诗《海行》《春暮》《重到冷圃》《书感》《鄱阳夜泊》《寄友》《登焦山》《松寥阁坐月》《焦山闲居》《南征》《过台湾洋》《赠苏理平》，载《南社丛刻》第 13 集及第 19 集。

曾昭抡（1899－1967），湖南湘乡人，字叔伟。笔名：①曾昭抡，见于《理论科学与工程》，载 1924 年上海《科学》第 9 卷第 2 期；散文《边区探访录》，连载于 1943 年上海《宇宙风》第 130－134 期。此前后在《中国建设月刊》《复旦理工专号》《时事月报》《化学工程》《自然科学季刊》《清华周刊》《世界动态》《图书展望》《书人》《现代读物》《战国策》《东方杂志》《野草》《科学世界》《图书月刊》《文史杂志》《青年与科学》《时与潮副刊》《新中华》《边政公论》《民主周刊》《科学时报》《时与文》《科学大众》《科学时代》《中苏文化》《群众·香港版》《光明报》等报刊发表文章，出版散文集《东行日记》（天津大公报馆，1936 年）、《缅边日记》（文化生活出版社，1941 年）、《滇康道上——边区行之一》（桂林文友书店，1943 年）、《大凉山夷山考察记》（昆明求真出版社，1945 年）等亦署。②叔伟，见于评论《青年与未来中国政治》，载 1945 年昆明《民主周刊》第 1 卷第 23 期。

曾志学（1926－ ），福建厦门人。笔名陈芷雪，1944－1949 年在厦门《星光日报·星星》《江声报·人间》《中央日报（厦门版）》发表诗、散文、小说等署用。

曾仲鸣（1896－1939），福建福州人。笔名：①仲鸣，见于随笔《里昂展览会》，载 1921 年上海《太平洋》第 2 卷第 10 期。嗣后在该刊发表译文《堪克宾》（法国法朗士原作）、《黑克的思想》（法国法朗士原作）等亦署。②曾仲鸣，见于《微生物学略史》，载 1922 年上海《东方杂志》第 19 卷第 15 期；诗《贫人诗》，载 1922 年上海《太平洋》第 3 卷第 8 期。嗣后在上述两刊及《小说月报》《学艺》《晨报纪念刊》《贡献》《中央副刊》《新时代》《中央导报》《中华摄影杂志》《南华文艺》《文艺茶话》《交通杂志》《良友画报》《铁路月刊津浦线》《人间世》《艺风》《铁路公报》《中华月报》《民族诗坛》等报刊发表著译诗、散文、评论、戏剧等，出版散文集《三湖游记》（与孙伏园等合集。上海开明书店，1931 年）、翻译小说集《法国短篇小说集》（法国朱拉等原作。上海开明书店，1934 年）、翻译戏剧集《神圣的童年》（法国美尔博原作。上海开明书店，1930 年）、翻译戏剧小说集《堪克宾》（法国法朗士原作。上海创造社出版部，1927 年）、翻译论著《法国的浪漫主义》（上海开明书店，1928 年）、《法国文学丛谈》（上海嘤嘤书屋，1928 年）等亦署。

曾卓（1922－2002），湖北黄陂（今武汉市）人，生于汉口（今武汉市）。原名曾庆冠。笔名：①曾卓，20 世纪 30 年代在武汉《市民日报·雷电》《时代日报·偶语》《武汉时报·狂涛文艺》《壮报·习作》等发表杂文、诗歌署用。见于诗《来自草原上的人》，载 1940 年重庆《文学月报》第 1 卷第 3 期。20 世纪 40 年代在《抗战文艺》《诗文学》《天下文章》《诗创作》《现代文艺》《文艺生活》《文艺杂志》《诗垦地丛刊》《国民公报·文群》《大公报·文艺》等报刊发表诗文，出版诗集《门》（昆明诗文学社，1944 年）、《悬崖边的树》（四川人民出版社，1981 年）、《老水手的歌》（黑龙江人民出版社，1983 年）、《曾卓抒情诗选》（中国文联出版公司，1988 年），散文集《美的寻求者》（宁夏人民出版社，1981 年）、《让火燃着》（长江文艺出版社，1982 年）、《听笛人手记》（上海文艺出版社，1986 年），论著《诗人的两翼》（生活·读书·新知三联书店，1987 年）、《听那美丽的笛声》（湖北少年儿童出版社，1999 年），儿童小说《小鲁宾逊的一天》（重庆建国出版社，1945 年）等亦署。②路焉，20 世纪 30 年代在武汉《市民日报·雷电》《武汉时报·狂涛文艺》等报刊发表诗文署用。③阿文，见于评论《〈北京人〉的演出》，载 1942 年重庆《戏剧岗位》第 3 卷第 5、6 期合刊；散文《弟弟》《在铁栏外》等，载 1943 年重庆《新民报》。④林薇，见于随笔《民族诗人普式庚》，载 1937 年武汉《文艺》第 4 卷第 2 期；组诗《江湖小辑》，载 1945 年重庆《诗文学》第 1 辑《诗人与诗》。⑤方宁、方佐、方萌、江汉，1946 年秋至 1949 年 5 月在武汉编《大刚报·大江》时发表散文、杂文署用。⑥马苿，见于散文《拜访》等，载 1947 年上海《大公报·每周文艺》。⑦柳江，20 世纪 40 年代后期在武汉主编《大刚报·大江》并发表杂文署用。1949 年后出版散文集《痛苦与欢乐》（武汉通俗读物出版社，1951 年）、短论集《在现有的基础上向前》（武汉通俗读物出版社，1951 年）亦署。

曾宗巩（1866－1938），福建长乐人，原名曾光运，字又固、幼固。笔名曾宗巩，与林纾合译《利俾瑟战血余腥记》《鬼山狼侠传》《埃及金字塔剖尸记》《斐洲烟水愁城录》《雾中人》（英国哈葛德原作）、《蛮荒志异》（英国哈葛德原作）、《荒唐言》《钟乳髑髅》《鲁滨孙漂流记》（英国笛福原作）、《三千年艳尸记》（英国哈葛德原作）、《美洲童子万里寻亲记》，另译有《二十年海上历险记》《二十年海上历险记续编》《世界航海家与探险家》《英美海军将官南北极探险小史》《世界大战英国海军秘密航队作战小史》等。

曾祖武（？－1971），广东饶平人。笔名曾武、老心贤，20 世纪 40 年代起在暹罗（今泰国）曼谷《光华报》编文艺副刊《新生》《年青人》并发表小说、散文、评论等署用。

【zha】

查光佛（1885－1932），湖北蕲州（今蕲春县）人。原名查能，字光佛、竞生。笔名光佛。著有《武汉阳秋》。

查猛济（1902？－1966），浙江海宁人，字宽之。笔名：①猛济，见于诗《月夜》《中秋苦？中秋乐？》，载 1920 年 10 月 7 日上海《民国日报·觉悟》。②查猛济，见于杂文《青年与政治》，载 1922 年 9 月 19 日《民国日报·觉悟》。嗣后在《论语半月刊》《微音月刊》《词学季刊》《红茶》《胜流半月刊》《读书通讯》《学艺》等刊发表《与夏瞿禅言刘子庚先生遗著书》《与龙榆生言刘子庚先生遗著书》《茶余偶忆》《公孙龙的名学方法论中之名实问题》《竹简时期的书册制度》《诗经十讲》《朱子读书法的中心观念》《先秦"坚白"思潮中的公孙龙子批判》等文亦署。

查士元，生卒年及籍贯不详。笔名：①查士元，见于《岛崎藤村和他的"学生"》，载 1929 年《新月》月刊第 1 卷第 12 期；译文《某女之幻想》（日本佐藤春夫原作），载 1929 年《新月》第 2 卷第 2 期。于此前后在《贡献》《文学周报》《雅典》《东方杂志》等刊发表翻译小说《少年》（日本谷崎润一郎原作）、《一夜之宿》（日本佐藤春夫原作），小说《仙台杂记》，随笔《舞蹈杂论》《谈日本之浮世绘》《奇人及其朋友》等亦署。②查士骧，见于小说《两个卖花人》，载 1921 年《文学周报》第 141 期；随笔《上海的华民》，载 1925 年《现代评论》第 2 卷第 43 期。嗣后在《浅草》《贡献》《北新》《东方杂志》《南华文艺》《矛盾月刊》《新文学》《现代学生》等刊发表《沪宁车中之夜》《唐琼杂笔》《海上通信》《剧作家友琴·沃尼尔》《最近的英国文坛》《W 镇的贞操（小说）》《某自杀阶级者》《黑衣男子和我》《日本大学漫谈》《查尔勃伦查》《由绝望到希望》等随笔、小说和译作亦署。③远生，署用情况未详。

【zhai】

翟尔梅（? —1949），河北唐山人。原名翟庆和。笔名：①翟尔梅，见于杂文《"死"的随笔》，载 1948 年上海《论语》第 146 期；诗《歌三章》，载 1948 年青岛《文艺》第 4 期。此前后在北平《华北日报·文学》《正风月刊》、青岛《民民民》月刊、天津《大公报·星期文艺》发表诗《我歌颂你们》、评论《关于〈文学枝叶〉》等，出版诗集《石城底青苗》（与郑梦、王孝先、曹镜湖、杨金忠合集。1944 年）亦署。②顾乐才、尔梅，署用情况未详。

翟国瑾（1919— ），河北人。笔名：①翟国瑾，出版长篇小说《柳李飘零》（香港亚洲出版社，1955 年初版），译作《世界通史（下册）》（美国卡尔顿·海斯等原作。台北黎明文化事业股份有限公司，1980 年）、《雷根革命》（美国罗兰·埃文斯、罗伯特·诺瓦克原作。台北正中书局，1982 年）、《隆纳德里根》（美国鲍雅斯基原作。台北正中书局，1987 年）等署用。②隐辉、翟玉，署用情况未详。

翟剑萍（1929—2005），山东蓬莱。原名翟恩泰。笔名翟剑萍，20 世纪 50 年代后创作和发表剧本、出版话剧剧本《迎春花》（山东人民出版社，1962 年）《不平静的海滨》（与李德顺等合作。山东人民出版社，1978 年）《沉浮》（山东人民出版社，1979 年）等亦署。按：

1946 年开始在解放军战士剧团编秧歌剧《不要杀他》等作品，署用情况未详。

翟永坤（1900—1957），河南信阳人，字资生。笔名：①翟永坤，见于小说《紫阳湖畔》，载 1926 年 4 月 15 日北京《法政学报》第 5 卷第 1—2 期合刊；随笔《拷问》，载 1928 年上海《语丝》第 4 卷第 11 期。嗣后在该刊及《北新》《晨报副镌》《创作与批评》《文艺月刊》《青年界》等刊发表作品，出版小说集《她底遗书》（上海开明书店，1928 年），诗文集《灾梨集》（与朱大柟、王余杞合集。北平文化学社，1928 年）等亦署。②永坤，见于《自杀之前》，载 1928 年 7 月 30 日《语丝》周刊第 4 卷第 31 期；《毛太太》，载 1930 年 7 月 7 日北平《骆驼草》第 9 期。③容坤，署用情况未详。

【zhan】

詹安泰（1902—1967），广东饶平人，字祝南，号无庵、无盒。笔名：①詹安泰，见于论文《杨凭发陵考辨》，载 1940 年 3 月国立中山大学研究院文科研究所中国语言文学部《语言文学专刊》第 2 卷第 1 期；旧体诗《黄田坝舟中与友快谈连日》，载 1941 年 8 月 16 日重庆《文史杂志》第 1 卷第 10 期。嗣后在《文史杂志》《文教》《文学》《文讯》《论坛杂志》《民主时代》《饶平青年》《子曰丛刊》发表《词境新诠》《诗的批评》《关于词的批判》《谈拙质美》《论诗中的理致》等文，出版《屈原》（上海人民出版社，1957 年）、《中国文学史：先秦两汉部分》（高等教育出版社，1957 年）、《宋词散论》（广东人民出版社，1980 年）、《离骚笺疏》（湖北人民出版社，1981 年）、《古典文学论集》（广东人民出版社，1984 年）等亦署。②詹安泰祝南，见于论文《论寄托》，载 1936 年上海《词学季刊》第 3 卷第 3 期（刊目录署名詹安泰）。③无盒、祝南，署用情况未详。

詹冰（1921—2004），台湾苗栗人，原名詹益川。笔名：①绿炎，1943 年发表诗作署用。②詹冰，20 世纪 50 年代起在台湾《新生报》副刊、《笠》诗刊等报刊发表诗作署用。嗣后出版诗集《绿血球》（台中笠诗社，1965 年）、《实验室》（台中笠诗社，1986 年），童诗集《太阳·蝴蝶·花》（台北成文出版社，1981 年），诗文集《变》（台中市立文化中心，1993 年），小说集《母亲的遗产》，儿童剧《日月潭的故事》《牛郎织女》等亦署。

詹大树（1900—1943），湖北蕲州（今蕲春）人。原名詹闰生，字汝恭，号握存。曾用名詹运生。笔名詹大树，出版译作《歌德与席勒通信集》《叔本华的意志自由论》等署用。

詹文浒（1905—1973），浙江诸暨人。原名詹渭，字文浒。笔名：①文浒，见于《我们的话》，载 1938 年 3 月 12 日上海《青年周报》创刊号。②詹文浒，见于《现代哲学的派别》，载 1933 年《光华大学半月刊》第 2 卷第 3 期；散文《柏林生活素描》（上），载 1938 年

6 月 11 日上海《青年周报》第 14 期。此前后在上述两刊及《太平导报》《教育杂志》《民族与国家》等刊发表文章，出版游记《欧美透视：环游心影录》（上海世界书局，1938 年），译作《哲学的故事》（美国威尔·杜兰特原作，与胡贻谷合译。上海青年协会书报部，1929 年）等亦署。

詹锳（1916－1998），山东聊城人，字振之，号振文。笔名詹锳，见于论文《李白蜀道难本事说》，载 1942 年成都《学思》第 2 卷第 8 期；论文《李白之生平及其诗》，载 1943 年《思想与时代》第 24 期。此前后在《东方杂志》《文史杂志》《读书通讯》《真理杂志》等刊发表《李白家世考异》《玉台新咏三论》《四声研究》《乐府五音与字调五音》等文，出版《李白诗论丛》（作家出版社，1957 年）、《李白诗文系年》（作家出版社，1958 年）、《唐诗》（上海古籍出版社，1979 年）、《语言文学与心理学论集》（齐鲁书社，1989 年）、《〈文心雕龙〉的风格学》（人民文学出版社，1982 年）、《〈文心雕龙〉的时代风格论》等亦署。

湛卢（1922－1987），四川夹江人。原名王文琛。笔名：①湛卢，1938 年在成都《新民报》副刊发表文章开始署用。嗣后在四川成都《时事新报》《民生报》《西方日报》《西方夜报》《光明晚报》、重庆《新华日报》《大公报》《大公晚报》《世界日报》《唯民周刊》《活路》《职业青年》、上海《新音乐》《新诗歌》以及《万县日报》《川东日报》《民主》（星期刊）等报刊发表诗、歌词、随笔、杂文等，1979 年后出版童话《猴子磨刀》（少年儿童出版社，1956 年）、《狐狸审案》（重庆出版社，1982 年）、《审判伊索的寓言》（少年儿童出版社，1986 年），唱词《三不管》（与叶一合作。四川人民出版社，1957 年）以及选编《四川歌谣选》（与罗泅合作。重庆人民出版社，1955 年）等均署。②王命，见于小说《进城记》，载 1945 年 10 月 3 日重庆《新华日报》。嗣后在该报发表《他死得不闭眼睛》等文亦署。③王却、王笙、巨阙、上官敌、W.S.，20 世纪 40 年代在重庆《新华日报》《世界晚报》和成都报刊发表诗、小说、散文、杂文等署用。

【zhang】

张艾丁（1910－1987），安徽桐城人，生于山西太原。原名张煜遐，字丽云。笔名：①张煜遐，见于话剧《民生主义之敌》，连载于 1927 年太原《民话报》。嗣后在山西省立教育学院《采社杂志》发表论文《戏剧概论》亦署。②丽云，1928 年编《民话报·蝴蝶》周刊时发表文章署用。③鹿丽，见于报告《太原演剧十年》，连载 1935 年太原《文艺舞台》月刊第 1 卷第 1 期至第 6 期合刊。1936 年在该刊第 2 卷第 1 期发表《〈太原演剧十年〉后记》亦署。④张丽云，抗战时期发表文章署用。⑤艾丁，1941 年在成都《南京夜报》《成都晚报》发表文章署用。见于小说《糠粃》，载 1941 年桂林《中学生战时半月刊》第 45、46 期合刊；翻译小说《教育》，

载 1947 年天津《人民世纪》第 1 卷第 6 期至第 7 期；诗《远方》，载 1947 年上海《文艺青年》第 14 期；嗣后出版翻译剧作《莫斯科性格》（苏联梭福罗诺夫原作。北京大众书店，1949 年）、《克里姆宫钟声》（苏联包戈金原作。天下图书公司，1950 年）、《十二个月》（苏联马尔夏克原作。天下图书公司，1950 年）、《不知道的父亲》（苏联希克瓦金原作。中华书局，1951 年）等亦署。⑥沙文，见于评论《漫谈后方都市的〈文艺运动〉》，载 1941 年《南京夜报·火炬》。⑦张艾丁，1949 年后发表文章，出版京剧剧本《林则徐》（北京宝文堂书店，1959 年）、曲艺集《自掘坟墓》（作家出版社，1958 年）亦署。

张爱玲（1921－1995），美籍华人，原籍河北丰润（今唐山市），生于上海。原名张煐。英文名 Eileen Chang。笔名：①张爱玲，见于小说《不幸的她》，载 1932 年上海圣玛利女校年刊《凤藻》总第 12 期。嗣后在《天地》《紫罗兰》《古今》《杂志》《万象》《飙》《春秋》《苦竹》《小天地》《太平洋周报》等刊发表小说、随笔、绘画作品，出版散文集《流言》（上海五洲书报社，1944 年），中篇小说《倾城之恋》（汉口大楚报社，1945 年），长篇小说《红玫瑰》（北平沙漠书店，1945 年）、《赤地之恋》（香港天风出版社，1954 年）、《秧歌》（香港今日世界社，1954 年）、《怨女》（台北皇冠出版社，1966 年）、《海上花列传》（台北皇冠出版社，1983 年），短篇小说集《传奇》（上海杂志社，1944 年）、《张爱玲短篇小说集》（香港天风出版社，1954 年），散文集《张看》（台北皇冠出版社，1976 年）、《红楼梦魇》（台北皇冠出版社，1977 年）、《惘然记》（台北皇冠出版社，1983 年），文集《余韵》（台北皇冠出版社，1987 年）、《续集》（台北皇冠出版社，1988 年）等亦署。②霜庐，见于翻译小说《红》（英国毛姆原作），载 1948 年上海《春秋》第 5 卷第 6 期。嗣后在该刊第 6 卷第 2 期发表翻译小说《蚂蚁和蚱蜢》（英国毛姆原作）亦署。（一说该笔名系吴江枫所用，存疑备考）③梁京，见于长篇小说《十八春》，连载于 1948 年上海《亦报》（《十八春》后改写，更名为《半生缘》）。1951 年 5 月在该报连载中篇小说《小艾》亦署。④王鼎、徐京、范思平，署用情况未详。⑤Eileen Chang，发表英文作品、英译中文著作署用。

张白怀（1924－　），广东新会（今江门市）人。原名张其霱。曾用名张恺之。笔名：①张恺之，见于《锻炼》，载 1941 年上海《中美日报·集纳》。嗣后在上海《正言报·大众文艺》发表《码头工作者》、在金华《正报》副刊发表《寒夜书》《风云梦的启示》、在天目山《民族日报·实生活》发表《行列》《京杭国道》等散文亦署。②恺之，见于《一个从上海回来的朋友》，载 1942 年 1 月金华《东南日报·笔垒》。③张白怀，1942 年起在天目山《民族日报·实生活》及《文艺堡垒》半月刊发表小说《雨雪天》《前程》《冷暖》《圈内》、散文《幸福》《残年》《道旁》、诗《诛夷坞诗钞》，1946

年起在上海《大公报·文艺》《文汇报·笔会》《申报·春秋》、南京《中央日报·文艺》等报刊发表散文、小说署用。嗣后出版小说集《人性的恢复》（上海群力出版社，1947年）、散文集《双叶集》（与朱为先合集。华东师范大学出版社，2010年）亦署。④何名、马放原，1942年起在天目山《民族日报·实生活》及《文艺堡垒》半月刊发表杂文署用。嗣后在南京《中央日报·黑白》发表随笔亦署。⑤慕白、牛何之、丁惕、亦飘萍，1946－1947年在南京《中央日报·黑白》发表随笔、剧评等署用。

张白山（1912－1999），福建福安人。笔名：①白山，1934年开始发表文章署用。见于散文《幽窗小记》，载1936年1月1日杭州《之江期刊》第5期；书评《〈新文学教程〉》，载1937年3月10日上海《生活学校》（陈子展编）第1卷第1期。②白灵，1935年在上海《读书生活》等刊发表文章署用。③张白山，见于小说《毁灭》，载1936年杭州《之江期刊》第5期；译文《从冀察晋边区归来》（H.汉森原作），载1938年6月16日汉口《时事类编特刊》第17期。此前后在《自由中国》《文学月报》《全民抗战》《文艺杂志》《广西妇女》《时与潮文艺》《文艺丛刊·人间》等报刊发表小说《王参议》《麦麦老师》、报告文学《大洪山中来去》、随笔《鬼与文学》《由娜拉想的两三事》等亦署；1949年后出版散文集《苦涩的梦》（海峡文艺出版社，1993年）、《危楼散墨》（学苑出版社，1999年），论著《宋诗散论》（上海古籍出版社，1984年），传记《王安石》（上海古籍出版社，1986年），选注《王安石及其作品选》（上海古籍出版社，1998年），翻译出版剧作《卍字旗下》（英国劳合与维诺格拉迪夫原作。重庆五十年代出版社，1941年）、小说《主与仆》（俄国列夫·托尔斯泰原作。现代出版社，1948年）等亦署。④如晦、甘棠、晦室、残庵、弓庵、圣予、圣俞、圣野、江蓠、怀沙、苏阳、默父（fǔ）、北山、伯山、泊生、伏敔（yǔ）、敔堂，1946－1949年在重庆《大公报》《新蜀报》《全民抗战》《文学月报》《新民报》《商务日报》《读书与生活》及上海《新民报》《商务日报》《文化报》副刊等报刊发表文章署用。⑤穆阳、韩阳，20世纪50年代初在上海《解放日报》发表文章曾署用。

张笔仁（1925－　），福建连城人。笔名沙畚、杜若、SL，1942－1949年在福建永安《民主报》、长汀《汀江日报》、厦门《江声报·人间》《星光日报·星星》、龙岩《闽西日报》、汕头《星华日报》、湖南《长沙日报》、江西《大纲报》等报刊发表诗、散文署用。

张毕来（1914－1991），贵州凯里人。原名张启权。曾用名张一之、张四维、张修文。笔名：①张毕来，见于译作《监狱风景线》，载1942年桂林《文化杂志》第2卷第5期。1949年在桂林《新道理通俗》半月刊发表旧史新说《阿Q的祖宗——黄帝》《击壤老人的歌儿》等，1951年在《新中华》半月刊发表论文《〈文学革命论〉及其作者当年的思想》，出版专著《欧洲文学史简编》《新文学史纲（第一册）》、随笔集《漫说佛红楼》《红楼佛影——清初士大夫禅悦之风与〈红楼梦〉的关系》《贾府书声》《谈〈红楼梦〉》《红学刍言》、文集《张毕来文选》，翻译印度尼赫鲁之《走向自由·尼赫鲁自传》、英国乔治·艾略特的长篇小说《亚当比德》、苏联穆沙托夫的长篇小说《小北斗村》《监狱·我的第二家庭》等亦署。②毕来，见于翻译散文《铁窗内外》（印度尼赫鲁原作），载1942年桂林《半月文萃》第1卷第5、6期合刊。嗣后在《文化杂志》《科学知识》等刊发表译文《监狱风景线》（印度尼赫鲁原作）、《北极圈的新宝藏——加拿大，镭的出产地》等，出版《监狱，我的第二家庭》（印度尼赫鲁原作。桂林远方书店，1942年）、《印度尼赫鲁自传：走向自由》（桂林远方书店，1945年）亦署。③张一之，见于通讯《台湾义勇军》，载1938年《译报周刊》第21期。

张碧梧（1891－？），江苏仪征人。笔名：①碧梧，见于小说《税潮》，载1919年上海《小说月报》第10卷第7期。嗣后在《星期》《小说新报》《小说日报》《新上海》《太平洋画报》等刊发表小说《四个生育过多的妇人》《汗的代价》等署用。②张碧梧，见于小说《劫后余生》，载1921年上海《小说画报》第12期；小说《虚荣》，载1921年上海《礼拜六》第103期。嗣后在《礼拜六》《半月》《星期》《游戏世界》《小说世界》《快活》《小说日报》《心声》《社会之花》《紫罗兰》《新上海》《万岁》《新家庭》《永安月刊》《社会月报》等刊发表小说《未亡人》《毒瓶》《水里罪人》《妻的奴隶》《偏爱》《箱中女尸》《虚伪的贞操》《万劫不复》《无可奈何的爱》《聪明人说的呆话》《穷人的女儿》、翻译小说《窗中怪影录》（英国弗雷蒂尔·索恩原作）、《父亲的真爱》（英国艾米莉·加尔文·布雷克原作）等，出版小说集《张碧梧说集》（上海大东书局，1927年）、翻译小说《白室记》（上海大东书局，1926年）、《重圆记》（美国巴洛兹原作。上海商务印书馆，1927年）、《重圆记》（英国勃罗浦斯原作。上海商务印书馆，1934年）等亦署。

张冰，生卒年不详，江苏淮安人，字雪抱。笔名张冰，在《南社丛刻》发表诗文署用。

张冰独，生卒年及籍贯不详。笔名：①冰独，见于诗《当夏天爬上了枝头》，载1936年7月16日上海《广播周报》第94期；评论《蓬岛情歌》，载1938年7月23日上海《华美日报·镀金城》；随笔《上海剧坛漫步》，载1942年上海《杂志》第9卷第5期。②张冰独，见于随笔《新片观后感》，载1938年12月20日上海《华美日报·镀金城》；随笔《张琬：张琬和婉温静》，载1939年上海《青青电影》第4卷第35期。同时期在上海《上海评论》《华美日报·镀金城》《正言文艺》《文艺月刊》《杂志》《太平洋周报》等刊发表诗《夜歌》、评论《〈春天里〉评》《评剧坛八月》《评〈醉生梦死〉》《姚克的〈鸳鸯剑〉》《论〈绿窗红泪〉》等亦署。

张伯驹（1898－1982），河南项城人。原名张家骐，字丛碧，号丛碧词人、好好先生、游春主人。笔名张伯驹，出版《乱弹音韵辑要》（与余叔岩合编。最初发表于《戏剧丛刊》第2—3期，后加以增补，更名为《京剧音韵》再版）、《丛碧词》（北平，1938年）、《素月楼联语》（上海古籍出版社，1991年）、《春游琐谈》（与他人合集。中州古籍出版社，1984年）、《红毹纪梦诗注》（香港中华书局，1978年）、《张伯驹词集》（文物出版社，2008年）等署用。

张伯苓（1876—1951），天津人。原名张寿春，字伯苓。笔名张伯苓，见于评论《今后我国之体育》，载1932年2月6日天津《体育周报》创刊号。嗣后在《勤奋体育月报》《生活周刊》《民意月刊》《上海文化》《中央日报周刊》《体育周报》《四川教育》《星岛周报》等报刊发表《感想与感谢》《深刻的印象》《体育与教育》《世界·中国·南开》《汪逆与国民参政会》等文，出版论著《学校训育问题》（中央训练团党政训练班，1939年）、《南开四十年》（1944年）、《张伯苓教育言论选集》（南开大学出版社，1984年）、《张伯苓教育论著选》（人民教育出版社，1997年）、《张伯苓全集》（1—10卷）（南开大学出版社，2015年）等亦署。

张采真（1902—1930），河北霸县（今霸州市）人，生于吉林盘石。原名张士隽。曾用名张采贞。笔名：①采真，见于随笔《伟大的画家》，载1925年10月19日北京《语丝》第49期；论文《对于译荄默涛底商榷》，载1926年《语丝》周刊第68期。嗣后在该刊及《文学周刊》《晨报副镌》《京报副刊》等报刊发表著译随笔、杂文亦署。②张采真，见于翻译戏剧《如愿》（英国莎士比亚原作。上海北新书局，1927年）、论著《怎样认识西方文学及其他》（北京朴社，1927年）、翻译小说《饥饿》（俄国塞门诺夫原作。上海北新书局，1928年）。③晴媚，见于翻译童话《真理的城》（匈牙利缪莲女士原作），载1928年上海《创造月刊》第2卷第5期；翻译童话《桥》（匈牙利缪莲女士原作），载1929年9月16日上海《语丝》第5卷第27期。嗣后在《语丝》发表翻译童话《帚》《夜的幻》（均匈牙利缪莲女士原作）等亦署。④人岚，见于报道《一九二九年的欧美文艺界》，载1930年1月13日《语丝》第5卷第44期。嗣后在该刊第5卷第46期发表《一九二九年的日本文艺界》亦署。⑤黄岚，出版翻译童话《真理的城》（匈牙利缪莲女士原作。上海北新书局，1930年）署用。

张藏郁，生卒年及籍贯不详。笔名秋娘，20世纪40年代创作电影剧本《孙夫人》署用。

张长弓（1905—1954），河南新野人。原名张聪致，字英才。笔名：①常工，1925年在北平《世界日报》副刊发表小说署用。嗣后见于评论《论〈裴特莱亚底死〉》，载1935年北平《文学季刊》第2卷第1期；评论《为鞍山就是为全国》《一面学习，一面建设》（和"爱芝"合署），载1952年《人民周报》第49期。出版小说集《名号的安慰》（北平景山社，1930年）亦

署。②长弓，见于论文《魏晋南北朝诗之演变大势》，载1930年北平《燕京大学月刊》第6卷第1期。③张长弓，1930年起在《河南教育》《岭南学报》《民间月刊》《妇女与儿童》《图书展望》《文艺先锋》《东方杂志》《文艺复兴》《国文月刊》《开明少年》《教育函授》《学习与生活》等刊发表《高中国文教材之我谈》《中国古代水神的传说》《荀卿的韵文》《论琵琶记故事》《中古游牧民族的音乐与诗歌》《论"吴歌""西曲"产生时的社会基础》《南阳俗曲之历史与源流》等文署用。嗣后发表论文《蔡琰悲愤诗辨》（载1945年上海《东方杂志》第41卷第7期）、《"鼓子曲"的搜集与整理》（载1948年1月10日上海《中央日报·俗文学》），出版论著《中国僧伽之诗生活》（1933年）、《中国文学史新编》（上海开明书店，1935年）、《文学新论》（上海世界书局，1946年）、《唐宋传奇作者暨其时代》（上海商务印书馆，1951年）、《张长弓曲论集》（河南文艺出版社，1986年），编选《先民浩气诗选注》（南京正中书局，1947年）、曲艺《鼓子曲言》（南京正中书局，1948年）、《金家滩》（新华书店中南总分店，1950年）、《河南坠子书》（生活·读书·新知三联书店，1951年）等亦署。

张常海（1930—1996），河北滦南人。笔名张常海、常海、伊栗、桑田、冀夫，著有报告文学《游击区的妇女领袖》《夜袭凯甲坟》《侦察员张二虎》、诗《北戴河杂咏》、散文《白宫归来》《副刊编辑工作随想》、评论《改革与文学》，曾编导纪录片《中国第一座露天煤矿——海州露天煤矿》《宝成铁路在建设中》。

张成（1896—1942），浙江鄞县（今宁波市）人。原名张大鉴，字月亭；后改名张成，字君武，号天机。笔名张成，著有《天机楼诗》一卷（1944年）。

张承宗（1910—1996），浙江宁波人。原名张德基，字履斋，号盂和。曾用名张人俊。笔名：①皖川、判依，1932年编辑《石榴》半月刊在该刊发表《代发刊词》《何以保华北》《民权保障同盟》《为镇海愚民辨》《清道夫》《漫谈的漫谈》等文章署用。②关联、依存、恭长，署用情况未详。③张承宗，出版文集《红艳千般》《晓珠天上》署用。

张楚琨（1912—2000），新加坡华人，原籍福建泉州。曾用名张楚云、张伯衡。笔名：①张冲，见于《椰林通讯——关于新兴文学几个问题的讨论》，载1929年8月30日马来亚新加坡《叻报·椰林》。同时期在该刊发表论文《关于文学上的几个问题》、散文《飘流到狮子岛去》《芦村之行》、小说《小酒店里》《最后的一夜》、诗《星河之下》《新世界之夜》等亦署。②楚云，见于诗《猪的哀号》，载1930年2月22日马来亚新加坡《叻报·椰林》。同时期在该刊发表小说《孤独的旅魂》《伟大的灭亡》、诗《春天》《岛上的黄昏》、散文《笔下乱草》《动与静》、评论《谈读诗》《批评家常犯的毛病》等亦署。③郁如，20世纪20年代后期起在马来亚新加坡《叻报·椰林》发表诗《致树上幽魂》、散文《新世

界素描》《观高剑父美术展览会后感》、评论《舞蹈与女学生与教育事业》、小说《春草》《冲出闲逸的诗塔》等署用。④郁，20 世纪 20 年代后期起在马来亚新加坡《叻报·椰林》发表散文《椰林》《杂感二则》、评论《宗教之必然的消灭》《论读英雄传记》等署用。⑤张楚云，见于诗《新世界之夜》，载 1929 年 12 月 5 日《叻报·椰林》。嗣后在该刊发表诗《戏院门口的苍脸》《岛上的黄昏》等亦署。⑥柯游、章南石，1937—1939 年间在马来亚新加坡《南洋商报·狮声》发表杂文、评论等署用。⑦楚声，见于《传声筒——答郁达夫先生》，载 1939 年 1 月 28 日新加坡《南洋商报·狮声》。⑧张楚琨，见于诗《戏院门口的苍脸》，载 1930 年 2 月 10 日新加坡《叻报·椰林》。中国华侨出版社 1994 年 9 月出版诗文集《张楚琨诗文选》亦署。

张传琨（1897—1961），浙江平湖人，字卓身，号子石。笔名：①张传琨，在《南社丛刻》发表诗文署用。②葡萄仙子，署用情况未详。

张春帆（1872—1935），江苏常州人。原名张炎，字春帆、春凡。笔名：①漱六山房，见于随笔《漱六山房梦话》，载 1920 年 2 月 24 日上海《晶报》；长篇小说《摩登女侠》，载 1928 年上海《明星日报》。此前后在上海《紫罗兰》《上海画报》《万岁》《珊瑚》《金钢钻月刊》等刊发表小说《九尾龟》《紫兰女侠》《烟花女侠》《春棠碧血》《烟花女侠》《世界浪人 J 先生》、随笔《秦淮风月记》《海上青楼沿革记》《汉皋回想记》等，出版《黑狱》《九尾龟》《九尾龟续集》《新果报录》《反倭袍》等亦署。②漱六山房主人，见于随笔《汉皋回想记》，载 1926 年上海《上海画报》第 162 期；小说《鸭蛋英雄》，载 1927 年上海《旅行杂志》第 1 卷春季号。同时期在上海《晶报》《上海画报》等刊发表《最新九尾龟》《秋星泪语》《九尾龟之沧海遗珠》《陆小曼母夫人曼华女士小史》等亦署。③张春帆，见于小说《旅行团之海军》，载 1927 年上海《旅行杂志》第 1 卷秋季号。嗣后在该刊及上海《万岁》《社会月报》等刊发表随笔《兰陵登塔记》《栲栳外史》、集锦小说《轮窬丽姝》（与张秋虫、周瘦鹃、严独鹤、王钝根、黄转陶、尤半狂、骆无涯、徐耻痕、张恂予合作）等，出版长篇小说《宦海》、翻译小说《情海波澜记》（英国培根原作）等亦署。④漱六山房主，1932 年在上海《平报》发表文章署用。

张春浩，生卒年及籍贯不详。笔名：①春浩，见于通讯《一封短短的热烈信》，载 1924 年 1 月 8 日上海《民国日报·觉悟》。②张春浩，见于小说《六个小学生的夏季生活》（与周颂华合作），载 1924 年上海《儿童世界》第 11 卷第 3 期；小说《弥月之喜》，载 1924 年 1 月 10 日上海《民国日报·觉悟》。同时期起在该刊发表评论《国历运动》、小说《晚间的来客》《胡介华底入学》、随笔《代乡间的学童呼吁》等作品，1931—1932 年间在《铁路月刊津浦线》发表《日本侵占东三省铁路之现状》《日本侵占辽吉后东北各铁路所受之损

失》《日本侵占东北及破坏铁路之暴行》《徐州一瞥》等文亦署。

张春桥（1917—2005），山东巨野人。原名张善宝。曾用名张一千、张兴、张国栋。笔名：①张春桥，见于散文《春雨之夜》，载 1932 年 4 月 17 日济南《山东民国日报·中学生之部》；散文《银铃》，载 1933 年 9 月 31 日济南《华蒂》创刊号；诗《俺们的青天》，载 1934 年《文学季刊》第 1 卷第 4 期。此前后在济南《山东民国日报·文艺周刊》《未央》、上海《新诗歌》《文学季刊》《民报》《中华月报》《太白》《创作》《东方文艺》《文学界》《时事新报·青光》《漫话漫画》《生活漫画》《中学生》《时论》《中流》《现实文学》《今代文艺》《中华日报·动向》《文学大众》《作品》《申报周刊》《申报文艺周刊》《小说家》《申报·自由谈》《申报月刊》《立报》《漫画世界》《生活知识》《动向半月刊》《热风》、青岛《青岛时报》、南京《中央日报·戏剧》、汉口《战地》《抗战文艺三日刊》、晋察冀《五十年代》《晋察冀日报》、天津《国闻周报》等报刊发表小说《驱逐》《一个土匪》、诗《我还有一只眼睛》、随笔《半瓶子醋》《俺们山东人》、散文《加速度，列车》《济南》、评论《论通讯员运动》《文艺新刊集评——〈光明〉》、通讯《汉奸吉思恭》《七月八日的晚上》等，出版散文集《访苏见闻录》（华东人民出版社，1954 年）、《今朝集》（新文艺出版社，1958 年）、《龙华集》（上海文艺出版社，1960 年）、论著《论对资产阶级的全面专政》（人民出版社，1975 年）等亦署。②春桥，见于散文《为国捐躯》，载 1932 年 4 月 22 日至 5 月 27 日济南《山东民国日报·潮》。嗣后在该刊及上海《新生》《大晚报》《立报·言林》《热风》《语文》、晋察冀《晋察冀日报》等报刊发表散文《先行者你安息吧》《鲁迅先生断片——我底悼念》、随笔《女性的悲剧》《速写红萝卜》《关于语言》等亦署。③罗之华，1935—1937 年在上海《申报》增刊发表文章署用。④克，见于诗《心事》，载 1936 年 1 月 31 日上海《小晨报》；随笔《读新语林创刊号》，载 1934 年 7 月 13 日上海《中华日报·动向》。⑤狄克，见于杂文《老鸦与胡适》，载 1936 年上海《知识》半月刊第 1 卷第 5 期；杂文《我们要执行自我批判》，载 1936 年 3 月 15 日上海《大晚报·火炬·星期文坛》。同时期起在上海《立报》《文学青年》《当代文艺》《漫画和生活》、汉口《全民抗战》、南昌《民族文艺》等报刊发表随笔《漫画是图画底武装》《也是文学管见》《吃饭之外》、评论《革命的诗歌》《自己与群众——评臧克家的诗》等亦署。⑥钱水晶，见于书评《回春之曲（田汉作）》，载 1936 年上海《书报展望》第 1 卷第 3 期。⑦水晶，见于随笔《新书短谈》，载 1936 年《书报展览》第 1 卷第 4 期。⑧蒲西，见于《给胡绳、焦风关于大众语文讨论的公开信》，载 1937 年上海《语文》第 1 卷第 5 期。1957 年在上海《解放日报》发表文章亦署。⑨徐汇，见于杂文《"今天天气……"》，载 1957 年 6 月 25 日上海《解放日报》。⑩吴松，见于杂文《陈仁炳的"另外一条道路"是什么？》，

载 1957 年 6 月 28 日《解放日报》。⑪常孰，见于杂文《质问彭文应》，载 1957 年 7 月 19 日《解放日报》。⑫子渔、何泽、子执、龙山、齐索、安得、何闻、路宾，1957 年在《解放日报》副刊发表文章署用。⑬江天，与江青、王洪文、姚文元共同笔名。⑭老狄、黄浦、长弓、露石、李怀之、辛味白、初澜、之渔、卢湾、安汤、刘化民，署用情况未详。

张纯一（1871－1955），湖北武汉人，字仲如，号定庐。笔名张纯一，见于论文《以孔教为国教之商榷》，载 1913 年上海《大同报》第 19 卷第 34 期；旧体诗《卧树》《游雁荡》，载 1913 年 7 月《宗圣汇志》第 1 卷第 3 期。同时期起在《大同报》《东方杂志》《心理》《海潮音》《微妙声》《文教丛刊》《学原》《政治季刊》等刊发表论文《家庭进化论》《鸦之心理》《佛说阿弥陀经之研究》、随笔《增订墨子闲诂笺叙》《墨子集解自叙》、旧体诗《净土颂》《七十晋一日述怀》等，出版《墨子闲诂笺》（上海定庐，1922 年）、《墨子与景教》（上海定庐，1923 年）、《墨子集解》（上海医学书局，1932 年）、《晏子春秋校注》（上海世界书局，1935 年）、《老子通释》（上海商务印书馆，1946 年）等亦署。

张次溪（1909－1968），广东东莞人。原名张涵锐，字次溪，号江裁、肇演、燕归来簃主人。曾用名张仲锐、张钟锐、张大都、张四郎。笔名：①张江裁，见于随笔《清代燕都梨园史料序》，载 1934 年苏州《文艺捃华》第 6 册。嗣后在《国立北平研究院院务汇报》《越风》《卫星》《国艺月刊》《古今》《同声月刊》等刊发表《明遗民张穆之先生事迹及遗稿》《清代燕都梨园史料续编自序》《银锭桥话往图记》《陈可园先生年谱》《崇效寺楸阴感旧图考》《灵璧苏东坡祠记》《汪子宿先生祠堂记》等亦署。②张次溪，见于随笔《近六十年故都梨园之变迁》，载 1934 年北平《剧学月刊》第 3 卷第 12 期；日记《双肇楼日记》，载 1937 年上海《青年界》第 12 卷第 1 期。嗣后在《实报半月刊》《卫星》《中和月刊》《中日文化》《真知学报》《政训月刊》等刊发表《记老云里飞》《庚戌轶闻》《北平天桥志》《自题燕归来簃图卷》《陶然亭小志》《吕碧城女士逝世》等，出版《梨园话》（与方问溪合作。上海中华印书局，1931 年）、《灵飞集》（天津书店，1939 年）、《李大钊先生传》（北京宣文书店，1951 年）、《人民首都的天桥》（北京修绠堂，1951 年）、《白石老人自传》（人民美术出版社，1962 年）、《清代燕都梨园史料（正续编）》（中国戏剧出版社，1988 年）、《天桥纵谈》（中国人民大学出版社，2006 年）等亦署。③次溪，见于随笔《二金因缘记》，载 1938 年上海《十日戏剧》第 1 卷第 27 期。④肇演、张大都、张四郎、双肇楼、袁庙祝陀（袁庙祝蛇、袁庙祝驼）、燕归来簃主人，署用情况未详。

张达心，生卒年不详，广西人。笔名玲心，1933 年前后在广西梧州宵征文艺社主办的《宵征文艺月刊》《梧州日报·宵征文艺周刊》《梧州大公报·子夜周刊》等发表诗、小说、剧作等署用。

张大旗，生卒年及籍贯不详，原名张镇湘。曾用名张天祺。笔名：①张大旗，20 世纪 30 年代在武汉报刊署用。又见于诗《我，抗议》，载 1948 年上海《新诗潮》第 1 期。嗣后在重庆《诗文学》《火之源文艺丛刊》等刊发表文章亦署。②天祺、大旗，1945－1947 年在西安、沈阳等地报刊发表诗歌署用。

张大千（1899－1983），四川内江人。原名张正权，字大千，号季爰、季蝯；别号阿爰、蜀客、啼鹃、法筏、弘丘子、爰大千、大风堂、下里巴人、八十四叟、三千大千、大千大帅、大千居士、环荜庵季、张环荜庵、两到黄山绝顶人、三到黄山绝顶人。曾用名张权、张爰、张蝯。笔名张大千，见于五律《登灵岩》，载 1941 年上海《永安月刊》第 115 期；旧体诗《西康纪游诗》，载 1948 年上海《生活月刊》第 6 期。

张岱年（1909－2004），河北献县人，生于北京，字季同，号宇同。笔名：①季同，见于评论《哲学概论》，载 1932 年北平《清华周刊》第 38 卷第 3 期。②张岱年，见于评论《评冯著中国哲学史》，载 1932 年上海《新月》第 4 卷第 5 期；论文《怀悌黑的教育哲学》，载 1934 年北平《师大月刊》第 12 期。1949 年后出版《中国哲学史史料学》（生活·读书·新知三联书店，1982 年）、《真与善的探索》（齐鲁书社，1988 年）、《张岱年学术文化随笔》（中国青年出版社，1996 年）、《张岱年全集》（河北人民出版社，1996 年）、《艺坛奏雅》（北京师范大学出版社，1997 年）、《往事如烟》（北京师范大学出版社，1997 年）、《云梦生涯》（北京师范大学出版社，1997 年）、《篷窗追忆》（北京师范大学出版社，1997 年）等亦署。③张季同，发表《姚舜钦著八大派人生哲学》《世界文化与中国文化》《哲学的前途》《中国哲学史中之活的与死的》等文署用。

张丹斧（1877－1937），江苏仪征人。原名张炳，字丹斧，号丹甫、无为。晚号丹翁赤老、后乐笑翁、通红的老头子、无厄道人。曾用名张延礼。笔名：①丹翁，见于短论《为什么新诗都做得不好》，载 1919 年 11 月 9 日上海《晶报》。嗣后在该报及《礼拜六》《太平洋杂志》《上海画报》等刊发表小说、杂文等作品多署此名。②张蛇、赤老、后乐笑翁，20 世纪 20 年代在上海《晶报》发表文章署用。③延礼、丹斧、张无为、无厄道人，20 世纪 20、30 年代在上海小报发表文章署用。

张盗邨，生卒年及籍贯不详。笔名：①盗邨，见于诗《稻村之围》，载 1923 年北京《京报·诗学半月刊》第 1 期。嗣后在该刊发表诗作《创造者》《母亲》《深夜》《心琴上的 L 弦》、随笔《小谈》及译诗《爱之神秘》等亦署。②张盗邨，见于独幕诗剧《母女诗》，载 1923 年北京《京报·诗学半月刊》第 8 期。嗣后在该刊第 15 期发表诗《生之恋歌》亦署。③邨，见于随笔《秦嘉留郡赠妇诗》，载 1923 年北京《京报·诗学半月刊》第 14 期。

张道藩（1897－1968），贵州盘县（今盘州市）人，原籍江苏南京。原名张振宗，字卫之。曾用名张道隆。笔名：①张道藩，见于随笔《画与看画的人》，载1926年8月4日北京《晨报副镌》；绘画《绿》，载1929年上海《金屋月刊》第1卷第1期。此前后在上述两刊及《中央周报》《浙江教育》《时事周报》《文艺月刊》《文艺》《抗战戏剧》《广播周报》《防空杂志》《教育通讯》《青年月刊》《东南青年》《华侨先锋》《时代精神》《戏剧新闻》《文艺先锋》《文化先锋》《社会教育》《国际编译》《青年时代》《新运导报》《兵役月刊》《宇宙文摘》等报刊发表评论《文艺界应有之努力》《戏剧与社会教育》《三民主义与戏剧》《关于"文艺政策"的答辩》《中西文化的差异论》、剧作《最后关头》《狄四娘》《自救》、电影剧本《再相逢》《密电码》等，出版话剧集《自救》（南京正中书局，1935年）、《狄四娘》（上海正中书局，1943年）、《最后关头》（南京国华印书馆，1937年）、《自娱》（中国文艺社，1934年）、《杀敌报国》（长沙国立戏剧学校，1937年）、《蜜月旅行》（上海正中书局，1945年）；1949年后去台湾，在《中央日报》《台湾新生报》《文艺创作》《联合报》《公论报》等报刊发表《论文艺作战与反攻》《论当前自由中国文艺发展的方向》《略论民生主义社会的文艺政策》《论当前文艺工作的三个问题》等，出版论著《三民主义文艺论》（台北文艺创作出版社，1954年）、散文集《甜酸苦辣的回味》（台北传记文学社，1968年）、《留学生之恋》（台北道藩文艺图书馆，1978年）、剧作集《张道藩戏剧集》（台北，1970年）等亦署。②卫之，见于书评《介绍梁龙先生著〈远东政治理想之战争〉（法文）》，载1943年《读书通讯》第76期。③余暇摩登夫，署用情况未详。

张涤华（1909－1992），安徽凤台人。原名张铸安。笔名：①张涤华，见于旧体诗《闲咏》《秋夜读书》《邀友人饮》，载1925年上海《学生文艺丛刊》第2卷第10集。1926年在该刊第3卷上集发表旧体诗《东村消夏杂咏》亦署。1949年后在《合肥师院学报》《江淮学刊》《光明日报》《语文学习》《安徽师大学报》《辞书研究》等报刊发表论文《驳胡适关于标点符号起源的谬说》《论〈康熙字典〉》《论秦始皇的书同文》《毛主席对文学语言的经典指示及其重大意义》《毛主席诗词的语言分析》《从字数上看汉字的演变》等，出版《类书流别》（上海商务印书馆，1943年）、《毛主席诗词小笺》（安徽人民出版社，1963年）、《张涤华语文论稿》（安徽教育出版社，1983年）、《古代诗文总集选介》（上海古籍出版社，1985年）、《张涤华目录校勘学论稿》（台湾学海出版社，2004年）、《张涤华文集》（安徽人民出版社，2009年），主编《汉语语法修辞词典》（与他人合作。安徽教育出版社，1988年）、《全唐诗大辞典》（山西人民出版社，1992年）等亦署。②攸沐、张多、徽凤，署用情况未详。

张棣赓（1914－1957），吉林珲春人，生于山东掖县

（今莱州市）。原名张魁祥。曾用名张建甫。笔名：①狄耕，见于总题为《白山黑水之间》之报告文学，连载于1936年上海《群众新闻日报》副刊；通讯《铁门外与铁门内》，载1938年1月1日《七月》第1集第6期。同时期或嗣后在上海《七月》《文艺阵地》《光明》、延安《解放日报》等报刊发表小说《动荡》《野蒜》等，出版小说《第六支渠鲜花开》（陕西人民出版社，1955年）亦署。②陆苍，1943－1948年在延安创作历史剧《投闯王》《红娘子》《宁武关》《古城会》《同胞仇》《瓦岗寨》《南宋风云》《打登州》《大名府》、现代剧《平鹰坟》《关中血债》《柏树林》等署用。1949年后出版鼓词集《两亩沙滩地》（西北人民出版社，1951年）、歌剧剧本《购棉》（与赵文才合作。西北人民出版社，1952年）、秦腔剧本《烈火扬州》（陕西人民出版社，1980年）等亦署。③莫东，见于小说《贿赂》，载1950年《西北文艺》12月号。嗣后出版历史剧剧本《大名府》（长安书店，1951年）亦署。④纪中，见于小说《拆墙》，载1952年11月《展望》杂志。同年陕西文艺出版社出版之快板集《工人阶级真伟大》亦署。⑤张棣赓，见于随笔《下乡演戏杂记》，载1949年延安《群众文艺》第11、12期合刊。1949年后发表文章，出版歌剧剧本《巧遇》（西北人民出版社，1951年）、秦腔剧本《游西湖》（与马健翎等合作。东风文艺出版社，1957年）等亦署。⑥高荣、张耕云、张建甫，署用情况未详。

张仃（1917－2010），辽宁黑山人，号它山。笔名张仃，见于随笔《漫画与杂文》，载1942年5月23日、25日延安《解放日报》。同年9月在该报发表随笔《街头美术》亦署。嗣后出版《张仃水墨画写生》（朝花美术出版社，1958年）、《张仃焦黑山水》（人民美术出版社，1979年）、《张仃漫画》（辽宁美术出版社，1985年）等亦署。

张东民，生卒年及籍贯不详。笔名：①张东民，见于评论《华文横行的商榷》，载1921年《新青年》第9卷第4期。②TM，见于随笔《谈性》，载1927年上海《北新》第1卷第37－40期合刊。1929年在该刊第3卷第10期发表《瑞姑婆婆》亦署。

张而冠，生卒年及籍贯不详。笔名翁耘圃，1944年秋在成都《华西晚报·华灯》发表文章署用。

张尔田（1874－1945），浙江钱塘（今杭州市）人。原名张采田，字孟劬，号遁盦、遁庵、许村樵人。笔名：①张采田，见于论文《古律书篇目源流者》，载1909年上海《国粹学报》第48、56期。②张尔田，见于七律《癸丑九月十日感事》《闰月五日梦后作》，载1915年《甲寅》第1卷第5期；文《杨仁山居士别传》，载《甲寅》第1卷第6期；论文《论六经为经世之学》，载1922年《亚洲学术杂志》第1卷第1期。嗣后在上述两刊及《学术》《宗圣学报》《学衡》《国学专刊》《学艺》《国学丛编》《清华周刊》《词学季刊》《燕京大学图书馆报》《国风半月刊》《学术世界》《新民月刊》《语

言文学专刊》《史学年报》《同声月刊》等刊发表评论《与王静安论今文学家书》《与龙榆生论温飞卿贬尉事》《与龙榆生论苏辛词》《与夏瞿禅论词人谱牒》《玉溪生诗评》、诗词《乙卯南归杂诗》《遁庵乐府》《新翻杨柳枝》《以旧误史微赠野侯媵之以诗》、随笔《黄晦闻诗集序》《玉溪生诗题记》等，出版《清列朝后妃传稿》（绿樱花馆，1929年）、《史微》（上海书店出版社，2006年）、《玉溪生年谱会笺》（上海古籍出版社，2010年）等亦署。③孟劬，见于词《采桑子·题顾起潜吴郡绍完复泉井栏拓本》，载1933年北平《燕大月刊》第9卷第3期。④遁堪、许村樵人，署用情况未详。

张凤（1887－1966），浙江嘉善人，字天方。笔名张凤，见于论文《形数检字法》，载1927年上海《一般》第2卷第2期；论文《木简急就篇校读》，载1931年上海《暨南大学文学集刊》第2集。此前后在《新时代》《涛声》《文艺茶话》《芒种》《秋野》《民铎杂志》《国立中山大学语言历史学研究所周刊》《江苏省革命博物馆月刊》《厦门图书馆声》《现实》《文物周刊》《浙江省通志馆馆刊》等刊发表《用各体诗译外国小诗实验》《张凤形数检字法》《中国史前之币制》《古耕织字的品物图证》等文，出版诗集《张凤活体诗》（上海群众图书公司，1935年）、《非非室诗集》及《图象文字名读例》《池上存稿集》《史前史》《张凤字典》，编选《天目印谱》《汉晋西陲木简汇编》等亦署。

张凤举（1895－1980），江西南昌人。原名张黄，字凤举、定璜。笔名：①定璜，见于翻译小说《生路》（俄国列夫·托尔斯泰原作），载1918年上海《民铎杂志》第4期。②凤举，见于翻译小说《怪脚》（英国切斯特顿原作），载1919年上海《民铎杂志》第1卷第6期；《通信》，载1923年上海《创造季刊》第1卷第4期。1933年1月在上海《申报·自由谈》发表随笔《释和平》《释战争》亦署。③张黄，见于翻译小说《白璞田太太》（法国莫泊桑原作），载1919年北京《新青年》第6卷第3期。④张定璜，见于小说《路上》，载1923年上海《创造季刊》第1卷第4期；翻译剧本《死及其前后》（日本有岛武郎原作），载1923年上海《东方杂志》第20卷第19－24号。嗣后在《语丝》《现代评论》《猛进》《莽原》《沉钟》《救亡日报》等报刊发表译诗《殉情诗抄》（日本佐藤春夫原作）、信函《寄木天》、随笔《读〈超战篇〉同〈先驱〉》《檄告国民军》等亦署。⑤张凤举，见于记录《东洋美术的精神》（日本泽邨太郎讲），载1923年7月2日至10日北京《晨报副镌》。1945－1946年在《民主周刊》杂志发表评论《民瘼》《给政治协商会议》亦署。

张佛千（1907－2003），安徽庐江人。原名张应瑞。笔名：①张佛千，见于随笔《暑假中应该做些什么事》，载1936年上海《青年界》第10卷第1期；随笔《我对于民族战争文学的一点意见》，载1940年西安《黄河》创刊号。②佛千，见于随笔《五全代会观》《兴登堡与军训》，载1934年《老实话》第34期。1935年10月在上海创刊《十日杂志》并发表《开宗明义》《两个印象》《迎一九三六年》等文亦署。

张赣萍（1920－1971），江西萍乡人。原名张振之。笔名三郎、张帆、萧闲、赣萍、张海山、张赣萍、江湖客，在香港报刊发表文章署用。曾出版《弹雨余生述》等。

张个侬，生卒年不详，江苏丹徒（今镇江市）人。原名张剑云，字竹君，号个侬、乐观斋主人。笔名：①张个侬，见于长篇小说《绘图说唱水浒还魂记》（上海大同书局，1924年）。嗣后发表长篇小说《巾帼春秋》（连载于1925年上海《晓报》），出版《九龙山侠盗奇术》（1927年）、《情海新潮》（上海大中华书局，1930年）、《石破天惊录》（上海南方书店，1937年）、《关东奇侠传》（吉林文史出版社，1985年）等亦署。②凤侪生，出版长篇小说《金迷之场》（上海开元书局，1935年）署用。嗣后发表社会小说《迷人宫》等亦署。

张庚（1911－2003），湖南长沙人，原名姚禹玄。笔名：①姚禹玄，见于散文《旧稿》，载1928年《中央日报特刊》第4卷第5－6期。②禹玄，见于散文《月落时之钟声》，载1929年上海《北新》半月刊第3卷第10期。1931年前后在武汉编《煤坑》旬刊并发表美学理论文章等亦署。③张庚，见于评论《大众语论战中之几个成问题的问题》，载1934年7月10日上海《中华日报·动向》；随笔《伟人跟戏剧》，载1935年上海《人间世》第38期。嗣后在《文学》《太白》《生活知识》《读书生活》《通俗文化》《新学识》《自修大学》《光明》《文学界》《电影戏剧》《希望》《戏剧时代》《新演剧》《生活学校》《七月》《抗战戏剧》《认识月刊》《语文》《时事类编特刊》《剧场艺术》《读书月报》《中国文化》《大众文艺》《戏剧春秋》《天下文章》《北方文化》《东北文化》《太岳文化》《东北日报》等报刊发表文章《戏剧的国防动员》《读〈日出〉》《谈街头戏》《我们用什么态度对待旧戏》《各种艺术在戏剧中的综合》《旧剧艺术的研究》等亦署。出版《中国话剧运动史》《中国话剧运动大事编年》《话剧民族化与旧剧现代化》《戏剧艺术引论》《论新歌剧》《论戏曲表现现代生活》《戏曲表演问题》《戏剧概论》《戏曲艺术论》《中国戏曲艺术概论》《张庚戏剧论文集》，编选《打回老家去》《秧歌剧选集》，主编《中国古典戏曲论著集成》《中国戏曲通史》（与郭汉城共同主编）、《中国大百科全书·戏曲卷》《中国戏曲通论》（与郭汉城共同主编）、《当代中国戏曲》《中国戏曲志》《戏曲选》等亦署。

张弓¹（1899－1986），江苏灌云人。原名张槃铭。笔名张弓，出版论著《中国文学鉴赏》（北平文化学社，1932年）、《教育学·心理学》（学术期刊出版社，1988年）、《现代汉语修辞学》（河北教育出版社，1993年）、《汉唐佛寺文化史》（中国社会科学出版社，1997年）、《敦煌典籍与唐五代历史文化》（中国社会科学出版社，2006年）及《文学原论》《中国修辞学》《文艺心理》等署用。

张弓²（？－1986），广东中山人。原名张一鸿。笔名张弓，见于诗《流亡》，载1939年广州《文艺阵地》第2卷第8期；诗作《仿佛》，载20世纪30年代香港《今日诗歌》创刊号；诗《天鹅（外一章）》，载1941年北平《艺术与生活》第16期。

张谷雏（1890－1968），广东顺德（今佛山市）人。原名张虹，号申斋。笔名：①张虹，见于译文《大选前英国的政治动向》（美国珂可·柯尔麦克原作），载1948年重庆《文汇周报》第4卷第7－8期合刊。②张谷雏，见于七律《九日登楼》，载1948年广州《综合评论》第1卷第8期。

张谷若（1903－1994），山东烟台人。原名张恩裕，字谷若。笔名：张谷若，出版译作《德伯家的苔丝》（繁体字版）（英国托马斯·哈代原作。上海商务印书馆，1935年）、《还乡》（英国托马斯·哈代原作。第一部，上海商务印书馆1935年出版；第二部，上海文艺联合出版社1954年出版）署用，1957年出版《德伯家的苔丝》简体字版亦署。嗣后出版《还乡》简体字版，翻译出版英国萧伯纳的戏剧《伤心之家》、英国托马斯·哈代的《无名的裘德》、英国狄更斯的《大卫·考坡菲》《游美札记》、英国亨利·菲尔丁的《弃儿汤姆·琼斯史》、英国莎士比亚的长诗《维纳斯与阿都尼》等亦署。

张光厚（1881－1932），四川富顺人，字天民，号荔丹。笔名：①天民、荔丹，1905年在《鹃声》发表诗作署用。②张光厚，在《南社丛刻》发表诗文署用。

张光萱，生卒年不详，四川营山人，字稚香。笔名张光萱，在《南社丛刻》发表诗文署用。

张海鸥（1921－　），广东潮阳人，生于暹罗万磅。笔名：①沃野、秦行之，1942－1945年在汕头《星华日报》《建国日报》、潮阳《潮阳民国日报》《大光报》，1946－1949年6月在暹罗曼谷《中原报》《光华日报》《全民报》《华侨日报》发表诗歌、散文等署用。②杖蒌，1946－1949年6月在暹罗《光华报》《民主新闻》《全民报》《华侨日报》等报刊发表讽刺故事《孔夫子游潮汕》《钟馗的愤怒》、小说《横祸》《秦校长》及诗、杂文等署用。③张弩、麦海、火奴鲁，20世纪40年代在暹罗报刊发表文章署用。

张寒晖（1902－1946），河北定县（今定州市）人。原名张兰璞，字含晖。笔名：①张寒晖，见于《游击乐》，载1939年6月16日桂林《救亡日报·文化岗位》。②佚名，发表歌曲《松江花上》署用。

张汉（1888－1941），台湾新竹人，字纯甫。笔名寄痴、筑客、客星、寄星、渔星、老钝、寄民、张汉、张纯甫、纯甫、张筑客，1915－1930年在台北《台湾日日新报》发表《送逸涛社兄渡厦》《送抟秋社兄归惠安》等旧体诗署用。

张汉英（1872－1916），湖南醴陵人，字蕙芬，号惠风。笔名张汉英，在《南社丛刻》发表诗文署用。

张颔（1920－2017），山西介休人。原名张连捷。笔名张颔，出版小说集《姑射之山》（太原工作与学习杂志社，1946年）、诗集《西里维奥》（太原北风社，1948年）等署用。

张㦎，生卒年及籍贯不详。笔名流沙，见于《海上寄H》，载1926年《沉钟》半月刊第3期。

张鹤群，生卒年及籍贯不详。笔名：①鹤群，见于诗《埋葬的爱》，载1923年《小说月报》第14卷第11期。②张鹤群，见于诗《烦恼的夜里》，载1923年上海《小说月报》第14卷第2期；诗《草地上》，载1923年上海《诗》第2卷第1期－2期；译诗《湖歌》（美国昂特梅耶原作），载1923年上海《诗》第2卷第1期。同时期或嗣后在上述两刊及上海《民国日报·觉悟》《国学专刊》《人间世》等刊发表诗《愿》《自你死了之后》《我要死了》《你真迷惑了》、随感《新世坛上的恋歌》《出版家经验谈》、评论《论苏辛诗之异同》等亦署。

张恨水（1895－1967），安徽潜山人，生于江西广信。原名张心远。笔名：①愁花恨水生，1913年在苏州垦殖学校时投稿署用。②随波，1914年在上海《申报》《新闻报》发表通讯署用。③恨水，1915年在汉口小报发表文章开始署用。又见于长篇小说《春明外史》，连载于1924年4月12日至1929年1月24日北京《世界日报·明珠》。嗣后在该刊及《戏杂志》《礼拜六》《世界晚报·夜光》《益世报益世·俱乐部》《世界画报》《新晨报》《万象》《民意周刊》《沈阳新民晚报》《北平晨报·北晨艺圃》《晶报》《中央日报·中央公园》《申报·春秋》《锡报》《上海立报》《南京晚报》《新民报·最后关头》《香港立报·花果山》《旅行杂志》《金华东南日报·笔垒》《北平新民报·驼铃》《北平新民报·北海》等报刊发表小说《甚于画眉》《京尘幻影录》《剑胆琴心》《八十一梦》、小小说《买伞》《门房里》、随笔《戏迷的闺房乐》《擦脂抹粉的白话文》《钟馗来自一梦》《哀海上小说家毕倚虹》、词《满庭芳》、诗《旧戏皮漏歌》《商咏物诗》《静坐》《黄昏细水》等文亦署。④小记者，见于随笔《中国人的命每条五十元》，载1925年6月3日北京《世界日报·明珠》。嗣后在该刊及《世界晚报·夜光》《新民报晚刊》报等刊发表随笔《文人相轻文丐不在内》《未来的北京》《黄任之废除结婚》等亦署。⑤水，见于随笔《记着今年吃粽子的时候》，载1925年6月26日北平《世界日报·明珠》。嗣后在该刊及《世界晚报·夜光》《益世报·益世俱乐部》《晶报》《立报》《新民报·最后关头》《香港立报·花果山》《时事新报·青光》《新民报·上下古今谈》《北平新民报·北海》等报刊发表随笔《灯光下的黑暗》《幕外戏》《谈谈北京的戏院——第一个舞台》《张丹翁小品文字精华》《有感于小说家之疑案》《无情妙对》《文坛撼树录》等文亦署。⑥哀梨，见于随笔《使明珠者必知》，载1925年10月16日北平《世界日报·明珠》。嗣后在该刊及《世界晚报·夜光》《万象周刊》

《北平新民报·北海》等报刊发表评论《话片评》、随笔《新老虎出京》《坦然得到的一个特刊》《又一个诗的特刊》《赌咒的艺术》、诗《新好了歌》《坤伶十首》、唱词《小热昏》、词《芦沟晚唱水调歌头》等亦署。⑦天柱山樵，见于杂文《二乔与二桥》，载1926年3月5日北平《世界日报》。⑧梨，见于杂文《旧戏挖苦调人者》，载1926年6月北平《世界晚报》；随笔《酸葡萄》，载1927年9月6日北京《世界晚报·夜光》。嗣后在该报及《世界日报·明珠》《北平晨报》发表随笔《识货不在比》《既吃鱼又避腥》《更无一怒为倾城》等文亦署。⑨布衣，见于随笔《可怕呀》，载1926年9月29日北京《世界晚报·夜光》。嗣后在《新闻报·茶话》《新民报·最后关头》《新民报晚刊·西方夜谭》等报刊发表随笔《誓雪国耻之蔡霖生》《茶房的态度》《文官不爱钱？》等文亦署。⑩我，见于随笔《替古人担忧》，载1926年12月22日北京《世界晚报·夜光》。⑪旧燕，见于通信《推荐兽阁教长》，载1927年3月11日北京《世界晚报·夜光》。嗣后在《旅行杂志》《晶报》《新民报·最后关头》《新民报晚刊》《新民报·上下古今谈》等报刊发表散文《风絮小志》、随笔《由欧战的空战想回来》等文亦署。⑫半瓶，见于随笔《〈审头刺汤〉之谬点》，载1927年7月4日北京《世界晚报·夜光》。嗣后在该刊及《世界日报·明珠》发表评论《人情剧〈状元谱〉》《老谭在沪之珠帘寨》《粤曲之词句》等文亦署。⑬百忍，见于随笔《又是一个太上纪元》《为咸使人知起见》，分别载1927年7月17日和18日北京《世界晚报·夜光》。⑭哀，见于随笔《兔儿爷的价值》，载1927年9月3日北京《世界晚报·夜光》。嗣后在该刊及《世界日报·明珠》发表随笔《同情非偶然》《舍正路而不由》《天与穷人为难》《昆曲枝言》《不解之戏》等文亦署。⑮恨，见于随笔《好大蚊子》，载1927年9月15日北京《世界晚报·夜光》。⑯张恨水，见于长篇小说《春明外史》，1928年9月20日起在沈阳《新民晚报·星期画报》连载；社论《苏俄对华之战的态度》，载1929年9月16日北平《世界日报》。嗣后在《上海画报》《新家庭》《礼拜六》《旅行杂志》《万岁》《金钢钻月刊》《社会月报》《时事月报》《中国社会》《小说月报》《弹花》《文艺月刊·战时特刊》《文艺》《华北画报》《上海画报》《红玫瑰》《社会日报》《大晶报》《福尔摩斯》《中国日报》《大陆新报》《新闻报·快活林》《申报·春秋》《锡报》《立报》《南京人报》《北平实报》《晶报》《立煌晚报》《抗战文艺》《万象》《大众》《春秋》《愿望》《周报》《子曰丛刊》《人民文艺》《香港大公报》《新闻报》等报刊发表长篇小说《一路福星》、短篇小说《天上人间》《一件当票》《春明新史》《自朝至暮》《京尘影事》《赵玉玲本纪》《新游侠传》《胭脂泪》《世外群龙传》、随笔《赛金花参与的一个茶会》《所望于旅行杂志》《宣传到沦陷区域里去》《五月的北平》、评论《论武侠小说》、回忆录《我的小说过程》等文，出版散文集《山窗小品》（上海杂志公司，1945年），长篇小说《春明外史》

（北京世界日报社，1926年）、《啼笑因缘》（上海三友书社，1930年）、《新斩鬼传》（上海新自由书局，1931年）、《落霞孤鹜》（上海世界书局，1931年）、《银汉双星》（汉口大众书局，1931年），以及《金粉世家》《八十一梦》《夜深沉》《纸醉金迷》《丹凤街》《魑魅世界》《满江红》《迷魂游地府记》《太平花》《水浒别传》《虎贲万岁》《弯弓集》《东北四连长》《风雪之夜》《如此江山》《大江东去》《一路福星》《斯人记》《秦淮世家》《赵玉玲本纪》《平沪通车》《锦片前程》（即《胭脂泪》）《春明新史》《到农村去》《真假宝玉》《似水流年》《五子登科》《满城风雨》《记者外传》《艺术之宫》《小西天》《现代青年》《雾中花》《巷战之夜》《别有天地》《啼笑姻缘续集》《第二条路》《傲霜花》《剑胆琴心》《世外群龙传》《蝶恋花》《中原豪侠传》《水浒新传》《秘密谷》《天上人间》《热血之花》《蜀道难》《石头城外》《梁山伯与祝英台》《白蛇传》《秋江》《孔雀东南飞》《西北行》《荷花三娘子》《陈三五娘》《太平花》《燕归来》《北雁南飞》《欢喜冤家》《偶像》《美人恩》《杨柳青青》《艺术之宫》等亦署。⑰半，见于随笔《谈鸿鸾禧》，载1928年10月6日北平《世界日报·明珠》。⑱旧燕，见于杂文《风絮小志》，载1932年上海《万岁》杂志第1卷第6期。⑲南方张，见于随笔《小西游记》，载1935年10月5日上海《立报》。⑳我亦潜山人，见于杂文《杨小楼系安徽潜山人》，载1935年《南京人报》。㉑不平，见于随笔《出力》，载1938年1月26日重庆《新民报·最后关头》；杂文《忍心过年》，载1938年1月30日重庆《新民报》。㉒潜山人，见于随笔《野人寨好譬小宜昌》，载1938年7月3日重庆《新民报·最后关头》。嗣后在该刊发表随笔《某师长席上除奸》亦署。㉓打油，1938年7月11日在重庆《新民报》发表短诗署用。㉔小百姓，见于随笔《倒转来说就行了》，载1938年8月19日重庆《新民报·最后关头》。㉕关辛，见于诗《弹泪集·花瓣儿洒了一身》，载1939年4月29日重庆《新民报》。㉖打油诗人，见于组诗《乡居杂记》，载1939年8月24日重庆《新民报》。㉗天柱，见于随笔《某国太子被胡椒掌颊》，载1941年11月3日重庆《新民报晚刊》。嗣后在该刊发表随笔《吴佩孚之怪论》亦署。㉘草衣，见于随笔《烟卷入蜀记》，载1941年11月16日重庆《新民报晚刊》。㉙东方晦，见于杂文《一根弦的乐器》，载1942年3月10日重庆《新民报》；随笔《重庆地名入小说》，载1942年3月21日重庆《新民报晚刊》。嗣后在该刊及北平《新民报·北海》发表随笔《忆南昌滕王阁》《夜莺》等文亦署。㉚燕，见于随笔《白胜山歌考伪》，载1943年8月3日重庆《新民报晚刊》；随笔《新制布裘》，载1947年1月9日北平《新民报·北海》。㉛樵，见于随笔《读书抄》，载1943年12月17日重庆《新民报晚刊》。㉜於乎（wūhū），见于小说《多变的姑娘》，载1944年9月12、13日成都《新民报晚刊》。嗣后在该刊及《成都新民报》发表随笔《月饼动员》《家长的苦味》《乌鸦的启示》等文亦署。㉝北雁，见于随笔《机尾桃花机首雪》，载 1946 年 4 月 4 日北平《新民报·北海》。嗣后在该刊发表随笔《齐白石刻法》《蚕豆花开黑了心》《天王之玺》《鸡蛋能直立——人人能为之科学游戏》等亦署。㉞西来客，见于随笔《川北热凉粉，江东活死人》，载 1946 年 4 月 5 日北平《新民报·北海》。嗣后在该刊发表随笔《二郎庙碑真品》《油谊》《鸡鸣早看天》《三六九处处，二五八家家》、散文《怀独秀山民》等文亦署。㉟旧友，见于随笔《小说的关节炎》，载 1946 年 4 月 17 旧北平《新民报·北海》。嗣后在该刊发表随笔《读史》《大宅门》《人似东坡肉》、寓言《新寓言》等亦署。㊱江南布衣，见于随笔《理数奇巧》，载 1946 年 5 月 2 日北平《新民报·北海》。嗣后在该刊发表随笔《云云集》《猛于秋老虎》亦署。㊲打油诗人，见于随笔《都还》，载 1946 年 5 月 6 日北平《新民报·北海》。㊳油，见于诗《了不得》，载 1946 年 5 月 22 日北平《新民报·北海》。㊴重庆客，见于小品《飞机响着过去》，载 1946 年 5 月 23 日北平《新民报·北海》；杂文《七夕在太阳湾》，载 1946 年 8 月 4 日北平《新民报》。㊵行人，见于散文《北平五月》，载 1946 年 5 月 24 日北平《新民报·北海》。㊶二油，见于词《调寄最高楼》，载 1946 年 10 月 2 日北平《新民报·北海》；诗《嘲灶君》，载 1947 年 1 月 11 日北平《新民报》。嗣后在该刊发表随笔《"亻"母多恶字》《铁路诗》、词《元夜时》等文亦署。㊷打油词人，见于诗《招寻胜利果子》，载 1946 年 8 月 15 日北平《新民报》；诗《今夜来不来》，载 1947 年 8 月 15 日北平《新民报·北海》。嗣后在该刊发表词《夫子喟然叹》《婚姻配给》《眼前谣》《金价颂》等亦署。㊸大雨、半油、并剪、杏痕、报人、画卒、画足、逐客、崇公道、百忍后人、东郭文丐、藏稗楼主、天柱山下人、天柱峰旧客，署用情况未详。

张鸿（1866－1941），江苏常熟人。原名张澂，字师曾，诵堂，号隐南、映南、饮南、琼隐、璚（jué）隐。晚号蛮公、蛮巢居士、燕巢居士、燕谷老人。笔名燕谷老人，1938 年发表长篇小说《续孽海花》署用。

张怀奇，生卒年不详，江苏武进（今常州市）人，字芌岩。笔名张怀奇，在《南社丛刻》发表诗文署用。

张辉环，生卒年不详，湖南古丈人。笔名菲芳，20 世纪 30 年代在武汉《时代日报·时代前》《鹧鸪天》《黄花》等报刊发表诗作署用。1932 年在上海《生活周刊》第 7 卷第 3 期发表通讯《哀鸿嗷嗷之武汉》亦署。

张惠良（1916－？），湖北武汉人。原名张任政，字况夫。笔名：①侃夫、炊烟、江之歌，20 世纪 30 年代在武汉《武汉日报·鹦鹉洲》等报刊发表剧作等署用。②张惠良，见于随笔《捧，骂，批评》，载 1936 年武汉《文艺》月刊第 3 卷第 4 期；评论《对抗战戏剧的一点意见》，载 1937 年武昌《文艺战线》旬刊第 1 卷第 4、5 期合刊。嗣后在《文艺》《文艺先锋》《社会教育辅导》《文化先锋》等刊发表话剧剧本《女人》《皆

大欢喜》、小说《我是一个中国工人》、评论《论艺术教育工作的技巧》《戏剧在宣传上之地位》等，出版话剧剧本《三民主义青年团实验戏剧集》（上海杂志公司，1940 年）、《记者春秋》（武汉文艺社，1948 年），喜剧剧本《皆大欢喜》（重庆国民图书出版社，1944 年），京剧剧本《僧尼缘》（上海杂志公司，1951 年），楚剧剧本《秦香莲》（湖北人民出版社，1955 年）和戏剧论著《现阶段戏剧问题》（与胡绍轩合作。重庆独立出版社，1942 年）等亦署。③墨巴，见于随笔《武汉戏剧史话》，载 1937 年武汉《文艺》月刊第 5 卷第 1、2 期合刊。

张慧（1909－1990），广东兴宁人，字小青。笔名张慧，见于译诗《国风三章》，载 1934 年上海《人间世》第 15 期；诗《梅县城紧急警报拉响》，载 1938 年广州《中国诗坛》第 2 卷第 4 期。嗣后在《中国诗坛》发表诗《一颗颗炸弹由胡子中喷发》《游击战》，在《七月》《人间十日》《文学》《太白》《东方文艺》《光明》《文艺阵地》《文艺新潮》等刊发表《边城夜月》《永远不能忘记的一幕》等木刻作品，出版诗集《颓唐集》等亦署。

张慧剑（1904－1970），安徽石埭（今石台县）人。原名张嘉谷。笔名：①慧剑，见于小说《荒村食面记》，载 1924 年上海《社会之花》第 2 卷第 9 期。嗣后在该刊及《真美善》等报刊发表小说《花亭里的故事》、散文《同车记》、随笔《代朱淑贞控白香词谱状》等亦署。②张慧剑，见于小说《在天津》《香水瓶》《笛的回声》《逛船上》，载 1926 年上海《红玫瑰》第 2 卷第 23 期（刊内正文署名"慧剑"）、第 32 期、第 39 期、第 41 期；随笔《琅嬛小记》，载 1927 年上海《紫罗兰》第 2 卷第 10 期。嗣后在上述两刊及《小说世界》《文华》《民众生活》《万岁》《新家庭》《珊瑚》《越风》《机联会刊》《辞典馆月刊》《书报精华》《南京朝报》《南京晚报》《时事新报》《东南日报》《新民报》《华报》等报刊发表散文《在异乡》《上海小品》《沈阳情调》、随笔《读八指头陀诗》《"不肯剃头"之下的牺牲者》《镫阁漫抄》《市楼琐记》、小说《忧郁的孩子》《投票》、剧作《淫奔者》、翻译小说《紫色菌》（英国韦尔士原作）、旧体诗《七绝偶存》等，出版散文集《湖山味》（上海世界书局，1929 年）、《慧剑杂文》（上饶战地图书出版社，1940 年）、《马斯河的悲哀》（一名《微灯》。南平国民出版社，1942 年）、《夜谭拔萃》（重庆新民报社。1945 年）、《西方夜谭》（南京新民报馆，1946 年）、《辰子说林》（南京新民报馆，1946 年），传记《李时珍》（华东人民出版社，1954 年），电影剧本《李时珍》（中国电影出版社，1956 年），以及校注《儒林外史》（人民文学出版社，1958 年）、编著《明清江苏文人年表》（上海古籍出版社，1986 年）等亦署。③石珍、江马、余苍、辰子，署用情况未详。

张慧奇，生卒年及籍贯不详。笔名：①慧奇，见于剧作《生死关头》，载 1920 年 9 月 1 日《新妇女》第

3 卷第 5 期。嗣后在该刊发表小说《这种爹妈!》、诗《哭同学赵瑛》亦署。②张慧奇，见于《穷人的儿子》，载 1921 年《新妇女》第 5 卷第 1 期。

张慧僧（1901—1987），河南滑县人。笔名：①慧僧，见于通讯《泰兴的大同教》，载 1923 年 10 月 2 日上海《民国日报·觉悟》。②张慧僧，见于小说《夜工》，载 1923 年 10 月 4 日上海《民国日报·觉悟》。嗣后在该刊发表评论《童工应废除夜工行强迫教育》亦署。

张吉人，生卒年及籍贯不详。笔名夭相，1937 年 7 月天津被日寇攻陷后在《天声报》《中南报》发表文章署用。

张季纯（1907—2000），山西阳城人。笔名：①张季纯，见于独幕剧《血洒芦沟桥》，载 1937 年 7 月 25 日上海《光明》半月刊第 3 卷第 4 期；剧本《醒来吧》，载 1935 年《文艺舞台》第 1 卷第 5—6 期。此前后在《中华公论》《戏剧时代》《新演剧》《十日文萃》《文艺阵地》《西线文艺》《戏剧岗位》《天下文章》《群众文艺》等报刊发表报告剧《通州城外》（与尤兢合作）、独幕剧《插翅虎》、诗《给我一枝枪》、随笔《苏联乐片〈齐天乐〉观后感》《给演员》《戏剧事业的瞻顾》等，出版剧本《保卫芦沟桥》（合作）、独幕剧剧本集《塞外的狂涛》《洪流》《卫生针》、秧歌剧剧本《保卫和平》、短诗集《太行山》、论著《传统戏剧检场工作研究》（1963 年油印）等亦署。②季纯，见于随笔《戏剧的比拟》，载 1936 年《文地》第 1 卷第 2 期；诗《故乡，我又离别了你!》，载 1939 年山西第二战区《西线》第 4 期；随笔《“午睡”》，载 1945 年 6 月 30 日延安《解放日报》副刊。

张继楼（1926— ），江苏宜兴人。笔名：①宁子，见于讽刺小品《水国竞选记》，载 1947 年 2 月 8 日江苏《溧阳报·漱声》。嗣后在该刊发表评论《也谈〈原野〉》等文亦署。②乐农，见于散文诗《嗜好三题》，载 1947 年 9 月上海《申报·自由谈》。嗣后在上海《申报》《益世报》《大众晚报》《和平日报》《家》等报刊发表散文、小说亦署。③张继楼，见于评述《我国新兴艺术的策源地——三十五年来的上海美专》，载 1948 年开封《教育函授》第 1 卷第 2 期。20 世纪 50 年代后在报刊发表文章，出版诗集《营帐边有一条小河》（中国少年儿童出版社，1957 年）、《彩色的童年》（重庆人民出版社，1963 年）、《万里长江唱颂歌》（四川人民出版社，1978 年）、《写给孩子们的诗》（四川人民出版社，1979 年），故事读本《夏季到来虫虫飞》（中国少年儿童出版社，2010 年），曲艺读本《大势所趋》（重庆人民出版社，1956 年），主编《中国当代儿童诗歌选》（四川少年儿童出版社，1984 年）等亦署。

张家耀，生卒年及籍贯不详。笔名：①张家耀，见于诗《静夜》《深夜思乡》，载 1931 年 3 月 20 日广州《市一中学生》第 1 卷第 2 期；论文《荀子政治思想研究》，载 1941 年广东曲江《广东政治》第 1 卷第 2 期。同时期起在广东《新建设》《建政月刊》《广东评论》等刊发表《中国宪政运动之史的考察》《美日关系论》《墨子的政治思想》《孔子思想体系》《苏美会战争吗》等文亦署。②李磊，20 世纪 30—40 年代在广州报刊发表诗歌署用。见于诗《胜利小唱》，载 1946 年广州《建政月刊》创刊号。嗣后在该刊发表诗《献诗》亦署。③李六石，见于散文《艺风画展参观记——呈给孙福熙先生》，载 1936 年杭州《艺风》第 4 卷第 5、6 期合刊；评论《评〈钢铁的歌唱〉》，载 1937 年《今日诗歌》创刊号。

张嘉禄（1921—? ），陕西鄠县（今户县）人。曾用名张荻洲。笔名：①张荻，见于散文《绿色的希望》，载 1944 年 4—5 月间西安《秦风日报·工商日报联合版》；评论《诗人，人民的歌手，战斗的旗帜》，载 1946 年 1 月西安《黄河晚报》副刊。同时期在上述两报及西安《黎明日报》《建国日报》副刊等报刊发表散文《忆 L 先生》《静的体验，动的享受》、诗《呼唤——给 F》等亦署。②张荻洲，见于书评《〈哈巴国〉》，载 1947 年上海《开明少年》第 25 期。③李棣，见于杂文《所谓朋友》，载 1945 年 11 月 11 日西安《益世报·语林》。嗣后在该刊及西安《正报》《新文艺》《西京平报》等报刊发表随笔《魔术师的手法》《迫害狂——〈狂人日记〉读后感之一》《救救孩子——〈狂人日记〉读后感之五》《谈精神虐杀》、评论《无耻的画像》《奇侠与色情》等亦署。④李林，20 世纪 40 年代在西安某报副刊发表评论《一种根源，两条道路——乱世两文人：阮籍和嵇康》署用。⑤黎迪，见于随笔《南韩的火山是怎样爆发的》（上），载 1948 年上半年西安《建国日报》。⑥赵棣，见于随笔《今恩足及禽兽》，载 1948 年 1 月 15 日西安《华北新闻》；随笔《箪食壶浆以迎王师论》，载 1948 年 6 月 17 日西安《西京平报》。⑦李棣华，见于报告文学《关中杂话》，载 1948 年 4 月 13—14 日上海《文汇报》。⑦李迪生，见于通讯《看鄠县的教育》，载 1949 年上半年西安《建国日报》。

张嘉谋（1874—1941），河南濮阳人，字中孚，号梅谿。著有《梅谿诗选》（1947 年陶然斋刻本）。

张謇（1853—1926），江苏海门人，祖籍通州金沙（今南通市）。幼名长泰。4 岁入塾，取名吴起元。15 岁应试，改名张育才，字树人。24 岁改名张謇，字季直、季述。中年时曾号处默（简署默）、宜宦；50 岁后改号啬庵（别署啬厂、啬广。人称啬公。简署啬），别号季子、烟波钓徒、扶海垞主人、曼寿堂主人。晚号啬翁、烟波钓叟。别署元芳。学者称张南通、张季子、张啬公。乡人尊称张四先生。笔名：①张謇，1877 年开始署用，嗣后发表诗文多署此名。见于旧体诗《一月一日就“梅欧阁”小饮即席赋诗》《人有询梅欧名阁意者赋长句答之》等，载 1920 年 3 月辑印之《梅欧阁诗录》。又见于诗《赠吴佩孚的一首诗》，载 1924 年 12 月 2 日北京《晨报副镌》。此前后在《东方杂志》《教育杂志》《国风报》《实业杂志》《地学杂志》《大成会丛录》《通海新报》等报刊发表诗文，出版《江淮水利施工计划》(江淮水利测量局,1919年)、《张南通诗文钞》(上海文明书局,1926年)、《张謇全集(六卷)》(江苏古籍出版社,1994年)、《张謇全集(八册)》(上海辞书出版社,2011年)等亦署。②江东步兵,见于1904年7月12日致赵凤昌密信。③烟波钓徒,见于1904年7月13日致赵凤昌密信。④啬庵老人,见于旧体诗《吊海州云台山龙松》,载1913年6月18—27日南通《通海新报》。⑤张啬庵,见于随笔《介绍南通医院熊省之君精制戒烟神丸》,载1913年8月2日南通《通海新报》。⑥张季直,见于散文《重建宋文忠烈公渡海亭记》,载1916年上海《大中华》杂志第2卷第8期。⑦啬翁,见于随笔《更俗剧场缘起》,载1919年11月27日南通《公园日报》。⑧啬庵,见于旧体诗《寿钱翁七十生日》,载1917年6月13日南通《通海新报·报余杂俎》。⑨啬、默、季子,署用情况未详。

张健(1919—?),山东安丘人,生于济南。曾用名张建人。笔名张健,见于译文《中途岛海战记》(I.N.S.记者原作),载1942年重庆《时与潮》第13卷第3—4期,《海军杂志》1942年第15卷第6期;诗《黎明》,载1943年重庆《时与潮文艺》第1卷第1期。嗣后在上述两刊及重庆《国立中央大学文史哲季刊》发表译文《先打败日本》(美国埃德加·斯诺原作)、《半假日》(英国赫胥黎原作)、《埋伏的敌人》(英国休·沃尔波尔原作)、评论《十八世纪英国诗人的词藻》等文亦署。出版译作《格列佛游记》(英国斯威夫特原作。上海正风出版社,1948年)、《丹谷故事》(美国霍桑原作。少年儿童出版社,1955年)等亦署。

张金寿(1916—?),北京人。曾用名张文铸。笔名:①张金寿,见于随笔《艺术与生活》,载1939年北平《艺术与生活》第1卷第2期;《给中学生的一封信》,载1939年北平《中国公论》第2卷第1期。嗣后在上述两刊及《新学生月刊》《文友》《太平洋周报》《文潮》《锻炼》《读书杂志》《上智编译馆馆报》《杂志》《益世周刊》《千秋》《文运》《华文大阪每日》《笔阵》《作品》《文艺者》《新中国报》《江苏日报》等报刊发表小说《珍珍》《打粮锣的汉子》、随笔《深秋二章》《北行杂记》《文与不文》《新年随笔》、论文《中国历代宇宙起源说的检讨》《公民教育与宗教教育》等,出版小说集《京西集》(北平华北作家协会,1943年)、长篇小说《路》(上海中国文化企业公司,1945年)等亦署。②达,见于随笔《水禁鱼言》,载1939年9月1日日本大阪《华文大阪每日》第3卷第5期。③伯达,见于随笔《通辞》,载1939年11月1日大阪《华文大阪每日》第3卷第9期。嗣后在该刊发表随笔《闲话三则》《"戏剧之学"与文艺作者》《执"中"与骑墙》等文亦署。④赵天人,见于随笔《科学在中国》,载1940年北平《中国公论》第3卷第4期。同时期在该刊及《吾友》《文友》《太平洋周报》《新动向》等刊发表随笔《闲话奴才》《关于杂文》《关于职业作家》等亦署。⑤北人、张北人、齐轩馆阁主,1939年起以此三名及上述其他

笔名在北平《国民杂志》《中国公论》《吾友》《艺术与生活》《三六九画报》《新民报半月刊》《晨报》、天津《庸报》、日本大阪《华文大阪每日》等报刊发表小说、随笔等署用。

张金燕(1901—1981),新加坡华人,原籍广东。笔名:①金燕,见于《香姑娘》,载1927年1月28日马来亚新加坡《新国民日报·荒岛》。嗣后在该报连载小说《三姨》亦署。1928年2月2日在该报发表《浪漫南洋一年的〈荒岛〉》亦署。②CC,见于《七页半的孤雁杂记》,载1927年3月18日至4月6日、4月8—29日新加坡《新国民日报·荒岛》。其间在该刊发表《絮语》一文亦署。③燕,见于随笔《南洋与文艺》,载1927年4月1日新加坡《新国民日报·荒岛》。④C,见于《七页半的孤雁杂记》,载1927年4月7日新加坡《新国民日报·荒岛》。⑤斯狮,见于《圣经的性诱》,载1927年4月15日新加坡《新国民日报·荒岛》。嗣后在该报连载小说《悲其遇》亦署。⑥V,见于《曲路头》,载1927年5月6日新加坡《新国民日报·荒岛》。⑦系言,见于杂文《唔!哼!》,载1927年5月13日新加坡《新国民日报·荒岛》。嗣后在该报发表《日前的夜》亦署。⑧子某,见于随笔《未来的创造》,载1927年5月20日新加坡《新国民日报·荒岛》。嗣后在该刊发表诗《前锋》、随笔《刊首语》等亦署。⑨撕狮,见于随笔《浪漫南洋一年的〈荒岛〉》,载1928年2月2日新加坡《新国民日报·荒岛》。⑩火星、撕、精灵,在新加坡独立后于报刊发表小说、随笔等曾署。⑪张金燕,见于小说集《悲其遇》,新加坡青年书局1966年5月出版。

张近芬(1900?—1939),江苏嘉定(今上海市)人,字崇南。笔名:①近芬,见于诗《哭毛慧英女士》,载1921年11月17日上海《民国日报·觉悟》。②张近芬女士,见于诗《撒下的种子》,载1922年2月21日上海《民国日报·妇女评论》。同期在《民国日报·觉悟》发表译诗等亦署。又见于散文《游德的观察》,载1928年上海《生活周刊》第3卷第27、28期。③C.F.女士,见于小说《镜子》,载1922年4月13、14日上海《民国日报·觉悟》;《短诗》(二十五首),载1923年《学生杂志》第10卷第2期。嗣后在上海《诗》《小说月报》《文艺周刊》等发表诗《〈海梦〉序诗一》及《四个人的故事》《三个播种者》,译诗《玛德密露》(美国约翰·格林里夫·惠蒂埃原作)、《鸟儿》(英国布莱克原作)、《多雨之日》(英国华兹华斯原作),翻译小说《初恋》(法国巴比塞原作)、《拇指林娜》(丹麦安徒生原作)等,出版诗集《浪花》(北京阳光社,1924年。版权页署名"张近芬")、翻译小说集《梦》(南非须莱纳尔原作。北京阳光社,1923年)、《纺车的故事》(法国孟代原作。北京北新书局。1924年)等亦署。④张近芬,见于诗《撒下的种子》,载1922年《诗》第1卷第4期;散文诗《水仙花与池沼》《救主》,载1923年《学生杂志》第10卷第2期;译诗《行善的人》(英国

王尔德原作），载 1922 年 11 月 30 日北京《晨报副镌》。⑤近芬女士，见于译诗《黄色中的谐音》（英国王尔德原作），载 1922 年 7 月 5 日《民国日报·妇女评论》。⑥C.F.，见于翻译小说《拇指林娜》（丹麦安徒生原作），载 1923 年《小说月报》第 14 卷第 8 期；翻译小说《夜莺之巢》（法国西奥·菲勒·甘西尔原作），载 1924 年上海《文学自刊》第 109－110 期。⑦芬，见于随感《答客问》，载 1925 年 11 月 4 日《民国日报·妇女周报》。

张晋媛，生卒年不详，山西人。笔名亚苏，20 世纪 30 年代在《时代文学》《西线》等刊发表散文《囚徒们的歌》、通讯《太原附近敌区剪影》等署用。嗣后发表剧作《冬天的中夜》、诗《一九三六年夏》（载 1936 年北平《今日文学》第 3 期）、诗《战争下的田庄》（载 1939 年延安《文艺突击》第 1 卷第 4 期）等亦署。

张憬（1915－2011），浙江崇德（今桐乡市）人。原名张蕊英。笔名张憬，见于散文《让我工作吧！》，载 1941 年上海《万象》第 1 卷第 2 期。嗣后在该刊及上海《小说月报》《健康家庭》等杂志发表小说《蠢动》《原野的灵火》《明晚的月光》等亦署。

张竞生（1888－1970），广东饶平人。原名张公室。曾用名江流（乳名）。①张竞生，见于论文《空间研究法》，载 1916 年《旅欧杂志》第 3 期、第 7－8 期；论文《爱情的定则与陈淑君女士事的研究》，载 1923 年 4 月 29 日北京《晨报副镌》。嗣后在《京报副刊》《国立北京大学社会科学季刊》《北京大学月刊》《一般》《读书杂志》《社会月报》《广东经济建设》《时代动向》《社会与教育》等报刊发表《"行为论"的学理与方法》《爱与美的信仰和崇拜》《美的思想》《梦的分析》《心理分析纲要》《两度旅欧回想录》《自然派学理及实行纲要》等文，出版论著《美的人生观》（上海中国印书局，1925 年）、《爱情定则》（上海好青年图书馆，1929 年）、《烂漫派概论》（上海世界书局，1930 年），译作《印典娜》（法国乔治·桑原作。上海世界书局，1929 年）、《梦与放逐》（法国卢梭、雨果原作。上海世界书局，1929 年）、《多惹情歌》（英国拜伦原作。上海世界书局，1930 年）、《卢骚忏悔录·第一书》（上海美的书店，1928 年）、《哥德自传》（上海世界书局，1930 年）等亦署。②竞生，见于随笔《国民经济漫谈百则》，载 1937 年《广东经济建设》月刊第 4 期。嗣后在该刊发表《一位好县长》《监生与监死》等文亦署。③痴人、痴生、章独、公室、小江平，署用情况未详。

张靖（1887－1969），陕西咸阳人，字仲明，号寒杉、庄谐、剑人。曾用名秦时敏。笔名：①漆室吟，1909 年在《夏声》发表文章署用。②张漆室，1914 年在《夏星》第 2 期发表文章署用。③张靖，见于随笔《澄碧楼善知识记》，载 1914 年上海《雅言》第 1 卷第 8 期。④漆室，1909 年在《夏声》发表小说署用。1914 年在上海《上海滩》第 4－5 期发表小说《生涯》亦署。

张静江（1877－1950），浙江吴兴（今湖州市）人。原名张增澄，字静江，号印光。曾用名张人杰。佛名智杰，号卧禅。笔名张静江，见于剧作《军阀梦传奇》（与他人合作），载 1927 年 4 月 10 日、13 日《汉口民国日报》。

张静庐（1898－1969），浙江慈溪人。原名张继良。曾用名吴齐仁。笔名：①张静庐，见于小说《无期徒刑》，载 1920 年 1 月 26 日上海《民国日报·觉悟》。嗣后在该刊发表小说《捉赌》、剧本《究竟谁是谁的奴隶》，在《新人》《社会之花》《万岁》《旅行杂志》《读书生活》《读书月报》《艺文》《天下文章》《抗战文艺》《文坛》等刊发表《广州的文化运动》《河南的文化运动》《云南的文化运动》《山西的文化运动》《陕西的文化运动》《棒杌外史》《在出版界二十年》《灾梨室散记》等文，出版小说集《薄幸集》（上海群众图书公司，1925 年）、《我与她：夫妻》（上海群众图书公司，1928 年），传记《在出版界二十年》（上海杂志公司，1938 年），论著《中国小说史大纲》（上海泰东图书局，1920 年）、《革命后之江西财政》（上海光华书局，1927 年），编选《良友小说集（上册）》（上海良友图书印刷公司，1923 年）、《中国现代出版史料》（中华书局，1954 年）等亦署。②静庐，见于随感《总解决与大牺牲》，载 1920 年 1 月 31 日《民国日报·觉悟》。③吴齐仁，编选《章太炎的白话文》（上海泰东图书局，1921 年）署用。④翁仲，见于中篇小说《革命外史》（上海吴越书店，1928 年）。⑤静，见于《第一次国内革命战争时期出版物简目》，载 1957 年 4 月版《中国现代出版史料》甲编。⑥张辛，见于《五十年来新闻出版印刷书刊目录》，载中华书局 1956 年版《中国现代出版史料》丙编。⑦老辛，署用情况未详。

张静珍，生卒年不详，河北张家口人，笔名 CC 女士，见于小说《蕙姑》，载 1934 年 3 月 9 日绥远《民国日报·十字街头》。嗣后在该刊发表小说《出走》《孤雁的悲哀》，在绥远《民国日报·塞风》发表小说亦署。

张钧衡（1872－1927），浙江吴兴（今湖州市）人。字石铭，号适园、适园主人。笔名适园主人，见于散文集《三海见闻志》（京城印书馆，1930 年）。

张骏祥（1910－1996），江苏镇江人。笔名：①张骏祥，见于评论《过去一年中和纽约戏剧》，载 1937 年北平《文学杂志》第 1 卷第 4 期；随笔《〈牛郎织女〉演出后记》，载 1943 年 7 月 24 日成都《华西晚报·文艺》。嗣后在《中山文化教育馆季刊》《戏剧与文学》《剧场艺术》《学生月刊》《学术季刊》《中央周刊》《戏剧时代》《戏剧岗位》《文艺先锋》《万象》《文坛》《文联》《文章》《清明》《春秋》《演剧艺术》《文选》《人民世纪》等报刊发表《论"戏剧的"》《评〈木兰从军〉》《导演的基本技术第一——画面的组合》《导演的基本技术第二——绘意》《谈谈写戏的几个基本问题》《试谈演技的深度》《导演与演员》《导演的分析》《悲剧的导演》等，出版译作《一九三九以来英国电影》（英国鲍慧尔原作。上海商务印书馆，1949 年）、电影剧本《白求恩大夫》（中国电影出版社，1978年）、《新安江上》（中国电影出版社，1959年）、《六十年代第一春》（上海文艺出版社，1960年）、《张骏祥电影剧本选集》（中国电影出版社，1985年），论著《论戏剧电影》（中国电影出版社，1958年）、《关于电影的特殊表现手段》（中国电影出版社，1963年）、《导演术基础》（中国戏剧出版社，1983年）、《影事琐议》（中国电影出版社，1985年）等亦署。②袁俊，见于话剧剧本《边城故事》（载1941年6月上海《文学集林》第5辑《殖荒者》）、《美国总统号》（载1943年桂林《文艺杂志》第1卷第4—6期）。嗣后在《文学集林》《文艺月刊》《文史杂志》《人世间》《万象》《丽芒湖上》《时与潮文艺》《华声》《现实》等刊发表剧作《山城故事》《万世师表》《富贵浮云》《审判日》等，出版剧作《小城故事》（重庆文化生活出版社，1941年）、《边城故事》（上海文化生活出版社，1941年）、《美国总统号》（重庆文化生活出版社，1943年）、《好望号》（重庆国讯书店，1944年）、《富贵浮云》（上海世界书局，1944年）、《万师世表》（重庆新联出版公司，1944年）、《山城故事》（重庆文化生活出版社，1944年），翻译剧作《审判日》（美国埃尔茂·拉西原作。成都联友出版社，1943年）、《吾土吾民》（美国达德利·尼科尔斯原作。上海文化生活出版社，1947年）、《林肯在依利诺州》（美国夏尔乌特原作。上海晨光出版公司，1949年）等亦署。③弓马示，见于《大轴子》，载1943年重庆《时与潮文艺》第1卷第2期。嗣后在该刊第3卷第4期发表评论《洪深：戏的念词与诗的朗诵》亦署。

张可（1921—2006），江苏吴县（今苏州市）人。原名张万芳。笔名：①张可，见于散文《读巴金的〈怀念〉》，载1946年上海《中学生》第21期。嗣后出版论著《莎士比亚研究》（上海译文出版社，1982年）、翻译论著《莎剧解读》（德国歌德原作，与元化合译。上海教育出版社，1998年）、《读莎士比亚》（德国歌德等原作，与元化合译。上海书店出版社，2008年）等亦署。②范方，见于翻译剧本《早点前》（美国尤金·奥尼尔原作。上海汉文正楷印书局，1938年）。

张可中（1900—1926），河北承德人，字庸庵。笔名张可中，著有《天籁阁诗存》。

张克刚，生卒年及籍贯不详。笔名KK，1937年在上海《光明·战时号外》第3期、第5期发表《文艺家和游艺家联合起来》《教徒和被难的孩子们》署用。

张克正，生卒年及籍贯不详。笔名马琴，见于散文《地方印象记——广州》，载1934年上海《中学生杂志》第34期；随笔《读书杂记·龚多塞的最后》，载1934年北平《文学季刊》第1卷第2期。嗣后在该刊及《希望》发表随笔《读书杂记·赛西尔莲诺／两个女人》、小说《山村小事》亦署。

张客（1915—1989），河北宝坻（今天津市）人。原名张余鉴。曾用名张今见、张江。笔名：①张江，1935年在天津《庸报》发表戏剧通讯署用。②张客，见于

独幕剧《回头》，载1938年汉口《抗战戏剧》第1卷第6—7期合刊；见于独幕喜剧《武汉之春》，载1938年上海《新学识》第2卷第12期。嗣后在《抗战戏剧》《战地》《文艺旬刊》《戏剧春秋》《文艺生活》《新军》《广西妇女》等刊发表散文《追念赵曙》、剧作《游击队的开始》《一家人》《国难财》、评论《柳州的戏剧》、速写《一个士兵演员》《一支抗日生力军》《战地一妇人》等作品，出版论著《论电影艺术的视觉性》（中国电影出版社，1983年）、剧作《游击队的开始》（上海时代剧社）等亦署。

张喟兹，生卒年不详，山东青州人。曾用名张再兴、张建新。笔名章溅泥、牛有理，20世纪40年代在青岛《大新民报》《新民报》《青岛公报》《民报》《民民民》等报刊发表杂文、散文署用。

张澜（1872—1955），四川南充（今西充县）人，字表方。笔名张澜，有《说仁说义》《四勉一戒》和《墨子贵义》等著作。

张浪（1929—1997），吉林白城人。原名张兆林。曾用名张淬砺。笔名：①张浪，见于小说《一个知识分子的自白》，载1948年哈尔滨《生活知识》。嗣后发表作品多署此名。出版《黑龙江省文联大事记》（黑龙江文学艺术界联合会，1991年）亦署。②苏菲，见于速写《新式婚礼》，载1949年8—9月间《黑龙江日报》。③苏非，见于话剧剧本《胆战心惊》（黑龙江文联，1951年）。④苏飞，见于秧歌剧剧本《情投意合》（黑龙江文教厅，1952年）。⑤方瑞，见于歌词《选举歌》，载1952年黑龙江《群众歌曲》。⑥方励，见于诗歌《拣庄稼》，载1953年《黑龙江文艺》。⑦常青树，见于杂文《空心的禾穗》，载1954年《黑龙江文艺》。⑧孟晋，见于《不愿公开的日记》，连载于1956年8—9月《黑龙江日报》。⑨肖敏，见于杂文《谈"某"字何其多》，载1957年《黑龙江日报》。

张雷（1926—2000），河北博野人，原名张文通。笔名张雷，1949年后发表作品，出版长篇小说《变天记》（中国青年出版社，1955年）、《山河恋》（中国青年出版社，1959年）等著用。按：张雷在1945年即创作晋剧《大报仇》及《美人计》等，署名待考。

张藜（1932—2016），辽宁旅大（今大连市）人。笔名：①张藜，见于小说《输血的故事》，载1948年大连《中苏友好报》。嗣后创作歌词《亚洲雄风》《十五的月亮十六圆》《命运，不是辘轳》《我和我的祖国》，出版诗集《诗歌之路》《相思潮》《草原上有个美丽的传说》《丰收组歌》《汀江红旗颂》《爱的风帆》、歌词集《百灵鸟》《那些词儿——张藜歌词创作集》、歌曲集《草原上有一个美妙的传说》《张藜作词流行歌曲精粹》、随笔集《音乐里的文章事——张藜谈歌词创作》、论著《歌诗之路》等亦署。②纪一笑、钟子玉、桦成林，署用情况未详。

张立（1910—1995），湖北大冶人。原名张肇荣。曾

用名张威、张铁、魏然。笔名：①黄叶，1933 年主编福州《开美娜》和《反帝新闻》时发表评论、杂文、小品文等署用。嗣后在福州《福建民报·回声》发表文章亦署。②魏然，1933 年主编福州《开美娜》和《反帝新闻》发表文章开始署用。嗣后在福建《前进》《福建民报·回声》等发表文章亦署。见于散文《把千万个声音汇成一个——纪念普式庚百年祭》，载 1937 年 2 月 16 日福州《小民报·新村》。③辛，见于诗《〈瑰玲〉诗刊创刊号献词》，载 1936 年 2 月福州《瑰玲》创刊号。嗣后在《福建民报·回声》发表杂文《粪堆上的皇帝》亦署。④顽、灭、老庄、由庄、醒了、辛任、顽石、冰灭、张品健，1934－1938 年在福州《福建民报·回声》发表评论、讽刺诗、短剧、杂文署用。⑤张辛人，见于杂文《一个从事文化工作者应有的态度》，载《福建民报·回声》。⑥辛人，见于杂文《再谈文人》，载《福建民报·回声》。⑦苹野，见于杂文《阿比西尼亚没有失败》，载《福建民报·回声》。⑧张西野，1937－1938 年与他人合编《福建民报·艺术座》副刊署用。⑨张立，1944－1945 年与金尧如等人在福建建阳合编《大潭报》署用。嗣后发表文章多署此名。

张励贞，生卒年不详，广东南海（今佛山市）人，字丽真。笔名张励贞，在《南社丛刻》发表诗文署用。

张良泽（1939－　），台湾彰化人。笔名奔场，20 世纪 50 年代初在台湾台北《联合报》副刊发表文章署用。

张豂子（1895－1955），上海市人。原名张厚载，字采人，号豂子、了之、聊止、白苹、养拙楼主。笔名：①豂子，见于随笔《里语杂记十一则》，载 1915 年《文艺杂志》第 7 期；小说《丁少爷》，载 1925 年上海《国闻周报》第 2 卷第 11 期；评论《旧戏问题》，载 1925 年上海《国闻周报》第 2 卷第 13 期。②张厚载，见于论文《美与善》，载 1918 年《北京大学月刊》第 92 至 93 期；评论《新文学与中国旧戏》，载 1918 年《新青年》第 4 卷第 6 期。嗣后在《新青年》《新中国》等刊发表《我的中国旧剧观》《"脸谱"与"打把子"》《所谓过激派者》《人力车问题》等文亦署。③了之，见于随笔《北京小新闻》，载 1919 年上海《晶报》。④半谷，1919 年在上海《神州日报》"学海要闻"栏发表通信署用。⑤聊止，见于随笔《吴佩孚相貌谈》，载 1922 年上海《星期》第 22 期；随笔《无持碍室随笔》，载 1934 年天津《国闻周报》第 11 卷第 24 期。⑥张聊公，见于随笔《歌场忆语》，载 1937 年《半月戏剧》第 1 卷第 2 期。又出版随笔集《听歌想影录》（又名《国剧春秋》，天津书局，1941 年）亦署。⑦张采人，见于散文《云南的火把节》，载 1939 年昆明《今日评论》第 2 卷第 6、7 期合刊。⑧张聊止，见于随笔《前辈风流——旧京感逝录之一》，载 1949 年上海《子曰丛刊》第 6 辑（艺舟样刊第 1 期）。⑨张豂子，见于评论《花笑楼剧评》，载 1917 年北京《寸心》第 2 期。嗣后在该刊发表评论《谭氏声调浅论》亦署。1924 年在上海《心声》

第 3 卷第 4 期发表随笔《剧谈拾零》，1949 年后出版《歌舞春秋》（上海广益书局，1951 年）、《京戏发展略史》（上海大公报社，1951 年）等亦署。按：张豂子自 1912 年起在北京《亚细亚日报》《公言报》《星报》《北京晚报》、天津《商报》《大公报》发表京剧评论，又曾在《东方时报·东方朔》发表长篇连载《豹斑琐缀录》，署名情况未详。

张烈[1]，生卒年不详，浙江乐清人。原名张廉，字云雷。笔名张烈，在《南社丛刻》发表诗文署用。

张烈[2]（1918－2006?），辽宁辽阳人。笔名：①吕兵、张夫迈、张舒放，1940－1943 年在抚顺《抚顺民报》副刊《翼》《夜潮》《新生》、沈阳《盛京时报》、大连《泰东日报》、长春《大同报》等报刊发表诗歌、小说、评论等署用。②冰旅，见于散文《"苦痛之感"》，载 1941 年 11 月 12 日哈尔滨《滨江日报》；诗《静静的辽河》，载 1942 年日本大阪《华文大阪每日》第 8 卷第 12 期。1943 年在长春《新满洲》第 5 卷发表小说《灰色的命运》《善良的人》、报告《炭都之城的抚顺》亦署。

张瓴（1914－2004），江苏宜兴人。原名张宗植。笔名：①张宗植，见于小说《干鱼》，载 1930 年上海《北新》半月刊第 4 卷第 15 期；散文《菊花开了》，载 1930 年 12 月上海《一九三〇年中学生文艺》。嗣后在《文艺新闻》《民立学生》《战时文化》《东吴法声》等刊发表散文《水灾声中》、报告《重庆与重庆文化的动向》、随笔《尘埃，霉菌与空气》、论文《论"委付"》等，出版散文集《樱花岛国余话》（作家出版社，1992 年）、《比邻天涯——张宗植怀旧文集》（清华大学出版社，1996 年）、《海天一色——张宗植怀旧文续集》（清华大学出版社，2005 年）等亦署。②宗植，见于小说《开始》，载 1933 年北平《清华周刊》第 39 卷第 5、6 期合刊；小说《精光的死》，载 1933 年北平《文艺月报》创刊号。嗣后在上述两刊及《文学评论》《文史》《东方杂志》《文饭小品》等报刊发表散文《梅雨》《浅滩上》《桌布》、诗《沈淀颂》、小说《都市的边沿》《河南小景》《网》《麦场前后》、论文《认识论上的感觉论与现象论》、随笔《剪烛谈》等亦署。③张瓴，见于小说《骚动》，载 1933 年北平《文艺月报》创刊号；小说《没有完结的故事》，载《文艺月报》第 1 卷第 3 期；诗《肺结核患者》，载 1934 年上海《现代》第 5 卷第 3 期。

张龙云（1847－1923），广东大埔人，字六士，别号匏庐、迁公、一逵。笔名张龙云，著有《匏庐诗钞》二卷。

张露薇（1910－?），吉林宁安人。原名张文华。曾用名贺志远。笔名：①露薇，中学时期在报刊发表文章开始署用。1928 年后在沈阳《盛京时报·神皋杂俎》《新民晚报》《怒潮》《北国》《关外》等报刊发表诗文亦署。②张露薇，见于评论《美国的海军势力》，载 1931 年北平《清华周刊》第 36 卷第 3 期；小说《生路》，载 1934 年上海《文学》月刊第 2 卷第 4 期。嗣后在上述两刊及《文艺月刊》《现代》《益世报·文学副刊》《新亚细亚》《文学导报》《南华文艺》《现代青年》《矛盾》《文学杂志》《时事类编》《论语》《国闻周报》《民众先锋》等报刊发表评论《论徐志摩的〈翡冷翠的一夜〉》《现代匈牙利文学》《萧伯纳的生平及社会主义的检讨》《论文艺与群众》、小说《生路》《冲突》、诗《人生》，及翻译小说《在乘船上》《待渡》《银扣镮的事件》、诗歌《醒》、论文《柴霍甫对于人生的态度》《苏联的幽默文学》《文艺批评家的歌德》，出版诗集《情曲》（北国诗社出版部，1930年）等亦署。②文华，见于译作《谷崎润一郎集》（与穆儒丐合译。长春艺文书房，1945年）。③张文华，见于诗《炭火》，载1944年3月长春《艺文志》第1卷第5期；译诗《万叶集选译》，载1944年长春《新满洲》第6卷第4期。此前后在沈阳《兴亚》、哈尔滨《东北文学》等刊发表随笔《九一八前后的奉天文艺》、诗《胜利之歌》等，出版长篇小说《夫妇》（长春国民图书公司，1945年），诗集《胜利之歌》（长春国民图书公司，1945年）、《海风集》（长春国民图书公司，1946年）亦署。

张罗天，生卒年及籍贯不详。笔名：①罗天，见于随笔《一个进展的过程》，载1935年日本东京《质文》第4期。②张罗天，见于翻译小说《文明的齿轮》（法国巴比塞原作），载1936年上海《东方文艺》创刊号；翻译小说《红色的处女》（法国巴比塞原作），载1936年日本东京《质文》第5—6期合刊；散文《征军的一生》，载1946年广州《中国诗坛》光复版新3期。

张洛蒂（1907— ？），河南临颍人。原名张向明。笔名：①张洛蒂，见于诗《中秋夜吟》，载1933年开封《河南民报·茉莉》第3卷第11期；诗《卖女》，载1935年开封《山雨月刊》第1卷第2期。嗣后在汉口《文艺》《奔涛》、开封《青春诗刊》《河南民报·茉莉》、郑州《大华晨报·中原文艺》《大华晨报·沙漠诗风》等刊发表小说《病桃中的一夜》《除夕》、诗《古堡落日》《梦的人生——呈蔓茜、雨门二兄》《请闭起你的眼睛》《自白——致心皇》、散文《在二里黑暗中——献给七岁的盲女》等文亦署。②洛蒂、向明、张晓青，20世纪30年代在河南报刊发表诗文署用。

张孟恢（1922—1998），四川成都人。原名张续清。笔名：①无以，1944年在重庆主编《国民日报》副刊署用。嗣后在《中原》《文学新报》《诗创造》《海王》《笔阵》等刊发表翻译小说《老太婆依则格尔》（苏联高尔基原作），译文《人民与历史——论〈人民是不朽的〉》（苏联克尼波维奇原作），译诗《沉闷呵！无限的长夜》《孩子的血》（苏联古塞夫原作）等亦署。②张孟恢，见于译作《保卫文化》（苏联爱伦堡原作。上海时代出版社，1949年）、译作《苏联加盟共和国基尔吉兹》（苏联李亚赞采夫原作。时代出版社，1949年）。嗣后出版《斯大林论语言学的著作与苏联文艺学问题》（苏联维诺格拉多夫原作。时代出版社，1952年）、《纳吉宾短篇小说选》（苏联纳吉宾原作。作家出版社，1955

年）、《全心全意》（苏联玛尔采夫原作。人民文学出版社，1958年）等亦署。③任谷，出版译作《美国纵横谈》（苏联尤·儒柯夫原作。上海时代出版社，1949年）署用。④张高泽，署用情况未详。

张孟闻（1903—1993），浙江宁波人。笔名：①张孟闻，见于译文《人类体质与智力之遗传》，载1927年上海《科学》第12卷第5期；《通信》，载1928年上海《语丝》第4卷第17期。嗣后在《科学》《文化月刊》《科学画报》《中建》《思想与时代》《读书通讯》《宪政月刊》《东方杂志》《图书季刊》《科学大众》《中国建设月刊》《大学评论》等刊发表《两性问题之生物史观》《泛论读书方法》《从戊戌政变说起》《科学家的社会责任》《科学与社会》《中国科学史举隅》《关于自然发展史的问题》《人民政协与保卫和平》《悼念裘次丰（维裕）先生》等文，出版论著《中国科技史举隅》（上海中国文化服务社，1947年）、《现代科学在中国的发展》（上海民本出版公司，1948年）、《人类从那里来：自然发展史简明讲话》（商务印书馆，1952年）、《李约瑟及其〈中国科学技术发展史〉》（华东师范大学出版社，1989年）等亦署。②西屏，见于杂文《偶像与奴才》，载1928年上海《语丝》第4卷第17期；随笔《联想三则》，载1928年上海《山雨》半月刊第1卷第4期。③孟闻，见于《伊已经走了》，载1928年上海《山雨》半月刊创刊号。嗣后在该刊发表小说《融融的夜》等文，1934年在上海《科学画报》第2卷发表《山东海阳县的怪猪胎》亦署。

张梦九（1893—1974），四川成都人。原名张尚龄，字梦九，号赤松子。曾用名张润苍。笔名：①张梦九，见于随笔《旅法两周的感想》，载1920年北京《少年中国》第2卷第6期，嗣后在该刊发表评论《主义问题与活动问题》《中华民族独立与国民大学》亦署。又见于评论《新文化运动底精神与生命》，载1921年4月1日《学艺》第2卷第10期。1948年2月在上海《青年生活》发表随笔《犹太人日记》亦署。②张润苍，1940—1948年在《西南实业通讯》《四川经济》《风云》等刊发表《四川经济概况》《展望国际贸易》等经济论文署用。③赤松子，20世纪60年代在香港《大华晚报》连载章回小说《民国风云人物奇谭》，出版小说《民国风云人物奇谭》（台北华联出版社，1962年）、随笔《民国春秋》（台北华联出版社，1966年）、《世界名人传：尼采》（内蒙古人民出版社，2005年）等署用。

张梦麟（1901—1985），贵州贵阳人。曾用名张伯符。笔名：①忆秋生，见于随笔《捧腹谈》，载1923年上海《小说世界》第2卷第7期。嗣后在该刊发表随笔《夜光表》、传记《柯南道尔勋爵传》《福劳贝尔小传》、译文《欧洲最近文艺思潮》等文亦署。②张伯符，发表评论《语体文欧化尚早的我见》（载1923年8月上海《时事新报·学灯》）、随笔《〈乌鸦〉译诗的刍言》（载1924年上海《创造周报》第36号）、译作《猫的教训》（英国赫胥黎原作。载1933年上海《新中华》

第 1 卷第 16 期）、译文《我们应该怎样去处理德国》（梅恩·波尔原作。载 1943 年上海《东方杂志》第 39 卷第 16 期），出版论著《欧洲文艺思潮》（上海商务印书馆，1931 年）、译作《戏剧论》（美国汉米尔顿原作。上海世界书局，1931 年）、《现代随笔集》（英国赫胥黎等原作，与钱歌川等合译。上海中华书局，1934 年）、《英文作文学习法》（中华书局，1950 年）等署用。③伯符，见于翻译小说《需要一次惊人的举动》（美国果尔德原作。载 1929 年上海《现代小说》第 3 卷第 2 期）、随笔《萧伯纳与宗教》（载 1933 年上海《新中华》半月刊第 1 卷第 4 期）署用。此前后在上述两刊及上海《时事新报·学灯》《申报·自由谈》发表随笔《西洋风物漫谈》《时事杂感》《人生哲学》、翻译小说《初雪》（肯尼斯·吉原作）、《玛莉亚》（苏联贝斯诺夫原作）、《旅顺口》（苏联斯特清诺夫原作）、译文《科学在歧路上》（美国大卫·沙诺夫原作）等亦署。④张梦麟，见于译文《社会的文艺批评》（美国格特鲁德·巴克原作），载 1930 年上海《学艺》第 10 卷第 1、3 号；随笔《说真话》，载 1933 年 2 月 19 日上海《申报·自由谈》。同时期在上述两刊及《小说月报》《现代学生》《现代》《新中华》《西北风》《文饭小品》《书人月刊》《新大夏》《中华少年》等报刊发表随笔《文学中的比喻》《主观与客观》《近代戏曲与离婚问题》、评论《萧伯纳的剧及思想》《易卜生与萧伯纳》《卡尔浮登的文艺批评论》《现代欧洲文学的趋势》《民众戏剧与民众教育》、翻译小说《失了面子》（美国杰克·伦敦原作）、《石碑》（杰拉尔德·克什原作）、《求婚》（A. E. 爱德华原作）、《两少年》（罗特莱原作）、《宝岛》，出版翻译小说《悲惨世界》（法国雨果原作。上海中华书局，1934 年）、《红字》（美国霍桑原作。上海中华书局，1934 年）、《老拳师》（美国杰克·伦敦原作。上海中华书局，1935 年）、《两少年》（美国罗特莱原作。上海中华书局，1945 年）、《航海少年》（英国比万原作。上海中华书局，1947 年）、《宝岛》（英国拉特勒原作。上海中华书局，1948 年）、《荒凉岛》（美国爱伦·坡原作。上海中华书局，1948 年）、《海岛奇遇》（英国拉特勒原作。上海中华书局，1948 年）、《七门洞》（英国拉特勒原作。1948 年）等亦署。⑤梦麟，见于翻译小说《老拳师》（美国杰克·伦敦原作），载 1933 年上海《新中华》第 1 卷第 7 期（刊内正文署名"张梦麟"）。嗣后在该刊发表翻译小说《疯人》（D. 拜克拉斯原作）和随笔《漫谈契斯透登》（刊内正文署名"张梦麟"）、《漫谈奥尼尔》等亦署。⑥麟，见于评论《过于专门》，载 1934 年上海《新中华》第 2 卷第 7 期。⑦桐君，见于翻译小说《两个强盗》（美国杰克·伦敦原作），载 1934 年上海《新中华》第 2 卷第 14 期。此前后在该刊发表翻译小说《失恋救济》（英国伍德豪斯原作）、《画家之死》（美国马克·吐温原作）、随笔《内容与形式》《现实的悲剧》《性格的发展》《文人相轻》、论文《詹姆士巴蕾和他的戏剧》等亦署。

张民享，生卒年及籍贯不详。笔名：①白矢，见于

小说《河》，载 1947 年北平《泥土》第 1 辑。嗣后在该刊第 2 辑发表杂文《投桃报李》亦署。②勃弋，见于杂文《"皮球"与"作家"》，载 1947 年北平《泥土》第 2 辑。嗣后在该刊第 3 辑发表论文《逆流里底文艺》亦署。③叶遄，见于影评《共产主义的光芒照进了僻远的山村——看苏联电影〈山野的春天〉》，载 1952 年北京《人民周报》第 19 期；散文《我所记得的有关胡风冤案"第一批材料"及其他》，载 1957 年 11 月 29 日北京《文艺报》。

张明慈（？—1982？），新加坡华人，原籍中国北京。原名张幼怀。曾用名张铭慈。笔名：①张明慈，见于《暹罗之铁路交通》，载 1928 年上海《南洋研究》第 1 卷第 6 期。嗣后在该刊发表散文《诗国南洋》、随笔《日本南进的勉词》等亦署。1934 年起在马来亚新加坡《南洋商报·狮声》《星洲日报·晨星》《风下周刊》《新国民日报·新园地》《新国民日报·新路》、槟城《槟城新报》副刊《轮》《诗词专号》等报刊发表散文、旧体诗词亦署。1938 年在《星洲日报》半月刊发表《编译荷华辞典跋》《南洋经济植物学名的商榷》《怀陈宗山先生》《与南洋文化有关的一位大师》等文亦署。②张铭北、老张，1934 年后在马来亚报刊发表文章署用。③明池，署用情况未详。

张明仁（1918—2003），湖南常德人，字少孙。笔名：①张明仁，见于论文《白香山之文学》，载 1936 年 11 月上海《学术世界》第 2 卷第 2 期；随笔《我所知道的王茂荫》，载 1937 年上海《光明》半月刊第 2 卷第 4 期。此前后在《出版周刊》《文风》《论语》《文摘》《生活学校》《中学生活》等刊发表《古今名人读书法》《关于中国古代之发明》《金圣叹的幽默》《两种相反的读书法》等，出版《国学研究法》（上海大东书局，1937 年）、《四朝学案人名索引》（上海世界书局，1938 年）、《怎样阅读书报杂志》（上海珠林书店，1939 年）、《古今名人读书法》（上海商务印书馆，1939 年）、《今人旧事》（文化艺术出版社，2005 年）等亦署。②鸣人、慎庵，20 世纪 30 年代开始在上海《申报》《大晚报》《民报》《大美晚报》《文汇报》等报刊发表文章署用。"慎庵"一名又见于《盗火与盗火者的神话》，载 1944 年上海《申报月刊》复刊第 2 卷第 5 期。

张鸣琦（1907—？），河北人。笔名：①张鸣琦，见于诗《接受》《没有你在眼前》《那里》，载 1926 年 6 月 13 日北京《晨报·诗镌》；散文《观画小记》，载 1926 年北京《京报副刊》第 431 期。同时期起在上述两刊及《现代评论》《戏剧与文艺》《当代文学》《戏剧时代》《艺文杂志》《中国文艺》《国民杂志》等报刊发表诗《无力的残喘》《醒来》、论文《近代艺术底趋势》《戏曲发达简史》《新浪漫派的戏剧》《电影与演剧》、译文《文学在演剧中底位置》（苏联泰洛夫原作）等亦署。②拉夫斯基，署用情况未详。

张冥飞（1894—1945），湖南湘乡人。原名张素，字季鸿，号冥飞。笔名：①冥飞，见于评论《教育普及

至速须二百年》，载 1910 年上海《教育杂志》第 2 卷第 3 期；小说《女塚卜》，载 1915 年上海《七襄》第 7 期。嗣后在上述两刊及《南风报》《剧场月报》《民权素》《中国白话报》《通俗周报》《小说丛报》《红玫瑰》《上海画报》《铁路协会月刊》《国闻周报》《国民外交杂志》等刊发表小说《雨窗话鬼记》、剧作《文明人》、随笔《偶闻偶见》《悬匏寄轩随笔》《四姑太太传》《哑寡妇传》《书楚雨生》、旧体诗《感赋》等亦署。②张素，在《南社丛刻》发表诗文署用。③张冥飞，见于散文《天上的重阳》，载 1922 年上海《快活》第 21 期；《乡老儿上海游记》，载 1922—1923 年上海《心声》第 1 卷第 1—4 号。嗣后在上述两刊及《红杂志》《红玫瑰》《侦探世界》《上海画报》等刊发表小说《一个当兵的下场》《精神之安慰》《孽子奇婚记》《风侠》《仇仇相报》《孝女报恩记》《侠女寻夫记》、剧作《云鼗娘》等（其中多篇刊内正文署名"冥飞"），出版小说《十五度中秋》（上海民权出版部，1916 年）、《绣像绘图江湖二十四侠》（与杨尘因、姜侠魂、文公直合作。上海时还书局，1929 年）等亦署。④季鸿，见于旧体诗《登清凉山》，载 1929 年南京《铁路协会月刊》第 1 卷第 2 期。嗣后在该刊发表旧体诗《芜湖旅次见月》《登振风塔》《明故宫》《过明故宫》《秋意》等亦署。

张漠青（1924—1968），广东潮安人。笔名：①漠青，见于小说《陆横和巧莲》，载 1944 年重庆《天下文章》第 2 卷第 5—6 期合刊；小说《悲歌》，载 1945 年重庆《希望》第 1 集第 3 期。1947 年与丁家瑞等人合作朗诵长诗《怒吼吧，新加坡！》（新加坡青年文艺研究社，1947 年）亦署。②叶浓，见于小说《凋零》，载 1947 年前后马来亚新加坡《风下》周刊，又收入与米军等合集《为儿女求婚》（香港学文书店，1951 年）。③漠清，见于散文《我是初来的》，载 1950 年 9 月香港赤道出版社版韩萌编《南洋散文集》。④张漠青，出版短篇小说《渔岛风云》（华南人民出版社，1954 年）、电影剧本《慧眼丹心》（广东人民出版社，1960 年）、长篇小说《激流飞渡》（作家出版社，1964 年）等署用。

张默池，生卒年不详，河北保定人。笔名：①张默池，见于翻译小说《复活第一章》（俄国列夫·托尔斯泰原作），载 1920 年《新湖北》第 1 卷第 3 期；散文《苏州纪游》，载 1923 年上海《道路月刊》第 4 卷第 2 期；散文《山西大同游记》，载 1922 年上海《道路月刊》第 5 卷第 2 期；散文《山西雁北旅行记》，载 1924 年上海《商旅友报》第 9 期。出版泰戈尔论著《人格》（与梅景九合译）等亦署。②默池，见于散文《常熟游记》，载 1922 年上海《道路月刊》第 2 卷第 2 期。嗣后在该刊发表散文《游洞庭西山记》《河洛旅行记》《游太湖洞庭东山记》等文亦署。又见于散文《河洛旅行记》，载 1924 年上海《商旅友报》第 11 期。

张默君（1884—1965），湖南湘乡人，原名张昭汉，字默君、漱芳，号涵秋、穆素；别号白华居士、玉尺楼主、玉溠山房主。曾用名穆素。乳名宝嫘。英文名 Sophie M. K. Chang、M. K. Chang。笔名：①墨君，辛亥革命前在上海《小说月报》发表诗文署用。②张昭汉，辛亥革命时期经理《神州女报》、创办《大汉报》，1905 年起在《女子世界》《妇女杂志》等刊发表文章署用。在《南社丛刻》发表诗文亦署。③默、默君、涵秋、穆素、大雄、张默君，署用情况未详。按：张默君出版有《中国古玉与历代文化之嬗晋》《中国文学源流与历代书法之演进》《大凝堂集》（台北中华丛书编审委员会，1960 年）《白华草堂京闺诗稿》（自印本，1951 年）《默君诗草》《大凝堂诗集句联选》《正气呼天集》《玉溠山房墨沈》（台北中华文物出版社，1959 年）等著作，具体署名及出版情况待考。

张默生（1895—1979），山东临淄（今淄博市），原名张敦讷，号默僧。笔名：①默僧，见于随笔《怪诗人徐玉诺》，载 1937 年上海《宇宙风》第 35 期。嗣后在该刊及上海《宇宙风乙刊》发表随笔《老子》《朝鲜亡命记》《异行传》《疯九传》《亩老爷传》等署用。②张默生，见于随笔《跋张潮幽梦影》，载 1940 年上海《宇宙风》第 100 期；传记《现代学术界怪杰吴秋辉》，载 1940 年上海《宇宙风乙刊》第 30 期。嗣后在该刊及《抗到底》《文化先锋》《时与潮副刊》《人生画报》《人物杂志》等刊发表传记《墨子传略》《义丐武训传》《王大牛传》、自传《默僧自述》、评论《老子传及老子书的问题》《教育家的墨子》、随笔《记怪诗人徐玉诺》《关于"无恃者无恐"》等，出版传记《老子》（重庆胜利出版社，1944 年）、《异行传》（重庆东方书社，1944 年）、《武训传》（上海东方书社，1946 年）、《王大牛传》（上海东方书社，1947 年），自传《默僧自述》（上海济东印书社，1948 年），论著《老子章句新释》（成都东方书社，1943 年），编注《先秦诸子文选》（上海济东印书社，1947 年）等亦署。③张默僧，见于随笔《关于异行传》，载 1941 年上海《宇宙风乙刊》第 39 期。

张目寒（1900—1980），安徽霍邱人，号雪庵。笔名：①张目寒，见于杂文《绅士与狐》，载 1925 年《莽原》周刊第 2 期；《一个紧急的动议》，载 1925 年北京《猛进》第 35 期。1944 年由成都四川美术协会供应社出版散文集《蜀中纪游》亦署。1945 年赴台后在台湾报刊如《畅流》等发表文章亦署。②目寒，见于杂文《读"大报"》，载 1925 年《莽原》周刊第 6 期。

张难先（1873—1968），湖北沔阳（今仙桃市）人，原名张辉澧，字难先，号义痴。别号旦庐、六其居士、东湖老人。曾用名张绍良。笔名张难先，见于讲演《公务人员对于知难行易学说应有之认识》，载 1930 年 12 月 20 日《浙江民政月刊》第 37 期。嗣后发表《湖北丙午党狱汇纪自述》《义痴六十自述》《六十自述补遗》《六十以后续记》《八十以后随笔》《杂稿》《桑榆随笔》《解放后稿》《广师留记》《不成文只》《烈士刘静菴先生墓碑》等，出版随笔集《湖北革命知之录》（重庆商务印书馆，1945 年）亦署。

张农（1877—1927），江苏吴江（今苏州市）人，字都金，号鼎斋。笔名张农，著有《葫芦吟草》《戊午日记》等著作。

张湃舟，生卒年不详，河南许昌人。原名张永顺。笔名：①张湃舟，见于诗《失望》，载 1936 年 1 月 17 日郑州《大华晨报·沙漠诗风》；散文《到了十字路口》，载 1936 年 1 月 22 日郑州《大华晨报·跋涉》。嗣后在上述两刊发表诗《像不像一只漂舟？》《谁说不敢那样？》《送东北归——铃纶》《晨炮》《深夜的叫卖》《河岸上》等亦署。②湃舟，见于诗《黄昏》，载 1936 年 6 月 12 日郑州《大华晨报·沙漠诗风》。

张沛（1922－2018），江苏镇江人。原名张祖苹。曾用名陈之衍。笔名：①张祖苹，见于诗《战死者》，载 1938 年 11 月重庆《大公报·战线》。②张蓓，见于《黑色的骑兵队》，载 1939 年 11 月重庆《国民公报·文群》；诗《殉难在中国的土地上》，载 1940 年延安《新诗歌》第 2 期。此前后在延安《解放日报》及《东北日报》《翻身乐》等报刊发表通讯《赵占魁》、随笔《廿年来中国工人大团结》等亦署。③陈之衍，见于诗《我们开垦在大风砂中》，载 1940 年 5 月陕西绥德《新诗歌》。1949 年后在《人民日报》《文艺报》《中国青年报》发表文章亦署。④张沛，见于论文《工人——人民文艺的重要主题》，载 1949 年 2 月沈阳《东北日报》。嗣后在《人民日报》《人民文学》《新观察》《文艺报》等报刊发表文章，出版散文集《中欧旅踪》（世界知识出版社，1957 年）、《大路集》（作家出版社，1960 年）、诗集《延安晨歌》（与朱子奇合编。陕西人民出版社，1984 年）、通讯《一个生产的城市——大连访问纪要》（新华书店华东总分店，1950 年）等亦署。

张佩秋，生卒年不详，浙江杭州人。笔名不甘女子，1905 年在上海《女子世界》发表文章署用。

张彭春（1892－1957），天津人，字仲述。笔名张彭春，见于评论《苏俄戏剧的趋势》，载 1935 年天津《人生与文学》月刊第 1 卷第 3 期；评论《怎样改进中国戏剧》，载 1935 年杭州《艺风》第 3 卷第 3 期；评论《英国大学教育与中国大学教育之比较观》，载 1937 年《统一评论》第 4 期；评论《我看联合国》，载 1948 年南京《中央日报周刊》第 3 卷第 3 期。出版翻译剧本《国民之敌》（挪威易卜生原作，与万家宝合译。南京国立戏剧学校，1937 年）、论著《张彭春论教育与戏剧艺术》（南开大学出版社，2003 年）等亦署。

张蓬（1918－1981），湖北武汉人，原名张帆。笔名张蓬，著有歌剧剧本《种棉记》《新条件》（均与他人合作）、话剧剧本《军人魂》等。

张篷舟（1904－1991），四川成都人。原名张映壁。曾用名张子宽。笔名：①张篷洲，见于诗集《波澜》和《孤寂》，分别于 1923 年和 1925 年印行。②篷舟，见于随笔《战区杂缀》，载 1932 年上海《文华月刊》第 30 期。③张篷舟，见于绘画《柳》，载 1933 年上海《良友画报八周年纪念刊》。④张篷舟，见于散文《春来也》，载 1931 年《文华》第 15－16 期；散文《江楼忆》，载 1947 年上海《旅行杂志》第 21 卷第 1 期；随笔《薛涛墨迹在人间》，载 1949 年 1 月上海《旅行杂志》第 23 卷第 1 期；出版诗集《消失了的情绪》（上海文华美术图书印刷公司，1933 年）、论著《浪漫二诗人》（上海南京书店，1929 年）、《薛涛诗笺》（人民文学出版社，1983 年），主编《1955 年人民手册》（与张仪郑合编。天津大公报馆，1955 年）、《近五十年中国与日本》（四川人民出版社，1985 年）等亦署。⑤杨纪，见于报告《突贯攻击》，载 1937 年 10 月 16 日上海《抗战半月刊》第 1 卷第 2 期；随笔《诗人及其两大史诗——纪念杨云史先生》，载 1941 年 8 月 1－4 日桂林《大公报·文艺》。此前后在《战地通信》《国闻周报》《大风》《宇宙风》《战地文化》《军之友月刊》《人民世纪》《旅行杂志》及《大公报》等报刊发表报告文学《沪战两月记》《第一道防线》《沪战私记》《两极》、随笔《华南安如泰山》、散文《青城天下幽》、旧体诗《和尤青将军》等亦署。

张朴（1922－1996），河北文安人。原名张玉方。曾用名张朴。笔名张朴，1947 年开始发表作品，出版小说《向导》《水上姻缘》《地下医院》《神手》、报告文学《重见光明》《王国藩的故事》《三朵红花向阳开》、剧本《源泉》《星期六的晚上》等署用。

张其春（1913－1967），浙江鄞县（今宁波市）人，字觉峰。笔名：①张其春，见于译文《〈满洲读本〉原序》（日本大川周明原作），载 1932 年《时代公报》第 1 卷第 15 期；译文《日本之海外贸易》，载 1933 年《国风半月刊》第 2 卷第 7 期；随笔《明治维新诗话（上）》，载 1946 年南京《文艺先锋》第 9 卷第 2 期。此前后在该刊及《国风半月刊》《时事月报》《浙江青年》《交通杂志》《水利》《新中华》《新中国》《新学生》《文讯》《国文月刊》《读书通讯》《图书展望》《英文月刊》等刊发表论文《翻译之艺术》《国文之形态美》《我国韵文之西译》《论古典派之译文》《论自然派之译文》《中西意境之巧合》《论浪漫派之译文》等，出版论著《日人眼中之东北经济》（与夏融勋合作。南京钟山书局，1933 年）、《翻译之艺术》（上海开明书店，1949 年）与通俗读本《朝鲜民主主义人民共和国》（开明书店，1951 年），编著《简明英汉词典》（与蔡文萦合作。商务印书馆，1963 年）等亦署。②贝金，见于随笔《新时代旧歌曲》，载 1946 年南京《新闻类编》第 1535 期。

张企程（1913－?），浙江湖州人。曾用名张明理。笔名：① Ĉ. Ĉen，20 世纪 30 年代在左翼世界语联盟从事国际通信工作，与外国世界语者通信使用。1950 年后担任世界语《中国报道》杂志（El Popola Ĉino）总编辑，撰写世界语文章或用世界语翻译中文文章、著作亦署。见于《汉语，丰富而美丽的语言》Ĉina Lingvo — La Riĉa kaj Bela Lingvo，（中国世界语出版社，2001 年）。②张企程，见于通讯《第四次苏联戏剧节的回顾》，载 1936 年上海《电影戏剧》第 1 卷第 2 期。嗣后出版普及读物《英国》、儿童文学《迷离的童话世界》、译作《领导者》（美国理查德·尼克松原作。与尤勰、洪雪英合译），编选《印度尼西亚民歌选》，主编世界语版《中国文学作品选（1949—1959）》、世界语国际通讯集《世界的呼声》和《汉语世界语词典》等亦署。③企程，见于随笔《九个同情中国的外国海员》，载1939年《全民抗战》第82期；译文《英法苏三国谈判的中心问题》，载1939年《现代中国》第1卷第16—17期；通讯《一群青年政治工作者》，载1939年上海《青年大众》第1卷第9期。同时期起在《读书月报》《文学月报》《新华日报》《译报周刊》等报刊发表译诗《裴多菲诗三章》《捷克诗选三首》（捷克扬·聂鲁达原作）、书评《在巨人笔下的巨人传——读米盖郎琪罗传》《谈正气——读〈爱与死的搏斗〉》《在平淡中的伟大——〈回忆鲁迅先生〉（萧红作）》等亦署。出版译作《列宁传》（苏联凯尔任采夫原作，与朔望合译。读书出版社，1949年）亦署。④雪尘，署用情况未详。

张启汉，生卒年不详，湖南湘潭人，字平子。笔名张启汉，在《南社丛刻》发表诗文署用。

张契渠（1917— ？），江苏常熟人。原名张契榘。笔名：①谈宜，见于小说《三周间》，载1935上海《文学》月刊第5卷第6期；小说《奶妈》，载1937年上海《中外评论》第5卷第2期。嗣后在上海《文潮月刊》《中华教育界》等刊发表散文《清华园里悼良师》《悼陈布雷先生》、随笔《鲁迅的〈儿时〉》《中学语文教学中的点滴经验》等亦署。②阿德、张德，抗战前起在南京《新民朝报》、重庆《新民报》《大公晚报》、上海《申报》《大晚报》等报刊发表文章署用。③张契渠，见于随笔《豫西的婚俗》，载1940年上海《东方杂志》第37卷第22期；随笔《陪都庆祝戏剧节志盛》，载1944年《社会教育辅导》第2期。嗣后在《黄河》《新中华》《民教通讯》《半月文选》《文艺先锋》《文潮月刊》《导报》《东方杂志》《人间》《旅行杂志》《亚洲世纪》等刊发表小说《客车东来》《山城雾》《彷徨的一夜》《父母心》、评剧《并肩作战》（与赵清阁合作）、话剧《春花秋月》、随笔《将军的教训》《记文艺先锋六周年》、散文《夜宿褒城》《台湾游骋记》等，出版中篇小说《山城雾》（上海正中书局，1948年）、《娃娃日记》（上海文潮出版社，1948年），童话《青蛙和我》（商务印书馆，1950年）等亦署。

张千帆（？—1971），广东梅县（今梅州市）人，生于香港。原名张任涛。笔名：①张任涛，1935年在香港与侣伦、易椿年、卢基合编《时代风景》署用。②张建南、张千帆，20世纪50年代在香港报刊发表文章署用。③章欣渐，1965年后在北京报刊发表文章署用。

张亲令（1913— ？），福建同安人。笔名：①张行，1944年开始在福建永安《民主报·新语》发表小说《恶作剧》《造产的故事》《玩笑》《罗海通的历史》等，在南平《天行报》发表随笔《我也发了国难财》《清算上流人》《论狗奴之道》等，在《闽西日报》发表小品《照妖镜》《生命的凤鸟》《走在月下》等，在福州《南方

日报》发表散文《生的散曲》，在杭州《东南日报·笔垒》发表散文《台湾，是个繁华的地方》《山的故事》等，在《宁洋民报》副刊发表寓言《阿丘与羊》《阿丘与龟》《阿丘与蜘蛛》，在福州《中央日报》副刊发表小说《女人是可怜的，但是男人呢？》等文署用。②张英，1944—1945年在永安《民主报·新语》发表随笔《略谈艺术底内容与形式》《漫思录》《神将怎样判断》等文署用。1944年后在永安《民主报·新语》发表随笔署用。③张衡，见于散文《麦园》，载1947年《福建时报》。

张青榆（1916—1987），辽宁铁岭人。原名张庆余。笔名：①白零，1932—1939年在大连《泰东日报·泰东文艺》《大同报·大同新文坛》等报发表《残夜》《忧郁人》《听雨胡同》等诗、小说、散文署用。②青榆，见于长篇小说《冷香槟》，连载于1941年长春《新满洲》第3卷第1期至第3卷第7期。此前后在该刊及大连《泰东日报·泰东文艺》及《通化新报》《通化日报》《辽吉日报》《鸭绿江》等报刊发表散文《寄语黄泉代〈冷香槟〉序》《青春的怀望》《黑夜草》等亦署。③夜歌、欧阳非，1945—1948年在通化主编《鸭绿江》杂志（后迁址临江、梅河口、郑家屯、四平）并发表小说、随笔、剧作等署用。

张庆吉（1919— ），辽宁铁岭人。笔名：①衣云，见于小说《古城堡中》，载1937年1月22日《满洲报·文艺》。嗣后在该刊及《兴亚月刊》《青年文化》《新满洲》《大同报》《泰东日报》等报刊发表小说《三表姊》《三等养病室》《红雨》《马的故事》等作品亦署。1949年后发表文章偶用。②木人，1939年开始署用。曾见于杂文《书的命运及其他》，载1941年长春《康德新闻》副刊。嗣后在该报发表小说《马缨花》等亦署。④牧音，见于评论《一九四〇年满洲文坛的回顾》，载1941年大连《泰东日报》副刊。④张庆吉，1949年后发表文章，出版《大盘道的伏击战——东北抗日联军故事》（上海文艺出版社，1959年）署用。

张庆琏（1897—1947），上海人，字蔼芳。笔名张庆琏，著有《三佩簃吟草》三卷、《理烦吟草》一卷。

张庆霖，生卒年不详，江苏扬州人。笔名：①病鸳，1929年后在上海《晶报》发表文章署用。②庆霖，见于小说《阉人妇》，载1916年扬州《邗江杂志》（张庆霖编）第1期；随笔《戏拟印花土谢当代诸公书》，载1917年上海《小说新报》第3卷第1期。此前后在《小说新报》及《小说季报》《民权素》《小说丛报》《小说月报》等刊发表小说《巾帼英雄媲木兰》《禅房僧话》《林中》《盲妹》《几幕影片》、随笔《春闺日记》《紫藤花荟杂杂》《艳闻艺屑》、诗《改古体诗》等亦署。③张庆霖，见于词《春来词（蝶恋花／阮郎归／玉漏迟／菩萨蛮）》，载1914年北京《寸心》第4期；小说《承审与烟犯》，载1921年上海《礼拜六》第126期。此前后在《快活》《游戏世界》《小说新报》《小说世界》《心声》《红杂志》《侦探世界》《农学杂志》《紫罗兰》

《社会月报》《新家庭》《上海画报》等刊发表小说《同此佳期》《红叶道上》《枭雄贼父记》《玫瑰花》《阿紫》、随笔《紫藤花荇艳缀》《不可思议的几幕》《一个人的起居注》《觉庐杂记》《津浦道中》等，出版《练气行功秘诀内外篇》（天津古籍书店，1988年）亦署。

张庆田（1923－2009），河北无极人。曾用名张国珍。笔名：①残芒，20世纪40年代上半期在晋察冀边区《教育阵地》发表谈教育的文章署用。又见于小说《唐小澍——记一个革命的孩子》，载1946年冀中《平原》杂志。1947年在《冀中导报》发表秧歌剧《摊煎饼看闺女》亦署。②张庆田，1947年后发表文章，出版诗集《春天的诗》（文化生活出版社，1955年）、《二小重逢遇王秀娃》（北京宝文堂书局，1955年），长篇小说《沧石路畔》（上海文艺出版社，1956年）、《战火纷飞的年代》（河北教育出版社，1997年），小说集《秋山红叶》（上海文艺出版社，1963年）、《代表》（河北人民出版社，1978年）、《老坚决集》（河北人民出版社，1980年），散文集《平原花朵》（上海文艺出版社，1956年）等署用。

张庆云（1924－2010），河北平山人。曾用名张庆云。笔名：①张庆云，见于《佃户王世新自述》《苦尽甜来》，载1946年晋察冀《新群众》第1卷第2期。嗣后出版诗集《张庆云街头诗小集》（星火出版社，1947年）亦署。②沙青，见于歌词《将革命进行到底》，载1949年长春《知识》第10卷第4期。

张秋虫（1903－1974），江苏扬州人，生于浙江余姚。号缥缈生、一沤、姜公。笔名：①张秋虫，见于小说《何苦》，载1921年上海《礼拜六》第112期；小说《花里闭门记》，载1926年上海《红玫瑰》第2卷第14期。嗣后在上述两刊及上海《小说世界》《紫罗兰》《社会月报》《万岁》《女神》《万象》《永安月刊》等刊发表小说《两个女子的日记》《遗爱记》《摘星弄月记》、随笔《碎玉琐记》《万岁之言》《惊弦私记》，出版长篇小说《初夜》（上海时还书局，1929年）、《新山海经》（上海中央书局，1930年）、《未婚之妻》（一名《待阙鸳鸯》。上海醒民出版社，1934年）等亦署。②乌目山人，见于长篇小说《海上大观园》（上海中央书店，1924年）。③百花同日生，见于长篇小说《银海新潮》，连载于1926－1928年《上海画报》；长篇小说《离恨天》，连载于1932年上海《万岁》第1卷第1－10期。嗣后出版长篇小说《海市莺花录》（上海中央书局，1929年）等亦署。④藕丝，见于随笔《过去的趣事》，载1926年上海《红玫瑰》第2卷第18期。嗣后在该刊及上海《万岁》《现代社会》等刊发表随笔《上海剧谈》《煮酒余谈》《纤云抱月楼杂记》、旧体诗《敬和丹翁元韵》等亦署。⑤姜公，见于长篇小说《孽雁惊弦记》，连载于1927年12月上海《明镜》报；随笔《文明的病态》，载1932年8月1日上海《万岁》第1卷第1期；《宁武关之小考证》，载1943年上海《古今》第35期。⑥秋虫，见于随笔《棋王全誉记》，载1940年上海《玫瑰》第2卷第2期。嗣后在该刊发表《自吹》一文亦署。⑦缥缈生，出版通俗小说《海市人妖》一书署用。⑧一沤，署用情况未详。按：张秋虫另著有《十里莺花梦》（拂云生）（上海三星书局，1931年）《假凤虚凰》（白荻）（上海广益书局，1947年）《梅雪争芳记》（张秋虫）（台北广文书局，1980年）等通俗小说，署名不详。

张秋人（1898－1928），浙江诸暨人，号丘人、秋菘。原名张友表。曾用名张有标（谱名）、张慕寒、张慕翰、张慕韩、张国华。化名提儿（dear）。乳名友表。笔名：①张秋人，见于译文《列宁论》（苏联拉狄克原作），载1923年12月20日《新青年》季刊第2期。②秋人，1924年在《平民周报》《政治周报》等刊发表文章署用。③慕翰，1926年在《政治周报》发表文章署用。

张裘丽（1922－　），浙江嘉善人，原名张钟娴。笔名：①张裘丽，出版长篇小说《紫藤花下》（台北重光文艺出版社，1959年），短篇小说集《爱的召唤》（台北环球出版社，1963年），散文集《我在尼罗河上游》（台北纯文学出版社，1969年），文集《春风野草》（台湾省妇女协会，1958年）等署用。②美梅，署用情况未详。

张权，生卒年不详，湖南慈利人，字心量。笔名张权，在《南社丛刻》发表诗文署用。

张荃，生卒年及籍贯不详。笔名田鲁，见于评论《论昆明剧运》，载1940年重庆《戏剧岗位》第1卷第5、6期合刊；随笔《异地演剧》，载1940年成都《戏剧战线》月刊第12期。此前后在上海《新演剧》、重庆《文艺青年》《文艺先锋》《戏剧岗位》、贵阳《防空军人》等刊发表评论《海伦海丝的表演经验》《凯塞琳·考奈尔的表演经验》《林·芳登的表演经验》、散文《生》《朝鲜女人》《白色及星子》、随笔《剧谈二则》《杂文两则》等亦署。

张任政（1898－1960），浙江海宁人，字惠衣，号苇依、苇伊。笔名：①张任政，见于编著《纳兰性德年谱》，载1930年北平《国学季刊》第2卷第4期；旧体诗《十二月九日晨大雾作》，载1934年苏州《文艺掇华》第1卷第6期。嗣后出版编著之《历代平民诗集》（上海商务印书馆，1936年）亦署。②惠衣，见于旧体诗《梅庵花朝》《金陵杂诗》，载1933年4月15日苏州《苏州振华女学校刊》。③张惠衣，出版《金陵大报恩寺塔志》（国立北平研究院史学研究会，1937年）署用。

张荣甫，生卒年及籍贯不详。曾用名叶迈。笔名雁棣，见于杂文《夜读随笔》，载1947年北平《泥土》第1辑。

张荣荪，生卒年不详，江苏南京人。笔名子岑，见于评论《诗简》，载1947年武汉《诗地》第1期。

张瑞麟（1933－　），河南唐河人，字仲华。笔名：

①野垠，1947 年在西安《自由晚报》《经济快报》发表文章署用。②鲁深，1948 年秋在《经济快报》《同仁日报》《黎明日报》《荒地文艺》等报刊署用。20 世纪 80 年代发表文章亦署。③王岩（duān）、张雪影、张新叶、鲁诗音，1953－1956 年在西安《工商经济晚报》《群众日报》《陕西日报》《陕西工人报》发表文章署用。④江水碧，见于古文今译《明清故事选》（上海文化出版社，1956 年）。⑤缪珂子、牛北山、秦树碧，1982 年开始在西安《陕西青年》《西安铁道报》等报刊发表文章署用。

张瑞亭，生卒年及籍贯不详。笔名张恺，抗日战争时期天津沦陷后编《天声报》《天声半月刊》署用。

张若谷（1905－1960），上海人。原名张天松，字若谷。笔名：①张若谷，见于评论《评〈天方诗经〉》，载 1925 年上海《文学周报》第 188 期；随笔《三论〈遵主圣范〉》，载 1925 年北京《语丝》第 58 期；《论〈吠陀〉经》，载 1925 年《文学周报》第 195 期。嗣后在《小说月报》《真美善》《新月》《文艺月刊》《当代文艺》《新时代》《良友画报》《世界》《雅典》《艺术旬刊》《万象》《人言周刊》《旅行杂志》《绸缪月刊》《抗战半月刊》《永安月刊》《杂志半月刊》《新南星》《华美》《图书季刊》《史学年报》《上智编译馆馆刊》《中美日报》等报刊发表随笔《关于"女儿国"的考证》《一个女教徒的忏悔》《漫谈孤岛文坛》《新文人的旧体诗》、小说《女人的眼泪》、散文《送志摩升天》《徐悲鸿教授》《悼马相伯先生》、论文《雅典与浪漫》《马相伯先生年谱》、译作《拉风歹纳寓言》（法国拉·封丹原作）、《回声，请你答应》（法国保罗·毛杭原作）等，出版散文集《咖啡座谈》（上海真美善书店，1929 年）、《异国情调》（上海世界书局，1929 年）、《新都巡礼》（上海金屋书店，1929 年）、《战争·饮食·男女》（上海良友图书印刷公司，1933 年）、《西游记》（上海千秋出版社，1936 年），小说集《都会交响曲》（上海真美善书店，1929 年），长篇小说《儒林新史——婆汉迷》（上海益华书店，1933 年），翻译小说《留沪外史》（法国苏利哀莫郎原作。上海真美善书店，1929 年），翻译戏剧《中国孤儿》（法国伏尔泰原作。重庆商务印书馆，1942 年）等亦署。②若谷，见于随笔《拥护》，载 1933 年 8 月 3 日上海《大晚报·辣椒与橄榄》。③张天松，见于随笔《黎公使的故乡》，载 1947 年南京《益世周刊》第 28 卷第 6 期。嗣后在该刊发表散文《佘山导游》《述怀》、翻译散文《祈祷》（鲁异异尧原作）等作品亦署。④摩炬、百合、马尔谷、南方张、欧阳忠正、刘舞心女士，20 世纪 40 年代在南京《益世周刊》、上海《中美日报》副刊等报刊发表文章署用。

张若名（1902－1958），河北清苑人，字砚庄。曾用名一峰、衫陆、张珊陆、张砚庄。笔名：①一峰，见于随笔《失业救济管见》，载 1919 年北京《解放与改造》第 1 卷第 8 期。②衫陆，见于随笔《"急先锋"的女子》，载 1920 年《觉悟》第 1 期。③张若名，见于

《"急先锋"的女子》，载 1920 年天津《觉悟》杂志第一期；论文《法国象征派三大诗人鲍德莱尔、魏尔莱诺与蓝苞》载 1937 年《中法大学月刊》第 11 卷第 4、5 期；论文《纪德的纪念》，载 1946 年北平《新思潮》第 1 卷第 4 期；随笔《漫谈小说创作》，载 1948 年重庆《文艺先锋》第 12 卷第 2 期。20 世纪 50 年代在《云南大学学报》（人文科学版）发表论文《欧洲旧现实主义的成就和缺点》《试论文学中典型性的创作过程》亦署。④张若茗，见于论文《法国象征派三大诗人鲍德莱尔、魏尔莱诺与蓝苞》，载 1946 年重庆《文艺先锋》第 9 卷第 1－2 期。

张善，生卒年不详，台湾台北市人，字希舜。笔名张希舜、无逸，1940－1943 年在台北《风月报》《南方》《兴南新闻》等报刊发表旧体诗《秋夜书怀》《步景南君见赠瑶韵》等署用。

张少峰（1902－？），山东黄县（今龙口市）人。笔名：①张少峰，见于小说《金陵的故事》，载 1929 年《新民》半月刊第 1 期。嗣后在该刊发表小说《在侦缉队里》《梦兆姑娘》亦署。又见于小说《寡妇杂记》，载 1934 年北平《文艺战线》第 3 卷第 3－5 期合刊；出版小说集《鬼影》（北平震东印书馆，1930 年）、《枯冢》（北平震东印书馆，1930 年）、《脚印》（北平震东印书馆，1931 年）等亦署。②孔均，见于日记《明耻园笔记》，载 1934－1935 年北平《文艺战线》第 3 卷第 3－49 期。1936－1937 年在该刊第 5 卷第 2 期、第 11 期发表评论《国防文学与民族意识》《由民族主义谈到国防文学》亦署。③比白，署用情况未详。

张舍我（1896－？），江苏川沙（今上海市）人。原名张建中，字子方。笔名：①舍我，见于随笔《记程一善》，载 1916 年上海《小说月报》第 7 卷第 11 期。同时期在上海《小说海》《小说大观》等刊发表文章亦署。②张舍我，见于翻译小说《青年镜》（英国威廉·胡尔夫原作，与刘泽沛合译），载 1917 年上海《小说月报》第 8 卷第 11 期；小说《我负她》，载 1921 年上海《礼拜六》第 107 期。嗣后在上述两刊及《最小》《半月》《快活》《游戏世界》《小说世界》《侦探世界》《小说日报》《心声》《红杂志》《红玫瑰》《紫罗兰》《明灯》《社会之花》《社会月报》等刊发表小说《奇异的陌生人》《王先生》《黄金美色》《快活主义》《请填空白》，随笔《一个问题的两面观》《死的哲学》《谁做黑幕小说？》，翻译小说《险极了》（英国柯南·道尔原作）、《二十万法郎之赏格》（法国勒布朗原作）、《噬脐》（与闻野鹤合译）等，出版小说集《尸变》《舍我小说集》《张舍我小说集》、翻译小说《福尔摩斯探案》（英国柯南·道尔原作）、论著《短篇小说作法》《戏剧构造法》等亦署。

张申府（1893－1986），河北献县人。原名张嵩年，字申府。曾用名张嵩年、张松年。笔名：①张崧年，见于通信《致记者》，载 1917 年北京《新青年》第 3 卷第 2 期；论文《"中国数学源流考略"识语》，载 1919

年北京《北京大学月刊》第 1 卷第 4 期。同时期起在《新青年》《新潮》《少年中国》《语丝》《科学》《京报副刊》《太平洋》《东方杂志》《现代评论》《中大季刊》《甲寅》《民铎杂志》《教育杂志》《民众先锋》《晨报副镌》《哲学月刊》《哲学评论》等报刊发表论文《哲学不是什么》《文明或文化》、随笔《所望于今日的青年》《无穷小与丁达林》、译文《民主与革命》《哲学里的科学法》《精神独立宣言》《罗素的演绎论》《罗素先生之哲学》等亦署。②赤，见于评论《问救世军》、随笔《狗争食》《打仗的》，载 1918 年北京《每周评论》第 2 期。嗣后在该刊发表评论《鬼学》《结婚与妇人》《"数之哲理"》、随笔《中国的教育》《文字与思想》《爱国》等文亦署。又见于随笔《切实试行》《个人不负罪恶责任》《"社会问题"》《"完人"》《"研究问题"》《共产主义之界说》，载 1922 年《新青年》第 9 卷第 6 期。另在上海《民国日报·妇女评论》发表文章亦署。③张赤，见于随笔《随感录·六十》，载 1919 年《新青年》第 6 卷第 5 期；评论《黎明之黎》，载 1919 年 7 月 19 日《晨报副镌》。同年 10 月 2 - 3 日在《晨报副镌》发表译文《哲学之价值》（英国罗素原作），1920 年 1 月 15 日、9 月 15 日在北京《少年中国》第 1 卷第 7 期、第 2 卷第 3 期发表译文《国》（英国罗素原作）亦署。另在《劳动界》《时事新报·学灯》等报刊发表文章亦曾署用。④R，1922 年 9 月在法国《少年》杂志发表文章署用。⑤申府，见于随笔《所思》，1925 年 3 月在北京《京报副刊》第 98 期开始连载；随笔《所思》，载 1928 年上海《世界》第 1 期。嗣后在《清华周刊》《战时文化》等刊发表随笔《感》《重感》、评论《现代哲学的主潮》《辩证法的唯物论》等文亦署。⑥张申府，见于评论《帝国主义等》，载 1925 年北京《语丝》周刊第 35 期（刊内正文署名"申府"）；评论《事与物与心》，载 1928 年北平《哲学评论》第 2 卷第 2 期。嗣后在《贡献》《清华周刊》《清华学报》《师大教育丛刊》《世界论坛》《出版周刊》《实报半月刊》《清华副刊》《世界动态》《文摘》《月报》《认识月刊》《半月文摘》《文化战线》《时事类编特刊》《自由中国》《全民周刊》《抗到底》《战时青年》《战时文化》《浙江潮》《青年生活》《中国教育》《青年知识半月刊》《反侵略》《图书季刊》《中央周刊》《宪政月刊》《民宪》《中学生》《人物杂志》《中国建设月刊》《民主》《大学评论》《北大半月刊》《公理报》《知识与生活》《天琴》《正论》等报刊发表随笔《人生的意义》《一二九》《五四纪念与新启蒙运动》《哲学与人生》《我相信中国》《关于文化政策》，译文《行为主义与价值》（英国罗素原作）、《现代学人的责任——一篇想象的老赫胥黎与小赫胥黎的谈话》，论文《行为论的起源》《罗素论西洋文明》《五四纪念与新启蒙运动》《论中国的出路》及书评《几本今年出版的书》《笛卡尔方法论》《东西文化比较论》等，出版论著《我相信中国》（上海杂志公司，1938 年）、《什么是新启蒙运动》（重庆生活书店，1939 年）、《民主与宪政》（重庆峨嵋出版社，1944 年）、《独立与民主》（北

平文献出版社，1945 年）、散文集《所思》（上海神州国光社，1931 年）、《张申府散文》（中国广播电视出版社，1993 年）等亦署。⑦悚疑，见于随笔《论翻译》《怀疑与冷热》，载 1927 年 11 月 1 日上海《北新》第 2 卷第 1 期。嗣后在该刊发表随笔《小人国》《人是生物》《开化与野蛮》、书评《〈论自相矛盾〉》等亦署。⑧TSS，见于论文《我对于中国革命》，连载于 1928 年 6 月《革命评论》。⑨算史氏，见于人物志《算数奇才噶禄亚》，载 1942 年 3 月 20 日重庆《新华日报》"科学专页"。⑩老侯，见于译文《达尔文以外》，载 1942 年 7 月 30 日重庆《新华日报》"科学专页"。⑪张申甫，见于译文《名理论》（英国维特根斯坦原作），载 1927—1928 年北京《哲学评论》第 1 卷第 5—6 期。⑫见素、赤子、张弓、张赭、张尚、申夫、申父（fǔ）、申甫，署用情况未详。

张深切（1904—1965），台湾南投人，字南翔。笔名：①张深切，见于评论《台湾文学的使命》，载 1928 年台湾《台湾文艺》5 月号。1939 年 9 月在北平创办《中国文艺》月刊，在该刊 1940 年第 2 卷第 2 期发表随笔《战争与和平》亦署。嗣后出版参考读物《日语要领》（北平新民印书馆，1942 年）、编选《十三作家短篇小说名作集》（北平新民印书馆，1942 年），1949 年后出版论著《孔子哲学评论》（台中台湾光复文化财团，1954 年）、《我与我的思想》（台北，1965 年）、《纵谈日本》（台北泰山出版社，1966 年），自传体小说《我的里程碑》（台湾圣工出版社，1961 年），短篇小说集《豚》（台北远景出版社，1979 年），剧作《遍地红》（台中，1965 年），以及《张深切全集》（台北文经出版社，1998 年）等亦署。②者也、楚女，1934 年后在台湾报刊发表文章署用。前者 1940 年 3 月起在北平《中国文艺》发表杂文《随便谈谈》《废言废语》亦署。

张圣时（1922—2006），山东金乡人。笔名：①张圣时，见于诗《点火》，载 1942 年桂林《创作周刊》第 1 卷第 6 期。②圣时，见于译诗《给伯蒂》（美国托马斯·杜原作）、《把我摇醒》（美国伊丽莎白·艾伦原作），载 1948 年重庆《文艺先锋》第 12 卷第 1 期。

张十方（1914—？），广东东莞人。原名张广桢。曾用名张四正、张一正。笔名：①一正，见于《日本贸易战之激化》，载 1936 年上海《国际贸易导报》第 8 卷第 10 期。嗣后在《建设评论》《航空杂志》《国际评论》《天津棉鉴》《军事汇刊》《文摘战时旬刊》等刊发表译文《华北棉花的重要性及其现状》（日本村濑幸一原作）、《意大利军队的新阵容》（日本木下半治原作）等亦署。②十方，见于译文《巴西政变的透视》，载 1938 年上海《文摘战时旬刊》第 12 期。③张一正，见于评论《美国通商协定政策的效果》，载 1937 年上海《国际贸易导报》第 9 卷第 2 期；散文《忆南翔》，载 1939 年重庆《文艺月刊·战时特刊》第 3 卷第 3—4 期合刊。此前后在《国际贸易导报》《农行月刊》《航空杂志》《边疆半月刊》《世界政治》《文摘战时旬刊》《国

际评论》《军事杂志》等刊发表译文《和松井大将谈话》（日本唐岛基智三原作）、《明日的日本》（日本杉森孝次郎原作）、《海南岛的全貌》（日本原田三也原作）等，出版报告文学《东京牢狱中》（上海黎明书局，1938年）、译作《远东军备现势》（日本及川六三四原作。上海黎明书局，1938年）亦署。④张十方，见于报告文学《从牢狱到病房》，载1938年汉口《七月》第2集第5期；评论《英荷在南洋的备战》，载1938年重庆《华侨动员》第14期；翻译小说《活着的兵队》（日本石川达三原作。上海黎明书局，1938年）。嗣后在《文摘战时旬刊》《弹花》《华侨动员》《华侨先锋》《黄河》《野草》《时代精神》《妇女生活》《世界政治》《文艺先锋》《日本评论》《宇宙风》《精忠导报》《朝报月刊》《新民报》《时与潮文艺》《清明》《文潮月刊》《文艺月刊·战时特刊》《真话周刊》《茶话》《中国作家》等报刊发表报告文学《橡皮鞭》、散文《白燕之歌》《悼念菊池宽》《南京散描》、小说《泥棒》《高主任》《有办法的人》《火炕》、评论《敌后的日本妇女》《战时的日本文坛》《日本"战争文学"的生死问题》、随笔《门外谭画》《塔布衣夫人》《寂寞的南京文艺圈》、翻译小说《麦与兵队》（日本火野苇平原作）等，出版长篇小说《囚徒》（桂林立体出版社，1942年）、《江南女儿》（上海百新书店，1947年）等亦署。

张石川（1890—1953），浙江宁波人。原名张伟通，字蚀川、石川。笔名张石川，见于随笔《自我导演以来》，载1935年5月16日至7月1日上海《明星》半月刊第1卷第3期至第6期。嗣后在该刊发表散文《哭正秋老歌》、随笔《革新之话》亦署。1939年在上海《青青电影》第4卷第11期发表随笔《造就电影新人材》，1944年9月在上海《万象》第4卷第3期发表随笔《一束陈旧的断片》亦署。

张实中（1904—1986），福建南靖人，字建宏。笔名：①张实中，1938年后在荷属东印度泗水《大公商报》发表文章署用。1942年后写作《子夜诗歌》《春秋经史论》《史话及其他》等亦署。②虚若，署用情况未详。

张世禄（1902—1991），浙江浦江人，字福崇。笔名张世禄，见于论文《文字上之古代社会观》，载1923年上海《国学丛刊》第1卷第2期；随笔《文心雕龙明诗篇书后》，载1926年江苏《东南论衡》第1卷第24期。同时期起在上述两刊及《史地学报》《国立中山大学语言历史学研究所周刊》《东方杂志》《文史丛刊》《大学杂志》《中国语文丛刊》《文学期刊》《前途》《暨南学报》《语文》《图书季刊》《说文月刊》《文学研究》《新科学》《华侨先锋》《大夏周报》《国文杂志》《文讯月刊》《学术》《中国文学》《中央周刊》《文化先锋》《学识半月刊》《时与潮文艺》《国立中央大学文史哲季刊》等报刊发表《诗经篇中所见之周代政治风俗》《中国文学史概要》《论中国民族与文学》《文学与语言》《杜甫诗的韵系》《评朱光潜〈诗论〉》等文，出版论著《中国文艺变迁论》（上海商务印书馆，1930年）及史学、语言学著作及译作等亦署。

张世珠（1924—1997），江苏沛县人，字微山。笔名：①微山，见于诗《离乡》，载1938年秋《沛县青年报》（油印）。嗣后在微山湖西《团结日报》发表通讯、报道等亦署。又见于评论《评话剧〈书香人家〉》，载1951年10月20日贵州《新黔日报》。出版中篇小说《这也是战争》（贵州人民出版社，1958年）、小说散文集《这也是战争——微山小说散文集》（贵州人民出版社，1979年）、论著《怎样当好党的农村支部书记》（贵州人民出版社，1956年）、《谈谈农村社会主义教育》（贵州人民出版社，1958年）等亦署。②张世珠，20世纪80年代后在上海报刊发表文章多署；出版散文集《一叶集》（贵州人民出版社，1983年）、《无冕集》（学林出版社，1994年）、长篇小说《第三次婚礼》（学林出版社，1996年）、诗集《秋色赋》（贵州人民出版社，1992年）、论著《旅游和饭店》（上海交通大学出版社，1991年）等亦署。

张守常（1922—2012），山东高唐人，乳名山根。笔名：①山根小友，见于随笔《徐碧云在济出演记》，载1937年上海《十日戏剧》第1卷第9期。嗣后在该刊第1卷第11期发表随笔《山东观梁李记》。同时期在《济南新闻》报发表文章亦署。②先夫，见于小说《匦》，载1946年春北平《艺果》杂志第2期；小说《"士林表率"》，载1946年8月北平《文艺时代》第1卷第3期。③张守常，见于五幕剧《生死路》，载1946年北平《文艺时代》第1卷第1—5期；《散文诗二章》，载1948年4月25日天津《大公报·星期文艺》。此前后在《文艺时代》《文艺大众》《知识与生活半月刊》《大公报·文艺》等报刊发表随笔《我第一次写戏剧》、小说《胜利中的小故事》、评论《臧克家的〈泥土的歌〉》《看美外交政策》《从美苏关系看世界和平》、诗《自己的灯》等，出版《太平军北伐资料选编》（齐鲁书社，1984年）、《太平天国北伐西征史》（广西人民出版社，1997年）、《中国近世谣谚》（北京出版社，1998年）、《中国农民与近代革命》（大象出版社，2005年）等亦署。④王书衡，见于散文《朱自清先生死了》，载1948年8月21日天津《大公报·文艺》；诗《广播》，载1948年北平《诗号角》第3期。

张寿镛（1876—1945），浙江鄞县（今宁波市）人，字伯颂、咏霓，号约园。笔名张寿镛，见于七绝《登西湖彭公闲放台有感》《诸暨西子庙》，载1933年上海《光华大学》半月刊第2卷第4期。此前后在该刊及《新青年》《大学杂志》《江苏财政公报》《浙江图书馆馆刊》《北平佛教会月刊》《文澜学报》《国风半月刊》《新运导报》《光华通信》《群雅月刊》《文心》《大众》等报刊发表旧体诗《稽山访古五首》、随笔《甲戌春游记事》《读刘静修叙学书后》《新生活基本观念》、论文《两浙学术考》《慈湖著述考》《新运与大学中庸之道》《万季野补历代史表序》《黄薇香周季编略序》《历代币制》《乡谚证古》等，出版《诗史初稿》（1943年自印）、《清朝掌故汇编内编》（台北文海出版社，1968年）、《清朝掌故汇编外编》（台北文海出版社，1968年）、《约园著作选辑》（中华书局，1995 年）等亦署。

张叔耐（1891－1939），江苏松江（今上海市）人，字思九，号痴鸠。曾用名张尔泰。笔名：①张叔耐，见于随笔《〈新国民杂志〉例言》，载 1919 年 10 月 6 日马来亚新加坡《新国民日报》。嗣后在该报发表《卿云歌好算国歌么》等文署。②痴鸠，见于词《贺新凉》，载 1920 年 4 月 7 日新加坡《新国民日报·新国民杂志》。嗣后在该报发表《愿侨胞移旧历新年之费用以助教育费》等文亦署。③鸠，见于随笔《和战问题》，载 1919 年 10 月 23 日《新国民日报·时评》。嗣后在该刊发表《耳目是遮掩不来的》《南洋华侨社会改良之必要及方法》等文亦署。④耐，见于随笔《愿资本家解囊助学》，载 1922 年 11 月 25 日《新国民日报·评论》。嗣后在该刊发表《上海大学以建国方略为课程》《虎和猪狗》等文亦署。⑤叔耐、且耐、公叔且耐，20 世纪 20 年代在马来亚新加坡《新国民日报·新国民杂志》《叻报·叻报俱乐部》等发表文章署用。

张叔通（1877－1967），江苏松江（今上海市）人。原名张蕴芳，号九峰樵子、九峰樵叟。曾用名张葆良。笔名：①小吹，早年在上海《新闻报》《申报》主持笔政时署用。②吹、通，在上海《申报》发表文章曾署。③张叔通，见于随笔《余之记者生涯》，载 1938 年上海《上海人》第 6 期、第 8 期。20 世纪 40 年代在上海《大众》发表随笔《九峰樵子谈画》《余之记者生涯》及《四书别释》等文亦署。④叔通，见于通讯《此路不通的和平之门》，载 1939 年上海《杂志》第 4 卷第 1 期。⑤浏浦四太郎，署用情况未详。

张叔夜，生卒年及籍贯不详。笔名：①叔夜，见于小说《一个女孩的忏悔》，载 1942 年桂林《创作月刊》第 1 卷第 2 期；翻译小说《圣母的幻术家》（法国法朗士原作），载 1942 年桂林《文学杂志》第 3 卷第 2 期。同时期起在桂林《创作月刊》、重庆《文艺先锋》等刊发表翻译小说《婚礼》（俄国陀思妥耶夫斯基原作）、《瞌睡》（俄国契诃夫原作）、《县医生》（俄国屠格涅夫原作）、译文《托尔斯泰和他的时代》等，出版翻译小说《白夜》（俄国陀思妥耶夫斯基原作。重庆联益出版社，1945 年）、《在爱情中》（英国劳伦斯原作。上海文学编译出版公司，1946 年）、《女房东》（俄国陀思妥耶夫斯基原作。上海文光书店，1948 年）、《陀思妥耶夫斯基短篇小说集》（俄国陀思妥耶夫斯基原作。上海文光书店，1953 年）等亦署。②张叔夜，见于译诗《叶赛宁诗抄》，载 1942 年桂林《创作月刊》第 1 卷第 3 期；译诗《穿裤子的云》（苏联马雅可夫斯基原作），载 1942 年《半月文艺》第 22－23 期合刊；译诗《听呵》（苏联马雅可夫斯基原作），载 1942 年《文学译报》第 1 卷第 2 期。嗣后出版译诗集《苏联三大诗人代表作》（苏联叶赛宁等原作。桂林文学编译社）亦署。

张殊明（1899－1998），福建泉州人。原名张楚鸣。笔名：①张放，见于诗《生之悲惨》，载 1927 年 12 月 2 日马来亚新加坡《南洋商报·文艺周刊》。②张震，

1927 年 8 月起在马来亚新加坡《叻报·椰林》《南洋商报·狮声》《新国民日报·新国民文学》《风下周刊》《南侨日报·南风》等报刊发表诗文署用。③张殊明，出版诗集《寨上》（上海新时代书店，1930 年）署用。嗣后发表诗《颂神军——献给八百勇士》（载 1937 年 11 月 1 日上海《救亡日报》）、《起来，全越南的兄弟！》《台湾，像是无告的孤儿》（载 1947 年桂林《文艺生活》光复版第 13 期、第 14 期）等亦署。

张淑英（1923－　），河南洛阳人。笔名尔琬，见于长篇小说《未完成的小说》（日月文学社，1949 年）。

张舒阳（1919－1972），江苏徐州人。原名张劲民。笔名山莓，见于组诗《绿色春天》，载 1941 年 9 月重庆《七月》第 7 集第 1－2 期合刊；诗《我要生长（外两章）》，载 1944 年 11 月 1 日西安《高原》创刊号。嗣后主编《国民公报·文学新页》，在该刊及《皖报·诗岗位》《中原文化》等报刊发表文章亦署。

张曙生，生卒年不详，福建人。笔名：①蓬青，见于诗《热风》，载 1940 年 2 月 17 日马来亚新加坡《新国民日报·新流》。同时期或嗣后在新加坡《新国民日报》副刊《新路》《新光》《新流》、《星洲日报·晨星》、《南洋商报·狮声》、《总汇新报·世纪风》、《今代妇女》等报刊发表诗《十月的烽火》、长诗《鲤鱼城域》及评论等亦署。②张曙生，见于评论《现阶段马华文艺现象与本质的诸检讨》，载 1939 年 10 月 21－25 日《星洲日报·晨星》。

张树模，生卒年及籍贯不详。笔名：①慕周，见于《梦里的悲哀》，载 1926 年 2 月 7 日大连《泰东日报》副刊；小说《微笑》，载 1926 年 5 月 3 日沈阳《盛京时报·紫陌》。②张慕周，见于小说《烦闷》，载 1926 年 2 月 2 日沈阳《盛京时报》。同时期在该报发表小说《泪痕》《卖花女》《绿柳荫下》等亦署。又见于诗《小诗（三十首）》《缝活妇》，分别载天津《白河》周刊第 1931 年第 1 卷第 10－11 期和 1932 年第 1 卷第 25 期。

张漱菡（1930－2000），安徽桐城人。笔名：①张漱菡，20 世纪 40 年代在台湾发表文章，50 年代起出版散文集《海燕集》（台北海洋出版社，1953 年）、《风城书》（高雄大业书店，1953 年）、《海燕集续集》（台北文光出版社，1958 年）、《春晨颂》（台北力行书局，1959 年）、《海燕集正集》（台北海洋出版社，1959 年）、《绿窗小札》（台北立志出版社，1964 年）、《漱菡小品》（台北水芙蓉出版社，1978 年）、《永远的橄榄枝》（台北汉艺色研文化公司，1990 年），长篇小说《意难忘》（台北畅流半月刊社，1953 年）、《七孔笛》（高雄大业书店，1959 年）、《跳跃的阳光》（台北联合出版社，1963 年）、《翡翠田园》（台北皇冠出版社，1966 年）、《春山愁》（台北立志出版社，1968 年），短篇小说集《桥影箫声》（高雄大业书店，1953 年）、《喘息的小巷》（香港亚洲出版社，1959 年）、《心魔》（台北皇冠出版社，1970 年）等署用。②寒柯，署用情况未详。

张舜徽（1911－1992），湖南沅江人，号颉（yì）翁、天逸老人。笔名张舜徽，出版《广校雠略》（庄议轩，1945年）、《汉书艺文志释例》（庄议轩，1946年）、《毛诗诂训传释例》（庄议轩，1946年）、《扬州学记》（庄议轩，1946年）、《积石丛稿》（庄议轩，1946年）、《乾嘉三通儒传》（庄议轩，1946年）、《中国史论文集》（湖北人民出版社，1956年）、《顾亭林学记》（湖北人民出版社，1957年）、《中国古代史籍校读法》（中华书局，1962年）、《清人文集别录》（中华书局，1963年）等署用。

张思恺（1924－？），安徽来安人。笔名：①思恺，1946年起在华中《江淮导报》、山东《大众日报》《华中前线》等报刊发表通讯《英勇机智的董继光》《记黄桥解放战》《人在阵地在》等署用。同时期起在渤海军区《文娱》发表歌剧《害自家》《血肉相联》《胜利腰鼓》《一瓢小米》等署用。②田心，1951年在新四军五旅《前锋报》发表散文《别了，皖东北》《久违了淮宝》等署用。③张思恺，1951年在《新观察》发表《志愿军孤胆英雄陈德生给他叔叔的复信》署用。嗣后创作话剧《毛泽东之鹰》《另一种钥匙》、歌词《小红香拥军》（梅滨作曲，华东军区三野1950年油印），出版通俗读物《怎样打腰鼓》（正风出版社，1950年）、《文法初步》（正风出版社，1950年）等亦署。

张思维，生卒年及籍贯不详。笔名：①张思维，见于随笔《冰庐读书随录》，载1940年成都《责善》半月刊创刊号。②习空谷，20世纪40年代在上海报刊发表文章署用。

张素（1877－1945？），江苏丹阳人。原名张诵清，字挥孙、慧僧、穆如，号婴公。笔名：①挥孙，1906年在《复报》发表文章署用。嗣后在《国学丛选》和上海《大同周报》发表随笔《孤鸾怨序言》《题束颂平藏百马图》等亦署。②张素，在《南社丛刻》发表诗文署用。

张天白（1902－？），广东平远人。原名张晓光。笔名：①张天白，20世纪20年代后期在广东汕头《平报》《民报》《岭东民国日报》发表文章署用。②伧父（fǔ），见于杂文《杂感》，连载于1930年10月马来亚新加坡《星洲日报》。③张晨，见于小说《学徒》，载1932年初《星洲日报·文艺周刊》。④晓光，见于随笔《文艺的现实性》，载1932年10月9日马来亚吉隆坡《益群日报·洄澜》。⑤天白，见于随笔《关于"提倡大众语"》，载1934年12月26日《星洲日报·晨星》。嗣后该刊发表随笔《谈托说》《阿比西尼亚永远存在》等亦署。⑥太阳、炎炎、东方生、丘幸之、杨明、莘莘，1934－1938年间在马来亚新加坡《星洲日报·晨星》《星洲日报·繁星》《南洋商报·狮声》《新国民日报·文会》《新国民杂志》《新路》《星中日报·星火》《总汇报·总汇副刊》、吉隆坡《益群报·廻澜》、槟城《槟城新报·轮》《诗词专号》等报刊发表散文、评论等署用。

⑦马达，见于随笔《一九三六年的马来亚文坛》，载1937年1月1日《星洲日报·新年特刊》；评论《我对于文艺论争的管见》，载1948年2月15日《民声报·新风》。⑧丘康，见于随笔《七七抗战后的马华文坛》，载1939年1月1日《星洲日报·新年特刊》。

张天鲁（1924－），陕西岐山人。原名张明儒。曾用名张天芦、谷岸。笔名：①张天芦，见于诗《给推车子的人们》，载1945年秋西安《正报·豳风》；于诗《我要离开这里：给黎》，载1948年上海《诗创造》第2卷第1期《第一声雷》。此前后在西安《国风日报》《正报·豳风》、重庆《摹仿》、沈阳《前进报·前哨》等报刊发表诗《低哑的琴弦，响着……》《种子》《我的诅咒》《山谷中的传奇》《土地恋歌》《旷野的呼喊》等亦署。②田路，见于诗《石河畔》《纺车》，载1947年秋西安《长青》杂志。嗣后在西安《益世报·周末文艺》发表诗《悼》、评论《关于第一盏灯》亦署。③天庐，见于诗《土地恋歌——献给怀念乡村的人们》，载1947年3月28日沈阳《前进报·诗哨》。④林路、天禄，1946－1947年间在西安、沈阳报刊发表诗歌署用。⑤张天鲁，20世纪80年代在陕西《陕西日报·宝塔山》《汉中日报·汉水》《长安》《滚雪》等报刊发表诗作署用。

张天幕，生卒年及籍贯不详。笔名：①天幕，见于诗《杂感》，载1923年5月14日《京报·诗学半月刊》。②张天幕，见于随笔《性化的新诗》，载1923年9月14日北京《京报·诗学半月刊》。

张天授（1916－2003？），重庆人，生于湖北宜昌。乳名荣祐，曾用名王宜昌。笔名：①华那，见于散文《北通县五·廿一速写》，载1936年9月上海生活书店版《中国的一日》（茅盾编）。②TS，1944年在《音乐艺术》发表记录郭沫若演讲稿《中西文化之交流》署用。③张天授，见于速写《循礼门车站》，载1937年重庆《春云》第2卷第6期；歌谣《亮火虫》《叮叮猫》，载1937年北平《歌谣》第2卷第21期。嗣后在该刊及《现代》《通俗文艺》《诗报》《中国诗坛》《文化批判》《青年音乐》《人生画报》等刊发表诗《煤炭花》《我们的歌》《那吗，挥起来你们的胳膊！》《"北平与北平的人们"》、歌词《骑兵歌》（洪波作曲）、散文《飞蛾篇》《钓鱼城》、歌谣《白灵儿树》、儿歌《李大哥》等亦署。④张天绥，见于诗《重庆在轰炸中》，载1940年成都《笔阵》新1卷第1期。⑤天授，见于儿歌《小日本》，载1940年成都《通俗文艺》第45期；歌词《打铁谣》（天浪作曲，载1940年《新音乐》第4卷第2期，正文署名"张天授"）。

张天虚（1912－1941），云南呈贡人。原名张鹤。笔名：①天山，见于随笔《刍狗》，载1934年4月9日上海《申报·自由谈》。②天虚，1932年开始署用。见于小说《血轮》，载1933年10月15日上海《文艺》月刊创刊号；诗《都市的颂歌》，载1934年上海《春光》第1卷第2期。同时期起在《新诗歌》《东流》《文学丛报》《世界日报·蔷薇》《中华日报·动向》《文学新辑》《诗歌杂志》《云南日报·南风》《自由中国》《文艺阵地》《文艺旬刊》等报刊发表诗《老农苦》《春之歌》、报告《雪山道中》《饿》《火网里》《二十世纪的爬虫》、小说《堤防》《我的旅行》《王疤脸和小朱》、随笔《〈铁轮〉外话》等作品，出版中篇小说《铁轮》（东京文艺刊行社，1936年）、报告集《两个俘虏》（上海杂志公司，1938年）、《行进在西线——从太原到临汾》（汉口大众出版社，1938年）等亦署。③张天虚，1937春参加西北战地服务团，创作独幕剧《王老爷》署用。1937年9月赴山西抗日前线，写出《军训日记》《西线生活》《征途上》等报告文学、战地通讯；1938台儿庄战役禹王山阻击战期间，写出《台儿庄通信》《运河血浓》《血肉筑成的长城》等大量战地通讯。在此期间还发表过散文《军训日记——太原军训的生活记录》（载1937年5月15日上海《中国文艺》创刊号）、报告《杀过单城集》（载1938年《抗战文艺》第1卷第8期），并出版了报告集《征途上——从延安到太原》（上海杂志公司，1938年）《运河的血流》（重庆读书生活出版社，1939年）等。④虚，署用情况未详。

张天翼（1906－1985），湖南湘乡人，生于江苏南京。原名张元定，字汉弟，号一之。曾用名张一之、张焕之、张养吾。笔名：①张无诤，见于小说《新诗》，载1922年《礼拜六》周刊第156期。嗣后在《半月》《星期》《侦探世界》等刊发表小说《玉壶》等亦署。②无诤，见于小说《流星》，载1922年《礼拜六》第169期。嗣后在《星期》周刊发表小说、论文等亦署。③张天翼，见于散文《黑的颤动》，载1926年12月23日北平《晨报副镌》。嗣后在《文艺阵地》发表小说《华威先生》，并在该刊及《贡献》《奔流》《萌芽月刊》《幼稚周刊》《北斗》《人世间》《现代》《文学生活》《青年界》《小说月报》《流火月刊》《文艺月刊》《文学月报》《东方杂志》《现代出版界》《现代儿童》《童话丛刊》《文学》《生活周刊》《中国文学》《文学季刊》《春光》《文艺风景》《作品》《新语林》《国闻周报》《漫画生活》《水星》《文饭小品》《新小说》《创作》《文学时代》《妇女生活》《中学生》《夜莺》《作家》《文季月刊》《现实文学》《中流》《新少年》《生活星期刊》《文丛》《大时代》《少年先锋》《文艺阵地》《力报半月刊》《现代文艺》《自由中国》《抗战文艺》《新蜀报》《文学批评》《小说月刊》《文艺生活》《文坛》《青年文艺》《小说家》《文学创作》《文艺知识连丛》《大众文艺丛刊》《大公报》《立报·言林》《观察日报》《救亡日报》等报刊发表作品，出版长篇小说《鬼土日记》（上海正午书局，1931年）、《一年》（上海良友图书印刷公司，1933年）、中篇小说《清明时节》（上海文学出版社，1934年）、《奇怪的地方》，短篇小说集《从空虚到充实》（上海联合书店，1931年）、《小彼得》（上海湖风书局，1931年）、《脊背与奶子》（上海良友图书印刷公司，1933年）、《蜜蜂》（上海现代书局，1933年）、《反攻》（上海生活书店，1934年）、《移行》（上海良友图书印刷公司，1934年）、《团圆》（上海文化生活出版社，1935年）、《畸人集》（上海良友图书印刷公司，1936年）、《万仞约》（上海商务印书馆，1936年）、《春风》（上海文化生活出版社，1936年）、《追》（上海开明书店，1936年）、《三兄弟》（上海文光书局，1937年）、《学校里的故事》（上海读书生活出版社，1937年）、《同乡们》（上海文化生活出版社，1939年）、《包氏父子》（上海三通书局，1941年）、《速写三篇》（重庆文化生活出版社，1943年）、《洋泾浜奇侠》（上海新钟书局，1936年）、《时代的跳动》（上海长江书店，1936年）、《在城市里》（上海良友图书印刷公司，1937年）、《好兄弟》（上海文化生活出版社，1939年）、《跳动》（香港奔流书店，1940年）、《去看电影》，童话集《富翁岛》（书口书名题《大林和小林》。上海文光书局，1940年）、《秃秃大王及好兄弟》（上海多样社，1936年）、《秃秃大王》（上海文化生活出版社，1937年）、《金鸭帝国》，寓言《张天翼寓言》，小说、剧本合集《人集》《给孩子们》，以及《张天翼选集》（上海万象书屋，1936年）、《张天翼选集》（上海绿杨书屋，1940年）、《张天翼创作选》（上海仿古书店，1936年）、《张天翼杰作选》（上海新象书店，1947年）、《张天翼文集》（上海春明书店，1948年），1949年后出版短篇小说集《包氏父子》（百花文艺出版社，1986年）、《罗文应的故事》（中国青年出版社，1952年）、童话集《不动脑筋的故事》（中国少年儿童出版社，1956年）、《宝葫芦的秘密》（中国少年儿童出版社，1958年），剧本《蓉生在家里》（中国青年出版社，1953年）、《大灰狼》（作家出版社，1955年），文学评论集《文学杂评》（作家出版社，1959年）、《张天翼文学评论集》（人民文学出版社，1984年），论著《张天翼论创作》（上海文艺出版社，1982年）、《论人物描写》，以及《张天翼选集》（开明书店，1951年）、《张天翼文集》（上海文艺出版社，1985－1989年）等亦署。④铁池翰，见于长篇小说《齿轮》（上海湖风书店，1932年）。⑤翼，见于杂文《提防汉奸》，载1938年6月28日长沙《观察日报》。嗣后在该报发表杂文《汉奸和好人》《谈菩萨》等文，同时期又在桂林《救亡日报·文化岗位》发表文章亦署。⑥张一、翼之，见于寓言《仙岛》，载1948年香港《小说月刊》新1卷第5期（该刊目录署名"张一"，正文署名"翼之"）。⑦老倄、哈迷蚩，署用情况未详。

张铁夫（1922－2006），山东巨野人。原名张云龙，字子灵。曾用名张秋风、张秋坦。笔名：①张云龙，1935年在山东兖州分师校刊《艺林月刊》发表散文《这样的不平》署用。②秋风，1938－1939年间在学校墙报发表诗歌、散文署用。③白练，1940年前后在南京《新东方》发表诗作署用。④铁夫，见于诗《雨》，载1940年延安《新诗歌》第1期。⑤张铁夫，见于诗《劳动的日子》，载1940年延安《大众文艺》第2卷第2期；诗《窝窝头和白银子的故事……》，载1941年延安《新诗歌》第6期。嗣后在延安《草叶》《解放日报》、天津《鲁迅文艺》等报刊发表小说《荒年》《乡村》、诗《县长替我种棉花》《"二流子"的歌》等亦署；1949年后出版报告《香椿及其他》（上海杂志公司，1950年）、传记《英雄传》（与他人合作。晋察冀新华书店，1950年）、随笔集《农村工作随想录》（农村读物出版社，1990年）等亦署。⑥田禾丰，1945年在延安《解放日报》发表短评署用。⑦马铁丁，1950－1952年与郭小川、陈笑雨在武汉《长江日报》发表杂文合署。

张铁弦（1913－1984），山东惠民人，生于吉林省吉林市。原名张全新，字铨新、全欣、欣斋，号秋子。笔名：①小秋、秋子，1929年开始在东北《满洲日报》《国际协报》等报刊发表文章署用。20世纪40年代在上海《华美日报》发表诗歌曾署名秋子。②张铁弦，见于通讯《新俄文坛消息一束》，载1931年3月10日《小说月报》第22卷第3期；通讯《俄国文坛零讯》，载1931年《小说月报》第22卷；诗《献给春天》，载1931年5月5日盛京《盛京时报》。嗣后在上述报刊及《说文月刊》《新中华》《中国学术》等报刊发表论文《突厥钱币考》《苏联近年在中亚之考古探掘》、译文《屈原的生平及其创作之研究》（苏联费德林原作）等，出版翻译小说《恐惧与无畏》（苏联别克原作。上海文化工作社，1952年）、《烟斗》（苏联纳吉宾原作。人民文学出版社，1958年）、《左撇子》（俄国列斯科夫原作。人民文学出版社，1959年）、译诗集《追击集》（塞内加尔狄奥普原作。作家出版社，1964年）、翻译论著《苏联伟大诗人马雅可夫斯基》（北京图书馆，1953年）、《马雅可夫斯基的生活和创作》（北京图书馆，1955年）等亦署。③铁弦，见于通讯《哈尔滨的文艺界》，载1931年上海《读书月刊》第2卷第6期；诗《你，时代的讴歌者》，载1934年3月6日上海《新诗歌》半月刊第6、7期合刊。此前后在《译文》《光明》《文艺阵地》《文学月报》《现代文艺》《自由中国》《战地》《抗战文学》《战时文艺》《文哨》《五月》《国闻周报》《论语》《全民抗战》《救亡日报·文化岗位》《诗垦地丛刊》《中苏文化》《战歌》《今日东北》等报刊发表报告《上海——苦斗着的孤岛》，随笔《由一页报纸看到的"色情文化"》《郭先生拟出的刊》、译文《文学史家的高尔基》（苏联卢波尔原作）、《当今的西班牙文学》（苏联F.凯林原作）、译诗《姆奇里——童僧》（俄国莱蒙托夫原作）、《给太阳及其他》（俄国阿巴金斯基等原作）等亦署。④无果、秋紫，抗战时期在武汉报刊发表文章署用。⑤怀霜，见于《略观外国文学的介绍和抗战文艺的出国》，载1941年7月10日重庆《新华日报》。⑥鲁白，1960年12月至1964年4月在《光明日报·东风》发表随笔《书林漫笔》等署用。1961年起在《人民日报》《文艺报》《文物》《考古》等报刊发表《谈游记》《关于扩大戏剧题材的一些想法》等文亦署。

张廷灏，生卒年及籍贯不详。笔名：①张廷灏，见于小说《富家之子》，载1922年前后《平民》第118期；诗《爱》，载1922年上海《小说月报》第13卷第10期。嗣后在《平民》《社会月刊》发表文章、出版著作亦署。

②廷灏，见于小说《烦闷》，载1922年前后《平民》第124期。

张廷华，生卒年不详，浙江吴兴（今湖州市）人，字萼荪。笔名张廷华，在《南社丛刻》发表诗文署用。

张同（1918－？），浙江海宁人。笔名罗天德、安萍、阿五、张同，抗战时期在重庆《国民公报·文群》发表翻译契诃夫、萨洛扬的短篇小说署用。又见于译作《欧美独幕剧选》，大时代出版社出版。

张拓（1924－1999），湖南长沙人，生于江苏苏州。原名张均六。笔名：①张野、明朗，发表戏剧等作品署用。②张拓，见于随笔《撤退——南路工作追记》（与阿黄合作），载1941年桂林《广西妇女》第9－10期合刊；随笔《新秧歌的尝试——大秧歌排演的几点体会》（与陈明合作），载1949年11月15日《新华月报》创刊号。1959年与李林合作之舞剧《天门岛》（未定稿），1960年出版之电影剧本《小刀会》（上海天马电影制片厂，1960年）等亦署。

张拓芜（1928－2018），安徽泾县人。原名张时雄。笔名：①沈甸，1952年在台湾台北《新生报》发表诗作署用。嗣后在台北《野风》《半月文艺》发表诗作亦署。②张拓芜，出版诗集《五月狩》（香港五月出版社，1962年）、散文集《代马输卒手记》（台北尔雅出版社，1976年）、《代马输卒续记》（台北尔雅出版社，1978年）、《代马输卒余记》（台北尔雅出版社，1978年）、《张拓芜自选集》（台北黎明文化事业股份有限公司，1979年）、《左残闲话》（台北洪范书店，1983年）、《坎坷岁月》（台北九歌出版社，1985年）等亦署。③唐拙、左残、沈犁、蓼莪，署用情况未详。

张宛青，生卒年及籍贯不详。笔名：①张宛青，见于小说《孤女日记》，载1935年上海《现代父母》第3卷第1期。嗣后在该刊发表小说《风筝》《岸上》《孩子的悲哀》、独幕剧《微山湖之滨》、散文《推粪车的母子》、翻译小说《母与女》（法国雨果原作），在《杂志》《家庭》《少女》《家庭良伴》《光化日报》《千字文》等报刊发表散文《北平的夏与上海的夏》《父亲的祭日》、随笔《故乡杂记》、小说《饥饿》等，出版长篇小说《刺激女郎》（上海中央书店，1947年）、中篇小说《卖花女》（上海人人出版社，1949年）、编译剧作《浮云流水》（法国米尔波原作。上海海天书店，1940年）等亦署。②宛青，见于随笔《现代妇女与家庭》，载1935年上海《现代父母》第3卷第1期；随笔《失嫁与结婚》，载1945年4月上海《杂志》第15卷第1期。

张万里（1913－1986），字云航。笔名张万里，见于评论《新闻记者应有的修养》，载1935年上海《报学季刊》第1卷第4期；翻译小说《逃兵》（英国爱威尔苏登原作），载1943年重庆《时与潮文艺》第1卷第1期。嗣后在重庆《时与潮半月刊》《时与潮副刊》等发表翻译小说《星光·世界·女人》（英国里斯·戴维斯原作)、翻译论文《战争周年观日本》(美国裴斐原作)、出版翻译长篇小说《哈克贝里·芬历险记》(美国马克·吐温原作。上海文艺联合出版社,1954 年)亦署。

张万一 (1917—1994),山西武乡人。原名张万镒。

笔名:①张万一,见于诗《蒋家军》,载 1947 年太行《文艺杂志》第 3 卷第 4 期。同时期在太行编写《四大恶霸》《保卫好时光》《圈套》《春耕时节》《新仇旧恨》等剧作,在武乡创作秧歌剧《关公整周仓》(高介云作曲。太行新华书店,1947 年)、与高介云合作创作秧歌剧《小二黑结婚》(1944 年创作。天津通俗出版社,1955 年出版)、与高介云等集体创作秧歌剧《改变旧作风》(山西韬奋书店,1946 年)、《陈茂林洗亮擦灰》(冀中新华书店,1947 年),创作小调剧《两条心》(高介云改编并作曲。太行新华书店,1948 年)和歌剧《王贵与李香香》(太行新华书店,1948 年)、《结婚》(华北人民出版社,1954 年)、《漳河湾》(寒声作曲。北京通俗读物出版社,1956 年)、《尹林之》(山西人民出版社,1958 年)、《哑姑泉》(张沛作曲。山西人民出版社,1961 年),出版剧作集《张万一剧作选》(北岳文艺出版社,1991 年)、《张万一剧文集》(郭士星编。山西人民出版社,2007 年)等亦署。②老菱,署用情况未详。

张威廉 (1902—2004),浙江吴兴(今湖州市)人,生于江苏苏州。原名张传普。

笔名:①张传普,见于随笔《中世纪德国抒情诗人法尔特》,载 1936 年南京《文艺月刊》第 8 卷第 4 期。嗣后在该刊第 9 卷第 1 期发表译诗《希特白朗歌》,1936 年在南京《文艺月刊》第 8 卷第 4 期上发表关于中世纪德国著名抒情诗人瓦尔特·冯·福格尔瓦德的论文,出版论著《德国文学史大纲》(上海中华书局,1926 年)、翻译诗集《歌德名诗选》(上海现代书局,1933 年)亦署。②张威廉,见于翻译小说《灵魂》(德国施托姆原作。上海光华书局,1928 年)。嗣后在《小说月报》《文艺先锋》《湖社月刊》等刊发表翻译小说《晚开的蔷薇》(德国施托姆原作)、《小晚娘》(德国施托姆原作),翻译随笔《德国最近出版的两部欧战小说》《黑人的新诗》《微庐偶笔》《介绍几首德国的恋歌》等,出版翻译小说《第七个十字架》(德国安娜·西斯格原作,与林疑今合译。上海文化工作社,1953 年)、《沉默的山庄》(德国威廉·布莱德尔原作。作家出版社,1955 年)、《德国现代短篇小说集》(德国沃尔夫原作。新文艺出版社,1957 年)、《布莱德尔小说选集》(作家出版社,1958 年),编著《德语文学词典》(上海辞书出版社,1991 年)等亦署。③微庐,1954 年翻译出版安娜·西格斯的小说《第一步》署用。

张维,生卒年不详,湖北武汉人。

笔名兰云,20 世纪 30 年代在武汉《市民日报》《大同日报》发表诗文署用。

张维祺 (1902—1942),浙江慈溪人。

笔名:①维祺,见于诗《初交》,载 1922 年 11 月 5 日上海《民国日报·觉悟》。嗣后在该刊发表诗《闭眼远望时》亦署。②张维祺,见于小说《人生底旅路》,载 1923 年上海《时事新报·文学周刊》第 101—102 期。嗣后在该刊及《小说月报》《东方杂志》《大江》等报刊发表诗《拒绝》《醉》《踯躅中之一幕》、小说《井中的青蛙》《冬至夜》《落伍》《玛丽亚的死》、散文《小品两首》《酒后》等,出版中篇小说集《致死者》(上海亚东图书馆,1926 年)亦署。

张维贤 (1905—1977),台湾台北人。原名张乞食。

笔名:①张维贤,1930 年在台北组织民烽演剧研究会、推动台湾新剧运动署用。见于杂文《台北事务所开设》,载 1937 年 1 月台中《台湾新文学》第 2 卷第 2 期。②耐霜,在台湾报刊发表文章署用。

张维周,生卒年及籍贯不详。

笔名:①张维周,见于诗《悼林祥谦》《示威》,载 1923 年 3 月 14 日北京《晨报副镌》。同时期或嗣后发表诗《哭石僧》《春日郊游之一》《春日郊游之二》《列宁生日》《有感时事》,杂文《噫,五四运动!》《救国欤?亡国欤?》等亦署。②维周,见于诗《悲剧》,载 1923 年 4 月 20 日北京《晨报副镌》。嗣后在该刊发表诗《一封信》亦署。

张文渤 (1922—),云南剑川人,白族。原名张汝智,号长春小屋主人。

笔名:①张惮,初中时期发表文章署用。②舍利,1945 年前后在重庆《国语千字报》发表散文《我底家乡》等署用。嗣后在昆明《观察报》副刊等报刊发表散文、杂文亦署。③蚊扑,见于杂文《夏日散章》,载 1948 年 8 月 26 日昆明《观察报》副刊。④阿智,见于杂文《晋宁行》,载 1949 年 2 月 23 日昆明《观察报》副刊。⑤无聊人,见于杂文《无聊话》,载 1949 年 6 月 24 日昆明《观察报》副刊。⑥张恨眼,见于杂文《怪事奇谈》,载 1949 年 7 月 24 日昆明《观察报》副刊。⑦张文渤,出版《介庵楹句正续合抄选注》(云南民族出版社,2004 年)、《黑暗的回忆》(云南民族出版社,2008 年)、《剑川诗选》(云南人民出版社,2009 年)等署用。

张文环 (1909—1978),台湾嘉义人。

笔名:①张文环,评论《台湾文坛之创作问题》,载 1935 年 5 月 15 日日本东京《杂文》月刊创刊号。此前后在日本《中央公论》、台中《台湾文艺》、台北《风月报》《台湾文学》《文艺台湾》《民俗台湾》《台湾诗报》《风月报》《台湾艺术》《兴南新闻》等报刊发表小说《父亲的颜面》《哭泣的女人》《部落元老》《夜猿》《艺旦之家》《论语与鸡》及散文、评论等,出版长篇小说《滚地郎》(廖清秀译。台北鸿儒堂,1976 年)、小说集《台湾小说集》(与吕赫若、龙瑛宗等合集。台北大木书房,1943 年)、《张文环集》(台北前卫出版社,1991 年)等亦署。②文牧,署用情况未详。

张文澜,生卒年及籍贯不详。

笔名文澜、张波,1942 年起在张家口《蒙疆新报》《蒙疆文学》《利民半月刊》发表小说、散文署用。

张文松（1919－2011），河北霸县（今霸州市）人，生于北京。原名张骁，曾用名李析哲。笔名：①张骁，见于《津变插曲》，载 1936 年北平《令丁》月刊第 1 卷第 2 期。②林丁，1935－1936 年间在北平《文学导报》发表小说、散文署用。③林楠，1946 年在北平《华北日报》副刊及《艺果》杂志发表散文、小说署用。④松、张文松，1949 年后在《北京日报》《北京晚报》《人民日报》等报发表散文、杂文、旧体诗词等署用。

张文勋（1926－？），云南洱源人，白族。笔名：①秋云，见于诗《夜雨》，载 1946 年昆明《正义报·人生》。嗣后在该刊发表小说《雪花飘落的日子》《爱》及散文、杂文等亦署。②凡尔，1946 年后在昆明报刊发表《无题》《谈猫》《藏不住的尾巴》等文署用。③云鹤，1946 年后在昆明报刊发表《夜行及其他》等文署用。④仇剑，1946 年后在昆明报刊发表《仇恨》等文署用。⑤砚夫，1946 年后在昆明报刊发表论文《作品的时间及方言学》署用。⑥清莹，1946 年后在昆明报刊发表《河流》《火》《五月之歌》《蚊虫篇》等文署用。⑦愚鲁，1946 年后在昆明报刊发表《叛逆》等文署用。⑧罗平山，1946－1949 年在昆明报刊发表诗歌、散文、杂文等署用。⑨泥子、炳章，1949 年后发表学术论文和文艺作品署用。⑩张文勋，1949 年后在《文史哲》《文学遗产》《社会科学战线》等杂志发表文章，出版论著《文心雕龙简论》（人民文学出版社，1980 年）、《白族文学史》（云南人民出版社，1983 年）、《刘勰的文学史论》（人民文学出版社，1984 年）、《诗词审美》（上海文艺出版社，1987 年）、《华夏文化与审美意识》（云南人民出版社，1992 年）、《民族文化学》（中国社会科学出版社，1998 年）、《民族审美文化》（云南大学出版社，1999 年）、《文心雕龙研究史》（云南大学出版社，2001 年），诗词集《滇云诗词》（上海古籍出版社，1993 年）、《凤樵诗词》（云南教育出版社，1996 年）、《凤樵词赋钞》（云南美术出版社，2008 年）等署用。

张文郁（1915－1990），安徽歙县人，生于浙江平湖。笔名：①郁怀云，1934 年与徐奇编《诗与散文》月刊署用。②朱力，1940 年在福建永安编《现代儿童》杂志署用。又见于译文《为什么我写给孩子们》（苏联 B.马尔沙克原作），载 1940 年永安《改进》半月刊第 3 卷第 9 期。③张文郁，见于论文《我国中学应否采用选科分科制？》，载 1936 年《全国学术工作咨询处月刊》第 2 卷第 10 期；论文《训练教育的理论与实际》，载 1939 年第 4 卷第 6 期。嗣后在福建永安《闽政月刊》、江西泰和《活教育》杂志发表文章、出版教育论著亦署。

张文治（1892－1956），湖南常德人，生于江西南昌，字润之，号立斋。笔名张文治，出版《古书修辞例》（上海中华书局，1937 年）、《古文治要》（上海文明书局，1930 年）、《理学治要》（上海文明书局，1930 年）、《书目治要》（上海文明书局，1930 年）、《诸子治要》（上海文明书局，1930 年）、《诗词治要》（上海中华书局，1930 年）、《经传治要》（上海中华书局，1930 年）、《史书治要》（上海中华书局，1930 年）等署用。

张闻天（1900－1976），上海人。原名张应皋，字闻天。曾用名张荫皋、洛甫、赵天、张平之、张普、Исмелов（伊思美洛夫）。笔名：①张闻天，1919 年 5 月在《南京学生联合会日刊》发表时论、杂感开始署用。又见于评论《群众心理与个人心理》，载 1920 年 4 月 10 日上海《时事新报·学灯》；评论《托尔斯泰的艺术观》，载 1921 年 9 月上海《小说月报》第 12 卷号外《俄国文学研究》。嗣后在上述两刊及《少年中国》《少年世界》《民国日报·觉悟》《东方杂志》《世界日报副刊》《创造周报》《抗战半月刊》《南鸿》《中国青年》《上海妇女》等刊发表小说《旅途》《飘零的黄叶》《逃亡者》《周先生》《恋爱了》，评论《太戈尔之诗与哲学观》《太戈尔对于印度和世界的使命》，翻译剧作《热情之花》（西班牙倍那文德原作），译文《勃兰兑斯的拜伦论》（丹麦勃兰兑斯原作）、《中国之国际地位》（英国罗素原作）、《波兰新诗人 Gibram 的散文诗》，杂文《怎样战胜日本》《对于妇女干部的几点希望》等文，出版长篇小说《旅途》（上海商务印书馆，1925 年）、三幕剧《青春的梦》（上海中华书局，1924 年），翻译出版《狗的跳舞》（俄国安特列夫原作。上海商务印书馆，1923 年）、《琪珴康陶》（意大利邓南遮原作。上海中华书局，1924 年）、《盲音乐家》（俄国柯罗连科原作。上海中华书局，1924 年）、《狱中记》（英国王尔德原作，与汪馥泉合译。上海商务印书馆，1922 年）、《柏格森之变易哲学》（英国卡尔等原作。上海民智书局，1924 年）、《近代文学》（日本伊达源一郎原作，与汪馥泉合译。上海商务印书馆，1930 年）等亦署。②闻天，1919 年 5 月在《南京学生联合会日刊》发表时论、杂感开始署用。又见于随笔《译名的讨论》，载 1920 年 4 月 17 日上海《时事新报·学灯》；诗《心碎》，载 1920 年 6 月 18 日上海《民国日报·觉悟》。嗣后在上述两刊及《东方杂志》《小说月报》《创造季刊》《人民文艺》等报刊发表评论《哥德的浮士德》、随笔《北平剧坛杂感》、译文《波特莱耳研究》（德国施托姆原作）等亦署。③飘蓬，1925 年 3 月至 5 月在重庆编《南鸿》周刊并在该刊发表文章署用。嗣后发表译剧《悲累阿士与梅丽桑》（比利时梅特林克原作。载 1928 年上海《一般》杂志第 6 卷第 2—4 期）亦署。④长虹，见于散文《早上》，载 1925 年重庆《南鸿》周刊第 3 期。⑤大风，1925 年在重庆《南鸿》周刊发表文章署用。⑥萝蓂，1925 年前后在重庆《新蜀报》《南鸿》等报刊发表文章署用。⑦思美、洛夫，1925 年冬开始在莫斯科《布尔什维克》、上海《红旗周报》《斗争》等刊发表文章署用。⑧平江，1931 起在上海《红旗周报》《斗争》等刊发表文章署用。⑨刘梦云，见于论文《中国经济之性质问题的研究》，载 1932 年《读书杂志》第 1 卷第 4－5 期合刊。⑩歌特，见于论文《文艺战线上的关门主义》，载 1932 年上海《斗争》第 30 期。⑪科德，见于论文《文艺战线上的关门主义》，载 1933 年上海《世界文化》第 2 期。⑫洛甫，1934 年 10 月至 1945 年在《共产党人》等报刊发表文章署用。⑬洛、天、赵天，1934 年 10 月至 1945 年发电报时多署。⑭张平之，1945 年冬开始在东北地区报刊发表文章署用。⑮刘云，见于译作《法兰西内战》（德国马克思原作，与吴黎平合译。上海生活书店，1946 年）。⑯美、三爱、于怀、罗夫、罗浮、疾雪、难堪，署用情况未详。

张吻冰（1910—1959），原名张文炳。笔名：①张吻冰，见于小说《费勒斯神父》，载 1929 年香港《铁马》第 1 期；小说《粉脸上的黑痣》，载 1930 年香港《岛上》第 2 期。嗣后在香港《伴侣》《大公报·小公园》《小齿轮》《香港时报》等报刊发表小说、译作，出版杂文集《星下谈》（香港东方出版社，1949 年）、小说集《万世留芳》（香港俊人书店）等亦署。②望云，见于长篇小说《黑侠》，抗战时连载于香港《大光报》。

张问强（1906—1992），福建永定人。曾用名张思健。笔名：①张问强，1933 年 5 月起在汕头编《星华日报·流星》署用。②飞晋，1942 年 8 月后在梅县《汕报》发表国际评论署用。

张我军（1902—1955），福建南靖人，生于台湾台北。原名张清荣，字一郎。笔名：①忆、野马、MS、剑华、大胜、云逸、废兵、以斋、迷生、小生、四光、老童生，日据时期在台湾报刊发表文章署用。②张我军，见于评论《致台湾青年的一封信》，载 1924 年日本东京《台湾民报》第 2 卷第 7 期；翻译小说《樱花时节》（日本叶山嘉树原作）、译文《现代美国社会学》，载 1929 年上海《北新》第 3 卷第 16 期。嗣后在《北新》《小说月报》《语丝》《风雨谈》《文艺月报》《艺文杂志》《东方杂志》《哲学评论》《现代青年》《中国文艺》《文史》《北平近代科学图书馆馆刊》《台湾银行季刊》《台湾茶业》等报刊发表随笔《武者小路先生的〈晓〉》《在台岛西北角看采茶比赛后记》《台湾之茶》，译作《创作者的态度》（日本丰岛与志雄原作）、《政治与文艺》（日本青野季吉原作）、《文学研究法》（日本高桥桢二原作）、《洋灰桶里的一封信》（日本叶山嘉树原作）、《小小的王国》（日本谷崎润一郎原作）、《黑暗》（日本前田河广一郎原作），出版诗集《乱都之恋》（台湾，1925 年），译作《烦闷与自由》（日本丘浅次郎原作。上海北新书局，1929 年）、《卖淫妇》（日本叶山嘉树原作。上海北新书局，1930 年）、《黎明》（日本武者小路实笃原作。上海太平书局，1944 年）、《生活与文学》（日本有岛武郎原作。上海北新书局，1929 年）、《文学论》（日本夏目漱石原作。上海神州国光社，1931 年）、《人类学泛论》（日本西村真次原作。上海神州国光社，1931 年），以及《张我军文集》（张光直编。台北纯文学出版社，1975 年）、《张我军选集》（张光直编。北京时事出版社，1985 年）、《张我军评论集》（秦贤次编。台北县立文化中心，1993 年）等亦署。③一郎，见于评论《糟糕的台湾文学界》，载 1924 年 11 月 21 日日本东京《台湾民报》第 2 卷第 24 期。嗣后在该刊发表诗《烦闷》、评论《为台湾的文学界一哭》等亦署。按：张我军的代表作有小说《买彩票》《诱惑》《白太太的哀史》等，署名与发表情况未详。

张我权（1913—？），辽宁营口人。笔名：①戈禾，见于小说《愉快的故事》，载长春《大同报》；独幕剧《嫁女》，载 1944 年长春《青年文化》10 月号；《我的电影生活》，载 1944 年《心潮》第 2 卷第 3 期。同时期在长春《满洲文艺》《新满洲》《麒麟》、沈阳《文选》《诗季》发表小说《杏花村》《大凌河》《三迁》、散文《岁末的自省》、诗《两岸》《野狗》等，出版小说集《大凌河》（长春，1941 年）、儿童读物《游戏的故事》《冒险的故事》等亦署。②张我权，20 世纪 40 年代创作电影剧本《时来运转》《有朋自远方来》《花和尚鲁智深》署用。

张西曼（1895—1949），湖南长沙人。原名张百禄，字希曼。英文名 Simon B. Chang。笔名：①希曼，见于译作《俄国共产党党纲》，1920 年 8 月出版。②煌言，见于《我们对中俄会议应有的表示》，载 1922 年 10 月 18 日北京《晨报》。③西曼，见于译文《一个不平凡的故事》，载 1933 年 6 月 12 日上海《申报·自由谈》；译诗《囚徒》（俄国普希金原作），载 1936 年上海《逸经》半月刊第 13 期。嗣后在上海《杂志》《西点》等刊发表随笔《英国的生活程度》、译文《龙虎争斗的巴尔干及其诸民族性的分析》（美国 C. T. 苏兹贝格原作）、《军事理论家奈逊少校抨击美国陆军机构》（美国莱昂纳德·内森原作）等亦署。④西望，见于评论《"弗理契批判"的批判》，载 1936 年 3 月 11 日上海《时事新报·每周文学》。⑤张西曼，见于评论《〈哥萨克〉的真面目》，载 1931 年北平《醒钟月刊》创刊号；论文《大月氏人种及西甯年代考》，载 1935 年南京《开发西北》第 3 卷第 6 期；诗《如果敌人不投降，就消灭他!》，载 1942 年重庆《中苏文化》半月刊第 11 卷第 34 期。嗣后在《开发西北》《现世》《青年界》《时事月报》《时事类编》《申报月刊》《逸经》《中华公论》《南通学院院刊》《世界文化》《全民周报》《星岛周报》《反侵略》《边政公论》《边事研究》《中国法学杂志》《说文月刊》《文史杂志》《民主与科学》《职业妇女》《现代新闻》《人物杂志》《西北通讯》《社会评论》《子曰丛刊》《西北论坛》《亚洲世纪月刊》等报刊发表评论《托翁写作〈复活〉的时代和动机》《社会主义的文化基础》《狗肉将军张宗昌》、随笔《民主与科学杂志创刊周年记》《张一麐先生的亮节》、旧体诗《观洪深马彦祥二教授导演田汉先生〈卢沟桥〉剧志感》《题陈心禅君编〈空军诗集〉》、译诗《普希金诗六首》《司天喀·拉斤歌三首》《哥萨儿行》（均为俄国普希金原作）等，出版论著《苏联宪法》（南京中苏文化协会，1937 年）、《西域史族新考》（南京中国边疆学术研究会，1947 年）、散文《历史回忆》（上海济东印书社，1949 年）、译作《俄国共产党党纲》（广州人民出版社，1922 年）等亦署。⑥尊疑，见于传记《新俄文学家传略》、译诗

《奉献郭师》（流荡人原作），载 1931 年 6 月 1 日北平《醒钟月刊》创刊号。嗣后在上海《逸经》、重庆《民主与科学》发表《俄国大诗人普式庚之流荡生活》、七绝《哭刘雯卿女作家》亦署。

张锡俦（1905—1989），四川涪陵（今重庆市）人，字继纯。曾用名张锡畴。笔名：①继纯，见于出版翻译长篇小说《日日夜夜》（苏联西蒙诺夫原作，与苍木[陈昌浩]合译。莫斯科外国文书籍出版局，1945 年）。②张锡俦，出版翻译长篇小说《日日夜夜》（苏联西蒙诺夫原作，与陈昌浩合译，扉页署名昌浩、继纯。莫斯科外国文书籍出版局，1949 年）署用。

张锡佩，江苏吴江（今苏州市）人，字圣瑜。笔名张锡佩，著有《四十天闻》等。

张相文（1867—1932），江苏泗阳人，字蔚西，号南园、沌谷、沌谷居士、万松老人。笔名：①沌谷，见于散文《五台山参佛日记》，载 1912 年上海《地学杂志》第 3 卷第 1 期。嗣后在该刊发表散文《齐鲁旅行记》《塞北纪行》等亦署。②张相文，见于随笔《豫游小识》，载 1912 年上海《地学杂志》第 2 卷第 16 期；论文《河套与治河之关系》，载 1914 年上海《地学杂志》第 3 卷第 10—11 期。此前后在《地学杂志》《苏报》《警钟报》《东方杂志》《教育杂志》《时事汇报》《国风半月刊》等报刊发表论文《成吉思汗园寝之发见》《发见成吉思汗园寝之记载》《再答屠敬山成吉思汗陵寝辩证书》，在《南社丛刻》发表诗文亦署。③沌公，署用情况未详。

张香还（1929— ），江苏苏州人。原名张同生。笔名：①张同生，见于散文《驼铃》，载 20 世纪 40 年代初苏州《苏报·副刊》。同时期在《新学生》月刊发表散文《X 先生素描》等亦署。②路艾非，20 世纪 40 年代初在《新学生》月刊发表文章署用。③黄土，20 世纪 40 年代初在上海《中华日报》副刊发表文章署用。嗣后发表《散文二章》（载 1945 年 12 月 26 日上海《文汇报·世纪风》）亦署。④张香还，见于散文《古城风信》，载 1945 年 12 月 23 日《文汇报·世纪风》。嗣后在上海《和平日报·海天》《中央日报·文综》《文汇报·笔会》、天津《益世报·文学副刊》等发表散文《古城风信》《漆雕木及其他》《小山镇行脚》《除夕》《乡党》《江南春》《旅店》《喇嘛僧》《风景》等，出版散文集《逝去的昼夜》、专著《中国儿童文学史》《叶圣陶和他的世界》等亦署。⑤黎南，20 世纪 50 年代后期在上海《文汇报》发表文章署用。

张香山（1914—2009），浙江鄞县（今宁波市）人。笔名：①莳人，1931—1932 年间在北平办《开拓》杂志署用。②张容明，1931 年在《世界知识》发表日本通讯署用。③溟、溟游、竹冰，1932 年冬至 1933 年 7 月在天津《大公报·小公园》发表小说等署用。④时任，1933 年开始在天津《庸报·另外一页》发表文章署用。见于随笔《作曲家衣鲍里特·伊凡诺夫之死》，

载 1935 年 5 月 15 日东京《杂文》第 1 期；通讯《如此日本》，载 1937 年 10 月 11 日上海《国闻周报》第 14 卷第 36—38 期合刊。⑤张香山，见于散文《儿时的断片·（一）偷瓜吃》、诗《勉小朋友》，载 1929 年《世界画报》第 200 期；散文《东京通讯》，载 1934 年 10 月 31 日上海《申报·自由谈》。20 世纪 30 年代起在《开明》《东流》《杂文》《太白》《芒种》《东方文艺》《文学界》《作家》《绸缪月刊》《好文章》《国闻周报》《教育阵地》《华北文艺》《文艺杂志》《北方》《晋察冀日报》《群众·香港版》等报刊发表散文《乡居散记》《离》《友人之书》、通讯《愤怒的浪潮》《无辜的受难者（北平通讯）》《记刘伯承将军》《北方将军们的悲哀》、评论《略说日本的文艺刊》《十二把椅子及其作者》等，出版翻译小说《星》（苏联卡扎凯维奇原作。上海晨光出版公司，1950 年）、《顿巴斯某处》（苏联格林原作，与孙少礼合译。生活·读书·新知三联书店，1950 年），回忆录《战斗的日子》（新文艺出版社，1952 年），论著《人民群众和个人历史上的作用》（中国青年出版社，1954 年）等亦署。⑥香山，见于译诗《从青年到少女》（瑞典卡尔费尔德原作），载 1934 年 5 月 15 日北平《文化批判》创刊号；散文《岁暮的武藏野》，载 1935 年 1 月 1 日上海《申报·自由谈》。嗣后在上述两刊及上海《芒种》、日本东京《东流》等刊发表翻译小说《癞》（日本岛木健原作）、散文《菩提寺》《樱花》《忆房总的夏》、随笔《能坐火箭到别的星球去吗》等亦署。⑦张时任，见于编译之《车尔尼雪夫斯基评传》（新文艺出版社，1951 年）。⑧任、竹水，署用情况未详。

张向天（1913—1986），辽宁沈阳人。原名张秉新。曾用名张春风。笔名：①张春风，见于小说《没有归宿的人们》，载 1938 年上海《东方杂志》第 35 卷第 17 期；随笔《外乡人眼中的香港》，载 1938 年香港《时代批评》第 11 期。嗣后在上述两刊及《国际周报》《中国诗坛》《宇宙风》《新中华》《立报》及香港《华侨日报》《大公报》等报刊发表小说《故园》《浑河畔的金梦》《夜戏》《暗夜里的火光》、诗《当我忆起古城的时候》、散文《梯之路》《我怀恋着东北》《李杜将军谈"九一八"秘史》《闻一多先生二三事》《东北散记》等亦署。20 世纪 80 年代在香港《大风》《文汇报》等报刊发表散文《忆端木蕻良》《小记陆丹林》《五四时代的罗家伦》等亦署。②丙公，见于散文《忆萧红》，载 1975 年 4 月 1 日香港《新晚报》；散文《叶圣陶哭郑振铎诗》，载 1978 年 10 月 26 日香港《大公报》。嗣后出版《衡前集》《衡前集续集》等亦署。③张向天，见于《悼南桌》，载 1938 年 12 月 4 日《立报》。20 世纪 60 年代后在香港《文汇报》发表《悼阮朗》《推赞〈郁达夫文集〉的出版》等文，出版《鲁迅旧体诗笺注》（广东人民出版社，1959 年）、《毛主席诗词笺注》（香港昆仑出版社，1970 年）、《鲁迅日记书信诗稿札记》（生活·读书·新知三联书店香港分店，1979 年）等亦署。④黄钺，20 世纪 70 年代在香港发表文章与胡菊人就鲁迅研究进行论争时署用。

张小怿（1921－1987），江苏镇江人。笔名：①张小怿，见于随笔《关于木船的记载和杂感》，载1940年上海《宇宙风乙刊》第34期；随笔《沦陷区的人和"王道"》，载1941年上海《宇宙风》第108期；电影剧本集《风雨疏枝集》（中国电影出版社，1997年）。②柳南，见于论文《诗的道路》，载1942年重庆《诗垦地丛刊》第2辑《枷锁与诗》。

张晓天，生卒年及籍贯不详。笔名：①晓天，见于翻译童话《蜘蛛与草花》（日本小川未明原作），载1924年上海《小说月报》第15卷第2期。嗣后在该刊及《语丝》《开明》等刊发表翻译童话《种种的花》（日本小川未明原作），翻译小说《教师与儿童》（日本小川未明原作）、《佛陀的战争》（日本秋田雨雀原作）及寓言《鱼与天鹅》（日本小川未明原作）、随笔《颂吉林一师校长》《吉林大学之我闻》、评论《介绍小川未明》《小川未明童话文学论》等亦署。②张晓天，见于翻译童话剧《牧神与羊群》（日本秋田雨雀原作），载1924年上海《小说月报》第15卷第11期；翻译童话《小的红花》（日本小川未明原作），载《小说月报》第16卷第11期。嗣后翻译出版日本童话集《黑人与红雪车》（日本小川未明原作。上海新中国书局，1933年）、《雪上老人——小川未明童话集》（上海新中国书局，1933年）、《鱼与天鹅》（上海新中国书局，1933年）等亦署。

张效愚（1927－？），四川巴县（今重庆市）人，字心富。笔名：①张效愚，20世纪50年代在台北《蓝星诗刊》发表诗作，出版诗集《鼓手》（台北，1956年）、《青空草》（台北天视月刊社，1956年）、《五弦琴》（与向明、郑林、楚风、彭捷合集。台北蓝星诗社，1967年）、论著《方眼中的蚩音》（台北蓝星诗社，1971年）等署用。②禹心、蜀弓，署用情况未详。

张心漪（1916－？），广西桂林人，生于上海。笔名：①心漪，见于散文《何事催人老》，载1934年天津《方舟》第6期。②张心漪，见于译作《不连续的时代》（美国德鲁克原作。台北编译馆，1973年）；译作《美国名家书信选集》（美国方德休原编。香港今日世界出版社，1975年）。

张辛实（1917－1984），吉林西安（今辽源市）人。原名张英华。笔名：①辛实，见于四幕剧《春秋》，载1940年6月长春《艺文志》第3期。又见于长篇小说《荒火》，载1943年长春《兴亚杂志》第8卷第9、10号。同时期在长春《兴亚杂志》《读书人连丛》发表话剧本《春秋》《深谷狼声》《遥远的风沙》《巷尾》等亦署。②新实，1944年在长春兴亚杂志社主编出版新文艺丛书（收入小松的《苦瓜集》、山丁的《乡愁》等小说集）署用。③张辛实，1949年后执导戏剧片《花木兰》《关不住》《火焰驹》《窦娥冤》、故事片《锡城的故事》《风云岛》《祭红》《他们并不陌生》等署用。

张新民，生卒年及籍贯不详。笔名东方未明，20世纪40年代后期在福建主编《安溪民报》并发表文章署用。

张星烺（1889－1951），江苏泗阳人，字亮丞、良丞、亮尘、亮臣。笔名张星烺，见于传记《阿加息斯氏小传》，载1910年北京《中国地学杂志》第10期；散文《德国旅行记》，载1912年北京《地学杂志》第3卷第1期。嗣后在《史学与地学》《燕京学报》《南洋研究》《国闻周报》《国立大学联合月刊》《辅仁学志》《史学年报》《禹贡》《研究与进步》《中德学志》《广播周报》《学术杂志》等刊发表《梁任公中国历史研究法纠谬》《中国史书上关于马黎诺里使节之记载》《三百年前斐律宾群岛与中国》《大月氏民族最近之研究》《尼布楚订约研究提要》《国家与地境形成》《六书古义》等亦署；辑编《中西交通史料汇编》、编著《欧化东渐史》《马可波罗》、翻译《马可波罗游记》《历史的地理基础》等亦署。

张省（xíng）疢，生卒年及籍贯不详。江苏浦东（今上海市）人。笔名：①张省疢，校订长篇小说《蝴蝶姻缘》（何可人作。上海武林书局，1912年）署名。②张怐九，见于长篇小说《最近百年上海历史演义》（又作《神秘的上海》。上海南星书店，1931年）。

张修文（1930－　），四川崇庆（今崇州市）人。笔名：①隐波，见于散文《昏夜》，载1946年成都《新中国日报·动力》。1949年后发表诗歌犹署用。②笛风，见于小说《生活和惶恐》，载1949年成都《西方日报·周末文艺》。③萨赞，见于论文《论鲁迅的〈野草〉及其韧性战斗精神》，载1949年《蜜蜂文艺丛刊》第1辑《路和碑》。④柳渡、丹冬、文丁，1949年后发表诗歌、剧评署用。

张秀亚（1919－2001），字亚蓝，河北沧县（今沧州市）人，生于河北邯郸。笔名：①亚蓝，1935年开始在天津《益世报》和北平《大众知识》等报刊发表文章署用。见于散文诗《晨》，载1937年北平《大众知识》第1卷第7期。②陈蓝，见于小说《杏子》，载1935年天津《大公报·文艺》第7期；小说《偎依》，载1936年上海《国闻周报》第13卷第15期。嗣后在天津《益世报》、北平《大众知识》、上海《宇宙风》《中流》《创作月刊》等报刊发表散文《我的哥哥》、书评《老屋》、小说《梦之花》等亦署。③张亚蓝，见于小说《父亲》，载1935年12月4日天津《大公报·文艺》。嗣后在该报发表小说《在大龙河畔》亦署。④张秀亚，见于诗《夏天小诗（两首）》，载1933年北平《女师学院季刊》第1卷第3、4期合刊；散文《寻梦者的叹息》，载1936年8月23日天津《大公报·文艺》。嗣后在上述两报刊及《人生与文学》《大众知识》《世界动态》《文风》《民众周报》《辅仁学苑》《中美周报》《益世周刊》《文艺复兴》等发表诗《雨后》《控诉》、小说《铃》《蜕》、书评《沉落》、随笔《〈在大龙河畔〉自序》《王蓝》、人物传记《张謇》《杨继盛》等，出版中篇小说《幸福的泉源》（兖州保禄印书馆，1941年），短篇小说集《在大龙河畔》（天津海风社，1936年）、《皈依》（兖州保禄印书馆，1941 年）、《珂萝佐女郎》（重庆红蓝出版社，1944 年）、《七弦琴》（高雄大业书店，1954 年）、《感情的花朵》（台北文坛社，1956 年）、《那飘去的云》（台北三民书局，1969 年月）、《艺术与爱情》（台北三民书局，1970 年），诗集《水上琴声》（台北乐天出版社，1956 年）、《秋池畔》（台中光启出版社，1976 年）、《爱的又一日》（台北光复书局，1987 年），散文集《三色堇》（台北重光文艺出版社，1952 年）、《牧羊女》（台北虹桥书店，1953 年）、《爱琳的日记》（台北三民书局，1958 年）、《丹妮的手册》（高雄大业书店，1964 年）、《张秀亚散文集》（高雄大业书店，1964 年）、《湖上》（台中光启出版社，1967 年），论著《写作是艺术》（台北东大图书公司，1978 年）、《诗人的小木屋》（台中光启出版社，1978 年），文集《张秀亚自选集》（台北皇冠出版社，1970 年）、《秀亚自选集》（台北黎明文化事业股份有限公司，1975 年）等亦署。⑤心井，20 世纪 80 年代前后在台湾报刊发表文章署用。按：张秀亚尚出版有散文集《怀念》《心寄何处》《水仙辞》《天仙庭院》等，署名未详。

张秀中（1905－1944），河北定兴人。原名张毓坤。笔名：①张秀中，见于诗《清晨》，载 1925 年 2 月 21 日北京《晨报副镌》。嗣后在上海《北新》、晋东南《华北文化》、延安《解放日报》等报刊发表评论《瞿秋白与中国新文学》、诗《民主，像初升的太阳》、随笔《关于"民族形式的主体"》《"海音社"出版的书六种》等，出版诗集《晓风》（北京明社，1926 年）、《清晨》（北京海音书局，1927 年）、《动的宇宙》（北京海音书局，1927 年），翻译小说《欧儿拉》（又名《魔鬼的追随》，法国莫泊桑原作。北京海音书局，1926 年），翻译诗集《莫泊桑的诗》（法国莫泊桑原作。北京海音书局，1926 年）等亦署。②草川未雨，见于论著《中国诗坛的昨日今日和明日》（北平海音书局，1929 年）。③荒村寒烟，署用情况未详。

张宣，生卒年及籍贯不详。笔名：①羊角，见于故事《野狗的故事》，载 1936 年成都《文艺》第 4 卷第 2 期；小说《缺了一点水》，载 1937 年《金箭月刊》创刊号。同年在上海《逸经》第 21 期发表杂文《如何打狗》亦署。②张宣，见于诗《在反攻的浸礼中》，载 1941 年《民族文化》第 3 期。

张学新（1925－2012），河北平山人。笔名：①张学新，抗战时期在《察哈尔报》《人民日报》发表剧作《粉碎敌伪顽合流》《发土地证》等署用。嗣后出版剧作《万年穷翻身》（晋察冀边区教育阵地社，1945 年）、秧歌剧《变不了天》（集体创作，张学新执笔。张家口星火出版社，1947 年）、快板剧《发土地证》（冀南新华书店，1948 年），1949 年后创作出版话剧剧本《六号门》《病房里的故事》《敌友分明》《驯海英雄》《瘟神的末日》《红岩》《真理之歌》《吉鸿昌》，歌剧《婆媳争锹》，出版散文集《火花集》、论著《文学作品选讲：介绍长篇小说〈红旗谱〉》《毛泽东文艺思想与实践大观》和

《张学新剧作选》等亦署。②血星，抗战时期发表街头剧等署用。③学星，1949 年后发表诗作署用。④子辛，1949 年后发表评论、杂文、随笔署用。

张雪蕾，生卒年及籍贯不详，原名张嘉明。笔名：①张嘉明，见于随笔《囚中日记》，载 1932 年上海《海潮音》第 13 卷第 11 期；散文《纪念黄花岗殉难烈士》，载 1939 年成都《黄埔》第 2 卷第 2 期。②张雪蕾，出版《中国文学史表解》（上海商务印书馆，1938 年）署用。

张雪伦（1917－1994），广东兴宁人。原名张湘泉。笔名：①雪伦，见于诗《浪花》，载 1937 年春香港《天演日报》；诗《空袭的夜里》，载 1939 年《现代读物》第 4 卷第 8 期。嗣后在重庆《现代读物》《世界农村月刊》《农村月刊》《文学月报》《弹花》《反攻》《新音乐》《西南日报》《文艺创作》《谷雨》《新文艺》《文坛》《论语》《宇宙风》等报刊发表诗作《田野，大地的怀抱》《春耕曲》《深沉的记忆》《雾的黎明》、短篇小说《病先生记》《救灾委员》、长篇小说《失去的春天》《理想的帆》、随笔《岁寒草》《宗教·五行》、论文《论新民主主义的文学》等，出版诗集《黎明期之歌》（1941 年）、《生命的车子》（1945 年）等；1949 年后在《华南文艺》《南方日报》《羊城晚报》《广东青年报》《广东文艺》等广东报刊发表文章，出版小说集《莲塘村的喜事》（南方通俗读物联合出版社，1952 年）、山歌剧剧本《林琴妆结婚》（华南人民出版社，1953 年）、《明灯高照》（广东人民出版社，1958 年），编选《客家情歌选集》（华南人民出版社，1955 年）亦署。②疾风，见于随笔《哭笑不得集》，载 1947 年广州《宇宙风》第 152 期（该刊目录署名"雪伦"）。③火石，见于诗《红灯》，载 1939 年重庆《文艺阵地》第 4 卷第 3 期；随笔《三种人》，载 1940 年重庆《战时青年》第 2 卷第 6 期。同时期在《中苏友好》月刊发表随笔《是谁辜负了国家》亦署。④梵灵，见于诗《雷》，载 1949 年其主编之《文艺创作》第 1 卷第 2 期。嗣后在该刊发表诗《杀人的老虎归山去了》《解放史诗》等亦署。⑤张雪伦，1949 年 2 月在广州编《文艺创作》开始署用。1949 年后出版民歌集《桃李花开》（与陈扬明合作。南方通俗出版社，1955 年）、诗文集《木棉居诗文选》（梅州嘉应诗社，1994 年）等亦署。⑥张皍，1949 年后发表评论文章署用。⑦张乐棋、越秀山人，1949 年后发表象棋排局文章专用。⑧石菊，出版山歌剧剧本《在风雨里》（广东人民出版社，1957 年）、《明灯高照》（广东人民出版社，1958 年）署用。

张雪茵（1907－1987），湖南长沙人，字双玉。笔名：①雪茵、雪因，1934 年与谢冰莹、李芳兰合编文艺刊《潇湘涟漪》署用。②张雪茵，1949 年后出版散文集《拾回的梦》（高雄大业书店，1955 年）、《雪茵散文集》（台北台湾省妇女写作协会，1961 年）、《亲情似海》（台北平原出版社，1963 年）、《双玉集》（台北平原出版社，1965 年）、《雪中梦》（台北立志出版社，1958 年）、《一

串梦珠》（台北立志出版社，1971 年）、《江湖风雨夜》（台北水芙蓉出版社，1975 年）、《春思在天涯》（台北彩虹出版社，1975 年）、《落叶季节》（台北彩虹出版社，1975 年）、《海滨拾梦》（台北彩虹出版社，1977 年）、《绿茵庭院》（常新文化公司，1978 年）、《雪月窗前寄所思》（台北彩虹出版社，1980 年），诗集《双玉吟草》（台北彩虹出版社，1977 年），论著《散文写作与欣赏》（台北学生书局，1977 年），文集《张雪茵自选集》（台北黎明文化事业股份有限公司，1981 年）等署用。

张恂子，生卒年不详，江苏浦东（今上海市）人。原名张崇鼎。笔名：①张恂子，见于随笔《说坛秘乘》，载 1932 年上海《万岁》半月刊第 1 卷第 1 期。嗣后在该刊及《小说月报》《社会月报》《金钢钻月刊》等刊发表小说《魔窟仙鸯》《七个孩子的母亲》《铁窗红泪》《女书记》《两女之间》、随笔《读律余谈》《吹打录》《芜湖看花记》等，出版长篇小说《人兽关头》（上海华成书局，1929 年）、《包界天》（上海大星书局，1929 年）、《红羊豪侠传》（上海民强书局，1930 年）、《江湖秘传》（上海曼丽书局，1934 年）、《三剑奇侠传》（上海时还书局，1936 年）、《姐妹侠》（上海醒民出版社，1937 年）、《剑珠缘》（上海醒民出版社，1938 年）等亦署。②春茧生，出版长篇小说《海上迷宫》（上海沪滨书局，1928 年）、《孽海春潮》（上海新新书店，1928 年）、《销魂地狱》（上海大星书局，1929 年）、《海上迷宫续集》（上海沪滨书局，1929 年）、《迷人洞》（上海人心书局，1930 年）、《黑海潮》（上海大中华书局，1932 年）、《隋宫两朝秘史》（上海大中华书局，1949 年）、《都市风光》（上海文业书局）等署用；1942 年在上海《万象》十日刊连载长篇武侠小说《相思寨》亦署。

张亚非，生卒年及籍贯不详。笔名萧引，1941－1942 年在安徽《皖报·诗岗位》发表诗歌署用。

张彦（1922－？），广东新会（今江门市）人。原名张光琛。笔名：①端纳，见于随笔《美国大选与进步党》，载 1948 年香港《群众》周刊第 2 卷第 31 期。此前后在该刊及香港《自由丛刊》等刊发表评论《美苏政策与南北朝鲜》《美国经济恐慌不远了》《联合国三届大会的几个问题》等文亦署。又见于翻译长篇小说《中国暴风雨》（美国白修德、贾安娜原作，与以沛合译。香港风雨书屋，1947 年）。②张端纳，见于评论《看美国大选》，载 1948 年香港《自由丛刊》第 16 期。③张彦，见于译作《从旧中国到新中国》（苏联亚士达夫叶夫原作。北京学习杂志社，1951 年）。

张彦超，生卒年不详，山东聊城人。笔名著生，1939－1942 年间在《山东公报》等刊发表文章署用。

张彦平（1927－2006），山东文登人。笔名：①彦萍，见于报告文学《复活的人》，载 1946 年胶东《新威日报》。②严兵，出版童话集《天边的烟火》（江苏人民出版社，1955 年）、中篇小说《草堆里的枪》（江苏人民出版社，1957 年）署用。③张彦平，出版中篇小说《宝井》（中国少年儿童出版社，1959 年），儿童文学《火

龙驹》（江苏人民出版社，1978 年）、《发财团》（中国少年儿童出版社，2001 年）、童话《猴子为什么叫八点》（中国少年儿童出版社，2001 年）及长篇小说《烟笼秦淮》《青春从这里开始》《暖雪》《情报追逐战》《大劫逃》等署用。

张燕庭，生卒年不详，河北静海（今天津市）人。笔名：①张贻，见于杂文《靴子脚》，载 1943 年 5 月 30 日南平《东南日报·笔垒》。嗣后在该刊发表《梁公仰的秘密》《草上之风》等杂文亦署。1945 年在福州主编《毅报·金刚》亦署。②莎士欧，20 世纪 40 年代在福建报刊发表杂文署用。

张央（1925－　），四川康定人，回族。原名张世勋，字林讽。笔名：①世勋，见于诗《哀音》，载 1943 年 3 月西康《民国日报》。②张阳，见于诗《星花》，载 1946 年 2 月 9 日复旦大学《新人周报》；诗《我应该这样歌唱》，载 1946 年 12 月《浅草文艺》。嗣后在《浅草文艺》《西康日报·金川文艺》等报刊发表文章，1949 年 3 月后在《西康日报·金川文艺》发表散文《遥远的怀念》《五月榴花怀屈原》、诗《红叶》《风景》等亦署。③白讽，见于诗《江南平野上的夜》，载 1946 年 12 月《浅草》双月刊；诗《窗》，载 1948 年 3 月 9 日《西康日报·百灵鸟文艺》。④张扬，见于诗《太阳》，载 1946 年 12 月 29 日上海《国民午报》；诗《春天一定要来的》，载 1947 年 5 月《无弦琴》诗刊。嗣后在浙江《天行报·原野》、无锡《青年新闻》、南京《未央诗刊》及四川《西康日报·百灵鸟文艺》《西康日报·金川文艺》等报刊发表诗《火光》《冬日草》《启明星（外一首）》、散文《塞外归鸿》《边塞之夜》、随笔《我怎样写诗的》等亦署。⑤林笛，见于散文《桥》，载 1947 年 3 月无锡《青年新闻》。⑥林殷，见于诗《雪》，载 1948 年 1 月 5 日《西康日报·百灵鸟文艺》。⑦勋，见于诗《碑》，载 1948 年 1 月 12 日《西康日报·百灵鸟文艺》。⑧柳央，见于诗《草原小景》，载 1948 年 3 月 9 日《西康日报·百灵鸟文艺》。同年 6 月 9 日在该刊发表诗《我们》亦署。⑨白芒，见于诗《春天来了？》，载 1948 年 4 月 12 日《西康日报·百灵鸟文艺》。⑩张笛，见于诗《会长》，载 1948 年南京《未央诗刊》第 3 期。⑪肖芒，见于诗《拾梦者》，载 1949 年 2 月 20 日《西康日报·金川文艺》。同年 5 月在该刊发表随笔《诗片语》亦署。⑫张央，见于散文《督学画像》，载 1949 年 2 月四川《西康日报·金川文艺》。后在该刊发表诗《匕首》《没有谱好的歌》《暴风雨》《写在贝多芬像前》、小说《草地上在秋天》、随笔《对美的看法》等亦署。1949 年后出版散文集《康巴旧闻》（四川人民出版社，1997 年）、《康藏烟尘千叠》（中国三峡出版社，2000 年）、《康定春秋》（新疆人民出版社，2005 年）、《康巴释放的情境》（大众文艺出版社，2007 年），诗集《康巴星云》（中国三峡出版社，1997 年）等亦署。⑬林讽，见于诗《山》，载 1949 年 2 月 28 日四川《西康日报·金川文艺》。同年 7 月在该刊发表诗《失题》亦署。⑭胡耕，见于散

文《春的剧作者》，载 1949 年 4 月《西康日报·金川文艺》。嗣后在该刊发表散文《一段旅程》亦署。⑮方南，见于诗《咕咕鸟》，载 1949 年 5 月《西康日报·金川文艺》。⑯史序、沙粒、欧思曼·阳、呷玛措，署用情况未详。

张扬（1924－2014），四川渠县人。原名张韶。笔名：①荒野，见于诗《夜行者》，载 1942 年《宕渠报》。②马奔，1946 年在成都《华西晚报》发表杂文、特写、通讯等署用。③旷野，见于《诗二首（补衣妇、伤兵）》，载 1946 年 3 月 13 日重庆《新华日报》。同年在成都《华西晚报》《自由晚报》发表诗文亦署。④张扬，见于诗《万岁，灯塔！》，载 1950 年 10 月 4 日四川《川西日报》。嗣后在《人民日报》《诗刊》《星星》《青年作家》《北方文学》等报刊发表诗文，出版诗集《飘不去的绿云》《美丽的错误》《蔚蓝色的旋律》《葡萄园和飞天》等亦署。⑤叶桑，见于诗《灯》，载 1981 年 6 月《支部生活》。

张旸（1921－？），河北正定人，字之润。笔名：①张之润，1941 年在北平《辅仁文苑》发表诗歌署用。见于散文《孤灯抄》，载 1945 年上海《文帖月刊》第 1 卷第 5 期。②沐宇，1942 年在北平《国际新闻》《实言报》等发表诗歌、散文署用。③欧阳东明，见于诗集《蓬艾集》（与海笛、柏绿、荷山、石樵、端木文心合集。北京艺术与生活社，1943 年）。

张养吾（1905－1995），陕西西乡人。笔名：①张培芳，见于论文《海军会议之检讨》，载 1936 年北平《西乡》复刊号。②芳草，见于随笔《围炉杂感》、诗《芳草》，载 1936 年北平《西乡》复刊号。③张养吾，见于报告《西北人民革命大学兰州分校第三部第二期工作总结报告》，载 1950 年西北军区第一野战军政治部《工作通讯》第 46 期。

张叶舟（1914－1980），浙江海宁人。曾用名黄芦木。笔名：①迎风得月楼主、大虎、冷板凳、明珠、家珍、月娥，1929 年前后在浙江《新海宁报》《海宁民报》《硖石晨报》《硖石晚报》《硖石商报》《大硖报》《长安新闻》《新崇德报》《德清新闻》《湖州日报》《海盐日报》《新桐乡》等报刊投稿署用。②心期、得月，1930 年前后在浙江嘉兴《民国日报·烟雨楼》、杭州《浙江商报·新邨》《民国日报·沙发》《东南日报·沙发》、上海《时事新报·青光》《新闻报·茶话》等报发表散文署用。嗣后在上海《小说月报》《上海生活》等刊发表散文等亦署。其中"心期"一名又见于散文《眉公村》，载 1940 年 11 月 1 日上海《永安月刊》第 19 期。③张叶舟，1931 年出版之散文集《撷英集》（吴伯感编）即收有署名"张叶舟"的作品。嗣后在南京《江南新闻》《新中华报》《新南京报》《南京日报》《新京报》《远东报》《朝报》《中央日报》《救国日报》《大兴日报》《自学旬刊》《新知》《宇宙风》《宇宙风乙刊》《风雨谈》《编译月刊》《学与生》《礼拜日周报》《小工艺》《绿洲》

《世轮》《人道旬刊》《岛风》《涛声》《华美》《中美周刊》《天地间》《永安月刊》《文综》《太平洋周报》《大众》《文友》《天下》《江苏教育》《万岁》《新都周刊》《紫罗兰》《众论》《文潮月刊》《艺潮》《潮流》等报刊发表小说《惩奸》《南风中的梦》《无期徒刑》、散文《哀悼真理的前哨战士》《不会忘怀你——南大》《静听夜雨》、随笔《从版画说到鲁迅先生》《报告文学者的写作态度》《文章与笔名》、报告《神秘的太湖》《火烧山》、评论《日本真敢觊觎香港吗》等，出版中篇小说《解放东北》、长篇小说《一个苦女努力记》、通俗读物《卐字旗下》《向摧残棉作物的害虫斗争》《从伏尔加河到顿河》《地下的宫殿》、译作《太平洋的故事》（美国房龙原作）、论著《世界现势的基本认识》、字典《常用新字典》《两千常用字字典》，以及编选之《文艺通讯》等亦署。④轶周、叶期、叶子、戈人、少岑、于飞、千一、李玲、过云鹏、屈疆、施琅、刘春华、刘秉文、胡聪、玲瑠、琳瑯、茵蒙、郭青、黑猫记者，20 世纪 30 年代在南京、上海等地报刊发表文章署用。⑤方山，见于散文《张家口游记》，载 1933 年 11 月上海《旅行杂志》第 7 卷第 11 期。嗣后在该刊及上海《万岁》发表散文《塞外漫行随笔》《青塚》、随笔《懦夫的自辩》等亦署。⑥沙羽，见于报告《江南行》，载 1940 年上海《中美周刊》第 2 卷第 14 期；随笔《浙东的隋民》，载 1943 年上海《万岁》第 6 期。嗣后在上海《新生中国》《杂志》等刊发表散文《成儿》、木刻《挑泥》《村妇》等亦署。⑦曼君，见于译文《爱情的运用》（T. 奥伦特原作），载 1940 年上海《永安月刊》第 13 期。⑧黄华，见于随笔《生活谭识》，载 1941 年上海《永安月刊》第 75 期；散文《凤谷村》，载 1943 年上海《杂志》第 10 卷第 5 期。嗣后在上海《万岁》《太平洋周报》《家》等刊发表《忆平安》《井陉道上》《近时杂感》等文亦署。⑨俞凌，见于随笔《寡妇候嫁院》，载 1942 年上海《万岁》半月刊第 2 期。嗣后在该刊发表《初夜权的遗风》《狱中女王》《生育指导所》等文亦署。⑩张雪帆，见于随笔《生活三题》，载 1942 年上海《杂志》第 9 卷第 5 期。⑪郭异，见于报告文学《流动宣传队——清乡区杂写之一》，载 1942 年上海《太平洋周报》第 1 卷第 31 期；随笔《理发技术与报销文化》，载 1943 年上海《文友半月刊》第 1 卷第 1 期。同时期起在上海《太平洋周报》《女声》《永安月刊》等刊发表《新迦南的故事》《乐园的故事》《寻春杂记》《千媚百娇话船娘》《读史偶记》《吃饭随笔》等文亦署。⑫张心期，见于散文《娘姨的脾气》，载 1942 年上海《乐观》第 10 期；散文《甜苏州》，载 1943 年上海《紫罗兰》第 2 期。同时期在上述两刊发表散文《寻米杂记》《田家风味》等亦署。⑬达愚，见于随笔《幽默之邦》，载 1944 年南京《艺潮》第 4 期。⑭邓尉，见于为长篇小说《江南的春天》（毁于战火而未能出版）所作之序文，载上海《中美周报》；散文《山城之春》，载 1944 年上海《杂志》第 11 卷第 3 期。⑮黄芦木，1944 年前后发表论文曾署。⑯林迟，见于随笔《热涨冷缩》，载1942年上海《乐观》第9期。1942－1943年在上海《永安月刊》发表《卖花女》《滇南的卡瓦人》《新秋散曲》等文亦署。⑰星子，见于随笔《说笑》，载1944年上海《文友》半月刊第4卷第7期。⑱叶舟，见于小说《沧海横流》，载1945年上海《文友》第5卷第2期。⑲王小石，见于随笔《新青年的测量标准》，载1946年《建国青年》第3卷第4期。嗣后在《大学评论》《申论》《中华教育界》《经济周报》《小朋友》《进步青年》《家》《旅行杂志》《中华少年》等刊发表通讯《江南农村的蜕变》《浙西向着光明》、散文《江南杂记》、随笔《苏南青年在进步呼召下》等，出版短篇小说《渡江三英雄》、儿童文学《流浪儿童的新生》《在队旗下前进》、科普读物《从猿到人》《原子核变的故事》等亦署。⑳小石，见于随笔《蟹市声中》，载1946年上海《广播周报》第210期（刊目录署名王小石）；杂文《千嘘集》，载1947年《广播周报》第217期。同时期起在《广播周报》《时与潮副刊》《远风》《再造句刊》《世纪评论》《舆论》《论语》《人生杂志》《自由与进步》等刊发表散文《三吴风情画》、随笔《弃官回乡书》《黄金梦回记》、通讯《早稻登场时节》《流亡学生遣送南京》《这不是丰收》《天堂里的叹息》等亦署。㉑小萍，见于书评《泰耶卡夫的〈团的儿子〉》，载1946年上海《月刊》第2卷第4期。同时期在该刊发表随笔《由物价谈起》、书评《〈文艺·戏剧·生活〉》等文亦署。又见于随笔《萧洛霍夫二三事》，载1946年上海《综合》第1卷第7期。㉒罗钧清，见于随笔《命运在你自己摆布》，载1947年南京《广播周报》第243期。㉓小曼、冰镜、甫青、元直、雷雨、梦飞、吴东霍、白瑛、徐基诚，20世纪40年代在上海报刊发表文章署用。㉔苏珊，见于散文《夜阑人静》，载1948年上海《家庭》第1卷第5期。同时期在该刊发表随笔《人生》《悲欢与无聊》等文亦署。1949年后出版科普读物《白喉的故事》《百日咳的故事》《打预防针的故事》《霍乱的故事》等亦署。㉕张龄，见于故事《将相和》（东方书店，1951年）。㉖蓝谷，1949年后出版儿童文学《越南女战士》《解放军胜利的故事》《苏联红军的故事》《苏维埃的友情》《英勇的希腊孩子》《少年侦察兵》《不屈的战士》，翻译长篇小说《保卫斯大林格勒》（苏联维尔塔原作），短篇小说集《夜莺的故事》（苏联茨维尔娃原作）、《巴甫连柯短篇小说集》等署用。㉗盛森，1949年后出版《星的传说》《紫玉箫——民间传说》《花的故事》《河南星——星星的传说》《太平军在河南的传说》《星星的故事》等署用。㉘云川，1949年后出版故事《吕梁英雄抗清兵》《方腊起义》《紫金梁——明末山西农民起义故事》等署用。

张一林，生卒年不详，安徽霍邱人。原名张汝洛。曾用名张一林。笔名励前社同人，与顾民元合署。见于短篇小说集《同轨》（上海泰东图书局，1928年）。

张一麐（1867－1943），江苏吴县（今苏州市）人，字仲仁、峥角，号公绂、民佣、大圜居士、江东阿斗、心太平室主人、古红梅阁主。曾用名张一麟。乳名卯生。笔名：①心太平室主人，在《清议报》第18卷发表旧体诗《夜宿环翠楼》《由塔泽登芦之汤》《晚泊芦湖》署用。②张一麐，见于论文《我之国语教育观》，载1919年《新中国》第1卷第4期；论文《国语浅说》，载1922年上海《国语月刊》第1卷第3期。此前后在《教育杂志》《新教育》《地方自治》《江苏教育》《河南教育》《卫星》《集美周刊》《战时青年》《新意识》《国论周刊》《学生月刊》《觉音》《浙江潮》《大风》《宇宙风》《时代批评》《海潮音》《大众》《江苏文献》《人文月刊》《图书季刊》《燕京学报》等刊发表随笔《范仲淹之精神生活》《古红梅阁笔记》《纪念蔡子民先生》、旧体诗《题太虚大师诗存》、评论《抗战建国第一问题》《论五权宪法》《清算"九一八"》等亦署。③江东阿斗，见于随笔《古红梅阁笔记》，载1931－1933年上海《人文月刊》第2卷第1期至第4卷第1期。④张一麟，见于旧体诗《八一三后纪事诗》，载1940年澳门《觉音》第18期。

张一鸣，生卒年不详，浙江桐乡人，原名张长，字心芜、心抚，号一鸣、新斧、洗桐、洗桐馆主、桐花馆主。笔名：①张长、心芜，在《南社丛刻》发表诗文署用。②张一鸣，见于随笔《民意》，载1926年北京《世界日报副刊》第1卷第15期。

张一鹏（1873－？），江苏吴县（今苏州市）人，字云搏，号不知老之将至斋主。笔名张一鹏，见于论文《论地方自治》，载1906年《法政杂志》第1卷第3期；随笔《亦是一段文字因缘》，载1943年上海《大众》第10期。嗣后在该刊及上海《申报月刊》《文友》等刊发表随笔《不知老之将至斋随笔》《江村吴语序》《述怀》《参战与经济》、旧体诗《容斋先生重游泮宫长篇纪念即步原韵奉和》《寿刘翰怡六十》《徐承锦黔中惠诗敬次元韵》等亦署。

张一倩（1915－1988），海南文昌人，生于香港。原名张业隆。笔名：①丁倩，见于中篇小说《一个日本女间谍》，载1938年马来亚新加坡《南洋商报·南洋周刊》第10－14期；评论《抗战文艺的多样性》，载新加坡《南洋月刊》第2期。②张一倩，1938年起在新加坡《总汇新报·世纪风》《南洋周刊》等报刊发表诗、小说、杂文等署用。③方野，20世纪30年代在《马来亚通报·晨钟》发表书跋文字署用。④方在野，20世纪30年代在马来亚吉隆坡循人独立中学校刊发表作品署用。⑤葛萁蒙，20世纪30年代后期在新加坡《南洋周刊》发表外国文学评论署用。⑥葛蒙，见于评论《谈〈沉渊〉》，载1940年11月30日新加坡《南洋商报·戏剧知识》。⑦张路，见于随笔《文艺复兴期的演剧》，载1946年上海《文章》创刊号。同年在该刊第3期发表评论《讽刺喜剧与闹剧》亦署。又见于随笔《关于李健吾》，载1984年2月1日《南洋商报农历新年专辑》。⑧莫明，见于随笔《离离草——读剧小记》，载 1964 年马来亚吉隆坡《半山月刊》创刊号。⑨布鑫，见于随笔《中日翻译的莎士比亚——为莎翁诞生四百周年纪念而作》，载 1964 年《半山月刊》第 4、5 期。⑩陈华，见于随笔《丁西林剧作选——篱下谈剧》，载 1964 年《半山月刊》第 6 期。⑪张业隆，见于随笔《闲话日记》，载 1968 年 1 月 1 日《马来亚通报》"新年特刊"。⑫路子微，见于随笔《新春怀旧——读书小记》，载 1983 年 1 月 1 日《南洋商报》。

张一苇，生卒年不详，河北安次人。原名张帆，字一苇。笔名：①一苇，1927 年后在北京《新闻学刊》发表小说《富贵关头》署用。②航庐，1927 年在北京《新闻学刊》发表散文《铁窗风味——新闻记者生活之一幕》署用。③航，见于随笔《纪往》，载 1927 年北京《新闻学刊》。④张一苇，见于通讯《华北新闻界》，载 1929 年北平《报学月刊》第 2 期。

张易，生卒年及籍贯不详。笔名：①张易，见于翻译小说《最大杰作》（英国高尔斯华绥原作），载 1936 年上海《新中华》第 4 卷第 9 期；翻译小说《肖像画》（英国赫胥黎原作），载 1937 年上海《译文》新 1 卷第 5 期。同时期在《新中华》《读书通讯》等刊发表随笔《高尔基的生活及其著作》《沙士比亚的生活》、翻译小说《胭脂》（英国赫胥黎原作）、翻译论文《明日的文学》（英国刘易斯原作）等亦署。②伯峰，署用情况未详。

张因凡（1921－？），河南睢县人。原名张立云。笔名：①张因凡，见于诗《自己的歌》，载 1935 年开封《河南民报·平野周刊》第 9 卷第 4 期；评论《木刻与民众教育》，载 1936 年开封《河南民报·风雨》第 12 卷第 2 期。此前后在该刊及上海《中学生文艺季刊》《女子月刊》《大公报·小公园》、开封《河南民报·民报副刊》《青春诗刊》《海星月刊》、郑州《大华晨报·跋涉》《大华晨报·沙漠诗风》、洛阳《河洛日报·流沙诗刊》等报刊发表散文《父亲的洋槐树》《一个事实》《孤独》《播下你的种子》《拾粪叟》《渔家的春天》、评论《将来的新诗》《戴望舒的诗》《巴金的〈新生〉》、小说《陈伯伯（续）》、诗《童养媳》《邂逅——与子瑜会见的一刹那》《这并不是梦——旧锦囊之一》等亦署。②殷凡，见于小说《陈伯伯》，载 1935 年 11 月 6 日郑州《大华晨报·跋涉》；诗《秋》，载 1936 年 3 月 13 日郑州《大华晨报·沙漠诗风》。③李云，见于散文《南行散记》，载 1935 年 10 月 8－16 日开封《河南民国日报·中原》第 268－275 期。嗣后在该刊第 306 期发表散文《关于巴金》亦署。④因凡，20 世纪 30 年代在河南报刊发表诗作署用。

张荫麟（1905－1942），广东东莞人，号素痴、燕雏。笔名：①张荫麟，见于论文《老子生后孔子百余年之说质疑》，载 1923 年南京《学衡》第 21 期；译文《斯宾格勒之文化论》（葛达德、吉朋斯原作），载天津《国闻周报》第 4 卷第 48－66 期。此前后在上述两刊及《东方杂志》《清华学报》《清华周刊》《史学与地学》《国

风半月刊》《燕京学报》《大公报·文学副刊》《新社会半月刊》《国防论坛》《大众知识》《考古》《中国近代经济史研究集刊》《益世周报》《新粤》《史地知识》《思想与时代》《中国社会经济史集刊》等报刊发表《张衡别传》《秦妇吟之考证与校释》等文，出版《素痴集》（百花文艺出版社，2005 年）及史学著作等亦署。②素痴，见于评论《王静安先生与晚清思想界》，载 1928 年 6 月天津《大公报·文学副刊》；评论《近代中国学术史上之梁任公先生》，载 1929 年南京《学衡》第 67 期。同时期在《辽宁教育》《时代思潮》《燕京学报》《清华周刊》等报刊发表文章亦署。③荫麟，见于随笔《战时教育问题》，载 1938 年广州《新粤半月刊》第 2 卷第 4 期。④燕雏，见于随笔《记画虎艺人胡藻斌》，载 1941 年上海《永安月刊》第 25 期。

张饮辛，生卒年不详，湖北襄阳人。笔名饮辛，见于杂文《聪明的鳄鱼》，载 1933 年上海《论语》第 14 期；《武汉通信》，载 1933 年上海《论语》第 20 期。嗣后在该刊发表《囚徒吸烟琐记》等文亦署。

张瀛洲，生卒年不详，台湾人。笔名瀛洲、张瀛洲，1937－1943 年在台北《风月报》《兴南新闻》《南方》发表旧体诗《送陈清辉君之大连》《碧桥观月》等署用。

张颖（1923－？），广东广州人，原名张叔吕。笔名：①章翠，见于剧评《评〈国贼汪精卫〉》，载 1941 年 4 月 20 日重庆《新华日报》。嗣后在该报发表剧评《剧坛沉寂中的一丝生机——评新范剧社首演》《谈〈愁城记〉》《从〈棠棣之花〉谈到历史剧》《〈闺怨〉〈钦差大臣〉与〈大雷雨〉》《演剧杂谈》等文亦署。②颖，见于评论《天国春秋——旁观琐感》，载 1941 年 11 月 27 日重庆《新华日报》。③茵萍，见于剧评《关于〈北京人〉》，载 1942 年 2 月 6 日重庆《新华日报》。④张颖，见于剧评《走向妇女解放之路——看〈结婚进行曲〉有感》，载 1942 年 5 月 6 日重庆《新华日报》。嗣后出版散文集《恩情日月长——文艺家的挚友周恩来》（中国戏剧出版社，1987 年）、《随章文晋出使美国——大使夫人纪事》（世界知识出版社，1996 年）、《外交风云亲历记》（湖北人民出版社，2005 年）、《走在西花厅的小路上——忆在周恩来同志领导下工作的日子》（中共党史出版社，2008 年）、《文坛风云亲历记》（生活·读书·新知三联书店，2012 年）等亦署。⑤翠，见于随笔《迎戏剧节》，载 1942 年 9 月 28 日重庆《新华日报》。⑥阿淑，见于随笔《被生活压碎了——看〈祖国在呼唤〉偶感》，载 1943 年 2 月 14 日重庆《新华日报》。⑦忆舟，发表散文、杂文曾署用。

张永枚（1932－ ），重庆市人，号实若。笔名：①张扬，见于小说《重压》，载 1945 年四川《万州日报·学灯》。②张永枚，见于《战地快板诗·好干粮》，载 1951 年上海《新民晚报》。嗣后发表文章，创作歌词《人民军队忠于党》《骑马挎枪走天下》《井冈山上采杨梅》《广东好》等，出版诗集《海边的诗》（湖北人民出版社，1955 年）、《南海渔歌》（长江文艺出版社，1957

年)、《骑马挂枪走天下》（中国青年出版社，1957 年）、《椰树的歌》（作家出版社，1958 年）、《张永枚诗选》（长江文艺出版社，1991 年）、《张永枚故事诗选》（花城出版社，1992 年）等，诗报告《西沙之战》（人民文学出版社，1974 年），诗体小说《孙中山与宋庆龄》（花城出版社，1984 年），中长篇小说及纪实文学《红巾魂》（花城出版社，1984 年）、《黑旗，黑旗——刘永福拒日保台传奇》（长城出版社，1997 年）、《大唐荔乡——中国农民的命运》（长征出版社，1998 年），诗论集《张永枚诗话》（长江文艺出版社，1993 年），京剧剧本《平原作战》（主笔）等亦署。③黄桷树，20 世纪 60 年代在《羊城晚报》《诗刊》发表诗话和诗歌理论文章署用。1984 年后在《作品》《特区文学》发表诗评亦署。按：张永枚尚出版有诗集《新春》《唱社会主义》《将军柳》《英雄篇》《雪白的哈达》《海鸥》《六连岭上现彩云》《白马红仙女》《螺号》《人民的儿子》《前进集》《红缨枪》《画笔和六弦琴》《宝马》《梅语》、中长篇小说及纪实文学《海角奇光》《省港奇雄》《粤海大战》《山里的军人》《美军败于我手》、舞剧剧本《五朵红云》（执笔）、歌剧剧本《红松店》《金凤树开花》《三个饲养员》《风雨共伞》，以及《张永枚作品选萃》等，出版情况待考。

张咏絮，生卒年及籍贯不详。笔名：①妮娜，见于随笔《不合理想的爱人》，载 1933 年上海《女子月刊》第 1 卷第 5 期；随笔《炸药和枪炮》，载 1945 年 11 月上海《中学生》复刊第 93 期。②妮娜女士，署用情况未详。

张友济（1920－1986），江苏南京人。笔名：①张甡（shēn），见于诗《什么时候会有这么一天？》，载 1936 年南京《新民报·新园地》。嗣后在南京《中央日报·贡献》发表散文《寂寞》、在上海《时事新报·青光》发表诗《三十二行》亦署。②张罗，见于诗《你们五万个殉难者》，载 1938 年 2 月 3 日重庆《新华日报·新华副刊》；散文《流亡武汉散记》，载 1938 年汉口《弹花文艺》半月刊第 2 期。1939 年在重庆《青年文艺》第 7 卷第 4 期发表散文《归途》亦署。③张友济，1938 年春在武汉发表散文《再踏上流浪的途程》开始署用。又见于散文《千万人的思念——归去》，载 1939 年 5 月重庆《时事新报·青光》。1949 年后发表文章，出版散文集《冷嘲和热爱》（上海文艺出版社，1958 年）、回忆录《在红色队伍里成长》（陈茂辉整理。中国青年出版社，1959 年）等亦署。④张帆，20 世纪 40 年代在重庆《新蜀报·蜀道》发表散文《伙伴们的回忆》、诗《母亲的土地底召唤》，在上海《新影坛》发表《未来红星》《天外笙歌工作日记》《南京印象》等文，在《新生中国》《广东青年》《民主周刊增刊》《中国边疆建设集刊》等刊发表文章署用。⑤张凡，见于诗《生活》，载 1944 年重庆《天下文章》第 2 卷第 3 期；诗《眷恋》《问题》，载 1946 年重庆《诗垦地》第 5 期、第 6 期；《莫斯科游记》，载 1949 年《中国青年》第 4 期。同时期在重庆《国民公报·文群》《长风文艺》《新蜀报》《新民报》、成都《华西日报》《华西晚报》等报及《时代中国》《天下文章》等刊发表诗、散文亦署。⑥甘牛，见于诗《万事理为首》，载 1949 年夏上海《解放日报》。

张友鸾（1904－1990），安徽安庆人，字悠然，号惨庐主人。笔名：①张友鸾，见于小说《一澜》，载 1923 年上海《东方杂志》第 20 卷第 25 期；小说《坟墓》，载 1923 年上海《创造季刊》第 1 卷第 4 期。同时期起在《新人》《中华新报·创造日》《时事新报·现代妇女》《小说月报》《京报副刊》《语丝》《晨报副镌·文学旬刊》《京报副刊·文学周刊》《中国文学研究》《中国社会》《安徽教育》《中国新闻学会年刊》等报刊发表散文《怀念 Byron》、随笔《怀念之什》《"清明"》《抗敌新闻与新闻标题》、论文《安庆的文化运动》《西厢的批评与考证》《新闻纸面》等，出版论著《汤显祖及其牡丹亭》（上海光华书局，1930 年）、《世界日报兴衰史》（重庆出版社，1982 年），散文集《胡子的灾难历程，张友鸾随笔选》（北京十月文艺出版社，2005 年），长篇小说《胭脂井——亡国帝妃传》（江苏文艺出版社，1988 年），中篇小说《秦淮粉墨图》（金陵书画社，1982 年），故事《不怕鬼的故事》（解放军文艺社，1963 年）、《十五贯》（宝文堂书店，1982 年）、《鲁斋郎》（宝文堂书店，1984 年）、《魔合罗》（宝文堂书店，1984 年）、《清风楼》（宝文堂书店，1984 年），编选《关汉卿杂剧选》（人民文学出版社，1963 年）等亦署。②悠然，抗战时期在成都《新民报晚刊·出师表》署用。③牛布衣，见于中篇小说《魂断文德桥》，连载于 1946 年南京《南京人报》。1950 年在该报发表小说《神龛记》亦署。④草厂（ān），1956 年起在上海《新民晚报》连载《十五贯》《杏花庄》《魔合罗》《鲁斋郎》等署用。⑤钟山樵夫，1964 年在香港《大公报》连载《国大现形记》署用。⑥秦淮钓叟，1964 年在香港《大公报》发表评论署用。⑦白云、悠悠、柏森、胡子长、傅逵、味苹、襊禳生，署用情况未详。

张友松（1903－1997），湖南醴陵人。原名张鹏，号友松。笔名：①张友松，见于译文《安徒生评传》（丹麦波耶生原作），载 1925 年上海《小说月报》第 16 卷第 8 期；翻译小说《农夫》（俄国契诃夫原作），载 1927 年上海《东方杂志》第 24 卷第 11、12 号。前后在上述两刊及《晨报副镌》《新女性》《春潮月刊》《青年界》《世界文学》《北新》《人物杂志》等报刊发表散文《一幕笑剧》《亡姊挹兰略传》、随笔《关于写作问题随便想到的几点》《我最初的职业生活》《我们向何处去》、论文《安徒生童话的来源和系统》，翻译散文《晚祷》（西班牙巴罗约原作）、翻译小说《魔力》（英国 C.J. 尤斯塔斯原作）、《教堂杂务员口中的英雄》（英国格斯克尔夫人原作）等，出版翻译小说《三年》（俄国契诃夫原作。上海北新书局，1926 年）、《薄命女》（俄国屠格涅夫原作。上海北新书局，1927 年）、《契诃夫短篇小说集（上卷）》（上海北新书局，1927 年）、《春潮》（俄国屠格涅夫原作。上海北新书局，1928 年）、《婚后》（美国德莱塞原作。上海北新书局，1928 年）、《地中海滨》(波兰显克维支原作。上海春潮书局，1928年)、《决斗(上下卷)》(俄国契诃夫原作，与朱溪合译。上海北新书局，1929年)、《茵梦湖(英汉对照)》(德国施托姆原作。上海北新书局，1930年)、《野心客》(美国霍桑原作。重庆晨光书局，1943年)、《爱》(俄国契诃夫原作。重庆晨光书局，1943年)、《二十六男和一女》(苏联高尔基原作。重庆晨光书局，1943年)，翻译小说集《马克·吐温短篇小说集》(人民文学出版社，1954年)等亦署。②友松，见于《黔驴之技——浪费之三》，载1929年上海《春潮》月刊第1卷第7期；译文《丹麦的思想潮流》(丹麦奥拉西斯原作)，载1929年上海《奔流》第2卷第5期。③松，见于评论《意大利政教权限之争又起》《英国失去垄断橡皮业之势力》，载1928年上海《北新》半月刊第2卷第15期(该刊目录署名"友松")。④松子，见于散文《除夕》，载1931年上海《青年界》第1卷第1期。嗣后在该刊发表小说《情敌》《今之塞翁》《不知自爱的东西》等亦署。⑤YK，1930—1932年在上海报刊发表小说署用。⑥张鹤，1949年在重庆《新民报》发表散文署用。1952年在《光明日报》发表评论亦署。⑦常健，1949年后翻译出版美国马克·吐温小说《败坏了赫德莱堡的人》(人民文学出版社，1958年)、《哈克贝利·费恩历险记》(与张振先合译。人民文学出版社，1959年)、《傻瓜威尔逊》(人民文学出版社，1959年)、《汤姆·索亚历险记》(人民文学出版社，1960年)，以及《中短篇小说选》(人民文学出版社，1960年)、《密士失必河上》(人民文学出版社，1958年)、《赤道环游记》(人民文学出版社，1960年)、《加兰短篇小说选》(美国加兰原作，与李文俊合译。人民文学出版社，1959年)、《世外桃源》(俄国屠格涅夫原作。上海文艺出版社，1959年)等署用。

张友渔 (1899—1992)，山西灵石人。原名张象鼎，字友彝。笔名：①忱疑，1924年开始在北平《世界晚报·夜光》《世界日报·明珠》发表杂文《车夫武大》等署用。②有疑，见于杂文《先打倒政治上的偶像》，载1925年前后北平《世界日报·明珠》。③张友渔，见于杂文《真是个"别来无恙"》，载1931年12月3日北平《世界日报》；译文《日本政党之后退与官僚之前途》(日本长谷川如是闲原作)，载1934年北平《世界论坛》第1卷第12期。同时期起在该刊及《时事类编》《浙江潮》《新军》《全面抗战》《战地知识》《反侵略》《战时中学生》《上海周报》《国民公论》《大众文粹·国家中心问题》《时代批评》《萌芽》《大众生活》《青年知识周刊》《文化杂志》《半月文粹》《自学》《宪政月刊》《中学生》《中苏文化》《大学月刊》《职业妇女》《新华月报》等报刊发表《太行山的两端》《我们对于今后民众运动的意见》《我们需要怎样的民主政治》《民主运动与复古倾向》《所谓大和民族的真面目》《树立日本的人民政权》《读报也是一种学问》等文，出版论著《暴风雨的前夜》(重庆生活书店，1943年)等、回忆录《报人生涯三十年》(重庆出版社，1982年)等亦

署。④忱虞，见于评论《日本帝国主义者最终目的》，载1932年北平《世界日报》。⑤香汀，见于随笔《向大众学习》，载1943年重庆《群众》第8卷第11期。⑥忱夷，见于评论《中山先生论宪政》，载1940年重庆《中苏文化·孙中山先生逝世十五周年纪念特刊》。⑦司马牛，1945年9月后在重庆《新华日报》发表杂感时与袁水拍、潘梓年、胡绳、章汉夫、徐光霄等人共同署用。⑧悠然、有仪、犹予、犹疑、明珠、平周、萍周、萍州、若愚、友愚、章若榆、游泥，署用情况未详。

张羽 (1921—2004)，河南灵宝人。原名张甲，字贯一。曾用名张振寰。笔名：①天羽、荒漠、章家，抗战期间在洛阳、陕西等地的《阵中日报》《崤函日报》《民声日报》等报发表诗、散文署用。"章家"一名抗战后发表文章犹署用。②张羽，见于长诗《奴隶之歌》，载1945年前后西安《秦风工商日报》"星期文艺栏"；评论《从围城看钱锺书》，载1948年上海《同代人文艺丛刊》第一年第一集《由于爱》。嗣后在《同代人文艺丛刊》及上海《时代日报》《大公报》《新民报晚刊》《求是月刊》《新诗潮》《联合晚报》等报刊发表评论《略谈革命贵族》《南北才子才女大会串——评〈中国新诗〉》及小说、诗、散文等作品，出版小说集《摇麦工锄奸记》、散文集《高山与小溪》、长诗《奴隶之歌》、通讯《豫西的地下火》、传记文学《王孝和》《悍代英传》《爱与死的搏斗》《曾家岩的婚礼》、报告文学《萧也牧之死》《碧血红花》、文学回忆录《我与红岩》、文集《张羽文存》等亦署。③张振寰，抗战后发表文章偶署。④大尹、张念苓，1949年后在上海等地报刊发表作品署用。⑤伍边石，见于回忆录《阿穆尔风雪》(陈柏川讲述，伍边石整理。中国青年出版社，1960年)。

张禹 (1922—2011)，浙江苍南人，生于浙江平阳。原名王思翔。笔名：①于人，1940—1942年在赣州编《文化服务》杂志署用。②张禹，1941—1942年间在《江西青年日报》、浙江《民族日报》《东南日报》《浙江日报》《平报》等报副刊发表诗、杂文、报告《春暖花开之前》、评论《评〈愤怒的葡萄〉》等作品开始署用。1946年在上海《周报》发表杂文《"在此"》、在上海《希望》发表杂文《"王气"的寒流》，1947年起在广州《谷雨》文字月刊发表随笔《什文小语》、评论《评〈一支溃灭的队伍〉》等，出版论著《文艺的任务及其他》(上海泥土社，1953年)、随笔《我们的台湾》(上海新知识出版社，1955年)、《从心随笔》(2003年)等亦署。③风今、宇仁、章玉、期然，20世纪40年代发表文章署用。④王十洲，1949年后发表文章曾署用。⑤王思翔，见于评论《我看台湾——质周宪文先生》，载1946年6月16日台湾《和平日报》；评论《现阶段台湾文化的特质》，载1946年8月15日《新知识》。1950年由上海山海书屋出版之报告文学《台湾二月革命记》亦署。⑥赵明，见于论著《新民主主义经济》，1947年油印。

张禹九（1889－1979），上海市人。原名张嘉铸，字公权。笔名：①张嘉铸，见于评论《刘海粟》，载1926年10月18日《晨报副镌》；评论《伊卜生的思想》，载1928年上海《新月》第1卷第3期。同时期起在上述两刊及《中行月刊》《申报月刊》《西南实业通讯》等刊发表评论、随笔《评"艺专演习"》《评艺专二次公演》《雕塑艺术与西洋画在中国失败之原因》《沃尼尔》《病入膏肓的萧伯纳》等文亦署。②张禹九，1934年起在《银行周报》《财政评论》《时兆月报》《经济建设月刊》《经济通讯》等刊发表《四川金融恐慌之解剖》等经济学文章署用。

张械（？－1950），笔名何其青，20世纪40年代在福建报刊发表诗、散文诗署用。见于散文《雷·窗》，载1944年福建永安《公余生活》第2卷第5期。

张裕基，生卒年及籍贯不详。笔名衣谷，20世纪30年代在武汉《青春》《大同日报》《华中日报》《时代日报》发表小说署用。

张元济（1867－1959），浙江海盐人，生于广东。原名张元奇，字筱斋、小斋，号菊生、鞠生、涉园主人。印名戊戌党锢子遗。笔名：①张元济，见于随笔《法学协会杂志序》，载1911年《法政杂志》第1卷第5期；《太平御览跋》，载1935年《浙江图书馆馆刊》（双月刊）第4卷第6期。嗣后在《图书馆学季刊》《东方杂志》《文澜学报》《图书季刊》《群雅月刊》《上智编译馆馆刊》《科学》《新建设》《交大月刊》等刊发表评论《我国现在和将来教育的职责》、随笔《谒胡孝辕墓记》《在海盐两日之所见所闻》《戊戌政变的回忆》《刍荛之言》《跋汲古阁毛氏精写稼轩词》《致张若谷书论马相伯先生年谱》等文，出版《中华民族的人格》（上海商务印书馆，1937年）、《校史随笔》（上海商务印书馆，1938年）、《涉园序跋集录》（古典文学出版社，1957年）、《张元济书札》（商务印书馆，1981年）、《张元济诗文》（商务印书馆，1986年）等亦署。②元济，1937年10月21日在上海《救亡日报》发表文章署用。③小齐、涉园、张菊生、张鞠生、涉园主人、戊戌子遗，署用情况未详。

张元松，生卒年及籍贯不详。笔名：①张元松，见于翻译论文《基希及其报告文学》（塞尔维亚 T. 巴克原作），载1935年《国际文学》第4期及1939年重庆《七月》第4卷第3、4期）；译文《法国文学的革命传统》（法国 J. 卡梭原作），载1940年重庆《七月》第5卷第2期）。②张原松，见于译文《在抗战的中国》（澳大利亚 W. H. 端纳原作），载1939年9月1日桂林《文摘战时旬刊》第54期；译文《论马耶可夫斯基》（V. 卡坦阳原作），载1940年重庆《七月》第6集第1、2期合刊。同时期在桂林《救亡日报·文化岗位》、成都《半月文艺》发表译诗《译诗四首》（俄国涅克拉索夫等原作）、译文《致初学写作者》（法国罗曼·罗兰原作）亦署。③原松，见于译文《我底自白》（苏联马雅可夫斯基原作），载1941年重庆《七月》第7集第1—

2期合刊。

张垣（1923－2000），福建龙岩人，生于荷属东印度（今印度尼西亚）巴东。原名张汉城，号北斗居士。曾用名张菁、张特垣。笔名：①青草青，1938年开始在福建《青星》杂志发表散文、诗歌署用。②独夫，见于小说《九龙江畔》，载1939年《闽西日报》副刊（郭国翔编）。同时在该刊发表小说《黄苏的觉醒》、散文《吹起叶笛》等作品亦署。③张菁，见于诗《愤怒之歌——以此纪念鲁迅先生逝世七周年》，载1943年上杭《幸福报》副刊；小说《二等兵》，载1944年福建永安《民主报·新语》。1945年在福建漳州《闽南新报·海防》发表评论《文章的挤和泻》《妇运在今日》、1948年在香港报刊发表诗文亦署。④岩青，见于小说《小狗子的命运》，载1940年秋福建南平《南方日报·哨兵》。⑤金斗节仔，1944年起在福建永安《民主报·新语》发表小说《国文教师——大肚黄》、散文《无心的释疑》《羊博士》《忆〈高原副刊〉》、杂文《打落水狗原来不是痛快的事》、评论《伟大的主观诗人歌德》《艺术的内容与形式的统一》《〈原野〉短评——曹禺剧作》等用。嗣后在漳州《闽南新报·海防》、厦门《江声报·人间》、香港《大公报·文艺》等报刊发表杂文、小说等亦署。⑥荃垫，1944年后在福建永安《民主报·新语》发表散文《希贤之死》、小说《女婢丁仃》等署用。⑦张竹青，见于《小草坪的故事》，载1945年漳州《闽南新报·海防》。⑧李闻，见于散文《在茶楼上》，载1948年香港《文汇报·彩色版》。⑨金枣，1948年在香港《文艺周刊》发表小说《陈芜》《骆正辉》，在《文汇报·彩色版》发表小说《邂逅》《特务长》署用。同时期在香港《华商报·茶亭》《大公报·大公园》《周末报》等报发表小说等亦署。⑩张垣，1976年后在各地报刊发表《文学的培育者——悼念茅盾》《台湾的优秀儿女谢雪红》《悼念作家司马文森》等散文、随笔、评论、小说等署用。

张蕴和（1872－1940），江苏松江（今上海市）人。原名张默，字蕴和。自称小卒。笔名：①张蕴和，1929年前后在上海《申报》任副总主笔、总主笔署用。②默，在上海《申报》发表文章署用。③张默、蕴和，署用情况未详。

张泽厚（1906－1989），四川岳池人。笔名：①张泽厚，见于诗《笔的愿望》，载1926年上海《小说世界》第13卷第25期；诗《人尽是死了的》，载1928年上海《泰东月刊》第2卷第3期；论文《美术的方法论》，载1931年《读书月刊》第1卷第3—4期。嗣后在《小说世界》《读书月刊》《文艺新闻》《光明》《文艺新地》《诗前哨》等刊发表诗《春天》《秋收》《胜利的雷，爆炸呀》《伟大的开始》、评论《现代中国画家批判》《现代绘画的进路》《诗歌研究入门》等，出版长诗《旷野》（1937年）、《花与果实》（重庆新艺书店，1942年）、《昆仑关》（1943年），幕剧《失了祖国保护的人群》（重庆星星书报社，1937年），朗诵诗剧《扑灭倭寇》（成都跋涉书店，1939 年），论著《艺术学大纲》（上海光华书局，1933 年）等亦署。②庄稼，见于诗《辽阔的海》，载抗战时期重庆《青年园地》第 1 卷第 1 期。嗣后在《太平洋周报》《诗创造》《新华日报》《民主报》《唯民》《民主星期刊》等报刊发表评论《请〈救救孩子〉吧!》《人民喜见乐闻的诗》等诗文，出版诗集《人民万岁》（汉字书出版社，1945 年）、翻译小说《血字的研究》（英国柯南·道尔原作。上海启明书局，1937 年）亦署。

张璋（1905－1936），合徽合肥人。原名张鼎和。曾用名张涨、张晓天。笔名张璋，20 世纪 30 年代北平"左联"时期发表作品署用。

张兆和（1910－2003），安徽合肥人。笔名叔文，见于小说《男人》，载 1933 年福建《现代》第 3 卷第 1－3 期;小说《费家的二小》，载 1934 年《文学季刊》创刊号;小说《湖畔》，载 1936 年上海《文学月刊》第 2 卷第 1 期;翻译小说《白里耳小姐》，载 1934 年上海《申报月刊》第 3 卷第 3 期;翻译小说《执着》（英国尤斯塔斯原作），载 1934 年天津《国闻周报》第 11 卷第 15 期。

张肇桐（1881－1938），江苏无锡人，字叶侯、翼后（一作翼侯），号轶欧、一鸥。笔名:①万古恨、自由花，见于政治小说《自由结婚》，自由社 1907 年 8 月出版。该书托名犹太万古恨原作，自由花译评。②张轶欧，1928－1936 年在《矿冶》《国际贸易导报》《实业部月刊》《同行月刊》《长城》等刊发表《矿业法意》《商人道德》等经济类文章署。③轶欧，在《江苏》杂志发表文章署用。

张真（1917－ ? ），山西临汾人。原名张天璞。笔名:①张真，见于独幕剧《末路》，载 1940 年北平《辅仁文苑》第 3 辑;散文《惨胜草》，载 1946 年北平《中国文学》第 1 卷第 2 期。1949 年后发表文章，出版三幕话剧《演演这块》（渤海军区政治部，20 世纪 50 年代），论著《戏曲人物散论》（艺术出版社，1956 年）、《古为今用及其他》（中国戏剧出版社，1963 年）、《张真戏曲评论集》（中国戏剧出版社，1992 年）等亦署。②张天璞，见于诗剧《诗人之梦》，载 1947 年辽阳《第一线月刊》第 1 卷第 10 期。

张枕绿（1903? － ? ），福建晋江罗溪乡（今泉州市）人。笔名:①张枕绿，见于小说《毁誉》，载 1921 年 3 月 26 日上海《礼拜六》第 102 期;小说《争点》，载 1922 年上海《游戏世界》第 13 期。同时期在上述两刊及《小说世界》《快活》《小说时报》《侦探世界》《红玫瑰》《新月》《新上海》《紫罗兰》《文华》《社会月报》《乐观》等刊发表诗《不可思议的报复》、翻译小说《林中》（法国莫泊桑原作）、小说《一块肉的反动》《兄弟文豪》《妻之妹》《发行部主任》、随笔《侦探小说与神怪小说》《探吴记》等，出版小说集《爱个丝光》（上海枕华出版社，1919 年）、《十七年后的》（上海良晨好友社，1922 年）、《枕绿小说集》（上海世界书局，1924

年）、《张枕绿小说集》（上海大东书局，1927 年）等亦署。②枕绿，见于翻译小说《两难》（美国欧·亨利原作），载 1921 年苏州《消闲月刊》第 1 期（刊目录署名"张枕绿"）;随笔《愿大众废止家祭》，载 1921 年上海《礼拜六》第 102 期。嗣后在《游戏世界》《半月》《新月》《机联会刊》《逸经》《乐观》等刊发表随笔《诗之生命线》《一双帝子作词家》《绿窗余唾》《谈排骨面》等亦署。

张振亚，生卒年不详，河北沧州人。笔名:①张振亚，1926 年起在南京《科学》发表文章始用。嗣后在《文学》《中流》《空军》《抗战文艺》《大众知识》《文艺战线》《文艺突击》《沙漠文艺》《新畜生颂》《文萃丛刊》等刊发表信函《致陈蓝》、通讯《马戏》《北平素描》、随笔《从严肃到文艺》《关于诗的小杂论》《适之博士近著抒怀诗"笺注"》、评论《梦家底诗》《评田间底近作》《读〈边区自卫军〉》等文亦署。②振，见于短论《政治号召与文艺》，载 1939 年延安《文艺突击》新 1 卷第 1 期。

张振镛（1897－ ? ），江苏宜兴人，字真用，号枕蓉。笔名张振镛，出版论著《国学参考书》（上海中华书局，1927 年）署用。嗣后发表诗《东风二首》、散文《竺西图书馆记》（载 1933 年上海《光华附中》半月刊第 6 期）、旧体诗《湘行百绝》（载 1941 年《苏讯》第 26 期）、出版论著《中国文学史分论》（上海商务印书馆，1934 年）等亦署。

张政烺（1912－2005），山东荣成人，字苑峰。笔名张政烺，1934 年发表《猎碣考释初稿》（载北京大学潜社《史学论丛》第一册）开始署用，嗣后在《中央研究院历史语言研究所集刊》《历史教学》《北京大学学报》《中国语文》《考古》《考古学报》《历史研究》《中华文史论丛》《古文字研究》《文史》《国学季刊》《文物》《社会科学战线》《世界宗教研究》等刊发表有关甲骨、金文、陶文、碑刻、通俗小说的研究文章，出版文史、古文字学著作亦署。

张执一（1911－1983），湖北汉阳（今武汉市）人。原名张谨唐。笔名:①锦堂、张忍，20 世纪 30 年代初起在武汉《在前》《江天》等刊发表杂文署用。②执一，20 世纪 30 年代在武汉报刊发表文章署用。见于杂文《小党员的意见》，载 1930 年《革命战线》第 8 期。③张执一，20 世纪 30 年代在武汉报刊发表杂文、评论署用。见于杂文《动员农民与保甲制度》，载 1938 年《国民公论》第 1 卷第 3 期。同年 5 月编辑出版《抗战中的政党和派别》（汉口读书生活出版社，1938 年）。1949 年后出版诗集《行踪吟草》（湖北人民出版社，1982 年）等亦署。④约克，见于评论《巩固团结与继续抗战》，载 1938 年重庆《中苏文化》第 1 卷第 4 期。嗣后在该刊发表评论《评关于游击战的几种错误认识》亦署。⑤子夷，署用情况未详。

张祉浩，生卒年不详，江苏松江（今上海市）人，字破浪，号春水、普朗。笔名:①破浪，1914 年起在

《妇女时报》《织云杂志》《国学丛选》等刊发表文章署用。1939年上海《新语》第7卷第12期发表随笔《文书归档谈》亦署。②张祉浩，在《南社丛刻》发表诗文署用。③张破浪，见于发表随笔《以身殉国之陈化成》《评话家柳敬亭考证录》，分别载1936年上海《越风》第14、21期。

张志（1926－?），贵州贵阳人。曾用名张传荫。笔名：①张传荫，见于翻译之小说《大如鸡蛋的谷子》（俄国列夫·托尔斯泰原作），载1944年贵州《中央日报·前路》。嗣后在该报发表翻译小说《凡加·石可夫》（俄国契诃夫原作）等亦署。②张志，1945－1948年在贵州《贵州日报·新垒》发表散文《暴风雨，你咆哮吧》《进城》《友情》等署用。1950年3月在贵州《新黔日报》副刊发表诗《欢迎您，毛主席》亦署。嗣后在《贵州文艺》《山花》《群众文艺》《贵州日报》等报刊发表小说《血海深仇》、报告文学《千里送鹅毛》、花灯剧剧本《爱管闲事的人》《探亲》、诗《三岔小唱》《青年之家》等，出版花灯剧剧本《七妹与蛇郎》（贵州人民出版社，1956年）等亦署。③高原人，见于散文《千里送鹅毛》，载1950年前后《贵州文艺》。④艾兰，见于散文《山城贵阳》，载1965年12月前后《成都晚报》。嗣后在《贵州日报》发表诗歌亦署。

张志民（1926－1998），河北宛平（今北京市）人，原名张稚民。曾用名金鱼（乳名）。笔名：①张志民，见于《大娘家》，载1947年1月5日《新察哈尔日报》。嗣后在《新华日报》《人民文学》《人民周报》《小说月刊》等报刊发表诗《将军和他的战马》、小说《一两米》《你好好想一想》《我们怎样战斗》、通讯《平凡而伟大的人们》《正义是一定要胜利的》等，出版诗集《死去活来——农民的血泪控诉》（与达畅合作）、《圈套》（与阮章竞合作）、《天晴了》《将军和他的战马》《金玉记》《红旗颂》《祖国，我对你说》《今情·往情》《边区的山》《死不着》《村风》《西行剪影》，小说集《张志明小说选》，散文集《故人入我梦》，文论集《诗说》《文学笔记》等亦署。②笔直，见于杂文《"不奇怪"二例》，载1955年1月8日《光明日报》。③宛石，见于中篇小说《空山不见人》（又名《仙山捉鬼》。群众出版社，1957年）。

张志谦，生卒年及籍贯不详。笔名林涧，抗战胜利后在河南《中国时报》副刊发表文章署用。

张治中（1890－1969），安徽巢县人。原名张本尧，字文白。笔名张治中，见于随笔《"一二八"国难周年纪念感言》，载1933年上海《中华周报》第61期；讲演《我们庆祝国庆日的感想》，载1935年南京《黄埔》第4卷第4期。此前后在《军事杂志》《黄埔》《新运月刊》《华侨战线》《战时童子军》《国防周报》《抗战月刊》《军事与政治》《青年人》《政训月刊》《慰劳半月刊》《时代精神》《阵中月刊》《青年时代》《青年通讯》《新运导报》《新中国》《乐都青年》《健康儿童》《科学与建设》《新疆论丛》《西北世纪》等刊发表《蒋先生之人格与修养》《五四运动及当前青年应有之努力》《青年与国防科学运动》《举国皆兵必能抗敌自卫》《敌人怎样能屈服我们》《对文化劳军运动之期望》《读〈中国之命运〉》《科学与建国》《军队教育与国民教育》《国民革命的现阶段》等文，出版诗集《黄埔颂》（军事委员会政治部，1944年），论著《蒋先生之人格与修养》（中央陆军军官学校，1934年），译作《斯大林评述》（鲁特威喜原作。华南图书馆，1938年），回忆录《我与共产党》（文史资料出版社，1958年）、《张治中回忆录》（文史资料出版社，1985年）等亦署。

张致祥（1909－2009），江苏常州人。原名管亚强。曾用名管同、管彤。笔名奋若。1937年后在北平《时代周刊》发表文章署用。

张稚庐（1903－1956），广东中山人。笔名：①稚子，见于《春之晚》，载1928年香港《伴侣》第8期。②张稚子，出版中篇小说《床头幽事》（上海光华书局，1929年）、小说集《献丑之夜》（上海光华书局，1930年）署用。③张稚庐，见于小说《骚动》，载1931年上海《小说月报》第22卷第1期。嗣后在上海《现代文学评论》《东方文艺》发表小说《夜雨》《长青》《飓》等亦署。

张中晓（1930－1966年底或1967年初），浙江绍兴人。原名张晓钟。笔名：①罗石，见于评论《略论我们的文学批评》，载1951年5月20日上海《文汇报·文学界》；评论《〈武训传〉·文艺·文艺批评》，载1951年6月4日《文汇报·文学界》。②甘河，见于评论《论杜勃罗留波夫的文学批评》。③孔桦，见于《巨大的激情》，载1952年上海《文艺月报》。④张中晓，出版遗稿《无梦楼随笔》（路莘整理。上海远东出版社，1996年）、《无梦楼全集》（路莘整理。武汉出版社，2006年）署用。⑤简柔、吴轶芳，署用情况未详。

张中行（1909－2006），天津人。原名张璇，字仲衡。曾用名张璿。笔名：①张中行，20世纪30年代后期发表文章始用。见于《关于度苦》，载1947年《世间解》第2期。嗣后发表论文、出版《文言津逮》（福建教育出版社，1984年）、《作文杂谈》（人民教育出版社，1984年）、《佛教与中国文学》（安徽教育出版社，1984年）、《负暄琐话》（黑龙江人民出版社，1986年）、《文言与白话》（黑龙江人民出版社，1988年）、《文言常识》（人民教育出版社，1988年）、《负暄续话》（黑龙江人民出版社，1990年）、《禅外说禅》（黑龙江人民出版社，1991年）、《顺生论》（中国社会科学出版社，1993年）、《负暄三话》（黑龙江人民出版社，1994年）、《横议集》（经济管理出版社，1995年）、《留梦集》（中国文联出版公司，1995年）、《月旦集》（经济管理出版社，1995年）、《流年碎影》（中国社会科学出版社，1997年）、《散简集存》（中国社会科学出版社，1999年）、《望道杂纂〈顺生论〉外编》（群言出版社，2000年）等亦署。②张行健，1946年前后在天津《新生晚报》发表《周末闲谈》系列随笔署用。③向若、李因、李又文、郭中平，署用情况未详。

张仲实（1903－1987），陕西陇县人。原名张安人。曾用名张任远、张实甫。笔名：①任远，见于随笔《中日问题的现阶段》，载 1933 年广州《先导》半月刊第 4 期（系刊目录之署名。正文署名为"远任"）。嗣后在《新中华》《新知半月刊》发表文章亦署。②远任，见于随笔《中日问题的现阶段》，载 1933 年 2 月 1 日广州《先导》半月刊第 4 期（系刊正文之署名。刊目录署名为"任远"）。③张任远，见于讽刺文《国联工作的预言》，载 1933 年上海《申报月刊》第 2 卷第 5 期。④张仲实，见于译文《给初学写作者的一封信》（苏联文学顾问会原作），载 1934 年上海《时事类编》第 2 卷第 22 期"革新特大号"；译文《论苏联的文学（在全苏联作家大会上的报告）》（苏联高尔基原作），载 1934 年上海《时事类编》第 2 卷第 25 期。嗣后在《时事类编》《中山文化教育馆季刊》《青年界》《太白》《文学》《通俗文化》《申报月刊》《现世界》《新中华》《新世纪》《妇女生活》《文化战线》《战时联合旬刊》《中华公论》《周报》《抗战半月刊》《国民》《半月文摘》《全民抗战》《全民周刊》《十日文摘》《战地知识》《中国文化》《中苏友好》《大众文艺》等报刊发表文章，出版译作《给初学写作者的一封信》（1936 年）、《俄国怎样打败了拿破仑》（苏联伊凡诺夫原作。上海生活书店，1938 年）、《费尔巴哈论》（德国恩格斯原作。上海生活书店，1938 年），专著《二十年的苏联》（与沈志远合作。生活书店，1937 年）、《约·维·斯大林的生平》（中国青年出版社，1953 年）等亦署。⑤实甫，见于随笔《读书随笔》，载 1940 年《中国文化》第 1 卷第 6 期。

张周（1921－1992），山东济宁人，生于北京。原名张华英。笔名张周，见于《血的仇恨》，载 1939 年重庆《抗战文艺》第 4 卷第 3、4 期合刊；速写《机械的运动》，载 1939 年南京《文艺月刊·战时特刊号外一》；小说《沈七的冤债》于 1946 年 12 月在上海《人间》第 1 卷第 4 期发表亦署。出版散文报告集《中华儿女》（上海杂志公司汉口总店，1938 年）等亦署。

张竹君（1876－1964），广东韶关人。笔名：①羽衣女士，见于小说《东欧女豪杰》，载 1902－1903 年上海《新小说》第 1－5 号。②张竹君，见于评论《论组织女子军队》，载 1911 年上海《东方杂志》第 8 卷第 10 期。1924 年在上海《小说世界》第 7 卷第 5、8 期发表信函《致编者》亦署。

张拙之（1917－1966），黑龙江人。曾用名张璟珊。笔名：①张景珊，见于诗《深秋怀友》，载 1933 年 1 月 9 日哈尔滨《滨江时报》；诗《小诗》，载 1933 年 5 月 4 日哈尔滨《大北新报》。嗣后在上述报纸及哈尔滨《哈尔滨公报》等报发表诗《梦里的歌声》《街头之什》《泥泞的道上》《偶写》等亦署。②张璟珊，见于诗《流浪者的心曲——献给母亲》，载 1935 年 2 月 16 日哈尔滨《国际协报·国际公园》。同时期在该报发表诗《太阳》等亦署。

张资平（1893－1959），广东梅县（今梅州市）人。原名张星仪。曾用名张伟民、张星海、张秉声、张声。笔名：①张资平，1910 年起在上海《学艺》发表地理学方面文章始用。嗣后在《创造季刊》《创造周报》《洪水》《申报·自由谈》《东方杂志》《晨报副镌》《学艺》《创造日》《创造月刊》《艺林旬刊》《现代评论》《畸形》《大众文艺》《当代文艺》《乐群月》《现代文学评论》《新时代》《涛声》《絮茜》《矛盾》《现代》《国际文化》《读者月刊》《新宇宙》《海上旬刊》《学友》《现代学生》《星期评论》《中国文学》《新创造》《中华月报》《现代出版界》《中庸》《朔望》《金城》《青年与战争》《国民文学》《绸缪月刊》《出版周刊》《世界文学》《经理月刊》《西北风》《图书展望》《艺文线》《前夜》《新科学》《中日文化》《公议》《译丛月刊》《大亚洲主义与东亚联盟》《大道月刊》《文艺世纪》《中华月报》《众论》《读书杂志》《文帖》等刊发表小说《她怅望着祖国的天野》《一群鹅》，译作《和解》（小说。日本志贺直哉原作）、《最后列车》（小说。日本加藤武雄原作）等，出版小说集《冲积期化石》（上海泰东图书局，1922 年）、《飞絮》（上海创造社出版部，1926 年）、《苔莉》（上海创造社出版部，1927 年）、《最后的幸福》（上海现代书局，1927 年）、《青春》（上海现代书局，1929 年）、《上帝的儿女们》（上海光明书局，1931 年）、《群星乱飞》（上海光华书局，1931 年）、《雪的除夕》（上海中华学艺社，1925 年）、《不平衡的偶力》（上海商务印书馆，1926 年）、《爱之焦点》（上海泰东图书局，1927 年）、《植树节》（上海新宇宙书店，1928 年）、《蔻拉梭》（上海创造社出版部，1928 年）等亦署。②资平，见于随笔《丈夫展览会》，载 1922 年 4 月 10 日上海《时事新报·学灯》；散文《银踯躅》，载 1923 年上海《孤军》第 1 卷第 8、9 期合刊。嗣后在《晨报副镌》《时事新报·文学旬刊》《创作周报》《流沙》《乐群》《絮茜》《现代评论》《洪水》《译丛月刊》等刊发表论文《浪漫主义》《古典主义》、小说《白滨的灯塔》《寒风之夜》《小教员之悲哀》、翻译小说《马车》（日本藤森成吉原作）等亦署。③张声，1934 年在《国民文学》发表文章署用。见于随笔《日本第一流学者何以不来华讲学》，载 1941 年南京《中日文化》第 1 卷第 5 期。嗣后在该刊及上海《新科学》杂志发表译文《忆东洋之巨星——新城博士》等亦署。④秉声，见于《隔叶黄鹂》，载 1948 年上海《立报》。⑤维祖、黄群、敏君、张古梅，见于小说手稿。

张子斋（1913－1989），云南剑川人，白族。原名张应蛟。曾用名史刚、李玉山。笔名：①张轩，见于杂文《略谈"幽默"》，载 1935 年 5 月 7 日《云南日报》。②映霞，见于杂文《读书有感》，载 1935 年 5 月 26 日《云南日报》。③胡是，见于杂文《关于"幽默"的谈话》，载 1935 年 6 月 7 日《云南日报》。④苏绍文，见于《反对盲目的影评》，载 1935 年 6 月 14 日《云南日报》。⑤寿山，见于杂文《批评的解放》，载 1935 年 6

月15日《云南日报》。⑥西流，见于杂文《漫谈战术》，载1935年6月18日《云南日报》。⑦雁文，见于杂文《〈准风月谈〉读后感》，载1935年6月20、21日《云南日报》。⑧一夫，见于杂文《关于妇女问题》，载1935年6月23日《云南日报》。⑨蔚如，见于杂文《因“香雪海”想起》，载1935年6月26日《云南日报》。⑩心斋，见于杂文《天灾和迷信》，载1935年6月27日《云南日报》。⑪心齐，1935年在《云南日报》发表文章署用。⑫子斋，见于杂文《从禁烟说到正常娱乐》，载1935年7月6日《云南日报》。⑬林难言，见于杂文《难言》，载1935年7月8日《云南日报》。⑭归厚，见于杂文《自由无人买》，载1935年7月30日《云南日报》。⑮金木生，见于《“冒牌货”》，载1935年8月6日《云南日报》。⑯文丑，见于杂文《苏桂珍之死》，载1935年8月22日《云南日报》。⑰一是，见于杂文《虚惊》，载1935年8月29—31日《云南日报》。⑱绍文，见于杂文《模仿与独创》，载1935年9月3日《云南日报》。⑲胡是非，见于杂文《儿童节》，载1935年9月9日昆明《新滇报》。⑳牛红豆，见于杂文《现代诗风》，载1935年9月27日《云南日报》。㉑瘠生，见于《一瓶和半瓶》，载1935年9月29日《云南日报》。㉒陌生，见于杂文《题名的故事》，载1935年11月2日《云南日报》。㉓里可是，见于杂文《这问题应如何解决？》，载1935年11月5日《云南日报》。㉔秦越，见于杂文《朋友和文章》，载1935年12月8日《云南日报》。㉕张子斋，见于杂文《旧账跟新账》，载1936年1月5日《云南日报》；散文《鲁迅先生永远和我们活在一起》，载1937年10月19日《云南日报》。1986年由云南民族出版社出版论著《论一二·一运动》亦署。㉖祖远，见于随笔《门外文谈》，载1936年2月27日《云南日报》。㉗应蛟，见于杂文《无题》，载1936年2月28日《云南日报》。㉘马茵才，见于杂文《福曜哥》，载1936年2月28、29日《云南日报》。㉙丁狱生，见于杂文《“知识就是罪恶”》，载1936年4月3日《云南日报》。㉚白简，见于杂文《沉默》，载1936年4月24日《云南日报》。㉛支何生，见于杂文《并非平常的消息》，载1936年6月5日《云南日报》。㉜张耳，见于杂文《论曾今可之流的作者》，载1936年6月20日《云南日报》。㉝一波，见于杂文《迷信的把戏》，载1936年7月9日《云南日报》。㉞尉迟不恭，见于杂文《论口号和内容》，载1936年8月7日《云南日报》。㉟孤帆，见于《杂碎》，载1936年8月18日《云南日报》；报告《挑水伕和放牛娃》，载1945年5月27日重庆《新华日报》。㊱止哉，见于杂文《压迫者的艺术》，载1936年9月13日《云南日报》。㊲山哉，1936年前后在《云南日报》发表文章曾署。㊳尸雕，见于杂文《论“人之所以异于禽兽者”》，载1936年9月20日《云南日报》。㊴大楞，见于杂文《向杀人者抗战》，载1936年9月16日《云南日报》。㊵视远，见于杂文《也从西班牙的内战谈起》，载1936年10月2日《云南日报》。㊶未明，见于杂文《悼定国》，载1936年10月16、17日《云南日报》。㊷何时旦，见于杂文《从一个启事想起》，载1936年12月2日《云南日报》。㊸白文，见于杂文《从遗产里所看到的》，载1936年12月4、5日《云南日报》。㊹边氓，见于杂文《继承孙中山先生的遗教和精神》，载1937年3月11日《云南日报》。㊺胡行之，见于杂文《宋哲元将军好自为之》，载1937年7月16日《云南日报》。㊻桔梗，见于杂文《我们的生路在那里》，载1937年7月23日《云南日报》。㊼浪萍，见于杂文《无孔不入》，载1937年7月27日《云南民国日报》。㊽林林，见于杂文《从财力人力对日本侵华的估计》，载1937年9月15日《云南日报》。㊾金华，见于弹词《世代仇》，载1937年9月17日至10月7日《云南日报》；杂文《“南风”今后的任务》，载1939年5月5日《云南日报》。㊿怒江，见于杂文《镇静和麻木》，载1939年1月22日《云南日报》。(51)简云，见于杂文《希特勒和卍字旗》，载1943年2月1日《云南日报》。(52)林士诒，见于杂文《外国也有的》，载1944年5月28日《云南日报》。(53)张樾，见于杂文《“你的笔尖是枪尖”》，载1944年6月26日《云南日报》。(54)江离，见于杂文《开宗明义》，载1944年7月7日《云南晚报》。(55)士诒，见于七绝《反戈集诗抄（送潘郎赴华北／悼天虚）》，载1944年7月13日《云南晚报》。(56)高黎，见于杂文《大观园》，载1945年6月《沪江小报》；杂文《家丑不可外扬》，载1946年2月《中国周报》。(57)姜立，见于杂文《惩办汉奸》，载1945年《真报》第47期。(58)章士谷，见于杂文《中国的转机》，载1946年1月12日《中国周报》。(59)李岩，见于杂文《中国人民需要韧性》，载1946年1月27日《中国周报》。(60)庆来，见于七绝《送征子》，载1946年5月20日《云南日报》。(61)蒋烈，见于《祭闻一多先生》，载1946年8月2日《民主周刊》。(62)李权，见杂文《破产的魔术》，载1946年缅甸《人民旬刊》第2卷第1期。(63)一兵，见于杂文《为谁写作》，收入《张子斋文集》第1卷。(64)白丁，见于杂文《文章的雅俗问题》，收入《张子斋文集》第1卷。(65)史刚，见于《国情的特殊》，收入《张子斋文集》第2卷。(66)如是、章子谷、愚江、姜烈、白水、叶甫廷、可可、史明，署用情况未详。

张梓生（1892—1967），浙江绍兴人，字子乔、君朔。曾用名张森。笔名：①张梓生，见于译文《英国劳动党首领韩徒生评传》，载1919年上海《东方杂志》第16卷第10期；译文《水浒传诸本》（日本神山闰次原作），载1930年上海《小说月报》第21卷第5期。嗣后在《东方杂志》《申报·自由谈》《中学生》《申报月刊》《文化建设》《新社会半月刊》等报刊发表评述《黎元洪复职记》《日本大地震记》《国民革命军北伐战争之经过》、评论《中俄复交之经过》《半年来之中国》《日本出兵山东》、散文《悼杜亚泉先生》《悼蔡孑民先生》《悼杜亚泉先生》等，出版《壬戌政变记》（上海商务印书馆，1924年）、《国难的二年：九一八纪念》（上海生活书店，1933年）、《国民革命军北伐战争史》（上海商务印书馆，1933年）等亦署。②梓生，见于评论《日本改变对华态度的观察》，载1922年《东方杂志》第19卷第6期。嗣后在该刊发表评论《俄国新诗人白洛克》《西南局势的大变动》《四川战衅重开》《北京的学潮》《东南大学的火灾》，1934年5月10日在上海《申报·自由谈》发表随笔《中国人智力的利用》，在《申报月刊》《杂志半月刊》发表文章亦署。

张紫薇（1900－1986），四川郫县人。原名张朝佐。曾用名张维。笔名：①张紫薇，20世纪20年代改名，嗣后发表文章或署。②紫薇，1927年前后在荷属东印度苏门答腊《民报》、棉兰《新中华报》、马来亚槟城《光华日报》、新加坡《南洋商报·洪荒》、吉隆坡《益群报》、巴城《新报》等报副刊，及《春风》《平凡》等刊发表小说、诗歌等署用。③了娜，见于小说《米司朱和她的狗》，载1932年上海《新时代月刊》第2卷第6期；散文《郁达夫流浪外记》，载1947年上海《文潮月刊》第3卷第4期。20世纪30－40年代在荷属东印度苏门答腊《民报》、棉兰《新中华报》、巴城《新报》、马来亚槟城《光华日报》及新加坡报纸副刊发表小说，1931年上海南岛书店出版小说集《飘流异国的女性》亦署。

张宗祥（1882－1965），浙江海宁人。原名张思曾，字阆声，号冷僧、铁如意馆主。笔名：①张宗祥，见于《来函照登（日本无昆仑山脉之商榷）》，载1914年北京《地学杂志》第3卷第10期。嗣后在《月报》《文澜学报》《时代精神》《国风半月刊》《书学》《新闻月报》等刊发表旧体诗《诗十九首》《论诗绝句》、随笔《临池随笔》《与沈子善论书》《五千卷楼随笔》《浙江图书馆善本书书目序》等，出版论著《书学源流论》（上海聚珍仿宋印书局，1921年）、《清代文学》（上海商务印书馆，1930年），编校《洛阳伽蓝记》（北魏杨衒之原作。上海商务印书馆，1930年）、《国榷》（明代谈迁原作。上海古籍出版社，1958年）、《吹剑录全编》（古典文学出版社，1958年）等亦署。②张冷僧，见于诗《哭豫才》，载1937年3月10日上海《工作与学习丛刊》之一《二三事》。

章楚（1910－2006），美籍华人，原籍江苏江阴。英文名 Chu Djang。笔名：①Chu Djang，1935年在美国约翰·霍普金斯大学撰写博士论文《中国宗主权：中国和她的诸侯国之间的外交关系研究》署用。嗣后在美国翻译出版中文著作《宋人轶事》（丁传靖著）、《福惠全书》（黄六鸿著）、《干校六记》（杨绛著）、《天京之变》（李晴著）的英译本亦署。②宗林之，署用情况未详。

章道衡（1899－？），安徽桐城人。原名章绍烈，字道衡。笔名：①张绍烈，出版《英国当代四小说家》（美国威尔伯 L. 克罗斯原作。与李未农、蒋石洲合译。

国立编译馆／商务印书馆，1934年）。②章道衡，出版论著《老子思想之体系》《韩非思想之研究》、译作《杜威论练思之紧要》等署用。

章铎声，生卒年及籍贯不详。笔名：①铎声，出版《孤儿历险记》（美国马克·吐温原作。上海山城书店，1940年）署用。②章铎声，见于随笔《向社会大学学习》，载1946年上海《青年界》新1卷第1期。嗣后出版翻译童话《白雪公主》（美国沃尔特·迪士尼原作。上海儿童出版社，1933年），翻译小说《泰山出险》（勃罗夫斯基原作。上海百新书店，1946年）、《孤儿历险记》（美国马克·吐温原作。上海光明书店，1947年）等亦署。

章圭璲（chuán）（1869－1937），江苏嘉定（今上海市）人，字篆生，号余叟。笔名章圭璲，出版论著《商标法要义》（上海商务印书馆，1923年）、旧体诗集《勤生堂诗存》（1939年印行）署用。

章汉夫（1905－1972），江苏武进（今常州市）人。原名谢启泰。曾用名阿四、史通、汉章、章瀚。笔名：①张汉夫，见于《赴京途中（上）》，载1937年10月25日上海《救亡日报》。翌日在该报发表《赴京途中（中）》亦署。②章汉夫，见于《赴京途中（下）》，载1937年10月29日上海《救亡日报》。③汉夫，见于评论《"三民主义就是救国主义"》，载1937年武汉《群众》周刊创刊号；《鲁迅先生的伟大思想》，载1938年10月21日重庆《新华日报》。嗣后在《群众》《读书生活》《知识半月刊》《青年界》《自修大学》《文摘》等刊发表《肃清敌人奸细托洛斯基匪徒》《征抽壮丁和生产问题》《怎样把学生救亡运动更向前推进一步》《读书与救国》《北平学生运动》《中国民族革命的首创者孙中山》《克服青年的苦闷》等文亦署。④司马牛，1945年9月后在重庆《新华日报》发表杂感时与袁水拍、潘梓年、胡绳、张友渔、徐光霄等人共同署用。⑤芸，见于评论《严重的抗议》，载1946年《群众》第11卷第5期。嗣后在该刊发表《杀人演习》《保障言论自由》等文亦署。⑥汉，见于评论《保护内河航行权》，载1946年上海《群众》周刊第11卷第7期。此前后在该刊发表《上海工潮问题》《欢迎司徒雷登大使》等文亦署。⑦夫，见于随笔《悼希尔曼先生》，载1946年上海《群众》周刊第11卷第11期。同时期在该刊发表《这样的"反战派"》《汉奸有功爱国有罪》等文亦署。⑧卓芸，见于评论《数目字后面的原则》，载1946年《群众》第12卷第2期。嗣后在该刊发表《史大林谈话——和平的灯塔》《巴黎和莫斯科》等文亦署。⑨卓，见于评论《领空权又被出卖了》，载1946年《群众》第12卷第8期。嗣后在该刊发表《行路难》等文亦署。⑩章瀚，署用情况未详。

章华（？－1930），湖南长沙人，字曼仙、缦仙，号啸苏。笔名章华，出版有诗集《倚香阁诗》、词集《淡月平芳馆词》。

章际翔，生卒年不详，福建闽清人。笔名：①金卢，见于小说《阿雪》，载1948年4月24日福州《星闽日报·星瀚》。嗣后在该刊发表诗《悲哀的歌》、散文《春荒》等亦署。②章际翔，见于诗《流离三部曲》，载1948年5月14日《星闽日报·星瀚》。

章君谷（1927— ），江苏吴县（今苏州市）人。原籍湖南长沙，生于北京。原名张国钧。曾用名张以德。笔名：①张谷、聂克、令狐渊，抗战胜利后在报刊发表作品署用。"张谷"一名，1949年后在台湾出版小说集《白兰花》《铁丐》《大刀王五》《剑娥》《沙三》《黑云》《铁骑》等亦署。②章君谷，1949年后在台湾出版人物传记《杜月笙传》《袁世凯传》《吴佩孚传》《段祺瑞传》《黎元洪传》《俞鸿钧传》《众家老板黄金荣》《陆皓东》《史坚如》《彭家珍》《陈其美》《黄兴》《徐志摩传》，小说《忠义之花》《陈圆圆》《陈三五娘》《大明英豪传》《台北屋檐下》《五大名剑》《五通神》《砂锅人头》《吉星高照》《郎家沙》，以及《慈禧与珍妃》《咸同十杰》《西山十怪》《戊戌六君子》《鸦片战争人物》《抗战实话》《陈华女士回忆录》《翁俊明传》（与翁倩玉合作）等亦署。

章克标（1900—2007），浙江海宁人，字恺熙。曾用名章建之。笔名：①章克标，见于评论《〈创造〉二卷一号创作评》，载1923年6月17日上海《时事新报·学灯》。嗣后在《教育杂志》《东方杂志》《小说月报》《一般》《金屋月刊》《新女性》《新文艺》《当代文艺》《中学生》《中学生活》《青年界》《矛盾》《现代》《十日谈》《论语》《风雨谈》《华安》《人言周刊》《杂志》《永安月刊》《人间》《太平洋周报》等报刊发表小说、随笔、译作等，出版散文集《风凉话》（上海开明书店，1929年），长篇小说《银蛇（第一部）》（上海金屋书店，1929年），中篇小说《一个人的结婚》（上海芳草书店，1929年），短篇小说集《恋爱四象》（上海金屋书店，1929年）、《屠楼》（上海金屋书店，1930年），翻译戏剧《爱欲》（日本武者小路实笃原作。上海金屋书店，1928年）、《日本戏曲集》（日本山本有三等原作。上海中华书局，1934年），翻译小说《水上》（法国莫泊桑原作。上海开明书店，1928年）、《谷崎润一郎集》（上海开明书店，1929年）、《菊池宽集》（日本菊池宽原作。上海开明书店，1929年）、《杀艳》（日本谷崎润一郎原作。上海水沫书店，1930年）、《夏目漱石集》（日本夏目漱石原作。上海开明书店，1932年）、《现代日本小说选集（第二集）》（日本上田元等原作。上海太平书局，1944年）等亦署。②克标，见于散文《悼白采》，载1926年上海《一般》第1卷第2期；译作《二庵堂》（日本谷崎润一郎原作），载1929年上海《金屋月刊》第1卷第2期。1933年在上海《十日谈》第3期发表散文《开学记》亦署。③K.S.，见于《金屋邮箱》，载1929年《金屋月刊》第1卷第7期。在上海《大江》《一般》等刊发表文章亦署。④岂凡，见于随笔《马振华的自杀及世评》，载1928年上海《新女性》第3卷第4期；随笔《剪头发》《洗澡》，载1929年上海《小说月报》第20卷第10期。嗣后在《文学周报》《一般》《开明》《新文艺》《金屋月刊》《论语》《太白》《申报·自由谈》《十日谈》《中学生》《人言周刊》《文化月刊》《哲学》等报刊发表文章亦署。⑤杨天南，见于评论《论中国电影的前途》，载1933年上海《十日谈》旬刊第6期。嗣后在该刊及《人言周刊》等刊发表《电影界的当前问题》《精神病患者》等文亦署。⑥井上，见于译文《谈监狱》（鲁迅日文原作）按语，载1933年上海《人言周报》。⑦许竹园，见于评论《和平文艺建设论》，载1940年南京《中央导报》第1卷第17期；翻译小说《在山峡里》（日本火野苇平原作），载1941年《译丛月刊》第2卷第4期。嗣后在《谷音》《大亚洲主义与东亚联盟》《国际周报》等刊发表著译小说、评论，出版译作《癫院受胎及其他五篇——北条民雄小说集》（日本北条民雄原作。上海太平书局，1942年）亦署。⑧章建之，见于随笔《说读书》，载1942年上海《新学生》第4卷第1期。嗣后在上海《译丛月刊》《太平洋周报》等报刊发表著译文亦署。⑨李之谟，见于随笔《读史漫笔》，载1947年上海《论语》第12期。嗣后在该刊发表随笔《乡村胜利风景》《北投草山记》《浙赣乘车记》等亦署。⑩杨恺，见于小说《夷山野志》，连载于1947—1949年《论语》第136—177期。⑪邓小闲、K、KC、KP，1949年前署用。⑫辛古木，1980年以后在广州《随笔》等报刊发表文章署用。见于随笔《滕固与"狮吼社"》，载1988年10月11日上海《解放日报·朝花》。

章妙英（1925—1998），浙江宁波人。笔名方谷绣，见于诗《仙露》，载1946年上海《野火》诗刊第1期。嗣后出版译作《一个孩子的诗园》（英国斯蒂文森原作，与屠岸合译。人民文学出版社，1982年）亦署。

章泯（1907—1975），四川峨眉人。原名谢兴。曾用名谢韵心、谢乐天。笔名：①章泯，见于话剧《汉奸的子孙》（与尤兢等合作），载1936年上海《光明》半月刊第1卷第3期。嗣后在《文学界》《电影戏剧》《戏剧时代》《读书生活》《新演剧》《抗战戏剧》《抗战文艺》《战时青年》《中苏文化》《文艺阵地》《戏剧新闻》《戏剧岗位》《戏剧春秋》《时代文学》《文艺生活》《天下文章》《人世间》《图书月刊》《世界文化报导》等刊发表著译评论、剧本等，出版《电影表演基础》（与万籁天合译编译。南京正中书局，1935年），独幕剧、独幕剧集《东北之家》（山西牺牲救国同盟会，1937年）、《血》（汉口新演剧社、桂林国防艺术社，1938年）、《磨刀乐》（桂林国防艺术社，1938年）、《弃儿》（上海新演剧社，1937年）、《生路》（汉口新演剧社，1938年）、《家破人亡》（汉口新演剧社，1938年）、《期望》（桂林文学出版社，1941年），多幕剧《战斗》（重庆生活书店，1939年）、《黑暗的笑声》（上海杂志公司，1939年）、《夜》（重庆大东书局，1941年），戏剧集《我们的故乡》（章泯执笔，上海金城书局，1937年2月；山西牺牲救国同盟会、上海一般书店，1937 年）等亦署。②陆挲，见于评论《演剧批评的建立》，载 1937 年上海《新演剧》第 1 卷第 3 期；话剧《村中之夜》，载 1947 年《文艺生活》光复版第 16 期。③杜山，见于论文《论战时工农演剧》，载 1938 年《新演剧》新 1 卷第 2 期。嗣后在《戏剧春秋》《人世间》发表文章亦署。④何光、何莲、何连、贺光、顾昆、顾治、颜治、颜申村，20 世纪 30 年代在上海发表影评署用。

章明（1925－2016），江西南昌人。原名章益民。笔名：①牧野、瘆牛，1946 年后在南昌《中国新报》发表《哭熊猫文》《都市三章》等署用。②章益民，见于报告文学《武汉三镇巡礼》，载 1946 年南昌《中国新报》；评论《论所谓"两种社会，两种文化"》，载 1947 年武汉《大刚报》。③章明，见于小说《喜事重重》，载 1950 年长沙《新湖南报》。嗣后发表作品一直沿用。

章乃器（1897－1977），浙江青田人。原名章埏，字子伟、金烽，号嘉生。笔名章乃器，见于评论《〈贡献〉与〈新评论〉》，载 1928 年上海《贡献》第 2 卷第 1 期。此前后在《生活》《新中华》《银行周报》《银行月报》《中华周报》《时事月报》《申报月刊》《经济学季刊》《新社会》《读书生活》《女声》《社会经济月报》《新生周刊》《文化月刊》《外交评论》《长城》《中山文化教育馆季刊》《绸缪月刊》《东方杂志》《老实话》《大众生活》《青年文化》《通俗文化》《文化批判》《生活知识》《现世界》《时代论坛》《中学生》《抗战半月刊》《天籁》《教育研究》《抗战大学》《全民周刊》《十日文摘》《时事类编》《国民公论》《改进半月刊》《半月文萃》《财政评论》《贸易月刊》《广西通志馆刊》《天下文萃》《四川经济》《新商业》《宇宙风》《新华月报》等刊发表文章，出版杂文集《激流集》（上海生活书店，1936 年）、《出狱前后》（上海杂志公司，1937 年），论著《中国经济恐慌与经济改造》（上海中华书局，1935 年）、《民众基本论》（上海杂志公司，1937 年）等亦署。

章品镇（1921－2013），江苏南通人。原名张师颂。曾用名张怀知、张怀致。笔名：①休子乌，见于诗画配《父亲》（余半辰木刻），载 1943 年 7 月 5 日南通《北极》创刊号；诗《我在对你唱歌》，载 1943 年 8 月南通《江北日报·诗歌线》第 1 期。嗣后在上述两报刊发表诗、文《女路倒》《蝶》《秋·蟋蟀》等亦署。②周载野，见于诗《尺八》，载 1943 年 9 月某日《江北日报·诗歌线》。嗣后在该刊发表诗《灯》等亦署。③柴池，见于诗《桥的独白》，载 1944 年 7 月 28 日《江北日报·诗歌线》。嗣后在该刊发表诗《书记先生》《河房》等亦署。④顾乐水，见于诗《乘凉》，载 1944 年 8 月 21 日《江北日报·诗歌线》；随笔《〈传奇〉的印象》，载 1944 年南通《北极》第 5 卷第 1 期。⑤于轲，见于诗《霹雳》，载 1944 年 9 月 15 日《江北日报·诗歌线》。嗣后在该刊发表诗《小酒店》《暮鸦》等亦署。⑥方即墨，见于诗《下午三点钟》，载 1945 年《江北日报·诗歌线》新 27 期。嗣后在该刊发表诗《黄梅》

《早晨的城》等亦署。⑦十音，见于短评《国军进攻下的苏中解放区人民》，载 1946 年如皋《文综》创刊号。⑧章品镇，见于诗《妇女晚会》，载 1946 年如皋《文综》第 2 期。嗣后在该刊发表诗《朱三老爹告杨国宾——在公审大会上》等，出版散文集《花木丛中人常在》（生活·读书·新知三联书店，1997 年）、《自己的嫁衣》（岳麓书社，2005 年）、《书缘未了》（南京师范大学出版社，2008 年）等亦署。⑨镇，见于短评《校场口惨案》，载 1946 年《文综》第 2 期。⑩林一娄，见于诗《记一个人的受难——悼念顾迅逸兄并同难诸友》，载 1946 年 4 月《江海导报·民主世纪》；报告《程鹏和》，载 1946 年如皋《文综》第 4 期。⑪聘正，见于杂文《"夺自家奴，孝敬外人"》，载 1946 年《文综》第 5 期。⑫闻界、郭伏其，署用情况未详。

章其（1920－　），广东云浮人，原名梁惠炎。笔名：①章其，见于特写《生之希望》、随笔《漫谈抗日救亡之歌咏运动》，分别载 1939 年香港《工商日报》和香港《文汇报》副刊；译作《苏鲁黑亚》（苏联巴甫林科原作），载 1945 年重庆《文学新报》第 1 卷第 5 期。1944 年在重庆《国民日报》副刊发表翻译苏联短篇小说，出版翻译小说《老一套》（苏联高尔基原作。上海杂志公司，1953 年）、《悲惨的故事》（苏联高尔基原作。上海杂志公司，1953 年）、《忠诚》（苏联尼亚原作。上海文艺联合出版社，1954 年）、《阿尔谢尼耶夫的一生》（俄国蒲宁原作。长江文艺出版社，1984 年），翻译戏剧《和平岛》（苏联彼得诺夫原作。新华书店中南总分店，1950 年），翻译书信集《托尔斯泰文学书简》（湖南人民出版社）等亦署。②若竹、郭文、籍红，1946－1947 年在武汉发表译作署用。③梁惠炎，出版翻译小说《普尔科夫子午线》（人民文学出版社，1957 年）署用。④卉妍，出版翻译诗集《朱尔菲雅诗选》（作家出版社，1960 年）署用。

章梫（qīn）（1861－1949），浙江三门人。原名章正耀，字立光，号一山。笔名章梫，出版有《康熙政要》《旅纶金鉴》《一山文存》《一山息吟诗集》《王（玫伯）章（一山）诗存合刻》《一山骈文》，校订辑刊有《逊志斋集》等，并著有《庆民礼遗说考》《光绪新政》《方正学祠志遗诗存》《明遗民传》等著作（手稿已散佚）。

章士钊（1881－1973），湖南长沙人，字行严、行岩，号士钊、啸秋、孤桐、孤桐子、孤常、青桐子、柯老人。曾用名章丘生、章邱生。笔名：①黄中黄，出版编译《大革命家孙逸仙》（日本白浪庵滔天原作。本名《三十三年落花梦》，1903 年印行）、《苏报案纪事》（又名《癸卯大狱记》，1906 年）署用。②支那汉族黄中黄，出版传记《沈荩》（1906 年）署用。③青桐、黄帝子孙之嫡派黄中黄，1903 年在上海《国民日日报》发表文章署用。④韩天民，见于《论中国当道者皆革命党》，载 1903 年 6 月 7、8 日上海《苏报》。⑤爱读革命军者，见于《读〈革命军〉》，载 1903 年 6 月 9 日上海《苏报》。又见于《苏报案纪事》。⑥民质，见于《论翻译的名义》，载 1910 年《国风报》第 1 卷第 29 期。⑦孤桐，1912 年起在《东方杂志》《小说海》等刊发表文章署用。1925 年 7 月在北京主编《甲寅周刊》，发表评论《评新文学运动》（载 1925 年《甲寅周刊》第 1 卷第 14 期）；1926 年在天津《国闻周报》发表文章亦署。⑧秋桐，1914 年在东京主编《甲寅》杂志署用。见于论文《共和平议》《联邦论答潘君力山》，载 1915 年《甲寅》第 1 卷第 7 期。嗣后在《甲寅》《独立周报》《中国白话报》《戊午周报》《东方杂志》等刊发表诗文亦署。⑨无卯，见于短评《法制与政治》，载 1914 年日本东京《甲寅》第 1 卷第 1 期。嗣后在该刊发表短评《石油问题》《爵气》等亦署。⑩烂柯山人，见于言情小说《双桴记》，载 1915 年东京《甲寅》第 1 卷第 5 期。⑪章士钊，见于论文《经济学之总原则》，载 1917 年《新青年》第 3 卷第 2 期。嗣后在《解放与改造》《甲寅》《国闻周报》《留英学报》《学生月刊》《草书月刊》《国防周报》《时代精神》《孔学》《中国学报》《读书通讯》《中国文艺》《京沪周刊》《天文台》《社会公论》《法律知识》《国史馆馆刊》《中华实业》《旅行杂志》等刊发表诗文，出版论著《逻辑指要》（时代精神社，1943 年）、《柳文指要》（中华书局，1971 年），翻译传记《茀罗乙德叙传》（奥地利弗洛伊德原作。上海商务印书馆，1930 年），翻译论著《情为语变之原论》（师辟伯原作。上海商务印书馆，1930 年）等亦署。⑫行严，见于评论《欧洲最近思潮与吾人之觉悟》，载 1917 年上海《东方杂志》第 14 卷第 12 期；评论《评新文化运动》，载 1923 年 8 月 21、22 日上海《新闻报》。⑬烂柯，见于随笔《烂柯山房琐记》，载 1917 年上海《小说新报》第 3 卷第 1－7 期。⑭烂柯山樵，见于随笔《白雪红梅馆随笔》，载 1918 年《小说新报》第 4 卷第 2 期。⑮章行严，见于论文《名墨訾应论》，载 1923 年上海《东方杂志》第 20 卷第 21 期；论文《农村立国论》，载 1924 年 6 月 3 日《时事新报·学灯》。嗣后在《国际周报》《制言》《世界学生》《民宪》等刊发表诗文，出版论著《名学稽古》（上海商务印书馆，1924 年）亦署。⑯铄镂十一郎，出版小说《李苹香》署用。

章太炎（1869－1936），浙江余杭（今杭州市）人。原名章学乘，字枚叔、梅叔。后更名章绛，又更名章炳麟、号太炎；别号知拙夫、穷荒孤客、陆沉居士、章燐西狩、余杭先生、菿汉大师、菿汉阁主、深山大泽之夫、中华民国遗民。曾用名章燐、章缁、章炎武、章绛学。笔名：①章炳麟，见于论文《论亚洲宜自为唇齿》，载 1897 年《时务报》第 18 册；《自题造像赠曼殊师》，载 1905 年《甲寅》第 1 卷第 10 期；《焕彬同学属题丽楼园》，载 1914 年《甲寅》第 1 卷第 5 期。此前后在《五洲时事汇报》《华国》《国学丛刊》《京报副刊》《吴淞月刊》《图书馆学季刊》《江苏革命博物馆月刊》《国学丛编》《万岁》《医界春秋》《青鹤》《铁路月刊津浦线》《瓯风杂志》《文澜学报》《光华大学半月刊》《学术世界》《文化建设》《学风》《砥柱旬刊》《图书季刊》《孔学》《文教》《浙江省通志馆馆刊》等刊发表诗文，出版《章氏丛书（24 卷）》（上海右文社，1915 年）亦署。②章氏学，见于《文字说例》，载 1902 年《新民丛报》第 5 期。③支那夫，见于《名学会撮影书后》，载 1902 年《联勤学术研究季刊》第 12 期。在《选报》发表文章亦署。④绛叔，1903 年在《国民日是报》发表文章署用。⑤太炎，见于诗《狱中闻湘人某被捕有感》，载 1903 年《浙江潮》第 3 期；随笔《记印度西婆耆王纪念会事》，载 1906 年《民报》第 13 期。此前后在《太平杂志》《制言》等刊发表诗文亦署。⑥章绛，见于论文《论语言文字之学》，载 1907 年《国粹学报》第 2 卷第 13 期。嗣后在该刊发表《春秋左传读叙录》《庄子解沽》等文亦署。⑦亡（wú）是公，1914 年在《共和杂志》发表文章署用。⑧章太炎，见于《说稽》，载 1914 年上海《雅言杂志》第 1 卷第 8 期；传记《苏玄英传》，载 1926 年上海《小说世界》第 13 卷第 19 期。此前后在《大中华》《新国民》《佛音》《中医杂志》《中大季刊》《国学丛编》《中法大学月刊》《师大月刊》《光华大学半月刊》《申报·自由谈》《国光杂志》《正论》《越风》《时代动向》《古今》《史地丛刊》等报刊发表诗文亦署。⑨支拉夫，在《选报》署用。⑩支猎胡，见于《致吴君遂书》。⑪毛一，在巴黎《新世纪》发表文章署用。⑫末底，在《夏声》《江西》等刊发表文章署用。⑬汉种之中一汉种，见于《驳〈革命驳议〉》（与邹容、柳亚子、蔡寅合作），载《苏报》。⑭台湾旅客，见于《台北旅馆书怀呈南海先生》《泰风一首寄赠卓如》，载《清议报》第 18 卷。⑮西狩，见于《〈沈荩〉序》，载 1906 年版支那义族黄中黄著之传记《沈荩》。在《复报》《清议报》发表诗文亦署。⑯西狩祝予，在《昌言报》发表文章署用。⑰刘子政私淑弟子，见于《驳箴膏肓评》一文。⑱刘子骏之绍述者，见于《国粹学报·与刘师培书》一文。⑲独角，在《教育今语杂志》署用。⑳阁主，见于《儒冠》，载《清议报》第 18 卷。在《亚东时报》发表文章亦署。㉑戴角，在《国粹学报》发表文章署用。㉒绛、缁、章缁、末公、夜叉、走马走、独立生、菿汉，署用情况未详。

章铁民（1899－?），浙江淳安人，生于安徽绩溪，字古梦。曾用名章造汉。笔名：①章铁民，见于诗《痛苦》，载 1923 年上海《浅草》第 1 卷第 1 期；译文《摩须吉儿加沙的故事——波斯故事之二》，载 1927 年北京《学林》第 3 卷第 1 期。此前后在《学林》《文学周报》《文艺周刊》《语丝》《北新》《现代文学》《秋野》《大江》《矛盾月刊》《青年界》《文艺茶话》《大陆杂志》《大学杂志》《中国文学》《文艺春秋》等刊发表著译小说、散文、剧本等，出版翻译故事《波斯故事》（英国罗利谟收集。上海北新书局，1928 年）、《波斯传说》（英国罗利谟收集。上海亚东图书馆，1929 年），翻译小说《少妇日记》（英国娜克丝原作。上海北新书局，1929 年）、《饿》（挪威哈姆生原作。上海水沫书店，1930 年）等亦署。②铁民，见于诗《秋风歌》，载 1928 年上海《秋野》第 2 期；随笔《胡"老大哥"谈"粗人"》，载 1929 年上海《语丝》第 5 卷第 9 期。此外在《文艺春秋》《文艺茶话》等刊发表诗文亦署。③古梦，署用情况未详。

章廷华　生卒年不详，江苏江阴人，字纮云，号勺轩。笔名章廷华，见于《论文琐言》，载 1915 年《国学》第 1 卷第 3 期。嗣后出版《学诗初步》（与吴玉合作。上海文明书局，1919 年）、《明代名人尺牍精华》（上海大东书局，1931 年）、《评注清文读本》（章廷华评选，黄兴洛、章廷华、沈溶注释）、《白话文法初步》（吴光、章廷华编），以及《章氏选德录》等亦署。

章廷骥（1907－？），浙江上虞（今绍兴市）人。笔名：①庄汀依，见于《诗人日记》，载 1937 年上海《北新》第 1 卷第 37 期；《Tuber Culosis》，载 1927 年上海《洪水》半月刊第 3 卷第 34 期。②章廷骥，见于儿歌《郭公郭婆》《小大姑娘》，载 1923 年北京《歌谣》周刊第 36 号；随笔《〈绍兴节诗集〉序》，载 1929 年上海《语丝》周刊第 5 卷第 16 期；散文《僧院生活回忆录》，1929 年上海《语丝》第 5 卷第 24 期开始连载；小说《小贵的悲哀》，收入小说集《青年文艺》（杨晋豪编。上海北新书局，1936 年）。

章微颖（1895－1968），浙江诸暨人，字锐初。笔名章微颖，出版《中学国文教学法》（台湾兰台书局，1969 年）、《藏文山房诗文集》（台北广文书局，1972 年）、《吉光片羽诗集》等署用。

章西崖（1917－1996），浙江绍兴人，生于杭州。曾用名章凤升。笔名：①西崖，见于杂文《木刻艺术并不悲观》，载 1945 年 1 月 26 日南平《东南日报·笔垒》。②艾士、西艾、西哀士，抗战时期起在金华《刀与笔》、上饶《前线日报·星期漫画》、上海《前线日报·星画》、杭州《东南日报》等报刊发表木刻、随笔等署用。③章西崖，1946 年在上海《文章》月刊创刊号发表扉页木刻署用。④章西崖，1946 年在上海《清明》创刊号发表木刻《扉画》署用。

章锡琛（1898－1969），浙江绍兴人，字雪村、雪箴。曾用名章锡箴。笔名：①章锡琛，见于随笔《记日本大政变》，载 1912 年上海《东方杂志》第 9 卷第 9 期；译文《文学批评论》（日本间久雄原作），载 1924 年上海《文学周报》第 132 期。此前后在上述两刊及《光华卫生报》《教育杂志》《现代评论》《莽原》《新女性》《开明》《民铎杂志》《晨报》《青年界》《作家》《文讯月刊》《国文月刊》《国立武汉大学文哲季刊》《图书季刊》《中学生》等刊发表著译文章，出版译作《新文学概论》（日本本间久雄原作。上海商务印书馆，1926 年）、《妇女问题十讲》（日本本间久雄原作。上海开明书店，1927 年）、《性的故事》（赫伯特原作，与松涛合译。上海开明书店，1929 年）、《文学概论》（日本本间久雄原作。上海开明书店，1931 年）等亦署。②高劳，见于《论中国之社会心理》《现代文明之弱点》，载 1912 年《东方杂志》第 9 卷第 9 期。嗣后在该刊发表《吾人将以何法治疗社会之疾病乎》《革命后之俄国近情》《历史上之世界支配者》等亦署。③雪村，见于《私逃的女儿》，载 1919 年《东方杂志》第 17 卷第 23 期。④瑟庐，20 世纪 20 年代在上海《妇女杂志》发表译文署用。⑤章雪村，见于词《感奋词抄》，载 1937 年上海《文学》月刊第 9 卷第 4 期；诗《夏丏尊羊毛婚倡和诗》，载 1943 年上海《万象》第 3 卷第 3 期。⑥方可，见于随笔《日本学生的就职难》，载 1930 年上海《中学生》创刊号。嗣后在该刊发表《劳动俄罗斯的改历》《戈壁沙漠中古都的发掘》等文亦署。

章星园（1883－1961），江苏海安人。原名章奎森，号天弢。笔名章星园，著有《星园诗集》《星园诗抄》《星园诗话》《星园日知录》《沁园词》等著作。

章秀珊　生卒年及籍贯不详。笔名：①章秀珊，1938 年在上海艺友出版社主编《百美图》杂志署用。②老秀、秀珊、珊珊，20 世纪 30 年代在上海报刊发表文章署用。

章叶频（1916－2002），内蒙古呼和浩特人。原名章启勋。曾用名叶频。笔名：①绮绚，见于诗《晚风》，载 1932 年 7 月 28 日《绥远日报·星原》。②沈蓉英，见于诗《一天晚上》，载 1932 年 8 月 4 日《绥远日报·星原》。③红叶，见于《溪畔的哀歌》，载 1932 年 9 月 8 日《绥远日报·星原》。④叶君频，见于诗《出路》，载 1933 年《十字街头》；诗《黄鹤楼》，载 1934 年 9 月 22 日绥远《民国日报·塞原》。⑤叶频，见于随笔《写几句在前面》，载 1934 年 12 月 1 日《国民日报·塞原》；诗《生活的担子》，载 1936 年北平《诗歌杂志》创刊号。20 世纪 30 年代在《西北日报·塞风》《抗战日报·国防前线》《一条线》等报刊发表诗作亦署。⑥君苹，见于诗《保人》，载 1934 年 11 月 18 日《国民日报·塞原》。⑦格尔，见于散文《我爱的人——巴金》，载 1935 年 2 月 17 日《国民日报·塞原》。⑧平，见于《献给失意的人们——做梦也要勇敢》，载 1935 年 6 月 11 日绥远《社会日报·新绥远》。⑨音式，见于散文《祝福》，载 1935 年 7 月 27 日《社会日报·新绥远》。⑩伊宁，见于随笔《伟大人物的少年时代》，载 1935 年 8 月 11－12 日《社会日报·新绥远》。⑪浪涛，见于诗《悔》，载 1935 年 8 月 27 日《社会日报·新绥远》。⑫姜一萍，见于散文《阳光里》，载 1935 年 10 月 19 日绥远《民国日报·塞风》。⑬藏妮，见于散文《坦白的话》，载 1936 年 2 月 16 日《社会日报·洪荒》。⑭卓英，见于随笔《发刊词》，载 1936 年 3 月 6 日《社会日报·新女性》。⑮阿玉，见于《送别》，载 1936 年《燕然》半月刊第 4 期。⑯晓风，见于《介绍〈塞北诗草〉》，载 1936 年 6 月 9 日绥远《西北日报·塞风》。⑰林菱，见于影评《塞江落雁》，载 1936 年 6 月 16 日《西北日报·塞风》。⑱敬英，见于诗《Sonnet》，载 1936 年 7 月 6 日《社会日报·新绥远》。⑲音石，见于《老李发愁哪》，载 1936 年 8 月 21 日《社会日报·洪荒》。

⑳托流，见于随笔《本刊的诞生》，载1937年《西北戏剧》创刊号。㉑哨兵，见于随笔《坚持长期抗战》，载抗战时绥远《抗战日报·国防前线》。㉒也平、叶君萍，20世纪30年代在绥远报刊署用。㉓章叶频，出版诗文集《黎明集》（内蒙古离休老干部写作协会，1989年）、散文集《塞北文苑萍踪》（呼和浩特市政协文史资料研究委员会，1985年），主编《内蒙古西部地区三十年代文学作品选》（呼和浩特，1996年）等亦署。

章一华（1922－　），浙江人。笔名：①章一华，见于随笔《更夫》，载1948年上海《青年界》新6卷第2期。②幼幼、燕坪，署用情况未详。

章衣萍（1902－1946），安徽绩溪人。原名章鸿熙，字衣萍。曾用名章洪熙。笔名：①洪熙，见于诗《途中的悲哀》，载1922年《努力周报》第27期；散文《怀烧饼店中的小朋友》，载1924年4月25日《晨报副镌》。②章洪熙，见于随笔《僭越的忧虑》，载1922年11月10日北京《晨报副镌》。嗣后在该刊发表《萌芽的小草》《月下的伴侣》《怀友》等诗文，1922年在北京《努力周报》第34期发表诗《一拳》，同时期在《歌谣》《京报副刊》《文学旬刊》等刊发表诗文亦署。③衣萍，见于散文《月老和爱神》，载1924年北京《语丝》周刊创刊号。同时期或嗣后在《晨报副镌》《京报副刊》《歌谣》《莽原》《北新》《大江》《现代文学》《文艺新闻》《青年界》《秋野》《良友画报》《文艺茶话》《论语》《文艺春秋》等报刊发表文章，出版诗集《种树集》（上海北新书局，1928年）亦署。④章衣萍，见于传记《清代诗人黄仲则评传》，载1925年《学林》第1卷第12期；评论《论冰莹和她的〈从军日记〉》，载1929年上海《春潮》第1卷第7期。此前后在《现代学生》《读书月刊》《新学生》《文艺新闻》《艺术旬刊》《新时代》《民族杂志》《出版消息》《新人》《文艺春秋》《现代出版界》等刊发表诗、散文、随笔、评论等，出版诗集《深誓》（上海北新书局，1925年）、散文集《樱花集》（上海北新书局，1928年）、《古庙集》（上海北新书局，1929年）、《枕上随笔》（上海北新书局，1929年）、《窗下随笔》（上海北新书局，1929年）、《倚枕日记》（上海北新书局，1931年）、《青年集》（上海光华书局，1931年）、《衣萍书信》（上海北新书局，1932年）、《随笔三种》（上海神州国光社，1933年）、《衣萍文存》（上海乐华图书公司，1933年）、《衣萍文存（二集）》（上海天下书店，1947年）、《秋风集》（上海合成书局，1933年），短篇小说集《情书一束》（北京北新书局，1926年）、《情书二束》（上海乐华图书公司，1934年）、《小娇娘》（上海黎明书局，1933年）、《衣萍小说选》（上海乐华图书公司，1933年），长篇小说《友情》（上海北新书局，1930年），翻译散文《契诃夫随笔》（俄国契诃夫原作，与朱溪合译。上海北新书局，1929年），翻译小说《苦儿努力记》（法国莫奈德原作，与林雪清合译。上海儿童书局，1933年）等亦署。

章益（1901－1986），安徽滁县人。字友三，号雯文。笔名：①章益，见于翻译小说《战俘》（法国莫泊桑原作），载1921年前后上海《平民》第52－54期；论文《社会心理学在社会科学中的地位》，载1929年《安徽教育》第1卷第3期。嗣后在《国立劳动大学月刊》《上海市教育季刊》《中华教育界》《教育学期刊》《复兴月刊》《教育杂志》《文化建设》《光华大学半月刊》《教育学报》《教育与职业》《政治评论》《心理季刊》《文摘》《民意周刊》《教与学》《教育通讯》《读书通讯》《上海教育》《教育与文化》《教育研究》等刊发表文章，出版翻译小说《艾凡赫》（英国W.司各特原作，与刘尊棋合译。人民文学出版社，1978年）、《中洛辛郡的心脏》（英国W.司各特原作。人民文学出版社，1981年），论著《心理学讲话》（山东人民出版社，1957年）、《新行为主义学习论》（山东教育出版社，1983年）等亦署。②章友三，见于随笔《修养与社会》，载1935年上海《长城》半月刊第2卷第3期；歌词《保卫卢沟桥》（陈歌辛作曲），载1937年上海复旦大学《文摘》第2卷第2期"卢沟桥浴血抗战特辑"。按：章益尚出版有《教育名著选读》《教育与国家》《教育与社会》《普通教育与职业教育》等著作，出版与署名情况未详。

章钰（1865－1937），江苏长洲（今苏州市）人，字坚孟、坚梦、式之、茗理，号蛰存、长孺、悉（xùn）闇、充隐、老式、鸥边（＝边）、曙戒学人、全贫居士。晚号负翁、晦翁、北池逸老、霜根老人。笔名章钰，见于《思适斋题跋题词》，载1935年北平《燕京大学图书馆报》第81期。又见于《题词》，载1937年《约翰声》第47期。出版《章氏四当斋藏书目》（顾廷龙编。燕京大学图书馆，1938年）、《四当斋文集》（台北文听阁图书有限公司，2008年）、《钱遵王读书敏求记校正》（中国书店出版社，2011年）等亦署。

章振乾（1907－2005），福建连江人。笔名：①可可，见于杂文《救灾与防疫》，载20世纪30年代《新福建日报·副刊》。②颐颐，见于散文《金门鳞爪》，载20世纪30年代《新福建日报·副刊》。③辰乞，1927年下半年起在厦门《江声报》副刊发表文章署用。1929－1931年在广州编《闽钟》、1931－1933年在福州编《新福建日报》副刊时发表文章亦署。④大可、太阿、神曲、伸屈，署用情况未详。

章自，生卒年不详，浙江丽水人。原名章闻，字巨摩、叔言。笔名：①巨摩，见于随笔《巨摩室摭谈》，载1915年上海《小说新报》第1卷第2期；《红菊花小传》，载1919年浙江《友声杂志》第1卷第1期。②章巨摩，1915年编《摩尼》杂志署用。见于杂文《借酒录》，载1921年《礼拜六》第110册；随笔《梅窗屑谈》，载1930年上海《紫罗兰》第4卷第16期。

【zhao】

赵超构（1910－1992），浙江瑞安人，生于浙江文成，字景熹。笔名：①赵超构，见于评论《论非常时的领袖》，载 1936 年《大众知识》第 1 卷第 4 期；评论《从"五一九"说到对敌宣传》，载 1938 年《内外杂志》第 4 卷第 2 期。②沙，见于随笔《恨水的创作表现》，载 1944 年 5 月 16 日重庆《新民报·晚刊》。同时期在该报发表杂文、时评亦署。③赵构，见于《延安一月》，1944 年连载于重庆《新民报晚刊》。④林放，1949 年后在上海《新民晚报》发表杂文署用。见于《想起鲁迅先生的话》，载 1954 年 10 月 19 日《新民晚报》。⑤构、驼、超、景、熹、向红、管平、柳拂云、牛之初、孺子牛，署用情况未详。

赵赤坪（1902－1948），安徽霍邱人。曾用名赵善甫。笔名：①赤坪，见于《赠礼》，载 1926 年《莽原》半月刊第 1 卷第 12 期。②赵池萍，见于《深葬》，载 1927 年《莽原》半月刊第 2 卷第 17 期。③池萍，见于《赠 S. L.》，载 1928 年《未名》半月刊第 1 卷第 2 期。

赵赤羽（1898－1965），上海人，字蕴安、允安，号流沙。笔名：①红柳村人，见于小说《鸳飘凤泊》，连载于 1924 年《红杂志》第 2 卷第 89、90 期；诗《姑苏城外》，载 1933 年《金钢钻月刊》第 1 卷第 3 期。②赵赤羽，见于随笔《消寒便话》，载 1934 年《金钢钻月刊》第 1 卷第 7 期。③司徒王、东山谢，署用情况未详。

赵聪（1916－1986），山东邹平人。笔名：①赵聪，在香港报刊发表文章署用。嗣后出版《火苗》（香港新世纪出版社，1952 年）、《万华芬芳》（香港中国学生周报社，1953 年）、《谈写作方法》（香港中国学生周报社，1953 年）、《中共的文艺工作》（香港友联出版社，1955 年）、《俞平伯与红楼梦事件》（香港友联出版社，1956 年），以及《大陆文坛风景》《中国文学史纲》《五四文坛点》等亦署。②王序、钟华敏，署用情况未详。

赵大民（1926－2015），河北乐亭人。原名赵汝康。笔名：①大民，1919 年 10 月前在《冀东日报》《人民报》发表通讯、歌曲和歌剧署用。②赵达，见于关于《绞刑架下的报告》一剧的评论，载 1953 年《天津日报》。嗣后在天津《新晚报》《河北日报》《大公报》等刊发表文章亦署。③钱前，1982 年后在《天津剧作》《天津日报》发表文章署用。

赵丹（1915－1980），山东肥城人，后随父迁居江苏南通。原名赵凤翱。小名锁儿。笔名赵丹，见于电影故事《江南恋》，载 1946 年上海《文章》第 1 卷第 3 期。1949 年后发表文章，出版《银幕形象创造》（中国电影出版社，1980 年）、《地狱之门》（上海文艺出版社，1980 年）等亦署。

赵德尊（1913－2012），辽宁辽中人。笔名罗白、罗桑、秋隼，1933－1936 年在北平《清华周刊》《北平新报·每周文艺》等刊发表小说《控告》及诗歌、杂文署用。

赵戈（1920－2018），上海人。笔名沙征，发表获奖诗作《贺老总！你什么时候再来听我朗诵》《一束红柳祭李季》、创作话剧剧本《战友》《在世界屋脊上》等署用。

赵光荣（1847－1913），江苏丹徒人，字子枚、芷湄，号枚叟。笔名赵光荣，在《南社丛刻》发表诗文署用。

赵光远，生卒年及籍贯不详。笔名肖荣，1946 年 10 月后在重庆《大公报·半月文艺》发表散文署用。

赵广湘（1908－1934），河北武清人。笔名：①贺菲，见于译文《苏联电化事业的发展》，载 1930 年 4 月 1 日上海《萌芽月刊》第 1 卷第 4 期。②贺非，出版译作《静静的顿河》第一卷（苏联肖洛霍夫原作。上海神州国光社，1930 年）署用。在《新地月刊》等刊发表文章亦署。③侯朴，署用情况未详。

赵国宾，生卒年及籍贯不详。笔名宾，见于诗《山中早起》，载 1922 年《共进》第 19 期。

赵鹤清（1866－1954），云南姚安人，字松泉。笔名赵鹤清，著有诗集《松泉游草》六卷。

赵寰（1925－　），辽宁丹东人，原名赵子厚。曾用名赵子辅。笔名王寰、紫后、赵寰。著有电影文学剧本《董存瑞》（与他人合作），话剧剧本《南海战歌》（与他人合作），《神州风雷》（执笔）、《秋收霹雳》（执笔）、《南海长城》《十年一觉神州梦》《马克思流亡伦敦》，小说《董存瑞的故事》等。

赵焕亭（1878－1951），河北玉田人。原名赵绂章，曾用名赵幻渟。笔名：①赵焕亭，见于小说《胭脂雪》，载 1911 年上海《小说月报》第 2 卷第 6 期。嗣后在《小说月报》《小说海》《北洋画报》《金钢钻月刊》《新东方》《万象》等刊发表小说、随笔《山东七怪》《青城丛话》《姑妄言之》《今夕斋丛谈》《潜庐漫务》《围炉夜话》《李联珠》等，出版长篇小说《双剑奇侠传》（上海受古书店，1926 年）、《北方奇侠传》（上海世界书局，1929 年）、《惊人奇侠传》（上海大通书局，1930 年）、《英雄走国记续编》（上海益新书社，1931 年）、《蓝色女侠》（上海新民书局，1934 年）、《奇侠平妖录》（上海大通书局）等亦署。②赵绂章，见于小说《浮生四幻》，载 1915 年上海《小说月报》第 6 卷第 5 期。

赵纪彬（1905－1982），河南内黄人。原名赵济焱，字化南、象离。笔名：①向林冰，见于《改造通俗读物，适应农村宣传》，载 1937 年《通俗读物编刊社副刊·通俗文艺》第 3 期；随笔《旧形式的新评价》，载 1938 年《全民周刊》第 2 卷第 2 期。嗣后在《读书月报》《文艺阵地》《抗战文艺三日刊》《图书季刊》《改进》等刊发表《通俗读物编刊社的自我批判》《关于"旧形式运用"的一封信》《旧形式的新评价》《五四时代的文艺史观》《中山先生的自然科学思想》《再论逻辑上的"学"与"术"的问题》等文亦署。②纪玄冰，见于《孔子学派的类比逻辑》，载 1942 年桂林《文化杂志》第 2 卷第 1 期；《章太炎的宇宙根源论及其唯物论平议》，载 1942 年桂林《文化杂志》第 3 卷第 1 期。

嗣后在《中山文化季刊》《大学月刊》《中华论坛》《中学生》《中国建设月刊》《中国杂志》《新中华》《时代批评》等刊发表《离坚白学派的诡辩逻辑》《汉书艺文志诸子略今释》《原"贫""富"（论语杂考）》《合同异学派的诡辩逻辑》《达尔文的功劳》《前期儒家的认识方法论及其逻辑思想》《前期墨家的逻辑思想》《论语中的"说"字与墨经所谓"说知"的关系》《先王崇拜与道统观念的内部联系》《中国哲学的"主流"与"逆转"》《名辩与逻辑》《逻辑思想从孔门到墨子的发展》等文，出版《中国思想通史》亦署。

赵家璧（1908－1997），上海人。笔名：①小延、筱延，学生时代在《晨曦》季刊等刊发表作品署用。②赵家璧，见于译作《陶林格莱之肖像》（英国王尔德作），载1927年上海《小说月报》第18卷第10期。嗣后在《光华周刊》《申报·自由谈》《青年界》《矛盾》《现代》《文学》《文学季刊》《文艺风景》《译文》《文饭小品》《新小说》《宇宙风》《文学丛报》《作家》《文季月刊》《中流》《烽火》《文艺新闻》《现代文艺》《文艺先锋》《文艺新潮》等刊报发表《沙皇网下之高尔基》《瓣香草堂随笔》《近代西班牙小说之趋势》《近代德国小说之趋势》《近代意大利小说之趋势》《近代英国小说之趋势》《美国小说之成长》《蔼理斯的忏悔》《纸团》《不肯说假话的鲁迅先生》《论文化及其他》《非应战即灭亡》《死城十日记》《关于翻译》等著译文，出版论文集《新传统》《编辑忆旧》、回忆录《编辑生涯忆鲁迅》、翻译小说《月亮下去了》（美国斯坦贝克原作。上海晨光出版公司，1947年），编选散文集《南国情调》（上海良友图书印刷公司，1933年）、《我的良友（上集）》（良友复兴图书印刷公司，1945年），小说集《二十人所选短篇佳作集》（上海良友图书印刷公司，1936年），主编《一角丛书》《良友文学丛书》《良友文库》《中篇创作新集》《晨光文学丛书》《美国文学丛书》等，1949年后出版《新传统》（中国国际广播出版社，2013年）、《编辑生涯忆鲁迅》（人民文学出版社，1981年）、《编辑忆旧》（生活·读书·新知三联书店，1984年），出版译作《漫长的革命》《赫鲁晓夫回忆录》，主编《中国新文学大系（1917－1927）》《老舍全集》等亦署。③家璧，见于《本校反日运动大事记》（与英达合作），载1928年上海《光华周刊》第3卷第9期。④赵筱延，出版翻译童话《室内旅行记》（苏联伊林原作。上海良友图书印刷公司，1934年）署用。⑤赵小延，署用情况未详。

赵家欣（1916－2014），福建厦门人。笔名：①家欣、赵璧，20世纪30－40年代在福州、厦门等地报刊发表文章署用。②赵家欣，见于战地通讯《陇海线上》《台儿庄血战记》《血火中色行旅》，载1938年厦门《星光日报》。嗣后在《新蜀报·蜀道》《十日谈》《内外什志》《改进半月刊》《星岛周报》《文摘》《江西地方教育》《现代青年月刊》《东南青年》《新福建》等刊发表《老鼠先生》《厦门漫谈》《厦门二作家》《厦门文坛杂写》《闽南文艺界抗敌阵线的建立》《血火中的行旅》《闽浙

省道中（通讯）《知识分子当兵去》《日寇封锁下的福建》《宣而不战的欧洲内幕》《中英美苏合作与太平洋现局》《从经济上看德苏战争》《弘一法师的生平》《论知识青年从军运动》等文，出版通讯报告集《今日的厦门》、特写集《沦陷区的故事》等，1949年后出版散文集《雨丝集》（海峡文艺出版社，1985年）、《无边情思逐逝波》（华星出版社，2000年）、《走笔写人生》《风雨故人情》《侨乡红事》（与他人合作）、《金婚岁月》（与夫人谢怀丹合作）等亦署。③诸葛朱，见于散文《新南平的旧面相》，载1940年福建永安《现代青年》新1卷第6期。

赵谨三，生卒年及籍贯不详。笔名：①谨三，见于诗《我想》，载1932年11月4日开封《河南民国日报·晨曦》。嗣后在该刊发表《我站在峰巅》《三眼桥的血迹》亦署。②赵谨三，见于散文《冬天的角落》，载1933年4月22日开封《河南民报·民报副刊》；小说《出门人》，载1934年11月26日开封《河南民报·秋鹰》。嗣后在开封《河南民报·民报副刊》《山雨月刊》发表散文《县城的夜》《乡村之夜》《记忆中的人》《黑色的世纪之风》《上山》、评论《何家槐与徐转蓬》《〈人生〉》、小说《黑店》《火神庙》等亦署。③锦三，见于随笔《幽默与"论谈话"》，载1934年开封《河南民报·民报副刊》第227期。④锦珊，见于散文《入伍生日记》，载1934年开封《河南民报·民报副刊》第238－241期。嗣后在该刊第262期发表评论《女性文学》亦署。⑤赵锦珊，见于散文《日蚀》，载1934年开封《河南民报·民报副刊》第243－244期。

赵景深（1902－1985），四川宜宾人，生于浙江丽水，字旭初。曾用名阿诺（小名）。笔名：①露明，见于评论《〈乌鸦〉译诗的讨论》，载1924年上海《创造周报》第45号。嗣后在《小说月报》《文学周报》《北新》《一般》《新文艺》等刊发表文章亦署。②景深，见于评论《鲁迅的〈祝福〉》，载1927年上海《文学周报》第4卷第24期。嗣后在《小说月报》《一般》《真美善》《矛盾》等刊发表文章亦署。③博董，见于杂文《别字先生黄药眠》，载1928年《文学周报》第305期。嗣后在该刊及上海《北新》杂志发表文章亦署。④露明女士，20世纪20年代在上海报刊发表文章署用。⑤赵景深，见于童话《火绒匣》《国王的新衣》，载1920年上海《少年杂志》第10卷第11、12期。嗣后在《少年杂志》《小说月报》《文学周报》《诗》《歌谣》《浅草》《北新》《语丝》《真美善》《新月》《开明》《大江》《春潮》《现代》《文学》《北斗》《文饭小品》《宇宙风》《申报·自由谈》《新时代》《金屋》《新文艺》《前锋月刊》《读书月刊》《青年界》《文艺新闻》《论语》《文艺茶话》《中国文学》《诗歌月报》《人间世》《当代诗刊》《宇宙风》《逸经》《文艺新潮》《宇宙风乙刊》《戏剧与文学》《黄河》《万象》《文艺先锋》《中央日报·俗文学》《大晚报·火炬通俗文学》《大晚报·通俗文学》《星岛日报·俗文学》《幸福》《文艺春秋》《戏剧时代》《人世

间》等刊发表文章，出版诗集《荷花》（上海开明书店，1928 年），散文集《小妹》（上海北新书局，1933 年）、《文人剪影》（上海北新书局，1936 年），小说集《失恋的故事》（上海新文化书社，1934 年），译作《罗亭》（上海商务印书馆，1928 年）、《安徒生童话集》（上海新文化书社，1928 年）等亦署。⑥卜蒙龙，见于随笔《冯乃超与穆木天》，载 1929 年上海《开明·诗歌批评号》第 2 卷第 4 期。⑦邹萧，见于《未厌集》，载 1929 年上海《新文艺》第 1 卷第 2 期。⑧冷眼，见于杂文《陈钟凡抄书都错》，载 1928 年《文学周报》第 346 期。嗣后在《开明》《论语》等刊发表文章亦署。⑨李希同，出版论著《冰心论》（上海北新书局，1932 年）署用。⑩邹啸，见于随笔《鲍照咏雾》，载 1934 年上海《青年界》第 5 卷第 2 期；书评《〈中国文学论集〉（郑振铎著）》，载 1934 年《文学》第 3 卷第 1 期。嗣后在上述两刊及《宇宙风》《文艺新潮》《鲁迅风》《世界文化》《文艺世界》《小剧场》《上海文化》《宇宙风乙刊》《丽芒湖上》《新中国文艺丛刊》《申报·游艺界》《文汇报·世纪风》《中美日报·堡垒》等报刊发表文章亦署。⑪希同，见于小说《伟大的一课》，载 1936 年上海《中学生文艺季刊》第 2 卷第 1 期。⑫陶明志，出版论著《周作人论》（上海北新书局，1934 年）、发表书评《近古文学概论（徐嘉瑞著）》（载 1947 年《青年界》新 3 卷第 1 期）署用。⑬Geogensen，在外文期刊发表文章署用。

赵景沄（1900－1929），浙江平湖人。笔名：①赵景沄，见于小说《阿美》，载 1923 年上海《弥洒》第 1 期。嗣后在该刊发表《诗四首》《旧案》等作品亦署。②景沄，见于《诗六首》，载 1924 年《弥洒》第 2 期。

赵君豪，生卒年及籍贯不详。笔名：①畏三，见于《记者节》，载 1941 年上海《申报·春秋》。②其二，1941 年在上海《申报·自由谈》发表文章署用。③赵君豪，见于《蒋竹庄先生访问记》，载 1935 年上海商务印书馆版《因是子游记》（蒋维乔作）。嗣后出版《中国近代之报业》（上海商务印书馆，1940 年）一书亦署。

赵坤，生卒年不详，云南剑川人，字致中。笔名赵坤，在《南社丛刻》发表诗文署用。

赵澧（1919－1995），四川阆中人，生于成都，字仲源。笔名：①萧原（肖元），见于《东省义勇军歌》，载 1937 年《大众知识》第 1 卷第 12 期。1940 在重庆中央大学学习时开始发表翻译诗作亦署。②赵澧，出版译作《艺术中的现实主义》（美国芬克斯坦原作）、《英诗的发展》（英国考德威尔原作）、《幻觉与现实》（英国考德威尔原作）、《莎士比亚传记》（美国哈里台原作），论著《莎士比亚传论》《西苑诗雨》，编著《外国文学简编：欧美部分》（与朱维之、黄晋凯合作）、《外国文学史》（与朱维之、崔宝衡合作）、《唯美主义》（与徐京安合作）等亦署。按：赵澧于 1942 年后曾出版译诗集《抒情间奏曲》，署名情况未详。

赵立生（1925－2019），河南舞阳人。原名赵鸿志，笔名：①沙凡，20 世纪 40 年代在《平明日报》发表诗歌、小说署用。②徐希航，20 世纪 40 年代在《诗号角》发表诗歌署用。见于《胜利阅兵》，载 1949 年《诗号角》第 8 期。③赵立生，1948 年发表作品开始署用。嗣后发表作品亦署。

赵俪生（1917－2007），山东安丘人。原名赵甡，字俪生。笔名：①冯（píng）夷，上初中时在青岛发表散文、诗歌署用。1936 年在北平《清华周刊》第 44 卷第 11、12 期合刊发表《论玛耶阔夫斯基》、在北平《浪花》第 1 卷第 2 期发表翻译小说《船》（西班牙 M. 里昂原作），嗣后在《清华副刊》《文学》《诗歌杂志》《抗战文艺》《七月》《战时联合旬刊》《文艺复兴》等刊发表著译小说、通讯、评论《英文的弱小民族文学史之类》《荒村野狗》《风沙》《A.托尔斯泰讲演一篇》《紫荆花的时候》《青年抗敌决死队》《在老婆山上》《纵论国际现势》《中条山的梦》等亦署。②赵俪生，见于评论《赵南星评传》，载 1947 年 7 月 10 日重庆《读书通讯》第 135 期。嗣后在该刊及《学原》等刊发表《船山学派述》《亭林学派述》等文，1956 年 10 月 15 日在上海《文汇报》发表于随笔《稍谈研究鲁迅的方法》，1949 年后出版长篇小说《中条山的梦》（上海海燕书店，1950 年），翻译小说《孤独》（苏联维尔塔原作。新文艺出版社，1951 年），论著《文史学的新探索》（上海海燕书店，1951 年）、《史学新探》（新知识出版社，1954 年），传记《顾炎武传略》（上海人民出版社，1955 年），散文集《篱槿堂自叙》（上海古籍出版社，1979 年）、《寄陇居论文集》（齐鲁书社，1981 年）等亦署。

赵隆勷（1917－？），江西奉新人。笔名：①赵令贻，见于随笔《读〈樱桃园〉》，载 1948 年南京《自由与进步》第 1 卷第 1 期。②赵隆勷，见于随笔《我们需要大批学习上的乌达尼克》，载 1938 年上海《新学识》第 2 卷第 11 期。1949 年后出版翻译小说《光明普照大地》（苏联巴巴耶夫斯基原作。人民文学出版社，1953 年）、《人性的枷锁》（英国威廉·萨姆塞特·毛姆原作。湖南人民出版社，1983 年）、《旧地重游》（英国伊夫林·沃原作。外国文学出版社，1986 年），论著《司汤达和〈红与黑〉》（北京出版社，1983 年）等亦署。

赵橹（1922－2000），云南大理人，白族。笔名：①土弩，1945－1949 年在云南编《云南论坛》《笔丛文艺丛刊》署用。此外，在昆明、重庆等地报刊《学生报》《刀丛》《夜莺》《海鸥》发表文章亦署。1949 年后发表文章仍署用。②赵明远、方卜、方戈、晶心、茵舟，1949 年 10 月前发表论文、杂文、诗歌署用。

赵眠云（1903－1948），江苏吴江（今苏州市）人。原名赵复初，曾用名赵绍昌。笔名：①赵眠云，出版小说《双云记》《云片》等署用。②心汉阁主，署用情况未详。

赵明（1919－？），辽宁辽阳人。原名赵普琳。曾用名赵今斯。笔名：①王林，1939 年主编《新疆日报·新疆儿童》、新疆学院《新芒》以及在《新疆青年》《文艺月刊》发表著译作品署用。②两穆，见于长篇特写《到博克达去》，连载于 1940 年秋《新疆日报》。③今也，1946 年在沈阳《和平日报》编特刊《今日美国》署用。④斯也，1946 年在沈阳《和平日报》发表影剧评论署用。⑤赵明，出版《法西斯德国军事理论的破产》（哈尔滨东北书店，1948 年）署用。1949 年后创作电影文学剧本《寂静的山林》《斩断魔爪》《南海的早晨》《美丽的伊犁河》《烈骨英风》《沈水滔滔》，出版翻译中篇小说《查波罗什的黎明》（苏联扬卡布雷里原作）、翻译电影文学剧本《难忘的一九一九》等亦署。⑥友实，1949 年后在《今日中国》《大众电影》署用。

赵铭彝（1907－1999），四川江津（今重庆市）人，原名赵荣鼎。笔名：①赵铭彝，见于译文"我怎样帮助我的父亲工作"，载 1930 年《现代文学》第 1 卷第 5 期。1933 年 1 月 17 日在上海《申报·自由谈》发表《苏联的演剧》，同时期或嗣后在《贡献》《天下文章》等刊发表《介绍南国小剧场》《湖上征鸿（寄周开庆君）》、译文《瓦克庚果夫与史坦尼初晤》等亦署。②穆芳，1936 年 10 月在重庆《商务日报》副刊发表悼念鲁迅文章署用。③木方、成言、成之、成荫、名逸、名一、荫棠、唐荫、林云、岳菘、吕莲、莫理之，1934 年至 1936 年在上海《民报·影谭》等报发表电影评论署用。④铭彝，见于《苔薇士先生的真理》，载 1928 年《贡献》第 3 卷第 7 期；《苏联的文艺新闻》，载 1938 年《中苏文艺》第 8 卷第 3 期。此前后在《幻洲半月刊》《晨钟汇刊》《天下文章》等刊发表《社会讲义》《休培尔特与"春宵艳曲"》《朝那里走？》等文亦署。⑤穆维芳，见于译作《泥肉排》，载 1940 年 5 月 4 日《新蜀报·蜀道》。

赵乃心（1920－　），河北满城人。原名李天民。笔名：①乃心，见于诗《旅途》，载 1940 年夏长沙《中央日报》副刊。嗣后在湖南衡阳《力报》《大刚报》、湖南耒阳《国民日报》、广西桂林《力报》、江苏南京《新民报·新民副刊》等报刊发表诗《我》《有赠》《寂寞》等亦署。间或亦署用赵乃心一名。②赵钱孙，1945 年 1 月至 4 月在贵阳《中正日报》午刊副刊发表杂文署用。③潘徒，见于诗《悼一个该死的》，载 1946 年春汉口《大刚报》副刊。④王九，见于诗《沉默》，载 1947 年 2 月南京《新民报·新民副刊》。⑤赵乃心，见于诗《新的福音》，载 1947 年长沙《实践》杂志。⑥金童、玉女，1947 年前后在南京《新民报·新民副刊》署用。

赵农民（1929－　），上海人，笔名：①赵农民，见于杂文《为什么》，载 1946 年上海《新闻报·新园林》。②曲辰，见于小说《她》，连载于 1939 年《世纶》第 1 卷第 2－3 期；漫画《他在笑》，载 1948 年前后上海《新闻报·新园林》。嗣后在《申报·自由谈》发表作品亦署。③屈人，1949 年在《新闻报·新园林》发表作品署用。

赵品三（1904－1973），山西榆次（今晋中市）人。原名赵振鑫。笔名赵品三，见于话剧《游击》《我们的队伍来了》，载中央苏区 1934 年版戏剧集《号炮集》。

赵朴初（1907－2000），安徽太湖人，生于安徽安庆。原名赵荣续。曾用名赵朴初。笔名：赵朴初，见于《锡兰纳啰达 Narada 法师在南京佛教居士林演讲词》，载 1935 年《佛学半月刊》第 104 期。1956 年后发表诗、词、曲作品，出版散文集《滴水集》《片石集》及《佛学常识问答》《赵朴初韵文集》等亦署用。

赵其文（1903－1980），重庆人，字炳昭，号一之、俊一。笔名：①慕雯，见于小说《朱颜与白发》，载 1925 年北京《现代评论》第 2 卷第 43 期；随笔《到当铺去》，载 1935 年《沙发》旬刊第 3 期。②赵其文，见于《植树节》，载 1925 年 10 月 16 日上海《洪水》半月刊第 1 卷第 3 期；《零》，载 1925 年 4 月 11 日至 12 日《京报副刊》。③文，见于《革命之五月》，载 1939 年 5 月 1 日重庆《新华日报》。④其文，见于散文《光辉的日子》，载 1939 年 5 月 4 日成都《华西日报》副刊。⑤一之、钦文、赵俊一、曾昭，署用情况未详。

赵清阁（1914－1999），河南信阳人。笔名：①赵清阁，1930 年开始在开封《河南日报》发表诗文署用。见于诗《空虚的心》，载 1932 年 7 月 15 日开封《河南民报·风雨》第 2 期。嗣后在该刊发表诗《胜利》《春之诅咒》、散文《月夜随笔》等，在上海《女子月刊》发表剧本、小说、散文、诗、评论《复仇》《双影》《京沪游历记》《玄武湖之春》《妇女解放与劳动妇女》《妇女的革命功勋》《关于阮玲玉自杀与刘景桂之杀人》等，出版短篇小说集《旱》（新兴文学社，1935 年）、《华北的秋》（上海铁流书局，1937 年）、《落叶》（上海商务印书馆，1948 年），中篇小说《艺灵魂》（上海艺海书店，1947 年），长篇小说《月上柳梢》（重庆黄河书局，1945 年），小说散文集《风》（重庆华中图书公司，1941 年），戏剧集《血债》（重庆艺文研究会，1938 年）、《过年》（重庆独立出版社，1941 年；重庆正中书局，1941 年）、《反攻胜利》（重庆正中书局，1941 年）、《女杰》（重庆华中图书公司，1941 年）、《生死恋》（根据法国雨果原作《狄四娘》改编。重庆商务印书馆，1942 年）、《活》（又名《雨打梨花》。重庆妇女月刊社，1943 年）、《此恨绵绵》（根据梁实秋所译英国艾米莉·勃朗特的原作小说《呼啸山庄》改编，重庆新中华文艺社，1944 年；上海正言出版社，1946 年）、《潇湘淑女》（又名《忠义千秋》。重庆商务印书馆，1944 年）、《清风明月》（重庆华中图书公司，1944 年）、《花影泪》（重庆天地出版社，1944 年）、《冷月葬诗魂》（又名《诗魂冷月》。重庆亚洲图书社，1945 年）、《鸳鸯剑》（又名《雪剑鸳鸯》。重庆黄河书店，1945 年）、《关羽》（上海正中书局，1946 年）、《流水飞花》（上海名山书局，1946 年）、《桥》（南京独立出版社，1947 年）、《新木兰从军》（教育部民众读物编审会)、《春恋》(上海正中书局，1949年)、《女英雄》(教育部民众读物编审会)等，1949年后出版散文集《沧海泛忆》(生活·读书·新知三联书店，1982年)、《行云散记》(百花文艺出版社，1983年)、《浮生若梦》(华岳文艺出版社，1989年)等亦署。②清阁，1930年开始在开封《河南日报》发表诗文署用。嗣后在开封《河南民报·风雨》《河南民报·民报副刊》、上海《女子月刊》《文潮》、重庆《弹花》等刊发表诗《怅惘的诗》《苦恼》、散文《病中杂感》、剧本《金声玉振》《离婚》、随笔《忆王礼锡先生》等亦署。③涕克，见于诗《慈的失意歌》，载1932年8月26日开封《河南民报·风雨》；小说《战区里的席公馆》，载1935年上海《女子月刊》第3卷第1—6期。嗣后在开封《河南民报·民报副刊》发表诗《净歌》、散文《残酷的片断》等亦署。④涤凡，见于小说《穷人》，载1935年开封《河南民报·风雨》第11卷第2、3、4期；诗《供状》，载1936年上海《女子月刊》第4卷第1期。嗣后在开封《河南民报·风雨》发表小说《断头台》亦署。⑤青谷，1935年开始在《女子月刊》发表作品署用。见于散文《白鹭洲钓鱼》，载1936年《妇女文化》第1期。1949年后作画亦曾署用。⑥人一，见于《高尔基的一生》，载1936年8月《妇女文化》第1期。嗣后在重庆《弹花》月刊发表文章亦署。⑦赵天，见于散文《汉川行》，载1938年《弹花》第3卷第1、2、3期。⑧铁公，1941年在《学生之友》发表文章署用。嗣后在重庆《弹花》月刊发表文章亦署。⑨骚人，见于《骚人日记》，连载于1945年重庆《新民报》。20世纪40年代在上海报刊发表文章亦署。⑩清谷，20世纪50年代在上海《新民晚报》发表文章署用。按：赵清阁尚创作、出版有中篇小说《江上烟》《艺灵魂》，长篇小说《杜丽娘》《白蛇传》《梁山伯与祝英台》，话剧剧本《桃李春风》(与老舍合作)《女儿春》《自由天地》《贾宝玉和林黛玉》《红楼梦话剧集》，电影文学剧本《模特儿》《女儿春》《自由天地》《粉墨青青》，越剧本《桃花扇》，散文集《沧海泛忆》《往事如烟》，论著《抗战文艺概论》《编剧方法论》等，发表(出版)与署名情况未详。

赵秋鸿(1894—1976)，辽宁辽阳人，回族。曾用名赵慕欣。笔名秋鸿，见于小说《月饼》，载1930年10月8日大连《泰东日报·泰东杂俎》；《往事不堪回首》，载1931年11月12日哈尔滨《国际协报·国际公园》。嗣后在《国际协报·国际公园》《滨江日报》发表《学佛》《新年泪语》《围炉话旧体诗》及长篇章回小说《北地胭脂》等亦署。

赵戎(1920—1988)，新加坡华人，祖籍广东南海(今佛山市)，生于马来亚新加坡(今新加坡)，原名赵大成。笔名：①巨星，1936年在马来亚新加坡《新国民日报·新路》发表悼念鲁迅的诗作署用。嗣后在该刊发表作品亦署。②以多，见于评论《现阶段的新民主主义文学论》，载1945年12月1日新加坡《南方文艺》创刊号。嗣后在新加坡《南洋周刊》《星洲日报·晨星》发表评论《论马华诗歌运动》《马华戏剧底动向》等署用。20世纪50年代后在新加坡《新野》《新社文艺》《新加坡文艺》等刊发表文章亦署。③史忱，1948—1949年间在《星洲日报·晨星》发表《胡风的文艺批评》《论曹禺的戏剧》等评论中国作家的文章署用。1949年后发表评论《马华文艺的道路》等亦署。④西樵，1948—1949年间在《星洲日报·晨星》发表《论铁戈底诗》《略论侨民文学》等马华文学评论文章署用。20世纪60年代在《新加坡文艺》发表文章亦署。⑤赵心，1948—1949年在《星洲日报·晨星》发表《读书生涯》《盲牛》等小说署用。1949年后在新加坡《世纪路》《文艺报》等报刊发表作品，出版杂文集《坎坷集》(新加坡教育出版社，1978年)亦署。⑥宋游，1948—1949年在《星洲日报·晨星》发表《古老石山》《求字》等小说署用。⑦田凤，1948—1949年在《星洲日报·晨星》发表随笔《禁止随地吐痰有感》《从医说起》署用。⑧白丁，1948—1949年在《星洲日报·晨星》发表随笔《谈命运》《谈学习》署用。⑨公冶文，见于随笔《谈碰壁》，载1948—1949年《星洲日报·晨星》。⑩田丁，1948—1949年在《星洲日报·晨星》发表杂文署用。1953年后在《世纪路》《新野》发表随笔《从秀才造反谈起》《略谈文人无文》等亦署。⑪白玉堂，1948—1949年在《星洲日报·晨星》发表随笔署用。⑫笔奴，1948—1949年在《星洲日报·晨星》发表随笔《谈奴才》署用。1949年后在新加坡《世纪路》《文艺报》发表随笔《这是杂文时代》《时代的竞争》等亦署。⑬西门柳，见于小说《芭洋上》，载1951年新加坡《南洋月报》第2卷第7期。嗣后在《新加坡青年》《新加坡文艺》等刊发表小说，出版小说集《周末篇》(新华教师会，1984年)亦署。⑭施舟，发表小说《旅途上》署用。⑮金瓯，发表小说《小鬼》署用。⑯孔怀、丁戎、刁斗，20世纪50年代后在新加坡报刊发表作品署用。⑰赵戎，见于随笔《文学生活底一页》，载1968年新加坡《民报·新生代》。嗣后在新加坡报刊发表作品，出版小说集《芭洋上》(新加坡青年书局，1958年)，长篇小说《在马六甲海峡》(新加坡青年书局，1961年)，中篇小说《海恋》(新加坡青年书局，1959年)，论著《论马华作家与作品》(新加坡青年书局，1967年)、《赵戎文艺论文集》(新加坡教育出版社，1970年)，编著《新马华文文艺词典》(新加坡教育出版社，1979年)，编选《新马华文文学大系·散文一集》(新加坡教育出版社，1971年)、《新马华文文学大系·散文二集》(新加坡教育出版社，1971年)等亦署。⑱西门汉，发表小说《过节》(后载1972年新加坡教育出版社版《新马华文文学大系·小说一集》)署用。⑲荟寯，见于小说《热带风情画》，载1975年11月《新加坡青年》第16期。嗣后在该刊及《新加坡文艺》发表小说、散文，出版小说集《热带风情画》(1977年)、《楼上花枝笑独眠》(1979年)、《神煤》(1981年)、《我们这一伙》（1982 年）等亦署。⑳东门雪，见于小说《周末篇》，载 1982 年 12 月《新加坡文艺》。

赵荣声（1915－1995），安徽太湖人，生于安庆。笔名：①任天马，见于《肤施（延安）的话剧与"活报"》，载 1937 年 5 月 25 日上海《光明》半月刊第 2 卷第 12 期；随笔《从游击战谈到朱德煮饭》，载 1937 年 12 月 21 日上海《论语》第 55 期。同时期在《月报》《文摘》《前夜》《群众》等刊发表《集体创作与丁玲》《朱德毛泽东先生印象记》等文亦署。出版散文通讯集《活跃的肤施》（上海杂志公司，1937 年）亦署。②明明，出版人物传记《卫将军》（重庆上海杂志公司，1939 年）署用。③赵荣声，出版报告文学《在建设的日子里》（新文艺出版社，1956 年）、回忆录《回忆卫立煌》（文史资料出版社，1985 年）署用。

赵瑞蕻（1915－？），浙江温州人。原名赵瑞霖。笔名：①赵瑞霖，见于翻译小说《玛泰欧发尔歌》（法国梅里美原作），载 1943 年重庆《时与潮文艺》第 2 卷第 3 期；诗《阿虹的诗》，载 1944 年重庆《时与潮文艺》第 2 卷第 5 期。嗣后在重庆《文讯》《世界文学》等刊发表评论《爱美黎白朗特及其"喔瑟霖山庄"》，出版翻译长篇小说《红与黑》（法国司汤达原作。重庆作家书屋，1944 年），小说《热爱与毁灭》（又名《爱的毁灭》，法国司汤达原作。成都正风出版社，1946 年）、《卡斯特洛的女主持》（法国司汤达原作。正春书局，1947 年）。1949 年上海正风出版社出版改名《嘉思德乐的女主持》等，1949 年后出版《鲁迅〈摩罗诗力说〉注释·今译·解说》（天津人民出版社，1982 年），诗集《梅雨潭的新绿》（江苏人民出版社，1983 年），翻译小说集《土谷曼的春天》（凯尔巴巴耶夫原作，文化工作社，1952 年）、《梅里美短篇小说集》，翻译长诗《列宁》（苏联马雅可夫斯基原作。正风出版社，1951 年），以及译作《马雅可夫斯基研究》（正风出版社，1950 年）、《中国现代文学主潮》《诗的随想录》《诗歌与浪漫主义》《爱的毁灭》等亦署。②阿虹、睡虹、瑞蕻、赵蕻、朱玄、朱弦、费嘉乐，署用情况未详。

赵少侯（1899－1978），浙江杭州人，满族。原名赵祖欣，字少侯。笔名：①赵祖欣，见于翻译小说《可怜的若格》（雅克原作），载 1919 年北京《每周评论》第 9 期；翻译小说《怕死的军人》（法国莫泊桑原作，与宋春舫合译），载 1919 年《新中国》第 1 卷第 4 期。②少侯，见于翻译小说《市政长官》（法国法朗士原作），载 1927 年北京《莽原》第 2 卷第 20 期；散文《马首集序》，载 1934 年青岛《刁斗》第 1 卷第 4 期。③赵少侯，见于杂文《鬷仪老丈驮着驴儿走》，载 1925 年北京《现代评论》第 2 卷第 41 期。嗣后在《莽原》《晨报副镌》《刁斗》《国立山东大学文史丛刊》《图书馆学季刊》《图书评论》《自由评论》《舆论周刊》《新月》《文艺月刊》《宇宙风》《国闻周报》等刊发表《鲁纪夫人》（法国法朗士原作）、《左拉的自然主义》《木屐》《花房》《罗曼罗兰评传》《莫泊桑之非战论》《文学中

的肥胖》《宋春舫的蒙德卡罗》《李青崖译波纳尔之罪》《克兰比尔》《恨世者》《法国古代的民歌》《文学与救国》等著译小说及评论，出版翻译戏剧《迷眼的沙子》（法国腊皮虚原作。上海新月书店，1929 年）、《恨世者》（法国莫里哀原作。南京正中书局，1934 年），翻译小说《山大王》（德国阿卜原作。上海商务印书馆，1935 年）、《法郎士短篇小说集》（法国法朗士原作。上海商务印书馆，1936 年）、《克兰比尔》（法国法朗士原作。上海三通书局，1940 年）等，1949 年后出版《莫里哀喜剧选》（法国莫里哀原作，与王了一等合译。人民文学出版社，1959 年）、《柏林之围》（法国都德原作。人民文学出版社，1962 年）、《莫泊桑中短篇小说选》（法国莫泊桑原作，与郝运合译。人民文学出版社，1981 年）等亦署。按：赵少侯尚有翻译戏剧《伪君子》（法国莫里哀原作）、《悭吝人》（法国莫里哀原作），翻译小说《月光》（法国莫泊桑原作），以及《海的沉默》《魔鬼的美》《最后一课》《羊脂球》《项链》等，出版情况未详。

赵少伟（1924－1995），江苏南京人。原名赵毅深。笔名：①赵少伟，见于译作《马赛八月》（英国狄更斯原作），载 1941 年 7 月 15 日重庆《工业青年》创刊号。嗣后出版译作《劳伦斯性爱小说》（上海文艺出版社，1997 年）亦署。②卢式，见于评论《罗曼罗兰的〈悲多汶传〉》《爱密莱白朗代及其〈咆哮山庄〉》，载 1945 年 11 月重庆《世界文艺季刊》第 1 卷第 2 期。③赵毅深、王卢、卢集，分别见于翻译传记《卡莱尔》（英国里顿·斯特拉奇原作）、翻译论文《论传记文学》（英国里顿·斯特拉奇原作）、翻译评论《约翰·史丹倍克：工作中的小说家》（美国 L. 加奈特原作），载 1946 年 11 月《世界文艺季刊》第 1 卷第 4 期。按：赵少伟尚著有论文《戴·赫·劳伦斯的社会批判三部曲》，译有《罗曼罗兰：一个诚实的折衷主义者》《海明威的文体风格》《一个白俄罗斯的故事》等，署名情况未详。

赵慎应（1921－　），河南孟津人。笔名：①曼曼，20 世纪 40 年代在河南报刊发表诗作署用。1945 年后期在郑州编绥靖公署机关报《群力报》副刊亦署。②赵慎应，出版《中央驻藏代表张经武》（中国藏学出版社，1985 年）、《西藏风云》（新华出版社，1987 年）、《张国华将军在西藏》（中国藏学出版社，1988 年）、《西藏革命史》（西藏人民出版社，1991 年）等署用。此外，在《东北教育》《人民周报》等刊发表《康藏高原上的开路先锋》等亦署。

赵石宾（1914－1942），山西榆次（今晋中市）人。笔名融谷，见评论《关于"奥涅金"》，载 1936 年《时事类编》第 4 卷第 18 期。嗣后翻译普希金诗《奥根·奥尼金》等亦署。

赵式铭（1877－1941），云南剑川人，字星海，号抝叔。笔名赵式铭，在《南社丛刻》发表诗文署用。

赵树理（1906－1970），山西沁水人。原名赵树礼，乳名得意。笔名：①赵树礼，见于小说《悔》，载 1929

年山西《自新月刊》第 5 期。嗣后在该刊发表《白马的故事》《读书·做人·革命》等文亦署。②野小，见于七言长诗《打卦歌》，载 1931 年 1 月 14 日《北平晨报·北晨艺圃》；长篇小说《盘龙峪》第 1 章，载 1933 年 2 月 16 日—4 月 16 日《中国文化建设协会山西分会月刊》第 1 卷第 2—4 期。③老西，见于随笔《太原拾零》，载 1933 年上海《论语》半月刊第 29 期、第 30 期。④尚在，见于中篇小说《有个人》，载 1933 年 12 月《山西党讯》副刊。⑤村夫，见于《农村的谚语》，载 1933 年 12 月《新农村》第 7 期。⑥黑丑，见于小说《糊涂县长》，载 1934 年 4 月 1—3 日《山西党讯·最后一页》。⑦何化鲁，见于小说《到任的第一天》，载 1934 年 8 月 13 日《山西党讯·最后一页》。嗣后在该刊发表评论《我也谈谈创作》《呜呼，李长之教授》等文亦署。⑧太西，见于杂文《义务勘误》，载 1934 年上海《论语》半月刊第 32 期。⑨孔师圣，见于小说《忧心的日子》，载 1934 年 12 月 14 日《山西党讯》。⑩得意，见于报道《南洋华侨女飞行家王秀云女士小记》，载 1935 年 2 月 23 日《山西日报·余霞》。⑪吴戴，1935 年前后发表文章署用。⑫白痴，见于小说《过差》，载 1936 年 2 月 10 日《山西党讯》；随笔《杂感随笔》，载 1936 年 7 月 21 日哈尔滨《国际协报》。⑬常哉，见于杂文《文化与小伙子》，载 1936 年《中国文化建设协会山西分会月刊》第 2 卷第 2 期；相声《打倒汉奸》，载 1937 年 1 月 14 日、21 日《太原日报·开展》。⑭理，见于散文《一群快乐的人们》，载 1939 年 12 月 15 日某油印刊第 23 期。1948 年在《新大众报》发表短评《不要误解"行政命令"》《再谈"行政命令"》等亦署。⑮方定，见于杂文《私人意见》，载 1940 年华北《抗战生活》半月刊第 2 卷第 5 期。嗣后在该刊第 2 卷第 6 期发表小说《喜子》亦署。又见于鼓词《中途语》，载 1940 年 12 月 25 日《中国人》报。⑯甲土，见于《怎样利用鼓词》，载 1940 年《抗战生活》第 2 卷第 6 期。⑰王甲土，见于小说《变了》，载 1940 年《抗战生活》第 3 卷第 1 期。嗣后在该刊及《新大众报》《华北文化》等报刊发表鼓词《茂林恨》、短评《穷苦人要当家》等亦署。1949 年后在北京《文艺报》发表评论《〈买猴儿〉讽刺了谁？》等文亦署。⑱墨秋、烈风，分别见于杂文《认清敌人》、诗《狗尿苔》，载 1940 年 12 月 25 日《中国人》报。⑲墨淡，见于快板《呸呸呸，汪精卫》，载 1941 年 1 月 1 日《中国人》报。⑳石情，见于鼓词《王美云出嫁》，载 1941 年 1 月 1 日《中国人》报。㉑悟今，见于杂文《亲日派久被注定的命运》，载 1941 年 2 月 19 日《中国人》报。嗣后在该报发表小说《陪黑鬼打牌记》、杂文《说"驯道"》等亦署。㉒文，见于诗《何应钦早该斩》，载 1941 年 2 月 19 日《中国人》报。嗣后在该报发表杂文《亲日派怎样与汪逆呼应》《合作·并吞·公司》等亦署。㉓玉、明，分别见于快板《不上当》、新三字经《咱更能好好干》，载 1941 年 2 月 19 日《中国人》报。㉔重，见于诗《警告亲日派》，载 1941 年 2 月 26 日《中国人》报。㉕升东，见于杂文《天狗与太阳》，载 1941 年 2 月 26 日《中国人》报。㉖海光、中，分别见于杂文《是报仇的时候》、快板《新正气歌》，载 1941 年 3 月 5 日《中国人》报。㉗摘，见于快板《参加抗日军》，载 1941 年 3 月 12 日《中国人》报。㉘放，见于杂文《火上的跳舞》，载 1941 年 3 月 19 日《中国人》报。㉙定，见于数来宝，载 1941 年 3 月 19 日《中国人》报。㉚文瑞，见于快板《鬼子贩儿童》，载 1941 年 4 月 9 日《中国人》报。㉛冷哉，见于小小说《"帮助"》，载 1941 年 4 月 9 日《中国人》报。嗣后在该报发表小说《再生录》《不堪造就》等亦署。㉜步关、卢觉，分别见于书评《贰臣传》、鼓词《王天台骂贼》，载 1941 年 4 月 16 日《中国人》报第 20 期。㉝武显、王敬、赵定之，分别见于杂文《活路》、故事《世道》、快板《民主歌》，载 1941 年 4 月 23 日《中国人》报。㉞定之，见于有韵话《比一比看》，载 1941 年 5 月 14 日《中国人》报。嗣后在该报发表故事《二木匠》、杂文《如此交往》等亦署。㉟宋元，见于小说《吸烟执照》，载 1941 年 5 月 21 日《中国人》报。嗣后在该报发表小说《李大顺买盐》《忠孝两全》等亦署。㊱一鸣，见于快板《不受骗歌》，载 1941 年 5 月 28 日《中国人》报。嗣后在该报发表快板《奇怪的标题》、杂文《说路》等亦署。㊲英，见于小小说《魏启明》，载 1941 年 6 月 4 日《中国人》报。嗣后在该报发表相声《一串鬼话》、杂文《"自肃"别解》亦署。㊳立壁，见于评论《抗战第五年》，载 1941 年 7 月 9 日《中国人》报。㊴若枫，见于诗《乞巧歌》，载 1941 年 7 月 16 日《中国人》报。嗣后在 1941 年 7 月 30 日该报发表诗《避雨者》亦署。㊵江萍，见于杂文《两种狗》，载 1941 年 7 月 16 日《中国人》报。㊶庸，见于评论《祖国的喜讯》，载 1941 年 7 月 23 日《中国人》报。㊷丹辉、小潭，分别见于故事《抗战故事偶拾》、小调《村政民选小调》，载 1941 年 7 月 23 日《中国人》报。㊸益文、老常，分别见于故事《毛驴和鞋子》、杂文《"治安强化"的谜底》，载 1941 年 7 月 30 日《中国人》报。㊹效良，见于故事《"治安军"搜查记》，载 1941 年 8 月 6 日《中国人》报第 35 号。嗣后在同年 8 月 27 日该报发表杂文《异样的胜利品》亦署。㊺舟，见于随笔《杨秀峰先生》，载 1941 年 8 月 6 日《中国人》报。㊻文君、如愚、敬，分别见于小小说《李克仁妙计留如意》、日记《教弟——一段日记》、报道《晋冀鲁豫临参会议长申伯纯先生》，载 1941 年 8 月 13 日《中国人》报。㊼王农、玉成、林世祚，分别见于杂文《"代管"与"代收"》、故事《大义灭亲》、随笔《到处是林彪》，载 1941 年 8 月 27 日《中国人》报。㊽启明，见于评论《对于加强对敌宣传我的几点意见》（与王春合作），载 1941 年 11 月 18 日某刊。㊾你索，1940—1941 年在《中国人》报发表寓言署用。㊿胡启明，在《抗战生活》革新第 2 卷第 2 期发表文章署用。(51)树理，见于唱词《闹元宵》，载 1943 年华北《青年与儿童》第 5 卷第 5

期。㉜赵树理，出版短篇小说集《小二黑结婚》（华北新华书店，1943 年）署用。嗣后在《新文化》《晋绥日报》《群众》《长城》《文艺杂志》《解放日报》《新大众》《太岳文艺》《东北日报》《晋察冀日报》《人民日报（晋冀鲁豫）·文艺通讯》《华北文艺》《新华周报》等报刊发表小说、曲艺作品，出版短篇《孟祥英翻身》（索堡新华书店，1945 年）、《赵树理小说选集》（吕梁文化教育出版社，1947 年）、《邪不压正》（太岳新华书店，1948 年）、《传家宝》（冀南新华书店，1949 年）、《地板》（西北新华书店，1949 年）、《小经理》（东北新华书店，1949 年），长篇小说《李家庄的变迁》（华北新华书店，1946 年），中篇小说《李有才板话》（华北新华书店，1943 年；冀鲁豫书店，1944 年），话剧剧本《两个世界》（华北新华书店，1947 年）等，1949 年后出版长篇小说《三里湾》（人民文学出版社，1958 年）、《赵树理文集》（人民文学出版社，2005 年）等亦署。㉝吉成，见于快板《汉奸阎锡山》，载 1945 年《新大众》半月刊第 5 期。

赵宋庆（1903－1965），江苏镇江人，字仲翘。笔名：①赵宋庆，出版翻译戏剧《鸽与轻梦》（英国高尔斯华绥原作，与席涤尘合译。上海开明书店，1927 年）署用。②孤怀，见于译诗《我们今宵扎帐》（瓦尔透·剋士雷原作），载 1931 年上海《微音月刊》第 1 卷第 1 期。嗣后在该刊及《先导半月刊》《现代文化》《申报月刊》等刊发表著、译作品《印底贵族文学及其影响》《抵抗吗？——从心理说到事实》《中国今日唯一之希望》《日俄战争与英法美态度之推测》等亦署。③辜怀，见于编译《屠格涅夫的短篇小说》（爱德华·加纳忒原作），载 1931 年上海《微音月刊》第 1 卷第 6 期；《印度女诗人陀露哆二首》，载 1935 年《世界文学》第 1 卷第 1－6 期。同时期在《女子月刊》《中学生》发表译诗《安心》，科普作品《四月的行星》亦署。④赵孤怀，出版译作《屠格涅夫小说集》（俄国屠格涅夫原作。上海大江书铺，1933 年）署用。⑤赵辜怀，出版知识读物《秋之星》（上海开明书店，1935 年）署用。

赵太侔（1889－1968），山东益都（今青州市）人。原名赵海秋。曾用名赵畸，字太侔。一说又名赵畸、赵广，字海秋。笔名赵太侔，见于《国剧》《光影》《布景》，载 1926 年北京《晨报副镌》第 57－58 期；《悼朱双云先生》，载 1944 年重庆《天下文章》第 2 卷第 1 期。

赵苕（tiáo）**狂**（1891－1953），浙江湖州人。原名赵泽霖，字雨苍，号苕狂、忆凤、门角落里福尔摩斯。笔名：①雨苍，见于小说《政治家之妻》，载 1915 年上海《小说月报》第 6 卷第 5 期。②苕狂，见于小说《无历村》，连载于 1916 年上海《小说新报》第 2 卷第 1－6 期；侦探小说《空中盗》，载 1922 年上海《游戏世界》第 6 期。此前后在《小说大观》《春声》《小说世界》《新上海》《红玫瑰》《民众生活》《玫瑰》《太平洋周报》等刊发表小说《江湖百大剑侠传》、散文《文坛怀旧录》等亦署。③赵苕狂，见于随笔《美国影戏界之百面观》、小说《富翁叹》，载 1921 年上海《游戏

世界》第 1 期。嗣后在该刊及《小说日报》《红杂志》《侦探世界》《红玫瑰》《文华》《民众生活》《社会月报》等刊发表小说、随笔等，出版小说集《滑稽小说集第三册》（上海世界书局，1923 年）、《滑稽探案集》（上海世界书局，1924 年）、《赵苕狂说集》（上海大东书局，1927 年）、《鲁平的胜利》（上海正气书局，1948 年），长篇小说《墙外桃花记》（中国第一书局，1925 年）、《江湖怪侠》（上海世界书局，1931 年），中篇小说《弄堂博士》（上海世界书局，1929 年）。翻译小说《亡国复仇记》（英国开士东楼路原作。上海国华新记书局，1935 年）、《黑奴魂》（美国斯托夫人原作。上海启明书局，1937 年）等亦署。④忆凤，见于小说《海上新年》，载 1922 年上海《游戏世界》第 9 期；小说《饭牛翁的情人》，载 1924 年上海《红玫瑰》第 1 卷第 2 期。⑤走肖生，20 世纪 20 年代续写长篇小说《江湖奇侠传》第 105 回起（载上海《红玫瑰》杂志）署用。⑥赵泽霖，在《南社丛刻》发表诗文署用。

赵万里（1905－1980），浙江海宁人，字斐云、撷云、飞云，号芸盦、舜盦。笔名：①蠡舟，见于评论《王静安先生之考证学》，载 1928 年 6 月天津《大公报·文学副刊》。②赵万里，见于词《鹧鸪天》，载 1925 年南京《学衡》第 46 期；辑集《〈人间词话〉未刊稿及其他》，载 1928 年上海《小说月报》第 19 卷第 3 期。嗣后在《歌谣》《文学》《国学丛刊》《史学与地学》《国立第一中山大学语言历史学研究所周刊》《华北日报·俗文学》《北京图书馆月刊》《清华学报》《文学》《中德学志》《中法汉学研究所图书馆刊》《图书季刊》等报刊发表《王静安先生著作目录》《王静安先生年谱》《说苑校补》《散曲的历史观》《金元素事变考》《馆藏善本书提要》《旧刻元明杂剧二十七种序录》《海源阁遗书经眼录》《刘申叔先生著述目录》等文，出版《校辑宋金元人词》（中央研究院历史语言研究所，1931 年）、《中国古代版本史讲义》（在北京举办的第一届公共图书馆工作人员训练班授课时的讲义，1954 年）、《汉魏南北朝墓志集释》（科学出版社，1956 年），主编《北京图书馆善本书目》（与冀淑英合作。中华书局，1959 年），校辑《元一统志》（中华书局，1966 年）亦署。③飞云，署用情况未详。

赵炜如（1884－1960），安徽太湖（今黄山市）人，字坚白。笔名赵炜如、坚白，在《南社丛刻》发表诗文署用。

赵蔚青（1919－？），吉林通化人。原名赵宝忠。笔名：①瀑岩，见于译诗《中国自语着》（邓原作），载 1939 年 6 月 16 日重庆《文艺月刊·战时特刊》第 3 卷第 5、6 期合刊。②赵蔚青，见于翻译小说《在麦田里》（匈牙利 S. 吉各尔原作），载 1940 年《战时青年》第 3 卷第 2 期；译文《蔡雷泰里》（苏联阿·托尔斯泰原作），载 1941 年重庆《诗垦地》第 1 期。嗣后在《诗创作》《现代文艺》《时代文学》《时与潮文艺》《文学》《再生周刊》等刊发表著译诗文《幽怨》《幸福》《希腊

的民间诗歌》，出版翻译小说《不幸的少女》（俄国屠格涅夫原作。上海文化生活出版社，1945 年渝 1 版，1946 年沪 1 版）、《静静的洄流》（俄国屠格涅夫原作。上海文化生活出版社，1945 年），1949 年后出版译作《战争故事》（罗马尼亚萨多维亚努原作。作家出版社，1956 年）、《蒂特人的女儿》（丹麦尼克索原作。与他人合译，上海译文出版社，1981 年）、《战地情梦》（波兰显克维奇原作。与赵燕红合译，长春出版社，1998 年），以及《荒漠莽林中历险记》（波兰显克维奇原作）、《战场上的婚礼》（波兰显克维奇原作）、《生命之根》（俄国普里什文原作）、《巴斯托夫斯基选集》《东欧短篇小说选》等亦署。③蔚青，见于翻译散文《短剑》（格鲁吉亚乔治亚·蔡雷泰里原作），载 1942 年 3 月 1 日《诗垦地》第 2 期。④赵茁青，1941 年《诗垦地》第 3 期发表译诗《高窗》（日本西泽隆治原作）时刊目录之署名。⑤赵蔚泽青，1942 年 4 月《诗垦地》第 3 期发表译诗《高窗》正文之署名。⑥鉴秋，抗战时在重庆发表诗文偶署。见于诗《星月之夜》，载 1938－1939 年间上海《文心》杂志。⑦黎声，出版翻译长篇小说《泥棚户》（罗马尼亚萨多维亚努原作。上海平明出版社，1952 年）署用。

赵文甫（1913－？），河南新安人。原名赵文渊。笔名：①逆飞，见于诗《失眠》，载 1936 年 1 月 12 日郑州《大华晨报·新垦》。嗣后在该刊发表诗《觉醒》《祭灶》《春意熏醉了岑楼中的玉体》《采蒿》《傍晚》等亦署。②逆非、赵文渊，20 世纪 30 年代在开封《河南民国日报·中原》《河南民国日报·海星》、郑州《大华晨报·新垦》等刊发表诗作署用。③赵文甫，1936 年在开封主编《海星》月刊并发表文章署用。

赵惜梦（1888－1956），辽宁复县（今瓦房店市）人。原名赵云鹤。笔名惜梦，20 世纪 20－30 年代在哈尔滨主编《国际协报·国际公园》、发表《愿受真理的惩罚》《中国人的"意见"》《秋风落叶》等杂文、散文署用。同时期或嗣后在《战地通信》发表《台儿庄歼灭暴敌血战的一幕》《投诚的健儿》《活跃在台儿庄的女服务队》《北战场上》《北战场的外缘》《徐海风云》等亦署。

赵锡，生卒年不详，山西盂县人。笔名夏沙，抗战时期在绥远陕坝《奋引日报》发表短篇小说等署用。

赵锡嘉（1882－1934），四川宜宾人。笔名亦娱、法国、保罗，20 世纪 20－30 年代在上海《亦报》《晶报》等小报发表《电车速写录》等文署用。

赵熙（1867－1948），四川荣县人，字尧生，号香宋。晚号天山渔民、香宋词人、香宋老人。曾用名赵熙。著有《香宋诗文》《慈香小集》《峨嵋纪行诗》，主修《四川通志》。

赵先（1916－？），江苏溧阳人，原名张群先。笔名华沙，见于报告文学《生手》，载 1936 年 9 月 5 日上海《中流》半月刊第 1 卷第 1 期；随笔《她们的生活》，载 1941 年《女光》第 1 期。20 世纪 30－40 年代在《妇女生活》《剧场艺术》《上海周报》《诗歌杂志》等刊发表文章亦署。

赵鲜文（1911－？），辽宁沈阳人。笔名：①鲜文，见于小说《金钱》，载 1925 年 1 月 8－10 日沈阳《盛京时报·神皋杂俎》。此前后在该报发表散文《病中》《伤心》《回忆家中》、小说《昨夜》《家庭惨》等，1938 年在沈阳《新青年》12 月号发表小说《看坟人》，1939 年 1 月在长春《明明》新年号发表小说《小北河》等，出版小说散文集《昭陵红叶》亦署。②鲜鱼羊，见于小说《北沟子》，载 1935 年上海《文学》月刊第 4 卷第 4 期；纪实小说《到北京去》，载 1943 年日本大阪《华文大阪每日》第 10 卷第 3 期。③于扬、赵子悲、老旭，署用情况未详。

赵寻（1920－2012），湖北武汉人。原名赵辛生。笔名：①赵寻，1949 年后出版剧本《民主青年进行曲》（与贾克联合执笔。生活·读书·新知三联书店，1950 年）、《人民的意志》（与蓝光合作。生活·读书·新知三联书店，1951 年）、《还乡记》《高炉火花》《叶尔绍夫兄弟》《生活小喜剧》，电影文学剧本《民主青年进行曲》，戏剧评论集《话剧创作散论》（中国戏剧出版社，1958 年）、《赵寻戏剧论集》（中国戏剧出版社，2001 年）、《电视剧的第一个春天》，翻译散文集《真实的故事》（苏联柯仲连原作。中国青年出版社，1952 年）等署用。②徨雁，署用情况未详。

赵洵（1917－1988），吉林省吉林市人，满族。曾用名关絮。笔名：①赵洵，见于翻译小说《坚持》（苏联肖洛霍夫原作），载 1945 年重庆《文哨》第 1 卷第 2 期；翻译小说《平安无事的一天》（苏联西蒙诺夫原作），载 1948 年 7 月哈尔滨《文学战线》创刊号。出版论著《日本经济与经济制裁》（与黄一然合作），诗集《夏夜集》，译作《致友人的二十封信》（苏联阿利卢耶娃原作）、《让历史来审判：斯大林主义的起源及其后果》（苏联麦德维杰夫原作）、《同斯大林的谈话》（南斯拉夫吉拉斯原作）、《静静的顿河》（第二、三部。苏联肖洛霍夫原作）、《钢铁是怎样炼成的》（苏联奥斯特洛夫斯基原作）、《故园》（俄国蒲宁原作）、《贵族之家》（俄国屠格涅夫原作）等亦署。②杜克展，出版译作《近代新历史》（苏联科学院历史研究院原作。读书出版社，1947 年）、译作《近代史教程》（苏联科学院历史院原作。上海新华书店，1950 年）等署用。

赵恂九（1905－1968），辽宁金州（今大连市）人。原名赵忠忱。笔名：①赵恂九，20 世纪 30 年代初发表作品署用。1932 年 5 月 16 日起在大连《泰东日报》连载长篇小说《鸳飘凤飞》，嗣后至 1942 年间在该报发表长篇小说《水中缘》《流动》《春梦》《他的忏悔》、中篇小说《海滨》、短篇小说《群星》《雪夜》，在长春《麒麟》等报刊发表长篇小说《梦断花残》等，出版长篇小说《春梦》（上海诚文信书局，1939 年）、《他的忏悔》（大连实业洋行出版部，1941 年）、《故乡之梦》（大连实业洋行出版部，1941 年），小说集《鸳飘凤飞》（大连实业洋行出版部,1941 年),论著《小说作法之研究》(大连启东书局,1943 年)等亦署。②大我、竹心、猪心,20 世纪 40 年代在东北报刊发表文章署用。

赵循伯(1908－1980),四川巴县(今重庆市)人。曾用名赵承志。笔名:①徐匀,1925 年起在成都《白日新闻》、重庆《新蜀报》、上海《语丝》《北新》等报刊发表散文署用。见于散文《午后》,载 1932 年上海《南华文艺》第 1 卷第 4 期。②赵循伯,见于散文《花之职业》,载 1933 年 6 月 1 日杭州《艺风月刊》第 1 卷第 6 期。嗣后在该刊发表随笔《峨眉屐痕》《艺术家与民间艺术家》、小说《一个上半天》《安士敏秀才的故事》等,创作、出版话剧剧本《民族正气》《长恨歌》《崖山恨》,京剧剧本《屈原》《长平之战》,川剧剧本《白兔记》《绛霄楼》《闹齐庭》《哭秦庭》《荆钗记》《将相和》《文天祥》等亦署。③循伯,见于《万县桐油业调查》,载 1936 年 3 月《四川月报》第 8 卷第 3 期。1937 年在重庆《现代读物》发表诗《秋雾》《旬日间两进华岩寺》《寄承祥》、随笔《与本刊的交谊》等亦署。

赵逊,生卒年及籍贯不详。原名赵永西。笔名塞北星,1943 年秋在《吉林新闻》报发表剧评署用。

赵雅博(1917－2015),河北望都人。笔名:①赵雅博,出版散文《今日西班牙》(台北中华文化事业公司,1955 年)、《天涯惊鸿》(台北水牛出版社,1975 年),传记《雷鸣远神父传》(台北自由太平洋文化公司,1960 年),报告文学《烽火声中的雷鸣远》(台北自由太平洋文化公司,1965 年),论著《谈思想》(台中光启出版社,1958 年)、《哲学概论》(台北中华书局,1959 年)、《抽象艺术论》(台北自由太平洋公司,1960 年)、《中国思想法批判》(台北世界书局,1964 年)等署用。②晓星、寒流、警雷,署用情况未详。

赵燕翼(1927－2011),甘肃古浪人。原名赵应麒。笔名:①应奇,见于散文《故乡的婚姻》,载 1946 年《兰州日报》。②雁翼,见于散文《旅途杂记》,载 1947 年 2 月 15—16 日《兰州日报》。嗣后至 20 世纪 50 年代中期发表作品亦署。③赵燕翼,见于特写《农民的工程师》,载 1956 年 10 月 13 日《甘肃日报》。嗣后出版短中篇小说集《草原新传奇》《冬布拉之歌》《驼铃和鹰笛》《远方少年》、童话故事集《金瓜和银豆》《花木碗的故事》《白羽飞衣》《乌鸦女孩》《赵燕翼儿童文学集》、散文集《我从黄土高坡走来》等亦署。

赵扬(?－1975),原名赵安济。曾用名赵不扬。笔名:①不扬、韦韦、宋阳、海波、安济、佩苇、国澄、白衣人,20 世纪 20—30 年代及"孤岛"时期在上海报刊发表文章署用。②李昂,见于随笔《旅法杂记》,载 1929 年上海《东方杂志》第 26 卷第 24 期;杂文《巴黎大学教授的话》《历年的诺贝尔奖金》,载 1930 年上海《东方杂志》第 27 卷第 13 期。1941 年 3 月 25 日在上海《奔流文艺丛刊》第 3 辑发表杂文《骨鲠二则》亦署。

赵亦吾(1928－),辽宁沈阳人,蒙古族,原名赵启鸣。笔名丹地、沙里金、启鸣、赵亦吾,著有散文集《高原上的火龙》《梦梦歌》《阿尔敦曲克草原上一夜》、报告文学《西合加一家》、话剧剧本《边防线上》。

赵易林(1927－),四川宜宾人,生于上海。笔名:①赵长生,见于散文《蟋蟀》,载 1946 年上海《青年界》新 2 卷第 2 期。②易林,见于翻译寓言《野狗与狐狸》(希多巴谛沙原作),载 1947 年《青年界》新 3 卷第 1 期。③赵易林,见于随笔《数学上有趣的谬论》,载 1947 年《青年界》新 3 卷第 3 期。嗣后在该刊发表世界寓言选译《蚊与牛》《猴子与铃》、游记《老张梦游数学世界》、小品《从菜篮子到无穷远点》等亦署。④赵佩春,20 世纪 40 年代在上海《小主人》周刊发表文章署用。⑤易、林,1969 年在上海《新民报晚刊·夜光杯》发表短文《买邮票》等用。⑥杨穆,见于散文《苏步青定情记》,载 1997 年杭州《文化娱乐》第 6 期。嗣后在《游艺》杂志发表文章亦署。

赵逸贤,生卒年不详,江苏丹徒人,字朗斋,号念梦。笔名赵逸贤,在《南社丛刻》发表诗文署用。

赵荫棠(1893－1970),河南巩县(今巩义市)人。曾用名赵仝光,字憩之。笔名:①赵荫棠,见于诗《小诗》,载 1923 年 6 月 22 日上海《文学旬刊》第 77 期;随笔《诗人与读众》,载 1927 年 4 月 18 日北京《晨报副镌》。此前后在《微明》《华严》《民国日报·号鸟》《中法大学月刊》《国立北京大学国学季刊》《辅仁学志》《中国公论》《文学集刊》《中国文学》《艺文杂志》《文艺世纪》《晨报》《和平钟》《华北作家月报》《朔风》《中华周报》等报刊发表《元明清韵书考证》《字学元元述评》《清初审音家赵绍箕及其贡献》《切韵指掌图撰述年代考》《明清等韵之北音系统》《卖书记》《守温韵学残卷后记》等文,出版小说集《父与子》(北平新民印书馆,1944 年),长篇小说《影》(北平华北作家协会,1945 年),译作《性教育的示儿编》(美国桑格夫人原作。上海北新书局,1929 年)、《风格与表现》(日本小泉八云等原作。北平华严书店,1929 年),论著《康熙字典字母切韵要法考证》(国立中央研究院历史语言研究所,1931 年)、《中原音韵研究》(上海商务印书馆,1936 年)等亦署。②老铁,见于随笔《谈中学国文》,载 1940 年北平《中国公论》第 3 卷第 3 期。

赵银棠(1904－?),云南丽江人,纳西族,字玉生。笔名:①景,1933 年开始在《云南日报》《民国日报》等报发表杂感署用。②玉生,1949 年后发表文章偶署。

赵玉明(1928－),湖南湘阴人。笔名:①赵玉明,出版诗集《金色的阳光下》(台北野风出版社,1953 年)、小说集《咆哮大地》(台北幼狮文化事业公司,1965 年)、报告文学《飞向白日青天》(台北联经出版公司,1977 年)、传记《居正传》(台北近代中国出版社,1982 年)等用。②一夫,署用情况未详。

赵元任(1892－1981),美籍华人。原籍中国江苏武进（今常州市），生于天津，字宣仲，号宣重。英文名 Y. R. Chao。别署妧妊、ㄆ（bō）。笔名赵元任，见于论文《心理学与物质科学之区别》，载1915年上海《科学》第1卷第1期。嗣后在该刊及《国语月刊》《晨报副镌》《清华周刊》《东方杂志》《国学论丛》《中学生》《国立中央研究院历史语言研究所集刊》《论语》《歌谣》《社会学报》《生活教育》《广播周报》《国立北京大学国学季刊》《宇宙风》《音乐教育》《科学时报》《北京大学研究所国学门周刊》《科学画报》《青年音乐》《开明少年》《图书季刊》等刊发表《罗素哲学的精神》《中西星名考》《中国言语字调底实验研究法》《符号学大纲》《南京音系》《上古中国音当中的几个问题》《反切语八种》《再论注音字母译音法》《孟姜女送寒衣乐谱又一式》《读林语堂著开明英文读本》等文，出版专著《国音新诗韵（附平水韵）》（上海商务印书馆，1923年），翻译小说《最后五分钟》（米伦原作，赵元任编辑。上海中华书局，1929年），翻译童话《阿丽思漫游奇境记》（英国卡罗尔原作。上海商务印书馆，1947年），自传《赵元任早年自传》（广西师范大学出版社，2013年），以及歌曲集、语言学论著与译作等亦署。

赵正平（1878－1945），江苏宝山（今上海市）人，字后声、厚生、厚圣、侯声，号仁斋。化名候声。笔名：①历劫余生，出版《老子研究与政治》（中国图书杂志公司，1939年）及《兴国记》《屯田考》等著作署用。②夷门、南风主人、喜马拉雅、喜马拉耶，署用情况未详。

赵之诚（1916－？），重庆人，字慎叔。笔名：①赵之诚，见于散文《哭刘戡将军——谨记晋南军中数事纪念在天之灵》，载1948年《新光》第8期。嗣后出版小说集《梅岭千秋》（台北正中书局，1962年）、《春雷》（台北改造出版社，1964年）等亦署。②范金，署用情况未详。按：赵之诚尚著有《喜从天降》《陌生人》《早春》等话剧和电影剧本。

赵忠（1920－2004），山东泰安人。笔名方春、赵忠，代表作有活报剧剧本《汉奸三部曲》，快板剧剧本《老太婆的觉悟》，话剧剧本《水落石出》《一对新人》，电影文学剧本《怒海轻骑》（与他人合作）、《无名岛》（与他人合作），歌剧剧本《红珊瑚》（与他人合作），相声《昨天》等。

赵仲邑（1914－1984），广东新会（今江门市）人，字其信。笔名：①赵仲邑，见于《黄山谷五言诗句法研究》，载1943年《开明国文》月刊第22期；《"成相辞"与"击壤歌"》，载1948年《国文月刊》第74期。嗣后发表《闻一多先生轶闻》《朱自清先生和旧体诗》《王力先生的青少年时代》《我敬爱的朱自清老师》《生命中的主流——重读〈红烛〉和〈死水〉》，1949年后出版随笔集《蜗庐漫笔》（广东人民出版社，1980年）、《精庐小札》（广东人民出版社，1983年），专著《文心雕龙译注》（漓江出版社，1982年）、《校勘学史略》（岳麓书社，1983年）、《新序选注》（湖南人民出版社，1983

年）、《钟嵘诗品译注》（广西教育出版社，1987年），以及《古代汉语》《古代汉语基础知识》等亦署。②汀雁，见于《民间谜语》，载1958年2月5日《羊城晚报》。③赵宗言，见于《除夕吃粽及其他》，载1962年2月4日《羊城晚报》。

赵滋蕃（1924－1986），湖南益阳人，生于德国汉堡。笔名：①赵滋蕃，出版长篇小说《半下流社会》（香港亚洲出版社，1953年），中篇小说《荆棘火》（香港亚洲出版社，1954年），诗集《旋风交响曲》（香港亚洲出版社，1955年）、《蜜月》（台北中国文学出版社，1956年），小说集《飞碟征空》（香港亚洲出版社，1956年）、《太空历险记》（香港亚洲出版社，1956年）、《月亮上望地球》（香港亚洲出版社，1959年），长篇小说《子午线上》（高雄大业书店，1964年）、《重山岛》（台北太平洋出版社，1965年），散文集《艺文短曲》（台湾商务印书馆，1968年）、《谈文论艺》（台北三民书局，1969年）、《人间小品》（台北三民书局，1969年）、《生命的锐气》（台北大西洋出版社，1970年），论著《文学原理》（台北东大图书公司，1988年）等署用。②文寿，署用情况未详。

赵自（1924－），浙江余姚人。原名赵家璈。笔名：①小诃，见于《读台尔的小说〈痴想〉》，载1944年《锻炼》第4期；散文《关于郑定文》，载1946年上海文艺青年联谊会《文艺学习》。嗣后在《生活知识周刊》《消息半周刊》《文艺春秋》《中国建设》等刊发表文章亦署。②赵自，1949年后出版短篇小说集《红浪花》（上海文艺出版社，1958年）、《在船台上》（作家出版社上海编辑所，1964年）、《第二双眼睛》（上海文艺出版社，1985年），传记文学《不死的王孝和》（与柯蓝合作。工人出版社，1955年），儿童文学《奔驰在白云间》（少年儿童出版社，1956年）等署用。

赵宗瀚，生卒年不详，云南剑川人，字澄甫。笔名赵宗瀚，在《南社丛刻》发表诗文署用。

赵宗濂（1914－1943），山东日照人。笔名：①赵宗濂，见于小说《一只火枪》，载1937年北平《大众知识》第1卷第9期。嗣后在《辅仁文苑》《艺术与生活》等刊发表小说《阿兰》、散文《疯姑娘》等，出版小说集《在草原上》（北平辅仁文苑社，1940年）、遗著《逝者集》（阿茨编。武德社，1943年）亦署。②芦沙，见于散文《纪念英孟昭小姐》，载1942年北平《辅仁文苑》第10、11期合刊；《关于新诗的几句话》，载1942年北平《中国文艺》第6卷第1期；小说《在饭馆里》，载1940年北平《艺术与生活》第14期。

赵祖扑，生卒年及籍贯不详。字希献。笔名赵祖扑，出版《中国文学沿革一瞥》（上海光华书局，1928年）署用。

赵祖康（1900－1995），上海市松江区人，字静侯。笔名：①赵康，见于小说《一个"贼"》，载1920年6月15日上海《民国日报·觉悟》。1923年在上海《弥洒》月刊发表《南归杂诗》《一对社会主义者的五一节》等诗文亦署。②赵祖康，见于《选择剧本问题的来往两信》，载 1921 年 12 月 13 日北京《晨报副镌》。嗣后在《弥洒》《红茶》《南洋旬报》《南洋季刊》《道路月刊》《交通杂志》《公路》《广东公路》《交通建设》等报刊发表诗文亦署。

【zhen】

真树华（1923—1948），福建浦城人。笔名：①真树华，见于散文《海夜》，载 1937 年 7 月 16 日福州《福建民报·新村》。嗣后在《福建民报·小园林》发表散文《海之歌》等亦署。②东方曙，见于散文《阴黯》，载 1945 年 2 月 28 日福建永安《民主报·新语》。③郑重，20 世纪 40 年代在福建报刊发表散文署用。

甄崇德（1926—?），河北唐山人。1940 年开始发表作品。笔名：①甄崇德，出版剧本《婆媳和》，诗集《寸草集》《庄稼夫妻》，歌剧剧本《贺喜》，评论集《中国的戏曲艺术》等署用。②雪乔，署用情况未详。

甄一怒（1887—1936），加拿大华人，原籍广东台山，号乙君。曾任《新民国报》总编辑。笔名甄一怒，出版有小说集《黄白鸳鸯》等。

震钧（1850—1920），北京人。字元素、在庭，号唐晏、涉江、悯盦。后更名唐晏素。笔名曼殊震钧，著有《国朝书人辑略》《庚子西行记事》。

【zheng】

征军（1913—1946），广东琼山（今属海南省）人。原名施继仕。曾用名施启达。笔名：①史征军，见于诗《歌颂在边塞上的儿子》，载 1936 年《杂文》第 5、6 号合刊。②征军，见于诗《食》，载 1934 年《同文学生》第 4 期。嗣后在《诗歌生活》《诗歌杂志》《东方文艺》《今代文艺》《思想月刊》《烽火》《游击队》《中国诗坛》《国民公论》《文艺阵地》《诗创作》《文艺生活》等刊发表《我们的进行曲》《珠江》《南国的女神哟珍重》《祖国，是涂着血的谷粒!》《空军战歌颂》《大地的苦难》《红萝卜》《珠江》《五月一日》《再不能容许内战》《大地的苦难》《你寻金去了》《被捕之鼠》《小红痣》等诗，出版诗集《红萝卜》（桂林诗创作社，1942 年）等亦署。

征骊（1917—1944），黑龙江呼兰（今哈尔滨市）人，原名张伯彦。笔名：①征骊，见于诗《影》，载 1935 年 4 月哈尔滨《国际协报·国际公园》。嗣后在该刊及哈尔滨《滨江时报》发表随笔《还乡杂感》《阿拉楚哈之秋》《浪人的春秋》《献给爱的战士》等亦署。②信风，见于随笔《溥仪致妻书及诗》，载 1936 年 6 月 16 日上海《论语》第 90 期。1937 年 7 月以后在东北地区《新青年》《明明》《麒麟》等刊发表《野鬼》等诗文，1940 年在沈阳《新诗歌》第 2 期发表诗《黑色列车的犯罪》等亦署。

郑秉谦（1930— ），浙江建德人。笔名：①颉颉、双页，1946 年开始在杭州《天行报·原野》《东南日报·笔垒》、南京《中央日报》副刊等发表诗歌、小说、散文署用。"颉颉"一名，又署于诗集《电线杆》（曾列入星诗丛，未见出版）。1949 年后发表作品偶署。②郑秉谦，1949 年后发表作品多署。

郑伯奇（1895—1979），陕西长安（今西安市）人。原名郑隆谨，字伯奇、咏涛。曾用名席耐芳、郑君平。笔名：①郑伯奇，见于论文《与 S 君论日本学术界底现状》，载 1920 年《少年世界》第 1 卷第 3 期。嗣后在《学艺》《创造季报》《创造日》《创造周报》《微音月刊》《时事新报·学灯》《艺术》《戏》《良友画报》《洪水》《创造月刊》《大众文艺》《明星》《思想月刊》《申报·自由谈》《拓荒者》《文艺月刊》《新中华》《大晚报·火炬》《救亡日报》《救亡周刊》《女子月刊》《新语林》《读书月刊》《文艺新闻》《北斗》《现代》《青年界》《文学》《春光》《太白》《文饭小品》《文史春秋》《生活学校》《文风》《新小说》《作家》《东方文艺》《文学界》《光明》《今代文艺》《中流》《戏剧时代》《抗战半月刊》《全民抗战》《抗战文艺》《半月文萃》《时事类编》《文坛》《流火》《中苏文化》《新蜀报》《新华日报》《每周文艺》《民主世界》《中原》《高原》《文选》《文潮月刊》等报刊发表著译诗文，出版中篇小说《宽城子大将》（上海良友图书印刷公司，1932 年），短篇小说集《打火机》（上海良友图书印刷公司，1936 年），散文集《参差集》（西安大陆图书杂志公司，1945 年），戏剧集《轨道》（上海启智书局，1930 年）、《哈尔滨的暗影》（桂林上海杂志公司，1941 年），小说戏剧集《抗争》（上海创造社出版部，1928 年），评论集《两栖集》（上海良友图书印刷公司，1936 年），翻译小说集《鲁森堡之一夜》（法国古尔孟原作。上海泰东图书局，1922 年）等亦署。②伯奇，见于诗《落梅》，载 1920 年《少年中国》第 1 卷第 11 期。嗣后在《创造季刊》《文艺新闻》等刊发表诗文亦署。③东山，见于诗《赠台湾的朋友》，载 1920 年《少年中国》第 2 卷第 2 期。嗣后在《时事新报·学灯》《少年中国》《创造季刊》《新女性》《晨报·每日电影》等报刊发表诗文亦署。④虚舟，见于通讯《日本特约通讯》，载 1922 年 3 月 28 日上海《新闻报》。嗣后在《少年中国》《良友画报·文字增刊》等刊发表文章亦署。⑤均，见于通讯《北京特约通讯》，载 1922 年 4 月 17 日上海《新闻报》。嗣后在《电影画报》《大晚报·火炬》等报刊发表文章署用。1936 年在上海《好文章》第 3 期发表随笔《鲁迅灵前答客问》亦署。⑥何大白，见于论文《革命文学的战野》，载 1928 年上海《畸形》半月刊第 2 期；评论《文坛的五月》，载 1928 年《创造月刊》第 2 卷第 1 期。嗣后在《日出》《大众文艺》《北斗》等刊发表文章亦署。⑦周裕之，见于小说《奸细》，载 1931 年上海《北斗》月刊第 1 卷第 3 期。⑧郑平子，见于声明《我们的陈诉，今后的批判》（与蔡叔声、张凤吾等人合作），载 1932 年 6 月 18 日上海《晨报·每日电影》；电影故事《到西北去》，载 1934 年上海《电影画报》第 11 期。⑨席耐芳，见于影评《天诛地灭》，载 1932 年 8 月 6 日上海《晨报·每日电影》。嗣后在该刊及上海《明星》发表《爱与死》《电影罪言——变相的电影时评》《电影结构论》（苏联底茂新可原作）等影评、译作，出版译作《电影导演论·电影脚本论》（与黄子布合译。上海晨报社，1933 年）亦署。⑩华尚文，见于《新三都赋》、散文《南国之秋》，载 1932 年上海《良友画报》第 66、70 期。嗣后在该刊及《新小说》《申报·自由谈》发表散文《待春杂记》、随笔《侦探小说和实生活》和翻译小说《歌舞女郎》《猎狮记》（法国菲利普原作）等亦署。⑪郑君平，见于《新书案》《夜月孤舟》，载 1923 年《侦探世界》第 3 卷第 19 期、第 4 卷第 7 期；散文《悼孽海花的作者曾孟朴》、随笔《登场的告白》，载 1933 年上海《电影画报》第 1 期；《悼聂耳先生》，载 1935 年《青青电影》第 2 卷第 5 期。嗣后出版译作《日本之产业》（长沙商务印书馆，1937 年）、《人类的脑髓》（日本平生吾一原作。长沙商务印书馆，1939 年）等亦署。⑫丁君吾，与夏衍、阿英合署。见于电影剧本《时代的儿女》，载 1933 年、1934 年上海《明星月报》第 2 卷第 2 期、第 3 期。⑬耐芳，见于随笔《对于电影批评的希望》，载 1934 年 1 月上海《晨报·每日电影》；随笔《电影批评与研究》，载 1934 年《电影画报》第 10 期。⑭苏萍，见于译文《名导演的大明星论》，载 1934 年《电影画报》第 8、9 期；论文《电影与文学》，载 1934 年上海《美术生活》第 3 期。⑮乃方，见于影评《〈现代一女性〉的死》，载 1934 年 2 月 21 日上海《晨报·每日电影》。⑯方均，见于影评《孙瑜先生和〈体育皇后〉》，载 1934 年 4 月 16 日上海《晨报·每日电影》。嗣后在该刊发表《〈琼宫恨史〉异见》《〈娜娜〉漫评》等影评，1935 年在上海《新小说》第 1 卷第 4 期发表随笔《通俗文学和读者趣味》亦署。⑰君，见于影评《〈恩怨夫妻〉观后感》，载 1934 年 5 月 26 日《晨报·每日电影》。⑱乐游，见于随笔《通俗和媚俗》，载 1935 年《新小说》第 1 卷第 3 期。嗣后在该刊发表《通俗小说和民话》《言语的贫乏》等随笔亦署。⑲平，见于随笔《通俗的和艺术的》，载 1935 年《新小说》第 1 卷第 3 期。嗣后在该刊发表《手头字以前的一步工作》《插画漫谈》等随笔亦署。⑳君平，见于随笔《谈影迷》，载 1934 年上海《影迷周报》第 1 卷第 3 期。1937 年 1 月 18 日在上海《大晚报·火炬》发表影评《评〈太平洋上的歌声〉》亦署。㉑方、咏涛、郑咏涛、郑虚舟，署用情况未详。

郑伯永（1919－1961），浙江乐清人。曾用名徐一飞、洪林、老洪。笔名：①郑伯永，出版《高振友》（新文艺出版社，1955 年）、《太阳初升》等署用。②夷夫、夷天，署用情况未详。

郑超麟（1901－1998），福建漳平人。俄文名 Марлотов（马道甫）。笔名：①超麟，见于《托尔斯泰与当代工

人运动》，载 1925 年 2 月 12 日上海《民国日报·觉悟》。②郑超麟，见于译文《波兰文学提要》（与汪颂鲁合译。载 1922 年日本《学艺》第 3 卷第 10 期）、《佛朗西的非战争主义》（载 1922《东方杂志》第 19 卷第 2 期）。嗣后在《新青年》发表《苏维埃制度底下民族问题之解决》《列宁与职工运动》《从凡尔赛到洛迦诺》等文亦署。③郑君哲，出版译作《厄比鸠底乐生哲学》（德国施密特原作。上海商务印书馆，1936 年）署用。④林超真，见于译文《马克思致柯格尔曼的信》（载 1937 年《世界动向》第 4 期）。嗣后出版译作《宗教·哲学·社会主义》（上海亚东书局出版）亦署。⑤曹真，出版论著《社会主义》（上海文源出版社，1949 年）署用。⑥马道甫，在《向导》杂志发表文章署用。⑦则连，在《中国青年》杂志发表文章署用。⑧绮纹、林伊文，署用情况未详。

郑朝宗（1912－1998），福建福州人，字海夫。笔名郑朝宗，见于译文《疤》（美国蒂斯代尔原作）、《黄昏》（美国蒂斯代尔原作），载 1934 年《清华周刊》第 42 卷第 11－12 期；散文《冯友兰先生》，载 1935 年上海《人间世》第 35 期；论文《论雪莱诗辩》，载 1944 年重庆《文艺先锋》第 5 卷第 1、2 期合刊；《雪莱诗辩》，载 1944 年第 2 卷第 6 期《公余生活》。1949 年后出版散文集《护花小集》（福建人民出版社，1983 年）、论著《西洋文学史》（与郑松锟合作。厦门大学出版社，1993 年），编选《〈管锥篇〉研究论文集》（福建人民出版社，1984 年）等亦署。②林海，见于随笔《小说中的"光"与"热"》，载 1947 年上海《时与文》周刊第 1 卷第 5 期。嗣后在该刊发表《〈战争与和平〉及其作者》《〈波法利夫人传〉及其作者》等文亦署。

郑成武（1918－1951），湖南大庸（今张家界）人。笔名：①红羽，1940 年在晋察冀报刊发表诗歌署用。嗣后发表《沙漠里的童话》（载 1943 年南京《文艺》第 1 卷第 3 期）亦署。②郑红羽，见于《抗敌剧社入伍经验谈——在一九四七年三月中央局文艺座谈会的发言》，载 1947 年《晋察冀日报增刊》第 7 期。

郑愁予（1933－　），河北人，生于山东济南。原名郑文韬。笔名郑愁予，见于诗《老水手》，载 1951 年台北《野风》半月刊第 20 期。嗣后在该刊发表诗《语海》《生命中的小立》《贝壳》《灯塔》《琴心》等，出版诗集《梦土上》（台北现代诗社，1955 年）、《衣钵》（台湾商务印书馆，1966 年）、《窗外的女奴》（台北十月出版社，1967 年）、《长歌》（1968 年）、《郑愁予诗选集》（台北志文出版社，1979 年）、《燕人行》（台北洪范书店，1980 年）、《雪的可能》（台北洪范书店，1985 年）等均署。按：郑愁予 1945 年后曾在北平崇德中学校刊发表诗《矿工》，1948 年后在武汉《武汉时报》发表诗《爬上汉口》，在湖南衡阳《力报·新地》亦发表过诗作，1949 年由燕子社出版油印诗集《草鞋与筏子》，署名情况未详。

郑楚材（1920－　），福建福州人。笔名：①黎望，

见于杂文《永远期待着》，载 1946 年福州《建言》周刊第 6 期；《黯淡的学府风光》，载 1949 年《中学生》第 210 期。②平和、志公，20 世纪 40 年代在福建《中央日报·中央副刊》《建言》等报刊发表杂文署用。

郑达（1922－2000），安徽合肥人，生于江苏苏州。原名郑大兴。曾用名俞尚陵。笔名：①田克辛，1946 年 5 月在广州《新音乐》发表一歌词（丁力作曲）开始署。嗣后在香港发表剧作《还乡泪》《艳芳酒家》，在《华商报》发表诗作，出版《独幕剧选》（香港学生出版社），1949 年后在广州《羊城晚报》等报刊发表作品亦署。②俞尚陵，1946 年 7 月开始在马来亚新加坡和暹罗报刊发表作品署。1949 年后在广州报刊发表作品亦署。③郑达、余玲，1949 年后在广州《作品》《羊城晚报》等报刊发表文艺评论和其他作品署用。"郑达"一名出版独幕剧集《生活向前》（华南人民出版社，1954 年）、《如此爱情》（广东人民出版社，1957 年）等亦署。

郑大海（1927－　），四川江油人，祖籍天津。原名郑子林。笔名：①大海，见于诗《一年》，载 1948 年北平《诗歌角》第 2 期。嗣后在该刊发表《雾就要散了》等文亦署。②郑大海，出版长篇小说《红柳的故乡》（内蒙古人民出版社，1985 年）、《月亮的眼睛》（漓江出版社，1988 年）、《只能活一次》，中篇小说集《背叛的爱》《花魂》，短篇小说集《悬崖》（与杨隆华合署。长江文艺出版社，1987 年）等署用。③廷格斯，署用情况未详。

郑道传（1919－2002），湖南衡阳人。笔名：①忆炯，见于诗《鲁迅周年祭》，载 1937 年 11 月长沙《长高学生》。②落繁，见于报告《保长的本领》，载 1938 年《文艺阵地》第 1 卷第 5 期。③稻泉，见于诗《夏天》，载 1939 年 6 月桂林《诗刊》。④郑道传，见于《在战斗中成长》，载 1939 年 11 月福建安化《虎溪半月刊》创刊号；《我行走在六月的田塍上》，载 1942 年《时代中国》第 6 卷第 3 期。⑤静稻泉，见于诗《长汀的农家女》，载 1941 年 2 月南昌《江西妇女》。嗣后在《改进》半月刊发表作品亦署。

郑奠（1896－1968），浙江诸暨人，字介石，号石君。笔名郑奠，见于随笔《人生的关键》，载 1922 年长春《新潮》第 2 卷第 9 期。嗣后发表论文《鲁迅先生与女师大》（载 1951 年上海《文艺新地》第 1 卷第 9 期），出版论著《中国修辞学研究法》《中国文法之研究法》《文名著选录》，编著《古汉语语法学资料汇编》（与麦梅翘合编）、《古汉语修辞学资料汇编》（与谭全基合编）等亦署。

郑定文（1923－1945），浙江宁波人。原名蔡达君。笔名郑定文，见于随笔《小职员日记》、小说《魔窟行》，分别载 1943 年上海《申报月刊》第 1 卷第 5 期、第 6 期；小说《大姊》《小学教师》《魔》，分别载 1944 年上海《万象》第 4 卷第 1、3、6 期；随笔《生活与表现》《花圈》，分别载 1944 年上海《锻炼》第 7、8 期。1948 年由上海文化生活出版社出版遗著小说集《大姊》（魏绍昌编）亦署此名。

郑笃（1914－1996），山西洪洞人。笔名：①李紫，见于《奇怪的世界》，载 1933－1934 年间太行山区《青年与儿童》月刊。②郑笃，见于故事《"搬不到"想天天过年》，载 1943 年上半年《青年与儿童》月刊。嗣后在该刊及《胜利报》《晋冀鲁豫日报》《新华日报·太行版》《文艺杂志》等刊发表小说《情书》《小民兵》《炊事班长杨文彬》、报告文学《英雄沟》《打姬家山》《随军散记》等，1949 年后出版小说集《小民兵》（山西人民出版社，1955 年）、《叔父和侄儿》（山西人民出版社，1956 年），通讯集《英雄沟》（作家出版社，1955 年），论著《文艺散论》（作家出版社，1960 年），主编《山西民间文学论文选》（北岳文艺出版社，1986 年）等亦署。③李端，见于《抗战史话》，载 1944 年前后《青年与儿童》月刊。④李正文，出版故事集《建设山区的故事》（山西人民出版社，1956 年）署用。

郑公盾（1918－1991），福建长乐人。原名郑能瑞。笔名：①公盾，1936 年开始署用。见于《"一二九"以来学生运动的检讨》，载 1940 年《新生代》第 1 期；《民运的检讨与展望》，载 1940 年《国民公论》第 3 卷第 12 期；译诗《阿拉伯人和他的战马之别》，载 1942 年桂林《诗创作》第 16 期；《"伊特勒共和国"》，载 1942 年《现代文艺》第 5 卷。嗣后在福建永安《现代文艺》《中央日报·中央副刊》、福州《福建时报》、桂林《救亡日报·文化岗位》《广西日报·漓水》等报刊发表作品，1946－1947 年在《新学生》杂志发表《文艺与历史》《文艺散论》，在《人物杂志》发表《施耐庵是伟大的》《李白研究》《白居易研究》《女诗人朱淑真》《张籍及其乐府诗》《人民的殉道者——耶稣》《哥仑布》《致力于甲骨文研究的学人们》《历史人物：苏格拉底临刑前的演讲》《谈八仙》《鲁迅礼赞》《拿破仑的死》（译作），在《文潮》发表译作《泥做的炸肉片》《黑生的升级》《好睡的家伙》（俄国契诃夫原作），在《新路》发表《论光明面人物的描写》《论作家》，以及出版翻译戏剧《吉卜西人》（多治原作。华南学校，1946 年），编选《鲁迅与自然科学论丛》（广东科技出版社，1981 年）、传记《茅以升——中国桥梁专家》（中国展望出版社，1985 年）等亦署。②盾，1940 年 9 月在《救亡日报·文化岗位》发表《踊跃募寒衣》等短文署用。③公戈，见于《医史纪年》，连载于《中国科技史料》。④郑公盾，见于《普式庚与十二月党》，载 1947 年《新学生》第 2 卷第 4 期。1949 年后出版评论集《〈水浒传〉论文集》、科普评论集《萤火集》《科普述林》、散文集《缅怀集》等亦署。⑤公孙舷、郑大农，1949 年前发表短文署用。⑥叔舒，见于《苏格拉底》，载 1957 年《学习》杂志。⑦薛伍、季工，1966 年前在《学术月刊》发表古典文学论文署用。⑧薛强，1966 年前在《光明日报·文学遗产》发表古典文学论文署用。⑨公矛、公汗、大农、戈明、文瑜、陈宽、谭拓、林旦，署用情况未详。

郑观应（1842—1922），广东香山（今中山市）人。原名郑官应，字正翔，号陶斋、匋斋；别号杞忧生、罗浮山人、慕雍山人、偫（zhì）鹤山人、铁城杞忧生、罗浮偫（zhì）鹤山人、铁城慕雍山人。著有《盛世危言》。

郑官哲（1914—？），广东中山人。原名郑树能。笔名郑官哲，见于散文《海的受难》，载1939年3月28日香港《立报·言林》；散文《墙》，载1939年10月2日香港《星岛日报·星座》。此前后在香港《大众日报·大众呼声》《珠江日报·光明》等刊发表《轰炸下的追怀》《战斗篇》等文亦署。

郑浩铭，生卒年及籍贯不详。笔名浩铭，20世纪40年代在福州《小民报》等报刊发表作品署用。

郑鹤声（1901—1989），浙江诸暨人。原名郑松表，字萼孙，号鹤皋、鹤声。笔名郑鹤声，见于《汉隋间之史学》，载《学衡》第34—36期。嗣后出版文献学、目录学及史学著作等亦署。

郑焕（1925—　），台湾桃园人，原名郑焕生。笔名郑焕，1941年起在台北《文艺台湾》等刊发表小说《长岗岭的怪石》《渡边巡查事件》《猴妹仔》《狗尾草》等，出版长篇小说《春满八仙街》《武茅督的故事》、短篇小说集《长岗岭的怪石》《轮椅》等署用。

郑江萍（1923—1993），广东佛冈人。曾用名郑日恒、郑云鹰、郑昭萍、江萍。笔名：①江子萍，见于《马骝精》，连载于1948年香港《华商报》。②江仔，1948—1949年在香港《华商报》《华侨日报》《星岛日报》等报发表文章署用。③江萍，1948—1949年在香港少年出版社、南方出版社出版《港九枪声》《刘黑仔》署用。④雪英，1950年前在香港《华侨日报》发表杂文署用。⑤郑昭萍，1949年10月前在香港发表文章署用。⑥刚评，1949年后在广东报刊发表评论署用。⑦郑江萍，1949年后发表文章多署。

郑金水，生卒年不详，台湾人。笔名丽生、郑丽生，1942—1943年间在台湾台北《南方》发表旧体诗《诗碑》等署用。

郑金柱，生卒年不详，台湾台北人，字木村。笔名金柱、木村、郑金柱、郑木村，1934—1942年在台北《昭和新报》《风月报》《南方》《台湾艺术》《兴南新闻》发表旧体诗《雪中温泉》《楼头春望》等署用。"郑金柱"一名，编选出版《台湾新竹州、台中州震灾诗集》（1935年）、《现代杰作——爱国诗选集》（1939年）亦署。

郑锦先（1926—　），福建仙游人。笔名丹扉，出版《反舌集》（香港皇冠出版社，1966年）及《散舒集》《各奔前程》《妇人之见》等署用。

郑君里（1911—1969），广东中山人，生于上海。原名郑重。曾用名郑千里。笔名：①前烈，见于影评《人道的批判》（与鲁思、梅筠合作），载1932年7月上海《民报·电影与戏剧》。②郑君里，见于《从舞台到银幕》，载1933年《戏》第5期。嗣后在《影迷周报》《绸缪月刊》《救亡日报》《战斗周报》《读书月报》《戏剧岗位》《天下文章》《春秋》《演剧艺术》《艺声》《人世间》等报刊发表《影迷与明星制度》《我对于星期实验小剧场的希望》《朱萍华同志殡礼进行曲》《演剧手记》《论抗战戏剧运动发展底不平衡》《边疆各族演剧问题》《角色的诞生》《一个演员如何准备他的角色》《如何排演角色》《跋"角色底诞生"》，出版《演技六讲》（美国理查德·波列斯拉夫斯基原作，1936年）、《角色的诞生》（上海生活书店，1948年）等亦署。③君里，见于译文《论演员的适应能力》（苏联斯坦尼斯拉夫斯基原作），载1943年重庆《戏剧月报》第1卷第2期。

郑康伯（1918—2011），江苏南通人。原名郑敦恺，字康伯。1949年后改名郑彤。笔名：①郑康伯，1933年前后起发表作品署用。见于散文《五月》，载1934年上海《艺风》第2卷第4期；诗《冥思》，载1935年1月1日上海《当代诗刊》创刊号。此前后在上海《文学》《太白》《新垒》《青年界》《人言周刊》《申报月刊》《绸缪月刊》《阅读与写作》《宇宙风》、南京《文艺月刊》、武汉《文艺》、南通《诗品》《南通文学》《东南日报·东南风》、北平《小雅》、苏州《诗志》等报刊发表诗、散文、小说等，出版小说集《丁香街》（南通翰墨林，1935年）亦署。②郑庚伯，系"郑康伯"之误刊。见于诗《古城三月》，载1935年上海《当代诗刊》第1卷第3、4期合刊。③康伯，见于诗《海滨独坐》，载1936年上海《青年界》第9卷第2期。④穆西，1933—1937年在南通《五山日报》《南通日报》《新通日报》副刊发表诗文署用。⑤敦恺，1933—1937年在南通《南通日报·文艺讲话》发表作品署用。⑥思恬，署用情况未详。

郑丽生（1911—1998），福建福州人，字恬斋。笔名东廊、一序，20世纪30年代起在福建《中央日报》《华报》《南方日报》《东南日报·笔垒》《福建时报》、浙江《东南日报》、上海《辛报》发表诗文署用。

郑良雄（1916—？），广东潮阳人。原名郑惠山。笔名郑风、茶菲莎，1934—1937年在广州《民国日报·黄花》、汕头《星华日报·流星》发表小说《流浪汉》等署用。

郑烈（1888—1958），福建福州人，字晓云，号天啸生。笔名郑烈，见于《文箴》，载1921年《学术界》第8卷第1期。嗣后在《国民外交杂志》《中华法学杂志》《法治周报》《时代动向》《国是公论》《军事与政治》《三民主义半月刊》《组织》《国防月刊》等刊发表旧体诗《名将选咏》、传记《方声洞烈士传》《林觉民烈士传》《陈可钧烈士传》、书评《读孙文忠传》等亦署。

郑马（1928—1992），广东中山人。原名郑杰梁。笔名：①郑马，出版短篇小说集《秘密》《我爱祖国》（与他人合作），中篇小说《爸爸妈妈离家以后》，诗集《"冬冬"响的大队长》（四川人民出版社，1980年），童话集《有魔法的乒乓板》（少年儿童出版社，1981年）、《有一块小白云》，故事集《英雄模范的学习故事》（与他人合作），以及《中国古代寓言》等署用。②丁二，署用情况未详。

郑曼如（1916－2010），福建金门人。笔名：①更因，1946－1947年在印尼雅加达《生活报》《生活周报》《中学生月刊》等报刊发表政论、时评等署用。②郑曼如，20世纪30－50年代在东印度巴达维亚（今印度尼西亚雅加达）华侨报刊《黎明》月刊和《生活报》任职并发表文章署用。2013年中国出版集团出版《郑曼如文选》亦署。

郑民权，生卒年及籍贯不详。笔名亚奇，1928年在厦门《民国日报·鹭华》发表文章署用。

郑南风（1919－？），福建莆田人。原名吴伯锜。笔名：①郑南风，见于诗《河堤》，载1943年12月24日南平《东南日报·笔垒》。②浪淘沙、郑延陵，20世纪40年代在福建南平《东南日报·笔垒》《南方日报·南方副刊》《南方日报·哨兵》、江西上饶《前线日报·战地》、福建永安《现代青年》等刊发表诗、散文署用。"浪淘沙"一名，1946年在《文艺月刊》第1卷第2期发表书评《两种战争，两种情绪》亦署。

郑普洛（1923－1990），广东潮安人。原名郑应浩。曾用名郑德松。笔名：①歌江，1940－1941年在马来亚吉隆坡《新国民日报》和新加坡《星洲日报·晨星》《南洋商报·狮声》《星洲日报·繁星》《忠言半月刊》《大地半月刊》《民声报》等报刊发表诗歌、散文、论文署用。②普洛，见于诗《风暴》，载1941年9月25日新加坡《南洋商报·狮声》，又见于记录"马华文艺的独特性"座谈会（秋枫整理），载1947年12月3日新加坡《南侨日报·文艺》。并作为最常用之笔名，沿用至终。③植泥、马犁泥，1948－1949年间在香港《华商报》发表诗文署用。

郑骞（1906－1991），辽宁铁岭人，生于四川灌县（今都江堰市），字百因、颖白。笔名：①郑骞，见于词《小词二首》，载1928年北平《燕大月刊》第1卷第4期；随笔《诗人的寂寞》，载1944年北平《艺文杂志》第2卷第1期。此前后在上述两刊及《燕大年刊》《清华周刊》《燕京学报》《读书青年》《国民杂志》《读书杂志》《国立暨南大学校刊》《华北日报·俗文学》《中央日报·俗文学》等报刊发表诗词《柳长春》《怅望》《携手》，论文《论读诗》《论元人杂戏散场》《论词衰于明曲衰于清》《善本传奇十种提要》《冯惟敏及其著述》《陶渊明与田园诗人》《元人剧杂的逸文和异文》《辛稼轩与陶渊明》，随笔《吴瞿安的绝笔》《续谈诗人的寂寞》等诗文，出版《永阴集》（1929年石印）、《辛稼轩年谱》（1938年）、《稼轩长短句校注》（燕京大学，1939年）、《谈文学》（台北三民书局，1979年）、《增补足本

施顾注苏诗》（台北艺文印书馆，1980年）、《陈后山年谱》（台北联经出版公司，1984年）等亦署。②郑百因，见于随笔《王九思的〈碧山乐府〉》，载1948年3月12日上海《中央日报·俗文学》第58期。嗣后在该刊第70期发表论文《释"颓"》亦署。

郑秋苇，生卒年及籍贯不详。原名郑祖尧。笔名：①秋苇，见于《揭破国联调查团的假面具》《目前中国政局的演变》《九一八以后之国际外交关系》，载1932年《时事周报》第2卷第2期；《败北主义外交之检讨》《东北往那里去？》，分别载1932年《尚志周刊》第1卷第12期和20、21期合刊。②陈德珍女士，见于小说《爱之沦灭》，见于1933年武汉《如此月刊》第1、2期。

郑权（1878－1930），福建闽侯（今福州市）人，字仲劲、仲敬。笔名郑权，见于随笔《治闽管见》，载1930年南京《江苏革命博物馆月刊》第8期；旧体诗《晓云以名将百咏并和石孙题诗见示即步原韵感》，载1933年南京《法治周报》第1卷第22期。

郑拾风（1920－1996），四川资中人。原名郑时学。笔名：①拾风，见于小说《洪师傅》，载1941年9月25日福建永安《现代文艺》第3卷第6期。1945年起在上海《周报》发表《故乡人》《母与子》《胜利餐》《总司令专轮》等随笔亦署。嗣后在江西《开平报》、桂林《力报》、重庆《新民报》、南京《南京晚报》《南京人报》、湖南常德《开平日报》等报刊发表杂文、通讯，出版长篇小说《飘零》、杂文集《弯弓集》、儿童文学《旧上海的故事》、长篇传记《喻培伦》等亦署。②仆欧，1946年起在南京《南京人报》发表杂文署用。③令狐晨，1946年在上海《周报》第18期发表随笔《美灵号机去复来》署用。同年在南京《南京人报》发表杂文亦署。④郑拾风，1949年后出版寓言集《百喻经新释》、连环画《钗头凤》（卢甫圣配画）、杂文集《语不惊人》《热炒冷餐》、昆剧剧本《蔡文姬》等署用。⑤小路、石红、讷子、职蜂、彭冰、魏可、兰言之，署用情况未详。

郑寿岩（1922－　），福建福州人。笔名：①雨佳、绍崖、霍溪，1940－1944年在福建连城《大成日报·高原》、永安《中央日报·星期文艺》、南平《南方日报》、长汀《前锋》和广西桂林《大公报》、江西《江西妇女》等报刊发表文章署用。②史沫，见于散文《停棹小唱》，载1941年9月24日连城《大成日报·高原》。③SY，见于杂文《闲话女人》，载1941年末连城《大成日报·高原》。

郑淑梅（1919－？），福建福州人。笔名：①海星，见于《故乡》，载1947年《长江月刊》第3期。②车前草，1945－1946年在福建南平《东南日报·笔垒》、福州《南方日报·黎明》《毅报·金刚》《闽海正报·闽海文艺》等刊署用。

郑树荣（1917－　），广东恩平人，号南窗斋主。曾

用名郑冰弦、凌零零。笔名；①零零，见于《来吧，疯狗》，载 1937 年《广州诗坛》第 1 卷第 3 期。嗣后在《中国诗坛》《抗战大学》《星火》《游击队》《文坛》《宇宙线》和香港《大公报》《时代文学》等报刊发表诗《日本文化在狱里》《木头戏》《夜行军》《春》《瞄准，放！》、随笔《诗人的道路》、长篇小说《人鬼恋》、出版诗集《时代进行曲》(上海诗歌出版社，1938 年)、《自由的歌唱》(上海诗歌出版社，1938 年)等亦署。②凌零零，1938 年主编《大众诗坛》署用。嗣后出版歌曲集《妇女进行曲》(与胡笛鸣合作。大众诗坛社，1938 年)亦署。③文文文，见于叙事长诗《过去的生命》，载 1938 年广东开平《大家唱》周刊。④郑树荣，1939 年发表文章开始署用。1949 年后犹用。⑤郑大零、郑零零、陆柳堤、柳映堤，20 世纪 50 年代发表文章开始署用。⑥岭南人，1980 年开始署用。

郑思（1917－1955），湖北天门人。原名郑正思。笔名郑思。1939 年以后在《救亡日报》《自由中国》《木艺》《人世间》《诗创作》《自学》《青年生活》《种子》《文艺生活》《戏剧与文学》《学习知识》《草莽》《中国诗坛》《文学月报》《新建设》《广州日报》等报刊发表诗《荒木大尉的骑兵》《夜的抒情》《农歌两章》《苦楚》《静默》、评论《论诗的节奏》《谈读新诗》等署用。1946 年在上海《希望》第 2 集第 4 期发表长诗《秩序》，出版诗集《吹散的火星》《夜的抒情》《风暴》，小说集《一对干亲家》，歌剧集《全家总动员》《土地的主人》(与黄力丁合作)等亦署。

郑体仁，生卒年及籍贯不详。笔名静珊，见于评论《谈"双关"文学》，载 1936 年 8 月 12 日开封《河南民报·民报副刊》。嗣后在该刊发表散文《古迹观感记》《秋》《雨天的回忆》《分胆叶上心头滴》、译文《抑郁》、散文诗《野草颂》、评论《文艺的感人与感人的文艺》《关于"壮烈文学"》、小说《转变》等亦署。

郑天保（1902－1971），广东梅县（今梅州市）人。曾用名郑晋、郑兴。笔名南庐主人，1937－1939 年在马来亚新加坡《南洋商报·狮声》发表杂文署用。

郑天挺（1899－1981），福建长乐人，生于北京。原名郑庆甡，字毅生。笔名：①攫日，见于 1919 年旅京学生联合会《闽潮周刊》。②郑天挺，见于论文《杭世骏三国志补注与赵一清三国志注补》《多尔衮称皇父之臆测》，分别载北平《国立北京大学国学季刊》1935 年第 5 卷第 4 期和 1936 年第 6 卷第 1 期。嗣后在《图书月刊》《旅行杂志》《真理杂志》《周论》等刊发表论文《恬盦语文论著甲集序》《历史上的入清通道》《清史满语解》《明清两代的陪都》《释"巴克什"》《释"巴图鲁"》等文，出版《清史探微》(重庆独立出版社，1946 年)、《宋景诗起义史料》(中华书局，1954 年)、《明末农民起义史料》(中华书局，1957 年)、《探微集》(中华书局，1980 年)等亦署。

郑天翔（1914－2013），内蒙古凉城人。原名郑庭祥。笔名契嘉，见于散文《在上堡——暑期散记之一》、随

笔《两性关系之调整》，载 1936 年北平《清华副刊》第 45 卷第 2 期。同年在北平《清华周刊》发表译文《屠格涅夫论》(苏联 D. S. 米斯基原作)、《苏联文学底新发展》(苏联格列布·施特鲁韦原作)亦署。

郑天宇（1914－？），福建福州人。笔名椰榉，20 世纪 30 年代起在福州《小民报》《福建民报》等报发表诗文署用。见于诗《乡思》，载 1936 年 9 月 21 日《小民报·南风》。

郑铁马（1905－1960），广东澄海人，生于暹罗（今泰国）曼谷。原名郑开修。笔名铁马，20 世纪 30 年代在暹罗曼谷《国民日报》《中国报》《中原报》等华文报刊发表小说、散文，出版散文集《梅子》(1933 年)、小说集《玫瑰厅》(1946 年)、诗集《铁汉遗诗》(1961 年)等均署。

郑文[1]（1910－？），四川资中人，字天叔，号昌文。幼名泽奎。笔名郑文，出版《王充哲学初探》(人民出版社，1958 年)及《〈文选〉李陵〈答苏武书〉征伪》《汉魏六朝文选注》等署用。

郑文[2]（1919－2001），陕西三原人。原名邓钊。笔名：①柳莎，见于报告文学《一次伟大的演习》，载 1935 年北平《春汛》；诗《小三子》，载 1936 年上海《读书生活》第 3 卷第 10 期。嗣后在北平《学联报》《清华副刊》、燕大《青年作家》等刊发表随笔《从梅兰芳想到的》、小说《伤痕》等亦署。②郑闻，1944 年在延安报刊发表作品开始署用。③郑文，1944 年在延安报刊发表作品开始署用。嗣后发表诗《浑河之歌》(载 1946 年安东《白山》第 5 期)、通讯《让营火燃烧得更猛烈一些——记北平同学与全国学代会的营火晚会》(载 1949 年沈阳《知识》第 11 卷第 1 期)，在辽宁《鸭绿江》《文化导报》《辽东日报》《辽宁日报》等报刊发表诗文，出版短篇小说集《延河曲》，长篇小说《仇恨》《化雪的日子》《英雄小八路》《敌占区一个女孩的故事》，诗集《河山吟》，报告文学《漫话"一二·九"》《延安风貌纪实》《范文澜同志在狱中》《鸭绿江畔战旗红》《沈阳第一次解放和四保临江回忆》，译作《燕子》《蓝地毯的故事》《飞行员》等亦署。④郑慕云，1945 年 9 月开始在沈阳《文化导报》《苏联之友》《东北日报》《辽东日报》等报刊发表文章署用。

郑文光（1929－2003），广东中山人，生于越南海防。笔名：①郑文光，1946 年在越南海防《越北生活》发表散文诗《再见，海防》署用。1949 年后在香港《大公报》《文汇报》《新少年月刊》等报刊发表杂文《迎阿拉》《论自杀》和讽刺诗，出版科幻小说集《太阳探险记》(少年儿童出版社，1955 年)、《黑宝石》(少年儿童出版社，1956 年)、《飞出地球去》(中国青年出版社，1957 年)、《飞向人马座》(人民文学出版社，1979 年)、《神翼》《大洋深处》《战神的后裔》，科学小品集《说天说地集》(科学普及出版社，1980 年)，论著《康德星云说的哲学意义》(人民出版社，1974 年)、《中国天文学源流》(科学出版社，1979 年)等亦署。②郑越，

署用情况未详。

郑文通（？—1949），福建永春人。笔名：①文、凌华、问农、灵先，1927—1939年在马来亚新加坡编《新国民日报》副刊《绿漪》《瀑布》《文艺》《新国民文学》《新园地》、《南洋商报》副刊《曼陀罗》《文艺工场》《雷鞭》及《民国日报·文艺》，1947年在马来亚怡保编《建国日报》时发表诗文署用。②郑灵先，1930年8月30日起在新加坡编《星洲日报·文艺工场》（与罗曼合编）署用。③郑文通，见于评论《评青年励志社公演的〈芳娘〉〈绿林中〉〈一侍女〉》，载1933年1月29日新加坡《星洲日报·文艺周刊》。④钟之陵，见于随笔《一个作家的必备条件》，载1935年7月9日新加坡《南洋商报·狮声》。⑤文通，见于记录《"甚么是新形式"座谈会》，载1939年3月25日新加坡《新国民日报·新园地》。

郑文蔚（1914—1987），浙江仙居人。笔名：①杜枚清、郑蔚，分别见于散文《银色女像》《檀香珠》，载1936年5月福州《小民报·新村》。②郑文蔚，见于《诗歌与情感》，载1935年《天籁》第24卷第1期；小说《血》、诗《仲夏》，载1936年6月福州《小民报·新村》。同年8月在福州《文座》第2期发表小说《清晨》亦署。

郑文治，生卒年不详，台湾人。笔名文治、郑文治，1937—1943年在台北《风月报》《南方》《台湾艺术》《兴南新闻》等报刊发表旧体诗《游圆山联句》《瑾次原玉》等署用。

郑晓沧（1892—1979），浙江海宁人。原名郑宗海，字晓沧。笔名：①郑宗海，见于论文《北美合众国教育现状一斑》，载1917年上海《环球》第2卷第3期；论文《科学教授改进商榷》，载1918年上海《科学》第4卷第2期。嗣后在《新教育》《教育杂志》《中华教育界》《生活周刊》《民众教育季刊》《浙江教育行政周刊》《国立浙江大学季刊》《教育与学》《教育通讯周刊》《民族诗坛》《浙大学生》《中等教育》等刊发表论文《教科书在教育上的地位》《杜威教育主义》《民国千秋之新鉴》《教育方法必要论》、旧体诗《黄鹤谣》《岳阳愤》《枕上风雨》《松坎旅夜》等亦署。②郑晓沧，见于论文《中小学校学生自治实施之计划》，载1919年《新教育》第2卷第3期。嗣后在《一农半月刊》《民众教育季刊》《浙江教育行政周刊》《中国出版》《国风半月刊》《中华儿童教育社年刊》《新文学》《教师之友》《绸缪月刊》《教育通讯周刊》《学生之友》《星期评论》等刊发表《塞人生之漏卮》《文字之好处及学法》《小妇人译者序》《好妻子译者序》《教育与现代文化》《谈谈图书馆》《我对于译事的意见》《人间永照的阳光》等著译诗文，出版论著《修学指导》（上海商务印书馆，1923年）、《英美教育书报指南》（上海商务印书馆，1925年），译作《人生教育》（密勒原作。上海商务印书馆，1920年）、《设计组织小学课程论》（庞锡尔原作。上海商务印书馆，1922年）、《修学效能增进法》（韦百尔原作。上海商务印书馆，1922年）、《教育之科学的研究》（吉德原作。上海商务印书馆，1924年），翻译小说《小妇人》（美国奥尔科特原作。杭州浙江图书馆，1932年）、《好妻子》（美国奥尔科特原作。上海中国科学公司，1933年）、《好男儿》（美国奥尔科特原作。上海中国科学公司，1936年）等亦署。③郑宗海晓沧，见于旧体诗《杨师逊斋（敏曾）先生追念》，载1942年浙江丽水《浙江图通讯》第1卷第2期（该刊目录署名为"郑晓沧"）。

郑孝柽（1862—1946），福建闽侯（今福州市）人，字稚辛、稚星。笔名郑孝柽，见于《郑稚辛诗集》，1943年印行。

郑孝观（1898—1986），四川酉阳人。原名郑宾于，字孝观。笔名：①郑孝观，见于《江南风俗一零》，载1924年北京《歌谣》第71期；随笔《雷峰塔与保俶塔》，载1924年12月24日北京《京报副刊》。1925年在《北京大学研究所国学门周刊》发表《〈广列女传〉中的杞植妻和杞梁妻》《哭泉孟姜女祠记及其他》等文亦署。②郑宾于，见于论文《保定莲花池六幢考》，载1926年《北京大学研究所国学门月刊》第1卷第1期"考古学专号"。嗣后在《北京大学研究所国学门周刊》发表《一句成语在元曲中之发见并质疑》《孟姜女在〈元曲选〉中的传说》等文，出版论著《中国文学流变史》（共3册。上海北新书局，1930—1933年）亦署。

郑孝胥（1860—1938），福建闽侯（今福州市）人，生于江苏苏州，字苏戡（苏龛、苏堪）、苏庵，号太夷、海藏，别号夜起庵主、海藏楼主人。笔名：①郑孝胥，见于《戒烟公会章程书后》，载1897年《求是报》第四册。嗣后在上海《国粹学报》《庸报》《东方杂志》《同声月刊》等报刊发表诗文，印行《海藏楼诗》《孔教新编》《满洲建国溯源史略》《苏戡公最后遗稿》《王道讲演集》等著作亦署。②苏龛，1907年在《环球中国学生报》发表文章署用。1910年在上海《国风报》第1卷第14期发表旧体诗《将赴奉天——海藏楼杂诗第三十五》亦署。③苏堪，见于《徐室女新华哀辞》《辛亥二月二十三日集陶然亭》，分别载1914年《小说月报》第5卷第5期、第8期。④苏戡，1915—1918年在《民权素》《微言》等刊发表诗文署用。⑤太夷，见于旧体诗《海藏楼诗》，载1923年上海《星期》第50号"武侠号"。此前后在《国粹学报》《广益丛报》《国风报》《震旦》《春声》等刊发表诗文亦署。

郑效洵（1907—1999），福建福州人。曾用名郑孝嵩、郑岱。笔名：①H，见于译文《翻译一点》，载1926年2月21日《弦上》周刊第2期。②效洵，见于翻译小说《暧昧的性情》（俄国契诃夫原作），载1926年《小说月报》第17卷第10期。嗣后在《国门周报》《北平晨报》和《华北日报》等报刊发表译作，出版翻译小说《谜样的性格》（俄国契诃夫原作。上海出版合作社，1929年）、《够了及其他》（俄国屠格涅夫原作。上海亚东图书馆，1931年）、《盗马者》（俄国契诃夫等原作。

上海黎明书局，1941年）等亦署。③郑效洵，出版翻译小说《绿的猫儿》（苏联高尔基原作。上海远东书局，1926年）、《一个家庭的故事》（英国狄更斯原作。上海通惠印书馆，1947年）等署用。④孝嵩、马力、郑岱，署用情况未详。按：郑效洵另出版有翻译小说集《克露莎朔拿大》（俄国列夫·托尔斯泰原作），出版与署名情况未详。

郑笑枫（1925—2016），湖北英山人。笔名：①郑笑枫，出版诗集《雪，落在十二月里》、散文及报告文学集《丁玲在北大荒》（中共党史出版社，2008年）、《黑龙江流域纪行》《熔炉烈火》《风雨同舟》《枫》《郑笑枫通讯特写集》及传记《陶铸传》（和舒玲合作。中国青年出版社，1992年）等署用。②峭风，署用情况未详。

郑新如，生卒年及籍贯不详。笔名芦蕻，20世纪年代在重庆《群众》杂志发表杂文署用。

郑修元（1908—？），江西德安人，号伯良。笔名郑修元，出版有《修元小集》《城庐文存》等著作。

郑秀章（1927—2020），浙江衢州人。原名郑春晖。笔名阿章，著有长篇小说《三少校》、《上海舞女》《上海舞潮案》《弹性女儿》三部曲（与他人合作），短篇小说集《大革命的小火花》，中篇小说《红旗飘扬在黄浦江上》《浦江红侠》（后改编为电影《开枪为他送行》），系列小说《女房东与活武松》《房客、厨娘、内贼》，报告特写集《擦亮了的眼睛》等。

郑学稼（1906—1987），福建长乐人。曾用名郑廷泰、郑家禾、郑永怀。笔名：①郑学稼，见于论文《现代化与中国》，载1933年上海《申报月刊》第2卷第7期，载1935年9月10日上海第1卷第12期。同时期起在《文化建设》《国际贸易导报》《图书展望》《民族生命》《经济动员》《政论旬刊》《时代精神》《日本评论》《华侨周报》《军事与政治》《抗战与文化》《中央周刊》《图书月刊》《现实评论》《革命理论》《经济汇报》《文化先锋》《经纬月刊》《经济论衡》《贸易月刊》《三民主义半月刊》《新中国》《新世界月刊》《中国国民》《团刊》《图书季刊》《民主与统一》《读书通讯》《自由》《民主论坛》《青年杂志》《资本市场》《新人旬刊》《民主评论》等报刊发表评论《鲁迅与阿Q》《评鲁迅的〈呐喊〉》《论曹禺剧中的人物》《评〈北京人〉》《评〈蓝蝴蝶〉》《东西文化之对比与交流》《论"民族形式"的内容》《论封建社会》等文，出版传记《西园寺公望传》（上海生活书店，1935年）、《鲁迅正传》（重庆胜利出版社，1943年）、《陈独秀传》（台北时报文化出版公司，1989年），论著《苏联党争》（上海真理出版社，1937年）、《苏联党狱》（上海真理出版社，1937年）、《由文学革命到革文学的命》（胜利出版社广东分社，约1942年）、《近十五年日本秘史》（上海大东书局，1948年），译作《社会主义思想史》（美国雷岱尔原作。上海黎明书局，1934年）、《经济学历史方法》（法国沃勒夫斯基、德国威廉·罗雪尔原作。上海商务印书馆，1936年），回忆录《我的学徒生活》（台北征

信新闻报社，1965年）等亦署。②学稼，见于《荷属东印度华侨的危机——为纪念萧案而作》，载1931年北平《新东方》第1卷第11期。嗣后在《外交评论》《新学生》《读书杂志》《新亚细亚》《申报月刊》《新社会半月刊》《出版周刊》《政论旬刊》《文化建设》《华年》《中央周刊》《抗战与文化》《民意周刊》等刊发表随笔《闲话桂林》《十年来血和肉的教训》、评论《泛论民族国家之史的发展》《〈屠格涅夫〉》等文亦署。③家禾，见于评论《维新前西欧文明与日本》，载1937年上海《复旦学报》第4期。嗣后在该刊及《申报月刊》《国际贸易导报》《时代论坛》《文化建设》《宇宙风》《文摘》《民意周刊》《抗战向导》《贸易月刊》等刊发表评论《论苏联党争》《日本在华北的贸易管制》、随笔《从历史上所见的日本文明》《由共产党的内哄说到张国焘脱党》等文亦署。④学旅，见于《由文学革命到革文学的命》一书之后记。⑤白术，署用情况未详。

郑雪来（1925—2020），福建长乐人。曾用名郑存善、郑师昂。笔名：①郑雪来，出版专著《电影美术问题》《电影美术论稿》，译作《斯坦尼斯拉夫斯基全集》（史敏徒译、郑雪来校，中国电影出版社，1958年）、《斯坦尼斯拉夫斯基体系论集》（中国戏剧出版社，1984年）等署用。②雪楠，署用情况未详。

郑逸梅（1895—1992），原籍安徽歙县，生于上海。原名鞠愿宗，小名宝生，父早亡，养于吴县（今苏州市）外家，因为吴县人，改从外家姓郑，学名郑际云，号逸梅。别署一湄、郑留、大迁、双梅龛主、扫叶老残、纸帐铜瓶龛主。自称旧闻记者。晚称补白大王长寿翁。自谥文迁、文迁公。笔名：①郑际云，1929年以后在《上海报》署用。②逸梅，见于《诗人胡石予夫妇之德惠》，载1936年8月26日上海《申报·春秋》。③郑逸梅，见于《鲁迅称许〈绿野仙踪〉》，载1936年10月28日杭州《东南日报》。嗣后主编《游戏新报》《清闲月刊》《金钢钻报》，在上述三刊及《礼拜六》《游戏世界》《快活》《小说新报》《小说时报》《戏杂志》《侦探世界》《红杂志》《小报》《心声》《小说日报》《社会之花》《红玫瑰》等刊发表《近代野乘》《小品大观》《先大父的一二往事》《童年时代的琐屑》《遗嘱》《沪变写真》等随笔、小品，出版武侠小说《玉雪双剑记》（上海益新书社，1937年），随笔、小品集《逸梅小品》（上海中孚书局，1934年）、《逸梅小品续集》（上海中孚书局，1934年）、《逸梅丛谈》（上海校经山房书局，1935年）、《人物品藻录》（上海日新出版社，1946年）、《淞云闲话》（上海日新出版社，1947年），1949年后出版《南社丛谈》（上海人民出版社，1981年）、《影坛旧闻》（上海文艺出版社，1982年）、《艺林散叶》（中华书局，1982年）、《三十年来之上海》（钱化佛口述，郑逸梅撰，上海书店出版社，1984年），文集《书话篇——芸编指痕》《人物篇——世说人语》《艺事编——林夏云烟》《美文类编——前尘旧梦》（北方文艺出版

社，2009 年）等亦署。④疏影、冷香，1945 年后在上海《铁报》发表文章署用。⑤纸帐铜瓶室主，见于随笔《妆饰溯源》，载 1934 年上海《金钢钻月刊》第 1 卷第 7 期。嗣后在该刊及《小说新报》《永安月刊》等刊发表随笔《我的教师生活》《乳之美》《鸦鸣鹊噪》《前尘影事》《冒雨赴川记》《谈民初之绝版笔记》等文，1947 年 4 月 2 日在马来亚新加坡《南洋商报·商余》发表随笔《南社在广东》等亦署。⑥陶拙安，"文化大革命"前在香港报刊发表文章署用。⑦陶拙庵，见于《"皇二子"袁寒云》，载 1975 年香港大华出版社版《辛丙秘苑·"皇二子"袁寒云》。⑧拙鸠、大迁居士、郑文迁公、旧闻记者，署用情况未详。按：郑逸梅尚出版有随笔、小品集《梅瓣》《游艺集》《孤芳集》《茶熟香温录》《浣花嚼雪录》《近代野乘》《逸梅谈丛》《郑逸梅文摘》《艺坛百影》《清娱漫笔》《艺林散叶续编》《书话旧》《文苑花絮》《清末民初文坛轶事》《近代名人丛话》《南社丛谈：历史与人物》等，出版情况未详。

郑瑛（1888－1962），江苏吴江（今苏州市）人，字子佩，号佩宜。笔名：①郑瑛，在《南社丛刻》发表诗文署用。②红梨湖上女郎，署用情况未详。

郑永慧（1918－2012），广东中山人。原名郑永泰。笔名：①子产，见于小说《安南风》，载 1934 年 3 月香港《工商日报》。②郑永泰，见于译作《法西斯上台意味着什么》，载 1936 年前后上海《小译丛》杂志。嗣后发表译文《震旦大学法学院概况》（彭廉石原作。载 1941 年上海《大学季刊》第 2 卷第 2 期）、《特种刑事诉讼条例》（载 1946 年《震旦法律经济杂志》第 2 卷第 3 期）亦署。③郑永慧，1949 年后出版翻译民间故事《俄罗斯民间传说》（苏联茹巴卡原作。上海平明出版社，1954 年），翻译小说《饥饿的道路》（巴西亚马多原作。新文艺出版社，1956 年）、《九三年》（法国雨果原作。人民文学出版社，1957 年）、《巴尔扎克中短篇小说选》（人民文学出版社，1979 年）、《被遗忘的女人——托尔斯泰爱情小说集》（花城出版社，1983 年）、《钱袋》（法国巴尔扎克原作。国际文化服务社，1983 年）、《爱斯基摩人》（加拿大伊夫·泰利奥原作。漓江出版社，1986 年）等署用。

郑雨（1925－　），江西高安人。原名郑润生。笔名：①厂（ān）村，1943 年在南昌高级工业学校编《艺锋》（油印小报）署用。1946 年在南昌《民国日报》《大众日报》发表散文亦署。②草风，1946 年在江苏正则艺专编校刊《调色板》署用。嗣后至 1948 年在江苏丹阳《正报·浪花》发表诗《爝》《栅内栅外》、散文《晦气日记》等，在江苏镇江《苏报·浪花》发表诗《邂逅》等，在江西上饶《民锋日报》表诗《灯花集》等亦署。③墨仙，1946－1947 年在丹阳《正报·浪花》发表诗《我们磨着一块铁》等署用。④郑尘，1946－1948 年在丹阳《正报·浪花》发表随笔《夜长梦多说梦话》等署用。⑤郑草风，见于评论《傅抱石的画》，载 1948 年

上饶《民锋日报》。⑥风草，见于诗《病》，载 1948 年上海《中央日报·泱泱》。

郑玉华，生卒年不详，福建涵江（今莆田市）人。笔名巴旅、凡俗陀，分别见于小说《小舅子》、论文《文艺的大众化问题》，载 1949 年涵江《晨光报·剑芒》。

郑育之（1913－?），广东珠海人，生于日本横滨。原名郑玉墀。曾用名郑茜。笔名：①榉玉女士，见于译作《约翰孙姐姐的往事》（美国 L. 休斯原作），载 1933 年 10 月 15 日上海《文艺》月刊创刊号。嗣后在上海《申报·自由谈》发表作品亦署。②榉玉，见于《"经济独立"》，载 1934 年 2 月 26 日《申报·自由谈》。③土犀，见于速写《晚唱队》，载 1938 年《文艺阵地》第 1 卷第 3 期。④郑育之，见于《学习方法的反省》，载 1943 年 4 月 15 日《晋绥日报》。

郑岳（1902－1975），浙江温州人，字曼青，号莲父（fù）、曼髯；别号玉井山人。晚号聱翁、夕长楼主、学不厌老儿。笔名郑岳，见于论文《永字九法论》，载 1943 年重庆《书学》第 1 期。按：郑岳著有《唐诗鍼度》《郑曼青诗书画三论》《曼青词选》《曼青写意》，署名未详。

郑造（1921－1966），福建福州人。笔名：①郑造，见于随笔《文艺断想》，载 1942 年桂林《野草》月刊第 4 卷第 3 期、第 4 卷第 4－5 期合刊。1944 年在江西赣县《时代中国》第 9 卷第 2－3 期合刊发表随笔《诗》，先后在《野草》《中国作家》《影剧春秋》等刊及多家报纸副刊发表随笔《我们的话》、电影故事《生太艰辛死亦难》等作品，1949 年后出版话剧《并肩作战》（上海波涛出版社，1951 年）、《大喜事》（南京文联出版部，1962 年），文艺演唱集《雨过天青》（江苏人民出版社，1954 年）等亦署。②莫耳、龙巩、马路易、华齐平，1943－1947 年发表诗文署用。③王林、布振、潜人、懦夫、公孙虎，1948－1949 年在重庆《新民报》《和平日报》、南京《新民报》《和平日报》《南京日报》《南京人报》《新华日报》等报发表文章署用。④艾未林，与邹霆合署。1950－1952 年在《南京人报·人民电影》发表文章署用。⑤何敬年，1958 年后在江苏无锡报刊发表文章署用。

郑泽，生卒年不详，湖南长沙人，字叔容，号萝庵。笔名郑泽，在《南社丛刻》发表诗文署用。

郑振铎（1898－1958），福建长乐人，生于浙江温州，字铎民、警民，号西谛。乳名木官。曾用名陈敬夫、陈思训。笔名：①铎，见于新闻《私进日货被获》，载 1919 年温州《救国演讲周刊》第 2 期。②振铎，见于《发刊词》，载 1919 年《新社会》旬刊创刊号。嗣后在《小说月报》发表《文艺丛谈》《语体文欧化之我观》等文亦署。③郑振铎，见于《北京的女佣》，载 1919 年《新社会》旬刊创刊号。嗣后在《新青年》《文学周报》《小说月报》《文学周报》《东方杂志》《评论之评论》等刊发表著作、译作，出版诗集《战号》（上海生活书

店，1937 年），短篇小说集《家庭的故事》《取火者的逮捕》《桂公塘》，散文集《佝偻集》《欧行日记》《山中杂记》《短剑集》《困学集》《海燕》《民族文话》《蛰居散记》《泰戈尔传》，文集《郑振铎文集》《郑振铎选集》，译作《沙宁》《血痕》《灰色马》《新月集》《飞鸟集》《印度寓言》，专著《文学大纲》《插图本中国文学史》《中国俗文学史》《中国文学史·中古卷》《中国文学论集》《俄国文学史略》《中国版画史图录》《中国历史参考图谱》《伟大的艺术传统图录》《域外所藏中国古画集》《基本建设及古文物保护工作》《近百年古城古墓发掘史》，编辑《中国短篇小说集》《北平笺谱》（与鲁迅合编）等亦署。④郑振译，见于《托尔斯基的教育观——一封给他近亲某夫人的信》，载 1920 年《新社会》旬刊第 14 期。⑤C. T.，见于随感《"政客的"，"学桶的"新文化运动》，载 1920 年《人道》月刊创刊号。⑥西谛，见于《文学的定义》，载 1921 年《时事新报·文学旬刊》创刊号。嗣后在《文学周报》《小说月报》《语丝》《大晚报·火炬通俗文学》等刊发表文章亦署。⑦西，见于五封短信，载 1921 年《时事新报·文学旬刊》第 2 期。⑧C，见于《李宁的宣言》，载 1921 年 11 月 5 日《时事新报·学灯》。⑨S. C.，见于《竹公主》（三），载 1922 年《儿童世界》周刊第 1 卷第 4 期。⑩C. C. T.，见于《废止订婚的误解》，载 1922 年 9 月 14 日上海《民国日报·觉悟》。⑪郑西谛，见于诗《怅惘》，载 1923 年《民铎》第 4 卷第 1 期；《姚梅伯的"今乐府选"》，载 1933 年《清华周刊》第 39 卷第 8 期。又在《太白》等刊发表文章亦署。⑫子汶，见于《中国文学研究的重要书籍》，载 1924 年《小说月报》第 15 卷第 1 期。⑬Y. K.，见于《中国小说提要（二十则）》，连载于 1925 年 5 月 18 日至 10 月 6 日《时事新报》附刊《鉴赏周刊》。⑭文基，见于译文《列那狐的历史》，连载于 1925 年《小说月报》第 16 卷第 8 期至第 12 期。⑮西源，见于《打倒男扮女装的旦角，打倒旦角的代表人物梅兰芳》，载 1929 年《文学周报》第 8 卷第 3 期。⑯宾芬，见于《元曲叙录》，连载 1930 年《小说月报》第 21 卷第 1 期至第 22 卷第 10 期。⑰郭源新，见于《谈"金瓶梅词话"》，载 1933 年《文学》月刊创刊号。⑱谛，见于《标点古书与提倡旧文学》，载 1934 年《文学》第 2 卷第 1 期。⑲谷，见于《学者与文人》，载 1934 年《文学》第 2 卷第 2 期。⑳郭源耕，见于《题在〈取火者的逮捕〉之前》，载 1934 年 4 月 4 日天津《大公报·文艺副刊》。㉑源、谷远、远、何谦，分别见于《向翻印的"古书"者倡议》《净与丑》《从"不文的文人"说起》《元代"公案"剧发生的原因及其特质》，载 1934 年《文学》第 2 卷第 6 期。㉒新，见于《大众语文学的"遗产"》，载 1934 年《文学》第 3 卷第 4 期。㉓源新，见于《民族文话》，连载 1938 年春《申报·自由谈》。嗣后在上海《鲁迅风》《新中国文艺丛刊》等刊发表文章亦曾署用。㉔玄览居士，见于《玄览堂丛书》序言，1940 年初夏编辑影印。㉕犀，见于 1942 年 1 月 26 日和 1943 年 4 月 16 日致重

庆蒋复璁信。㉖幽芳居士、幽芳阁主、纫秋馆主、纫秋居士、幼舫、友荒、敬夫、纫秋，分别见于《芥子园画传三集存二卷》题跋（抗战时作）、《道光二十六年日月刻度通书一卷》题跋（1942 年 1 月作）、《艺风藏书再续记一卷》题跋（1943 年 3 月作）、《素园石谱四卷》题跋（1943 年 10 月作）、《中国绘画史不分卷》题跋（1944 年 6 月作）、《目录学发微一卷》题跋（1914 年 6 月作）、《海岛逸志六卷》题跋（1944 年 12 月作）、《西厢觞政一卷》题跋（1945 年 3 月作），载 1963 年文物出版社版《西谛书目》附录《西谛题跋》。㉗纫秋山馆主人，1944 年 8 月编辑影印《明季史料丛书》写序言署用。㉘纫秋主人，见于《明季史料丛书说明》一文。㉙二西，见于随笔《明钞本〈列国志传〉之发现》，载 1947 年 7 月 11 日北平《华北日报·俗文学周刊》。嗣后在该刊发表《新刊评介〈螃蟹段〉"满汉兼"子弟书跋》二文亦署。㉚匏齐，20 世纪 40 年代发表文章署用过。㉛依知，见于《知识分子的前途》一文。㉜禾忠，见于《配合得更紧密、更和谐些》，载 1957 年《政协会刊》第 3 期。㉝云纹，见于《资产阶级的个人主义思想能在社会主义社会里存在吗？》，载 1957 年《政协会刊》第 4 期。㉞西梯、KH，署用情况未详。

郑正秋（1888—1935），广东潮阳人。原名郑芳泽，字伯长、伯常。曾用名郑药风。笔名：①药风，1914 年在《新剧杂志》发表文章署用。②郑正秋，见于小说《无形的镣铐》，载 1920 年《解放画报》第 1 期。嗣后在上海《快活》发表小说《快活和尚》《家庭现形记》《一块肉》《佛门求子快活和尚》《小脚粽之不平鸣》，在《社会月报》《明星》等刊发表随笔《自我导演以来》《〈姊妹花〉的自我批判》等，出版长篇小说《蒋老五秘史》（上海中央图书局，1920 年），编导电影《孤儿救祖记》《火烧红莲寺》等亦署。③正秋，见于随笔《侯俊山留须薙须》，载 1922 年上海《戏杂志》第 1 期。

郑证因（1898—1960），天津人。原名郑汝霈，号证因。笔名郑证因，见于长篇武侠小说《鹰爪王》，1941 年连载于天津《三六九画报》。此前后在该报及天津《新天津画报》《庸报》《天津华北新报》等连载武侠小说《女侠黑龙姑》《武林侠踪》《钱伞先生》《嵩岭双侠》，出版武侠小说《鹰爪王》（上海励力出版社）、《续鹰爪王》（上海励力出版社，1946 年）、《绿野恩仇》（上海正气书局，1947 年）、《子母金梭》（上海励力出版社，1947 年）、《铁狮王》（上海三益书店，1948 年）、《铁狮镖》（上海三益书店，1948 年）、《铁笔峰》（上海正气书局，1948 年）、《边塞双侠》（新华书局，1948 年）、《五英双艳》（上海励力出版社，1948 年）、《双凤歼仇》（上海励力出版社，1948 年）、《剑门侠女》（独立书局，1948 年）、《离魂母子圈（正、续集）》（上海励力出版社，1948 年）、《钱塘双剑》（元益印书馆，1949 年）、《弧形剑》（上海育才书局，1949 年）、《铁伞先生》（上海励力出版社，1949 年）、《一字剑》（上海广益公司，1949 年）、《金棱吕云娘》（元昌印书馆，1949 年）、《铁

燕金笔》（元益书局，1949年）、《铁伞先生续集（一名：云中雁）》（上海励力出版社，1949年）、《铁铃叟》（广艺书局，1949年）、《女侠燕凌云》（励力出版社，1949年）、《万山王》（元昌印书馆）、《白山双侠》（汇文书局）、《尼山劫》（上海广艺书局）、《武林侠踪》（艺林书店）、《铁马庄》（上海元昌印书馆）、《大侠铁琵琶》（上海正气书局，1948年）、《女侠黑龙姑》《天山四义》《边城侠侣》《天南逸叟》《女屠户》《离魂子母圈》《七剑下辽东》《龙虎斗三湘》《火焚少林寺》《丐侠》《蓉城三老》《侠盗扬镖记》《塞外豪侠》《霜天雁影》《风尘三杰》《风尘三剑》《边荒侠叟》《太白奇女》《苗山血泪》《孤雏铁虎》《峨眉双剑》《塞外惊鸿》《枫菱渡》《风尘怪侠》《江汉侠踪》《金刀访双煞》《昆仑剑》《岷江侠女》《回头崖》《南荒剑侠》《荒山侠踪》《戈壁双姝》《小天台》《秦岭风云》《铁拂尘》《牧野英雄》《青狼谷》《大漠惊鸿》《龙虎风云》《太极手》《金鹰斗飞龙》《黑妖狐》《燕尾镖》《乌龙山》《鹤顶春回》《幽魂谷》《铁指扇》《嵩岭双侠》《龙江奇女》《黑凤凰》《闽江风云》《野人山》《火中莲》《龙凤双侠》《凤城怪客》《终南四侠》《黄衫客》《贞娘屠虎》《琅玡岛》《五凤朝阳刀》《雪山四侠》《巴山剑侠》，侦探小说《矿山喋血》《风雪中人》，社会小说《柳青青》《淮上风云》等亦署。

郑之蕃（1887—1963），江苏吴江（今苏州市）人，又名鹅序，字仲鹅，号桐荪、赓盦，别号仲蕃、焦桐、无竞庵主人。笔名郑之蕃，发表数学著作和译作、诗词、文史著作《吴梅村诗笺释》《宋词简评》《桐荪遗诗文》《冯注李义山诗商榷》《禹贡地理新释》《元明两代京城之南面城墙》等署用。其一生作诗数百首，经其女郑士宁（陈省身夫人）、外甥柳无忌（柳亚子与郑瑛夫妇之子）搜集，编成《郑桐荪先生纪念册》，1989年由江苏教育出版社印行。

郑之纲（？—1939），浙江温江人。笔名止冈，1937年后在浙江永嘉主编《战时文化报道》署用。

郑之章（1867—1955），浙江嘉兴人，字折三，号郑乡。笔名郑之章，在《南社丛刻》发表诗文署用。

郑芝晨（1919—？），山东莱西人，字珍南，号奇天。笔名郑芝晨，出版诗集《爱晚行吟草》（学林出版社，1987年）、《即事吟草·爱晚轩吟草》（山东文艺出版社，1990年）、《百花吟草》（南京军区老战士书画协会，1992年）署用。

郑注岩（1921—1975），江苏如皋人。原名郑延年，号注岩。笔名：①注岩，见于《幻画》，载1943年南通《北极》半月刊第1卷第2期；诗《这是说》，载1943年南通《江北日报·诗歌线》第1期。嗣后发表诗作多署此名。②闲甫，见于译诗《野火（外一首）》（日本后藤栖根原作），载1943年《江北日报·诗歌线》第6期。

郑子褒，生卒年不详，浙江余姚人。笔名：①郑子褒，见于随笔《心声俱乐部》（与郑恪夫、秋籁女士合

作），载1922年12月18日上海《心声》第1卷第1期目录（刊内正文署名"子褒"）。②梅花馆主，见于随笔《云南异俗拾遗》《菊部零讯》，分别载上海《心声》第1923年第3卷第2期（该刊目录署名"郑子褒"）和1924年第3卷第7期。1926年《上海画报》第156—200期发表随笔《民国要人艳史之一》《金四小姐芳躅记》《鸿雪芳趣史》《名花有主录》《记孟丽君》《京票点将录》《记吟湘六娘》《复梦觉生》《访红记》《曹锁艳史补》《马素艳史》《特别打渔杀家》《记喜奎》《记情意》《记素琴》《记柳影》《津门花雨缤纷记》《京津花絮录》《京都花絮录》《新岁菊话》《记南花美第》等，1937年以后在《上海生活》发表文章亦署。

【zhi】

支离，生卒年及籍贯不详。笔名：①支离、形忙、醒珉，1937—1940年在哈尔滨《商报晚刊·桃花源》《国际协报·国际公园》《大北日报·大北文学》，以及《滨江日报》副刊《暖流》《粟末微澜》《创作与批评》《驼铃》《大荒》等报刊发表散文《热脸之惑》《松江暖流作家》、小说《流氓日记》《名医》、评论《读陈隄文后写》《关沫南始终是进步的——兼评〈船上的故事〉》、论文《新诗的修辞》《论文学的道路》等署用。②星芒，1937年在其主编的哈尔滨《商报晚刊·桃花源》发表连续性散文《脚印集》署用。③启明，见于随笔《松滨作家写照》，载1940年哈尔滨《滨江日报·暖流》。

支羊，生卒年及籍贯不详。原名韩趾翔。笔名：①支羊，20世纪40年代在东北报刊发表新诗署用。见于《阿什河畔》，载1943年4月1日大阪《华文大阪每日》第10卷第7期。②韩趾翔，见于编著《满语读本教案》第2卷（长春益智书店，1939年）。

支援（1919—2005），河北滦平人，满族。原名支振垣。笔名：①支援，1937年开始在河北《承德日报》发表诗歌始署用。1941年5月17日在哈尔滨《滨江日报》副刊发表诗《逃亡妇》，此前后在哈尔滨《滨江日报》副刊《漠烟》《大荒》发表诗《生之噩梦》《采野花的姑娘》《极乐之村》、评论《论太戈尔》《略谈批评》等，1942年8月15日在日本大阪《华文大阪每日》第9卷第4期发表随笔《读书小记》，在《蒙疆文学》《承德日报》《午报》《新家庭》《新满洲》等报刊发表小说《白藤花》等，1949年后出版小说集《春天里的故事》《春风杨柳》《晨牧曲》、中篇小说《惊心的前夜》、话剧剧本《康庄大道》、歌剧剧本《党的好儿子焦裕禄》等亦署。20世纪60年代后发表作品多署此名。②之元、支原、石右、雪原、郅原、洪阳、戴光、伊万葛，20世纪40年代后期和50年代在《哈尔滨日报》《哈尔滨文艺》《黑龙江文艺》《社会新报》《民主新报》《青年文艺》《读书》《文艺红旗》《光明日报》等报刊发表诗文曲艺作品偶署。

【zhong】

中流 (1928－2021)，满族，吉林永吉人。生于黑龙江哈尔滨。原名郑梦麟。曾用名孟奇（乳名）、郑存、郑伟民。笔名：①中流，1945 年 11 月在哈尔滨《求是》杂志和《东北日报》副刊发表散文《落叶》、诗《日出》开始署用。1949 年后出版诗集《松花江短笛》《丰收颂》《鹿哨》《枫叶》《北国诗絮》《凝眸》《燃烧的爱》，散文诗集《爱的花苞》等亦署。②大可，1947 年在长春《松江晚报》发表文章署用。③赤军，1948 年在哈尔滨《社会新报》《建设日报》发表文章署用。④孟奇，见于散文《在鲁迅墓前哭诉》《救救孩子》等，载 1948 年哈尔滨《社会新报》。⑤旗手，1950 年在《工人日报》发表文章署用。

衷若霞 (1912－1978)，江西南昌人，原名袁曾隽。笔名：①衷若霞，见于随笔《天桥》，载 1936 年上海《宇宙风》第 21 期；诗《更夫》，载 1937 年上海《光明》第 2 卷第 11 期。出版诗集《塞北草》（1936 年）亦署。②若霞，出版诗集《未焚草》（现实文化出版社，1937 年）、《祖国万岁》（1938 年，列入战时文艺社丛书）署用。

钟惦棐 (1919－1987)，四川江津（今重庆市）人。原名钟惦棐。笔名：①钟惦棐，发表电影美学、电影评论文章，出版论文集《陆沉集》《电影文学断想》《起搏书》《电影集体》、散文集《电影的锣鼓》、文集《钟惦棐文集》（华夏出版社，1994 年）均署。②朱煮筑、金锈龙，署用情况未详。

钟鼎文 (1914－2012)，安徽舒城人。原名钟庆衍。曾用名钟国藩。笔名：①番草，见于诗《塔上》，载 1927 年《皖报》副刊（高歌编）；诗《煤这家伙》，载 1934 年上海《新诗歌》月刊第 2 卷第 2 期。此前后在《现代文艺》《新时代》《现代》《星火》《文艺》《春光》《诗歌月报》《漫画漫话》《当代文学》《今代文艺》《好文章》《东方文艺》《新诗》《奔涛》《希望》等刊发表诗、译诗均署。安徽省文化工作委员会 1940 年 7 月出版诗集《三年》中收录诗作《三年》亦署此名。②钟鼎文，1949 年后在台湾出版诗集《行吟者》（台北台湾诗坛，1951 年）、《山河诗抄》（台北正中书局，1956 年）、《白色的花束》（台北蓝星诗社，1957 年）、《国旗颂》（台北《中央日报》社，1962 年）、《雨季》（台湾省政府新闻处，1967 年）、《乘云》（台北历史博物馆，1978 年）、评论集《现代诗往何处去》（台北世界文化艺术学院，1980 年）等署用。

钟动 (1879－1943)，广东梅县（今梅州市）人。原名钟用宏，字薛生，号长啸、天静；别号寒云。笔名：①钟动薛生，见于旧体诗《当离八绝句》，载《南社丛刻》第 10 集。②钟动，在《南社丛刻》发表诗文署用。嗣后出版《锺季子文辑》（古直辑，1929 年）、遗著《天静廔诗存》（1949 年后）亦署。

钟丰玉 (1880－1962)，浙江杭州人。笔名：①钟丰玉，发表回忆录《光复杭州回忆录》（见刘萍、李学通编《辛亥革命资料选编》第 3 册。社会科学文献出版社，2012 年）。②瑶琴，署用情况未详。

钟吉宇 (1901－1986)，浙江绍兴人。佛教居士，法名慧成。曾用名钟吉宇。笔名：①钟吉宇，见于小说《爱的冲突》，载 1933 年《珊瑚》第 2 卷第 9 期；随笔《文坛旧话》《北征琐记》，载 1935 年《社会月报》第 1 卷第 7、8 期。嗣后出版短篇小说集《奇遇》《沪滨谈怪录》《牛鬼蛇神录》《恋史——一名中学生外传》，通俗小说《怨凤啼凰》（上海乡云图书公司）、《战地鸳鸯》《玉楼花影》《北方豪侠王五传》《侠婢歼情记》《东北豪侠传》《海外仙山记》等亦署。②东越钟吉宇，出版通俗小说《江南酒侠传》（上海春明书店，1929 年）署用。③钟子吉宇，出版通俗小说《江湖酒侠传》（沈阳关东印书馆，1938 年）署用。④嘉鱼，发表《戏续水浒传》（1942 年 3 月－1943 年 3 月在《吉报》连载）署用。⑤古言，署用情况未详。

钟敬文 (1903－2002)，广东海丰人。原名钟谭宗，号静闻居士。笔名：①钟敬文，见于随笔《读〈粤东笔记〉》，载 1924 年北京《歌谣周刊》第 67 号；随笔《歌王》，载 1925 年北京《语丝》周刊第 23 期。同时期或嗣后在《东方杂志》《语丝》《小说月报》《开明》《黎明》《一般》《国立第一中山大学语言历史学研究所周刊》《新女性》《北新周刊》《民俗周刊》《贡献》《文学周报》《真美善》《文理》《新学生》《民众教育季刊》《民众教育月刊》《艺文集刊》《南华文艺》《青年界》《艺风》《黄钟》《北京大学研究所国学门周刊》《中国诗坛》《新建设》《时代中国》《创作周刊》《创作月刊》《诗创作》《民俗》《文艺春秋》《民主世界》《文艺知识》《文讯》《展望》《华北文艺》《山雨》《大江》《开展》《现代》《文艺茶话》《文艺生活》《小说》《学校生活》《妇女与儿童》《新中华》等报刊发表文章，出版散文集《荔枝小品》（上海北新书局，1927 年）、《西湖漫拾》（上海北新书局，1929 年）、《柳花集》（上海群众图书公司，1929 年）、《湖上散记》（上海明日书店，1930 年），诗集《海滨的二月》（上海北新书局，1929 年）、《未来底春》（上海言行社，1940 年），论文集《民间文艺丛话》（中山大学语言历史研究所，1928 年）、《歌谣论集》（上海北新书局，1928 年）、《柳花集》（群众图书公司，1929 年）、《楚辞中的神话和传说》（中山大学语言历史研究所，1930 年）、《诗心》（桂林诗创作社，1942 年）、《口头文学——一宗重大的民族文化遗产》（北京师范大学，1951 年），民歌集《蛋歌》（上海开明书店，1927 年）、《马来情歌集》（上海远东图书公司，1928 年），编选《鲁迅在广州》（上海北新书局，1927 年）等亦署。1956 年 2 月后发表文章、出版散文集《钟敬文散文选》（百花文艺出版社，1989 年），论著《钟敬文民间文学论集（上下册）》（上海文艺出版社，1982－1985 年）、《民俗文化学——梗概与兴起》（中华书局，1996 年）、《民俗学概论》（上海文艺出版社，1998 年）、《钟敬文民俗学论集》（上海文艺出版社，1998

年)、《民间文学概论》(1980年)、《民间文艺谈薮》(湖南人民出版社，1981年)、《关于鲁迅的论考与回想》(陕西人民出版社，1982年)、《新的驿程》(1987年)、《钟敬文学术论著自选集》(首都师范大学出版社，1994年)，主编《民俗学通史》(上海文艺出版社，1985年)、《民间文学基础理论》(上海文艺出版社，1985年)等署用。②敬文，见于评论《混号》，载1925年北京《歌谣周刊》第92期；评论《读〈中国民歌研究〉》，载1926年上海《黎明》第3卷第45期。嗣后在《北新周刊》《文学周报》《新女性》《艺风》《民俗》《北京大学研究所国学门周刊》《文艺茶话》《文艺生活》等刊发表诗文亦署。③静闻，见于传说《陆安传说》，载1925年北京《北京大学研究所国学门周刊》第4期；散文《花的故事》，载1926年上海《文学周报》第207期。嗣后在《北新》《民间文艺》《文理》《新消息》《艺风》《新建设》《文学译报》《现代文艺》《野草》《诗创作》《文学批评》《时代中国》《艺文集刊》《青年文艺》《民主世界》《民主与文化》《文艺生活》《论坛杂志》《大众文艺丛刊》《小说》等刊发表诗文亦署。④静君，见于随笔《〈歌谣论集〉序》，载1927年广州《民间文学》第7期。嗣后在该刊以及《文艺茶话》《艺风》《新世纪》《文艺生活》《民主世界》《愿望》等刊发表文章亦署。⑤钟静闻，见于随笔《广东畲仔山的猺民》，载1928年上海《东方杂志》第25卷第6期。⑥金粟，见于旧诗《绝句六首》，载1930年杭州《文理》第1期；译文《宗教与自然》，载1933年杭州《民众教育季刊》第3卷第1期。嗣后在《民众教育季刊》《艺风》《中华少年》《艺文集刊》《新学生》等刊发表诗文亦署。

钟雷(1920—1998)，河南孟县人，生于洛阳。原名翟君石。笔名：①钟雷，见于多幕剧《尾巴的悲哀》，1950年连载于台湾《新生报》。嗣后发表作品、出版剧本《尾巴的悲哀》(台北新生出版社，1951年)、《双城复国记》(台北正中书局，1959年)，电影剧本《农村进行曲》(台北农教电影公司，1954年)，诗集《生命的火花》(台北重光出版社，1951年)、《在青天白日旗帜下》(台北文物供应社，1955年)、《伟大的舵手》(台北文坛社，1955年)，中篇小说集《江湖恋》(台北文坛社，1964年)等亦署。②石羽、石磊、贺勖、高凤、黄河、翟隽，署用情况未详。按：钟雷高中时期开始写作诗和散文，并创办杂志，主编报纸副刊，署名未详。钟雷尚出版有小说集《小镇春晓》《榴火红》，诗集《豆浆车旁》《黄河恋》《女学生和大兵歌》，剧本《国父传》《农村进行蚀》《万古流芳》等，出版与署名情况亦未详。

钟理和(1915—1960)，台湾屏东人，祖籍广东梅县(今梅州市)，号钟铮、钟坚。笔名：①江流，出版长篇小说《夹竹桃》(北平马德增书店，1945年)署用。嗣后发表短篇小说《逝》(1946年发表于台湾《政经报》)、《生与死》(1946年发表于《台湾文化》第一卷第二期)、《白薯的悲哀》(1946年后发表于《台湾》杂志)等亦署。②钟理和，出版长篇小说《笠山农场》

(1955年)，中篇小说《雨》(1960年)，短篇小说集《原乡人——钟理和中短篇小说选》(1959年)、《故乡》(1976年)、《贫贱夫妻》等署用。其遗作收入《钟理和全集(八卷)》(张良泽。台北远景出版社，1976年)。③里禾、钟坚、铮铮，1946年后在台湾报刊发表小说等署用。

钟灵(1925—　)，福建福州人。原名钟良沂。笔名：①何人，见于诗《烟》，载1947年10月7日福建《星闽日报·星瀚》。嗣后在该刊发表诗《我的歌》、散文诗《游泳者》等亦署。②钟灵，20世纪40年代在福建报刊发表诗文署用。1949年后在台湾发表作品、出版散文集《怀人集》(台南南台出版社，1968年)、《笛声》(台北浩瀚出版社，1975年)，长篇小说《银汛》(香港亚洲出版社，1957年)，中篇小说《盐场之恋》(台北《中央日报》社，1958年)，短篇小说集《归来》(台北大江出版社，1967年)、《爱鸣》(台南华明出版社，1970年)、《秘密》(台北立志出版社，1972年)，广播剧《我女吉吉》(台湾商务印书馆，1971年)等亦署。

钟梅音(1921—1984)，福建上杭人，生于北京。笔名：①音、爱珈、绿诗，1948年在台湾《中央日报·妇女周刊》发表散文《鸡的故事》，嗣后在台湾报刊发表众多小说、散文、诗歌、儿童文学作品、翻译戏剧等署。②钟梅音，1948年后发表作品、出版散文集《冷泉心影》(台北重光文艺出版社，1951年)、《海滨随笔》(台北大华晚报社，1954年)、《母亲的忆念》(台北复兴书局，1954年)，小说集《迟开的茉莉》(台北三民书局，1958年)，诗集《金门颂》(台北中外文化出版公司，1963年)，儿童文学《我从白象王国来》(台北大中国图书公司，1968年)、《到巴黎去玩》(台北台湾书店，1969年)等署用。

钟山心(？—1950？)，福建福州人。原名林尔启。笔名：①林尔启，见于诗《月夜》、散文《夏夜的湖光》，载1935年《中华邮工》第5、6期合刊。②林伊稚，见于散文《鱼》，载1944年6月1日南平《东南日报·笔垒》。③伊青叔，20世纪30年代起在福建报刊发表诗、散文署用。

钟绍锟(1914—？)，四川荣县人。曾用名钟忆萍。笔名：①水草平，见于诗《石级》，载1936年成都《文艺》第4卷第2期；广播剧《全民抗敌》，载1939年4月16日四川荣县《流火》第6期；诗《到泥土喷着香气的时候》，载1939年成都《笔阵》第11期。同时期在上述刊物发表《抗战诗短论》《雪里的洪流》《一个文艺工作者对第四届参政会的希望》等文，出版诗合集《三心集》(与丙生、唐朗合署，1936年)亦署。②李昂，见于通讯《一月十四日——记中华全国文艺界抗敌协会成都分会成立大会》、评论《关于〈抗战期中的文艺谈〉》，载1939年2月16日四川荣县《流火》第4、5期合刊；随笔《与青年谈文学》，载1941年《重庆青年》创刊号。③藻萍，见于随笔《谈谈当前的国文教师》，载1939年成都《笔阵》第11期。嗣后在该刊发表随笔《再谈当前的国文教师》《略谈"复古运动"》亦署。④小民、绿衣、草平、金重、顾念慈，1935 年开始在四川《四川风景》《流火》《文艺堡垒》《挥戈》《五月》《诗刊》《中华邮工》《通俗文艺》《复兴日报》《新民报》《新蜀报》等报刊发表作品署用。

钟恕，生卒年及籍贯不详。笔名：①微萍，见于《紫色的恋》，载 1941 年上海《女声》杂志。②钟恕，见于《鸿运亨通》，载 1939 年《绿洲》第 1 卷第 3 期。按：丁景唐亦用"微萍"笔名在《女声》杂志发表过《寒窗琐语忆之江》等文。

钟天心（1902－1987），旅美台湾作家、诗人，广东五华人，字汝中。笔名：①天心，见于随笔《随便谈谈译诗与做诗》，载 1926 年 6 月 20 日北平《晨报·诗镌》；诗《不朽的灵魂》，载 1932 年南京《文艺月刊》第 3 卷第 3 期。②钟天心，见于诗《我情愿为你跌死于昆仑之巅》，载 1924 年《文学旬刊》第 36 期；译《华茨华斯诗一首》，载 1925 年《晨报副镌》第 15 期；诗《偶感》《剑桥的消息》《春日感怀》等 8 首，载 1930 年《文艺月刊》第 1 卷第 5 期。此前后，在《晨报副镌》《再造》《留英学报》《文艺月刊》《中央导报》《创化》《抗战导报》《新战线》《民主世界》等刊发表著译诗文，出版诗集《追寻》（上海北新书局，1930 年）、《游子吟》（上海中国文艺社，1932 年）等亦署。

钟望阳（1910－1984），上海人，祖籍江苏吴江（今苏州市）。原名杜也牧。曾用名钟望阳。笔名：①白今，出版《小顽童》（上海北新书局，1931 年）署用。嗣后在《出版消息》《中学生文艺》《东方杂志》《读书生活》《青年界》《无名文艺》《文艺大路》等刊发表文章亦署。②钟望阳，见于《壹元照》，载 1935 年《东方杂志》第 32 卷第 14 期。嗣后在《上海妇女》《文艺半月刊》《文艺新潮》《戏剧与文学》《上海周报》发表诗、小说、散文亦署。1956 年 2 月后发表文章亦署。③杜也牧，见于评论《供献给现代父母们》、家庭生活素描《素描》，载 1934 年上海《现代父母》第 2 卷第 6、8 期；故事《爸爸的日记》，载 1936 年上海《儿童世界》第 37 卷第 12 期。④苏苏，见于小说《小安利》（载 1938 年 8 月 14 日《文汇报·儿童园》），嗣后在《上海周报》《大美报·浅草》等报刊发表文章，1949 年后出版长篇儿童小说《小痢痢》（湖北教育出版社，2010 年）、少年推理小说《红茶馆密语》（北京日报出版社，2014 年）、作品选集《苏苏作品选》（少年儿童出版社，1982 年）、再版长篇童话《新木偶奇遇记》（海豚出版社，2012 年）等亦署。⑤索耳，见于《歌唱的人》，载 1940 年 2 月 3 日《大美报·浅草》。嗣后在《上海周报》《奔流文艺丛刊》等刊发表作品亦署。⑥柯狄，见于长篇童话《新木偶奇遇记》，20 世纪 40 年代上海玩具商店出版。⑦望阳、宜心照，上海"孤岛"时期发表作品署用。

钟宪民（1908－?），浙江崇德人。笔名：①钟宪民，见于翻译小说《过去》（保加利亚斯泰马托夫原作），载 1928 年《小说月报》第 19 卷第 7 期。嗣后出版鲁迅《阿 Q 正传》世界语译本（上海出版合作社，1930 年），根据世界语译本翻译的长篇小说《孤雁泪》（波兰奥西斯歌原作。上海北新书局，1929 年）、《牺牲者》（匈牙利尤利·巴基原作），短篇小说集《波兰的故事》；在德国出版郭沫若的剧本《王昭君》的世界语译本；在国内出版世界语课本《世界语模范读本》《战时世界语课本》，20 世纪 40 年代在重庆出版译作《人间悲剧》（美国德莱塞原作。重庆国际文化服务社，20 世纪 40 年代）、《嘉丽妹妹》等均署此名。②唯明，见于《谈谈小说的题材》，载 1940 年重庆《文学修养》第 1 期。

钟肇政（1925－2020），广东人，生于台湾桃园县。笔名：①九龙、路加、路家、路人、马科、赵震、郑先，1951 年开始在台湾《自由谈》等报刊发表小说署用。②钟正，20 世纪 50 年代初在台北《联合报》副刊发表文章署用。③钟肇政，出版长篇小说《浊流》（台北《中央日报》社，1962 年）、《鲁冰花》（台北明志出版社，1962 年）、《流云》（台北文坛社，1965 年）、《青春行》（高雄三信出版社，1974 年），短篇小说集《残照》（台中鸿文出版社，1963 年）、《中元的构图》（台北康桥出版社，1968 年）、《大龙峒的呜咽》（台北皇冠出版社，1974 年）、《钟肇政杰作选》（台北文华出版社，1979 年），评论集《世界文坛新作家》（台北林白出版社，1969 年）、《西洋文学欣赏》（台北志文出版社，1975 年），书信集《台湾文学两地书》（台北前卫出版社，1993 年）、《台湾文学两种书》（与钟理和合集。台北草根出版公司，1998 年）等署用。

钟子芒（1922－1978），湖南长沙人，生于南京。原名杨复冬。曾用名杨瑾钟。笔名：①子芒，出版杂文集《芒刺》（文锋出版社，1945 年）署用。此前后在上海《幸福》《巨型》《春秋》等刊发表作品亦署。②钟、甘兰、禾耳、许言、韦晓、羊思、羊馥、羊娥、阿犁、阿寇、一寇、易寇、马速、海闻、烽烽、葛韦、萧通、萧笛、文海犁、甘为孺、冷对千、许人言、焉用牛、惰之余，20 世纪 40 年代在上海《万象》《宇宙》《春秋》《幸福》《巨型》《民主文艺》等报刊发表文章署用。

仲公撰（?－1935），笔名骆驼生，1929 年开始在沈阳《满洲报》副刊发表诗作署用。

仲素其（1886－?），江苏沭阳人，字行然。笔名仲素其，在《南社丛刻》发表诗文署用。

仲中，生卒年不详，江苏泰县（今泰州市）人，字一候。笔名仲中，在《南社丛刻》发表诗文署用。

【zhou】

周艾黎（1925－2005），广东潮阳人。原名周修展。曾用名周振鹏。笔名：①振鹏，1940 年前后在越南堤岸《远东日报》《全民报》发表散文署用。②艾藜，见于通讯《嘈然话沙陇教育》，载 1943 年广东揭阳《光华报》。③艾黎，见于诗《给远方来的朋友》，载 1945 年春《建国日报》副刊。1946 年后在暹罗曼谷《全民报》《曼谷日报》《光明》等报刊发表诗、小说署用。嗣后出版编选诗集《歌，唱在田野》（与林紫、雷石榆等合集。梅县科学书店，1945 年）亦署。④万牛、史鉴，1948 年 3—6 月在暹罗《曼谷商报·人间》发表杂文《时间的审判》等署用。⑤周易、易之、里予、李孺、华野、程鹏、华里予、周克年，1946 年秋至 1949 年春在暹罗曼谷《中原报》《华侨日报》《光华日报》等报副刊发表小说、诗歌、杂文等署用。⑥周一，1948 年秋开始在暹罗曼谷《全民报》发表政治诗署用。⑦周艾黎，1949 年夏离开暹罗回国后发表文章开始署用。

周艾文（1930－1987），浙江嵊县（今嵊州市）人。曾用名周辛角。笔名萧舟、周稚，著有少儿读物《普希金》，译作《小红帽》，编注《郁达夫诗词抄》，编选民间故事集《秋秸船》等。

周邦式，生卒年不详，湖南长沙人。原名周长宪，号恕斋、邦式。笔名：①周邦式，见于旧体诗《曲阜纪游三首》，载 1935 年 10 月 10 日北平《文化与教育》第 68 期。嗣后在《民心旬刊》《行健月刊》《中央周刊》《国师季刊》《突崛月刊》《新血轮月刊》《行仁》《国力月刊》《社会评论》《读书通讯》《师声》等刊发表散文《岳麓山纪游》、旧体诗《溆浦小南岳四咏》、评论《国父伦理思想的探讨》《中国政治的出路》等作品亦署。②周长宪，见于随笔《袁舜英女士底自杀》，载 1921 年《家庭研究》第 1 卷第 2 期。同时期起至 1940 年在《评论之评论》《现代学生》《边声月刊》等刊发表评论《感情的生活与革命的文学》《北京新闻纸底批评》《现代学生应具备的几个观念》、旧体诗《幽居》《鹤丹过访山居赋诗见赠次均奉答》等亦署。

周葆贻（1868－1939 后），江苏武进（今常州市）人，字企言。著有《企言诗存》《企言随笔》。

周彼（1923－　　），湖北武昌（今武汉市）人。原名邓英烈。曾用名周比。笔名：①周彼，见于评论《从〈女人与和平〉看不自由的作家们》，载 1947 年 3 月 18 日上海《文汇报》副刊；歌词《农作舞曲》（庄严作曲），载 1948 年上海《开明少年》第 33 期。嗣后发表诗文多署。②红芦，见于诗《将军和文化人》，载 1948 年 8 月成都《蚂蚁小集》第 3 辑《歌唱》。同时期在该刊发表诗《报纸》、长诗《中国的肺脏啊》亦署。

周璧（1923－　　），江苏无锡人。原名吕祖渭。通用名吕宜。笔名：①逆民，见于杂文《仇》，载 1938 年 11 月 25 日上海《译报·大家谈》。②张望，见于杂文《帆是有种的》，载 1941 年上海《青年文艺》第 3 期。③周璧，1941 年在上海某地下抗日出版物发表文章开始署用。嗣后在福建永安《中央日报·中央副镌》《大成日报民主报联合版·新语》《现代儿童》、南平《东南日报·笔垒》、江西赣州《正气日报》副刊、上海《文艺春秋》《文汇报·笔会》《新民报晚刊·十字街头》《文艺复兴》《评论报》等报刊发表文章，又见于小说《晏石》，1949 年后在无锡《苏南日报》、南京《新华日

报》、北京《人民日报》《人民文学》《文艺报》、上海《文汇报》《小说》等报刊发表作品亦署。④鲁帆，见于杂文《新西洋镜批注》，载 1943 年 6 月 24 日永安《中央日报·中央副镌》。⑤姬玉，见于杂文《关于批评家》，载 1943 年 11 月 24—25 日永安《大成日报民主报联合版·新语》。⑥吕华，见于杂文《打僵尸鬼》，载 1944 年 2 月 2 日《大成日报民主报联合版·新语》。⑦徐旅，见于杂文《他们要活下去》，载 1944 年 3 月 16 日《大成日报民主报联合版·新语》。⑧璧，见于杂文《这一年》，载 1944 年 3 月 18 日《大成日报民主报联合版·新语》。⑨丁子，见于杂文《偷闲随笔》，载 1944 年 3 月 31 日《大成日报民主报联合版·新语》。嗣后在《民主报·新语》发表杂文《光明和黑暗》《防什么疫》等亦署。⑩贺冬，见于杂文《永安闹鬼》，载 1944 年 4 月 1 日《民主报·新语》。⑪吴芳草，见于杂文《忍耐》，载 1944 年 4 月 8 日《民主报·新语》；杂文《工作、朋友和其他》，载 1943 年 11 月 17 日永安《中央日报·中央副镌》。⑫史丝，见于杂文《女子无才便是德》，载 1944 年 4 月 11 日《民主报·新语》。⑬周笔，见于杂文《从〈丁课长〉说起》，载 1944 年 4 月 21 日《民主报·新语》。⑭周苇，见于杂文《叫我如何不想他》，载 1944 年 7 月 20 日《民主报·新语》。⑮李凤，见于杂文《斥"文学无用论"》，载 1944 年 8 月 30 日《民主报·新语》。嗣后在该刊发表《讽刺》《歪曲与诬蔑》等杂文，在南平《东南日报·笔垒》发表杂文亦署。⑯吉玉，见于杂文《蔚蓝色，美丽的晴天》，载 1944 年 10 月 11 日《民主报·新语》。同时期在南平《东南日报·笔垒》发表杂文亦同。⑰小丁，见于杂文《跳出井来》，载 1944 年 10 月 17 日《民主报·新语》。⑱夏之草，见于杂文《此地无银三十两》，载 1944 年 10 月 18 日《民主报·新语》。嗣后在该刊及《东南日报·笔垒》发表杂文《艺术的没落》《甘地的法宝》等亦署。⑲林花，见于杂文《死的和活的》，载 1944 年 10 月 19 日《民主报·新语》。嗣后在该刊及南平《东南日报·笔垒》发表《方生未死之间》等杂文亦署。⑳于福，1943－1944 年在永安《民主报·新语》发表杂文署用。㉑宋平，1944 年在永安《民意》月刊发表文章署用。㉒季凤，见于《狱中通讯》，载 1946 年上海《周报》第 23 期。

周斌（？－1933），浙江嘉善人，字志颐，号芷畦；别号渔侠、汾南渔侠、汾南渔隐。笔名：①周斌，在《南社丛刻》发表诗文署用。②芷畦，1919 年在《华锋周报》发表文章署用。按：周斌著有《汾南渔侠游草》《燕游草》《台宕游草》《探梅游草》《柳溪竹枝词》，并辑有《柳溪诗徵》六卷，署名未详。

周伯棣（1900－1982），浙江余姚人。曾用名周白棣。笔名：①周白棣，见于译诗《勇敢的锡兵》，载 1923 年 4 月 22—24 日上海《民国日报·觉悟》；评论《日本钟纺问题底一考察》《金解禁后日本财界底现状》，分别载 1930 年《日本》第 1 卷第 3 期和第 5 期。嗣后在《日

本评论》发表《一九三三年日本之金融》，出版翻译戏剧《妹妹》（日本武者小路实笃原作。上海中华书局，1925年）、翻译小说《新珠》（日本菊池宽原作。上海东南书店，1929年）、儿童小说《井外仙源》（上海中华书局，1933年）、散文集《欧美逸话》（上海中华书局，1930年）等亦署。②白棣，见于翻译童话《野菊》（丹麦安徒生原作），载1923年5月1日上海《民国日报·觉悟》；译作《屠格涅夫散文诗两首》，载1929年上海《语丝》第5卷第30期。③周伯棣，见于记录《伙友与中国》（叶楚伧讲演），载1924年6月25日上海《民国日报·觉悟》。又见于译文《文艺与人生》（日本菊池宽原作），载1928年1月15日上海《贡献》第1卷第5期。此前后在《一般》《新中华》《银行生活》《中国新论》《少年周报》《学艺》《中华教育界》《日本评论》《民族》《文化建设》《政问周刊》《中华邮工》《中学生》《绸缪月刊》《东方杂志》《时代精神》《中美周刊》《中山公论》《学生月刊》《财政评论》《西南实业通讯》《建设研究》《文化杂志》《新工商》《中农月刊》《贸易月刊》《读书通讯》《现代文摘》《时与文》《复旦学报》《时事评论》《中学时代》等刊发表文章，出版经济学著作、译作等亦署。

周伯勋（1911－1987），陕西临潼人，生于西安。原名周宏业。笔名周伯勋、柏薰，见于诗《春天》，载1929年上海《泰东月刊》第2卷第11期（刊目录署名"周伯勋"，刊内正文署名"柏薰"）。

周昌岐（1921－　），重庆人。笔名：①周密、苍骑，1942－1944年在重庆《国民公报》和四川万县《万县日报》等发表诗作署用。②周昌岐，见于诗《迎春小调及其他》，载1944年7月四川万县《诗前哨》第1辑；诗《庭院二章》，载1945年重庆《火之源文艺丛刊》第4期。嗣后在《诗前哨》第2辑发表诗《愿·生命》亦署。

周大康（1922－　），浙江东阳人。原名周大鹿。笔名：①周大康，见于短诗《怅惘》，载1942年3月23日江西上饶《前线日报·学生园地》。②新野，1942年在浙江金华编油印诗刊《蒲风》署用。又署用于《前线日报》副刊等发表诗作。③圣野，1946年前后开始署用。嗣后出版儿童诗歌集《啄木鸟》《列车》《小灯笼》《欢迎小雨点》《雷公公和啄木鸟》《春娃娃》《挤挤城和宽宽街》《不睡觉的火车头》《爱唱歌的鸟》《神奇的窗子》《小柳树和小樱桃》《凌凌的故事》《竹林奇遇》《圣野儿童诗选》、散文诗集《银亮的大树》、诗论集《诗的散步》等亦署。④万波、吕林、汤克、里昂、摩利、叶寒、司马子朗、司马云腾、欧阳望红、萧雷、小方、方方、欧阳健、谢布谷，1947年下半年起在上海《中国儿童时报》《小朋友》《现代儿童》《儿童故事》《童话连丛》《儿童世界》《儿童知识》《新诗歌》《诗创造》《铁兵营》《未央诗刊》，以及湖南《国民日报·诗与木刻》、武汉《武汉时报·扬之江》、江西《中国新报·新文艺》《民锋报》、河南《诗之页》、建德《野

火诗刊》、杭州《当代日报·学生园地》《伙伴诗辑》等报刊发表诗作署用。⑤大兵，1949年3月后在浙江《金萧报》、杭州《当代晚报》发表诗作署用。⑥小宇、大康，1949年后发表作品偶用。

周代（1928－2003），湖南宁乡人。原名周超武。笔名：①周代，出版散文集《晚晴小集》（长江文艺出版社，1990年）、《雀巢集》（长江文艺出版社，1994年），文学书信集《伴你走向文坛》（湖北少年儿童出版社，1994年）等署用。②黎白地，署用情况未详。

周定山（1898－1975），台湾彰化人。原名周大树，字克亚，号一吼、公望、镇魂、化民、悔名生。笔名周定山，见于散文《一吼居谭屑》，1931年3月《台湾新民报》第359期开始连载；随笔《刺激文学的研究》，载1932年《南音》第11期。嗣后出版短篇小说集《老成党》《旋风》《乳母》、散文集《一吼居谭屑》《无聊春秋》、编选《台湾击钵诗选》等，出版文集《周定山作品选集》（施懿琳编。台湾彰化县立文化中心，1996年）、《周定山汉诗全集初编》（陈盈达编。2003年）等亦署。

周定一（1913－2013），湖南炎陵人，笔名：①周定一，见于诗《新生》，载1935年上海《中学生文艺季刊》第1卷第1期。1939年5月起在香港《大公报·文艺》发表诗文，1946年在北平与沈从文合编《平明日报·星期艺文》，出版《红楼梦语言辞典》（商务印书馆，1995年）、《周定一文集》（中国社会科学出版社，2012年）等亦署。②因梦、周因梦、尹梦华、许令芳，20世纪40年代在北平《平明日报》发表文章署用。

周东郊，生卒年及籍贯不详。笔名：①东郊，见于评论《明日之文学》，连载于1926年夏《哈尔滨日报》副刊。②周东郊，见于小说《茗侬》，载1922年5月17日沈阳《盛京时报》。1923年在该报发表小说《秋灯夜谈》《可怜的小英雄》等，同年在《青年翼》第4卷第10期和第11期发表诗《江上生别》《凄梦迷离》亦署。

周恩来（1898－1976），浙江绍兴人，生于江苏淮安（今淮安市）。原名周大鸾，字翔宇。曾用名羊羽、羊羽子、汪洋、周翔、乔·耐特。化名伍、冠、伍豪、冠生、维思、大美、赵来、五五号、林庚汉、周少山、胡必成、李知凡。笔名：①飞飞，见于诗《评咏岳少保祠七律》《评咏淮阴侯钓鱼台诗》《送蓬仙兄返里有感》，载1914年《敬业》学报第4期《飞飞漫墨》。②周恩来，见于《特试揭晓》，载1916年天津南开学校《校风》第30期。又见于通讯《旅欧通讯》，连载于1921年12月18日至1922年1月9日天津《益世报》。嗣后在该报及《觉邮》《文摘战时旬刊》《十日文摘》《血路周刊》《战时青年》《新华日报》《民族公论》《杂志》《国民公论》《人物杂志》《北方》等报刊发表《从一年抗战中认识怎样坚持长期抗战》《最近抗战形势》《怎样进行持久抗战》《现阶段青年运动的性质与任务》《中

日战争之政略与战略问题》《论中日新战略》《论鲁迅与郭沫若》等文亦署。③飞，见于随笔《本社特别启事》，载1916年天津《校风》第36期。④五，见于诗《雨中岚山——日本京都》，载1920年1月20日《觉悟》创刊号。⑤伍，见于随笔《西欧的"赤"况》，载1921年《觉邮》第2期。⑥恩来，见于通讯《英国矿工罢工风潮之始末》，载1921年5月26－29日天津《益世报》。⑦翔宇，见于评论《西俄大旱之惨状》，载1921年10月15－17日天津《益世报》。⑧伍豪，见于评论《共产主义与中国》《"无所谓宗教"》，载1922年《少年》第2期。⑨周翔，见于通讯《伦敦通信》，载1922年天津《益世报》。⑩翔、少山、陈广、非非、冠生、孤竹野人，署用情况未详。

周而复（1914－2004），安徽旌德人，生于江苏南京。原名周祖式。曾用名周祖麻、周德、赵国祥。笔名：①周而复，见于诗《深巷》，载1935年4月2日上海《申报·自由谈》；译诗《对月》（英国雪莱原作），载1935年《白地月刊》第1卷第3期。嗣后在《光华附中》《文学丛报》《文学》《宇宙风》《东方文艺》《诗歌杂志》《小说家》《七月》《文艺阵地》《抗战文艺》《文艺工作者》《文艺新闻》《野草》《五十年代》《文艺生活》《文艺月刊》《文艺突击》《文艺战线》《谷雨》《救亡日报·文化岗位》《文坛月报》《时与潮文艺》《文艺杂志》《中原》《文艺春秋》《文艺复兴》《文学新报》《文哨》《人民文艺》《大众文艺丛刊》《华北文艺》《小说月刊》《文摘》《西线》《新文化》《周报》《正报》《群众·香港版》《进步青年》《中学生》《未名文摘》等报刊发表小说《公兴坊》《某夜》《播种篇》《开荒篇》、散文《北国的春天》《写诗小记》、诗《夜行车》《辽远的一方》等，出版秧歌剧集《牛永贵受伤》，话剧剧本《子弟兵》（重庆作家书屋，1945年），诗集《夜行集》（文学丛报社，1936年），报告文学集《晋察冀行》（阳光出版社，1946年）、《东北横断面》（今日出版社，1946年）、《松花江上的风云》（香港中国出版社，1947年）、《诺尔曼·白求恩片断》（与他人合集。新华书店，1949年）、《海上的遭遇》《难忘的征尘》，杂文集《北望楼杂文》（文化工作社，1949年），短篇小说集《第十三粒子弹》（重庆世界编译所，1945年）、《春荒》（上海华夏书店，1946年）、《高原短曲》（香港海洋书屋，1947年）、《翻身的年月》（香港海洋书屋，1948年）、《歼灭》（上海群益出版社，1949年），长篇小说《燕宿崖》（上海群益出版社，1949年）、《白求恩大夫》（上海知识出版社，1949年），评论集《秧歌剧发展的道路》；1949年后出版中短篇小说集《山谷里的春天》（人民文学出版社，1955年）、《西流水的孩子们》（少年儿童出版社，1956年），长篇小说《上海的早晨》（作家出版社，1963年）、《长城万里图》（包括《南京的陷落》《长江还在奔腾》《逆流与暗流》《太平洋的拂晓》《黎明前的夜色》《雾重庆》。人民文学出版社，1988年）、《难忘的征尘》（经济日报出版社，1995年），散文集《东南亚散记》（中国青年出版社，1956年）、《掠影集》（四川人民出版社，1982年）、《怀念集》（人民文学出版社，1983年）、《浪淘沙》（档案出版社，1991年）、《欧美风情录》（生活·读书·新知三联书店，1991年）、《周而复散文集》（华夏出版社，1999年）、《往事回忆录》（文化艺术出版社，2004年），散文与特写集《火炬》（作家出版社，1961年），长篇叙事诗《伟人周恩来》（中央文献出版社，1998年），评论集《新的起点》（新文艺出版社，1951年）、《文学的探索》（湖南人民出版社，1984年）、《60年文艺漫笔》（中国工人出版社，1997年）等亦署。②而复，见于翻译小说《奇迹》（俄国伏尔阿夫原作），载1937年上海《光华附中》第5卷第3、4期合刊"文艺翻译专号"。③复，见于短论《所谓"与抗战无关"》，载1939年延安《文艺突击》第1卷第4期。④荀寰，20世纪40年代在重庆和香港的《群众》杂志发表杂文、报告文学等作品署用。⑤吴疑，署用情况未详。

周仿溪（1892－1950），河南临颍人。原名周景濂，字仿溪。笔名：①周仿溪，见于评论《徐玉诺君的〈火灾〉》，载1923年上海《小说月报》第14卷第3期；评论《谈谈文艺批评》，载1925年8月12日开封《豫报·豫报副刊》。嗣后在上海《小说月报》、北京《京报副刊·文学周刊》、开封《新中州报·飞霞三日刊》《新中州报·飞霞创作刊》等报刊发表评论《赓虞近作与旧词》《评谢位鼎的两封信》《郭沫若滥用重叠句》、诗《可恨明亮亮的月》《破寨之后》《炮火之花》《弹花纷飞下写给她》等亦署。②仿溪，见于诗《烈士死前的高歌》，载1924年6月22日上海《民国日报·觉悟》；诗《回忆之力》《在山上》《呐喊》，载1925年8月15日开封《豫报·豫报副刊》。

周斐儿，生卒年不详，广东汕头人，笔名斐儿，见于小说《失学的故事》，载1930年上海《中学生》第8期；散文《汕头——我的故乡》，载1934年10月1日上海《申报·自由谈》。此前后在上述两刊及《小说世界》《开明》《良友画报》《市政评论》《新语林》《人言周刊》《申报月刊》《人间世》《新小说》《读书生活》《漫画漫话》《永生》《全民周刊》《南国少年》《中文学文艺季刊》《热风》《烽火》等报刊发表散文《兰都不拉拔之夜》《南国掇拾》《在瓜鲁河畔》《马达山游踪》《南洋的树胶园》等作品亦署。

周汾（1913－?），福建福州人。笔名：①周分水，见于小说《到上海》，载1933年4月福建《国光日报·纵横》。②分水，见于随笔《读庄的我见》，载1934年前后南京《中央日报》。同时期在福州《新潮日报》《国光日报》《福建民报》《求是日报》《华报》等报发表文章亦署。③光冰，1934年开始在《福建民报·海滨》发表小品文署用。④衷白，20世纪40年代在上饶《前线日报》、南平《东南日报》发表地方通讯、散文等署用。⑤周汾，20世纪40年代为中国新闻社福建分社撰写游记《永太姬岩》署用。嗣后发表作品亦署。

周丰一（1912－1997），浙江绍兴人。原名周丰丸。

笔名：①伯上，见随笔《鱼的话》，载 1933 年 9 月 30 日天津《大公报·文艺副刊》；随笔《谈蚯蚓》，载 1935 年上海《论语》第 78 期。嗣后在上述两刊及上海《宇宙风》《风雨谈》、北平《华北日报·每日文艺》等报刊发表随笔《我的当保安队的朋友》《我的日本房东》《修铅笔》《猫》《牛老师领导下的扫除大会之一幕》等文亦署。②周伯上，见随笔《病》，载 1935 年 3 月 10 日天津《大公报·文艺副刊》。③周丰一，见于译文《"乡土童谣"与"乡土民谣"》（日本野口雨情原作）、译文《新民谣与古民谣》（日本白鸟省吾原作），分别载 1936 年北京《歌谣》第 2 卷第 24 期和第 3 卷第 10 期。1943 年 7 月起在北平《艺文杂志》发表译作《俳句之来历及特色》（日本内藤鸣雪原作）、《橡子》（日本吉村冬彦原作）、《芭蕉杂话》（日本荻原井泉水原作）、《童话式之人生》（日本佐藤春夫原作）等，出版翻译小说《反抗着暴风雨》（日本小岛进原作。上海文化生活出版社，1953 年）、《明天》（日本黑井力原作。上海文化生活出版社，1953 年）、《血的九月》（日本江马修原作。上海文化生活出版社，1954 年）、《广岛的一家》（日本大田洋子原作。新文艺出版社，1957 年），翻译报告文学《妻呵，安息吧》（日本德永直原作。上海文艺出版社，1961 年）等亦署。

周锋，生卒年不详，福建福州人。笔名：①蕉风。见于诗《夜分》，载 1933 年 3 月厦门《国光日报·纵横》；诗《圣诞节之夜》，载 1935 年 12 月 21 日福州《福建民报·回声》。同时期在福州《文座》《小民报·新村》《福建民报·南风》等报刊发表诗、小说等亦署。②周锋，见于中篇小说《垓下》，载 1933 年 4 月厦门《国光日报·纵横》；诗《耶路撒冷》，载 1936 年 7 月福州《文座》创刊号。

周刚，生卒年不详，广东开平人，字伯严。笔名周刚，在《南社丛刻》发表诗文署用。

周钢鸣（1909－1981），广西罗城人。原名周刚明。曾用名周达之。笔名：①周钢鸣，见于散文《打秋千的人》，载 1934 年上海《新语林》第 6 期；速写《疲劳的夜》，载 1935 年上海《太白》第 2 卷第 9 期；歌词《救亡进行曲》（孙慎作曲），载于 1935 年《生活知识》。嗣后在《生活知识》《文学界》《光明》《读书生活》《文摘》《文艺阵地》《抗战半月刊》《民族解放旬刊》《文艺》《野草》《戏剧春秋》《时代文学》《诗创作》《干部生活》《中国诗坛》《国民公论》《新世纪》《群众·香港版》《文艺生活》《文学创作》《人世间》《艺丛》《当代文学》《文萃丛刊》《青年知识》《正报》《文艺大众》《大众文艺丛刊》等报刊发表诗《无花的梦》《给老战士》、评论《论诗和诗人》《展开集体创作运动》《诗歌创作的几个问题》等，出版歌曲集《战时后方歌咏》、论著《文艺创作论》《论文艺改造》《论群众文艺运动》《怎样写报告文学》等亦署。②钢鸣，见于歌词《九一八纪念歌》（孙慎作曲），载 1936 年上海《生活知识》第 2 卷第 9 期。嗣后发表散文《第一次听到解

放的炮声》（载 1940 年桂林《十日文萃》新 1 卷第 4、5 期），在桂林《救亡日报·文化岗位》、香港《文化生活》《文艺丛刊》等报刊发表诗文亦署。③周达，见于随笔《谈阅读传记文学》，载 1942 年 7 月 5 日桂林《种子》创刊号；随笔《从文艺作品中认识中国》，载 1947 年《正报》第 2 卷第 1 期。此前后在《群众·香港版》《文化生活》《文艺丛刊》等发表文章亦署。④康敏，20 世纪 30－40 年代发表作品曾署用。⑤达之，1948 年至 1949 年与梓甫（夏衍）、逸君（以群）、蔚夫（洪遒）、萧然（孟超）、慕云（瞿白音）、逑君（韩北屏）合作在香港《华侨日报》《星岛日报》《华商报》发表"七人影评"署用。

周公权，生卒年不详，江苏睢宁人，字衡伯。笔名周公权，在《南社丛刻》发表诗文署用。

周谷城（1898－1996），湖南益阳人。曾用名周可珍。笔名：①周谷城，见于论文《孔子之政治学说及其演化之形势》，载 1927 年 9 月 1 日上海《民铎杂志》第 9 卷第 1 期；评论《中国之教育》，载 1927 年上海《教育杂志》第 19 卷第 11 期。嗣后在上述两刊及《东方杂志》《现代学术》《新生命》《社会学刊》《读书杂志》《地政月刊》《史地丛刊》《大夏》《时代公论》《文化与教育》《青年界》《暨南学报》《论语》《认识月刊》《读书青年》《中山周刊》《自觉月刊》《新中华》《宪政》《大学》《青年学习》《中国建设》《历史社会》《时与文》《书报精华》《人物杂志》《复旦学报》《时代批评》《大学评论》《科学》等报刊发表论文，出版史学、社会学、政治学、逻辑学著作及译作，《史学与美学》（上海人民出版社，1980 年）、《艺术创作的历史地位》《所谓意境》《礼乐新解》等专著，以及诗词集《诗词小集》（湖南人民出版社，1985 年），主编《中国文化史丛书》《世界文化丛书》等亦署。②胡曼懋，见于论文《近代欧洲政治演变之动力》，载 1938 年上海《民族公论》第 1 卷第 3 期。

周光斗（1920－　），湖北大冶人，号少左。笔名：①周少左，出版散文集《如沐春风集——谢求生先生的故事》（台湾新生报，1978 年）、《飞絮花落时候》《多摩川的夕阳》《血债姻缘》等署用。②白浪、剑飞、望雨，署用情况未详。

周光田（1916－？），江苏金坛（今常州市）人，字顾群。笔名：①周光田，出版《夕明诗草》（江宁县文联编印，1988 年）、《茅山抗日诗抄》（周光田编注。南京出版社，1989 年）及《征程集》等署用。②田夫，署用情况未详。

周桂笙（1863－1926），上海人。原名周树奎，字桂笙，号新盦、新庵、辛庵、惺庵、新广（ān）；别号知新主人、知新室主、知新室主人、新庵主人。笔名：①知新室主人，见于翻译小说《毒蛇圈》（法国鲍福原作），载上海《新小说》1904 年第 9 期至 1905 年第 12 期。嗣后在上海《月月小说》发表翻译小说《自由

结婚》，出版译作《毒蛇圈》（上海广智书局，1906 年）等亦署。②周树奎，见于小说《神女再世奇缘》，载 1905 年上海《新小说》第 11 期。嗣后在《新民丛报》《南社丛刻》等刊发表文章亦署。③周桂笙，见于翻译小说《神女再世奇缘》，载 1905 年《新小说》第 12 期。嗣后在上海《月月小说》《紫罗兰》《小说月报》等刊发表译作，出版翻译小说《八宝匣》（上海群学社，1909 年）、随笔《新庵笔记》（上海古今图书局，1914 年）等亦署。④新庵，1905 年前后在上海《新小说》发表文章署用。1943 年在上海《月月小说》第 10 期发表小说《海底沉珠》亦署。⑤知新主人，见于翻译小说《左右敌》，载 1906 年上海《新小说》第 4 期。嗣后出版翻译小说《地心旅行》（法国凡尔纳原作。上海广智书局，1906 年）亦署。⑥稚桂（稚桂），见于翻译小说《含冤花》（英国培尔原作）。1907－1908 年上海《月月小说》连载时署名"稚桂"；1943 年上海《月月小说》连载时署名"稚桂"。⑦知新室主人周桂笙，见于翻译小说《失舟得舟》，载 1906 年上海《月月小说》第 6 期。⑧知新室主，见于随笔《新庵随笔》，载 1906 年上海《月月小说》第 9 期。⑨新庵主人，见于翻译小说《猫日记》，载 1906 年上海《月月小说》第 12 期。⑩新，见于随笔《讥弹》《西笑林》等，载 1906 年上海《月月小说》。⑪新广（ān），见于随笔《说小说》，载 1906 年上海《月月小说》。⑫知新，1916 年在上海《妇女时报》发表文章署用。⑬悍庵，在《新民丛报》《选报》《环球中国学生报》等报刊发表文章署用。嗣后出版《世界进化史》亦署。⑭知新子，在《新民丛报》发表文章署用。嗣后出版《二十四史论海》《窃毁拿破仑遗像案》等著作亦署。⑮奕若，出版翻译小说《福尔摩斯再生案》一书署用。⑯辛、式恭、剑灵、新新子、知新主，署用情况未详。

周国瑾（1921－2005），广东广州市人。原名周炽南。笔名：①周国瑾，1944 年在延安发表话剧等署用。嗣后出版歌剧剧本《丑家川》、话剧剧本《保卫牛家堡》《平凡的创造》《周末的傍晚》《有理想的人》等亦署。②林志明，署用情况未详。

周国锟（1924－　），江苏南通人。笔名：①白合，见于诗《寄音》，载 1946 年 1 月 23 日南通《东南日报·诗》周刊第 3 期。②艾云，1946 年 3 月 28 日在江苏如皋《江海导报》发表关于南通"三·一八"斗争的报道署用。

周汉平（1920－2000），湖南韶山人。原名周振球。笔名老汉、范平，著有短篇小说集《活捉张辉瓒》，湖南弹词《杨玉翠》，长篇通俗小说《太平隐义》《燕山喋血》《忠义团传奇》（与他人合作），专著《怎样编写曲艺唱词》等。

周浩然（1915－1939），山东即墨人。原名周世超，字浩然。曾用名周家美。笔名：①明、心影、觉民，1933 年在《青岛民报·汽笛》发表散文《两种不同的

人物》《又是黄花遍地时节》、译作《一日间》（日本山村雄本原作）等署用。②梦熊、猛士，1935 年在青岛主编《新青岛报·小青岛》时发表《给青年作家》《答唐泉东》《法租界的惨案》等杂文、评论署用。

周河冬（1923－　），浙江杭州人。笔名：①河满子，见于历史小品《凝碧池边》，载 1943 年春《东南日报·笔垒》。②史倩，见于散文《门》，载 1943 年秋《东南日报·笔垒》。③周河冬，见于小说《泥块》，载 1946 年南京《中央日报·星期文艺》。

周泓倩，生卒年及籍贯不详。笔名邵萍、寒鸥，1934 年 8 月 25 日在《东南日报·沙发》发表文章署用。

周玑璋（1904－1981），河北海兴人。笔名：①周玑璋，1934 年在《中国经济月刊》发表《东北农业与日本移民政策》《九一八事变后日本在东北之经济势力》等文署用。嗣后发表评论《日本铁蹄下之间岛》（载 1938 年南京《边铎》半月刊第 2 卷第 1 期），编写或改编京剧剧本《黄泥岗》《小仓山》《琼花》《墙头马上》、昆剧剧本《拜月亭》等亦署。②白鸥，见于《长春"留置场"铁窗生活纪实》，载 1944 年重庆《今日东北》第 1 卷第 1－3 期。③周小星，署用情况未详。

周姬昌（1928－1995），浙江温州人。笔名：①周姬昌，出版《梅兰芳与中国文化》（武汉大学出版社，1994 年）、京剧剧本《辛亥风云》，以及写作学著作署用。②周英、周烨，署用情况未详。

周积芹（1869－1933），江苏吴江（今苏州市）人，字洛奇，编有《绿庐诗稿》（未刊），著名学者俞樾为之作序，谓"其诗清新俊逸，神韵风味俱佳"。

周骥良（1921－　），安徽东至人。原名贯究真。笔名周骥良，出版历史长篇小说《我们在地下作战》（中国少年儿童出版社，1959 年），长篇传记文学《吉鸿昌》（河南人民出版社，1981 年）、《女间谍覆没记》《杨虎城》，中篇小说《毋忘国耻》，长篇连载《李鸿章与慈禧》《游击英雄包森》，报告文学《大风暴之歌》等署用。

周简段（1916－？），广东开平人。原名司徒丙鹤。笔名周简段，出版《京华感旧录》（吉林出版集团，2011 年）及《祖国与华侨》《京华感旧录》《北京政坛见闻录》等著作署用。

周建人（1888－1984），浙江绍兴人。原名周松寿，后改名建人，字乔峰，号量孙；别号樵茟子。曾用名周鉴人、周嵩涛、周松涛、周杉寿。乳名阿松。笔名：①会稽周建人乔峰，见于《辛亥游录》，载 1912 年 2 月《越社丛刊》第一辑。②周建人，见于论文《生命之起源》，载 1919 年《新青年》第 6 卷第 4 期；翻译小说《微笑》（俄国梭罗古勃原作），载 1921 年上海《小说月报》第 12 卷第 5 期。嗣后在上述两刊及《东方杂志》《学生杂志》《民铎杂志》《语丝》《现代评论》《晨报副镌》《自然界》《莽原》《一般》《新女性》《贡献》《中

学生》《北新》《青年界》《文学》《新学生》《申报月刊》《文艺大众》《文章》《出版周刊》《中建》《自由人》《新文化》《民主》《周报》《科学画报》《大学月刊》《时与文》《群众》《现代文摘》《中国作家》等报刊发表论文《达尔文以后的进化思想》《性道德的变迁》、评论《答张竞生先生》《答傅雷先生的"关于观帝反苏"》、随笔《纪念韬奋先生》《鲁迅去世已经十年了》等文，出版翻译小说《梭罗古勃》（英国约翰·科尔诺斯等原作，周建人等译。上海商务印书馆，1925年），回忆录《略讲关于鲁迅的事情》《鲁迅回忆录》《鲁迅故家的败落》（周建人口述。湖南人民出版社，1984年），生物学科普著作《科学杂谈》《进化与退化》《花鸟鱼虫及其他》《生物学与人生问题》《生物进化浅说》及生物学专著、译作等亦署。③乔峰，见于论文《人种起源说》，载1919年上海《东方杂志》第16卷第11期；《社会的反优生趋势》，载1929年上海《莽原》第27期。此前后在《申报·自由谈》《东方杂志》《自然界》《救亡日报》《中国建设》《国民》《新文化》《民主》等报刊发表文章，出版回忆录《略讲关于鲁迅的事情》（人民文学出版社，1954年）等亦署。④嵩山，见于随笔《贞操》，载1921年7月13日北京《晨报副镌》。嗣后发表信函《国语罗马字》（载1925年北京《语丝》第59期）、随笔《上海的乞丐》（载1926年北京《京报副刊》第428期）等亦署。⑤松山，见于论文《托尔斯泰与鲍尔希维主义》，载1921年10月25日上海《东方杂志》第18卷第20期。嗣后在该刊及《自然界》发表翻译散文诗《老妇人》（俄国屠格涅夫原作）、论文《林那时代的中国植物研究者》等亦署。⑥健孟，见于随笔《竞争与社会进化》，载1921年上海《东方杂志》第18卷第22期。嗣后在该刊发表论文《科学与道德律》《女权运动的根本要素》等文亦署。⑦建人，见于论文《两性伦理的基础》，载1921年上海《东方杂志》第18卷第22期；评论《什么主义能祸中国呢》，载1928年上海《语丝》周刊第4卷第4期。此前后在上述两刊及《学生杂志》《北新》《新学生》《自然界》《民主》《宇宙风》等刊发表文章亦署。⑧乔风，见于随笔《救生船上的无线电》，载1922年上海《东方杂志》第19卷第11期。嗣后在《读物》《上海妇女》《科学趣味》《新文化》等刊发表随笔《从育婴堂说起》《今人比古人长寿》、科学小品《秋叶》等文亦署。⑨克士，见于论文《德国青年对于老派的反叛》，载1922年上海《东方杂志》第19卷第17期；译文《大旱的消失》（英国W. H. 怀特原作），载1928年上海《奔流》月刊第1卷第1期。此前后在《太白》《现代》《人世间》《自然界》《生活周刊》《学习》《民主》《周报》等刊发表文章亦署。⑩周乔峰，见于随笔《说怪胎》，载1926年1月上海《自然界》创刊号。嗣后在该刊发表多篇文章亦署。⑪开时，见于《鹡鸰》，载1926年《自然界》第1卷第6期。嗣后在该刊发表《扬子江下游常见的鸟类》《看羊鹰记》，在《新女性》《萌芽月刊》《北斗》《新文化》等刊发表随笔《中国绅士们的意见一致》、译文《性与遗传》等

亦署。⑫高荈，见于论文《资本论读法》，载1939年上海《民族公论》第2卷第4期。⑬理直，见于随笔《鲁迅任绍兴师范校长的一年》，载1940年11月上海《丽芒湖上》创刊号。⑭李正、孙鲠、长庚、周松年，署用情况未详。

周剑云（1893—1967），安徽合肥人，号剑气凌云楼主。笔名：①剑云，见于评论《评〈华奶奶之职业〉的余波》《文化与人化》，分别载1921年上海《解放画报》第7期和第11期；随笔《今后的努力》，载1928年上海《电影画报》第7期。②周剑云，见于随笔《小情人与四月底蔷薇处处开》，载1926年上海《紫罗兰》第1卷第12期。1935年在上海《长城》第2卷第2期发表随笔《诚恳地提拔后人》，嗣后在《社会月报》《万象》《现代军事》等刊发表随笔《剧坛怀旧录》、人物志《运筹帷幄之马歇尔将军》、集锦小说《和平之神》（与钱芥尘、余大雄、刘迦公、李浩然、张碧梧、严谔声、何药樵、赵苕狂、孙东吴合作）等亦署。

周洁夫（1917—1966），浙江镇海人，生于上海。笔名：①思叶，解放战争时期在《东北日报》等报刊发表文章署用。②周洁夫，见于报告文学《赵尚志团的组织者》，载1947年《东北文艺》第1卷第3期；小说《变化》，载1948年7月哈尔滨《文学战线》创刊号。同时期起在上述两刊及香港《小说月刊》发表小说《好兄弟》《平常的故事》、报告文学《老红军回来了》《送俘虏——一个战地记者的记事》、通讯《文学通讯》，出版小说集《老战士》（东北书店，1948年），1949年后出版长诗《开垦》（人民文学出版社，1954年），长篇小说《走向胜利》（新文艺出版社，1954年），小说集《追击》（上海杂志公司，1950年）、《坚强的人》（作家出版社，1955年）、《海上》（新文艺出版社，1958年）、《祖国的屏障》，散文集《访苏散记》（作家出版社，1959年）、《朝霞》（百花文艺出版社，1963年），报告文学集《老红军回来了》（与他人合集。中南新华书店，1950年）、《钢铁的连队》《人民的炮兵》等亦署。③雷弓、李大光、李大兴，署用情况未详。

周介尘（1920— ），山东文登人。笔名：①周介尘，出版论著《故事新释》（台北大道出版社，1958年），小说集《青龙河的幽魂》（台北自文出版社，1960年）、《白龙峰》（台北博爱出版社，1968年）、《于家班》（台北大西洋出版社，1970年）、《调查局的故事》（台北新生报社，1975年）、《走私人头》（台北皇冠出版社，1977年），传记文学《岳飞》（台北名人出版社，1980年），以及《周介尘自选集》等著作均署。②文宗，署用情况未详。按：周介尘早期创作和作品署名情况未详。

周今觉（1879—1949？），安徽建德（今东至县）人。原名周美权，字明达、耐轩、梅泉、觉庵。曾用名周达。笔名：①周美权，见于传记《算学泰斗阿伯尔传》，载1903年上海《科学世界》第3期。嗣后在该刊及《科学》《星期》等刊发表七律《乱后重登江亭同铸秋小坡作》、随笔《世界最大悬赏之数学问题》等亦署。②美

权，见于旧体诗《秋感八首》，载 1906 年日本东京《新民丛报》第 4 卷第 19 期。20 世纪 20—30 年代在上海小报发表文章亦署。③忾公，1929 年以后在上海《晶报》发表文章署用。④今党，见于随笔《圆寿庐邮话（一）》，载 1940 年上海《邮典》第 1 卷第 1 期。嗣后在该刊及《邮乘》《邮学月刊》《邮讯》《国粹邮刊》等刊发表有关集邮方面的文章署用。⑤寄闲，见于随笔《隽语录》，载 1924 年上海《华国月刊》第 1 卷第 8 期。嗣后在《邮乘》《邮学月刊》等刊发表随笔《邮林说苑》《张作霖纪念票之所闻》等文亦署。⑥周今党，见于随笔《夜读书室随笔》，载 1947 年上海《永安月刊》第 103 期。嗣后在《国粹邮刊》《天文台》《邮光》等刊发表随笔《今觉庵日记摭录》《暂止园胜录》《未加盖之大清棕欠资票》等文亦署。

周锦（1928— ），江苏东台人，号智燕。笔名周锦，出版《诗经的文学成就》（台北智燕出版社，1973 年）、《朱自清研究》（台北智燕出版社，1978 年）、《中国新文学简史》（台北成文出版社，1980 年），以及《司马迁的散文风格》《鲁迅研究》《中国新文学大事记》等著作署用。

周钧，生卒年及籍贯不详。笔名静稚，1926 年在马来亚新加坡《叻报·星光》、1931 年在新加坡编《新国民日报·公共园地》署用。

周开庆（1904—1987），四川江津（今重庆市）人。笔名：①周开庆，见于诗《月下的战场》，载 1925 年北京《京报副刊》第 367 期；小说《离弃之后》，载 1926 年北京《现代评论》第 4 卷第 100 期。嗣后在上述两刊及《中央副刊》《政治评论》《教与学月刊》《中心评论》《西南评论》《蜀评》等报刊发表散文《离愁》《太湖之春——无锡纪游》《到西北去》、小说《朱善人》、评论《反对日本出兵山东》《学生运动之改造》等，出版散文集《积翠湖滨》（上海真美善书店，1929 年）、《今日之华南》（上海光明书局，1937 年）、《西北剪影》（成都中西书局，1943 年），论著《一九三六年之中日关系》（南京正中书局，1937 年）等亦署。②尔忘，见于随笔《护旗运动万岁》，载 1926 年北京《语丝》第 114 期；通讯《〈南方政潮的观察〉的反响》，载 1927 年北京《现代评论》第 5 卷第 125 期。1936 年在南京《中心评论》发表通讯《我再抗议日增兵华北》《日本大政变与中国》、散文《孙先生在恋爱中》《狱中》等文亦署。③蜀魂，见于《校场口惨案余波未靖》，载 1946 年上海《真话》第 6 期。④华生、余生、怀襄、健庐，署用情况未详。

周来（1921— ？），江苏南京人，原名马耀煦。笔名周来，出版译作《论聂米洛维奇·丹钦柯导演方法》（苏联玛·克涅别尔原作。中国戏剧出版社，1959 年）署用。

周楞伽（1911—1992），江苏宜兴人。原名周剑萧。曾用名周华严、周稜伽、周棱枷。笔名：①周剑萧，见于小说《禽兽》，载 1927 年上海《红玫瑰》第 3 卷第 7 期。②华鬈，见于《乡音》，载 1927 年《幻洲》半月刊第 2 卷第 7 期。嗣后在《中央日报·红与黑》发表文章亦署。③华、鬈，1930 年在上海《出版月刊》发表书评署用。④周楞伽，见于《给亡女》，载 1933 年上海《东方杂志》第 30 卷第 23 期。嗣后在该刊及《青年界》《新语林》《新中华》《中国文学》《芒种》《文艺》《创作》《中流》《热风》《读书生活》《漫画漫话》《文学青年》《中国文艺》《知识》《自修大学》《新文艺月刊》《小说月刊》《小说月报》《文汇报·世纪风》《文苑》《万象》《新流文丛》《大众》《新中国文艺丛刊》《文友》《万岁》《天地》《锻炼》《北极》《现代周报》《六艺》等报刊发表小说、散文、评论，出版短篇小说集《饿人》（上海中华书局，1935 年）、《旱灾》（上海中华书局，1935 年）、《田园集》（上海新钟书局，1936 年）、《栋树港的一夜》（上海万人出版社，1936 年）、《失业》（上海北新书局，1936 年）、《沉沦》（上海群立出版社，1941 年）、《小姐们》（上海春雷书店，1945 年），长篇小说《炼狱》（上海微波出版社，1936 年）、《风风雨雨》（上海微波出版社，1936 年）、《净火》（上海洪流出版社，1939 年）、《幽林》（上海春雷书店，1945 年）等亦署。⑤苗圩，见于随笔《我们需要译文》，载 1934 年 11 月 15 日上海《申报·自由谈》。嗣后在《文学青年》《新中华》《文艺新潮》《文汇报·世纪风》《鲁迅风》《奔流文艺丛刊》《万象》《新文艺月刊》《小说月刊》《小说月报》《新流文丛》《万岁》《选萃》等报刊发表文章亦署。1949 年后发表文章仍署。⑥枚史，1935 年在上海《晨报·每日电影》发表《〈新女性〉论》《释客疑》《剪刀浆糊录》等文署用。⑦王代梁，1936 年在上海《立报·言林》发表《谈创造社》《读胡洛遗作》《踏》等文署用。⑧周燕，见于小说《烽火中》，载 1939 年 2 月 1 日至 3 月 30 日上海《申报·自由谈》。⑨林志石，见于随笔《与港友论翻译书》《与港友论稿费书》，载 1940 年上海《小说月刊》第 6 期。嗣后发表随笔《关于小说月报》（载 1943 年上海《万岁》第 1 卷第 6 期）亦署。⑩冯骀。见于剧作《镀金的人》，载 1940 年上海《小说月刊》第 7—9 期；剧作《三姊妹》，载 1940 年上海《新文艺月刊》第 1 卷第 1 期、第 2 期。⑪黎翼群，20 世纪 40 年代在上海报刊发表文章曾署。⑫柳金，见于论文《青年的团结》，载 1941 年上海《生活与实践丛刊》第 1 辑《论思想方向》。⑬静波，见于小说《漩涡时代》，载上海《杂志》1942 年第 9 卷第 5 期至 1943 年第 11 卷第 1 期。嗣后在上海《万岁》《申报月刊》《青年生活》等刊发表文章亦署。⑭危月燕，见于评论《从大众语说到通俗文学》，载 1942 年上海《万象》第 2 卷第 4 期；随笔《我的写作生活》，载 1943 年江苏南通《北极》第 1 卷第 4 期。此前后在上海《小说月报》《万岁》《文友》《杂志》《天地》《太平洋周报》《春秋》等刊发表文章亦署。⑮王易庵，见于随笔《巴金的〈家春秋〉及其他》，载 1942 年上海《杂志》第 9 卷第 6 期。嗣后在该刊发表散文《记郁达夫》《记洪深》《记阿英》《记田汉》《访穆木天》《记马彦祥》《三文人的会晤》等亦署。⑯易庵，见于评论《新文艺的形式与内容》，载 1943 年上海《杂志》第 11 卷第 1 期。同时期在上海《文友》《万岁》等刊发表随笔《野蔷薇》《记谢冰莹》《记徐懋庸》等文亦署。⑰史谭，见于随笔《叶灵凤》，载 1944 年上海《太平洋周报》第 1 卷第 98 期。同时期在上海《文友》发表《谈创造社》《文艺咖啡》等文亦署。⑱杜惜冰，见于随笔《方先觉衡阳脱险》，载 1946 年上海《茶话》第 4 期。嗣后在该刊第 5 期发表《齐学启仰光成仁》一文亦署。⑲柳衡，出版知识读物《青年问题讲话》（上海潮锋出版社，1947 年）、《新民主主义简明教程》（上海新民书局，1949 年）、《新民主主义浅说》（上海新民书局，1949 年）署用。⑳林逸君，出版长篇小说《李师师别传》（上海金粟书店，1948 年）署用。㉑周如晖，出版知识读物《新名词学习辞典》（上海星潮出版社，1949 年）署用。㉒龚敏，出版长篇小说《美国武装日本演义》（上海新人出版社，1951 年），知识读物《人民格言》（上海吼声书局，1951 年）、《综合新辞典补编》（上海吼声书局，1954 年）、《政治学习百题》（上海吼声书局，1956 年）等均署。㉓俞徽，出版知识读物《革命人生观讲话》（上海新人出版社，1953 年）、《思想改造》（上海文工书店，1953 年）署用。㉔柳文英，20 世纪 50—60 年代在北京《光明日报》、上海《学术月刊》、南京《江海月刊》、香港《大公报·艺林》发表《谈关汉卿的杂剧》《明代的传奇小说》《李商隐的风貌》《唐代诗人韦应物的生卒年》《〈聊斋志异〉俚曲集》《评聊斋志异会注会评本》等文署用。㉕萧剑周，见于随笔《关于〈江湖奇侠传〉》，载 1961 年广州《羊城晚报·晚会》。㉖柳枝、司马骅、严华、剑周，1962 年在上海《文汇报·言林》发表文章署用。㉗周夷，1963 年在香港《大公报·艺林》发表文章曾署。㉘刘槃、冈闻、华岩、刘诚、叶剑周、吴易庵、林智石，署用情况未详。

周黎庵（1916—2003），浙江镇海（今宁波市）人。原名周劼，字黎庵、笠堪。曾用名周邵。笔名：①黎庵，1931 年在上海编《半月志异》署用。嗣后在《论语》《人言周刊》《古今》《宇宙风》《宇宙风·逸经·西风非常时期联合旬刊》《谈风》等刊发表随笔《谈"书院教育"》《读随园尺牍》《读经与读史》《广告与新闻》等文亦署。②黎，见于随笔《谈与论》《高跟鞋座谈》《有怀汉卿》，载 1931 年上海《半月志异》第 2 期；随笔《丙子秋兴》《中秋赏月》《天下为家》《怀吴将军》，载 1936 年上海《谈风》第 1 期。嗣后在《半月志异》发表随笔《高跟鞋座谈》《谈与论》《有怀汉卿》等文亦署。③公西华，见于随笔《十月纪事》，载 1931 年上海《半月志异》第 2 期。嗣后在上海《文汇报·世纪风》《立报·言林》《谈风》《宇宙风乙刊》等报刊发表随笔《兵祸与书灾》《宗教与战争》《清人笔记与幽默》《费厄泼赖》等文亦署。④周劼，见于随笔《读中郎偶识》，载 1934 年上海《论语》半月刊第 52 期；随笔《"诗话"》，载 1935 年 5 月 9 日上海《申报·自由

谈》。此前后在《半月志异》《十日谈》《人间世》《人言周刊》《越风》《谈风》《文摘》等刊发表书评《〈政治工作大纲〉》、随笔《论升官图》《论风度与人情》《避暑闲话》等文亦署。1949 年后出版散文集《闲话皇帝》（上海书店出版社，1994 年）、《黄昏小品》（上海古籍出版社，1995 年）、《苔溪寻梦》（苏州古吴轩出版社，1999 年）、《向晚漫笔》（上海古籍出版社，2000 年）、《清诗的春夏》（中华书局，2004 年）等亦署。⑤劭，见于随笔《不哭不笑之所以》，载 1935 年《论语》第 66 期。嗣后在该刊发表《以身作则》亦署。⑥西华、原宪，1935—1941 年在上海《立报·言林》《文汇报·世纪风》《中华日报》等报刊发表文章署用。⑦周黎庵，见于随笔《记写不出》，载 1936 年上海《论语》第 97 期；散文《悼鲁迅先生》，载 1936 年《谈风》第 2 期。嗣后在《绿洲》《人世间》《图书季刊》《宇宙风》《宇宙风乙刊》《风雨谈》《大风》《古今》《新都周刊》《大众》《文史》等报刊发表随笔《宇宙风与我》《记章太炎及其轶事》《孽海花人物世家》等文，出版散文集《清明集》（上海宇宙风出版社，1939 年）、《吴钩集》（上海宇宙风出版社，1940 年）、《华发集》（上海苔溪书屋，1940 年）、《苔门集》（上海庸林书屋，1941 年），杂文集《边鼓集》（与文载道[金性尧]、周木斋、柯灵、屈轶[巴人]、风子[唐弢]合集。上海文汇有限公司，1938 年）等亦署。⑧吉，见于随笔《今人古比》，载 1936 年上海《谈风》第 4 期。嗣后在该刊发表随笔《呜呼英雄》亦署。⑨力，见于随笔《吹箫》，载 1936 年 12 月 10 日上海《谈风》第 4 期。嗣后在该刊发表随笔《今昔》亦署。⑩郑适我，见于随笔《金缕曲》，载 1936 年上海《谈风》第 11 期。嗣后在该刊发表《汨罗江》《庐山之会》等文亦署。⑪黄松岩，见于随笔《从更姓易名谈起》，载 1938 年 9 月 8 日上海《文汇报·世纪风》。嗣后在该刊发表随笔《"杀头"的宣扬》《猩猩与猴子》等文亦署。⑫吉力，见于随笔《找屋之余》，载 1938 年 10 月 15 日上海《申报·自由谈》；随笔《梁实秋的"自由"》，载 1939 年 2 月 14 日上海《文汇报·世纪风》。同时期在上海《鲁迅风》《文艺新潮》《新中国文艺丛刊》等报刊发表文章亦署。⑬笠堪，见于随笔《谈清代的太监》，载 1942 年 3 月上海《古今》创刊号。嗣后在该刊发表《关于珍妃》《谈明代的妓女》等文亦署。⑭易伽，见于随笔《郁达夫与王映霞》，载 1942 年 3 月上海《古今》创刊号。⑮庵，20 世纪 40 年代在其主编之刊物发表短文曾署。

周立波（1908—1979），湖南益阳人。原名周绍仪，字凤翔。曾用名周奉梧。笔名：①小妮，见于散文《买菜》，载 1929 年 11 月 29 日上海《申报·本埠增刊》。②周绍仪，见于翻译小说《北极光》（苏联皮尔尼阿克原作），载 1930 年上海《摩登》第 1 期。同年在上海《大众文艺》第 2 卷第 4 期发表短论《我希望于〈大众文艺〉的》亦署。③雅歌，见于散文《向瓜子》，载 1934 年 12 月 11 日上海《大晚报·火炬》。嗣后在该刊发表

散文《船上》《汨罗》等亦署。④张一柯,见于短论《文学中的典型人物》,载 1934 年 12 月 31 日《大晚报·火炬》;评论《〈文学〉新年号的创作》,载 1935 年 1 月 21 日上海《大美晚报·文化街》。⑤立波,见于评论《美国市民的嘲笑者的马克特温》,载 1935 年 1 月 14 日上海《申报·自由谈》。嗣后在上海《时事新报·青光》《读书生活》《文艺大路》《新中华》《现世界》《太白》《知识》《大众生活》《申报周刊》《通俗文化》《文学》《光明》《文学界》《现世界》《自修大学》《希望》《抵抗》《新学识》《救亡》《群众》《救亡日报》《新华日报》《全民周刊》《战地》《文艺旬刊》《抗战文艺》《中学生》《新知》《中国青年》《十日文萃》《解放日报》《草叶》《谷雨》《东北日报》《东北文艺》等报刊发表作品,出版翻译小说《被开垦的处女地》(苏联肖洛霍夫原作。上海生活书店,1936 年)、《复仇艳遇》(又名《杜布罗夫斯基》,俄国普希金原作。上海生活书店,1937 年)、翻译散文集《秘密的中国》(捷克基希原作。上海天马书店,1940 年),著译集《雪山集》(与骆宾基、张铁生等合集。桂林华华书店,1942 年)等亦署。⑥一柯,见于评论《一九三四年的日本文坛(上)》,载 1935 年 1 月 26 日《大晚报·火炬》。嗣后在《大晚报·火炬》《大美晚报·文化街》《礼拜六》《生活知识》《大美晚报》等报刊发表作品亦署。⑦张尚斌,见于短论《"国防文学"和民族性》,载 1936 年 2 月 9 日《大晚报·火炬》;评论《为"国防文学的民族性"问题答周楞伽先生》,载 1936 年上海《生活知识》第 2 卷第 4 期。⑧周立波,见于报告文学《夜涉》,载 1946 年承德《热潮》半月刊第 1 卷第 3 期;随笔《〈暴风骤雨〉是怎样写成的?》,载 1948 年 5 月 29 日《东北日报》。嗣后在哈尔滨《松江农民》《翻身乐》《生活报》《文学战线》《知识》、延安《解放日报》、沈阳《文学战线》《东北日报》等报刊发表作品,出版报告文学集《战地日记》(汉口上海杂志公司,1938 年)、《晋察冀边区印象记》(汉口读书生活出版社,1938 年)、《南下记》(哈尔滨光华书店,1948 年),长篇小说《暴风骤雨》(佳木斯东北书店,1948 年)、《铁水奔流》(作家出版社,1955 年)、《山乡巨变》(人民文学出版社,2005 年),论文集《思想·文学短论》等亦署。

周炼霞(1906-2000),江西吉安人,生于湖南湘潭。原名周炼霞,字紫宜,号螺川。笔名:①周炼霞,见于旧体诗《月夜寄怀陆丹林》,载 1933 年杭州《越国春秋》第 49 期;散文《女性的青春美》,载 1941 年上海《万象》第 1 卷第 1 期。嗣后在上海《万象》《人文月刊》《春秋》《海报》等刊发表小说《宋医生的罗曼史》《佳人》、诗词《咏盘香》《忏红轩近作》《题江山无尽图》、散文《露宿——螺川小品之一》《秋猎——螺川小品之二》《新年回忆》,出版《嘤鸣诗集》《学诗浅说》(与瞿蜕园合作)与作画亦署。②周苣,校录吴湖帆《佞宋词痕末》之末卷《和小山词》署。③娑红、紫姑,署用情况未详。

周亮才,生卒年不详,浙江嘉兴人,号天石。笔名周亮才,在《南社丛刻》发表诗文署用。

周了因,生卒年不详,浙江温州人。笔名金岳、了因,1927-1928 年在马来亚新加坡《曼舞罗周刊》《叻报·叻报俱乐部》《叻报·星光》等报刊发表散文、旧体诗署用。

周麟书(1888-1943),江苏吴江(今苏州市)人,字嘉林,号迦陵、迦陵生、笏园。笔名:①迦陵周麟书,见于旧体诗《齐鲁游草》,载 1922 年南京《中华农学会报》第 3 卷第 12 期。②周麟书,在《南社丛刻》发表诗文署用。又见于词《笏园词四首》,载 1942 年南京《同声月刊》第 2 卷第 1 期。出版《笏园诗钞》亦署。按:周麟书另著有《嘉林诗存》《周迦陵诗稿》《小抱叶龛诗钞》,皆未刊。

周玲(1920-?),江苏苏州人。笔名令玉,见于《精神的慰藉》,载 1943 年上海《紫罗兰》第 2 期。嗣后在该刊发表《小白兔》《曙光》等作品亦署。

周辂(1916-?),云南峨山人,字乘之。曾用名周来庆。笔名:①通风楼主人,1947-1948 年在昆明《龙门周刊》发表《通风楼随笔》《故事新编》等署用。②陈芝,1947-1948 年在昆明《中兴报》发表杂文、小品等署用。③周辂,见于评论《我们需要健康的作品——并致林语堂先生》,载 1943 年昆明《诗与散文》第 3 卷第 2 期;长篇小说《齐天大圣》,连载于 1947 年前后昆明《龙门周刊》。同时期在《诗与散文》发表随笔《谈孔夫子》《牛角尖里的文艺》《清代文字狱与文化统制》等文、在昆明《朝报》副刊连载长篇小说《山国春秋》等,以及出版小说集《金顶山》(龙门周刊社,1948 年)、《失去的星》(龙门周刊社,1948 年),杂文集《千针万线草》(天野社,1947 年),《清代文网史略》等亦署。④石天青,见于《怪国游记》,载 1948 年昆明《西南风周刊》。

周民震(1932-),广东鹿寨人,壮族。曾用名周震。笔名:①乌牛、庄牧、野萍,1946 年在广西柳州组织文学团体奔流社,出版文艺刊《奔向太阳》,并发表小说、诗、散文等作品署用。②周民震,出版电影剧本《森林之鹰》(中国电影出版社,1958 年)、《甜蜜的事业》(中国电影出版社,1980 年)、《周民震电影剧本选》(漓江出版社,1984 年),散文集《花中之花》(广西人民出版社,1980 年)、《周民震散文选》(中央民族大学出版社,2005 年)等署用。

周明,生卒年不详,广东开平人,字亮夫,号疾仇。笔名:①亮夫,1916 年在《国学丛选》发表文章署用。②周明,在《南社丛刻》发表诗文署用。③疾仇、量富,署用情况未详。

周明泰(1896-1994),安徽东至人,字志辅,号几礼居主人。笔名周明泰,出版《三国志世系表》(1930 年线装本)、《都门纪略中之戏曲史料》(北平光明印刷局,1932 年)、《清昇平署存档事例漫钞几礼居戏曲》(北平周宅,1933 年)、《五十年来北平戏曲史料》(北平，1932年）及《曾子宣年谱稿》《曾子固年谱稿》《曾子开年谱稿》等署用。1949年后出版《道咸以来梨园系年小录》（中国老年文物研究会，1985年）、《杨小楼评传》（北京燕山出版社，1992年）等亦署。

周默（1896－？），浙江吴兴（今湖州市）人。原名周延年。曾用名周然，字君实，号子美、万洁斋主。笔名：①君实，1917年在《学生杂志》发表文章署用。②周延年，见于翻译小说《琴师》（德国理查德·林戴克原作），载1926年上海《国闻周报》第3卷第32期；论文《慈云楼藏书志考》，载1932年《图书馆学季刊》第6卷第4期。

周木斋（1910－1941），江苏武进（今常州市）人。原名周朴，号树瑜。笔名：①周木斋，见于评论《论现阶段的思想革命》，载1933年上海《涛声》周刊第2卷第1期；随笔《内外补遗》，载1933年4月21日上海《申报·自由谈》。嗣后在《新语林》《太白》《文学》《涛声》《人间世》《芒种》《宇宙风》《作家》《文学界》《希望》《光明》《中国文艺》《社会月报》《新社会》《华安》《明星》《图书展望》《国民》《读书半月刊》《民族呼声》《生活学校》《语文》《文学青年》《东南风》《星岛周报》《新文艺月刊》《文艺阵地》《文艺新潮》《宇宙风乙刊》等刊发表随笔《金圣叹与七十回本水浒传》《文学上的言志与载道》《评章炳麟〈白话与文言之关系〉》《萧伯纳的〈黑女寻神记〉》《纪念鲁迅先生之道》等文，出版杂文集杂文集《边鼓集》（与文载道[金性尧]、周黎庵、柯灵、屈轶[巴人]、风子[唐弢]合集。上海文汇有限公司，1938年）、《消长集》（上海北社，1940年），以及政治、史学著作等亦署。②不齐，见于随笔《过火的幽默》《知堂是唯物论者》《批评的三昧》，载1935年上海《太白》半月刊第1卷第8期。嗣后在该刊发表随笔《幽默大师》《"随感录"的兴废》《做文章也不易》《知堂是什么唯物论者》等文亦署。③吉光，见于随笔《治情》，载1935年上海《太白》半月刊第2卷第7期；随笔《相值》，载1935年上海《芒种》半月刊第8期。④辨微，见于随笔《游击战的杂感》，载1939年上海《鲁迅风》第1期；随笔《历史的真实》，载1939年《东南风》半月刊第1卷第1期。同时期在《东南风》及上海《丽芒湖上》等刊发表随笔《直译和"直译"》等文亦署。⑤振闻，见于随笔《看书有感》，载1939年上海《杂志》半月刊第5期第1期；随笔《中国惟鲁迅先生为圣人》，载1939年上海《现实》月刊第1卷第6期。同时期在上海《现代中国》《现实》等刊发表随笔《"闻者足戒"》《合流的勾当》《从一笔糊涂账到一箭双雕》等文亦署。⑥振，"孤岛"时期在上海报刊发表文章署用。⑦犹太、列御、小木斋、张振闻，署用情况未详。

周牧人（1918－1984），江西吉水人。原名周发扬，字又光，号国栋。笔名：①周又光，见于随笔《闲话藻林》，载1934年江西《吉安日报》。②国栋、醒魂，1934年在吉安曹聚仁编之某刊发表短诗、小品文署

用。③牧人，1939年在重庆《新蜀报·蜀道》发表小说《绿色的友情》、长诗《故园春草》等署用。1940年主编《火之源》诗刊、《民主文艺》并为《新华日报》副刊组稿时亦用此名。1948年在南京《文艺先锋》第12卷第2期发表诗《小诗两章》，嗣后在该刊及上海《诗创造》第7期发表散文《望秋草》《秋的门槛·无题草·告别》、诗《夜歌》等亦署。④周牧人，见于随笔《中央大学》，载1943年重庆《中央周刊》第6卷第36期。⑤孟林、牛文人，1945年后在南京主编《大刚报·文岗》并发表《夏衍与曹禺合论》《曾卓的诗》等评论署用。⑥放之、茀海、发扬，20世纪40年代在重庆报刊发表诗文署用。

周其勋（1897－1982），浙江杭州人，字涯卿。笔名周其勋，见于评论《钱端升译屈勒味林英国史》，载1934年《图书评论》第2卷第5期；翻译小说《夏绿黛·布朗蒂》（英国威尔伯·克罗斯原作），载1936年上海《出版周刊》第186号。嗣后在《出版周刊》及《是非公论》《中学生》《教育通讯周刊》等刊发表评论《〈远东的危机〉》《〈读诗之乐〉》《〈水浒〉的英译本》等文，出版译作《英国当代四小说家》（英国威尔伯·克罗斯原作，与章绍烈、范存忠等合译。南京国立编译馆，1934年）、《英国小说发展史》（英国威尔伯·克罗斯原作，与李未家等合译。南京国立编译馆，1936年）、《拜伦》（苏联叶夫斯特拉托娃原作。上海译文出版社，1986年）等亦署。

周琪[1]（1915－约1944），湖北武汉人。笔名琪子，20世纪30年代在武汉《武汉日报·鹦鹉洲》等报刊发表小说署用。

周琪[2]（1917－？），江苏苏州人。笔名：①周琪，见于诗《迷途的羔羊》，载1936年上半年《苏州明报》；译文《希维钦柯的幼年时代》（苏联A.玛里莫夫原作）、译诗《你不要结婚》（苏联A.玛里莫夫原作），载1939年上海《文艺新潮》第1卷第8期。②叶菡，创作歌词《再会吧，旧世界》（郭己作曲）。载1939年上海《中学生活》第2卷第2期）署用。嗣后在上海《新文艺月刊》《红叶文艺》《海藻文艺丛刊·红风灯》《大众文艺》等刊发表译作《幼年时代》《一个司令员的妻子》《母亲》《苏维埃姑娘》《莱芒托夫——自由的歌手》等，出版翻译小说《我的新生》（苏联M.斯里帕纳夫等原作，与俞荻合译。上海海燕出版社，1940年）、《面包》（苏联阿·托尔斯泰原作，与俞荻合译。上海言行社，1940年）等亦署。

周启祥（1918－1999），河南开封人。笔名：①天虹，20世纪30年代在河南报刊发表诗文署用。②翔君，见于诗《风雪夜中的卖淫妇》，载1936年4月3日郑州《大华晨报·沙漠诗风》。③丁明，1943年4～5月在山西临汾《扫荡简报·诗场》发表评论《评胡适的〈尝试集〉》、长诗《农村夜曲》署用。④周启祥，20世纪50年代后发表作品，出版诗集《家园集》（与苏金伞、魏巍合集。安徽文艺出版社，1986年）、《三十年代中

原诗抄》(重庆出版社,1993 年)、《三十年代中原诗抄新编》(1995 年)、《中原新文学史料钩沉》(与雷霞合编。1995 年)、《1931-1937 中原诗人 40 家选萃》(1992 年)等均署。按:周启祥 20 世纪 30 年代起曾在洛阳主编《河洛日报·流沙诗刊》《行都日报》和在西安《国风日报》文学副刊,署名情况待考。

周青(1922-2010),台湾台北人。原名周传枝。笔名周描。著有短篇小说《小相扑》,中篇小说《莺歌石之雾》,评论《从乡土文学窥视台湾意识》《台湾乡土文学与爱国主义》《朱点人的几篇小说初探》《评吕赫若的几篇中文小说》,报告文学《我们参加的台湾"二二八"暴动》等。

周青选,生卒年不详,福建福州人。笔名:①周青选,见于诗《蝌蚪》,载 1933 年 3 月 7 日福州《国光日报·纵横》。嗣后在该刊发表小说《朱家油坊》、评论《南京的信——废止文坛内战之提议》,出版小说集《会生须的妹子》(20 世纪 30 年代列入异军社小丛书出版)等亦署。②青选,20 世纪 30 年代初在福州《新福建日报·宇宙》发表文章署用。

周庆云(1866-1934),浙江吴兴(今湖州市)人,生于上海,字景星,号湘舲、梦坡、晨风庐主。笔名周庆云,出版《莫干山志》(与周延礽合作,1936 年)、《琴书存目:梦坡室藏板》(香港恕之斋文化有限公司,2007 年)、《历代两浙词人小传》(浙江古籍出版社,2012 年)等署用。

周求真,生卒年及籍贯不详,笔名施梳,见于诗《枯树之歌》,载 1946 年上海《野火》诗刊第 1 期。

周全平(1902-1983),江苏宜兴人。原名周承澍,号震仲。曾用名周霆生。笔名:①周全平,见于评论《读科学大纲第一册后》,载 1923 年 7 月 25 日上海《中华新报·创造日》。嗣后在《晨报副镌》《创造季刊》《创造月刊》《现代小说》《大众文艺》等报刊发表小说、散文等,出版小说集《烦恼的网》(上海泰东图书局,1924 年)、《梦里的微笑》(上海光华书局,1925 年)、《苦笑》(上海光华书局,1927 年)、《楼头的烦恼》(上海光华书局,1930 年),散文集《残兵》(上海现代书局,1929 年)、《箬船》(上海光华书局,1930 年)、《文艺批评浅说》(上海商务印书馆,1930 年)等亦署。②全平,见于散文《故乡之游》,载 1923 年 9 月 11 日《中华新报·创造日》;诗《迷途的小羊》,载 1924 年上海《创造季刊》第 2 卷第 2 期。嗣后在《创造周报》《洪水》《幻洲》《A. 11.》《现代小说》《东方杂志》《创造日汇刊》等报刊发表诗文亦署。③霆声,见于杂文《论是非》,载 1925 年上海《洪水》半月刊第 1 卷第 1 期。嗣后在该刊及上海《萌芽月刊》《巴尔底山》等刊发表文章署用。④骆驼,见于随笔《我们的幻洲》,载 1926 年上海《幻洲》周刊第 1 期。嗣后在《幻洲》半月刊发表《把广州比上海》《骆驼与泼皮男士》等文亦署。⑤金千,署用情况未详。

周汝昌(1918-2012),天津人,字禹言,号敏庵。后改字玉言,别署解味道人。笔名:①敏庵,1950 年前在天津报刊发表诗词署用。②玉工、玉言、玉青、玉石、石武、师言、孙模、念述、禹苍、茶客、雪羲、寿康、顾研、李渔邨,1949 年后在报刊发表文章署用。其中"念述"用于《文学遗产增刊》发表评周济词的理论的文章,"禹苍"用于《文学遗产》发表《说锦瑟》一文,"顾研"用于《中国妇女》发表谈女砚工顾二娘之文,"石武"用于《文汇报》发表谈《红楼梦》版本之文,"玉言"用于中国新闻社对外文章,"茶客"20 世纪 50 年代始用于《人民日报》副刊谈茶摊之文,"寿康"用于为《词学》杂志写序言,"孙模"用于《文学遗产》评论《三国演义》新版本之文,"雪羲"用于为"批判小组"执笔所写的批判文章。③周汝昌,1949 年后发表论文、随笔、诗词,出版红学专著、随笔《红楼梦新证》(棠棣出版社,1953 年)、《曹雪芹》(作家出版社,1964 年)、《曹雪芹新传》(外文出版社,1992 年)、《文采风流第一人:曹雪芹传》(东方出版社,1999 年)、《曹雪芹画传》(作家出版社,2004 年)、《红楼家世》(黑龙江教育出版社,2003 年)、《江宁织造与曹家》(与他人合作。中华书局,2006 年)、《红楼梦里史侯家》(合作。江苏广陵书社,2009 年)、《石头记会真》(漓江出版社,2004 年)、《石头记鉴真》(与其兄周祜昌合作。书目文献出版社,1985 年)、《红楼真本》(与其兄周祜昌合作。北京图书馆出版社,1998 年)、《红楼梦:八十回石头记》(漓江出版社,2004 年)、《八十回石头记(周汝昌汇校本)》(人民出版社,2006 年)、《周汝昌校订批点本:石头记》(北京十月文艺出版社,2005 年)、《红楼梦的真故事》(华艺出版社,1995 年)、《周汝昌谈红楼梦》(湖南少年儿童出版社,2010 年)、《红楼真梦》(山东画报出版社,2005 年)、《亦真亦幻梦红楼》(江苏人民出版社,2010 年)、《恭王府考》(上海古籍出版社,1980 年)、《恭王府与红楼梦》(北京燕山出版社,1992 年)、《红楼仿真——大观园在恭王府》(华艺出版社,1998 年)、《芳园筑向帝城西:恭王府与红楼梦》(漓江出版社,2007 年)、《献芹集》(山西人民出版社,1885 年)、《红楼梦的历程》(黑龙江人民出版社,1989 年)、《红楼真影》(山东画报出版社,2009 年)、《红楼艺术》(人民文学出版社,1995 年)、《红楼小讲》(北京出版社,2002 年)、《红楼夺目红》(作家出版社,2003 年)、《周汝昌点评红楼梦》(团结出版社,2004 年)、《红楼十二层》(书海出版社,2005 年)、《周汝昌梦解红楼》(漓江出版社,2005 年)、《定是红楼梦里人》(团结出版社,2005 年)、《周汝昌红楼内外续红楼》(东方出版社,2005 年)、《和贾宝玉对话》(作家出版社,2005 年)、《解味红楼周汝昌》(长江文艺出版社,2007 年)、《红楼别样红》(作家出版社,2008 年)、《红楼脂粉英雄谱》(漓江出版社,2008 年)、《谁知脂砚是湘云》(江苏人民出版社,2009 年)、《红楼新境》(中国大百科全书出版社,2012 年)、《寿芹心稿》(中国大百科全书出版社,2012 年)、《红楼梦与中国文化》

（工人出版社，1989 年）、《周汝昌红楼演讲录》《东方赤子·大家丛书周汝昌卷》（华文出版社，1999 年）、《当代学者自选文库：周汝昌卷》（安徽教育出版社，1999 年）、《石头记人物画（题诗 40 首）》（人民美术出版社，1979 年）、《红楼梦词典》（广东人民出版社，1987 年），随笔《岁华晴影》（东方出版中心，1997 年）、《砚霓小集》（山西教育出版社，1998 年）、《脂雪轩笔语》（上海人民出版社，2000 年）、《北斗京华》（辽宁教育出版社，2001 年）、《天·地·人·我》《红楼柳影》《神州自有连城璧：中华美学特色论丛八目》，回忆录传《我与胡适先生》（漓江出版社，2005 年）、《红楼无限情——周汝昌自传》（北京十月文艺出版社，2005 年），文学评论与古典诗词欣赏集《周汝昌评说四大名著》《唐宋词鉴赏辞典：唐五代北宋》（与唐圭璋合作。上海辞书出版社，1988 年）、《诗词赏会》（广东人民出版社，1987 年）、《诗词赏会二集》（中华书局，2011 年）、《千秋一寸心：唐宋诗词鉴赏讲座》（华艺出版社，2006 年）、古典诗词选注《范成大诗选》（人民文学出版社，1959 年）、《杨万里选集》（中华书局，1962 年）、《白居易诗选》（与顾肇仓合注。作家出版社，1962 年）以及《书法艺术答问》（香港中华书局，1980 年）、《诗红墨翠——周汝昌咏红手迹》（书海出版社，2004 年）等署用。

周沙尘（1918－2004），湖南衡山人。原名周康南。笔名：①周沙尘，出版散文集《古今北京》（中国展望出版社，1982 年）、《中国自然湖泊探幽》（与他人合作。中国展望出版社，1988 年）、《王府生活实录》（与他人合作）、《山水情》，主编《中国瀑布风月》（中国展望出版社，1985 年）、《中国的流泉飞瀑》（中国青年出版社，1987 年）、《一百处中国重点风景名胜区》《中国旅游分类词典》等署用。②叶塞、楚语，署用情况未详。

周善培（1876－1958），浙江诸暨人，字孝怀。笔名周善培，见于论文《词穷》，载 1913 年 1 月 16 日天津《庸言》第 1 卷第 4 期。嗣后出版回忆录《辛亥四川事变之我》（1938 年）、《辛亥四川争路亲历》（重庆人民出版社，1957 年），论著《周易杂卦证解》（上海文通书局，1948 年）等亦署。

周绍良（1917－2005），安徽东至人，生于天津。原名周绍良，字一粟。笔名周绍良，见于译文《中国航空邮鉴》（美国施塔、梅赞文原作），载 1940 年上海《邮典》第 1 卷第 1－4 期。1949 年后出版《敦煌变文汇录》（上海出版公司，1954 年）、《清代名墨丛谈》（文物出版社，1982 年）、《绍良丛稿》（齐鲁书社，1984 年）、《敦煌文学作品选》（周绍良等选注。中华书局，1987 年）、《百喻经译注》（中华书局，1993 年）、《红楼论集：周绍良论红楼梦》（文化艺术出版社，2006 年）、《百喻经今译》、《红楼梦研究论文集》、《近代文论选》、《敦煌文学作品选》等亦署。

周实（1885－1911），江苏江苏淮安（今淮安市）人，字实丹，号无尽、吴劲。笔名周实，在《南社丛刻》

发表诗文署用。

周瘦鹃（1895－1968），江苏苏州人，原籍上海市。原名周祖福，字国贤，号忆兰室主、香雪园主人、紫罗兰主人。笔名：①瘦鹃，见于小说《落花怨》，载 1911 年上海《妇女时报》月刊第 1 期。嗣后在该刊及上海《小说时报》《中华小说界》《礼拜六》《女子世界》《中华妇女界》《小说大观》《春声》《小说画报》《妇女杂志》《小说新报》《世界画报》《小日报》《滑稽画报》《东方杂志》《游戏世界》《星期》《长青》《快活》《社会之花》《滑稽》《晶报》《上海画报》《小说素》《申报·自由谈》《新上海》《俱乐部》《海报》《立报·花果山》《新民报·雄辩》《立报·副刊》等报刊发表著译诗词、剧作、小说、随笔、传记等，出版小说《白罗伞》（上海大东书局，1921 年）亦署。②泣红，见于根据《浙江潮》杂志刊载之描写法国军官爱情故事翻译笔记改编之八幕话剧《爱之花》，载 1911 年上海《小说月报》第 2 卷第 9－12 号。后此剧被郑正秋等搬上舞台，在武汉演出，并被改编成电影，易名为《美人关》。③周国贤，民国初在上海《时报》社发行之《小说时报》《妇女时报》等刊发表作品署用。④吴门周国贤瘦鹃，见于随笔《绿藕芜馆诗话》，载 1912 年上海《妇女时报》第 6 期。⑤周瘦鹃，见于译文《近世界至老之皇帝》，载 1913 年上海《东方杂志》第 10 卷第 2 期。嗣后在上海《南社丛刻》《小说季报》《礼拜六》《游戏世界》《半月》《星期》《紫兰花片》《社会之花》《蔷薇花》《海报三日刊》《春花》《上海画报》《紫葡萄画报》《紫罗兰》《小说季刊》《良友画报》《银星》《旅行杂志》《申报·自由谈》《申报》《小说世界》《中华画报》《新家庭》《珊瑚》《万岁》《申报·儿童周刊》《晶报》《新认识》《橄榄》《永安月刊》《乐观》《新侦探》《立报·花果山》等报刊发表著译诗词、小说、随笔、剧作、诗论等，出版小说集《亡国奴之日记》《祖国之徽》《南京之围》《卖国奴之日记》《亡国奴家里的燕子》《红颜知己》《小说名画大观》（与包天笑等合集），中篇小说《新秋海棠》，翻译小说《欧美名家短篇小说丛刊》（再版易名《欧美名家短篇小说丛刻》）、《世界名家短篇小说全集》《卫生俱乐部》《莫泊桑短篇小说集》《福尔摩斯侦探案全集》（与他人合译）、《亚森罗苹案全集》（法国莫里斯·勒布朗原作），杂文集《舞侣》，创作电影剧本《水火鸳鸯》《真爱》《还金记》《一夜豪华》等均署。1949 年后出版《花前琐记》《花花草草》《花前续记》《行云集》等小品文、散文、游记集亦署。按：周瘦鹃尚出版有《周瘦鹃说集》《小说丛谈》《新小说丛编》《小说选》《紫罗兰盦言情丛刊》《紫兰芽》《我们的情侣》《滑头世界》《奇谈大观》《曼殊余集》《消闲集》《信美集》《碎琼集》《霏玉集》《忆语选》等著作，多署名"周瘦鹃"。⑥吴门瘦鹃，见于翻译小说《爱河双鸳》（英国却尔司·佳维原作），载 1914 年上海《小说月报》第 22－24 号；翻译小说《毕竟是谁》（英国梅生原作），载 1915－1916 年上海《小说时报》第 25 至 27 号。⑦吴门周瘦鹃，见于译述小说《霜刃碧血记》，

（上海有正书局，1914年）。又见于随笔《怀兰室丛话》，载1915年1月上海《女子世界》第2期。嗣后在上海《小说新报》等报刊发表著译小说，出版小说集《箫心剑气录》（上海墨缘编译社，1917年），小说杂著集《紫罗兰集》（上海大东书局，1922年）、《紫罗兰外集》（上海大东书局，1924年），创作翻译小说合集《瘦鹃短篇小说》（上海中华书局，1918年），翻译小说集《怪手》（美国亚塞李英原作。上海中华书局，1917年）、《福尔摩斯别传》（法国莫里斯·勒布朗原作，与董哲乡合译。上海中华书局，1917年）、《翻云覆雨录》（上海中华书局，1918年）等亦署。⑧中华瘦鹃，见于翻译小说《伞》（法国莫泊桑原作），载1915年上海《礼拜六》周刊第74期。⑨紫兰主人，见于随笔《花生日琐记》，载1920年4月1日上海《申报·自由谈》。嗣后在上海《半月》《紫罗兰》等刊发表旧体诗《七绝·紫罗兰》、传记《美国大儒富兰克林儿时》、词《银屏词》、随笔《听歌词话》等亦署。⑩鹃，见于随笔《〈自由谈〉之自由谈》，载1920年4月1日上海《申报·自由谈》。嗣后在该刊及上海《半月》《上海画报》《立报·花果山》等报刊发表随笔《巴黎石刻》《荔枝》《紫兰花片》《三言两语》《艺术小谈》《狂欢一夕记》《闹浴记》及诗作等亦署。⑪紫罗兰主人，见于《紫罗兰双哭记》，载1921年《礼拜六》周刊第116期。⑫兰，见于杂文《奇习》，载1921年上海《半月》第1卷第4期。嗣后在该刊发表随笔《缝皮机器》《拔齿班长》《特别宴会》《悼亡友泊尘》等文亦署。⑬兰庵、怀兰、侠尘、五九生，署用情况未详。

周树模（1860—1925），湖北天门人，字少朴、孝瓯，号沈观、泊园、逢源。笔名：①周树模，见于旧体诗《榛莽中相与徘徊嗟叹而已樊山感而成咏予亦继作》《题孙师郑诗史阁图》，载1917年6月15日上海《东方杂志》第14卷第6期。嗣后在该刊发表旧体诗《和樊山韵》《五月晦日涉园偶成》《题宋铁梅将军兴安立马图》《咏泊园杜鹃花索海上诸老同赋》《正月晦日涉园偶成》《早起》《泊园春兴》《题晚学斋图二首》《次韵酬樊山赠别》《次韵止庵岁寒泊园过谈有感之作》等亦署。②孝瓯，署用情况未详。

周思义（1917—1983），浙江镇海人。原名周鲁泉，号萧舟。笔名：①洛沙，见于小说《河边》，载1933年《宁波日报·文学周刊》第3期。嗣后发表诗《虹口行》（载1940年《战旗旬刊》第94期）亦署。②周鲁泉，见于小说《新秋》，载1933年9月26日《宁波日报·文学周刊》。③鲁泉，见于诗《鸵鸟》，载1935年春《太仓日报》。④逞普、海枫、萧舟、丁乙、金盾，1933—1942年在上海及浙江四明游击区报刊发表诗文署用。⑤绿莎，见于通讯《巴比塞调查团来华》，载1933年6月1日上海《正路》创刊号。嗣后发表诗《囚徒》（载1937年前后上海《申报·自由谈》）亦署。⑥芦茳，见于诗《新中国颂歌》，载1939年1月3日上海《大英晚报·海燕》。⑦硌（luò）砂，见于散文《悼贯华》，

载1939年12月23日上海《申报·自由谈》。⑧袁则，见于随笔《从小人国说起》，载1940年春上海《青年知识》。⑨荒星，见于诗《作别上海》，载1940年4月11日上海《大美报晨刊·浅草》。⑩骆叔，见于小说《两代》，载1940年上海《青年知识》第1卷第5期。嗣后发表小说《叮叮咚咚男士》（载1942年福建永安《现代文艺》第4卷第4期）亦署。⑪芳萍，见于通讯《上海女学生侧影》，载1941年《浙江妇女》第4卷第3、4期合刊。⑫史年，1943年发表作品始署用。1951年在《解放军文艺》第1期发表诗《歌颂杨根思英雄排》亦署。⑬周思义，1956年发表新闻报道始署用。

周颂棣（1909—1988），浙江诸暨人。原名周钜鄂。笔名周颂棣，见于散文《春野》，载1925年11月北京《晨报副镌》第50期。嗣后在该刊发表《回门》《假期》《秋晚独行》《我已没有再弹一只曲的风情了》《庆祝》《自何处秋风飘来的一叶》《"送别辞"》《寄C妹》《泪光》《秋晚独行》等诗，1940年在上海《国际间》发表《援助我们的友邦》《印度与欧战》《美国与欧战及中日战争》《义大利文坛近态》《美国的远东军事根据地》等译文，出版翻译小说《永别了爱人》（意大利塞洛原作。上海光华书局，1928年）、《克兰丽蒙特》（法国戈蒂埃原作。上海晨曦书社，1928年）、《快乐的人们》（德国苏德曼原作。上海中华书局，1932年）等亦署。

周太玄（1895—1968），江西金溪人，生于四川新都。原名周焯，号朗宣。曾用名周无，号太玄。笔名：①太玄，见于随笔《旅欧者之责任》，载1919年《旅欧周刊》第1期。②玄，见于随笔《这都是自治成绩》，载1919年《旅欧周刊》第6期。③周无，见于诗《去年八月十五》，载1919年北京《少年中国》第1卷第6期。嗣后在该刊发表评论《诗的将来》、诗《黄蜂儿》等亦署。④周太玄，见于诗《夜雨》《小歌》，载1920年《少年中国》第2卷第5期。嗣后在该刊发表译诗《秋歌》（法国凡尔勒仑原作）、诗《初秋的巴黎》等，1937年在天津《国闻周报》第14卷第13期发表散文《海天讼语——欧游杂记》，出版论著《法国教育概览》（上海中华书局，1926年）、《生物学与长寿》（上海商务印书馆，1927年）、《动物心理学》（上海商务印书馆，1930年）、《地质学浅说》（上海商务印书馆，1933年），译作《古动物学》（法国补勒原作。上海中华书局，1922年）、《人的研究》（奥地利弗洛伊德原作。上海中华书局，1930年）等亦署。

周天籁（1906—1983），安徽休宁人。笔名：①周天籁，见于书评《荷花》，载1929年上海《开明》第2卷第4期。嗣后出版散文集《甜甜》（上海文光书局，1935年），长篇通俗小说《亭子间嫂嫂》（上海友益书局，1942年）、《春之恋》（天津励力出版社，1946年）、《桃源艳迹》（上海银花出版社，1949年），中篇小说《卿何薄命》（上海影艺出版公司，1948年）、《裙带亲》（上海文化企业公司，1949年）等亦署。②万里云，署用情况未详。

周微林（1918－2005），江苏南京人。原名周瑞华。笔名：①周微林，出版译作《我的安东妮亚》（美国薇拉·凯瑟原作，与资中筠所译之《啊，拓荒者!》合集。外国文学出版社，1983年）、《悲惨世界》（法国维克多·雨果原作）、《海的女儿》（丹麦安徒生原作）、《简·爱》（缩写本）、《王尔德童话》（全集）、《"黎明使者"号航行记》（英国C.S.刘易斯原作）、《迷宫斩妖记》《教授之家》《大主教之死》等署用。②阿林、松林，署用情况未详。

周围（1922－1986），广东广州人。原名周大源。笔名洪蕾、佘信、博望。著有中篇小说《鹰与燕子》《幼芽》《老油条》、散文集《随处都是战场》《花尾渡口》《孙中山的故乡——中山》《一个牵猪牯的人》、杂文集《论杨朱》、剧本《牛》《海外寻秋》《出路》《麦杜尔的转变》《就是我不好》等。

周维琳，生卒年及籍贯不详。笔名微林，见于诗《十九首闹饥荒》，载1945年重庆《活路》月刊第1期；评论《波兰女作家：瓦希列夫斯卡》，载1946年重庆《人物杂志》第4期。

周伟（1883－？），江苏淮安（今淮安市）人，字人菊、伟仁。笔名人菊，1919年在《新剧杂志》发表文章署用。

周文（1907－1952），四川荥经人。原名何开荣，字稻玉、道瑜。曾用名陈正明、何俊明。笔名：①何谷天，见于诗《义勇军打仗景（新无锡景调）》，载1933年2月11日上海《新诗歌》创刊号；随笔《文人们》，载1933年8月2日上海《申报·自由谈》。同时期或嗣后在《文学》《文学季刊》《太白》《大晚报·火炬》《文化界》《文艺》《每周文学》《木屑文丛》《四川日报·文艺阵地》《新民报晚刊·国防文艺》等报刊发表小说《雪地》《一个英雄》《恨》《时代英雄传》《薛仁贵征东》、诗《母亲》等亦署。②谷天，1933年在上海《大晚报·火炬》、1937年在重庆《新民报晚刊·国防文艺》发表诗文署用。③周文，见于散文《弟弟》，载1934年8月27日—9月10日上海《申报·自由谈》；小说《一家药店》，载1934年上海《文学》月刊第3卷第6期。嗣后在上述两刊及《青年界》《文学季刊》《创作》《大晚报·火炬》《海燕》《文学丛报》《申报月刊》《通俗文化》《申报周刊》《夜莺》《现实文学》《作家》《文季月刊》《小说家》《知识》《中华公论》《中流》《呐喊》《烽火》《七月》《文艺阵地》《抗战文艺》《文艺新潮》《笔阵》《立报》《散文》《中华月报》《好文章》《金箭》《新民晚刊·国防文艺》《华西日报》《四川日报·文艺阵地》《战潮》《新新新闻增刊》《文艺后防》《文艺月刊·战时特刊》《新蜀报·星期增刊》《飞报·天风》《捷报·文岗》《中国文化》《大众文艺》《大众习作》《解放日报》《文艺月报》《文学创作》《抗战日报》《新华日报》《新生代》《民主》等报刊发表小说、散文、评论等，出版小说集《父子之间》（上海良友图书印刷公司，1935年）、《分》（上海文化生活出版社，1935

年）、《多产集》（上海文化生活出版社，1936年）、《爱》（上海开明书店，1937年）、《周文短篇小说集（第一集）》（上海开明书店，1940年），长篇小说《烟苗季》（上海文化生活出版社，1937年），中篇小说《救亡者》（上海商务印书馆，1940年）等亦署。④稻子，见于《清明》，载1934年4月5日上海《申报·自由谈》。同时期在上海《大晚报·火炬》发表杂文《拈一点蛆虫给大家看看》等文亦署。⑤司马疵，见于随笔《新内容的探求与旧形式的采用》，载1934年4月27日上海《中华日报·动向》。1937年在四川《金箭》杂志发表《关于白话文与土话方言的简单声明》亦署。⑥王钢，见于随笔《读〈职业生活〉》，载1934年6月23日上海《中华日报·动向》。⑦文生，见于上海文化生活出版社1935年版小说集《分》之后记。⑧嘉树，1937年在上海《立报·言林》、重庆《新民报·国防文艺》发表随笔《〈呐喊〉与〈烽火〉》等文署用。⑨文，1937年起在《四川日报》《新民报晚刊·现代青年》《成都快报·快报副页》《新民报晚刊·百花谭》《困难三日刊》等报刊发表文章署用。⑩树嘉，1938年在四川《文艺后防》《华西日报》发表随笔《旧形式中艺术的创造》等文署用。⑪谷，1938年起在《新民报晚刊》《华西日报·华西副刊》《成都快报》等报发表文章署用。⑫禾子，见于散文《五月》，载1939年5月四川《捷报·凯风》。⑬子禾，见于《救救我的儿女们吧》，载1939年四川《捷报·文岗》。⑭屏鸣，见于随笔《谈肃奸》，载1939年四川《捷报·文岗》。⑮老根，见于随笔《人民在愤怒》，载1943年8月《抗战日报》。⑯玉、天、稚玉、王石、土君、土犀、汀芒、未名、华理、理夫、轶闻、劲亭、小约翰、约翰牛，署用情况未详。

周问苍（1906－1980），福建福州人。原名周武宣，字周起。笔名问苍，1928年开始在福建《一线周刊》《平凡》《儿童世界》《东南日报》《中央日报》《福建时报》《毅报》《羲报》、上海《申报》《新闻报》等报刊发表诗文署用。见于报告《私当》，载1936年11月25日福州《小民报·新村》；随笔《谈〈喷火口〉及其作者》，载1943年福建《现代青年》复刊号。

周熙（1917－1984），江苏泰州人。曾用名周希。笔名：①周熙，见于报告《活跃在西线上的歌剧队》，载1939年重庆《戏剧岗位》第1卷第2、3期合刊；报告《兴集的文艺》，载1940年重庆《抗战文艺》第4卷第9期。嗣后在《西线文艺》《小说月刊》等刊发表小说《杜天雷》《祖国的召唤》等，1949年后出版长篇小说《五号码头》《一百零三天》《白朗》、短篇小说集《祖国的召唤》《合作社的孩子》等亦署。②健翎，见于《慈禧画像》，载1979年5月19日香港《大公报·大公园》。

周祥骏（1870－1914），江苏睢宁人，字仲穆，号更生。笔名周祥骏，在《南社丛刻》发表诗文署用。

周项水，生卒年及籍贯不详。笔名项水，见于散文《生日》，载1933年10月福建《国光日报·纵横》。

周小舟（1912－1966），湖南湘潭人。原名周怀求，字元诚。笔名：①周怀求，见于翻译小说《赣第德》（法国伏尔泰原作），连载于1934年南京《文艺月刊》第5卷第3—5号；《欧洲文学的新趋势》，载1934年北平《文化与教育》第28、29期。同年至1935年在该刊及北平《文学季刊》发表翻译小说《中国花瓶》、《恐怖之夜》（苏联左琴科原作）等亦署。②周筱舟，见于翻译小说《野火》（苏联高尔基原作），载1934年北平《文史》第1卷第4期。③筱舟，见于译作《俄罗斯浸在血泊里》，载1935年北平《北平新报·半月文艺》第4期；翻译小说《一个奴隶的诞生》（俄国S.谢苗诺夫原作），载1935年上海《世界文学》第1卷第5期。同时期在该刊发表翻译小说《柏罗托里胡同》（苏联爱伦堡原作，与蠡甫合译）亦署。

周心默（1913－1989），广东潮安人。原名周金海。笔名丁山、云山、卡达、耶夫、周力达、周心默，1938－1939年在马来亚新加坡《南洋商报》、吉隆坡《马华日报》发表杂文，1940－1941年在马来亚槟城《现代日报》、新加坡《总汇报》《星洲日报》等发表小说、杂文、评论等，1945－1948年在吉隆坡《民声报》发表散文、杂文等署用。

周行（1910－1946），广东东莞人。原名吴屿，字子璠。曾用名吴海宁、李青。笔名：①凌岱，见于随笔《艺术社会学之是非》，载1930年上海《前锋月刊》第1卷第3期。②周行，见于翻译散文《夜半的脚步声》（英国露西坦福白士原作），载1934年上海《旅行杂志》第8卷第2期；随笔《关于"在抗日民族革命高潮中为什么没有伟大的作品产生"》，载1938年重庆《七月》第2集第2期。此前后在《东方杂志》《诗歌杂志》《文艺阵地》《地下火》《大地》《文学月报》《文艺》《诗创作》《中苏文化》《救亡日报·批评与介绍》《文艺生活》《文艺杂志》《青年文艺》《人世间》《草莽》《新妇女》《文化杂志》《武装》等报刊发表著译诗文，出版翻译长篇小说《马丁·伊登》（美国杰克·伦敦原作。桂林文学编译社，1943年）等亦署。

周煦良（1905－1984），安徽东至人，字仲武，号舟斋。笔名：①煦良，1923－1924年间在上海《民国日报·觉悟》发表文章署用。1941年在上海《西洋文学》发表书评《维多利亚朝以后的读书界》亦署。②周煦良，见于诗《玩具店门口的穷孩子》，载1924年10月4日《民国日报·觉悟》。嗣后在《文学周报》《新诗》《现代诗风》《月报》《东方杂志》《文学杂志》《西洋文学》《新语》《活时代》《诗创造》《笔阵》《新中华》《春秋》《神州日报·俗文学》《大晚报·通俗文学》等报刊发表著译诗文，出版话剧剧本《国难家仇》（阳江县立师范学校，1932年），论著《舟斋集》，翻译小说《地球末日记》（美国弗思原作。上海龙门联合书局，1947年）、《苏联卫国战争短篇小说选》（苏联波·拉夫连诺夫等原作。晨光出版公司，1952年）、《封锁期间的列宁格勒》（苏联法捷耶夫原作。上海出版公司，1952

年）、《活命的水》（苏联考塞夫枭考夫原作。中华书局，1952年）、《神秘的宇宙》《金羊毛的国土》《天边灯塔》《刀锋》《理性的眼睛》《水孩子》，长篇小说《福尔赛世家》三部曲《有产业的人》《骑虎》《出租》（上海译文出版社，1978年），翻译诗集《西罗普郡少年》（英国霍思曼原作。湖南人民出版社，1983年），翻译论著《托·史·艾略特论文选》（与他人合译。上海文艺出版社，1962年）、《美学三讲》（英国鲍山葵原作。人民文学出版社，1965年）、《关于托勒密和哥白尼两大世界体系的对话》（意大利伽利略原作。与他人合译。北京大学出版社，2006年）、《存在主义是一种人道主义》，文集《周煦良文集》（上海译文出版社，2007年），主编《外国文学作品选》等亦署。③文木，见于散文《鲁迅先生之死》，载1936年上海《华年》周刊第5卷第42号。嗣后在《国民》《学风》《中央日报周刊》等刊发表随笔《川灾漫谈》《感喟》《官僚文化·市侩文化》等文亦署。④贺若璧，见于随笔《美国披露又一新武器》，载1945年上海《新语》半月刊第1期；译文《巴罗玛山上的窥天巨眼》，载1946年上海《活时代》半月刊第1卷第3期。1958－1966年在上海主编《现代外国哲学社会科学文摘》月刊亦署。⑤舟斋，见于随笔《我开纸坊》，载1946年上海《活时代》第1卷第2期。嗣后在该刊第1卷第3期发表散文《春到欧洲》亦署。

周学藩（1912－1984），湖北大冶人，字弃子，号药庐、未埋庵。笔名：①周学藩，见于词《惜花词（有序）》、旧体诗《七律·谒故友马石溪天来墓》《五律·悲秋寄石达》，载1926年上海《学生文艺汇编》第3卷上集；书评《〈旧诗新话〉》，载1929年上海《开明》第2卷第4期。②周弃子，见于散文《龙门纪游》，载1937年《越风》第2卷第1期。嗣后出版散文集《未埋庵短书》（台北文星书店，1964年）亦署。

周学普（1900－1983），浙江嵊县（今嵊州市）人，号岚海。笔名周学普，见于《近代剧研参考书》，载1921年上海《戏剧》第1卷第6期。嗣后在《文理》《艺风》《女子月刊》《刁斗》《现代青年》《文学》《译文》《作家》《现代文艺》《妇女与儿童》《励学》《改进》《杂志》《闽医院刊》《新军》《新建设》《艺文集刊》《时代中国》《公余生活》《诗创作》等刊发表评论《德国的新现实主义》，译文《女性中心的沙龙生活》（日本金子光介原作）、《德国文学研究的沿革》（日本山岸光宣原作）、《高尔基的生涯和事业》（古尔士杰夫原作）、《作为写实主义的哥德》（日本甘粕石介原作）等，出版翻译小说《仇之恋》（瑞士开勒原作。上海金屋书店，1929年），翻译剧作《铁手骑士葛兹》（德国歌德原作。上海商务印书馆，1935年），译诗《赫尔曼与陀罗特亚》（德国歌德原作。上海商务印书馆，1937年）、《冬天的故事》（德国海涅原作。永安十日谈社，1943年），翻译散文《歌德对话录》（德国爱克曼原作。上海商务印书馆，1937年）等亦署。

周学熙（1865－1947），安徽建德（今东至县）人，字缉之，号止庵；晚号松云居士、松雪居士、研耕老人、砚耕老人。笔名周学熙，出版《中学正宗》（秋浦周氏敬善慈堂，1922 年）、《东游日记》《西学要领》《孟子要略》《书经衷论》《镜古录》等署用。

周彦（1909－ ？ ），北京人。原名周国彦。笔名周彦，见于翻译小说《当我在非洲的时候》（意大利彭丹贝里原作），载 1932 年上海《现代》第 1 卷第 4 期；《北平的街头戏剧》，载 1933 年《山东民众教育月刊》第 4 卷第 8 期。嗣后在《抗战戏剧》《戏剧岗位》《文艺先锋》《天下文章》《生存月刊》《文艺战线旬刊》《战时戏剧》《文艺青年》等刊发表剧作《电线杆子》《生死关头》《正式结婚》《烽火梵音》（与徐昌霖合作）、评论《再论劳军公演》《战时儿童教育与戏剧》《对于联合公演的希望》、长篇小说《我们是戏剧的铁军》等，出版长篇小说《我们是戏剧的铁军》（重庆新生图书文具公司，1944 年）、剧作《电线杆子》（长沙中华平民教育促进会，1937 年）、《生死关头》（武昌军事委员会政治部，1938 年）、《正式结婚》（重庆华中图书公司，1941 年）、《朱门怨》（重庆新生图书文具公司，1943 年）、《万古千秋》（重庆南方印书馆，1943 年）、《烽火梵音》（与徐昌霖合作。重庆华中图书公司，1943 年）、《桃花扇》（原名《秣陵风雨》。重庆当今出版社，1944 年）等亦署。

周雁如（1927－1990），山东金乡人。原名周艳茹。笔名：①周雁如，出版话剧剧本《吕堤事件》（与他人合作。北京十月文艺出版社，2012 年）、报告文学《浪子回头金不换》《马青山闹粮》等署用。②绿帆，署用情况未详。

周扬（1908－1989），湖南益阳人。原名周运宜，字起应。笔名：①起应，见于评论《辛克莱的杰作：〈林莽〉》，载 1929 年上海《北新》第 3 卷第 3 期；随笔《〈铁流〉的作者绥拉菲莫维奇》，载 1931 年上海《文艺新闻》第 31 号。同时期在上海《北斗》《乐群》《文学》《微音月刊》等刊发表评论《关于文学大众化》《十五年来的苏联文学》、翻译小说《沙皇的靴子》（曹西钦珂原作。该刊正文署名"周起应"）等亦署。②周起应，见于译剧《罢工》（美国 M. 古尔德原作），载 1930 年上海《现代小说》第 3 卷第 4 期。同时期起在《小说月报》《现代文学》《青年界》《现代文学评论》《现代》《文学月报》《正路》等刊发表译剧《钱》（古尔德原作）、翻译小说《焦炭，人们和火砖》（俄国 F. 班菲洛夫原作）、译文《夏士勒德百年忌》（美国查尔斯·杜ළ利·华纳原作）、评论《关于"社会主义的现实主义与革命的浪漫主义"》《文学的真实性》《到底是谁不要真理，不要文艺？》等作品，出版翻译小说《伟大的恋爱》（苏联柯仑泰原作。上海水沫书店，1930 年）、《果尔特短篇杰作选》（美国古尔德原作。上海辛垦书店，1932 年）、《初开垦的处女地》（苏联肖洛霍夫原作。桂林文学书店，1943 年）等亦署。③绮影，见于译文《伟大的高尔基》（吉尔波丁原作），载 1932 年《文学月报》

第 1 卷第 4 期。嗣后在该刊 1932 年第 1 卷第 5－6 期发表评论《自由人文学理论检讨》亦署。④企影，见于随笔《夏里宾与高尔基》，载 1933 年 12 月 22 日上海《申报·自由谈》；译作《倾向文学论》（席勒尔原作），载 1934 年《综合》第 1 卷第 1 期。⑤周览，见于译作《伊凡的不幸》（俄国莱奥诺夫原作），载 1934 年上海《文学》月刊第 2 卷第 3 期。嗣后在该刊发表小说《狱中》、译作《樱核》（苏联奥列沙原作），出版翻译小说《安娜·卡列尼娜》（俄国列夫·托尔斯泰原作，与罗稷南合译。桂林文学出版社，1944 年）、《奥罗夫夫妇》（苏联高尔基原作。重庆上海杂志公司，1945 年）等亦署。⑥企，见于随笔《从比兰台罗说到文学上的悲观主义》，载 1934 年 11 月 19 日上海《申报·自由谈》。嗣后在该报发表随笔《现实的与浪漫的》《忧郁的文学》《俗物主义》等文亦署。⑦周扬，见于翻译小说《神的末路》（匈牙利利倍拉·易烈希原作），载 1934 年上海《文学》月刊第 3 卷第 6 期；评论《关于国防文学》，载 1936 年上海《文学界》月刊创刊号。嗣后在上述两刊及《译文》《光明》《希望》《认识月刊》《战地》《月报》《武装》《中华公论》《文艺突击》《自由中国》《文艺战线》《中国文化》《文艺月报》《谷雨》《人民文艺》《北方》《长城月刊》《文艺丛刊》《晋察冀日报》《东北文化》《胶东文艺》等报刊发表《关于"社会主义的现实主义与革命的浪漫主义"——"唯物辩证法的创作方法"之否定》《十五年来的苏联文学》《现实主义试论》《典型与个性》《关于国防文学》《文学与生活漫谈》《我们需要新的美学》《艺术与人生》《现实主义和民主主义》《十月革命与中国知识界》《抗战时期的文学》《对旧形式利用在文学上的一个看法》《论〈雷雨〉和〈日出〉》《论赵树理的创作》等文，出版翻译小说《路》（苏联巴别尔等原作）、评论集《表现新的群众的时代》《坚决贯彻毛泽东文艺路线》和译作《车尔尼雪夫斯基选集》《生活与美学》（俄国车尔尼雪夫斯基原作。再版更名《艺术与现实的审美关系》），编选《马克思主义与文艺》，主编《解放区短篇创作选》（与丁玲合编）、《红旗歌谣》（与郭沫若合编）等亦署。⑧方求，见于评论《〈海瑞罢官〉代表一种什么思潮？》，载 1965 年 12 月 21 日《人民日报》。

周一良（1913－2001），安徽东至人，生于山东青岛，字太初，晚号郊叟。笔名周一良，见于译文《战国时代前中国地理知识的界限》（日本小川琢治原作），载 1931 年天津《国闻周报》第 8 卷第 7 期；论文《魏收之史学》，载 1933 年北平《燕京学报》第 18 期。此前后在《燕京学报》及《清华周刊》《图书季刊》《燕大友声》《图书馆学季刊》《大晚报·通俗文学》等报刊发表《山西石佛考查记》《牟子理惑论时代考》《读书杂识》《关于"十二时"》等文，出版史学著作、译作及《敦煌变文集》（与向达、启功、王重民等合编。人民文学出版社，1984 年）、《周一良学术文化随笔》（中国青年出版社，1998 年）、《中日文化关系史论》（江西人民出版社，1990 年），主编《中外文化交流史》（河南人民出版社，1987 年）等亦署。

周一萍（1915－1990），江苏无锡人。原名周鸿慈。笔名周一萍，见于随笔散文《下着牛毛雨的天》，载 1934 年上海《青年界》第 6 卷第 1 期。

周贻白（1900－1977），湖南长沙人。原名周炳垣，字夷白。曾用名周一介、周慕颐、杨耒敏。笔名：①周贻白，见于《旧戏界救亡运动的献议》，载 1937 年 11 月 3 日上海《救亡日报》。嗣后在《青年界》《万象》《文艺春秋》《文章》《剧场艺术》《春秋》《独幕剧创月刊》《小说月报》《东方杂志》《世界月刊》《文史杂志》《中央日报·俗文学》等报刊发表小说《红沙豹》《第六号囚笼》、散文《悼鲁彦》、评论《那一种戏剧是我们的国剧》《三十六种剧情的检讨》《元剧辑逸与〈世间配偶〉》等，1946 年 10 月 1 日在上海《大晚报·通俗文学》第 5 期发表随笔《蒲松龄的〈聊斋俚曲〉》，出版剧作《北地王》（上海亚星书店，1940 年）、《李香君》（上海国民书店，1940 年）、《花木兰》（上海开明书店，1941 年）、《绿窗红日》（上海世界书局，1944 年）、《阳关三叠》（上海世界书局，1944 年）、《连环计》（上海世界书局，1945 年）、论著《中国戏剧史略》（上海商务印书馆，1936 年）、《中国剧场史》（上海商务印书馆，1936 年）、《中国戏曲论集》（中华书局，1952 年），以及《中国戏剧史讲座》（中国戏剧出版社，1958 年）、《中国戏剧史长编》（人民文学出版社，1960 年）、《中国戏剧发展史纲要》（上海古籍出版社，1979 年）等亦署。②云谷，见于译文《程砚秋之探母坐宫》，载 1939 年上海《十日戏剧》第 1 卷第 17 期。又见于随笔《韩小窗与罗松窗》，载 1946 年 10 月 24 日上海《中央日报·俗文学》。嗣后在该刊发表《"八角鼓"与"单弦"》《说"单弦"》等文亦署。③剑庐、六郎，上海"孤岛"时期在报刊发表文章署用。

周庸觉，生卒年及籍贯不详。笔名：①庸觉，见于剧本《谁害我!》，载 1920 年 7 月 15 日上海《新妇女》第 3 卷第 2 期。同时期在该刊发表随笔《还有戴"蓝色眼镜"的吗》《难妇》、译文《世界妇女的事业》等亦署。②周庸觉，见于随笔《死在机器下面的一个女工》，载 1921 年上海《新妇女》第 5 卷第 1 期。

周咏，生卒年不详，湖南长沙人，字咏康。笔名周咏，在《南社丛刻》发表诗文署用。

周游（1915－1995），湖南长沙人，生于江西萍乡。原名夏得齐。笔名：①孟觉，1932 至 1935 年在长沙《湘江晚报》编副刊《我们》时署用。②周戈、周原，1935 年 9 月－1937 年 6 月在北平《燕大周刊》《燕京新闻·四人行》、上海《申报》等报刊发表散文、通讯署用。③夏梦，见于散文《潭戒之旅》，载 1936 年《燕大周刊》第 7 卷第 3 期。④周游，1938 年 4 月到延安后改名。嗣后在《晋察冀日报》《子弟兵报》、延安《解放日报》、重庆《新华日报》发表《冀中宋庄之战》《安平事件真相的调查报告》等战地通讯、报告文学署用。

周有光（1906－2017），江苏常州人。原名周耀。曾用名周耀平。笔名：①周有光，见于论文《生育节制与民众教育》，载 1932 年杭州《民众教育季刊》第 2 卷第 2 期；译文《歌谣与小曲》（C. S. 伯恩原作），载 1933 年《民众教育季刊》第 3 卷第 1 期。嗣后在《民鸣》《语文》《经济周报》《中华教育界》等报刊发表散文、杂谈、论文等，出版《中国拼音文字研究》《拼音字母基础知识》《字母的故事》《汉字改革概论》《中国语文纵横谈》《新语文的建设》《文化畅想曲》《文化畅想曲》《百岁新稿》《朝闻道集》《逝年如水》《从世界看中国》，参与主持《简明不列颠百科全书》中文版的编译等均署。②丁乙、王仁、朱几、徐行、徐进文、雷简，署用情况未详。

周予（yú）**同**（1898－1981），浙江瑞安人。初名周毓懋，字予同。曾用名周蘧（学名）、周豫桐、周豫同、周怡安。笔名：①予同，见于诗《秋风》，载 1919 年《工学》第 1 卷第 1 期；随笔《札记一则》，载 1923 年上海《小说月报》第 14 卷第 1 期。嗣后在上述两刊及《平民教育》《教育杂志》《一般》《进步学生》《中学生》等报刊发表诗《破坏天然的人》、评论《中国古代社会主义的思潮》《中国特殊教育问题》等亦署。②周蘧，见于随笔《工读主义》，载 1919 年《工学》第 1 卷第 1 期；记录《中学语文的教授》（胡适讲演），载 1920 年《北京市高师教育丛刊》第 2 期。③周予同，见于随笔《海王村记游诗序》，载 1919 年上海《学生杂志》第 6 卷第 5 期；论文《对于普通中学国文课程与教材的建议》，载 1922 年上海《教育杂志》第 14 卷第 1 期。嗣后在上述两刊及《文学周报》《民铎杂志》《东方杂志》《一般》《开明》《文艺新闻》《国立大学联合月刊》《中学生》《青年界》《北斗》《安徽大学月刊》《教育新潮》《暨南学报》《出版周刊》《现代父母》《文学》《月报》《政问周刊》《学林》《自学旬刊》《改进》《周报》《读书通讯》《国文月刊》《消息半月刊》《活教育》《文艺复兴》等报刊发表论文《经今古文之论争及其异同》《历史学习的途径与工具》《春秋与春秋学》《五十年来之中国新史学》、散文《追悼王静安先生》《悼济之先生》等，出版《教材之研究》（与人合作。上海商务印书馆，1925 年）、《经今古文学》（上海商务印书馆，1926 年）、《中国学校制度》（上海商务印书馆，1931 年）、《群经概论》（上海商务印书馆，1947）《汉学师承记》《中国现代教育史》，注释《经学历史》，主编《中国历史文选》（中华书局，1961 年）等均署；出版遗著《周予同经学史论著选集》《周予同经学史论》等亦署。④天行，署用情况未详。

周榆瑞（1917－1980），福建福州人，字予遽。曾用名 Eric Chou（英文名）。笔名：①周榆瑞，见于译文《日本如何不能支持下去》，载 1943 年《新福建》第 4 卷第 3 期；散文《忆长安》，载 1942 年桂林《宇宙风》第 135、136 期合刊。②宋乔，20 世纪 50 年代在香港《新晚报》连载《侍卫官杂记》署用。

周毓英（1900－1945），江苏宜兴人。笔名：①周毓英，见于散文《被裁的士兵》，载1923年上海《学生文艺丛刊》第1集；诗《且哭且骂且咒且狂歌》，载1926年上海《洪水》半月刊第1卷第10、11期合刊。此前后在上述两刊及《申报·自由谈》《幻洲》《乐群》《青年界》《现代文学评论》《文饭小品》《社会主义月刊》《新人》《女子月刊》《文化建设》《青年动力》《新粤周刊》《时代动向》《民意周刊》《华侨动员》《华文每日》《东亚联盟》《社会旬报》《新动向》《文友》《太平洋周报》《申报月刊》《古今》等刊发表小说《变态的性爱病者》《烤山芋》《亭子间的女儿》《胜利以后》、随笔《狱中杂感》《革命者的自省与恕道》《文学作品中的生活》等作品，出版小说集《在牢中》（上海乐群书店，1928年）、《苦囚杂记》（上海乐群书店，1928年），长篇小说《最后胜利》（上海乐群书店，1930年）、《乡村》（上海民族书局，1934年），小说散文集《兵》（上海华丰印刷所，1926年），论著《法西斯蒂与中国革命》（上海民族书局，1934年）、《法西主义的理论基础》（上海民族书局，1936年）等亦署。②毓英，见于《邵振清总算有了归根》，载1926年《A. 11.》周刊第2期；随笔《辩明事实》《人生与性爱》，分别载1926年上海《幻洲》第1卷第3期、第4期。1937年在广州《青年动力》发表评论《持久抗战与抗战文艺》等文亦署。③郑菊华，见于随笔《文坛琐话》，载1929年上海《乐群》卷第12期。④玉道、菊华，署用情况未详。

周越然（1885－1962），浙江湖州人。原名周之彦，后改名周越然，又改名周复庵。乳名月船。笔名：①周越然，见于论文《语音学的定义》，载1921年上海《教育杂志》第13卷第11期；随笔《"给我力量……"》，载1923年上海《小说月报》第14卷第9期。此前后在《学生杂志》《江苏教育》《小说月报》《晶报》《太白》《宇宙风》《风雨谈》《杂志》《大众》《古今》《经济资料》《申报月刊》《文友》《天地》《人间》《中华月报》《语林》《锻炼》《文史》《众论》《文艺世纪》《文帖》《读书杂志》《一般》等报刊发表随笔《谈〈上林春〉》《谈〈游仙窟〉》《白雪遗音》《关于〈皇明诸司廉明奇判公案〉》《中东大战演义》，出版杂著《英音引钥》（上海国华书局，1912年）、《美国制度大要》（与沈彭年合作。上海国华书局，1912年），随笔集《性学知识》（上海天马书店，20世纪30年代）、《书书书》（上海中华日报社，1944年）、《六十回忆》（上海太平书局，1944年）、《版本与书籍》（上海知行出版社，1945年），论著《莎士比亚》（上海商务印书馆，1929年）、《上海外国语课教学法》（上海商务印书馆，1929年），故事集《情性故事集》（上海天马书店，1936年）等亦署。②越，见于随笔《〈痴〉〈梅〉之版本》，载1933年4月11日上海《晶报》。嗣后在该报发表随笔《〈按摩女日记〉提要》《残本〈素娥篇〉》《"诗中画，画中诗"》《以毒攻毒，以火攻火》等文亦署。③走火，见于随笔《〈倭袍〉版本之研究》，载1933年4月17、18日上海《晶报》。嗣后在该报发表随笔《无知幼女之书翰》《阴名

诠释》《解淫》《另一阴名》等文亦署。④越然，见于随笔《纸婚考》，载1934年1月31日上海《晶报》。翌年9月4日在该报发表随笔《至圣译名》亦署。⑤九一三，见于随笔《索多密》，载1934年11月2日上海《晶报》。嗣后在该报发表随笔《两朵黎花》《十个男子》《章草》《丢体》等文亦署。⑥九二，见于随笔《双丸说》，载1936年4月26日上海《晶报》。嗣后在该报发表随笔《年老恋爱》，1942年在《业余》第2卷第2－3期发表《文学愈疟法》等文亦署。⑦舟二，见于随笔《指环》，载1936年4月30日至5月1日上海《晶报》。嗣后在该报发表随笔《透比》《星期小姐》《"缝"之研究》《外来女》《恋爱术教师》等文亦署。⑧州亚，见于随笔《检查主义者》，载1936年6月18日上海《晶报》。嗣后在该报发表随笔《意态》《爱乎欲乎》《李氏之言》《酒色暖气》等文亦署。⑨舟亚，见于随笔《天方诗人》，载1936年7月13日上海《晶报》。嗣后在该报发表随笔《〈痴传〉英译》《译〈传〉已毕》《为数十三》《女多男少》等文亦署。⑩舟义，见于随笔《俞秀文》，载1936年10月5日上海《晶报》）。嗣后在该报发表随笔《顽梗之妻》《猴精》等文亦署。⑪舟，见于随笔《飞机歌》，载1936年10月26日上海《晶报》。嗣后在该报发表随笔《婴孩》《发》《公事房》《出款》《图书馆学科》等文亦署。⑫亚舟，见于随笔《研究"有人"（往返申杭）》，载1936年11月15、16日上海《晶报》。⑬月船，见于随笔《苛哉苛哉》，载1938年9月29日上海《晶报》。⑭义舟，见于随笔《崇畏敬》，载1939年6月29日上海《晶报》。嗣后在该报发表随笔《妙语》《骂妓诗》《西土之暗娼》等文亦署。

周云（1891－1951），江苏吴江（今苏州市）人。原名周世恩，字一粟，号湛伯、酒痴。笔名周云，在《南社丛刻》发表诗词署用。

周张帆，生卒年不详，籍贯不详。广东开平人，字破浪。笔名周张帆，在《南社丛刻》发表诗文署用。

周召南（1902－1962），籍贯不详。原名周舫公。笔名周召南，见于评论《审查戏曲于社会教育之重要》，载1931年上海《教育季刊》第2期；随笔《连州一瞥》，载1940年上海《宇宙风》第99期。此前后在《新生》《新生路周刊》《新福建》等刊发表评论《清末以来文化革命运动与当前的动向》《闽台关系论》、散文《忆星洲》等亦署。

周肇祥（1880－1954），浙江绍兴人，字嵩灵，号养庵。晚号退翁。笔名周肇祥，有《东游日记》《故都怀古诗》《补正宋四家墨刻簿》《游访碑目》等著作。

周振甫（1911－2000），浙江平湖人。原名周麟瑞。笔名：①振甫，见于散文《苏州印象记》，载1932年12月27－31日上海《申报·自由谈》；随笔《读诗偶得——情感和真实》，载1933年上海《中学生》第34号。嗣后在该刊及《中学生文艺季刊》《开明少年》《进

步青年》等刊发表《文字的时代性和阶级性》《文章的生命》《文学和现实》《曹禺先生怎样修改〈日出〉》等文亦署。②周振甫，见于随笔《文心的映发和暗示》，载1936年上海《中学生文艺季刊》第2卷第2期；随笔《画面的静态和动态》，载1936年上海《中学生》第63号。嗣后在上海《中学生》《学林》《民主》《万象》、重庆《国文月刊》等刊发表随笔《抒情文在写作上的态度》《抒情和境界》《夏先生思想的点滴》、评论《章太炎的文章论》《林畏庐的文章论》等文，出版专著、普及读物、随笔、评论《中国修辞学史》（商务印书馆，1991年）、《中国文章学史》（中国文联出版公司，1994年）、《通俗修辞讲话》（通俗读物出版社，1956年）、《文章例话》（中国青年出版社，1983年）、《诗词例话》（中国青年出版社，1962年）、《文学风格例话》《小说例话》《诗文浅释》《诗文浅说》《文论散记》《文哲散记》《文论漫笔》《怎样学习古文》《怎样使用标点符号》《怎样阅读》《周振甫讲谭》《周振甫学术文化随笔》《周振甫推荐散文》（与他人合作）、《严复思想述评》《钱锺书〈谈艺录〉读本》（与他人合作），编选、选注、译注《诗经选译》《诗经译注》《周易译注》《诗品译注》《洛阳伽蓝记校释今译》《文心雕龙注释》《文心雕龙今译》《文心雕龙选译》《李商隐选集》《苏洵散文精品选》《谭嗣同文选注》《严复诗文选》《一百首爱国诗词》《古代战纪选》《人间词话注》《十老诗选注》《毛主席诗词十八首讲解》（与他人合作）、《毛泽东诗词讲解》（与臧克家合作）、《毛主席诗词浅释》《毛主席诗词欣赏》《鲁迅诗歌注》《鲁迅诗全编》，改写、缩编《山海经》《三国演义》，出版《周振甫自选集》《周振甫文集》等亦署。③卞慧，1952年在上海《语文学习》发表文章署用。

周正行（1925—2009），江苏常熟人。笔名：①郑行，见于独幕喜剧《影迷传》，载1941年上海《大众文艺》第2卷第1期。②周正行，20世纪50年代起在《大公报》《剧本》等刊发表剧作《寒衣曲》《不夜的村庄》，出版话剧《提高警惕》（上海文化工作社，1950年）、《平壤之春》（与孙旭合作。上海火星出版社，1951年），滑稽剧《不夜的村庄》（上海文艺出版社，1959年），喜剧《一千零一夜》（上海文化出版社，1965年）等署用。

周中仁（1927—2002），湖南长沙人。笔名：①宗仍，见于小说《线索》，载1947年1月17日长沙《新潮日报》。②佘余，见于讽刺诗《更正——答申奥〈将军与打手〉》，载1947年5月长沙《力报》。③吴郑，见于杂文《续伊索寓言》，载1949年3月桂林《建风》杂志。④司马双，与吴子厚合署。见于杂文《除旧布新》，载1952年2月南宁《广西日报》。⑤不周，见于评论《英雄的人民，英雄的城——看〈黎明前的战斗〉》，载1954年5月南宁《广西日报》。⑥周中仁，出版散文集《冬春集》（漓江出版社，1988年）署用。

周钟岳（1876—1955），云南剑川人，白族，字生甫，号惺庵。笔名周钟岳，见于讲演《新生活与农村社会》，载1934年《云南教育》第3卷第5—6期合刊。又见于旧体诗《松岑以予六十初度寄赠玉佛一尊作诗报谢》，载1936年1月3日苏州《文艺捃华》第3卷第1册。同时期起在上述两刊及《时代精神》《中央党务公报》《中央周刊》《新动向》《广播周报》《民族诗坛》《浙江政治》《新运导报》《人与地》《政治建设》《新中华》《中外春秋》《辅导通讯》等刊发表诗文亦署。

周宗泽，生卒年不详，湖北襄阳人，字景瞻。笔名周宗泽，在《南社丛刻》发表诗文署用。

周醉平，生卒年不详，浙江余杭（今杭州市）人。原名周宝泰。笔名：①醉平，20世纪20年代在汉口编《华中日报·鸵鸟》署用。嗣后发表随笔《想到》（载1927年6月8日《中央副刊》）、随笔《打倒与拥护》（载1928年上海《幻洲》半月刊第2卷第7期）等亦署。②张荷，见于故事《蛇郎精》，载1925年北京《语丝》第50期。嗣后出版《苦哇鸟的故事》《徐文长的故事》（20世纪20年代北新书局出版）亦署。③周醉平，发表随笔《三谈莲花落》（载1927年上海《语丝》第136期）、译文《乌克兰人民底诗人雪夫琴可底诗》（林德舍英原作。载1939年重庆《抗战文艺》第4卷第5、6期合刊）署用。

周作人（1885—1967），浙江绍兴人。初名周櫆寿，号星杓。学名周奎绶，后改周遐寿，又改周作人，字启明（起孟、启孟、岂孟），号朴士；别号仲密、知堂、智堂、药堂、息陵、茶庵、苦茶、苦雨、苦茶子、杓之人、克郎氏、曜剑生、壹麓子、壹麓山人、疑今山人、角里逸人、都六先生、笑三居士、知堂和南、梦鸟狂居士、苦茶上人、苦雨斋主人、息陵居士杓主人、碧樱山馆主、秋津旧游子、汉真将军后裔、思真道笑孙氏。晚号苦雨翁、苦雨老人、知堂老人、药堂老人、苦茶庵老人、休留老人。曾用名阿魁（小名）、周珠。笔名：①萍云女士，见于翻译小说《玉虫缘》，载1905年《女子世界》。②碧罗女士，见于翻译小说《侠女奴》，载1904年《女子世界》第8—12期；诗《因花集》，载同刊第12期。③吴萍云、会稽女士吴萍云、会稽碧罗女士，1904年在《女子世界》发表作品署用。"会稽碧罗女士"一名，出版翻译小说《玉虫缘》（翔鸾社，1905年；小说林社，1905年）亦署。④萍云，见于小说《好花枝》，载1905年《女子世界》第2卷第1期。⑤平云，见于翻译小说《孤儿泪》（法国雨果原作。小说林社，1905年）。⑥案、案山、淳于、淳明，1905年在《女子世界》发表作品署用。⑦三叶，见于译作《一文钱》（俄国斯谛勃略克原作），载1906年《民报》第21期。嗣后在《新世界》发表文章亦署。⑧独应，见于旧体诗《绝句三首》，载1907年7月25日《天义报》。嗣后在该报及《河南》杂志发表随笔《妇女选举问题》《中国人之爱国》、评论《论文章之意义暨其使命因及中国近时论文之失》等亦署。⑨周逴，1907年前后发表文章署用。嗣后出版《红星佚史》《匈奴奇士录》(匈牙利约卡伊·莫尔原作。由世界语译本转译)、《黄蔷薇》(匈牙利约卡伊·莫尔原作。由世界语译本转译)等亦署。⑩仲密,见于译文《西伯利亚纪行》(俄国克罗颇特庚原作),载1908年10月10日《民报》。嗣后在《新青年》《每周评论》《新潮》《小说月报》《努力周报》《歌谣》《晨报副镌》《亦报》等报刊发表评论《论"黑幕"》、译文《西伯利亚纪行》(俄国克鲁泡特金原作)、译诗《星的小孩》(日本小林章子原作)、翻译散文诗《游子》(法国波德莱尔原作)、散文《自己的园地》等亦署。⑪硕石,见于短评《论观望之害》,载1910年7月25日《绍兴公报》。嗣后在该报发表小说《侦诇》、评论《论军人之尊贵》《论新昌毁学案》等亦署。⑫起孟,见于短评《文明之基础》,载1910年7月28日《绍兴公报》。嗣后在该报发表评论《古希腊之小说》亦署。⑬知、学、独,1912年在《越铎日报》发表作品署用。⑭祝由,1912年在《越铎日报》发表作品署用。1951年在上海《亦报》发表随笔《白蛇与嫦娥》《嫦娥与孟姜女》《蚊子与苍蝇》《医书的问题》等亦署。⑮周作人,见于短评《遗传与教育》,载1913年《绍兴县教育会月刊》第1期。嗣后在该刊及《新青年》《新潮》《小说月报》《少年中国》《学艺》《中华小说界》《工学》《时事新报·文学旬刊》《文学周报》《东方杂志》《国语月刊》《晨报副镌》《京报副刊》《戏剧》《诗》《努力周报》《语丝》《歌谣》《猛进》《清华周刊》《北京女子高等师范周刊》《新女性》《国立北京大学国学季刊》《北新》《新月》《开明》《文艺新闻》《青年界》《现代》《文艺茶话》《人间世》《风雨谈》《文饭小品》《逸经》《艺文杂志》《华北月刊》《女子月刊》《妇女与儿童》《越风》《社会月报》《文史》《音乐教育》《自由评论》《谈风》《好文章》《月报》《文摘》《抗战半月刊》《经纶月刊》《古今》《中国公论》《真知学报》《大晚报·火炬通俗文学》《新流》《同声月刊》《杂志》《津津月刊》《东西月刊》《文艺世纪》《教育时报》《民俗台湾》等报刊发表著译诗文,出版诗集《过去的生命》(上海北新书局,1929年),散文集《自己的园地》(北京晨报社,1923年)、《雨天的书》(上海北新书局,1925年)、《泽泻集》(上海北新书局,1927年)、《谈龙集》(上海北新书局,1927年)、《谈虎集》(上海北新书局,1928年)、《永日集》(上海北新书局,1929年)、《艺术与生活》(上海群益书社,1931年)、《周作人散文钞》(上海开明书店,1932年)、《看云集》(上海开明书店,1932年)、《知堂文集》(上海天马书店,1933年)、《周作人书信》(上海青光书局,1933年)、《苦雨斋序跋文》(上海天马书店,1934年)、《夜读抄》(上海北新书局,1934年)、《中国新文学大系·散文一集》(周作人编。上海图书印刷公司,1935年)、《苦茶随笔》(上海北新书局,1935年)、《苦竹杂记》(上海良友图书印刷公司,1936年)、《周作人选集》(上海万象书屋,1936年)、《周作人文选》(上海仿古书店,1936年)、《风雨谈》(上海北新书局,1936年)、《瓜豆集》(上海宇宙风社,1937

年)、《周作人代表作选》(上海全球书店,1938年)、《秉烛谈》(上海北新书局,1940年)、《自己的文章》(上海三通书局,1941年)、《药堂语录》(天津庸报社,1941年)、《周作人随笔抄》(东京文求堂书店,1941年)、《药味集》(北京新民印书馆,1942年)、《药堂杂文》(北京新民印书馆,1944年)、《书房一角》(艺文社,1944年)、《秉烛后谈》(北京新民印书馆,1944年)、《苦口甘口》(上海太平书局,1944年)、《立春以前》(上海太平书局,1945年),诗文合集《过去的生命》(上海北新书局,1929年),翻译小说《点滴》(北京新潮社,1920年;国立北京大学出版部,1920年)、《现代日本小说选》(日本国木田独步等原作。上海商务印书馆,1923年,1930年4月收入万有文库)、《玛加尔的梦》(俄国柯罗连科原作。上海北新书局,1927年)、《黄蔷薇》(匈牙利约卡伊·莫尔原作。上海商务印书馆,1927年)、《两条血痕及其他》(上海开明书店,1927年)、《空大鼓》(俄国列夫·托尔斯泰等原作。上海开明书店,1928年)、《匈奴奇士录》(匈牙利约卡伊·莫尔原作。上海商务印书馆,1933年)、《少年的悲哀》(日本国木田独步等原作。上海启明书局,1941年)、《孤儿记》(法国雨果原作。小说林社,1906年)、《炭画》(波兰显克维奇原作。北京文明书局,1914年;北京北新书局,1926年),小说、戏剧、诗歌合集《陀螺》(希腊谛阿克列多思等原作。上海北新书局,1925年),戏剧《狂言十番》(上海北新书局,1926年)、《希腊拟曲》(希腊海罗达思、谛阿克列多思原作。上海商务印书馆,1934年),小说散文合集《冥土旅行》(希腊路吉亚诺等原作。上海北新书局,1927年再版),论著《异域文谈》(墨润堂书坊,1915年)、《欧洲文学史》(上海商务印书馆,1918年)等亦署。⑯启明,见于译文《民种改良之教育》(英国戈斯德原作),载1913年《绍兴县教育会月刊》第1期。嗣后在该刊发表评论《小说与社会》《童话释义》、随笔《读书杂录》、小说《江中夜话》等亦署。⑰持光,见于报告《古迹调查》,载1913年10月15日《绍兴县教育会月刊》第1期。嗣后在该刊发表评论《儿童研究导言》《儿童问题之初解》等亦署。1950年8月起在上海《亦报》发表随笔《坏文章》《故乡的雨》《老朋友的话》等文亦署。⑱作人,见于论文《儿歌之研究》,载1914年《绍兴县教育会月刊》第4期。嗣后在该刊及《新青年》《语丝》《沉钟》《文艺茶话》等刊发表随笔《随感录二十四》、评论《评〈译日文法〉》、诗《昼梦》等亦署。⑲起明,见于译文《俄国革命之哲学韵基础》(英国安吉洛 S.拉波特原作),载1919年《新青年》第6卷第4、5期;随笔《穿裙与不穿裙》,载1927年上海《语丝》第142期;随笔《读游仙窟》,载1932年北平《燕京大学图书馆报》第21期。⑳子严,见于随笔《批评的问题》,载1921年5月14日北京《晨报副镌》。嗣后在该刊及《时事新报·学灯》等刊发表随笔《疑问五则》《美文》《廉耻与秩序》等亦署。㉑式芬,见于随笔《体操》,载1921年11月27日北京《晨报副镌》。嗣后在该刊发表随笔《检查》《"评尝试集"匡谬》《福田博士的两番话》等亦署。㉒槫、馍敬、向平、谷苐、狄应、江春，1921年11月在《民国日报·觉悟》发表作品署用。㉓荆生，1921年11月在《民国日报·觉悟》发表作品署用。嗣后在北京《晨报副镌》发表随笔《印度的迷信》《介绍和尚们的四篇"忠告"》《对于"心潮"问题的公正话》《意表之中的事》等亦署。㉔周长年，1921年11月在《民国日报·觉悟》发表作品署用。1956年在上海《旅行家》第7期发表小品《关于花生》亦署。㉕槐寿，见于小说《真的疯人日记》，载1922年5月17－23日北京《晨报副镌》。嗣后在该刊发表小说《夏夜梦》《星屋来的人》、诗《高楼，她们》、随笔《蔼理斯的话》等亦署。㉖遐寿，见于随笔《礼之必要》，载1922年8月10日北京《晨报副镌》。㉗子荣，见于随笔《医院的阶陛》，载1923年8月26日北京《晨报副镌》。嗣后在该刊及北京《京报副刊》《语丝》《民国日报·妇女周报》等刊发表随笔《怎么办的问题》《宿娼之害》《诅咒》《功臣》、诗《花》等亦署。㉘陶然，见于散文《故乡的野菜》，载1924年4月5日北京《晨报副镌》。嗣后在该刊发表散文《北京的茶食》、随笔《诗人的文化观》《国学院不通》等亦署。1927年在《语丝》发表文章亦曾署用。㉙开明，见于散文《济南道中》，载1924年6月5日北京《晨报副镌》。嗣后在该刊及北京《京报副刊》《语丝》《论语》发表通讯《沟沿通信》、散文《舍伦的故事》、随笔《乐观的诗人》《诗人阿囊是谁》等亦署。㉚朴念仁，见于随笔《向星处的豫言》，载1924年7月5日北京《晨报副镌》。嗣后在该刊发表故事《徐文长的故事》、散文《苍蝇》《沉默》等亦署。㉛问星，见于随笔《读经之将来》，载1925年2月14日北京《京报副刊》。㉜已惊，见于随笔《非宗教运动》，载1925年4月2日北京《京报副刊》。㉝怡京，见于随笔《文士与艺人》，载1925年4月3日北京《京报副刊》。㉞异襟，见于随笔《拜脚商兑》，载1925年4月4日北京《京报副刊》。㉟易今，见于随笔《古书可否读的问题》，载1925年4月5日北京《京报副刊》。㊱一揄，见于随笔《风纪之柔脆》，载1925年4月7日北京《京报副刊》。㊲夷今、义阱，分别见于随笔《铜元的咬嚼》、随笔《尊重女子的中国》，载1925年4月10日北京《京报副刊》。㊳衣锦，见于随笔《非逻辑》，载1925年4月11日北京《京报副刊》。㊴疑今，见于随笔《二非佳兆论》，载1925年4月13日北京《京报副刊》。㊵宜禁，见于随笔《论章教长之举措》，载1925年5月4日北京《京报副刊》。㊶凯明，见于随笔《再介绍日本人的谬论》，载1925年5月5日北京《京报副刊》。嗣后在北京《语丝》发表随笔《希腊人的译音》《京兆人》《古文之末路》等亦署。㊷亦荆，见于随笔《勿庸忏悔》，载1925年5月26日北京《京报副刊》。嗣后在该刊发表随笔《痴人说梦》亦署。㊸揖敬，见于随笔《随便谈谈》，载1925年6月4日北京《京报副刊》。㊹义经，见于随笔《文明与野蛮》，载1925年6月23日北京《京报副刊·沪汉后援专刊》。㊺乞明，见于随笔《讲演传习所》，载1925年6月25日北京《京报副刊》。㊻益噤，见于随笔《五四运动之功过》，载1925年6月29日北京《京报副刊·反抗英日强权专刊》。㊼乙径，见于随笔《愚问之一》，载1925年7月1日北京《京报副刊》。㊽曳胫，见于随笔《愚问之二》，载1925年7月16日北京《京报副刊》。㊾垲明，见于随笔《萨满教的礼教思想》，载1925年北京《语丝》周刊第44期。嗣后在该刊发表随笔《我最》亦署。㊿岂明，见于随笔《〈小五哥的故事〉附记》，载1925年北京《语丝》周刊第53期。嗣后在该刊及《晨报副镌》《京报副刊》《北新》《沉钟》《未名》《开明》《骆驼草》《青年界》《人间世》《当代文学》《世界日报副刊》《新女性》《新学生》《东方杂志》《大公报》等报刊发表随笔《闲话的闲话之闲话》《我们的闲话》《苦茶庵小文》《苦茶随笔》等亦署。(51)北斗，见于随笔《心的去向》，载1925年10月26日北京《京报副刊》。嗣后在上海《语丝》发表随感录《封建思想》《人口问题》《科学的人生》等亦署。(52)何曾亮，见于随笔《半席话甲》，载1926年北京《京报副刊》第373期。嗣后在该刊发表随笔《半席话乙》《半席话丙》亦署。(53)岂，见于随笔《我们的闲话（一）（二）》，载1926年北京《语丝》周刊第71期。嗣后在该刊及《骆驼草》《论语》等刊发表随笔《关于蝙蝠》《门老之谊》等亦署。(54)山叔，见于随笔《大家的闲话十一·章任优劣论》，载1926年北京《语丝》第98期。嗣后在该刊发表随笔《发之魔力》《再论剪发》《捐款的控诉》《可怕也》等亦署。(55)安山叔，见于随笔《闲话集成二·谨论清宫宝物》，载1926年北京《语丝》第102期。(56)房密，见于随笔《随感录四十一·刘富槐亦上条陈》，载1927年上海《语丝》第149期。嗣后在该刊第150期发表随笔《野蛮民族的礼法》亦署。(57)难明，1927年在《语丝》发表文章署用。1929年3月18日在北平《华北日报》副刊发表翻译小说《村里的逾越节》（犹太人唆隆亚来咁原作）等亦署。(58)难知，1927年在《语丝》发表文章署用。嗣后在《华北日报·每日谈座》发表随笔《关于宫刑》，1933年在上海《论语》第29期发表随笔《缢女图考释》，1935年在上海《文饭小品》第1卷第5期发表随笔《十竹斋的小摆设》等亦署。(59)药，1927年在《语丝》发表文章署用。(60)周启明，见于信函《七十鸟的宗教行为及其他——致招勉之》，载1928年上海《新女性》第30号。1956年8月14日开始在《中国青年报》连载回忆录《鲁迅的青年时代》，出版回忆录《鲁迅的青年时代》、校订出版《明清笑话四种》等亦署。(61)知堂，见于随笔《沈从文君结婚联》，载1933年杭州《艺风》第1卷第11期；旧体诗《五十诞辰自咏诗稿》，载1934年《现代》第4卷第4期。此前后在《歌谣》《独立评论》《国闻周报》《论语》《人间世》《水星》《日文》《文饭小品》《宇宙风》《宇宙风乙刊》《文学杂志》《风雨谈》《艺文杂志》《自由评论》《月报》《文摘》《好文章》《中和月刊》《中国文艺》《古今》《天地》《同声》《人间》《求是》《杂志》《文帖》《读书杂志》《大公报·文艺》《益世报·读书周刊》《华北日报》《晨报》《世界日报·明珠》《中央日报》《实报》《庸报》《华北新报》等报刊发表随笔《半农纪念》《谈金圣叹》《关于鲁迅》《谈鬼论》等文亦署。⑫岂堂，见于随笔《论泄气》，载1934年5月13日《华北日报·每日谈座》。嗣后在该刊发表随笔《谈妒妇》《论伊川说诗》等亦署。⑬不知，见于《关于"王顾左右"》，载1935年1月7日北平《华北日报·每日文艺》第35期。嗣后在该刊发表随笔《关于耆老行乞》《岳飞与秦桧》《〈思痛记〉及其他》等亦署。⑭不明，见于《阿Q的旧帐》，载1935年2月2日北平《华北日报·每日文艺》。⑮牧童，见于随笔《抽烟与思想》，载1936年6月10日北平《世界日报·明珠》。嗣后在6月26日该刊发表随笔《都市的热》亦署。⑯申寿，见于《连运》，载1936年8月29日《大公报·文艺》。1949年11月22日在上海《亦报》发表随笔《说书人》，嗣后在该报发表随笔《历史小说》《博浪椎》《垓下叹》等文亦署。⑰智堂，见于《谈七月在野》，载1936年5月28日《益世报·读书周刊》；随笔《改名纪略》，载1936年北平《实报半月刊》第16期。嗣后在《实报半月刊》发表随笔《读报者言》等亦署。⑱药堂，见于随笔《药草堂题跋·题王显诏山水画册》，载1938年6月24日北平《晨报·文艺周刊》。嗣后在该刊及北平《实报》《华光》《庸报》《艺文杂志》《风雨谈》《杂志》《古今》《华北作家月报》《同声月刊》等报刊发表《药草堂题跋·题弘一法师书华严经偈》《三不朽图选题记》《女人三护》、论文《汉文学的前途》等文亦署。⑲十堂，见于随笔《灯下读书论》，载1944年10月上海《风雨谈》第15期。嗣后在《文史》《天地》《杂志》《读书杂志》《艺文杂志》《新民声》等刊发表随笔《十堂序跋选》《雨的感想》《焦堂里的笔记》《无生老母的信息》等文亦署。⑳东郭生，见于随笔《十堂笔谈一·小引》，载1944年12月18日《新民声》。嗣后在该刊及上海《亦报》发表随笔《十堂笔谈二·汉字》《十堂笔谈一·国文》《立春以前》等亦署。㉑什堂，见于随笔《女人的禁忌》，载1945年上海《天地》第17期。㉒丁鹤生，见于随笔《五十年前之杭州府狱》，载1948年《好文章》第3集。㉓王寿遐，见于随笔《红楼内外》，载1948年《子曰丛刊》第4期。嗣后在该刊及《好文章》发表随笔《呐喊索隐》《北平的事情》《红楼内外之二》等亦署。1950年发表《四十年来之北京》一文亦署。㉔十鹤，见于翻译散文《希腊运粮记》（希腊妥玛格拉罗斯原作），载1949年《好文章》第4集。㉕鹤生，见于随笔《秋瑾与鲁迅》，载1949年12月15日上海《亦报》。嗣后在该报发表随笔《焕强盗和蒋二秃子》《三味书屋的轶事》《袁文薮与蒋抑卮》等文亦署。㉖十山，见于小品《医生颂》，载1950年1月3日上海《亦报》。嗣后在该报发表随笔《吃鱼》《吃肉》《吸收文明》《儿童诗与补遗》等文亦署。㉗荣纪，见于《双日开市》，载1950年1月10日上海《大报》。嗣后在该报发表随笔《禹恶旨酒》《绍兴酒的将来》《读书人的今昔》等文亦署。㉘梼，见于《茶壶考证》，载1951年5月11日上海《亦报》。嗣后在该报发表随笔《范寅的日记》《东郭先生》《王继香的日记》等文亦署。㉙木仙，见于《学堂生活（一至二十四）》，载1951年10月2—26日上海《亦报》。嗣后在该报发表随笔《新人新事》《风俗的记载》等文亦署。㉚十仙，见于《学堂生活十五·操练》，载1951年10月16日上海《亦报》。10月21日在该报发表随笔《学堂生活二十·争斗》亦署。㉛龙山，见于随笔《伟大的古迹》，载1951年11月5日上海《亦报》。嗣后在该报发表随笔《爱惜人民币》《婚姻法与女干部》《财礼》《牛郎织女》等文亦署。㉜长年，见于随笔《中学读古诗的意见》，载1952年《语文教学》第6期。㉝周遐寿，见于回忆录《鲁迅在南京学堂》，载1956年9月25日南京《新华日报》。嗣后在《文汇报》《读书月报》《文艺学习》等报刊发表鲁迅回忆文章，出版回忆录《鲁迅的故家》（上海出版公司，1953年）、《鲁迅小说里的人物》（上海出版公司，1954年）亦署。㉞申非，出版《日本狂言选》（人民文学出版社，1980年）署用。㉟敬、尊、不柯、不知、喜奎、水仙、天秩、梦平、介孙、啸孙、吴卓、恺明、萍雨、周朴士、碧罗、黑石、粥尊、山尊、山豆、长年、十药草堂、东郭十堂、东郭书塾、秋草园客、Jou Tzouhren，署用情况未详。

周作新（1917—？），四川内江人。笔名：①雨山，1934年开始在《成都快报》发表散文署用。见于随笔《斗鼠记》，载1939年四川荣县《流火》月刊第3期。此前后在该刊及《华西日报·华西副刊》《华西日报·蜀锦》《复兴日报·高岗》《蜀蓉日报·青春线》《学艺半月刊》《流火》《星渝日报》等报刊发表《寻找我们失去的春天》《纪念鲁迅先生》等诗文亦署。②湘子、薛白琰、穆北柯，1935—1936年间在《华西日报》发表小说、诗歌、论争文章署用。③周雪媚，1935—1936年间在上海《妇女画报》发表散文署用。

【zhu】

朱葆光（1910—1979），北京人，曾用名朱评、朱子平、朱凤鸣。笔名：①朱葆光，见于译文《和平之谜》（美国汤姆逊原作），载1944年上海《文汇周报》第2卷第25期。嗣后在该刊及《改进》《半月文萃》《通讯》《新中华》等刊发表《巴西的地下运动》（巴西瓦约原作）、《〈战地行〉作者居里小姐》（美国波特尔原作）、《莫斯科艺术歌舞剧》（美国阿得里治原作）、《纳粹不能游击战》（美国威尔纳原作）等译文，出版翻译小说《妻》（苏联卡达耶夫原作。重庆中外出版社，1945年）、《珍妮小传》（美国德莱塞原作）、《凯旋门》（德国雷马克原作）、《前列》（德国斯蒂芬赫姆林原作）、《桥》（德国乌塞原作）、《金色的布拉格》（苏联龚察尔原作）、《远方的歌声》（捷克斯洛伐克魏斯柯普夫原作，与冯至合译），特写集《逃出巴尔干》（保加利亚巴介甫原作，与陈翰伯合译），翻译剧作《羊泉村》《园丁之犬》《塞尔维亚之星》《维迦戏剧选》（均为西班牙洛卜·德·维迦原作），翻译电影文学剧本《伟大的转折》（苏联奇尔斯科夫原作）等亦署。②朱凤鸣，见于论文《孔子的连锁哲学之本体》，载1947年南京《合作评论》第7卷第3期。嗣后在该刊发表译文《弹性通货的正反面》（英国哈耶克原作）等，出版译作《红色中国的挑战》（美国冈瑟·斯坦原作。上海希望书店，1946年）等亦署。③简企之，与荒芜合署。出版译作《朗费罗诗选》（美国朗费罗原作。上海晨光出版公司，1949年）署用。

朱碧泉，生卒年及籍贯不详。笔名滂沱，20世纪30年代在缅甸《仰光日报·椰风》发表回忆录署用。

朱炳荪（1910— ？），安徽泾县人。笔名：①朱炳荪，见于小说《友谊的动摇》，载1939年北平《艺术与生活》第1卷第4期；译文《中国历史学的要质》，载1939年北平《研究与进步》第1卷第1期。此前后在《朔风》《文学年报》《中德学志》《覆瓿》《艺文杂志》等刊发表中篇小说《赵大》、短篇小说《虚实的故事》《古玩》、论文《宋曲研究》、译文《论周颂的韵》（瑞典高本汉原作）等，出版译作《舞台与银幕的化装术》（沃尔特斯原作。南京正中书局，1937年）亦署。②朱炳森，出版长篇小说《晦明》（北平和平印书局，1939年）署用。

朱伯石（1919—1995），江西泰和人。原名朱遵柱。笔名：①伯石，见于小说《勒捐》，载1935年吉安《民国日报》；通讯《吉安》，载1936年上海《中学生文艺季刊》第2卷第4期。嗣后在《时代中国》《青年时代》《新学生》《文艺先锋》《宇宙风》《世界月刊》《十月风》《东方杂志》《文潮月刊》《时兆》《诗歌与木刻》《大公报·文艺》《凯报·大地》《正气日报·新地》《前线日报·战地》等报刊发表《在大学的日子》（美国J.瑟伯原作）、《王尔德诗抄》（英国王尔德原作）、《新诗选》（德国歌德原作）、《契诃夫短篇二题》（俄国契诃夫原作）、《微苔小姐的梦》（美国沃尔科特原作）、《邻居》（法国雨果原作）等著译诗文，出版翻译诗集《山的声音》（江西诗木刻社，1949年）亦署。②朱伯石，见于翻译小说《"音乐教员"》（俄国彼德罗夫原作），载1947年上海《新学生》第2卷第3期（刊内正文署名"伯石"）；翻译小说《父与女》（英国曼斯菲尔德原作），载1948年上海《东方杂志》第44卷第3期。同时期在上海《新学生》、福建连城《大成日报·高原》、江西南昌《江西日报》等报刊发表译诗《悼念林肯》（美国惠特曼原作）、译文《戏剧散论》（英国F.H.劳原作）、评论《揭开"友谊"的外衣看个清楚》等，1949年后出版论著《中学语文教学中的语言因素》（湖北人民出版社，1956年）、《写作和语文》（四川人民出版社，1980年）、《写作概论》（湖北教育出版社，1983年）、《写作与作文评改》（高等教育出版社，1986年）等均署。③司

徒瑜，见于诗《布鞋送前方》，载1949年6月南昌《江西日报》。

朱沉冬（1931—1990），江苏南通人。原名朱辰东。曾用名朱省吾（学名）。笔名：①朱沉冬，出版散文集《泥土与哲人》（南通五山出版社，1948年）署用。1949年后在台湾出版诗集《古城的叹息》（台北野风出版社，1953年）、《爱底颂赞》（台北野风出版社，1955年）、《颂歌》（台北野风出版社，1955年）、《回音集》（1961年自刊）、《玫瑰的上午》（台北现代诗社，1961年）、《弦柱》（台湾现代诗社，1966年）、《锦之歌》（台湾现代诗社，1969年）、《净界》（高雄殷雷出版社，1970年）、《山水诗抄》（高雄殷雷出版社，1974年）、《朱沉冬诗画集》（高雄殷雷出版社，1975年），散文集《窗的美学》（台北光明出版社，1972年）、《诗心尺素》（高雄文皇出版社，1976年）、《秋草》（台北现代诗社，1966年）、《春天的弦歌》（台湾中外图书公司，1978年），文学评论集《刘钟珣的世界》（高雄殷雷出版社，1967年）、《绘画札记》（台北光明出版社，1972年）、《文艺论集》（台北立文出版社，1976年）、《写意与造景》（高雄中外图书公司，1979年）、《论诗小品》（高雄中外图书公司，1979年）等亦署。②朱辰东，见于散文《岭路》，载1952年台湾台北《野风》第32期。③沉冬，见于诗《老工人》，载1953年台北《野风》第60期。嗣后在该刊发表诗《夜笛》《寂寞的歌》《窗外及其他》等亦署。④朱品、杜笛、李齐、宋苇，1949年后在台湾报刊发表诗文署用。

朱柽（1922—1993），江苏吴江（今苏州市）人。原名朱圣先。笔名：①朱柽，1938年开始在永安《民主报》《中央日报》《闽西日报》、长汀《汀州报》、福州《中央日报》及《星闽日报》等报刊发表诗《弃婴》、长诗《冻土》及散文等署用。1942年10月1日在福建永安《中央日报·中央副刊》发表诗《阴雨的弥撒》，1942年由永安长风出版社出版诗集《木炭车》亦署。②春园，见于散文《访武夷山名茶》，载1948年上海《工商新闻》第99期。③诗真、赤杨，20世纪40年代在福建报刊发表诗文署用。

朱大可（1878—1978），浙江嘉兴人。原名朱奇，号莲垞、蒲石居士、携李情农、长乐居士。笔名：①朱大可，见于随笔《狗答鸡书》，载1922年上海《游戏世界》第9期；随笔《风生云楼随笔》，载1923年上海《心声》半月刊第2卷第1期。嗣后在该刊及《红杂志》《东方杂志》《金钢钻月刊》《社会月报》《自修》《归纳》《永安月刊》等刊发表剧作《我的妻子》、旧体诗《饮酒诗》、随笔《双枪女儿行》《蒲石居联话》《挥扇偶谈》等，1949年后选注《历代小简》（上海春明出版社，1955年），校注《新注唐诗三百首（六卷）》（清蘅塘退士原编。上海文化出版社，1957年），出版论著《莲垞古文字考释集》（香港南岛出版社，2002年）等均署。②大可，见于《生春云楼杂录》，载1933年上海《金钢钻月刊》第1卷第2集（刊目录署名"朱大

可"）。③亚凤巢主，见于评论《近人诗评》，载 1933 年上海《金钢钻月刊》第 1 卷第 3 集（刊内正文署名"亚凤"）。④亚凤，见于旧体诗《亚凤巢诗·金陵寄友》、评论《杨云史诗评》，载 1934 年上海《金钢钻月刊》第 1 卷第 4 期；随笔《墨皇正闰考》，载 1943 年上海《学海月刊》第 1 卷第 3 册。

朱大枏（nán）（1907－1930），四川巴县（今重庆市）人，笔名：①大枏，见于《道上》，载 1923 年 4 月《新民意报·朝霞》。②朱大枏，见于记录《诗人与诗——徐志摩先生在附中曦社讲演》（与滕树谷合作），载 1923 年《北京高师周刊》第 200 期；诗《笑》，载 1926 年 4 月 15 日北京《晨报·诗镌》。此前后在《莽原》《现代评论》《北新》《晨报副镌》《民众周刊》《国闻周报》《山西教育公报》等报刊发表小说《车上的英雄》、评论《说"平民的"并评先艾的诗》《民众和文学间的墙》、诗《松树下》《月夜梦回作歌》等，出版诗文集《灾梨集》（与翟永坤、王余杞合集。北平文化学社，1928 年）亦署。

朱丹（1916－1988），江苏徐州人。原名朱家瑜。曾用名朱丹北。笔名：①未丹，1945 年在东北报刊发表讽刺诗署用。嗣后出版诗集《诅咒之歌》（哈尔滨光华书店，1948 年）亦署。②朱丹，见于评论《反抗"正统"的情绪和追求真理的精神》，载 1946 年佳木斯《东北文化》第 1 卷第 5 期；通讯《汤阴城见闻》，载 1947 年太行《文艺战线》第 3 卷第 5 期。1949 年后在《人民周报》《人民文学》《诗刊》《新港》《新观察》《人民日报》等报刊发表诗、散文、童话、评论等，出版散文集《朱丹散文选》（人民文学出版社，1981 年）等均署。③天马、渥然，署用情况未详。

朱丹西（1913－1978），北京人。原名朱丹。笔名：①朱丹，1942 年在八路军 120 师政治部战斗剧社时创作秧歌剧《南京与重庆》、话剧剧本《鞋中迷》《重见天日》《旧恨新仇》等署用。②朱丹西，1949 年后出版中篇小说《猛河的黎明》，创作歌剧剧本《刘胡兰》（与他人合作），电影文学剧本《猛河的黎明》（与史超等合作）、《长空比翼》（与黎静合作）等均署。

朱德（1886－1976），四川仪陇人。原名朱代珍，字玉阶（玉陔）。曾用名朱存铭、朱健德、朱乾德。曾用名朱继德、顾铭。化名王楷、朱校董。化名（或笔名）刘玉、供、章。出版有《朱德诗词选集》（中央文献出版社，2007 年）、《朱德选集》（人民出版社。1983 年）。

朱德龙，生卒年不详，湖南醴陵人，字侣霞。笔名朱德龙，在《南社丛刻》发表诗文署用。

朱涤秋（1902－1967），原名朱肇祖。笔名：①涤秋，见于随笔《娟楼忆语》，载 1924 年上海《心声》第 3 卷第 7、8 号。嗣后在《上海画报》《半月戏剧》等刊发表《玉堂春听慧记》《致梅花馆主》《旧都戏院之变迁》等文亦署。②朱涤秋，现于随笔《秋籁阁联话》，载 1926－1927 年上海《紫罗兰》第 1 卷第 7 期至第 2 卷

第 9 期；通讯《日下珍闻》，载 1926 年《上海画报》第 172 期。③朱搽初，出版《尘海偶录》（台北水晶出版社，1970 年）、《圜府琐记》（收入台北文海出版社 1983 年出版之《近代中国史料丛刊续编》第 96 辑）署用。

朱点人（1903－1949），台湾台北人。原名朱石头。曾用名朱石峰。笔名：①点人，见于诗《配达夫》，载 1931 年 8 月 8 日台北《台湾新民报》第 376 号。嗣后在台北《南音》《先发部队》《第一线》、台中《台湾新文学》等刊等发表散文、评论等署用。②朱点人，见于小说《安息之日》，载 1935 年台中《台湾文艺》第 2 卷第 7 期。嗣后在日本东京《台湾新文学》发表小说《秋信》《长寿会》等，1991 年由台湾前卫书店出版文集《朱点人王诗琅合集》亦署。③描文，见于《我的散文》，载 1942 年《南方》第 151 期。④描，见于杂文《细菌与微生物》，载 1942 年《南方》第 159 期。⑤朱石锋，见于杂文《懒云先生的思ひ出》，载 1943 年《台湾文学》第 3 卷第 2 期。⑥文苗，日据时期在台湾报刊发表作品署用。

朱鼎元（1885－1967），湖北武汉人。曾用名朱继昌，字峙三。笔名朱鼎元，见于论文《儿童缺席之研究》，载 1918 年上海《教育杂志》第 10 卷第 9 期。嗣后出版论著《儿童文学概论》（上海中华书局，1924 年）亦署。

朱东润（1896－1988），江苏泰兴人。原名朱世溱，字东润。笔名：①朱世溱，见于翻译小说《普法喋血记》，载 1916 年上海《大中华》杂志第 2 卷第 4－12 期。同时期在上海《小说时报》发表文章均署。出版翻译小说《小拿破仑别记》（英国巴科原作。上海中华书局，1916 年）、《积血东征记》（上海中华书局，1917 年）、《克利米战血录》（俄国列夫·托尔斯泰原作。上海中华书局，1917 年）、《波兰遗恨录》（上海中华书局，1930 年）等亦署。②朱东润，见于诗《桃花》，载 1921 年 4 月 22 日上海《时事新报·学灯》；《诗人吴均》，载 1929 年《新月》月刊第 2 卷第 9 期。此前后在《国立武汉大学文哲季刊》《学林》《星期评论》《国文杂志》《中学生》《东方杂志》《文史杂志》《读书通讯》《军事与政治》《文学杂志》《宇宙风》《宇宙风乙刊》《新政论》《中央周刊》《文化先锋》《学识》《学原》《现实与理想》等报刊发表文章均署。出版翻译小说《骠骑父子》（俄国列夫·托尔斯泰原作。上海商务印书馆，1905 年），论著《史记考索》（上海开明书店，1940 年）、《读诗四论》（长沙商务印书馆，1940 年）、《中国文学批评论集》（上海开明书店，1947 年）、《中国文学批评史大纲》（上海开明书店，1947 年）、《杜甫叙论》（人民文学出版社，1981 年），传记《张居正大传》（上海开明书店，1945 年）、《陆游传》（中华书局，1960 年）等亦署。③东润，见于论文《莎氏乐府谈》，载 1917 年上海《太平洋》第 1 卷第 5－9 号；《在风暴中》，载 1935 年 5 月 17 日《武汉日报·现代文艺》。④宋敦容，20

世纪 60－70 年代出版某传记署用。

朱栋良，生卒年及籍贯不详。笔名朱雷，见于剧作《万年灯》（下），载 1943 年上海《青年生活》第 1 卷第 3 期；独幕剧《佳偶天成》，载 1943 年上海《文潮》第 3 期。

朱端钧（1907－1978），浙江余姚人，字公吕。笔名：①公吕，20 世纪 30 年代在《晨报副镌·每日电影》《时事新报·戏剧周刊》发表影剧评论署用。又见于随笔《大戏与小戏》，载 1933 年上海《戏》第 5 期。②朱端钧，见于根据外国剧作改编之剧作《约翰曼利》，载 1939 年《剧场艺术》第 12 期。嗣后在该刊及《现实文摘》第 1 卷第 8 期发表翻译剧作《2×2＝5》（丹麦古斯塔夫·威德原作）、随笔《吟〈忆江南〉》等，出版改编剧作《寄生草》（英国台维斯原作。上海光华书局，1930 年）、《约翰曼利》（上海剧场艺术社，1940 年）、《圆谎记》（英国琼斯原作。上海世界书局，1944 年）等均署。

朱凡（1909－1987），江苏涟水人。原名朱宗仁。曾用名朱一苇、王公直、朱石青、朱庆凡、朱繁容。笔名：①朱一苇，见于评论《评〈戏〉月刊筹款公演》，载 1933 年上海《矛盾月刊》第 2 卷第 4 期。②凡容，见于报告文学《在殖民地》，载 1936 年上海《中流》半月刊第 1 卷第 2 期；评论《读〈誓言〉和〈草原上〉》，载 1936 年上海《小说家》第 1 卷第 1 期。嗣后在上述两刊及上海《译文》《大家看》《月报》《生活学校》《作品》、重庆《战地知识》、天津《大公报》等刊发表评论《沈从文的〈贵生〉》《高尔基给文学青年的信》《大别山脚的文化和干部》、译作《理想主义的鲤鱼》（俄国 S.萨尔蒂柯夫原作）、小说《接风》、通讯《马来亚途中》等亦署。③阿累，见于散文《一面》，载 1936 年《中流》第 1 卷第 5 期"哀悼鲁迅先生专号"；杂文《"中国人的耻辱"？》，载 1937 年上海《热风》创刊号。④朱凡，1949 年后发表文章多署此名。见于随笔《回忆与纪念》，载 1986 年《文学月报》第 10 期。⑤一苇、乙苇、小桴、朱凡容，署用情况未详。

朱繁（1924－），黑龙江哈尔滨人。原名刘焕章。笔名：①沙郁，见于散文诗《粮》，载 1940 年 5 月 5、12 日哈尔滨《大北新报·大北文学周刊》。又见于诗《都会的早晨》，载 1940 年 5 月 10 日哈尔滨《滨江日报·暖流》第 16 期。嗣后在沈阳《新青年》发表诗《底层的沉淀物》等作品亦署。②吴天、叶宁，20 世纪 40 年代在东北报刊发表诗、散文等署用。

朱斐，生卒年不详，安徽舒城人，字玉鲁。笔名玉鲁，见于《爱充满了宇宙》，载 1926 年末厦门《波艇》月刊第 1 期。

朱凤蔚（1889－？），浙江海盐人。原名朱谦良，字凤蔚，号凡鸟。笔名：①朱凤蔚，在《南社丛刻》发表诗文署用。嗣后发表随笔《今年国庆国人应有的认识》（载 1929 年天津《津声周刊》国庆专号）、随笔《社

会日报三周年纪念》（载 1931 年上海《社会日报纪念专刊》），在上海《社会月报》《上海市政府公报》《万象》等刊发表《南社人物小志》《党国人物志》《民初上海忆语》等文署用。②朱谦良，在《南社丛刻》发表诗文署用。③朱凤威，见于论文《银行人事管理概论》，载 1937 年上海《新商业》第 2 卷第 2 期（下）；评论《日本政军民决胜体制之完成》，载 1944 年上海《申报月刊》复刊第 2 卷第 3 期。④凡鸟，见于特写《爱俪园——海上的迷宫》，载 1943 年上海《万象》第 3 卷第 1－8 期。⑤老凤，见于随笔《记南社诗僧苏曼殊》，载 1944 年上海《人文月刊》第 2 期；随笔《关于白玉薇》，载 1945 年上海《青春电影》第 4 期。1945 年后在上海《铁报》发表随笔、小品亦署。⑥凤蔚、劲草，署用情况未详。

朱改（1910－1989），四川彭州人。原名杨超然。笔名杨超然，见于《通信二》，载 1930 年北平《三民半月刊》第 5 卷第 6 期。1936 年在北平参加"左联"活动时亦署。

朱谷怀（1922－1992），广东兴宁人。原名朱振生。笔名：①啸峰，1940 年在兴宁《时事日报》发表诗文署用。1942 年在曲江《建国日报》发表诗文亦署。②蒹葭，1942 年在曲江《建国日报》副刊发表诗歌署用。③朱谷怀，见于诗《碑》，载 1946 年上海《希望》第 2 集第 3 期；诗《工作——小诗小集》，载 1947 年 9 月 17 日北平《泥土》第四辑。此前后在昆明、广州、上海等地报刊发表诗文亦署。④谷怀，见于诗《桥》，载 1947 年上海《文艺复兴》第 3 卷第 4 期。⑤杜古仇，见于评论《堕落的戏，堕落的人——看〈升官图〉演出以后》，载 1947 年北平《泥土》杂志。⑥孔翔，见于小说《一个套管的问题》，载 1947 年《泥土》第 6 辑。同时期在该刊发表评论《空谈及其他》《关于〈饥饿的士兵〉》亦署。⑦初猱，见于评论《文艺骗子沈从文和他的集团》，载 1947 年 9 月 17 日《泥土》第 4 辑。

朱光潜（1897－1986），安徽桐城人，字孟实。笔名：①朱光潜，见于论文《福鲁德的隐意识说与心理分析》，载 1921 年上海《东方杂志》第 18 卷第 14 期；论文《行为派心理学之概略及其批评》，载 1921 年北京《解放与改造》第 4 卷第 3 期。嗣后在《教育杂志》《歌谣》《一般》《民铎杂志》《开明》《文学季刊》《人间世》《文学》《文学杂志》《申报月刊》《国立北京大学国学季刊》《新诗》《战国策》《绿洲》《中山文化教育馆季刊》《现代青年》《好文章》《图书展望》《文摘》《文学创作》《民族文学》《当代文艺》《大众知识》《月报》《书人》《留英学报》《中学生》《申报每周增刊》《春秋月刊》《读书通讯》《思想与时代》《民意周刊》《武汉日报·现代文艺》《高等教育季刊》《现代文录》《斯文》《中央周刊》《春秋》《民族文学》《青年杂志》《华声》《新东方》《世界与中国》《文艺时代》《天下周刊》《人民世纪》《学原》《水准》《文艺先锋》《时与潮文艺》《智慧周刊》《教育短波》《周论》《上智编译馆馆刊》《新书

月刊《现实文摘》及桂林《大公报·文艺》等报刊发表著译文章，出版散文集《给青年的十二封信》（上海开明书店，1929 年）、《孟实文钞》（上海良友图书印刷公司，1936 年），论著《变态心理学》（上海商务印书馆，1933 年）、《克罗齐哲学述评》（上海正中书局，1948 年）、《美学批判论文集》（作家出版社，1958 年），译作《美学》（德国黑格尔原作。人民文学出版社，1958 年）、《柏拉图文艺对话集》（柏拉图原作。人民文学出版社，1959 年）、《歌德谈话录》（德国爱克曼原作。人民文学出版社，1978 年）等均署。②孟实，见于通讯《英国大罢工的经过》，载 1926 年上海《东方杂志》第 23 卷第 12 期；随笔《旅英杂谈》，载 1926 年上海《一般》第 1 卷第 2 期。嗣后在《现代评论》《论语》《文学季刊》《中流》《文学杂志》《月报》《小剧场》《时与潮副刊》《武汉日报·现代文艺》等报刊发表《艺术与联想作用》等著译文章亦署。③朱孟实，见于《小泉八云》，载 1926 年上海《东方杂志》第 23 卷第 18 期；随笔《谈读书》，载 1926 年上海《一般》第 1 卷第 3 期。嗣后在上述两刊及上海《开明》《万象》《中学生》等刊发表文章，出版翻译小说集《愁斯丹和绮瑟》（柏地耶原作。上海开明书店，1930 年）等译作均署。④明石，见于书评《雨天的书》，载 1926 年上海《一般》第 1 卷第 3 期。嗣后在该刊发表随笔《杂碎》《韦庄〈秦妇吟〉写定本》，1929 年在《留英学报》第 1 期发表通讯《爱丁堡大学中国学生生活概况》亦署。⑤石、孟石、盟石、盟实、蒙者、光潜，署用情况未详。

朱海观（1908－1985），安徽寿县人，回族。原名朱文澜。笔名：①朱海观，见于散文《悼笔》，载 1940 年重庆《学生之友》第 1 卷第 4 期。嗣后出版翻译苏联作家法捷耶夫等的《苏联文学论集——社会主义现实主义的问题》、伊林的《人与自然》、帕乌斯托夫斯基的《卡腊·布加日海湾》、英国记者赖尔夫·派克的《反和平的阴谋》、波兰作家鲁普斯的《米哈尔斯》与《回家》、印度作家安纳德的《克什米尔牧歌》、俄国作家陀思妥耶夫斯基的长篇小说《罪与罚》（与王汶合译）、美国作家沃克的《战争风云》、海明威的《老人与海》，以及苏联戴威士的《亚洲苏联》、意大利赫德的《意大利简史——从古代到现代》（与罗念生合译）等均署。②海观，见于译文《论中国的文字改革》（德范克原作），载 1945 年 3 月重庆《中原》第 2 卷第 1 期；译文《战时的苏联知识分子》（苏联卡弗托洛夫原作），载 1945 年 6 月《抗战文艺》第 10 卷第 2－3 期合刊。出版翻译长篇小说《不朽的人民》（苏联格罗斯曼原作。上海正风出版社，1945 年）亦署。

朱衡彬（1922－2002），山东陵县人。原名朱红兵。笔名：①朱衡彬，见于《我是一块制好的砖》，载 1942 年 12 月 12 日延安《解放日报·文艺》。②朱红兵，出版长诗《银川曲》（与李季、姚以壮合作。通俗文艺出版社，1957 年）、《沙原牧歌》（宁夏人民出版社，1983 年），主编《中国歌谣集成·宁夏卷》（中国 ISBN 中心，1996 年）署用。③小兵，署用情况未详。

朱化雨，生卒年不详，新加坡华人。曾用名朱法雨。笔名：①化夷，见于随笔《到荒岛去》，载 1927 年 1 月 28 日马来亚新加坡《新国民日报·荒岛》。嗣后在该刊连载《荒芜了》亦署。②禹，见于散文《首途归国》，载 1927 年 1 月 28 日、2 月 4 日新加坡《新国民日报·荒岛》。③雨，见于诗《赠 C 弟的恋爱集》，载 1927 年 1 月 28 日新加坡《新国民日报·荒岛》第 1 期。嗣后在该刊发表随笔《怎样的华侨教育》亦署。④愚，见于随笔《卷头语》，载 1927 年 2 月 4 日新加坡《新国民日报·荒岛》。嗣后在该刊发表诗《刊首语》、随笔《余声》等亦署。⑤新昌，见于诗《微笑》，载 1927 年 2 月 4 日新加坡《新国民日报·荒岛》。嗣后在该刊发表诗《忏悔之一》、散文《我的小东西》等亦署。⑥法禹，见于散文《岛中呓什》，载 1927 年 2 月 18 日新加坡《新国民日报·荒岛》。⑦佛如，见于散文《童心》，载 1927 年 2 月 25 日新加坡《新国民日报·荒岛》。嗣后在该刊发表《我的伴侣》亦署。⑧俊士，见于散文《蛙鸣》，载 1927 年 2 月 25 日新加坡《新国民日报·荒岛》。⑨MAD，见于小说《独身者》，载 1927 年 3 月 4 日、11 日新加坡《新国民日报·荒岛》。嗣后在该刊发表随笔《短命话》亦署。⑩俊生，见于译诗《孤云》，载 1927 年 3 月 4 日新加坡《新国民日报·荒岛》。嗣后在该刊发表散文《小妹妹》亦署。⑪夷，见于散文《送行》，载 1927 年 4 月 22 日新加坡《新国民日报·荒岛》。嗣后在该刊发表《阿 M 遗书之一》亦署。⑫YS 女士，见于小说《到丧家去》，载 1927 年 5 月 6 日、13 日新加坡《新国民日报·荒岛》。⑬HY，见于散文《没奈何》，载 1927 年 5 月 13 日新加坡《新国民日报·荒岛》。嗣后在该刊发表小说《琴娇》等亦署。⑭化雨，见于《阿 M 遗书之二》，载 1927 年 6 月 17 日《新国民日报·荒岛》。嗣后在该刊发表《阿 M 遗书之三》亦署。⑮朱法雨，见于小说《独身者》，载 1970 年 8 月新加坡世界书局有限公司版《马华新文学大系·小说一集》。

朱惠（1916－1973），浙江乐清人。原名郑嘉治。①林静，见翻译小说《顽童》，载 1947 年《文艺月刊》第 1 辑。1949 年后，出版译作《黑海水手》（苏联索洛维耶夫原作。新文艺出版社，1954 年）亦署。②朱惠，见翻译小说《一行人马》（苏联 N. 铁霍诺夫原作），载 1947 年上海《文艺春秋》第 4 卷第 5 期；翻译小说《米夏和他的日记》（苏联高尔基原作），载 1947 年上海《开明少年》第 24 期。同时期在上述两刊及上海《中学生》《中苏文化》等刊发表翻译童话《皇帝的诗》，翻译小说《山鬼之湖》（苏联叶费里莫夫原作）、《铁路桥》（苏联 V. 卡泰耶夫原作），自传《高尔基回忆录》（苏联高尔基原作）等，出版翻译戏剧《在布拉格栗树下》（苏联西蒙诺夫原作。上海时代出版社，1949 年），翻译长篇小说《旅伴》（苏联潘诺娃原作。上海开明书店，1949 年）、《爱与仇》（苏联西蒙诺夫原作。上海新文化书社，

1952 年)、《不光荣的权力》(澳大利亚哈代原作,与叶封合译。新文艺出版社,1957 年)、《暴风雨中的呼声》(德国瓦尔特·考夫曼原作。上海文艺出版社,1960 年)、《赛马彩票》(澳大利亚哈代原作。上海文艺出版社,1962 年)等亦署。

朱慧洁(1916-?),浙江江山人。原名朱慧椒。曾用名朱惠洁。笔名:①泡沫、莺怒,1934-1935 年间在上海《申报》《新闻报》副刊发表文章署用。②伶仃、伶丁,见于散文《舍己为群的格伦弗尔博士》,载 1944 年桂林《自学》第 2 卷第 1 期(该刊目录署名"伶仃",正文署名"伶丁")。③茵露,20 世纪 40 年代在广东、福建等地报刊发表杂感、散文署用。1946 年在上海《家》第 10 期发表散文《漫谈台湾女人》亦署。④朱慧洁,1949 年后在台湾出版中篇小说《火祭》(台北长河出版社,1978 年)、小说散文集《提篮话旧》(台南,1962 年)等著作均署。按:朱慧洁早年作品还散见于南京《民主报》《新民报》《大光报》《民友晚报》等报副刊,署名未详。

朱基俊(1910-?),上海人。曾用名朱元智。笔名:①朱沅芷,出版译作《今日的法国与人民阵线》(法国都莱士原作。上海文化编译社,1936 年)署用。嗣后出版翻译长篇小说《呼啸山庄》(英国艾米莉·勃朗特原作。北京宝文堂书店,1984 年)亦署。②朱基俊,见于随笔《妇女的地位变迁与经济背景》,载 1936 年上海《东方杂志》第 32 卷第 7 期;小说《妙龄客》,载 1939 年上海《小说月刊》第 2 期。1936-1949 年间在上海《新中华》发表著译文章,出版翻译长篇小说《河上风车》(英国艾略特原作。上海中华书局,1939 年)等亦署。③沅芷,出版译作《法国文明史——自罗马帝国败落起(四卷)》(法国基佐原作,与伊信合译。商务印书馆,1993 年、1995 年、1997 年、1998 年出版)、《欧洲文明史——自罗马帝国败落到法国革命》(法国基佐原作,与程洪逵合译。商务印书馆,1998 年)署用。

朱家骅(1893-1963),浙江吴兴(今湖州市)人,字骝先(骝仙、留先、留仙)、湘麐。笔名朱家骅,见于评论《关于一个译诗问题的批评》,载 1925 年北京《现代评论》第 2 卷第 43 期。嗣后发表文章、出版论著亦署。

朱剑锋(1888-1948?),江苏吴江(今苏州市)人。原名朱组绶,字佩侯、号剑峰、桃椎仙史。曾用名朱霞、朱旭、朱少云、朱秋水。笔名朱霞、剑峰,在《南社丛刻》发表诗文署用。

朱剑芒(1890-1972),江苏吴江(今苏州市)人。原名朱长绶,后改名朱慕家,字仲康、仲允、师侠,号剑芒、剑铓、朱肆、太赤、佩双。别号银籘馆主。笔名:①朱慕家,在《南社丛刻》发表诗文署用。②朱剑芒,见于随笔《秋棠室笔记》,载 1923 年上海《小报》第 1 卷第 2、3、4 期。嗣后在该刊及《红玫瑰》

《红茶》《福建训练》《福建省银行季刊》《台湾研究季刊》等刊发表《吴门养疴记》《海上新酒国点将录》《申江本事词》《新海上集》《台湾诗词续话》等诗文,出版《公文程式概要》(上海世界书局,1929 年)、《发抒文》(上海世界书局,1929 年)、《写景诗》(与陈霭麓合作。上海世界书局,1933 年)、《记叙文》(与陈霭麓合作。上海世界书局,1933 年)、《说解文》(上海世界书局,1933 年)等均署。③苏遗,发表中篇小说《阿九哥正传》署用。④敏于、茗余、长绶、古狂,署用情况未详。按:朱剑芒最早的作品发表在《南社丛刻》上,早于 1923 年发表之《秋棠室笔记》一文;又其尚著有《南社诗话》《梨湖小识》《南社感旧录》《我所知道的南社》《陶庵梦忆考》《新新诗话》《吹花嚼蕊庐艳体诗话》《燕江诗稿》《国殇凭吊录》《秋堂室小说札记》《窃闻考》《扬州梦考》《秋灯琐忆考》《小螺庵病榻忆语考》《香畹楼忆语考》《乔王二姬合传考》《三侬赘人广自序考》《苏遗诗钞》《春雨楼词话》《竹坪词录存》《歌声灯影集》《海上杂诗初稿》《剑芒文存》《朱剑芒文杂著拾存》《剑庐杂存》《双燕归巢庐词钞》《秋棠室丛话》《复泉居士诗文集》《朱氏家乘》等文及著作,上述作品发表或出版与署名情况均未详。

朱剑心(1905-1967),浙江海宁人。原名朱建新,字剑心,号竹垞后世、袍冰老人。笔名:①朱剑心,见于随笔《廿年历劫记自序》,载 1926 年《学生文艺汇编》第 3 卷上集;论文《古物之保存》,载 1941 年上海《世界文化》第 2 卷第 6 辑。嗣后在《中国学生》《古今》《新学生》等刊发表随笔《略论掌故与小品》《我的读书和写作》《文与史》等文,出版论著《金石学》(上海商务印书馆,1930 年),选注《晚明小品选注》(上海商务印书馆,1936 年),编选《晚明小品选(一至四册)》(上海商务印书馆,1947 年)等均署。②金忍,见于论文《书法四论》,载 1930 年上海《中学生》第 9 期。嗣后在上海《古今》《天地》等刊发表随笔《女人颂》《名流与风雅》《吴梅村的私情诗》等文亦署。③朱金忍,见于随笔《一个中学国文教员的自述》,载 1939 年上海《知识与趣味》第 1 卷第 3 期。④朱建心,见于随笔《文字国》,载 1940 年上海《知识与趣味》第 2 卷第 6 期(该刊目录署名"朱剑心",正文署名"朱建心")。⑤剑心,见于随笔《中国人名之繁称》,载 1941 年上海《世界文化》第 2 卷第 5 辑。⑥朱建新,见于论文《金文略例》,载 1942 年南京《真知学报》第 1 卷第 3 期。嗣后在该刊发表论文《世说新语之研究》《唐孙过庭书谱评考》《文房四友考》等亦署。

朱健(1923-2021),山东郓城人。原名杨镇鑫。曾用名杨竹剑、杨化宇、丁一山、贾陵、廖耀军。笔名:①杨镇鑫,见于散文《沅江静静的流》,载 1940 年成都《笔阵》新 2 卷第 2 期。②杨立可,1941 年在兰州《民国日报》发表诗论署用。③朱健,1943 年在成都《华西日报》副刊发表诗歌开始用。又见于长诗《骆驼与星》,载 1945 年上海《希望》第 1 集第 1 期。此前后在《流火》《新诗潮》《同代人文艺丛刊》《科学大众》等刊发表诗文,1949 年后出版诗集《骆驼和星》(湖南文艺出版社,1986 年),散文集《潇园随笔》(辽宁教育出版社,1995 年)、《无霜斋札记》(生活·读书·新知三联书店,1998 年)、《逍遥读红楼》(岳麓书社,1999 年)、《人间烟火》(辽宁教育出版社,2000 年)、《碎红偶拾》(凤凰出版社,2003 年)、《往事知多少》(湖北人民出版社,2006 年),论著《红楼梦我》(金城出版社,2013 年)等均署。④杨竹剑,20 世纪 80 年代后发表散文、电影剧本、文艺论文等署用。

朱绛(1916—?),浙江宁波人。原名朱振方。笔名:①晓月,见于杂文《政台与政戏》,载 1933 年 3 月上海大中中学校刊《大中月刊》。②新我,见于小小说《邻居》,载 1933 年《大中月刊》。③石棱,见于杂文《明天!明天!》,载 1934 年《扬中民报》。④朱绛,见于游记《镇江走马录》,载 1934 年 10 月《扬中民报》;诗《学生之声》,载 1936 年上海《永生》第 1 卷第 12 期。嗣后在《少年知识》《关声》《浙江潮》《战地》《上海周报》《新影坛》《小说月刊》等报刊发表诗《少年的歌》《武装辑私歌》、评论《论生活》《推进歌咏的通俗化运动》等诗文,出版民歌集《新山歌》(上海北新书局,1950 年),诗集《新中国小唱》(上海北新书局,1951 年),说唱集《迎接祖国大建设》(上海北新书局,1953 年),普及读物《工人书信手册》(上海新鲁书店,1951 年),编选《抗战歌曲精选》(大江南北杂志社,1987 年)等均署。⑤奔水,见于随笔《泡沫》,载 1935 年 1 月 10 日《上海民报》;翻译小说《丈夫的大作》(培蕾原作),载 1937 年上海《关声》第 5 卷第 11 期。⑥紫红,见于特写《阅兵》,载 1936 年 5 月 21 日无锡《人报》。⑦江上冷,见于短评《吴老先生的公允语》,载 1939 年月 14 日余姚《浙东民报》。

朱介凡(1912—?),湖北武昌(今武汉市)人。原名朱成章,号寿堂、依萍、秋晖。曾用名朱成。笔名:①朱介凡,见于论文《论妇女的痛苦》,载 1943 年重庆《妇女月刊》第 2 卷第 4 期;论文《从名称上研究中国的谚语》,载 1943 年成都《风土什志》第 1 卷第 2、3 期合刊。嗣后在《新中华》《王曲》《文学杂志》《南京市政府公报》《台湾文化》《妇女月刊》等刊发表《论中国谚语的源变》《武昌的卖声》《栖霞山小游》《兵谚在部队教育上的价值》等文,1949 年后在台湾出版论著《谚话甲编》(台北新兴书局,1957 年)、《我歌且谣》(台北世界书局,1959 年)、《中国风土谚语释说》(台北新兴书局,1962 年)、《五十年来的中国俗文学》(台北正中书局,1963 年),散文集《台湾纪游》(台北复兴书局,1961 年)、《摆江》(台北新兴书局,1961 年)、《心潮》(台北自由太平洋文化公司,1965 年)、《泡沫》(台湾商务印书馆,1967 年)等均署。②陈敷,见于散文《秋晖随笔·少年的浪漫》,载 1947 年南京《新妇女》第 8 期。同时期在该刊发表《秋晖随笔·生活中不能没有歌唱》《秋晖随笔·瞒人的恋爱》亦署。③一平、朱可、漆思鲁、张大山,署用情况未详。

朱经农(1887—1951),江苏宝山(今上海市)人,生于浙江浦江。原名朱有呴(shē),字经农,号爱山庐主人。曾用名朱经。笔名:①朱澹如,1912 年在北京编《民主报》《亚东新闻》时署用。②朱经,见于译文《世界史大纲》(英国威尔斯原作),载 1922 年北京《新潮》第 3 卷第 2 期。③朱经农,见于评论《读张君劢论人生观与科学的两篇文章后所发生的疑问》,载 1923 年北京《努力周报》第 55 期。此前后在《新青年》《东方杂志》《教育杂志》《民铎杂志》《晨报副镌》《生活周刊》《时事年刊》《长风》《时事月报》《浙江教育行政周刊》《世界旬刊》《中华教育界》《教育周刊》《光华大学半月刊》《法治周报》《女子月刊》《独立评论》《图书展望》《西北风》《战时军训》《杂志》《建国教育》《湖南教育》《国防周报》《中国文艺》《读书通讯》《上海教育》《粤秀文垒》等报刊发表诗文,出版诗集《爱山庐诗抄》(台湾商务印书馆,1965 年),译作《明日之学校》(美国杜威原作,与潘梓年合译),论著《近代教育思潮七讲》(上海商务印书馆,1941 年),校订《新法儿童中国游记》(沈圻原编。上海商务印书馆,1927 年),以及出版《教育大辞书》(与唐钺、高觉敷合编。上海商务印书馆,1930 年)等均署。④经农,见于《结束训政的时间问题》,载 1932 年 7 月 3 日北平《独立评论》第 7 期;词《浣溪沙》,载 1939 年上海《杂志》第 4 卷第 3 期。⑤牛八,署用情况未详。

朱靖华(1928—2008),山东安丘人。原名朱庆才。曾用名朱明聘。笔名:①立青,1948 年起在青岛《民言报》"艺文"副刊发表诗歌、诗论等署用。②朱靖华,1949 年后发表文学研究论文,出版《苏轼新论》《苏轼新评》,编注《先秦寓言选释》《古代寓言精华》《古代中国寓言大系》《苏东坡寓言评注》《历代书信选》《简明中国文学史教程》《史记名篇赏析》(与他人合作)等署用。

朱镜我(1901—1941),浙江鄞县(今宁波市)人。原名朱德安。曾用名朱竞我、朱竞吾、朱镜吾、朱得安、朱雪纯、朱子明。小名阿森。笔名:①朱镜我,见于论文《科学的社会观》,载 1928 年上海《文化批判》第 1 期;译文《关于马克思主义文艺批评底任务之大纲》(苏联卢那察尔斯基原作),载 1929 年上海《创造月刊》第 2 卷第 6 期。同时期在该刊及《思想月刊》《现代小说》《文艺讲座》等刊发表论文《政治一般的社会的基础》《中国社会底研究》《意识形态论》、译文《文学批评的观点》(波里耶思基原作)等,出版论著、译作等均署。②镜我,见于评论《"五七"与日本对华政策之变迁》,载 1928 年上海《流沙》第 4 期;译文《绘画底马克斯主义的考察》(傅利采原作),载 1928 年上海《创造月刊》第 2 卷第 5 期。③朱怡庵,1929 年 8 月后在上海《新兴文化》发表文章署用。④丁懋,1928 年与冯乃超主编《文化批判》共同署名。⑤谷荫,见于《列宁小传》，载 1930 年上海《新思潮》第 2、3 期合刊；《马克思底诞生纪念》，载 1930 年《拓荒者》第 1 卷第 4、5 期合刊。同时期在上海《世界文化》《畸形》等刊发表文章亦署。⑥荫，见于《关于帝国主义的文献》，载 1930 年上海《社会科学讲座》第 1 卷。⑦纯、雪、竞吾、镜吾，署用情况未详。

朱君允（1894－1966），江苏宝山（今上海市）人，生于湖南常德。原名朱骦（yù），字君允。笔名：①君允，见于散文《牵牛》，载 1936 年《民间》半月刊第 2 卷第 1 期。嗣后在该刊发表散文《榆叶》《旱烟》等亦署。②朱君允，见于散文《五月》，载 1943 年上海《中学生》复刊第 65 期；译文《伊利沙白和她的德国花园》（冯·安尼姆原作），载 1943 年上海《东方杂志》第 39 卷第 11 期。嗣后在《中央周刊》《华声》《文艺》《时与潮文艺》《文学杂志》《成都日报》等报刊发表散文《悼方刚》《二十六年前的一个春天》《灯光》、独幕剧《兄妹》、词《高阳台·珞珈山秋色》《鹧鸪天·怀念北平香山》等，出版译作《怎样教养你的孩子》（美国维尔原作。四川省政府教育厅，1942 年），散文集《灯光》（重庆国民图书出版社，1942 年）、《嘉山集》（上海商务印书馆，1948 年）等均署。

朱侃（1925－　），浙江义乌人。原名朱偀钦，字淑寰。笔名：①朱侃，见于《"三一八"事变回忆录》，载 1940 年《浙江青年》第 2 卷第 1 期。②丁禾、孔孙、刘叙、张蛮、周延、孟予、海沙、薛郫，20 世纪 40 年代在浙江《东南日报》《浙江青年》《战地》等报刊发表散文、杂文、诗歌署用。

朱坤青，生卒年及籍贯不详。笔名兰玲，1935 年在齐齐哈尔《黑龙江日报·芜田》发表文章署用。

朱梁任（1873－1932），江苏吴县（今苏州市）人。原名朱锡梁，字梁任，号夬（guài）庼、纬军、纬君、君髓、公孙君髓、夬（guài）庼居士、黄帝之曾孙小子。笔名：①朱锡梁，在《南社丛刻》发表诗文署用。②朱梁任，见于旧体诗《题巢南拜汲楼诗集》《辛亥七夕吊杨笃生》，载于《南社丛刻》；《永历敕命玉玺》，载 1930 年《江苏革命博物馆月刊》第 6 期。

朱茂山（1891－1925），生于荷属东印度巴达维亚（今印度尼西亚雅加达）。笔名侯尚良，见于小说《误会》，连载于 20 世纪 20 年代巴达维亚《新报周刊》。

朱梅子，生卒年不详，四川人。笔名梅子，1930 年前后在马来亚槟城编《光华日报·南国的雨声》时发表散文署用。此前后出版散文集《无名的死者》（1929年）、《给白雪姑娘》（上海马来亚书店，1931 年），诗集《光的闪动》（上海新宇宙书店，1929 年），长篇小说《争自由的女儿》（上海出版合作社，1929 年），小说集《青年男女》（上海马来亚书店，1931 年），中篇小说《给白雪姑娘》（上海民声书店，1935 年），独幕剧《山西一角》（漳州抗敌新闻社，1940 年）等亦署。

朱鹏（1874－1933），浙江乐清人。原名朱永耀，字

加煊，号味温、味渊、诗馋、复戡。笔名复戡，出版旧体诗集《复戡雁荡吟》（温州务本，1920 年石印）署用。

朱朴（1902－？），江苏无锡人，字朴之，号省（xǐng）斋。笔名：①朱朴，见于随笔《六种杂志的批评》，载 1920 年上海《新人》第 1 卷第 5 期。又见于译文《爱情的胜利》（印度泰戈尔原作，与邓演存合译），载 1921 年 1 月 25 日上海《东方杂志》第 18 卷第 2 期。嗣后在该刊及《中央导报》《申报月刊》《宇宙风》《宇宙风乙刊》《合作月刊》《文化月刊》《文摘》《政论旬刊》《国际周报》《古今》《天地》《文友》《杂志》《解放画报》《艺文杂志》《上海学联通俗丛刊》等刊发表文章，出版《评合作运动》（香港南华丛书社，1932 年）、《各国合作事业概况》（南京中国合作学社，1933 年）等均署。②朴之，见于评论《金佛郎案》，载 1923 年上海《东方杂志》第 20 卷第 2 期。嗣后在该刊及上海《七日谈》《古今》等刊发表《私印印花票案》《一九二三年之俄罗斯》《鸦片公卖》《出国杂记》《满城风雨谈古今》等文亦署。

朱谱萱（1911－　），江苏松江（今上海市）人。笔名：①朱谱萱，见于翻译小说《托皮·敏台尼堪尔》（汤姆斯曼原作），载 1931 年上海《东方杂志》第 28 卷第 16 期。嗣后在《新中华》《现代公路》等刊发表翻译小说《黑暗中的会晤》（F.克诺立原作）等著译作品，出版教材《中级俄语读本》（中华书局，1951 年）、译作《朗文当代英语大辞典》（萨默斯原作，与王白石等合译。商务印书馆，2004 年）均署。②萱草，见于译文《帝国主义在非洲的计划》，载 1949 年上海《新中华》第 12 卷第 16 期。③伊信，出版翻译小说《追求名誉》（苏联库普林原作。新文艺出版社，1958 年）署用。嗣后出版翻译小说《三人》（苏联高尔基原作。人民文学出版社，1960 年）、《我们的心》（法国莫泊桑原作。世界知识出版社，1989 年）、《新爱洛漪丝》（法国卢梭原作。商务印书馆，1990 年），翻译论著《法国文明史——自罗马帝国败落起（四卷）》（法国基佐原作，与沅芷合译。商务印书馆，1993 年、1995 年、1997 年、1998 年），翻译传记《富兰克林传》（伊凡诺夫原作，与谷鸣合译。商务印书馆，1996 年）等均署。按：朱谱萱尚出版有翻译小说《地下室手记》（俄国陀思妥耶夫斯基原作）、《撒克逊劫后英雄传》（英国司各特原作），署名情况待查。

朱其华（1907－1945），浙江海宁人，生于上海。原名朱雅林，字亚领、其华，号心凡、新繁。曾用名朱六宝（乳名）、朱骏先（学名）、朱佩我。笔名：①朱其华，见于与陶希圣的通信《关于中国的封建制度》，载 1931 年上海《读书杂志》创刊号。嗣后在该刊及《流火杂志》《现代出版界》《新创造》《中国新论》《中国研究》《苦斗》等刊发表文章，出版回忆录《一九二七年底回忆》（上海新新出版社，1933 年），长篇小说《狱中记》（上海新新出版社，1934 年），论著《中国近代

社会史解剖》（上海新新出版社，1933年）、《中国农村经济的透视》（上海中国研究书社，1936年）等均署。②朱新繁，见于论文《关于中国社会之封建性的讨论》，载1931年上海《读书杂志》第1卷第4、5期合刊；书评《中国农村经济关系及其特征》，载1937年6月15日上海《人文月刊》第8卷第5期，出版论著《中国资本主义之发展》（上海联合书店，1929年）、《社会革命之思想与运动的发展》（上海联合书店，1930年）、《中国农村经济关系及其特质》（上海新生命书局，1930年）等均署。③亦明，1932年在上海《读书杂志》撰文署用。④柳宁，1937年在西安主编《抗战与文化》并在该刊发表《三民主义与共产主义》（载第1卷第11期）署用。又见于评论《全面抗战之历史的意义》，载1938年《苦斗》第1卷第6期。嗣后出版《一个无产者的自传》（重庆胜利出版社，1941年）亦署。⑤李昂，出版《红色舞台》（北平胜利出版社，1946年）署用。

朱企霞（1904—1984），安徽泾县人，生于江西南昌。笔名：①企霞，见于《淡的伤痕》，载1926年《语丝》周刊第82期。此前后在北平《民国日报》《文学杂志》、上海《奔流》《北新》、张家口《北方文化》等报刊发表文章亦署。②朱企霞，见于《孤雁》，载1927年上海《北新》第1卷第45—46期合刊；翻译小说《往雾中》（俄国屠格涅夫原作），载1931年上海《东方杂志》第28卷第15—16号。于此前后在《青年界》《新诗》及北京报刊等发表著译诗文均署。出版散文与翻译作品合集《秋心集》（上海北新书局，1937年），小说集《孱儿集》（上海北新书局，1929年），长篇小说《贱胎》（上海北新书局，1936年），评论集《企霞时事论文拾遗》（南昌未至屋，1949年）等亦署。③季遐、朱企遐、朱素川、谢步豪，20世纪20年代在北平《晨报北晨学园》《民国日报·每周文艺》等报刊发表文章署用。

朱启钤（1871—1964），贵州开阳人，字桂辛、桂莘，号蠖园、蠖公。笔名：①朱启钤，见于《梓人遗制》，载1932年北平《中国营造学社汇刊》第3卷第4期。嗣后在《国风》《中和月刊》《同声》等刊发表《重刊园冶序》《梅隐山房诗稿书后》《训真书屋遗稿叙》等文，出版《丝绣笔记》（阚铎无冰阁，1930年）、《存素堂丝绣录》（阚铎无冰阁，1930年）、《存素堂校写几谱三种》（北平中国营造学社，1933年）、《蠖园文录》（紫江朱氏，1936年）等著作均署。②紫江桂辛启钤，见于《存素堂丝绣录》，载1932年《湖社月刊》第56期（刊目录署名"紫江桂莘朱启钤"）。③紫江朱启钤桂辛，见于《哲匠录》，载1932—1935年北平《中国营造学社汇刊》第3卷第1期至第6卷第2期。

朱谦之（1899—1972），福建福州人，字情牵。笔名：①AA，见于评论《革命的目的与手段》，载1920年北京《奋斗》第4期。嗣后在该刊发表《破坏与感情冲动》《革命与哲学》等文亦署。②朱谦之，见于随笔《新生活的意义》，载1920年北京《新社会》第16期；随笔《为"真实者"而战》，载1924年8月30日北京《晨

报副镌》。此前后在《北京大学学生周刊》《奋斗》《法政学报》《新中国》《民铎杂志》《国学专刊》《国立中山大学文学院专刊》《现代史学》《东方文艺》《文明之路》《史学专刊》《青年中国》《读书知音》《中国与世界》《西洋文学》《中山学报》《新建设》《艺文集刊》《大同》《读书通讯》《时代中国》《宇宙风》《文讯》《文学》《中学学报》《社会学讯》《南方杂志》《知言》《亚洲学生报》等报刊发表文章，出版书信集《荷心——爱情书信集》（与杨没累合作。上海新中国丛书社，1924年），论著《历史哲学》（上海泰东图书局，1926年）、《到大同的路》（上海泰东图书局，1928年）、《文化哲学》（上海商务印书馆，1935年）、《扶桑国考证》（上海商务印书馆，1941年）、散文集《回忆》（上海现代书局，1928年）等均署。③情牵，见于诗《无道极了！》，载1920年《北京大学学生周刊》第17期。④ 闻狂、古愚、左海恨人，署用情况未详。

朱容（1910—1946），湖南邵阳人，笔名：①朱容，见于小说《菜花红》，载1940年北平《民大学生》第1卷第1期。嗣后在该刊发表随笔《"五三"纪念——悼念本院创办人蔡公时先生》亦署。②朱青冰，出版长篇小说《风雨前夕》（湖南人民出版社，1985年）署用。

朱汝珍（1870—1942），广东清远人，字玉堂，号聘三、隘园。笔名朱汝珍，出版《词林辑略》（中央刻经院，民国年间）、《清远县志》（广东清远，1937年）、《广东省阳山县志》（台北成文出版有限公司，1974年）、《清代翰林名录》（北京燕山出版社，2008年）等著作均署。

朱少屏（1881—1942），上海人。原名朱葆康，字少屏，号屏子、平子、天一、地一。曾用名朱三。笔名：①朱少屏，见于评论《有益之小说》，载1917年上海《环球》第2卷第1期。②朱三，署用情况未详。

朱生豪（1912—1944），浙江嘉兴人。原名朱文森。曾用名朱森豪、朱福全。笔名：①笑鸿，1924年上中学后在自编《家庭小报》上发表诗作署用。②朱森豪，1924年考入嘉兴秀州中学后在校刊发表诗《城墙晚眺》、短剧《英雄与美人》等署。③朱朱，见于长诗《火化的诗尘呈友人》、诗《别之江》，载1931年、1933年杭州之江大学《之江年刊》。④Percy Chu，见于英文诗《The Piper》、译诗《The Sea Echo》，载1932年《之江年刊》。⑤朱生豪，见于论文《斯宾诺莎之本体论与人生哲学》，载1933年杭州《之江期刊》创刊号；《做诗与读诗》，载1938年上海《青年周报》第14期。嗣后在上海《红茶》杂志发表《新诗三章》《钟先生的报纸》等著译诗文，出版译作《莎士比亚戏剧全集》（上海世界书局，1947年）亦署。⑥生豪，见于《清苦的编辑先生》，载1938年《青年周报》第31期。⑦草草，见于译文《如汤沃雪》，载1938年《红茶》第8期。⑧朱森，1941年在范泉主编的上海《生活与实践丛刊》第4期发表文章署用。

朱师辙（1879－1967），祖籍江苏长洲（今苏州市），寓居安徽黟县，字充隐，号少滨、绍滨、绍宾（一说字少滨，号充隐）。著有《清真词》《黄山樵唱》等。

朱瘦菊（1892－1966），上海人，祖籍江苏南通吕四（今启东市）。原名朱俊伯。笔名：①瘦菊，见于小说《冰窟余生录》，载1914年上海《繁华杂志》第2、3、4期。1915年在上海《礼拜六周刊》发表《柔乡苦海录》等小说亦署。②海上说梦人，见于长篇小说《歇浦潮》，1917年11月23日起在上海《新申报》连载5年。嗣后在上海《海报》连载《新此中人语》、在上海《红杂志》连载《新歇浦潮》等长篇小说，出版长篇小说《歇浦潮》（上海新民图书馆，1921年）、《新歇浦潮》（上海世界书局，1924年）等均署。③朱瘦菊，见于随笔《将上银幕之西厢记》，载1926年上海《紫罗兰》半月刊第1卷第12期"电影号"；长篇小说《金银花》，连载于1943－1944年上海《紫罗兰》月刊创刊号至第12期。嗣后出版长篇小说《此中人语》（上海新民图书馆，1918年）、《金银花》（上海晨钟书局，1945年）等亦署。④说梦人，署用情况未详。

朱漱梅（1908－2009），江苏南通人。原名朱维达，号琅东老人。笔名：①朱白华，见于散文《元宵登高观火记》，载1936年上海《论语》第83期。②朱漱梅，1949年后发表诗文，出版《草书唐宋诗十九首》（云南人民出版社，1996年）、《红梅室墨迹》（南通市文联，2008年），诗文集《红梅诗稿》（1990年）、《百岁集》（南通市文联，2007年）署用。

朱双云（1889－1942），上海人。原名朱树鹤，字立群、双云，号云父（仚）、云甫、朱八小子。笔名朱双云，见于随笔《菊部珍闻》，载1935年上海《社会月报》第1卷第7、10期；论文《平剧界的延年益寿汤》，载1940年重庆《弹花文艺》第3卷第4期。此前后在《时代精神》《新演剧》《天下文章》《文史杂志》等刊发表《我与戏剧的关系》《写在〈三十年来我的戏剧生活〉之前》及改编历史剧《岳飞》（顾一樵原作）等作品均署。出版歌剧《林则徐》（与龚啸岚合作。汉口市扩大禁烟拒毒宣传委员会，1936年）、《生死关头》（与龚啸岚合作。武汉市各界拒毒大会，1936年）、《巾帼英雄》（汉口市各界抗敌后援会，1937年）、《卧薪尝胆》（汉口市各界抗敌后援会，1937年）、《碧花黄花》（重庆中国戏曲编刊社，1940年），京剧《泜水之战》（重庆军事委员会政治部，1939年）等亦署。

朱媞（1923－2012），北京人。原名张杏娟。笔名：①朱媞，见于小说《大黑龙江的忧郁》，载1943年春北平《时事画报》；小说《渡渤海》，载1943年上海《太平洋周报》第1卷第87期。此前后在日本大阪《华文大阪每日》及东北地区《大同报》《东北文学》《兴亚》《新满洲》《心潮》等报刊发表小说《小银子和她的家族》《大黑龙江的忧郁》、散文《病榻记》《寂寞的感情》《傍晚的视野》《结束了的行旅》、诗《灰色的羊群》等，出版小说集《樱》（长春国民图书公司，1944年）、散文集《流云集》（列入东北文学丛刊第10种）均署。②杏子，署用情况未详。

朱天目，生卒年不详，江苏扬州人。笔名：①天目，见于旧体诗《惆怅辞》，载1921年苏州《消闲月刊》第1期（目录署名"朱天目"）。②朱天目，见于小说《照片里面的遗嘱》，载1923年上海《心声》半月刊第1卷第3期。③诗祖宗，1929年后在上海《晶报》发表文章署用。

朱铁笙（1903－1940），四川郫都（今丰都县）人。原名朱泽淮，字亚韩、正凡。笔名：①朱泽淮，出版翻译小说集《她初次的忏悔》（上海世界书局，1929年）署用。②朱铁笙，出版译作《唯物论与经验批判主义》（苏联列宁原作，与笛秋合译。上海明日书店，1930年）署用。

朱彤（1916－1983），江苏南京人。原名朱金声。笔名：①朱金声，见于散文《再生之歌》，载1942年《学生之友》第5卷第5、6期合刊。②朱彤，出版剧作《郁雷》（重庆读书出版社，1944年）、《疯女》（重庆大时代书局，1945年）署用。嗣后发表评论《落日挽歌——日本民族如是观》（载1945年《书报精华》第9期）、独幕讽刺剧《黄鱼》（载1946年《明天》第1期），在《平民世纪》发表随笔《释"平民世纪"》《美国在远东的棋局》，在《十四年》创刊号发表诗《草原的诱惑》《诅咒——写在难区卜奎》，出版剧作《皆大喜欢》（1946年自印）、《长恨歌》（上海新中国出版社，1947年），戏剧散文集《自由的审判》（1947年）均署。1949年后在《新华日报》《雨花》《光明日报》《南京师范大学学报》《文学评论丛书》《教育与进修》等报刊发表论文《论阿Q》《形式美初探》《论艺术夸张的典型美》《论美学的样式原理》等文，出版剧作《书香人家》（上海文化工作社，1951年）、论著《鲁迅作品的分析（三卷）》（上海东方书店，1954年）、《鲁迅创作的艺术技巧》（新文艺出版社，1958年）、《美学与艺术的实践》（江苏人民出版社，1983年）等亦署。

朱微明（1915－1996），江苏无锡人。原名朱秀全。曾用名朱明。笔名：①朱秀全，见于报告《徐州突围回来》，载1938年重庆《大公报》。②萧晓生、苏力耘，1943－1945年在苏北《苏中报》发表新闻报道、小说署用。③朱明，1950－1952年在上海《解放日报》发表文章署用。④朱微明，1952年起发表译作作品，出版翻译小说《奇婚记》（匈牙利米克沙特·卡尔曼原作，与萧中合译。新文艺出版社，1956年），翻译电影《基辅姑娘》（苏联鲁科夫斯基原作。上海电影译制片厂，1959年）、《在松林的背后》（罗马尼亚德累冈原作。上海电影译制片厂，1959年）、《蒂萨河上》（苏联阿富捷因柯原作。上海电影译制片厂，1959年），散文集《往事札记》（广东人民出版社，2001年）等均署。

朱为先（1922－2016），浙江德清人。原名朱慧鲜。笔名：①朱为先，1937年起在浙江《东南日报·笔垒》

《中国儿童时报》及安徽屯溪地区报纸副刊发表儿童文学作品署用。嗣后出版儿童小说《幼小的灵魂》（杭州当代出版社，1948 年）、散文集《双叶集》（与张白怀合集。华东师范大学出版社，2010 年）亦署。②小玲，20 世纪 40 年代在浙江《前线日报·战地》发表文章署用。1949 年后出版儿童文学散文集《冬至的梦》（与费淑芬合集。浙江少年儿童出版社，1986 年）亦署。

朱维基（1904－1971），上海人。笔名：①朱维基，见于翻译小说《弦琴》（俄国契诃夫原作，与张枕绿合译），载 1923 年 9 月 7 日上海《小说世界》第 3 卷第 10 期。嗣后在《金屋》《南国月刊》《青年界》《良友画报》《十日谈》《南风》《新文丛》《文艺阵地》《文艺新潮》《戏剧与文学》《诗创作》《文讯》《文艺春秋》《文章》《中国建设》《月刊》《时代学生》《综合》《求真杂志》《袖珍杂志》《文艺劳动》《中美日报·堡垒》等报刊发表著译诗文均署。出版诗集《花香街诗集》（新月书店，1933 年）、《世纪的孩子》（上海永祥印书馆，1946 年）、翻译戏剧《伪君子》（法国莫里哀原作。六社，1924 年）、翻译小说《道生小说集》（英国道生原作。上海光华书局，1928 年）、《家之子》（英国佩特·沃尔特原作）、《一个成功者的日记》（英国道生原作），翻译诗集《水仙》（英国奥斯卡·王尔德等原作，与芳信合译。上海光华书局，1928 年）、《失乐园》（英国弥尔顿原作）、《在战时（十四行联体诗并附译解）》（英国 W. H. 奥登原作。上海诗歌书店，1941 年）、《神曲》（意大利但丁原作）、《唐璜》（英国拜伦原作）、《罗森堡夫妇诗选》（美国朱利叶斯·罗森堡、艾瑟尔·格林格拉斯·罗森堡原作），翻译报告文学《两个不朽的人》（美国加特纳原作），电影文学剧本《大浪淘沙》（与他人合作）等亦署。②维基，见于《国外诗坛》，载 1940 年 12 月 15 日上海《正言报·草原》。

朱维之（1905－1999），浙江苍南人。原名朱维志。曾用名朱林、朱智。笔名：①朱维之，见于论文《墨翟的人生哲学》，载 1924 年上海《青年进步》杂志。嗣后在该刊及《青年界》《福建文化》《天籁》《天风》《图书季刊》《大众》《同工》《基督教丛刊》《金陵神学志》《文潮月刊》《国文月刊》等刊发表著译文均署。出版专著《基督教与文学》，论文集《李卓吾论》《中国文艺思潮史略》《中国文艺思潮史稿》《文艺宗教论集》《圣经文学十二讲》《耶稣基督》（与王治心合作），译作《失乐园》《复乐园》《斗士参孙》《圣诞晨歌》《弥尔顿诗选》《抒情诗选》（以上均英国弥尔顿原作）、《聪明之误》（俄国格里鲍耶陀夫原作）、《宗教滑稽剧》（俄国马雅可夫斯基原作），主编《外国文学史·欧美卷》（与赵澧合作）、《外国文学史·亚非卷》《外国文学简编·欧美部分》《外国文学简编·亚非部分》《希伯来文化》等亦署。②白川，见于诗《但她的鞋子笑了》，载 1945 年上海《谷音》第 1 辑《译作文丛》；随笔《艺术的真实》，载 1949 年上海《天风》第 7 卷第 17 期。

朱苇（1922－　），浙江嵊州人。原名周子中。笔名朱苇，1943 年开始发表作品署用。1949 年后出版报告文学《四明山一大妈》（浙江人民出版社，1958 年）、《四明山的儿子——记黄明烈士》（浙江人民出版社，1980 年）、《开国前奏——周恩来在一九四九年和谈中》（广东人民出版社，2009 年），长篇小说《险境千里》（人民文学出版社，1992 年）等均署。

朱渭深（1910－1987），浙江湖州人。原名朱永鸿。曾用名朱粲，号霞飞、秋雯。笔名：①朱渭深，见于随笔《读〈荷花〉以后》，载 1928 年上海《开明》第 1 卷第 5 期；随笔《自然地步入我新的境界》，载 1936 年上海《青年界》第 9 卷第 1 期。嗣后在《青年界》及《扫荡》发表《假如可能的话》《梦呓的记录》《梁间的燕子》等文，出版诗集《期待》（上海流星社，1930 年）、散文集《秋花集》（上海天马书店，1934 年）等均署。②渭深，见于诗《有喻》，载 1934 年杭州《艺风》月刊第 2 卷第 11 期。③朱霞飞，1979 年后注释《湖州史料》署用。

朱文尧，生卒年及籍贯不详。笔名：①叶、叶夫、F，20 世纪 30 年代在武汉《市民日报·雷电》《武汉时报·狂涛文艺》《时代日报·偶语》《壮报·习作》等报刊发表文章署用。②朱文尧，主编《汉正街市场志》（武汉出版社，1997 年）署用。

朱雯（1911－1994），江苏松江（今上海市）人，字皇闻。笔名：①朱雯，见于散文《悲哀的凝聚》，载 1928 年《水荇》第 1 卷第 1 期；杂文《窃钩者流》，载 1932 年 12 月 11－13 日《申报·自由谈》。嗣后在上述两刊及《矛盾月刊》《申报月刊》《真美善》《现代》《水星》《文饭小品》《中国文艺》《文艺月刊》《青年界》《宇宙风》《大陆》《艺文线》《好文章》《烽火》《宇宙风乙刊》《文艺新潮》《战时艺术》《战时民训》《文艺春秋》《文心》《天下事》《东方杂志》《中美周刊》《文艺综合》《天下事》《国际间》《作风》《现代中国》《文潮月刊》《新书月刊》《白露》《文艺新潮》等报刊发表散文、小说、译作，出版散文集《不愿做奴隶的人们》（重庆熄火社，1940 年）、《百花洲畔》（上海宇宙风社，1940 年），短篇小说集《动乱一年》（上海三三书店，1933 年）、《逾越集》（上海文化生活出版社，1939 年），编选《谢晋元日记钞》（上海正言出版社，1945 年），出版翻译散文集《地下火》（德国列普曼原作。上海万叶书店，1939 年）、《地下巴黎》（美国伊坦·歇贝尔原作。上海商务印书馆，1945 年），翻译小说《凯旋门》（德国雷马克原作。上海文化生活出版社，1948 年）、《流亡曲》（德国雷马克原作。上海文化生活出版社，1948 年）、《往十字架之路》（苏联阿·托尔斯泰原作。上海文风出版社，1949 年）、《雷马克全集》（一名《浮荷》。德国雷马克原作。上海文化生活出版社，1949 年），1949 年后出版短篇小说集《妄自尊大的人》（苏联阿·托尔斯泰原作。平明书店，1950 年），长篇小说《苦难的历程》（苏联阿·托尔斯泰原作。人民文学出版社，1957 年）、《生死存亡的时代》（德国雷马克原作。人民文学出版社，1958 年）、《汽车城》（加拿大阿瑟·黑利原作，与李紧波合译。上海译文出版社，1979 年）、

《里斯本之夜》（德国雷马克原作。上海译文出版社，1980年）、《彼得大帝》（苏联阿·托尔斯泰原作。人民文学出版社，1986年）等亦署。②王坟，见于诗《秋夜》，载1929年上海《真美善》第3卷第5期；小说《两行列》，载1929年上海《北新》半月刊第3卷第6期。嗣后在《开明》《开展》《真美善》《当代文艺》《长风》《青年界》《现代文学评论》《新时代》《申报·自由谈》等报刊发表诗、散文、译作等，出版小说集《现代作家》（上海真美善书店，1929年），中篇小说《漩涡中的人物》（上海芳草书店，1931年）亦署。③蒙夫、MONV，1932年在上海《晨报·每日电影》发表影评署用。④司马圣，见于随笔《我对于〈爱国者〉的感想》，载1939年6月20日上海《申报·自由谈》。⑤皇闻，署用情况未详。

朱沃，生卒年不详，湖南醴陵人，字继仁，号懒仙。笔名朱沃，在《南社丛刻》发表诗文署用。

朱西甯（1927－1998），江苏宿迁人，祖籍山东临朐。原名朱青海。笔名：①朱西甯，1949年后在台湾出版长篇小说《猫》（台北阿波罗出版社，1966年）、《画梦记》（台北阿波罗出版社，1970年）、《旱魃》（台北阿波罗出版社，1970年）、《春风不相认》（台北皇冠出版社，1976年）、《八二三注》（台北三三书坊，1979年）、《茶乡》（台北三三书坊，1984年），短篇小说集《大火炬的爱》（台北重光文艺出版社，1952年）、《贼》（台北国际图书公司，1959年）、《铁浆》（台北文星书店，1953年）、《狼》（高雄大业书店，1963年）、《破晓时分》（台北皇冠出版社，1965年）、《第一号隧道》（台北新中国出版社，1968年）、《冶金者》（台北仙人掌出版社，1970年）、《现在几点钟》（台北阿波罗出版社，1970年）、《奔向太阳》（台北，1971年）、《非礼记》（台北皇冠出版社，1973年）、《蛇》（台北大地出版社，1973年）、《春城无处不飞花》（台北远景出版社，1976年）、《将军与我》（台北洪范书店，1976年）、《将军令》（台北三三书坊，1980年）、《海燕》（台湾文化学院出版部，1980年）、《牛郎星宿》（台北三三书坊，1984年）、《黄粱梦》（台北三三书坊，1987年）、《七对怨偶》《熊》《新坟》《猎狐记》《华太平家传》《朱西甯小说精品》，散文集《朱西甯随笔》（台北水芙蓉出版社，1975年）、《曲理篇》（台北慧龙文化公司，1978年）、《日月长新花长生》（台北皇冠出版社，1980年）、《微言篇》（台北三三书坊，1981年）、《多少烟尘》（与他人合集。台中台湾省训团，1986年）、《林森传》（《可以饶恕，但不可以忘》（与他人合集）等均署。②黄钟，署用情况未详。按：朱西甯1947年即在南京《中央日报》副刊发表小说《洋化》等，署名待查。

朱希祖（1879－1944），浙江海盐人。原名朱同祖，字吉甫，号遏先、迪先、逷先、惕先。笔名：①朱希祖，见于评论《白话文的价值》《非"折中派"的文学》，载1919年北京《新青年》第6卷第4期；论文《论〈卿云歌〉不宜为国歌》，载1920年北京《学艺》第2卷

第1期。嗣后在《新青年》《努力周报》《北京大学月刊》《史地丛刊》《太平洋》《北京大学日刊》《国立北京大学国学季刊》《国立北京社会科学季刊》《国立中央研究院历史语言研究所集刊》《燕京学报》《北京大学研究所国学门月刊》《清华周刊》《北大图书馆部月刊》《国立中山大学文史学研究所月刊》《国立北平图书馆馆刊》《国立中央研究院院务月报》《国风半月刊》《现代史学》《国立中山大学文学院专刊》《国立中山大学研究院文科研究所集刊》《同行月刊》《图书展望》《制言》《东方杂志》《文澜学报》《越风》《出版周刊》《书林》《广州学报》《青年中国》《说文月刊》《国立中央大学文史哲季刊》《中国学报》《文史杂志》《新史学》《文学》《国史馆馆刊》等报刊发表文章，出版《中国史学概论》（国立北平师范大学）、《读书题识》（国立北平图书馆）、《中国文学史要略》（北京大学出版部，1919年）、《整理升平署档案记》（燕京大学，1931年）等亦署。②朱逷先，见于论文《史学论绪》，载1920年2月2日北京《晨报副镌》；旧体诗《越秀山杂咏》，载1932年南京《国风半月刊》第8期。嗣后在《国风半月刊》发表旧体诗《玄武湖》《青溪访王昌龄故居》《晓登玉子冈远眺》等亦署。③逷先，署用情况未详。

朱洗（1899－1962），浙江临海人。原名朱玉文，字玉温。曾用名朱永昌。笔名朱洗，见于论文《科学的生死观》，载1933－1934年上海《大陆评论》第2卷第3期至第6、7期合刊；随笔《返老还童》，载1934年广州《生物世界》第1期。此前后在《革命周报》《农学杂志》《自然科学》《科学进步》《文明之路》《进化》《科学趣味》《改进》《周报》《新中华》《世界月刊》《学艺》《少年读物》《科学时代》等刊发表著译文章，出版专著《爱情的来源》（上海文化生活出版社，1946年）、《雌雄之变》（上海文化生活出版社，1948年）、《重女轻男》（上海文化生活出版社，1952年）、《生物的进化》（科学出版社，1958年），译作《互助论》（俄国克鲁泡特金原作。上海平明书店，1946年）等均署。

朱霞天，生卒年不详，浙江人。笔名：①雕龙生，发表武侠小说《精忠大侠传》《江南英雄传》等署用。②朱霞天，出版《五岳奇侠传》（上海中央书店，1930年）署用。嗣后发表《少林棍法秘传》《罗汉拳图影》《太行拳术》（与徐放一合作）等均署。

朱湘（1904－1933），安徽太湖人，生于湖南沅陵，字子沅。曾用名董天柱。笔名：①朱湘，见于诗《废园》，载1922年上海《小说月报》第13卷第1期；评论《新诗评〈尝试集〉》，载1926年4月1日北京《晨报·诗镌》。此前后在《清华周刊》《文学周报》《猛进》《洪水》《京报副刊》《语丝》《新文艺》《清华文艺》《晨报副镌》《开明》《人间月刊》《青年界》《东方杂志》《现代文学评论》《现代文学》《申报·自由谈》《诗刊》《人生与文学》《文艺杂志》《现代》《文学》《中国文学》《人间世》《诗歌月报》《风雨谈》《文艺》等报刊发表诗、散文、译作等，出版诗集《夏天》（上海商务印书馆，1925年）、《草莽集》（上海开明书店，1927年）、

《石门集》(上海商务印书馆,1934 年)、《永言集》(上海时代图书公司,1936 年),散文集《中书集》(上海生活书店,1934 年),书信集《海外寄霓君》(上海北新书局,1934 年)、《朱湘书信集》(天津人生与文学社,1936 年),翻译诗集《路曼尼亚民歌一斑》(上海商务印书馆,1924 年)、《番石榴集》(上海商务印书馆,1936 年),翻译小说集《英国近代短篇小说集》(上海北新书局,1929 年)等均署。②天用,见于随笔《桌语》,载 1924 年上海《时事新报·文学》周刊第 142－150 期。

朱啸秋(1923－　),安徽歙县人。笔名:①赵无忌、萧秋,1939 年起在福建《大成日报》及福建报刊撰文,20 世纪 40 年代后期赴台后先后创办《诗·散文·木刻》季刊、《青年俱乐部》月刊等,并在台湾报刊发表作品,署名情况未详。②朱啸秋,见于历史小说《孟尝君游咸阳》,载 1946 年 12 月 1 日《正气月刊》第 1 卷第 3 期。出版散文集《锈剑集》(左海书店,1945 年)、《老朱随笔》(南国出版社,1946 年)等著作均署。

朱偰(1907－1968),浙江海盐人,字伯商。笔名朱偰,见于评论《墨学与社会主义》,载 1926 年《现代评论》第 4 卷第 84 期。嗣后在《文艺月刊》《笔谈》《东方杂志》《政问周刊》《时事月报》《留德杂志》《国民公报》《中央日报》《财政评论》《国闻周报》《经济周报》《外交评论》《大公报》《申报》等报刊发表小说、游记、评论及关于金融、财经方面的文章,出版游记《汗漫集》(上海正中书局,1937 年)、《入蜀记》(长沙商务印书馆,1938 年)、《越南受降记》(上海商务印书馆,1946 年)、《漂泊西南天地间》(上海正中书局,1948 年),诗歌散文小说集《行云流水》(南京钟山书局,1932 年),翻译小说《漪溟湖》(德国施托姆原作。上海开明书店,1927 年)、《燕语》(德国施托姆原作。上海开明书店,1929 年),论著《日本侵略满蒙之研究》(上海商务印书馆,1930 年)、《江浙海塘建筑史》(学习与生活出版社,1955 年)等均署。

朱星(1911－1982),江苏宜兴人。笔名:①朱星元,见于《关于文学史的读法》,载 1934 年上海《中学生》第 45 号;论文《九歌与九章考》,载 1935 年天津《工商学志》第 7 卷第 2 期。嗣后在该刊及北平《新北辰》等刊发表《"新学之诗"述评》《中国诗人心目中的过去将来与现在》《集部概论》等文,出版论著《中国文学史外论》(上海东方学术社,1935 年)、《战国纵横家学研究》(上海东方学术社,1935 年)、《中国文学史通论》(天津利华印务局,1939 年)等均署。②朱星,见于论文《离骚考记》,载 1942 年天津《公教学生》第 2 卷第 2 期。1949 年后出版《古汉语概论》(天津人民出版社,1959 年)、《古代汉语》(天津人民出版社,1980 年)、《汉语词义简析》(天津人民出版社,1981 年)、《古代文化基本知识》(天津人民出版社,1982 年)、《金瓶梅考证》(百花文艺出版社,1980 年)等均署。

朱惺公(1900－1939),江苏丹阳人。原名朱松庐,号惺公。笔名:①朱松庐,1923 年 7 月主编上海《小说旬报》署用。又见于长篇小说《真假爱情》,载 1923 年上海《小说日报》第 152－167 号。嗣后在该刊及《社会之花》《红杂志》《新家庭》《商旅友报》等刊发表《颂李瀛洲与王淑兰结婚词》《黄金与美色》《东新桥畔》《琴弦回想录》等文,出版长篇小说《笑靥泪痕》(上海机杼出版社,1934 年)及《恋爱尺牍》(上海大亚书局,1933 年)等均署。②松庐,见于《悼涵秋指严二公》,载 1923 年上海《小说旬刊》;《五十年后的文艺界》,载 1923 年上海《社会之花》第 1 卷第 2 期(刊目录署名"朱松庐");小说《傀儡式的主笔》,载 1923 年上海《小说世界》第 3 卷第 6 期。此前后在上海《小说旬报》《小说日报》《心声》《新上海》《商会月刊》《法政半月刊》等刊发表文章亦署。③朱惺公,出版散文集《铁窗风味录》(上海机杼出版社,1933 年)、论著《惺公评论集》(上海机杼出版社,1933 年)均署。④惺公,见于随笔《首先做除奸工作》,载 1939 年上海《华美》第 2 卷第 1 期;杂文《朱惺公骂贱文》,载北方出版社 1943 年版《当代名文选》(巴人编)。

朱虚白(1901－1981),江苏宜兴人。笔名:①朱虚白,见于诗《两月来的回忆》,载 1923 年 10 月 28 日《京报·诗学半月刊》第 15 期。出版《新闻采访学》(中国新闻函授学校,1954 年)、《红楼梦人物评传》(台湾新兴书局,1960 年)等著作均署。②虚白,见于诗《大风的早晨》,载 1923 年 11 月 14 日《京报·诗学半月刊》第 16 期。

朱旭华(1908－?),浙江宁波人。笔名朱血花,20 世纪 30 年代在上海《辛报》发表文章署用。

朱绪(1909－2007),新加坡华人,原籍福建泉州。原名朱季灶,字桂梓。英文名 Choo Kui Chao。笔名:①朱绪,见于随笔《提高剧艺标准》,载 1939 年 1 月 21 日马来亚新加坡《南洋商报·狮声》。此前后在该刊及新加坡《星中日报·星火》《星洲日报·现代戏剧》《新国民日报·影与剧》《总汇报·舞台面》《南洋商报·戏剧周刊》《总汇新报·世纪风》《星中日报·星火》《新国民日报·新路》《南洋周刊》等报刊发表剧作、评论等,出版儿童歌剧《春到人间》(新加坡青年书局,1955 年)、《童话国》(新加坡青年书局,1955 年),独幕剧《海恋》(新加坡青年书局,1960 年)、《谁之咎》(新朝文化社,1963 年)等均署。②石灵、周苍、悻子、菊人,1937 年后在马来亚华文报刊发表文章署用。

朱讯(1918－1971),四川江津(今重庆市)人。原名杨子波。笔名:①蒲岗、林莽,1936－1937 年间在四川《新蜀报》《金箭》《沙龙》等报刊发表诗歌署用。②子波、庚采,1936－1937 年间在成都《华西日报》发表散文、小说署用。③朱讯,见于诗《蜘蛛》,载 1944 年 6 月 23 日重庆《新华日报》副刊。④诸逊,1949 年后在上海《新民晚报》发表诗词署用。

朱迅鸠,生卒年不详,江苏吴县(今苏州市)人。

笔名：①朱迅鸠，见于评论《现代中国的几个短篇小说作家》，载 1935 年上海《新中华》半月刊第 3 卷第 7 期。又见于编选《小学生作文精华》，上海国光图书公司出版。②迅鸠，见于小说《穷冬》，载 1936 年《新中华》半月刊第 4 卷第 13 期。

朱颜（1914—2000），祖籍浙江绍兴，出生于吉林。字锡侯。笔名朱颜，见于翻译小说《哥萨克》（俄国列夫·托尔斯泰原作），载 1934 年北平《文史》第 1 卷第 1—4 号；诗《进城》，载 1937 年北平《文学杂志》第 1 卷第 4 期。1935 年与覃子豪、贾芝等出版诗合集《剪影集》亦署。

朱野蕻，生卒年不详，山西人。笔名：①野蕻，见于《小饭铺》，载 1935 年北平《水星》第 1 卷第 5 期；小说《厄运》，载 1935 年北平《文学季刊》第 2 卷第 1 期。嗣后在《抗战文艺》《文艺突击》《文艺战线》《鲁迅风》《学生》《天地间》《中国文化》等刊发表《一幅活画》《一个女自卫军》《新垦地》《灰城》等小说、散文亦署。②朱野蕻，见于《北平文艺青年协会成立宣言》，载 1937 年上海《诗歌杂志》第 3 期。

朱宜初（1925—），江西赣县人。原名朱启培，字笃裁。笔名：①尼稣，见于组诗《歌颂自然短章》，载 1946 年 11 月 1 日广州《文坛》新 10 期。嗣后在该刊发表《自然散章》《苦难篇》《没有春天的都城》等诗亦署。又在上海《文艺青年》、广州《诗建设丛刊》、昆明《正义报》《观察报》《中央日报》《新云南周报》《小时报》等发表诗文署用。②夏商周，见于中篇小说《畜牲日记》，载 1947 年 9 月 22 日至 10 月 30 日广州《岭南日报》；小说《廉颇与蔺相如》，载 1948 年广州《文坛》第 7 卷第 4 期。嗣后在广州《岭南日报》，昆明《正义报》《观察报》等报刊发表文章亦署。③泥土，1947 年 10 月至 1951 年在昆明《正义报》《观察报》等报发表文章署用。④尼苏，见于诗《耶稣犯了罪》，载 1949 年《逮捕》丛刊。1957 年在《云南日报》《人文科学杂志》发表发表《形象思维过程究竟是怎样的》《对周良沛的〈猎歌〉和短论的几点意见》《谈文学创作中的剪裁》等文艺论文亦署。

朱挹清（1909—？），四川郫都（今丰都县）人。原名朱芳淮，字孟樵。笔名：①孟引，1930 年在上海《海光报》副刊（潘梓年编）撰文开始署用。见于小说《一个这样的传说》，载 1940 年 4 月 20 日成都《华西文艺》第 2、3 期合刊。于此前后在成都《工商日报》《春天》《通俗文艺》《笔阵》《金箭》、重庆《文学新报》《七月》《文学月刊》《新华日报》《商务日报》《同民公报》《天下文章》、沙市《荆报·荆棘》等报刊发表小说、散文等作品署用。②孟世、孟韩，署用情况未详。

朱应鹏（1895—1966），浙江杭州人，字北海。笔名：①应鹏，见于随笔《印象派最著名的画家待旦》，载 1924 年 2 月 11 日《艺术评论》第 42 期。嗣后在该刊发表《雷瑙尔》《孟纳》《提西安》等随笔亦署。②朱应鹏，见于随笔《正统嫡派的艺术思想》，载 1925 年上海《黎明》第 6 期；论文《中国的绘画与民族主义》，载 1930 年上海《前锋月刊》第 1 卷第 2 期。此前后在《申报·自由谈》《今代妇女》《上海画报》《国画月刊》等刊发表《参观王祺个展》《题人生》《题画绝句》等诗文，出版《国画 ABC》（上海 ABC 书社，1928 年）等著作署。

朱英（1889—1954），浙江嘉兴人。字荇青，号杏卿。笔名：①荇青，见于随笔《祭虬角箸文》，载 1934 年杭州《艺风月刊》第 2 卷第 2 期。同年在该刊第 2 卷第 10 期发表随笔《我愿一打》亦署。②朱英，见于评论《对于音乐教育的希望》，载 1935 年杭州《艺风》月刊第 3 卷第 9 期；随笔《琵琶野语》，载 1944 年上海《千秋》第 1 卷第 1—2 期。

朱英诞（1913—1983），江苏如皋人，生于天津。原名朱仁健，字岂梦，号英诞。曾用名小牛（乳名）、朱每麟。笔名：①朱石笺，见于诗《印象》四首，1933 年发表于北平某报。②朱英诞，见于诗《望海楼（外三章）》，载 1935 年上海《星火》月刊第 2 卷第 1 期。嗣后在该刊发表随笔《诗之有用论》《诗与欣赏及其他》《谈韵律诗》等亦署。又见于诗《村城——答宝基兄》，载 1943 年北平《中国公论》第 9 卷第 4 期。此前后在《新诗》《中国文艺》《辅仁文苑》《艺术与生活》《华北日报·文学》《中国公论》等报刊发表诗、散文、随笔、文论等作品，出版诗集《无题之秋》（北平，1935 年自费出版）、《冬叶冬花集》（文津出版社，1994 年）、《仙藻集·小园集》（台北秀威资讯科技股份有限公司，2011 年），旧体诗集《风满楼诗》（台北秀威资讯科技股份有限公司，2012 年），文集《大时代的小人物》（台北秀威资讯科技股份有限公司，2011 年）等均署。③朱青榆，1937 年秋作随笔《堤柳集序》开始署用。嗣后至 1983 年 11 月作诗、随笔等，自编诗集《夜窗集》乙稿和丙稿、《夜窗集》丁稿、《夜窗集》戊集、《深巷集》乙稿、《深巷集》丙稿、《枕上集》《花下集》《驼铃集》甲编和乙编、《泥沙集》《疏林集》，随笔集《余波集》，以及《李长吉评传》《笑与"不笑"——诚斋评传》等亦署。④英诞，20 世纪 30—40 年代发表诗歌等作品或署。⑤琯朗，1940—1946 年创作诗《声音与沉默》《鱼池》《对称》《巡礼人》《烬中小鸟》等署用。⑥杞人，1940—1946 年作诗《春夏之交》《楼居》《山居》等署用。⑦净子，见于诗《夏夜》，载 1931 年上海《北斗》第 1 卷第 2 期。嗣后发表散文《没有走完的路》（载 1939 年上海《宇宙风》第 83、84 期）、译诗《无题》（英国勃朗宁原作）、《露西》等亦署。⑧百药，见于散文《茶的忙忧》，载 1940 年《中国文艺》第 3 卷第 1 期。嗣后在该刊发表随笔《关于竹马》亦署。⑨朱百药，见于散文《谈爱菊》，载 1940 年《中国文艺》第 3 卷第 3 期。又见于论著《新诗讲稿》，北京大学文学院 1941 年 5 月 15 日刊印。⑩损衣，见于诗《入梦的小溪》，1940 年至 1946 年间曾发表，所载刊物未详。⑪庄损衣，见于诗《损衣诗抄》，载 1943 年《中国文艺》第 8 卷第 1 期。又见于组诗《损衣诗抄（1936－1942）》，载 1943 年上海《风雨谈》第 1 期。嗣后在《中国文艺》发表组诗《损衣诗抄之三》和短诗《月夜》、在《风雨谈》发表组诗《损衣诗抄之二》和短诗《洗马》等亦署。⑫石龙，1943 年 5 月 20 日作随笔《陶诗小识——夜窗集代序》署用。1973 年 8 月 27 日作随笔《系缆集序》，1974 年 3 月至 1975 年 12 月作随笔《道旁集序》《北京麟爪——驼柳集代序》《系缆集后序》《秋冬之际（磨蚁集代序）》等亦署。⑬朱芳济，见于散文《春雨斋集》，载 1943 年《中国文艺》第 8 卷第 4 期。同时期或嗣后在该刊及北平《北大文学》《文学集刊》等刊发表诗《疯女情诗》《再见与别离》《海底坟园》、译文《蒙娜丽莎》（英国沃尔特·佩特原作），1947－1948 年作《习静》《戏鱼》《秋天的，澄砚的眼》《留别沈阳》等诗、1947 年编定诗集《怎样盗奇兰香》均署。⑭梅格，1943 年夏作随笔《从"钩心斗角"说到建章宫——海淀随笔之十》署用。⑮樑（jié）西，1943 年夏作随笔《海淀随笔之二》署用。1973 年 12 月 21 日作《几位古往的诗人——磨蚁集代序》，1974 年作随笔《"五四"的春天（"五四"纪念）》《看梦集序——"五四"纪念日：家案上的即席谈》《病中答客问——然疑草代跋》亦署。⑯清和，1944 年 4 月 20 日作诗《给她耳朵》署用。同年 9 月作诗《暮秋薄春》《秋意》亦署。⑰朱清和，1944 年 7 月 19 日作诗《行路难》署用。嗣后作诗《苦吟》、译诗《商籁》《拿开》等亦署。⑱朱杰西，见于散文《苦雨斋中》，载 1944 年《天地》第 11 期。1978 年 6 月作《苦吟诗人李贺长吉评传》亦署。⑲杰西，1943 年 10 月 20 日作诗《钟》署用。同年 11 月作诗《珊瑚岛》《妆台》《昼寝》，发表组诗《逆水船》（载 1944 年 4 月 7 日北平《文学集刊》第 2 辑）、诗《你需要》（载 1944 年北平《新民声》半月刊第 1 卷第 4 期）亦署。⑳骨痴，1943 年秋冬之际作随笔《海淀随笔之三》署用。㉑方济，见于译诗《爱略特诗抄》、短文《爱略特诗抄》，载 1944 年北平《文学集刊》第 2 辑。㉒朱进衡，1945 年 4 月 21 日作诗《三株树》署用。嗣后作诗《幸福之岛》《七月雨》《挽歌》《当我走过长桥的时候》《雪花飘落》、翻译诗《生命之杯》（俄国莱蒙托夫原作）、《给我开门，啊！》等亦署。㉓朱丹庭，1945 年 7 月 9 日作诗《村居》《远眺》《细雨》署用。嗣后作诗《迟疑》《童年和影》《困倦》《归来》四首亦署。㉔朱石飑，1945 年 7 月 17 日作诗《无题》署用。㉕朱梦余，1945 年 9 月 24 日作诗《枯夏的女儿》署用。㉖芳济，1947 年 2 月 3 日作诗《像将伸手拾起什么》署用。㉗岂梦，1947 年 2 月 14 日作诗《疲倦》署用。嗣后至 1983 年 5 月 22 日作诗《留鸟吟》《唤游》《雅典娜夜歌》《雨雪的春天》《仲春雨雪中放歌》、旧体诗《七十自庆　徘谐　有序》等亦署。㉘朱凝清、朱筱村，1947 年 2 月作诗《观浴日口占》署用。㉙朱庆同，1947 年 3 月 3 日作诗《无题》

署用（该诗同时还署名"朱余庆""朱应庆""朱芳济"）。嗣后至 1948 年 5 月 17 日作诗《时之塑彫》《奇异的造访》《谈心者》《我是一个没有痛苦的人》等亦署。㉚朱应庆、朱余庆，1947 年 3 月 3 日作诗《无题》时署用（该诗同时还署名"朱庆同""朱芳济"）。㉛朱绅，1947 年 3 月 9 日作诗《凉风暂至》署用。㉜朱柘潇，1947 年 3 月 10 日作诗《夏夜纳凉》，1948 年 3 月 16 日作诗《秋之余音》署用。㉝柘潇，1947 年 3 月 11 日作诗《家中滞留》《花残月》《深更》，1948 年 3 月 12 日、13 日作诗《邮票和落叶》《寒食日》署用。㉞朱方仙，1947 年 3 月 17 日作诗《四月雨》署用。嗣后至 1948 年 4 月作诗《私生活》《访张汉卿》《孤独》《生命，生活和生存》《太阳，我的神秘的旅伴》《母亲》等亦署。《母亲》一诗同时署名"方仙"。㉟朱春池，1947 年 3 月 27 日作诗《蚕》署用。㊱朱岂梦，1947 年 5 月 30 日作诗《十月》署用。1948 年 2 月 8 日作诗《海啸》，1959 年 2 月 26 日作诗《暝色》亦署。㊲锡瀛，1947 年 6 月 27 日作诗《雨天》署用（该诗同时署名"朱泽铺"）。嗣后至 7 月 7 日作诗《无题诗》《到家作》亦署。㊳朱泽铺，1947 年 6 月 27 日作诗《雨天》署用（该诗同时署名"锡瀛"）。嗣后至 7 月 7 日作诗《无题诗》（同时署名"锡瀛"）、《到家作》（同时署名"锡瀛""庄敬幽"）二首亦署。㊴庄敬幽，1947 年 7 月 7 日作诗《到家作》署用（该诗同时还署名"朱泽铺""锡瀛"）。㊵朱锡瀛，1947 年 7 月 8 日作诗《终夜》（该诗同时署名"朱芳济"）署用。同年 7 月 14 日作诗《扇上画赞》亦署。㊶朱行乾，1947 年 7 月 15 日作长诗《西山》署用。同年 8 月 16 日作诗《小伏满月作》亦署。㊷朱应澹，1947 年 7 月 21 日作诗《骐骥碑口占》署用。㊸南郭，1947 年 8 月 21 日作诗《拟摇篮歌辞》署用。㊹振鹭，1947 年 8 月 10 日作诗《矛盾的配合》署用。㊺朱舜弦，1947 年 8 月 27 日作诗《村居》署用。㊻朱弥，1947 年 8 月 29 日作诗《咏牵牛》《藏园》署用。㊼朱棣威，1947 年 9 月 11 日作诗《琴声杂铃声》《乌雅》署用。嗣后至同月 17 日作诗《花开倾刻》《梦谷》《南海看野鸭》《行旅》等亦署。㊽朱菜潜，1947 年 9 月 16 日编诗集《花开倾刻》署用。㊾棣威，1947 年 9 月 17 日作诗《号角》署用。㊿庆同，1947 年 10 月 11 日作诗《星火随了花草沉沉的》，1948 年 3 月作诗《日出》《雪》《云》《死者的画像》署用。51朱夏，1947 年作诗《秋节的闲情》署用。52朱新雁，1947 年作诗《看云（赠别象贤）》署用。53白雨，1948 年 2 月 2 日作诗《蓝天》署用。54林夕，1948 年 2 月 7 日作诗《梦游病》《战争》署用。同月作诗《秋天的困倦》《舞之恋》亦署。55方仙，1948 年 4 月 4 日作诗《母亲》署用（该诗同时署名"朱方仙"）。56若木，1948 年 6 月 29 日作诗《六月雪》《落日》署用。57蒙堉，1950 年 9 月 19 日作诗《沉默者》署用。58朱兰鲍，1950 年作诗《古城心史》署用。59朱执御，1951 年 3 月 30 日作诗《眼睛》署用。同月作诗《清扫人》亦署。60虞泉，1951 年 4 月 4 日作诗《静夜思》署用。(61)朱竹简，1951年4月23日作诗《春风歌》署用。(62)万理，1951年5月2日作诗《无题》署用。(63)朱蓓园，1951年5月14日作诗《月之哀歌》署用。1958年5月12日作诗《蓝天》亦署。(64)石峰，1951年6月7日作诗《无题》署用。(65)迁客，1951年6月8日作诗《薄暮之歌》《黄昏之歌》署用。嗣后至1956年底作《着色的山峦》《月夜》《孟夏之夜（给萃芬）》《古树（给朱纹）》《爱之歌》等诗亦署。(66)皂晨，1956年春作随笔《土雅·茶色·风筝》署用。1962年11月19日至1981年7月20日作诗《走马灯》《壬寅孟冬末日——向罗素致敬》《冬天的诗》《桑间——和杜甫开玩笑》、随笔《什么是诗？》《〈春草集〉后序——纪念写诗四十年》、词《百字令》等，1973年5月作《〈仙藻集〉新序》亦署。(67)朱行，1956年春作随笔《杜诗“语不惊人死不休”句解》署用。1958年3月至12月作诗《四月廿三日》《期待（赠魏兰）》亦署。(68)朱迁客，1956年6月14日作诗《书斋》署用。(69)荷暗，1956年6月25日作诗《夏雨偶然作》署用。嗣后至同年7月作诗《失陪》《寄托》《风尘》《风尘》四首亦署。(70)青榆，1956年7月25日作诗《云（给绮）》署用。1959年5月起作随笔《跋〈我春草〉》、诗《给小缃》《致园葵》《疏远》《冬晚并序》等亦署。(71)应淡，1957年11月8日作诗《燃灯驱梦》署用。(72)朱宽，1958年7月7日作诗《伞》署用。(73)朱霜林，1958年9月13日作诗《雨来》署用。(74)谷荪，1959年3月24日作诗《古城云树——赠孙明三君》署用。同年3月26日作诗《生与死》亦署。(75)朱谷荪，1959年3月25日作诗《落花》署用。翌日作诗《夜航船》、1959年8月20日作诗《偶见晚霞》、1961年6月11日作诗《鸠唤雨》亦署。(76)朱仲蔚，1959年5月22日作随笔《〈我春草〉后记》署用。嗣后至8月25日作诗《春雨》《白雪的歌》《风尘》《处暑雨（气候诗之一）》《冬眠二》等亦署。(77)仲蔚，1959年7月3日作诗《落花》署用。嗣后至同年8月25日作随笔《题记》、诗《秋夜》《枯思》《夏晚——教女儿认星座有感》亦署。(78)霭青，1959年10月24日作诗《寂静》署用。(79)朱仁健，1961年6月2日作诗《雷雨》署用。(80)朱缩（gēng）人，1968年9月27日作七律《戏论诗》二首和短文《跋〈戏论〉》署用。(81)朱魁父（fǔ），1973年10月5日作随笔《螺舟集序》署用。(82)魁父（fǔ），1973年10月7日作随笔《看梦集后记》署用。1974年10月21日作七律《悼天禄姻兄》、1979年5月至6月作诗《刍狗——读〈亚格曼农王〉后》、七绝《戏题脂砚斋所藏薛素素脂砚》四首亦署。(83)朱石木，1973年初秋作随笔《陶诗小识——岁寒集代序》署用。1976年3月15日至1981年10月18日作随笔《枕上集序——与臧克家先生论兼爱》《北京麟爪——记塞萧然先生》《楼——枕水集后序》、诗《花下回忆》《这是什么地方》等诗文，1980年1月20日编文集《木叶微脱》亦署。(84)周繇，1973年秋作随笔《解缆集序》署用。1974年6—7月作随笔《“五四”·北京·春天——代新绿集后序兼怀废名先生》《传统》《沉香集后记》，1982年7月8日作诗《狗——重读“弗勒虚”后（戏墨）》亦署。(85)据梧老人，1974年3月20日作五律《自题诗草兼戏赠慕燕》署用。(86)天启，1974年5月2日作随笔《疏林集序》署用。同年初夏作随笔《燕雁集序》亦署。(87)荻秋，1974年5月4日作随笔《紫竹林序》署用。(88)朱檪西，1974年5月4日作随笔《梦栎集序——一个讽刺兼纪念“五四”五十五周年》署用。嗣后至1975年5月作随笔《我素集序》《驼铃在风中摇曳——代跋》《从人海说到狗——芦花集代序》《烟水集序》《与隐白的一席谈》《我的“少年行”——生日自庆》等文亦署。(89)朱梦栎，1974年5月7日作随笔《我素集序》署用。(90)梦栎，1974年5月11日作随笔《〈金盏草〉序——为手抄稿而作》署用。(91)叶脱，1974年5月25日作随笔《苦雨斋中》署用。(92)朱周繇，1974年6月30日作随笔《经验——代跋》署用。(93)TC，1974年7月1日作随笔《几句“杀风景”的话》署用。(94)朱苍个，1974年7月18日作随笔《依旧存在着惊异——烟水集代序》署用。(95)檪西朱荏涧，1974年夏作随笔《白小录序》署用（文末署名“周繇老人”)。(96)周繇老人，1974年夏作随笔《白小录序》时在文末署用（文首署名“檪西朱荏涧”)。(97)杰西老人，1974年10月26日作七绝《梦游病（“小园主客三老图”并序）》署用。1982年7月24日作七绝《戏题〈知堂回想〉“不辩解说”》二首亦署。(98)朱乙栎，1974年11月18日作随笔《楼——驼柳集序》署用。嗣后至1975年4月作诗《荷叶雨——“低调俱乐部”之一》、随笔《灯——〈夜窗集〉代序》《冬叶集后序——读“十九”首后》等亦署。(99)石桃，1974年作随笔《关于“风”的自问自答》署用。(100)朱荏涧杰西，1974年编随笔集《丙丁余录》署用。(101)石木老人，1978年8月24日作七绝《题杏岩老仙为绮女所作杜鹃》署用。(102)朱清榆，1978年8月作随笔《杂树集序》署用。1980年9月至1982年4月作诗《海淀即事》《海天小唱——和阿·麦克利什开玩笑》《乌鸦之歌》《无我之境》、随笔《跋〈烟水〉》等亦署。(103)石木，1979年10月3日作七绝《胡风以旧文纪念鲁迅先生有感》署用。1980年至1982年7月14日作诗《野果——怀废名作（有序）》《科学与诗——给中国小姐潘荃（看电视口占）》《这是什么地方》、随笔《湖目集序》《夜雪集序》《月亮的歌——和阿奇尔德·麦克利什开玩笑·序》、旧体诗《过冬》《感见》，出版小说集《钢》（南京中央书报发行所出版）亦署。(104)朱我泉，1980年1月20日编文集《万物相鲜》署用。(105)青榆老人，1980年7月18日作五绝《庚申端阳后二日口占》二首署用。(106)朱溪云，1980年9月21日作诗《解冻》署用。同月23日作诗《狂风的春天》亦署。(107)石人，1980年12月11日作诗《啄木鸟飞去——给学步学语中的小王昊》附记署用。(108)檪西老人，1982年7月27日作诗《疲倦——读〈知堂回想〉后》跋语署用。

⑩君影，1982 年 11 月 9 日作诗《塔下的呻吟（诽谐）》署用。⑩皂白老人，1983 年 7 月 5 日作《李贺评传后序》附记署用。同年 8 月作《〈笑与"不笑"（诚斋评传）〉序》《〈笑与"不笑"（诚斋评传）〉后序》二文亦署。⑪朱曦、霜林，署用情况未详。

朱鸳雏（1894－1921），江苏苏州人，生于松江（今上海市）人。原名朱玺，字鸳雏，号尊儿、尔玉。别号银箫旧主、银箫馆主。笔名：①尊儿，1914 年在《民权素》《织云杂志》发表文章署用。②鸳雏，1914 年在《民权素》《织云杂志》《春声》等刊发表文章署用。见于小说《黄金地狱》，载 1915 年上海《礼拜六》第 8 期；遗作《疟》，载 1925 年上海《游戏世界》第 3 期。③朱鸳雏，见于小说《玉楼珠网》，载 1918－1919 年上海《小说丛报》第 4 卷第 7－9 期。嗣后在《礼拜六》《紫罗兰》《游戏世界》《万象》等刊发表《爱国之妻》《诛情记》《读书浅谈》《上海闲谈》《银箫余韵》等小说、随笔，出版《二雏余墨》（与姚鹓雏合集。上海崇文书局，1918 年）、《朱鸳雏遗著》（上海大通图书局，1936 年）等均署。④朱玺，在《南社丛刻》发表诗文署用。

朱云彬，生卒年及籍贯不详，原名朱孔泽。笔名朱云彬，1929 年前后出版小说集《太平洋之滨》署用。

朱寨（1923－2012），山东平原人。原名朱鸿勋。曾用名江力员。笔名：①朱寨，见于散文《雨》，载 1940 年香港《大公报·文艺》；散文《农民》，载 1941 年延安《草叶》第 1 期。嗣后在该刊及哈尔滨《文学战线》等报刊发表散文、随笔、评论等均署。1949 年后，发表长篇论文《长篇小说与现代主义》《关于胡风文艺思想的评价问题》《文学的新时期》，出版评论集《从生活出发》《朱寨文学评论选》《感悟与沉思》《行进中的思辨》，专著《中国当代文学思潮史》《当代文学新潮》（合作），散文集《鹿哨集》《记忆依然炽然》《中国现代文化名人纪实》等亦署。②鸿迅，见于《厂长追猪去了》，载 1941 年 10 月 13 日延安《解放日报》。③言直、松公、洪勋、闻起，1949 年后在《东北日报》《人民日报》《北京日报》《文学评论》发表评论、随笔等署用。

朱肇洛（1903？－？），江苏萧县（今属安徽）人。原名朱以书。字肇洛，号怡壄。曾用名孟玖。笔名：①怡壄，见于论文《悲剧泛论》，载 1929 年《国闻周报》第 6 卷第 35 期。同年在《朝华》发表论文《元曲泛论》《喜剧泛论》亦署。②朱肇洛，见于散文《悼鲁迅先生》，载 1936 年 10 月 25 日北平《华北日报》。嗣后在《风雨谈》《文艺世纪》《文艺时代》《中国公论》《中国文学》《国民杂志》《正风》《杂志》《艺文杂志》《文学集刊》等刊发表《论歌剧》《戏剧与民众》《话剧，旧戏，新歌剧》《论默剧》等，出版《戏剧论集》（与熊佛西、陈治策等合集。北平文化学社，1932 年），编选《近代独幕剧选》（田汉、熊佛西等原作。北平文化学社，1931 年）等均署。③肇洛，见于散文《鲁迅先

生二三事》，载 1948 年北平《新发明》周刊第 3 卷第 1 期。④萧人，20 世纪 40 年代在北平刊发杂评《由吃穿说到住》《由"脑锈"说起》《"不应该那么写"》《由"重振杂文"说起》等文署用。⑤白苏、朱实、刘玄，署用情况未详。

朱贞木（1895－1952），浙江绍兴人。原名朱桢元，字式颛。笔名朱贞木，1932 年前后在天津《平报》等报连载《铁板铜琵录》《飞天神龙》《艳魔岛》《炼魂谷》等武侠小说署用。嗣后发表长篇小说《蛮窟风云》《罗刹夫人》《苗疆风云》《七杀碑》等，出版长篇小说《铁板铜琵录》《飞天神龙》《艳魔岛》《炼魂谷》《郁金香》《铁汉》《虎啸龙吟》《龙冈豹隐记》《龙冈女侠》《苗疆风云》《蛮窟风云》《千手观音》《五狮一凤》《玉龙冈》《塔儿》《庶人剑》《闯王外传》《翼王传》《碧血青林》《罗刹夫人》《七杀碑》《红与黑》、中篇小说《五狮一凤》等均署。

朱枕薪，生卒年及籍贯不详。笔名：①枕薪，见于诗《我想》，载 1921 年 8 月 11 日上海《民国日报·觉悟》；报告《俄罗斯底过去与现在》，载 1922 年上海《东方杂志》第 19 卷第 31 号。嗣后在《东方杂志》及《晨报副镌》《小说月报》《东北新建设》《旅行杂志》等刊发表《不识字的乐趣》《俄国革命的解释与批评》《意大利的妇女》《共产党口中的苏俄真相》《青岛纪游》等文，出版翻译戏剧《泰谷儿戏曲集》（印度泰戈尔原作。上海民智书局，1923 年），翻译散文《过去的幽灵及其他》（俄国爱罗先珂原作，与李小峰合译。上海民智书局，1923 年），翻译小说《恋爱之果》（德国 H. M. 包尔原作。上海民智书局，1924 年），论著《俄国革命史》（上海商务印书馆，1923 年）、《俄罗斯的妇女》（上海民智书局，1926 年）等均署。②朱枕薪，见于诗《霄夜步月想母》，载 1922 年 8 月 31 日《民国日报·觉悟》。

朱震华（1915－？），江苏宜兴人，字子强。曾用名丁珰、劲草。笔名：①朱震华，见于诗《志未酬》《狂歌》，载 1932 年《江苏学生》。②逸风，见于散文《风》，载 1934 年《申报·自由谈》。③征桴，见于诗《休息》，载 1935 年 7 月 5 日上海《申报·自由谈》；诗《山海关》，载 1935 年上海《人间世》第 33 期。嗣后在上海《当代诗刊》《青年界》《诗人丛刊》《行列》《文艺新潮》《文艺大路》、武汉《诗座》、南京《文艺月刊》、天津《海风》等报刊发表诗文署用。

朱正明（1910－？），江苏无锡人。原名朱维明，字镶庭。曾用名李应声、李英声、李素园。笔名：①朱维明，见于人物记《战后欧洲第一外交家——李维诺夫》，载 1934 年《新生周刊》第 4 期；游记《万里长城》，载 1935 年上海《中学生》第 54 号。同时期在该刊及《女子月刊》《绸缪月刊》发表《天下第一关》《日本妇女生活的转变》《德国的青年训练》等文亦署。②日明，出版译作《约瑟夫·斯大林的生平》（北平，1936 年）署用。③正明，出版译作《西班牙战地通讯》

（上海大众读物社，1937年）署用。嗣后《绸缪月刊》《文摘战时旬刊》《抗日路线》《小说月报》等刊发表《十字路口上的奥国》《今日之葡萄牙》《西班牙的人民军》《苏联在突飞猛进中》《丁玲在陕北》等著译文章亦署。④L. INSUN，见于通讯《陕北文艺运动的建立》《陕北的戏剧运动》，载1937年秋上海《译报》（或《每月译报》）。⑤齐歌，1938年开始在汉口《世界知识》《中苏文化》、上海《时代》《月报》、香港《华商报》等报刊发表文章署用。⑥伏枥，见于译文《乌江历险记》（J. E. 斯宾塞原作），载1940年上海《旅行杂志》第14卷第10期。⑦齐凡，见于译文《我们不是无家可归的》（波兰裘尼娜·白朗·纽斯卡原作），载1941年香港《笔谈》半月刊第6期；译文《论魏德迈来华使命》（美国L. 里辛原作），载1947年香港《时代评论》第4卷第88期。⑧朱正明，见于《苏联科学家的起死回生术》，载1947年上海《中学生》第191期；《海参威：苏联远东的大门》，载1948年上海《亚洲世纪》第2卷第5期。嗣后在《亚洲世纪》发表《英国侵略西藏简史》等文亦署。

朱之凌（1928-？），山东即墨人。原名朱其凌。笔名激水，1946年前后在青岛主编《新血轮》，同时在《平民报》《青岛时报·海歌》等报刊发表散文、杂文署用。

朱执信（1885-1920），浙江萧山人，生于广东番禺（今广州市）。原名朱大符，字执信，号秋谷、蛰伸。曾用名朱和中、蛰伸子。笔名：①无名，见于译文《侦探谈忏悔录》，载1904年《新新小说》第1卷第3期。②前进，见于随笔《无内乱之牺牲》，载1914年《民国》创刊号；小说《超儿》，载1919年《建设》第1卷第2期。③去非，见于《发刊词》《亡中国之外债》，载1914年《民国》创刊号。嗣后在《民报》发表文章亦曾署用。④执信，见于《睡的人醒了》，连载1919年6月28日至7月3日上海《民国日报·觉悟》。嗣后在《星期评论》发表文章亦曾署用。⑤朱执信，见于随笔《世界中都计画》，载1919年《建设》杂志第1卷第5期。嗣后出版《朱执信集》（上海建设社，1921年）亦署。⑥琴生，见于随笔《吗啡之毒》，载1919年《建设》杂志。⑦县（xuán）解，在《民报》发表文章署用。⑧蛰伸，在《民报》《新世界》等报刊发表文章署用。⑨朱秋谷、朱蛰伸、蛰伸子，署用情况未详。

朱仲波（1917-？），湖北武昌（今武汉市）人。曾用名朱坡。笔名仲波，1934年前后在武汉《时代日报》副刊《时代前》《朋友船》《诗与散文》《大同日报·少年之友》等报刊发表诗文署用。

朱子南（1932- ），浙江海宁人。笔名：①申公，1949年后在报刊发表文史随笔，出版《申公文史随笔》等署用。②朱子南，1949年后出版《中国报告文学史》《报告文学创作谈》《报告文学十家谈》《报告文学艺术论》《报告文学作家的报告》《中国报告文学的萌生与形成》《中国现当代散文精品鉴赏》《作家的生活与创

作道路》《形式逻辑基础知识》等署用。③朱怿、钱塘，署用情况未详。

朱子奇（1920-2008），湖南汝城人。原名朱忠禹。曾用名朱智麒、西米兰。笔名：①朱智麒，见于诗《怒吼吧，醒狮！》，载1937年11月湖南汝城《抗战烽火》。嗣后在武汉《民众五日刊》《抗大校刊》等刊发表诗文亦曾。②西米兰，1938年在延安诗墙报和山脉诗歌社油印刊发表《我爱荞麦花》《延安，我生命的母亲》《给开荒者》等诗署用。③子奇，见于诗《夜——小诗之一》，载1940年延安《新诗歌》第2期。④朱子奇，见于《小诗二章》，载1940年延安《新诗歌》第3期；评论《苏联文学底一个重要的决定——从作家协会开除阿弗登科谈起》，载1940年延安《大众文艺》第2卷第2期。嗣后在延安《新诗歌》、太行《文艺杂志》、张家口《北方文化》《长城》等刊发表诗《毛泽东》《在草原上》、译文《英雄查巴也夫走遍了乌拉尔》（阿列克山德罗夫原作）等均署。1949年后，出版诗集《友谊集》《春鸟集》《春草集》《爱的世界》《和平交响诗》《星球的希望》，诗文集《心灵的回声》，散文集《十二月的莫斯科》《和平胜利的信号》《飞向世界》，翻译诗集《战歌与情歌》，长诗《和平歌》，歌词《莫斯科—北京》等亦署。⑤费格娜，1941-1942年间在延安鲁艺《歌词》（油印本）、绥德《新诗歌》等刊发表诗《飞蛾》《北风吹》《野火》等作品署用。1949年后犹偶用。⑥大可，见于通讯《张家口市选巡社》，载1946年张家口《北方文化》第1卷第4期。嗣后在该刊发表评论《马克思主义的新胜利》亦署。⑦朱文，见于散文《高唱〈国际歌〉前进》，载1951年《北京日报》。⑧智麒、片青，署用情况未详。

朱自清（1898-1948），江苏扬州人，生于江苏东海县平明镇，祖籍浙江绍兴。原名朱自华，号秋实；后改名自清，字佩弦。笔名：①余捷，1919年发表新诗署用。②朱自清，见于译文《心理学的范围》（麦克杜格尔原作），载1920年北京《新潮》第2卷第3期；诗《挽歌》，载1922年北京《少年中国》第3卷第6期。于此前后在《小说月报》《时事新报·文学旬刊》《诗》《教育杂志》《东方杂志》《学衡》《晨报副镌》《文学周报》《清华周刊》《开明》《文学杂志》《文学》《歌谣》《太白》《抗战文艺》《一般》《笔阵》《人世间》《民族文学》《当代文艺》《文讯》《文学创作》《时与潮文艺》《华北日报·俗文学》《新文学》《改造半月刊》《今日评论》《现代文录》《文学批评》《中学生》《立达》《人生与教育》《月报》《天风》《清华学报》《中等教育》《战时中学生》《国文月刊》《读书通讯》《图书月刊》《当代评论》《乐教》《高等教育》《人文科学学报》《万象》《国文杂志》《文潮月刊》《文史教育》《新学生》《图书季刊》《文史杂志》《自由文摘》《书报精华》《东南评论》《文艺知识》《正论》《天文台》《世纪评论》《现代文摘》《新教育杂志》《龙门杂志》《现代知识》《观察》《创世》《周论》《文艺复兴》《人民文艺》《萌

芽》《文艺知识连丛》《中国作家》等报刊发表诗文均署。出版散文集《背影》(上海开明书店,1928年)、《欧游杂记》(上海开明书店,1934年)、《你我》(上海商务印书馆,1936年)、《伦敦杂记》(上海开明书店,1943年)、《标准与尺度》(上海文光书店,1948年)、《论雅俗共赏》(上海观察社,1948年),诗文集《踪迹》(上海亚东图书馆,1924年)、《朱自清创作选》(上海仿古书店,1936年),编选《中国文学大系·诗集》(上海良友图书印刷公司,1935年)等亦署。③柏香,见于杂感《憎》,载1921年11月4日上海《时事新报·学灯》。④清,见于诗《沪杭道上的暮》,载1922年1月5日上海《时事新报·学灯》。⑤佩弦,见于译文《近代批评论丛话》(美国柳威生原作),载1923年10月29日上海《时事新报·文学》;散文《我的南方》,载1925年《语丝》周刊第48期。此前后在《小说月报》《清华文艺》《文学周报》《晨报副镌》《诗》《一般》《人间世》《黎明》《论语》《文学》《水星》《宇宙风》《中学生》《清华周刊》《国文月刊》《世界学生》《月报》《今日评论》《抗战文艺》《文艺先锋》等刊发表诗文亦署。⑥P.S.,见于散文《旅行杂记》,载1924年上海《文学周报》第130、134期。⑦朱佩弦,见于译文《圣林》(法国法朗士原作),载1925年上海《文学周报》第174期。此前后在《小说月报》《清华周刊》《一般》《清华副刊》《论语》《中学生》《文学季刊》《文学杂志》《万象》《中华图书馆协会会报》等刊发表《伦敦竹枝词》等文亦署。⑧白晖,见于《阿河》,载1926年《语丝》周刊第61期;《一封信》,载1927年北京《清华文艺》第2期。1928年在上海《小说月报》第19卷第4期发表诗《咫尺》亦署。⑨自清,见于散文《执政府大屠杀记》,载1926年3月29日《语丝》周刊第72期;评论《白采的诗》,载1926年上海《一般》第1卷第2期。此前后在《一般》及上海《小说月刊》等刊发表散文《儿女》《那里走》、评论《歧路灯》等亦署。⑩言,见于旧体诗《重过清华园西院》三首,载1930年《清华周刊》第32卷第11、12期合刊。嗣后在天津《大公报·文学副刊》发表书评《〈文学〉创刊号》《春蚕》等亦署。⑪知白,见于散文《沉默》,载1932年《清华周刊》第28卷第6期。⑫白水,见于随笔《新"中庸"之道》,载1936年11月1日《论语》半月刊第98期。⑬O.M.,与他人合作发表文章合署。

朱宗良(1892-1970),浙江海盐人,字尘仙、尘先、纯仙、纯先、绳先、绳仙,号无射。笔名朱宗良,在《南社丛刻》发表诗文署用。

朱祖谋(1857-1931),浙江归安(今湖州市)人。原名朱孝臧,字藿生、古微、古藏,号沤尹、彊邨(彊村、强邨、强村)。别号上彊山民、上彊邨民、上彊邨人、彊邨老人、彊邨先生、沤道人、藿道人、上白民。笔名:①朱祖谋,见于词《诗余六首》,载1908年上海《国粹学报》第4期第10期;词《解蹀躞》《定风波》,载1923年上海《华国》月刊第1卷第1期。1924

年6月起在南京《学衡》发表《水调歌头》《高阳台》《鹧鸪天》《齐天乐》等词,出版《梡鞠录》(上海扫叶山房,1917年)、《湖州词征》(吴兴刘承干嘉业堂,1920年)等著作均署。②彊邨,见于词《彩云归》,载1910年上海《国风报》第14期。③彊邨,见于词《临江仙引》《雪梅香》《三姝媚》,载1911年上海《国风报》第2期。同时期起在《国粹学报》《微言》《宪法新闻》《国闻周报》等刊发表词作亦署。④古微,1915年在《文星杂志》发表词作署用。⑤朱古微,见于词《还京乐》,载1916年8月10日上海《大中华》杂志第2卷第8期。⑥朱孝臧,见于词《紫荑香慢·焦山九日》,载1918年11月15日上海《东方杂志》第15卷第11期。出版《彊邨乐府》(四益宧,1918年)、《彊邨丛书》(归安朱孝臧,1922年)等著作均署。⑦朱古藏,见于词《声声慢》,载1935年上海《人文月刊》第6卷第7期。

诸文蕴(1895-1939),浙江安吉人,字汶隐,号天目山民。曾用名诸闻韵。笔名诸闻韵,见于《经颐渊先生墨梅》,载于1933年杭州《艺风》第1卷第1期。嗣后出版《画竹法理》《诸闻韵画集》亦署。

诸宗元(1875-1932),浙江绍兴人,字贞壮、贞长,号大至。笔名:①诸宗元,见于诗《元夕坐月洗红簃》,载1912年《庸言》第2卷第3期。嗣后在《甲寅》《东方杂志》《学衡》《珊瑚》等刊发表诗文,出版《中国书学浅说》(上海商务印书馆,1929年)亦署。②长公、迦特、诸大至、诸贞长、诸贞壮,署用情况未详。

诸祖耿(1899-1989),江苏无锡人。原名诸锡光,字介父(fǔ)、左耕,号雪盦。笔名诸祖耿,发表论文《论诗经里的"言"字》《文子考》《李长吉研究》《翁覃谿之诗学》《关于马王堆汉墓帛书类似战国策部分的名称问题》等,出版《战国策集注汇考》《尚书章氏学》《先秦学术概论》《韩柳文衡》《刘长卿诗编年校注》《虚字通考》《无锡方言考》《水明楼诗稿》《雪盦文存》等均署。

祝方明(1921-1990),江西永丰人。原名祝怀才。笔名:①许紫,见于散文《轰炸下的一件小事》,载1940年前后桂林《力报·新垦地》。②文新、夏雪,署用情况未详。按:祝方明作有诗歌《遥寄——怀念L》,出版有评论集《十年春暖百花香》(与他人合作)、文艺特写《甘祖昌将军》(与他人合作)等,署名待考。

祝见山(1914-2002),江苏如皋人。笔名:①祝见山,见于散文《夜戏》,载1933年上海《新时代》第4卷第4、5期合刊。嗣后在该刊第5卷第6期发表小说《夜景》亦署。又见于《从两个字的两个条目谈释典》《草木鸟兽虫鱼疏》等文,载1979年江苏《汉语大辞典》编写领导小组所编之《工作简报》。②冬信,见于散文《影子》,载1934年《如皋导报·春泥》第13期。嗣后在该副刊发表《除夜》《论争的态度》《所谓"新长篇小说"》等文、1939年在如皋《大声报》副刊发表小说《马蜂》等亦署。③见山,见于歌谣《两把刀》《正月初二》等，载苏中九分区 1947 年版《打"沙锅"》。④支山，见于诗《桌子归家》，载 1947 年 12 月 2 日苏中九分区《江海报》。嗣后在该报发表《炮响》等诗亦署。⑤魏簪，见于杂文《强盗的逻辑》，载 1960 年 5 月某日《新华日报·新华副刊》。嗣后在《雨花》《江海学刊》等刊发表杂文署。⑥司空彀、公孙伏虎、唐多、徐无那、叔孙达、汪齐诲、年大有、念俞，1960－1964 年在南京《江海学刊》发表杂文署用。⑦祝念俞，见于杂文《奇迹》，载 1964 年 1 月某日《新华日报·新华副刊》。

祝宽（1921－2005），陕西乾县人。曾用名祝晓天。笔名：①祝晓天，见于论文《论创造社初期白话自由诗运动》，载 1943 年秋西安《西北文化月刊》。1942 年在西安《三月诗叶》亦署。②牧笛，1946 年在兰州《西北日报》《兰州日报》发表诗歌署用。③未明，见于论文《评介〈王贵与李香香〉》，载 1947 年 4 月《泥土》杂志。在《诗学习》发表文章亦署。④祝宽，出版论著《中国现代诗史》（上卷一分册）（青海民族学院，1982 年）、《五四新诗史》（陕西师范大学出版社，1997 年）署用。

祝实明（1910－？）四川巴州（今巴中市）人。笔名：①拾名，出版诗集《影像集》（上海新时代书局，1934 年）署用。②祝实明，出版诗集《垦殖集》（贵阳文通书局，1944 年）、《不时髦的歌》（成都晨钟书局，1945 年）署用。

祝世康（1901－1980），江苏无锡人，字尧人。曾用名祝廷模。笔名：①祝世康，出版《社会保险》（南京书店，1931 年）一书署用。②鲁膺，出版翻译小说《笑面人》（法国雨果原作。上海文艺出版社，1962 年）署用。

祝修麒，生卒年及籍贯不详。笔名白鸟，发表《三百六十行》（连载于 1942 年重庆《商务日报》署用。

祝秀侠（1907－1986），广东番禺（今广州市）人。原名祝庚明，字佛朗。曾用名祝弗朗。笔名：①祝秀侠，见于小说《书记晓岩》，载 1929 年上海《小说月报》第 20 卷第 4 期。嗣后在《申报·自由谈》《文学周报》《新流月报》《泰东月刊》《太阳月刊》《现代小说》《大众文艺》《海风周报》《拓荒者》《艺术》《沙仑》《当代文艺》《文学月报》《春光》《小说》《北新》《创作》《光明》《青海》《微音月刊》《新语林》《世界文学》《大千》《时代生活》《文艺阵地》《华侨先锋》《民主世界》《文风杂志》《民主政治》《书报精华》《文坛》《社会行政月刊》《文教》等报刊发表著译文，出版散文集《灰余集》（上海读者书房，1936 年），小说集《祝老夫子》（上海现代书局，1929 年）、《紫洞艇》（上海亚东图书馆，1930 年），长篇小说《八月间》（上海现代书局，1930 年），翻译小说《巴比塞短篇作》（法国巴比塞原作。上海大江书铺，1933 年）、《不是没有笑的》（美国休斯原作，与夏征农合译。上海良友图书印刷公

司，1936 年）、《归来》（法国莫泊桑等原作，与黎烈文、蓬子等合译。上海中流书店，1942 年）、《黑丽德》（美国休斯原作。重庆独立出版社，1945 年）、《巴比塞小说选》（上海群众图书公司），论著《诸葛亮》（重庆胜利出版社，1944 年）、《三国人物新论》（重庆国际文化服务社，1946 年）等亦署。②首甲，见于随笔《对鲁迅先生的〈辱骂和恐吓决不是战斗〉有言》（与方萌等合作），载 1933 年上海《现代文化》月刊第 1 卷第 2 期；随笔《关于胡秋原苏汶与左联的文艺论战》，载 1933 年《现代文化》第 1 卷第 1 期。③残月，见于随笔《一部"剪影集"的世界文学史》，载 1933 年 7 月 15 日《申报·自由谈》。嗣后在该报发表随笔《关于现实主义》《艺术的社会性与自由性》等亦署。④秀侠，见于小说《由死角到阵线》，载 1932 年上海《微音月刊》第 2 卷第 3 期；随笔《介绍〈无名文艺〉中的两篇创作》，载 1933 年 7 月 18 日《申报·自由谈》。同时期在上海《微音月刊》《文艺》《现代文化》《东方杂志》《春光》等刊发表著译文亦署。⑤佛朗，见于随笔《叫那瞎眼的得看见》，载 1932 年《女青年报》第 11 卷第 10 期；随笔《英雄的面目》，载 1934 年《读书生活》第 1 卷第 1 期；旧体诗《步原韵和知堂老爷》，载 1934 年 4 月 22 日上海《中华日报·动向》。嗣后在《读书生活》《太白》《新生》《老实话》《文章月刊》《新政周刊》《华侨先锋》《文汇周报》《申报·自由谈》等报刊发表《从罗马婚讯说起》《陀思妥耶夫斯基的〈罪与罚〉》《名的钓饵》《武士道与现社会》《中国的娜拉遭遇》《"拿货色看"的问题》《谈迷信》等文亦署。⑥佛郎、祝庚明，署用情况未详。

祝炎生，生卒年及籍贯不详。笔名祝双双，见于诗《寒夜》，载 1933 年 3 月福建《国光日报·纵横》。

【zhuang】

庄乘黄，江苏嘉定（今上海市）人。笔名：①乘黄，见于随笔《吾之快活观》，载 1914 年上海《快活世界》第 1 期。嗣后在该刊发表《上海四十年前之旧剧史》《欧战牺牲之两大平和家合传》亦署。②庄乘黄，见于论文《史汉抉微》，载 1930 年上海沪江大学《天籁》第 19 卷第 1－2 号。

庄馥冲（1901－？），福建惠安人，字叔通。笔名：①声，见于随感《文艺的新园地》，载 1927 年《少年先锋》第 12 卷第 17 期。②叔通，署用情况未详。③庄馥冲，出版散文集《谈虎集》（台北正中书局，1967 年）署用。

庄劲（1919－2001），福建福州人。笔名：①向新，1939－1940 年间在福建南平《南方日报·哨兵》发表诗作，1940 年在福建永安《现代青年》发表小说《坟墓》《新生命》，嗣后在《前线日报·战地》《东南日报·笔垒》发表《香菇佬》《难忘的人》《博士之子》《学而优则商》等文亦署。②舒林，见于诗《我们这一群》，载 1942 年福建长汀《现代青年》第 6 卷第 3 期；

散文《女博士与儿子》，载 1943 年 12 月 22 日、23 日南平《东南日报·笔垒》。嗣后在南平《南方日报·南方副刊》、福州《星闽日报·满天星》《福建时报》等发表《打老虎》《医生的烦恼》《爱护我们的战果》《论"泼妇的毒辣"》《饥馑声中谈人道主义》等文，1944 年在《新福建》发表医学译文亦署。③庄劲，1941 年在福建《闽医译林》创刊号发表医学译文署用。

庄克昌（1900－？），福建惠安人。笔名：①启时、蓝田、蔚蓝，署用情况未详。②庄克昌，1949 年后在台湾出版散文集《炎荒梦忆》（台北正中书局，1956 年）、《海上语林》（台北正中书局，1969 年）等著作均署。按：庄克昌中学毕业后曾在福建任《民钟报》《思明日报》《华侨日报》《江声报》等报副刊编辑、主笔，其发表文章署用笔名情况未详。

庄启东（1910－1997），浙江镇海（今宁波市）人。笔名：①庄启东，见于诗《雨色的风》，载 1934 年上海《现代》第 4 卷第 5 期；译诗《公园的长凳》（美国休斯原作），载 1934 年上海《诗歌月报》第 1 卷第 1 期。嗣后在上述两刊及《新诗歌》《春光》《华安》《新小说》《夜莺》《文学丛报》《读书生活》《文学月报》《诗创作》《时事类编》《新闻记者》《伊斯兰青年》、延安《解放日报》《谷雨》等报刊发表小说《失业者》、散文《短短的随笔》、诗《塞外杂吟》、译作《悻发富之死》《近代土耳其小说三篇》等，出版小说集《自杀者》（上海新钟书局，1936 年），论著《工业企业的劳动管理》（天津人民出版社，1981 年）、《工业企业工资管理》（天津人民出版社，1982 年）、《我国新时期的劳动就业问题》（山东人民出版社，1984 年）、《国际比较与我国对策》（天津人民出版社，1994 年）等均署。②千冬，见于小说《一天》，载 1935 年 3 月 8 日上海《申报·自由谈》；译作《书架》（俄国巴乌斯托夫斯基原作），载 1941 年 1 月 17、18 日桂林《救亡日报·文化岗位》。同时期在延安《解放日报》《大众文艺》、重庆《文艺阵地》等报刊发表文章亦署。

庄庆祥（1879－？），江苏江阴人，字翔声。笔名庄庆祥，在《南社丛刻》发表诗文署用。

庄瑞声（1927－　），福建晋江人。笔名：①庄鸿，见于散文《生活的鞭子》，载 1946 年春南京《中国日报·平旦》。②禾兵，1947 年后在闽南报刊发表诗歌署用。1957 年在福建《热风》"诗歌专号"发表诗《遥寄》亦署。③庄瑞声，见散文《怀念二哥庄瑞源》，载 1983 年 4 月福州《福建新文学史料集刊》第 3 辑。

庄瑞源（1917－1977），福建晋江人。笔名：①庄瑞源，见于杂文《拟日兵手记》，载 1938 年上海《宇宙风》第 76 期。此前后在《大公报·文艺》《文艺月刊·战时特刊》《文丛》《文艺阵地》《抗战文艺》《中原》《文艺新潮》《宇宙风乙刊》《现代文艺》《改进》《文艺春秋》《长风文艺》等报刊发表散文、小说，出版散文集《贝壳》（上海文化生活出版社，1940 年）、《乡岛祭》（上海文艺新潮社，1941 年），小说集《穷巷之冬》（重

庆文座出版社，1943 年）、《生——远景》（上海正言出版社，1946 年）、《孤独者的灵魂》（上海万叶书店，1947 年），小说散文集《点滴集》（与罗洪等合集。安徽屯溪中央日报社经理部，1945 年），翻译长篇小说《革命的女儿》（美国李德原作，与程建盘合译。上海平明出版社，1952 年）、《死者青春常在》（德国西格斯原作。上海文艺联合出版社，1954 年）、《傀儡》（波兰普鲁斯原作。上海文艺出版社，1960 年）等均署。②瑞源，见于随笔《沙汀速写》，载 1936 年 7 月 18 日南京《广播周报》；小说《穷巷》，载 1940 年上海《杂志》半月刊第 6 卷第 2 期。

庄山，生卒年不详，江苏武进（今常州市）人，字秋水。笔名庄山，在《南社丛刻》发表诗文署用。

庄上峰（1909－1985），山东莒县人。曾用名庄爽峰。笔名：①上峰，抗战时在《山东公报》发表文章署用。②庄上峰，见于译文《苏联学校课外工作的实际情况》（苏联阿尔帕托夫原作，与金诗伯合译），载 1950 年《山东教育》第 11 期。嗣后出版长篇小说《雷霆时代》（山东文艺出版社，1985 年）等亦署。

庄寿慈（1913－1971），江苏扬州人。笔名：①庄寿慈，见于译文《忆马耶可夫斯基》（苏联尼库林原作），载 1940 年桂林《野草》第 1 卷第 2 期。嗣后在《现代文艺》《野草》《戏剧春秋》《诗创作》《文艺生活》《艺丛》《文学新报》《文学译报》《半月文艺》《世界文艺季刊》《中苏文化》《人物杂志》等报刊发表译作，出版翻译小说集《饥饿的橡树》（苏联西维尔加等原作。桂林文献出版社，1942 年）、《沉默的彭琪》（犹太人勃莱兹等原作。桂林春草书店，1944 年）、《前哨》（波兰普鲁斯原作。人民文学出版社，1957 年），翻译诗集《巴努斯诗选》（与人合译。人民文学出版社，1959 年）、翻译自传《我自己》（苏联马雅可夫斯基原作。上海时代出版社，1949 年）等翻译作品亦署此名。②寿慈，见于译文《洗衣妇病了》（苏联高尔巴扶夫原作），载 1941 年重庆《中苏文艺》第 8 卷第 3、4 期合刊。③吕洁，署用情况未详。

庄先识（1882－1965），江苏武进（今常州市）人，字通百、感孺，号恫百、恫白、庄庄、士器、诗四、谿翁、谿然、谿庵居士。笔名：①通百，民国初年在上海《小说月报》发表文章署用。②恫百，见于旧体诗《效王次回疑雨集体得羞字三首》，载 1913 年上海《大同周报》第 2 期。又见于辑录《秋声社诗钟》、词《帐觸词》，载 1920 年上海《小说新报》第 6 卷第 2 期。③庄恫百，见于旧体诗《春夜排闷诗（限尤韵六首）》，载 1920 年上海《小说新报》第 6 卷第 1 期。④庄先识，在《南社丛刻》发表诗文署用。

庄一拂（1907－2001），浙江嘉兴人。原名庄临，号南溪、筚山。笔名：①古槜李人，发表传奇《十年记》署用。②庄一拂，见于《槜李闺阁词人征略》，载 1935 年《词学季刊》第 2 卷第 3 期；随笔《目莲戏文与〈西

游记》，载 1948 年上海《大晚报•通俗文学》第 77 期。嗣后在上述两刊及《戏曲月辑》《教育通讯》《读书通讯》《图书展望》等报刊发表随笔《读〈通天台〉》《嘉邑图书馆劫余善本题识》《读曲笺逐》、词《缑山月•吊吴瞿安先生》等，1949 年后出版《古典戏曲存目汇考》（上海古籍出版社，1983 年）、《明清散曲作家汇考》（浙江古籍出版社，1984 年）等均署。③双华一玕庵，出版传奇《十年记》（上海大东书局，1936 年）署用。④筝山和尚，出版传奇《鸣笳记》一书署用。

庄禹梅（1885－1970），浙江宁波人。原名庄继良。①庄病骸，1910 年起在上海《申报》《新闻报》《同文沪报》等报发表章回小说署用。嗣后与倪轶池合办《宁波小说七日报》并发表小说、论文、小品、笔记等，出版长篇小说《孙中山革命演义》（上海寰球书局，1929 年）、《青剑碧血录》（上海时还书局，1936 年）、《雍正一百零八侠》（与姜侠魂合作。上海时还书局，1937 年）、随笔集《外交思痛录》（上海进益书社，1938 年）等均署。②病骸，见于小说《枕底之函》，载 1915 年上海《礼拜六》周刊第 7 集；随笔《醋海游记》、小说《电车票》，载 1915 年上海《小说新报》第 1 卷第 4 期。同时期起在该刊及上海《小说丛报》《广益杂志》发表《蝶斋詹詹录》《一夕缘》《相面谈》等文亦署。③酉生，见于通讯《宁波文化轮廓》，载 1933 年上海《出版消息》第 24 期；随笔《某刊》，载 1935 年上海《文饭小品》第 2 期。1946 年起在《宁波时事公报•四明山》发表杂文、随笔亦署。④尺蠖，见于小说《出狱》，载 1934 年上海《春光》创刊号；随笔《西子考》，载 1934 年上海《新语林》半月刊第 6 期。1943 年在上海《读书通讯》第 75 期发表书评《评陶著〈中国政治思想史〉》亦署。⑤庄禹梅，见于论文《论描写个性》，载 1935 年宁波《大地》第 2 期；随笔《孟姜女故事的蜕化》，载 1941 年上海《大陆月刊》第 2 卷第 4 期。⑥平青，见于随笔《纸老虎》，载 1935 年上海《平青》第 2 卷第 7 期。1946 年 2 月起在《宁波时事公报•四明山》发表杂文、随笔亦署。⑦庄平青，出版论著《社会进化论》（上海乐华书局）及编注《烈皇小识　研堂见闻杂记》（上海神州国光社，1936 年）署用。⑧醒公、醉我，1946 年 2 月起在《宁波时事公报•四明山》发表杂文、随笔署用。⑨蛟川庄病骸，署用情况未详。

【zhui】

追风（1902－1969），台湾彰化人。原名谢春木。曾用名谢南光。笔名追风，1922 年 7 月在《台湾》杂志连载小说《她要往何处去？——给苦恼的姊妹们》署用。嗣后出版诗集《诗歌模仿》及《透过玻璃所看到的南朝鲜》等亦署。

【zhuo】

卓梦庵（1892－1973），台湾台北人。原名卓周钮，字梦庵。笔名梦庵、卓梦庵、卓周钮、老樱、卓老樱、

1925－1943 年在台北《台湾日日新报》《昭和新报》《南瀛新报》《风月》《风月报》《南方》《兴南新闻》等报刊发表旧体诗《寄怀林客词兄》《旭冈晓望》等署用。

【zi】

子敏（1924－2019），福建厦门人。原名林良。笔名：①林良，1946 年在厦门某报副刊《青天》发表小说《我们是六个》署用。后定居台湾，在台北《国语日报》主编儿童副刊并发表文章亦署。②子敏，1967 年在台北《国语日报•茶话》专栏发表随笔开始署用。嗣后出版儿童文学《舅舅照像》（台北宝岛出版社，1957 年）、《七百字故事（一）》（台北国语日报社，1957 年）、《一颗红宝石》（台北小学生杂志社，1962 年）、《我要大公鸡》（台湾省教育厅，1965 年）、《国父的童年》（台北小学生杂志社，1965 年），散文集《茶话（十册）》（台北国语日报社，1966 年至 1971 年）、《小太阳》（台北纯文学出版社，1972 年）、《和谐人生》（台北纯文学出版社，1973 年），论著《浅语的艺术》（台北国语日报社，1976 年）等亦署。

【zong】

宗白华（1897－1986），江苏常熟人，生于安徽安庆。原名宗之櫆。笔名：①宗之櫆，见于《说人生观》，载 1919 年 7 月 15 日《少年中国》创刊号。②宗白华，见于译文《单纯的自然描摹•式样•风格》，载 1935 年《文学》第 5 卷第 1 期。嗣后出版诗集《流云》（上海亚东图书馆，1923 年）、《流云小诗》（上海亚东图书馆，1928 年）等亦署。

宗璞（1928－　），河南唐河人，生于北京。原名冯钟璞。曾用名冯宗璞。笔名：①宗璞，1948 年在《大公报》发表处女作《A.K.C.》署用。1949 年后出版长篇小说《东藏记》（人民文学出版社，1981 年）、《南渡记》（人民文学出版社，1988 年）、《野葫芦引》，中篇小说《三生石》（百花文艺出版社，1981 年），短篇小说集《红豆》，童话集《风庐童话集》，散文集《丁香结》《寻月集》《铁箫人语》，译作《缪塞诗选》（与闻家驷合译。人民文学出版社，1960 年）、《拉帕其尼的女儿》，以及《宗璞文集》《宗璞选集》《宗璞散文小说选》等亦署。②丰非、任小哲，署用情况未详。

宗舜年（1865－1933），江苏上元（今南京市）人，字子戴，一作子岱，号东斋、惄园、耿吾、汉鳌宦。有诗集《东斋酬唱集》传世。

【zou】

邹获帆（1917－1995），湖北天门人。原名邹文学。乳名祥麟。笔名：①狄凡，20 世纪 30 年代在武汉报刊发表诗文署用。②邹文学，见于诗《六月的南湖》，载 1934 年上海《青年界》第 6 卷第 4 期。嗣后在该刊发表诗《枯柳》《古城台晚眺》亦署。③邹获帆，见于长

诗《做棺材的人》，载 1937 年上海《文学》月刊第 8 卷第 1 期；诗《白云寺前》，载 1937 年武汉《文艺》第 4 卷第 1 期。嗣后在《文艺》《中流》《文丛》《七月》《自由中国》《抗战文艺》《希望》《烽火》《诗垦地》《文艺阵地》《文艺新潮》《笔阵文刊》《文学月报》《现代文艺》《诗创作》《文艺生活》《战时文艺》《文艺杂志》《天下文章》《时与潮文艺》《诗文学》《人民文艺》《呼吸》《中国作家》《大众文艺丛刊》《文艺工作》《集体创作》《诗与音乐》《书报精华》《半月文艺》《人民文学》、桂林《大公报·文艺》等报刊发表著译诗文，出版诗集《在天门》（烽火社，1938 年）、《木厂》（上海文化生活出版社，1940 年）、《尘土集》（上海文化生活出版社，1940 年）、《青空与林》（重庆建国书店，1942 年）、《意志的赌徒》（桂林南天出版社，1942 年）、《雪与村庄》（成都文化生活出版社，1943 年）；1949 年后出版《总攻击令》（新群出版社，1950 年）、《走向北方》（作家出版社，1954 年）、《祖国抒情诗》（作家出版社，1957 年）、《金塔一样的麦穗》（新文艺出版社，1958 年）、《风驰电闪》（新文艺出版社，1959 年）、《都门的抒情》（上海文艺出版社，1962 年）、《浪漫曲》（文化艺术出版社，1986 年）、《邹荻帆抒情诗》（长江文艺出版社，1983 年），长篇小说《大风歌》（作家出版社，1964 年）、《颤抖的灵魂》（中国文联出版公司，1988 年），翻译小说《爱情！爱情！》（俄国列夫·托尔斯泰原作。重庆文聿出版社，1943 年）、《克尔采长曲》（俄国列夫·托尔斯泰原作），翻译诗歌《披着太阳的少女》（俄国列夫·托尔斯泰等原作。福建点滴出版社，1944 年）、《托马诗选》（罗马尼亚托马原作。人民文学出版社，1957 年），主编《中国新文艺大系（1976－1982 诗集）》（中国文联出版公司，1985 年）等亦署。④祥麟、陆泉，20 世纪 40 年代在重庆编《白色花》等刊发表作品署用。⑤德府，1945 年前后在重庆报刊发表评论署用。1984 年 4 月在《诗刊》发表诗评亦署。⑥杨令，见于组诗《春天》，载 1946 年上海《希望》第 2 集第 2 期。⑦邹狄帆，1946 年 7 月在重庆《诗垦地》第 6 期发表诗《新时期》时署用。⑧史纽斯，1948 年在香港《大公报》《文汇报》发表讽刺诗署用。1949 年由香港生活·新知·读书三联书店联合发行所出版诗集《噩梦备忘录》亦署。⑨闻方，见于短评《尊重诗友的劳动》，载 1982 年《诗刊》第 2 期。

邹恩元（1894－1942），江苏无锡人，字东湖。笔名：①邹恩元，见于演讲文《东北铁路之危机》，载 1930 年《交大季刊》第 6 期。同时期在《东北新建设》《铁路协会月刊》《西南导报》等刊发表文章亦署。②邹西山，见于论文《九一八事变后日本铁蹄下之东北铁路》，载 1932 年北平《外交月报》第 1 卷第 5 期。③西山，署用情况未详。

邹枋（1909－1989），浙江绍兴人，字闾卿。笔名：①邹枋，见于散文《"女宫主们"的故事——大学的笔墨生活》，载 1931 年 11 月 10 日上海《新学生》第 1 卷第 6 期；散文《唇红》，载 1934 年上海《当代文艺》第 1 卷第 4 期。此前后在《当代文艺》《青年界》《商学期刊》《革命外交》《社会科学杂志》《社会杂志》《经济学季刊》《河南教育》《银行周报》《前途》《时事月报》《中央时事周报》《建国月刊》《东方杂志》《政治评论》《农行月刊》《实业部月刊》《合作行政》《服务月刊》《新经济》《合作事业》《广播周报》《工业合作》《河南合作》《中农月刊》《合作评论》等刊发表散文《配角》《心》《胜利者》、随笔《经济学家的故事》《吃亏的故事》《清闲漫谈》、评论《顾亭林土地文化纲领》《德国外交政策的永久基础》《"耕者有其赋"》《评伍启元李著经济学原理书评》《朱熹的救荒论与经界论》等文，出版诗集《香吻》（上海草野出版部，1930 年），小说集《三对爱人儿》（上海联合书店，1931 年），散文集《青春散记》（上海联合书店，1931 年），论著《中国土地经济论》（上海大东书局，1933 年）、《平均地权方法论》（上海大东书局，1933 年）、《合作指导技术的实际问题》（昆明中国合作事业协会云南分会研究组，1941 年），译作《会计师查账之实践》（与袁际唐合译。上海民智书局，1930 年）等亦署。②阿枋，见于散文《复旦怪学生的怪事补》，载 1930 年 10 月上海《红叶周刊》第 1 册。1931 年 2 月在该刊第 2 册起连载散文《东宫春秋》亦署。又见于《题记》，载上海联合书店 1931 年版之散文集《青春散记》。③闾卿，见于评论《公孙轶土地经济论纲领》，载 1934 年《建国月刊》第 10 卷第 1 期。

邹绛（1922－1996），重庆人，生于四川乐山。原名邹德鸿。曾用名邹德洪。笔名：①一野，见于诗《五月是灿烂的》，载 1938 年 5 月 1 日成都《新民报》。②邹绛，见于译诗《一个不作法事的和尚》（俄国莱蒙托夫原作），载 1942 年桂林《诗创作》第 14 期；译诗《惠特曼诗钞》，载 1942 年桂林《文化杂志》第 3 卷第 1 期。同时期起在《野草》《文艺阵地·文阵新辑》《文艺春秋》等刊发表译诗《惠特曼诗钞（四首）》、随笔《沉默之类》、评论《近年来介绍的外国诗》等作品，出版翻译长篇小说《初升的太阳》（苏联卡西里原作）、翻译诗集《黑人诗选》《葡萄园和风》《苏赫·巴托尔之歌》《聂鲁达诗选》《和平的旗手——苏联最近诗选》（苏联阿巴施威等原作）以及《安德烈吃熊心的故事》（苏联沃叶沃金原作），编选《中国现代格律诗选》等亦署。③沈乐、费固，1946－1947 年在四川乐山与王庄合编《水星文艺》发表文章署用。1949－1952 年在重庆《国民公报》《新民报》副刊发表译作亦署。④郝去冰，20 世纪 50 年代在重庆《红岩》杂志发表译诗署用。

邹琳（1888－1984），广东大埔人，生于四川宜宾。原名邹善炘，字玉林，号达公。笔名：①达公，民国初年在《民主报》《民国报》发表文章署用。②邹琳，见于论文《法币政策实施一年来之回顾》，载 1935 年《中央时事周报》第 5 卷第 46 期；散文《我的青年时代》，载 1941 年广东曲江《广东青年》第 2 卷第 5 期。

此前后在《新生路月刊》《行政干部》《贸易月刊》《经济汇报》《财政学报》《经济学季刊》《金融知识》等刊发表经济类文章亦署。

邹鲁（1885—1954），广东大埔人。原名邹澄生，字海滨，号澄斋、澄庐。笔名：①邹海滨，见于译文《满蒙处分论》（俄国苦鲁巴金将军原作），载1914年《正谊》第1卷第4期。又见于讲演《文化问题》，载1935年6月广州《新民月刊》第1卷第2期。1942年在《三民主义周刊》第2卷第19期发表《关于兴中会创立的时间与地点》一文亦署。出版游记《环游二十九国记》（上海世界书局，1929年）等著作亦署。②亚苏，见于评论《袁世凯之约法会议》，载1914年日本东京《民国》第1卷第1期。③渔郎，见于随笔《欧洲风云》，载1914年上海《欧洲风云》周刊第2期。④海滨，见于论文《赌祸》，载1919年《建设》第1卷第1期（目录署名"邹海滨"）。⑤邹鲁，见于评论《青年学术界今后应取之改造方针》，载1925年北京《民大月刊》第7期；传记《陈烈士钜海传》《罗烈士侃亭传》《李烈士一球传》，载1929年《中央党务月刊》第6期。嗣后在《中央导报》《西南国民周刊》《先导》《三民主义月刊》《新路》《力行月刊》《新大声杂志》《国立中山大学文史研究所月刊》《新民》《文明之路》《中央周刊》《实报半月刊》《图书展望》《一三杂志》《广播周报》《书林》《学术世界》《新运导报》《时代动向》《民族诗坛》《图书季刊》《新建设》《妇女新运》《说文月刊》《新中华》《时代精神》《文史杂志》《战斗中国》《读书通讯》《文教》《中央日报周刊》等刊发表评论《救国的责任》《中国文化与欧洲文化》《文化问题》《我对于大学教育的意见》、旧体诗《游晋祠感怀》《赠剑父》《三游洞次东坡韵之一》等，出版《澄庐文集》（国立中山大学出版部，1934年）、《澄庐文集续编集》（国立中山大学出版部，1935年）等亦署。⑥澄庐，1926年在《国闻周报》、1943年在《中山学报》发表文章署用。

邹绿芷（1914—1986），辽宁辽阳人。原名邹尚录。笔名：①邹尚录，见于诗《烟袋的回忆》，载1937年上海《中流》半月刊第2卷第2期。②邹绿芷，见于长诗《麦家窝》，载1937年《中流》第1卷第9期；诗《五月的故乡》，载1937年《中流》第2卷第5期；诗《漓江静静地流》，载1940年重庆《战时青年》第2卷第6期。嗣后在《中流》《自由中国》《文艺阵地》《新华日报》《现代文艺》《笔阵》《文艺杂志》《人世间》《中原》《文艺生活》《诗创作》《文学新报》《南方》《新华日报》《诗垦地》《中苏文化》《文风》《文艺复兴》《清明》《作家杂志》等报刊发表著译诗文，出版论著《普式庚论集》（与李葳合译。商务印书馆，1943年）、翻译小说《黄昏的故事》（英国狄更斯原作。自强出版社，1944年）、《炉边蟋蟀》（英国狄更斯原作。通惠印书馆，1947年）、《铁城》（美国L.勃朗原作，与李葳合译。文化工作社，1953年）、《伐木工的反叛》（墨西哥特雷文原作。新文艺出版社，1957年）、《蒂特人的女儿》《流亡者》《花衣吹笛人》（英国勃朗宁原作），

翻译诗歌《骑驰》（美国惠特曼、朗费罗等原作。中兴出版社，1948年）、《手》（美国法斯特等原作。文光书店，1952年）等亦署。著译诗文均署。③周绿芷，见于诗《写在一九四一年的一个春晨》，载1942年重庆《诗垦地》第3期。④费雷，见于诗《雾中的默想》（外二首），载1945年重庆《中哨》第1卷第1期。嗣后在《中原·文艺杂志·希望·文哨联合特刊》《诗创造》《中华教育界》《新教育》等刊发表著译诗文亦署。⑤贺新、绿芷，署用情况未详。

邹谦（1894—？），字曼支。笔名：①邹谦，见于评论《教育与文艺的争斗》，载1922年上海《时事新报·文学旬刊》第36期；论文《民族主义教育学之建设与中国前途》，载1933年《砥柱旬刊》第1卷第2期至第3期。嗣后在《教育研究》《台湾省立师范学院院刊》等刊发表《今日之训育》等文亦署。②曼支，见于论文《舆论之政治作用》，载1933年《砥柱旬刊》第1卷第11期；论文《民族主义教育学之建设与中国前途》，载1933年《湖南大学期刊》第8期。

邹弢（1850—1931），江苏无锡人，字翰飞，号酒丐；别号潇湘馆侍者、瘦鹤词人。晚号守死楼主。笔名：①酒丐，1927年任无锡《泰伯市报》总编，发表《泰伯春秋》署用。②邹弢，任《申报》《益闻录》等报刊编辑时署用，出版有《三借庐笔谈》（上海进步书局，晚清出版）、《浇愁集》（上海大声图书局，1914年）、《蛛隐琐言》《申江花史》等著作，并著有《三借庐乘稿》《万国风俗考略》《地舆总说》《笔谭》《诗词稿》《五朝诗学津梁》《诗词骈文捷径》《洋务管见》等稿。

邹韬奋（1895—1944），江西余江人，生于福建永安。原名邹恩润，字谷曾。乳名荫书。化名安生、Ansen、逊庵、邹白甫、邹恒逊、孙伯辅、沈白甫、李文卿、李尚清、李立卿、李晋卿、季晋卿、季之华。笔名：①谷僧，1915年开始在上海《申报·自由谈》发表文章署用。②邹恩润，见于随笔《不求轩团勉录》，载1915年上海《学生杂志》第2卷第5期。嗣后在该刊及上海《时事新报·学灯》《教育与职业》《新中国》《民铎杂志》《中华教育界》《教育杂志》《生活周刊》等报刊发表著译文，出版翻译小说《一位英国女士与孙先生的婚姻》（上海生活书店，1929年）、《一位美国人嫁与一位中国人的自述》（上海生活周刊社，1932年）亦署。③恩润，1927年9月在上海《生活》周刊第2卷第47期辟《小言论》专栏署用。见于《介绍从不愁虑世界实业大王关于健适方面极有价值的谈话》，载1927年《生活周刊》第2卷第15期。④思退，见于随笔《我恨极了事事崇拜外国人的心理》，载1927年《生活周刊》第2卷第19期。嗣后在该刊发表《奇人奇事》《一个女书记的经验》等文亦署。⑤秋月，见于随笔《享用光亮电灯的人要想一想》，载1927年《生活周刊》第2卷第42期。嗣后在该刊发表《世界各国财富的比较》《狂热中的清静》等文亦署。⑥心水，见于随笔《震动世界的一个小孩子》，载1927年《生活周刊》第2卷

第 44 期。嗣后在该刊发表《科学家奋斗所得的奇迹》《介绍家庭娱乐方法的新建议》等文亦署。⑦落霞，见于《美国白鲁里的男女社交公开》，载 1927 年《生活周刊》第 2 卷第 45 期。嗣后在该刊发表《敬告青年与家长》《当代革命文豪高尔基》等文亦署。⑧春风，见于随笔《仍旧有点难为情》，载 1933 年《生活周刊》第 2 卷第 47 期至第 48 期。⑨惭虚，见于随笔《敏捷准确》，载 1927 年《生活周刊》第 2 卷第 51 期。嗣后在该刊发表《坚毅的报酬》《胡适之先生最近回国后的言论》等文亦署。⑩因公，1927 年在《生活周刊》连载长文《听听中山先生的生活》署用。⑪韬奋，1928 年 11 月 18 日在《生活周刊》《小言论》发表文章开始署用。嗣后出版散文集《小言论（三集）》（上海生活书店，1931 年 10 月、1933 年）、《韬奋漫笔》（上海生活书店，1933 年）、《漫笔》（上海生活印刷所，1936 年）、《大众集》（上海大众生活星期刊社，1936 年）、《坦白集》（上海生活书店，1936 年）、《展望》（上海生活书店，1937 年）、《经历》（上海生活书店，1937 年）、《萍踪忆语》（上海生活书店，1937 年）和译作《高尔基》（美国康恩原作。上海生活书店，1934 年）等亦署。⑫愚公，见于《老而且厚的脸皮微微的红了一下》，载 1927 年《生活周刊》第 3 卷第 47 期。⑬孤峰，见于短文《七十四岁的女学生》，载 1927 年《生活周刊》第 3 卷第 50 期。嗣后在该刊发表《美法总统的薪俸》《赞助中国的罗索先生》等文亦署。⑭清风，见于短文《何老头子之多也！》，载 1927 年《生活周刊》第 3 卷第 50 期。在该刊发表《世界上最贵的土地》《鼓励史密斯上进的傅利》等文亦署。⑮润、沈慰霞、云霄、静渊，1927 年起在《生活周刊》发表文章署用。⑯笑世，见于译文《一个女子恋爱的时候》，连载于 1929 年《生活周刊》。⑰邹韬奋，见于随笔《梦想的中国》，载 1933 年《东方杂志》第 30 卷第 1 期。嗣后在《时代论坛》《抗战半月刊》《少年文选》等报刊发表文章，出版散文集《激变》（汉口，1938 年）、《患难余生记》（晋察冀新华书店，1947 年）亦署。⑱木旦，见于译作《社会科学与实际社会》（伯恩斯原作。上海光夏书店，1941 年。该书 1947 年由韬奋出版社重版时改署"韬奋"）。⑲韬、粹缜、碧岸、灵觉、奋奋、晨曦、绿丛、落水、太平、谷曾、俗僧、李文卿、李晋卿、沈白甫、银号老板、Anson，署用情况未详。

邹霆（1927— ），山东济南人。原名邹维熙，字念韬。笔名：①危谿、奚谷，1943－1945 年春在成都《燕京新闻》《华西晚报》发表杂文、剧评署用。②云芸、马基、车薪、邵雨、骑士、管茶哲、燕赵士，1946－1947、1949－1953 年在南京《中国日报》《大刚报》《南京人报》《新民报》《新华日报》发表散文、杂文、评论等署用。③周霆，1948 年在上海创作电影剧本《黑河魂》署用。④程忆莎，20 世纪 50 年代初在上海创作话剧《恐怖世界》署用。⑤艾未林，与郑造合署。1950－1952 年在《南京人报·人民电影》发表文章署用。⑥周丁，

1957 年在北京报刊开始署用。嗣后在香港、北美等地报刊发表文章亦署。⑦封马牛、狄思渳、崔悠笙，1979 年开始在香港《文汇报》《新民报》《镜报》《中报月刊》《中外影画》等报刊发表文章署用。⑧丁周，1980 年开始在北京《中国建设》（中文版）发表文章署用。⑨邹霆，出版传记《永远的求索——杨宪益传》（华东师范大学出版社，2001 年）署用。⑩艾韦林，署用情况未详。

邹问轩（1914－1966），江西余江人。原名邹恩洵。曾用名邹文、邹文宣。笔名：①邹恩洵，见于《我们是兄弟、是战友、是同志》，载 1944 年 10 月 7 日延安《解放日报》。②邹文宣，署用情况未详。

邹幼臣（1917－？），福建福州人。笔名邹萍影、邹怀靓、萍影，20 世纪 40 年代在福建南平《南方日报·南方》、连城《大成日报·高原》、长汀《汀江日报》等报发表《血红的枫叶》《怀燕曲》《深深的怀念》等散文署用。

邹狱（1925－2001），江西宜丰人，生于江西南昌。原名刘予迪。笔名：①予迪，1944 年在重庆《火之源文艺丛刊》署用。②邹狱，见于诗《理性构图》，载 1945 年《火之源文艺丛刊》第 4 期。③阿予，20 世纪 40 年代后期赴台后在台湾诗刊发表诗作署用。

邹遇（1881－？），江苏宜兴人，字忍伯，号秋士。笔名邹遇，在《南社丛刻》发表诗文署用。

邹治鄂，生卒年及籍贯不详。笔名邹曦，20 世纪 30 年代在武汉《市民日报·雷电》《武汉时报·狂涛文艺》《壮报·习作》《时代日报·偶语》等报刊发表诗文署用。

邹子彬（1916－？），福建长汀人。曾用名邹绍文。笔名：①邹子彬，1943 年在福建上杭创办《幸福报》署用。嗣后出版《长汀风光》（永安改进出版社，1941 年）一书亦署。②紫冰，20 世纪 40 年代在福建报刊发表诗文署用。

邹子孟，生卒年不详，湖南汉寿人。笔名：①子孟，见于随笔《再向读者说几句》，载 1925 年 8 月 9 日马来亚新加坡《叻报·星光》。②邹子孟，见于小说《师长》，载 1926 年 7 月 16 日新加坡《叻报·星光》。③漫郎，20 世纪 20 年代中期在新加坡《叻报·星光》发表散文署用。

【zuo】

左秉隆（1850－1924），辽宁沈阳人，满族，字子兴、紫馨，号炎洲、冷宧。笔名：①左秉隆，出版诗集《勤勉堂诗抄》（南洋历史研究会，1959 年）署用。②冷宧先生，署用情况未详。

左干臣（1908－1966），原名左敔。曾用名左干忱、左宗栋。笔名：①左干臣，见于小说《男性的悲哀》，

载 1928 年上海《文学周报》第 340、341 期合刊；小说《火殉》，载 1929 年《长风》第 5 期；小说《女招待》，载 1931 年《国闻周报》第 8 卷第 32 期。同时期或嗣后在《青年界》《盛京时报》《新北方月刊》《中华教育界》《集美周刊》《国论》《申报月刊》《民心旬刊》《青年生活》《西北风》等报刊发表小说《母亲的复仇》《死约》、随笔《求学与爱罪》等，出版中篇小说《征鸿》（上海泰东图书局，1928 年），长篇小说《情人》（上海亚细亚书局，1928 年）、《他瞎了》（上海文艺书局，1932 年），短篇小说集《创痕》（上海亚细亚书局，1928 年）、《男性的悲哀》（上海金屋书店，1929 年）、《火殉》（上海文艺书局，1929 年）、《爱与仇》（上海文艺书局，1933 年）、《上帝的傀儡》（上海大陆书局，1933 年）、《第四者》（上海大东书局，1934 年）、《死约》（成都景明出版社，1943 年），话剧《女健者》（上海启智书局，1928 年），小说戏剧集《泪》（上海泰东图书局，1929 年）等亦署。②茅以思，见于小说《被打靶的人》，载 1930 年 1 月 10 日上海《新月》第 2 卷第 11 期。嗣后在《国论》发表小说《失踪的孤独者》、评论《国防文学发展的路线》等文亦署。出版短篇小说集《春之罪》（上海中华书局，1930 年）亦署。

左林（1924－1995），湖南浏阳人。原名左義华。笔名：①左義华，1937 年在上海《新儿童报》发表《要求收复失地抗战》《什么人是汉奸》等文署用。嗣后至 1938 年在上海《儿童日报》《新儿童报》《儿童新闻》、宁夏《国民日报》《平罗报》，1938－1941 年在桂林《少年阵线》《广西日报》《扫荡报》等报刊撰文亦署。另有数篇文章收入上海儿童书局出版的《我们的旅行记》亦署此名。②左群、兰虹、加答儿，1937－1951 年在桂林《救亡日报》《新儿童报》《广西日报》《儿童生活》《华中少年》《中国青年》等报刊发表文章署用。③左林，1937 年开始在桂林《救亡日报》《少年阵线》《江淮报》《华中少年》《新华日报》等报刊发表小说、报告文学、评论等。嗣后出版小说《生活的故事》（香港文化供应社，1946 年）、《小英雄》（东北书店，1947 年），秧歌剧《光荣夫妻》（东北书店，1949 年），1948－1949 年在《中国青年》发表秧歌剧《光荣夫妻》、散文《华北学生代表大会散记》等作品，1949 年后发表作品，出版游记《在幸福的国度里——访苏游记》、中篇小说《生活的故事》《四万五千里记》、传记小说《董存瑞的故事》《黄克诚大将》等均署。④韦林，见于《内蒙古革命青年团》，载 1948 年《中国青年》第 1 期。

左明（1904－1941），陕西南郑人。原名廖宗岱，号菊阳。曾用名廖作民、廖新。笔名：①廖作民，1924 年任上海汉中旅沪同乡会会刊《汉钟》副编辑，发表文章署用。1926 年 3 月在北平《世界时报》发表文章亦署此名。②左明，见于剧作《中秋》，载 1928 年上海《泰东月刊》第 1 卷第 10 期；诗剧《弟弟》（与凝秋合作），载 1929 上海《南国月刊》创刊号。嗣后在《矛盾》《戏剧与文艺》《南国周刊》《沙仑》《文艺月刊》《戏》《艺术新闻》《文学杂志》《中国文学》《晨钟》《弹

花》《山东民众教育月刊》《明星》等刊发表剧作、随笔等，创作歌舞剧《农村曲》《王八蛋才逃》《军火船》、话剧《神枪手》《中国进行曲》《大义灭亲》《流寇队长》（与张庚、孙强合作）、电影剧本《王先生的秘密》《王先生过年》《难姐难妹》《年年明月夜》《母亲》《王先生奇侠传》《王先生生财有道》，出版诗集《在腐朽的年代里》（苏州荒原社，1949 年），剧作集《到明天》（汉口海燕出版社，1938 年）、《上海之夜》（重庆正中书局，1943 年），编选《北国的戏剧》等亦署。

左琴岚（1923－　　），四川成都人。原名纪宏春。笔名：①白易，1939－1941 年在成都《民声报》《飞报》《华西日报》发表短诗署用。②黄沙文，1940 年在成都《华西日报》发表论文署用。③左琴岚，1942 年起在成都《新中国日报·动力》发表诗、散文署用。嗣后发表长诗《滚滚的沱江呀》（载 1943 年重庆《诗垦地丛刊》第 4 期），1948 年后在台湾台东《台声报》等报刊发表诗等亦署。④左宏春，1950 年前后在台北《国语日报》发表诗歌署用。⑤蓝潭，1957 年在台湾嘉义《商工日报》发表诗歌署用。

左曙萍（1914－1984），湖南湘阴人。原名左绍傅，字鎈如，号庶平。笔名：①麦逊，见于随笔《张天翼与酒、女人》、散文《都市以外》，分别载 1934 年《创作与批评》月刊创刊号和南京《中国文学》创刊号。②左曙萍，出版诗集《天南地北马蹄忙》（新疆日报社，1946 年）和小说集《西去阳关》（沙漠出版社，1946 年）署用。③关外柳，1944 年在新疆《沙漠诗刊》发表诗歌署用。按：左曙萍还著有诗集《红祸》《吠尔特·蒙古牧原上的血泪》、朗诵诗集《风雨故人来》，出版与署名情况未详。

左舜生（1893－1969），湖南长沙人。原名左学舜，字舜生，号仲平。曾用左学训、谔公。笔名：①左学训，见于评论《家庭改革论》，载 1919 年 3 月 19 日上海《时事新报·学灯》；诗《愿意》，载 1919 年北京《少年中国》第 1 卷第 5 期。嗣后在上述两刊发表文章多署。②左舜生，见于诗《南京》，载 1920 年《少年中国》第 1 卷第 9 期。此前后在该刊及《复旦大学政治学报》《民声周报》《国论》《外交评论》《复旦社会学系半月刊》《人文月刊》《时事月报》《外交研究》《今日青年》《民宪》《周报》《正气月刊》《中农月刊》《中华农学会通讯》《农业推广通讯》等刊发表文章，出版论著《近代中日关系略史》（上海中华书局，1924 年）、《各国航业竞争》（上海中华书局，1927 年）、《法兰西新史》（上海启智书局，1928 年）、《中俄关系略史》（上海中华书局，1929 年）、《文艺史话及批评》（台北文星书店，1966 年）等均署。③舜生，见于诗《南京》《黄昏》，载 1920 年 3 月 2 日《时事新报·学灯》。嗣后在《民声周报》《国论》《民宪》《旅行杂志》《大中国》等刊发表诗文亦署。④阿斗，见于《南京政府对于本报的查禁》，载 1932 年上海《民声周报》第 23 期。嗣后在《法制周报》《现代周报》等刊发表文章亦署。⑤黑

头、左仲平，署用情况未详。

左笑鸿（1905－1986），安徽泾县人。原名左啸虹。笔名：①笑鸿，1928 年开始在北平《世界日报》发表短篇小说《夹缝中》等署用。嗣后在《新申报·文艺周刊》《世界晚报·夜光》《世界晚报·灯下》《世界日报·明珠》《戏剧周刊》《人人周报》等报刊发表小说、随笔等署用。②双枪将，1928 年后在《世界日报·明珠》《世界晚报·夜光》《新申报·文艺周刊》发表杂文署用。1945 年在《世界晚报》辟专栏《灯下闲谈》，1948 年在北平《一四七画报》发表《禁舞问题》《财是怎么发的》等亦署。③章飞，20 世纪 20 年代在北平《世界日报·明珠》《世界晚报·夜光》《新申报·文艺周刊》发表小说署用。抗战期间在北平《沙漠画报》《朔风》《新光》等报刊发表诗文亦署。④林凤，20 世纪 20 年代在北平《世界日报·明珠》《世界晚报·夜光》《新申报·文艺周刊》发表小说署用。抗战期间在《南京中报》连载长篇小说《小公馆》《嫂夫人》《标准丈夫》《云雾》等亦署。⑤左笑鸿，出版小说集《笑鸿短篇小说（第一辑）》（北平世界日报社，1935 年），故事集《卧薪尝胆》（北京出版社，1957 年）、《范雎入秦》（北京出版社，1957 年），连环画《三山聚义》（人民美术出版社，1983 年）等均署。⑥左柳，1945 年后在北平《新民报》连载长篇小说《血债》署用。⑦甘牛，20 世纪 50 年代在上海《新民晚报》连载长篇小说《闹离婚》《龙套列传》署用。⑧江虹，出版中篇小说《芙奴传》（北京出版社，1957 年）署用。⑨凌澜，署用情况未详。

佐丁（？－1969），籍贯不详。原名林宏昌。笔名：①佐丁，见于诗《题未定》，载 1941 年 4 月 30 日马来亚新加坡《南洋商报·狮声》。②左丁、林佐，1946 年前后在马来亚新山《赤道文阵》等报刊发表文章署用。

名号首字音序检索表

A

蔼默庐主	黄静涛	艾明	姚冷	爱苍	沈瑜庆	安东尼奥	白刃
蔼一	梁遇春	艾明之	艾明之	爱读革命军者	章士钊	安都生	赖和
霭骞	王统照	艾漠	贺敬之	爱恩基	彭桂蕊	安娥	安娥
霭青	朱英诞	艾纳	冯宾符	爱而	李遇安	安娥女士	安娥
霭生	塞先艾	艾浦	蔡丹冶	爱耳	柔石	安凤麟	安西
霭士	纪果庵	艾其德	马国亮	爱管闲事	川岛	安岵林	陈火泉
【ài】		艾青	艾青	爱国者	梁启超	安华	施蛰存
艾·刊载	刊载	艾秋飙	萨空了	爱华	蓝瑛	安怀音	安怀音
艾艾	艾芜	艾芮	邓拓	爱华	沙驼	安济	赵扬
艾艾	李萌	艾三	李纶	爱珈	钟梅音	安蹇	英敛之
艾昂甫	戴望舒	艾沙	丁平	爱娇	包天笑	安蹇斋主	英敛之
艾白水	穆仁	艾沙	刘沙	爱莲	范烟桥	安蹇主人	英敛之
艾北	白夜	艾山	林振述	爱楼	童爱楼	安克	冈夫
艾川	韩文洲	艾生	戴望舒	爱牟	郭沫若	安澜	陈其桩
艾春华	卞和之	艾石	黄耘	爱情和尚	袁振英	安澜	于安澜
艾丛	萧蔓若	艾士	章西崖	爱去先生	王小逸	安乐乡人	金兆蕃
艾达	删斯嘿	艾思奇	艾思奇	爱群	萧军	安立	李叔同
艾迪	马国亮	艾提	冯契	爱容	刘玉峰	安庐	徐谦
艾涤尘	艾寒松	艾提曼	冯契	爱山庐主人	朱经农	安弥	严辰
艾丁	张艾丁	艾逖生	艾寒松	爱丝女士	胡云翼	安敏	严辰
艾而	李生庄	艾荼	李筱峰	爱思基	彭桂萼	安娜	郭沫若
艾尔米亚·伊里·赛依		艾途	郭显	爱吾	艾芜	安娜	彭定安
拉姆	尼米希依提	艾韦林	邹霆	爱吾	巴人	安娜	宋文
艾尔米叶毛拉		艾未林	郑造	爱仙	潘汉年	安尼	唐纳
	尼米希依提	艾未林	邹霆	爱阳	蒋孔阳	安尼	文怀沙
艾帆	杨田农	艾文会	艾文会	爱杨	戴不凡	安平	储安平
艾方	鲍昌	艾雯	艾雯	爱欲生	杏影	安萍	张同
艾芳	谈路	艾汶	苏汶	爱智	白采	安浦	裴景福
艾分	贾霁	艾芜	艾芜	爱智	吴虞	安琦	安旗
艾风	陈迅之	艾悟	王之却	爱智庐主人	吴虞	安旗	安旗
艾烽	艾烽	艾霞	艾霞	爱自由者	金天翮	安然	胡山源
艾淦	宋之的	艾乡	李北开	爱自由者金一	金天翮	安仁	彭俞
艾光道	艾煊	艾新	塞先艾	爱祖国者	高天梅	安忍	彭俞
艾寒松	艾寒松	艾萱	艾煊	隘庵居士	孙德谦	安如	柳亚子
艾煊	杨述	艾煊	艾煊	隘堪	孙德谦	安山叔	周作人
艾篁	王景山	艾循	艾循	隘堪居士	孙德谦	安生	邹韬奋
艾家政	艾治平	艾逊	傅南鹏	隘园	朱汝珍	安石	毕磊
艾军	邱艾军	艾炎	艾煊	碨碜	胡愈之	安汤	张春桥
艾菌	刘沙	艾扬	艾扬	【ān】		安危	安危
艾兰	张志	艾野	陈秋舫	厂(ān)村	郑雨	安慰	刘心皇
艾黎	马乙亚	艾依尼丁	王洛宾	厂(ān)晶	李汉俊	安西	安西
艾黎	周艾黎	艾以	艾以	厂(ān)民	严辰	安犀	安西
艾藜	曾岛	艾逸尘	艾寒松	厂(ān)樵	厉厂樵	安侠	王祖勋
艾藜	周艾黎	艾莹	王彦远	安安	安旗	安行文	安西
艾力胡麻	赛福鼎	艾玉	李纶	安波	安波	安簏	施蛰存
艾玲	刘和芳	艾云	荆有麟	安苍	王书天	安隐老人	高吹万
艾珑	艾珑	艾云	周国锟	安诚	江亢虎	安友石	安友石
艾路枫	涂元唏	艾真	潘芷汀	安得	张春桥	安裕英	安旗
艾伦	陈秋舫	艾芝	刘平	安得华	曹靖华	安之	巴波
艾罗	黄然	艾治平	艾治平	安荻	田琳[1]	安住	李叔同
艾洛莱	丁芒	艾子	艾治平	安定老人	陈树人	庵	李默映
艾蒙	林晨	艾子	殷参	安东梦春	谢尊五	庵	王伯庸

庵	周黎庵	巴莱	易文	白痴	赵树理	白寒	白寒
庵庵	杨钟羲	巴兰	萧崇素	白楚香	白逾桓	白寒	陈冰夷
庵僧	李冰人	巴浪	舒塞	白川	朱维之	白航	白航
庵星	欧陈剑窗	巴蕾	沈英卫	白纯超	刘燕及	白合	周国锟
【ǎn】		巴力	陈隄	白莸	段可情	白鹤	白鹤
俺舫	陈莲痕	巴陵	叶梦友	白翠	陈伯吹	白鹤	孔另境
【àn】		巴鲁爵士	沈从文	白丹	林晨	白鹤山庄主	崔通约
闇伯	金蓉镜	巴旅	郑玉华	白道	鲁迅	白痕	包白痕
闇公	丁传靖	巴洛	巴人	白得易	白得易	白珩	白珩
闇公	金蓉镜	巴牧	巴牧	白登道	王君实	白虹	李洽
闇园	王小隐	巴人	巴人	白堤	白堤	白蕻	司马文森
闇园小隐	王小隐	巴人	董效舒	白堤	苏杭	白花草庐	于右任
岸	李叔同	巴人	胡愈之	白荻	白荻¹	白华	李冰炉
岸公	易大厂	巴人	柳倩	白荻	白荻²	白华	吕白华
案	周作人	巴人	鲁迅	白荻	曹汶	白华	杨历樵
案山	周作人	巴人	萧公权	白荻	谭正璧	白华居士	张默君
【áng】		巴山	巴牧	白蒂斯	王森然	白华义	李英儒
昂夫	冈夫	巴山	寒声	白棣	周伯棣	白话道人	林白水
昂青	沈昌眉	巴山	王正¹	白迭	袁水拍	白桦	白桦
【āo】		巴山	杨邨人	白丁	陈华²	白桦	白拓方
凹园	黄祝蕖	巴山樵父	孙为霆	白丁	陈无闷	白桦	冯江涛
【áo】		巴突	韩萌	白丁	成善棻	白桦	戈熠
敖	鲁迅	巴彦	顾巴彦	白丁	丁力	白桦树	鲍昌
敖学祺	敖学祺	巴音	那沙	白丁	丁上左	白晖	朱自清
敖者	鲁迅	巴英	敖学祺	白丁	范泉	白慧	王楚良
敖直	胡风	芭焦	邵伯周	白丁	胡也频	白集	穆仁
聱翁	龚圣俞	芭林	夏羊	白丁	黄白莹	白季仲	楼适夷
鳌挺	方行¹	【bá】		白丁	刘岚山	白嘉	黄道辉
【ào】		拔荻	郭风	白丁	王拱璧	白甲	蒋星煜
奥的洛	李岳南	拔古	黄芝冈	白丁	徐嘉瑞	白简	张子斋
		拔弩	傅白芦	白丁	徐平羽	白江生	韦丘
B		拔山	宋文	白丁	曾圣提	白蕉	白蕉
【bā】		【bái】		白丁	张子斋	白驹	严清
八宝王郎	王潜清	白	戴碧湘	白丁	赵戎	白菊	寇冰华
八儿	郭沫若	白	戴望舒	白尔	王十仪	白君勺	舒芜
八股圣人	夏曾佑	白	姚雪垠	白帆	白帆	白柯	文怀沙
八戒	巴人	白	殷夫	白帆	胡征	白克	白明新
八十四叟	张大千	白艾	白艾	白帆	孔林	白莱	韦丛芜
巴	巴人	白艾	陈冰夷	白帆	李筱峰	白赖女士	宋泳荪
巴岸	李耕	白岸	青勃	白帆	梁南	白兰	白蕉
巴波	巴波	白暗	沙驼	白帆	马君豪	白朗	白朗
巴城	李华飞	白奔	严华龙	白帆	秦瘦鸥	白朗	黑尼
巴东	杜埃	白冰	莫耶	白帆	汪大漠	白浪	勃浪
巴尔	巴尔	白冰	吴秋山	白讽	张央	白浪	王子近
巴夫	韩秀风	白采	白采	白夫	白夫	白浪	周光斗
巴歌	刘沙	白草青	陈夜	白夫	洪林	白冷	苏汶
巴金	巴金	白茶	刘利可	白戈	任白戈	白黎	司马桑敦
巴克	戴介民	白茶	王紫萍	白格	关沫南	白藜	司马桑敦
巴克	徐韬知	白尘	陈白尘	白谷	包白痕	白力士	程省三
巴客	夏衍	白尘	崔百城	白光正	白石¹	白怜秋	赖丹
巴库	沈从文	白沉	司马文森	白圭	郭沫若	白练	张铁夫
巴来	金剑啸	白澄	陈白澄	白龟	吴仲青	白林	徐百灵

白琳	白荻[1]	白茜	陈夜	白亭	万紫	白燕	白燕
白琳	慕湘	白桥	夏浓	白头说梦人	冯自由	白燕	杨实君
白磷	徐百灵	白情	康白情	白头通	崔通约	白燕子	萧军
白灵	张白山	白泉	林如稷	白吐凤	白采	白杨	杨骚
白玲	白堤	白人	白蕉	白拓方	白拓方	白杨林	陈陇
白鸽	于斐	白刃	白刃	白危	白危	白杨女士	李辉群
白凌	白凌	白日	宋桂煌	白威	沙漠	白野	晏明
白零	张青榆	白汝瑗	玲君	白薇	白薇	白野月	小松
白流星	李省三	白蕊	贺家瑞	白薇女士	白薇	白夜	白夜
白芦	陈获帆	白蕊先女士	钱君匋	白韦	韩进	白夜	费启
白芦	傅白芦	白沙	白莎	白苇	巴牧	白衣	王晏
白庐	李育中	白沙	邓中夏	白苇	韩进	白衣郎	郁达夫
白鲁	冯白鲁	白沙	刘若平	白苇	柳北岸	白衣人	任明耀
白鲁	吴廷琯	白沙	穆烜	白苇	楼栖	白衣人	赵扬
白露	贺玉波	白沙	沙白	白文	白文	白矣	张民享
白旅阳	文振庭	白沙	唐鸣时	白文	史济行	白蚁	青苗
白仑	陈一中	白沙	易白沙	白文	张子斋	白蚁	向培良
白马奔	罗泅	白沙老人	梅绍农	白文治	白平阶	白易	青苗
白芒	张央	白沙子	易白沙	白纹	司马文森	白易	左琴岚
白莽	殷夫	白莎	白莎	白翁	白鹤	白裔	李恺良
白梅塘	唐家桢	白莎	班志洲	白屋	巴人	白音	瞿白音
白门秋生	叶灵凤	白莎	林秋冰	白屋	刘大白	白英	李白英
白蒙	林晨	白山	张白山	白屋	秦绿枝	白婴	洪流
白濛	韩萌	白舌	鲁迅	白屋	吴芳吉	白瑛	谈路
白苗	缪白苗	白石	巴人	白屋诗人	刘大白	白瑛	张叶舟
白明	陈黄光	白石	白石[1]	白屋诗人	吴芳吉	白莹	黄白莹
白沫	沐绍良	白石	白石[2]	白屋吴生	吴芳吉	白永丰	马加
白默	沙白	白石	蔡天心	白芜	施冰厚	白悠	吕伯攸
白木	巴人	白石	汪原放	白兮	钟望阳	白榆	陈汝惠
白木	沙白	白石	许大远	白峡	白峡	白羽	宫白羽
白木次郎	天蓝	白石	许天虹	白下老鹤	陈匪石	白羽	刘白羽
白牧	李牧华	白石山人	齐白石	白衔	戴望舒	白羽	汤伯器
白尼	林晨	白蚀	王元化	白线	白蕉	白雨	朱英诞
白霓	林国鉴	白寿彝	白寿彝	白香灯	沈寂	白玉	玉华
白霓	严华龙	白曙	陈白曙	白香芷	曹玄衣	白玉堂	赵戎
白鸟	祝修麒	白水	贾泉河	白晓	江帆	白郁	杨唤
白鸥	白鸥	白水	林白水	白晓光	马加	白原	白原
白鸥	白石[1]	白水	张子斋	白辛	王业伟	白原	陆风
白鸥	戴望舒	白水	朱自清	白辛	乌·白辛	白云	郭森林
白鸥	李梅子	白松	慕湘	白星	林如稷	白云	贺觉非
白鸥	周玑璋	白苏	朱肇洛	白星	刘燕及	白云	施若霖
白鸥居士	白鸥	白塔	白塔	白虚	潘天青	白云	张友鸾
白鸥女士	白鸥	白彂	韩进	白雪	林建安	白云黄花书屋主人	
白蓬	刘宗璜	白涛	任白涛	白雪	梅秀		江应龙
白平	太虚	白匋	吴白匋	白雪	彭雪枫	白云山	梁风
白平阶	白平阶	白桃	戴伯韬	白烟	李耕	白云深	杜若
白苹	黑尼	白特	杜谈	白岩	邓燕林	白云天	苗秀
白苹	洪为藩	白天	方殼	白炎	白炎	白芸窗	高咏
白苹	张谬子	白天	魏巍	白炎	夏川	白藻	王昌定
白萍	太虚	白汀	刘含怀	白眼	吴组缃	白征东	戴伯韬
白其	严北溟	白汀	王亚平	白眼	余冠英	白芷	陈翔鹤
白琪	郝汀	白汀	伊贻谋	白彦花	曾岛	白芷	冯雪峰

白芷	林适存	柏李	柏李	半哭半笑楼主	于右任	包干夫	包干夫
白芷	柳北岸	柏绿	傅白芦	半兰	胡石予	包公毅	包天笑
白芷	楼栖	柏绿	孙柏绿	半阑	陈炼青	包怀琛	包惠僧
白芷	罗紫	柏梅	柏鸿鹄	半老书生	吴观蠡	包晦生	包惠僧
白苎	潘子农	柏秋水	施若霖	半老徐娘	王书天	包惠僧	包惠僧
白苎山人	潘子农	柏儒	陈去病	半老丈夫	王书天	包蕾	包蕾
【bǎi】		柏森	叶德均	半蠢	魏子云	包罗多	傅彦长
百琲词人	范君博	柏森	张友鸾	半林	谷万川	包落弟	胡山源
百弨	魏弨	柏山	彭柏山	半龙	许半龙	包明	阎折梧
百痴生	郭宝珩	柏生	孙伏园	半聋	杨实夫	包清柱	包天笑
百迟	郭宝珩	柏生	天蓝	半楼	何光年	包如谦	包干夫
百川	陈伯吹	柏松竹	柏鸿鹄	半梅	徐卓呆	包山	包天笑
百川	任晓远	柏黄（tí）珠	杨霁云	半保	徐卓呆	包山子	包天笑
百洞山人	林森	柏天	穆烜	半梦	徐梦	包生	包惠僧
百凡	戴不凡	柏香	朱自清	半亩寄庐	穆儒丐	包叔元	叶籁士
百刚	孙百刚	柏薰	周伯勋	半侬	刘半农	包天笑	包天笑
百歌	许仁	柏岩	吕剑	半瓢道人	萧天石	包文第	辛未艾
百合	陈麟瑞	柏叶	郝汀	半瓶	张恨水	包文棣	辛未艾
百合	张若谷	柏玉莲	柏鸿鹄	半坡	黄云眉	包一德	包惠僧
百花村长	潘飞声	柏园	陈原	半千	陈虞孙	包一亦	包惠僧
百花同日生	张秋虫	柏樟	刘珍	半琴	秦似	包一宇	包柚斧
百剑堂主	陈凡	柏舟	陈伯吹	半僧	陈家鼎	包柚斧	李涵秋
百罹	冯百砺	柏子	沈从文	半山	段克兴	包玉珂	包玉珂
百里	蒋百里	柏子	沈子复	半塘	任二北	包正文	邵燕祥
百里	莫洛	【bài】		半塘	姚民哀	【bǎo】	
百砺	冯百砺	拜汲	陈去病	半雅	应未迟	饱尘	李抱忱
百灵	徐百灵	拜鹃	高吹万	半邮	刘含怀	宝宝	林徽因
百宁	沈浮	拜伦·阿洪	洪灵菲	半油	张恨水	宝蟜	张默君
百忍	张恨水	拜伦·洪灵菲	洪灵菲	半芋居士	程崇信	宝凤	余大雄
百忍后人	张恨水	拜农	刘半农	半芋翁	程崇信	宝焜	吴天石
百如	陈去病	拜苹女士	胡云翼	半之	车辐	宝莲	吕碧城
百石室主人	骆荣基	拜士	杜埃	伴耕	冯雪峰	宝莲居士	吕碧城
百蟹	李瑞清	【bān】		伴农	刘半农	宝林	哈华
百姓	萧军	班汉道	卫聚贤	伴侬	刘半农	宝权	戈宝权
百药	朱英诞	班书阁	班书阁	瓣侬	刘半农	宝山	孙冶方
百药生	李详	班毅	苗秀	【bāng】		宝生	郑逸梅
百一楼主	侯鸿鉴	斑园	简又文	邦定	戴介民	宝石	梁小中
百因	郑骞	【bàn】		邦式	周邦式	宝相楼	沈祖牟
百庸	陈凡	半	张恨水	【bàng】		宝燕	袁克文
百忧	成舍我	半庵	王森然	傍观生	黄启明	宝音	李叔同
百粤狂僧	黄征夫	半峇（bā）峇	温梓川	【bāo】		保尔	徐霞村
百云	犁夫	半边翁	胡朴安	包安保	包柚斧	保六	倪海曙
百臻	李连庆	半村	胡山源	包白痕	包白痕	保罗	丁景唐
柏	孙伏园	半村老人	胡山源	包不平	丁景唐	保罗	刘保罗
柏翠	陈伯吹	半村主人	胡山源	包崇章	包白痕	保罗	赵锡嘉
柏繁	戴不凡	半峰	沈钧	包道亨	包惠僧	保生	廖沫沙
柏芳	刘延陵	半谷	张谬子	包尔汉	包尔汉	保斯	田原
柏岗	何迟	半鳏	李铁民	包尔汉·沙希迪		保中	茅盾
柏寒	曹伯韩	半圭	陈兆璋		包尔汉	葆德	艾汶
柏寒	方然	半慧	陈荣枝	包尔汉·谢依德		葆光	金体乾
柏鸿鹄	柏鸿鹄	半角楼主	陈流沙		包尔汉	葆华	曹葆华
柏克	黄伯飞	半斤	金汤	包菲的	巴人		

葆华	卢葆华	鲍雨	鲍雨	北野	胡旷	【bì】	
葆莲	卞楚樵	【bēi】		北译	冯定	必武	董必武
葆良	裘廷梁	悲幢	李叔同	北婴	杜颖陶	必也正	羊令野
葆青	郁葆青	悲风	寿石工	北云	林宰平	毕不朽	高沐鸿
葆荃	戈宝权	悲华	太虚	【bèi】		毕椿萱	毕磊
葆三	侯鸿鉴	悲华经舍	洪允祥	贝贝	孟英	毕德	毕朔望
葆亭	胡尚炜	悲华室主	太虚	贝丁	夏浓	毕殿元	毕殿元
葆之	闵尔昌	悲华子	太虚	贝金	张其春	毕鸽飞	毕革飞
【bào】		悲慧	潘伯鹰	贝莎	甘丰穗	毕革飞	毕革飞
报丁	戴不凡	悲秋散人	洪栋园	贝逊	陈原	毕桓武	毕奂午
报人	张恨水	悲心	太虚	贝叶	冯定	毕奂午	毕奂午
抱碧	陈锐	悲愿	李叔同	贝子	石光	毕奂武	毕奂午
抱残	蔡苇丝	【běi】		被褐	马一浮	毕焕午	毕奂午
抱存	袁克文	北	陈北鸥	被甲	李叔同	毕来	张毕来
抱华精舍主人	钱君匋	北辰	丁玲	琲琲	冯至	毕磊	毕磊
抱润	马其昶	北辰	戈宝权	【běn】		毕簏	毕奂午
抱润翁	马其昶	北池逸老	章钰	奔江	奔江	毕连寿	连阔如
抱石斋主人	傅抱石	北邨	崔百樾	奔水	朱绛	毕铭	陈望道
抱香	谢华国	北笛	郭风	奔星	吴奔星	毕璞	毕璞
抱玄	蒋箸超	北斗	安怀音	奔炀	张良泽	毕其文	毕革飞
抱一	黄炎培	北斗	马丁	贲初	方守彝	毕庆杭	毕朔望
豹变	陈豹变	北斗	周作人	犇新	吴奔星	毕求直	曹从坡
豹岑	袁克文	北斗居士	张垣	【běn】		毕三	姚紫
豹异	程灼如	北海	胡云翼	本阁	徐凌霄	毕树棠	毕树棠
豹隐	陈启修	北海	朱应鹏	本无	萧蜕安	毕庶滋	毕树棠
襄碧	陈锐	北海后身	汪文溥	本无老人	萧蜕安	毕朔望	毕朔望
襄碧斋主	陈锐	北虹	刘映元	本轩	马寿华	毕未朽	高沐鸿
鲍爱蒂	李治华	北京人	梁实秋	本炎	萨孟武	毕蔚生	毕奂午
鲍汴	奉宽	北京僧宏空	太虚	本尧	黄玉尧	毕向	戴碧湘
鲍昌	鲍昌	北林	莫洛	本正	王文起	毕辛风	王北雁
鲍得人	鲍昌	北陵	李辉英	【běng】		毕修勺	毕修勺
鲍东	陈毅	北流	李北流	菶梧	沈恩孚	毕倚虹	毕倚虹
鲍尔汉	包尔汉	北柳	徐公美	【bī】		毕倚虬	毕倚虹
鲍耳聪	放平	北麓	蔡燕荞	皂白老人	朱英诞	毕毓珍	连阔如
鲍奉宽	奉宽	北露	傅白芦	【bǐ】		毕张	刘克光
鲍华	陈蝶衣	北莓	缪白苗	比白	雷昭性	毕振达	毕倚虹
鲍化普	管桦	北乃木	刘燕及	比白	张少峰	敝人	田汉
鲍怀琛	包惠僧	北鸥	陈北鸥	比金	巴金	弼	欧阳弼
鲍怀深	包惠僧	北平	洪为藩	比烈	童晴岚	弼昌	郭弼昌
鲍慧僧	包惠僧	北平	李求实	比斯	侯秉熙	弼辛	石冷
鲍介	楼适夷	北乔	胡乔木	比珠	范君博	碧岸	邹韬奋
鲍钧	唐铁海	北泉	戈宝权	比珠词人	范君博	碧波	毕修勺
鲍老催	戴不凡	北人	张金寿	彼得	俞棘	碧波	戴碧湘
鲍犁	杨大辛	北山	施蛰存	笔公	冯启镠	碧波	赖丹
鲍列斯	陆象贤	北山	张白山	笔花居士	郭沫若	碧波	马碧波
鲍明路	鲍明路	北山公	白蕉	笔记杜威	胡适	碧波	谭碧波
鲍庆南	彭拜	北堂	管维霖	笔奴	赵戎	碧波	王森然
鲍山广叟	钱玄同	北堂	林宰平	笔泉	孙岳军	碧岑	陈碧岑
鲍文蔚	鲍文蔚	北望	满涛	笔侠	董秋圃	碧城	吕碧城
鲍行健	鲍明路	北溪	杨骚	笔直	张志民	碧城女史	吕碧城
鲍耀明	曹聚仁	北岩	李成徽	鄙人	穆烜	碧城女士	吕碧城
鲍一德	包惠僧	北雁	张恨水			碧光	南宫搏

碧湖秋梦词人	易顺鼎	边筎	吴边筎	彬彬	杨实夫	冰人	李冰人
碧君	毕树棠	边氓	张子斋	彬之	丁玲	冰如	陈隄
碧琅玕馆主	冼玉清	边小鸾	彭拜	彬芷	丁玲	冰三	童国珺
碧琅玕馆主人	冼玉清	边鹰	王冰洋	斌贝	刘丹华	冰山	彭柏山
碧柳	吴芳吉	【biǎn】		斌菲	于一平	冰山	童国珺
碧罗	周作人	扁车	刘金	斌菲女士	于一平	冰叔	冰叔
碧罗女士	周作人	【biàn】		滨公	黄宾虹	冰天	姚雪垠
碧萝	王森然	卞东流	谢狱	滨虹	黄宾虹	冰文	茅盾
碧梦	王森然	卞汉	李旦	滨虹散人	黄宾虹	冰弦	梁冰弦
碧泉	袁殊	卞和之	卞和之	滨虹生	黄宾虹	冰弦	刘操南
碧如	杨嘉	卞慧	周振甫	槟芳馆主	严独鹤	冰绬	梁冰弦
碧三	巴人	卞均卿	何为	镔虹	叶玉森	冰心	冰心
碧珊女士	巴人	卞洛	包蕾	镔石	放平	冰心	吴奔星
碧天	王森然	卞易	侯金镜	濒生	齐白石	冰心女士	冰心
碧天	杨御龙	卞之琳	卞之琳	豳斋	杨沧白	冰兄	廖冰兄
碧梧	董必武	卞之门	于沫我	【bīng】		冰雪	沈厚慈
碧梧	萧碧梧	变雅	高天梅	仌丝	徐乃昌	冰洋	王冰洋
碧梧	张碧梧	变雅楼主	高天梅	仌弦	梁冰弦	冰野	莎蕻
碧湘	戴碧湘	便佳篸主	沈宗畸	冰	方冰	冰野	徐永禄
碧星	雷溅波	徧照	李叔同	冰	茅盾	冰矣	谷万川
碧遥	黄九如	辨微	周木斋	冰	吴化学	冰莹	谢冰莹
碧野	碧野	辨音	李叔同	冰	尤其彬	冰之	丁玲
碧野	翁偶虹	【biāo】		冰冰	李滨	冰之	严冰之
碧茵	陈碧茵	杓之人	周作人	冰冰	施雁冰	冰之女士	严冰之
碧樱山馆主	周作人	标准市民	萧军	冰冰	袁玉冰	冰仲	冰仲
碧影	碧野	澎湖遗老	金蓉镜	冰波	王启霖	冰姿	丁玲
碧瑜	梁碧瑜	【biǎo】		冰蚕	田一文	冰子	梁启超
碧云	王森然	表方	张澜	冰禅	胡秋原	冰子	尤其彬
碧云	谢冰莹	【bié】		冰川	谷万川	兵戈	齐鸣
碧珠	白薇	别士	夏曾佑	冰川旧客	陈师曾	【bǐng】	
碧庄	王伯祥	别墅	林彬	冰独	张冰独	丙	茅盾
蔽庐	蒋箸超	【bīn】		冰朵	梁明晖	丙	曾玉羊
薜生	钟动	邠翁	杨沧白	冰菲	梁山丁	丙秉	叶圣陶
壁观	任耕	邠斋	杨沧白	冰高	潘炳皋	丙辰	杨丙辰
壁角生	陈镦厚	宾	赵国宾	冰谷	谷万川	丙丞	叶圣陶
壁星	高树木	宾符	冯宾符	冰谷	李俊民	丙丁	黄纯青
壁岩	王冰洋	宾公	黄宾虹	冰鸿	黄宾虹	丙丁	刘毅
避光	鲁迅	宾弘	黄宾虹	冰壶	冰壶	丙丁	孙跃冬
臂光	李叔同	宾泓	黄宾虹	冰壶	孙芋	丙公	张向天
璧	周璧	宾虹	黄宾虹	冰壶词客	钱君匋	丙琳	施蛰存
璧厂（ān）	谭正璧	宾虹散人	黄宾虹	冰壶生	钱君匋	丙且	陈昌谦
璧辉	俞铭璜	宾弑	黄宾虹	冰华	石评梅	丙三	王探
璧坤	杨奔[2]	宾祺	黄宾虹	冰火	沈侠魂	丙申	茅盾
璧树	冯玉祥	宾四	钱穆	冰季	冰季	丙申生	茅盾
璧五	董必武	宾退	罗瘿公	冰溅	张立	丙生	茅盾
璧伍	董必武	宾弦	蒋牧良	冰镜	张叶舟	丙生	袁珂
辟黄	唐钺	宾之	丁玲	冰块	丰村	秉	叶圣陶
辟疆	汪辟疆	宾芷	丁玲	冰菱	路翎	秉臣	叶圣陶
辟支	徐枕亚	彬	林彬	冰庐	龚冰庐	秉忱	王秉忱
辟子	徐枕亚	彬彬	林彬	冰庐	施济群	秉丞	叶圣陶
【biān】		彬彬	谢冰莹	冰炉	李冰炉	秉诚	叶圣陶
边村	沈寂	彬彬	徐凌霄	冰旅	张烈[2]	秉二	王探

笔名	姓名
秉甫	沈钧儒
秉衡	郝昺衡
秉南	蒋天枢
秉声	张资平
秉英	金秉英
秉直	茹茵
昺衡	郝昺衡
昺蘅	郝昺衡
饼斋	钱玄同
炳皋	潘炳皋
炳汉	郭麟阁
炳煌	倪希昶
炳圻	尤炳圻
炳奇	潘漠华
炳著	夏衍
炳文	谢然之
炳午	王焚
炳章	张文勋
炳昭	赵其文
禀生	邓实
【bing】	
并剪	张恨水
病禅	陈去病
病禅	黄侃
病蝉	黄侃
病蝶	黄复
病佛	黄病佛
病夫	曾朴
病夫国之病夫	曾朴
病高	潘炳皋
病鳏	侯鸿鉴
病鳏	陶小柳
病国青年	黄伯耀
病骸	庄禹梅
病虹	李紫凤
病鸿	徐怨宇
病火	废名
病骥	侯鸿鉴
病倩	陈去病
病僧	雷昭性
病叟	童愚
病无	徐道政
病鸳	张庆霖
病子	金秉英
【bō】	
癶	赵元任
波	茅盾
波	孙海波
波波维奇	王明
波打夫	车辐
波光	姚溱
波痕	杨春波
波拉	黄振球
波黎	冯百砺
波绿	阮璞
波外居士	乔大庄
波外翁	乔大庄
波微	石评梅
波微	汪远涵
波西	于赓虞
波弦	唐伯先
波心	芦甸
波迅	潘子康
波阳	彭定安
玻璃	冯百砺
盋山髯	柳诒徵
钵庵	宋伯鲁
钵翁	苏仲翔
般若（bōrě）	高拜石
剥果	于右任
播种	党积龄
【bó】	
白（bó）鹰	潘伯鹰
薄采	陈山
薄若鲁	施子阳
薄西山	辛丰年
伯	丁伯骝
伯	黄伯耀
伯长	郑正秋
伯常	郑正秋
伯弨	钱素凡
伯超	宣伯超
伯川	杜国庠
伯川	黄秋岳
伯吹	陈伯吹
伯村	曾彦秀
伯达	陈伯达
伯达	张金寿
伯定	夏震武
伯峰	张易
伯符	张梦麟
伯韩	曹伯韩
伯韩	王伯沆
伯寒	方然
伯厚	丁仁长
伯厚	刘尧民
伯基	郭基南
伯戢	乔大庄
伯骥	裴振纲
伯箓	阳兆鲲
伯瑾	邵元冲
伯隽	梁朝杰
伯骏	洪深
伯恩	胡伯恩
伯雷	陈去病
伯励	冯百砺
伯利	梁山丁
伯濂	饶宗颐
伯良	郑修元
伯烈	梁鼎芬
伯岑	张伯苓
伯龙	沈启无
伯伦	雷海宗
伯旻	程千帆
伯明	宋桂煌
伯年	刘孟扬
伯欧	陈北鸥
伯鸥	陈北鸥
伯奇	郑伯奇
伯耆	郝汀
伯谦	裴景福
伯虔	黄典诚
伯潜	陈宝琛
伯潜	蒋伯潜
伯琴	童寯
伯渠	何家槐
伯渠	林伯渠
伯泉	陈宝琛
伯儒	陈去病
伯山	张白山
伯商	朱偰
伯上	周丰一
伯石	朱伯石
伯实	高拜石
伯颂	张寿镛
伯弢	陈汉章
伯弢	陈锐
伯涛	陈锐
伯韬	戴伯韬
伯婉	沙白
伯韦	华山
伯文	侯学愈
伯咸	黄宾虹
伯孝	胡熊锷
伯行	林之夏
伯修	杜国庠
伯循	于右任
伯牙	岳野
伯严	陈三立
伯严	周刚
伯寅	蒋同超
伯英	陈大远
伯英	杜颖陶
伯英	何溶
伯英	蒲伯英
伯英	邵松年
伯鹰	潘伯鹰
伯铺	曹凤笙
伯于	陈浩渺
伯渔	陈其春
伯屿	沙白
伯元	茅盾
伯原	痖弦
伯约	夏衍
伯岳	胡伯岳
伯赞	翦伯赞
伯早	陈绵
伯钊	李伯钊
伯贞	刘大白
伯桢	刘大白
伯子	饶宗颐
伯子	司马文森
帛园	徐文珊
勃	邢桐华
勃生	邢桐华
勃弋	张民享
博董	赵景深
博经	苏曼殊
博浪楼主	伍宪子
博卿	洪棟园
博望	周围
博彦孟和	韩汝诚
博婴	潘伯鹰
博原	冯彩章
渤侯	严北溟
渤霖	慕湘
泊丐	关沫南
泊生	张白山
泊园	周树模
【bǒ】	
跛仙	黄病佛
【bò】	
檗岑	黄宾虹
檗子	庞树柏
擘荔	冯百砺
【bū】	
逋飞	吴梅[1]
逋僧	谭天
逋生	蔡友梅
【bǔ】	
卜鳌	卢鸿基
卜宝南	无名氏
卜宝源	卜少夫
卜成中	孙用
卜冬	何其芳
卜怀君	无名氏
卜吉慈	吴逸凡

卜家	李白英	不了翁	寒爵
卜菁	丁瓒	不明	周作人
卜菁	孙卜菁	不佞	黄侃
卜琳	无名氏	不平	谢觉哉
卜曼尔	莫洛	不平	张恨水
卜蒙龙	赵景深	不齐	陈望道
卜乃夫	无名氏	不齐	周木斋
卜宁	无名氏	不丘生	吴虞
卜人	胡绳	不忍	康有为
卜少夫	卜少夫	不识	丁三在
卜世藩	卜世藩	不堂	鲁迅
卜束	谢狱	不息	李叔同
卜同	曼晴	不息老人	金梁
卜无忌	邓拓	不翔	王伯祥
卜五	李世昌	不肖生	平江不肖生
卜五	徐世昌	不玄	易大厂
卜央	耿庸	不扬	赵扬
卜一	胡青坡	不着	李叔同
卜一	韦晕	不知	周作人
卜英梵	卜英梵	不知老翁	李葭荣
卜远帆	卜英梵	不知老之将至斋主	
卜之	梁山		张一鹏
补白大王长寿翁		不周	周中仁
	郑逸梅	不著	李叔同
补松	吴庆坻	不转	李叔同
补松老人	吴庆坻	不自生生	姜可生
补孙	杨荫杭	布德	谢德耀
补堂	杨荫杭	布谷	蒋星煜
补塘	杨荫杭	布禾	田井卉
补斋	江恒源	布赫	布赫
补拙	彭师勤	布浪	瞿秋白
【bù】		布雷	陈布雷
不才	萧军	布蠡	张一倩
不才	许指严	布列宁	吴玉章
不才子	许指严	布衣	胡石予
不出不入翁	白蕉	布衣	魏毓庆
不除庭草斋夫	陶行知	布衣	张恨水
不党	严群	布振	郑造
不典	唐弢	步兵	唐弢
不动	李叔同	步程	李俊民
不凡	戴不凡	步关	赵树理
不甘女子	张佩秋	步林	尤其彬
不苟	路世坤	步世绪	杜麦青
不回山民	梁鼎芬	步陶	郭步陶
不回翁	梁鼎芬	步虚	蔡咏裳
不进	马骏声	步云	丁芒
不竞	叶夏声	步云	陶钝
不柯	周作人	步曾	胡先骕
不老	胡山源	佈娟	卢葆华
不冷	陈冷血	部生	茅盾
不了	寒爵	瓿云	曹元忠

C

【cái】		蔡焦桐	蔡焦桐
才波	姚文蔚	蔡子民	蔡元培
才杰	萧剑峰	蔡捷	蔡天心
才万	许杰	蔡金声	蔡振扬
材	李楚材	蔡景福	亚薇
【cǎi】		蔡敬昭	蔡力行
采九	皮作玖	蔡九	秦似
采人	张翏子	蔡琨	蔡梦慰
采笙	俞天愤	蔡冷枫	蔡北华
采石	崔真吾	蔡力行	蔡力行
采田	宋元模	蔡立信	蔡力行
采薇	孙跃冬	蔡罗丁	蔡壬侯
采玉	任晓远	蔡落叶	蔡愁洞
采真	张采真	蔡懋慰	蔡梦慰
彩久	皮作玖	蔡梦慰	蔡梦慰
彩轮	岳野	蔡慕晖	蔡慕晖
彩生	俞天愤	蔡南冠	蔡仪
彩彰	梁镇	蔡清述	蔡夷白
【cài】		蔡秋桐	蔡愁洞
蔡安福	蔡钧徒	蔡求生	蔡壬侯
蔡郦	蔡东藩	蔡壬侯	蔡壬侯
蔡痴云	蔡三恩	蔡蕤	丁家瑞
蔡楚生	蔡楚生	蔡瑞武	蔡燕荞
蔡达	蔡观明	蔡三恩	蔡三恩
蔡达官	蔡观明	蔡尚思	蔡尚思
蔡达君	郑定文	蔡绳格	蔡绳格
蔡大丰	蔡力行	蔡实魁	蔡斗垣
蔡丹冶	蔡丹冶	蔡史	马国亮
蔡德明	蔡梦慰	蔡守	蔡哲夫
蔡钧徒	蔡钧徒	蔡守一	蔡哲夫
蔡东帆	蔡东藩	蔡叔声	夏衍
蔡东藩	蔡东藩	蔡蜀生	潘天青
蔡东骊	蔡东藩	蔡水泽	蔡力行
蔡斗垣	蔡斗垣	蔡思果	思果
蔡方信	芳信	蔡松龄	蔡友梅
蔡斐君	蔡健	蔡嵩云	蔡嵩云
蔡馥生	蔡高岗	蔡天培	蔡莘丝
蔡观明	蔡观明	蔡天宪	蔡寄鸥
蔡国政	蔡天心	蔡天心	蔡天心
蔡汉荣	马尔俄	蔡铁丸	蔡铁丸
蔡鸿基	蔡莘丝	蔡廷干	蔡廷干
蔡华冠	蔡健	蔡伟濂	蔡丹冶
蔡华仁	蔡铁丸	蔡文玄	柳北岸
蔡华五	蔡振扬	蔡文铺	蔡文铺
蔡华振	蔡振扬	蔡希真	蔡慕晖
蔡晦渔	蔡夷白	蔡唏紫	劳荣
蔡惠如	蔡惠如	蔡喜声	蔡振扬
蔡玑	蔡斗垣	蔡侠兰	蔡力行
蔡寄鸥	蔡寄鸥	蔡燮垣	蔡燮垣
蔡寄天	蔡丹冶	蔡选青	蔡云万
蔡健	蔡健	蔡珣	蔡哲夫
		蔡一木	蔡一木

笔名	本名	笔名	本名	笔名	本名	笔名	本名
蔡仪	蔡仪	粲者	王统照	曹白	曹白	曹尚沂	秦似
蔡夷白	蔡夷白	璨华	黄忏华	曹半	古丁	曹声	于沫我
蔡乙青	蔡寄鸥	【cāng】		曹邦	马牧边	曹士	马国亮
蔡义忠	蔡义忠	仓夷	仓夷	曹宝华	曹葆华	曹松茂	王朝闻
蔡奕础	蔡苇丝	伧	李俊民	曹保华	曹葆华	曹肃	李汝琳
蔡寅	蔡寅	伧夫	彭展	曹葆华	曹葆华	曹天风	曹天风
蔡莹	蔡莹	伧父	杜亚泉	曹贲	桑雅忠	曹天疯	曹天风
蔡永言	蔡咏裳	伧父	张天白	曹伯韩	曹伯韩	曹皖砂	丁风
蔡永言	董秋斯	伧叟	杜亚泉	曹诚英	曹珮声	曹未风	曹未风
蔡咏霓	蔡咏裳	苍波	刘昌博	曹痴公	曹志功	曹文	西戎
蔡咏裳	蔡咏裳	苍木	陈昌浩	曹崇德	曹未风	曹文麟	曹文麟
蔡咏裳女士	蔡咏裳	苍骑	周昌岐	曹传美	杜埃	曹文笙	曹凤笙
蔡友梅	蔡友梅	苍松	冯岳麟	曹春德	丁风	曹汶	曹汶
蔡有守	蔡哲夫	苍言	苗秀	曹从坡	曹从坡	曹吾	曹辛之
蔡育平	白帆	沧	苏眇公	曹大光	曹清	曹兮	曹兮
蔡元培	蔡元培	沧白	杨沧白	曹丹	曹靖华	曹锡珍	曹锡珍
蔡月牧	蔡燕荞	沧波	程沧波	曹典湖	田夫	曹熙宇	曹靖陶
蔡铖	蔡焦桐	沧波	刘延甫	曹典琦	曹伯韩	曹熹	曹清
蔡云	姜椿芳	沧波居士	程沧波	曹尔序	曹汶	曹湘渠	曹湘渠
蔡云万	蔡云万	沧伯	杨沧白	曹凤仪	曹凤仪	曹辛	曹辛之
蔡哲	蔡天心	沧海	崔通约	曹孚	曹孚	曹辛之	曹辛之
蔡桢	蔡嵩云	沧海	苏眇公	曹贵新	曹贵新	曹新民	曹辛之
蔡振	蔡元培	沧江	梁启超	曹汉文	端木蕻良	曹序	曹汶
蔡振扬	蔡振扬	沧江	许崇熙	曹红	顾行	曹勖华	陈黄光
蔡濯堂	思果	沧将江	梁启超	曹华堂	曹弃疾	曹雪松	曹雪松
【cān】		沧浪	刘沧浪	曹怀	蒋路	曹勋阁	曹文麟
参	何为	沧萍	万里云	曹慧中	彭慧	曹也白	杨希尧
参两	黄赞钧	沧趣	陈宝琛	曹家京	端木蕻良	曹一民	曹冷泉
参赏	何为	沧趣楼主	陈宝琛	曹家驹	魏建功	曹庸	曹庸
参一	陈望道	沧桑词客	丁传靖	曹家裕	杜埃	曹有才	西戎
餐霞	郁葆青	沧水	谭碧波	曹健	曹健	曹禺	曹禺
餐霞散人	郁葆青	沧霞	刘师陶	曹芥茹	杜埃	曹元弼	曹元弼
餐英	傅芸子	沧洲	袁荣法	曹京平	端木蕻良	曹元恺	曹孚
餐英居士	林纾	【cáng】		曹景龙	曹清	曹元科	李冰[1]
餐英子	傅芸子	藏稗楼主	张恨水	曹靖华	曹靖华	曹元忠	曹元忠
【cán】		藏弓	唐弢	曹靖陶	曹靖陶	曹原	曹原
残夫	阿英	藏晖	胡适	曹九章	曹从坡	曹约斋	李平心
残红	高长虹	藏晖居士	胡适	曹聚仁	曹聚仁	曹云鹏	曹云鹏
残华	李赞华	藏晖室主人	胡适	曹聚义	曹艺	曹赞卿	曹冷泉
残芒	张庆田	藏晖先生	胡适	曹钧石	曹钧石	曹真	郑超麟
残山剩水楼主人	高天梅	藏晖主	胡适	曹兰	苗培时	曹之林	端木蕻良
残月	祝秀侠	藏山	梁鼎芬	曹冷泉	曹冷泉	曹之琳	端木蕻良
惭愧老人	刘翼凌	藏叟	梁鼎芬	曹联亚	曹靖华	曹志功	曹志功
惭虚	邹韬奋	藏用	王利器	曹苓	韦晕	曹祖建	曹天风
【cǎn】		藏园	傅增湘	曹路阳	曹锡珍	【cǎo】	
惨	梁实秋	藏园居士	傅增湘	曹明	曹明	中中	杨怀白
惨佛	洪允祥	藏园老人	傅增湘	曹珮声	曹珮声	艸艸	甘乃光
惨庐主人	张友鸾	藏云	贺昌群	曹坪	端木蕻良	艸艸	盛明若
【càn】		藏云	钱穆	曹起	秦瘦鸥	草厂（ān）	于右任
灿抒	陈炳岑	藏者	梁鼎芬	曹弃疾	曹弃疾	草厂（ān）	张友鸾
粲君	王灿	【cáo】		曹秋圃	曹容	草庵	于右任
粲青	王统照	曹阿澹	曹容	曹三	曹靖陶	草草	朱生豪

名号	人名
草草衰翁	杜亚泉
草川未雨	张秀中
草风	郑雨
草寒	潘佛章
草间	沈圣时
草莱	王平陵
草莽史家	孟超
草莽世家	吴晗
草茅	茅蔚然
草明	草明
草明	万木
草明女士	草明
草南	沙白
草平	程灼如
草平	钟绍锟
草桥	袁水拍
草人	王芸生
草沙	草沙
草山上人	唐人
草生	李景慈
草堂	崔通约
草田	苗培时
草心	蓝鸿恩
草心	刘燕及
草野	刁汝钧
草野介士	寒爵
草衣	张恨水
草婴	草婴
草甫	杜草甫
草原	曹汶
草芷	卢煤
【cè】	
厕简子	邓散木
测海	吴观蠡
【cén】	
岑冀	岑琦
岑琦	岑琦
岑刃	陈因
岑汝仰	岑桑
岑汝养	岑桑
岑桑	岑桑
岑秀	夏渌
岑中逸	丁芒
岑卓云	平可
【céng】	
层冰	古直
【chá】	
茶庵	梁鼎芬
茶庵	周作人
茶茶亭长	夏衍
茶菲莎	郑良雄
茶客	周汝昌
茶衲	沈启无
茶丘残客	蔡哲夫
茶丘居士	蔡哲夫
茶丘生	蔡哲夫
茶上人	蔡哲夫
【chāi】	
钗光	茅盾
【chái】	
柴车	谢人吾
柴池	章品镇
柴德赓	柴德赓
柴丁	吴紫风
柴逢	汪立康
柴父	曹辛之
柴也鲁	梁山
柴之英	唐铁海
【chán】	
禅儿	柳亚子
巉岩	徐放
【chǎn】	
铲非	石凌鹤
【chàn】	
忏安	胡先骕
忏庵	胡先骕
忏庵	廖恩焘
忏庵	汪文溥
忏庵居士	廖恩焘
忏盦	胡先骕
忏憨室主	胡石庵
忏红	宋痴萍
忏华	黄忏华
忏惠	徐自华
忏慧	林庚白
忏慧	徐自华
忏慧词人	徐自华
忏绮庵主	廖恩焘
忏绮庵主人	廖恩焘
忏绮斋主人	易顺鼎
忏情室主	许廑父
羼提居士	蒋瑞藻
羼提居士	徐忍茹
羼提生	杨小仲
【chāng】	
昌标	陈昌标
昌年	刘以鬯
昌平	万里云
昌群	贺昌群
昌蔚	陈彬龢
昌文	郑文[1]
【cháng】	
长	唐弢
长安	陈振鹏
长安	恽逸群
长安老人	陆丹林
长安冷宦	沈宗畸
长安卖画翁	林纾
长春室主人	傅增湘
长春小屋主人	张文渤
长盅行人	费砚
长风	冯浪波
长风	楼适夷
长风	吴若
长根	鲁迅
长庚	蒋锡金
长庚	鲁迅
长庚	周建人
长弓	巴人
长弓	张长弓
长弓	张春桥
长公	沈昌眉
长公	诸宗元
长光兄	郭森林
长河	路丁
长虹	高长虹
长虹	杨植霖
长虹	张闻天
长简	师陀
长江	范长江
长乐居士	朱大可
长乐老	汪笑侬
长芒	吴奔星
长矛	彭桂萼
长明	陈振鹏
长牟	周作人
长年	周作人
长宁	王小逸
长青	陈寀
长青	王世昭
长青	叶青
长仁	林森
长孺	康有为
长孺	章钰
长生	陈子展
长生	胡山源
长寿	吴侬
长绥	朱剑芒
长树	鲁迅
长松	刘辽逸
长松山房主人	经亨颐
长素	康有为
长泰	张睿
长天	姜书阁
长啸	钟动
长云	胡山源
长征	常任侠
长之	李长之
长治	李长之
长洲呆道人	吴梅[1]
长洲吴梅	吴梅[1]
长洲吴梅灵鹣父	吴梅[1]
苌楚	吴岩
尝之	李长之
常白	常白
常柏华	常榕
常础	葛洛
常春	钱锋
常春藤	李正中
常登山	俞铭璜
常娥	戴望舒
常棻	蒋锡金
常风	常风
常风	李正中
常枫	常枫
常凤璪	常风
常庚	鲁迅
常工	张长弓
常海	张常海
常怀祖	犁夫
常惠	常惠
常家选	常任侠
常健	张友松
常杰淼	蒋轸庭
常久	方殷
常觉	李家驹
常君实	常君实
常绿	顾巴彦
常明	吴奔星
常乃惪	常燕生
常乃德	常燕生
常乃英	常燕生
常乃瑛	常燕生
常奴问	何其芳
常千	吴㓥之
常青树	张浪
常青藤	李正中
常人	任哲维
常仁	彭俞
常任青	苗培时
常任侠	常任侠
常榕	常榕
常式	方殷
常书鸿	常书鸿
常苏波	常风
常廷芳	常书鸿
常舞天	方龙骧
常惺惺斋	孙瞩螟

笔名	本名
常醒元	常任侠
常言道	谢狱
常燕生	常燕生
常雨	巴人
常玉磬	葛洛
常哉	赵树理
常征	常任侠
常直	高捷
常钟元	方殷
【chǎng】	
氅云	林鹤年
【chàng】	
畅灵	徐昌霖
畅吾	舒新城
【chāo】	
超	邓颖超
超	冯乃超
超	赵超构
超彬	林楚平
超冰	林楚平
超尘	史轮
超凡	苏曼殊
超华	饶超华
超华	沙鸥¹
超杰	瞿世英
超麟	郑超麟
超然	天虚我生
超人	王炎
【cháo】	
晁凤芝	晁文玲
晁若冰	白莎
晁文玲	晁文玲
晁闻	曹汶
巢睫居士	倪希昶
巢南	陈去病
巢南子	陈去病
巢孙	黄寿祺
朝	巴人
朝富	萧楚女
朝谷	沙驼
朝伦	巴人
朝熹	曹清
朝阳	潘侠风
朝阳	徐君慧
朝阳	尹庚
朝阳居士	宋文
朝枝	曾晁机
潮	高潮
潮声	羊枣
潮水	羊枣
潮汐	曹兮
潮音	徐中舒
潮雨	刘岚山
【chǎo】	
炒冷饭斋主人	纪果庵
【chē】	
车把头	王书天
车倍	潘懋元
车夫	李朴园
车辐	车辐
车虹	车虹
车铭深	车铭深
车前草	郑淑梅
车寿周	车辐
车瘦舟	车辐
车薪	邹霆
车行	丁毅
车作汉	车虹
【chēn】	
琛	寒声
琛笙	沈绣莹
【chén】	
尘盦	程善之
尘无	王尘无
尘芜	王尘无
尘仙	朱宗良
尘先	朱宗良
尘因	杨尘因
尘殷	陈泽昆
尘英	沉樱
尘影	袁尘影
辰	魏东明
辰伯	吴晗
辰公	穆儒丐
辰火	胡青坡
辰乞	章振乾
辰兄	台静农
辰子	张慧剑
沉	沈从文
沉迟	黄耘
沉冬	朱沉冬
沉戈	峻青
沉戈	吴继岳
沉默	胡也频
沉思	沉思
沉思	陈克¹
沉思	戴碧湘
沉思	莫洛
沉思	姚雪垠
沉吟	陈香
沉樱	沉樱
沉樱女士	沉樱
忱之	华忱之
陈艾新	蹇先艾
陈安仁	陈安仁
陈白	陈椿年
陈白冰	莫耶
陈白尘	陈白尘
陈白澄	陈白澄
陈白曙	陈白曙
陈白影	陈白影
陈柏冬	陈学昭
陈斑沙	玛金
陈邦直	陈直
陈宝琛	陈宝琛
陈宝润	严恭
陈宝书	陈宝书¹
陈保宗	吴文祺
陈葆煊	陈侣白
陈豹隐	陈启修
陈悲煦	陈大悲
陈北萌	韩萌
陈北欧	陈北鸥
陈北鸥	陈北鸥
陈必登	陈克高
陈弼猷	陈遬
陈碧岑	陈碧岑
陈碧茵	陈碧茵
陈碧云	胡山源
陈宾	陈宾
陈彬范	陈敬容
陈彬龢	陈彬龢
陈冰夷	陈冰夷
陈秉晖	婴子
陈秉俭	陈昌谦
陈秉钧	塞克
陈秉铣	陈炼青
陈秉彝	陈冰夷
陈秉忠	范启新
陈炳奎	陈烟桥
陈炳塈	陈子展
陈波	孟超
陈波儿	陈波儿
陈波儿女士	陈波儿
陈伯吹	陈伯吹
陈伯达	陈伯达
陈伯华	陈荣枝
陈伯欧	陈北鸥
陈伯严	陈三立
陈布雷	陈布雷
陈才	陈纯仁
陈采	罗大冈
陈残云	陈残云
陈灿	罗大冈
陈昌标	陈昌标
陈昌浩	陈昌浩
陈昌谦	陈昌谦
陈昌寿	陈歌辛
陈昌蔚	陈彬龢
陈长明	陈振鹏
陈常	彭柏山
陈常枫	常枫
陈尘	陈有惦
陈尘英	沉樱
陈沉樱	沉樱
陈沉樱女士	沉樱
陈承沆	陈存仁
陈承铮	叶钊
陈承祚	婴子
陈程	司马文森
陈澄之	陈澄之
陈迟	陈迟
陈冲	陈独秀
陈冲怀	杜攻
陈冲子	陈独秀
陈出	万枚子
陈刍	巴人
陈楚材	陈友琴
陈楚淮	陈楚淮
陈垂映	陈垂映
陈春陆	陈春陆
陈春森	陈启天
陈春随	陈登恪
陈椿年	陈椿年
陈椿年	陈虞孙
陈纯仁	陈纯仁
陈词	陈振鹏
陈辞	陈迟
陈辞	季茂之
陈慈煦	陈大慈
陈此生	陈此生
陈次园	陈次园
陈聪	杨志一
陈聪彝	陈大悲
陈从	陈子谷
陈从舟	陈从周
陈从周	陈从周
陈萃芬	陈萃芬
陈萃菜	陈萃芬
陈村	黄望青
陈存仁	陈存仁
陈大悲	陈大悲
陈大慈	陈大慈
陈大光	陈大光
陈大铨	陈铨
陈大远	陈大远
陈代	林微音
陈莒	陈侣白

陈岛	陈超琼	陈扶镎	楚茹	陈洪涛	陈洪涛	陈杰	陈七
陈道谟	陈道谟	陈浮	柯灵	陈华	巴波	陈解庵	陈师曾
陈道宗	陈垣	陈福彬	陈福彬	陈华	白原	陈金连	锦连
陈得闻	陈汉章	陈福才	陈残云	陈华	陈企霞	陈锦祥	陈锦祥
陈德	陈陆留	陈抚	陈荣旺	陈华	鲁琪	陈谨	王淑明
陈德彩	马骏[2]	陈辅相	陈无我	陈华	张一倩	陈进	夏侯
陈德健	陈迅之	陈瀬一	陈瀬一	陈华生	陈白影	陈苾青	田涛
陈德矩	彭燕郊	陈戈	顾行	陈化鲤	陈雨门	陈荆鸿	陈荆鸿
陈德铭	陈素风	陈戈	王北雁	陈怀霜	陈翔鹤	陈晶秋	辛劳
陈德宣	陈君实	陈歌辛	陈歌辛	陈槐泽	陈心南	陈景韩	陈冷血
陈德珍女士	郑秋苇	陈根泉	陈根泉	陈幻依	陈凤兮	陈景新	陈景新
陈德徵	陈德徵	陈庚	陈庚	陈幻依女士	陈凤兮	陈敬第	陈叔通
陈登科	陈登科	陈赓雅	陈赓雅	陈荒煤	陈荒煤	陈敬夫	郑振铎
陈登恪	陈登恪	陈更鱼	陈凡	陈黄光	陈黄光	陈敬容	陈敬容
陈隄	陈隄	陈公瑶	陈陶遗	陈辉	陈辉	陈敬之	陈敬之
陈涤凡	陈获帆	陈公愚	刘芝明	陈会同	陈惠彤	陈靖	陈靖[1]
陈涤夷	陈蝶衣	陈古渔	陈郁文	陈惠	陈学昭	陈玖	陈学昭
陈蝶仙	天虚我生	陈官木	陈嘶马	陈惠	秦绿枝	陈酒	陈尔康
陈蝶野	陈小蝶	陈贯之	陈其通	陈惠彤	陈惠彤	陈菊华	杨荫深
陈蝶衣	陈蝶衣	陈光美	陈荒煤	陈火泉	陈火泉	陈涓	陈涓
陈仃	陈仃	陈光尧	陈光尧	陈货	陈善文	陈涓	靳以
陈定	陈定	陈光垚	陈光尧	陈积勋	陈蝶衣	陈隽人	陈俊人
陈定波	陈翔鹤	陈光裕	陈靖[1]	陈吉芬	陈撷芬	陈珏人	陈友琴
陈定节	陈瘦竹	陈光誉	陈光誉	陈己	陈独秀	陈觉民	陈小民
陈定山	陈小蝶	陈光誉	陈梨梦	陈纪滢	陈纪滢	陈觉斋	陈薰南
陈定扬	陈莲痕	陈广	周恩来	陈季布	叶青	陈君涵	陈君涵
陈陡	李克异	陈广皮	叶君健	陈季子	陈去病	陈君龙	阿垅
陈独秀	陈独秀	陈广湘	陈澄之	陈迹	陈鸣树	陈君山	韩萌
陈敦仁	陈梦韶	陈国良	陈落	陈迹	冈夫	陈君玉	陈君玉
陈镦厚	陈镦厚	陈国权	陈启天	陈继潢	伊佐	陈钧	陈汝衡
陈铎生	陈独秀	陈国柱	陈国柱	陈继修	陈继修	陈俊麟	陈俊人
陈阏（è）	陈雨门	陈果夫	陈果夫	陈寄涛	陈七	陈开	陈任遐
陈尔简	陈慎言	陈果来	铁戈	陈寄瀛	陈纪滢	陈开鸣	陈开鸣
陈尔康	陈尔康	陈海泉	陈昌浩	陈寂	陈寂	陈凯	陈其通
陈迹冬	陈迹冬	陈寒梅	陆地	陈寂先生	陈寂	陈侃	陈莲痕
陈凡	陈凡	陈汉第	陈叔通	陈珈	饶友瑚	陈克	陈克[1]
陈璠	陈瑜清	陈汉章	陈汉章	陈家鼎	陈家鼎	陈克高	陈克高
陈范予	陈昌标	陈翰伯	陈翰伯	陈家驹	马光	陈克寒	陈克寒
陈方	陈方	陈翰华	陈翰华	陈家康	陈家康	陈克惠	陆地
陈芳	叶紫	陈翰笙	陈翰华	陈家庆	陈家庆	陈克桢	陈辛人
陈芳尘	陈学昭	陈浩	陈浩渺	陈家庆女士	陈家庆	陈垦	陈次园
陈非	陈大远	陈浩光	陈仲达	陈家雄	陈家杰	陈伶	韦晕
陈菲	陈雨门	陈浩渺	陈浩渺	陈家英	陈家英	陈宽	陈家康
陈匪石	陈匪石	陈鹤	鲁思	陈嘉	陈嘉	陈宽	陈宽
陈斐	陈白尘	陈鹤南	玛金	陈嘉会	陈嘉会	陈宽	郑公盾
陈斐琴	陈斐琴	陈衡恪	陈师曾	陈嘉仲	陈宾	陈逵	陈逵
陈风康	王明	陈衡窸	陈师曾	陈建	李润湖	陈逵	瞿秋白
陈锋	陈锋	陈衡哲	陈衡哲	陈建相	陈伯达	陈夔鳞	陈夔龙
陈逢源	陈逢源	陈衡哲女士	陈衡哲	陈剑吟	陈芜[2]	陈夔龙	陈夔龙
陈佛突	陈望道	陈闳慧	陈仲陶	陈郊	刘开扬	陈莱	毛星
陈夫	王炎	陈虹	潘达微	陈子遗	陈如旧	陈蓝	张秀亚
陈敷	朱介凡	陈洪	侯金镜	陈节	瞿秋白	陈狼石	陈垂映

陈乐素	陈彬龢
陈冷	陈冷血
陈冷僧	陈冷僧
陈冷血	陈冷血
陈鲤庭	陈鲤庭
陈力平	陈山
陈丽娟	陈涓
陈莲风	陈波儿
陈莲痕	陈莲痕
陈联	陈新华
陈炼青	陈炼青
陈良时	陈时
陈亮	陈亮
陈辽	陈辽
陈列	陈椿年
陈临	陈陆留
陈麟瑞	陈麟瑞
陈灵谷	陈灵谷
陈灵犀	陈灵犀
陈陵	陈隄
陈流沙	陈流沙
陈骝	曹庸
陈陇	陈陇
陈芦荻	芦荻
陈鲁	梁羽生
陈鲁风	陈鲁风
陈陆	瞿秋白
陈辂	陈墨香
陈侣白	陈侣白
陈虑尊	陈无用
陈洛	唐湜
陈落	陈落
陈麻子	刘芝明
陈满盈	陈虚谷
陈漫生	陈一中
陈漫哉	陈梦家
陈矛	吴素臣
陈玫	施蛰存
陈梅雨	梅益
陈梦尘	梅秀
陈梦橙	梅秀
陈梦家	陈梦家
陈梦韶	陈梦韶
陈宀竹	陈瘦竹
陈眠竹	陈瘦竹
陈绵	陈绵
陈绵	田仲济
陈勉勤	陈此生
陈敏	马国亮
陈明	陈明
陈明	陈云
陈明	马国亮

陈明	沙可夫
陈明刚	金重
陈明令	林冷秋
陈明芝	匡亚明
陈明志	陈启天
陈明中	陈明中
陈鸣树	陈鸣树
陈冥	沙可夫
陈模	陈模
陈墨痕	李满红
陈墨香	陈墨香
陈姆生	胡明树
陈牧	陈牧
陈慕庐	陈直
陈慕平	叶青
陈慕秦	连横
陈乃文	陈乃文
陈乃文女士	陈乃文
陈南	陈如旧
陈南	蒋文杰[1]
陈南江	陈陆留
陈楠	夏衍
陈能豫	陈凡
陈凝秋	塞克
陈凝远	陈凝远
陈农非	陈同生
陈农菲	陈同生
陈侬非	陈同生
陈欧阳籐	欧陈剑窗
陈培	陈膺浩
陈培迪	芦荻
陈沛霖	陈秋霖
陈佩忍	陈去病
陈蓬	陈同生
陈鹏	陈万里
陈篇达	田家英
陈平	陈牧
陈平山	林望中
陈萍珊	林望中
陈七	陈七
陈齐	马国亮
陈其槎	陈其槎
陈其春	陈其春
陈其谁	陈七
陈其通	陈其通
陈其五	陈其五
陈淇	陈揖旗
陈琪	陈琪
陈琪	陈小蝶
陈企霞	陈企霞
陈启肃	陈启肃
陈启天	陈启天

陈启修	陈启修
陈绮丛	程一戎
陈弃	陈无私
陈千武	陈千武
陈谦	茜子
陈乾生	陈独秀
陈倩华	蒋光慈
陈强华	罗稷南
陈乔	胡风
陈乔	宋文
陈桥生	陈靖[1]
陈琴	罗大冈
陈勤	陈志群
陈青	刘绍唐
陈青侬	王君实
陈清华	陈清华
陈清泉	陈清泉
陈情	蒋光慈
陈晴	陈雨门
陈庆福	李满红
陈庆林	陈去病
陈庆麟	陈去病
陈庆麟	陈子良
陈庆隆	陈子彬
陈庆同	陈独秀
陈琼	吴继岳
陈秋帆	陈秋帆
陈秋舫	陈秋舫
陈秋焕	陈紫秋
陈秋江	陈毅
陈秋子	陈秋帆
陈秋子女士	陈秋帆
陈求	夏霖
陈渠珍	陈渠珍
陈蘧	陈小蝶
陈蘧小蝶	陈小蝶
陈去病	陈去病
陈全	陈膺浩
陈铨	陈铨
陈然	陈其通
陈仁鉴	陈仁鉴
陈任侠	陈任遐
陈日羽	夏明翰
陈荣	陈垂映
陈融	陈樗
陈融	陈望道
陈如瑾	陈志群
陈如旧	陈如旧
陈汝衡	陈汝衡
陈汝惠	陈汝惠
陈汝埙	陈伯吹
陈乳婴	金江寒

陈锐	陈锐
陈瑞	陈健吾
陈瑞坤	陈子谷
陈瑞昆	陈子谷
陈瑞淇	陈流沙
陈瑞荣	陈垂映
陈若群	陈仲达
陈三	陈敬之
陈三立	陈三立
陈三元	叶青
陈散原	陈三立
陈桑	胡绳
陈山	陈山
陈山泰	王明
陈善文	陈善文
陈尚友	陈伯达
陈勺水	陈启修
陈韶	陈树人
陈韶玉	王明
陈少卿	梅益
陈少校	陈凡
陈绍	李北流
陈绍予	王明
陈绍禹	王明
陈慎铭	柳风
陈慎言	陈慎言
陈声翊	陈启天
陈绳孔	陈柱
陈盛松	陈锐
陈师穆	阿垅
陈师曾	陈师曾
陈诗	陈诗
陈诗永	陈斯庸
陈石安	陈石安
陈时	陈时
陈时	陈雨门
陈时	余上沅
陈时和	徐调孚
陈实庵	陈独秀
陈矢藩	刘芝明
陈士廉	那沙
陈士林	陈白尘
陈世俊	陈毅
陈世庆	陈世庆
陈世宜	陈匪石
陈式	陈蝶衣
陈适怀	陈适怀
陈守梅	阿垅
陈守荣	陈大光
陈寿	万枚子
陈寿南	陈如旧
陈寿楠	陈寿楠

陈寿嵩	天虚我生
陈受全	陈华[1]
陈瘦石	陈瘦石
陈瘦竹	陈瘦竹
陈书润	陈克[1]
陈枢	陈翰笙
陈叔华	陈炜谟
陈叔平	樊仲云
陈叔通	陈叔通
陈叔温	沙文汉
陈淑	梁实秋
陈淑媛	莫耶
陈淑英	陈学昭
陈淑章	陈学昭
陈述	陈企霞
陈树	罗大冈
陈树满	飞尘
陈树人	陈树人
陈树英	金枝芒
陈霜	陈启天
陈水	陈陶遗
陈顺命	林望中
陈舜华	陈波儿
陈思	曹聚仁
陈思	陈克[1]
陈思	潘天青
陈思	秦绿枝
陈思白	陈鲤庭
陈思逵	翦伯赞
陈思勤	彭燕郊
陈思训	郑振铎
陈思伊	李长之
陈斯庸	陈斯庸
陈四	陈陆留
陈松	王明
陈松龄	辛嘉
陈松寿	陈鸣树
陈素	陈素风
陈泰来	陈瘦竹
陈棠花	陈棠花
陈涛	曾岛
陈陶遗	陈陶遗
陈天	韩萌
陈天荡	陈光誉
陈天放	陈树南
陈天戈	陈嘶马
陈天霓	陈大戈
陈添	韩萌
陈铁生	陈绍枚
陈汀	谢宇衡
陈听潮	陈灵犀
陈听彝	陈大悲
陈听奕	陈大悲
陈廷	杜格灵
陈廷桂	陈企霞
陈廷赞	陈廷赞
陈同和	萧向阳
陈托萌	韩萌
陈陀	唐纳
陈万里	陈伯达
陈万里	陈万里
陈望道	陈望道
陈望绅	陈瘦石
陈微	放平
陈微明	沙可夫
陈维敏	沙可夫
陈维明	沙可夫
陈炜谟	陈炜谟
陈为湘	冀汸
陈蔚	施蛰存
陈—文	李士钊
陈文风	马光
陈文尚	田混
陈文统	梁羽生
陈文祥	阿垅
陈无闷	陈无闷
陈无私	陈无私
陈无我	陈无我
陈芜	陈芜[1]
陈芜	陈芜[2]
陈武雄	陈千武
陈西禾	陈西禾
陈西里	蒋光慈
陈西滢	陈西滢
陈息响	陈锡襄
陈翕庵	陈心南
陈犀	陈犀
陈锡光	陈黄光
陈侠	陈衍
陈闲	冯培澜
陈宪和	陈西禾
陈香	陈香
陈祥和	陈翔鹤
陈翔鹤	陈翔鹤
陈向平	陈向平
陈向元	陈孝威
陈小道	陈定
陈小蝶	陈小蝶
陈小航	罗稷南
陈小可	陈心纯
陈小民	陈小民
陈小苹	杜格灵
陈小燕	陈小民
陈小云	陈小云
陈晓村	陈大远
陈晓凡	陈望道
陈晓风	陈望道
陈晓航	罗稷南
陈晓梅	陈迟
陈孝威	陈孝威
陈笑峰	瞿秋白
陈笑雨	陈笑雨
陈撷芬	陈撷芬
陈心纯	陈心纯
陈心可	宋振庭
陈心南	陈心南
陈辛	陈秋舫
陈辛嘉	辛嘉
陈辛仁	陈辛人
陈欣	陈明中
陈欣	靳以
陈新	陈明中
陈新	刘岚山
陈新	秦瘦鸥
陈星藩	陈垣
陈兴德	缪文渭
陈性忠	冀汸
陈修	陈陆留
陈虚谷	陈虚谷
陈栩	天虚我生
陈栩园	天虚我生
陈璇珍	陈璇珍
陈绚文	夏易
陈学英	陈学英
陈学昭	陈学昭
陈学昭女士	陈学昭
陈雪帆	陈望道
陈雪峰	陈垂映
陈薰南	陈薰南
陈洵	陈洵
陈训恩	陈布雷
陈训正	陈训正
陈亚丁	陈亚丁
陈烟桥	陈烟桥
陈湮	邵全建
陈延靴	陈含光
陈衍	陈衍
陈彦及	陈布雷
陈燕	陈衡哲
陈漾	彭燕郊
陈瑶	陈陶遗
陈耀民	夏侯
陈夜	陈夜
陈揖旗	陈揖旗
陈夷夫	陈大光
陈沂	陈沂
陈彝荪	陈彝荪
陈以益	陈志群
陈艺圃	戴望舒
陈亦门	阿垅
陈亦平	陈一中
陈易园	陈遵统
陈轶明	丁芒
陈奕	伊明
陈逸	陈醉云
陈逸云	陈逸云
陈毅	陈沂
陈毅	陈毅
陈毅曲秋	陈毅
陈懿范	陈敬容
陈因	沉樱
陈因	陈因
陈茵	孟超
陈茵	杨光洁
陈荫	陈碧岑
陈荫恩	陈笑雨
陈吟秋	陈刚
陈寅恪	陈寅恪
陈尹昌	陈衍
陈英	陈泽昆
陈婴	李业道
陈锳	沉樱
陈樱	沉樱
陈膺浩	陈膺浩
陈永才	田青
陈涌	陈涌
陈由己	陈独秀
陈友琹	陈友琴
陈友琴	陈友琴
陈友生	彭柏山
陈佑华	白桦
陈于善	陈振鹏
陈玙	陈玙
陈余	陈陆留
陈瑜	东方玉
陈瑜	田汉
陈瑜生	戴碧湘
陈虞孙	陈虞孙
陈予展	陈一中
陈雨门	陈雨门
陈禹	王明
陈玉刚	陈玉刚
陈玉琼	李润湖
陈郁瑞	陈柱
陈郁文	陈从周
陈御月	戴望舒
陈毓淦	黑尼
陈元栋	陈蝶衣

陈元阳	沙文汉	陈志民	陈志民	陈遵统	陈遵统	成文森	司马文森
陈沅	陈沅	陈治策	陈治策	陈左高	陈左高	成文英	冯雪峰
陈沅	杨光洁	陈治渭	陈淼	陈佐芬	陈波儿	成吾	巴人
陈垣	陈垣	陈治宇	陈锋	陈佐华	叶楠	成希箕	成舍我
陈爰	莫耶	陈中凡	陈中凡	陈作梅	陈白曙	成弦	成弦
陈原	陈原	陈中舫	陈中舫	陈作师	陈克[1]	成修	成修
陈援庵	陈垣	陈中孚	陈次园	晨风	林涵表	成修平	成幼殊
陈援国	陈垣	陈中辅	陈次园	晨风庐主	周庆云	成玄	成弦
陈缘承	陈刚	陈中敏	辛劳	晨歌	陈侣白	成炫	成弦
陈源	陈西滢	陈中行	樊仲云	晨光	缪文渭	成勋	成仿吾
陈月英	陈碧茵	陈中宣	陈中宣	晨晖老人	李叔同	成勋	成舍我
陈越流	陈樗	陈钟	孙用	晨牧	沈从文	成言	程灼如
陈云	陈云	陈钟凡	陈中凡	晨牧	王晨牧	成言	赵铭彝
陈允明	陈毅	陈钟瑄	陈中宣	晨曦	邹韬奋	成瑶	高士其
陈恽	陈沂	陈钟瑶	陈迩冬	晨星	王秋湄	成荫	成荫
陈韵梧	彭柏山	陈仲	陈独秀	晨婴	夏浓	成荫	赵铭彝
陈蕴庐	陈荆鸿	陈仲达	陈仲达	晨予	陈紫	成幼殊	成幼殊
陈蕴珍	萧珊	陈仲甫	陈独秀	晨雨	徐惊百	成苑	杨子敏
陈再华	陈黄光	陈仲明	叶青	【chéng】		成云	陈云
陈在琼	陈敬容	陈仲平	叶青	成	吕思勉	成蕴保	成荫
陈曾	陈家鼎	陈仲逸	杜亚泉	成柏	叶青	成蕴五	成荫
陈增鸿	陈白尘	陈仲子	陈独秀	成柏泉	钱伯城	成则人	沈泽民
陈增荣	陈孝威	陈众一	陈凡	成本璞	成本璞	成则王	成舍我
陈增善	陈向平	陈竹影	陈竹影	成才	胡成才	成兆才	成兆才
陈占元	陈占元	陈柱	陈柱	成城	蔡哲夫	成之	赵铭彝
陈兆卿	陈冠商	陈柱尊	陈柱	成城子	蔡哲夫	成智	李叔同
陈兆璋	陈兆璋	陈箸	方光焘	成德	吴伯箫[1]	成中	盛成
陈哲	陈树人	陈灼	古承铄	成仿吾	成仿吾	呈	梁实秋
陈哲生	田汉	陈卓凡	孙克骦	成菲茵	许之乔	呈分	程心粉
陈哲勋	陈蝶衣	陈卓莹	陈卓莹	成凤彩	成铁吾	呈英	萧容
陈真	高明	陈卓卓	曹艺	成汉勋	成舍我	诚圭	钱素凡
陈真	王啸平	陈子	马国亮	成颢	成仿吾	诚堂	夏定域
陈振鹏	陈振鹏	陈子谷	陈子谷	成灏	成仿吾	诚斋	陈独秀
陈振枢	陈灵谷	陈子鹄	陈子谷	成鹤令	陈克寒	诚之	吕思勉
陈震平	陈模	陈子家	陈俊人	成辉	陈敬容	承粲	王灿
陈征鸿	陈白尘	陈子家	金雄白	成己	李健吾	承粲女士	王灿
陈拯阳	陈辽	陈子隽	陈俊人	成就	李叔同	城北	徐盈
陈正道	陈彝苏	陈子良	陈子良	成均老人	姜亮夫	城池	陈迟
陈正明	周文	陈子林	黄药眠	成骏	成弦	城西睡庵老人	沈曾植
陈正心	陈铨	陈子皮	陈子皮	成茂林	叶青	乘参	韩文举
陈政	陈树人	陈子英	罗稷南	成敏亚	刘盛亚	乘桴客	冯自由
陈之藩	陈之藩	陈子展	陈子展	成平	成舍我	乘黄	庄乘黄
陈之平	叶青	陈子桢	陈白曙	成蹊	李叔同	乘之	纪泽长
陈之衍	张沛	陈紫秋	陈紫秋	成窍	冯乃超	乘之	周辂
陈芝	周辂	陈宗芳	陈中舫	成汝	金问泗	程	何为[1]
陈芝祥	陈明	陈宗凤	陈宗凤	成善棻	成善棻	程边	程光锐
陈直	陈直	陈宗英	吴文祺	成善棠	野谷	程彬	程心粉
陈植	陈志安	陈祖光	陈小蝶	成绍宗	成绍宗	程才	涂翔宇
陈芷雪	曾志学	陈祖謇	刘芝明	成舍我	成舍我	程沧	程大千
陈志安	陈志安	陈祖焘	陈果夫	成实	李叔同	程沧波	程沧波
陈志梅	陈伯达	陈祖文	陈祖文	成适园	程灼如	程苌碧	程苌碧
陈志美	陈伯达	陈醉云	陈醉云	成铁吾	成铁吾	程崇信	程崇信

程存材	程演生	程树春	向荣	程中行	程沧波	迟雨	沈默君
程大路	程一戎	程树德	程树德	程忠	程苌碧	迟园	陈衍
程代熙	程代熙	程漱云	程漱云	程朱溪	程朱溪	持光	周作人
程代曦	程代熙	程率真	程率真	程灼如	程灼如	持六	冯其庸
程鼎声	程鼎声	程朔青	钱君匋	程宗裕	程宗裕	持平	龚冰庐
程鼎晟	程鼎声	程思西	宋振庭	澄波	汤澄波	持平	许广平
程鼎兴	程鼎兴	程似锦	程一戎	澄甫	赵宗瀚	持卿	沈曾植
程发轫	程发轫	程颂万	程颂万	澄华	桂裕	【chǐ】	
程帆	田仲济	程孙	由云龙	澄浑	吕沁	尺棰	林徽因
程逢会	程千帆	程天放	程天放	澄江	茜子	尺蠖	庄禹梅
程敷铎	王子野	程途	程一戎	澄江白水	陈陆留	耻痕	徐耻痕
程福林	程小青	程万孚	程万孚	澄觉	李叔同	【chì】	
程关森	程关森	程万里	樊篱	澄览	李叔同	彳亍	史济行
程光锐	程光锐	程万里	黎辛	澄庐	邹鲁	赤	张申府
程鹤西	程侃声	程文楷	程文楷	澄清	黄源	赤城	茅盾
程宏济	黄钢	程文栈	程瞻庐	澄实	成仿吾	赤灯	杨慈灯
程厚涛	程灼如	程西铮	程西铮	澄亭	李叔同	赤堇山人	沈曾植
程华魂	程华魂	程希生	程西铮	澄英	李白英	赤军	中流
程辉斋	程小青	程遐光	程远	澄宇	高君宇	赤空	巴人
程会昌	程千帆	程先甲	程先甲	澄宇	李澄宇	赤老	张丹斧
程家丁	程朱溪	程贤达	程力夫	澄斋	邹鲁	赤坪	赵赤坪
程家甲	程万孚	程襄	向荣	【chěng】		赤石	王朝闻
程嘉哲	程嘉哲	程向荣	向荣	逞分	程心粉	赤松旧子	陈陶遗
程金生	程铮	程小青	程小青	逞菜	程心粉	赤松子	张梦九
程景贤	程仰之	程心芬	程心粉	逞普	周思义	赤杨	朱楗
程憬	程仰之	程心汾	程心粉	【chī】		赤婴	刘家良
程靖宇	程靖宇	程心粉	程心粉	鸥夷	范烟桥	赤婴	徐熊
程侃声	程侃声	程秀山	程秀山	鸥夷室主	范烟桥	赤子	陆丹林
程康定	程康定	程学愉	程天放	鸥夷逸客	宋育仁	赤子	张申府
程力夫	程力夫	程演生	程演生	痴鸠	张叔耐	遨汝	王小隐
程辽光	程远	程仰之	程仰之	痴萍	宋痴萍	【chōng】	
程路	刘岚山	程一戎	程一戎	痴人	张竞生	冲叔	魏易
程美英	孟超	程乙	程一戎	痴山	万骊	充叔	魏易
程模	陈模	程忆莎	邹霆	痴生	张竞生	充隐	章钰
程墨	陈次园	程翊	程晓村	痴桐	俞逸芬	充隐	朱师辙
程乃献	程乃献	程应镠	程应镠	痴隐	常燕生	翀鹏	施南池
程怒江	冯浪波	程育真	程育真	痴云	蔡三恩	【chóng】	
程鹏	周艾黎	程远	程一戎	痴云	施蛰存	虫二先生	江石江
程迫	罗丹	程远	程远	【chí】		虫蛇轩主人	陆华柏
程启佑	程远	程云	程云	池北偶	池北偶	虫天	孙举璜
程千帆	程千帆	程早	程一戎	池澈	王汶	重	赵树理
程前	程一戎	程造之	程造之	池满秋	池满秋	重伯	曾广钧
程清	高文华	程瞻庐	程瞻庐	池沛	蒋牧良	重辅	陈独秀
程庆余	程善之	程兆翔	程造之	池萍	赵赤坪	重光	臧恺之
程善之	程善之	程兆熊	程兆熊	池上羽	陈凡	重华	蔡楚生
程少怀	程少怀	程铮	程铮	弛云	李拓之	重华	陶光
程时然	程天放	程之	焦伟真	驰	马星驰	重六	夏渌
程始仁	高语罕	程直中	范泉	驰怀	马希良	重庆客	张恨水
程士荣	程士荣	程止尘	程灼如	驰火	黄拾	重提	重提
程式	钱君匋	程芷	吴宗锡	迟红	汤增璧	重行	褚民谊
程守道	程率真	程志	刘丹华	迟曼	何满子	重哑	蒋彝
程淑	梁实秋	程志华	程远	迟疑	刘迟		

笔名	本名
重言	温田丰
重阳	丘絮絮
重余	陈学昭
重禹	舒芜
重源	高仲和
重远	邓中夏
重远	杜重远
崇	艾思奇
崇	高梦旦
崇公道	张恨水
崇光	姚茫父
崇基	艾思奇
崇礼	林清敦
崇民	高崇民
崇明	林淡秋
崇南	张近芬
崇群	缪崇群
崇实	沈侠魂
崇文	沈从文
崇武	李宗武
崇轩	胡也频
崇巽	鲁迅
崇有	高梦旦
【chǒng】	
宠恩	邓尔雅
【chōu】	
抽玉	萧楚女
【chóu】	
仇剑	张文勋
仇客	楼适夷
仇客	唐弢
仇任野	唐铁海
仇如山	唐弢
仇如天	徐朗
仇僧	余天遂
仇山	唐弢
仇尸屿	廖子东
仇实	魏子云
仇重	仇重
仇重	唐弢
惆生	曹靖陶
畴隐	丁福保
畴隐居士	丁福保
愁城侠客	范烟桥
愁洞	蔡愁洞
愁花恨水生	张恨水
【chǒu】	
丑	夏衍
丑大哥	陈纪滢
丑侣	萧楚女
丑女	萧楚女
【chū】	
出土文物	萧军
出岫	王云五
出丈	曾圣提
初厂(ān)	邵洵美
初犊	朱谷怀
初澜	张春桥
初梨	李初梨
初我	丁祖荫
初旭	茹志鹃
初阳斋主人	王昌定
初一文	宋振庭
初遇	萧楚女
初煜	谢敏
初园	丁祖荫
初园居士	丁祖荫
樗公	谢石钦
樗农	庞树松
樗园老人	喻的痴
【chú】	
刍尼	施蛰存
厨司	蒋剑侯
【chǔ】	
处晦	蔡观明
处默	张謇
处士	金处士
褚冠	黄裳
褚冠	鲁迅
褚冠病叟	鲁迅
储安平	储安平
储君	储玉坤
储克侠	储玉坤
储平	储安平
储皖峰	储皖峰
储玉坤	储玉坤
楚	萧楚女
楚波	白薇
楚材	陈友琴
楚伦	叶楚伧
楚城	李楚城
楚楚	郭显
楚茨	陈炜谟
楚方鹏	楚图南
楚风	黑尼
楚戈	陈流沙
楚珩	李峻平
楚红	白薇
楚洪	白薇
楚江秋	鲁丁²
楚金	瞿蜕园
楚军	楚军
楚狂	陈子展
楚狂	谈瀛
楚狂老人	陈子展
楚狂人	邓散木
楚琨	张楚琨
楚离	李初梨
楚篱	孙艺秋
楚侣	萧楚女
楚南	黄炎培
楚南女子	陈撷芬
楚女	萧楚女
楚女	张深切
楚翘	沈曾植
楚青	狄楚青
楚卿	白逾桓
楚卿	楚卿
楚卿	狄楚青
楚囚	梁若尘
楚囚	王志之
楚茹	楚茹
楚三户	楚军
楚天碧	艾治平
楚天孤	陈流沙
楚天阔	李景慈
楚图南	楚图南
楚香	白逾桓
楚湘	白逾桓
楚语	周沙尘
楚园	刘世珩
楚原	黎先耀
楚云	张楚琨
楚曾	楚图南
楚珍	郭宝珩
褚传诰	褚石桥
褚德仪	褚德彝
褚德彝	褚德彝
褚辅成	褚辅成
褚民谊	褚民谊
褚明遗	褚民谊
褚平	黎丁
褚石桥	褚石桥
褚松雪	褚问鹃
褚松雪女士	褚问鹃
褚问鹃	褚问鹃
褚问鹃女士	褚问鹃
褚鸦鸣	草明
【chù】	
俶和	刘延陵
俶同	李叔同
俶员	邱炜菱
【chuān】	
川	吴广川
川川	吴广川
川岛	川岛
川麟	邵荃麟
川针	李健吾
【chuán】	
传彩	陈萃芬
传弟	杨步伟
传业	杨幼生
传佑	吴视
船舵	孟英
椽叶	杨幼生
【chuàn】	
钏影	包天笑
钏影楼主	包天笑
【chuāng】	
窗下客	白蕉
【chuī】	
吹	张叔通
吹素	陈揖旗
吹万	高吹万
吹万居士	高吹万
炊万	高吹万
炊烟	张惠良
【chuí】	
垂虹	陈去病
垂虹亭长	陈去病
垂露	刘如水
垂统	潘垂统
垂云阁主	冯小隐
锤炼子	孙吴
【chūn】	
杶庐	瞿蜕园
春	梁遇春
春冰	胡春冰
春冰	王沂暖
春波	杨春波
春蚕	苏曼殊
春潮	黄水沛
春潮生	黄水沛
春成	黄春成
春城	袁水拍
春菫	陈望道
春大	王世颖
春帆	张春帆
春凡	张春帆
春舫	李春舫
春妃秋郎阁主	王森然
春风	巴金
春风	冯智慧
春风	李进
春风	叶楚伧
春风	邹韬奋
春夫	田汉

春闺梦	姜可生	纯甫	张汉	慈现	李叔同
春海	高长虹	纯钩	饶锷	慈阴	吴宝炬
春航	冯旭	纯继	阳翰笙	慈莹	谢冰莹
春浩	张春浩	纯青	黄纯青	慈玉	丰子恺
春痕	刘麟生	纯儒	金问泗	慈月	李叔同
春华	陈望道	纯生	孟森	【cǐ】	
春华女士	陈望道	纯仙	朱宗良	此生	陈此生
春晖	苏雪林	纯先	朱宗良	【cì】	
春茧生	张恂子	莼波	毕倚虹	次公	邵瑞彭
春江钓徒	郁达夫	莼湖	梁鼎芬	次公	沈昌直
春雷	陈伯吹	莼农	王西神	次阮	陈左高
春雷	沙驼	莼生	孟森	次珊	胡仁源
春柳词人	李叔同	莼孙	孟森	次珊	邵瑞彭
春陆	陈春陆	莼荪	孟森	次伟	冯智慧
春满	谢春满	莼煊	成舍我	次文	阮璞
春满子	谢春满	莼烜	成舍我	次溪	张次溪
春明逐客	毕倚虹	莼园居士	饶锷	次园	陈次园
春亩	夏衍	淳明	周作人	刺史	陈向平
春沐	王沂暖	淳于	周作人	刺之	王志之
春飘	高润生	淳于不敬	夏钦瀚	赐书	刘大绅
春秋	金性尧	淳于尔	夏钦瀚	【cōng】	
春秋童子	黄宗江	淳于朴	于伶	葱石	刘世珩
春润庐主人	宋春舫	淳于清	司马桑敦	蔥石	刘世珩
春剩	沈禹钟	淳于情	郭显	聪叔	魏易
春寿	史白	淳于旭	姚紫	【cóng】	
春瘦	史白	鹑衣小吏	李白凤	从仌（bīng）	杨镇华
春叔	魏易	【chǔn】		从化	田兵
春水	陈独秀	蠢才	胡愈之	从洛	唐弢
春水	张祉浩	蠢仿	姜椿芳	从民	古丁
春水生	王小逸	蠢夫	吴逸凡	从坡	曹从坡
春水一鸥	欧小牧	【chuò】		从戎	程一戎
春随	陈登恪	映广（ān）	夏敬观	从文	沈从文
春台	孙福熙	映庵	夏敬观	从予	樊仲云
春苔	孙福熙	映盦	夏敬观	从舟	陈从周
春霆	戈公振	【cí】		从周	陈从周
春星	黄水沛	茨	李景慈	丛碧	张伯驹
春雪	翁国梁	茨堂	廖子东	丛碧词人	张伯驹
春燕	孙犁	慈藏	李叔同	丛德滋	丛德滋
春阳	刘皑	慈灯	李叔同	丛凤轩	丛深
春逸	刘御	慈灯	杨慈灯	丛静文	丛静文
春英	胡春冰	慈砥	高吹万	丛林	丛静文
春英红雨	胡春冰	慈风	李叔同	丛深	丛深
春园	朱柽	慈谷	吴士果	丛慎生	丛德滋
春云	包天笑	慈果	吴士果	丛芜	韦丛芜
椿寿	蔡东藩	慈力	李叔同	丛啸侯	叶青
椿屋大郎	黄永玉	慈目	李叔同	丛喧	丁玲
【chún】		慈泉	田原	琮琳	阎宗临
纯	朱镜我	慈舍	李叔同	【cuī】	
纯庵	饶锷	慈石	狄楚青	崔百城	崔百城
纯方	陈锐	慈石	高吹万	崔宝瑛	崔宝瑛
纯飞馆主	徐珂	慈卫	谭延闿	崔伯常	高柏苍
纯夫	梁纯夫	慈畏	谭延闿	崔成达	崔通约

崔德志	崔德志
崔德智	崔德志
崔功河	崔真吾
崔恭定	崔通约
崔迦	扬禾
崔井	袁殊
崔景文	崔嵬
崔君坦	崔璇
崔岚	李汝琳
崔蓝	王敏
崔蓝波	雷妍
崔墨林	崔汗青
崔绅	华粹深
崔生	马少波
崔师贯	崔百樾
崔适	崔适
崔束	高柏苍
崔素华	欧阳翠
崔万秋	崔万秋
崔嵬	崔嵬
崔璇	崔璇
崔雁荡	崔雁荡
崔悠笙	邹霆
崔禹成	崔真吾
崔真吾	崔真吾
崔桢梧	崔真吾
崔振第	崔雁荡
崔鲦父	崔适
崔鲦甫	崔适
【cuì】	
萃仓	俞铭璜
粹厂（ān）	唐义精
粹庵	唐义精
粹庵	徐宗鉴
粹芬阁主	沈知芳
粹深	华粹深
粹缜	邹韬奋
翠羽	于莲客
翠章	孙雪泥
【cūn】	
邨	田仲济
邨	张盗邨
邨鸿	澎湃
邨人	杨邨人
村	柯灵
村	吴广川
村夫	刘沙
村夫	赵树理
村夫子	廖清秀
村老	杨守愚
村路	村路
村士	巴人

村叟	史白	达尊	刘肖愚	大孤	廖子东	大牛	陈子展
村芜	陈芜²	【dǎ】		大古	苗培时	大牛	谢六逸
村炘	王文漪	打油	张恨水	大观	莫洛	大农	郑公盾
村野	陈君实	打油词人	张恨水	大孩子	陈伯吹	大朋	李蕤
村因	孙钿	打油诗人	张恨水	大海	万枚子	大琦	冯沅君
【cún】		【dà】		大海	郑大海	大旗	张大旗
存粹	廖沫沙	大哀	陈去病	大和子	李涵秋	大千	程大千
存悔	况周颐	大哀	成舍我	大壑	邓中夏	大千	黄宾虹
存仁	柳存仁	大厂（ān）	易大厂	大虎	张叶舟	大千	张大千
存吾	曾孝谷	大厂（ān）居士	易大厂	大华烈士	简又文	大千大帅	张大千
存吴	曾孝谷	大厂（ān）孺	易大厂	大荒	陈方	大千居士	张大千
存影老人	俞陛云	大安	李叔同	大荒	骆无涯	大桥式羽	天虚我生
【cùn】		大安	王小逸	大荒斋主	陈方	大青	程育真
寸铁	林姗姗	大庵	易大厂	大辉	伊兵	大泉	钱稻孙
寸铁	萧楚女	大白	高天白	大吉	曾圣提	大铨	陈铨
寸铁	谢佐舜	大白	刘大白	大江	蔡力行	大任	任哲维
【cuò】		大白	吴承仕	大江	江风	大容	叶圣陶
挫堂	思果	大白	于沫我	大角	陆蠡	大傻子	谢刚主
		大宝	李旦	大杰	刘大杰	大厦	蔡一木
D		大保	吴振刚	大思	李叔同	大山	江帆
		大保	谢刚主	大觉	刘一梦	大山	李叔同
【dá】		大悲	陈大悲	大觉	王德钟	大捨	李叔同
达	陈仲达	大悲氏	陈大悲	大觉生	曾梦笔	大声	陆铿
达	陈子展	大别山人	王昌定	大君	方未艾	大声公	高旅
达	孔另境	大别山人	熊纬书	大康	周大康	大胜	张我军
达	张金寿	大冰	李冰人	大可	陈模	大石	蔡代石
达庵	王汾	大兵	徐志摩	大可	章振乾	大誓	李叔同
达臣	江树峰	大兵	周大康	大可	中流	大顺	管桦
达忱	达世骧	大布之衣	胡石予	大可	朱大可	大顺年	管桦
达芳	邝达芳	大成	巴人	大可	朱子奇	大司伏	萧军
达夫	蒋虹丁	大城	廖子东	大琨	吴大琨	大同	王拱璧
达夫	郁达夫	大慈	陈大慈	大郎	方未艾	大同山人	吴山
达公	邹琳	大慈	李叔同	大郎	唐大郎	大威	王亚平
达乐	严蕴梁	大慈僧胤	李叔同	大郎	徐大风	大文	许大文
达六	黎烈文	大邺西崖	王森然	大雷	俞逸云	大我	赵恂九
达明	刘玉峰	大错	王鼎	大楞	张子斋	大榷	黄伯耀
达农	吴廷琯	大旦	刘大白	大礼	黄大礼	大心	李叔同
达平	武达平	大颠	余天遂	大梁酒徒	李燃犀	大心凡夫	李叔同
达秋	林珏	大冬	洪道	大林	葛林	大雄	高增
达泉	王汾	大遯山房	连横	大林山人	汤用彬	大雄	余大雄
达铨	吴鼎昌	大遯山民	林熊祥	大毛	金性尧	大雄	张默君
达人	姚名达	大方	卢溢芳	大美	周恩来	大雪	卞之琳
达三	吴再挺	大风	陈大远	大民	赵大民	大哑	王森然
达生	谈瀛	大风	王森然	大明	李叔同	大雅	邓尔雅
达史	黄药眠	大风	徐大风	大漠	顾佛影	大岩	关永吉
达士	戴望舒	大风	于右任	大漠	汪大漠	大乙山人	萧天石
达四	丁瓒	大风	郁风	大漠诗人	顾佛影	大尹	张羽
达乌德	马瑞麟	大风	张闻天	大木	史济行	大迁	郑逸梅
达五	黎烈文	大风堂	张大千	大木	杨麦	大迁居士	郑逸梅
达五	廖沫沙	大戈	陈大戈	大男	曾圣提	大鱼	王昆仑
达伍	廖沫沙	大戈女士	陈大戈	大枬	朱大枬	大雨	张恨水
达愚	张叶舟	大哥	鲁兵	大年	高伯雨	大玉	田涛

大圆居士	张一麐	戴季陶	戴季陶	戴自诚	戴碧湘	旦庐	张难先
大远	巴人	戴济华	戴文葆	黛丁	王啸平	旦尼	白薇
大云	白蕉	戴角	章太炎	黛红	严芙荪	旦平	顾震生
大云	俞逸云	戴介南	戴介南	黛郎	戴良	旦如	谢旦如
大招	景耀月	戴静山	戴君仁	黛英	王黛英	但娣	田琳[1]
大昭	景耀月	戴均	戴平万	【dān】		但丁	巴人
大知	姚大慈	戴君仁	戴君仁	丹	梁实秋	但丁	三苏
大至	诸宗元	戴克崇	苏汶	丹笛	犁青	但杜宇	但杜宇
大舟	李叔同	戴克谐	戴克谐	丹地	赵亦吾	但公说	舒芜
大壮	乔大庄	戴克谐蔼庐	戴克谐	丹冬	张修文	但珂	秦牧
大浊道人	胡汀鹭	戴兰村	叶泥	丹扉	郑锦先	但犁奴	王余
【dāi】		戴立言	程灼如	丹枫	刘延陵	但萍	陈蝶衣
呆	徐卓呆	戴濂	戴西青	丹枫	马君豪	但绳武	但杜宇
呆道人	吴梅[1]	戴良	戴良	丹枫	石凌鹤	但是	胡康新
呆老板	邱风人	戴良弼	戴季陶	丹枫	田芜	但煮	但煮
呆令	王德林	戴梅园	戴君仁	丹枫	吴天	但天囚	但煮
呆人	胡紫岩	戴孟浣	黄军	丹甫	张丹斧	但植之	但煮
【dài】		戴梦鸥	戴望舒	丹斧	张丹斧	淡庵	成本璞
代	戴不凡	戴民	姜戴民	丹府	刘如水	淡菊	孙毓修
代石	蔡代石	戴黑野	戴不凡	丹哥	徐仲年	淡庐	徐鋆
岱思	丁传靖	戴培之	戴培之	丹歌	徐仲年	淡秋	林淡秋
带柳词人	潘景郑	戴平万	戴平万	丹谷	西彤	淡水	华田
待公	易大厂	戴乾	顾民元	丹虹	伊兵	淡星	萧金堆
待庐	党晴梵	戴青田	黄军	丹辉	钱丹辉	弹丸	李金发
待秋	陈德徵	戴书训	舒兰	丹辉	赵树理	弹子	谈瀛
待翁	易大厂	戴叔清	阿英	丹金	巴人	澹	俞颂华
待晓庐	蔡绳格	戴天仇	戴季陶	丹砾	胡石予	澹安	高增
戴蔼庐	戴克谐	戴畹荞	叶泥	丹林	陆丹林	澹安	陆澹安
戴白韬	戴伯韬	戴万叶	戴平万	丹苓	潘念之	澹庵	高增
戴百凡	戴不凡	戴望舒	戴望舒	丹梢	丹梢	澹庵	李神义
戴邦	戴伯韬	戴渭清	阿英	丹鸣	杜边	澹庵	陆澹安
戴邦定	戴介民	戴文宝	戴文葆	丹娜	鲁藜	澹庵	吴道镕
戴邦杰	戴伯韬	戴文葆	戴文葆	丹宁	戴伯韬	澹盦	陆澹安
戴本	戴培之	戴锡庚	戴愚庵	丹萍	杨萍	澹村	李白英
戴碧湘	戴碧湘	戴小培	戴不凡	丹青不知老将至	陈师曾	澹盫阁叟	江庸
戴伯韬	戴伯韬	戴孝园	戴季陶	丹群	王凤云	澹盫阁主	江庸
戴不凡	戴不凡	戴笑天	寒波	丹仁	冯雪峰	澹果孙	李青崖
戴朝寀	戴望舒	戴行恩	萧岱	丹沙	许幸之	澹静	沈厚慈
戴朝胜	戴望舒	戴选堂	戴季陶	丹山	李旭	澹庐	徐鋆
戴丞	戴望舒	戴言	程灼如	丹涂林	韩萌	澹庐	俞颂华
戴传贤	戴季陶	戴燕滨	戴西青	丹翁	张丹斧	澹庐主人	徐鋆
戴旦	戴旦	戴燕羌	戴良	丹翁赤老	张丹斧	澹宁	蒋百里
戴德章	戴德章	戴页火	戴不凡	丹冶	蔡丹冶	澹泞老人	李叔同
戴蒂	李进	戴隐郎	戴英浪	丹羽	刘丹华	澹翁	江庸
戴杜衡	苏汶	戴娱园	戴愚庵	丹子	夏霖	澹园	陈无私
戴敦复	戴敦复	戴渔清	戴愚庵	单戈	陈次园	【dǎng】	
戴敦智	戴敦智	戴愚庵	戴愚庵	单公	叶楚伧	当代人	刘冬雷
戴刚	戴敦复	戴玉	萧蔓若	单文生	邓拓	当归	葛祖兰
戴皋言	戴德章	戴渊志	范泉	单叶	叶楚伧	当然	杜任之
戴光	支援	戴月	戴望舒	【dǎn】		珰瑯	丁玲
戴何勿	萧岱	戴昭卷	戴介南	亶中	吴梼	【dǎng】	
戴壶隐	戴德章	戴执中	戴碧湘	【dàn】		党待庐	党晴梵
				旦公	林淡秋		

党梦觉	党积龄	得一	樊仲云	邓尔雅	邓尔雅	邓拓洲	邓拓
党晴梵	党晴梵	得意	赵树理	邓泛	刘北汜	邓万岁	邓尔雅
党松年	党积龄	得月	张叶舟	邓芳郎	邓寄芳	邓望云	邓家彦
党沄	党晴梵	德	常燕生	邓飞黄	邓飞黄	邓尉	张叶舟
【dàng】		德	陶亢德	邓粪翁	邓散木	邓文翚	邓文翚
当中第四	钱玄同	德宝	包天笑	邓刚	闵子	邓文仪	邓文翚
砀民	王知伊	德藏	李叔同	邓恭三	邓广铭	邓向椿	邓向椿
砀叔	刘石夷	德幢	李叔同	邓广铭	邓广铭	邓小闲	章克标
【dāo】		德方	成修	邓桂	邓洁	邓孝先	邓邦述
刀斧手	王荒草	德芳	成修	邓桂史	邓寄芳	邓旭初	邓拓
刀斧手	曾水手	德府	邹荻帆	邓和高	邓洁	邓雪冰	邓文翚
【dǎo】		德馥	冯沅君	邓鹤皋	邓洁	邓雪涤	邓雪涤
岛魂	孙世翰	德浩	高兰	邓芰郎	邓寄芳	邓演存	邓演存
岛民	巴人	德亨	阳太阳	邓季立	邓拓	邓燕林	邓燕林
岛田	阿英	德衡	茅盾	邓季雨	邓尔雅	邓燕琳	邓燕林
岛西	彭家煌	德宏	林淑华	邓寄芳	邓寄芳	邓以蛰	邓以蛰
岛亚夫	杨炽昌	德洪	茅盾	邓家彦	邓家彦	邓亦梅	曾岛
岛雨	刘燕及	德基	熊德基	邓涧丹	邓燕林	邓绎	邓演存
【dào】		德济	于英	邓洁	邓洁	邓英烈	周彼
菿汉	章太炎	德骥	虞棘	邓竞生	邓演存	邓颖超	邓颖超
菿汉大师	章太炎	德思翁	丁念先	邓均吾	邓均吾	邓永昌	邓介眉
菿汉阁主	章太炎	德均	叶德均	邓君特	邓拓	邓友梅	邓友梅
盗邨	张盗邨	德克金	汪笑侬	邓康	邓中夏	邓右任	邓拓
悼秋	顾悼秋	德克津	汪笑侬	邓珂云	邓珂云	邓幼梅	邓友梅
悼翁	陆澹安	德克俊	汪笑侬	邓匡君	李润湖	邓玉	牧惠
道	陈望道	德林	王德林	邓夒	邓散木	邓云特	邓拓
道非	沈砺	德麟	王德林	邓兰汀	邓中夏	邓钊	郑文[2]
道复	宋育仁	德明	熊应祚	邓立	梁山丁	邓正闇	邓邦述
道公	陈陶遗	德谟	李一氓	邓亮	陈华[2]	邓织云	邓珂云
道衡	章道衡	德潜	钱玄同	邓隆渤	邓中夏	邓止水	邓拙园
道静	胡道静	德巍	傅钝根	邓隆顺	邓中夏	邓中龙	邓中龙
道静	李道静	德侠	凌丁	邓枚子	邓实	邓中夏	邓中夏
道民	王时杰	德馨	邱炜萲	邓孟硕	邓家彦	邓中澜	邓中夏
道培	姚道培	德修	黄芝冈	邓民	唐登岷	邓忠	邓中夏
道生	倪海曙	德暄	陈明中	邓明	唐登岷	邓仲澜	邓中夏
道胜	王道	德玉葆	萧菱	邓慕虹	刘沧浪	邓重远	邓中夏
道听	钱芥尘	德徵	陈德徵	邓南筑	俞铭璜	邓矗青	邓文翚
道一	陈陶遗	【dēng】		邓沤梦	邓邦述	邓拙园	邓拙园
道遗	陈陶遗	登岷	唐登岷	邓溥	邓尔雅	邓子健	邓拓
道瑜	周文	登云	郭小川	邓勤	陈华[2]	【dī】	
稻成	寒爵	【děng】		邓秋枚	邓实	低能儿	胡寄南
稻泉	郑道传	等月	李叔同	邓石溶	叶石涛	滴岩	毕殿元
稻孙	钱稻孙	【dèng】		邓实	邓实	镝铦	刘澍德
稻玉	周文	邓安石	邓中夏	邓士杰	邓散木	【dí】	
稻子	周文	邓邦述	邓邦述	邓士铭	邓绥宁	狄	瞿秋白
【dé】		邓禀生	邓实	邓式钟	邓式中	狄葆贤	狄楚青
得尔	瞿秋白	邓成均	邓均吾	邓叔存	邓以蛰	狄楚青	狄楚青
得潜	钱玄同	邓诚	汤增璧	邓苏斋	邓寄芳	狄楚卿	狄楚青
得人	鲍昌	邓诚意	汤增璧	邓绥宁	邓绥宁	狄慈石	狄楚青
得三	刘得三	邓当世	鲁迅	邓天佑	丘琴	狄荻	刘枋
得时	黄得时	邓东遮	陈芜[1]	邓铁	邓散木	狄恩	王瑶
得先	谭昭	邓钝铁	邓散木	邓拓	邓拓	狄凡	邹荻帆

狄梵	唐湜	涤秋	朱涤秋	【diāo】		丁东父	黄雨[2]
狄福	茅盾	涤先	刘澍德	刁斗	成弦	丁冬	丁克武
狄福	徐调孚	笛风	张修文	刁斗	赵戎	丁冬	黄谷柳
狄福鼎	狄君武	笛公	尹燿	刁均宁	刁均宁	丁耳	李一痕
狄高	狄楚青	笛叟	尹燿	刁筠林	刁均宁	丁二	丁芒
狄耕	张棣赓	笛云	尹燿	刁汝钧	刁汝钧	丁伐	郑马
狄君武	狄君武	笛子	笛子	刁士衡	刁汝钧	丁藩	俞沙丁
狄康	瞿秋白	翟	黄伯耀	貂问湄	貂问湄	丁访	丁耶
狄克	张春桥	篷叟	尹燿	雕冰	茅盾	丁放	胡愈之
狄曼公	邓拓	【dǐ】		雕俊麟	刁均宁	丁飞	严华龙
狄蒙	卢世光	邸维精	苏中	雕龙生	朱霞天	丁非	孙席珍
狄苗	胡康新	砥中	王植波	【diào】		丁风	孙席珍
狄谟	耿济之	【dì】		调伏	李叔同	丁逢白	丁风
狄洒	邵森棣	地丁	黄拾	调孚	徐调孚	丁逢甲	丁遥思
狄平	狄楚青	地雷	林白水	调公	吴调公	丁凤	丁逢甲
狄平	胡山源	地山	许地山	调柔	李叔同	丁佛言	韦晕
狄平子	狄楚青	地一	朱少屏	调顺	李叔同	丁夫	丁佛言
狄山	管维霖	地植	高植	【dié】		丁夫	石果
狄思浏	邹霆	弟紫	叶紫	蝶	胡适	丁福保	吴伯萧[2]
狄咸	刘澍德	帝奴	何畅秀	蝶儿	胡适	丁干	丁福保
狄雁月	狄君武	帝召	景耀月	蝶生	顾延卿	丁巩	丁念先
狄蕙	陈蝶衣	娣	陈隄	蝶仙	天虚我生	丁古角	马寻
狄应	周作人	第二号看报人	姚民哀	蝶野	陈小蝶	丁国瑞	丁芒
狄膺	狄君武	谛	郑振铎	蝶衣	陈蝶衣	丁亥	丁子良
迪风	唐烺	谛谛	王聿均	【dīng】		丁禾	胡绍轩
迪吉	孟超	谛牟	简又文	丁	古丁	丁鹤生	朱侃
迪克	马君豪	蒂克	蒂克	丁	郝汀	丁洪	周作人
迪平	胡山源	棣	许绍棣	丁	梁山丁	丁化成	丁洪
迪生	梅光迪	棣威	朱英诞	丁爱	姚蓬子	丁怀瑾	方行[1]
迪文	唐湜	睇响斋主人	陈灏一	丁宝书	丁芸轩	丁奂	丁怀瑾
迪先	罗迪先	【diān】		丁冰之	丁玲	丁惠利	杨明[2]
迪先	朱希祖	滇生	卢铸	丁丙根	邓拓	丁家瑞	丁景唐
迪心	杨兆钧	颠	雷瑨	丁伯骝	丁伯骝	丁嘉树	丁家瑞
迪之	迪之	颠公	雷瑨	丁卜	刘宇	丁艰	丁嘉树
荻帆	陈荻帆	颠公	余天遂	丁灿成	丁九	丁近	田奇
荻风	郭澹波	【diǎn】		丁琛	耿庸	丁鲸	黄然
荻迦	郭澹波	典	茅盾	丁琛	芯心	丁景	彭桂蕊
荻青	荻青	典存	汪懋祖	丁畴隐	丁福保	丁景唐	丁以
荻青	田井卉	点人	朱点人	丁初我	丁祖荫	丁景唐	丁景唐
荻秋	朱英诞	【diàn】		丁传靖	丁传靖	丁景垚	丁景垚
荻声	郭澹波	电长	施若霖	丁淙	曾敏之	丁静	姚溱
荻笙	胡紫岩	佃奴	匡扶	丁大年	俞铭璜	丁九	丁九
荻崖	陶亢德	佃晓军	佃毓文	丁大心	丁景唐	丁九	应修人
荻亚	林绵	甸臣	金蓉镜	丁大云	邓拓	丁久	高植
荻原	陈原	店小二	艾思奇	丁当	梁山	丁觉先	丁力
涤庵	林森	钿卿	萧碧梧	丁珰	朱震华	丁君吾	阿英
涤庵	夏震武	奠耳	郑造	丁迪豪	丁迪豪	丁君吾	夏衍
涤尘	剑胆	奠中	姚奠中	丁谛	吴调公	丁君吾	郑伯奇
涤尘	席涤尘	殿丞	金蓉镜	丁蒂	丁九	丁开	吕远
涤凡	赵清阁	赁常彬	赁常彬	丁丁	丁嘉树	丁开山	丁作霖
涤楼	王森然	赁杲天	赁常彬	丁丁	依藤	丁开嶂	丁作霖
涤梅	瞿秋白			丁东	孙遐龄	丁克武	丁克武

丁坤生		丁逢甲		丁三厄		丁三在		丁尧方	马舜元	顶立		丁力	
丁兰惠		丁兰惠		丁三在		丁三在		丁遥思	丁遥思	鼎	郭沫若
丁兰蕙		丁兰惠		丁山		邓拓		丁耶	丁耶	鼎	茅盾
丁郎		蒋锡金		丁山		丁山		丁一	成舍我	鼎昌	黄裳
丁琅		窦秦伯		丁山		孟丁山		丁一	丁易	鼎臣	丁惟汾
丁朗		丁朗		丁山		易文		丁一	丁裕	鼎丞	程先甲
丁蕾		石啸冲		丁山		周心默		丁一	梅白	鼎丞	丁惟汾
丁力		蔡丹冶		丁上左		丁上左		丁一	孙福熙	鼎洛	叶鼎洛
丁力		丁力		丁声树		丁声树		丁一	姚奠中	鼎苹	黄侃
丁立诚		丁立中		丁史		巴人		丁一山	朱健	鼎室	冯至
丁立中		丁立中		丁世峄		丁佛言		丁一万	李健吾	鼎堂	郭沫若
丁了		丁芒		丁淑容		金素秋		丁一元	柯灵	鼎兴	程鼎兴
丁灵		林秋冰		丁树南		丁树南		丁一之	丁裕	鼎彝	丁易
丁玲		丁玲		丁巳		魏子云		丁一之	夏衍	鼎斋	张农
丁铃		丁玲		丁松年		柯灵		丁依	夏衍	【dǐng】	
丁令		任哲维		丁松秀		黄静涛		丁乙	周思义	定	赵树理
丁流		刘国钧		丁隼		戴文葆		丁乙	周有光	定厂（ān）	由云龙
丁萝庵		邓拓		丁惕		张白怀		丁以	丁以	定庵	由云龙
丁马		何骞		丁图		丁图		丁以布	丁以布	定波	陈翔鹤
丁迈钝		丁佛言		丁望董		劳荣		丁以此	丁以此	定禅	黄澜
丁曼公		邓拓		丁惟汾		丁惟汾		丁义明	丁义明	定甫	郭沫若
丁芒		丁芒		丁未		袁殊		丁屺	彭桂萼	定戈	方鼎
丁萌		鲁迅		丁慰慈		丁瓒		丁邑	邓式中	定公	陈小蝶
丁萌		任哲维		丁文安		丁文安		丁易	丁易	定华	黎白
丁淼		丁嘉树		丁文聪		丁瓒		丁毅	丁毅	定璜	张凤举
丁明		丁明		丁文江		丁文江		丁隐	丁耶	定静山主人	骆子珊
丁明		何家英		丁闻葆		戴文葆		丁英	丁景唐	定庐	张纯一
丁明		周启祥		丁武		废名		丁瑛	陈华[2]	定山居士	陈小蝶
丁明哲		丁力		丁舞		魏照风		丁酉	汪作民	定思	潘梓年
丁娜		安娥		丁西林		丁西林		丁雨林	丁嘉树	定香居士	钱君匋
丁年先		丁念先		丁悉		冯乃超		丁狱生	张子斋	定一	方鼎
丁念先		丁念先		丁悉		朱镜我		丁裕	丁裕	定一	陆定一
丁宁		丁景唐		丁香		马君豪		丁云	郭小川	定夷	李定夷
丁宁		丁宁[1]		丁祥华		丁翔华		丁瓒	丁瓒	定元	陈家英
丁宁		丁宁[2]		丁祥生		尚钺		丁展庵	丁以布	定原	陈家英
丁宁		端木蕻良		丁翔华		丁翔华		丁之久	陈仲达	定之	赵树理
丁宁		施蛰存		丁向		姚凤惠		丁之屏	丁之屏	【dōng】	
丁宁		苏庐		丁象恭		徐懋庸		丁芝	丁裕	东	戴不凡
丁宁		徐铸成		丁燮林		丁西林		丁中	姚奠中	东	孔另境
丁丕行		许杰		丁辛		方龙骧		丁舟	曹聚仁	东白	石光
丁平		丁平		丁星		龚幼翰		丁周	邹霆	东辟	居正
丁倩		张一倩		丁行		丁景唐		丁子	李英敏	东痴	梁鸿志
丁秋野		洪道		丁休人		应修人		丁子	周璧	东畴小隐	沈曾植
丁秋野		刘宗璜		丁秀		曹聚仁		丁子良	丁子良	东帆	蔡东藩
丁人		王鼎成		丁宣		李汝琳		丁宗叔	丁景唐	东藩	蔡东藩
丁人俊		马叙伦		丁宣之		丁以布		丁祖德	丁祖荫	东藩	丁耶
丁仁长		丁仁长		丁学贤		丁迪豪		丁祖荫	丁祖荫	东方	胡天月
丁戎		赵戎		丁训尧		丁景唐		丁作霖	丁作霖	东方	夏衍
丁若高		蒋锡金		丁湮		漂青		仃轲	齐鸣	东方	谢振东
丁若兰		蒋锡金		丁偃		程灼如		仃吟	林潮	东方	杨天骥
丁三		林淡秋		丁彦彬		程灼如		【dǐng】		东方白	邓拓
丁三		杨晋豪		丁央		于英		顶湖旧侣	陆丹林	东方白	黄公伟

东方白	柳勉之	东海	徐世昌	东彦	关沫南	董国清	董每戡
东方丙丁	陈如旧	东海鲛人	徐枕亚	东雁	关沫南	董华	董每戡
东方不亮	寒爵	东海居士	徐世昌	东阳令史子孙	陈去病	董季荷	鲁迅
东方丹	牧野	东海三郎	徐枕亚	东阳仲子	沈尹默	董健吾	董健吾
东方蝃蝀	李君维	东海山	白蕉	东野	胡秋原	董聚昌	邵子南
东方复明	王槐秋	东海愚公	王国维	东英	李叔鹏	董均伦	董均伦
东方赫	黄震遐	东湖	吴三连	东迎	童春	董乐山	董乐山
东方红	司马军城	东湖	邹恩元	东滢	韦丛芜	董林肯	董林肯
东方虹	洪迅涛	东湖庵主	沈曾植	东雨	王和	董龙	瞿秋白
东方洪黎	戴碧湘	东湖老人	张难先	东雨轩主	黄公伟	董鲁安	董鲁安
东方卉	雷妍	东蘺	傅东华	东园	陈子展	董每戡	董每戡
东方晦	张恨水	东华	傅东华	东越钟吉宇	钟吉宇	董丏丏	董每戡
东方晦之	夏衍	东华旧史	金梁	东斋	李根源	董明	董秋斯
东方慧明	罗廷	东郊	周东郊	东斋	宗舜年	董铭	董辛名
东方既白	陶白	东劲	夏衍	东庄	吴湖帆	董圻	夏衍
东方既白	徐讦	东君	林语堂	冬	姚雪垠	董其昉	董其昉
东方亮	吴奔星	东来顺	成兆才	冬厂（ān）	梁鼎芬	董千里	董千里
东方珞	汤雪华	东廊	郑丽生	冬庵	梁鼎芬	董秋方	董秋芳
东方明	戴不凡	东篱	李辉英	冬白	蒋君章	董秋芳	董秋芳
东方明	冯明之	东篱词客	吴梅[1]	冬笛	沙驼	董秋舫	董秋芳
东方青	李健吾	东林	金满成	冬丁	姜澍川	董秋圃	董秋圃
东方生	张天白	东琳	梁漪	冬芳	普梅夫	董秋斯	董秋斯
东方曙	真树华	东流	谢狱	冬芬	董秋芳	董桑	刘北汜
东方朔	江寄萍	东庐	金梁	冬芬	茅盾	董绍明	董秋斯
东方望	徐咏平	东鲁词人	王新命	冬烘先生	辜鸿铭	董申威	董子兴
东方未白	吕剑	东峦	董鲁安	冬华	鲁迅	董时雍	董秋斯
东方未白	彭竹予	东美	于赓虞	冬郎	陈迩冬	董寿龄	董鲁安
东方未明	茅盾	东门焕	田贲	冬雷	刘冬雷	董舒	陈秋舫
东方未明	夏衍	东门亮	宣建人	冬林	金满成	董速	董速
东方未明	张新民	东门外	田井卉	冬青	陈春陆	董天柱	朱湘
东方闻	陈克[2]	东门雪	赵戎	冬青	黄谷柳	董维汉	余薇野
东方曦	戴碧湘	东门雨	潘伯鹰	冬青	史松北	董贤琮	董必武
东方曦	孔另境	东明	魏东明	冬山	柯仲平	董效舒	董效舒
东方霞	蘅果	东明	杨东明	冬殊	傅钝根	董辛名	董辛名
东方晓	秦绿枝	东南西	王余	冬心	胡适	董新民	董辛名
东方晓笛	沙驼	东讷	沈东讷	冬信	祝见山	董新铭	董辛名
东方岩朔	寒爵	东培	王东培	冬雪	唐人	董雪蘅	董速
东方羽	秦绿枝	东培山民	王东培	冬雁	关沫南	董荫狐	董荫狐
东方玉	东方玉	东平	丘东平	冬杨	杨纤如	董用威	董必武
东方月	陈运通	东青	郭德粹	冬饮	王伯沆	董郁青	董濯缨
东风	谢振东	东润	朱东润	冬友	胡适	董挚兴	董子兴
东峰	夏衍	东山	阿垅	冬语	王和	董仲密	董鲁安
东阜	陈望道	东山	郑伯奇	冬竹	李耿	董濯缨	董濯缨
东阜	陈训正	东山谢	赵赤羽	**【dǒng】**		董子兴	董子兴
东官万岁	邓尔雅	东声	韩侍桁	董葆和	于浩成	董祖蛟	董其昉
东郭迪吉	孟超	东吴旧孙	孙毓修	董必武	董必武	董尊鑫	邵子南
东郭生	周作人	东溪居士	樊樊山	董兵	徐君勋	董作宾	董作宾
东郭十堂	周作人	东胥	唐弢	董代	孔罗荪	董作仁	董作宾
东郭书塾	周作人	东轩居士	沈曾植	董鼎山	董鼎山	**【dòng】**	
东郭文丏	张恨水	东轩支离叟	沈曾植	董敦修	董咏麟	动风	巴人
东郭先生	孟超	东亚病夫	曾朴	董璠	董鲁安	动轩	鲁迅
东郭牙	江石江	东亚愤人	高增	董国铭	董辛名	冻佛	徐梦

笔名	本名
冻薶	傅东华
冻华	傅东华
冻薇	郭澹波
洞冥	冯乃超
洞若	崔通约
洞庭	李澄宇
洞庭逋客	杨仲揆
洞庭樵隐	龙榆生
洞中人	董秋斯
恫白	庄先识
恫百	庄先识

【dǒu】

笔名	本名
斗勤	王独清
斗山	黄树则

【dòu】

笔名	本名
豆腐干	王德林
豆花疏雨房主	应懿凝
窦秦伯	窦秦伯
窦琴伯	窦秦伯
窦学魁	米斗
窦隐夫	杜谈
窦镇	窦镇

【dū】

笔名	本名
都都	鲁琪
都金	张农
都六先生	周作人
嘟嘟	马仲明

【dú】

笔名	本名
独	周作人
独步	林独步
独夫	张垣
独孤旦	魏建功
独孤定	陆离
独孤玉	胡山源
独鹤	严独鹤
独及	林同济
独角	章太炎
独立山人	潘飞声
独立生	章太炎
独流	秦瘦鸥
独木	巴人
独清	王独清
独笑	庞树松
独秀	陈独秀
独秀山民	陈独秀
独秀山人	陈独秀
独逸	樊仲云
独应	鲁迅
独应	周作人
独尊	陈秋霖
读易	辜鸿铭
读易老人	辜鸿铭
读月楼主人	蔡丹冶

【dǔ】

笔名	本名
笃卿	王独清
笃栽	朱宜初

【dù】

笔名	本名
杜埃	杜埃
杜白羽	李民
杜白雨	李民
杜边	杜边
杜波	杜波
杜伯奎	杜伯奎
杜草甬	杜草甬
杜德机	鲁迅
杜德明	李若冰
杜笛	朱沉冬
杜而未	杜而未
杜方明	黄秋耘
杜芳	苏雪林
杜芳女士	苏雪林
杜非	牧野
杜斐	鲁迅
杜烽	杜烽
杜高	杜高
杜格灵	杜格灵
杜攻	杜攻
杜古仇	朱谷怀
杜谷	杜谷
杜庋荣	杜烽
杜国庠	杜国庠
杜果夫	叶青
杜果人	叶青
杜和銮	杜草甬
杜衡	杜衡
杜衡	苏汶
杜蘅之	杜蘅之
杜红喜	杜鹏程
杜洪溪	杜鹏程
杜徽	白朗
杜晦之	杜伯奎
杜惑	杜国庠
杜寄	李季
杜渐	陈沂
杜渐明	吴视
杜进高	杜进高
杜璟	杜颖陶
杜敬之	季茂之
杜鹃	杜埃
杜鹃	杜虚声
杜鹃	穆欣
杜君慧	杜君慧
杜衍	郭沫若
杜克展	赵洵
杜拉	雷石榆
杜李	杜门
杜力	杜任之
杜力夫	杜任之
杜连孙	杜门
杜联斋	杜颖陶
杜凌	丁之屏
杜陵	黑尼
杜鲁人	何干之
杜洛	杜埃
杜洛儿	杜埃
杜麦青	杜麦青
杜枚清	郑文蔚
杜妹芬	邵燕祥
杜门	杜门
杜门	吕剑
杜蒙	莫洛
杜明	陈隤
杜南星	南星
杜念绍	杜苕
杜涅	谢狱
杜宁	杨之华[1]
杜蓬莱	穆欣
杜鹏程	杜鹏程
杜平	陈向平
杜普诚	杜鹏程
杜奇	施子阳
杜乾学	杜重远
杜芩	郭继湖
杜勤职	杜任之
杜青持	杜清持
杜清池	杜清持
杜穷	杜鹏程
杜茕	杜鹏程
杜去非	杜天赐
杜荃	郭沫若
杜荃	丽尼
杜泉	艾芜
杜任之	杜任之
杜汝玖	杜蘅之
杜若	陈向平
杜若	杜若
杜若	柯叔宝
杜若	刘川
杜若	苏雪林
杜若	吴景崧
杜若	徐守中
杜若	余修
杜若	张笔仁
杜若英	白寒
杜山	章泯
杜苕	杜苕
杜守素	杜国庠
杜淑贞	杜淑贞
杜谈	杜谈
杜韬晦	杜伯奎
杜天赐	杜天赐
杜笤	杜苕
杜顽庶	郭沫若
杜万	戴望舒
杜望之	杜而未
杜微	满涛
杜微	任白戈
杜巍	王森然
杜维沫	杜维沫
杜炜孙	杜亚泉
杜未末	杜维沫
杜文成	南星
杜文鱼	励行健
杜芜	舒塞
杜希唐	杜希唐
杜惜冰	周楞伽
杜锡武	林草
杜羲	杜羲
杜肖思	杜肖思
杜鑫	杜维沫
杜兴顺	杜谈
杜虚声	杜虚声
杜宣	杜宣
杜学舒	杜学舒
杜亚泉	杜亚泉
杜衍	郭沫若
杜彦之	杜波
杜仰山	杜天赐
杜也牧	钟望阳
杜亦鸣	叶青
杜翼全	杜攻
杜印	杜印
杜英夫	杜谈
杜颖陶	杜颖陶
杜又明	于沫我
杜幼泉	杜羲
杜宥前	杜羲
杜宇	白石[1]
杜宇	但杜宇
杜宇	杜维沫
杜宇	穆欣
杜宇	郁章
杜运燮	杜运燮
杜哉	刘金
杜振吾	杜颖陶
杜之诗	杜门
杜仲	陈灵犀
杜重远	杜重远

杜竹君	李一氓	段家锋	惠天	遯翁	胡耐安	尔文	蔡观明
杜作人	叶青	段可情	段可情	遯园	胡耐安	尔序	曹汶
度	谭天度	段克兴	段克兴	遯园	苏仲翔	尔雅	陈一中
度	谢六逸	段森林	段公爽	【duō】		尔雅	邓尔雅
度青	奚侗	段天衡	于雷	多	闻一多	尔亚	陈一中
度人舟	熊佛西	段惟庸	段惟庸	多咀	林基路	尔玉	朱鸳雏
渡沙	渡沙	段雪生	段雪笙	多灵	潘子康	尔瞻	杜天赐
【duān】		段雪笙	段雪笙	多闻	姚三友	尔重	李尔重
耑	范泉	段泽杭	段雪笙	多问之	臧瑗望	耳东	陈模
耑青	徐君勋	【duì】		掇献	钱玄同	耳东	陈如旧
耑斋	沈祖牟	兑	瞿蜕园	【duó】		耳顺	沈从文
耑斋主人	沈祖牟	兑庐	沈曾植	铎	洪钟	耳耶	范泉
端	唐弢	兑之	瞿蜕园	铎	郑振铎	耳耶	聂绀弩
端白	陈定	【dūn】		铎民	郑振铎	迩冬	陈迩冬
端公	夏衍	敦夫	蒋光慈	铎声	章铎声	【èr】	
端六	王蘧常	敦夫	谢觉哉	【duò】		二北	任二北
端木长青	林哨	敦复	戴敦复	惰之余	钟子芒	二痴	王德锜
端木方	端木方	敦诺	唐弢			二丁	梅白
端木风	吕寰	敦庞	徐懋庸	**E**		二合	欧阳恢绪
端木豪	胡天风	敦庆	王一榴	【é】		二郎神	易君左
端木豪风	胡天风	敦易	严敦易	莪伽	艾青	二楞	杨亚宁
端木珩	王庄	敦智	戴敦智	峨眉老衲	马一浮	二良	杜进高
端木蕻良	端木蕻良	【dùn】		鹅溪老人	樊樊山	二流	李一氓
端木露西	端木露西	沌公	张相文	哦诗山人	黄建安	二滨	程崇信
端木桥	岑桑	沌谷	张相文	【è】		二难	曾铁忱
端木朔	陈秋舫	沌谷居士	张相文	饿叟	齐白石	二渠	王芷章
端木文心	焦荣吉	钝安	傅钝根	鄂不	陆绍棠	二泉亭长	王西神
端木贤	李苏	钝庵	傅钝根	谔谔	徐志摩	二山山樵	陈树人
端木新民	端木露西	钝庵	罗大佺	谔公	左舜生	二十八画生	毛泽东
端木星火	陈秋舫	钝根	傅钝根	谔声	严谔声	二水	李冰人
端木炎	王大化	钝根	王钝根	萼如	许绍棣	二西	郑振铎
端木扬	乌·白辛	钝公	孙楷第	萼孙	郑鹤声	二丫	呆向真
端木野	端木野	钝宧	冒广生	萼荪	张廷华	二鸦	聂绀弩
端木直	雷妍	钝剑	傅钝根	锷青	蔡元培	二研室主	李详
端纳	张彦	钝剑	高天梅	噩定（yǎ）	许默语	二一老人	李叔同
端尼	唐弢	钝水	方豪	【ēn】		二油	张恨水
端五	韩麟符	钝铁	邓散木	恩和	陆丹林	二云	况周颐
端先	夏衍	钝拙	寿洙邻	恩久	宋振庭		
端轩	夏衍	盾	茅盾	恩润	邹韬奋	**F**	
端阳	丘行	盾	郑公盾	恩三	齐鸣	【fā】	
端紫	丘行	遁庵	高觐昌	恩维铭	满涛	发扬	周牧人
鍴宝	江村	遁庵	舒新城	【ér】		【fá】	
【duǎn】		遁盦	张尔田	而复	周而复	跋（fá）芮	黄秋耘
短兵	林姗姗	遁楼主人	林献堂	而已	刘大海	伐扬	黑婴
短工	徐玉诺	遁天	吕碧城	而已	夏征农	伐扬	穆时英
短擎	高长虹	遁翁	何鉴琮	【ěr】		【fǎ】	
【duàn】		遁园	李我	尔崇	林锡牙	法	废名
段白荄	段可情	遁庵	徐炳昶	尔德	王辛笛	法城	李叔同
段层樱	段雪笙	遁圃	郭则沄	尔东	陈模	法幢	李叔同
段承祜	桂明	遁叟	胡耐安	尔萨	苏菲[1]	法筏	张大千
段传孝	段可情	遁叟	沈曾植	尔琬	张淑英	法国	赵锡嘉
段公爽	段公爽	遁翁	何鉴琮	尔忘	周开庆	法忍	陈去病

法日	李叔同	樊唯一	樊仲云	范泉	范泉	方卜	赵橹
法天者	白蕉	樊温	施蛰存	范任	范任	方才	刘岚山
法维	邝达芳	樊宇	侯金镜	范山	范山	方常白	殷参
法禹	朱化雨	樊玉俭	樊玉俭	范生	陈之藩	方成章	方冲之
【fān】		樊郁	樊粹庭	范世雄	范启新	方城	唐弢
帆凡	江帆	樊增	樊樊山	范守常	范秉彝	方乘	方孝岳
帆风	叶帆风	樊增祥	樊樊山	范叔寒	司马桑敦	方冲之	方冲之
帆影楼主	廉泉	樊志厚	王国维	范思平	张爱玲	方春	赵忠
番草	钟鼎之	樊仲云	樊仲云	范涛	鲁白野	方寸木	李君毅
番客	宋元模	樊梓	瞿秋白	范提摩	常夫	方达	陈蝶衣
番茄	黄药眠	樊梓生	瞿秋白	范天籁	范光	方达	刘思
番子	魏蟠	繁露	繁露	范亭	续范亭	方丹	施子阳
【fán】		繁市	李岫石	范婷	范瑾	方德闶	林淑华
凡	戴不凡	繁霜	沈宗畸	范统	王秋田	方迪	白明新
凡	李叔同	繁霜阁主人	沈宗畸	范文澜	范文澜	方迪	沙漠
凡	茅盾	繁霜翁	沈宗畸	范希天	范长江	方典	王元化
凡尔	张文勋	繁星	宋文	范贤才	范纪曼	方丁平	陈澄之
凡夫	放平	繁绪	孔柯嘉	范筱兰	范筱兰	方鼎	方鼎
凡夫	黄声	【fàn】		范星越	瞿秋白	方定	赵树理
凡夫	叶荣钟	饭颗山樵客	陈叔通	范行	范任	方东	梁宁
凡海	欧阳凡海	饭牛	戚饭牛	范醒	青勃	方东旭	林焕平
凡民	常燕生	饭牛翁	戚饭牛	范学鑫	范钧宏	方度	巴人
凡鸟	马彦祥	泛	范长江	范烟桥	范烟桥	方方	周大康
凡鸟	欧阳山	泛滥	黄旭	范祎	范长江	方非	茅盾
凡鸟	钱谷融	范秉一	范秉彝	范易	瞿秋白	方菲	李成俊
凡鸟	首凤竹	范秉彝	范秉彝	范易嘉	瞿秋白	方戈	赵橹
凡鸟	朱凤蔚	范秉义	范秉彝	范镛	范烟桥	方歌今	艾治平
凡禽	凤兮	范长江	范长江	范幼文	范纪曼	方格	黄药眠
凡容	朱凡	范承全	范长江	范元贞	范瑾	方谷绣	章妙英
凡俗陀	郑玉华	范鸥夷	范烟桥	范增厚	范子愚	方管	舒芜
凡沱	刘道南	范存忠	范存忠	范兆琪	范兆琪	方光明	巴人
凡易林	林国鉴	范方	张可	范政	范政	方光焘	方光焘
凡宇	侯金镜	范光	范光	范子愚	范子愚	方广	李叔同
樊昌	陈昌谦	范光启	范光启	梵	李葷	方珪德	舒芜
樊琛	樊玉俭	范广宪	范君博	梵持	沈曾植	方海春	欧阳凡海
樊成	范钧宏	范涡（guō）河	范涡河	梵可	徐梵澄	方涵	梅朵
樊川	樊玉俭	范恒	王子昌	梵灵	张雪伦	方豪	方豪
樊从予	樊仲云	范华生	范秉彝	梵杨	梵杨	方赫	方赫
樊粹庭	樊粹庭	范纪曼	范纪曼	梵庄	柳倩	方衡	华岗
樊得一	樊仲云	范纪美	范纪曼	【fāng】		方红	高集
樊樊山	樊樊山	范金	赵之诚	方	孔另境	方红	李纶
樊冯和仪	苏青	范瑾	范瑾	方	茅盾	方厚生	方土人
樊光	樊光	范经	常夫	方	郑伯奇	方湖	汪辟疆
樊宏图	樊篱	范君博	范君博	方白	莫洛	方湖主人	汪辟疆
樊华	樊玉俭	范钧宏	范钧宏	方保宗	茅盾	方桓甫	陈独秀
樊嘉	樊樊山	范亢	瞿秋白	方北方	方北方	方皇	卢煤
樊康	徐懋庸	范莱	黄裳	方北泷	贺照	方黄	夏衍
樊篱	樊篱	范奴冬女士	刘半农	方北望	贺照	方徨	方徨
樊沛	夏衍	范澎涛	司马长风	方璧	茅盾	方慧心	温流
樊山居士	樊樊山	范平	周汉平	方忏	陈蝶衣	方慧珍	方慧珍
樊山老人	樊樊山	范蒲韧	范文澜	方滨	刘沧浪	方极安	方极庵
樊崧骏	樊光	范启新	范启新	方冰	方冰	方极庵	方极庵

方即墨	章品镇	方明	余修	方苇白	殷参	方原	徐霞村
方棘	夏钦瀚	方木	阿垅	方未艾	艾治平	方圆	沙漠
方纪	方纪	方牧	方牧	方未艾	陈白曙	方缘	沙漠
方纪	高集	方穆	施若霖	方未艾	方未艾	方远	陈残云
方纪谷	思果	方南	张央	方文	卞和之	方远镇	方志敏
方纪生	方纪生	方宁	曾卓	方文	邓友梅	方在	方土人
方季良	柯大	方培基	瞿秋白	方闻	吴视	方在野	张一倩
方济	朱英诞	方平	方平	方翁	梁方仲	方兆麟	方未艾
方济各	思果	方祺	施若霖	方无忌	高集	方震	蒋百里
方佳	方纪生	方青	绿原	方吾	荒芜	方拯	方土人
方家杰	方杰	方求	周扬	方晞	方未艾	方正之	方正之
方家齐	方敬	方泉	汪原放	方曦	方未艾	方之棣	方龙骧
方剑	沙漠	方然	方然	方仙	朱英诞	方之夫	许钦文
方剑云	岳骞	方燃	莫洛	方向之	方北方	方之华	李正中
方健明	林淑华	方人也	施作师	方晓	菡子	方之羹	方阡
方杰	方豪	方仁	戴望舒	方晓	李祖良	方直	巴人
方杰	方杰	方仁	姚蓬子	方晓	石啸冲	方直	柳湜
方杰人	方豪	方任	冯英子	方晓白	满涛	方植	徐君梅
方进	季风	方日	牙美昌	方晓蓝	沈毓刚	方志敏	方志敏
方景亮	王尘无	方荣杲	方荣杲	方孝岳	方孝岳	方中	梁方仲
方敬	方敬	方儒	孟昭鸿	方笑云	王尔碑	方重	方重
方靖远	方未艾	方瑞	张浪	方信	阿垅	方重禹	舒芜
方均	郑伯奇	方僧	孟昭鸿	方兴	陈次园	方舟	巴人
方君	殷参	方山	孙方山	方行	方行[1]	方舟	梁南
方君逸	吴天	方山	张叶舟	方行	方行[2]	方舟	祁崇孝
方可	李辉英	方绍岑	方哂凡	方修	方修	方舟	于方舟
方可	辛劳	方哂凡	方哂凡	方旭芝	方荣杲	方佐	曾卓
方克勤	芳信	方生	巴人	方序	靳以	方作斌	方北方
方兰汝	黄裳	方生	杨樾	方言	曹从坡	芳	关露
方稜	李长之	方胜	陈蝶衣	方炎	方龄贵	芳	杨同芳
方里	方北方	方盛	白峡	方扬	曾一	芳草	彭定安
方励	张浪	方时乔	方孝岳	方洋	施济美	芳草	彭芳草
方亮	李曙光	方时旭	方时旭	方野	张一倩	芳草山人	徐麟
方麟	田流[2]	方市沛	冉欲达	方依	蘅果	芳垂	黄裳
方苓	李长之	方守彝	方守彝	方以屏	胡山源	芳丁	丁景唐
方龄贵	方龄贵	方瘦坡	方廷楷	方以直	王鼎钧	芳菲	方慧珍
方令孺	方令孺	方曙	王静芝	方易	沙漠	芳菲女士	方慧珍
方柳烟	方修畅	方曙光	方光焘	方轶群	方轶群	芳公	卢溢芳
方龙骧	方龙骧	方思	方思	方逸	李华飞	芳济	朱英诞
方芦浪	方重	方绥	侯甸	方殷	方殷	芳君	关露
方陆	孟昭鸿	方隼	王元化	方殷	卢豫冬	芳君	孙席珍
方伦叔	方守彝	方棠华	方龙骧	方应旸	方宇晨	芳兰	李芳兰
方萌	曾卓	方犮	方犮	方英	阿英	芳郎	邓寄芳
方萌	毛承志	方涛	方涛	方莹	茅盾	芳萌	余修
方孟	邝劲志	方韬	方犮	方永	舒巷城	芳明	余修
方孟	夏衍	方天亮	吴朗	方于衡	方轶群	芳萍	周思义
方梦	李正廉	方天曙	石啸冲	方瑜	杨群奋	芳素	陈敬容
方明	巴人	方廷楷	方廷楷	方宇晨	方宇晨	芳田	雷妍
方明	刘光人	方土人	方土人	方雨	冯雪峰	芳田	徐君梅
方明	隋树森	方苊	陈膺浩	方玉书	方未艾	芳坞	成仿吾
方明	陶雄	方维	沙漠	方御骖	方孝岳	芳夏	杜谷
方明	夏衍	方维	舒巷城	方元	刘岚山	芳信	芳信

笔名	本名	笔名	本名	笔名	本名	笔名	本名
芳彦	巴人	飞迅	杨人楩	匪石	汪叔明	分水	周汾
芳茵	方殷	飞雁	陈小云	匪石	萧楚女	芬	茅盾
芳园	陈逢源	飞燕旧主	顾悼秋	斐庵	俞陛云	芬	张近芬
芳藻	沈可人	飞云	赵万里	斐邨	刘锦江	芬君	陆诒
芳芷舲主人	余上沅	非	于非闇	斐琴	陈斐琴	芬君	茅盾
芳洲	徐麟	非厂（ān）	巴人	斐然	李文钦	芬陀	太虚
芳洲	于方舟	非厂（ān）	姚非厂	斐云	赵万里	【fén】	
芳子	廖仲潜	非厂（ān）	于非闇	斐斋	蔡振扬	汾河	冯育栋
芳子	梅娘	非厂（ān）于照	于非闇	翡翠	陈伯吹	汾南渔侠	周斌
【fáng】		非庵	谭延闿	【fèi】		汾南渔隐	周斌
房纯如	村路	非庵	于非闇	芾	巴金	汾阳飞侠	王薇伯
房密	周作人	非闇	于非闇	芾甘	巴金	汾易主人	郭沫若
房世泰	房世泰	非陈	飞尘	吠影	金汤	焚蒂	林望中
房州竹子	许澄宙	非非	陈明中	废兵	张我军	焚戈	冯英子
鲂	何其芳	非非	茅盾	废丁	废丁	焚心	江汛
【fǎng】		非非	潘标	废名	废名	焚玉	顾仲彝
仿樵	任访秋	非非	苏曼殊	废名	姜椿芳	【fěn】	
仿吾	成仿吾	非非	王尔碑	废名	丘士珍	粉红城主	余切
仿溪	周仿溪	非非	周恩来	废翁	沈瘦东	【fèn】	
访秋	任访秋	非骨	王元化	沸	瞿秋白	奋奋	邹韬奋
访竹	丁易	非可恶	卢煤	沸心	高潮	奋若	张致祥
舫	董秋芳	非鲁门	巴人	费白夜	白夜	粪翁	邓散木
舫	茅盾	非蒙	关非蒙	费北	费孝通	【fēng】	
舫	祁崇孝	非命	废名	费辞	应未迟	丰	廖苾光
舫洲	于方舟	非人	杨幼生	费格娜	朱子奇	丰	夏衍
【fàng】		非斯	寒爵	费固	邹绛	丰	叶灵凤
放	赵树理	非素	陆丹林	费火	刘燧	丰村	丰村
放夫	吴丹一	非文	李文钦	费辑止	费穆	丰非	宗璞
放歌	莫洛	非文	彭展	费嘉乐	赵瑞蕻	丰柳燕	丰子恺
放光	黄伯耀	非翁	谭延闿	费见石	费砚	丰隆	蒋锡金
放庐	孟昭鸿	非我	老舍	费剑石	费砚	丰木	时萌
放平	放平	非我	雷石榆	费敬庐	费穆	丰乃天	丰村
放新	李耿	非闲	沈侠魂	费敬仲	费行简	丰年	蒋文杰[2]
放之	熊纬书	非心	太虚	费朗	苗秀	丰仁	丰子恺
放之	周牧人	非心	许广平	费雷	邹绿芷	丰仍	丰子恺
【fēi】		非心	于非闇	费林	马瑞麟	丰润	丰子恺
飞	鲁迅	非雨	傅南鹍	费龙丁	费砚	丰山	杨骚
飞	孙席珍	非兆	沉樱	费明	姜椿芳	丰屯	刘沙
飞尘	飞尘	非之	田井卉	费明君	费明君	丰雅仲	陈振鹏
飞飞	谢觉哉	菲丁	苏菲[2]	费穆	费穆	丰婴行	丰子恺
飞飞	周恩来	菲芳	张辉环	费启	白夜	丰余	鲁迅
飞花	袁水拍	菲洛	叶菲洛	费仁	徐惊百	丰瑜	鲁迅
飞黄	邓飞黄	菲士	汪普庆	费士	李长之	丰庄	冯润璋
飞晋	张问强	绯枫	杨奔[1]	费孝通	费孝通	丰子恺	丰子恺
飞来客	罗皑岚	绯娜	卢葆华	费啸天	费啸天	风	胡风
飞龙	许进	霏	胡风	费学	韦丛芜	风	茅盾
飞鸟	陈树南	【fěi】		费砚	费砚	风	邱风人
飞生	蒋百里	胐庵	吴稚晖	费逸	潘非	风	沈泽民
飞素	梁霭	胐庵老人	吴稚晖	费云文	费啸天	风	谭天度
飞腾	宋淇	胐盦	吴稚晖	【fēn】		风	唐弢
飞锡	苏曼殊	胐盦老人	吴稚晖	分湖旧阴	柳亚子	风	叶劲风
飞血	石军	匪石	陈匪石	分水	冯雪峰	风	叶灵凤

名号	本名
风	于右任
风草	郑雨
风尘	吴越
风笛	席涤尘
风光	陈嘉会
风褐庵	吴白匋
风灰	李俊民
风火	梅白
风季	方纪
风江	魏风江
风雷	梅白
风雷	萧白
风凉	吴双热
风岭诗人	罗惇爱
风平	马少波
风沙	风沙
风沙	田秀峰
风声	刘树声
风声	鲁迅
风斯	刘芳松
风素	刘芳松
风涛	白莎
风啸	余明
风信子	袁珂
风叶	闻一多
风一	冯毅之
风仪	苏燕翩
风雨龙吟室主	龙榆生
风原	鲁琪
风子	苏燕翩
风子	唐弢
汎	苏曼殊
枫	巴人
枫	刘毅
枫	彭雪枫
枫翠仁	枫翠仁
枫火	刘麟
枫岚	洪炫
枫溪	陈凤兮
枫亚	龚德
枫野	涂元渠
枫叶	巴尔
枫影	刘延陵
枫园	陆丹林
枫子	沈序
枫子	于健生
封凤子	凤子
封禾子	凤子
封季壬	凤子
封马牛	邹霆
封齐	洛汀²
封延	杨昀谷
疯汉	曾梦笔
疯子	崔嵬
峰	阿英
峰毅	冯毅之
烽烽	钟子芒
烽嵩	路翎
葑菲	吴岩
葑菲	吴宗锡
蜂子	韩麟符
【féng】	
冯 Y.S.	冯余声
冯白桦	冯江涛
冯白鲁	冯白鲁
冯百硒	冯百硒
冯宝麟	冯契
冯宾符	冯宾符
冯斌	冯宪章
冯伯励	冯百硒
冯博原	冯彩章
冯彩章	冯彩章
冯策	夏衍
冯诚之	冯雪峰
冯承钧	冯承钧
冯承植	冯至
冯迟	冯其庸
冯春航	冯旭
冯慈	胡康新
冯德泉	单哲
冯登瀛	冯毅之
冯定	冯定
冯定山	冯浪波
冯夺	丰村
冯二郎	曹白
冯放民	凤兮
冯丰	冯其庸
冯逢	冯英子
冯凤三	冯凤三
冯福春	冯雪峰
冯复苏	冯平
冯恭兰	冯沅君
冯恭茂	冯梦云
冯贡世	冯斯栾
冯蒿	冯煦
冯和仪	苏青
冯河	马作楫
冯鹤龄	冯岳麟
冯蘅	冯凤三
冯宏道	梁厚甫
冯洪	童书业
冯鸿	童书业
冯鸿墀	冯开
冯厚生	冯厚生
冯荒	刘北汜
冯荒民	凤兮
冯基善	冯玉祥
冯纪	王业伟
冯寄肖	王延龄
冯骥	方纪
冯开	冯开
冯坚	冯百硒
冯剑南	冯剑南
冯剑南	马甦夫
冯剑南	冯剑南
冯健男	冯健男
冯涧猗	冯文洛
冯江涛	冯江涛
冯蕉衣	冯蕉衣
冯阶青	冯开
冯金辛	冯金辛
冯锦钊	华铃
冯菊坡	冯余声
冯恺	柯岩
冯铿	冯铿
冯浪波	冯浪波
冯浪声	冯浪波
冯麟祥	冯白鲁
冯岭梅	冯铿
冯柳堂	冯柳堂
冯禄祥	冯志
冯懋龙	冯自由
冯梅	童书业
冯孟华	冯煦
冯梦华	冯煦
冯梦云	冯梦云
冯明之	冯明之
冯牧	冯牧
冯培澜	冯培澜
冯平	冯平
冯平	刘岚山
冯凭	魏子云
冯萍影	冯英子
冯其庸	冯其庸
冯奇雄	冯其庸
冯启康	方赫
冯启镠	冯启镠
冯启农	冯仲云
冯契	冯契
冯庆桂	冯庆桂
冯群	冯仲云
冯汝铎	冯振
冯润璋	冯润章
冯若梅	冯若梅
冯三多	冯三多
冯三昧	冯三昧
冯世昌	冯定
冯式	冯明之
冯式文	郁达夫
冯瘦菊	冯瘦菊
冯叔鸾	冯叔鸾
冯淑惠	冯淑惠
冯淑兰	冯沅君
冯斯栾	冯斯栾
冯甦夫	马甦夫
冯畹华	孟君
冯维典	丰村
冯文炳	废名
冯文洛	冯文洛
冯五桥	冯浪波
冯武越	冯启镠
冯熙	冯煦
冯櫆望	冯定
冯仙舟	冯毅之
冯仙洲	冯毅之
冯先植	冯牧
冯宪章	冯宪章
冯小隐	冯小隐
冯心侠	冯平
冯岫	黄树则
冯虚	茅盾
冯虚	沈泽民
冯虚女士	茅盾
冯旭	冯旭
冯旭初	冯旭
冯煦	冯煦
冯雪冰	冯雪冰
冯雪峰	冯雪峰
冯亚珩	石鲁
冯尧基	冯英子
冯珧	徐梵澄
冯叶莘	丰村
冯一水	冯中一
冯伊湄	冯伊湄
冯夷	茅盾
冯贻德	冯亦代
冯颐	冯三昧
冯亦代	冯亦代
冯异	陈凡
冯铁	冯英子
冯铁	王小逸
冯毅	冯毅之
冯毅	向荣
冯毅之	冯毅之
冯英子	冯英子
冯由	夏衍
冯友梅	童书业
冯余生	冯余声
冯余声	冯余声

冯瑜宁	梁羽生	凤山词人	梁鼎芬	夫差	王松	浮生	吴恩裕
冯雨	刘如水	凤笙	柯劭忞	夫凡	王世颖	浮生	姚雪垠
冯玉奇	冯玉奇	凤石	姚光	敷庵	罗惇曧	浮生女士	孟君
冯玉祥	冯玉祥	凤书	廖恩焘	敷丰湖长	梁鼎芬	浮石	杨骚
冯育栋	冯育栋	凤舒	廖恩焘	敷堪	罗惇曧	浮游翁	沈曾植
冯元祥	冯凤三	凤孙	柯劭忞	敷荣	刘敷荣	符崇离	高旅
冯沅君	冯沅君	凤荪	柯劭忞	【fú】		符定一	符定一
冯远翔	冯叔鸾	凤荪	谢石钦	苻浪·	程兆熊	符号	符号
冯远翼	冯小隐	凤田	谷凤田	弗东沙	江寄萍	符浩	符号
冯岳麟	冯岳麟	凤蔚	朱凤蔚	弗庚	杨季生	符剑	姚紫
冯允庄	苏青	凤吾	阿英	弗先	徐懋庸	符九	饶芝祥
冯蕴仲	废名	凤兮	陈凤兮	弗政	邓拓	符灵	鲁迅
冯贞用	冯宾符	凤兮	凤兮	伏	孙伏园	符律衡	阿甲
冯振	冯振	凤兮	黄忏华	伏波	华田	符蒙	吕剑
冯振心	冯振	凤兮	魏金枝	伏琛	谢狱	符其实	符号
冯芝生	冯小隐	凤兮	谢冰莹	伏嘉谟	伏嘉谟	符祺	符号
冯至	冯至	凤兮	许征鸿	伏枥	朱正明	符瑞金	符号
冯志	冯志	凤兮	张禹	伏庐	陈叔通	符善	谭人凤
冯智慧	冯智慧	凤西	陈凤兮	伏庐	孙伏园	符业祺	符号
冯中一	冯中一	凤翔	周立波	伏生	胡愈之	符叶	高旅
冯钟璞	宗璞	凤轩	叶灵凤	伏敬	张白山	符曾	李石曾
冯仲堪	冯乃超	凤猗	陈祖燕	伏园	孙伏园	符正	阿甲
冯仲云	冯仲云	凤宜	苏燕翩	伏志英	伏志英	符竹因	符竹因
冯仲足	冯宾符	凤英	谢冰莹	凫晨	朱英诞	符竹英	符竹因
冯壮公	冯平	凤子	凤子	凫工	潘伯鹰	符竹邮	符号
冯子安	冯亦代	凤子	蒋凤子	凫公	潘伯鹰	符宗涛	符宗涛
冯子和	冯旭	凤子女士	苏燕翩	扶苍	卢福长	福	柔石
冯子衡	冯承钧	奉宽	奉宽	扶东	杨光洁	福藏	胡明树
冯子韬	冯乃超	奉生	柯劭忞	扶风	辛丰年	福长	卢福长
冯自强	冯斯栾	【fó】		扶峰	萧村	福崇	张世禄
冯自由	冯自由	佛	熊佛西	扶海垞主人	张睿	福倌	司徒宗
冯宗璞	宗璞	佛庵	罗惇曧	扶九	施南池	福林	黄福临
冯驹	周楞伽	佛弟	高剑父	扶雅	谢扶雅	福临	黄福临
逢伯	马超群	佛光	梅公任	扶亚	谢扶雅	福荣	芦芒
逢春	叶青	佛郎	祝秀侠	扶摇	沈文华	福厅	曹聚仁
逢吉	李遇安	佛朗	祝秀侠	扶云	方时旭	福庭	金江寒
逢吉	王逢吉	佛平	龚元凯	芙蓉	田琳[1]	福熙	林基路
逢美	白原	佛千	张佛千	芙蓉客	林里	福熙	孙福熙
逢人	林寰	佛如	朱化雨	芙茵	袁烙	蔽园	唐岷春
逢源	周树模	佛若	刘心皇	芙英	谢冰莹	【fǔ】	
【fèng】		佛矢	洪允祥	孚	徐调孚	甫	茅盾
凤	凌叔华	佛特	许清昌	孚人	胡山源	甫郭	林适存
凤	叶灵凤	佛突	陈望道	拂云	胡梯维	甫青	张叶舟
凤宝	谢冰莹	佛西	熊佛西	拂云生	胡梯维	甫三	赖和
凤城	顾凤城	佛言	丁佛言	莩海	周牧人	斧军	王斧
凤冈	谢无量	佛耶居士	费砚	服媚	顾悼秋	斧钺	巴人
凤哥	沈从文	佛茵	袁烙	服群	林淡秋	俯冲	陈山
凤凰	曹雪松	佛影	顾佛影	浮	柯灵	俯拾	陈凌霄
凤家	郭尼迪	佛子	高增	浮艸	王尔碑	辅自然斋主人	严复
凤举	张凤举	【fǔ】		浮沉	艾明之	黼屏	龚元凯
凤侣	陆丹林	夫	黄征夫	浮鸥	甘永柏	黼治	李定夷
凤栖阁	吴我尊	夫	章汉夫	浮萍	王北雁		

【fù】		傅落红	傅无闷	盖公	施蛰存	甘雨	聂绀弩
付达	袁水拍	傅乃琦	罗烽	盖三	魏建功	甘雨亭	甘树椿
付克	傅克	傅南鹃	傅南鹃	盖郁金	孙望	甘月樵	甘鹏云
负生	吴恩裕	傅秋镛	傅秋镛	**【gān】**		甘橄侨	甘鹏云
负翁	章钰	傅群	傅香圃	干城	彭柏山	甘运衡	甘运衡
负之	徐百灵	傅容	熊复	干戈	程一戎	甘兆光	甘丰穗
阜双	陈沆	傅瑞麟	傅抱石	干戈	王业伟	甘蛰仙	甘蛰仙
阜荪	陈沆	傅润元	傅增湘	干侯	萧继宗	甘竹滩洗石人	黄节
复	柔石	傅润沅	傅增湘	干将	傅钝根	甘自明	甘乃光
复	周而复	傅善文	傅白芦	干人俊	于人俊	甘作霖	甘永龙
复晋	谭碧波	傅师曾	傅师曾	干铁	方善境	**【gǎn】**	
复堪	罗惇曧	傅叔和	傅增湘	干一	王探	感孺	庄先识
复戡	朱鹏	傅硕家	傅彦长	干一	王业伟	橄生	曹聚仁
复老	白蕉	傅硕介	傅彦长	甘	巴金	**【gàn】**	
复礼老人	曹元弼	傅屯安	傅钝根	甘草	马国亮	干	鲁迅
复庐	姚光	傅屯庵	傅钝根	甘祠森	甘永柏	干	瞿秋白
复生	白蕉	傅屯根	傅钝根	甘大文	甘蛰仙	干宝	苏南
复生	常任侠	傅屯艮	傅钝根	甘丹	任白戈	干夫	包干夫
复生	林之夏	傅温浪	傅克	甘道生	甘道生	干卿	潘公展
复苏	冯平	傅文渠	傅钝根	甘蒂	巴金	干如	聂绀弩
复翁	白蕉	傅文藁	傅钝根	甘丰穗	甘丰穗	绀奴	聂绀弩
复翁	闵尔昌	傅无闷	傅无闷	甘河	张中晓	绀弩	聂绀弩
傅白芦	傅白芦	傅香圃	傅香圃	甘将庐	甘鹏云	绀乳	聂绀弩
傅宝堃	傅芸子	傅萧岩	傅庚生	甘兰	钟子芒	淦	冯沅君
傅抱石	傅抱石	傅小岩	傅庚生	甘隶	苏眇公	淦	田仲济
傅冰延	耿庸	傅晓航	晓航	甘霖	陆丹林	淦女士	冯沅君
傅餐英	傅芸子	傅彦长	傅彦长	甘灵庵	甘树椿	淦清	潘公展
傅藏园	傅增湘	傅英	安旗	甘露	甘运衡	淦森	太虚
傅长生	傅抱石	傅永康	傅仇	甘乃光	甘乃光	赣萍	张赣萍
傅承谟	陈模	傅永龄	艾以	甘牛	张友济	灝一	陈灝一
傅仇	傅仇	傅沅叔	傅增湘	甘牛	左笑鸿	**【gāng】**	
傅东岱	傅尚普	傅云生	路地	甘努	聂绀弩	冈本	黄兴
傅东蕅	傅东华	傅芸子	傅芸子	甘鹏云	甘鹏云	冈荻	黄青
傅东华	傅东华	傅辒子	傅芸子	甘潜庐	甘鹏云	冈夫	冈夫
傅冬	傅冬	傅则黄	傅东华	甘泉	冯雪峰	冈捷耶夫	冈夫
傅冬菊	傅冬	傅增湘	傅增湘	甘人	鲍文蔚	刚	顾颉刚
傅冻蕅	傅东华	傅振箕	傅无闷	甘人	蒋文杰[1]	刚	谢刚主
傅冻华	傅东华	傅仲涛	傅克兴	甘树椿	甘树椿	刚	徐刚
傅钝安	傅钝根	傅宗宣	傅香圃	甘棠	徐甘棠	刚父（fù）	曾习经
傅钝庵	傅钝根	富容华	符号	甘棠	叶青	刚甫	曾习经
傅钝根	傅钝根	富士始	夏小谷	甘棠	张白山	刚果	薛述明
傅専	傅钝根	缚高	束沛德	甘为孺	钟子芒	刚克	沈圣时
傅庚生	傅庚生	覆瓿	黄水沛	甘息园	甘鹏云	刚篱	王余
傅耿	王敏	馥赓	王敏	甘辛	甘永柏	刚评	郑江萍
傅洁霞	傅洁霞	馥泉	汪馥泉	甘药樵	甘鹏云	刚太阳	阳太阳
傅君剑	傅钝根	馥炎	汪馥泉	甘叶樵	甘鹏云	刚翁	黄侃
傅克	傅克			甘籁	陈灝一	刚主	谢刚主
傅克兴	阿英	**G**		甘翼父（fù）	甘鹏云	矼叟	黄宾虹
傅克兴	傅克兴	**【gài】**		甘翼甫	甘鹏云	钢鸣	周钢鸣
傅逑	张友鸾	丐	穆儒丐	甘永柏	甘永柏	岗岚	岗岚
傅履冰	何其芳	丐佬	胡显中	甘永龙	甘永龙	**【gàng】**	
傅洛虹	罗烽	丐叟颜笏山	颜笏山	甘永泷	甘永龙	戆庵	范君博

【gāo】

皋亭老民	马一浮	高酆	周建人	高觉佛	高增	高敏夫	高敏夫
皋言	戴德章	高锋	叶青	高爵廷	高剑父	高名凯	高名凯
高柏苍	高柏苍	高凤谦	高梦旦	高军屏	高树木	高明	高明
高拜石	高拜石	高岗	蔡高岗	高君定	高基	高明甫	高敏夫
高半勺	萧蔓若	高岗	高岗	高君伽	高歌	高明辅	高敏夫
高宝寿	高仁山	高哥	吴天	高君伽女士	高歌	高鸣	郭沫若
高宝忠	高前	高歌	高歌	高君介	高圭	高沐鸿	高沐鸿
高壁星	高树木	高歌	郁其文	高君宇	高君宇	高穆	史美钧
高标	袁珂	高歌翔	高介云	高君簸	高君簸	高培支	高培支
高丙	高植	高光	吴晗	高堪	高天梅	高品瑜	唐登岷
高秉荫	高伯雨	高珪	高圭	高抗	杲向真	高平	饶彰风
高般若（bōrě）	高拜石	高涵	易琼	高克安	高嵩	高平	徐懋庸
高伯雨	高伯雨	高寒	楚图南	高克毅	高克毅	高平子	狄楚青
高步瀛	高步瀛	高寒隐	高吹万	高葵北	高觐昌	高屏五	高深
高岑	吴岩	高汉	温梓川	高澜	何达	高普	谭惟翰
高潮	高潮	高翰卿	高梦旦	高嬿云	高拜石	高旗	莫洛
高潮	高文华	高浩然	郭沫若	高郎	唐大郎	高前	高前
高成均	高沐鸿	高鸿	高长虹	高阆仙	高步瀛	高青子	高青子
高迟	孙平天	高鸿仪	高缨	高朗岱	陈秋舫	高秋士	高增
高崇礼	王命夫	高厚	高圭	高朗仙	高步瀛	高鹊亭	高剑父
高崇民	高崇民	高屋	高天梅	高浪	韦晕	高攘庐	高吹万
高崇民	高一涵	高华文	高光	高劳	杜亚泉	高仁山	高仁山
高崇文	高光	高还	杲杳	高劳	章锡琛	高荣	张棣赓
高崇有	高梦旦	高荒	胡风	高黎	李根源	高汝鸿	郭沫若
高吹万	高吹万	高黄天	高吹万	高黎	张子斋	高润生	高润生
高春飘	高润生	高潢	乔天华	高黎贡山人	李根源	高塞	王鸿鹄
高慈石	高吹万	高慧雪	高天梅	高笠园	高润生	高沙	胡德华
高大雄	高增	高慧云	高天梅	高良	马国亮	高山	金满成
高澹安	高增	高慧子	高天梅	高良玉	高粮	高山	丘瑾璋
高澹庵	高增	高基	高基	高梁	邓拓	高山	佟醒愚
高德生	杲杳	高基	丘斌存	高梁	高粮	高山	王冶秋
高德新	高潮	高季琳	柯灵	高梁	梁荻云	高山客	魏金枝
高德雄	三苏	高加索	应悱村	高梁红	宋文	高尚	唐人
高地	高植	高家卿	高深	高麟	高剑父	高尚德	叶青
高地植	高植	高建国	高崇民	高玲	梅娘	高绍芬	高君宇
高钝剑	高天梅	高剑公	高天梅	高流	高流	高生微	高觐昌
高遁庵	高觐昌	高健国	高崇民	高隆任	柯灵	高诗星	辛丰年
高恩	黄声	高江急峡歌者	熊纬书	高鲁	李天济	高时若	高树木
高恩溥	高崇民	高节	司马长风	高鲁	杨亚宁	高士穆	高树木
高而公	高而公	高介庐	高圭	高旅	高旅	高士其	高士其
高二适	高二适	高介任	高维藩	高履谦	吕复	高世华	高兴亚
高法鲁	高云览	高介云	高介云	高仑	高剑父	高仕镇	高士其
高放	耿庸	高介植	高植	高洛	王明	高适父	高二适
高飞	赖少其	高介子	高圭	高洛比夫	王明	高舒凫	高二适
高菲	蔡楚生	高金山	高元钧	高曼	金人	高树	高树
高丰	高洁	高锦亮	高敏夫	高芒	李嘉言	高树基	高培支
高风	顾巴彦	高锦章	高宪斌	高莽	高莽	高水子	高流
高风	孙孺	高晋生	高亨	高梦	漂青	高思原	高榆
高风	王绍清	高静宇	高君宇	高梦弼	高一涵	高松	高嵩
高风	钟雷	高炬	彭拜	高梦旦	高梦旦	高松	胡一声
高峰	高粮	高隽武	高隽武	高密	邓拓	高嵩	高嵩
				高民斧	高敏夫		

高嵩	刘岚山	高阳	许钦文	高植地	高植	戈茜	柯蓝
高素	楚图南	高阳不才子	许指严	高志攘	高吹万	戈琴	葛琴
高坦甫	陈独秀	高阳旧酒徒	俞剑华[2]	高中原	高仲和	戈庆春	丁景唐
高坦辅	陈独秀	高阳氏不才子	许指严	高仲和	高仲和	戈人	张叶舟
高唐	唐大郎	高仰慈	高歌	高重源	高仲和	戈绍发	戈公振
高堂	吴云心	高仰愈	高长虹	高卓庵	高增	戈行	顾行
高滔	高滔	高也登	杲杳	高子里	黑婴	戈漩	王凤
高天	高天	高也平	杲杳	高子苏	茅盾	戈炎	戈熠
高天	刘心皇	高一涵	高一涵	高紫竽	高天	戈熠	戈熠
高天白	高天白	高一凌	高一凌	高紫瑜	高天	戈扬	戈扬
高天梅	高天梅	高一羽	高语罕	高作感	高嵩	戈扬	许少超
高天行	高滔	高怡昌	高云览	高作微	高嵩	戈扬	杨伯达
高天行	田航	高谊	陆高谊			戈扬	曾列明
高田夫	田仲济	高瘤庵	高二适	【gǎo】		戈阳	戈阳
高恬慧	高恬慧	高缨	高缨	杲东杳	杲杳	戈郁	石玺
高亭主人	高二适	高永浩	高一涵	杲岚	杲杳	戈振缨	包干夫
高吐真	高敏夫	高咏	高咏	杲淑清	杲向真	戈仲卿	戴碧湘
高维藩	高维藩	高咏览	高云览	杲向真	杲向真	哥空	王哥空
高维嵩	高仲和	高咏青	高咏	杲讯	华山	哥子	黄猷
高维宗	高友唐	高咏清	高咏	杲杳	杲杳	歌北	胡青坡
高蔚然	高树	高友庆	高云览	槁蝉	尤墨君	歌兵	陈牧
高文江	皮作玖	高友唐	高友唐	槁木	陈落	歌川介美	钱歌川
高文显	高文显	高又尼	高祖宪	【gē】		歌风	徐太行
高文渊	高文渊	高又宜	高祖宪	戈宝权	戈宝权	歌江	郑普洛
高蜗庐	高语罕	高榆	高榆	戈壁	戈壁	歌雷	莫洛
高渥	卢煤	高语罕	高语罕	戈壁沙	柯以圻	歌蕾	莫洛
高吾寒	高一涵	高元钧	高元钧	戈壁舟	戈壁舟	歌黎	唐伯先
高悟皆	高培支	高沉	皮作玖	戈陈	顾行	歌牧	桑雅忠
高锡璜	高二适	高原	高粮	戈春霆	戈公振	歌青春	丁景唐
高锡三	高君宇	高原	高深	戈单	梁宁	歌人	田井卉
高锡山	高君宇	高原	胡一声	戈多	陈一中	歌忒	陆菲琼
高仙翘	高亨	高原	李长之	戈戈	白珩	歌特	齐鸣
高宪斌	高宪斌	高原	李江	戈哥	程一戎	歌特	张闻天
高翔	梅娘	高原	祁崇孝	戈公振	戈公振	歌心	莫洛
高燮	高吹万	高远	彭拜	戈禾	张我权	歌行	王歌行
高兴亚	高兴亚	高云	刘思	戈剑双	刘丹华	【gé】	
高省庵	高觐昌	高云览	高云览	戈金	于行前	革非	牧野
高杳	谈路	高筠庵	高增	戈理甫	顾民元	革老观	许钦文
高雄	胡一声	高韵秀	高青子	戈力士	董每戡	革索	华应申
高雄	三苏	高蕴和	高君箴	戈丽	李伯钊	阁	徐凌霄
高秀	皮作玖	高再天	杲杳	戈良	马国亮	阁主	章太炎
高岫云	高增	高则明	于在春	戈鲁阳	高语罕	格尔	章叶频
高旭	高天梅	高增	高增	戈马	耿西	格雷	谢冰莹
高炎	李沉荻	高摘星	高潮	戈茫	姚冷	【gě】	
高盐	高光	高展	高展	戈矛	李鉴尧	葛包华	陈中宣
高扬	曹明	高肇藩	高树木	戈矛	唐登岷	葛秉曙	王士菁
高扬	范山	高贞白	高伯雨	戈茅	徐光霄	葛昌楣	葛昌楣
高扬	孙孺	高振塈	高振塈	戈门	龚德	葛澂霁	葛一虹
高扬	王鼎成	高之汲	高集	戈明	郑公盾	葛尔乐朝克图	云照光
高阳	高阳	高之企	高集	戈乃干	罗大冈	葛岗	柯岗
高阳	何家英	高枝	范山	戈弩	柳嘉	葛桂	黄树则
高阳	李江	高直	孙方山	戈平	陈牧	葛国胜	曹今
				戈平	许少超		

葛何德	鲁迅	艮崖	方荣杲	耿式之	耿式之	公亮	王火
葛静	葛青凡	【gēng】		耿文濂	耿小的	公刘	公刘
葛偏	葛偏	更存	陈峤南	耿吾	宗舜年	公刘	晋驼
葛里哥	刘以鬯	更甡	康有为	耿西	耿西	公吕	朱端钧
葛林	葛林	更生	丁义明	耿西溪	耿济之	公矛	郑公盾
葛琳	葛林	更生	傅钝根	耿小的	耿小的	公美	徐公美
葛陵	陈远志	更生	傅庚生	耿晓逞	耿小的	公木条水	公木
葛令	吴痴	更生	黄仲苏	耿晓隄	耿小的	公奴	夏清贻
葛鲁蛮	葛英超	更生	康有为	耿晓堤	耿小的	公权	萧公权
葛洛	葛洛	更生	周祥骏	耿晓谛	耿小的	公权	张禹九
葛茅	顾随	更因	郑曼如	耿星华	耿振华	公沙	钱穆
葛蒙	张一倩	庚	鲁迅	耿修业	茹茵	公室	张竞生
葛琴	葛琴	庚白	林庚白	耿晁	耿勉之	公叔且耐	张叔耐
葛青凡	葛青凡	庚辰	鲁迅	耿永	耿庸	公爽	段公爽
葛尚德	葛尚德	庚少	冯雪峰	耿郁溪	耿小的	公孙	田贲
葛韬华	葛昌楣	庚辛金	乌·白辛	耿照明	季茂之	公孙白	陈运通
葛藤	白桦	庚言	鲁迅	耿之	胡山源	公孙丑	龚敬威
葛宛华	李正中	庚庸	孙用	耿直	耿小的	公孙伏虎	祝见山
葛挽	舒芜	畊卉	田井卉	【gōng】		公孙虎	郑造
葛韦	钟子芒	畊雨	吴品今	工碧	王拱璧	公孙君雠	朱梁任
葛维焕	葛英超	耕夫	孙犁	工乂	简又文	公孙龙	姚紫
葛为璟	葛林	耕夫	孙遐龄	弓	林戣	公孙牛	陈运通
葛文	葛文	耕培	王钝根	弓	唐戣	公孙耆	罗泅
葛文姬	葛文	耕青	林同济	弓庵	张白山	公孙器之	吴晗
葛兮	曹兮	耕堂	孙犁	弓箭手	王荒草	公孙求之	胡绳
葛兮	覃汉川	耕亚	韩文洲	弓杰仁	弓英德	公孙澍	孙吴
葛锡祺	葛祖兰	耕野	金展	弓俊斋	弓英德	公孙无量	王礼锡
葛夏	唐人	耕余	马一浮	弓马示	张骏祥	公孙舷	郑公盾
葛雄鸣	葛英超	耕余	唐耕余	弓满雪	唐人	公孙孋	公孙孋
葛一虹	葛一虹	廎虞	彭鸿	弓文才	弓文才	公孙雨	吴朗
葛伊	胡今虚	廎虞	于廎虞	弓一	钱素凡	公孙长子	余切
葛英超	葛英超	廎鑫	郑之蕃	公	黄伯耀	公孙哲	杏影
葛雍吾	葛昌楣	廎祚	沐绍良	公辟	王拱璧	公孙仲子	冯亦代
葛永耕	葛英超	耿缠绵	谢狱	公璧	王拱璧	公韬	冯乃超
葛咏莪	葛昌楣	耿承	耿式之	公督	吴士鉴	公望	周定山
葛允斐	葛琴	耿达	王瑶	公超	何公超	公西华	周黎庵
葛韵焦	葛琴	耿济之	耿济之	公丁	勒公丁	公侠	钱公侠
葛曾济	葛一虹	耿简	柳溪	公度	巴人	公璇	施作师
葛珍	段惟庸	耿介	沙漠	公盾	郑公盾	公言	梅益
葛祖兰	葛祖兰	耿匡	耿济之	公绥	张一麎	公羊	吴云心
【gè】		耿浪	汪池树	公辅	巴人	公羊矮	吴云心
个庵	陈翰华	耿林莽	耿林莽	公敢	王研石	公羊角	韩汝诚
各方	刘谷风	耿湄	陈火泉	公戈	郑公盾	公羊石年	公羊寿
简侬	张简侬	耿孟邕	耿济之	公汗	鲁迅	公羊寿	公羊寿
【gēn】		耿勉之	耿勉之	公汗	郑公盾	公羊子	方纪
根红	李根红	耿明	季茂之	公欢	潘飞声	公瑶	陈陶遗
根盘	王钝根	耿明	王云和	公骥	杨公骥	公冶文	赵戎
根泉	陈根泉	耿明	夏衍	公介	汤增璧	公一羊	吴云心
根石	柯尧放	耿明	谢狱	公狂	崔通约	公衣	唐戣
根余	于廎虞	耿沛	陈火泉	公磊	王研石	公仪	李梅子
【gèn】		耿青山	耿青山	公磊王研石	王研石	公荫	胡风
艮里	蘅果	耿仁	李耿	公礼	褚德彝	公饮	潘飞声

公愚	古直	龚蜕龛	龚元凯	孤君	谭丕模	古丁	古丁
公羽	曹冷泉	龚伟	黄公伟	孤零	王和	古都子	陈流沙
公羽	茅盾	龚侠楚	龚霞初	孤鸾	谢觐虞	古飞	胡风
公雨	李景慈	龚向农	龚道耕	孤飘	梁兆斌	古斐	胡风
公驭	黄天戈	龚雄	陶雄	孤萍	傅钝根	古风	姚鹏图
公越	冯乃超	龚仪宣	龚仪宣	孤萍	普梅夫	古枫	吴淮生
公展	潘公展	龚荫轩	龚庭槐	孤萍	杨波	古烽	廖圣亮
公振	戈公振	龚隐仙	龚庭槐	孤山药樵	何药樵	古复	杨玉如
公之陀	龚圣俞	龚隐轩	龚庭槐	孤生	古直	古复子	杨玉如
公直	文公直	龚幼翰	龚幼翰	孤室	杨济震	古干	韩述之
公子	林基路	龚与同	龚敬威	孤松	彭柏山	古公	谢觉哉
公子布	俞百巍	龚元凯	龚元凯	孤桐	蔡观明	古公愚	古直
供	朱德	龚远英	罗焚	孤桐	章士钊	古孤生	古直
宫草	吴奔星	龚允仁	龚德	孤桐先生	蔡观明	古红梅阁主	张一麐
宫万选	宫白羽	龚正一	龚炳孙	孤桐子	章士钊	古槐居士	俞平伯
宫竹心	宫白羽	龚蛛隐	龚道耕	孤鹜	谢振东	古槐居士平生	俞平伯
恭长	张承宗	龚醉厂（ān）	龚尔位	孤西	万湜思	古甲	高而公
恭甫	萧公权	龚醉庵	龚尔位	孤雁	何海鸣	古鉴兹	古草
恭鲁	欧阳山	龚醉盦	龚尔位	孤云	潘伯鹰	古江	林如稷
恭三	邓广铭	龚尊史	龚炳孙	孤云	钱穆	古狂	朱剑芒
龚冰庐	龚冰庐	【gǒng】		孤塚诗人	高吹万	古立高	古立高
龚炳孙	龚炳孙	拱北	王拱璧	孤竹野人	周恩来	古丽胡麻	赛福鼎
龚长照	龚明	拱璧	王拱璧	鸪鸪	胡民大	古林	萧岱
龚持平	龚冰庐	【gòng】		菰莆	巴人	古楼	沙尘
龚尔位	龚尔位	共避	王拱璧	辜汉滨	辜鸿铭	古鲁	古鲁
龚佛平	龚元凯	共鸣	顾共鸣	辜鸿名	辜鸿铭	古鲁	王古鲁
龚黼屏	龚元凯	贡璧	贡少芹	辜鸿铭	辜鸿铭	古梦	章铁民
龚怀	龚庭槐	贡公	陈望道	辜怀	赵宋庆	古樵	顾毓琇
龚棘木	公木	贡少芹	贡少芹	辜捷恩	辜菽庐	古琴	欧阳山
龚棘木	杨公骥	【gōu】		辜立诚	辜鸿铭	古琴心	王楚良
龚稷	杨公骥	勾芒	辛丰年	辜菽庐	辜菽庐	古寺山僧	王森然
龚建军	薛林	句阳伯子	陈训正	辜汤生	辜鸿铭	古松海	曾梦笔
龚介眉	龚尔位	【gòu】		舫庵	钱玄同	古田	林疑今
龚介子	龚骞	构	赵超构	舫庵	俞明震	古微	朱祖谋
龚君迪	龚道耕	敬显达	敬隐渔	舫庵居士	钱玄同	古薇	朱祖谋
龚君黼	龚元凯	敬隐渔	敬隐渔	舫闇	钱玄同	古为今	鲁兵
龚鸾	王冰洋	【gū】		舫闇居士	钱玄同	古溪子	夏定域
龚敏	周楞伽	沽泡	袁尘影	舫叟	钱玄同	古霞	杨曾蔚
龚明	龚明	孤庵	梁鼎芬	舫斋	俞明震	古辛	宋振庭
龚平	罗英	孤常	章士钊	【gǔ】		古行人	彭竹予
龚其伟	龚其伟	孤丁	王焚	古	古丁	古言	钟吉宇
龚骞	龚骞	孤帆	李孤帆	古安华	曹靖华	古雁	唐弢
龚秋访	龚炳孙	孤帆	夏树勋	古巴	王云和	古冶子	唐弢
龚树撰	龚炯	孤帆	杨东明	古柏	巴人	古因	胡风
龚树樑	龚炯	孤帆	张子斋	古北	李古北	古音	胡风
龚颂埤	龚其伟	孤愤	巴人	古草	古草	古甬	宋文
龚素兰	陈白曙	孤风	任钧	古层冰	古直	古隅楼	古直
龚素兰女士	陈白曙	孤峰	邹韬奋	古承铄	古承铄	古愚	宣古愚
龚粟寰	龚庭槐	孤鸿	范光启	古春风楼主	高拜石	古愚	朱谦之
龚隼庵	龚骞	孤鸿	傅洁霞	古道	王楚良	古愚庵	古直
龚庭槐	龚庭槐	孤鸿	高鲁	古德科夫	沈泽民	古遇	陈继修
龚同文	梅白	孤怀	赵宋庆	古德贤	原上草	古月	草沙

古月	胡一声	谷斯江	谷剑尘	顾工	顾工	顾实	顾实
古月	胡昭衡	谷孙	曹元弼	顾公毅	顾怡生	顾世明	顾仲雍
古之红	古之红	谷荪	朱英诞	顾共鸣	顾共鸣	顾视	顾视
古橼李人	庄一拂	谷天	周文	顾古樵	顾毓琇	顾叔良	顾叔良
谷	胡风	谷汀	邵默夏	顾家熙	顾家熙	顾思	蒋元椿
谷	吴组缃	谷万川	谷万川	顾颉刚	顾颉刚	顾崧臣	顾悼秋
谷	徐志摩	谷五昌	谷峪	顾金章	顾征南	顾诵坤	顾颉刚
谷	郑振铎	谷武昌	谷峪	顾景程	顾明道	顾随	顾随
谷	周文	谷谿	徐光霄	顾菊楼	顾工	顾璠	顾随
谷岸	张天鲁	谷心	秦冰	顾均	王知伊	顾惕生	顾实
谷冰川	谷万川	谷心侬	谷凤田	顾均正	顾均正	顾退斋	顾悼秋
谷辰	薛汕	谷岩	和谷岩	顾康	丁毅	顾婉娟	顾保璆
谷儿	胡风	谷荫	朱镜我	顾克	程灼如	顾无咎	顾悼秋
谷非	胡风	谷音	胡风	顾克斋	顾伦	顾无疚	顾悼秋
谷风	胡风	谷音	王琳²	顾跬园	顾震福	顾昔	程士荣
谷风	刘谷风	谷隐居士	沈曾植	顾昆	章泯	顾锡爵	顾延卿
谷风	牛汉	谷雨	李牧华	顾乐才	翟尔梅	顾宪融	顾佛影
谷风	沙白	谷峪	谷峪	顾乐水	章品镇	顾羡季	顾随
谷风	汪金涛	谷远	郑振铎	顾立高	古立高	顾孝	顾视
谷枫	郭风	谷曾	邹韬奋	顾立浩	古立高	顾效汤	顾执中
谷夫	岑桑	谷峥	厉谷峥	顾立生	古立高	顾行	顾行
谷莆	周作人	谷正樾	沈寂	顾隶经	顾震福	顾学颉	顾学颉
谷戈	陆钦仪	谷子	魏登	顾灵姝	顾青瑶	顾延卿	顾延卿
谷谷	许敦谷	骨痴	朱英诞	顾灵云	顾悼秋	顾言	秦兆阳
谷谷	许太谷	鼓声	胡风	顾玲子	杨萧	顾研	周汝昌
谷虹	陈大远	鼓轩	庞薰琹	顾伦	顾伦	顾阳山	陈望道
谷虹	姚勇来	蝦	全增嘏	顾曼鸥	顾牧丁	顾也鲁	顾也鲁
谷怀	朱谷怀	穀梁春	鲍昌	顾梦鸥	古军	顾也文	顾也文
谷佳	孔另境	穀梁田兵	李北开	顾弥愚	顾民元	顾怡生	顾怡生
谷剑尘	谷剑尘	穀梁异	李北开	顾民达	顾征南	顾盈	王孟素
谷杰	姚易非	穀梁异	田孝武	顾民元	顾民元	顾永昌	顾也文
谷津	程乃猷	【gù】		顾明	顾家熙	顾永愭	顾迅逸
谷兰	覃英	固	茅盾	顾明道	顾明道	顾用中	顾用中
谷兰	王洁心	固庵	饶宗颐	顾铭	朱德	顾幼芙	顾保璆
谷兰女士	覃英	固卿	徐绍桢	顾铭坚	顾颉刚	顾余	顾余
谷流	沙驼	故我	程一戎	顾牧丁	顾牧丁	顾喻今	鲁兵
谷流芳	王元化	顾	瞿秋白	顾南	顾征南	顾毓琇	顾毓琇
谷柳	黄谷柳	顾巴彦	顾巴彦	顾念慈	钟绍锟	顾元	秦似
谷曼	谷曼	顾白村	路西坤	顾宁	司马军城	顾云志	顾也文
谷牧	谷牧	顾宝随	顾随	顾盼	秦绿枝	顾泽培	顾诗灵
谷纳	迪之	顾保璆	顾保璆	顾其城	顾其城	顾斋	孙璞
谷南	覃英	顾诚吾	顾颉刚	顾青瑶	顾青瑶	顾斋	伍光建
谷农	薛汕	顾承运	顾共鸣	顾求坎	顾学颉	顾肇仓	顾学颉
谷人	郭沫若	顾大漠	顾佛影	顾曲周	陶钝	顾振寰	顾均正
谷人	韩文洲	顾旦平	顾震生	顾群	周光田	顾振之	顾均正
谷融	钱谷融	顾悼秋	顾悼秋	顾热	瞿秋白	顾震福	顾震福
谷若	张谷若	顾德隆	顾仲彝	顾刧千	顾凤城	顾治	章泯
谷僧	邹韬奋	顾纷	胡风	顾瑞民	顾其城	顾仲起	顾仲起
谷绍华	迪之	顾风	胡风	顾三多	顾巴彦	顾竹侯	顾震福
谷神	叶圣陶	顾凤城	顾凤城	顾森千	顾其城	顾竹漪	顾牧丁
谷实	王秋萤	顾凤翔	顾仲彝	顾诗灵	顾诗灵	顾祝尧	顾巴彦
谷斯范	谷斯范	顾佛影	顾佛影	顾石帆	顾牧丁	顾子敬	顾牧丁

顾自谨		顾仲起		观一居士	叶恭绰	光冰	周汾
【guā】				观云	蒋智由	光赤	蒋光慈
瓜圃		金梁		观止	方修	光慈	蒋光慈
【guà】				观自然斋主人	严复	光旦	潘光旦
挂楼琴主		潘佛章		**【guǎn】**		光翟	黄伯耀
【guài】				馆丁	萧军	光典	邰光典
夬颎		朱梁任		馆园	王元化	光佛	查光佛
夬颎居士		朱梁任		琯朗	朱英诞	光甫	程宗裕
怪痴		林缵		管茶哲	邹霆	光汉	刘师培
怪风		秦瘦鸥		管管	管管	光汉子	刘师培
怪星		林缵		管华	管桦	光洁	杨光洁
【guān】				管桦	管桦	光玖	徐光玖
关白		邓拓		管火陵	何家英	光磊	唐登岷
关道清		鲁迅		管见之	金尧如	光芒	任晓远
关东彦		关沫南		管劲丞	管劲丞	光美	金光楣
关东雁		关沫南		管竟成	管劲丞	光明	李叔同
关非蒙		关非蒙		管静尘	管劲丞	光明	沈思明
关河令		张定亚		管平	赵超构	光未然	光未然
关怀		辛未艾		管浅白	管震民	光沛	李天济
关吉罡		关吉罡		管同	张致祥	光潜	朱光潜
关寄晨		穆青		管彤	张致祥	光人	胡风
关敬子		茅盾		管维霖	管维霖	光润	闵子
关联		张承宗		管亚强	张致祥	光寿	李初梨
关露		关露		管义华	管义华	光泗	崔雁荡
关沫南		关沫南		管运龙	管管	光隼之	丁易
关山月		汪霆		管震民	管震民	光涛	徐志摩
关通景		程灼如		管中庐主	庐湘	光焘	方光焘
关外柳		左曙萍		**【guàn】**		光网	李叔同
关文修		胡昭		冠	周恩来	光未然	光未然
关西余子		于右任		冠春	陆秋心	光文	陈沂
关饷		宋越		冠南	杨无恙	光吴氏	彭俞
关絮		赵洵		冠南	叶青	光熊	吴双热
关永吉		关永吉		冠群	徐銎	光迅	青勃
关毓华		陈紫		冠生	周恩来	光玉	陈靖[1]
关照禧		关照禧		冠西	于冠西	光泽	程华魂
关卒		张恨水		冠英	余冠英	光震	杨晋豪
观		何为[1]		冠愚	汤用彬	光中川获	胡风
观保		黄永玉		贯白	胡山源	光宗	沙尘
观复道人		但焘		贯长	胡山源	**【guǎng】**	
观古		廖苾光		贯华	华岳	广	吴广川
观剧道人		陈墨香		贯恂	徐銎	广川	吴广川
观澜		杨观澜		贯洋	刘延甫	广侯	李叔同
观礼		王国维		贯一	张羽	广陵	刘弘毅
观明识博室主人	蔡观明		贯之	崔通约	广陵诗客	江树峰
观钦		程瞻庐		贯之	文怀沙	广平	李叔同
观堂		王国维		盥孚	许半龙	广平	许广平
观体		陈陶遗		盥人	夏敬观	广畦	瞿光熙
观天演生		邱炜萲		灌婴	余冠英	广厦	康有为
观天演斋主		邱炜萲		**【guāng】**		广心	李叔同
观我生		黄炎培		光	方光焘	广勋	曾铁忱
观我生室主人	严复		光	黄伯耀	广益	余修
观一		叶恭绰		光	王秋莹		

【guī】		
归厚	张子斋
归人	归人
归燕	廖子东
归燕	徐碧波
归云	林传甲
归真	许广平
圭巨	方然
龟庵	袁克文
龟竞	钱玄同
龟岁	范君博
规	谭丕模
瑰琦	陈望道
【guǐ】	
鬼车子	丁传靖
鬼谷子	沈尹默
鬼邻	李一氓
癸辛	汪精卫
【guì】	
会稽碧罗女士	周作人
会稽男子鲁迅	鲁迅
会稽女士吴萍云	
	周作人
会稽山人	蔡元培
会稽山下之平民	鲁迅
会稽周建人乔峰	
	周建人
贵公	马君武
桂苍凌	杜宣
桂长镳	杜宣
桂澄华	桂裕
桂丹	黄水沛
桂独生	桂涛声
桂芳	武桂芳
桂佛	王鼎
桂根	夏明翰
桂浩然	桂涛声
桂宏	田流[2]
桂明	桂明
桂翘然	桂涛声
桂秋	王鼎
桂蕊	彭桂蕊
桂山	叶圣陶
桂莘	朱启钤
桂笙	周桂笙
桂史	邓寄芳
桂薹圆	顾颉刚
桂涛声	桂涛声
桂题	陈诗
桂桐	钱祖宪
桂未晚	舒芜
桂辛	汪精卫

笔名	作者
桂辛	朱启铃
桂仰之	桂涛声
桂裕	桂裕
桂棹	朱绪
桂贞	王莹
淮生	金武祥
淮荪	黎尚雯
【gǔn】	
衮父（fǔ）	汪荣宝
衮甫	汪荣宝
【guō】	
郭爱牟	郭沫若
郭安	黄望青
郭安仁	丽尼
郭百迟	郭宝珩
郭宝珠	郭坚忍
郭本元	郭铁
郭弼藩	郭梦良
郭炳汉	郭麟阁
郭灿之	晏明
郭成爽	郭步陶
郭城	陈仃
郭楚珍	郭宝珩
郭萃章	郭影秋
郭大名	郭小川
郭丹	郭澹波
郭德	王一榴
郭德粹	郭德粹
郭德浩	高兰
郭迪	孟超
郭鼎堂	郭沫若
郭定一	傅东华
郭东奎	郭澹波
郭遐圃	郭则沄
郭恩大	郭小川
郭枫	邱艾军
郭伏其	章品镇
郭戈	郭秉箴
郭根	郭良才
郭根深	任大心
郭光	郭光
郭光	郭铁
郭国翔	郭国翔
郭豪	吕剑
郭浩	高兰
郭洪如	洪炉
郭化羽	郭化若
郭化玉	郭化若
郭继湖	郭继湖
郭家梭	高加索
郭嘉	郭风
郭嘉桂	郭风
郭坚忍	郭坚忍
郭坚若	郭铁
郭健风	郭小川
郭子厂（ān）	郭则沄
郭金盛	郭显
郭锦鸿	郭锦洪
郭晋侠	郭嗣汾
郭竞权	郭铁
郭君曼	陈友琴
郭俊英	郭化若
郭开贞	郭沫若
郭可彬	郭化若
郭可阶	郭象升
郭丽君	戈熘
郭良才	郭良才
郭亮	云照光
郭路	郭国翔
郭民竞权	郭铁
郭敏	顾家熙
郭敏仁	王命夫
郭明	邵洵美
郭沫若	郭沫若
郭穆东	郭德粹
郭尼迪	郭尼迪
郭朋	郭世绥
郭璞	苏曼殊
郭千尺	郭水潭
郭青	张叶舟
郭晴岩	郭云樵
郭庆	郭庆
郭秋白	郭秋白
郭秋生	郭秋生
郭偌风	曼晴
郭哨	田湜
郭生	蔡尚思
郭世绥	郭世绥
郭世庆	郭庆
郭水潭	郭水潭
郭嗣汾	郭嗣汾
郭苏	郭小川
郭天留	刘捷
郭铁	郭铁
郭外	郭继湖
郭畹	舒芜
郭伟倜	郭小川
郭文	章其
郭汶依	丁景唐
郭西	蒋风
郭希汾	郭绍虞
郭惜	郭步陶
郭锡英	林佚
郭显	郭显
郭献麓	郭则沄
郭乡伙	郭庆
郭襄	郭庆
郭翔	郭国翔
郭象升	郭象升
郭小川	郭小川
郭雪苹	郭则沄
郭延秋	郭坚忍
郭养洪	郭则沄
郭养云	郭则沄
郭一	陈庚
郭一岑	柯一岑
郭一东	陈庚
郭依萍	郭依萍
郭异	张叶舟
郭逸园	郭则沄
郭翊东	陈庚
郭影秋	郭影秋
郭映秋	郭影秋
郭永榕	郭永榕
郭有勇	黎辛
郭渔子	郭道鉴
郭玉昆	郭影秋
郭源耕	郑振铎
郭源新	郑振铎
郭远	曼晴
郭云樵	郭云樵
郭云史	郭象升
郭云舒	郭象升
郭云亭	郭光
郭允叔	郭象升
郭韵笙	郭坚忍
郭则沄	郭则沄
郭曾先	郭曾先
郭兆恒	郭超
郭肇塘	郭肇塘
郭蛰云	郭则沄
郭镇旺	郭依萍
郭中平	张中行
郭仲周	郭秋白
郭子雄	郭子雄
郭宗	金性尧
郭宗羲	曹聚仁
【guó】	
国宝	江应龙
国材	曹天风
国澄	赵扬
国栋	周牧人
国光	林疑今
国华	白采
国辉女士	曹云鹏
国货之隐者	天虚我生
国钧	程乃猷
国亮	马国亮
国强	渡沙
国强	王礼锡
国琼	卢豫冬
国人	汪洋萍
国瑞	江应龙
国盛	康嗣群
国史氏	梁启超
国贤	周瘦鹃
国新	闻国新
国忠	巴人
馘	侯秉熙
【guǒ】	
果	胡风
果厂（ān）	纪果庵
果菴	纪果庵
果庵	纪果庵
果夫	陈果夫
果良	马国亮
果人	叶青
果堂	纪果庵
果庭翰叔	熊公哲
果行	陈隄
果轩	纪果庵
果育	何果育
果园	丘复
果之	王蓝
【guò】	
过河卒	何畅秀
过家和	过家和
过江	陈振鹏
过江鲫	于在春
过客	胡康新
过客	胡山源
过客	蒋星煜
过客	曾文华
过来人	过来人
过一民	过家和
过云鹏	张叶舟

H

笔名	作者
【hā】	
哈华	哈华
哈莱	丘絮絮
哈迷蚩	张天翼
【hǎi】	
海	何海鸣
海	李汉俊
海	刘半农
海	于右任
海边	高光

海滨	邹鲁	海上钓徒	蔡钓徒	含华	夏含华	韩江	韩克仁
海濒鸥隐	邓邦述	海上击筑生	成铁吾	含晖	张寒晖	韩江	熊寒江
海波	孙海波	海上警梦痴仙漱石氏		含嘉室主	吴士鉴	韩进	韩进
海波	赵扬		孙玉声	含凉	范烟桥	韩劲风	韩劲风
海藏	郑孝胥	海上梦畹生	黄式权	含凉生	范烟桥	韩爵	寒爵
海藏楼主人	郑孝胥	海上鸥	汤伯器	含沙	王志之	韩燨	寒爵
海岑	陆清源	海上漱石生	孙玉声	含石	宋振庭	韩君格	韩德章
海愁	温梓川	海上说梦人	朱瘦菊	含犀霏玉轩主	陆立之	韩克仁	韩克仁
海笛	海笛	海上先觉楼	冯玉奇	含笑	韩笑	韩朗周	韩朗周
海帆	王毓岱	海上闲人	许啸天	含星	刘半农	韩立	韩北屏
海凡	梁南	海士	萧崇素	含英	吴士鉴	韩立生	刘群
海风	何真民	海舒	梅寄鹤	函雨	王元化	韩麐符	韩麟符
海风	金帆	海水	吴强	涵	高一涵	韩麟符	韩麟符
海枫	汤士安	海粟	刘海粟	涵	林默涵	韩萌	韩萌
海枫	周思义	海棠	姜可生	涵琛	寒声	韩敏	姚冷
海夫	郑朝宗	海涛	王尔碑	涵菁	匡若霞	韩起	韩起
海桴	冯自由	海涛	·叶淘	涵君	汪远涵	韩芹芝	韩晓鹰
海戈	海戈	海滔	叶淘	涵庐	高一涵	韩秋雁	韩劲风
海戈	李济生	海外流人萌生	郁达夫	涵庐主人	高一涵	韩仁存	罗门
海公	宋振庭	海为	洪桥	涵溥	孙海波	韩汝诚	韩汝诚
海谷	沙驼	海闻	钟子芒	涵秋	雷瑨	韩尚宽	韩燕如
海谷	徐志摩	海翁	刘海粟	涵秋	李涵秋	韩绍文	韩文达
海观	朱海观	海现云	海若人	涵秋	张默君	韩士奇	寒爵
海光	赵树理	海绡	陈洵	涵影	卢元骏	韩侍桁	韩侍桁
海交	萧军	海绡翁	陈洵	涵宇	施景琛	韩述之	韩述之
海晶	李汉俊	海哮	海笑	韩白罗	韩宝善	韩树生	韩文举
海镜	李汉俊	海笑	海笑	韩宝善	韩宝善	韩树园	韩文举
海客	梁鼎芬	海啸	海笑	韩保善	韩宝善	·韩天民	章士钊
海客	楼适夷	海啸	冷莽	韩北屏	韩北屏	韩维彩	吕怀
海客	谈瀛	海星	黄谷柳	韩冰	韩萌	韩文达	韩文达
海稜	缪海稜	海星	陶剑心	韩冰流	韩萌	韩文举	韩文举
海莲	王洁心	海星	郑淑梅	韩冰野	韩冰野	韩文洲	韩文洲
海旅	莫洛	海燕	孟超	韩兵	韦晕	韩晓鹰	韩晓鹰
海门李素仁	李素伯	海燕	沙驼	韩秉三	高岗	韩晓影	韩晓鹰
海蒙	海蒙	海燕	徐嘉瑞	韩伯涛	韩进	韩笑	韩笑
海鸣	何海鸣	海燕	杨季生	韩伯祥	韩伯祥	韩秀风	韩秀风
海沫	李逸涛	海音	林绵	韩乘参	韩文举	韩秀峰	韩秀峰
海默	海默	海音	莫洛	韩道城	寒爵	韩烟	徐谦夫
海牟	曾克	海印	释永光	韩稻成	寒爵	韩燕如	韩燕如
海妮	刘海尼	海隅孤客	梁冰弦	韩德章	韩德章	韩阳	张白山
海尼	刘海尼	海虞王古鲁	王古鲁	韩端午	韩麟符	韩盈	何满子
海清	范泉	海雨	胡天风	韩丰	韩秀峰	韩于泽	韩劲风
海请	石辟澜	海语	莫洛	韩孤	师陀	韩玉芸	李建彤
海秋	赵太侔	海月盦主人	钱君匋	韩光	孙艺秋	韩愈之	李建彤
海曲居士	白蕉	海舟	犁夫	韩国钧	韩国钧	韩云浦	韩侍桁
海若人	海若人	海子	刘岚山	韩国磐	韩国磐	韩云台	韩文举
海沙	王正[1]	【hài】		韩国儒	韩冰野	韩泽	曹聚仁
海沙	朱侃	亥力壶隐	钱玄同	韩国贤	韩笑	韩哲人	沙里
海山	黄则修	【hān】		韩罕明	韩朗周	韩止石	韩国钧
海山	丘翊华	憨人	韩文洲	韩华恺	韩起	韩趾翔	支羊
海山	邵子南	【hán】		韩稼克	韩德章	韩致祥	韩麟符
海山琴客	潘飞声	含戈	毛圣翰	韩剑文	韩汝诚	韩仲琦	洪灵菲

韩仲澥	洪灵菲	寒翁	蔡哲夫	汉彤	王瀛洲	杭一苇	杭辛斋
韩作黎	韩作黎	寒香	马叙伦	汉威	褚德彝	杭一之	杭苇
寒	孔罗荪	寒哮	韩笑	汉仙	田汉	杭夷则	杭辛斋
寒白	木斧	寒星	阿英	汉野平	邵燕祥	杭约赫	曹辛之
寒白	陶白	寒星	刘半农	汉英	姚雪垠	航	张一苇
寒碧	蔡哲夫	寒鸦	高吹万	汉元	陈家鼎	航庐	张一苇
寒冰	申屠光	寒衣	宋寒衣	汉园	陈家鼎	颃颉	郑秉谦
寒冰	孙寒冰	寒蜎	高吹万	汉援	陈家鼎	【hàng】	
寒兵	韦晕	寒隐	高吹万	汉辕	陈家鼎	沆一	王伯沆
寒波	寒波	寒隐居士	高吹万	汉岳	南宫博	【hāo】	
寒波	王炎之	寒影	卢元骏	汉章	章汉夫	蒿庵	冯煦
寒蝉	萧蜕安	寒芋	吴眉孙	汉真将军后裔	周作人	蒿盦	冯煦
寒潮	冯江涛	寒芋居士	吴眉孙	汉种之中一汉种	蔡寅	蒿莱子	魏建功
寒道人	蔡哲夫	寒云	袁克文	汉种之中一汉种		蒿吏	冯煦
寒蝶	马汤楹	寒云	钟动		章太炎	蒿叟	冯煦
寒风	吴文祺	寒斋	陈钦源	汉胄	刘大白	蒿隐公	冯煦
寒风	谢文清	【hǎn】		汗	李汉俊	【háo】	
寒风	许杰	罕明	韩朗周	汗	潘汉年	噑轩	林宏
寒峰	欧阳俭叔	罕铮	刘汉铮	汗川	谢文炳	豪生	陈宝书 [1]
寒峰	萧白	【hàn】		汗功	王钟琴	濠上叟	马一浮
寒峰居士	阿英	汉	马子华	汗马	王容海	濠叟	马一浮
寒谷	李寒谷	汉	田汉	汗漫生	侯鸿鉴	【hǎo】	
寒光	楼栖	汉	章汉夫	汗牛	潘汉年	好春簃主	孙朦嫒
寒蘪（花）草堂	孙朦嫒	汉滨	辜鸿铭	汗青	崔汗青	好好先生	张伯驹
寒皇	张资平	汉滨读易老人	辜鸿铭	悍臂	聂绀弩	好松	梁鼎芬
寒江	熊寒江	汉滨读易者	辜鸿铭	菡	胡也频	郝艾	郝汀
寒江月影	刘蕴秋	汉川	覃汉川	菡菲	王聪	郝白琪	郝汀
寒爵	寒爵	汉弟	张天翼	菡子	菡子	郝伯眷	郝汀
寒柯	张漱菡	汉儿	田汉	翰	陈翰华	郝夫	耿庸
寒林	谷万川	汉儿倚声	田汉	翰芳	任翰芳	郝赫	李克异
寒流	曾敏之	汉夫	罗香林	翰飞	邹彀	郝冷若	郝御风
寒流	赵雅博	汉夫	章汉夫	翰茱	林涵表	郝立权	郝昺衡
寒庐	蔡哲夫	汉公	刘成禺	翰哥	毛圣翰	郝立权昺蘅	郝昺衡
寒庐	何心冷	汉魂	吴双热	翰墨	沈从文	郝能	羊翚
寒鸥	周泓倩	汉江	卢豫冬	翰青	吴稚晖	郝庆松	李克异
寒葩	高吹万	汉江	单演义	翰卿	高梦旦	郝庆崧	李克异
寒琪	韩起	汉觉	寒爵	翰笙	阳翰笙	郝去冰	邹绛
寒青	阳翰笙	汉俊	李汉俊	翰荪	段雪笙	郝天航	鲁风 [2]
寒琼	蔡哲夫	汉客	潘焕昆	翰先	叶圣陶	郝汀	郝汀
寒三木	霍松林	汉郎	巴人	翰香	马叙伦	郝维廉	李克异
寒沙	苗达	汉鳌宦	宗舜年	憾庐	林憾庐	郝文宝	郝御风
寒沙	王志之	汉年	潘汉年	瀚澄	蒋吟秋	郝一风	郝御风
寒杉	张靖	汉强	姚雨平	瀚海	王德薇	郝御风	郝御风
寒生	阳翰笙	汉卿	力扬	【háng】		郝子健	李克异
寒声	寒声	汉三	许杰	杭海	杭海	【hào】	
寒十坡	陈宗凤	汉山	东方玉	杭生	李麦宁	号兵	彭桂萼
寒松	艾寒松	汉生	翁永德	杭苇	杭苇	号灌园	林献堂
寒松	胡紫岩	汉生	谢文炳	杭锡奎	杭苇	号角	陆象贤
寒松	沙元榘	汉声	刘超武	杭席洋	杭海	昊午	吴奚如
寒叟	萧蜕安	汉声	刘铁冷	杭辛斋	杭辛斋	浩	高兰
寒酸	石军	汉叔	陈家鼎	杭星	罗飞	浩波	许广平
寒潭	许广平	汉叹	吴修源	杭行	罗飞	浩川	李平心

浩凤	李景慈	何弼	何骞	何汉章	司马文森	何乐	万紫
浩泓	聂索	何碧	穆仁	何荷	史超	何醴澂	何醴澂
浩铭	郑浩铭	何炳奇	潘漠华	何痕		何连	何剑熏
浩然	陈其通	何伯英	何溶	何衡雁	何海鸣	何连	章泯
浩然	李浩然	何不恭	刘沧浪	何鑅	何溶	何莲	章泯
浩然	夏康农	何畅秀	何畅秀	何宏图	谢六逸	何亮泰	何如
浩然	周浩然	何朝荣	廖一原	何鸿	李晴	何亮亭	何如
浩如	曾宝荪	何晨	匡亚明	何鸿章	何小石	何林	李何林
浩文	邵洵美	何澄超	何芷	何化鲁	赵树理	何浏生	何思敬
皓	陈白尘	何迟	何迟	何吉人	吕荧	何流	吕寰
皓光	李景慈	何聪	何达	何佶	吕荧	何流	陶孝国
皓首匹夫	喻血轮	何达	何达	何纪华	何纪华	何柳侬	何絮
皓之	李冰人	何达	何健民	何济庐	白蕉	何柳絮	何絮
灏白	罗灏白	何大	何迟	何继纯	何光年	何六月	高流
【hē】		何大白	郑伯奇	何家栋	何家栋	何龙	杨樾
呵莽	魏照风	何丹仁	冯雪峰	何家干	鲁迅	何路	何路
【hé】		何丹霞	蓝瑛	何家干	瞿秋白	何洛	何洛
禾	梁实秋	何德衰	凤兮	何家骅	岳骞	何满子	何满子
禾	秦同	何典	陈子展	何家槐	何家槐	何昧	石灵
禾兵	庄瑞声	何典	茅盾	何家骏	魏猛克	何梦雪	何梦雪
禾波	禾波	何典	王元化	何家宁	邵子南	何名	张白怀
禾波	刘智清	何恩荣	何苦	何家英	何家英	何明新	何洛
禾草	许伽	何恩余	石果	何家支	王小逸	何鸣心	何洛
禾得雨	程云	何凡	何凡	何葭水	何葭水	何莫	胥树人
禾耳	钟子芒	何方	何方	何嘉	何嘉	何畔	胡正
禾红	黄季琨	何妨	王钟琴	何嘉	何之硕	何平	安娥
禾佳	方杰	何非	何钟辛	何嘉	臧克家	何迫	萧蔓若
禾稼	何泽沛	何菲	何小石	何建民	何健民	何璞	瞿秋白
禾君	程光锐	何风	鲁琪	何剑熏	何剑熏	何蹀生	何海鸣
禾林	徐和邻	何风文	袁勃	何健民	何健民	何其芳	何其芳
禾庐	褚问鹃	何封	欧小牧	何谏	何香凝	何其冷	王冰洋
禾庐	丁立中	何逢	李长之	何鉴琮	何鉴琮	何其青	张械
禾乃英	林默涵	何福良	何公超	何京	何琼崖	何其祥	瞿秋白
禾青	黄季琨	何复老	白蕉	何竞南	何痕	何其庸	何琦
禾青	聂索	何复生	白蕉	何敬年	郑造	何琪	罗麦
禾矢女士	白蕉	何复翁	白蕉	何敬群	何鉴琮	何琦	何琦
禾水	季洁	何馥	白蕉	何敬之	艾寒松	何启芳	何其芳
禾雨	丁朗	何干	鲁迅	何静斋	何葆仁	何启放	何其芳
禾止	何其芳	何干之	何干之	何九叔	曾梦笔	何谦	郑振铎
禾忠	郑振铎	何歌子	戈扬	何君	瞿秋白	何骞	何骞
禾子	程家骥	何公超	何公超	何君儒	石果	何勤	吕荧
禾子	凤子	何公圃	吕荧	何俊明	周文	何求	何求
禾子	黄侃	何古莱	冯雪峰	何开荣	周文	何人	宋之的
禾子	周文	何谷	胡愈之	何戡	黄裳	何人	钟灵
合手	严应晞	何谷天	周文	何克万	方平	何仁	蒋元椿
合一	蒋君章	何光	章泯	何苦	龚仪宣	何仁	西戎
何	何思敬	何光年	何光年	何苦	何苦	何日平	陶行知
何	沈可人	何归帆	彭桂蕊	何苦	瞿秋白	何容	何容
何白	石怀池	何桂贞	葛琴	何况	范存忠	何溶	何溶
何苞九	袁勃	何果育	何果育	何亏	林基路	何如	陈子展
何葆仁	何葆仁	何海鸣	何海鸣	何莱	冯雪峰	何如	何如
何弼	何干之	何汉生	何干之	何籁	茅盾	何如	陶行知

何辱谦	石灵	何香凝	何香凝	何昭	何昭	荷公	丘复
何瑞谏	何香凝	何湘	何湘	何兆熊	何容	荷花	杜门
何润清	葛儒	何小蓉	余薇野	何哲	刘沧浪	荷花	江寄萍
何若非	何纪华	何小石	何小石	何真	鲁兵	荷蕊丝	杨孔娴
何三郎	唐弢	何孝达	何达	何真民	何真民	荷山	李梦莲
何舍里	何溶	何孝骞	何骞	何振业	何为¹	荷裳	艾芜
何生	卢煤	何心	何心	何之硕	何之硕	荷生	简荷生
何时旦	高加索	何心	陆澹安	何直	秦兆阳	荷生	丘复
何时旦	张子斋	何心冷	何心冷	何芷	卞和之	荷汀	郝汀
何时俊	何海鸣	何心女士	何心	何芷	何芷	荷衣	江寄萍
何时开	罗沙	何欣	何欣	何志	何其芳	荷子	何芷
何士上	黄秋耘	何兴林	林如稷	何治法	白蕉	盍宁	潘景郑
何世权	李英敏	何兴咸	何洛	何钟辛	何钟辛	菏公	丘复
何守恬	何葭水	何行	何琦	何钟鑫	何钟辛	翮健	文公直
何瘦秋	何痕	何行乐	何海鸣	何钟伊	何痕	【hè】	
何菽芗	何水涂	何性海	何思源	何种因	何仲英	贺安卿	贺绿汀
何淑芗	何水涂	何秀峰	何干之	何仲英	何仲英	贺抱真	贺绿汀
何双爽	瞿秋白	何许人	郭秉箴	何庄	唐因	贺藏云	贺昌群
何水涂	何水涂	何旭初	白蕉	何子明	何家英	贺策修	贺觉非
何思敬	何思敬	何旭如	白蕉	何子铨	何家英	贺昌群	贺昌群
何思玫	何达	何絮	何絮	何子祥	何容	贺冬	周璧
何素文	冯雪峰	何玄	黄建安	何奏	袁微子	贺非	罗稷南
何索	何索	何玄通	陈揖旗	何祖文	陈辽	贺非	赵广湘
何谈易	何容	何亚君	何昭	和岑	金天翮	贺菲	赵广湘
何天漫	孟常	何亚希	何昭	和儿	田汉	贺斧	姚紫
何天言	何天言	何言	孙用	和法仁	林呐	贺刚	刘群
何田田	巫宁坤	何阳	林建神	和甫	丁立中	贺高志	贺扬灵
何铁珊	何药樵	何药樵	何药樵	和谷岩	和谷岩	贺光	章泯
何汀	郝汀	何一鸿	何一鸿	和民	刘树声	贺鸿钧	贺抒玉
何图	刘心皇	何一鸣	叶青	和其芳	何其芳	贺家春	贺玉波
何为	陈隈	何一平	胡也频	和其放	何其芳	贺家瑞	贺家瑞
何为	何为¹	何以平	胡也频	和卿	戚饭牛	贺进	贺敬之
何为	何为²	何抱彭	何抱彭	和尚	黄天鹏	贺敬之	贺敬之
何为	何运芬	何茵	许之乔	和尚	陶行知	贺觉非	贺觉非
何为贵	洪遒	何引流	石西民	和心全	和谷岩	贺凯	贺凯
何维	李筱峰	何应泉	司马文森	和新泉	和谷岩	贺兰	沈季平
何伟康	康白	何猷	罗泗	和爻	丁玲	贺麟	贺麟
何苇	何为²	何又化	秦兆阳	和正华	和正华	贺绿汀	贺绿汀
何味愚	何琦	何虞	卢煤	河帆	刘和芳	贺孟斧	贺孟斧
何畏	匡亚明	何与如	何家槐	河海岳楼主	李冰人	贺培青	贺扬灵
何畏	罗鲁风	何雨	纪鹏	河合三郎	苏曼殊	贺培心	贺扬灵
何文	皮作玖	何远	萧殷	河溃	何家槐	贺培新	贺扬灵
何文潮	高流	何远驹	沈从文	河渌	李景慈	贺青	姜椿芳
何文浩	司马文森	何远香	白蕉	河满子	周河冬	贺若璧	周煦良
何闻	张春桥	何越千	岳骞	河清	黄源	贺桑娄	葛儒
何雯	何雯	何云间	白蕉	河清夫人	许粤华	贺叔懋	姜椿芳
何无忌	吴晗	何云圃	吕荧	河上雄	孙望	贺太平	陈流沙
何芜	萧岱	何运芬	何运芬	河星	何钟辛	贺文玉	贺凯
何勿	萧岱	何泽	张春桥	荷暗	朱英诞	贺喜	贺照
何希愚	曹健	何泽沛	何泽沛	荷波	禾波	贺新	邹绿芷
何仙槎	何思源	何曾亮	周作人	荷风	李家斌	贺煦	贺照
何献之	白蕉	何章平	司马文森	荷戈老兵	李尔重	贺勋	钟雷

贺扬灵	贺扬灵	鹤笙	孙鹤生	黑芷	罗黑芷	【hōng】	
贺一青	姜椿芳	鹤士	罗迦	黑子	陈揖旗	烘流	温沙
贺依	蒋天佐	鹤田	苏金伞	黑子	黎丁	【hóng】	
贺宜	贺宜	鹤眺	耶林	黑子	罗黑芷	弘	苏曼殊
贺鹰	许之乔	鹤汀	冒广生	黑子	吴英	弘度	刘永济
贺玉波	贺玉波	鹤亭	方行 [1]	黑子	尤墨君	弘丘子	张大千
贺照	贺照	鹤亭	冒广生	嘿斋	吴晓铃	弘士	徐弘士
贺肇弗	贺肇弗	鹤望	金天翮	【hén】		弘一	李叔同
贺止	田流 [2]	鹤西	程侃声	痕	颜一烟	弘一法师	李叔同
贺子长	柯原	鹤洲	赖鹤洲	【hèn】		弘裔	李叔同
贺自昭	贺麟	鹤洲赖子清	赖鹤洲	恨	张恨水	弘远	俞鸿犹
崔庼	蔡元培	壑	蒋锡金	恨苍	成弦	红瓣	江寄萍
赫赤	何迟	【hēi】		恨海	田桐	红笔	柳龙光
赫尔	杜埃	黑丑	赵树理	恨海氏	田桐	红冰	林建安
赫倦驼	戴良	黑丹	石煤	恨水	张恨水	红冰	钱红冰
赫克麦	白薇	黑丁	郝汀	恨我	李述尧	红冰碧血馆主	李铎
赫马	徐卓呆	黑丁	于黑丁	【hēng】		红竝楼主人	李猷
赫双林	许法新	黑风	黑风	亨利	陈锦祥	红豆词人	姚鹓雏
赫斯	何骞	黑鸽子	冯润璋	亨人	林亨泰	红豆村人	徐平羽
赫戏	雷加	黑桦	白桦	【héng】		红豆生	齐白石
赫胥利	英敛之	黑金	方北方	恒服	沈曾植	红鹅鹊脑人	王西神
赫裕昆	何迟	黑静	黎静	恒墅	严薇青	红鹅生	王西神
褐之	萧蜕安	黑君	沈从文	恒太	林亨泰	红梵精舍主人	顾佛影
鹤	徐志摩	黑浪	巴金	恒心	熊理	红枫	洪流
鹤柴	陈诗	黑浪	姚紫	横	茅盾	红光	汪笑侬
鹤柴山人	陈诗	黑黎	韩作黎	横波	茅盾	红孩子	陈伯吹
鹤巢村人	黄式权	黑苓	杨苡	横丁	蒋虹丁	红黑旧人	沈从文
鹤城	李旭	黑玲	小松	横光	王君实	红浣	郎心湘
鹤笛	伍叔傥	黑凌	曹辛之	横眉	唐弢	红蠖	徐玉诺
鹤舫	金天翮	黑伦	小松	横眉冷	杨槱	红蠖女士	徐玉诺
鹤舫老人	金天翮	黑猫记者	张叶舟	横竖横	王若望	红蕉	江红蕉
鹤皋	郑鹤声	黑梦白	金汤	横槊	陈毅	红苪女史	端木蕻良
鹤睐	丁传靖	黑妮	叶平林	横槊客	陈毅	红蕾	洪流
鹤矜	北复钦	黑尼	黑尼	横槊主人	陈毅	红梨湖上女郎	郑瑛
鹤窠村人	黄式权	黑尼	马牧边	衡伯	周公权	红蓼	傅南鹃
鹤龄	冯岳麟	黑牛	吴奚如	衡夫	叶青	红柳村人	赵赤羽
鹤龄	殷白	黑囚	卢剑波	衡甫	杨杏佛	红楼内史	端木蕻良
鹤庐	林鹤年	黑人	舒群	衡南	杜天赐	红楼女史	端末蕻良
鹤庐居士	林鹤年	黑沙	高兰	衡三	熊理	红芦	周彼
鹤鸣	梅兰芳	黑山	伍禾	衡山	段公爽	红曼	金剑
鹤鸣	云从龙	黑石	周作人	衡山	沈钧儒	红眉	黑婴
鹤年	吴闻天	黑天	黄钢	衡西	蒋同超	红霓	高缨
鹤青	蔡元培	黑天使	聂耳	衡雁	何海鸣	红耦花馆主晢庐	
鹤卿	蔡元培	黑田贡夫	田贡	衡阳一雁	何海鸣		刘锦江
鹤群	张鹤群	黑头	左舜生	衡斋	黄秋岳	红藁	李筱峰
鹤山老	易大厂	黑侠	王方仁	衡之	于衡	红山楼主	杜门
鹤山老人	易大厂	黑炎	黑炎	衡子	甘运衡	红石	马少波
鹤山易孺	易大厂	黑羊	刘树声	蘅果	蘅果	红石	谢希平
鹤生	姜龢	黑衣	王森然	蘅青	石瑛	红石海	宋振庭
鹤生	周作人	黑衣道人	王森然	蘅	杜蘅之	红瘦	阮璞
鹤声	郑鹤声	黑婴	黑婴	蘅之	杜蘅之	红桃	洪迅涛
鹤笙	孙德谦	黑玉	曾圣提	蘅子	陈楚淮	红薇馆主	傅钝根

笔名	姓名	笔名	姓名	笔名	姓名	笔名	姓名
红薇生	傅钝根	洪伯骏	洪深	洪素佛	洪灵菲	鸿	王辛笛
红绡	汪剑鸣	洪博卿	洪栋园	洪涛	洪迅涛	鸿宾	钱红冰
红笑	胡也频	洪成	卢森	洪涛	屈曲夫	鸿炳	钱红冰
红勋	蓝鸿恩	洪达	洪深	洪滔	洪滔	鸿传	邢光祖
红焰	林秋冰	洪大冬	洪道	洪天铎	洪迅涛	鸿鹄	柏鸿鹄
红杨树	魏巍	洪丹	茅盾	洪天一	洪迅涛	鸿基	卢鸿基
红野	涂元渠	洪菲	陈同生	洪煨莲	洪业	鸿来	老舍
红叶	彭雪枫	洪佛矢	洪允祥	洪为法	洪为法	鸿庐	黄宾虹
红叶	沈圣时	洪广	汪偶然	洪为藩	洪为藩	鸿庐	谢鸿轩
红叶	王东培	洪河	刘洪河	洪为忌	吴天	鸿蒙	王统照
红叶	章叶频	洪湖	丁力	洪为济	吴天	鸿名	辜鸿铭
红英	饶友瑚	洪荒	丁风	洪吴天	吴天	鸿铭	辜鸿铭
红缨	陈大远	洪荒	阮章竞	洪熙	章衣萍	鸿鸟	常书鸿
红鹰	蓝鸿恩	洪荒	王秋萤	洪宪声	司马文森	鸿图	樊篱
红羽	郑成武	洪荒	杨幼生	洪鑫	于冠西	鸿仙	范光启
红雨	胡春冰	洪基	江弘基	洪信铎	洪迅涛	鸿行	邢光祖
红雨	徐碧波	洪静后	洪丝丝	洪星樵	洪以南	鸿轩	谢鸿轩
红越	高君宇	洪骏	洪流	洪性杰	金学铁	鸿迅	朱寨
红云	徐士豪	洪康	杨贤江	洪秀笙	洪秀笙	萁斋	王秋湄
红藻	海笛	洪蕾	周围	洪炫	洪炫	簎渔	叶玉森
宏	谢六逸	洪栋园	洪栋园	洪勋	洪铭声	谼工	黄宾虹
宏度	刘永济	洪林	洪林	洪勋	朱寨	【hòng】	
宏甫	梁启超	洪林	郑伯永	洪汛涛	洪迅涛	蕻	端木蕻良
宏图	谢六逸	洪灵菲	洪灵菲	洪炎秋	洪炎秋	【hóu】	
宏徒	谢六逸	洪灵斐	洪灵菲	洪阳	支援	侯	姜椿芳
宏冶	陈膺浩	洪流	洪流	洪野	王牧群	侯葆三	侯鸿鉴
宏毅	谢六逸	洪芦	田贲	洪业	洪业	侯秉熙	侯秉熙
宏猷	梁启超	洪炉	洪炉	洪叶	吴天	侯病骥	侯鸿鉴
宏斋	陈嘉会	洪鹿岑	洪业	洪一枝	洪弃生	侯伯文	侯学愈
纮云	章廷华	洪履和	洪履和	洪一舟	吴天	侯城	何溶
泓一	李叔同	洪伦修	洪灵菲	洪以南	洪以南	侯传稷	侯枫
苙渔	叶玉森	洪明	杨汉池	洪逸雅	洪以南	侯甸	侯甸
虹	毕倚虹	洪铭声	洪铭声	洪毅	徐东滨	侯飞	姜椿芳
虹	玉侠	洪慕	卢煤	洪英	王啸平	侯枫	侯枫
虹蒂	丁九	洪攀桂	洪弃生	洪莺	饶友瑚	侯福海	侯敏泽
虹飞	黎央	洪弃生	洪弃生	洪瑛	王啸平	侯干城	彭柏山
虹父	戴不凡	洪潜斋	洪深	洪永安	洪丝丝	侯海全	程灼如
虹官	曾虚白	洪浅哉	洪深	洪樵	洪炎秋	侯鸿鉴	侯鸿鉴
虹庐	黄宾虹	洪桥	洪桥	洪渔	叶玉森	侯家静	侯唯动
虹若	黄宾虹	洪樵龄	洪允祥	洪禹平	洪禹平	侯健	侯健
虹叟	黄宾虹	洪球	江岳浪	洪月樵	洪弃生	侯金镜	侯金镜
虹啸	萧军	洪道	洪道	洪芸苏	洪炎秋	侯梦狮	侯鸿鉴
虹簃	王秋湄	洪儒	洪弃生	洪允祥	洪允祥	侯敏泽	侯敏泽
虹隐	徐兆玮	洪汝彦	洪秀笙	洪增寿	洪桥	侯名符	侯小古
洪白苹	洪为藩	洪深	洪深	洪兆麟	洪允祥	侯朴	赵广湘
洪半呆	桃木	洪绳曾	洪林	洪正继	洪业	侯全仁	程灼如
洪北平	洪为藩	洪石果	洪为法	洪枝	蔡苇丝	侯荣	何溶
洪壁	洪流	洪石梁	洪为法	洪子	叶梦友	侯瑟熙	方涛
洪炳文	洪栋园	洪式良	洪为法	洪子常	洪灵菲	侯尚良	朱茂山
洪炳炎	洪为藩	洪树佛	洪灵菲	洪祖同	洪履和	侯升廉	侯枫
洪波	邱韵铎	洪水	江亢虎	鸿	茅盾	侯声	赵正平
洪波	于毅夫	洪丝丝	洪丝丝			侯士纶	侯学愈

侯泗	方涛	胡炳华	胡炳华	胡广	秦似
侯唯动	侯唯动	胡伯恩	胡伯恩	胡国亭	胡国亭
侯维栋	侯唯动	胡伯岳	胡伯岳	胡憨珠	胡憨珠
侯小方	刘和芳	胡卜人	胡绳	胡寒生	胡绳
侯小古	侯小古	胡不欢	陈迟	胡寒生	袁水拍
侯学愈	侯学愈	胡不适	戴旦	胡寒生	胡紫岩
侯曜	侯曜¹	胡布衣	胡石予	胡寒松	胡紫岩
侯曜	侯曜²	胡步曾	胡先骕	胡汉华	胡绍轩
侯翼星	侯曜¹	胡采	胡采	胡汉亮	曹庸
侯镇球	侯甸	胡草沙	草沙	胡洪骅	胡适
侯子梁	侯唯动	胡柴	李辉英	胡鸿书	胡零

【hòu】

后超	姚光	胡忏安	胡先骕	胡怀琛	胡寄尘
后东塾	钱基博	胡忏庵	胡先骕	胡怀深	胡寄尘
后荷花十日生		胡忏盦	胡先骕	胡奂	胡奂
	天虚我生	胡昌五	马达	胡焕	胡焕
后进	李北流	胡超	楚卿	胡恢汉	胡祖舜
后愧生	李详	胡潮	胡拓	胡惠生	胡惠生
后乐笑翁	张丹斧	胡成才	胡成才	胡蕙	胡惠生
后山以后	黄节	胡崇轩	胡也频	胡季尘	胡寄尘
后声	赵正平	胡楚卿	楚卿	胡季樵	胡宗楙
后希铠	后希铠	胡春	胡絜青	胡季仁	胡寄尘
后羿	巴人	胡春	老舍	胡济	丁家瑞
后羿	刘后一	胡春冰	胡春冰	胡寄尘	胡寄尘
厚	姜椿芳	胡次珊	胡仁源	胡寄南	胡寄南
厚庵	康白情	胡聪	张叶舟	胡寄秋	胡零
厚非	姜椿芳	胡崔黄	黄耘	胡加	姚紫
厚山	马君武	胡大生	胡大生	胡笛	巴人
厚生	方土人	胡代润	胡紫岩	胡笛	马家郎
厚生	赵正平	胡道静	胡道静	胡笛居士	
厚圣	赵正平	胡德华	胡德华	胡健行	胡康新
厚荪	饶百迎	胡德辉	伍禾	胡椒	王子野
候声	赵正平	胡荻	胡紫岩	胡絜青	胡絜青
		胡荻笙	胡紫岩	胡介生	胡石予

【hū】

乎少	呼啸	胡底	胡底	胡今虚	胡今虚
呼加诺	黄天戈	胡冬野	胡秋原	胡金门	胡石庵
呼啸	呼啸	胡冬右	胡适	胡堇父	胡奂
呼延青	胡正	胡斗南	丹柑	胡经舒	胡今虚
呼钟	胡正	胡端豪	胡天风	胡荆山	胡璞
		胡遯园	胡耐安	胡景珹	胡景珹

【hú】

弧	萧楚女	胡鄂公	胡鄂公	胡九	黄耘
弧父	萧楚女	胡谔	胡士璋	胡君苹	饶楚瑜
弧孟	鲁迅	胡芳	关露	胡俊	胡俊
胡X保	潘汉年	胡芳君	关露	胡开瑜	胡开瑜
胡哀梅	胡哀梅	胡丰	胡风	胡康新	胡康新
胡安定	胡适	胡风	胡风	胡考	胡考
胡白刃	向人红	胡枫	姚宗伟	胡珂雪	胡珂雪
胡悲	黄嘉音	胡蜂	胡蜂	胡可	胡可
胡北风	胡底	胡伏生	胡愈之	胡克兢	胡零
胡北海	胡云翼	胡耕	张央	胡旷	胡可
胡北朔	郭澹波	胡关露	关露	胡兰畦	胡兰畦
胡必成	周恩来	胡冠中	胡冠中	胡兰卿	胡兰畦
		胡光炜	胡小石	胡郎	田井卉

胡朗	田井卉				
胡浪桂	胡浪曼				
胡浪曼	胡浪曼				
胡乐山	胡耐安				
胡里	刘岚山				
胡栗长	胡颖之				
胡连江	草沙				
胡林天	胡正				
胡琳	胡琳				
胡霖	胡政之				
胡灵雨	司马长风				
胡灵云	司马长风				
胡零	胡零				
胡令天	胡正				
胡柳	徐谦夫				
胡抡廷	胡山源				
胡洛	胡洛				
胡迈	胡浪曼				
胡蛮	胡蛮				
胡蛮	胡昭衡				
胡曼慈	周谷城				
胡嵋	关露				
胡楣	关露				
胡楣女士	关露				
胡梦华	胡梦华				
胡民大	胡民大				
胡明	胡民大				
胡明清	胡拓				
胡明树	胡明树				
胡鸣盛	胡文玉				
胡牧	胡牧				
胡慕云	瞿白音				
胡穆庐	胡雪抱				
胡耐安	胡耐安				
胡南湖	胡鄂公				
胡南翔	胡云翼				
胡楠	彭展				
胡闹	胡征				
胡念贻	胡念贻				
胡璞	胡璞				
胡朴安	胡朴安				
胡圃荪	胡梦华				
胡奇	胡奇				
胡启东	胡奇				
胡启明	赵树理				
胡倩尹	胡小石				
胡乔木	胡乔木				
胡琴	范泉				
胡青	陈大远				
胡青	胡青				
胡青坡	胡青坡				
胡庆坻	胡石言				

胡秋平	胡征	胡天石	胡石庵	胡雁	胡天风	胡正	胡正
胡秋原	胡秋原	胡天相	胡征	胡燕崖	胡絜青	胡正兴	胡正兴
胡萩原	胡秋原	胡天月	胡天月	胡耀华	胡云翼	胡政之	胡政之
胡曲园	胡曲园	胡天月	胡愈之	胡也频	胡也频	胡植	王戎
胡人杰	胡石庵	胡田	思基	胡也苹	胡也频	胡治藩	胡梯维
胡仁源	胡仁源	胡汀鹭	胡汀鹭	胡业崇	胡秋原	胡忠臣	胡昭
胡荣铭	胡鄂公	胡廷方	胡曲园	胡一频	胡也频	胡钟育	胡天月
胡荣谦	胡牧	胡彤父	胡尚炜	胡一平	胡也频	胡仲持	胡仲持
胡如威	胡戌女	胡桐宸	胡牧	胡一声	胡一声	胡仲明	胡朴安
胡锐	阳翰笙	胡图	白荻[1]	胡依凡	胡依凡	胡仲毅	胡仁源
胡瑞英	胡兰畦	胡图	吴继岳	胡膺东	胡士璋	胡诒博士	林雾融
胡若谷	司马长风	胡涂	阳翰笙	胡颖之	胡颖之	胡昼	王洁心
胡三元	胡山源	胡退庐	胡思敬	胡映庚	胡奇	胡子	田地
胡沙	胡沙	胡拓	胡拓	胡永祥	司马长风	胡子长	张友鸾
胡山	夏衍	胡宛春	胡士莹	胡有忻	胡朴安	胡子靖	胡元倓
胡山源	胡山源	胡危舟	胡危舟	胡有麐	胡耐安	胡子崖	胡紫岩
胡尚风	李景慈	胡文玉	胡文玉	胡有祉	胡耐安	胡子婴	胡子婴
胡尚炜	胡尚炜	胡希疆	胡适	胡竿之	胡愈之	胡子渊	草沙
胡绍轩	胡绍轩	胡希明	胡希明	胡玉麒	胡征	胡紫岩	胡紫岩
胡申定	胡今虚	胡锡年	胡锡年	胡玉斋	胡祖舜	胡宗楙	胡宗楙
胡绳	胡绳	胡夏庐	胡小石	胡玉贞	胡絜青	胡祖德	胡祖德
胡绳祖	茅盾	胡先骕	胡先骕	胡愈之	胡愈之	胡祖舜	胡祖舜
胡石庵	胡石庵	胡先啸	胡先骕	胡毓岱	胡伯岳	壶隐	戴德章
胡石明	胡秋原	胡弦	黄建安	胡元亮	丁景唐	葫芨	范泉
胡石言	胡石言	胡显中	胡显中	胡元倓	胡元倓	湖	丁玲
胡石予	胡石予	胡祥	方士人	胡元轸	胡雪抱	湖泯	梁鼎芬
胡士莹	胡士莹	胡祥麟	胡琳	胡远才	楚卿	湖南牛	陈子展
胡士璋	胡士璋	胡小石	胡小石	胡远让	胡蜂	湖山客	许钦文
胡世光	王文显	胡晓春	胡子婴	胡越	司马长风	糊涂博士	熊伯鹏
胡是	张子斋	胡晓风	胡晓风	胡越	吴秋	毅民	余大雄
胡是非	张子斋	胡啸	呼啸	胡越明	潘汉年	【hǔ】	
胡适	胡适	胡敦	胡成才	胡越之	胡愈之	虎岑	蒯贞干
胡适适之	胡适	胡欣平	司马长风	胡云	李济生	虎洞老樵	林森
胡适之	胡适	胡新三	胡鄂公	胡云	王尔碑	虎男	胡山源
胡寿楣	关露	胡星	潘汉年	胡云翘	胡祖德	虎生	俞虎生
胡漱	胡思敬	胡行	茅蔚然	胡云翼	胡云翼	虎头书生	顾明道
胡双城	曹辛之	胡行之	张子斋	胡筠桥	胡祖德	虎娃	李若冰
胡双城	方平	胡杏芬	胡杏芬	胡筠翘	胡祖德	琥珀	罗灏白
胡霜红	胡士莹	胡性真	胡昭衡	胡韫	胡朴安	【hù】	
胡朔	顾巴彦	胡熊锷	胡熊锷	胡韫玉	胡朴安	互满	胡蛮
胡丝	青勃	胡秀	呼啸	胡蕴	胡石予	互曼	胡蛮
胡思敬	胡思敬	胡戌女	胡戌女	胡载球	胡旷	护法军	姚民哀
胡思贤	胡拓	胡序昭	胡德华	胡曾佑	胡秋原	沪生	陈荒煤
胡思永	胡思永	胡学勤	胡伯恳	胡昭	胡昭	祜曼	胡蛮
胡嗣糜	胡适	胡学愚	胡愈之	胡昭衡	胡昭衡	笏山	颜笏山
胡颂民	胡朴安	胡学志	胡仲持	胡昭佐	胡梦华	笏园	周麟书
胡苏	胡苏	胡雪抱	胡雪抱	胡兆奇	季薇	瓠瓜	沈尹默
胡逢华	胡蜂	胡雪罔	胡焕	胡肇才	胡奇	瓠瓜庵主人	沈尹默
胡腾驹	胡可	胡雪岩	胡锡年	胡振	胡汀鹭	瓠舟	瞿秋白
胡梯维	胡梯维	胡徇道	胡徇道	胡振邦	胡正	扈江蓠	马子华
胡天	胡适	胡延璋	胡征	胡振清	胡青坡	扈邑巴	许觉民
胡天风	胡天风	胡衍	任耕	胡征	胡征		

【huā】

花白	戴不凡
花白	陆华柏
花朝生	蒋瑞藻
花城居士	花新人
花蒂儿	田贲
花都蓉女	窦秦伯
花萼	姚民哀
花萼楼主	姚民哀
花儿	罗鲁风
花飞	李华飞
花果山人	孙瞻蝯
花好月圆人寿室主	
	施济群
花花世界生	罗秀惠
花近楼主	陈夔龙
花邻词客	易大厂
花灵莎	田贲
花奴	黄中
花蹊	易君左
花西里	谢加因
花喜禄	田贲
花喜露	田贲
花新人	花新人
花隐	刘筠
花隐老人	甘树椿
花隐翁	郭则沄
花影簃	沈禹钟
花枝	罗鲁风

【huá】

华	巴人
华	傅东华
华	华田
华	李牧华
华	梁实秋
华	凌叔华
华	茅盾
华	叶之华
华	周楞伽
华秉丞	叶圣陶
华采	胡蛮
华蒂	叶以群
华萼	包蕾
华飞	李华飞
华风	姚蓬子
华风	姚苏凤
华夫	光未然
华汉	阳翰笙
华红	潘天青
华继宗	蒋光慈
华嘉	华嘉
华皎	黄裳

华津一士	孙雪泥
华晋	司马军城
华靖	瞿秋白
华君	叶以群
华骏	华骏
华恺	韩起
华侃	汪倜然
华克	夏衍
华莱	王琦
华莱士	罗铁鹰
华里予	周艾黎
华理	周文
华良	马国亮
华林	李金发
华琳	华铃
华玲	杨琦
华铃	华铃
华路工	王鼎成
华露	胡绍轩
华鬘	周楞伽
华曼	吕润璧
华那	张天授
华尼	李润湖
华念暾	甘永柏
华普	胡蛮
华齐平	郑造
华青	鲁琪
华瑞	沈松泉
华瑞芳	林炎
华桑	夏易
华沙	巴人
华沙	李伯龙
华沙	赵先
华莎	田琳[1]
华山	光未然
华山	贺绿汀
华山	华山
华尚文	唐绍华
华尚文	郑伯奇
华绍扬	陆钦仪
华生	陈存仁
华生	陈冷血
华生	周开庆
华素	毕修勺
华天	华田
华天	马少波
华天	潘漠华
华天田	华田
华田	陈克[1]
华田	华田
华维素	蒋光慈
华文份	魏子云

华五	蔡振扬
华五	郭子雄
华西里	蒋光慈
华希定	鲁白野
华希理	蒋光慈
华希祖	蒋光慈
华夏	孟超
华胥	陈冰夷
华严一丐	史济行
华岩	金肇野
华岩	周楞伽
华阳陈仲逸	杜亚泉
华野	周艾黎
华雨	王恺
华禹平	骆文
华圉	鲁迅
华原	鲁琪
华缘	王辛笛
华约瑟	鲁迅
华云	李蕤
华瞻	林艺
华子	太虚
譁言	金肇野

【huà】

化龙隐士	柳亚子
化鲁	胡愈之
化民	周定山
化南	赵纪彬
化侬	熊佛西
化磐	沈恩孚
化若	郭化若
化石	蔡苇丝
化石	黄化石
化石	丽尼
化石	许一民
化铁	化铁
化夷	朱化雨
化雨	朱化雨
华忱之	华忱之
华粹深	华粹深
华岗	华岗
华静芝	华林
华连圃	华钟彦
华林	华林
华林一	华林
华龙	华龙
华少峰	华岗
华石修	华岗
华书城	华振域
华天闽	华龙
华西园	华岗
华恂	华忱之

华延年	华岗
华遗曾	华应申
华懿	华粹深
华应申	华应申
华岳	华岳
华振域	华振域
华鸶	华粹深
华钟彦	华钟彦
华仲修	华岗
华子翔	华龙
画饼翁	吴眉孙
画廊	沈启无
画室	冯雪峰
画隐	齐白石
画隐龙丁	费砚
画足	张恨水
画卒	张恨水
桦成林	张黎

【huái】

怀璧匹夫	汪精卫
怀彬	卫聚贤
怀冰	王韶生
怀潮	阿垅
怀琛	胡寄尘
怀成	卢豫冬
怀枫	丁宁[1]
怀海	刘岚山
怀嘉	李成俊
怀瑾	崔适
怀静庐主	吴我尊
怀玖	陈西禾
怀鹃	顾保瑢
怀兰	周瘦鹃
怀庐	蔡寅
怀庐书屋主人	李汝琳
怀民	陈云
怀南	石西民
怀南	袁圻
怀人梦	姜可生
怀容	杨琦
怀三	唐弢
怀沙	文怀沙
怀沙	张白山
怀树	梅林
怀霜	陈翔鹤
怀霜	李葭荣
怀霜	张铁弦
怀涛	陈迟
怀湘	李葭荣
怀湘	廖沫沙
怀襄	周开庆
怀隐	普梅夫

怀英	常任侠	浣玉	聂耳	黄贡	夏衍	黄道辉	黄道辉
怀影	普梅夫	焕彬	叶德辉	黄本铨	黄式权	黄道礼	绿蕾
怀禹	彭俞	焕伯	蔡燮垣	黄碧	欧阳文彬	黄得时	黄得时
怀园	汪习麟	焕乎	沈从文	黄碧遥	黄九如	黄德	叶紫
怀昭	宋之的	焕昆	潘焕昆	黄碧野	碧野	黄德修	黄芝冈
淮安竹叟	顾震福	焕南	谢觉哉	黄宾公	黄宾虹	黄笛	黄永玉
淮海	陈洪涛	焕平	林焕平	黄宾虹	黄宾虹	黄地	谢挺宇
淮海	裘柱常	焕然	王文漪	黄兵	万力	黄帝之曾孙小子	
淮海少年	高明	焕章	冯玉祥	黄炳晖	黄宁婴		朱梁任
淮河	鲁克	【huāng】		黄炳南	黄纯青	黄帝子孙之嫡派黄中黄	
淮南	裘柱常	荒	陈向平	黄炳星	黄南丁		章士钊
淮士	戈扬	荒草	王荒草	黄病蝶	黄复	黄帝子孙之嫡派许则华	
淮台	马骏[1]	荒草	魏敬群	黄病佛	黄病佛		许啸天
淮阴	安怀音	荒村寒烟	张秀中	黄波拉	黄振球	黄典诚	黄典诚
淮云	普梅夫	荒鸡鹭梦室主	龙榆生	黄伯昂	巴人	黄定禅	黄澜
槐居士	俞平伯	荒黎	司马桑敦	黄伯川	黄秋岳	黄东藩	丁耶
槐聚	钱锺书	荒陵	熊荒陵	黄伯飞	黄伯飞	黄端儒	黄天培
槐寿	周作人	荒马	蓝善仁	黄伯晖	黄伯飞	黄骢	吴云心
槐堂	车辐	荒梅	陈荒煤	黄伯钧	黄芝冈	黄泛	丁耶
槐堂	陈师曾	荒煤	陈荒煤	黄伯虔	黄典诚	黄访	黄药眠
槐堂朽者	陈师曾	荒萌	余修	黄伯思	黄裳	黄风	吕寰
槐堂主人	陈师曾	荒漠	张羽	黄伯襄	刘谦初	黄风	蒲风
槐屋居士	俞平伯	荒年	林芳年	黄伯耀	黄伯耀	黄峰	邱韵铎
槐影	普梅夫	荒弩	魏荒弩	黄粲华	黄粲	黄蜂	克夫
槐之子	李正中	荒沙	陈福彬	黄璨华	黄忏华	黄蜂	吴云心
【huān】		荒唐生	骆无涯	黄草予	黄蒙田	黄凤兮	黄忏华
欢气儿	萧军	荒芜	荒芜	黄岑	黄小岑	黄凤姿	黄凤姿
欢喜	萧军	荒星	周思义	黄茶	何晴波	黄福林	黄福林
【huán】		荒野	洪炫	黄忏华	黄忏华	黄福林	黄福临
还轩	丁宁[1]	荒野	炼虹	黄长树	黄长树	黄福临	黄福临
还珠楼主	还珠楼主	荒野	涂元渠	黄超显	黄秋耘	黄复	黄复
环	瞿秋白	荒野	熊荒陵	黄晁传	黄朝传	黄复	夏衍
环	俞平伯	荒野	张扬	黄巢孙	黄寿祺	黄覆瓴	黄水沛
环荜庵季	张大千	荒鹰	魏荒弩	黄朝传	黄朝传	黄馥	夏衍
环子	萧菱	荒原	王业伟	黄潮龙	卢煤	黄甘裳	叶青
洹上村人	袁克文	荒斋	陈方[1]	黄潮洋	碧野	黄钢	黄钢
桓夫	陈千武	【huáng】		黄尘	艾明之	黄鸽	杨希尧
桓来	桓来	皇甫春	黄肃秋	黄成	俞铭璜	黄弓	孟超
寰风	武达平	皇甫鼎	陈迩冬	黄承燊	黄绳	黄公伟	黄公伟
寰镜庐主人	孙寰镜	皇甫洁	夏衍	黄滁	丁耶	黄狗	徐志摩
【huàn】		皇甫湜	谢狱	黄楚南	黄炎培	黄孤行	胡紫岩
幻盦	文灰	皇闻	朱雯	黄垂庆	黄小岑	黄谷柳	黄谷柳
幻花	王德钟	黄爱	黄爱[1]	黄春潮	黄水沛	黄谷农	薛汕
幻侬	陈凤兮	黄爱	黄爱[2]	黄春成	黄春成	黄冠文	黄冠文
奂彬	叶德辉	黄凹园	黄祝藁	黄春星	黄水沛	黄冠义	黄白莹
奂份（bīn）	叶德辉	黄白桐	马宁	黄纯熙	黄节	黄光	陈黄光
奂英	耶菲	黄白薇	白薇	黄次郎	王一榴	黄光生	黄天鹏
浣非	于浣非	黄白莹	黄白莹	黄达耕	黄耘	黄瑰	林姗姗
浣花	梅兰芳	黄柏堂	马宁	黄大发	王焚	黄桂丹	黄水沛
浣华	梅兰芳	黄半坡	黄云眉	黄大琳女士	黄大琳	黄郭人	韦陀
浣纱村人	董咏麟	黄宝善	方豪	黄大铣	黄大铣	黄国魂	黄望青
浣生	林家钟	黄陂石明	胡秋原	黄道芳	方戣	黄海	黄体镭

黄禾子	黄侃	黄嘉音	黄嘉音	黄科梅	白荻[1]	黄梦蘧	黄钧
黄何玄	黄建安	黄甲东	黄旭	黄可轩	黄洪炎	黄梦畹	黄式权
黄和尚	黄天鹏	黄驾自	黄征夫	黄克强	黄兴	黄苗子	黄苗子
黄河	常君实	黄稼	黄稼	黄客沧	黄客沧	黄敏捷	黄稼
黄河	丰村	黄兼生	黄凌霜	黄枯叶	王科一	黄明强	黄太玄
黄河	萧也牧	黄建安	黄建安	黄匡一	黄绮	黄南丁	黄南丁
黄河	钟雷	黄建中	黄爱[1]	黄坤	夏衍	黄南君	黄薇
黄河滨	孙跃冬	黄剑秋	黄太玄	黄昆仑	黄冷观	黄宁婴	黄宁婴
黄河清	黄源	黄江	黄水遥	黄堃	黄堃	黄女士	庐隐
黄河清	刘燕及	黄节	黄节	黄岚	黄岚	黄磐玉	黄磐玉
黄河清	吕亮耕	黄杰	易巩	黄岚	张采真	黄朋	吕寰
黄鹤	黄鹤	黄金	孟力	黄蓝	王蓝	黄鹏	黄天鹏
黄鹤逸	黄鹤	黄金凯	李景慈	黄澜	黄澜	黄鹏基	黄鹏基
黄衡斋	黄秋岳	黄金星	金昌杰	黄老苍	黄水沛	黄飘霞	蒲风
黄宏济	黄钢	黄董午	黄兴	黄乐华	王蕾嘉	黄萍荪	黄萍荪
黄洪	黄然	黄锦銮	黄天戈	黄雷父（fù）	黄苗子	黄蒲芳	蒲风
黄洪炎	黄洪炎	黄锦涛	阿英	黄雷甫	黄苗子	黄朴	黄绍兰
黄鸿世	黄铁	黄廑吾	黄兴	黄冷观	黄冷观	黄浦	张春桥
黄后绘	黄芝冈	黄廑午	黄兴	黄鹂	白薇	黄浦江	吴宜邦
黄花奴	黄中	黄经芳	黄维特	黄篱	陶白	黄齐生	黄齐生
黄华	阿英	黄经笙	黄畲	黄理中	子通	黄琦	艾明之
黄华	黄华[1]	黄景南	黄景南	黄力生	叶青	黄杞园	黄兴
黄华	黄华[2]	黄竞武	黄兴	黄励	黄励	黄启瑞	黄青萍
黄华	张叶舟	黄敬	夏衍	黄梁梦	黄天鹏	黄启汤	黄客沧
黄华节	黄石	黄敬斋	黄敬斋	黄麟书	黄麟书	黄启宗	黄鹤
黄华实	黄化石	黄静涛	黄静涛	黄灵芝	黄灵芝	黄绮	黄绮
黄化石	黄化石	黄静坞	黄兴	黄凌霜	黄凌霜	黄乾	黄典诚
黄话	车辐	黄九如	黄九如	黄六庵	黄寿祺	黄潜庐	黄景南
黄桦	黄桦	黄九一	黄绮	黄龙	瞿秋白	黄乔鼎	黄侃
黄槐	姚紫	黄涓生	黄尊生	黄龙道友	袁振英	黄乔馨	黄侃
黄恍	黄药眠	黄鹃声	黄尊生	黄陇西	黄雨[1]	黄钦伦	轻轮
黄恢复	黎丁	黄觉	黄觉	黄娄生	黄复	黄琴五	黄兴
黄晦闻	黄节	黄觉初	黄旭	黄楼旧学	苏步青	黄青石	黄齐生
黄慧成	黄慧成	黄楠	丁兰蕙	黄芦	楼栖	黄庆云	黄庆云
黄蕙	黄蕙	黄楠树	张永枚	黄芦木	张叶舟	黄秋南	黄任恒
黄昏	黄鹏基	黄蕨庵	黄祝蕖	黄庐隐	庐隐	黄秋云	黄秋耘
黄昏	黄文范	黄军	黄军	黄鲁连	黄齐生	黄蘧庵	黄觉
黄昏老人	李叔同	黄君达	黄冷观	黄禄祥	黄齐生	黄蘧圆	黄觉
黄吉	黄药眠	黄君素	黄绍兰	黄槐园	黄麟书	黄群	张资平
黄吉安	黄吉安	黄钧	黄钧	黄履平	黄太玄	黄然	戴文葆
黄棘	鲁迅	黄钧	夏衍	黄洛峰	黄洛峰	黄然	黄然
黄棘木	鲁迅	黄俊耀	黄俊耀	黄曼岛	马宁	黄人影	阿英
黄季刚	黄侃	黄俊英	黄燕清	黄曼秋	黄异	黄人影	顾凤城
黄季康	黄侃	黄骏	艾明之	黄蔓岛	马宁	黄任恒	黄任恒
黄季琨	黄季琨	黄潜	黄秋岳	黄茅	黄蒙田	黄任之	黄炎培
黄季子	黄侃	黄凯音	鲁迅	黄眉	艾治平	黄切在	黄炎培
黄济	王济	黄垲	黄洛峰	黄梅	艾治平	黄韧之	黄炎培
黄济生	王济	黄刊	王永兴	黄梅君	黄侃	黄日华	蒲风
黄既	黄树则	黄侃	黄侃	黄梅生	黄绍兰	黄荣康	黄祝蕖
黄寄萍	陈山	黄侃	夏衍	黄梅天	马宁	黄若玄	黄觉
黄家本	王济	黄康	李汝琳	黄蒙田	黄蒙田	黄沙天	李根红
黄嘉德	黄嘉德	黄轲	刘宗璜	黄檬	马祖毅	黄沙文	左琴岚

黄砂	黄青	黄苏	陈云	黄弦隽	黄贤俊	黄遗	黄雨[2]
黄砂	吴三才	黄肃秋	黄肃秋	黄显成	黄冷观	黄彝	傅东华
黄山	闵尔昌	黄素	黄芝冈	黄显襄	黄谷柳	黄乙庚	薛汕
黄山民	恽铁樵	黄素	梅公任	黄羡初	黄绰卿	黄异	黄异
黄山樵客	徐谦	黄素皇	黄绍谷	黄襄	黄谷柳	黄裔	巴人
黄山山中人	黄宾虹	黄素如	白薇	黄骧	黄骧	黄毅民	黄公伟
黄山予向	黄宾虹	黄荪	吴天石	黄祥霖	黄麟书	黄蕙	江寄萍
黄衫客	黄朝传	黄太玄	黄太玄	黄逍遥	黄天鹏	黄翼	黄翼
黄衫客	黄天石	黄滕	黄雨青	黄小岑	黄小岑	黄懿青	黄衣青
黄少兰	黄蕙	黄体镭	黄体镭	黄晓峰	黄绍谷	黄英	阿英
黄少如	王济	黄悌	黄悌	黄笑园	黄文生	黄英	庐隐
黄少云	黄少云	黄天	高吹万	黄协埙	黄式权	黄英才	黄英才
黄绍谷	黄绍谷	黄天戈	黄天戈	黄写山	黄树则	黄莺	白荻[1]
黄绍兰	黄绍兰	黄天骧	黄灵芝	黄心声	黄声	黄莺	白薇
黄畬	黄畬	黄天巨浪	黄征夫	黄新波	黄新波	黄永玉	黄永玉
黄舍	黄畬	黄天俊	黄凌霜	黄新圣	裴星惠	黄永裕	黄永玉
黄声	黄声	黄天庐	黄天鹏	黄兴	黄兴	黄勇刹	黄勇刹
黄绳	黄绳	黄天培	黄天培	黄星谷	黄客沧	黄幽	黄客沧
黄诗林	黄嘉音	黄天鹏	黄天鹏	黄醒华	黄觉	黄由来	黄由来
黄诗咏	黄诗咏	黄天石	黄天石	黄醒民	黄周	黄猷	黄猷
黄狮威	茜子	黄天贤	田间	黄熊彪	黄燕清	黄友凡	黄友凡
黄石	黄石	黄天祥	黄天祥	黄须	林之夏	黄幼雄	黄幼雄
黄石	黄拾	黄天雄	黄天雄	黄栩园	黄钧	黄余僧	黄吉安
黄石公	黄齐生	黄铁	黄铁	黄旭	黄旭	黄榆发	白薇
黄石公	黄雨[2]	黄廷熙	黄青	黄绪綝	黄侃	黄羽仪	黄翼
黄石衡	黄赞钧	黄庭愈	黄悌	黄玄	黄仲苏	黄雨	黄雨[1]
黄时枢	方思	黄同	俞铭璜	黄玄	王秋萤	黄雨	黄雨[2]
黄拾	黄拾	黄土	张香还	黄学甫	吴承仕	黄雨晨	黄维特
黄史	黄节	黄万生	黄则修	黄学梅	黄绍兰	黄雨青	黄雨青
黄史氏	黄节	黄万钟	戴旦	黄旬	许之乔	黄雨石	黄爱[2]
黄始	黄天戈	黄望青	黄望青	黄巽卿	黄堃	黄玉琛	黄勇刹
黄士罕	黄拾	黄薇	黄薇	黄崖	黄崖	黄玉昆	黄节
黄士学	黄公伟	黄帷	夏衍	黄亚伯	黄伯耀	黄玉尧	黄玉尧
黄氏凤姿	黄凤姿	黄惟志	黄幼雄	黄延泽	黄崖	黄裕民	黄华[2]
黄世华	黄华[1]	黄维	白薇	黄言情	黄燕清	黄裕祥	黄新波
黄式权	黄式权	黄维特	黄维特	黄炎培	黄炎培	黄毓霖	黄肃秋
黄守诚	归人	黄维英	黄薇	黄炎山	黄景南	黄元琳	黄元琳
黄寿祺	黄寿祺	黄文范	黄文范	黄衍仁	黄芝冈	黄元祥	黄元祥
黄淑仪	庐隐	黄文虎	黄朝传	黄燕清	黄燕清	黄原波	黄原波
黄鼠狼	戴旦	黄文山	黄凌霜	黄药眠	黄药眠	黄源	黄源
黄述寀	黄任恒	黄文生	黄文生	黄耶	何欣	黄远	黄磐玉
黄树辉	巴金	黄文俞	黄文俞	黄叶	端木蕻良	黄远山	黄由来
黄树则	黄树则	黄文庄	黄文宗	黄叶	黄叶流	黄约斋	傅东华
黄栓庆	黄俊耀	黄文宗	黄文宗	黄叶	黄元祥	黄钺	张向天
黄水	顾征南	黄芜茵	葛一虹	黄叶	龙取直	黄云	何湘
黄水沛	黄水沛	黄吾	荒芜	黄叶	张立	黄云	杨荫深
黄水遥	黄水遥	黄五常	黄福林	黄叶流	黄叶流	黄云端	黄吉安
黄四	夏衍	黄舞莺	葛一虹	黄叶翁	宣古愚	黄云谷	黄景南
黄似	夏衍	黄羲之	黄病佛	黄一帆	戴旦	黄云眉	黄云眉
黄松岩	周黎庵	黄习之	黄朝传	黄一絮	黄旭	黄耘	范山
黄宋	马彦祥	黄贤俊	黄贤俊	黄衣青	黄衣青	黄耘	黄耘
黄颂	黄九如	黄贤峻	黄贤俊	黄移	孟宪仁	黄耘农	黄耘农

黄运甓	黄侃	黄祖汉	黄祖汉	会西	叶永蓁	慧奇	张慧奇
黄栽培	黄栽培	黄祖训	黄耘	讳翰	李供林	慧僧	褚辅成
黄再青	黄旭	黄祖耀	黄苗子	晦	唐弢	慧僧	钱公来
黄再生	黄敬斋	黄尊生	黄尊生	晦	杨晦	慧僧	张慧僧
黄赞钧	黄赞钧	黄佐临	黄佐临	晦庵	李中一	慧僧	张素
黄则修	黄则修	黄作霖	黄佐临	晦庵	唐弢	慧深	李葆
黄曾九	黄励	徨雁	赵寻	晦庵和尚	巴人	慧树	李叔同
黄彰	白薇	煌言	张西曼	晦晨	杨刚	慧文	李景慈
黄肇元	黄洛峰	篁村刘克明	刘克明	晦室	张白山	慧心	何公超
黄真村	马宁	篁村生	刘克明	晦堂	王葆心	慧修	杨晦
黄轸	黄兴	簧子	侯秉熙	晦闻	黄节	慧雪	高天梅
黄振椿	马宁	【huǎng】		晦翁	黄节	慧云	高天梅
黄振球	黄振球	晃甫	秦毓鎏	晦翁	章钰	慧中	彭慧
黄振武	黄异	【huī】		晦渔	蔡夷白	慧子	高天梅
黄振彝	黄振彝	灰	赖和	晦之	杜伯奎	慧子	李惠芬
黄震	黄维特	灰马	灰马	晦之	李健章	蕙	茅盾
黄震村	马宁	灰因	林徽因	晦	陈学昭	蕙芬	张汉英
黄震汉	黄伯飞	挥叔	赵式铭	惠	茅盾	蕙风	况周颐
黄震遐	黄震遐	挥孙	张素	惠风	张汉英	蕙湖	梁鼎芬
黄征夫	黄征夫	恢畲	吕亮耕	惠风词隐	况周颐	蕙苓	林基路
黄正品	黄爱[1]	恢吾	蒋藩	惠和	廉泉	蕙卿	夏曾佑
黄之六	黄寿祺	恢绪	欧阳恢绪	惠君	马彦祥	蕙如	吕惠如
黄芝冈	黄芝冈	恢之	吴晗	惠留芳	惠留芳	蕙荪	胡惠生
黄芝岗	黄芝冈	晖室主人	胡适	惠留芳女士	惠留芳	蕙荪	刘蕙荪
黄芝明	碧野	辉英	李辉英	惠敏	废名	蕙萱	单演义
黄止萍	黄爱[2]	徽凤	张涤华	惠卿	廉泉	蕙漪	陈乃文
黄志堃	艾明之	徽徽	林徽因	惠清	廉泉	蕙漪女士	陈乃文
黄质	黄宾虹	徽徽	文怀朗	惠人	吴恩裕	蕙云	高天梅
黄中	黄中	【huí】		惠如	吕惠如	蕙芷	田井卉
黄中黄	章士钊	回春	徐懋庸	惠僧	包惠僧	【hún】	
黄钟	黄伯飞	回风	冯开	惠生	褚辅成	浑然	钱玄同
黄钟	朱西宁	回风亭长	冯开	惠生	吴越	魂玉	公木
黄钟杰	黄天石	回也	金祖同	惠天	惠天	【huō】	
黄仲琮	黄仲琮	【huǐ】		惠衣	张任政	豁庵居士	庄先识
黄仲琮	羊令野	悔存	李素伯	惠之	常燕生	豁公	刘豁公
黄仲良	黄祖汉	悔道人	况周颐	惠之	钱君匋	豁然	庄先识
黄仲苏	黄仲苏	悔晦	吴恭亨	翙廷	曹凤仪	豁翁	庄先识
黄仲弢	黄冷观	悔庐	金仲荪	湏羽	丁景垚	【huǒ】	
黄周	黄周	悔名生	周定山	慧厂（ān）	梁启超	火	丁凤
黄祝葉	黄祝葉	悔深	李葆	慧禅	姜可生	火传薪	范启新
黄子布	夏衍	悔生	夏孙桐	慧成	黄慧成	火蒂士	马壬寅
黄子亭	黄云眉	悔生	徐世阶	慧成	钟吉宇	火禾生	郭秋生
黄子通	黄子通	悔也	潘漠华	慧幢	李叔同	火花	萧楚女
黄子文	黄子祥	悔余生	吴庆坻	慧的	孙观汉	火箭	梁彦
黄子祥	黄子祥	毁病	王探	慧镫	李叔同	火流	吴锐
黄子瑜	黄骧	毁堂	巴人	慧范	续范亭	火奴鲁	张海鸥
黄子云	黄纯青	�髯	沙元炳	慧剑	张慧剑	火人	刘燧
黄子珍	黄骧	碔翁	沙元炳	慧炬	姜可生	火山舞客	巴人
黄自愕	黄元琳	【huì】		慧炬	李叔同	火石	张雪伦
黄宗江	黄宗江	卉妍	章其	慧君	王云和	火星	刘御
黄宗林	黄宗林	会2	应修人	慧里	李惠芬	火星	张金燕
黄宗麟	黄宗麟	会5	应修人	慧梅	杨沫	火焉	胡道静

火焱　范启新
火养　麦辛
火页　戴不凡
火子　刘火子
伙女羊　芦甸

【huò】
或人　温梓川
霍槽伐　贺肇弗
霍冲　鲁迅
霍初　阚铎
霍达森　贾植芳
霍非　霍应人
霍继　霍希扬
霍凯　霍世忠
霍露　霍世忠
霍懋卿　霍松林
霍佩心　霍佩心
霍如棠　霍应人
霍世昌　霍世昌
霍世休　霍佩心
霍世忠　霍世忠
霍松林　霍松林
霍亭　蒋锡金
霍希扬　霍希扬
霍溪　郑寿岩
霍香正　王焚
霍延龄　霍松林
霍耀五　霍世昌
霍应人　霍应人
霍兆芳　程秀山
藿道人　朱祖谋
藿生　朱祖谋
藿隐　陈诗
蠖　徐玉诺
蠖公　朱启铃
蠖园　朱启铃

J

【jī】
几庵　毕倚虹
几道　严复
几礼居主人　周明泰
几园　杨锡章
几园老子　杨锡章
击楫　李一氓
鸡肋　顾工
鸡笼生　陈炳煌
鸡鸣　邓实
迹（jī）园　萧公权
积微　杨树达
积微翁　杨树达
积雪　陈蝶衣

积余　徐乃昌
姬旦　曹聚仁
姬蓬　康白珍
姬瑞　孙举璜
姬玉　周璧
基达　倪海曙
基相　彭基相
绩（jī）溪问渔女史　邵振华
嵇南　郭基南
缉斋　汪敬熙
缉之　周学熙
畸田　方牧
激冰　朱之凌
激烈派第一人　刘师培
羁瀛　陈纪滢

【jí】
及锋　鲁迅
及人　汝龙
伋安　曾广钧
伋庵　曾广钧
伋瘘　陈去病
伋倩　陈去病
吉　周黎庵
吉安　蒋吟秋
吉卜西　茅盾
吉成　赵树理
吉峰　马吉风
吉父（fǔ）　冀汸
吉甫　朱希祖
吉罡　关吉罡
吉光　周木斋
吉洪　沈凤威
吉金　丁翔华
吉乐　王汉章
吉力　周黎庵
吉灵　孔另境
吉目　李叔同
吉人　吕荧
吉人　彭师勤
吉人　于赓虞
吉生　沈泽民
吉实　吉学沛
吉士　巴人
吉体来　陈辽
吉体来　李进
吉悌　王传洪
吉田晋　梁启超
吉星　欧阳山
吉星　万正
吉学沛　吉学沛
吉学霈　吉学沛
吉鱼　唐鸣时

吉玉　周璧
吉预兆　吉学沛
吉云　田芜
吉章　牟少玉
汲楼　陈去病
汲沐　白桦
汲清　陈去病
极乐　巴金
即鲁迅　鲁迅
即仁　李叔同
舣盦　曾广钧
舣公　向楚
舣伋　曾广钧
疾仇　周明
疾风　蔡竹屏
疾风　王平陵
疾风　张雪伦
疾流　戴英浪
疾去　巴人
疾首　巴人
疾雪　张闻天
疾言　吕沁
疾雨　金祖同
棘戈　刘燕及
棘果　刘燕及
棘心　黄崖
戟庵　侯学愈
戟盦　侯学愈
戟翁　乔大庄
集风　放平
集文　苗培时
蒺藜　沙驼
蒺藜　朱谷怀
蒺藜崔璇　崔璇
楫　王森然
辑五　徐嘉瑞
辑止　费穆
嫉俗　徐碧波
瘠牛　章明
瘠生　张子斋

【jǐ】
纪嚣士　纪果庵
纪乘之　纪泽长
纪国宣　纪果庵
纪果厂（ān）　纪果庵
纪果庵　纪果庵
纪果轩　纪果庵
纪果宣　纪果庵
纪鹏　纪鹏
纪鹏云　纪鹏
纪清俙　柳溪
纪维　纪维周

纪维周　纪维周
纪莹　柳溪
纪庸　纪果庵
纪云龙　纪云龙
纪泽长　纪泽长
戢　柳鞭
戢传　程崇信
戢寒　彭作雨
戢子　柳鞭

【jì】
计全　谭计全
计中原　汤雪华
纪常　万以增
纪淙　沈寄踪
纪凤城　鲍昌
纪刚　纪刚
纪宏春　左琴岚
纪佬　谢冰莹
纪林　许俊明
纪零　林舒谦
纪普　孙犁
纪青山　袁鹰
纪清修　高君宇
纪清秀　高君宇
纪群　任耕
纪日　程灼如
纪申　李济生
纪维竹　纪叶
纪闻　宋振庭
纪弦　纪弦
纪萱　葛一虹
纪玄冰　赵纪彬
纪绚　柳溪
纪烟　伍禾
纪阳　蒋虹丁
纪叶　纪叶
纪一笑　张藜
纪英才　鲁丁[1]
纪滢　陈纪滢
纪之　成弦
纪中　张棣赓
芨郎　邓寄芳
际安　管义华
际坰　潘际坰
际云　江应龙
季　梁实秋
季　潘漠华
季蔼　沈厚如
季尘　胡寄尘
季春丹　力扬
季纯　许崇熙
季纯　张季纯

季丹	陈独秀	季平	廖季平	季直	张謇	寄沤	王东培
季定	冯定	季平	刘三	季植	王琦	寄萍	江寄萍
季朵	李根红	季樵	胡宗楸	季志仁	季志仁	寄萍	齐白石
季尊	梅寄鹤	季青	常任侠	季子	陈去病	寄萍堂主人	齐白石
季方	何其芳	季泉	林廷玉	季子	黄侃	寄勤闲室主人	黄侃
季芳	刘海粟	季仁	胡寄尘	季子	江季子	寄秋	胡零
季菲	李华飞	季孺	罗惇曧	季子	王季愚	寄实	田一文
季风	何其芳	季蕤	沈从文	季子	张謇	寄天	蔡丹冶
季风	季风	季上	许季上	季子韦	季镇淮	寄芜	童行白
季疯	季风	季申	唐祖培	济	耿济之	寄闲	周今觉
季风	周璧	季生	杨季生	济安	吴承仕	寄星	张汉
季市（fú）	许寿裳	季石	纪鹏	济苍	汤济苍	寄玄	安危
季黹	禾波	季石	孙培均	济澂	严既澂	寄遥	王继尧
季芾（fú）	许寿裳	季守仁	吴郎	济川	袁同兴	寄野	李霁野
季苬	许寿裳	季叔	孙席珍	济涵	史济行	寄因	黄声
季黻	许寿裳	季述	张謇	济华	戴文葆	寄园	陈启天
季甫	罗元贞	季思	王季思	济庐	白蕉	寄园	程乃猷
季复	易大厂	季陶	戴季陶	济庐复生	白蕉	寄园齐伯子	齐白石
季馥	易大厂	季特	唐圭璋	济群	施济群	寄云	王小隐
季刚	黄侃	季同	张岱年	济渭	董鼎山	寄踪	沈寄踪
季工	郑公盾	季威	田流[1]	济行	史济行	寂寞程生	程演生
季谷	李宗武	季薇	季薇	济阳破衲	丁福保	寂秋	寒爵
季汉卿	力扬	季维	纪维周	济之	耿济之	寂园	陈寂
季红	季红	季文	冯其庸	既白	王克浪	寂照寺邻人	钱君匋
季红木	丰村	季文	米斗	既澂	严既澂	霁安	管义华
季鸿	张冥飞	季遐	朱企霞	既激	金性尧	霁庵	管义华
季黄	桑弧	季羡林	季羡林	既舒	梁实秋	霁华	刘尊棋
季纪	简朝亮	季艻	王葆心	继长	万以增	霁野	李霁野
季洁	季洁	季香	王葆心	继常	万以增	稷	林如稷
季晋卿	邹韬奋	季辛	汪精卫	继昶	李升如	髻光	李叔同
季康	黄侃	季新	汪精卫	继潮	徐吾行	髻明	李叔同
季康	杨绛	季信	力扬	继纯	何光年	髻目	李叔同
季来之	季镇淮	季星	刘麟	继纯	欧阳文彬	髻庆	李叔同
季朗煊	季茂之	季雄	梁启雄	继纯	张锡俦	髻严	李叔同
季立	邓拓	季修甫	季修甫	继达	徐谦夫	髻音	李叔同
季立	杨纤如	季恂	汪精卫	继仁	朱沃	冀达斋主	牙含章
季良	杨铁夫	季训	潘漠华	继周	陈国柱	冀鼎	黄文范
季梁	石军	季垫	杨荣国	悌子	朱绪	冀仿	冀汸
季林	李辉英	季野	李霁野	寄安	汪东	冀访	冀汸
季林戈	季茂之	季英	刘大绅	寄庵	汪东	冀纺	冀汸
季林生	季茂之	季缨	刘大绅	寄尘	胡寄尘	冀夫	张常海
季琳	柯灵	季瑜	于寄愚	寄尘	潘达微	冀民	石曼
季凌唐	李班	季愚	王季愚	寄尘	徐自华	冀群一	韶华
季陵	卞之琳	季愚	于伶	寄尘氏	徐自华	冀翁	卢冀野
季龙	徐谦	季雨	邓尔雅	寄痴	张汉	冀吾	王天恨
季茂之	季茂之	季玉	冈夫	寄愤生	洪栋园	冀野	卢冀野
季眉	蒋天佐	季豫	余嘉锡	寄谷	吴组缃	檵庵	刘世珩
季孟	师陀	季爱	张大千	寄鹤	梅寄鹤	骥	唐纳
季民	潘漠华	季蝘	张大千	寄幻仙奴	齐白石	【jiā】	
季明	潘漠华	季月春	力扬	寄民	张汉	加	谢加因
季念祖	季修甫	季之华	邹韬奋	寄奴	沐绍良	加答儿	左林
季平	达世骥	季芝	刘世珩	寄沤	潘景郑	加果	孙遏龄

加里	加里	嘉父（fǔ）	樊樊山	【jià】		简敬	陆明桓
加索	高加索	嘉甫	樊樊山	驾吾	王焕镳	简庐	郭永榕
加煊	朱鹏	嘉桂	郭风	稼敏	齐速	简茫	郭永榕
加因	谢加因	嘉禾	伏嘉谟	稼人	宋志立	简企之	荒芜
夹鼻先生	白蕉	嘉华	袁家骅	稼如	吴庆坻	简企之	朱葆光
夹人	李夹人	嘉陵	田汉	稼轩	柳亚子	简壤	徐光霄
佳	李宗武	嘉陵	叶嘉莹	【jiān】		简柔	张中晓
佳处亭客	梁鼎芬	嘉木	路翎	尖斌	许大文	简望	耿庸
佳禾	沙金	嘉南	古承铄	尖头	侯秉熙	简文	巴人
佳金	谢觉哉	嘉生	彭康	坚	李岳南	简吴新	简吴新
佳士	程天放	嘉生	章乃器	坚白	石煤	简夷之	舒芜
佳天	高旅	嘉树	丁嘉树	坚白	赵炜如	简永贞	简又文
迦陵	孟超	嘉树	周文	坚固	李叔同	简又文	简又文
迦陵	叶嘉莹	嘉向	宋元模	坚铠	李叔同	简驭繁	简又文
迦陵	周麟书	嘉音	黄嘉音	坚孟	章钰	简云	张子斋
迦陵生嘉林	周麟书	嘉有	李猷	坚梦	章钰	简韫	耿庸
迦陵周麟书	周麟书	嘉鱼	钟吉宇	坚如	毕磊	简斋	吴承仕
迦身	胡天月	戛剑生	鲁迅	坚若	郭铁	简斋	徐凌霄
迦特	诸宗元	【jiǎ】		坚石	巴人	简朝亮	
迦叶	包天笑	甲辰	沈从文	坚矢	弓文才	简竹居	吴承仕
迦叶	俞逸芬	甲人	宋文	坚卫	董鼎山	緅斋	翦伯赞
家璧	赵家璧	甲土	赵树理	坚辛	陶剑心	翦淞阁主	潘飞声
家干	鲁迅	甲乙木	吴云心	间	田间	翦象时	翦伯赞
家禾	郑学稼	贾村	苗秀	肩阔	李金发	蹇翁	陆丹林
家煌	彭家煌	贾鲂	于承武	监亭	苏眇公	蹇先艾	蹇先艾
家杰	陈家杰	贾霁	贾霁	兼葭楼主	黄节	蹇萧然	蹇先艾
家畔	延泽民	贾景德	贾景德	兼生	黄凌霜	蹇斋	徐一士
家声	吴树声	贾究真	周骥良	兼士	梁启超	【jiàn】	
家庭之罪人	汪精卫	贾克	贾克	兼士	沈兼士	见晴	李建庆
家香	宋元模	贾丽南	贾午	缄可	金山	见山	祝见山
家欣	赵家欣	贾陵	朱健	缄堂	何为[1]	见石	费砚
家楘	程灼如	贾明	郭光	缄斋	夏敬观	见素	张申府
家雁	李嘉言	贾佩卿	贾恩绂	笺三	王统照	见心	陶剑心
家因	谢加因	贾泉河	贾泉河	笺孙	金兆蕃	见心	谢觉哉
家械	王家械	贾生	吴云心	臤士	沈兼士	见斋	秦锡圭
家钺	易君左	贾索	高加索	【jiǎn】		建才	夏艺圃
家珍	张叶舟	贾韬园	贾景德	茧庐	孙克宽	建承	夏敬观
笳尔	林葆菁	贾午	贾午	茧庐	杨天骥	建持	沈曾植
笳声	胡天月	贾彦	李嘉言	茧翁	程小青	建汾	李润湖
笳啸	徐杰	贾艺光	贾克	茧斋	吴承仕	建功	魏建功
笳音	魏中天	贾亦棣	贾亦棣	俭叔	欧阳俭叔	建宏	张实中
葭谷	李俊民	贾尹耕	罗常培	检泪词人	蔡哲夫	建华	冯自由
葭灰	李俊民	贾用	田青	检斋	吴承仕	建南	楼适夷
葭水	何葭水	贾有福	贾植芳	减之	王亚平	建人	周建人
葭外	陈树人	贾渔	于承武	简庵	王易	建一	伍纯武
葭外渔夫	陈树人	贾煜如	贾景德	简朝亮	简朝亮	建中	黄爱[1]
葭外渔子	陈树人	贾兆明	徐调孚	简范	郭永榕	剑	高剑父
嘉	杨嘉	贾芝	贾芝	简范	胡康新	剑	金剑啸
嘉宾	霍世昌	贾植芳	贾植芳	简荷生	简荷生	剑	王统照
嘉淳	劳辛	贾植芝	贾芝	简宦	易大厂	剑冰	孙剑冰
嘉村	骆子珊	贾志开	贾克	简焕然	简吴新	剑波	卢剑波
嘉德	黄嘉德	榎木森	康有为	简季纪	简朝亮	剑丞	夏敬观

剑俦	欧阳俭叔	剑双	沈剑霜	溅	峻青	江凡	刘岚山
剑窗	欧陈剑窗	剑霜	沈剑霜	溅	张立	江风	白得易
剑胆	剑胆	剑叟	梁鼎芬	溅波	雷溅波	江风	江风
剑胆	杨奔[2]	剑亭	许宝亭	鉴丞	夏敬观	江风	蒋风
剑胆箫心	姜可生	剑吾	吕白华	鉴恒	纳训	江风	韦晕
剑道人	潘飞声	剑先	王统照	鉴秋	赵蔚青	江风	冼宁
剑飞	周光斗	剑啸	杜颖陶	鉴人	鉴人	江风	杨琦
剑峰	朱剑锋	剑啸	金剑啸	鉴先	王统照	江枫	蒋风
剑父	高剑父	剑心	陶剑心	鉴尧	李鉴尧	江枫	王火
剑公	高天梅	剑心	徐兆玮	鉴莹	杨云史	江枫	夏衍
剑光	田剑光	剑心	朱剑心	鉴余	秦兆阳	江峰	白得易
剑寒	陆澹安	剑星	杜天赐	鉴之	王统照	江峰	曹雪松
剑寒	陶铸[1]	剑雄	饶友瑚	【jiāng】		江峰	蒋风
剑痕	廖鉴衡	剑吟	陈芜[2]	江	林枳敢	江国宝	江应龙
剑虹	陈陶遗	剑英	钱剑英	江	茅盾	江国瑞	江应龙
剑侯	沈玄庐	剑羽	陈芜[2]	江	杨贤江	江浩	陈白尘
剑侯	殷砺	剑云周剑云	周剑云	江安傅增湘沅叔		江浩	江浩
剑侯	袁圻	剑周	周楞伽		傅增湘	江河	林焕平
剑湖渔夫	杨亚宁	健	李健吾	江宝珩	江侠庵	江恒源	江恒源
剑花	连横	健	杨钟健	江宝衍	江侠庵	江弘基	江弘基
剑花生	连横	健安	尚钺	江北米	伍禾	江红蕉	江红蕉
剑华	俞剑华[1]	健庵	沙元炳	江弼	欧阳弼	江虹	左笑鸿
剑华	俞剑华[2]	健庵	尚钺	江斌	姚江滨	江洪水	江亢虎
剑华	张我军	健笔	于立群	江冰	姚江滨	江鸿勋	汪铭竹
剑魂	陈万里	健碧斑红馆主	韦兰史	江补斋	江恒源	江湖	戴望舒
剑魂	钱润瑷	健风	郭小川	江布	伊明	江湖客	张赣萍
剑魂	宣侠父	健风	萧剑峰	江裁	张次溪	江华	陈企霞
剑君	王统照	健锋	巴人	江潮	林如稷	江际云	江应龙
剑岚	吴剑岚	健夫	陈道谟	江城	袁鹰	江季子	江季子
剑林	王希坚	健夫	杨贤江	江澄	吴调公	江寄萍	江寄萍
剑灵	周桂笙	健攻	魏建功	江春	瞿蜕园	江家为	江如椿
剑庐	陈仲陶	健国	高崇民	江春	周作人	江兼霞	潘子农
剑庐	高剑父	健驹	伍棠棣	江村	江村	江兼霞	施蛰存
剑庐	周贻白	健翎	马健翎	江村	江应龙	江兼霞	苏汶
剑芒	朱剑芒	健翎	周熙	江达臣	江树峰	江渐离	蒋炳勋
剑铓	朱剑芒	健庐	周开庆	江大伟	江应龙	江介散人	田桐
剑鸣	汪剑鸣	健孟	周建人	江大卫	江应龙	江近思	戴望舒
剑魔	普梅夫	健尼	高云览	江德奎	江天蔚	江静斋	江应龙
剑弩	沐绍良	健青	李定夷	江德清	荻青	江镜心	江红蕉
剑气凌云楼主	周剑云	健卿	李定夷	江荻	谷斯范	江九	胡念贻
剑嵚	李定夷	健人	侯健	江东	杨云史	江九明	范泉
剑青	李建庆	健人	林景仁	江东阿斗	张一麐	江觉民	江岳浪
剑卿	李存明	健人	叶青	江东遁飞	吴梅[1]	江军	胡沙
剑秋	黄太玄	健硕	金剑啸	江东步兵	张睿	江康瓠	江亢虎
剑秋	鲁特	健吾	李健吾	江东老虬	李中一	江亢庐	江亢虎
剑秋	孙剑秋	健先	王统照	江东老虬	俞剑华[2]	江抗斧	江亢虎
剑秋	姚时晓	健行	胡康新	江东流	孙旗	江可澄	叶青
剑人	张靖	涧丹	邓燕林	江东尊隐	龚炳孙	江冷	蒋风
剑三	王统照	渐	欧阳渐	江都贡少芹	贡少芹	江冷	吴江冷
剑石	费砚	渐庵	沈恩孚	江帆	江帆	江离	张子斋
剑士	高剑父	渐盦	沈恩孚	江帆	孙跃冬	江蓠	张白山
剑士	潘飞声	践卓翁	林纾	江凡	江帆		

江篱	陈星野	江绍铨	江亢虎	江翊云	江庸	姜亮夫	姜亮夫
江力员	朱寨	江绍原	江绍原	江翼云	江庸	姜烈	张子斋
江林	林遐	江声	杨德豫	江应龙	江应龙	姜灵非	姜灵非
江霖	夏霖	江石江	江石江	江英豪	江应龙	姜陵	田流[2]
江灵	屈楚	江世伯	江树峰	江英伟	江应龙	姜龙昭	姜龙昭
江灵根	江应龙	江寿南	江汛	江渶	荻青	姜仑	姜可生
江流	汪文风	江授南	江汛	江鹰	杨琦	姜缦郎	姜运开
江流	张竞生	江树	陈根泉	江庸	江庸	姜梦蟾	姜东舒
江流	钟理和	江树峰	江树峰	江雨	姜澍川	姜飘叶	姜飘叶
江马	张慧剑	江水	姜椿芳	江雨	吴三连	姜平	孙兰
江沐	李连庆	江水	袁鹰	江月	尉素秋	姜平	章叶频
江牧岳	江牧岳	江水碧	张瑞麟	江岳浪	江岳浪	姜泣群	姜侠魂
江穆	江穆	江水词人	白蕉	江越	高君宇	姜书阁	姜书阁
江南	蒋元椿	江水涣	欧外鸥	江云根	江应龙	姜叔明	姜忠奎
江南本无居士	萧蜕安	江水天	丁景唐	江蕴鑪	江村	姜澍川	姜澍川
江南布衣	张恨水	江水心	林遐	江蕴斋	江恒源	姜太公	文怀朗
江南快剑	高天梅	江思	戴望舒	江肇基	江肇基	姜天铎	姜天铎
江南刘三	刘三	江思	施蛰存	江之歌	张惠良	姜添	夏衍
江南贫侠	徐悲鸿	江松	倪江松	江质轩	江肖	姜韦华斋	姜忠奎
江南少年	李抱青	江颂九	江汛	江中一	陈同生	姜文渊	姜书阁
江南秀	陈石安	江溯	唐登岷	江州司马	墨人	姜侠魂	姜侠魂
江南烟雨客	孙玉声	江涛	高鲁	江渚	叶德浴	姜信暄	姜伯彰
江南一布衣	郁达夫	江天	江应龙	江铸	江红蕉	姜星烂	姜忠奎
江鸟	傅洁霞	江天	杨贤江	江庄	吴越	姜醒民	陈隍
江鸟	高鲁	江天	张春桥	江子萍	郑江萍	姜选之	姜东舒
江鸥	姜椿芳	江天漠	曹辛之	江子扬	蔡力行	姜牙子	黎丁
江耦	郭沫若	江天水	丁景唐	江仔	郑江萍	姜衍	李民
江飘	黄贤俊	江天蔚	江天蔚	江左白蕉	白蕉	姜衍	田流[2]
江平	曹从坡	江万里	江应龙	江左一丁	丁芒	姜一	秦似
江平	姚江滨	江文生	戴望舒	将离	唐弢	姜一萍	章叶频
江萍	赵树理	江问渔	江恒源	将庐	甘鹏云	姜寅清	姜亮夫
江萍	郑江萍	江汶	黄永玉	将去客	马一浮	姜永晋	姜东舒
江浦	李啸仓	江无文	江亢虎	姜彬	姜彬	姜永俊	姜东舒
江潜庐	江应龙	江五星	江天蔚	姜伯彰	姜伯彰	姜渔	殷参
江侨	陈隍	江侠	江侠	姜超岳	姜超岳	姜园	萧遥天
江桥	姚时晓	江侠庵	江侠庵	姜琛	姜灵非	姜运开	姜运开
江清	吴越	江夏	刘开扬	姜承阳	姜彬	姜蕴	向培良
江趋庭	江庸	江乡	江应龙	姜城北	徐讦	姜忠奎	姜忠奎
江如椿	江如椿	江翔云	江应龙	姜椿芳	姜椿芳	姜钟德	姜钟德
江瑞熙	江瑞熙	江晓天	江晓天	姜戴民	姜戴民	浆之流	栾星
江森	何欣	江肖	江肖	姜德明	姜德明	畺	李辛白
江山	江应龙	江心人	林焕平	姜蠡仙	姜彬	畺庵	傅增湘
江山	李熏风	江新觉	江穆	姜东舒	姜东舒	畺公	张秋虫
江山	明秋水	江星	鲁琪	姜方生	殷参	畺素	李辛白
江山异生	姜超岳	江星明	江浩	姜贵	姜贵	疆邨	朱祖谋
江上冷	朱绛	江杏雨	唐人	姜皓	陈白尘	疆村	朱祖谋
江上青	冒舒湮	江汛	江汛	姜稣	姜稣	【jiǎng】	
江上青	吴廷琯	江堰河	郭澹波	姜宏	姜天铎	讲易	宋育仁
江上秋	丁树南	江洋	金溟若	姜椒山	姜椿芳	蒋百里	蒋百里
江上三郎	李润湖	江一	卢剑波	姜珂	鲁迅	蒋抱玄	蒋箸超
江上仙	葛一虹	江一	杨贤江	姜可生	姜可生	蒋弼	欧阳弼
江尚文	江肖	江逸云	江庸	姜立	张子斋	蒋蔽庐	蒋箸超

蒋秉南	蒋天枢	蒋青嶂	蒋锡金	蒋雪贞	丁玲	焦煤	洪滔
蒋炳勋	蒋炳勋	蒋秋窗	蒋吟秋	蒋雅龙	蒋希曾	焦煤	石煤
蒋伯潜	蒋伯潜	蒋秋庐	蒋吟秋	蒋炎武	蒋炎武	焦明	曹白
蒋伯寅	蒋同超	蒋仁全	蒋彝	蒋野薇	蒋野薇	焦铭新	焦伟真
蒋策	蒋锡金	蒋如恒	蒋光慈	蒋一帆	蒋风	焦木	恽铁樵
蒋超	台静农	蒋儒恒	蒋光慈	蒋祎文	丁玲	焦荣吉	焦荣吉
蒋朝淮	蒋路	蒋瑞藻	蒋瑞藻	蒋彝	蒋彝	焦石	胡炳华
蒋淳	夏衍	蒋若才	蒋天枢	蒋逸霄	蒋逸霄	焦桐	蔡焦桐
蒋达夫	蒋虹丁	蒋山	蒋信	蒋吟秋	蒋吟秋	焦桐	郑之蕃
蒋澹宁	蒋百里	蒋山青	蒋山青	蒋镛	蒋锡金	焦伟真	焦伟真
蒋我伽	艾青	蒋士超	蒋同超	蒋咏沂	蒋希曾	焦毅夫	焦毅夫
蒋藩	蒋藩	蒋寿康	蒋风	蒋元椿	蒋元椿	焦尹孚	焦尹孚
蒋方震	蒋百里	蒋术明	蒋孔阳	蒋谪影	蒋牧良	焦有功	焦敏之
蒋风	蒋风	蒋述亮	蒋孔阳	蒋正涵	艾青	焦雨闻	吴淮生
蒋凤子	蒋凤子	蒋树模	舒模	蒋知游	蒋智由	焦子华	焦菊隐
蒋福传	蒋锡金	蒋树强	舒强	蒋志侠	白艾	鲛人	项德言
蒋复璁	蒋复璁	蒋松泉	蒋希曾	蒋智由	蒋智由	蕉庵	魏元旷
蒋观云	蒋智由	蒋燧伯	蒋燧伯	蒋仲雅	蒋彝	蕉风	周锋
蒋光赤	蒋光慈	蒋天流	蒋风	蒋竹庄	蒋维乔	蕉廊	吴庆坻
蒋光慈	蒋光慈	蒋天枢	蒋天枢	蒋箸超	蒋箸超	蕉麓	罗秀惠
蒋光葵	蒋路	蒋天佐	蒋天佐	蒋箸庐	蒋箸超	蕉衣	冯蕉衣
蒋光祖	蒋燧伯	蒋同超	蒋同超	蒋资川	蒋光慈	【jiǎo】	
蒋海澄	艾青	蒋万里	蒋同超	蒋子旌	蒋箸超	矫福纯	乔浮沉
蒋瀚澄	蒋吟秋	蒋维乔	蒋维乔	蒋祖怡	蒋祖怡	皎川	张承宗
蒋合一	蒋君章	蒋伟	丁玲	【jiàng】		皎霏	杨絮
蒋衡西	蒋同超	蒋玮	丁玲	将军	王研石	脚庵行者	台静农
蒋虹丁	蒋虹丁	蒋炜	丁玲	绛	章太炎	脚编辑	余大雄
蒋洪鼎	蒋虹丁	蒋未唐	蒋复璁	绛秋	林嵩寿	【jiào】	
蒋恢吾	蒋藩	蒋渭水	蒋渭水	绛叔	章太炎	峤	林仙峤
蒋季眉	蒋天佐	蒋慰堂	蒋复璁	绛燕	沈祖棻	校读生	胡风
蒋嘉	柳倩	蒋文高	蒋文杰²	绛燕女士	沈祖棻	校史氏	钱基博
蒋剑侯	蒋剑侯	蒋文翰	胡也频	置邨	朱祖谋	斠玄	陈中凡
蒋鉴章	蒋鉴璋	蒋文杰	蒋文杰¹	酱翁	徐卓呆	【jiē】	
蒋镜寰	蒋吟秋	蒋文杰	蒋文杰²	【jiāo】		棣庵	王钟琴
蒋九成	蒋凤子	蒋西里	蒋光慈	交芦子	太虚	阶青	冯开
蒋君章	蒋君章	蒋西蒙	蒋风	郊叟	周一良	阶青	俞陛云
蒋力扬	蒋风	蒋希曾	蒋希曾	椒芗	何水涂	接舆翁	陆丹林
蒋励良	金凤	蒋希仲	蒋牧良	蛟川庄病骸	庄禹梅	揭哀	揭余生
蒋蓼庵	蒋藩	蒋锡金	蒋锡金	焦宝箴	焦伟真	揭祥麟	揭余生
蒋烈	张子斋	蒋侠僧	蒋光慈	焦长治	焦若愚	揭阳岭樵者	吴沛霖
蒋路	蒋路	蒋侠生	蒋光慈	焦承志	焦菊隐	揭余生	揭余生
蒋美如	蒋复璁	蒋孝风	陈翰伯	焦程之	焦伟真	街头写真师	郭秋生
蒋孟洁	蒋瑞藻	蒋心斋	蒋智由	焦大心	刘燕及	【jié】	
蒋渺凝	舒强	蒋新珉	董辛名	焦风	陈望道	孑厂(ān)	郭则沄
蒋明祺	蒋山青	蒋信	蒋信	焦风	方善境	孑楼	林庚白
蒋铭	蒋晓海	蒋星煜	蒋星煜	焦贯龄	包蕾	孑楼主人	林庚白
蒋牧良	蒋牧良	蒋惺斋	蒋智由	焦居尹	焦菊隐	孑民	蔡元培
蒋慕岳	江牧岳	蒋行	蒋燧伯	焦菊隐	焦菊隐	孑农	蔡元培
蒋旐	唐纳	蒋性裁	蒋智由	焦菊影	焦菊隐	孑农	潘子农
蒋启良	蒋炳贤	蒋性遂	蒋智由	焦举	孙帮达	孑一	马识途
蒋起龙	蒋伯潜	蒋宣恒	蒋光慈	焦亮传	焦菊隐	节庵	梁鼎芬
蒋青林	蒋青林	蒋雪谷	蒋渭水	焦绿衣	焦伟真	节公	唐祖培

劫余	马识途	介父	诸祖耿	今史氏	高旅	金枫	金剑
劫人	李劫人	介侯	秦锡圭	今是	于非闇	金烽	章乃器
劫子	韩燕如	介亮	连啸鸥	今屋奎一	唐人	金凤	金凤
杰夫	陆丹林	介庐先生	高圭	今吾	汪兆铺	金福庭	金江寒
杰克	黄天石	介眉	邓介眉	今希	刘泽湘	金父	顾仲彝
杰克	许杰	介眉	龚尔位	今昔	钱今昔	金甫	杨振声
杰泥	袁水拍	介眉	钱稻孙	今虚	胡今虚	金干	周全平
杰人	方豪	介民	夏焕新	今也	赵明	金戈	郭风
杰仁	弓英德	介圃	谭戒甫	今婴	崔百樾	金戈	郭锦洪
杰生	孙雪泥	介青	楚图南	今醉	沈宗畸	金戈	沙漠
杰西	朱英诞	介泉	潘家洵	金	巴金	金戈	徐铸成
杰西老人	朱英诞	介人	罗铁鹰	金闇伯	金蓉镜	金戈	叶平林
洁	成弦	介人	田曙岚	金闇公	金蓉镜	金哥	金江寒
洁	许觉民	介人	王绍曾	金宝琴	王映霞	金公亮	金少英
洁庵	梁鼎芬	介任	高维藩	金葆光	金体乾	金谷	金达凯
洁尘	曾敏之	介山	卫聚贤	金贝	刘延甫	金光弼	金光弼
洁寸	曾铁忱	介生	胡石予	金冰若	潘芷汀	金光楣	金光楣
洁夫	萧乾	介生	乌一蝶	金秉英	金秉英	金光耀	金小天
洁寒	彭作雨	介石	郑奠	金伯贞	刘大白	金淮生	金武祥
洁华	李桂生	介孙	周作人	金伯桢	刘大白	金国	缪文渭
洁可	夏衍	介亭	田景福	金不换	陈次园	金果	舒塞
洁梅	顾凤城	介图	王寿昌	金不换	金雄白	金海如	丁遥思
洁梅姑娘	顾凤城	介翁	高圭	金才	王尊三	金海燕	金海镇
洁梅女士	顾凤城	介玉	天台山农	金昌杰	金昌杰	金海镇	金海镇
洁民	许觉民	介园	高拜石	金成汝	金问泗	金和岑	金天翮
洁泯	许觉民	介子	高圭	金承	夏敬观	金鹤舫	金天翮
洁明	陈小民	介子	龚骞	金承栽	金剑啸	金鹤望	金天翮
洁畬	董必武	戒	杨子戒	金城	金天翮	金虹	蔡义忠
洁霞	傅洁霞	戒甫	谭戒甫	金赤峰	李熏风	金洪	郭锦洪
洁心	王文漪	芥梅	邓介眉	金处士	金处士	金华	曾文华
洁玉	匡亚明	芥如	杜埃	金纯斌	金汤	金华	杨亚宁
洁之	华田	芥舟	郭秋生	金纯儒	金问泗	金华	张子斋
洁之	钱今昔	芥舟生	郭秋生	金达凯	金达凯	金华岩	金肇野
洁志	黄天戈	芥子	许芥子	金德成	金江寒	金悔庐	金仲苏
桔梗	张子斋	借山翁	齐白石	金德村	金江寒	金惠吾	依藤
捷三	成兆才	借山吟馆主者	齐白石	金德明	金尧如	金或同	陈隄
颉刚	顾颉刚	【jīn】		金德宣	金小天	金纪贤	金纪贤
睫庵	裴景福	今	孔另境	金隄	金隄	金季子	刘延陵
睫闇	裴景福	今传是楼主人	王揖唐	金堤	金隄	金戈	白夜
樨西	朱英诞	今村长藏	黄兴	金蒂	金江寒	金笈	钱健吾
樨西老人	朱英诞	今甫	王世颖	金甸臣	金蓉镜	金缄可	金山
樨西朱荏涧	朱英诞	今甫	杨振声	金殿丞	金蓉镜	金镶孙	金兆蕃
羯蒙老人	罗惇曧	今觉	周今觉	金丁	鲁丁[2]	金剑	金剑
【jiě】		今可	曾今可	金丁	汪金丁	金剑啸	金剑啸
解缚	李叔同	今明	励行健	金鼎元	金蓉镜	金健硕	金剑啸
解清	黎辛	今秋	柳溪	金东庐	金梁	金鉴	刘群
解人	曾觉之	今秋	宣侠父	金东斋	金天翮	金鉴	铁抗
解脱	李叔同	今人	石光	金斗节仔	张垣	金箭	铁抗
解味道人	周汝昌	今睿	蔡友梅	金盾	周思义	金江	金江
【jiè】		今身	孙延庚	金发	李金发	金江寒	金江寒
介凡	王森然	今生	孙克宽	金帆	金帆	金津	邵全建
介夫	谭戒甫	今圣叹	程靖宇	金风	范秉彝	金近	金近

金经昌	金石声	金人	金人	金万义	金展	金岳	周了因
金晶	欧阳文彬	金人	罗念生	金维新	金维新	金枣	张垣
金竞木	陶敬之	金刃	炼虹	金文	许钦文	金则仁	金武祥
金静初	金庆章	金蓉镜	金蓉镜	金问泗	金问泗	金展	金展
金军	金军	金如	陈中宣	金武祥	金武祥	金展之	金展
金凯荷	曾今可	金如墨	包蕾	金希侯	金梁	金兆蕃	金兆蕃
金侃	金尧如	金如霆	金如霆	金息侯	金梁	金兆楳	金仲荪
金克木	金克木	金汝盛	金近	金烯民	金雄白	金兆梓	金兆梓
金铿	程小青	金瑞本	金瑞本	金锡包	蒋锡金	金肇野	金肇野
金莱	金纪贤	金飒	金重	金锡侯	金梁	金贞	邵全建
金雷	范泉	金三	楼适夷	金掀	徐君勋	金真	曾岛
金礼生	金礼生	金伞	苏金伞	金咸	郭秉箴	金振汉	金江
金力	彭阜民	金沙	成幼殊	金香岩	金蓉镜	金正	刘延陵
金立因	钱玄同	金沙	金重	金小肃	金梁	金枝	魏金枝
金梁	金梁	金沙	苏民生	金小天	金小天	金枝芒	金枝芒
金林	荆有麟	金山	金山	金晓同	金祖同	金知温	金近
金陵	王楠	金闪	金汤	金燮	范泉	金止默	金克木
金陵	冼宁	金少甫	刘师培	金心	王淑明	金志超	金溟若
金陵	谢振东	金少英	金少英	金心	于逢	金中	金中
金溜	陶敬之	金莘甫	金蓉镜	金欣	金欣	金仲荪	金仲荪
金卢	章际翔	金生	陈云	金杏枝	冯玉奇	金仲芸	金仲芸
金洛华	金江	金声	蔡振扬	金性尧	金性尧	金仲芸女士	金仲芸
金马	丁嘉树	金石	李岳南	金雄白	金雄白	金重	金重
金马	吕志伊	金石声	金石声	金锈龙	钟惦棐	金重	钟绍锟
金马	杨唤	金仕唐	钱仁康	金学成	金学成	金子	丁景唐
金满成	金满成	金寿孙	金祖同	金学范	金蓉镜	金子	炼虹
金矛	金性尧	金莪乡	金武祥	金学铁	金学铁	金子敦	金兆梓
金懋基	金天翮	金树	金燮	金焰	钱健吾	金子仙	胡愈之
金孟星	穆欣	金松	金松	金燕	金翼谋	金紫光	金紫光
金梦尘	金剑啸	金松岑	金天翮	金燕	张金燕	金自立	叶青
金梦良	金光弻	金松琴	金天翮	金阳	骆宾基	金祖同	金祖同
金名	王梅定	金素秋	金素秋	金敩	骆宾基	津门	黑尼
金明	司马桑敦	金粟	钟敬文	金尧如	金尧如	津秋	田涛
金溟若	金溟若	金粟香	金武祥	金昌郁	范泉	矜人	王克范
金木生	张子斋	金锁	王映霞	金药梦	金兆蕃	襟霞	平襟亚
金木水	穆欣	金汤	金汤	金也伟	邓拓	襟霞阁主人	平襟亚
金尼	罗飞	金陶庐	金武祥	金一	金天翮	襟霞阁主人	
金宁	黄树则	金体乾	金体乾	金翼谋	金翼谋		平江不肖生
金诺	离石	金天放	金天翮	金音	马寻	襟亚	平襟亚
金瓯	赵戎	金天翮	金天翮	金庸	金庸	襟亚阁主人	平襟亚
金培之	金剑啸	金天羽	金天翮	金咏霓	端木蕻良	**【jǐn】**	
金其名	金其名	金铁皆鸣	铁抗	金咏微	端木蕻良	堇茨	李景慈
金钱	田汉	金童	贺宜	金鱼	张志民	堇父	胡殳
金潜庵	金蓉镜	金童	俞百巍	金宇珏	冯玉奇	堇午	黄兴
金潜父	金蓉镜	金童	赵乃心	金羽	柯原	锦河	王秋莹
金潜庐	金蓉镜	金土吴	金土	金羽	骆宾基	锦江	王诗琅
金桥	柔石	金屯	傅钝根	金羽衣	骆宾基	锦连	锦连
金且同	金祖同	金苊厂（ān）	金兆梓	金玉海	金剑	锦铃	胡道静
金庆栎	刘大白	金苊盦	金兆梓	金玉奴	陈如旧	锦蛮	段可情
金庆云	金学成	金苊斋	金兆梓	金钰成	金中	锦明	黎锦明
金庆章	金庆章	金拓	拓哥	金毓桐	金肇野	锦荣	段克兴
金人	曹清	金娃	符号	金源	缪金源	锦三	赵谨三

锦珊	赵谨三	靳志	靳仲云	精卫	梁鼎芬	景瞻	周宗泽
锦堂	张执一	靳仲云	靳仲云	精卫	汪精卫	景郑	潘景郑
锦心女史	刘大白	缙云老人	太虚	精武老铁	陈绍枚	景郑倚声	潘景郑
锦心女士	刘大白	缙云老叟	楼邨	鲸	陈华[2]	徽庐	孙世伟
锦轩	胡秋原	觐庄	梅光迪	【jǐng】		徽仁	孙世伟
锦轩	叶秋原	【jīng】		井柏	王俊伯	憬	程仰之
锦直	邓友梅	京岑	吴岩	井底之	穆仁	憬幻生	李定夷
谨三	赵谨三	京华梦翰斋主人		井久计云	郁华	憬吾	潘达微
廑父	许廑父		江树峰	井上	章克标	憬吾	汪兆铺
廑吾	黄兴	京口招隐寺行脚僧		井延盾	井岩盾	警辰	李振铺
廑午	黄兴		丁传靖	井岩盾	井岩盾	警雷	赵雅博
【jìn】		京平	端木蕻良	井羊	林珏	警梦痴仙	孙玉声
仅	田仲济	京兆布衣冰川	谷万川	景	陈冷血	警民	郑振铎
仅民	田仲济	经亨颐	经亨颐	景	赵超构	警僧	孙延庚
进努	台静农	经纪拉	三苏	景璠	冒效鲁	警涛	王警涛
进平	林焕平	经农	朱经农	景观	胡愈之	警心	陈景新
进珊	王进珊	经笙	黄畲	景韩	陈冷血	警众	李铎
进思	吴士鉴	经笙	孙延庚	景寒	陈冷血	【jìng】	
进宦	陈直	经石禅	经亨颐	景虹	余晓	净波	孙平
进子	刘后一	经颐渊	经亨颐	景瑚	赖琏	净地	李叔同
近芬	张近芬	经舆	李德群	景卢	郭步陶	净三	胡杏芬
近芬女士	张近芬	经子渊	经亨颐	景卯	李嘉言	净沙	巴人
近仁	金人	荆棘	李述尧	景梅久	景梅九	净眼	李叔同
近止	郭继湖	荆棘心	辛未艾	景南	黄景南	净子	覃晓晴
劲草	陈企霞	荆南	林荆南	景秋陆	景耀月	净子	朱英诞
劲草	朱凤蔚	荆坪	端木蕻良	景秋绿	景耀月	竞存	孔昭绶
劲草	朱震华	荆山	胡璞	景蓬	钱润瑷	竞浪	漂青
劲臣	李寿铨	荆山	王景山	景三	韩晓鹰	竞南	何痕
劲风	叶劲风	荆生	周作人	景山	柳亚子	竞平	蔡元培
劲亭	周文	荆溪	潘汉年	景山	王景山	竞生	邓演存
晋	梁启超	荆有林	荆有麟	景埏	凌景埏	竞生	叶夏声
晋城	温晋城	荆有麟	荆有麟	景深	赵景深	竞生	查光佛
晋豪	杨晋豪	荆织芳	荆有麟	景崧	吴景崧	竞生	张竞生
晋军	林遐	荆直	贺敬之	景宋	鲁迅	竞无	欧阳渐
晋陵下工	丁福保	荆中棘	束纫秋	景宋	许广平	竞武	黄兴
晋卿	王树枏	菁	梁山丁	景太昭	景耀月	竞先	林志成
晋生	高亨	菁秋	吴秋	景陶	余家菊	竞优	冯平
晋笙	雷晋笙	菁人	梁山丁	景吾	潘达微	竞之	吴再挺
晋士	罗黑芷	惊百	徐惊百	景吾	汪兆铺	竞凡	陈仁鉴
晋思	罗黑芷	惊秋	殷白	景熹	赵超构	竞容	巴金
晋驼	晋驼	晶明馆主	陶晶孙	景星	周庆云	竞吾	朱镜我
晋侠	郭嗣汾	晶清	陆晶清	景轩	杜天赐	敬	茅盾
晋野	马牧边	晶孙	陶晶孙	景延	王森然	敬	赵树理
晋玉	雷瑨	晶心	佟赋敏	景彦	黄宾虹	敬	周作人
晋宙	戴旦	晶心	赵隆勳	景阳	林珏	敬庵	伍蠡甫
靳革	李正中	晶莹	陈兆璋	景阳	聂守仁	敬盒	伍蠡甫
靳家保	江晓天	竞克	马识途	景耀月	景耀月	敬白	史白
靳尼	刘贤立	竞秋	徐先兆	景逸	王兰馨	敬持老人	金蓉镜
靳起焕	靳起焕	竞生	叶夏声	景玉	丁景唐	敬慈	杨敬慈
靳思杰	金紫光	精进	李叔同	景渊	余慕陶	敬德	思谦
靳蔚民	江晓天	精灵	张金燕	景云	廖沫沙	敬夫	郑振铎
靳以	靳以	精上	梁兆斌	景沄	赵景沄	敬嘉	陈宝琛

敬疆	吴庆坻	静忠	伍崇学	【jiǒng】		居	焦菊隐
敬庐	费穆	静玫	轻轮	絅斋	吴士鉴	居长安	陆丹林
敬群	何鉴琮	静明	黄源	炯炯	钱芥尘	居尔艾提	铁衣甫江
敬容	陈敬容	静农	台静农	炯斋	吴士鉴	居甫	廖辅叔
敬三	王景山	静仁	许世英	炯之	沈从文	居敬	曾觉之
敬士	蒋牧良	静山	陈荻帆	【jiū】		居觉生	居正
敬堂	钱君匋	静山	戴君仁	鸠	张叔耐	居士山人	邓散木
敬亭	王恺	静珊	郑体仁	究竟	李叔同	居谭菲	耶菲
敬文	钟敬文	静生	阮毅成	【jiǔ】		居夷	刘大绅
敬仙	傅无闷	静堂	巴人	九二	周越然	居岳崧	居正
敬轩	吴康	静婉	黄侃	九峰淡士	窦镇	居筠	焦菊隐
敬言	温田丰	静闻	钟敬文	九峰樵叟	张叔通	居正	居正
敬一尊	鲁迅	静闻居士	钟敬文	九峰樵子	张叔通	居之骏	居正
敬英	章叶频	静坞	黄兴	九皋	鲁思	鞠痴	任哲维
敬余	陈墨香	静希	林庚	九寰	羊枣	鞠生	张元济
敬园	陈敬之	静香轩主人	杨守愚	九戒	巴人	鞠愿宗	郑逸梅
敬斋	易君左	静心	焦伟真	九龙	钟肇政	【jú】	
敬之	贺敬之	静轩老人	谢尊五	九穷	余振	局外汉	宋元模
敬之	茅盾	静岩	陈友琴	九曲居士	柔石	菊	焦菊隐
敬之	陶敬之	静也	金展	九一	顾余	菊	寇冰华
敬仲	费行简	静野	杨田农	九一	黄绮	菊痴	曹容
靖华	曹靖华	静因	徐调孚	九一三	周越然	菊痴	杨仲佐
靖农	台静农	静渊	邹韬奋	九云	褚石桥	菊初	邓散木
靖生	孙克宽	静沉	刘静沉	九云	商鸿逵	菊存	徐世昌
靖陶	曹靖陶	静远老人	刘海粟	九芝	饶芝祥	菊华	杨荫深
静	台静农	静斋	何葆仁	九钟老人	吴士鉴	菊华	周毓英
静	向培良	静斋	江应龙	九钟主人	吴士鉴	菊梦	况周颐
静	张静庐	静者	台静农	玖	陈学昭	菊农	瞿世英
静安	孙寰镜	静之	汪静之	玖女士	陈学昭	菊农	王静芝
静安	王国维	静芝	华林	酒痴	周云	菊人	徐世昌
静庵	孙寰镜	静芝	汪静之	酒帝	顾悼秋	菊生	李沧萍
静庵	王国维	静稚	周钧	酒丐	邹弢	菊生	王集丛
静庵寰镜庐主人		静庄	王潜清	酒家	高旅	菊生	张元济
	孙寰镜	静子	覃晓晴	酒泉	袁水拍	菊潭	严文井
静碧	台静农	境无	欧阳渐	【jiù】		菊轩	施菊轩
静波	周楞伽	镜	李汉俊	旧萝	任二北	菊阳	左明
静初	金庆章	镜海	也丽	旧民	曾广钧	菊隐	焦菊隐
静川	吴朗西	镜湖	蒋鉴璋	旧史	黄裳	菊影楼	王西神
静稻泉	郑道传	镜湖内史	邱炜萲	旧闻记者	王芸生	菊子	高恬慧
静芳	向培良	镜寰	蒋吟秋	旧闻记者	郑逸梅	菊子	王森然
静芬	陆诒	镜明	钱润瑗	旧燕	陈莲痕	菊子	朱绪
静观	胡政之	镜前	钱今昔	旧燕	陈树南	橘叟	陈宝琛
静观	柯灵	镜清	李白英	旧燕	张恨水	橘馨	白蕉
静观	李叔同	镜汀	许丙丁	旧友	张恨水	橘隐	陈宝琛
静海	王静海	镜我	朱镜我	疚依	余天遂	【jǔ】	
静侯	赵祖康	镜吾	石凌鹤	疚翁	冒广生	莒明	黎锦明
静后	洪丝丝	镜吾	朱镜我	疚斋	冒广生	莒朋	黎锦明
静华	瞿秋白	镜心	江红蕉	救炎	杨济	矩园	叶恭绰
静江	张静江	镜心	焦伟真	【jū】		【jù】	
静君	钟敬文	镜予	吴有章	尻嘿	沈尹默	巨鳄	王尧民
静林	谷万川			尻默	沈尹默	巨摩	章自
静庐	张静庐			苴芜	罗洛	巨阙	湛卢

笔名	作者	笔名	作者	笔名	作者	笔名	作者
巨生	徐泽霖	觉	谢觉哉	均伦	董均伦	君屏	高树木
巨星	赵戎	觉	徐枕亚	均美	徐君梅	君山	刘思慕
巨虚	季修甫	觉庵	周今觉	均默	梁实秋	君实	常君实
巨缘	陈独秀	觉初	黄旭	均卿	王均卿	君实	陈君实
巨缘	瞿秋白	觉道人	汪兆镛	均荃	黎锦晖	君实	李均实
具足	李叔同	觉方	曹从坡	均吾	邓均吾	君实	周默
炬慧	李叔同	觉非	贺觉非	均耀	雷瑨	君朔	伍光建
钜钰	唐纳	觉非	吴沛霖	君	晓星	君朔	张梓生
剧孟	常任侠	觉峰	张其春	君	颜一烟	君素	谷万川
据梧老人	朱英诞	觉佛	高增	君	郑伯奇	君素	黄绍兰
飓风	谭邦萃	觉夫	傅钝根	君博	戴平万	君匋	钱君匋
聚卿	刘世珩	觉夫	秦牧	君博	范君博	君芜	王云和
聚仁	曹聚仁	觉慧	李叔同	君辰	魏东明	君武	狄君武
聚文	沈圣时	觉旷	袁克文	君雠	朱梁任	君武	马君武
思止	王伯祥	觉民	商展思	君达	黄冷观	君武	许君武
遽如	陈子展	觉民	周浩然	君迪	龚道耕	君武	张成
【juǎn】		觉明	陈小民	君定	高基	君西	姜可生
涓埃	李长之	觉生	居正	君度	梁式	君西	师陀
娟	沉樱	觉叟	颜笏山	君藩	徐君藩	君襄	刘君襄
鹃	鲍雨	觉堂	刘心皇	君黼	龚元凯	君萱	梅益
鹃	周瘦鹃	觉无	王焕镳	君复	姚民哀	君演	王秋湄
蠲叟	马一浮	觉先	丁力	君格	韩德章	君彦	浦武
蠲翁	马一浮	觉先	赖琏	君涵	陈君涵	君彦	萧剑峰
蠲戏老人	马一浮	觉新	潘觉新	君荷	曾今可	君羊	陈仲达
【juàn】		觉玄	陈中凡	君衡	萧公权	君羊	李亚如
卷庵	熊纬书	觉也	徐枕亚	君华	庞北海	君羊	铁抗
卷籁轩主人	黄文生	觉元	陈中凡	君慧	杜君慧	君曜	雷瑨
隽	孔另境	觉圆	陈中凡	君寄	刘修业	君宜	韦君宜
隽初	胡蛮	觉哉	谢觉哉	君寂	王森然	君影	朱英诞
隽人	许世英	觉斋	陈薰南	君剑	傅钝根	君宇	高君宇
隽闻	王林	觉斋	谢觉哉	君健	叶君健	君玉	陈君玉
隽佚	梅英	觉之	曾觉之	君介	高圭	君玉	孔另境
隽之	潘懋元	绝尘	方豪	君玠	马君玠	君远	许君远
倦飞	王芸生	绝景	易大厂	君九	王季烈	君允	朱君允
倦鹤	陈匪石	绝圣	韩麟符	君觉	曹文麟	君直	曹元忠
倦鸿	姜灵非	倔侹子	魏建功	君君	林潜	君左	易君左
倦还	傅钝根	蕨庵	黄祝蕖	君匡	袁殊	钧	叶圣陶
倦翁	傅钝根	爵青	爵青	君里	郑君里	钧初	胡蛮
倦知老人	余肇康	爵廷	高剑父	君曼	刘国钧	钧石	曹钧石
狷	陈涓	爝庭	高剑父	君猛	李君猛	菌	沈从文
狷庵	余嘉锡	攫日	郑天挺	君勉	蔡振扬	筼庐	许君武
狷翁	余嘉锡	【jūn】		君墨	沈尹默	【jùn】	
【jué】		军	苏策	君默	沈尹默	俊伯	孙平天
决明	沙孟海	军笛	苗秀	君谋	蔡天心	俊伯	王俊伯
玦亭	易大厂	军屏	高树木	君木	冯开	俊臣	毛昌杰
珏	林珏	军演	王秋湄	君木	刘思慕	俊民	李俊民
珏庵	寿石工	军右	罗丹	君穆	刘思慕	俊清	汪笑侬
珏盦	寿石工	均	李汉俊	君培	冯至	俊人	陈俊人
珏人	陈友琴	均	叶德均	君平	许广平	俊人	许世英
觉	潘达微	均	郑伯奇	君平	郑伯奇	俊若	潘子康
觉	秦牧	均凡	徐君藩	君评	于赓虞	俊生	朱化雨
觉	太虚	均亮	黎锦明	君莘	章叶频	俊士	朱化雨

俊兮	姜可生	戡天	王昆仑	康人苏	康人苏	柯夫	慕柯夫
俊一	赵其文	【kǎn】		康稔	归人	柯岗	柯岗
俊英	黄燕清	坎	顾学颉	康任愚	柯岗	柯茄	袁可嘉
俊斋	弓英德	坎人	郭沫若	康容	关非蒙	柯炬	李正中
郡望	高阳	坎斋	顾学颉	康参（shēn）	叶康参	柯可	金克木
峻明	李俊民	侃夫	张惠良	康生	徐先兆	柯克	许进
峻青	峻青	侃如	陆侃如	康圣人	康有为	柯蓝	柯蓝
峻山	潘侠风	侃声	程侃声	康树嘉	康白情	柯老人	章士钊
峻贤	李俊贤	莰斋	王秋湄	康嗣群	康嗣群	柯犁	唐伯先
骏	成弦	【kàn】		康苏	金性尧	柯蓼园	柯劭忞
骏公	杨天骥	看云楼	江寄萍	康匋父	易君左	柯灵	柯灵
濬南	林庚白	看云楼主	曹靖陶	康悌露	徐慧棠	柯仑	沙白
		看云楼主人	曹靖陶	康文	李曙光	柯念中	耿庸
K		衎庐	陆侃如	康翁	金性尧	柯萍	鲁思
【kǎ】		阚铎	阚铎	康锡名	康有为	柯琴	葛琴
卡斌	杨孔娴	阚霍初	阚铎	康岩甩	康朗甩	柯群	金如霆
卡达	周心默	阚无冰	阚铎	康岩英	康朗英	柯荣	鲁思
卡尔斯基	叶青	【kāng】		康庸	夏铁肩	柯容庵	柯尧放
卡丰	洪迅涛	康	瞿秋白	康由	许康侯	柯劭忞	柯劭忞
卡妮	何骞	康白	康白	康有钦	康有为	柯叔宝	柯叔宝
卡青卡	巴波	康白情	康白情	康有为	康有为	柯亭词人	蔡嵩云
【kāi】		康白珍	康白珍	康愚庵	康白情	柯维翰	柯仲平
开芳	杨春波	康百度	鲁迅	康郁	鲁迅	柯文溥	柯文溥
开垒	徐开垒	康伯	郑康伯	康庄	李朴园	柯晓沛	耿庸
开明	周作人	康伯度	鲁迅	康濯	康濯	柯岩	柯岩
开平	岳野	康成忠	陆石	康梓纲	康白情	柯衍	包蕾
开渠	刘开渠	康道乐	康道乐	康祖诒	康有为	柯尧放	柯尧放
开时	周建人	康道平	陆石	【kàng】		柯一岑	柯一岑
开泰	胡乔木	康定	程康定	亢德	陶亢德	柯以圻	柯以圻
开脱	徐调孚	康佛	李拙	亢虎	江亢虎	柯游	张楚琨
开先	李开先	康工部	康有为	亢庐	江亢虎	柯原	柯原
开因	夏康农	康国盛	康嗣群	亢明	田汉	柯仲平	柯仲平
开贞	郭沫若	康洪	康白情	亢由	许康侯	柯仲屏	柯仲平
【kǎi】		康侯	许康侯	抗斧	江亢虎	轲夫	柯以圻
凯成	凌景坚	康厚庵	康白情	抗奴	放平	科德	张闻天
凯蒂	程康定	康瓠	江亢虎	抗云	吴侬	科列夫	巴人
凯蓝	俞昭明	康既激	金性尧	【kǎo】		科学怪人	杨光洁
凯勒	陈嬗忱	康健	蔡力行	考诚	蒂克	【kě】	
凯明	周作人	康居	徐珂	考绍绪	蒂克	可	戴不凡
垲明	周作人	康驹	康人苏	玫园	李腾岳	可	林山
恺良	李恺良	康抗	耿庸	【kē】		可夺	李金发
恺明	周作人	康朗甩	康朗甩	珂雪	包玉珂	可飞	饶彰风
恺然	平江不肖生	康朗英	康朗英	珂雪	胡珂雪	可非	李又华
恺熙	章克标	康了斋	师陀	珂云	邓珂云	可桴	裴廷梁
恺之	臧恺之	康龙	魏建功	柯岑	谢觐虞	可公	喻的痴
恺之	张白怀	康敏	周钢鸣	柯大	柯大	可阶	郭象升
慨忱	严既澂	康明德	牙含章	柯大经	柯尧放	可九	应修人
楷林	叶圣陶	康明璋	康白情	柯狄	钟望阳	可可	林山
楷元	王嗣曾	康南海	康有为	柯凤笙	柯劭忞	可可	卢福长
【kān】		康妮	陈炳元	柯凤孙	柯劭忞	可可	曾克
刊载	刊载	康农	夏康农	柯凤苏	柯劭忞	可可	张子斋
堪隐	谢兴尧	康帕英	康朗英	柯奉生	柯劭忞	可可	章振乾

笔名	本名	笔名	本名	笔名	本名	笔名	本名
可另	丁力	克强	宋琳	孔林	孔林	苦茶子	周作人
可蒙	吴秾	克强	杨钟健	孔另境	孔另境	苦丁	包白痕
可珮	范秉彝	克勤女士	吴克勤	孔令杰	司徒宗	苦丁斋	丁芒
可钦	爵青	克铨	依藤	孔令俊	孔另境	苦瓜散人	钱歌川
可人	何梦雪	克什格	郭小川	孔罗荪	孔罗荪	苦海余生	刘锦江
可人	沈可人	克士	巴人	孔孟养	孔另境	苦力	胡蛮
可天	沈可人	克士	孙克骥	孔明之	孔林	苦绿	萧蜕安
可轩	黄洪炎	克士	周建人	孔锵	俞鸿猷	苦飘	梁兆斌
可毅	陈家鼎	克水	尉克水	孔庆聪	孔林	苦水	顾随
可铸	卢铸	克维	严望	孔庆洛	孔庆洛	苦望	王若望
【kè】		克文	袁克文	孔攘夷	孔昭绶	苦薇	洪流
克	茅盾	克西	闻国新	孔柔	孔柔	苦笑生	廖清秀
克	魏猛克	克谐	林稚生	孔若君	孔另境	苦吟人	李岳南
克	张春桥	克兴	阿英	孔生	徐先兆	苦雨	周作人
克阿	艾青	克兴	傅克兴	孔师圣	赵树理	苦雨老人	周作人
克安	高嵩	克亚	周定山	孔孙	朱侃	苦雨翁	周作人
克标	章克标	克扬	克扬	孔翔	朱谷怀	苦雨斋主人	周作人
克彬	杲向真	克约	巴人	孔筱祥	孔筱祥	【kù】	
克池	金帆	克之	孟复	孔肖云	孔德	库尔班·伊明	
克纯	李石锋	刻翠词人	梁鼎芬	孔休	曹辛之		库尔班·伊明
克大	柯大	恪	茅盾	孔学	伍石夫	酷	黄振彝
克丁	范兆琪	恪士	俞明震	孔彦英	司徒宗	【kuā】	
克东	林呐	客	澎湃	孔仰川	孔庆洛	夸父	石灵
克多	林克多	客沧	黄客沧	孔乙己	巴人	【kuà】	
克芳	穆烜	客星	张汉	孔乙己	林克夫	胯夫	谢振东
克锋	金帆	【kēng】		孔忧	焦菊隐	【kuǎi】	
克夫	克夫	坑生	金性尧	孔越仙	孔柔	蒯虎岑	蒯贞干
克夫	林克夫	【kōng】		孔蕴哲	孔柔	蒯世勋	蒯斯曛
克夫	沙可夫	空谷山人	易君左	孔仄	韩文举	蒯世壎	蒯斯曛
克寒	陈克寒	空了	萨空了	孔昭绶	孔昭绶	蒯斯勋	蒯斯曛
克浩	熊克浩	空灵渔隐	叶德辉	孔真	叶青	蒯斯曛	蒯斯曛
克基	巴人	空我	余空我	孔质琪	孔质琪	蒯松巢	蒯仲诒
克家	臧克家	空轩	吴宓	【kòu】		蒯文伟	蒯文伟
克坚	王绍清	空照	李芳远	叩关	金性尧	蒯一斐	蒯文伟
克拉克	郭沫若	【kǒng】		叩天	吴伯箫[1]	蒯贞干	蒯贞干
克郎氏	周作人	孔厂（ān）	韩文举	寇冰华	寇冰华	蒯仲诒	蒯仲诒
克劳白夫	王明	孔庵	韩文举	寇节	王鼎钧	【kuài】	
克林	巴人	孔常	茅盾	寇望微	寇冰华	快活三郎	徐枕亚
克凌	孙遐龄	孔德	孔德	【kū】		【kuān】	
克潞	程西铮	孔栋	廖子东	枯果	刘燕及	宽堂	冯其庸
克洛夫	程西铮	孔凡因	许杰	枯竹	王森然	宽之	查猛济
克曼	青勃	孔繁绪	孔柯嘉	哭厂（ān）	高天梅	【kuāng】	
克芒	江浩	孔繁衍	孔罗荪	哭厂（ān）	易顺鼎	匡代华	思潜
克蒙	陈开鸣	孔繁玙	孔柔	哭庵	易顺鼎	匡扶	匡扶
克明	李克明	孔华联	马烽	哭盦	易顺鼎	匡吉舟	夏理亚
克明	刘克明	孔桦	张中晓	哭天	马汉声	匡庐	匡扶
克明	宋元模	孔怀	赵戎	哭笑人	范启新	匡若霞	匡若霞
克尼	马乙亚	孔嘉	台静农	哭夜郎	田贲	匡沙	汤匡淞
克宁	巴人	孔竞存	孔昭绶	【kǔ】		匡时	汤真
克宁	罗烽	孔厥	孔厥	苦茶	周作人	匡世	匡亚明
克农	尚钺	孔均	张少峰	苦茶庵老人	周作人	匡术	万曼
克强	黄兴	孔柯嘉	孔柯嘉	苦茶上人	周作人	匡亚明	匡亚明

匡一点 匡一点
匡瀛 汤匡瀛
匡云阶 匡一点
匡斋 闻一多
匡昨非 匡扶
【kuáng】
狂风 孙遐龄
狂夫 曲狂夫
狂梦 杨方云
狂涛 田兵
狂循 高鲁
【kuàng】
邝村 吴广川
邝达芳 邝达芳
邝剑平 华嘉
邝劲志 邝劲志
邝明 邝达芳
邝山 吴广川
邝文德 吴兴华
邝雪林 邝雪林
邝振翎 邝振翎
旷处士 黄侃
旷放 宋协周
旷野 张扬
况夫 张惠良
况古 况周颐
况蕙风 况周颐
况夔笙 况周颐
况且 程应镠
况周仪 况周颐
况周颐 况周颐
矿工 石光
【kuí】
奎府楼主 谢汝铨
奎腾 林传甲
奎云 林传甲
逵君 韩北屏
揆一 曹元忠
揆一 应懿凝
揆郑 汤增璧
葵北 高觐昌
葵霜 梁鼎芬
葵园遁叟 高觐昌
魁父 朱英诞
夔 邓散木
夔举 由云龙
夔笙 况周颐
夔一 曹元忠
【kuǐ】
跬园 顾震福
【kuì】
愧生 李详
愧堂 吴云心
媿生 李详
聩叟 萧蜕安
篑公 马君武
【kūn】
昆仑 黄冷观
昆叔 天虚我生
堃 杨奔[2]
堃粦 田流[2]
堃生 丁逢甲
琨 吴大琨
髡寒 蔡哲夫
髡潜 刘大绅
鲲 王昆仑
鲲西 鲲西
【kuò】
扩武 李石曾

L

【lā】
拉夫斯基 张鸣琦
拉弗也夫 叶青
拉因 冯蕉衣
拉因 梁浩养
【là】
腊斋 佟绍弼
【lái】
来采 杨扬
来复 来小雍
来复 茅盾
来岚声 来小雍
来匏园 来新夏
来苏 钱来苏
来弢庵 来新夏
来小雍 来小雍
来新夏 来新夏
来振之 赖丹
来之 季镇淮
来芝 夏莱蒂
莱波 姚文蔚
莱蒂 林柷敔
莱蒂 夏莱蒂
莱夫 崔百城
莱公 崔百城
莱沙 石啸冲
莱士 罗铁鹰
【lài】
赖沧淯 赖贤颖
赖丹 赖丹
赖和 赖和
赖河 赖和
赖鹤洲 赖鹤洲
赖景瑚 赖琏
赖俊杰 胡俊
赖澜 野曼
赖懒云 赖和
赖琏 赖琏
赖润 赖文清
赖少其 赖少其
赖堂郎 赖贤颖
赖文清 赖文清
赖贤颖 赖贤颖
赖献瑞 赖献瑞
赖也曼 野曼
赖元冲 赖元冲
赖真吾 赖琏
籁红 章其
【lán】
兰 陈揖旗
兰 关露
兰 茅盾
兰 吴崇兰
兰 周瘦鹃
兰庵 姚民哀
兰庵 周瘦鹃
兰波儿 何骞
兰城 贺玉波
兰儿 王兰儿
兰芳 梅兰芳
兰舫 梅兰芳
兰伽 梁鼎芬
兰皋 汪文溥
兰谷 吴越
兰虹 左林
兰湖民 梁鼎芬
兰湖游客 梁鼎芬
兰君 袁水拍
兰客 欧阳予倩
兰兰 沈显南
兰林 蓝鸿恩
兰玲 朱坤青
兰曼 蓝曼
兰畦 胡兰畦
兰茜 欧阳文彬
兰卿 胡兰畦
兰清 吕碧城
兰如 谢冰莹
兰沙 沙孟海
兰石 陈福彬
兰史 潘飞声
兰叟 梁鼎芬
兰笋山人 沈瘦东
兰亭 齐白石
兰王 白蕉
兰为水 单复
兰心 孙席珍
兰轩 李嘉芬
兰言之 郑拾风
兰云 况周颐
兰云 张维
兰藻 廖鉴衡
兰柱 端木蕻良
兰子 袁昌英
兰紫 袁昌英
岚 骆基
岚光 韩麟符
岚光 蓝光
岚海 周学普
岚山 刘岚山
岚炭 刘岚山
岚映 林荆南
栏丁 萧军
蓝 关露
蓝冰 陈敬容
蓝冰 刘延陵
蓝波 李冰人
蓝波里 宋献璋
蓝草 曹兮
蓝澄 蓝澄
蓝丹 宋振庭
蓝蒂 李金发
蓝而木 刘燕及
蓝非 林秋冰
蓝枫 光未然
蓝谷 张叶舟
蓝光 蓝光
蓝海 田仲济
蓝海天 宋振庭
蓝河 莫洛
蓝虹 许甫如
蓝鸿恩 蓝鸿恩
蓝浪 胡正兴
蓝苓 蓝苓
蓝曼 蓝曼
蓝默 白刃
蓝牧 许少超
蓝垴 刘以鬯
蓝浓 夏浓
蓝萍心 黄嘉德
蓝青 王潮清
蓝若 穆仁
蓝山 蓝少成
蓝善 蓝善仁
蓝善仁 蓝善仁
蓝少成 蓝少成
蓝诗 林彬

笔名	本名
蓝思	林彬
蓝潭	左琴岚
蓝天	吴崇兰
蓝天	许幸之
蓝天儿	田湜
蓝天红	向明
蓝天远	欧小牧
蓝田	庄克昌
蓝田玉	王君实
蓝文瑞	蓝曼
蓝香山	蓝善仁
蓝星	洛汀²
蓝烟	吴岩
蓝焰	吴岩
蓝洋	李伯龙
蓝以琼	叶青
蓝瑛	蓝善仁
蓝瑛	蓝瑛
蓝羽	王潮清
蓝羽	袁鹰
蓝玉莲	蓝玉莲
蓝原	陈春陆
蓝远天	宋振庭
澜	雷晋笙
澜	杨观澜
澜沧子	苏民生
【lǎn】	
懒残	俞剑华²
懒牛	高吹万
懒仙	朱沃
懒心	李劼人
懒云	高拜石
懒云	黄宗麟
懒云	赖和
嫩王	白蕉
嫩云	高拜石
【làn】	
烂柯	刘锦江
烂柯山人	章士钊
【láng】	
郎芳	戴望舒
郎华	萧军
郎泼来	陈蝶衣
郎卿	汤增璧
郎损	茅盾
郎心湘	郎心湘
狼狈	姚勇来
琅东老人	朱漱梅
琅轩室主	陈韵篁
廊士高	黄声
【lǎng】	
朗焚	孔筱祥
朗琴	李长之
朗沙	吴朗
朗生	包天笑
朗孙	包天笑
朗西	吴朗西
朗夏	方正之
朗仙	高步瀛
朗宣	周太玄
朗斋	赵逸贤
【làng】	
阆声	张宗祥
阆笙	包天笑
阆仙	高步瀛
浪荡男儿	叶景范
浪辉	王啸平
浪客	马壬寅
浪墨	孙梦蕉
浪平	徐泽霖
浪萍	杨季生
浪萍	张子斋
浪琴	黄福林
浪沙	李桦
浪涛	章叶频
浪淘沙	郑南风
浪天	胡士璋
浪游词客	梁鼎芬
浪游词侣	梁鼎芬
浪者	李升如
浪子	王北雁
浪子	巫宁坤
【láo】	
劳庵	乔大庄
劳芬亭长	龙榆生
劳戈	任干
劳和	何其芳
劳洪	劳洪
劳家顺	劳辛
劳久	马廉
劳君乔	何其芳
劳琳	林枳敔
劳马	马骏²
劳默	耿庸
劳难	蒋锡金
劳念劬	康有为
劳念蔚	康有为
劳人	巴人
劳人	任哲维
劳人	孙芋
劳人	王尘无
劳人	伍禾
劳人	杨荫深
劳荣	劳荣
劳神	徐名模
劳我庐	康有为
劳芜	吴树声
劳辛	劳辛
劳鋆	劳荣
劳于农	徐懋庸
劳悦轩	高旅
劳者	乔大庄
劳之凤	何其芳
牢罕	寒爵
牢落人	李峻平
【lǎo】	
老巴	李耕
老白	齐白石
老百姓	洛汀²
老百姓	徐师梁
老板	谢觉哉
老北京	徐凌霄
老冰	尤其彬
老兵	包天笑
老兵	马君豪
老兵	宋振庭
老兵	魏金枝
老伯	黄伯耀
老跛	胡石予
老苍	黄水沛
老长毛	谢兴尧
老常	赵树理
老车	车辐
老痴	王一榴
老丑	包天笑
老粗	黄友凡
老狄	张春桥
老颠	雷瑨
老丁	李慕逸
老鼎	刘泓
老丢	白珩
老斗	潘芷汀
老钝	张汉
老番	潘懋元
老番古	吴林鹰
老非	于非闇
老斐	裴馨园
老凤	叶楚伧
老凤	朱凤蔚
老夫	欧小牧
老服	顾悼秋
老赶	雷啸岑
老根	周文
老憨	韩文洲
老憨	寒爵
老含	黄旭
老汉	刘诚
老汉	徐凌霄
老汉	周汉平
老合	李述尧
老洪	郑伯永
老侯	张申府
老后	王森然
老冀	卢冀野
老骥	马仰禹
老尖	陈芳草
老剑	高剑父
老剑	潘飞声
老剑	俞剑华²
老将军	马君豪
老节	梁鼎芬
老金	刘燕及
老举	林百举
老君山人	苏民生
老开	梅白
老凯	洪滔
老侉	张天翼
老兰	潘飞声
老懒	李劼人
老佬	郭显
老蕾	许清昌
老李	李门
老菱	张万一
老刘	陈毅
老龙	吴若
老龙套	屈楚
老鲁	鲁藜
老马	金汤
老马	林植夫
老马	邱子材
老曼	李元鼎
老梅	蔡友梅
老梅	景梅九
老梅	梅阡
老梅	梅英
老梅	苏雪林
老绵	黄雨青
老苗	缪白苗
老敏	沈吉诚
老命	石军
老木	齐白石
老穆	李述尧
老纳	陈去病
老衲	陈去病
老牛	姜椿芳
老牛	田秀峰
老潘	潘漠华
老匏	姚民哀

老彭	胡山源	老鹰	应悱村	乐文	鲁迅	雷宁	薛汕
老萍	齐白石	老瓔	孙璞	乐闻	刘金	雷破空	雷石榆
老圃	杨荫杭	老运	陈运通	乐雯	鲁迅	雷社稳	雷石榆
老齐郎	齐白石	老曾	巴波	乐雯	瞿秋白	雷石榆	雷石榆
老虬	李中一	老斋	喻的痴	乐翁	胡耐安	雷塘	闵尔昌
老瘫	徐蘧轩	老张	张明慈	乐无恙	丁景唐	雷涛	房世泰
老泉	钱基博	老枕	徐枕亚	乐言	刘金	雷特	雷特
老人	太虚	老仲马	戴良	乐游	郑伯奇	雷铁崖	雷昭性
老三	吴晨笳	老主顾	江红蕉	勒公丁	勒公丁	雷汀	雷汀
老莎	吴小如	老庄	张立	勒公贞	勒公丁	雷霆	陈伯吹
老傻	徐炳昶	老拙	葛祖兰	勒以	勒公丁	雷霆	雷石榆
老上海	陈无我	老总	刘群	【léi】		雷霆	田流[2]
老上海	村路	老卒	严独鹤	雷白文	费明君	雷同	雷溅波
老绍	胡绍轩	老卒	张静庐	雷宝	陈伯吹	雷曦	雷啸岑
老舍	老舍	【lào】		雷必兴	雷溅波	雷啸岑	雷啸岑
老生	包天笑	烙耕	罗竹风	雷昺	雷啸岑	雷星	沈毓刚
老式	章钰	【lè】		雷波	缪海稜	雷迅	孙岳军
老孙	孙瞾嫚	乐贲	鲁迅	雷伯伦	雷海宗	雷妍	雷妍
老獭	黄永玉	乐宾	沈瘦东	雷长吼	罗泗	雷焱	杨幼生
老太婆	文怀朗	乐伯	瞿秋白	雷达	白帆	雷阳	澎湃
老太婆	许兴凯	乐诚老人	胡元倓	雷颠	雷瑨	雷阳客	澎湃
老谈	何容	乐奋人	放平	雷点	秦似	雷一峰	金溟若
老谈	谈善吾	乐峰	陈寿楠	雷丁	石啸冲	雷雨	张叶舟
老田	田一文	乐观	乐嗣炳	雷多	聂索	雷云	胡昭
老铁	赵荫棠	乐观斋主人	张简侬	雷耳	姜龙昭	雷赞庭	雷溅波
老童生	张我军	乐季生	夏济安	雷枫	陈文和	雷泽皆	雷昭性
老头儿	苏汶	乐寂	李叔同	雷凤仪	雷晋笙	雷昭性	雷昭性
老屯	易大厂	乐见	刘金	雷凤翼	雷晋笙	雷耆皆	雷昭性
老外	田井卉	乐江女子	卢葆华	雷缶	陈山	雷子	侯秉熙
老外	王冶秋	乐静	俞陛云	雷甫	黄苗子	【lěi】	
老顽童	童仲廙	乐静居士	俞陛云	雷父	黄苗子	垒	陈布雷
老韦	刘雪苇	乐静老人	俞陛云	雷弓	周洁夫	垒仇	景梅九
老文	吕襄	乐君	孙梦蕉	雷观成	田野[2]	垒空	李元鼎
老五	陈炼青	乐凯	顾行	雷海宗	雷海宗	垒汀	雷汀
老西	赵树理	乐绿	钱谷融	雷涵秋	雷瑨	磊磊生	季风
老嫌	曹容	乐农	张继楼	雷火	白桦	磊落	李门
老向	王向辰	乐人	黄然	雷加	雷加	磊明	林风
老萧	萧然	乐山	胡耐安	雷简	周有光	磊然	磊然
老霄	徐凌霄	乐山	乐嗣炳	雷剑	雷啸岑	磊生	石玉淦
老心贤	曾祖武	乐石	丁翔华	雷溅波	雷溅波	磊翁	谢啼红
老朽	太虚	乐石	钱君匋	雷金茅	薛汕	磊霞	佘贤勋
老秀	马仲殊	乐水	洪深	雷晋笙	雷晋笙	磊子	吴淮生
老秀	章秀珊	乐嗣炳	乐嗣炳	雷晋玉	雷瑨	蕾嘉	王蕾嘉
老徐	徐坤泉	乐素	陈彬龢	雷瑨	雷瑨	蕾青	房世泰
老旭	赵鲜文	乐天	冯斯栾	雷均耀	许度春	蕾子	刁均宁
老杨	邓中夏	乐天	彭竹予	雷君曜	雷瑨	蘽轩	沈曾植
老么	李生庄	乐天	曾梦笔	雷力普	许度春	礨空	李元鼎
老姚	姚三友	乐天居士	褚民谊	雷履平	雷履平	【lèi】	
老翼	高隽武	乐天居士	连阔如	雷芒	沙白	泪香	苏曼殊
老婴	沈恩孚	乐天居士	孙毓修	雷梦	徐百灵	泪杏	姜可生
老樱	卓梦庵	乐天生	曾梦笔	雷南	杜颖陶	泪眼	黄勇刹
老鹰	戴不凡	乐未央	丁景唐	雷南雷	雷啸岑		

【léng】

笔名	本名	笔名	本名	笔名	本名	笔名	本名
棱振	李长之	冷眼	傅无闷	黎焚薰	黎焚薰	黎然	陈鲤庭
楞伽盦主	孙剑秋	冷眼	巫怀毅	黎风	冯彩章	黎容光	丁景唐

【lěng】

笔名	本名	笔名	本名	笔名	本名	笔名	本名
冷	曹冷泉	冷眼	徐谦夫	黎风	黎风	黎茹	羊翚
冷	陈冷血	冷眼	赵景深	黎风	李古北	黎瑞格	黎瑞格
冷板凳	张叶舟	冷怡	延泽民	黎峰	何健民	黎闪虹	李莎
冷波	李树柏	冷永	陈膺浩	黎夫	夏征农	黎尚雯	黎尚雯
冷残	潘达微	冷永安	陈膺浩	黎孚	黎兑卿	黎少岑	黎少岑
冷道人	潘达微	冷哉	赵树理	黎庚	胥树人	黎声	施燕平
冷对千	钟子芒	【lí】		黎弘	刘川	黎声	赵蔚青
冷翡翠	陈伯吹	离垢	李叔同	黎洪	黎家健	黎舒里	王逊
冷风	丁家瑞	离垢	刘三	黎黄	韦丘	黎庶	徐东滨
冷风	恽铁樵	离离	王尘无	黎加	鲁坎	黎思强	韦丘
冷枫	蔡北华	离离斋主	李芳远	黎家	黎家健	黎颂平	黑尼
冷峰	洪桥	离忍	李叔同	黎家健	黎家健	黎天我	黎丹
冷佛	冷佛	离柔	潘世聪	黎嘉	黎嘉	黎望	郑楚材
冷佛	王绮	离骚子	蔡哲夫	黎建青	李景慈	黎维新	黎维新
冷歌	李遒廙	离石	离石	黎涧	沙驼	黎纬北	夏衍
冷公	任白涛	离亭燕	刘含怀	黎锦晖	黎锦晖	黎文望	罗洛
冷公羽	曹冷泉	离相	李叔同	黎锦明	黎锦明	黎文星	黎风
冷孤原	陶晶孙	离中	牟宗三	黎静	黎静	黎唏	劳荣
冷观	胡政之	骊珠	陈振鹏	黎军	黎军	黎锡朋	黎锦明
冷观	吴颂皋	梨	张恨水	黎均荃	黎锦晖	黎先智	宁可
冷红	吴绮缘	梨花白	戴不凡	黎可衣	李克异	黎辛	黎辛
冷红女史	吴绮缘	梨园老人	李尤白	黎来	韩晓鹰	黎新	余振
冷红女士	吴绮缘	犁	孙犁	黎劳	胡山源	黎星	吕沁
冷红生	林纾	犁夫	犁夫	黎良甫	黎锦明	黎行	李熏风
冷桦	于沫我	犁青	犁青	黎烈文	黎烈文	黎炎	李春潮
冷宦	左秉隆	犁阳	顾征南	黎璐	王琳²	黎央	黎央
冷宦先生	左秉隆	犁者	陈鲤庭	黎民	高旅	黎扬	丁景唐
冷魂	贾植芳	犁榛	吕沁	黎民	于立群	黎扬帆	李莎
冷火	王知伊	蓠下老人	金雄白	黎明	黎明	黎野	马作楫
冷金	丁之屏	蔾野	高天	黎明	李梅子	黎一冰	裴星惠
冷浪	黄诗咏	黎	司马文森	黎明	李朴园	黎翼群	周楞伽
冷庐主人	王重民	黎	周黎庵	黎明	殷梦萍	黎莺	李英儒
冷路	李冷路	黎庵	周黎庵	黎明歌	墨遗萍	黎莹	陈凌霄
冷露	禾波	黎巴都	枥马	黎明健	郭沫若	黎映纯	卢豫冬
冷莽	冷莽	黎白	黎白	黎明健	于立群	黎于群	廖一原
冷鸥	庐隐	黎白地	周代	黎明老人	吴虞	黎雨民	黎丹
冷泉	曹冷泉	黎百凯	李北开	黎明起	黑婴	黎云	何其芳
冷若	郝御风	黎川	王书川	黎明晓	刘丹华	黎泽霖	林藜
冷僧	陈冷僧	黎丹	黎丹	黎末	鲁藜	黎泽溥	黎白
冷僧	张宗祥	黎旦	李旦	黎牧	卢世光	黎正中	黎风
冷翁	曹冷泉	黎德瑞	巴金	黎牧人	黎牧人	黎政	萧殷
冷弦	李华飞	黎迪	张嘉禄	黎牧星	黎维新	黎之	李曙光
冷香	郑逸梅	黎地	李广田	黎南	张香还	黎智廉	黎东方
冷香人	陆小曼	黎丁	黎丁	黎凝晓	黎先耀	黎紫	倪子明
冷笑	包天笑	黎定华	黎白	黎芹	归人	黎	鲁藜
冷笑	陈冷血	黎东方	黎东方	黎勤宇	黎少岑	蔾青	王照
冷雪	姚雪垠	黎兑卿	黎兑卿	黎青	光未然	蠡甫	伍蠡甫
冷血	陈冷血	黎斐	廖辅叔	黎青主	廖尚果	蠡理	梅朵
		黎芬	胡山源	黎琼	丁景唐	蠡叟	林纾
				黎群	刘沙	蠡舟	赵万里

【lǐ】

礼庵	梁鼎芬	李搏仁	艾烽	李大鼓	苏菲[1]	李菲	黎央
礼拜牛	李北流	李卜五	李世昌	李大光	周洁夫	李蒂甘	巴金
礼记	罗澧铭	李不彤	蒋元椿	李大旗	苏菲[1]	李芬	李薰熹
礼堂	陈镦厚	李才	李煮梦	李大山	倪海曙	李芬	王正[2]
礼堂	褚德彝	李长之	李长之	李大兴	周洁夫	李风	周璧
礼堂	王国维	李长植	李长之	李丹人	李若冰	李逢	李白凤
李阿毛	徐卓呆	李长治	李长之	李旦	李旦	李逢吉	李遇安
李阿梅	李瑞清	李常立	金尧如	李道静	李道静	李逢忻	李梅子
李阿青	田井卉	李常山	李嘉言	李得胜	毛泽东	李扶西	萧村
李埃施	丁景唐	李超	李超	李德谟	李一氓	李服膺	杨贤江
李安乐	胡洛	李超然	李超	李德群	李德群	李符曾	李石曾
李岸	李叔同	李彻	夏衍	李德欣	李诃	李福	毕兔午
李昂	李冷路	李玲琮	李素	李德泽	李悦之	李福民	鲁白野
李昂	冒舒諲	李诚	李进	李迪生	李春潮	李福荣	芦芒
李昂	星里	李诚	李眉盦	李涤	李涤	李福宇	季风
李昂	赵扬	李诚实	李岫石	李涤生	李春潮	李福禹	季风
李昂	钟绍锟	李承萱	李伯钊	李杕	张嘉禄	李福源	犁青
李昂	朱其华	李澄	李白英	李棣	张嘉禄	李黼治	李定夷
李璈	杜淑贞	李澄宇	李澄宇	李棣华	张嘉禄	李刚	李刚
李拔	王传洪	李赤	李赤	李点	李拓之	李高黎	李根源
李白凤	李白凤	李崇基	艾思奇	李鼎声	李平心	李根红	李根红
李白英	李白英	李崇武	李宗武	李鼎新	李平心	李根源	李根源
李百朋	李白凤	李崇霄	李方立	李定夷	李定夷	李更生	艾文会
李百三	叶克	李崇元	李崇元	李定彝	李定夷	李耕	李耕
李百蟹	李瑞清	李初梨	李初梨	李定中	冯雪峰	李耿仁	李耿
李百臻	李连庆	李楚材	李楚材	李东	林汉达	李公绰	李拓之
李班	李班	李楚城	李楚城	李东篱	李辉英	李公仪	李梅子
李宝德	李啸仓	李楚珩	李峻平	李东明	艾思奇	李公越	李乔[1]
李宝珍	李抱忱	李楚离	李初梨	李东野	齐语	李供林	李供林
李保生	汪金丁	李楚溪	李準	李东隅	汪作民	李孤帆	李孤帆
李保真	李抱忱	李川针	李健吾	李东斋	李根源	李古北	李古北
李葆家	李抱忱	李传恩	李桑牧	李冬礼	李辉英	李谷野	李谷野
李葆祥	王度庐	李传福	李北流	李冬竹	李耿	李蛊	夏衍
李抱忱	李抱忱	李传惠	杜高	李洞庭	李澄宇	李关椿	劳荣
李北开	李北开	李春潮	李春潮	李笃恭	李笃恭	李关生	劳荣
李北流	李北流	李春芳	李春潮	李端	郑笃	李光	李少华
李北平	李求实	李春芳	李满天	李遁园	李我	李光田	李广田
李彬炉	李冰炉	李春舫	李春舫	李而文	刘炳善	李光裕	刘绍唐
李滨	李滨	李春阳	舒群	李尔重	李尔重	李光中	李江
李冰	李冰[1]	李春禔	黄天祥	李凡	李叔同	李广侯	李叔同
李冰	李冰[2]	李椿	夏衍	李繁市	李岫石	李广平	李叔同
李冰冰	李滨	李纯刚	李刚	李范	夏衍	李广田	李广田
李冰禅	胡秋原	李淳	叶石涛	李方立	李方立	李圭白	李峻平
李冰炉	李冰炉	李淳水	夏钦瀚	李方梦	李正廉	李桂春	劳荣
李冰人	李冰人	李茨	李景慈	李芳	李无隅	李桂生	李桂生
李冰之	于逢	李慈	李赤	李芳兰	李芳兰	李国玮	李求实
李秉中	李秉中	李从心	李望如	李芳原	陈山	李涵秋	李涵秋
李炳麟	李冷路	李琮	侯敏泽	李芳远	李芳远	李寒	寒爵
李伯刚	李伯钊	李邨	柳北岸	李放	李莎	李寒谷	李寒谷
李伯海	陶阳	李邨哲	舒群	李飞	顾家熙	李汉俊	李汉俊
李伯钊	李伯钊	李村	白原	李非	杜维沫	李汉声	李沧萍
		李存科	李文珊	李非厚	寒爵	李汉石	李伯钊

李杭生	李麦宁	李济方	蓝瑛	李经田	黄兴	李乐臣	李笠
李航	李清泉	李济生	李济生	李经舆	李德群	李乐山	王小逸
李航	李育中	李既临	李辉英	李荆忌	林冷秋	李雷	李雷
李好	李绛云	李继业	李雾野	李菁	李连庆	李雷	穆烜
李昊	李浩	李继元	李赤	李景侗	李拓之	李磊	张家耀
李浩吾	杨贤江	李寄	李季	李景元	李根红	李蕾	陈雨门
李皓	李景慈	李寄野	李雾野	李警辰	李振镛	李累	李累
李皓之	李冰人	李霁野	李雾野	李警众	李铎	李冷	巴金
李诃	李诃	李夹人	李夹人	李敬远	梁实秋	李冷路	李冷路
李何	洪履和	李家斌	李家斌	李靖	黎静	李犁	夏浓
李何林	李何林	李家和	过家和	李静秋	李何林	李犁尼	犁青
李和	林宏	李家梁	李门	李镜东	林克多	李立方	李方立
李和春	李季	李家齐	李又然	李镜清	李白英	李立卿	邹韬奋
李鹤超	李超	李家侨	李英儒	李菊生	李沧萍	李利之	李克因
李鹤城	李旭	李家祥	李劫人	李涓	寒爵	李荔	夏浓
李黑	陈陆留	李家雁	李嘉言	李涓丙	李满天	李荔支	李克因
李恒立	李文珊	李葭荣	李葭荣	李均实	李均实	李笠	李笠
李红	还珠楼主	李嘉	李嘉	李君猛	李君猛	李连萃	李辉英
李红	李鉴尧	李嘉芬	李嘉芬	李君实	李辉英	李连庆	李连庆
李宏贲	李汝琳	李嘉言	李嘉言	李君实	李均实	李连欣	李克
李虹	黎风	李嘉有	李猷	李君维	李君维	李良	李叔同
李虹	李鉴尧	李甲	李尤白	李君毅	冯乃超	李良棻	李春舫
李虹霓	李虹霓	李坚	杜门	李君毅	李君毅	李俍民	李俍民
李洪淳	李成徽	李笕	白文	李君哲	萧村	李林	荆有麟
李洪康	杨贤江	李建芳	刘胤	李俊	范泉	李林	李林
李厚生	李锐	李建华	刘胤	李俊才	李一痕	李林	刘春
李候生	李锐	李建青	李景慈	李俊杰	李行	李林	刘沙
李华	鲁白野	李建庆	李建庆	李俊民	李俊民	李林风	侣伦
李华飞	李华飞	李建彤	李建彤	李俊贤	李俊贤	李琳	孙维世
李华龄	严灵峰	李剑平	李峻平	李濬之	李濬之	李霖	李汝琳
李桦	高缨	李健	李心洛	李开先	李开先	李霖	林音频
李桦	李桦	李健青	李定夷	李恺良	李恺良	李霖	侣伦
李怀	光未然	李健卿	李定夷	李康	杨贤江	李灵	李葳
李怀平	胡天风	李健吾	李健吾	李康佛	李拙	李玲	张叶舟
李怀霜	李葭荣	李健章	李健章	李康乐	李岫石	李留	苏菲[1]
李怀湘	李葭荣	李健之	廖一原	李攷园	李腾岳	李榴	苏菲[1]
李怀之	张春桥	李鉴尧	李鉴尧	李柯	李月轩	李榴园	李冰人
李寰	李澄宇	李绛云	李绛云	李柯炬	李正中	李六石	张家耀
李篁	王亚平	李劫人	李劫人	李克	李克	李龙	廖一原
李辉群	李辉群	李杰	唐弢	李克纯	李石锋	李庐	李叔同
李辉英	李辉英	李洁	叶至诚	李克平	雷晋笙	李庐湘	庐湘
李卉	黎焚薰	李洁华	李桂生	李克异	李克异	李路	李晋泽
李讳翰	李供林	李捷	李季	李克因	李克因	李鹭村	李腾岳
李晦庵	李中一	李捷	闻捷	李克筠	李克筠	李伦	李纶
李惠民	袁殊	李今	苏汶	李空照	李芳远	李纶	李纶
李慧	徐君慧	李金波	李金波	李葵	林耶	李罗伦	李士俊[2]
李极光	李汝琳	李金发	李金发	李愧生	李详	李罗曼	李又然
李季	郭沫若	李锦轩	叶秋原	李媿生	李详	李洛漠	罗迦
李季	李季	李进	李进	李扩武	李石曾	李绿	白塔
李季疯	季风	李劲臣	李寿铨	李兰陵	鲍昌	李麦麦	刘胤
李季谷	李宗武	李晋卿	邹韬奋	李蓝	于冠西	李麦宁	李麦宁
李季野	李霽野	李经宽	寒声	李劳荣	劳荣	李满	方冰

李满红	李满红	李南力	李南力	李人杰	李汉俊	李石僧	李石曾		
李满天	李满天	李南山	李南山	李荣第	李小峰	李石曾	李石曾		
李曼丹	李汝琳	李南桌	李南桌	李容	吕剑	李时杰	李一痕		
李曼工	李元鼎	李念慈	劳荣	李如	冯雪峰	李时龙	李旭		
李曼瑰	李曼瑰	李念青	胡绳	李如文	李谷野	李实	李牧华		
李曼文	范山	李念群	杨刚	李如月	汪李如月	李实	吴天石		
李曼因	王余杞	李念群	袁水拍	李儒勋	李準	李士杰	李士钊		
李曼茵	黄雨¹	李宁	李治华	李孺	周艾黎	李士俊	李士俊		
李漫西	李元鼎	李蟠	李仙根	李汝航	李涤	李士钊	李士钊		
李茂云	李方立	李培林	桑弧	李汝琳	李汝琳	李世昌	李世昌		
李枚	秦绿枝	李培阳	李寒谷	李汝山	亚马	李世德	李妹		
李梅庵	李瑞清	李鹏翔	李金波	李蕤	李蕤	李世钧	里雁		
李梅痴	李瑞清	李聘周	李密林	李锐	李锐	李世林	李乔¹		
李梅子	李梅子	李平	范山	李瑞清	李瑞清	李式古	古草		
李妹	李妹	李平	鲲西	李润湖	李润湖	李守先	劳荣		
李门	李门	李平	林克多	李若	李长之	李守章	李俊民		
李萌	李萌	李平君	林克多	李若冰	李若冰	李寿民	还珠楼主		
李梦痴	李腾岳	李朴	耶菲	李若平	李道静	李寿铨	李寿铨		
李梦非	寒爵	李朴园	李朴园	李若文	文静	李寿仁	李嘉		
李梦梨	刘豁公	李齐	朱沉冬	李若愚	雪蕾	李寿芝	黄兴		
李梦莲	李梦莲	李綦周	沈从文	李塞风	李根红	李书	李逸涛		
李梦秋	李素伯	李芑香	李维翰	李三郎	李筱峰	李书诗	李汉俊		
李梦星	李腾岳	李启纲	梁南	李散木	李涤	李书思	李汉俊		
李密林	李密林	李启光	李西溟	李桑牧	李桑牧	李书堂	舒群		
李勉生	李士钊	李启贤	李渺世	李沙	丽砂	李抒吟	李冷路		
李渺世	李渺世	李器之	李一萍	李莎	葛青凡	李叔同	李叔同		
李民	李民	李乾麟	李乾麟	李莎	李莎	李叔英	李苏鹰		
李民治	李一氓	李潜园	李乾麟	李山野	王度庐	李淑芳	文静		
李珉	黎瑞格	李浅野	欧外鸥	李珊瑚	曾铁忱	李淑良	李金发		
李名铠	李伲民	李茜	王继尧	李善基	还珠楼主	李淑源	李纳		
李明	林冷秋	李乔	李乔¹	李尚娟	李漪	李舒	成幼殊		
李明	尼洛	李乔	李乔²	李尚清	邹韬奋	李儵	李士钊		
李明诚	李华飞	李乔安	李乔²	李尚忠	李治华	李树人	陈大远		
李明光	吴晗	李琴雪	李旭	李少辰	李北流	李树梧	李紫凤		
李明明	鲁思	李青	白寒	李少芳	李少芳	李漱石	李汉俊		
李明扬	沈泽民	李青	李未青	李绍文	李学亭	李水	荒芜		
李铭	孟英	李青	周行	李申	白原	李硕诚	李进		
李莫	李正中	李青纲	李雷	李神义	李神义	李思	林耶		
李墨隐	李定夷	李青厓	李青崖	李审言	李详	李思明	宋振庭		
李默	王孝慈	李青崖	李青崖	李慎言	李详	李思奇	寒爵		
李默丁	李景慈	李清泉	李清泉	李慎予	李嘉言	李思声	李少华		
李木斋	余振	李清扬	沈泽民	李升如	李升如	李四	贾植芳		
李木子	李白凤	李晴	李晴	李生萱	艾思奇	李四	于逢		
李目空	李渺世	李庆	毕奂午	李生庄	李生庄	李泗	李克因		
李沐	罗飞	李庆杉	李克异	李声华	李铁声	李松青	李伯龙		
李牧华	李牧华	李秋	黄望青	李绳武	欧外鸥	李嵩	李竹园		
李慕白	李慕白	李秋华	林芳年	李圣悦	李平心	李肃夫	于逢		
李穆	李正中	李求实	李求实	李盛乐	李心洛	李素	李北开		
李纳	李纳	李权	张子斋	李诗	胡道静	李素	李素		
李乃仁	荒芜	李群	李亚如	李诗瓢	李天民	李素	李一息		
李迺廞	李迺廞	李然犀	李燃犀	李石城	李进	李素伯	李素伯		
李迺扬	李君猛	李燃犀	李燃犀	李石锋	李石锋	李素光	李华飞		

李素英	李素	李玮	端木方	李夏阳	李进	李学多	劳荣
李素园	朱正明	李未青	李未青	李仙根	李仙根	李学敏	鲁白野
李索开	李索开	李味渊	李崧圃	李现	耿庸	李学樵	李天民
李唐	李辉英	李蔚初	李蔚初	李乡浏	李乡浏	李学亭	李学亭
李涛	沙白	李蔚华	李蔚华	李乡农	沈曾植	李雪生	李根源
李腾岳	李腾岳	李文	林杉	李详	李详	李熏风	李熏风
李天济	李天济	李文	徐惊百	李祥麟	李祥麟	李薰风	李薰风
李天杰	李英时	李文	伊兵	李祥松	方志敏	李薰风	李薰风
李天梦	李天梦	李文彪	文彪	李祥贞	缪敏	李薰熹	李薰熹
李天民	李天民	李文达	李素伯	李响泉	李濬之	李洵	芦芒
李天民	赵乃心	李文德	林杉	李象贤	李白凤	李循钺	李平心
李天培	徐君慧	李文迪	林杉	李小白	李煮梦	李雅森	李乔[1]
李天欣	胡昭衡	李文洁	李瑞清	李小峰	李小峰	李亚红	司马文森
李天兴	杨唤	李文卿	邹韬奋	李小山	李振汉	李亚红	于逄
李天一	李尤白	李文珊	李文珊	李晓峰	李小峰	李亚如	李亚如
李天真	李蔚初	李文涛	李叔同	李晓华	徐君慧	李延辉	李汝琳
李田	李浩	李文湘	李遒赓	李肖	陈克寒	李延禄	高崇民
李儵	曹艺	李文勋	黎焚薰	李笑芳	李少芳	李延寿	李何林
李铁郎	洪灵菲	李文益	林克多	李效厂（ān）	李效厂	李岩	文静
李铁民	李铁民	李文尹	李筱峰	李效颜	文彦	李岩	张子斋
李铁生	李準	李闻	张垣	李啸庵	李啸庵	李衍华	芦芒
李铁声	李铁声	李闻古	林呐	李啸仓	李啸仓	李演畴	李全基
李铁柱	李祖唐	李雯	李逸民	李啸峰	李啸峰	李雁晴	李笠
李同	范泉	李我	李我	李燮枢	李辛白	李焰生	李焰生
李团卿	汪李如月	李无	苏菲[1]	李心銮	王景任	李仰弼	李莎
李拓之	李拓之	李无辩	李拓之	李心冥	李志宏	李养豁	李根源
李万鹤	施蛰存	李无毒	李清泉	李辛白	李辛白	李尧阶	李均实
李万万	范政	李无双	李克异	李欣	胡昭衡	李尧林	李林
李王里	李笃恭	李无文	陶晶孙	李新淦	李骅括	李尧棠	巴金
李望如	李望如	李无隅	李无隅	李新勇	李涌	李尧天	李北流
李望莺	梁荻云	李武	李止戈	李鑫	李正中	李耀南	李岳南
李威深	李威深	李戊于	李青崖	李兴华	废丁	李爷里	枥马
李葳	李葳	李雾城	陈烟桥	李兴亚	李未青	李野	李北开
李唯建	李唯建	李西浪	李西浪	李兴宇	李南力	李业	唐达成
李唯健	李唯建	李西溟	李西溟	李星	李佷民	李业道	李业道
李惟建	李唯建	李希	劳荣	李星月	李平心	李业馔	李育仁
李维诚	李存明	李希白	李学诗	李行	李石锋	李一	李之华[1]
李维纲	李梅子	李希班	李超	李行	李行	李一痴	李正中
李维翰	李维翰	李希同	赵景深	李修隆	李辛白	李一航	黎央
李维恒	李筱峰	李希远	宋振庭	李修业	李熏风	李一痕	李一痕
李维克	黎烈文	李希之	劳荣	李秀川	余振	李一岷	李一岷
李维克	慕容羽军	李析哲	张文松	李秀秋	林葆菁	李一民	李一岷
李维纶	李纶	李息	李叔同	李岫石	李岫石	李一民	李云夔
李维善	黎少岑	李惜珍	李成俊	李旭	李旭	李一鸣	叶青
李维西	林音频	李曦	李青鸟	李旭	叶青	李一萍	李一萍
李维源	李崧圃	李曦	李育仁	李旭东	舒群	李一燃	李一痕
李伟	李求实	李洗岑	李广田	李旭岚	李尤白	李一息	李一息
李伟	李伟	李侠霖	李求实	李续川	李崇元	李一新	汪精卫
李伟	李伟孙	李霞	徐君慧	李续忠	李宗武	李一之	李清泉
李伟昌	李穆女	李下	李熏风	李玄	杨嘉	李漪	李漪
李伟森	李求实	李下草	李根红	李玄伯	李玄伯	李夷峙	李绛云
李伟涛	叶凄其	李下士	苏菲[1]	李绚	李素伯	李宜山	李之华[2]

李宜燮	李宜燮	李又曦	李拓之	李章伯	李章伯	李庄	李春舫
李宜兹	李初梨	李右铭	李云燮	李章元	李旭	李准	李準
李乙	李準	李予	李建彤	李彰	夏衍	李拙	李拙
李乙	沙白	李英侬	李纳	李召	李超	李浊照	袁鹰
李乙青	林耶	李渔邨	周汝昌	李兆麟	于逢	李子畅	李曰垓
李义	夏衍	李窳生	李详	李哲民	李洽	李子邕	李曰垓
李忆	李麦宁	李玉华	林杉	李真	李悦之	李子超	李子超
李亦陶	李逸涛	李玉侬	李纳	李真	沈侠魂	李子核	萧村
李易水	冯乃超	李玉如	管桦	李真	唐达成	李子惠	白寒
李奕	黑婴	李玉山	张子斋	李振东	李辰冬	李子熊	于逢
李益	夏衍	李玉玺	黎静	李振发	李何林	李子仪	李元鼎
李谊	杨贤江	李玉莹	李玉莹	李振麟	李孟岩	李子彝	李元鼎
李逸民	李逸民	李育仁	李育仁	李振鹏	李季	李子逸	李元鼎
李逸樵	李祖唐	李育三	李尔重	李振铺	李振铺	李子英	徐君慧
李逸涛	李逸涛	李育中	李育中	李震	唐达成	李子园	李致远
李翊业	李逸涛	李遇安	李金发	李征	李正中	李梓畅	李曰垓
李意秋	李友欣	李遇安	李遇安	李正	周建人	李梓侠	李耿
李毅	范启新	李寓斋	李详	李正廉	李正廉	李紫	郑笃
李因	张中行	李煜瀛	李石曾	李正文	郑笃	李自奋	李苏
李茵	关露	李毓麟	李石曾	李正印	李玉莹	李自洁	欧外鸥
李荫	王亚平	李毓泉	墨遗萍	李之	唐达成	李自清	欧外鸥
李音	貂问湄	李毓珍	余振	李之华	李之华[1]	李宗大	欧外鸥
李印泉	李根源	李渊	吕远	李之华	李之华[2]	李宗侗	李玄伯
李应甲	李尤白	李元鼎	李元鼎	李之谟	章克标	李宗武	李宗武
李应声	朱正明	李园	王门	李芝逸	李元鼎	李宗尧	李汝琳
李应漳	李涵秋	李沅荻	李沅荻	李知凡	周恩来	李宗周	李望如
李英	纪叶	李源	廖一原	李止戈	李止戈	李祖杰	李耿
李英敏	李英敏	李源振	李啸峰	李志	李冰[2]	李缵绪	李伟
李英儒	李英儒	李远	李育中	李志宏	李志宏	李昨非	李何林
李英声	朱正明	李曰垓	李曰垓	李志坚	李未青	李作东	李班
李英时	李英时	李岳南	李岳南	李志祥	王玉清	李作孚	李笠
李瑛	李瑛	李悦之	李悦之	李质庵	李素伯	李作英	李苏
李鹰扬	杨贤江	李云	白珩	李治华	李治华	李柞利	李初梨
李瀛北	李澄宇	李云	万里云	李致曲	李华飞	里昂	周大康
李瀛业	李澄宇	李云	张因凡	李致远	陈启天	里斌	李乡浏
李影	慕容羽军	李云燮	李云燮	李致远	李云龙	里禾	钟理和
李庸	李秉中	李云龙	李云龙	李致中	李致中	里计	李季
李雍	冯雪峰	李云竹	庐湘	李智	徐君慧	里可是	张子斋
李永明	胡奇	李匀庐	李孤帆	李中	高语罕	里奇	杏影
李勇	李涌	李允	李青崖	李中堂	李子超	里人	钱健吾
李涌	李涌	李允经	鲁迅	李中一	李君毅	里刃	李正中
李湧	李涌	李允生	冯雪峰	李仲刚	李健吾	里堂	褚德彝
李尤白	李尤白	李孕育	李孕育	李仲衡	李元鼎	里雁	里雁
李由	曹艺	李运辰	李青崖	李仲麟	李瑞清	里扬	里扬
李猷	李猷	李蕴朗	李蕴朗	李仲琴	李眉盦	里予	碧野
李友欣	李友欣	李赞华	李赞华	李仲武	李宗武	里予	李正中
李有青	齐语	李则蓝	李又然	李仲岳	李竹园	里予	周艾黎
李有庆	黄兴	李泽民	李嘉言	李众夫	寒声	理	陈昌谦
李又华	李又华	李泽锡	李石锋	李众甫	寒声	理	吴化学
李又然	李又然	李增援	李增援	李舟	王业伟	理	赵树理
李又燃	李又然	李展瑚	潘天青	李竹冬	李耿	理白	孙瑜
李又文	张中行	李占林	庐湘	李竹年	李何林	理夫	周文

理丝	刘雪苇	立春	艾青	励毅	任耕	连啸鸥	连啸鸥
理陶	沙白	立邓	梁山丁	利野仓	李张瑞	连心	陈方²
理汶	徐惊百	立我	廖立峨	沥青	包干夫	连兴梓	连啸鸥
理直	周建人	立方	李方立	枥马	枥马	连雅堂	连横
鲤庭	陈鲤庭	立风	刘树声	隶经	顾震福	连雅棠	连横
澧儿	毕磊	立夫	瞿秋白	荔丹	张光厚	连允斌	连横
醴澂	何醴澂	立高	古立高	荔翁	刘以芬	连仲三	连阔如
【lì】		立光	章楑	栎泉宦	唐鲁孙	连重送	连横
力	周黎庵	立华	吴奔星	俪桓	姚大荣	连子云	连士升
力编	孙犁	立可	卢煤	俪生	赵俪生	莲父	郑岳
力呈	邵子南	立明	孟英	俪垣	姚大荣	莲痕	陈莲痕
力飞	卞和之	立明	杨季生	莉	巴人	莲花庵主人	姚茫父
力菲	卞和之	立青	陈靖¹	莉莎	蓝苓	莲江	梅娘
力夫	邵荃麟	立青	陈靖²	栗长	胡颖之	莲客	于莲客
力戈	杜任之	立青	王靖	栗金	陈隄	莲客于怀	于莲客
力耕	田流¹	立青	朱靖华	栗金襄	曼晴	莲侬	奚燕子
力工	王乔南	立群	朱双云	栗康	汪立康	莲笙	欧阳予倩
力节	卞和之	立人	韦丛芜	栗抗	汪立康	莲坨	朱大可
力今	陈隄	立三	潘力山	栗茂章	栗粟	莲心	萧崇素
力金	黎静	立三居士	黄赞钧	栗懋章	栗粟	莲裔	佘雪曼
力军	白峡	立生	吴文祺	栗粟	栗粟	莲舆	田家英
力军	江风	立湘	吴世醒	栗又文	高崇民	莲岳	杨镇华
力牧	马达	立信	蔡力行	栗赞堂	曼晴	莲斋	佘雪曼
力山	潘力山	立雪吟馆主人	向人红	栗子	温德玄	莲子	柯尧放
力山	王文显	立一	魏子云	笠夫	程力夫	涟波	熊清澜
力生	唐登岷	立羽	徐开垒	笠夫	苗秀	涟清	刘涟清
力生	徐懋庸	立斋	印水心	笠堪	周黎庵	联亚	曹靖华
力田	李岳南	立斋	张文治	笠园	高润生	联语古今谈	吴丹一
力扬	力扬	丽波女士	焦伟真	笠园耕夫	高润生	廉岸	卢豫冬
力一	杜边	丽桓	姚大荣	笠云	汪辟疆	廉伯	李芳兰
力衣	钱素凡	丽静之	谢加因	粒紫	斯群	廉臣	陈云
力月	李叔同	丽君	陈鲤庭	【lián】		廉臣	徐梦秋
力涨	胡颖之	丽廋主人	叶德辉	连横	连横	廉惠和	廉泉
力之	李曙光	丽明	王礼锡	连寰	陆旋	廉惠卿	廉泉
力衷	耿庸	丽明	徐讦	连璜	连横	廉惠清	廉泉
力子	邵力子	丽娜	韦㜗	连剑花	连横	廉建中	廉建中
历劫余生	赵正平	丽南	贾午	连阔如	连阔如	廉庐	夏衍
历樵	杨历樵	丽尼	丽尼	连孟青	连梦青	廉南湖	廉泉
厉厂（ān）樵	厉厂樵	丽尼安娜	丽尼	连梦惺	连梦青	廉蓉湖	廉建中
厉风	厉风	丽容	高鲁	连慕秦	连横	廉生	侯枫
厉歌天	牧野	丽砂	丽砂	连慕陶	连横	廉生	金祖同
厉谷峥	厉谷峥	丽生	郑金水	连青	谷万川	廉生	郁华
厉国瑞	牧野	丽霜厂（ān）	江寄萍	连荣	林连荣	【liǎn】	
厉戎	滕捷	丽霜庵	江寄萍	连生	刘揆一	琏郎	放平
厉再厉	牧野	丽汀	黎丁	连士升	连士升	敛之	英敛之
立厂（ān）	唐兰	丽湘	陈家庆	连琐	茅盾	【liàn】	
立庵	骆子珊	丽云	张艾丁	连锁	茅盾	练顽	石凌鹤
立庵	唐兰	丽真	张励贞	连天纵	连横	练元秀	练元秀
立盦	唐兰	励前社同人	顾民元	连文澂	连横	炼	陈炼青
立壁	赵树理	励前社同人	张一林	连文澂	连梦青	炼庵	沈宗畸
立波	周立波	励吾	孟超	连武公	连横	炼虹	炼虹
立诚	辜鸿铭	励行健	励行健	连禧	鲁琪	炼青	陈炼青

炼之	沈炼之	梁公溥	梁若尘	梁上泉	梁上泉	梁真	穆旦
楝园	洪楝园	梁果	易巩	梁少康	梁兆斌	梁榛	黄树则
【liáng】		梁荷	易巩	梁生为	梁容若	梁振亚	鲁坎
良丞	张星烺	梁鸿志	梁鸿志	梁绳纬	梁容若	梁镇	梁镇
良甫	黎锦明	梁厚甫	梁厚甫	梁绳祎	梁容若	梁政	夏易
良甫	潘景郑	梁华	梅朵	梁盛志	梁容若	梁直	李长之
良漫	胡浪曼	梁惠炎	章其	梁实秋	梁实秋	梁植涛	易巩
良药	寒声	梁慧如	梁羽生	梁式	梁式	梁治华	梁实秋
良伊	梁漪	梁季雄	梁启雄	梁述任	梁启雄	梁中健	李辉英
俍工	孙俍工	梁家竹	廖子东	梁庶长	梁鼎芬	梁仲策	梁启勋
凉	倪海曙	梁嘉官	梁方仲	梁叟	金江寒	梁仲殊	梁若尘
凉生	林之夏	梁节庵	梁鼎芬	梁天	梁山	梁仲毅	梁鸿志
凉笙	林之夏	梁晋	李辉英	梁廷闿	梁廷闿	梁众异	梁鸿志
梁霭	梁霭	梁京	张爱玲	梁桐	黄树则	梁子美	梁容若
梁白云	梁上泉	梁均默	梁实秋	梁为果	林基路	梁宗岱	梁宗岱
梁柏青	吴其敏	梁君度	梁式	梁维周	梁斌	梁宗之	王梦鸥
梁宝	孟力	梁康平	梁式	梁文翠	梁文若	梁祖强	梁宁
梁碧瑜	梁碧瑜	梁柯	易巩	梁文夫	梁朝杰	梁谄	许翰如
梁斌	梁斌	梁轲	易巩	梁文若	梁文若	梁文彬	梁斌
梁仌绒	梁冰弦	梁科	易巩	梁文星	吴兴华	【liǎng】	
梁冰绒	梁冰弦	梁坷	易巩	梁无畏	梁鸿志	两到黄山绝顶人	张大千
梁冰弦	梁冰弦	梁宽	梁厚甫	梁惜芳	温流	两度月宫游客	陈夔龙
梁波	易巩	梁匡平	梁式	梁溪纯农	王西神	两浑	康有为
梁伯隽	梁朝杰	梁丽	宋谋瑒	梁香	陈冰夷	两穆	赵明
梁伯烈	梁鼎芬	梁林徽音	林徽因	梁襄武	梁冰弦	两针	纪云龙
梁彩彰	梁镇	梁梦庚	梁山丁	梁协荣	梁鼎铭	【liàng】	
梁灿	叶明	梁梦书	梁乙真	梁心海	梁鼎芬	亮	吕亮耕
梁朝杰	梁朝杰	梁明	杨志一	梁星	高而公	亮	茅盾
梁成	梁耀南	梁铭纲	梵杨	梁星海	梁鼎芬	亮臣	张星烺
梁楚	夏侯	梁摩	易巩	梁秀虎	黎锦晖	亮尘	张星烺
梁纯夫	梁纯夫	梁慕鸾	梁鸿志	梁秀虎	羊枣	亮丞	张星烺
梁稻	李克异	梁南	梁南	梁彦	梁彦	亮俦	焦菊隐
梁鼎芬	梁鼎芬	梁佩琼	陈蝶衣	梁耀南	梁耀南	亮夫	陈礼士
梁鼎铭	梁鼎铭	梁佩琼	梁霭	梁野	唐达成	亮夫	姜亮夫
梁东痴	梁鸿志	梁珮贞	梁珮贞	梁漪	梁漪	亮夫	周明
梁多	易巩	梁其彦	梁其彦	梁仪真	梁乙真	亮耕	吕亮耕
梁尔怀	袁水拍	梁企善	梁企善	梁乙真	梁乙真	亮生	林之夏
梁方翁	梁方仲	梁启超	梁启超	梁亦拱	易巩	亮亭	何如
梁方仲	梁方仲	梁启雄	梁启雄	梁溢功	易巩	谅直	李长之
梁飞素	梁霭	梁启勋	梁启勋	梁隐	钱穆	量	茅盾
梁丰	欧阳庄	梁启佑	温流	梁婴	金江寒	量富	周明
梁风	梁风[1]	梁潜翰	梁厚甫	梁永裕	梁其彦	量守居士	黄侃
梁风	梁枫	梁清源	梁珮贞	梁咏时	梁山丁	量孙	周建人
梁枫	梁枫	梁任	梁启超	梁孟庚	梁山丁	【liáo】	
梁风	梁风[2]	梁任	朱梁任	梁羽生	梁羽生	辽丁	爵青
梁甫吟	杜草甬	梁任公	梁启超	梁雨风	谢冕	辽东公子	端木蕻良
梁父	金江寒	梁容若	梁容若	梁遇春	梁遇春	辽谷鹰	邵默夏
梁父	吕剑	梁如怀	袁鹰	梁云	施蛰存	辽莽	余思牧
梁父吟	金江寒	梁汝怀	袁鹰	梁韵松	欧阳山	辽西醉侠	萧军
梁高民	梁宁	梁山	梁山	梁韵松	易巩	辽逸	刘辽逸
梁戈白	欧阳山	梁山丁	梁山丁	梁兆斌	梁兆斌	辽远	廖一原
梁哥	易巩	梁剡	梁彦	梁赵瓒	梁兆斌	聊居主人	潘世谟

聊伊	刘辽逸	廖独夫	廖仲恺	廖友陶	廖友陶	林伯行	林之夏
聊止	张穋子	廖恩焘	廖恩焘	廖毓文	廖汉臣	林伯修	杜国庠
寥霖	施若霖	廖恩焘忏庵	廖恩焘	廖源	廖一原	林不肯	刘尧民
燎英	王燎荧	廖恩煦	廖仲恺	廖云	羽山	林彩英	林彬
燎荧	王燎荧	廖凡	廖翠凤	廖增彝	廖尚果	林参天	林参天
穋子	张穋子	廖凤书	廖恩焘	廖仲恺	廖仲恺	林灿桓	林焕平
【liǎo】		廖凤舒	廖恩焘	廖仲潜	廖仲潜	林仓	杲杏
了	瞿秋白	廖辅叔	廖辅叔	廖仲仁	陈云	林沧白	夏康农
了庵	陶小柳	廖观玄	廖尚果	廖子东	廖子东	林草	林草
了盦	陶小柳	廖汉臣	廖汉臣	廖宗岱	左明	林昌	杲杏
了的	洪迅涛	廖华	陈国柱	廖宗浩	廖子东	林长仁	林森
了公	杨锡章	廖化	王朝闻	廖作民	左明	林常绿	林枞敬
了君	王凤	廖季平	廖季平	【liè】		林鬯云	林鹤年
了了	萨空了	廖家权	廖沫沙	列	孔另境	林超真	郑超麟
了了	徐达	廖菊阳	左明	列车	陆象贤	林朝琛	林献堂
了娜	张紫薇	廖立峨	廖立峨	列弓射	李望如	林潮	林潮
了然	杜任之	廖浏心	廖子东	列躬射	李望如	林车	郭风
了然	徐梵澄	廖梅峰	廖传道	列火	饶友瑚	林辰	林辰
了叟	侯鸿鉴	廖摩挐	廖沫沙	列御	周木斋	林晨	林晨
了王	杨锡章	廖沫沙	廖沫沙	列御寇	陆象贤	林澄思	那沙
了无	李长之	廖墨沙	廖沫沙	劣者	高沐鸿	林迟	卞之琳
了一	饶孟侃	廖耐难	戈壁舟	冽溧	冯亦代	林迟	张叶舟
了一	王力[1]	廖平	廖季平	烈风	赵树理	林崇礼	林清敦
了一	翁偶虹	廖平庵	廖平子	烈文	黎烈文	林初	蒋元椿
了一子	萧天石	廖平子	廖平子	烈子	梁鼎芬	林楚平	林楚平
了因	周了因	廖苹庵	廖平子	猎户	谭真	林川	司马文森
了引	洪迅涛	廖潜	廖仲潜	猎人	谭真	林传甲	林传甲
了子	张穋子	廖清秀	廖清秀	【lín】		林窗	莫洛
蓼庵	蒋藩	廖人旦	廖伯坦	邻道	陈望道	林纯瀛	岗岚
蓼庵	杨廷福	廖任坚	廖平子	林	华林	林茨	李景慈
蓼功	杨锡章	廖任肩	廖平子	林	姜椿芳	林聪	吴继岳
蓼南	韦丛芜	廖尚棐	廖辅叔	林	王森然	林达	卞之琳
蓼我	张拓芜	廖尚果	廖尚果	林	赵易林	林达人	任大霖
蓼园	柯劢忞	廖叔度	廖传道	林安	荆有麟	林大	葛林
蓼云	王昌定	廖顺庠	廖晓帆	林百举	林百举	林大椿	林献堂
【liào】		廖特全	廖特全	林宝泉	林疑今	林大骏	林林
廖宝仁	廖子东	廖翔农	廖翔农	林北丽	林北丽	林黛湘	莫洛
廖宝莹	廖子东	廖晓帆	廖晓帆	林北云	林宰平	林旦	郑公盾
廖芯光	廖芯光	廖新	左明	林碧	袁鹰	林淡秋	林淡秋
廖碧光	廖芯光	廖信泉	戈壁舟	林壁	艾青	林涤非	林涤非
廖璧光	廖芯光	廖星光	羽山	林标	林涵表	林笛	王琳[2]
廖冰兄	廖冰兄	廖行光	羽山	林宾	林彬	林笛	张央
廖伯坦	廖伯坦	廖性之	丁明	林彬	林彬	林蒂	林望中
廖忏庵	廖恩焘	廖旭陂	廖季平	林彬	林淡秋	林迭肯	林汉达
廖陈氏	陈云	廖昴陂	廖季平	林彬	林默涵	林丁	丁耶
廖陈云	陈云	廖学斋	廖季平	林彬彬	林彬	林丁	张文松
廖传道	廖传道	廖延泗	廖圣亮	林兵	刘沙	林冬	缪白苗
廖德明	王利器	廖耀军	朱健	林栈	林默涵	林冬明	何满子
廖登廷	廖季平	廖一原	廖一原	林秉辉	林纾	林冬平	孙犁
廖登庭	廖季平	廖夷白	廖仲恺	林伯	杜国庠	林冬苹	孙犁
廖涤生	廖一原	廖音	俞大纲	林伯渠	林伯渠	林独步	林独步
廖东生	廖冰兄	廖埵	鲍昌	林伯堂	林宰平	林渡	莫洛

林尔崇		林锡牙	林鹤亭	林参天	林竞先	林志成	林鲁生	林鲁生
林尔启		钟山心	林亨泰	林亨泰	林敬德	思谦	林路	林秀明
林耳		韦丛芜	林红	林草	林静	朱惠	林路	张天鲁
林范		王殊	林红	林淑仪	林静希	林庚	林露	晏明
林梵		丁嘉树	林宏	林宏	林珏	林珏	林履信	林履信
林芳年		林芳年	林宏昌	佐丁	林觉夫	秦牧	林绿	林枳敬
林放		满涛	林花	周璧	林潜南	林叶语	林抢元	林元
林放		赵超构	林华	谢然之	林庚白	林庚白	林麦	孟超
林菲		李楚材	林欢	金庸	林珂穆	徐梵澄	林曼	李润湖
林霏霏		刘枋	林桓	上官予	林柯	陈西禾	林曼玲	季茂之
林奋		林汉达	林缓	王秋萤	林克多	林克多	林曼青	洪灵菲
林丰		林丰	林浣生	林家钟	林克夫	林克夫	林漫	李满天
林丰		叶灵凤	林焕平	林焕平	林克谐	林稚生	林茫	王殊
林风		侣伦	林筥	胡天风	林垦	董林肯	林莽	黄肃秋
林风		叶灵凤	林辉	沈侠魂	林奎腾	林传甲	林莽	李辉英
林枫		归人	林徽	林纾	林奎云	林传甲	林莽	林参天
林锋		严灵峰	林徽因	林徽因	林兰	李小峰	林莽	刘树声
林讽		张央	林徽音	林徽因	林兰萍	冉于飞	林莽	楼适夷
林凤		左笑鸿	林惠连	苏曼殊	林岚	林秋冰	林莽	王殊
林凤如		林如斯	林慧文	李景慈	林岚	林志成	林莽	朱讯
林佛国		林佛国	林火	韩冰野	林岚映	林荆南	林矛	徐懋庸
林服膺		林淡秋	林火	林冷秋	林蓝	林蓝	林茅	邵全建
林复		瞿秋白	林火	罗铁鹰	林蓝	林遐	林梅	皮作玖
林岗		冉于飞	林火	许行	林郎	方未艾	林蒙	甘道生
林戈		季茂之	林棘	陈子彬	林郎	那沙	林梦幻	林涤非
林庚		林庚	林棘丝	曹辛之	林浪	林其润	林梦梅	林梦梅
林庚白		林庚白	林棘丝	方平	林冷秋	林冷秋	林梦琴	林文庆
林庚汉		周恩来	林季泉	林廷玉	林犁田	许翰如	林绵	林绵
林恭祖		思谦	林霁融	林霁融	林藜	林藜	林棉	莫洛
林谷		王林谷	林间	林间	林礼宸	许翰如	林勉	林绵
林灌园		林献堂	林建安	林建安	林里	李正中	林淼	瞿秋白
林归云		林传甲	林建南	楼适夷	林里	林里	林渺	瞿秋白
林国光		林疑今	林健庵	林建安	林连荣	林连荣	林明	林芷茵
林果		林琳	林健人	林景仁	林连云	那沙	林默	廖沫沙
林过目		李景慈	林涧	胡冠中	林良	子敏	林默	莫洛
林海		楼适夷	林涧	沙驼	林凉生	林之夏	林默涵	林默涵
林海成		林越峰	林涧	张志谦	林凉笙	林之夏	林木	胡青
林海音		林海音	林江	林江	林亮生	林之夏	林木瓜	林穆光
林海音		莫洛	林绛秋	林嵩寿	林烈	林默涵	林木茂	欧外鸥
林海语		莫洛	林角夫	秦牧	林林	林林	林牧	卢煤
林含英		林海音	林杰	林斤澜	林林	张子斋	林慕沃	舒芜
林涵表		林涵表	林斤澜	林斤澜	林琳	林琳	林穆光	林穆光
林涵宽		林文慧	林今开	林今开	林灵光	林灵光	林娜	石评梅
林汉标		林涵表	林金	杜印	林苓	蓝苓	林娜	司马文森
林汉达		林汉达	林金	林秋冰	林玲	彭玲	林娜	谢冰莹
林翰桼		林涵表	林金楷	林今开	林陵	姜椿芳	林南	楼适夷
林憾		林憾庐	林金兴	林秋冰	林菱	章叶频	林难言	张子斋
林憾庐		林憾庐	林荆南	林荆南	林翎	上官予	林楠	李景慈
林和乐		林语堂	林精镠	林芳年	林零	翦伯赞	林楠	张文松
林和清		林憾庐	林景煌	单复	林流	刘麟	林呐	林呐
林河清		林憾庐	林景仁	林景仁	林流年	杜谷	林泥	吴羊璧
林鹤庐		林鹤年	林景泰	林景泰	林柳杞	柳杞	林拍	冉欲达

林派克	秦牧	林山	林山	林顽石	秦牧
林培根	林恩卿	林山脮	林山脮	林绾	管维霖
林朋	陈七	林杉	林杉	林万里	林白水
林平	黎家健	林姗姗	林姗姗	林望中	林望中
林蒲	林振述	林尚之	李克因	林微	莫洛
林栖	南星	林少侯	华岗	林微音	林微音
林其	伊琳	林少泉	林白水	林薇	林绵
林其美	林其美	林射九	林纾	林薇	林薇
林其详	瞿秋白	林生	刘撰一	林薇	莫洛
林琪祥	瞿秋白	林声	华林	林薇	曾卓
林琦	林琦	林诗	束纫秋	林为梁	林基路
林启珍	林艺	林十柴	刘大海	林维新	陈仃
林千峰	何达	林石父	华岗	林未春	雷石榆
林千山	何达	林石崖	林佛国	林未雪	夏易
林芊	蘜果	林时民	李民	林畏南	林纾
林谦章	林鹤年	林士诒	张子斋	林蜗庐	林纾
林潜	林潜	林世祚	赵树理	林文	林望中
林琴南	林纾	林适存	林适存	林文访	林熊祥
林琴南先生	林纾	林适民	李民	林文慧	林文慧
林沁芬	林咏荣	林守仁	郭沫若	林文庆	林文庆
林青	陈仃	林守庄	林守庄	林文山	牧惠
林青	林青	林抒	何为[1]	林无双	林太乙
林青	舒兰	林纾	林纾	林夕	卢梦
林青	宋振庭	林纾畏庐	林纾	林夕	朱英诞
林青	修孟千	林叔逊	林元	林夕音	陈梦韶
林青涟	林其美	林淑华	林淑华	林西	梁山丁
林清敦	林清敦	林述三	林缵	林希隽	林希隽
林清文	林清文	林树棠	林施均	林希庄	林履信
林庆澜	林斤澜	林率	陈麟瑞	林锡麟	林锡麟
林箐	阳翰笙	林思进	林山脮	林锡寿	林雨
林秋华	梅秀	林松	古承铄	林锡牙	林锡牙
林秋声	郭风	林松	蓝光	林熙	高伯雨
林秋实	李未青	林颂葵	牧惠	林熙	夏衍
林秋叶	林之夏	林素庵	杜国庠	林曦	司马文森
林取	黎烈文	林绥	林绥	林曦光	齐鸣
林取	韦丛芜	林邃园	林伯渠	林遐	林遐
林全田	林克夫	林太乙	林太乙	林下风	侣伦
林泉	林庚白	林彂	林彂	林夏	秦泥
林泉居	戴望舒	林涛	林汉达	林献堂	林献堂
林泉居士	戴望舒	林涛	林琦	林祥枢	萧凌
林泉逸	谭人凤	林腾臣	林风	林向	秦泥
林群玉	林纾	林天波	林森	林小眉	林景仁
林仁超	林仁超	林天才	林穆光	林晓	王汶
林榕	洪林	林天斗	林楚平	林肖泉	林白水
林榕	李景慈	林天青	李景慈	林笑岩	林锦堂
林如稷	林如稷	林天雨	李景慈	林啸	方未艾
林如斯	林如斯	林铁魂	林姗姗	林啸	刘树声
林三	谢冰莹	林铁林	林鹤年	林獬	林白水
林森	白堤	林汀	潘箫	林瀣	林白水
林森	林森	林廷俊	林楚平	林懈	林白水
林沙	林芷茵	林廷玉	林廷玉	林心渤	凌霄
林山	李辉英	林同济	林同济	林心平	林存和

林雄飞	李华飞
林熊祥	林熊祥
林秀	杨仲德
林宣樊	林白水
林玄山	林山
林学衡	林庚白
林雪海	林莽中
林雪清	林琦
林雪棠	林鲁生
林焉	何为[1]
林岩	陈子彬
林炎	范泉
林炎	林炎
林炎	青勃
林熠	沙驼
林燕	林彦
林仰可	林山
林仰山	林林
林仰山	林青
林耀	林莽中
林耶	林耶
林野	杜谷
林野	丰村
林一	林艺
林一厂（ān）	林百举
林一泓	林家松
林一娄	章品镇
林一玮	秦绿枝
林伊稽	钟山心
林伊文	郑超麟
林衣凡	莫洛
林仪贞	林琳
林沂	高展
林怡昌	林枴敬
林宜斋	林熊祥
林疑今	林疑今
林以亮	宋淇
林艺	林艺
林佚	林佚
林易	杨晋豪
林逸夫	楼适夷
林逸衡	林家松
林逸君	周楞伽
林逸斋	林锦堂
林意侯	林风
林毅	林艺
林翼	楼适夷
林翼之	楼适夷
林荫	关露
林荫南	洪灵菲
林音	黄崖
林音频	林音频

笔名	本名	笔名	本名
凌淑华	凌叔华	【liū】	
凌霜	黄凌霜	溜子	罗皑岚
凌太昭	凌景坚	【liú】	
凌铁	楼适夷	刘	孔另境
凌文思	凌丁	刘皑	刘皑
凌文远	凌文远	刘巴	许伽
凌西	牧惠	刘白帆	秦瘦鸥
凌翔	柳倩	刘白羽	刘白羽
凌霄	江天蔚	刘拜农	刘半农
凌霄	凌霄	刘半九	绿原
凌霄	徐凌霄	刘半农	刘半农
凌霄阁主	徐凌霄	刘半侬	刘半农
凌霄汉	徐凌霄	刘宝荣	刘波泳
凌霄汉阁	徐凌霄	刘葆力	萧军
凌霄汉阁主	徐凌霄	刘北汜	刘北汜
凌霄汉阁主人	徐凌霄	刘必成	刘艺亭
凌霄一士	徐凌霄	刘宾	孙孺
凌霄一士	徐一士	刘彬	谢冰莹
凌孝隐	凌孝隐	刘冰弦	刘操南
凌玄黄	凌景埏	刘秉文	张叶舟
凌羽	管维霖	刘炳善	刘炳善
凌羽扬	蔡丹冶	刘波泳	刘波泳
凌羽阳	蔡丹冶	刘伯温	陆高谊
凌源	何达	刘伯文	刘春
凌云	丁嘉树	刘博夫	刘后一
凌昭懿	凌景坚	刘步芳	叶青
凌卓	凌孝隐	刘才洲	林遐
陵	姜椿芳	刘灿波	刘呐鸥
陵文	郑文通	刘沧浪	刘沧浪
菱花	钱君匋	刘操南	刘操南
菱乐	李劼人	刘草	刘保罗
舲客	余上沅	刘昌博	刘昌博
翎儿	马健翎	刘长青	刘丹华
羚	姜椿芳	刘长苾	刘辽逸
零零	郑树荣	刘超武	刘超武
零星	吴清富	刘成禺	刘成禺
零鱼	耶林	刘诚	刘诚
【lǐng】		刘诚	温田丰
岭梅	冯铿	刘诚	周楞伽
岭南人	郑树荣	刘诚	刘燕及
岭南羽衣女士	罗普	刘承蕙	刘燕及
【lìng】		刘迟	刘迟
另境	孔另境	刘川	刘川
令	姜椿芳	刘春	刘春
令德	杨令德	刘春华	张叶舟
令飞	鲁迅	刘春桃	龙瑛宗
令斐	鲁迅	刘存有	刘云若
令公	王德林	刘达	刘豁公
令光	杨明[2]	刘达尊	刘肖愚
令杰	司徒宗	刘大白	刘大白
令孺	方令孺	刘大川	刘流[1]
令玉	周玲	刘大海	刘大海
		刘大杰	刘大杰

笔名	本名	笔名	本名
刘大觉	刘一梦	刘贵佩	芦甸
刘大为	刘大为	刘国芳	刘谷风
刘大芜	刘金	刘国钧	刘国钧
刘大学	刘晓	刘国钧	刘梦莘
刘丹	刘复彭	刘国兴	陈隄
刘丹华	刘丹华	刘国正	刘征
刘导黄	吴白匋	刘国钟	刘国钟
刘道南	刘道南	刘过	金江寒
刘道平	刘克光	刘过夫	金江寒
刘得三	刘得三	刘海尼	刘海尼
刘德怀	刘德怀	刘海粟	刘海粟
刘德馨	化铁	刘海子	刘燕及
刘迪庆	耿林莽	刘含怀	刘含怀
刘涤	雷加	刘涵	刘含怀
刘涤先	刘澍德	刘澍德	刘成禺
刘鼎汉	金军	刘汉	刘汉
刘东兰	白朗	刘汉文	于克
刘东园	柳青	刘汉铮	刘汉铮
刘冬雷	刘冬雷	刘和芳	刘和芳
刘敦	刘如水	刘和民	刘树声
刘蓂	雷妍	刘黑枷	刘黑枷
刘耳	林珏	刘黑家	刘黑枷
刘二妮	古立高	刘蘅	刘蘅
刘凡	刘剑波	刘弘度	刘永济
刘梵	李一痕	刘弘一	刘弘一
刘方白	田仲济	刘弘毅	刘弘毅
刘方盛	白峡	刘宏度	刘永济
刘芳华	蔡北华	刘泓	刘泓
刘芳松	刘芳松	刘洪河	刘洪河
刘枋	刘枋	刘鸿奎	刘秉虔
刘飞	刘流[1]	刘鸿霖	萧军
刘飞	刘毅	刘后一	刘后一
刘丰	刘芳松	刘后贻	刘后一
刘风	叶青	刘厚朗	刘溪
刘凤镠	刘凤镠	刘厚生	刘厚生
刘敷荣	刘敷荣	刘厚贻	刘后一
刘伏龙	刘江	刘厚滋	刘蕙荪
刘福禄	刘江	刘化民	张春桥
刘复	刘半农	刘焕章	朱繁
刘复半侬	刘半农	刘篁村	刘克明
刘复彭	刘复彭	刘恢之	吴晗
刘高	叶青	刘犟旻	刘北汜
刘耿直	公刘	刘惠民	刘北汜
刘公	晋驼	刘蕙孙	刘蕙荪
刘躬	林之夏	刘豁公	刘豁公
刘谷风	刘谷风	刘火	刘春
刘光	刘尊棋	刘火子	刘火子
刘光	叶青	刘及远	程嘉哲
刘光汉	刘师培	刘吉晨	叶青
刘光人	刘光人	刘季	丁宁[3]
刘光武	刘光武	刘季	沈从文
刘贵	刘乃崇	刘季星	刘麟

刘寄奴	沐绍良	刘岚	刘岚山	刘乃崇	刘乃崇	刘沙	刘沙
刘霁华	刘尊棋	刘岚山	刘岚山	刘南薇	刘南薇	刘山	刘大杰
刘佳	刘佳	刘郎	林建安	刘呐鸥	刘呐鸥	刘山	叶青
刘佳玉	刘佳	刘郎	刘迟	刘念渠	刘念渠	刘尚志	刘莹姿
刘珈	尹专	刘郎	刘心皇	刘宁	巴人	刘少保	刘少保
刘家璠	刘川	刘郎	唐大郎	刘宁	丁之屏	刘少陵	华岗
刘家良	刘家良	刘郎	萧军	刘宁	爵青	刘少平	刘少平
刘家镕	刘薰宇	刘郎	徐大风	刘宁	刘火子	刘绍唐	刘绍唐
刘家树	刘之俊	刘琅	蔡楚生	刘俳	刘克光	刘申叔	刘师培
刘家祥	钱健吾	刘朗	刘火子	刘檠	刘海粟	刘莘仲	岳瑟
刘家语	谷牧	刘姥姥	刘枋	刘檠	周楞伽	刘燊曾	刘燊曾
刘嘉禄	纪云龙	刘乐吟	刘燧	刘泮溪	刘泮溪	刘生焱	刘心皇
刘嘉祯	纪云龙	刘冷	刘冷	刘培燊	刘火子	刘生智	范山
刘剑波	刘剑波	刘厉	刘和芳	刘佩	爵青	刘盛亚	刘盛亚
刘剑青	刘剑青	刘立千	刘立千	刘鹏年	刘鹏年	刘师培	刘师培
刘健	蒋天佐	刘利可	刘利可	刘平	刘平	刘师陶	刘师陶
刘江	李耕	刘莉	白朗	刘平若	曹白	刘石	刘祖春
刘江	刘江	刘笠	刘毅	刘萍	王德林	刘石夷	刘石夷
刘江南	刘三	刘涟清	刘涟清	刘七	欧小牧	刘时穆	刘思慕
刘杰	陈昌谦	刘濂清	刘涟清	刘其庚	刘流[1]	刘拾遗	刘开扬
刘捷	刘捷	刘良月	刘火子	刘奇声	刘保罗	刘世珩	刘世珩
刘金	刘金	刘辽逸	刘辽逸	刘绮	刘铁冷	刘世骧	刘平
刘金蒂	金江寒	刘麟	刘麟	刘谦	刘谦	刘世纶	叶曼
刘金锋	刘剑青	刘麟生	刘成禺	刘前度	刘前度[1]	刘世明	刘哲生
刘金三	刘流[1]	刘麟生	刘麟生	刘前度	刘前度[2]	刘世模	刘世模
刘锦江	刘锦江	刘令门	杜谷	刘茜	姚溱	刘世培	刘师培
刘锦添	刘冷	刘令蒙	杜谷	刘勤	夏衍	刘世泽	田奇
刘竞	刘竞	刘流	刘流[1]	刘青阳	刘金	刘世朝	刘思
刘靖	刘国钧	刘流	刘流[2]	刘清莲	刘真	刘寿彭	刘半农
刘靖裔	刘大白	刘六	陈陆留	刘清禄	安波	刘寿嵩	刘绶松
刘静沅	刘静沅	刘陆綦	刘陆綦	刘清溪	白莎	刘绶松	刘绶松
刘静蕴	石评梅	刘露	刘露	刘清扬	刘清扬	刘瘦柳	刘和芳
刘镜海	也丽	刘霍原	田湜	刘庆芳	晋驼	刘瘦梅	刘流[2]
刘九	刘海粟	刘曼生	谷牧	刘曲	刘燕及	刘叔温	李岳南
刘菊生	刘麟	刘茂隆	刘雪苇	刘全忠	刘大为	刘殊莹	陈隄
刘觉堂	刘心皇	刘孟扬	刘孟扬	刘群	刘群	刘述璧	刘立千
刘爵青	爵青	刘梦旦	刘金	刘然	刘思慕	刘树春	刘沙
刘军	萧军	刘梦若	刘心皇	刘仁甫	绿原	刘树强	刘川
刘均	萧军	刘梦苇	刘梦苇	刘仁国	刘仁国	刘树声	刘树声
刘君木	刘思慕	刘梦云	张闻天	刘仁美	邱仁美	刘澍德	刘澍德
刘君穆	刘思慕	刘勉	吴晗	刘仁勇	公刘	刘率真	曹聚仁
刘君襄	刘君襄	刘勉之	吴晗	刘日波	刘逸生	刘霜	刘云若
刘骏仁	白文	刘敏	晋驼	刘荣桂	刘荣桂	刘爽军	林遏
刘开	刘玉峰	刘明	艾芜	刘荣宗	龙瑛宗	刘水岸	耿林莽
刘开渠	刘开渠	刘明	任哲维	刘璿	刘咸思	刘思	刘思
刘开扬	刘开扬	刘明辉	王利器	刘如	任哲维	刘思慕	刘思慕
刘克光	刘克光	刘明园	刘心皇	刘如梨	金江寒	刘斯海	刘岚山
刘克明	刘克明	刘木	康濯	刘如水	刘如水	刘嗣	刘嗣
刘况	刘保罗	刘慕清	鲁风[1]	刘瑞生	刘宗璜	刘松涛	刘南薇
刘揆一	刘揆一	刘慕霞	柳木下	刘若平	刘若平	刘苏	刘苏
刘兰	刘岚山	刘暮霞	柳木下	刘三	刘三	刘甡	刘苏
刘兰	沈毓刚	刘穆	刘思慕	刘三郎	萧军	刘随	刘前度[1]

刘燧	刘燧	刘晓	刘晓	刘艺亭	刘艺亭	刘耘之	刘莹姿
刘燧元	刘思慕	刘晓村	刘晓	刘亦耕	刘艺亭	刘筠	刘筠
刘太冲	刘太冲	刘肖愚	刘肖愚	刘易士	刘群	刘筠墅	刘筠
刘泰东	刘汉	刘笑声	石天	刘逸生	刘逸生	刘筠堂	刘筠堂
刘天成	刘心皇	刘心	廖子东	刘毅	刘毅	刘韵秋	欧阳予倩
刘天达	雷加	刘心皇	刘心皇	刘毅夫	刘毅夫	刘蕴华	柳青
刘天风	刘冷	刘心煌	刘心皇	刘翼凌	刘翼凌	刘蕴秋	刘蕴秋
刘天隽	柳倩	刘心如	刘薰宇	刘翼鹏	刘枋	刘泽湘	刘泽湘
刘天路	刘天路	刘芯	刘燕及	刘吟飞	萧军	刘增容	刘一梦
刘天倪	刘襄亭	刘辛淼	刘新淼	刘隐	刘胤	刘湛	杜谷
刘铁肩	晋驼	刘新淼	刘新淼	刘胤	刘胤	刘钊	刘燧
刘铁冷	刘铁冷	刘新民	白航	刘英白	刘英白	刘兆淮	刘德怀
刘廷芳	刘廷芳	刘新民	刘前度 [2]	刘莺	徐谦夫	刘兆麟	刘云若
刘通矩	炼虹	刘薪传	刘薪传	刘莹姿	刘莹姿	刘兆麟	刘知侠
刘同绎	刘以鬯	刘鑫	刘流 [1]	刘莹姿女士	刘莹姿	刘兆熊	刘云若
刘宛平	刘少平	刘兴亚	刘毅夫	刘滢	谢冰莹	刘哲庐	刘锦江
刘亡	严辰	刘星王	刘心皇	刘映元	刘映元	刘哲生	刘哲生
刘王立明	刘王立明	刘行	刘后一	刘永济	刘永济	刘针	纪云龙
刘韦	刘晖	刘修业	刘修业	刘永瑨	刘永瑨	刘珍	刘珍
刘韦鄂	刘晖	刘叙	朱侃	刘咏莲	雷妍	刘真	刘真
刘维信	萧军	刘绪先	刘绪萱	刘咏元	皮作玖	刘振传	刘振传
刘晖	刘晖	刘绪萱	刘绪萱	刘泳飞	萧军	刘振德	刘石夷
刘渭贤	刘云若	刘宣阁	刘麟生	刘勇	叶青	刘振汉	沐绍良
刘蔚天	萧军	刘暄	刘暄	刘用栋	刘毅	刘振坤	刘火子
刘慰	陈隁	刘玄	朱肇洛	刘友瑾	刘厚生	刘振坤	唐振常
刘文	田奇	刘学民	刘树声	刘余一	刘金	刘振堃	刘苏
刘文玠	天台山农	刘学三	刘振传	刘禺生	刘成禺	刘振鹏	刘若平
刘文苇	炼虹	刘学裕	于右任	刘宇	范泉	刘振声	芦甸
刘文铣	刘金	刘雪苇	刘雪苇	刘宇	刘宇	刘征	刘征
刘文子	炼虹	刘薰宇	刘薰宇	刘羽捷	萧军	刘正	缪文渭
刘问白	刘薪传	刘延甫	刘延甫	刘瑀	刘肖愚	刘正蓬	刘若平
刘问尧	刘成禺	刘延陵	刘延陵	刘玉	朱德	刘正兴	芦甸
刘舞心女士	张若谷	刘延祖	柳倩	刘玉峰	刘玉峰	刘净	刘征
刘西蒙	刘芳松	刘岩	刘心皇	刘玉良	刘英白	刘之楚	刘炳善
刘西渭	阿英	刘雁	沈毓刚	刘玉赞	刘白羽	刘之淇	侯金镜
刘西渭	李健吾	刘燕白	萧军	刘玉璋	刘迟	刘芝明	刘芝明
刘锡荣	杜谷	刘燕及	刘燕及	刘育英	刘得三	刘知侠	刘知侠
刘溪	刘溪	刘扬	芦甸	刘昱诚	金性尧	刘植兰	雷妍
刘喜富	刘燧	刘尧军	李一痕	刘狱	谢狱	刘植莲	雷妍
刘先礼	刘嗣	刘尧民	刘尧民	刘御	刘御	刘植岩	上官橘
刘贤立	刘贤立	刘也悲	金江寒	刘裕声	王秉成	刘志鸿	刘黑枷
刘咸思	刘咸思	刘也兵	刘平	刘毓珩	陈其五	刘志良	刘平
刘显启	仇重	刘也秀	沐绍良	刘毓盘	刘毓盘	刘志纶	刘冬雷
刘现龙	孟田	刘冶	邓式中	刘毓竹	萧军	刘志清	柔石
刘相如	刘相如	刘一梦	刘一梦	刘源	刘保罗	刘质灵	刘泮溪
刘襄亭	刘襄亭	刘一清	刘贻清	刘月舟	晋驼	刘质文	刘尊棋
刘萧沉	刘沙	刘一声	冯乃超	刘铖	李汝琳	刘治雍	刘尧民
刘小松	皮作玖	刘一声	刘一声	刘云	刘云若	刘治中	刘克光
刘小苏	皮作玖	刘依林	刘宗瑛	刘云	张闻天	刘智明	柳倩
刘小愚	刘肖愚	刘贻清	刘贻清	刘云程	白文	刘智清	禾波
刘小宇	刘肖愚	刘以鬯	刘以鬯	刘云清	也丽	刘稚德	沙金
刘小芋	刘肖愚	刘以芬	刘以芬	刘云若	刘云若	刘中孚	丁宁 [3]

刘中涂	丁宁[3]	流水	黄裳	柳金	周楞伽	柳涛	廖友陶
刘忠涵	刘含怀	流水	缪白苗	柳敬亭	安西	柳天蓝	杨蔚青
刘钟稣	刘三	流水	孙孺	柳克立	柳湜	柳汀	万一
刘仲	刘岚山	流星	蔡三恩	柳旷	冯柳堂	柳望月	蔡振扬
刘庄	刘流[1]	流音	温田丰	柳浪	马瑞麟	柳望再	高流
刘庄飞	刘流[1]	流吟	绿原	柳笠	徐朗	柳慰高	柳亚子
刘子厚	任国桢	流萤	李蕤	柳林	刘含怀	柳文英	周楞伽
刘子骏之绍述者		流云	巴人	柳林	刘麟	柳闻	田仲济
	章太炎	流云	刘云若	柳林	王劲秋	柳无非	柳无非
刘子政私淑弟子		馏申叔	刘师培	柳林	王雪波	柳无垢	柳无垢
	章太炎	旒其	许寿裳	柳林邨	冉欲达	柳无忌	柳无忌
刘紫	刘火子	骝仙	朱家骅	柳龙光	柳龙光	柳无根	刘金
刘宗向	刘绍唐	骝先	朱家骅	柳绿荫	刘枋	柳兮	杜希唐
刘祖澄	鲁风[1]	榴花	汪榴轩	柳明	楼栖	柳兮	杨南生
刘祖春	刘祖春	榴青	姚远方	柳木下	柳木下	柳西叔	薛绥之
刘祖椿	刘祖春	榴园	李冰人	柳南	张小怿	柳西夷	柳溪
刘祖沛	刘太冲	馏三	刘三	柳侬	何絮	柳希宗	柳非杞
刘祖仁	鲁风[1]	【liǔ】		柳佩芬	陈犀	柳锡礽	柳无忌
刘祖耀	刘流[2]	柳安	施蛰存	柳坪	姚鹏图	柳溪	李刚
刘祖泽	刘麟	柳岸	蔡北华	柳屏	姚鹏图	柳溪	柳溪
刘尊祺	刘尊棋	柳北岸	柳北岸	柳七	叶紫	柳溪浮筏	吴奔星
刘昨非	刘昨非	柳鞭	柳鞭	柳奇	马少波	柳下	常燕生
刘左盦	刘师培	柳滨	莫洛	柳淇	刘逸生	柳湘萍	欧小牧
刘作义	刘作义	柳辰夫	柳湜	柳杞	柳杞	柳斜晖	柯岗
浏心	廖子东	柳池	许伽	柳启鋬	柳野青	柳星王	刘心皇
留庵	孙毓修	柳船	俞铭璜	柳倩	金剑啸	柳絮	何絮
留垞	杨钟羲	柳村任	柳存仁	柳倩	柳倩	柳亚子	柳亚子
留芳女士	惠留芳	柳存仁	柳存仁	柳青	靳以	柳烟	方修畅
留君	李冰人	柳黛	潘柳黛	柳青	柳青	柳燕	刘枋
留仙	朱家骅	柳丹	刘春	柳青	王临泰	柳央	张央
留先	朱家骅	柳岛生	杨贤江	柳青娘	梅娘	柳野青	向明
流	黄叶流	柳笛	谭东晨	柳人权	柳亚子	柳叶	吴琛
流冰	孙孺	柳渡	张修文	柳如眉	蘅果	柳衣	李拓之
流波	刘逸生	柳芳	蘅果	柳如丝	乌·白辛	柳夷	陈山
流焚	韩冰野	柳非杞	柳非杞	柳若亭	曹从坡	柳诒徵	柳诒徵
流烽	路翎	柳非之	何为	柳散	李根红	柳毅夫	柳湜
流光	刘光武	柳风	顾家熙	柳莎	陈流沙	柳荫	梅娘
流痕	鲁藜	柳风	刘重	柳莎	郑文[2]	柳英	徐懋庸
流火	林遐	柳风	柳风	柳山	叶圣陶	柳莹	柳溪
流笳	刘佳	柳逢春	俞百巍	柳裳君	谢星楼	柳影	明秋水
流金	程应镠	柳拂云	赵超构	柳梢月	楼栖	柳映堤	郑树荣
流浪	刘诚	柳刚	文振庭	柳石门	柳北岸	柳映光	杨明[2]
流浪	刘道南	柳海滨	寒爵	柳湜	柳湜	柳隅	吴贯因
流人	韩笑	柳寒晖	刘含怀	柳舒	徐放	柳雨生	柳存仁
流人	梁容若	柳衡	周楞伽	柳丝	许钦文	柳园	王一榴
流沙	陈流沙	柳红玉	李润湖	柳丝	杨邨人	柳原	陈山
流沙	陈雨笠	柳戟	柳鞭	柳思琼	潘柳黛	柳云	杨幸之
流沙	胡天风	柳寂	孟宪仁	柳四	柳野青	柳枝	陈钦源
流沙	流沙河	柳嘉	柳嘉	柳松	李进	柳枝	周楞伽
流沙	张碙	柳江	曾卓	柳苏	罗孚	柳植	柳野青
流沙	赵赤羽	柳今	王度庐	柳堂	冯柳堂	【liù】	
流沙河	流沙河	柳金	于冠西	柳塘	杨朝枝	六庵	黄寿祺

六宝	逯斐	龙骧	方龙骧	卢潮	田涛	卢苇	罗灏白
六滨	吴强	龙翔	龙翔	卢琛	俞百巍	卢向晨	白炎
六朝居士	黄建安	龙言	雷昭性	卢涝	卢豫冬	卢小疏	卢冀野
六根清净人	狄楚青	龙阳才子	易顺鼎	卢风	蒋风	卢辛	彭拜
六馆	孔另境	龙一江	王云五	卢福庠	卢静	卢溢芳	卢溢芳
六郎	杨六郎	龙乙	欧阳山	卢弘	洪炉	卢隐	卢鸿基
六郎	叶石	龙音	李叔同	卢鸿	卢铭开	卢雯	罗灏白
六郎	郁华	龙瑛宗	龙瑛宗	卢鸿基	卢鸿基	卢豫冬	卢豫冬
六郎	周贻白	龙猷	孔罗荪	卢幻霞	任钧	卢元骏	卢元骏
六其居士	张难先	龙榆生	龙榆生	卢集	赵少伟	卢蕴	孙世珍
六桥补柳翁	林纾	龙元亮	龙榆生	卢冀野	卢冀野	卢镇华	白炎
六如	徐昌霖	龙韵	欧阳山	卢嘉文	任钧	卢镇华	夏川
六士	张龙云	龙韵	夏果	卢坚	王统照	卢正绅	卢冀野
六叔	许杰	龙治平	胡秋原	卢剑波	卢剑波	卢之	卢煤
六田居士	穆儒丐	龙子	郭沫若	卢敬殷	卢豫冬	卢植三	卢煤
六一翁	杨天骥	珑珉	王森然	卢静	卢静	卢铸	卢铸
六译	廖季平	聋	杨实夫	卢觉	赵树理	芦岸	荻青
六逸	谢六逸	聋道人	沈宗畸	卢克彰	卢克彰	芦白	李蕤
六庸	吕思勉	聋丁	费砚	卢夔风	卢葆华	芦荻	芦荻
六曾	黎烈文	隆兴	彭雪枫	卢兰	杜君慧	芦笛	魏巍
【lóng】		癃公	姚鹓雏	卢兰	麦紫	芦笛	严友梅
龙	雷昭性	【lǒng】		卢蠡	陆蠡	芦笛	于冠西
龙厂（ān）	庞人铨	陇人	孙艺秋	卢茅居	卢茅居	芦笛山翁	阳太阳
龙庵	庞人铨	陇翁	李冰人	卢懋居	卢茅居	芦焚	师陀
龙八	徐迟	【lóu】		卢懋榘	卢茅居	芦戈	卢经钰
龙辟	李叔同	娄海山	娄凝先	卢懋清	卢本源	芦歌	萧崇素
龙臂	李叔同	娄凝先	娄凝先	卢煤	卢煤	芦荭	周思义
龙禅	庞树柏	娄绍莲	娄绍莲	卢梦	卢梦	芦蕻	郑新如
龙城逋客	陈蝶衣	娄生	黄复	卢梦殊	卢梦殊	芦花白	陆华柏
龙城女史	吴青霞	楼邨	楼邨	卢念刚	卢茅居	芦魂	陈荻帆
龙丁	费砚	楼风	冯亦代	卢奇新	任钧	芦剑	胡康新
龙峨精灵	刘蕙荪	楼建南	楼适夷	卢启文	苏汎	芦浪	方重
龙凤兮	公刘	楼空老人	陆丹林	卢前	卢冀野	芦林	芦集照
龙公	姚鹓雏	楼栖	楼栖	卢青	卢铭开	芦芒	芦芒
龙公	叶楚伧	楼适夷	楼适夷	卢琼	俞百巍	芦森堡	芦集照
龙巩	郑造	楼文牧	鲁白野	卢仁风	卢煤	芦沙	赵宗濂
龙贡公	陈望道	楼西	楼栖	卢任钧	任钧	芦声	巴人
龙贡公	欧阳山	楼锡椿	楼适夷	卢如吟	卢煤	芦苏	洪铭声
龙顾山房主人	郭则沄	楼曦	尹庚	卢森	卢森	芦苇	柯原
龙顾山人	郭则沄	楼宪	尹庚	卢森堡	方龙骧	芦苇	刘炜
龙玺	王静芝	楼宪武	尹庚	卢森堡	任钧	芦燕	海笛
龙涧老人	李猷	楼雨桐	白荻[1]	卢山	凤兮	芦中穷士	王照
龙倦飞	王云五	楼允庚	尹庚	卢绍权	苗秀	庐甸	芦甸
龙亮之	舒芜	楼卓立	楼邨	卢申	路世坤	庐军	苗秀
龙沐勋	龙榆生	【lòu】		卢生	王统照	庐秋	卢心远
龙七	龙榆生	镂青	常风	卢世延	卢世延	庐湘	庐湘
龙山	张春桥	镂堂	严既澄	卢式	赵少伟	庐隐	庐隐
龙山	周作人	【lú】		卢斯	李景慈	庐隐女士	庐隐
龙田夫	蔡丹冶	卢	王统照	卢天	王尧山	炉火	孙孺
龙图	刘心皇	卢柏棠	卢梦殊	卢廷杰	卢剑波	炉煤	卢煤
龙尾	孙景贤	卢葆华	卢葆华	卢同蕃	卢铸	【lǔ】	
龙文	谢云声	卢葆华女士	卢葆华	卢湾	张春桥	鲁庵	董鲁安

鲁白	张铁弦	鲁琳	李辉英	鲁心	鲁心	陆杰夫	陆丹林
鲁白野	鲁白野	鲁灵光	余修	鲁迅	鲁迅	陆锦琴	陆晶清
鲁班门	高旅	鲁鲁	玉侠	鲁亚	阿英	陆荆荪	陆铿
鲁北文	丁景唐	鲁伦	匡若霞	鲁言	徐刚	陆晶卿	陆晶清
鲁宾	鲁宾	鲁蛮	葛英超	鲁颜	王鲁彦	陆晶清	陆晶清
鲁彬	貂问湄	鲁曼	李元鼎	鲁彦	王鲁彦	陆敬孔	陆铿
鲁彬	罗黎牧	鲁曼	田流²	鲁阳戈	刘含怀	陆敬先	陆铿
鲁兵	鲁兵	鲁莽	芦芒	鲁遗	刘燧	陆敬之	叶青
鲁伯	魏登	鲁莽	鲁藜	鲁乙庸	金性尧	陆静山	陆静山
鲁伯谦	余修	鲁莽	鲁莽	鲁毅	谢六逸	陆骏	陆离
鲁琛	范泉	鲁煤	鲁煤	鲁膺	祝世康	陆侃	陆侃如
鲁忱	王西徵	鲁氓	沙白	鲁愚	谢六逸	陆侃如	陆侃如
鲁迟	吴云心	鲁民	王聿均	鲁芋	绿原	陆考源	陆蠡
鲁存	林建安	鲁明	姚紫	鲁遇	谢六逸	陆克昌	陆克昌
鲁岱	卢克彰	鲁男子	刘和芳	鲁源	刘师培	陆铿	陆铿
鲁德	萧殷	鲁凝	金重	鲁约翰	鲁海	陆递	瞿秋白
鲁丁	鲁丁¹	鲁牛	毕奂午	鲁瞻	穆欣	陆离	陆离
鲁丁	鲁丁²	鲁琪	鲁琪	鲁瞻	王昆仑	陆篱	陆菲琼
鲁钝	鲁锐	鲁企风	王继尧	鲁政修	吴小如	陆蠡	陆蠡
鲁铎	王景山	鲁启智	鲁琪	鲁智深	卫聚贤	陆立之	陆立之
鲁尔	孙望	鲁芹	吴鲁芹	鲁座	李平心	陆留	陈陆留
鲁帆	周璧	鲁泉	周思义	【忄】		陆柳堤	郑树荣
鲁方明	余修	鲁人	崔万秋	甪里逸人	周作人	陆路	刘岚山
鲁风	陈鲁风	鲁人	王景山	陆白人	陆白人	陆律西	陆律西
鲁风	冯毅之	鲁锐	鲁锐	陆宝琦	陆志韦	陆绿曦	陆万美
鲁风	刘植树	鲁若参	叶青	陆璧	陆侃如	陆洛	陆静山
鲁风	鲁风²	鲁僧	鲁生	陆苍	张棣赓	陆眉	陆小曼
鲁峰	王景山	鲁山	蔡楚生	陆沉	范泉	陆梅	陆梅
鲁父	林基路	鲁山	凤兮	陆沉居士	章太炎	陆勉余	陆庆
鲁歌	鲁歌	鲁山	徐光霄	陆大棣	骆基	陆敏	陆蠡
鲁古	鲁迅	鲁哨	陈大光	陆丹林	陆丹林	陆明桓	陆明桓
鲁果	王继尧	鲁哨	杨昭	陆澹安	陆澹安	陆明晦	汪仲贤
鲁海	鲁海	鲁深	卢森	陆澹庵	陆澹安	陆鸣秋	陆鸣秋
鲁恨生	汪剑鸣	鲁深	张瑞麟	陆地	陆地	陆茗	葛青凡
鲁洪	卢铭开	鲁生	鲁生	陆蒂	陆克昌	陆祁	祁崇孝
鲁侯	沈寄踪	鲁声	岳野	陆定	陆定一	陆綦	刘陆綦
鲁基	李子荣	鲁声涛	岳野	陆定一	陆定一	陆钦仪	陆钦仪
鲁冀良	丰村	鲁诗音	张瑞麟	陆尔伦	丁芒	陆擎	章泯
鲁加	鲁藜	鲁施	杨活兴	陆菲琼	陆菲琼	陆庆	陆庆
鲁佳	杨沫	鲁司寇	田原	陆斐	逯斐	陆秋心	陆秋心
鲁家	鲁藜	鲁思	卢铭开	陆风	陆风	陆泉	邹荻帆
鲁嘉	吴羊璧	鲁思	鲁思	陆皋义	陆高谊	陆珊宜	冯英子
鲁健	鲁海	鲁思	席启驷	陆高谊	陆高谊	陆少懿	伍禅
鲁觉吾	鲁莽	鲁斯	夏浓	陆贯	邵大成	陆绍棠	陆绍棠
鲁坎	鲁坎	鲁速	罗时烽	陆海嘉	刘黑枷	陆圣泉	陆蠡
鲁克	刘绥松	鲁孙	孔罗荪	陆灏	陆灏	陆石	陆石
鲁克	鲁克	鲁索	贾植芳	陆华柏	陆华柏	陆士谔	陆士谔
鲁克	田流²	鲁特	鲁特	陆基	鲁琪	陆士钰	陆士钰
鲁客	王景山	鲁韦昌	马祖毅	陆吉平	方平	陆士源	范泉
鲁藜	鲁藜	鲁昔达	黄裳	陆霁	韶华	陆守先	陆士谔
鲁连	黄齐生	鲁皙	吴秋山	陆嘉	陆吉宝	陆瘦郎	陆哀
鲁林杰	林斤澜	鲁侠	鲁侠	陆坚	骆基	陆思鱼	舒巷城

陆万美	陆万美	碌碌	胡愈之	璐之	马琰	吕美荪女士	吕美荪
陆万曦	陆万美	路	白夜	鹭村	李腾岳	吕梦周	吕漠野
陆维良	范泉	路	何路	鹭村生	李腾岳	吕漠野	吕漠野
陆希治	陆白人	路	谢六逸	鹭洲	林清敦	吕讷	吕翼仁
陆象贤	陆象贤	路艾非	张香还	露菲	露菲	吕沛林	太虚
陆小曼	陆小曼	路宾	张春桥	露加	石啸冲	吕奇	李民
陆小眉	陆小曼	路不平	路西坤	露明	赵景深	吕琦	吕蕴儒
陆星	黄崖	路地	路地	露明女士	赵景深	吕庆	吴晗
陆秀贞	陆晶清	路殿三	路丁	露沙	庐隐	吕人	丁图
陆秀珍	陆晶清	路丁	路丁	露石	张春桥	吕润璧	吕润璧
陆墟	沙陆墟	路丁	王尧山	露丝	林锡棠	吕绍光	吕绍光
陆旭	罗竹风	路丁	王余	露丝女士	林锡棠	吕诗剑	李冷路
陆续	陆离	路凡琳	路西坤	露汀	姜彬	吕石堆	吕赫若
陆旋	陆旋	路工	路工	露薇	张露薇	吕叔湘	吕叔湘
陆雪成	陆侃如	路工	王鼎成	【lǘ】		吕思勉	吕思勉
陆亚	王仲园	路工	叶枫	驴	林语堂	吕松林	沙牧
陆衍文	陆澹安	路华	金江	【lǚ】		吕宋	王业伟
陆洋	杨志诚	路加	杨唤	吕安瑟	戴望舒	吕天民	吕志伊
陆一麟	戴不凡	路加	钟肇政	吕白华	吕白华	吕文光	吕沁
陆夷	苗力田	路家	钟肇政	吕碧城	吕碧城	吕侠哥	吕漠野
陆诒	陆诒	路今	卢经钰	吕碧城女士	吕碧城	吕贤钤	吕美荪
陆以真	杨志诚	路隽	曾卓	吕兵	张烈[2]	吕贤汶	石曼
陆幼琴	李润湖	路冷	阎栋材	吕伯攸	吕伯攸	吕贤钟	吕惠如
陆曾沂	陆秋心	路里	刘岚山	吕长圃	吕荧	吕湘	吕惠如
陆震廷	陆震廷	路翎	路翎	吕朝相	洪钟	吕湘	吕叔湘
陆志平	陆离	路露	木斧	吕恩	吕恩	吕晓	熊德基
陆志韦	陆志韦	路马	程晓村	吕复	吕复	吕信芳	吕碧城
陆治平	陆离	路迈	鲁宾	吕刚	秦敢	吕行	李进
陆自在	陆丹林	路漫	袁水拍	吕赫若	吕赫若	吕循逸	穆烜
菉坡	高润生	路明	宋振庭	吕华	周璧	吕耶草	吕霞先
菉漪	符竹因	路人	巴人	吕怀	吕怀	吕一凡	时萌
菉园	贺宜	路人	钟肇政	吕惠如	吕惠如	吕宜	周璧
鹿岑	洪业	路世坤	路世坤	吕惠如女士	吕惠如	吕逸风	吕沁
鹿川	程颂万	路晚红	韦晕	吕剑	吕剑	吕翼仁	吕翼仁
鹿川田父	程颂万	路望	鲁海	吕剑吾	吕白华	吕吟声	吕福田
鹿丁	洛汀[2]	路苇	柯原	吕健军	高加索	吕英勃	胡昭
鹿非马	钱今昔	路西坤	路西坤	吕洁	庄寿慈	吕荧	吕荧
鹿丽	张艾丁	路象三	路丁	吕珏	李景慈	吕莹	蒋风
鹿门	皮作玖	路晓天	路西坤	吕君持	汪作民	吕雍	刘麟
鹿门居士	庞北海	路阳	曹锡珍	吕克石	武桂芳	吕榆	洪迅涛
鹿桥	鹿桥	路一	路一	吕克玉	冯雪峰	吕远	吕远
鹿山	易培基	路一农	路一	吕兰清	吕碧城	吕远凤	吕远
鹿宿	魏金枝	路以	关沫南	吕莲	赵铭彝	吕云章	吕云章
鹿特丹	李南力	路易	谢六逸	吕梁	胡康新	吕沄沁	吕云章
鹿文	艾青	路易士	纪弦	吕亮耕	吕亮耕	吕蕴儒	吕蕴儒
鹿翁	梁鼎芬	路易士	路一	吕林	周大康	吕占东	吕志伊
鹿原	夏铁肩	路益	谢六逸	吕旅	李进	吕志伊	吕志伊
渌天	孙毓修	路逾	纪弦	吕眉生	吕美荪	吕祖渭	周璧
渌天翁	孙毓修	路宇	黄树则	吕眉生女士	吕美荪	侣	萧楚女
逯斐	逯斐	路子微	张一倩	吕眉孙	吕美荪	侣白	陈侣白
逯萌竹	逯登泰	槐园	黄麟书	吕梅生	吕美荪	侣伯	田汉
逯钦立	逯钦立	璐影	王焚	吕美荪	吕美荪	侣伦	侣伦

侣朋	侣朋	绿野	李谷野	罗沉	陈绦	罗寄	江瑞熙
侣霞	朱德龙	绿衣	焦伟真	罗承勋	罗孚	罗稷南	罗稷南
旅冈	卢豫冬	绿衣	钟绍锟	罗达	焦菊隐	罗迦	罗迦
旅沪记者	鲁迅	绿依	杜颖陶	罗大冈	罗大冈	罗家伦	罗家伦
旅沪一记者	鲁迅	绿漪	苏雪林	罗大刚	罗大冈	罗嘉	覃晓晴
旅隼	鲁迅	绿漪女士	苏雪林	罗大佺	罗大佺	罗嘉平	任钧
履冰	李友欣	绿英	吴祖光	罗丹	罗丹	罗金帆	金帆
履平	黄太玄	绿璎	莫洛	罗德湛	罗德湛	罗隽	劳洪
履霜	茅盾	绿园主人	夏铁肩	罗的	李耕	罗钧清	张叶舟
履斋	张承宗	绿原	绿原	罗迪先	罗迪先	罗俊	沈从文
履簏	王一榴	绿匀	沈祖牟	罗甸华	叶籁士	罗焌	罗焌
履之	蔡钧徒	绿藻	陈学昭	罗丁	顾巴彦	罗空江	陶白
【lǜ】		绿藻女士	陈学昭	罗定中	罗定中	罗兰	罗兰
律西	陆律西	绿芷	邹绿芷	罗惇曧	罗瘿公	罗兰	罗铁鹰
虑尊	陈无用	绿洲	炼虹	罗方	劳洪	罗里	王朱
绿波	姜椿芳	【luán】		罗芳洲	田汉	罗澧铭	罗澧铭
绿窗	柯岗	峦坍	叶楠	罗飞	罗飞	罗丽心	罗黎牧
绿丛	邹韬奋	栾冠军	蓝澄	罗飞卿	罗沙	罗荔	田琳[1]
绿蒂	范启新	栾弘	苏曼殊	罗焚	罗焚	罗列	罗列
绿蒂	绿蒂	栾慕雁	漠雁	罗烽	罗烽	罗灵智	罗黎牧
绿典	依藤	栾汝勋	栾星	罗锋	鲁风[1]	罗伦	王亚平
绿尊	冯铿	栾少山	栾少山	罗夫	张闻天	罗罗	胡愈之
绿帆	周雁如	栾体桐	蓝澄	罗孚	罗孚	罗洛	罗洛
绿芳	流沙河	栾廷石	鲁迅	罗浮	潘飞声	罗洛士	罗书肆
绿扉	陆菲琼	栾为伦	漠雁	罗浮	夏衍	罗马	罗炳坤
绿痕	刘晓	栾星	栾星	罗浮	张闻天	罗马	商禽
绿泓	徐君勋	挛弘	苏曼殊	罗浮清虚观道人		罗迈	罗麦
绿慧	林秋冰	鸾坡	杨铁夫		潘飞声	罗麦	罗麦
绿蕉	刘大杰	鸾章	印水心	罗浮山人	郑观应	罗曼	罗曼
绿阶	晓星	【lüè】		罗浮水晶庵道士		罗懋德	罗念生
绿蕾	绿蕾	寽白	王森然		潘飞声	罗美	沈泽民
绿黎	陈志民	【lún】		罗浮侍鹤山人	郑观应	罗门	罗门
绿立	丘行	仑	巴人	罗复	黄芝冈	罗梦册	罗梦册
绿流	陈陆留	仑	高剑父	罗根泽	罗根泽	罗梦痕	梁山
绿莽	洪炫	伦叔	方守彝	罗光田	金帆	罗密尔	萧菱
绿苹	阮毅成	抡廷	胡山源	罗光泽	罗沙	罗莫辰	罗大冈
绿绮	梁实秋	沦泥	沈能毅	罗国仁	金帆	罗牧	罗牧
绿绮台主	邓尔雅	沦斋	吴云心	罗涵之	菡子	罗念生	罗念生
绿莎	周思义	纶亭	胡山源	罗汉	罗香林	罗宁	韩萌
绿珊庐主人	许丙丁	【lùn】		罗汉	沙漠	罗女士	王亚平
绿失蓝	黄旭	论月	李叔同	罗汉明	许清昌	罗盘	罗德湛
绿诗	钟梅音	【luó】		罗汉兴	罗竹风	罗蓬	罗树人
绿水	萧传文	罗皑岚	罗皑岚	罗灏白	罗灏白	罗平	唐纳
绿藤	许闻天	罗拔高	卢梦殊	罗赫	刘海粟	罗平山	张文勋
绿天	苏雪林	罗白	赵德尊	罗黑	刘岚山	罗普	罗普
绿天庐主	管震民	罗柏年	罗灏白	罗黑芷	罗黑芷	罗其列	罗列
绿芜	太虚	罗拜拉	罗黎牧	罗洪	罗洪	罗淇	常君实
绿曦	陆万美	罗宝册	罗梦册	罗洪女士	罗洪	罗绮	罗明哲
绿荇	白夜	罗波密	杜格灵	罗睐	罗念生	罗青留	罗石君
绿荇	费启	罗伯	蒋虹丁	罗化	巴人	罗泗	罗泗
绿炎	詹冰	罗布	马仲明	罗唤	鲁海	罗仁寿	罗鲁风
绿燕	卢煤	罗常培	罗常培	罗基山	田秀峰	罗三五	罗大冈

罗桑	赵德尊	罗阳天	蔡燕荞	洛宾	王洛宾	洛裔	蔡燕荞
罗沙	罗沙	罗曜	李生庄	洛川	饶纮平	洛雨	洛雨
罗莎	徐凤吾	罗叶浪	罗定中	洛蒂	陆克昌	洛雨	萧白
罗莘田	罗常培	罗一山	黄嘉德	洛蒂	张洛蒂	洛子	王蕾嘉
罗生山人	李学诗	罗衣寒	孔罗荪	洛菲	鲁克	骆宾基	骆宾基
罗绳武	罗绳武	罗依夫	罗依夫	洛风	唐人	骆滨基	骆宾基
罗师扬	罗师扬	罗以苏	罗泗	洛枫	华山	骆步沙	青勃
罗什	李焰生	罗吟圃	罗吟圃	洛峰	唐人	骆步沙	沙驼
罗石	张中晓	罗尹骏	罗曼	洛夫	洛夫	骆侧凡	于英
罗石君	罗石君	罗英	罗英	洛夫	宋之的	骆邨	穆烜
罗时烽	罗时烽	罗膺中	罗庸	洛夫	殷夫	骆大风	罗迦
罗士桓	罗丹	罗颖	林潮	洛夫	尹庚	骆德济	于英
罗世弥	罗淑	罗瘿公	罗瘿公	洛夫	张闻天	骆鼎	叶鼎洛
罗书肆	罗书肆	罗庸	罗庸	洛甫	张闻天	骆菲	褚问鹃
罗淑	罗淑	罗永年	罗依夫	洛灏	陆灏	骆淦	邵大成
罗树藩	罗铁鹰	罗咏新	罗灏白	洛虹	罗烽	骆基	骆基
罗墅老人	谢刚主	罗玉君	罗玉君	洛华	巴人	骆坚	胡今虚
罗墅湾人	谢刚主	罗元贞	罗元贞	洛华	金江	骆间	罗迦
罗思	胡蛮	罗元真	罗元贞	洛华	王蕾嘉	骆惊	胡征
罗思绩	沙漠	罗约	吴炽昌	洛俊	穆济波	骆铃	高光
罗思嘉	罗泗	罗泽浦	罗洛	洛克	何嘉	骆迈	杨人楩
罗思真	罗丹	罗曾教	林潮	洛黎扬	丁景唐	骆漠	罗竹风
罗苏	罗泗	罗照滨	蔡燕荞	洛丽扬	丁景唐	骆鹏	骆鹏
罗荪	孔罗荪	罗振寰	田牛	洛仑	郝汀	骆秋	罗泗
罗天	张罗天	罗震寰	罗信耀	洛漫	杨人楩	骆沙	聂索
罗天德	张同	罗正淑	罗玉君	洛煤	田奇	骆沙	沙驼
罗铁鹰	罗铁鹰	罗正晫	罗皑岚	洛美	何达	骆赦	周思义
罗亭	范启新	罗之华	张春桥	洛那	刘绶松	骆铁花	骆子珊
罗文静	罗丹	罗芷	李廉凤	洛奇	周积芹	骆驼	胡危舟
罗文梯	罗普	罗志希	罗家伦	洛人	戈扬	骆驼	袁鹰
罗无生	林如稷	罗竹风	罗竹风	洛人	胡今虚	骆驼	周全平
罗芜	白拓方	罗子扬	夏衍	洛如	谭丕模	骆驼生	仲公撰
罗忱	鲁迅	萝庵	郑泽	洛桑	韩伯祥	骆驼英	罗铁鹰
罗忱	谢狱	萝荔	田琳[1]	洛沙	周思义	骆网川	骆子珊
罗西	罗泗	萝蔓	张闻天	洛神	胡今虚	骆文	骆文
罗西	欧阳山	萝蕴	杨人楩	洛生	刘呐鸥	骆文宏	骆文
罗西珂	沈寂	萝莎	陈香	洛生	吴云心	骆香林	骆荣基
罗先珂	沈寂	萝屋畸人	苏步青	洛生	恽雨棠	骆学良	马各
罗香林	罗香林	萝月	罗澧铭	洛蚀文	王元化	骆寻	辛劳
罗湘涛	罗鲁风	螺川	周炼霞	洛士	罗书肆	骆寻晨	辛劳
罗象陶	罗黑芷	螺村	曾铁忱	洛思	黄秋耘	骆茵	杨琦
罗辛	梵杨	螺君	毕树棠	洛思	满涛	骆英	杨琦
罗信耀	罗信耀	螺霜	樊樊山	洛汀	洛汀[1]	骆泽	罗洛
罗秀惠	罗秀惠	螺旋	端木蕻良	洛汀	洛汀[2]	骆子珊	骆子珊
罗旋	端木蕻良	【luǒ】		洛威	凤兮	珞珈	高加索
罗雪	黄季琨	裸人	姚蓬子	洛文	戈扬	硌砂	周思义
罗迅	罗烽	【luò】		洛文	鲁迅	落繁	郑道传
罗逊	孙昌熙	荦崖	方荣杲	洛文	瞿秋白	落凫	太虚
罗亚	曾梦笔	洛	巴人	洛文	王元化	落红	傅无闷
罗砚	商禽	洛	杜颖陶	洛文青	袁鹰	落花生	许地山
罗燕	商禽	洛	鲁迅	洛扬	冯雪峰	落华生	许地山
罗阳	杨琦	洛	张闻天	洛阳	陈振鹏	落落	陈振鹏

落漠	罗牧	马飞鹏	马健翎	马驹誉	马驹誉	马南邨	邓拓
落人	依藤	马非	崔德志	马鹃魂	马君豪	马南邨人	邓拓
落石	巴人	马风	卜英梵	马君豪	马君豪	马能行	沙驼
落水	邹韬奋	马峰	马吉风	马君玠	马君玠	马念久	马骏 [1]
落薇	陆菲琼	马烽	马烽	马君武	马君武	马宁	马宁
落霞	梅娘	马蜂	马吉风	马骏	马骏 [1]	马宁	夏侯
落霞	邹韬奋	马逢伯	马超群	马骏	马骏 [2]	马鹏椿	马鹏椿
落雁	巴人	马浮	马一浮	马骏声	马骏声	马平沙	陶白
落叶谷	谢福畴	马福田	马一浮	马康	戴英浪	马其	骆基
		马伽大师弟子	王森然	马科	钟肇政	马其昶	马其昶
M		马各	马各	马可宁	姚溱	马奇	马奇
		马公越	冯乃超	马克	林连夫	马琪	陈斯庸
【mǎ】		马谷	冯亦代	马克巴	丁嘉树	马千禾	马识途
马阿可	符号	马冠麒	马驹誉	马克辛	仲明	马千里	寒爵
马白辛	乌·白辛	马光煌	毛达志	马哭天	马汉声	马千木	马识途
马百里	莫洛	马光瑞	程秀山	马葵生	李育中	马前	余思牧
马奔	马恩成	马广才	马仲殊	马箕公	马君武	马前卒	巴人
马奔	张扬	马国昌	马国昌	马拉	巴金	马前卒	唐弢
马本初	方正之	马国良	马国亮	马拉	任溶溶	马琴	巴金
马碧波	马碧波	马国良	马寒冰	马莱	曾卓	马琴	张克正
马彬	南宫搏	马国亮	马国亮	马兰	尹专	马青	范泉
马彬	谢觉哉	马寒冰	马寒冰	马朗	马朗	马清瑞	史轮
马冰山	马冰山	马汉声	马汉声	马劳久	马廉	马秋英	马骊
马兵	洪禹平	马翰苓	马叙伦	马骊	马骊	马驱	马星驰
马兵	南宫搏	马和	马君武	马礼生	胡山源	马壬寅	马壬寅
马伯力	马恩成	马后砲	纪果庵	马里	黄冠文	马任	毛泽东
马博良	马朗	马厚山	马君武	马里宁	姚溱	马瑞麟	马瑞麟
马不陀	陈白尘	马骅	莫洛	马力	郑效洵	马瑞蓁	莫洛
马不陀	许君武	马怀璟	马琰	马立杰	程云	马若濮	马仲明
马灿虹	马灿虹	马淮台	马骏 [1]	马廉	马廉	马若朴	马仲明
马长风	马长风	马缳	励行健	马良	盛马良	马山	雷石榆
马长鸣	皮作玖	马荒	胡风	马霖	司马文森	马少波	马少波
马超群	马超群	马荒	刘北汜	马凌云	马奇	马绍章	唐纳
马驰野	马国昌	马辉	毛达志	马令	钱小柏	马胜辛	马少波
马达	马达	马基	邹霆	马鹿	胡愈之	马识途	马识途
马达	张天白	马吉风	马吉风	马路易	郑造	马士瑛	马映光
马大林	马瑞麟	马吉峰	马吉风	马履	马彦祥	马世豪	马丁
马道甫	郑超麟	马吉林	马吉林	马马维奇	王明	马世勋	马奇
马道凝	马君武	马际融	马骊	马茂元	马茂元	马是瞻	马仲明
马丁	高沐鸿	马季良	唐纳	马懋园	马茂元	马适斋	马超群
马丁	洪禹平	马继良	唐纳	马眉卿	马希良	马寿华	马寿华
马丁	马丁	马骥良	唐纳	马梅	宋振庭	马书铭	马烽
马度	黄贤俊	马加	马加	马门	夏钦瀚	马抒梦	向人红
马儿	李焰生	马家驹	叶青	马蒙	吴天	马蜀原	马学良
马而华	莫洛	马家郎	马家郎	马蒙新	卢茅居	马双翼	李克异
马尔谷	张若谷	马家骧	马寻	马梦寄	马骏声	马舜元	马舜元
马尔沙	牙含章	马坚	马坚	马鸣	胡山源	马斯	马宁
马耳	叶君健	马健翎	马健翎	马鸣尘	马鸣尘	马松	何溶
马二先生	冯叔鸾	马郊坡	马少波	马木历	枥马	马甦夫	马甦夫
马二先生	马仲殊	马金	马丁	马木枥	枥马	马速	钟子芒
马凡鸟	马彦祥	马津	夏济安	马目	戴不凡	马太渊	马一浮
马凡陀	袁水拍	马九	马廉	马牧边	马牧边	马汤楹	马汤楹
马放原	张白怀						

马天安	马骏¹	马乙亚	马乙亚	麦顶	耿庸	曼华	汤增璧
马天搂	马天搂	马义	司马璐	麦海	张海鸥	曼华	曾广钧
马铁丁	陈笑雨	马义进	马冰山	麦静	李道静	曼君	郁华
马铁丁	郭小川	马逸野	楼栖	麦开锋	汪作民	曼君	张叶舟
马铁丁	张铁夫	马荫才	张子斋	麦克昂	郭沫若	曼丽	袁同兴
马通伯	马其昶	马荫良	马荫良	麦克加	陈七	曼曼	连啸鸥
马同	马君武	马荫隐	马壬寅	麦苗田	白寒	曼曼	赵慎应
马退之	马骏声	马映光	马映光	麦祺	范泉	曼妙	包天笑
马万清	马坚	马庸	梁山丁	麦青青	吴其敏	曼髯	郑岳
马伟	马星野	马有义	马烽	麦士丹	陈彝荪	曼生	翁永德
马文珍	马君珍	马隅卿	马廉	麦穗	麦穗	曼士	鲁宾
马无咎	马一浮	马羽	徐遒翔	麦辛	麦辛	曼寿堂主人	张謇
马五先生	雷啸岑	马玉书	马坚	麦秀	辛未艾	曼殊	苏曼殊
马希白	马国亮	马御风	柳木下	麦逊	左曙萍	曼殊大师	苏曼殊
马希良	马希良	马通泉	马骏¹	麦扬	韩晓鹰	曼殊居士	苏曼殊
马希珍	马长风	马元福	司马璐	麦耶	董乐山	曼殊上人	苏曼殊
马洗园	励行健	马元科	马冰山	麦耶夫	林疑今	曼殊室主人	梁启超
马骧弟	马寻	马耘砂	马鸣尘	麦杖	辛丰年	曼殊室主人	梁启勋
马萧萧	马萧萧	马允宇	马星野	麦兆荸	麦辛	曼殊震钧	震钧
马萧萧	马孝安	马再奇	马奇	麦子	陈宾	曼硕	陈雨门
马小进	马骏声	马战哮	马烽	麦紫	麦紫	曼丝	熊复
马小晋	马骏声	马湛庵	马一浮	卖橄榄者	程小青	曼四	曾玉羊
马小静	马寿华	马贞派	马灿虹	卖油郎	徐卓呆	曼陀	杨昀谷
马孝安	马孝安	马振	马萧萧	唛蚧	罗时烽	曼陀	郁华
马辛	马萧萧	马志远	马少波	【mán】		曼陀楼主	杨昀谷
马炘	马希良	马质夫	马识途	蛮巢居士	张鸿	曼陀罗寐	沈曾植
马兴	马希良	马钟汉	马子华	蛮公	张鸿	曼夕	刘燕及
马星驰	马星驰	马仲明	马仲明	蛮姑	陆小曼	曼仙	章华
马星港	任耕	马仲殊	马仲殊	馒头生	傅南鹃	曼雪	鲁迅
马星野	马星野	马仲昭	马宗融	鬟	周楞伽	曼衍	吴云心
马醒	马鸣尘	马子华	马子华	【mǎn】		曼因	王余杞
马醒迟	马星驰	马子实	马坚	满达人	柯大	曼茵	黄雨¹
马徐雉心	许少超	马自适	马坚	满生泣	李北开	曼引	陈曼引
马叙伦	马叙伦	马宗融	马宗融	满涛	满涛	曼影	袁同兴
马绪卿	马汤楹	马卒	巴人	满衍	黄芝冈	曼昭	汪精卫
马学良	马学良	马卒	魏登	满盈	陈曼引	曼支	邹谦
马寻	马寻	马祖毅	马祖毅	满月	李叔同	蔓	萧蔓若
马琰	马琰	马作楫	马作楫	满占豪	柯大	蔓苴	李祥麟
马彦祥	马彦祥	玛	林彬	【màn】		蔓珂	丁玲
马燕翔	马彦祥	玛戈	玛戈	曼	谷牧	蔓人	傅尚普
马仰禹	马仰禹	玛金	玛金	曼	茅盾	蔓若	萧蔓若
马曜	马曜	玛奇图	郭基南	曼弟	陈隄	蔓漪	金展
马耀华	唐纳	玛琴	林彬	曼娣	陈隄	蔓仲	傅尚普
马耀煦	周来	码金	李克异	曼菲	洪灵菲	漫庵	吴有章
马野	马瑞麟	【mài】		曼甫	金性尧	漫铎	汪漫铎
马一岱	刘开扬	迈钝	丁佛言	曼伽	丁玲	漫红	瞿钢
马一佛	马一浮	迈南	陆旋	曼伽	王森然	漫郎	邹子孟
马一浮	马一浮	迈斯	聂绀弩	曼工	李元鼎	漫丽	袁同兴
马一民	马荫良	麦播	李之琏	曼公	邓拓	漫萍	放平
马伊	沙驼	麦春乾	麦紫	曼公	郁华	漫沙	吴漫沙
马夷初	马叙伦	麦春天	麦紫	曼谷客	曾文华	漫生	谷牧
马彝初	马叙伦	麦德玲	马国亮	曼华	范启新	漫淑	王森然

漫文	吴树声	毛羽	毛羽	冒效庸	冒舒谌	梅垞	廖传道
漫西	李元鼎	毛泽东	毛泽东	冒炘	冒炘	梅禅	普梅夫
漫西居士	李元鼎	毛振泰	孟超	贸翁	孙殿起	梅禅	吴沛霖
漫影	袁同兴	毛准	毛子水	毫逊	沈曾植	梅昌云	梅光迪
缦仙	章华	毛子任	毛泽东	懋举	卢茅居	梅痴	况周颐
【máng】		毛子水	毛子水	懋琳	沈从文	梅痴	李瑞清
邙北游客	阎少显	矛尘	川岛	懋琳	沈云龙	梅痴	倪希昶
芒	何为[1]	矛林	陈贞懋	懋卿	霍松林	梅痴居士	倪希昶
忙人	汪远涵	矛木	孔柔	懋清	卢本源	梅川	居正
盲道人	彭俞	矛舍	傅师曾	懋庸	徐懋庸	梅川	王方仁
茫父	姚茫父	茅敌	茅敌	懋园	马茂元	梅川居士	居正
【mǎng】		茅盾	茅盾	懋质	黄宾虹	梅迪	梅益
莽书生	陆澹安	茅火	王木河	【méi】		梅迪生	梅光迪
莽彦	文莽彦	茅居	卢茅居	没有作品的作家		梅丁	陈荒煤
【māo】		茅庐	方豪		孙伏园	梅毒医生	曾梦笔
猫双栖室主	陈灵犀	茅青	吴秋山	玫郎	马吉林	梅朵	梅朵
猫仔	黄苗子	茅塞	刘金	枚九	景梅九	梅峰	廖传道
【máo】		茅舍	彭桂蕊	枚玖	景梅九	梅佛光	梅公任
毛昌杰	毛昌杰	茅蔚然	茅蔚然	枚君	邓实	梅夫	普梅夫
毛承志	毛承志	茅野	梁山丁	枚史	周楞伽	梅格	朱英诞
毛达志	毛达志	茅以思	左干臣	枚叔	章太炎	梅公任	梅公任
毛杆	金性尧	茅易隆	林宏	枚叟	赵光荣	梅光迪	梅光迪
毛歌兵	陈牧	茅隐农	林宏	枚屋	李君维	梅国定	梅白
毛国斌	陈牧	【mǎo】		枚子	邓实	梅痕	陆梅
毛含戈	毛圣翰	卯金刀	公刘	枚子	万枚子	梅花庵主人	李瑞清
毛翰戈	毛圣翰	卯生	张一麐	眉庵	吴其敏	梅花馆主	郑子褒
毛翰哥	毛圣翰	卯钊	刘德怀	眉盦	李眉盦	梅花署主	王梦古
毛嗥轩	林宏	泖浦四太郎	张叔通	眉禅	王瀛洲	梅华	裴馨园
毛华	丁家瑞	【mào】		眉伽	易顺鼎	梅际郇	梅际郇
毛季常	康濯	茂和	王木河	眉卿	马希良	梅季尊	梅寄鹤
毛俊臣	毛昌杰	茂烈	胡山源	眉若	沈昌眉	梅寄鹤	梅寄鹤
毛利	辛嘉	茂林	沈从文	眉山	钱君匋	梅寄诗	施济美
毛纶明	毛一波	茂林	沈云龙	眉生女士	吕美荪	梅金华	梅秀
毛驴	林语堂	茂林	叶青	眉甥	伍禾	梅觐庄	梅光迪
毛虬公	林宏	茂如	任哲维	眉孙	吴眉孙	梅景书屋主人	吴湖帆
毛泉生	陈牧	茂如	司徒卫	眉仙	王寿昌	梅径	童梅径
毛润之	毛泽东	茂之	季茂之	眉心	易顺鼎	梅九	景梅九
毛润芝	毛泽东	茂芝	范光	眉轩	徐志摩	梅君	黄侃
毛圣翰	毛圣翰	冒钝宧	冒广生	眉子	施蛰存	梅兰芳	梅兰芳
毛手	沙驼	冒干	金性尧	眉子	徐枕亚	梅澜	梅兰芳
毛腾	茅盾	冒广生	冒广生	梅	景梅九	梅郎	黄振彝
毛兮翔	康濯	冒鹤汀	冒广生	梅	梅益	梅朗珂	柏李
毛翔	王知伊	冒鹤亭	冒广生	梅	施济美	梅梁	李蕤
毛星	毛星	冒景璠	冒效鲁	梅庵	符定一	梅林	梅林
毛延祚	毛子水	冒疚斋	冒广生	梅庵	李瑞清	梅陵	孙陵
毛尧堃	毛尧堃	冒瓯隐	冒广生	梅庵	田一文	梅龄	李华飞
毛一	章太炎	冒起	冒炘	梅庵主人	李瑞清	梅明正	梅白
毛一波	毛一波	冒叔子	冒效鲁	梅盦	田一文	梅娜	罗泅
毛尹若	毛一波	冒舒谌	冒舒谌	梅白	陈荒煤	梅南村	梅绍农
毛应龙	林宏	冒孝鲁	冒效鲁	梅白	梅白	梅念石	梅际郇
毛颖若	毛一波	冒孝容	冒舒谌	梅碧华	陈翰伯	梅娘	梅娘
毛羽	毛尧堃	冒效鲁	冒效鲁	梅冰华	韦丘	梅漂	梁漪

梅品纯	梅逊	梅子开	梅光迪	蒙生	耿济之	孟加里	汤伯器
梅阡	梅阡	梅宗黄	梅绍农	蒙丝	陈克[2]	孟嘉	魏照风
梅倩	顾明道	梅祖善	梅寄鹤	蒙文通	蒙文通	孟洁	蒋瑞藻
梅倩女史	顾明道	梅左畸	梅寄鹤	蒙钰	江寄萍	孟津	杜格灵
梅秋华	梅秀	煤黑子	叶石	蒙者	朱光潜	孟晋	陈炼青
梅泉	周今觉	煤婴	丁景唐	盟鸥	王以仁[1]	孟玖	朱肇洛
梅僧	易象	糜儿	胡适	盟石	朱光潜	孟觉	周游
梅尚文	梅公任	【měi】		盟实	朱光潜	孟侃	饶孟侃
梅绍农	梅绍农	每戕	董每戕	盟水	郭道鉴	孟可权	孟秋江
梅生	黄绍兰	美	夏征农	【měng】		孟克	青勃
梅叔	章太炎	美	张闻天	猛	魏猛克	孟克	沙驼
梅黍雨	梅际郇	美夫	瞿秋白	猛济	查猛济	孟克	魏猛克
梅颂明	李润湖	美魂女士	陈树人	猛进	陈树人	孟克之	孟复
梅蒐	蔡友梅	美罗	秦似	猛克	魏猛克	孟来	关沫南
梅孙	许峨	美梅	张裴丽	猛迈	陈树人	孟浪	吴琛
梅畹华	梅兰芳	美权	周今觉	猛士	周浩然	孟雷	李玉莹
梅屋老人	梅寄鹤	美髯公	沈钧儒	懵懂书生	刘锦江	孟力	孟力
梅谿	张嘉谋	美如	蒋复璁	懵腾室主	徐枕亚	孟立明	孟英
梅霞	冯凤三	美思	巴人	【mèng】		孟励吾	孟超
梅晓初	梅英	美荪	吕美荪	孟	孔另境	孟良	杜希唐
梅秀	梅秀	美埙	许峨	孟	魏猛克	孟列	冯雪峰
梅轩	丁福保	美益	梅益	孟白	王伯英	孟林	周牧人
梅逊	梅逊	美逸	梅益	孟冰生	黄宾虹	孟鸣	曾孟鸣
梅逊	杨品纯	美懿	梅益	孟岑楼	李君毅	孟朴	曾朴
梅益	梅益	美子	顾其城	孟昌	孟昌	孟奇	中流
梅逸	梅绍农	【mèi】		孟常	孟常	孟千	修孟千
梅因	陆克昌	昧华	宋元模	孟超	孟超	孟青	连梦青
梅隐	阿英	昧昧	太虚	孟春阳	孟超	孟秋	陈沂
梅隐	石评梅	昧尼	杨奔[1]	孟纯生	孟森	孟秋江	孟秋江
梅英	梅英	昧然	太虚	孟纯生	孟森	孟劬	张尔田
梅影	瞿秋白	寐叟	沈曾植	孟纯孙	孟森	孟群	严群
梅影	石评梅	寐翁	沈曾植	孟纯荪	孟森	孟森	孟森
梅影山人	瞿秋白	媚嬢	袁水拍	孟德兰	艾珑	孟绍珂	曾琦
梅友	马少波	【mén】		孟丁山	孟丁山	孟十还	孟十还
梅雨	梅益	门角落里福尔摩斯		孟鼎山	孟丁山	孟石	朱光潜
梅雨	苏雪林		赵苕狂	孟方陆	孟昭鸿	孟实	朱光潜
梅园	戴君仁	门胜生	胡适	孟方儒	孟昭鸿	孟硕	邓家彦
梅园	林家钟	门外汉	巴人	孟方僧	孟昭鸿	孟丝崔	孔罗荪
梅园	于人俊	扪虱谈虎客	韩文举	孟放庐	孟昭鸿	孟斯根	孟十还
梅园寄叟	刘大绅	【mèn】		孟汾	杨琦	孟苏武	孟森
梅园居士	居正	闷庵	夏丏尊	孟复	孟复	孟素	王孟素
梅筠	陈万里	【méng】		孟各拉	李伯钊	孟田	刘现龙
梅曾溥	梅阡	氓	李一氓	孟公韬	孟超	孟田	孟田
梅之	陈启龙	萌竹	逯登泰	孟古	王梦古	孟威	台静农
梅之	杨光洁	蒙尔达	蒙文通	孟古家	田一文	孟闻	张孟闻
梅志	梅志	蒙夫	朱雯	孟谷	王梦古	孟武	萨孟武
梅庄	陈伯达	蒙嘉	杜谷	孟韩	朱挹清	孟显直	孟宪智
梅子	匡一点	蒙俱	郭沫若	孟和	韩汝诚	孟宪荣	孟超
梅子	李梅子	蒙俱生	郭沫若	孟和	陶孟和	孟宪仁	孟宪仁
梅子	施济美	蒙俱外史	郭沫若	孟和	张承宗	孟宪智	孟宪智
梅子	万枚子	蒙沙	吕漠野	孟弧	鲁迅	孟心坚	孟超
梅子	朱梅子	蒙沙氓	于伶	孟华	冯煦	孟心史	孟森

孟新	卢茅居	梦蕉	孙梦蕉	梦园	小松	苗力田	苗力田
孟星	余振	梦九	张梦九	梦原	小松	苗坿	周楞伽
孟雄	滕刚	梦觉	党积龄	梦云	冯梦云	苗灵	卢煤
孟修	于承武	梦珂	丁玲	梦云	何骞	苗培时	苗培时
孟埙	姚明辉	梦兰	王一榴	梦云	王凤	苗青	贺照
孟嫣	李骈括	梦雷	孙梦雷	梦云	王之却	苗山	吴宗锡
孟言	叶圣陶	梦梨	刘豁公	梦中	黄嘉德	苗挺	鲁迅
孟养	孔另境	梦栎	朱英诞	梦周	罗沙	苗文惠	缪文渭
孟瑶	孟瑶	梦良	郭梦良	梦周生	吴清富	苗秀	戴望舒
孟引	宋文	梦良	金光弼	【mí】		苗秀	苗秀
孟引	朱挹清	梦麟	徐嘉瑞	弥丁	沙白	苗延秀	苗延秀
孟英	孟英	梦麟	张梦麟	迷生	张我军	苗毅	苗秀
孟邕	耿济之	梦龄	徐嘉瑞	迷羊	李西浪	苗振坤	苗培时
孟予	朱侃	梦梅	林梦梅	迷阳	景耀月	苗子	苗延秀
孟原	小松	梦梅	刘王立明	麋文开	麋文开	描	朱点人
孟远	梁启超	梦梦	刘心皇	麋一勺	麋文开	描文	朱点人
孟泽人	孟宪仁	梦鸟狂居士	周作人	【mǐ】		【miǎo】	
孟昭鸿	孟昭鸿	梦鸥	戴望舒	米斗	米斗	眇公	苏眇公
孟哲	刘厚生	梦鸥	徐思瀛	米河	于冠西	眇叟	陆丹林
孟周	胡念贻	梦平	周作人	米军	米军	渺世	李渺世
孟周	刘岚山	梦萍	殷梦萍	米凯	田贲	渺之	黄苗子
梦	小松	梦坡	周庆云	米里	任溶溶	【miào】	
梦庵	卓梦庵	梦琴	林文庆	米启郎	陈烟桥	妙法	潘达微
梦白	刘心皇	梦青	连梦青	米斯	梁南	妙然	郭妙然
梦白	王伯英	梦秋	李素伯	【mì】		妙胜	李叔同
梦白骷	单复	梦秋	汪东	宓子章	鲁迅	妙悟	明耀五
梦弜	高一涵	梦秋	徐梦秋	密林	李密林	妙严	李叔同
梦采	于逢	梦秋子素伯	李素伯	蜜	孔罗荪	妙义	李叔同
梦蟾	姜东舒	梦蘧	黄钧	【mián】		缪白苗	缪白苗
梦痴	李腾岳	梦若	刘心皇	宀竹	陈瘦竹	缪崇群	缪崇群
梦春	谢尊五	梦苕	钱仲联	眠流	杨纤如	缪光钦	缪海稜
梦黛	石评梅	梦韶	陈梦韶	眠石	于浣非	缪海稜	缪海稜
梦旦	高梦旦	梦生	叶夏声	绵长	蔡振扬	缪鸿若	缪鸿若
梦旦	刘金	梦狮	侯鸿鉴	绵山老牧	王树枬	缪金源	缪金源
梦蝶	高文显	梦石	谈麟祥	【miǎn】		缪珂子	张瑞麟
梦蝶	伍宪子	梦苏	匡亚明	丏尊	夏丏尊	缪朗山	缪朗山
梦蝶	徐卓呆	梦畹	黄式权	勉	吕思勉	缪灵珠	缪朗山
梦蝶	叶夏声	梦畹生	黄式权	勉後	沈砺	缪淼	冒舒湮
梦蝶生	叶夏声	梦微	江寄萍	勉生	李士钊	缪敏	缪敏
梦飞	许云樵	梦苇	陈荻帆	勉斋	蒋星煜	缪茜	缪白苗
梦飞	张叶舟	梦苇	刘梦苇	勉斿	夏丏尊	缪荃孙	缪荃孙
梦甘	王季思	梦苇	拓哥	勉之	陈启天	缪锐桂	缪锐桂
梦古家	田一文	梦文	陈七	勉之	耿勉之	缪天华	缪天华
梦观	王统照	梦文	鲁迅	勉之	孙冶方	缪文安	缪海稜
梦海	陈君实	梦湘阁	姚鹓雏	勉之	吴晗	缪文超	程灼如
梦荷	宋振庭	梦祥	潘重规	勉之	叶青	缪文渭	缪文渭
梦华	冯煦	梦星	李腾岳	勉仲	黄裳	缪鑫铭	缪白苗
梦华	胡梦华	梦醒	刘心皇	覠舰	沈似谷	缪小山	缪荃孙
梦回	梁梦回	梦熊	周浩然	【miáo】		缪小珊	缪荃孙
梦寄	马骏声	梦栩生	夏承焘	苗达	苗达	缪筱珊	缪荃孙
梦家	陈梦家	梦岩	徐卓呆	苗德生	苗得雨	缪学贤	缪篆
梦甲	陈梦家	梦茵	关露	苗集文	苗培时	缪炎之	缪荃孙

缪雨	王茂育	敏中	何纪华	明星	杨奔[2]	铭坚	顾颉刚
缪渊如	缪金源	敏子	梅娘	明训	潘宗周	铭珊	曾朴
缪钺	缪钺	【míng】		明伢子	李锐	铭深	车铭深
缪篆	缪篆	名国	杜国庠	明瑶	陈蝶衣	铭新	焦伟真
缪子才	缪篆	名鸿	徐名鸿	明耀五	明耀五	铭彝	赵铭彝
【miē】		名心印	鲁迅	明液	杨光洁	铭竹	汪铭竹
乜如也	王俊伯	名心印	苏曼殊	明夷	康有为	蓂垞	朱英诞
【miè】		名一	赵铭彝	明夷	俞明震	溟	张香山
灭胡	景梅九	名逸	赵铭彝	明夷子	康有为	溟若	金溟若
灭奴	景梅九	名之	黄福林	明宜	陈独秀	溟漪	张香山
【mín】		名知	鲁迅	明奕	刘澍德	螟庵	杨钟义
民	李石曾	明	艾芜	明因	吕碧城	【mǐng】	
民	茅盾	明	柳倩	明园	刘心皇	酩酊兵丁	宋玉
民哀	姚民哀	明	茅盾	明圆	顾民元	【mìng】	
民达	顾征南	明	沙可夫	明远	谢觉哉	命三	喻血轮
民朦	谭丕模	明	田汉	明璋	康白情	【miù】	
民生	苏民生	明	赵树理	明哲	丁力	谬北之	苗培时
民史氏	孙寰镜	明	周浩然	明之	孔林	【mó】	
民讦	潘世谟	明长照	欧阳山	明之	鲁琪	谟子	王一榴
民傭	张一麐	明池	张明慈	明之斯	鲁琪	摹庐	陈直
民犹	毕树棠	明达	周今觉	明志	田树藩	模和	潘漠华
民友	蔡元培	明道	顾明道	明珠	铁抗	摩	徐志摩
民治	李一氓	明德	罗迦	明珠	张叶舟	摩登和尚	林庚白
民主老人	易大厂	明弟	柳倩	明珠	张友渔	摩尔	王尘无
玟泉	石军	明东	谢云	明雏	马光	摩汉	邝振翎
旻	王统照	明甫	茅盾	鸣鞭	巴人	摩诃	何为[1]
【mǐn】		明高	田汉	鸣冰	石灵	摩坚	王统照
闵葆之	闵尔昌	明翰	夏明翰	鸣镝	彭展	摩炬	张若谷
闵尔昌	闵尔昌	明湖	艾治平	鸣风雨楼主	邓实	摩利	周大康
闵佛九	闵佛九	明慧	李叔同	鸣凤	谢冰莹	摩卢	王统照
闵光润	闵子	明朗	张拓	鸣岗	谢冰莹	摩南	冯淑惠
闵人	闵人	明两	王蘧常	鸣皋	吴景箕	摩颐行者	李叔同
闵铁山	罗鲁风	明两庐主	王蘧常	鸣弓	柳野青	磨铁道人	高二适
闵儁珍	闵人	明两翁	王蘧常	鸣剑楼主	印水心	磨血老人	胡元倓
闵玉如	闵子	明亮		鸣秋	陆鸣秋	磨血人	胡元倓
闵子	闵子	明了	李叔同	鸣人	张明仁	魔女	许默语
泯之	杨子敏	明绿	胡山源	鸣三	巴人	【mò】	
闽狂	朱谦之	明明	赵荣声	鸣山	王晏	末底	章太炎
闽中畏庐子	林纾	明琪	孙席珍	鸣爽	林鲁生	末公	章太炎
悯盦	震钧	明强	黄太玄	鸣希	巴金	沫	郭沫若
敏	逯斐	明秋水	明秋水	茗边词客	刘麟生	沫	宋元模
敏庵	周汝昌	明若	盛明若	茗理	章钰	沫南	关沫南
敏丁	康濯	明瑟	鲁迅	茗乡病叟	沈曾植	沫若	郭沫若
敏夫	高敏夫	明石	石西民	茗心	闻国新	沫沙	廖沫沙
敏君	张资平	明石	朱光潜	茗余	吴淇	陌路人	谢狱
敏书	巴人	明士	胡明树	茗余	朱剑芒	陌生	陈子英
敏言	温田丰	明树	胡明树	茗缘	沈启无	陌生	张子斋
敏于	吴淇	明仙	胡兰畦	冥飞	张冥飞	莫艾	宋文
敏于	朱剑芒	明霄	谢明霄	冥鸿	仇亮	莫彬	陈秋舫
敏泽	侯敏泽	明心	茅盾	冥冥	沙可夫	莫辰	罗大冈
敏斋	余肇康	明心	沈泽民	冥昭	鲁迅	莫愁	景梅九
敏之	焦敏之	明心道人	王葆心	铭	茅盾	莫道美	林如稷

莫东	张棣赓	墨客	魏登	默之	夏丏尊	木圭郎	黄诗咏
莫敦鲁	莫敦鲁	墨雷	莫洛	【móu】		木河	王木河
莫非	普梅夫	墨蕾	莫洛	牟滨	马牧边	木将	耿振华
莫非我	雷石榆	墨林	沈从文	牟德文	牟潽	木居士	冯开
莫风	聂索	墨鸥	陈树南	牟离中	牟宗三	木居士	齐白石
莫伽	谭莫伽	墨秋	赵树理	牟伦扬	牟潽	木峻	牟潽
莫干	魏金枝	墨人	墨人	牟伦扬	司马军城	木柯夫	慕柯夫
莫干山	白寒	墨沙	陈白尘	牟尼	何剑熏	木可	柯蓝
莫更原	莫敦鲁	墨西	马祖毅	牟尼	茅盾	木可	李正中
莫怀古	辛未艾	墨西	夏征农	牟鹏翚	司马军城	木兰精舍主人	梅际郇
莫稽	胡山源	墨仙	郑雨	牟平	姜东舒	木铃	沈从文
莫奎	海蒙	墨香	陈墨香	牟少玉	牟少玉	木马	林金波
莫蕾	罗泅	墨遗萍	墨遗萍	牟声	安波	木马山人	李腾岳
莫洛夫	洛夫	墨隐	李定夷	牟殊	阿英	木每	林淑华
莫明	张一俜	墨隐庐主	李定夷	牟潽	牟潽	木木	史济行
莫难	关沫南	墨隐庐主人	李定夷	牟有德	包惠僧	木纳	路翎
莫凭栏	林冷秋	墨隐生	李定夷	牟珠簃主	樊樊山	木楠	梁南
莫奇	胡山源	墨羽	顾巴彦	牟宗三	牟宗三	木讷	黄英才
莫荣	王西彦	墨者	金祖同	侔尘	川岛	木农	公木
莫若	许法新	默	林默涵	侔天	穆木天	木皮朦	谭丕模
莫思	毛羽	默	瞿秋白	谋伯	唐庆诒	木人	柯蓝
莫文	沈毓刚	默	王统照	谋生	巴人	木人	穆仁
莫霞	莫洛	默	张睿	【mǒu】		木人	齐白石
莫休	徐梦秋	默	张默君	某甲	夏衍	木人	张庆吉
莫珣	穆欣	默	张蕴和	某九	景梅九	木生	穆烜
莫岩	杨仲德	默	黄裳	某生者	巴人	木石	巴人
莫邪（yé）	傅钝根	默庵	李默映	某生者	林潮	木天	穆木天
莫邪（yé）	胡山源	默庵	缪鸿若	某生者	鲁迅	木天	商展思
莫耶	莫耶	默庵	沈禹钟	【mǔ】		木亭	冯雪峰
莫运瑞	洛夫	默庵	施骚	母文	方志敏	木仙	周作人
莫韵	马烽	默痴	许法新	【mù】		木也	蒯斯曛
莫珍莉	刘昌博	默池	张默池	木	戴碧湘	木易	杨奔[2]
莫珍妮	刘昌博	默存	钱锺书	木	孟超	木易	杨扬
莫朕	鲁迅	默尔	符号	木成林	吴东权	木易	杨昭
漠华	潘漠华	默凤	戴良	木旦	邹韬奋	木鱼	王梦鸥
漠南	袁烙	默父	张白山	木铎	刘艺亭	木子	胡山源
漠青	张漠青	默弓	陈敬容	木方	赵铭彝	木子	茅盾
漠清	张漠青	默涵	林默涵	木风	刘石夷	木子	沈从文
漠雁	漠雁	默坚	王统照	木风	刘毅	木子	沈云龙
漠野	洪钟	默君	张默君	木斧	木斧	木子	许钦文
墨庵	缪鸿若	默名	白峡	木戈	林青	目	戴碧湘
墨盦	缪鸿若	默默	马鸣尘	木亘	林焕平	目寒	张目寒
墨巴	张惠良	默然	黄嘉德	木公	巴人	目空	李渺世
墨淡	赵树理	默然	王统照	木公	冯开	目空一世之况舍人	
墨弹	赖丹	默僧	张默生	木公	王松		况周颐
墨翟	徐调孚	默生	李伯龙	木公	王统照	沐长	施若霖
墨非	古丁	默声	邓均吾	木公	吴组缃	沐赓祚	沐绍良
墨黑华	梅秀	默汀	高振堃	木孤	缪天华	沐鸿	高沐鸿
墨痕	李满红	默熊	穆烜	木瓜	林穆光	沐华	刘延甫
墨基	耿庸	默影	木斧	木瓜	吕福田	沐箕	沐绍良
墨君	尤墨君	默映	李默映	木官	郑振铎	沐箕香	沐绍良
墨君	张默君			木圭	武桂芳	沐绍良	沐绍良

笔名	本名	笔名	本名	笔名	本名	笔名	本名
沐宇	张旸	慕明	戴不凡	穆封	刘毅	穆阳	张白山
牧	秦牧	慕欧	倪寿芝	穆歌	王果	穆映	谢敏
牧笛	祝宽	慕萍	李金秀	穆海青	方然	穆质	吴力中
牧丁	顾牧丁	慕奇	潘佛章	穆海清	方然	穆中南	穆中南
牧丁	郭超	慕秦	连横	穆洪	柯文溥	穆子沁	李澍恩
牧风	谷牧	慕容	徐懋庸	穆基	黄骧		
牧风	钱君匋	慕容丹	艾治平	穆济波	穆旦		**N**
牧夫	胡明树	慕容慧文	李景慈	穆謇	王十仪	**【ná】**	
牧歌	王秋莹	慕容蕾	白薇	穆敬熙	潘标	挐云生	胡梯维
牧潭	牛汉	慕容婉	罗泅	穆静	潘标	**【nà】**	
牧惠	牧惠	慕容文静	林涵表	穆莱	穆欣	那里	李纳
牧荆	华山	慕容羽军	慕容羽军	穆雷	沙白	那沙	那沙
牧良	蒋牧良	慕容子	洪迅涛	穆林	梅林	纳·赛音朝克图	
牧牛	云照光	慕容梓	姚蓬子	穆六田	穆儒丐		纳·赛音朝克图
牧牛童	戚饭牛	慕石	王明	穆庐	胡雪抱	纳罕	林丰
牧青	鲁煤	慕松	戴文葆	穆鲁瞻	穆欣	纳鉴恒	纳训
牧群	王牧群	慕松君	慕湘	穆罗茶	傅彦长	纳寿恩	纳忠
牧人	黎牧人	慕陶	连横	穆洛俊	穆旦	纳维	杨日基
牧人	沙漠	慕陶	饶孟侃	穆门	关非蒙	纳训	纳训
牧人	周牧人	慕庭	袁尘影	穆木天	穆木天	纳雍	艾青
牧童	牛汉	慕威	黄庆云	穆牧心	穆牧心	纳忠	纳忠
牧童	周作人	慕武	陆定一	穆穆	沐绍良	纳子嘉	纳忠
牧希	文灰	慕熹	华骏	穆穆	穆中南	衲	雷昭性
牧心	穆牧心	慕仙	陈云樵	穆纳	路翎	娜君	陆晶清
牧星	黎维新	慕贤	吴继岳	穆纳	穆仁	**【nǎi】**	
牧羊	木斧	慕显德	慕柯夫	穆女	李穆女	乃超	冯乃超
牧羊儿	于右任	慕显松	慕湘	穆契	葛一虹	乃椿	于莲客
牧野	谷牧	慕湘	慕湘	穆青	穆青	乃帆	王承琰
牧野	卢煤	慕颜	杨贤江	穆然	隋树森	乃藩	杨乃藩
牧野	马牧边	慕一	吴云心	穆仁	穆仁	乃方	郑伯奇
牧野	牧野	慕雍山人	郑观应	穆如	张素	乃迁	汤伯器
牧野	章明	慕由	温德玄	穆儒丐	穆儒丐	乃秋	吕思勉
牧音	张庆吉	慕越	钱江春	穆绍良	沐绍良	乃人	陈模
牧原	常任侠	慕云	瞿白音	穆时英	穆时英	乃人	沈乃人
牧原	侯敏泽	慕之	茅盾	穆世清	穆旦	乃壬	谢扶雅
牧子	巴牧	慕周	张树模	穆素	张默君	乃任	谢扶雅
牧子南	卢煤	暮雷	罗泅	穆涛	虞慕陶	乃同	吴奔星
慕	王明	暮云	王凤	穆汀	顾牧丁	乃文	宋振庭
慕白	李慕白	霖长	施若霖	穆微波	曾岛	乃仙	田井卉
慕白	张白怀	穆	宋元模	穆维芳	赵铭彝	乃心	赵乃心
慕渤霖	慕湘	穆北柯	周作新	穆文	林默涵	乃之	胡也频
慕风	苏雪林	穆笔	隋树森	穆文昭	穆木天	逎冰	施作师
慕韩	曾琦	穆藏	李震杰	穆西	郑康伯	逎人	陈模
慕翰	张秋人	穆长	施若霖	穆禊	葛一虹	**【nài】**	
慕华	马曜	穆辰公	穆儒丐	穆小菱	仇智杰	奈何堂	成弦
慕华	王森然	穆旦	穆旦	穆辛	韩朗周	奈卡	熊克浩
慕晖	蔡慕晖	穆道	包蕾	穆欣	穆欣	耐	张叔耐
慕兰	王戎	穆德辉	穆烜	穆新文	木斧	耐安	胡耐安
慕列	黄庆云	穆都哩	穆儒丐	穆烜	穆烜	耐庵	胡元倓
慕陆	丁立中	穆都里	穆儒丐	穆逊	萧岱	耐冬	李耐冬
慕鸾	梁鸿志	穆盾	刘开扬	穆亚才	穆青	耐烦	杨乃藩
慕名	冯斯栾	穆芳	赵铭彝	穆羊	杨大辛	耐芳	郑伯奇

耐公	甘鹏云	南海	冼宁	南翔	胡云翼	【nī】	
耐寒	谢佐舜	南海老人	康有为	南翔	张深切	妮娜	张咏絮
耐可	于右任	南航	刘半农	南笑	白凌	妮娜女士	张咏絮
耐林翁	杨树达	南鸿	龚炳孙	南星	南星	【ní】	
耐秋	黄景南	南鸿	江树峰	南雄	林振新	尼	丽尼
耐霜	张维贤	南候	贾植芳	南炫	沙尘	尼	倪贻德
耐翁	甘鹏云	南湖	高拜石	南薰	吴调公	尼迪	郭尼迪
耐轩	周今觉	南湖	胡鄂公	南雅	沈宗畸	尼古丁	古丁
耐茵	司马军城	南湖	廉泉	南燕	沙尘	尼基	杨日基
褯襁生	张友鸾	南湖	徐志摩	南扬	钱南扬	尼洛	尼洛
【nán】		南湖居士	廉泉	南阳	邓拓	尼曼	罗泗
男士	冰心	南湖居士廉泉	廉泉	南洋伯	温梓川	尼米希依提	
南	白夜	南虎	徐慕邢	南洋山人	梁山		尼米希依提
南	陈望道	南华老人	易大厂	南野	沈宗畸	尼尼	倪尼
南	黄春成	南荒	王西彦	南野翁	沈宗畸	尼塞	叶家怡
南北东西人和东西		南涧	吴联栋	南瓋	杨奔 [1]	尼斯	徐咏平
南北人	茅盾	南杰	欧阳予倩	南园	程瞻庐	尼苏	朱宜初
南鄙人	陈凡	南鹃	傅南鹃	南园	张相文	尼鮓	朱宜初
南边词客	陈揖旗	南昆	陈同生	南园老人	萧蜕安	尼特	倪贻德
南巢父	唐绍华	南雷	雷啸岑	南岳傲樵	沈绣莹	尼一	马彦祥
南池	施南池	南离子	邱及	南云	陈赓雅	呢喃	李今艺
南窗斋主	郑树荣	南力	李南力	南云	柯仲平	呢喃燕	白石 [1]
南村	梅绍农	南柳	林枳敬	南云	徐克	呢呢	陈树南
南村	叶灵凤	南庐主人	郑天保	南芸	高拜石	泥藕	姜椿芳
南岛居士	侬藤	南梦	陆秋心	南支那老骥氏	马仰禹	泥土	朱宜初
南都	陈逢源	南明	王景山	南枝	安怀音	泥鞋	徐仑
南方张	张恨水	南溟老渔	薛大可	南枝	蒋元椿	泥子	张文勋
南方张	张若谷	南木	巴人	南芷	谢冰莹	泥醉	叶圣陶
南风	黄勇刹	南木	罗吟圃	南致善	南致善	倪炳煌	倪希昶
南风	李辉英	南泥	毛达志	南桌	李南桌	倪海曙	倪海曙
南风	李南山	南平	李求实	难	鲁兵	倪和	林宏
南风	刘谷风	南齐明	陈望道	难堪	张闻天	倪江松	倪江松
南风主人	赵正平	南迁	姚楠	难老	罗元贞	倪骏	乔穗青
南峰	李辉英	南茜	黄振球	难明	周作人	倪明	倪受禧
南府行人	苏曼殊	南泉外史	徐枕亚	难胜	李叔同	倪尼	倪尼
南父	汪普庆	南容	李白英	难思	李叔同	倪平	吕荧
南歌	刘仁国	南润	杨炽昌	难先	张难先	倪庆秩	包蕾
南耕	袁嘉谷	南山	陈望道	难云	高拜石	倪如	范泉
南公	杨骚	南山	洪禹平	难知	周作人	倪瑞	倪尼
南宫搏	南宫搏	南山	许杰	喃喃	陈树南	倪瑞萱	倪尼
南宫东郭	刘澍德	南山燕	冯明之	楠柯	李景慈	倪寿芝	倪寿芝
南宫夫人	潘柳黛	南社旧侣	李叔同	楠秋	余楠秋	倪受禧	倪受禧
南宫离	唐弢	南社主盟	柳亚子	【náng】		倪朔尔	鲁迅
南宫生	孟超	南生	邱楠	囊萤	车辐	倪伟良	倪海曙
南宫熹	孟超	南生	杨南生	【nè】		倪雯	谢宇衡
南冠	蔡仪	南史氏	陈去病	讷厂（ān）	严谔声	倪希昶	倪希昶
南冠	黄裳	南丝	林彬	讷庵	严谔声	倪贻德	倪贻德
南郭	林适存	南薇	刘南薇	讷夫	李大一	倪泽	黄猷
南郭	朱英诞	南无	沈启无	讷子	郑拾风	倪震生	倪子明
南国行人	苏曼殊	南西	林彬	呐呐鸥	刘呐鸥	倪子明	倪子明
南海	常君实	南溪	庄一拂	呐鸥	刘呐鸥	霓璐	许幸之
南海	田仲济	南乡子	马各				

【nǐ】		聂国楸	聂绀弩	宁仙霞	宁调元	农畴	翦伯赞
你索	赵树理	聂横	杨日基	宁裕之	穆儒丐	农非	陈同生
【nì】		聂华苓	聂华苓	宁之怀	公孙嬿	农菲	陈同生
逆飞	赵文甫	聂怀	成弦	佞人	梁启超	农花	吴南生
逆非	赵文甫	聂畸	聂绀弩	佞谭	冯小隐	侬	石璞
逆民	柯灵	聂觭	聂绀弩	佞杨	冯小隐	侬非	陈同生
逆民	周璧	聂景阳	聂守仁	**【niú】**		**【nòng】**	
匿名子	高明	聂克	张国钧	牛	吕剑	弄潮	钱君匋
匿名子	穆时英	聂克	章君谷	牛	王朝闻	弄瓦翁	陈直
睨观	申桱	聂品	陈任遐	牛	谢六逸	**【nú】**	
【niān】		聂齐	田奇	牛八	朱经农	奴天	王尧山
拈花	包天笑	聂其杰	聂云台	牛伴	沙驼	驽夫	吴峤
【nián】		聂琦	聂绀弩	牛北山	张瑞麟	驽牛	吕思勉
年大有	祝见山	聂士贤	唐登岷	牛犇	杨贤江	**【nǔ】**	
年兮	严应晞	聂氏子	黄诗咏	牛鼻子老道	李策	努尔·穆罕默德	
年裕	陈子谷	聂守仁	聂守仁	牛伯先	廖伯坦		纳训
【niàn】		聂守信	聂耳	牛布衣	于浩成	努力	白拓方
廿九	马骏[1]	聂树先	尚钺	牛布衣	张友鸾	**【nù】**	
廿三白	辛丰年	聂铁铮	聂铁铮	牛车	雷石榆	怒江	张子斋
念盦	易大厂	聂文	伍禾	牛凡陀	程力夫	怒隶	鲁藜
念慈	崔嵬	聂焰	申维升	牛冯玉润	冯三多	怒涛	李建庆
念慈	方纪生	聂衣葛	聂绀弩	牛汉	牛汉	怒涛	刘新粦
念公	易大厂	聂有才	聂绀弩	牛何之	郭沫若	**【nǚ】**	
念禾	龚啸岚	聂志孔	聂大鹏	牛何之	屈楚	女	萧楚女
念慧	李叔同	聂子义	聂耳	牛何之	王秋莹	女布衣	吕美荪
念娇	成弦	聂紫义	聂耳	牛何之	王辛笛	女床山民	俞宗原
念庐	丘复	聂祖佑	聂索	牛何之	张白怀	女客	陈涓
念枚	罗廷	涅伽	马彦祥	牛红豆	张子斋	女言	马宁
念梦	赵逸贤	涅丽	谢狱	牛回	伍禾	女玉	萧楚女
念青	胡绳	孽儿	朱鸳雏	牛稼辛	徐放	**【nuò】**	
念劬	袁水拍	**【níng】**		牛克马	袁水拍	诺之	丁家瑞
念生	罗念生	宁	夏衍	牛邻叟	夏敬观	懦夫	唐耕余
念圣楼主人	丁念先	宁岛	宋协周	牛伦	郭基南	懦夫	郑造
念石	梅际郇	宁华	瞿秋白	牛马走	戴不凡		
念石翁	梅际郇	宁人	巴人	牛马走	沙漠	**O**	
念述	周汝昌	宁馨	冼宁	牛乃同	吴奔星	**【ōu】**	
念韬	邹霆	宁也愚	邓绥宁	牛曲白	青勃	讴禹	刘丹华
念吾	刘清扬	宁以	杨苡	牛孺子	任哲维	瓯江	陈健吾
念五	刘清扬	宁远	谌震	牛珊	黄天戈	瓯隐	冒广生
念英	卢豫冬	宁远	秦瘦鸥	牛树禾	杨禾	欧	陈北鸥
念俞	祝见山	宁子	张继楼	牛溲斋主	白鹤	欧	姜椿芳
念之	潘念之	凝仌（bīng）	瞿秋白	牛汀	牛汉	欧查	黄振球
念雉	李叔同	凝冰	屠义方	牛文人	周牧人	欧陈剑窗	欧陈剑窗
念兹	李俊民	凝秋	塞克	牛翁	戚饭牛	欧陈簾	欧陈剑窗
【niǎo】		凝远	陈凝	牛小白	刘征	欧夫	姚冷
鸟影	冯至	凝远	谌震	牛玉华	玉华	欧福德	陈志民
【niè】		凝真	吴稚晖	牛云	鲁藜	欧化	马君武
聂多饶	石在	**【nìng】**		牛之初	赵超构	欧剑窗	欧陈剑窗
聂耳	聂耳	宁保禄	西虹	牛子牛	米军	欧骐	欧小牧
聂斧	聂索	宁调元	宁调元	牛子孺	向明	欧思曼·阳	张央
聂甘弩	聂绀弩	宁可	宁可	**【nóng】**		欧坦生	丁树南
聂幹如	聂绀弩	宁太一	宁调元	农	台静农	欧外欧	欧外鸥

欧文	李门	欧阳望红	周大康	【pài】	
欧文泉	欧文泉	欧阳文彬	欧阳文彬	派克	秦牧
欧小牧	欧小牧	欧阳舞	莫洛	湃风	郭国翔
欧阳爱梅	王十仪	欧阳细沫	宋元模	湃舟	张湃舟
欧阳巴豆	苏菲[1]	欧阳新	宋元模	【pān】	
欧阳百川	石冷	欧阳信	许幸之	番禺潘飞声兰史	
欧阳弼	欧阳弼	欧阳絮漪	柯文溥		潘飞声
欧阳弼辛	石冷	欧阳询	宋淇	潘保同	潘光旦
欧阳碧	姚紫	欧阳亚沫	宋元模	潘比德	潘子康
欧阳翠	欧阳翠	欧阳言	郭显	潘标	潘标
欧阳东明	张旸	欧阳宜	郭显	潘丙心	苏凡
欧阳二春	王家怡	欧阳镁	沈毓刚	潘炳皋	潘标
欧阳凡海	欧阳凡海	欧阳予倩	欧阳予倩	潘伯英	潘伯英
欧阳非	张青榆	欧阳之钧	欧阳之钧	潘伯鹰	潘伯鹰
欧阳寒峰	欧阳俭叔	欧阳之青	许清昌	潘常光	丁之屏
欧阳寒吟	李润湖	欧阳忠正	张若谷	潘承弼	潘景郑
欧阳翰	阳翰笙	欧阳仲衡	欧阳之钧	潘崇奎	潘重规
欧阳红	李鉴尧	欧阳仲涛	欧阳溥存	潘吹云	潘序祖
欧阳恢绪	欧阳恢绪	欧阳庄	欧阳庄	潘垂统	潘垂统
欧阳继修	阳翰笙	欧阳梓川	欧阳梓川	潘菙统	潘垂统
欧阳俭叔	欧阳俭叔	欧瞻	王森然	潘达微	潘达微
欧阳健	周大康	欧之	姜椿芳	潘大道	潘力山
欧阳渐	欧阳渐	欧阻辛	陈秋舫	潘德方	许志行
欧阳杰	欧阳杰	鸥	连啸鸥	潘德一	樊仲云
欧阳近士	木斧	鸥辺	章钰	潘涤	潘子农
欧阳晶	欧阳文彬	鸥梦轩主	刘铁冷	潘独清	潘天青
欧阳竞	宋淇	鸥外·鸥	欧外鸥	潘璠	潘芷汀
欧阳竞无	欧阳渐	鸥外鸥	欧外鸥	潘飞声	潘飞声
欧阳境无	欧阳渐	鸥影	龚元凯	潘飞声兰史	潘飞声
欧阳镜蓉	巴金	鸥子	邓拓	潘非	潘非
欧阳军	巴尔	【ǒu】		潘枫涂	潘念之
欧阳兰	欧阳兰	偶虹	翁偶虹	潘佛彬	潘人木
欧阳立斐	欧阳俭叔	藕	姜椿芳	潘佛章	潘佛章
欧阳立袁	欧阳予倩	藕	王森然	潘凫工	潘伯鹰
欧阳丽娜	黄白莹	藕红	翁偶虹	潘凫公	潘伯鹰
欧阳萝	韩北屏	藕丝	张秋虫	潘复	潘复
欧阳漫冈	石冷	藕芽生	徐东滨	潘淦清	潘公展
欧阳明	赖琏	【òu】		潘幹卿	潘公展
欧阳明	欧阳明	沤道人	朱祖谋	潘幹庭	潘子康
欧阳飘	易文	沤梦	邓邦述	潘根生	潘伯英
欧阳普	刘燕及	沤梦词人	邓邦述	潘公饮	潘飞声
欧阳溥存	欧阳溥存	沤梦老人	邓邦述	潘公展	潘公展
欧阳岐	欧阳山	沤尹	朱祖谋	潘光旦	潘光旦
欧阳蚋园	欧阳之钧			潘光晟	潘光晟
欧阳瑞薇	杜埃	**P**		潘光宣	潘光旦
欧阳山	陈望道			潘国渠	潘受
欧阳山	欧阳山	【pā】		潘汉年	潘汉年
欧阳山尊	欧阳山尊	葩叟	高吹万	潘虹	潘达微
欧阳寿	欧阳山尊	葩翁	高吹万	潘鸿文	华岗
欧阳舒丹	蔡丹冶	【pái】		潘焕昆	潘焕昆
欧阳漱	欧文泉	排山	罗烺	潘际坰	潘际坰
欧阳万全	欧阳恢绪	排子	蒋君章	潘寄尘	潘达微

潘家洵	潘家洵
潘剑士	潘飞声
潘健行	潘汉年
潘子蕶	潘子农
潘子农	潘子农
潘介泉	潘家洵
潘晋恩	潘晋恩
潘井	潘井
潘景郑	潘景郑
潘憬吾	潘达微
潘觉新	潘觉新
潘君华	庞北海
潘箬	徐君藩
潘濬	潘井
潘恺尧	潘漠华
潘兰史	潘飞声
潘朗	丁之屏
潘朗	潘寿康
潘老兰	潘飞声
潘垒	潘垒
潘磊	潘垒
潘力山	潘力山
潘立三	潘力山
潘连培	潘懋元
潘连升	潘芷汀
潘连熙	潘载和
潘良甫	潘景郑
潘柳黛	潘柳黛
潘罗浮	潘飞声
潘茂元	潘懋元
潘懋元	潘懋元
潘民讦	潘世谟
潘明训	潘宗周
潘模和	潘漠华
潘漠华	潘漠华
潘慕奇	潘佛章
潘乃常	潘子康
潘尼西	穆仁
潘念之	潘念之
潘凝	王冰洋
潘勤孟	潘勤孟
潘青	潘青
潘人木	潘人木
潘少文	潘晋恩
潘世聪	潘世聪
潘世谟	潘世谟
潘世杞	潘天青
潘式	潘伯鹰
潘守谦	潘守谦
潘寿恒	潘侠风
潘寿康	潘寿康
潘受	潘受

笔名	本名	笔名	本名	笔名	本名	笔名	本名
潘叔青	潘青	潘祖生	许志行	匏庐	张龙云	佩佩	袁克文
潘四	潘漠华	潘祖圣	许志行	匏齐	郑振铎	佩青	谢树琼
潘陶	丁之屏	潘祖岳	潘觉新	匏园	来裕恂	佩卿	贾恩绂
潘天青	潘天青	攀龙	冯自由	匏斋	卢铸	佩琼	陈蝶衣
潘铁苍	潘达微	【pán】		【pǎo】		佩琼	梁霭
潘徒	赵乃心	盘江	汪作民	跑龙套	胡憨珠	佩秋	欧阳翠
潘文嵩	潘佛章	盘铭	程省三	【pào】		佩忍	陈去病
潘希珍	琦君	盘若	林斤澜	泡沫	朱慧洁	佩声	曹珮声
潘希真	琦君	婺者薮长	沈曾植	炮灰	丁之屏	佩双	朱剑芒
潘侠风	潘侠风	磐落	孔庆洛	【péi】		佩韦	刘蕙荪
潘湘澄	潘念之	磐陀	熊寒江	培	向培良	佩韦	鲁迅
潘箫	潘箫	蟠	魏蟠	培初	余切	佩韦	茅盾
潘小鹰	潘世聪	蟠溪子	杨紫麟	培风老人	邵祖平	佩韦	宋云彬
潘心兰	潘飞声	【pàn】		培根	林恩卿	佩韦	夏衍
潘心微	潘达微	判依	张承宗	培良	向培良	佩苇	赵扬
潘馨航	潘复	叛徒	潘炳皋	培南女士	袁玉冰	佩文	黄节
潘醒农	潘醒农	畔井	田井卉	培青	贺扬灵	佩弦	朱自清
潘醒侬	潘醒农	【pāng】		培心	贺扬灵	佩心	霍佩心
潘序怀	徐昌霖	滂沱	朱碧泉	培新	贺扬灵	佩萱	蒲耀琼
潘序祖	潘序祖	【páng】		培之	戴培之	佩宜	郑瑛
潘玄	苏鸿禹	庞北海	庞北海	培之	金剑啸	佩宜夫婿	柳亚子
潘学静	潘学静	庞檗子	庞树柏	培支	高培支	佩莹	武达平
潘洵	潘漠华	庞樗农	庞树松	裴会川	裴学海	佩玉	杨济震
潘恂	潘漠华	庞独笑	庞树松	裴迦	林冷秋	佩瑗	俞珊
潘训	潘漠华	庞观清	宋淇	裴景福	裴景福	佩筠	武达平
潘亚林	潘汉年	庞俊	庞俊	裴来	杨禾	珮声	曹珮声
潘言川	潘漠华	庞龙厂（ān）	庞人铨	裴苓	袁鹰	霈君	温佩筠
潘影庐	潘达微	庞龙庵	庞人铨	裴裴	黎丁	【pēng】	
潘影吾	潘达微	庞龙禅	庞树柏	裴普贤	裴普贤	烹斋	陶晶孙
潘有猷	潘公展	庞曼坚	李润湖	裴溥言	裴普贤	【péng】	
潘又安	潘伯鹰	庞芭庵	庞树柏	裴斯	刘流²	芃生	王芃生
潘予且	潘序祖	庞人铨	庞人铨	裴斯雄	刘流²	朋春	马鹏椿
潘允生	杜边	庞石帚	庞俊	裴文中	裴文中	朋其	黄鹏基
潘载和	潘载和	庞寿纯	庞人铨	裴馨园	裴馨园	彭柏山	彭柏山
潘赞思	潘飞声	庞受淳	庞人铨	裴星惠	裴星惠	彭拜	彭拜
潘照涵	潘光晟	庞树松	庞树松	裴学海	裴学海	彭葆德	艾汶
潘之汀	潘芷汀	庞舞阳	卜少夫	【pèi】		彭壁	王晏
潘芝汀	潘芷汀	庞薰琹	庞薰琹	沛北	任大霖	彭冰	郑拾风
潘芷汀	潘芷汀	庞薰琴	庞薰琹	沛丞	杨烈¹	彭冰山	彭柏山
潘志陶	丁之屏	庞虞铉	庞薰琹	沛村	马国昌	彭丙生	彭柏山
潘仲昂	潘光旦	旁	鲁迅	沛军	温佩筠	彭炳盛	彭柏山
潘重规	潘重规	旁观客	陈灏一	沛沛	陈运通	彭勃	罗烽
潘子	潘觉新	旁观者	何为	沛翔	王丕祥	彭补拙	彭师勤
潘子端	潘序祖	旁观者	汪作民	佩冰	谭正璧	彭昌运	艾汶
潘子康	潘子康	【pàng】		佩芳	罗兰	彭长根	彭竹予
潘子美	胡山源	胖僧	陈敬之	佩芳	师陀	彭楚珩	彭楚珩
潘子英	胡山源	胖实	杲向真	佩枫	刘延陵	彭传玺	彭传玺
潘梓	潘梓年	【pāo】		佩竿	巴金	彭鼎	徐懋庸
潘梓年	潘梓年	抛砖	李漪	佩蘅	闵佛九	彭定安	彭定安
潘梓如	潘子农	【páo】		佩侯	朱剑锋	彭锋	彭锋
潘宗耀	王西徵	袍冰老人	朱剑心	佩华	戴望舒	彭芳草	彭芳草
潘宗周	潘宗周	袍遗	沈曾植	佩璜	臧恺之	彭阜民	彭阜民

彭歌	彭歌	彭一民	彭康	【pǐ】		平	万里云
彭赓虞	彭鸿	彭逸兰	彭新琪	匹园	陈衍	平	俞平伯
彭观清	曹聚仁	彭颖天	彭玲	【pì】		平	郑伯奇
彭桂萼	彭桂萼	彭有斐	彭展	甓黄	唐钺	平庵	廖平子
彭桂蕊	彭桂蕊	彭幼鸿	彭定安	甓园	唐钺	平伯	俞平伯
彭桂贞	陈福彬	彭俞	彭俞	甓园居士	唐钺	平常老人	狄君武
彭鹤濂	彭鹤濂	彭瑜	彭俞	甓斋	唐钺	平旦	潘守谦
彭洪	彭作桢	彭宇	彭展	【piān】		平等阁主	狄楚青
彭鸿	彭鸿	彭雨	王承琰	偏翁	王蘧常	平等阁主人	狄楚青
彭慧	彭慧	彭雨峰	彭雪枫	翩仙	林秋冰	平帆	程千帆
彭慧中	彭慧	彭愈	彭俞	【piàn】		平凡	曹冷泉
彭基相	彭基相	彭渊	李冰人	片青	朱子奇	平凡	程千帆
彭家煌	彭家煌	彭韵玲	彭玲	片石	黄宾虹	平芳	曾宝荪
彭嘉生	彭康	彭蕴松	彭家煌	【piāo】		平夫	丁克武
彭坚	彭康	彭展	彭展	漂萍	任鼎生	平夫	徐道政
彭剑桥	夏霖	彭振声	彭桂萼	漂青	漂青	平甫	柔石
彭介黄	彭家煌	彭震球	黄震球	缥缈生	张秋虫	平复	柔石
彭军	彭行才	彭智远	彭智远	飘泊	王新命	平和	郑楚材
彭闰忠	彭展	彭竹予	彭竹予	飘泊	王中青	平衡	平襟亚
彭康	彭康	彭子冈	彭子冈	飘泊王	王新命	平嘉	许杰
彭昆	谢狱	彭子劼	彭康	飘红	刘露	平江	张闻天
彭籁	穆欣	彭子仪	杨荫深	飘金	漂青	平江不肖生	
彭莲青	彭慧	彭作雨	彭作雨	飘蓬	吴丈蜀		平江不肖生
彭涟清	彭慧	彭作桢	彭作桢	飘篷	张闻天	平江遗民	蔡寅
彭玲	彭玲	蓬	姚蓬子	飘平	邵飘萍	平阶	白平阶
彭年	杨荫深	蓬勃	杨敬年	飘萍	崔百城	平襟霞	平襟亚
彭湃	彭桂蕊	蓬青	张曙生	飘萍	李蔚华	平襟亚	平襟亚
彭鹏	彭桂萼	蓬瀛一逸夫	林缵	飘萍	邵飘萍	平君	林克多
彭品光	澎湃	蓬子	姚蓬子	飘萍吉人	邵飘萍	平君	柔石
彭千指	王琪	鹏九	陈华[2]	飘萍客	邵飘萍	平可	平可
彭倩	马宁	澎岛	许寿彭	飘叶	姜飘叶	平客	范钧宏
彭仁	李冰人	澎湃	高潮	【piáo】		平林	许广平
彭芮生	彭芮生	澎湃	澎湃	瓢儿	白荻[1]	平林	叶平林
彭三让	彭玲	篷放	马希良	瓢庐	袁水拍	平林杏子	叶平林
彭山寿	彭芳草	篷舟	张篷舟	【pín】		平陵	王平陵
彭师勤	彭师勤	【pěng】		贫血儿	姚凤惠	平庐	董作宾
彭石	黎少岑	捧丹	韦悫	频	胡也频	平明	程灼如
彭守道	彭雪枫	【pī】		【pǐn】		平青	庄禹梅
彭叔辅	彭基相	丕丕	温田丰	品今	吴品今	平情居士	狄楚青
彭叔美	彭芳草	丕绳	童书业	品品	林枞敬	平情客	狄楚青
彭松庵	彭鹤濂	丕文	鲍少游	品青	王品青	平情外史	狄楚青
彭泰	彭俞	披朦	谭丕模	品喻	唐登岷	平情主人	狄楚青
彭天龙	彭鹤濂	【pí】		品璋	杨沧白	平沙	陈望道
彭新琪	彭新琪	皮采九	皮作玖	【pìn】		平沙	石在
彭星辉	彭鸿	皮彩九	皮作玖	聘卿	王品青	平生	常燕生
彭行才	彭行才	皮凡	潘子康	聘三	朱汝珍	平素	孙平
彭修道	彭雪枫	皮以存	陈凡	聘正	章品镇	平天	孙平天
彭徐	彭竹予	皮仲簏	车辐	聘之	杨璠	平万	戴平万
彭雪枫	彭雪枫	皮作九	皮作玖	【píng】		平屋主人	夏丏尊
彭雪珍	彭子冈	皮作久	皮作玖	平	茅盾	平心	林贞羊
彭逊之	彭俞	皮作玖	皮作玖	平	瞿蜕园	平行	胡明树
彭燕郊	彭燕郊	疲兮	李抱忱	平	谭丕模	平阳子	亚汀

笔名	原名
平洋	吴玉章
平妖堂主人	马廉
平野	丽砂
平野青	刘宇
平一	巴人
平原	陈炳元
平原	陈山
平云	周作人
平之	常燕生
平直居士	蒋吟秋
平仲	徐懋庸
平周	张友渔
平子	常燕生
平子	狄楚青
平子	雷履平
平子	廖平子
平子	邵飘萍
平子	沈季平
平子	张启汉
平子	朱少屏
冯（píng）夷	赵俪生
评梅	石评梅
评梅女士	石评梅
苹	宋之的
苹庵	廖平子
苹庵	施蛰存
苹初	俞平伯
苹蒂	王森然
苹果树	孟力
苹君	温梓川
屏鸣	周文
屏山	袁嘉谷
屏山居士	袁嘉谷
屏斯	孟君
屏五	高深
屏子	朱少屏
瓶梅	金雄白
瓶内蛟野三郎	李金发
瓶翁	沈瘦东
萍	曹冷泉
萍	陈子彬
萍	罗玉君
萍	邵飘萍
萍	杨云萍
萍	于赓虞
萍	俞平伯
萍帆	陈靖[1]
萍华	刘群
萍水若翁	文公直
萍水文郎	文公直
萍苏	黄萍苏
萍翁	齐白石
萍影	冯英子
萍影	邹幼臣
萍雨	周作人
萍云	周作人
萍云女士	周作人
萍之	常燕生
萍州	张友渔
萍周	张友渔
萍踪	徐遒翔
【pō】	
泼皮	潘汉年
泼皮男	杨实夫
泼皮男士	潘汉年
颇公	汤用彬
颇之	俞铭璜
【pǒ】	
叵忧	许杰
【pò】	
迫迁	徐讦
破庵	梁鼎芬
破冰	鲁白野
破盦	吴眉孙
破佛	彭俞
破空	雷石榆
破浪	张祉浩
破浪	周张帆
破衲	丁福保
破晓	巴人
破园	汪洋[1]
【pū】	
扑满	汪精卫
【pú】	
菩根	梁宗岱
菩提	马国亮
菩提坊里病维摩	沈曾植
菩植	宋谋瑒
葡萄仙子	张传琨
蒲	茅盾
蒲	司马文森
蒲伯英	蒲伯英
蒲殿俊	蒲伯英
蒲风	蒲风
蒲岗	朱讯
蒲戈	宋谋瑒
蒲剑	林林
蒲剑	茅盾
蒲剑	桃木
蒲克	王啸平
蒲牟	茅盾
蒲莉	李筱峰
蒲柳	丁景唐
蒲柳	杜希唐
蒲柳	吕亮耕
蒲柳风	陈流沙
蒲圻	陈流沙
蒲旗	陈流沙
蒲韧	胡绳
蒲韧	范文澜
蒲沙	田井卉
蒲梢	徐调孚
蒲石居士	朱大可
蒲特	饶彰风
蒲望文	苏一平
蒲西	张春桥
蒲耀琼	蒲耀琼
蒲月	廖子东
僕仃	王业伟
璞	吕沁
璞如	许道琦
濮淮	耶菲
濮僎	濮舜卿
濮舜卿	濮舜卿
【pǔ】	
朴安	胡朴安
朴庵	孙雄
朴丞	黄宾虹
朴诚	杜鹏程
朴存	黄宾虹
朴居士	黄宾虹
朴人	黄宾虹
朴人	王家槺
朴山	夏定域
朴士	周作人
朴翁	高潮
朴翁	孙雄
朴园	李朴园
圃荪	胡梦华
浦	茅盾
浦公英	刘如水
浦丽琳	心笛
浦武	浦武
浦熙修	浦熙修
普诚	杜鹏程
普枫	李莎
普怀隐	普梅夫
普怀忠	普梅夫
普济	李乔[2]
普剑魔	普梅夫
普朗	张祉浩
普鲁士	阿英
普洛	许峨
普梅夫	普梅夫
普庆	汪普庆
普天	韦悫
普阳	胡民大
普音	李叔同
普寅	戴旦
溥存	欧阳溥存
溥儒	溥心畬
溥心畬	溥心畬
【pù】	
瀑岩	赵蔚青

Q

笔名	原名
【qī】	
七虹	呆杏
七斤	洪深
七十二	蓝善仁
栖凤楼客	梁鼎芬
栖民	石西民
栖栖	戈扬
栖桐	西彤
栖梧	包惠僧
栖梧老人	包惠僧
戚饭牛	戚饭牛
戚和卿	戚饭牛
戚牧	戚饭牛
戚其望	牧野
戚施	陈子展
戚仙	胡绍轩
戚学毅	戚学毅
期然	张禹
期子新	乔穗青
期自胜生	胡适
漆丽天	杨仲明
漆室	张靖
漆室吟	张靖
漆思鲁	朱介凡
蹊生	何海鸣
【qí】	
开无（qí wú）	沈启无
齐白石	齐白石
齐纯芝	齐白石
齐大	齐白石
齐道旁	季红
齐凡	朱正明
齐芳	陶君起
齐放	陈绵
齐放	秦瘦鸥
齐愤	放平
齐光	曹艺
齐涵之	史济行
齐璜	齐白石
齐可	马国亮
齐勒	王紫萍

齐隆锡	齐鸣	其芳	何其芳	屺怀	陈训正	起卸	李蕤
齐鲁	李辉英	其放	何其芳	屺上人	陈训正	起应	周扬
齐鲁	齐燕铭	其华	朱其华	岂	林语堂	起予	沈起予
齐路	邱晓松	其眉	杨履方	岂	周作人	起原	吴绮缘
齐鸣	齐鸣	其美	林其美	岂凡	曹岂凡	绮丛	程一戎
齐鸣	邱韵铎	其佩	沈毓刚	岂凡	章克标	绮怀	王君纲
齐默	朱正明	其屏	谭人凤	岂风	罗皑岚	绮君女士	王季思
齐沛合	毕朔望	其三	余空我	岂敢	胡山源	绮青	李鉴尧
齐人	满涛	其文	毕革飞	岂门	梁廷楠	绮情楼主	喻血轮
齐人	王季思	其文	赵其文	岂孟	周作人	绮情生	洪楝园
齐如山	齐如山	其旡（wú）	沈启无	岂梦	朱英诞	绮纹	郑超麟
齐生	黄齐生	其信	赵仲邑	岂明	周作人	绮翁	喻血轮
齐士	吕剑	其翼	沈曾植	岂青	林语堂	绮心	黄衣青
齐蜀夫	吕福田	其邕	冯其庸	岂然	蔡振扬	绮绚	章叶频
齐水	王济	其庸	冯其庸	岂心	李恺良	绮移居士	罗瘿公
齐思闻	辛未艾	其尤	程灼如	企	潘漠华	绮影	周扬
齐肃	齐速	其蓁	萧蔓若	企	周扬	绮雨	沈起予
齐速	齐速	奇	叶荣钟	企程	张企程	绮缘	吴绮缘
齐索	张春桥	奇壁	蔡哲夫	企风	王继尧	荣弟	温梓川
齐天乐	辛未艾	奇峰	夏云	企明	潘漠华	【qì】	
齐同	高滔	奇夫	焦伟真	企善	梁企善	弃疾	曹弃疾
齐伟	袁水拍	奇济	吴视	企霞	陈企霞	弃疾	柳亚子
齐文瑜	夏济安	奇生	欧阳山	企霞	朱企霞	弃疾	许廑父
齐旡（wú）	沈启无	奇石	符号	企言	周葆贻	弃疾子	陈去病
齐物论	鲁迅	奇谈	黄侃	企影	周扬	弃疾子	柳亚子
齐翕明	齐鸣	奇天	郑芝晨	杞怀	陈训正	弃生	洪弃生
齐香	齐如山	奇旡（wú）	沈启无	杞忧生	郑观应	弃扬	伊明
齐轩馆阁主	张金寿	奇隐	吴其英	杞园	黄兴	弃子	周学藩
齐延东	吴伯箫[1]	奇玉	石灵	启安	江肇基	泣红	周瘦鹃
齐衍	史济行	奇恣	黄侃	启东	俞明震	泣珠生	徐枕亚
齐燕铭	齐燕铭	祈黄楼主	洪楝园	启凡	瞿秋白	契	夏衍
齐野	洪钟	耆寿	万枚子	启功	启功	契尔	夏衍
齐野	徐光霄	顾厂（ān）	黄宾虹	启光	李西溟	契嘉	郑天翔
齐语	齐语	脐生	刘保罗	启荷	林克多	契阔	陈炜谟
齐元	李景慈	骑士	邹霆	启华	冯英子	契萌	徐契萌
齐云	高兰	琪	陈琪	启蒙生	徐调孚	契若	邵荃麟
齐奘	季羡林	琪	郝汀	启孟	周作人	器人	杨华
齐振勋	齐燕铭	琪子	周琪[1]	启明	鲁迅	憩之	赵荫棠
齐震	齐燕铭	琦君	琦君	启明	齐鸣	【qiān】	
齐震学	齐燕铭	畸叟	王伯祥	启明	赵树理	千冬	庄启东
齐争	傅庚生	綦雯	赵其文	启明	支离	千朵莲花叟	徐放
齐宗康	齐如山	旗手	杨田农	启明	周作人	千帆	程千帆
齐踪	沈寄踪	旗手	中流	启明翁	吴虞	千方	杨明[2]
祁崇孝	祁崇孝	蕲漪	靳起焕	启鸣	赵亦吾	千和堂主	佘雪曼
祁谷篷	祁崇孝	麒麟	陈鲤庭	启时	庄克昌	千景堂主人	李君毅
祁祁	祁崇孝	麒麟	范文澜	启肃	陈启肃	千里	冯庆桂
祁石	符号	麒麟	金天翮	启旡（wú）	沈启无	千里	裘柱常
祁翔遥	李澍恩	【qǐ】		启修	陈启修	千里	杨天骥
岐山	巴人	乞明	周作人	启彰	叶青	千里驹	华骏
其彬	尤其彬	芑庵	庞树柏	起龙	冯其庸	千文	胡青坡
其春	陈其春	芑怀	陈训正	起孟	周作人	千叶	洪迅涛
其二	赵君豪	芑香	李维翰	起明	周作人	千一	张叶舟

千因	谭丕模	钱厚贻	钱红冰	钱析	钱今昔	潜人	郑造
阡渔	杨纤如	钱槐章	钱君匋	钱夏	钱玄同	潜山人	张恨水
迁客	朱英诞	钱惠生	钱公来	钱宪民	钱诗桢	潜羽	唐弢
佥忍	朱剑心	钱基博	钱基博	钱献之	徐迟	潜园	魏元旷
牵觚	刘蕙荪	钱基厚	钱基厚	钱小柏	钱小柏	潜园逸叟	魏元旷
谦	陈垣	钱家福	钱芥尘	钱小晦	钱小惠	潜斋	洪深
谦平	夏衍	钱剑英	钱剑英	钱小惠	钱小惠	潜之	纪果庵
谦益	陈垣	钱剑英	沙漠	钱杏邨	阿英	黔山松	程关森
谦斋	秦瘦鸥	钱剑瑛	沙漠	钱杏影	杏影	灊旛	沈曾植
谦章	林鹤年	钱健吾	钱健吾	钱绣文	白夜	灊庸	沈曾植
【qián】		钱江潮	戴不凡	钱玄同	钱玄同	【qiǎn】	
前壁	曾圣提	钱江春	钱江春	钱逸	林淡秋	浅白	管震民
前度	缪锐桂	钱节	钱今昔	钱逸汶	袁殊	浅庐	谢云声
前发	安娥	钱芥尘	钱芥尘	钱毅	钱毅	浅条	施作师
前进	朱执信	钱今昔	钱今昔	钱英	钱剑英	浅哉	洪深
前烈	郑君里	钱锦堂	钱君匋	钱罍	陈垣	【qiàn】	
前刘	许家庆	钱景雪	钱今昔	钱佑光	钱小柏	茜	梁山丁
前身青兕	柳亚子	钱静人	钱静人	钱玉如	郁茹	茜砥	婴子
前溪	吴鼎昌	钱九	蹇先艾	钱玉堂	钱君匋	茜蒂	艾珑
钱安	钱君匋	钱君匋	钱君匋	钱玉棠	钱君匋	茜华	卢葆华
钱宾四	钱穆	钱俊	沙漠	钱云耕	师范	茜军	姚溱
钱伯城	钱伯城	钱堃	扬帆	钱哲良	钱锺书	茜濛	茜濛
钱博	丁家瑞	钱来苏	钱来苏	钱振海	钱公侠	茜侬	刘筠
钱灿陞	钱文选	钱罗	沙漠	钱拯	钱来苏	茜萍	张颖
钱忏	陈凡	钱牧风	钱君匋	钱证	钱今昔	茜士	王瀛洲
钱昌照	钱昌照	钱慕祖	钱歌川	钱中季	钱玄同	茜玉	沈仪彬
钱大纯	钱丹辉	钱穆	钱穆	钱忠汉	钱锋	茜子	李金秀
钱丹辉	钱丹辉	钱南扬	钱南扬	钱锺书	钱锺书	茜子	茜子
钱单士厘	单士厘	钱起	郁茹	钱仲联	钱仲联	茜子	王智量
钱稻孙	钱稻孙	钱谦吾	阿英	钱祝华	钱祝华	倩	梁山丁
钱德赋	阿英	钱前	赵大民	钱子遗	苗秀	倩庵	吴湖帆
钱德富	阿英	钱全	刘群	钱祖宪	钱祖宪	倩红	侯枫
钱德鹤	钱静人	钱泉寿	钱稻孙	钱佐元	钱小柏	倩茂	谢希平
钱东甫	钱伯城	钱仁康	钱仁康	乾	萧乾	倩萍	柯蓝
钱冬父	钱伯城	钱润瑷	钱润瑷	乾初	刘谦初	倩童	钱素凡
钱尊孙	钱仲联	钱绍箕	钱南扬	乾乾	汤伯器	倩兮	谷凤田
钱方	王景山	钱诗桢	钱诗桢	潜	唐弢	倩一	严慰冰
钱锋	钱锋	钱水晶	张春桥	潜庵	金蓉镜	倩尹	胡小石
钱歌川	钱歌川	钱思微	沙漠	潜庵	沈启无	倩之	李平心
钱工侠	钱公侠	钱四维	沙漠	潜初	刘谦初	蒨	梁山丁
钱公来	钱公来	钱肃端	翦伯赞	潜夫	梁启超	【qiāng】	
钱公侠	钱公侠	钱素凡	钱素凡	潜夫	钱基博	羌公	陈灵犀
钱谷融	钱谷融	钱太微	钱来苏	潜父	金蓉镜	【qiáng】	
钱龟竞	钱玄同	钱塘	钱君匋	潜客	丁仁长	强邨	朱祖谋
钱桂桐	钱祖宪	钱塘	朱子南	潜鳞	柳非杞	强村	朱祖谋
钱国荣	钱谷融	钱瑭	钱君匋	潜庐	甘鹏云	强骨庐	李大一
钱海源	沙漠	钱彤	钱素凡	潜庐	黄景南	强健	杨钟健
钱涵	钱君匋	钱宛堤	孙钿	潜庐	江应龙	墙外行	刘永瑨
钱浩	李景慈	钱万缨	陈凡	潜庐	金蓉镜	蔷薇园主	曹伯韩
钱红冰	钱红冰	钱文选	钱文选	潜庐	钱基博	彊邨	朱祖谋
钱厚康	钱小惠	钱午斋	钱君匋	潜庐	丘翙华	彊邨老人	朱祖谋
钱厚庆	钱毅	钱希古	钱公来	潜庐老人	甘鹏云		

彊邨先生	朱祖谋	峭露	霍松林	秦坑生	金性尧	琴生	朱执信

彊邨先生	朱祖谋	峭露	霍松林	秦坑生	金性尧	琴生	朱执信
【qiāo】		【qié】		秦喟	石军	琴五	黄兴
悄吟	萧红	伽	艾青	秦览	彭拜	琴午	赖文清
【qiáo】		【qiě】		秦佬	王独清	琴心	游友琴
乔·耐特	周恩来	且安	王鼎	秦犁	袁水拍	琴雪	李旭
乔伯戢	乔大庄	且夫	蔡苇丝	秦林	林草	琴意楼	易君左
乔诚	艾芜	且攻	林淡秋	秦陵	贺宜	琴志楼	易顺鼎
乔大庄	乔大庄	且介	鲁迅	秦绿枝	秦绿枝	琴庄	梁鼎芬
乔风	周建人	且楼	包天笑	秦梦	陈夜	勤	陈华[2]
乔峰	鲁迅	且耐	张叔耐	秦墨哂	秦墨哂	勤补老人	陈去病
乔峰	周建人	且同	金祖同	秦牧	秦牧	勤父	乔大庄
乔浮沉	乔浮沉	【qīn】		秦能华	秦能华	勤耕	吕庆庚
乔国安	黄桦	钦鲍雨	鲍雨	秦泥	秦泥	勤孟	潘勤孟
乔景楼	乔景楼	钦国贤	鲍雨	秦女	陈廷赞	勤孙	乔大庄
乔靖	吕寰	钦国祥	鲍雨	秦戎	秦戎	噙椒	刘毓盘
乔力	乔穗青	钦江	吴兴华	秦少校	姚溱	【qìn】	
乔林	乔林	钦文	许钦文	秦生	徐朗西	沁芬	林咏荣
乔伦	巴人	钦文	赵其文	秦笙	夏侯	沁梅子	陆士谔
乔木	范烟桥	钦吻鹃	鲍雨	秦时敏	张靖	沁人	冯中一
乔木	胡乔木	亲炙中山	柳亚子	秦瘦鸥	秦瘦鸥	沁香阁主人	李涵秋
乔鼎	黄侃	【qín】		秦树碧	张瑞麟	沁园	曹聚仁
乔勤父	乔大庄	芹父	王森然	秦似	秦似	【qīng】	
乔青	王森然	芩慧	秦绿枝	秦同	秦同	青	曹冷泉
乔庆宝	乔羽	秦阿奇	陈秋帆	秦唯科	程灼如	青	陈炼青
乔尚谦	乔尚谦	秦冰	秦冰	秦渭崇	刘波泳	青	程小青
乔生	陈靖[1]	秦炳蓍	夏衍	秦西门	柳北岸	青	姜椿芳
乔守素	林如稷	秦策	秦兆阳	秦西宁	舒巷城	青	林语堂
乔穗青	乔穗青	秦城洛	舒巷城	秦锡圭	秦锡圭	青	台静农
乔天华	乔天华	秦楚深	舒巷城	秦系	韦晕	青	田仲济
乔文犽	乔穗青	秦川	刘波泳	秦行之	张海鸥	青	许俊明
乔筱山	乔尚谦	秦邨	郭秉箴	秦一飞	叶青	青勃	青勃
乔辛	谢宇衡	秦大衍	秦敢	秦莺	唐秦莺	青草青	张垣
乔学纯	乔林	秦飞庐	杨霁云	秦莺先生	唐秦莺	青垞	王葆心
乔一霞	耿庸	秦风	高天梅	秦影	沈默君	青辰	台静农
乔永祥	乔天华	秦风	杨蔚青	秦瑜	焦菊隐	青城	袁水拍
乔羽	乔羽	秦敢	秦敢	秦毓鎏	秦毓鎏	青春	刘心皇
乔曾劬	乔大庄	秦戈船	钱歌川	秦月	丁景唐	青纯	蔡寅
乔志	莫洛	秦光荣	秦泥	秦越	张子斋	青凡	葛青凡
乔志高	高克毅	秦桂秋	秦同	秦再政	钱今昔	青方	向培良
乔壮夫	乔大庄	秦汉	刘诚	秦占雅	秦占雅	青峰	柴德赓
侨生	黑婴	秦汉	魏晋	秦兆阳	秦兆阳	青峰	廖清秀
憔夫	侯敏泽	秦浩	秦瘦鸥	秦稚鹤	王小逸	青峰	萧楚女
樵	许粤华	秦淮碧	闵子	秦仲龢	高伯雨	青峰	叶青
樵	张恨水	秦淮碧	徐干生	秦卓	麦紫	青干	伊静轩
樵荴子	周建人	秦淮钓叟	张友鸾	秦佐	姚溱	青谷	赵清阁
樵夫	侯敏泽	秦吉	邵燕祥	琴	葛琴	青果	李苏
樵夫	焦毅夫	秦吉	王知伊	琴佛	杨光洁	青果	丽砂
樵龄	洪允祥	秦家洪	古之红	琴庐	陈友琴	青果	秦似
樵渔	陈笑雨	秦俭	秦似	琴庐	赖文清	青函	浦熙修
【qiào】		秦晋	陶剑心	琴南	林纾	青侯	王独清
峭风	郑笑枫	秦静闻	叶灵凤	琴尼	青勃	青晦	钱君匋
		秦可	舒巷城	琴如	凌琴如	青见	刘竞

青尤	钱君匋	青园翁	陈寅恪	清一老人	方守彝	丘馥	丘复
青君	王鼎成	青云	范山	清逸客	潘侠风	丘岗	邱映溪
青空律	纪弦	青嶂	蒋锡金	清莹	张文勋	丘高山	丘瑾璋
青郎	柳野青	青之	李静远	清园	王元化	丘国基	丘斌存
青藜	李一痕	青之光	叶青	清斋	刘大白	丘果园	丘复
青莲	林其美	青芝老人	林森	清柱	包天笑	丘海山	丘翊华
青莲后人	李恺良	青主	廖尚果	清子	费明君	丘荷公	丘复
青涟	林其美	青子	高青子	【qíng】		丘荷生	丘复
青林	谷万川	青子	马少波	情痴	汪静之	丘菏公	丘复
青陵一蝶	徐枕亚	轻轮	轻轮	情牵	朱谦之	丘菏公	邱及
青侣	柳野青	轻烟	吴云心	情芝	汪静之	丘家珍	丘士珍
青马	青勃	轻云	王延龄	晴波	何晴波	丘瑾璋	丘瑾璋
青蔓	严文井	卿侬	陈子彬	晴翠山民	李芳远	丘九	邱九如
青蒙	焦伟真	清	陆晶清	晴翠山人	李芳远	丘居竹	苗秀
青梦	刘心皇	清	茅盾	晴帆	党晴梵	丘康	张天白
青苗	青苗	清	朱自清	晴梵	党晴梵	丘明	马子华
青娘	梅娘	清波	毕倚虹	晴空	陈道谟	丘琴	丘琴
青鸟	李青鸟	清池女史	杜清持	晴嵋	张采真	丘青林	徐泽霖
青宁生	程灼如	清持女士	杜清持	晴夏	辛劳	丘人	张秋人
青农	阿英	清道夫	林希隽	晴园	黄纯青	丘如仑	丘行
青苹	傅钝根	清道人	成弦	晴园老人	黄纯青	丘如仑	丘行
青萍	傅钝根	清道人	李瑞清	晴园主人	黄纯青	丘山	陈其通
青萍	赖丹	清敦	林清敦	【qìng】		丘山	李岳南
青萍	邵飘萍	清风	邹韬奋	庆白	瞿秋白	丘山	温梓川
青萍	施蛰存	清风明月楼主	许廑父	庆来	张子斋	丘绍裘	田野 [1]
青青	曹冷泉	清夫	王廉	庆霖	张庆霖	丘石木	邱韵铎
青青	丁家瑞	清谷	赵清阁	庆生	胡山源	丘士珍	丘士珍
青青	刘冬雷	清桂	陆丹林	庆同	朱英诞	丘硕珍	丘东平
青曲	台静农	清和	朱英诞	庆鲅	熊寒江	丘谭业	丘东平
青锐	叶青	清晖	陈中凡	庆衍	吴云心	丘谭月	丘东平
青沙	王巍山	清晖馆主	陈中凡	庆之	白蕉	丘天	丘士珍
青山	王景山	清寂翁	林山腴	【qióng】		丘天纵	丘才豪
青山	叶逸凡	清凉	李叔同	邛主	徐天从	丘铁生	丘琴
青石	黄齐生	清凉	王秋湄	穷不通窝主	李朴园	丘危	孟力
青兕	柳亚子	清林	苏水木	穷荒孤客	章太炎	丘文渡	邱韵铎
青松	叶青	清嵋	黄岚	穷奇	谭戒甫	丘星	马子华
青苔	罗皑岚	清媚	黄岚	穷人	颜一烟	丘行	丘行
青涛	杨晋豪	清平山人	徐映璞	穷塞主	包柚斧	丘幸之	张天白
青桐	徐凤吾	清泉逸叟	傅增湘	穷于甲戌	易大厂	丘絮絮	丘絮絮
青桐	章士钊	清任	蔡寅	琼华馆主	陆澹安	丘翊华	丘翊华
青桐子	章士钊	清如	杨令茀	琼琚	吕福田	丘英杰	邱及
青心	程小青	清商	杜颖陶	琼崖	何琼崖	丘中尼	丘斌存
青选	周青选	清士	梁鼎芬	琼隐	张鸿	丘作屏	丘行
青崖	李青崖	清水	刘冬雷	琼子	何琼崖	邱艾军	邱艾军
青烟	徐帆	清水	熊复	【qiǔ】		邱藩	邱晓松
青岩	吴云心	清溪渔隐	汪兆镛	丘斌存	丘斌存	邱风人	邱风人
青要山农	沈曾植	清修	高君宇	丘波	任哲维	邱汉生	邱汉生
青野	田仲济	清雅斋主	阎少显	丘才豪	丘才豪	邱衡近	邱风人
青榆	张青榆	清扬	刘清扬	丘垤	萧蔓若	邱璜峰	邱韵铎
青榆	朱英诞	清扬	吕碧城	丘东平	丘东平	邱及	邱及
青榆老人	朱英诞	清扬	吕惠如	丘帆	陈秋舫	邱吉甫	钱锺书
青园	陈寅恪	清杨	刘清扬	丘复	丘复	邱家绰	邱艾军

邱家楠	邱楠	秋帆	陈秋帆	秋若	何其芳	秋萤	王秋萤
邱建民	鲁克	秋帆	杜亚泉	秋山	陈樗	秋影	方晒凡
邱江海	舒巷城	秋帆	杨东明	秋山	胡寄尘	秋镛	傅秋镛
邱九如	邱九如	秋凡	沈云	秋山	沈圣时	秋原	胡秋原
邱林	邱晓松	秋访	龚炳孙	秋山	吴秋山	秋原	叶秋原
邱南生	邱楠	秋丰	李之琏	秋生	郭秋生	秋远	黄裳
邱楠	邱楠	秋风	柯尧放	秋生	胡秋原	秋月	邹韬奋
邱七七	邱七七	秋风	张铁夫	秋生	胡山源	秋岳	黄秋岳
邱去耳	钱锺书	秋枫	秋枫	秋生	茅盾	秋云	陈荻帆
邱仁美	邱仁美	秋谷	朱执信	秋生	叶灵凤	秋云	黄秋耘
邱山	陈其通	秋海	高歌	秋实	李未青	秋云	沈侠魂
邱蒇园	邱炜蒇	秋虹	缪文渭	秋实	朱自清	秋云	张文勋
邱望湘	邱望湘	秋鸿	赵秋鸿	秋士	董秋斯	秋耘	黄秋耘
邱炜谖	邱炜蒇	秋晖	吴稚晖	秋士	高增	秋楂	余其锵
邱炜蒇	邱炜蒇	秋晖	朱介凡	秋士	李求实	秋斋	平襟亚
邱炜萱	邱炜蒇	秋魂	沈剑霜	秋士	邹遇	秋斋	王秋湄
邱炜蘐	邱炜蒇	秋魂室主	徐天啸	秋室	梁实秋	秋贞理	司马长风
邱炜蘐	邱炜蒇	秋麃	王仰晨	秋霜	陈秋霖	秋枳	陈秋帆
邱炜蕙	邱炜蒇	秋涧	蔡愁洞	秋水	白夜	秋子	陈秋帆
邱文藻	邱望湘	秋江	陆秋心	秋水	庄山	秋子	冯伊湄
邱小松	邱晓松	秋江	孟秋江	秋斯	董秋斯	秋子	何其芳
邱晓松	邱晓松	秋津旧游子	周作人	秋隼	赵德尊	秋子	徐迺翔
邱晓崧	邱晓松	秋郎	梁实秋	秋索	金昌杰	秋子	张铁弦
邱啸夫	白燕	秋郎	温梓川	秋涛	王平陵	秋子女士	陈秋帆
邱言曦	邱楠	秋郎	叶灵凤	秋田	唐贤龙	秋紫	张铁弦
邱耀年	鲁克	秋霖	陈秋霖	秋桐	章士钊	萩萩	何其芳
邱映溪	邱映溪	秋灵	宣伯超	秋苇	郑秋苇	萩心	何其芳
邱永和	邱永和	秋柳	王辛笛	秋纹	易琼	萩原	胡秋原
邱遇	邱遇	秋庐	蒋吟秋	秋雯	朱渭深	楸楠	马寻
邱韵铎	邱韵铎	秋陆	景耀月	秋翁	茅盾	【qiú】	
邱振惠	白燕	秋绿	景耀月	秋翁	平襟亚	仇亮	仇亮
邱竹师	邱汉生	秋枚	邓实	秋心	包天笑	仇智杰	仇智杰
邱子材	邱子材	秋湄	王秋湄	秋心	景梅九	囚夫	蔡苇丝
邱子昌	邱晓松	秋旻	王统照	秋心	李建彤	求恒斋主	王蘧常
邱宗琪	邱七七	秋明	胡风	秋心	梁遇春	求坎	顾学颉
秋	陈秋帆	秋明	沈尹默	秋心	陆秋心	求实	李求实
秋	董秋芳	秋明室主	沈尹默	秋心	杨鸿年	求实	谢觉哉
秋	梁实秋	秋墨	于定	秋星	包天笑	求是	毛达志
秋白	瞿秋白	秋穆	于定	秋星	陈心南	求幸福	何海鸣
秋白	吴立模	秋南	黄任恒	秋星	马子华	求幸福斋主	何海鸣
秋宾	李叔同	秋娘	张藏郁	秋星	王森然	求幸福斋主人	何海鸣
秋冰	林秋冰	秋侬	石璞	秋星阁	包天笑	求真	梅林
秋波	任哲维	秋平	曹冷泉	秋星阁主人	包天笑	求真楼主	萧军
秋草园客	周作人	秋平	胡征	秋厓	王德锜	虬发	潘载和
秋槎	余其锵	秋萍	曹冷泉	秋羊	金满成	虬公	林宏
秋长	施若霖	秋萍	成弦	秋叶	梁南	裘东莞	谢怀丹
秋潮	顾均正	秋萍	谢冰莹	秋叶	林之夏	裘可桴	裘廷梁
秋虫	蔡寄鸥	秋圃	曹容	秋叶	叶平林	裘廷梁	裘廷梁
秋虫	张秋虫	秋浦	施蛰存	秋漪	李漪	裘一秋	邱望湘
秋窗	蒋吟秋	秋橐	瞿秋白	秋茵	李建彤	裘珍	方敬
秋莼	张秋人	秋人	廖平子	秋隐	廖平子	裘振纲	裘振纲
秋洞	蔡愁洞	秋人	张秋人	秋莹	王秋萤	裘重	裘柱常

笔名	作者	笔名	作者	笔名	作者	笔名	作者
裘柱常	裘柱常	瞿兑之	瞿蜕园	泉	吴永泉	【rǎng】	
【qū】		瞿方书	瞿方书	泉边难老人	罗元贞	攘白	钱润瑗
区岚	韦晕	瞿方思	瞿方书	泉伯	袁水拍	攘庐	高吹万
区欠	石冷	瞿钢	瞿钢	泉人	丘才豪	攘夷	孔昭绶
区文庄	韦晕	瞿光熙	瞿光熙	泉声	徐麟	【ràng】	
曲庵	刘半农	瞿金驹	瞿白音	泉寿	钱稻孙	让渔	杨无恙
曲辰	赵农民	瞿菊农	瞿世英	泉夏	钱玄同	【ráo】	
曲大文	欣秋	瞿觉	唐纳	拳拳	颜文初	荛公	谢兴尧
曲公	曹辛之	瞿棽淼	瞿秋白	铨	陈铨	饶百迎	饶百迎
曲洪涛	曲舒	瞿懋淼	瞿秋白	铨新	张铁弦	饶伯濂	饶宗颐
曲狂夫	曲狂夫	瞿秋白	瞿秋白	【quǎn】		饶伯子	饶宗颐
曲石老人	李根源	瞿然	高明	犬耕	瞿秋白	饶超华	饶超华
曲舒	曲舒	瞿髯	夏承焘	犬儒	夏敬农	饶楚瑜	饶楚瑜
曲它	杨贤江	瞿森	瞿秋白	【quē】		饶纯庵	饶锷
曲突	陈伯达	瞿史公	鲁思	缺厂（ān）	吴恭亨	饶纯钧	饶锷
曲晚	曲舒	瞿世英	瞿世英	【què】		饶锷	饶锷
曲隐道人	许之衡	瞿双	瞿秋白	悫士	翁文灏	饶符九	饶芝祥
曲园	胡曲园	瞿霜	瞿秋白	鹊脑词人	王西神	饶高评	饶彰风
曲子	茅盾	瞿饔	瞿秋白	鹊亭	高剑父	饶畊	吴浊流
曲子	青勃	瞿爽	瞿秋白	鹊庭	高剑父	饶固庵	饶宗颐
屈爱民	屈守元	瞿宣颖	瞿蜕园	【qún】		饶厚荪	饶百迎
屈楚	罗洛	瞿铁庵	瞿蜕园	裙子	梅兰芳	饶箭	饶子鹃
屈楚	屈楚	瞿子源	瞿秋白	群	太虚	饶九芝	饶芝祥
屈疆	张叶舟	蘧庵	韩国磐	群	叶以群	饶可飞	饶彰风
屈蓝	罗洛	蘧庵	黄觉	群碧居士	邓邦述	饶了一	饶孟侃
屈米平	巴人	蘧圆	黄觉	群碧翁	邓邦述	饶洛川	饶绂平
屈牧	巴牧	瞿安	吴梅[1]	群儿	梅兰芳	饶孟侃	饶孟侃
屈平	何求	瞿庵	吴梅[1]	群力	丽砂	饶慕陶	饶孟侃
屈曲夫	屈曲夫	瞿嫒	孙瞿嫒	群立	夏衍	饶文星	饶彰风
屈人	赵农民	瘫安	吴梅[1]	群明	路工	饶绂平	饶绂平
屈声	巴牧	瘫庵	吴梅[1]	群艺	王文秋	饶襄才	饶子鹃
屈守元	屈守元	瘫盦	吴梅[1]	群子	梅兰芳	饶选堂	饶宗颐
屈戍	胡山源	瘫禅	夏承焘			饶一梅	饶真
屈万里	屈万里	瘫翁	沈曾植	**R**		饶友瑚	饶友瑚
屈维它	瞿秋白	瘫祥	沈曾植			饶占斋	饶芝祥
屈文	许幸之	瘫嫒	孙瞿嫒	【rán】		饶彰风	饶彰风
屈轶	巴人	【qǔ】		然	光未然	饶真	饶真
屈逸	巴人	曲中曲	宋文	髯翁	王世昭	饶芝祥	饶芝祥
屈斋	俞平伯	【qù】		髯翁	于右任	饶子鹃	饶子鹃
屈章	瞿秋白	去非	朱执信	髯翁	郑岳	饶子离	饶孟侃
屈智宗	屈楚	【quān】		燃	吴稚晖	饶宗颐	饶宗颐
屈仲慈	巴牧	圈外人	宋元模	燃料	吴稚晖	【rè】	
屈子	巴牧	【quán】		【rǎn】		热	瞿秋白
躯宇	马驹誉	全贫居士	章钰	冉开先	冉樵子	热合木吐拉	加里
趋庭	江庸	全平	周全平	冉石在	冉于飞	热血男儿许则华	
【qú】		全欣	张铁弦	冉叔牛	韦晕		许啸天
劬堂	柳诒徵	全於	廉建中	冉霜	陈翔鹤	【rén】	
渠弥	瞿蜕园	全增嘏	全增嘏	冉洮曲	钱祝华	人庵	殷仁
瞿安	吴梅[1]	荃	邵荃麟	冉酉	田井卉	人凡	曹白
瞿白音	瞿白音	荃麟	邵荃麟	冉于飞	冉于飞	人嘉	缪白苗
瞿碧君	瞿碧君	荃岩	艾煊	冉欲达	冉欲达	人间	王国维
瞿禅	夏承焘	泉	钱稻孙	冉至也	马冰山	人间人	梁鼎芬
				染指翁	包天笑		

人菊	周伟	任鸿锡	任国桢	【rěn】		任远	马识途
人岚	黄岚	任侯	蔡壬侯	忍伯	邹遇	任远	张仲实
人岚	张采真	任晦	夏衍	忍古楼	夏敬观	任之	杜任之
人令	丁裕	任晦之	夏衍	忍寒	龙榆生	任之	黄炎培
人仆	阿垅	任火为	陈犀	忍寒居士	龙榆生	任重	陈望道
人情	耿青山	任继愈	任继愈	忍寒龙七	龙榆生	任重	金学成
人铨	庞人铨	任伽	于伶	忍寒生	龙榆生	任重	林希谦
人言	温田丰	任金福	任萍	忍茹	徐忍茹	纫兰簃主	黄畲
人言	吴东权	任敬和	黑炎	忍士	唐弢	纫秋	束纫秋
人也	卞之琳	任克明	黑炎	【rèn】		纫秋	吴永远
人一	赵清阁	任礼	叶石	仞千	顾凤城	纫秋	郑振铎
人弋	程代熙	任鲤庭	叶石	讱庵	谭延闿	纫秋馆主	郑振铎
人云	卢铭开	任明耀	任明耀	讱庵	吴稚晖	纫秋居士	郑振铎
人哲	宣古愚	任逦凡	任白戈	讱生	陈树人	纫秋山馆主人	郑振铎
壬平	巴金	任逦梵	任白戈	讱生	余祥森	纫秋主人	郑振铎
壬生	巴人	任讷	任二北	讱在	黄炎培	韧风	漠雁
仁	巴人	任平	任萍	讱斋	谭延闿	韧之	黄炎培
仁	曹聚仁	任萍	任萍	任	张香山	韧之	袁韧
仁安	熊梦飞	任溶溶	任溶溶	任厂（ān）	梁启超	【réng】	
仁慈	关非蒙	任昇生	陈犀	任安	陈赓雅	仍度堂	陈洵
仁风	卢煤	任叔永	任鸿隽	任庵	潘梓年	【rì】	
仁甫	徐仁甫	任舒	任大霖	任典	范任	日出国中之游子	鲁迅
仁君	洛汀[2]	任曙	任曙	任仃	韦晕	日每	陈晦
仁康	钱仁康	任懔	任懔	任冬	李霁野	日每	胡哀梅
仁莉	巴人	任天马	赵荣声	任夫	梁启超	日明	朱正明
仁心	钱玄同	任锡圭	于伶	任夫	殷夫	日叟	王芃生
仁心	杨扬	任熹	任熹	任甫	陈安仁	日祥	王云五
仁斋	赵正平	任向之	于伶	任甫	梁启超	日月生	顾明道
仁子	陈望道	任萧丁	陈犀	任父	梁启超	【róng】	
任白戈	任白戈	任小哲	宗璞	任公	梁启超	戎马书生	郭沫若
任白鸥	白石[1]	任晓远	任晓远	任谷	张孟恢	戎马书生	鲁迅
任白涛	任白涛	任旭	任曙	任诃	叶灵凤	荣	关露
任半塘	任二北	任旭东	陈犀	任何	陈雨门	荣	穆烜
任成喜	任懔	任雅谷	黑炎	任华	蔡壬侯	荣峰	王诗琅
任承煜	任白戈	任衍生	叶青	任坚	杨乃藩	荣祜	张天授
任大霖	任大霖	任一知	叶青	任坰	杜印	荣纪	周作人
任大心	任大心	任以齐	任溶溶	任钧	任钧	荣钧	袁殊
任道九	于伶	任以奇	任溶溶	任柯	叶灵凤	荣培	李白英
任德芳	成修	任用梁	于伶	任敏	黄然	荣祥如	程灼如
任德宣	任哲维	任于人	于伶	任其	唐永基	荣章	江风
任二北	任二北	任宇光	黑炎	任青	苗培时	荣子	萧红
任斐然	任明耀	任宇农	任宇农	任情	蒋青林	容	何容
任凤镐	任晓远	任雨农	任宇农	任情	任情	容	廖沫沙
任干	任干	任禹成	于伶	任生	杜印	容安	王伯祥
任干强	任溶溶	任煜	任白戈	任生	司马文森	容庵	柯尧放
任镐	任晓远	任昭明	任曙	任士	巴人	容城	卢豫冬
任根鎏	任溶溶	任哲维	任哲维	任叔	巴人	容鼎昌	黄裳
任耕	任耕	任中敏	任二北	任文	俞林	容九	涂同轨
任国藩	任国桢	任重	任哲维	任侠	常任侠	容坤	翟永坤
任国桢	任国桢	任卓宣	叶青	任辛	方修	容庐	王统照
任洪涛	任白涛	任子楚	徐讦	任性	蒋青林	容念祖	容肇祖
任鸿隽	任鸿隽	任子卿	任国桢	任影	叶青	容若	梁容若

容生	王小逸	茹冰	谭正璧	阮辛生	杨大辛	润沅	傅增湘
容叟	王伯祥	茹冰	武克仁	阮一得	姚远方	润泽	徐放
容堂	王伯祥	茹纯	鲁迅	阮毅成	阮毅成	润璋	冯润璋
容翁	王伯祥	茹纯	熊复	阮章竞	阮章竞	润之	毛泽东
容与	匡扶	茹经	唐文治	肮英	王秋莹	润之	张文治
容斋	徐铸成	茹茹	郁茹	【ruí】		润芝	毛泽东
容肇祖	容肇祖	茹雯	秦似	蕤	应修人	【ruò】	
容之	闻见思	茹辛	巴人	【ruǐ】		若	巴人
容舟	陈炜谟	茹茵	茹茵	蕊珠	贺玉波	若	孔另境
容祖	容肇祖	茹志娟	茹志鹃	蕊珠宫主	徐夷	若冰	白莎
蓉	范泉	茹志鹃	茹志鹃	【ruì】		若才	蒋天枢
蓉湖	廉建中	儒丐	穆儒丐	芮生	彭芮生	若呆	杨萧
蓉女	窦秦伯	儒冠和尚	彭俞	芮新	邓拓	若蕃	林枫敀
蓉人	丁洪	儒林医隐	陆士谔	芮阳	马少波	若菲	陆菲琼
蓉子	蓉子	孺洪	高阳	芮中占	蒋炎武	若枫	赵树理
榕生	王小逸	孺牛	刘树声	蚋园	欧阳之钧	若夫	巴人
镕初	王冶新	孺牛	鲁迅	锐初	章微颖	若谷	张若谷
融谷	赵石宾	孺斋	易大厂	锐林	马瑞麟	若海	天蓝
【róu】		孺子牛	陶亢德	瑞	韩麟符	若涵	王若望
柔曼	熊德基	孺子牛	赵超构	瑞成	陈麟瑞	若华	巴人
柔石	柔石	【rǔ】		瑞蕺	赵瑞蕺	若迦	潘漠华
【rú】		汝恭	詹大树	瑞麟	王瑞麟	若君	孔另境
如	王统照	汝肮（háng）	李涤	瑞卿	鲁丁[2]	若令	严灵峰
如宾	严俊森	汝衡	陈汝衡	瑞唐	凌叔华	若梅	冯若梅
如川	赖丹	汝怀	袁鹰	瑞唐女士	凌叔华	若明	王仰晨
如此江山	黄节	汝及人	汝龙	瑞棠	凌叔华	若木	巴人
如海	汪远涵	汝龙	汝龙	瑞庭	纪云龙	若木	陈定
如何	陈子展	汝铨	谢汝铨	瑞祥	李俊民	若木	王琦
如晦	阿英	汝珍	曹靖华	瑞星	景耀月	若木	王若望
如晦	张白山	汝中	钟天心	瑞雪生	方鼎	若木	朱英诞
如晦庵主人	梁启超	乳燕	吴梅[2]	瑞源	庄瑞源	若男	艾治平
如晦室主人	梁启超	乳燕	杨锡章	瑞章	黎尚雯	若年	顾用中
如火	欧阳恢绪	乳婴	金枝芒	瑞章	田汉	若萍	刘若平
如稷	林如稷	【rù】		瑞蓁	莫洛	若璞	马仲明
如瑾	陈志群	入木	梅白	【rùn】		若沁	夏衍
如空	李叔同	入玄	李叔同	闰庵	夏孙桐	若青	李刚
如理	李叔同	【ruǎn】		闰郎	刘师培	若渠	滕固
如仑	丘行	阮厂（ān）	况周颐	闰卿	邹枋	若群	吴天石
如如	徐凌霄	阮盦	况周颐	闰永	勒公丁	若若	郭依萍
如山	齐如山	阮成璞	阮璞	闰枝	夏孙桐	若赛	巴人
如实	李叔同	阮成璋	阮成章	润	毛泽东	若沙	巴人
如是	张子斋	阮德宽	阮山	润	邹韬奋	若水	巴人
如水	刘如水	阮娥	魏子云	润庵	魏清德	若水	傅东华
如说	李叔同	阮朗	唐人	润庵生	魏清德	若水	田兵
如松	叶青	阮囊	阮庆濂	润庵魏清德	魏清德	若水	杨荫深
如眼	李叔同	阮璞	阮璞	润庵学人	魏清德	若思	唐弢
如也	昊向真	阮七郎	萧军	润芳	赖文清	若亭	曹从坡
如愚	王漱芳	阮潜	伊明	润湖	李润湖	若望	王若望
如愚	赵树理	阮山	阮山	润玛	王光祈	若为	杨日基
如月	李叔同	阮守南	阮山	润玉	汪笑侬	若荑	陈瘦竹
如月	汪李如月	阮寿保	阮成章	润愆	吴寿彭	若我	金军
如智	李叔同	阮无名	阿英	润元	傅增湘	若曦	华山

若霞	衷若霞	塞鹰	徐永禄	散发生	曾纪勋
若湘	冯牧	塞征	马乙亚	散犯	白蕉
若虚	阿英	赛	萧赛	散木	邓散木
若虚若实	刘云若	赛春嘎　纳·赛音朝克图		散木	李涤
若絮	蔡苇丝	赛福鼎	赛福鼎	散木	吴剑岚
若玄	黄觉	赛福鼎·艾则孜		散宜生	唐弢
若耶	陈凤兮		赛福鼎	散原	陈三立
若因	巴人	赛君	黑炎	散原老人	陈三立
若英	阿英	赛替	孟英	【sāng】	
若愚	王光祈	【sān】		桑	胡绳
若愚	王昆仑	三爱	陈独秀	桑旦华	冯若梅
若愚	韦丛芜	三爱	张闻天	桑痕	王延龄
若愚	张友渔	三白	袁韧	桑弧	桑弧
若竹	章其	三百石印富	齐白石	桑简流	桑简流
弱士	田贲	三宝弟子	鲁迅	桑珂	何其芳
弱水	林冷秋	三到黄山绝顶人		桑乾	陆钦仪
弱水	潘梓年		张大千	桑泉	青苗
		三弟	雷溅波	桑什	商慧光
S		三弟	萧三	桑叔	黑风
		三函	于右任	桑天	唐弢
【sǎ】		三泓	谭丕模	桑田	申维升
洒滑	杲杳	三郎	李筱峰	桑田	张常海
撒翁	陈独秀	三郎	苏曼殊	桑汀	冯白鲁
【sà】		三郎	萧军	桑汀	沈玄庐
飒划	杲杳	三郎	余天遂	桑雅中	桑雅忠
萨本炎	萨孟武	三郎	张赣萍	桑子	桑雅忠
萨布落	欧阳山	三流	冯英子	【sāo】	
萨红西	韦雨平	三流	胡希明	骚	于右任
萨柯	沙可夫	三罗后人	罗澧铭	骚平	施骚
萨克非	马壬寅	三昧	冯三昧	骚人	赵清阁
萨空了	萨空了	三木	王森然	骚心	于右任
萨喇尔准·木华梨		三难	曾铁忱	【sǎo】	
	李準	三千大千	张大千	扫叶老残	郑逸梅
萨兰	林舒谦	三三	严华龙	扫云	叶荣钟
萨利根	姚溱	三十年代人物鲁门		【sè】	
萨灵	李北流	小弟子	萧军	涩斋	杜颖陶
萨孟武	萨孟武	三十三宋斋主	梁鸿志	啬	张謇
萨任夫	林舒谦	三石	毕磊	啬厂（ān）	张謇
萨士武	萨士武	三谁	黄钧	啬广（ān）	张謇
萨天师	林语堂	三苏	三苏	啬庵	谢无量
萨玉予	萨玉予	三无大夫	丁芒	啬庵	张謇
萨赞	张修文	三香居士	廖传道	啬庵老人	张謇
萨兆瑷	萨照远	三香山人	廖传道	啬公	张謇
萨照远	萨照远	三湘不耐庵主	符号	啬翁	张謇
【sài】		三叶	周作人	瑟庐	章锡琛
塞北	蒋元椿	三一先生	殷仁	瑟民	杨芃栻
塞北星	赵逊	三友	胡康新	瑟鸣	杨芃栻
塞风	李根红	三友	胡显中	瑟伊	李全基
塞红	司马军城	三友	熊国模	塞克	塞克
塞上	萧军	三藏	唐弢	【sēn】	
塞声	熊塞声	【sǎn】		森	刘丹华
塞石	武达平	散缔	耿庸		
塞鹰	沙蕻				

（第四栏续）

森	司马文森
森	王森然
森堡	任钧
森丛	刘丹华
森林木	林涵表
森千	顾其城
森然	王森然
森仁	崔真吾
森扬人	林清文
森园	史济行
【sēng】	
僧	包惠僧
僧	雷昭性
僧宝	俞平伯
僧若	杨昀谷
僧岩	王森然
僧胤	李叔同
僧友	王森然
【shā】	
沙	吴漫沙
沙	赵超构
沙岸	沙岸
沙白	韩晓鹰
沙白	沙白
沙波野	甘丰穗
沙采	鲁兵
沙刹	崔真吾
沙刹	马孝安
沙尘	沙尘
沙邨	沙孟海
沙达夫	沙可夫
沙旦	李业道
沙岛	莫耶
沙丁	吴漫沙
沙丁	俞沙丁
沙东明	沙可夫
沙凡	罗丹
沙凡	赵立生
沙飞	何之硕
沙菲	殷夫
沙风	王楚良
沙风	原上草
沙凤骞	沙蕾
沙凫	巴人
沙芙	雷妍
沙格	刘涟清
沙公	胡小石
沙谷铃	曹玄衣
沙河	刘秉虔
沙河	袁同兴
沙荒	洪炫
沙金	沙金

沙军	简吴新	沙娓娟	茜濛	山豆	周作人	山哉	张子斋
沙军	沙军	沙文	张艾丁	山菲	陆菲琼	山竹	焦伟真
沙均	毛承志	沙文汉	沙文汉	山风	刘岚山	山尊	欧阳山尊
沙可夫	沙可夫	沙文若	沙孟海	山风	罗皑岚	山尊	周作人
沙克	沙克	沙文舒	沙文汉	山风大郎	罗皑岚	杉木	尤其彬
沙蕾	沙蕾	沙文沅	沙文汉	山夫	王一地	杉园	胡山源
沙里	康濯	沙无薛	黄稼	山父	丁山	杉尊	姚蓬子
沙里	沙里	沙小弓	李冰炉	山甫	杨沧白	删我	徐志摩
沙里金	赵亦吾	沙絮	莫洛	山根	张守常	衫陆	张若名
沙利清	白拓方	沙雁	欧阳梓川	山根小友	张守常	姗姗	林姗姗
沙莉	沙驼	沙遥	汪池树	山谷	贺绿汀	珊	王进珊
沙粒	张央	沙耶	韦晕	山鬼	邓尔雅	珊珊	吴继岳
沙林	沙蕾	沙野	马瑞麟	山鬼	魏建功	珊珊	章秀珊
沙琳	陈学英	沙垠	洪炫	山汗	宋文	珊馨	彭家煌
沙陵	沙陵	沙羽	张叶舟	山佳	崔百城	【shǎn】	
沙陵	田琳²	沙雨	冈夫	山佳	欧阳翠	陕庵	夏敬观
沙陆墟	沙陆墟	沙雨	雷石榆	山笠一	韦晕	【shàn】	
沙仑	张笔仁	沙玉	冈夫	山椒	陈逸云	汕琴	李旭
沙洛	殷夫	沙玉	冒炘	山今	黎少岑	单复	单复
沙骆	谭惟翰	沙郁	朱繁	山居	陈小蝶	单庚生	外文
沙梅	沙梅	沙彧	于沫我	山狼	陈国新	单慧轩	单演义
沙门曼殊	苏曼殊	沙元炳	沙元炳	山灵	石素真	单蕙萱	单演义
沙门钼一音	李叔同	沙原	徐迺翔	山庐	罗师扬	单士厘	单士厘
沙门演音	李叔同	沙征	赵戈	山莓	张舒阳	单外文	外文
沙弥	王侠	沙仲箴	沙陆墟	山民	王东培	单演义	单演义
沙漠	艾芜	沙子勺	穆烜	山木斋	李抱忱	单哲	单哲
沙漠	沙漠	纱雨	雷石榆	山宁	李未青	扇陀	沈从文
沙木	鲁坎	砂金	冯蕉衣	山农	天台山农	善臂	李叔同
沙牧	沙牧	莎白	陆菲琼	山农	许指严	善解	李叔同
沙妮	彭新琪	莎白	沙白	山湃	鲁藜	善竟	方善境
沙尼	沈英卫	莎地	陆菲琼	山坡羊	戴不凡	善量	李叔同
沙鸥	沙鸥¹	莎非	陈衡哲	山青	蒋山青	善了	李叔同
沙鸥	沙鸥²	莎菲	陈衡哲	山人	蓝善仁	善梦	李叔同
沙鸥	苏曼殊	莎菲女士	陈衡哲	山人居士	邓散木	善梦老人	李叔同
沙平	胡愈之	莎虹	路翎	山仁	冈夫	善憨	李叔同
沙坪	王沙坪	莎蕻	莎蕻	山石	和谷岩	善人	李叔同
沙萍	刘相如	莎蕻	徐永禄	山石	茅盾	善人	吴继岳
沙浦	姜彬	莎士比欧	张燕庭	山石	谢狱	善摄	李叔同
沙青	张庆云	莎翁	陈从周	山叔	周作人	善惟	李叔同
沙泉	莫洛	莎寨	莎寨	山屋	吴伯箫¹	善吾	谈善吾
沙泉	潘炳皋	莎子	韩德章	山霞	韦晕	善现	李叔同
沙人	鲁海	【shǎ】		山兄	桃木	善心	瞿秋白
沙锐军	沙军	傻兵	姚凤惠	山岩	和谷岩	善月	李叔同
沙沙	丁平	【shān】		山羊	杨炽昌	善斋	许家庆
沙苏	李伯龙	山	林山	山叶	温梓川	善之	程善之
沙汀	沙汀	山柏	袁水拍	山音	吕寰	善之	丁三在
沙陀	陈流沙	山本三郎	叶籁士	山鹰	田琳¹	善之生	程善之
沙驼	沙驼	山碧	何溶	山腴	林山腴	善知	李叔同
沙驼	王志圣	山城客	程代熙	山雨	程大千	【shāng】	
沙驼	阎栋材	山川	林江	山雨	许山雨	伤时	许广平
沙驼	于伶	山川草草	田贡	山越	戴不凡	伤心人语	徐枕亚
沙驼铃	李若冰	山东子	黄旭	山云馆主人	梁朝杰	商承祖	商承祖

名号	本名
商峰	商展思
商鸿逵	商鸿逵
商均	谭莫伽
商遒	瞿秋白
商禽	商禽
商清	秦瘦鸥
商廷	瞿秋白
商廷发	瞿秋白
商廷爽	瞿秋白
商霆	瞿秋白
商辛	翦伯赞
商延甄	商展思
商羊舞	黄雨[2]
商隐	康白情
商展思	商展思
商章孙	商承祖

【shǎng】

名号	本名
赏	何为

【shàng】

名号	本名
上峰	庄上峰
上官	伍禾
上官碧	沈从文
上官敌	湛卢
上官工	洪迅涛
上官桂枝	谢敏
上官锦	廖子东
上官敬	吴云心
上官镜	沈从文
上官橘	上官橘
上官橘	沈从文
上官堃	韦晕
上官灵	程应镠
上官柳	吕亮耕
上官米	伍禾
上官卿	吕亮耕
上官琼琼	哈华
上官秋	姚紫
上官蓉	李景慈
上官松	林辰
上官雯	李景慈
上官缨	刘燧
上官予	上官予
上官筝	关永吉
上官夥	韦晕
上官紫	沈从文
上海佬	高旅
上白民	朱祖谋
上千	吴仞之
上青	吴廷琯
上遂	许寿裳
上行学人	董鲁安
上沅	余上沅

名号	本名
尚白	沙白
尚长	瞿秋白
尚存学人	梁鼎芬
尚达	罗廷
尚方	高旅
尚方	雷啸岑
尚今	常君实
尚京	何达
尚钧	王元化
尚卿	胡山源
尚思	蔡尚思
尚天	瞿秋白
尚未央	康道乐
尚文	巴人
尚武	郭沫若
尚一	胡愈之
尚友	沉樱
尚友智	苏策
尚钺	尚钺
尚在	赵树理
尚直	呆向真
尚宗武	尚钺

【sháo】

名号	本名
勺水	陈启修
勺水	吴朗
勺轩	章廷华
芍红	杏影
芍亭	高剑父
韶华	韶华
韶韶	吴祖光
韶声	蔡文铺
韶石	陈夔龙
韶英	任哲维
韶玉	王明
韶蓁	魏绍征
韶紫	程造之

【shào】

名号	本名
芍岩	张怀奇
少白	吴承仕
少碧	杨贻谋
少滨	朱师辙
少波	冯百砺
少波	马少波
少残	李北开
少岑	张叶舟
少辰	李北流
少达	孙犁
少舫	王毓岱
少峰	华岗
少夫	饶孟侃
少莆	王元亨
少甫	陈中凡

名号	本名
少甫	刘师培
少谷	曾孝谷
少侯	赵少侯
少华	李少华
少怀	程少怀
少康	梁兆斌
少客	傅尚普
少遽	徐兆玮
少兰	黄蕙
少南	邵子南
少年中国之少年	梁启超
少农	姜椿芳
少屏	朱少屏
少樸	周树模
少其	赖少其
少奇	叶荣钟
少樵	刘师陶
少芹	贡少芹
少虬	陈邦道
少全	臧克家
少泉	林白水
少如	王济
少若	吴小如
少山	周恩来
少石	杨曾蔚
少棠	王一地
少涛	王云沧
少顽	黄文生
少文	韩文达
少文	潘晋恩
少吾	叶景范
少仙	胡绍轩
少显	阎少显
少雄	刘师陶
少逸	袁殊
少英	金少英
少游	鲍少游
少芝	程天放
少左	周光斗
邵伯周	邵伯周
邵川麟	邵荃麟
邵大成	邵大成
邵德润	闻见思
邵凤寿	邵力子
邵芙	卜少夫
邵芙	丁嘉树
邵翰齐	李平心
邵浩平	邵洵美
邵浩然	李旦
邵浩文	邵洵美
邵骥	邵元冲

名号	本名
邵家天	高旅
邵景奎	邵力子
邵镜清	邵飘萍
邵骏远	邵荃麟
邵力子	邵力子
邵洛文	邵大成
邵默夏	邵默夏
邵鹏健	邵鹏健
邵劈西	邵鹏健
邵飘萍	邵飘萍
邵平子	
邵萍	周泓倩
邵荃麟	邵荃麟
邵汝愚	吴小如
邵瑞彭	邵瑞彭
邵森棣	邵森棣
邵生	王文漪
邵寿篯	邵瑞彭
邵顺龄	丁裕
邵松年	邵松年
邵潭秋	邵祖平
邵天雷	邵天雷
邵文	韩文达
邵文	邵洵美
邵闻泰	邵力子
邵梧丘	邵瑞彭
邵仙	胡绍轩
邵向阳	王西彦
邵新成	邵飘萍
邵洵美	邵洵美
邵燕祥	邵燕祥
邵阳	邵全建
邵叶林	罗黎牧
邵亦民	邵荃麟
邵亦望	耿庸
邵逸民	邵庸舒
邵庸舒	邵元冲
邵雨	邹霆
邵元成	高旅
邵元冲	邵元冲
邵云	沈季平
邵云郊	邵大成
邵云龙	邵洵美
邵曾祺	邵曾祺
邵振华	邵振华
邵振青	邵飘萍
邵子南	邵子南
邵子崖	王科一
邵宗汉	邵宗汉
邵祖平	邵祖平
劭	周黎庵
劭五	田井卉

笔名	原名	笔名	原名
劲先	吴景鸿	【shě】	
绍	成绍宗	舍之	施蛰存
绍白	吴承仕	【shè】	
绍弼	佟绍弼	舍	成舍我
绍宾	朱师辙	舍	老舍
绍滨	朱师辙	舍黎	柯大
绍伯	马少波	舍利	张文渤
绍伯	田汉	舍上舍	陈运通
绍宸	汤鹤逸	舍水	冒舒諲
绍成	吴永泉	舍我	成舍我
绍棣	许绍棣	舍我	张舍我
绍芬	高觐昌	舍予	老舍
绍谷	黄绍谷	舍予	刘沙
绍光	吕绍光	社会主义某君	江亢虎
绍钧	叶圣陶	社员	任鸿隽
绍康	梁兆斌	社员某	梁启超
绍兰	黄绍兰	射九	林纾
绍农	梅绍农	涉江	震钧
绍平	林希谦	涉园	张元济
绍裘	田野[2]	涉园主人	张元济
绍生	余冠英	豉夕	梁鼎芬
绍荪	刘少保	豉夕词客	梁鼎芬
绍庭	吴继志	【shēn】	
绍文	韩文达	申	华应申
绍文	邵洵美	申奥	申奥
绍文	张子斋	申弼	戈壁
绍先	吴景鸿	申伯	奚燕子
绍轩	胡绍轩	申非	周作人
绍萱	孙艺秋	申夫	张申府
绍崖	郑寿岩	申父	张申府
绍虞	郭绍虞	申甫	张申府
绍虞	王明	申府	张申府
绍禹	王明	申公	宋云彬
绍玉	王明	申公	朱子南
绍原	江绍原	申椒	王运熙
绍宗	成绍宗	申均之	申均之
哨兵	章叶频	申令微	司丁
哨文	韩文达	申眈观	申柽
【shé】		申如莲	司丁
舌夷	雷石榆	申寿	田涛
余立平	陈沂	申寿	周作人
余其越	史枚	申述	戈壁
余仁杰	余雪曼	申听禅	申听禅
余万能	陈沂	申屠敬远	舒芜
余贤勋磊霞	余贤勋	申玮	申蔚
余雪曼	余雪曼	申蔚	申蔚
佘余	陈沂	申毓秀	申蔚
佘余	周中仁	申运鸿	申奥
余增涛	史枚	申斋	张谷雏
余仲丘	吴朗	申振纲	申听禅
余仲秋	吴朗	申炙西	申奥
		伸屈	章振乾

笔名	原名	笔名	原名
莘安	凌景坚	沈川	沈松泉
莘甫	金蓉镜	沈次约	沈剑霜
莘农	陈启修	沈从文	沈从文
莘农	姚克	沈从武	戴旦
莘莘	张天白	沈翠娱	沈文炯
莘士	杨乃康	沈达权	沈序
莘墅	党晴梵	沈丹来	沈祖牟
莘耡	杨乃康	沈德洪	茅盾
莘塔人	凌景坚	沈德鸿	茅盾
莘田	罗常培	沈德济	沈泽民
莘野	黄军	沈德镛	沈禹钟
莘野	张立	沈甸	张拓芜
莘子	凌景坚	沈定一	沈玄庐
深	洪深	沈东讷	沈东讷
深山大泽之夫	章太炎	沈冬	陈迩冬
深山野人	林森	沈端先	夏衍
深心	李叔同	沈恩孚	沈恩孚
深渊	何满子	沈恩吉	沈浮
【shén】		沈二	沈尹默
神羹	秦墨哂	沈放	陈膺浩
神飞	鲁迅	沈菲	洪灵菲
神曲	章振乾	沈凤威	沈凤威
神狮	余大雄	沈浮	沈浮
神送	连横	沈观	周树模
神仙	曾梦笔	沈观澜	沈志远
神义	李神义	沈冠杰	沈邦杰
神瑛	俞逸芬	沈光瑞	夏衍
神州酒帝	顾悼秋	沈浩川	茅盾
神州旧主	于右任	沈鸿	
神州少年	徐悲鸿	沈厚慈	沈厚慈
神州袖手人	陈三立	沈厚如	沈厚和
谌（shén）陶	叶圣陶	沈会春	沈志远
【shěn】		沈晦	高明
沈哀鹃	沈浮	沈激	沈圣时
沈霭苍	沈瑜庆	沈吉安	沈浮
沈爱蓉	沈可人	沈吉诚	沈吉诚
沈安	沈玄庐	沈即可	夏衍
沈白甫	邹韬奋	沈季平	沈季平
沈宝基	沈宝基	沈继宗	沈寄踪
沈冰	茅盾	沈寂	沈寄踪
沈伯龙	沈启无	沈霁	沈从文
沈昌眉	沈昌眉	沈甲辰	
沈昌直	沈昌直	沈坚士	沈兼士
沈超	胡采	沈兼士	沈兼士
沈超之	胡采	沈剑侯	沈玄庐
沈澈	沈厚如	沈剑霜	沈剑霜
沈沉	梅白	沈江	胡采
沈承	沈玄庐	沈洁	满涛
沈承立	胡采	沈金铎	沈宝基
沈澄	沈承宽	沈金苹	罗泅
沈崇文	沈从文	沈静	李白英
沈储	沈圣时	沈君默	沈尹默

沈钧	沈钧	沈莳	沈圣时	沈忆村	吴绮缘	沈宗畴	沈宗畸
沈钧儒	沈钧儒	沈瘦东	沈瘦东	沈亦	谢兴尧	沈宗传	沈玄庐
沈钧业	沈钧儒	沈瘦梅	沈瘦梅	沈翙鸥	沈毓刚	沈宗畴	沈宗畸
沈可人	沈可人	沈叔言	沈玄庐	沈毅	孔厥	沈偬	麦穗
沈莱	罗迦	沈叔芝	夏衍	沈毅	罗泅	沈祖棻	沈祖棻
沈莱	麦紫	沈思	沈松泉	沈因	梅白	沈祖牟	沈祖牟
沈老吉	沈吉诚	沈思远	胡昭	沈尹默	沈尹默	审言	李详
沈乐	邹绛	沈思争	金尧如	沈应懿凝	应懿凝	哂凡	方哂凡
沈乐宾	沈瘦东	沈松风	沈邦杰	沈英卫	沈英卫	【shèn】	
沈蕾	罗迦	沈松泉	沈松泉	沈颖	沈颖	甚公	黎锦晖
沈犁	张拓芜	沈潭	袁鹰	沈映	罗泅	甚深	李叔同
沈砺	沈砺	沈涛	沈松泉	沈永清	叶青	慎	梁实秋
沈联清	黎辛	沈体兰	沈体兰	沈友谷	胡绳	慎安	甘永柏
沈炼之	沈炼之	沈天伶	沈可人	沈宥	阿英	慎庵	张明仁
沈灵	陈犀	沈亭	沈凤威	沈于田	胡绳	慎良	依藤
沈灵	屈楚	沈维特	沈蔚德	沈余	茅盾	慎庐	王衍康
沈流	曹庸	沈味荔	沈炼之	沈瑜庆	沈瑜庆	慎瑞	应修人
沈流芳	沈体兰	沈蔚德	沈蔚德	沈禹钟	沈禹钟	慎生	丛德滋
沈露	曹玄衣	沈慰霞	邹韬奋	沈玉璋	沈策	慎叔	赵之诚
沈萝	罗泅	沈文	沈从文	沈郁子	杨纤如	慎吾	王揖唐
沈芒	马光	沈文华	沈文华	沈毓刚	沈毓刚	慎言	陈慎言
沈茂林	沈从文	沈文炯	沈文炯	沈毓清	沈毓清	慎言	李详
沈懋琳	沈从文	沈坞	卢豫冬	沈毓源	沈毓源	慎予	李嘉言
沈明	江浩	沈西苓	沈西苓	沈园	路地	慎予	严慎予
沈明	金尧如	沈西门	沈西蒙	沈岳焕	沈从文	慎斋	陆衷
沈明德	罗迦	沈西蒙	沈西蒙	沈云	沈云	慎之	包蕾
沈明甫	茅盾	沈希渊	叶景范	沈云龙	沈云龙	慎之	高旅
沈铭训	沈仲九	沈霞	茅盾	沈允锡	沉思	【shēng】	
沈默	常任侠	沈闲步	沈启无	沈韵琴	刘胤	升东	赵树理
沈默君	沈默君	沈翔	沈炼之	沈宰白	夏衍	升介井	吴岩
沈默生	李进	沈笑天	胡采	沈泽民	沈泽民	升廉	侯枫
沈慕兰	沈兹九	沈心磬	沈恩孚	沈曾植	沈曾植	生	戴望舒
沈乃人	沈乃人	沈信卿	沈恩孚	沈增植	沈曾植	生白	奚燕子
沈乃熙	夏衍	沈行	孙用	沈章	沈东讷	生甫	周钟岳
沈宁	钱锋	沈醒	沈宗畸	沈之予	卢煤	生公	居正
沈宁	夏衍	沈性仁	沈性仁	沈芝	沈宗畸	生豪	朱生豪
沈其	沈宝基	沈旭春	沈旭春	沈芝芳	沈知芳	生鉴忠	萧铜
沈其光	沈瘦东	沈序	沈序	沈知方	沈知芳	生人	陈纪滢
沈其佩	沈毓刚	沈絮	沈序	沈植群	李华飞	生萱	艾思奇
沈琪	沈宝基	沈萱	陈辽	沈志远	沈志远	生涯一卷书斋主任	
沈启无	沈启无	沈玄庐	沈玄庐	沈中	沈尹默		黄兴
沈启旡（wú）	沈启无	沈玄英	茅盾	沈中路	沈文炯	声	刘一声
沈起予	沈起予	沈亚公	平襟亚	沈衷拭	沈衷拭	声	庄馥冲
沈绮雨	沈起予	沈延义	沈子复	沈仲方	茅盾	声伯	卢元骏
沈叴	沈兼士	沈彦	严辰	沈仲九	沈仲九	声焕	傅钝根
沈叴士	沈兼士	沈扬	沈启无	沈着	沈从文	声涛	徐声涛
沈潜	沈圣时	沈阳孔	丁宁	沈兹九	沈兹九	声远	王朱
沈青	刘丹华	沈阳孔老三	丁宁	沈兹九女士	沈兹九	声越	徐震堮
沈任重	沈志远	沈锡	沈启无	沈子芯	沈祖棻	昇平	柳风
沈荣铭	唐仁均	沈叶沉	沈西苓	沈子丞	沈玄庐	笙雯	江寄萍
沈蓉英	章叶频	沈一沉	沈西苓	沈子复	沈子复	【shéng】	
沈圣时	沈圣时	沈仪	李健吾	沈紫曼	沈祖棻	绳	茅盾

绳武	欧外鸥	盛思文	范泉	施巴克	刘御	施雁冰	施雁冰
绳武	谭碧波	盛唐山民	黄侃	施白芜	施冰厚	施燕萍	施燕平
绳仙	朱宗良	盛蔚苍	盛明若	施百芜	施冰厚	施义	邓中夏
绳先	朱宗良	盛延禧	盛成	施冰厚	施冰厚	施谊	孙师毅
绳尧	许钦文	盛志	梁容若	施翀鹏	施南池	施逸霖	施菊轩
【shěng】		盛志澄	夏菁	施春瘦	史白	施茵	冯雪峰
省庵	高觐昌	【shī】		施椿寿	史白	施瑛	施瑛
省辉	关永吉	尸雕	张子斋	施淳	邵大成	施雍	齐鸣
【shèng】		失名	沙鸥²	施翠峰	施翠峰	施永安	施子阳
圣旦	刘仲莽	失名	杨刚	施大丘	施蛰存	施舆	史白
圣湖居人	马一浮	失明	小松	施德普	施蛰存	施羽	史白
圣湖野老	马一浮	失人	苏鸿禹	施蒂而	瞿秋白	施雨	史白
圣老	方豪	失言	李长之	施方穆	施若霖	施玉	史白
圣门	阿垅	失言	梁实秋	施华洛	茅盾	施云天	施若霖
圣木	阿垅	师范	师范	施畸	施畸	施泽长	施若霖
圣泉	陆蠡	师黄	钱玄同	施济美	施济美	施展	重提
圣时	卢鸿基	师籍	谈瀛	施继仕	征军	施蛰存	施蛰存
圣时	沈圣时	师姜	高天梅	施嘉禾	施骚	施振枢	施翠峰
圣时	张圣时	师鸠	曾虚白	施旌	施若霖	施舟	赵戎
圣匋	叶圣陶	师穆	阿垅	施景琛	施景琛	施卓人	重提
圣陶	叶圣陶	师山	梁冰弦	施菊轩	施菊轩	施子阳	施子阳
圣淘	叶圣陶	师田手	师田手	施均	林施均	【shí】	
圣提	曾圣提	师陀	师陀	施君澄	蒯斯曛	十发	程颂万
圣同	胡小石	师希德	叶青	施琅	张叶舟	十发居士	程颂万
圣野	张白山	师侠	朱剑芒	施林杉	林杉	十发老人	程颂万
圣野	周大康	师言	周汝昌	施凌散	林杉	十方	张十方
圣遗	杨钟羲	师毅	孙师毅	施鲁生	师范	十还	孟十还
圣因	吕碧城	师曾	陈师曾	施弥	罗沙	十鹤	周作人
圣因女士	吕碧城	师曾	张鸿	施民	萧乾	十劫居士	潘飞声
圣予	张白山	师郑	曹元弼	施默庵	施骚	十戒	巴人
圣俞	张白山	师郑	孙雄	施沐长	施若霖	十眉	余其锵
圣瑜	张锡佩	诗馋	朱鹏	施南池	施南池	十千	万正
圣悦	李平心	诗棍	洪丝丝	施农	林辰	十山	周作人
胜臂	李叔同	诗龛	郁葆青	施平	陈云	十堂	周作人
胜幢	李叔同	诗林	黄嘉音	施平	姚楠	十仙	周作人
胜镫	李叔同	诗灵	顾诗灵	施启达	征军	十香词人	陈掞旗
胜慧	李叔同	诗瓢	李天民	施青萍	施蛰存	十兄	贾克
胜鬘	李叔同	诗囚	庄先识	施稔	王西彦	十药草堂	周作人
胜解	李叔同	诗荃	徐梵澄	施润德	施若霖	十音	李俊民
胜力	李叔同	诗人	刘心皇	施若霖	施若霖	十音	章品镇
胜目	李叔同	诗史阁主人	孙雄	施若铭	汪金涛	什	姜椿芳
胜行	李叔同	诗涛	刘涟清	施骚	施骚	什公	王揖唐
胜音	李叔同	诗味	王实味	施舍	施蛰存	什堂	周作人
胜祐	李叔同	诗星	高树木	施慎之	施瑛	什之	姜椿芳
胜月	李叔同	诗英	许世瑛	施淑仪	施淑仪	石	戴碧湘
盛成	盛成	诗鱼	纪弦	施斯	滕树勋	石	王明
盛德	高君宇	诗哲	徐志摩	施天侔	施畸	石	朱光潜
盛景明	罗泅	诗真	朱楳	施桅	周求真	石庵	胡石庵
盛峻峰	草婴	诗征	巴波	施文杞	施文杞	石拔梓	李进
盛马良	盛马良	诗祖宗	朱天目	施汶	冒舒谭	石崩	茅盾
盛明若	盛明若	狮穆	阿垅	施湘痕	施淑仪	石崩	瞿秋白
盛森	张叶舟	施安华	施蛰存	施雪苧	何其芳	石辟澜	石辟澜

石滨	卢茅居	石花果	宋振庭	石墨	陶白	石天青	周辂
石伯	黎少岑	石华父	陈麟瑞	石某	宋振庭	石天行	石天行
石不烂	石辟澜	石怀池	石怀池	石木	邱韵铎	石田	杨仲德
石艸微	罗灏白	石荒	沙孟海	石木	朱英诞	石沱	郭沫若
石策	高旅	石挥	石挥	石木老人	朱英诞	石沱生	郭沫若
石禅	经亨颐	石晖	石经文	石年	公羊寿	石顽	蔡培
石禅居士	经亨颐	石基	卞和之	石沤	萧公权	石薇	罗灏白
石长宁	王小逸	石葭	胡天风	石判官	屈楚	石维久	王和
石城	王石城	石江	离石	石皮	汪洋[1]	石苇	梁漪
石池	许伽	石介	鲁迅	石评梅	石评梅	石闻	伍禾
石川	张石川	石介	魏兰	石屏	谭人凤	石翁	胡石予
石窗山民	童爱楼	石金星	宋振庭	石破天惊室主	顾明道	石翁	马叙伦
石村	杨昭忠	石景韵	岳野	石璞	石璞	石屋老人	马叙伦
石岱宗	卞和之	石菊	张雪伦	石奇	谭戒甫	石武	周汝昌
石涤尘	石玺	石隽夫	石云子	石琪	石琪	石西民	石西民
石鼎	芦芒	石军	石军	石千山	邓拓	石溪	邝振翎
石东夫	石西民	石君	成仿吾	石桥	常君实	石溪词客	邝振翎
石尔平	石辟澜	石君	罗石君	石桥老人	褚石桥	石习之	李健吾
石发	罗孚	石君	郑奠	石樵	石樵	石玺	石玺
石发	秦似	石俊男	师范	石青	汪炳麟	石小弘	林宏
石帆	顾牧丁	石可	吴丹一	石青	王文忠	石啸冲	石啸冲
石方禹	石方禹	石岚	吕怀	石情	赵树理	石心	季志仁
石纺	孙犁	石磊	王文起	石人	梁小中	石星	刘燕及
石非	巴人	石磊	钟雷	石人	瞿秋白	石星	石玉淦
石焚	王国忠	石峻	黄赞钧	石人	朱英诞	石星公	宋振庭
石峰	朱英诞	石棱	朱绛	石汝璧	石评梅	石星生	宋振庭
石佛	陈瘦竹	石冷	石冷	石润	马少波	石雄	孙帮达
石夫	常白	石联任	石天行	石森	彭桂萼	石修	华岗
石夫	王石城	石联学	石凌鹤	石僧	丁怀瑾	石秀	刘燕及
石父	华岗	石炼顽	石凌鹤	石僧	李石曾	石崖	林佛国
石甫	易顺鼎	石梁	洪为法	石山	毛泽东	石崖生	林佛国
石敢	黑尼	石林	上官予	石山	魏兰	石烟	何钟辛
石耕夫	石西民	石灵	李文珊	石山长	李白凤	石言	胡石言
石工	寿石工	石灵	石灵	石山灵	石素真	石岩	康白珍
石公	黄齐生	石灵	朱绪	石上流	陈向平	石雁	宣侠父
石公	寿石工	石凌鹤	石凌鹤	石绍予	王明	石焰	李文钦
石狗公	三苏	石流金	舒巷城	石生	丁怀瑾	石燕	吕漠野
石光	钱小柏	石龙	朱英诞	石生	魏兰	石羊关	孙剑冰
石光	石光	石鲁	石鲁	石生	吴朗西	石耶	席涤尘
石果	何恩余	石橹	杨昭	石士耕	石西民	石遗	陈衍
石果	石果	石曼	石曼	石水	梅白	石遗	卢克彰
石果	王晏	石梅	宋振庭	石思敬	徐卓呆	石遗老人	陈衍
石海	宋振庭	石梅华	向人红	石思平	邓拓	石翼	王十仪
石海公	宋振庭	石美浩	石方禹	石叟	谭人凤	石婴	吕寰
石汉	刘荣桂	石门	贾霁	石涛	鲍少游	石瑛	陈赓雅
石汉	孙世翰	石门山人	徐世昌	石桃	朱英诞	石瑛	石瑛
石衡	黄赞钧	石萌	茅盾	石陶	丁之屏	石莹	吴天石
石衡生	黄赞钧	石蒙	吴朗	石陶钧	石醉六	石友李	吴天石
石红	郑拾风	石民	石民	石天	梁小中	石右	支援
石鸿	石鸿	石明	胡秋原	石天	石天	石隅兮	宋振庭
石厚生	成仿吾	石鸣球	石辟澜	石天河	石天河	石榆	雷石榆
石花	冯雪峰	石铭	张钧衡	石天开	邓拓	石予	胡石予

石羽	李一痕	实父	易顺鼎	史得	三苏	史木	冯雪峰
石羽	石羽	实甫	易顺鼎	史蒂	董乐山	史目	阿垅
石羽	钟雷	实甫	张仲实	史蒂华	董乐山	史年	周思义
石雨	南星	实慧	李叔同	史丁密	魏登	史宁	牛汉
石玉淦	石玉淦	实君	杨实君	史东	崔真吾	史癖	鲁迅
石毓符	石毓符	实秋	梁实秋	史东山	史东山	史迁	李之华[1]
石毓涛	石挥	实若	张永枚	史笃	蒋天佐	史倩	周河冬
石渊	凤兮	实同	陈独秀	史方平	刘心皇	史青	魏登
石云子	石云子	实微	王实味	史方域	戴望舒	史人范	史人范
石蕴华	扬帆	实薇	王实味	史芳	陈辛人	史溶	程士荣
石蕴如	石璞	实味	王实味	史复	罗孚	史若虚	史若虚
石在	冉于飞	实义	李叔同	史复	夏衍	史石崩	瞿秋白
石在	石在	实语	李叔同	史刚	张子斋	史实	魏晋
石曾	李石曾	实斋	巴人	史纲	徐迟	史丝	周璧
石珍	张慧剑	实斋	谢狱	史高穆	史美钧	史松北	史松北
石真	石素真	实智	李叔同	史工	林耕	史荪	李景慈
石钟	邓式中	实中	徐祖正	史公	黄静涛	史谭	周楞伽
石仲子	林焕平	拾	陈向平	史公	李冰人	史涛	田兵
石重光	石重光	拾	戴不凡	史果	程大千	史特	陈迅之
石帚	庞俊	拾风	郑拾风	史汉森	师范	史天行	史济行
石竹	石天行	拾鼓	刘燕及	史航	谢狱	史铁儿	瞿秋白
石属（zhǔ）蜀	辛丰年	拾荒	陈向平	史皓	李景慈	史铁尔	瞿秋白
石子	潘梓年	拾荒者	陈向平	史河	何泽沛	史汀	陈秋舫
石子	石光	拾荒者	宋文	史痕	王平陵	史汀	潘佛章
石子	姚光	拾名	惠留芳	史吉邦	陈君实	史亭	金如霆
石卒	陈因	拾名	祝实明	史济行	史济行	史通	黎少岑
石作蜀	辛丰年	拾遗	陈衍	史继	瞿秋白	史通	章汉夫
时代	刘德怀	拾遗	王十仪	史家瑞	袁水拍	史宛	李正中
时玳	时玳	拾之	吴宗锡	史剑	南宫博	史晚青	邱韵铎
时旦	何家槐	食客	高潮	史渐黎	徐放	史维	瞿秋白
时风	黄然	食品	汪洋萍	史鉴	周艾黎	史维它	瞿秋白
时间有恒	时有恒	食仁	牙美昌	史杰	瞿秋白	史文恭	李冷路
时萌	时萌	蚀川	张石川	史锦棠	史行	史向黎	歌雷
时民	李民	蒴萝	吴岩	史进	苗秀	史辛	徐放
时敏	石凌鹤	湜沤	耶菲	史劲	刘克光	史新	陈秋舫
时任	张香山	【shǐ】		史军	袁鹰	史星生	牛汉
时若	高吹万	史巴克	刘御	史宂地	关沫南	史行	宋振庭
时速	时佑平	史白	史白	史珂	汤钟琰	史行	史济行
时霆	徐铸成	史宝玺	史若虚	史匡韶	史东山	史行	史行
时习之	戴不凡	史贲	鲁迅	史林安	罗孚	史序	张央
时贤	席涤尘	史宾	程灼如	史令	范秉彝	史雪云	李萌
时晓	姚时晓	史宾	吴羊璧	史轮	史轮	史岩	史济行
时英	马烽	史彬	林楚平	史芒	石曼	史阳	任大霖
时佑平	时佑平	史步昌	瞿秋白	史枚	林疑今	史耀南	姚楠
时雨	史白	史抄公	姚奔	史枚	史枚	史一	巴人
实	陈独秀	史超	史超	史美钧	史美钧	史伊凡	史人范
实	傅东华	史潮	史行	史民	吴新荣	史宜	光未然
实	吴天石	史忱	赵戎	史明	钱锋	史吟	克夫
实庵	陈独秀	史成汉	牛汉	史明	张子斋	史莹	胡沙
实庵	陶亢德	史从民	古丁	史明操	石西民	史优	孟超
实丹	周实	史达	陈伯达	史铭	郑寿岩	史紫忱	高阳
实夫	杨实夫	史大刚	徐讦	史沫		史鱼	史白
						史玉	史白

史源	陈君实	世培	刘师培	逝波	苏仲翔	寿孙	金祖同
史泽之	史泽之	世杞	潘天青	莳甘	戴望舒	寿堂	朱介凡
史曾则	蒋锡金	世庆	陈世庆	莳人	张香山	寿铄	寿石工
史征军	征军	世人	苏谦益	轼俞	刘盛亚	寿玺	寿石工
史正	殷白	世刃	苏谦益	释持	沈曾植	寿真	许寿真
史之	古丁	世外逸人	黄景南	释弘	李叔同	寿芝	孙德谦
史之达	谢加因	世雄	范启新	释末	台静农	受淳	庞人铨
史之余	刘逸生	世勋	张央	释永光	释永光	受全	陈华[1]
史之子	古丁	世延	卢世延	【shǒu】		受真	伍稼青
史智敏	陈志民	世英	瞿世英	手	师田手	受箴	许寿真
史柱	刘谷风	世颖	王世颖	手民氏	安怀音	受之	白采
史紫忱	史紫忱	世渊	田一文	守白	史白	受之	孙德谦
矢羿	巴人	世珍	茅盾	守白	许之衡	受兹	单士厘
矢中	邓式中	仕舞	欧阳山	守白氏	许之衡	绶卿	王揖唐
豖韦之裔	刘师培	式芬	周作人	守默	邵元冲	瘦伧	李俊民
【shì】		式恭	周桂笙	守平居士	沈曾植	瘦东	沈瘦东
士超	蒋同超	式加	王尧山	守死楼主	邹弢	瘦钢	程康定
士度	沙元榘	式良	洪为法	守素	杜国庠	瘦鹤	胡石予
士铎	佟醒愚	式微	陈学昭	守塔老青年	傅白芦	瘦鹤词人	邹弢
士谔	陆士谔	式微	李俊民	守堂	丁念先	瘦篁	胡思敬
士衡	刁汝钧	式一	熊式一	守玄	陈柱	瘦菊	冯瘦菊
士虹	武克仁	式羽	雷石榆	守一	蔡哲夫	瘦菊	朱瘦菊
士恺	曾士恺	式之	耿式之	守一子	丁福保	瘦鹃	周瘦鹃
士林云萍生	杨云萍	式之	姜椿芳	守隅	褚德彝	瘦郎	陆哀
士略	王森然	式之	章钰	守愚	彭俞	瘦梅	沈瘦梅
士穆	高树木	式颛	朱贞木	守愚	杨守愚	瘦鸥	秦瘦鸥
士奇	沈颖	事任	毛泽东	守愚氏	彭俞	瘦鹏	王森然
士器	庄先识	侍桁	韩侍桁	守约	汪精卫	瘦坡	方廷楷
士青	钱文选	视远	张子斋	守章	李俊民	瘦秋	何痕
士仁	许杰	柿堂	叶灵凤	守庄	林守庄	瘦人	杨鸿年
士武	萨士武	是德	黄庆云	守拙	孙大雨	瘦石	陈瘦石
士先	臧克家	是水	施蛰存	守拙	屠守拙	瘦唐	胡思敬
士贤	唐登岷	是我	郭森林	首甲	田汉	瘦塘	胡思敬
士心	王子昌	是吾	李紫凤	首甲	祝秀侠	瘦桐	李叔同
士心	温志新	是者	呆杳	【shòu】		瘦心	黄少云
士繇	鲁迅	适	胡适	寿昌	田汉	瘦腰	沈宗畸
士诒	张子斋	适	楼适夷	寿纯	庞人铨	瘦腰生	沈宗畸
士钰	陆士钰	适厂（ān）		寿慈	庄寿慈	瘦叶	叶玉森
士元	叶至善	适庵	胡适	寿华	王若望	瘦吟	白采
士则	杨廷福	适盦	胡适	寿黄	高天梅	瘦愚	陈守治
士钊	李士钊	适村	李白英	寿康	周汝昌	瘦月	王横
士钊	章士钊	适父	高二适	寿梅	吴立崇	瘦斋夫	陈运通
示作蜀	辛丰年	适怀	陈适怀	寿明斋	孙福熙	瘦舟	车辐
世昌	李世昌	适民	李民	寿楠	陈寿楠	瘦竹	陈瘦竹
世灯	李叔同	适生	沈适生	寿彭	许寿彭	瘦子	蔡振扬
世骧	杨世骧	适夷	楼适夷	寿鹏飞	寿洙邻	【shū】	
世杰	于人俊	适易	丁易	寿清	杨晋豪	殳山散人	沈文华
世菁	金中	适园	张钧衡	寿人	杨鸿年	书骇子	高吹万
世俊	陈毅	适园主人	张钧衡	寿山	杨晦	书城	华振域
世濬	石军	适斋	马超群	寿山	张子斋	书城	宛敏灝
世弥	罗淑	适斋居士	熊式一	寿生	邓中夏	书虫	李长之
世模	刘世模	适之	胡适	寿石工	寿石工	书负老生	屈楚

书衡	王式通	叔湘	吕叔湘	舒畅	舒畅	舒吴	舒芜
书林漫步	吴丹一	叔逊	林元	舒畅	舒蔚青	舒弦	蔡丹冶
书潜	傅增湘	叔言	沈玄庐	舒迟	李赤	舒翔	韦丘
书潜氏	傅增湘	叔言	章自	舒崇	穆仁	舒巷城	舒巷城
书渠	李伯钊	叔言定	沈玄庐	舒岱	徐微	舒絜华	邓式中
书生	唐弢	叔彦	曹元弼	舒弟	温梓川	舒辛屏	陈秋舫
书髓老人	徐世昌	叔野	谢良牧	舒丁	应修人	舒新城	舒新城
书佣	屈万里	叔夜	张叔夜	舒靓	吕漠野	舒玄	蔡丹冶
书元	李纳	叔伊	陈衍	舒凡	刘沙	舒逊	舒兰
抒	何为	叔音	刘延陵	舒非	袁文殊	舒扬	舒畅
抒玉	贺抒玉	叔英	窦镇	舒愤	沐绍良	舒夷	楼适夷
纾翩	姜书阁	叔英	刘延陵	舒凫	高二适	舒谭	冒舒谭
纾胤	刘盛亚	叔永	任鸿隽	舒凫老人	高二适	舒玉山	舒新城
叔常	田汉	叔元	邱炜蒌	舒戈	刘沙	舒增才	毛星
叔丑	许地山	叔援	邱炜蒌	舒华	褚问鹃	舒仲	姚紫
叔初	汪东	叔子	冒效鲁	舒淮	刘沙	舒子怡	苏怡
叔存	邓以蛰	叔子	萧蜕安	舒建勋	舒新城	疏影	束纫秋
叔度	廖传道	叔子	姚大慈	舒柯	王秋莹	疏云	吴云心
叔度	钱祖宪	殊胜	李叔同	舒克凤	冒舒谭	疏庵	王竞
叔辅	彭基相	殊莹	陈隉	舒兰	舒兰	疏影	郑逸梅
叔寒	臧恺之	菽道人	邱炜蒌	舒朗	莫洛	【shǔ】	
叔翰	王实味	菽樊	邱炜蒌	舒林	上官予	黍雨	梅际郇
叔和	傅增湘	菽繁	邱炜蒌	舒林	庄劲	署平	柔石
叔鸿	易琼	菽繁	邱炜蒌	舒灵	上官予	蜀	罗玉君
叔华	陈炜谟	菽坎	顾学颉	舒麦	刘沙	蜀宾	许钦文
叔华	凌叔华	菽庐	辜菽庐	舒模	舒模	蜀戈	缪海稜
叔华女士	凌叔华	菽乡	金武祥	舒牧原	舒塞	蜀弓	张效愚
叔惠	陶思曾	菽元	邱炜蒌	舒尼	袁文殊	蜀魂	江石江
叔节	姚永概	菽园	邱炜蒌	舒宁	李冷路	蜀魂	周开庆
叔君	黄文范	菽园居士	邱炜蒌	舒霈	束沛德	蜀客	张大千
叔凌	王福义	菽原	邱炜蒌	舒谦	姜椿芳	蜀旅	李华飞
叔庐	李叔同	淑和	刘延陵	舒谦	林舒谦	蜀南饮者	雷昭性
叔鸾	冯叔鸾	淑和	孙岳军	舒强	舒强	蜀青	卢静
叔懋	姜椿芳	淑华	凌叔华	舒青	方鼎	蜀山青	李辉英
叔美	彭芳草	淑寰	朱侃	舒庆春	老舍	蜀原	马学良
叔明	姜忠奎	淑兰	冯沅君	舒琼	刘沙	曙	倪海曙
叔明	汪叔明	淑兰女士	冯沅君	舒琼	莫洛	曙光	谭丕模
叔耐	张叔耐	淑侣	李华飞	舒群	刘沙	曙戒学人	章钰
叔琪	陶敬之	淑美	向培良	舒群	舒群	曙天	吴曙天
叔容	郑泽	淑明	汪叔明	舒塞	舒塞	曙天女士	吴曙天
叔舒	郑公盾	淑明	王淑明	舒莎	方鼎	曙之	龚书炽
叔孙达	祝见山	淑清	杲向真	舒舍予	老舍	蕗庵	郭宝珩
叔孙季	伍禾	淑心	沙漠	舒生	刘金	【shù】	
叔孙遥	黄裳	淑音	刘延陵	舒适	舒适	束成	蒋锡金
叔�	伍叔傥	淑英	刘延陵	舒寿年	舒蔚青	束负	赖丹
叔通	陈叔通	淑员	邱炜蒌	舒舒	老舍	束立	陈毅
叔通	张叔通	淑袁	邱炜蒌	舒蜀	西戎	束萌	王淑明
叔通	庄馥冲	淑源	李纳	舒亭	陆菲琼	束沛德	束沛德
叔同	李叔同	淑之	柳无垢	舒维周	舒新城	束佩	束纫秋
叔伟	曾昭抡	淑子	薛汕	舒蔚青	舒蔚青	束为	束为
叔温	沙文汉	舒昂	徐微	舒文朗	舒巷城	束胥	蒋锡金
叔文	张兆和	舒昌格	舒适	舒芜	舒芜	束学礼	束为

名号	人名
束衣人	石怀池
束依人	石怀池
束园	邱炜蒉
述窬	黄任恒
述任	梁启雄
述三	林缵
述叔	陈洵
述斋居士	彭楚珩
树	陈树南
树	鲁迅
树藏	萧乾
树长青	黄长树
树春	向荣
树峰	江树峰
树基	王仰晨
树嘉	周文
树珏	恽铁樵
树戡	杨沧白
树理	赵树理
树佩华	戈扬
树圃	袁嘉谷
树人	陈克 [1]
树人	陈树人
树人	鲁迅
树人	沙可夫
树人	吴玉章
树人	张謇
树森	洪灵菲
树森	瞿秋白
树生	韩文举
树声	刘树声
树顺贞	戈扬
树棠	罗焌
树梧	李紫凤
树五	袁嘉谷
树雄	萧乾
树勋	夏树勋
树扬	戈扬
树艺	曹艺
树瑜	周木斋
树园	韩文举
树榛	莫洛
树之风	刘树声
恕人	续范亭
恕斋	周邦式
恕直	李嘉言
庶丹	罗焌
庶公	吴云心
庶平	左曙萍
庶人	宋文
庶三	王礼锡
庶允	任鸿隽
漱冰	罗根泽
漱芳	张默君
漱六	吴调公
漱六山房	张春帆
漱六山房主	张春帆
漱六山房主人	张春帆
漱峦	冯沅君
漱年	向培良
漱人	田汉
漱仁	陈大远
漱石	韩国磐
漱石	李汉俊
漱石	孙玉声
漱石生	孙玉声
漱石氏	孙玉声
漱筒	李叔同
漱濋	杭海
漱雪	石评梅
漱岩	王葆桢
漱玉	洪丝丝
漱园	韦素园
漱园	许广平
漱云	程漱云
澍德	刘澍德
澍人	陈树人
【shuǎ】	
耍滑头斋主	宫白羽
【shuài】	
帅克	王大海
帅南	袁荣法
率尔	李长之
【shuāng】	
双贝子	汪锡鹏
双不轩	洪为法
双飞	徐怨宇
双凤楼	叶灵凤
双红豆斋主	吴眉孙
双华一玨庵	庄一拂
双楫	刘艺亭
双剑誃主人	于省吾
双鉴楼主人	傅增湘
双林	瞿秋白
双呆（méi）	万枚子
双梅龛主	郑逸梅
双莫	瞿秋白
双枪将	左笑鸿
双青阁主	许君武
双庆	顾颉刚
双庆	郭道鉴
双热	吴双热
双太后	瞿秋白
双涛	梁启超
双替	唐弢
双溪	许世英
双溪草堂主人	许世英
双溪老人	许世英
双溪一士	陈向平
双页	郑秉谦
双翼	吴羊璧
双玉	张雪茵
双云	朱双云
双韵	徐蕴华
双照楼	汪精卫
双肇楼	张次溪
霜	黄凌霜
霜霏	徐怨宇
霜枫	陆丹林
霜枫	任访秋
霜峰	任访秋
霜根老人	章钰
霜华	杜肖思
霜林	朱英诞
霜庐	吴江枫
霜庐	张爱玲
霜庐老人	尢玉淇
霜茂楼主	王静芝
霜厓	吴梅 [1]
霜厓吴梅	吴梅 [1]
霜崖	吴梅 [1]
霜崖	叶灵凤
霜叶	刘延陵
【shuǎng】	
爽公	段公爽
爽籁	涂元涛
爽霜	瞿秋白
【shuí】	
谁说	彭传玺
谁欤	王世颖
【shuǐ】	
水	戴碧湘
水	茅盾
水	张恨水
水柏	袁水拍
水草	杨荫深
水草平	钟绍锟
水长东	水建馥
水窗	蔡哲夫
水东	王照
水东草堂主人	王照
水东花隐	郭则沄
水东老人	王照
水番三郎	潘汉年
水夫	水夫
水甫	罗洛
水华	梁宁
水绘庵老人	冒广生
水火	潘标
水火小室主人	熊纬书
水建彤	桑简流
水晶	张春桥
水晶庵道士	潘飞声
水门汀	薛汕
水淼	洪迅涛
水母	倪海曙
水年	洪迅涛
水沛	黄水沛
水萍	宋文
水破山人	李辛白
水绕花堤馆主	潘序祖
水韧	李朴园
水上	李长之
水生	康濯
水生	秦似
水束文	吴引漱
水天同	水天同
水味	秦似
水仙	周作人
水心	印水心
水荫萍	杨炽昌
水玉	褚问鹃
水月主人	金武祥
水云	林恩卿
水云	袁水拍
水竹	徐世昌
水竹邨人	徐世昌
水研冰	水天同
【shuì】	
睡庵	沈曾植
睡庵老人	沈曾植
睡虹	赵瑞蕻
睡今	符号
睡僧	任修身
睡翁	沈曾植
【shùn】	
顺理	李叔同
顺利伯	黄声
舜盦	赵万里
舜风	田地
舜封	丁芒
舜钦	姚璋
舜琴	宋越
舜卿	濮舜卿
舜人	汪笑依
舜生	左舜生
舜元	马舜元
舜之	陈迅之

【shuō】		司马军	林遐	司徒轲	戚学毅	思立	陈君实
说剑词人	潘飞声	司马军城	司马军城	司徒克	李汝琳	思陆	巴人
说梦人	朱瘦菊	司马君	杜鹏程	司徒空	沙漠	思美	张闻天
说难	胡愈之	司马珺	孙席珍	司徒劳	马彦祥	思猛	阿垅
说斋	陆象贤	司马寇	楼适夷	司徒礼明	刘群	思弥	巴人
【shuò】		司马蓝火	祁崇孝	司徒敏	金达凯	思敏	巴人
铄镂十一郎	章士钊	司马龙	陈笑雨	司徒明	冯凤三	思明	金瑞本
朔	茅盾	司马璐	司马璐	司徒那	李克非	思明	孔另境
朔尔	鲁迅	司马仑	鲁藜	司徒平	向荣	思明	沈思明
朔风	于伶	司马牧丁	貂问湄	司徒其	宋元模	思默	毕朔望
朔胡·艾尔肯		司马牛	胡绳	司徒乔	司徒乔	思牧	余思牧
	库尔班·伊明	司马牛	林涵表	司徒乔兴	司徒乔	思慕	刘思慕
朔望	毕朔望	司马牛	潘梓年	司徒琴	柯灵	思慕	姚思慕
朔野	司丁	司马牛	夏衍	司徒然	丁之屏	思宁	阮毅成
硕甫	易顺鼎	司马牛	徐光霄	司徒然	姚紫	思佩	钱今昔
硕功	寿石工	司马牛	袁水拍	司徒森	丁之屏	思齐	吴视
硕权	尹昌衡	司马牛	张友渔	司徒斯丽	毕朔望	思奇	艾思奇
硕儒	陈清华	司马牛	章汉夫	司徒娃	陈亮	思谦	思谦
硕恕	徐君梅	司马祺蒂	刘石夷	司徒王	赵赤羽	思潜	许姬传
硕珍	丘东平	司马倩	辛未艾	司徒卫	司徒卫	思勤	晓星
【sī】		司马青衫	易文	司徒雯	柳北岸	思泉	王凤
司仃	司丁	司马群兵	方牧	司徒无咎	曾铁忱	思声	李少华
司空白	王焚	司马然	克夫	司徒杏荪	范泉	思恬	郑康伯
司空蕙	欧阳兰	司马桑敦	司马桑敦	司徒一勺	谢狱	思退	邹韬奋
司空见	艾明之	司马圣	朱雯	司徒奕之	谢狱	思微	沙漠
司空见	石方禹	司马氏	成弦	司徒瑜	朱伯石	思岷庐	唐邦治
司空见	唐振常	司马霜	刘心皇	司徒越	鸥外鸥	思叶	周洁夫
司空见怪	巴人	司马韬	吕剑	司徒壮	余思牧	思瑛馆主	蒋轸庭
司空鹿	刘沙	司马温	陈仲达	司徒宗	司徒宗	思永	胡思永
司空明	司空明	司马温公	温梓川	丝	林彬	思远	巴人
司空亶	祝见山	司马文	马少波	丝环	胡山源	思远	聂华苓
司空无忌	文怀沙	司马文敏	李景慈	丝丝	洪丝丝	思远	王志之
司空雨	舒芜	司马文森	司马文森	丝韦	罗孚	思真道笑孙氏	周作人
司空云朵	青勃	司马无违	寒爵	私淑列宁	柳亚子	思秩	秦似
司空云朵	沙驼	司马欣如	欧小牧	思	曹聚仁	思左	刘太冲
司马班	田流[2]	司马讦	程大千	思	孔另境	斯宝昶	斯民
司马奔	姚吉生	司马彦伦	田家英	思	王焚	斯丁	钱今昔
司马长风	司马长风	司马一勺	谢狱	思白	陈鲤庭	斯凡	师范
司马长江	陈夜	司马莹	青苗	思泊	于省吾	斯峰	罗时烽
司马长缨	鲍昌	司马玉常	邝雪林	思瑰	蘅果	斯根	孟十还
司马春秋	夏钦瀚	司马云腾	周大康	思果	思果	斯华士	陈炜谟
司马疵	周文	司马钊	翦伯赞	思蛤蜊室主	陈洵	斯基	杨述
司马丹	王真光	司马子朗	周大康	思汉	巴人	斯漫	王彪
司马蒂	刘石夷	司明	冯凤三	思华	巴人	斯蒙	阿垅
司马东	吴文祺	司徒伯秋	陈敬之	思还	胡山源	斯民	师范
司马梵霖	司马文森	司徒丹	严文井	思基	思基	斯民	斯民
司马飞骊	李筱峰	司徒丹凤	刘开扬	思杰	金紫光	斯穆	阿垅
司马怪	夏钦瀚	司徒德	叶青	思敬	何思敬	斯群	斯群
司马骅	周楞伽	司徒电登	吴祖光	思九	张叔耐	斯人	马彦祥
司马卉	向人红	司徒湖	吴秋	思恺	张思恺	斯人	斯民
司马今	瞿秋白	司徒徽	哈华	思恩	杜谷	斯狮	张金燕
司马进	马寻	司徒慧	赖元冲	思琅	蔡哲夫	斯特拉夫	瞿秋白

斯特拉霍夫	瞿秋白	松甫	曾毅	【sòng】		宋悌芬	宋淇
斯特立夫	瞿秋白	松公	朱寨	宋邦荣	宋越	宋桐	司马文森
斯提	叶圣陶	松江散人	曲狂夫	宋伯鲁	宋伯鲁	宋苇	朱沉冬
斯徒	谭丕模	松林	霍松林	宋岑	桓来	宋文	宋文
斯文	巴人	松林	皮作玖	宋忏红	宋痴萍	宋无	陈次园
斯文	沐绍良	松林	许钦文	宋成志	宋成志	宋溪	苗秀
斯曛	蒯斯曛	松林	周微林	宋痴萍	宋痴萍	宋协周	宋协周
斯也	赵明	松陵	皮作玖	宋春舫	宋春舫	宋修	徐懋庸
斯逸	魏元旷	松陵堂	皮作玖	宋春山	宋学芬	宋秀玉	宋映雪
斯庸	陈斯庸	松龄	许钦文	宋玭	逯斐	宋扬	扬帆
斯远	王西彦	松庐	朱惺公	宋得一	宋元	宋阳	瞿秋白
斯云	谷万川	松明	沈季平	宋殿康	宋泽夫	宋阳	赵扬
斯珍	皮作玖	松木	孙穆	宋敦容	朱东润	宋一鸿	宋痴萍
撕	张金燕	松年	党积龄	宋非我	宋献璋	宋一舟	宋之的
撕狮	张金燕	松年	孙伏园	宋光典	宋学芬	宋易	宋祝平
【sǐ】		松屏	小松	宋桂煌	宋桂煌	宋映雪	宋映雪
死公	冯开	松琴	金天翮	宋海光	宋春舫	宋游	赵戎
死灰	杨杏佛	松青	李伯龙	宋寒衣	宋寒衣	宋玉	宋玉
死狼	李西浪	松泉	蒋希曾	宋衡心	宋衡心	宋玉	苏曼殊
【sì】		松泉	沈松泉	宋花泉	马少波	宋育仁	宋育仁
四光	张我军	松泉	孙祥偈	宋集仁	宋献璋	宋元	宋元
四河人	徐炳昶	松泉	赵鹤清	宋季提	放平	宋元	赵树理
四郎	李唯建	松山	周建人	宋晶修	宋寒衣	宋元模	宋元模
四郎	潘漠华	松生子	丁立中	宋九企	宋文	宋约	柯灵
四名	谷万川	松室	徐枕亚	宋九祉	宋文	宋越	宋越
四维	沙漠	松寿	余冠英	宋亮	孙冶方	宋云彬	宋云彬
四译	廖季平	松涛	霍松林	宋霖	胡子婴	宋泽夫	宋泽夫
四益	廖季平	松涛	刘铁冷	宋卢天	王尧山	宋振庭	宋振庭
四珍	茅盾	松轩	陈彬龢	宋玫	林姗姗	宋之的	宋之的
寺怀	刘盛亚	松雪居士	周学熙	宋敏希	梁厚甫	宋芝	司马文森
寺将	刘盛亚	松隐僧人	丁传靖	宋明	姚溱	宋治平	宋学芬
寺言	秦似	松隐行脚僧	丁传靖	宋谋瑒	宋谋瑒	宋竺梅	姚三友
似	王以仁[2]	松影	桂明	宋奴天	王尧山	宋祝平	宋祝平
似之	秦似	松游	丁佛言	宋佩韦	宋云彬	宋灼灵	叶青
俟	鲁迅	松友梅	蔡友梅	宋平	周璧	宋子佩	宋琳
俟堂	鲁迅	松云居士	周学熙	宋淇	宋淇	诵芬堂主人	钱文选
嗣炳	乐嗣炳	松斋	陈樗	宋千金	李润湖	诵华	邢钟翰
嗣郎	王诗琅	松竹	柏鸿鹄	宋乔	周榆瑞	诵堂	张鸿
嗣群	康嗣群	松竹梅斋主人	陈志群	宋琴心	宋琴心	诵晓	祁崇孝
【sōng】		松子	台静农	宋青	宋元模	诵帚	刘永济
松	王森然	松子	张友松	宋然	韩萌	颂埠	龚其伟
松	张文松	崧臣	顾悼秋	宋汝昭	宋之的	颂皋	吴颂皋
松	张友松	淞南吊梦客	陆丹林	宋瑞	丁家瑞	颂羔	谢颂羔
松庵	彭鹤濂	淞鹰	毕倚虹	宋瑞	宋瑞	颂华	俞颂华
松碧	马琰	嵩甫	公木	宋润	宋泽夫	颂九	江汛
松岑	金天翮	嵩灵	周肇祥	宋尚和	宋琴心	颂莱	夏清贻
松巢	蒯仲诒	嵩山	常君实	宋尚志	宋衡心	颂民	胡朴安
松窗	褚德彝	嵩山	周建人	宋诗达	宋振庭	颂年	徐仲年
松窗逸人	褚德彝	嵩云	蔡嵩云	宋士毅	范泉	颂迁	孙谦
松颠	雷瑨	嵩子	黄伯飞	宋书模	王尧山	颂三	苏雪林
松风	枫翠仁	【sǒng】		宋漱流	刘绶松	【sōu】	
松风	刘岚山	悚疑	张申府	宋爽	刘剑青	搜	林羴

笔名	本名
搜奇家	刘心皇
搜奇客	刘心皇
【sòu】	
嗽雪	庐隐
嗽雪	陆晶清
嗽雪	石评梅
嗽玉	陆晶清
【sū】	
苏	苏维熊
苏庵	许指严
苏庵	郑孝胥
苏步青	苏步青
苏策	苏策
苏潮	王楚良
苏晨	苏晨
苏虫天	孙举璜
苏丛	穆仁
苏簇	王元化
苏大桢	苏怡
苏丹	郭风
苏丹	吴琛
苏东	姜东舒
苏东	田海燕
苏东皮	车辐
苏东渊	苏隽
苏翻	苏仲翔
苏凡	苏凡
苏汎	苏汎
苏飞	张浪
苏飞锡	苏曼殊
苏非	张浪
苏非非	苏曼殊
苏菲	李斐
苏菲	苏菲¹
苏菲	苏菲²
苏菲	张浪
苏斐	白薇
苏风	商展思
苏凤	姚苏凤
苏夫	杜边
苏夫	林遐
苏戈	刘群
苏观	刘延陵
苏广成	王大苏
苏杭	苏杭
苏鹤田	苏金伞
苏弘	苏曼殊
苏虹	吴似鸿
苏季常	邵子南
苏监廷	苏眇公
苏监亭	苏眇公
苏戡	苏曼殊
苏婕	沈承宽
苏金伞	苏金伞
苏晶	郭风
苏隽	苏隽
苏君先	苏金伞
苏筠仙	苏金伞
苏龛	易大厂
苏龛	郑孝胥
苏堪	郑孝胥
苏戡	郑孝胥
苏珂	沈祖棻
苏克	冯英子
苏克	王秋萤
苏莱曼	柳北岸
苏里叶	丁景唐
苏力研	苏庐
苏力耘	朱微明
苏立人	苏菲²
苏立言	苏庐
苏良信	苏菲¹
苏林	王福义
苏麟	靳以
苏灵	徐苏灵
苏柳	罗泅
苏龙	范泉
苏庐	苏庐
苏绿漪	苏雪林
苏洛	易修乐
苏曼殊	苏曼殊
苏眉甥	伍禾
苏梅	苏雪林
苏梅女士	苏雪林
苏门	郁达夫
苏梦	文怀朗
苏民	吕福田
苏民	石曼
苏明	丁伯骝
苏明	郭风
苏模	汤真
苏牧	戈宝权
苏南	冯剑南
苏南	苏南
苏尼	胡显中
苏尼亚	安娥
苏乜	苏庐
苏萍	郑伯奇
苏朴	汤真
苏谦益	苏谦益
苏青	苏青
苏清林	苏水木
苏秋	刘延陵
苏囚	黄肃秋
苏珊	张叶舟
苏尚龙	苏步青
苏绍文	张子斋
苏湜	苏曼殊
苏叔玄	苏鸿禹
苏松	洪滔
苏苏	钟望阳
苏宿莽	苏宿莽
苏亭	王伯祥
苏同炳	苏同炳
苏为	王景山
苏维熊	苏维熊
苏维桢	苏眇公
苏文	巴人
苏文	苏汶
苏文	王临泰
苏文惠	苏曼殊
苏汶	苏汶
苏武	孟森
苏西坡	巴人
苏小梅	苏雪林
苏心	斯民
苏辛	马长荣
苏萱	陈辽
苏玄瑛	苏曼殊
苏旋	高名凯
苏雪林	苏雪林
苏扬	马少波
苏阳	张白山
苏仰如	刘延陵
苏一平	苏一平
苏一萍	苏一平
苏依	莫洛
苏怡	苏怡
苏遗	朱剑芒
苏鹰	李苏鹰
苏有才	苏杭
苏玉	苏汎
苏渊雷	苏仲翔
苏元瑛	苏曼殊
苏约	沈松泉
苏月	郭风
苏耘岳	岳野
苏斋	邓寄芳
苏斋	陆明桓
苏兆龙	苏兆龙
苏兆骧	苏兆骧
苏蚤	王觉
苏之氓	沈云龙
苏之友	罗泅
苏中	苏中
苏中常	苏仲翔
苏仲人	杜边
苏仲翔	苏仲翔
苏庄	苏宿莽
苏子	皮作玖
苏子	苏仲翔
苏子谷	苏曼殊
苏子谷曼殊	苏曼殊
苏子怡	苏怡
苏祖德	苏宿莽
苏昨非	苏菲²
苏作三	陈辽
甦	丁瓒
甦庵	刘超武
甦庵	许指严
甦盦	刘超武
甦盦	许指严
甦夫	马甦夫
甦龛	易大厂
甦旅	史松北
甦生	康有为
【sú】	
俗僧	邹韬奋
俗同	李叔同
【sù】	
夙兴叟	于省吾
夙因	刘延陵
夙源	邱炜菱
肃秋	黄肃秋
肃辕	邱炜菱
素	李素伯
素	杨骚
素广（ān）	康有为
素庵	康有为
素庵	李全基
素伯	李素伯
素臣	吴素臣
素痴	张荫麟
素凡	钱素凡
素非	陈明中
素风	陈素风
素佛	洪灵菲
素光	李华飞
素华	凌叔华
素华	欧阳翠
素皇	黄绍谷
素君	谷万川
素兰	丁宁
素昧	邵飘萍
素昧平生	邵飘萍
素民	汪叔明
素清	白夜
素秋女士	厉厂樵

素如	白薇	随沔地	古丁	孙奉	刘逸生	孙露	胡希明
素如女士	白薇	【suì】		孙伏园	孙伏园	孙梦雷	孙梦雷
素心	白塔	遂安	徐碧波	孙福熙	孙福熙	孙勉之	孙冶方
素心	黄宾虹	遂卿	夏曾佑	孙福源	孙伏园	孙敏子	梅娘
素心	凌叔华	碎庵	夏曾佑	孙鲠	周建人	孙铭传	孙大雨
素心兰	吴崇兰	碎碟	陈因	孙光策	孙俍工	孙铭恩	孙海波
素雅	李赞华	碎佛	夏曾佑	孙光英	孙维世	孙模	周汝昌
素英女士	李素	燧伯	蒋燧伯	孙光祖	孙方山	孙木	孙穆
素影	刘延陵	穗青	乔穗青	孙海波	孙海波	孙慕雷	白峡
素园	韦素园	穗卿	夏曾佑	孙寒冰	孙寒冰	孙穆	孙穆
素园	姚永朴	穗生	夏曾佑	孙汉超	高崇民	孙培均	孙培均
素之	王素珍	穗子	田井卉	孙亨斌	孙涵冰	孙彭	孙席珍
速援	邱炜萲	邃园	林伯渠	孙鸿	孙雪泥	孙平	孙平
宿莽	马识途	【sūn】		孙鸿杰	孙芋	孙平天	孙平天
宿莽	苏宿莽	孙庵	钱基厚	孙鸿煦	孙岳军	孙萍	孙艺秋
宿女	陈嘶马	孙百刚	孙百刚	孙胡青	胡青	孙璞	孙璞
宿霭	束纫秋	孙百吉	孙百急	孙怀谦	孙谦	孙旗	孙旗
宿心	瞿秋白	孙百急	孙百急	孙寰镜	孙寰镜	孙启运	孙穆
宿园	邱炜萲	孙柏	孙伏园	孙加瑞	梅娘	孙谦	孙谦
宿垣	邱炜萲	孙宝山	孙冶方	孙佳讯	孙佳讯	孙倩	任钧
粟沧	李啸仓	孙宝邃	白夜	孙家晋	吴岩	孙钦平	罗泅
粟寰	龚庭槐	孙北	黑风	孙家骏	吴岩	孙卿	钱基厚
粟寰居士	龚庭槐	孙滨	凌丁	孙家训	孙佳讯	孙清月	孙肖平
粟庐	俞宗海	孙冰	孙孺	孙家振	孙玉声	孙庆良	孙百急
粟芒	杨日基	孙冰轮	里扬	孙嘉瑞	梅娘	孙癯蝯	孙臞蝯
粟青	夏理亚	孙伯辅	邹韬奋	孙坚白	石羽	孙荃	臧克家
粟生	曾梦笔	孙博	任钧	孙剑冰	孙剑冰	孙仁玉	孙仁玉
粟旺	毕朔望	孙昌熙	孙昌熙	孙进泰	孙平	孙如陵	孙如陵
粟香	金武祥	孙昌永	孙遐龄	孙晋泰	孙平	孙儒杰	峻青
蕲樊	邱炜萲	孙长有	安西	孙景贤	孙景贤	孙若文	孙孺
蕲繁	邱炜萲	孙朝芳	孙吴	孙静庵	孙寰镜	孙三同	孙艺秋
【suān】		孙彻	孙艺秋	孙炯	孙剑秋	孙珊馨	彭家煌
酸道人	邱炜萲	孙成玙	孙瑜	孙举璜	孙举璜	孙少恒	吴承仕
酸斋	王伯沆	孙诚	戴望舒	孙俊	徐大风	孙绳武	孙绳武
【suàn】		孙承勋	何满子	孙俊伯	孙平天	孙师毅	孙师毅
算史氏	张申府	孙春苔	孙福熙	孙俊卿	峻青	孙师郑	孙雄
【suí】		孙春霆	孙春霆	孙峻菁	峻青	孙施谊	孙师毅
绥宁	邓绥宁	孙淳	孙遐龄	孙峻青	峻青	孙石灵	石灵
隋洛文	鲁迅	孙大风	徐大风	孙骏	孙跃冬	孙世伟	孙世伟
隋洛文	瞿秋白	孙大珂	石灵	孙楷第	孙楷第	孙守拙	孙大雨
隋末	冉欲达	孙大雨	孙大雨	孙堪	舒芜	孙寿芝	孙德谦
隋凝	邓绥宁	孙道临	孙道临	孙克非	孙岳军	孙受匡	孙寿康
隋荃	尹汝泉	孙德芳	梅娘	孙克宽	孙克宽	孙树勋	孙犁
隋首	宋振庭	孙德培	晓星	孙克鲁	孙旗	孙漱石	孙玉声
隋树森	鲁迅	孙德谦	孙德谦	孙犁	孙犁	孙思毅	孙师毅
隋树森	隋树森	孙德鑫	孙源	孙俍工	孙俍工	孙荪荃	孙祥偈
隋育楠	隋树森	孙钿	孙钿	孙燎光	孙俍工	孙逊先	孙方山
随庵	沈曾植	孙殿起	孙殿起	孙了红	孙了红	孙同康	孙雄
随庵	徐乃昌	孙东吴	孙毓修	孙陵	孙陵	孙外	韦晕
随庵	杨济	孙洞庭	雪克	孙留庵	孙毓修	孙望	孙望
随庵老人	徐乃昌	孙方山	孙方山	孙流冰	孙孺	孙为霆	孙为霆
随顺	李叔同	孙飞	胡希明	孙娄	瞿方书	孙沨	孙绳武

孙维世	孙维世	孙昭绩	孙昌熙	**T**		太玄	汪荣宝
孙伟	孙绳武	孙振	雪克			太玄	周太玄
孙纬	孙绳武	孙震	雪克	【tā】		太炎	章太炎
孙玮	孙绳武	孙至忠	孙克宽	它	瞿秋白	太阳	陈华[2]
孙文林	孙孺	孙志万	孙毅	它山	张仃	太阳	张天白
孙吴	孙吴	孙志新	孙席珍	它双	瞿秋白	太一	宁调元
孙武	孙吴	孙中田	孙中田	它音	鲁迅	太夷	郑孝胥
孙悟空	孙帮达	孙钟琦	孙陵	【tǎ】		太愚	王昆仑
孙锡麟	孙寒冰	孙子公	孙楷第	塔塔木林	萧乾	太渊	马一浮
孙锡麒	孙寒冰	孙子潜	孙大雨	【tái】		太昭	景耀月
孙席珍	孙席珍	孙子野	舒芜	台	台静农	太昭	凌景坚
孙享	孙遐龄	孙自强	孙望	台传严	台静农	太昭	尹昌衡
孙晓村	孙春霆	荪	孔罗荪	台敬六	台静农	泰伦	索非
孙肖平	孙肖平	荪波	常风	台静农	台静农	泰山	王明
孙兴治	罗泅	荪娄	瞿方书	台君	台静农	泰义	太虚
孙雄	孙雄	荪荃	孙祥偈	台山少年	马骏声	【tān】	
孙虚生	孙陵	【sǔn】		台湾旅客	章太炎	贪嗔痴阿罗汉	丁传靖
孙序夫	黑风	损	蔡友梅	台下人	石曼	【tán】	
孙玄	毛星	损	茅盾	邰光典	邰光典	昙	赵银棠
孙雪泥	孙雪泥	损公	蔡友梅	苔	孙福熙	昙昉	李叔同
孙雪韦	刘雪苇	损郎	巴人	苔立	陈鲤庭	昙花	李金秀
孙雪苇	刘雪苇	损衣	朱英诞	苔藓	黄大铣	昙华	叶灵凤
孙亚	刘盛亚	隼	陈子英	苔香	王秋湄	昙鸾	苏曼殊
孙延庚	孙延庚	隼	鲁迅	【tài】		昙僧	苏曼殊
孙衍	孙卜菁	隼庵	龚骞	太	太虚	昙影	丁宁[1]
孙阳	郭尼迪	【suō】		太阿	章振乾	倓堪	杨昀谷
孙耀东	孙跃冬	莎生	吴小如	太白	易大德	郯川野客	巴人
孙冶方	孙冶方	莎天	翁寒光	太仓一剑	俞剑华	谈海客	谈瀛
孙怡	丁易	莎斋	吴小如	太常仙蝶	天虚我生	谈虎客	韩文举
孙以亮	孙道临	娑红	周炼霞	太赤	朱剑芒	谈拉	耿庸
孙以毅	孙百刚	娑婆	毕倚虹	太初	周一良	谈老谈	谈善吾
孙艺秋	孙艺秋	娑婆生	毕倚虹	太谷	许敦谷	谈麟祥	谈麟祥
孙毅	孙毅	蓑笠神仙	戚饭牛	太憨生	陈敬之	谈路	谈路
孙音	罗泅	缩庵老人	雷瑨	太和	刘暄	谈荣	李白英
孙寅	夏衍	【suǒ】		太琅生	陈陆留	谈天老人	吴稚晖
孙英	孙璞	所北	李素伯	太侔	沈宗畸	谈微中	戴不凡
孙咏雪	孙了红	所归	李叔同	太侔	赵太侔	谈言	吕思勉
孙用	孙用	所亚	余所亚	太平	许康侯	谈宜	张契渠
孙用之	孙用	索耳	钟望阳	太平	邹韬奋	谈易	何容
孙瑜	孙瑜	索非	索非	太平老人	于右任	谈瀛	谈瀛
孙羽	孙道临	索夫	韩侍桁	太平山人	刘以鬯	谈长治	谈善吾
孙玉声	孙玉声	索居轩主人	李育仁	太平洋人	姚明辉	谈治	谈善吾
孙芋	孙芋	索开	李索开	太璞	孙璞	弹佛	汪东
孙育	王秋萤	索林女士	覃晓晴	太朴	曾朴	弹华阁主	许指严
孙毓棠	孙毓棠	索士	鲁迅	太史简	翦伯赞	弹赦老人	吴恭亨
孙毓修	孙毓修	索太	伍叔傥	太史简	徐柏容	弹指	梁冰弦
孙源	孙源	索西	唐弢	太史劲	黄旭	弹指居士	王学通
孙瑗	孙仁玉	索原	叶籁士	太瘦生	云从龙	覃必愉	覃晓晴
孙岳	孙岳军	索之	薛汕	太索	唐弢	覃处谦	覃汉川
孙跃冬	孙跃冬	索子	鲁迅	太微	钱来苏	覃谷兰	覃英
孙芸夫	孙犁	锁儿	赵丹	太西	赵树理	覃汉川	覃汉川
				太息生	刘金	覃基	覃子豪
				太虚	太虚		

覃静	覃晓晴	谭允昇	谭东晨	汤耘	艾芜	唐孟先	唐伯先
覃天恩	羊翚	谭贞元	谭天度	汤运生	汤伯器	唐密	陈铨
覃小净	覃晓晴	谭真	谭真	汤增璧	汤增璧	唐民	徐君慧
覃晓晴	覃晓晴	谭正璧	谭正璧	汤增扬	汤增敭	唐旻	唐登岷
覃音	覃英	谭质	唐达成	汤增敭	汤增敭	唐岷春	唐岷春
覃英	覃英	谭作民	谭戒甫	汤真	汤真	唐名	徐君慧
覃芷	柳北岸	潭秋	邵祖平	汤振扬	汤增敭	唐明	巴人
覃子豪	覃子豪	潭石庄主	王梦古	汤钟琰	汤钟琰	唐鸣时	唐鸣时
谭宝璐	谭延闿	潭水	皮作玖	汤钟园	汤雪华	唐墨	吴宗锡
谭碧波	谭碧波	潭音	覃英	【táng】		唐牧	黄嘉音
谭东昇	谭东晨	潭影	胡山源	唐邦治	唐邦治	唐牧	唐牧
谭锋	陆离	潭云	吴强	唐辟黄	唐钺	唐那	唐祈
谭光祖	谭碧波	檀山旅客	梁启超	唐炳	夏衍	唐纳	史枚
谭洪	谭丕模	【tǎn】		唐伯先	唐伯先	唐纳	唐纳
谭鸿基	谭天度	坦诚	廖清秀	唐擘黄	唐钺	唐佩兰	唐兰
谭华生	何干之	坦克	黄药眠	唐承庆	金礼生	唐祈	唐祈
谭基	覃子豪	【tàn】		唐达成	唐达成	唐起	林山
谭计全	谭计全	探子报	胡憨珠	唐达秋	林珏	唐前燕	邵燕祥
谭家定	谭正璧	【tāng】		唐大郎	唐大郎	唐秦莺	唐秦莺
谭鉴尧	谈路	汤艾芜	艾芜	唐丹	李辉英	唐琴	李景慈
谭介甫	谭戒甫	汤爱吾	艾芜	唐迪文	唐湜	唐晴	劳荣
谭戒甫	谭戒甫	汤白羽	汤伯器	唐东	沈瘦东	唐庆诒	唐庆诒
谭飔风	谭邦萃	汤伯器	汤伯器	唐端毅	唐弢	唐琼	励行健
谭凯	李景慈	汤澄波	汤澄波	唐多	祝见山	唐琼	潘际坰
谭凯风	李景慈	汤道耕	艾芜	唐发源	唐岷春	唐人	石光
谭唳鸿	谭碧波	汤铎	汤士安	唐斐	吴羊璧	唐人	唐人
谭路	谈路	汤莩之	汤莩之	唐丰瑜	鲁迅	唐人	吴素臣
谭铭	谭戒甫	汤阁麟	笛子	唐风	金性尧	唐仁	艾芜
谭丕谟	谭丕模	汤鹤逸	汤鹤逸	唐风子	唐弢	唐仁均	唐仁均
谭丕模	谭丕模	汤唤乾	汤伯器	唐凤阁会人	范烟桥	唐蓉	李景慈
谭披朦	谭丕模	汤济苍	汤济苍	唐荄	唐向青	唐山阿伯	杨骚
谭人凤	谭人凤	汤济沧	汤济苍	唐耕余	唐耕余	唐山客	林缵
谭戎	谭谊	汤克	周大康	唐弓衣	唐弢	唐绍华	唐绍华
谭天	谭天	汤匡时	汤真	唐圭璋	唐圭璋	唐参	叶康参
谭天度	谭天度	汤匡淞	汤匡淞	唐海	唐海	唐盛宽	唐海
谭铁铮	萧戈	汤匡瀛	汤匡瀛	唐诃	唐诃	唐湜	唐湜
谭拓	郑公盾	汤姆	孙如陵	唐麾	廖伯坦	唐淑仪	柳无垢
谭惟翰	谭惟翰	汤颇公	汤用彬	唐吉	宋大雷	唐苔	戴望舒
谭卫中	何干之	汤庆永	丁洪	唐吉诃	唐祈	唐弢	唐弢
谭文瑞	池北偶	汤森木	何剑熏	唐家桢	唐家桢	唐铁海	唐铁海
谭雯	谭正璧	汤士安	汤士安	唐郊	徐迟	唐突	丁景唐
谭夏声	谭天度	汤顺天	汤莩之	唐景崇	唐牧	唐突	刘谷风
谭小邢	露菲	汤仙华	汤雪华	唐景兰	唐兰	唐突	吴琛
谭新润	谭天	汤小珞	汤雪华	唐景阳	林珏	唐文冰	宋淇
谭秀峰	何干之	汤雪华	汤雪华	唐九	唐耕余	唐文治	唐文治
谭以理	王一榴	汤懿瑾	徐干生	唐克蕃	唐祈	唐兮	姚紫
谭亿	谭谊	汤颖辉	商慧光	唐坤	吴素臣	唐贤龙	唐贤龙
谭易流	王一榴	汤咏兰	叶紫	唐兰	唐兰	唐兴隆	唐湜
谭谊	谭谊	汤咏兰女士	叶紫	唐琅	徐迟	唐性天	唐性天
谭有符	谭人凤	汤用彬	汤用彬	唐烺	唐烺	唐须	任哲维
谭有谨	谭戒甫	汤友季	汤鹤逸	唐廖	李景慈	唐萱	石琪
谭云山	谭云山	汤幼言	丁洪	唐鲁孙	唐鲁孙	唐雪	李冰人

唐晏	震钧	韬杉	彭家煌	陶弃	李澍恩	滕国栋	滕捷
唐晏素	震钧	韬园	贾景德	陶清	韦君宜	滕捷	滕捷
唐扬和	唐湜	【táo】		陶然	茅盾	滕孟雄	滕刚
唐也	唐弢	匋斋	郑观应	陶然	陶君起	滕若渠	滕固
唐贻孙	唐祖培	逃墨馆主	茅盾	陶然	陶然	滕云	外文
唐义和	唐一禾	桃花不疑盦主		陶然	依藤	藤谷古香	孙景贤
唐裔	李冰人		欧阳予倩	陶然	周作人	藤影荷声馆主	吴宓
唐因	唐因	桃木	桃木	陶任陶	陶铸	藤子丈夫	郭沫若
唐荫	赵铭彝	桃隐	简荷生	陶任先	流沙河	【tī】	
唐引之	柳亚子	桃椎	孔另境	陶融	何达	剔疵	喻的痴
唐隐芝	柳亚子	桃椎	鲁迅	陶沙	杨琦	【tí】	
唐永基	唐永基	桃椎仙史	朱剑锋	陶水	陈陶遗	提儿	张秋人
唐鱼	孙毓棠	陶庵	陈宝琛	陶思曾	陶思曾	提耳	田贲
唐瑜	唐瑜	陶盦	陶君起	陶汰	揭余生	提西	王统照
唐雨墨	韦丘	陶白	孔另境	陶涛	陶涛	啼红	雷昭性
唐元朝	鲁迅	陶白	陶白	陶徒然	陶亢德	啼红	谢啼红
唐元期	鲁迅	陶奔	唐人	陶畏巨	瞿秋白	啼红生	雷昭性
唐园	唐祖培	陶藏	陶晶孙	陶蔚文	陶蔚文	啼鹃	张大千
唐钺	唐钺	陶炽	陶晶孙	陶文潜	陶行知	啼笑轩主	晋驼
唐樾	沐绍良	陶炽孙	陶晶孙	陶小柳	陶小柳	啼鸦	谢蒂亚
唐云旌	唐大郎	陶澹	陶孝国	陶晓卒	李累	【tǐ】	
唐振常	唐振常	陶荻亚	费明君	陶行知	陶行知	体兰	沈体兰
唐镇支	唐镇支	陶钝	陶钝	陶雄	陶雄	体乾	严复
唐挚	唐达成	陶甫	吴白匋	陶阳	陶阳	【tì】	
唐拙	张拓芜	陶复	陶剑心	陶怡	陈陶遗	倜然	汪倜然
唐祖培	唐祖培	陶复	陶君起	陶遗	陈陶遗	逖逖	刘枋
堂	唐弢	陶公冶	卢煤	陶玉麟	洪滔	逖先	朱希祖
棠秋	陈波儿	陶光	陶光	陶钰	陶钰	涕克	赵清阁
塘西旧侣	罗澧铭	陶光第	陶光	陶斋	郑观应	逷先	朱希祖
糖僧	苏曼殊	陶光燮	陶亢德	陶照	莫洛	惕	茅盾
【tāo】		陶际华	陶铸	陶哲庵	陶亢德	惕若	茅盾
弢庵	陈宝琛	陶晶孙	陶晶孙	陶之瑶	李澍恩	惕僧	徐宗鉴
弢庵	来新夏	陶晶荪	陶晶孙	陶知行	陶行知	惕生	顾实
弢庵	张白山	陶景和	王勉思	陶志尧	陶然	惕生	阳兆鲲
弢盦	陈宝琛	陶菊隐	陶菊隐	陶稚厂（ān）	邢院生	惕先	朱希祖
弢甫	杨明照	陶君起	陶君起	陶中梁	陶涛	【tiān】	
弢斋	徐世昌	陶亢德	陶亢德	陶铸	陶铸	天	吴天
涛声	曹聚仁	陶克塔呼	黄静涛	陶拙庵	郑逸梅	天	张闻天
涛西	陈铨	陶克涛	黄静涛	陶最	何达	天	周文
涛园	沈瑜庆	陶乐赛女士	姚苏凤	梼	周作人	天白	张天白
涛斋	徐世昌	陶磊	陶铸	淘夷	陈陶遗	天才	熊光
韬	方弢	陶丽玲	鲁思	【tè】		天忏	贡少芹
韬	冯乃超	陶庐	金武祥	特	杨幼生	天忏生	贡少芹
韬	唐弢	陶庐	王树枏	特歌	杨幼生	天长	潘汉年
韬	徐鉴泉	陶庐老人	王树枏	特罕子	万枚子	天长	袁水拍
韬	邹韬奋	陶庐主人	王树枏	特朗	邓向椿	天仇	戴季陶
韬庵居士	俞宗海	陶履恭	陶孟和	特全	廖特全	天存	胡山源
韬方	方弢	陶孟和	陶孟和	特器	吴云心	天亶	姚民哀
韬奋	邹韬奋	陶明濬	陶明濬	【téng】		天底	叶天底
韬服	杨钟羲	陶明志	赵景深	腾岳	李腾岳	天地	巴人
韬华	葛昌楣	陶铭	陆离	滕刚	滕刚	天地寄庐主人	汪笑侬
韬晦	杜伯奎	陶牧	陶小柳	滕固	滕固	天地一庵主人	李曰垓

天帝	王淑明	天庐	张天鲁	天送	白刃	天用	朱湘
天定	程一戎	天庐居士	黄天鹏	天苏阁主	徐珂	天游化人	康有为
天铎	沈文华	天庐生	黄天鹏	天素	沈厚如	天游居士	康有为
天方	张凤	天庐主人	黄天鹏	天遂	余天遂	天佑	丘琴
天放	陈去病	天禄	张天鲁	天苏	吴伯箫[1]	天羽	张羽
天放	程天放	天马	陈寿民	天台山农	天台山农	天喻	史济行
天放	胡曲园	天马	黑婴	天彀	章星园	天鷇老人	程崇信
天放	金天翮	天马	许幸之	天徒	秦毓鎏	天猿	袁殊
天放	吴天放	天马	杨天骥	天蔚	江天蔚	天月	胡天月
天放	吴云心	天马	曾岛	天蔚	司马文森	天月	胡愈之
天放楼主人	金天翮	天马	朱丹	天我	黎丹	天贞	于斐
天愤	俞天愤	天猫	吴绮缘	天卧生	谢直君	天真	袁金钊
天风	陈伯吹	天梅	陈洪涛	天无居士	萧天石	天真道人	陈陶遗
天风	胡适	天梅	高天梅	天歈	周作人	天柱	唐登岷
天风	胡天风	天梦	李天梦	天下第一嬾人	白蕉	天柱	张恨水
天风	谭天	天民	李天民	天下第一妄人	白蕉	天柱峰旧客	张恨水
天疯	曹天风	天民	吕志伊	天相	张吉人	天柱山樵	张恨水
天富	邵力子	天民	张光厚	天向阁	吴我尊	天柱山下人	张恨水
天富	覃汉川	天民愚公	成本璞	天笑	包天笑	天柱外史	程演生
天戈	洪为法	天闽	华龙	天笑生	包天笑	天纵	连横
天戈	黄天戈	天明	白得易	天啸	徐天啸	天醉	洪允祥
天跟	王森然	天明	刘皑	天心	蔡天心	天佐	蒋天佐
天弓	乔景楼	天侔	施畸	天心	钟天心	添甲	曹禺
天功潜斋	姜亮夫	天木	史济行	天辛	高君宇	【tián】	
天光	萧三	天目	朱天目	天行	上官予	田蔼宽	田仲济
天河	杨植霖	天目山民	诸文蕴	天行	史济行	田北眉	田井卉
天虹	许天虹	天幕	张天幕	天行	魏建功	田贲	田贲
天虹	周启祥	天南	黄春成	天行	温健公	田边人	西彤
天华	缪天华	天南佛徒	夏小谷	天行	周予同	田兵	金汤
天活	徐天荣	天倪	刘襄亭	天行山鬼	魏建功	田兵	田兵
天火	阮成章	天鹏	黄天鹏	天须阁主	冯开	田诚	刘心皇
天机	张成	天平	邓散木	天虚	黄鹤	田城	刘心皇
天际	李天济	天琪	黎维新	天虚	张天虚	田池	陈亮
天济	李天济	天祺	张大旗	天虚我生	天虚我生	田冲	田川
天涧	田间	天启	朱英诞	天玄子	萧天石	田冲	田仲严
天津李凡息霜	李叔同	天琴	樊樊山	天崖	李峻平	田川	田川
天竞	叶夏声	天琴居士	樊樊山	天涯沦落人	徐天啸	田丹	王凤云
天静	钟动	天琴老人	樊樊山	天言	何天言	田单	任白戈
天隽	柳倩	天琴楼主	樊樊山	天演论哲学家	严复	田德裕	田涛
天狂	董咏麟	天青	潘天青	天演宗哲学家	严复	田地	祁崇孝
天贶	毕倚虹	天囟	但焘	天一	李尤白	田地	田地
天贶	谢扶雅	天囟居士	但焘	天一	朱少屏	田娣	萧红
天贶生	毕倚虹	天瑞	阎少显	天噫	谭戒甫	田丁	巴波
天赖生	程希文	天山	张天虚	天逸老人	张舜徽	田丁	赵戎
天籁	范光	天山渔民	赵熙	天裔	邓天裔	田多野	洪迅涛
天籁词人	范光	天生	杨波	天隐	杨沧白	田耳	许钦文
天蓝	天蓝	天石	胡石庵	天隐阁	杨沧白	田方绥	侯甸
天狼	毕倚虹	天石	黄天石	天婴	陈训正	田非	卢煤
天浪	宋振庭	天石	吴天石	天婴	苏雪林	田菲	田菲
天鹨	刘如水	天石	周亮才	天婴词人	陈训正	田丰	余明
天龙	曹聚仁	天授	张天授	天婴子	陈训正	田风	金人
天庐	黄天鹏	天叔	郑文[1]	天鹰	姜彬	田风	彭桂蕊

田凤	田菲	田犁	羊令野	田文	缪文渭	茗华	梁鼎芬
田凤	田凤	田立	丁芒	田闻	缪文渭	茗狂	赵茗狂
田枫	胡天风	田琳	沙陵	田芜	田芜	茗翁	梁鼎芬
田峰	洪炫	田琳	田琳¹	田湘	田琳¹	茗茵	曹庸
田烽	洪炫	田琳	田琳²	田心	陈克¹	茗之华	杜茗
田凤	赵戎	田灵	汤伯器	田心	张思恺	茗子	杜茗
田凤章	师田手	田流	田流¹	田馨	巴人	迢曙	施作师
田夫	田夫	田流	田流²	田兴奎	田兴奎	迢滔	施作师
田夫	周光田	田垄	王荒草	田星	刘大海	【tiě】	
田复春	袁鹰	田庐	吴强	田秀	陈宷	铁	胡适
田复离	丁芒	田鲁	刘天路	田秀峰	田秀峰	铁	雷昭性
田淦	田仲济	田鲁	张荃	田言	潘漠华	铁	恽铁樵
田功炳	田剑光	田路	张天鲁	田炎	王火	铁柏	瞿秋白
田恭	罗常培	田曼诗	田曼诗	田焰	彭燕郊	铁笔	侯曜
田光	黄俊耀	田苗	胡考	田秋	曹清	铁苍	潘达微
田海	马祖毅	田苗青	贺照	田野	洪炫	铁城慕雍山人	郑观应
田海燕	田海燕	田妮	董鼎山	田野	洪迅涛	铁城杞忧生	郑观应
田汉	田汉	田倪	萧军	田野	田野¹	铁池翰	张天翼
田旱	田一文	田牛	田牛	田野	田野²	铁尺	吴天石
田航	田航	田牛	田孝武	田野人	沙驼	铁笛	尹燧
田禾	董乐山	田农	田继综	田一文	田一文	铁儿	胡适
田禾	鲁特	田蓬岗	胡青坡	田用	陈次园	铁儿	瞿秋白
田禾	苗培时	田奇	田奇	田瑜权	田兴奎	铁儿	王啸平
田禾	鱼讯	田禽	田禽	田原	田原	铁儿	徐弘士
田禾丰	张铁夫	田青	田青	田源	田原	铁风	唐烺
田河	田瑞珍	田青	田秀峰	田月	缪文渭	铁夫	杨铁夫
田虹	雷妍	田群	彭桂蕊	田云山	洪炫	铁夫	张铁夫
田惠之	田井卉	田人	唐永基	田匀	姚溱	铁戈	铁戈
田基	田家英	田儒壁	思基	田在东	齐燕铭	铁公	赵清阁
田际华	唐诃	田上	田井卉	田章	陈毅	铁孩	彭拜
田继综	田继综	田舍	彭桂蕊	田振中	卢梦	铁汉	侯秉熙
田家	白寒	田舍郎	陈亮	田质成	师田手	铁汉	瞿汉超
田家	曾岛	田申	孙吴	田钟灵	田海燕	铁汉	郁其文
田家稣	夏康农	田申雨	卢剑波	田钟洛	袁鹰	铁喉	牧野
田家瑾	白荻¹	田湜	田湜	田仲济	田仲济	铁花	骆子珊
田家英	田家英	田士菊	黄树则	田仲稷	田仲济	铁花骆子珊	骆子珊
田间	田间	田手	师田手	田仲严	田仲严	铁魂	徐夷
田剑光	田剑光	田寿昌	田汉	田帚	胡今虚	铁肩	晋驼
田江	卢铭开	田曙岚	田曙岚	田庄	李育仁	铁亢	铁抗
田井卉	田井卉	田澍	田曙岚	田子	桓来	铁抗	铁抗
田井井	田井卉	田水	王绍清	田子夫	卢煤	铁郎	陈家鼎
田景福	田景福	田思基	思基	田子浩	巫永福	铁冷	刘铁冷
田景惠	田井卉	田坦	萧乾	田子勤	田禽	铁林	林鹤年
田九郎	车辐	田弢	犁夫	田紫	卢煤	铁岭遗民	岳骞
田军	萧军	田涛	田涛	恬厂（ān）	罗常培	铁流	韩笑
田畯	吴廷琯	田滕蛟	田滕蛟	恬庵	罗常培	铁流	田流²
田克辛	郑达	田体仁	田海燕	恬然	克夫	铁露	田湜
田堃	王铁臣	田田	雷妍	恬斋	郑丽生	铁马	许铁马
田琅	白拓方	田田	夏衍	【tiǎn】		铁马	郑铁马
田离	王余	田桐	田桐	忝才	胡寄南	铁梅	侯鸿鉴
田犁	黄仲琮	田土	申维升	【tiáo】		铁梅	瞿秋白
田犁	鲁藜	田尾	鲁宾	茗华	黄节	铁弥陀	王蘧常

铁民	章铁民	汀茵	陈华²	通州客	程灼如	童寿	戴君仁
铁木真儿	杨幼生	听禅	申听禅	【tóng】		童天涧	田间
铁穆太	董鼎山	听潮生	陈灵犀	仝左	庐湘	童心	卢豫冬
铁钠	丁耶	听川	叶挺荃	同父	黄炎培	童恂斋	李平心
铁讷	田贲	听梵	党晴梵	同济	林同济	童言	童世璋
铁牛	瞿秋白	听鼓人	汪洋¹	同乐社友	程灼如	童言无忌	童世璋
铁牛老人	阎宗临	听樵	胡乔木	同人	瞿秋白	童怡	毛一波
铁樵	恽铁樵	听寿	曹聚仁	同昭	王统照	童宜堂	丁易
铁髯	王世昭	听水	陈宝琛	同之	黄宾虹	童隐	童爱楼
铁人	陈天钟	听水老人	陈宝琛	佟长青	陈因	童愚	童愚
铁人	路工	听水斋老人	陈宝琛	佟赋敏	佟赋敏	童雨林	童晴岚
铁如意馆主	张宗祥	听水斋主人	陈宝琛	佟晶心	佟赋敏	童昭海	白采
铁瑞章	田汉	听松庵行者	萧蜕安	佟楷明	董其昉	童振华	曹伯韩
铁森	许寿彭	听松老人	萧蜕安	佟荔	萧乾	童振球	童愚
铁僧	顾实	听涛	曹聚仁	佟绍弼	佟绍弼	童仲赓	童仲赓
铁珊	何药樵	听涛楼主	匡一点	佟世铎	佟醒愚	童子嵩	陈因
铁蛇道人	九半狂	听天由命生	陈瀚一	佟硕之	梁羽生	【tǒng】	
铁生	蔡惠如	听雨	高伯雨	佟希文	佟希文	统远	乌一蝶
铁生	陈绍枚	听者	夏衍	佟智	简又文	统照	王统照
铁生	顾实	【tíng】		彤	钱素凡	【tòng】	
铁生	顾延卿	廷	王森然	彤	王逢吉	痛臂翁	于右任
铁石道人	陈宝琛	廷格斯	郑大海	彤父	胡尚炜	痛夫	梁鼎芬
铁寿民	柯灵	廷灏	张廷灏	彤云	赖丹	【tóu】	
铁树	罗大冈	廷里斯	苏琳辉	桐柏	孙伏园	头陀	谢六逸
铁陀	夏铁肩	廷谦	川岛	桐城刘豁公	刘豁公	【tū】	
铁翁	孙楷第	亭长	夏衍	桐弟	李紫凤	秃岗	陈春陆
铁吾	成铁吾	亭长	恽逸群	桐花馆主	张一鸣	突如	夏衍
铁仙	温世霖	亭轩	王均卿	桐华	邢桐华	突生	王子恕
铁弦	张铁弦	庭彩	陈宷	桐君	张梦麟	突微	古丁
铁屑	徐先兆	庭槐	龚庭槐	桐圃凤雏	潘飞声	突友	易巩
铁心	王冶新	庭钧	熊复	桐荪	郑之蕃	【tú】	
铁崖	雷昭性	婷婷	方豪	桐梯	李紫凤	图南	楚图南
铁崖	恽铁樵	婷茵	熊寒江	桐叶	唐鸣时	徒	谢六逸
铁衣甫江	铁衣甫江	霆声	周全平	桐宸	胡牧	徒弟	鲁藜
铁衣甫江·艾力约夫		【tǐng】		铜芝	黄宾虹	徒然	李朴园
	铁衣甫江	挺	曹聚仁	童爱楼	童爱楼	徒然	陶亢德
铁毅	苗秀	挺公	曹聚仁	童冰三	童国琯	徒然	谢六逸
铁影	瞿秋白	挺岫	曹聚仁	童苍怀	童爱楼	涂枫	涂元渠
铁铮	雷昭性	挺英	石啸冲	童城	卢豫冬	涂同轨	涂同轨
铁铮	聂铁铮	【tōng】		童春盛	童春	涂翔宇	涂翔宇
铁铮	萧戈	通	张叔通	童工	宋文	涂元渠	涂元渠
铁铮	袁金钊	通百	庄先识	童汉章	白采	屠富	廖仲恺
铁椎	徐甘棠	通保	程灼如	童霁霖	童晴岚	屠棘	梅志
铑魂	周定山	通伯	陈西滢	童景	徐百灵	屠敬远	舒芜
铑崖	雷昭性	通伯	马其昶	童军	童晴岚	屠龙居士	闻一多
【tīng】		通德门私淑弟子		童寯	童寯	屠龙人	潘佛章
厅秋	经亨颐		王蘧常	童侃	童爱楼	屠龙士	晓星
汀	郝汀	通风楼主人	周轸	童梅径	童梅径	屠妃华	梅志
汀	沙汀	通红的老头子	张丹斧	童丕绳	童书业	屠琪	梅志
汀芒	周文	通人	陈昌谦	童晴岚	童晴岚	屠思	戴望舒
汀石	刘世模	通盛	巴人	童生	高旅	屠义方	屠义方
汀雁	赵仲邑	通通	程灼如	童世璋	童世璋		

【tǔ】		蜕园	陈三立	外斋	易大厂	畹香留梦室	黄式权
土豹	孙犁	蜕园	瞿蜕园	**【wán】**		畹香留梦室主	黄式权
土丁	刁均宁	**【tún】**		完璧	青苗	**【wàn】**	
土根	秦似	屯安	傅钝根	完恩霖	常白	万班	万枚子
土君	周文	屯庵	傅钝根	完璞道人	孙璞	万波	周大康
土老儿	曹聚仁	屯根	傅钝根	完三	常白	万重山	易文
土力	穆烜	屯艮	傅钝根	完颜荔	舒芜	万川	万村夫
土敏	汪原放	屯公	易大厂	顽	张立	万传辄	万正
土弩	赵隆勷	屯冷	白刃	顽僧	雷昭性	万村夫	万村夫
土人	方土人	屯日	严辰	顽石	茅盾	万大林	程一戎
土犀	郑育之	屯翁	易大厂	顽石	钱红冰	万丹	杨东明
土犀	周文	苊厂（ān）	金兆梓	顽石	秦牧	万德涵	万枚子
土辛	毛达志	苊盦	金兆梓	顽石	沈泽民	万弓	高旅
吐凤	白采	苊厂（ān）主人	金兆梓	顽石	石凌鹤	万古恨	张肇桐
吐鲁	李劼人	苊斋	金兆梓	顽石	张立	万古洋	林如稷
吐吐	沈寂	**【tuō】**		顽石	周作人	万谷	吴敬模
【tù】		毛毛	丁玲	**【wǎn】**		万家宝	曹庸
兔诗人	胡开瑜	托华	任溶溶	宛春	胡士莹	万家佛	杨樾
【tuān】		托流	章叶频	宛儿	黄庆云	万家明	吴视
湍甫	魏应麒	托我斯泰	徐调孚	宛朋	邱永和	万江	蒋虹丁
【tuán】		驮重	吴祖颐	宛平	刘少平	万洁斋主	周默
团卿	汪李如月	佗陵	罗庸	宛平医隐竹园	丁子良	万钧	白峡
抟今	王礼锡	陀旷	袁克文	宛青	张宛青	万籁天	万籁天
【tuì】		沱生	郭沫若	宛若	姚鹓雏	万骊	万骊
退	蔡友梅	驼	赵超构	宛三	宛敏灏	万礼黄	万曼
退庵	萧蜕安	驼峰	柳野青	宛石	张志民	万里	陈企霞
退盦	萧蜕安	驼峰	瞿钢	宛童	汪东	万里	陈万里
退闇	萧蜕安	驼铃	沙驼	宛宛	黄裳	万里	蒋同超
退耕老人	徐世昌	鸵鸟	巴人	宛委山民	马一浮	万里孤	方豪
退公	萧蜕安	酡颜三郎	萧军	宛委使者	沈曾植	万里山	田奇
退化	蔡友梅	**【tuò】**		宛约	胡也频	万里云	万里云
退庐	胡思敬	拓	吴广川	莞尔	俞怀	万里云	周天籁
退庐居士	胡思敬	拓夫	吴广川	晚晴	陈雨门	万理	朱英诞
退密老人	高吹万	拓哥	拓哥	晚晴	李叔同	万力	万力
退密翁	高吹万	拓木	熊国模	晚晴	严独鹤	万炼生	于逢
退僧	袁康侯	拓人	巴人	晚晴老人	李叔同	万柳	王嗣曾
退生	袁康侯	拓堂	巴人	晚晴老人	宛敏灏	万柳夫人	吴芝瑛
退室学者	林白水	箨公	龙榆生	晚晴院沙门	李叔同	万曼	万曼
退叟	徐世昌	箨山	庄一拂	晚秋	田兴奎	万芒	莫洛
退翁	周肇祥	箨山和尚	庄一拂	晚秋居士	田兴奎	万枚子	万枚子
退醒庐主	孙玉声			晚山人	陈训正	万梅子	万枚子
退醒庐主人	孙玉声	**W**		晚闻翁	沈宗畸	万木	万木
退斋	顾悼秋			婉娟	顾保瑺	万尼亚	杲向真
退之	马骏声	**【wǎ】**		婉君	婉君	万年桥	范烟桥
蜕厂（ān）	瞿蜕园	瓦鸣	孙世伟	婉嵘	厉厂樵	万年青	李正中
蜕广（ān）	瞿蜕园	瓦瓦	徐泽霖	婉莹	冰心	万年青	萧军
蜕安	萧蜕安	**【wài】**		皖伯	沈曾植	万牛	周艾黎
蜕盦	萧蜕安	外楼	黑尼	皖砂	丁凤	万千	秦瘦鸥
蜕黯	萧蜕安	外山	王冶秋	畹华	梅兰芳	万秋	崔万秋
蜕公	萧蜕安	外史氏	梁启超	畹兰	欧阳兰	万全	范泉
蜕龛	龚元凯	外文	外文	畹兰女士	欧阳兰	万全	欧阳恢绪
蜕私老人	姚永朴	外行	萧军	畹芗	叶泥	万群	万籁天

万人杰	陈俊人	汪衮甫	汪荣宝	汪洋	汪洋[1]	王草	王荒草
万人唾	唐弢	汪国垣	汪辟疆	汪洋	汪洋[2]	王岑秀	夏渌
万仞山	杨东明	汪汉雯	汪仑	汪洋	王冶秋	王忏	王夕澄
万湜思	万湜思	汪珩生	亚汀	汪洋	周恩来	王昌	苏曼殊
万湜思	万湜思	汪季辛	汪精卫	汪洋海中如粟老人		王昌定	王昌定
万寿室主	袁克文	汪季新	汪精卫		汪海如	王长光	王松
万殊	满涛	汪家瑾	汪原放	汪尧俞	汪大燮	王长剑	师陀
万舒扬	何家栋	汪剑鸣	汪剑鸣	汪易修	汪文风	王长青	海笛
万斯年	万斯年	汪金丁	汪金丁	汪颖	万一	王长庆	王云缦
万斯湜	万湜思	汪京	王景山	汪永棠	汪远涵	王昶雄	王昶雄
万松	徐懋庸	汪精卫	汪精卫	汪优游	汪仲贤	王朝琮	王易
万松老人	英敛之	汪景星	汪剑鸣	汪原放	汪原放	王朝闻	王朝闻
万松老人	张相文	汪敬熙	汪敬熙	汪远涵	汪远涵	王尘无	王尘无
万松野人	英敛之	汪静之	汪静之	汪藻香	吴强	王晨牧	王晨牧
万岁	邓尔雅	汪开竞	依藤	汪曾祺	汪曾祺	王成秋	王成秋
万文德	万紫	汪兰皋	汪文溥	汪兆铭	汪精卫	王诚	王独清
万文俊	万村夫	汪老吉	夏衍	汪兆铭	汪兆铺	王承谟	王尘无
万咸	万斯年	汪立安	汪静之	汪震	汪震	王承周	王正[1]
万心齐	李平心	汪林锡	汪金丁	汪正禾	汪馥泉	王乘中	王育和
万心斋	李平心	汪麟书	汪原放	汪正平	温佩筠	王程之	王程之
万一	万一	汪六滨	吴强	汪仲贤	汪仲贤	王崇文	孟超
万一羽	唐弢	汪仑	汪仑	汪琢冥	汪作民	王楚良	王楚良
万以增	万以增	汪漫铎	汪漫铎	汪祖海	方志敏	王川	汪作民
万银	王紫萍	汪懋祖	汪懋祖	【wáng】		王春翠	王春翠
万岳	陈西禾	汪梦秋	汪东	王	戴碧湘	王春江	王云和
万云骏	万云骏	汪明仁	江如椿	王艾莎	王沙艾	王次鑫	王小逸
万正	万正	汪铭竹	汪铭竹	王爱华	王福时	王聪	王聪
万紫	万紫	汪普庆	汪普庆	王白石	戴碧湘	王从化	文怀沙
万尊巍	刘逸生	汪齐诲	祝见山	王白石	瞿碧君	王从瑗	田兵
卍庐	刘笳	汪钦曾	汪蓁子	王白渊	王白渊	王达平	秦冰
妡妊	赵元任	汪人以	林予	王宝康	王大苏	王大	聂耳
【wāng】		汪荣宝	汪荣宝	王葆心	王葆心	王大安	孙谦
尢半狂	尢半狂	汪瑞椿	汪远涵	王葆桢	王葆桢	王大贵	王静芝
汪安	汪静之	汪若海	天蓝	王北秋	王果	王大海	李俊贤
汪安富	汪静之	汪少白	吴承仕	王北雁	王北雁	王大化	王大海
汪八	汪东	汪绍箕	汪偶然	王北羽	王可秋	王大娘	王大化
汪辟疆	汪辟疆	汪慎良	依藤	王北峪	王书川	王大生	梅白
汪滨	沙岸	汪石青	汪炳麟	王彬	王滨	王大学	倪海曙
汪波	沈寂	汪叔初	汪东	王斌	王滨	王大勋	王大学
汪诚功	徐朗	汪偶然	汪偶然	王滨	王滨	王大桢	王觉
汪承宗	汪洋萍	汪霆	汪霆	王冰洋	王冰洋	王代梁	王芃生
汪崇刚	沈寂	汪文溥	汪文溥	王冰之	齐语	王岱男	周楞伽
汪㒰	汪笑侬	汪雯	王汶	王伯沆	王伯沆	王道	王朝闻
汪大同	吴强	汪希	汪叔明	王伯鸿	王昊	王道	卢梦
汪大燮	汪大燮	汪希曾	汪叔明	王伯祥	王伯祥	王道胜	王道
汪德耀	汪德耀	汪锡鹏	汪锡鹏	王伯岩	吕剑	王德林	王德林
汪典存	汪懋祖	汪熙	汪叔明	王伯庸	王伯庸	王德鹏	王芸生
汪东	汪东	汪习麟	汪习麟	王博习	莎寨	王德锜	王德锜
汪东宝	汪东	汪笑侬	汪笑侬	王博远	王白渊	王德钟	王德钟
汪馥泉	汪馥泉	汪效曾	汪仲贤	王步涵	林蓝	王迪	王楚良
汪馥炎	汪馥泉	汪瀿	汪伯沆	王采	王采	王笛	冯厚生
汪癸辛	汪精卫	汪玄度	苏曼殊	王灿	王灿		

王弟	韩笑	王光宾	王力[2]	王几道	王新命	王敬	王景山
王棣	王钟琴	王光彬	王力[2]	王纪新	王西徵	王敬	赵树理
王鼎	王鼎	王光闿	王光闿	王季	王楫	王靖	王靖
王鼎成	王鼎成	王光祈	王光祈	王季烈	王季烈	王静安先生	王国维
王鼎钧	王鼎钧	王光潜	王辛恳	王季思	王季思	王静芝	王静芝
王定	王知伊	王光逖	司马桑敦	王季友	宋玉	王九	赵乃心
王东培	王东培	王光祖	王劲秋	王季愚	王季愚	王九如	王尊三
王都	韦晕	王桂友	宋玉	王继尧	王继尧	王九余	王余
王督	鲁煤	王国华	王北雁	王继曾	师陀	王玖	沈从文
王独清	王独清	王国龙	郁章	王寄生	白刃	王玖原	沈从文
王度	李民	王国冒	王易风	王寄玄	安危	王隽初	胡蛮
王度庐	王度庐	王国强	渡沙	王加点	闵子	王隽闻	王林
王嵩（duān）	桃木	王国维	王国维	王加和	程一戎	王觉庐	王焕镳
王嵩（duān）	张瑞麟	王国垣	郁章	王家鸿	王家鸿	王觉吾	王焕镳
王敦庆	王一榴	王国桢	王国维	王家璞	王质玉	王均卿	王均卿
王钝根	王钝根	王果	王果	王家仁	叶兵	王君父	林里
王尔碑	王尔碑	王汉章	王汉章	王家栋	程灼如	王君纲	王君纲
王耳	文怀沙	王昊	王昊	王家莹	王家莹	王君实	王君实
王二	唐弢	王禾	石在	王家楲	王家楲	王钧	叶圣陶
王法	金剑	王和	程一戎	王甲土	赵树理	王钧初	胡蛮
王凡	胡蛮	王和	王和	王驾吾	王焕镳	王钧元	王宗元
王返我	王鲁彦	王和	王维克	王假维	郭沫若	王濬卿	王濬清
王方曙	王静芝	王横	王横	王减之	王亚平	王凯	王恺
王坟	朱雯	王衡	王鲁彦	王建禄	王老九	王恺	王恺
王汾	王汾	王弘	胡蛮	王建勋	王绍猷	王楷	朱德
王焚	王焚	王洪	胡蛮	王剑秋	沈志远	王楷元	王嗣曾
王风岐	王晏	王洪溥	王火	王剑三	王统照	王亢	王焚
王逢吉	王逢吉	王鸿	胡蛮	王健先	王统照	王珂	卢煤
王凤	王凤	王鸿鹄	王鸿鹄	王鉴	王重民	王轲	青苗
王夫凡	王世颖	王鸿卿	王琳[1]	王鉴人	鉴人	王科一	王科一
王夫如	鲁煤	王鸿桢	王云五	王鉴贤	王统照	王可夫	王正[1]
王夫质	王质夫	王潥斋	王秋湄	王江泾	王一榴	王可秋	王可秋
王福庚	王敏	王护明	王槐秋	王匠伯	姜贵	王克浪	王克浪
王福民	王槐秋	王华	程秀山	王杰	刘胤	王克南	王若望
王福全	王亚平	王华峰	王恺	王洁	王玉清	王克岐	汪洋[2]
王福儒	鲁煤	王华农	王文耕	王洁心	王洁心	王克勤	王莹
王福时	王福时	王化民	王化民	王介	金肇野	王克仁	王沂暖
王福钟	王远甫	王槐秋	王槐秋	王介人	李民	王克恂	王莹
王斧	王斧	王寰	赵寰	王锦江	王诗琅	王肯	王肯
王馥	谷曼	王焕镳	王焕镳	王锦云	田芜	王馈生	白刃
王钢	周文	王焕斗	王向辰	王进珊	王进珊	王昆仑	王昆仑
王哥空	王哥空	王荒草	王荒草	王近朱	王肯	王兰	徐君勋
王歌	王啸平	王晦	王钝根	王劲秋	王劲秋	王兰馨	王兰馨
王歌行	王歌行	王晦庵	唐弢	王晋卿	王树枬	王蓝	王蓝
王耕	王汶	王惠风	王君实	王京	何琼崖	王老吉	夏衍
王赓	王揖唐	王火	王火	王经川	魏伯	王老九	王老九
王工	夏渌	王缉和	秦似	王荆	王景山	王老向	王向辰
王公亮	王火	王吉柄	王向辰	王井	王景任	王烙	舒巷城
王公直	朱凡	王吉林	黎明	王景任	王景任	王乐宾	邵默夏
王拱璧	王拱璧	王吉曦	王新命	王景山	王景山	王乐天	王书天
王古鲁	王古鲁	王棘	王景山	王警涛	王警涛	王乐天	王尧山
王縠君	王縠君	王集丛	王集丛	王竞	王竞	王乐先	王可秋

王乐怡	王君实	王懋直	茅敌	王起	王季思	王绍猷	王绍猷
王冷佛	王绮	王玫	金近	王谦	王朝闻	王绍曾	王绍曾
王犁	王力²	王梅定	王梅定	王前	徐干生	王深泉	舒巷城
王黎焚	王正²	王梅魂	王靖	王青林	叶青	王生善	王生善
王黎民	冯雪峰	王梅汀	王梅定	王清波	汪笑侬	王笙	湛卢
王礼器	王利器	王糅魂	王靖	王清平	罗丹	王诗琅	王诗琅
王礼锡	王礼锡	王门	王门	王清溪	王育和	王诗农	林辰
王礼曾	王汶石	王孟白	王伯英	王清园	王元化	王诗薇	王实味
王里	李笃恭	王梦白	王伯英	王庆柏	王炎	王十戈	程一戎
王力	王力¹	王梦古	王梦古	王庆墀	安危	王十三	王西神
王力	王力²	王梦鸥	王梦鸥	王庆麟	痖弦	王十仪	王十仪
王力器	王利器	王梦玉	王德林	王庆云	彭拜	王十洲	张禹
王立	何公超	王梦云	王凤	王茕	王焚	王石	周文
王立明	刘王立明	王勉	鲲西	王秋湄	王秋湄	王石城	王石城
王立明女士	刘王立明	王淼	汪文风	王秋田	王秋田	王石润	马少波
王立轩	王葆桢	王民声	文牧	王秋萤	王秋萤	王时杰	王时杰
王立早	胡士璋	王名衡	天蓝	王秋斋	王秋湄	王时彦	王小隐
王利器	王利器	王明	王明	王球	徐平羽	王实味	王实味
王廉	王廉	王明斋	胡风	王蘧常	王蘧常	王士菁	王士菁
王良念	王作民	王鸣山	王晏	王却	湛卢	王士侠	巴人
王梁	杨志一	王命	湛卢	王仁	王以仁²	王士英	王语今
王燎荧	王燎荧	王命夫	王命夫	王仁	周有光	王世焯	田风
王了二	施蛰存	王莫吉	瞿秋白	王稔	王曼	王世达	沙鸥²
王了一	王力¹	王亩	王景山	王任叔	巴人	王世仁	王秋湄
王了一	谢旦如	王木弓	王肯	王日安	王晏	王世学	高鲁
王林	卞之琳	王木河	王木河	王戎	王戎	王世潘	石军
王林	葛林	王牧	胡采	王荣	吴玉章	王世英	冰心
王林	王林	王牧师	董健吾	王荣生	王昶雄	王世英	王世瑛
王林	王琳¹	王慕云	王凤	王荣庭	王洛宾	王世英女士	王世瑛
王林	王乔南	王穆	夏衍	王容海	王容海	王世瑛	王世瑛
王林	赵明	王乃	于沫我	王蓉芷	蓉子	王世瑛女士	王世瑛
王林	郑造	王乃帆	王承琰	王汝梅	黄华²	王世颖	王世颖
王林渡	姜贵	王迺诺	鲁心	王汝玙	王昆仑	王世昭	王世昭
王临泰	王临泰	王鼐	张爱玲	王瑞丰	王瑞丰	王仕敏	杨植霖
王琳	王琳¹	王南洲	王延龄	王瑞霖	高语罕	王式通	王式通
王琳	王琳²	王年樵	王庄	王瑞麟	王瑞麟	王适	王秋湄
王麟	痖弦	王年送	白刃	王若望	王若望	王守聪	王亚蘅
王灵皋	高语罕	王念忱	王瑞丰	王森然	王森然	王寿	沈从文
王灵均	高语罕	王念秋	王尔碑	王沙	汤匡淞	王寿华	王若望
王令	王黛英	王念劬	袁水拍	王沙艾	王沙艾	王寿彭	王央乐
王卢	赵少伟	王宁	巴人	王沙坪	王沙坪	王寿山	王延龄
王鲁彦	王鲁彦	王凝	王铁臣	王沙文	王沙艾	王瘦月	王横
王禄	王雪波	王农	赵树理	王莎艾	王沙艾	王书川	王书川
王峦	王冰洋	王芃生	王芃生	王尚清	王季愚	王书衡	张守常
王洛	毕修勺	王鹏飞	王俊伯	王尚志	王孟素	王书泽	黄树则
王洛宾	王洛宾	王聘之	吕剑	王韶生	王韶生	王抒运	王天恨
王洛华	巴人	王平	吕寰	王少船	马映光	王叔国	王化民
王履篯	王一榴	王平陵	王平陵	王少峰	陈翰伯	王叔翰	王实味
王迈	何芷	王其诚	叶青	王少华	王元化	王叔凌	王福义
王蛮	韦晕	王琪	逯斐	王少涛	王云沧	王殊	王殊
王曼	王曼	王琦	王琦	王绍杰	王滨	王淑俊	丁景唐
王懋和	王木河	王启霖	王启霖	王绍清	王绍清	王淑明	王淑明

王述	王燎荧	王忘我	王鲁彦	王侠	王侠	王旭	王映霞
王树	王植波	王旺	王曼	王侠生	江侠	王序	赵聪
王树藩	罗英	王微波	王小逸	王先荣	王田	王绪言	斯群
王树基	王仰晨	王微明	吴文祺	王先智	夏渌	王宣化	王炎之
王树桐	王树枬	王薇伯	王薇伯	王显葵	王蕾嘉	王煊	王冶新
王树棩	王树枬	王为	王曼	王显理	黄嘉音	王嬛	王焚
王树楠	王树枬	王为雄	徐平羽	王相	王央乐	王选聪	王聪
王树平	王殊	王韦	王韦	王相林	王林	王学通	王学通
王树枬	王树枬	王韦才	王韦	王祥汉	王力[1]	王雪波	王雪波
王漱芳	王漱芳	王惟	秦绿枝	王祥瑛	王力[1]	王雪影	王阴知
王爽	白刃	王维克	王维克	王向辰	王向辰	王血波	王雪波
王水	李叔鹏	王维迅	王光闾	王向宸	王向辰	王薰风	江风
王水	刘心皇	王纬	徐懋庸	王小航	王照	王寻	冯英子
王水	夏渌	王蓮	王秋湄	王小令	王一榴	王恂如	王统照
王思畅	舒巷城	王渭华	王力[1]	王小圃	梁实秋	王循	高鲁
王思玷	王思玷	王慰民	王启霖	王小逸	王小逸	王训明	王子近
王思璜	王思玷	王文琛	湛卢	王小隐	王小隐	王逊	王逊
王思嘉	贾植芳	王文风	汪文风	王小渔	王朱	王鸦	舒塞
王思善	王西彦	王文耕	王文耕	王晓传	王利器	王亚凡	王亚凡
王思翔	张禹	王文浩	王北雁	王孝慈	王孝慈	王亚蘅	王亚蘅
王思远	王志之	王文慧	巴金	王孝风	陈翰伯	王亚明	王亚明
王斯年	范泉	王文爵	文牧	王孝煊	王东培	王亚平	王亚平
王寺	汤真	王文敏	王曼	王肖吾	王炎之	王延龄	王延龄
王嗣郎	王诗琅	王文起	王文起	王效哲	王秉忱	王延芝	徐东滨
王松	王松	王文秋	王文秋	王啸平	王啸平	王言诚	田兵
王松黛	逯斐	王文濡	王均卿	王啸苏	王竞	王炎	王炎
王松之	王沙艾	王文殊	陈伯达	王协	王力[1]	王炎林	王焚
王颂文	王重民	王文贤	马宁	王谢	王仁济	王炎宇	王振汉
王肃	王央乐	王文显	王文显	王燮	王冰洋	王炎之	王炎之
王速	王燎荧	王文绣	王文秋	王燮臣	王鲁彦	王研石	王研石
王孙	王家械	王文漪	王文漪	王瀍	王伯沆	王衍康	王衍康
王孙楚	高拜石	王文英	谢怀丹	王心月	方轶群	王琰	王琰如
王坦甫	陈独秀	王文忠	王文忠	王辛笛	王辛笛	王琰如	王琰如
王探	王探	王汶	王汶	王辛恳	王辛恳	王砚新	秦似
王弢	王林	王汶石	王汶石	王辛民	王辛恳	王彦远	王彦远
王涛峰	王秉忱	王无闷	王东培	王忻之	夏渌	王晏	王晏
王韬	王瑞鹏	王无为	王新命	王新命	王新命	王宴	王晏
王天保	王槐秋	王芜	苏杭	王馨迪	王辛笛	王宴之	王晏
王天恨	王天恨	王夕澄	王夕澄	王鑫	王小逸	王燕	汤钟琰
王天翔	王松	王西稔	王西彦	王信	陈嘶马	王央乐	王央乐
王天心	王知伊	王西神	王西神	王信	范泉	王扬	秦似
王添隆	王荒草	王西彦	王西彦	王信	马宁	王扬青	王屏侯
王田	王田	王西徵	王西徵	王信之	夏渌	王羊	杜苦
王铁口	秦瘦鸥	王希坚	王希坚	王兴华	王卓武	王仰晨	王仰晨
王廷爵	吕剑	王希贤	沈衷拭	王兴业	王肯	王仰嵩	王平陵
王通	陈伯达	王希曾	王西徵	王星汉	王仲仁	王尧弼	炼虹
王桐勋	江风	王锡成	王夕澄	王行健	王梅定	王尧民	王尧民
王统	陈运通	王锡爵	李广田	王行岩	姜贵	王尧山	王尧山
王统照	王统照	王锡宣	申均之	王修慧	王君实	王瑶	王瑶
王突	成弦	王溪森	王白渊	王秀雄	王仲园	王瑶	徐干生
王抟今	王礼锡	王熹坚	王希坚	王岫庐	王云五	王冶秋	王冶秋
王婉容	王尔碑	王铣才	王冶新	王虚舟	王火	王冶新	王冶新

忘己	李叔同	微庐	张威廉	韦长	唐弢	韦芜	姜钟德
忘忘生	胡山源	微妙	包天笑	韦长明	李正中	韦弦	莫洛
旺红	胡蛮	微妙	李叔同	韦崇文	韦素园	韦晓	钟子芒
望翠	吴其敏	微名	茅盾	韦崇武	韦丛芜	韦辛	刘雪苇
望道	陈望道	微明	茅盾	韦春苗	夏衍	韦兴	茅盾
望涤	冯厚生	微明	沙可夫	韦丛芜	韦丛芜	韦行余	管维霖
望鼎	林枧敬	微鸣	魏敏	韦大痴	卫聚贤	韦叶	吴岩
望昊	王昊	微末	杜维沫	韦多	韦晕	韦裔	刘师培
望辽	丰村	微萍	丁景唐	韦鄂	刘晔	韦嫈	韦嫈
望梅	王孟素	微萍	钟恕	韦公	彭家煌	韦永成	姚雪垠
望青	茅蔚然	微青	严薇青	韦国鼎	韦雨平	韦雨平	韦雨平
望舒	戴望舒	微山	张世珠	韦航	刘金	韦彧	夏衍
望微	寇冰华	微尚老人	汪兆镛	韦护	瞿秋白	韦毓梅	孙兰
望阳	钟望阳	微微	艾循	韦坚	王统照	韦晕	韦晕
望鹰	梁荻云	微翁	叶圣陶	韦君	茅盾	韦增言	曾炜
望雨	宋振庭	微笑	包天笑	韦君宜	韦君宜	韦斋	易大厂
望雨	周光斗	微言	王知伊	韦兰史	韦兰史	韦真	梁容若
望月	林焕平	微言	谢狱	韦蕾	韦雨平	韦真	罗飞
望云	邓家彦	微言	叶青	韦立	王统照	韦芝	林默涵
望云	吴视	微阳	李叔同	韦立人	韦丛芜	韦庄	连吟啸
望云	曾敏之	微音	林微音	韦蓼南	韦丛芜	韦子裔	刘师培
望云	张吻冰	微雨	刘襄亭	韦林	左林	唯刚	林宰平
望云居士	程瞻庐	微之	黄幼雄	韦流	吴丈蜀	唯建	李唯建
望之	杜而未	微之	任哲维	韦默	王统照	唯凉	林基路
望之	李广田	微中	邓均吾	韦木	李伟	唯明	汪馥泉
望中	林望中	煨莲	洪业	韦纳	高旅	唯明	钟宪民
望诸	袁水拍	薇伯	王薇伯	韦乃坤	韦悫	唯木	方纪
【wēi】		薇蓴	刘晔	韦佩	王统照	唯士	巴人
危涕	金性尧	薇妮	章叶频	韦平	司马军城	唯特	巴人
危黐	邹霆	薇言	王知伊	韦祺	曾炜	唯物史观斋主	梁小中
危月燕	周楞伽	薇因	徐苏灵	韦禽	黄裳	唯心	太虚
威	茅盾	巍峨	刘晔	韦庆煌	万里云	惟翰	谭惟翰
威德	李叔同	【wéi】		韦丘	韦丘	惟恒	顾其城
威风	辛丰年	为导	李叔同	韦曲	韦晕	惟建	李唯建
威廉	姚依林	为法	洪为法	韦悫	韦悫	惟宁	瞿秋白
威灵	林基路	为公	洪桥	韦如	王统照	惟尧	金性尧
威深	李威深	为归	李叔同	韦如	杨嘉	维	茅盾
威中	梁方仲	为护	李叔同	韦若樱	李正中	维	瞿秋白
微	杜颖陶	为济	吴天	韦若愚	韦丛芜	维诚	李存明
微	茅盾	为炬	李叔同	韦塞	司马军城	维公	徐宗鉴
微庵	叶圣陶	为琳	沈从文	韦士繇	鲁迅	维基	朱维基
微波	茅盾	为零	林基路	韦世琴	罗洛	维加	林里
微波	汪远涵	为民	林焕平	韦漱园	韦素园	维加	南致善
微波	王小逸	为明	李叔同	韦素	鲁迅	维加	覃晓晴
微波	谢冰莹	为趣	李叔同	韦素园	韦素园	维嘉	瞿秋白
微尘	陈昌谦	为舍	李叔同	韦陀	李育中	维敬	茅盾
微尘	陈璇珍	为胜	李叔同	韦陀	韦陀	维钧	常惠
微尘	李英敏	为首	李叔同	韦陀	袁殊	维克	黎烈文
微痕	李景慈	为依	李叔同	韦韦	赵扬	维克	王维克
微林	周维琳	韦	茅盾	韦伟	寒爵	维克	徐百灵
微灵	白石[1]	韦	王统照	韦伟	扬帆	维良	范泉
微灵	梅林	韦柏馨	辛未艾	韦文	魏登	维良	林基路

维凉	林基路	卫斐君	蒋锡金	味荔	沈炼之	蔚芝	唐文治
维摩	瞿秋白	卫怀彬	卫聚贤	味茗	茅盾	慰宝	柳亚子
维宁	瞿秋白	卫嘉荣	卫嘉荣	味苹	张友鸾	慰慈	丁瓒
维凝	瞿秋白	卫聚贤	卫聚贤	味韶	范烟桥	慰喃歌	魏照风
维平	杜衡	卫理	丁景唐	味温	朱鹏	慰农	邓拓
维祺	张维祺	卫理	孙帮达	味辛	何公超	慰堂	蒋复璁
维铨	杨骚	卫民	魏敏	味辛老人	孙雄	魏	倪海曙
维山	冯雪峰	卫武功	邱风人	味愚	何琦	魏艾寒	魏艾寒
维思	周恩来	卫余	管维霖	味渊	李嵩圃	魏百弼	魏弼
维素	蒋光慈	卫斋	易大厂	味渊	朱鹏	魏本仁	阿垅
维它	瞿秋白	卫之	张道藩	味云	杨味云	魏弼	魏弼
维特	黄维特	未艾	殷白	畏垒	陈布雷	魏璧嘉	曾彦秀
维特	沈蔚德	未必	魏弼	畏凉	林基路	魏伯	魏伯
维特女士	沈蔚德	未辰	余振	畏庐	林纾	魏勃	夏衍
维西	林音频	未枫	宋文	畏庐甫	林纾	魏沧石	舒塞
维心	许广平	未济庐主	高天梅	畏庐父	林纾	魏成名	李正中
维疑	瞿秋白	未见	陈炼青	畏庐居士	林纾	魏澄明	易琼
维源	李嵩圃	未了生	陈流沙	畏庐老人	林纾	魏迟	戴文葆
维周	张维周	未埋庵	周学藩	畏庐子	林纾	魏充叔	魏易
维竹	纪叶	未名	巴人	畏人	梁方仲	魏传统	魏传统
维祖	张资平	未名	黄然	畏三	谭延闿	魏从流	辛丰年
【wěi】		未名	姜灵非	畏三	赵君豪	魏大	魏巍
伟	范泉	未名	李漪	尉可夫	叶青	魏德端	魏艾寒
伟立	林仁超	未名	刘群	尉克水	尉克水	魏德清	魏清德
伟名	曾圣提	未名	茅盾	尉青	叶青	魏登	魏登
伟群	王大学	未名	夏征农	尉素秋	尉素秋	魏东明	魏东明
伟仁	周伟	未名	周文	尉仲元	叶青	魏端	端木野
伟森	李求实	未明	贺宜	渭夫	宋元模	魏敦夫	蒋光慈
伟生	李求实	未明	胡秋原	渭华	王力[1]	魏风江	魏风江
伟石	吴大琨	未明	姜灵非	渭情	齐白石	魏干松	魏猛克
伟偶	郭小川	未明	路翎	渭深	朱渭深	魏高飞	王语今
伟真	焦伟真	未明	茅盾	渭水	蒋渭水	魏泓洁	魏巍
苇白	陈仁鉴	未明	张子斋	渭西	李健吾	魏鸿杰	魏元旷
苇白	殷参	未明	祝宽	渭贤	刘云若	魏焕奎	魏荒弩
苇烽	李正中	未青	李未青	渭裔	洪钟	魏荒弩	魏荒弩
苇夫	谢宇衡	未然	光未然	渭渔	吴双热	魏际昌	魏际昌
苇丝	蔡苇丝	未冉	朱丹	蔚	陈垣	魏建功	魏建功
苇索	鲁迅	未唐	蒋复璁	蔚村	罗秀惠	魏金枝	魏金枝
苇西	纪弦	未堂	杜而未	蔚夫	洪道	魏晋	孔另境
苇伊	张任政	未鬃	吴闻天	蔚蓝	庄克昌	魏晋	魏晋
苇依	张任政	未行	李未青	蔚民	江晓天	魏京伯	卫聚贤
苇云	韦婓	未学斋主	钱穆	蔚南	徐蔚南	魏敬群	魏敬群
纬军	朱梁任	未迅	巴人	蔚青	刘国钟	魏可	郑拾风
纬君	朱梁任	未迅	金维新	蔚青	舒蔚青	魏克特	蒋光慈
玮璐	魏伯	未厌居	叶圣陶	蔚青	严薇青	魏兰	魏兰
委宛山人	马一浮	未央	华山	蔚青	赵蔚青	魏立大	魏登
炜	范泉	未央	未央	蔚然	高树	魏良	艾芜
炜华	王央乐	未兆	陈炼青	蔚如	夏仁虎	魏凉	倪海曙
韩斋	姜忠奎	未哲	成弦	蔚如	张子斋	魏廖泉	林微音
【wèi】		味庵	太虚	蔚文	白塔	魏龙文	魏绍昌
卫春秋	灵箫生	味菊	陈清泉	蔚西	张相文	魏芦笛	魏巍
卫大法师	卫聚贤	味菊轩主	陈清泉	蔚之	唐文治	魏猛克	魏猛克

魏孟克	魏猛克	魏振华	魏敏	文	邵洵美	文华	范长江
魏敏	魏敏	魏之名	李正中	文	吴文祺	文华	张露薇
魏名	李正中	魏执中	魏猛克	文	徐惊百	文怀朗	文怀朗
魏明	陈昌谦	魏中天	魏中天	文	郁达夫	文怀沙	文怀沙
魏沫	袁水拍	魏子云	魏子云	文	赵其文	文幻盦	文灰
魏谋	阿英	魏紫	魏向炎	文	赵树理	文灰	文灰
魏尼庸	魏金枝	魏紫铭	魏际昌	文	周文	文惠	苏曼殊
魏蟠	魏蟠	【wēn】		文安	缪海稜	文慧	李济生
魏清德	魏清德	温成筠	艾循	文白	江帆	文嘉	许杰
魏求争	韶华	温池	万一	文白	张治中	文甲	瞿秋白
魏然	魏猛克	温大雅	高伯雨	文豹	郭沫若	文杰	蒋文杰[2]
魏然	张立	温德玄	温德玄	文彪	文彪	文劲础	文莽彦
魏如晦	阿英	温风	谢文清	文彬	欧阳文彬	文静	文静
魏如霖	魏泽民	温见	温见	文彬	王质夫	文君	王森然
魏润庵	魏清德	温健公	温健公	文兵	刘燧	文君	杨之华[1]
魏润身	魏敏	温杰雄	温健公	文丙	谢文炳	文君	赵树理
魏韶蓁	魏绍征	温晋城	温晋城	文不孚	陈向平	文开	糜文开
魏绍昌	魏绍昌	温京	陈华[2]	文采	江应龙	文可式	宋玉
魏绍桓	舒塞	温乐	许进	文操	方行[1]	文樾	刘铁冷
魏绍珍	魏荒弩	温立成	温佩筠	文丑	夏志清	文兰	舒塞
魏绍征	魏绍征	温流	温流	文丑	张子斋	文澜	廖汉臣
魏树勤	魏传统	温妮	魏惟仪	文初	颜文初	文澜	张文澜
魏薇	李景慈	温佩筠	温佩筠	文川	凌叔华	文狸	魏建功
魏巍	魏荒弩	温霈君	温佩筠	文川	齐鸣	文里	魏建功
魏巍	魏巍	温鹏九	陈华[2]	文达	韩文达	文笠承	温佩筠
魏惟仪	魏惟仪	温情	温梓川	文达	李素伯	文林	梅林
魏喜身	魏敏	温沙	温沙	文地祥	李慕逸	文林	王琦
魏向炎	魏向炎	温生民	温健公	文迪	卢茅居	文林	吴朗西
魏学文	魏学文	温士扬	温田丰	文砥	文公直	文林	杨文林
魏雪坪	魏怡人	温士羊	温田丰	文丁	张修文	文流	陈蝶衣
魏勋	萧乾	温世霖	温世霖	文渡	邱韵铎	文龙	卢茅居
魏耶	侯金镜	温嗣翔	温田丰	文二	丁克武	文落	陈振鹏
魏怡人	魏怡人	温涛	温佩筠	文访	林熊祥	文莽彦	文莽彦
魏义荣	魏金枝	温田丰	温田丰	文斐	文灰	文苗	廖汉臣
魏义云	魏金枝	温万一	万一	文汾平	戴不凡	文苗	朱点人
魏易	魏易	温万镒	万一	文风	巴人	文木	苏汶
魏应麒	魏应麒	温文淦	温健公	文夫	梁朝杰	文木	周煦良
魏有生	刘雪苇	温湘萍	温健公	文孚	陈向平	文牧	文牧
魏于潜	吴琛	温辛	戴望舒	文孚	许杰	文牧	张文环
魏育	阿英	温学峤	温晋城	文赴哀	邵大成	文倪	乔穗青
魏毓庆	魏毓庆	温玉书	温梓川	文淦	温健公	文岐	袁文殊
魏元旷	魏元旷	温玉舒	温梓川	文公直	文公直	文杞	施文杞
魏运织	魏晋	温昱	温世霖	文谷	陈敬容	文启矗	文启矗
魏簪	祝见山	温园	姜书阁	文光	光未然	文茜	梁实秋
魏则	成弦	温之新	温佩筠	文光	李文光	文清	聂文清
魏泽民	魏泽民	温志新	温志新	文诡	鲁迅	文秋	王文秋
魏斋	易大厂	温洲	邓拓	文过	白航	文区	袁文殊
魏兆淇	魏兆淇	温梓川	温梓川	文海犁	钟子芒	文渠	傅钝根
魏照风	魏照风	温宗万	陈华[2]	文昊	李致远	文蘘	傅钝根
魏真	魏荒弩	【wén】		文灯	谈麟祥	文泉	石军
魏蓁一	韦君宜	文	巴人	文虎	黄朝传	文泉	严谔声
魏缤	魏荒弩	文	茅盾	文浒	詹文浒	文群	巴人

文人俊	苗秀	文瑛	苏曼殊	闻郊	郁风	问影楼主	胡思敬
文如	高伯雨	文幼	谢文耀	闻捷	闻捷	问渔	江恒源
文如	王统照	文迁	郑逸梅	闻界	章品镇	问渔女史	邵振华
文如居士	邓之诚	文迁公	郑逸梅	闻乐	陈振鹏	问源	姜书阁
文瑞	赵树理	文俞	黄文俞	闻靓	邓式中	汶石	王汶石
文若	梁文若	文瑜	郑公盾	闻起	陶白	汶汀	宋元模
文森	司马文森	文玉	贺凯	闻起	朱寨	汶隐	诸文蕴
文山遯叟	萧天石	文郁	聂文郁	闻迁	石军	【wēng】	
文生	萧殷	文渊	高文渊	闻蛩	金性尧	翁春雪	翁国梁
文生	周文	文渊	姜书阁	闻秋	王文秋	翁寒光	翁寒光
文石	孙文石	文渊	马国亮	闻人进	苗秀	翁继耘	吴其敏
文时	钱今昔	文渊生	高文渊	闻人俊	苗秀	翁久长	洪炫
文史公	范启新	文园	徐嘉瑞	闻人千	胡青坡	翁麟声	翁偶虹
文寿	赵滋蕃	文源	孙钿	闻人毅	苗秀	翁偶虹	翁偶虹
文殊	傅钝根	文远	姜书阁	闻汝贤	闻汝贤	翁隼	鲁迅
文殊	袁文殊	文斋	文怀沙	闻山	沈季平	翁腾辉	翁照垣
文淑	许瑾	文载道	金性尧	闻曙	林林	翁文灏	翁文灏
文淑娟	李润湖	文则灵	易文	闻天	张闻天	翁应声	翁偶虹
文淑阳	杨述	文则野	卢鼎	闻问	杨明[2]	翁永德	翁永德
文述阳	杨述	文张飞	刘沧浪	闻武	许姬传	翁永年	翁文灏
文丝	罗孚	文章误我	鲁迅	闻喜	刘金	翁耘圃	张而冠
文嵩	潘佛章	文哲渠	文怀沙	闻言	金性尧	翁泽生	翁泽生
文夙之	范启新	文珍	马君玠	闻一	闻汝贤	翁照垣	翁照垣
文坛小卒	杨邨人	文振庭	文振庭	闻一多	闻一多	翁贞子	李克非
文涛	余明	文之初	倪海曙	闻一足	陈流沙	翁振华	翁泽生
文通	蒙文通	文之流	苗秀	闻艺	陈流沙	翁仲	张静庐
文通	郑文通	文直	茅盾	闻亦多	闻一多	瀹南	杨昀谷
文韦	炼虹	文治	郑文治	闻正	吴视	【wèng】	
文伟	炼虹	文中	裴文中	闻之清	穆烜	瓮牖痴子	匡一点
文苇	炼虹	文众	晓航	蚊扑	张文渤	【wō】	
文蔚	聂文清	文舟	凌文远	雯	王朝闻	窝窝头	王书天
文文	江帆	文子	炼虹	雯君	吴云心	蜗庐	高语罕
文文文	郑树荣	文子牛	刘厚生	雯霓	李逸民	蜗牛	丁翔华
文武君	李家斌	文宗	周介尘	雯文	章益	蜗牛居士	丁翔华
文喜	夏征农	文宗山	吴崇文	【wěn】		蜗叟	孙望
文祥	王绍清	纹珊	葛尚德	吻鹃	鲍雨	【wǒ】	
文骁	杜维沫	纹石	王朝闻	【wèn】		我	吴我尊
文心	文心	闻璧	廖沫沙	问笔	谢文炳	我	张恨水
文新	祝方明	闻苍	夏衍	问苍	周问苍	我是个多愁多病声	
文星	饶彰风	闻道	杨天骥	问津	缪海稜		黄式权
文雄	叶文雄	闻斗	巴人	问鹃	褚问鹃	我先百花十日生	
文雄	殷夫	闻多	闻一多	问鹃女士	褚问鹃		包天笑
文彦	文彦	闻方	邹荻帆	问农	郑文通	我亦潜山人	张恨水
文仪珠	冀汸	闻风起	田奇	问奇	吴文祺	我尊	吴我尊
文易	瞿秋白	闻歌	辛未艾	问樵	徐迺翔	我尊效颦	吴我尊
文益	姚凤惠	闻弓	程康定	问琴	宋育仁	【wò】	
文益谦	廖沫沙	闻国新	闻国新	问琴阁主	宋育仁	沃圃	严敦易
文逸	巴人	闻湖蓬庐生	沈尹默	问俗闲翁	胡祖德	沃丘仲子	费行简
文尹	李筱峰	闻籍	闻家驷	问闻	夏征农	沃野	张海鸥
文尹	瞿秋白	闻家骅	闻一多	问心	王森然	卧禅	张静江
文尹	杨之华[1]	闻家驷	闻家驷	问星	周作人	卧佛	顾叔良
文英	冯雪峰	闻见思	闻见思	问尧	刘成禹	卧羲	白炎

卧子	陈陶遗	无得	李叔同	无霜	林太乙	芜鸣	陈道谟
握存	詹大树	无等	李叔同	无水	杨荫深	芜茗	金其名
渥波格	白危	无端	夏衍	无说	李叔同	芜荧	吴丈蜀
渥丹	王觉	无厄道人	张丹斧	无私	陈无私	芜言	温田丰
渥然	朱丹	无非	柳无非	无堂	谢六逸	芜茵	葛一虹
【wū】		无缚	李叔同	无外居士	邓散木	吾	李紫凤
乌·白辛	乌·白辛	无羔	邓散木	无妄	邵天雷	吾	梁实秋
乌·朝洛蒙		无垢	柳无垢	无为	王新命	吾庐	俞平伯
纳·赛音朝克图		无垢女士	柳无垢	无为	张丹斧	吾谈春	李华飞
乌光	耶菲	无怀	满涛	无畏	李叔同	吾闻	戴文葆
乌兰汉	高莽	无患	谢觉哉	无畏	梁鸿志	吾欲	王森然
乌兰汗	高莽	无悔	顾颉刚	无畏	刘师培	吴蔼林	吴宗慈
乌勒·朝克图	云照光	无疾	巴人	无畏	谭延闿	吴爱	吴虞
乌目山人	张秋虫	无忌	柳无忌	无畏	谢冰莹	吴爱智	吴虞
乌牛	周民震	无尽	李叔同	无文	江亢虎	吴灞陵	吴灞陵
乌斯	任溶溶	无尽	周实	无闻子	白蕉	吴白鲁	吴廷琯
乌台	蔡寄鸥	无竞庵主人	郑之蕃	无翁	萧蜕安	吴白匋	吴白匋
乌台旧吏	程崇信	无咎	巴人	无我	陈无我	吴宝炬	吴宝炬
乌特金	蒋光慈	无咎	马一浮	无我	江亢虎	吴保康	吴健
乌铁库尔	乌铁库尔	无量	谢无量	无我	宋云彬	吴抱安	林如稷
乌一蝶	乌一蝶	无量痴者	洪以南	无想居士	王伯沆	吴奔星	吴奔星
乌钟毓	乌一蝶	无聊	陈炼青	无相居士	施蛰存	吴本星	吴奔星
邬夫哀	何其芳	无聊人	张文渤	无笑	刘岚山	吴碧	胡天风
邬朗	呆杏	无卯	章士钊	无邪	巴人	吴碧柳	吴芳吉
邬启斋	水夫	无闷	陈无闷	无邪	陈训正	吴璧	桂涛声
邬山女	刘竞	无闷	傅钝根	无心	于非闇	吴边笛	吴边笛
邬野	金松	无闷	傅无闷	无心居士	彭俞	吴冰	貂问湄
邬应坤	徐哲身	无闷	吴景鸿	无涯室主人	骆无涯	吴冰	吴化学
巫大深	胡大生	无闷	夏丏尊	无言	穆烜	吴冰心	吴奔星
巫怀毅	巫怀毅	无闷老人	刘太冲	无厌	李叔同	吴伯锜	郑南凤
巫君	陈鲤庭	无闷山人	蔡绳格	无恙	关永吉	吴伯箫	吴伯箫[1]
巫宁坤	巫宁坤	无梦	陈无闷	无依	李叔同	吴伯箫	吴伯箫[2]
巫咸	闻捷	无梦青年	袁振英	无以	张孟恢	吴渤	白危
巫永福	巫永福	无名	陈冷血	无逸	夏树勋	吴跋	吴双热
巫之禄	闻捷	无名	陈去病	无逸	张善	吴操	白逾桓
呜咽	萧军	无名	金剑啸	无用	陈无用	吴常千	吴仞之
於戏（wū hū）	龚敬威	无名	沈玄庐	无忧子	高吹万	吴朝琛	吴琛
於戏（wū hū）	张恨水	无名	朱执信	无有	李叔同	吴琛	吴琛
【wú】		无名氏	王世昭	无欲	陈玉刚	吴晨笛	吴晨笛
亡（wú）是公	章太炎	无名氏	无名氏	无斋	楼适夷	吴诚	郭沫若
亡（wú）言	李叔同	无明	光未然	无净	刘谦	吴诚之	吴诚之
亡（wú）音	李叔同	无能	钱玄同	无净	刘襄亭	吴承淦	萧也牧
无艾	艾芜	无能子	钱玄同	无净居士	刘谦	吴承惠	秦绿枝
无庵	詹安泰	无念	易大厂	无住	李叔同	吴承仕	吴承仕
无盦	詹安泰	无求备斋主人	严灵峰	无作	李叔同	吴痴	吴痴
无辩	李拓之	无射	朱宗良	毋文进	白峡	吴炽昌	吴炽昌
无冰	阚铎	无生	陈启天	毋暇	梁鼎芬	吴崇兰	吴崇兰
无病居士	樊樊山	无识	奚侗	芜	柯灵	吴崇文	吴崇文
无苍	夏衍	无首	廖仲恺	芜艾	艾芜	吴楚	吴楚
无巢	张铁弦	无数青山拜草庐主		芜村	柯灵	吴楚人	吴南生
无愁	胡山源		王森然	芜蒂	吴组缃	吴传佑	吴视
无川	呆杏	无双	林太乙	芜菁	丁景唐	吴春晗	吴晗

吴青霞	吴青霞	吴视	吴视	吴先忧	吴先忧	吴永珊	吴玉章
吴清富	吴清富	吴守	易文	吴庠	吴眉孙	吴永远	吴永远
吴清如	吴视	吴寿彭	吴寿彭	吴翔	吴切之	吴咏	黄裳
吴清庠	吴眉孙	吴曙天	吴曙天	吴向隅	吴景崧	吴咏九	宋瑞
吴清友	吴清友	吴曙天女士	吴曙天	吴小兵	吴化学	吴咏唐	黄然
吴庆坻	吴庆坻	吴树声	吴树声	吴小如	吴小如	吴用仁	吴人长
吴秋尘	吴秋尘	吴双热	吴双热	吴小武	萧也牧	吴友石	白逾桓
吴秋山	吴秋山	吴霜厓	吴梅[1]	吴晓铃	吴晓铃	吴有章	吴有章
吴瞿安	吴梅[1]	吴霜崖	吴梅[1]	吴孝先	吴景鸿	吴又陵	吴虞
吴去	于伶	吴堁	白珩	吴啸仙	杜国庠	吴瑜	秦牧
吴人长	吴人长	吴似鸿	吴似鸿	吴辛野	马牧边	吴虞	马牧边
吴仁伟	秦绿枝	吴似鸿女士	吴似鸿	吴新	简吴新	吴虞	吴虞
吴切之	吴切之	吴松	张春桥	吴新荣	吴新荣	吴虞公	吴虞公
吴纫秋	吴永远	吴松谷	吴松谷	吴兴华	吴兴华	吴歆	顾颉刚
吴汝翔	吴梅[2]	吴颂皋	吴颂皋	吴修源	吴修源	吴屿	周行
吴锐	吴锐	吴素臣	吴素臣	吴秀夫	燕遇明	吴宇洪	乌·白辛
吴锐心	吴其敏	吴梼	吴梼	吴恤	吴双热	吴羽	力扬
吴若	吴若	吴天	吴天	吴宣	吴羊璧	吴雨僧	吴宓
吴若芷	马牧边	吴天	朱繁	吴绚文	草明	吴雨生	吴宓
吴若子	马牧边	吴天放	吴天放	吴雪痕	吴海山	吴玉衡	吴宓
吴若紫	马牧边	吴天庐	吴秋山	吴烟	侯敏泽	吴玉瑛	吴瑛
吴弱男	吴弱男	吴天桥	柳北岸	吴延陵	吴灞陵	吴玉章	吴玉章
吴弱男女士	吴弱男	吴天赏	吴天赏	吴岩	艾芜	吴郁三	吴天赏
吴三才	吴三才	吴天石	吴天石	吴岩	吴岩	吴毓麟	吴天石
吴三连	吴三连	吴脁	吴稚晖	吴研因	吴研因	吴苑	吴紫风
吴嵪	吴强	吴廷琯	吴廷琯	吴雁	王昌定	吴月娟	吴紫风
吴森	陈启天	吴庭表	吴侬	吴扬	吴梦起	吴越	吴越
吴莎斋	吴小如	吴同宝	吴小如	吴羊璧	吴羊璧	吴云心	吴云心
吴山	吴山	吴彤	王汶	吴也非	陈隄	吴沄	卢剑波
吴山人	吴虞	吴陀曼	吴宓	吴一方	吴视	吴筼生	吴羊璧
吴山行	伍石夫	吴婉	方豪	吴一飞	吴尚鹰	吴再挺	吴再挺
吴善珍	吴奚如	吴万	吴湖帆	吴仪	冯沅君	吴章庆	西玲
吴尚鹰	吴尚鹰	吴往	欧阳凡海	吴宜邦	吴宜邦	吴丈蜀	吴丈蜀
吴韶	吴祖光	吴伟良	吴素臣	吴疑	周而复	吴昭石	吴祖光
吴绍先	吴景鸿	吴文	吴汶	吴以滔	吴以滔	吴兆安	王昌定
吴绍彦	俞鸿犹	吴文超	马牧边	吴亦	萧蔓若	吴照愿	吴逸凡
吴笙	姚紫	吴文嘉	许杰	吴易庵	周楞伽	吴哲人	穆烜
吴圣薰	田地	吴文楷	吴峤	吴易君	胡锡年	吴珍	吴小如
吴胜刚	吴锐	吴文林	吴朗西	吴轶芳	张中晓	吴珍	小松
吴盛辉	陈辉	吴文祺	吴文祺	吴逸牛	白鹤	吴振刚	吴振刚
吴拾桐	徐东滨	吴闻天	吴闻天	吴逸生	吴松谷	吴征铸	吴白匋
吴士	冯英子	吴汶	吴汶	吴裔伯	吴裔伯	吴征铸白匋	吴白匋
吴士果	吴士果	吴我尊	吴我尊	吴翼	李正中	吴拯圆	吴拯圆
吴士鉴	吴士鉴	吴吾	吴虞	吴翼公	吴颂皋	吴郑	周中仁
吴士星	吴世醒	吴梧轩	吴晗	吴翼燕	吴湖帆	吴之光	方修
吴士源	林耘	吴西彤	西彤	吴引漱	吴引漱	吴之英	吴江枫
吴世昌	吴世昌	吴奚如	吴奚如	吴英	吴英	吴之月	许之乔
吴世杰	吴村	吴奚真	吴奚真	吴英甫	吴晓铃	吴芝瑛	吴芝瑛
吴世山	吴新荣	吴惜	吴绮缘	吴瑛	吴瑛	吴织珍	吴峤
吴世醒	吴世醒	吴锡彤	西彤	吴影	梅白	吴直由	吴直由
吴仕醒	吴世醒	吴熙成	吴伯箫[1]	吴永宽	吴虞	吴旨成	吴山
吴仕占	吴冷西	吴席儒	吴奚如	吴永泉	吴永泉	吴志平	吴景崧

吴稚晖	吴稚晖	伍边石	张羽	武陂	范文澜	夕长楼主	郑岳
吴中佑	刘绍唐	伍并廉	卢豫冬	武炳章	武炳章	夕澄	王夕澄
吴仲青	吴仲青	伍不折	成弦	武波	范文澜	夕可老人	马一浮
吴仲英	吴仲英	伍岔	邱风人	武达	黄源	夕霖	林薇
吴宙	毛星	伍禅	伍禅	武达平	武达平	夕拾	陈山
吴竹清	陈启天	伍崇学	伍崇学	武丹	邓拓	夕夕	闻一多
吴卓	周作人	伍纯武	伍纯武	武定河	冯雪峰	西	郑振铎
吴浊流	吴浊流	伍芳	刘延陵	武福鼐	武慕姚	西哀士	章西崖
吴子直	吴晗	伍歌子	莫洛	武公	连横	西艾	章西崖
吴紫风	吴紫风	伍顾斋	伍光建	武官	李石曾	西岸	夏浓
吴紫金	石鸿	伍光建	伍光建	武桂芳	武桂芳	西川	吴丈蜀
吴自宽	沈从文	伍光鉴	伍光建	武吉巴兄	姚紫	西窗	莫洛
吴自新	吴世醒	伍豪	周恩来	武克仁	武克仁	西村	李辉英
吴宗慈	吴宗慈	伍禾	伍禾	武林人	孙百刚	西谛	郑振铎
吴宗海	夏浓	伍禾	伍棠棣	武陵歌	马牧边	西蒂	丁九
吴宗锡	吴宗锡	伍骥	莫洛	武慕姚	武慕姚	西峰老农	傅增湘
吴组缃	吴组缃	伍稼青	伍稼青	武丕荣	武达平	西杭	刘凤锵
吴祖光	吴祖光	伍江萍	沙克	武显	赵树理	西航	刘凤锵
吴祖武	吴南生	伍蠡甫	伍蠡甫	武一民	马骊	西虹	西虹
吴祖襄	吴组缃	伍孟昌	孟昌	武越	冯启镠	西华	程少怀
吴祖颐	吴祖颐	伍梦昌	孟昌	武者	罗绳武	西华	梅林
吴醉莲	吴醉莲	伍梦窗	孟昌	武子	穆木天	西华	周黎庵
吴尊文	古鲁	伍枭	杨幼生	舞勺	王淑明	西己加	戴望舒
梧	李紫风	伍宁	薛汕	【wù】		西洁	季洁
梧眠	吕远	伍迁耀	吴清友	兀十厂（ān）	符号	西酒	于伶
梧山	陈福桐	伍三	伍石夫	勿庵	缪鸿若	西来客	张恨水
梧轩	吴晗	伍石夫	伍石夫	勿默	刘心皇	西冷	王季愚
梧叶	吴坤煌	伍识途	顾行	戊戌党锢子遗	张元济	西冷	王平陵
梧叶生	吴坤煌	伍实	傅东华	戊戌子遗	张元济	西林	巴人
梧梓	丁声树	伍世英	伍石夫	戊戌生	成舍我	西林	丁西林
【wǔ】		伍仕超	孟昌	戊于	李青崖	西玲	西玲
五	巫永福	伍受真	伍稼青	务熹	寿石工	西流	张子斋
五艾	呆杏	伍叔傥	伍叔傥	物	吴化学	西曼	张西曼
五百石主人	邱炜萲	伍隼	夏钦瀚	物理	吴化学	西门凤	姚紫
五百卅峰长	潘飞声	伍棠棣	伍棠棣	悟非	巴人	西门汉	赵戎
五步斋主人	田贲	伍傲	伍叔傥	悟皆	高培支	西门宦	秦绿枝
五常	徐碧波	伍偶	伍叔傥	悟今	赵树理	西门柳	赵戎
五九生	周瘦鹃	伍未折	成弦	悟庐	刘心皇	西门鱼	汪曾祺
五里	冯雪峰	伍文琛	伍宪子	悟门	吴其敏	西蒙	曹明
五人路	苏庐	伍宪子	伍宪子	悟生	汪洋萍	西蒙	刘芳松
五石	蔡五石	伍绪菱	吴峤	悟实	孙帮达	西蒙	沈西蒙
五石	邓之诚	伍延寿	苗延秀	悟吾	梁实秋	西米兰	朱子奇
五石斋	邓之诚	伍延秀	苗延秀	雾岛	阎雾岛	西民	石西民
五五号	周恩来	伍一比	伍叔傥	寤凉	唐鲁孙	西摩	吴仲青
五星	江天蔚	伍义	沈毓刚	寤生	曾秀苍	西屏	张孟闻
五译	廖季平	伍月	方土人	寤生	普梅夫	西萍	徐冰
五知	谢兴尧	伍芸伯	巴人			西泼	宋元模
五子通	贺照	伍赞天	伍禅	**X**		西樵	赵戎
午堂	陈寂	伍庄	伍宪子	【xī】		西樵樵子	康有为
午斋	钱君匋	忤公	周今觉	夕厂（ān）	梁鼎芬	西樵山人	康有为
伍	周恩来	武	黄振彝	夕庵	梁鼎芬	西樵山人	冼玉清
						西青	戴西青

西稔	王西彦	希伦	司马文森	奚谷	邹霆	熙台	于在春
西戎	西戎	希虑	陈锦祥	奚囊	奚燕子	熙州仲子	陈独秀
西山	贾克	希曼	张西曼	奚如	吴奚如	熹	赵超构
西山	吴鼎昌	希孟	孙景贤	奚若	周桂笙	樨尘	王西神
西山	邹恩元	希平	崔百城	奚燕子	奚燕子	樨塍	王西神
西山逸士	溥心畬	希平	徐世阶	奚因	吴广川	樨犀	卢煨
西神	王西神	希锐	岳野	奚予	卢煨	樨玉	郑育之
西神残客	王西神	希三	徐清和	奚真	吴奚真	樨玉女士	郑育之
西石	郁章	希山	冯仲云	惜芳	温流	曦	孔另境
西狩	章太炎	希山	罗师扬	惜红生	天虚我生	曦波	李友欣
西狩祝予	章太炎	希山老人	罗师扬	惜惠	施蛰存	曦晨	李广田
西梯	郑振铎	希生	程西铮	惜梦	赵惜梦	曦昳	钱素凡
西田	顾迅逸	希声	杨振声	惜秋	蒋君章	曦虹	西彤
西彤	西彤	希舜	张善	惜霜	李叔同	曦若	乔穗青
西望	张西曼	希特里尼	刘沧浪	惜珍	李成俊	【xí】	
西渭	李健吾	希同	赵景深	翕庵	陈心南	习坎	罗庸
西溪	耿济之	希文	佟希文	翕庵生	陈心南	习空谷	张思维
西笑	万云骏	希文	王凤	犀	郑振铎	习之	黄朝传
西瀣	王秋湄	希献	赵祖抃	犀然	陶明濬	郋园	叶德辉
西崖	章西崖	希行	陆克昌	皙翁	廖平子	席安	顾其城
西彦	王西彦	希扬	霍希扬	锡	王礼锡	席诚正	西戎
西夷	许君远	希夷室主	许云樵	锡谷	钱公来	席地家	关非蒙
西莹	陈西滢	希云	李梅子	锡光	陈黄光	席涤尘	席涤尘
西滢	陈西滢	希真	茅盾	锡侯	金梁	席鸿绶	席涤尘
西域戍卒	裴景福	希真	沈泽民	锡侯	朱颜	席勉之	孙冶方
西园	华岗	希之	劳荣	锡璜	曾琦	席明	鲍士用
西原	励行健	希仲	蒋牧良	锡金	蒋锡金	席耐芳	夏衍
西源	郑振铎	希庄	林履信	锡爵	顾延卿	席耐芳	郑伯奇
西岳	华山	昔荞	楼栖	锡康	汪海如	席启骃	席启骃
西灶	范烟桥	息	李叔同	锡麟	林锡麟	席儒	吴奚如
西则人	沈泽民	息	王统照	锡麟	孙寒冰	席斯诃	王朝闻
西蓁	叶永蓁	息庵	李叔同	锡祺	葛祖兰	席外恩	公木
西铮	程西铮	息庵	颜昌峣	锡麒	孙寒冰	席洋	杭海
西徵	王西徵	息盦	邵松年	锡三	高君宇	席珍	丘东平
汐	徐惊百	息存	金雄白	锡山	高君宇	席珍	孙席珍
汐社	梁鼎芬	息侯	金梁	锡山老翁	顾毓琇	【xǐ】	
希	茅盾	息陵	周作人	锡寿	严大椿	洗岑	李广田
希白	李学诗	息陵居士杓主人		锡牙	林锡牙	洗尘	王西神
希白	马国亮		周作人	锡瀛	朱英诞	洗东	杨骚
希班	李超	息庐	李叔同	锡元	丁福保	洗耳	伍禾
希逎	季羡林	息庐	邵松年	锡园	吴康	洗恺	金少英
希范	谢无量	息庐	王统照	锡园主人	吴康	洗青	刘丹华
希古	钱公来	息庐	颜昌峣	锡源	刘逸生	洗桐	张一鸣
希古	童愚	息梦	王统照	锡之	苏菲[1]	洗桐馆主	张一鸣
希圤（guān）	柳诒徵	息霜	李叔同	溪北	杨骚	洗心	严望
希衡	范任	息翁	李叔同	溪流	西彤	洗园	励行健
希侯	金梁	息响	陈锡襄	溪曼	李晋泽	喜桓	夏理亚
希坚	王希坚	息影	汪洋[1]	溪南	冯柳堂	喜奎	周作人
希疆	胡适	息园	甘鹏云	溪萍	邱仁美	喜马拉雅	赵正平
希晋	刘逸生	息园居士	甘鹏云	溪山	郭澹波	喜马拉耶	赵正平
希隽	林希隽	息园居士	李根源	熙龄	杨熙龄	喜年苏	季修甫
希腊人	梁实秋	奚侗	奚侗	熙明	罗普	喜一峰	夏理亚

屟尘	王西神	夏白洛	关沫南	夏雷	陈伯吹	夏夜萤	莫洛
【xì】		夏伯阳	黑尼	夏理亚	夏理亚	夏艺圃	夏艺圃
戏墨馆主	满涛	夏承焘	夏承焘	夏丽夫	夏征农	夏亦寒	夏铁肩
戏子	汪仲贤	夏承楹	何凡	夏霖	夏霖	夏易	夏易
戏子	熊佛西	夏初临	陈凡	夏麐	夏钟麟	夏益林	方杰
系工	李根红	夏楚	夏济安	夏凌江	马少波	夏懿	卞楚樵
系环	胡山源	夏川	白炎	夏庐	胡小石	夏莺	丁嘉树
系己	柳龙光	夏川	束为	夏渌	夏渌	夏婴	李北开
系言	张金燕	夏丹	刘丹华	夏洛蒂	夏莱蒂	夏婴	林枬敔
细胡	胡一声	夏得齐	周游	夏绿蒂	姚冷	夏婴	夏浓
细沫	宋元模	夏定域	夏定域	夏绿蕉	刘大杰	夏盈	苗秀
细农	许钦文	夏风	孙孺	夏梦	周游	夏雍	吴承仕
细言	王西彦	夏风	汪剑鸣	夏丐尊	夏丐尊	夏园	杨慈灯
【xiā】		夏风	夏风	夏民	杨镇华	夏云	夏云
呷玛揩	张央	夏风	叶明勋	夏明	马国亮	夏曾佑	夏曾佑
瞎巴	汪大漠	夏枫	孙孺	夏木森	康有为	夏钊	谭天度
瞎尊者	白蕉	夏斧心	夏云	夏牧	梁其彦	夏震武	夏震武
【xiá】		夏盖山民	夏丐尊	夏奈蒂	何为	夏征农	夏征农
侠庵	江侠庵	夏公治	夏野士	夏凝霜	苗秀	夏正和	周璧
侠盦	孙德谦	夏古	宋元模	夏浓	夏浓	夏之草	周璧
侠尘	周瘦鹃	夏光	沈思明	夏诺	夏浓	夏之时	倪海曙
侠楚	龚霞初	夏果	夏果	夏麒祥	冯金辛	夏之曦	黄粲
侠父	宣侠父	夏航	佟醒愚	夏青峰	萧村	夏枝巢	夏仁虎
侠魂	沈侠魂	夏浩	陈牧	夏蕖	陈学昭	夏志清	夏志清
侠僧	蒋光慈	夏侯	夏侯	夏仁虎	夏仁虎	夏钟麟	夏钟麟
侠少	吕志伊	夏侯宠	何为	夏瑞民	顾其城	夏铸	夏丐尊
侠生	蒋光慈	夏侯明	马国亮	夏沙	赵锡	夏子美	夏征农
侠子	梅白	夏侯未胤	曹白	夏商周	李辉英	【xiān】	
硖石	殷白	夏侯英	刘燕及	夏商周	朱宜初	仙槎	何思源
遐庵	叶恭绰	夏怀霜	梅秀	夏尚早	何达	仙丹	吴仲英
遐道人	叶恭绰	夏焕新	夏焕新	夏莘耕	华田	仙都山人	樊光
遐观	鲁迅	夏基甸	华田	夏生	叶夏声	仙峰山人	陈嘉会
遐寿	周作人	夏季	柯原	夏史	吴宗锡	仙鹤	徐志摩
遐翁	叶恭绰	夏济安	夏济安	夏澍元	夏济安	仙乔	向楚
霞	陈企霞	夏检	夏康农	夏孙桐	夏孙桐	仙侨	向楚
霞	匡若霞	夏简	辛嘉	夏天长	邵燕祥	仙峤	林仙峤
霞	许广平	夏简	于衡	夏铁肩	夏铁肩	仙樵	向楚
霞村	徐霞村	夏剑丞	夏敬观	夏廷棫	夏定域	仙翘	向楚
霞飞	朱渭深	夏捷	夏艺圃	夏威	陈蝶衣	仙霞	宁调元
霞菲	陆丹林	夏菁	夏菁	夏威	后希铠	仙岩	颜昌峣
霞姑	许广平	夏敬观	夏敬观	夏葳	刘芳松	仙芝	丁以布
霞山	黄寿祺	夏静岩	陈友琴	夏蔚如	夏仁虎	仙舟	冯毅之
【xià】		夏静野	梁其彦	夏霞	沙漠	仙洲	冯毅之
下里	钱健吾	夏九鼎	林枬敔	夏贤贵	夏征农	先	王统照
下里	吴廷琯	夏康农	夏康农	夏雪	祝方明	先艾	塞先艾
下里巴	巴波	夏亢农	夏康农	夏衍	夏衍	先夫	张守常
下里巴人	巴人	夏葵	林耶	夏羊	夏羊	先河	何家槐
下里巴人	张大千	夏来骎	夏莱蒂	夏阳	郭森林	先进	李汉俊
下里人	巴人	夏莱	卜少夫	夏阳	李进	先觉楼	冯玉奇
下俚巴	巴波	夏莱	丁嘉树	夏阳	林芷茵	先宣	任耕
夏	邓中夏	夏莱蒂	夏莱蒂	夏阳	刘石夷	先忧	吴先忧
夏	钱玄同	夏郎	漂青	夏野士	夏野士	鲜民	梁鼎芬

笔名	作者
鲜苔	罗皑岚
鲜文	赵鲜文
鲜鱼羊	俞竹舟
鲜鱼羊	赵鲜文
【xián】	
闲	高吹万
闲步	沈启无
闲步庵主人	沈启无
闲大	邵洵美
闲甫	郑注岩
闲情	于非闇
闲人	于非闇
闲山人	高吹万
闲事	谢冰莹
闲堂	程千帆
闲田	蔡绳格
闲闲	谢觉哉
闲闲山人	高吹万
闲邪斋主人	彭俞
闲园	陈三立
闲园鞠农	蔡绳格
闲云	毕倚虹
闲云	胡山源
闲斋	徐梵澄
闲主人	胡石予
贤	孔另境
贤江	杨贤江
贤行	李叔同
贤月	李叔同
弦隽	黄贤俊
弦韦	莫洛
咸北华	鲁白野
咸谈	程灼如
咸直	孟宪智
绖平	饶绖平
【xiǎn】	
冼德慧	冼宁
冼宁	冼宁
冼适	戴望舒
冼为	秦似
冼玉清	冼玉清
冼玉清女士	冼玉清
显谛	安波
显微镜	李景慈
【xiàn】	
线上人	白蕉
宪庵	伍宪子
宪斌	高宪斌
宪民	梁启超
宪民	钱诗桢
宪武	杨鸿烈
宪章	冯宪章
宪之	杨絮
宪子	伍宪子
羡初	黄绰卿
羡季	顾随
羡林	季羡林
献麟	弓玉书
献麓	郭则沄
献瑞	赖献瑞
献堂	林献堂
献之	白蕉
【xiāng】	
乡	田仲济
乡巴老	谢冰莹
乡饱老	谢冰莹
乡饱姥	谢冰莹
乡道人	王伯英
乡道土	王伯英
乡下人	向培良
乡下人	姚民哀
乡愚	茅盾
芗萍	楼栖
芗人	陈文和
芗汀	田仲济
芗雨	苏维霖
相甫	徐一士
相国	卢铭开
相容	向荣
相严	李叔同
相因	袁水拍
香菲	楼栖
香港仔	舒巷城
香辉	楼栖
香客	叶灵凤
香冷	李香冷
香林	骆荣基
香灵	罗香林
香坡居士	殷仁
香山	蓝善仁
香山	张香山
香宋	赵熙
香宋词人	赵熙
香宋老人	赵熙
香汀	张友渔
香雪园主人	周瘦鹃
香岩	金蓉镜
香岩居士	金蓉镜
香岩老人	金蓉镜
香岩头陀	金蓉镜
香樱	况周颐
香庄	唐鲁孙
湘	茅盾
湘	王森然
湘弟	马寻
湘甫	彭楚珩
湘江	刘后一
湘江菊子	卢葆华
湘君	傅钝根
湘君	刘大杰
湘君	叶楚伧
湘纍	傅钝根
湘累	傅钝根
湘麟	朱家骅
湘灵	吕云章
湘舲	丁传靖
湘舲	高伯雨
湘舲	周庆云
湘萍	温健公
湘秋	吴似鸿
湘渠	曹湘渠
湘上老农	齐白石
湘渔	吴景崧
湘云	郭小川
湘中琳瑯馆主	罗焌
湘子	韩笑
湘子	周作新
襄	吴组缃
襄忱	曹冷泉
骧弟	马寻
骧化	向人红
镶庭	朱正明
【xiáng】	
降龙伏虎打狗养猫室主人	毕倚虹
祥夫	刘后一
祥霖	黄麟书
祥麟	邹荻帆
祥卿	岳野
祥之	沈文炯
翔	邵燕祥
翔	杨守愚
翔	周恩来
翔风	仇智杰
翔鹤	陈翔鹤
翔君	周启祥
翔农	廖翔农
翔声	庄庆祥
翔宇	周恩来
翔云	江应龙
翔云	倪海曙
翔子	廖翔农
【xiǎng】	
响泉	李濬之
【xiàng】	
向碧	何芷
向兵	姚凤惠
向灿辉	向明
向长清	向长清
向辰	曹冷泉
向辰	王向辰
向忱	王蕾嘉
向宸	吴其敏
向楚	向楚
向春野	杨田农
向东流	陈山
向方	刘克光
向烽	向希金
向耕	胡康新
向红	赵超构
向华	江天蔚
向华	林如稷
向火	梅白
向辑三	沈从文
向茄	瞿秋白
向君	熊佛西
向恺然	平江不肖生
向逵	平江不肖生
向逵恺然	平江不肖生
向葵	刘辽逸
向拉	王尘无
向岚	杲向真
向乐	古承铄
向理润	向理润
向林	王林
向林冰	赵纪彬
向明	向明
向明	张洛蒂
向南飞	宣建人
向农	龚道耕
向培良	向培良
向平	陈向平
向平	周作人
向青	唐向青
向人红	向人红
向荣	向荣
向茹	瞿秋白
向若	张中行
向善	叶康参
向生	沈厚和
向师程	向荣
向舒	刘沙
向泰阶	平江不肖生
向涛	顾民元
向微	孙芋
向新	丁之屏
向新	庄劲
向阳	路工

向阳	罗鲁风	肖吾	王炎之	萧独	徐东滨	萧鳞	萧蜕安
向阳	梅白	肖吾生	王炎之	萧笃平	萧公权	萧麟	萧蜕安
向阳	王继尧	肖湘子	任明耀	萧度	川岛	萧灵	萧蔓若
向阳	王正²	肖肖	沈祖牟	萧藩	廖晓帆	萧凌	萧凌
向阳	杨述	肖肖生	平江不肖生	萧凡	薛述明	萧凌	萧菱
向阳	叶枫	肖杨	华山	萧范	范秉彝	萧菱	萧菱
向阳	于寄愚	肖愚	刘肖愚	萧梵	樊玉俭	萧蔓若	萧蔓若
向阳戈	姚紫	肖元	赵澧	萧梵	廖晓帆	萧旎	卢豫冬
向阳生	邓拓	肖云	孔德	萧风	顾巴彦	萧梅	王戎
向阳生	杨述	肖周	吴云心	萧风	萧风	萧梅	萧崇素
向阳天	刘若平	肖庄	巴人	萧风	萧枫	萧猛	金松
向薏	向长清	呺蒿叟	冯煦	萧枫	李汝琳	萧民	王景山
向莹	陈卓莹	骁夫	邱韵铎	萧枫	萧枫	萧鸣	连啸鸥
向于回	舒巷城	逍乐居士	唐镇支	萧甘牛	萧甘牛	萧莫尔	亚薇
向隅	吴景崧	逍遥	黄天鹏	萧戈	顾用中	萧秋县	萧蔓若
向愚	吴景崧	逍遥	袁殊	萧歌	马乙亚	萧平	李辉英
向真	呆向真	逍遥居士	黄天鹏	萧公权	萧公权	萧乾	萧乾
项邨	程一戎	消冰	吴化学	萧公畏	萧遥天	萧琴	白荻¹
项村次郎	程一戎	萧	萧红	萧谷	田地	萧秋	萧楚女
项村人	程一戎	萧艾丛	萧蔓若	萧海涵	萧海涵	萧秋	朱啸秋
项经川	项经川	萧爱梅	萧三	萧涵	林蓝	萧群	郭世绂
项经铨	项经川	萧白	马少波	萧红	萧崇素	萧然	塞先艾
项黎	胡绳	萧白	萧白	萧红	萧红	萧然	梁南
项链	梁山丁	萧柏	钱小柏	萧华	曾文华	萧然	孟超
项明	柳溪	萧邦	俞百巍	萧华	刘金	萧然	萧然
项寿康	曹明	萧碧梧	萧碧梧	萧获	谢振东	萧人	朱肇洛
项水	周项水	萧冰	崔宝瑛	萧继光	萧子明	萧容	萧容
项伊	陆钦仪	萧冰	韩萌	萧继宗	萧继宗	萧榕	冯英子
项志逊	胡绳	萧兵	路世坤	萧剑峰	萧剑峰	萧若萍	萧乾
项庄	董千里	萧秉乾	萧乾	萧剑周	周楞伽	萧洒	萧海涵
象离	赵纪彬	萧宷	萧传文	萧绛	小松	萧赛	萧赛
象山	高一涵	萧参	瞿秋白	萧今度	聂绀弩	萧瑟	陈冰夷
象微	孙芋	萧晨	刘沙	萧金	田风	萧山	萧三
【xiāo】		萧冲友	萧蜕安	萧军	萧军	萧山枝	俞铭璜
肖	陈克寒	萧崇明	林淡秋	萧君	塞先艾	萧珊	萧珊
肖白	殷参	萧崇素	萧崇素	萧开	潘汉年	萧涉源	杨德豫
肖兵	刘燧	萧初遇	萧楚女	萧恺	潘汉年	萧深	晓星
肖公	林宏	萧楚侣	萧楚女	萧克	萧三	萧石	李岫石
肖华	刘金	萧楚女	萧楚女	萧克森	萧三	萧淑安	潘汉年
肖剑峰	萧剑峰	萧楚秋	萧楚女	萧蓝	李全基	萧曙	唐登岷
肖犁	郭超	萧楚汝	萧楚女	萧郎	过来人	萧树烈	萧楚女
肖芒	张央	萧传文	萧传文	萧郎	杨山	萧思楼	过来人
肖敏	张浪	萧吹	外文	萧琅	施蛰存	萧思明	戈宝权
肖萍	黄公伟	萧莼三	萧三	萧劳	瞿秋白	萧斯	邓拓
肖泼	青勃	萧村	萧村	萧雷	周大康	萧宿	辛劳
肖泼	沙驼	萧岱	萧岱	萧丽	李长之	萧天石	萧天石
肖泉	林白水	萧涤非	萧涤非	萧喋	黄军	萧田	萧军
肖荣	赵光远	萧笛	钟子芒	萧莲	萧崇素	萧通	钟子芒
肖三	萧三	萧丁	陈犀	萧寥	塞先艾	萧铜	萧铜
肖时聪	曾彦秀	萧丁	丁九	萧了开	萧三	萧蜕	萧蜕安
肖嵩	楼邨	萧东	刘沙	萧林	金溟若		
肖陶	王云沧	萧冬	范钧宏	萧嶙	萧蜕安		

笔名	本名	笔名	本名	笔名	本名	笔名	本名
萧蜕公	萧蜕安	萧中权	萧公权	小邓	陈华²	小净	覃晓晴
萧望	李进	萧忠临	萧涤非	小的	耿小的	小静	马寿华
萧文兰	杨述	萧钟棠	萧甘牛	小蜨	陈小蝶	小静	谢加因
萧文渊	萧蔓若	萧仲纳	吴云心	小蝶	陈小蝶	小静	阳翰笙
萧雯	黄宁婴	萧舟	周艾文	小丁	周璧	小静斋主	马寿华
萧伍	曹庸	萧舟	周思义	小鹅	萧红	小开	潘汉年
萧下	陈振鹏	萧庄	俞百巍	小凡	廖晓帆	小柯	李正中
萧闲	张赣萍	萧子明	萧子明	小凡	茅盾	小科	陈登科
萧弦	王潮清	萧子章	萧三	小范	范秉彝	小可	毕倚虹
萧香	萧蔓若	萧子璋	萧三	小方	周大康	小可	陈大慈
萧翔文	萧金堆	萧子暲	萧三	小飞鸿	林天庆	小可	陈心纯
萧向阳	萧向阳	萧宗璞	萧崇素	小枫	金剑	小兰	麦紫
萧萧	鲍秀兰	翛朔	马长荣	小峰	李小峰	小兰	吴崇兰
萧萧	沈祖牟	嘐公	沈砺	小凤	谢冰莹	小岚	范筱兰
萧晓生	朱微明	箫引楼主	叶楚伧	小凤	叶楚伧	小犁	鲁藜
萧絮	萧崇素	潇然	孟超	小芙	卜少夫	小黎	洪履和
萧学良	萧学良	潇滔	吕沁	小芙	丁嘉树	小澧	毕磊
萧雪	李蕤	潇湘馆侍者	邹弢	小淦	田仲济	小莲池居士	奉宽
萧亚	柳无忌	潇潇	萧军	小戈	白珩	小林	黄福林
萧严	傅庚生	霄	徐凌霄	小戈	顾行	小林	黄嘉音
萧岩	傅庚生	霄容	曾霄容	小工	韩麟符	小林	皮作玖
萧艳清	过来人	霄阳	刘开扬	小孤	林淑华	小林	萧军
萧扬	丁景唐	霄羽	王度庐	小古	侯小古	小琳	史枚
萧扬	废丁	謞者	陈叔通	小桂	吴天石	小玲	王延龄
萧扬	梅益	【xiǎo】		小孩	潘汉年	小玲	朱为先
萧扬	杨山	小D	巴人	小孩子	鲁迅	小铃	沉樱
萧遥天	萧遥天	小D	耿小的	小菡女士	丁玲	小流	夏浓
萧瑶	王洁心	小K	潘汉年	小航	罗稷南	小柳	陶小柳
萧也	马牧边	小安乐窝主人	蔡莹	小航	王照	小庐	苏雪林
萧也牧	萧也牧	小白	成舍我	小诃	何为¹	小鲁	杨廷福
萧野	林莽中	小白	李煮梦	小诃	赵自	小鹿	陆晶清
萧野	马牧边	小百姓	张恨水	小黑	邵洵美	小渌天主人	孙毓修
萧衣	黄宁婴	小柏	钱小柏	小横室主人	徐珂	小路	郑拾风
萧怡	于肇怡	小璧	陆侃如	小红	李学亭	小马	马烽
萧亦五	萧亦五	小兵	傅克	小湖	汪远涵	小曼	陆小曼
萧毅武	萧亦五	小兵	沈从文	小糊涂	孟超	小曼	张叶舟
萧殷	萧殷	小兵	吴化学	小华	何达	小蔓	萧蔓若
萧垠	萧垠	小兵	谢冰莹	小慧	秦绿枝	小猫	陈涓
萧引	张亚非	小兵	朱衡彬	小慧	杨沫	小眉	林景仁
萧英	韩晓鹰	小波	萧波	小伙	崔汗青	小眉	陆小曼
萧英	萧殷	小草	李景慈	小伙计	李生庄	小梅	陆侃如
萧萸	萧寄语	小草	欧阳予倩	小伙计	萧军	小梅	孙陵
萧玉堂	萧亦五	小茶名	钱君匋	小伙计	徐嘉瑞	小梅庵主	梅际郇
萧原	赵沨	小长芦社人	沈曾植	小记者	严谔声	小妹	苏雪林
萧远	李尔康	小超	邓颖超	小记者	余空我	小梦	许杰
萧增萃	萧碧梧	小川	丁作霖	小记者	张恨水	小咪	夏侯
萧斋	陈小蝶	小川	郭小川	小江平	金满成	小米	王季思
萧璋	萧璋	小吹	张叔通	小江平	张竞生	小苗	陈靖¹
萧振声	洪深	小槌	金汤	小捷	陶雄	小民	巴人
萧植蕃	萧三	小春	侯鸿鉴	小金	李正中	小民	陈小民
萧植藩	萧三	小纯	冼宁	小进	马骏声	小民	温田丰
萧植繁	萧三	小岛	潘学静	小晋	马骏声	小民	钟绍锟

小敏	安友石	小石	陈虁龙	小鱼	于友	晓航	罗稷南
小默	刘思慕	小石	胡小石	小俞	欧阳文彬	晓虹	方殷
小木	曾朴	小石	石璞	小渔	王朱	晓华	徐君慧
小木斋	周木斋	小石	张叶舟	小瑜	焦菊隐	晓角	巴人
小牧	欧小牧	小石英子	林海音	小虞	谢位鼎	晓角	鲁迅
小妮	周立波	小石子	曾秀苍	小宇	周大康	晓京	邓拓
小尼	鲁琪	小瘦红闇	孙瞾蝯	小约翰	周文	晓晶	邓拓
小年	李升如	小淑	白堤	小云	白珩	晓酒	丁九
小牛	冯旭	小淑	徐蕴华	小云	蔡楚生	晓军	佃毓文
小牛	王朝闻	小疏	卢冀野	小云	陈小云	晓军	林琳
小牛	朱英诞	小蜀	唐登岷	小云	龙翔	晓麓	任熹
小萍	陈雨门	小树	陈匪石	小斋	程善之	晓芒	何为
小萍	顾凤城	小水手	宋文	小斋	张元济	晓鸟	欧阳恢绪
小萍	沈子复	小松	邱晓松	小招	萨照远	晓茜	沈策
小萍	张叶舟	小松	小松	小沚	陶惟坻	晓青	冼宁
小圃	梁实秋	小肃	金梁	小志	王仰晨	晓人	漠雁
小圃	彭桂萼	小潭	赵树理	小珠	卢钰	晓仁子	陈望道
小齐	张元济	小匋	黄文宗	小子和	冯旭	晓三	班书阁
小茜	梁山丁	小天	金小天	小卒	张蕴和	晓诨	耿小的
小倩	梁山丁	小田	田地	晓	陈望道	晓天	张晓天
小蒨	梁山丁	小田	田一文	晓	茅盾	晓同	金祖同
小巧子	蒋光慈	小陀	丁芒	晓白	江帆	晓罔	金祖同
小芹	王森然	小顽童	童启智	晓波	刘弘毅	晓希	田琳[1]
小青	陈靖[1]	小万柳居士	廉泉	晓苍	李啸仓	晓霞	李尔重
小青	程小青	小万柳堂	吴芝瑛	晓沧	郑晓沧	晓湘	程沧波
小青	顾行	小万柳堂主人	廉泉	晓程	陈模	晓湘	王易
小青	宋清如	小微	汪远涵	晓初	梅英	晓翔	刘丹华
小青	萧楚女	小维摩	王云沧	晓川	丁作霖	晓星	晓星
小青	张慧	小伟	曾圣提	晓传	王利器	晓星	赵雅博
小秋	陈秋帆	小吴	吴漫沙	晓船	郭小川	晓峋	卢豫冬
小秋	张铁弦	小武	许大文	晓村	孙春霆	晓阳	向明
小泉	李桦	小先	杨慈灯	晓黛	杨苡	晓阳	杨亚宁
小髯	徐忍茹	小枒	朱凡	晓隄	耿小的	晓音	刘延陵
小荣	钱君匋	小辛	秦占雅	晓堤	耿小的	晓莺女士	韩麟符
小容	萧容	小旋风柴进里人		晓谛	耿小的	晓鹰	韩晓鹰
小如	吴小如		孙楷第	晓棣	黄树则	晓影	韩晓鹰
小阮	苏眇公	小雪	姚雪垠	晓帆	樊玉俭	晓月	朱绛
小瑞	李济生	小延	赵家璧	晓帆	廖晓帆	晓云	郑烈
小三	萧三	小言	王景山	晓汛	廖晓帆	晓斋	王寿昌
小三吾亭长	冒广生	小燕	滕刚	晓非	沈显南	晓斋主人	王寿昌
小山	李健吾	小羊	刘御	晓风	陈望道	晓珠	吕碧城
小山	李振汉	小吮	艾思奇	晓风	程代熙	晓紫	沙汀
小山	缪荃孙	小妖	姚民哀	晓风	华岗	筱村	王鼎
小山	萧三	小宜	柳无垢	晓风	简吴新	筱航	王照
小山	杨骚	小逸	王小逸	晓风	杨麦	筱君	岑桑
小珊	缪荃孙	小音	许以	晓风	章叶频	筱山	乔尚谦
小生	包天笑	小隐	冯小隐	晓峰	黄绍谷	筱珊	缪荃孙
小生	陈楫旗	小隐	苏眇公	晓夫	刘复彭	筱石	陈虁龙
小生	张我军	小隐	王小隐	晓歌	晓星	筱延	赵家璧
小生姓高	三苏	小英	吴瑛	晓光	张天白	筱岩	傅庚生
小十	何小石	小鹰	潘世聪	晓海	蒋晓海	筱瀛	王念祖
小石	曹禺	小莹	姚蓬子	晓涵	丁玲	筱缘	袁静

筱斋	张元济	笑微	汪远涵	啸野	王荒草	谢凤鸣	谢宇衡
筱舟	周小舟	笑星	袁啸星	啸余庐主人	林森	谢伏琛	谢狱
【xiào】		笑岩	林锦堂	啸岳	陶思曾	谢扶雅	谢扶雅
孝高	罗普	笑燕	鲍运昌	【xiē】		谢复	陶白
孝根	沈宗畸	笑影	王念祖	些蠢	陈世椿	谢复森	谢狱
孝耕	沈宗畸	笑园	黄文生	歇翁	黄萍荪	谢富生	华骏
孝谷	曾孝谷	笑园主人	黄文生	【xié】		谢刚主	谢刚主
孝谷	易大厂	笑云	曾晃机	絜民	徐规	谢庚宸	谢采江
孝观	郑孝观	效厂（ān）	李效厂	絜青	胡絜青	谢光瑾	萧垠
孝怀	周善培	效鹤	余天遂	絜青	老舍	谢光燊	谢六逸
孝穆	苏曼殊	效良	赵树理	絜予	老舍	谢国桢	谢刚主
孝农	汪笑侬	效鲁	秦毓鎏	协之	陈橒	谢浩	符号
孝侬	汪笑侬	效汤	顾执中	谐庭	梁实秋	谢弘常	谢石钦
孝瓯	周树模	效洞	郑效洞	撷芬女郎	陈撷芬	谢宏徒	谢六逸
孝荃	臧克家	啸庵	李啸庵	撷云	赵万里	谢洪坤	谢添
孝嵩	郑效洞	啸庵	夏仁虎	【xiě】		谢鸿轩	谢鸿轩
孝通	罗瘿公	啸庵生	李啸庵	写剧楼主	熊佛西	谢华国	谢华国
孝先	邓邦述	啸盦	夏仁虎	【xiè】		谢怀丹	谢怀丹
孝先	王生善	啸岑	雷啸岑	屑煤	石煤	谢焕邦	谢然之
孝先	吴景鸿	啸廛	孙瞿蝘	屑屑	叶楚伧	谢焕章	谢然之
孝腰	艾思奇	啸风	牟少玉	谢	茅盾	谢家因	谢加因
孝隐	凌孝隐	啸峰	李啸峰	谢白寒	白寒	谢家骊	谢加因
孝园	戴季陶	啸峰	朱谷怀	谢抱香	谢华国	谢嘉壮	陶白
孝岳	方孝岳	啸虹	邱炜菱	谢豹	谢啼红	谢甲	孙艺秋
孝则	沈厚慈	啸虹生	邱炜菱	谢北城	石琪	谢瑾	萧垠
校园旧人	程灼如	啸虹轩主人	冯叔鸾	谢彬	谢冰莹	谢觐虞	谢觐虞
笑	包天笑	啸侯	徐舒	谢冰季	冰季	谢静波	谢添
笑	胡适	啸克	王啸平	谢冰心	冰心	谢觉哉	谢觉哉
笑柏	钱小柏	啸垅	阿英	谢冰莹	谢冰莹	谢俊	谢添
笑波	王夕澄	啸楼	蒯贞幹	谢冰莹女士	谢冰莹	谢康	谢康
笑岑	雷啸岑	啸籁	郭则沄	谢炳文	谢然之	谢柯岑	谢觐虞
笑尘	吴敏熊	啸麓	郭则沄	谢布谷	周大康	谢客	陶白
笑楚	梅英	啸鸥	连啸鸥	谢步豪	朱企霞	谢乐天	章泯
笑存	雷啸岑	啸平	王啸平	谢采江	谢采江	谢良	谢良
笑芳	李少芳	啸青	陆立之	谢沈（chén）	谢无量	谢良牧	谢良牧
笑峰	瞿秋白	啸青	婴子	谢沉	谢无量	谢邻	夏承焘
笑鸿	朱生豪	啸廎	孙瞿蝘	谢忱	谢无量	谢琳	刘佳
笑鸿	左笑鸿	啸秋	林姗姗	谢春	林宏	谢玲	胡天风
笑匠	徐卓呆	啸秋	章士钊	谢春满	谢春满	谢菱	胡天风
笑侬	汪笑侬	啸苏	王竞	谢春木	追风	谢六逸	谢六逸
笑侬汪傄	汪笑侬	啸苏	章华	谢聪明	犁青	谢路易	谢六逸
笑齐	齐鸣	啸孙	周作人	谢大澄	谢无量	谢麓逸	谢六逸
笑三居士	周作人	啸天	马叙伦	谢淡如	谢旦如	谢蒙	谢无量
笑山	魏金枝	啸天	许啸天	谢澹如	谢旦如	谢冕	谢冕
笑生	廖清秀	啸天庐	马叙伦	谢道炉	谢韬	谢敏	谢敏
笑生	卢葆华	啸天生	马叙伦	谢德耀	谢德耀	谢明霄	谢明霄
笑世	邹韬奋	啸天生	许啸天	谢德毅	谢挺宇	谢鸣岗	谢冰莹
笑疏	王竞	啸天子	马叙伦	谢藩	尚钺	谢默琴	谢宇衡
笑俗儿	蒋光慈	啸文	韩文达	谢蕃（fán）	尚钺	谢乃壬	谢扶雅
笑天	韩文达	啸霞	柳无忌	谢芳	谢怀丹	谢南光	王白渊
笑天	李学亭	啸霞	杨仲佐	谢斐真	于斐	谢南光	追风
笑天	彭拜	啸鞿	夏仁虎	谢芬	茅盾	谢潘	尚钺

谢培贞	于斐	谢雪渔	谢汝铨	心岑	安危	心园	吴其敏
谢企赞	金欣	谢焉凌	谢狱	心丹	程苌碧	心斋	蒋智由
谢启瑞	叶天底	谢燕白	白航	心笛	王辛笛	心斋	张子斋
谢启泰	章汉夫	谢燕子	王春翠	心笛	心笛	心之	王子昌
谢倩茂	谢希平	谢耀辉	白寒	心凡	朱其华	心中	程苌碧
谢然	陶君起	谢诒徽	谢诒徽	心芬	程心枌	心珠	石评梅
谢莞公	谢兴尧	谢贻徽	谢诒徽	心枌	程心枌	芯心	芯心
谢人堡	谢人堡	谢以明	谢韬	心抚	张一鸣	辛	张立
谢人吾	谢人吾	谢亿仁	谢怀丹	心富	张效愚	辛	周桂笙
谢仁甫	谢人堡	谢逸	谢逸	心感	林憾庐	辛艾	罗鲁风
谢荣	谢人吾	谢逸华	谢逸	心海	梁鼎芬	辛庵	周桂笙
谢汝铨	谢汝铨	谢逸民	谢韬	心汉阁主	赵眠云	辛奥	金性尧
谢汝铨雪渔	谢汝铨	谢英伯	谢华国	心花	王辛笛	辛白	李辛白
谢桑	秦瘦鸥	谢庸	陈鲁直	心皇	刘心皇	辛白	苗力田
谢生	叶圣陶	谢永淦	谢旦如	心煌	刘心皇	辛白宇	曹辛之
谢石钦	谢石钦	谢友三	萧垠	心井	张秀亚	辛伯	宋痴萍
谢实之	谢韬	谢佑海	谢鸿轩	心兰	潘飞声	辛代	方龄贵
谢树	谢树	谢鱼梁	谢冕	心冷	何心冷	辛笛	卢煤
谢树琼	谢树琼	谢宇衡	谢宇衡	心量	张权	辛笛	王辛笛
谢颂羔	谢颂羔	谢玉田	刘群	心美	邓中夏	辛梵	易文
谢韬	谢韬	谢狱	谢狱	心冥	李志宏	辛丰年	辛丰年
谢陶	谢宇衡	谢毓法	谢良	心南	陈心南	辛封泥	辛丰年
谢啼红	谢啼红	谢岳	谢狱	心侬	谷凤田	辛公显	杨大辛
谢天贶	谢扶雅	谢云	谢云	心平	林存和	辛古木	章克标
谢天孙	谢人吾	谢云声	谢云声	心谱	木斧	辛谷	辛谷
谢添	谢添	谢韵心	章泯	心期	张叶舟	辛禾	何纪华
谢庭玉	谢挺宇	谢泽琛	谢觉哉	心齐	张子斋	辛壶	楼邨
谢挺宇	谢挺宇	谢钊	谢宇衡	心芹	徐心芹	辛吉	杨大辛
谢婉莹	冰心	谢哲源	谢石钦	心磬	沈恩孚	辛季子	姜贵
谢为涵	冰仲	谢振东	谢振东	心泉	陈新乾	辛嘉	辛嘉
谢为楫	冰季	谢直君	谢直君	心泉	倪海曙	辛凯	李玉莹
谢为杰	冰叔	谢稚	谢稚柳	心蕊	李莘	辛珂	卢煤
谢维鋆	谢觉哉	谢稚柳	谢稚柳	心畬	溥心畬	辛可	卢煤
谢未泯	谢蔚明	谢仲五	尚钺	心畬居士	溥心畬	辛劳	辛劳
谢位鼎	谢位鼎	谢仲武	尚钺	心史	孟森	辛雷	徐辛雷
谢蔚明	谢蔚明	谢珠瑛	冰心	心手	徐志摩	辛立	杨却俗
谢文	谢文清	谢靳冰	谢宇衡	心水	邹韬奋	辛苓	孙钿
谢文炳	谢文炳	谢子佣	谢稚柳	心太平室主人	张一麐	辛庐	田兴奎
谢文清	谢文清	谢祖安	陶白	心田	罗常培	辛洛	辛劳
谢文耀	谢文耀	谢祖光	谢扶雅	心田	欧阳杰	辛旅	何钟辛
谢无量	谢无量	谢尊五	谢尊五	心微	潘达微	辛民	王辛恳
谢希平	谢希平	瀚天散人	田滕蛟	心芜	张一鸣	辛明	许集善
谢锡琳	谢雪畴	燮枢	李辛白	心吾	萧殷	辛墨雷	邵洵美
谢锡清	谢无量	燮庄	史泽之	心侠	冯平	辛木	温梓川
谢霞	沙金	**【xīn】**		心心	俞翼云	辛平	谢文清
谢仙野	谢宇衡		夏衍	心一	杨必	辛奇	彭新琪
谢相箴	胡苏	湫客	颜一烟	心漪	张心漪	辛琦	卢煤
谢榭	林遐	心	于右任	心怡	舒新城	辛弃疾	鲁思
谢兴	章泯	心	俞翼云	心因	杨荫深	辛勤	徐心芹
谢兴尧	谢兴尧	心白	宋痴萍	心印	苏曼殊	辛清	方然
谢星朗	谢明霄	心扮	程心枌	心影	周浩然	辛人	陈辛人
谢雪畴	谢雪畴	心波	冯宪章	心余	缪天华	辛人	端木蕻良

辛人	季茂之	新庵斋主	徐世昌	信芳	戴望舒	骍	胡适
辛人	任哲维	新庵主人	周桂笙	信芳	叶挺荃	惺庵	周桂笙
辛人	张立	新盦	周桂笙	信芳词侣	吕碧城	惺庵	周钟岳
辛仁	光未然	新波	黄新波	信风	征骊	惺公	朱惺公
辛任	张立	新昌	朱化雨	信符	徐绍棨	惺农	陈启修
辛柔	马萧萧	新潮	谢振东	信力	李叔同	惺农	姚克
辛如意	夏易	新城	舒新城	信卿	沈恩孚	惺予	罗大佺
辛茹	包白痕	新地	宋元模	信三	吴修源	惺斋	蒋智由
辛若	蒋锡金	新繁	朱其华	信天翁	萧继宗	【xíng】	
辛善夫	李进	新方	唐弢	信暄	姜伯彰	邢光祖	邢光祖
辛实	张辛实	新甫	王世颖	【xīng】		邢国柱	邢国柱
辛肃	陈迟	新斧	张一鸣	兴汉剑生郎	简又文	邢禾丽	邢禾丽
辛田	罗常培	新光	常燕生	兴华	吴兴华	邢念椿	邢禾丽
辛未艾	辛未艾	新华	姚苏凤	兴咸	何洛	邢鹏举	邢鹏举
辛未文	陈秋舫	新会	梁启超	星	胡山源	邢萍舟	徐冰
辛味白	张春桥	新杰	徐新杰	星	李文光	邢启周	邢启周
辛文纪	穆仁	新旧废物	王均卿	星	马星驰	邢桐华	邢桐华
辛文芷	罗孚	新浪	黄勇刹	星杓	周作人	邢西屏	徐冰
辛夕照	丁景唐	新立	杨却俗	星驰	马星驰	邢西萍	徐冰
辛心	白航	新罗仙吏	曹元弼	星岛寓公	邱炜萲	邢也	邢国柱
辛岩	谢狱	新莽	苏宿莽	星公	宋振庭	邢野	邢国柱
辛扬	范山	新矛	卢茅居	星谷	黄客沧	邢院生	邢院生
辛冶	麦辛	新茅	卢茅居	星海	梁鼎芬	邢云飞	邢鹏举
辛野	李正中	新民子	梁启超	星海	赵式铭	邢钟翰	邢钟翰
辛野	马牧边	新钱	叶幼泉	星汉	王仲仁	行安	程善之
辛夷	陈蝶衣	新三	胡鄂公	星华	耿振华	行乐	何海鸣
辛夷	杨奔[1]	新生	潘炳皋	星烂	姜忠奎	行然	仲素其
辛夷馆主	吴虞	新实	张辛实	星朗	冰心	行人	张恨水
辛予	胡采	新史氏	黄天鹏	星朗	刘心皇	行人上	蒋牧良
辛予	潘子农	新史氏	梁启超	星笠	曾运乾	行文	安西
辛雨	钱伯城	新市民	萧军	星六	田兴奎	行行	苏曼殊
辛远茶	韦丘	新我	朱绛	星芒	高天白	行严	章士钊
辛苑	臧云远	新吾	巴人	星芒	支离	行岩	章士钊
辛斋	杭辛斋	新吾	楼邨	星明	江浩	行云	钱芥尘
辛之	曹辛之	新新子	周桂笙	星鸟	金性尧	行者	巴人
辛之	毛达志	新焰	曹清	星农	姚克	行者	刘金
辛芷	卢煤	新野	周大康	星樵	洪以南	行知	陶行知
辛竹	金克木	新莺	况周颐	星曲	齐鸣	行庄	袁静
辛卓佳	叶紫	新猷	白塔	星如	孙毓修	形忙	支离
辛自	秦似	新浙江嘤公	沈砺	星沙	舒塞	形天	茅盾
忻礼一	李之华[1]	新中国之废物	陈冷血	星粗	杨乃康	【xǐng】	
忻欣	李之华[1]	歆甫	杨振声	星田	柯蓝	省身	曾敏之
欣秋	欣秋	歆皇	刘心皇	星王	刘心皇	省吾	蔡绳格
欣然	潘炳皋	馨航	潘复	星屋	金性尧	醒庵	田兴奎
欣欣道人	李叔同	馨丽	陈锦祥	星星	骆荣基	醒痴	老舍
欣欣老人	王蘧常	馨园	宋玉	星星	臧克家	醒迟	马星驰
欣斋	张铁弦	鑫鸟	金性尧	星野	马星野	醒迟生	马星驰
新	颜一烟	鑫尧	金性尧	星月	李平心	醒公	庄禹梅
新	郑振铎	【xìn】		星洲寓公	邱炜萲	醒华	黄觉
新	周桂笙	凶莽斋主	刘心皇	星洲寓公葰园	邱炜萲	醒华	浦武
新广（ān）	周桂笙	信忱	陆风	星子	罗沙	醒魂	周牧人
新庵	周桂笙	信川	黄侃	星子	张叶舟	醒了	张立

醒陆	田兴奎	雄生	王小逸	休芸芸	沈从文	绣茵	刘延陵
醒氓	支离	雄生	王造时	休子乌	章品镇	绣原	陈家庆
醒民	陈隄	雄声	王小逸	修甫	季修甫	琇甫	丁传靖
醒狮	陈去病	雄子	陈剑雄	修进文	修孟千	锈轮	李育仁
醒狮山民	茅盾	熊	熊佛西	修梅	况周颐	【xū】	
醒亡	刘心皇	熊白施	劳洪	修梅	罗庸	戍女	胡戍女
醒元	常任侠	熊伯	瞿秋白	修明	刘蘅	须白石	许大远
醒斋	杨春波	熊伯鹏	熊伯鹏	修平	毕修勺	须旅	许大远
【xìng】		熊德基	熊德基	修平	陈启天	须弥	钱芥尘
杏痴	姜可生	熊飞	廖沫沙	修人	谭真	胥	蒋锡金
杏邨	阿英	熊佛西	熊佛西	修人	应修人	胥树人	胥树人
杏呆	宫白羽	熊福禧	熊佛西	修如	王统照	虚	张天虚
杏佛	杨杏佛	熊复	熊复	修勺	毕修勺	虚白	曾虚白
杏痕	张恨水	熊公哲	熊公哲	修士	刘大杰	虚白	朱虚白
杏花	杨之华[1]	熊果庭	熊公哲	修士	应修人	虚谷	陈虚谷
杏郎	李正中	熊海山	邵子南	修修人	应修人	虚怀	王统照
杏南	王森然	熊海云	邵子南	麻簟	季修甫	虚空	李叔同
杏楠	王森然	熊韩江	熊寒江	麻圃	季修甫	虚若	张实中
杏卿	朱英	熊痕戈	蘅果	【xiǔ】		虚生	孙陵
杏烟	王森然	熊鸿嘉	劳洪	朽道人	陈师曾	虚生	徐炳昶
杏严	王森然	熊煌	洪滔	朽太	太虚	虚声	孙陵
杏岩	王森然	熊恢	熊恢	朽者	陈师曾	虚室生	白蕉
杏影	杏影	熊家凤	熊克浩	【xiù】		虚斋	陈虞孙
杏子	叶平林	熊鉴堂	熊德基	秀	林秀明	虚舟	王火
杏子	朱媞	熊教瑬	熊清澜	秀碧	钱今昔	虚舟	郑伯奇
杏子坞老民	齐白石	熊金润	熊佛西	秀才	萧军	嘘非	施作师
幸孙	姚永概	熊克浩	熊克浩	秀苍	曾秀苍	嘘嘘馆主	楼适夷
幸丸	施蛰存	熊昆珍	艾雯	秀川	余振	【xú】	
幸翁	陆澹安	熊理	熊理	秀道人	况周颐	徐安诚	江亢虎
幸之	许幸之	熊梦飞	熊梦飞	秀番	黄天雄	徐昂	徐昂
幸之	杨幸之	熊梦四	潘漠华	秀峰	何干之	徐白	殷夫
幸止	胡颖之	熊清澜	熊清澜	秀夫	丁传靖	徐白林	徐百灵
性裁	蒋智由	熊庆鮀	熊寒江	秀甫	丁传靖	徐百灵	徐百灵
性纯	巴人	熊式一	熊式一	秀湖	许乃昌	徐柏庭	殷夫
性公	梁鼎芬	熊式式	熊式一	秀鸾	曾克	徐半	金江寒
性海	何思源	熊适逸	熊式一	秀山	马国亮	徐半梅	徐卓呆
性空	李叔同	熊术容	熊德基	秀珊	章秀珊	徐宝驹	徐怨宇
性起	李叔同	熊天才	熊光	秀侠	祝秀侠	徐宝梯	陶钝
性仁	沈性仁	熊纬书	熊纬书	秀雄	王仲园	徐悲鸿	徐悲鸿
性遂	蒋智由	熊贤瑬	熊塞声	秀岩	沉樱	徐必达	洪丝丝
性天	唐性天	熊祥	林熊祥	秀元	陈家庆	徐碧波	徐碧波
性尧	金性尧	熊昕	陈炜谟	秀园	陈家庆	徐彬	徐凌霄
性真	胡昭衡	熊应祚	熊应祚	秀沉	臧云远	徐斌	徐速
荇青	朱英	熊泽民	熊荒陵	秀子	寇冰华	徐冰	徐冰
【xiōng】		熊治	瞿秋白	秀子	李金秀	徐炳昶	徐炳昶
匈器	史白	熊子蕾	熊子蕾	岫庐	王云五	徐步	徐守中
【xióng】		【xiū】		岫庐老人	王云五	徐步奎	徐朔方
雄	柔石	休父	季修甫	岫云	廉泉	徐昌	徐珂
雄伯	姚鹓雏	休工	季修甫	岫云馆主人	梁朝杰	徐昌	徐转蓬
雄魄	陈洪涛	休公	季修甫	岫云山人	廉泉	徐昌霖	徐昌霖
雄魄	瞿秋白	休基	伍石夫	袖春	郭小川	徐长吉	古丁
雄三	顾巴彦	休留老人	周作人	绣民	王森然	徐长卿	徐卓呆

徐长荫	徐筱汀	徐骅	徐迺翔	徐名骥	徐调孚	徐朔方	徐朔方
徐尘言	牧惠	徐怀霜	徐高阮	徐沫	王昊	徐思荃	徐梵澄
徐诚贵	徐辛雷	徐汇	张春桥	徐默之	刘心皇	徐思瀛	徐思瀛
徐承谋	徐承谋	徐慧如	瞿秋白	徐慕杜	徐公美	徐嗣兴	路翎
徐迟	徐迟	徐慧棠	徐慧棠	徐乃昌	徐乃昌	徐苏灵	徐苏灵
徐迟宝	徐迟	徐基诚	张叶舟	徐迺翔	徐迺翔	徐速	徐速
徐耻痕	徐耻痕	徐汲平	古丁	徐娘	徐谦夫	徐燧耕	徐达
徐传琮	徐讦	徐季华	许伽	徐娘	徐夷	徐太行	徐太行
徐吹	徐朗	徐济	剑胆	徐潘学静	潘学静	徐天从	徐天从
徐匆	古丁	徐寄尘女士	徐自华	徐培仁	徐培仁	徐天复	徐天复
徐邨	刘秉虔	徐家鹤	徐仲年	徐沛德	徐忍茹	徐天活	徐天荣
徐达	徐达	徐嘉瑞	徐嘉瑞	徐佩韦	夏衍	徐天荣	徐天荣
徐大纯	徐大纯	徐健	徐文仪	徐彭年	石煤	徐天胎	徐吾行
徐大风	徐大风	徐鉴泉	徐鉴泉	徐平	曹从坡	徐天萧	徐天啸
徐岱珊	徐刚	徐角	刘北汜	徐平	孟超	徐天啸	徐天啸
徐丹甫	梁实秋	徐金田	林克夫	徐平方	曹从坡	徐铁	刘乃崇
徐丹歌	徐仲年	徐锦	黄树则	徐起航	赵立生	徐突微	古丁
徐道邻	陈布雷	徐进文	周有光	徐契萌	徐契萌	徐微	徐微
徐道威	徐中舒	徐京	张爱玲	徐谦	徐谦	徐韦	夏衍
徐道政	徐道政	徐惊百	徐惊百	徐谦夫	徐谦夫	徐伟	范泉
徐德锦	徐放	徐琚清	徐琚清	徐前赴	徐谦夫	徐炜	范泉
徐获	徐百灵	徐觉	徐枕亚	徐青光	徐玉书	徐蔚南	徐蔚南
徐殿荣	徐竹影	徐君藩	徐君藩	徐清风	王绍清	徐慰慈	徐培仁
徐调孚	徐调孚	徐君慧	徐君慧	徐清和	徐清和	徐文	陈迅之
徐东滨	徐东滨	徐君梅	徐君梅	徐琼二	徐琼二	徐文	霍应人
徐笃谦	徐谦夫	徐开垒	徐开垒	徐荃	徐惊百	徐文珊	徐文珊
徐帆	徐帆	徐珂	徐珂	徐泉声	徐麟	徐文韦	范泉
徐凡	徐帆	徐克弱	陈凡	徐儴	徐梦	徐文伟	范泉
徐梵澄	徐梵澄	徐孔僧	徐先兆	徐仁德	徐帆	徐文信	姚依林
徐芳	程应镠	徐坤泉	徐坤泉	徐仁甫	徐仁甫	徐文雄	殷夫
徐芳	徐芳	徐徕	徐君勋	徐仁锦	徐凌霄	徐无那	祝见山
徐放	徐放	徐朗	徐朗	徐仁钰	徐一士	徐吾行	徐吾行
徐烽	路翎	徐朗西	徐朗西	徐忍茹	徐忍茹	徐舞	舒芜
徐辅元	叶德浴	徐礼玑	徐映璞	徐任夫	殷夫	徐奚行	徐盈
徐傅霖	徐卓呆	徐力衡	胡明树	徐桑	许寿真	徐溪	刘岚山
徐甘棠	徐甘棠	徐凌	萧菱	徐扫	徐君藩	徐霞村	徐霞村
徐淦	徐光玦	徐凌霄	徐凌霄	徐森	范泉	徐掀	徐君勋
徐刚	徐刚	徐流	程光锐	徐沙	胡沙	徐小赫	余晓
徐高阮	徐高阮	徐旅	周璧	徐善源	胡明树	徐筱汀	徐筱汀
徐歌	王琳[1]	徐仓	徐仓	徐商寿	徐迟	徐啸亚	徐天啸
徐公美	徐公美	徐曼	秦似	徐绍荣	徐绍荣	徐燮	徐燮
徐古丁	古丁	徐茂荣	徐懋庸	徐绍桢	徐绍桢	徐心芹	徐心芹
徐官海	徐哲身	徐茂庭	胡沙	徐声涛	徐声涛	徐辛	徐放
徐光玦	徐光玦	徐茂庸	徐懋庸	徐声越	徐震堮	徐辛雷	徐辛雷
徐光燊	晓星	徐懋庸	徐懋庸	徐诗荃	徐梵澄	徐欣	何家英
徐光霄	徐光霄	徐蒙	万曼	徐世昌	徐世昌	徐新	萧菱
徐光耀	徐光耀	徐蒙	徐蒙	徐世阶	徐世阶	徐新杰	徐新杰
徐规	徐规	徐梦	徐梦	徐世纶	徐仓	徐行	徐守中
徐褐夫	徐行	徐梦麟	徐嘉瑞	徐世铭	徐心芹	徐行	徐行
徐虹隐	徐兆玮	徐民	徐天从	徐淑娟	徐微	徐行	周有光
徐胡沙	胡沙	徐民武	徐天从	徐舒	徐舒	徐醒	王松
徐琥	徐梵澄	徐名鸿	徐名鸿	徐树元	余晓	徐幸	田流[2]

许无	舒芜	栩园	黄钧	宣哲	宣古愚	玄影	赖贤颖
许遐	鲁迅	栩园	天虚我生	宣之	丁以布	玄真子	萧天石
许遐	许广平	鄅庐	王式通	宣仲	赵元任	玄中	邵元冲
许霞	鲁迅	鄅斋	易大厂	宣重	赵元任	玄仲	石灵
许霞	许广平	【xù】		宣子野	宣古愚	玄珠	茅盾
许啸天	许啸天	旭	郁达夫	萱	艾思奇	县（xuán）解	朱执信
许心影	白鸥	旭初	白蕉	萱百	胡石予	璇吉	沈从文
许行	许行	旭初	冯旭	萱伯	胡石予	璇若	沈从文
许兴凯	许兴凯	旭初	吕志伊	萱草	朱谱萱	璇仙	夏济安
许幸之	许幸之	旭初	汪东	瑄	穆烜	【xuǎn】	
许秀	许广平	旭初	赵景深	暄	穆烜	选青	蔡云万
许雪雪	许雪雪	旭旦	单复	暄斋	谢狱	选卿	蔡云万
许涯	杜边	旭东	栾少山	煊明	辛劳	选卿	陈铨
许延年	许寿彭	旭陔	廖季平	【xuán】		选堂	戴季陶
许言	钟子芒	旭光	李曙光	玄	茅盾	选堂	饶宗颐
许晏骈	高阳	旭岚	李尤白	玄	石灵	【xuàn】	
许业信	谭真	旭明	孙跃冬	玄冰	王侠	绚	李素伯
许诒光	许进	旭日	魏中天	玄伯	李玄伯	楦耳	夏钟麟
许怡曾	磊然	旭如	白蕉	玄策	李叔同	【xuē】	
许以	许以	旭生	王书天	玄道人	楼邨	薛白琰	周作新
许英儒	许以	旭生	徐炳昶	玄父（fǔ）	尤墨君	薛冰	冯雪冰
许永疆	许君武	旭沅	邱炜菱	玄甫	尤墨君	薛采繁	施济美
许由	金满成	旭芝	方荣杲	玄根	楼邨	薛沉	薛诚之
许与澂	许廑父	序	何为[1]	玄根居士	楼邨	薛沉之	薛诚之
许郁勋	许天虹	叙彦	曹元弼	玄公	陈训正	薛诚之	薛诚之
许钰	许粤华	勖陔	廖季平	玄黄	凌景埏	薛邨	朱侃
许钰	许云樵	绪卿	马汤楷	玄会	李叔同	薛大可	薛大可
许豫	许康侯	绪疑室主	谢狱	玄览居士	郑振铎	薛萼果	孙冶方
许豫曾	许康侯	续川	李崇元	玄林	陈训正	薛恩厚	薛恩厚
许元文	许家屯	续范亭	续范亭	玄庐	沈玄庐	薛凡	陈望道
许粤华	许粤华	续培梅	续范亭	玄曼	苏曼殊	薛蜂	胡晓风
许云樵	许云樵	续培模	续范亭	玄门	李叔同	薛何为	薛诚之
许赞堃	许地山	续完	邱炜菱	玄明	李叔同	薛蕙	施蛰存
许赞烊	许敦谷	续宗先	艾扬	玄明	叶德均	薛景福	薛绥之
许则华	许啸天	絮如	梁实秋	玄穆	王德钟	薛克扬	克扬
许真由	放平	絮絮	丘絮絮	玄圃	邵元冲	薛理安	卞之琳
许正之	丁家瑞	煦白	曾虚白	玄荣	李叔同	薛邻	卞之琳
许正直	许纯公	煦伯	曾虚白	玄入	李叔同	薛林	卞之琳
许之衡	许之衡	煦良	周煦良	玄殊	茅盾	薛林	薛林
许之乔	许之乔	蕃蕃	邱炜菱	玄殊	苏曼殊	薛尼	袁文殊
许之正	丁家瑞	【xuān】		玄叟	陈训正	薛强	郑公盾
许指严	许指严	宣	杜宣	玄同	钱玄同	薛汕	薛汕
许志平	许兴凯	宣伯超	宣伯超	玄翁	黄太玄	薛述明	薛述明
许志毅	许指严	宣樊	林白水	玄修	夏敬观	薛绥之	薛绥之
许志庸	姚依林	宣樊子	林白水	玄玄	田桐	薛湍	陆菲琼
许钟祜	玛戈	宣阁	刘麟生	玄玄居士	田桐	薛卫	施蛰存
许竹君	许杰	宣化	王炎之	玄玄子	田桐	薛伍	郑公盾
许竹园	章克标	宣建人	宣建人	玄崖	彭柏山	薛锡祖	何其芳
许子	许幸之	宣君	寒爵	玄衣	曹玄衣	薛熙祖	何其芳
许紫	祝方明	宣敏	康濯	玄婴	陈训正	薛习矗	何其芳
许自庸	姚依林	宣人哲	宣古愚	玄瑛	茅盾	薛习祖	何其芳
栩栩	林秋冰	宣尧火	宣侠父	玄瑛	苏曼殊	薛璇	钱今昔

薛永禄	薛恩厚	雪峰	冯雪峰	雪武	沙白	恂子	王统照
薛妤婕	钱今昔	雪甫	方光焘	雪羲	周汝昌	恂子	吴丈蜀
薛竺	成弦	雪冈	胡焕	雪香山房主人	李逸涛	循伯	赵循伯
薛宗麟	薛诚之	雪谷	蒋渭水	雪雪	许雪雪	循逸	穆烜
【xué】		雪官	孙了红	雪厓	雷昭性	循逸	沙白
学	周作人	雪光	陈雪光	雪崖	褚问鹃	【xùn】	
学不厌老儿	郑岳	雪痕	姚雪垠	雪阳	李友欣	卂	鲁迅
学范	金蓉镜	雪蘅	董速	雪阳	刘开扬	训	潘漠华
学稼	郑学稼	雪花飞	苏宿莽	雪野	王松	训康	丁翔华
学洁	王季思	雪华	汤雪华	雪野	臧恺之	迅	鲁迅
学界闲民	王均卿	雪华	杨幸之	雪业	于毅夫	迅	钱素凡
学静	潘学静	雪金	司马军城	雪因	张雪茵	迅风	李熏风
学良	萧学良	雪鸠	谢梦熊	雪茵	张雪茵	迅鸠	朱迅鸠
学旅	郑学稼	雪龛	诸祖耿	雪垠	姚雪垠	迅雷	徐迅雷
学樵	李天民	雪克	雪克	雪英	郑江萍	迅行	鲁迅
学樵居士	李天民	雪客	高莽	雪瑛	陈隄	迅一	顾迅逸
学樵仙史	李天民	雪蕾	雪蕾	雪渔	谢汝铨	迅逸	顾迅逸
学勤	胡伯恩	雪琏	苏曼殊	雪渔谢汝铨	谢汝铨	迅之	陈迅之
学秋	萧楚女	雪林	苏雪林	雪园	蒲伯英	徇道	胡徇道
学人	胡山源	雪林女士	苏雪林	雪园	佘雪曼	逊庵	邹韬奋
学如	彭震球	雪伦	宋元模	雪原	支援	逊伯	陆丹林
学生	萧军	雪伦	吴端仪	雪耘	刘鹏年	逊公	沈曾植
学诗	施淑仪	雪伦	张雪伦	雪贞	丁玲	逊如	孙孺
学寿老人	徐绍桢	雪曼	佘雪曼	雪簏	章锡琛	逊翁	沈曾植
学思斋主	江应龙	雪门	杨尘因	雪之	鲁迅	逊轩	石凌鹤
学文	魏学文	雪楠	郑雪来	雪竹	成弦	逊舆	陆丹林
学星	张学新	雪泥	孙雪泥	【xuè】		逊园	蒋君章
学愚	胡愈之	雪坪	魏怡人	血	瞿秋白	逊斋	沈曾植
学斋	陈左高	雪苹	郭则沄	血轮	喻血轮	逊斋居士	沈曾植
学斋	廖季平	雪桥	范存忠	血星	张学新	巽甫	丁西林
学昭	陈学昭	雪桥	杨钟羲	【xūn】		巽卿	黄堃
学昭女士	陈学昭	雪桥	甄崇德	勋	张央	巽斋	沈曾植
【xuě】		雪樵	范存忠	勋阁	曹文麟	巽斋	王伯祥
雪	何梦雪	雪樵	杨钟羲	勋远	凌丁	巽斋老人	沈曾植
雪	谢汝铨	雪清	陈根泉	薰	刘薰宇	愻闇	章钰
雪	姚雪垠	雪髯	谭人凤	薰风	江风		
雪	朱镜我	雪人	李成徽	薰风	李熏风	**Y**	
雪庵	张目寒	雪容女士	刘大杰	薰宇	刘薰宇	【yā】	
雪抱	张冰	雪僧	汪作民	【xún】		丫	杨晦
雪抱生	胡雪抱	雪山老僧	太虚	寻常百姓	刘大白	鸦龙	蒋希曾
雪冰	邓文仪	雪深	姜书阁	寻皇	刘心皇	桠汀	金江
雪尘	张企程	雪生	段雪笙	询如	王统照	【yá】	
雪邨	林默涵	雪生	李根源	荀庵	易大厂	牙含章	牙含章
雪村	章锡琛	雪笙	段雪笙	荀寰	周而复	牙美昌	牙美昌
雪涤	邓雪涤	雪舒	杜学舒	荀继	鲁迅	厓叟	吴梅[1]
雪蒂	雪蒂	雪松	曹雪松	荀枚	邵洵美	涯卿	周其勋
雪蝶	苏曼殊	雪铁	伍宪子	荀芷	吴丈蜀	涯屋	吴廷琯
雪蝶	苏曼殊	雪韦	刘雪苇	洵	潘漠华	【yǎ】	
雪帆	陈望道	雪苇	刘雪苇	洵美	邵洵美	哑庵	王森然
雪方	梁南	雪文	方龄贵	恂	王统照	哑夫妇	曾梦笔
雪妃	李蔚华	雪纹	欧阳兰	恂如	王统照	哑公	王森然
雪枫	彭雪枫	雪纹女士	欧阳兰	恂儒	孙毓修	哑雷	黑炎

哑铃	剑胆	亚奇	郑民权	延龄	王延龄	严懋垣	严薇青
哑泉	钱基博	亚青	亚汀	延秋	郭坚忍	严明杰	严灵峰
哑翁	王森然	亚泉	杜亚泉	延生	杨敬年	严平	曾燕萍
哑行者	蒋彝	亚苏	张晋媛	延甦	商展思	严蒲特	饶彰风
痖弦	痖弦	亚苏	邹鲁	延泽良	延泽民	严锲	严既澄
雅	狄楚青	亚唐	纪刚	延泽民	延泽民	严青蔓	严文井
雅枫	王仲园	亚唐	李冰人	延璋	胡征	严庆澍	唐人
雅歌	周立波	亚汀	亚汀	延真	杨昀谷	严群	严以群
雅龙	蒋希曾	亚薇	亚薇	严	黄振彝	严如	柯岗
雅牛	黄拾	亚希	何昭	严北溟	严北溟	严如钺	李乡浏
雅三	沈云龙	亚一	柯蓝	严冰儿	鲁兵	严若冰	鲁兵
雅堂	连横	亚伊	易琼	严兵	张彦平	严若令	严灵峰
雅棠	连横	亚舟	周越然	严辰	严辰	严瑟	谢树
【yà】		亚子	陈梨梦	严炽	西彤	严森	严文井
亚	匡亚明	亚子	柳亚子	严传初	严复	严僧	孙涵冰
亚	李亚如	亚子	王仲园	严纯昆	康道乐	严慎谦	梅白
亚巴加	戴望舒	【yān】		严慈	萧岱	严慎予	严慎予
亚伯	黄伯耀	烟	范烟桥	严醉（cù）乾	严复	严霜	宋大雷
亚丹	曹靖华	烟波钓叟	张謇	严大椿	严大椿	严顺晞	辛丰年
亚当	陈棠花	烟波钓徒	张謇	严独鹤	严独鹤	严肃	严既澄
亚丁	陈亚丁	烟花散人	李逸涛	严敦易	严敦易	严肃之	薛汕
亚东破佛	彭俞	烟戢	刘燕及	严谔声	严谔声	严素	严既澄
亚凡	王亚凡	烟匏生	甘乃光	严而肃	严望	严望	严望
亚凤	朱大可	烟桥	范烟桥	严芙荪	严芙孙	严薇青	严薇青
亚凤巢主	朱大可	烟霞散人	黄宾虹	严复	严复	严韦蒙	李润湖
亚夫	王晏	烟秀	曾彦秀	严戈	严文彬	严慰冰	严慰冰
亚夫	杨昭	烟竹楼吟草	吴丹一	严戈行	夏理亚	严文锦	严文井
亚韩	朱铁笙	焉凌	谢狱	严格	辛丰年	严文井	严文井
亚蘅	王亚蘅	焉用牛	钟子芒	严恭	严恭	严翔	严辰
亚红	司马文森	焉于	鲁迅	严怪渔	严怪愚	严新武	耶菲
亚红	于逢	淹	丁文江	严怪愚	严怪愚	严秀	曾彦秀
亚君	何昭	鄢陵	王延龄	严光化	鲁兵	严炎	李象文
亚克	霍应人	鄢绍良	方牧	严寒	戴不凡	严仪	严辰
亚岚	杨六郎	燕京布衣	吴世昌	严汉民	严辰	严以南	艾霞
亚蓝	张秀亚	燕客	鲁迅	严洪	水夫	严友梅	严友梅
亚林	莫洛	燕慕	燕遇明	严华	周楞伽	严有太	严望
亚林	潘汉年	燕山客	陶白	严华龙	严华龙	严郁尊	林林
亚灵	潘汉年	燕山小隐	冯小隐	严怀瑾	严慰冰	严约	汪原放
亚灵	叶灵凤	燕山卒	宋文	严晖	李汝琳	严蕴梁	严蕴梁
亚铃	剑胆	燕生	常燕生	严辉	严芙荪	严桢	严独鹤
亚领	朱其华	燕市歌者	巴人	严几道	严复	严阵	严阵
亚卢	柳亚子	燕素	燕遇明	严济诚	严既澄	严正	严怪愚
亚庐	柳亚子	燕燕	燕遇明	严既澄	严既澄	严志道	白得易
亚鲁	阿英	燕遇明	燕遇明	严霁	鲁兵	严重	严复
亚罗	曾梦笔	燕赵士	邹霆	严金符	严华龙	严宗光	严复
亚马	亚马	燕志僑	燕遇明	严静文	司马长风	严尊痴	严复
亚明	王亚明	【yán】		严军光	袁殊	言	吴宓
亚娜	林太乙	延	卢世延	严凯	潘汉年	言	朱自清
亚宁	杨亚宁	延悔	沈禹钟	严慨忱	严既澄	言半默	牧野
亚牛	丁洪	延家畔	延泽民	严灵峰	严灵峰	言川	潘漠华
亚诺	玛戈	延礼	张丹斧	严陵	王延龄	言林	刘延陵
亚平	王亚平	延陵	刘延陵	严陵子	戴不凡	言林	王延龄

言茜子	何达	颜可风	瞿白音	晏海门	刘心皇	燕归来簃主人	张次溪
言茜子	夏易	颜可铸	颜昌峣	晏回	马仲明	燕环	袁克文
言情	黄燕清	颜鲁	颜汉春	晏明	晏明	燕及果	刘燕及
言微	束纫秋	颜申村	章泯	晏石	刘燊曾	燕临	石经文
言微	王知伊	颜廷桢	颜进之	晏翔	邵燕祥	燕凌	王延龄
言无忌	鲍昌	颜文初	颜文初	晏岩	刘燊曾	燕楼	叶灵凤
言曦	邱楠	颜文化	颜进之	晏一	单演义	燕麦	杜谷
言言	杨嘉	颜五郎	许庫父	晏甬	晏甬	燕铭	齐燕铭
言语	黄旭	颜香	邵燕祥	晏勇	晏甬	燕谋	徐承谋
言知	杨御龙	颜行	戈壁舟	晏子述	晏甬	燕南	俞林
言直	光未然	颜一烟	颜一烟	宴敖	鲁迅	燕宁	纪维周
言直	朱寨	颜瀛	谢狱	宴冲	韩北屏	燕平	施雁冰
岩	黄振彝	颜玉芳	颜一烟	宴之敖者	鲁迅	燕平	施燕平
岩	雷昭性	颜毓芳	颜一烟	掞东	罗瘿公	燕坪	章一华
岩	史济行	颜芸枢	颜文初	雁	茅盾	燕萍	施燕平
岩村	吴恭亨	颜治	章泯	雁宾	茅盾	燕然	王聿均
岩青	张垣	颜昨非	顾民元	雁冰	高阳	燕人	丽尼
岩荃	艾煊	檐樱室主	程靖宇	雁冰	茅盾	燕如	毕朔望
岩像	饶友瑚	【yǎn】		雁博	武达平	燕叟	文怀沙
岩英	刘筠堂	俨山	杨钟羲	雁荡	崔雁荡	燕堂	巴人
岩咏	齐鸣	衍	夏衍	雁棣	张荣甫	燕堂	文怀沙
炎	王大化	衍碧楼主	李拓之	雁江	杨贤江	燕侠	高光
炎秋	洪炎秋	衍君	陈三立	雁翎	萧村	燕祥	邵燕祥
炎如	王知伊	琰如	王琰如	雁明	王临泰	燕翔	马彦祥
炎炎	张天白	演畴	李全基	雁晴	李笠	燕翔	邵燕祥
炎之	缪荃孙	演存	邓演存	雁叟	谈善吾	燕旋	冯雪峰
炎之	王炎之	演音	李叔同	雁堂	董作宾	燕崖	胡絜青
炎洲	左秉隆	【yàn】		雁文	张子斋	燕岩	胡絜青
研耕老人	周学熙	厌之	王炎之	雁翔	邵燕祥	燕义权	叶青
研石	王研石	砚夫	张文勋	雁翼	赵燕翼	燕英	夏侯
阎葆明	阎折梧	砚耕老人	周学熙	雁荫	夏侯	燕影	苏曼殊
阎栋材	阎栋材	砚耕庐主	许指严	雁影	阎栋材	燕影生	苏曼殊
阎好文	杜烽	砚庐	刘世珩	雁月	狄君武	燕影子	苏曼殊
阎少显	阎少显	砚田	闻家驷	焰慧	李叔同	燕子	孟超
阎淑子	薛汕	砚庄	张若名	焰生	李焰生	燕子	司马文森
阎西顺	阎栋材	咽冰	杨赓笙	焰滔	关照禧	燕子山僧	苏曼殊
阎晓光	严阵	彦	陈布雷	燕	苏曼殊	谳宾	茅盾
阎折梧	阎折梧	彦长	傅彦长	燕	张恨水	谳冰	茅盾
阎哲吾	阎折梧	彦及	陈布雷	燕	张金燕	【yāng】	
阎志吾	马烽	彦萍	张彦平	燕白	白航	央庵	孙少庵
阎志训	萧凤	彦岐	易文	燕白	萧军	秧河	唐湜
阎宗临	阎宗临	彦人	陈玙	燕宾	茅盾	【yáng】	
颜壁	巴尔	彦上	陈登恪	燕斌	茅盾	扬	茅盾
颜昌峣	颜昌峣	彦叔	曹元弼	燕滨	戴西青	扬	徐懋庸
颜赤珠	杲杳	彦堂	董作宾	燕冰	茅盾	扬碧	李莎
颜丁	颜一烟	彦陶	王家莹	燕昌	茅盾	扬波	杨春波
颜海涛	叶淘	彦威	缪钺	燕巢居士	张鸿	扬潮	羊枣
颜翰彤	刘念渠	彦祥	马彦祥	燕雏	张荫麟	扬尘	王仰晨
颜笏山	颜笏山	彦祥	邵燕祥	燕丁	李建庆	扬帆	包干夫
颜进之	颜进之	彦修	曾彦秀	燕东柯	许寿真	扬帆	扬帆
颜觉叟	颜笏山	艳	陈垣	燕方	陈莲痕	扬放	王冶新
颜开	唐人	晏布	马仲明	燕谷老人	张鸿	扬禾	扬禾

扬和	唐湜	阳云	羊翬	杨村彬	杨村彬	杨光洁	杨光洁
扬红风	田奇	阳兆鲲	阳兆鲲	杨大河	杨绍萱	杨光明	杨明[2]
扬灵	徐懋庸	杨艾生	袁尘影	杨大鸿	杨嘉	杨光政	杨晋豪
扬樵	贺觉非	杨白恺	杨唤	杨大宽	杨麦	杨光中	杨光中
扬青	王屏侯	杨白郁	杨唤	杨大辛	杨大辛	杨广誉	杨绍萱
扬声	杨振声	杨宝珊	杨玉如	杨大元	董每戡	杨贵	杨逵
扬水清	宣侠父	杨保泰	杨小仲	杨丹荪	羊枣	杨桂	杨美清
扬苏	贺觉非	杨鲍	杨大辛	杨德恩	杨荫深	杨国藩	杨昭
扬震	应云卫	杨奔	杨奔[1]	杨德基	杨述	杨汉池	杨汉池
扬子	陈山	杨奔	杨奔[2]	杨德英	杨述	杨翰池	杨汉池
扬子	方纪	杨本泉	穆仁	杨德豫	杨德豫	杨浩泉	杨樾
扬子江	陆象贤	杨必	杨必	杨隰	柳北岸	杨禾	扬禾
扬子江	田流[2]	杨璧	杨必	杨涤新	杨兆钧	杨亨林	杨绍萱
羊矮	吴云心	杨缤	杨刚	杨昳	杨秋实	杨衡甫	杨杏佛
羊城客	林里	杨冰	杨刚	杨鼎照	杨亚宁	杨弘农	杨弘农
羊娥	钟子芒	杨丙辰	杨丙辰	杨东	杨纤如	杨宏甫	杨杏佛
羊馥	钟子芒	杨炳堃	杨鸿烈	杨东方	杨天骥	杨洪	王西彦
羊谷	吴云心	杨波	杨波	杨东明	杨东明	杨鸿烈	杨鸿烈
羊翬	羊翬	杨伯勉	郭沫若	杨冬	杨纤如	杨花	杨华
羊角	谢树	杨不柳	杨梦周	杨笃清	杨骚	杨花落	杨奔[2]
羊角	杨唤	杨步飞	秦似	杨蕚	林潜	杨华	白堤
羊珂	秦似	杨步伟	杨步伟	杨耳	许立群	杨华	杨华
羊令野	羊令野	杨采	刘御	杨帆	吴继岳	杨华	叶以群
羊牧	黎维新	杨采君	洛雨	杨帆	扬帆	杨华康	麦穗
羊牧边	杨唤	杨沧白	杨沧白	杨番	方敬	杨华宁	华山
羊乃	吴云心	杨曾润	杨奔[2]	杨凡	刘波泳	杨铧	李华飞
羊山	林林	杨曾蔚	杨曾蔚	杨璠	杨璠	杨化宇	朱健
羊师虎	聂索	杨昌溪	杨昌溪	杨芳洁	杏影	杨桦	杨之华[2]
羊叔子	陈向平	杨超然	朱改	杨非	杨晋豪	杨槐	车辐
羊思	钟子芒	杨朝庆	杨云史	杨非	杨廷福	杨槐	罗洛
羊辛	木斧	杨朝熙	沙汀	杨芬若女士	毕倚虹	杨唤	杨唤
羊洋	林如稷	杨朝枝	杨朝枝	杨凤岐	欧阳山	杨晦	杨晦
羊愚	姜彬	杨潮	羊枣	杨弗	杨季生	杨纪	张篷舟
羊羽	青勃	杨潮声	羊枣	杨弗庚	杨季生	杨季康	杨绛
羊羽	周恩来	杨尘因	杨尘因	杨佛庚	杨季生	杨季生	杨季生
羊羽子	周恩来	杨成柏	叶青	杨复冬	钟子芒	杨季微	杨刚
羊枣	羊枣	杨成松	叶青	杨富贵	邓中夏	杨济	杨济
阳	李进	杨成业	杨沫	杨富宽	杨麦	杨济川	向明
阳伯篯	阳兆鲲	杨诚	方土人	杨刚	杨刚	杨济震	杨济震
阳枫	刘玉峰	杨承栋	许立群	杨刚女士	杨刚	杨霁云	杨霁云
阳光	陈华[2]	杨赤灯	杨慈灯	杨格	沈起予	杨家	杨嘉
阳翰笙	阳翰笙	杨炽昌	杨炽昌	杨赓甫	杨贤江	杨家驹	杨嘉
阳和生	陈中宣	杨冲	韦晕	杨赓笙	杨赓笙	杨家文	杨家文
阳湖	钱伯城	杨传业	杨幼生	杨更生	杨甦	杨嘉	杨嘉
阳焕	阳太阳	杨春	鲁琪	杨公忌	杨公骥	杨建华	杨华
阳曼觉	阳太阳	杨春波	杨春波	杨公骥	杨公骥	杨建文	杨逵
阳明濯	徐辛雷	杨春盛	杨秋实	杨古锡	杨骚	杨剑赤	杨慈灯
阳秋	茅盾	杨春逸	刘御	杨谷	白堤	杨剑秀	阳翰笙
阳太阳	陈华[2]	杨春瑜	刘御	杨观澜	杨观澜	杨健	汪倜然
阳太阳	阳太阳	杨淳	刘波泳	杨管己	巴人	杨健	杨华
阳美客	陈牧	杨慈灯	杨慈灯	杨光波	杨晋豪	杨绛	杨绛
阳雪坞	阳太阳	杨邨人	杨邨人	杨光化	杨履方	杨杰	杏影

杨锦明	彭玲	杨每戡	董每戡	杨群奋	杨群奋	杨铁夫	杨铁夫
杨瑾钟	钟子芒	杨美清	杨美清	杨人梗	杨人梗	杨廷	黄裳
杨晋	宋淇	杨昧尼	杨奔[1]	杨日基	杨日基	杨廷福	杨廷福
杨晋豪	杨晋豪	杨梦周	杨梦周	杨荣国	杨荣国	杨同芳	杨同芳
杨敬慈	杨敬慈	杨蜜蜂	杨山	杨如松	叶青	杨芃棫	杨芃棫
杨敬年	杨敬年	杨勉流	杨纤如	杨瑞麟	杨村彬	杨维	杨骚
杨静	杨苡	杨明	巴人	杨若呆	杨萧	杨维铨	杨骚
杨静如	杨苡	杨明	陈华[2]	杨骚	王啸平	杨维武	杨宪益
杨静远	杨静远	杨明	杨明[1]	杨骚	杨骚	杨维兴	杨野
杨镜清	叶紫	杨明	杨明[2]	杨瑟民	杨芃棫	杨味云	杨味云
杨镜英	叶紫	杨明	张天白	杨瑟鸣	杨芃棫	杨蔚	何索
杨九寰	羊枣	杨明照	杨明照	杨森	杨唤	杨魏兰	魏兰
杨君辰	魏东明	杨沫	杨沫	杨山	杨山	杨温欣	杨雨稜
杨君茉	杨沫	杨陌	杨麦	杨少尉	杨慈灯	杨文	田仲济
杨君默	杨沫	杨墨	林林	杨绍萱	杨绍萱	杨无恙	杨无恙
杨俊	杨弘农	杨默	杨沫	杨深簶	杨烈[2]	杨戊生	魏东明
杨恺	章克标	杨默生	杏影	杨慎言	杨明[1]	杨锡光	杨子敏
杨康	杨昌溪	杨慕	夏衍	杨生明	杨文林	杨锡骧	杨天骧
杨柯	何其芳	杨穆	赵易林	杨陞簶	杨烈[2]	杨锡章	杨锡章
杨克成	杨汉池	杨纳维	杨日基	杨圣遗	杨钟羲	杨熙龄	杨熙龄
杨孔娴	杨孔娴	杨乃藩	杨乃藩	杨石	杨应彬	杨熹中	陈涌
杨奎章	杨奎章	杨乃康	杨乃康	杨时俊	陈山	杨霞青	瞿秋白
杨逵	杨逵	杨楠父	木斧	杨实夫	杨实夫	杨夏民	杨镇华
杨兰仙	杨步伟	杨念歧	易文	杨实君	杨实君	杨先达	杨沧白
杨浪	杨六郎	杨宁	杨之华[1]	杨氏千鹤	杨千鹤	杨纤如	杨纤如
杨稜	杨雨稜	杨沛如	王书天	杨世恩	杨世恩	杨贤江	杨贤江
杨力	贾植芳	杨丕衡	杨奔[1]	杨世骧	杨世骧	杨显达	杨华
杨历樵	杨历樵	杨平	杨平	杨守默	杏影	杨宪益	杨宪益
杨立可	朱健	杨坪	严辰	杨守愚	杨守愚	杨献芝	杨絮
杨廉政	羊枣	杨莆	木斧	杨寿枏	杨味云	杨骧	邓式中
杨了公	杨锡章	杨谱	木斧	杨寿清	杨晋豪	杨萧梅	杨萧
杨蓼功	杨锡章	杨坼	杨云史	杨寿棫	杨味云	杨小先	杨慈灯
杨烈	杨烈[1]	杨其波	冯浪波	杨书云	于寄愚	杨小仲	杨小仲
杨烈	杨烈[2]	杨其敏	周贻白	杨述	杨述	杨啸霞	杨仲佐
杨灵	徐懋庸	杨其珊	杨之华[1]	杨树达	杨树达	杨心巢	杨六郎
杨令	邹荻帆	杨其庄	杨琦	杨树达遇夫	杨树达	杨心因	杨荫深
杨令德	杨令德	杨奇姿	杨依芙	杨庶堪	杨沧白	杨兴栋	杨晦
杨令茀	杨令茀	杨淇	夏衍	杨庶堪沧白	杨沧白	杨行老农	居正
杨柳风	杨光中	杨琦	杨琦	杨双	吴祖光	杨行老圃	马君武
杨柳青	夏侯	杨旗	王景山	杨顺	刘王立明	杨杏佛	杨杏佛
杨柳青	杨树庸	杨岂深	杨岂深	杨朔	杨朔	杨幸之	杨幸之
杨柳青	杨昭忠	杨起森	杨岂深	杨思谌	杨思谌	杨琇珍	杨依芙
杨柳塘	杨朝枝	杨弃疾	戴文葆	杨思仲	陈涌	杨旭	杨光洁
杨柳枝	李文珊	杨器人	杨华	杨松茂	杨守愚	杨絮	杨絮
杨六郎	杨六郎	杨千鹤	杨千鹤	杨素	李虹霓	杨选堂	杨子
杨纶勋	向明	杨千里	杨天骧	杨素女士	李虹霓	杨雪门	杨尘因
杨吕城	陈山	杨青涛	杨晋豪	杨涛清	杨晋豪	杨亚岚	杨六郎
杨履方	杨履方	杨秋帆	杨东明	杨天彪	杨田农	杨亚宁	杨亚宁
杨麦	杨麦	杨秋实	杨秋实	杨天骧	杨天骧	杨彦岐	易文
杨曼秋	池满秋	杨铨	杨杏佛	杨天南	章克标	杨扬	文振庭
杨没累	杨没累	杨却俗	杨却俗	杨天生	杨波	杨扬	杨山
杨没累女士	杨没累	杨群	杨奎章	杨天锡	杨荣国	杨扬	杨扬

杨扬子	陈山	杨振华	杨公骥	仰先	钱锺书	姚非厂（ān）	姚非厂
杨羊	杨山	杨振声	杨振声	仰宣	钱锺书	姚凤惠	姚凤惠
杨烨	欧阳山	杨震	夏衍	仰之	程仰之	姚凤石	姚光
杨野	高光	杨震文	杨丙辰	仰之	桂涛声	姚浮生	姚雪垠
杨野	杨野	杨镇华	杨镇华	仰之	王景山	姚复庐	姚光
杨业文	梁实秋	杨镇畿	朱健	养庵	周肇祥	姚馥兰	金庸
杨叶	杨野	杨正堂	杨令德	养伯	陶菊隐	姚赓奎	姚苏凤
杨晔	沈可人	杨正午	杨公骥	养初	黄石	姚赓夔	姚苏凤
杨一鸣	杨之华[2]	杨之华	杨之华[1]	养洪	郭则沄	姚公伟	姚一苇
杨一如	包惠僧	杨之华	杨之华[2]	养花轩主	徐哲身	姚公振	姚江滨
杨依芙	杨依芙	杨之华女士	杨之华[1]	养豁	李根源	姚古风	姚鹏图
杨仪	欧阳山	杨之水	程千帆	养泉	孙伏园	姚冠三	姚雪垠
杨贻谋	杨贻谋	杨芝华	杨之华[1]	养石叟	蔡绳格	姚光	姚光
杨苡	杨苡	杨枝	陈钦源	养吾	王森然	姚国杰	姚易非
杨逸春	刘御	杨植霖	杨植霖	养元	严灵峰	姚汉英	姚雪垠
杨荫杭	杨荫杭	杨只青	沙汀	养园居士	江应龙	姚后超	姚光
杨荫深	杨荫深	杨志洁	刘王立明	养云	郭则沄	姚华	姚茫父
杨鲲生	杨尘因	杨志一	杨志一	养斋	王寿昌	姚怀孕	姚吉生
杨隐君	林潜	杨治州	杨平	养拙楼主	张镠子	姚箕隐	舒芜
杨应彬	杨应彬	杨忠	海笑	【yàng】		姚吉生	姚吉生
杨应雷	何其芳	杨钟健	杨钟健	样薁珠	杨霁云	姚嘉衣	金庸
杨樱	叶紫	杨钟羲	杨钟羲	【yāo】		姚见	姚见
杨莹叔	杨朔	杨仲德	杨仲德	么哥	卞之琳	姚江滨	姚江滨
杨永福	杨大辛	杨仲撰	杨仲撰	么麽	纪果庵	姚江人	麦穗
杨友	戴不凡	杨仲佐	杨仲佐	爻父	王礼锡	姚锦	姚锦
杨友德	杨友德	杨周翰	杨周翰	【yáo】		姚锦凤	姚锦
杨友濂	杨云萍	杨竹剑	朱健	尧	潘漠华	姚静	姚溱
杨幼生	杨幼生	杨茁	杨山	尧常	鲍少游	姚可昆	姚可昆
杨予真	陈山	杨子	杨子	尧放	柯尧放	姚可崑	姚可昆
杨雨稜	杨雨稜	杨子波	朱讯	尧公	谢兴尧	姚克	姚克
杨玉如	杨玉如	杨子固	杨子固	尧洛川	饶纮平	姚克广	姚依林
杨玉衔	杨铁夫	杨子华	杨之华[1]	尧民	刘尧民	姚垦	徐光玦
杨玉璋	杨扬	杨子蕙	杨世恩	尧卿	丁文安	姚莱波	姚文蔚
杨遇夫	杨树达	杨子戒	杨子戒	尧衢	余肇康	姚冷	姚冷
杨御龙	杨御龙	杨子青	沙汀	尧人	祝世康	姚里	丁景唐
杨毓瑶	杨朔	杨宗荣	杨山	尧如	金尧如	姚丽桓	姚大荣
杨元恺	杨无恙	杨宗珍	孟瑶	尧生	赵熙	姚俪桓	姚大荣
杨园	苏庐	杨作雨	洛雨	尧颂	姚可昆	姚俪垣	姚大荣
杨袁昌英	袁昌英	洋	杨守愚	姚奔	姚奔	姚柳坪	姚鹏图
杨远略	陈凡	洋潮	羊枣	姚才波	姚文蔚	姚柳屏	姚鹏图
杨苑青	杨静远	洋山	杨山	姚成龙	姚克	姚罗洪	罗洪
杨越	杨樾	洋漾	木斧	姚澄波	姚溱	姚裸人	姚蓬子
杨樾	杨樾	【yǎng】		姚崇光	姚茫父	姚茫父	姚茫父
杨云鹗	杨纤如	仰川	孔庆洛	姚达人	姚名达	姚孟埙	姚明辉
杨云萍	杨云萍	仰慈	童爱楼	姚大慈	姚大慈	姚梦龄	姚仲明
杨云史	杨云史	仰高	袁水拍	姚大知	姚大慈	姚梦生	姚蓬子
杨昀谷	杨昀谷	仰山	杜天赐	姚埭老民	沈曾植	姚民哀	姚民哀
杨韵卿	杨步伟	仰山	林林	姚埭癯禅	沈曾植	姚名达	姚名达
杨增荦	杨昀谷	仰枢	于非闇	姚奠中	姚奠中	姚明辉	姚明辉
杨章	杨之华[1]	仰天	韩文达	姚冬白	姚雪垠	姚楠	姚楠
杨昭	杨昭	仰天	汪笑侬	姚钝	穆烜	姚朋	彭歌
杨兆钧	杨兆钧	仰巍	杨奔[1]	姚方仁	姚蓬子	姚蓬子	姚蓬子

姚鹏图	姚鹏图	姚永来	姚勇来	药石	居正	埜容	廖沫沙
姚谦祥	姚凤惠	姚永朴	姚永朴	药堂	周作人	野	田仲济
姚潜修	姚非厂	姚余园	姚文蔚	药堂老人	周作人	野	吴组细
姚溱	姚溱	姚予影	姚凤惠	药义	陈樗	野残	邓实
姚青苗	青苗	姚宇	姚一苇	曜宾	蒋锡金	野草	潘侠风
姚庆云	姚三友	姚宇龙	姚雨平	曜辰	徐祖正	野草	沈侠魂
姚三友	姚三友	姚雨平	姚雨平	曜剑生	周作人	野邨	田仲济
姚杉尊	姚蓬子	姚雨霞	青苗	耀	黄伯耀	野灯	杲杳
姚莘农	姚克	姚禹玄	张庚	耀	孔另境	野风	田仲严
姚声宏	姚远方	姚玉祥	青苗	耀辰	徐祖正	野夫	巴人
姚石子	姚光	姚育壮	姚以壮	耀德	卫聚贤	野谷	野谷
姚时晓	姚时晓	姚豫太	姚奠中	耀高邱	丁玲	野禾	刘沙
姚叔节	姚永概	姚鹓雏	姚鹓雏	耀公	黄伯耀	野鹤	杜颖陶
姚叔子	姚大慈	姚远	姚吉生	耀光	黄伯耀	野鹤	李乔[1]
姚舜钦	姚璋	姚远	姚远	耀恺	贾亦棣	野鹤山人	雷啸岑
姚思慕	姚思慕	姚远方	姚远方	耀民	夏侯	野蕻	朱野蕻
姚思铨	万湜思	姚蕴华	姚雪垠	耀岐	刘凤锵	野华	叶灵凤
姚嵩	姚可昆	姚蕴素	姚倚云	耀卿	孙殿起	野火	林晃升
姚苏凤	姚苏凤	姚璋	姚璋	耀秋	彭桂蕊	野火	鲁迅
姚素园	姚永朴	姚朕	姚民哀	耀山	杨生华	野火	萧楚女
姚隼	姚勇来	姚正基	姚奔	耀堂	蔡廷幹	野火	徐刚
姚天亶	姚民哀	姚芝闻	姚奔	耀五	霍世昌	野岚	刘贻清
姚完璧	青苗	姚芷洴	姚大荣	【yē】		野老	王独清
姚宛若	姚鹓雏	姚志俨	姚克	耶草	吕霞先	野黎	孔罗荪
姚葳	姚葳	姚志伊	姚克	耶菲	耶菲	野藜	也丽
姚文蔚	姚文蔚	姚中	姚远方	耶夫	林疑今	野苓	马作楫
姚文运	姚文蔚	姚钟	青苗	耶夫	周心默	野马	丁嘉树
姚锡钧	姚鹓雏	姚仲明	姚仲明	耶戈	司马文森	野马	黎锦晖
姚显微	姚名达	姚仲实	姚永朴	耶林	耶林	野马	炼虹
姚向之	姚奔	姚重光	姚茫父	耶灵	耶林	野马	马仲明
姚肖尧	姚民哀	姚梓良	姚楠	耶鲁	黄望青	野马	向人红
姚小徽	向明	姚紫	姚紫	椰林	耶林	野马	萧楚女
姚新吾	姚远	姚自珍	罗洪	椰榸	郑天宇	野马	张我军
姚星农	姚克	姚宗伟	姚宗伟	椰子	莫耶	野曼	野曼
姚惺农	姚克	姚作华	姚雪垠	【yě】		野蔓	野曼
姚幸孙	姚永概	遥光	陈明中	也	金展	野猫	吕思勉
姚雄伯	姚鹓雏	遥远	姚宗伟	也白	殷白	野蓬	唐登岷
姚雪冰	姚雪垠	遥中苇	姚宗伟	也北	金江寒	野苹	胡也频
姚雪痕	姚雪垠	瑶琴	钟丰玉	也丽	也丽	野萍	陈泽昆
姚雪垠	姚雪垠	【yǎo】		也鲁	高云览	野萍	胡国亭
姚砚翌	姚见	舀郁	范泉	也鲁	顾也鲁	野萍	杨虏洲
姚冶孝	姚时晓	窅九生	王西神	也罗	李耕	野萍	周民震
姚一鄂	姚茫父	窈窕轩主	王蘧常	也频	胡也频	野谦	姜椿芳
姚一苇	姚一苇	【yào】		也平	章叶频	野桥	刘澍德
姚苡	李拓之	药	周作人	也耶	高恬慧	野樵	刘澍德
姚倚云	姚倚云	药庵	恽铁樵	冶方	孙冶方	野青果	吕沁
姚亦菲	姚易非	药风	郑正秋	冶爨离	万曼	野秋	梁宁
姚易非	姚易非	药庐	周学藩	冶民	蔡寅	野秋	王冶秋
姚应夫	杨贤江	药梦	金兆蕃	冶秋	王冶秋	野囚	王冶秋
姚颖	王漱芳	药眠	黄药眠	垫金	刘燕及	野蘽	陈学昭
姚颖	姚颖	药樵	甘鹏云	垫军	刘燕及	野人	胡紫岩
姚永概	姚永概	药樵	林森	垫人	廖鉴衡	野人	司马桑敦

笔名	本名	笔名	本名	笔名	本名	笔名	本名
野容	廖沫沙	叶菲	殷梦萍	叶澜	李北流	叶秋原	叶秋原
野骚	陈野骚	叶菲洛	叶菲洛	叶劳	徐达	叶群	叶冬心
野史氏	王树枬	叶风	杨幼生	叶黎	王汶	叶群	恽逸群
野寺	郭风	叶风	叶青	叶林	耶林	叶荣钟	叶荣钟
野松	吴组缃	叶枫	路工	叶林丰	叶灵凤	叶如桐	吴强
野叟	洛夫	叶逢春	叶青	叶林风	叶灵凤	叶塞	周沙尘
野隼	苏雪林	叶逢生	黄崖	叶琳	杨村彬	叶桑	张扬
野童	宋文	叶夫	沈子复	叶霖生	叶平林	叶山	丁嘉树
野薇	蒋野薇	叶夫	朱文尧	叶霖蔚	叶天底	叶少奇	叶荣钟
野小	赵树理	叶莆	佟醒愚	叶灵凤	叶灵凤	叶少吾	叶景范
野岩	温梓川	叶福	黄军	叶灵鸡	陈向平	叶绍钧	叶圣陶
野垠	张瑞麟	叶福	佟醒愚	叶凌秋	楼适夷	叶绍钧圣陶	叶圣陶
野萤	逯登泰	叶甫廷	张子斋	叶岭秋	楼适夷	叶莘华	崔万秋
野玉	杨云史	叶富根	于伶	叶流	黄叶流	叶圣陶	叶圣陶
野月	小松	叶公超	叶公超	叶六仁	叶石涛	叶石	叶石
【yè】		叶公朴	杨贤江	叶隆	白峡	叶石涛	叶石涛
叶	叶楚伧	叶恭绰	叶恭绰	叶绿	陈蝶衣	叶式昌	叶伯和
叶	朱文尧	叶谷馨	叶国庆	叶绿素	刘芳松	叶抒玉	贺抒玉
叶阿生	叶克	叶观一	叶恭绰	叶迈	叶逸凡	叶舒	夏易
叶柏	蓝曼	叶桂	叶圣陶	叶迈	张荣甫	叶水夫	水夫
叶悲	金江寒	叶桂山	叶圣陶	叶曼	叶曼	叶思曾	叶易
叶北岑	李象文	叶国庆	叶国庆	叶曼莉	白桦	叶思霞	杨云史
叶镔虹	叶玉森	叶汉平	夏霖	叶芒	冯亦代	叶素	楼适夷
叶冰	王啸平	叶菡	周琪²	叶芒	荒芜	叶涛	叶淘
叶炳辉	叶步月	叶和华	林林	叶萌	路工	叶匋	叶圣陶
叶伯和	叶伯和	叶苙渔	叶玉森	叶梦蝶	叶夏声	叶陶	叶圣陶
叶不凋	辛劳	叶洪	水夫	叶梦寒	周大康	叶淘	叶淘
叶不竞	叶夏声	叶洪渔	叶玉森	叶梦生	叶夏声	叶天砥	叶天底
叶步月	叶步月	叶篛渔	叶玉森	叶敏华	王德林	叶天竞	叶夏声
叶蝉贞	叶蝉贞	叶侯	张肇桐	叶明	曹汶	叶天籁	叶荣钟
叶超	包蕾	叶华蒂	叶以群	叶明	华嘉	叶天瑞	叶天底
叶沉	沈西苓	叶奂彬	叶德辉	叶明	茅盾	叶田	邵全建
叶崇智	叶公超	叶奂份（bīn）	叶德辉	叶明	叶明	叶脱	朱英诞
叶初	叶玉森	叶焕彬	叶德辉	叶明	叶以群	叶危	王业伟
叶楚伧	叶楚伧	叶会西	叶永蓁	叶明勋	叶明勋	叶为耽	叶秋原
叶处立	辛丰年	叶家怡	叶家怡	叶茉	黄子祥	叶未凋	叶挺荃
叶大军	贺孟斧	叶葭	韦晕	叶楠	叶楠	叶未行	叶兵
叶得浴	叶德浴	叶嘉陵	叶嘉莹	叶尼	吴天	叶文雄	叶文雄
叶德辉	叶德辉	叶嘉莹	叶嘉莹	叶泥	叶泥	叶问	夏易
叶德基	路工	叶剑周	周楞伽	叶泥塞	李北流	叶沃若	欧外鸥
叶德均	叶德均	叶金	徐柏容	叶宁	朱繁	叶五叶	符号
叶德浴	叶德浴	叶劲风	叶劲风	叶浓	张漠青	叶西园	叶德辉
叶丁易	丁易	叶競生	叶夏声	叶频	章叶频	叶西蓁	叶永蓁
叶鼎洛	叶鼎洛	叶景范	叶景范	叶苹	叶霞翟	叶郇园	叶德辉
叶鼎彝	丁易	叶竞生	叶夏声	叶凄其	叶凄其	叶遐庵	叶恭绰
叶冬心	叶冬心	叶矩园	叶恭绰	叶期	张叶舟	叶夏风	叶明勋
叶帆风	叶帆风	叶君	叶以群	叶千山	何达	叶夏生	叶夏声
叶凡	陈蝶衣	叶君健	叶君健	叶茜莎	陈道谟	叶夏声	叶夏声
叶凡夫	叶荣钟	叶君频	章叶频	叶倩	刘开扬	叶弦	白文
叶芳	陈蝶衣	叶君萍	章叶频	叶樵	甘鹏云	叶宪	刘心皇
叶飞	金江寒	叶康生	叶康参	叶青	叶青	叶献麟	符号
叶非木	孙冶方	叶籁士	叶籁士	叶秋	叶平林	叶小凤	叶楚伧

叶辛	王冶新	叶至美	叶至美	一村	陈虚谷	一泓	林家松
叶新钱	叶幼泉	叶至善	叶至善	一村	吴广川	一泓	谭丕模
叶信芳	叶挺荃	叶志泰	叶以群	一旦	李筱峰	一虹	葛一虹
叶秀夫	刘保罗	叶中泠	叶玉森	一得	顾均正	一鸿	何一鸿
叶悬之	叶贤	叶舟	黄景南	一得	洪迅涛	一吼	周定山
叶杨禾	杨文林	叶舟	孙文石	一得	杨东明	一候	仲中
叶遥	张民享	叶舟	张叶舟	一德	阳翰笙	一间楼主	萧军
叶叶	叶楚伧	叶竹书	叶楚伧	一点	匡一点	一剑	吕剑
叶叶楚伧	叶楚伧	叶卓书	叶楚伧	一蝶	乌一蝶	一鉴楼主	袁克文
叶一造	郭风	叶子	叶蝉贞	一丁	成舍我	一礁	陈子彬
叶以群	叶以群	叶子	叶梦友	一丁	刘沙	一介	陈望道
叶易	叶易	叶子	叶秀玉	一丁	梅白	一介	任宇农
叶逸帆	叶逸凡	叶子	叶玉森	一丁	乔穗青	一狷	陈涓
叶逸凡	叶逸凡	叶子	叶紫	一丁	谢六逸	一觉	秦似
叶逸民	谢韬	叶子	张叶舟	一丁	于英	一柯	周立波
叶荫	任钧	叶子宜	叶子宜	一东	许钦文	一可	曾克
叶英	白桦	叶子振	叶德均	一多	闻一多	一逮	张龙云
叶影	田地	叶紫	叶紫	一鄂	苏雪林	一夔	程先甲
叶永蓁	叶永蓁	叶崇庆	叶楚伧	一鄂	姚茫父	一髡	陈尔康
叶幼泉	叶幼泉	叶宗源	叶楚伧	一帆	陈荻帆	一郎	张我军
叶于浩	郭风	叶左金	叶石涛	一翻	吴逸凡	一瞭	徐达
叶渔水	叶德辉	页火	戴不凡	一方	吴视	一凌	高一凌
叶羽	谈路	曳胫	周作人	一飞	吴尚鹰	一零	陈学英
叶雨苍	叶平林	夜叉	章太炎	一菲	丽尼	一流	刘含怀
叶玉甫	叶恭绰	夜风	莫洛	一斐	蒯文伟	一榴	王一榴
叶玉父	叶恭绰	夜风	小松	一芬	麦紫	一氓	李一氓
叶玉虎	叶恭绰	夜歌	张青榆	一峰	夏定域	一梅	饶真
叶玉森	叶玉森	夜魂	欧阳恢绪	一峰	张若名	一湄	郑逸梅
叶裕甫	叶恭绰	夜哭郎	王焚	一锋	王易风	一萌	李一氓
叶誉虎	叶恭绰	夜起庵主	郑孝胥	一佛	马一浮	一梦	刘一梦
叶元灿	叶以群	夜星	李白英	一夫	巴人	一民	曹冷泉
叶源朝	水夫	夜行人	江寄萍	一夫	罗依夫	一民	储玉坤
叶云	蒋风	夜音	丛深	一夫	张子斋	一民	过家和
叶云	李南山	夜莺	丁嘉树	一夫	赵玉明	一民	峻青
叶允倩	叶圣陶	夜莺	萧军	一浮	马一浮	一民	李云夔
叶蕴蓝	叶蕴蓝	晔子	徐懋庸	一竿	林舒谦	一民	骆宾基
叶蕴璞	叶灵凤	【yī】		一刚	王诗琅	一民	马荫良
叶钊	叶钊	一庵	王晏	一戈	江风	一民	潘芷汀
叶肇栋	叶帆风	一碧	任白涛	一舸女士	褚问鹃	一民	彭康
叶蓁	叶永蓁	一兵	潘芷汀	一个学友	许广平	一民	王辛笛
叶榛	叶永蓁	一兵	张子斋	一个义乌人	陈望道	一鸣	巴人
叶之华	叶之华	一波	毛一波	一工	黄新波	一鸣	张一鸣
叶之林	端木蕻良	一波	张子斋	一工	王探	一鸣	赵树理
叶之琳	端木蕻良	一岑	柯一岑	一公	俞平伯	一沫	刘毅
叶之余	齐燕铭	一厂（ān）	林百举	一涵	高一涵	一沫	柳倩
叶知秋	管维霖	一厂（ān）	许廎父	一寒	吴双热	一木	蔡一木
叶知秋	孔罗荪	一厂（ān）	易顺鼎	一厈（hàn）山人		一木	吴云心
叶知秋	李辉英	一潮	邵全建		金武祥	一沤	张秋虫
叶直山	叶德辉	一尘	白鹤	一航	吴云心	一鸥	欧小牧
叶直水	叶德辉	一尘	吕白华	一禾	唐一禾	一鸥	张肇桐
叶直心	叶德辉	一尘	徐凌霄	一痕	李一痕	一瓢	克夫
叶至诚	叶至诚	一澂研斋主人	王东培	一衡	彭拜	一平	巴人

笔名	原名	笔名	原名	笔名	原名	笔名	原名
一平	朱介凡	一息	李一息	伊凡	史人范	衣云	杨实君
一萍	巴人	一息老人	金梁	伊凡	宋文	衣云	张庆吉
一萍	陈子彬	一习	李一息	伊凡	叶德浴	医隐	丁子良
一萍	叶石	一相	李叔同	伊凡女士	史人范	依存	张承宗
一七	任溶溶	一笑	高潮	伊洪	葛一虹	依帆	莫洛
一切	巴金	一心	李君毅	伊静轩	伊静轩	依凡	胡依凡
一芹	夏衍	一心	王一心	伊康	伊静轩	依凡	孟超
一琴	李叔同	一心	温志新	伊拉里·华色	田贲	依凡	依风露
一琴	刘世珩	一心	萧传文	伊黎	易琼	依风露	依风露
一清	陈文和	一星	侯曜	伊里	徐君慧	依夫	罗依夫
一群	杨季生	一星女士	王世瑛	伊林	伊琳	依今	胡山源
一如	巴人	一行	丁祖荫	伊琳	伊琳	依克	尚钺
一骚	杨骚	一秀	漂青	伊湄	冯伊湄	依柳词客	易大厂
一沙	娄绍莲	一序	郑丽生	伊梦寒	蓝善仁	依萍	郭依萍
一山	王紫萍	一学生	汪作民	伊敏	方牧	依萍	朱介凡
一山	章梫	一烟	颜一烟	伊明	伊明	依尚伦	依风露
一勺	糜文开	一言	王琰如	伊宁	章叶频	依藤	依藤
一勺	谢狱	一雁	何海鸣	伊奇	任溶溶	依依	黄振彝
一声	冯乃超	一野	邹绛	伊青	伊静轩	依云	杨实君
一声	刘一声	一叶	梁漪	伊青叔	钟山心	依知	郑振铎
一石	臧瑗望	一叶	楼适夷	伊琼	易琼	揖敬	周作人
一士	巴人	一叶	王一叶	伊人	巴人	揖唐	王揖唐
一士	唐弢	一叶	叶刚	伊人	田继综	揖唐	谢兴尧
一士	徐一士	一音	李叔同	伊人	伊静轩	揖堂	王揖唐
一是	张子斋	一羽	高语罕	伊任	易琼	壹麓山人	周作人
一丝风	韩文达	一雨	王成秋	伊任之	伊明	壹麓子	周作人
一粟	程善之	一月	李叔同	伊荣谷	伊贻谋	漪萍	陈荒煤
一粟	施骚	一真	穆烜	伊恕	黄旭	漪泽	秦戎
一粟	王东培	一正	张十方	伊斯玛	马宗融	漪之	陈荒煤
一粟	俞剑华	一之	杭苇	伊粟	张常海	噎喃燕	杨野
一粟	周绍良	一之	罗香林	伊全	宋文	噎人	王以仁[2]
一粟	周云	一之	宋承书	伊童	宋文	【yí】	
一堂	王揖唐	一之	夏衍	伊万葛	支援	仪多	刘岚山
一天	瞿秋白	一之	张天翼	伊吾	骆宾基	仪通	王式通
一窕	钟子芒	一之	赵其文	伊信	朱谱萱	夷	吴稚晖
一士	王松	一知	冯毅之	伊伊	黄振彝	夷	朱化雨
一苇	陈荻帆	一知	夏征农	伊砧	梁乙真	夷白	廖仲恺
一苇	陈兆璋	一指	严群	伊知	王知伊	夷白	周贻白
一苇	樊篱	一志	巴人	伊仲	黄宁婴	夷驰	刘迟
一苇	杭辛斋	一舟	郭秋生	伊佐	伊佐	夷初	马叙伦
一苇	任哲维	一舟	宋之的	衣凡	莫洛	夷夫	陈大光
一苇	姚一苇	一舟	吴天	衣谷	张裕基	夷夫	郑伯永
一苇	张一苇	一洲	孙冶方	衣寒	孔罗荪	夷罟	钱玄同
一苇	朱凡	一庄	王拱璧	衣虹	路丁	夷今	周作人
一味	李叔同	一足	邓散木	衣虹	潘受	夷门	赵正平
一文	乔穗青	一足翁	邓散木	衣锦	周作人	夷明	李乔[2]
一文	宋成志	一卒	楼适夷	衣冷	路野	夷天	郑伯永
一文	田一文	一尊	鲁迅	衣尼	陈隄	夷吾	方敬
一雯	冯润璋	伊	易琼	衣萍	章衣萍	夷羿	巴人
一无	曾彦秀	伊兵	伊兵	衣青	黄衣青	夷则	杭辛斋
一无	方敬	伊登	巴人	衣去寒	路野	夷则子	杭辛斋
一无生	王森然	伊凡	戈宝权	衣鱼	刘心皇	夷峙	李绛云

怡庵	王怡庵	疑珷	沈从文	倚琳	丁玲	亦寒	王业伟
怡红	包天笑	疑仲	瞿秋白	倚天	徐百灵	亦寒	夏铁肩
怡京	周作人	彝初	马叙伦	倚云	姚倚云	亦坚	米斗
怡青	黄衣青	彝铭	段惟庸	䶩儿	陈独秀	亦荆	周作人
怡然	胡山源	【yǐ】		【yì】		亦亮	马国亮
怡人	魏怡人	乙厂（ān）	沈曾植	弋白	白朗	亦门	阿垅
怡生	顾怡生	乙广（ān）	沈曾植	弋人	程代熙	亦明	朱其华
怡适老人	严群	乙庵	沈曾植	弋心	杨奔 [2]	亦鸣	符号
怡墅	朱肇洛	乙莽	沈曾植	弋云	羊翚	亦鸣	叶青
怡翁	翁偶虹	乙晞	陈衡哲	义痴	张难先	亦农	田流 [1]
怡移	翁偶虹	乙公	沈曾植	义经	周作人	亦飘萍	张白怀
怡园半叟	林鹤年	乙君	甄一怒	义阱	周作人	亦蓬	臧瑗望
宜宾	瞿秋白	乙卡	田环	义律	应悱村	亦若	魏照风
宜长	俞宗原	乙爕	程先甲	义舟	周越然	亦生	袁玉冰
宜禁	周作人	乙藜	钱昌照	艺兵	李尤白	亦陶	黄侃
宜俊	蓝瑛	乙木	吴云心	艺风	郭澹波	亦陶	李逸涛
宜民	江晓天	乙牧	吴云心	艺风	缪荃孙	亦我	蔡友梅
宜山	李之华 [2]	乙慕	吴云心	艺风	徐谦夫	亦我	崔通约
宜生	刘廷芳	乙棂	沈曾植	艺风老人	缪荃孙	亦行	林逸云
宜生	茅盾	乙僧	沈曾植	艺夫	罗矞	亦秀	沐绍良
宜生	唐弢	乙巳风	韩文达	艺圃	戴望舒	亦娱	赵锡嘉
宜时风	韩文达	乙叟	沈曾植	艺圃	王漱芳	亦愚	包惠僧
宜孙	金庸	乙宧	沈曾植	艺秋	孙艺秋	亦云	林逸云
宜堂	丁立中	乙堂	罗香林	艺术编者	夏衍	亦醉	季风
宜闲	胡仲持	乙苇	朱凡	艺小苗	杨友德	异	钱玄同
宜心照	钟望阳	乙未生	王小逸	艺友斋主	黄朝传	异襟	周作人
宜宧	张謇	乙鑫	沈曾植	艺舟	刘艺亭	异云	李唯建
宜斋	林熊祥	已惊	周作人	忆	张我军	异之	夏承焘
宜之	丁上左	已然	阎宗临	忆钗生	罗澧铭	佚民	王知伊
宜之	刘作义	已燃	阎宗临	忆凤	蔡振扬	佚名	李冰人
羡躁	川岛	以邑	刘以邑	忆凤	赵苕狂	佚名	商慧光
羡珠	杨霁云	以多	赵戎	忆菰翁	钱玄同	佚名	吴紫风
贻德	倪贻德	以耕	刘艺亭	忆辉	田原	佚名	夏衍
贻甲	高士其	以今	沈侠魂	忆津	王西彦	佚史氏	姚光
贻珍	谢诒徵	以礼	王一榴	忆炯	郑道传	译史氏	严复
移谟	黄子祥	以南	洪以南	忆兰室主	周瘦鹃	易	谢六逸
移山	潘汉年	以平	匡亚明	忆梦珂	杨昭	易	赵易林
移山	曾琦	以群	叶以群	忆萍	谢冰莹	易厂（ān）	王知伊
遗章	彭传玺	以仁	王以仁 [1]	忆琴	潘懋元	易安	冯沅君
颐庵	陈樗	以柔	曹从坡	忆秋生	茅盾	易庵	徐琚清
颐颐	章振乾	以沙	罗廷	忆秋生	张梦麟	易庵	周楞伽
颐渊	经亨颐	以石	童晴岚	忆人	黄文范	易白沙	易白沙
疑冰	瞿秋白	以素	孙卜菁	忆三	巴人	易贝	孙席珍
疑迟	刘迟	以太	王俊伯	忆恬	杨纤如	易璧	谭正璧
疑公	瞿秋白	以滔	吴以滔	忆原	曹从坡	易忏绮	易顺鼎
疑古	钱玄同	以文	李长之	忆舟	张颖	易长青	叶青
疑古玄同	钱玄同	以文	施菊轩	亦兵	施燕平	易大厂（ān）	易大厂
疑今	林疑今	以夐	叶青	亦兵	杨美清	易大德	易大德
疑今	周作人	以斋	张我军	亦忱	苏晨	易尔山	那沙
疑今山人	周作人	蚁民	高吹万	亦夫	罗依夫	易方	穆烜
疑瑟	李苏	倚虹	毕倚虹	亦佛	罗矞	易非	姚易非
疑史楼主	宋玉	倚虹楼主	毕倚虹	亦拱	欧阳山	易斐君	蔡健

易逢春	叶青	易水	汤伯器	益莽	孙德谦	逸云氏	江庸
易巩	易巩	易水愁	艾治平	益莽甫	孙德谦	逸斋	林锦堂
易寒	李耕	易水温	钱素凡	益噤	周作人	逸斋	孙祥偈
易和元	曾岛	易顺鼎	易顺鼎	益锴	瞿蜕园	翊林	陈启天
易红	彭拜	易硕	易顺鼎	益世风	韩文达	翊勋	恽逸群
易黄	陈广惠	易硕甫	易顺鼎	益文	赵树理	翊业	李逸涛
易火	束纫秋	易太白	易大德	益修	徐昂	翊云	江庸
易季复	易大厂	易窭	钟子芒	逸	巴人	肆闇	钱玄同
易季馥	易大厂	易廷熹	易大厂	逸	程朱溪	肆江	陆丹林
易伽	周黎庵	易韦斋	易大厂	逸	谢六逸	意妮	吴羊璧
易家钺	易君左	易文	易文	逸安	储皖峰	意珊	陈启肃
易嘉	瞿秋白	易熹	易大厂	逸岑	刘延陵	意园	易君左
易将	杨熙龄	易象	易象	逸岑	王逸岑	意圆	曹从坡
易劲草	陈企霞	易修乐	易修乐	逸尘	许广平	溢功	易巩
易敬斋	易君左	易血森	汪作民	逸帆	叶逸凡	毅	李岳南
易军	瞿秋白	易扬	李克筠	逸凡	巴人	毅	罗家伦
易君左	易君左	易一厂（ān）	易顺鼎	逸凡	吴逸凡	毅	唐弢
易坎人	郭沫若	易意园	易君左	逸凡	叶逸凡	毅	谢六逸
易坤	易白沙	易寅村	易培基	逸风	于毅夫	毅谙	吴宝炬
易兰伽	易顺鼎	易应	戴望舒	逸风	朱震华	毅成	海笑
易蓝	任溶溶	易庸	廖沫沙	逸夫	楼适夷	毅纯	谢六逸
易林	赵易林	易园	陈遵统	逸谷	钱玄同	毅夫	刘毅夫
易流	王一榴	易月村	易白沙	逸谷老人	钱玄同	毅夫	吴三才
易隆	林宏	易越邨	易白沙	逸衡	林家松	毅夫	于毅夫
易鹿山	易培基	易占霏	易琼	逸君	叶以群	毅君	陈家鼎
易马	邓式中	易阵风	瞿秋白	逸梅	郑逸梅	毅民	黄公伟
易漫华	曾岛	易之	周艾黎	逸民	陈镦厚	毅人	萧军
易眉伽	易顺鼎	易之渥圃	严敦易	逸民	楼适夷	毅生	李英敏
易眉心	易顺鼎	易枝丞	易象	逸民	谢韬	毅生	郑天挺
易梅僧	易象	易知凯	徐玉诺	逸樵	李祖唐	毅文	刘心皇
易名	萧岱	易中实	易顺鼎	逸樵老人	李祖唐	毅斋主人	胡适
易默	黄子祥	易中硕	易顺鼎	逸群	邵伯周	頵（yì）翁	张舜徽
易姆三	李尔重	易中庸	易顺鼎	逸人	黄文范	薏	倪海曙
易牧	吴云心	易仲硕	易顺鼎	逸人	吕翼仁	薏庵	沈曾植
易女士	巴人	易种石	易顺鼎	逸人	许钦文	薏盦	沈曾植
易培基	易培基	易筑	苏仲翔	逸生	巴人	檃庵	沈曾植
易謇	路世坤	易卓	羊枣	逸生	刘逸生	檃盦	沈曾植
易琼	易琼	易子	郭沫若	逸生	吴松谷	翼	胡云翼
易人	蒋锡金	怿夫	王克浪	逸士	巴人	翼	张天翼
易容居主	王钟琴	轶赐	梁启超	逸世风	韩文达	翼尔	李长之
易孺	易大厂	轶夫	巴人	逸叟	钱玄同	翼父（fǔ）	甘鹏云
易若	茅盾	轶民	巴人	逸塘	王揖唐	翼甫	甘鹏云
易石甫	易顺鼎	轶明	丁芒	逸涛	李逸涛	翼公	吴颂皋
易实父（fǔ）	易顺鼎	轶欧	张肇桐	逸涛山人	李逸涛	翼侯	张肇桐
易实甫	易顺鼎	轶闻	周文	逸文	汪静之	翼后	张肇桐
易士	纪弦	轶镒	钱今昔	逸汶	徐学文	翼谋	金翼谋
易叔寒	郭嗣汾	轶周	张叶舟	逸霄	蒋逸霄	翼谋	柳诒徵
易漱渝	易漱渝	奕之	谢狱	逸霄女士	蒋逸霄	翼鹏	屈万里
易漱渝女士	易漱渝	羿矢	巴人	逸雅	洪以南	翼如	罗书肆
易水	艾寒松	抳彭	何抳彭	逸园	郭则沄	翼如	邵元冲
易水	方敬	益	陈垣	逸云	陈逸云	翼心	丁树南
易水	金汤	益庵	孙德谦	逸云	江庸	翼星	侯曜

翼云	江庸	殷红	殷红	尹堤	邓拓	隐仙	龚庭槐
翼之	张天翼	殷吼	殷振家	尹笛云	尹爟	隐轩	龚庭槐
懿	华粹深	殷晶子	李宜燮	尹夫	韦丛芜	隐渔	敬隐渔
懿	梅益	殷君	金祖同	尹孚	焦尹孚	螾庐	王季烈
懿如	左曙萍	殷砺	殷砺	尹庚	尹庚	【yìn】	
懿生	杨铁夫	殷辂	殷梦萍	尹耕	蒋伯潜	印禅	苏曼殊
懿斋	曹元弼	殷侣	邱晓松	尹耕南	尹雪曼	印禅	徐天啸
【yīn】		殷梦萍	殷梦萍	尹光	沙汀	印丐	寿石工
因巢	王焕镳	殷鸣	郁其文	尹光荣	尹雪曼	印光	张静江
因蒛	绿原	殷鸣慈	吴琛	尹湟	逯登泰	印侯	寿石工
因凡	张因凡	殷沫	戴英浪	尹梦华	周定一	印节	穆烜
因公	邹韬奋	殷勤	殷正懿	尹明	邵曾祺	印立斋	印水心
因梦	周定一	殷秋	殷白	尹明	小松	印鸾章	印水心
因明	蒋智由	殷人庵	殷仁	尹仝	傅钝根	印鸾章立斋	印水心
因是	蒋维乔	殷仁	殷仁	尹若	毛一波	印泉	李根源
因是子	蒋维乔	殷汝南	叶青	尹硕权	尹昌衡	印水心	印水心
因心	杨荫深	殷三	殷参	尹斯烈	白薇	廮阁	余天遂
茵	孟超	殷述	任愫	尹太昭	尹昌衡	【yīng】	
茵阁	沈曾植	殷拓	卢煤	尹雪曼	尹雪曼	应保罗	丁景唐
茵露	朱慧洁	殷涛	瞿白音	尹伊君	程一戎	应彬之	林淡秋
茵蒙	张叶舟	殷仝	宋文	尹仪南	尹慧珉	应淡	朱英诞
荫	朱镜我	殷顽	刘大绅	尹盈	郭永榕	应德	王景山
荫庵	彭俞	殷扬	扬帆	尹止园	尹昌衡	应非村	应悱村
荫阁	余天遂	殷衣	杨熙龄	尹尊	尹专	应服群	林淡秋
荫狐	董荫狐	殷余	沙鸥[1]	引车	栾星	应庚	徐朗西
荫狐氏	董荫狐	殷宇	冯宾符	引车卖	栾星	应汉奘	应悱村
荫麟	张荫麟	殷赞周	殷作桢	引秋	钱君匋	应汉章	应悱村
荫民	许荫民	殷之辂	殷梦萍	引玉	郭继湖	应化成	李进
荫明	许荫民	殷枝阳	金枝芒	饮冰	梁启超	应蛟	张子斋
荫深	杨荫深	殷周	车辐	饮冰室主人	梁启超	应揆一	应懿凝
荫书	邹韬奋	殷洲	邓拓	饮冰子	梁启超	应麟德	应修人
荫棠	赵铭彝	殷作桢	殷作桢	饮光	刘襄亭	应灵	萧蔓若
荫梧	葛昌楣	瘖庵	高二适	饮虹	卢冀野	应漫魂	应悱村
荫轩	龚庭槐	瘖禅	胡汀鹭	饮虹词人	卢冀野	应明时	吴琛
荫舟	赵隆勤	瘖父	徐天从	饮虹簃主人	卢冀野	应鹏	朱应鹏
音	李叔同	瘖公	胡汀鹭	饮虹园丁	卢冀野	应平	拓哥
音	钟梅音	【yín】		饮流	许之衡	应平	王凤
音白	蔡义忠	吟	刘燧	饮流斋主人	许之衡	应奇	赵燕翼
音波	陶雄	吟	萧红	饮南	张鸿	应起	王景山
音波	许广平	吟秋	蒋吟秋	饮水居士	吴虞	应清	刘现龙
音石	章叶频	阍公	丁传靖	饮辛	张饮辛	应清	孟田
音式	章叶频	银号老板	邹韬奋	隐	庐隐	应人	霍应人
氤生	杨尘因	银丝	徐铸成	隐波	张修文	应申	华应申
殷白	殷白	银簃馆主	朱剑芒	隐佛	沈钧儒	应天长	袁水拍
殷参	殷参	寅村	易培基	隐夫	杜谈	应为	王景山
殷车	栾星	寅如	施蛰存	隐公	龚庭槐	应未迟	应未迟
殷尘	金祖同	鄞申	王秋田	隐辉	瞿国瑾	应祥	夏钟麟
殷沉	顾其城	蟫窟	林景仁	隐君	林潜	应虚	胡今虚
殷沉	殷梦萍	蟫窟主人	林景仁	隐名	何为[1]	应扬震	应云卫
殷凡	张因凡	【yǐn】		隐南	张鸿	应邺生	宋谋瑒
殷夫	殷夫	尹昌衡	尹昌衡	隐琴	江树峰	应义律	应悱村
殷孚	殷夫	尹昌仪	尹昌衡	隐霞	陈西禾	应懿凝	应懿凝

应瑜	胡今虚	樱宁	陈训正	影影	陈纪滢	永观	王国维
应雨辰	应云卫	樱宁老人	陈训正	影子	高柏苍	永恒	古承铄
应云卫	应云卫	樱影	龚冰庐	瘿庵	罗瘿公	永坤	翟永坤
应之群	夏衍	樱子	陈炳元	瘿庵僧	罗瘿公	永亮	杨乃藩
英	戴不凡	樱子	冯英子	瘿盦	罗瘿公	永麟	吴人长
英	丁景唐	樱子	袁尘影	瘿公	罗瘿公	永龄	董咏麟
英	苏曼殊	霙苑	杲向真	【yìng】		永明	叶德均
英	赵树理	鹦哥	范君博	映光	马映光	永年	谢康
英安塞	英敛之	膺浩	陈膺浩	映南	张鸿	永弃	谷万川
英白	刘英白	膺中	罗庸	映璞	徐映璞	永甦	黄衣青
英伯	谢华国	鹰	戴不凡	映实	姚奔	永修	何家槐
英才	张长弓	鹰隼	阿英	映霞	王映霞	永芽	葛琴
英超	葛英超	鹰子	林谷音	映霞	张子斋	永言	董秋斯
英诞	朱英诞	【yíng】		映雪红	澎湃	永玉	黄永玉
英夫	杨贤江	迎风得月楼主	张叶舟	映元	刘映元	永贞	简又文
英夫	杨荫深	茔堑	张垣	硬夫	江风	永洲	巫永福
英父（fù）	杨贤江	盈盈	唐镇支	硬璜	陈镦厚	咏	蔡咏裳
英甫	吴晓铃	莹	陈西滢	【yōng】		咏我	葛昌楣
英甫	杨贤江	莹	萧红	庸	吕思勉	咏黄	陆旋
英华	英敛之	莹	谢冰莹	庸	徐懋庸	咏康	周咏
英浪	戴英浪	莹叔	杨朔	庸	赵树理	咏霓	沈毓源
英敛之	英敛之	莹姿	刘莹姿	庸安	童书业	咏霓	翁文灏
英平	程灼如	萤	王秋萤	庸庵	陈夔龙	咏霓	张寿镛
英生	郁达夫	营原贞夫	卞和之	庸庵	童书业	咏青	高咏
英英	李润湖	滢	陈纪滢	庸庵	张可中	咏仁	王古鲁
英英	谢冰莹	瀛北	李澄宇	庸庵居士	陈夔龙	咏裳	沈毓清
英子	林海音	瀛业	李澄宇	庸庵老人	陈夔龙	咏盛	虞哲光
英子	王楠	瀛洲	张瀛洲	庸夫	殷夫	咏时	梁山丁
英子	谢冰莹	【yǐng】		庸觉	周庸觉	咏涛	郑伯奇
莺鸣	胡山源	郢	叶圣陶	庸倩	李秉中	咏沂	蒋希曾
莺鸣	姜亮夫	郢生	叶圣陶	庸人	刘群	咏簪	龚霞初
莺怒	朱慧洁	颖川生	陈瀓一	庸人	王统照	咏之	皮作玖
婴	阿英	颖	王世颖	庸叟	陈夔龙	泳爱	沐绍良
婴	李叔同	颖	姚颖	庸禺	刘开扬	泳虹	蔡梦慰
婴公	张素	颖	张颖	庸愚	刘开扬	泳鲤桥头一钓徒	
婴居士	李叔同	颖白	郑骞	庸禹	刘开扬		金武祥
婴居士息翁	李叔同	颖灿	殷参	庸之	胡山源	泳芝	毛泽东
婴宁	陈训正	颖超	邓颖超	雍耕	耿庸	勇父	曾颐
婴宁老人	陈训正	颖侯	唐文治	雍平	林如稷	勇来	姚勇来
婴童	宋文	颖若	毛一波	雍叔	苏同炳	勇刹	黄勇刹
婴行	丰子恺	颖若	沈昌直	雍吾	葛昌楣	勇说	李叔同
婴婴	林彬	颖上常任侠	常任侠	雍羽	沈从文	涌	陈涌
婴子	婴子	颖生	叶圣陶	慵人	辜鸿铭	涌泉	白珩
瑛	苏曼殊	颖士	潘世聪	慵叟	汪兆镛	涌言	程履泳
瑛	谢冰莹	颖陶	杜颖陶	颙园	陈樗	蛹公	陈大悲
瑛子	吴瑛	影	汪洋[1]	颙园老人	陈樗	踊云	陈大悲
罂	张颖	影庐	潘达微	【yǒng】		【yòng】	
璎珞	李叔同	影庐	汪洋[1]	永	任鸿隽	用之	孙用
樱痴	况周颐	影清	石民	永安	黎央	【yōu】	
樱川三郎	天虚我生	影生	汪洋[1]	永炽	魏晋	优优	陈万里
樱岛	邱韵铎	影吾	潘达微	永定	金枝芒	优优	汪仲贤
樱岛女士	邱韵铎	影轩	汪洋[1]	永丰	王利器	攸沐	张涤华

忧患余生	何天言	由拳	沈曾植	有斐	彭展	幼鸿	彭定安
忧患余生	雷啸岑	由稚吾	由稚吾	有甫	谭人凤	幼葭	卢剑波
忧患余生	连梦青	由庄	张立	有府	谭人凤	幼陵	吴虞
忧患余生	梁浩养	犹太	周木斋	有光	苗培时	幼陵	严复
忧夷	张友渔	犹疑	张友渔	有圭	沙可夫	幼平	伊静轩
忧疑	张友渔	犹予	张友渔	有妫血胤	陈去病	幼青	谢幼青
忧虞	张友渔	油	张恨水	有恒	时有恒	幼泉	杜羲
幽芳阁主	郑振铎	油炸鬼	杨实夫	有后	陈有忻	幼山	罗师扬
幽芳居士	郑振铎	油子	杨实夫	有怀	胡寄尘	幼申	徐志摩
幽谷	董健吾	柚斧	包柚斧	有客	陈玉刚	幼生	杨幼生
幽素	陈叙一	柚斧	李涵秋	有麟	荆有麟	幼士	蒋信
幽吟居士	曾梦笔	游尘	石凌鹤	有潞	卢心远	幼荪	于莲客
悠	张友鸾	游春主人	张伯驹	有虔	蔡焦桐	幼雄	黄幼雄
悠然	胡山源	游存	康有为	有钱专斋主人	陈因	幼幼	章一华
悠然	张友渔	游存老人	康有为	有秋	卢心远	佑常	沙元榘
悠悠	张友鸾	游光	鲁迅	有容	陈家康	佑任	于右任
【yóu】		游国恩	游国恩	有三	王重民	宥前	杜羲
尢玉淇	尢玉淇	游及之	石灵	有三先生	胡适	诱人	于右任
尤白	李尤白	游泥	张友渔	有守	蔡哲夫	【yū】	
尤冰子	尤其彬	游泽丞	游国恩	有熊	陈炜谟	迂夫	杨实夫
尤炳圻	鲁迅	游泽承	游国恩	有仪	张友渔	迂公	张龙云
尤炳圻	尤炳圻	游子	彭定安	有疑	张友渔	迂士	茅盾
尤步林	尤其彬	游子	王侠	有鱼	严北溟	迂叟	梁鸿志
尤成美	梅朵	【yǒu】		酉生	吴晗	迂先生	龚庭槐
尤大军	吴宗锡	友表	张秋人	酉生	庄禹梅	於罕英	田流 [2]
尤刚	鲁迅	友红轩主人	萧继宗	酉微	王西徵	【yú】	
尤加多	舒巷城	友瑚	饶友瑚	櫌森	徐志摩	于安澜	于安澜
尤金	苗秀	友华	顾均正	【yòu】		于苍	温梓川
尤兢	于伶	友荒	郑振铎	又固	曾宗巩	于产	于产
尤俊	苗秀	友今	陈友琴	又光	周牧人	于成武	于承武
尤里	苗秀	友兰	袁烙	又蘅	刘以芬	于成泽	于毅夫
尤力	童晴岚	友梅	蔡友梅	又陵	吴虞	于承武	于承武
尤墨君	尤墨君	友梅轩主	林咏荣	又陵	严复	于春	宣建人
尤念莲	成弦	友尼	高祖宪	又梅	陈洪涛	于纯厚	于雷
尤其彬	尤其彬	友萍	陈建	又然	李又然	于大民	于敏
尤琴	苗秀	友奇	林彬	又燃	李又然	于德光	白拓方
尤青	汪金涛	友琴	陈友琴	又申	徐志摩	于德骥	虞棘
尤时	宋瑞	友荃	杜羲	又新	石重光	于芳舟	于方舟
尤庭玉	叶鼎洛	友三	闻一多	又宜	高祖宪	于芳洲	于方舟
尤限	汪作民	友三	章益	又之	任继愈	于舫洲	于方舟
尤翔	尤墨君	友山	闻一多	右君	易君左	于飞	于雷
尤玄父（fǔ）	尤墨君	友诗	宋瑞	右枚	邓友梅	于飞	张叶舟
尤玄甫	尤墨君	友石	白逾桓	右铭	李云夑	于非厂（ān）	于非闇
尤毅	苗秀	友实	赵明	右任	于右任	于非庵	于非闇
尤之明	宋振庭	友松	张友松	右芷	耿庸	于非闇	于非闇
尤志摩	尤墨君	友唐	高友唐	幼安	汪文溥	于斐	于斐
由宝龙	由稚吾	友璇	蔡斗垣	幼庵	汪文溥	于奋	丁景唐
由程孙	由云龙	友彝	张友渔	幼度	王程之	于封	丁景唐
由定厂（ān）	由云龙	友愚	张友渔	幼舫	郑振铎	于逢	于逢
由定庵	由云龙	有	高梦旦	幼芙	顾保璆	于福	周璧
由己	陈独秀	有不为斋	林语堂	幼固	曾宗巩	于福申	丁朗
由爕举	由云龙	有发翁	潘伯鹰	幼蘅	刘以芬	于干	高旅

于干	黑尼	于默	于承武	于一得	丁景唐	余冰	刘蕙荪
于刚	李天济	于乃椿	于莲客	于一凡	李季	余波	汤增璧
于赓虞	于赓虞	于佩琛	于立忱	于一飞	安危	余伯约	夏衍
于冠西	于冠西	于佩珊	于立群	于一平	于一平	余苍	张慧剑
于归	于还素	于勤	陆丹林	于怡平	汪金丁	余持平	包蕾
于果	吴朗	于晴	唐因	于乙	魏金枝	余村	宣建人
于海	于寄愚	于顷	葛洛	于逸凡	于毅夫	余达仁	林如稷
于海晏	于安澜	于秋墨	于定	于逸秋	白拓方	余大庚	钱仁康
于浩	郭风	于秋穆	于定	于毅夫	于毅夫	余大同	余切
于浩成	于浩成	于群	杨奎章	于英	于英	余大雄	余大雄
于黑丁	于黑丁	于人	于伶	于由	毛羽	余荻	余荻
于衡	于衡	于人	张禹	于友	于友	余而立	孙犁
于衡之	于衡	于人俊	于人俊	于右任	于右任	余繁	叶紫
于洪鑫	于冠西	于睿	于黑丁	于宇飞	于浣非	余方	凌文远
于怀	于莲客	于塞夫	孙钿	于雨田	于雷	余芳	许伽
于怀	张闻天	于绍	刘北汜	于禹孙	于在春	余非我	余明
于还素	于还素	于绍舜	于方舟	于玉海	于寄愚	余风	徐钟珮
于浣非	于浣非	于绍尧	于方舟	于在春	于在春	余冠英	余冠英
于吉	俞棘	于深	李华飞	于兆力	王力[2]	余光沐	徐讦
于季瑜	于寄愚	于十一	俞铭璜	于兆力	姚溱	余杭先生	章太炎
于寄愚	于寄愚	于时夏	陈子展	于照	于非闇	余鹤林	叶紫
于蓟	吕剑	于士奇	于产	于照非厂（ān）	于非闇	余毅民	余大雄
于家壁	王尊三	于世杰	于人俊	于肇怡	于肇怡	余怀	宋淇
于家骥	虞棘	于是	丁朗	于贞	何公超	余慧丹	余思牧
于健	陈冰夷	于是	于在春	于芝	沙驼	余箕传	余楠秋
于进	苗秀	于硕	郭沫若	于执	虞哲光	余季豫	余嘉锡
于晋	伍光建	于思	鲁思	于止	叶至善	余家菊	余家菊
于敬铭	于右任	于思	穆仁	于濯清	于浣非	余嘉锡	余嘉锡
于久	时有恒	于思伯	于省吾	于子	冯雪峰	余捷	朱自清
于潜	于黑丁	于思泊	于省吾	予	鲁迅	余金	李正中
于轲	章品镇	于遂安	邓拓	予迪	邹狄	余景菊	余家菊
于克	于克	于天	古立高	予里	金肇野	余景渊	余慕陶
于奎照	于非闇	于土	于产	予里	钱素凡	余狷庵	余嘉锡
于兰渚	于方舟	于文莱	承武	予里	羊令野	余空我	余空我
于雷	于雷	于文烈	承武	予倩	欧阳予倩	余立	徐开垒
于冷	李耕	于雯	欧阳山	予倩女士	欧阳予倩	余立斋	于毅夫
于力	董鲁安	于汶	邵全建	予且	潘序祖	余列	王瑶
于立忱	于立忱	于曦农	梁彦	予全	徐惊百	余林	路翎
于立群	于立群	于娴	李耕	予人	鲁迅	余林	唐弢
于立生	于产	于祥义	吕远	予遂	周榆瑞	余玲	郑达
于莲客	于莲客	于小鱼	于友	予同	周予同	余舲客	余上沅
于恋一	安危	于行	史济行	予向	黄宾虹	余龙	彭歌
于伶	于伶	于行前	于行前	予野	杨田农	余吕鹏	侣朋
于洛文	于逢	于岫	余修	予以	曹玄衣	余敏斋	余肇康
于梅园	于人俊	于潜	于黑丁	予亦	柳存仁	余明	程灼如
于昧	胡正	于雁	于黑丁	予影	姚凤惠	余明	王集丛
于民	于敏	于雁军	于雁军	予云	鲁迅	余明	徐虎
于敏	于敏	于燕郊	杨樾	予真	陈山	余明	余明
于敏道	于黑丁	于燕泥	舒巷城	余爱	徐慧棠	余明	余思牧
于明浚	于毅夫	于扬	赵鲜文	余爱渌	徐慧棠	余铭	鲁迅
于明仁	白拓方	于仰枢	于非闇	余爱亚	鲍昌	余铭	瞿秋白
于沫我	于沫我	于一	王克浪	余白金	纪云龙	余铭绅	林如稷

笔名	本名	笔名	本名	笔名	本名	笔名	本名
渔星	张汉	宇飞	于浣非	雨君	储玉坤	玉	赵树理
渔子	郭道鉴	宇光	黑炎	雨林	施若霖	玉	周文
隅楼	古直	宇仁	张禹	雨门	陈雨门	玉冰	袁玉冰
隅棠	王余杞	宇堂	冈夫	雨民	黎丹	玉波	贺玉波
隅卿	马廉	宇同	张岱年	雨品巫	苏曼殊	玉才	鲁迅
隅园	吴贯因	宇文	邵全建	雨品巫	叶灵凤	玉岑	谢觐虞
瑜	焦菊隐	宇文浩	李祖良	雨平	姚雨平	玉臣	吴道镕
瑜	田汉	宇文洪亮	陆克昌	雨青	黄雨青	玉成	赵树理
瑜启	戴碧湘	宇文节	钱君匋	雨三	杨植霖	玉尺楼主	张默君
榆青	磊然	宇文捷	王央乐	雨僧	吴宓	玉道	周毓英
榆生	龙榆生	宇文宙	孔罗荪	雨山	陈翔鹤	玉芳馆主	范秉彝
虞	郭绍虞	宇文宙	任白戈	雨山	周作新	玉父（fù）	叶恭绰
虞丹	蒋文杰[1]	宇之	伍禾	雨生	来新夏	玉甫	叶恭绰
虞弓	易巩	羽	唐弢	雨生	柳存仁	玉陔	朱德
虞弓	于逢	羽丰	吴裔伯	雨生	吴宓	玉杲	玉杲
虞公	吴虞公	羽公	巴人	雨声庵主	林献堂	玉工	周汝昌
虞棘	虞棘	羽公	杨昀谷	雨水	刘如水	玉衡	林琳
虞籍	虞慕陶	羽佳	厉风	雨田	许粤华	玉胡	王玉胡
虞君质	虞君质	羽军	司马军城	雨廷	孙为霆	玉虎	叶恭绰
虞明	鲁迅	羽立	青勃	雨亭	甘树椿	玉华	玉华
虞慕陶	虞慕陶	羽立	沙驼	雨亭	罗根泽	玉华人	曾梦笔
虞泉	朱英诞	羽山	羽山	雨纹	甘永柏	玉剑	曾琦
虞莎	吴小如	羽史	林枳敏	雨霞	青苗	玉阶	朱德
虞廷	吴承仕	羽田	缪文渭	雨野	郭澹波	玉井山人	郑岳
虞文	虞君质	羽仙	陈庚	雨樱子	沈旭春	玉君	陈鲤庭
虞襄	吴宗锡	羽仙	谭碧波	禹	朱化雨	玉君	罗玉君
虞岫云	虞岫云	羽翔	黄新波	禹苍	周汝昌	玉君	曼晴
虞岫云女士	虞岫云	羽衣	骆宾基	禹成	崔真吾	玉坤	储玉坤
虞铉	庞薰琹	羽衣女士	罗普	禹成	于伶	玉昆	黄节
虞琰	虞岫云	羽衣女士	张竹君	禹鼎	宋云彬	玉林	邹琳
虞哲光	虞哲光	羽仪	黄翼	禹鼎	王元化	玉玲珑馆主	孙玉声
愚	朱化雨	羽异	黄翼	禹门	陈雨门	玉鲁	朱斐
愚庵	巴人	羽翼	司马文森	禹玄	张庚	玉麦	包白痕
愚庵	戴愚庵	羽中	邓散木	禹言	周汝昌	玉梅	况周颐
愚庵	古直	羽卒	姚三友	禹钟	沈禹钟	玉梅词人	况周颐
愚庵	康白情	雨	吴品今	语	林语堂	玉梅花庵道士	李瑞清
愚伯	金枝芒	雨	朱化雨	语冰	陆离	玉楳	况周颐
愚公	林庚白	雨苍	胡山源	语罕	高语罕	玉米	王毅君
愚公	宣古愚	雨苍	叶平林	语霜	俞宗原	玉鉴	陈渠珍
愚公	严眼周	雨苍	赵茗狂	语堂	林语堂	玉女	赵乃心
愚公	曾琦	雨辰	应云卫	敔	林枳敏	玉诺	徐玉诺
愚公	邹韬奋	雨晨	黄维特	敔堂	张白山	玉藕	王森然
愚公后代	管桦	雨初	李曼瑰	圉人	谢良牧	玉青	周汝昌
愚江	张子斋	雨峰	丁景唐	庚采	朱讯	玉群	曼晴
愚鲁	张文勋	雨耕	丽砂	庚持	黄裳	玉如	林太乙
愚哉	黄猷	雨公	沈启无	庚子水	袁鹰	玉如	杨玉如
舆薪	吴小如	雨花	梁斌	瘐生	李详	玉桑	雷石榆
【yǔ】		雨华	莫洛	【yù】		玉杉	袁水拍
与如	何家槐	雨佳	郑寿岩	玉	孔另境	玉生	赵银棠
宇	彭展	雨嘉	崔雁荡	玉	王明	玉声	孙玉声
宇尘	何雯	雨江	马祖毅	玉	萧楚女	玉石	周汝昌
		雨江	马祖毅			玉舒	温梓川

玉树堂主	王蘧常	郁士	宋瑞	裕祥	黄新波	元期	鲁迅
玉堂	冈夫	郁淑民	郁风	裕斋	鲁迅	元起	黄宾虹
玉堂	朱汝珍	郁堂	江亢虎	愈之	胡愈之	元素	震钧
玉塘	佘雪曼	郁天	王郁天	煜如	贾景德	元胎	容肇祖
玉温	朱洗	郁廷	程树德	誉虎	叶恭绰	元一	黄宾虹
玉玺	黎静	郁庭	程树德	毓痴	陈镦厚	元一	罗香林
玉侠	玉侠	郁文	陈郁文	毓均	何干之	元瑛	苏曼殊
玉溪山房主	张默君	郁文	李文钦	毓钧	陈芜[1]	元元	柯灵
玉虚子	易顺鼎	郁文	苏眇公	毓魁	余思牧	元园客	黄朝传
玉言	周汝昌	郁文	郁达夫	毓文	廖汉臣	元轸	胡雪抱
玉羊	曾玉羊	郁锡璜	郁葆青	毓霞	玉侠	元直	张叶舟
玉予	萨玉予	郁溪	耿小的	毓英	周毓英	元宙	范涡河
玉宇	刘逸生	郁易年	易群	瘄嫠（mào）	严复	园丁	何心冷
玉鸳生	陈蝶衣	郁英华	英敛之	瘄嫠老人	严复	园丁	田继综
玉斋	胡祖舜	郁永言	郁永言	通骏	吴湖帆	园丁	袁殊
玉章	彭传玺	郁余	王余	通泉	马骏[1]	园丁	袁同兴
玉章	吴玉章	郁章	郁章	通声	刘锦江	园园	练元秀
玉振	吴化学	郁真	姚溱	豫	鲁迅	沅君	冯沅君
驭聪	梁遇春	郁振民	郁风	豫才	鲁迅	沅叔	傅增湘
驭繁	简又文	郁钟瑞	孙钿	豫夫	常君实	沅芷	朱基俊
芋公	吴眉孙	育孚	石毓符	豫堂	钱君匋	沅中	皮作玖
芋叟	吴眉孙	育楠	隋树森	豫亭	鲁迅	爱大千	张大千
芋芜	王云和	育中	李育中	豫翁	鲁迅	爱居	刘蕙荪
芋之	胡愈之	彧堂	林语堂	豫园	陶明濬	袁葆良	袁圻
郁	王余	峪云	徐朗西	豫哉	鲁迅	袁波	吕远
郁	张楚琨	峪云山人	徐朗西	【yuān】		袁勃	袁勃
郁葆青	郁葆青	钰	许粤华	鸳雏	朱鸳雏	袁昌英	袁昌英
郁达夫	郁达夫	钰成	金中	渊沫	宋元模	袁长啸	杨纤如
郁地	罗黎牧	预才	鲁迅	渊如	缪金源	袁尘影	袁尘影
郁定子	郁风	欲鸣	许欲鸣	渊实	廖仲恺	袁承印	袁尘影
郁飞	冉于飞	遇安	古直	鹓雏	姚鹓雏	袁大郎	曹聚仁
郁菲	郁风	遇安	李遇安	【yuán】		袁道	秦似
郁风	郁风	遇庵	古直	元	苏曼殊	袁福印	袁烙
郁甘	黑尼	遇春	古直	元白	启功	袁光楣	袁水拍
郁哈	马乙亚	遇夫	杨树达	元伯	启功	袁寒云	袁克文
郁红	罗迦	遇明	燕遇明	元诚	周小舟	袁济	袁同兴
郁华	孙钿	尉迟不恭	张子斋	元冲	邵元冲	袁家骅	袁家骅
郁华	郁华	尉迟华非	李润湖	元初	黄宾虹	袁家莱	袁牧之
郁怀云	张文郁	尉迟葵	舒芜	元度	徐霞村	袁嘉谷	袁嘉谷
郁进	戴文葆	喻的痴	喻的痴	元芳	张謇	袁嘉华	袁家骅
郁可	雷履平	喻迪兹	喻的痴	元艮	鲁迅	袁江	皮作玖
郁垒	沙白	喻庆令	郁其文	元功	谢旦如	袁金元	方徨
郁曼陀	郁华	喻血轮	喻血轮	元浩老人	王西徵	袁金钊	袁金钊
郁其文	郁其文	喻一飞	郁其文	元吉	黄宾虹	袁静	袁静
郁青	董灈缨	喻因子	沈旭春	元济	张元济	袁俊	张骏祥
郁青	孙钿	喻玉铎	蓝玉莲	元健	徐平羽	袁康侯	袁康侯
郁青道人	邓散木	喻允锡	喻血轮	元节	梁鼎芬	袁珂	袁珂
郁清	董灈缨	喻志华	王莹	元乐山	徐光霄	袁可嘉	袁可嘉
郁庆云	郁华	御骖	方孝岳	元亮	龙榆生	袁克文	袁克文
郁如	张楚琨	御史氏	邱风人	元寮	蔡愁洞	袁暌九	应未迟
郁茹	郁茹	寓斋	李详	元留	温田丰	袁烙	袁烙
郁生	刘尧民	裕甫	叶恭绰	元枚	茅盾	袁立	袁殊

袁梅	袁牧之	原	宋元模	瑗仲	王蘧常	岳麟	冯岳麟
袁庙祝鼍	张次溪	原白	吕剑	愿藏	李叔同	岳岭	殷白
袁庙祝陀	张次溪	原玻	黄原波	愿门	李叔同	岳萌	艾芜
袁庙祝驼	张次溪	原丁	吴逸凡	愿夏庐	胡小石	岳南	李岳南
袁明	李存明	原放	汪原放	愿云	蒋智由	岳平	宋学芬
袁明	夏衍	原均	高长虹	【yuē】		岳平洋	吴玉章
袁牧之	袁牧之	原平	孙犁	曰京	田景福	岳骞	岳骞
袁南耕	袁嘉谷	原人	俞铭璜	曰木	苏隽	岳瑟	岳瑟
袁屏山	袁嘉谷	原山	吕剑	曰彦	陈布雷	岳崧	赵铭彝
袁圻	袁圻	原上草	原上草	约翰	小松	岳嵩	居正
袁韧	袁韧	原上放	余思牧	约翰牛	周文	岳泰	梁宗岱
袁荣法	袁荣法	原松	张元松	约克	张执一	岳维乔	寒爵
袁三愆	姚一苇	原宪	周黎庵	约瑟夫	吴玉章	岳喜瑞	岳野
袁圣时	袁珂	原也	廖晓帆	约园	张寿镛	岳心	徐东滨
袁世昌	邱遇	原子鲁	徐开垒	约斋	傅东华	岳野	岳野
袁殊	袁殊	圆	顾民元	约真	刘谦	岳昭	戴平万
袁曙	袁殊	圆庵	陈垣	【yuè】		岳镇东	吴玉章
袁帅南	袁荣法	圆波	严华龙	月	戴望舒	岳中平	岳野
袁水柏	袁水拍	圆满	李叔同	月爱老人	沈曾植	岳中石	徐东滨
袁水拍	袁水拍	圆音	李叔同	月臂	李叔同	岳庄	岳野
袁天福	洛汀[1]	援庵	陈垣	月波	李旭	跃衢	苏兆龙
袁同兴	袁同兴	援试	俞平伯	月波	曾一	跃云	苏兆骧
袁望云	徐迟	援兹	马少波	月船	周越然	越	周越然
袁望诸	袁水拍	缘艾	郭麟阁	月幢（chuáng）	李叔同	越臣	唐弢
袁微子	袁微子	缘缘堂主	丰子恺	月村	李旭	越邨	易白沙
袁炜	袁尘影	源	郑振铎	月村	易白沙	越丁	鲁迅
袁文枢	袁文殊	源克平	夏果	月镫	李叔同	越风	徐光耀
袁文殊	袁文殊	源铨	程演生	月娥	张叶舟	越公	纪弦
袁犀	李克异	源新	郑振铎	月华	李章伯	越客	鲁迅
袁逍遥	袁殊	【yuǎn】		月华	田曼诗	越流	陈樗
袁霄逸	袁殊	远	郑振铎	月华生	方纪生	越女	尹庚
袁效贤	杨纤如	远保坤	远千里	月祺	胡伯恳	越千	岳骞
袁啸星	袁啸星	远方	郭德粹	月樵	陈继修	越侨	鲁迅
袁歙星	袁啸星	远公	梁启超	月樵	甘鹏云	越然	周越然
袁行规	袁静	远桂	沈从文	月樵	洪弃生	越人	袁鹰
袁行庄	袁静	远涵	汪远涵	月群	沙蕾	越山	鲁迅
袁学博	白荻[2]	远离	李叔同	月亭	张成	越危	白危
袁学易	袁殊	远漠	宋元模	月音	李叔同	越仙	孔柔
袁野鹤	杜颖陶	远南枝	于雁军	月子	姚苏凤	越闲	汪远涵
袁以德	杨纤如	远千里	远千里	岳	冯岳麟	越薪	束纫秋
袁易之	洛汀[1]	远任	张仲实	岳奔	于寄愚	越秀山人	张雪伦
袁鹰	袁鹰	远山	黄由来	岳荻	罗麦	越缨	晓星
袁玉冰	袁玉冰	远生	查士元	岳枫	阳翰笙	越子耕	鲁白野
袁则	周思义	远天	宋振庭	岳扶	杨琦	樾	王森然
袁展	袁珂	远香	白蕉	岳海	房世泰	樾侨	甘鹏云
袁枕石	袁金钊	远秀峰	远千里	岳焕	沈从文	【yún】	
袁振纲	袁振纲	远秀昆	远千里	岳军	蔡燕荪	云	茅盾
袁振英	袁振英	远征	罗元贞	岳军	李鉴尧	云	潘伯鹰
袁之园	于沫我	远兹	方敬	岳军	宋学芬	云	万里云
袁志仁	袁玉冰	【yuàn】		岳军	孙岳军	云	王统照
袁仲勋	袁振英	苑峰	张政烺	岳浪	江岳浪	云	吴宓
袁祖成	袁康侯	怨明	谷万川	岳林	沈从文	云	邢鹏举

云彬	宋云彬	云雀	陈鲤庭	云子	谭昭	允怀	曹孚
云搏	张一鹏	云让	杨步伟	云姊姊	黄庆云	允倩	叶圣陶
云沧	王云沧	云若	刘云若	匀君	叶德均	允叔	郭象升
云程	白文	云山	樊樊山	匀庐	李孤帆	允锡	喻血轮
云川	张叶舟	云山	李鉴尧	匀皿	刁均宁	允研	谢康
云从龙	云从龙	云山	谭云山	芸	傅芸子	允哲	魏晋
云丛	陈汉章	云山	周心默	芸	吕思勉	允滋	毛泽东
云淙花隐	郭则沄	云深	黄宗麟	芸	沈从文	鼃叟	李详
云帆	吴淮生	云石	徐梦	芸	沈云龙	鼃叟生	李详
云飞	邢鹏举	云史	郭象升	芸	孙犁	【yùn】	
云飞	易雪泥	云史	杨云史	芸	王芸生	孕育	李孕育
云父（fǔ）	朱双云	云士	杜颖陶	芸	章汉夫	运衡	甘运衡
云甫	徐凌霄	云士	施蛰存	芸庵	卜世藩	运甓	黄侃
云甫	朱双云	云室	刘心皇	芸盦	赵万里	运甓生	黄侃
云根	江应龙	云室主人	刘心皇	芸窗	赵戎	运燮	杜运燮
云谷	黄景南	云舒	郭象升	芸夫	孙犁	郓哥	戴不凡
云谷	杨昀谷	云曙光	布赫	芸览	高云览	恽长安	恽逸群
云谷	周贻白	云叟	郭象升	芸人	黄宾虹	恽海	夏衍
云海楼主	闵尔昌	云苏	洪炎秋	芸生	邱九如	恽树珏	恽铁樵
云航	张万里	云孙	魏晋	芸生	王芸生	恽弍	邓拓
云鹤	陈逸云	云台	韩文举	芸书	徐高阮	恽铁樵	恽铁樵
云鹤	张文勋	云台	聂云台	芸苏	洪炎秋	恽药庵	恽铁樵
云乎哉	金尧如	云特	邓拓	芸台	范文澜	恽逸群	恽逸群
云间	白蕉	云天	刘之俊	芸轩	丁芸轩	恽雨棠	恽雨棠
云间白蕉	白蕉	云天	施若霖	芸芸	沈从文	恽钥勋	恽逸群
云间颠公	雷瑨	云天	陶雄	芸芸	沈云龙	韫存	仇亮
云间居士	白蕉	云亭山人	曹聚仁	芸芸	王森然	韫松	彭家煌
云间龙	陆士谔	云外天	墨遗萍	芸斋主人	孙犁	韫玉	胡朴安
云间生	白蕉	云纹	郑振铎	芸子	傅芸子	韫玉女士	胡朴安
云间下士	白蕉	云溪女士	沙驼	芸子	宋育仁	韫之	傅芸子
云阶	匡一点	云翔	陆士谔	沄沁	吕云章	韵铎	邱韵铎
云君	王统照	云霄	邹韬奋	昀谷	杨昀谷	韵甫	杨振声
云君	叶德均	云心	马鸣尘	耘	范山	韵花阁主	李涵秋
云客	李冰人	云心	吴云心	耘农	黄耘农	韵焦	葛琴
云览	高云览	云轩	丁芸轩	耘农	沈云龙	韵梅	任耕
云郎	方时旭	云岩	宋育仁	耘人	罗庸	韵农	唐义精
云雷	张烈[1]	云燕	郁永言	耘砂	马鸣尘	韵丘	邱韵铎
云菱	刘延陵	云逸	张我军	耘生	林佛国	韵秋	卢葆华
云龙	万里云	云英	吕惠如	耘芜丈人	陶思曾	韵荃	卜世藩
云楼	许世英	云影	何苦	耘之	石云子	韵泉	塞先艾
云门	樊樊山	云影	杨萍	筠	姜椿芳	韵笙	郭坚忍
云门樵客	马一浮	云游客	连阔如	筠庵	高增	韵松	易巩
云麋	陈叔通	云远	臧云远	筠桥	胡祖德	韵心	罗灏白
云母文	方志敏	云月	姚以壮	筠翘	胡祖德	蕴安	赵赤羽
云鹏	孔厥	云云	李劫人	筠墅	刘筠	蕴庵	陈迩冬
云萍	杨云萍	云芸	邹霆	筠仙	苏金伞	蕴光	唐鲁孙
云萍生	杨云萍	云昭光	云照光	箟笃斋主人	管桦	蕴和	高君箴
云浦	韩侍桁	云召	吴廷琯	【yǔn】		蕴和	张蕴和
云乔	邵大成	云照光	云照光	允安	赵赤羽	蕴慧	毕璞
云樵	郭云樵	云志	顾也文	允炽	魏晋	蕴蓝	叶蕴蓝
云樵	许粤华	云中鹤	徐志摩	允斐	葛琴	蕴朗	李蕴朗
云翘	胡祖德	云竹	庐湘			蕴良	向培良

蕴儒	吕蕴儒	臧俊声	臧恺之	泽沙	翁永德	曾木天	商展思
蕴是	废名	臧恺之	臧恺之	泽生	林佛国	曾佩兰	曾克
蕴松	彭家煌	臧克家	臧克家	泽生	翁泽生	曾平芳	曾宝荪
蕴斋	江恒源	臧其人	聂绀弩	泽荪	向理润	曾平澜	曾平澜
蕴哲	孔柔	臧士先	臧克家	泽齐（zhāi）	许啸天	曾平澜女士	曾平澜
蕴仲	废名	臧孝荃	臧克家	泽斋	许啸天	曾朴	曾朴
		臧馨远	臧云远	【zēng】		曾朴华	曾朴
Z		臧一山	臧云远	曾庵	曾水手	曾岐	汪曾祺
【zá】		臧亦蘧	臧瑗望	曾案	古承铄	曾琦	曾琦
杂华	李叔同	臧雨	马骏[2]	曾宝	曾宝荪	曾棋	汪曾祺
【zāi】		臧瑗望	臧克家	曾宝荪	曾宝荪	曾起飞	于沫我
栽培	黄栽培	臧瑗望	臧瑗望	曾晁机	曾晁机	曾强	马宁
【zǎi】		臧云远	臧云远	曾朝机	曾晁机	曾庆冠	曾卓
宰	潘梓年	【zāo】		曾朝枝	曾晁机	曾汝钟	曾秀苍
宰白	夏衍	糟哉	李骈括	曾潮机	曾晁机	曾瑞熊	曾梦笔
宰木	潘梓年	【zǎo】		曾楚侨	曾圣提	曾润	杨奔[2]
宰平	林宰平	枣园	曾运乾	曾传椿	王哥空	曾善	陈向平
宰我	林语堂	澡雪	陈鸣树	曾达斋	袁殊	曾绳	洪林
宰予	林语堂	藻萍	钟绍锟	曾岛	曾岛	曾圣提	曾圣提
辟翁	龚道耕	藻青	陈�一	曾德镇	曾岛	曾著	汪曾祺
【zài】		藻香	吴强	曾奋	曾奋	曾士恺	曾士恺
再华	陈黄光	藻香	杨玉如	曾刚父	曾习经	曾叔伟	曾昭抡
再厉	牧野	藻香子	杨玉如	曾光运	曾宗巩	曾树寰	殷红
再芒	郁风	【zào】		曾广钧	曾广钧	曾水手	曾水手
再起	李存明	噪森	聂耳	曾广勋	曾铁忱	曾松甫	曾毅
再生	王夕澄	【zé】		曾国珍	曾今可	曾太朴	曾朴
再生	王学通	则华	许啸天	曾浩如	曾宝荪	曾焘	曾虚白
再岳	戴平万	则连	郑超麟	曾痕	辛未艾	曾天从	曾霄容
在陈	王季思	则迷	沈从文	曾华	曾文华	曾铁忱	曾铁忱
在春	于在春	则名	沈泽民	曾华丁	曾广钧	曾薇	曾士恺
在君	丁文江	则人	沈泽民	曾纪礼	曾奋	曾为纲	曾士恺
在林	奚燕子	则修	黄则修	曾纪勋	曾纪勋	曾伟才	曾圣提
在庭	震钧	则余	马识途	曾继祺	曾炜	曾炜	曾炜
载琼	于在春	泽	茅盾	曾健为	秦兆阳	曾文华	曾文华
载匋	金性尧	泽菴	吴沛霖	曾今可	曾今可	曾无忌	曾梦笔
载文	彭展	泽庵	吴沛霖	曾九洲	夏霖	曾五洋	夏霖
【zàn】		泽盦	吴沛霖	曾觉民	商展思	曾武	曾祖武
赞钧	黄赞钧	泽长	施若霖	曾觉之	曾觉之	曾习经	曾习经
赞坤	许地山	泽丞	游国恩	曾克	曾克	曾祥祺	巴波
赞卿	刘心皇	泽承	游国恩	曾列明	曾列明	曾霄容	曾霄容
赞思	潘飞声	泽东	毛泽东	曾烈家	蔡力行	曾小木	曾朴
赞堂	曼晴	泽夫	宋泽夫	曾令铎	商展思	曾孝谷	曾孝谷
赞庭	雷溅波	泽夫	杨荫深	曾鲁	田贲	曾笑云	曾晁机
赞忠	潘飞声	泽皆	雷昭性	曾曼方	曾玉羊	曾心艮	阿垅
赞周	殷作桢	泽奎	郑文[1]	曾曼尼	曾圣提	曾秀苍	曾秀苍
瓒	丁瓒	泽螺居士	于省吾	曾梅娘	梅娘	曾虚白	曾虚白
【zāng】		泽民	李嘉言	曾孟鸣	曾孟鸣	曾亚	陈辽
臧	聂绀弩	泽民	沈泽民	曾孟朴	曾朴	曾延年	曾孝谷
臧承志	臧克家	泽民	魏泽民	曾梦笔	曾梦笔	曾彦修	曾彦秀
臧伏龙	严灵峰	泽浦	罗洛	曾敏达	施蛰存	曾彦秀	曾彦秀
臧蕻	耿庸	泽青	沈云龙	曾敏之	曾敏之	曾燕萍	曾燕萍
臧晖	胡适	泽人	徐蔚南	曾鸣	唐兰	曾也石	曼青

曾一 曾一
曾艺波 巴波
曾毅 曾毅
曾莹卿 施蛰存
曾雍也 司马长风
曾镛 曾孟鸣
曾勇父 曾赜
曾佑 夏曾佑
曾玉羊 曾玉羊
曾聿 陈启肃
曾月波 曾一
曾运乾 曾运乾
曾赜 曾赜
曾展模 曾觉之
曾昭 赵其文
曾昭琮 曾琦
曾昭抡 曾昭抡
曾正昌 田家英
曾志学 曾志学
曾仲鸣 曾仲鸣
曾重伯 曾广钧
曾卓 曾卓
曾宗巩 曾宗巩
增吕 邓中夏
增上 李叔同
增援 李增援
【zhā】
查光佛 查光佛
查理 金庸
查良镛 金庸
查良铮 穆旦
查劢 公孙嬿
查猛济 查猛济
查能 查光佛
查士骥 查士元
查士元 查士元
查显琳 公孙嬿
【zhá】
闸北徐公 徐卓呆
【zhà】
炸弹 梁兆斌
【zhāi】
摘 赵树理
【zhái】
翟端 常任侠
翟恩泰 翟剑萍
翟尔梅 翟尔梅
翟国瑾 翟国瑾
翟剑萍 翟剑萍
翟锦文 黎军
翟君石 钟雷
翟隽 钟雷
翟厉风 厉风
翟立峰 厉风
翟庆和 翟尔梅
翟啸峰 厉风
翟永坤 翟永坤
翟玉 翟国瑾
翟资生 翟永坤
【zhǎi】
窄而霉斋主人 沈从文
窄霉斋主 沈从文
窄门 满涛
【zhān】
占霏 易琼
占元 陈占元
占斋 饶芝祥
詹安泰 詹安泰
詹安泰祝南 詹安泰
詹冰 詹冰
詹大树 詹大树
詹怀辛 曾秀苍
詹谟士 胡明树
詹闰生 詹大树
詹渭 詹文浒
詹文浒 詹文浒
詹握存 詹大树
詹益川 詹冰
詹镆 詹镆
詹运生 詹大树
詹詹 王统照
詹振文 詹镆
詹振之 詹镆
詹祝南 詹安泰
薝蔔老人 李叔同
饘敬 周作人
瞻庐 程瞻庐
瞻清 王森然
【zhǎn】
展庵 丁以布
展庵 汪辟疆
展成 吴承仕
展一真 穆烜
展之 金展
【zhàn】
战画室主 梁鼎铭
战士 邵子南
湛庵 马一浮
湛伯 周云
湛持居士 俞珽
湛卢 湛卢
湛翁 马一浮
湛翁和尚 马一浮
【zhāng】
张皑 张雪伦
张蔼芳 张庆琏
张艾丁 张艾丁
张爱玲 张爱玲
张安人 张仲实
张白怀 张白怀
张白山 张白山
张白衔 戴望舒
张百禄 张西曼
张半予 田井卉
张宝人 马骏[2]
张葆良 张叔通
张北人 张金寿
张琲 沈从文
张蓓 张沛
张本尧 张治中
张本正 王文起
张笔仁 张笔仁
张毕来 张毕来
张碧梧 张碧梧
张壁 唐人
张表方 张澜
张冰 张冰
张冰独 张冰独
张丙蔚 田流[1]
张秉声 张资平
张秉新 张向天
张炳文 黑婴
张波 张文澜
张伯 吴晗
张伯符 张梦麟
张伯衡 张楚琨
张伯驹 张伯驹
张伯苓 张伯苓
张伯颂 张寿镛
张伯彦 征骊
张采人 张缪子
张采田 张尔田
张采贞 张采真
张采真 张采真
张藏郁 张藏郁
张长 张一鸣
张长弓 张长弓
张常海 张常海
张超尘 何公超
张朝佐 张紫薇
张晨 张天白
张成 张成
张承录 刘树声
张承禄 鲁迅
张承宗 张承宗
张澂 张鸿
张痴鸠 张叔耐
张弛 许觉民
张赤 张申府
张冲 张楚琨
张崇鼎 张恂子
张崇南 张近芬
张楚琨 张楚琨
张楚鸣 张殊明
张楚云 张楚琨
张传琨 张传琨
张传普 张威廉
张传荫 张志
张春帆 张春帆
张春风 张向天
张春浩 张春浩
张春桥 张春桥
张春水 张祉浩
张纯甫 张汉
张纯一 张纯一
张次溪 张次溪
张聪致 张长弓
张丛碧 张伯驹
张淬砺 张浪
张达心 张达心
张大都 张次溪
张大弓 田井卉
张大鉴 张成
张大雷 徐盈
张大旗 张大旗
张大千 张大千
张大山 朱介凡
张大岩 关永吉
张大野 向人红
张大宗 谢云
张岱年 张岱年
张丹甫 张丹斧
张丹斧 张丹斧
张耽 张耽
张旦庐 张难先
张惮 张文渤
张岛 关永吉
张盗郇 张盗郇
张道藩 张道藩
张道隆 张道藩
张德 夏衍
张德 张契渠
张德基 张承宗
张德生 邵宗汉
张登 沙文汉
张登瀛 张登瀛
张迪芳 萧三

张荻	张嘉禄	张高泽	张孟恢	张翰君	陈同生	张继良	张静庐
张荻洲	张嘉禄	张簡侬	张簡侬	张鍴	张鍴	张继楼	张继楼
张涤华	张涤华	张庚	程力夫	张荷	周醉平	张冀	孟力
张棣庼	张棣庼	张庚	张庚	张鹤	张天虚	张冀	孟力
张仃	张仃	张耕云	张棣庼	张鹤	张友松	张家骐	张伯驹
张鼎和	张璋	张弓	李根红	张鹤龄	殷白	张家耀	张家耀
张鼎斋	张农	张弓	李张弓	张鹤群	张鹤群	张嘉谷	张慧剑
张定璜	张凤举	张弓	张弓[1]	张鹤眺	耶林	张嘉禄	张嘉禄
张定庐	张纯一	张弓	张弓[2]	张恨奴	陈凡	张嘉明	张雪蕾
张定亚	张定亚	张弓	张申府	张恨水	张恨水	张嘉谋	张嘉谋
张东民	张东民	张公绂	张一麐	张恨眼	张文渤	张嘉铸	张禹九
张东雨	王和	张公权	张禹九	张衡	张亲令	张甲	张羽
张东之	石光	张公室	张竞生	张红惠	安娥	张謇	张謇
张都金	张农	张古梅	张资平	张虹	张谷雏	张建甫	张棣庼
张端纳	张彦	张古因	胡风	张鸿	张鸿	张建宏	张实中
张敦讷	张默生	张谷	张国钧	张鸿仪	曹原	张建人	张健
张沌谷	张相文	张谷	章君谷	张厚继	缪文渭	张建中	张舍我
张遹霭	张尔田	张谷雏	张谷雏	张厚载	张镠子	张剑人	张靖
张遹庵	张尔田	张谷非	胡风	张花魂	张罡刂	张剑云	张簡侬
张遹盦	张尔田	张谷若	张谷若	张华	陈望道	张健	张健
张遹霭	张尔田	张观保	黄永玉	张华甫	光未然	张江	张客
张遹堪	张尔田	张贯一	张羽	张华英	张周	张江裁	张次溪
张多	张涤华	张光	王子恕	张化愚	唐诃[2]	张姜公	张秋虫
张蕚荪	张廷华	张光琛	张彦	张怀金	骆宾基	张桨	王庄
张恩慈	张恩慈	张光厚	张光厚	张怀奇	张怀奇	张杰鑫	蒋轸庭
张恩裕	张谷若	张光鲁	蔡力行	张怀瑞	阿垅	张洁	夏衍
张而冠	张而冠	张光年	光未然	张怀知	章品镇	张解方	罗时烽
张尔泰	张叔耐	张光人	胡风	张怀致	章品镇	张今见	张客
张尔田	张尔田	张光萱	张光萱	张环荜庵	张大千	张金寿	张金寿
张耳	张子斋	张光莹	胡风	张焕之	张天翼	张金燕	张金燕
张帆	张帆	张广	张十方	张黄	张凤举	张谨唐	张执一
张帆	张赣萍	张国华	张秋人	张挥孙	张素	张近芬	张近芬
张帆	张蓬	张国钧	张国钧	张恢	徐梵澄	张近芬女士	张近芬
张帆	张一苇	张国钧	章君谷	张辉环	张辉环	张劲民	张舒阳
张帆	张友济	张国珍	张庆田	张辉澧	张难先	张晋媛	张晋媛
张藩	海默	张果	胡风	张惠风	张汉英	张菁	张垣
张凡	海默	张海	卢煤	张惠兰	蓝光	张惊秋	殷白
张凡	张友济	张海鸥	张海鸥	张惠良	张惠良	张景华	张帆
张方山	孙方山	张海平	海戈	张惠衣	张任政	张景珊	张拙之
张放	张殊明	张海山	张赣萍	张慧	张慧	张憬	张憬
张枫	饶彰风	张含晖	张寒晖	张慧剑	张慧剑	张璟珊	张拙之
张枫生	饶彰风	张涵锐	张次溪	张慧奇	张慧奇	张竞生	张竞生
张凤	张凤	张寒晖	张寒晖	张慧僧	张慧僧	张敬斋	曹靖华
张凤举	张凤举	张寒亭	耶林	张慧僧	张素	张靖	张靖
张凤岐	张凤岐	张汉	方行[2]	张吉人	张吉人	张静	于立群
张凤吾	阿英	张汉	张汉	张吉英	胡风	张静江	张静江
张佛千	张佛千	张汉城	张垣	张季纯	张季纯	张静庐	张静庐
张夫迈	张烈[2]	张汉弟	张天翼	张季鸿	张冥飞	张静珍	张静珍
张福崇	张世禄	张汉夫	章汉夫	张季同	张岱年	张久	顾颉刚
张福勋	张福勋	张汉均	陈同生	张季直	张謇	张鞠生	张元济
张赣萍	张赣萍	张汉英	张汉英	张季子	张謇	张菊生	安娥
张钢	韩述之	张额	张额	张继纯	张锡侲	张菊生	张元济

张觉峰	张其春	张露薇	张露薇	张沛	鲁迅	张权	张大千
张均六	张拓	张罗	张友济	张沛	张沛	张权	张权
张君朔	张梓生	张罗天	张罗天	张佩秋	张佩秋	张全新	张铁弦
张君悌	金人	张洛蒂	张洛蒂	张彭春	张彭春	张荃	张荃
张君武	张成	张珞	汤雪华	张蓬	张蓬	张群先	赵先
张钧衡	张钧衡	张蛮	朱侃	张蓬舟	张蓬舟	张人杰	张静江
张骏祥	张骏祥	张蔓蔓	冯宪章	张蓬洲	张蓬舟	张人俊	张承宗
张恺	张瑞亭	张猛三	刘捷	张鹏	张友松	张忍	张执一
张恺年	金人	张孟恢	张孟恢	张篷舟	张篷舟	张任涛	张千帆
张恺之	张白怀	张孟闻	张孟闻	张品健	张立	张任远	张仲实
张可	张可	张梦九	张梦九	张平	冯培澜	张任政	张惠良
张可中	张可中	张梦麟	张梦麟	张平之	张闻天	张任政	张任政
张克刚	张克刚	张名桢	胡风	张破浪	张祉浩	张荣甫	张荣甫
张克正	张克正	张明	星里	张璞君	骆宾基	张荣华	萧红
张客	张客	张明	姚蓬	张普	张朴	张荣荪	张荣荪
张况夫	张惠良	张明慈	张明慈	张普和	张闻天	张容明	张香山
张魁祥	张棣赓	张明东	谢云	张普君	李石锋	张汝洛	张一林
张堃	田汉	张明理	张企程	张普朗	骆宾基	张汝智	张文渤
张来	梁宁	张明仁	张明仁	张漆室	张祉浩	张蕊英	张憬
张兰璞	张寒晖	张明儒	张天鲁	张其霭	张靖	张瑞麟	张瑞麟
张澜	张澜	张鸣琦	张鸣琦	张其春	张白怀	张瑞亭	张瑞亭
张阆声	张宗祥	张冥飞	张冥飞	张其柯	张其春	张润苍	张梦九
张朗	林如稷	张铭北	张明慈	张其平	高语罕	张若谷	张若谷
张浪	张浪	张铭慈	张明慈	张旗	叶青	张若名	张若名
张乐棋	张雪伦	张漠青	张漠青	张乞食	关永吉	张若茗	张若名
张雷	张雷	张默	孟超	张企程	张企程	张若萍	林间
张冷僧	张宗祥	张默	张蕴和	张启汉	张启汉	张若英	阿英
张藜	张藜	张默池	张默池	张启权	张毕来	张三	秦瘦鸥
张立	张立	张默君	张默君	张绮野	黄耘	张伞	郭风
张立云	张因凡	张默僧	张默生	张契斝	张契渠	张啬庵	张謇
张立斋	张文治	张默生	张默生	张契渠	张契渠	张啬公	张謇
张丽云	张艾丁	张目寒	张目寒	张千帆	张千帆	张森	张梓生
张丽真	张励贞	张慕飞	冯健男	张蔷	田井卉	张珊陆	张若名
张励贞	张励贞	张慕韩	张秋人	张亲令	张亲令	张善	张善
张荔丹	张光厚	张慕寒	张秋人	张青榆	张青榆	张善宝	张春桥
张连捷	张颔	张慕翰	张秋人	张清广	漂青	张尚	张申府
张廉	张烈 [1]	张慕周	张树模	张清荣	张我军	张尚斌	周立波
张良	夏衍	张穆如	张素	张繁铭	张弓 [1]	张尚达	唐弢
张良泽	张良泽	张穆熙	川岛	张庆吉	张庆吉	张尚龄	张梦九
张聊公	张镠子	张乃煌	林如稷	张庆琏	张庆琏	张芶岩	张怀奇
张聊止	张镠子	张乃莹	萧红	张庆霖	张庆霖	张韶	张扬
张镠子	张镠子	张迺莹	萧红	张庆田	张庆田	张少峰	张少峰
张烈	张烈 [1]	张南通	张謇	张庆余	张青榆	张少岩	金人
张烈	张烈 [2]	张难先	张难先	张庆云	张庆云	张绍良	张难先
张林	夏衍	张念岑	张羽	张丘人	张秋人	张绍贤	陈虞孙
张瓴	张瓴	张农	张农	张秋虫	张秋虫	张蛇	张丹斧
张舲	张叶舟	张弩	张海鸥	张秋风	张铁夫	张舍我	张舍我
张六士	张龙云	张湃舟	张湃舟	张秋人	张秋人	张申甫	张申府
张龙云	张龙云	张培本	胡山源	张秋坦	张铁夫	张申府	张申府
张禄	马叙伦	张培初	胡山源	张秋子	张铁弦	张牲	张友济
张禄如	鲁迅	张培芳	张养吾	张裘丽	张裘丽	张深切	张深切
张路	张一倩	张沛	刘谷风	张裘丽	张裘丽	张声	张资平

张圣道	梅白	张焘	张冥飞	张文勋	张文勋	张星海	张资平
张圣时	张圣时	张特亘	张垣	张文郁	张文郁	张星烺	张星烺
张师颃	章品镇	张天白	张天白	张文治	张文治	张星仪	张资平
张十方	张十方	张天芦	张天鲁	张文铸	张金寿	张星芝	耶林
张石川	张石川	张天鲁	张天鲁	张闻天	张闻天	张行	张亲令
张时任	张香山	张天幕	张天幕	张吻冰	张吻冰	张行健	张中行
张时雄	张拓芜	张天璞	张真	张问鹃	褚问鹃	张省疚	张省疚
张实甫	张仲实	张天祺	张大旗	张问强	张问强	张杏娟	朱媞
张实中	张实中	张天授	张天授	张我军	张我军	张修文	张毕来
张士隽	张采真	张天绶	张天授	张我权	张我权	张修文	张修文
张士仁	许杰	张天松	张若谷	张无为	张丹斧	张秀环	萧红
张世方	方冰	张天虚	张天虚	张无诤	张天翼	张秀亚	张秀亚
张世禄	张世禄	张天翼	张天翼	张西曼	张西曼	张秀中	张秀中
张世勋	张央	张眺	耶林	张西望	徐东滨	张续清	张孟恢
张世珠	张世珠	张铁	张立	张西野	张立	张轩	张子斋
张式沅	安娥	张铁夫	张铁夫	张希曼	张西曼	张宣	张宣
张守常	张守常	张铁弦	张铁弦	张希舜	张善	张璇	张中行
张守基	王文起	张廷灏	张廷灏	张希文	马骏[2]	张璿	张中行
张守谦	关永吉	张廷华	张廷华	张锡俦	张锡俦	张学新	张学新
张守正	黄兴	张庭梁	石樵	张锡畴	张锡俦	张雪抱	张冰
张寿春	张伯苓	张同	张同	张锡佩	张锡佩	张雪帆	张叶舟
张寿镛	张寿镛	张同生	张香还	张宪章	星里	张雪蕾	张雪蕾
张叔吕	张颖	张拓	张拓	张相文	张相文	张雪伦	张雪伦
张叔耐	张叔耐	张拓芜	张拓芜	张香还	张香还	张雪茵	张雪茵
张叔通	张叔通	张宛青	张宛青	张香山	张香山	张雪影	张瑞麟
张叔夜	张叔夜	张万芳	张可	张湘泉	张雪伦	张恂九	张省疚
张殊明	张殊明	张万杰	满涛	张骧化	向人红	张恂子	张恂子
张淑英	张淑英	张万里	张万里	张向明	张洛蒂	张训之	李锐
张舒放	张烈[2]	张万熙	墨人	张向荣	陶钰	张亚非	张亚非
张舒阳	张舒阳	张万一	张万一	张向天	张向天	张亚蓝	张秀亚
张曙生	张曙生	张万镒	张万一	张象鼎	张友渔	张延礼	张丹斧
张树	延泽民	张望	谈路	张骁	张文松	张严如	柯岗
张树模	张树模	张望	周璧	张小怿	张小怿	张炎	张春帆
张漱菡	张漱菡	张威	张立	张晓光	张天白	张砚庄	张若名
张舜徽	张舜徽	张威廉	张威廉	张晓青	张洛蒂	张彦	张彦
张思曾	张宗祥	张维	张维	张晓天	张晓天	张彦超	张彦超
张思健	张问强	张维	张紫薇	张晓天	张璋	张彦平	张彦平
张思九	张叔耐	张维祺	张维祺	张晓钟	张中晓	张燕雏	张荫麟
张思恺	张思恺	张维贤	张维贤	张效愚	张效愚	张燕人	石琪
张思维	张思维	张维周	张维周	张协和	方行[2]	张燕庭	张燕庭
张四郎	张次溪	张伟民	张资平	张撷	缪文渭	张央	张央
张四维	张毕来	张伟通	张石川	张心富	张效愚	张扬	刘金
张四先生	张謇	张文白	张治中	张心量	张权	张扬	张央
张四正	张十方	张文炳	张吻冰	张心期	张叶舟	张扬	张扬
张松年	张申府	张文渤	张文渤	张心芜	张一鸣	张扬	张永枚
张松如	公木	张文光	光未然	张心漪	张心漪	张阳	张央
张崧年	张申府	张文华	张露薇	张心远	张恨水	张旸	张旸
张嵩甫	公木	张文环	张文环	张辛人	张立	张养吾	张天翼
张嵩年	张申府	张文澜	张文澜	张辛实	张辛实	张养吾	张养吾
张诵清	张素	张文麟	鲁丁[2]	张新民	张新民	张耀先	张帆
张素	张素	张文松	张文松	张新叶	张瑞麟	张野	张拓
张涛	公木	张文通	张雷	张兴	张春桥	张业隆	张一倩

张叶侯	张肇桐	张英才	张长弓	张嫚	张大千	张植杨	吕寰
张叶舟	张叶舟	张英福	石琪	张远	何芷	张祉浩	张祉浩
张掖	王庄	张英华	张辛实	张苑峰	张政烺	张志	张志
张一	张天翼	张婴公	张素	张约园	张寿镛	张志革	王和
张一凡	海默	张媖	张爱玲	张月琴	韦婴	张志阁	王和
张一鸿	张弓²	张瑛	安娥	张月亭	张成	张志民	张志民
张一柯	周立波	张瀛洲	张瀛洲	张樾	张子斋	张志谦	张志谦
张一逯	张龙云	张颖	张颖	张云	王独清	张志真	宋学芬
张一郎	张我军	张映璧	张篷舟	张云航	张万里	张治中	张治中
张一林	张一林	张映南	张鸿	张云雷	张烈¹	张挚	满涛
张一麐	张一麐	张庸庵	张可中	张云龙	张铁夫	张致祥	张致祥
张一麟	张一麐	张永枚	张永枚	张蕴芳	张叔通	张稚庐	张稚庐
张一鸣	张一鸣	张永年	公木	张蕴和	张蕴和	张稚民	张志民
张一农	路一	张永顺	张湃舟	张泽藩	海默	张稚香	张光萱
张一沤	张秋虫	张咏霓	张寿镛	张泽厚	张泽厚	张稚子	张稚庐
张一鸥	欧小牧	张咏絮	张咏絮	张增澄	张静江	张中孚	张嘉谋
张一鸥	张肇桐	张悠然	张友鸢	张璋	张璋	张中晓	张中晓
张一鹏	张一鹏	张友表	张秋人	张涨	张璋	张中行	张中行
张一千	张春桥	张友济	张友济	张招	欧阳山	张中正	黄兴
张一倩	张一倩	张友鸢	张友鸢	张昭汉	张默君	张钟锐	张次溪
张一苇	张一苇	张友松	张友松	张兆和	张兆和	张钟娴	张裘丽
张一正	张十方	张友彝	张友渔	张兆林	张浪	张仲衡	张中行
张一之	张毕来	张友渔	张友渔	张肇科	鲁歌	张仲华	张瑞麟
张一之	张天翼	张有标	张秋人	张肇荣	张立	张仲离	田流¹
张伊三	夏羊	张又君	黑婴	张肇桐	张肇桐	张仲明	张靖
张依吾	骆宾基	张幼怀	张明慈	张肇演	张次溪	张仲仁	张一麐
张贻	张燕庭	张佑彦	石光	张赭	张申府	张仲如	张纯一
张以德	张国钧	张迁公	张龙云	张真	张真	张仲锐	张次溪
张以德	章君谷	张余鉴	张客	张真用	张振镛	张仲实	张仲实
张宸	张丹斧	张孟劬	张尔田	张祯	高捷	张仲述	张彭春
张亦如	胡景瓖	张於英	阿英	张枕绿	张枕绿	张周	张周
张易	张易	张於英	柳亚子	张枕蓉	张振镛	张竹君	张简侬
张轶欧	张肇桐	张宇同	张岱年	张振华	瞿光熙	张竹君	张竹君
张益卿	胡景瓖	张羽	张羽	张振寰	张羽	张铸安	张涤华
张逸侯	满涛	张雨	夏衍	张振闻	周木斋	张筑客	张汉
张頯（yì）翁	张舜徽	张禹	张禹	张振亚	张振亚	张庄谐	张靖
张翼侯	张肇桐	张禹九	张禹九	张振镛	张振镛	张拙之	张拙之
张翼后	张肇桐	张玉方	张朴	张振之	张赣萍	张卓身	张传琨
张因凡	张因凡	张玉祥	路一	张振宗	张道藩	张资平	张资平
张茵	缪文渭	张育才	张睿	张震	张殊明	张子方	张舍我
张荫皋	张闻天	张械	张械	张震南	符号	张子宽	张篷舟
张荫麟	张荫麟	张裕基	张裕基	张震南	蒋晓海	张子灵	张铁夫
张寅	徐昌霖	张愈	薛汕	张镇湘	张大旗	张子乔	张梓生
张饮南	张鸿	张煜遲	张艾丁	张峥角	张一麐	张子石	张传琨
张饮辛	张饮辛	张毓坤	张秀中	张正权	张大千	张子斋	张子斋
张隐南	张鸿	张元定	张天翼	张政烺	张政烺	张梓生	张梓生
张印光	张静江	张元济	张元济	张之润	张旸	张梓斋	张子斋
张应皋	张闻天	张元奇	张元济	张芝	李长之	张紫薇	张紫薇
张应蛟	张子斋	张元松	张元松	张芝田	梅林	张自旗	陈夜
张应瑞	张佛千	张垣	张垣	张知辛	鲁锐	张宗祥	张宗祥
张英	夏衍	张爱	张大千	张执一	张执一	张宗植	张瓴
张英	张亲令	张原松	张元松	张直君	常燕生	张卒	张静庐

张组文	时玳	章奎森	章星园	章西崖	章西崖	昭华	黄庆云
张祖苹	张沛	章立光	章棂	章锡琛	章锡琛	昭彦	黄秋耘
张左	黄肃秋	章燐	章太炎	章锡箴	章锡琛	昭宸	伍光建
章	朱德	章燐西狩	章太炎	章歔苏	章华	昭懿	凌景坚
章白	吴晗	章伶	丁之屏	章欣渐	张千帆	【zhào】	
章炳麟	章太炎	章鲁	牙含章	章星园	章星园	召	景耀月
章长孺	章钰	章路平	马少波	章行严	章士钊	召音	梁实秋
章充隐	章钰	章曼仙	章华	章秀珊	章秀珊	兆麟	方未艾
章楚	章楚	章缦仙	章华	章学乘	章太炎	兆木	桃木
章川岛	川岛	章矛尘	川岛	章雪村	章锡琛	兆奇	季薇
章村	商承祖	章妙英	章妙英	章雪箴	章锡琛	兆骧	苏兆骧
章道衡	章道衡	章泯	章泯	章愻闇	章钰	兆行	吴新荣
章独	张竞生	章敏	叶康参	章炎武	章太炎	兆阳	秦兆阳
章断	俞铭璜	章明	章明	章叶频	章叶频	兆雨	王明
章铎声	章铎声	章茗理	章钰	章一华	章一华	兆梓	金兆梓
章凡	张恩慈	章乃器	章乃器	章一山	章棂	诏玉	王明
章方叙	靳以	章南石	张楚琨	章衣萍	章衣萍	赵爱华	沙驼
章飞	左笑鸿	章鸥辺	章钰	章依	靳以	赵安济	赵扬
章凤升	章西崖	章品镇	章品镇	章依吾	骆宾基	赵宝忠	赵蔚青
章古梦	章铁民	章其	章其	章怡	陈原	赵北	俞林
章圭璙	章圭璙	章启勋	章叶频	章疑	童书业	赵璧	谭正璧
章含英	覃英	章棂	章棂	章益	章益	赵璧	赵家欣
章汉夫	章汉夫	章丘生	章士钊	章益民	章明	赵炳昭	赵其文
章瀚	章汉夫	章邱生	章士钊	章闿	章自	赵不扬	赵扬
章皓	韩晓鹰	章荣圭	白夫	章罂	张颖	赵长民	林如稷
章何紫	李季	章容	纪弦	章友三	章益	赵长生	赵易林
章恒寿	柯原	章如意	夏易	章余叟	章圭璙	赵超构	赵超构
章纮云	章廷华	章锐初	章微颖	章玉	吴羊璧	赵朝谷	沙驼
章洪道	洪道	章若榆	张友渔	章玉	张禹	赵承志	赵循伯
章洪熙	章衣萍	章埏	章乃器	章钰	章钰	赵澄甫	赵宗瀚
章洪章	康白情	章勾轩	章廷华	章钺	巴人	赵池萍	赵赤坪
章鸿熙	章衣萍	章绍烈	章道衡	章造汉	章铁民	赵赤坪	赵赤坪
章鸿猷	洪道	章师宗	巴人	章蛰存	章钰	赵赤羽	赵赤羽
章华	章华	章士谷	张子斋	章振乾	章振乾	赵初	李薿
章际翔	章际翔	章士钊	章士钊	章正侯	靳以	赵聪	赵聪
章家	张羽	章氏学	章太炎	章正耀	章棂	赵达	赵大民
章嘉生	章乃器	章世菁	金中	章篆生	章圭璙	赵大成	赵戎
章坚孟	章钰	章式之	章钰	章缁	章太炎	赵大民	赵大民
章坚梦	章钰	章叔言	章自	章子谷	张子斋	赵丹	赵丹
章建之	章克标	章孙	商承祖	章子伟	章乃器	赵德普	哈华
章绛	章太炎	章太炎	章太炎	章子长	柯原	赵德普	胡青坡
章绛学	章太炎	章涛	公木	章自	章自	赵德清	郁达夫
章金烽	章乃器	章天癹	章星园	彭	姚璋	赵德尊	赵德尊
章靳以	靳以	章铁民	章铁民	【zhǎng】		赵灯	杨甦
章玖	皮作玖	章廷华	章廷华	长老	陆丹林	赵棣	张嘉禄
章巨摩	章自	章廷骧	章廷骧	长孙有忌	寒爵	赵定之	赵树理
章卷益	童书业	章廷谦	川岛	【zhàng】		赵东	毛泽东
章君谷	张国钧	章彤	高旅	杖藜	张海鸥	赵铎	青勃
章君谷	章君谷	章微颖	章微颖	【zhāo】		赵飞云	赵万里
章开明	未央	章维荣	风沙	钊哥	夏丏尊	赵斐云	赵万里
章恺熙	章克标	章雯文	章益	钊西	刘燕及	赵凤翔	赵丹
章克标	章克标	章西厓	章西崖	昭琛	王瑶	赵凤章	俞林

赵夫	金性尧	赵谨三	赵谨三	赵前	李蕤	赵蔚泽青	赵蔚青
赵绂章	赵焕亭	赵景深	赵景深	赵钱孙	赵乃心	赵文甫	赵文甫
赵复初	赵眠云	赵景熹	赵超构	赵强康	任溶溶	赵文节	闻捷
赵高	刘岚山	赵景沄	赵景沄	赵青勃	青勃	赵文渊	赵文甫
赵戈	赵戈	赵静侯	赵祖康	赵清阁	赵清阁	赵闻捷	闻捷
赵构	赵超构	赵橘	上官橘	赵秋鸿	赵秋鸿	赵无	毛星
赵孤怀	赵宋庆	赵君豪	赵君豪	赵秋雁	熊荒陵	赵无忌	朱啸秋
赵辜怀	赵宋庆	赵俊一	赵其文	赵泉	何方	赵希献	赵祖抃
赵光荣	汪馥泉	赵凯	邓拓	赵仁斋	赵正平	赵惜梦	赵惜梦
赵光荣	赵光荣	赵康	赵祖康	赵任情	任情	赵锡	赵锡
赵光宜	任耕	赵坤	赵坤	赵戎	赵戎	赵锡嘉	赵锡嘉
赵光远	赵光远	赵来	周恩来	赵荣鼎	赵铭彝	赵熙	赵熙
赵广	赵广湘	赵朗斋	赵逸贤	赵荣声	赵荣声	赵先	赵先
赵广湘	赵广湘	赵冷	巴人	赵荣续	赵朴初	赵鲜文	赵鲜文
赵归	任耕	赵澧	赵澧	赵汝康	赵大民	赵香宋	赵熙
赵国宾	赵国宾	赵立生	赵立生	赵瑞蕻	赵瑞蕻	赵象离	赵纪彬
赵国服休	马一浮	赵枥马	枥马	赵瑞霖	赵瑞蕻	赵小松	小松
赵国祥	周而复	赵俪生	赵俪生	赵善甫	赵赤坪	赵筱延	赵家璧
赵海秋	赵太侔	赵廉	郁达夫	赵苕狂	赵苕狂	赵撷云	赵万里
赵涵	梅朵	赵灵飞	赵俪生	赵少侯	赵少侯	赵心	赵戎
赵汗青	聂索	赵令仪	黄裳	赵少伟	赵少伟	赵心余	俞平伯
赵鹤清	赵鹤清	赵令仪	鲁迅	赵少雄	柔石	赵辛生	赵寻
赵红	郭铁	赵令贻	赵隆勷	赵绍昌	赵眠云	赵兴国	陆风
赵鸿恩	李蕤	赵流沙	赵赤羽	赵牲	赵俪生	赵星海	赵式铭
赵鸿志	赵立生	赵隆勷	赵隆勷	赵慎叔	赵之诚	赵休宁	蹇先艾
赵蕻	赵瑞蕻	赵橹	赵隆勷	赵慎应	赵慎应	赵旭	姚紫
赵侯声	赵正平	赵陆宝	田家英	赵石宾	赵石宾	赵旭初	赵景深
赵后声	赵正平	赵孟原	小松	赵世衡	马国亮	赵宣仲	赵元任
赵厚生	赵正平	赵梦园	小松	赵世铭	王照	赵宣重	赵元任
赵厚圣	赵正平	赵眠云	赵眠云	赵式铭	赵式铭	赵玄武	劳荣
赵华	沙鸥[1]	赵明	张禹	赵适	任耕	赵寻	赵寻
赵化南	赵纪彬	赵明	赵明	赵淑兰	欧小牧	赵洵	金山
赵寰	赵寰	赵明远	赵隆勷	赵树礼	赵树理	赵洵	赵洵
赵幻渟	赵焕亭	赵铭彝	赵铭彝	赵树理	赵树理	赵恂九	赵恂九
赵焕亭	赵焕亭	赵默	金山	赵树权	小松	赵循伯	赵循伯
赵荒	熊荒陵	赵慕欣	赵秋鸿	赵舜盦	赵万里	赵逊	赵逊
赵荒陵	熊荒陵	赵乃心	赵乃心	赵思进	韩进	赵雅博	赵雅博
赵璜	柔石	赵念梦	赵逸贤	赵宋庆	赵宋庆	赵彦	吴晗
赵篁	王景山	赵农民	赵农民	赵太侔	赵太侔	赵燕翼	赵燕翼
赵扬叔	赵式铭	赵佩春	赵易林	赵天	张闻天	赵扬	赵扬
赵悔深	李蕤	赵品三	赵品三	赵天	赵清阁	赵杨步伟	杨步伟
赵慧深	李蕤	赵平福	柔石	赵天人	张金寿	赵尧生	赵熙
赵畸	赵太侔	赵平甫	柔石	赵天一	曹聚仁	赵一平	李平心
赵纪彬	赵纪彬	赵平复	柔石	赵天一	金性尧	赵一萍	李平心
赵济焱	赵纪彬	赵平富	柔石	赵廷俊	桓来	赵一之	赵其文
赵家璇	赵自	赵朴初	赵朴初	赵全光	赵荫棠	赵忆凤	赵苕狂
赵家璧	赵家璧	赵普琳	赵明	赵彤	劳荣	赵亦吾	赵亦吾
赵家欣	赵家欣	赵其文	赵其文	赵万里	赵万里	赵易林	赵易林
赵坚	孟超	赵其信	赵仲邑	赵旺	萧铜	赵逸贤	赵逸贤
赵坚白	赵炜如	赵启明	枥马	赵炜如	赵炜如	赵毅深	赵少伟
赵今斯	赵明	赵启鸣	赵亦吾	赵蔚青	赵蔚青	赵荫棠	赵荫棠
赵锦珊	赵谨三	赵憩之	赵荫棠	赵蔚文	白塔	赵银棠	赵银棠

赵应麒	赵燕翼	肇伦	白寿彝	浙生	徐哲身	振铎	郑振铎
赵永贵	缪文渭	肇洛	朱肇洛	【zhēn】		振甫	周振甫
赵永西	赵逊	肇塘	郭肇塘	贞白	杨刚	振华	蔡莹
赵余	缪文渭	肇修	夏含华	贞长	诸宗元	振寰	顾均正
赵雨苍	赵茗狂	肇薰	刘操南	贞冈樵子	高剑父	振煌	魏猛克
赵玉明	赵玉明	肇演	张次溪	贞观	刘大绅	振鹭	朱英诞
赵玉生	赵银棠	肇野	金肇野	贞观老人	刘大绅	振鹏	周艾黎
赵聿	金肇野	肇元	黄洛峰	贞木	丰村	振声	彭桂萼
赵豫记	郁达夫	櫂渔	成本璞	贞羊	林贞羊	振声	袁振纲
赵元甲	舒芜	【zhé】		贞壮	诸宗元	振素盦主	蒋同超
赵元任	赵元任	折芙	蔡哲夫	珍理	顾工	振庭	宋振庭
赵元任夫人	杨步伟	折三	郑之章	珍庐	余贤勋	振威	王德锜
赵元申	舒芜	折苇	任哲维	珍南	郑芝晨	振文	詹锁
赵岳山	纪刚	折梧	阎折梧	珍妮	袁水拍	振闻	周木斋
赵云鹤	赵惜梦	哲	陈衡哲	真	李石曾	振心	冯振
赵芸盦	赵万里	哲庵	陶亢德	真	茅盾	振勋	齐燕铭
赵允安	赵赤羽	哲非	吴诚之	真民	李石曾	振彝	黄振彝
赵蕴安	赵赤羽	哲夫	蔡哲夫	真如	马子华	振之	顾均正
赵泽霖	赵茗狂	哲良	钱锺书	真树华	真树华	振之	赖丹
赵振鑫	赵品三	哲庐	刘锦江	真吾	崔真吾	振之	叶德均
赵震	钟肇政	哲玛鲁丁	白寿彝	真吾	赖琏	振之	詹锁
赵正平	赵正平	哲孟雄	蒋锡金	真义	李叔同	振骊	余藻华
赵之诚	赵之诚	哲民	李洽	真用	张振铺	震初	樊光
赵芷湄	赵光荣	哲渠	文怀沙	真月	李叔同	震东	吴玉章
赵忠	赵忠	哲人	巴人	蓁子	汪蓁子	震寰	袁振英
赵忠忱	赵恂九	哲维	任哲维	甄崇德	甄崇德	震钧	震钧
赵钟	沙驼	哲文	余空我	甄昇平	柳风	震懦	沈仪彬
赵仲翘	赵宋庆	哲吾	阎折梧	甄一怒	甄一怒	震声	彭桂萼
赵仲邑	赵仲邑	哲闇	陶亢德	甄乙君	甄一怒	震天	毕修勺
赵仲源	赵澧	蛰庵	施蛰存	甄永安	柳风	震夷	杨济贤
赵苗青	赵蔚青	蛰庵	曾习经	臻	李连庆	震瀛	吴新荣
赵滋蕃	赵滋蕃	蛰庵居士	曾习经	臻郊	王伯祥	震瀛	袁振英
赵子悲	赵鲜文	蛰存	施蛰存	臻祥	纪维周	震之	施若霖
赵子辅	赵寰	蛰存	章钰	【zhěn】		震仲	周全平
赵子厚	赵寰	蛰存斋主	蔡云万	枕戈	石蕴真	镇	章品镇
赵子枚	赵光荣	蛰夫	任哲维	枕雷道士	刘世珩	镇东	吴玉章
赵自	赵自	蛰公	曾习经	枕流	孙雪泥	镇谷	秦锡圭
赵宗瀚	赵宗瀚	蛰宁	纪果庵	枕流居士	孙雪泥	镇圭	钱素凡
赵宗濂	赵宗濂	蛰伸	朱执信	枕楼道人	刘世珩	镇蜀	罗玉君
赵宗言	赵仲邑	蛰伸子	朱执信	枕绿	张枕绿	镇之	胡正
赵祖抃	赵祖抃	蛰仙	甘蛰仙	枕梅	高天梅	【zhēng】	
赵祖康	赵祖康	蛰云	郭则沄	枕秋生	陈寂	争真	易琼
赵祖欣	赵少侯	耆皆	雷昭性	枕蓉	张振铺	征夫和尚	黄征夫
照	王统照	【zhě】		枕石	袁金钊	征夫和吟	黄征夫
照存	满涛	者	何为[1]	枕霞阁主	徐枕亚	征夫黄某	黄征夫
照涵	潘光晟	者修	王夕澄	枕薪	朱枕薪	征悍	沐绍良
照黎	天台山农	者也	萧军	枕亚	徐枕亚	征鸿	胡征
照岩	罗惇爱	者也	张深切	枕亚阁主	徐枕亚	征鸿	徐谦夫
照垣	翁照垣	【zhè】		【zhèn】		征骅	朱震华
肇仓	顾学颉	柘夫	杜边	振	夏衍	征军	征军
肇藩	高树木	柘潇	朱英诞	振	张振亚	征骊	征骊
肇甫	贺肇弗	浙孺	金性尧	振	周木斋	征马	马瑞麟

名号	本名	名号	本名	名号	本名	名号	本名
征农	夏征农	郑愁予	郑愁予	郑金水	郑金水	郑师昂	郑雪来
征丘	陈锋	郑楚材	郑楚材	郑锦先	郑锦先	郑石君	郑奠
征秋	陈锋	郑春晖	郑秀章	郑晋	郑天保	郑时学	郑拾风
峥角	张一麔	郑淬	耿庸	郑菊华	周毓英	郑实	李正中
靖（zhēng）庐	陈三立	郑存	中流	郑珏	逯斐	郑拾风	郑拾风
铮	雷昭性	郑存善	郑雪来	郑爵唐	程灼如	郑适我	周黎庵
铮铮	钟理和	郑达	郑达	郑爵叙	程灼如	郑寿岩	郑寿岩
【zhěng】		郑达夫	舒芜	郑君里	郑君里	郑叔容	郑泽
拯圜	吴拯圜	郑大海	郑大海	郑君平	郑伯奇	郑淑梅	郑淑梅
【zhèng】		郑大零	郑树荣	郑君哲	郑树荣	郑树能	郑官哲
正厂（ān）	吴其昌	郑大农	郑公盾	郑开修	郑公盾	郑树荣	郑树荣
正闇	邓邦述	郑大兴	郑达	郑康伯	郑康伯	郑思	郑思
正闇居士	邓邦述	郑岱	郑效洵	郑康源	何为[2]	郑松表	郑鹤声
正闇学人	邓邦述	郑导乐	沙梅	郑丽生	郑丽生	郑苏庵	郑孝胥
正璧	谭正璧	郑道传	郑道传	郑丽生	郑丽生	郑苏龛	郑孝胥
正凡	朱铁笙	郑德松	郑普洛	郑连	李正廉	郑苏堪	郑孝胥
正鹄	方志敏	郑奠	郑奠	郑连	孟力	郑苏戡	郑孝胥
正和	夏征农	郑定安	沈云龙	郑莲父	郑岳	郑太夷	郑孝胥
正宏	王诗琅	郑定文	郑定文	郑良雄	郑良雄	郑匋斋	郑观应
正侯	靳以	郑笃	郑笃	郑烈	郑烈	郑陶斋	郑观应
正华	蔡莹	郑敦恺	郑康伯	郑灵先	郑文通	郑体仁	郑体仁
正华	丁家瑞	郑尊孙	郑鹤声	郑零零	郑树荣	郑天保	郑天保
正华	和正华	郑芳泽	郑正秋	郑留	郑逸梅	郑天叔	郑文[1]
正明	朱正明	郑梦	李瑛	郑留芳	柳无垢	郑天挺	郑天挺
正蓬	刘若平	郑风	郑良雄	郑隆谨	郑伯奇	郑天翔	郑天翔
正品	黄爱[1]	郑扶铎	王子野	郑萝庵	郑泽	郑天宇	郑天宇
正秋	郑正秋	郑歌	袁鹰	郑马	郑马	郑恬斋	郑丽生
正荣	谢人吾	郑庚伯	郑康伯	郑曼髯	郑岳	郑铁	毕修勺
正山	萧子明	郑赓蟊	郑之蕃	郑曼如	郑曼如	郑铁马	郑铁马
正翔	郑观应	郑公盾	郑公盾	郑梦麟	中流	郑廷泰	郑学稼
正言	许广平	郑观应	郑观应	郑梦周	姚紫	郑庭祥	郑天翔
正一	龚炳孙	郑官应	郑观应	郑民权	郑民权	郑桐荪	郑之蕃
正谊斋主	顾明道	郑官哲	郑官哲	郑慕云	郑文[2]	郑伟民	中流
正之	丁家瑞	郑海藏	郑孝胥	郑南风	郑南风	郑伟唐	铁抗
证因	郑证因	郑浩铭	郑浩铭	郑能瑞	郑公盾	郑位	陆定一
郑百因	郑謇	郑鹤皋	郑鹤声	郑佩宜	郑瑛	郑蔚	郑文蔚
郑宾于	郑孝观	郑鹤声	郑鹤声	郑平	艾循	郑文	艾循
郑冰弦	郑树荣	郑红羽	郑成武	郑平子	郑伯奇	郑文	郑文[1]
郑秉谦	郑秉谦	郑洪	毛星	郑普洛	郑普洛	郑文	郑文[2]
郑炳中	耿庸	郑焕	郑焕	郑奇天	郑芝晨	郑文光	郑文光
郑伯长	郑正秋	郑焕生	郑焕	郑千里	郑君里	郑文森	萧殷
郑伯常	郑正秋	郑惠山	郑良雄	郑汧	孟力	郑文生	萧殷
郑伯良	郑修元	郑际云	郑逸梅	郑謇	郑謇	郑文韬	郑愁予
郑伯奇	郑伯奇	郑加	汪作民	郑茜	郑育之	郑文通	郑文通
郑伯永	郑伯永	郑家禾	郑学稼	郑庆甡	郑天挺	郑文蔚	郑文蔚
郑草风	郑雨	郑嘉治	朱惠	郑秋苇	郑秋苇	郑文迁公	郑逸梅
郑昌	田家英	郑建夫	舒芜	郑权	郑权	郑文治	郑文治
郑昌文	郑文[1]	郑江萍	郑江萍	郑日恒	郑江萍	郑闻	郑文[2]
郑超麟	郑超麟	郑焦桐	郑之蕃	郑汝霈	郑证因	郑西谛	郑振铎
郑朝宗	郑朝宗	郑杰梁	郑马	郑汝珍	曹靖华	郑先	钟肇政
郑尘	郑雨	郑介石	郑奠	郑润生	郑雨	郑乡	郑之章
郑成武	郑成武	郑今	刘岚山	郑绍文	毕修勺	郑小采	皮作玖

笔名	本名	笔名	本名
郑晓沧	郑晓沧	郑正思	郑思
郑孝柽	郑孝柽	郑正翔	郑观应
郑孝观	郑孝观	郑证因	郑证因
郑孝嵩	郑效洵	郑之蕃	郑之蕃
郑孝胥	郑孝胥	郑之纲	郑之纲
郑笑枫	郑笑枫	郑之章	郑之章
郑效洵	郑效洵	郑芝晨	郑芝晨
郑心吾	萧殷	郑志	沙梅
郑新如	郑新如	郑志万	孔厥
郑兴	郑天保	郑挚	孔厥
郑行	周正行	郑掷	聂索
郑修元	郑修元	郑稚辛	郑孝柽
郑秀章	郑秀章	郑稚星	郑孝柽
郑虚舟	郑伯奇	郑中	李正中
郑学稼	郑学稼	郑仲蕃	郑之蕃
郑雪	刘心皇	郑仲劲	郑权
郑雪来	郑雪来	郑仲敬	郑权
郑延陵	郑南风	郑仲鹓	郑之蕃
郑延年	郑注岩	郑重	耿庸
郑言	王统照	郑重	杨扬
郑药风	郑正秋	郑重	郑君里
郑贻进	仓夷	郑注岩	郑注岩
郑乙	孙中田	郑卓群	铁抗
郑逸梅	郑逸梅	郑子褒	郑子褒
郑毅生	郑天挺	郑子林	郑大海
郑应浩	郑普洛	郑子佩	郑瑛
郑瑛	郑瑛	郑子田	范泉
郑永怀	郑学稼	郑子先	唐弢
郑永慧	郑永慧	郑宗海	郑晓沧
郑永泰	郑永慧	郑宗海晓沧	郑晓沧
郑咏涛	郑伯奇	郑祖尧	郑秋苇
郑雨	郑雨	政之	胡政之
郑玉墀	郑育之	**【zhī】**	
郑玉华	郑玉华		章士钊
郑育之	郑育之	之	胡适
郑毓钧	陈芜[1]	之	姜椿芳
郑鹓序	郑之蕃	之白	殷夫
郑园	文振庭	之丙	沈从文
郑岳	郑岳	之沧	施若霖
郑越	郑文光	之操	王季思
郑云鹏	孔厥	之的	李鉴尧
郑云鹰	郑江萍	之夫	瞿秋白
郑造	郑造	之辅	汤匡瀛
郑则	余修	之耕	马寻
郑泽	郑泽	之痕	韦雨平
郑斋	孙雄	之华	杨之华[1]
郑昭萍	郑江萍	之江索土	鲁迅
郑折三	郑之章	之竞	曹贵新
郑珍南	郑芝晨	之君	曼晴
郑振铎	郑振铎	之六	黄寿祺
郑振译	郑振铎	之辂	殷梦萍
郑正秋	郑正秋	之敏	袁牧之

笔名	本名	笔名	本名
之默	胡今虚	芝子	林辰
之乔	许之乔	枝巢	夏仁虎
之青	陈裕清	枝巢子	夏仁虎
之却	王之却	枝丞	易象
之瑞	王云五	枝松	秦能华
之润	张旸	枝头抱香者	汪精卫
之曙	华骏	枝翁	夏仁虎
之恕	薛绥之	枝阳	金枝芒
之硕	何之硕	知	周作人
之孙	丁祖荫	知安	陶亢德
之洋	姜椿芳	知白	朱自清
之夭夭	洪滔	知春	戈扬
之茵	李蕴朗	知芳	沈知芳
之渔	张春桥	知非	谢兴尧
之元	支援	知鼾	邢启周
之子	古丁	知勉	徐知免
之子	叶楚伧	知秋翁	刘永济
支何生	张子斋	知人	范任
支拉夫	章太炎	知山	许杰
支离	支离	知是	谢兴尧
支离叟	沈曾植	知是子	王化民
支猎胡	章太炎	知堂	周作人
支那夫	章太炎	知堂和南	周作人
支那汉族黄中黄		知堂老人	周作人
支山	祝见山	知我	严独鹤
支石	魏晋	知屋	巴人
支羊	支羊	知侠	刘知侠
支英	温世霖	知新	温志新
支原	支援	知新	周桂笙
支援	支援	知新室主	周桂笙
支振垣	支援	知新室主人	周桂笙
支支	乌一蝶	知新主	周桂笙
只鸾	徐名鸿	知新主人	周桂笙
只眼	巴人	知新子	周桂笙
只眼	陈独秀	知一	王知伊
芝厂（ān）	高拜石	知伊	王知伊
芝纯	宋伯鲁	知正	巴人
芝栋	宋伯鲁	知止	王辛笛
芝芳	沈知芳	知止斋主	钱仲联
芝房	徐碧波	知拙夫	章太炎
芝华	杨之华[1]	知足	谢兴尧
芝青	葛青凡	织云	邓珂云
芝叟	高拜石	织云女士	孙席珍
芝孙	丁祖荫	栀町	潘芷汀
芝荪	丁祖荫	栀亭	潘芷汀
芝田	宋伯鲁	栀子	巫宁坤
芝桐	宋伯鲁	**【zhí】**	
芝翁	高拜石	执郖耇者	沈曾植
芝阳老人	姜伯彰	执信	朱执信
芝逸	李元鼎	执一	张执一
芝友	宋伯鲁	执中	戴碧湘
芝园	宋玉		

直	鲁迅	芷兰	连横	志挺	潘芷汀	智门	李叔同
直	茅盾	芷湄	赵光荣	志韦	陆志韦	智麒	朱子奇
直庵	王光阎	芷苹	艾治平	志文	许杰	智人	李叔同
直夫	巴人	芷畦	周斌	志希	罗家伦	智胜	李叔同
直夫	任哲维	芷卿	姚民哀	志行	许志行	智堂	周作人
直夫	杨贤江	芷咡	杨钟羲	志颐	周斌	智燕	周锦
直谅	徐碧波	芷晴	杨钟羲	志毅	许指严	智音	李叔同
直民	沈泽民	芷莎郎	郁其文	志英	伏志英	智住	李叔同
直民	俞平伯	芷汀	陈方[1]	志渊	陶铸[2]	稚桂	周桂笙
直平	徐速	芷汀	潘芷汀	志援	马少波	稚鹤	黄元琳
直青	沈云龙	芷庭	潘芷汀	志远	沈志远	稚晖	吴稚晖
直人	牙美昌	芷町	陈方[1]	志洲	班志洲	稚柳	谢稚柳
直入	鲁迅	芷伟	李廉凤	扆厂（ān）	陈洪涛	稚生	林稚生
直山	叶德辉	芷香	李赞华	郅原	支援	稚吾	由稚吾
直水	叶德辉	芷茵	林芷茵	制度	蒋光慈	稚香	张光萱
直心	叶德辉	芷英	谢冰莹	质庵	李素伯	稚辛	郑孝柽
直言	宋振庭	沚庵	蒲伯英	质臣	刘群	稚星	郑孝柽
直逸	巴人	沚盦	蒲伯英	质夫	马识途	稚子	张稚庐
直由	吴直由	纸帐铜瓶㼑主	郑逸梅	质夫	任哲维	觯父（fǔ）	崔适
职蜂	郑拾风	祉辰	程灼如	质夫	王质夫	觯甫	崔适
植夫	林植夫	指严	许指严	质灵	刘泮溪	穉桂	周桂笙
植槐	王义臣	指岩	许指严	质琪	孔质琪	穉兰	陈光誉
植梁	林植梁	咫园	宗舜年	质轩	江肖	穉玉	周文
植泥	郑普洛	**【zhì】**		质玉	王质玉	**【zhōng】**	
植之	但焘	至	冯至	治策	陈治策	中	陈一中
跖堂	周作人	至诚	叶至诚	治法	白蕉	中	邓中夏
【zhǐ】		至宽	王临泰	治平	许兴凯	中	赵树理
止	茅盾	至美	叶至美	治宇	陈锋	中川三郎	胡风
止庵	周学熙	至善	叶至善	治元	陈家杰	中村荻	胡风
止冈	郑之纲	至文	杨锡章	峙三	朱鼎元	中飞	鲁迅
止戈	许君武	至雯	杨锡章	挚声	董子兴	中孚	萧蜕安
止匮	孙望	志	温志新	致觉	吴康	中孚	张嘉谋
止敬	茅盾	志庵	王式通	致君	熊荒陵	中国老骥氏	马仰禹
止默	金克木	志超	巴人	致立	徐懋庸	中国人	田间
止庼	杨钟羲	志辅	周明泰	致曲	李华飞	中国人	汪洋萍
止石	韩国钧	志阁	王和	致远	陈启天	中国少年	梁启超
止水	林林	志公	郑楚材	致远	李云龙	中国少年之少年	
止水	茅盾	志光	金紫光	致远	欧阳明		柳亚子
止水	蒲伯英	志汉	邢启周	致中	李致中	中国无赖	潘达微
止叟	韩国钧	志坚	哈华	致中	赵坤	中国之旧民	曾广钧
止韬	陈启天	志坚	米斗	秩公	徐天从	中国之新民	梁启超
止园	尹昌衡	志坚	鱼讯	俟鹤山人	郑观应	中祐	丁福保
止哉	张子斋	志静	王尧山	室暗	陶亢德	中华君	钱锺书
止斋	陈陶遗	志俦	燕遇明	智	胡山源	中华民国遗民	章太炎
止止生	童春	志立	陈以	智藏	李叔同	中华瘦鹃	周瘦鹃
只一	徐大纯	志敏	方志敏	智初	胡山源	中季	钱玄同
旨云	程发轫	志摩	徐志摩	智幢	李叔同	中可	徐珂
芷	叶紫	志平	许兴凯	智灯	李叔同	中拉	鲁迅
芷芬	沈知芳	志群	陈志群	智杰	张静江	中垒	白炎
芷沣	姚大荣	志攘	高吹万	智境	李叔同	中泠	叶玉森
芷蘅	邢光祖	志生	梁山	智炬	李叔同	中泠亭长	叶玉森
芷净	王钝根	志堂	陈鸣树	智理	李叔同	中凌	黄宗林

仲蔚	朱英诞	种石	易顺鼎	周大鸢	周恩来	周怀求	周小舟
仲文	伍崇学	种智	李叔同	周大树	周定山	周玑璋	周玑璋
仲武	程应镠	【zhōu】		周大源	周围	周姬昌	周姬昌
仲武	李宗武	舟	郭秋生	周代	周代	周吉光	黎丁
仲武	周煦良	舟	赵树理	周丹虹	伊兵	周疾仇	周明
仲贤	汪仲贤	舟	周越然	周到	徐柏容	周戟野	章品镇
仲咸	孙昌熙	舟二	周越然	周德	周而复	周骥良	周骥良
仲翔	苏仲翔	舟山	毕璞	周德成	耶菲	周迦陵	周麟书
仲澥	邓中夏	舟生	徐芳	周德恒	白石[2]	周家美	周浩然
仲澥老葛	邓中夏	舟亚	周越然	周迪	水夫	周嘉林	周麟书
仲宣	褚石桥	舟义	周越然	周丁	邹霆	周笕	周扬
仲雅	蒋彝	舟斋	周煦良	周鼎	司空明	周简段	周简段
仲嫣	熊梦	舟枕山民	褚德彝	周定山	周定山	周建人	周建人
仲严	奉宽	州亚	周越然	周定一	周定一	周建人乔峰	鲁迅
仲言	施章	周艾黎	周艾黎	周东郊	周东郊	周剑箫	周楞伽
仲彝	顾仲彝	周白棣	周伯棣	周动轩	鲁迅	周剑云	周剑云
仲毅	胡仁源	周白帆	吕寰	周恩来	周恩来	周健	符号
仲毅	梁鸿志	周邦式	周邦式	周而复	周而复	周鉴人	周建人
仲英	方杰	周宝泰	周醉平	周尔贤	柏李	周洁夫	周洁夫
仲英	南致善	周羍梧	周立波	周发扬	周牧人	周介尘	周介尘
仲英	孙璞	周比	周彼	周梵	孔罗荪	周今觉	周今觉
仲瑛	孙璞	周比德	罗铁鹰	周仿溪	周仿溪	周金	陈伯达
仲雍	顾仲雍	周彼	周彼	周舫公	周召南	周金海	周心默
仲玉	徐珂	周笔	周璧	周分水	周汾	周锦	周锦
仲鹓	郑之蕃	周璧	周璧	周丰丸	周丰一	周景濂	周仿溪
仲元	茅盾	周斌	周斌	周丰一	周丰一	周景星	周庆云
仲源	赵澧	周炳垣	周贻白	周锋	周锋	周景行	鲁琪
仲约	高云览	周伯棣	周伯棣	周复庵	周越然	周景瞻	周宗泽
仲岳	李竹园	周伯上	周丰一	周馥	胡山源	周九	许杰
仲云	樊仲云	周伯勋	周伯勋	周刚	周刚	周钜鄂	周颂棣
仲云	范文澜	周苍	朱绪	周刚明	周钢鸣	周君实	周默
仲云	靳仲云	周岑琦	岑琦	周钢鸣	周钢鸣	周钧	周钧
仲芸	金仲芸	周苣	周炼霞	周戈	周游	周俊翼	丁图
仲芸女士	金仲芸	周昌岐	周昌岐	周弓	三苏	周开庆	周开庆
仲沄	范文澜	周长年	周作人	周公权	周公权	周康	蒋锡金
仲璋	叶青	周长宪	周邦式	周谷城	周谷城	周康南	周沙尘
仲昭	马宗融	周超武	周代	周光田	周光田	周可珍	周谷城
仲之	王家鸿	周焯	周太玄	周桂笙	周桂笙	周克敌	普梅夫
仲中	仲中	周承澍	周全平	周国瑾	周国瑾	周克年	周艾黎
仲子	陈独秀	周炽南	周国瑾	周国贤	周瘦鹃	周克亚	周定山
仲子	陈翔鹤	周传枝	周青	周国彦	周彦	周奎绶	周作人
仲子	陈毅	周逴	鲁迅	周果君	雷特	周椁寿	周作人
仲子	茅盾	周逴	周作人	周寒	韩萌	周来	周来
仲足	冯宾符	周茨石	冯润璋	周翰	杨周翰	周来庆	周辂
众夫	寒声	周达	申维升	周和	苏中	周岚海	周学普
众甫	陈独秀	周达	周钢鸣	周河冬	周河冬	周郎	蒋文杰[1]
众甫	寒声	周达	周今觉	周宏业	周伯勋	周朗宣	周太玄
众禾	秦能华	周达之	周钢鸣	周鸿慈	周一萍	周雷林	黄福林
众难	林庚白	周大公	冯梦云	周麟书	周麟书	周棱柳	周楞伽
众怃	鲁迅	周大浩	范泉	周笏园	周楞伽	周楞伽	周楞伽
众一	陈凡	周大康	周大康	周华严	周楞伽	周稜伽	周楞伽
众一	冯中一	周大鹿	周大康	周化民	周定山	周黎庵	周黎庵

周礼	李建庆	周庆云	周庆云	周苇	周璧	周庸	蒋锡金
周力	金枝芒	周秋紫	劳荣	周文	牙美昌	周庸	刘岚山
周力达	周心默	周蓬	周予同	周文	周文	周庸觉	周庸觉
周立波	周立波	周全平	周全平	周问苍	周问苍	周咏	周咏
周丽砂	丽砂	周然	周默	周无	周太玄	周游	周游
周笠堪	周黎庵	周人	汪偶然	周午	舒芜	周有光	周有光
周炼霞	周炼霞	周容	白原	周武宣	周问苍	周又光	周牧人
周亮才	周亮才	周容	金枝芒	周希	周熙	周予才	鲁迅
周亮夫	周明	周如晖	周楞伽	周熙	周熙	周予同	周予同
周麟瑞	周振甫	周汝昌	周汝昌	周遐寿	周作人	周榆瑞	周榆瑞
周麟书	周麟书	周瑞华	周微林	周祥骏	周祥骏	周宇	毛星
周鲁	唐铁海	周若牧	杜谷	周翔	周恩来	周玉才	鲁迅
周鲁泉	周思义	周三吉	符号	周小星	周玑璋	周玉材	鲁迅
周辂	周辂	周沙尘	周沙尘	周晓乐	耶菲	周玉铭	韶华
周螺川	周炼霞	周杉寿	周建人	周筱舟	周小舟	周裕斋	鲁迅
周绿芷	邹绿芷	周善培	周善培	周心默	周心默	周裕之	郑伯奇
周美权	周今觉	周韶华	韶华	周辛角	周艾文	周毓懋	周予同
周梦坡	周庆云	周少山	周恩来	周新武	耶菲	周毓英	周毓英
周宓	孔罗荪	周少左	周光斗	周行	周行	周豫才	鲁迅
周密	辛未艾	周邵	周黎庵	周修展	周艾黎	周豫同	周予同
周密	周昌岐	周劭	周黎庵	周煦良	周煦良	周豫桐	周予同
周縣	朱英诞	周绍良	周绍良	周学藩	周学藩	周渊	邱韵铎
周縣老人	朱英诞	周绍仪	周立波	周学普	周学普	周原	周游
周描	周青	周实	周实	周学熙	周学熙	周越然	周越然
周民	谢文炳	周士信	夏康农	周雪嵋	周作新	周云	周云
周民震	周民震	周世超	周浩然	周延	朱侃	周运宜	周扬
周敏	杨家文	周世恩	周云	周延年	周默	周遭	莫洛
周明	钱健吾	周瘦鹃	周瘦鹃	周言	吴调公	周张帆	周张帆
周明	周明	周树	鲁迅	周彦	戴望舒	周樟寿	鲁迅
周明泰	周明泰	周树藩	绿原	周彦	周彦	周召南	周召南
周木斋	周木斋	周树奎	周桂笙	周艳茹	周雁如	周肇祥	周肇祥
周牧人	周牧人	周树模	周树模	周雁如	周雁如	周振甫	周振甫
周慕颐	周贻白	周树人	鲁迅	周燕	周楞伽	周振鹏	周艾黎
周纳	李蕤	周思义	周思义	周扬	周扬	周振球	周汉平
周尼	袁文殊	周松年	周建人	周尧	沙尘	周震	周民震
周培基	李季	周松寿	周建人	周耀	周有光	周正行	周正行
周平	犁夫	周松涛	鲁迅	周耀平	周有光	周之彦	周越然
周平	刘岚山	周松涛	周建人	周烨	周姬昌	周知	钱素凡
周平野	丽砂	周嵩涛	周建人	周一	周艾黎	周芷	罗紫
周朴	周木斋	周颂棣	周颂棣	周一介	周贻白	周志宁	白堤
周朴士	周作人	周素珊	毕璞	周一良	周一良	周稚	周艾文
周其勋	周其勋	周遂	绿原	周一萍	周一萍	周中仁	周中仁
周琪	周琪²	周遂凡	绿原	周衣	金枝芒	周钟岳	周钟岳
周启明	周作人	周索非	索非	周夷	周楞伽	周仲勋	萧白
周启祥	周启祥	周太玄	周太玄	周怡安	周予同	周珠	周作人
周起	周问苍	周天籁	周天籁	周贻白	周贻白	周子余	蔡元培
周起应	周扬	周天与	钱素凡	周翌	羽山	周子中	朱苇
周弃子	周学藩	周天哲	石天河	周裔	吴天石	周宗晖	柏李
周乔峰	鲁迅	周霆	邹霆	周因梦	周定一	周宗泽	周宗泽
周乔峰	周建人	周霆生	周全平	周应耀	沙尘	周祖福	周瘦鹃
周秦	谢振东	周微林	周微林	周英	周姬昌	周祖式	周而复
周青选	周青选	周为	陈凡	周英平	雷特	周祖麻	周而复

周醉平	周醉平	朱端钧	朱端钧	朱剑芒	朱剑芒	朱俣钦	朱侃
周佐民	楚军	朱法雨	朱化雨	朱剑心	朱剑心	朱弥	朱英诞
周作人	鲁迅	朱帆	黎丁	朱健	朱健	朱明	朱微明
周作人	周作人	朱凡	朱凡	朱健德	朱德	朱明聘	朱靖华
粥尊	周作人	朱凡容	朱凡	朱绛	朱绛	朱慕家	朱剑芒
【zhòu】		朱繁容	朱凡	朱郊	莫洛	朱凝清	朱英诞
籀遗	褚德彝	朱梵	柯灵	朱杰西	朱英诞	朱农	马祖毅
籀因	邵力子	朱方仙	朱英诞	朱樑西	朱英诞	朱佩我	朱其华
籀斋	曾朴	朱芳淮	朱挹清	朱介凡	朱介凡	朱佩弦	朱自清
【zhū】		朱芳济	朱英诞	朱介民	顾其城	朱彭	杜谈
朱八小子	朱双云	朱风之	田奇	朱金声	朱彤	朱品	朱沉冬
朱白华	朱漱梅	朱烽	康道乐	朱谨之	范泉	朱评	朱葆光
朱百药	朱英诞	朱凤鸣	朱葆光	朱进	梅益	朱坡	朱仲波
朱葆光	朱葆光	朱凤起	吴文祺	朱进衡	朱英诞	朱朴	朱朴
朱葆康	朱少屏	朱凤威	朱凤蔚	朱经	朱经农	朱溥钧	田川
朱贝	柳北岸	朱凤蔚	朱凤蔚	朱经农	朱经农	朱谱萱	朱谱萱
朱蓓园	朱英诞	朱孚	黄裳	朱旌	黑风	朱其华	朱其华
朱炳森	朱炳荪	朱福全	朱生豪	朱璟	茅盾	朱其凌	朱之凌
朱炳荪	朱炳荪	朱戈坚	黑风	朱竞我	朱镜我	朱奇	朱大可
朱伯石	朱伯石	朱绲人	朱英诞	朱竟吾	朱镜我	朱旗展	罗泗
朱粲	朱渭深	朱古律	程一戎	朱靖华	朱靖华	朱岂梦	朱英诞
朱苍个	朱英诞	朱古微	朱祖谋	朱镜我	朱镜我	朱企遐	朱企霞
朱长绶	朱剑芒	朱古薇	朱祖谋	朱镜吾	朱镜我	朱企霞	朱企霞
朱辰东	朱沉冬	朱谷怀	朱谷怀	朱狷夫	司马长风	朱启培	朱宜初
朱沉冬	朱沉冬	朱谷荪	朱英诞	朱君潜	朱英诞	朱启铃	朱启铃
朱柽	朱柽	朱光潜	朱光潜	朱君允	朱君允	朱迁客	朱英诞
朱成	朱介凡	朱海观	朱海观	朱俊伯	朱瘦菊	朱金忍	朱剑心
朱成章	朱介凡	朱和中	朱执信	朱骏先	朱其华	朱谦良	朱凤蔚
朱诚	瞿白音	朱衡彬	朱衡彬	朱侃	朱侃	朱谦之	朱谦之
朱传琴	方然	朱红	沈寂	朱可	朱介凡	朱乾德	朱德
朱传勤	方然	朱红	田涛	朱孔泽	朱云彬	朱青冰	朱容
朱春池	朱英诞	朱红兵	朱衡彬	朱宽	朱英诞	朱青海	朱西宁
朱春山	邵燕祥	朱鸿勋	朱寨	朱揆初	朱涤秋	朱青榆	朱英诞
朱存铭	朱德	朱侯	王绍清	朱魁父	朱英诞	朱清和	朱英诞
朱大符	朱执信	朱惠	朱惠	朱堃华	蓝岑	朱庆才	朱靖华
朱大可	朱大可	朱惠洁	朱慧洁	朱莱庵	姚民哀	朱庆凡	朱凡
朱大枬	朱大枬	朱慧椒	朱慧洁	朱兰庵	姚民哀	朱庆同	朱英诞
朱代珍	朱德	朱慧洁	朱慧洁	朱兰鲍	朱英诞	朱清榆	朱英诞
朱丹	朱丹	朱慧鲜	朱慧洁	朱雷	朱栋良	朱秋谷	朱执信
朱丹	朱丹西	朱蕙	夏衍	朱力	青勃	朱秋水	朱剑锋
朱丹北	朱丹	朱笄	孙绳武	朱力	沙驼	朱仁健	朱英诞
朱丹庭	朱英诞	朱基俊	朱基俊	朱力	张文郁	朱荏涧杰西	朱英诞
朱丹西	朱丹西	朱几	周有光	朱丽叶	王君实	朱容	朱容
朱澹如	朱经农	朱季灶	朱绪	朱梁任	朱梁任	朱儒	夏衍
朱得安	朱镜我	朱继昌	朱鼎元	朱林	朱维之	朱汝珍	朱汝珍
朱德安	朱镜我	朱继德	朱德	朱六宝	朱其华	朱三	朱少屏
朱德龙	朱德龙	朱家骅	朱家骅	朱漫秋	莫洛	朱森	朱生豪
朱涤秋	朱涤秋	朱家瑜	朱丹	朱眉	臧恺之	朱森豪	朱生豪
朱棣威	朱英诞	朱家振	贺宜	朱每麟	朱英诞	朱山	刘岚山
朱点人	朱点人	朱嘉明	齐速	朱孟实	朱光潜	朱少屏	朱少屏
朱鼎元	朱鼎元	朱建心	朱剑心	朱梦栋	朱英诞	朱少云	朱剑锋
朱东润	朱东润	朱建新	朱剑心	朱梦余	朱英诞	朱绅	朱英诞

朱生豪	朱生豪	朱锡梁	朱梁任	朱应之	婉君	朱自华	朱自清
朱声	方然	朱锡瀛	朱英诞	朱英	朱英	朱自清	朱自清
朱声来	宋振庭	朱溪	程朱溪	朱英诞	朱英诞	朱宗彬	刘群
朱圣先	朱柽	朱溪云	朱英诞	朱永昌	朱洸	朱宗良	朱宗良
朱石峰	朱点人	朱曦	朱英诞	朱永鸿	朱渭深	朱宗仁	朱凡
朱石笺	朱英诞	朱洗	朱洗	朱永桦	孙克骥	朱组绥	朱剑锋
朱石马风	朱英诞	朱玺	朱鸳雏	朱永耀	朱鹏	朱祖谋	朱祖谋
朱石木	朱英诞	朱霞	朱剑锋	朱有畛	朱经农	朱遵柱	朱伯石
朱石青	朱凡	朱霞飞	朱渭深	朱余庆	朱英诞	侏儒	夏衍
朱石头	朱点人	朱霞天	朱霞天	朱荑	满涛	洙邻	寿洙邻
朱实	顾牧丁	朱夏	朱英诞	朱玉文	朱洗	珠	杲杳
朱实	朱肇洛	朱弦	赵瑞蕻	朱骕（yù）	朱君允	珠	茅盾
朱世溱	朱东润	朱湘	朱湘	朱鸳雏	朱鸳雏	珠海梦余生	廖恩焘
朱瘦菊	朱瘦菊	朱湘云	冰壶	朱元智	朱基俊	珠湖渔隐	高明
朱树鹤	朱双云	朱小奇	秦似	朱沅芷	朱基俊	珠岩老人	高树
朱漱梅	朱漱梅	朱筱村	朱英诞	朱源	宋元模	珠岩山人	高树
朱双云	朱双云	朱孝臧	朱祖谋	朱苑	夏衍	珠渊	王统照
朱霜林	朱英诞	朱校董	朱德	朱云彬	朱云彬	诸不专	钱素凡
朱水	刘岚山	朱啸秋	朱啸秋	朱泽淮	朱铁笙	诸大至	诸宗元
朱舜弦	朱英诞	朱偄	朱偄	朱泽铺	朱英诞	诸葛	夏衍
朱肆	朱剑芒	朱心	吴福熙	朱寨	朱寨	诸葛灯	木斧
朱松庐	朱惺公	朱新繁	朱其华	朱肇洛	朱肇洛	诸葛夫人	姚苏凤
朱素川	朱企霞	朱新雁	朱英诞	朱肇祖	朱涤秋	诸葛锦	胡士璋
朱素君	蒋星煜	朱星	朱星	朱蛰伸	朱执信	诸葛郎	易文
朱媞	朱媞	朱星元	朱星	朱柘潇	朱英诞	诸葛朗	易文
朱遏先	朱希祖	朱惺公	朱惺公	朱贞木	朱贞木	诸葛平凡	石曼
朱天目	朱天目	朱行	朱英诞	朱桢元	朱贞木	诸葛朱	赵家欣
朱铁笙	朱铁笙	朱行乾	朱英诞	朱枕薪	朱枕薪	诸侯	陈瑜清
朱亭山民	叶德辉	朱省吾	朱沉冬	朱振方	朱绛	诸家	曹聚仁
朱同祖	朱希祖	朱秀全	朱微明	朱振生	朱谷怀	诸棠	夏衍
朱彤	朱彤	朱虚白	朱虚白	朱震华	朱震华	诸涛山	王一榴
朱微明	朱微明	朱旭	朱剑锋	朱正明	朱正明	诸闻韵	诸文蕴
朱薇	曾岛	朱绪	朱绪	朱执信	朱执信	诸锡光	诸祖耿
朱维达	朱漱梅	朱玄	赵瑞蕻	朱执御	朱英诞	诸逊	朱讯
朱维基	朱维基	朱雪纯	朱镜我	朱智	朱维之	诸毅	巴人
朱维明	朱正明	朱血花	朱旭华	朱智麒	朱子奇	诸贞长	诸宗元
朱维之	朱维之	朱讯	朱讯	朱忠禹	朱子奇	诸贞壮	诸宗元
朱维志	朱维之	朱迅鸠	朱迅鸠	朱仲璟	茅盾	诸宗元	诸宗元
朱苇	朱苇	朱逊	叶圣陶	朱仲蔚	朱英诞	诸祖耿	诸祖耿
朱为先	朱为先	朱雅林	朱其华	朱周縣	朱英诞	铢庵	瞿蜕园
朱渭深	朱渭深	朱言义	程灼如	朱朱	朱生豪	猪心	赵恂九
朱文	朱子奇	朱颜	吕亮耕	朱珠	程一戎	蛛隐	龚道耕
朱文澜	朱海观	朱颜	朱颜	朱竹简	朱英诞	【zhú】	
朱文森	朱生豪	朱野萁	朱野萁	朱煮筑	钟惦棐	竹	李何林
朱文尧	朱文尧	朱一苇	朱凡	朱祝一	贺宜	竹庵	王正¹
朱文渊	江帆	朱怡庵	朱镜我	朱子	杨子	竹伴	胡尚炜
朱雯	王统照	朱乙栎	朱英诞	朱子东	廖子东	竹冰	张香山
朱雯	朱雯	朱以书	朱肇洛	朱子家	金雄白	竹垞后世	朱剑心
朱我泉	朱英诞	朱怿	朱子南	朱子明	朱镜我	竹村	符号
朱沃	朱沃	朱应澹	朱英诞	朱子南	朱子南	竹冬	李耿
朱西甯	朱西甯	朱应鹏	朱应鹏	朱子平	朱葆光	竹根	梁鼎芬
朱希祖	朱希祖	朱应庆	朱英诞	朱子奇	朱子奇	竹侯	顾震福

竹居	简朝亮	助樵	陈有恬	篆香阁主	吴青霞	壮夫	刘成禺
竹君	林涤非	助之	杜门	【zhuāng】		壮夫	乔大庄
竹君	许杰	注岩	郑注岩	庄病骸	庄禹梅	壮公	冯平
竹君	张个侬	枳敞	林枳敞	庄乘黄	庄乘黄	壮怀	蔡寅
竹君主人	郭沫若	柱常	裘柱常	庄村	高加索	壮寰如	杲杳
竹空	蔡咏裳	柱父	萧乾	庄错	戴平万	壮暮翁	谢稚柳
竹铭	汪金丁	柱尊	陈柱	庄馥冲	庄馥冲	壮士	冯健男
竹年	李何林	祝本	逯钦立	庄鸿	庄瑞声	壮翁	乔大庄
竹坡	高伯雨	祝多福	牧野	庄户老	王书天	壮殴	乔大庄
竹秋	林樾	祝丰	司徒卫	庄继良	庄禹梅	壮者	丁逢甲
竹泉生	彭俞	祝弗朗	祝秀侠	庄稼	张泽厚	撞庵	金性尧
竹如	熊恢	祝庚明	祝秀侠	庄劲	庄劲	【zhuī】	
竹水	张香山	祝红亭	韦丘	庄敬幽	朱英诞	追风	追风
竹孙	丁上左	祝怀才	祝方明	庄克昌	庄克昌	追光	饶彰风
竹天农人	汪笑侬	祝见山	祝见山	庄练	苏同炳	锥子	吴朗
竹心	宫白羽	祝康	杨贤江	庄临	庄一拂	【zhuì】	
竹心	宋伯鲁	祝宽	祝宽	庄牧	周民震	缀玉轩主人	梅兰芳
竹心	赵恂九	祝兰	白塔	庄平青	庄禹梅	【zhǔn】	
竹衍	王佐良	祝南	詹安泰	庄启东	庄启东	准风月客	陈残云
竹茵女士	符竹因	祝念俞	祝见山	庄庆祥	庄庆祥	【zhuō】	
竹影	陈学昭	祝裴玖	皮作玖	庄濡	柯灵	拙公	虞哲光
竹影	陈竹影	祝平	宋祝平	庄瑞霖	林绥	拙鸠	郑逸梅
竹影	徐竹影	祝实明	祝实明	庄瑞声	庄瑞声	拙叟	武慕姚
竹影女士	陈竹影	祝世康	祝世康	庄瑞源	庄瑞源	拙堂	巴人
竹毓	王均卿	祝双双	祝炎生	庄森	严大椿	拙翁	窦镇
竹园	丁子良	祝廷模	祝世康	庄山	庄山	拙园	邓拙园
竹园	李竹园	祝无量	王楚良	庄上峰	庄上峰	捉刀人	王小逸
竹园主人	丁子良	祝晓天	祝宽	庄寿慈	庄寿慈	捉掀	叶青
竹筠	丁以此	祝秀侠	祝秀侠	庄淑	满涛	倬人	吕云章
竹舟	俞竹舟	祝尧	顾巴彦	庄爽峰	庄上峰	倬云	陈汉章
竹庄	蒋维乔	祝一	贺宜	庄松林	康道乐	【zhuó】	
竹子	许澄宙	祝廎	余天遂	庄损衣	朱英诞	卓	章汉夫
竹醉生	傅芸子	祝永平	甘丰穗	庄汀依	章廷骧	卓庵	高增
竹尊宦	褚德彝	祝由	周作人	庄卫民	王鼎成	卓呆	徐卓呆
竺三吉	符号	祝舟	谢狱	庄先识	庄先识	卓公	高增
竺山	史白	祝竹荫	杨大辛	庄谐	张靖	卓老樱	卓梦庵
竺夷之	舒芜	著叔	温见	庄巽庵	欧小牧	卓乐欧	瞿秋白
竺宜俊	蓝瑛	蛀书虫	汪静之	庄严	李叔同	卓梦庵	卓梦庵
逐客	张恨水	铸成	徐铸成	庄严华	刘蕙荪	卓齐	叶青
烛	成弦	铸翁	孙雄	庄一拂	庄一拂	卓如	李求实
烛尘	徐凌霄	筑客	张汉	庄禹梅	庄禹梅	卓如	梁启超
烛隐	雷昭性	筑岩	徐卓呆	庄约	卢豫冬	卓儒	梁启超
烛照	谢振东	蠹青	邓文翬	庄约	吴岩	卓身	张传琨
【zhǔ】		箸超	蒋箸超	庄正平	洪深	卓书	叶楚伧
主	谢刚主	箸庐	蒋箸超	庄重	戴望舒	卓亭	逯钦立
煮梦生	李煮梦	箸生	张彦超	庄重	黄崖	卓庭	高剑父
煮梦生李小白	李煮梦	【zhuān】		庄周	刘光武	卓宣	叶青
煮石	何之硕	砖墨馆主	姚茫父	庄周	徐卓呆	卓英	章叶频
劚烦	邱炜萲	【zhuàn】		庄庄	庄先识	卓云山	李冰人
劚繁	邱炜萲	转蓬	徐转蓬	庄作竹	于雷	卓芸	章汉夫
【zhù】		篆生	章圭璟	【zhuàng】		卓冶	魏兆淇
助臣	卫聚贤			壮丁	李晋泽	卓周钮	卓梦庵

卓子	董鼎山	子璠	周行	子明	魏际昌	子文	杨锡章
斫冰	水天同	子方	张舍我	子明	萧子明	子兮	谢采江
琢冥	汪作民	子夫	叶青	子某	张金燕	子夏	胡小石
琢如	成本璞	子冈	彭子冈	子木	李健吾	子祥	何容
琢如	熊恢	子庚	刘毓盘	子南	邵子南	子翔	华龙
琢武	王卓武	子贡	王克浪	子年	许指严	子翔	吴立崇
濯绛宦	刘毓盘	子谷	陈子谷	子牛	吕剑	子辛	张学新
濯缨	董濯缨	子谷	苏曼殊	子培	沈曾植	子馨	吴其昌
濯缨子	董濯缨	子冠	吴炽昌	子培	宋琳	子兴	左秉隆
【zī】		子归	郁达夫	子培	夏衍	子修	吴庆坻
孜兰	廖子东	子禾	周文	子培父	沈曾植	子严	周作人
兹	沈兹九	子和	冯旭	子佩	沈曾植	子言	陈诗
兹九	沈兹九	子衡	冯承钧	子佩	郑瑛	子燕	王森然
兹九女士	沈兹九	子华	焦菊隐	子皮	陈子皮	子扬	夏衍
资平	张资平	子华	马子华	子平	蔡培	子野	宣古愚
资生	翟永坤	子骅	马骊	子平	夏衍	子仪	李元鼎
缁	章太炎	子惠	林子惠	子奇	薛大可	子夷	张执一
孳兰	廖子东	子惠	杨世恩	子奇	朱子奇	子宜	叶子宜
滋南	梁容若	子佳	梁实秋	子潜	钱基博	子彝	李元鼎
滋阳山人	杨昀谷	子家	金雄白	子潜	孙大雨	子义	聂耳
【zǐ】		子嘉	陈嘉	子强	孙望	子逸	巴人
子艾	陈侣白	子嘉	纳忠	子强	朱震华	子逸	李元鼎
子弁	陈无私	子劫	彭康	子乔	张梓生	子翼	蒋文杰 [1]
子彪	武炳章	子戒	杨子戒	子琴	杨钟羲	子殷	李赓序
子波	谢采江	子旌	蒋箸超	子勤	杨钟羲	子英	巴人
子波	朱讯	子敬	茅盾	子卿	任国桢	子英	温世霖
子布	夏衍	子靖	胡元倓	子清	赖鹤洲	子英	徐君慧
子才	缪篆	子鹃	饶子鹃	子清	任国桢	子瑛	苏曼殊
子材	严独鹤	子均	唐邦治	子甡（qíng）	杨钟羲	子颖	谷牧
子岑	张荣苏	子峻	丁义明	子泉	钱基博	子游	苏庆云
子产	郑永慧	子开	梅光迪	子然	王森然	子渔	茅盾
子昌	邱晓松	子恺	丰子恺	子仁	王寿昌	子渔	张春桥
子长	柯原	子颛（kǎi）	丰子恺	子荣	周作人	子瑜	黄骧
子长	王葆桢	子宽	范君博	子蓉	范泉	子与	童春
子常	洪灵菲	子兰	杨春波	子如	胡愈之	子羽	汪习麟
子畅	李曰垓	子蕾	熊子蕾	子三	许杰	子雨	郭蠡
子鬯	李曰垓	子离	饶孟侃	子珊	骆子珊	子禹	师范
子超	林森	子良	陈子良	子上	商鸿逵	子渊	草沙
子陈子	陈炼青	子梁	侯唯动	子韶	陈无用	子渊	经亨颐
子丞	沈玄庐	子亮	俞宗原	子石	韩国钧	子渊	余家菊
子纯	宋伯鲁	子灵	张铁夫	子石	张传琨	子元	牙含章
子淳	潘醒农	子芒	钟子芒	子实	马坚	子沅	朱湘
子大	程颂万	子枚	赵光荣	子实	汪洋 [1]	子曰	郁达夫
子呆	包白痕	子美	梁容若	子书	孙楷第	子云	黄纯青
子岱	宗舜年	子美	吴痴	子叔	陈宽	子云	连士升
子戴	宗舜年	子美	夏征农	子水	毛子水	子云	吴云心
子丹	尚钺	子美	周默	子松	陈因	子臧	吴世昌
子端	潘序祖	子孟	邹子孟	子苏	茅盾	子斋	张子斋
子敦	金兆梓	子敏	子敏	子韬	冯乃超	子展	陈子展
子钝	宋伯鲁	子明	巴人	子亭	黄云眉	子暲	萧三
子顿	宋伯鲁	子明	鲁迅	子韦	季镇淮	子珍	黄骧
子凡	陈昌浩	子明	瞿秋白	子伟	章乃器	子桢	林子桢

子篯	史紫忱	紫佩	宋琳	自昭	贺麟	邹冠群	楼栖
子振	叶德均	紫萍	王紫萍	恣鹰	陈子英	邹灌芹	楼栖
子之	彭康	紫芹	王文漪	【zōng】		邹海滨	邹鲁
子执	张春桥	紫秋	陈紫秋	宗	陈垣	邹翰香	马叙伦
梓	潘梓年	紫鹊	王之却	宗白华	宗白华	邹恒逊	邹韬奋
梓畅	李曰垓	紫石	陈福彬	宗岱	梁宗岱	邹宏道	孙席珍
梓川	欧阳梓川	紫石	韩国钧	宗珪父	舒芜	邹华孙	马叙伦
梓川	温梓川	紫石	石光	宗郭	林景泰	邹怀靓	邹幼臣
梓甫	夏衍	紫曙	华骏	宗浩	廖子东	邹绛	邹绛
梓花	马子华	紫苏	陈灵犀	宗怀	易文	邹可民	钱健吾
梓江	陈冠商	紫薇	王汶	宗珏	卢豫冬	邹琳	邹琳
梓良	姚楠	紫薇	徐新杰	宗林之	章楚	邹鲁	邹鲁
梓年	潘梓年	紫薇花藕	阿垅	宗临	阎宗临	邹绿芷	邹绿芷
梓葩	马子华	紫雯	杨锡章	宗鸾	钱君匋	邹萍影	邹幼臣
梓琴	田桐	紫馨	左秉隆	宗明	吴祖光	邹谦	邹谦
梓勤	杨钟羲	紫墟	宋元	宗某	沈祖牟	邹人	曹聚仁
梓如	潘子农	紫絮	林秋冰	宗璞	宗璞	邹善炘	邹琳
梓生	张梓生	紫岩	胡紫岩	宗人	宋之的	邹尚录	邹绿芷
梓室	陈从周	紫燕	沙驼	宗仍	周中仁	邹绍文	邹子彬
梓翁	陈从周	紫杨	臧恺之	宗融	马宗融	邹弢	邹弢
梓侠	李耿	紫也	李萌	宗叔	丁景唐	邹韬奋	邹韬奋
梓墟	宋元	紫夷	卢煤	宗武	李宗武	邹霆	邹霆
梓园主人	宋安业	紫宜	周炼霞	宗淹	丁文江	邹维熙	邹霆
紫庵	魏际昌	紫艺	聂耳	宗源	叶楚伧	邹文	邹问轩
紫冰	胡紫岩	紫英	吴芝瑛	宗越	徐中玉	邹文宣	邹问轩
紫冰	邹子彬	紫英	谢冰莹	宗芸	冯宗芸	邹文学	邹荻帆
紫忱	史紫忱	紫瑜	何达	宗之	王梦鸥	邹西山	邹恩元
紫丁	丁宁²	紫云居士	任宇农	宗之橌	宗白华	邹曦	邹治鄂
紫丁	王紫萍	紫芝	姚三友	宗之助	苏曼殊	邹萧	赵景深
紫丁	吴紫风	紫竹	潘侠风	宗植	张瓴	邹啸	赵景深
紫风	吴紫风	【zì】		宗志扬	顾伦	邹狱	邹狱
紫枫	陆丹林	自纯	童愚	棕槐室主人	彭鹤濂	邹遇	邹遇
紫凤	李紫凤	自惼	黄元琳	棕蓝	吴崇兰	邹子彬	邹子彬
紫姑	周炼霞	自奋	李苏	【zǒng】		邹子孟	邹子孟
紫菇	杨子固	自宽	沈从文	总持	程演生	【zǒu】	
紫光	金紫光	自了生	剑胆	【zòng】		走火	周越然
紫珩	夏易	自牧	马国亮	纵耕	孙犁	走街先	赖和
紫红	白薇	自牧	孙如陵	纵耕	童仲赓	走马走	章太炎
紫红	朱绛	自强	冯斯栾	纵横	李拓之	走肖生	赵苕狂
紫虹	陈任遐	自强氏	冯斯栾	【zōu】		走一	甘永柏
紫后	赵寰	自清	朱自清	邹白甫	邹韬奋	【zòu】	
紫江桂莘启钤	朱启钤	自然室主人	冯振	邹澄生	邹鲁	奏月	丁景唐
紫江朱启钤桂辛	朱启钤	自胜生	胡适	邹达公	邹琳	【zú】	
紫荆	胡紫岩	自树	鲁迅	邹德洪	邹绛	足戒	刘谷风
紫荆	李正中	自新	王自新	邹德鸿	邹绛	族怎	刘北汜
紫鹃	饶子鹃	自由	冯自由	邹狄帆	邹荻帆	【zǔ】	
紫君	王紫萍	自由花	张肇桐	邹荻帆	邹荻帆	且（zǔ）渠子	邓散木
紫兰主人	周瘦鹃	自由斋主人	梁启超	邹恩润	邹韬奋	组安	谭延闿
紫郎	王紫萍	自在	李叔同	邹恩淘	邹问轩	组庵	谭延闿
紫罗兰主人	周瘦鹃	自在	陆丹林	邹恩元	邹恩元	组盦	谭延闿
紫曼	沈祖棻	自在老人	陆丹林	邹枋	邹枋	祖比哈尔	赛福鼎
紫铭	魏际昌	自在长老	陆丹林	邹风	洪钟	祖春	高集

笔名	本名	笔名	本名	笔名	本名
祖国春	高植	尊五	谢尊五	左辛人	陈辛人
祖杰	李耿	尊一	史若虚	左馨	卢剑波
祖牟	沈祖牟	尊疑	张西曼	左学舜	左舜生
祖培	唐祖培	尊疑尺盦	严复	左学训	左舜生
祖同	洪履和	樽	周作人	左羊	吕寰
祖同	金祖同	【zuó】		左忆	罗麦
祖文	陈祖文	昨非	李何林	左直夫	任哲维
祖武	童书业	昨非	刘昨非	左仲平	左舜生
祖襄	吴组缃	昨非	苏菲²	左宗栋	左干臣
祖诒	蒋祖怡	昨非	于非闇	佐丁	佐丁
祖远	张子斋	【zuǒ】		佐临	黄佐临
祖正	徐祖正	左纮	吴宗锡	佐琳	轻轮
【zuī】		左庵	刘师培	佐木华	叶灵凤
纗华	黄侃	左庵	谭延闿	佐琴蓝琳	轻轮
【zuì】		左盦	刘师培	佐思	王元化
晬民	易大厂	左兵	顾诗灵	佐藤和夫	郭沫若
罪人	刘冬雷	左兵	蒋风	佐藤贞吉	郭沫若
罪松老人	萧蜕安	左秉隆	左秉隆	佐夷	蒋祖怡
檇李惰农	朱大可	左残	张拓芜	佐治	徐谦
醉厂（ān）	龚尔位	左蒂	罗麦	佐治	俞棘
醉庵	龚尔位	左丁	佐丁	佐治徐谦	徐谦
醉盦	龚尔位	左干臣	左干臣	佐佐夫	宋之的
醉道人	邱炜菱	左干忱	左干臣	【zuò】	
醉芳	桑弧	左戈	杨嘉	作兵	方北方
醉枫	刘毅	左耕	诸祖耿	作东	李班
醉郎	黄仲苏	左海	邓拓	作玖	皮作玖
醉莲	吴醉莲	左海	吕翼仁	作霖	甘永龙
醉灵	陈小蝶	左海恨人	朱谦之	作明	李叔同
醉灵生	陈小蝶	左宏春	左琴岚	作人	周作人
醉灵轩主人	陈小蝶	左畸	梅寄鹤	坐忘	秦毓鎏
醉六	石醉六	左景清	杜若		
醉平	周醉平	左敬	左干臣		
醉沙	王小逸	左林	麦紫		
醉石	陈衍	左林	左林		
醉我	庄禹梅	左柳	左笑鸿		
醉仙	林廷玉	左明	左明		
醉莺	王春翠	左明生	冯玉奇		
醉愚	沈焜	左平	安娥		
醉云	陈醉云	左平女士	安娥		
【zūn】		左琴岚	左琴岚		
尊	周作人	左琴蓝琳	轻轮		
尊古	鲁迅	左群	左林		
尊寒	黎烈文	左绍傅	左曙萍		
尊瓠	陈诗	左式金	程千帆		
尊六	徐宗元	左曙萍	左曙萍		
尊棋	刘尊棋	左舜生	左舜生		
尊任	龚其伟	左希贤	罗麦		
尊史	龚炳孙	左羲华	左林		
尊谭室主	冯小隐	左笑鸿	左笑鸿		
尊闻	罗稷南	左啸虹	左笑鸿		
尊闻室主	高明	左辛	罗麦		
尊闻室主人	沈宗畸	左辛	王正²		

自创字名号

笔名	本名
衐（读"行知行"）	陶行知

注音字母名号

笔名	本名
ㄋㄧ	钱玄同
ㄞㄉㄧㄥ	钱玄同

拉丁化新文字名号

笔名	本名
N.XS	倪海曙
XF	胡风
XS	倪海曙

汉语拼音字母名号

笔名	本名
HS	倪海曙
NHS	倪海曙

英文名号

笔名	本名
AA	朱谦之
A.A.	索非
AB	易君左
AD	易君左
AFT	瞿秋白
A.M.	严辰
Anna	丽尼
Ansen	邹韬奋
Anson	邹韬奋
Antonio	白刃
AS	邓中夏
A.S.	马希良
Bakin	巴金
BB	巴金
BP	许钦文
C	高长虹
C	王统照
C	张金燕
C	郑振铎
CC	温梓川
CC	张金燕
C.C.	温梓川
C.C.	夏云
C.C.T.	郑振铎
C.F.	李小峰
C.F.	张近芬
CH	康道乐
CH	马子华
C.H.	高长虹
Chapin	端木蕻良
Chen Han-sheng	陈翰笙
Cheng Tcheng	盛成
Chien Chung-shu	钱锺书
CK	魏建功
CHL	梁实秋
Choo Kui Chao	朱绪
CHs	陈翰笙
C.H.S.	陈翰笙
C.H-s	陈翰笙
Chu Djang	章楚
Chun–chan Yeh	叶君健
C.L.T.	陈鲤庭
C.P.	冯至
CT	文振庭
C.T.	郑振铎
CTP	瞿秋白
CW	马子华
C.W.	许钦文
CY	黄振彝
CZ	黄振彝

Ts'ai T'ing Kan	蔡廷干	Y.Chengze	于毅夫	A 字十一号	阳翰笙	Cicio Mar	叶君健
T.S.Chen	陈独秀	YD	胡仲持	A.Y.G 女士	杨没累	Eltunko	许寿真
TS-C.Y.	沙汀	Y.D.	李小峰	C 君	梁山	Huyucz	胡愈之
TSS	张申府	YDT	郁达夫	CC 女士	张静珍	Inferlo	卢剑波
TT	丁嘉树	YE	曹玄衣	C.F.女士	张近芬	Jak	霍应人
TW	韦丛芜	Yeh Chia-ying	叶嘉莹	DAM 女士	邓励诚	Ĵelezo	叶籁士
TY	聂耳	Yenk	徐雉	GR 生	林之夏	Laŭlun	李士俊 [2]
UC	陈烟桥	YF	吴逸凡	HC 生	廖汉臣	Sicencz	薛诚之
UU	汪仲贤	Y.F.	符号	HT 生	林克夫	S.J.Zee	徐震堮
V	张金燕	Y-FT	艾芜	J.K.M.君	瞿秋白	Sofio	索非
V.D.	陈望道	YK	杨贤江	KS 生	郭秋生	Takin	劳荣
Vincent Ying	英敛之	YK	张友松	L 君	刘半农	Tikos	方善境
V.K.Ting	丁文江	Y.K.	郑振铎	L 狼狈	林其润	Venlo Fon	冯文洛
VP	茅盾	YL	刘延陵	LS 女士	邓励诚	V.Kanto	李士俊
V.S.	鲁迅	Y.L.	贾植芳	M 君	瞿秋白		
V.T.	瞿秋白	Yorkeser	姚依林	M 林	莫洛	**俄文名号**	
W	巴人	YP	茅盾	PC 五郎	谷万川		
W	汪仲贤	YP	俞平伯	P 生	茅盾	Виктор Страхов	瞿秋白
W	王森然	Y.P.	杨波	S 记	萧军	Гудков	沈泽民
William	洪业	Y.R.Chao	赵元任	TP 生	郭秋生	Исмелов	张闻天
Willian Hung	洪业	Y.S.	吴云心	TT 女士	邓励诚	ЛУ Син	鲁迅
WM	王明	Y.T.	林语堂	W 欧阳	宋元模	Мамавич	王明
W.S.	湛卢	Yu Tang	林语堂	YS 女士	朱化雨	Марлотов	郑超麟
Wu-Chi Liu	柳无忌	YZ	叶紫	Y 狼狈	姚勇来	Н. И. Буренин	吴玉章
WY	王余	Zero	白薇	Y 生	杨守愚	Попович	王明
XD	郝汀	ZM	梁容若			Страхов	瞿秋白
Xilin	钱玄同	ZS	巴人	**世界语名号**		Тиан Лан	天蓝
XYZ	高明					Эмисяо	萧三
XYZ	谢六逸	**中英文混合名号**		Aj Lino	钱玄同		
Y	夏莱蒂			A.Sofio	索非		
YC	黄振彝	A 记者	扬帆	Ĉ.Ĉen	张企程		

附 录

一、为本书提供过材料或做过审核补正的作者名单
（按姓氏笔画排序）

丁 力　丁 凤　丁 芒　丁 耶　丁 洪　丁景唐　卜英梵　刁均宁　于一平　于在春　于 英　于承武

于冠西　于 逢　于 敏　于寄愚　于黑丁　于 雷　万 一　万 木　万 紫　马 丁　马子华　马少波

马 宁　马 加　马仲明　马冰山　马 寻　马作楫　马希良　马识途　马茂元　马国昌　马国亮　马牧边

马彦祥　马恩成　马 骊　马萧萧　马瑞麟　丰 村　王一地　王一榴　王 力　王大学　王夕澄　王之却

王子恕　王元化　王云和　王中青　王文秋　王文起　王文琛　王 火　王玉胡　王玉清　王 正　王业伟

王央乐　王尔碑　王 戎　王西彦　王延龄　王仲园　王仰晨　王 庄　王运熙　王志之　王克浪　王利器

王作民　王伯英　王 余　王余杞　王辛笛　王冶新　王沂暖　王若望　王 林　王 松　王 肯　王 果

王昆仑　王易风　王牧群　王 和　王季思　王质玉　王拾遗　王钟琴　王秋莹　王 济　王 恺　王 觉

王祖勋　王 殊　王 晏　王继尧　王梅定　王雪波　王 曼　王啸平　王 琳　王朝闻　王 焚　王紫萍

王景山　王景任　王 瑶　王德林　王潮清　王蕾嘉　韦长明　韦 丘　韦雨平　韦 婆　云照光　木 斧

支 援　车 辐　牙美昌　戈 扬　戈振缦　中 流　冈 夫　牛 汉　毛达志　毛 羽　毛 星　化 铁

公 木　凤 子　卞之琳　卞和之　文怀沙　文振庭　方土人　方未艾　方 平　方 冰　方 纪　方 杰

方 重　方 敬　方龄贵　尹广文　孔庆洛　孔 林　孔罗荪　孔 柔　巴 金　巴 波　邓友梅　邓式中

邓燕林　艾 芜　艾 汶　艾明之　艾治平　艾 煊　古立高　左 林　左 弦　左琴岚　厉 凤　石方禹

石 光　石 冷　石凌鹤　卢剑波　卢 梦　卢 煤　叶水夫　叶平林　叶君健　叶 明　叶 楠　叶德浴

申 奥　申 蔚　田一文　田 川　田井卉　田 地　田仲济　田 芜　田秀峰　田 兵　田 间　田 奇

田 涛　田 流　田 野　田 琳　田景福　史 行　史松北　冉于飞　禾 波　丘士珍　丘 行　丘 琴

白 刃　白 文　白 石　白平阶　白 危　白拓方　白 夜　白 峡　白 珩　白 荻　白 莎　白 桦

白 原　白 航　白得易　白 薇　丛 深　包白痕　冯中一　冯 至　冯亦代　冯其庸　冯岳麟　冯育栋

冯厚生　冯健男　冯润璋　冯毅之　皮作玖　吉学沛　扬 禾　扬 波　西 彤　西 虹　达木林　成 荫

成 骏　毕 方　毕奂午　毕修勺　毕朔望　吕 远　吕 剑　吕漠野　吕 寰　朱 凡　朱子奇　朱正明

朱东润　朱光潜　朱仲波　朱伯石　朱谷怀　朱 侃　朱宜初　朱 柽　朱 绛　朱挹清　朱 健　朱维之

朱 雯　朱 媞　朱微明　朱 寨　朱震华　朱 繁　乔冠华　乔穗青　伍棠棣　伍 禅　伍蠡甫　延泽民

任大霖　任白戈　任访秋　任 钧　任 耕　任哲维　任晓远　任 萍　任雅谷　任溶溶　华 田　华 铃

华 骏　伊 明　向 明　冰 心　庄启东　庄 劲　庄瑞声　刘大海　刘 川　刘开扬　刘云清　刘艺亭

刘丹华　刘玉峰　刘石夷　刘 平　刘北汜　刘冬雷　刘弘毅　刘后一　刘 江　刘芳松　刘克光　刘岚山

刘作义　刘谷风　刘含怀　刘 沙　刘沧浪　刘 迟　刘秉虔　刘 佳　刘 征　刘 金　刘 春　刘相如

刘树声　刘思慕　刘贻清　刘 真　刘 流　刘雪苇　刘逸生　刘黑枷　刘 御　刘新粦　刘 毅　刘操南

刘燕及　刘 燧　刘 麟　齐 鸣　齐 速　关非蒙　关沫南　江天蔚　江 风　江 帆　江 汛　江晓天

江 浩　江瑞熙　汝 龙　汤士安　汤莽之　汤 真　安 危　安 旗　祁崇孝　许 以　许 行　许 伽

许幸之　许 杰　许法新　许钦文　许 峨　许 诺　许翰如　那 沙　阮章竞　孙大雨　孙艺秋　孙 平

孙 用　孙 芋　孙肖平　孙 吴　孙昌熙　孙岳军　孙帮达　孙剑冰　孙怒潮　孙 钿　孙席珍　孙跃冬

孙 望	孙 谦	孙遐龄	孙楷第	孙 穆	孙 孺	阳 云	阳太阳	阳文彬	羽 山	纪云龙	纪 鹏
玛 金	严北溟	严华龙	严 辰	严 望	严慰冰	芦 荻	劳 辛	劳 荣	劳 洪	苏一平	苏 凡
苏仲翔	苏 庐	苏金伞	苏 隽	苏 菲	苏 晨	苏 策	杜 边	杜运燮	杜 谷	杜 苕	杜草甬
杜 宣	杜 埃	杜 烽	杜维沫	杜鹏程	村 路	李一氓	李一航	李一痕	李士钊	李 门	李之华
李天民	李天济	李友欣	李尤白	李文钦	李方立	李未青	李正文	李正廉	李古北	李石锋	李北开
李尔重	李亚如	李存明	李成徽	李乔（云南石屏）	李乔（辽宁沈阳）	李华飞	李全基	李 旭	李冰炉
李麦宁	李 进	李连庆	李何林	李伯龙	李伯钊	李谷野	李冷路	李庐湘	李初梨	李 纳	李 纶
李若冰	李英敏	李英儒	李岳南	李育中	李育仁	李学亭	李逎廎	李俍民	李俊民	李 耕	李 班
李 耿	李晋泽	李根红	李峻平	李 涌	李清泉	李 瑛	李 超	李敬信	李辉英	李景慈	李 準
李楚材	李楚城	李鉴尧	李筱峰	李满天	李霁野	李熏风	杨大辛	杨 山	杨友德	杨公骥	杨本泉
杨田农	杨幼生	杨纤如	杨 麦	杨村彬	杨希尧	杨奔（浙江苍南）	杨奔（湖北广济）	杨 明	杨春波
杨荫深	杨秋实	杨晋豪	杨 琦	杨植霖	杨 絮	杨 嘉	杨霁云	杨履方	束纫秋	丽 砂	吴三才
吴丈蜀	吴小如	吴 天	吴云心	吴化学	吴文祺	吴白匋	吴仞之	吴廷琯	吴似鸿	吴奔星	吴 岩
吴 峤	吴秋山	吴奚如	吴 朗	吴朗西	吴调公	吴 梅	吴晨笳	吴崇文	吴 秾	吴淮生	吴 琛
吴 越	吴联栋	吴紫风	吴 锐	吴 强	岑 桑	岑 琦	邱艾军	邱晓崧	何公超	何 为	何 芷
何 求	何 迟	何 苦	何泽沛	何钟辛	何 洛	何家英	何 琦	何琼崖	何晴波	何满子	何 溶
何 骞	余 明	余 念	余 修	余冠英	余 振	余 晓	谷 牧	谷 峪	谷斯范	邹 绛	邹 霆
应悱村	辛未艾	闵 子	汪远涵	汪金丁	汪偶然	汪曾祺	汪静之	沙 白	沙 岸	沙 金	沙 驼
沙 鸥	沙 蕾	沈子复	沈可人	沈松泉	沈思明	沈寄踪	沈 寂	沈蔚德	沈毓刚	宋 丈	宋 元
宋元模	宋祝平	宋振庭	宋桂煌	宋谋瑒	张十方	张又君	张子斋	张天鲁	张友松	张友济	张文松
张 可	张申府	张 央	张白山	张 立	张永枚	张 扬	张毕来	张庆田	张庆吉	张守常	张守谦
张 羽	张 志	张志民	张 旸	张 沛	张 初	张青榆	张 垣	张思恺	张香山	张修文	张 禹
张彦平	张 烈	张铁夫	张铁弦	张海鸥	张 浪	张继楼	张骏祥	张雪伦	张瑞麟	张楚琨	张 颖
张嘉禄	张 藜	张骥化	陆 风	陆印全	陆 地	陆华柏	陆克昌	陆希治	陆 诒	陆鸣秋	陆定一
陆高谊	陆 离	陆象贤	陆晶清	陈 七	陈大远	陈 山	陈 凡	陈子谷	陈子展	陈子彬	陈开鸣
陈友琴	陈中宣	陈仁鉴	陈从周	陈凤兮	陈文和	陈 辽	陈 华	陈兆璋	陈汝衡	陈迅之	陈 芜
陈 克	陈伯吹	陈辛人	陈 沂	陈 迟	陈雨门	陈 明	陈明中	陈鸣树	陈 牧	陈侣白	陈 夜
陈 庚	陈学昭	陈春陆	陈残云	陈钦源	陈秋舫	陈振鹏	陈荻帆	陈 涓	陈流沙	陈 涌	陈 淇
陈 隄	陈敬容	陈 落	陈 锋	陈赓雅	陈 犀	陈登科	陈瑜清	陈楚淮	陈 靖	陈福彬	陈 模
陈鲤庭	陈膺浩	邵大成	邵全建	邵伯周	邵燕祥	武桂芳	青 苗	青 勃	苗延秀	苗培时	苗得雨
范 山	范存忠	范兆琪	范启新	范钧宏	范 泉	林 风	林文山	林仲麟	林志成	林芷茵	林 杉
林 辰	林 里	林 呐	林 间	林 宏	林 耶	林 林	林 枫	林 庚	林音频	林 耘	林涤非
林家钟	林 彬	林望中	林焕平	林淑华	林涵表	林 绵	林 琳	林 紫	林 蓝	林楚平	林疑今
林 潜	林默涵	郁 风	郁其文	郁 茹	欧小牧	欧外欧	欧阳山尊	欧阳恢绪	欧阳翠	杲向真	易 巩
易修乐	易 琼	罗大冈	罗 飞	罗 丹	罗玉君	罗时烽	罗 沙	罗 英	罗念生	罗 泗	罗 迦
罗树人	罗 洛	罗铁鹰	罗皑岚	罗鲁风	罗黎牧	罗灏白	牧 野	和谷岩	季羡林	岳 野	金 中
金尧如	金 帆	金 江	金江寒	金 汤	金 近	金 松	金昌杰	金性尧	金 重	金 展	金肇野
周大康	周中仁	周正行	周艾黎	周民震	周 扬	周汝昌	周作新	周谷城	周 汾	周国瑾	周昌岐
周牧人	周 彼	周河冬	周珏良	周振甫	周 辂	周 琪	周 游	周楞伽	周煦良	周韶华	周黎庵
鱼 讯	冼 宁	放 平	郑公盾	郑 文	郑永慧	郑 达	郑江萍	郑丽生	郑 彤	郑良雄	郑 雨

郑秉谦	郑育之	郑树荣	郑笃	郑逸梅	郑朝宗	郑普洛	郑道传	单复	单演义	宛敏灏	屈楚
孟力	孟英	孟宪仁	赵大民	赵立生	赵先	赵农民	赵明	赵罗蕤	赵孟原	赵家欣	赵家璧
赵铭彝	赵银棠	赵清学	赵清阁	赵景深	赵蔚青	赵德尊	赵燕翼	赵橹	赵寰	郝汀	草沙
草婴	胡士璋	胡山源	胡天风	胡今虚	胡丹沸	胡正	胡可	胡石言	胡苏	胡沙	胡青
胡青坡	胡拓	胡征	胡采	胡绍轩	胡显中	胡昭	胡昭衡	胡康新	胡绳	胡絜青	胡紫岩
胡愈之	茹志鹃	柯岗	柯原	柯蓝	柏鸿鹄	柳无忌	柳倩	柳野青	冒舒諲	思基	哈华
峃青	钟绍锟	钟望阳	段可情	段惟庸	侯甸	侯唯动	侯敏泽	俞百巍	俞林	俞荻	施作师
施若霖	施蛰存	施燕平	闻山	姜书阁	姜东舒	姜彬	姜椿芳	炼虹	洪丝丝	洪汛涛	洪林
洪钟	洪禹平	洪炫	洪桥	洪流	洪道	洪滔	洛汀	洛雨	宣伯超	祝方明	祝宽
胥树人	姚三友	姚凤惠	姚江滨	姚远	姚远方	姚奔	姚雪垠	贺宜	贺鸿钧	贺照	骆基
秦似	秦兆阳	秦牧	秦敢	秦瘦鹃	袁文殊	袁尘影	袁同兴	袁珂	袁鞫	袁静	耿林莽
耿振华	耿庸	莫耶	莫洛	晋驼	莎蕻	栗茂章	贾芝	贾克	贾植芳	夏承焘	夏树勋
夏钦瀚	夏侯	夏浓	夏渌	顾工	顾巴彦	顾行	顾征南	顾学颉	顾家熙	晓星	晓歌
晏甬	峻青	钱小柏	钱今昔	钱谷融	钱君匋	钱锋	倪尼	倪海曙	徐中玉	徐平羽	徐达
徐光耀	徐帆	徐刚	徐守中	徐辛雷	徐君慧	徐君藩	徐迟	徐昌霖	徐放	徐柏容	徐迺翔
徐盈	徐朗	徐铸成	徐谦夫	徐干生	徐微	徐新杰	徐霞村	殷白	殷参	翁偶虹	凌丁
栾星	高士其	高也平	高天白	高兰	高加索	高光	高亨	高柏苍	高洁	高恬慧	高莽
高鲁	高榆	高嵩	高缨	郭凤	郭庆	郭秉箴	郭依萍	郭铁	郭澹波	唐永基	唐向青
唐祈	唐弢	唐铁海	唐湜	海笑	海笛	谈路	谈瀛	陶亢德	陶孝国	陶钝	陶剑心
陶雄	勒公丁	黄子祥	黄天戈	黄化石	黄凤龙	黄旭	黄庆云	黄佐临	黄青	黄苗子	黄雨
黄雨青	黄贤俊	黄季琨	黄宗江	黄诗咏	黄药眠	黄树则	黄钢	黄秋耘	黄俊耀	黄客沧	黄爱
黄悌	黄粲	黄源	黄福林	黄嘉德	黄裳	萧三	萧村	萧岱	萧垠	萧海涵	萧乾
萧蔓若	萧赛	梵杨	梅白	梅朵	梅英	梅绍农	梅益	梅娘	曹玄衣	曹汶	曹明
曹靖华	龚德	雪克	常任侠	常君实	野谷	野曼	曼晴	崔雁荡	崔璇	崔德志	犁夫
符号	章叶频	章克标	章其	章明	章品镇	章振乾	商展思	商慧光	阎少显	梁上泉	梁山丁
梁宁	梁兆斌	梁其彦	梁南	梁信	梁彦	梁荻云	梁斌	屠岸	隋树森	揭余生	彭子冈
彭作雨	彭定安	彭拜	彭桂蕊	彭燕郊	斯民	葛一虹	葛文	葛林	葛祖兰	董均伦	董速
蒋风	蒋文杰	蒋孔阳	蒋星煜	蒋虹丁	蒋炳贤	蒋祖怡	蒋路	蒋锡金	蒋燧伯	韩文达	韩文洲
韩汝诚	韩克仁	韩侍桁	韩晓鹰	韩笑	韩萌	韩燕如	覃晓晴	黑尼	程一戎	程力夫	程千帆
程本箧	程代熙	程远	程应镠	程侃声	程育真	程造之	程康定	傅白芦	傅师曾	傅衣麟	傅庚生
傅洁霞	傅超武	储玉坤	舒芜	鲁克	鲁兵	鲁琪	鲁煤	鲁藜	曾一	曾克	曾秀苍
曾岛	曾卓	曾炜	曾彦修	温田丰	寒声	谢人吾	谢加因	谢宇衡	谢挺宇	谢狱	谢振东
谢冕	谢敏	蓝光	蓝苓	蓝曼	蒯斯曛	楚图南	楼适夷	楼栖	裘柱常	赖少其	赖丹
雷石榆	雷汀	雷加	雷特	雷溅波	虞哲光	路一	路丁	路工	路西坤	路翎	鲍昌
漠雁	碧野	慕柯夫	慕湘	蔡壬侯	蔡北华	蔡仪	蔡其矫	蔡燕荞	臧云远	臧克家	管桦
廖子东	廖圣亮	廖伯坦	廖宗刚	廖晓帆	赛福鼎	谭正璧	谭东晨	谭莫伽	谭谊	谭碧波	熊国模
熊寒江	缪文渭	缪白苗	缪钺	缪海稜	樊玉俭	樊篱	黎丁	黎风	黎白	黎光耀	黎辛
黎家健	黎维新	黎锦明	黎静	颜一烟	潘之汀	潘子农	潘天青	潘世聪	潘序祖	潘茂元	潘觉新
潘景郑	薛汕	薛述明	霍希扬	霍松林	冀汸	穆青	穆欣	穆烜	戴旦	戴碧湘	魏中天
魏荒弩	魏晋	魏照风	魏巍	塞先艾	瞿钢	蘅果					

二、为本书提供过材料或做过审核补正的其他人名单*

（按姓氏笔画排序）

丁一岚　丁云和　卜仲康　于又燕　马以君　马光裕　马旷源　马国英　马蹄疾　王　工　王小鹰　王　山
王义为　王　韦　王文金　王　可　王延晞　王自力　王克平　王克朴　王克迅　王　昭　王铁仙　王培珍
王　铿　王智毅　王湜华　王　渭　王　勤　王愿坚　王　震　韦德亮　牛运苍　方锡德　孔海珠　邓　壮
甘少苏　左中右　卢　玉　卢正言　叶雪芬　叶新建　令　言　包子衍　冯光廉　冯钧国　司马小莘　扬　起
吕宗林　吕钦文　朱光灿　朱甫平　朱甫晓　朱经畬　朱　洪　朱银汉　伍加伦　华幼林　向云鹄　向金庭
刘玉凯　刘可兴　刘幼西　刘朱樱　刘尚雅　刘俊英　刘祥发　刘淑芬　刘惠文　刘锦满　刘福春　刘嘉宜
刘增人　刘增杰　江秀荣　江　霞　许广纯　许凤才　许文辛　许定之　许　莹　许敏歧　许毓峰　许慧珍
孙玉蓉　孙可中　孙庆升　孙志达　孙惠军　牟决鸣　严　平　严汝珍　苏立言　苏必扬　苏关鑫　苏衍宗
苏　棠　杜　惠　李一枝　李小林　李之禹　李　今　李凤吾　李　扬　李存光　李伟江　李华盛　李兴武
李　迪　李恺玲　李恕先　李　琼　李惠贞　李辉群　李瑞玉　李　颖　李慎仪　李嘉陵　杨小佛　杨　义
杨玉真　杨正中　杨西北　杨寿康　杨志和　杨　郁　杨祥云　杨淑贤　杨静远　吴方伟　吴怀斌　吴琴芳
吴锡河　何世鲁　何沪玲　何复基　余仁凯　余明新　谷树忠　邹滨年　应国靖　应锦襄　沙金城　沈仍福
沈丹昆　沈承宽　沈　辉　沈道初　沈　谱　宋　时　宋阿芳　宋剑行　宋益乔　迟竹森　张一弓　张一康
张大明　张以谦　张玉兰　张占国　张　立　张　伟　张如法　张俊才　张晓风　张晓丹　张效民　张菊香
张萃薰　张　梁　张　琦　陆克昌　陈　山　陈子善　陈开第　陈玉麟　陈远谋　陈松溪　陈昌成　陈金淦
陈厚诚　陈洪林　陈洛宁　陈振国　陈　莉　陈　钰　陈萃芬　陈锡玲　陈福康　陈衡粹　邵华强　范东生
范伯群　林之果　林恩卿　罗　兰　罗婉华　岳　慎　金珍君　周又兰　周小兵　周文颖　周玉屏　周光邠
周运隆　周国华　周昌歧　周微林　郑光迪　赵小梅　赵冬垠　赵丽瑶　赵荣芬　赵维明　赵楚芸　胡光凡
胡　坚　胡　钢　胡凌芝　胡海珠　柳无非　钟子硕　钟少华　钟献宇　侯　获　俞明珠　俞建旄　饶芃子
饶海珠　饶鸿竞　施美清　祝庆英　费万龙　姚明强　贺修平　骆静兰　耿济兰　耿　展　夏　昊　夏　翊
顾乃健　顾小铨　顾之京　顾芷君　顾伯锷　顾家干　顾智敏　钱三强　钱文斌　钱家栋　徐大荧　徐　平
徐生淑　徐伟民　徐　冲　徐志啸　殷　义　殷宗武　殷　琦　翁　燕　凌　山　高　捷　高登智　郭永华
唐泽润　唐　康　浦漫汀　诸天寅　黄乐琴　黄安熔　黄修己　黄梦泓　黄淑英　黄湘畹　黄福林　黄　篱
萧丁三　萨　沄　曹春芷　龚　铿　常明疑　鄂基瑞　康宏道　章　可　章洁思　商慧光　梁　再　董大中
董　边　董　苗　蒋百康　蒋荷贞　韩日新　韩文敏　韩丽梅　覃小川　程中原　傅艾以　傅桂禄　傅晓北
傅　娟　焦世宏　舒　济　曾广灿　游焜炳　谢韵梅　雷友声　虞　丹　鲍　晶　鲍　霁　蔡传桂　蔡秀珍
蔡清富　廖超慧　潘亚暾　潘　怡　穆立中　戴自中　魏　至　魏守中　魏德芳　魏穆紫

*此名单包括文学作者的家属、亲友、研究者和其他知情者。另有许多未示名的家属无法列录，特此说明。

三、为本书提供过材料或做过审核补正的单位名单

上海电影局　上海美术电影制片厂编辑室　安徽省图书馆古籍部　青岛市话剧团
杭州大学中文系　青岛大学中文系

参考文献

袁涌进. 现代中国作家笔名录. 北平中华图书馆协会，1936.

袁涌进. 对于中国现代作家笔名录校阅后的一些意见（未刊稿），1960.

袁涌进. 中国现代作家笔名录增补稿（一至十二）（未刊稿），1960.

陈德芸. 古今人物别名索引. 广州：岭南大学图书馆，1937.

蒋星煜. 作家笔名索引. 重庆：燎原出版社，1944.

上海古旧书店业务科. 笔名别名索引. 正、续编（油印本）. 上海：上海古旧书店，1959、1960.

张静庐，林松，李松年. 戊戌变法前后报刊作者字号笔名录. 载1965年6月《文史》第4辑.

张静庐，李松年. 辛亥革命时期重要报刊作者笔名录. 载1962年10月《文史》第1辑.

秦贤次. 民国作家笔名录. 载1974年台湾《新知杂志》双月刊第4年第1—4期.

朱宝梁. 二十世纪中国作家笔名录（增订版）. 台北：汉学研究中心，1989.

周锦. 中国现代文学作家本名笔名索引. 台北：成文出版社，1980.

薛茂松. 当代文艺作家笔名录. 台北：文史哲出版社，1981.

苏兴良. 文学研究会部分成员笔名录（未刊稿），1982.

曾健戎，刘耀华. 中国现代文坛笔名录. 重庆：重庆出版社，1986.

健戎，跃华. 中国现代作家笔名索引. 四川省中心图书馆委员会.

苗士心. 中国现代作家笔名索引. 济南：山东大学出版社，1986.

张静如，肖甡，姜华宣. 五四以来历史人物笔名别名录. 西安：陕西人民出版社，1986.

徐为民. 中国近现代人物别名词典. 沈阳：沈阳出版社，1993.

周家珍. 20世纪中华人物名字号辞典. 北京：法律出版社，2000.

陈玉堂. 中国近现代人物名号大辞典. 杭州：浙江古籍出版社，2005.

王紫萍. 三十年代武汉作家和作者笔名汇刊（未刊稿）.

上海师范大学中文系. 沦陷区作家笔名录（未刊稿）.

上海文学研究所. "孤岛"作家笔名录（油印本）.

方宽. 香港作家笔名别号录（未刊稿）.

包子衍. 作家笔名录（油印本）.

陈玉堂. 中共党史人物别名录. 北京：红旗出版社，1985.

丁国成，于丛扬，于胜. 中国作家笔名探源（第一册），长春：时代文艺出版社，1986.

张叶舟. 文章与笔名. 载1944年3月6日上海《太平洋周报》第99—100期合刊.

董宁文. 我的笔名. 长沙：岳麓书社，2007.

顾凤城. 中外文学家辞典. 上海：乐华图书公司，1934.

北京语言学院《中国艺术家辞典》编委会. 中国艺术家辞典（现代部分）. 长沙：湖南人民出版社，1981.

北京语言学院《中国艺术家辞典》编委会. 中国文学家辞典（现代部分）第一、二册. 成都：四川人民出版社，
    1979，1982.

北京语言学院《中国艺术家辞典》编委会. 中国文学家辞典（现代部分）第三至六册. 成都：四川文艺出版社，

1985－1992.

中国作家协会创作联络部. 中国作家大辞典. 北京：中国社会出版社，1993.

中国作家网?中国作协会员辞典. 中国作家协会主办，WWW.Chinawriter.com.cn.

梁淑安. 中国文学家大辞典（现代卷），北京：中华书局，1997.

徐廼翔. 台湾新文学辞典. 成都：四川人民出版社，1989.

陈荣富，洪永珊. 当代中国社会科学学者大辞典. 杭州：浙江大学出版社，1990.

熊钝生. 中华民国当代名人录. 台北：中华书局，1978.

王景山. 台港澳暨海外华文作家辞典. 北京：人民文学出版社，2003.

赵戎. 新马华文文艺词典. 新加坡：新加坡教育出版社，1979.

洪林. 泰华文化人物辞典. 泰国曼谷泰中学会，2000.

《中国翻译家辞典》编写组. 中国翻译家辞典. 北京：中国对外翻译出版公司，1988.

张超. 台港澳及海外华人作家辞典. 南京：南京大学出版社，1994.

李立明. 中国现代六百作家小传. 香港：波文书局，1977.

李立明. 中国现代六百作家小传资料索引. 香港：波文书局，1978.

李立明. 现代中国作家评传. 第一至四集，香港：波文书局，1979－1982.

徐州师范学院. 中国现代作家传略. 上下册，成都：四川人民出版社，1981、1983.

陈坚. 浙江现代文学百家. 杭州：浙江人民出版社，1988.

海梦. 中国当代诗人传略（一至四集），成都：四川人民出版社，1990－1993.

王钢，王云缦. 中国电影家列传. 北京：中国电影出版社，1982.

晋阳学刊编辑部. 中国现代社会科学家传略. 太原：山西人民出版社，1982.

吴相湘. 风云际会下的书生—中国近现代二十七位学人列传. 北京：中国工人出版社，2009.

社会科学人物辞典. 上海：上海辞书出版社，1986.

刘启林. 当代中国社会科学名家. 北京：社会科学文献出版社，1989.

陈高春. 中国语文学家辞典. 郑州：河南人民出版社，1986.

李盛平. 中国近现代人名大辞典. 北京：中国国际广播出版社，1989.

朱信泉，严如平. 民国人物传. 北京：中华书局，1984.

裘之倬. 中共党史人名录. 重庆：重庆出版社，1986.

武汉政协文史委，长江日报报业集团，武汉出版集团公司. 品读武汉文化名人. 武汉：武汉出版社，2010.

吴重阳，陶立璠. 中国少数民族现代作家传略（合订本）. 西宁：青海人民出版社，1982.

黄武忠. 台湾作家印象记. 台北：众文图书股份有限公司，1984.

刘以鬯. 香港文学作家传略. 香港市政局公共图书馆，1996.

王晋明，邝白曼. 台湾与海外华人作家小传. 福州：福建人民出版社，1983.

王知伊，任嘉尧，张友济. 编辑记者一百人. 上海：学林出版社，1985.

中国文艺协会会员通讯录. 台湾，1987.

莫洛. 陨落的星辰. 上海：人间书屋，1949.

李锦宗. 殒落的文星. 吉隆坡：马来西亚彩虹出版有限公司，1999.

高準. 中国新诗人出生年表.

郑继宗.《中国新诗人出生年表》补遗.

骆明. 新加坡华文作家传略. 新加坡：新加坡文艺协会，新加坡作家协会，锡山文艺中心，2005.

郭惠芬. 中国南来作者与新马华文文学. 厦门：厦门大学出版社，1999.

李锦宗. 新马文坛步步追踪. 新加坡：新加坡青年书局，2007.

马仑. 新马文坛人物扫描（1825－1990）. 吉隆坡：马来西亚书辉出版社，1991.

马仑. 新马华文作者风采（1825－2000）. 吉隆坡：马来西亚彩虹出版有限公司，2000.

马仑. 新马华文作家群像. 新加坡：风云出版社，1984.

李卓辉. 披荆斩棘，拼搏奉献—印尼文化教育史话之二. 雅加达：联通华文书业有限公司出版社，2006.

李卓辉. 印华先驱人物光辉岁月—印尼华人报刊和独立先贤史话. 雅加达：联通华文书业有限公司，2003.

李卓辉. 印尼写作精英奋斗风雨人生第一集. 雅加达：联通华文书业有限公司，2010.

李卓辉. 赤道火花自强不息——印尼写作精英奋斗风雨人生第三集. 雅加达：联通华文书业有限公司，2011.

陈春陆，陈小民. 泰国华文文学初探. 广州：新世纪出版社，1990.

王欣荣. 巴人年谱（内部发行）. 全国巴人研究学会，1990.

吴世勇. 沈从文年谱. 天津：天津人民出版社，2006.

钦鸿. 顾仲起年表. 载江苏南通 2006 年《江海文化研究》第 4 期.

陈江，陈达文. 谢六逸年谱. 北京：商务印书馆，2009.

薛绥之，张俊才. 林纾研究资料. 福州：福建人民出版社，1983.

《鲁迅大辞典》编委会. 鲁迅大辞典. 北京：人民文学出版社，2009.

北京图书馆、中国社会科学院文学研究所. 鲁迅研究资料索引（上册）. 北京：人民文学出版社，1982.

南京图书馆书目部. 瞿秋白研究资料索引. 江苏省哲学社会科学联合会，1985.

丁景唐，陈铁健，王关兴，王铁仙. 瞿秋白研究文选. 天津：天津人民出版社，1984.

王锦厚. 郭沫若作品辞典. 郑州：河南教育出版社，1991.

王训昭，卢正言等. 郭沫若研究资料. 北京：中国社会科学出版社，1986.

孙中田，查国华. 茅盾研究资料. 北京：中国社会科学出版社，1983.

刘增人，冯光廉. 叶圣陶研究资料. 北京：北京十月文艺出版社，1988.

范伯群. 冰心研究资料. 北京：北京出版社，1984.

李存光. 巴金研究资料. 福州：海峡文艺出版社，1985.

田蕙兰，陈珂玉. 钱锺书杨绛巴金研究资料. 北京：知识产权出版社，2010.

陈金淦. 胡适研究资料. 北京：北京十月文艺出版社，1989.

鲍晶. 刘半农研究资料. 天津：天津人民出版社，1985.

王自立，陈子善. 郁达夫研究资料. 天津：天津人民出版社，1982.

许毓峰，徐文斗，谷辅林，李思乐. 闻一多研究资料. 太原：北岳文艺出版社，1986.

曾广灿，吴怀斌. 老舍研究资料. 北京：北京十月文艺出版社，1985.

袁良骏. 丁玲研究资料. 天津：天津人民出版社，1982.

邵华强. 沈从文研究资料. 广州：花城出版社、香港：生活·读书·新知三联书店香港分店，1991.

上海鲁迅纪念馆. 李霁野纪念集. 上海：上海文艺出版社，2004.

会林，绍武. 夏衍研究资料. 北京：中国戏剧出版社，1983.

四川万县师专何其芳研究室. 何其芳研究资料 8（内部资料）. 1985 年 9 月 30 日.

孙玉蓉. 俞平伯研究资料. 天津：天津人民出版社，1986.

冯光廉，刘增人. 臧克家研究资料. 兰州：甘肃人民出版社，1990.

冯光廉，刘增人. 王统照研究资料. 银川：宁夏人民出版社，1983.

叶雪芬. 叶紫研究资料. 长沙：湖南人民出版社，1985.

李华盛，胡光凡. 周立波研究资料. 长沙：湖南人民出版社，1983.

王竹良，周运来. 叶紫周立波研究. 长沙：岳麓书社，2008.

黄曼君，马光裕. 沙汀研究资料. 北京：中国社会科学出版社，1986.

韩丽梅. 袁水拍研究资料. 北京：中国国际广播出版社，2003.

黄修己. 赵树理研究资料. 太原：北岳文艺出版社，1985.

高捷，杨占平，陈玉玺，苏春生，王秋君. 马烽西戎研究资料. 太原：山西人民出版社，1985.

傅小北，杨幼生. 唐弢研究资料. 南昌：百花洲文艺出版社，1994.

李恺玲，廖超慧. 康濯研究资料. 长沙：湖南人民出版社，1984.

李士非等. 李克异研究资料. 广州：花城出版社，1991.

刘增杰. 师陀研究资料. 北京：北京出版社，1984.

马蹄疾. 李辉英研究资料. 沈阳：春风文艺出版社，1988.

潘颂德. 王礼锡研究资料. 天津：天津社会科学院出版社，1995.

艾以，沈辉. 罗淑罗洪研究资料. 北京：北京十月文艺出版社，1990.

上海鲁迅纪念馆. 汪静之先生纪念集. 上海：上海书画出版社，2002.

上海鲁迅纪念馆. 吴朗西先生纪念集. 上海：上海文艺出版社，2000.

董瑞兴，储慧. 文以载道——金性尧先生纪念集. 上海：上海古籍出版社，2008.

萧斌如. 刘大白研究资料. 天津：天津人民出版社，1986.

余仁凯，张伟，马莉，邹勤南. 葛琴研究资料. 北京：北京十月文艺出版社，1991.

曾华鹏，蒋明玳. 王鲁彦研究资料. 南昌：江西人民出版社，1984.

王智毅. 周瘦鹃研究资料. 天津：天津人民出版社，1993.

张占国，魏守忠. 张恨水研究资料. 天津：天津人民出版社，1986.

丁景唐，瞿光熙. 左联五烈士研究资料编目. 上海：上海文艺出版社，1981.

鲁迅. 鲁迅全集（第一至十六卷）. 北京：人民文学出版社，1981.

陈江，陈庚初. 谢六逸文集. 北京：商务印书馆，1995.

于天池，李书. 李长之文集. 石家庄：河北教育出版社，2006.

李俊民. 李俊民文集. 上海：上海古籍出版社，1993.

丁景唐. 犹恋风流纸墨香——六十年文集. 上海：上海文艺出版社，2004.

钱素凡. 钱素凡文集. 南京：江苏教育出版社，1999.

钦鸿. 现代文学散论. 乌鲁木齐：新疆大学出版社，1992.

郑方泽. 中国近代文学史. 长春：吉林人民出版社，1983.

范伯群. 中国近现代通俗文学史（上下卷），南京：江苏教育出版社，2010.

张之伟. 中国现代儿童文学史稿. 上海：华东师范大学出版社，1993.

上海文艺出版社. 中国新文学大系（1927－1937）第 19 卷《史料·索引一》《史料·索引二》. 上海：上海文艺
    出版社，1989.

赵家璧.《中国新文学大系》第 10 卷《史料·索引》. 上海：良友图书印刷公司，1936.

阿英. 中国新文学大系史料·索引. 上海：良友图书印刷公司，1936.

钱理群. 中国沦陷区文学大系（八卷），南宁：广西教育出版社，1998.

冯为群等. 东北沦陷时期文学国际学术研讨会论文集. 沈阳：沈阳出版社，1992.

哈尔滨业余文学院．东北文学研究丛刊（第一至二辑），1984－1985.

梁山丁，庐湘，陈隄．东北文学研究史料（第三至七辑），1986－1988.

黑龙江省文学研究所，辽宁省文学研究所．东北现代文学史料（第一至九辑），1980－1984.

辽宁省文学研究所．东北现代文学研究（第一期），1986.

牟浚．沈阳文学艺术资料（第一辑）．沈阳文联地方志办公室，1986.

周启祥，雷震．中原新文学史料钩沉．1995.

武汉市文联文艺理论研究室．武汉文学艺术史料（第一至三辑），武汉市文联，1985－1986.

武汉文化志办公室．武汉文化史料（第一至四辑）．武汉市文化局，1983－1984.

中国作家协会福建分会、福建师范大学中文系．福建新文学史料集刊（第一至三辑），1982－1983.

刘晓林，赵成孝．青海新文学史论．西宁：青海人民出版社，2007.

郑逸梅．南社丛谈．上海：上海人民出版社，1981.

饶鸿竞等．创造社资料．福州：福建人民出版社，1985.

中国社会科学院文学研究所左联回忆录编辑组．左联回忆录上下册，北京：中国社会科学出版社，1983.

芮和师等．鸳鸯蝴蝶派文学资料上下册，福州：福建人民出版社，1984.

魏绍昌．鸳鸯蝴蝶派文学资料上下册，上海：上海文艺出版社，1984.

民国俗小说的作家、作品一览．雪农的博克，http://blog.sina.com.cn/book7094787.

浙江省政协文史资料委员会．老报人忆《东南日报》．杭州：浙江人民出版社，1997.

中国现代文学研究丛刊．北京：北京出版社，1979－1984.

中国现代文艺资料丛刊（第一至八辑）．上海：上海文艺出版社，1962－1984.

新文学史料．北京：人民文学出版社，1978－2016.

《抗战文艺研究》编辑部．抗战文艺研究．成都：四川省社会科学院出版社，1988.

文教资料简报．南京师范学院编印.

出版史料．上海：上海学林出版社.

党史研究丛刊．上海：上海人民出版社.

新闻研究资料．北京：新华出版社，中国社会科学出版社，1980－1993.

上海图书馆．中国近代现代丛书目录．1980.

贾植芳，俞元桂．中国现代文学总书目．福州：福建教育出版社，1993.

陈玉堂．中国文学史旧版书目提要．上海社会科学院文学研究所，1985.

北京图书馆．民国时期总书目．北京：书目文献出版社，1986－1997.

唐沅等．中国现代文学期刊目录汇．天津：天津人民出版社，1988.

吴俊，李今，刘晓丽，王彬彬．中国现代文学期刊目录新．上海：上海人民出版社，2010.

刘福春．中国新诗书刊总目．北京：作家出版社，2006.

善秉仁，苏雪林，赵燕声．1500 种中国现代小说和戏剧．北平：辅仁大学出版社，1948.

上海鲁迅纪念馆．《申报·自由谈》目录．1981.

中共中央马克思、恩格斯、列宁、斯大林著作编译局研究室．五四时期期刊介绍》第一至三集．北京：生活·读书·新知三联书店，1978－1979.

黄美娥．日治时期台北地区文学作品目录（上下册），台北市文献委员会，2003.

哈尔滨市图书馆．东北沦陷时期作家与作品索引．1986.

上海社会科学院文学研究所现代文学研究室，上海图书馆特藏部文献组．上海"孤岛"时期文学报刊编目．上海：

上海社会科学院出版社，1986.

上海社会科学院文学研究所现代文学研究室. 上海"孤岛"时期文学报刊编目补. 2005.

王大明，文天行，廖全京. 抗战文艺报刊篇目汇. 四川社会科学院出版社，1984.

万一知，苏关鑫. 抗战时期桂林文艺期刊简介和目录汇. 广西师范大学中文系现代文学研究室，1984.

抗战期间重庆版文艺期刊篇名索引（重庆市图书馆馆藏部分）. 重庆市图书馆，1984.

李瑞腾，封德屏. 中华民国作家·作品目录新编（一至四册），台湾文化建设委员会，1995.

关家铮. 二十世纪《俗文学》周刊总目. 济南：齐鲁书社，2007.

杨益群，王斌，潘其旭，顾绍柏.（广西）文艺期刊索引. 南宁：广西人民出版社，1986.

胡从经. 香港近现代文学书目. 香港：朝花出版社，1998.

平心. 生活全国总书目. 上海：生活书店，1936.

三联书店编辑部.《国闻周报》总目. 北京：读书·生活·新知三联书店，1957.

三联书店编辑部.《新中华》总目. 北京：读书·生活·新知三联书店，1957.

山东师范学院中文系. 鲁迅主编及参与或指导编辑的杂志. 济南：山东师范大学，1976.

吴天才. 马华文艺作品分类目录. 马来亚大学中文系，1975.

中国现代文学馆. 唐弢藏书目录. 2003.

周锦. 中国现代文学史料术语大辞典. 台北：智燕出版社，1988.

周锦. 中国现代文学作品书名大辞典. 美国旧金山加州州立大学中国现代文学研究中心、台北中国现代文学研究中心，1986.

《台湾文学期刊史编纂暨藏品诠释计划（第一阶段）》修订后总成果报告（上中下），台南：台湾文学馆，2010.

《台湾文学期刊史编纂暨藏品诠释计划（第一阶段）》修订后总成果报告·作者索引. 台南：台湾文学馆，2010.

《台湾文学期刊史编纂暨藏品诠释计划（第二阶段）》修订后总成果报告（修订本）. 台南：台湾文学馆，2011.

蔡登山. 洋场才子与小报文人. 北京：金城出版社，2012.

章叶频. 塞北文苑萍踪. 呼和浩特政协文史资料研究委员会，1985.

徐君藩，黑尼，刘含怀，林冷秋. 1930—1949 福州文坛回忆录. 福州：海潮摄影艺术出版社，1993.

陈积鸿. 金山文化志. 上海：上海社科院出版社，2003.

梁山丁. 长夜萤火（女作家小说选集），沈阳：春风文艺出版社，1986.

梁山丁. 烛心集（东北沦陷时期作品选），沈阳：春风文艺出版社，1989.

穆中南. 作家·作品·工作. 台湾中国文艺协会，1977.

施若兰. 荒野掀春风—五〇年代《野风》杂志创刊的故事. 台湾政治大学新闻研究所硕士论文，2102.

温梓川. 文人的另一面. 桂林：广西师范大学出版社，2004.

晓风. 我与胡风. 银川：宁夏人民出版社，2003.

徐君藩等. 1930—1949 福州诗与散文选. 福州：海峡文艺出版社，1991.

章叶频. 20 世纪 30 年代内蒙古西部地区文学作品选. 呼和浩特：内蒙古教育出版社，2000.

中共南通市委党史工作办公室，南通市文学艺术界联合会. 诗歌线. 2002.

中共南通市委党史工作办公室. 诗战线. 2000.

中共南通市委党史工作委员会，江海诗抄. 南京：江苏文艺出版社，1988.

1988 年版*编后记

　　《中国现代文学作者笔名录》终于脱稿了。面对着厚厚一摞业已誊清的稿纸、数千张卡片和一柜子各种信件材料，回想起几年来艰苦的工作历程，不禁心潮起伏，感慨万千。

　　笔名的纷繁复杂、千变万化，是中国现代文坛的一种特有现象。这种现象的产生，主要是因为中国现代社会长期严酷的斗争、险恶的形势，迫使作家和作者们不得不频繁地改换笔名，以迷惑敌对者的耳目，巧妙地进行有效的斗争。中国文化革命的伟人鲁迅先生一生使用的笔名竟达一百四十余个，便是最典型的例子。此外，各种不同的需要，也是现代文坛笔名层出不穷的原因。斗换星移，现在，这些笔名早已完成了它们的历史使命。但历史是延续的，当人们回顾"五四"以来的新文学运动时，自然会发现笔名曾经起过的重要作用，也会发现它们与作家们的生活经历、思想发展以及创作道路之间的有机联系。总之，笔名是现代文学史上十分复杂而又值得重视的一份遗产。但是，由于年代久远，许多作家已经过世，有些作家则已到暮年，对于当年的情况，也已渐渐淡忘。所以，常常遇到这样的憾事，由于不了解某些作家的笔名，他们当年载诸报刊的文章便无从寻觅；而翻开当年的报刊，那署以各种笔名的作品，又难知出于谁的手笔。这些情况，无疑给现代文学的教学与研究带来较大的困难，而且随着时间的无情推移，这种困难会越来越大。因此，及时抢救和整理这一份珍贵遗产，显然是十分必要的了。

　　早在三四十年代，就有人注意及此，并做了有益的工作。一九三六年，袁涌进先生出版《现代中国作家笔名录》，为我国现代文学笔名研究的开山之作。建国以后，上海古旧书店等单位曾编印过这一类资料；只是由于印数太少，一般读者无从访读。近年来，徐州师院《中国现代作家传略》和北京语言学院《中国文学家辞典（现代部分）》也搜集了许多作家的笔名；但它们毕竟不是专门的笔名工具书，仍然满足不了广大读者和研究者的需要。在台湾、美国，倒是出版过几种中国现代作家笔名录，可惜国内读者不易看到。随着我国现代文学教学研究工作的迅速发展，各大学的文科师生和研究者们都迫切需要一种专门的、搜罗较全、准确可靠、检索方便的现代文学笔名工具书。这就是我们不揣寡闻浅陋，不顾力薄多艰，致力于编纂这部《中国现代文学作者笔名录》的缘由。

　　这部笔名录，是我们两人合作的产物。早在六十年代，徐迺翔就开始收集现代文学作家的笔名，并积累了丰富的资料。钦鸿则从一九八一年起，和闻彬一道在僻远的黑龙江着手现代作家笔名的调查工作；到一九八三年九月，已收到三百余位作家或其家属的亲笔复函。在此基础上，我们欣然合作。并于一九八三年十月正式开始工作；工作计划列入中国社会科学院文学研究所主持的《中国现代文学史资料汇编（丙种）》丛书。

　　经过商量，我们肯定了在充分占有并研究前人的有关研究成果的基础上，广泛发函直接向作者本人或其家属等调查核实的工作方法。同时，对本书的收集范围和编纂体例也作了重大的改变。其一是把书名定为《中国现代文学作者笔名录》。这是因为，如果把整个现代文学运动比作

---

　　* 1988 年版的书名为《中国现代文学作者笔名录》。

波澜壮阔的大海，那么，数以千计的文学作者们就是一朵一朵的浪花；掀天巨浪固然令人瞩目，但如果离开了无数朵细小的浪花，大海必然会失去它那浩瀚壮观的声势。事实上，比起大作家来，那些小作家，特别是数量更多的未及成家的现代文学作者们，更容易被人们忽视；而如果没有他们的共同努力，我国的现代文学绝不可能取得现在这样的成就。鉴于此，我们决定特别注意收集被人遗忘的作家、作者的材料，并将书名改为现名。其二，我们决定尽可能地反映各笔名的具体使用情况（时间、报刊、作品篇名等）。我们认为，这样做将提高本书对现代文学研究的参考使用价值。

据不完全统计，我们先后发出调查信函四千余件，收到作者本人、家属、朋友、研究者和其他知情者的复函材料二千六百余件。另外，我们还走访了百余名作者、家属及有关人士，进行了调查和核实。在我们工作过程中，尽管有一定的阻力和困难，但绝大部分同志都赐予了热情有力的支持。先后有一千三百余位作家和文学作者提供或审核过自己的笔名材料，六百六十余位家属、亲友、研究者和其他知情者提供或审核过有关作家和文学作者的笔名材料。其中，有些同志还给予了重要的帮助。王瑶先生和贾植芳先生都曾对本书的编纂方针发表过重要的指导性意见，贾先生并向我们敞开了复旦大学图书馆的书刊，还特地派专人从别处借来参考书。上海书店经理丁之翔同志最早向编者提供了该店编印的《笔名别名索引》；嗣后阎纯德同志向我们提供了许多作家的通讯地址；斯民同志主动把他多年积累的笔名录材料寄给我们；莫洛同志则让我们长期借用他珍藏的旧著《陨落的星辰》；华铃先生自香港寄来李立明《中国现代六百作家小传》等书；马仑先生自新加坡寄来他的专著《新马华文作家群像》一书，等等。所有这些，都给我们工作带来了极大的方便。在笔名调查工作中，许多同志不仅毫无保留地提供自己的材料，而且积极介绍了大量的线索。其中，黑尼、林仲麟等同志介绍了福建地区的情况；王紫萍等同志介绍了武汉地区的情况；陈隄、梁山丁等同志介绍了东北地区的情况；李尤白、刘沙等同志介绍了西北地区的情况；吴朗等同志介绍了西南地区的情况；陈梦熊、施若霖、杨正中等同志介绍了"孤岛"和沦陷区的情况；章叶频等同志介绍了绥远地区的情况；郑逸梅同志介绍了南社作者的情况；还有王婉容、李景慈、袁涌进、金汤、沙驼、勒公丁、孙跃冬、黄天戈、叶平林、李一痕、段惟庸、胡今虚、林涤非、赖丹、张垣、陆克昌、刘石夷、吕寰、贺照、祝宽、吴宗海、宋丈等同志也提供了较多的线索。另外，需要特别指出的是，《中国现代文学史资料汇编（乙种）·中国现代作家作品研究资料丛书》的许多编者，都无私地为我们提供和核实了他们搜集的材料，从而大大丰富了本书的内容。正是由于这许许多多同志们的鼎力支持，我们的工作才得以比较顺利的开展，本书收集的作者才能像滚雪球那样越来越多，以至达到现在这样的规模。在这部书中，浸染着许多人的汗水，可以说，它也是一个集体劳作的结晶。为了表我们实事求是的工作态度，也为了向曾经为我们提供过或核实过材料的同志们以及我们的先行者表示感谢，本书特意附录了有关名单和书目，以记载他们对现代文学研究事业的贡献。

在本书编纂过程中，马良春、王自立、王观泉、王勤等同志曾给予有力的帮助。闻彬同志自始至终协助我们工作，付出了大量的劳动。曾经支持过我们工作的，还有范泉、锡金、魏绍昌、吕钦文、王世家、刘树声、包子衍、应国靖、孔海珠、张大明、王文琛、木斧、金性尧、苏兴良、朱大路、卢正言、王锡荣、陈子善、陈福康、张伟、沈寂、华田、陈松溪、张效民、江瑞熙、沙金、沈辉、熊寒江、常君实、杨雪萍、王雅英、江平、梁兆斌、刘丹华等同志（限于篇幅，恕不一一列举）；唐解放、黄晓虹、何兰玉、郭朝智、洪柏年、孙晔、周如金、朱安明、包云红、韩献忠、倪新平、蔡海丰、袁光聪、徐甲等同志曾协助编者誊抄了一部分书稿；中国社会科学院文学研究所、克山县教师进修学校和南通纺织工业学校的领导同志对我们的工作大力支持；北京首都图书馆、上海徐家汇藏书楼、中国社会科学院文学研究所图书馆、齐齐哈尔图书馆、克山县图书馆、克山师专图书馆曾为我们查阅书刊提供过便利条件；中国作家协会、云南省作协、四川省作协、陕西省作协、上海市作协、黑龙江省作协、北京市作协、广东省归侨作家联谊会等，都曾协助我们做了不少工作。另外，湖南文艺出版社责任编辑罗尉宣同志，以其高度的责任心和一丝不苟的工作态度，对本书初稿提出了很多有益的修改意见，从而保证了本书的质量。谨在此，让我们向以上的有关单位和同志表示由衷的谢忱！

在工作过种中，我们也曾收到过若干建国后才开始文学写作的作者来函。由于体例所限，他们的材料未能收本书。但他们对本书的关注和支持，却是令人难忘的。

当我们将结束这段工作的时候，有一批曾经支持过我们工作的老作者，已经不幸谢世。在这里，谨向他们表示深挚的怀念！

最后需要说明的是，对于从各种途径收集来的材料，我们都尽可能地作过认真、细致的查核和考订，但疏漏乃至失误之处定所难免；限于条件，也会有许多作者未能入选。我们恳切地欢迎广大的文学作者和读者向我们提供新的线索或材料，也欢迎大家对本书提出订正、补充等宝贵意见，以帮助我们进一步修订，使之逐渐臻于完善。

钦　鸿
1986 年 6 月 10 日初稿
1987 年 3 月 30 日改定于北京—南通

本书编后记

30 多年前，我与北京中国社科院文学研究所研究员徐迺翔先生合作编著《中国现代文学作者笔名录》，1988 年底由湖南文艺出版社出版后，在海内外学术界甚受欢迎和好评。

当年在编《中国现代文学作者笔名录》时，我们有意要给读者和研究者提供更多的方便，因此不惜花费极大精力对笔名的使用情况（使用的时间、地点、报刊、卷期、篇名等）尽量予以注明，并对作者的性别、生（卒）年月、籍贯、出生地、民族、原名、曾用名及字、号等，也一并介绍，这成为拙著的一个特点。另一个特点是，不仅仅列录著名和比较有名的作家的笔名，对那些曾在现代文坛活跃过而被人遗忘的众多作者、诗人，也注意广泛收集介绍。因此出版后得到现代文学研究界的广泛关注，成为许多研究者案头必备之书。有一年我在宁波参加巴人研讨会时遇到日本的铃木正夫，他对此书非常推崇，称在日本凡是研究中国现代文学的学者，几乎人手一册。据说美国许多大学图书馆，也都藏有此书。如此等等。

但是，我深知此书遗憾不足之处甚多，由于当时种种学术条件的限制，该书收录的资料尚有许多缺漏和差错。现在这么多年过去了，形势有了很大的变化，随着思想的解放和社会经济条件的改善，中国现代文学研究也有了很大的进展，出现了大量新的研究成果。我本人这些年坚持中国现代文学研究，还涉猎了台港澳文学和世界华文文学研究，积累了丰富的资料，并建立了广泛的研究人脉。在这么多年文学研究工作过程中，我一直注意收集、积累资料，为修订笔名录作着准备。因此，我觉得对此书全面修订的时机已经成熟，于我本人来说也有点刻不容缓，年龄渐大，身体又患过几次大病，故而从前几年开始就已经着手修订。希望修订后的笔名录成为一部收罗更为全面、内容更为翔实、记述更为准确、检索更为方便的现代文学笔名工具书。

徐迺翔先生非常赞同我的想法，遗憾的是他因年老体弱，力不从心，无法参与修订工作。

这次修订，较之前一版主要有如下的改变：

一是视野进一步拓宽。随着台湾、海外华文文学研究的蓬勃发展，这方面资料增补甚多。台港澳是中国的一部分，自不待言。中国现代作家作者在民国时期赴海外（包括东南亚、日本、美国等地）活动、写作的情况不胜枚举，这也应该纳入现代文学研究的范围。

二是文史不分家，文学其实并不局限于所谓作家的圈子内，事实上许多从事其他文化社会研究活动的学者，也发表过诗词散文，因此从工具书之便于检索使用角度出发，我在收录的范围方面有意尽量扩大。

三是上一版编纂时，仅注意了笔名首次使用的说明。这次我着意不限于此，而是尽可能将各笔名还曾在哪些报刊署用，以及出版著作署用笔名的情况同时予以注明。我觉得，这对读者和研究者来说，使用价值会更大。

四是对上一版的缺漏、差错和不足之处，尽量作了修改、补充。经过 20 多年的积累，并且找机会在各个图书馆查翻善原报刊、书籍等对原版资料予以校正；近年来又借助于民国报刊、民国图书的数据库进行校核，已经在较大程度上纠正差错，接近本来面目。

钦　鸿

2015 年 6 月

编后记写到此处戛然而止，我的夫君钦鸿于 2015 年 8 月 25 日永远离开了我们。他从 1997 年起得了 3 次癌症，3 次大手术、化疗、放疗等严重摧残了他的身体。但是对笔名录的关注和补充修订工作一直没有停止过，反而在最后的两年时间里，边治疗边拼命工作，与死神抢时间。笔名录经他修订补充，到他去世前已由原先的 113 万字增补到 280 万字。

钦鸿为了抢救和整理笔名这一现代文学特殊的宝贵遗产付出了他大半生的时间和精力。20 世纪 80 年代初，从笔名录起步到初版本出版这段时间，我自始至终与钦鸿一起，在艰难困苦中砥砺前行。当时没有电脑，7 年中，我们写了成千上万张记有作家笔名的小卡片，广发用手工打印的征稿信，利用假期到各地访问作家本人或家属，逐个核对笔名及其使用情况等等等等。而后他以笔名研究为其毕生的事业，在笔名探索中又延伸出版了《现代文学散论》《文海钩沉》《文坛话旧》《文坛话旧（续集）》等十余本著作。随着时代变迁、科技进步，他不满足于初版本笔名录的粗略，认为还有大量内容可以补充，并且不遗余力地从各个方面找寻资料，日积月累地居然达到原书两倍以上的文字量。可以说文学事业是他生命的精神支柱，为此他孜孜不倦，衣带渐宽终不悔，笔名录的大部分修订工作是在他生病期间完成的，的确是创造了生命的奇迹。其执着、坚韧、不求名利、不图报酬、甘愿坐 30 年冷板凳的精神，感动了他的老朋友——倪怡中先生和徐铁生先生，在钦鸿离世后，他们主动伸出援手，愿意和我共同接过抢救文化遗产的接力棒，完成钦鸿在弥留之际犹念念不忘的笔名录收尾工程。

2015 年 12 月，由我和倪怡中、徐铁生组成的三人小组开始工作。倪怡中是研究馆员，在文献检索及研究方面有得天独厚的优势，主编过《南通市图书馆志》（上海古籍出版社，2012 年）、《静海楼藏珍贵古籍图录》（上海古籍出版社，2014 年），在查阅、考订、甄别文献中，精选笔名增补的内容，严谨而细致，有独到的见解；徐铁生数十年如一日从事姓氏研究，是造诣深厚的姓氏学专家，著有《中华姓氏源流大辞典》（中华书局，2014 年）、《百家姓新解》（中华书局，2016 年）等，在辞书体例、索引编排方面驾轻就熟，有丰富的经验。经过两年多的辛勤工作，对原书稿进行全面复核，增补和删除了部分词条，在形式和内容上进一步完善，至 2018 年 5 月，笔名录的收尾任务已经完成。

考虑到本书词条增扩后篇幅已接近第一版的 3 倍，且查索功能也全面提升，我们经过认真协商，将书名改为《中国现代文学作者笔名大辞典》。大辞典不仅在内容上更加完善，更加规范，在形式上也有较大变化。其正文以文学作者的通用名立目，按汉语拼音音序排列，可依照正文前的"词条首字音序检索表"进行查索，同时附有"词条首字笔画检索表"作为辅助查索工具；对于笔名和其他名号（包括通用名、曾用名、字号等）另在书后编有"名号首字音序检索表"，以适应不同读者的检索需求，为笔名查找带来了更大的方便。

在本书即将交付之际，我们难以忘怀贾植芳先生对本书初版本在资料收集、编辑方案的制订和出版过程中所给予的热情指导和高度评价以及他对后辈提携奖掖的关爱之情。我们怀着无限敬意对贾植芳先生表示深切的怀念。

我们难以忘怀丁景唐先生年逾九旬还为本书的修订本作序，为本书的出版亲自向有关方面写了推荐书，先生对我们的真心呵护和对辞典的认可令人感动。谨以此书的出版向丁景唐先生致以崇高的敬意和诚挚的谢忱。

我们难以忘怀徐迺翔先生对笔名录初版本的贡献。由于健康的原因，不能参与本书的修订工作，他主动以书面形式提出修订本作者署名以钦鸿为首，自己甘愿名列其后。

感谢倪怡中先生和徐铁生先生为本书收尾工程付出了极大努力，花费了不可计数的时间和精力，可以说没有他们的尽心竭力，就没有这本书的完整出版。

感谢南开大学出版社前总编辑刘运峰先生，是他独具慧眼，识得笔名录的价值，使它获得了再生的机会，以崭新的姿态站立在现代文学工具书的丛林之中。

感谢南开大学出版社为本书成功入选国家出版基金资助项目所做的积极策划和组织申报工作，出版社项目组曾多次就本书的技术规范、文字查索和史料核定等事宜与我们联络沟通、协商讨论，指导我们少走弯路，使本书能够以较高质量顺利出版。

感谢南通市哲学社会科学界联合会对本书编写及出版事宜的关心和鼓励，5 年前就有资助之举，及至当下仍一如既往不改初衷。

感谢南通市图书馆、南通博物苑的领导和同志们三十年如一日的热情照顾。钦鸿曾日复一日年复一年地在那里查阅报刊资料，寻找线索，是南通市图书馆和南通博物苑给予他无可替代的宝贵支持和无私帮助。

感谢潘颂德先生师友兄长般的多方面长期襄助。

还有许多老师、朋友，如徐应佩、陈学勇、严晓星、沈文冲等，自始至终关注本书的修订进程并给以实质性的帮助，在此一并致以深深的谢意。如果钦鸿在世，一定还有许多朋友需要感谢，恕我不知详情，不能面面俱到，对这些朋友我深感歉疚。

本书在钦鸿修订版的基础上，又补充了不少资料，补充的资料来自民国时期文学资料库和现代文学诸多工具书及文学作品等。虽然经过严格的考订和核查，谨慎地充实了原有的条目，但是错误和遗漏仍在所难免。我们诚恳地欢迎读者朋友批评指正，以待后来的研究者对笔名资料做进一步的完善。

闻　彬

2019 年 12 月